Wäger

Umsatzsteuergesetz · Kommentar

Wäger

Umsatzsteuergesetz

Kommentar

herausgegeben von

Dr. Christoph Wäger
Vorsitzender Richter am Bundesfinanzhof,
München

3. Auflage

2024

ottoschmidt

Bearbeiter

Dr. Jörg Alvermann
Rechtsanwalt, Fachanwalt für Steuerrecht, Fachanwalt für Sportrecht, Köln

Dr. Stefan Behrens
Rechtsanwalt, Steuerberater, Fachanwalt für Steuerrecht, Frankfurt am Main

Dr. Tobias Bender
Richter am Finanzgericht, Hamburg zurzeit wissenschaftlicher Mitarbeiter am Bundesfinanzhof, München

Bernd Burgmaier
Rechtsanwalt, Fachanwalt für Steuerrecht, Gauting

Dr. Andreas Erdbrügger
Rechtsanwalt, Steuerberater, Berlin

Cristian Esteves Gomes
Rechtsanwalt, Fachanwalt für Steuerrecht, München

Dr. Barbara Fleckenstein-Weiland, LL.M.
Rechtsanwältin, Steuerberaterin, Fachanwältin für Steuerrecht, Frankfurt am Main

Dr. Eduard Forster
Diplom-Kaufmann, Steuerberater, München

Christian Grebe
Diplom-Finanzwirt, Regierungsrat, Norddeutsche Akademie für Finanzen und Steuerrecht, Hamburg

Univ.-Prof. Dr. Caroline Heber, MTax (Sydney)
Institut für Finanzrecht, Universität Wien

Stefan Heinrichshofen
Diplom-Finanzwirt, Rechtsanwalt, Steuerberater, Fachanwalt für Steuerrecht, München

Dr. Helge Jacobs
Rechtsanwalt, Steuerberater, München

Jan Körner
Rechtsanwalt, Schriesheim

Dr. Bastian Liegmann
Rechtsanwalt, Steuerberater, Berlin

Dr. Ruben Martini, LL.B.
Diplom-Kaufmann, Richter am Bundesfinanzhof, München

Alexander Moldan
Diplom-Kaufmann, Steuerberater, Ingolstadt

Dr. Thomas Möller
Diplom-Kaufmann, Diplom-Finanzwirt, Regierungsdirektor, Osnabrück

Bettina Mrosek
Diplom-Finanzwirtin, Duisburg

Prof. Dr. Alexander Neeser
Hochschule für öffentliche Verwaltung und Finanzen, Ludwigsburg

Dr. Ulrich Pflaum
Richter am Finanzgericht, Nürnberg zurzeit wissenschaftlicher Mitarbeiter am 1. Strafsenat des Bundesgerichtshofs, Karlsruhe

Dr. Alexander Ruske
Rechtsanwalt, Fachanwalt für Steuerrecht, Fachanwalt für Handels- und Gesellschaftsrecht, Berlin

Gerwin Schlegel
Diplom-Finanzwirt, Steuerberater, Düsseldorf

Dr. Michael Schulze
Diplom-Finanzwirt, Regierungsdirektor, Hessisches Ministerium der Finanzen, Wiesbaden

Dr. Christian Sternberg, B. Sc.
Richter am Finanzgericht, Münster zurzeit wissenschaftlicher Mitarbeiter am Bundesverfassungsgericht, Karlsruhe

Rainald Vobbe
Diplom-Finanzwirt, Steuerberater, Fachberater für Zölle und Verbrauchsteuern, Bonn

Dr. Christoph Wäger
Vorsitzender Richter am Bundesfinanzhof, München

Christian Wüst
Diplom-Finanzwirt, Regierungsrat, Ministerium der Finanzen Rheinland-Pfalz, Mainz

Zitierempfehlung:
Autor in Wäger, UStG, 3. Aufl. 2024,
§ … UStG Rz. … oder Anh. … Rz. …

Klimaneutral
Unternehmen
ClimatePartner.com/15985-2104-1001

Bibliografische Information
der Deutschen Nationalbibliothek
Die Deutsche Nationalbibliothek verzeichnet diese Publikation in der Deutschen Nationalbibliografie; detaillierte bibliografische Daten sind im Internet über https://portal.dnb.de abrufbar.

Verlag Dr. Otto Schmidt KG
Gustav-Heinemann-Ufer 58, 50968 Köln
Tel. 02 21/9 37 38-01, Fax 02 21/9 37 38-943
info@otto-schmidt.de
www.otto-schmidt.de

ISBN 978-3-504-24322-7

Das verwendete Papier ist aus chlorfrei gebleichten Rohstoffen hergestellt, holz- und säurefrei, alterungsbeständig und umweltfreundlich.

Einbandgestaltung: Lichtenford, Mettmann
Satz: WMTP, Birkenau
Druck und Verarbeitung: Beltz, Bad Langensalza
Printed in Germany

Vorwort zur 3. Auflage

Entgegen den ursprünglichen Planungen zur Neuauflage verzögerte sich ihr Erscheinen aufgrund der mit dem Wachstumschancengesetz verbundenen Odyssee, die dann aber doch noch im März 2024 mit der Verabschiedung dieses Gesetzes ihren Abschluss gefunden hat. Das Zuwarten auf die Beendigung dieses Gesetzvorhabens hat sich gelohnt. Im Rahmen der dritten Auflage konnten daher alle für den Bereich der Umsatzsteuer verbundenen Neuregelungen in unserem Werk als wohl ersten Kommentar erläutert werden.

Dies gilt insbesondere für den Übergang zur elektronischen Rechnung. § 14 UStG n.F. kommentiert dies ausführlich und unter Berücksichtigung der Übergangsregelungen. Auch die weiteren Gesetzesänderungen seit dem Erscheinen der zweiten Auflage, wie etwa der erstmals mit § 12 Abs. 3 UStG geschaffene Nullsteuersatz mit Recht auf Vorsteuerabzug für den Bereich der Photovoltaik oder die jüngsten Änderungen des § 4 Nr. 8 UStG durch das Zukunftsfinanzierungsgesetz, werden eingehend erläutert.

Damit liegt dem Kommentar in seiner dritten Auflage der zum 1.4.2024 bestehende Rechtszustand zugrunde. Die bis dahin veröffentlichten Entscheidungen von EuGH und BFH und Änderungen des UStAE konnten berücksichtigt werden.

Zu den gegenüber der Vorauflage grundlegend überarbeiteten Vorschriften gehören insbesondere die Kommentierungen in den Bereichen der Steuerbefreiungen des § 4 UStG und der Steuersatzermäßigungen des § 12 Abs. 2 UStG einschließlich der Anlage 2 zum UStG, aber auch z.B. § 3a UStG oder § 17 UStG einschließlich des Anhang InsO.

Es ist gelungen, den Umfang des Kommentars trotz der umfangreichen und neu zu kommentierenden Rechtsentwicklungen nur um rund 100 Seiten auf nunmehr 2292 Seiten anwachsen zu lassen. Bei den aufgrund von Gesetzesänderungen, neuer Rechtsprechung und Verwaltungsanweisungen erforderlichen Änderungen wurde besonderer Wert darauf gelegt, im Interesse einer kompakten Gesamtkommentierung den bisherigen Kommentierungsstand zu straffen, um so bloße Kommentierungsverlängerungen zu vermeiden. In Einzelfällen wurde zur ergänzenden Darstellung nunmehr entfallener Streitpunkte auf die Vorauflage verwiesen.

Herausgeber, Autoren und Verlag hoffen, dass die Neuauflage ebenso gut angenommen wird wie die beiden bisherigen Auflagen und sind für Anregungen dankbar.

München im April 2024

Christoph Wäger

Vorwort zur 1. Auflage

Nach mehreren Jahren hat sich der Otto-Schmidt-Verlag wieder entschlossen, die Blaue Reihe seiner Kommentare um einen völlig neu konzeptionierten Band zum Umsatzsteuerrecht zu ergänzen, der in einem Zweijahresrhythmus erscheinen soll.

Das neue Werk rechtfertigt sich aus der besonderen Problematik der früher als „Buchhaltersteuer" geschmähten Umsatzsteuer. Die Schwierigkeiten beginnen bereits mit den Begrifflichkeiten und beruhen letztlich auf der Vielzahl der Akteure, die an der Ausgestaltung der Steuer und ihrer Auslegung beteiligt sind.

So bestimmt der Unionsgesetzgeber im Rahmen der Mehrwertsteuersystemrichtlinie, welche Verpflichtungen den Steuerpflichtigen im Rahmen einer wirtschaftlichen Tätigkeit bei der Erbringung von Lieferungen und Dienstleistungen treffen. Bereits diese Grundbegriffe sind dem nationalen Recht fremd. Es kennt nur einen Unternehmer, der Lieferungen und sonstige Leistungen im Rahmen seines Unternehmens ausführt. Die vom Gerichtshof der Europäischen Union (EuGH) zu Recht eingeführte Verpflichtung, das nationale Recht im Sinne der Richtlinie auszulegen, zwingt dazu, die Begriffe des nationalen Rechts abweichend von ihrem althergebrachten deutschen Verständnis im Sinne des Unionsrechts neu zu interpretieren und dabei die Begriffswelt des Unionsrechts in die Sprache des nationalen Rechts zu übersetzen.

Erschwert wird diese Aufgabe durch einen nationalen Gesetzgeber, der in „Brüssel" Richtlinien zustimmt, die naturgemäß das Ergebnis vielfältiger Kompromisse sein müssen, zugleich aber in „Berlin" an einer wortlautgetreuen Umsetzung der unionsrechtlich beschlossenen Regelungen wenig Interesse zeigt und bisweilen sogar bemüht zu sein scheint, nationale Sonderwege zur Beibehaltung bisheriger Verwaltungstraditionen zu beschreiten.

Hinzu tritt die Rechtsprechung mit ihrer Kompetenzverteilung zwischen den Finanzgerichten, dem Bundesfinanzhof und dem EuGH. Dabei treten immer wieder Missverständnisse auf, die insbesondere das Kooperationsverhältnis zwischen den nationalen Gerichten und dem EuGH betreffen. So hilf- und segensreich sich die Tätigkeit des EuGH in den vergangenen Jahrzehnten in vielen Fällen erwiesen hat, so verwundert es doch, dass der EuGH Vorlagefragen bisweilen missversteht oder sich häufig in einer für den nationalen Rechtsanwender nur schwer verständlichen Weise äußert. Nicht zuletzt die Bandwurmsprache des EuGH und sein Bestreben, unter einem weitgehenden Verzicht auf allgemeine Leitlinien jeden Einzelfall neu zu bewerten, ist mitverantwortlich dafür, dass manche Spruchkörper in Einzelfällen von Vorabentscheidungsersuchen absehen, da man mit einer verständlichen Antwort nicht mehr rechnet. Gleichwohl lässt sich der Bundesfinanzhof hiervon nicht entmutigen und richtet immer wieder neue Vorlageersuchen an den EuGH, die sich zunehmend aber nicht mehr auf die Richtlinie selbst, sondern auf die Frage beziehen, wie Entscheidungen des EuGH zu verstehen sind. In dieser Gemengelage ist es für den Rechtsanwender kaum vorhersehbar, was von nationalen Gerichten entschieden wird und wann es zu einer Entscheidung unter Beteiligung des EuGH kommt.

Bei der Umschreibung der Materie, um die es hier geht, dürfen die Spruchkörper des Bundesfinanzhofs nicht unerwähnt bleiben. Die von Außenstehenden bisweilen vermuteten Konflikte zwischen den für die Umsatzsteuer zuständigen Senaten gibt es nicht. Allerdings wird sich auch im Bundesfinanzhof kaum jemand finden, der die Behauptung aufstellen würde, dass die Rechtsprechung der Senate stets wie aus einem Guss wirkt.

All diese Besonderheiten führen zu einer gesteigerten Komplexität, die die Umsatzsteuer von anderen Rechtsmaterien des Steuerrechts unterscheidet. In Abgrenzung zu bereits bestehenden Werken steht daher bei allen Kommentierungen die besondere Berücksichtigung des Unionsrechts und seiner Interpretationsmöglichkeiten im Vordergrund.

Der hier vorliegende Kommentar informiert dabei für die praktische Arbeit über die häufig konträren Sichtweisen von Verwaltung, Beratung und Rechtsprechung. Zu Streitfragen erläutert er nicht nur die herrschende Meinung und die Abweichungen hiervon, sondern kommentiert diese in kritischer Begleitung unter Entwicklung neuer Denkansätze mit besonderer Berücksichtigung des Besteuerungssystems und der Folgerichtigkeit von Auslegungsergebnissen.

Das in jeder Zeile neu geschriebene Werk wurde von Rechtsanwälten, Steuerberatern, Praktikern aus den Steuerabteilungen großer Unternehmen, Angehörigen der Finanz- und Zollverwaltung, Hochschullehrern und Richtern der Finanzgerichtsbarkeit verfasst. Das Autorenteam, das sich aus allen Berufsgruppen zusammensetzt, die sich – in ihren unterschiedlichen Blickwinkeln – mit dem Umsatzsteuerrecht zu befassen haben, hat dabei die Aufgabe übernommen, den Rechtsanwender wie ein Lotse durch die vorstehend umschriebenen Unwägbarkeiten und Untiefen des Umsatzsteuerrechts zu geleiten.

Der Kommentar ist brandaktuell und berücksichtigt mit dem Rechtsstand 1.7.2020 bereits die Corona-Gesetzgebung, die insbesondere zu einer vorübergehenden Senkung der Steuersätze geführt hat. Auch die damit verbundenen Fragen und Probleme werden ausführlich erläutert.

München im September 2020

Christoph Wäger

Inhaltsübersicht

Erster Abschnitt
Steuergegenstand und Geltungsbereich (§§ 1–3g)

Zweiter Abschnitt
Steuerbefreiungen und Steuervergütungen (§§ 4–9)

Dritter Abschnitt
Bemessungsgrundlagen (§§ 10–11)

Vierter Abschnitt
Steuer und Vorsteuer (§§ 12–15a)

Fünfter Abschnitt
Besteuerung (§§ 16–22g)

Sechster Abschnitt
Sonderregelungen (§§ 23a–25f)

Siebenter Abschnitt
Durchführung, Bußgeld-, Straf-, Verfahrens-, Übergangs- und Schlussvorschriften (§§ 26–29)

Anlagen

Abkürzungsverzeichnis

a.A., A.A.	andere/r Ansicht
a.a.O.	am angegebenen Ort
abl.	ablehnend(e)
ABl. EG	Amtsblatt der Europäischen Gemeinschaften
ABl. EU	Amtsblatt der Europäischen Union
Abs.	Absatz
Abschn.	Abschnitt
AcP	Archiv für die civilistische Praxis (Zeitschrift)
AdV	Aussetzung der Vollziehung
a.E.	am Ende
AEAO	Anwendungserlass zur Abgabenordnung
AEUV	Vertrag über die Arbeitsweise der Europäischen Union
a.F.	alte Fassung
AfA	Absetzung für Abnutzung
AG	Aktiengesellschaft oder Amtsgericht
AGB	Allgemeine Geschäftsbedingungen
AIF	Alternative Investmentfonds
AIFM-StAnpG	Gesetz zur Anpassung des Investmentsteuergesetzes und anderer Gesetze an das AIFM-Umsetzungsgesetz
AIG	Auslandsinvestitionsgesetz
AktG	Aktiengesetz
ALG	Arbeitslosengeld oder Gesetz über die Alterssicherung der Landwirte
allg., Allg.	allgemein, Allgemeine
Alt.	Alternative
a.M.	andere/r Meinung
AmtshilfeRLUmsG	Amtshilferichtlinie-Umsetzungsgesetz
AnfG	Anfechtungsgesetz
Anh.	Anhang
Anl.	Anlage
Anm.	Anmerkung
AO	Abgabenordnung
AOA	Authorized OECD-Approach
ArbGG	Arbeitsgerichtsgesetz
arg.	argumentum (folgt aus)
Art.	Artikel
ASA	Archiv für Schweizerisches Abgabenrecht
ASiG	Gesetz über Betriebsärzte, Sicherheitsingenieure und andere Fachkräfte für Arbeitssicherheit
AStG	Außensteuergesetz
ATLAS	Automatisiertes Tarif- und Lokales Zollabwicklungssystem
AÜG	Arbeitnehmerüberlassungsgesetz
Aufl.	Auflage
AUR	Agrar- und Umweltrecht (Zeitschrift)
AW-Prax	Außenwirtschaftliche Praxis (Zeitschrift)
Az.	Aktenzeichen
B2B	Business to Business
B2C	Business to Customer
BA	Bundesagentur für Arbeit oder Betriebsausgabe
BAG	Bundesarbeitsgericht
BAGE	Amtliche Sammlung von Entscheidungen des Bundesarbeitsgerichts
BAnz.	Bundesanzeiger (Zeitschrift)

BauGB	Baugesetzbuch
BauR	Baurecht (Zeitschrift)
BayLfSt	Bayerisches Landesamt für Steuern
BayObLG	Bayerisches Oberstes Landesgericht
BB	Betriebs-Berater (Zeitschrift)
BC	Zeitschrift für Bilanzierung, Rechnungswesen und Controlling
Bd.	Band
Bdb.	Brandenburg
BdF	Bundesminister der Finanzen
Begr.	Begründung
Beil.	Beilage
Ber.	Bericht
Berlin-Bdb.	Berlin-Brandenburg
BerlinFG	Gesetz zur Förderung der Berliner Wirtschaft (Berlinförderungsgesetz)
Beschl.	Beschluss
bestr.	bestritten
betr.	betrifft, betreffend
BewG	Bewertungsgesetz
BFDG	Bundesfreiwilligengesetz
BFH	Bundesfinanzhof
BFHE	Sammlung amtlich veröffentlichter Entscheidungen des Bundesfinanzhofs
BFH/NV	Sammlung amtlich nicht veröffentlichter Entscheidungen des Bundesfinanzhofs (Zeitschrift)
BGB	Bürgerliches Gesetzbuch
BGBl.	Bundesgesetzblatt
BGH	Bundesgerichtshof
BGHReport	Schnelldienst zur Zivilrechtsprechung des BGH (Zeitschrift)
BGHSt	Amtliche Sammlung von Entscheidungen des Bundesgerichtshofs in Strafsachen
BGHZ	Amtliche Sammlung von Entscheidungen des Bundesgerichtshofs in Zivilsachen
BHO	Bundeshaushaltsordnung
BliwaG	Blindenwarenvertriebsgesetz
BliwaG-DVO	Verordnung zur Durchführung des Blindenwarenvertriebsgesetzes
BMF	Bundesministerium der Finanzen
BNotO	Bundesnotarordnung
BP	Betriebsprüfung
BpO	Betriebsprüfungsordnung
BR-Drucks.	Bundesrats-Drucksache
BReg.	Bundesregierung
BRH	Bundesrechnungshof
Bsp.	Beispiel
BStBl.	Bundessteuerblatt
BT-Drucks.	Bundestags-Drucksache
Buchst.	Buchstabe
BürgerEntlGKV	Bürgerentlastungsgesetz Krankenversicherung
BVerfG	Bundesverfassungsgericht
BVerfGE	Amtliche Sammlung von Entscheidungen des Bundesverfassungsgerichts
BVerfGG	Bundesverfassungsgerichtsgesetz
BVerwG	Bundesverwaltungsgericht
BVerwGE	Amtliche Sammlung von Entscheidungen des Bundesverwaltungsgerichts
BW	Baden-Württemberg
BZBl.	Bundeszollblatt
BZSt	Bundeszentralamt für Steuern

bzgl.	bezüglich
bzw.	beziehungsweise
ca.	circa
CMLR	Common market Law Review (Zeitschrift)
CR	Computer und Recht (Zeitschrift)
d.h.	das heißt
DAV	Deutscher Anwalt-Verein
DB	Der Betrieb (Zeitschrift)
DBA	Abkommen zur Vermeidung der Doppelbesteuerung
DepotG	Depotgesetz
ders.	derselbe
DGStZ	Deutsche Gemeindesteuerzeitung
DIHT	Deutscher Industrie- und Handelstag
DJH	Deutsches Jugendherbergswerk
DÖV	Die Öffentliche Verwaltung (Zeitschrift)
Doppelbuchst.	Doppelbuchstabe
DPMA	Deutsches Patent- und Markenamt
Drucks.	Drucksache
DStJG	Deutsche Steuerjuristische Gesellschaft (Veröffentlichungen der)
DStR	Deutsches Steuerrecht (Zeitschrift)
DStRE	Deutsches Steuerrecht, Entscheidungsdienst (Zeitschrift)
DStZ	Deutsche Steuerzeitung (Zeitschrift)
DVBl.	Deutsches Verwaltungsblatt (Zeitschrift)
DVO	Durchführungsverordnung
DVR	Deutsche Verkehrsteuerrundschau (Zeitschrift)
E	Entwurf
EC	European Community
ECLI	European Case Law Identifier
EDI	Electronic Data Interchange (Elektronischer Datenaustausch)
EDV	Elektronische Datenverarbeitung
EEG	Gesetz für den Vorrang Erneuerbarer Energien (Erneuerbare-Energien-Gesetz)
EFD	Eidgenössisches Finanzdepartement
EFG	Entscheidungen der Finanzgerichte (Zeitschrift)
EF-VO	Verordnung über die Eingangsabgabenfreiheit von Waren im persönlichen Gepäck der Reisenden – Einreise-Freimengen-Verordnung
EG	Europäische Gemeinschaften
EGBGB	Einführungsgesetz zum Bürgerlichen Gesetzbuch
EG-Richtlinie	Richtlinie des Rats der Europäischen Gemeinschaften
6. EG-RL	Richtlinie 77/388/EWG v. 17.5.1977 zur Harmonisierung der Rechtsvorschriften der Mitgliedstaaten über die Umsatzsteuern, Gemeinsames Mehrwertsteuersystem, einheitliche steuerpflichtige Bemessungsgrundlage, ABl. EG 1977 Nr. L 145, 1; ersetzt durch MwStSystRL
13. EG-RL	Richtlinie 86/560/EWG v. 17.11.1986 zur Erstattung der MwSt an nicht im Gebiet der Gemeinschaft ansässige Steuerpflichtige, ABl. EG 1986 Nr. L 326, 40
EGV	Vertrag der Europäischen Gemeinschaft
Einf.	Einführung
Einl.	Einleitung
Einzelbegr.	Einzelbegründung
EL	Ergänzungslieferung
endg.	endgültig

EnergieStG	Energiesteuergesetz
EnEV	Energieeinsparverordnung
Entsch.	Entscheidung
entspr.	entsprechend
Entw.	Entwurf
EPO	Europäische Patentorganisation
ErbbauRG	Erbbaurechtsgesetz
ErbStG	Erbschaftsteuer- und Schenkungsteuergesetz
Erkl.	Erklärung
Erl.	Erlass
ESt	Einkommensteuer
EStDV	Einkommensteuer-Durchführungsverordnung
EStG	Einkommensteuergesetz
EStH	Einkommensteuer-Hinweise
EStR	Einkommensteuer-Richtlinien, sog. (Allg. Verwaltungsvorschrift der Bundesregierung zur Einkommensteuer)
ET	European Taxation (Zeitschrift)
etc.	et cetera
eTIN	electronic Taxpayer Identification Number
EU	Europäische Union
EU-UStB	Der EU-Umsatz-Steuer-Berater (Zeitschrift)
EuGH	Europäischer Gerichtshof
EuGHE	Amtliche Sammlung der Entscheidungen des Europäischen Gerichtshofs
EU-Richtlinie	Richtlinie des Rats der Europäischen Union
EUSt	Einfuhrumsatzsteuer
EUStBV	Einfuhrumsatzsteuer-Befreiungsverordnung
EUV	Vertrag über die Europäische Union
EuZW	Europäische Zeitschrift für Wirtschaftsrecht
e.V.	eingetragener Verein
evtl.	eventuell
EWG	Europäische Wirtschaftsgemeinschaft
EWGV	Vertrag der Europäische Wirtschaftsgemeinschaft von 1957
EWIV	Europäische Wirtschaftliche Interessenvereinigung
EWR	Europäischer Wirtschaftsraum
EWS	Europäisches Steuer- und Wirtschaftsrecht (Zeitschrift)
f./ff.	folgende(r)
FA	Finanzamt
FAG	Finanzausgleichsgesetz
FamFG	Gesetz über das Verfahren in Familiensachen und in den Angelegenheiten der freiwilligen Gerichtsbarkeit
FG	Finanzgericht
FGO	Finanzgerichtsordnung
FinAussch.	Finanzausschuss
FinBeh.	Finanzbehörde
FinMin.	Finanzministerium
FinVerw.	Finanzverwaltung
Fn.	Fußnote
FR	Finanzrundschau (Zeitschrift)
FS	Festschrift
FVG	Gesetz über die Finanzverwaltung
FzgLiefgMeldV	Fahrzeuglieferungs-Meldepflichtverordnung
FZV	Fahrzeugzulassungsverordnung

G	Gesetz
GATT	General Agreement on Tariffs and Trade (Allgemeines Zoll- und Handelsabkommen)
GbR	Gesellschaft bürgerlichen Rechts
GDL	Gesetz über die Ermittlung des Gewinns aus Land- und Forstwirtschaft nach Durchschnittsätzen
GDPdU	Grundsätze zum Datenzugriff und zur Prüfbarkeit digitaler Unterlagen
gem.	gemäß
GEMA	Gesellschaft für musikalische Aufführungs- und mechanische Vervielfältigungsrechte
GemO	Gemeindeordnung
GenG	Genossenschaftsgesetz
GewO	Gewerbeordnung
GewStDV	Gewerbesteuer-Durchführungsverordnung
GewStG	Gewerbesteuergesetz
GewStR	Gewerbesteuer-Richtlinien
GG	Grundgesetz
ggf.	gegebenenfalls
ggü.	gegenüber
GiG	Geschäftsveräußerung im Ganzen
GKG	Gerichtskostengesetz
gl.A.	gleiche Ansicht
GmbH & Co. KG	Kommanditgesellschaft mit GmbH als Komplementär
GmbH	Gesellschaft mit beschränkter Haftung
GmbHG	Gesetz betreffend die Gesellschaften mit beschränkter Haftung
GmbHR	GmbH-Rundschau (Zeitschrift)
GMBl.	Gemeinsames Ministerialblatt
GoBD	Grundsätze zur ordnungsmäßigen Führung und Aufbewahrung von Büchern, Aufzeichnungen und Unterlagen in elektronischer Form sowie zum Datenzugriff
GoB	Grundsätze ordnungsgemäßer Buchführung
GoBS	Grundsätze ordnungsmäßiger DV-gestützter Buchführungssysteme
GrCH	Charta der Grundrechte der Europäischen Union
GrEStG	Grunderwerbsteuergesetz
GrS	Großer Senat
GRUR	Gewerblicher Rechtsschutz und Urheberrecht (Zeitschrift)
GST	Goods and Services Tax
GStB	Gestaltende Steuerberatung (Zeitschrift)
GüKG	Güterkraftverkehrsgesetz
GuV	Gewinn- und Verlustrechnung
GVBl.	Gesetz- und Verordnungsblatt
GVG	Gerichtsverfassungsgesetz
gVV	gemeinsames Versandverfahren
GWB	Gesetz gegen Wettbewerbsbeschränkungen
GwG	Geldwäschegesetz
GZT	Gemeinsamer Zolltarif
Halbs.	Halbsatz
HBeglG	Haushaltsbegleitgesetz
HebG	Hebammengesetz
HeimG	Heimgesetz
Hess.	Hessen, hessisch
HFR	Höchstrichterliche Finanzrechtsprechung (Zeitschrift)
HGB	Handelsgesetzbuch
h.L.	herrschende Lehre

h.M.	herrschende Meinung
HOAI	Honorarordnung für Architekten und Ingenieure
HRRG	Hochschulrahmengesetz
Hrsg.	Herausgeber
HZA	Hauptzollamt
HZAZustkV	Hauptzollamt-Zuständigkeitsverordnung
IATA	International Air Transport Association (Internationale Flug-Transport-Vereinigung)
IBFD	International Bureau of Fiscal Documentation
i.d.F.	in der Fassung
i.d.R.	in der Regel
i.E.	im Ergebnis
i.e.S.	im engeren Sinne
IFA	International Fiscal Association
IHK	Industrie- und Handelskammer
i.H.v.	in Höhe von
IMEI	International Mobile Station Equipment Identity
Inc.	Incorporated
INF	Information über Steuer und Wirtschaft (Zeitschrift)
inkl.	inklusive
insbes.	insbesondere
InsO	Insolvenzordnung
InvStG	Investmentsteuergesetz
InvZulG	Investitionszulagengesetz
IOSS	Import-One-Stop-Shop
i.S.d.	im Sinne der (des)
ISR	Internationale Steuer-Rundschau (Zeitschrift)
IStR	Internationales Steuerrecht (Zeitschrift)
i.V.m.	in Verbindung mit
IVM	International VAT Monitor (Zeitschrift)
IWB	Internationale Wirtschaftsbriefe (Zeitschrift)
i.w.S.	im weiteren Sinne
JbFfSt	Jahrbuch der Fachanwälte für Steuerrecht
Jg.	Jahrgang
jM	juris, Die Monatszeitschrift
JÖSchG	Gesetz zum Schutz der Jugend in der Öffentlichkeit
jPdöR	juristische Person des öffentlichen Rechts
JStG	Jahressteuergesetz
JuS	Juristische Schulung (Zeitschrift)
JuSchG	Jugendschutzgesetz
JVEG	Justizvergütungs- und -entschädigungsgesetz
JWG	Gesetz für Jugendwohlfahrt
JZ	Juristenzeitung (Zeitschrift)
KAG	Kommunalabgabengesetz
KAGB	Kapitalanlagegesetzbuch
KAGG	Gesetz über die Kapitalanlagegesellschaften
Kap.	Kapitel
KBV	Kleinbetragsverordnung
Kfz	Kraftfahrzeug
KF-VO	Verordnung über die Eingangsabgabenfreiheit von Waren in Kleinsendungen nichtkommerzieller Art – Kleinsendungs-Einfuhrfreimengen-Verordnung
KG	Kammergericht bzw. Kommanditgesellschaft

KGaA	Kommanditgesellschaft auf Aktien
KGReport	Schnelldienst zur Zivilrechtsprechung des KG Berlin (Zeitschrift)
KJHG	Kinder- und Jugendhilfegesetz
KMU	kleinere und mittlere Unternehmen
KN	Kombinierte Nomenklatur (= Gemeinsamer Zolltarif)
KO	Konkursordnung
KOM	Kommission (EU)
KöR	Körperschaft(en) des öffentlichen Rechts
KÖSDI	Kölner Steuerdialog (Zeitschrift)
KostO	Kostenordnung
KraftStG	Kraftfahrzeugsteuergesetz
KroatienAnpG	Gesetz zur Anpassung des nationalen Steuerrechts an den Beitritt Kroatiens zur EU und zur Änderung weiterer steuerlicher Vorschriften
KrWG	Gesetz zur Förderung der Kreislaufwirtschaft und Sicherung der umweltverträglichen Bewirtschaftung von Abfällen (Kreislaufwirtschaftsgesetz)
KStDV	Körperschaftsteuer-Durchführungsverordnung
KStG	Körperschaftsteuergesetz
KStR	Körperschaftsteuer-Richtlinie, sog. (Allg. Verwaltungsvorschrift der Bundesregierung zur Körperschaftsteuer)
KWG	Gesetz über das Kreditwesen
kWh	Kilowattstunde
KWK	Kraft-Wärme-Kopplung
l.Sp.	linke Spalte
LAG	Landesarbeitsgericht
LBO	Landesbauordnung
LFD	Landesfinanzdirektion
Lfg.	Lieferung
LG	Landgericht
Lkw	Lastkraftwagen
LS	Leitsatz
LStDV	Lohnsteuer-Durchführungsverordnung
LStR	Lohnsteuer-Richtlinien
lt.	laut
LuF	Land- und Forstwirtschaft
Ltd.	Private limited company by shares
LuftVG	Luftverkehrsgesetz
LuftVZO	Luftverkehrszulassungsordnung
m.	mit
MA	Musterabkommen
MarkenG	Markengesetz
m.a.W., M.a.W.	mit anderen Worten
m.W.v.	mit Wirkung vom
max.	maximal
MDR	Monatsschrift für Deutsches Recht (Zeitschrift)
m.E.	meines Erachtens
MIAS	Mehrwertsteuer-Informations-Austausch-System
mind.	mindestens
MinöStG	Mineralölsteuergesetz
Mio.	Million, Millionen
Mitt.	Mitteilung(en)
m.N.	mit Nachweisen
MOSS	Mini-One-Stop-Shop („kleine einzige Anlaufstelle“)
MPHG	Masseur- und Physiotherapeutengesetz

Mrd.	Milliarde
MRN	Master Reference Number
MV	Mecklenburg-Vorpommern
MVZ	medizinisches Versorgungszentrum
m.w.N.	mit weiteren Nachweisen
m.W.z.	mit Wirkung zum
MwSt	Mehrwertsteuer
MwStVO	VO (EU) Nr. 282/2011 v. 15.3.2011 zur Festlegung von Durchführungsvorschriften zur Richtlinie 2006/112/EG über das gemeinsame Mehrwertsteuersystem, ABl. EU 2011 Nr. L 77, 1
MwSt-IdNr.	Mehrwertsteuer-Identifikationsnummer
MwStR	Zeitschrift für das gesamte Mehrwertsteuerrecht
MwStSystRL	Richtlinie 2006/112/EG v. 28.11.2006 über das gemeinsame Mehrwertsteuersystem, ABl. EU 2006 Nr. L 347, 1
NATO-ZAbk.	Zusatzabkommen zu dem Abkommen zwischen den Parteien des Nordatlantikvertrages über die Rechtsstellung ihrer Truppen hinsichtlich der in der Bundesrepublik Deutschland stationierten ausländischen Truppen vom 3.8.1959 (BGBl. II 1961, 1183, 1218)
Nds.	Niedersachsen
n.F.	neue Fassung
NJW	Neue Juristische Wochenschrift (Zeitschrift)
NJW-RR	Neue Juristische Wochenschrift – Rechtsprechungsreport (Zeitschrift)
Nr.	Nummer
nrkr.	nicht rechtskräftig
NVwZ	Neue Zeitschrift für Verwaltungsrecht
NVwZ-RR	Neue Zeitschrift für Verwaltungsrecht – Rechtsprechungsreport (Zeitschrift)
NWB	Neue Wirtschafts-Briefe für Steuer- und Wirtschaftsrecht (Zeitschrift)
NZB	Nichtzulassungsbeschwerde
NZI	Neue Zeitschrift für das Recht der Insolvenz und Sanierung
NZV	Neue Zeitschrift für Verwaltungsrecht
o.ä., o.Ä.	oder ähnliche(s), oder Ähnliche(s)
OECD	Organization for Economic Cooperation and Development
OECD-MA	OECD-Musterabkommen zur Vermeidung von Doppelbesteuerung von Einkommen und Vermögen (Model Tax Convention on Income and on Capital)
OFD	Oberfinanzdirektion
o.g.	oben genannt(e)
OGAW	Organismen für gemeinsame Anlagen in Wertpapieren
OHG	Offene Handelsgesellschaft
OLG	Oberlandesgericht
OSS	One-Stop-Shop
Österr.	Österreich, österreichisch
ÖStZ	Österreichische Steuerzeitung (Zeitschrift)
öUStG	österreichisches Umsatzsteuergesetz
ÖVwGH	Österreichischer Verwaltungsgerichtshof
o.V.	ohne Verfasser
OVG	Oberverwaltungsgericht
OWiG	Gesetz über Ordnungswidrigkeiten
PartG	Parteiengesetz
PartGG	Partnerschaftsgesellschaftsgesetz
PatG	Patentgesetz
PBefG	Personenbeförderungsgesetz
PflegeVG	Pflegeversicherungsgesetz

PIStB	Praxis Internationale Steuerberatung (Zeitschrift)
Pkw	Personenkraftwagen
PostG	Postgesetz
PostO	Postordnung
PUDLV	Post-Universaldienstleistungsverordnung
R	Abschnitt der Einkommensteuer-Richtlinien, Körperschaftsteuer-Richtlinien u.a.
RabG	Rabattgesetz
RAO	Reichsabgabenordnung
rd.	rund
RdF	Reichsminister der Finanzen
Rdvfg.	Rundverfügung
Reg.-Begr.	Regierungsbegründung
RegE	Regierungsentwurf
RennwLottG	Rennwett- und Lotteriegesetz
Rev.	Revisionsaktenzeichen (BFH)
RFH	Reichsfinanzhof
RGBl.	Reichsgesetzblatt
Rh.-Pf.	Rheinland-Pfalz
RIW	Recht der Internationalen Wirtschaft (Zeitschrift)
rkr.	rechtskräftig
RL	EG-, EU-Richtlinie
Rs.	Rechtssache
r.Sp.	rechte Spalte
Rspr.	Rechtsprechung
RStBl.	Reichssteuerblatt
RV	Rentenversicherung
RVG	Gesetz über die Vergütung der Rechtsanwältinnen und Rechtsanwälte
RVO	Reichsversicherungsordnung
Rz.	Randzahl
S.	Seite
s.	siehe
Saarl.	Saarland
Sachs.	Sachsen
Sächs.	Sächsisch
Sachs.-Anh.	Sachsen-Anhalt
SAM	Steueranwaltsmagazin
ScheckG	Scheckgesetz
SchiffsRG	Schiffsregistergesetz
Schl.-Holst.	Schleswig-Holstein
Schr.	Schreiben
SchwarzArbG	Gesetz zur Bekämpfung der Schwarzarbeit und illegalen Beschäftigung
SEStEG	Gesetz über steuerliche Begleitmaßnahmen zur Einführung der Europäischen Gesellschaft und zur Änderung weiterer steuerlicher Vorschriften
SGB	Sozialgesetzbuch
SGG	Sozialgerichtsgesetz
sog.	sogenannt(e)
Sp.	Spalte
st.	ständig(e)
StÄndG	Steueränderungsgesetz
StB	Der Steuerberater (Zeitschrift)
StBerG	Steuerberatungsgesetz
Stbg	Die Steuerberatung (Zeitschrift)

StBGebV	Gebührenverordnung für Steuerberater, Steuerbevollmächtigte und Steuerberatungsgesellschaften
StbJb.	Steuerberater-Jahrbuch
StBp	Die steuerliche Betriebsprüfung (Zeitschrift)
StBVV	Steuerberatervergütungsverordnung
StBW	Steuerberater-Woche (Zeitschrift)
StC	SteuerConsultat (Zeitschrift)
StDÜV	Steuerdatenübermittlungsverordnung
StEd	Steuer-Eildienst
StEK	Steuer-Erlass-Kartei (Loseblatt)
StGB	Strafgesetzbuch
StKongrRep	Steuerkongress-Report
Stpfl.	Steuerpflichtiger
StPO	Strafprozessordnung
str.	streitig
StRefG	Steuerreformgesetz
StromNZV	Stromnetzzugangsverordnung
StSenkG	Steuersenkungsgesetz
StuB	Steuern und Bilanzen (Zeitschrift)
StuW	Steuer und Wirtschaft (Zeitschrift)
StVBG	Steuerverkürzungsbekämpfungsgesetz
StVj	Steuerliche Vierteljahresschrift (Zeitschrift)
StVG	Straßenverkehrsgesetz
StVO	Straßenverkehrsordnung
StVollzG	Gesetz über den Vollzug der Freiheitsstrafe und der freiheitsentziehenden Maßregeln der Besserung und Sicherung – Strafvollzugsgesetz
StVZO	Straßenverkehrs-Zulassungs-Ordnung
SvEV	Sozialversicherungsentgeltverordnung
swi	Steuer und Wirtschaft international (Zeitschrift)
TEHG	Treibhausgas-Emissionshandelsgesetz
Thür.	Thüringen, Thüringer
TierZG	Tierzuchtgesetz
TKG	Telekommunikationsgesetz
TVG	Tarifvertragsgesetz
Tz.	Textziffer
u.	und
u.a.	und andere; unter anderem
u.ä., u.Ä.	und ähnliche(s); und Ähnliche(s)
Ubg	Die Unternehmensbesteuerung (Zeitschrift)
UmwG	Umwandlungsgesetz
UmwStG	Umwandlungssteuergesetz
UNICEF	United Nations International Children's Emergency Fund (Weltkinderhilfswerk)
Unterabs.	Unterabsatz
UR	Umsatzsteuer-Rundschau (Zeitschrift)
UrhG	Urhebergesetz
UrhWG	Gesetz über die Wahrnehmung von Urheberrechten und verwandten Schutzrechten
Urt.	Urteil
USt	Umsatzsteuer
UStAE	Umsatzsteuer-Anwendungserlass des BMF
UStÄndG	Umsatzsteuer-Änderungsgesetz
UStBMG	Umsatzsteuer-Binnenmarktgesetz

UStDB	Umsatzsteuer-Durchführungsbestimmungen (1926–1967)
UStDV	Umsatzsteuer-Durchführungsverordnung
UStErstV	Umsatzsteuererstattungsverordnung
UStG	Umsatzsteuergesetz
USt-Hdb.	Umsatzsteuer-Handbuch
USt-IdNr.	Umsatzsteuer-Identifikationsnummer
UStR	Umsatzsteuer-Richtlinien, sog. (Allg. Verwaltungsverordnung der Bundesregierung zur Umsatzsteuer); zuletzt UStR 2008, BStBl. I 2007, Sondernummer; seit 1.10.2010 UStAE
UStRef.	Umsatzsteuerreferenten
UStZustV	Umsatzsteuerzuständigkeitsverordnung
usw.	und so weiter
u.U.	unter Umständen
UVR	Umsatzsteuer- und Verkehrsteuer-Recht (Zeitschrift)
UWG	Gesetz gegen den unlauteren Wettbewerb
UZK	Unionszollkodex
UZK-DA	Delegierte Verordnung zum Unionszollkodex
UZK-IA	Durchführungsverordnung zum Unionszollkodex
UZK-TDA	Zweite Delegierte Verordnung zum Unionszollkodex
v.	von, vom
VAT	Value Added Tax
VAT-Monitor	International VAT-Monitor (Zeitschrift)
VBl.	Verwaltungsblatt
VE	Vieheinheiten
Verf.	Verfasser
VerlG	Verlagsgesetz
VersR	Versicherungsrecht (Zeitschrift)
VersStG	Versicherungsteuergesetz
Vfg.	Verfügung
vGA	verdeckte Gewinnausschüttung
VGH	Verwaltungsgerichtshof
v.H.	vom Hundert
vgl.	vergleiche
ViDA	VAT in the Digital Age
VO	Verordnung
VOB	Vergabe- und Vertragsordnung für Bauleistungen
VOL	Vergabe- und Vertragsordnung für Leistungen, ausgenommen Bauleistungen
Voraufl.	Vorauflage
Vorbem.	Vorbemerkung
VSF	Vorschriftensammlung der Bundesfinanzverwaltung
VV	Verwaltungsvorschrift
VvaG	Versicherungsverein auf Gegenseitigkeit
VwVfG	Verwaltungsverfahrensgesetz
VwGO	Verwaltungsgerichtsordnung
VwZG	Verwaltungszustellungsgesetz
VZ	Veranlagungszeitraum/Voranmeldungszeitraum
vZTA	verbindliche Zolltarifauskunft
WachsChG	Gesetz zur Stärkung von Wachstumschancen, Investitionen und Innovation sowie Steuervereinfachung und Steuerfairness
WCO	World Customs Organisation
WCR	World Commerce Review (Zeitschrift)
WEG	Wohnungseigentumsgesetz
WertZO	Wertzollordnung

WG	Wechselgesetz
WHG	Wasserhaushaltsgesetz
wistra	Zeitschrift für Wirtschaft, Steuer, Strafrecht
WJVL	World Journal of VAT/GST Law (Zeitschrift)
WM	Wertpapiermitteilungen (Zeitschrift)
WoBauFG	Wohnungsbauförderungsgesetz
WoBauG	Wohnungsbaugesetz
WoEigG	Wohnungseigentumsgesetz
WoPG	Wohnungsbau-Prämiengesetz
Wpg	Die Wirtschaftsprüfung (Zeitschrift)
WpHG	Wertpapierhandelsgesetz
WP	Wirtschaftsprüfer
WPO	Wirtschaftsprüferordnung
WRV	Weimarer Reichsverfassung
WTJ	World Tax Journal (Zeitschrift)
WTO	Welthandelsorganisation
XRechnung	Standard für die Art und die technische Zusammensetzung der Rechnungsinformationen in einem XML-Datensatz
ZA	Zollamt
z.B.	zum Beispiel
ZfZ	Zeitschrift für Zölle und Verbrauchsteuern
ZG	Zollgesetz
ZGB-DDR	Zivilgesetzbuch der Deutschen Demokratischen Republik
Ziff.	Ziffer
ZinsO	Zeitschrift für das gesamte Insolvenzrecht
ZIP	Zeitschrift für Insolvenzpraxis
zit.	zitiert
ZK	Zollkodex
ZK-AO-AnpG	Gesetz zur Anpassung der Abgabenordnung an den Zollkodex der Union und zur Änderung weiterer steuerlicher Vorschriften
ZK-DVO	Zollkodex-Durchführungsverordnung
ZM	Zusammenfassende Meldung
ZMDV	Datenträger-Verordnung über die Abgabe Zusammenfassender Meldungen
ZMR	Zeitschrift für Miet- und Raumrecht
ZnA	Zollabfertigung nach Aufzeichnung
ZnG	Zollbehandlung nach Gestellungsbefreiung
ZollV	Zollverordnung
ZollVG	Zollverwaltungsgesetz
ZPLA	Zolltechnische Prüfungs- und Lehranstalt
ZPO	Zivilprozessordnung
ZT	Zolltarif – Deutscher Zolltarif -
ZTA	Zolltarifauskunft
ZUGFeRD	Zentraler User Guide des Forums elektronische Rechnung Deutschland
zust.	zustimmend
ZVB	Zusätzliche Vertragsbedingungen für die Ausführung von Bauleistungen
ZVG	Zwangsversteigerungsgesetz
zzgl.	zuzüglich
z.T.	zum Teil
zzt.	zurzeit

Erster Abschnitt
Steuergegenstand und Geltungsbereich (§§ 1–3g)

§ 1 Steuerbare Umsätze

(1) Der Umsatzsteuer unterliegen die folgenden Umsätze:

1. die Lieferungen und sonstigen Leistungen, die ein Unternehmer im Inland gegen Entgelt im Rahmen seines Unternehmens ausführt. [2]Die Steuerbarkeit entfällt nicht, wenn der Umsatz auf Grund gesetzlicher oder behördlicher Anordnung ausgeführt wird oder nach gesetzlicher Vorschrift als ausgeführt gilt;

2. (weggefallen)

3. (weggefallen)

4. die Einfuhr von Gegenständen im Inland oder in den österreichischen Gebieten Jungholz und Mittelberg (Einfuhrumsatzsteuer);

5. der innergemeinschaftliche Erwerb im Inland gegen Entgelt.

(1a) [1]Die Umsätze im Rahmen einer Geschäftsveräußerung an einen anderen Unternehmer für dessen Unternehmen unterliegen nicht der Umsatzsteuer. [2]Eine Geschäftsveräußerung liegt vor, wenn ein Unternehmen oder ein in der Gliederung eines Unternehmens gesondert geführter Betrieb im Ganzen entgeltlich oder unentgeltlich übereignet oder in eine Gesellschaft eingebracht wird. [3]Der erwerbende Unternehmer tritt an die Stelle des Veräußerers.

(2) [1]Inland im Sinne dieses Gesetzes ist das Gebiet der Bundesrepublik Deutschland mit Ausnahme des Gebiets von Büsingen, der Insel Helgoland, der Freizonen im Sinne des Artikels 243 des Zollkodex der Union (Freihäfen), der Gewässer und Watten zwischen der Hoheitsgrenze und der jeweiligen Strandlinie sowie der deutschen Schiffe und der deutschen Luftfahrzeuge in Gebieten, die zu keinem Zollgebiet gehören. [2]Ausland im Sinne dieses Gesetzes ist das Gebiet, das danach nicht Inland ist. [3]Wird ein Umsatz im Inland ausgeführt, so kommt es für die Besteuerung nicht darauf an, ob der Unternehmer deutscher Staatsangehöriger ist, seinen Wohnsitz oder Sitz im Inland hat, im Inland eine Betriebsstätte unterhält, die Rechnung erteilt oder die Zahlung empfängt. [4]Zollkodex der Union bezeichnet die Verordnung (EU) Nr. 952/2013 des Europäischen Parlaments und des Rates vom 9. Oktober 2013 zur Festlegung des Zollkodex der Union (ABl. L 269 vom 10.10.2013, S. 1, L 287 vom 20.10.2013, S. 90) in der jeweils geltenden Fassung.

(2a) [1]Das Gemeinschaftsgebiet im Sinne dieses Gesetzes umfasst das Inland im Sinne des Absatzes 2 Satz 1 und die Gebiete der übrigen Mitgliedstaaten der Europäischen Union, die nach dem Gemeinschaftsrecht als Inland dieser Mitgliedstaaten gelten (übriges Gemeinschaftsgebiet). [2]Das Fürstentum Monaco gilt als Gebiet der Französischen Republik; die Insel Man gilt als Gebiet des Vereinigten Königreichs Großbritannien und Nordirland [3]Drittlandsgebiet im Sinne dieses Gesetzes ist das Gebiet, das nicht Gemeinschaftsgebiet ist.

(3) [1]Folgende Umsätze, die in den Freihäfen und in den Gewässern und Watten zwischen der Hoheitsgrenze und der jeweiligen Strandlinie bewirkt werden, sind wie Umsätze im Inland zu behandeln:

1. die Lieferungen und die innergemeinschaftlichen Erwerbe von Gegenständen, die zum Gebrauch oder Verbrauch in den bezeichneten Gebieten oder zur Ausrüstung oder Versorgung eines Beförderungsmittels bestimmt sind, wenn die Gegenstände

a) nicht für das Unternehmen des Abnehmers erworben werden, oder

b) vom Abnehmer ausschließlich oder zum Teil für eine nach § 4 Nummer 8 bis 27 und 29 steuerfreie Tätigkeit verwendet werden;

2. die sonstigen Leistungen, die

a) nicht für das Unternehmen des Leistungsempfängers ausgeführt werden, oder

b) vom Leistungsempfänger ausschließlich oder zum Teil für eine nach § 4 Nummer 8 bis 27 und 29 steuerfreie Tätigkeit verwendet werden;

3. die Lieferungen im Sinne des § 3 Abs. 1b und die sonstigen Leistungen im Sinne des § 3 Abs. 9a;

4. die Lieferungen von Gegenständen, die sich im Zeitpunkt der Lieferung

a) in einem zollamtlich bewilligten Freihafen-Veredelungsverkehr oder in einer zollamtlich besonders zugelassenen Freihafenlagerung oder

b) einfuhrumsatzsteuerrechtlich im freien Verkehr befinden;

5. die sonstigen Leistungen, die im Rahmen eines Veredelungsverkehrs oder einer Lagerung im Sinne der Nummer 4 Buchstabe a ausgeführt werden;

6. (aufgehoben);

7. der innergemeinschaftliche Erwerb eines neuen Fahrzeugs durch die in § 1a Abs. 3 und § 1b Abs. 1 genannten Erwerber.

[2]Lieferungen und sonstige Leistungen an juristische Personen des öffentlichen Rechts sowie deren innergemeinschaftlicher Erwerb in den bezeichneten Gebieten sind als Umsätze im Sinne der Nummern 1 und 2 anzusehen, soweit der Unternehmer nicht anhand von Aufzeichnungen und Belegen das Gegenteil glaubhaft macht.

Schrifttum: *Burgmaier*, Der Börsengang aus umsatzsteuerrechtlicher Sicht, UStB 2002, 57; *Englisch*, Darlehensvergabe im Konzern, MwStR 2016, 401; *Erdbrügger*, Mögliche Einflüsse der Bekämpfung von Steuerhinterziehungen und des Mehrwertsteuerbetrugs auf die künftige Ausgestaltung des Mehrwertsteuersystems, MwStR 2018, 685; *Husmann*, Nichtsteuerbare Geschäftsveräußerungen – Zum Anwendungsbereich des § 1 Abs. 1a UStG, UR 1994, 333; *Ismer/Artinger*, Internationale Doppelbesteuerung im Mehrwertsteuerrecht: Ursachen und mögliche Lösungen, MwStR 2018, 12; *Korf*, Über die Untauglichkeit des Reverse-Charge-Verfahrens als Maßnahme gegen den Umsatzsteuerbetrug, UVR 2014, 187; *Pyszka*, Umsatzsteuer bei Umwandlungen, DStR 2011, 545; *Pyszka*, Vorsteuerabzug beim Beteiligungserwerb: Auswirkung einer Verschmelzung von Akquisitions- und Zielgesellschaft, DStR 2011, 1013; *Reiß*, Rechtsnachfolge im Umsatzsteuerrecht, StVj 1989, 103; *Reiß*, Sacheinlagen, Geschäftseinbringungen, Umwandlungen von Unternehmensträgern und steuerfreie Umsätze von Gesellschaftsanteilen, UR 1996, 357; *Schwarz*, Ist die Umwandlung einer Personengesellschaft in eine Kapitalgesellschaft eine Geschäftsveräußerung?, UR 1990, 374; *Schwarz*, Nichtsteuerbare Umsätze im Rahmen von Geschäftsveräußerungen – ein Fortschritt?, UR 1994, 185; *Seer*, Die umsatzsteuerliche Behandlung der Umwandlung von Einzelunternehmen, Personen- und Kapitalgesellschaften, DStR 1988, 367; *Stenert*, Die Realteilung im Umsatzsteuerrecht, DStR 2018, 765; *Vobbe/Thiele*, Die umsatzsteuerrechtlichen Folgen des Brexits, UR 2019, 209; *Wäger*, Steuerbare Leistungen im Rahmen von Gesellschaftsverhältnissen, UR 2008, 69.

A. Grundaussagen

I. Regelungsgegenstand und Bedeutung

1. Regelungsgegenstand

1 **§ 1 Abs. 1 UStG** regelt, welche Umsätze der Umsatzsteuer unterliegen. Wie sich aus der Überschrift der Vorschrift ergibt, werden die der Umsatzsteuer unterliegenden Umsätze auch als „steuerbar" bezeichnet. Hierbei handelt es sich um **entgeltliche Leistungen** (Nr. 1), **Einfuhren** (Nr. 4) **und innergemeinschaftliche Erwerbe** (Nr. 5) **im Inland**. Die Vorschrift hat eine zentrale Stellung im UStG und verweist in vielfältiger Hinsicht auf andere Vorschriften im UStG, die Einzelfragen der in § 1 Abs. 1 UStG aufgeführten Tatbestandsmerkmale festlegen. Die früheren Nr. 2 und 3 über die seinerzeit sog. Eigenverbrauchstatbestände wurden mit dem Steuerentlastungsgesetz 1999/2000/2002[1] aus § 1 Abs. 1 UStG herausgenommen und sind nunmehr, angepasst an die Vorgaben des Unionsrechts, in § 3 Abs. 1b und 9a UStG über die unentgeltlichen Wertabgaben geregelt.

2 Nach **§ 1 Abs. 1a UStG** sind **Geschäftsveräußerungen im Ganzen** nicht steuerbar. Bei dieser Regelung handelt es sich um eine Vereinfachung (Rz. 233), die insbesondere bei Unternehmenskäufen und Umstrukturierungen eingreift. Trotzdem besteht kein Wahlrecht bezüglich der Anwendung des § 1 Abs. 1a UStG.

3 **§ 1 Abs. 2 und 2a UStG** ergänzen § 1 Abs. 1 UStG, aber auch andere Tatbestände des UStG, in dem sie definieren, was unter die Begriffe **Inland und Ausland** (Rz. 297 ff.) **sowie das Gemeinschaftsgebiet** (Rz. 312 ff.) fällt. Freihäfen und sowie die Gewässer und Watten zwischen der Standlinie und der deutschen Hoheitsgrenze zählen hiernach nicht zum Inland (Rz. 297 ff.).

4 **§ 1 Abs. 3 UStG** unterwirft allerdings bestimmte **Umsätze in den Freihäfen und den deutschen Gewässern und Watten** der Umsatzsteuer (Rz. 320 ff.), obwohl diese nicht Inland i.S.d. Absatzes 2 sind.

2. Bedeutung

a) Steuerbare Umsätze (§ 1 Abs. 1 UStG)

aa) Funktionsweise der Umsatzsteuer

5 § 1 Abs. 1 UStG führt dazu, dass im Grundsatz **Umsätze auf jeder Handelsstufe besteuert** werden. Denn die Steuerbarkeit hängt nicht davon ab, wer Leistungsempfänger ist. Die zweite zentrale Vorschrift des UStG ist daher § 15 Abs. 1 UStG über den **Vorsteuerabzug**. Soweit Unternehmer umsatzsteuerbare Leistungen beziehen, für die Vorsteuer geschuldet wird, sie über eine Rechnung i.S.d. §§ 14, 14a UStG verfügen, die die Vorsteuer ausweist und sie beabsichtigen, die Leistung für eigene steuer-

---

1 BGBl. I 1999, 402.

bare und steuerpflichtige Umsätze zu verwenden, werden sie von der Vorsteuer entlastet (§ 15 Rz. 35 ff.). Dadurch fällt die gesamte Steuer nur einmal an und bemisst sich nach dem letzten Umsatz in der Leistungskette. Hierin unterscheidet sich das Mehrwertsteuer-System von dem bis 1967 in Deutschland bestehenden Umsatzsteuer-System ohne Vorsteuerabzug, bei dem die Steuer mit jeder Handelsstufe kumulierte, wobei die Steuersätze freilich viel niedriger waren.

bb) Vorteile durch vollständige Erfassung von Umsätzen

Das Prinzip der **Allphasen-Netto-Umsatzsteuer** bietet den Vorteil, dass ein relativ hohes Maß an Si- 6
cherheit besteht, dass sämtliche Umsätze an Letztverbraucher tatsächlich besteuert werden, da alle Umsätze unterschiedslos besteuert werden. Bei einer Besteuerung nur der letzten Handelsstufe (wie z.B. bei den bestehenden Sales-Tax-Systemen oder den seit einiger Zeit diskutierten Reverse-Charge-Systemen[1]) wäre stets festzustellen, ob der jeweilige Abnehmer einer weiteren Handelsstufe angehört oder Letztverbraucher ist. Durch Täuschungshandlungen des Letztverbrauchers oder Fehler des Leistenden könnte ein unversteuerter Letztverbrauch erfolgen. Angesichts der großen Zahl von Transaktionen wäre eine Überwachung aufwändig und fehleranfällig. Das System bietet den weiteren Vorteil einer **starken Insolvenzabsicherung** für den Fiskus, da die Steuer zwar effektiv nur einmal anfällt, aber in Einzelbeträgen entlang der gesamten Leistungskette (auf den jeweiligen Mehrwert) erhoben wird. Wäre nur die letzte Handelsstufe zu besteuern, könnte eine Insolvenz des letzten leistenden Unternehmers in der Kette zu einem völligen Ausfall des Steueraufkommens führen (Anh. § 18 Rz. 5 ff. InsO).

cc) Nachteile durch Unsicherheiten beim Vorsteuerabzug

Der **neuralgische Punkt ist allerdings der Vorsteuerabzug.** Gelingt es einem Unternehmer nicht, 7
sich von der Vorsteuer zu entlasten, führt dies zu einer zu hohen Steuerlast, die im Regelfall ein Verlustgeschäft zur Folge hat. Bei häufig reproduzierten Fehlern in einem Massenverfahren kann dies zur Existenzgefährdung für die Unternehmer führen. Bereits eine verzögerte Auszahlung von Vorsteuerguthaben kann sich erheblich nachteilig auf die Unternehmensfinanzierung auswirken. Insoweit gilt die Umsatzsteuer weithin als die „gefährlichste" Steuerart für Unternehmen.

Aber auch für den Fiskus entstehen erhebliche Risiken, da das **Mehrwertsteuer-System betrugsanfäl-** 8
lig ist. Kriminelle Banden können Leistungsketten und -kreisläufe einrichten, bei denen ein Beteiligter von vornherein beabsichtigt, die in Rechnungen ausgewiesene Umsatzsteuer nicht an den Fiskus abzuführen, während beim Leistenden weiterhin der Vorsteuerabzug möglich ist, da dieser nicht von einer tatsächlichen Zahlung der ausgewiesenen Umsatzsteuer abhängt. Die Schäden sollen ganz erhebliche Höhen erreichen, wobei dies aber mangels statistischer Erhebungen nie im Einzelnen empirisch nachgewiesen wurde. Insoweit verwundert es nicht, dass seit geraumer Zeit über **Verbesserungen des bestehenden Systems** und die mögliche Einführung neuer Systeme diskutiert wird und viele Verschärfungen des Umsatzsteuerrechts in den letzten 20 Jahren auf die Betrugsbekämpfung zurückzuführen sind.[2]

dd) Beschränkung der Umsatzsteuer auf inländische Leistungen

Obwohl die Mehrwertsteuer eine erhebliche Bedeutung für den EU-Binnenmarkt hat, wird sie nicht 9
von der EU, sondern auf nationaler Ebene erhoben, ohne dass ein Ausgleich des Aufkommens zwischen den Mitgliedstaaten erfolgt. Bei grenzüberschreitenden Leistungen erfolgt die **Abgrenzung der Steuerhoheit** der betroffenen Staaten innerhalb des UStG im Rahmen der **Vorschriften zum Leistungsort.** § 1 Abs. 1 UStG besteuert nur Vorgänge im Inland. Der Inlandsbegriff ist in Absatz 2 der Norm konkretisiert. Vervollständigt wird diese Regelung bei Lieferungen erst durch § 3 Abs. 6–8 UStG (§ 3 Rz. 336 ff.) sowie § 3c UStG (§ 3c Rz. 1 ff.) und § 3d UStG (§ 3d Rz. 1 ff.) über den Lieferort und die Steuerbefreiungen für Ausfuhren und innergemeinschaftliche Lieferungen. Bei sonstigen Leistungen erfolgt die Abgrenzung des Leistungsorts insbesondere nach § 3a UStG (§ 3a Rz. 1 ff.). Auf-

1 Kritisch dazu *Korf*, UVR 2014, 187.
2 *Erdbrügger*, MwStR 2018, 685.

grund der Rechtsharmonisierung innerhalb der EU sind die Leistungsortsvorschriften aufeinander abgestimmt und es kommt allenfalls in **wenigen Einzelfällen** zu einer **Doppel- oder Nichtbesteuerung** von Leistungen. Das System der Abgrenzung funktioniert grundsätzlich auch im Verhältnis zum Drittland, da sich zumindest auf OECD-Ebene weitgehend identische Vorstellungen über die Zuordnung der Besteuerungshoheit entwickelt haben. Eine Doppel- oder Nichtbesteuerung von Umsätzen ist aber letztlich nicht vollständig ausgeschlossen.[1]

ee) Umsatzsteuerbefreiungen

10 Bei bestimmten, an sich nach § 1 Abs. 1 UStG steuerbaren Umsätzen sieht das UStG eine **Steuerbefreiung** vor. Die Steuerbefreiungsvorschiften unterscheiden sich erheblich voneinander. Die Befreiungen in § 4 Nr. 1–7 UStG sind in der Regel eher technischer Natur und stehen im Zusammenhang mit der Abgrenzung der Aufkommenshoheit. Hierbei bleibt der Vorsteuerabzug nach § 15 Abs. 3 UStG erhalten (§ 15 Rz. 249 ff.). Dagegen sind die Befreiungen gemäß § 4 Nr. 8–29 UStG vorsteuerabzugsschädlich. Es handelt sich nur um Steuerbefreiungen bezüglich der Wertschöpfung beim leistenden Unternehmer, nicht jedoch um eine Befreiung von der Vorsteuer. In bestimmten Fällen dürfen steuerfreie Umsätze deshalb auch als steuerpflichtig behandelt werden (**„Option zur Umsatzsteuer“** gemäß § 9 UStG, z.B. im Immobilienbereich, s. § 9 Rz. 76 ff.).

ff) Ermäßigter Umsatzsteuersatz und Nullsteuersatz

11 Eine weitere Besonderheit sind der **ermäßigte Steuersatz** und der **Nullsteuersatz.** Die Steuersatzermäßigung gemäß § 12 Abs. 2 UStG begünstigt nach § 1 Abs. 1 UStG steuerbare Umsätze in der Weise, dass zwar die Ausgangsumsätze besteuert werden, dies aber nur zu einem ermäßigten Satz (7 % statt des Regelsteuersatzes von 19 %), der sich vor allem im Zusammenspiel mit dem auch bei ermäßigt besteuerten Umsätzen uneingeschränkt möglichen Vorsteuerabzug entlastend auswirkt (§ 12 Abs. 1 Rz. 11). In nicht wenigen Fällen ist der ermäßigte Steuersatz für die Gesamtbelastung günstiger als eine Steuerbefreiung ohne Vorsteuerabzug. Dies ist insbesondere bei besonders sachkostenbezogenen Leistungen der Fall, während bei eher personalkostenintensiven Leistungen die Steuerbefreiung zu einer höheren Entlastung führt. Noch extremer ergeben sich diese Auswirkungen beim Nullsteuersatz, der zum 1.1.2023 erstmals im deutschen Umsatzsteuerrecht eingeführt wurde. Bei einem Ausgangssteuersatz von 0 % kommt es infolge des weiter bestehenden Vorsteuerabzugsrechts zu einer vollständigen Entlastung von jeglichen Vorsteuern innerhalb der Leistungskette. Der Effekt tritt jedoch wie beim ermäßigten Steuersatz nur bei Leistungsempfängern ein, die nicht vorsteuerabzugsfähig sind (§ 12 Abs. 3 Rz. 2).

b) Geschäftsveräußerung im Ganzen (§ 1 Abs. 1a UStG)

aa) Nichtbesteuerung von Unternehmensverkäufen

12 § 1 Abs. 1a UStG regelt, dass die Übertragung eines Unternehmens oder eines gesondert geführten Betriebs eines Unternehmers nicht steuerbar ist. Im Rahmen einer umsatzsteuerlichen Einzelrechtsnachfolge übernimmt der Erwerber das Unternehmen. Die Regelung des § 1 Abs. 1a UStG greift im Wesentlichen nur, wenn ein Unternehmen im Rahmen einzelner Veräußerungsgeschäfte (sog. **„Asset-Deal“**, s. Rz. 275 ff.) oder im Rahmen einer Umwandlung übertragen und die bisherige unternehmerische Tätigkeit fortgeführt wird. Werden dagegen die Anteile eines Unternehmens veräußert (sog. **„Share Deal“**, s. Rz. 274), ist die Geschäftsveräußerung im Ganzen nur eingeschränkt anwendbar.

bb) Zweck der Nichtbesteuerung

13 Die Norm dient der **Vereinfachung** der **Übertragung von Unternehmen.**[2] Ohne die Regelung oder für den Fall, dass § 1 Abs. 1a UStG nicht anwendbar ist, liegen bei der Übertragung eines Unterneh-

1 Näher zur Doppel- oder Nichtbesteuerung von Leistungen *Ismer/Artinger*, MwStR 2018, 12.
2 EuGH, Urt. v. 27.11.2003 – C-497/01, ECLI:EU:C:2003:644 – Zita Modes, BFH/NV 2004, 128 = UR 2004, 19 m. Anm. *Wäger*, Rz. 39; BFH, Urt. v. 11.10.2007 – V R 57/06, BStBl. II 2008, 447 = UR 2008, 182.

mens eine Vielzahl von steuerbaren Umsätzen vor. Die umsatzsteuerliche Beurteilung folgt dabei unabhängig von der zivilrechtlichen Vertragsgestaltung, wonach die Übertragung eines Unternehmens im Regelfall auf einem schuldrechtlichen Vertrag beruht. Dies führt dazu, dass die einzelnen Leistungen jeweils umsatzsteuerlich zu würdigen sind. Hierbei kann es sich um steuerpflichtige oder steuerfreie (z.B. § 4 Nr. 9 Buchst. a UStG bei Grundstücken, s. § 4 Nr. 9 Buchst. a Rz. 1 ff.; § 4 Nr. 8 Buchst. f UStG bei Beteiligungen, s. § 4 Nr. 8 Rz. 92 ff.; § 4 Nr. 8 Buchst. c UStG bei der Forderungsabtretung, jeweils mit Optionsmöglichkeit, s. § 4 Nr. 8 Rz. 49 ff.) Umsätze handeln. Zudem kommen Steuersatzermäßigungen oder auch Besonderheiten in Bezug auf die Steuerschuldnerschaft (z.B. bei Grundstücken, § 13b Abs. 2 Nr. 3 UStG, s. § 13b Rz. 120 ff.) in Betracht. In diesem Zusammenhang ist auch eine Einzelbewertung der Leistungen erforderlich. Diese ist auch mit Blick auf die Ermittlung eines Vorsteuerberichtigungspotenzials beim Erwerber (§ 15a UStG, s. § 15a Rz. 1 ff.) von Bedeutung. Dieser Aufwand wird vermieden, wenn die einzelnen Umsätze nicht besteuert werden und der Erwerber einfach in die Position des Veräußerers einrückt.[1]

Daneben kann es ohne die Regelung zu **Liquiditätsnachteilen** durch die Erhebung von Umsatzsteuer kommen. Denn bei Unternehmenskäufen oder Umwandlungen sind oftmals hohe Werte betroffen. Für den Veräußerer kann ein Liquiditätsnachteil entstehen, wenn der Kaufpreis noch nicht bezahlt, die Umsatzsteuerschuld aber bereits entstanden ist. Je nach Fälligkeit des Kaufpreises und Vorliegen der Rechnung ist auf Erwerberseite die Umsatzsteuerbelastung bis zum Vorsteuerabzug zu finanzieren.[2] Bei größeren Beträgen ist auch möglich, dass die Vorsteuer erst verzögert ausbezahlt wird.[3] Darüber hinaus ist zu beachten, dass die FinVerw. ein entsprechend hohes Umsatzsteuerausfallrisiko trägt. 14

cc) Anwendung der Nichtbesteuerung auch auf unentgeltliche Unternehmensübertragungen

Auch bei **unentgeltlichen Unternehmensübertragungen** kann § 1 Abs. 1a UStG greifen.[4] Andernfalls wären diese nach § 3 Abs. 1b Nr. 1 oder § 3 Abs. 9a Nr. 1 UStG steuerbar. Bei teilentgeltlichen Vorgängen (z.B. Übernahme der betrieblichen Verbindlichkeiten) wäre u.U. die Mindestbemessungsgrundlage gemäß § 10 Abs. 5 Nr. 1 UStG zu beachten (§ 10 Rz. 188 f.).[5] Da bei unentgeltlichen Wertabgaben auf Erwerberseite kein Vorsteuerabzug möglich ist, würde es zu einer Umsatzsteuerbelastung kommen, die gegen das Neutralitätsprinzip verstößt. 15

c) Räumlicher Anwendungsbereich (§ 1 Abs. 2, 2a und 3 UStG)

§ 1 Abs. 2, 2a und 3 UStG sind die Vorschriften über den räumlichen Anwendungsbereich des UStG. 16

Von besonderer Bedeutung ist dabei der **Inlandsbegriff** gemäß § 1 Abs. 2 UStG. Denn nach § 1 Abs. 1 UStG sind nur Umsätze im Inland steuerbar. § 1 Abs. 1 und 2 UStG wären jedoch unvollständig ohne die Leistungsortsvorschriften in § 3 Abs. 6–8 UStG (§ 3 Rz. 336 ff.) und § 3a UStG (§ 3a Rz. 1 ff.). Denn erst aus diesen ergibt sich eine tatbestandsmäßige Verknüpfung eines steuerbaren Vorgangs mit dem Inlandsbegriff. Daneben verweisen zahlreiche weitere Vorschriften des UStG auf den Begriff des Inlands. Auch auf den Begriff des Auslands sowie den des Gemeinschaftsgebiets verweisen zahlreiche Vorschriften des UStG. 17

Die Regelungen in § 1 Abs. 3 UStG behandeln Umsätze in bestimmten Gebieten, die nach § 1 Abs. 2 UStG nicht zum Inland zählen, obwohl sie nach dem Unionsrecht zum Inland zählen. Hierbei handelt es sich um eine historisch entstandene Besonderheit. Die Umsätze werden so behandelt als seien sie im Inland bewirkt worden, um einen unversteuerten Letztverbrauch zu verhindern (Rz. 334). 18

---

1 *Nieskens* in Rau/Dürrwächter, § 1 UStG Rz. 1206 (Stand: August 2023).
2 *Nieskens* in Rau/Dürrwächter, § 1 UStG Rz. 1205 (Stand: August 2023).
3 *Jansen*, UStB 2015, 224 (228).
4 *Nieskens* in Rau/Dürrwächter, § 1 UStG Rz. 1204 (Stand: August 2023); *Oelmaier* in Sölch/Ringleb, § 1 UStG Rz. 172 (Stand: Oktober 2021); BFH, Urt. v. 25.6.1987 – V R 92/78, BStBl. II 1987, 655 = UR 1987, 320; BFH, Urt. v. 18.11.1999 – V R 13/99, BStBl. II 2000, 153 = UR 2000, 156 m. Anm. *Husmann*.
5 *Nieskens* in Rau/Dürrwächter, § 1 UStG Rz. 1204.1 (Stand: August 2023).

II. Unionsrechtliche Grundlagen

1. Einführung

19 Das Mehrwertsteuerrecht ist nach Art. 113 AEUV harmonisiertes Recht. Es ist im Wesentlichen durch die MwStSystRL vorgegeben, die seit 2007 gilt und inhaltlich in weiten Teilen ihrer Vorgängerregelung, der seit 1980 geltenden 6. EG-Richtlinie, entspricht.

20 **§ 1 UStG setzt die Vorgaben der MwStSystRL um.** Zu beachten ist, dass der deutsche Gesetzgeber anstelle des Begriffs des Steuerpflichtigen den des Unternehmers verwendet und anstelle des Begriffs der Mehrwertsteuer den der Umsatzsteuer. Anstelle des Begriffs der Dienstleistung wird der Begriff der sonstigen Leistung im deutschen Recht verwendet. Hierbei handelt es sich lediglich um **unterschiedliche Bezeichnungen.**

21 Die **MwStVO** sieht keine Vorgaben für den Regelungsbereich des § 1 UStG vor.

2. Steuerbare Umsätze (§ 1 Abs. 1 UStG)

22 Die Regelung in § 1 Abs. 1 UStG setzt die Vorgaben aus **Art. 2 Abs. 1 MwStSystRL** (Art. 2 Nr. 1 der 6. EG-Richtlinie) um:

23 Nach Art. 2 Abs. 1 Buchst. a MwStSystRL (Art. 2 Nr. 1 der 6. EG-Richtlinie) unterliegen Lieferungen von Gegenständen der Mehrwertsteuer, die ein Steuerpflichtiger als solcher im Gebiet eines Mitgliedsstaats gegen Entgelt tätigt. Aus Art. 2 Abs. 1 Buchst. c MwStSystRL (Art. 2 Nr. 1 der 6. EG-Richtlinie) ergibt sich die Steuerbarkeit von Dienstleistungen, die ein Steuerpflichtiger als solcher im Gebiet eines Mitgliedstaats gegen Entgelt erbringt. Dies entspricht § 1 Abs. 1 Nr. 1 UStG, der Lieferungen und sonstige Leistungen zusammenfasst. Die Regelung in Absatz 1 Nr. 1 Satz 2 UStG bezüglich der Umsätze aufgrund gesetzlicher oder behördlicher Anordnung beruht auf Art. 14 Abs. 2 Buchst. a sowie Art. 25 Buchst. c MwStSystRL (Art. 5 Abs. 4 Buchst. a und Art. 6 Abs. 1 Satz 2 Unterabs. 3 der 6. EG-Richtlinie).

24 Die Regelung über die Einfuhr in § 1 Abs. 1 Nr. 4 UStG findet ihre Entsprechung in Art. 2 Abs. 1 Buchst. d MwStSystRL (Art. 2 Nr. 2 der 6. EG-Richtlinie), nach der die Einfuhr von Gegenständen der Mehrwertsteuer unterliegt.

25 Art. 2 Abs. 1 Buchst. b MwStSystRL (Art. 28a Abs. 1 der 6. EG-Richtlinie) gibt wie § 1 Abs. 1 Nr. 5 UStG vor, dass der Erwerb von Gegenständen im Gebiet eines Mitgliedstaates gegen Entgelt der Mehrsteuer unterliegt. Ein Teil der unionsrechtlichen Vorgabe wird in §§ 1a ff. umgesetzt.

3. Geschäftsveräußerung im Ganzen (§ 1 Abs. 1a UStG)

26 **Art. 19 und 29 MwStSystRL** (Art. 5 Abs. 8 und Art. 6 Abs. 5 der 6. EG-Richtlinie) sind die unionsrechtlichen Grundlagen von § 1 Abs. 1a UStG. Die beiden Artikel sind **Kannbestimmungen** (Mitgliedstaatenwahlrechte), die von Deutschland umgesetzt wurden. Art. 19 MwStSystRL regelt den Fall nicht steuerbarer Lieferungen. Art. 29 MwStSystRL erweitert den Anwendungsbereich auf sonstige Leistungen.

27 Den **Anwendungsbereich** von Art. 19 und 29 MwStSystRL darf der nationale Gesetzgeber **nicht einschränken**, wenn er sich für eine Umsetzung entschieden hat.[1] Einzige Einschränkungsmöglichkeiten sind nach Art. 19 MwStSystRL die Vermeidung von Wettbewerbsverzerrungen und die Verhinderung von Steuerhinterziehung und -umgehung.

28 Zwischen der deutschen Umsetzung und der unionsrechtlichen Vorgabe sind **Unterschiede** bzgl. der **verwendeten Begriffe** festzustellen. Das Unionsrecht verwendet den Begriff der Übertragung eines

1 EuGH, Urt. v. 22.2.2001 – C-408/98 – Abbey National, ECLI:EU:C:2001:110, UR 2001, 164 m. Anm. *Wäger*, Rz. 30; EuGH, Urt. v. 27.11.2003 – C-497/01, ECLI:EU:C:2003:644 – Zita Modes, BFH/NV 2004, 128 = UR 2004, 19 m. Anm. *Wäger*, Rz. 29 ff.; EuGH, Urt. v. 10.11.2011 – C-444/10, ECLI:EU:C:2011:724 – Schriever, UR 2011, 937 m. Anm. *Ismer/Marchal*, Rz. 20 f.; EuGH, Urt. v. 30.5.2013 – C-651/11, ECLI:EU:C:2013:346, UR 2013, 582 m. Anm. *Marchal*, Rz. 29.

Vermögens oder Teilvermögens während der deutsche Gesetzgeber von einem Unternehmen oder einem gesondert geführten Betrieb spricht, das/der übereignet oder eingebracht wird. Der deutsche Gesetzgeber ging davon aus, dass die von ihm verwendeten Begriffe dem Unionsrecht entsprechen.[1] Der BFH weist darauf hin, dass die deutschen Begriffe unionsrechtskonform auszulegen sind.[2]

4. Räumlicher Anwendungsbereich (§ 1 Abs. 2, 2a und 3 UStG)

Nach Art. 5 Abs. 2 MwStSystRL (Art. 3 Abs. 1 Unterabs. 1 der 6. EG-Richtlinie) bezeichnen die Begriffe **„Mitgliedstaat und Gebiet eines Mitgliedstaats"** das Gebiet jedes Mitgliedstaates der Gemeinschaft, auf den nach Art. 299 EGV (nun Art. 52 EUV sowie Art. 355 AEUV) der EGV (nun AEUV) Anwendung findet, jedoch mit Ausnahme der in Art. 6 MwStSystRL (Art. 3 Abs. 3 der 6. EG-Richtlinie) genannten (Dritt-)Gebiete. In Art. 6 Abs. 2 Buchst. a und b MwStSystRL (Art. 3 Abs. 3 Unterabs. 1 der 6. EG-Richtlinie) sind Helgoland und Büsingen aufgeführt. Dies setzt § 1 Abs. 2 Satz 1 UStG über den Inlandsbegriff um (Rz. 297 ff.). Dort ist darüber hinaus geregelt, dass die Freihäfen und die Gewässer und Watten zwischen der Strandlinie und der deutschen Hoheitsgrenze nicht zum Inland zählen (Rz. 297 ff.). Dies bezieht sich, ebenso wie die Regelung in § 1 Abs. 3 UStG, auf die Protokollerklärung zu Art. 16 der 6. EG-Richtlinie.[3] 29

Die **Negativabgrenzung des Auslands** (alles, was nicht Inland ist) in § 1 Abs. 2 Satz 2 UStG findet ebenso wenig eine Entsprechung in der MwStSystRL wie die Regelung in § 1 Abs. 2 Satz 3 UStG, nach der es für die Annahme eines Inlandsumsatzes nicht auf den Sitz des Leistenden oder eine Rechnung oder Zahlung ankommt. Beide Punkte sind jedoch unschädliche Klarstellungen (Rz. 310). 30

Die Definition des Gemeinschaftsgebiets in § 1 Abs. 2a Satz 1 UStG entspricht der Vorgabe in Art. 5 Abs. 1 MwStSystRL (Art. 3 Abs. 1 Unterabs. 2 der 6. EG-Richtlinie). Die Sonderbehandlung der an sich nicht zum Gemeinschaftsgebiet zählenden Gebiete Monaco und Isle of Man beruht auf Art. 7 MwStSystRL (Art. 3 Abs. 4 der 6. EG-Richtlinie). In Art. 5 Abs. 4 MwStSystRL (Art. 3 Abs. 1 Unterabs. 3 der 6. EG-Richtlinie) ist vorgesehen, dass alle Gebiete, auf die der EGV (nunmehr AEUV) keine Anwendung findet, Drittland sind, was wiederum in § 1 Abs. 2a Satz 3 UStG umgesetzt ist (Rz. 318 f.). 31

Aufgrund des Austritts des Vereinigten Königreichs von Großbritannien und Nordirland aus der EU („**Brexit**") ist mit einer Anpassung von Art. 6 und 7 MwStSystRL zu rechnen. Dies wäre im deutschen Recht entsprechend umzusetzen.[4] 32

III. Verhältnis zu anderen Vorschriften und Rechtsentwicklung

1. Verhältnis zu anderen Vorschriften

a) Steuerbare Umsätze (§ 1 Abs. 1 UStG)

§ 1 Abs. 1 UStG ist die **zentrale Vorschrift** des UStG, die festlegt, welche **Umsätze steuerbar** sind und hierbei zahlreiche weitere Vorschriften in Bezug nimmt. 33

Dies trifft in besonders starkem Maße auf § 1 Abs. 1 Nr. 1 UStG zu. Die Norm verwendet den Begriff der Lieferung, der in § 3 Abs. 1 UStG definiert ist (§ 3 Rz. 7 ff.). Davon sind auch die gleichgestellten unentgeltlichen Wertabgaben gemäß § 3 Abs. 1b UStG erfasst (§ 3 Rz. 73 ff.). Das gleiche gilt für den in § 1 Abs. 1 Nr. 1 UStG verwendeten Begriff der sonstigen Leistung gemäß § 3 Abs. 9 UStG (§ 3 Rz. 500 ff.) und die gleichgestellten unentgeltlichen Wertabgaben gemäß § 3 Abs. 9a UStG (§ 3 Rz. 552 ff.). Bei der Ausstellung von Gutscheinen erfolgt teilweise eine Gleichstellung mit Lieferungen und sonstigen Leistungen (§ 3 Abs. 14 UStG, s. § 3 Rz. 679 ff.). Zudem bezieht sich die Vorschrift auf den Unternehmerbegriff gemäß § 2 Abs. 1 UStG (§ 2 Rz. 10 ff.). Für den Inlandsbegriff wird innerhalb des § 1 UStG auf Absatz 2 Bezug genommen (Rz. 297 ff.). 34

1 BT-Drucks. 12/5630, 84.
2 BFH, Urt. v. 19.12.2012 – XI R 38/10, BStBl. II 2013, 1053 = UR 2013, 494, Rz. 32.
3 BFH, Urt. v. 22.2.2017 – XI R 13/15, BStBl. II 2021, 782 = UR 2017, 464 (465).
4 Zu den Folgen des Brexit *Vobbe/Thiele*, UR 2019, 209.

35 § 1 Abs. 1 Nr. 4 UStG bezieht sich dagegen nicht auf eine Definition der Einfuhr. Diese ist nur in § 5 und § 11 sowie § 21 UStG bezüglich der Rechtsfolgen gesondert geregelt, wobei sich der Begriff an das Zollrecht anlehnt (§ 5 Rz. 13).

36 Dagegen bezieht sich § 1 Abs. 1 Nr. 5 UStG auf die Definition des innergemeinschaftlichen Erwerbs in § 1a-1c UStG (§ 1a Rz. 24 ff.).

37 Soweit Umsätze steuerbar sind, ist in einem weiteren Schritt zu klären, ob sie auch steuerpflichtig sind oder ob eine **Steuerbefreiung** eingreift. Die Regelungen über die Steuerbefreiungen finden sich in §§ 4–9 UStG.

38 Soweit Leistungen steuerbar und steuerpflichtig sind, wird die genaue **Bemessungsgrundlage** nach § 10 UStG ermittelt (§ 10 Rz. 1 ff.). Bei Einfuhren gilt die Regelung des § 11 UStG (§ 11 Rz. 1 ff.).

39 Aus § 12 UStG ergibt sich, welcher **Steuersatz** auf die ermittelte Bemessungsgrundlage für den steuerbaren und steuerpflichtigen Umsatz anzuwenden ist. Derzeit sind zwei Steuersätze vorgesehen. Der Regelsteuersatz liegt bei 19 % und der ermäßigte Steuersatz bei 7 %. Zudem gibt es seit 1.1.2023 auch einen Nullsteuersatz (§ 12 Abs. 3 Rz. 1 ff.).

40 § 13 UStG legt fest, in welchem **Zeitpunkt** die Umsatzsteuerschuld entsteht (§ 13 Rz. 1 ff.) und § 13a und § 13b UStG regeln, wer **Schuldner** der Steuer ist (§ 13a Rz. 1 ff. und § 13b Rz. 1 ff.).

b) Geschäftsveräußerung im Ganzen (§ 1 Abs. 1a UStG)

41 § 1 Abs. 1a UStG ist eine Ausnahme zu § 1 Abs. 1 UStG, indem er festlegt, dass grundsätzlich nach § 1 Abs. 1 UStG steuerbare Umsätze unter gewissen Voraussetzungen nicht steuerbar sind.

42 Die Geschäftsveräußerung im Ganzen beeinflusst den Vorsteuerabzug (§ 15 Abs. 1 UStG, s. § 15 Rz. 35 ff.) und den Vorsteuerschlüssel nach § 15 Abs. 4 UStG (§ 15 Rz. 267 ff.) nicht.

43 Die Geschäftsveräußerung im Ganzen löst keine Berichtigung nach § 15a UStG aus, da sie kein Verwendungsumsatz ist.[1] Der Korrekturzeitraum und die entsprechenden Vorsteuerabzugseigenschaften gehen im Rahmen der Einzelrechtsnachfolge nach § 1 Abs. 1a Satz 3 UStG auf den Erwerber über. Die Geschäftsveräußerung unterbricht den Berichtigungszeitraum nicht (§ 15a Abs. 10 Satz 1 UStG, s. § 15a Rz. 199 f.).

44 Wenn § 1 Abs. 1a UStG anwendbar ist, kommt weder die Steuerfreiheit nach § 4 UStG noch die Option zur Steuerpflicht nach § 9 Abs. 1 UStG zur Anwendung. Bei Grundstücksgeschäften wird allerdings oftmals vorsorglich optiert, um möglichen Fehleinschätzungen bezüglich des Bestehens einer Geschäftsveräußerung im Ganzen entgegenzuwirken (Rz. 265 ff.).

c) Räumlicher Anwendungsbereich (§ 1 Abs. 2, 2a und 3 UStG)

45 Die Regelungen zum räumlichen Anwendungsbereich (§ 1 Abs. 2 und 2a UStG, s. Rz. 297 ff. und Rz. 312 ff.) betreffen als Bezugspunkt Vorschriften im gesamten UStG. Immer wenn auf die Begriffe Inland, Ausland oder Gemeinschaftsgebiet Bezug genommen wird, ist auf diese Vorschriften zurückzugreifen.

46 § 1 Abs. 3 UStG bezieht sich seinerseits auf andere Vorschriften des UStG (Rz. 320 ff.).

2. Rechtsentwicklung

47 § 1 Abs. 1 UStG besteht in ähnlicher Form seit dem UStG 1967, mit dem die Allphasen-Netto-Umsatzsteuer in Deutschland eingeführt wurde. Infolge der Harmonisierung durch die 6. EG-Richtlinie kam es zum 1.1.1980 zu einer Neufassung, die bereits weitgehend der jetzigen Struktur entsprach. Durch das Steuerentlastungsgesetz 1999/2000/2002[2] wurden die sog. Eigenverbrauchstatbestände (§ 1 Abs. 1

1 BFH, Urt. v. 16.11.2016 – V R 1/15, BStBl. II 2022, 777 = UR 2017, 153, Rz. 28 m.w.N.
2 BGBl. I 1999, 402.

Nr. 2 und 3 UStG a.F.) nach § 3 UStG ausgegliedert, wodurch die Vorschrift ihre heutige Form erhielt.[1]

Die Vorschrift ist seit dem Umsatzsteuergesetz 2005 vom 21.2.2005[2] nur geringfügig verändert worden. 48

§ 1 Abs. 3 Satz 1 Nr. 1 und 2 UStG wurden durch das JStG 2007[3] geändert und Nr. 6 gestrichen. Nach der Änderung sind nunmehr auch Leistungen steuerbar, die für steuerfreie Umsätze ohne Vorsteuerabzug bezogen werden. 49

Im JStG 2008[4] wurde eine redaktionelle Folgeanpassung der Änderungen durch das JStG 2007 nachgezogen. Der Verweis in § 1 Abs. 3 Satz 2 UStG auf Satz 1 Nr. 6 ging nach dessen Streichung ins Leere. 50

Mit dem AmtshilfeRLUmsG[5] wurde in § 1 Abs. 2a UStG der Begriff der Europäischen Gemeinschaft durch den der Europäischen Union ersetzt. 51

Das JStG 2019[6] hat zum 1.1.2020 die Verweise in § 1 Abs. 3 UStG auf § 4 Nr. 8–27 UStG um die neu eingeführte Nr. 29 ergänzt. 52

Durch das JStG 2020[7] wurde § 1 Abs. 2 Satz 1 UStG durch einen Verweis auf den Zollkodex der EU modifiziert und in diesem Zusammenhang ein Satz 4 angefügt. Durch den Austritt des Vereinigten Königreichs Großbritannien und Nordirland aus der EU ist in absehbarer Zeit eine entsprechende Anpassung in § 1 Abs. 2a Satz 2 UStG zu erwarten.[8] 53

B. Entgeltliche Leistungen eines Unternehmers im Inland (Absatz 1 Nr. 1)

I. Lieferungen und sonstige Leistungen, die ein Unternehmer im Inland gegen Entgelt im Rahmen seines Unternehmens ausführt (Absatz 1 Nr. 1 Satz 1)

1. Lieferungen und sonstige Leistungen

a) Einführung

Steuerbar sind Lieferungen und sonstige Leistungen. § 3 Abs. 1 UStG definiert den Begriff der Lieferung als die Verschaffung der Verfügungsmacht an einem Gegenstand. Nach § 3 Abs. 9 UStG sind sonstige Leistung alle anderen Leistungen außer Lieferungen (§ 3 Rz. 500 ff.). 54

Die Unterscheidung zwischen Lieferungen und sonstigen Leistungen ist mit Blick auf die Bestimmung des Leistungsorts wichtig. Im Übrigen richten sich zahlreiche weitere Vorschriften nach der Einordnung als Lieferung oder sonstige Leistung, wie z.B. die Steuerbefreiungen und die Steuersatzermäßigungen. 55

Unentgeltliche Wertabgaben sind Lieferungen und sonstigen Leistungen nach § 3 Abs. 1b UStG und § 3 Abs. 9a UStG gleichgestellt. Nach § 3 Abs. 14 UStG gilt dies auch für sog. **Einzweck-Gutscheine** (§ 3 Rz. 679 ff.). 56

Als Lieferung gilt nach § 3 Abs. 1a UStG auch das innergemeinschaftliche Verbringen von Gegenständen aus dem Inland. Hierbei greift regelmäßig die Steuerbefreiung gemäß § 4 Nr. 1 Buchst. b i.V.m. § 6a UStG (§ 3 Rz. 58 ff.). 57

1 Zur Rechtsentwicklung bis 2005 vgl. ausführlich *Nieskens* in Rau/Dürrwächter, § 1 UStG Rz. 1–40 (Stand: August 2023).
2 BGBl. I 2005, 388.
3 BGBl. I 2006, 2894.
4 BGBl. I 2007, 3150.
5 BGBl. I 2013, 1809.
6 BGBl. I 2019, 2451.
7 BGBl. I 2020, 3096.
8 Zu den Folgen des Brexit *Vobbe/Thiele*, UR 2019, 209.

58 Tatbestandlich knüpft § 1 Abs. 1 Nr. 1 UStG allein an die Erbringung von Leistungen (Lieferungen und sonstige Leistungen) an. Diese **Begriffe sind unionsrechtlich autonom auszulegen** und beziehen sich daher nicht auf ein zivilrechtliches Verständnis, z.B. zur Frage der Eigentumsübertragung.[1] So kann eine Grundstücksübertragung mit Nießbrauchsvorbehalt keine Lieferung darstellen, weil keine Verfügungsmacht verschafft wird.[2]

59 Insoweit kommt auch die Unterscheidung im deutschen Zivilrecht von Verpflichtungs- und Erfüllungsgeschäft nicht zum Tragen. Regelmäßig kommt jedoch das Erfüllungsgeschäft als Besteuerungsgegenstand in Betracht. Dem Verpflichtungsgeschäft kommt vor allem eine Bedeutung bei der Bestimmung der Leistungsbeziehung und Entgeltlichkeit zu, entscheidend ist nach Auffassung des EuGH allerdings die wirtschaftliche Realität, da es Fälle geben kann, in denen die vertraglichen Vereinbarungen die **wirtschaftliche und geschäftliche Realität** ausnahmsweise nicht zutreffend abbilden.[3]

60 Für die Steuerbarkeit spielt es grundsätzlich keine Rolle, ob das zugrunde liegende Rechtsgeschäft zivilrechtlich anfechtbar oder nichtig ist. Lediglich bei bestimmten illegalen Tätigkeiten kann es an einer Steuerbarkeit fehlen (Rz. 71).

b) Einräumung eines konkreten individuellen Vorteils

61 Nach der Rechtsprechung des EuGH ist nur die Einräumung unmittelbarer wirtschaftlicher Vorteile eine Leistung.[4] Demnach liegt keine Leistung vor, wenn beispielsweise eine öffentliche Körperschaft allgemein Werbung für bestimmte Produkte treibt und die zur Leistung von Zwangsbeiträgen verpflichteten Unternehmen nur mittelbar oder reflexartig von der Werbung für die gesamte Branche profitieren.[5] Dies gilt ebenso für Stilllegungsprämien für Landwirte, da die Flächenstilllegung nach der EuGH-Rechtsprechung keinem identifizierbaren Verbraucher einen Vorteil einräumt[6] Auch der BFH geht davon aus, dass ein identifizierbarer Leistungsempfänger vorliegen muss, der einen verbrauchsfähigen Vorteil erhält.[7] Dies ist nicht der Fall, wenn ein Gesellschafter einer GmbH eine Kapitalausstattung zuwendet und er nur mittelbar von deren Tätigkeit profitiert.[8] Die FinVerw. hat im Zusammenhang mit der Freistellung von Personal gegen Entschädigung eine Reihe von Beispielen gebildet, bei denen nach ihrer Auffassung kein konkretisierbarer Leistungsempfänger vorliegt.[9]

c) Hingabe von Geld grundsätzlich keine Leistung

62 **Geld** stellt kein verbrauchsfähiges Gut dar. Seine Hingabe als Leistungsentgelt ist nicht für sich zu besteuern.[10]

1 EuGH, Urt. v. 6.2.2003 – C-185/01, ECLI:EU:C:2003:73 – Auto Lease Holland, UR 2003, 137, Rz. 32.
2 BFH, Urt. v. 13.11.1997 – V R 66/96, BFH/NV 1998, 555 = UR 1998, 101; BFH, Urt. v. 26.4.1995 – XI R 5/94, BStBl. II 1996, 248 = UR 1996, 121 m. Anm. *Weiß*; BFH, Urt. v. 8.11.1995 – XI R 63/94, BStBl. II 1996, 114 = UR 1996, 384; BFH, Urt. v. 18.11.1999 – V R 13/99, BStBl. II 2000, 153 = UR 2000, 156 m. Anm. *Husmann*; BFH, Urt. v. 20.7.1995 – V R 121/93, BFH/NV 1996, 270; BFH, Urt. v. 21.4.2005 – V R 11/03, BStBl. II 2007, 63 = UR 2006, 17; EuGH, Urt. v. 21.4.2005 – C-25/03, ECLI:EU:C:2005:241 – HE, BStBl. II 2007, 24 = UR 2005, 324.
3 EuGH, Urt. v. 20.6.2013 – C-653/11, ECLI:EU:C:2013:409 – Newey, UR 2013, 628; EuGH, Urt. v. 6.2.2003 – C-185/01, ECLI:EU:C:2003:73 – Auto Lease Holland, UR 2003, 137, Rz. 32.
4 EuGH, Urt. v. 29.2.1996 – C-215/94, ECLI:EU:C:1996:72 – Mohr, UR 1996, 119 m. Anm. *Widmann*, Rz. 21.
5 EuGH, Urt. v. 8.3.1988 – 102/86, ECLI:EU:C:1988:120 – Apple & Pear Development Council, UR 1989, 275 m. Anm. *Weiß*, Rz. 14.
6 EuGH, Urt. v. 18.12.1997 – C-384/95, ECLI:EU:C:1997:627 – Landboden-Agrardienste, UR 1998, 102 m. Anm. *Stapperfend*, Rz. 23; EuGH, Urt. v. 29.2.1996 – C-215/94, ECLI:EU:C:1996:72 – Mohr, UR 1996, 119 m. Anm. *Widmann*.
7 BFH, Urt. v. 18.12.2008 – V R 38/06, BStBl. II 2009, 749 = UR 2009, 525, Rz. 31; BFH, Urt. v. 23.9.2020 – XI R 35/18, BStBl. II 2022, 344 = UR 2021, 348 m. Anm. *Hüttemann*, Rz. 43.
8 BFH, Urt. v. 23.9.2020 – XI R 35/18, BStBl. II 2022, 344 = UR 2021, 348 m. Anm. *Hüttemann*, Rz. 57.
9 Abschn. 1. Abs. 16 UStAE.
10 Abschn. 1.1 Abs. 3 Satz 3 UStAE.

Die verzinsliche Anlage von Geld ist eine entgeltliche Leistung, aber nicht zwingend unternehmerisch.[1] 63

Dementsprechend ist auch der Tausch von Geld gegen anderes Geld grundsätzlich nicht steuerbar, außer wenn dafür eine Gebühr erhoben wird.[2] 64

Die **Schuldübernahme** ist nach der Rechtsprechung des BFH grundsätzlich keine Leistung, da sie nur den Charakter einer Entgeltentrichtung hat.[3] Der BFH geht allerdings davon aus, dass die Schuldübernahme in bestimmten Fällen einen Leistungscharakter haben kann, wenn der Übernehmende damit ein wirtschaftliches Ziel verfolgt.[4] Letzteres ist fraglich. Wenn ein Unternehmer eine Verpflichtung eines anderen Unternehmers übernimmt, kann dies m.E. nur entgeltlich sein, wenn er dafür seinerseits Vorteile eingeräumt bekommt, die über den Wert der bloßen Schuldübernahme hinausgehen, z.B. wenn der befreite Unternehmer einen höheren Betrag in bar leistet als er bislang schuldet.[5] Die FG-Rechtsprechung hat die Weiterbelastung von sog. **Remanenzkosten** als Teil der Bemessungsgrundlage behandelt.[6] 65

d) Steuerbarkeit unerlaubter Tätigkeiten

aa) Grundsatz der EuGH-Rechtsprechung

Nach der ständigen Rechtsprechung des EuGH und des BFH werden unerlaubte Tätigkeiten grundsätzlich genauso wie erlaubte Tätigkeiten besteuert, es gibt jedoch verschiedene Ausnahmen: 66

Der **Drogenhandel** wird in der Rechtsprechung als eine Ausnahme verstanden, bei der die Einfuhr oder die Lieferung der Betäubungsmittel nicht steuerbar sind. Der Grund dafür ist nach Ansicht des EuGH, dass Drogen außer in einem sehr engen medizinisch überwachten Rahmen unter keinen Umständen legal in den Wirtschafts- und Handelskreislauf eingeführt werden können und insoweit auch kein Wettbewerb entstehen kann. Die Einfuhr und der Handel geben nach der Rechtsprechung demnach nur Anlass zur Strafverfolgung, aber nicht zur Besteuerung.[7] Der EuGH wendet diese Grundsätze auch auf **Falschgeld** an.[8] 67

Dies gilt nach der Rechtsprechung – trotz einer möglichen Strafbarkeit – wiederum nicht für entgeltliche **Beihilfehandlungen** wie z.B. das Vermieten von Plätzen für den Drogenhandel, da es sich um eine wirtschaftliche Tätigkeit handelt und ein Wettbewerb bestehen kann.[9] Entscheidend ist damit nicht, ob eine Tätigkeit verboten ist, sondern ob es einen legalen Markt geben kann, mit dem sie in den Wettbewerb tritt. Die FinVerw. wendet dies auch auf die Vermittlung von Drogenlieferungen an.[10] 68

---

1 EuGH, Urt. v. 6.2.1997 – C-80/95, ECLI:EU:C:1997:56 – Harnas & Helm/Staatssecretaris van Financiën, UR 1997, 141; EuGH, Urt. v. 14.11.2000 – C-142/99, ECLI:EU:C:2000:623 – Floridienne und Berginvest, UR 2000, 530; EuGH, Urt. v. 26.6.2003 – C-442/01, ECLI:EU:C:2003:381 – Kap Hag Renditefonds, UR 2003, 443.

2 EuGH, Urt. v. 14.7.1998 – C-172/96, ECLI:EU:C:1996:354 – First National Bank of Chicago, UR 1996, 456; BFH, Urt. v. 31.7.1969 – V 94/65, BStBl. II 1969, 637; Abschn. 1.1 Abs. 3 Satz 3 UStAE.

3 BFH, Urt. v. 31.7.1969 – V 94/65, BStBl. II 1969, 637; BFH, Urt. v. 31.7.1969 – V R 149/66, BStBl. II 1970, 73; Abschn. 1.1 Abs. 3 Satz 5 UStAE.

4 BFH, Urt. v. 18.4.1962 – V 246/55 S, BStBl. III 1962, 292.

5 Dies ergibt sich als Umkehrschluss aus der Factoring-Rechtsprechung des EuGH, EuGH, Urt. v. 26.6.2003 – C-305/01, ECLI:EU:C:2003:377 – MKG-Kraftfahrzeuge-Factoring, UR 2003, 399 m. Anm. *Wäger*.

6 FG Baden-Württemberg, Urt. v. 16.3.2023 – 1 K 2865/21, UR 2024, 11 m. Anm. *Nieskens* (Rev. anhängig BFH V R 10/23).

7 EuGH, Urt. v. 28.2.1984 – 294/82, ECLI:EU:C:1984:1177 – Einberger II, UR 1984, 169; EuGH, Urt. v. 5.7.1988 – 269/86, ECLI:EU:C:1988:359 – Mol, UR 1989, 312, Rz. 18. Dies gilt selbst dann, wenn der Handel mit kleineren Mengen nicht besonders der Strafverfolgung unterworfen ist, EuGH, Urt. v. 5.7.1988 – 289/86, ECLI:EU:C:1988:3655 – Happy Family, UR 1989, 309 m. Anm. *Weiß*, Rz. 29. Dem folgend auch die FinVerw., vgl. FM Mecklenburg-Vorpommern, Erlass v. 9.3.2021 – S 7100-00000-2019/013, UR 2021, 607.

8 EuGH, Urt. v. 6.12.1990 – C-343/89, ECLI:EU:C:1990:445 – Witzemann, UR 1991, 148, Rz. 20.

9 EuGH, Urt. v. 29.6.1999 – C-158/98, ECLI:EU:C:1999:334 – Coffeeshop Siberie, UR 1999, 364, Rz. 22.

10 FM Mecklenburg-Vorpommern, Erlass v. 9.3.2021 – S 7100-00000-2019/013, UR 2021, 607.

69 Insoweit unterliegt der **Alkoholschmuggel** der (Einfuhr-)Umsatzsteuer, da der Schmuggel zwar strafbar sein mag, aber die Ware Alkohol frei handelbar ist. Insoweit besteht nach der Rechtsprechung auch ein Wettbewerb.[1]

bb) Kritik an der Rechtsprechung

70 Die **Sichtweise des EuGH**, dass Gegenstände „außerhalb des Rechtsverkehrs" nicht zu besteuern sind, **überzeugt m.E. nicht in allen Punkten**. Vor allem leuchtet nicht ein, warum die Umsatzsteuer nur aus Wettbewerbsgründen erhoben oder nicht erhoben werden soll. Trotz des Verbots besteht unzweifelhaft ein Verbrauch, der eine Leistungsfähigkeit indiziert und daher der Besteuerung unterworfen werden kann und sollte.[2] Es ist nicht verständlich, warum der Verbrauch illegal gehandelter Drogen nicht besteuert wird, während der Verbrauch von legal gehandelten Drogen, z.B. aus medizinischen Gründen, der Steuer unterliegt. Auch die steuerliche „Privilegierung" des Handels mit harten Drogen gegenüber dem Alkoholschmuggel ist fragwürdig. Zudem führt die Rechtsprechung mehr oder weniger zwangsläufig zu erheblichen Abgrenzungsschwierigkeiten. Insbesondere die Bezugnahme auf Strafrechtsvorschriften, die nicht EU-weit harmonisiert sind, ist problematisch.

cc) Einzelfälle

71 Jenseits dieser Kritikpunkte besteht bezüglich der Besteuerung unerlaubter Tätigkeiten jedoch weitgehend Einigkeit:

- **Diebstahl**: Bei einem Diebstahl bewirkt der bestohlene Unternehmer keine steuerbare Lieferung an den Dieb. Einerseits fehlt es naturgemäß bereits an einem Entgelt, dass der Bestohlene erhält. Andererseits erhält der Dieb keine rechtliche Verfügungsmacht über die Ware. Zwar kommt es nicht auf eine zivilrechtliche Eigentümerstellung, sondern auf eine faktische Möglichkeit an, über die Ware wie ein Eigentümer zu verfügen, allerdings kann ein Dieb nicht über das Diebesgut wie ein Eigentümer verfügen.[3]
- **Unterschlagung/Hehlerei:** Demgegenüber können nach der deutschen Rechtsprechung im Rahmen von Unterschlagungen oder Hehlerei steuerbare Lieferungen an Dritte erbracht werden.[4] Der Umstand, dass nach § 935 BGB kein Eigentum erworben werden kann, steht demnach der Rechtsprechung nicht entgegen. Diese Sichtweise steht auf den ersten Blick in einem Widerspruch zur Auffassung des EuGH, nach der ein Dieb keine Verfügungsmacht über die Ware erhält. Denn dies bedeutet, dass auch ein Erwerber nicht wie ein Eigentümer über die Ware verfügen kann. Allerdings ergibt sich aus der Rechtsprechung des EuGH auch, dass auch unerlaubte Handelstätigkeiten besteuert werden, wenn es sich um marktgängige Ware handelt und ein Wettbewerb mit der legalen Wirtschaft besteht. Auch wenn kein Eigentum übertragen werden kann, ist m.E. eine Wettbewerbsrelevanz nicht auszuschließen.
- **Kreditkartenbetrug:** Auch beim Warenerwerb unter missbräuchlicher Verwendung einer Kreditkarte bewirkt das liefernde Unternehmen eine steuerbare Lieferung, da es dem Kreditkartenbetrüger die Verfügungsmacht einräumt. Insbesondere ist es nach der Rechtsprechung unschädlich, wenn die Zahlung nur aufgrund einer entsprechenden Garantie des Kreditkartenunternehmens bewirkt wird.[5]
- **Prostitution:** Der BFH ging – allerdings ohne Bezugnahme auf den EuGH – davon aus, dass Prostitution steuerbar ist, da es sich ungeachtet der seinerzeitigen Sittenwidrigkeit um eine wirtschaftliche Tätigkeit handelte.[6]

1 EuGH, Urt. v. 29.6.2000 – C-455/98, ECLI:EU:C:2000:352 – Salumets, UR 2000, 379, Rz. 20 ff.

2 In diese Richtung auch *Stößel/Vetter*, UR 2020, 825; **a.A.** *Nieskens* in Rau/Dürrwächter, § 1 UStG Rz. 187 (Stand: August 2023), der davon ausgeht, dass bereits die strafrechtlichen Vorschriften ausreichend sind.

3 EuGH, Urt. v. 14.7.2005 – C-435/03, ECLI:EU:C:2005:464 – British American Tobacco und Newman Shipping, UR 2005, 491, Rz. 32, 35.

4 BFH, Urt. v. 8.9.2011 – V R 43/10, BStBl. II 2014, 203 = UR 2012, 312; BFH, Urt. v. 26.9.1963 – V 49/61, UR 1965, 233; FG Niedersachsen, Urt. v. 28.10.1999 – V 360/92, EFG 2000, 659.

5 EuGH, Urt. v. 21.11.2013 – C-494/12, ECLI:EU:C:2013:758 – Dixons Retail, HFR 2014, 84.

6 BFH, Urt. v. 4.6.1987 – V R 9/79, BStBl. II 1987, 653 = UR 1987, 263.

- **Illegales Glücksspiel:** Die illegale Veranstaltung von Glücksspielen wie Roulette ist ebenfalls umsatzsteuerbar, da es auch erlaubte Glücksspielangebote gibt und insoweit eine Wettbewerbssituation besteht.[1]
- **Produktpiraterie:** Der Handel mit nachgeahmten Produkten ist nach der EuGH-Rechtsprechung ebenfalls steuerbar. Zwar verstößt der Handel gegen zahlreiche zivilrechtliche Vorschriften, daraus ergibt sich allerdings kein absolutes Handelsverbot wie bei Drogen. Zudem besteht ein latenter Wettbewerb zu den Originalprodukten.[2]
- **Ausfuhrverbot:** Soweit Waren unter Verstoß gegen Ausfuhrverbote ausgeführt werden, steht dies einer Steuerbefreiung als Ausfuhrlieferung nicht entgegen. Als Grund führt der EuGH an, dass die Befreiung nach seiner Einschätzung dafür sorgt, dass Verbräuche von Leistungen außerhalb der Union nicht der Steuer unterliegen. Soweit ein Rechtsverstoß vorliegt, kann dieser strafrechtlich verfolgt werden, es ist aber nicht zulässig die Steuerbefreiung zu versagen, da kein ausreichender Bezug zum Mehrwertsteuerrecht besteht.[3]
- **Umsatzsteuerbetrug:** Lieferungen und sonstige Leistungen, die mit dem Zweck bewirkt werden, einen Umsatzsteuerbetrug zu begehen, sind steuerbar, da objektiv Lieferungen oder sonstige Leistungen vorliegen und die Absicht des Leistenden nicht ohne weiteres ermittelbar ist.[4] Vgl. zu den Folgen aber § 25f Rz. 1 ff.
- **Vorgetäuschte Leistungen:** Nicht steuerbar sind aber vorgetäuschte Leistungen, z.B. im Rahmen eines Abrechnungsbetrugs mit sog. **Scheinrechnungen**, z.B. unter Mitwirkung von Angestellten des vorgeblich leistungsempfangenden Unternehmens.[5] In diesen Fällen liegen typischerweise Rechnungen i.S.d. § 14c UStG vor.
- **Eintragungsofferten:** In einer relativ speziell gelagerten Sachverhaltskonstellation sprach der BFH einem Unternehmen die Unternehmereigenschaft (und damit den Vorsteuerabzug) ab, das sog. Eintragungsofferten an andere Unternehmen versandte, die den Eindruck offizieller Handelsregisterrechnungen erwecken sollten. Der BFH ging davon aus, dass die Eintragungsofferten lediglich in die Irre führten und den getäuschten Unternehmen keinen wirtschaftlichen Vorteil verschaffen konnten.[6]
- **Anzahlungsrechnungen:** Bei Anzahlungsrechnungen **eines Betrügers**, der von vornherein die Leistungserbringung nicht beabsichtigt, ist nach Auffassung des EuGH der Vorsteuerabzug dem Betrogenen zu gewähren, solange dieser nicht von der fehlenden Leistungsabsicht wusste oder hätte wissen müssen.[7]
- Der BGH geht basierend auf der zuvor geschilderten EuGH-Rechtsprechung davon aus, dass der **Handel mit Abdeckrechnungen** nicht steuerbar ist, da es keinen legalen Markt hierfür gebe. § 40 AO wird demnach durch die EuGH-Rechtsprechung überlagert und ist unionsrechtskonform auszulegen.[8]
- Bei **Bestechungsgeldern** an Angestellte eines Unternehmens, die Vergabeentscheidungen treffen, nimmt die Rechtsprechung an, dass der bestochene Angestellte unternehmerisch tätig wird und stützt dies auf § 40 AO. Die strafrechtliche Einziehung der Vorteile führt indessen nicht zu einer Entgeltminderung gemäß § 17 UStG.[9] I.E. überzeugt dies, doch die Besteuerung der Bestechungsgelder dürfte nicht im Einklang mit der o.g. EuGH-Rechtsprechung stehen, da es keinen legalen Wettbewerb gibt.

---

1 EuGH, Urt. v. 11.6.1998 – C-283/95, ECLI:EU:C:1998:276 – Fischer, UR 1998, 384, Rz. 22; so auch BFH, Urt. v. 30.1.1997 – V R 27/95, BFHE 182, 416 = UR 1997, 272, II.1.a aa.

2 EuGH, Urt. v. 28.5.1998 – C-3/97, ECLI:EU:C:1998:263 – Goodwin und Unstead, UR 1998, 341, Rz. 14.

3 EuGH, Urt. v. 2.8.1993 – C-111/92, ECLI:EU:C:1993:345 – Lange, UR 1994, 47.

4 EuGH, Urt. v. 12.1.2006 – C-354/03, ECLI:EU:C:2006:16 – Optigen, UR 2006, 157 m. Anm. *Kellersmann*, Rz. 46 (zum Handel mit Mikroprozessoren).

5 FG Hessen, Urt. v. 16.2.2016 – 1 K 2513/12, EFG 2016, 937 (rkr.).

6 BFH, Urt. v. 18.6.2009 – V R 30/07, BFH/NV 2009, 2005, II.2.

7 EuGH, Urt. v. 31.5.2018 – C-660/16, C-661/16, ECLI:EU:C:2018:372 – Kollroß und Wirtl, UR 2018, 519 m. Anm. *Billig*; dem folgend BFH, Urt. v. 17.7.2019 – V R 9/19, BFHE 265, 565 = UR 2019, 863 sowie BFH, Urt. v. 5.12.2018 – XI R 44/14, BFHE 263, 259 = UR 2019, 255.

8 BGH, Beschl. v. 12.1.2022 – 1 StR 436/21, UR 2022, 566.

9 FG Berlin-Brandenburg, Urt. v. 7.3.2023 – 2 K 2150/21, EFG 2023, 1033 m. Anm. *Dombrowsky* (Rev. anhängig BFH XI R 6/23).

2. Unternehmer im Rahmen seines Unternehmens

72 Die Lieferungen und sonstigen Leistungen müssen von einem Unternehmer im Rahmen seines Unternehmens erbracht worden sein. § 2 Abs. 1 UStG definiert den Begriff des Unternehmers. Demnach ist Unternehmer, wer eine gewerbliche oder berufliche Tätigkeit ausübt. Insoweit bedarf es einer nachhaltigen und selbständigen Tätigkeit. Die Selbständigkeit ist bei Nichtselbständigen und bei Organgesellschaften nicht gegeben.

73 Tätigkeiten im Rahmen der **Vermögensverwaltung** sind teilweise nicht als unternehmerisch anzusehen, wie z.B. das Erwerben, Halten und Veräußern von Beteiligungen oder die Gewährung von Darlehen, außer wenn sie einen Bezug zu einem Unternehmen haben (§ 2 Rz. 20 ff.).[1]

74 **JPdöR** gelten in bestimmten Fällen gemäß § 2b UStG nicht als Unternehmer. Ihre Leistungen sind nicht steuerbar, auch wenn sie die Tatbestandsvoraussetzungen des § 1 Abs. 1 Nr. 1 UStG sowie des § 2 Abs. 1 UStG erfüllen (§ 2b Rz. 28 ff.). Bei gemeindlichen Einrichtungen ist nach der jüngeren EuGH-Rechtsprechung[2] die Frage zu klären, inwieweit diese als eigenständige Steuersubjekte oder Teil des Unternehmens der jPdöR anzusehen sind (§ 2b Rz. 42).

75 **Betriebsstätten** und **feste Niederlassungen** gelten nicht als selbständige Unternehmen. Der EuGH ist so zu verstehen, dass dies jedenfalls gilt, wenn sie nicht die wirtschaftlichen Risiken ihrer Tätigkeit selbst tragen, z.B. indem sie über ein eigenes Dotationskapital verfügen.[3] Darüber hinaus hat der EuGH entschieden, dass Betriebsstätten und feste Niederlassungen auch dann nicht personenidentisch sind, wenn diese Teil einer Organschaft sind.[4] Trotz der daran geäußerten Kritik hat der EuGH jüngst an dieser Rechtsprechung festgehalten.[5] Danach sind die in einem Mitgliedstaat ansässige Hauptniederlassung einer zu einer Mehrwertsteuergruppe gehörigen Gesellschaft sowie die in einem anderen Mitgliedstaat ansässige Zweigniederlassung dieser Gesellschaft als getrennte Steuerpflichtige anzusehen, wenn die Hauptniederlassung Dienstleistungen für die Zweigniederlassung erbringt und ihr die Kosten für diese Dienstleistungen zugerechnet werden. Unklar bleibt nach dieser Rechtsprechung zu Mehrwertsteuergruppen nach ausländischem Recht, ob sich die Rechtsprechung auf die deutsche Organschaftsregelung übertragen lässt, die die Organgesellschaft nicht als einen (eigenen) Steuerpflichtigen begreift, sondern die unternehmerische Tätigkeit der Organgesellschaften dem Organträger zurechnet. M.E. spricht viel dafür, dass sich die Rechtsprechung nicht übertragen lässt und somit auch die bisherige Verwaltungsansicht[6] unverändert bleiben kann.[7] Würde man die Rechtsprechung auf die deutsche Organschaft anwenden, ergäben sich zahlreiche Folgefragen wie insbesondere die Feststellung eines Rechtsverhältnisses und eines Entgelts, mit denen sich der EuGH nicht befasst hat.[8] Folge der Personenidentität ist, dass Innenleistungen nicht steuerbar sind. Bezüglich des Vorsteuerabzugs bedeutet dies, dass durch die Betriebsstätte oder die feste Niederlassung hindurch der Verwendungsumsatz des Stammhauses zu beurteilen ist.[9]

3. Im Inland

76 Der Unternehmer muss die Lieferungen und sonstigen Leistungen im Inland ausführen. Absatz 2 definiert den Begriff des Inlands näher (Rz. 297 ff.). Hierbei handelt es sich um das Gebiet der Bundesrepublik Deutschland, wobei jedoch bestimmte Gebiete wie Helgoland, Büsingen und die Freihäfen

---

1 Zum Bezug einer Darlehensvergabe zum Unternehmen einer Holding vgl. FG Berlin-Brandenburg, Urt. v. 14.6.2021 – 7 K 7011/19, EFG 2022, 1638 (Rev. anhängig BFH V R 30/21).

2 EuGH, Urt. v. 29.9.2015 – C-276/14, ECLI:EU:C:2015:635 – Gmina Wroclaw, UR 2015, 829 m. Anm. *Küffner*, Rz. 42.

3 EuGH, Urt. v. 23.3.2006 – C-210/04, ECLI:EU:C:2006:196 – FCE Bank, UR 2006, 331 m. Anm. *Heinrichshofen*, Rz. 36.

4 EuGH, Urt. v. 17.9.2014 – C-7/13, ECLI:EU:C:2014:2225 – Skandia America, UR 2014, 847 m. Anm. *Maunz*.

5 EuGH, Urt. v. 11.3.2021 – C-812/19, ECLI:EU:C:2021:196 – Danske Bank, UR 2021, 356 m. Anm. *Sterzinger*.

6 Abschn. 2.9 Abs. 2 Satz 1 UStAE.

7 So auch *Sterzinger*, UR 2021, 359.

8 *Wäger* in Birkenfeld/Wäger, Umsatzsteuer-Handbuch, Berichtszeitraum I. Quartal 2021, Rz. 30 (Stand: Juni 2021).

9 EuGH, Urt. v. 24.1.2019 – C-165/17, ECLI:EU:C:2019:58 – Morgan Stanley & Co International, UR 2019, 232.

nicht dazu zählen. Absatz 3 zählt jedoch Tätigkeiten auf, die besteuert werden, obwohl sie nach der Inlandsdefinition nicht im Inland ausgeführt sind (Rz. 320 ff.).

Bei Leistungen mit Anknüpfungspunkten ist die Entscheidung zu treffen, welchem Fiskus das Steueraufkommen zusteht. Dies vollzieht sich durch die Leistungsortsvorschriften in §§ 3–3g UStG. 77

4. Gegen Entgelt

a) Allgemeines

Die einzige gesetzliche Grundlage für den Entgeltbegriff enthält § 10 UStG, der Regelungen zur Steuerbemessungsgrundlage enthält. § 10 Abs. 1 Satz 2 UStG bestimmt, dass Entgelt alles ist, was den Wert der Gegenleistung bildet, die der leistende Unternehmer vom Leistungsempfänger oder einem anderen für die Leistung erhält oder erhalten soll, einschließlich der unmittelbar mit dem Preis zusammenhängenden Subventionen, jedoch abzüglich der geschuldeten Umsatzsteuer (§ 10 Rz. 24). Nach § 10 Abs. 1 Satz 5 UStG gehören durchlaufende Posten nicht zum Entgelt (§ 10 Rz. 88). 78

Die Lieferungen und sonstigen Leistungen müssen gegen Entgelt ausgeführt werden. Aus dem Wortlaut folgert der EuGH, dass eine unentgeltliche Leistung nicht steuerbar sein kann.[1] Allerdings ist in solchen Fällen zu prüfen, ob eine unentgeltliche Wertabgabe vorliegt, die nach § 3 Abs. 1b und Abs. 9a UStG einer Lieferung oder sonstigen Leistung gleichgestellt ist (§ 3 Rz. 73 ff. und 572 ff.). 79

In den weitaus meisten Fällen ist die Frage der Entgeltlichkeit problemlos festzustellen, jedoch gibt es eine ganze Reihe von Zweifelsfällen. In vielen Fällen stellt sich die Frage, ob ein Entgelt vorliegt und ob dieses mit einer Leistung verknüpft ist. Zur Frage der Entgeltlichkeit existiert daher eine unübersehbare Anzahl von Urteilen und Äußerungen im Schrifttum, die hier nur bezüglich der großen Linien näher beleuchtet werden. Die Bezeichnung des Entgelts (z.B. als Spende oder Zuschuss) spielt für die steuerrechtliche Beurteilung keine Rolle. 80

b) Besondere Formen des Entgelts

aa) Pauschalvergütungen

Nach der Rechtsprechung des EuGH, der auch der BFH folgt, ist es möglich, dass ein Entgelt nicht für einzelne Leistungshandlungen, sondern **pauschal** für eine Leistungsbereitschaft während eines bestimmten Zeitraums entrichtet wird.[2] Dies gilt z.B. für die Zahlung eines pauschalen Entgelts für die Nutzung einer Plattform, auf der Leistungen mit Dritten getauscht werden können, wenn die Mitgliedschaft bei der Plattform nur das Ziel haben kann, solche Tauschtransaktionen durchzuführen.[3] 81

bb) Aufwendungsersatz

Auch ein reiner **Aufwendungsersatz** ist ein Entgelt.[4] Dies gilt auch für einen Aufwendungsersatz im Rahmen einer Geschäftsführung ohne Auftrag nach § 683 BGB.[5] 82

---

1 EuGH, Urt. v. 1.4.1982 – 89/81, ECLI:EU:C:1982:121 – Hong Kong Trade Development Council, Rz. 11.

2 EuGH, Urt. v. 21.3.2002 – C-174/00, ECLI:EU:C:2002:200, Kennemer Golf Club, UR 2002, 320 m. Anm. *Widmann*; BFH, Urt. v. 9.8.2007 – V R 27/04, BFHE 217, 314 = UR 2007, 811; Abschn. 1.1 Abs. 3 Satz 4 UStAE.

3 EuGH, Urt. v. 3.9.2009 – C-37/08, ECLI:EU:C:2009:507 – RCI Europe, UR 2009, 887, Rz. 33.

4 BFH, Urt. v. 11.4.2002 – V R 65/00, BStBl. II 2002, 782 = UR 2002, 367; BFH, Urt. v. 5.12.2007 – V R 60/05, BStBl. II 2009, 486 = UR 2008, 616, Rz. 27. Zwar wird in der jüngeren EuGH-Rechtsprechung erwähnt, dass die bloße Erstattung von Kosten keine Vergütung darstelle (EuGH, Urt. v. 9.2.2023 – C-713/21, ECLI:EU:C:2023:80 – Finanzamt X, UR 2023, 187, Rz. 43), hierbei handelt es sich m.E. aber nur um eine missverständliche Darstellung, da ansonsten wohl keine Dreier-Kammer ohne Schlussantrag entschieden hätte (das unter dem Az. BFH V R 2/23 fortgesetzte Verfahren ist durch Rücknahme der Revision erledigt).

5 BFH, Urt. v. 13.2.2019 – XI R 1/17, BStBl. II 2021, 785 = UR 2019, 413; BFH, Urt. v. 12.2.2020 – XI R 24/18, BStBl. II 2022, 191 = UR 2020, 559 m. Anm. *Rust*, Rz. 45.

cc) Teilvergütungen

83 Besondere Schwierigkeiten werfen **nicht kostendeckende Entgelte oder Teilvergütungen** auf. Grundsätzlich geht der EuGH davon aus, dass auch ein Preis unterhalb der Selbstkosten, z.B. bei der verbilligten Abgabe von Speisen an Hotelmitarbeiter oder einem Grundstücksverkauf unter den Gestehungskosten, ein Entgelt ist, da nicht die Kostendeckung entscheidend ist, sondern der Umstand, ob ein Gegenseitigkeitsverhältnis von Leistung und Entgelt vorliegt.[1] Eine Entgeltlichkeit ist nach der Rechtsprechung aber nicht anzunehmen, wenn lediglich ein „symbolisches Entgelt“ verlangt wird.[2] Was ein symbolisches Entgelt ist, wurde in diesem Zusammenhang nicht geklärt. Denkbar ist dies z.B. bei einem Entgelt von 1 Euro, sofern der Wert der Leistung absehbar deutlich höher ist. Nur fragt sich, wo bei anderen Beträgen die Grenze gezogen werden soll. M.E. kann der Begriff des symbolischen Entgelts daher, wenn überhaupt, nur sehr eng verstanden werden. Bei Leistungen an Dritte sollte ein bei weitem nicht kostendeckendes Entgelt vielmehr der Anlass sein, die wirtschaftliche Ursache der Vergünstigung näher zu analysieren, denn Dritte würden sich normalerweise keine Vorteile zuwenden. So kann ein verbilligter Preis z.B. durch eine Entgeltzahlung eines Dritten zustande kommen.[3] Es gibt aber auch viele Fälle, in denen die verbilligte Abgabe von Leistungen auf unternehmerischen Erwägungen beruht. Beispielsweise sind m.E. vergünstigte Angebote bei der Neueinführung von Produkten oder auch sog. Freemium-Geschäftsmodelle entgeltlich, bei denen den Kunden zunächst ein Basispaket an Leistungen kostenlos angeboten wird, das Produktangebot aber darauf ausgerichtet ist, mit Zusatzleistungen kostendeckende Entgelte zu erzielen.

84 Diese Grundsätze gelten nach dem EuGH auch bei **Leistungen an nahestehende Personen**, selbst wenn der vereinbarte Preis unter dem Marktpreis liegt.[4] Der BFH folgt dieser Rechtsprechung.[5] Dies ist überzeugend, da die Vergünstigung in den beurteilten Fällen letztlich auch auf unternehmerischen Erwägungen beruhte. Im Zusammenhang mit Leistungen an Arbeitnehmer und andere nahestehende Personen ist die Mindestbemessungsgrundlage (§ 10 Abs. 5 UStG) zu beachten (§ 10 Rz. 175, 188 ff.).

85 In seiner neueren Rechtsprechung hat der EuGH die Tätigkeit einer Gemeinde im Bereich der Daseinsvorsorge (Schülerbeförderungen) mit einem Kostendeckungsgrad von unter 3 %, bei der nur rund 30 % der Abnehmer ein Entgelt zahlten und hierbei eher wenig leistungsbezogene Kriterien maßgeblich waren, zwar als entgeltlich angesehen. Es reichte dem EuGH insoweit aus, dass die Zahlungen durch die Leistung verursacht wurden. Allerdings kann sich nach der Rechtsprechung des EuGH die geringe Kostendeckung auf das Bestehen der Unternehmereigenschaft auswirken, da nicht jede entgeltliche Tätigkeit automatisch auch unternehmerisch ist.[6] In einer früheren Entscheidung zu staatlichen Rechtsberatungsangeboten war der EuGH allerdings noch davon ausgegangen, dass eine fehlende Kostendeckung gegen die Entgeltlichkeit spricht.[7] M.E. lassen sich die neueren Grundsätze der EuGH-Rechtsprechung, die speziell im Zusammenhang mit staatlichen Betätigungen im Bereich der Daseinsvorsorge entwickelt wurden, nicht verallgemeinern.

86 Im Bereich der **Daseinsvorsorge** wirft die Rechtsprechung erhebliche Fragen auf. Beispielsweise werden Nahverkehrs- und Bäderbetriebe sowie Forschungseinrichtungen oder die Vermietung von Sportanlagen oftmals defizitär betrieben. Die neuere EuGH-Rechtsprechung kann m.E. so gedeutet werden, dass diese Betriebe nicht mehr unternehmerisch sind. In letzter Konsequenz müssten die Betriebe kei-

---

1 EuGH, Urt. v. 22.6.2016 – C-267/15, ECLI:EU:C:2016:466 – Gemeente Woerden, UR 2016, 646, Rz. 40; EuGH, Urt. v. 20.1.2005 – C-412/03, ECLI:EU:C:2005:47 – Hotel Scandic Gåsabäck, UR 2005, 98, Rz. 22.

2 EuGH, Urt. v. 20.1.2005 – C-412/03, ECLI:EU:C:2005:47 – Hotel Scandic Gåsabäck, UR 2005, 98, Rz. 26. BFH, Beschl. v. 22.6.2022 – XI R 35/19, BFH/NV 2023, 39 = UR 2022, 892 m. Anm. *Küffner* zu einem Pachtentgelt in Höhe von 1 EUR sowie der Beurteilung bei einer Erhöhung des Pachtentgelts bei gleichzeitiger Erhöhung eines Betriebszuschusses in gleicher Höhe.

3 Vgl. zur verbilligten Abgabe von Mobilfunkgeräten z.B. BFH, Urt. v. 16.10.2013 – XI R 39/12, BStBl. II 2014, 1024 = UR 2013, 962.

4 EuGH, Urt. v. 9.6.2011 – C-285/10, ECLI:EU:C:2011:381 – Campsa Estacones de Servicio, UR 2012, 440, Rz. 30.

5 BFH, Urt. v. 14.1.2016 – V R 63/14, BStBl. II 2016, 360 = UR 2016, 279 zur verbilligten Überlassung von Parkplätzen an Mitarbeiter.

6 EuGH, Urt. v. 12.5.2016 – C-520/14, ECLI:EU:C:2016:334 – Gemeente Borsele, UR 2016, 520 m. Anm. *Küffner* und Anm. *Sterzinger*, UR 2016, 543.

7 EuGH, Urt. v. 29.10.2009 – C-246/08, ECLI:EU:C:2009:671 – Kommission/Finnland, UR 2010, 224.

ne Umsatzsteuer auf ihre Ausgangsumsätze entrichten, hätten aber kein Vorsteuerabzugsrecht. Der BFH hat insoweit noch keine einheitliche Rechtsprechungslinie gebildet. Der XI. Senat wendet die Grundsätze (ohne Vorlage an den EuGH) modifiziert an und differenziert danach, ob sich das Leistungsangebot an die Allgemeinheit richtet (dann unternehmerisch) oder ob die jPdöR wie ein Endverbraucher auftritt (dann nicht unternehmerisch).[1] Dagegen tendiert der V. Senat zu einer eher direkten Übernahme der EuGH-Grundsätze.[2] Eine weitere Klärung der nicht ganz widerspruchsfreien Grundsätze durch den EuGH wäre hilfreich. M.E. sind bei Leistungen der Daseinsvorsorge keine anderen Maßstäbe anzulegen als bei Leistungen an eigene Mitarbeiter oder nahestehende Personen, so dass auch ein Teilentgelt als Entgelt anzusehen ist.

dd) Erfolgsabhängige Vergütungen

Bei der Behandlung **erfolgsabhängiger Vergütungen** geht der EuGH davon aus, dass **Preisgelder**, die nur beim Gewinn des Wettbewerbs (z.B. Pferderennen) anfallen, nicht steuerbar sind. Ausschlaggebend ist, dass die Vergütung von zu vielen Unwägbarkeiten anhängt.[3] Der BFH und die FinVerw. folgen dem.[4] In Abgrenzung dazu hat der BFH erkannt, dass der Spieleinsatz bei einem Geldspielautomaten das Entgelt für die Einräumung einer Gewinnchance darstellt.[5] Bei anderen erfolgsabhängigen Vergütungen, z.B. von Inkassodienstleistern oder Beratungsunternehmen, wird oft von einem Entgelt ausgegangen.[6] Dem liegt offenkundig der Gedanke zugrunde, dass die erfolgsabhängige Vergütung eine besonders gute oder intensive Leistung abgelten soll. Die Abgrenzung zu Preisgeldern fällt allerdings bisweilen schwer, insbesondere wenn die Leistenden nur begrenzt Einfluss auf den Eintritt des Erfolgs haben. Der XI. Senat des BFH hatte in diesem Zusammenhang entschieden, dass Preisgelder, welche ein Reiter für die erfolgreiche Teilnahme an einem Turnier erhält, kein Entgelt darstellen.[7] In Abgrenzung dazu hat der EuGH auf eine Vorlage des V. Senats entschieden, dass von der Entgeltlichkeit einer einheitlichen Leistung, die in der Unterbringung, dem Training und der Turnierteilnahme von Pferden besteht, ausgegangen werden kann, wenn der Inhaber des Ausbildungsstalls als Erbringer dieser Leistungen durch die hälftige Abtretung des Preisgeldes bei erfolgreicher Turnierteilnahme durch den Pferdeeigentümer vergütet wird. Maßgeblich ist insoweit die Verknüpfung von Leistung und Abtretung des potenziellen Anspruchs, so dass die Erzielung eines tatsächlichen Preisgelds irrelevant ist.[8] 87

ee) Verfallene Guthaben

Nach der Rechtsprechung des BFH kann der **Anspruch auf verfallene Guthaben** ein (nachträgliches) Entgelt sein.[9] M.E. ist dies aber auf Fälle beschränkt, bei denen der Verfall von Guthaben prognostizierbar ist und daher von vornherein systematisch in die Leistungsentgelte einkalkuliert wird, es sich also nicht um Zufallsereignisse handelt. Offen bleibt, wie mit Fällen umzugehen ist, in denen die Guthaben nicht verfallen, aber über einen längeren Zeitraum nicht in Anspruch genommen wurden. Wegen der jederzeitigen Inanspruchnahmemöglichkeit ist es m.E. unzutreffend, solche Guthaben als Entgelt einzuordnen. Bezüglich **Einzweck-Gutscheinen** (§ 3 Abs. 14 UStG) stellt sich die Frage nicht mehr, da diese bereits mit Ausstellung als Leistung gelten. Bei **Mehrzweck-Gutscheinen** (§ 3 Abs. 15 UStG) kann die Frage für die Bemessung eines Vermittlungsentgelts weiter relevant sein (§ 3 Rz. 703 ff.). 88

1 BFH, Urt. v. 6.4.2016 – V R 12/15, BStBl. II 2017, 188 = UR 2016, 643.
2 BFH, Urt. v. 15.12.2016 – V R 44/15, BFH/NV 2017, 707 = UR 2017, 302 m. Anm. *Küffner.*
3 EuGH, Urt. v. 10.11.2016 – C-432/15, ECLI:EU:C:2016:855 – Bastova, UR 2016, 913.
4 BFH, Urt. v. 2.8.2018 – V R 21/16, BStBl. II 2019, 339 = UR 2019, 17; Abschn. 1.1 Abs. 24 UStAE.
5 BFH, Urt. v. 11.12.2019 – XI R 13/18, BStBl. II 2020, 296 = UR 2020, 460; so auch Abschn. 1.1 Abs. 25 UStAE.
6 BFH, Urt. v. 13.2.2019 – XI R 1/17, BStBl. II 2021, 785 = UR 2019, 413 zu Abmahnvereinen.
7 BFH, Urt. v. 10.6.2020 – XI R 25/18, BFHE 270, 181 = UR 2020, 830.
8 EuGH, Urt. v. 9.2.2023 – C-713/21, ECLI:EU:C:2023:80 – Finanzamt X, UR 2023, 187; BFH, Vorlagebeschl. v. 27.7.2021 – V R 40/20, UR 2022, 11 (das unter dem Az. V R 2/23 fortgesetzte Verfahren wurde wegen Revisionsrücknahme eingestellt).
9 BFH, Urt. v. 26.6.2019 – V R 64/17, BStBl. II 2019, 640 = UR 2019, 693; BFH, Urt. v. 10.4.2019 – XI R 4/17, BStBl. II 2019, 635 = UR 2019, 653.

ff) Doppelzahlungen

89 Auch versehentliche **Doppelzahlungen** von Rechnungen stuft die ständige Rechtsprechung des BFH als Entgelt ein.[1] M.E. ist dies nach der jüngsten Änderung in § 10 Abs. 1 Satz 2 UStG nicht zweifelsfrei. Nach dieser Vorschrift und auch nach Art. 73 MwStSystRL ist entscheidend, was der Leistende für seine Leistung erhält oder erhalten soll. M.E. stellt dies auf ein Gegenseitigkeitsverhältnis ab. Eine irrtümliche Doppelzahlung geschieht vielleicht noch im weitesten Sinne anlässlich einer Leistungserbringung, sie entspricht aber nicht den Abreden der Beteiligten und ist daher nur ein nicht kalkulierbares Zufallsereignis. Dies zeigt sich auch daran, dass die Doppelzahlung regelmäßig nach den bereicherungsrechtlichen Vorschriften zurückgefordert werden kann.

gg) Handelsspanne als Entgelt

90 Der Umtausch verschiedener **Währungen** oder auch von **Krypto-Währungen** kann auch dann eine entgeltliche Leistung sein, wenn keine Gebühr berechnet wird, sondern An- und Verkaufskurse mit einer **Handelsspanne** angesetzt werden. Da die übergebenen Devisen nicht das Entgelt für den Umtausch darstellen und auch nicht jede Devisentransaktion mit einem identischen gegenläufigen Verkauf verbunden ist, ist das Entgelt in diesen Fällen anhand des Bruttoertrags der Bank im fraglichen Zeitraum zu ermitteln.[2]

91 Beim **Tausch** oder einer **tauschähnlichen Leistung** besteht das Entgelt für eine Leistung in einer Lieferung oder einer sonstigen Leistung (vgl. auch die deklaratorische Regelung in § 3 Abs. 12 UStG, s. § 3 Rz. 640 ff.).

c) Unmittelbarer Zusammenhang von Leistung und Entgelt

aa) Einführung

92 Sofern ein Entgelt vorliegen könnte, ist die entscheidende Frage, ob eine Lieferung oder sonstige Leistung und das Entgelt miteinander verknüpft sind. Insoweit verlangt der EuGH einen unmittelbaren Zusammenhang zwischen der erbrachten Leistung und dem erhaltenen Gegenwert, wobei es möglich sein muss, den Gegenwert in Geld auszudrücken.[3]

93 Wann dies der Fall ist, lässt sich in der Rechtsanwendungspraxis nicht immer leicht bestimmen. Abgrenzungsfragen werfen insbesondere tauschähnliche Konstellationen (auch bei Arbeitnehmern), Zuschüsse und Schadenersatzzahlungen auf.

bb) Tausch, tauschähnliche Umsätze sowie Beistellungen

94 In den weitaus meisten Fällen besteht der Gegenwert in Geld. Der Gegenwert kann dabei auch in einer gegenläufigen Leistung des Leistungsempfängers liegen (§ 3 Abs. 12 UStG, s. § 3 Rz. 640 ff.).[4] Liefert z.B. ein Hersteller Waren zu einem stark ermäßigten Preis und vermittelt der Abnehmer ihm dafür weitere Abnehmer seiner Produkte, so erbringt der Abnehmer eine Absatzförderungsleistung an den

---

1 BFH, Beschl. v. 19.7.2007 – V R 11/05, BStBl. II 2007, 966 = UR 2007, 901; BFH, Urt. v. 27.7.2016 – V B 39/16, BFH/NV 2016, 1759.

2 EuGH, Urt. v. 14.7.1998 – C-172/96, ECLI:EU:C:1998:354 – First National Bank of Chicago, UR 1998, 456 m. Anm. *Philipowski*, Rz. 34, 47; EUGH, Urt. v. 22.10.2015 – C-264/14, ECLI:EU:C:2015:718 – Hedqvist, UR 2015, 864 m. Anm. *Beck/König*, Rz. 31.

3 EuGH, Urt. v. 5.2.1981 – 154/80, ECLI:EU:C:1981:38 – Coöperatieve Aardappelenbewaarplaats, UR 1981, 100 m. Anm. *Weiß*, Rz. 12, 13; EuGH, Urt. v. 3.3.1994 - C-16/93, ECLI:EU:C:1994:80 – Tolsma, UR 1994, 399, Rz. 14; so auch BFH, Urt. v. 5.12.2007 – V R 60/05, BStBl. II 2009, 486 = UR 2008, 616, Rz. 25 f. sowie Abschn. 1.1 Abs. 1 UStAE.

4 EuGH, Urt. v. 23.11.1988 – 230/87, ECLI:EU:C:1988:508 – Naturally Yours Cosmetics, UR 1990, 307 m. Anm. *Weiß*, Rz. 14; EuGH, Urt. v. 26.9.2013 – C-283/12, ECLI:EU:C:2013:599 – Serebryannay vek, HFR 2013, 1164, Rz. 40; so auch BFH, Urt. v. 15.4.2010 – V R 10/08; BStBl. II 2010, 879 = UR 2010, 567, Rz. 23.

Hersteller.[1] Bei Kunden-werben-Kunden-Programmen stellen die Lieferung von Sachprämien sowie die Versandkosten eine Gegenleistung für die Vermittlung des Neukunden dar.[2] Das gilt auch, wenn ein Werbeunternehmen einer Gemeinde ein sog. Werbemobil überlässt, das diese möglichst werbewirksam nutzen soll.[3] Überlässt ein Eigentümer zeitlich befristet einen Rohbau an einen anderen Unternehmer, der vertraglich dazu verpflichtet ist, diesen auszubauen und nach Vertragsende im ausgebauten Zustand zurück zu überlassen, so stellt der Ausbau eine tauschähnliche Gegenleistung für die Nutzungsüberlassung dar.[4] Die Gegenleistung muss aber nicht notwendigerweise selbst steuerbar sein. Die Herausgabe einer Verbandszeitschrift durch einen Verlag gegen Überlassung der Werberechte ist eine tauschähnliche Leistung.[5] Allerdings führt nicht jeder beliebige Vorteil zur Annahme eines Leistungsaustauschs. Entscheidend ist ein Gegenseitigkeitsverhältnis, das in der Regel auf schuldrechtlichen Vereinbarungen zwischen den Beteiligten beruht.[6]

Angesichts der zunehmenden Bedeutung von Daten für Unternehmen stellt sich die Frage, ob **Daten eine Gegenleistung** sein können. So kann es sein, dass ein Unternehmer – offen oder verdeckt – eine Leistung vergünstigt anbietet, weil er sich durch die Leistungserbringung einen Knowhow-Gewinn oder die Gewinnung von Daten über die Leistungsempfänger verspricht (z.B. Telemetriedaten, auf die ein Kfz-Hersteller zugreift, um das Produkt zu verbessern oder der Knowhow-Gewinn eines Programmierers durch ein bestimmtes Projekt). Vielfach wird es m.E. an einem Leistungsaustauschverhältnis fehlen, da keine konkrete Gegenseitigkeit vereinbart wurde. In diesem Zusammenhang gab es in den vergangenen Jahren eine lebhafte Diskussion über die Gewährung des „unentgeltlichen" Zugangs zu elektronisch erbrachten Dienstleistungen von Internetunternehmern (z.B. Nutzung einer Internetsuchmaschine), bei dem der Nutzer allerdings zustimmen musste, dass Daten über ihn aufgezeichnet und ausgewertet werden, um personalisierte Werbung zu schalten. Betrachtet man die zivil- und datenschutzrechtliche Ausgangslage,[7] kommt ein Leistungstausch im Sinne eines „Zahlen mit Daten" in Betracht.[8] Der mit der Frage befasste EU-MwSt-Ausschuss gelangte indessen zu der Schlussfolgerung, dass jedenfalls kein Leistungsaustausch anzunehmen ist, wenn das Leistungsangebot in gleicher Form allen Nutzern zur Verfügung steht und die Leistung des Internetunternehmers nicht von der Menge oder Qualität der erhaltenen Daten abhängt.[9] Dieser Gedanke ist m.E. zutreffend und führt zu vorhersehbaren Auslegungsergebnissen. 95

Der Leistungstausch ist von **Beistellungen** abzugrenzen. Eine nicht steuerbare Beistellung liegt vor, wenn ein Leistungsempfänger dem Leistenden Personal- oder Sachmittel (nur) für die Leistungserbringung an ihn zur Verfügung stellt und eine anderweitige Nutzung ausgeschlossen ist.[10] Kann der Leistende jedoch über die ihm zur Verfügung gestellten Mittel, z.B. Personal, frei verfügen, liegt eine tauschähnlichen Leistung vor.[11] Die FinVerw. verlangt in diesem Zusammenhang, dass eine anderweitige Nutzung tatsächlich und vertraglich ausgeschlossen sein muss.[12] 96

---

1 EuGH, Urt. v. 23.11.1988 – 230/87, ECLI:EU:C:1988:508 – Naturally Yours Cosmetics, UR 1990, 307 m. Anm. *Weiß*, Rz. 14.

2 EuGH, Urt. v. 3.7.2001 – C-380/99, ECLI:EU:C:2001:372 – Bertelsmann, UR 2001, 346, Rz. 24.

3 BFH, Urt. v. 16.4.2008 – XI R 56/06, BStBl. II 2008, 909 = UR 2008, 700.

4 EuGH, Urt. v. 26.9.2013 – C-283/12, ECLI:EU:C:2013:599 – Serebryannay vek, HFR 2013, 1164, Rz. 40; ähnlich BFH, Urt. v. 13.11.2019 – V R 5/18, BStBl. II 2020, 136 = UR 2020, 156 zu Mietereinbauten.

5 BFH, Urt. v. 11.7.2012 – XI R 11/11, BStBl. II 2018, 146 = UR 2013, 330.

6 BFH, Urt. v. 10.7.2012 – XI R 31/10, BFH/NV 2013, 95 = UR 2013, 52.

7 LG Berlin, Urt. v. 19.11.2013 – 15 O 402/12, CR 2014, 404; EU-RL 2019/770.

8 Ausführlich bei *Melan/Wecke*, DStR 2015, 2267; *Melan/Wecke*, DStR 2015, 2811; *Melan/Pfeiffer*, DStR 2017, 1072; **a.A.** *Englisch*, UR 2017, 875.

9 Mehrwertsteuerausschuss v. 3.11.2018, UR 2019, 575.

10 BFH, Urt. v. 6.12.2007 – V R 42/06, BStBl. II 2009, 493, II.1.b; Abschn. 1.1 Abs. 6 Satz 1 UStAE.

11 BFH, Urt. v. 15.4.2010 – V R 10/08, BStBl. II 2010, 879 = UR 2010, 657, Rz. 28 zur Personalüberlassung zweier Gesellschafter an eine gemeinsame Gesellschaft, wenn das Personal jeweils für beide Gesellschafter tätig wird. So auch Abschn. 1.1 Abs. 6, 7 UStAE.

12 Abschn. 1.1 Abs. 7 Satz 2 UStAE.

cc) Arbeitnehmer

97 Soweit Arbeitgeber ihren Arbeitnehmern neben einem Barlohn auch einen **Sachlohn** zuwenden, liegen **tauschähnliche Leistungen** vor. Der Arbeitnehmer erbringt seine Arbeitsleistung (nichtselbständig, daher nicht steuerbar) und der Arbeitgeber die Sachleistung.[1] Es kommt nicht darauf an, ob der Wert der jeweiligen Leistungen gezahlt und zurückgezahlt oder gleich durch einen Abzug vom Lohn verrechnet wird.[2]

98 Die deutsche Rechtsprechung und FinVerw. stufen die **Kfz-Überlassung an Arbeitnehmer oder auch Handelsvertreter** als entgeltliche Leistung ein, wenn das Fahrzeug auch privat verwendet werden darf.[3] Für Kfz-Überlassungen kann nach der derzeitigen Auffassung der FinVerw. die sog. 1 %-Methode aus dem Bereich des Lohnsteuerrechts in Anspruch genommen werden.[4] Nach einem Urteil des EuGH[5] (§ 3 Rz. 656) ist eine Differenzierung erforderlich, da der EuGH einen geldwerten Vorteil i.S.d. EStG nicht als Entgelt im umsatzsteuerrechtlichen Sinne begreift: Eine entgeltliche Leistung liegt demnach nur vor, wenn die Arbeitnehmer für die Kfz-Überlassung Geld oder einen Gehaltsverzicht aufwenden (was wohl in den weitaus meisten Fällen geschieht). In anderen Fällen liegt demnach eine unentgeltliche Wertabgabe vor. Der BFH hat sich dieser Rechtsprechung angeschlossen, hierbei jedoch klargestellt, dass die Vorlagefrage des FG Saarland unvollständig gestellt wurde, so dass zumindest im Streitfall ein Leistungsaustausch anzunehmen war.[6]

99 Die Erbringung von Sachleistungen zu einem **verbilligten Entgelt** ist als steuerbare Tätigkeit anzusehen (Rz. 83). Ebenso sind „Personalrabatte" beim Einkauf von Waren als Entgeltminderung einzuordnen.[7] In diesen Fällen kann die sog. **Mindestbemessungsgrundlage** anwendbar sein (§ 10 Abs. 5 UStG, s. § 10 Rz. 175 ff.). Bei Belegschaftsrabatten insbesondere von Kfz-Herstellern wendet die FinVerw. die Mindestbemessungsgrundlage indessen nicht an.[8]

100 Soweit ein Arbeitnehmer Sachzuwendungen unabhängig von seiner Arbeitsleistung erhält, liegen kein tauschähnliches Verhältnis und damit **keine entgeltliche Leistung** des Arbeitgebers vor. Regelmäßig ist dann jedoch eine **unentgeltliche Wertabgabe** i.S.d. § 3 Abs. 1b oder i.S.d. Abs. 9a UStG anzunehmen (§ 3 Rz. 73 ff., 552 ff.).[9] Teilweise lässt die FinVerw. bei der Wertermittlung abweichend von § 10 Abs. 4 UStG einen Ansatz der Lohnsteuerwerte zu.[10] Voraussetzung für die Annahme einer unentgeltlichen Wertabgabe ist, dass keine unternehmerischen Gründe für die Zuwendung maßgeblich sind. Dies wird von der FinVerw. in starker Anlehnung an die lohnsteuerlichen Grundsätze einerseits angenommen bei Leistungen, die überwiegend betrieblich veranlasst sind und andererseits, wenn sog. Aufmerksamkeiten vorliegen.[11]

101 **Überwiegend betrieblich veranlasste Zuwendungen** nimmt die FinVerw. an, wenn die jeweiligen Zuwendungen zwar auch der Befriedigung des privaten Bedarfs der Arbeitnehmer dienen, die angestrebten betrieblichen Zwecke diese Folge aber überlagern.[12] Die FinVerw. nennt dafür folgende Fälle:[13]

- Bereitstellung von **Aufenthalts- und Erholungsräumen** sowie Duschanlagen;
- **Betriebsärztliche Betreuung** bei betrieblichem Interesse;

---

1 Abschn. 1.8 Abs. 1 Satz 1 UStAE.
2 Abschn. 1.8 Abs. 1 Satz 5 UStAE.
3 BFH, Urt. v. 12.5.2009 – V R 24/08, BStBl. II 2010 = UR 2010, 140.
4 Abschn. 1.8 Abs. 18, Abschn. 15.23 Abs. 11 UStAE.
5 EuGH, Urt. v. 20.1.2021 – C-288/19, ECLI:EU:C:2021:32 – FA Saarbrücken, UR 2021, 150 m. Anm. *Monfort* sowie GmbHR 2021, 328 m. Anm. *Erdbrügger.*
6 BFH, Urt. v. 30.6.2022 – V R 25/21, BFHE 276, 435 = UR 2022, 846 m. Anm. *Monfort* sowie GmbHR 2022, 1205 m. Anm. *Erdbrügger*; a.A. noch die Vorinstanz FG Saarland, Gerichtsbescheid v. 29.7.2021 – 1 K 1034/21, EFG 2021, 2099.
7 BFH, Beschl. v. 17.9.1981 – V B 43/80, BStBl. II 1987, 775 = UR 1981, 250; Abschn. 1.6. Abs. 1 Satz 6 UStAE.
8 Abschn. 1.8 Abs. 6 Satz 4 UStAE.
9 BFH, Urt. v. 10.6.1999 – V R 104/98, BStBl. II 1999, 582 = UR 1999, 404 m. Anm. *Husmann*; Abschn. 1.8 Abs. 2 Satz 2 und 3 UStAE.
10 Abschn. 1.8 Abs. 8 Satz 2 UStAE.
11 Abschn. 1.8 Abs. 2 Satz 7 UStAE.
12 Abschn. 1.8 Abs. 4 Satz 1 UStAE.
13 Abschn. 1.8 Abs. 4 Satz 3 UStAE.

- Betriebliche **Fort- und Weiterbildung**;
- **Überlassung von Arbeitsmitteln und Arbeitskleidung**, bei der eine außerbetriebliche Nutzung grundsätzlich ausgeschlossen ist;
- Zurverfügungstellung von **Parkplätzen** auf dem Betriebsgelände;
- Bis zu zwei **Betriebsveranstaltungen** jährlich (Grenze von 110 Euro brutto zu beachten);
- Unterhaltung von **Betriebskindergärten**;
- Überlassung von **Übernachtungsmöglichkeiten** in gemieteten Zimmern, wenn die Abreitnehmer an von ihrem Heimatort weit entfernten Tätigkeitsstellen eingesetzt werden;
- Förderung von **Verkaufswettbewerben**;
- **Sammelbeförderung** von Arbeitnehmern;
- Unentgeltliche Abgabe von **Mahlzeiten** während eines außergewöhnlichen Arbeitseinsatzes.

Die Auffassung der FinVerw. bezüglich der Sammelbeförderung kann sich auf eine entsprechende 102
Rechtsprechung des EuGH stützen. Bietet ein Arbeitgeber allen Arbeitnehmern eine Sammelbeförderung zu ihrem Tätigkeitsort an und hängen die auszuführenden Tätigkeiten des Arbeitnehmers oder dessen Entlohnung nicht davon ab, ob die Beförderungsleistung in Anspruch genommen wird, so wird die Beförderung nicht entgeltlich erbracht.[1] Auch die Abgabe von Mahlzeiten ist nach dem EuGH zwar unentgeltlich, aber erfolgt nicht aus unternehmensfremden Gründen, wenn sie vorrangig im betrieblichen Interesse an einer effizienten Durchführung einer Sitzung geschieht.[2] M.E. entsprechen die anderen Beispiele der FinVerw. ebenfalls diesen Rechtsprechungsgrundsätzen.

Aufmerksamkeiten sind Zuwendungen des Arbeitgebers, die nach Art und Wert Geschenken entspre- 103
chen, die im gesellschaftlichen Verkehr üblicherweise ausgetauscht werden und zu keiner ins Gewicht fallenden Bereicherung des Arbeitnehmers führen. Dies nimmt die FinVerw. in Anlehnung an das Lohnsteuerrecht bei **gelegentlichen Zuwendungen von bis zu 60 Euro** an. Darüber hinaus sind auch **Getränke und Genussmittel, die zum Verzehr im Betrieb überlassen werden**, als Aufmerksamkeit einzuordnen.[3] Die Behandlung der Aufmerksamkeiten lässt sich m.E. in vielen Fällen auf Art. 16 Abs. 2 MwStSystRL stützen, der regelt, dass Geschenke von geringem Wert nicht als unentgeltliche Wertabgabe zu behandeln sind.

dd) Spenden/Zuschüsse

Nach der Rechtsprechung des EuGH sind spendenähnliche Zahlungen von Passanten an einen Stra- 104
ßenmusiker kein Entgelt für eine Dienstleistung, da die Passanten aufgrund des Fehlens einer Vereinbarung über eine Leistung die Vergütung freiwillig zahlen und deren Höhe selbst bestimmen.[4] Die Rechtsprechung geht indessen davon aus, dass sog. *Donations* an Unterhaltungskünstler auf Internetplattformen als Entgelt anzusehen seien, wobei eine höchstrichterliche Klärung noch aussteht.[5] Nach der ertragsteuerlichen Definition (im Zusammenhang mit § 10b Abs. 1 EStG)[6] ist eine **Spende** eine freigebige Zuwendung. Dies schließt per Definition aus, dass eine Spende das Entgelt für eine Leistung des Spendenempfängers darstellt. Insoweit liegt auch umsatzsteuerrechtlich keine entgeltliche Leistung vor.[7]

Umgekehrt gibt es **Sponsoringverträge**, die den Spendenempfänger zu einer Gegenleistung verpflich- 105
ten können. In diesen Fällen stellt der Sponsoringbetrag eine finanzielle Gegenleistung für ein Tun, Dulden oder Unterlassen des Spendenempfängers dar. Dadurch wird eine entgeltliche Leistung erbracht.

1 EuGH, Urt. v. 16.10.1997 – C-258/95, ECLI:EU:C:1997:491 – Fillibeck, UR 1998, 406, Rz. 16.
2 EuGH, Urt. v. 11.12.2008 – C-371/07, ECLI:EU:C:2008:711 – Danfoss und Astrazeneca, UR 2009, 60, Rz. 58 ff.
3 Abschn. 1.8 Abs. 3 UStAE.
4 EuGH, Urt. v. 3.3.1994 – C-16/93, ECLI:EU:C:1994:80 – Tolsma, UR 1994, 399, Rz. 14.
5 FG Düsseldorf, Urt. v. 4.3.2022 – 1 K 2812/19 U,; *L'habitant*, UR 2022, 922; dazu auch *Stelzer*, RDi 2022, 493 und *Walfort/Danielmeyer/Hartwig*, UR 2022, 321.
6 BFH, Urt. v. 25.11.1987 – I R 126/85, BStBl. II 1988, 220.
7 Die Frage, ob eine Spende im Sinne einer freigiebigen Zuwendung vorliegt, kann im Einzelfall schwierig zu klären sein, vgl. FG Berlin-Brandenburg, Urt. v. 7.10.2020 – 8 K 8260/16, EFG 2021, 249 (rkr.).

106 In der Praxis sind viele finanzielle Förderungen zu beobachten, bei denen die Einordnung nicht eindeutig ist. Relativ oft verbreitet ist eine Danksagung in Form einer Nennung des Spenders in Jahresberichten, Zeitschriften, Internetseiten oder ähnlichen Veröffentlichungen der gemeinnützigen Körperschaft. Teilweise werden solche Danksagungen auch regelrecht vereinbart. Die FinVerw. geht davon aus, dass Danksagungen keine entgeltlichen Leistungen darstellen, sondern einem üblichen sozialen Verhalten entsprechen, solange die Danksagung in dezenter, also nicht besonders hervorgehobener, werbemäßiger Form erfolgt oder in anderer Form Werbemöglichkeiten eingeräumt werden.[1]

107 Dagegen sind verpflichtende Bedienzuschläge oder **Trinkgelder** Teil des Gegenwerts, der für eine Leistung aufgewendet wird.[2] Dies gilt nach der FinVerw. jedoch nicht für freiwillige Trinkgeldzahlungen an das angestellte Bedienungspersonal.[3] In der Rechtsprechung ist umstritten, ob Beiträge für die Nutzung eines **Fitnessstudios während der Coronazeit** ein Leistungsentgelt darstellen, soweit die Leistung aufgrund behördlicher Anordnungen nicht erbracht werden durfte und das Entgelt gleichwohl nicht zurückgefordert wurde.[4]

108 Als **Zuschuss** bezeichnete Zahlungen können eine nicht steuerbare Zahlung, ein Leistungsentgelt oder auch ein Entgelt eines Dritten sein.[5] Die Abgrenzung von Zuschüssen war schon häufig Gegenstand der Rechtsprechung. Für die Annahme der Steuerbarkeit muss nach den allgemeinen Grundsätzen zwischen der Leistung und der Gegenleistung ein unmittelbarer Zusammenhang bestehen. Der unmittelbare Zusammenhang muss sich aus einem zwischen dem Leistenden und dem Leistungsempfänger bestehenden Rechtsverhältnis ergeben, in dessen Rahmen gegenseitige Leistungen ausgetauscht werden, wobei die Vergütung den Gegenwert für die Leistung bildet. Zudem muss ein identifizierbarer Leistungsempfänger vorliegen, der einen verbrauchsfähigen Vorteil erhält.[6]

109 Bei Zahlungen aus öffentlichen Kassen kann es an einem Leistungsaustausch fehlen, wenn die Zahlung lediglich der **Förderung der Tätigkeit des Empfängers allgemein – aus strukturpolitischen, volkswirtschaftlichen oder allgemeinpolitischen Gründen** – dient und nicht als Gegenwert für eine Leistung (an die öffentliche Hand oder einen Dritten) gewährt wird. Die Zahlung wird in diesen Fällen zur Förderung des leistenden Unternehmers und nicht im überwiegenden Interesse eines Leistungsempfängers gewährt.[7] Die Kontrolle der ordnungsmäßigen Mittelverwendung durch den Zuschussgeber indiziert noch keine Leistung an diesen.[8]

110 Dagegen hat die Rechtsprechung Zahlungen als steuerbar eingestuft, die von öffentlichen (oder diesen rechtlich gleichgestellten kirchlichen) Körperschaften im Zusammenhang mit der **Übernahme von Tätigkeiten der Körperschaft durch den Zuwendungsempfänger** standen. Der Umstand, dass dies im öffentlichen (kirchlichen) Interesse erfolgt, steht dem nicht entgegen, denn die Rechtsprechung geht davon aus, dass die öffentliche (kirchliche) Körperschaft sich eine konkrete Leistung beschafft und damit als identifizierbarer Empfänger einen verbrauchsfähigen Vorteil erhält. Es spielt auch keine Rolle, dass die Leistung dem Satzungszweck des Zuschussempfängers entspricht.[9] Die Rechtsprechung

1 Abschn. 1.1 Abs. 23 UStAE.

2 EuGH, Urt. v. 29.3.2001 – C-404/99, ECLI:EU:C:2001:192 – Kommission/Frankreich, UR 2001, 206; Abschn. 10.1 Abs. 5 Sätze 1 und 2 UStAE.

3 Abschn. 10.1 Abs. 5 Satz 3 UStAE.

4 Kein Entgelt auch bei angebotenen Ersatzleistungen laut FG Hamburg, Urt. v. 16.2.2023 – 6 K 239/21, EFG 2023, 867 (Rev. anhängig BFH XI R 5/23); Entgelt u.a. wegen Ersatzleistungen laut FG Schleswig-Holstein, Urt. v. 16.11.2022 – 4 K 41/22, EFG 2023, 364 (Rev. anhängig BFH XI R 36/22).

5 So zutreffend Abschn. 10.2 Abs. 1 Satz 1 UStAE. Zur Abgabe von Schutzmasken gegen Zahlung einer Pauschale nach der SchutzmV FG Niedersachsen, Urt. v. 12.10.2023 – 5 K 45/22, juris (Rev. anhängig BFH V R 24/23).

6 BFH, Urt. v. 28.5.2013 – XI R 32/11, BStBl. II 2014, 1411 = UR 2014, 264; BFH, Urt. v. 18.12.2008 – V R 38/06, BStBl. II 2009, 749 = UR 2009, 525; BFH, Urt. v. 27.11.2008 – V R 8/07, BStBl. II 2009, 937 = UR 2009, 231; Abschn. 10.2 Abs. 2 Satz 1 UStAE.

7 EuGH, Urt. v. 16.9.2021 – C-21/20, ECLI:EU:C:2021:743 – Balgarska natsionalna televizia, UR 2021, 778; BFH, Urt. v. 28.5.2013 – XI R 32/11, BStBl. II 2014, 1411 = UR 2014, 264; BFH, Urt. v. 18.12.2008 – V R 38/06, BStBl. II 2009, 749 = UR 2009, 525; BFH, Urt. v. 27.11.2008 – V R 8/07, BStBl. II 2009, 937 = UR 2009, 231; BFH, Urt. v. 18.11.2021 – V R 17/20, BFHE 275, 276 = UR 2022, 329 m. Anm. *Küffner.*

8 BFH, Urt. v. 28.7.1994 – V R 19/92, BStBl. II 1995, 86 = UR 1995, 93.

9 BFH, Beschl. v. 18.12.2019 – XI R 31/17, BFH/NV 2020, 565; BFH, Beschl. v. 6.5.2014 – XI B 4/14, BFH/NV 2014, 1406; BFH, Urt. v. 28.5.2013 – XI R 32/11, BStBl. II 2014, 1411 = UR 2014, 264; BFH, Urt. v. 27.11.2008 –

differenziert im Übrigen nicht danach, ob es sich um die Übertragung einer freiwilligen oder einer Pflichtaufgabe handelt.[1] Allerdings sind Zahlungen zur Kapitalausstattung einer GmbH nicht steuerbar, wenn deren Tätigkeit lediglich im Interesse des Gesellschafters steht und dieser nur einen mittelbaren Vorteil aus der Tätigkeit erhält.[2]

Aus Sicht der Rechtsprechung ist bei Abschluss eines **gegenseitigen privatrechtlichen Vertrags** grundsätzlich von einem Leistungsaustausch auszugehen.[3] Entscheidend ist hierbei m.E. aber nicht die privatrechtliche Vereinbarung, sondern die Gegenseitigkeit. Privatrechtlich verfasste Zuschussgeber können die Zuschussbedingungen nicht anders als durch zivilrechtlichen Vertrag festlegen. Die bloße Betrachtung der zivilrechtlichen Basis ist auch nicht weiterführend, wenn der wesentliche Inhalt des Vertrags durch öffentliches Recht (z.B. Allgemeine oder Besondere Nebenbestimmungen der öffentlichen Hand) vorgegeben ist, da dann die vom Zivilrecht indizierte Gleichordnung der Vertragsparteien in Wahrheit nicht besteht.[4] Bei Zuschüssen auf Grundlage des Haushaltsrechts und der dazu erlassenen Allgemeinen Nebenbestimmungen vermutet die FinVerw., dass keine entgeltlichen Leistungen vorliegen, da mit diesen allein kein Leistungsaustauschverhältnis begründet werden kann.[5] Werden die Bestimmungen jedoch ergänzt, kann ein umsatzsteuerbarer Leistungsaustausch vorliegen.[6] 111

Die Rechtsprechung wendet die gleichen Grundsätze bei der **Weiterleitung von Fördermitteln** an.[7] 112

Ein Zuschuss stellt das **Entgelt eines Dritten** (im Sinne einer Preisauffüllung) dar, wenn der Leistungsempfänger gegen den Zuschussgeber einen Anspruch auf die Zahlung an den Leistenden hat oder die Zahlung im Interesse des Leistungsempfängers gewährt wird.[8] 113

ee) Schadensersatz/Verzicht

Nach Ansicht der FinVerw. sind **Schadensersatzzahlungen** kein Entgelt für eine Leistung (z.B. Duldung des schadensersatzpflichtigen Ereignisses), sondern sie werden geleistet, weil der Zahlende nach dem Gesetz oder Vertrag für einen Schaden einzustehen hat.[9] In diesen Fällen stellt auch die Schadensbeseitigung durch den Schädiger oder einen von ihm beauftragten Dritten keine Leistung an den Geschädigten dar.[10] 114

Soweit allerdings eine **Leistungsstörung** vorliegt und der Entgeltanspruch gemindert wird, reduziert sich das Entgelt der ursprünglichen Leistung (ggf. nachträglich, § 17 Abs. 1 UStG). Auch die Geltendmachung eines Schadensersatzes gemäß § 635 BGB a.F. beurteilte die Rechtsprechung als Entgeltminderung.[11] 115

V R 8/07, BStBl. II 2009, 937 = UR 2009, 231; Abschn. 10.2 Abs. 2 Satz 6 UStAE; vgl. aber auch FG Köln, Urt. v. 21.11.2012 – 4 K 526/11, EFG 2013, 888.

1 BFH, Beschl. v. 18.12.2019 – XI R 31/17, BFH/NV 2020, 565; BFH, Beschl. v. 12.4.2016 – V B 3/15, BFH/NV 2016, 1184.

2 BFH, Urt. v. 23.9.2020 – XI R 35/18, BStBl. II 2022, 344 = UR 2021, 348 m. Anm. *Hüttemann*, Rz. 57.

3 BFH, Beschl. v. 18.12.2019 – XI R 31/17, BFH/NV 2020, 565; BFH, Beschl. v. 12.4.2016 – V B 3/15, BFH/NV 2016, 1184; BFH, Urt. v. 18.12.2008 – V R 38/06, BStBl. II 2009, 749 = UR 2009, 525; BFH, Urt. v. 8.11.2007 – V R 20/05, BStBl. II 2009, 483 = UR 2008, 425.

4 BFH, Urt. v. 10.2.2016 – XI R 26/13, BStBl. II 2017, 857 = UR 2016, 428.

5 Abschn. 10.2 Abs. 8 Satz 2 und Abs. 10 UStAE; dazu auch mit Blick auf die Rechtsprechung klarstellend OFD Frankfurt am Main, Vfg. v. 22.1.2010 – S 7279 A-26-St 113, UR 2010, 630.

6 Abschn. 10.2 Abs. 9 Satz 1 UStAE.

7 BFH, Beschl. v. 28.12.2009 – XI B 109/09, BFH/NV 2011, 858; BFH, Urt. v. 25.1.1996 – V R 61/94, BFH/NV 1996, 715 = UR 1997, 432.

8 BFH, Urt. v. 16.2.2016 – V R 46/16, BStBl. II 2018, 672; BFH, Urt. v. 25.11.1986 – V R 109/78, BStBl. II 1997, 228 = UR 1987, 131 m. Anm. *Weiß*; Abschn. 10.2. Abs. 3 Satz 4 UStAE.

9 BFH, Urt. v. 10.12.1998 – V R 58/97, BFH/NV 1999, 987, II.1; BFH, Urt. v. 20.3.2013 – XI R 6/11, BStBl. II 2014, 206 = UR 2014, 188, Rz. 26.

10 Abschn. 1.3 Abs. 1 UStAE; BMF, Schr. v. 3.12.1975 – IV A 2-S 7100-25/75, BStBl. I 1975, 1132 zu Garantien im Kfz-Handel.

11 BFH, Urt. v. 16.1.2003 – V R 72/01, BStBl. II 2003, 620 = UR 2003, 253, II.2.b.

116 Dagegen würdigt der BFH eine **Vertragsstrafe** wegen verspäteter Leistungserbringung nicht als Entgeltminderung, sondern als unabhängige Schadensersatzleistung des Leistenden.[1]

117 Wenn bei einer Leistungsstörung der Leistungsempfänger die **Rückabwicklung** verlangt, liegt eine nicht steuerbare Rückgängigmachung der ursprünglichen Leistung vor (Rz. 129 ff.).[2]

118 **Mahn- und Prozesskosten** sowie Verzugs- und Prozesszinsen sind nicht Teil des Entgelts, sondern Schadensersatz.[3] Nach der Rechtsprechung des BFH sind hingegen die Zahlungen eines Unternehmers, welcher dieser als Aufwendungsersatz hinsichtlich der Durchsetzung eines Unterlassungsanspruchs vor dem Hintergrund urheberrechtlicher **Abmahnungen** leistet, als Entgelt auf Grundlage eines umsatzsteuerbaren Leistungsaustauschs zwischen dem abgemahnten Rechtsverletzer und dem abmahnenden Unternehmer zu behandeln.[4] Die FinVerw. hat sich dieser Rechtsprechung angeschlossen.[5]

119 Zu der **Abgrenzung von nicht steuerbarem Schadensersatz zum entgeltlichen Verzicht auf Rechte** gibt es im Übrigen eine Vielzahl von Urteilen:

- **Angeld Zimmerreservierung:** Der EuGH hatte einen Fall zu beurteilen, bei dem Hotelgäste nach französischem Recht ein sog. Angeld bei einer Zimmerreservierung geleistet haben. Wenn der Hotelgast das Zimmer genutzt hat, wurde ihm das Angeld auf den Zimmerpreis angerechnet. Wenn der Hotelgast die Reservierung stornierte, konnte der Hotelbetreiber das Angeld einbehalten. Wenn das Hotel die Reservierung stornierte, musste dieses dem Hotelgast das Doppelte des Angelds erstatten. Unter diesen Umständen stellte das Angeld nach Ansicht des EuGH in Fällen der Stornierung durch die Gäste keine Gegenleistung für die Einhaltung des Beherbergungsvertrags dar, da sich die Verpflichtung zur Einhaltung des Vertrags aus dem Gesetz ergibt. Vielmehr ist das Angeld Zeichen für den Vertragsschluss, ein Anreiz für dessen Erfüllung und zugleich eine pauschalierte Entschädigung.[6]
- **Bereitstellungsentgelt:** Dem folgend geht der BFH von einem Schadensersatz aus, wenn ein Spediteur vereinbarungsgemäß bei einer kurzfristigen Abbestellung seiner Leistung eine sog. Fautfracht (**Bereitstellungsentgelt**) von einem Drittel des vereinbarten Leistungsentgelts erhält, denn dies ist ein pauschalierter Schadensersatz.[7]
- **Nichtantritts eines Fluges:** In Abgrenzung dazu liegt nach der Rechtsprechung des EuGH ein Leistungsentgelt vor, wenn z.B. Fluggäste ihre ausgegebenen Flugscheine nicht nutzen und den bereits entrichteten Preis trotz des Nichtantritts des Fluges nicht erstattet bekommen. Ausschlaggebend dafür ist, dass mit dem im Voraus gezahlten Entgelt das Bereithalten des Sitzplatzes vergütet wird.[8] Der EuGH hat hierbei keine genaue Abgrenzung zu seiner Entscheidung zum Angeld vorgenommen. M.E. ist ausschlaggebend, ob der einbehaltene Betrag eher den Charakter eines Leistungsentgelts oder eines (pauschalierten) Schadensersatz hat.
- **Verzicht auf Vertragserfüllung:** Anders verhält es sich bei einem Verzicht auf die Vertragserfüllung, d.h. wenn eine Partei aus einem Vertragsverhältnis gegen Zahlung einer Entschädigung entlassen wird. Die Vergütung, die ein Mieter oder Vermieter bei einer vorzeitigen Räumung der Mietsache erhält, ist als Entgelt für den Verzicht auf die Rechte aus dem Mietvertrag zu würdigen.[9] Die Zustimmung zur Auflösung eines schwebenden Geschäfts gegen Schadensersatz kann eine sonstige

---

1 BFH, Urt. v. 4.5.1994 – XI R 58/93, BStBl. II 1994, 589 = UR 1994,403.

2 BFH, Urt. v. 12.11.2008 – XI R 46/07, BStBl. II 2009, 558 = UR 2009, 84, Rz. 15, 18 ff.; ebenso Abschn. 1.1 Abs. 4 UStAE.

3 Abschn. 1.3 Abs. 6 UStAE.

4 BFH, Urt. v. 13.2.2019 – XI R 1/17, BStBl. II 2021, 785 = UR 2019, 413.

5 Abschn. 1.3 Abs. 16a UStAE mit Nichtbeanstandung für Umsätze vor dem 1.11.2021; BMF, Schr. v. 1.10.2021 – III C 2-S 7100/19/10001 :006 – DOK 2021/0998752, BStBl. I 2021, 581 = UR 2021, 840.

6 EuGH, Urt. v. 18.7.2007 – C-277/05, ECLI:EU:C:2007:440 – Societe thermale d' Eugenie les Bains, UR 2007, 643, Rz. 30.

7 BFH, Urt. v. 30.6.2010 – XI R 22/08, BStBl. II 2010, 1084 = UR 2010, 941, Rz. 22 f. unter Bezugnahme auf EuGH, Urt. v. 18.7.2007 – C-277/05, ECLI:EU:C:2007:440 – Societe thermale d' Eugenie-les-Bains, UR 2007, 643; so auch Abschn. 1.1 Abs. 22 UStAE.

8 EuGH, Urt. v. 23.12.2015 – C-250/14 und C-289/14, ECLI:EU:C:841 – Air France-KLM, UR 2016, 93.

9 Abschn. 1.3 Abs. 13 UStAE.

Leistung gegen Entgelt sein.[1] Soweit z.B. ein Grundstücksverkäufer ein einseitiges Kaufvertragsangebot abgibt und sich der potenzielle Käufer verpflichtet, bei dessen Ablehnung eine Vertragsstrafe oder Optionsgebühr zu zahlen, stellt diese Vertragsstrafe nach Ansicht des BFH das Entgelt für die Bindung des Verkaufswilligen dar.[2] Auch Ausgleichszahlungen für den Bau einer Überlandleitung sind kein Schadensersatz, sondern Entgelt für die Duldung der (erwartbaren) Flurschäden durch den Grundstückseigentümer.[3] Der EuGH ordnet die bei Nichterfüllung der Mindestbindungsfrist eines Telekommunikationsvertrags zu leistende Zahlung in Höhe der bei Vertragserfüllung anfallenden Gebühren als Entgelt ein.[4] Der Ausgleichsanspruch von Handelsvertretern nach § 89b HGB ist ein Teil des Entgelts für die Vermittlungsleistungen.[5]

- **Beendigung eines Leasingverhältnisses:** Ausgleichszahlungen im Zusammenhang mit der Beendigung eines Leasingverhältnisses sind nach der BFH-Rechtsprechung Schadensersatz, wenn sie sich auf eine Schädigung des Leasingobjekts beziehen.[6] Dies gilt aber nach Ansicht der FinVerw. nicht für Ausgleichszahlungen, die sich auf die Mehr- oder Mindernutzung des Leasingobjekts oder einen Mehr- oder Minderwert bei Leasingende beziehen.[7]
- **Parkraumbewirtschaftung:** Kontrollgebühren, die ein privates Parkraumbewirtschaftungsunternehmen bei Verstößen gegen die Nutzungsbedingungen erhebt, sind umsatzsteuerbar. Zu beachten ist, dass in dem entschiedenen Fall eine gebührenpflichtige Parkdauer überschritten wurde.[8] Nach zutreffenden Äußerungen im Schrifttum bleibt weiter offen wie Kontrollgebühren zu behandeln sind, die bei Verstößen im Zusammenhang mit einer unentgeltlichen Parkhöchstdauer stehen.[9]
- **Erhöhtes Beförderungsentgelt:** Das erhöhte Beförderungsentgelt für Schwarzfahrer ist nach bisheriger Rechtsprechung des BFH als nichtsteuerbarer Schadensersatz einzustufen.[10] Nach zutr. Auffassung im Schrifttum bestehen erhebliche Zweifel, ob hieran nach der EuGH-Rechtsprechung zur Parkraumbewirtschaftung festgehalten werden kann.[11]

d) Bestimmung der Leistungsbeziehung

aa) Bedeutung vertraglicher Vereinbarungen

In einer Reihe von Konstellationen ist klärungsbedürftig, welche Leistungsbeziehungen bestehen bzw. wer an wen eine steuerbare Leistung erbringt. Das betrifft z.B. Mehrpersonenverhältnisse oder auch Zweipersonenverhältnisse. 120

Nach der Rechtsprechung des EuGH **ergibt sich im Normalfall aus den vertraglichen Bestimmungen der Beteiligten, wer Leistender und wer Leistungsempfänger** ist. Denn diese bilden normalerweise die wirtschaftliche und geschäftliche Realität ab. Das gilt aber nicht, wenn eine vertragliche Gestaltung **missbräuchlich** ist und die wirtschaftliche Realität nicht abbildet.[12] Das gleiche gilt, wenn die Beteiligten aus **Vereinfachungsgründen** eine vertragliche Gestaltung wählen, die von der wirtschaftlichen Realität abweicht, wie z.B. bei Tankkarten-Abrechnungssystemen. Demnach liefern Tankstellen Mineralöl direkt an die Fahrzeugnutzer, auch wenn diese mit einer Tankkarte zahlen und das Tankkartenunternehmen vordergründig für die Kosten aufkommt und entsprechende Rechnungen des 121

---

1 BFH, Urt. v. 1.2.2007 – V R 34/05, BFH/NV 2007, 1201 = UR 2007, 425; Abschn. 1.1 Abs. 8a UStAE.

2 BFH, Urt. v. 10.7.1997 – V R 94/96, BStBl. II 1997, 708 = UR 1997, 473.

3 BFH, Urt. v. 11.11.2004 – V R 30/04, BStBl. II 2005, 802 = UR 2005, 157, II.2.c; so auch Abschn. 1.3 Abs. 16 UStAE.

4 EuGH, Urt. v. 22.11.2018 – C-295/17, ECLI:EU:C:2018:942 – Meo, UR 2018, 944.

5 BFH, Urt. v. 25.6.1998 – V R 57/97, BStBl. II 1999, 102 = UR 1999, 72, II.2; so auch Abschn. 1.3 Abs. 12 UStAE.

6 BFH, Urt. v. 20.3.2013 – XI R 6/11, BStBl. II 2014, 206 = UR 2014, 188, Rz. 30 ff.

7 Abschn. 1.3 Abs. 17 UStAE – diese Interpretation steht aber m.E. nicht zwingend im Einklang mit BFH, Urt. v. 20.3.2013 – XI R 6/11, BStBl. II 2014, 206 = UR 2014, 188.

8 EuGH, Urt. v. 20.1.2022 – C-90/20, ECLI:EU:C:2022:37 – Apcoa Parking Danmark, BStBl. II 2023, 1118 = UR 2022, 172; dem folgend Abschn. 1.3 Abs. 16b UStAE.

9 *Wäger*, UR 2023, 45 (47).

10 BFH, Urt. v. 25.11.1986 – V R 109/78, BStBl. II 1987, 228 = UR 1987, 131 m. Anm. *Weiß*.

11 *Wäger*, UR 2023, 45 (48).

12 EuGH, Urt. v. 20.6.2013 – C-653/11, ECLI:EU:C:2013:409 – Newey, UR 2013, 628.

Tankstellenbetreibers erhält.[1] Der EuGH führt dies darauf zurück, dass der Fahrzeugnutzer über die Modalitäten des Mineralölkaufs sowie über die Verwendung des Kraftstoffs entscheidet und letztlich auch die Kosten trägt. Demgegenüber kommt dem Tankkartensystembetreiber nur eine Finanzierungsfunktion zu.[2]

122 Die Rechtsprechung des BFH kommt zu ähnlichen Ergebnissen, häufiger entsteht allerdings der Eindruck, dass den Vertragsbestimmungen oder den Regelungen des BGB eine etwas größere Bedeutung zugemessen wird als nach der EuGH-Rechtsprechung. Der BFH begründet dies durchaus nachvollziehbar mit einer höheren Rechtssicherheit.[3] Dies lässt jedoch außer Acht, dass die zivilrechtlichen Regelungen innerhalb des Binnenmarkts nicht durchgehend harmonisiert sind und eine starke Bezugnahme auf nationale Zivilrechtsvorschriften im grenzüberschreitenden Leistungsverkehr innerhalb des Binnenmarkts das Gegenteil von Rechtssicherheit bewirkt. Für die Beteiligten sind umfangreiche Prüfungen der jeweiligen nationalen Rechtslage nötig. Zudem entsteht das Risiko der Nicht- oder Doppelbesteuerung von Leistungen aufgrund eines unterschiedlichen Zivilrechts.[4] Hier ist es m.E. deutlich einfacher, wie der EuGH, im Zweifel auf die wirtschaftliche oder geschäftliche Realität abzustellen.

bb) Handeln im eigenen oder fremden Namen

123 Ein Geschäft, das ein **Stellvertreter** oder **Bevollmächtigter** tätigt, wird dem Vertretenen zugerechnet (§ 164 Abs. 1 BGB).[5] Im Rahmen der sog. **Ladenrechtsprechung** hat der BFH entschieden, dass bei einem Kauf von Waren des täglichen Bedarfs der Kunde regelmäßig davon ausgeht, dass er Kaufverträge mit dem Ladenbesitzer schließt. Nur wenn die Absicht als Vertreter zu handeln hinreichend verdeutlicht wird, kann sich der Ladenbesitzer darauf berufen.[6] Dann spielt es u.U. auch keine Rolle, dass dem Kunden die genaue Identität des Vertretenen nicht bekannt ist.[7]

124 Soweit **Strohleute** tätig werden, wird ihnen die Leistung zugerechnet, da sie im eigenen Namen tätig werden. Dies gilt jedoch nicht, wenn die Beteiligten stillschweigend von einer direkten Rechtswirkung gegenüber den Hintermännern ausgehen.[8] Der zuletzt genannte Aspekt hat bei der Aufarbeitung von Umsatzsteuerbetrugsfällen eine gewisse Bedeutung gewonnen.

125 Allerdings ist zu beachten, dass es im UStG einige **Durchbrechungen der zivilrechtlichen Sichtweise** gibt:

- **Kommissionsgeschäfte** sind nach § 3 Abs. 3 oder nach § 3 Abs. 11 UStG umsatzsteuerrechtlich als Leistungskette einzustufen, so dass von zwei Lieferungen eines Gegenstands oder zwei sonstigen Leistungen, z.B. des Kommittenten an den Kommissionär und vom Kommissionär an den Kunden, auszugehen ist, obwohl nach dem deutschen Zivil- und Handelsrecht nur eine Lieferung (des Kommittenten an den Kunden) und eine Geschäftsbesorgung (des Kommissionärs) vorliegt.
- Auch die **Portalregelung** in § 3 Abs. 11a UStG ist eine solche Abweichung, bei der die Rechtsfolgen denen bei Kommissionsgeschäften entsprechen (§ 3 Rz. 603 ff.).
- Ebenso wird für **Gutscheine** eine völlig eigenständige umsatzsteuerrechtliche Regelung aufgestellt. Während bei den Einzweck-Gutscheinen jede Begebung eines Gutscheins wie eine Leistung besteuert wird (§ 3 Abs. 14 UStG), werden Mehrzweck-Gutscheine nicht als Leistung, sondern wie Geld eingestuft (§ 3 Abs. 15 UStG) (§ 3 Rz. 660 ff.).

---

1 EuGH, Urt. v. 6.2.2003 – C-185/01, ECLI:EU:C:2003:73 – Auto Lease Holland, UR 2003, 137, Rz. 35.
2 EuGH, Urt. v. 15.5.2019 – C-235/18, ECLI:EU:C:2019:412 – Vega International, UR 2019, 461, Rz. 36.
3 BFH, Urt. v. 22.11.2018 – V R 65/17, BFHE 263,90 = UR 2019, 179 m. Anm. *Heinrichshofen*, Rz. 19.
4 Vgl. zu einem Beispiel einer Nichtbesteuerung von Umsätzen aufgrund der unterschiedlichen Behandlung von Leasinggeschäften EuGH, Urt. v. 22.12.2010 – C-277/09, ECLI:EU:C:2010:810 – RBS Deutschland Holding, UR 2011, 222.
5 BFH, Urt. v. 16.3.2000 – V R 44/99, BStBl. II 2000, 361 = UR 2000, 281, II.1.a.
6 BFH, Urt. v. 16.3.2000 – V R 44/99, BStBl. II 2000, 361 = UR 2000, 281, II.1.b.
7 BFH, Urt. v. 16.3.2000 – V R 44/99, BStBl. II 2000, 361 = UR 2000, 281, II.2.a.
8 BFH, Urt. v. 20.10.2016 – V R 36/14, BFH/NV 2017, 327.

cc) Beteiligung Dritter

Bei einem **Vertrag zu Gunsten Dritter** lässt sich eine Vertragspartei von der anderen die Erbringung einer Leistung an einen Dritten zusichern. Ob die Leistung an den Versprechensempfänger oder an den Dritten erbracht wird, hängt davon ab, ob der Dritte ein eigenes Leistungsforderungsrecht hat (echter Vertrag zugunsten Dritter). Ohne ein eigenes Forderungsrecht des Dritten (unechter Vertrag zugunsten Dritter) ist allgemein von einer Leistung an den Versprechensempfänger auszugehen. Besteht dagegen ein Forderungsrecht des Dritten, wird überwiegend von einer Leistung an den Dritten ausgegangen.[1] Die umstrittene Frage wurde von der Rechtsprechung noch nicht entschieden.[2] Ähnliche Fragen stellen sich auch bei einem **Schuldbeitritt**. M.E. ist auch hier darauf zu achten, dass es z.B. bei Lieferungen maßgeblich darauf ankommt, wem die Verfügungsmacht verschafft wird und dass zudem die wirtschaftliche Realität zutreffend abgebildet wird. Bei einem echten Vertrag zugunsten Dritter ist vor allem fraglich, ob der Versprechensempfänger die Verfügungsmacht erlangt. Dafür spricht z.B., wenn der Versprechensempfänger den Dritten jederzeit austauschen kann. Dagegen spricht, wenn nur der Dritte die Lieferung verlangen kann. Ebenso kann für eine Verfügungsmacht des Versprechensempfängers sprechen, wenn dieser nach dem Deckungsverhältnis zum Dritten selbst zu einer Lieferung verpflichtet ist (wie z.B. bei einem Reihengeschäft). Bei Gutscheinen sind die Besonderheiten der Regelung über Einzweck-Gutscheine (§ 3 Abs. 14 UStG) zu beachten (§ 3 Rz. 679 ff.). 126

Zahlungen können **Entgelt eines Dritten** sein, so etwa Zahlungen eines Apothekers an einen Vermieter von Räumen an Ärzte (zwecks Förderung des Apothekenbetriebs).[3] 127

Bei bestimmten Konstellationen lässt sich die zutreffende Beurteilung erst unter Berücksichtigung sämtlicher zwischen den Beteiligten abgeschlossener Rechtsgeschäfte vornehmen. Beim **Factoring** tritt beispielsweise der sog. Anschlusskunde eine Forderung an den Factor ab. Bei isolierter Betrachtung ist dies eine Forderungsabtretung. Berücksichtigt man jedoch die beim Factoring typischen getroffenen Abreden, kann sich z.B. herausstellen, dass allein der Factor eine Inkassoleistung bewirkt und ihm die Forderung hierfür nur im Rahmen einer Beistellung abgetreten wird.[4] 128

dd) Rückgängigmachung/Rücklieferung

Erfolgt eine Lieferung vom ursprünglichen Leistungsempfänger zurück an den ursprünglichen Leistenden, kann eine Rückgängigmachung der ursprünglichen Lieferung oder eine neue (Rück-)Lieferung vorliegen. 129

Nach der Rechtsprechung des BFH beurteilt sich diese Frage aus **Sicht des ursprünglichen Empfängers**. Entscheidend ist demnach, ob das ursprüngliche Liefergeschäft entfällt oder rückgängig gemacht wird. Hiervon geht der BFH grundsätzlich nur bei Vertragsstörungen aus. Als Folge muss der Erstattungsbetrag dem ursprünglichen Kaufpreis entsprechen. Vor diesem Hintergrund wird ein ursprünglicher Verkauf von Umzugskartons durch einen Umzugsunternehmer nicht rückgängig gemacht, wenn die Kunden die Kartons wieder an den Umzugsunternehmer zurückverkaufen.[5] Ebenso liegt der Fall, wenn ein Hersteller ohne entsprechende Verpflichtung altpreisige Zigaretten zurücknimmt und dafür neue Produkte liefert.[6] Dagegen liegt eine Rückgängigmachung vor, wenn der ursprüngliche 130

---

1 *Nieskens* in Rau/Dürrwächter, § 3 UStG Rz. 761 (Stand: Mai 2020); *Widmann*, UR 1993, 304; **a.A.** *Friedrich-Vache* in Reiß/Kraeusel/Langer, § 1 UStG Rz. 180 (Stand: Juni 2021).

2 Lediglich in BFH, Beschl. v. 2.8.1985 – V S 2/85, BFH/NV 1986, 121 gibt es Hinweise darauf, dass der Dritte Leistungsempfänger sein könnte. Die Frage war allerdings im Zusammenhang mit einer Gesellschaftsgründung aufgeworfen.

3 BFH, Urt. v. 20.2.1992 – V R 107/87, BStBl. II 1992, 705 = UR 1992, 277; BFH, Urt. 15.10.2009 – XI R 82/07, BStBl. II 2010, 247 = UR 2010, 32; Abschn. 1.1 Abs. 10 UStAE.

4 EuGH, Urt. v. 26.6.2003 – C-305/01, ECLI:EU:C:2003:377 – MKG-Kraftfahrzeuge-Factoring, UR 2003, 399 m. Anm. *Wäger*; BFH, Urt. v. 4.9.2003 – V R 34/99, BStBl. II 2004, 667 = UR 2004, 32; Abschn. 2.4 UStAE mit umfassenden Anwendungsregelungen.

5 BFH, Urt. v. 12.11.2008 – XI R 46/07, BStBl. II 2009, 558 = UR 2009, 84, Rz. 15, 18 ff.; ebenso Abschn. 1.1 Abs. 4 UStAE.

6 BFH, Urt. v. 27.6.1995 – V R 27/94, BStBl. II 1995, 756 = UR 1996, 16.

Leistungsempfänger den Kaufpreis nicht zahlen kann und daher die Ware zurückgeben muss[1] oder wenn der Insolvenzverwalter des ursprünglichen Leistungsempfängers die Vertragserfüllung ablehnt.[2]

131 Nach Ansicht der FinVerw. wird bei einem **Umtausch** die ursprüngliche Lieferung rückgängig gemacht.[3] Dies gilt auch beim **Widerruf von Onlinekäufen**.

ee) Entgeltminderung oder Leistung durch Abnehmer

132 Im Rahmen des mehrstufigen Vertriebs von Waren (und Dienstleistungen) kommt es oft zu Zahlungen des Leistenden an den Abnehmer, die von einer unterschiedlich ausgeprägten Mitwirkung des Abnehmers beim Vertrieb abhängen. Ähnliche Situationen ergeben sich, wenn der Leistungsempfänger anstelle von Geld Sachleistungen erhält (z.B. Zugaben, aber auch Beratung oder technische Unterstützung bei der Einführung eines neuen Produkts). Hierbei ist zu unterscheiden, ob es sich um eine nachträgliche Entgeltminderung (z.B. Rabatt oder Bonus) – dann Minderung der Ausgangssteuer des Leistenden, § 17 Abs. 1 Satz 1 UStG (§ 17 Rz. 23 ff.) und des Vorsteuerabzugs beim Leistungsempfänger, § 17 Abs. 1 Satz 2 UStG (§ 17 Rz. 49 ff.) – oder um ein Entgelt für eine gegenläufige Leistung des Leistungsempfängers handelt. Eine fehlerhafte Einschätzung kann für die Beteiligten zu erheblichen Belastungen bezüglich Rückabwicklung und Verzinsung führen. M.E. ist allerdings fraglich, ob das Neutralitätsprinzip dem nicht entgegensteht, soweit die Beteiligten gutgläubig handelten und keine Gefährdung für das Steueraufkommen besteht.[4]

133 Nach der Rechtsprechung des BFH zu sog. **Werbekostenzuschüssen** liegt ein Preisnachlass vor, wenn der Leistungsempfänger nicht zur Durchführung der Werbung verpflichtet wird, er die Werbemaßnahmen im eigenen Interesse durchführt und die Zahlung nicht losgelöst von der Lieferung der Ware, sondern mit ihr eng verknüpft ist. Dagegen liegt eine Leistung in die Gegenrichtung vor, wenn eine besondere Tätigkeit für den Leistungsempfänger entfaltet wird, die in keinem Zusammenhang mit der Lieferung steht.[5] Insbesondere stellt die Erhöhung der Absatzmenge keine Leistung an den Lieferanten dar, da sie vorwiegend im eigenen Interesse erfolgt.[6] Auch die Verpflichtung der Verwendung eines bestimmten Erlösanteils für Werbemaßnahmen führt nicht zur Annahme von Werbeleistungen.[7] Diese Rechtsprechung ist jüngst bestätigt worden in Bezug auf den **Abzug von Kosten des Leistungsempfängers** vom Leistungsentgelt. Im Fall einer Erzeugerorganisation, die Waren ankaufte und im eigenen Namen und auf eigene Rechnung weiterveräußerte und den Anlieferern die Produktpreise nach Abzug einer Marktpauschale für ihren eigenen Aufwand zahlte, ging die Rechtsprechung davon aus, dass eine Entgeltminderung vorlag, da der Aufwand bereits im Rahmen der eigenen Veräußerungen der Steuer unterworfen wurde.[8] Soweit ein Schlachthof eigene Kosten von den Vergütungen für die eingelieferten Kosten abzieht, handelt es sich um eine Entgeltminderung, wenn der Schlachthof diese Kosten im eigenen Interesse aufwendet (z.B. Qualitätsaudits, Hygiene, Nachverfolgbarkeit der Tiere, zu denen der Schlachthof verpflichtet ist).[9]

134 Bei der Behandlung von Mängeln stellt die Beseitigung von Mängeln durch den Leistungsempfänger gegen Erstattung der Kosten keine entgeltliche Leistung, sondern die Minderung der Bemessungsgrundlage dar.[10] Eine Leistung liegt dagegen vor, wenn auf die Gewährleistungsansprüche verzichtet

1 BFH, Urt. v. 17.12.1981 – V R 75/77, BStBl. II 1982, 233.
2 BFH, Urt. v. 8.5.2003 – V R 20/02, BStBl. II 2003, 953 = UR 2003, 546.
3 BMF, Schr. v. 11.8.2006 – IV A 5-S 7210-23/06, BStBl. I 2006, 477, Rz. 43.
4 BFH, Urt. v. 26.9.2019 – V R 13/18, BFH/NV 2020, 35 = UR 2020, 75 zu dem m.E. ähnlichen Fall der Nichtbeachtung der Umkehr der Steuerschuldnerschaft gemäß § 13b UStG.
5 BFH, Urt. v. 5.8.1965 – V 144/62 U, BStBl. III 1965, 630; Abschn. 10.3 Abs. 2 Satz 4 UStAE.
6 BFH, Urt. v. 9.11.1994 – XI R 81/92, BStBl. II 1995, 277 = UR 1995, 215.
7 BFH, Urt. v. 21.11.1968 – V 222/65, BStBl. II 1969, 278.
8 BFH, Beschl. v. 13.9.2022 – XI R 8/20, BStBl. II 2023, 728 = UR 2023, 191; Abschn. 1.1 Abs. 26 UStAE.
9 BFH, Beschl. v. 11.10.2022 – XI R 12/20, BFH/NV 2023, 274; so nun auch Abschn. 1.1 Abs. 26 UStAE; **a.A.** noch BayLfSt, Vfg. v. 28.2.2012 – S 7200.1.1 – 7/9 St 33, UR 2012, 699 und OFD Niedersachsen, Vfg. v. 24.3.2016 – S 7100-806-St 172, UR 2016, 453.
10 Abschn. 10.3 Abs. 2 Satz 1 UStAE.

und hierfür ein pauschaler Ablösebetrag gezahlt wird.[1] Auch die Übernahme der Entsorgung von Transportverpackungen durch den Warenempfänger gegen pauschale Vergütung durch den dazu gesetzlich verpflichteten Lieferanten ist als Leistung in die Gegenrichtung zu würdigen.[2]

ff) Negative Preise

In einzelnen Fällen kann es zum Angebot einer Ware oder Dienstleistung für einen negativen Kaufpreis kommen. Bekannte Fälle sind die Einspeisung von Energie, sog. Strafzinsen oder auch negative Unternehmenskaufpreise. In diesen Fällen stellt sich die Frage, ob der negative Kaufpreis auf eine Leistung in die Gegenrichtung hindeutet. Normalerweise würde niemand eine Leistung erwerben, die einen negativen Wert hat. 135

Bei der Lieferung von Schrott zu Negativpreisen geht die FinVerw. von einer Entsorgungsleistung des Abnehmers aus.[3] Dies wird auch auf die Anlage von Geld zu Negativzinsen übertragen.[4] 136

Bei negativen Strompreisen geht die FinVerw. nicht von einer Lieferung des Stroms, sondern von einer Abnahmeleistung des Käufers aus. Wirtschaftlicher Hintergrund ist, dass sich der Stromlieferant ein Herunterfahren von Produktionskapazitäten ersparen kann, das teurer wäre als der negative Strompreis.[5] 137

Negative Unternehmenskaufpreise haben oft den Hintergrund, dass die Stilllegungs- und/oder Liquidationskosten für den Veräußerer höher wären als der negative Kaufpreis und der Erwerber ein strategisches Interesse am Erwerb des Unternehmens hat. Aufgrund der ähnlichen Situation wie bei den Stromlieferungen ist es naheliegend, dass auch hier eine Leistung des Abnehmers an den Veräußerer vorliegt.[6] 138

gg) Verwertung von Sachen

Die Sicherungsübereignung führt trotz der Übertragung des zivilrechtlichen Eigentums noch nicht zu einer Lieferung i.S.d. § 3 Abs. 1 UStG, da der Sicherungsnehmer nicht frei über den Gegenstand verfügen kann. Erst im Verwertungsfall liegt eine Lieferung des Sicherungsgebers an den Sicherungsnehmer vor (hierbei ist § 13b Abs. 2 Nr. 2 UStG zu beachten, s. § 13b Rz. 100 ff.). Verwertet der Sicherungsnehmer die Sache freihändig, ist eine zweite Lieferung gegeben.[7] Soweit im Verwertungsfall der Sicherungsgeber die Sache im eigenen Namen, aber für Rechnung des Sicherungsnehmers verkauft, liegen grundsätzlich drei Umsätze vor (Sicherungsgeber an Sicherungsnehmer und im Rahmen eines Kommissionsgeschäfts Sicherungsnehmer an Sicherungsgeber und dieser an den Erwerber).[8] 139

Bei einer Zwangsvollstreckung liegt keine Lieferung an das jeweilige Bundesland vor, in dem der Gerichtsvollzieher ansässig ist. Es handelt sich vielmehr um eine Lieferung des Vollstreckungsschuldners an den Erwerber.[9] 140

1 BFH, Urt. v. 15.12.1966 – V R 83/64, BStBl. III 1967, 234.
2 BMF, Schr. v. 19.3.1993 – IV A 2-S 7200-3/93, UR 1993, 174 (Nr. 1723 der Positivliste, BMF, Schr. v. 10.3.2023 – IV A 2-O 2000/22/10003 :001, DOK 2023/0169552, BStBl. I 2023, 406). Die neuere Rechtsprechung steht dem m.E. nicht entgegen.
3 BMF, Schr. v. 23.5.2016 – III C 3-S7279/10/10006, DOK 2016/0481720, UR 2017, 448.
4 Abschn. 4.8.5 Abs. 1 Satz 2 UStAE.
5 Abschn. 1.7 UStAE.
6 *Rapp*, BB 2017, 2903.
7 BFH, Urt. v. 11.2.1982 – V R 57/78, juris; BFH, Urt. v. 19.7.2007 – V B 222/06, BStBl. II 2008, 163 = UR 2007, 820; Abschn. 1.2 Abs. 1 UStAE.
8 BFH, Urt. 6.10.2005 – V R 20/04, BStBl. II 2006, 931 = UR 2006, 119; BFH, Urt. v. 30.3.2006 – V R 9/03, BStBl. II 2006, 933 = UR 2006, 395; Abschn. 1.2 Abs. 1a UStAE.
9 BFH, Urt. v. 19.12.1985 – V R 139/76, BStBl. II 1986, 500 = UR 1986, 1756; BFH, Urt. v. 16.4.1997 – XI R 87/96, BStBl. II 1997, 585 = UR 1997, 339; Abschn. 1.2 Abs. 2 UStAE.

e) Gesellschaftsrechtliche Leistungsbeziehungen

aa) Ausgangslage

141 **Gesellschaften und ihre Gesellschafter** sind ungeachtet der Rechtsform umsatzsteuerrechtlich als **eigenständige Subjekte** zu betrachten. Insbesondere gibt es keine Mitunternehmerschaft oder kein Transparenzprinzip wie bei der Ertragsbesteuerung von Personengesellschaften, so dass Gesellschafter nicht automatisch Unternehmer werden.[1] Unbeschadet dessen können Gesellschafter – aus anderen Gründen – Unternehmer sein.

142 Der vollständige Gesellschafterwechsel an einer Personen- oder Kapitalgesellschaft ist aus umsatzsteuerrechtlicher Sicht auf Gesellschaftsebene unbeachtlich.[2] Steuerbare Vorgänge finden lediglich auf Ebene der Gesellschafter statt, vorausgesetzt, diese halten ihre Anteile im Unternehmensvermögen.[3]

143 Darüber hinaus sind Leistungsaustauschverhältnisse ungeachtet des Gesellschafterverhältnisses wie Geschäfte Dritter zu besteuern. Es gibt also keinen privilegierten Gesellschaftsbereich. Hierbei kann sich das Leistungsaustauschverhältnis nicht nur aus schuldrechtlichen Verträgen wie z.B. Kauf- oder Dienstvertrag, sondern auch aus dem Gesellschaftsvertrag ergeben.[4] Trotzdem ergeben sich bei Gesellschaftsverhältnissen häufiger Fragen bezüglich des Bestehens entgeltlicher Leistungen.

144 Ein Leistungsaustauschverhältnis zwischen Gesellschaft und Gesellschafter kann allerdings bei Bestehen einer **umsatzsteuerrechtlichen Organschaft** eine Innenleistung sein und unterliegt dann nicht der Umsatzsteuer.

145 Nach der Rechtsprechung des EuGH, der sich die FinVerw. angeschlossen hat, wird auch eine **ausländische Betriebsstätte oder eine feste Niederlassung** nicht als selbständiger Unternehmer angesehen, wenn sie über kein Dotationskapital verfügt und auch sonst das mit ihrer Tätigkeit verbundene wirtschaftliche Risiko nicht selbst trägt.[5]

bb) Innen- und Außengesellschaft

146 Bei der Bestimmung des Leistungsaustauschverhältnisses ist auch zu berücksichtigen, ob die Gesellschaft überhaupt Unternehmer ist. Dies ist nur der Fall, wenn die Gesellschaft Leistungen im eigenen Namen erbringt. Hierbei genügt es allerdings gemäß § 2 Abs. 1 Satz 3 UStG, dass die Gesellschaft nur für ihre Gesellschafter tätig wird (§ 2 Rz. 14 ff.).

147 Keine Unternehmereigenschaft der Gesellschafter entsteht, wenn sich mehrere Beteiligte in der Weise zusammenschließen, dass einer von Ihnen Leistungen nach außen erbringt und hierbei durch Leistungen der anderen Beteiligten unterstützt wird, die durch eine Beteiligung am Umsatz oder Gewinn des nach außen leistenden Beteiligten vergütet werden (**Profit oder Revenue Sharing, Aufwandspooling, Metagesellschaft**). In diesem Fall bestehen nur Leistungsbeziehungen zwischen den Beteiligten. Der nach außen auftretende Beteiligte erbringt eigene Leistungen an Dritte. Die anderen Beteiligten erbringen unmittelbar Leistungen an den nach außen auftretenden Beteiligten.[6]

148 Ebenso wenig liegt eine Unternehmereigenschaft der Gesellschaft vor, wenn sich mehrere Beteiligte in der Weise zusammenschließen, dass jeder von ihnen Leistungen im eigenen Namen nach außen erbringt, die Beteiligten sich aber die dabei anfallenden Gewinne aufteilen (**Gewinnpooling**). In diesen

---

1 BFH, Urt. v. 6.9.2007 – V R 16/06, BFH/NV 2008, 1710, II. 3.
2 BFH, Urt. v. 29.10.1987 – X R 33-34/81, BStBl. II 1988, 92 = UR 1988, 84; *Ismer/Endres*, UR 2012, 897.
3 Abschn. 2.3 Abs. 2–4 UStAE.
4 BFH, Urt. v. 5.12.2007 – V R 60/05, BStBl. II 2009, 486 = UR 2008, 616; BFH, Urt. v. 28.5.2013 – XI R 32/11, BStBl. II 2014, 411 = UR 2014, 264, Rz. 42.
5 EuGH, Urt. v. 23.3.2006 – C-210/04, ECLI:EU:C:2006:196 – FCE Bank, UR 2006, 331 m. Anm. *Heinrichshofen*, Rz. 36; Abschn. 2.9 UStAE.
6 BFH, Urt. v. 21.12.1955 – V 161/55 U, BStBl. III 1956, 58 = UR 1956, 37; BFH, Urt. v. 11.11.1965 – V 146/63 S, BStBl. III 1966, 28 = UR 1966, 162; BFH, Urt. v. 12.2.1970 – V R 50/66, BStBl. II 1970, 477 = UR 1970, 155; BFH, Urt. v. 4.7.2013 – V R 33/11, BStBl. II 2013, 937 = UR 2013, 751, Rz. 24.

Fällen erbringen die Beteiligten jeweils steuerbare Leistungen nach außen. Die Gewinnausgleichszahlungen gelten keine gegenseitigen Leistungen ab und sind daher nicht steuerbar.[1]

Erbringt eine Gesellschaft im eigenen Namen Leistungen nach außen, unterliegen diese nach den allgemeinen Regeln der Umsatzsteuer. Soweit die Gesellschafter Beiträge für die Bewirkung dieser Umsätze erbringen, können diese entgeltliche oder unentgeltliche Leistungen sein (dazu im Folgenden unter Rz. 151 ff. und 161 ff.). 149

Doch selbst bei einer nach außen auftretenden Gesellschaft kann es zu Leistungsaustauschverhältnissen nur zwischen den Gesellschaftern kommen. Das ist z.B. der Fall, wenn die Gesellschaft von ihren Gesellschaftern zuvor festgelegte Beiträge erhält und sich die Gesellschafter untereinander **Ausgleichszahlungen** leisten, falls die tatsächlichen Gesellschafterbeiträge davon abweichen.[2] Anders verhält es sich jedoch, wenn die Gesellschafter für ihre Beiträge jeweils eine Vergütung von der Gesellschaft erhalten – dann liegen wiederum entgeltliche Leistungen an die Gesellschaft vor.[3] 150

cc) Leistungen bei der Gründung einer Gesellschaft

(1) Leistungen der Gesellschaft

Aus dem Umstand, dass der Erwerb einer Beteiligung keine wirtschaftliche Tätigkeit begründet, schließt der EuGH, dass auch die **Ausgabe neuer Anteile** durch eine Personengesellschaft **keine unternehmerische Tätigkeit** ist und damit nicht der Umsatzsteuer unterliegt.[4] Diesen Grundsatz hat der EuGH auch auf Kapitalgesellschaften übertragen.[5] Die deutsche Rechtsprechung und FinVerw. folgen dem.[6] M.E. überzeugt die Sichtweise des EuGH nur im Ergebnis. 151

Daraus folgt für die Aufwendungen der Gesellschaft im Zusammenhang mit der Aufnahme neuer Gesellschafter, dass sich der **Vorsteuerabzug** nicht nach der Ausgabe der Anteile richtet. Vielmehr handelt es sich um allgemeine Aufwendungen der Gesellschaft, so dass sich der Vorsteuerabzug nach der beabsichtigten Tätigkeit der Gesellschaft richtet.[7] Die Grundsätze gelten auch für spätere **Kapitalerhöhungen**. 152

Erhält ein Einbringender jedoch neben den Gesellschaftsanteilen auch andere Vermögenswerte der Gesellschaft i.S.d. § 20 Abs. 2 Satz 4 oder i.S.d. § 24 Abs. 2 Satz 4 UmwStG, liegt insoweit eine steuerbare Leistung der Gesellschaft vor (außer wenn es sich um Geldzahlungen handelt).[8] 153

Bei der Gründung von Kapitalgesellschaften ist bereits der **Vorgründungsgesellschaft** der Vorsteuerabzug aus den Aufwendungen für die Gründung der Gesellschaft zu gewähren. Dies leitet der EuGH daraus her, dass es sich um allgemeine Kosten der später von der gegründeten Gesellschaft beabsichtigten Leistungen handelt.[9] **Auch soweit Gesellschafter** vor der Gründung **Wirtschaftsgüter erwerben**, die sie in die Gesellschaft einbringen, ist nach der Rechtsprechung des EuGH mit Blick auf die später beabsichtigte Tätigkeit der Gesellschaft der **Vorsteuerabzug** zu gewähren.[10] Dies gilt jedoch 154

1 BFH, Urt. v. 12.2.1970 – V R 50/66, BStBl. II 1970, 477 = UR 1970, 155; BFH, Urt. v. 26.7.1973 – V R 42/70, BStBl. II 1973, 766; BFH, Urt. 4.7.2013 – V R 33/11, BStBl. II 2013, 937 = UR 2013, 751; Abschn. 1.1 Abs. 18 UStAE.

2 EuGH, Urt. v. 29.4.2004 – C-77/01, ECLI:EU:C:2004:243 – EDM, UR 2004, 292 m. Anm. *Wäger*; BFH, Urt. v. 11.12.1969 – V R 129/68, BStBl. II 1970, 358 = UR 1970, 87; Abschn. 1.6 Abs. 8 UStAE.

3 BFH, Urt. v. 21.3.1968 – V R 43/65, BStBl. II 1968, 449; BFH, Urt. v. 11.12.1969 – V R 91/68, BStBl. II 1970, 356.

4 EuGH, Urt. v. 26.6.2003 – C-442/01, ECLI:EU:C:2003:381 – Kap Hag Renditefonds, UR 2003, 443, Rz. 40; Abschn. 1.1 Abs. 15 UStAE.

5 EuGH, Urt. v. 26.5.2005 – C-465/03, ECLI:EU:C:2005:320 – Kretztechnik, UR 2005, 382, Rz. 25.

6 BFH, Urt. v. 1.7.2004 – V R 32/00, BStBl. II 2004, 1022 = UR 2004, 537; Abschn. 1.6 Abs. 2 Satz 1 und Abschn. 15.21 Abs. 1 Satz 1 UStAE.

7 EuGH, Urt. v. 26.5.2005 – C-465/03, ECLI:EU:C:2005:320 – Kretztechnik, UR 2005, 382, Rz. 36 f.; BFH, Urt. v. 1.7.2004 – V R 32/00, BStBl. II 2004, 1022 = UR 2004, 437, 3. c bb; Abschn. 1.6 Abs. 2 Satz 1 UStAE.

8 *Rasche* in Rödder/Herlinghaus/van Lishaut, UmwStG³, Anh. 11 F., Rz. 54.

9 EuGH, Urt. v. 29.4.2004 – C-137/02, ECLI:EU:C:2004:267 – Faxworld, UR 2004, 362, Rz. 42.

10 EuGH, Urt. v. 1.3.2012 – C-280/10, ECLI:EU:C:2012:107 – Polski Trawertyn, UR 2012, 366.

wiederum nicht für Leistungserwerbe, bei denen später nur eine unentgeltliche Überlassung an die Gesellschaft folgt.[1] Auch hier ist die Rechtsprechung des EuGH im Ergebnis überzeugend, da nur so der Neutralitätsgrundsatz zur Geltung kommt. Die Begründung lässt sich allerdings im Einzelnen nicht ohne weiteres nachvollziehen (§ 2 Rz. 15 ff.). Bei Vorgründungsgesellschaften von Kapitalgesellschaften ist die Vermögensübertragung auf die spätere Kapitalgesellschaft im Übrigen eine nicht steuerbare Geschäftsveräußerung im Ganzen gemäß § 1 Abs. 1a UStG (Rz. 220 ff.).[2]

(2) Leistungen der Gesellschafter

155 Die Gesellschafter können allerdings bei Gründung der Gesellschaft steuerbare Leistungen an die Gesellschaft erbringen. Denn die Beteiligung kann die Gegenleistung der Gesellschaft für die Bewirkung einer Lieferung oder sonstigen Leistung des Gesellschafters an diese sein. Hinzutreten muss jedoch, dass der Gesellschafter Unternehmer ist und die Leistung im Rahmen seines Unternehmens bewirkt. Allein das Halten einer Beteiligung begründet noch keine unternehmerische Tätigkeit des Gesellschafters (§ 2 Rz. 20).[3]

156 Eine **Bareinlage** ist nicht umsatzsteuerbar, da die Hingabe von Geld keine Lieferung oder sonstige Leistung ist (Rz. 62 ff.). Dies gilt unabhängig davon, ob eine Stammeinlage oder eine Einlage in die Kapitalrücklage geleistet wird.

157 Die Lieferung von Wirtschaftsgütern eines Einzelunternehmens in eine Gesellschaft gegen Gewährung von Anteilen (**Sacheinlage**) ist nach der deutschen Rechtsprechung eine entgeltliche Leistung, denn der Gesellschafter erbringt seine Leistung, um hierdurch seine Beteiligung zu begründen.[4] Einlagefähig sind in diesem Zusammenhang auch nicht bilanzierte Wirtschaftsgüter wie selbstgeschaffene immaterielle Wirtschaftsgüter oder der Goodwill.[5] Auch die Einbringung eines kompletten Einzelunternehmens in eine Gesellschaft gemäß §§ 20 und 24 UmwStG ist steuerbar.[6] Aus Sicht des Gesellschafters ist die Übertragung von Gesellschaftsanteilen nur dann steuerbar, wenn diese dem Unternehmensvermögen zugeordnet wurden.

158 Auch die (befreiende) **Übernahme von Schulden** durch die Gesellschaft im Zusammenhang mit der Übertragung eines Wirtschaftsguts begründet deren Entgeltlichkeit.[7]

159 Bringt ein Gesellschafter, der Unternehmer ist, sein gesamtes Unternehmen oder einen Unternehmensteil in die Gesellschaft ein, so kann es sich unabhängig davon, ob der Vorgang entgeltlich oder unentgeltlich ist, um eine nach § 1 Abs. 1a UStG **nicht steuerbare Geschäftsveräußerung im Ganzen** handeln (Rz. 220 ff.).

160 Soweit ein Gesellschafter steuerbare Leistungen erbringt und dafür lediglich Anteile erhält, kann dies insbesondere bei Neugründungsfällen zu einer starken **Liquiditätsbelastung** führen, da auf Ebene der Gesellschaft Vorsteuerüberhänge entstehen, die ggf. nur verzögert ausgezahlt werden. In diesen Fällen kommt eine Verrechnungsstundung in Betracht.

1 EuGH, Urt. v. 13.3.2014 – C-204/13, ECLI:EU:C:2014:147 – Malburg, UR 2014, 353; näher dazu *Ismer*, MwStR 2015, 407.
2 BFH, Urt. v. 25.3.1993 – V R 84/99, BFH/NV 1994, 59 = UR 1993, 357.
3 EuGH, Urt. v. 20.6.1991 – C-60/90, ECLI:EU:C:1991:268 – Polysar Investments Netherlands, UR 1993, 119 m. Anm. *Weiß*.
4 BFH, Urt. v. 8.11.1995 – XI R 63/94, BStBl. II 1996, 114 = UR 1996, 384; Abschn. 1.6 Abs. 2 Satz 4 UStAE.
5 BFH, Urt. v. 31.7.1996 – XI R 43/96, BFH/NV 1997, 269 = UR 1997, 310 zur Milchquote.
6 BFH, Urt. v. 8.11.1995 – XI R 63/94, BStBl. II 1996, 114 = UR 1996, 384; BFH, Urt. v. 15.5.1997 – V R 67/94, BStBl. II 1997, 705 = UR 1998, 23; Abschn. 1.6 Abs. 2 Satz 5 UStAE.
7 BFH, Urt. v. 8.11.1995 – XI R 63/94, BStBl. II 1996, 114 = UR 1996, 384; BFH, Urt. v. 15.5.1997 – V R 67/94, BStBl. II 1997, 705 = UR 1998, 23; so auch Abschn. 1.6 Abs. 1 Satz 5 ff. UStAE.

dd) Leistungen während des Bestehens einer Gesellschaft

(1) Leistungen der Gesellschaft

(a) Allgemeine Grundsätze

Soweit Gesellschaften Leistungen an Dritte bewirken und hierfür ein Entgelt erhalten, erbringen sie nach den allgemeinen Grundsätzen steuerbare Leistungen. Eine steuerbare Leistung ist auch ohne weiteres anzunehmen, wenn eine Gesellschaft für einen oder mehrere Gesellschafter tätig wird. Bezüglich der Vergütungshöhe sind die Grundsätze über die sog. Mindestbemessungsgrundlage zu beachten (§ 10 Rz. 175 ff.). Soweit eine Gesellschaft unentgeltliche Lieferungen oder sonstige Leistungen an ihre Gesellschafter bewirkt (z.B. bei verdeckten Gewinnausschüttungen), kommen die Grundsätze über die Besteuerung unentgeltlicher Wertabgaben zur Anwendung (§ 3 Rz. 73 ff., 552 ff.). 161

(b) Defizitäre Tätigkeiten

Abgrenzungsprobleme ergeben sich immer, **wenn eine Gesellschaft** keine Einnahmen aus Leistungen gegenüber Dritten erzielt oder diese Leistungen nicht kostendeckend vergütet werden, so dass die Gesellschaft **auf eine finanzielle Unterstützung durch ihre Gesellschafter angewiesen ist.** Die Finanzierung der Gesellschaft, sei es durch eine Bareinlage bei Gründung oder seien es laufende Verlustausgleichszahlungen, kann dann ein Entgelt für eine Leistung der Gesellschaft sein. Es kann sich aber auch um eine nicht steuerbare Zahlung zur Erreichung des gemeinsamen Gesellschaftszwecks handeln. 162

Nach der Rechtsprechung des BFH ist danach zu unterscheiden, ob die Gesellschafter ein individuelles Interesse an der Tätigkeit der Gesellschaft haben oder ob es lediglich ein allgemeines Interesse an der Tätigkeit gibt. Wird eine Gesellschaft im konkreten Individualinteresse der Gesellschafter tätig, stellt die Finanzierung nach Auffassung des BFH ein Entgelt in Form eines Aufwendungsersatzes für die Leistung der Gesellschaft dar.[1] 163

Hierbei spielt es keine Rolle, ob die Gesellschaft nur gegenüber ihren Gesellschaftern tätig wird. Es ist auch nicht bedeutend, ob die Leistungen der Personenvereinigung satzungsmäßig vorgegeben sind, da sich das Leistungsaustauschverhältnis auch aus dem Gesellschaftsvertrag ergeben kann.[2] Ebenso hat es nach der Rechtsprechung keine Auswirkung, ob die Gesellschaft für alle Gesellschafter gleichartige Leistungen oder ihre Leistungen gleichzeitig an alle Gesellschafter erbringt.[3] Die Gegenleistung muss sich auch nicht an der konkreten Inanspruchnahme orientieren, sondern kann sich auch nach der Beteiligungshöhe richten.[4] 164

Allerdings wird eine im Übrigen unentgeltliche Leistung einer Genossenschaft an ihre Mitglieder nicht dadurch entgeltlich, dass sich durch sie der Wert der Genossenschaftsanteile reduziert, da dieser Wertverlust kein Entgelt ist, das die Genossenschaft als Leistungserbringerin erhält.[5] Es werden auch keine entgeltlichen Leistungen erbracht, wenn zwei Gesellschafter lediglich gemeinsam die Kosten eines gemeinsam genutzten Wirtschaftsguts tragen, ohne dass ihnen ein Aufwendungsersatz berechnet wird, da die Gesellschaft insoweit kein Entgelt erhält.[6] 165

1 BFH, Urt. v. 5.12.2007 – V R 60/05, BStBl. II 2009, 486 = UR 2008, 616, Rz. 31; so auch bereits BFH, Urt. v. 9.5.1974 – V R 128/71, BStBl. II 1974, 530, Rz. 15.
2 BFH, Urt. v. 4.7.1985 – V R 107/76, BStBl. II 1986, 153, 3.a = UR 1986, 62.
3 BFH, Urt. v. 20.8.1992 – V R 2/88, BFH/NV 1993, 204; BFH, Urt. v. 4.7.1985 – V R 107/76, BStBl. II 1986, 153 = UR 1986, 62, 3.b.
4 BFH, Urt. v. 27.9.2001 – V R 37/01, BFH/NV 2002, 378; BFH, Urt. v. 18.4.1996 – V R 123/93, BStBl. II 1996, 387 = UR 1996, 387, 3.b.
5 EuGH, Urt. v. 5.2.1981 – 154/80, ECLI:EU:C:1981:38 – Coöperatieve Aardappelenbewaarplaats, UR 1981, 100 m. Anm. *Weiß*, Rz. 12.
6 BFH, Urt. v. 28.11.2002 – V R 18/01, BStBl. II 2003, 443 = UR 2003, 241.

(c) Beteiligungen der öffentlichen Hand

166 Besonders schwierig ist die Abgrenzung bei **Beteiligung der öffentlichen Hand:**

167 Erbringt eine öffentliche Körperschaft Vermarktungsleistungen gegenüber zwangsweise angeschlossenen Unternehmern, deren Vorteile diesen Unternehmern nicht unmittelbar zugutekommen, sondern nur mittelbar über eine Förderung eines gesamten Wirtschaftszweigs, stellen die in diesem Zusammenhang erhobenen **Pflichtbeiträge** nach der EuGH-Rechtsprechung kein Entgelt für die Vermarktungsleistung dar. In solchen Fällen fehlt es an einer unmittelbaren Beziehung zwischen Leistung und Gegenleistung, wenn gesetzliche Pflichtbeiträge ohne Ansehen des individuellen Nutzens der Leistungen erhoben werden.[1]

168 Verfolgt eine Gesellschaft satzungsmäßig allgemeine Interessen wie z.B. **Wirtschaftsförderung**, erbringt sie nach Auffassung des BFH keine Leistungen an ihren (öffentlich-rechtlichen) Gesellschafter.[2] Dies wird auch auf den kirchlichen Bereich übertragen.[3] Es kommt allerdings stets auf den Einzelfall an. So kann die Übernahme öffentlicher Aufgaben gegen Kostenersatz einen Leistungsaustausch begründen.[4]

(d) Mitgliedsbeiträge zu Vereinen

169 Andererseits kann bei Vereinen die Zahlung eines pauschalen jährlichen **Mitgliedsbeitrags** unabhängig von der tatsächlichen Inanspruchnahme der angebotenen Leistungen ein Entgelt für die Leistungen eines Vereins an seine Mitglieder sein, da ein unmittelbarer Zusammenhang zwischen der Zahlung und der Leistungsbereitschaft des Vereins besteht.[5] Die FinVerw. geht indessen immer noch von den Grundsätzen der früheren deutschen Rechtsprechung aus, die nach Leistungen für Gemeinschaftszwecke und für Sonderbelange der Mitglieder unterschied.[6]

(2) Perspektive der Gesellschafter

(a) Laufende Zahlungen

170 Soweit ein Gesellschafter neben seiner Stammeinlage (Rz. 156) laufende **Zahlungen** an die Gesellschaft bewirkt, ist dieser Vorgang nicht steuerbar, da die Zahlung von Geld keine Leistung ist.

(b) Sachleistungen

171 **Laufende Sachleistungen** der Gesellschafter sind besonders zu betrachten. Soweit der Gesellschafter nicht bereits Unternehmer ist, kann er durch entgeltliche Leistungen an die Gesellschaft seine Unternehmereigenschaft begründen. Die **Beteiligung an Gewinn und Verlust** ist nach der Rechtsprechung von EuGH und BFH allerdings kein Entgelt seitens der Gesellschaft, da die Ergebnisbeteiligung lediglich Folge der Beteiligung an der Gesellschaft ist. Zudem ist es maßgeblich von anderen Umständen abhängig, ob der Gesellschafter einen Gewinn erhält.[7] Dagegen kann ein ergebnisunabhängiger Auf-

---

1 EuGH, Urt. v. 8.3.1988 – 102/86, ECLI:EU:C:1988:120 – Apple & Pear Development Council, UR 1989, 275 m. Anm. *Weiß*, Rz. 14.

2 BFH, Urt. v. 11.4.2002 – V R 65/00, BStBl. II 2002, 782 = UR 2002, 367, II.2.a.

3 BFH, Urt. v. 23.9.2020 – XI R 35/18, BStBl. II 2022, 344 = UR 2021, 348 m. Anm. *Hüttemann*, Rz. 57.

4 BFH, Beschl. v. 18.12.2019 – XI R 31/17, BFH/NV 2020, 565.

5 EuGH, Urt. v. 21.3.2002 – C-174/00, ECLI:EU:C:2002:200 – Kennemer Golf, UR 2002, 320 m. Anm. *Widmann*, Rz. 40; dem folgend BFH, Urt. v. 9.8.2007 – V R 27/04, BFHE 217, 314 = UR 2007, 811, Rz. 38 f. unter Aufgabe seiner früheren Rechtsprechung (BFH, Urt. v. 20.12.1984 – V R 25/76, BStBl. II 1985, 176 = UR 1985, 57) sowie auch BFH, Urt. v. 20.3.2014 – V R 4/13, BFHE 245, 397 = UR 2104, 732, Rz. 11.

6 Abschn. 1.4 UStAE.

7 EuGH, Urt. v. 27.1.2000 – C-23/98, ECLI:EU:C:2000:46 – Heerma, UR 2000, 121, Rz. 13; EuGH, Urt. v. 27.9.2001 – C-16/00, ECLI:EU:C:2001:495 – Cibo Participations, UR 2001, 500 m. Anm. *Wäger*; BFH, Urt. v. 5.12.2007 – V R 60/05, BStBl. II 2009, 486 = UR 2008, 616; BFH, Urt. v. 27.11.2008 – V R 8/07, BStBl. II 2009, 937 = UR 2009, 231.

wendungsersatz ein **Sonderentgelt** sein.[1] Auch eine pauschale Vergütung ist ein Entgelt.[2] **Vorausvergütungen** sind als Entgelt anzusehen, da sie außerhalb der Gewinnverteilung erfolgen.[3] Dagegen ist der **Vorweggewinn** grundsätzlich Teil der Gewinnverteilung.[4] Allerdings liegt mit der gesellschaftsvertraglichen Vereinbarung eines Vorabgewinns dann ein Entgelt vor, wenn der Gesellschafter im Einzelfall fest davon ausgehen durfte, die Zahlung zu erhalten und sich deren Höhe an seiner Leistung orientiert.[5] Soweit allerdings z.B. bei nicht ausreichendem Gewinn erst die **Auflösung einer Rücklage** die Zahlung ermöglicht, spricht dies für ein Entgelt.[6] Auch eine Beteiligung am Gewinn ohne eine Beteiligung am Kapital, verbunden mit der Folge, dass der Leistende nicht am Verlust der Gesellschaft teilnimmt, spricht für die Steuerbarkeit.[7] Bei **gemischten Entgelten** geht die FinVerw. von einer Aufteilung aus.[8] Die Rechtsprechung nimmt allerdings in Einzelfällen eine Gesamtbetrachtung vor.[9] Auch schließt nicht jede Gewinnorientierung einer Gegenleistung die Entgeltlichkeit aus. Diese ist immer anzunehmen, wenn ein Entgelt vom Umfang der eigenen Tätigkeit abhängt.[10] Dies wird z.B. von der Rechtsprechung angenommen, wenn der Gewinn einer Kartoffelbrennerei anhand der von den Gesellschaftern gelieferten Kartoffeln bemessen wird.[11] Soweit ein Gesellschafter eine Leistung zugunsten der Gesellschaft bewirkt, für die er nur bis zu einem bestimmten Betrag die Kosten tragen möchte, so dass die Gesellschaft für überschießende Beträge aufkommen muss, kann eine entgeltliche Leistung vorliegen.[12]

Im Einzelnen bedeutet dies: 172

- **Nutzungsüberlassungen**: Überlässt ein Gesellschafter Wirtschaftsgüter an eine Gesellschaft, an der er beteiligt ist, liegt eine entgeltliche Leistung vor, wenn er für die Überlassung einen Mietzins erhält. Dagegen liegt keine entgeltliche Leistung vor, wenn er lediglich am Gewinn und Verlust der Gesellschaft beteiligt ist;[13]
- **Gesellschafterdarlehen**: Die Gewährung verzinslicher Gesellschafterdarlehen ist entgeltlich, denn die verzinsliche Anlage von Geld ist eine entgeltliche Leistung, auch wenn sie nicht zwingend unternehmerisch ist (dies ist gesondert zu prüfen);[14]
- **Geschäftsführungsleistungen**: Diese Beurteilung gilt für alle Leistungen der Gesellschafter und damit auch für Geschäftsführungsleistungen.[15] Insoweit kommt es darauf an, ob ein Gesellschafter für seine Leistung ein konkretes (Sonder-)Entgelt erhält oder nur am Gewinn und Verlust beteiligt wird. Eine bloße Ergebnisbeteiligung liegt nach Auffassung der FinVerw. auch dann vor, wenn z.B. nur einer von mehreren Gesellschaftern die Geschäftsführung übernimmt und hierfür einen höhe-

1 BFH, Urt. v. 4.7.2013 – V R 33/11, BStBl. II 2013, 937 = UR 2013, 751; Abschn. 1.6 Abs. 3 Satz 2 UStAE.

2 BFH, Urt. v. 3.3.2011 – V R 24/10, BStBl. II 2011, 950 = UR 2011, 585.

3 Abschn. 1.6. Abs. 4 Satz 6 UStAE.

4 BFH, Urt. v. 23.10.1969 – V R 54/66, BStBl. II 1970, 233 = UR 1970, 101; dazu aktuell auch FG Münster, Urt. v. 27.3.2018 – 5 K 3718/17 U, MwStR 2018, 413 (rkr.).

5 BFH, Beschl. v. 12.11.2020 – V R 22/19, BStBl. II 2021, 544 = UR 2021, 338.

6 *Wäger*, UR 2008, 69 (72); BMF, Schr. v. 31.5.2007 – IV A 5-S 7100/07/0031, BStBl. I 2007, 503 = UR 2007, 513, Abs. 10, Beispiel 12.

7 FG Schleswig-Holstein, Urt. v. 27.4.2016 – 4 K 108/13, UStB 2016, 263 m. Anm. *Fritsch* (rkr.).

8 Abschn. 1.6 Abs. 5 UStAE.

9 FG Schleswig-Holstein, Urt. v. 27.4.2016 – 4 K 108/13, UStB 2016, 263 (rkr.).

10 BFH, Urt. v. 16.3.1993 – XI R 44/90, BStBl. II 1993, 529 = UR 1993, 249; BFH, Urt. v. 16.3.1993 – XI R 45/90, BStBl. II 1993, 530 = UR 1993, 248; BFH, Beschl. v. 11.6.2015 – V B 140/14, BFH/NV 2015, 1442; *Wäger*, UR 2008, 69 (72).

11 BFH, Urt. v. 10.5.1990 – V R 47/86, BStBl. II 1990, 757 = UR 1991, 13.

12 BFH, Urt. v. 12.10.2023 – V R 11/21, BStBl. II 2024, 276 = UR 2024, 85 m. Anm. *Widmann*.

13 EuGH, Urt. v. 27.1.2000 – C-23/98, ECLI:EU:C:2000:46 – Heerma, UR 2000, 121, Rz. 13; so auch BFH, Urt. v. 5.12.2007 – V R 60/05, BStBl. II 2009, 486 = UR 2008, 616, Rz. 29; BFH, Urt. v. 16.3.1993 – XI R 44/90, BStBl. II 1993, 529 = UR 1993, 249; BFH, Urt. v. 18.3.1988 – V R 178/83, BStBl. II 1988, 646 = UR 1988, 312; so auch Abschn. 1.6 Abs. 3 UStAE.

14 BFH, Beschl. v. 13.11.2019 – V R 30/18, BStBl. II 2021, 248 = UR 2020, 140, Rz. 19 ff.; dazu auch *Englisch*, MwStR 2016, 401.

15 BFH, Urt. v. 6.6.2002 – V R 43/01, BStBl. II 2003, 36 = UR 2002, 422, Rz. 51; unter Aufgabe der früheren Rechtsprechung: BFH, Urt. v. 10.3.2005 – V R 29/03, BStBl. II 2005, 730 = UR 2005, 440; BFH, Urt. v. 14.5.2008 – XI R 70/07, BStBl. II 2008, 912 = UR 2008, 745; so auch Abschn. 1.1 Abs. 12 UStAE.

ren Anteil am Gewinn und Verlust oder einen Gewinnvorab erhält.[1] Dies gilt wiederum nicht, wenn eine als Aufwand zu behandelnde Vorwegvergütung geleistet wird.[2]

173 Bei Leistungen des Gesellschafters kann § 10 Abs. 5 UStG eingreifen, da die Gesellschaft in der jüngeren Rechtsprechung als nahestehende Person angesehen wird.[3] Soweit eine unentgeltliche Leistung des Gesellschafters vorliegt, dieser aber Unternehmer ist, muss in einem weiteren Schritt geprüft werden, ob eine unentgeltliche Wertabgabe gemäß § 3 Abs. 1b oder Abs. 9a UStG vorliegt.[4]

(c) Mögliche unentgeltliche Wertabgabe beim Gesellschafter

174 Soweit ein Gesellschafter laufende Sachleistungen (sonstige Leistungen) unentgeltlich aus seinem Unternehmen heraus erbringt, kommt eine **unentgeltliche Wertabgabe** gemäß § 3 Abs. 9a UStG in Betracht. Entscheidend ist, ob unternehmerische Gründe für die Wertabgabe ausschlaggebend sind.[5] Wann dies anzunehmen ist, ist indessen nicht geklärt. M.E. muss die sonstige Leistung mittelbar das eigene Unternehmen des Gesellschafters stärken (eine unmittelbare Stärkung scheidet bei unentgeltlichen Wertabgaben begrifflich bereits aus). In Anlehnung an die Gründe für eine unternehmerische Zuordnung der Beteiligung ist dies bei strategischen Erwägungen anzunehmen (z.B. Sicherung von Absatz- oder Beschaffungsmöglichkeiten, Ausbau einer marktbeherrschenden Stellung oder auch eine bessere Kapazitätsauslastung beim Gesellschafter) oder auch bei einer potenziellen Ausweitung von Führungsholdingleistungen infolge der Stärkung der gehaltenen Gesellschaft. Denkbar ist auch der Rücklauf über höhere Gewinnausschüttungen, soweit diese unternehmerisch verwendet werden sollen. Dafür sprechen m.E. die gleichen Erwägungen wie bei der Ausgabe von Anteilen (Rz. 151 f.).

175 Nach der Rechtsprechung des BFH ist im Zusammenhang mit **Sacheinlagen** in die Gesellschaft für die Entgeltlichkeit entscheidend, dass der Gesellschafter als Gegenleistung Anteile erhält.[6] Problematisch sind allerdings Fälle, in denen ein Unternehmer bereits zu 100 % beteiligt ist und seine Position wirtschaftlich betrachtet durch die Gewährung neuer Anteile nicht verändert wird (die Beteiligung ist und bleibt bei 100 %). Hiergegen spricht, ob die Gewährung neuer Anteile überhaupt eine Gegenleistung ist.[7] M.E. ist dies aber keine konsequente Anwendung der gegenständlichen Betrachtung, dass der Gesellschafter ein Recht erhält (Rz. 176). Soweit eine Sacheinlage lediglich in die Kapitalrücklage gebucht wird, also keine neuen Anteile gewährt werden, ist sie m.E. unentgeltlich.[8] Dies betrifft vor allem Übertragungen zum Buchwert gemäß § 6 Abs. 5 Satz 3 Nr. 2 EStG, die demnach vorzugsweise gegen Gewährung von Anteilen erfolgen sollten.[9]

176 Letztlich entscheidend ist, ob man eine eher formale Sichtweise einnimmt und auf die erhaltenen Anteile als Gegenleistung abstellt oder ob man im Rahmen einer wirtschaftlichen Betrachtungsweise auch die Wertsteigerung der Gesellschaft mitberücksichtigt. Für letzteres spricht m.E., dass der Gesellschafter im Liquidationsfall im Rahmen der Erlösverteilung höhere Ansprüche erlangt oder die Anteile vorher zu einem höheren Preis als vor der verdeckten Sacheinlage verkaufen könnte. Beides schlägt sich – eine Zuordnung der Beteiligung zum Unternehmen des Gesellschafters unterstellt – in entsprechend höheren steuerbaren Umsätzen nieder. Dass diese ggf. steuerfrei nach § 4 Nr. 8 Buchst. f UStG sind (§ 4 Nr. 8 Rz. 92 ff.), ist m.E. unschädlich, da die eingelegten Wirtschaftsgüter auf Ebene der Gesellschaft als Unternehmensvermögen verstrickt bleiben. Gerade der zuletzt genannte Aspekt belegt m.E. auch, dass es ein Verstoß gegen das Neutralitätsprinzip ist, wenn man die Umsätze auf Ebene der Gesellschaft besteuert, die mit Hilfe des eingelegten Wirtschaftsgutes erzielt werden, aber gleichzeitig die Entlastung von der Vorsteuer nicht ermöglicht.

1 Abschn. 1.6 Abs. 4 Satz 2 (Bsp. 2 und 3) UStAE.
2 Abschn. 1.6 Abs. 4 Satz 3 (Bsp. 4) UStAE.
3 BFH, Urt. v. 12.10.2023 – V R 11/21, BStBl. II 2024, 276 = UR 2024, 85 m. Anm. *Widmann* = DStR 2024, 28 m. Anm. *Wäger*; BFH, Urt. v. 9.11.2022 – XI R 31/19, BFHE 279, 227 = UR 2023, 375.
4 BFH, Urt. v. 18.12.2008 – V R 73/07, BStBl. II 2009, 612 = UR 2009, 424.
5 Abschn. 1.6 Abs. 7 Nr. 2 Buchst. b (Bsp. 4) UStAE.
6 BFH, Urt. v. 8.11.1995 – XI R 63/94, BStBl. II 1996, 114 = UR 1996, 384; BFH, Urt. v. 15.5.1997 – V R 67/94, BStBl. II 1997, 705 = UR 1998, 23; so auch Abschn. 1.6 Abs. 1 Satz 5 ff. UStAE.
7 *Wäger*, UR 2008, 69 (73).
8 Ebenso *Wäger*, UR 2008, 69 (73).
9 *Niehus/Wilke* in Herrmann/Heuer/Raupach, § 6 EStG Rz. 1553 (Stand: August 2021).

Soweit eine unentgeltliche Wertabgabe eines Gegenstands gemäß § 3 Abs. 1b Nr. 3 UStG vorliegt, stehen m.E. unternehmerische Gründe dem nicht entgegen. 177

Soweit ein Gesellschafter seine Beteiligung veräußert, kommt es für die umsatzsteuerrechtliche Einordnung darauf an, ob er die Beteiligung im Rahmen seines Unternehmens gehalten hat (§ 2 Rz. 20 ff.). Ist dies der Fall, handelt es sich um eine steuerbare Übertragung von Gesellschaftsanteilen, die nach § 4 Nr. 8 Buchst. f UStG grundsätzlich steuerfrei ist (in Einzelfällen kann eine Geschäftsveräußerung im Ganzen vorliegen, s. Rz. 272). 178

ee) Beendigung von Gesellschaft oder Mitgliedschaft

(1) Liquidation

Soweit eine Gesellschaft im Rahmen einer Liquidation ihr Vermögen an ihre Gesellschafter oder Dritte veräußert, liegen grundsätzlich umsatzsteuerbare Lieferungen und sonstige Leistungen vor. 179

Die Auskehrung der Erlöse an die bisherigen Gesellschafter unterliegt als Geldzahlung nicht der Umsatzsteuer. Es stellt sich jedoch die Frage, ob die Aufgabe der Gesellschaftsanteile steuerbar (und nach § 4 Nr. 8 Buchst. f UStG steuerfrei) ist. Dies ist naheliegend, wenn die Anteile beim Gesellschafter einer unternehmerischen Tätigkeit zugeordnet waren. 180

Bezüglich der bei der Liquidation entstehenden Kosten ist auf Ebene der Gesellschaft der Vorsteuerabzug möglich, der sich an der umsatzsteuerrechtlichen Beurteilung der Gesamtaktivitäten der Gesellschaft orientiert, da es sich um nachlaufende Kosten handelt.[1] 181

(2) Kapitalherabsetzung, Realteilung

(a) Einziehung von Geschäftsanteilen einer Kapitalgesellschaft

Im Zusammenhang mit der **Einziehung von Anteilen an einer Kapitalgesellschaft** gegen die Übertragung von Gesellschaftsvermögen liegt nach der Ansicht des EuGH bezüglich der Übertragung des Gesellschaftsvermögens eine entgeltliche Leistung vor. Denn zwischen den Beteiligten besteht ein Rechtsverhältnis, in dessen Rahmen gegenseitige Leistungen ausgetauscht werden.[2] Der EuGH geht davon aus, dass die Rückgabe der Anteile durch den Gesellschafter nicht steuerbar ist. Dies schließt der EuGH daraus, dass auch der Erwerb und das bloße Halten von Gesellschafsanteilen nicht unternehmerisch sind.[3] Demnach kommt es nach der Rechtsprechung nicht darauf an, ob die Anteile beim Gesellschafter einer unternehmerischen Tätigkeit zugeordnet sind. M.E. bleibt aber unklar, ob sich der EuGH tatsächlich so weitgehend positionieren wollte. Denn der EuGH-Rechtsprechung lässt sich auch entnehmen, dass das Erwerben und Halten von Beteiligungen nicht ausnahmslos nichtunternehmerisch ist.[4] 182

(b) Realteilung von Personengesellschaften

Bei der **Realteilung** von Personengesellschaften wird deren Vermögen direkt unter den Gesellschaftern verteilt. Hierbei geht die frühere Rechtsprechung des BFH unter Verweis auf die RFH-Rechtsprechung davon aus, dass ein steuerbarer Umsatz der Gesellschaft bezüglich der Übertragung ihres Vermögens an die jeweiligen Gesellschafter vorliegt.[5] Ohne eine solche Gegenleistung ist von einer unentgeltlichen Wertabgabe auszugehen. Auch nach der neueren BFH-Rechtsprechung erbringt eine Gesellschaft eine Leistung, wenn ein Gesellschafter aus einer Personengesellschaft ausscheidet und er anstelle einer Abfindung einen Kundenstamm übertragen erhält.[6] 183

---

1 Abschn. 2.6 Abs. 6 UStAE.
2 EuGH, Urt. v. 13.6.2018 – C-421/17, ECLI:EU:C:2018:432 – Polfarmex, UR 2018, 553, Rz. 42.
3 EuGH, Urt. v. 13.6.2018 – C-421/17, ECLI:EU:C:2018:432 – Polfarmex, UR 2018, 553, Rz. 42.
4 EuGH, Urt. v. 16.7.2015 – C-108/14 und C-109/14, ECLI:EU:C:2015:496 – Larentia + Minerva, Marenave, BStBl. II 2017, 604 = UR 2015, 671 m. Anm. *Hummel*; Anm. *Heinrichshofen*, UR 2015, 722.
5 BFH, Urt. v. 17.11.1960 – V 170/58 U, BFHE 72, 231 = UR 1961, 77, Rz. 8.
6 BFH, Beschl. v. 5.6.2013 – XI B 116/12, BFH/NV 2013, 1640; BFH, Urt. v. 26.8.2014 – XI R 26/10, BStBl. II 2021, 881 = UR 2015, 35; a.A. FG Niedersachsen, Urt. v. 26.7.2019 – 5 K 71/19, EFG 2021, 1509 m. Anm. *Ossinger* (aufgehoben durch BFH, Urt. v. 17.8.2023 – V R 3/21, BFHE 282, 101 = UR 2024, 140 m. Anm. *Tehler*, ohne dass es auf die Steuerbarkeit ankam).

184 Zwar berücksichtigt die BFH-Rechtsprechung naturgemäß die jüngere EuGH-Rechtsprechung nicht, sie lässt sich jedoch mit dieser in Einklang bringen. Denn die Gesellschaft überträgt Gegenstände und erhält im Gegenzug die Anteile zurück. Dass sich dies als notwendige Folge aus dem Beschluss über die Realteilung ergibt[1], steht dem m.E. nicht entgegen, da die Gesellschafter über diese Folge disponieren können. Auch für die Behandlung auf Gesellschafterebene können m.E. die vom EuGH zu Kapitalgesellschaften entwickelten Grundsätze herangezogen werden. Da es sich um einen tauschähnlichen Umsatz handelt, ist hinsichtlich der Bewertung für die Übertragungen seitens der Gesellschaft m.E. vom Verkehrswert der Anteile auszugehen, da dies der subjektive Wert ist (§ 10 Rz. 102 ff.).

(c) Vorgehen bei Ausgleichszahlungen im Rahmen einer Realteilung

185 Dies beantwortet jedoch noch nicht die Frage, wie **Ausgleichszahlungen** zwischen den Gesellschaftern zu behandeln sind, wenn die verteilten Wirtschaftsgüter z.B. nicht exakt den bisherigen Anteilen entsprechen oder wenn einer der Gesellschafter allein etwaige Schulden der Gesellschaft übernimmt. Nach den zuvor erläuterten Grundsätzen ist m.E. klar, dass die Bemessungsgrundlage für sämtliche Leistungen der Gesellschaft dem addierten Verkehrswert der Geschäftsanteile entsprechen müssen. Damit ist noch nicht geklärt, wie sich dieser Gesamtbetrag auf die einzelnen Lieferungen (und damit die Rechnungen) verteilt und wie die Ausgleichszahlungen unter den Gesellschaftern behandelt werden. Erhält ein Gesellschafter für seine Anteile mehr als ihm zustünde und leistet er deshalb einen Ausgleich an die anderen Gesellschafter, wendet er letztlich die Anteile und diesen Ausgleich auf. Erhält ein Gesellschafter zu wenig und deshalb einen Ausgleich, so erhält er für seinen Anteil die Wirtschaftsgüter und das Geld.

186 M.E. fällt in diesen Fällen allein auf Ebene der Gesellschaft Umsatzsteuer an.[2] D.h. der Gesellschafter, der zu viel erhält und einen Ausgleich leistet, bezieht von der Gesellschaft eine Leistung im Wert seiner Anteile und der Zuzahlung. Entsprechend müssen die erhaltenen Zahlungen bei den Leistungen an die anderen Gesellschafter abgezogen werden. Denn überlässt man den Ausgleich in entsprechender Anwendung der vom EuGH und BFH entwickelten Grundsätze für Ausgleichszahlungen bei Konsortien und Arbeitsgemeinschaften (Rz. 150) der Gesellschafterebene, dann erfolgt keine zutreffende Verteilung der Umsatzsteuer, wenn mindestens einer der Gesellschafter nicht Unternehmer ist, der im Rahmen seines Unternehmens handelt.

187 In bestimmten Fällen ist es m.E. möglich, dass bei der Übertragung eines Teilvermögens die Voraussetzungen einer Geschäftsveräußerung im Ganzen erfüllt sind (Rz. 253).

(3) Anwachsung

(a) Umsatzsteuerliche Auswirkung der Anwachsung nach der h.M.

188 Wenn der vorletzte Gesellschafter aus der Gesellschaft austritt und somit nur noch ein einziger Gesellschafter existiert, kommt es zu einer Anwachsung bei Personengesellschaften. Das Gesellschaftsvermögen geht in diesem Fall ohne Liquidation auf den letzten Gesellschafter über. Die Anwachsung erfolgt von Gesetzes wegen (§ 738 Abs. 1 Satz 1 BGB). Regelmäßig erhält der ausscheidende Gesellschafter eine Abfindung.

189 Die frühere Rechtsprechung sah das Ausscheiden des vorletzten Gesellschafters einer Personengesellschaft nicht als entgeltliche Leistung an. Dies wurde im Wesentlichen damit begründet, dass es sich um eine Rechtsnachfolge kraft Gesetzes handelt. Angelehnt an die Regelung des § 142 HGB a.F. wurde in diesem Zusammenhang nicht vorausgesetzt, dass der verbleibende Gesellschafter das Unternehmen fortführt.[3] Das gilt selbst dann, wenn vor Anwachsung ein vollständiger Gesellschafterwechsel stattfin-

---

1 FG Niedersachsen, Urt. v. 26.7.2019 – 5 K 71/19, EFG 2021, 1509 m. Anm. *Ossinger* (aufgehoben durch BFH, Urt. v. 17.8.2023 – V R 3/21, BFHE 282, 101 = UR 2024, 140 m. Anm. *Tehler*, ohne dass es auf die Steuerbarkeit ankam).

2 So auch *Probst* in Hartmann/Metzenmacher, § 1 UStG Rz. 422 (Stand: September 2022); *Stenert*, DStR 2018, 765 (766).

3 BFH, Urt. v. 12.3.1964 – V 249/61 U, BStBl. III 1964, 290 (für OHG); BFH, Beschl. v. 5.3.1986 – VII B 147/85, BFH/NV 1987, 338 (für GbR).

det.[1] Da Wechsel im Gesellschafterbestand auf Ebene der Gesellschaft zu keinem Leistungsaustausch führen, wird angenommen, dass auch bei einer Anwachsung kein Leistungsaustausch stattfindet.[2] Wird der ausscheidende Gesellschafter allerdings mit Vermögenswerten der Gesellschaft abgefunden oder auch vorhandenes Sonderbetriebsvermögen übertragen, liegen insofern steuerbare Leistungsaustausche vor.[3] Die FinVerw.[4] und die h.M.[5] folgen dieser im Wesentlichen vor der EU-Rechtsharmonisierung ergangenen Rechtsprechung bis heute.

Als Folge geht der Berichtigungszeitraum gemäß § 15a UStG wegen der Gesamtrechtsnachfolge auf den übernehmenden Gesellschafter über.[6] Die Personengesellschaft besteht nach ihrer Auflösung jedoch so lange fort, bis alle Ansprüche und Verpflichtungen, die das Gesellschaftsverhältnis betreffen, abgewickelt sind.[7] Die Umsatzsteuer für Umsätze der vollbeendeten Personengesellschaft ist jedoch gegenüber dem übernehmenden Gesellschafter als Rechtsnachfolger festzusetzen und bekannt zu geben.[8] 190

(b) Kritik an diesem Vorgehen

Nicht ganz klar ist, was bei einer Nichtfortführung des Unternehmens ab der Anwachsung geschieht. 191 Denn auch bei einer Gesamtrechtsnachfolge wird der Übernehmer nicht automatisch Unternehmer.[9] Die o.g. Rechtsprechung kann m.E. so verstanden werden, dass der Übergang nicht steuerbar ist, auch wenn das Unternehmen nicht fortgeführt wird. Das bedeutet, dass keine unentgeltliche Wertabgabe anzunehmen sein könnte. In diesem Fall könnten Wirtschaftsgüter des Unternehmensvermögens ohne Umsatzsteuerbelastung in das Privatvermögen überführt werden. Dies ist ein fragwürdiges Ergebnis.

M.E. berücksichtigt die zuvor geschilderte herkömmliche Sichtweise nicht die jüngere EuGH-Recht- 192 sprechung. Denn diese differenziert klar zwischen der Gesellschafts- und der Gesellschafterebene. Zwar ist der herkömmlichen Sichtweise zuzugeben, dass Gesellschafterwechsel aus Sicht der Gesellschaft unberücksichtigt bleiben. Die Anwachsung bringt allerdings gerade einen Ebenenwechsel mit sich. Die Personengesellschaft ist rechtlich nicht wie bei einem Formwechsel mit ihrem Gesellschafter identisch. Insoweit wird ihr Vermögen auf den Gesellschafter übertragen.

In diesem Zusammenhang ist es m.E. kein valides Argument, dass die Gesamtrechtsnachfolge kraft 193 Gesetzes eintritt. Zunächst ist zu beachten, dass der Anwachsung eine Vereinbarung über das Ausscheiden des vorletzten Gesellschafters zugrunde liegt. Die Situation ähnelt damit der bei einer Verschmelzung, bei der die Rechtsprechung trotz der gesetzlichen Regelungen im Umwandlungsrecht von steuerbaren Vorgängen ausgeht.[10] Ebenso lassen sich Vergleiche zur Realteilung ziehen, bei der die Rechtsprechung von einem steuerbaren Umsatz ausgeht (Rz. 183). Abgesehen davon steht dem m.E. auch § 1 Abs. 1 Satz 2 UStG entgegenstehen.

1 FG München, Urt. v. 6.10.1988 – III (XIV) 235/82 U, UVR 1989, 148 (rkr.).
2 *Reiß*, UR 1996, 357 (366); BFH, Urt. v. 17.11.1960 – V 170/58 U, BStBl. III 1961, 86 = UR 1961, 77; BFH, Urt. v. 12.3.1964 – V 249/61 U, BStBl. III 1964, 290.
3 BFH, Urt. v. 19.6.1969 – V R 12/66, BStBl. II 1969, 572; *Probst* in Hartmann/Metzenmacher, § 1 Abs. 1 Nr. 1 UStG Rz. 437 (Stand: September 2022).
4 Abschn. 15a.10 Satz 1 Nr. 3 UStAE.
5 *Probst* in Hartmann/Metzenmacher, § 1 Abs. 1 Nr. 1 UStG Rz. 433 ff. (Stand: September 2022); *Seer*, DStR 1988, 367; *Stenert*, DStR 2018, 765; **a.A.** *Reiß*, StVj 1989, 103; kritisch: *Schwarz*, UR 1990, 374; *Knoll* in Widmann/Mayer, UmwR, Anh. 11 Rz. 275, 285 (Stand: Juli 2018).
6 *Knoll* in Widmann/Mayer, UmwR, Anh. 11 Rz. 275, 290 (Stand: Juli 2018); Abschn. 15a.10 Satz 1 Nr. 3 UStAE.
7 BFH, Urt. v. 18.9.1980 – V R 175/74, BStBl. II 1981, 293 = UR 1981, 126 m. Anm. *Hofmann*; Abschn. 2.6 Abs. 6 Satz 9 UStAE.
8 BFH, Urt. v. 10.4.1997 – V R 35/96, UR 1998, 238; siehe auch: BFH, Urt. v. 18.9.1980 – V R 175/74, BStBl. II 1981, 293 = UR 1981, 126 m. Anm. *Hofmann*.
9 Abschn. 2.6 Abs. 5 UStAE.
10 *Reiß*, StVj 1989, 103.

194 Es ist auch nicht zutreffend, dass der verbleibende Gesellschafter bei der Anwachsung nichts für den Erhalt des Vermögens aufwendet.[1] Denn er leistet an den ausscheidenden vorletzten Gesellschafter eine Abfindung. Im Übrigen gehen seine Anteile an der anwachsenden Gesellschaft unter.

195 Diese Sichtweise einer steuerbaren Übertragung bietet m.E. den Vorteil, dass die umsatzsteuerrechtliche Rechtsnachfolge des Gesellschafters auch dann gesichert ist, wenn dieser kein Unternehmer ist. Behandelte man dagegen die Anwachsung nicht als Leistungsaustausch, bleibt z.B. mit Blick auf § 15a UStG unklar, was der Verwendungsumsatz ist. Es ist nicht sicher gewährleistet, dass Nutzungsänderungen bezüglich der Vorsteuerberichtigung erfasst werden. Zudem ist u.U. eine Überführung ins Privatvermögen über die Anwachsung möglich, ohne dass dabei Umsatzsteuer anfällt.

196 In der Praxis spielt die Steuerbarkeit einer Anwachsung selten eine Rolle, da oftmals von einer Geschäftsveräußerung im Ganzen auszugehen ist (Rz. 283).

ff) Umwandlungsvorgänge

(1) Formwechsel

197 Eine formwechselnde Umwandlung führt lediglich zu einem Wechsel der Rechtsform des Rechtsträgers unter Wahrung seiner rechtlichen Identität (§ 202 Abs. 1 Nr. 1 UmwG).[2] D.h. sowohl beim homogenen Formwechsel (Körperschaft in Körperschaft) als auch heterogenen Formwechsel (Körperschaft in Personengesellschaft oder Personengesellschaft in Körperschaft) besteht umsatzsteuerrechtliche Unternehmer- und Unternehmensidentität (kein Leistungsaustausch).[3] D.h. es wird auch keine neue USt-IdNr. vergeben.[4]

198 Die mit dem Formwechsel verbundenen Kosten sind allgemeine Kosten des Unternehmens, so dass sich die Abzugsfähigkeit der Vorsteuer aus diesen Kosten nach der allgemeinen Unternehmenstätigkeit richtet.[5]

(2) Verschmelzung

199 Bei einer Verschmelzung wird das Vermögen der übertragenden Gesellschaft auf eine aufnehmende Gesellschaft übertragen und die übertragende Gesellschaft erlischt liquidationslos (§§ 2 ff. UmwG). Die übertragende Gesellschaft erhält hierfür keine Gegenleistung. Die Gesellschafter der übertragenden Gesellschaft können allerdings eine Gegenleistung in Form von Anteilen an der aufnehmenden Gesellschaft erhalten. Dies ist aber nicht zwingend, da auf die Gewährung neuer Anteile verzichtet werden kann, wenn die Gesellschafter an der aufnehmenden Gesellschaft bereits beteiligt sind.

200 Nach einer Minderheitsmeinung besteht aufgrund der Gesamtrechtsnachfolge gemäß § 45 AO i.V.m. § 20 Abs. 1 Nr. 1 UmwG kein Leistungsaustausch.[6] Dieses Argument überzeugt schon deshalb nicht, weil der gesetzlichen Folge eine entsprechende Vereinbarung der Beteiligten zugrunde liegt (§ 13 UmwG).

201 Sofern die übertragende Gesellschaft Unternehmer ist, ist die Vermögensübertragung nach der h.M. eine Lieferung oder sonstige Leistung, da die übertragende Gesellschaft der aufnehmenden Gesellschaft die Verfügungsmacht an Gegenständen verschafft oder ihr Rechte überträgt. Das Entgelt des

---

1 So aber *Knoll* in Widmann/Mayer, UmwR, Anh. 11 Rz. 275 (Stand: Juli 2018).

2 BFH, Beschl. v. 4.12.1996 – II B 116/96, BStBl. II 1997, 661; siehe auch: AEAO zu § 45 Nr. 3; BFH, Urt. v. 18.8.2005 – V R 50/04, BStBl. II 2006, 101 = UR 2006, 479.

3 Abschn. 18.7 Abs. 2 UStAE; *Keuthen* in Schmitt/Hörtnagl/Stratz, UmwG/UmwStG[9], Verkehrssteuern Rz. 17; *Rasche* in Rödder/Herlinghaus/van Lishaut, UmwStG[3], Anh. 11 E., Rz. 49; *Knoll* in Widmann/Mayer, UmwR, Anh. 11 Rz. 11 (Stand: Juli 2018); *Nieskens* in Rau/Dürrwächter, § 1 UStG Rz. 981.1 (Stand: August 2023); *Robisch* in Bunjes[22], § 1 UStG Rz. 71; *Meyer* in Offerhaus/Söhn/Lange, § 1 UStG Rz. 222 (Stand: März 2022); *Radeisen* in Schwarz/Widmann/Radeisen, § 1 UStG Rz. 285 (Stand: Oktober 2023); *Reiß* in FS Schaumburg, Köln 2009, S. 1165; *Reiß*, UR 1996, 357.

4 OFD Frankfurt am Main., Vfg. v. 17.12.2015 – S 7104 A-52-St 110, DStR 2016, 539 (540).

5 OFD Düsseldorf, Vfg. v. 19.7.1999 – S 7304 A-St 1412, UR 1999, 426; ausführlich: *Burgmaier*, UStB 2002, 57.

6 *Stadie* in Rau/Dürrwächter, § 2 UStG Rz. 731 (Stand: Oktober 2023); *Tipke*, DB-Beil. 17/1968; *Seer*, DStR 1988, 367; *Schwarz*, UR 1990, 374; *Schwarz*, UR 1994, 185; *Husmann*, UR 1994, 336.

übernehmenden Rechtsträgers besteht grundsätzlich in der Übernahme der Verbindlichkeiten.[1] Der Vermögensübergang beruht nämlich auf willentlichen Handlungen der für die beteiligten Rechtsträger handelnden Organe.[2]

Im Falle einer **Seitwärtsverschmelzung** (sog. **side-step-merger**) besteht das Entgelt darüber hinaus in der Gewährung der Anteile an der übernehmenden Gesellschaft – dass die Anteile an die (früheren) Anteilseigner der übertragenden Gesellschaft gewährt werden, steht dem nicht entgegen.[3] Zum früheren Umwandlungsrecht hat der BFH entschieden, dass ein innerer (kausaler) Zusammenhang zwischen der Übertragung des Vermögens und der Gewährung der Anteile besteht.[4] 202

Im Falle einer **Aufwärtsverschmelzung** (sog. **up-stream-merger**) verliert die übernehmende (Mutter-) Gesellschaft die Anteile an der übertragenden (Tochter-)Gesellschaft; d.h. weder der übertragende Rechtsträger noch ein Dritter erhält neue Anteile. Ob ein Entgelt in Form der untergehenden Anteile an der übertragenden Tochtergesellschaft gesehen werden kann, kann bezweifelt werden.[5] In der Praxis sollte also sichergestellt werden, dass Verbindlichkeiten übernommen werden oder eine Geschäftsveräußerung im Ganzen vorliegt.[6] Andererseits kann die Wertsteigerung der bereits existierenden Anteile gegen eine solche Annahme sprechen (Rz. 176). 203

Im Fall einer **Abwärtsverschmelzung** (sog. **down-stream-merger**) erhalten die Anteilseigner der übertragenden Gesellschaft die Anteile der bisher von dieser an der übernehmenden Gesellschaft gehaltenen Anteile. Die Anteile, die die übertragende (Mutter-)Gesellschaft an der übernehmenden (Tochter-)Gesellschaft hält, gehen nicht als eigene Anteile auf die Tochtergesellschaft über, da die Tochtergesellschaft bei einer Beteiligung von 100 % keine Anteilseigner mehr hätte.[7] Es ist zu bezweifeln, ob die Anteile an der übernehmenden (Tochter-)Gesellschaft als Entgelt für die übertragenden Vermögensgegenstände zu klassifizieren sind, weil diese nicht neu gewährt werden, so dass m.E. ein innerer (kausaler) Zusammenhang zu verneinen ist.[8] In der Praxis muss daher darauf geachtet werden, dass Verbindlichkeiten übernommen werden.[9] 204

Bei Verschmelzungen liegen allerdings oftmals die Voraussetzungen der Geschäftsveräußerung im Ganzen vor (Rz. 283). Zudem sind Verschmelzungen innerhalb einer umsatzsteuerrechtlichen Organschaft als Innenumsätze nicht steuerbar. 205

Nach § 20 Abs. 1 Nr. 1 UmwG ist die aufnehmende Gesellschaft Gesamtrechtsnachfolger der übertragenden Gesellschaft. Diese Sichtweise wird auch steuerrechtlich übernommen (§ 45 AO).[10] Sie tritt bezüglich der Vorsteuerberichtigung in die Position der übertragenden Gesellschaft.[11] 206

Die Gesellschaft ist erst mit Eintragung im Handelsregister Unternehmerin. Die umwandlungsteuerrechtliche Rückwirkung gilt für Zwecke der Umsatzsteuer nicht.[12] Mit der Eintragung der Verschmelzung in das Handelsregister ist der übertragende Rechtsträger zugleich erloschen (§ 20 Abs. 1 Nr. 2 UmwG), so dass die Unternehmereigenschaft beendet ist; die Übertragung des Vermögens ist der letz- 207

---

1 BFH, Urt. v. 15.5.1997 – V R 67/94, BStBl. II 1997, 705 = UR 1998, 23; Abschn. 1.6 Abs. 2 Satz 6 UStAE; siehe auch: BFH, Urt. v. 31.7.1969 – V 94/65, BStBl. II 1969, 637.

2 *Knoll* in Widmann/Mayer, UmwR, Anh. 11 Rz. 3 (Stand: Juli 2018); *Sterzinger* in Küffner//Zugmaier, § 1 UStG Rz. 465 (Stand: Januar 2022); *Reiß* in FS Schaumburg, Köln 2009, S. 1165; *von Streit/Behrens* in FS 100 Jahre Umsatzsteuer in Deutschland, Köln 2018, S. 359; *Reiß*, StVj 1989, 103; *Reiß*, UR 1996, 357.

3 Siehe insbesondere: *von Streit/Behrens* in FS 100 Jahre Umsatzsteuer in Deutschland, Köln 2018, S. 359; *Reiß*, UR 1996, 357; siehe auch: *von Streit/Behrens* in Lademann, UmwStG³, USt bei Umw. u. Einbringungen, Rz. 74 f., *Rasche* in Rödder/Herlinghaus/van Lishaut, UmwStG³, Anh. 11 B., Rz. 9; *Wohlschlegel*, UR 1975, 247.

4 BFH, Urt. v. 22.4.1976 – V R 54/71, BStBl. II 1976, 518.

5 So aber: *Pyszka*, DStR 2011, 545; ebenfalls kritisch: *von Streit/Behrens* in Lademann, UmwStG³, USt bei Umw. u. Einbringungen, Rz. 82.

6 Zum Vorsteuerabzug siehe: *Pyszka*, DStR 2011, 1013.

7 BFH, Urt. v. 28.10.2009 – I R 4/09, BStBl. II 2011, 315 = FR 2010, 616.

8 *Von Streit/Behrens* in Lademann, UmwStG³, USt bei Umw. u. Einbringungen, Rz. 84.

9 Zum Vorsteuerabzug siehe: *Pyszka*, DStR 2011, 1013.

10 AEAO zu § 45 Nr. 1.

11 Abschn. 15a.10 Satz 1 Nr. 2 UStAE.

12 BFH, Urt. v. 20.3.1964 – V 93/61 U, BStBl. III 1964, 293; OFD Erfurt, Vfg. v. 21.7.1997 – S 7104-11-St 34, DStR 1997, 1810.

te Akt in der Eigenschaft als Unternehmer. Die bis zu dem entsprechenden Zeitpunkt (Übergang der Verfügungsmacht, Eintragung in das HR) ausgeführten steuerbaren Umsätze hat daher noch der übertragende Rechtsträger zu versteuern.[1] Im Falle der Neugründung der Gesellschaft ist § 18 Abs. 2 Satz 4 UStG zu beachten (§ 18 Rz. 44 ff.).[2]

(3) Spaltung

208 Bei einer Spaltung wird das Vermögen einer übertragenden Gesellschaft auf mindestens zwei bestehende oder neu gegründete Rechtsträger aufgeteilt. Im Falle einer **Aufspaltung** überträgt die übertragende Gesellschaft ihre Vermögen vollständig auf andere Rechtsträger und erlischt ohne Liquidation (§ 123 Abs. 1 UmwG). Bei einer **Abspaltung** oder **Ausgliederung** (§ 123 Abs. 2 und 3 UmwG) wird ein Teilvermögen auf einen aufnehmenden Rechtsträger übertragen und ein Teilvermögen verbleibt bei der übertragenden Gesellschaft, die demnach fortbesteht. Insoweit kommt es zu einer (partiellen) Gesamtrechtsnachfolge (§ 131 Abs. 1 Nr. 1 UmwG), die sich im Rahmen des § 45 AO auch steuerrechtlich auswirkt.[3]

209 Auf der Basis existiert auch für Spaltungen die Mindermeinung, dass es sich um eine nicht steuerbare Gesamtrechtsnachfolge handelt.[4]

210 Nach zutreffender h.M. ist, sofern die übertragende Gesellschaft (noch) Unternehmer ist, die Vermögensübertragung eine Lieferung oder sonstige Leistung, da die übertragende Gesellschaft der aufnehmenden Gesellschaft die Verfügungsmacht an Gegenständen verschafft oder ihr Rechte überträgt. Das Entgelt des übernehmenden Rechtsträgers besteht grundsätzlich in der Übernahme der Verbindlichkeiten und der Gewährung von Anteilen oder Mitgliedschaften am übernehmenden oder neuen Rechtsträger sowie ggf. einer sonstigen Gegenleistung. Der Vermögensübergang beruht nämlich auf willentlichen Handlungen der für die beteiligten Rechtsträger handelnden Organe (siehe § 13 UmwG).[5] Die Gegenleistung in Form der Gewährung von Anteilen oder Mitgliedschaften am übernehmenden oder neuen Rechtsträger wird im Spaltungsvorgang zugleich vom übertragenden Rechtsträger an dessen Anteilseigner zugewendet.[6] D.h. es liegt keine unentgeltliche Wertabgabe vor, wenn die Anteile an dem neuen Rechtsträger an die Anteilseigner des abgespaltenen Rechtsträgers gehen.[7]

211 Im Falle der Spaltung zur Neugründung liegt eine Neugründung i.S.d. § 18 Abs. 2 Satz 4 UStG vor.[8]

212 Bei Spaltungen liegen oftmals die Voraussetzungen der Geschäftsveräußerung im Ganzen vor (Rz. 220 ff.). Zudem sind Verschmelzungen innerhalb einer umsatzsteuerrechtlichen Organschaft als Innenumsätze nicht steuerbar.

213 Es ist unstrittig, dass in Fällen von **Vermögensübertragungen** gemäß § 174 UmwG der übertragende Rechtsträger mit der Übertragung seines Vermögens Leistungen im Leistungsaustausch erbringt. § 181 UmwG normiert, dass der übernehmende Rechtsträger zur Gewährung einer angemessenen Gegenleistung – die nicht in Gesellschafts- oder Mitgliedschaftsrechten besteht – verpflichtet ist.[9] Wenn

1 OFD Frankfurt am Main, Vfg. v. 17.12.2015 – S 7104 A-52-St 110, DStR 2016, 539.

2 Abschn. 18.7 Abs. 2 UStAE.

3 AEAO zu § 45 Nr. 2.

4 *Stadie* in Rau/Dürrwächter, § 2 UStG Rz. 731 (Stand: Oktober 2023); *Tipke*, DB-Beil. 17/1968; *Seer*, DStR 1988, 367.

5 *Keuthen* in Schmitt/Hörtnagl/Stratz, UmwG/UmwStG[9], Verkehrssteuern Rz. 8; *Rasche* in Rödder/Herlinghaus/van Lishaut, UmwStG[3], Anh. 11 C., Rz. 23; *von Streit/Behrens* in Lademann, UmwStG[3], USt bei Umw. u. Einbringungen, Rz. 113; *Knoll* in Widmann/Mayer, UmwR, Anh. 11 Rz. 1, 3 (Stand: Juli 2018); *Englisch* in Tipke/Lang, Steuerrecht[24], Rz. 17.90; *Robisch* in Bunjes[22], § 1 UStG Rz. 75 (differenzierend); *Meyer* in Offerhaus/Söhn/Lange, § 1 UStG Rz. 220 (Stand: März 2022,); *Radeisen* in Schwarz/Widmann/Radeisen, § 1 UStG Rz. 284 (Stand: Oktober 2023); *Reiß* in FS Schaumburg, Köln 2009, S. 1165; *Reiß*, UR 1996, 357.

6 Vgl. *von Streit/Behrens* in FS 100 Jahre Umsatzsteuer in Deutschland, Köln 2018, S. 359; *Reiß*, UR 1996, 357.

7 **A.A.** *Robisch* in Bunjes[22], § 1 UStG Rz. 75; *Creco/Hille-Kaatz*, MwStR 2021, 840 (843 f.).

8 Abschn. 18.7 Abs. 2 Satz 1 UStAE.

9 *Rasche* in Rödder/Herlinghaus/van Lishaut, UmwStG[3], Anh. 11 D., Rz. 39; *Keuthen* in Schmitt/Hörtnagl/Stratz, UmwG/UmwStG[9], Verkehrssteuern Rz. 21, 20; *Knoll* in Widmann/Mayer, UmwR, Anh. 11 Rz. 127 (Stand: Juli 2018); *Sterzinger* in Küffner//Zugmaier, § 1 UStG Rz. 467 (Stand: Januar 2022); *Probst* in Hartmann/Metzenmacher, § 1 Abs. 1 Nr. 1 UStG Rz. 449 (Stand: September 2022).

die Gegenleistung nicht in Bargeld besteht, liegt ein Tausch oder ein tauschähnlicher Umsatz i.S.d. § 3 Abs. 12 UStG vor (§ 3 Rz. 640 ff.).[1]

II. Die Steuerbarkeit entfällt nicht, wenn der Umsatz aufgrund gesetzlicher oder behördlicher Anordnung ausgeführt wird oder nach gesetzlicher Vorschrift als ausgeführt gilt (Absatz 1 Nr. 1 Satz 2)

§ 1 Abs. 1 Nr. 1 Satz 2 UStG stellt klar, dass eine steuerbare Leistung auch dann vorliegt, wenn diese aufgrund einer gesetzlichen oder behördlichen Anordnung ausgeführt wird oder nach einer gesetzlichen Vorschrift als ausgeführt gilt. Insoweit kommt es auf eine Freiwilligkeit der Leistung nicht an.[2] Die Vorschrift entspricht dem Unionsrecht.[3] 214

Der Hauptanwendungsfall für diese Vorschrift sind Enteignungen oder Betriebsstillegungen gegen Entschädigung. Ebenso sind Zwangsvollstreckungen erfasst.[4] 215

C. Einfuhr und innergemeinschaftlicher Erwerb

I. Einfuhr von Gegenständen im Inland (Absatz 1 Nr. 4)

Nach § 1 Abs. 1 Nr. 4 UStG ist die Einfuhr von Gegenständen im Inland oder den österreichischen Gebieten Mittelberg und Jungholz steuerbar. Das UStG definiert nicht, was eine Einfuhr ist. Eine Definition enthält jedoch Art. 30 MwStSystRL. Nach Art. 30 Abs. 1 MwStSystRL handelt es sich um die Verbringung eines Gegenstands, der sich nicht im freien Verkehr gemäß Art. 24 EGV (nun Art. 29 AEUV) befindet, in die Gemeinschaft. Dem wird in Absatz 2 der Vorschrift die Verbringung von im freien Verkehr befindlichen Gegenständen mit Herkunft aus einem Drittgebiet gleichgestellt, das Teil des Zollgebiets der Gemeinschaft ist. Nach Art. 60 MwStSystRL erfolgt die Einfuhr in dem Mitgliedstaat, in dessen Gebiet sich der Gegenstand zu dem Zeitpunkt befindet, in dem er in die Gemeinschaft gebracht wird. Aus dieser Definition ergibt sich, dass die Einfuhr keine Lieferung des Gegenstands voraussetzt. Vielmehr genügt schon ein Verbringen ohne eine Veräußerung. 216

Für die Einfuhrumsatzsteuer gelten besondere Vorschriften in § 5 UStG (Steuerbefreiungen), § 11 UStG (Bemessungsgrundlage), § 13 Abs. 2 UStG i.V.m. § 21 Abs. 2 UStG (Entstehung der Steuer und Steuerschuldner), § 15 Abs. 1 Nr. 2 UStG (Vorsteuerabzug), § 16 Abs. 7 UStG, § 21 UStG sowie § 22 Abs. 2 Nr. 6 UStG. Neben dem UStG sind auch die Regelungen in der EUStBV von Bedeutung. 217

Die österreichischen Gebiete Mittelberg (Kleinwalsertal) und Jungholz sind nicht Teil des Inlands gemäß § 1 Abs. 2 UStG und daher gesondert aufgeführt. Dementsprechend erfolgt keine Einfuhrbesteuerung in Österreich (§ 1 Abs. 1 Nr. 3 Satz 2 des österreichischen UStG). Jenseits der Einfuhr werden die Gebiete allerdings als Teil Österreichs behandelt. 218

II. Innergemeinschaftliche Erwerbe im Inland (Absatz 1 Nr. 5)

Steuerbar nach § 1 Abs. 1 Nr. 5 UStG sind innergemeinschaftliche Erwerbe im Inland. § 1a UStG definiert den Begriff des innergemeinschaftlichen Erwerbs (§ 1a Rz. 1 ff.). Zudem sind innergemeinschaftliche Erwerbe in den Sonderfällen nach § 1b und § 1c UStG zu besteuern (§ 1b Rz. 1 ff. und § 1c Rz. 1 ff.). 219

1 *Meyer* in Offerhaus/Söhn/Lange, § 1 UStG Rz. 221 (Stand: März 2022).
2 EuGH, Urt. v. 13.6.2018 – C-665/16, ECLI:EU:C:2018:431 – Gmina Wrocław, UR 2018, 601 = MwStR 2018, 749 (753) m. Anm. *Sterzinger*.
3 EuGH, Urt. v. 13.6.2018 – C-665/16, ECLI:EU:C:2018:431 – Gmina Wrocław, UR 2018, 601 = MwStR 2018, 749 (753) m. Anm. *Sterzinger*.
4 EuGH, Urt. v. 13.6.2018 – C-665/16, ECLI:EU:C:2018:431 – Gmina Wrocław, UR 2018, 601 = MwStR 2018, 749 (753) m. Anm. *Sterzinger*; *Robisch* in Bunjes[22], § 1 UStG Rz. 111.

D. Geschäftsveräußerung im Ganzen (Absatz 1a)

I. Nichtsteuerbarkeit (Absatz 1a Satz 1)

1. Allgemeines

220 Der seit 1993 bestehende § 1 Abs. 1a Satz 1 UStG regelt die Rechtsfolgen für den Veräußerer und die Anforderungen an den Erwerber. Der Begriff der Geschäftsveräußerung im Ganzen wird in Satz 2 definiert. Satz 3 ordnet die Rechtsfolgen für den Erwerber an.

221 Als Rechtsfolge des Bestehens einer Geschäftsveräußerung im Ganzen gemäß Absatz 1a Satz 2 ordnet Absatz 1a Satz 1 die Nichtsteuerbarkeit an. Die Rechtsfolgen treten nur für im Inland steuerbare Vorgänge ein, was insbesondere bei internationalen Gestaltungen zu beachten ist. Die Geschäftsveräußerung im Ganzen setzt daneben voraussetzt, dass sie an einen anderen Unternehmer für dessen Unternehmen bewirkt wird.

2. Rechtsfolgen für den Veräußerer

a) Allgemeines

222 Die Umsätze einer Übertragung im Rahmen einer Geschäftsveräußerung im Ganzen sind nach § 1 Abs. 1a Satz 1 UStG nicht steuerbar. Somit unterliegen Vermögensübertragungen, die die Voraussetzungen nach § 1 Abs. 1a Satz 1 und Satz 2 UStG erfüllen, nicht der Umsatzsteuer.

223 Die Geschäftsveräußerung im Ganzen ist nach der Rechtsprechung **kein Verwendungsumsatz** des Veräußerers **i.S.d. § 15a UStG.**[1] Die FinVerw. teilt diese Auffassung.[2] Insoweit ist bei Vorliegen der Voraussetzungen vom Veräußerer keine Umsatzsteuer infolge einer Nutzungsänderung abzuführen. Ebenso wenig kann eine Erstattung nach § 15a UStG erfolgen. Vielmehr rückt der Erwerber in die Position des Veräußerers bezüglich einer Vorsteuerberichtigung ein (Rz. 291).

224 Bei einem grundsätzlich vorsteuerabzugsberechtigten Veräußerer ist der **Vorsteuerabzug aus den Kosten der Geschäftsveräußerung** (z.B. Beratung, Notargebühren) möglich. Zwar besteht kein unmittelbarer Zusammenhang mit einer steuerbaren Leistung – die Geschäftsveräußerung im Ganzen ist nicht steuerbar. Die Kosten gehören jedoch nach der Rechtsprechung des EuGH zu den allgemeinen Kosten des Veräußerers. Diese sind als Gemeinkosten entsprechend der Ausgangsumsätze des Veräußerers abzugsfähig.[3] Insoweit ergibt sich ein Unterschied z.B. zum sog. Share Deal, der regelmäßig eine (vorsteuerschädliche) nicht steuerbare oder steuerfreie Anteilsveräußerung ist.

225 Darüber hinaus hat die Geschäftsveräußerung im Ganzen i.S.d. § 1 Abs. 1a UStG als nicht steuerbarer Umsatz **keine Auswirkung auf den Vorsteuerschlüssel** des Veräußerers nach § 15 Abs. 4 UStG.

226 Als Folge der Nichtsteuerbarkeit darf der Veräußerer **keine Rechnung mit Umsatzsteuerausweis** ausstellen.

227 Zu den weiteren Rechtsfolgen mit Blick auf den Übergang auf den Erwerber vgl. die Ausführungen unter Rz. 288 ff.

b) Unsicherheiten bei der Beurteilung der Tatbestandsvoraussetzungen

228 Die **fehlerhafte Beurteilung** des Bestehens der Voraussetzungen der Geschäftsveräußerung im Ganzen **kann erhebliche Folgen haben**. Unter anderem ist die Änderbarkeit der Bescheide eingeschränkt,

1 BFH, Urt. v. 8.3.2001 – V R 24/98, BStBl. 2003 II, 430 = UR 2001, 214.

2 Abschn. 1.5 Abs. 7 UStAE.

3 EuGH, Urt. v. 22.2.2001 – C-408/98, ECLI:EU:C:2001:110 – Abbey National, UR 2001, 164 m. Anm. *Wäger*; EuGH, Urt. v. 10.11.2011 – C-444/10, ECLI:EU:C:2011:724 – Schriever, UR 2011, 937 m. Anm. *Ismer/Marchal*, Rz. 20; EuGH, Urt. v. 30.5.2013 – C-651/11, ECLI:EU:C:2013:346 – X BV, UR 2013, 582 m. Anm. *Marchal*, Rz. 29.

da es sich regelmäßig um Rechtsanwendungsfehler handelt. Wird eine Geschäftsveräußerung im Ganzen nachträglich festgestellt oder verneint, liegt keine Tatsache nach § 173 Abs. 1 AO vor.[1]

Falls infolge einer Fehleinschätzung eine Rechnung mit Steuerausweis ausgestellt wird, entsteht eine **Steuerschuld nach § 14c Abs. 1 UStG.**[2] Bei der Berichtigung sind nach § 14c Abs. 1 Satz 3 UStG die besonderen Anforderungen des § 14c Abs. 2 Sätze 3–5 UStG zu beachten (§ 14c Rz. 76 ff.). Der Erwerber kann aus der Rechnung keinen Vorsteuerabzug vornehmen. In der Praxis führt die Rückabwicklung von Fehleinschätzungen oft zu größeren Schwierigkeiten und Belastungen (z.B. muss der Erwerber einen vermeintlichen Vorsteuerabzug zurückerstatten und verzinsen, zudem muss er die Erstattung der an den Veräußerer bezahlten Umsatzsteuer durchsetzen). 229

Wurde dagegen zu Unrecht eine Geschäftsveräußerung im Ganzen angenommen, können sich zusätzliche Belastungen für den Veräußerer ergeben, da die nicht entrichtete Umsatzsteuer nachzuzahlen und zu verzinsen ist. Zudem muss die Umsatzsteuer beim Erwerber nachgefordert werden. 230

Da das Vorliegen einer Geschäftsveräußerung im Ganzen nach § 1 Abs. 1a UStG häufiger nicht rechtssicher beurteilt werden kann oder bisweilen auch Uneinigkeit zwischen Veräußerer und Erwerber darüber besteht, **empfehlen sich vorsorgliche vertragliche Regelungen**. Es sollten Vereinbarungen für den Fall einer fehlerhaften Einschätzung getroffen werden, z.B. zur Option zur Steuerpflicht (§ 9 UStG) bei ansonsten steuerfreien Umsätzen, zum möglichen Schaden bei abweichender Beurteilung durch das Finanzamt (Umsatzsteuer, Vorsteuer, Nachzahlungszinsen), zur Neuausstellung ordnungsgemäßer Rechnungen, Zahlungsfristen, zivilrechtlichen Verjährungsfristen und ggf. Stundungs- und Abtretungsvereinbarungen. Zur Herstellung von Rechtssicherheit kann, soweit genügend Vorlaufzeit besteht, die verbindliche Auskunft (§ 89 Abs. 2 AO) oder die Anregung einer Umsatzsteuersonderprüfung hilfreich sein. Eine Klage des Erwerbers auf Feststellung des Nichtvorliegens einer Geschäftsveräußerung im Ganzen ist trotz der Möglichkeit einer Anfechtungsklage gegen die Versagung des Vorsteuerabzugs zulässig.[3] Ist das Vorliegen einer Geschäftsveräußerung im Ganzen umstritten, dann kommt eine Beiladung des Geschäftspartners nach § 174 Abs. 5 AO auf Antrag des Finanzamts in Betracht.[4] 231

Aufgrund der im Regelfall **unterschiedlich zuständigen Finanzbehörden auf Seiten des Veräußerers oder des Erwerbers** besteht das Risiko, dass die Finanzbehörden den Vorgang der Geschäftsveräußerung im Ganzen unterschiedlich beurteilen. Dies widerspricht dem Vereinfachungszweck der Norm und einer rechtsstaatlichen Besteuerung. Die Behörden sind daher nach den Vorgaben der FinVerw. gehalten, sich bzgl. einer **einheitlichen Beurteilung** abzustimmen.[5] Grundsätzlich soll das Finanzamt des Veräußerers beurteilen, ob eine Geschäftsveräußerung im Ganzen nach § 1 Abs. 1a UStG vorliegt.[6] Das Finanzamt des Veräußerers kann das Vorliegen eines Betriebs oder Teilbetriebs und ob das Unternehmen im Ganzen übertragen wurde am besten beurteilen. Die Fortführungsabsicht des Erwerbers und die Lage dazu, kann allerdings besser vom Finanzamt des Erwerbers überprüft werden, so dass eine enge Zusammenarbeit der betroffenen Finanzämter unabdingbar ist. 232

Da die Norm des § 1 Abs. 1a UStG **kein Wahlrecht** darstellt, ist es unerheblich, ob der Erwerber und der Veräußerer eine Geschäftsveräußerung im Ganzen wollen oder nicht.[7] Da die Norm eine Vereinfachungsregelung und keine systematisch notwendige oder der Missbrauchsverhinderung geschuldete Regelung darstellt, ist ein **Wahlrecht** bezüglich der Nichtanwendung **de lege ferenda wünschenswert**.[8] Ein wesentlicher Anwendungsbereich dafür sind Immobilientransaktionen, da hierbei häufiger nicht sicher ist, ob der Verkauf einer vermieteten Immobilie eine Geschäftsveräußerung oder ein Grundstücksverkauf ist. Dies wirkt sich insbesondere auf die Anwendung des § 9 UStG und des § 15a UStG 233

1 BFH, Beschl. v. 5.7.2007 – V B 6/06, UR 2007, 750.
2 Abschn. 14c.1 Abs. 1 Satz 5 Nr. 4 UStAE.
3 FG Sachsen-Anhalt, Urt. v. 3.9.2004 – 1 K 2147/03, EFG 2005, 405 (rkr.).
4 *Oelmaier* in Sölch/Ringleb, § 1 UStG Rz. 176 (Stand: Oktober 2021).
5 OFD Hannover, Vfg. v. 9.10.2009 – S 7500-466-StO 171, UR 2010, 188.
6 OFD Karlsruhe, Vfg. v. 19.2.2015 – S 7100b, MwStR 2015, 238.
7 *Koisiak* in eKomm, § 1 UStG Rz. 70 (Stand: Januar 2021); *Peltner* in Weymüller[2], § 1 UStG Rz. 164; BFH, Urt. v. 28.8.2014 – V R 16/14, BStBl. II 2015, 46 = UR 2014, 893, Rz. 42; FG Berlin-Brandenburg, Urt. v. 25.10.2012 – 5 K 5319/11, EFG 2013, 889, Rz. 16.
8 Ebenso *Meyer-Burow/Connemann*, UR 2011, 616; *Hofmann/Klenk/Wagner*, DStR 2003, 133 (134).

aus. Durch ein Wahlrecht im Sinne eines Opt-out hätten die Beteiligten die Möglichkeit, sich im Zweifel für Rechtssicherheit zu entscheiden und die Norm würde nur dann zur Anwendung kommen, wenn sie tatsächlich eine Vereinfachung darstellt. Dies entspricht dem Sinn und Zweck der Regelung der Geschäftsveräußerung im Ganzen. Möchten die beteiligten Unternehmer nach dem geltenden Recht, dass keine Geschäftsveräußerung im Ganzen vorliegt und ist dies unsicher, bleibt ihnen einstweilen nur die Möglichkeit die Transaktion entsprechend eindeutiger zu gestalten.[1]

c) Räumlicher Anwendungsbereich

234 § 1 Abs. 1a UStG findet nur Anwendung, wenn die Übertragung nach § 1 Abs. 1 UStG im **Inland** steuerbar ist.

235 **Im Ausland gelegenes Vermögen des veräußerten Unternehmens** ist von der Anwendbarkeit einer Geschäftsveräußerung im Ganzen nach § 1 Abs. 1 a UStG in aller Regel ausgeschlossen, da vielfach nach § 3 Abs. 7 UStG keine Steuerbarkeit im Inland besteht.[2] Hier greift im anderen Mitgliedstaat ggf. die dem § 1 Abs. 1a UStG entsprechende Umsetzung von Art. 19 und 29 MwStSystRL. Es ist allerdings denkbar, dass der Belegenheitsmitgliedstaat das Wahlrecht nicht ausgeübt hat, so dass die Übertragung dort steuerbar ist.[3] Im Drittlandsgebiet gelten die Bestimmungen der MwStSystRL nicht. Insoweit ist bei allen Geschäftsveräußerungen im Ganzen mit Auslandsberührung das ausländische Recht gesondert zu prüfen.

236 Unterhält ein **ausländisches Unternehmen einen Unternehmensteil im Inland** und stellt dieser keinen gesondert geführten Betrieb i.S.d. § 1 Abs. 1a Satz 2 UStG dar (Rz. 250 ff.), dann ist § 1 Abs. 1a UStG nach m.E. überzeugenden Äußerungen im Schrifttum auf den inländischen Teil des Unternehmens anwendbar, soweit die sonstigen Voraussetzungen der Geschäftsveräußerung im Ganzen vorliegen.[4] Umgekehrt kann m.E. auch ein **in Deutschland ansässiges Unternehmen mit Unternehmensteilen im Ausland** nicht steuerbar nach § 1 Abs. 1a UStG übertragen werden, wenn der deutsche Teil entweder einen gesondert geführten Betrieb darstellt oder der ausländische Unternehmensteil mitübertragen wird. Ob der ausländische Unternehmensteil nicht steuerbar übertragen wird, hängt jeweils von den Regelungen im Belegenheitsstaat ab.

237 Die Veräußerung eines inländischen Unternehmens an einen im Ausland ansässigen Erwerber fällt grundsätzlich unter den Anwendungsbereich des § 1 Abs. 1a UStG. Es ist ausreichend, wenn die Unternehmereigenschaft im Inland durch den Erwerb begründet wird. Die Lieferungen des Leistungsbündels sind nach § 3 Abs. 6 oder 7 Satz 1 i.V.m. § 1 Abs. 1 Nr. 1 UStG steuerbar (§ 3 Rz. 336 ff.). Die sonstigen Leistungen werden für die neue unternehmerische Betriebsstätte im Inland bezogen und sind daher nach § 3a Abs. 2 Satz 2 i.V.m. § 1 Abs. 1 Nr. 1 UStG steuerbar (§ 3a Rz. 86 ff.). Wird das Unternehmen im Rahmen der Übertragung ins Ausland verlagert, scheidet die Anwendbarkeit von § 1 Abs. 1a UStG aus.[5] Sonstige Leistungen sind bereits nach § 3a Abs. 2 i.V.m. § 1 Abs. 1 Nr. 1 UStG nicht im Inland steuerbar. Bei grenzüberschreitenden Lieferungen ist, wie dargelegt, die Rechtsnachfolge i.S.d. § 1 Abs. 1a Satz 3 UStG nicht möglich. Für Unternehmer ist diese Einschränkung nicht zwingend mit zusätzlichen Umsatzsteuerrisiken verbunden. Unter den Voraussetzungen des § 6 oder § 6a UStG nach § 4 Nr. 1 i.V.m. § 15 Abs. 3 Nr. 1 Buchst. a UStG sind die Lieferungen vorsteuerunschädlich steuerfrei (§ 15 Rz. 252 f.).

238 Die Anwendung des § 1 Abs. 1a UStG auf **grenzüberschreitende Übertragungen**, bei denen z.B. Gegenstände vom Ausland in das Inland oder umgekehrt versandt oder befördert werden oder sonstige Leistungen z.B. nach § 3a Abs. 2 UStG beim Empfänger zu besteuern sind, ist fraglich. Bislang war der

---

1 Hierzu auch *Jansen* in Birkenfeld/Wäger, Umsatzsteuer-Handbuch, Abschn. I Kap. 1 D – § 1 Abs. 1a UStG Rz. 491 f. (Stand: Oktober 2023).

2 *Jansen* in Birkenfeld/Wäger, Umsatzsteuer-Handbuch, Abschn. I Kap. 1 D – § 1 Abs. 1a UStG Rz. 482 (Stand: Oktober 2023); *Nieskens* in Rau/Dürrwächter, § 1 UStG Rz. 1209 (Stand: August 2023); *Lippross*, Umsatzsteuer[25], S. 426.

3 *Jansen* in Birkenfeld/Wäger, Umsatzsteuer-Handbuch, Abschn. I Kap. 1 D – § 1 Abs. 1a UStG Rz. 484 (Stand: Oktober 2023).

4 *Merkel*, UR 2013, 860; *Nieskens* in Rau/Dürrwächter, § 1 UStG Rz. 1209.1 (Stand: August 2023).

5 *Klenk*, MwStR 2013, 687 (688 f.).

praktische Anwendungsbereich ausgesprochen klein. Im Zuge der Digitalisierung der Wirtschaft ist es aber denkbar, dass rein virtuelle Unternehmen ohne wesentliche Gegenstände i.S.d. § 3 Abs. 1 UStG betrieben werden und diese folgerichtig auch leicht über die Grenze übertragbar sind. Hierzu wird im Schrifttum vertreten, dass eine Geschäftsveräußerung im Ganzen nicht möglich ist. Nach dieser Ansicht liegen keine im Inland steuerbaren Vorgänge vor und es ist keine Rechtsnachfolge i.S.d. § 1 Abs. 1a Satz 3 UStG möglich.[1] Es wird befürchtet, dass ein Vorsteuerabzug im Ursprungsland nicht mehr berichtigt wird und das Bestimmungsland keine Vorsteuerberichtigung vornimmt, weil nur inländische Vorsteuer berichtigt werden kann.[2] Zudem kann Art. 19 MwStSystRL nach dieser Ansicht entnommen werden, dass er keine innergemeinschaftlichen Lieferungen oder Einfuhren erfasst.[3] Trotz dieser gewichtigen Argumente ist dies m.E. nicht gesichert.[4] Zunächst ist darauf zu verweisen, dass der Wortlaut des § 1 Abs. 1a UStG keine Einschränkung bezüglich der Lieferungen und sonstigen Leistungen i.S.d. § 1 Abs. 1 Nr. 1 UStG vorsieht. Die Vorschrift setzt nur die Steuerbarkeit voraus. Auch vom Sinn und Zweck ist die Anwendung der Vorschrift auf grenzüberschreitende Transaktionen gerechtfertigt. Es wird nicht nur eine vorübergehende liquiditätsmäßige Belastung mit Umsatzsteuer vermieden, es soll auch verhindert werden, dass bezüglich eines Unternehmensvermögens eine aufwändige Einzelbewertung und Einordung der einzelnen Leistungen erfolgt. Zwar ist es in der Tat nicht so leicht, die Rechtsnachfolge über die Grenze zu praktizieren und es ist auch sicherlich auf den ersten Blick eher ungewöhnlich, ausgeschlossen ist dies – zumindest innerhalb des Binnenmarktes – aber nicht. Der Wortlaut des § 15a UStG sieht m.E. nicht explizit vor, dass eine Berichtigung ausländischer Vorsteuer zu unterbleiben hat. Der Erwerber kann auch die erforderlichen Angaben nach § 15a Abs. 10 UStG vom Veräußerer erhalten, die wiederum im Rahmen des Austauschs zwischen den Mitgliedstaaten kontrolliert werden können (§ 15a Rz. 199 ff.).

3. Unternehmen des Erwerbers

a) Unternehmereigenschaft des Erwerbers

Da der Erwerber im Rahmen einer Geschäftsveräußerung im Ganzen ein Unternehmer sein muss, der im Rahmen seines Unternehmens handelt, ist eine nicht steuerbare **Übertragung auf einen Nichtunternehmer nicht möglich**. Beispielsweise ist eine unentgeltliche Fortführung des bisherigen Unternehmens keine unternehmerische Tätigkeit und kann somit nicht die notwendige Unternehmereigenschaft begründen. Der Erwerber muss nach § 1 Abs. 1a Satz 1 Unternehmer sein. Die Unternehmereigenschaft muss allerdings nicht vor dem Erwerb bestehen. Es ist ausreichend, wenn mit dem Erwerb das Unternehmen begründet wird.[5] Somit ist im Normalfall für den Veräußerer die Unternehmereigenschaft des Erwerbers gut abschätzbar, da sich bei der Übertragung eines Unternehmens oder Unternehmensteils die Unternehmereigenschaft des Erwerbers aus der Übernahme der Tätigkeit ergibt. Probleme ergeben sich, wenn beim Erwerber keine Fortführungsabsicht vorliegt. Im Zweifel ist es ratsam, dass sich der Veräußerer durch eine Bestätigung der Unternehmereigenschaft des Erwerbers vertraglich absichert. 239

Die Geschäftsveräußerung im Ganzen nach § 1 Abs. 1a UStG greift nur für den Fall, dass es **einen Erwerber** gibt. Nicht möglich ist, dass **mehrere Erwerber** im Rahmen einer nicht steuerbaren Geschäftsveräußerung i.S.d. § 1 Abs. 1a UStG ein Unternehmen erwerben und unter sich aufteilen (z.B. bei einer **Realteilung**, s. Rz. 183 ff.).[6] Dies gilt auch dann, wenn bei der Übertragung von Teilen eines Unternehmens auf eine Besitz- und Betriebsgesellschaft ertragsteuerlich eine **Betriebsaufspaltung** be- 240

1 *Sterzinger* in Küffner//Zugmaier, § 1 UStG Rz. 588 (Stand: Januar 2022); *Nieskens* in Rau/Dürrwächter, § 1 UStG Rz. 1209 (Stand: August 2023); *Probst* in Hartmann/Metzenmacher, § 1 Abs. 1a, Rz. 57 (Stand: April 2023).

2 *Klenk*, MwStR 2013, 687 (688).

3 *Klenk*, MwStR 2013, 687 (688).

4 BFH, Urt. v. 30.1.2014 – V R 33/13, BFH/NV 2014, 1238 hat bei einer Übertragung in die Schweiz die Voraussetzungen einer Geschäftsveräußerung im Ganzen angenommen, allerdings ohne den grenzüberschreitenden Sachverhalt näher zu erörtern.

5 Abschn. 1.5 Abs. 1 Satz 1 UStAE.

6 BFH, Urt. v. 4.2.2015 – XI R 14/14, BStBl. II 2015, 908 = UR 2015, 624; BFH, Urt. v. 4.2.2015 – XI R 42/13, BStBl. II 2015, 616 = UR 2015, 384.

gründet wird.[1] Nach der Rechtsprechung soll es jedoch möglich sein, an mehrere Bruchteilsgemeinschafter zu veräußern.[2] § 1 Abs. 1a UStG ist überdies anwendbar, wenn jeder einen gesondert geführten Betrieb erwirbt. Die umsatzsteuerliche Organschaft gilt auch im Rahmen der Geschäftsveräußerung im Ganzen als ein Unternehmen.[3] Somit können mehrere durch eine umsatzsteuerrechtliche **Organschaft** verbundene Personen als ein Erwerber auftreten. Falls mehrere Erwerber vorliegen und eine Organschaft nicht möglich ist, dann kann eine GbR gegründet werden, die das Unternehmen erwirbt und betreibt.[4]

241 Unternehmer nach § 2 Abs. 1 UStG sind auch **Kleinunternehmer** i.S.d. § 19 UStG und Unternehmer, die einem besonderen Steuersatz unterliegen (Durchschnittssatzbesteuerung, Differenzbesteuerung). Sie kommen daher als Erwerber im Rahmen einer Geschäftsveräußerung im Ganzen in Betracht.[5]

b) Für das Unternehmen des Erwerbers

242 Das Unternehmen oder der gesondert geführte Betrieb müssen der bestehenden oder der neuen unternehmerischen Tätigkeit des Erwerbers zugeordnet werden können. Der Erwerb eines Unternehmers für den Privatbereich oder den nichtunternehmerischen Bereich scheidet aus. Hier kann es aus Sicht des Veräußerers Sinn machen, die Zusicherung der Zuordnung zum Unternehmen vertraglich abzubilden.

243 Eine unentgeltliche Fortführung ist keine unternehmerische Tätigkeit. Selbst wenn der Erwerber aufgrund anderer Tätigkeiten Unternehmer nach § 2 Abs. 1 UStG ist, ist keine Geschäftsveräußerung im Ganzen nach § 1 Abs. 1a UStG einschlägig, da er dann nicht für sein Unternehmen i.S.d. § 2 Abs. 1 Satz 2 UStG erwirbt.[6]

c) Fortführungsabsicht des Erwerbers

244 Der Erwerber muss beabsichtigen, das übertragene Unternehmen bzw. den gesondert geführten Betrieb des Veräußerers fortzuführen.[7] Diese Anforderung lässt sich zwar dem Gesetz nicht wortwörtlich entnehmen, sie ergibt sich aber m.E. aus dem Sinn und Zweck.

245 **Eine Fortführungsabsicht ist nicht anzunehmen, wenn das erworbene Unternehmen nur abgewickelt oder ausschließlich der Warenbestand veräußert werden soll.**[8] Der Nachweis der Absicht des Erwerbers ist nicht leicht zu führen, wenn es später nicht zu einer Fortführung kommt, da es sich um eine **innere Tatsache** handelt.[9] Die FinVerw. spricht in Abschn. 1.5 Abs. 1 und 1a UStAE von der tatsächlichen Unternehmensfortführung. M.E. bedeutet dies angesichts der Rechtsprechung, dass man aus einer fehlenden tatsächlichen Fortführung zunächst auf eine fehlende Fortführungsabsicht schließt, diese aber nachgewiesen werden kann. Vor diesem Hintergrund muss sich der Veräußerer die Fortführungsabsicht m.E. im Zweifel zusichern lassen. Denn der **Veräußerer trägt das Risiko** der Um-

1 BFH, Urt. v. 3.12.2015 – V R 36/13, BStBl. II 2017, 563 = UR 2016, 204.

2 FG München, Urt. v. 2.2.2023 – 14 K 2328/20, EFG 2023, 722 (Rev. anhängig BFH V R 3/23). M.E. ist die Annahme des FG, dass keine GbR, sondern eine Bruchteilsgemeinschaft der Erwerber war, allerdings zu hinterfragen.

3 BFH, Urt. v. 3.12.2015 – V R 36/13, BStBl. II 2017, 563 = UR 2016, 204, Rz. 27.

4 BFH v. 22.11.2007 – V R 5/06, BStBl. II 2008, 448 = UR 2008, 255 zur Bruchteilsgemeinschaft.

5 *Jansen* in Birkenfeld/Wäger, Umsatzsteuer-Handbuch, Abschn. I Kap. 1 D – § 1 Abs. 1a UStG Rz. 77 f. (Stand: Oktober 2023).

6 BFH, Urt. v. 3.12.2015 – V R 36/13, BStBl. II 2017, 563 = UR 2016, 204, Rz. 24 f.

7 EuGH, Urt. v. 27.11.2003 – C-497/01, ECLI:EU:C:2003:644 – Zita Modes, BFH/NV 2004, 128 = UR 2004, 19 m. Anm. *Wäger*, Rz. 44; BFH, Urt. v. 30.4.2009 – V R 4/07, BStBl. II 2009, 863 = UR 2009, 797; BFH, Urt. v. 4.2.2015 – XI R 42/13, BStBl. II 2015, 616 = UR 2015, 384, Rz. 18; BFH, Urt. v. 6.7.2016 – XI R 1/15, BStBl. II 2016, 909 = UR 2016, 869, Rz. 32; *Nieskens* in Rau/Dürrwächter, § 1 UStG Rz. 1333 (Stand: August 2023); *Lippross*, Umsatzsteuer[25], S. 436; Abschn. 1.5 Abs. 1 Satz 2 UStAE.

8 EuGH, Urt. v. 27.11.2003 – C-497/01, ECLI:EU:C:2003:644 – Zita Modes, BFH/NV 2004, 128 = UR 2004, 19 m. Anm. *Wäger*; BFH, Beschl. v. 1.4.2004 – V B 112/03, BStBl. II 2004, 802 = UR 2004, 417; Abschn. 1.5 Abs. 1a Satz 2 UStAE.

9 Ähnlich *Oelmaier* in Sölch/Ringleb, § 1 UStG Rz. 192 (Stand: Oktober 2021).

satzbesteuerung, wenn sich im Nachhinein keine Fortführungsabsicht belegen lässt und damit keine Geschäftsveräußerung im Ganzen vorliegt. M.E. dürfen angesichts des Risikos, dass der Veräußerer trägt, keine allzu großen Anforderungen an die Fortführungsabsicht gestellt werden. Der Veräußerer allein muss die zutreffende Umsatzbesteuerung vornehmen und kann letztlich nur aus seiner Perspektive beurteilen, ob das übertragene Vermögen grundsätzlich geeignet ist, die bisherige unternehmerische Tätigkeit fortzuführen. Zudem können sich Hinweise aus einer Übernahme von Verträgen ergeben. Wenn aber eine fehlende Fortführungsabsicht des Erwerbers für den Veräußerer gar nicht erkennbar war, z.B., weil sich dies der Erwerber heimlich vorbehalten hat oder er kurzfristig gezwungen ist, den Betrieb einzustellen, kann dies m.E. nicht zu einer Besteuerung führen.

Im Übrigen ist es **nicht notwendig, dass** der Erwerber genau die **gleiche Tätigkeit** des übertragenden Unternehmers fortführt.[1] Die Tätigkeiten müssen **aber Ähnlichkeiten** aufweisen.[2] D.h., **Modernisierungen und Anpassungen** des übernommenen Unternehmens sind daher **möglich**.[3] Die Entscheidung der Unternehmensfortführung bzw. ob ausreichende Ähnlichkeit zum übertragenen Unternehmen gegeben ist, sind im Rahmen einer **Gesamtwürdigung** zu treffen.[4] So erfüllen z.B. die Umwandlung eines Verpachtungsunternehmens in ein Produktionsunternehmen oder die eigenunternehmerische Nutzung eines vermieteten Grundstücks nicht den Tatbestand der Unternehmensfortführung.[5] Ebenso wenig führt eine künftige Vermietungstätigkeit das bisherige Unternehmen eines Bauträgers fort.[6] Ein Vermietungsunternehmen kann allerdings fortgeführt werden, wenn der Erwerber schon vor dem Verkauf das Grundstück angemietet und untervermietet hat und die Untermietverhältnisse fortsetzt, denn auf die Übernahme der Mietverträge kommt es nicht an.[7] Im Ergebnis muss der ursprüngliche Kern oder Geschäftszweck der Unternehmung bestehen bleiben. Der Erwerber darf das Unternehmen nicht so verändern, dass ein Unternehmen völlig anderer Art vorliegt. Anpassungen z.B. an die Marktlage, den technischen Fortschritt oder die Fähigkeiten des Erwerbers sind unschädlich. Um das Unternehmen fortzuführen, ist es nicht notwendig, den Namen des Veräußerers zu übernehmen.[8] 246

Keine Voraussetzung für die Fortführung ist, **dass der Veräußerer sein Unternehmen beendet**.[9] 247

Die Unternehmensfortführung ist gegeben, wenn der Erwerber das erworbene Unternehmen in eine noch zu gründende Gesellschaft einbringt, die das Unternehmen fortführt.[10] Bei einem **Durchgangserwerb** muss nur der letzte Erwerber das Unternehmen fortführen.[11] Die Fortführung muss dem Grunde nach, aber nicht höchstpersönlich durch den (ersten) Erwerber erfolgen. D.h., der Durchgangserwerb (für eine logische Sekunde) ohne wirtschaftliche Tätigkeit ist unschädlich, wenn am Ende der Kette die unternehmerische Tätigkeit fortgesetzt wird. In der Praxis ist dies in Fällen von Relevanz, in denen der Veräußerer nur sein ganzes Unternehmen einheitlich übertragen möchte, der Erwerber aber einen Teil davon aus wirtschaftlichen Gründen direkt weiterverkaufen will oder dies 248

1 EuGH, Urt. v. 27.11.2003 – C-497/01, ECLI:EU:C:2003:644 – Zita Modes, BFH/NV 2004, 128 = UR 2004, 19 m. Anm. *Wäger*; BFH, Beschl. v. 1.4.2004 – V B 112/03, BStBl. II 2004, 802 = UR 2004, 417, Rz. 40, 45.
2 *Oelmaier* in Sölch/Ringleb, § 1 UStG Rz. 190 (Stand: Oktober 2021).
3 BFH, Urt. v. 23.8.2007 – V R 14/05, BStBl. II 2008, 165 = UR 2008, 150; BFH, Urt. v. 18.9.2008 – V R 21/07, BStBl. II 2009, 254 = UR 2009, 15 BFH, Urt. v. 6.5.2010 – V R 25/09, BFH/NV 2010, 1873 = UR 2015, 624; BFH, Urt. v. 6.7.2016 – XI R 1/15, BStBl. II 2016, 909 = UR 2016, 869, Rz. 32; Abschn. 1.5 Abs. 1a Satz 1 UStAE.
4 BFH, Urt. v. 3.12.2015 – V R 36/13, BStBl. II 2017, 563 = UR 2016, 204, Rz. 15.
5 BFH, Urt. v. 15.4.2016 – XI B 109/15, BFH/NV 2016, 1306; BFH, Urt. v. 6.5.2010 – V R 26/09, BStBl. II 2010, 1114 = UR 2010, 902, Rz. 32; BFH, Urt. v. 5.5.2011 – V R 45/09, BFH/NV 2011, 1655 = UR 2014, 572, Rz. 31.
6 BFH, Urt. v. 24.2.2005 – V R 45/02, BStBl. II 2007, 61 = UR 2005, 547; BFH, Urt. v. 4.9.2008 – V R 23/06, BFH/NV 2009, 426 = UR 2009, 528.
7 BFH, Urt. v. 24.2.2021 – XI R 8/19, BStBl. II 2022, 34 = UR 2021, 633.
8 BFH, Urt. v. 29.8.2012 – XI R 1/11, BStBl. II 2013, 301 = UR 2013, 412, Rz. 24; Abschn. 1.5 Abs. 1 Satz 4 UStAE.
9 Abschn. 1.5 Abs. 1a Satz 4 UStAE; BFH, Urt. v. 29.8.2012 – XI R 10/12, BStBl. II 2013, 221 = UR 2013, 415.
10 FG Düsseldorf, Urt. v. 2.10.2015 – 5 K 363/14 U, UStB 2016, 294 m. Anm. *Fritsch*.
11 BFH, Urt. v. 25.11.2015 – V R 66/14, BFH/NV 2016, 497 = UR 2016, 232.

aus kartellrechtlichen Gründen ggf. sogar muss. Nach der Rechtsprechung ist ein Durchgangserwerb auch möglich, wenn der erste Erwerber den Betrieb nicht weiterveräußert, sondern verpachtet.[1]

249 Keine Fortführung ist möglich, wenn das Unternehmen an eine Person eines Organkreises veräußert wird und das Unternehmen auf Leistungsbeziehungen zu einer anderen Person in demselben Organkreis beruht.[2] Die Tätigkeit kann nicht fortgesetzt werden, da sie jetzt eine nicht steuerbare Tätigkeit innerhalb eines Unternehmens darstellt. Wird nach Beendigung einer umsatzsteuerlichen Organschaft vom ehemaligen Organträger ein Unternehmen auf eine ehemalige Organgesellschaft übertragen, dann führt die Organgesellschaft das Unternehmen des Organkreises fort.[3]

II. Voraussetzungen (Absatz 1a Satz 2)

1. Übertragung eines Unternehmens oder gesondert geführten Betriebs im Ganzen

a) Allgemeines

aa) Unionsrechtskonforme Auslegung

250 Nach § 1 Abs. 1a Satz 2 UStG können ein Unternehmen oder ein in der Gliederung eines Unternehmens gesondert geführter Betrieb Gegenstand einer Geschäftsveräußerung sein. Diese Begriffe entsprechen nicht den unionsrechtlichen Vorgaben, in denen von einer Übertragung eines Gesamt- oder Teilvermögens die Rede ist. Sie sind daher **unionrechtskonform auszulegen.**[4]

251 Der EuGH legt die Begriffe so aus, dass sie die Übertragung eines Geschäftsbetriebs oder eines selbständigen Unternehmensteils erfassen, die jeweils materielle und gegebenenfalls immaterielle Bestandteile umfassen, die zusammen genommen ein Unternehmen oder einen Unternehmensteil bilden, mit dem eine selbständige wirtschaftliche Tätigkeit fortgeführt werden kann; sie schließen jedoch nicht die bloße Übertragung von Gegenständen wie den Verkauf eines Warenbestands ein.[5]

bb) Begriff des Unternehmens/des gesondert geführten Betriebs

252 Als **Unternehmen** sind in diesem Zusammenhang die materiellen und immateriellen Bestandteile zu verstehen, die ihm zugeordnet sind. Das Unternehmen, das übertragen wird, **muss noch kein „lebender" Betrieb** sein, der bereits steuerbare Ausgangsumsätze i.S.d. § 1 Abs. 1 UStG getätigt hat.[6] Auch Unternehmen, die sich im Aufbau oder im Gründungsstadium befinden, oder noch Vorgründungsgesellschaften sind, sind im Rahmen einer Geschäftsveräußerung im Ganzen nach § 1 Abs. 1a UStG übertragbar.[7]

253 Ein **gesondert geführter Betrieb** ist insbesondere ein Teil eines Unternehmens, der bei isolierter Betrachtung ein selbständiges Unternehmen wäre. Es ist – im Rahmen einer richtlinienkonformen Auslegung („Teilvermögen") – allerdings nicht erforderlich, dass der gesondert geführte Betrieb bereits beim Veräußerer ein organisatorisch selbständiger Unternehmensteil ist oder das für diesen eine eigene Buchhaltung oder interne Unternehmensrechnung geführt wird.[8] Die **Übertragung eines einzigen** nicht einmal zivilrechtlich selbständigen **Wirtschaftsguts kann** für die Unternehmensfortführung **aus-**

1 FG München, Urt. v. 2.2.2023 – 14 K 2328/20, EFG 2023, 722 (Rev. anhängig BFH V R 3/23).
2 BFH, Urt. v. 6.5.2010 – V R 26/09, BStBl. II 2010, 1114 = UR 2010, 902.
3 BFH, Urt. v. 26.6.2019 – XI R 3/17, BFH/NV 2019, 1455 = UR 2019, 803.
4 BFH, Urt. v. 19.12.2012 – XI R 38/10, BStBl. II 2013, 1053 = UR 2013, 494, Rz. 32.
5 EuGH, Urt. v. 27.11.2003 – C-497/01, ECLI:EU:C:2003:644 – Zita Modes, BFH/NV 2004, 128 = UR 2004, 19 m. Anm. *Wäger*, Rz. 40.
6 EuGH, Urt. v. 29.4.2004 – C-137/02, ECLI:EU:C:2004:267 – Faxworld, BStBl. II 2005, 155 = UR 2004, 362; BFH, Urt. v. 15.7.2004 – V R 84/99, BStBl. II 2005, 155 = UR 2004, 650.
7 BFH, Urt. v. 8.3.2001 – V R 24/98, BStBl. II 2003, 430 = UR 2001, 214; BFH, Urt. v. 21.3.2002 – V R 62/01, BStBl. II 2002, 559 = UR 2002, 425; EuGH, Urt. v. 29.4.2004 – C-137/02, ECLI:EU:C:2004:267 – Faxworld, BStBl. II 2005, 155 = UR 2004, 362; Abschn. 1.5 Abs. 1a Satz 3 und Abs. 6 Satz 3 UStAE.
8 BFH, Urt. v. 19.12.2012 – XI R 38/10, BStBl. II 2013, 1053 = UR 2013, 494, Rz. 44, 45; BFH, Urt. v. 4.2.2015 – *XI R 42/13, BStBl. II 2015, 616* = UR 2015, 384, Rz. 20; BFH, Urt. v. 4.2.2015 – XI R 14/14, BStBl. II 2015, 908 = UR 2015, 624, Rz. 27; so nun auch Abschn. 1.5 Abs. 6 Satz 2 UStAE.

reichen. Die teilweise Fortführung der Vermietung eines übertragenen Gebäudes kann eine Geschäftsveräußerung im Ganzen nach § 1 Abs. 1a UStG sein.[1] Dementsprechend ist die Übertragung eines einzelnen Gegenstandes oder eines Teils davon ausreichend, wenn dieser ermöglicht, eine umsatzsteuerlich unternehmerische Tätigkeit i.S.d. § 2 Abs. 1 UStG fortzuführen.[2] Der unionsrechtliche Teilvermögensbegriff i.S.d. Art. 19 MwStSystRL ist eigenständig und unabhängig vom nationalen Zivilrecht auszulegen.[3]

cc) Zurückbehaltene Wirtschaftsgüter

254 Werden alle materiellen und immateriellen Bestandteile eines Unternehmens oder gesondert geführten Betriebs übertragen und kann der Erwerber hiermit die Tätigkeit fortführen, sind die Voraussetzungen des Satzes 2 jedenfalls erfüllt. Problematisch ist dieses Tatbestandsmerkmal, wenn nicht alle Wirtschaftsgüter eines Unternehmens oder gesondert geführten Betriebs übertragen werden. Es stellt sich die Frage, ob trotz **zurückbehaltener Wirtschaftsgüter** ein Unternehmen oder ein gesondert geführter Betrieb eines Unternehmens vorliegt. Entscheidend hierfür ist, dass die übertragenen Wirtschaftsgüter die selbständige Fortsetzung der Tätigkeit ermöglichen, also ein hinreichend Ganzes sind, um die übertragene Tätigkeit fortzuführen. Die Übertragung der wesentlichen Betriebsgrundlagen und die Möglichkeit das übertragene Unternehmen fortzuführen sind hierfür entscheidend und im Rahmen einer Gesamtwürdigung zu beurteilen.[4]

255 Ertragssteuerliche oder zivilrechtliche Einordnungen können grundsätzlich keine Auswirkung auf die umsatzsteuerliche Einordnung als Unternehmen oder gesondert geführter Betrieb haben.[5] Die FinVerw. lässt eine ertragsteuerliche Teilbetriebsveräußerung für das Vorliegen einer Geschäftsveräußerung im Ganzen nach § 1 Abs. 1a UStG (Ausnahme: 100 %-Beteiligung) ausreichen.[6]

256 Die Gesamtwürdigung, ob ein Unternehmen oder ein gesondert geführter Betrieb übertragen wird, ist revisionsrechtlich nur begrenzt überprüfbar, da eine Tatsachenbeurteilung vorliegt.[7]

dd) Maßgeblicher Zeitpunkt für die Beurteilung und Umfang der Geschäftsveräußerung

257 **Entscheidender Beurteilungszeitpunkt ist der Übertragungszeitpunkt.**[8] Die Übertragung im Ganzen nach § 1 Abs. 1a Satz 2 UStG kann hierbei auf mehreren zeitlich versetzten Kausalgeschäften beruhen, wenn zwischen diesen ein enger zeitlicher und sachlicher Zusammenhang besteht.[9] Wann ein solcher enger Zusammenhang besteht, ist eine Frage des Einzelfalls. Der Rechtsprechung sind z.B. keine genauen Zeiträume zu entnehmen. M.E. ist die Frage vor dem Hintergrund des Zwecks der Vorschrift zu betrachten, die eine Unternehmensübernahme erleichtern soll. Entscheidend ist danach, ob den verschiedenen Schritten eine einheitliche Übertragungsabsicht zugrunde liegt. Insoweit zählt m.E.

1 BFH, Urt. v. 6.7.2016 – XI R 1/15, BStBl. II 2016, 909 = UR 2016, 869; BFH, Urt. v. 24.2.2021 – XI R 8/19, BStBl. II 2022, 34 = UR 2021, 633; Abschn. 1.5 Abs. 2 Satz 5 f. UStAE.

2 BFH, Urt. v. 4.9.2008 – V R 23/06, BFH/NV 2009, 426 = UR 2009, 528; BFH, Urt. v. 6.7.2016 – XI R 1/15, BStBl. II 2016, 909 = UR 2016, 869; Abschn. 1.5 Abs. 3 Satz 1 UStAE.

3 *Oelmaier* in Sölch/Ringleb, § 1 UStG Rz. 193 (Stand: Oktober 2021).

4 BFH, Urt. v. 18.9.2008 – V R 21/07, BStBl. II 2009, 254 = UR 2009, 15; BFH, Urt. v. 6.5.2010 – V R 25/09, BFH/NV 2010, 1873 = UR 2011, 692; BFH, Urt. v. 23.8.2007 – V R 14/05, BStBl. II 2008, 165 = UR 2008, 150; BFH, Urt. v. 3.12.2015 – V R 36/13, BStBl. II 2017, 563 = UR 2016, 204, Rz. 15; EuGH, Urt. v. 10.11.2011 – C-444/10, ECLI:EU:C:2011:724 – Schriever, UR 2011, 937 m. Anm. *Ismer/Marchal*, Rz. 32; Abschn. 1.5 Abs. 4 Satz 1 ff. UStAE.

5 BFH, Urt. v. 6.7.2016 – XI R 1/15, BStBl. II 2016, 909 = UR 2016, 869, Rz. 36.

6 Abschn. 1.5 Abs. 6 Satz 4 UStAE. Bis Ende 2012 wurde in dieser Verwaltungsvorschrift auch eine 100 %-Beteiligung von der FinVerw. als Teilbetrieb und damit als hinreichend Ganzes i.S.d. § 1 Abs. 1 UStG betrachtet, zur Änderung vgl. BMF, Schr. v. 3.1.2012 – IV D 2-S 7100-b/11/10001-2011/1037205, BStBl. I 2012, 76 = UR 2012, 287.

7 BFH, Urt. v. 29.8.2012 – XI R 1/11, BStBl. II 2013, 301 = UR 2013, 412, Rz. 26.

8 Abschn. 1.5 Abs. 4 Satz 2 UStAE; BFH, Urt. v. 6.7.2016 – XI R 1/15, BStBl. II 2016, 909 = UR 2016, 869, Rz. 31.

9 Abschn. 1.5 Abs. 5 Satz 1 UStAE; BFH, Urt. v. 1.8.2002 – V R 17/01, BStBl. II 2004, 626 = UR 2003, 133; BFH, Urt. v. 3.12.2015 – V R 36/13, BStBl. II 2017, 563 = UR 2016, 204, Rz. 22 ff.; EuGH, Urt. v. 29.10.2009 – C-29/08, ECLI:EU:C:2009:665 – SKF, UR 2010, 107.

auch eine nachträgliche Veräußerung noch zur Geschäftsveräußerung im Ganzen, wenn z.B. die Beteiligten erst später bemerken, dass ein Wirtschaftsgut bei einer Übertragung vergessen wurde und Einvernehmen besteht, dass das Wirtschaftsgut ohne eine wesentliche Anpassung des Kaufpreises nachträglich übertragen wird. Wird der Vollzug der Unternehmensübertragung z.B. zur Klärung einer steuerrechtlichen Frage vorübergehend ausgesetzt, kann nach der Rechtsprechung trotzdem eine Geschäftsveräußerung im Ganzen nach § 1 Abs. 1a UStG vorliegen.[1]

258 Zu den Umsätzen, die im Rahmen einer Geschäftsveräußerung im Ganzen getätigt werden, gehören alle Einzelleistungen, die im unmittelbaren wirtschaftlichen Zusammenhang mit dem Veräußerungsvorgang durchgeführt wurden.[2] Ob eine bestimmte Einzelleistung im Rahmen eines eigenständigen zivilrechtlichen Vertrags abgewickelt wurde, hat keine Bedeutung. Entscheidend ist, ob die jeweiligen Einzelleistungen die Fortführung des übertragenen Unternehmens ermöglichen oder ob ihnen eine eigenständige wirtschaftliche Bedeutung zukommt.[3]

ee) Möglicher Verzicht auf die Übertragung wesentlicher Betriebsgrundlagen

259 Eine **wesentliche Betriebsgrundlage** muss z.B. nicht übertragen werden, wenn sie zur Unternehmensfortführung nicht notwendig ist, weil sie der Erwerber schon selbst besitzt (z.B. Grundstück).[4] Eine Übertragung aller wesentlichen Betriebsgrundlagen ist auch nicht notwendig, wenn diese dem Erwerber (entgeltlich oder unentgeltlich) zur Nutzung überlassen werden. Wird durch die Überlassung die Unternehmensfortführung sichergestellt, ist dies ausreichend für die Annahme einer Geschäftsveräußerung im Ganzen.[5] Hierfür ist nach der EuGH-Rechtsprechung sogar ein unbefristeter, kurzfristig kündbarer Mietvertrag ausreichend.[6] Die ältere BFH-Rechtsprechung, die eine dauerhafte und langfristige Nutzungsüberlassung fordert, ist damit zumindest teilweise überholt.[7]

260 Die entsprechende **Vermietung oder Verpachtung** ist m.E. aber umsatzsteuerrechtlich als **eigener Umsatz** und damit losgelöst von der Geschäftsveräußerung im Ganzen zu beurteilen, da sie schon eine eigenständige wirtschaftliche Bedeutung hat. Sie fällt nicht unter § 1 Abs. 1a UStG und ist steuerbar. Auch übergangsweise erbrachte Dienstleistungen für den Erwerber (sog. **Transitional Services**) haben m.E. eine eigenständige wirtschaftliche Bedeutung, so dass sie als eigener Umsatz steuerbar sind. Allerdings ist ein zeitlich befristetes **Wettbewerbsverbot** nach der Auffassung der Rechtsprechung und der FinVerw. nicht als Umsatz im Rahmen einer Geschäftsveräußerung im Ganzen steuerbar, wenn der Erhalt des Kundenstamms für die Fortführung ein entscheidender Faktor ist.[8]

261 Werden **Wirtschaftsgüter** nicht übertragen sondern nur zur **Nutzung überlassen**, liegt nach Auffassung des BFH keine Geschäftsveräußerung im Ganzen vor.[9] Es liegt dann kein im Rahmen einer Übereignung (§ 1 Abs. 1a Satz 2 UStG) nach § 1 Abs. 1 Nr. 1 UStG steuerbarer Umsatz vor, der in den Anwendungsbereich von § 1 Abs. 1a UStG fällt. M.E. ist dies aber nicht so zu verstehen, dass körperliche Gegenstände übertragen werden müssen, wenn diese für das Unternehmen gar nicht entscheidend sind (z.B. Webshop für elektronisch erbrachte Leistungen).

262 Die ausschließliche Übertragung des **Kundenstamms eines Produktionsbetriebs** ist kein hinreichendes Ganzes, um die Tätigkeit des Veräußerers fortzuführen und damit keine Geschäftsveräußerung im

1 BFH, Urt. v. 30.1.2014 – V R 33/13, BFH/NV 2014, 1238.
2 BFH, Urt. v. 29.8.2012 – XI R 1/11, BStBl. II 2013, 301 = UR 2013, 412.
3 BFH, Urt. v. 29.8.2012 – XI R 1/11, BStBl. II 2013, 301 = UR 2013, 412, Rz. 27 ff.
4 *Nieskens* in Rau/Dürrwächter, § 1 UStG Rz. 1244 (Stand: August 2023).
5 Abschn. 1.5 Abs. 3 UStAE; BFH, Urt. v. 3.12.2015 – V R 36/13, BStBl. II 2017, 563 = UR 2016, 204, Rz. 17 ff.; EuGH, Urt. v. 10.11.2011 – C-444/10, ECLI:EU:C:2011:724 – Schriever, UR 2011, 937 m. Anm. *Ismer/Marchal*, Rz. 36; BFH, Urt. v. 18.1.2012 – XI R 27/08, BStBl. II 2012, 842 = UR 2012, 393.
6 EuGH, Urt. v. 10.11.2011 – C-444/10, ECLI:EU:C:2011:724 – Schriever, UR 2011, 937 m. Anm. *Ismer/Marchal*, Rz. 36; BFH, Urt. v. 18.1.2012 – XI R 27/08, BStBl. II 2012, 842 = UR 2012, 393; BFH, Urt. v. 3.12.2015 – V R 36/13, BStBl. II 2017, 563 = UR 2016, 204, Rz. 17; Abschn. 1.5 Abs. 3 Satz 4 UStAE.
7 BFH, Urt. v. 15.10.1998 – V R 69/97, BStBl. II 1999, 41 = UR 1999, 127; BFH, Urt. v. 4.7.2002 – V R 10/01, BStBl. II 2004, 662 = UR 2003, 16; BFH, Urt. v. 28.11.2002 – V R 3/01, BStBl. II 2004, 665 = UR 2003, 135.
8 BFH, Urt. v. 29.8.2012 – XI R 1/11, BStBl. II 2013, 301 = UR 2013, 412; Abschn. 1.5 Abs. 4 Satz 8 UStAE.
9 BFH, Urt. v. 21.5.2014 – V R 20/13, BStBl. II 2014, 1029 = UR 2014, 769.

Ganzen nach § 1 Abs. 1a UStG.[1] Ein hinreichendes Ganzes ist m.E. bei einem Kundenstamm denkbar, wenn z.B. bei der Übertragung einer „Ein-Mann"- Steuerberatungs- oder Rechtsanwaltskanzlei der Kundenstamm die einzige wesentliche Betriebsgrundlage ist.

Die Veräußerung von Inventarteilen einer Gaststätte (Kücheneinrichtung, Küchenartikel, Geschirr) ist 263
kein hinreichendes Ganzes im Sinne einer Geschäftsveräußerung im Ganzen, wenn ein Pachtvertrag über den Gaststättenbetrieb sowie weiteres Inventar mit einem Dritten für die Unternehmensfortführung notwendig ist.[2] Wird dieser Pachtvertrag nicht mit übertragen, dann wird kein hinreichendes Ganzes von nur einem Unternehmer erworben. Die Vorgänge sind getrennt zu beurteilen und es liegt keine Geschäftsveräußerung im Ganzen nach § 1 Abs. 1a UStG vor.[3]

Die Veräußerung einer Biogasanlage durch einen Landwirt kann eine Geschäftsveräußerung im Ganzen sein.[4] Ein landwirtschaftlicher Charakter ist bei der Lieferung von Biogas nicht festzustellen, weshalb sie kein Umsatz im Rahmen eines land- und forstwirtschaftlichen Betriebs ist. 264

b) Grundstücksgeschäfte

Die Frage, ob ein Grundstück um Rahmen einer steuerbaren und grundsätzlich nach § 4 Nr. 9 Buchst. a 265
UStG steuerfreien Lieferung oder im Rahmen einer nicht steuerbaren Geschäftsveräußerung übertragen wird, hat eine entscheidende Bedeutung für die Beurteilung der Rechtsfolgen (§ 4 Nr. 9 Buchst. a Rz. 13 ff.). Soweit es sich um eine **steuerbare Lieferung** handelt, ist die Übertragung ein Verwendungsumsatz i.S.d. § 15a Abs. 1 UStG (§ 15a Rz. 75 ff.). Nach dieser Vorschrift erfolgt eine Vorsteuerberichtigung, wenn sich bei einem Grundstück die Verhältnisse, die bei der erstmaligen Verwendung für den Vorsteuerabzug maßgeblich waren, innerhalb von zehn Jahren ändern. Nach § 15a Abs. 4 UStG liegt eine Veränderung auch vor, wenn das Grundstück vor Ablauf der zehn Jahre veräußert wird und die Veräußerung anders zu beurteilen ist als die erstmalige Verwendung (§ 15a Rz. 135 ff.). Dagegen löst eine Geschäftsveräußerung im Ganzen keine Vorsteuerberichtigung aus. Vielmehr führt der Erwerber den bisherigen Berichtigungszeitraum fort. Wurde ein Grundstück beispielsweise mit Vorsteuerabzug erworben und ist der Berichtigungszeitraum noch nicht abgelaufen, führt eine steuerbare und nach § 4 Nr. 9 Buchst. a UStG steuerfreie Veräußerung (§ 4 Nr. 9 Buchst. a Rz. 13 ff.) zu einer Vorsteuerberichtigung zulasten des Veräußerers. Optiert der Veräußerer bei einer steuerbaren Veräußerung gemäß § 9 UStG zur Umsatzsteuer, ergibt sich beim Veräußerer keine Vorsteuerberichtigung, es läuft aber ein neuer Berichtigungszeitraum beim Erwerber an. Bei einer Geschäftsveräußerung im Ganzen führt der Erwerber dagegen den bereits begonnenen Berichtigungszeitraum einfach fort.

Die Veräußerung von vermieteten oder verpachteten Grundstücken ist eine Geschäftsveräußerung im 266
Ganzen nach § 1 Abs. 1a UStG, wenn der Erwerber neben dem Grundstückserwerb auch in die Miet- oder Pachtverträge eintritt (was nach § 566 BGB der zivilrechtliche Regelfall ist).[5] Für die Veräußerung eines Erbbaurechts mit vermietetem Gebäude gilt dies ebenso.[6] Dann wird ein **Miet- oder Verpachtungsunternehmen** übertragen. Hierbei ist es unschädlich, wenn bezüglich des übertragenen Grundstücks beim Veräußerer noch keine eigenständige betriebliche Organisation vorlag. Entscheidend ist, dass das übertragene Teilvermögen beim Erwerber als selbständiges Unternehmen fortgeführt werden kann.[7]

Keine Geschäftsveräußerung im Ganzen nach § 1 Abs. 1a UStG liegt vor, wenn der Veräußerer als 267
neuer Zwischenmieter an den bisherigen Endmieter vermietet, da dann das ursprüngliche Vermietungsunternehmen nicht übertragen wird.[8] Ohne die Mitübertragung und Fortführung der Vermie-

1 BFH, Beschl. v. 11.11.2009 – V B 46/09, BFH/NV 2010, 479.
2 BFH, Urt. v. 4.2.2015 – XI R 42/13, BStBl. II 2015, 616 = UR 2015, 384.
3 BFH, Urt. v. 4.2.2015 – XI R 42/13, BStBl. II 2015, 616 = UR 2015, 384.
4 *Peltner* in Weymüller[2], § 1 UStG Rz. 190; BayLfSt, Vfg. v. 6.12.2010 – S 7410.1.2019/2 St33, juris.
5 BFH, Beschl. v. 1.4.2004 – V B 112/03, BStBl. II 2004, 802 = UR 2004, 417; BFH, Urt. v. 7.7.2005 – V R 78/03, BStBl. II 2005, 849 = UR 2005, 608; BFH, Urt. v. 19.12.2012 – XI R 38/10, BStBl. II 2013, 1053 = UR 2013, 494, Rz. 37; Abschn. 1.5 Abs. 2 Satz 1 UStAE.
6 BFH, Urt. v. 19.12.2012 – XI R 38/10, BStBl. II 2013, 1053 = UR 2013, 494, Rz. 39.
7 BFH, Urt. v. 19.12.2012 – XI R 38/10, BStBl. II 2013, 1053 = UR 2013, 494, Rz. 44, 45.
8 BFH, Urt. v. 3.7.2014 – V R 12/13, BFH/NV 2014, 1603.

tungstätigkeit ist somit im Falle der Grundstücksveräußerung im Regelfall keine Geschäftsveräußerung im Ganzen nach § 1 Abs. 1a UStG möglich. Dagegen ist es unschädlich, wenn der Erwerber der bisherige Mieter war, der das Grundstück untervermietet hat und diese Tätigkeit auch nach dem Grundstückserwerbe fortführt, denn die Übernahme der Mietverträge ist nicht erforderlich, sondern nur die Fortführung der Vermietungstätigkeit.[1]

268 Der BFH hat bei der Übertragung eines Grundstücks mit im Zeitpunkt der Übertragung **beendetem Mietvertrag** die Anwendung von § 1 Abs. 1a UStG ausgeschlossen, auch wenn der Erwerber einen neuen Mietvertrag abgeschlossen hat.[2] Aufgrund der fehlenden Vermietung im Übertragungszeitpunkt konnte kein Vermietungsunternehmen übertragen werden. Die unternehmerische Vermietungstätigkeit des Veräußerers war nach den Tatsachenfeststellungen bereits beendet. In einem anderen Fall hat der BFH aber eine Geschäftsveräußerung im Ganzen nach § 1 Abs. 1a UStG festgestellt, da unmittelbar im Anschluss an die Übertragung ein neuer Mietvertrag abgeschlossen wurde.[3] In diesem Fall war das Vermietungsunternehmen nach dem BFH-Urteil noch nicht beendet. Entscheidend für die Übertragung eines Vermietungsunternehmens ist daher, ob die bisherige Vermietungstätigkeit nur vorübergehend unterbrochen wurde (z.B. **Leerstand** mit Vermarktungsaktivitäten) oder beendet ist (keine Vermarktungsaktivitäten bei Leerstand).[4] Somit fällt der Verkauf einer gerade leerstehenden Immobilie, bei der sich der Veräußerer um eine Weitervermietung bemüht hat, unter § 1 Abs. 1a UStG, wenn der Erwerber die Vermietungsabsicht fortsetzt. Für teilvermietete Immobilien hat der BFH eine Geschäftsveräußerung im Ganzen angenommen, wenn die nicht genutzten Flächen zur Vermietung bereitstehen.[5] Bei der kurzfristigen Vermietung z.B. von **Ferienwohnungen** hat der Übergang des Mietvertrags keine Bedeutung, so dass ein „Leerstand" unschädlich ist.[6]

269 Bei der Übertragung von **Miteigentum** an einer vermieteten Immobilie lag nach der früheren Rechtsprechung eine Geschäftsveräußerung i.S.d. § 1 Abs. 1a UStG vor, wenn die Bruchteilsgemeinschaft die Vermietung im Außenverhältnis fortgesetzt hat.[7] Da die Bruchteilsgemeinschaft nach neuster Rechtsprechung des V. Senats kein Unternehmer ist,[8] muss m.E. der Erwerber direkt oder eine Vermietungs-GbR, falls diese durch den gemeinsamen Zweck der Vermietung entsteht, die Vermietungstätigkeit fortführen. Hier ist die weitere Rechtsentwicklung abzuwarten (§ 2 Rz. 13).

270 Bei **Bauträgern** ist eine Grundstücksveräußerung keine Geschäftsveräußerung im Ganzen i.S.d. § 1 Abs. 1a UStG, wenn die Tätigkeit darauf ausgerichtet ist, ein Gebäude herzustellen, damit es nach Fertigstellung gewinnbringend veräußert werden kann.[9] Der Bauträger betreibt kein Vermietungsunternehmen. Vom Erwerber wird keine Bauträgertätigkeit fortgesetzt und ein Vermietungsunternehmen ist einer Bauträgertätigkeit auch nicht hinreichend ähnlich. Vermietet der Bauträger die Immobilie dagegen nachhaltig, dann kann ein Vermietungsunternehmen vorliegen, dass im Rahmen einer Geschäftsveräußerung im Ganzen nach § 1 Abs. 1a UStG übertragen werden kann.[10] Bei der Beurteilung, ob eine Vermietungstätigkeit vorliegt, kommt es nicht auf die sonstigen Tätigkeiten des Bauträgers an, sondern es ist isoliert zu beurteilen, ob (bereits) ein Vermietungsunternehmen entstanden ist.[11] Fraglich ist, ab wann die Vermietung nachhaltig genug ist, damit eine unternehmerische Vermietungstätigkeit vorliegt. Eine allgemeingültige Antwort darauf gibt es nicht. Nach der Rechtsprechung des BFH ist

1 BFH, Urt. v. 24.2.2021 – XI R 8/19, BStBl. II 2022, 34 = UR 2021, 633.
2 BFH, Urt. v. 11.10.2007 – V R 57/06, BStBl. II 2008 = UR 2008, 182.
3 BFH, Urt. v. 6.5.2010 – V R 25/09, BFH/NV 2010, 1873.
4 *Nieskens* in Rau/Dürrwächter, § 1 UStG Rz. 1229 (Stand: August 2023).
5 BFH, Urt. v. 30.4.2009 – V R 4/07, BStBl. II 2009, 863 = UR 2009, 797; Abschn. 1.5 Abs. 2a Satz 1 UStAE.
6 BFH, Urt. v. 5.6.2014 – V R 10/13, BFH/NV 2014, 1600 = DStR 2014, 1823.
7 BFH, Urt. v. 6.9.2007 – V R 41/05, BStBl. II 2008, 65 = UR 2007, 858.
8 BFH, Urt. v. 22.11.2018 – V R 65/17, UR 2019, 179 m. Anm. *Heinrichshofen*.
9 BFH, Urt. v. 25.11.2015 – V R 66/14, BStBl. II 2020, 793 = UR 2016, 232, Rz. 22; BFH, Urt. v. 12.8.2015 – XI R 16/14, BStBl. II 2020, 790 = UR 2016, 98, Rz. 27. So auch bei zwischenzeitlichen Werbeeinnahmen FG Schleswig-Holstein, Urt. v. 2.3.2022 – 4 K 38/19, EFG 2022, 803 (Rev. anhängig BFH XI R 10/22).
10 BFH, Urt. v. 18.9.2008 – V R 21/07, BStBl. II 2009, 254 = UR 2009, 15, Rz. 22; BFH, Urt. v. 28.10.2010 – V R 22/09, BFH/NV 2011, 854, Rz. 24; BFH, Urt. v. 25.11.2015 – V R 66/14, BStBl. II 2020, 793 = UR 2016, 232, Rz. 28.
11 BFH, Urt. v. 25.11.2015 – V R 66/14, BStBl. II 2020, 793 = UR 2016, 232, Rz. 22.

die Vermietungstätigkeit eines Bauträgers von 17 Monaten ausreichend.[1] Nicht ausreichend ist die Vermietungstätigkeit des Bauträgers für einen Monat in Kombination mit der Veräußerung während der Bauphase.[2] Eine Geschäftsveräußerung im Ganzen nach § 1 Abs. 1a UStG liegt auch nicht vor, wenn der Grundstücksverkäufer sich im notariellen Kaufvertrag zur Bebauung verpflichtet hat und ein Mietvertrag über das noch zu errichtende Gebäude abgeschlossen wird.[3]

Da bei Grundstücksgeschäften eine nachträgliche Option zur Steuerpflicht nach § 9 Abs. 1 UStG nicht möglich ist (§ 9 Rz. 78 ff.), muss diese vorsichtshalber schon im notariellen Kaufvertrag getroffen werden, falls eine nach § 4 Nr. 9 Buchst. a UStG steuerfreie Grundstücksveräußerung verhindert werden soll.[4] Wichtig ist hierbei die Rechtsprechung des XI. Senats des BFH zu beachten, nach der eine wirksame Option zur Steuerpflicht ausschließlich im notariellen Kaufvertrag getroffen werden kann.[5] Eine nachträgliche Option ist nicht möglich.[6] Allerdings kann eine einmal erklärte Option später widerrufen werden.[7] 271

c) Beteiligungsveräußerung

Die Einordnung einer Beteiligungsübertragung als Geschäftsveräußerung im Ganzen nach § 1 Abs. 1a UStG ist wichtig, weil sie grundsätzlich nach § 4 Nr. 8 Buchst. f UStG steuerfrei ist und den Vorsteuerabzug bezüglich der Veräußerungskosten (z.B. Berater, Notar) nach § 15 Abs. 2 UStG ausschließt. Eine Option zur Umsatzsteuerpflicht nach § 9 Abs. 1 UStG ist zwar möglich, aber nicht verbreitet. 272

Das Problem stellt sich nicht bei der Veräußerung von Beteiligungen, die nicht unternehmerisch gehalten werden. Diese Veräußerungen sind bereits mangels Zuordnung zu einem Unternehmen nicht steuerbar und ermöglichen dementsprechend auch keinen Vorsteuerabzug. 273

Die **bloße Übertragung von Gesellschaftsanteilen** („Share deal") ist nach dem gegenwärtigen Stand der Rechtsprechung unabhängig von der Beteiligungshöhe **grundsätzlich keine Geschäftsveräußerung im Ganzen** nach § 1 Abs. 1a UStG.[8] Hintergrund ist, dass die Anteilseigner rechtlich betrachtet nicht Inhaber einzelner Vermögenswerte der Gesellschaft sind.[9] 274

Eine **Gesellschaftsbeteiligung** kann allerdings **in bestimmten Fällen** unabhängig von der Beteiligungshöhe als Teil eines Unternehmens oder eines gesondert geführten Betriebs im Rahmen einer **Geschäftsveräußerung im Ganzen** nach § 1 Abs. 1a UStG übertragen werden.[10] Dies ist z.B. der Fall, wenn eine Beteiligung als Teil des Anlagevermögens eines (größeren) Unternehmens übertragen wird.[11] Im Ergebnis kann die Beteiligung als Wirtschaftsgut im Rahmen eines Asset-Deals übertragen werden. Dies gilt für Beteiligungen, an denen der Erwerber als sog. Führungsholding beteiligt ist, mit denen er also in einem Leistungsaustauschverhältnis steht.[12] Das gilt m.E. auch für strategische Betei- 275

1 BFH, Urt. v. 25.11.2015 – V R 66/14, BStBl. II 2020, 793 = UR 2016, 232, Rz. 28.
2 BFH, Urt. v. 24.2.2005 – V R 45/02, BStBl. II 2007, 61 = UR 2005, 547.
3 BFH, Urt. v. 18.9.2008 – V R 21/07, BStBl. II 2009, 254 = UR 2009, 15.
4 Zur Ausübung einer Option bei angenommener Geschäftsveräußerung im Ganzen BMF, Schr. v. 23.10.2013 – IV D 3-S 7198/12/10002, BStBl. I 2013, 1304 = UR 2013, 881 sowie OFD Niedersachen, Vfg. v. 14.1.2014 – S 4521-276-St 262, juris.
5 BFH, Urt. v. 21.10.2015 – XI R 40/13, BStBl. II 2017, 852 = UR 2016, 107.
6 Kritisch hierzu *Prätzler*, MwStR 2017, 740 ff.
7 BFH, Beschl. v. 2.7.2021 – XI R 22/19, UR 2021, 899.
8 EuGH, Urt. v. 30.5.2013 – C-651/11, ECLI:EU:C:2013:346 – X BV, UR 2013, 582 m. Anm. *Marchal*; Abschn. 1.5 Abs. 9 UStAE; noch offengelassen in EuGH, Urt. v. 29.10.2009 – C-29/08, ECLI:EU:C:2009:665 – SKF, UR 2010, 107, Rz. 38; wohl überholt: BFH, Urt. v. 27.1.2011 – V R 38/09, BStBl. II 2012, 68 = UR 2011, 307; dazu *Oelmaier* in Sölch/Ringleb, § 1 UStG Rz. 188 (Stand: Oktober 2021); *Peltner* in Weymüller², § 1 UStG Rz. 190.
9 So aber die frühere Rechtsprechung und Finanzverwaltungsauffassung (bis 2012). EuGH, Urt. v. 29.10.2009 – C-29/08, ECLI:EU:C:2009:665 – SKF, UR 2010, 107, Rz. 33; BFH, Urt. v. 27.1.2011 – V R 38/09, BStBl. II 2012, 68 = UR 2011, 307; Abschn. 1.5 Abs. 6 Satz 4 UStAE a.F., geändert durch BMF, Schr. v. 3.1.2012 – IV D 2-S 7100-b/11/10001-2011/1037205, BStBl. I 2012, 76 = UR 2012, 287.
10 EuGH, Urt. v. 30.5.2013 – C-651/11, ECLI:EU:C:2013:346 – X BV, UR 2013, 582 m. Anm. *Marchal*; Abschn. 1.5 Abs. 9 Satz 1 UStAE; ausführlich zum Urteil *Monfort/Prätzler*, UR 2013, 618.
11 *Jansen*, UStB 2015, 224 (229); *Feil/Polok*, UR 2016, 954 (955).
12 EuGH, Urt. v. 30.5.2013 – C-651/11, ECLI:EU:C:2013:346 – X BV, UR 2013, 582 m. Anm. *Marchal*.

ligungen, mit denen kein Leistungsaustausch stattfindet, die aber wegen ihrer Funktion dem unternehmerischen Bereich zuzurechnen sind.[1] Die Übertragung von nicht unternehmerisch gehaltenen Beteiligungen ist bereits wegen der fehlenden Unternehmenszuordnung nicht steuerbar.

276 Bei einer **Führungsholding** ist nach Äußerungen im Schrifttum die Übertragung von Beteiligungen als Geschäftsveräußerung im Ganzen dann möglich, wenn das Managementunternehmen der Holding mitveräußert wird.[2] Je nach Sachverhaltslage kann es nach dieser Auffassung schon ausreichen, wenn die Dienstleistungsverträge, die mit der übertragenen Beteiligung bestehen, mitveräußert werden. Dann wird ein Beteiligungs- oder ein Managementunternehmen übertragen, zu dem die Beteiligung als Asset gehört.[3] Diese Ansicht steht laut *Nieskens* nicht im Einklang mit der EuGH-Rechtsprechung.[4] Der EuGH hat nach seiner Auffassung bei der Übertragung einer Managementtätigkeit das Halten der Beteiligung als eigene Tätigkeit eingestuft und die Geschäftsveräußerung im Ganzen nicht auf die Übertragung der zur Managementtätigkeit gehörenden Beteiligung ausgeweitet.[5] M.E. kommt es letztlich auf den Einzelfall an. Nur wenn das Führungsholdingunternehmen mit allen Assets veräußert wird, kann m.E. eine Geschäftsveräußerung im Ganzen anzunehmen sein. Dies wird in den wenigsten Fällen geschehen, da die Erwerber oftmals das bisherige Beteiligungsmanagement nicht übernehmen möchten.

277 Eine besondere Sichtweise ist nach dem BFH geboten, wenn die veräußerte Beteiligung eine Organgesellschaft war und vom Erwerber wieder als **Organgesellschaft** eingegliedert wird. In diesem Fall ist die Beteiligung wie ein Teilvermögen zu betrachten und der BFH geht grundsätzlich von einer Geschäftsveräußerung im Ganzen aus.[6]

d) Eine Person als Veräußerer

278 Veräußerer darf für die Annahme einer Geschäftsveräußerung im Ganzen nach § 1 Abs. 1a UStG **nur eine Person** sein.[7] Somit können nicht mehrere Personen ein Unternehmen im Rahmen einer Geschäftsveräußerung im Ganzen veräußern. Auch hier erfüllt der Zusammenschluss in einer umsatzsteuerrechtlichen Organschaft das Tatbestandsmerkmal „ein Unternehmer". Falls aus einem Organkreis übertragen wird, ist der Organträger der Veräußerer.

279 Bei **Übertragungen innerhalb eines Organkreises** liegt keine Geschäftsveräußerung im Ganzen vor, da kein unterschiedlicher Erwerber und Veräußerer vorhanden sind. Da der Vorgang aufgrund der Wirkung der umsatzsteuerrechtlichen Organschaft ohnehin nicht steuerbar ist, hat dies keine negativen Auswirkungen. Die Begründung und Beendigung einer Organschaft sind keine Geschäftsveräußerung im Ganzen.[8]

280 Der **Veräußerer muss Unternehmer** i.S.d. § 2 Abs. 1 UStG sein. Falls der Veräußerer kein Unternehmer ist, der im Rahmen seines Unternehmens handelt, dann ist die Übertragung schon deshalb kein steuerbarer Umsatz nach § 1 Abs. 1 UStG.

1 So auch *Jansen* in Birkenfeld/Wäger, Umsatzsteuer-Handbuch, Abschn. I Kap. 1 D – § 1 Abs. 1a UStG Rz. 372 f. (Stand: Oktober 2023).

2 *Englisch/Friedrich-Vache*, IFSt-Schrift 477 (2011), 29; *Monfort/Prätzler*, UR 2013, 618 (619).

3 *Oelmaier* in Sölch/Ringleb, § 2 UStG Rz. 188 (Stand: Oktober 2021); *Englisch/Friedrich-Vache*, IFSt-Schrift 477 (2011), 29; *Marchal*, UR 2013, 582 (588).

4 *Nieskens* in Rau/Dürrwächter, § 1 UStG Rz. 1238.3 (Stand: August 2023); so auch *Lang-Horgan*, MwStR 2014, 458 (461).

5 *Nieskens* in Rau/Dürrwächter, § 1 UStG Rz. 1237.1 (Stand: August 2023); unter Verweis auf EuGH, Urt. v. 30.5.2013 – C-651/11, ECLI:EU:C:2013:346 – X BV, UR 2013, 582 m. Anm. *Marchal*, Rz. 53.

6 BFH, Urt. v. 3.12.2015 – V R 36/13, BStBl. II 2017, 563 = UR 2016, 204; BFH, Urt. v. 18.9.2019 – XI R 33/18, BStBl. II 2021, 243 = UR 2020, 183 m. Anm. *Jacobs*, Rz. 42.

7 EuGH, Urt. v. 30.5.2013 – C-651/11, ECLI:EU:C:2013:346 – X BV, UR 2013, 582 m. Anm. *Marchal*, Rz. 46; BFH, Beschl. v. 14.9.2004 – V B 17/04, BFH/NV 2005, 83.

8 *Jansen* in Birkenfeld/Wäger, Umsatzsteuer-Handbuch, Abschn. I Kap. 1 D – § 1 Abs. 1a UStG, Rz. 80 (Stand: Oktober 2023).

Kleinunternehmer i.S.d. § 19 UStG und Unternehmer, die einem besonderen Steuersatz unterliegen (Durchschnittssatzbesteuerung, Differenzbesteuerung), sind Unternehmer nach § 2 Abs. 1 UStG und können daher Veräußerer im Rahmen einer Geschäftsveräußerung im Ganzen sein.[1] 281

2. Entgeltliche oder unentgeltliche Übereignung oder Einbringung

Der vom Gesetz verwendete Begriff der **Übereignung** ist unpräzise. In Art. 19 MwStSystRL ist von der Übertragung eines Vermögens oder Teilvermögens die Rede. M.E. ist es sachgerecht, auf die Definition der Lieferung/der sonstigen Leistungen abzustellen, da diese Leistungen gerade als nicht steuerbar behandelt werden sollen.[2] 282

Die Geschäftsveräußerung im Ganzen kommt nach § 1 Abs. 1a Satz 2 UStG bei **Unternehmenskaufverträgen** sowie auch in **Umwandlungsfällen** und **Realteilungen** und **Anwachsungen** (soweit nach § 1 Abs. 1 Nr. 1 UStG steuerbar, dazu Rz. 188 ff.) zur Anwendung. So ist die **Einbringung** eines Unternehmens im Ganzen **in eine Personen- oder Kapitalgesellschaft** eine Geschäftsveräußerung im Ganzen.[3] Ebenso ist § 1 Abs. 1a UStG bei der **Verschmelzung, Spaltung** oder **Vermögensübertragung** gemäß §§ 174, 175 UmwG anwendbar.[4] 283

Bei einer bloßen **Sicherungsübereignung** liegt keine Übertragung vor, da der Erwerber keine Verfügungsgewalt erhält.[5] 284

Auch eine **Zwangsversteigerung** ist nach einer Äußerung im Schrifttum keine Übertragung, da kein Rechtsgeschäft vorliegt.[6] Das ist m.E. nicht zwingend, denn das Bestehen eines Rechtsgeschäfts ist kein gesetzliches Tatbestandsmerkmal bei einer „Übereignung" oder „Übertragung". Zudem tritt ein Erwerber, z.B. auch bei einer Zwangsvollstreckung in vermietete Grundstücke, grundsätzlich in bestehende Mietverhältnisse ein (§ 57 ZVG i.V.m. § 566 BGB), auch wenn ein Sonderkündigungsrecht besteht.[7] 285

Die Einbeziehung **unentgeltlicher Übertragungsvorgänge** stellt sicher, dass z.B. die Betriebsübertragungen im Rahmen von § 6 Abs. 3 EStG nach § 1 Abs. 1a UStG nicht steuerbar sind. Das verhindert eine Besteuerung unentgeltlicher Wertabgaben, bei denen Umsatzsteuer anfällt, ohne dass dem Erwerber ein Vorsteuerabzug zusteht. Falls ein Gegenstand ausreicht, um das Unternehmen fortzuführen (z.B. in Verbindung mit der Überlassung weiterer wesentlicher Betriebsgrundlagen), dann kommt die Geschäftsveräußerung im Ganzen auch im Rahmen von § 6 Abs. 5 EStG im Einzelfall zur Anwendung. Auch im Falle einer Realteilung nach § 16 Abs. 3 EStG kommt es im Einzelfall bei Unternehmensfortführung zu einer Geschäftsveräußerung im Ganzen.[8] 286

Es liegt noch keine höchstrichterliche Rechtsprechung dazu vor, wie ein **negativer Kaufpreis** für ein Unternehmen zu beurteilen ist. Eine solche Situation kann entstehen, wenn ein negativ bewertetes Unternehmen nach Auffassung des Veräußerers und des Erwerbers nicht liquidiert werden kann oder soll und sich der Erwerber mit Blick auf den mit der Fortführung verbundenen Aufwand einen negativen Kaufpreis ausbedingt. Hier kommt je nach Lage des Einzelfalls zunächst in Betracht, aufgrund des negativen Kaufpreises eine Leistung des Erwerbers an den Veräußerer zu prüfen. Es wird aber auch Fälle von Unternehmen geben, bei denen die Übernahme keine besondere Leistung an den Veräußerer darstellt, sondern lediglich den negativen Ertragswert reflektiert, z.B. wenn der Erwerber selbst aus strategischen Gründen am Erwerb interessiert ist.[9] Nach der FG-Rechtsprechung soll ein Betriebskostenzuschuss zur Fortführung eines defizitären Schwimmbads als Teil der Geschäftsveräußerung im 287

1 *Jansen* in Birkenfeld/Wäger, Umsatzsteuer-Handbuch, Abschn. I Kap. 1 D – § 1 Abs. 1a UStG Rz. 77 f. (Stand: Oktober 2023).
2 Ähnlich *Nieskens* in Rau/Dürrwächter, § 1 UStG Rz. 1249 (Stand: August 2023).
3 *Nieskens* in Rau/Dürrwächter, § 1 UStG Rz. 1253 (Stand: August 2023).
4 *Nieskens* in Rau/Dürrwächter, § 1 UStG Rz. 982 ff. (Stand: August 2023).
5 Ähnlich *Nieskens* in Rau/Dürrwächter, § 1 UStG Rz. 1249 (Stand: August 2023).
6 *Nieskens* in Rau/Dürrwächter, § 1 UStG Rz. 1249 (Stand: August 2023).
7 So i.E. auch *Jansen* in Birkenfeld/Wäger, Umsatzsteuer-Handbuch, Abschn. I Kap. 1 D – § 1 Abs. 1a UStG, Rz. 232 f. (Stand: Oktober 2023).
8 *Stenert*, MwStR 2018, 765 (768 f.).
9 So auch *Jansen* in Birkenfeld/Wäger, Umsatzsteuer-Handbuch, Abschn. I Kap. 1 D – § 1 Abs. 1a UStG Rz. 139 (Stand: Oktober 2023).

Ganzen anzusehen sein.[1] M.E. ist diese Ansicht zweifelhaft, denn § 1 Abs. 1a UStG ist nur auf die vom Veräußerer bewirkten Leistungen bezogen, nicht auf etwaige Gegenleistungen des Erwerbs, die nicht in Geld bestehen. Diese sind für sich zu beurteilen.

III. Folgen für den Erwerber (Absatz 1a Satz 3)

1. Einzelrechtsnachfolge für die Zwecke der Umsatzsteuer

288 Der Erwerber des Unternehmens oder gesondert geführten Betriebs tritt nach § 1 Abs. 1a Satz 3 UStG an die Stelle des Veräußerers. Es kommt zur einer **objektbezogenen Einzelrechtsnachfolge** für die Zwecke der Umsatzsteuer.[2] Art. 19 MwStSystRL verwendet, anders als § 1 Abs. 1a Satz 3 UStG, den Begriff der Rechtsnachfolge. Der Erwerber übernimmt alle Umstände des Veräußerers die (in Zukunft) eine steuerschuldbegründende oder -ausschließende Wirkung haben können.[3]

289 Die **Umsatzsteuerschulden** des Veräußerers gehen durch § 1 Abs. 1a Satz 3 UStG nicht auf den Erwerber über.[4] Der Veräußerer ist auch noch verpflichtet, die zuletzt von ihm ausgeführten Umsätze zu beurteilen und entsprechend in der Umsatzsteuervoranmeldung und -jahreserklärung zu erklären. Dies muss auch gelten, wenn die Rechnungsstellung erst nach der Geschäftsveräußerung im Ganzen erfolgt. Dementsprechend steht dem Veräußerer auch noch der Vorsteuerabzug aus Leistungen zu, die er vor der Übertragung bezogen hat, für die er aber z.B. noch keine Rechnung vorliegen hatte.[5] Ebenso sind steuerliche Außenprüfungen für Veranlagungszeiträume bis zur Veräußerung beim Veräußerer durchzuführen.

290 Eine **Haftung des Erwerbers** für Umsatzsteuerschulden des Veräußerers ist aber unter den Voraussetzungen des § 75 AO möglich. Somit ist die Haftung auf Steuerschulden begrenzt, die seit dem Kalenderjahr vor Übertragung entstanden sind und bis zum Ablauf eines Jahres nach Übertragung festgesetzt oder angemeldet wurden. Die Haftung ist nach § 75 Abs. 1 Satz 2 AO auf das übernommene Vermögen beschränkt. Wird das Unternehmen innerhalb des Haftungszeitraums mehrfach übertragen, dann ist auch eine Haftung für den Rechtsvorgänger des Veräußerers möglich. Schuldet der Veräußerer die Umsatzsteuer für eine Geschäftsveräußerung im Ganzen nach § 14c Abs. 1 UStG und hat dieser weder die Rechnung berichtigt noch die Umsatzsteuer bezahlt, dann haftet der Erwerber nach § 75 AO.[6] Eine Haftung für Umsatzsteuerschulden des Veräußerers kann sich bei Firmenfortführung auch aus § 25 HGB ergeben. Soll dieses Risiko nicht mit übernommen werden, sind vertragliche Ausgleichsklauseln notwendig.

2. Folgewirkungen

291 Nach **§ 15a Abs. 10 UStG** wird der **Vorsteuerberichtigungszeitraum** durch eine Geschäftsveräußerung im Ganzen **nicht unterbrochen** (§ 15a Rz. 199 ff.). Vorsteuerkorrekturen nach § 15a UStG, die nach dem Übertragungszeitpunkt ausgelöst werden, führen zu einer Vorsteuerkorrektur beim Erwerber. Dies gilt auch, wenn die Verwendungsänderung bereits durch den Veräußerer ausgelöst wurde. Der Erwerber hat die Vorsteuerkorrektur bis zum Ende des Berichtigungszeitraums nach § 15a UStG durchzuführen. Damit dies möglich ist, muss der Veräußerer dem Erwerber nach § 15a Abs. 10 Satz 2 UStG die hierfür notwendigen Informationen zur Verfügung stellen. Dementsprechend übermittelt die FinVerw. die Überwachungsdokumente bzgl. § 15a UStG des Veräußerers in die Akte des Erwer-

1 FG Hessen, Urt. v. 9.3.2020 – 1 K 1575/18, EFG 2020,1358 (Rev. anhängig BFH V R 41/21).
2 *Nieskens* in Rau/Dürrwächter, § 1 UStG Rz. 1351 (Stand: August 2023).
3 *Oelmaier* in Sölch/Ringleb, § 1 UStG Rz. 198 (Stand: Oktober 2021).
4 BFH, Beschl. v. 7.12.2021 – XI B 11/21, BFH/NV 2022, 355; *Nieskens* in Rau/Dürrwächter, § 1 UStG Rz. 1352 (Stand: August 2023); *Lippross*, Umsatzsteuer[25], S. 438; FG Rheinland-Pfalz, Urt. v. 27.11.2008 – 6 K 2159/06, EFG 2009, 295 (rkr.); **a.A.** *Oelmaier* in Sölch/Ringleb, § 1 UStG Rz. 198 (Stand: Oktober 2021) der von einem Eintritt ins Steuerschuldverhältnis spricht.
5 Dazu auch *Jansen* in Birkenfeld/Wäger, Umsatzsteuer-Handbuch, Abschn. I Kap. 1 D – § 1 Abs. 1a UStG Rz. 161 ff. (Stand: Oktober 2023).
6 OFD Nds., Vfg. v. 6.11.2015 – S 7100b-1-St 171, UR 2016, 293, Rz. 6.

bers.[1] Den Vorsteuerabzug für vor der Geschäftsveräußerung im Ganzen bezogene Leistungen nimmt der Veräußerer anhand seiner Verwendungsumsätze in Anspruch.

Fraglich ist indessen, wie mit **Änderungen der Bemessungsgrundlage gemäß § 17 UStG** zu verfahren ist (§ 17 Rz. 47). Teilweise wird unter Verweis auf die Rechtsprechung zur Beendigung von Organschaften vertreten, dass infolge der Einzelrechtsnachfolge Berichtigungen gemäß § 17 UStG vom Erwerber durchzuführen sind.[2] Dagegen wird m.E. zutreffend eingewandt, dass dem Veräußerer der ursprüngliche Vorsteuerabzug zugestanden hat bzw. dieser zur Abführung der Umsatzsteuer verpflichtet war, so dass dieser auch von den Berichtigungen betroffen sein muss.[3] 292

Sofern bei einem Unternehmenskauf – unüblicherweise – überhaupt Forderungen übertragen werden, ist zu beachten, dass der Erwerber nach § 13c UStG für die ausgefallene Umsatzsteuer haftet (§ 13c Rz. 1 ff.). 293

Fraglich ist die **Auswirkung von bereits vom Veräußerer ausgeübten Wahlrechte und Optionen** mit besonderen Bindungsfristen (§ 19 Abs. 2, § 23 Abs. 3, § 23a Abs. 3 und § 24 Abs. 4 UStG). Nur § 24 Abs. 4 UStG enthält eine Aussage zur Bindungswirkung im Zusammenhang mit einer Geschäftsveräußerung im Ganzen (§ 24 Rz. 111). In der Literatur wird daraus abgeleitet, dass keine Bindungswirkung an die Erklärung des Veräußerers besteht.[4] Die FinVerw. vertritt zumindest für § 19 Abs. 2 UStG eine gegenteilige Auffassung.[5] Da § 9 UStG eine auf den einzelnen Umsatz bezogene Option ist, kann der Erwerber nur für seine Transaktionen optieren, aber nicht mehr die vom Veräußerer vorgenommenen Optionen ändern.[6] 294

Ein **rückwirkender Wechsel** von der Istbesteuerung zur Regelbesteuerung für vom Veräußerer vor dem Übertragungsstichtag bewirkte Leistungen ist für den Erwerber nicht möglich.[7] Es gibt keinen Übergang des Wahlrechts der Besteuerungsart auf den Erwerber.[8] Die Umsatzsteuer entsteht demzufolge erst später mit Zahlungseingang beim Erwerber. 295

Nach § 3b Abs. 1 Satz 2 UStG ist für entnommene Gegenstände eine Vorsteuerkorrektur durchzuführen, soweit diese zum Vorsteuerabzug berechtigt haben (§ 3b Rz. 14 ff.). Aufgrund der objektbezogenen Einzelrechtsnachfolge nach § 1 Abs. 1a Satz 3 UStG ist dabei auf den Vorsteuerabzug des Veräußerers abzustellen.[9] Erfüllt die Vorlieferung die Voraussetzungen des § 25a Abs. 1 Nr. 2 UStG, dann unterliegt die Lieferung dieser Gegenstände durch den Erwerber der Differenzbesteuerung (§ 25a Rz. 14 ff.).[10] 296

E. Gebietsdefinition

I. Abgrenzung von Inland und Ausland (Absatz 2)

1. Inlandsbegriff (Absatz 2 Satz 1)

Für die Erfüllung des Umsatzsteuertatbestands gemäß § 1 Abs. 1 Nr. 1 Satz 1, Nr. 4 und 5 UStG kommt es darauf an, ob der Umsatz im Inland stattgefunden hat oder nicht. Der Inlandsbegriff um- 297

1 OFD Nds., Vfg. v. 6.11.2015 – S 7100b-1-St 171, UR 2016, 293.

2 *Nieskens* in Rau/Dürrwächter, § 1 UStG Rz. 1353 (Stand: August 2023); *Koisiak* in eKomm, § 1 UStG Rz. 72 (Stand: Januar 2021); so der BFH bei Änderung der Bemessungsgrundlage nach Beendigung einer umsatzsteuerlichen Organschaft BFH, Urt. v. 7.12.2006 – V R 2/05, BStBl. II 2007, 848 = UR 2007, 227.

3 *Stadie* in Rau/Dürrwächter, § 2 UStG Rz. 763 (Stand: Oktober 2023); *Lippross*, Umsatzsteuer[25], S. 439; so wohl auch OFD Magdeburg, Vfg. v. 27.11.2013 – S 7345-2-St 243, MwStR 2014, 177, Rz. 4.3.2 a.E.

4 *Wagner/Gallert*, DStR 2010, 2017; *Koisiak* in eKomm, § 1 UStG Rz. 72 (Stand: Januar 2021); *Nieskens* in Rau/Dürrwächter, § 1 UStG Rz. 1356 (Stand: August 2023).

5 OFD Frankfurt a.M, Vfg. v. 5.1.2005 – S 7100b A-1-St I 1.10, UVR 2005, 222; OFD Hannover, Vfg. v. 31.5.2006 – S 7100 b-1-StO 171, UR 2006, 606.

6 *Nieskens* in Rau/Dürrwächter, § 1 UStG Rz. 1356 (Stand: August 2023).

7 FG Berlin-Brandenburg, Urt. v. 13.4.2016 – 7 K 7105/14 (rkr.), EFG 2016, 1030 m. Anm. *Schumann*.

8 FG Berlin-Brandenburg, Urt. v. 13.4.2016 – 7 K 7105/14 (rkr.), EFG 2016, 1030 m. Anm. *Schumann*, Rz. 24.

9 EuGH, Urt. v. 22.2.2001 – C-408/98, ECLI:EU:C:2001:110 – Abbey National, UR 2001, 164 m. Anm. *Wäger*.

10 OFD Karlsruhe/Stuttgart, Vfg. v. 25.8.2003 – S 7421, UR 2004, 47.

fasst das Staatsgebiet der **Bundesrepublik Deutschland** gemäß Art. 52 EUV bzw. Art. 23 GG. Ausgenommen sind jedoch

- das von der Schweiz umgebene Gebiet der Gemeinde **Büsingen** am Hochrhein,[1]
- die aus historischen Gründen nicht zum Zollgebiet der Union gehörende Insel **Helgoland**[2] (Art. 4 Abs. 1 UZK),
- die **Freihäfen** gemäß Art. 243 ff. UZK (zurzeit noch in Bremerhaven und Cuxhaven), vgl. auch Rz. 311.1,[3]
- die Gewässer und Watten zwischen der Hoheitsgrenze (12 Seemeilengrenze) und der jeweiligen **Strandlinie**[4] sowie
- deutsche Schiffe und deutsche Luftfahrzeuge, die sich in Gebieten, die zu keinem Zollgebiet gehören, befinden.[5]

298 Die nord- und ostfriesischen Wattenmeere gehören folglich zum Inland.[6] Nach der EuGH-Rechtsprechung ist die Lieferung eines Kabels zwischen der **Hoheitsgrenze (12-Seemeilengrenze)** und der jeweiligen Strandlinie steuerpflichtig.[7]

299 Eine Besonderheit ist, dass nach dem **Unionsrecht** auch die Freihäfen sowie die Gewässer und Watten zwischen der Hoheitsgrenze und der jeweiligen Strandlinie zum Inlandsgebiet gehören.[8] Der abweichende Inlandsbegriff geht indessen auf eine Protokollerklärung zu Art. 16 der 6. EG-Richtlinie zurück.[9] Durch § 1 Abs. 3 UStG stellt der Gesetzgeber jedoch sicher, dass der Letztverbrauch auch in diesen Gebieten besteuert wird.[10] Vor dem Hintergrund, dass Art. 155 MwStSystRL abweichend von Art. 16 der 6. EG-Richtlinie inzwischen von einer Befreiung spricht, hinterfragen Stimmen in der Literatur, ob die Definition des Auslandsbegriffs richtlinienkonform umgesetzt wurde.[11] Diese Frage kann z.B. Auswirkungen auf das Bestehen von Organschaften haben, die nur im Inland wirken.[12]

300 Bei **Grenzflüssen** ist regelmäßig die Mitte des Stromlaufs die Grenze;[13] d.h. die Grenzflüsse wie z.B. Rhein, Donau, Elbe, Neiße und Oder gehören bis zur Grenzlinie zum Inland. Bei grenzüberschreitenden Beförderungen im Fährverkehr über den Rhein, die Donau, die Elbe, die Neiße und die Oder sind gemäß § 7 Abs. 5 UStDV die inländischen Streckenanteile jedoch ausländische Beförderungsstrecken. Die deutsch-luxemburgischen Grenzflüsse Mosel, Sauer und Our sind gemeinschaftliches Hoheitsgebiet beider Staaten,[14] allerdings sind in diesen Gebieten ausgeführte Leistungen nach bisheriger Auffassung der FinVerw. nicht steuerbar.[15] Nach der Rechtsprechung des EuGH muss in diesem Fall je-

---

1 Wegen der Einzelheiten vgl. die Bekanntmachung über das Inkrafttreten des Vertrages zwischen der Bundesrepublik Deutschland und der Schweizer Eidgenossenschaft über die Einbeziehung der Gemeinde Büsingen am Hochrhein in das schweizerische Zollgebiet v. 23.11.1964, BGBl. II 1967, 2336.

2 Dazu auch das Gesetz, betreffend die Vereinigung von Helgoland mit dem Deutschen Reich v. 15.12.1890, RGBl. 1890, 207.

3 Abschn. 1.9 Abs. 1 Satz 2 UStAE; die Freihäfen Bremen, Deggendorf, Duisburg, Emden, Hamburg und Kiel fallen nicht mehr hierunter; siehe auch: *Raudszus/Wagner*, UStB 2012, 319; *Salder*, DStR 2012, 2422. Mit dem JStG 2020 erfolgte eine redaktionelle Anpassung, vor dem Verweis auf Art. 243 UZK wurde auf Kontrollzonen des Types I nach dem Zollverwaltungsgesetz verwiesen, dazu BT-Drucks. 19/22850, 117.

4 Siehe Abschn. 1.9 Abs. 3 UStAE; siehe auch: *Schlienkamp*, UR 1995, 1.

5 Siehe allgemein: *Lange*, DStZ 1994, 301.

6 *Benda*, DStZ/A 1962, 176.

7 EuGH, Urt. v. 29.3.2007 – C-111/05, ECLI:EU:C:2007:195 – Aktiebolaget NN, UR 2007, 420.

8 BFH, Urt. v. 22.2.2017 – XI R 13/15, BFH/NV 2017, 1001 = UR 2017, 464, Rz. 26.

9 *Schlienkamp*, UR 1992, 157; *Nieskens*, BB 1994, 256; *Lange*, DStZ 1996, 133; *Birkenfeld*, DStZ 1996, 193; *Moog/Schweizer*, UR 2011, 881.

10 *Salder* in Hartmann/Metzenmacher, § 1 Abs. 2 UStG Rz. 14 (Stand: März 2019).

11 *Oelmaier* in Sölch/Ringleb, § 1 UStG Rz. 2 (Stand: Oktober 2021).

12 BFH, Urt. v. 22.2.2017 – XI R 13/15, BFH/NV 2017, 1001 = UR 2017, 464, Rz. 40.

13 Übersicht der Verträge zwischen der Bundesrepublik Deutschland und den Nachbarstaaten: *Radeisen* in Schwarz/Widmann/Radeisen, § 1 UStG Rz. 486 (Stand: Oktober 2023).

14 Gesetz zu dem Vertrag vom 19.12.1984 zwischen der Bundesrepublik Deutschland und dem Großherzogtum Luxemburg über den Verlauf der gemeinsamen Staatsgrenze v. 14.4.1988, BGBl. II 1988, 414; siehe auch: *Wachweger*, DStZ/A 1961, 321.

15 Bdf, Erlass v. 1.8.1961, UR 1961, 136.

doch eine Besteuerung erfolgen, wobei sich die Mitgliedstaaten auf eine Vermeidung der Doppelbesteuerung verständigen können.[1]

Der Grenzverlauf des **Bodensees** ist ungeklärt.[2] Früher wurde vertreten, dass zum umsatzsteuerrechtlichen Inland jeder Punkt des Sees gehört, der dem deutschen Staatsgebiet näher liegt als dem fremdem Staatsgebiet.[3] Das FG Baden-Württemberg ist dagegen der Auffassung, dass Lieferungen auf dem Bodensee, die diesseits der in der Mitte des Sees verlaufenden Grenzlinie ausgeführt werden, in Deutschland der Umsatzsteuer unterliegen.[4] Der BFH geht davon aus, dass eine Besteuerung erfolgen könne.[5] Die FinVerw. beanstandet nicht, wenn Personenbeförderungen auf dem Bodensee als steuerfrei behandelt werden.[6] Durch die Neuregelung des Orts für während einer Beförderung an Bord eines Schiffs erbrachten Leistung ab 1.1.1994 hat die Rechtsfrage jedoch teilweise an Bedeutung verloren (§ 3e Rz. 1 ff.).[7] 301

Der **Luftraum** über der Bundesrepublik Deutschland ist ebenfalls umsatzsteuerliches Inland (bis zur mit konventionellen Flugzeugen erreichbaren Flughöhe).[8] Die Umsatzsteuer für umsatzsteuerbare (§ 3b UStG) und nicht gemäß § 4 Nr. 2 i.V.m. § 8 UStG steuerbefreite Umsätze kann jedoch gemäß § 26 Abs. 3 UStG erlassen werden (grenzüberschreitender Luftverkehr, s. § 26 Rz. 20 ff.).[9] 302

Irrelevant ist, ob ein **Luftfahrzeug** oder **Schiff** in Deutschland registriert ist. Trotz der Bestimmung, dass es sich bei Luftfahrzeugen oder Schiffen nicht um Inland handelt, kommt oftmals eine Besteuerung über § 3e UStG in Betracht (§ 3e Rz. 1 ff.).[10] 303

Botschaften, Gesandtschaften und **Konsulate** gehören selbst dann zum umsatzsteuerrechtlichen Inland, wenn diese völkerrechtlich Ausland sind.[11] Das Gleiche gilt für Einrichtungen, die Truppen anderer Staaten im Inland unterhalten (**Kasernen, Truppenübungsplätze, Flugplätze**, etc.).[12] Insofern sind aber die Sonderregelungen gemäß § 26 Abs. 5 UStG zu beachten (§ 26 Rz. 53 ff.). 304

Ebenfalls gehören **Transitbereiche** deutscher Flughäfen zum Inland.[13] Können daher über Umsätze in **Duty-free-Shops** keine Ausfuhrbelege vorgelegt werden, liegen umsatzsteuerpflichtige Lieferungen vor.[14] In diesem Zusammenhang ist auf die neue Wertgrenze gemäß § 6 Abs. 3a Nr. 3 UStG für Ausfuhrlieferungen im nichtkommerziellen Reiseverkehr ab 1.1.2020 hinzuweisen (§ 6 Rz. 112 ff.). 305

Auch **Zollager** gehören zum Inland.[15] Vergleiche zu **Umsatzsteuerlagern** auch die Regelung in § 4 Nr. 4a Satz 4 UStG (§ 4 Nr. 4a Rz. 1 ff.). 306

Nach § 21 Abs. 2a UStG gelten Abfertigungsplätze im Ausland als Inland (§ 21 Rz. 122 ff.). 307

---

1 EuGH, Urt. v. 1.8.2022 – C-294/21, ECLI:EU:C:2022:608 – Navitours, UR 2022, 877.
2 BFH, Urt. v. 29.8.2002 – V R 30/01, BStBl. II 2003, 441 = UR 2003, 243; BMF, Schr. v. 27.6.1984 – IV A 3-S 7118-17/84, UR 1984, 196; siehe Bericht in DB 1991, 208; siehe auch: *Kurz*, DStR 1975, 461; *Felix*, StVj 1989, 288; *Allgaier*, UVR 1991, 4; *Fröschl*, IStR 2003, 597; *Siebert/Fässler*, UStB 2005, 155.
3 RFH, Urt. v. 1.6.1935 – V A 186/33, RStBl. 1934, 1445.
4 FG Baden-Württemberg, Urt. v. 3.2.1994 – 14 K 147/91, EFG 1994, 852; FG Baden-Württemberg, Urt. v. 8.2.2001 – 14 K 131/00, EFG 2001, 929; kritisch: *Weber-Grellet*, DStR 1996, 1603.
5 BFH, Urt. v. 29.8.2002 – V R 30/01, BStBl. II 2003, 441 = UR 2003, 243; diese Sichtweise ist ggf. aufgrund der neueren Rechtsprechung des EuGH zur Mosel anzupassen, vgl. *Wäger* in Birkenfeld/Wäger, Das große Umsatzsteuer-Handbuch, Aktuell Berichtszeitraum III. Quartal 2022, Rz. 32 (Stand: November 2022).
6 BMF, Schr. v. 11.12.1990 – IV A 3-S 7118-11/90, UR 1991, 55.
7 *Haase*, UVR 2004, 185; zu Zwischenaufenthalten im Drittland siehe: *Jorzcyk*, IStR 2004, 447; *Jorzcyk*, IStR 2006, 201.
8 *Radeisen* in Schwarz/Widmann/Radeisen, § 1 UStG Rz. 492 (Stand: Oktober 2023).
9 Siehe Abschn. 26.1–26.5 UStAE.
10 Näher dazu BFH, Urt. v. 20.12.2005 – V R 30/02, BStBl. II 2007, 139 = UR 2006, 347.
11 BFH, Urt. v. 22.11.1962 – V 128/60, HFR 1963, 312; Abschn. 1.9 Abs. 1 Satz 3 UStAE.
12 BFH, Urt. v. 22.11.1962 – V 128/60, HFR 1963, 312; Abschn. 1.9 Abs. 1 Satz 4 UStAE.
13 BFH, Urt. v. 3.11.2005 – V R 63/02, BStBl. II 2006, 337 = UR 2006, 274, II.2.a; Abschn. 1.9 Abs. 1 Satz 5 UStAE.
14 BFH, Urt. v. 3.11.2005 – V R 63/02, BStBl. II 2006, 337 = UR 2006, 274.
15 EuGH, Urt. v. 8.11.2012 – C-165/11, ECLI:EU:C:2012:692 – Profitube, UR 2013, 68; OFD Nürnberg, Vfg. v. 17.4.2001 – S 7130-15/St43, UR 2002, 184.

2. Auslandsbegriff (Absatz 2 Satz 2)

308 Zum **Ausland** gehören alle Gebiete, die nicht Inland sind. Das ist das Drittlandsgebiet i.S.d. § 1 Abs. 2a Satz 3 UStG (einschließlich der Gebiete, die nach § 1 Abs. 2 Satz 1 UStG vom Inland ausgenommen sind) und das übrige Gemeinschaftsgebiet i.S.d. § 1 Abs. 2a Satz 1 UStG.[1] Das Gesetz grenzt den Begriff Ausland negativ ab. Die österreichischen Gemeinden **Mittelberg** (Kleines Walsertal) und **Jungholz in Tirol** gehören zur Vermeidung einer Doppelbelastung zum Ausland i.S.d. § 1 Abs. 2 Satz 2 UStG;[2] die Einfuhr in diesen Gebieten unterliegt jedoch der deutschen Einfuhrumsatzsteuer gemäß § 1 Abs. 1 Nr. 4 UStG.[3] Für Warenlieferungen und Dienstleistungen zwischen den Gemeinden Mittelberg (Kleines Walsertal) und Jungholz in Tirol sowie der Bundesrepublik Deutschland finden die allgemeinen Binnenmarktregelungen Anwendung.[4]

309 Leistungen, die nur teilweise im Ausland erbracht werden, sind nur insoweit nicht steuerbar.[5] Zur Vermeidung der **Aufteilung** von in- und ausländischen Streckenanteilen hat der Gesetzgeber in §§ 2–7 UStDV jedoch diverse Vereinfachungsverfahren implementiert (§ 3b Rz. 14 ff.).

3. Nicht maßgebliche Kriterien (Absatz 2 Satz 3)

310 Personenbezogene Merkmale sind nach dem **Neutralitätsprinzip** für die Besteuerung irrelevant. § 1 Abs. 2 Satz 3 UStG stellt klar, dass es für die Steuerbarkeit nicht darauf ankommt, ob der Unternehmer deutscher Staatsangehöriger ist, seinen Wohnsitz oder Sitz im Inland hat, im Inland eine Betriebsstätte unterhält, die Rechnung erteilt oder die Zahlung empfängt. Aufgrund der lediglich klarstellenden Bedeutung kann § 1 Abs. 2 Satz 3 UStG m.E. ersatzlos gestrichen werden.[6]

311 Das Verbot einer **Doppelbesteuerung** oder einer **Nichtbesteuerung** kann nicht aus § 1 Abs. 2 Satz 3 UStG abgeleitet werden (vgl. Art. 59a MwStSystRL).[7]

4. Definition Zollkodex (Absatz 2 Satz 4)

311.1 Mit dem JStG 2020 wurde ein neuer Satz 4 angefügt, wonach der in Satz 1 verwendete Begriff „Zollkodex der Union" definiert wird. Die Verordnung (EU) Nr. 952/2013 des Europäischen Parlaments und des Rates vom 9.10.2013 zur Festlegung des Zollkodex der Union sieht seit 2013 ausschließlich Freizonen vor, die solchen des früheren Kontrolltyps I entsprechen. Des Verweises in Satz 1 auf das Zollverwaltungsgesetz bedurfte es daher nicht mehr. Die Änderung soll demnach redaktioneller Natur sein.[8] Warum die Definition allerdings in Satz 4 gesondert erfolgt und nicht in Satz 1 direkt vorgenommen wird, erschließt sich nicht. Denn es handelt sich offenkundig um keine einheitliche Definition für das gesamte UStG (z.B. mit Blick auf § 3 Abs. 6a und § 21 Abs. 3a UStG).

II. Definition des Gemeinschaftsgebiets (Absatz 2a)

1. Abgrenzung des Gemeinschaftsgebiets (Absatz 2a Satz 1)

312 Unter systematischen Gesichtspunkten gliedert § 1 Abs. 2a UStG den Begriff Ausland i.S.d. § 1 Abs. 2 Satz 2 UStG in die Begriffe Gemeinschaftsgebiet, übriges Gemeinschaftsgebiet und Drittlandsgebiet auf. Die Differenzierung ist erforderlich, weil seit dem 1.1.1993 unterschiedliche Besteuerungsregime

1 Abschn. 1.9 Abs. 2 Satz 1 UStAE.
2 Abkommen zwischen der Republik Österreich und der Bundesrepublik Deutschland über die Umsatzbesteuerung des Waren- und Dienstleistungsverkehrs zwischen den österreichischen Gemeinden Mittelberg und Jungholz und der Bundesrepublik Deutschland v. 11.10.1972, BGBl. II. 1973, 1282.
3 Abschn. 1.9 Abs. 2 Satz 2 UStAE.
4 BMF, Schr. v. 14.12.1994 – IV C 2-S 7056-331/94, BStBl. I 1995, 60 = UR 1995, 52, Rz. 5.
5 EuGH, Urt. v. 29.3.2007 – C-111/05, ECLI:EU:C:2007:195 – Aktiebolaget NN, UR 2007, 420.
6 Ebenso *Nieskens* in Rau/Dürrwächter, § 1 UStG Rz. 1407 (Stand: August 2023).
7 *Radeisen* in Schwarz/Widmann/Radeisen, § 1 UStG Rz. 516 (Stand: Oktober 2023).
8 BT-Drucks. 19/22850, 117.

für Warenlieferungen zwischen Mitgliedstaaten und Nicht-Mitgliedstaaten Anwendung finden.[1] Der Begriff **Gemeinschaftsgebiet** umfasst das Inland i.S.d. § 1 Abs. 2 Satz 1 UStG und die Gebiete der übrigen Mitgliedstaaten der Europäischen Union i.S.d. Art. 52 EUV (**übriges Gemeinschaftsgebiet**).

Die autonomen Regionen **Azoren** und **Madeira** zählen gemäß Art. 355 Abs. 1 AEUV zum Staatgebiet der Portugiesischen Republik und somit zum übrigen Gemeinschaftsgebiet. 313

Die **französischen Übersee-Departments** (Guadeloupe, Französisch-Guayana, Martinique, Mayotte, Réunion, Saint-Martin), der **Berg Athos, die kanarischen Inseln** (z.B. Gran Canaria, Fuerteventura, Lanzarote, Teneriffa), **die Åland-Inseln, die Kanalinseln** (z.B. Guernsey, Jersey)[2], **Ceuta, Melilla, Livigno, Campione d'Italia** und der **zum italienischen Gebiet gehörende Teil des Luganer Sees** zählen dagegen nach Art. 6 Abs. 1 und 2 MwStSystRL nicht zum übrigen Gemeinschaftsgebiet.[3] **Aruba** und **Curaçao** sowie die **BES-Inseln** (Bonaire, Sint Eustatius, Saba), die besondere Beziehungen zum Königreich der Niederlande halten, gehören nicht zum übrigen Gemeinschaftsgebiet. Gleiches gilt für die überseeischen Länder und Hoheitsgebiete mit besonderen Beziehungen zum Vereinigten Königreich Großbritannien und Nordirland.[4] Zum Königreich Dänemark gilt es anzumerken, dass **Grönland** gemäß Art. 204 AEUV und **Färöer** gemäß Art. 355 Abs. 5 Buchst. a AEUV nicht zum dänischen Staatsgebiet gehören. 314

Der nationale Begriff des Gemeinschaftsgebiet unterscheidet sich vom mehrwertsteuerlichen Begriff des Gemeinschaftsgebiets i.S.d. Art. 5 Abs. 2 MwStSystRL insofern, dass der nationale Inlandsbegriff i.S.d. § 1 Abs. 2 Satz 1 UStG abweichend vom Unionsrecht die Freihäfen sowie die Gewässer und Watte zwischen der Hoheitsgrenze und der jeweiligen Strandlinie nicht zum Inlandsgebiet zählt und folglich als Gemeinschaftsgebiet ansieht (Rz. 297 ff.) 315

2. Gebiete, die als Gemeinschaftsgebiet gelten (Absatz 2a Satz 2)

Das **Fürstentum Monaco**, die **Insel Man** und die britischen Hoheitsgebiete **Akrotiri** und **Dhekelia** (Stützpunkte des Vereinigten Königreichs auf Zypern)[5] gelten ausdrücklich als übriges Gemeinschaftsgebiet. Umsätze im Fürstentum **Monaco** werden so behandelt, als würde der Ursprungs- oder Bestimmungsort in Frankreich liegen. Umsätze auf der **Insel Man** werden so behandelt, als würde der Ursprungs- oder Bestimmungsort im Vereinigten Königreich liegen. 316

Darüber hinaus sind Umsätze in den britischen Hoheitsgebieten **Akrotiri** und **Dhekelia** so zu behandeln, als würde der Ursprungs- oder Bestimmungsort in Zypern liegen (Art. 7 MwStSystRL). Der Wortlaut des § 1 Abs. 2a Satz 2 UStG ist insofern unvollständig, dass dies für Umsätze in den britischen Hoheitsgebieten Akrotiri und Dhekelia nicht umgesetzt wurde. Die FinVerw. wendet das Unionsrecht jedoch zutreffend an.[6] 317

3. Drittland (Absatz 2a Satz 3)

Als **Drittland** gelten gemäß § 1 Abs. 2a Satz 3 UStG die Gebiete, die nicht Gemeinschaftsgebiet sind (Rz. 312 ff.). Hierunter fallen u.a. **Andorra**, **Gibraltar**, **San Marino** und der **Vatikan**.[7] Auch der **türkische Teil Zyperns**, in dem die Regierung der Republik Zypern keine tatsächliche Kontrolle ausübt, gilt als Drittland. **Island**, **Liechtenstein** und **Norwegen** gehören zwar zum Europäischen Wirtschaftsraum, nicht jedoch zur Europäischen Union. Die **Hohe See** und der **Weltraum** sind, weil nicht Hoheitsgebiet eines Staates, Drittland.[8] 318

1 Siehe hierzu: *Lippross*, Umsatzsteuer[25], S. 569 f.
2 Vgl. aber die Ausführungen zum „Brexit" (Rz. 319).
3 Siehe auch: Abschn. 1.10 Abs. 1 UStAE.
4 Vgl. aber die Ausführungen zum „Brexit" (Rz. 319).
5 Zum „Brexit" bzgl. der Insel Man und der britischen Hoheitsgebiete auf Zypern vgl. jedoch Rz. 319.
6 Abschn. 1.10 Abs. 1 UStAE.
7 Abschn. 1.10 Abs. 2 UStAE.
8 *Salder* in Hartmann/Metzenmacher, § 1 Abs. 2a UStG Rz. 68 (Stand: März 2019); *Radeisen* in Schwarz/Widmann/Radeisen, § 1 UStG Rz. 492 (Stand: Oktober 2023).

319 Das **Vereinigte Königreich Großbritannien und Nordirland** ist zum 31.1.2020 aus der EU ausgetreten („**Brexit**"). Nach dem Abkommen über den Austritt[1] galt eine **Übergangsfrist bis zum 31.12.2020**, in der Großbritannien steuerlich weiterhin wie ein Teil der EU behandelt wurde.[2] Ab 1.1.2021 ist Großbritannien auch steuerlich Drittland. Dies gilt jedoch nach dem Protokoll zu Irland/Nordirland zum Austrittsabkommen nicht für den Warenverkehr von und nach Nordirland (für sonstige Leistungen gelten keine Besonderheiten). Die Folgen des „Brexit" und der Sonderregelung für Nordirland werden in einem umfangreichen BMF-Schreiben abgehandelt.[3] Dies wird ergänzt durch ein BMF-Schreiben zur Verwaltungszusammenarbeit[4] und eine Anpassung der Länderliste für das Vorsteuervergütungsverfahren.[5]

F. Besteuerung von Umsätzen in Freihäfen und Gewässern und Watten bis zur Hoheitsgrenze (Absatz 3)

I. Norminhalt (Absatz 3 Satz 1)

1. Allgemeines

320 Abweichend vom Unionswortlaut gehören die Freihäfen sowie die Gewässer und Watte zwischen der Hoheitsgrenze und der jeweiligen Strandlinie gemäß § 1 Abs. 2 Satz 1 UStG nicht zum Inlandsgebiet (Rz. 297 ff.). Nach Art. 155 MwStSystRL ist dies jedoch nur zulässig, sofern die dort ausgeführten Umsätze nicht für eine endgültige Verwendung oder einen Endverbrauch bestimmt sind.[6] Dies stellt § 1 Abs. 3 Satz 1 UStG sicher, nach dem bestimmte Umsätze so behandelt werden, als wären sie im Inland ausgeführt.[7]

2. Lieferungen und innergemeinschaftliche Erwerbe (Absatz 3 Satz 1 Nr. 1)

321 Der Begriff der Lieferung entspricht dem in § 3 Abs. 1 UStG (§ 3 Rz. 7 ff.) und der des innergemeinschaftlichen Erwerbs dem in § 1a UStG (§ 1a Rz. 24 ff.).

322 Im Übrigen müssen die Lieferungen und innergemeinschaftlichen Erwerbe für den Ge- oder Verbrauch in den betroffenen Gebieten oder für die Ausrüstung oder Versorgung eines Beförderungsmittels bestimmt sein.

323 Der Gesetzeswortlaut ist allerdings so formuliert, dass **keine Umsätze im Inland** vorliegen, **wenn** die **Lieferung** und die **innergemeinschaftlichen Erwerbe für das Unternehmen des Abnehmers** erworben werden (Absatz 3 Satz 1 Nr. 1 Buchst. a) oder vom Abnehmer nicht ausschließlich oder zum Teil für eine nach §§ 4 Nr. 8–27 und 29 UStG steuerfreie Tätigkeit verwendet werden (Absatz 3 Satz 1 Nr. 1 Buchst. b).[8]

324 Die Frage der **privaten Mitverwendung** bezogener Leistungen ist m.E. ein theoretisches Problem, weil davon auszugehen ist, dass die in den bezeichneten Gebieten gehandelten Gegenstände sich klar zuordnen lassen.[9]

1 ABl. EU 2020 Nr. L 29, 7.
2 § 1 Brexit-Übergangsgesetz, BGBl. I 2019, 402; OFD Frankfurt a.M., Vfg. v. 5.1.2021, DStR 2021, 1658.
3 BMF, Schr. v. 10.12.2020 – III C 1-S 7050/19/10001 :002 – DOK 2020/1285153, BStBl. I 2020, 1370 = UR 2021, 126.
4 BMF, Schr. v. 21.10.2021 – III C 5-S 7420/20/10019 :001 – DOK 2021/1073889, BStBl. I 2021, 2136 = UR 2022, 40.
5 BMF, Schr. v. 15.3.2021 – III C 3-S 7359/19/10005 :001 – DOK 2021/0300443, BStBl. I 2021, 381 = UR 2021, 372.
6 Zweifel an der Einschlägigkeit von Art. 155 MwStSystRL haben *Schlienkamp*, UR 1992, 157; *Nieskens*, BB 1994, 256; *Lange*, DStZ 1996, 133; *Birkenfeld*, DStZ 1996, 193; *Moog/Schweizer*, UR 2011, 881.
7 BT-Drucks. 8/1779, 29; BR-Drucks. 622/06, 128.
8 Mit Beispiel: *Kraeusel*, UVR 2006, 305.
9 *Klezath*, DStZ 1980, 5; zu den theoretischen Rechtsfragen siehe: *Radeisen* in Schwarz/Widmann/Radeisen, § 1 UStG Rz. 558 (Stand: Oktober 2023).

Vom **Gebrauch oder Verbrauch** sind nur solche Gegenstände betroffen, die unmittelbar im Freihafen dem Endverbrauch unterliegen, wie z.B. Tabakwaren aus Automaten.[1] Ob der Verbrauch tatsächlich in den bezeichneten Gebieten erfolgt, ist irrelevant.[2] Daher werden Warenverkäufe, die nicht zum unmittelbaren Verbrauch bestimmt sind, an Bord eines Ausflugsschiffs oder im Fährverkehr (sog. **Butterfahrt**) nicht gemäß § 1 Abs. 3 Satz 1 Nr. 1 UStG wie Umsätze im Inland behandelt.[3] Bei Einfuhr ins Inland fällt für diese Wareneinkäufe jedoch grundsätzlich Einfuhrumsatzsteuer an (siehe aber § 5 Abs. 2 UStG i.V.m. Einreise-Freimengen-Verordnung). Allerdings haben Warenverkäufe an Bord eines Ausflugsschiffs oder im Fährverkehr durch die Einführung von § 3e UStG ab 1.1.1994 nur noch eingeschränkt Bedeutung (§ 3e Rz. 1 ff.).[4] 325

Problematisch ist, dass im Falle des Verbringens der Gegenstände ins Inland an sich noch einmal Einfuhrumsatzsteuer gemäß § 1 Abs. 1 Nr. 4 UStG zu erheben wäre (vorbehaltlich Freimengenregelungen), so dass es zu einer Doppelbesteuerung kommt. Aus Neutralitätsgründen spricht viel dafür, dass die Einfuhrumsatzsteuer nicht erhoben werden darf.[5] 326

Mit Urteil vom 23.8.2012 hat das FG Niedersachsen entschieden, dass der Einbau von Designermöbeln in eine Luxusyacht nicht zur **Ausrüstung oder Versorgung eines Beförderungsmittels** i.S.d. § 1 Abs. 3 Nr. 1 Buchst. a UStG bestimmt und demgemäß nicht im Inland steuerbar ist.[6] Das FG Niedersachsen stützt seine Meinung auf die Auffassung der FinVerw. zu § 6 Abs. 3 UStG.[7] Danach ist der Einbau eines Schiffmotors nicht zur Ausrüstung oder Versorgung eines Beförderungsmittels bestimmt (ebenso z.B. Funkanlagen); ein Rettungsreifen jedoch schon (ebenso z.B. Treibstoff, Motoröl).[8] Hierzu ist anzumerken, dass bei Wiedereinfuhr ins Inland jedoch Einfuhrumsatzsteuer gemäß § 11 Abs. 2 UStG anfallen kann. (§ 11 Rz. 47 ff.)[9] 327

In Bezug auf die **Fernverkaufsregelung** in § 3c UStG führt die auf die Protokollerklärung gestützte Behandlung der in Absatz 3 Satz 1 genannten Gebiete als Ausland dazu, dass Lieferungen in das übrige Gemeinschaftsgebiet (bis zum Erreichen des Schwellenwerts) an sich nicht in Deutschland besteuert werden. Soweit die anderen Mitgliedstaaten allerdings den Abgangsort auf Basis des Unionsrechts als deutsches Inland ansehen, besteuern sie keine Einfuhr und nehmen (bis zum Erreichen des Schwellenwerts) auch keine Besteuerung analog zu § 3c Abs. 1 UStG vor. Vor diesem Hintergrund wird daher vorgeschlagen, in diesen Fällen die in Absatz 3 Satz 1 genannten Gebiete als Inland zu behandeln.[10] Dies ist m.E. im Ergebnis richtig, lässt sich aber nicht auf den Wortlaut des Gesetzes stützen. Diese Grundsätze gelten m.E. sinngemäß auch nach der Anpassung des § 3c UStG zum 1.7.2021. 328

Fernverkaufslieferungen aus dem übrigen Gemeinschaftsgebiet in die in Absatz 3 Satz 1 bezeichneten Gebiete sind nach § 3c Abs. 1 Satz 1, 2 i.V.m. § 1 Abs. 3 Satz 1 Nr. 1 UStG zu besteuern.[11] 329

Beginnt der Versand dagegen im Inland und endet er in dem in Absatz 3 Satz 1 genannten Gebiet, kommt § 3c UStG nicht zur Anwendung und der Vorgang ist nach § 3 Abs. 6 Satz 1 UStG im Inland zu besteuern.[12] 330

Bei **juristischen Personen des öffentlichen Rechts** ist zusätzlich § 1 Abs. 3 Satz 2 UStG zu beachten (Rz. 343). 331

1 FG Niedersachsen, Urt. v. 23.8.2012 – 5 K 470/09 (rkr.), UStB 2013, 45; zu Abgrenzungsschwierigkeiten siehe: *Schlienkamp*, UR 1994, 93.
2 *Jansen* in Birkenfeld/Wäger, Umsatzsteuer-Handbuch, Abschn. I Kap. 1 F – § 1 Abs. 3 UStG Rz. 58 (Stand: April 2017); *Nieskens* in Rau/Dürrwächter, § 1 UStG Rz. 1502 (Stand: August 2023); *Radeisen* in Schwarz/Widmann/Radeisen, § 1 UStG Rz. 556 (Stand: Oktober 2023).
3 FinMin. Schleswig-Holstein, Erl. v. 21.4.1994 – S 7056-211, UR 1994, 447.
4 *Fritsch*, UVR 1999, 346; siehe auch: *Haase*, UVR 2004, 185.
5 *Stadie*, UStG³, § 1 UStG Rz. 176.
6 FG Niedersachsen, Urt. v. 23.8.2012 – 5 K 470/09 (rkr.), UStB 2013, 45.
7 Abschn. 6.4 Abs. 1 UStAE.
8 *Jansen* in Birkenfeld/Wäger, Umsatzsteuer-Handbuch, Abschn. I Kap. 1 F – § 1 Abs. 3 UStG Rz. 61 (Stand: April 2017).
9 Siehe hierzu: *Kock*, UR 2008, 909.
10 *Kraeusel*, UR 1993, 365.
11 Ebenso *Nieskens* in Rau/Dürrwächter, § 1 UStG, Rz. 1507.3 (Stand: August 2023).
12 *Kraeusel*, UR 1993, 365.

3. Sonstige Leistungen (Absatz 3 Satz 1 Nr. 2)

332 § 1 Abs. 3 Satz 1 Nr. 2 UStG ergänzt § 1 Abs. 3 Satz 1 Nr. 1 UStG um sonstige Leistungen, die in den Freihäfen und in den Gewässern und Watten zwischen der Hoheitsgrenze und der jeweiligen Strandlinie bewirkt werden, und nicht für das Unternehmen des Leistungsempfängers ausgeführt werden (Absatz 3 Satz 1 Nr. 2 Buchst. a), oder vom Leistungsempfänger ausschließlich oder zum Teil für eine nach §§ 4 Nr. 8–27 und 29 UStG steuerfreie Tätigkeit verwendet werden (Absatz 3 Satz 1 Nr. 2 Buchst. b).[1] Unter § 1 Abs. 3 Satz 1 Nr. 2 UStG fallen z.B. die Abgabe von Speisen und Getränken zum Verzehr an Ort und Stelle, Beförderungen für private Zwecke, Reparaturen an Wassersportfahrzeugen, die Veranstaltung von Wassersport-Lehrgängen und die Vermietung eines Röntgengerätes an einen Arzt.[2] Beförderungsleistungen zwischen dem Festland der Bundesrepublik Deutschland und der Insel Helgoland sowie umgekehrt („**Helgolandverkehr**") sind somit gemäß § 3b UStG i.V.m. § 7 UStDV steuerbar, aber gemäß § 4 Nr. 6 Buchst. d UStG steuerbefreit.[3] Dagegen ist die Beförderungsleistung mit einem Flugzeug zwischen der Bundesrepublik und der ostfriesischen Insel auch insoweit steuerbar, wenn sie über die in § 1 Abs. 3 Satz 1 UStG bezeichneten Gebiete führt.[4]

4. Unentgeltliche Wertabgaben (Absatz 3 Satz 1 Nr. 3)

333 Seit dem 1.4.1999 unterliegen auch unentgeltliche Wertabgaben i.S.d. § 3 Abs. 1b bzw. Abs. 9a UStG in den bezeichneten Gebieten der Umsatzbesteuerung (§ 3 Rz. 73 ff., 552 ff.). Durch die Streichung von § 3f UStG ist bei Waren erforderlich, dass diese sich im Zeitpunkt der Abgabe in den bezeichneten Gebieten befinden bzw. bei sonstigen Leistungen grundsätzlich das Unternehmen bzw. die Betriebsstätte, die die unentgeltliche Wertabgabe bewirkt, in den bezeichneten Gebieten unterhalten wird. Vor dem Hintergrund, dass jedoch vorrangig nach § 3 Abs. 1b Satz 2 UStG der Vorsteuerabzug zu versagen ist, ist der Anwendungsbereich m.E. gering.[5] Denkbar ist zum Beispiel, dass ein Freihafenunternehmer seinem Unternehmen Treibstoff zur Betankung seines privaten Sportboots entnimmt.

5. Lieferungen im Freihafen-Veredelungsverkehr und Freihafenlagerung (Absatz 3 Satz 1 Nr. 4)

334 Steuerbare Lieferungen liegen nach **§ 1 Abs. 3 Satz 1 Nr. 4 Buchst. a UStG** vor, wenn sich der Lieferungsgegenstand im Zeitpunkt der jeweiligen Lieferung in einem zollamtlich bewilligten Freihafen-Veredelungsverkehr i.S.d. § 12b EUStBV oder in einer zollamtlich besonders zugelassenen Freihafenlagerung befindet (d.h. es wird keine Einfuhrumsatzsteuer erhoben).[6] Der Zweck der Regelung ist die Verhinderung eines unbesteuerten Letztverbrauchs. Gelangt der Gegenstand aus dem Freihafen im Anschluss an eine Freihafenlagerung dagegen in das Drittlandsgebiet, ist und bleibt der Umsatz nicht steuerbar.[7] Eine steuerbare Lieferung nach § 1 Abs. 3 Satz 1 Nr. 4 Buchst. a UStG liegt nicht vor, wenn die Befreiung von der Einfuhrumsatzsteuer auf anderen Vorschriften als den §§ 12a oder 12b EUStBV beruht.

335 Der Freihafen-Veredelungsverkehr dient der Veredelung von Unionswaren, die in einer Freizone nach § 1 Abs. 1 Satz 1 ZollVG (Freihafen) bearbeitet oder verarbeitet und anschließend im Inland oder in den österreichischen Gebieten Jungholz und Mittelberg eingeführt werden.[8] Durch die Streichung des Freihafen-Status vieler Häfen, hat die Vorschrift an Bedeutung verloren. So ist zur Bewilligung einer vorübergehenden Lagerung von Unionswaren im Freihafen auch erforderlich (Freihafenlagerung), dass

1 Beispiele bei *Slotty-Harms/Busch/Pittelkow*, UVR 2014, 93.
2 Abschn. 1.11 Abs. 2 UStAE.
3 Zur Historie: *Schlienkamp*, UR 1995, 1; *Kraeusel*, UR 1995, 357; *Lippross*, Umsatzsteuer[25], S. 570 f. Kritisch: *Arzberger*, DB 1995, 2184.
4 BFH, Beschl. v. 1.4.1997 – V B 17/96, UR 1998, 144.
5 *Jansen* in Birkenfeld/Wäger, Umsatzsteuer-Handbuch, Abschn. I Kap. 1 F – § 1 Abs. 3 UStG Rz. 112 (Stand: April 2017).
6 Abschn. 1.12 Abs. 2 UStAE.
7 *Radeisen* in Schwarz/Widmann/Radeisen, § 1 UStG Rz. 583 (Stand: Oktober 2023).
8 Abschn. 1.12 Abs. 1 UStAE.

die dort für den Außenhandel geschaffenen Anlagen sonst nicht wirtschaftlich ausgenutzt werden könnten und der Freihafen durch die Lagerung seinem Zweck nicht entfremdet wird (vgl. § 12b Abs. 2 EUStBV).

Durch die Regelung des **§ 1 Abs. 3 Satz 1 Nr. 4 Buchst. b UStG** werden insbesondere in Abholfällen technische Schwierigkeiten beim Abzug der Einfuhrumsatzsteuer als Vorsteuer vermieden.[1] Hintergrund ist, dass gemäß Art. 77 UZK und § 21 Abs. 2a UStG die Einfuhrumsatzsteuer bereits durch die Überführung der einfuhrabgabenpflichtigen Nicht-Unionsware mit der Überlassung zum zollrechtlichen freien Verkehr entsteht, die nachgelagerte Lieferung jedoch ohne die Regelung des § 1 Abs. 3 Nr. 1 Nr. 4 Buchst. b UStG nicht im Inland gemäß § 1 Abs. 2 UStG erfolgen würde. Die Einfuhrumsatzsteuer wäre umständlich im Rahmen des Vorsteuervergütungsverfahrens geltend zu machen.[2] Letzteres könnte jedoch wiederum zu einem unbesteuerten Letztverbraucher führen. 336

Die Vorschrift bezweckt jedoch auch, dass die Besteuerung des Gegenstandes nach seinem wirklichen Wert erfolgt.[3] Hintergrund ist, dass für die Einfuhrumsatzsteuer nämlich auf den gemäß § 11 Abs. 3 UStG angepassten Zollwert abzustellen ist. 337

Werden die Gegenstände nicht ins Inland gemäß § 1 Abs. 2 UStG, sondern ins Drittland i.S.d. § 1 Abs. 3 UStG ausgeführt, werden die Lieferungen wie steuerfreie Ausfuhrlieferungen behandelt.[4] 338

Keine Überschneidung gibt es nach der hier vertretenen Auffassung zu § 3 Abs. 8 UStG, weil im Zeitpunkt der Beförderung/Versendung die Einfuhrumsatzsteuer schon abgeführt wurde, so dass der Wortlaut des § 3 Abs. 8 UStG nicht erfüllt ist (§ 3 Rz. 488 ff.).[5] 339

6. Sonstige Leistungen im Freihafen-Veredelungsverkehr und Freihafenlagerung (Absatz 3 Satz 1 Nr. 5)

Unter § 1 Abs. 3 Satz 1 Nr. 5 UStG fallen insbesondere die sonstigen Leistungen des Veredlers, des Lagerhalters und des Beförderungsunternehmens im Rahmen eines zollamtlich bewilligten Freihafen-Veredelungsverkehrs oder einer zollamtlich besonders zugelassenen Freihafenlagerung.[6] 340

7. Neue Fahrzeuge (Absatz 3 Satz 1 Nr. 7)

§ 1 Abs. 3 Satz 1 Nr. 7 UStG stellt sicher, dass der innergemeinschaftliche Erwerb von Fahrzeugen i.S.d. § 1b Abs. 3 UStG durch einen Erwerber, der in § 1a Abs. 3 UStG oder in § 1b Abs. 1 UStG als Erwerber genannt ist, einem Umsatz im Inland gleichsteht (§ 1b Rz. 41 ff.). Wird z.B. eine neue Yacht von einem Nichtunternehmer in einem Mitgliedstaat erworben und anschließend in einen inländischen Freihafen befördert, ist der Tatbestand des § 1 Abs. 3 Satz. 1 Nr. 7 UStG erfüllt.[7] Wird die Yacht anschließend ins übrige Gemeinschaftsgebiet oder Drittland verbracht, ist kein steuerbarer Tatbestand gemäß § 2a i.V.m. § 1 Abs. 3 UStG erfüllt; im übrigen Gemeinschaftsgebiet kann der Tatbestand eines innergemeinschaftlichen Erwerbs eines neuen Fahrzeugs gemäß Art. 2 Abs. 1 Buchst. b Doppelbuchst. ii MwStSystRL jedoch unter Umständen erneut erfüllt sein, weil nach Unionsrecht die Freihäfen als Inland der Bundesrepublik Deutschland gelten. Wird die Yacht dagegen ins Inland verbracht, kommt es zu einer Doppelbesteuerung aufgrund der Erhebung von Einfuhrumsatzsteuer gemäß § 1 Abs. 1 Nr. 4 UStG.[8] 341

1 Abschn. 1.12 Abs. 4 UStAE.
2 Abschn. 15.9 Abs. 4 Satz 1 und 2 UStAE.
3 *Stadie*, UStG³, § 1 UStG Rz. 179; *Salder* in Hartmann/Metzenmacher, § 1 Abs. 3 UStG Rz. 40 (Stand: August 2015).
4 Abschn. 6.9 Abs. 1 UStAE.
5 Abschn. 15.9 Abs. 4 Satz 4 und 5 UStAE.
6 Abschn. 1.12 Abs. 5 UStAE.
7 BFH, Urt. v. 20.12.2006 – V R 11/06, BStBl. II 2007, 424 = UR 2007, 265.
8 *Nieskens* in Rau/Dürrwächter, § 1 UStG Rz. 1555 (Stand: August 2023); *Jansen* in Birkenfeld/Wäger, Umsatzsteuer-Handbuch, Abschn. I Kap. 1 F – § 1 Abs. 3 UStG Rz. 169 (Stand: April 2017); *Stadie*, UStG³, § 1 UStG Rz. 176.

342 Nicht erfasst sind der umgekehrte Fall der Lieferungen von neuen Fahrzeugen aus dem Inland in die Gebiete i.S.d. § 1 Abs. 3 Satz 1 UStG.[1] Dies ist auch nicht erforderlich, weil die Lieferungen in die Gebiete nach § 1 Abs. 3 Satz 1 UStG ausdrücklich von der Ausfuhrlieferungsregelung gemäß § 6 Abs. 1 UStG ausgenommen wurden. Im Falle des Verbringens ist auch kein Tatbestand gemäß § 1a Abs. 2 bzw. § 2a UStG erfüllt, da der Freihafen nicht als übriges Gemeinschaftsgebiet gilt.

II. Beweislastregelung für juristische Personen des öffentlichen Rechts (Absatz 3 Satz 2)

343 Die **Beweislast** dafür, dass die Voraussetzungen vorliegen, hat der leistende Unternehmer zu tragen, was bzgl. der Anwendung von § 1 Abs. 3 Satz 1 Nr. 1 und Nr. 2 UStG in der Praxis häufig für Schwierigkeiten sorgt.[2] Bei Lieferungen und sonstigen Leistungen an jPdöR sowie innergemeinschaftlichen Erwerben in den bezeichneten Gebieten besteht sogar die widerlegbare Vermutung, dass Umsätze i.S.d. § 1 Abs. 3 Satz 1 Nr. 1 und 2 UStG vorliegen, soweit der Unternehmer nicht anhand von Aufzeichnungen und Belegen das Gegenteil glaubhaft macht.[3]

§ 1a Innergemeinschaftlicher Erwerb

(1) Ein innergemeinschaftlicher Erwerb gegen Entgelt liegt vor, wenn die folgenden Voraussetzungen erfüllt sind:

1. Ein Gegenstand gelangt bei einer Lieferung an den Abnehmer (Erwerber) aus dem Gebiet eines Mitgliedstaates in das Gebiet eines anderen Mitgliedstaates oder aus dem übrigen Gemeinschaftsgebiet in die in § 1 Abs. 3 bezeichneten Gebiete, auch wenn der Lieferer den Gegenstand in das Gemeinschaftsgebiet eingeführt hat,

2. der Erwerber ist

a) ein Unternehmer, der den Gegenstand für sein Unternehmen erwirbt, oder

b) eine juristische Person, die nicht Unternehmer ist oder die den Gegenstand nicht für ihr Unternehmen erwirbt,

und

3. die Lieferung an den Erwerber

a) wird durch einen Unternehmer gegen Entgelt im Rahmen seines Unternehmens ausgeführt und

b) ist nach dem Recht des Mitgliedstaates, der für die Besteuerung des Lieferers zuständig ist, nicht auf Grund der Sonderregelung für Kleinunternehmer steuerfrei.

(2) [1]Als innergemeinschaftlicher Erwerb gegen Entgelt gilt das Verbringen eines Gegenstands des Unternehmens aus dem übrigen Gemeinschaftsgebiet in das Inland durch einen Unternehmer zu seiner Verfügung, ausgenommen zu einer nur vorübergehenden Verwendung, auch wenn der Unternehmer den Gegenstand in das Gemeinschaftsgebiet eingeführt hat. [2]Der Unternehmer gilt als Erwerber.

(2a) Ein innergemeinschaftlicher Erwerb im Sinne des Absatzes 2 liegt nicht vor in den Fällen des § 6b.

(3) Ein innergemeinschaftlicher Erwerb im Sinne der Absätze 1 und 2 liegt nicht vor, wenn die folgenden Voraussetzungen erfüllt sind:

---

1 *Nieskens* in Rau/Dürrwächter, § 1 UStG Rz. 1554 (Stand: August 2023).

2 *Salder* in Hartmann/Metzenmacher, § 1 Abs. 3 UStG Rz. 16 (Stand: August 2015); *Radeisen* in Schwarz/Widmann/Radeisen, § 1 UStG Rz. 560 (Stand: Oktober 2023); siehe auch: *Jansen* in Birkenfeld/Wäger, Umsatzsteuer-Handbuch, Abschn. I Kap. 1 F – § 1 Abs. 3 UStG, Rz. 65, 70 (Stand: April 2017).

3 Abschn. 1.11 Abs. 3 UStAE.

1. Der Erwerber ist

a) ein Unternehmer, der nur steuerfreie Umsätze ausführt, die zum Ausschluss vom Vorsteuerabzug führen,

b) ein Unternehmer, für dessen Umsätze Umsatzsteuer nach § 19 Abs. 1 nicht erhoben wird,

c) ein Unternehmer, der den Gegenstand zur Ausführung von Umsätzen verwendet, für die die Steuer nach den Durchschnittssätzen des § 24 festgesetzt ist, oder

d) eine juristische Person, die nicht Unternehmer ist oder die den Gegenstand nicht für ihr Unternehmen erwirbt,

und

2. der Gesamtbetrag der Entgelte für Erwerbe im Sinne des Absatzes 1 Nr. 1 und des Absatzes 2 hat den Betrag von 12 500 Euro im vorangegangenen Kalenderjahr nicht überstiegen und wird diesen Betrag im laufenden Kalenderjahr voraussichtlich nicht übersteigen (Erwerbsschwelle).

(4) [1]Der Erwerber kann auf die Anwendung des Absatzes 3 verzichten. [2]Als Verzicht gilt die Verwendung einer dem Erwerber erteilten Umsatzsteuer-Identifikationsnummer gegenüber dem Lieferer. [3]Der Verzicht bindet den Erwerber mindestens für zwei Kalenderjahre.

(5) [1]Absatz 3 gilt nicht für den Erwerb neuer Fahrzeuge und verbrauchsteuerpflichtiger Waren. [2]Verbrauchsteuerpflichtige Waren im Sinne dieses Gesetzes sind Mineralöle, Alkohol und alkoholische Getränke sowie Tabakwaren.

Schrifttum: *Huschens*, Innergemeinschaftliches Verbringen, SteuK 2014, 247; *Huschens*, Anwendung der sog. Missbrauchsrechtsprechung des EuGH auf Ausfuhrlieferungen, UVR 2020, 307; *Körner*, Die Vorschläge der Kommission zur „Mehrwertsteuer im Digitalen Zeitalter" und deren Auswirkungen auf zwischenunternehmerische Leistungsbeziehungen, MwStR 2023, 159; *Langer*, Konsignationslager auf dem Prüfstand, DStR 2017, 242; *Monfort*, Ort der Lieferung bei Versendung über ein Konsignationslager, UR 2017, 185; *Neeser*, Nichts Neues bei Konsignationslagern – die Aufregung war unbegründet!, UVR 2017, 189; *Sterzinger*, Änderungen des UStG durch das Gesetz zur Vermeidung von Umsatzsteuerausfällen beim Handel mit Waren im Internet, UR 2019, 1; *Sterzinger*, Änderungen des UStG und der UStDV durch das sog. JStG 2019 und das BEG III, UR 2020, 1; *Wäger*, Digitalpaket – Neuregelungen zum 1.7.2021 für den Bereich der Lieferungen, UStB 2021, 76.

A. Grundaussagen

I. Regelungsgegenstand und Bedeutung

1 Der innergemeinschaftliche Erwerb wurde als neuer Steuertatbestand durch die Binnenmarktrichtlinie als **Übergangsregelung** eingeführt, da einerseits mit Einführung des Binnenmarkts die Kontrollen zu steuerlichen Zwecken an den Binnengrenzen sowie das Prinzip der Besteuerung bei der Einfuhr in den Beziehungen zwischen den Mitgliedstaaten endgültig abgeschafft wurden, andererseits während einer Übergangszeit in den Bestimmungsmitgliedstaaten die innergemeinschaftlichen Umsätze zu den Sätzen und Bedingungen dieser Mitgliedstaaten besteuert werden sollten.[1] Die Übergangsregelung sollte nur bis zum 31.12.1996 gelten.[2]

2 Das gegenwärtig noch geltende Übergangssystem ist damit ein Bestimmungslandprinzip[3] mit virtuellem **mehrwertsteuerlichen Grenzausgleich**,[4] in welchem die Besteuerung des innergemeinschaftlichen Erwerbs die im Abgangsland umfassend steuerentlastete Lieferung auf das Steuersatzniveau des Bestimmungsmitgliedstaates heraufsetzt. Die innergemeinschaftliche Lieferung eines Gegenstandes und sein innergemeinschaftlicher Erwerb sind ein und derselbe wirtschaftliche Vorgang.[5]

II. Unionsrechtliche Grundlagen

3 Durch § 1a UStG werden die Art. 2 Abs. 1 Buchst. b MwStSystRL (Art. 28a Abs. 1 6. EG-Richtlinie), Art. 2 Abs. 2 MwStSystRL (Art. 28a Abs. 2 6. EG-Richtlinie), Art. 2 Abs. 3 (Art. 28a Abs. 1 Buchst. c 6. EG-Richtlinie), Art. 3 MwStSystRL (Art. 28a Abs. 1a Buchst. b 6. EG-Richtlinie) sowie Art. 17 MwStSystRL (Art. 28a Abs. 5 Buchst. b 6. EG-Richtlinie), Art. 17a Abs. 1 MwStSystRL (ohne Entsprechung in der 6. EG-Richtlinie), Art. 20 MwStSystRL (Art. 28a Abs. 3 6. EG-Richtlinie), Art. 21 MwStSystRL (Art. 28a Abs. 6 Unterabs. 1 6. EG-Richtlinie), Art. 22 MwStSystRL (Art. 28a Abs. 6 Unterabs. 2 6. EG-Richtlinie) und Art. 23 MwStSystRL (Art. 28a Abs. 7 6. EG-Richtlinie) in nationales Recht **umgesetzt.**

1 Erwägungsgründe 3, 6 und 10 der Richtlinie 91/680/EWG, ABl. EG 1991 Nr. L 376, 1 ff.
2 Art. 28l Abs. 4 Richtlinie 77/388/EWG i.d.F. der Richtlinie 91/680/EWG, ABl. EG 1991 Nr. L 376, 1 ff.
3 Vgl. EuGH, Urt. v. 19.4.2018 – C-580/16, ECLI:EU:C:2018:261 – Firma Hans Bühler, UR 2018, 404 m. Anm. *Nieskens*, Rz. 39 m.w.N.
4 *Englisch* in Tipke/Lang, Steuerrecht[24], Rz. 17.412.
5 Vgl. EuGH, Urt. v. 27.9.2007 – C-409/04, ECLI:EU:C:2007:548 – Teleos, BStBl. II 2009, 70 = UR 2007, 774, Rz. 23; BFH, Beschl. v. 6.6.2019 – V R 41/17, UR 2019, 896, Rz. 101.

Im Bereich des Art. 17 Abs. 2 MwStSystRL ist die **Umsetzung in nationales Recht großzügiger**, denn sie ist begrifflich unschärfer (Rz. 96, § 3 Rz. 61 f.). Da es sich um Ausnahmeregelungen handelt, wird sich die Auslegung des § 1a Abs. 2 Satz 1 Halbs. 2 UStG unionsrechtskonform zunächst an der engen Auslegung des EuGH[1] orientieren müssen. Die unionsrechtliche Grundlage selbst ist jedoch nicht frei von Friktionen mit dem Primärunionsrecht; letzteres hat in der nationalen Regelung des § 1a Abs. 2 Satz 1 Halbs. 2 UStG besseren Niederschlag gefunden (Rz. 104). 3.1

Art. 17 Abs. 3 MwStSystRL ist **nicht in nationales Recht umgesetzt** worden (Rz. 108 f.). Da die Richtlinie in Art. 17 Abs. 3 inhaltlich unbedingt und hinreichend genau ist,[2] ist eine unmittelbaren Berufung auf das Unionsrecht in Bezug auf den Zeitpunkt der Fiktion eines innergemeinschaftlichen Verbringens möglich, zumal der dahinter stehende Rechtsgedanke im neueren § 6b Abs. 6 UStG (§ 6b Rz. 89 ff.) in nationales Recht umgesetzt wurde. 3.2

III. Verhältnis zu anderen Vorschriften und Rechtsentwicklung

1. Verhältnis zu anderen Vorschriften

§ 1a UStG sichert die Umsetzung des **Bestimmungslandprinzips** nur bei Lieferungen an bestimmte Erwerber, ggf. oberhalb der Erwerbsschwelle des § 1a Abs. 3 Nr. 2 UStG (Rz. 123 ff.). 4

Er wird daher ergänzt durch § 1b UStG, der die Lieferung **neuer Fahrzeuge** an private Abnehmer der Erwerbsbesteuerung im Inland und damit dem Bestimmungslandprinzip unterwirft (§ 1b Rz. 1 ff.). 5

Die Durchsetzung des Bestimmungslandprinzips wird zudem durch Art. 33 MwStSystRL,[3] im Inland umgesetzt in § 3c UStG (§ 3c Rz. 1 ff.), ergänzt, der die Besteuerung im Bestimmungsland für grenzüberschreitende Lieferungen im **Versandhandel** an private Abnehmer oder solche, die nicht als Unternehmer gelten, im Binnenmarkt oberhalb der Lieferschwelle bzw. für verbrauchsteuerpflichtige Waren sicherstellt. Für lediglich in einem Mitgliedstaat ansässige Lieferer ist dabei die Lieferschwelle mit Wirkung ab dem 1.7.2021 auf 10.000 Euro herabgesetzt worden, Art. 59c MwStSystRL[4], § 3c Abs. 4 S. 1 UStG.[5] Für alle anderen Lieferer (z.B. mit einer festen Niederlassung in einem weiteren Mitgliedstaat oder für im Drittland ansässige) gilt dagegen aufgrund des Wegfalls des Art. 34 MwStSystRL mit Wirkung zum 1.7.2021[6] keine Lieferschwelle mehr. 6

§ 1a Abs. 3 Nr. 1 UStG hat im Rahmen der **Umsetzung des sog. Digitalpaketes zum 1.7.2021**, obwohl selbst nicht von Änderungen betroffen, an Bedeutung gewonnen. § 1a Abs. 3 Nr. 1 UStG definiert den Erwerberkreis, 6.1

- bei welchem die Zwischenerwerbsfiktion des unternehmerischen Betreibers elektronischer Schnittstellen bei Fernverkäufen von aus einem Drittlandsgebiet eingeführten Gegenständen mit einem Sachwert von höchstens 150 Euro greift, § 3 Abs. 3a Sätze 2, 4 und 5 UStG[7],
- auf welchen die Regelungen des innergemeinschaftlichen Fernverkaufs anwendbar sind, § 3c Abs. 1 Sätze 2 und 3 UStG, welches wiederum für die Ermittlung der 10.000 Euro-Grenze des § 3c Abs. 4 S. 1 UStG[8] relevant ist.

Auf Grund dieses Netzes dreier Vorschriften (§§ 1a, 1b, 3c UStG) findet das Ursprungslandprinzip bei grenzüberschreitenden Lieferungen im Binnenmarkt nur noch bei niedrigschwelligen Versandhandelslieferungen an private Verbraucher oder deren Abhollieferungen im Ausland Anwendung und nur, 7

1 Vgl. EuGH, Urt. v. 6.3.2014 – C-366/12, ECLI:EU:C:2014:125 – Dresser-Rand SA, UR 2014, 933, Rz. 27 m.w.N.; EuGH, Urt. v. 11.6.2020 – C-242/19, ELCI:EU:C:2020:466 – CHEP Equipment Pooling NV, UR 2020, 516 m. Anm. *Sterzinger*, Rz. 35.

2 Vgl. EuGH, Urt. v. 16.7.2015 – C-108/14 und C-109/14, ECLI:EU:C:2015:496 – Larentia + Minerva, Marenave, BStBl. II 2017, 604 = UR 2015, 671 m. Anm. *Hummel*; Anm. *Heinrichshofen*, UR 2015, 722, Rz. 48 m.w.N.

3 I.d.F. Richtlinie (EU) 2017/2455 v. 5.12.2017, ABl. EU Nr. L 348, 7.

4 I.d.F. Richtlinie (EU) 2017/2455 v. 5.12.2017, ABl. EU Nr. L 348, 7.

5 I.d.F. des Jahressteuergesetzes 2020, BGBl. I 2020, 3096.

6 Art. 2 Nr. 4 i.V.m. Art. 4 Richtlinie (EU) 2017/2455 v. 5.12.2017, ABl. EU Nr. L 348, 7.

7 I.d.F. des Jahressteuergesetzes 2020, BGBl. I 2020, 3096.

8 I.d.F. des Jahressteuergesetzes 2020, BGBl. I 2020, 3096.

wenn es sich nicht um neue Fahrzeuge oder verbrauchsteuerpflichtige Güter handelt. So werden unter den gegenwärtigen Übergangsregelungen **Wettbewerbsverzerrungen** durch Steuersatzunterschiede **vermieden.**[1]

8 Zur Sicherstellung der Besteuerung des innergemeinschaftlichen Erwerbs[2] erfordert die Steuerbefreiung innergemeinschaftlicher Lieferungen seit dem Wirksamwerden der **sog. „Quick Fixes" zum 1.1.2020** im Abgangsmitgliedstaat zum einen die Mitteilung einer MwSt-IdNr. des Erwerbers in einem anderen Mitgliedstaat als dem Abgangsmitgliedstaat, Art. 138 Abs. 1 Buchst. b) MwStSystRL – und damit die Zuteilung einer solchen MwSt-IdNr. an den Erwerber. Zum anderen erfordert sie die fristgemäße und zutreffende Meldung der jeweiligen innergemeinschaftlichen Lieferung in der Zusammenfassenden Meldung des liefernden Unternehmers, Art. 138 Abs. 1a MwStSystRL (§ 6a Rz. 68 ff., 93 ff.).[3]

8.1 Für den innergemeinschaftlichen Erwerb gibt es in § 3d UStG eine gesonderte **Regelung des Ortes der Besteuerung** (§ 3d Rz. 1 ff.), die in ihrem Satz 2 zugleich eine Sonderregelung zur Minderung der Bemessungsgrundlage enthält (§ 3d Rz. 15 ff.).

9 **Steuerbefreiungen** des innergemeinschaftlichen Erwerbs können sich aufgrund des § 4 Nr. 4a (§ 4 Nr. 4a Rz. 1 ff.), § 4 Nr. 4b (§ 4 Nr. 4b Rz. 1 ff.) sowie aufgrund des § 4b UStG (§ 4b Rz. 1 ff.) ergeben. Bei der Auslagerung aus einem Umsatzsteuerlager ohne Einlagerung in ein weiteres Umsatzsteuerlager entfällt jedoch die Steuerbefreiung des der Auslagerung vorangegangenen innergemeinschaftlichen Erwerbs, § 4 Nr. 4a Satz 1 Buchst. a Satz 2 UStG (§ 4 Nr. 4a Rz. 22 ff.).

10 § 6b UStG, auf welchen Absatz 2a verweist, regelt die Einzelheiten der Ausnahme vom innergemeinschaftlichen Erwerb aufgrund des Verbringens von Gegenständen ins Inland[4] unter einer **Konsignationslagerregelung** (§ 6b Rz. 1 ff.).

11 Die **Bemessungsgrundlage** ergibt sich aus § 10 Abs. 1 UStG mit Besonderheiten betreffend Verbrauchsteuern und weitere Kosten, § 10 Abs. 1 Sätze 4 und 5 UStG (§ 10 Rz. 24 ff., 87, 88 ff.). Gemäß § 12 Abs. 2 Satz 1 Nr. 1 i.V.m. Anlage 2 UStG sowie § 12 Abs. 2 Satz 1 Nr. 13 i.V.m. Nr. 53 Anlage 2 UStG kann der **ermäßigte Steuersatz** anwendbar sein. Gemäß § 12 Abs. 3 Nr. 2 UStG unterliegt ab dem 1.1.2023 der innergemeinschaftliche Erwerb von Solarmodulen einschließlich der für den Betrieb einer Photovoltaikanlage wesentlichen Komponenten und der Speicher durch den Betreiber einer Photovoltaikanlage unter den Voraussetzungen des § 12 Abs. 3 Nr. 1 UStG einem **Steuersatz von 0 Prozent** (§ 12 Abs. 3 Rz. 16 ff.).

12 Zu beachten ist, dass sich der **Zeitpunkt der Entstehung der Steuer** für den innergemeinschaftlichen Erwerb nach der Sonderregelung des § 13 Abs. 1 Nr. 6 UStG richtet (§ 13 Rz. 88 ff.): die Steuer entsteht mit Ausstellung der Rechnung (nicht dem Erhalt!), spätestens mit Ablauf des dem Erwerb folgenden Kalendermonats. Dies stellt im Falle einer verspäteten Übermittlung der Rechnung durch den Lieferer den Erwerber vor das Problem, eine geeignete Bemessungsgrundlage zu ermitteln, wenn es sich beispielsweise um an Rohstoffindizes gekoppelte Preise handelt, bei denen sich der Einkaufspreis nicht unmittelbar aus dem Kaufvertrag ermitteln lässt. Hier wird der Erwerber gezwungen sein, mit vorläufigen Bemessungsgrundlagen entsprechende innergemeinschaftliche Erwerbe zu melden.

13 **Steuerschuldner** ist der Erwerber, § 13a Abs. 1 Nr. 2 UStG (§ 13a Rz. 10). In Fällen des § 4 Nr. 4a Satz 1 Buchst. a Satz 2 UStG (§ 4 Nr. 4a Rz. 22 ff.), der auch den der Auslagerung vorhergehenden innergemeinschaftlichen Erwerb betreffen kann, schulden der Auslagerer sowie neben diesem der Lagerhalter die Steuer, § 13a Abs. 1 Nr. 6 UStG (§ 13a Rz. 16).

14 Der **Vorsteuerabzug** richtet sich nach § 15 Abs. 1 Satz 1 Nr. 3 UStG (§ 15 Rz. 205 ff.) und besteht ausschließlich für die Steuer auf den innergemeinschaftlichen Erwerb, die nach § 3d Satz 1 UStG (§ 3d Rz. 10 ff.) geschuldet wird, weil sich der Gegenstand des innergemeinschaftlichen Erwerbs bei Ende der Beförderung oder Versendung im Inland befindet. Dieser Vorsteuerabzug setzt allerdings keinen

1 Erwägungsgrund 11 der Richtlinie 91/680/EWG, ABl. EG 1991 Nr. L 376, 1 ff.

2 Erwägungsgrund 7 der Richtlinie (EU) 2018/1910 v. 4.12.2018, ABl. EU Nr. L 311, 3.

3 Weitere Einzelheiten dazu bei *Körner*, MwStR 2021, 57.

4 *Huschens* in Reiß/Kraeusel/Langer, § 6b UStG Rz. 13 (Stand: Juli 2020); *Heuermann* in Sölch/Ringleb, § 6b UStG Rz. 26 (Stand: März 2022).

Erhalt einer Rechnung voraus (§ 15 Rz. 211),[1] so wie spiegelbildlich die Erwerbsteuer ja auch unabhängig vom Erhalt einer Rechnung geschuldet wird.

Für die aufgrund der Regelung des § 3d Satz 2 UStG im Inland geschuldeten Erwerbsteuer besteht dagegen kein Vorsteuerabzug. Hier greift ausschließlich die **Korrekturvorschrift** des § 3d Satz 2 i.V.m. § 17 Abs. 2 Nr. 4 UStG ein (§ 3d Rz. 15 ff.). 15

Die Vorschriften zur **Änderung der Bemessungsgrundlage** nach § 17 Abs. 1 UStG gelten für den innergemeinschaftlichen Erwerb sinngemäß mit der Besonderheit, dass regelmäßig Ausgangssteuer und Vorsteuer in der Person eines Steuerpflichtigen zusammenfallen, § 17 Abs. 1 Satz 5, § 17 Abs. 2 Nr. 1, Nr. 3 und Nr. 4 UStG (§ 17 Rz. 76 ff., 135 f., 142 ff.). Zutreffend wird vertreten, dass eine Minderung der Bemessungsgrundlage der innergemeinschaftlichen Lieferung im Abgangsmitgliedstaat zu einer Minderung der Bemessungsgrundlage des innergemeinschaftlichen Erwerbs im Inland führen kann, da es sich um ein und denselben wirtschaftlichen Vorgang handelt.[2] Dagegen wird argumentiert, dass es in Fällen einer innergemeinschaftlichen Lieferung eines steuerpflichtigen Umsatzes im Sinne des § 17 Abs. 1 S. 1 UStG ermangele, so dass die Korrekturvorschrift nicht eingriffe (§ 17 Rz. 70).[3] Diese Argumentation erfolgt jedoch im Rahmen von „Elida-Gibbs"-Konstellationen, d.h. bei Entgeltminderungen in der Lieferkette, bei denen die Minderung des Vorsteuerabzugs bei einem nachfolgenden Erwerber stattfinden soll, der nicht der Erwerber der innergemeinschaftlichen Lieferung ist.[4] Im Falle einer Entgeltminderung in der unmittelbaren Lieferbeziehung zwischen innergemeinschaftlichem Lieferer und Erwerber ist jedoch der unionsrechtlichen Vorgabe des Art. 90 Abs. 1 MwStSystRL, der allgemein auf eine Verminderung der Steuerbemessungsgrundlage nach Bewirkung des Umsatzes rekurriert, durch § 17 Abs. 1 S. 5 UStG Genüge getan. 16

Da Deutschland von der Option in Art. 268 MwStSystRL keinen Gebrauch gemacht hat, müssen innergemeinschaftliche Erwerbe in **keiner Erwerbseinzelmeldung** aufgeführt werden. Sie werden lediglich in einer Summe der innergemeinschaftlichen Erwerbe im Rahmen der Voranmeldung oder der Jahreserklärung nach § 18 Abs. 1 Satz 3, § 16 Abs. 1 Satz 3 UStG erklärt. 17

Für die Fälle, in denen der nach § 3d Satz 2 UStG bewirkte innergemeinschaftliche Erwerb aufgrund der Erwerbsbesteuerung im Bestimmungsland als besteuert gelten soll, ist der Erwerber allerdings verpflichtet, eine **ZM nach § 18a Abs. 7 Satz 1 Nr. 4 UStG** unter Angabe der USt-IdNr. seines Abnehmers abzugeben. 18

§ 27a UStG regelt die **Erteilung einer USt-IdNr.**, insbesondere wenn diese nach Art. 4 Abs. 2 MwStVO bzw. § 1b Abs. 4 Satz 2 UStG durch Schwellenerwerber zum Verzicht auf die Erwerbsschwelle benötigt wird (Rz. 128 ff.), § 27a Abs. 1 Satz 2 UStG. Der mit Wirkung zum 1.1.2021 eingeführte § 27a Abs. 1a UStG[5] regelt die Möglichkeit der zuständigen Finanzbehörde, eine erteilte USt-IdNr. zu begrenzen. 19

2. Rechtsentwicklung

§ 1a UStG wurde **mit Wirkung zum 1.1.1993** durch das USt-Binnenmarktgesetz[6] eingeführt. Durch Gesetz vom 12.12.1996[7] wurde mit Wirkung zum 1.1.1997 die in § 1a Abs. 1 Nr. 1 Satz 2 UStG enthaltene Reihengeschäftsregelung aufgehoben, nach welcher der (erste) Käufer, welcher ein Umsatzgeschäft mit einem ausländischen Lieferer abgeschlossen hatte, als Erwerber galt. Mit Gesetz vom 8.12.2010[8] wurde mit Wirkung ab 1.1.2011 § 1a Abs. 4 Satz 2 UStG dahingehend geändert, dass der 20

---

1 Vgl. EuGH, Urt. v. 18.3.2021 – C-895/19, ECLI:EU:C:2021:216-A., EU-UStB 2021, 45 m. Anm. *Heinrichshofen*.
2 Vgl. BFH, Beschl. v. 6.6.2019 – V R 41/17, UR 2019, 896, Rz. 101; in der Sache nicht entschieden durch EuGH, Urt. v. 11.3.2021 – C-802/19, ECLI:EU:C:2021:195 – Firma Z, UR 2021, 364; *Erdbrügger*, UR 2021, 333 (337 f.); ebenfalls nicht entschieden durch EuGH, Urt. v. 28.5.2020 – C-684/18, ECLI:EU:C:2020:403 – World Comm Trading Gfz SRL, UR 2020, 853 = MwStR 2020, 573 m. Anm. *Wüst*; EU-UStB 2020, 80 m Anm. *Heinrichshofen*.
3 *Wäger* in Sölch/Ringleb, § 17 UStG Rz. 99 (Stand: März 2021); *Heuermann*, MwStR 2021, 634 (636).
4 Vgl. EuGH, Urt. v. 11.3.2021 – C-802/19, ECLI:EU:C:2021:195 – Firma Z, UR 2021, 364; *Erdbrügger*, UR 2021, 333 (337 f.); entsprechend differenzierend *Stadie* in Rau/Dürrwächter, § 1a UStG Rz. 436 (Stand: März 2023).
5 I.d.F. JStG 2020 v. 21.12.2020, BGBl. I 2020, 3096.
6 Vom 25.8.1992, BGBl. I 1992, 1548.
7 BGBl. I 1996, 1851.
8 JStG 2010, BGBl. I 2010, 1768.

Verzicht auf die Anwendung der Erwerbsbesteuerung unterhalb der Erwerbsschwelle nicht mehr gegenüber dem Finanzamt zu erklären ist, sondern vielmehr durch die Verwendung einer inländischen USt-IdNr. erfolgt.

21 Durch die Richtlinie (EU) 2018/1910 des Rates vom 4.12.2018[1] wurde mit **Wirkung zum 1.1.2020** durch Hinzufügen eines Art. 17a zur MwStSystRL eine verpflichtende Regelung für Konsignationslager eingeführt, nach welcher unter bestimmten Voraussetzungen das grenzüberschreitende Verbringen in ein Konsignationslager im Unionsgebiet nicht mehr einer Lieferung von Gegenständen gegen Entgelt gleichgestellt wird, so dass insofern auch kein Erwerb mehr gegeben ist (Rz. 111 ff.). Die Ausnahmeregelung des Art. 17a Abs. 1 MwStSystRL wurde durch das sog. JStG 2019 in einem neuen Absatz 2a, der auf einen neuen § 6b UStG verweist, umgesetzt.[2]

22 Desgleichen wurde in Umsetzung des Art. 36a MwStSystRL ein neuer § 3 Abs. 6a UStG (§ 3 Rz. 367 ff.) geschaffen, der eine Regelung der Zuordnung der bewegten Lieferung in einem Reihengeschäft normiert, wenn einer der Zwischenhändler die Gegenstände des Reihengeschäfts entweder selbst oder auf seine Rechnung durch einen Dritten versendet oder befördert. Diese so bestimmte Zuordnung der innergemeinschaftlichen Warenbewegung zu einer der Lieferungen im Reihengeschäft bestimmt auch die **Zuordnung des innergemeinschaftlichen Erwerbs.**

23 Am 25.5.2018 hat die Kommission einen **detaillierten Richtlinienvorschlag** zur Änderung der MwStSystRL in Bezug auf das **endgültige Mehrwertsteuersystem** für die Besteuerung des Handels zwischen Mitgliedstaaten vorgelegt.[3] Gegenwärtig ist nicht absehbar, ob dieser Richtlinienvorschlag die erforderliche Zustimmung im Rat finden wird. Nach den Vorschlägen der Kommission zur „Mehrwertsteuer im Digitalen Zeitalter" v. 8.12.2022 sollen ab 2028 innergemeinschaftliche Erwerbe durch den Erwerber jeweils einzeln für jeden Erwerb elektronisch gemeldet werden, Art. 268 MwStSystRL-E.[4] Daneben soll ab dem 1.1.2025 eine sog. „Einzige Anlaufstelle für innergemeinschaftliches Verbringen" eingeführt werden, deren Nutzung zur Steuerbefreiung der innergemeinschaftlichen Erwerbe führt und die damit zu einer Vermeidung von mehrwertsteuerlichen Registrierungen in den Bestimmungsmitgliedstaaten führen soll.[5]

B. Innergemeinschaftlicher Erwerb gegen Entgelt (Absatz 1)

I. Regelungsgegenstand

24 Absatz 1 regelt den **Grundfall** des Erwerbs im Rahmen grenzüberschreitender zwischenunternehmerischer Lieferungen gegen Entgelt in der Union.

II. Entgeltlichkeit

25 **Unentgeltliche Lieferungen** durch andere Unternehmer führen nach h.M. nicht zu einer Erwerbsbesteuerung.[6] Die Auffassung, dass bei einer **unentgeltlichen Übertragung zwischen verbundenen Unternehmen**, wie z.B. zwischen Mutter- und Tochtergesellschaft, aus dem Gleichbehandlungsgrundsatz eine Besteuerung eines innergemeinschaftlichen Erwerbs erforderlich sei, da das Verbringen zwischen Stammhaus und unselbständiger Niederlassung als innergemeinschaftliches Verbringen (mit Ein-

1 ABl. EU 2018 Nr. L 311, 3.
2 Gesetz zur weiteren steuerlichen Förderung der Elektromobilität und zur Änderung weiterer steuerlicher Vorschriften v. 12.12.2019 (JStG 2019), BGBl. I 2019, 2451.
3 Kommission, Vorschlag für eine Richtlinie zur Änderung der Richtlinie 2006/112/EG vom 11.12.2018, COM (2018) 819 final, BR-Drucks. 297/18.
4 Dokument COM(2022) 701 final, URL: eur-lex.europa.eu/legal-content/DE/TXT/PDF/?uri=CELEX:52022PC0701, abgerufen am 4.1.2024; detaillierte Ausführungen und Kritik dazu s. *Körner*, MwStR 2023, 159 (167).
5 Weitere Details dazu s. *Körner*, MwStR 2023, 159 (163 f.).
6 *Peltner* in Weymüller, BeckOK, § 1a UStG Rz. 35 (Stand: September 2023); *Friedrich-Vache* in Reiß/Kraeusel/Langer, § 1a UStG Rz. 32 (Stand: November 2022).

schränkungen, Rz. 64) der Erwerbsbesteuerung unterliegt,[1] hat keine sekundärrechtliche Umsetzung im Unionsrecht gefunden. Der primärrechtliche Gleichbehandlungsgrundsatz, wie er in Art. 20 i. V. m. Art. 51 Abs. 1 GrCh normiert ist, kann dabei nicht gleichsam nur hälftig zu Lasten der Steuerpflichtigen angewandt werden, wenn nicht gleichzeitig eine Entlastung im Abgangsmitgliedstaat stattfindet. Die Lösung der Ungleichbehandlung muss im Rahmen des Systems der **gleichgestellten Lieferungen nach Art. 16 MwStSystRL** (im Inland § 3 Abs. 1b UStG, § 3 Rz. 73 ff.) gefunden werden. Damit kann in diesen Fällen einer unentgeltlichen Lieferung – unabhängig davon, ob zwischen verbundenen Unternehmern oder nicht – ein innergemeinschaftlicher Erwerb im Inland nur dann vorliegen, wenn der Abgangsmitgliedstaat die Zuwendung, obwohl für Zwecke des Unternehmens vorgenommen, als steuerbare gleichgestellte Lieferung ansieht und entsprechend als innergemeinschaftliche Lieferung von der Steuer befreit.

Die unentgeltliche Lieferung von **Warenmuster** ist jedoch in jedem Fall von der Erwerbsbesteuerung ausgenommen, Art. 16 Unterabs. 2 MwStSystRL. 26

Als Lieferung gegen Entgelt gilt dagegen das Verbringen eines Gegenstandes, Art. 17 Abs. 2 MwStSystRL, unter den dort aufgeführten Voraussetzungen. In Absatz 2 wurde eine entsprechende **Sonderregelung für das Verbringen ins Inland** geschaffen (Rz. 81 ff.). 27

III. Gelangen in das Gebiet eines anderen Mitgliedstaats bei einer Lieferung an den Abnehmer (Absatz 1 Nr. 1)

1. Gelangen in das Gebiet eines anderen Mitgliedstaats

Die Norm erwähnt nicht das Gelangen in das Inland, sondern stellt auf das Gelangen aus dem Gebiet eines Mitgliedstaates in das Gebiet eines anderen Mitgliedstaates ab. Das ist insofern zutreffend, da in den Fällen des Art. 41 Abs. 1 MwStSystRL ein Erwerb im Inland auch dann **steuerbar** ist, wenn der Gegenstand der Lieferung gar **nicht ins Inland gelangt**, der Erwerber jedoch eine inländische USt-IdNr. verwendet.[2] § 3d UStG allein ist als Regelung des Ortes der Besteuerung für eine Begründung der Steuerbarkeit von Erwerben nicht ausreichend (§ 3d Rz. 7). 28

2. Lieferung eines Gegenstandes an den Abnehmer

a) Gegenstand

Gegenstände i.S.d. innergemeinschaftlichen Erwerbs sind **körperliche Gegenstände**, Art. 14 Abs. 1 MwStSystRL, die zudem beweglich sein müssen, Art. 20 Abs. 1 MwStSystRL. Die Beschränkung auf bewegliche Gegenstände ist zwar nicht dem Wortlaut nach in § 1a Abs. 1 Nr. 1 UStG umgesetzt worden, ergibt sich aber daraus, dass die Gegenstände in das Gebiet eines anderen Mitgliedstaates gelangen müssen (Rz. 28). 29

Als körperliche Gegenstände werden grundsätzlich auch **Elektrizität, Gas, Wärme oder Kälte und ähnliche Sachen** behandelt, Art. 15 Abs. 1 MwStSystRL. Lieferungen von Gas, Wärme oder Kälte sind jedoch aufgrund der Sonderregelung des Ortes der Besteuerung in Art. 38 MwStSystRL, § 3g Abs. 1 UStG aus dem Anwendungsbereich des § 1a UStG ausgeschlossen, wenn sie über Erdgas-, Wärme- oder Kältenetze **an Wiederverkäufer** erfolgen. Gleiches gilt für Lieferungen von Elektrizität, wenn sie an Wiederverkäufer erfolgen, jedoch ohne dass es auf die Netzgebundenheit ankommt. 30

Erfolgen solche Lieferungen **an andere als Wiederverkäufer**, kommt dennoch kein innergemeinschaftlicher Erwerb bei Verbrauch oder tatsächlicher Nutzung zustande. Dies ergibt sich aus den Sonderregelungen des Ortes der Besteuerung in Art. 39 MwStSystRL, § 3g Abs. 2 UStG, die Regelungen zur Ortsbestimmung einer ruhenden Lieferung darstellen, so dass es am Tatbestandsmerkmal eines „Gelangens" ins Inland fehlt.[3] 31

---

1 *Stadie* in Rau/Dürrwächter, § 1a UStG Rz. 251–254 (Stand: März 2023).

2 *Stadie* in Rau/Dürrwächter, § 1a UStG Rz. 119 (Stand: März 2023); *Peltner* in Weymüller, BeckOK, § 1a UStG Rz. 42.1 (Stand: September 2023).

3 *Heuermann* in Sölch/Ringleb, § 1a UStG Rz. 11 (Stand: Juni 2022); Abschn. 1a.1 Abs. 1 Satz 7 UStAE.

32 frei

33 Die **Übertragung eines Einzweckgutscheins** i.S.d. § 3 Abs. 14 Satz1 UStG gilt zwar als Lieferung des Gegenstandes, auf den sich der Gutschein bezieht, § 3 Abs. 14 Satz 2 UStG (§ 3 Rz. 679 ff.). Der Gutschein kann, muss aber kein körperlicher Gegenstand sein. Der Begriff des „Instruments" umfasst auch Gutscheine in elektronischer Form.[1] Aufgrund dieser nicht eindeutig zuordenbaren Form als „Instrument" kann der Einzweckgutschein nicht als körperlicher Gegenstand angesehen werden. Insofern führt die Übertragung eines Gutscheins an einen inländischen Erwerber auch nicht zu einem „Gelangen" ins Inland. Da der körperliche Gegenstand, auf den sich der Gutschein bezieht, bei der Übertragung des Gutscheins nicht bewegt wird, wird teilweise angenommen, dass eine ruhende Lieferung i.S.d. Art. 31 MwStSystRL, § 3 Abs. 7 Satz 1 UStG vorliegt,[2] mithin ebenfalls kein „Gelangen" in das Inland. Gegen diese Auffassung spricht, dass zur Beurteilung der Tatbestandsvoraussetzungen des § 3 Abs. 14 Satz 1 UStG bereits dessen Rechtsfolge nach Satz 5 (Unbeachtlichkeit der späteren tatsächlichen Lieferung) herangezogen wird.[3] Eine andere Auffassung rechnet den späteren Transport des Gegenstandes, auf welchen sich der Einzweckgutschein bezieht, als Gelangen ins Inland bei einer Lieferung zu.[4] Zutreffenderweise ist jedoch in solchen Fällen nicht vom Vorliegen eines Einzweck- sondern vielmehr eines Mehrzweckgutscheins auszugehen (§ 3 Rz. 688), da das Vorliegen des notwendigen Tatbestandsmerkmals „Gelangen in einen anderen Mitgliedstaat" (Rz. 50 ff.) im Zeitpunkt der Übertragung des Gutscheins unsicher ist.

34 Die **Übertragung von Mehrzweckgutscheinen** ist nicht steuerbar, § 3 Abs. 15 Satz 2 UStG, und kann daher auch nicht zu einem innergemeinschaftlichen Erwerb führen.

35 Die **Übertragung von Miteigentumsanteilen** stellt eine Lieferung dar.[5] Gelangt der körperliche Gegenstand, auf den der Miteigentumsanteil bezogen ist, im Zusammenhang mit der Übertragung des Miteigentumsanteils in das Inland, liegt ein innergemeinschaftlicher Erwerb eines körperlichen Gegenstandes vor.[6] Im Hinblick auf die anderen Miteigentumsanteile, die nicht übertragen werden, kann gegebenenfalls ein innergemeinschaftlicher Erwerb aufgrund Verbringens ins Inland vorliegen,[7] soweit die übrigen Voraussetzungen des § 1a UStG, vor allem die Unternehmereigenschaft der übrigen Inhaber der Miteigentumsanteile, vorliegen.

36 Bei der **Übertragung von Gewichtsguthaben auf Metallgewichtskonten** kommt es auf den Grad der Konkretisierung von Übergabeort, Form, Stückelung und Reinheit des Metalls vor der Übertragung an. Nur wenn das Metall **hinreichend** bei der Übertragung des Gewichtsguthabens **konkretisiert** ist und zudem physisch in einen Mitgliedstaat versendet oder befördert wird, kann ein innergemeinschaftlicher Erwerb vorliegen.[8]

37 Steht dagegen bei der Übertragung von Gewichtsguthaben auf Metallgewichtskonten zwischen den Beteiligten noch nicht fest, wann und ob überhaupt das Metall physisch zur Verfügung gestellt wird, oder ist der Belegenheitsort des physischen Metalls nicht bekannt oder steht nicht fest, in welcher Form, Stückelung und Reinheit die Metalle abgerufen werden können, liegt eine **sonstige Leistung** vor[9] – ein innergemeinschaftlicher Erwerb scheidet dagegen aus.

b) Lieferung an den Abnehmer

38 Die Einstufung eines Umsatzes als innergemeinschaftliche Lieferung und innergemeinschaftlicher Erwerb ist **nicht von der Einhaltung einer konkreten Frist abhängig**, innerhalb derer die Beförderung

---

1 Erwägungsgrund 6 der Richtlinie (EU) 2016/1065, ABl. EU 2016 Nr. L 177, 9 ff.; *Englisch*, ifst-Schrift 515 (2017), 13.

2 *Sterzinger*, UR 2019, 1 (4); Abschn. 3.17 Abs. 5 S. 1 UStAE.

3 *Heuermann* in Sölch/Ringleb, § 3 UStG Rz. 801 (Stand: Oktober 2022).

4 *Stadie* in Rau/Dürrwächter, § 1a UStG Rz. 93 (Stand: März 2023).

5 Vgl. BFH, Urt. v. 18.2.2016 – V R 53/14, UR 2016, 436 m. Anm. *Küffner*, Rz. 27 ff.; vgl. BFH, Urt. v. 22.11.2018 – V R 65/17, UR 2019, 176 m. Anm. *Heinrichshofen* zur Bruchteilsgemeinschaft.

6 Vgl. BFH, Urt. v. 18.2.2016 – V R 53/14, UR 2016, 436 m. Anm. *Küffner*, Rz. 38 in Bezug auf den Erwerb.

7 So auch *Stadie* in Rau/Dürrwächter, § 1a UStG Rz. 35 (Stand: März 2023).

8 Einzelheiten in Abschn. 3.5. Abs. 2 Nr. 7 UStAE.

9 Einzelheiten in Abschn. 3.5. Abs. 3 Nr. 19 UStAE.

oder Versendung des Gegenstandes der Lieferung in den Bestimmungsmitgliedstaat begonnen oder abgeschlossen sein muss. Es ist jedoch erforderlich, dass ein zeitlicher und sachlicher Zusammenhang zwischen der Lieferung des Gegenstandes (Verschaffung der Verfügungsmacht) und seiner Beförderung oder Versendung sowie ein kontinuierlicher Ablauf des Vorgangs gegeben ist.[1]

Die vorherige **Be- oder Verarbeitung** der Gegenstände der Lieferung **im Abgangsmitgliedstaat im Auftrag des Lieferers** führt lediglich dazu, dass der Gegenstand der Lieferung an den Abnehmer und damit des innergemeinschaftlichen Erwerbes der bereits be- bzw. verarbeitete Gegenstand ist. 39

Wird dagegen die **Be- oder Verarbeitung im Abgangsmitgliedstaat durch den Erwerber beauftragt**, 40 erreicht ein anderer Gegenstand den Bestimmungsmitgliedstaat als er an den Erwerber geliefert wird, zumindest, wenn die Gefahr des Untergangs auf den Erwerber übergegangen ist.[2] Damit erlangt der Erwerber bereits im Abgangsmitgliedstaat die Verfügungsmacht an den unverarbeiteten Gegenständen, so dass – ohne gesonderte gesetzliche Regelung analog der inländischen Regelung des § 6a Abs. 1 S. 2 UStG – eine innergemeinschaftliche Lieferung der unverarbeiteten Gegenstände durch den Lieferer nicht mehr in Frage käme. In Bezug auf den innergemeinschaftlichen Erwerb beschränken sich aber die Auswirkungen auf die Bemessungsgrundlage des Erwerbsund ändern nichts an der Person des innergemeinschaftlichen Erwerbers. Der Erwerber hat auch in diesen Fällen im Inland den innergemeinschaftlichen Erwerb zu versteuern. In diesen Fällen kommt es somit für die Zwecke des § 1a UStG nicht darauf an, § 6a Abs. 1 Satz 2 UStG entsprechend anzuwenden.[3] Lediglich für Zwecke der Bestimmung der Bemessungsgrundlage des innergemeinschaftlichen Erwerbs im Inland muss ermittelt werden, ob die Kosten der Be- oder Verarbeitung in diese nach § 10 Abs. 4 Satz 1 Nr. 1 UStG einzubeziehen sind.[4]

Erfolgt die **Be- oder Verarbeitung** dagegen **im Auftrag des Lieferers im Bestimmungsmitgliedstaat**, 41 so ist dieser nach der Rechtsprechung des EuGH als Lieferer einer im Bestimmungsmitgliedstaat zu verortenden Lieferung anzusehen[5] und ergo auch eines entsprechend vorgelagerten innergemeinschaftlichen Erwerbs. Diese Rechtsprechung ist problematisch[6] und schwer mit dem Unionsprimärrecht in Einklang zu bringen, ist es doch gerade Ziel des Binnenmarktes, den grenzüberschreitenden Verkehr von Dienstleistungen – hier in Form der Beauftragung der Be- oder Verarbeitung in einem Mitgliedstaat – zu befördern, Art. 26 Abs. 1 und 2, Art. 56 AEUV. Die sich aus der Rechtsprechung des EuGH ergebende mehrwertsteuerliche Registrierungspflicht des Lieferers im Bestimmungsmitgliedstaat in diesen Fällen ist geeignet, die grenzüberschreitende Beauftragung solcher Be- oder Verarbeitung durch den ausländischen Lieferer zu verhindern.

Erfolgt die **Be- oder Verarbeitung im Auftrag des Erwerbers im Bestimmungsmitgliedstaat**, ergeben sich keinerlei Auswirkungen auf den innergemeinschaftlichen Erwerb. 42

Lieferungen, insbesondere **Werklieferungen** i.S.d. § 3 Abs. 4 UStG, führen nur dann zu einem innergemeinschaftlichen Erwerb des Abnehmers im Inland, wenn der Gegenstand der Lieferung sich beim Gelangen in das Inland bereits in dem marktgängigen Zustand befindet wie er bei Übertragung der Verfügungsmacht an den Abnehmer bestehen soll, also bspw. eine betriebsfertige Maschine, die lediglich zu Transportzwecken vorübergehend demontiert wurde.[7] Wird der marktgängige Zustand, wie er bei der Übertragung an den Abnehmer bestehen soll, dagegen erst durch die Zusammensetzung aus Einzelteilen oder vergleichbarer Behandlung (z.B. Mischen) im Inland erreicht, werden Gegenstände 43

1 St. Rspr. vgl. EuGH, Urt. v. 18.11.2010 – C-84/09, ECLI:EU:C:2010:693 – X, UR 2011, 103; BFH, Urt. v. 11.3.2020 – XI R 7/18, DStR 2020, 2371 m. Anm. *Treiber*, Rz. 45.

2 *Stadie* in Rau/Dürrwächter, § 1a UStG Rz. 94 (Stand: März 2023).

3 So *Friedrich-Vache* in Reiß/Kraeusel/Langer, § 1a UStG Rz. 62 (Stand: November 2022).

4 **A.A.** *Stadie* in Rau/Dürrwächter, § 1a UStG Rz. 96 Fn. 3 (Stand: März 2023), wonach der Wert der Bearbeitung, für die der Erwerber die Steuer im Inland nach § 13b UStG schuldet, mit betrachtet werden muss. Das ist aber nicht zwingend, da der Erwerber beispielsweise in einem anderen Mitgliedstaat ansässig sein kann und dort nach Art. 44, 196 MwStSystRL die Mehrwertsteuer für die Umarbeitungsleistung schuldet.

5 Vgl. EuGH, Urt. v. 2.10.2014 – C-446/13, ECLI:EU:C:2014:2252 – Fonderie 2A, UR 2014, 928 m. Anm. *Maunz/Luther*.

6 *Stadie* in Rau/Dürrwächter, § 1a UStG Rz. 106 (Stand: März 2023).

7 *Peltner* in Weymüller, BeckOK, § 1a UStG Rz. 38.1 (Stand: September 2023); Abschn. 3.12 Abs. 4 Satz 7 UStAE.

anderer Art befördert oder versendet,[1] so dass kein innergemeinschaftlicher Erwerb des Abnehmers gegeben ist.[2] Für Fälle der Installation oder Montage im Inland durch den Lieferer ist dies in Art. 36 Abs. 1 MwStSystRL geregelt, der keine Entsprechung im UStG hat. In diesen Fällen ist allerdings auch ein innergemeinschaftlicher Erwerb des Lieferanten ausgeschlossen, Art. 17 Abs. 2 Buchst. b MwStSystRL. Wird die Marktgängigkeit durch andere Behandlungen als Installation oder Montage durch den Lieferer hergestellt (z.B. durch Vermischen), kann allerdings ein innergemeinschaftlicher Erwerb in Bezug auf die Vorprodukte durch den Lieferer im Inland vorliegen.

44 Beim **Leasing** von Gegenständen ist aufgrund des notwendigerweise grenzüberschreitenden Sachverhaltes beim innergemeinschaftlichen Erwerb nicht auf die nationalen Auslegungen, die auf das Einkommensteuerrecht rekurrieren, zurück zu greifen, sondern auf die Legaldefinition des Art. 14 Abs. 2 Buchst. b MwStSystRL. Sofern der Leasingvertrag dem Leasingnehmer die Option einräumt, den Gegenstand des Vertrages zum Ende der Laufzeit zu kaufen, ist von einer Lieferung und damit von einem innergemeinschaftlichen Erwerb bereits bei Übergabe des Leasinggegenstandes auszugehen, wenn die Optionsausübung zu diesem Zeitpunkt als wirtschaftlich einzig rationale Möglichkeit für den Leasingnehmer erscheint.[3] Für Leasingfälle, bei denen nach diesen Gesichtspunkten keine Lieferung an den Leasingnehmer bei Übergabe des Leasinggegenstandes vorliegt, kann ein innergemeinschaftlicher Erwerb des Leasinggebers vorliegen.

45 Bei **Diebstahl oder Zerstörung** kann nur dann ein innergemeinschaftlicher Erwerb des Schädigers vorliegen, wenn dieser dem Lieferer Schadenersatz für die entwendeten oder zerstörten Gegenstände leistet.[4]

46 Ein innergemeinschaftlicher Erwerb des Abnehmers liegt dann vor, wenn dieser bereits bei Beginn der Beförderung/des Versendens aus dem anderen Mitgliedstaat als Abnehmer der Lieferung feststeht.[5] Die **Einlagerung der Ware in ein inländisches Lager** unterbricht dabei nicht die Beförderung oder Versendung, wenn sie nur für kurze Zeit erfolgt, um den produktionsbedingt beim Abnehmer für die nächsten Tage und Wochen benötigten Warenbedarf zu decken.[6]

47 Umstritten ist, ob bereits eine **verbindliche Bestellung des Abnehmers** bei Beginn der Beförderung/des Versendens aus dem anderen Mitgliedstaat vorliegen muss. Die Rechtsprechung setzt eine solche verbindliche Bestellung vor Einlagerung voraus, beim Abschluss eines verbindlichen Kaufvertrages nach Einlagerung im Inland liegt dagegen ein innergemeinschaftlicher Erwerb des Verkäufers, gefolgt von einer steuerbaren ruhenden Lieferung im Inland i.S.d. § 3 Abs. 7 Satz 1 UStG vor.[7] Eine nur wahrscheinliche Abnahme des potentiellen Erwerbers zum Zeitpunkt des Beginns der Beförderung/des Versendens aus dem anderen Mitgliedstaat ist nach Ansicht der Rechtsprechung somit nicht ausreichend.[8] Das ist sicherlich zutreffend, wenn aus derartigen Auslieferungslagern mehrere Abnehmer entnehmen können, so dass bei Lagerbeschickung der konkrete Abnehmer für den jeweiligen Gegenstand, der in das Lager befördert/versendet wird, noch nicht identifiziert werden kann.[9]

48 Nicht nachvollziehbar ist diese strikte Auffassung der Rechtsprechung jedoch in Fällen, in denen **nur ein Abnehmer aus dem Lager entnehmen darf**. In der Praxis sehen die Vereinbarungen oft vor, dass der Lieferer eine gewisse Lagerreichweite – z.B. Ware für eine Reichweite von 30 Arbeitstagen auf Basis des rollierenden Durchschnitts der letzten 30 Arbeitstage – sicherstellen muss.[10] Dann liegt bei Lager-

---

1 *Heuermann* in Sölch/Ringleb, § 1a UStG Rz. 12 (Stand: Juni 2022).

2 Im Ergebnis so auch: *Friedrich-Vache* in Reiß/Kraeusel/Langer, § 1a UStG Rz. 10 (Stand: November 2022).

3 Vgl. EuGH, Urt. v. 4.10.2017 – C164/16, ECLI:EU:C:2017:734 – Mercedes Benz Financial Services UK, UR 2018, 14; *Friedich-Vache* in Reiß/Kraeusel/Langer, § 1a UStG Rz. 18.1 (Stand: November 2022); Abschn. 3.5 Abs. 5 UStAE.

4 *Stadie* in Rau/Dürrwächter, § 1a UStG Rz. 44.1 (Stand: März 2023); *Frye* in Rau/Dürrwächter, § 6a UStG Rz. 130 (Stand: September 2022).

5 Vgl. BFH, Urt. v. 20.10.2016 – V R 31/15, BStBl. II 2017, 1076 = UR 2017, 185 m. Anm. *Monfort*.

6 Vgl. BFH, Urt. v. 20.10.2016 – V R 31/15, BStBl. II 2017, 1076 = UR 2017, 185 m. Anm. *Monfort*, Rz. 19.

7 Vgl. BFH, Urt. v. 16.11.2016 – V R 1/16, BStBl. II 2017, 1079 = UR 2017, 354, Rz. 24.

8 Vgl. BFH, Urt. v. 20.10.2016 – V R 31/15, BStBl. II 2017, 1076 = UR 2017, 185 m. Anm. *Monfort*, Rz. 23.

9 *Neeser*, UVR 2017, 189 (192); *Langer*, DStR 2017, 242 (243).

10 Ähnlicher Sachverhalt im Falle des Urteils des BFH v. 16.11.2016 – V R 1/16, BStBl. II 2017, 1079 = UR 2017, 354.

beschickung zwar noch keine verbindliche Bestellung des Abnehmers vor, aber es steht fest, dass nur dieser Abnehmer der Ware sein kann oder aber die Ware vom Lieferer zurückgenommen wird. In letzterem Fall wird jedoch in der Regel wegen der lediglich vorübergehenden Verwendung der Ware im Inland ein innergemeinschaftlicher Erwerb des Lieferers ausgeschlossen sein.

49 Die **mit Wirkung ab dem 1.1.2020** in § 6b UStG, auf welchen Absatz 2a verweist, eingeführte gesetzliche **Konsignationslagerregelung** (Rz. 111 ff.) kommt nur dann zum Tragen, wenn in Anwendung der vorab ausgeführten Grundsätze keine innergemeinschaftliche Lieferung, sondern ein innergemeinschaftliches Verbringen des Lieferers vorliegt (Rz. 113 und § 6b Rz. 10).

3. Gelangen aus einem Mitgliedstaat in einen anderen

50 Der Gegenstand des Erwerbes muss bei einer Lieferung an den Abnehmer aus dem Gebiet eines Mitgliedstaates **in das Gebiet eines anderen Mitgliedstaates gelangen**. In der Regel wird sich dabei ein innergemeinschaftlicher Erwerb im Inland daraus ergeben, dass sich die Gegenstände des Erwerbs am Ende ihrer grenzüberschreitenden Beförderung oder Versendung in der Union physisch im Inland befinden, Art. 40 MwStSystRL, § 3d Satz 1 UStG. Der innergemeinschaftliche Erwerb wird aber auch dann im Inland bewirkt, wenn der Erwerber bei einer solchen grenzüberschreitenden Beförderung oder Versendung in der Union gegenüber dem Lieferer seine deutsche USt-IdNr. verwendet, Art. 41 Abs. 1 MwStSystRL, § 3d Satz 2 UStG (Rz. 69 und § 3d Rz. 23).

51 Auch wenn es keine gesetzliche **Verknüpfung** der zugrunde liegenden Art. 2 Abs. 1 Buchst. b, Art. 20 Abs. 1 MwStSystRL **mit der Steuerbefreiung einer innergemeinschaftlichen Lieferung** nach Art. 138 MwStSystRL gibt,[1] so ist mit der Neuregelung des Art. 138 Abs. 1 Buchst. b, Abs. 1a MwStSystRL zum 1.1.2020, der die Mitteilung der MwSt-IdNr. des Erwerbers und die Aufnahme der Lieferung in die Zusammenfassende Meldung als materielle Voraussetzung der Steuerbefreiung normiert, ein stärkerer Gleichlauf beider Tatbestände normiert worden.[2] Es ist ständige Rechtsprechung des EuGH, dass mit jedem innergemeinschaftlichen Erwerb, der im Bestimmungsmitgliedstaat besteuert wird, eine steuerfreie innergemeinschaftliche Lieferung im Abgangsmitgliedstaat einhergeht, da beide Regelungen dieselbe Bedeutung und Reichweite haben.[3] Nur in ihrem Zusammenspiel gewährleisten sie die klare Abgrenzung der Steuerhoheit der Mitgliedstaaten.[4]

52 Die Voraussetzung eines Grenzübertritts zwischen Mitgliedstaaten ist Tatbestandsmerkmal eines innergemeinschaftlichen Erwerbs.[5] Wenn **mehrere** gegen Entgelt vorgenommene **Erwerbe** zu einer **einzigen innergemeinschaftlichen Versendung oder Beförderung** von Gegenständen führen, kann diese Versendung oder Beförderung daher nur einem dieser Erwerbe zugeordnet werden.[6] Obwohl es eine gewisse Angleichung an die Verfahren der Beförderung verbrauchsteuerpflichtiger Waren nach der Richtlinie 2008/118/EG gibt, wird aber der innergemeinschaftliche Erwerb für Mehrwertsteuerzwecke ohne Berücksichtigung des verbrauchsteuerpflichtigen Erwerbers im Bestimmungsland ermittelt.[7] Entscheidend ist nach der Rechtsprechung des EuGH allein das zeitliche Verhältnis der Erlangung der Verfügungsmacht zur innergemeinschaftlichen Beförderung/Versendung, ohne dass es darauf an-

---

1 Vgl. EuGH, Urt. v. 19.12.2018 – C-414/17, ECLI:EU:C:2018:1027 – AREX CZ, UR 2019, 101 m. Anm. *Nieskens*, Rz. 37.

2 *Stadie* in Rau/Dürrwächter, § 1a UStG Rz. 15 f. (Stand: März 2023).

3 Vgl. zuletzt EuGH, Urt. v. 7.7.2022 – C-696/20, ECLI:EU:C:2022:528 – Dyrektor Izby Skarbowej w W., UR 2022, 622, Rz. 51.

4 Vgl. EuGH, Urt. v. 19.12.2018 – C-414/17, ECLI:EU:C:2018:1027 – AREX CZ, UR 2019, 101 m. Anm. *Nieskens*, Rz. 44.

5 Vgl. EuGH, Urt. v. 23.4.2020 – C-401/18, ECLI:EU:C:2020:295 – Herst, UR 2020, 386 m. Anm. *Nieskens*, Rz. 34; EuGH, Urt. v. 19.12.2018 – C-414/17, ECLI:EU:C:2018:1027 – AREX CZ, UR 2019, 101 m. Anm. *Nieskens*, Rz. 61.

6 Vgl. EuGH, Urt. v. 23.4.2020 – C-401/18, ECLI:EU:C:2020:295 – Herst, UR 2020, 386 m. Anm. *Nieskens*, Rz. 43; EuGH, Urt. v. 19.12.2018 – C-414/17, ECLI:EU:C:2018:1027 – AREX CZ, UR 2019, 101 m. Anm. *Nieskens*, Rz. 63.

7 Vgl. EuGH, Urt. v. 23.4.2020 – C-401/18, ECLI:EU:C:2020:295 – Herst, UR 2020, 386 m. Anm. *Nieskens*, Rz. 50; *Körner*, MwStR 2019, 153.

kommt, dass der Erwerber physisch über den Gegenstand verfügen muss oder der Gegenstand physisch zu diesem befördert oder von diesem empfangen wird.[1]

53 Bei **Abholfällen** ist der letzte Erwerber in der Reihe, der im Abgangsmitgliedstaat die Befugnis erhält, wie ein Eigentümer zu verfügen, weil er mit eigenen Fahrzeugen oder mittels von ihm bestellter Frachtführer den grenzüberschreitenden Transport bewirkt, derjenige, der einen innergemeinschaftlichen Erwerb bewirkt.[2] Bei **Freihauslieferungen** ist dagegen vom liefernden Unternehmer her zu denken. Der liefernde Unternehmer, der den grenzüberschreitenden Transport mit eigenen Fahrzeugen oder mittels von ihm bestellter Frachtführer bewirkt und damit als erster Lieferer in der Reihe im Bestimmungsstaat die Befugnis, wie ein Eigentümer zu verfügen, überträgt, verursacht den innergemeinschaftlichen Erwerb seines Erwerbers. Die im Inland bestehenden Regelungen des § 3 Abs. 6a Sätze 2 und 3 UStG sind ohne Entsprechung in der MwStSystRL (§ 3 Rz. 377).

54 **Ab dem 1.1.2020** wird in Fällen, in denen ein **Zwischenhändler** die grenzüberschreitende Beförderung oder Versendung veranlasst, eine gesetzliche Regelung zur Zuordnung der innergemeinschaftlichen Beförderung oder Versendung im Reihengeschäft getroffen. Art. 36a MwStSystRL (§ 3 Rz. 321 f.) wird im Inland durch § 3 Abs. 6a Sätze 4 und 5 UStG umgesetzt (§ 3 Rz. 377).

55 Diese sich aus dem immer noch bestehenden Grenzausgleich für Lieferungen innerhalb der Union[3] ergebende Korrespondenz[4] zwischen innergemeinschaftlichem Erwerb und innergemeinschaftlicher Lieferung führt **nicht** zu einer **verfahrensrechtlichen Konnexität**[5] in dem Sinne, dass ein Mitgliedstaat an die Entscheidung eines anderen Mitgliedstaats gebunden ist.

56 Für den **Mitgliedstaat der Beendigung des Versands oder der Beförderung der Gegenstände** sieht Art. 16 Abs. 1 MwStVO vielmehr ausdrücklich vor, dass dieser Mitgliedstaat seine Besteuerungskompetenz im Hinblick auf den innergemeinschaftlichen Erwerb **unabhängig von der mehrwertsteuerlichen Behandlung** des Umsatzes **im Abgangsmitgliedstaat** wahrnimmt. Ein liefernder Unternehmerkann zwar im Abgangsmitgliedstaat nach Art. 16 Abs. 2 MwStVO die Berichtigung der in Rechnung gestellten und an den Fiskus erklärten Mehrwertsteuer beantragen. Den Antrag bearbeitet dieser Mitgliedstaat jedoch nach seinen nationalen Regelungen. Dieser Antrag wiederum hat keine Auswirkungen auf die Besteuerung des innergemeinschaftlichen Erwerbs.[6] Durch die Normierung der Mitteilung der MwSt-IdNr. des Erwerbers und die Aufnahme der Lieferung in die Zusammenfassende Meldung als materielle Voraussetzung der Steuerbefreiung in Art. 138 Abs. 1 Buchst. b, Abs. 1a MwStSystRL zum 1.1.2020 soll aber nunmehr eine korrespondierende Besteuerung gewährleistet sein.[7]

57 Im Falle des innergemeinschaftlichen Erwerbs, der vom Mitgliedstaat der mehrwertsteuerlichen Identifizierung auf Basis der Ortsregelung des Art. 41 Unterabs. 1 MwStSystRL (im Inland § 3d Satz 2 UStG) besteuert wird, liegt aber eine **Akzessorietät des innergemeinschaftlichen Erwerbs zur Steuerbefreiung als innergemeinschaftliche Lieferung vor.** Die unionsrechtlichen Grundsätze der Verhältnismäßigkeit und der steuerlichen Neutralität verlangen, dass die Anwendung des Art. 41 MwStSystRL auf solche innergemeinschaftlichen Erwerbe von Gegenständen beschränkt wird, die mit einer steuerbefreiten innergemeinschaftlichen Lieferung dieser einhergehen.[8] Art. 16 Abs. 1 MwStVO ist in diesem Fall nicht anwendbar, da in diesen Fällen der Mitgliedstaat der Besteuerung des innergemein-

1 Vgl. EuGH, Urt. v. 23.4.2020 – C-401/18, ECLI:EU:C:2020:295 – Herst, UR 2020, 386 m. Anm. *Nieskens*, Rz. 38 und 46; EuGH, Urt. v. 19.12.2018 – C-414/17, ECLI:EU:C:2018:1027 – AREX CZ, UR 2019, 101 m. Anm. *Nieskens*, Rz. 74, 75; *v. Streit*, EU-UStB 2019, 15 (17 f.).

2 Vgl. EuGH, Urt. v. 23.4.2020 – C-401/18, ECLI:EU:C:2020:295 – Herst, UR 2020, 386 m. Anm. *Nieskens*.

3 *Englisch* in Tipke/Lang, Steuerrecht[24], Rz. 17.412.

4 *Stadie* in Rau/Dürrwächter, § 1a UStG Rz. 15 f. (Stand: März 2023); *Huschens*, UVR 2020, 307 (315); *Körner*, MwStR 2019, 153.

5 *Friedrich-Vache* in Reiß/Kraeusel/Langer, § 1a UStG Rz. 7 (Stand: November 2022); *Heuermann* in Sölch/Ringleb, § 1a UStG Rz. 4b (Stand: Juni 2022).

6 *Stadie* in Rau/Dürrwächter, § 1a UStG Rz. 18 (Stand: März 2023).

7 *Stadie* in Rau/Dürrwächter, § 1a UStG Rz. 16 (Stand: März 2023).

8 Vgl. EuGH, Urt. v. 7.7.2022 – C-696/20, ECLI:EU:C:2022:528 – Dyrektor Izby Skarbowej w W., UR 2022, 622, Rz. 55.

schaftlichen Erwerbs gerade nicht der Mitgliedstaat der Beendigung des Versands oder der Beförderung der Gegenstände ist.[1]

4. Gelangen aus dem übrigen Gemeinschaftsgebiet in die in § 1 Abs. 3 bezeichneten Gebiete

Da die in § 1 Abs. 3 UStG bezeichneten Gebiete nicht zum Inland oder zu einem anderen Mitglied- 58
staat gehören, wäre ein innergemeinschaftlicher Erwerb nach den allgemeinen Regeln nicht steuerbar. Diese Besteuerungslücke wird für bestimmte, in § 1 Abs. 3 Satz 1 Nr. 1, 7 sowie § 1 Abs. 3 Satz 2 UStG aufgezählte Fälle und Erwerber geschlossen, um unbelasteten Letztverbrauch zu vermeiden.[2] Dies betrifft die beiden verbliebenen **Freizonen nach Art. 243 UZK** in Bremerhaven und Cuxhaven sowie die **Gewässer und Watten zwischen der Strandlinie und der deutschen Hoheitsgrenze** (12-Seemeilen-Zone).[3] Besteuert wird der Erwerb von Gegenständen zum Ge- oder Verbrauch oder zur Ausrüstung oder Versorgung für nicht unternehmerische Zwecke, § 1 Abs. 3 Satz 1 Nr. 1 Buchst. a UStG, für ausschließliche oder teilweise Verwendung für nach § 4 Nr. 8 bis 27 und 29 UStG steuerfreie Tätigkeiten, § 1 Abs. 3 Satz 1 Nr. 1 Buchst. b UStG (Rz. 118). Beim Erwerb durch juristische Personen des öffentlichen Rechts wird die hoheitliche Verwendung und damit der Erwerb für nicht-unternehmerische Zwecke vermutet, § 1 Abs. 3 Satz 2 UStG.

IV. Erwerb durch Unternehmer oder juristische Person (Absatz 1 Nr. 2)

1. Erwerb durch einen Unternehmer für sein Unternehmen (Absatz 1 Nr. 2 Buchst. a)

Grundsätzlich müssen nur Unternehmer innergemeinschaftliche Erwerbe besteuern. Die Regelung des 59
§ 1a Abs. 1 Nr. 2 Buchst. a UStG wird ergänzt durch die Spezialregelungen des § 1a Abs. 3 Nr. 1 Buchst. a-c (Rz. 117 ff.). Auch die Erwerbe der in Absatz 3 Nr. 1 Buchst. a–c aufgeführten Unternehmer, d.h. Unternehmer, die nur Ausschlussumsätze ausführen, die Kleinunternehmer i.S.d. § 19 UStG sind, oder den Gegenstand des Erwerbs zur Ausführung von Umsätzen verwenden, die nach Durchschnittssätzen gemäß § 24 UStG besteuert werden, werden zunächst in den Anwendungsbereich des innergemeinschaftlichen Erwerbs einbezogen, um bei Vorliegen weiterer Voraussetzungen des Absatz 3 Nr. 1 Buchst. a–c wieder aus dem Anwendungsbereich herausgenommen zu werden (**Regel-Ausnahme-Rückausnahme-Verhältnis**).[4]

Die in **§ 1c Abs. 1 Satz 1 Nr. 1–4 UStG genannten Einrichtungen** unterfallen bereits der allgemeine- 60
ren Regel des § 1a Abs. 1 Nr. 2 Buchst. a UStG, wenn diese Unternehmer sind und den Gegenstand **für ihre Unternehmen** erwerben.

Die Erwerber, die der **allgemeinen Regelung** des § 1a Abs. 1 Nr. 2 Buchst. a UStG unterfallen, erwer- 61
ben steuerbar, ohne dass es auf die Erwerbsschwelle des § 1a Abs. 3 Nr. 2 UStG, die Option zur Erwerbsbesteuerung, § 1a Abs. 4 UStG oder die Eigenschaft des Gegenstands als verbrauchsteuerpflichtige Ware, § 1a Abs. 5 Sätze 1 und 2 UStG[5] oder als neues Fahrzeug, § 1a Abs. 5 Satz 1, § 1b Abs. 2 und 3 UStG ankommt.

Erwerber kann jeder Unternehmer sein, eine **Ansässigkeit im Inland ist nicht erforderlich.**[6] Das er- 62
gibt sich aus Art. 141 Buchst. a MwStSystRL, der ausdrücklich den innergemeinschaftlichen Erwerb

1 Detaillierter dazu *Körner*, MwStR 2022, 641, 644.

2 *Friedich-Vache* in Reiß/Kraeusel/Langer, § 1a UStG Rz. 67 (Stand: November 2022); *Stadie* in Rau/Dürrwächter, § 1a UStG Rz. 123 (Stand: März 2023).

3 *Oelmaier* in Sölch/Ringleb, § 1 UStG Rz. 205 (Stand: Oktober 2021).

4 Zum Regel-Ausnahme-Rückausnahme-Verhältnis bei den korrespondierenden Normen Art. 138 Abs. 1, Art. 139 Abs. 1, Art. 138 Abs. 2 Buchst. b MwStSystRL: EuGH, Schlussanträge der Generalanwältin *Kokott* v. 25.7.2018 – C414/17, ECLI:EU:C:2018:624 – AREX CZ.

5 Vgl. EuGH, Urt. v. 19.12.2018 – C-414/17, ECLI:EU:C:2018:1027 – AREX CZ, UR 2019, 101 m. Anm. *Nieskens*, Rz. 47–56.

6 Auch die Nationalität ist völlig unbeachtlich – *Stadie* in Rau/Dürrwächter, § 1a UStG (Stand: März 2023) zieht in Rz. 139 Fn. 3 irrtümliche Schlussfolgerungen aus den Fallbeispielen in § 3d Rz. 19.2 und 26 der Vorauflage dieses Kommentars.

durch einen nicht ansässigen Steuerpflichtigen voraussetzt. Andernfalls würde die Regelung der Verlagerung der Steuerschuld von diesem ersten Erwerber im Bestimmungsmitgliedstaat auf seinen Abnehmer nach Art. 141, 197 MwStSystRL keinen Anwendungsbereich haben.[1]

63 Im Falle des zivilrechtlichen Erwerbs durch eine Organgesellschaft, ist umsatzsteuerlich nicht die Organgesellschaft, sondern die **Organschaft** Erwerber nach § 1a Abs. 1 Nr. 2 Buchst. a UStG, so dass es auf die Verhältnisse der Organschaft insgesamt ankommt.[2] Art. 11 Unterabs. 1 MwStSystRL kennt nur die Organschaft insgesamt als Steuerpflichtigen, nicht die einzelne Organgesellschaft.[3] Die Aussage des § 2 Abs. 2 Nr. 2 Satz 2 UStG, die Wirkungen der Organschaft seien auf Innenleistungen zwischen den im Inland gelegenen Unternehmensteilen beschränkt, ist insoweit unbeachtlich, als es um die Bestimmung des unternehmerischen Erwerbers geht, nicht jedoch um die Frage, ob eine steuerbare Lieferung vorliegt oder nicht (letzterer Fall wäre ohnehin durch § 1a Abs. 2 UStG erfasst). Erwerber kann nur die Organschaft sein, denn sie ist der Unternehmer i.S.d. § 2 Abs. 1 Satz 1 i.V.m. § 2 Abs. 2 Nr. 2 UStG.[4]

64 Bei der Warenbeförderung oder -versendung eines im Ausland ansässigen Haupthauses aus dem übrigen Gemeinschaftsgebiet an eine **inländische Betriebstätte** oder unselbständige Niederlassung, kann, so diese inländische Betriebstätte oder unselbständige Niederlassung **Bestandteil einer inländischen Organschaft** ist, demzufolge ein innergemeinschaftlicher Erwerb nach § 1a Abs. 1 UStG aufgrund einer Lieferung vorliegen, wenn es sich um einen entgeltlichen Vorgang handelt. Ein innergemeinschaftliches Verbringen nach § 1a Abs. 2 UStG ist dagegen ausgeschlossen, da es sich mehrwertsteuerlich nicht um dieselbe Person handelt.[5] Gleiches gilt umgekehrt für den Fall einer ausländischen Betriebsstätte oder unselbständigen Niederlassung bei der Warenbeförderung oder Versendung an das inländische Haupthaus, wenn dieses Teil einer Organschaft im Inland ist.[6]

65 Der Unternehmer muss den Gegenstand **für sein Unternehmen** erwerben. Soweit für die Bestimmung, ob der Erwerb für das Unternehmen des Erwerbers erfolgt, auf die Regelungen des Vorsteuerabzugs nach § 15 UStG verwiesen wird,[7] geht dies in der Sache fehl. Auf die zu § 15 UStG entwickelte Dogmatik kommt es nur an, wenn es um die Frage des nach § 15 Abs. 1 Satz 1 Nr. 3 UStG für den innergemeinschaftlichen Erwerb zu gewährenden Vorsteuerabzug geht, der natürlich einen Erwerb „für das Unternehmen" im Sinne der Regelungen des Vorsteuerabzugs voraussetzt, nicht jedoch für die Bestimmung der Steuerbarkeit des innergemeinschaftlichen Erwerbs.

66 Zum einen bezwecken die Regelungen des innergemeinschaftlichen Erwerbs, die Abgrenzung der Steuerhoheiten der Mitgliedstaaten zu gewährleisten und die Steuereinnahmen auf den Mitgliedstaat zu verlagern, indem der Endverbrauch der gelieferten Gegenstände stattfindet.[8] Beim Abstellen auf die unternehmerische Verwendung im Sinne des Vorsteuerabzugs entstünden Besteuerungslücken. Der liefernde Unternehmer, der **nur die Unternehmereigenschaft** seines **Abnehmers** und in der Regel nicht dessen unternehmerische Verwendung des Gegenstands der Lieferung **erkennen kann**,[9] könnte nicht erkennen, dass er sich aufgrund einer Nichtanwendbarkeit des § 1a Abs. 1 Nr. 2 UStG in den

---

1 Im Ergebnis so auch *Stadie*, UStG³, § 1a Rz. 25 unter Bezugnahme auf die nationale Regelung des § 25b UStG.

2 *Heuermann* in Sölch/Ringleb, § 1a UStG Rz. 18 (Stand: Juni 2022); *Janzen* in Lippross/Seibel, Basiskommentar Steuerrecht, § 1a UStG Rz. 25 (Stand: Februar 2023); **a.A.** *Stadie* in Rau/Dürrwächter, § 1a UStG Rz. 201 (Stand: März 2023).

3 Vgl. EuGH, Urt. v. 22.5.2008 – C-162/07, ECLI:EU:C:2008:301 – Ampliscientifica und Amplifin, UR 2008, 534, Rz. 19, 20.

4 St. Rspr., vgl. z.B. BFH, Urt. v. 15.12.2016 – V R 14/16, BStBl. II 2017, 600 = UR 2017, 305, Rz. 17.

5 Vgl. EuGH, Urt. v. 17.9.2014 – C-7/13, ECLI:EU:C:2014:2252 – Skandia America Corp. USA, UR 2014, 847 m. Anm. *Maunz* und *Heinrichshofen*.

6 Vgl. EuGH, Urt. v. 11.3.2021 – C-812/19, ECLI:EU:C:2021:196 – Danske Bank A/S, UR 2021, 356 m. Anm. *Sterzinger.*

7 So *Friedrich-Vache* in Reiß/Kraeusel/Langer, § 1a UStG Rz. 35 ff. (Stand: November 2022); *Stadie* in Rau/Dürrwächter, § 1a UStG Rz. 203 (Stand: März 2023) jedoch mit Hinweis auf den Vertrauensschutz des Lieferers in Rz. 204.1.

8 Vgl. EuGH, Urt. v. 19.12.2018 – C-414/17, ECLI:EU:C:2018:1027 – AREX CZ, UR 2019, 101 m. Anm. *Nieskens*, Rz. 44 m.w.N.

9 Sog. „Grundsatz der Sofortentscheidung", *Wäger*, UR 2020, 45 (50) m.w.N.

Anwendungsbereich der Ortsregelung des § 3c Abs. 2 Nr. 1 UStG begibt und damit oberhalb der Lieferschwelle des § 3c Abs. 3 UStG deutsche Umsatzsteuer in Rechnung stellen müsste.

Vor allem aber spricht der Wortlaut des Art. 2 Abs. 1 Buchst. b, i MwStSystRL gegen einen Rückgriff auf die Dogmatik zum Vorsteuerabzug. Art. 2 Abs. 1 Buchst. b, i MwStSystRL setzt nämlich voraus, dass der **Erwerb durch „einen Steuerpflichtigen, der als solcher handelt“** erfolgt. Der Terminus durch bzw. an „einen Steuerpflichtigen, der als solcher handelt“ wird auch für die Bestimmung des Ortes der Dienstleistung nach Art. 44 Satz 1 MwStSystRL verwendet, durch welche ebenfalls die Besteuerung im Bestimmungsland umgesetzt werden soll. Der Status der Verwendung der Leistung für unternehmerische Zwecke kann dabei nach Art. 19 Abs. 2 MwStVO angenommen werden, wenn der Empfänger ihm für den Umsatz seine individuelle MwSt-IdNr. mitgeteilt hat. Gleich gelagert fingiert Art. 4 Abs. 2 MwStVO in der Mitteilung der MwSt-IdNr. an den Lieferer die Inanspruchnahme der Wahl der allgemeinen Regelung des innergemeinschaftlichen Erwerbs nach Art. 2 Abs. 1 Buchst. b Ziffer i MwStSystRL nach Art. 3 Abs. 3 MwStSystRL. 67

Nach der **ab dem 1.1.2020 geltenden Neuregelung** der Steuerbefreiung für innergemeinschaftliche Lieferung wird nach Art. 138 Abs. 1 Buchst. b MwStSystRL[1] zudem vorausgesetzt, dass der Erwerber dem Lieferer eine MwSt-IdNr. in einem anderen Mitgliedstaat als dem des Beginns der Beförderung oder Versendung mitgeteilt hat. Die ab dem 1.1.2020 geltenden inländischen Regelungen des § 6a Abs. 1 Satz 1 Nr. 4 (§ 6a Rz. 91 ff.) bzw. § 6b Abs. 1 Nr. 4 UStG[2] (§ 6b Rz. 53 ff.) stellen sogar auf die Verwendung – im Sinne einer aktiven Mitteilung durch den Erwerber[3] – einer dem Erwerber erteilten (gültigen) MwSt-IdNr. ab.[4] 68

Somit wird nur durch ein Abstellen auf die **Verwendung einer deutschen USt-IdNr. durch den Erwerber** für Zwecke des Erfüllens des Tatbestandsmerkmales „für sein Unternehmen“ des § 1a Abs. 1 Nr. 2 Buchst. a UStG[5] der Gleichklang zwischen der Steuerbefreiung des Art. 138 Abs. 1 MwStSystRL und der Steuerbarkeit des innergemeinschaftlichen Erwerbes nach Art. 2 Abs. 1 Buchst. b Ziffer i i.V.m. Art. 40, 41 MwStSystRL[6] hergestellt. 69

Etwaige **nichtunternehmerische Verwendungen** des Gegenstands des innergemeinschaftlichen Erwerbs sind dann ausschließlich beim Abzug der Steuer des innergemeinschaftlichen Erwerbs als Vorsteuer nach § 15 Abs. 1 Satz 1 Nr. 3 UStG zu berücksichtigen. 70

2. Erwerb durch eine nicht unternehmerische juristische Person (Absatz 1 Nr. 2 Buchst. b)

Der innergemeinschaftliche Erwerb durch juristische Personen ist **stets steuerbar**.[7] Soweit diese als Unternehmer handeln, ergibt sich das bereits aus Absatz 1 Nr. 2 Buchst. a. Unter die Regelung des Absatzes 1 Nr. 2 Buchst. b unterfallen nur solche juristischen Personen, die mangels unternehmerischer Tätigkeit eigentlich nicht als Steuerpflichtige durch die Mitteilung einer MwSt-IdNr. gegenüber dem Lieferer handeln könnten. Die zugrunde liegende Norm des Art. 2 Abs. 1 Buchst. b Ziffer i MwStSystRL erwähnt sprachlich präziser den Erwerb „durch eine nichtsteuerpflichtige juristische Person“. 71

Diese **nicht unternehmerischen juristischen Personen** werden beim Erwerb anderer Gegenstände als verbrauchsteuerpflichtiger Waren oder neuer Fahrzeuge unterhalb der Erwerbsschwelle durch § 1a Abs. 3 Nr. 1 Buchst. d UStG wiederum aus dem Anwendungsbereich des Absatzes 1 Nr. 2 Buchst. b herausgenommen. 72

1 In der Fassung der Richtlinie (EU) 2018/1909, ABl. EU 2018 Nr. L 311, 3.

2 In der Fassung des Gesetzes zur weiteren steuerlichen Förderung der Elektromobilität und zur Änderung weiterer steuerlicher Vorschriften v. 12.12.2019 (sog. JStG 2019), BGBl. I 2019, 2451.

3 *Sterzinger*, UR 2020, 1 (11).

4 Einzelheiten bei *Körner*, MwStR 2021, 57.

5 *Heuermann* in Sölch/Ringleb, § 1a UStG Rz. 16 (Stand: Juni 2022); *Peltner* in Weymüller, BeckOK, § 1a UStG Rz. 50.1 (Stand: September 2023); *Janzen* in Lippross/Seibel, Basiskommentar Steuerrecht, § 1a UStG Rz. 23 (Stand: Februar 2023).

6 Vgl. EuGH, Urt. v. 19.12.2018 – C-414/17, ECLI:EU:C:2018:1027 – AREX CZ, UR 2019, 101 m. Anm. *Nieskens*, Rz. 45 m.w.N.

7 *Heuermann* in Sölch/Ringleb, § 1a UStG Rz. 17 (Stand: Juni 2022).

73 Juristische Personen sind dabei solche des privaten wie des öffentlichen Rechts.[1] Der **Begriff der „juristischen Person"** muss unionsautonom ausgelegt werden, um eine einheitliche Rechtsanwendung im Binnenmarkt zu gewährleisten.[2]

74 **Juristische Personen des privaten Rechts** können dabei alle nach außen auftretenden Personenvereinigungen oder Mehrheiten von Einzelpersonen sein, selbst wenn diese nach nationalem Zivilrecht nicht rechtsfähig sind.[3] Von der Regelung des Absatzes 1 Nr. 2 Buchst. b werden vor allem nicht wirtschaftliche Vereine, § 21 BGB, nicht rechtsfähige Vereine, § 54 BGB, die aber als Verein nach außen auftreten und Stiftungen, §§ 80 ff. BGB betroffen sein.

75 Erwerber in Form von **juristischen Personen des öffentlichen Rechts** sind dabei vor allem die dem Anwendungsbereich des § 2b Abs. 1 Satz 1 UStG (§ 2b Rz. 30 ff.) unterfallenden Körperschaften des inländischen öffentlichen Rechts. Dies sind insbesondere die Gebietskörperschaften, die öffentlich-rechtlichen Religionsgemeinschaften, die Innungen, Handwerkskammern, Industrie- und Handelskammern, die staatlichen Hochschulen und sonstige Gebilde, die auf Grund öffentlichen Rechts eigene Rechtspersönlichkeit besitzen. Dazu gehören neben Körperschaften auch Anstalten und Stiftungen des öffentlichen Rechts, z.B. Rundfunkanstalten des öffentlichen Rechts und Universitätsklinika in der Rechtsform von Anstalten des öffentlichen Rechts.[4] Bei den Gebietskörperschaften lässt es § 18 Abs. 4f UStG zu, dass einzelne Organisationseinheiten (z.B. Ressorts, Behörden, Ämter) als für ihre innergemeinschaftlichen Erwerbe Steuerpflichtige behandelt werden. Die Erwerbsschwelle des § 1a Abs. 2 Nr. 2 UStG gilt dann als überschritten, § 18 Abs. 4f Satz 6 UStG (§ 18 Rz. 104). An dieser Regelung wird kritisiert, dass ungeachtet des § 18 Abs. 4f UStG solche Organisationseinheiten über keine rechtliche Selbständigkeit verfügen und insofern keine Erwerber sein können.[5] Nach Ansicht der Finanzverwaltung soll es jedoch zulässig sein, dass einzelne Organisationseinheiten der Gebietskörperschaften eigene USt-IdNr. erhalten (§ 27a Rz. 43), so dass die einzelnen Organisationseinheiten nach außen als eigenständige innergemeinschaftliche Erwerber auftreten können.

76 Auch **Körperschaften des ausländischen öffentlichen Rechts** können im Inland nach § 1a Abs. 1 UStG steuerbar erwerben, so nicht die spezifischeren Regelungen des § 1c UStG (§ 1c Rz. 1 ff.) eingreifen.

V. Lieferung durch einen Unternehmer (Absatz 1 Nr. 3)

77 Der Lieferer muss Unternehmer sein, der die Lieferung **im Rahmen seines Unternehmens** ausführt, Absatz 1 Nr. 3 Buchst. a.

78 Unternehmer ist dabei, wer **nach dem Recht des Abgangsmitgliedstaats als Steuerpflichtiger** i.S.d. Art. 9 MwStSystRL anzusehen ist. Es darf sich somit nicht um einen Kleinunternehmer nach dem Recht des Abgangsmitgliedstaats handeln, Abs. 1 Nr. 3 Buchst. b. Sofern es sich bei dem Liefernden jedoch um eine unselbständige Niederlassung eines inländischen Unternehmers im übrigen Gemeinschaftsgebiet handelt, liegt keine Lieferung i.S.d. Absatzes 1, sondern ggf. ein Verbringen i.S.d. Absatzes 2 vor. Handelt es sich um die Lieferung einer unselbständigen Niederlassung einer inländischen Organgesellschaft im übrigen Gemeinschaftsgebiet an den Organkreis im Inland liegt – Entgeltlichkeit vorausgesetzt – eine zu einem innergemeinschaftlichen Erwerb führende Lieferung vor.[6]

---

1 *Peltner* in Weymüller, BeckOK, § 1a UStG Rz. 53 (Stand: März 2023); *Janzen* in Lippross/Seibel, Basiskommentar Steuerrecht, § 1a UStG Rz. 24 (Stand: Februar 2023).

2 *Heuermann* in Sölch/Ringleb, § 1a UStG Rz. 18 (Stand: Juni 2022); *Stadie* in Rau/Dürrwächter, § 1a UStG Rz. 213 (Stand: März 2023).

3 *Stadie* in Rau/Dürrwächter, § 1a UStG Rz. 213 (Stand: März 2023); *Heuermann* in Sölch/Ringleb, § 1a UStG Rz. 18 (Stand: Juni 2022); **a.A.** *Friedrich-Vache* in Reiß/Kraeusel/Langer, § 1a UStG Rz. 43 (Stand: November 2022).

4 BMF, Schr. v. 16.12.2016 – III C 2-S 7107/16/10001 – DOK 2016/1126266, BStBl. I 2016, 1451 = UR 2017, 78.

5 *Stadie* in Rau/Dürrwächter, § 1a UStG Rz. 218 (Stand: März 2023).

6 Vgl. EuGH, Urt. v. 11.3.2021 – C-812/19, ECLI:EU:C:2021:196 – Danske Bank A/S, UR 2021, 356 m. Anm. *Sterzinger.*

Dass der Lieferer die **Lieferung im Rahmen seines Unternehmens** ausführt und kein Kleinunternehmer ist, darf der Erwerber aufgrund der nach Art. 226 Nr. 3 MwStSystRL erforderlichen Angabe der MwSt-IdNr. des Lieferers und des nach Art. 226 Nr. 11 MwStSystRL erforderlichen Hinweises auf die Steuerbefreiung nach Art. 138 MwStSystRL **vermuten**.[1] Stellt der Erwerber die Rechnung im Wege der umsatzsteuerlichen Gutschrift nach § 15 Abs. 2 Satz 2 UStG, so sollte er über die nach Art. 226 Nr. 3 MwStSystRL anzugebende MwSt-IdNr. des Lieferers verfügen, andernfalls verletzt er die Rechnungserstellungsvorschriften im Abgangsmitgliedstaats. Auch in diesem Fall darf der Erwerber aufgrund der Kenntnis der MwSt-IdNr. davon ausgehen, dass sein Lieferant die Lieferung im Rahmen seines Unternehmens ausführt und kein Kleinunternehmer ist. 79

Muss der Erwerber aufgrund des Eintritts des Besteuerungszeitpunkts des Erwerbs nach Ablauf des dem Erwerb folgenden Kalendermonats die Lieferung nach § 13 Abs. 1 Nr. 6 UStG der Besteuerung unterwerfen, **ohne eine Rechnung und** damit eine **MwSt-IdNr. seines Lieferanten** erhalten zu haben, so ist dies für den Erwerber unschädlich.[2] Sollte sich später herausstellen, dass sein Lieferer nicht im Rahmen seines Unternehmens gehandelt hat oder Kleinunternehmer ist, erfolgt die Korrektur von Erwerbsteuer und Vorsteuerabzug periodengleich, § 15 Abs. 1 Satz 1 Nr. 3 UStG. 80

C. Fiktion des innergemeinschaftlichen Erwerbes beim Verbringen (Absatz 2)

I. Regelungsgegenstand

Absatz 2 ergänzt die Grundregelung des Absatzes 1 in Fällen, in denen ein einer Lieferung von Gegenständen gegen Entgelt gleichgestelltes grenzüberschreitendes Verbringen nach Art. 17 MwStSystRL vorliegt. Da das entsprechende Verbringen nach Art. 138 Abs. 2 Buchst. c MwStSystRL im Abgangsmitgliedstaat von der dortigen Mehrwertsteuer befreit wird, stellt § 1a Abs. 2 UStG **korrespondierend die Belastung im Bestimmungsland**, hier im Inland, her (§ 3 Rz. 58 ff.). Absatz 2 setzt dabei Art. 21 MwStSystRL sowie Art. 23 i.V.m. Art. 17 MwStSystRL um.[3] 81

II. Verbringen aus dem übrigen Gemeinschaftsgebiet in das Inland (Absatz 2 Satz 1)

1. Verbringen durch einen Unternehmer

Unternehmer i.S.d. Absatzes 2 Satz 1 sind grundsätzlich auch die in Absatz 3 Nr. 1 Buchst. a–c ausgeführten Schwellenerwerber,[4] da Absatz 3 den innergemeinschaftlichen Erwerb dieser Erwerber nur unterhalb der Erwerbsschwelle nach Absatz 3 Nr. 2 ausschließt. § 1a Abs. 2 Satz 1 UStG setzt damit den Ausschluss eines innergemeinschaftlichen Verbringens nach Art. 17 Abs. 2 Buchst. a i.V.m. Art. 33 MwStSystRL zutreffend um. 82

Dagegen werden die **juristischen Personen** i.S.d. Absatzes 1 Nr. 2 Buchst. b, die **nicht Unternehmer** sind (Rz. 71 ff.), nicht als Erwerber i.S.d. Absatzes 2 Satz 1 angesehen, da die Regelung nur den „Unternehmer" betrifft.[5] Das ist insofern zutreffend, da Art. 21 MwStSystRL ebenfalls nur auf den Erwerb durch den Steuerpflichtigen abstellt und gleichlaufend Art. 138 Abs. 2 Buchst. c MwStSystRL auch nur 83

---

1 *Friedrich-Vache* in Reiß/Kraeusel/Langer, § 1a UStG Rz. 26 (Stand: November 2022); *Peltner* in Weymüller, BeckOK, § 1a UStG Rz. 57 (Stand: September 2023); *Stadie* in Rau/Dürrwächter, § 1a UStG Rz. 240 (Stand: März 2023).

2 Vgl. EuGH, Urt. v. 18.3.2021 – C-895/19, ECLI:EU:C:2021:216 – A., EU-UStB 2021, 45 m. Anm. *Heinrichshofen*.

3 *Stadie* in Rau/Dürrwächter, § 1a UStG Rz. 262 (Stand: März 2023); *Heuermann* in Sölch/Ringleb, § 1a UStG Rz. 24 (Stand: Juni 2022).

4 Vgl. BFH, Urt. v. 21.5.2014 – V R 34/13, BStBl. II 2014, 914 = UR 2014, 774, Rz. 33 – dem Unternehmen zugeordnet; *Peltner* in Weymüller, BeckOK, § 1a UStG Rz. 85 (Stand: September 2023).

5 *Friedrich-Vache* in Reiß/Kraeusel/Langer, § 1a UStG Rz. 84 (Stand: November 2022); *Peltner* in Weymüller, BeckOK, § 1a UStG Rz. 84 (Stand: September 2023).

die Verbringung von der Mehrwertsteuer befreit, wenn diese Befreiung im Falle einer Lieferung an einen anderen Steuerpflichtigen vorläge.

84 Soweit Absatz 3 Nr. 1 Buchst. d i.V.m. Absatz 3 Nr. 2 dagegen die Anwendung des Absatzes 2 nur unterhalb der Erwerbschwelle vorsieht, liegt ein gesetzgeberisches Versehen vor, da die dort aufgeführten juristischen Personen gerade keine Unternehmer sind und insofern auch keine Gegenstände ihres Unternehmens verbringen können.

2. Verbringen eines Gegenstandes des Unternehmens

85 Der Gegenstand des Verbringens muss durch den Unternehmer **bereits im Abgangsmitgliedstaat im Rahmen des dort gelegenen Unternehmens** hergestellt, be- oder verarbeitet oder erworben sein, Art. 21 MwStSystRL.[1] Wird ein gelieferter Gegenstand im Abgangsmitgliedstaat im Auftrag des Erwerbers be- oder verarbeitet, so könnte dieser Erwerber ein innergemeinschaftliches Verbringen[2] bewirken, da er bereits im Abgangsmitgliedstaat die Verfügungsmacht an diesem Gegenstand erworben hat, es sei denn, es gäbe im Abgangsmitgliedstaat eine Regelung entsprechend des § 6a Abs. 1 S. 2 UStG im Inland, welche die Be- oder Verarbeitung als unbeachtlich definiert. Für Zwecke der Besteuerung des innergemeinschaftlichen Erwerbs im Inland hat dies nur Auswirkungen auf die Höhe der Bemessungsgrundlage (Rz. 40).[3]

86 Nach Art. 17 Abs. 2 Buchst. d MwStSystRL, umgesetzt durch § 3g Abs. 3 UStG, ist ein Verbringen von **Gas über das Erdgasnetz, von Elektrizität oder von Wärme oder Kälte über ein Wärme- oder Kältenetz** ausgeschlossen (§ 3 Rz. 69). Grund dafür sind die Spezialregelungen der Art. 38, 39 MwStSystRL, § 3g UStG zur Bestimmung des Ortes der Lieferung.[4] Dies gilt auch, wenn das Erdgas über das Erdgasnetz aus dem übrigen Gemeinschaftsgebiet in das Inland zur vorübergehenden Lagerung zum Zwecke der späteren Entnahme gelangt.[5]

3. Verbringen aus dem übrigen Gemeinschaftsgebiet in das Inland zur Verfügung des Unternehmers

87 Der Gegenstand des Verbringens muss **in das Inland gelangen**. Anders als bei einem innergemeinschaftlichen Erwerb infolge einer Lieferung nach Absatz 1 ist im Falle des Absatzes 2 die Verwendung einer anderen MwSt-IdNr. als der des Bestimmungsmitgliedstaates nicht denkbar, da eine solche nicht gegenüber einem (anderen) Lieferer verwendet wird und § 3d Satz 2 UStG somit keine Anwendung finden kann.[6] In den nach § 1 Abs. 2 Satz 1 UStG vom Inland ausgenommenen Gebieten, insbesondere den Freizonen nach Art. 243 UZK (Rz. 58), kann kein Erwerb aufgrund Verbringens erfolgen,[7] da Absatz 2 – anders als Absatz 1 – die in § 1 Abs. 3 UStG bezeichneten Gebiete nicht erwähnt.

88 Es ist nicht erforderlich, dass der verbringende Unternehmer im Inland über eine feste Niederlassung oder anderweitige „Unternehmensteile" verfügt.[8] Die bloße **Verfügungsmacht** des Unternehmers über den Gegenstand des Verbringens im Inland ist ausreichend.

89 Soweit der Gegenstand **aus dem Drittlandsgebiet** stammt, muss der Unternehmer diesen in einem anderen Mitgliedstaat in das Gemeinschaftsgebiet eingeführt haben,[9] Absatz 2 Satz 1 a.E. Die zollamt-

1 *Peltner* in Weymüller, BeckOK, § 1a UStG Rz. 79 (Stand: September 2023).
2 *Stadie* in Rau/Dürrwächter, § 1a UStG Rz. 96 (Stand: März 2023).
3 **A.A.** *Stadie* in Rau/Dürrwächter, § 1a UStG Rz. 96 (Stand: März 2023), dazu Rz. 40 Fn. 48.
4 *Peltner* in Weymüller, BeckOK, § 1a UStG Rz. 79.1 (Stand: September 2023).
5 Im Ergebnis so auch: *Stadie* in Rau/Dürrwächter, § 1a UStG Rz. 316 (Stand: März 2023), der allerdings auf eine – physikalisch nicht immer nachverfolgbare – Rückleitung des Erdgases abstellt.
6 Im Ergebnis so auch: *Stadie* in Rau/Dürrwächter, § 1a UStG Rz. 262 (Stand: März 2023) mit Abstellen auf eine spezifische Ortsregelung in § 1a Abs. 2; **A.A.** *Friedrich-Vache* in Reiß/Kraeusel/Langer, § 1a UStG Rz. 87.1 (Stand: November 2022).
7 *Stadie* in Rau/Dürrwächter, § 1a UStG Rz. 275 (Stand: März 2023).
8 *Stadie* in Rau/Dürrwächter, § 1a UStG Rz. 278 (Stand: März 2023); *Friedrich-Vache* in Reiß/Kraeusel/Langer, § 1a UStG Rz. 90 (Stand: November 2022).
9 Vgl. EuGH, Urt. v. 14.2.2019 – C-531/17, ECLI:EU:C:2019:114 – Vetsch Int. Transporte, HFR 2019, 344.

lich überwachte Durchfuhr durch das Inland führt dagegen nicht zu einem innergemeinschaftlichen Erwerb, da die Gegenstände sich nicht zum freien Verkehr abgefertigt im Inland befinden.[1]

Erfolgt bei einer Lieferung aus dem übrigen Gemeinschaftsgebiet die Be- oder Verarbeitung des Gegenstandes im Auftrag des Lieferers im Inland, so bewirkt dieser Lieferer nach Auffassung des EuGH einen innergemeinschaftlichen Erwerb aufgrund seines Verbringens ins Inland (Rz. 41).[2] 90

Wegen der Sonderregelung des Ortes der Lieferung nach Art. 37 MwStSystRL, § 3e UStG bei **Lieferungen an Bord von Personenbeförderungsmitteln** in der Gemeinschaft ist ein innergemeinschaftliches Verbringen der derart gelieferten Gegenstände ausgeschlossen, Art. 17 Abs. 2 Buchst. c MwStSystRL (§ 3 Rz. 69), da der Ort der Lieferung bereits am Abgangsort des Personenbeförderungsmittels in der Gemeinschaft fingiert wird[3] und sich diese Gegenstände somit mittels mehrwertsteuerrechtlicher Fiktion nicht mehr in der Verfügungsmacht des Unternehmers befinden. 91

Kein Verbringen liegt vor, wenn die Gegenstände zu Verkaufszwecken in das Inland verbracht werden, die Abnehmer der Gegenstände jedoch bereits feststehen,[4] auch wenn es sich um eine **Mehrzahl von Abnehmern** handelt.[5] 92

Erfolgt die Beförderung oder Versendung der Gegenstände in ein **inländisches Lager** und wird nach den vertraglichen Regelungen ein verbindlicher Kaufvertrag erst nach Einlagerung abgeschlossen, weil die Erwerber nicht von vornherein verpflichtet sind, die in das Lager verbrachten Waren abzunehmen, so liegt dagegen nach der **bis zum 31.12.2019 geltenden Rechtslage** ein Verbringen durch den Verkäufer vor.[6] 93

Bei Beförderung/Versendung der Gegenstände an einen **Verkaufskommissionär** im Inland lässt es die FinVerw. zu, trotz der Regelung des § 3 Abs. 3 UStG bereits bei der Zurverfügungstellung der Gegenstände durch den Kommittenten an den Kommissionär eine Lieferung anzunehmen, ungeachtet der späteren Lieferung des Kommissionärs an den Abnehmer, Abschn. 1a.2 Abs. 7 UStAE.[7] Insofern muss sich der Kommittent nicht aufgrund eines Verbringens im Inland zur Umsatzsteuer registrieren lassen. 94

Ein Verbringen zur eigenen Verfügung des Unternehmers liegt nur vor, wenn die Gegenstände **auf Veranlassung des Unternehmers ins Inland gelangen** (§ 3 Rz. 65), Abschn. 1a.2 Abs. 2 Satz 1 UStAE. Werden dem Unternehmer die Gegenstände entwendet bevor diese ins Inland gelangen, so kann ein anschließendes Gelangen der entwendeten Gegenstände ins Inland dem Unternehmer nicht als Verbringen zugerechnet werden. 95

4. Keine vorübergehende Verwendung

a) Abweichung von der unionsrechtlichen Grundlage

§ 1a Abs. 2 Satz 1 a.E. UStG setzt, **begrifflich unscharf** gefasst,[8] rudimentär (§ 3 Rz. 62) Art. 17 Abs. 2 Buchst. b und f-h MwStSystRL um (§ 3 Rz. 70), welcher eine abschließende Liste von Ausnahmefällen von der Annahme eines innergemeinschaftlichen Verbringens vorsieht, die eng[9] und in Ansehung des 96

1 Abschn. 1a.1 Abs. 1 Satz 5 UStAE; *Peltner* in Weymüller, BeckOK, § 1a UStG Rz. 98 (Stand: September 2023).
2 Vgl. EuGH, Urt. v. 2.10.2014 – C-446/13, ECLI:EU:C:2014:2552 – Fonderie 2A, UR 2014, 928 m. Anm. *Maunz/Luther.*
3 *Friedrich-Vache* in Reiß/Kraeusel/Langer, § 1a UStG Rz. 96 (Stand: November 2022).
4 Vgl. BFH, Urt. v. 20.10.2016 – V R 31/15, BStBl. II 2017, 1076 = UR 2017, 185 m. Anm. *Monfort; Sterzinger,* UR 2018, 475 (476).
5 *Peltner* in Weymüller, BeckOK, § 1a UStG Rz. 91.2 (Stand: September 2023); zum Wegfall des sog. „Pommes-Erlass" s. Rz. 92 der Vorauflage.
6 Vgl. BFH, Urt. v. 16.11.2016 – V R 1/16, BStBl. II 2017, 1079 = UR 2017, 354, Rz. 24.
7 So auch *Peltner* in Weymüller, BeckOK, § 1a UStG Rz. 89 (Stand: September 2023); kritisch *Stadie* in Rau/Dürrwächter, § 1a UStG Rz. 303 (Stand: März 2023).
8 Vgl. BFH, Urt. v. 21.5.2014 – V R 34/13, BStBl. II 2014, 914 = UR 2014, 774, Rz. 35; *Friedrich-Vache* in Reiß/Kraeusel/Langer, § 1a UStG Rz. 91 (Stand: November 2022); *Heuermann* in Sölch/Ringleb, § 1a UStG Rz. 30 (Stand: Juni 2022); *Huschens,* SteuK 2014, 247 (248).
9 Vgl. EuGH, Urt. v. 11.6.2020 – C-242/19, ECLI:EU:C:2020:466 – CHEP Equipment Pooling NV, UR 2020, 516 m. Anm. *Sterzinger,* Rz. 35; EuGH, Urt. v. 6.3.2014 – C-366/12, ECLI:EU:C:2014:125 – Dresser-Rand SA, UR 2014, 933, Rz. 27 m.w.N.

Ziels der Regelung, die Steuereinnahmen in den Mitgliedstaat zu verlagern, in dem der Endverbrauch der entsprechenden Gegenstände erfolgt,[1] auszulegen ist.

b) Erbringen einer im Inland steuerbaren Werklieferung

97 Das Befördern oder Versenden von Gegenständen ins Inland **zur Erbringung einer im Inland steuerbaren Werklieferung** des Lieferers führt nicht zu einem innergemeinschaftlichen Erwerb durch diesen,[2] Art. 17 Abs. 2 Buchst. b i.V.m. Art. 36 Abs. 1 MwStSystRL. Soweit die FinVerw. in dem Beispiel in Abschn. 1a.2 Abs. 10 Nr. 1 UStAE nicht nur die Bestandteile des Gegenstandes der Werklieferung, sondern auch die zu seiner Herstellung im Inland erforderlichen Hilfsmittel mit umfasst (Baukran), ist dies – wenn diese Hilfsmittel in den Ausgangsmitgliedstaat zurückgelangen[3] – im Hinblick auf die *ratio legis* der Ausnahme vom innergemeinschaftlichen Verbringen zutreffend.

c) Der Art nach vorübergehende Verwendung

98 Ist die tatsächliche Verwendung eines Gegenstands im Inland **ihrer Art nach vorübergehend**, so kommt es auf deren Dauer nicht an.[4]

99 Nur vorübergehender Natur ist das Befördern oder Versenden von Gegenständen in das Inland zu **Begutachtungen von oder Arbeiten an diesen Gegenständen im Inland**, wenn diese Gegenstände nach Begutachtung oder Bearbeitung wieder in den Herkunftsmitgliedstaat an den betreffenden Steuerpflichtigen zurückgesandt werden, Art. 17 Abs. 2 Buchst. f MwStSystRL.[5]

100 Das Befördern oder Versenden von Gegenständen in das Inland durch den Unternehmer zum Zwecke der **Materialbeistellung** soll dagegen nach teilweise vertretener Auffassung[6] keine vorübergehende Verwendung im Inland sein, auch wenn der unter Materialbeistellung erzeugte Gegenstand wieder an den beistellenden Unternehmer in den Herkunftsmitgliedstaat zurückgelangt.

101 Das trifft zunächst schon mal nicht auf **Beistellungen im Rahmen von Montageleistungen** zu, die aufgrund gesetzlicher Fiktion gemäß Art. 8 MwStVO als Dienstleistungen gelten und damit direkt der Ausnahme des Art. 17 Abs. 2 Buchst. f MwStSystRL als Arbeit an den zur Verfügung gestellten Teilen unterfallen.[7] Die Annahme einer nur vorübergehenden Verwendung in einem so gelagerten Fall in der Rechtssache *Dresser-Rand SA*[8] scheiterte ausschließlich am mangelnden Zurückgelangen in den Herkunftsmitgliedstaat.[9]

102 Darüber ist die **Abgrenzung** in vielen Fällen nahezu unmöglich. Ist beispielsweise das Versenden eines Wirkstoffes ins Inland zum Zwecke seiner Verdünnung mit Wasser, Abfüllen in handelsübliche Packungen und Rücksendung in den Herkunftsmitgliedstaat an den Unternehmer eine Arbeit an dem Wirkstoff und insofern eine vorübergehende Verwendung dieses Wirkstoffes im Inland oder aber eine Materialbeistellung zur Fertigung eines *aliuds* (Wirkstoff in handelsüblicher Verdünnung und Verpackung)?

---

1 Vgl. EuGH, Urt. v. 11.6.2020 – C-242/19, ECLI:EU:C:2020:466 – CHEP Equipment Pooling NV, UR 2020, 516 m. Anm. *Sterzinger*, Rz. 36; EuGH, Urt. v. 6.3.2014 – C-366/12, ECLI:EU:C:2014:125 – Dresser-Rand SA, UR 2014, 933, Rz. 28.

2 Und auch nicht durch den Abnehmer (Rz. 92).

3 *Huschens*, SteuK 2014, 247 (250).

4 Vgl. BFH, Urt. v. 21.5.2014 – V R 34/13, BStBl. II 2014, 914 = UR 2014, 774, Rz. 35; Abschn. 1a.2 Abs. 11 Satz 1 UStAE.

5 Vgl. EuGH, Urt. v. 6.3.2014 – C-366/12, ECLI:EU:C:2014:125 – Dresser-Rand SA = UR 2014, 933; Abschn. 1a.2 Abs. 10 Nr. 3 UStAE.

6 So *Peltner* in Weymüller, BeckOK, § 1a UStG Rz. 96 ff. (Stand: September 2023); *Janzen* in Lippross/Seibel, Basiskommentar Steuerrecht, § 1a UStG, Rz. 48 (Stand: Februar 2023).

7 *Friedrich-Vache* in Reiß/Kraeusel/Langer, § 1a UStG Rz. 94 (Stand: November 2022); *Heuermann* in Sölch/Ringleb, § 1a UStG Rz. 33 (Stand: Juni 2022).

8 Vgl. EuGH, Urt. v. 6.3.2014 – C-606/12 und C-607/12, ECLI:EU:C:2014:125 – Dresser-Rand SA = UR 2014, 933.

9 EuGH, Urt. v. 6.3.2014 – C-606/12 und C-607/12, ECLI:EU:C:2014:125 – Dresser-Rand SA, UR 2014, 933, Rz. 31.

Die Entscheidung ist nach dem vom EuGH vorgegebenen **Maßstab**[1] zu treffen: Erfolgt **kein Endverbrauch** an den ins Inland verbrachten Gegenständen im Inland, sondern gelangen diese – wenn auch in verarbeiteter Form – in den Herkunftsmitgliedstaat zurück, liegt eine lediglich vorübergehende Verwendung im Inland i.S.d. Art. 17 Abs. 2 Buchst. f MwStSystRL vor.[2] 103

Werden Gegenstände in das Inland befördert oder versendet, damit diese **vorübergehend zur Erbringung einer Dienstleistung im Inland** verwendet werden, liegt ebenfalls kein innergemeinschaftliches Verbringen vor, Art. 17 Abs. 2 Buchst. g MwStSystRL. Dabei ist die Absicht, nach der Art der Verwendung den Gegenstand wieder in den Herkunftsmitgliedstaat zurückgelangen zu lassen, entscheidend, ohne dass es auf die Frist des Verbleibens im Inland ankommt.[3] Andererseits darf die Verwendung auch nicht auf unbestimmte Zeit erfolgen oder von so langer Dauer sein, dass der Gegenstand durch seine Verwendung zerstört wird[4] (im Sinne einer vollkommenen Abnutzung, so eine Entsorgung im Inland erfolgt[5]). Nach dem Wortlaut des Art. 17 Abs. 2 Buchst. g MwStSystRL – diese Einschränkung ist im deutschen Recht nicht vorgesehen[6] – darf der Gegenstand jedoch **nur aus dem Ansässigkeitsstaat des Dienstleisters** in das Inland gelangen, ohne den Tatbestand des innergemeinschaftlichen Verbringens auszulösen.[7] Der Steuerpflichtige, der den Gegenstand zur Erbringung der Leistung aus einem anderen Mitgliedstaat als dem seiner Ansässigkeit in das Inland verbringt, sowie alle in Drittländern ansässigen Dienstleister sind dagegen auf die Regelungen der befristeten Verwendung nach Art. 17 Abs. 2 Buchst. h MwStSystRL verwiesen. Einerseits ist diese Einschränkung im Wege der richtlinienkonformen Auslegung der Ausnahme des § 1a Abs. 2 S. 1 Halbs. 2 UStG zu berücksichtigen (§ 3 Rz. 77 f.). Andererseits ist die unionsrechtliche Grundlage des Art. 17 Abs. 2 Buchst. g MwStSystRL selbst problematisch. Zum einen verursacht die Vorschrift, soweit in der Union ansässige Unternehmer betroffen sind, eine Art. 113 AEUV widersprechende Beeinträchtigung des Funktionierens des Binnenmarktes und gleichermaßen eine Wettbewerbsverzerrung, in dem die Gegenstände, so sie aus dem Ansässigkeitsstaat des Unternehmers kommen, gegenüber Gegenständen aus anderen Mitgliedstaaten umsatzsteuerlich privilegiert werden. Im Falle von im Drittland ansässigen Unternehmern manifestiert Art. 17 Abs. 2 Buchst. g MwStSystRL eine generelle Diskriminierung, die insbesondere im Fall von im europäischen Wirtschaftsraum ansässigen Unternehmern ein Verstoß gegen Art. 37 Unterabs. 2 EWR-Abkommen[8] darstellen kann, da in Nicht-EU-Staaten ansässige Steuerpflichtige generell aus dem Anwendungsbereich des Art. 17 Abs. 2 Buchst. g MwStSystRL ausgeschlossen sind. 104

Ob der Gegenstand zur Erbringung einer Dienstleistung oder aber zum Zwecke einer Lieferung ins Inland gelangt ist, ist insbesondere in **Leasing-Fällen** abzugrenzen (Rz. 44).[9] 105

d) Befristete Verwendung

Liegen die Voraussetzungen einer der Art nach vorübergehenden Verwendung nach Art. 17 Abs. 2 Buchst. f und g MwStSystRL nicht vor, kann **unter den Voraussetzungen der Befristungen nach UZK** für die vollständige Befreiung von Einfuhrabgaben bei der vorübergehenden Einfuhr eine Ausnahme von einem innergemeinschaftlichen Verbringen vorliegen, Art. 17 Abs. 2 Buchst. h MwStSystRL. Die maximale Frist beträgt 24 Monate für das Verbleiben im Inland, ggf. sind kürzere Fristen von 106

1 EuGH, Urt. v. 6.3.2014 – C-606/12 und C-607/12, ECLI:EU:C:2014:125 – Dresser-Rand SA, UR 2014, 933, Rz. 28.
2 Im Ergebnis so auch: *Stadie* in Rau/Dürrwächter, § 1a UStG Rz. 336 (Stand: März 2023); *Robisch* in Bunjes[22], § 1a UStG Rz. 51.
3 Vgl. BFH, Urt. v. 21.5.2014 – V R 34/13, BStBl. II 2014, 914 = UR 2014, 774, Rz. 35; einschränkend jedoch EuGH, Urt. v. 11.6.2020 – C-242/19, ELCI:EU:C:2020:466 – CHEP Equipment Pooling NV, UR 2020, 516 m. Anm. *Sterzinger*, Rz. 41 für „unbestimmte oder längere Zeit".
4 Vgl. EuGH, Urt. v. 11.6.2020 – C-242/19, ECLI:EU:C:2020:466 – CHEP Equipment Pooling NV, UR 2020, 516 m. Anm. *Sterzinger*, Rz. 41.
5 *Sterzinger*, UR 2020, 516 (523).
6 *Robisch* in Bunjes[22], § 1a UStG, Rz. 50.
7 Vgl. EuGH, Urt. v. 11.6.2020 – C-242/19, ELCI:EU:C:2020:466 – CHEP Equipment Pooling NV, UR 2020, 516 m. Anm. *Sterzinger*, Rz. 39, 42, 48.
8 Vom 2.5.1992, ABl. EG 1994 Nr. L 1, 3.
9 Zur Abgrenzung vgl. EuGH, Urt. v. 4.10.2017 – C-164/16, ECLI:EU:C:2017:734 – Mercedes Benz Financial Services UK = UR 2018, 14.

18, 12 oder 6 Monaten gegeben. Die Fristen sind ausführlich in Abschn. 1a.2 Abs. 12 Sätze 4 ff. UStAE dargestellt.

e) Rückkehr in das übrige Gemeinschaftsgebiet

107 Der in das Inland gelangte Gegenstand muss nach Auffassung des EuGH **in den Herkunftsmitgliedstaat zurückgelangen.**[1] Angesichts der im gleichen Urteil zur Begründung herbeigezogenen Dogmatik, dass die enge Auslegung der Ausnahmevorschrift der vorübergehenden Verwendung nach Art. 17 Abs. 2 Buchst. f MwStSystRL sicherstellen soll – Ziel der Sicherstellung der Besteuerung im Mitgliedstaat des Endverbrauchs[2] – ist diese Anforderung jedoch inkonsistent. Das Ziel der Besteuerung im Mitgliedstaat des Endverbrauchs würde in Dreieckskonstellationen (der Bestimmungsmitgliedstaat weicht vom Herkunftsmitgliedstaat ab) auch dadurch sichergestellt, dass lediglich ein Verbringen vom Herkunfts- in den Bestimmungsmitgliedstaat besteuert wird, im Bearbeitungsmitgliedstaat jedoch eine Ausnahme vom Verbringen aufgrund einer lediglich vorübergehenden Verwendung nach Art. 17 Abs. 2 Buchst. f–h MwStSystRL – je nachdem, welcher Fall vorliegt – angenommen wird.[3] Dies würde letztendlich auch der Verwaltungsvereinfachung dienen, da auf diesem Wege Registrierungen im Inland als umsatzsteuerlicher Unternehmer aufgrund einmaliger Verbringensvorgänge vermieden werden könnten.

f) Änderung der Verhältnisse nach zunächst vorübergehender Verwendung

108 Liegen zunächst die Voraussetzungen einer nur vorübergehenden Verwendung nach Art. 17 Abs. 2 MwStSystRL vor und fallen diese nach Gelangen des Gegenstandes ins Inland weg, so gilt gemäß Art. 17 Abs. 3 MwStSystRL in diesem **Zeitpunkt** (*ex nunc*) die innergemeinschaftliche Verbringung als erfolgt[4], welcher ohne Entsprechung im inländischen Recht ist. Lediglich unter der neuen Konsignationslagerregelung des § 6b UStG gibt es mit Wirkung ab dem 1.1.2020 eine entsprechende Spezialregelung, § 6b Abs. 1 Satz 1 UStG (§ 6b Rz. 26 ff.).

109 **Fallgruppen** einer nach Gelangen ins Inland mit Wirkung *ex nunc* entstehenden Steuerbarkeit eines innergemeinschaftlichen Erwerbs aufgrund des Wegfalls der Voraussetzungen der vorübergehenden Verwendung sind:

- Veräußerung, nachdem der Gegenstand zunächst nur für Zwecke der Dienstleistungserbringung in das Inland gelangt ist;[5]
- nach teilweise vertretener Auffassung die Zerstörung, Diebstahl oder anderweitiger Verlust des Gegenstandes im Inland.[6] Dies lässt sich im Falle der Zerstörung nicht mit der Dogmatik des EuGH[7] der Sicherstellung einer Besteuerung im Mitgliedstaat des Endverbrauchs in Einklang bringen (ein solcher findet nicht statt).[8] Im Falle des Diebstahls tritt das Ende der Voraussetzungen der vorübergehenden Verwendung nicht in der Person des Unternehmers, dem der Gegenstand gehört, ein. Wenn in diesem Fall eine Besteuerung nach dem Grundsatz des Endverbrauchs stattfinden soll, ist der Dieb zur Erwerbsbesteuerung heranzuziehen oder dieser Fall hätte entsprechend Art. 17a Abs. 7

---

1 Vgl. EuGH, Urt. v. 6.3.2014 – C-366/12, ECLI:EU:C:2014:125 – Dresser-Rand SA, UR 2014, 933, Rz. 32; *Heuermann* in Sölch/Ringleb, § 1a UStG Rz. 33 (Stand: Juni 2022).

2 Vgl. EuGH, Urt. v. 6.3.2014 – C-366/12, ECLI:EU:C:2014:125 – Dresser-Rand SA, UR 2014, 933, Rz. 28.

3 Im Ergebnis so auch: *Robisch* in Bunjes[22], § 1a UStG, Rz. 51; *Stadie* in Rau/Dürrwächter, § 1a UStG Rz. 335 (Stand: März 2023) zumindest für den Fall einer Kette hintereinandergeschalteter Bearbeitungen.

4 *Heuermann* in Sölch/Ringleb, § 1a UStG Rz. 35 (Stand: Juni 2022); *Stadie* in Rau/Dürrwächter, § 1a UStG Rz. 352, 353 (Stand: März 2023).

5 Vgl. BFH, Urt. v. 21.5.2014 – V R 34/13, BStBl. II 2014, 914 = UR 2014, 774; Abschn. 1a.2 Abs. 11 Satz 3 UStAE.

6 Abschn. 1a.2 Abs. 11 Satz 2 UStAE; *Peltner* in Weymüller, BeckOK, § 1a UStG Rz. 94.5 (Stand: September 2023); s. auch Art. 17a Abs. 7 Unterabs. 4 MwStSystRL n.F.

7 Vgl. EuGH, Urt. v. 6.3.2014 – C-366/12, ECLI:EU:C:2014:125 – Dresser-Rand SA = UR 2014, 933.

8 So auch: *Robisch* in Bunjes[22], § 1a UStG, Rz. 52; *Stadie* in Rau/Dürrwächter, § 1a UStG Rz. 354 (Stand: März 2023).

Unterabs. 4 MwStSystRL, § 6b Abs. 6 Satz 4 UStG mittels gesonderter gesetzlicher Fiktion geregelt werden müssen;
- Beförderung oder Versendung in einen anderen als den Herkunftsmitgliedstaat oder in Drittländer zum Zeitpunkt unmittelbar vor Beginn einer solchen Beförderung oder Versendung;[1]
- Überschreitung der Fristen des Art. 17 Abs. 2 Buchst. h MwStSystRL an dem dem Fristende folgenden Tag.

III. Verbringender Unternehmer als Erwerber (Absatz 2 Satz 2)

Da im Falle eines innergemeinschaftlichen Verbringens kein Abnehmer i.S.d. Absatzes 1 Nr. 1 gegeben ist, der nach § 1 Abs. 1 Nr. 5, § 13a Abs. 1 Nr. 2 UStG Steuerschuldner ist, war es notwendig, den **verbringenden Unternehmer als Erwerber** und infolgedessen als Steuerschuldner zu definieren. 110

D. Konsignationslager (Absatz 2a)

Mit Wirkung **ab dem 1.1.2020** wurde erstmals eine **Konsignationslagerregelung in einem neuen § 6b UStG**[2] im Inland eingeführt. Die Neuregelung des § 6b UStG stellt gemäß der Verweisungsnorm des Absatzes 2a eine Ausnahme von der Steuerbarkeit eines innergemeinschaftlichen Erwerbs aufgrund innergemeinschaftlichen Verbringens in das Inland dar (§ 6b Rz. 1 ff.), auch wenn sie steuersystematisch unzutreffend im zweiten Abschnitt des UStG (Steuerbefreiungen und Steuervergütungen) geregelt wird.[3] 111

In Fällen der Einlagerung von Ware aus dem übrigen Gemeinschaftsgebiet in ein inländisches Auslieferungs- oder Konsignationslager wendet die FinVerw. die Grundsätze der Urteile des BFH vom 20.10.2016 sowie vom 16.11.2016[4] **bis zum 31.12.2019** weiterhin an, Abschn. 1a.2 Abs. 6 Sätze 4–9 UStAE.[5] 112

Die Grundsätze der Rechtsprechung haben auch über den 31.12.2019 hinaus Bedeutung, da infolge der Rechtsprechung aus Sicht des Inlands als Warenankunftsmitgliedstaat der Zeitpunkt der Besteuerung des innergemeinschaftlichen Erwerbs vorverlagert wird[6] und zudem die Aufzeichnungspflichten andere sind. Daher ist eine **Abgrenzung** zwischen dieser **Rechtsprechung** und den tatbestandlichen Voraussetzungen der **Neuregelung des § 6b UStG** erforderlich. Die Regelung des § 6b UStG kann erst dann greifen, wenn ein Fall eines innergemeinschaftlichen Verbringens nach Absatz 2 vorliegt, da nur dann die in Absatz 2a normierte Ausnahme greifen kann (§ 6b Rz. 15). Somit ist vorrangig zu prüfen, ob ein Fall einer unmittelbaren innergemeinschaftlichen Lieferung ohne eine den Lieferzusammenhang unterbrechende kurze Zwischenlagerung nach den Grundsätzen der Rechtsprechung vorliegt.[7] Die Prüfung der Konsignationslagerregelung nach Absatz 2a i.V.m. § 6b UStG ist dagegen sowohl systematisch als auch unter dem Aspekt des Besteuerungszeitpunkts nachrangig.[8] 113

Zu den **Einzelheiten** der Neuregelung und ihrer Abgrenzung zur bisherigen Rechtsprechung wird auf die Kommentierung des § 6b UStG verwiesen (§ 6b Rz. 1 ff.). 114

---

1 S. auch Art. 17a Abs. 7 Unterabs. 3 MwStSystRL n.F.

2 In der Fassung des Gesetzes zur weiteren steuerlichen Förderung der Elektromobilität und zur Änderung weiterer steuerlicher Vorschriften v. 12.12.2019 (sog. JStG 2019), BGBl. I 2019, 2451.

3 *Heuermann* in Sölch/Ringleb, § 6b UStG Rz. 20 (Stand: März 2022); *Sterzinger*, UR 2020, 1 (21); *Körner*, UR 2019, 873.

4 BFH, Urt. v. 20.10.2016 – V R 31/15, BStBl. II 2017, 1076 sowie BFH, Urt. v. 16.11.2016 – V R 1/16, BStBl. II 2017, 1079.

5 BMF, Schr. v. 31.10.2018 – III C 3-S 7103-a/15/10001 – DOK 2018/0894236, BStBl. I 2018, 1203.

6 *Weymüller* in BeckOK, UStG, § 6b Rz. 5 (Stand September 2023); *Zaumseil*, UVR 2019, 29 (31).

7 *Huschens* in Reiß/Kraeusel/Langer, UStG, § 6b Rz. 6 (Stand Juli 2020); *Montfort* in Birkenfeld/Wäger, Umsatzsteuer-Handbuch, Abschn. II Kapitel 6 F Rz. 155 ff.; *Heuermann* in Sölch/Ringleb, § 6b UStG Rz. 26f. (Stand: März 2022); *Trejo*, MwStR 2020, 8 (11); *Szabó*/*Tausch*, UR 2019, 76 (83); *Körner*, UR 2019, 873 (874); *Sterzinger*, UR 2020, 1 (13).

8 A.A. *Peltner* in Weymüller, BeckOK, § 1a UStG Rz. 88 (Stand: September 2023).

E. Ausschluss vom innergemeinschaftlichen Erwerb (Absatz 3)

I. Regelungsgegenstand

115 Auch diese Regelung ist **Spiegelbild** der entsprechenden Regelung der Besteuerung des Ortes der Lieferung im Abgangsmitgliedstaat. Gemäß Art. 33 Abs. 1 i.V.m. Art. 14 Abs. 4 Nr. 1 Buchst. a bzw. Nr. 2 Buchst. a MwStSystRL liegt der Ort der Lieferung an die in Art. 3 Abs. 1 MwStSystRL aufgezählten Personen oder an andere nicht steuerpflichtige Personen dort, wo sich die Gegenstände der Lieferung am Ende der Beförderung oder Versendung befinden. Werden die Gegenstände bei der Lieferung ins Inland befördert oder versendet, bewirkt der Verkäufer in diesen Fällen einen im Inland steuerbaren Umsatz, so dass für einen innergemeinschaftlichen Erwerb durch die entsprechenden Käufer keine Anwendung mehr gegeben ist, da dem Bestimmungslandprinzip bereits Genüge getan wurde.

116 Darüber hinaus ist Absatz 3 die **korrespondierende Vorschrift zum Ausschluss der Steuerbefreiung** nach Art. 139 Abs. 1 Unterabs. 2 MwStSystRL.

II. Persönliche Voraussetzungen (Absatz 3 Nr. 1)

1. Regelungsgegenstand

117 § 1b Abs. 3 Nr. 1 Buchst. a, c, d UStG setzt Art. 3 Abs. 1 Buchst. b MwStSystRL um, nach welcher der Erwerb durch bestimmte Erwerber unterhalb des Schwellenwerts nicht steuerbar ist.

2. Unternehmer mit Ausschlussumsätzen (Absatz 3 Nr. 1 Buchst. a)

118 Der Personenkreis der Unternehmer mit Ausschlussumsätzen des § 1b Abs. 3 Nr. 1 Buchst. a UStG ergibt sich aus § 15 Abs. 2, 3 UStG.[1] Da die Ortsregelung des Art. 33 Abs. 1 Buchst. a i.V.m. Art. 14 Abs. 4 Nr. 1 Buchst. a bzw. Nr. 2 Buchst. a, Art. 3 Abs. 1 MwStSystRL auf die Regelung des Bestimmungsmitgliedstaates verweist, ist der Rückgriff auf das nationale Recht zum Vorsteuerabzugsausschluss hier der zutreffende Maßstab. Der Abnehmer darf „nur“ Ausschlussumsätze durchführen. Dies ist in dem Sinne zu verstehen, dass der Unternehmer **ausschließlich** steuerfreie, vorsteuerschädliche Umsätze tätigen darf. Unternehmer, die daneben – wenn auch nur in geringstem Umfang und sei es durch Option zur Steuerpflicht nach § 9 UStG – steuerpflichtige Umsätze ausführen, müssen sämtliche Erwerbe der Erwerbsbesteuerung unterwerfen.[2]

3. Kleinunternehmer (Absatz 3 Nr. 1 Buchst. b)

119 Im Inland ansässige **Kleinunternehmer i.S.d. § 19 Abs. 1 UStG**, so sie nicht auf die Anwendung der Kleinunternehmerregelung verzichtet haben,[3] unterfallen der Ausnahme vom innergemeinschaftlichen Erwerb nach § 1b Abs. 3 Nr. 1 Buchst. b UStG. § 1b Abs. 3 Nr. 1 Buchst. b UStG hat keine Entsprechung in Art. 3 Abs. 1 MwStSystRL. Vielmehr korrespondiert die Regelung mit dem Recht der Mitgliedstaaten nach Art. 281 MwStSystRL, für die Besteuerung von Kleinunternehmen vereinfachte Modalitäten festzulegen. Im Ausland ansässige Kleinunternehmer (nach dem Mehrwertsteuerrecht ihres Ansässigkeitsstaates) sind dagegen nicht von der Ausnahme umfasst.[4] Soweit es sich bei dem Erwerber um einen im übrigen Gemeinschaftsgebiet ansässigen Kleinunternehmer handelt, muss dieser sich ungeachtet der Schwellenwerte des Art. 284 Abs. 2 MwStSystRL i.d.F. ab dem 1.1.2025[5] auch dann weiterhin im Inland als Unternehmer für die Besteuerung des innergemeinschaftlichen Erwerbs zur Umsatzsteuer registrieren lassen. Dies hat aber keine Rückwirkung auf die Sperrklausel des Art. 284 Abs. 2

1 *Stadie* in Rau/Dürrwächter, § 1a UStG Rz. 363 (Stand: März 2023).

2 *Friedrich-Vache* in Reiß/Kraeusel/Langer, § 1a UStG Rz. 46 (Stand: November 2022); *Stadie* in Rau/Dürrwächter, § 1a UStG Rz. 363, 364 (Stand: März 2023).

3 *Friedrich-Vache* in Reiß/Kraeusel/Langer, § 1a UStG Rz. 46 (Stand: November 2022); *Peltner* in Weymüller, BeckOK, § 1a UStG Rz. 61.3 (Stand: September 2023).

4 *Stadie* in Rau/Dürrwächter, § 1a UStG Rz. 363 (Stand: März 2023).

5 I.d.F. Richtlinie (EU) 2020/285 v. 18.2.2020, ABl. EU 2020 Nr. L 62, 13.

Buchst. b MwStSystRL i.d.F. ab dem 1.1.2025, nach der der Kleinunternehmer nur in seinem Ansässigkeitsstaat als Kleinunternehmer mehrwertsteuerlich registriert sein darf. Der Kleinunternehmer darf somit in anderen Mitgliedstaaten im Rahmen der Schwellenwerte des Art. 284 Abs. 2 MwStSystRL i.d.F. ab dem 1.1.2025 von der Kleinunternehmerregelung Gebrauch machen.[1]

Der nationale Gesetzgeber hat die innergemeinschaftlichen Erwerbe nicht in die Berechnung des Gesamtumsatzes nach § 19 Abs. 1 Satz 2 i.V.m. § 19 Abs. 3 UStG aufgenommen. Dies kann auch unter der Regelung des Art. 284 Abs. 1 MwStSystRL i.d.F. ab dem 1.1.2025[2] beibehalten werden. Allerdings wirkt die **Erwerbsschwelle** nach § 1a Abs. 3 Nr. 2 UStG wie eine zusätzliche Betragsgrenze, die die **Anwendung des § 19 UStG beschränkt**. 120

4. Pauschalierende Land- und Forstwirte (Absatz 3 Nr. 1 Buchst. c)

Für pauschalierende Land- und Forstwirte gilt die Ausschlussregelung des § 1b Abs. 3 Nr. 1 Buchst. c UStG **nur für den land- und forstwirtschaftlichen Betrieb**, der als gesondert geführter Betrieb zu behandeln ist, § 24 Abs. 3 UStG.[3] Wird die Erwerbschwelle überschritten oder auf deren Anwendung verzichtet, ist in diesem Rahmen kein Vorsteuerabzug aus dem innergemeinschaftlichen Erwerb möglich, § 24 Abs. 1 Satz 4 UStG. 121

5. Nichtunternehmerische juristische Personen (Absatz 3 Nr. 1 Buchst. d)

Juristische Personen des privaten sowie des öffentlichen Rechts[4] unterliegen nach § 1b Abs. 3 Nr. 1 Buchst. d UStG unterhalb des Schwellenwertes der Nr. 2 nicht der Erwerbsbesteuerung, wenn sie **keine Unternehmer** sind. Das Abstellen auf juristische Personen, die Unternehmer sind, aber den Gegenstand der Lieferung nicht für ihr Unternehmen beziehen, in § 1a Abs. 3 Nr. 1 Buchst. d UStG geht fehl. Zum einen nimmt die zugrunde liegende Norm des Art. 3 Abs. 1 Buchst. b MwStSystRL nur nichtsteuerpflichtige Personen aus dem Anwendungsbereich des innergemeinschaftlichen Erwerbs aus[5] (Rz. 128). Zum anderen müsste die juristische Person für den Lieferer erkennbar nicht unternehmerisch beziehen, es mithin also gezielt unterlassen, dem Lieferer ihre inländische USt-IdNr. mitzuteilen, um somit nicht die Wirkung des Art. 4 Abs. 2 MwStVO – Verzicht auf die Anwendung der Erwerbsschwelle – sowie ab 1.1.2020 auch die Steuerbefreiung nach Art. 138 Abs. 1 Buchst. b MwStSystRL n.F. eintreten zu lassen. In keinem Fall kann für den nichtunternehmerischen Bezug jedoch auf die inländische Dogmatik zum Vorsteuerabzug rekurriert werden. 122

III. Sachliche Voraussetzungen – kein Überschreiten der Erwerbsschwelle (Absatz 3 Nr. 2)

Der **Gesamtbetrag der entgeltlichen Erwerbe** der nach Nr. 1 ausgenommenen Erwerber aus innergemeinschaftlichen Erwerben nach Absatz 1 sowie der Bemessungsgrundlagen der innergemeinschaftlichen Erwerbe aus Verbringen ins Inland nach Absatz 2 darf 12.500 Euro im Vorjahr sowie 12.500 Euro im laufenden Jahr voraussichtlich nicht überschreiten. Dabei sind die Erwerbe für Lieferungen aus allen anderen Mitgliedstaaten zusammenzufassen. Erwerbe neuer Fahrzeuge oder Erwerbe verbrauchsteuerpflichtiger Waren, für die die Erwerbschwelle ja nicht anwendbar ist, sind jedoch nicht in diesen Gesamtbetrag mit einzubeziehen, Abschn. 1a.1 Abs. 2 Satz 2, 3 UStAE. Soweit auf die Anwendung der Erwerbsschwelle verzichtet wurde – dies kann nur die Vorjahresgrenze betreffen – sind die entsprechenden Erwerbe ebenfalls nicht in den Gesamtbetrag mit einzubeziehen, Abschn. 1a.1 Abs. 2 Satz 2 UStAE. 123

1 Leitlinien MwSt-Ausschuss v. 21.10.2022, Document C – taxud.c.1(2023)5499576 – 1063 (rechtlich unverbindlich), URL: https://taxation-customs.ec.europa.eu/system/files/2023-10/guidelines-vat-committee-meetings_de.pdf, abgerufen 4.1.2024.

2 I.d.F. Richtlinie (EU) 2020/285 v. 18.2.2020, ABl. EU 2020 Nr. L 62, 13.

3 *Friedrich-Vache* in Reiß/Kraeusel/Langer, § 1a UStG Rz. 46 (Stand: November 2022).

4 *Peltner* in Weymüller, BeckOK, § 1a UStG Rz. 61.5 (Stand: September 2023).

5 So auch *Stadie* in Rau/Dürrwächter, § 1a UStG Rz. 370 (Stand: März 2023).

124 Eine **Mehrwertsteuer**, die im Mitgliedstaat des Beginns der Beförderung oder Versendung für die entsprechende Lieferung geschuldet oder entrichtet wurde, ist nicht in die Berechnung des Schwellenwertes einzubeziehen, Art. 3 Abs. 2 Unterabs. 2 MwStSystRL.

125 Die **tatsächliche Überschreitung** der Erwerbsschwelle von 12.500 Euro **im laufenden Jahr** ist unschädlich, wenn sie nicht zu erwarten war, Abschn. 1a.1 Abs. 2 Satz 5 UStAE. Dabei ist auf die Prognose zu Jahresbeginn bzw. dem unterjährigen Beginn der unternehmerischen Tätigkeit abzustellen.[1] Dies gilt allerdings nicht, wenn bereits mit dem ersten Erwerb die Schwelle überschritten wird.[2] Dem wird entgegengehalten, dass nach dem Wortlaut des Absatzes 3 Nr. 2 die Prognose zu Beginn des Kalenderjahres bzw. der unternehmerischen Tätigkeit entscheidend ist.[3] Es ist jedoch in diesen Fällen die Sicht des Lieferers mit in Betracht zu beziehen, der – würde nicht auf das Überschreiten der Erwerbschwelle bei dem ersten Erwerb seines Erwerbers abgestellt – erheblichen Unsicherheiten ob seiner umsatzsteuerlichen Pflichten im Inland ausgesetzt wäre. Zumal der Wortlaut des Art. 3 Abs. 2 Buchst. a MwStSystRL strikter ist, auf welchen der Lieferer für Zwecke der Ortsbestimmung seiner Lieferung nach Art. 33 Abs. 1 Buchst. a MwStSystRL als Ausnahme von Art. 32 MwStSystRL abstellen muss.

126 Für **juristische Personen des öffentlichen Rechts** sind dabei alle in ihrem Bereich vorgenommenen Erwerbe zusammenzufassen, §18 Abs. 4f Satz 6 UStG (§ 18 Rz. 104).

127 Soweit Absatz 3 Nr. 2 für das laufende Jahr auf ein voraussichtliches Nichtüberschreiten der 12.500 Euro-Grenze abstellt, liegt darin **keine Verletzung von Art. 3 Abs. 2 Buchst. a MwStSystRL**, der auf ein tatsächliches Überschreiten der Erwerbsschwelle im laufenden Kalenderjahr abstellt. Art. 3 Abs. 2 Buchst. a MwStSystRL legt lediglich eine Untergrenze der Erwerbsschwelle von 10.000 Euro fest, jedoch keine Obergrenze. Da Deutschland somit einen 12.500 Euro überschreitenden Schwellenwert festsetzen durfte, ist Art. 3 Abs. 2 Buchst. a MwStSystRL auch durch die Festsetzung eines „voraussichtlich 12.500 EUR nicht übersteigenden Gesamtbetrages" als Schwellenwert oberhalb der 10.000 Euro-Grenze nicht verletzt.[4]

F. Option zur Erwerbsbesteuerung (Absatz 4)

I. Recht zum Verzicht auf die Ausnahme vom innergemeinschaftlichen Erwerb (Absatz 4 Satz 1)

128 Nach Art. 3 Abs. 3 MwStSystRL räumen die Mitgliedstaaten den Erwerbern, die dem persönlichen Anwendungsbereich nach Art. 3 Abs. 1 Buchst. b MwStSystRL unterfallen (Schwellenerwerber), das **Recht** ein, den innergemeinschaftlichen Erwerb nach den allgemeinen Grundsätzen zu besteuern. Dies betrifft zunächst

- die Erwerber, die nur Ausschlussumsätze durchführen, § 1a Abs. 3 Nr. 1 Buchst. a UStG,
- pauschalierende Land- und Forstwirte für ihren land- und forstwirtschaftlichen Betrieb, § 1a Abs. 3 Nr. 1 Buchst. c UStG, sowie
- juristische Personen, die keine Unternehmer sind, § 1a Abs. 3 Nr. 1 Buchst. d UStG (zur Kritik an der fehlgehenden Formulierung eines nichtunternehmerischen Bezugs durch unternehmerische juristische Personen s. Rz. 122).

129 Für **Kleinunternehmer**, die nach § 1a Abs. 3 Nr. 1 Buchst. b UStG zum Personenkreis gehören (Rz. 119 f.), bedeutet eine Option zur Erwerbsbesteuerung dagegen, dass diese insgesamt auf die Anwendung des § 19 UStG gemäß § 19 Abs. 2 Satz 1 UStG verzichtet haben müssen.[5]

1 *Friedrich-Vache* in Reiß/Kraeusel/Langer, § 1a UStG Rz. 49 (Stand: November 2022).
2 *Stadie* in Rau/Dürrwächter, § 1a UStG Rz. 380 (Stand: März 2023); *Friedrich-Vache* in Reiß/Kraeusel/Langer, § 1a UStG Rz. 49 (Stand: November 2022).
3 *Heuermann* in Sölch/Ringleb, § 1a UStG Rz. 42 (Stand: Juni 2022).
4 **A.A.** *Friedrich-Vache* in Reiß/Kraeusel/Langer, § 1a UStG Rz. 49 (Stand: November 2022).
5 *Friedrich-Vache* in Reiß/Kraeusel/Langer, § 1a UStG Rz. 46, unklar dagegen in Rz. 54 (Stand: November 2022).

II. Verwendung der Umsatzsteuer-Identifikationsnummer (Absatz 4 Satz 2)

War der **Verzicht** auf die Anwendung der Erwerbsschwelle vormals gegenüber dem Finanzamt zu erklären, so erfolgt seit der ab 1.1.2011 geltenden Rechtslage (Rz. 20)[1] der Verzicht **durch Verwendung einer MwSt-IdNr. des Erwerbers gegenüber dem Lieferer.** Damit entspricht die nationale Vorschrift der ohnehin unmittelbar geltenden Regelung des Art. 4 Abs. 2 MwStVO. 130

Soweit der Erwerber dabei seine inländische USt-IdNr. verwendet, setzt er sich der Regelung des Ortes der Besteuerung nach § 3d Satz 2 UStG aus, wenn die Gegenstände der Lieferung in einen anderen Bestimmungsmitgliedstaat gelangen. Allerdings kann die **Verwendung der inländischen USt-IdNr. keinen Verzicht auf die Erwerbsschwelle in einen anderen Bestimmungsmitgliedstaat** bewirken, da dafür dessen nationale Vorschriften, die Art. 3 Abs. 3 MwStSystRL umsetzen, anzuwenden sind. Allerdings setzt sich der Erwerber in dieser Situation einem Vorsteuerabzugsproblem im Inland aus (§ 3d Rz. 35). 131

Verwendet der Erwerber seine von einem anderen Mitgliedstaat als dem Abgangsmitgliedstaat erteilte **ausländische MwSt-IdNr.**, gelangen die Gegenstände der Lieferung jedoch ins Inland, löst er damit zwar in diesem anderen Mitgliedstaat aufgrund von Art. 41 Abs. 1 MwStSystRL die Erwerbsbesteuerung aus, jedoch nicht einen Verzicht auf die Erwerbsschwelle im Inland. Der Verzicht auf die Erwerbsschwelle im Inland kann ausschließlich durch die Verwendung der inländischen USt-IdNr. des Erwerbers erfolgen, dafür spricht auch die – an dieser Stelle zutreffende – Verwendung des Begriffes „Umsatzsteuer-Identifikationsnummer“[2] im Absatz 4 Satz 2. 132

Das „**Verwenden**“ i.S.d. Absatz 4 Satz 2 setzt – gerade auch wegen der Regelung des Ortes der Besteuerung nach § 3d Satz 2 UStG – ein aktives Handeln des Erwerbers gegenüber seinen Lieferanten bei der Mitteilung seiner USt-IdNr. voraus. Eine bloße formularmäßige Verwendung, etwa im Sinne eines Aufdrucks in der Fußzeile eines Briefformulars, ist nicht ausreichend. Abschn. 3a.2 Abs. 10 UStAE stellt eine umfassende Kasuistik zur Bestimmung einer Verwendung der USt-IdNr. zur Verfügung. Der Erwerber kann eine Verwendung seiner inländischen USt-IdNr. nur dadurch korrigieren, dass er vom Lieferer eine korrigierte Rechnung ohne Angabe der USt-IdNr. des Erwerbers anfordert.[3] 133

Die Verwendung der inländische USt-IdNr. bewirkt dabei den **generellen Verzicht auf die Anwendung der Erwerbsschwelle.** Der Verzicht kann nicht in Bezug auf einzelne Lieferungen, beispielsweise aus Abgangsstaaten mit höherem Steuersatz,[4] erklärt werden. Das bedeutet, dass der Erwerber im Falle der Verwendung seiner inländischen USt-IdNr. gegenüber einem Lieferer auch alle anderen Lieferer über den Verzicht auf die Erwerbsschwelle informieren muss, andernfalls läuft er Gefahr einer Doppelbesteuerung. 134

III. Bindungsfrist (Absatz 4 Satz 3)

Die Bindungsfrist beträgt **mindestens zwei Kalenderjahre.** Dies entspricht der unionsrechtlichen Vorgabe des Art. 3 Abs. 3 Unterabs. 2 MwStSystRL. 135

Ein **unterjährig erfolgter Verzicht** entfaltet damit Rückwirkung ab dem 1.1. des Jahres,[5] in welchem der Verzicht erfolgt. Das hat zur Folge, dass der Erwerber von allen Lieferern für Lieferungen vor Ausübung des Verzichts im laufenden Kalenderjahr die Korrektur der Rechnungen anfordern muss, um eine Doppelbesteuerung zu vermeiden. In entsprechender Anwendung des § 17 Abs. 1 Satz 8 UStG entsteht die Steuer auf den innergemeinschaftlichen Erwerb jedoch erst in dem Zeitpunkt, in welchem 136

1 JStG 2010 v. 8.12.2010, BGBl. I 2010, 1768.
2 *Lohse*, UR 2019, 321 (323) sowie *Lohse* in FS 100 Jahre Umsatzsteuer in Deutschland, Köln 2018, S. 897.
3 *Heuermann* in Sölch/Ringleb, § 1a UStG Rz. 46 (Stand: Juni 2022); *Friedrich-Vache* in Reiß/Kraeusel/Langer, § 1a UStG Rz. 57 (Stand: November 2022); *Stadie* in Rau/Dürrwächter, § 1a UStG Rz. 387 (Stand: März 2023).
4 *Friedrich-Vache* in Reiß/Kraeusel/Langer, § 1a UStG Rz. 54 (Stand: November 2022).
5 *Heuermann* in Sölch/Ringleb, § 1a UStG Rz. 47 (Stand: Juni 2022).

der entsprechende Lieferer Rechnungen ohne Mehrwertsteuer des Abgangsmitgliedstaates erteilt und die entsprechende Mehrwertsteuer an den Abnehmer zurückgezahlt hat.[1]

137 Ohne Widerruf läuft die Bindungsfrist des Absatzes 4 Satz 3 weiter („bindet […] mindestens […]"). Der **Widerruf ist gegenüber den Lieferern zu erklären** (als *actus contrarius* zur Verwendung der USt-IdNr.), sollte aber zweckmäßigerweise auch dem zuständigen Finanzamt zur Kenntnis gebracht werden.[2]

G. Erwerb neuer Fahrzeuge und verbrauchsteuerpflichtiger Waren (Absatz 5)

I. Keine Geltung der Erwerbsschwelle (Absatz 5 Satz 1)

138 Die Ausnahmen für den Erwerberkreis des Absatzes 3 Nr. 1 (Rz. 117 ff.) vom innergemeinschaftlichen Erwerb unterhalb der Erwerbsschwelle in Absatz 3 Nr. 2 gelten nicht für den **Erwerb neuer Fahrzeuge oder verbrauchsteuerpflichtiger Waren**. Der Begriff des neuen Fahrzeugs ist in § 1b Abs. 2, 3 UStG geregelt (§ 1b Rz. 33 ff.). Die Regelung ist Spiegelvorschrift zur entsprechenden Steuerbefreiung im Abgangsmitgliedstaat nach Art. 138 Abs. 2 Buchst. a, b MwStSystRL.

139 Das Nichtvorhandensein einer USt-IdNr. nach § 27a UStG führt für den Erwerberkreis beim Erwerb neuer Fahrzeuge oder verbrauchsteuerpflichtiger Waren nicht zur einer Doppelbesteuerung[3], da die Steuerbefreiung nach Art. 138 Abs. 2 MwStSystRL als eigenständige Regelung keine Mitteilung einer MwSt-IdNr. erfordert.

140 Die Ausnahme von der Geltung der Erwerbsschwelle sowie Steuerbefreiung nach Art. 138 Abs. 2 Buchst. a, b MwStSystRL findet auch auf das **innergemeinschaftliche Verbringen** durch den Erwerberkreis des Absatzes 3 Nr. 1 Anwendung, Art. 138 Abs. 2 Buchst. c MwStSystRL.

II. Verbrauchsteuerpflichtige Waren (Absatz 5 Satz 2)

141 Ziel der Vorschrift ist es, eine gewisse Angleichung des Mehrwertsteuerrechts an die Verfahren und Erklärungspflichten für den Fall der Beförderungen verbrauchsteuerpflichtiger Waren in einen anderen Mitgliedstaat nach der **Verbrauchsteuer-Systemrichtlinie**[4] vorzunehmen.[5] Soweit die unionsrechtliche Grundlage des Art. 2 Abs. 1 Buchst. b Ziffer iii MwStSystRL noch auf die Richtlinie 92/12/EWG referenziert, ist dies aufgrund deren Aufhebung zum 1.4.2010 durch Art. 47 Abs. 1 Verbrauchsteuer-Systemrichtlinie gesetzgeberisch überholt.

142 Demzufolge muss der **Anwendungskreis** des Absatzes 5 Satz 2 nach Art. 1 der Verbrauchsteuer-Systemrichtlinie bestimmt werden, der

- **Energieerzeugnisse** gemäß Richtlinie 2006/96/EG, Art. 1 Abs. 1 Buchst. a Verbrauchsteuer-Systemrichtlinie, hierunter fallen vor allem sämtliche Heiz- und Kraftstoffe,
- **Alkohol und alkoholische Getränke** gemäß Richtlinien 92/83/EWG und 92/84/EWG, Art. 1 Abs. 1 Buchst. b Verbrauchsteuer-Systemrichtlinie, sowie
- **Tabakwaren** gemäß Richtlinien 92/59/EG, 92/79/EWG und 92/80/EWG, Art. 1 Abs. 1 Buchst. c Verbrauchsteuer-Systemrichtlinie

1 *Stadie* in Rau/Dürrwächter, § 1a UStG Rz. 390 (Stand: März 2023).

2 *Heuermann* in Sölch/Ringleb, § 1a UStG Rz. 47 (Stand: Juni 2022); für eine Mitteilungspflicht gegenüber dem Finanzamt: *Stadie* in Rau/Dürrwächter, § 1a UStG Rz. 389 (Stand: März 2023); *Friedrich-Vache* in Reiß/Kraeusel/Langer, § 1a UStG Rz. 59 (Stand: November 2022).

3 **A.A.** *Peltner* in Weymüller, BeckOK, § 1a UStG Rz. 101 (Stand: September 2023).

4 Richtlinie 2008/118/EG, ABl. EU 2009 Nr. L 9, 12.

5 Vgl. EuGH, Urt. v. 19.12.2018 – C-414/17, ECLI:EU:C:2018:1027 – AREX CZ, UR 2019, 101 m. Anm. *Nieskens*, Rz. 47–56; *Peltner* in Weymüller, BeckOK, § 1a UStG Rz. 100.1 (Stand: September 2023).

umfasst; so auch die Kurzfassung der entsprechenden Definition im Art. 2 Abs. 3 MwStSystRL. Aufgrund dessen unterliegt auch der Erwerb von **Wein** im Inland der Regelung, obwohl Deutschland keine Weinsteuer erhebt und Wein auch kein Steuergegenstand des SchaumwZwStG ist.[1] 143

Andererseits ist **Kaffee**, obwohl in Deutschland verbrauchsteuerpflichtig, nicht von der Regelung erfasst.[2] 144

§ 1b Innergemeinschaftlicher Erwerb neuer Fahrzeuge

(1) Der Erwerb eines neuen Fahrzeugs durch einen Erwerber, der nicht zu den in § 1a Abs. 1 Nr. 2 genannten Personen gehört, ist unter den Voraussetzungen des § 1a Abs. 1 Nr. 1 innergemeinschaftlicher Erwerb.

(2) [1]Fahrzeuge im Sinne dieses Gesetzes sind

1. motorbetriebene Landfahrzeuge mit einem Hubraum von mehr als 48 Kubikzentimetern oder einer Leistung von mehr als 7,2 Kilowatt;

2. Wasserfahrzeuge mit einer Länge von mehr als 7,5 Metern;

3. Luftfahrzeuge, deren Starthöchstmasse mehr als 1 550 Kilogramm beträgt.

[2]Satz 1 gilt nicht für die in § 4 Nr. 12 Satz 2 und Nr. 17 Buchstabe b bezeichneten Fahrzeuge.

(3) Ein Fahrzeug gilt als neu, wenn das

1. Landfahrzeug nicht mehr als 6 000 Kilometer zurückgelegt hat oder wenn seine erste Inbetriebnahme im Zeitpunkt des Erwerbs nicht mehr als sechs Monate zurückliegt;

2. Wasserfahrzeug nicht mehr als 100 Betriebsstunden auf dem Wasser zurückgelegt hat oder wenn seine erste Inbetriebnahme im Zeitpunkt des Erwerbs nicht mehr als drei Monate zurückliegt;

3. Luftfahrzeug nicht länger als 40 Betriebsstunden genutzt worden ist oder wenn seine erste Inbetriebnahme im Zeitpunkt des Erwerbs nicht mehr als drei Monate zurückliegt.

1 Vgl. BFH, Urt. v. 21.1.2015 – XI R 5/13. BStBl. II 2015, 724 = UR 2015, 265, Rz. 30.
2 *Janzen* in Lippross/Seibel, Basiskommentar Steuerrecht, § 1a UStG, Rz. 82 (Stand: Februar 2023); *Stadie* in Rau/Dürrwächter, § 1a UStG Rz. 393 (Stand: März 2023).

A. Grundaussagen

I. Regelungsgegenstand und Bedeutung

1 Ziel der Vorschrift ist es, im Binnenmarkt auch beim Erwerb neuer Fahrzeuge durch Privatpersonen das **Bestimmungslandprinzip** vollumfänglich durchzusetzen und das geltende Ursprungslandprinzip – welches bei Erwerben durch Privatpersonen noch weitgehend Anwendung findet – zu beseitigen.[1] Dies dient dazu, befürchtete Wettbewerbsverzerrungen zwischen den Mitgliedstaaten aufgrund unterschiedlicher Mehrwertsteuersätze zu vermeiden.[2]

2 Die Regelung wurde als neuer Steuertatbestand durch die **Binnenmarktrichtlinie** vom 16.12.1991[3] eingeführt.

3 Vor Inkrafttreten des Binnenmarktes unterlag die entsprechende **Einfuhr – auch durch Privatpersonen – der Einfuhrmehrwertsteuer** im Bestimmungsmitgliedstaat, Art. 2 Nr. 2 der 6. EG-Richtlinie. Dabei wurde die einführende Privatperson jedoch um die entrichtete Mehrwertsteuer im Ausfuhrmitgliedstaat teilweise entlastet, in dem dieser Mehrwertsteuerbetrag von der Bemessungsgrundlage der Einfuhrumsatzsteuer abgezogen wurde.[4] Insofern galt vor Inkrafttreten des Binnenmarktes ein gemischtes Ursprungs-/Bestimmungslandsystem.

II. Unionsrechtliche Grundlagen

4 § 1b UStG setzt Art. 2 Abs. 1 Buchst. b Ziffer ii MwStSystRL (Art. 28a Abs. 1 Buchst. b 6. EG-Richtlinie) i.V.m. Art. 2 Abs. 2 MwStSystRL (Art. 28a Abs. 2 6. EG-Richtlinie) sowie Art. 3 Abs. 1 Buchst. b MwStSystRL (Art. 28a Abs. 1a Buchst. b Unterabs. 1 erster Gedankenstrich 6. EG-Richtlinie) um. Die Einschränkung des Art. 2 Abs. 2 Buchst. a MwStSystRL, dass die Fahrzeuge zur Personen- oder Güterbeförderung dienen müssen, ist in § 1b UStG nicht enthalten.[5] Diese Einschränkung muss bei der Auslegung des Fahrzeugbegriffs in richtlinienkonformer Auslegung ergänzend hinzugezogen werden[6] (Rz. 16). Dies gilt ebenfalls für die nicht in den § 1b übernommenen weiteren Einschränkungen des Anwendungsbereichs bei Wasserfahrzeugen des Art. 2 Abs. 2 Buchst. a Ziff. ii MwStSystRL (Rz. 38). Die Einschränkungen des Anwendungsbereichs bei Luftfahrzeugen des Art. 2 Abs. 2 Buchst. a Ziff. iii MwStSystRL (Rz. 35) ist dagegen ohne Bedeutung.[7] § 1b UStG **korrespondiert mit der Steuerbefreiung im Abgangsmitgliedstaat** nach Art. 138 Abs. 2 Buchst. a MwStSystRL (Art. 28c Teil A Buchst. b 6. EG-Richtlinie).[8]

III. Verhältnis zu anderen Vorschriften und Rechtsentwicklung

1. Verhältnis zu anderen Vorschriften

5 § 1b **ergänzt § 1a UStG** dahingehend, dass er für Fahrzeuge im Sinne der Absätze 2 und 3 die Erwerbsteuerbarkeit über den personellen Anwendungskreis des § 1a Abs. 1 Nr. 2 UStG (§ 1a Rz. 59 ff.) hi-

---

1 *Heuermann* in Sölch/Ringleb, § 1b UStG Rz. 1 (Stand: Juni 2021); *Stadie* in Rau/Dürrwächter, § 1b UStG Rz. 3 (Stand: März 2023).

2 Erwägungsgrund 11 der MwStSystRL (ABl. EU 2006 Nr. L 347, 1); so bereits Erwägungsgrund 11 der Richtlinie 91/680/EWG, ABl. EG 1991 Nr. L 376, 1.

3 ABl. EG 1991 Nr. L 376, 1.

4 Vgl. EuGH, Urt. v. 25.2.1988 – 299/86, ECLI:EU:C:1988:103 – Drexl, UR 1989, 352; EuGH, Urt. v. 5.5.1982 – 15/81, ECLI:EU:C:1982:135 – Schul, NJW 1983, 1252.

5 *Peltner* in Weymüller, § 1b UStG Rz. 17.1 (Stand: September 2023).

6 *Stadie* in Rau/Dürrwächter, § 1b UStG Rz. 27 (Stand: März 2023).

7 *Stadie* in Rau/Dürrwächter, § 1b UStG Rz. 30 (Stand: März 2023); *Heuermann* in Sölch/Ringleb, § 1b UStG Rz. 14 (Stand: Juni 2021).

8 Vgl. EuGH, Urt. v. 14.6.2017 – C-26/16, ECLI:EU:C:2017:453 – Santogal M-Comércio e Reparação de Automóveis, UR 2017, 539; *Friedrich-Vache* in Reiß/Kraeusel/Langer, § 1b UStG Rz. 3 (Stand: Juni 2022).

naus auf alle Personen, die keine Unternehmer sind, erweitert.[1] Der Erwerberkreis des § 1a Abs. 3 Nr. 1 UStG (Schwellenerwerber) (§ 1a Rz. 117 ff.) wird jedoch bereits durch den Ausschluss der Anwendung der Erwerbsschwelle des § 1a Abs. 3 Nr. 2 UStG durch § 1a Abs. 5 Satz 1 UStG in Erwerbsteuerbarkeit einbezogen, so dass § 1b UStG für diesen Personenkreis keine Anwendung mehr findet.

Nach Art. 2 MwStVO kann sich eine **Ausnahme der Steuerbarkeit** ergeben (Rz. 32). 6

Die Regelung des **Ortes des innergemeinschaftlichen Erwerbs** nach § 3d Satz 1 UStG – Ort des Endes der Beförderung oder Versendung – ist anwendbar. Dies gilt selbst dann, wenn der Nichtunternehmer das Fahrzeug im anderen Mitgliedstaat abholt.[2] 7

Für die Lieferung von Fahrzeugen im Sinne des § 1b UStG ist die Anwendbarkeit der Regelungen über den **Ort der Lieferung beim Fernverkauf ausgeschlossen**, § 3c Abs. 5 Satz 1 Nr. 1 UStG (§ 3c Rz. 62). Bei der Lieferung neuer Fahrzeuge liegt weder ein innergemeinschaftlicher Fernverkauf von Gegenständen vor, Art. 14 Abs. 4 Nr. 1 Buchst. b MwStSystRL, noch ein Fernverkauf von aus Drittgebieten oder Drittländern eingeführter Gegenstände, Art. 14 Abs. 4 Nr. 2 Buchst. b MwStSystRL. 7.1

Eine Steuerbarkeit des Erwerbs aufgrund der Verwendung der inländischen USt-IdNr. im Inland nach § 3d Satz 2 UStG i.V.m. § 1b Abs. 1, § 1a Abs. 1 Nr. 1 UStG ist dagegen beim Erwerb neuer Fahrzeuge durch Nichtunternehmer ausgeschlossen.[3] 7.2

Die **Zwischenerwerbsfiktion des unternehmerischen Betreibers einer elektronischen Schnittstelle** nach Art. 14a Abs. 1 MwStSystRL ist für die Fallgruppe von aus Drittgebieten oder Drittländern eingeführten Gegenständen in Sendungen mit einem Sachwert von höchstens 150 Euro ausgeschlossen, da insofern kein Fernverkauf vorliegt (Rz. 7.1). Im Inland wird dies durch § 3 Abs. 3a S. 6 UStG klargestellt. 8

Für nicht aus Drittgebieten oder Drittländern eingeführte neue Fahrzeuge, die **von außerhalb der Gemeinschaft ansässigen Unternehmern geliefert** und deren Lieferung **durch elektronische Schnittstellen vermittelt** oder sonstig unterstützt werden, könnte dagegen die Zwischenerwerbsfiktion des unternehmerischen Betreibers der elektronischen Schnittstelle, Art. 14a Abs. 2 MwStSystRL, entsprechend § 3 Abs. 3a Satz 1 UStG (§ 3 Rz. 232 ff.), anwendbar sein. Die bewegte Lieferung würde dann der Lieferung durch den unternehmerischen Betreiber der elektronischen Schnittstelle zugeordnet, Art. 36b MwStSystRL, § 3 Abs. 6b UStG. Der Ausschluss der Anwendbarkeit für Lieferungen neuer Fahrzeuge ist im nationalen Recht ausdrücklich nur für die Fernverkäufe i.S.d. § 3 Abs. 3a S. 2 UStG normiert worden (Rz. 7.1). Die unionsrechtliche Vorlage des Art. 14a Abs. 2 MwStSystRL: „Lieferungen von Gegenständen innerhalb der Gemeinschaft" ist jedoch unglücklich formuliert; sie sollte sowohl inländische Lieferungen als auch innergemeinschaftliche Fernverkäufe erfassen[4], mithin Lieferungen, bei der der Lieferer die Umsatzsteuer des Bestimmungsmitgliedstaates schuldet.[5] Für die damit verfolgte Verbesserung der Erhebung der Mehrwertsteuer des Bestimmungsmitgliedstaates gibt es aber im Anwendungsbereich der Fahrzeugeinzelbesteuerung kein Bedürfnis, da die Besteuerung durch die auf jede Lieferung bezogenen Meldepflichten (Rz. 10) und Kontrollmöglichkeiten (Rz. 11) sichergestellt ist. Die Regelungen der Fahrzeugeinzelbesteuerung sind daher als *lex specialis* gegenüber den allgemeineren Regelungen über elektronischen Schnittstellen anzusehen. Der Unternehmer, der die Lieferungen neuer Fahrzeuge durch elektronische Schnittstellen vermittelt oder sonstig unterstützt, wird daher bei der Lieferung neuer Fahrzeuge nicht in die mehrwertsteuerliche Leistungsbeziehung zum nichtunternehmerischen Erwerber der neuen Fahrzeuge einbezogen; die zivilrechtlich vereinbarte Leistungsbeziehung bleibt maßgeblich. 8.1

---

1 *Stadie* in Rau/Dürrwächter, § 1b UStG Rz. 2 (Stand: März 2023).

2 *Stadie* in Rau/Dürrwächter, § 1b UStG Rz. 12 (Stand: März 2023); *Heuermann* in Sölch/Ringleb, § 1b UStG Rz. 3 (Stand: Juni 2021).

3 *Friedich-Vache* in Reiß/Kraeusel/Langer, § 1b UStG Rz. 3 (Stand: Juni 2022); *Heuermann* in Sölch/Ringleb, § 1b UStG Rz. 3 (Stand: Juni 2021).

4 Erläuterungen „Mehrwertsteuervorschriften für den elektronischen Geschäftsverkehr" vom September 2020, GD TAXUD, Tz. 2.1.3., URL: https://taxation-customs.ec.europa.eu/system/files/2020-12/vatecommerceexplanatory_28102020_de.pdf, abgerufen am 4.1.2024.

5 *Wäger*, UStB 2021, 76 (78).

8.2 Anders als die allgemeine Befreiungsvorschrift innergemeinschaftlicher Lieferungen des Art. 138 Abs. 1 MwStSystRL, die ein Handeln als Steuerpflichtiger in einem anderen Mitgliedstaat als dem Abgangsmitgliedsstaat (Fassung bis zum 31.12.2019) bzw. die **Mitteilung einer MwSt-IdNr.** ein einem anderen Mitgliedstaat (Fassung ab dem 1.1.2020) verlangt, setzt Art. 138 Abs. 2 MwStSystRL dies für die Steuerbefreiung der Fahrzeuglieferung im Abgangsmitgliedstaat **nicht** voraus.

9 Eine **Steuerbefreiung** kann sich nach § 4b Nr. 3 UStG ergeben (§ 4b Rz. 30 ff.), dessen Anwendungsbereich jedoch weitgehend bereits durch die direkte Anwendung von Art. 2 MwStVO erschöpft ist.

10 Die **Bemessungsgrundlage** ergibt sich aus § 10 Abs. 1 Satz 1 UStG (§ 10 Rz. 1 ff.), die **Steuer entsteht** am Tag des Erwerbs, § 13 Abs. 1 Nr. 7 UStG (s. § 13 Rz. 97 ff.). **Steuerschuldner** ist der Erwerber, § 13a Abs. 1 Nr. 2 i.V.m. § 1 Abs. 1 Nr. 5 UStG (§ 13a Rz. 10). Die Steuer wird für jeden einzelnen Erwerb berechnet (**Fahrzeugeinzelbesteuerung**), § 16 Abs. 5a UStG (§ 16 Rz. 52 f.). Der Erwerber hat spätestens bis zum 10. Tag nach Ablauf des Erwerbstages eine Steueranmeldung nach amtlichem Vordruck abzugeben, § 18 Abs. 5a Satz 1 UStG, die zudem eigenhändig unterschrieben sein muss, § 18 Abs. 5a Satz 2 UStG. Das entsprechende Formular USt 1B kann im Formularserver der Bundesfinanzverwaltung gefunden und ausgefüllt werden. Die Erwerbsteuer wird nach Ablauf dieses Tages fällig, § 18 Abs. 5a Satz 4 UStG (§ 18 Rz. 123 f.).

11 Zur Sicherung des Steueranspruchs bestehen nach § 18 Abs. 10 UStG umfassende **Informations- und Mitwirkungspflichten der Zulassungsbehörden**, die bis zur Abmeldung und Entstempelung des amtlichen Kennzeichens führen können, § 18 Abs. 10 Nr. 2 Buchst. b UStG (§ 18 Rz. 181).

12 Die **Differenzbesteuerung** findet auf den innergemeinschaftlichen Erwerb neuer Fahrzeuge **keine Anwendung**, § 25a Abs. 7 Nr. 1 Buchst. b UStG. Das gilt selbst dann, wenn im Abgangsmitgliedstaat unzutreffender Weise die Differenzbesteuerung angewandt wurde, da die diesbezügliche Ausnahme von der Besteuerung nur für den innergemeinschaftlichen Erwerb nach § 1a Abs. 1 UStG gilt, § 25a Abs. 7 Nr. 2 UStG.

2. Rechtsentwicklung

13 § 1b UStG wurde **mit Wirkung zum 1.1.1993** durch das USt-Binnenmarktgesetz[1] eingeführt.

14 Durch Gesetz vom 9.8.1994[2] wurden mit **Wirkung ab dem 1.1.1995** bei Landfahrzeugen die Betriebsgrenze von 3.000 km auf 6.000 km sowie die zeitliche Grenze von 3 auf 6 Monate erhöht und bei Wasser- und Luftfahrzeugen eine zeitliche Obergrenze von 3 Monaten ab Inbetriebnahme eingeführt.

B. Steuerbarkeit (Absatz 1)

I. Regelungsgegenstand

15 Absatz 1 regelt die **persönlichen und sachlichen Voraussetzungen** für die Steuerbarkeit des Erwerbs.

II. Dienen zur Personen- oder Güterbeförderung

16 Die Steuerbarkeit ist ausschließlich auf neue Fahrzeuge im Sinne der Absätze 2 und 3 beschränkt. Ergänzend zur Definition des Fahrzeugs in Absatz 2 ist aus Art. 2 Abs. 2 Buchst. a MwStSystRL das Tatbestandsmerkmal heranzuziehen, dass die **Fahrzeuge zur Personen- oder Güterbeförderung dienen müssen**, selbst wenn dies nur Nebenzweck ist und andere Aspekte, z.B. sportliche Zwecke, im Vordergrund stehen.[3] Damit fallen Fahrzeuge, die ausschließlich als stationäre Sammler- oder Museumsstücke genutzt werden oder Schrottfahrzeuge nicht in den Anwendungsbereich des § 1b UStG.[4]

---

1 Vom 25.8.1992, BGBl. I 1992, 1548.

2 UStGuaÄndG 1994, BGBl. I 1994, 2058.

3 Vgl. BFH, Urt. v. 27.2.2014 – V R 21/11, BStBl. II 2014, 501 = UR 2014, 429, Rz. 22 ff.; *Heuermann* in Sölch/Ringleb, § 1b UStG Rz. 12 (Stand: Juni 2021).

4 *Stadie* in Rau/Dürrwächter, § 1b UStG Rz. 27 (Stand: März 2023).

Autonom sich fortbewegende land-, wasser- oder luftgestützte **Fahrzeuge**, die keine Güter oder Personen transportieren sollen, wie Drohnen zu Überwachungs- oder anderen Informationsgewinnungszwecken, unterliegen dagegen mangels Bestimmung zur Personen- oder Güterbeförderung nicht der Erwerbsbesteuerung nach § 1b UStG. Gleiches gilt für selbstfahrende Arbeitsmaschinen, die nicht zur Beförderung von Personen oder Gütern bestimmt und geeignet sind, Abschn. 1b.1 Satz 5 UStAE. 17

III. Besonderer Erwerberkreis

Der Erwerber darf **weder Unternehmer noch eine nicht unternehmerisch tätige juristische Person** sein, da der Erwerberkreis des § 1a Abs. 1 Nr. 2 UStG – und damit auch die Schwellenerwerber des § 1a Abs. 3 Nr. 1 Buchst. a–c UStG – von der Anwendung des § 1b UStG ausgeschlossen ist. 18

Personengesellschaften oder andere Personenvereinigungen, die nicht unternehmerisch tätig sind, unterfallen dagegen dem Erwerberkreis des § 1b UStG,[1] Abschn. 1b.1. Satz 1 UStAE. Der Begriff der juristischen Person ist unionsrechtlich auszulegen (§ 1a Rz. 71 ff.). Darüber hinaus erweitert die unionsrechtliche Grundlage des Art. 2 Abs. 1 Buchst. b Ziffer ii. MwStSystRL den Erwerberkreis auf „jede andere nichtsteuerpflichtige Person" in Abgrenzung zu einer „nicht steuerpflichtigen juristischen Person". 19

Der Erwerberkreis des § 1c Abs. 1 Satz 1 UStG (§ 1c Rz. 12 ff.) gilt nicht als Erwerber i.S.d. § 1a Abs. 1 Nr. 2 UStG, § 1c Abs. 1 Satz 2 UStG. Somit können die dort aufgeführten **diplomatischen Missionen, zwischenstaatlichen Einrichtungen oder Streitkräfte anderer NATO-Vertragsstaaten oder anderer Mitgliedstaaten im Rahmen der Gemeinsamen Sicherheits- und Außenpolitik** im Inland einen Erwerb neuer Fahrzeuge bewirken, § 1c Abs. 1 Satz 3 UStG. 20

Der Erwerb von Fahrzeugen durch **deutsche Streitkräfte** unterliegt dagegen der allgemeinen Regel der Erwerbsbesteuerung nach § 1a UStG (§ 1c Rz. 23). 21

Wenn der Erwerber auch Unternehmer ist, so kann § 1b UStG nur zur Anwendung kommen, wenn er das **Fahrzeug nicht seinem Unternehmen zuordnet**. § 15 Abs. 1 Satz 2 UStG schließt für Zwecke des Vorsteuerabzugs von vornherein eine Zuordnung zu einem Unternehmen aus, wenn der Gegenstand des Erwerbs zu weniger als 10 % für das Unternehmen des Erwerbers genutzt wird. Ob allein dieses Zuordnungsverbot für Vorsteuerabzugszwecke die Anwendung des § 1b UStG eröffnet,[2] ist im Ergebnis nicht von Bedeutung, da die Erwerbsbesteuerung in jedem Fall vorzunehmen ist.[3] Auf die Vornahme des Vorsteuerabzugs spätestens in der Umsatzsteuer-Jahreserklärung für die Zuordnung des Gegenstands des Erwerbs zum Unternehmen abzustellen,[4] ist für Zwecke der Abgrenzung der Erwerbsbesteuerung nach § 1a oder § 1b UStG allerdings nicht zielführend. Zum einen liegt der Zeitpunkt der Erklärungsabgabe für die Fahrzeugeinzelbesteuerung mit zehn Tagen nach Erwerb nach § 18 Abs. 5a Satz 1 UStG zeitlich nahezu immer vor einer etwaigen Vornahme eines Vorsteuerabzugs in einer Umsatzsteuervoranmeldung. 22

Vor allem aber sind die **Voraussetzungen für die Steuerbefreiung im Abgangsmitgliedstaat unterschiedlich**. So verlangt die Steuerbefreiung nach § 138 Abs. 1 Buchst. b MwStSystRL – welche mit der Erwerbsbesteuerung nach § 1a UStG korrespondiert (§ 1a Rz. 68) -die Mitteilung der MwSt-IdNr. des Erwerbers, wohingegen eine solche nicht Voraussetzung der Steuerbefreiung nach § 138 Abs. 2 Buchst. b MwStSystRL ist – welche wiederum mit der Erwerbsbesteuerung nach § 1b UStG korrespondiert (§ 1a Rz. 139). 23

Es kommt somit darauf an, **wie der Erwerber gegenüber dem Veräußerer auftritt** (§ 1a Rz. 65 ff.). Der Unternehmer kann somit sein Wahlrecht, ob er das neue Fahrzeug seinem Unternehmen zuordnet und damit den allgemeinen Regelungen des innergemeinschaftlichen Erwerbs nach § 1a Abs. 1 24

---

1 *Peltner* in Weymüller, § 1b UStG Rz. 24 (Stand: September 2023); *Stadie* in Rau/Dürrwächter, § 1b UStG Rz. 3 (Stand: März 2023).

2 *Friedich-Vache* in Reiß/Kraeusel/Langer, § 1b UStG Rz. 8 (Stand: Juni 2022); *Heuermann* in Sölch/Ringleb, § 1b UStG Rz. 6 (Stand: Juni 2021).

3 *Stadie* in Rau/Dürrwächter, § 1b UStG Rz. 2 (Stand: März 2023).

4 Vgl. FG München, Urt. v. 8.11.2011 – 2 K 1706/09, juris.

Nr. 1 UStG unterwirft, nur dadurch vornehmen, dass er gegenüber dem Verkäufer seine inländische USt-IdNr. bei Erwerb verwendet. Unterlässt er dies, ordnet er das Fahrzeug nicht seinem Unternehmen zu und muss den Erwerb der Fahrzeugeinzelbesteuerung unterwerfen.[1]

25 Beide Möglichkeiten führen im Ergebnis zur Besteuerung des innergemeinschaftlichen Erwerbs des Fahrzeugs im Inland, allerdings **mit unterschiedlichen Steueranmeldepflichten und Fälligkeiten** (Rz. 22).

IV. Innergemeinschaftlicher Erwerb nach § 1a Abs. 1 Nr. 1 UStG

26 Das neue Fahrzeug muss bei einer Lieferung an den Abnehmer **in das Inland oder in die in § 1 Abs. 3 UStG bezeichneten Gebiete gelangen.**

27 Die **Eigenschaft des Lieferers** als Unternehmer ist für die Besteuerung des innergemeinschaftlichen Erwerbs neuer Fahrzeuge nach § 1b UStG **unbeachtlich.**[2] Der Nichtunternehmer, der gelegentlich neue Fahrzeuge unter den Bedingungen der Fahrzeugeinzelbesteuerung liefert, wird im Abgangsmitgliedstaat jedoch aufgrund der dortigen Regelung, die Art. 9 Abs. 2 MwStSystRL umsetzt,[3] als Steuerpflichtiger fingiert. Die Kleinunternehmerregelungen können auf die Lieferer neuer Fahrzeuge nicht angewendet werden, Art. 283 Abs. 1 Buchst. b MwStSystRL.

28 Die Lieferung muss gegen Entgelt erfolgen. Jedoch können **unentgeltliche Zuwendungen oder Entnahmen neuer Fahrzeuge** aus einem Unternehmen im übrigen Gemeinschaftsgebiet unter den Voraussetzungen des Art. 16 MwStSystRL im Abgangsmitgliedstaat zu gleichgestellten Lieferungen führen, die dann im Inland die Erwerbsbesteuerung nach § 1b UStG[4] auslösen können,[5] da die Entgeltlichkeit durch Art. 16 MwStSystRL auch insofern fingiert wird (§ 1a Rz. 25 f.). Eine Schenkung aus nicht unternehmerischem Vermögen löst dagegen keine Erwerbsbesteuerung nach § 1b UStG aus, es verbleibt bei der Belastung mit der Mehrwertsteuer des Ursprungsmitgliedstaates.[6]

29 Das neue Fahrzeug muss **bei der Lieferung** in das Inland gelangt sein.[7] Auch das Fortbewegen des Fahrzeugs aus eigener Kraft ist Befördern.[8] Dabei gibt es keine konkrete Frist, innerhalb derer das Befördern in den Bestimmungsmitgliedstaat abgeschlossen sein muss.[9]

30 Zur **Ermittlung des Bestimmungsmitgliedstaats** können dabei objektive Kriterien, wie z.B. der Flaggenmitgliedstaat, der gewöhnliche Liege- oder Ankerplatz[10] oder der Wohnsitz des Erwerbers[11] herangezogen werden. Diese sind aber ebenso wenig notwendige Voraussetzungen für einen innergemeinschaftlichen Erwerb im Bestimmungsmitgliedstaat wie die dortige Zulassung des Fahrzeugs.[12]

31 Für Zwecke des innergemeinschaftlichen Erwerbs neuer Fahrzeuge gelten auch die **Freizonen nach Art. 243 UZK** – Bremerhaven und Cuxhaven – sowie die **Gewässer und Watten zwischen der**

1 *Weymüller* in Dorsch, Zollrecht, § 1b UStG Rz. 4 (Stand: November 2019); *Friedrich-Vache* in Reiß/Kraeusel/Langer, § 1b UStG Rz. 12 (Stand: Juni 2022).
2 Vgl. EuGH, Urt. v. 14.6.2017 – C-26/16, ECLI:EU:C:2017:453 – Santogal M-Comércio e Reparação de Automóveis, UR 2017, 539, Rz. 63; *Stadie* in Rau/Dürrwächter, § 1b UStG Rz. 4 (Stand: März 2023).
3 Im Inland ist dies § 2a UStG.
4 **A.A.** *Stadie* in Rau/Dürrwächter, § 1b UStG Rz. 17 Fn. 4 (Stand: März 2023), der bestenfalls einen Erwerb nach § 1a UStG annimmt – dies ist aber unzutreffend, wenn der Begünstigte der Entnahme kein Unternehmer ist.
5 **A.A.** *Heuermann* in Sölch/Ringleb, § 1b UStG Rz. 10a (Stand: Juni 2021); *Friedrich-Vache* in Reiß/Kraeusel/Langer, § 1b UStG Rz. 16 (Stand: Juni 2022).
6 *Stadie* in Rau/Dürrwächter, § 1b UStG Rz. 17 (Stand: März 2023).
7 Vgl. BFH, Urt. v. 20.12.2006 – V R 11/06, UR 2007, 265.
8 *Stadie* in Rau/Dürrwächter, § 1b UStG Rz. 10 (Stand: März 2023).
9 Vgl. EuGH, Urt. v. 18.11.2010 – C-84/09, ECLI:EU:C:2010:693 – X, UR 2011, 103.
10 Vgl. EuGH, Urt. v. 18.11.2010 – C-84/09, ECLI:EU:C:2010:693 – X, UR 2011, 103, Rz. 46.
11 Vgl. EuGH, Urt. v. 14.6.2017 – C-26/16, ECLI:EU:C:2017:453 – Santogal M-Comércio e Reparação de Automóveis, UR 2017, 539, Rz. 48.
12 Vgl. EuGH, Urt. v. 14.6.2017 – C-26/16, ECLI:EU:C:2017:453 – Santogal M-Comércio e Reparação de Automóveis, UR 2017, 539, Rz. 55.

Strandlinie und der deutschen Hoheitsgrenze (12-Seemeilen-Zone)[1] zum Inland, § 1 Abs. 3 Satz 1 Nr. 7 UStG.

V. Ausnahmen vom innergemeinschaftlichen Erwerb, Art. 2 MwStVO

Obwohl ein **innergemeinschaftliches Verbringen** von neuen Fahrzeugen im Rahmen der Erwerbsbesteuerung des § 1b UStG mangels Zuordnung der Fahrzeuge zu einem Unternehmen und mangels Verweises auf § 1a Abs. 2 UStG in § 1b Abs. 1 UStG zwingend **ausgeschlossen** ist,[2] normiert Art. 2 MwStVO – gleichsam rein vorsichtshalber – zwei Ausnahmen vom innergemeinschaftlichen Erwerb neuer Fahrzeuge: das „Verbringen" des neuen Fahrzeugs durch einen Nichtunternehmer aufgrund Wohnortwechsels sowie die Rückführung in den ursprünglichen Herkunftsmitgliedstaat. 32

C. Fahrzeuge im Sinne des Gesetzes (Absatz 2)

I. Begriff der Fahrzeuge (Absatz 2 Satz 1)

1. Motorgetriebene Landfahrzeuge (Absatz 2 Satz 1 Nr. 1)

Es werden nur Fahrzeuge **mit eigenem Motor** erfasst bis hin zu Pocket-Bikes[3] oder landwirtschaftlichen Zugmaschinen, Abschn. 1b.1. Satz 3 UStAE. Es werden alle Arten des Antriebs erfasst, sofern der Mindesthubraum (48 ccm) oder die Mindestleistung (7,2 KW) erreicht wird.[4] E-Bikes oder Pedelecs erreichen diese Leistungsstufe regelkonform nicht. Eine straßenverkehrsrechtliche Zulassung ist nicht erforderlich. Mangels eigenen Motors sind dagegen Wohnwagen, Packwagen oder andere Anhänger, die nur von anderen Kraftfahrzeugen mitgeführt werden können, nicht von § 1b UStG erfasst.[5] 33

2. Wasserfahrzeuge (Absatz 2 Satz 1 Nr. 2)

Unter die Vorschrift fallen alle **schwimmenden Fahrzeuge**, die der Beförderung von Menschen oder Gütern dienen, **unabhängig von einer Motorisierung** (also auch Segel- oder Ruderboote).[6] Schwimmende Plattformen, die sich bestimmungsgemäß nicht bewegen, unterfallen dagegen nicht dem Begriff der Wasserfahrzeuge i.S.d. Absatzes 2 Satz 1 Nr. 2.[7] 34

Dass die Ausnahme bestimmter Wasserfahrzeuge nach Art. 2 Abs. 2 Buchst. a Ziffer ii MwStSystRL nicht in nationales Recht umgesetzt wurde, ist weitgehend unbeachtlich, da die dort aufgeführten hochseetauglichen Schiffe oder Küstenfischereifahrzeuge zu unternehmerischen Zwecken erworben werden, so dass der Erwerb bereits dem § 1a UStG unterfällt.[8] Dies gilt allerdings nicht für **Bergungs- und Rettungsschiffe** auf See, die durch **nicht unternehmerisch tätige Personen oder Personenvereinigungen** erworben werden, z.B. unentgeltlich tätig werdende Personenvereinigungen zur Rettung von in Seenot Geratenen. Derartige Wasserfahrzeuge sind nach Art. 2 Abs. 2 Buchst. a Ziffer ii MwStSystRL von der Fahrzeugeinzelbesteuerung ausgenommen, so dass § 1b Abs. 2 Satz 1 Nr. 2 UStG in unionsrechtskonformer Auslegung diesbezüglich unangewendet bleiben muss.[9] In diesen Fällen verbleibt es beim Ursprungslandprinzip. 35

1 *Oelmaier* in Sölch/Ringleb, § 1 UStG Rz. 205 (Stand: Oktober 2021).

2 *Heuermann* in Sölch/Ringleb, § 1b UStG Rz. 10c (Stand: Juni 2021); *Peltner* in Weymüller, § 1b UStG Rz. 32 (Stand: September 2023); *Stadie* in Rau/Dürrwächter, § 1b UStG Rz. 21 f. (Stand: März 2023); **a.A.** *Reiß* in Reiß/Kraeusel/Langer, UStG, § 2a UStG Rz. 11.1.1.2 (Stand März 2018).

3 Vgl. BFH, Urt. v. 27.2.2014 – V R 21/11, BStBl. II 2014, 501 = UR 2014, 429.

4 *Heuermann* in Sölch/Ringleb, § 1b UStG Rz. 11 (Stand: Juni 2021).

5 *Stadie* in Rau/Dürrwächter, § 1b UStG Rz. 28 (Stand: März 2023).

6 *Heuermann* in Sölch/Ringleb, § 1b UStG Rz. 13 (Stand: Juni 2021).

7 So auch: *Heuermann* in Sölch/Ringleb, § 1b UStG Rz. 13 (Stand: Juni 2021).

8 *Heuermann* in Sölch/Ringleb, § 1b UStG Rz. 13 (Stand: Juni 2021); *Peltner* in Weymüller, § 1b UStG Rz. 38.1 (Stand: September 2023); *Stadie* in Rau/Dürrwächter, § 1b UStG Rz. 29 (Stand: März 2023).

9 *Friedrich-Vache* in Reiß/Kraeusel/Langer, § 1b UStG Rz. 26 (Stand: Juni 2022).

36 Die Länge der Wasserfahrzeuge darf **7,5 Meter nicht überschreiten**. Um alle Wasserfahrzeuge unabhängig von ihrer Antriebsweise gleich zu behandeln, ist auf die **Länge an Deck (LaD)** abzustellen[1], nicht jedoch auf die Länge über alles (Lüa).

3. Luftfahrzeuge (Absatz 2 Satz 1 Nr. 3)

37 Luftfahrzeuge fallen **unabhängig von ihrer Antriebsart** unter die Regelung, also auch Segelflugzeuge.[2]

38 Die Ausnahme von Luftfahrzeugen, die hauptsächlich im **entgeltlichen internationalen Verkehr** tätig sind, Art. 2 Abs. 2 Buchst. a Ziffer iii MwStSystRL, ist ohne Bedeutung, da die Erwerbe solcher Luftfahrzeuge ausnahmslos von § 1a UStG erfasst werden.[3]

II. Ausnahme – Fahrzeuge zur kurzfristigen Beherbergung und zur Krankenbeförderung (Absatz 2 Satz 2)

39 Die in § 4 Nr. 12 Satz 2 UStG bezeichneten Fahrzeuge sind keine Fahrzeuge i.S.d. Absatzes 2 Satz 1. Die Hermeneutik der Regelung[4] lässt sich nur dadurch auflösen, dass Satz 2 nicht eine Ausnahme von Satz 1 bezweckt, sondern vielmehr die Anwendung der Fahrzeugdefinitionen des Satzes 1 im Rahmen der Regelung des § 4 Nr. 12 Satz 2 UStG ausschließt.[5]

40 **Fahrzeuge** i.S.d. § 4 Nr. 17 Buchst. b UStG **zur Beförderung von kranken oder verletzten Personen, die hierfür besonders eingerichtet sind**, sind ebenfalls vom Begriff der Fahrzeuge des Absatzes 2 Satz 1 ausgenommen. Hier wird die Unklarheit der Regelung kritisch. Ist Satz 2 als eine Ausnahme von Satz 1 zu verstehen, bleibt es für diese Fahrzeuge bei der Besteuerung nach dem Ursprungslandprinzip, so ein nicht-unternehmerischer Erwerb vorliegt. Soll aber lediglich klargestellt werden, dass die Regelung bezweckt, dass die Anwendung der Fahrzeugdefinitionen des Satzes 1 im Rahmen der Regelung des § 4 Nr. 17 Buchst. a ausgeschlossen ist[6], verbleibt es bei der Erwerbsbesteuerung im Inland. Für letztere Ansicht spricht, dass eine entsprechende Ausnahmeregelung in der MwStSystRL hätte getroffen werden müssen.

D. Fiktion der Neuheit des Fahrzeugs (Absatz 3)

I. Neuheit im Zeitpunkt des Erwerbs (Absatz 3 Nr. 1–3)

41 Für die Beurteilung der Neuheit eines Fahrzeugs ist auf den **Zeitpunkt der Lieferung** des betreffenden Gegenstandes und nicht auf den Zeitpunkt seiner Ankunft im Bestimmungsmitgliedstaat abzustellen.[7] Der Zeitpunkt der Ankunft im Bestimmungsmitgliedstaat ist grundsätzlich unbeachtlich, auch wenn der Lieferer das Fahrzeug befördert und damit die Verfügungsmacht zeitlich erst nach Ankunft im Inland auf den Erwerber übertragen wird. Nach einer Ansicht zählt die Beförderung der Fahrzeuge aufgrund eigener Fortbewegung (z.B. auf eigener Achse) durch den Verkäufer für die Ermittlung der Höchstgrenzen für die Neuheit des Fahrzeugs mit.[8] Dies kann jedoch dazu führen, dass das Fahrzeug auf dem Weg vom Abgangsmitgliedstaat zum Bestimmungsmitgliedstaat vom Neu- zum Altfahrzeug wird und dann nicht mehr unter die Regelung der Fahrzeugeinzelbesteuerung fällt. Damit wäre jedoch die Fahrzeugeinzelbesteuerung von der Wegeslänge und Beförderungsgeschwindigkeit abhängig, die Zuweisung der Besteuerungsrechte an die Mitgliedstaaten wäre der Zufälligkeit ausliefert. Richtiger-

1 Ähnlich *Stadie* in Rau/Dürrwächter, § 1b UStG Rz. 29 (Stand: März 2023), der auf die „Rumpflänge" abstellt.
2 *Friedrich-Vache* in Reiß/Kraeusel/Langer, § 1b UStG Rz. 27 (Stand: Juni 2022).
3 *Friedrich-Vache* in Reiß/Kraeusel/Langer, § 1b UStG Rz. 27 (Stand: Juni 2022); *Heuermann* in Sölch/Ringleb, § 1b UStG Rz. 14 (Stand: Juni 2021); *Stadie* in Rau/Dürrwächter, § 1b UStG Rz. 30 (Stand: März 2023).
4 „Schwer verständlich", so *Heuermann* in Sölch/Ringleb, § 1b UStG Rz. 15 (Stand: Juni 2021).
5 *Stadie* in Rau/Dürrwächter, § 1b UStG Rz. 26 (Stand: März 2023).
6 So *Stadie* in Rau/Dürrwächter, § 1b UStG Rz. 26 (Stand: März 2023).
7 Vgl. EuGH, Urt. v. 18.11.2010 – C-84/09, ECLI:EU:C:2010:693 – X, UR 2011, 103, Rz. 53.
8 *Sterzinger* in Birkenfeld/Wäger, Umsatzsteuer-Handbuch, Abschn. I, Kapitel 2, B. Rz. 86 ff. (Stand: Juni 2023).

weise sind daher weder die Wegstrecke noch die Betriebsstunden bei Beförderung des Fahrzeugs aus eigener Kraft vom Veräußerer zum Erwerber zu berücksichtigen.[1]

In diesem Zeitpunkt sind die beiden Höchstgrenzen – der Zeitraum seit erster Inbetriebnahme und Umfang der Nutzung – zu prüfen. Nur wenn **beide Höchstgrenzen überschritten** sind, ist das Fahrzeug nicht mehr neu im Sinne der Vorschrift.[2] Die Überschreitung nur einer der Höchstgrenzen reicht nicht aus, um von einem Alt-Fahrzeug, das nicht mehr der Fahrzeugeinzelbesteuerung unterläge, auszugehen.[3] Die Vorläuferregelung des heutigen Art. 2 Abs. 2 Buchst. b MwStSystRL, Art. 28a Abs. 2 Buchst. b 6. EG-Richtlinie, hatte dies verständlicher formuliert: ein Fahrzeug galt nicht als „neu", wenn gleichzeitig die beiden Bedingungen erfüllt waren: Lieferung mehr als drei bzw. sechs Monate nach erster Inbetriebnahme *und* Überschreiten der Laufleistung bzw. Betriebsstunden. 42

Der **Zeitpunkt der ersten Inbetriebnahme** ist der Zeitpunkt der ersten Nutzung zur Personen- oder Güterbeförderung; bei zulassungsbedürftigen Fahrzeugen kann auf den Zeitpunkt der Zulassung abgestellt werden, Abschn. 1b.1 Satz 8 UStAE. Dabei ist eine Zulassung im Ausland mit Überführungs- oder Ausfuhrkennzeichen zu berücksichtigen, es ist nicht auf den Zeitpunkt der Zulassung im Inland abzustellen.[4] 43

Der **Zustand des Fahrzeuges** zum Zeitpunkt des Erwerbs ist für seine Neuheit **unbeachtlich**.[5] 44

Die **Monatsfrist** als zeitliche Höchstgrenze soll mit Ablauf des Tages des Monats ablaufen, der dem Tag im Monat der ersten Inbetriebnahme entspricht. Gegen diese Fristbestimmung nach nationalem Recht spricht jedoch, dass gesetzliche Grundlage zur Bestimmung von Fristen von Rechtsakten des Rates – hier der MwStSystRL als unionsrechtliche Grundlage des § 1b Abs. 3 UStG – die Verordnung (EWG, EURATOM) 1182/71 v. 3.6.1971[6] ist (§ 6b Rz. 67 f.). Fristbeginn ist gemäß Art. 3 Abs. 1 Unterabs. 2 VO 1182/71 der Folgetag des Ereigniseintritts, hier also der Tag nach der ersten Inbetriebnahme. Fristende ist nach Art. 3 Abs. 2 Buchst. c VO 1182/71 der Ablauf des Tages, der nach Bezeichnung und Zahl *dem Tag des Fristbeginns* entspricht. Somit lauft die Monatsfrist mit Ablauf des Tages ab, der dem Tag folgt, welcher dem Tag im Monat der ersten Inbetriebnahme entspricht[7]. 45

Grundsätzlich liegt die **Feststellungslast** zur Ermittlung des Nichtüberschreitens der Höchstgrenzen **bei der Finanzbehörde.**[8] Der Erwerber neuer motorgetriebener Landfahrzeuge hat aber nach § 18 Abs. 10 Nr. 2 Satz 2 UStG und § 90 Abs. 2 AO umfassende Informationspflichten. 46

II. Landfahrzeuge (Absatz 3 Nr. 1)

Landfahrzeuge (Rz. 33) sind neu, wenn sie innerhalb von **sechs Monaten** nach der ersten Inbetriebnahme erworben werden **oder** zum Zeitpunkt des Erwerbs **höchstens 6.000 km** zurückgelegt haben.[9] 47

III. Wasserfahrzeuge (Absatz 3 Nr. 2)

Wasserfahrzeuge (Rz. 34 ff.) sind neu, wenn sie innerhalb von **drei Monaten** nach der ersten Inbetriebnahme erworben werden **oder** zum Zeitpunkt des Erwerbs **nicht mehr als 100 Betriebsstunden** auf dem Wasser zurückgelegt haben.[10] Die Betriebsstunden sind ggf. zu schätzen. 48

1 *Heuermann* in Sölch/Ringleb, § 1b UStG Rz. 18 (Stand: Juni 2021); *Stadie* in Rau/Dürrwächter, § 1b UStG Rz. 35 (Stand: März 2023).
2 *Heuermann* in Sölch/Ringleb, § 1b UStG Rz. 17 (Stand: Juni 2021); *Friedrich-Vache* in Reiß/Kraeusel/Langer, § 1b UStG Rz. 28 (Stand: Juni 2022).
3 Im Ergebnis daher korrigierend eingreifend *Stadie* in Rau/Dürrwächter, § 1b UStG Rz. 34 (Stand: März 2023).
4 *Heuermann* in Sölch/Ringleb, § 1b UStG Rz. 18 (Stand: Juni 2021).
5 Vgl. BFH, Beschl. v. 16.6.2011 – XI B 103/10, BFH/NV 2011, 1739.
6 ABl. EG 1971 Nr. L 124, 1.
7 So auch *Heuermann* in Sölch/Ringleb, § 1b UStG Rz. 19 (Stand: Juni 2021).
8 *Heuermann* in Sölch/Ringleb, § 1b UStG Rz. 20 (Stand: Juni 2021); *Robisch* in Bunjes[22], § 1b UStG Rz. 14.
9 Art. 2 Abs. 2 Buchst. b Ziffer i MwStSystRL.
10 Art. 2 Abs. 2 Buchst. b Ziffer ii MwStSystRL.

IV. Luftfahrzeuge (Absatz 3 Nr. 3)

49 Luftfahrzeuge (Rz. 37 f.) sind neu, wenn sie innerhalb von **drei Monaten** nach der ersten Inbetriebnahme erworben werden oder zum Zeitpunkt des Erwerbs **nicht mehr als 40 Betriebsstunden** genutzt wurden.[1] Die Betriebsstunden sind anhand eines Betriebsstundenzählers zu ermitteln,[2] ggf. zu schätzen.

§ 1c Innergemeinschaftlicher Erwerb durch diplomatische Missionen, zwischenstaatliche Einrichtungen und Streitkräfte der Vertragsparteien des Nordatlantikvertrags

(1) [1]Ein innergemeinschaftlicher Erwerb im Sinne des § 1a liegt nicht vor, wenn ein Gegenstand bei einer Lieferung aus dem Gebiet eines anderen Mitgliedstaates in das Inland gelangt und die Erwerber folgende Einrichtungen sind, soweit sie nicht Unternehmer sind oder den Gegenstand nicht für ihr Unternehmen erwerben:

1. **im Inland ansässige ständige diplomatische Missionen und berufskonsularische Vertretungen,**
2. **im Inland ansässige zwischenstaatliche Einrichtungen,**
3. **im Inland stationierte Streitkräfte anderer Vertragsparteien des Nordatlantikvertrags oder**
4. **im Inland stationierte Streitkräfte anderer Mitgliedstaaten, die an einer Verteidigungsanstrengung teilnehmen, die zur Durchführung einer Tätigkeit der Union im Rahmen der Gemeinsamen Sicherheits- und Verteidigungspolitik unternommen wird.**

[2]Diese Einrichtungen gelten nicht als Erwerber im Sinne des § 1a Abs. 1 Nr. 2. [3]§ 1b bleibt unberührt.

(2) Als innergemeinschaftlicher Erwerb gegen Entgelt im Sinne des § 1a Abs. 2 gilt das Verbringen eines Gegenstands durch die deutschen Streitkräfte aus dem übrigen Gemeinschaftsgebiet in das Inland für den Gebrauch oder Verbrauch dieser Streitkräfte oder ihres zivilen Begleitpersonals, wenn die Lieferung des Gegenstands an die deutschen Streitkräfte im übrigen Gemeinschaftsgebiet oder die Einfuhr durch diese Streitkräfte nicht der Besteuerung unterlegen hat.

Schrifttum: *Wäger*, Hinweise und Argumentationshilfen bei Versagung der USt-Befreiung, UStB 2000, 146.

1 Art. 2 Abs. 2 Buchst. b Ziffer iii MwStSystRL: höchstens 40 Stunden in der Luft zurückgelegt haben.
2 *Robisch* in Bunjes[22], § 1b UStG Rz. 14.

A. Grundaussagen

I. Regelungsgegenstand und Bedeutung

Der Regelungsinhalt des § 1c UStG ist **zweigeteilt:** 1

Absatz 1 schränkt einerseits **den Erwerberkreis** der nicht unternehmerischen juristischen Personen des **§ 1a Abs. 1 Nr. 2 UStG ein**, indem er die aufgeführten diplomatischen Missionen, zwischenstaatlichen Einrichtungen oder Streitkräfte anderer NATO-Vertragsstaaten oder anderer Mitgliedstaaten im Rahmen der Gemeinsamen Sicherheits- und Verteidigungspolitik (GSVP) aus dem Erwerberkreis ausschließt (§ 1a Rz. 59 ff.). Dadurch erweitert er gleichzeitig den Kreis der Erwerber, die der Fahrzeugeinzelbesteuerung unterliegen können (§ 1b Rz. 10). 2

Absatz 2 wiederum **fingiert** die Möglichkeit des **innergemeinschaftlichen Erwerbs** nach § 1a Abs. 2 UStG durch die deutschen Streitkräfte. Die deutschen Streitkräfte sind nicht Teil eines unternehmerischen Bereichs ihrer Rechtsträgerin Bundesrepublik Deutschland[1] als juristische Person des öffentlichen Rechts. Daher würden sie ohne die gesetzliche Fiktion des § 1c Abs. 2 UStG den Tatbestand des Verbringens nach § 1a Abs. 2 UStG nicht erfüllen (§ 1a Rz. 81 ff.). 3

II. Unionsrechtliche Grundlagen

Absatz 1 hat seine unionsrechtlichen Grundlagen in Art. 3 Abs. 1 Buchst. a MwStSystRL (Art. 28a Abs. 1a Buchst. a 6. EG-Richtlinie) i.V.m. Art. 151 Abs. 1 Unterabs. 1 Buchst. a–c MwStSystRL (Art. 15 Nr. 10 Unterabs. 1 erster bis vierter Gedankenstrich 6. EG-Richtlinie). 4

Absatz 2 setzt Art. 22 MwStSystRL (Art. 28a Abs. 6 Unterabs. 2 6. EG-Richtlinie) in das nationale Umsatzsteuerrecht um. 5

III. Verhältnis zu anderen Vorschriften und Rechtsentwicklung

Die Vorschrift **beschränkt § 1a Abs. 1 UStG** und **erweitert § 1a Abs. 2 UStG** (Rz. 1). 6

§ 9 Abs. 1 Satz 1 Nr. 2 i.V.m. § 9 Abs. 1 Satz 2 Truppenzollgesetz[2] regelt die **zollamtliche Behandlung von Gegenständen**, die an ausländische NATO-Streitkräfte **unter den Voraussetzungen des § 1c Abs. 1 UStG geliefert** werden, als Nichtgemeinschaftsware sowie deren zollamtliche Überwachung. 7

§ 1c UStG wurde mit **Wirkung ab dem 30.12.1993** durch das StMBG vom 21.12.1993[3] eingeführt. Durch Art. 15 Nr. 1 JStG 2020[4] wurde Absatz 1 Satz 1 um eine Nr. 4 – Streitkräfte im Rahmen der im Rahmen der Gemeinsamen Sicherheits- und Verteidigungspolitik – mit Wirkung ab dem 1.7.2022 erweitert (Rz. 20.1 ff.). 8

B. Einschränkung des § 1a Abs. 1 UStG (Absatz 1)

I. Regelungsgegenstand

§ 1c Abs. 1 UStG stellt sicher, dass die innergemeinschaftlichen Lieferungen aus dem übrigen Gemeinschaftsgebiet an die aufgezählten Einrichtungen, die nach den dortigen, Art. 151 MwStSystRL umsetzenden Vorschriften steuerfrei sind,[5] im Inland nicht der Erwerbsteuer unterliegen und somit auch 9

1 *Hummel* in Rau/Dürrwächter, § 1c UStG Rz. 41 (Stand: Oktober 2021).
2 TrZollG v. 19.5.2009, BGBl. I 2009, 1090; geändert durch Gesetz v. 15.7.2009, BGBl. I 2009, 1870.
3 Gesetz zur Bekämpfung des Mißbrauchs und zur Bereinigung des Steuerrechts, BGBl. I 1993, 2310.
4 Jahressteuergesetzes 2020, BGBl. I 2020, 3096.
5 Im Inland durch § 4 Nr. 7 Satz 1 Buchst. b-f UStG umgesetzt (§ 4 Nr. 7 Rz. 15 ff.).

grenzüberschreitend im Binnenmarkt **ohne mehrwertsteuerliche Belastung an diese Einrichtungen geliefert werden können.**[1]

10 Soweit der in einem Mitgliedstaat ansässige Lieferer die 10.000 Euro-Schwelle des § 3c Abs. 4 Satz 1 UStG überschreitet oder auf deren Anwendung gem. § 3c Abs. 4 Satz 2 UStG verzichtet (§ 3c Rz. 50 ff., 58 ff.), **können** Lieferungen an diese Einrichtungen jedoch der **Besteuerung im Inland unterliegen,**[2] Art. 33 Buchst. a, Art. 14 Abs. 4 Nr. 1, Art. 59c Abs. 1 MwStSystRL i.V.m. Art. 3 Abs. 1 Satz 1 Buchst. a, Art. 151 MwStSystRL. Hat der Lieferer dagegen noch eine feste Niederlassung in einem weiteren Mitgliedstaat oder ist er außerhalb des Gemeinschaftsgebietes ansässig[3], gibt es aufgrund des Wegfalls des Art. 34 MwStSystRL mit Wirkung zum 1.7.2021[4] keine Lieferschwelle mehr. Bei der Lieferung verbrauchsteuerpflichtiger Waren gibt es ebenfalls keine Lieferschwellenwerte, Art. 2 Abs. 1 Buchst. b iii MwStSystRL, § 3c Abs. 5 Satz 2 UStG (§ 3c Rz. 65). Für eine so im Inland steuerbare Lieferung **greift dann** für Lieferungen an nichtdeutsche NATO-Streitkräfte **die Steuerbefreiung nach § 4 Nr. 7 Buchst. a UStG** (§ 4 Nr. 7 Rz. 13 f.) bzw. **§ 26 Abs. 5 Nr. 2 UStG i.V.m. Art. 67 Abs. 3 NATO-ZAbk** (§ 26 Rz. 53 ff.).

11 Die Vorschrift **entspricht der Steuerbefreiung entsprechender Einfuhren** von Diplomaten- und Konsulargut im Inland nach § 5 Abs. 2 Nr. 6 UStG (zwischenstaatlicher Brauch) i.V.m. § 1 Abs. 3 EUStBV i.V.m. § 17 ZollV.[5]

II. Voraussetzungen (Absatz 1 Satz 1)

12 Die Regelung gilt nur, **soweit** die aufgezählten Einrichtungen **nicht unternehmerisch tätig** sind.[6] Andernfalls unterliegen diese Einrichtungen den allgemeinen Regeln des § 1a UStG der Erwerbsbesteuerung.

1. Ständige diplomatische Missionen und berufskonsularische Vertretungen (Absatz 1 Satz 1 Nr. 1)

13 Die in den Anwendungsbereich fallenden ständigen diplomatischen Missionen sind im **Wiener Übereinkommen vom 18.4.1961** über diplomatische Beziehungen geregelt und müssen nach diesen Regelungen ihren **Sitz im Inland** errichtet haben.[7]

14 Die berufskonsularischen Vertretungen sind im **Wiener Übereinkommen über Konsularische Beziehungen (WÜK) vom 24.4.1963**[8] geregelt und müssen nach diesen Regelungen ihren **Sitz im Inland** errichtet haben.[9] Es ist jede der vier Klassen berufskonsularischer Vertretungen erfasst, einschließlich Konsularagenturen.[10] Die nach Art. 49 Abs. 1 Buchst. a WÜK vorgesehenen Befreiungen von indirekten Steuern gelten aber nur für von Berufskonsularbeamten geleitete Vertretungen, nicht jedoch für von Wahlkonsularbeamten geleitete, Art. 58 Abs. 1 WÜK.[11]

2. Zwischenstaatliche Einrichtungen (Absatz 1 Satz 1 Nr. 2)

15 Dazu gehören zum einen die in Art. 151 Abs. 1 Unterabs. 1 Buchst. a Doppelbuchst. aa MwStSystRL aufgeführten **Institutionen der Europäischen Union und der Europäischen Atomgemeinschaft**, insbesondere auch die im Inland ansässige Europäische Zentralbank sowie das Europäische Patentamt.

1 *Peltner* in Weymüller, BeckOK, § 1c UStG Rz. 4 (Stand: September 2023).
2 Abschn. 1c.1 Satz 3 UStAE; *Friedrich-Vache* in Reiß/Kraeusel/Langer, § 1c UStG Rz. 17 (Stand: August 2021).
3 *Wäger*, UStB 2021, 76 (80).
4 Art. 2 Nr. 4 i.V.m. Art. 4 Richtlinie (EU) 2017/2455 v. 5.12.2017, ABl. EU Nr. L 348, 7.
5 *Weymüller* in Dorsch, Zollrecht, § 1c UStG, Rz. 1 (Stand: November 2019).
6 *Hummel* in Rau/Dürrwächter, § 1c UStG Rz. 11 (Stand: Oktober 2021); Abschn. 1c.1 Satz 4 UStAE.
7 *Peltner* in Weymüller, BeckOK, § 1c UStG Rz. 20 f. (Stand: September 2023).
8 BGBl. II 1969, 1587.
9 *Peltner* in Weymüller, BeckOK, § 1c UStG Rz. 22 f. (Stand: September 2023).
10 *Peltner* in Weymüller, BeckOK, § 1c UStG Rz. 22 (Stand: September 2023).
11 *Peltner* in Weymüller, BeckOK, § 1c UStG Rz. 22.1 (Stand: September 2023).

Daneben zählen nach Art. 151 Abs. 1 Unterabs. 1 Buchst. b MwStSystRL **die internationalen Einrichtungen, die in Deutschland als solche anerkannt sind,** zu den begünstigten Einrichtungen. Dies sind unter den Voraussetzungen des Art. 50 MwStVO Einrichtungen, die als Konsortien für eine europäische Forschungsinfrastruktur („ERIC" *European Research Infrastructure Consortium*)[1] gegründet werden und im Inland ansässig sind. Weitere Begünstigte ergeben sich aus Abkommen der Bundesrepublik Deutschland mit internationalen Einrichtungen,[2] wie z.B. der EUMETSAT in Darmstadt. 16

Begünstigt sind dabei nicht nur die Bezüge der Einrichtungen selbst, sondern **auch die der Angehörigen dieser Einrichtungen** nach Maßgabe der internationalen Übereinkommen, Art. 151 Abs. 1 Unterabs. 1 Buchst. b MwStSystRL.[3] 17

3. Streitkräfte anderer NATO-Vertragsstaaten (Absatz 1 Satz 1 Nr. 3)

Die begünstigten Einrichtungen ergeben sich aus dem **Nato-Truppenstatut vom 19.6.1951**[4] sowie dem **Zusatzabkommen** über die Rechtsstellung der in der Bundesrepublik Deutschland stationierten ausländischen Truppen vom 28.8.1952[5] sowie dem **Gesetz zum NATO-Hauptquartierprotokoll** und Ergänzungsvereinbarungen.[6] 18

Lieferungen zum ausschließlichen Gebrauch oder Verbrauch durch die Streitkräfte gehen bei Übergabe an diese in die **sog. Truppenverwendung** über und stehen ab dem Zeitpunkt der Lieferung **unter zollamtlicher Überwachung,** § 9 Abs. 1 Satz 1 Nr. 2, § 9 Abs. 1 Satz 2 TrZollG. 19

Begünstigt ist **auch der Erwerb durch das Personal der Streitkräfte bzw. Hauptquartiere,** welches sich im Zusammenhang mit seinen Dienstobliegenheiten im Inland befindet.[7] Die Begünstigung umfasst auch Lieferungen zur **Versorgung von Kasinos und Kantinen der Streitkräfte**, Art. 151 Abs. 1 Unterabs. 1 Buchst. c MwStSystRL. Das kann aber nur dann gelten, wenn die Kasinos oder Kantinen ausschließlich der Eigenversorgung der jeweiligen Streitkraft bzw. des jeweiligen Hauptquartiers dienen, da andernfalls eine unternehmerische Tätigkeit vorliegt, die den Anwendungsbereich des § 3c Abs. 1 Satz 1 UStG versperrt.[8] 20

4. Streitkräfte im Rahmen der Gemeinsamen Sicherheits- und Verteidigungspolitik (Abs. 1 Satz 1 Nr. 4)

Die Gemeinsame Sicherheits- und Verteidigungspolitik (GSVP) der Union soll dadurch gestärkt werden, dass es **Angleichung der mehrwertsteuerlichen Behandlung** der im Rahmen der Union und der NATO unternommenen Anstrengungen im Verteidigungsbereich kommt.[9] Aus diesem Grund wurde die unionsrechtliche Grundlage des Art. 151 Abs. 1 MwStSystRL mit Umsetzungsfrist zum 1.7.2022[10] um den Buchstaben ba ergänzt (Befreiung von Lieferungen in einem Mitgliedstaat), welcher über Art. 3 Abs. 1 Buchst. a MwStSystRL wirkt. Die nationale Umsetzung trat am 1.7.2022 in Kraft.[11] 20.1

Betroffen sein können die **Streitkräfte** Irlands, Maltas, Österreichs, Schwedens[12] oder Zyperns, da diese Mitgliedstaaten nicht der NATO angehören. Unter Verteidigungsanstrengungen, die zur Durchführung einer Tätigkeit der Union im Rahmen der GSVP unternommen werden, fallen militärische Missionen und Operationen, Tätigkeiten von Gefechtsverbänden, der gegenseitige Beistand, Projekte im 20.2

1 *Hummel* in Rau/Dürrwächter, § 1c UStG Rz. 17 (Stand: Oktober 2021).
2 Siehe *Wäger*, UStB 2000, 146.
3 *Peltner* in Weymüller, BeckOK, § 1c UStG Rz. 26 (Stand: September 2023).
4 BGBl. II 1961, 1183.
5 BGBl. II 1961, 1218.
6 BGBl. II 1969, 1997.
7 *Peltner* in Weymüller, BeckOK, § 1c UStG Rz. 28 (Stand: September 2023).
8 So auch *Hummel* in Rau/Dürrwächter, § 1c UStG Rz. 29 (Stand: Oktober 2021).
9 Erwägungsgrund (3) Richtlinie (EU) 2019/2235 v. 16.12.2019, ABl. EU Nr. L 336, 10; *Sterzinger*, UR 2020, 941 (960).
10 Art. 3 Abs. 1 Unterabschn. 2 Richtlinie (EU) 2019/2235 v. 16.12.2019, ABl. EU Nr. L 336, 10.
11 Art. 15 Nr. 1 c, Art. 50 Abs. 8 JStG 2020 v. 21.12.2020, BGBl. I 2020, 3096.
12 Bis zum Beitritt zur NATO, den Schweden beantragt hat.

Rahmen der Ständigen Strukturierten Zusammenarbeit (SSZ) sowie Tätigkeiten der Europäischen Verteidigungsagentur (European Defence Agency – EDA).[1]

20.3 Die Befreiung des innergemeinschaftlichen Erwerbs gilt für Lieferungen, die für den **Gebrauch oder Verbrauch durch die Streitkräfte** des Mitgliedstaats oder ihr **ziviles Begleitpersonal oder für die Versorgung ihrer Kasinos oder Kantinen**[2] im Inland bestimmt sind. Die Befreiung hat einen begrenzten Anwendungsbereich und soll nur anwendbar sein, wenn die Streitkräfte oder deren Zivilpersonal Aufgaben ausführen, die unmittelbar einer Verteidigungsanstrengung im Rahmen der GSVP dienen. Zivile Missionen im Rahmen der GSVP oder Aufgaben, zu deren Erfüllung ausschließlich Zivilpersonen oder zivile Fähigkeiten eingesetzt werden, fallen dagegen nicht unter die Befreiung.[3]

III. Einschränkung des Erwerberkreises des § 1a Abs. 1 Nr. 2 UStG (Absatz 1 Satz 2)

21 Die begünstigten Einrichtungen werden als Erwerber nur aus dem Erwerberkreis des § 1a Abs. 1 Nr. 2 Buchst. b UStG (§ 1a Rz. 71 ff.) ausgenommen, da der Anwendungsbereich des § 1c Abs. 1 UStG ausschließlich dann eröffnet ist, wenn die **Einrichtungen nicht unternehmerisch** tätig sind (Rz. 12). § 1c Abs. 1 Satz 2 UStG ist daher ungenau formuliert.[4]

22 Wenn § 1c Abs. 1 UStG anwendbar ist, werden diese Einrichtungen **Privatpersonen gleichgestellt**. Damit kann es auch kein innergemeinschaftliches Verbringen dieser Einrichtungen in das Inland geben (§ 1a Rz. 59 ff.).

IV. Fahrzeugeinzelbesteuerung § 1b UStG (Absatz 1 Satz 3)

23 Konsequenz der Gleichstellung der Einrichtungen mit nicht unternehmerisch handelnden Privatpersonen ist es, die Grundsätze der Fahrzeugeinzelbesteuerung des § 1b UStG (§ 1b Rz. 10) anzuwenden. Allerdings ist zu beachten, dass in diesen Fällen regelmäßig die **Steuerbefreiung eines innergemeinschaftlichen Erwerbs nach § 4b Nr. 3 UStG** (§ 4b Rz. 30 ff.) eingreifen wird, sei es aufgrund der Einfuhrumsatzsteuerfreiheit für Diplomaten- und Konsulargut nach § 1 Abs. 3 EUStBV i.V.m. § 17 ZollV (Rz. 11), sei es aufgrund eines zollrechtlichen Nichterhebungsverfahrens aufgrund von Truppenverwendung nach § 10 oder § 11 TrZollG. Des Weiteren ist die Ausnahme von der Erwerbsbesteuerung für Umzugsgut des Personals der Einrichtungen nach Art. 2 MwStVO zu beachten (§ 1b Rz. 32).[5]

C. Verbringen ins Inland durch deutsche Streitkräfte (Absatz 2)

I. Regelungsgegenstand

24 Die Streitkräfte sind dem nicht unternehmerischen Bereich der Bundesrepublik Deutschland zuzuordnen.[6] Von daher ist der **Anwendungsbereich des innergemeinschaftlichen Verbringens** nach § 1a Abs. 2 UStG ohne die Fiktion des Absatzes 2 nicht **eröffnet** (§ 1a Rz. 81 ff.). Andererseits ist ein innergemeinschaftlicher Erwerb aufgrund entgeltlicher Lieferungen an die Bundesrepublik Deutschland als Erwerberin nach § 1a Abs. 2 Buchst. b UStG als insofern nicht unternehmerisch tätige Körperschaft des öffentlichen Rechts im Inland steuerbar. Der Abgangsmitgliedstaat wiederum gewährt für innergemeinschaftliche Lieferungen nach Deutschland gemäß seiner Art. 151 Abs. 1 Unterabs. 1 Buchst. d MwStSystRL umsetzenden Regelungen eine Steuerbefreiung; für Erwerbe deutscher Streitkräfte im je-

---

1 Erwägungsgrund (4) Richtlinie (EU) 2019/2235 v. 16.12.2019, ABl. EU Nr. L 336, 10.
2 Erwägungsgrund (5) Richtlinie (EU) 2019/2235 v. 16.12.2019, ABl. EU Nr. L 336, 10.
3 Erwägungsgrund (8) Richtlinie (EU) 2019/2235 v. 16.12.2019, ABl. EU Nr. L 336, 10.
4 Ähnlich *Hummel* in Rau/Dürrwächter, § 1c UStG Rz. 25 (Stand: Oktober 2021): „missverständlich".
5 Vgl. BFH, Urt. v. 28.9.2006 – V R 65/03, BStBl. II 2007, 672 = UR 2007, 145.
6 Auch *Hummel* in Rau/Dürrwächter, § 1c UStG Rz. 41 (Stand: Oktober 2021); *Friedrich-Vache* in Reiß/Kraeusel/Langer, § 1c UStG Rz. 31 (Stand: August 2021).

weiligen Warenabgangsstaat ohne Beförderung oder Versendung ins Inland nach der Art. 151 Abs. 1 Unterabs. 1 Buchst. c MwStSystRL umsetzenden Regelung. Im Ergebnis wird die gleiche Besteuerungsbelastung erreicht, die bei einem inländischen Bezug durch die deutschen Streitkräfte bestünde.[1]

Diese Befreiungen gelten jeweils auch für **Erwerbe durch ziviles Begleitpersonal. § 1c Abs. 2 UStG vermeidet daher unversteuerten Letztverbrauch** im Inland durch innergemeinschaftliches Verbringen. 25

II. Verbringen durch deutsche Streitkräfte, Steuerbefreiung im Abgangsmitgliedstaat

Das Verbringen kann durch die Streitkräfte selbst, aber **auch durch selbständige, auch zivile, Beauftragte** erfolgen.[2] 26

Im Abgangsmitgliedstaat muss die Lieferung oder die Einfuhr an die deutschen Streitkräfte selber nicht der Besteuerung unterlegen haben. Dies ist der Fall, wenn die Befreiung nach Art. 143 Abs. 1 Buchst. h bzw. Art. 151 Abs. 1 Unterabs. 1 Buchst. c MwStSystRL gewährt wurde. 27

Der Anwendungsbereich ist auf die Streitkräfte der Bundeswehr – namentlich Heer, Luftwaffe, Marine, Streitkräftebasis, Cyber- und Informationsraum, Zentraler Sanitätsdienst – beschränkt, die **nach Art. 87a GG die Streitkräfte der Bundesrepublik Deutschland** bilden und dem **NATO-Truppenstatut** unterliegen, einschließlich ihres zivilen Begleitpersonals. Andere bewaffnete Einheiten wie Bundespolizei oder die jeweilige Landespolizei unterliegen dagegen nicht der Regelung. 28

§ 2 Unternehmer, Unternehmen

(1) [1]Unternehmer ist, wer eine gewerbliche oder berufliche Tätigkeit selbstständig ausübt, unabhängig davon, ob er nach anderen Vorschriften rechtsfähig ist. [2]Das Unternehmen umfasst die gesamte gewerbliche oder berufliche Tätigkeit des Unternehmers. [3]Gewerblich oder beruflich ist jede nachhaltige Tätigkeit zur Erzielung von Einnahmen, auch wenn die Absicht, Gewinn zu erzielen, fehlt oder eine Personenvereinigung nur gegenüber ihren Mitgliedern tätig wird.

(2) [1]Die gewerbliche oder berufliche Tätigkeit wird nicht selbständig ausgeübt,

1. **soweit natürliche Personen, einzeln oder zusammengeschlossen, einem Unternehmen so eingegliedert sind, dass sie den Weisungen des Unternehmers zu folgen verpflichtet sind;**
2. **wenn eine juristische Person nach dem Gesamtbild der tatsächlichen Verhältnisse finanziell, wirtschaftlich und organisatorisch in das Unternehmen des Organträgers eingegliedert ist (Organschaft). [2]Die Wirkungen der Organschaft sind auf Innenleistungen zwischen den im Inland gelegenen Unternehmensteilen beschränkt. [3]Diese Unternehmensteile sind als ein Unternehmen zu behandeln. [4]Hat der Organträger seine Geschäftsleitung im Ausland, gilt der wirtschaftlich bedeutendste Unternehmensteil im Inland als der Unternehmer.**

(3) (weggefallen)

1 *Hummel* in Rau/Dürrwächter, § 1c UStG Rz. 42 (Stand: Oktober 2021).
2 *Peltner* in Weymüller, BeckOK, § 1c UStG Rz. 42 (Stand: September 2023).

Schrifttum: *Auer/Freitag/Streicher*, Umsatzsteuer im Rahmen der digitalen Transformation, Taxlex 2019, 113; *Bauer*, Hilfsgeschäfte im Umsatzsteuerrecht, insbesondere bei pauschalversteuernden Land- und Forstwirten, UR 1991, 246; *Becker*, Die umsatzsteuerliche Organschaft – Verbleibende Rechtsunsicherheiten nach dem BMF-Schreiben vom 7.3.2013, UStB 2013, 180; *Becker/Englisch*, Zur Umsatzsteuerbarkeit der Geschäftsführung für Personalgesellschaften, UR 2009, 701; *Birkenfeld*, Organschaft als Mehrwertsteuergruppe, UR 2014, 120; *Blankenheim*, „Steuerpflichtiger" und Unternehmerbegriff im Umsatzsteuerrecht – Die Vorgaben der 6. EG-Richtlinie und das deutsche Recht, Köln 2005; *Boor*, Grundlegende Entscheidungen des EuGH zur Gruppenbesteuerung im Mehrwertsteuerrecht, UR 2013, 729; *Eggers/Korf*, Holding, Umsatzsteuer und Organschaft – eine unendliche Geschichte?, MwStR 2015, 710; *Ehrke-Rabel/von Streit*, Begriff des Unternehmens – Klärung durch den EuGH im Urteil Gemeente's-Hertogenbosch, UR 2015, 249; *Ehrke-Rabel/von Streit*, Die nichtwirtschaftlichen Tätigkeiten als Teil des mehrwertsteuerlichen Unternehmens, UR 2023, 98; *Endres*, Mehrwertsteuergruppe nach Art. 11 MwStSystRL, Köln 2016; *Englisch*, Unionsrecht und Organschaft – Bestandsaufnahme und gesetzgeberischer Handlungsbedarf, UR 2016, 822; *Friedrich-Vache*, Umsatzsteuerliche Organschaft: Finanzielle Eingliederung auch bei Mehrheitsbeteiligung ohne Stimmrechtsmehrheit?, UR 2019, 91; *Grlica*, How the Sharing Economy Is Challenging the EU VAT System, VAT Monitor 2017, 124; *Grünwald*, Die jüngste Rechtsprechung des EuGH zur umsatzsteuerlichen Gruppenbesteuerung, MwStR 2013, 328; *Gummert/Weipert*, Münchener Handbuch des Gesellschaftsrechts, Band 1, 5. Aufl., München 2019; *Hammerl/Fietz*, Umsatzsteuerliche Organschaft und Vorsteuerabzug von Holdings, Praktische Auswirkungen des BMF-Schreibens vom 26.5.2017, NWB 2018, 133; *Hasbach*, Beendigung der umsatzsteuerlichen Organschaft mit Eröffnung des (vorläufigen) Eigenverwaltungsverfahrens MwStR 2017, 262; *Heber*, Gesellschaften und ihre Gesellschafter in der Umsatzsteuer – Ein europäischer Lösungsansatz, Wien 2013; *Heber*, Issue of shares and partnership interests, and the look-through approach within the scope of VAT and GST, World Journal of VAT/GST Law 2013 (1), 24; *Heber*, Umsatzsteuerliche Problemstellungen bei alinearen Gewinnausschüttungen bzw. -verteilungen, GES 2013, 26; *Heber*, Vorsteuerabzug: Lösungsansatz für ein unionsrechtskonformes Ergebnis Grundlagen und Systematik des Vorsteuerabzugsrechts nach der MwSt-RL (Teil I), ÖStZ 2013, 17; *Heber*, Kooperationen als Teil der nichtwirtschaftlichen Sphäre, UR 2014, 957; *Heber*, Mehrwertsteuerliche Behandlung von Ausgliederungen und Zusammenschlüssen zur Kostenteilung, IStR 2014, 686; *Heber*, Non-Profit-Organisationen als Teil einer Mehrwertsteuergruppe, Taxlex 2023, 380; *Heber/Schartmüller*, Sind Non-Profit-Organisationen Unternehmer im Sinne des Umsatzsteuerrechts?, Taxlex 2023, 375; *Hummel*, Missbrauch der umsatzsteuerrechtlichen Organschaft bei Kooperationen im Gesundheitswesen?, MwStR 2013, 294; *Kirchinger*, Die umsatzsteuerliche Organschaft lebt weiter, UStB 2023, 19, *Korf/Kurtz*, Handeln als Steuerpflichtiger, UR 2010, 86; *Korn*, Kein Vorsteuerabzug, soweit Gegenstände teilweise für nichtunternehmerische, aber nicht völlig unternehmensfremde Zwecke verwendet werden, DStR 2009, 369; *Korn*, Neue Verwaltungsanweisungen zur organisatorischen Eingliederung bei der umsatzsteuerlichen Organschaft, NWB 2013, 1881; *Küffner/Kirchinger*, Organschaft umfasst auch nichtunternehmerischen Bereich – (K)Ein Ende des Mauerblümchendaseins der unentgeltlichen Wertabgabe nach § 3 Abs. 9a Nr. 2 UStG?, UR 2020, 330; *Küffner/Rust*, Können nur Unternehmer Organträger sein? Voraussetzungen der umsatzsteuerlichen Organschaft, MwStR 2015, 719; *Küffner/Streit*, Einbeziehung eines Nichtsteuerpflichtigen in eine Organschaft, UR 2013, 401, 403; *Küffner/von Streit*, Der Vorsteuerabzug unter Berücksichtigung der aktuellen Rechtsprechung zur Zuordnung und Verwendung von Eingangsleistungen Kritische Anmerkungen zum BMF-Schreiben vom 2.1.2012, DStR 2012, 636; *Küffner/von Streit*, Zuordnung und Verwendung von Eingangsleistungen – Auswirkungen auf den Vorsteuerabzug unter Berücksichtigung des Unternehmensbegriffs Eine Zusammenfassung vor dem Hintergrund der jüngeren Rechtsprechung von EuGH und BFH, DStR 2012, 581; *Lang/Pistone/Rust/Schuch/Staringer/Raponi*, CJEU – Recent Developments in Value Added Tax 2016, IStR Bd. 105, Wien 2017; *Langer/Hammerl*, BMF beseitigt teilweise Unsicherheiten bei der umsatzsteuerlichen Organschaft, DStR 2013, 986; *Leonard*, Taugt die Organschaft noch als Gestaltungsinstrument bei steuerfreien Umsätzen?, DStR 2010, 721; *Lohse*, Umsatzsteuer-Unwort: Unternehmen – Zugleich Besprechung des EuGH-Urteils VNLTO, IStR 2009, 486; *Lohse*, Zuordnung als Vorsteuerabzugsvoraussetzung – Quo vadis? Zugleich Anmerkung zu den anhängigen EuGH-Verfahren C-45/20 und C-46/20, UR 2020, 333; *Luther/von Cölln/Rathmann*, Umsatzsteuerliche Organschaft: Sind Innenumsätze steuerbar?, MwStR 2023, 76; *Millar/Poddar/Battiau/Parolini/Heber*, VAT Implications of Outsourcing, BIT 2016, 387; *Neeser*, Neue Entwicklungen zur Unternehmereigenschaft, UVR 2023, 307; *Pfeiffer*, VAT Grouping from a European Perspective, Amsterdam 2015; *Pull*, Die Sphärentheorie im Mehrwertsteuerrecht – Dogmatik der nicht-wirtschaftlichen unternehmerischen Sphäre nach der VNLTO-Entscheidung des EuGH, Köln, 2014; *Reiß*, Vorsteuerabzug, Berichtigung des Vorsteuerabzugs und Besteuerung der Entnahme und Verwendung für „unternehmensfremde Zwecke" bei „gemischter" Verwendung von Grundstücken und anderen Gegenständen, UR 2010, 797; *Ruppe/Achatz*, Umsatzsteuergesetz Kommentar, 5. Auflage, Wien 2018; *Seer* (Hrsg.), Umsatzsteuer im Europäischen Binnenmarkt, DStJG 32 (2009); *Slapio*, Umsatzsteuerrechtliche Organschaft – auf zu neuen Ufern?, UR 2013, 407; *Spies*, Permanent Establishments in Value Added Tax – The Role of Establishments in International B2B Trade in Services under VAT/GST Law, Amsterdam 2020; *Stadie*, Nichtanrufung des Großen Senats des BFH und Nichtvorlage beim EuGH zur Nichtunternehmereigenschaft einer Bruchteilsgemeinschaft, UR 2019, 529; *Sternberg*, Die Umsatzbesteuerung gemeinnütziger Vereine im Binnenmarkt – Steuerbarkeit und Leistungsort, April 20, 2016 abrufbar unter SSRN: https://ssrn.com/abstract=2767526; *Sterzinger*, Vorsteuerabzug bei nichtunternehmerischer, aber nicht völlig unternehmensfremder Verwendung – Zugleich Besprechung des EuGH-Urteils VNLTO, UR 2010, 125; *Sterzinger*, Unternehmereigenschaft einer Bruchteilsgemeinschaft und Zurechnung von Umsätzen, MwStR 2019, 298; *Sterzinger*, Neuausrichtung der umsatzsteuerlichen Organschaft – Chancen und Risiken einer Gruppenbesteuerung mit Antragsverfahren, MwStR 2020, 169; *von Streit/Streit*, Feste Niederlassung in der Mehrwertsteuergruppe – Erste Gedanken zum EuGH-Urteil C-7/13 Skandia America Corp. USA, filia Sverige, MwStR 2014, 714; *Terra/Kajus*, A Guide to the European VAT Directives – Introduction to European VAT, Amsterdam 2021; *Wäger*, Organschaft im Umsatzsteuerrecht, in Spindler/Tipke/Rödder (Hrsg.), Steuerzentrierte Rechtsberatung, FS für Schaumburg, Köln 2009, S. 1189 ff.; *Wäger*, Gesellschafter im Umsatzsteuerrecht – Vom Trennungs- zum Transparenzprinzip?, UR 2012, 911; *Wäger*, Weniger ist mehr: Verwirklichung des Normzwecks durch ihre Aufhebung – Plädoyer für die ersatzlose Streichung von Art. 26 Abs. 1 Buchst. a und Art. 168a MwStSystRL (§ 3 Abs. 9a Nr. 1 und § 15 Abs. 1b UStG), UR 2012, 25; *Wäger*, Unionsrechtliche Grundlagen der Organschaft unter Berücksichtigung aktueller EuGH-Rechtsprechung, UVR 2013, 205; *Wäger*, Sportvereine in der Umsatzsteuer: Steuerbare, steuerfreie und steuerermäßigte Umsätze, DStR 2014, 1517; *Wäger*, Umsatzsteuerliche Organschaft im Wandel, DB 2014, 915; *Wäger*, Rechtsprechungsauslese 2014, UR 2015, 125; *Wäger*, Organschaft – Neuausrichtung unter Berücksichtigung unionsrechtlicher Erfordernisse, UR 2016, 173; *Wäger*, Kongruente Umsatzbesteuerung im Insolvenzfall, DStR 2021, 825; *Wagner/Marchal*, BMF-Schreiben v. 26.5.2017 zur umsatzsteuerlichen Organschaft und zum Vorsteuerabzug bei gesellschaftsrechtlichen Beteiligungen, DStR 2017, 2150; *Weitemeyer/Hüttemann/Rawert/Schmidt*, Non Profit Law Yearbook 2016/2017, Hamburg 2017; *Wüst*, Deutsche Organschaftsregelung hat Bestand, UR 2023, 1.

A. Grundaussagen

I. Regelungsgegenstand und Bedeutung

1 Der Unternehmer ist Dreh- und Angelpunkt des gesamten Umsatzsteuersystems. Nur die Leistungen, die ein Unternehmer als solcher erbringt, unterliegen der Umsatzsteuer. Zudem kann auch nur ein Unternehmer, der Eingangsleistungen für seine steuerpflichtigen Ausgangsleistungen bezieht, einen Vorsteuerabzug geltend machen. Das heißt, die Schlüsselelemente des Umsatzsteuersystems – die Besteuerung und die Neutralisierung durch den Vorsteuerabzug – knüpfen unmittelbar an den Unternehmer an. Zudem bürdet das Umsatzsteuerrecht dem Unternehmer große Lasten auf. Es ist grundsätzlich der leistende Unternehmer, der die Umsatzsteuer schuldet. Das bedeutet, dass der Unternehmer zum **Steuereinsammler** wird und nicht nur für den Staat die Steuern eintreibt, sondern für diese auch haftet (§ 3a Rz. 25).

2 Die Indienstnahme der Steuerpflichtigen wird vielfach damit **gerechtfertigt**, dass es vollkommen impraktikabel wäre, den Konsumenten zum Steuerschuldner zu erklären.[1] Tatsächlich nimmt das UStG die Privatpersonen aber beim grenzüberschreitenden Verkauf von neuen Fahrzeugen in Anspruch (§ 2a Rz. 1 ff.). Um kleinen Unternehmern ein Tätigwerden am Markt ohne zu große umsatzsteuerrechtliche Bürden zu ermöglichen, sieht das Umsatzsteuersystem eine Sonderregelung für **Kleinunter-**

1 *Widmann* in Seer, Umsatzsteuer im Europäischen Binnenmarkt, S. 107.

nehmer vor. Diese Regelung ist nicht als Ausnahmetatbestand zur Unternehmerfähigkeit ausgestaltet, sondern versagt die Steuerbarkeit der Ausgangsumsätze und die Neutralisierung der Eingangsumsätze durch den Vorsteuerabzug (§ 19 Rz. 1 ff.). Diese Sonderbestimmung ändert also nichts daran, dass auch Kleinunternehmer Unternehmer i.S.d. § 2 UStG sind.

Der Begriff des Unternehmers wird für das Umsatzsteuerrecht **eigenständig und einheitlich definiert**. 3
Dieser umsatzsteuerrechtliche Unternehmerbegriff hat nichts mit dem handels-, gewerbe- oder wirtschaftsrechtlichen Begriff zu tun.[1] Auch die Beurteilung, ob ein Vermieter oder Verpächter, der einen Darlehensvertrag schließt, dies als Verbraucher im Sinne des Verbraucherdarlehensrechts tut, ist für die umsatzsteuerrechtliche Unternehmereigenschaft unbedeutend.[2] Die **Einheitlichkeit des Unternehmerbegriffs innerhalb des Umsatzsteuersystems** bedingt, dass die Beurteilung, ob eine Person als Unternehmer handelt, in allen Bereichen (z.B. dem Bereich der Steuerbarkeit und dem Bereich des Vorsteuerabzugs) gleichermaßen zu beurteilen ist.

§ 2 UStG enthält zunächst in Absatz 1 eine **Definition des Unternehmerbegriffs**, der im Wesentlichen 4
von der **gewerblichen oder beruflichen Tätigkeit** und der **Selbständigkeit** geprägt ist (Rz. 10 ff.). Zudem definiert Absatz 1 auch das **Unternehmen und seine Reichweite** (Rz. 178 ff.). Absatz 2 behandelt die Frage, wann natürliche und juristische Personen selbständig handeln. Dies erfolgt durch eine negative Abgrenzung zum unselbständigen Handeln in Form eines Arbeits- und Dienstverhältnisses oder in Form der Organschaft (Rz. 79 ff.). Die Sonderbestimmungen für die **Unternehmereigenschaft juristischer Personen des öffentlichen Rechts** sind nicht mehr Teil des § 2 UStG. Sie wurden durch das Steueränderungsgesetz 2015 in Anlehnung an die unionsrechtlichen Vorgaben in § 2b UStG überführt (§ 2b Rz. 1 ff.).[3]

II. Unionsrechtliche Grundlagen

Der Begriff des Unternehmers ist dem europäischen Mehrwertsteuerrecht fremd. Art. 9–13 MwStSystRL definieren vielmehr den Begriff des **Steuerpflichtigen**. Nach Art. 9 Abs. 1 MwStSystRL gilt als 5
Steuerpflichtiger, wer eine **wirtschaftliche Tätigkeit** unabhängig von ihrem Ort, Zweck und Ergebnis **selbständig** ausübt. Absatz 2 dieser Bestimmung definiert auch, was unter der wirtschaftlichen Tätigkeit zu verstehen ist. Die Definition der wirtschaftlichen Tätigkeit in der MwStSystRL ist sehr stark an Berufsbildern orientiert und wird durch die nachhaltige Nutzung von körperlichen oder unkörperlichen Gegenständen ergänzt.[4]

Die Art. 10 und 11 MwStSystRL grenzen die **selbständige Tätigkeit** vom unselbständigen Handeln ab. 6
Natürliche Personen sind dann nicht selbständig wirtschaftlich tätig, wenn sie Lohn- und Gehaltsempfänger sind oder wenn sie an ihren Arbeitgeber durch einen Arbeitsvertrag oder ein sonstiges Rechtsverhältnis gebunden sind, das hinsichtlich der Arbeitsbedingungen und des Arbeitsentgelts sowie der Verantwortlichkeit des Arbeitgebers ein Verhältnis der Unterordnung schafft. Juristische Personen (im Sinne einer juristischen Fiktion)[5] sind hingegen nur dann unselbständig, wenn sie Teil einer Mehrwertsteuergruppe (Organschaft) sind.

Das europäische Richtlinienrecht stellt es den Mitgliedstaaten frei, die Möglichkeit einer **mehrwert-** 7
steuerlichen Gruppenbildung in ihr nationales Umsatzsteuersystem einzuführen. Machen die Mitgliedstaaten von diesem Recht Gebrauch, sind sie an die Kriterien für die Bildung einer Mehrwertsteu-

1 *Sterzinger* in Küffner/Zugmaier, § 2 UStG Rz. 61 (Stand: November 2020).
2 BGH, Urt. v. 3.3.2020 – XI ZR 461/18, UR 2020, 641.
3 BStBl. I 2015, 43.
4 Richtlinie 67/228/EWG des Rates v. 11.4.1967 zur Harmonisierung der Rechtsvorschriften der Mitgliedstaaten über die Umsatzsteuern – Struktur und Anwendungsmodalitäten des gemeinsamen Mehrwertsteuersystems, ABl. EG 71, 1303; vgl. auch: Kommission, Vorschlag für die sechste Richtlinie des Rates zur Harmonisierung der Rechtsvorschriften der Mitgliedstaaten über die Umsatzsteuer, Bulletin der Europäischen Gemeinschaften, Beilage 11/73, 37.
5 Der Begriff der juristischen Person ist in diesem Zusammenhang sehr weit zu verstehen, denn das europäische Mehrwertsteuerrecht spricht nur von „Person“. Die juristische Person als juristische Fiktion dient hier der Abgrenzung zur natürlichen Person.

ergruppe gebunden. Demnach verliert eine Person ihre mehrwertsteuerliche Selbständigkeit, wenn sie durch finanzielle, wirtschaftliche und organisatorische Beziehungen eng mit einer anderen Person verbunden ist.

8 Das europäische Mehrwertsteuerrecht regelt die Steuerpflichtigeneigenschaft für **juristische Personen des öffentlichen Rechts** eigenständig. Demnach sind Staaten, Länder, Gemeinden und sonstige Einrichtungen des öffentlichen Rechts dann nicht als Steuerpflichtige zu behandeln, wenn sie Tätigkeiten ausüben oder Umsätze bewirken, die ihnen im Rahmen der öffentlichen Gewalt obliegen, auch wenn sie hierfür Zölle, Gebühren, Beiträge oder sonstige Abgaben erheben. Juristische Personen des öffentlichen Rechts gelten aber bei Tätigkeiten im Rahmen der öffentlichen Gewalt doch als Steuerpflichtige, wenn die Behandlung als Nichtsteuerpflichtige zu größeren Wettbewerbsverzerrungen führt (§ 2b Rz. 86 ff.).

III. Verhältnis zu anderen Vorschriften und Rechtsentwicklung

9 § 2 UStG hat ein besonders **enges Verhältnis** zur Bestimmung der Steuertatbestände (§ 1 UStG), zum Recht auf Vorsteuerabzug (§ 15 UStG) und zur Vorsteuerkorrektur (§ 15a UStG). Dieses besonders enge Verhältnis ergibt sich daraus, dass nur die Leistung eines Unternehmers steuerbar und steuerpflichtig sein kann und nur ein Unternehmer das Recht hat, die auf seine Eingangsleistung gezahlte Umsatzsteuer im Wege des Vorsteuerabzugs zurückzuerhalten. Anders als nach dem Wortlaut der MwStSystRL spielt auch das Unternehmen und seine Reichweite eine besondere Rolle für die Besteuerung und das Recht auf Vorsteuerabzug und Vorsteuerkorrektur. Denn nur jene Leistungen, die der Unternehmer im Rahmen seines Unternehmens (also nicht in seiner privaten Kapazität) erbringt, sind steuerbar und nur jene Leistungen, die er für sein Unternehmen (und folglich für seine steuerbaren Ausgangsumsätze) bezieht, berechtigen ihn zum Vorsteuerabzug. Darüber hinaus sind grundsätzlich nur die Wirtschaftsgüter einer Vorsteuerkorrektur zugänglich, die Teil des Unternehmens sind. Aufgrund der engen Definition des Unternehmens nach der deutschen Rechtsvorschrift kann diese systematische Anforderung – eine Vorsteuerkorrektur ist nur zulässig, wenn das Wirtschaftsgut im Zeitpunkt des Erwerbs dem Unternehmen zugeordnet wurde – nicht mehr vollständig aufrechterhalten werden (Rz. 195 f.).

B. Unternehmerfähigkeit (Absatz 1 Satz 1)

I. Überblick und Systematisierung

1. Grundvoraussetzung: Gewerbliche/berufliche Tätigkeit und selbständiges Handeln

10 Nach § 2 Abs. 1 Satz 1 UStG ist Unternehmer, wer eine gewerbliche oder berufliche Tätigkeit selbständig ausübt (Rz. 27 ff.).[1] Die Begründung der Unternehmereigenschaft verlangt erstens eine gewerbliche oder berufliche Tätigkeit und zweitens ein selbständiges Handeln. Nur wenn beide **Voraussetzungen kumulativ erfüllt** sind, ist die Person Unternehmer. Gleichzeitig ist eine Person Unternehmer, sobald sie diese beiden Voraussetzungen erfüllt. Einer **Registrierung bei den Finanzbehörden** oder der Erteilung einer USt-IdNr. bedarf es nicht. Umgekehrt hat aber jeder Unternehmer einen Anspruch auf Erteilung einer Steuernummer. Ihre Erteilung zur Verhinderung von Steuerhinterziehung kann nur versagt werden, wenn ernsthafte Anzeichen bestehen, dass der Unternehmer die Steuernummer in betrügerischer Weise verwenden wird.[2]

2. Auftreten im Außenverhältnis

11 Die Unternehmereigenschaft knüpft an denjenigen an, der die gewerbliche oder berufliche Tätigkeit selbständig ausübt. Für die **Zurechnung der gewerblichen oder beruflichen Tätigkeit** ist es entschei-

1 Für einen Überblick über die historische Entwicklung: *Blankenheim*, „Steuerpflichtiger" und Unternehmerbegriff im Umsatzsteuerrecht, S. 12 ff.

2 BFH, Beschl. v. 17.7.2019 – V B 28/19, BFH/NV 2019, 1141 = UR 2019, 685.

dend, wer im **Außenverhältnis** auftritt. Die Leistung ist daher immer dem zuzurechnen, der sie im eigenen Namen gegenüber einem anderen selbst oder durch einen Beauftragten erbringt. Im Falle eines **Vertreters** kann dem Vertretenen die Tätigkeit zugerechnet werden, wenn der Vertreter im Namen des Vertretenen handelt (wie bspw. der **Geschäftsführer** oder **Vorstand** einer Gesellschaft). Einem Strohmann kann die Leistung zugerechnet werden, wenn er im eigenen Namen Gegenstände verkauft (**verdeckter Strohmann**). Etwas anderes gilt nur, wenn der Leistungsempfänger wusste, dass der Leistende Strohmann ist und keine eigenen Verpflichtungen aus dem Rechtsgeschäft eingehen und dementsprechend auch keine eigenen Leistungen versteuern wollte (**offener Strohmann**).[1] Wird ein Unternehmen von einem **Insolvenzverwalter** oder **Zwangsvollstrecker** geführt, bleibt der Inhaber der Vermögensmasse Unternehmer. Ein etwaiges Verwertungs- und Veräußerungsverbot ändert daran nichts.[2]

3. Tätigkeitsbezogene Unternehmereigenschaft

Die Fähigkeit, Unternehmer zu sein, ist innerhalb des Umsatzsteuersystems **sehr weit gefasst**. Jede 12
Person,[3] die in der Lage ist, mehrwertsteuerrelevante Leistungen am Markt zu erbringen, kann Unternehmer sein. Dass die Leistungen letztlich nicht am allgemeinen Markt angeboten werden, sondern nur gegenüber ausgewählten Personen erbracht werden (wie bspw. den Gesellschaftern oder dem Ehegatten) schadet der Begründung der Unternehmereigenschaft nicht.[4] Die Unternehmereigenschaft ist folglich **ausschließlich tätigkeitsbezogen** und stellt nicht auf bestimmte Rechtsformen, die Rechts- oder Geschäftsfähigkeit ab und differenziert auch nicht zwischen juristischen und natürlichen Personen.[5]

Unternehmereigenschaft kann jede natürliche und juristische Person begründen, genauso auch jede 13
Personengesellschaft mit und ohne[6] Rechtsfähigkeit[7] sowie Vereine und Konsortien.[8] Entscheidend ist nur, dass die Person nach außen auftritt[9] und die objektiven Kriterien von § 2 UStG bzw. Art. 9 MwStSystRL erfüllt.[10] Dem entspricht es auch, dass die relevanten Leistungen immer der Person zugerechnet werden, die nach außen auftritt.[11] **Innengesellschaften**, wie die echte stille Gesellschaft, treten nach außen nicht in Erscheinung und können daher nicht Unternehmer sein.[12] Unternehmer kann aber ein Gesellschafter sein, der die Geschäfte nach außen führt. Auch eine **Bruchteilsgemeinschaft** kann nach jüngster BFH Rechtsprechung kein Unternehmer sein.[13] Eine wirtschaftliche Tätigkeit kann nur derjenige im eigenen Namen ausüben, der im eigenen Namen, für eigene Rechnung und in eigener Verantwortung handelt. Diese Kriterien kann eine Bruchteilsgemeinschaft nicht erfüllen, da sich ihre Bedeutung auf die Umschreibung einer Rechtszuständigkeit beschränkt. Folglich kann die Leistung nicht wie im Falle einer Gesellschaft der Gemeinschaft zugerechnet werden. Es liegen vielmehr zivil- und umsatzsteuerrechtlich anteilig erbrachte Leistungen durch die Gemeinschafter als Un-

---

1 Abschn. 2.1. Abs. 3 Sätze 6 – 7 UStAE.

2 Abschn. 2.1. Abs. 7 Satz 1 UStAE.

3 Art. 9 Abs. 1 der englischen Sprachfassung der MwStSystRL bringt dies klar zum Ausdruck „taxable person means *any person* who independently carries out in any place any economic activity whatever the purpose or result of that activity".

4 BFH, Urt. v. 29.9.2022 – V R 29/20, BStBl. II 2023, 986 = UR 2023, 243; BFH, Urt. v. 16.3.1993 - XI R 52/90, BStBl. II 1993, 562 = UR 1993, 355; EuGH, Urt. v. 27.1.2000 – C-23/98, ECLI:EU:C:2000:46 – Heerma, UR 2000, 121.

5 EuGH, Urt. v. 12.10.2016 – C-340/15, ECLI:EU:C:2016:764 – Nigl, UR 2016, 873, Rz. 27.

6 EuGH, Urt. v. 27.1.2000 – C-23/98, ECLI:EU:C:2000:46 – Heerma, UR 2000, 121.

7 BFH, Urt. v. 18.12.1980 – V R 142/73, BStBl. II 1981, 408 = UR 1981, 122 m. Anm. *Weiß*; BFH, Beschl. v. 25.10.2023 – XI B 25/23, BFH/NV 2024, 30.

8 EuGH, Urt. v. 29.9.2015 – C-276/14, ECLI:EU:C:2015:635 – Gmina Wrocław, UR 2015, 829 m. Anm. *Küffner*, Rz. 28.

9 BFH, Urt. v. 12.8.2015 – XI R 43/13, BStBl. II 2015, 919 = UR 2015, 942; BFH, Urt. v. 28.11.1990 – V R 31/85, BStBl. II 1991, 381 = UR 1991, 166; BFH, Urt. v. 25.7.1968 – V 150/65, BStBl. II 1968, 731.

10 EuGH, Urt. v. 29.9.2015 – C-276/14, ECLI:EU:C:2015:635 – Gmina Wrocław, UR 2015, 829 m. Anm. *Küffner*, Rz. 28.

11 BFH, Urt. v. 20.10.2021 – XI R 24/20, BFH/NV 2022, 620 = UR 2022, 174.

12 BFH, Urt. v. 11.11.1965 – V 146/63 S, BFHE 84, 81; Abschn. 2.1. Abs. 5 Satz 1 UStAE.

13 Zuletzt BFH, Beschl. v. 28.8.2023 – V B 44/22, BFH/NV 2023, 1388 = UR 2023, 870.

ternehmer vor.[1] Hierauf hat der Gesetzgeber reagiert[2] und hat § 2 Abs. 1 Satz 1 um einen Halbsatz erweitert.[3] Die Unternehmereigenschaft soll nun explizit unabhängig von der Rechtsfähigkeit beurteilt werden. Der V. Senat des BFH hat in einer weiteren Entscheidung bereits Zweifel an der Wirksamkeit der Gesetzesänderung geäußert. Wenngleich die Neuregelung auf den konkreten Sachverhalt nicht anwendbar war,[4] führte der V. Senat aus, dass die Neuregelung das Grundproblem für Bruchteilsgemeinschaften nicht ändere. Sie sind nicht in der Lage, eine wirtschaftliche Tätigkeit im eigenen Namen, für eigene Rechnung und in eigener Verantwortung auszuüben.[5] Der V. Senat knüpft also bei der Frage, ob eine Bruchteilsgemeinschaft Unternehmer ist, rein zivilrechtlich an. Da das nationale Zivilrecht einer Bruchteilsgemeinschaft keine Rechtsfähigkeit gewährt, könne sie die Kriterien, die für die Unternehmereigenschaft unabdingbar sind (Tätigkeit im eigenen Namen, handeln auf eigene Rechnung und das Tragen eigener Verantwortung), nicht erfüllen. Richtig ist es, dass ein Tätigwerden „für" die Bruchteilsgemeinschaft jenseits der Notgeschäftsführung im Innenverhältnis das Einvernehmen der Gemeinschafter erfordert. Mit diesem Einvernehmen erlangt der einzelne Gemeinschafter Vertretungs- und Verfügungsmacht.[6] Wenngleich weiter der einzelne Gemeinschafter agiert, so gelingt dies nur auf Grund des Zusammenwirkens. Knüpft man an die wirtschaftliche Realität an und nicht an die zivilrechtlichen Besonderheiten, so wird man die Bruchteilsgemeinschaft für die Frage, wer Unternehmer ist, in den Blick nehmen müssen. Dass nationale Besonderheiten im Zivil- oder Gesellschaftsrecht für umsatzsteuerrechtliche Fragen unberücksichtigt bleiben müssen,[7] ist vor dem Hintergrund der Einheitlichkeit der Anwendung des europäischen Umsatzsteuerrechts zweifelsfrei. Hieran ändert auch die neu geschaffene Legaldefinition von Personenvereinigungen in § 14a AO nichts. § 14a AO definiert für die Abgabenordnung und die Steuergesetze den Begriff der Personenvereinigung als „Personenzusammenschlüsse ohne Rechtspersönlichkeit zur Verfolgung eines gesetzlich zulässigen Zweckes". Bruchteilsgemeinschaften werden in Abs. 3 der Bestimmung explizit als nicht rechtsfähige Personenvereinigungen aufgeführt. Aus dieser Definition lassen sich noch keine unmittelbaren Folgen für das Umsatzsteuerrecht ableiten. Denn für die Frage, wer Unternehmer ist, kommt es entsprechend den unionsrechtlichen Vorgaben ausschließlich auf das tatsächliche Auftreten nach außen hin an. Die FinVerw. hält mit Blick auf die Unternehmereigenschaft einer Bruchteilsgemeinschaft weiterhin an der älteren Rechtsprechungslinie fest, der zufolge eine Bruchteilsgemeinschaft Unternehmer sein kann.[8] Die jüngere Rechtsprechungslinie anerkennt die FinVerw. aber mit Blick auf das Recht auf Vorsteuerabzug bei Bruchteilsgemeinschaften. Denn im Falle einer „nicht selbst unternehmerisch tätigen Bruchteilsgemeinschaft sind die einzelnen Gemeinschafter als Leistungsempfänger anzusehen".[9]

II. Gesellschafter und Gesellschaften

1. Trennung der Gesellschafter- und der Gesellschaftsebene

14 Im Umsatzsteuerrecht ist die Ebene der Gesellschaft von der Gesellschafterebene zu trennen. Neben der Gesellschaft kann auch den Gesellschaftern die Unternehmereigenschaft zukommen. Den Gesellschaftern kommt die Unternehmereigenschaft aber nicht bereits aufgrund ihrer Gesellschafterstellung zu. Vielmehr müssen sie hierfür selbständig wirtschaftlich tätig werden. Für die Begründung der Unternehmereigenschaft reicht ein entgeltliches Leisten (ausschließlich)[10] an die Gesellschaft aus,[11] denn

1 BFH, Urt. v. 22.11.2018 – V R 65/17, BFHE 263, 90 = UR 2019, 179 m. Anm. *Heinrichshofen*. Dem Ergebnis zustimmend, den Begründungsansatz kritisierend: *Stadie*, UR 2019, 529; ebenfalls kritisch hinsichtlich des Begründungsansatzes: *Sterzinger*, MwStR 2019, 298 (301 ff.).
2 BT-Drucks. 20/4729, 150.
3 JStG 2022, BGBl. I 2022, 2294.
4 Die Neuregelung ist zum 1.1.2023 in Kraft getreten.
5 BFH, Beschl. v. 28.8.2023 – V B 44/22, BFH/NV 2023, 1388 = UR 2023, 870.
6 *Schmidt*, MüKoBGB § 745 Rn. 31 (Stand 2020).
7 EuGH, Urt. v. 15.4.2021 – C-868/19, ECLI:EU:C:2021:285 – M-GmbH, UR 2021, 392 m. Anm. *Widmann*; EuGH, Urt. v. 20.6.2013 – C-653/11, ECLI:EU:C:2013:409 – Newey, UR 2013, 628.
8 Abschn. 2.1. Abs. 2 Satz 2 UStAE.
9 Abschn. 15.2b Abs. 1 Satz 7 UStAE.
10 Abschn. 2.1. Abs. 1 Satz 4 UStAE.
11 EuGH, Urt. v. 27.1.2000 – C-23/98, ECLI:EU:C:2000:46 – Heerma, UR 2000, 121, Rz. 19.

die Gesellschafter sind für Zwecke des Umsatzsteuerrechts von der Gesellschaft zu **trennende Steuersubjekte**. Ein entgeltliches Leisten des Gesellschafters an die Gesellschaft, das die Unternehmereigenschaft des Gesellschafters begründet, muss jedoch über seine Pflichten aus dem gesellschaftsrechtlichen Beteiligungsverhältnis hinausgehen und der Gesellschafter muss für seine Leistungen ein gesondertes Entgelt erhalten.[1] **Der Gesellschafterbeitrag**, der durch eine Beteiligung am Gewinn und Verlust der Gesellschaft abgegolten wird,[2] macht den Gesellschafter daher noch nicht zum Unternehmer. Die Verpflichtung zum entgeltlichen Leisten kann natürlich im Gesellschaftsvertrag oder gesondert vereinbart werden.[3]

2. Gründungsphase

Die getrennten Ebenen verlangen eine **klare Zurechnung** von Ein- und Ausgangsumsätzen entweder zur Gesellschaft oder zu den Gesellschaftern. Eine scharfe Trennlinie zwischen der Gesellschafter- und der Gesellschaftsebene lässt sich aber in der Gründungsphase gerade bei Kapitalgesellschaften nicht ziehen. 15

Zwar besteht schon vor Abschluss des Gesellschaftervertrags eine **Vorgründungsgesellschaft** in Form einer Personengesellschaft[4] und vor Errichtung der Kapitalgesellschaft eine **Vorgesellschaft**, wodurch die Gesellschafterebene von den Gesellschaftern hinreichend abgrenzbar ist, doch werden die Gesellschafter in dieser Phase auch oft im eigenen Namen tätig und beschaffen bspw. Investitionsgüter für die spätere wirtschaftliche Tätigkeit der Kapitalgesellschaft. Dementsprechend gewährt der EuGH in der Rechtssache ***Polski Trawertyn*** den Gesellschaftern einer sich in der Gründungsphase befindenden Gesellschaft das grundsätzliche Recht, die Vorsteuern erstattet zu bekommen, welche beim Erwerb von Investitionsgütern für die spätere wirtschaftliche Tätigkeit der Gesellschaft angefallen sind.[5] Der Gerichtshof **erstreckt die spätere Unternehmereigenschaft** der Gesellschaft auf die Gesellschafter in der Gründungsphase und will eine (zumindest zivilrechtlich notwendige) Einbringung für umsatzsteuerliche Zwecke ignorieren. Diese Entscheidung ist stark von der ständigen Rechtsprechung des EuGH geprägt, der zufolge der Grundsatz der Neutralität auch das Recht auf Vorsteuerabzug verlangt, wenn im Zeitpunkt des Erwerbs der Eingangsleistungen noch keine steuerbaren Ausgangsleistungen erbracht werden.[6] 16

Die Rechtssache *Polski Trawertyn* darf aber nicht dahingehend verstanden werden, dass sich die wirtschaftliche Tätigkeit einer Gesellschaft immer automatisch auf ihre Gesellschafter erstreckt. Der Kunstgriff der **Erstreckung der späteren wirtschaftlichen Tätigkeit ist ein Spezifikum der Gründungsphase**, da es hier vielfach noch an steuerpflichtigen Ausgangsleistungen mangelt und die Gesellschaft schlicht zivilrechtlich noch nicht besteht. Um ein steuerneutrales Ergebnis zu erzielen, ist der EuGH auch bereit, die Möglichkeit der Zurechnung zur späteren wirtschaftlichen Tätigkeit nicht nur zeitlich, sondern auch personell zu erweitern. 17

Für die Erstreckung der späteren Unternehmereigenschaft ist es wichtig, dass die Investitionsgüter auch tatsächlich in das **Vermögen der Gesellschaft übertragen** werden. Es muss also eine Situation 18

1 BFH, Urt. v. 10.5.1990 – V R 47/86, BStBl. II 1990, 757 = UR 1991, 13 m. Anm. *Husmann*; BFH, Urt. v. 5.5.1994 – V R 76/92, BFH/NV 1995, 356 = UR 1995, 304; BFH, Urt. v. 24.8.1994 – XI R 74/93, BStBl. II 1995, 150 = UR 1995, 97 m. Anm. *Weiß*; BFH, Urt. v. 8.11.1995 – V R 8/94, BStBl. II 1996, 176 = UR 1996, 228.

2 Die Dividende kann kein Entgelt im Sinne des Umsatzsteuerrechts begründen: EuGH, Urt. v. 14.11.2000 – C-142/99, ECLI:EU:C:2000:623 – Floridienne SA und Berginvest SA, UR 2000, 530, Rz. 22; in diesem Sinne auch: EuGH, Urt. v. 20.6.1991 – C-60/90, ECLI:EU:C:1991:268 – Polysar Investments Netherlands BV, UR 1991, 315 = UR 1993, 119 m. Anm. *Weiß*, Rz. 13; EuGH, Urt. v. 22.6.1993 – C-333/91, ECLI:EU:C:1993:261 – Sofitam, UR 1994, 73, Rz. 12; EuGH, Urt. v. 6.2.1997 – C-80/95, ECLI:EU:C:1997:56 – Harnas & Helm, UR 1997, 141 = UR 1997, 351, Rz. 15; EuGH, Urt. v. 27.9.2001 – C-16/00, ECLI:EU:C:2001:495 – Cibo Participations, UR 2001, 500 m. Anm. *Wäger*, Rz. 19; EuGH, Urt. v. 30.5.2013 – C-651/11, ECLI:EU:C:2013:346 – X BV, UR 2013, 582 m. Anm. *Marchal*, Rz. 36.

3 BFH, Urt. v. 17.7.1980 – V R 5/72, BStBl. II 1980, 622 = UR 1980, 202 m. Anm. *Weiß*; BFH, Urt. v. 5.12.2007 – V R 60/05, BStBl. II 2009, 486 = UR 2008, 616.

4 *Schücking*, Münchener Handbuch des Gesellschaftsrechts[5], Band I, Rz. 29 ff.

5 EuGH, Urt. v. 1.3.2012 – C-280/10, ECLI:EU:C:2012:107 – Polski Trawertyn, UR 2012, 366, Rz. 31.

6 EuGH, Urt. v. 14.2.1985 – C-268/83, ECLI:EU:C:1985:74 – Rompelman, juris.

vorliegen, in der die Vorgründungsgesellschaft oder ein Gesellschafter die Leistungen nur deswegen im eigenen Namen erwirbt, weil ein Erwerb durch die Gesellschaft noch nicht möglich ist. Wäre die Gesellschaft schon errichtet, hätte die Gesellschaft diese Wirtschaftsgüter oder Dienstleistungen selbst erworben. Bleiben die **Investitionsgüter in der Gesellschaftersphäre** und werden diese nur zur unternehmerischen Nutzung unentgeltlich überlassen, kann die Unternehmereigenschaft der Gesellschaft nicht auf den Gesellschafter erstreckt und folglich kein unmittelbarer und direkter Zusammenhang zu den steuerbaren Ausgangsleistungen der Gesellschaft hergestellt werden.[1]

3. Geschäftsführung

19 Ferner kann ein Gesellschafter die Unternehmereigenschaft durch die Führung der Geschäfte begründen, wie durch jede andere Form der Leistungserbringung an die Gesellschaft. Die Geschäftsführungstätigkeit ist aber insofern besonders, als hier ein besonderes Augenmerk auf die **Selbständigkeit des Geschäftsführers** zu legen ist. Denn der Gesellschafter-Geschäftsführer kann seine Geschäftsführungsleistungen selbständig oder im Rahmen eines unselbständigen Arbeitsverhältnisses erbringen (Rz. 68).

III. Holdinggesellschaften

1. Beteiligungs- oder Finanzierungsholding

20 Eine Kapital- oder Personengesellschaft, die ausschließlich auf den **Erwerb, Verkauf und die Verwaltung von Beteiligungen** an anderen Gesellschaften beschränkt ist und hierbei nur ihre Rechte aus der Gesellschafterstellung wahrnimmt, begründet durch diese Tätigkeit **keine wirtschaftliche (unternehmerische) Tätigkeit**. Reine Beteiligungs- oder Finanzierungsholdings sind nach der Rechtsprechung von EuGH[2] und BFH[3] keine Unternehmer, da der Erwerb, das Halten und das Veräußern von Beteiligungen keine Nutzung eines Gegenstands zur nachhaltigen Erzielung von Einnahmen begründet. Dividenden fließen der Holdinggesellschaft aufgrund des bloßen Innehabens der Beteiligung zu und begründen kein Entgelt für das Investieren.[4] Die Höhe der zufließenden Dividende ist sowohl vom Zufall[5] (wie bspw. der wirtschaftlichen Lage) als auch von anderen Faktoren geprägt, die nicht auf eine Leistung zurückzuführen sind (bspw. die Art der Beteiligung).[6] Daher bildet eine **Dividende** niemals den subjektiven Wert der Leistung ab, wodurch ein unmittelbarer Zusammenhang zwischen dem Investieren (also der Zurverfügungstellung von Kapital) und der Dividendenzahlung nicht gegeben sein

1 EuGH, Urt. v. 13.3.2014 – C-204/13, ECLI:EU:C:2014:147 – Malburg, UR 2014, 353. Für die Unterschiede zur Rechtssache *Polski Trawertyn* siehe insbesondere Rz. 44; BFH, Urt. v. 26.8.2014 – XI R 26/10, BFH/NV 2015, 121 = UR 2015, 35.

2 EuGH, Urt. v. 20.6.1991 – C-60/90, ECLI:EU:C:1991:268 – Polysar Investments Netherlands, UR 1991, 315 = UR 1993, 119 m. Anm. *Weiß*, Rz. 13; EuGH, Urt. v. 6.2.1997 – C-80/95, ECLI:EU:C:1997:56 – Harnas & Helm, UR 1997, 141 = UR 1997, 351, Rz. 15; EuGH, Urt. v. 26.6.2003 – C-442/01, ECLI:EU:C:2003:381 – KapHag, UR 2003, 443, Rz. 38; EuGH, Urt. v. 29.4.2004 – C-77/01, ECLI:EU:2004:243 – EDM, UR 2004, 292 m. Anm. *Wäger*, Rz. 57–62; EuGH, Urt. v. 26.5.2005 – C-465/03, ECLI:EU:C:2005:320 – Kretztechnik, UR 2005, 382, Rz. 19; EuGH, Urt. v. 8.2.2007 – C-435/05, ECLI:EU:C:2007:87 – Investrand, UR 2007, 225 m. Anm. *Hahne*, Rz. 25.

3 BFH, Urt. v. 30.7.1992 – V R 95/87, BFH/NV 1993, 202; BFH, Urt. v. 3.4.2008 – V R 76/05, BStBl. II 2008, 905 = UR 2008, 549; BFH, Urt. v. 9.2.2012 – V R 40/10, BStBl. II 2012, 844 = UR 2012, 394.

4 EuGH, Urt. v. 20.6.1991 – C-60/90, ECLI:EU:C:1991:268 – Polysar Investments Netherlands BV, UR 1991, 315 = UR 1993, 119 m. Anm. *Weiß*, Rz. 13; EuGH, Urt. v. 22.6.1993 – C-333/91, ECLI:EU:C:1993:261 – Sofitam, UR 1994, 73, Rz. 13; EuGH, Urt. v. 6.2.1997 – C-80/95, ECLI:EU:C:1997:56 – Harnas & Helm, UR 1997, 141 = UR 1997, 351, Rz. 15; EuGH, Urt. v. 14.11.2000 – C-142/99, ECLI:EU:C:2000:623 – Floridienne SA und Berginvest SA, UR 2000, 530, Rz. 13; EuGH, Urt. v. 27.9.2001 – C-16/00, ECLI:EU:C:2001:495 – Cibo Participations, UR 2001, 500 m. Anm. *Wäger*, Rz. 19; EuGH, Urt. v. 26.6.2003 – C-305/01, ECLI:EU:C:2003:377 – MKG-Kraftfahrzeuge-Factoring, UR 2003, 399 m. Anm. *Wäger*, Rz. 45; EuGH, Urt. v. 16.7.2015 – C-108/14 und C-109/14, ECLI:EU:C:2015:496 – Larentia + Minerva, Marenave, BStBl. II 2017, 604 = UR 2015, 671 m. Anm. *Hummel*; Anm. *Heinrichshofen*, UR 2015, 722, Rz. 19. So auch: Abschn. 2.3. Abs. 2 Satz 3 UStAE.

5 EuGH, Urt. v. 14.11.2000 – C-142/99, ECLI:EU:C:2000:623 – Floridienne SA und Berginvest SA, UR 2000, 530, Rz. 23; EuGH, Urt. v. 27.9.2001 – C-16/00, ECLI:EU:C:2001:495 – Cibo Participations, UR 2001, 500 m. Anm. *Wäger*, Rz. 43.

6 *Heber* in Weitemeyer/Schauhoff/Achatz, Umsatzsteuerrecht für den Nonprofitsektor, Rz. 25.17.

kann. Anders als Dividenden begründen **Zinsen** ein Entgelt für die Überlassung von Kapital,[1] denn ihnen ist es möglich, den subjektiven Wert für die Überlassung des Kapitals widerzuspiegeln (§ 1 Rz. 172).

2. Managementholding

a) Mittelbarer oder unmittelbarer Eingriff in die Verwaltung als Leistung der Managementholding

Im Gegensatz zur reinen Beteiligungs- oder Finanzierungsholding kann einer Managementholding die Unternehmereigenschaft zukommen. Die Holdinggesellschaft wird dann zu einer Managementholding, wenn sie **unmittelbar oder mittelbar in die Verwaltung der Gesellschaft**, an der sie die Beteiligung hält, **eingreift.**[2] Ein solcher unmittelbarer oder mittelbarer Eingriff in die Verwaltung liegt nur vor, wenn die Holdinggesellschaft hierbei Aufgaben wahrnimmt, die über ihre Gesellschafterpflichten hinausgehen und hierfür ein **gesondertes Entgelt** erhält. Nach der Rechtsprechung des EuGH sind solche Aufgaben bspw. im Erbringen von Dienstleistungen im Bereich der Verwaltung, Buchführung und Informatik zu sehen.[3] 21

b) Beteiligung als Teil der wirtschaftlichen Tätigkeit

Greift die Managementholding in die Verwaltung der Gesellschaft ein, an der sie beteiligt ist, und erhält sie hierfür ein gesondertes Entgelt, ist im Erwerb, dem Halten und dem Veräußern dieser Gesellschaftsanteile eine wirtschaftliche Tätigkeit zu sehen.[4] Mit anderen Worten: Die **Beteiligung an der Gesellschaft** wird durch das Eingreifen in die Verwaltung der Gesellschaft **insgesamt in den wirtschaftlichen Bereich** gezogen. Das Erwerben, Halten und Veräußern von Gesellschaftsanteilen ist auch dann wirtschaftlich, wenn zwischen der entgeltlichen Dienstleistungserbringung (dem Eingriff in die Verwaltung der Gesellschaft) und der Gesellschafterstellung **keine enge Verbindung** dergestalt besteht, dass nur Gesellschafter diese Dienstleistungen erbringen dürfen.[5] 22

Allerdings darf das Veräußern von Gesellschaftsanteilen nicht mit der Ausgabe neuer Anteile verwechselt werden, denn die **Erstausgabe von Gesellschaftsanteilen** begründet nie einen wirtschaftlichen Vorgang.[6] 23

c) Vorsteuerabzug im Zusammenhang mit dem Verkauf von Gesellschaftsanteilen

Durch das Eingreifen in die Verwaltung der Gesellschaft in Form der entgeltlichen Dienstleistung wird die Beteiligung an der Gesellschaft zwar insgesamt dem wirtschaftlichen Bereich zugeordnet. Doch ist die Zugehörigkeit zum wirtschaftlichen Bereich für sich alleine noch nicht entscheidend für den Vorsteuerabzug. Der Verkauf von Anteilen kann bspw. steuerbefreit erfolgen, was bei einer unmittelbaren Zurechnung von Eingangsumsätzen zu diesen steuerfreien Ausgangsleistungen das Recht auf einen Vorsteuerabzug ausschließt.[7] Sind die Eingangsleistungen aber nicht unmittelbar dem steuerfreien Be- 24

1 EuGH, Urt. v. 11.7.1996 – C-306/94, ECLI:EU:C:1996:290 – Régie dauphinoise, UR 1996, 304, Rz. 17.
2 EuGH, Urt. v. 20.6.1991 – C-60/90, ECLI:EU:C:1991:268 – Polysar Investments Netherlands BV, UR 1991, 315 = UR 1993, 119 m. Anm. *Weiß*, Rz. 14.
3 EuGH, Urt. v. 14.11.2000 – C-142/99, ECLI:EU:C:2000:623 – Floridienne SA und Berginvest SA, UR 2000, 530, Rz. 19.
4 EuGH, Urt. v. 16.7.2015 – C-108/14 und C-109/14, ECLI:EU:C:2015:496 – Larentia + Minerva, Marenave, BStBl. II 2017, 604 = UR 2015, 671 m. Anm. *Hummel*; Anm. *Heinrichshofen*, UR 2015, 722, Rz. 25; BFH, Urt. v. 27.1.2011 – V R 38/09, BStBl. II 2012, 68 = UR 2011, 101; BFH, Urt. v. 1.6.2016 – XI R 17/11, BStBl. II 2017, 581 = UR 2016, 673; BFH, Urt. v. 19.1.2016 – XI R 38/12, BStBl. II 2017, 567 = UR 2016, 312 m. Anm. *Heinrichshofen* und Anm. *Sterzinger*. Die FinVerw. wendet einen viel engeren Maßstab an: Kapitalbeschaffungskosten sollen bei einer Führungsholding nur unter besonderen Voraussetzungen zum Vorsteuerabzug berechtigen: Abschn. 2.3. Abs. 3 UStAE. Kritisch hierzu: *Wagner/Marchal*, DStR 2017, 2150 (2155).
5 EuGH, Urt. v. 29.10.2009 – C-29/08, ECLI:EU:C:2009:665 – AB SKF, UR 2012, 904, Rz. 30 ff.
6 EuGH, Urt. v. 26.6.2003 – C-442/01, ECLI:EU:C:2003:381 – KapHag, UR 2003, 443; EuGH, Urt. v. 26.5.2005 – C-465/03, ECLI:EU:C:2005:320 – Kretztechnik, UR 2005, 382; *Heber*, Gesellschaften und ihre Gesellschafter in der Umsatzsteuer, S. 209 ff.
7 BFH, Urt. v. 27.1.2011 – V R 38/09, BStBl. II 2012, 68 = UR 2011, 307.

teiligungsverkauf zuzurechnen, kann das Recht auf Vorsteuerabzug entsprechend der wirtschaftlichen Gesamttätigkeit eröffnet sein, wenn die Kosten der Eingangsleistungen in die allgemeinen Kosten einfließen (Rz. 25).[1]

3. Gemischte Holding

25 Eine Holdinggesellschaft kann eine wirtschaftliche Tätigkeit auch ganz **unabhängig von ihren Beteiligungen** entfalten. Erfolgt die entgeltliche Dienstleistungserbringung gegenüber Dritten und nicht gegenüber den Gesellschaften, an denen Beteiligungen gehalten werden, oder nur gegenüber einzelnen und nicht allen Tochtergesellschaften, verfügt die Holdinggesellschaft über einen wirtschaftlichen und einen nicht-wirtschaftlichen Bereich (**gemischte Holding**).[2] Die Gesellschaftsbeteiligungen (bzw. die Beteiligungen der Gesellschaften, an welche die Holdinggesellschaft keine entgeltlichen Dienstleistungen erbringt) befinden sich im nicht-wirtschaftlichen Bereich. Nach Auffassung der FinVerw. können diese Beteiligungen nicht dem Unternehmen zugeordnet werden[3] und alle unmittelbaren dem Erwerben, dem Halten oder dem Veräußern dieser Beteiligung zuordenbaren Eingangsleistungen berechtigen die Holdinggesellschaft nicht zum **Vorsteuerabzug**. Können die Eingangsleistungen nicht direkt und unmittelbar der nicht-wirtschaftlichen Tätigkeit (dem Erwerben, Halten oder Veräußern der Beteiligungen), sondern den **allgemeinen Kosten** zugerechnet werden, besteht auch hier ein Recht auf Vorsteuerabzug entsprechend der wirtschaftlichen Gesamttätigkeit.[4]

4. Gewerbsmäßiger Wertpapierhandel

26 Das Erwerben, Halten und Veräußern von Gesellschaftsanteilen ist auch dann eine wirtschaftliche (unternehmerische) Tätigkeit, wenn die Beteiligungen im Sinne eines **gewerbsmäßigen Wertpapierhandels** gewerbsmäßig erworben und veräußert werden[5] und wenn die Beteiligung **nicht um ihrer selbst willen** gehalten wird, sondern für die Förderung einer bestehenden oder beabsichtigten wirtschaftlichen (unternehmerischen) Tätigkeit.[6]

C. Wirtschaftliche (gewerbliche oder berufliche) Tätigkeit (Absatz 1 Satz 3)

I. Einführung

1. Autonomer umsatzsteuerrechtlicher Begriff

27 Nach § 2 Abs. 1 Satz 3 UStG ist jede nachhaltige Tätigkeit zur Erzielung von Einnahmen gewerblich oder beruflich. Die nationale Gesetzesbestimmung verlangt folglich eine umsatzsteuerrechtlich relevante Tätigkeit, die nachhaltig ausgeführt wird und die auf Einnahmenerzielung gerichtet ist. Der Begriff der gewerblichen oder beruflichen Tätigkeit ist historisch zwar stark durch das Ertragsteuerrecht

1 EuGH, Urt. v. 26.5.2005 – C-465/03, ECLI:EU:C:2005:320 – Kretztechnik, UR 2005, 382, Rz. 36; vergleiche in diesem Zusammenhang auch: EuGH, Urt. v. 10.11.2016 – C-432/15, ECLI:EU:C:2016:855 – Baštová, UR 2016, 913, Rz. 44; EuGH, Urt. v. 21.2.2013 – C-104/12, ECLI:EU:C:2013:99 – Becker, UR 2013, 220, Rz. 20; EuGH, Urt. v. 8.6.2000 – C-98/98, ECLI:EU:C:2000:300 – Midland Bank, UR 2000, 342, Rz. 31; EuGH, Urt. v. 22.2.2001 – C-408/98, ECLI:EU:C:2001:110 – Abbey National, UR 2001, 164 m. Anm. *Wäger*, Rz. 40.

2 Abschn. 2.3. Abs. 3 Satz 4 UStAE.

3 Abschn. 2.3. Abs. 3 Satz 4 UStAE.

4 EuGH, Urt. v. 8.6.2000 – C-98/98, ECLI:EU:C:2000:300 – Midland Bank, UR 2000, 342, Rz. 31; EuGH, Urt. v. 22.2.2001 – C-408/98, ECLI:EU:C:2001:110 – Abbey National, UR 2001, 164 m. Anm. *Wäger*, Rz. 35–36; EuGH, Urt. v. 27.9.2001 – C-16/00, ECLI:EU:C:2001:495 – Cibo Participations, UR 2001, 500 m. Anm. *Wäger*, Rz. 33; EuGH, Urt. v. 6.9.2012 – C-496/11, ECLI:EU:C:2012:557 – Portugal Telecom, UR 2012, 762, Rz. 37. So ist wohl auch die Ansicht der FinVerw. zu deuten: Abschn. 2.3. Abs. 4 UStAE.

5 EuGH, Urt. v. 20.6.1996 – C-155/94, ECLI:EU:C:1996:243 – Wellcome Trust, UR 1996, 423, Rz. 35; EuGH, Urt. v. 6.2.1997 – C-80/95, ECLI:EU:C:1997:56 – Harnas & Helm, UR 1997, 141 = UR 1997, 351, Rz. 16; EuGH, Urt. v. 29.10.2009 – C-29/08, ECLI:EU:C:2009:665 – AB SKF, UR 2012, 904, Rz. 31.

6 Abschn. 2.3. Abs. 3 Satz 5 UStAE.

geprägt.[1] Doch hat das Umsatzsteuerrecht durch die **Harmonisierung auf europäischer Ebene** jegliche ertragsteuerrechtliche Prägung verloren. So sind sämtliche Bestimmungen des UStG **autonom und im Lichte des europäischen Richtlinienrechts auszulegen** und jegliche Wertungen aus dem Ertragsteuerrecht, wie bspw. die Begründung eines Gewerbebetriebs, sind für die Frage, ob eine umsatzsteuerrechtlich relevante gewerbliche oder berufliche Tätigkeit vorliegt, unbedeutend.

2. Wirtschaftliche Tätigkeit i.S.d. MwStSystRL

Die MwStSystRL verwendet den Begriff der **wirtschaftlichen Tätigkeit**, die als jede Tätigkeit eines Erzeugers, Händlers oder Dienstleisters einschließlich der Tätigkeiten der Urproduzenten, der Landwirte sowie der freien Berufe definiert ist. Als wirtschaftliche Tätigkeit gilt auch die Nutzung von körperlichen oder nicht körperlichen Gegenständen zur nachhaltigen Erzielung von Einnahmen. Die historische Entwicklung der Norm zeigt, dass zunächst die Beschreibung der Berufsgruppen den Kern der wirtschaftlichen Tätigkeit bildete und die Nutzung von körperlichen oder unkörperlichen Gegenständen zur nachhaltigen Erzielung von Einnahmen nur einen zusätzlichen Weg zur Begründung der wirtschaftlichen Tätigkeit begründen soll,[2] da durch die schlichte Nutzung von Gegenständen die Begründung der wirtschaftlichen Tätigkeit nach einem der Berufsbilder nicht möglich ist. 28

3. Gewerbliche oder berufliche Tätigkeit i.S.d. UStG

Dem nationalen Gesetzgeber muss kein Vorwurf gemacht werden, den Begriff der wirtschaftlichen Tätigkeit nicht ins UStG eingeführt zu haben, sondern an der gewerblichen oder beruflichen Tätigkeit festzuhalten. Denn der Begriff der **gewerblichen oder beruflichen Tätigkeit lässt sich im Lichte der wirtschaftlichen Tätigkeit interpretieren.**[3] Der wirtschaftlichen und der gewerblichen oder beruflichen Tätigkeit ist gemein, dass sie beide (1) eine **Leistung** im wirtschaftlichen Sinne, (2) eine **Einnahmenerzielungsabsicht** und (3) ein gewisses Moment der **Nachhaltigkeit** voraussetzen. 29

II. Leistung im wirtschaftlichen Sinne

1. Verbrauchsfähiger Vorteil eines individualisierbaren Leistungsempfängers

Kernelement der wirtschaftlichen Tätigkeit ist das **entgeltliche Leisten** im Sinne des Umsatzsteuerrechts.[4] Die Umsatzsteuer ist als Verbrauchsteuer ausgestaltet und dementsprechend muss jede umsatzsteuerrechtlich relevante Leistung einem **individualisierbaren Leistungsempfänger** einen **verbrauchsfähigen Vorteil** verschaffen. Ein Leisten i.S.d. Umsatzsteuerrechts kann auch durch ein **Unterlassen** erfolgen, wenn hierdurch einem individualisierbaren Leistungsempfänger ein Vorteil zu Teil wird. Verzichtet bspw. ein Arzt auf sein Privatliquidationsrecht zugunsten einer Universitätsklinik gegen Entschädigungszahlungen, sodass diese Umstrukturierungsmaßnahmen vornehmen kann, liegt eine Leistung durch Unterlassen i.S.d. Mehrwertsteuerrechts vor.[5] 30

Das Kriterium des verbrauchsfähigen Vorteils dient vor allem der Abgrenzung einer umsatzsteuerrelevanten Leistung von einem umsatzsteuerrechtlich unbedeutenden **Bevorteilen der Allgemeinheit**. Liegt eine bestimmte Tätigkeit im Allgemeininteresse und erfährt kein identifizierbarer Leistungsemp- 31

---

1 *Friedrich-Vache/Reiß* in Reiß/Kraeusel/Langer, § 2 UStG Rz. 21 (Stand: November 2023).

2 Richtlinie 67/228/EWG des Rates v. 11.4.1967 des Rates zur Harmonisierung der Rechtsvorschriften der Mitgliedstaaten über die Umsatzsteuern – Struktur und Anwendungsmodalitäten des gemeinsamen Mehrwertsteuersystems, ABl. EG 71, 1303; vgl. auch: Kommission, Vorschlag für die sechste Richtlinie des Rates zur Harmonisierung der Rechtsvorschriften der Mitgliedstaaten über die Umsatzsteuer, Bulletin der Europäischen Gemeinschaften, Beilage 11/73, 37.

3 BFH, Urt. v. 2.7.2008 – XI R 70/06, BFH/NV 2009, 223; BFH, Urt. v. 28.10.2004 – V R 19/04, BFH/NV 2005, 725.

4 Die gewerbliche oder berufliche Tätigkeit setzt voraus, dass Leistungen im wirtschaftlichen Sinn ausgeführt werden: Abschn. 2.3. Abs. 1 Satz 1 UStAE.

5 BFH, Urt. v. 30.6.2022 – V R 36/20, UR 2022, 935; Anm. *Hoeveler*, UR 2023, 24.

fänger einen unmittelbaren verbrauchsfähigen Vorteil, so werden im Rahmen dieser Tätigkeit **keine umsatzsteuerrelevanten Leistungen** erbracht.

32 Bei den folgenden **Beispielen** liegt ein Handeln im Allgemeininteresse vor, das zu einem Nichtleisten im Sinne des Umsatzsteuerrechts führt:

- **Verzicht auf Teile der Kartoffelernte**: Die Förderung des Agrarsektors durch den Verzicht auf 20 % der möglichen Kartoffelernte;[1]
- **Aufgabe der Milchproduktion**: Die Förderung des Agrarsektors durch die endgültige Niederlegung der Milchproduktion und den Verzicht auf die zugewiesene Milchreferenzmenge gegen Entschädigungszahlung;[2]
- **Parteipolitische Tätigkeit**: Die Tätigkeit von Parteien, die darin liegt, ihre politischen Ziele zu verwirklichen, begründet kein umsatzsteuerrelevantes Leisten;[3]
- **Vergabe von UMTS-Konzessionen**: Die Vergabe von Konzessionen für das Funknetz durch nationale Behörden (UMTS-Vergabe) an den Höchstbietenden begründet kein umsatzsteuerrelevantes Leisten, denn der Staat kommt hier seiner Kontroll- und Regulierungstätigkeit nach, die zur effizienten Nutzung des Frequenzspektrums, zur Verhinderung von Störungen zwischen verschiedenen Telekommunikationssystemen sowie zur effizienten Verwaltung von Funknetzen beitragen soll.[4]

32.1 Ein Leisten im Sinne des Mehrwertsteuerrechts ist auch dann nicht gegeben, wenn eine bloße **Ausübung des Eigentumsrechts** vorliegt.[5] Denn hier kommt es nur zu einem Tausch der Eigentumspositionen. Gleichermaßen ist auch das **reine Investieren** kein mehrwertsteuerrelevantes Leisten. Das Investieren ist hier weit zu verstehen und umfasst sowohl den Erwerb von Gesellschaftsanteilen,[6] aber auch den Ankauf von körperlichen Gegenständen.[7] Von einem reinen Investieren ist nur dann nicht auszugehen, wenn aktive Schritte zum Vertrieb gesetzt werden.[8] In diesem Fall kann eine mehrwertsteuerrelevante Nutzung von körperlichen oder nicht körperlichen Gegenständen zur nachhaltigen Einnahmenerzielung vorliegen.

2. Unmittelbarkeit des verbrauchsfähigen Vorteils

33 Im Rahmen des **Gesellschafter-Gesellschaftsverhältnisses** und zwischen einem **Verein und seinen Mitgliedern** können Leistungen erbracht werden, die für das Umsatzsteuerrecht relevant sind. Es können aber auch Leistungen an die Allgemeinheit erbracht werden, die natürlich auch den Gesellschaftern bzw. Mitgliedern zugutekommen.[9] Für die Beantwortung der Frage, ob eine Bevorteilung durch die Gesellschaft oder den Verein umsatzsteuerrechtlich relevant ist, gilt es danach zu unterscheiden, ob

1 EuGH, Urt. v. 18.12.1997 – C-384/95, ECLI:EU:C:1997:627 – Landboden-Agrardienste, UR 1998, 102 m. Anm. *Stapperfend*.

2 EuGH, Urt. v. 29.2.1996 – C-215/94, ECLI:EU:C:1996:72 – Mohr, UR 1996, 119 m. Anm. *Widmann*.

3 EuGH, Urt. v. 6.10.2009 – C-267/08, ECLI:EU:C:2009:619 – SPÖ Landesorganisation Kärnten, UR 2009, 760, Rz. 24.

4 EuGH v. 26.6.2007 – C-284/04, ECLI:EU:C:2007:381 – T-Mobile Austria u.a., UR 2007, 607 m. Anm. *Burgmaier*, Rz. 40.

5 EuGH, Urt. v. 15.12.2011 – C-180/10 und 181/10, ECLI:EU:C:2011:589 – Slaby, UR 2012, 519; EuGH, Urt. v. 20.6.1996 – C-155/94, ECLI:EU:C:1996:243 – Wellcome Trust, UR 1996, 423.

6 Vgl. hierzu die Rechtsprechung zum bloßen Erwerb von Gesellschaftsanteilen, Rz. 20.

7 BFH, Urt. v. 8.9.2022 – V R 26/21, BStBl. II 2023, 361 = UR 2023, 238 m. Anm. *Ulbrich*; BFH, Urt. v. 8.9.2022 – V R 27/21, BFH/NV 2023, 276.

8 Hier ist ein Vergleich mit anderen Erzeugern, Händlern und Dienstleistern vorzunehmen, vgl. hierzu Rz. 40.

9 Ein steuerbarer Leistungsaustausch liegt vor, wenn ein Sportverein in Verwirklichung seines satzungsmäßigen Zwecks seinen Mitgliedern die Möglichkeit einräumt, Sportanlagen zu nutzen und die Mitglieder hierfür jährlich einen Geldbetrag zahlen (EuGH, Urt. v. 21.3.2002 – C-174/00, ECLI:EU:C:2002:200 – Kennemer Golf, UR 2002, 320 m. Anm. *Widmann*). Ein steuerbarer Leistungsaustausch liegt hingegen nicht vor, wenn ein durch Ministerialverordnung gegründeter Council mit der Werbung, Förderung und der Verbesserung der Qualität der in England und Wales erzeugten Äpfel und Birnen betraut wird und hierfür jährlich Pflichtbeiträge erhält (EuGH, Urt. v. 8.3.1988 – 102/86, ECLI:EU:C:1988:120 – Apple and Pear Development Council, UR 1989, 275); vgl. hierzu weiterführend: *Heber* in Weitemeyer/Schauhoff/Achatz, Umsatzsteuerrecht für den Nonprofitsektor, Rz. 8.8 ff.

das Leisten der Bevorteilung der Mitglieder bzw. Gesellschafter oder der Verwirklichung des reinen Gesellschaftszwecks dient. Der BFH trifft diese Differenzierung anhand der **„Mittelbarkeit" des Vorteils.**[1] Es ist entscheidend, ob den Mitgliedern durch die Tätigkeit der Personenvereinigung unmittelbar ein verbrauchsfähiger Vorteil zuteilwird oder ob durch diese Tätigkeit der Zweck der Personenvereinigung erfüllt werden soll und die Mitglieder nur mittelbar bevorteilt werden.[2] Die Mittelbarkeit des Vorteils ist letztlich Ausdruck des zwischen dem Leistenden und dem Leistungsempfänger bestehenden Rechtsverhältnisses.[3]

Für die Frage, ob eine umsatzsteuerrechtlich relevante Leistung vorliegt, ist die Ausgestaltung der Leis- 34
tung als ein Sondervorteil eines Mitglieds nach dieser Rechtsprechungslinie unerheblich. Die **FinVerw.** geht hier einen anderen Weg und will an der alten Rechtsprechungslinie festhalten, der zufolge eine Vereinigung im Rahmen der **Erfüllung ihres Gemeinschaftszwecks** keine Leistungen an ihre Mitglieder erbringt.[4] Nur dann, wenn die Leistung einem Mitglied einen **Sondervorteil** verschafft und hierfür ein gesondertes Entgelt eingehoben wird, soll ein steuerbarer Leistungsaustausch vorliegen.[5]

3. Entgeltlichkeit

Das Leisten ist zudem nur dann wirtschaftlich, wenn es auch **gegen Entgelt** erfolgt. Ein Leisten gegen 35
Entgelt setzt einen unmittelbaren Zusammenhang zwischen Leistung und Gegenleistung voraus,[6] somit muss der Leistende in **Wertschätzung der Gegenleistung** und der Leistungsempfänger in **Wertschätzung der Leistung** leisten.[7] Wird die Gegenleistung also nicht durch die Leistung bestimmt, sondern ist ausschließlich von anderen Faktoren abhängig, so liegt kein Entgelt im Sinne des Umsatzsteuerrechts vor. Dies ist bspw. bei reinem Ersatz der Reisekosten eines Vortragenden der Fall.[8] Die Gegenleistung (der Reisekostenersatz) steht in keinem Zusammenhang mit der erbrachten Leistung (der Vortragstätigkeit). Anders ist es wiederum, wenn die Leistung in der Überlassung von Wirtschaftsgütern besteht und hierfür die für den Zeitraum der Nutzung anfallenden Kosten (wie bspw. Betriebskosten) ersetzt werden. Diese Kosten stehen nämlich in einem klaren Zusammenhang mit der Leistung.[9] Die Übernahme der Betriebskosten kann ein Entgelt begründen, denn ein Gewinnaufschlag ist nicht notwendig.

Der unmittelbare Zusammenhang setzt keine **Äquivalenz** zwischen Leistung und Gegenleistung vo- 36
raus. Auch ein Entgelt weit unter dem Marktwert kann eine Gegenleistung für die Leistung begründen,[10] denn es handelt sich bei der Gegenleistung um einen subjektiven Wert, der nicht nach objektiven Maßstäben zu schätzen ist.[11]

---

1 BFH, Urt. v. 24.9.2014 – V R 54/13, BFH/NV 2015, 364.

2 *Wäger*, DStR 2014, 1517 (1518).

3 *Heber* in Weitemeyer/Schauhoff/Achatz, Umsatzsteuerrecht für den Nonprofitsektor, Rz. 8.12 ff.

4 Abschn. 1.4. Abs. 1 Satz 1 UStAE.

5 Abschn. 1.4. Abs. 1 Satz 2 UStAE.

6 EuGH, Urt. v. 5.2.1981 – C-154/80, ECLI:EU:C:1981:38 – Coöperatieve Aardappelenbewaarplaats, Rz. 12; EuGH, Urt. v. 23.11.1988 – C-230/87, ECLI:EU:C:1988:508 – Naturally Yours Cosmetics, Rz. 11 und 12; EuGH, Urt. v. 3.3.1994 – C-16/93, ECLI:EU:C:1994:80 – Tolsma, UR 1994, 399, Rz. 13; EuGH, Urt. v. 2.6.1994 – C-33/93, ECLI:EU:C:1994:225 – Empire Stores, UR 1995, 64 m. Anm. *Rothenberger*, Rz. 12; EuGH, Urt. v. 20.1.2005 – C-412/03, ECLI:EU:C:2005:47 – Hotel Scandic Gåsabäck, UR 2005, 98, Rz. 22; dies anerkennend: vgl. bspw. BFH, Urt. v. 30.6.2010 – XI R 22/08, BStBl. II 2010, 1084 = UR 2010, 941; BFH, Urt. v. 11.4.2013 – V R 29/10, BStBl. II 2013, 840 = UR 2014, 154; BFH, Urt. v. 16.10.2013 – XI R 39/12, BStBl. II 2014, 1024 = UR 2013, 962.

7 *Heber* in Weitemeyer/Schauhoff/Achatz, Umsatzsteuerrecht für den Nonprofitsektor, Rz. 8.26, 25.15; *Sternberg*, Die Umsatzbesteuerung gemeinnütziger Vereine; EuGH, Urt. v. 11.3.2020 – C-94/19, ECLI:EU:C:2020:193 – San Domenico Vetraria, UR 2020, 384 m. Anm. *Küffner*, Rz. 26; EuGH, Urt. v. 13.7.2023 – C-344/22, ECLI:EU:C:2023:580 – Gemeinde A, UR 2023, 648 m. Anm. *Küffner*, Rz. 36 f. Siehe nunmehr auch die Nachfolgeentscheidung BFH, Urt. v. 18.10.2023 – XI R 21/23 (XI R 30/19), UR 2024, 306.

8 Siehe i.d.S. auch die Auffassung der FinVerw. zu Reisekostenvergütung eines Aufsichtsratsmitglieds: sie sind nicht Teil der Vergütung, Abschn. 2.2. Abs. 3a Satz 6 UStAE.

9 BFH, Urt. v. 11.4.2002 – V R 65/00, BStBl. II 2002, 782 = UR 2002, 367; BFH, Urt. v. 16.1.2003 – V R 92/01, BStBl. II 2003, 732 = UR 2003, 245.

10 EuGH, Urt. v. 20.1.2005 – C-412/03, ECLI:EU:C:2005:47 – Hotel Scandic Gåsabäck, UR 2005, 98; EuGH, Urt. v. 9.6.2011 – C-285/10, ECLI:EU:C:2011:381 – Campsa Estaciones de Servicio, UR 2012, 440.

11 EuGH, Urt. v. 23.11.1988 – C-230/87, ECLI:EU:C:1988:508 – Naturally Yours Cosmetics, Rz. 16; EuGH, Urt. v. 2.6.1994 – C-33/93, ECLI:EU:C:1994:225 – Empire Stores, UR 1995, 64 m. Anm. *Rothenberger*, Rz. 18 und 19;

III. Einnahmenerzielungsabsicht

1. Abgrenzung zur Entgeltlichkeit

37 § 2 Abs. 1 Satz 3 UStG setzt neben dem umsatzsteuerrelevanten Leisten für die gewerbliche oder berufliche Tätigkeit die Absicht voraus, mit den Leistungen Einnahmen zu erzielen. Die Einnahmenerzielungsabsicht setzt **keine Gewinnerzielungsabsicht** voraus.[1] Die Absicht, Einnahmen zu erzielen, wird vielfach bereits bejaht, wenn Leistungen gegen Entgelt erbracht werden.[2] Hierbei wird übersehen, dass das Kriterium der **Einnahmenerzielung** und das Kriterium der **Entgeltlichkeit unterschiedliche Zwecke** verfolgen. Während das Kriterium der Entgeltlichkeit auf die konkrete Leistungsbeziehung zwischen Leistendem und Leistungsempfänger abstellt und ein Tatbestandselement von § 1 Abs. 1 Nr. 1 UStG bildet, ist das Kriterium der **Einnahmenerzielungsabsicht** weitreichender und **beschreibt die gesamte Tätigkeit**, in welche sich die einzelnen (entgeltlichen) Leistungen einbetten.

38 Die Frage nach der **Entgeltlichkeit** einer Leistung ist anhand **subjektiver Kriterien** zu beantworten, denn die Gegenleistung ist stets ein subjektiver Wert, der nicht nach objektiven Kriterien zu schätzen ist.[3] Da es bei der Bestimmung der Gegenleistung rein auf die Wertschätzung[4] der am Leistungsaustausch Beteiligten ankommt, kann das Entgelt für eine Leistung auch unterhalb der eigenen Produktionskosten oder des Einkaufspreises liegen.[5] Das Bestehen einer **Einnahmenerzielungsabsicht** ist hingegen **objektiv** zu bestimmen. Die Frage, ob eine bestimmte Tätigkeit der Einnahmenerzielung dient, ist eine **Tatsachenfrage**, die es unter Berücksichtigung aller Gegebenheiten des Einzelfalls zu beurteilen gilt.[6]

39 Wenngleich das Kriterium der Entgeltlichkeit einer Leistung und die Einnahmenerzielungsabsicht nicht identisch ist, kann der Faktor **Entgeltlichkeit** doch **Indizwirkung** für die **Einnahmenerzielungsabsicht** haben. Keine Indizwirkung hat jedenfalls das Ertragsteuerrecht. So ist bspw. eine planmäßige Verlusterzielungsabsicht für die umsatzsteuerliche Einnahmenerzielungsabsicht genauso unschädlich wie das tatsächliche Ausbleiben von Einnahmen im Falle des erfolglosen Unternehmers (Rz. 210 ff.).

2. Fremdvergleich

40 In der Rechtssache *Borsele*[7] hat der EuGH das erste Mal einen Vergleich zu anderen Unternehmern angestellt, um Einrichtungen, die dauerhaft defizitär und folglich marktunüblich handeln, die Einnahmenerzielungsabsicht abzusprechen. Anders als bisher diente der Fremdvergleich nicht der Abgrenzung zwischen einem wirtschaftlichen und dem privaten Handeln, so wie es etwa in den Rechtssachen *Enkler*[8] und *Fuchs*[9] der Fall war, oder der Abgrenzung der reinen **„Ausübung des Eigentums"**.[10] Vielmehr sollte eine **allgemeine Marktteilnahmehürde** eingezogen werden. Nur diejenigen Personen, die

---

EuGH, Urt. v. 3.7.2001 – C-380/99, ECLI:EU:C:2001:372 – Bertelsmann, UR 2001, 346, Rz. 22; EuGH, Urt. v. 19.12.2012 – C-310/11, ECLI:EU:C:2012:822 – Grattan, UR 2013, 271, Rz. 22.

1 Abschn. 2.3. Abs. 8 Satz 2 UStAE.

2 So dürfte die Auffassung der FinVerw. zu verstehen sein: Abschn. 2.4. Abs. 8 Satz 4 UStAE.

3 EuGH, Urt. v. 5.2.1981 – C-154/80, ECLI:EU:C:1981:38 – Coöperatieve Aardappelenbewaarplaats, Rz. 13; EuGH, Urt. v. 23.11.1988 – C-230/87, ECLI:EU:C:1988:508 – Naturally Yours Cosmetics, Rz. 16; EuGH, Urt. v. 16.10.1997 – C-258/95, ECLI:EU:C:1997:491 – Julius Fillibeck Söhne/Finanzamt Neustadt, UR 1998, 61, Rz. 13; EuGH, Urt. v. 20.1.2005 – C-412/03, ECLI:EU:C:2005:47 – Hotel Scandic Gåsabäck, UR 2005, 98, Rz. 21.

4 *Heber* in Weitemeyer/Schauhoff/Achatz, Umsatzsteuerrecht für den Nonprofitsektor, Rz. 8.26, 25.15.

5 EuGH, Urt. v. 20.1.2005 – C-412/03, ECLI:EU:C:2005:47 – Hotel Scandic Gåsabäck, UR 2005, 98.

6 EuGH, Urt. v. 19.7.2012 – C-263/11, ECLI:EU:C:2010:497 – Rēdlihs, UR 2012, 790, Rz. 33; EuGH, Urt. v. 20.6.2013 – C-219/12, ECLI:EU:C:2013:413 – Finanzamt Freistadt Rohrbach Urfahr, UR 2013, 620 m. Anm. *Sterzinger*, Rz. 19; EuGH, Urt. v. 2.6.2016 – C-263/15, ECLI:EU:C:2016:392 – Lajvér, UR 2016, 525, Rz. 29.

7 EuGH, Urt. v. 12.5.2016 – C-520/14, ECLI:EU:C:2016:334 – Gemeente Borsele, UR 2016, 520 m. Anm. *Küffner* und Anm. *Sterzinger*, UR 2016, 543.

8 EuGH, Urt. v. 26.9.1996 – C-230/94, ECLI:EU:C:1996:352 – Enkler, UR 1996, 418 m. Anm. *Widmann*; vgl. so auch: BFH, Urt. v. 29.9.2022 – V R 29/20, BStBl. II 2023, 986 = UR 2023, 243.

9 EuGH, Urt. v. 20.6.2013 – C-219/12, ECLI:EU:C:2013:413 – Finanzamt Freistadt Rohrbach Urfahr, UR 2013, 620 m. Anm. *Sterzinger*.

10 EuGH, Urt. v. 15.12.2011 – C-180/10 und 181/10, ECLI:EU:C:2011:589 – Slaby, UR 2012, 519; EuGH, Urt. v. 20.6.1996 – C-155/94, ECLI:EU:C:1996:243 – Wellcome Trust, UR 1996, 423.

marktüblich handeln, verfolgen eine Einnahmenerzielungsabsicht und können die Unternehmereigenschaft begründen. Dieses Ergebnis wird nun in den Rechtssachen *Gmina L*[1] und *Gmina O*[2] bestätigt.

In der Rechtssache *Borsele*[3] und im Besonderen in den hierzu ergangenen Schlussanträgen[4] wird die Fremdüblichkeit und folglich die Einnahmenerzielungsabsicht mit Blick auf die Zahl der Kunden, die Höhe der Einnahmen, die Dauer der Vermietung von Gegenständen sowie die Vertriebsweise[5] beurteilt.[6] In den jüngeren Urteilen stellt der EuGH aber vordergründig auf die **Kostendeckung** bzw. die Aussicht, Gewinne zu erzielen, ab.[7] In der Rechtssache *EQ*[8] wird die Auswirkung der Kostenstruktur auf die Wirtschaftlichkeit der Tätigkeit besonders deutlich. Zwar können einzelne Leistungen unterhalb der Selbstkosten erbracht werden und gelten trotzdem als gegen Entgelt ausgeführt. Doch muss für die Einnahmenerzielungsabsicht insgesamt (also mit Blick auf alle Leistungen) so kalkuliert werden, dass die Betriebskosten dauerhaft gedeckt sind. Durch diese Rechtsprechungslinie wird der subjektive Maßstab für die Entgeltbemessung nicht tangiert. Vielmehr setzt der Fremdvergleich vorgelagert an und verlangt für die Einnahmenerzielungsabsicht und folglich die wirtschaftliche Tätigkeit ein Handeln, das marktüblich ist. Ist also die Tätigkeit strukturell darauf angelegt,[9] dauerhaft Verluste zu erwirtschaften, ist die Marktüblichkeit und in der Folge die Wirtschaftlichkeit der Tätigkeit zu versagen. 41

Spricht man die Einnahmenerzielungsabsicht nur dann zu, wenn die Tätigkeit insgesamt betrachtet kostendeckend ausgestaltet ist, so muss man überlegen, ob es tatsächlich um die reine Deckung der entstandenen Kosten geht oder ob die verlangte Kostendeckung vielmehr einen unversteuerten Letztverbrauch verhindern soll. Geht es rein um die Kostendeckung, also den Ausschluss einer dauerhaft defizitären Tätigkeit, dann sind für die verlangte Kostendeckung sämtliche Zuflüsse zu berücksichtigen, die mit der Tätigkeit im Zusammenhang stehen, unabhängig davon, ob sie auch ein Entgelt für eine Leistung bilden. Mit anderen Worten sind Spenden und Zuschüsse, denen der unmittelbare Zusammenhang zu einer konkreten Leistung fehlt, und die folglich nicht als Entgelt zu qualifizieren sind, bei der Beurteilung der Kostendeckung zu berücksichtigen. Soll die Kostendeckung hingegen einen unbelasteten Endverbrauch verhindern, darf nur das Entgelt berücksichtigt werden, das für die einzelnen Leistungen erhalten wurde und das Einfluss auf die Bemessungsgrundlage genommen hat. In diesem Fall werden Personen, die ihre Leistungen dauerhaft unterpreisig erbringen und eine objektive Kostendeckung nur aufgrund einer Quersubventionierung mit Spenden oder Zuschüssen erreichen, für Zwecke des Umsatzsteuerrechts keine Einnahmenerzielungsabsicht aufweisen. 42

Wird bei der Beurteilung der Kostendeckung ausschließlich auf das Entgelt abgestellt und bleiben folglich Zuschüsse und Spenden, denen der Entgeltcharakter fehlt, unberücksichtigt, kommt es zur **Vorverlagerung des Endverbrauchs**.[10] Mit Blick auf den Sachverhalt der Rechtssache *Borsele* bedeutet dies, dass nicht die Schüler oder deren Eltern Endverbraucher des Schultransports sind, sondern vielmehr die Gemeinde. Die Vorverlagerung erreicht eine Besteuerung des in der vorangehenden Unternehmenskette geschaffenen Mehrwerts und verhindert einen weitreichend unbelasteten Endverbrauch durch das unterpreisige Leisten. 43

Der V. Senat des BFH hat die Logik des EuGH Urteils in der Rechtssache *Borsele* schnell aufgegriffen und die Unternehmereigenschaft einer juristischen Person angezweifelt, die eine Sporthalle gegen ein 44

1 EuGH, Urt. v. 30.3.2023 – C-616/21, ECLI:EU:C:2023:280 – Gmina L, UR 2023, 364 m. Anm. *Küffner*.
2 EuGH, Urt. v. 30.3.2023 – C-612/21, ECLI:EU:C:2023:279 – Gmina O, UR 2023, 360.
3 EuGH, Urt. v. 12.5.2016 – C-520/14, ECLI:EU:C:2016:334 – Gemeente Borsele, UR 2016, 520 m. Anm. *Küffner* und Anm. *Sterzinger*, UR 2016, 543.
4 EuGH, Schlussanträge der Generalanwältin *Kokott* v. 23.12.2015 – C-520/14, ECLI:EU:C:2015:855 – Borsele.
5 EuGH, Urt. v. 15.12.2011 – C-180/10 und 181/10, ECLI:EU:C:2011:589 – Slaby, UR 2012, 519, Rz. 39.
6 So schon: EuGH, Urt. v. 26.9.1996 – C-230/94, ECLI:EU:C:1996:352 – Enkler, UR 1996, 418 m. Anm. *Widmann*, Rz. 29.
7 EuGH, Urt. v. 30.3.2023 – C-612/21, ECLI:EU:C:2023:279 – Gmina O, UR 2023, 360, Rz. 38; EuGH, Urt. v. 30.3.2023 – C-616/21, ECLI:EU:C:2023:280 – Gmina L, UR 2023, 364 m. Anm. *Küffner*, Rz. 47.
8 EuGH, Urt v. 15.4.2021 – C-846/19, ECLI:EU:C:2021:277 – EQ, UR 2021, 830.
9 *Neeser*, UVR 2023, 307 (310).
10 BFH, Urt. v. 28.6.2017 – XI R 12/15, UR 2017, 758; *Heber* in Weitemeyer/Hüttemann/Schauhoff, Umsatzsteuerrecht für den Nonprofitsektor (im Erscheinen); *Heber/Schartmüller*, Sind Non-Profit-Organisationen Unternehmer im Sinne des Umsatzsteuerrechts? Taxlex 2023, 375 (379).

sehr geringes Entgelt überlassen hat. Nach Auffassung des V. Senats weist eine Asymmetrie zwischen den Betriebskosten und den als Gegenleistung erhaltenen Beträgen darauf hin, dass keine wirtschaftliche Tätigkeit vorliegt.[1] Der XI. Senat des BFH verknüpft hingegen die wirtschaftliche Tätigkeit stärker mit dem Leisten gegen Entgelt. Besteht zwischen der Leistung und der Gegenleistung ein unmittelbarer Zusammenhang, ist die Gegenleistung auch dann ein Entgelt, wenn es die Kosten des Leistenden nicht deckt, und erlaubt es, die Tätigkeit als eine wirtschaftliche Tätigkeit zu betrachten. Der XI. Senat führt mit Blick auf die wirtschaftliche Tätigkeit weiter begründend aus, dass die Leistung am allgemeinen Markt angeboten wird und das Entgelt marktüblich ist, wenngleich dieses die Kosten nicht deckt.[2]

3. Einnahmeerzielungsabsicht von Privatperson als (Online)Unternehmer

45 Die Marktteilnahmehürde, die mittels Vergleichs zur typischen wirtschaftlichen Tätigkeit erfolgt (Rz. 41 ff.), gewinnt in jüngerer Zeit insofern an Relevanz, als Privatpersonen vermehrt **Onlineplattformen** nutzen, um ihr Privatvermögen zu verkaufen. Wenn sich die Verkaufsaktivität über die Jahre mehrt, kann berechtigterweise die Frage gestellt werden, ob die **Privatperson als Unternehmer** handelt. Nach der Rechtsprechung des BFH liegt (in Anlehnung an die EuGH-Rechtsprechung) keine private Vermögensverwaltung, sondern eine in den Anwendungsbereich der Umsatzsteuer fallende Tätigkeit vor, wenn die Person **aktive Schritte zum Vertrieb** von Gegenständen unternimmt, indem sie sich ähnlicher Mittel bedient wie ein Erzeuger, Händler oder Dienstleister.[3]

46 So qualifizierte der BFH einen eBay Verkäufer als Unternehmer, der insgesamt 1.200 Verkäufe tätigte und einen Erlös von 83.500 Euro erzielte. Der BFH stellte aber nicht die hohe Anzahl von Verkäufen und den hohen Erlös in den Vordergrund, sondern die **Art und Weise des Tätigwerdens.** Demzufolge wurde der erhebliche **Organisationsaufwand** betont, denn der eBay Verkäufer musste sich Gedanken über die möglichst genaue Bezeichnung der Gegenstände, die Platzierung in den einschlägigen Produktgruppen und das Mindestgebot machen.[4] Dementsprechend sind auch der Kauf von Verpackungsmaterialien, die Bezahlung des Portos und die Organisation des Versands der Waren wesentliche Indizien für die Begründung einer wirtschaftlichen Tätigkeit.[5] Unerheblich ist hingegen, ob für die Tätigkeit ein eigenes Geschäftslokal unterhalten wird.[6] Zur Haftung von Onlineplattformbetreibern für die nicht entrichtete Steuer aus der Lieferung eines Unternehmers, die auf der Onlineplattform begründet wurde s. § 25e Rz. 1 ff. Zur Frage, ob ein Verstoß gegen die Aufzeichnungspflichten die Anwendung der Differenzbesteuerung verhindert,[7] s. § 25a Rz. 55 f.

4. Sharing Economy

47 Privatpersonen nutzen Onlineplattformen zunehmend auch, um ihr **Privatvermögen zu vermieten.** Airbnb ermöglicht es Privatpersonen, ungenutzten Wohnraum Dritten für einen bestimmten Zeitraum zur Verfügung zu stellen. Ähnliche Modelle sind auch mit privaten Kraftfahrzeugen, Fahrrädern, Möbeln und Büchern denkbar. Wird dieser Tätigkeit eine Einnahmenerzielungsabsicht unterstellt, handeln die Personen als Unternehmer, denn sie erbringen jedenfalls eine Leistung im wirtschaftlichen Sinne und erhalten hierfür ein Entgelt.

48 Die Kommission versteht den Begriff des Steuerpflichtigen auch für den Bereich der **Sharing Economy** sehr weit. Sie will bereits in der Registrierung auf einer Sharing Plattform die Absicht der Person erkennen, kontinuierlich tätig werden zu wollen, was die Voraussetzungen einer wirtschaftlichen Tä-

1 BFH, Urt. v. 15.12.2016 – V R 44/15, UR 2017, 302 m. Anm. *Küffner.*
2 BFH, Urt. v. 28.6.2017 – XI R 12/15, UR 2017, 758.
3 BFH, Urt. v. 26.4.2012 – V R 2/11, BStBl. II 2012, 634 = UR 2012, 514; BFH, Urt. v. 12.8.2015 – XI R 43/13, BStBl. II 2015, 919 = UR 2015, 942; hierauf bezugnehmend: BFH, Urt. v. 12.5.2022 – V R 19/20, BStBl. II 2023, 885 = UR 2022, 881 m. Anm. *Grebe.*
4 BFH, Urt. v. 26.4.2012 – V R 2/11, BStBl. II 2012, 634 = UR 2012, 514.
5 BFH, Urt. v. 12.5.2022 – V R 19/20, BStBl. II 2023, 885 = UR 2022, 881 m. Anm. *Grebe.*
6 Hessisches FG, Urt. v. 19.2.2018 – 2 K 1835/16, EFG 2019, 777; bestätigt durch: BFH, Urt. v. 12.5.2022 – V R 19/20, BStBl. II 2023, 885 = UR 2022, 881 m. Anm. *Grebe*; so auch: BFH, Urt. v. 29.9.2022 – V R 29/20, BStBl. II 2023, 986 = UR 2023, 243.
7 BFH, Urt. v. 12.5.2022 – V R 19/20, BStBl. II 2023, 885 = UR 2022, 881 m. Anm. *Grebe.*

tigkeit erfüllen soll.[1] Dies würde bedeuten, dass jede Person, die Privatvermögen über eine Online-Plattform veräußert, als Unternehmer handelt. Dadurch sind sämtliche Umsätze dieser Person steuerbar.

Nicht vergessen werden darf in diesem Zusammenhang das Recht auf **Vorsteuerabzug**. Überwindet eine Person die Marktteilnahmehürde und sind ihre entgeltlichen Leistungen folglich der Umsatzsteuer zu unterwerfen, muss ihr im Gegenzug auch das Recht zustehen, einen Vorsteuerabzug für alle Eingangsleistungen, die in die nunmehr steuerbaren Ausgangsleistungen einfließen, vorzunehmen (§ 15 Rz. 131).[2] Werden Wirtschaftsgüter für die Tätigkeit verwendet, die der Privatsphäre angehören (Rz. 42), führt ihre mögliche **Einlage ins Unternehmen** nicht zu einer Berichtigung des Vorsteuerabzugs (Rz. 196). 49

IV. Nachhaltigkeit

1. Einengung des Kreises der Steuerpflichtigen

Das Kriterium der Nachhaltigkeit hat im Umsatzsteuerrecht die Aufgabe, den **Kreis der Steuerpflichtigen** und folglich der steuerbaren Leistungserbringung zu **verengen**. Zwar würde es dem Konsumsteuergedanken des Umsatzsteuerrechts Rechnung tragen, wenn jede Leistung am Markt der Umsatzsteuer unterliegt. Doch muss eine solch weitflächig angelegte Erhebung der Umsatzsteuer aus Praktikabilitätsgründen abgelehnt werden.[3] Würde jede Person mit ihren gelegentlichen Leistungen immer schon als Unternehmer gelten und umsatzsteuerbare Leistungen erbringen, würde der Aufwand der Steuereinsammlung für den Staat mit den tatsächlich am Markt erbrachten und dem Konsum zugeführten Leistungen nicht in Einklang stehen. 50

2. Bezugspunkt der Nachhaltigkeit nach den unionsrechtlichen Vorgaben

Der Wortlaut von § 2 Abs. 1 Satz 3 UStG verlangt, dass die Tätigkeit zur Erzielung von Einnahmen nachhaltig ist, um als gewerblich oder beruflich zu gelten. Die Nachhaltigkeit ist also als eine **Eigenschaft der ausgeübten Tätigkeit** zu verstehen. Folglich kann nur eine nachhaltig ausgeübte Tätigkeit eine gewerbliche oder berufliche Tätigkeit begründen. 51

Das europäische **Richtlinienrecht** verlangt die Nachhaltigkeit explizit nur in Bezug auf die Einnahmenerzielung bei der Nutzung von körperlichen oder nicht körperlichen Gegenständen. Will man hieraus ableiten, dass das Richtlinienrecht die **Nachhaltigkeit nur in Bezug auf die Einnahmenerzielung** verlangt, so wird man das Nachhaltigkeitsmoment des UStG mit jenem des Richtlinienrechts in Einklang bringen können, denn eine Tätigkeit, die auf die nachhaltige Erzielung von Einnahmen gerichtet ist, ist selbst nachhaltig und umgekehrt erzielt eine nachhaltige Tätigkeit nachhaltig Einnahmen.[4] Fraglich ist aber, ob dem Nachhaltigkeitskriterium, das für eine wirtschaftliche Tätigkeit aus der Nutzung von körperlichen und nicht körperlichen Gegenständen gefordert wird, **Allgemeinwirkung** zukommt und es der Nachhaltigkeit immer für ein wirtschaftliches Handeln bedarf. 52

Art. 9 Abs. 2 MwStSystRL verlangt, all jene Personen als Steuerpflichtige zu qualifizieren, die gelegentlich neue Fahrzeuge von einem Mitgliedstaat in den anderen Mitgliedstaat verkaufen. Darüber hinaus gewährt **Art. 12 MwStSystRL** den Mitgliedstaaten die Möglichkeit, Personen als Steuerpflichtige zu betrachten, die „gelegentlich" eine der in Art. 9 Abs. 1 Unterabs. 2 MwStSystRL genannten Tätigkeiten ausüben. Aus der expliziten Möglichkeit, Personen als Steuerpflichtige zu behandeln, die nur gelegentlich Leistungen gegen Entgelt erbringen, wird vielfach geschlossen, dass eine wirtschaftliche Tätigkeit nur vorliegen kann, wenn diese nachhaltig ausgeübt wird. Eine solche Interpretation der Art. 9 und 12 MwStSystRL lässt das im UStG geforderte Nachhaltigkeitsmoment unionskonform erscheinen. 53

1 Kommission v. 22.9.2015, VAT treatment of sharing economy, working paper 878, 6. Siehe hierzu auch: *Grlica*, VAT Monitor 2017, 124.
2 *Auer/Freitag/Streicher*, Taxlex 2019, 113 ff.
3 *Ruppe/Achatz*, UStG^5, § 2 Rz. 47.
4 *Friedrich-Vache/Reiß* in Reiß/Kraeusel/Langer, § 2 UStG Rz. 38 (Stand: November 2023).

54 Die Rechtsprechung des EuGH zeigt aber klar, dass das europäische Mehrwertsteuerrecht das Kriterium der **Nachhaltigkeit für die Begründung der Steuerpflichtigeneigenschaft verlangt, nicht aber für die Begründung einer wirtschaftlichen Tätigkeit**. Hierdurch erfüllt das Kriterium der Nachhaltigkeit zwar weiterhin die Aufgabe, den Kreis der Steuerpflichtigen zu verengen, denn Steuerpflichtiger ist nur, wer nachhaltig tätig wird. Doch führt auch jede gelegentliche wirtschaftliche Tätigkeit eines Steuerpflichtigen zur Steuerpflicht.

55 In diesem Sinne ist beispielweise der Aktienverkauf an einem einzigen Tag eine wirtschaftliche Aktivität.[1] Genauso sind die **gelegentlichen wirtschaftlichen Umsätze außerhalb des üblichen Tätigkeitsbereichs** eines selbständigen Gerichtsvollziehers der Mehrwertsteuer zu unterwerfen.[2] Daraus folgt, dass das europäische Mehrwertsteuersystem ein nachhaltiges Tätigwerden für die Begründung der Steuerpflichtigeneigenschaft verlangt, für die wirtschaftliche Tätigkeit bedarf es aber keiner Nachhaltigkeit.

56 Folglich unterliegen alle wirtschaftlichen Tätigkeiten eines Steuerpflichtigen der Umsatzsteuer, unabhängig davon, ob er diese im Einzelnen nachhaltig ausführt. Ein Nachhaltigkeitsverständnis, das nicht auf die einzelne Leistung konzentriert ist, entspricht auch dem Grundtatbestand der wirtschaftlichen Tätigkeit, denn den genannten Berufsbildern ist das Merkmal der Nachhaltigkeit in Bezug auf alle möglichen Leistungen immanent (zur Unionsrechtskonformität des nationalen Nachhaltigkeitskriteriums s. Rz. 60 f.).[3] Die Ermächtigung des Art. 12 MwStSystRL bezieht sich also nur auf Personen, die auch aufgrund anderer Tätigkeiten noch nicht als Steuerpflichtige zu qualifizieren sind.[4]

3. Kriterien des BFH

57 Die Rechtsprechung des BFH hat **Kriterien** entwickelt, die auf eine nachhaltige Tätigkeit schließen lassen. Demnach sind bspw. die mehrjährige Tätigkeit,[5] ein planmäßiges Handeln,[6] eine auf Wiederholung angelegte Tätigkeit,[7] die Ausführung von mehreren Umsätzen,[8] die Vornahme von mehreren gleichartigen Handlungen unter Ausnutzung derselben Gelegenheit oder desselben dauernden Verhältnisses,[9] die langfristige Duldung eines Eingriffs in den eigenen Rechtskreis,[10] die Intensität des Tätigwerdens,[11] die Beteiligung am Markt[12] sowie das Auftreten wie ein Händler[13] ausschlaggebend.[14]

58 Die Kriterien zeigen, dass der BFH nicht nur die **Dauer** der ausgeübten Tätigkeit in den Blick nimmt und fragt, ob sie auf längere Zeit ausgeübt wird (entweder durch Vorbereitungshandlungen oder durch ein tatsächlich wiederholtes Leisten), sondern auch der **Intensität** der Tätigkeit einen nicht unbeacht-

1 EuGH, Urt. v. 20.6.1996 – C-155/94, ECLI:EU:C:1996:243 – Wellcome Trust, UR 1996, 423.
2 EuGH, Urt. v. 13.6.2013 – C-62/12, ECLI:EU:C:2013:391 – Galin Kostov, UR 2013, 626.
3 *Wäger* in Birkenfeld/Wäger, Umsatzsteuer-Handbuch, Abschn. I Kap. 3 A. – § 2 UStG Rz. 63 (Stand: August 2017).
4 *Terra/Kajus*, A Guide to the European VAT Directives, S. 381.
5 BFH, Urt. v. 7.8.1975 – V R 43/71, BStBl. II 1976, 57; BFH, Urt. v. 4.6.1987 – V R 9/79, BStBl. II 1987, 653 = UR 1987, 263.
6 BFH, Urt. v. 12.4.1962 – V 21/60 U, BStBl. III 1962, 262; BFH, Urt. v. 26.4.1979 – V R 46/72, BStBl. II 1979, 530 = UR 1979, 160; BFH, Urt. v. 13.12.1984 – V R 32/74, BStBl. II 1985, 173 = UR 1985, 62 m. Anm. *Weiß*.
7 BFH, Urt. v. 4.6.1987 – V R 9/79, BStBl. II 1987, 659 = UR 1987, 263.
8 BFH, Urt. v. 26.4.1962 – V 293/59 U, BStBl. III 1962, 264 = UR 1962, 305.
9 BFH, Urt. v. 13.2.1969 – V R 92/68, BStBl. II 1969, 282; BFH, Urt. v. 2.6.1954 – V 262/53, BStBl. III 1954, 238 = UR 1954, 145.
10 BFH, Urt. v. 16.12.1971 – V R 41/68, BStBl. II 1972, 238 = UR 1972, 151.
11 BFH, Urt. v. 30.7.1986 – V R 41/76, BStBl. II 1986, 874 = UR 1987, 11 m. Anm. *Weiß*.
12 BFH, Urt. v. 26.4.1979 – V R 46/72, BStBl. II 1979, 530 = UR 1979, 160; BFH, Urt. v. 13.12.1984 – V R 32/74, BStBl. II 1985, 173 = UR 1985, 62 m. Anm. *Weiß*; BFH, Urt. v. 30.7.1986 – V R 41/76, BStBl. II 1986, 874 = UR 1987, 11 m. Anm. *Weiß*.
13 BFH, Urt. v. 15.1.1987 – V R 3/77, BStBl. II 1987, 512 = UR 1987, 261; BFH, Urt. v. 29.6.1987 – X R 23/82, BStBl. II 1987, 744 = UR 1987, 321; BFH, Urt. v. 16.7.1987 – X R 48/82, BStBl. II 1987, 752 = UR 1987, 324 m. Anm. *Stadie*.
14 Abschn. 2.3. Abs. 5 Satz 4 UStAE.

lichen Stellenwert einräumt. Letztlich soll das **Gesamtbild der Verhältnisse** entscheiden, ob die Tätigkeit nachhaltig ausgeführt wird.[1]

4. Kritik an den Kriterien des BFH

Wenngleich der BFH eine Vielzahl von **Kriterien** für die Beurteilung der Frage, ob eine Tätigkeit nachhaltig i.S.d. § 2 Abs. 1 Satz 3 UStG ist, entwickelt hat, sind sie **vielfach nicht aussagekräftig**. Die geringe Stichhaltigkeit der Kriterien führt dazu, dass das Tatbestandselement der Nachhaltigkeit seiner Aufgabe, den Kreis der Steuerpflichtigen zu verengen, nicht mehr hinreichend nachkommen kann.[2] 59

5. Unionsrechtskonformität des nationalen Nachhaltigkeitskriteriums

Die unionsrechtlichen Vorgaben zeigen, dass das Hauptaugenmerk auf die **zeitliche Komponente** des Handelns insgesamt zu legen ist.[3] Die an Berufsbildern orientierte Definition der wirtschaftlichen Tätigkeit (Art. 9 Abs. 1 Unterabs. 2 MwStSystRL) bringt die zeitliche Komponente insofern klar zum Ausdruck, als sie alle eine Vorbereitungsphase verlangen. Dennoch gibt es ohne Zweifel auch Fälle, in denen wirtschaftliche Tätigkeiten nur gelegentlich ausgeübt werden, insbesondere dann, wenn die Person aufgrund ihrer Haupttätigkeit schon über eine gewisse Infrastruktur verfügt. Diese nicht der Haupttätigkeit zugehörende gelegentliche wirtschaftliche Tätigkeit des Steuerpflichtigen unterliegt der Steuerpflicht (Rz. 53 ff.). 60

Das auf die einzelne Tätigkeit bezogene Nachhaltigkeitsverständnis des UStG kann durch das Konstrukt des **Hilfsgeschäfts** mit den unionsrechtlichen Vorgaben versöhnt werden. So unterliegen nicht nur Leistungen der nachhaltigen Haupttätigkeit der Umsatzsteuer, sondern auch gelegentliche Leistungen, die im Gefolge der Haupttätigkeit vorkommen,[4] wie bspw. der Verkauf von Anlagevermögen.[5] Um ein tatsächlich unionsrechtskonformes Ergebnis zu erhalten, muss das Hilfsgeschäft sehr weit verstanden werden, wodurch die tatsächliche Verbindung zur Haupttätigkeit nicht besonders stark ausgeprägt sein muss. 61

D. Selbständige Tätigkeit (Absatz 2)

I. Unterscheidung zwischen natürlichen und juristischen Personen

Für die Frage, wer selbständig handelt, muss zwischen natürlichen Personen (Rz. 63 ff.) und juristischen Personen (Rz. 79 ff.) unterschieden werden. Diese Unterscheidung ist insofern wichtig, als natürliche Personen ihre Selbständigkeit durch Unterordnung verlieren können. Juristische Personen und Personengesellschaften verlieren ihre Selbständigkeit hingegen nur, wenn sie gemeinsam mit anderen Personen besonders eng verbunden sind und so in einen neuen Steuerpflichtigen hineinverschmelzen. 62

II. Selbständige Tätigkeit natürlicher Personen (Absatz 2 Nr. 1)

1. Überblick

Einer selbständigen Tätigkeit geht nach, wer sie auf **eigene Rechnung** und auf **eigene Verantwortung** ausübt.[6] Das UStG und die MwStSystRL formulieren nicht, was unter der Selbständigkeit zu verstehen 63

1 BFH, Urt. v. 18.7.1991 – V R 86/87, BStBl. II 1991, 776 = UR 1991, 288.

2 Zum teilweisen Widerspruch der Kriterien: *Wäger* in Birkenfeld/Wäger, Umsatzsteuer-Handbuch, Abschn. I Kap. 3 A. – § 2 UStG Rz. 61 (Stand: August 2017).

3 EuGH, Urt. v. 13.6.2013 – C-62/12, ECLI:EU:C:2013:391 – Galin Kostov, UR 2013, 626, Rz. 30.

4 Abschn. 2.7. Abs. 2 Satz 2 UStAE.

5 *Bauer*, UR 1991, 246 ff.; Abschn. 2.7. Abs. 2 Satz 4 UStAE.

6 Abschn. 2.2. Abs. 1 Satz 1 UStAE.

ist, sondern **grenzen das selbständige Handeln negativ ab.** Nach § 2 Abs. 2 Nr. 1 UStG handeln Personen nicht selbständig, wenn sie in ein Unternehmen so eingegliedert sind, dass sie den Weisungen des Unternehmers zu folgen verpflichtet sind.

64 Art. 10 MwStSystRL formuliert etwas konkreter und schließt ein selbständiges Handeln einer natürlichen Person aus, wenn hinsichtlich der Arbeitsbedingungen, des Arbeitsentgelts und der Verantwortung ein Verhältnis der Unterordnung des Arbeitnehmers gegenüber dem Arbeitgeber besteht. Nach der Rechtsprechung des EuGH ist für die Beurteilung des Vorliegens eines **Unterordnungsverhältnisses** zu prüfen, ob die Person ihre Tätigkeit im eigenen Namen, auf eigene Rechnung und in eigener Verantwortung ausübt.[1] Zudem wird von der EuGH-Rechtsprechung für die Selbständigkeit die Übernahme eines eigenen wirtschaftlichen Risikos verlangt.[2] Konkret kommt es für die Selbständigkeit bspw. darauf an, ob eigene Produktionsmittel verwendet und eigenes Personal beschäftigt[3] und gegenüber Kunden und Lieferanten eigenständig aufgetreten wird.[4] Die Selbständigkeit kann nicht mit der Begründung negiert werden, dass die Vergütung für das Leisten gesetzlich festgelegt ist, wie bspw. bei Notaren.[5]

2. Indizien für und gegen eine selbständige Tätigkeit

65 Für die Selbständigkeit einer natürlichen Person sprechen verschiedene Indizien, die unter Berücksichtigung des Gesamtbilds der Verhältnisse gegeneinander abzuwägen sind.[6] Das **Unternehmerrisiko**, die **Unternehmerinitiative**, und **geschäftliche Beziehungen zu mehreren Vertragspartnern** sprechen für eine selbständige Ausübung der wirtschaftlichen Tätigkeit.

66 Die **Weisungsgebundenheit** bezüglich Ort, Zeit und Inhalt der Tätigkeit, feste Arbeitszeiten, die Ausübung einer Tätigkeit gleichbleibend an einem bestimmten Ort, feste Bezüge, Urlaubsanspruch, sonstige Sozialleistungsansprüche, Fortzahlung der Bezüge im Krankheitsfall, Notwendigkeit der engen ständigen Zusammenarbeit mit anderen Mitarbeitern, **Eingliederung** in den Betrieb, Schulden der Arbeitskraft und nicht eines Arbeitserfolgs und Ausführung von einfachen Tätigkeiten, die regelmäßig weisungsgebunden sind, sprechen gegen die Selbständigkeit der wirtschaftlichen Tätigkeit.[7]

67 Im Rahmen der Abwägung der unterschiedlichen Merkmale kommt dem **Handeln auf eigene Rechnung** und auf **eigene Verantwortung** und dem **Unternehmerrisiko** (Vergütungsrisiko) besondere Bedeutung zu. Beim Vergütungsrisiko kommt es auf das tatsächliche Ausfallsrisiko an und nicht auf die Frage der Preiskalkulation. So schadet es der Selbständigkeit nicht, wenn das Entgelt gesetzlich vorgeschrieben ist.[8]

68 Die **arbeits- und sozialrechtliche Beurteilung** der Selbständigkeit kann für das Umsatzsteuerrecht **Indizwirkung** haben,[9] doch gilt die Wertung aus anderen Rechtsgebieten nicht absolut. So ist bspw. die Feststellung, dass ein Gesellschafter-Geschäftsführer einer Gesellschaft seine Tätigkeit nicht im Rahmen eines Unterordnungsverhältnisses ausübt, wenn er einziger Gesellschafter der Gesellschaft ist,

1 EuGH, Urt. v. 27.1.2000 – C-23/98, ECLI:EU:C:2000:46 – Heerma, UR 2000, 121, Rz. 18; EuGH, Urt. v. 18.10.2007 – C-355/06, ECLI:EU:C:2007:615 – van der Steen, UR 2007, 889 m. Anm. *Widmann*, Rz. 23; EuGH, Urt. v. 29.9.2015 – C-276/14, ECLI:EU:C:2015:635 – Gmina Wrocław, UR 2015, 829 m. Anm. *Küffner*, Rz. 34.

2 EuGH, Urt. v. 25.7.1991 – C-202/90, ECLI:EU:C:1991:332 – Ayuntamiento de Sevilla/Recaudadores de las Zonas primera y segunda, UR 1993, 122 m. Anm. *Weiß*, Rz. 14; EuGH, Urt. v. 23.3.2006 – C-210/04, ECLI:EU:C:2006:196 – FCE Bank, UR 2006, 331 m. Anm. *Heinrichshofen*, Rz. 35.

3 EuGH, Urt. v. 12.10.2016 – C-340/15, ECLI:EU:C:2016:764 – Nigl, UR 2016, 873, Rz. 30.

4 EuGH, Urt. v. 12.10.2016 – C-340/15, ECLI:EU:C:2016:764 – Nigl, UR 2016, 873, Rz. 30.

5 EuGH, Urt. v. 26.3.1987 – C-235/85, ECLI:EU:C:1987:161 – Kommission/Niederlande, Rz. 14.

6 BFH, Urt. v. 25.6.2009 – V R 37/08, BStBl. II 2009, 873 = UR 2009, 881.

7 BFH, Urt. v. 11.11.2015 – V R 3/15, BFH/NV 2016, 795; BFH, Urt. v. 14.4.2010 – XI R 14/09, BStBl. II 2011, 433 = UR 2010, 769; BFH, Urt. v. 30.5.1996 – V R 2/95, BStBl. II 1996, 493 = UR 1997, 28.

8 EuGH, Urt. v. 26.3.1987 – C-235/85, ECLI:EU:C:1987:161 – Kommission/Niederlande, Rz. 14.

9 BFH, Urt. v. 14.4.2010 – XI R 14/09, BStBl. II 2011, 433 = UR 2010, 769; BFH, Urt. v. 25.6.2009 – V R 37/08, BStBl. II 2009, 873 = UR 2009, 881; BFH, Urt. v. 10.3.2005 – V R 29/03, BStBl. II 2005, 730 = UR 2005, 440.

und folglich durch Art. 49 AEUV (die Niederlassungsfreiheit) und nicht durch Art. 45 AEUV (die Arbeitnehmerfreizügigkeit) geschützt ist,[1] für das Umsatzsteuerrecht nicht unmittelbar relevant.[2]

Ob tatsächlich ein Unterordnungsverhältnis zwischen dem Leistenden und dem Leistungsempfänger vorliegt, ist nach der Rechtsprechung des **BFH** entsprechend dem **Innenverhältnis** zu beurteilen.[3] Aus dem Außenverhältnis lassen sich nur Beweisanzeichen für das selbständige Handeln ableiten.[4] In der Rechtssache *XT* nahm der **EuGH** hingegen die **Wirkung gegenüber Dritten** für die Bestimmung der Selbständigkeit in den Blick.[5] Eine Vereinbarung zwischen zwei Gesellschaftern einer Personengesellschaft, der zufolge gegenüber Dritten im Namen beider Gesellschafter zu handeln sei und der Umstand, dass die verfolgten Projekte wesentlich vom inaktiven Gesellschafter finanziert wurden, hinderten den EuGH nicht daran, den aktiven Gesellschafter selbst als selbständig handelnd anzuerkennen. Der Gerichtshof begründete seine Entscheidung einerseits mit den vielen Transaktionen, die der aktive Gesellschafter tatsächlich im eigenen Namen durchgeführt hat und andererseits mit der Wirkung auf Dritte. Der Gesellschafter handelte gegenüber Dritten tatsächlich alleine, ohne die Identität des Geschäftspartners und die Personengesellschaft zu erwähnen, sodass die Dritten von der Existenz des anderen Gesellschafters vermutlich nichts wussten. Im vollkommen Gleichlauf steht die Rechtsprechung des EuGH und des BFH aber insofern, als es für ein tatsächliches Unterordnungsverhältnis nicht auf das im Innenverhältnis rein vertraglich Vereinbarte ankommt, sondern auf die tatsächliche Erfüllung bzw. auf die **tatsächlich gelebten Verhältnisse.**[6] 69

Die Selbständigkeit ist **tätigkeitsbezogen** zu prüfen. Dies kann dazu führen, dass ein und dieselbe Person in Bezug auf bestimmte Leistungen selbständig und in Bezug auf andere unselbständig handelt.[7] 70

3. Tätigkeit als Organ einer Gesellschaft

a) Geschäftsführer

aa) Besonderheit der Unterscheidung zwischen Innen- und Außenverhältnis

Gesellschaften sind juristische Fiktionen und sie sind letztlich nur durch natürliche Personen handlungsfähig. Die Geschäfte der Gesellschaft können entweder von einem oder mehreren Gesellschaftern oder von einem hierzu bestimmten Dritten geführt werden. In beiden Fällen drängt sich die Frage auf, ob der Geschäftsführer selbständig oder unselbständig handelt, denn im **Außenverhältnis** (also gegenüber Dritten) tritt der Geschäftsführer immer im Namen und auf Rechnung der Gesellschaft auf, was ein selbständiges Handeln seinerseits verhindert. Das **Innenverhältnis** (also gegenüber der Gesellschaft) könnte aber so ausgestaltet sein, dass der Geschäftsführer ein bestimmtes Risiko trägt und folglich selbständig agiert. 71

bb) Geschäftsführung als unselbständige Tätigkeit

Die ältere Rechtsprechung des EuGH erweckt den Eindruck, dass die Geschäftsführung jedenfalls nie selbständig ausgeübt werden kann. In der Rechtssache *Heerma* betonte der EuGH, dass die Vermietung eines Stalls vom Gesellschafter an die Gesellschaft selbständig erfolgt, denn hierbei handle der Gesellschafter im eigenen Namen auf eigene Rechnung und auf eigenes Risiko und „eine solche Vermietung gehört nicht zur Geschäftsführung oder Vertretung der Gesellschaft“.[8] Zudem hat der EuGH 72

---

1 EuGH, Urt. v. 27.6.1996 – C-107/94, ECLI:EU:C:251 – Asscher, FR 1996, 666 m. Anm. *Waterkamp-Faupel*, Rz. 26.

2 EuGH, Urt. v. 18.10.2007 – C-355/06, ECLI:EU:C:2007:615 – van der Steen, UR 2007, 889 m. Anm. *Widmann*, Rz. 31; kritisch hierzu: *Terra/Kajus*, A Guide to the European VAT Directives, S. 397.

3 BFH, Urt. v. 27.7.1972 – V R 136/71, BStBl. II 1972, 810 = UR 1972, 362; BFH, Urt. v. 14.4.2010 – XI R 14/09, BStBl. II 2011, 433 = UR 2010, 769; Abschn. 2.2. Abs. 1 Satz 2 UStAE.

4 BFH, Urt. v. 14.9.1967 – V 108/63, BStBl. II 1968, 193; Abschn. 2.2. Abs. 1 Satz 3 UStAE.

5 EuGH, Urt. v. 16.9.2020 – C-312/19, ECLI:EU:C:2020:711 – XT, UR 2021, 422, Rz. 42, 43.

6 BFH, Urt. v. 14.9.1967 – V 108/63, BStBl. II 1968, 193; EuGH, Urt. v. 16.9.2020 – C-312/19, ECLI:EU:C:2020:711 – XT, UR 2021, 422, Rz. 43.

7 Abschn. 2.2. Abs. 4 UStAE.

8 EuGH, Urt. v. 27.1.2000 – C-23/98, ECLI:EU:C:2000:46 – Heerma, UR 2000, 121, Rz. 18.

in der Rechtssache *van der Steen* die Selbständigkeit eines Geschäftsführers negiert, der einziger Gesellschafter der Gesellschaft war und seine Tätigkeit im Rahmen eines Arbeitsverhältnisses ausführte.[1]

73 Dies könnte sich mit der älteren **Organwalterrechtsprechung** des BFH decken. Nach dieser soll sich der Umstand, dass Gesellschaften ausschließlich durch ihre zur Geschäftsführung und Vertretung befugten Gesellschafter handlungsfähig sind, auch in der umsatzsteuerlichen Beurteilung der Geschäftsführung und Vertretung widerspiegeln. Da sich also der Gesellschaftszweck, zu dessen Erreichung die Gesellschaft gegründet wurde, nur durch das Handeln der Gesellschafter erreichen lässt, erbringt der Gesellschafter im Rahmen der Geschäftsführung und Vertretung keine Leistung an die Gesellschaft.[2]

cc) Geschäftsführung als selbständige Tätigkeit bei Entgeltlichkeit

74 Der BFH hat seine **Organwalterrechtsprechung aufgegeben** und will nun (gestützt auf die Rechtsprechung des EuGH) in der Geschäftsführungstätigkeit ein umsatzsteuerrechtlich relevantes Leisten sehen, wenn hierfür ein **(Sonder-)Entgelt** gezahlt wird.[3] Diese Rechtsprechungslinie führt unweigerlich dazu, dass das Augenmerk ausschließlich auf die Frage nach der Entgeltlichkeit der Geschäftsführungsleistung gerichtet[4] und folglich der Besonderheit der Geschäftsführungstätigkeit nicht ausreichend Rechnung getragen wird.

75 Anders als bei den klassischen Leistungen der Gesellschaft, die zu einem Eingreifen in die Verwaltung führen, wie bspw. das Marketing, ist die Selbständigkeit der Geschäftsführungsleistung nicht selbstevident. Vielmehr bedarf es im **Innenverhältnis** (zwischen Gesellschaft und Gesellschafter) der Überprüfung, ob der Geschäftsführer im Rahmen seiner Tätigkeit ein wirtschaftliches Risiko trägt. Hierfür sind die **Arbeitsbedingungen**, das **Arbeitsentgelt** und die **Verantwortung des Geschäftsführers** von besonderer Bedeutung.[5] So sind im Rahmen der Arbeitsbedingungen die Stellung von Arbeitsmitteln, die Weisungsgebundenheit und feste Arbeitszeiten Indikatoren, die für ein unselbständiges Handeln des Geschäftsführers sprechen.

76 Hinsichtlich des Arbeitsentgelts fordert der EuGH für die Selbständigkeit des Geschäftsführers eine gewisse Unabhängigkeit.[6] Dies setzt zumindest eine **freie Verhandlungsposition** des Geschäftsführers hinsichtlich der Entgeltzahlung voraus. Ein wirkliches wirtschaftliches Risiko hinsichtlich des Arbeitsentgelts lässt sich aber dann erkennen, wenn seine Höhe von der Teilnahme an Sitzungen oder vom Umfang der tatsächlich geleisteten Arbeitsstunden abhängt.[7] Die Frage der Verantwortung ist schlicht eine Frage der **Haftung**. Es ist also zu fragen, ob und inwieweit der Geschäftsführer aufgrund seines Fehlverhaltens gegenüber der Gesellschaft regresspflichtig ist oder für Schäden gegenüber Dritten haftet.[8]

dd) Disquotale Gewinnverteilung als Entgelt

77 Dem Gesellschafter-Geschäftsführer kann für seine Tätigkeit anstelle eines festen, im Vorhinein vereinbarten Entgelts eine **disquotale Gewinnverteilung** zugewiesen werden. Der Gesellschafter-Geschäftsführer erhält also eine im Gesellschaftsvertrag festgelegte, sein Beteiligungsausmaß übersteigende Gewinnbeteiligung. In einem solchen Fall ist fraglich, ob hierin ein Entgelt für die Leistung des Geschäftsführers i.S.d. § 1 Abs. 1 Nr. 1 UStG gesehen werden kann. Dem Geschäftsführer wird ein Gewinn zugewiesen, der den Gewinnanteil aus dem reinen Beteiligungsverhältnis übersteigt, um so das Leisten monetär abzugelten. Der disquotale Gewinnanteil kann nicht als klassische Dividendenzahlung verstanden werden, denn die Zahlung ist nicht Ausfluss des bloßen Innehabens der Betei-

1 EuGH, Urt. v. 18.10.2007 – C-355/06, ECLI:EU:C:2007:615 – van der Steen, UR 2007, 889 m. Anm. *Widmann*.
2 BFH, Urt. v. 17.7.1980 – V R 5/72, BStBl. II 1980 = UR 1980, 202 m. Anm. *Weiß*.
3 BFH, Urt. v. 6.6.2002 – V R 43/01, BStBl. II 2003, 36 = UR 2002, 422; BFH, Urt. v. 7.7.2006 – V B 202/05, BFH/NV 2006, 2039; Abschn. 1.6. Abs. 3 Satz 6 UStAE.
4 *Becker/Englisch*, UR 2009, 701 (702).
5 *Heber*, Gesellschaften und ihre Gesellschafter in der Umsatzsteuer, S. 171 ff.
6 EuGH, Urt. v. 18.10.2007 – C-355/06, ECLI:EU:C:2007:615 – van der Steen, UR 2007, 889 m. Anm. *Widmann*, Rz. 22.
7 EuGH, Urt. v. 13.6.2019 – C-420/18, ECLI:EU:C:2019:490 – IO, UR 2019, 576, Rz. 42.
8 EuGH, Urt. v. 13.6.2019 – C-420/18, ECLI:EU:C:2019:490 – IO, UR 2019, 576, Rz. 41.

ligung.[1] Vielmehr steht der disquotale Gewinnanteil in einem Zusammenhang mit den Dienstleistungen des Gesellschafter-Geschäftsführers, denn die subjektive Wertschätzung der Dienstleistung findet ihren Ausdruck in den erhöhten Gewinnzuweisungen. Trotzdem ist die tatsächliche Entgeltzahlung von der Ertragssituation der Gesellschaft abhängig und kann daher ohne Bezug auf die Leistung der Beteiligungsgesellschaft unterschiedlich hoch ausfallen. In der Rechtssache *Baštová*[2] hat der EuGH entschieden, dass ein Preisgeld kein Entgelt für die Überlassung eines Pferdes im Rahmen eines Rennwettbewerbs begründet, denn die Preisgeldzahlung hängt nicht von der Überlassung des Pferdes, sondern von einem bestimmten Wettbewerbsergebnis ab und „unterliegt gewissen Unwägbarkeiten".[3] Aus dieser Formulierung kann aber nicht geschlossen werden, dass jeder erfolgsabhängigen Vergütung per se der Entgeltcharakter abzusprechen ist.[4] Ob der disquotale Gewinnanteil letztlich das Entgelt für die Dienstleistung des Gesellschafter-Geschäftsführers bildet, ist durch die Rechtsprechung nicht eindeutig geklärt. Doch erlaubt aus meiner Sicht die klare Verknüpfung der Leistung und des abstrakt beschreibbaren Entgelts die Begründung eines unmittelbaren Zusammenhangs, sodass die disquotale Gewinnverteilung als Entgelt für Dienstleistungen des Gesellschafter-Geschäftsführers anzuerkennen ist. Ähnlichkeiten zur disquotalen Gewinnausschüttung hat der Vorabgewinn. Hier wird dem Gesellschafter schon vorab – je nach gesellschaftsrechtlicher Vereinbarung und tatsächlicher Gewinnsituation – ein Teil des Gewinns zugewiesen oder eine Tätigkeitsvergütung gezahlt. Durch die Rechtsprechung des BFH ist die umsatzsteuerrechtliche Behandlung des **Vorabgewinns** bei Personengesellschaften geklärt. Der V. Senat hat entschieden, dass ein Vorabgewinn für eine Leistung eines Gesellschafters ein Entgelt begründet, wenn der Gesellschafter mit der Zahlung rechnen kann.[5] Richtig ist, bei der Frage, ob der Vorabgewinn eine Gegenleistung für eine Leistung des Gesellschafters begründen kann, nicht auf ertragsteuerrechtliche oder gesellschaftsrechtliche Grenzen und Voraussetzungen abzustellen. Denn für das Vorliegen einer Gegenleistung, die für das Umsatzsteuerrecht relevant ist, kommt es auf die Erwartungshaltung des Gesellschafters als Leistender und der Gesellschaft als Leistungsempfängerin an. Kann der Gesellschafter aufgrund eines Rechtsverhältnisses zwischen ihm und der Gesellschaft mit einer Gegenleistung für seine Leistung rechnen, liegt hierin ein Entgelt i.S.d. Umsatzsteuerrechts.

b) Aufsichtsratsmitglieder

Aufgrund der jüngeren EuGH-Rechtsprechung hat der BFH seine Rechtsprechungslinie zur Selbstän- 78
digkeit von **Aufsichtsratsmitgliedern** geändert. So sind Mitglieder des Aufsichtsrats einer AG als Arbeitnehmervertreter gegen Zahlung einer Aufsichtsratsvergütung **nicht immer automatisch selbständig** tätig und folglich als Unternehmer einzustufen.[6] Vielmehr gilt es festzustellen, ob das Aufsichtsratsmitglied dem Vorstand hierarchisch untergeordnet ist. Das Aufsichtsratsmitglied trägt jedenfalls dann kein wirtschaftliches Risiko, wenn es jährlich eine gleich hohe Festvergütung ohne variable Vergütungsbestandteile erhält.[7] Unter welchen Bedingungen nun konkret von einem selbständigen Handeln des Aufsichtsratsmitglieds auszugehen ist, lässt die Rechtsprechung des BFH offen. Die **FinVerw.** übernimmt die Grundthese, der zufolge Aufsichtsratsmitglieder nicht automatisch Unternehmer sind. Vielmehr muss im Einzelfall überprüft werden, ob das Aufsichtsratsmitglied selbständig tätig ist. Eine selbständige Tätigkeit wird dann ausgeschlossen, wenn das Aufsichtsratsmitglied eine nicht variable Festvergütung erhält.[8] Nach Auffassung der FinVerw. sollen **Sitzungsgelder**, die ein Aufsichtsratsmitglied bekommt, wenn es an einer Sitzung tatsächlich teilnimmt, nicht als Festvergütung zu werten

1 *Heber*, GES 2013, 26 (29 ff.).
2 EuGH, Urt. v. 10.11.2016 – C-432/15, ECLI:EU:C:2016:855 – Baštová, UR 2016, 913.
3 EuGH, Urt. v. 10.11.2016 – C-432/15, ECLI:EU:C:2016:855 – Baštová, UR 2016, 913, Rz. 37.
4 BMF, Schr. v. 27.5.2019 – III C 2-S 7100/19/10001 :005 – DOK 2019/0396931, BStBl. I 2019, 512 = UR 2019, 515.
5 BFH, Urt. v. 12.11.2020 – V R 22/19, BStBl. II 2021, 544 = UR 2021, 388.
6 Die ältere Rechtsprechungslinie ging automatisch von einer selbständigen Tätigkeit aus: BFH, Urt. v. 27.7.1972 – V R 136/71, BStBl. II 1972, 810 = UR 1972, 362; BFH, Urt. v. 2.10.1986 – V R 68/78, BStBl. II 1987, 42 = UR 1986, 321 m. Anm. *Weiß*.
7 BFH, Urt. v. 27.11.2019 – V R 23/19 (V R 62/17), BStBl. II 2021, 542 = UR 2020, 190 m. Anm. *Küffner/Kirchinger*.
8 Abschn. 2.2. Abs. 3a Satz 1 UStAE.

sein.[1] Zudem reicht es nach Auffassung der FinVerw. für die Selbständigkeit aus, wenn mindestens 10 % der gesamten Vergütung variabel sind, wobei Reisekostenvergütungen nicht zur Vergütung zählen und für die Berechnung der 10 % Grenze nicht zu berücksichtigen sind.[2] Vor dem Hintergrund des EuGH Urteils in der Rs. *IO* ist es durchaus fraglich, ob ein Aufsichtsratsmitglied, dessen Vergütung zu 10 % variabel ausgestaltet ist, ein wirtschaftliches Risiko trägt. Vielmehr müsse die Vergütung von Teilnahmen an Sitzungen und den tatsächlichen Arbeitsstunden insgesamt abhängen.[3] Im Lichte des EuGH Urteils in der **Rechtssache *TP*** sind an das Tragen eines wirtschaftlichen Risikos noch weitere Voraussetzungen zu knüpfen.[4] Nach dem jüngsten EuGH-Urteil ist ein Verwaltungsratsmitglied, das sein Fachwissen und Know-how in eine Gesellschaft einbringt, nicht selbständig tätig, wenn das wirtschaftliche Risiko der Entscheidung ausschließlich die Gesellschaft trägt. Das wirtschaftliche Risiko trägt die Gesellschaft insbesondere dann ausschließlich, wenn das Verwaltungsratsmitglied nur am Gewinn der Gesellschaft partizipiert oder gar ein pauschales Entgelt erhält. Eine reine Teilhabe am Gewinn kann nicht mit einer eigenen Tragung des Verlust- und Gewinnrisikos gleichgesetzt werden. Der EuGH legt die Schwelle für das selbständige Handeln bei Organen einer Gesellschaft höher. Das wirtschaftliche Risiko in Form der Abberufung oder Nichtbestellung scheint der EuGH nicht ausreichen zu lassen. Würde die Gesellschaft Beratungsleistungen von einer unabhängigen Person einkaufen, würde der Gerichtshof für die Selbständigkeit des Dienstleisters keine Teilhabe am Verlust- und Gewinnrisiko verlangen.

III. Organschaft (Absatz 2 Nr. 2)

1. Überblick

a) Regelungsinhalt

79 Das Rechtsinstitut der Organschaft erlaubt es, dem Grunde nach eigenständige juristische Personen, die finanziell, wirtschaftlich und organisatorisch in ein anderes Unternehmen (Organträger) eingegliedert sind, als ein Unternehmen zu behandeln. Die umsatzsteuerrechtliche Behandlung des Gesamtunternehmens begründet eine Abweichung von der Grundstruktur des Umsatzsteuersystems[5] und wird nach nationalem Recht durch eine **fingierte Unselbständigkeit** der Organgesellschaften erreicht. Es wird also angenommen, dass die Organgesellschaften aufgrund der starken finanziellen, wirtschaftlichen und organisatorischen Eingliederung keine hinreichende Eigenständigkeit besitzen, um ein unternehmerisches Risiko zu tragen. Nach der Rechtsprechung des EuGH ist eine derartige Typisierung nicht mit Art. 11 MwStSystRL vereinbar.[6] Die unionsrechtlichen Vorgaben sehen für die Mitglieder einer Mehrwertsteuergruppe nicht vor, dass sie automatisch nicht selbständig handeln. Vielmehr ist nach den allgemeinen Grundsätzen zu bestimmen, ob ein Gruppenmitglied selbständig handelt.[7]

80 Die Organschaft hat zur Folge, dass alle **Umsätze innerhalb der Organschaft nicht umsatzsteuerbar** und alle **Umsätze** gegenüber Dritten dem **Organträger zuzurechnen** sind.[8] Folglich ist der Organträger Schuldner der Umsatzsteuer und berechtigt, einen Vorsteuerabzug für alle Eingangsleistungen (auch wenn diese rechtliche von einer Organgesellschaft bezogen wurden) in Anspruch zu nehmen.[9] Die Wirkung der Organschaft ist auf die inländischen Unternehmensteile beschränkt. Die Zurechnung von Eingangs- und Ausgangsleistungen zum Organträger unterscheiden sich von den unionsrecht-

1 Abschn. 2.2. Abs. 3a Satz 4 UStAE.
2 Abschn. 2.2. Abs. 3a Sätze 5 und 6 UStAE.
3 EuGH, Urt. v. 13.6.2019 – C-420/18, ECLI:EU:C:2019:490 – IO, UR 2019, 576, Rz. 42.
4 EuGH, Urt. v. 21.12.2023 – C-288/22, ECLI:EU:C:2023:1024 – TP, UR 2024, 55 m. Anm. *Küffner/Claussen*.
5 Kommission v. 2.7.2009, KOM(2009) 325 endg., 2.
6 EuGH, Urt. v. 1.12.2022 – C-141/20, ECLI:EU:C:2022:943 – Norddeutsche Gesellschaft für Diakonie, UR 2023, 25 m. Anm. *Monfort*, Rz. 80.
7 Zu den Kriterien siehe Rz. 63 ff.
8 BFH, Urt. v. 14.3.2012 – XI R 28/09, BFH/NV 2012, 1493; BFH, Urt. v. 19.5.2005 – V R 31/03, BStBl. II 2005, 671 = UR 2005, 496; BFH, Urt. v. 3.4.2003 – V R 63/01, BStBl. II 2004, 434 = UR 2003, 394; BFH, Urt. v. 21.6.2001 – V R 68/00, BStBl. II 2002, 255 = UR 2002, 29; BFH, Urt. v. 19.10.1995 – V R 71/93, BFH/NV 1996, 274 = UR 1996, 266; BFH, Urt. v. 20.2.1992 – V R 80/85, BFH/NV 1993, 133.
9 Zum Vorsteuerabzug: BFH, Urt. v. 13.5.2009 – XI R 84/07, BStBl. II 2009, 868 = UR 2009, 644.

lichen Vorgaben insofern, als diese sämtliche finanziell, wirtschaftlich und organisatorisch eng miteinander verbundenen Einheiten nicht als getrennte Mehrwertsteuerpflichtige verstehen, sondern zusammen als einen Steuerpflichtigen behandeln.[1] Nach der Rechtsprechung des EuGH erlaubt die unionsrechtliche Mehrwertsteuergruppenregelung es den Mitgliedstaaten aber, ein Mitglied der Gruppe zum einzigen Steuerpflichtigen der Mehrwertsteuergruppe zu bestimmen, sofern sein Wille in der Gruppe durchgesetzt werden kann und keine Gefahr von Steuerverlusten besteht.[2]

Die Organschaft ist ein **Überbleibsel** des bis 1967 geltenden Systems der **Allphasenbrutto-Umsatzsteuer**. Ihre Daseinsberechtigung hat die Organschaft mit Einführung des Vorsteuerabzugsmechanismus nicht verloren, denn aufgrund des langen Katalogs der unechten Steuerbefreiungen ist nicht jeder Unternehmer zum Vorsteuerabzug berechtigt.[3] 81

b) Unionsrechtliches Wahlrecht zur Einführung der Organschaftsregelung

Nach Art. 11 MwStSystRL steht es den Mitgliedstaaten explizit frei, Regelungen für eine Mehrwert- 82
steuergruppe (Organschaft) in ihr nationales Umsatzsteuerrecht einzuführen. Entscheidet sich ein Mitgliedstaat, von diesem Wahlrecht Gebrauch zu machen, ist er an die unionsrechtlichen Vorgaben zur Mehrwertsteuergruppe gebunden,[4] denn die Mitgliedstaaten dürfen die Behandlung von finanziell, wirtschaftlich und organisatorisch eng miteinander verbundenen Personen nicht von weiteren (nicht im Richtlinienrecht verankerten) Voraussetzungen abhängig machen.[5]

Folglich bezieht sich das **Wahlrecht** nur auf die Frage, **ob** Organschaftsregelungen in das nationale 83
Recht implementiert werden, nicht aber auf die Frage der Ausgestaltung der Organschaftsregelung.[6] Die Begründung des Kommissionsvorschlags zur 6. EG-Richtlinie[7] zeigt, dass die Mehrwertsteuergruppe den Mitgliedstaaten die Möglichkeit gewähren sollte, die Eigenschaft des Steuerpflichtigen nicht an das Merkmal der rechtlichen Selbständigkeit zu knüpfen. Dies soll der **Verwaltungsvereinfachung** und der **Verhinderung von Missbräuchen** dienen, die insbesondere durch die Aufspaltung eines Unternehmens zwischen mehreren Steuerpflichtigen erfolgen kann, um in den Genuss einer Sonderregelung zu kommen.[8]

Das Richtlinienrecht sieht vor, dass die in einem Mitgliedstaat ansässigen Personen, die zwar rechtlich 84
unabhängig, aber durch gegenseitige finanzielle, wirtschaftliche und organisatorische Beziehungen eng miteinander verbunden sind, zusammen als ein Steuerpflichtiger behandelt werden können. Darüber hinaus erlaubt es die MwStSystRL, im Rahmen der Umsetzung der Gruppenregelung **Maßnahmen zu setzen, die Steuerhinterziehungen oder Steuerumgehungen vorbeugen** sollen. Hierbei kommt den Mitgliedstaaten ein breiter Beurteilungsspielraum zu.[9] Die nationalen Maßnahmen zur Missbrauchs-

1 EuGH, Urt. v. 1.12.2022 – C-141/20, ECLI:EU:C:2022:943 – Norddeutsche Gesellschaft für Diakonie, UR 2023, 25 m. Anm. *Monfort*, Rz. 45; EuGH, Urt. v. 22.5.2008 – C-162/07, ECLI:EU:C:2008:301 – Ampliscientifica und Amplifin, UR 2008, 534 m. Anm. *Nieskens* und Anm. *Stadie*, Rz. 19.

2 EuGH, Urt. v. 1.12.2022 – C-141/20, ECLI:EU:C:2022:943 – Norddeutsche Gesellschaft für Diakonie, UR 2023, 25 m. Anm. *Monfort*, Rz. 56 ff.; EuGH, Urt. v. 1.12.2022 – C-269/20, ECLI:EU:C:2022:944 – Finanzamt T, UR 2023, 36 m. Anm. *Küffner*, Rz. 46 ff.

3 *Hummel*, MwStR 2013, 294 (295); *Heber*, Taxlex 2023, 380 (383).

4 EuGH, Urt. v. 25.4.2013 – C-480/10, ECLI:EU:C:2013:263 – Kommission/Schweden, UR 2013, 423 m. Anm. *Hamacher/Dahm*, Rz. 34; EuGH, Urt. v. 15.4.2021 – C-868/19, ECLI:EU:C:2021:285 – Finanzamt für Körperschaften Berlin, UR 2021, 392 m. Anm. *Widmann*, Rz. 44; EuGH, Urt. v. 1.12.2022 – C-269/20, ECLI:EU:C:2022:944 – Finanzamt T, UR 2023, 36 m. Anm. *Küffner*, Rz. 37.

5 EuGH, Urt. v. 9.4.2013 – C-85/11, ECLI:EU:C:2013:217 – Kommission/Irland, UR 2013, 418, Rz. 36; EuGH, Urt. v. 16.7.2015 – C-108/14 und C-109/14, ECLI:EU:C:2015:496 – Larentia + Minerva, Marenave, BStBl. II 2017, 604 = UR 2015, 671 m. Anm. *Hummel*; Anm. *Heinrichshofen*, UR 2015, 722, Rz. 36; EuGH, Urt. v. 15.4.2021 – C-868/19, ECLI:EU:C:2021:285 – M-GmbH, UR 2021, 392 m. Anm. *Widmann*, Rz. 44.

6 EuGH, Schlussanträge des Generalanwalts *Jääskinen* v. 27.22.2012 – C-480/10, ECLI:EU:C:2012:751 – Kommission/Schweden, Rz. 35; in diesem Sinne auch: *Küffner/Streit*, UR 2014, 120 (124).

7 Richtlinie 77/388/EWG, ABl. EG 1977 Nr. L 145, 1.

8 Kommission v. 2.7.2009, KOM(2009) 325 endg., 3; für eine Gestaltung, welche die Rechtsformbeschränkung der nationalen Organschaftsregelung (Rz. 87 ff.) nutzt und eine Aufspaltung in mehrere Kleinunternehmer bedingt, siehe: BFH, Urt. v. 11.7.2018 – XI R 26/17, BFH/NV 2019, 182 = UR 2019, 22.

9 *Wäger*, UVR 2012, 205 (210).

vorbeugung unterliegen zwar der gerichtlichen Kontrolle, doch scheint es, als müsse der tatsächliche Erfolg der Maßnahme nicht bewiesen werden.[1] Unwahrscheinlich darf der Erfolg der Maßnahme natürlich nicht sein.[2]

c) Umsetzung in Deutschland

85 Die deutsche Umsetzung der Gruppenregelung zeigt deutliche **Unterschiede zu den unionsrechtlichen Vorgaben.** Erstens differenziert die Organschaftsregelung zwischen Gruppenträger und Organgesellschaften. Die Organgesellschaften müssen nach deutschem Recht in das Unternehmen des Organträgers eingegliedert sein, während das Richtlinienrecht eine Verbindung mehrerer rechtlich unabhängiger Personen zu einem Steuerpflichtigen verlangt.[3] Die Eingliederung in ein bestehendes Unternehmen hat ein Über- und Unterordnungsverhältnis, das mit einem unselbständigen Arbeitnehmer vergleichbar ist, vor Augen.[4] Die MwStSystRL dürfte hingegen von der Schaffung eines neuen Steuerpflichtigen ausgehen, der sich aus gleichgeordneten[5] und eng miteinander verbundenen Personen zusammensetzt.[6]

86 Zweitens beschränkt der Wortlaut der nationalen Organschaftsregel den Kreis der Organmitglieder auf Unternehmer. Organgesellschaft kann überhaupt nur ein Unternehmer in Rechtsform einer juristischen Person sein. Die MwStSystRL spricht demgegenüber ganz offen von Personen, die als ein Steuerpflichtiger behandelt werden können. Hinsichtlich der Voraussetzung für die Eingliederung bzw. Gruppenbildung besteht ein Gleichklang zwischen dem Richtlinienrecht und seiner nationalen Umsetzung; beide verlangen eine enge finanzielle, wirtschaftliche und organisatorische Verbindung zwischen den Mitgliedern. Die unionsrechtlichen Voraussetzungen der finanziellen, wirtschaftlichen und organisatorischen Verbindung sind trotz ihrer Prägung durch das deutsche Recht[7] unionsautonom auszulegen.[8]

2. Voraussetzungen für eine Organschaft

a) Rechtsform der Organgesellschaft

aa) Nationale Regelung

87 Nach dem Wortlaut des § 2 Abs. 2 Nr. 2 Satz 1 UStG können nur juristische Personen finanziell, wirtschaftlich und organisatorisch in das Unternehmen des Organträgers eingegliedert und damit unselbständig tätig sein. Mit anderen Worten, eine **Organgesellschaft kann nur eine juristische Person sein.** Folglich können nach dem Gesetzeswortlaut Personengesellschaften zwar Organträger, nicht aber Organgesellschaften sein.

bb) Unionsrechtliche Vorgaben

88 Art. 11 Unterabs. 1 MwStSystRL sieht eine Beschränkung auf juristische Personen nicht vor. Art. 11 Unterabs. 2 MwStSystRL erlaubt es den Mitgliedstaaten aber, erforderliche Maßnahmen zu treffen, um Steuerhinterziehung und Steuerumgehung durch die Anwendung der Gruppenregelung zu vermeiden.

---

1 EuGH, Urt. v. 25.4.2013 – C-480/10, ECLI:EU:C:2013:263 – Kommission/Schweden, UR 2013, 423 m. Anm. *Hamacher/Dahm*, Rz. 39.

2 *Birkenfeld*, UR 2014, 120 (125).

3 Für eine Übereinstimmung des nationalen Rechts mit dem Richtlinienrecht: *Wäger* in FS Schaumburg, S. 1195. Für eine Diskrepanz hinsichtlich des Näheverhältnisses: *Eggers/Korf*, MwStR 2015, 710 (717).

4 *Slapio*, UR 2013, 407 (409).

5 Folglich ist auch das starre Kriterium der Über- und Unterordnung nicht mit den unionsrechtlichen Vorgaben vereinbar, EuGH, Urt. v. 1.12.2022 – C-141/20, ECLI:EU:C:2022:943 – Norddeutsche Gesellschaft für Diakonie, UR 2023, 25 m. Anm. *Monfort*, Rz. 68; hierzu später unter Rz. 122.

6 Kommission v. 2.7.2009, KOM(2009) 325 endg., 5; siehe auch *Endres*, Mehrwertsteuergruppe nach Art. 11 MwStSystRL, S. 151 f.

7 Für einen Überblick über die Entstehungsgeschichte der europäischen Mehrwertsteuergruppe: *Pfeiffer*, VAT Grouping from a European Perspective, S. 11 ff.

8 *Boor*, UR 2013, 729 (730).

Die Einschränkung des Wortlauts des § 2 Abs. 2 Nr. 2 Satz 1 UStG auf juristische Personen war Anlass für den XI. Senat des BFH, dem EuGH die Frage vorzulegen, ob die nationale Umsetzung mit dem Unionsrecht vereinbar sei. Aus dem Vorlagebeschluss war bereits zu erkennen, dass der XI. Senat eine Beschränkung des Anwendungsbereichs der Organschaft zur Missbrauchsbekämpfung als „fernliegend" betrachtet.[1]

In der hierauf ergangenen **Rechtssache *Larentia + Minerva*** stellte der EuGH fest, dass Art. 11 MwSt- 89
SystRL bestimmte Gesellschaftsformen, wie bspw. die Kommanditgesellschaften, nicht von seinem Anwendungsbereich ausschließt und den Mitgliedstaaten auch nicht die Möglichkeit einräumt, die Mehrwertsteuergruppe auf juristische Personen zu beschränken.[2] Die Beantwortung der Frage, ob die nationale Beschränkung, der zufolge nur juristische Personen eine Organgesellschaft bilden können, der Missbrauchsbekämpfung dient, ist nach Auffassung des EuGH vom nationalen Gericht zu klären.[3] Folglich ist die Beschränkung, wonach nur juristische Personen, nicht aber Personengesellschaften, eine Organgesellschaft bilden können, dem Grunde **nach nicht mit den unionsrechtlichen Vorgaben zur Mehrwertsteuergruppe vereinbar**; sie kann aber gerechtfertigt sein, wenn die Einschränkung der Missbrauchsabwehr dient.

cc) Folgerechtsprechung des BFH

(1) V. Senat: Beschränkung als Ausprägung der finanziellen Eingliederung

Der **V. Senat**[4] verstand die Beschränkung auf juristische Personen als eine **Ausprägung der finanziel- 90
len Eingliederung**. Die finanzielle Eingliederung verlangt, dass der Organträger seinen Willen in der Organgesellschaft durchsetzen kann. Im Bereich der juristischen Personen bedarf es hierfür im Regelfall der **einfachen Stimmenmehrheit**. Der Nachweis der finanziellen Eingliederung von juristischen Personen ist insofern **rechtssicher und einfach**, da das gesellschaftsrechtliche Stimmrecht auf den Regeln der notariell zu beurkundenden Satzung beruht. Bei **Personengesellschaften** ging der V. Senat aufgrund des **Einstimmigkeitsprinzips** und der Möglichkeit, hiervon ohne Einhaltung von Formerfordernissen abzuweichen, davon aus, dass die finanzielle Eingliederung nur dann einfach und sicher festgestellt werden kann, wenn die Gesellschafter der Personengesellschaft neben dem Organträger nur Personen sind, die in das Unternehmen des Organträgers tatsächlich finanziell eingegliedert sind. Solche eindeutig finanziell eingegliederten Personengesellschaften sollten im Wege einer **teleologischen Extension** der nationalen Organschaftsregelung in den Organkreis geholt werden.[5]

(2) XI. Senat: Beschränkung als Maßnahme zur Missbrauchsabwehr

Der **XI. Senat** wählte in seiner ersten[6] und zweiten Nachfolgeentscheidung[7] zur Rechtssache *Larentia +* 91
Minerva einen anderen Weg und beurteilte die Beschränkung auf juristische Personen nicht als grundsätzlich im Lichte der Voraussetzung zur finanziellen Eingliederung gerechtfertigt, sondern prüfte die **Beschränkung als eine Maßnahme zur Missbrauchsabwehr** i.S.d. Art. 11 Abs. 2 MwStSystRL. Wie es sich schon aus dem Vorlagebeschluss ergab, schloss der XI. Senat es aus, die nationale Beschränkung auf juristische Personen als eine Maßnahme zur Missbrauchsabwehr zu rechtfertigen. Eine direkte Anwendung des Richtlinienrechts sei, wie es bereits der EuGH in der Rechtssache *Larentia + Minerva* festgestellt hat, nicht zulässig. Folglich blieb nur noch der Weg der **richtlinienkonformen Interpretation des Begriffs der „juristischen Person"** offen. Der XI. Senat kam zu dem Ergebnis, dass der Begriff der juristischen Person bei richtlinienkonformer Interpretation jedenfalls eine GmbH & Co. KG

1 BFH, Beschl. v. 11.12.2013 – XI R 38/12, BStBl. II 2014, 428 = UR 2014, 323.
2 EuGH, Urt. v. 16.7.2015 – C-108/14 und C-109/14, ECLI:EU:C:2015:496 – Larentia + Minerva, Marenave, BStBl. II 2017, 604 = UR 2015, 671 m. Anm. *Hummel*; Anm. *Heinrichshofen*, UR 2015, 722, Rz. 37 und 38.
3 EuGH, Urt. v. 16.7.2015 – C-108/14 und C-109/14, ECLI:EU:C:2015:496 – Larentia + Minerva, Marenave, BStBl. II 2017, 604 = UR 2015, 671 m. Anm. *Hummel*; Anm. *Heinrichshofen*, UR 2015, 722, Rz. 43.
4 BFH, Urt. v. 2.12.2015 – V R 25/13, BStBl. II 2017, 547 = UR 2016, 185.
5 **Kritisch hierzu** *Boor*, UR 2013, 736.
6 BFH, Urt. v. 19.1.2016 – XI R 38/12, BStBl. II 2017, 567 = UR 2016, 312 m. Anm. *Heinrichshofen* und Anm. *Sterzinger*.
7 BFH, Urt. v. 1.6.2016 – XI R 17/11, BStBl. II 2017, 581 = UR 2014, 313 m. Anm. *Marchal*.

umfasst, denn eine solche weist eine „**kapitalistische Struktur**" auf. Eine GmbH & Co. KG ist zwar der Form nach eine Personengesellschaft; der Sache nach wird sie jedoch eher als GmbH gewertet. Der XI. Senat definiert den Begriff der „kapitalistischen Struktur" nicht weiter, doch kann hier angenommen werden, dass er sich auf die lang anhaltende Diskussion bezieht, ob eine Verbindung von Personengesellschaften und Kapitalgesellschaften in einer Form, welche die haftungsbeschränkenden Vorzüge der Kapitalgesellschaft mit der transparenten Besteuerung von Personengesellschaften verbindet, gesellschaftsrechtlich erlaubt ist.[1]

(3) Rechtsunsicherheit durch höchstrichterliche Rspr. als Auslöser für neuerliches EuGH Urteil

92 Eine gemeinsame Betrachtung der BFH Urteile beider Senate ließ ein eindeutiges Ergebnis nur für die **GmbH & Co. KG** erkennen, deren übrige Gesellschafter auch finanziell in den Organträger eingegliedert sind. Für alle anderen Personengesellschaften bestand trotz höchstrichterlicher Urteile Unsicherheit, ob sie als Organgesellschaft in das Unternehmen eines Organträgers eingegliedert sein können.

93 Die Rechtsunsicherheit, die sich bei der Auslegung der finanziellen Eingliederung ergibt, hat das FG Berlin-Brandenburg zum Anlass genommen, dem EuGH die Frage zur Vorabentscheidung vorzulegen, ob eine nationale Regel mit Art. 11 MwStSystRL in Einklang steht, die es einer Personengesellschaft verwehrt, Teil einer Mehrwertsteuergruppe zu sein, wenn die Gesellschafter der Personengesellschaft nicht finanziell in den Organträger eingegliedert sind.[2] In seinem Urteil ***M-GmbH*** erteilte der EuGH beiden Rechtfertigungsversuchen des V. Senats einerseits und des XI. Senats andererseits für die Einschränkung des Organkreises eine Absage. Hinsichtlich der Argumentation des V. Senats, der zufolge Rechtssicherheit mit Blick auf die finanzielle Eingliederung der Organgesellschaft nur dann bestehe, wenn alle Gesellschafter der Personengesellschaft in den Organträger finanziell eingegliedert sind, führt der EuGH zunächst aus, dass der Begriff der **finanziellen Beziehung ein autonomer Unionsrechtsbegriff** ist und durch die Mitgliedstaaten **nicht restriktiv** ausgelegt werden darf.[3] Im konkreten Anlassfall sei die finanzielle Eingliederung zwischen den Gruppenmittgliedern aufgrund der Stimmrechtsvereinbarung sichergestellt. „Der bloße Umstand, dass die Gesellschafter [der Personengesellschaft] theoretisch mittels mündlicher Vereinbarung den Gesellschaftsvertrag so ändern konnten, dass Beschlüsse künftig einstimmig zu fassen waren [und folglich eine finanzielle Beziehung nicht mehr besteht], reicht nicht aus, um die Vermutung [einer engen Verbindung durch finanzielle Beziehung] zu entkräften"(Rz. 48 des Urteils). Die mögliche Rechtsunsicherheit ergibt sich aus dem deutschen Gesellschaftsrecht und nicht aus der Anwendung der Regelung der Mehrwertsteuergruppe. Zur Frage, ob Personengesellschaften, deren Gesellschafter nicht finanziell in den Organträger eingegliedert sind, zur Vermeidung von Steuerhinterziehung oder Steuerumgehung von der Mehrwertsteuergruppe ausgeschlossen werden dürfen, stellt der EuGH zunächst fest, dass die **Gefahr der Steuerhinterziehung und Steuerumgehung** im Sinne der MwStSystRL **nicht nur theoretischer Natur** sein darf (Rz. 61 des Urteils). Um die Gefahr der Steuerhinterziehung- und Steuerumgehung insgesamt zu verringern, die sich aus der Möglichkeit der mündlichen Vereinbarungen zwischen den Gesellschaftern einer Personengesellschaft und ihrer schweren Ermittlung ergibt, verweist der EuGH auf die Möglichkeit eines mit dem europäischen Mehrwertsteuerrecht in Einklang stehenden **Bewilligungsverfahrens** (Rz. 64 des Urteils).

94 Durch die Rechtssache *M-GmbH* ist klar, dass Personengesellschaften immer dann als Organgesellschaft Teil einer Organschaft sein können, wenn sie mit dem Organträger in einer engen finanziellen Beziehung stehen. Die Voraussetzung der finanziellen Eingliederung muss am **konkreten Fall** geprüft werden und ein **pauschaler Ausschluss von Personengesellschaften**, deren Gesellschafter nicht finanziell in den Organträger eingegliedert sind, **widerspricht den unionsrechtlichen Grundlagen zur Mehrwertsteuergruppe**. Kann aufgrund der konkreten gesellschaftsrechtlichen Vereinbarungen sichergestellt werden, dass der Organträger seinen Willen in der Organgesellschaft durchsetzen kann,

1 Für einen Überblick über den Literaturstreit und die hierzu ergangene Rechtsprechung: *Fleischer/Wansleben*, GmbHR 2017, 169.

2 FG Berlin-Brandenburg, Vorlagebeschl. v. 21.11.2019 – 5 K 5044/19, EFG 2020, 305 = UR 2020, 145 m. Anm. *Marchal*.

3 EuGH, Urt. v. 15.4.2021 – C-868/19, ECLI:EU:C:2021:285 – M-GmbH, UR 2021, 392 m. Anm. *Widmann*, Rz. 44 und 45.

liegt eine hinreichende finanzielle Beziehung vor. Die Möglichkeit der Gesellschafter, den Gesellschaftsvertrag und folglich die Stimmrechtsvereinbarung mündlich zu ändern, schadet der finanziellen Eingliederung nicht.

Der **V. Senat** des BFH **hält** mit Blick auf das Urteil in der Rechtssache *M-GmbH* **an seiner Rechtsprechung nicht fest.**[1] Demnach können auch Personengesellschaften Organmitglieder sein, wenn einzelne Gesellschafter nicht finanziell in den Organträger eingegliedert sind. Wenngleich der V. Senat des BFH Personengesellschaften als Organgesellschaften zulässt, wenn nicht alle Gesellschafter finanziell in den Organträger eingegliedert sind, lässt die Urteilsbegründung die Aussage noch nicht zu, der zufolge alle Personengesellschaften Organgesellschaft sein können. Explizit bejaht wird die Eigenschaft als Organmitglied lediglich für **Personenhandelsgesellschaft mit einer „kapitalistischen Struktur"**. Der V. Senat schließt sich insofern dem Ergebnis des XI. Senats an, lässt aber offen, ob er der Argumentationslinie des XI. Senats folgt und nur Personengesellschaften mit einer „kapitalistischen Struktur" als Organgesellschaften zulassen will. 94.1

Die Frage, ob Personengesellschaften insgesamt in den Kreis der Organgesellschaften aufgenommen werden können, hängt letztlich von der Interpretationsgrenze der „juristischen Person" ab. Ist eine unmittelbare Berufung auf das Sekundärrecht nicht möglich,[2] kann das unionsrechtlich gewollte Ergebnis nur im Wege einer richtlinienkonformen Interpretation erreicht werden. Folgt man aber der Interpretationslinie des XI. Senats,[3] der zufolge der Begriff der „juristischen Person" sprachlich wie entstehungsgeschichtlich nicht eindeutig bestimmt ist, ist eine Aufnahme von Personengesellschaften in den Organkreis in der Form von Organmitgliedern denkbar.[4] 94.2

Die **FinVerw.** folgt bislang der nunmehr aufgegebenen Auffassung des V. Senats des BFH. Folglich können alle Personengesellschaften Organgesellschaften sein,[5] sie müssen aber die hohe Hürde der finanziellen Eingliederung nehmen, um so die erforderliche Durchgriffsmöglichkeit des Organträgers sicherzustellen.[6] 94.3

Die Rechtsprechung des EuGH zeigt ganz eindrücklich, dass nationale gesellschaftsrechtliche Besonderheiten keinen Einfluss auf das europäische Steuerrecht nehmen. Dieser Grundsatz gilt aber nicht nur für das Gesellschaftsrecht, sondern auch für alle anderen Rechtsgebiete. Daraus folgt, dass für die Frage, wer Teil einer Mehrwertsteuergruppe sein kann, rein auf die unionsrechtlichen Vorgaben des Art. 11 MwStSystRL abzustellen ist. Da das Mehrwertsteuerrecht nicht differenziert, müssen die rein **nationalen Unterscheidungen nach Personengesellschaft, Kapitalgesellschaft oder Verein unbedeutend** sein. Gleichermaßen muss es für die Frage der möglichen Zugehörigkeit zur Gruppe auch unbedeutend sein, ob eine Personengesellschaft nach § 1a KStG zur **Körperschaftsteuerpflicht optiert** hat. 95

Der Umstand, dass nun auch nationale Personengesellschaften als Organgesellschaften in den Organkreis miteinbezogen werden können, wirft die Frage auf, **ab wann eine Konsolidierung der Umsatzsteuer** möglich ist. Nach Auffassung der **FinVerw.** ist eine Anerkennung der Organschaft erst für Umsätze nach dem 31.12.2018 möglich. Eine frühere Einbeziehung ist aber jedenfalls nur dann möglich, wenn die Umsatzsteuerfestsetzung bei den beteiligten Personen noch geändert werden kann.[7] Nach 96

1 BFH, Urt. v. 16.3.2023 – V R 14/21 (V R 45/19), UR 2023, 404 m. Anm. *Jacobs*; für eine Ablehnung der Rechtsprechung des V. Senats des BFH siehe: FG Münster, Urt. v. 23.3.2023 – 5 K 232/18 U, EFG 2023, 873 m. Anm. *Brosda* (Rev. BFH V R 5/23).

2 EuGH, Urt. v. 16.7.2015 – C-108/14 und C-109/14, ECLI:EU:C:2015:496 – Larentia + Minerva, Marenave, BStBl. II 2017, 604 = UR 2015, 671 m. Anm. *Hummel*; Anm. *Heinrichshofen*, UR 2015, 722, Rz. 50; vgl. hierzu gleich unter Rz. 97.

3 BFH, Urt. v. 19.1.2016 – XI R 38/12, BStBl. II 2017, 567 = UR 2016, 312 m. Anm. *Heinrichshofen* und Anm. *Sterzinger*; BFH, Urt. v. 1.6.2016 – XI R 17/11, BStBl. II 2017, 581 = UR 2016, 673.

4 *Englisch*, UR 2016, 822 (832). Für eine richtlinienkonforme Auslegung im Wege eines Lückenschlusses: *Streit/Rust*, DStR 2015, 2097 (2100). Dass es sich bei einer solchen Interpretation um eine Auslegung contra legem handle: *Eggers/Korf*, MwStR 2015, 710 (718).

5 Abschn. 2.8. Abs. 2 Satz 5 UStAE.

6 Abschn. 2.8. Abs. 5a Satz 1 UStAE.

7 BMF, Schr. v. 26.5.2017 – III C 2-S 7105/15/10002 – DOK 2017/0439168, BStBl. I 2017, 790 = UR 2017, 522, Teil III, Rz. 5.

Auffassung des FG Münster gibt es für die Ansicht der FinVerw. keine rechtliche Grundlage und folglich stehe die Einbeziehung einer Organgesellschaft in die Steuerfestsetzung des Organträgers „nicht unter der Bedingung einer möglichen Korrektur der Umsatzsteuerfestsetzung bei der Organgesellschaft".[1] Einen Mittelweg zwischen diesen Positionen fand der V. Senat des BFH.[2] Die rechtswidrigen, aber bestandskräftigen Steuerbescheide der Organgesellschaften haben demnach eine **Bindungswirkung nach § 166 AO** gegenüber dem Organträger. Eine solche Bindung hat zur Konsequenz, dass der Organträger keinen Vorsteuerabzug aus Eingangsleistungen geltend machen kann, welche die Organgesellschaften von Dritten bezogen haben. Unbenommen bleibt dem Organträger aber die Möglichkeit, die Nichtbesteuerung von Innenleistungen geltend zu machen, die gegenüber den Organgesellschaften erbracht wurden. Diese Sichtweise bedingt eine teilweise Anerkennung der Organschaft. Der BFH hat sich zu Recht mit der Frage befasst, ob der rechtskräftige Steuerbescheid einer Organgesellschaft Bindungswirkung für den Organträger entfaltet. Denn die Steuerfestsetzung bei der Organgesellschaft setzt voraus, dass sie Steuern schuldet. Aus der Festsetzung der Steuerschuld kann wiederum abgeleitet werden, dass die Organgesellschaft nicht als eine solche behandelt wurde – die Stellung als Organgesellschaft wurde also bei der Steuerfestsetzung nicht beachtet. Dies könnte mit Blick auf eine mögliche Bindungswirkung „mehr" sein, und folglich anders zu behandeln sein, als die schlichte Begründung, die dem Steuerbescheid zugrunde liegt und die nach § 157 Abs. 2 AO auch nicht zum anfechtbaren Teil des Steuerbescheids zählt. Anderseits kann die Bindungswirkung aber auch alleine darin gesehen werden, dass der Organträger mit dem Einwand präkludiert ist, der Organträger schulde die im Bescheid ausgewiesene Steuer nicht. Bei einer solchen Sichtweise käme der Nichtbeachtung der Stellung als Organgesellschaft nicht mehr Bedeutung zu als jeder anderen Begründung, die dem Steuerbescheid zugrunde liegt. Hiernach würde ausschließlich die Steuerfestsetzung gegenüber dem Organträger als rechtmäßig gelten.[3]

96.1 Im umgekehrten Fall, ist also der **Organträger, nicht aber die Organgesellschaft bestandskräftig veranlagt**, entfaltet der rechtskräftige Steuerbescheid des Organträgers naturgemäß zwar keine Drittwirkung nach § 166 AO für die Organgesellschaft. Doch verstößt es nach der Rechtsprechung des V. Senats gegen den **Grundsatz von Treu und Glauben**, wenn im selben Besteuerungszeitraum für den einen Unternehmensteil eine Besteuerung auf der Grundlage der bisherigen Rechtsprechung und für den anderen Unternehmensteil eine Besteuerung nach der geänderten Rechtsprechung beantragt wird. Eine Änderung der Besteuerung unter Bezugnahme auf die Organschaftsregelung kann nur erreicht werden, wenn der Unternehmensteil der Organschaft, zu dessen Gunsten der Änderungsschutz nach § 176 Abs. 1 Satz 1 Nr. 3 AO wirkt, diesen Schutz durch Stellung eines Änderungsantrags entfallen lässt.[4]

(4) Unmittelbare Berufung auf Richtlinienrecht

97 Der XI. Senat lehnte eine **unmittelbare Berufung auf das Richtlinienrecht** mit Verweis auf die Rechtssache *Larentia + Minerva* ab.[5] Konkret qualifizierte der EuGH die Voraussetzungen für die Bildung einer Mehrwertsteuergruppe als unbestimmt und einer Präzisierung auf nationaler Ebene bedürfend. Die angesprochenen Voraussetzungen beziehen sich insbesondere auf die finanzielle, wirtschaftliche und organisatorische Verbindung zwischen den Personen; dies umfasst nicht unbedingt den persönlichen Anwendungsbereich der Mehrwertsteuergruppe. Denn anders als die Eingliederungsvoraussetzungen, muss der Begriff der Person nicht näher konkretisiert werden und hätte – anders als die Kriterien für die Eingliederung – unmittelbar angewendet werden können.[6]

---

1 FG Münster, Urt. v. 7.4.2020 – 15 K 3019/17 U, EFG 2020, 1181.
2 BFH, Urt. v. 26.8.2021 – V R 13/20, BFHE 273, 364 = UR 2021, 853 m. Anm. *Hummel* und m. Anm. *Sterzinger.*
3 *Sternberg*, EFG 2022, 193.
4 BFH, Urt. v. 16.3.2023 – V R 14/21 (V R 45/19), UR 2023, 404 m. Anm. *Jacobs.*
5 EuGH, Urt. v. 16.7.2015 – C-108/14 und C-109/14, ECLI:EU:C:2015:496 – Larentia + Minerva, Marenave, BStBl. II 2017, 604 = UR 2015, 671 m. Anm. *Hummel*; Anm. *Heinrichshofen*, UR 2015, 722, Rz. 50.
6 In diese Richtung: *Englisch*, UR 2016, 822 (824).

b) Nichtunternehmer als Teil des Organkreises

aa) Einschränkung der Organschaftsregelung auf Unternehmer

Die nationale Organschaftsregelung setzt die **Unternehmereigenschaft** sowohl beim Organträger als auch bei den Organgesellschaften voraus. Verfügt ein Unternehmer neben seinem wirtschaftlichen (unternehmerischen) über einen nicht-wirtschaftlichen (nicht-wirtschaftlichen i.e.S.) Tätigkeitsbereich, so ist der Unternehmer, wenn er die Eingliederungsvoraussetzungen erfüllt, in vollem Umfang als nichtselbständig zu behandeln und sowohl der **wirtschaftliche als auch der nicht-wirtschaftliche Tätigkeitsbereich sind Teil des Organkreises.**[1] Werden Leistungen vom wirtschaftlichen Organschaftsbereich in den nicht-wirtschaftlichen Organschaftsbereich erbracht, so muss eine mehrwertsteuerliche Belastung im Wege einer fiktiven Lieferung (Art. 16 MwStSystRL) oder fiktiven Dienstleistung (Art. 26 MwStSystRL) unterbleiben.[2] Der nicht-wirtschaftliche Bereich ist nicht mit dem Privaten gleichzusetzen (Rz. 181 ff.); dieser Grundsatz ändert sich auch nicht unter Anwendung der Organschaftsregelung.[3] Ein der Belastungsintention der Mehrwertsteuer entsprechendes Ergebnis kann gerade bei Nichtanwendung der Bestimmungen zur fiktiven Lieferung und fiktiven Dienstleistung erzielt werden, wenn an die Zulässigkeit zum Vorsteuerabzug angeknüpft wird. Hier wird es notwendig sein, die Zuordnungsentscheidung genau zu überprüfen. Richtig ist es aber, dass ein innerhalb der Gruppe erzeugter Mehrwert, der im nicht-wirtschaftlichen Bereich aufgebraucht wird, keiner Mehrwertsteuerbesteuerung unterliegt.[4] Werden die Eingangsleistungen korrekt zugerechnet, entspricht die mehrwertsteuerliche Belastung innerhalb des Organkreises jener Belastung, die bei reiner in-house Leistungserbringung bestünde. Im Lichte des Neutralitätsgrundsatz ist die Gleichstellung der steuerlichen Belastung von in-house und outgesourcter Leistungserbringung m.E. auch geboten, denn der Neutralitätsgrundsatz verlangt eine mehrwertsteuerliche Besteuerung, die unabhängig von der Zahl der Umsätze auf der Vorstufe ist. Mit anderen Worten muss die mehrwertsteuerliche Belastung gleich hoch liegen, unabhängig davon, ob sich der Steuerpflichtige für oder gegen das eigene Leisten entscheidet. Dem kann entgegengesetzt werden, dass die unionsrechtlichen Grundlagen den Mitgliedstaaten ein Wahlrecht mit Blick auf die Umsetzung der Gruppenregelung einräumen und so das Outsourcing bei Nichtimplementierung der Gruppenregelung jedenfalls benachteiligt sein kann. Doch ist dieses Argument zu kurz gegriffen. Setzt ein Mitgliedstaat die Regelung um, muss sie auch im Lichte des Neutralitätsgrundsatzes ausgelegt werden. 98

Vor dem Hintergrund der Nichtanwendung der Bestimmungen zur fiktiven Lieferung und fiktiven Dienstleistung bei Leistungen vom wirtschaftlichen in den nicht-wirtschaftlichen Organschaftsbereich und der daraus folgenden Nichtbesteuerung des innerhalb der Gruppe geschaffenen Mehrwerts hat der V. Senat des BFH dem EuGH erneut Fragen zur Vorabentscheidung vorgelegt. Konkret möchte der BFH wissen, ob **Leistungen zwischen Gruppenmitgliedern dem Anwendungsbereich der Mehrwertsteuer unterliegen**, wenn der Leistungsempfänger nicht (oder nur teilweise) zum Vorsteuerabzug berechtigt ist, „da ansonsten die **Gefahr von Steuerverlusten** besteht".[5] Die Vorlagefrage bezieht sich natürlich nicht nur auf Fälle, in denen Personen über einen nicht-wirtschaftlichen Bereich verfügen, auch Steuerpflichtige mit steuerbefreiten Ausgangsleistungen werden hier miteinbezogen. 98.1

Wird eine Person ausschließlich nicht-wirtschaftlich (nicht-wirtschaftlich i.e.S.) tätig, so ist diese zwar kein Unternehmer, verfügt aber nach der Rechtsprechung des EuGH über ein Unternehmen (Rz. 100). Nach dem nationalen Gesetzeswortlaut können Nichtunternehmer nicht Teil des Organkreises werden, obwohl sie hinreichend von Personen abgegrenzt werden können, die ausschließlich private (unternehmensfremde) Zwecke verfolgen (Privatpersonen). Die Einschränkung der Organschaftsregelung auf Unternehmer trifft insbesondere reine Holdinggesellschaften, juristische Personen des öffentlichen Rechts, die ausschließlich hoheitlich tätig sind, und ideell tätige Vereine. 99

---

1 BFH, Urt. v. 20.8.2009 – V R 30/06, BStBl. II 2010, 863 = UR 2009, 800.

2 EuGH, Urt. v. 1.12.2022 – C-269/20, ECLI:EU:C:2022:944 – Finanzamt T, UR 2023, 36 m. Anm. *Küffner*, Rz. 58 ff.

3 *Heber*, Taxlex 2023, 382; *Ehrke-Rabel/von Streit*, UR 2023, 98 (100).

4 Vgl. weiterführend: *Heber*, Taxlex 2023, 381 ff.

5 BFH, Beschl. v. 26.1.2023 – V R 20/22 (V R 40/19), BStBl. II 2023, 530 = UR 2023, 325 m. Anm. *Widmann* und m. Anm. *Zitzl*. (Az. des EuGH: C-184/23).

bb) Einbeziehung von Nichtunternehmern aufgrund unionsrechtlicher Vorgaben

100 Der **EuGH** geht bei der Frage, wer Teil einer Mehrwertsteuergruppe sein kann, noch viel weiter und will nicht nur wirtschaftlich tätigen juristischen Personen und Personengesellschaften die Gruppenbildung ermöglichen, sondern auch **Nichtsteuerpflichtigen.**[1] Der in Art. 11 Abs. 1 MwStSystRL verwendete Begriff der **Person** erlaubt keine Differenzierung zwischen steuerpflichtigen und nichtsteuerpflichtigen Personen,[2] denn es gibt keine hinreichenden Anhaltspunkte, dass das Wort „Personen" anstatt des Worts „Steuerpflichtige" verwendet wurde, um eine Wiederholung zu vermeiden.[3] Auch aus der Formulierung „zusammen als einen Steuerpflichtigen" kann nicht abgeleitet werden, dass alle Mitglieder der Mehrwertsteuergruppe über die Steuerpflichtigeneigenschaft verfügen müssen.[4] Die den Mitgliedstaaten eröffnete Möglichkeit, eine Gruppe von Personen, die auch eine oder mehrere Nichtsteuerpflichtige umfasst, als einen Steuerpflichtigen zu behandeln, läuft dem Ziel der Mehrwertsteuergruppe (Verwaltungsvereinfachung und Missbrauchsvermeidung) nicht zuwider.[5] Sollte die Möglichkeit, Nichtunternehmer in die Mehrwertsteuergruppe einzubeziehen, selbst zu Missbräuchen führen, erlaubt es Art. 11 Abs. 2 MwStSystRL den Mitgliedstaaten, erforderliche Maßnahmen zu treffen, um Steuerhinterziehung und Steuerumgehung vorzubeugen.

cc) Reaktion des BFH auf die EuGH-Rspr.

101 Der **V. Senat des BFH** will an der bisherigen Rechtslage festhalten und nur Unternehmern die Teilnahme an einer Organschaft erlauben. Die nationalen Tatbestandsmerkmale (insbesondere das Unternehmen des Organträgers) sollen nicht im Lichte des Unionsrechts weit interpretiert werden, sodass auch der nicht-wirtschaftliche (nicht-wirtschaftliche i.e.S.) Tätigkeitsbereich darunter zu subsumieren wäre. Vielmehr ist der V. Senat der Auffassung, dass der Gesetzgeber durch die **Beschränkung des Organkreises auf Unternehmer** von seiner durch Art. 11 Abs. 2 MwStSystRL gewährten Möglichkeit Gebrauch gemacht hat, Maßnahmen zu treffen, um **Steuerhinterziehung und Steuerumgehung vorzubeugen.**[6] Denn wie das missbräuchliche Aufspalten eines Unternehmens zwischen mehreren Steuerpflichtigen kann auch das **Zusammenfassen zu einem Steuerpflichtigen als missbräuchlich** anzusehen sein. Kann ein Nichtunternehmer Teil der Organschaft sein, so lassen die nicht steuerbaren Innenleistungen keine nichtabziehbaren Vorsteuern entstehen.[7] Das nicht steuerbare Leisten an einen Nichtvorsteuerabzugsberechtigen innerhalb der Gruppe ist also missbräuchlich.

102 Im Ergebnis lehnt auch der **XI. Senat** die Einbeziehung eines Nichtunternehmers in den Organkreis ab, doch beruft sich diese Rechtsprechungslinie nicht auf die unionsrechtlich gewährte Möglichkeit, Sondermaßnahmen zur Missbrauchsbekämpfung ergreifen zu können. Vielmehr beruft sich der XI. Senat auf den **klaren und unmissverständlichen Wortlaut des § 2 Abs. 2 Nr. 2 Satz 1 UStG** und lehnt es ab, die Voraussetzung der Unternehmereigenschaft des Organträgers im Lichte der Missbrauchsbekämpfung zu würdigen.[8]

---

1 EuGH, Urt. v. 9.4.2013 – C-85/11, ECLI:EU:C:2013:217 – Kommission/Irland, UR 2013, 418; EuGH, Urt. v. 25.4.2013 – C-86/11, ECLI:EU:C:2013:267 – Kommission/Vereinigtes Königreich.

2 EuGH, Urt. v. 9.4.2013 – C-85/11, ECLI:EU:C:2013:217 – Kommission/Irland, UR 2013, 418, Rz. 36.

3 EuGH, Urt. v. 9.4.2013 – C-85/11, ECLI:EU:C:2013:217 – Kommission/Irland, UR 2013, 418, Rz. 39.

4 EuGH, Urt. v. 9.4.2013 – C-85/11, ECLI:EU:C:2013:217 – Kommission/Irland, UR 2013, 418, Rz. 40; **a.A.** noch: Kommission v. 2.7.2009, KOM(2009) 325 endg., 6.

5 EuGH, Urt. v. 9.4.2013 – C-85/11, ECLI:EU:C:2013:217 – Kommission/Irland, UR 2013, 418, Rz. 47 und 48.

6 BFH, Urt. v. 2.12.2015 – V R 67/14, BStBl. II 2017, 560 = UR 2016, 199; *Wäger* in FS Schaumburg, S. 1191; kritisch hierzu: *Englisch*, UR 2016, 822 (827 f.).

7 Zur Frage, ob eine Organgesellschaft nicht automatisch aufgrund der Notwendigkeit der wirtschaftlichen Eingliederung Unternehmer ist: *Korn* in Bunjes[22], § 2 UStG Rz. 113a; siehe hierzu auch: *Boor*, UR 2013, 729 (734).

8 BFH, Urt. v. 10.8.2016 – XI R 41/14, BStBl. II 2017, 590 = UR 2017, 119; BFH, Urt. v. 12.10.2016 – XI R 30/14, BStBl. II 2017, 597 = UR 2017, 178.

dd) Verhältnismäßigkeit des Ausschlusses der Nichtunternehmer von der Organschaft

(1) Umsetzungsspielraum

Art. 11 Abs. 2 MwStSystRL räumt den Mitgliedstaaten bei der Umsetzung der Mehrwertsteuergruppe 103
einen weiten Spielraum ein. Denn das Richtlinienrecht präzisiert weder die Maßnahmen zur Vermeidung von Steuerhinterziehung und Steuerumgehung noch den Begriff der Steuerumgehung und Steuerhinterziehung. Wenngleich die Mitgliedstaaten große Freiheiten bei der Umsetzung der Missbrauchsbekämpfungsmaßnahmen haben, sind sie an die **allgemeinen Grundsätze des Unionsrechts** – zu dem auch der Grundsatz der Verhältnismäßigkeit zählt – gebunden.

(2) Organschaft als reiner Vereinfachungsmechanismus

Nach der Urteilsbegründung des V. Senats lässt sich der Ausschluss von Nichtunternehmern vom Or- 104
gankreis damit rechtfertigen, dass das Ergebnis der Organschaft **nicht bloßen Vereinfachungscharakter** hat. Vielmehr lassen die nicht steuerbaren Innenumsätze zwischen dem nicht unternehmerisch tätigen Organträger und der Organgesellschaft keine Umsatzsteuer entstehen, die der Organträger nach § 15 Abs. 2 UStG nicht als Vorsteuer abziehen kann.

Versteht man die Organschaft tatsächlich als reinen Vereinfachungsmechanismus, der **weder dem Fis-** 105
kus noch den Steuerpflichtigen materiell-rechtliche Vorteile bringen soll, so darf die Bildung einer Organschaft nur jenen Unternehmern zustehen, die zum **vollständigen Vorsteuerabzug berechtigt** sind. Ein Organkreis, der sich aus vollständig vorsteuerabzugsberechtigten Unternehmern zusammensetzt, schafft insofern Vereinfachung, als es nicht mehr zur Erhebung und Erstattung der Umsatzsteuer auf jeder Umsatzstufe kommt. Das schafft Vereinfachung für die Unternehmer, aber auch für die FinVerw.

Das Bild der klaren und ausschließlichen Vereinfachungswirkung wird verzerrt, wenn **Unternehmer,** 106
die teilweise oder gänzlich nicht vorsteuerabzugsberechtigt sind, Teil des Organkreises sein dürfen. Denn in einem solchen Fall kann die Organschaft Vorteile für die Unternehmer bringen.[1] Alle Leistungen innerhalb des Organkreises sind nicht steuerbar, was die Umsatzsteuer auf Leistungen an das teilweise oder gänzlich nicht vorsteuerabzugsberechtigte Organmitglied nicht entstehen lässt. Ohne Organschaft wäre Umsatzsteuer angefallen, die den Leistungsempfänger aber mangels steuerpflichtiger Ausgangsleistungen nicht zum Vorsteuerabzug berechtigt.

Es ist unbestritten, dass Unternehmer, die steuerfreie Ausgangsleistungen erbringen, Mitglied einer 107
Organschaft sein können. In diesen Fällen scheint der V. Senat die Umgehung des Abzugsverbots durch die Nichtsteuerbarkeit der Innenleistungen damit zu rechtfertigen, dass durch die Eingliederung einer Organgesellschaft in das Unternehmen des Organträgers eine Situation geschaffen wird, die mit einem **Einheitsunternehmen**, das über **mehrere Betriebsabteilungen** verfügt, vergleichbar ist.[2] Da die Leistungen zwischen den verschiedenen Betriebsabteilungen eines Einheitsunternehmens nicht steuerbar sind, kann das Abzugsverbot gleichermaßen umgangen werden, sollte eine Betriebsabteilung steuerfreie Ausgangsleistungen erbringen.

Der Vergleich mit dem Einheitsunternehmen mag zutreffend sein und entspricht auch dem Gedanken, 108
die Organschaft als Mechanismus zur Förderung von **effizienzsteigenden Outsourcing** zu verstehen.[3] Nicht klar ist in diesem Zusammenhang aber, warum die Parallele zum Einheitsunternehmen nicht auch die Umgehung des Abzugsverbots bei Nichtunternehmern rechtfertigen kann. Betriebsabteilungen eines Einheitsunternehmens können sich auch ausschließlich mit dem Halten und Verwalten von Unternehmensbeteiligungen befassen und folglich nicht-wirtschaftlich (nicht-wirtschaftlich i.e.S.) tätig sein.

1 *Küffner/Rust*, MwStR 2015, 719 (721).
2 BFH, Urt. v. 2.12.2015 – V R 15/14, BStBl. II 2017, 553 = UR 2016, 192.
3 *Millar/Poddar/Battiau/Parolini/Heber*, BIT 2016, 387 (390 ff.).

(3) Schwierigkeiten bei der Bestimmung des zulässigen Vorsteuerabzugs als Grund für den Ausschluss von Nichtunternehmern

109 Es stellt sich die Frage, ob der BFH bei der Frage, wer Teil der Organschaft sein darf, nicht mit zweierlei Maß misst und ob dieser **Doppelstandard** verhältnismäßig ist. Zwischen der nicht-wirtschaftlichen Tätigkeit und der steuerfreien Leistungserbringung besteht insofern ein Unterschied, als das nicht-wirtschaftliche Handeln nicht in einem Leisten gegen Entgelt mündet. Dieser **Unterschied** kann sich auf den **Vorsteuerabzug** beim Organträger auswirken, wenn der Vorsteuerabzug rein nach dem Verhältnis der steuerpflichtigen und steuerfreien Ausgangsleistungen der Organschaft gewährt wird.

110 Die Rechtsprechung des BFH zur Bestimmung des Umfangs des Vorsteuerabzugs der Organschaft deutet in eine **ausgangsumsatzorientierte Betrachtung**. Nach dem Prinzip der wirtschaftlichen Zurechnung soll es nicht darauf ankommen, in welchem Unternehmensteil die bezogenen Eingangsleistungen tatsächlich verwendet, sondern darauf, ob die Eingangsleistungen für steuerpflichtige Ausgangsleistungen bezogen werden.[1] Für den Vorsteuerabzug ist es also nicht entscheidend, welcher Unternehmensteil die Eingangsleistungen bezieht, sondern in welche Ausgangsleistungen sie einfließen.

111 Bezieht ein Organmitglied Eingangsleistungen für Innenleistungen, die außerhalb eines Organkreises steuerfrei wären, steht ein Vorsteuerabzug dennoch zu, wenn die Innenleistung in eine steuerpflichtige Ausgangleistung einfließt. Bezieht hingegen ein Organmitglied Eingangsleistungen für Innenleistungen, die außerhalb eines Organkreises steuerpflichtig wären, steht ein Vorsteuerabzug nicht zu, wenn die Innenleistung in eine steuerfreie Ausgangleistung einfließt.

112 Die **Zurechnung der Eingangsleistungen zu den Ausgangsleistungen** der Organschaft funktioniert, wenn die Organmitglieder unternehmerisch handeln, also steuerpflichtige oder steuerfreie Ausgangsleistungen erbringen. Handelt ein Organmitglied **nicht-wirtschaftlich** und erbringt folglich keine Ausgangsleistungen gegen Entgelt, wird die Höhe des zulässigen Vorsteuerabzugsrechts verzerrt, kommt es nur auf die tatsächlichen Ausgangsleistungen an.

113 Nach der älteren Rechtsprechung des BFH kann das Leisten innerhalb des Organkreises für den nicht-wirtschaftlichen (nicht-wirtschaftlich i.e.S.) Bereich eines Organmitglieds, das auch über einen wirtschaftlichen (unternehmerischen) Bereich verfügt, über die **Entnahmebesteuerung korrigiert** werden.[2] Eine Besteuerung nach § 3 Abs. 1b und 9a UStG muss der V. Senat des BFH aber im Lichte der jüngeren EuGH-Rechtsprechung[3] aufgeben, denn der EuGH hält an der Differenzierung zwischen dem privaten und dem nicht-wirtschaftlichen Bereich auch bei Anwendung der Gruppenregelung fest (s. Rz. 98).[4]

114 Was bleibt, ist die Möglichkeit der **unmittelbaren Zurechnung der Eingangsleistung zur nicht-wirtschaftlichen Tätigkeit**,[5] was den Vorsteuerabzug versagt.[6] Das Prinzip der wirtschaftlichen Zuordnung verlangt keine ausschließliche Orientierung an den Ausgangsumsätzen, sondern eine am Zweck und der Systematik der Mehrwertsteuer orientierte Methode, die eine Zurechnung zur tatsächlichen Tätigkeit erlaubt.[7] Ist eine Zuordnung zum nicht-wirtschaftlichen Bereich möglich und kann so der Vorsteuerabzug entsprechend gekürzt werden, ist ein Ausschluss der Nichtunternehmer von der Organschaft aufgrund ihres Nichtleistens unverhältnismäßig.

1 BFH, Urt. v. 13.11.2013 – XI R 2/11, BStBl. II 2014, 543 = UR 2014, 357.

2 BFH, Urt. v. 20.8.2009 – V R 30/06, BStBl. II 2010, 863 = UR 2009, 800.

3 EuGH, Urt. v. 12.2.2009 – C-515/07, ECLI:EU:C:2009:88 – VNLTO, UR 2009, 199; EuGH, Urt. v. 13.3.2008 – C-437/06, ECLI:EU:C:2008:166 – Securenta, BStBl. II 2008, 727 = UR 2008, 344 m. Anm. *Eggers*.

4 EuGH, Urt. v. 1.12.2022 – C-269/20, ECLI:EU:C:2022:944 – Finanzamt T, UR 2023, 36 m. Anm. *Küffner*, Rz. 47 ff.

5 *Heber* in Lang/Pistone/Rust/Schuch/Staringer/Raponi, CJEU, 161.

6 So im Ergebnis auch: *Küffner/Kirchinger*, UR 2020, 330 (332).

7 EuGH, Urt. v. 8.5.2019 – C-566/17, ECLI:EU:C:2019:390 – Związek Gmin Zagłębia Miedziowego w Polkowicach, UR 2019, 424 m. Anm. *Sterzinger*, Rz. 29; EuGH, Urt. v. 25.7.2018 – C-140/17, ECLI:EU:C:2018:595 – Gmina Ryjewo, UR 2018, 687 m. Anm. *Küffner/Kirchinger* und Anm. *Sterzinger*, Rz. 58.

c) Betriebsstätten und Zweigniederlassungen als Organgesellschaft

Betriebsstätten und Zweigniederlassungen sind, sofern sie keiner selbständigen Wirtschaftstätigkeit nachgehen, nicht als Unternehmer anzusehen. Die **eigene Unternehmereigenschaft** erlangen sie nur dann, wenn sie ein **eigenes wirtschaftliches Risiko** tragen, das mit der jeweiligen Tätigkeit entsprechend einhergeht.[1] Die mangelnde wirtschaftliche Selbständigkeit hindert Betriebsstätten und Zweigniederlassungen aber nicht daran, Teil einer Mehrwertsteuergruppe zu sein, denn sie sind vom restlichen Unternehmen rechtlich hinreichend unabhängig. 115

Dementsprechend hat es der EuGH in der Rechtssache ***Skandia*** für möglich erachtet, dass eine Zweigniederlassung einer gebietsfremden Gesellschaft Teil einer Mehrwertsteuergruppe ist und gemeinsam mit den anderen eng verbundenen Personen zu einem Steuerpflichtigen verschmilzt.[2] Gleichermaßen hat der EuGH den umgekehrten Fall in der Rechtssache ***Danske Bank A/S*** gelöst. Ist die Hauptniederlassung Teil einer Mehrwertsteuergruppe dann werden die Leistungen an ihre in einem anderen Mitgliedstaat ansässige Zweigniederlassung durch die Gruppe erbracht und sind steuerbar.[3] In einer gemeinsamen Schau der EuGH Urteile in den Rechtssachen *Skandia*, *Danske Bank A/S* und *FCE Bank*[4] ergibt sich eindeutig, dass die Selbständigkeit, welche die Steuerpflichtigeneigenschaft nach Art. 9 Abs. 1 MwStSystRL fordert, nicht mit der rechtlichen Unabhängigkeit nach Art. 11 Abs. 1 MwStSystRL gleichgesetzt werden kann. Art. 11 Abs. 1 MwStSystRL fordert nur eine **hinreichende Abgrenzbarkeit vom restlichen Unternehmen**, was insbesondere dann schlagend wird, wenn das Unternehmen nicht im Inland belegen ist (zur grenzüberschreitenden Organschaft s. Rz. 161 ff.).[5] 116

d) Eingliederungsvoraussetzungen

aa) Kumulatives Vorliegen

Die Voraussetzung der finanziellen, wirtschaftlichen und organisatorischen Eingliederung der Organgesellschaft in das Unternehmen des Organträgers muss während der gesamten Dauer des Bestehens der Organschaft vorliegen.[6] Zudem müssen alle drei Eingliederungsmerkmale **kumulativ** erfüllt sein.[7] Dies schließt nicht aus, dass die einzelnen Merkmale unterschiedlich stark ausgeprägt sind.[8] 117

Auch das Richtlinienrecht verlangt, dass die der Mehrwertsteuergruppe angehörenden Personen in finanzieller, wirtschaftlicher und organisatorischer Hinsicht eng miteinander verbunden sind. Es wird also eine **gesellschaftsrechtliche, tätigkeits- und leitungsbezogene Verbundenheit** verlangt. Nach Auffassung der Kommission gewährt die Kumulierung der Kriterien der finanziellen, wirtschaftlichen und organisatorischen Beziehung Schutz vor Missbrauch.[9] Was die unionsrechtlichen Vorgaben letztlich unter den drei Kriterien einer engen Beziehung zwischen den Personen verstehen, lässt die MwStSystRL offen. Auch die Rechtsprechung des EuGH ist hinsichtlich ihrer Auslegung nicht weiterführend. Der Gerichtshof hat sie bisweilen nur als nicht unmittelbar anwendbar erklärt, da sie einer weiteren Präzisierung durch das nationale Recht bedürfen.[10] 118

1 EuGH, Urt. v. 23.3.2006 – C-210/04, ECLI:EU:C:2006:196 – FCE Bank, UR 2006, 331 m. Anm. *Heinrichshofen*, Rz. 35 und 36.
2 EuGH, Urt. v. 17.9.2014 – C-7/13, ECLI:EU:C:2014:2252 – Skandia America Corp. USA, filial Sverige, UR 2014, 847 m. Anm. *Maunz* und Anm. *Heinrichshofen*, Rz. 28 und 29.
3 EuGH, Urt. v. 11.3.2021 – C-812/19, ECLI:EU:C:2021:196 – Danske Bank, UR 2021, 356 m. Anm. *Sterzinger*, Rz. 26, 27, 28.
4 EuGH, Urt. v. 23.3.2006 – C-210/04, ECLI:EU:C:2006:196 – FCE Bank, UR 2006, 331 m. Anm. *Heinrichshofen*.
5 In diesem Sinne: *Spies*, Permanent Establishments in Value Added Tax, S. 278.
6 Kommission v. 2.7.2009, KOM(2009) 325 endg., 9.
7 BFH, Urt. v. 3.4.2008 – V R 76/05, BStBl. II 2008, 905 = UR 2008, 549; vgl. in diesem Sinne auch: BFH, Urt. v. 22.11.2001 – V R 50/00, BStBl. II 2002, 167 = UR 2002, 126.
8 BFH, Urt. v. 29.10.2008 – XI R 74/07, BStBl. II 2009, 256 = UR 2009, 47; Abschn. 2.8. Abs. 1 Satz 3 UStAE.
9 Kommission v. 2.7.2009, KOM(2009) 325 endg., 9.
10 EuGH, Urt. v. 16.7.2015 – C-108/14 und C-109/14, ECLI:EU:C:2015:496 – Larentia + Minerva, Marenave, BStBl. II 2017, 604 = UR 2015, 671 m. Anm. *Hummel*; Anm. *Heinrichshofen*, UR 2015, 722, Rz. 50.

bb) Finanzielle Eingliederung

(1) Stimmrechtsmehrheit

119 Nach langjähriger Rechtsprechung des BFH verlangte die finanzielle Eingliederung, dass der Organträger **mehr als 50 % der Stimmrechte** in der Organgesellschaft hält, sofern keine höhere qualifizierte Mehrheit für Beschlüsse in der Organgesellschaft erforderlich ist, denn nur so ist eine **Durchsetzung der wesentlichen Entscheidungen** in der Organgesellschaft gesichert.[1] Durch das EuGH Urteil in der Rechtssache ***Norddeutsche Gesellschaft für Diakonie***[2] kann an dieser Rechtsprechungslinie nicht mehr festgehalten werden. Der EuGH führt aus, dass es sich bei der Bestimmung zur Mehrwertsteuergruppe zwar um eine fakultative Regelung handelt, sie also die Anwendung nationaler Rechtsvorschriften voraussetzt. Doch muss der Begriff der engen finanziellen Verbindung autonom und einheitlich ausgelegt werden, um Divergenzen zwischen den Mitgliedstaaten zu vermeiden, die sich für eine Umsetzung von Art. 11 MwStSystRL entschieden haben.[3] Eine enge finanzielle Verbindung verlangt, wie es der Gerichtshof auch in seinem Urteil in der Rechtssache *Larentia + Minerva* ausgesprochen hat, kein Unterordnungsverhältnis zum Organträger, es sei denn, die Unterordnung sei auf die Verhinderung missbräuchlicher Praktiken und die Bekämpfung von Steuerhinterziehung und Umgehung gerichtet.[4] Der Gerichtshof räumt aber selbst ein, dass das Erfordernis der **Stimmrechtsmehrheit nicht von vorneherein eine Maßnahme darstellt, die für die Verhinderung von missbräuchlichen Praktiken** und für die Bekämpfung von Steuerhinterziehung und Umgehung erforderlich und geeignet ist.[5] Folglich **verstößt das Erfordernis der grundsätzlichen Stimmenmehrheit für die finanzielle Eingliederung gegen die unionsrechtlichen Vorgaben**. Der EuGH lässt es aber dem nationalen Gericht offen, zu überprüfen, ob die geforderte Stimmrechtsmehrheit konkret der Missbrauchsbekämpfung dient.

120 Der BFH hat in der Vergangenheit für die enge finanzielle Verbindung die Stimmrechtsmehrheit gefordert, da sie **einfach, rechtssicher und ohne Nachweisschwierigkeiten festzustellen** ist.[6] Durch das Organschaftsverhältnis kommt es zu einer Verlagerung der Steuerschuld auf den Organträger, was es verlangt, die Voraussetzungen für das Bestehen einer Organschaft rechtssicher bestimmen zu können. Die Wirkungen der Organschaft treten nicht erst ein, wenn der Organträger eine Organschaft beantragt.[7] Zudem sieht das nationale Recht auch nicht vor, dass mittels Feststellungsbescheid über das Bestehen einer Organschaft entschieden wird. Damit der Organträger seine Verpflichtungen erkennt, müssen die Voraussetzungen für die Organschaftsbildung rechtssicher feststellbar sein.[8] In die Notwendigkeit der rechtssicheren Ausgestaltung der Eingliederungsmerkmale fügt sich auch die Überlegung, dass **Stimmbindungsvereinbarungen** und **Stimmrechtsvollmachten** für die Frage der finanziellen Eingliederung nur berücksichtigt werden, wenn sie sich aus der Satzung ergeben.[9] Auch ein **Treuhandvertrag** muss

1 BFH, Urt. v. 22.11.2001 – V R 50/00, BStBl. II 2002, 167 = UR 2002, 127; BFH, Urt. v. 19.5.2005 – V R 31/03, BStBl. II 2005, 671 = UR 2005, 496; BFH, Urt. v. 14.2.2008 – V R 12/06, V R 13/06, BFH/NV 2008, 1365.
2 EuGH, Urt. v. 1.12.2022 – C-141/20, ECLI:EU:C:2022:943 – Norddeutsche Gesellschaft für Diakonie, UR 2023, 25 m. Anm. *Monfort.*
3 EuGH, Urt. v. 1.12.2022 – C-141/20, ECLI:EU:C:2022:943 – Norddeutsche Gesellschaft für Diakonie, UR 2023, 25 m. Anm. *Monfort*, Rz. 65.
4 EuGH, Urt. v. 1.12.2022 – C-141/20, ECLI:EU:C:2022:943 – Norddeutsche Gesellschaft für Diakonie, UR 2023, 25 m. Anm. *Monfort*, Rz. 68.
5 EuGH, Urt. v. 1.12.2022 – C-141/20, ECLI:EU:C:2022:943 – Norddeutsche Gesellschaft für Diakonie, UR 2023, 25 m. Anm. *Monfort*, Rz. 69.
6 BFH, Urt. v. 2.12.2015 – V R 15/14, BStBl. II 2017, 553 = UR 2016, 192; BFH, Urt. v. 2.12.2015 – V R 25/13, BStBl. II 2017, 547 = UR 2016, 185; BFH, Urt. v. 22.4.2010 – V R 9/09, BStBl. II 2011, 597 = UR 2010, 579 m. Anm. *Korf.*
7 Das BMF will dies ändern. So sieht das Eckpunktepapier v. 14.3.2019 vor, dass die aktuelle umsatzsteuerliche Regelung zur Organschaft durch eine Gruppenbesteuerung ersetzt werden soll. Die Rechtsfolgen der Gruppenbesteuerung sollen erst nach gemeinsamer Antragstellung durch die Gruppenmitglieder eintreten, siehe hierzu: *Sterzinger*, MwStR 2020, 169 ff.
8 BFH, Urt. v. 22.4.2010 – V R 9/09, BStBl. II 2011, 597 = UR 2010, 579 m. Anm. *Korf.*
9 BFH, Urt. v. 2.12.2015 – V R 25/13, BStBl. II 2017, 547 = UR 2016, 185.

schriftlich abgeschlossen und leicht nachprüfbar sein, damit sich die Anteile und Stimmrechte auf die finanzielle Eingliederung auswirken.[1]

Vor dem Hintergrund des EuGH-Urteils in der Rechtssache *Norddeutsche Gesellschaft für Diakonie* und dem Gebot der Rechtssicherheit hat der **XI. Senat des BFH die Rechtsprechung** mit Blick auf die Voraussetzungen für eine enge finanzielle Eingliederung in den Organträger **geändert**. Zwar verlange eine finanzielle Eingliederung grundsätzlich eine Mehrheit der Stimmrechte in der Hand des Organträgers. Hieran soll auch weiterhin festgehalten werden. Doch liegt eine finanzielle Eingliederung auch dann vor, wenn die erforderliche Willensdurchsetzung anders gesichert ist. Konkret ist die Willensdurchsetzung gesichert, wenn der Organträger über 50 % der Stimmrechte verfügt, eine Mehrheitsbeteiligung am Kapital der Organgesellschaft hält und den einzigen Geschäftsführer stellt. Konkret wird die schwach ausgeprägte finanzielle Eingliederung durch eine besonders stark ausgeprägte organisatorische Eingliederung ausgeglichen.[2] In einem solchen Fall ist es dem Organträger weiterhin möglich, die Umsätze der Organgesellschaft ordnungsgemäß zu versteuern und den sich aus der wirtschaftlichen Tätigkeit der Organgesellschaft ergebenden umsatzsteuerlichen Verpflichtungen nachzukommen. 120.1

Der XI. Senat des BFH weist explizit darauf hin, dass sich durch die Änderung der Rechtsprechung nichts an dem Erfordernis der „eigenen Mehrheitsbeteiligung" ändert.[3] Eine Organschaft zwischen Schwestergesellschaften gibt es weiterhin nicht, sofern der gemeinsame Gesellschafter nicht in die Organschaft miteinbezogen werden kann.[4] Jeder Gesellschaft fehlen gegenüber der Schwestergesellschaft die notwendigen Durchgriffsrechte.[5] Darüber hinaus schließt das Erfordernis der Mehrheitsbeteiligung eine **Mehrmütterorganschaft** aus.[6] Dem Erfordernis der eigenen Mehrheitsbeteiligung steht es aber nicht entgegen, dass der Organträger die Beteiligung an der Organgesellschaft **mittelbar** über eine oder mehrere Tochtergesellschaften hält.[7] 121

(2) Notwendigkeit eines Über- und Unterordnungsverhältnisses

Der V. Senat des BFH geht für Zwecke der Rechtssicherheit noch weiter und verlangt ein **Über- und Unterordnungsverhältnis** für die finanzielle Eingliederung. Der Organträger hat als Unternehmer die Aufgabe als „Steuereinnehmer" für den gesamten Organkreis wahrzunehmen und muss wissen, welche Verpflichtungen ihm tatsächlich obliegen.[8] 122

Aus dem Wortlaut des § 2 Abs. 2 Nr. 2 UStG ergibt sich das Kriterium einer Über- und Unterordnung nicht unmittelbar, doch könnte man aus der Eingliederung selbst ein solches Verhältnis zwischen Organträger und Organgesellschaften ableiten. 123

Art. 11 Abs. 1 MwStSystRL ist die Notwendigkeit einer Über- und Unterordnung der an der Mehrwertsteuergruppe beteiligten Personen gänzlich fremd.[9] Denn anders als bei der nationalen Organschaft kommt es nicht zu einer Eingliederung von Gesellschaften in das Unternehmen des Organträgers, sondern zur Begründung eines neuen Steuerpflichtigen, der sich aus den eng miteinander verbundenen Personen formt (Rz. 150 ff.). 124

1 BFH, Urt. v. 30.4.2009 – V R 3/08, BStBl. II 2013, 873 = UR 2009, 639.
2 BFH, Urt. v. 18.1.2023 – XI R 29/22 (XI R 16/18), UR 2023, 334 m. Anm. *Zitzl*.
3 BFH, Urt. v. 18.1.2023 – XI R 29/22 (XI R 16/18), UR 2023, 334 m. Anm. *Zitzl*.
4 BFH, Urt. v. 24.8.2016 – V R 36/15, BStBl. II 2017, 595 = UR 2017, 117; BFH, Urt. v. 22.4.2010 – V R 9/09, BStBl. II 2011, 597 = UR 2010, 579 m. Anm. *Korf*; BFH, Urt. v. 1.2.2022 – V R 23/21, BStBl. II 2023, 148 = UR 2022, 769.
5 *Wäger* in Birkenfeld/Wäger, Umsatzsteuer-Handbuch, Abschn. I Kap. 3 A. – § 2 UStG Rz. 116 (Stand: August 2017).
6 BFH, Urt. v. 30.4.2009 – V R 3/08, BStBl. II 2013, 873 = UR 2009, 639; BFH, Urt. v. 3.12.2015 – V R 36/13, BStBl. II 2017, 563 = UR 2016, 204.
7 Abschn. 2.8. Abs. 5b Satz 2 UStAE.
8 BFH, Urt. v. 15.12.2016 – V R 14/16, BStBl. II 2017, 600 = UR 2017, 305.
9 Siehe hierzu auch: *Grünwald*, MwStR 2013, 328 (332).

125 In der Rechtssache ***Ampliscientifica*** verwendet der EuGH den Begriff der **„untergeordneten Personen“**, die selbst nicht mehr als Steuerpflichtige anzusehen sind.[1] Doch ergibt sich aus der Formulierung nicht eindeutig, ob der Gerichtshof bestimmte Personen gegenüber einer Person als untergeordnet versteht, was der deutschen Differenzierung zwischen Organträger und Organgesellschaften entsprechen würde, oder ob der EuGH nicht doch vielmehr alle Personen als der Mehrwertsteuergruppe untergeordnet qualifiziert.

126 Eine Unterordnung aller Personen würde dem Verständnis der Mehrwertsteuergruppe als eigenständiger Steuerpflichtiger besser entsprechen. Der V. Senat deutet die Formulierung des EuGH vielmehr im Lichte eines Unter- und Überordnungsverhältnisses zwischen Organträger und Organgesellschaften.[2] Die jüngere Rechtsprechung des EuGH thematisiert das Unterordnungsverhältnis explizit und will ein solches **nicht als Voraussetzung für die Bildung einer Mehrwertsteuergruppe** verstehen.[3] Zwar kann sich ein solches aus der notwendig engen Verbindung zwischen den Personen vermuten lassen, doch ist es keine Voraussetzung für die Bildung einer Mehrwertsteuergruppe.[4] Den Mitgliedstaaten steht es aber frei, entsprechend Art. 11 Abs. 2 MwStSystRL ein Unterordnungsverhältnis zu verlangen, wenn es dazu dient, **missbräuchlichen Praktiken vorzubeugen.**[5]

127 Der V. Senat hält auch im Lichte der ergangenen EuGH-Rechtsprechung an dem Kriterium der Über- und Unterordnung fest. Weiterhin soll das Kriterium der Über- und Unterordnung, nunmehr aber als Erfordernis der **Eingliederung mit Durchgriffsrechten** formuliert, primär der Rechtssicherheit und nur sekundär der Missbrauchsabwehr dienen.[6] Der Organträger soll einerseits in die Lage versetzt werden, seine Pflichten zu erkennen, und anderseits verlangt eine Konzentrierung der umsatzsteuerlichen Verpflichtungen beim Organträger gewisse Durchgriffsrechte zu seinen Gunsten, um Missbrauch vorzubeugen. Der EuGH hat die Notwendigkeit des Über- und Unterordnungsverhältnisses als Erfordernis für das rechtssichere Bestehen einer engen finanziellen Verbindung in der Rechtssache **M-GmbH** jüngst abgelehnt.[7] Konkret ging es um die Eingliederung von Personengesellschaften. Nach Auffassung des EuGH ist auch die theoretische Möglichkeit, durch schlichte mündliche Vereinbarungen die Stimmrechtsverhältnisse des Gesellschaftsvertrags zu ändern, nicht ausreichend, um höhere Anforderungen an die finanzielle Verbindung durch ein Über- und Unterordnungsverhältnis zu stellen.

128 Das EuGH-Urteil in der Rechtssache ***Norddeutsche Gesellschaft für Diakonie***[8] bestätigt die vorangegangenen Urteile. Das Erfordernis der Unterordnung der Organgesellschaften ist dem Grunde nach nicht mit den unionsrechtlichen Vorgaben vereinbar; es sei denn die Unterordnung dient der Verhinderung missbräuchlicher Praktiken. Dementsprechend hat der XI. Senat das Erfordernis eines Unterordnungsverhältnisses für die Begründung einer Organschaft weder als generelles Kriterium noch als Ausprägung der finanziellen Eingliederung verlangt.[9] Wichtig ist mit Blick auf die Rechtssicherheit, dass der Organträger seinen Willen bei den Organgesellschaften durchsetzen kann. Die Möglichkeit der Willensdurchsetzung ist im Einzelfall zu prüfen und kann auch dann gesichert sein, wenn die finanzielle Eingliederung besonders schwach, die organisatorische Eingliederung hingegen besonders stark ausgestaltet ist.

129 frei

---

1 EuGH, Urt. v. 22.5.2008 – C-162/07, ECLI:EU:C:2008:301 – Ampliscientifica und Amplifin, UR 2008, 534 m. Anm. *Nieskens* und Anm. *Stadie*, Rz. 19.

2 BFH, Urt. v. 22.4.2010 – V R 9/09, BStBl. II 2011, 597 = UR 2010, 579 m. Anm. *Korf.*

3 EuGH, Urt. v. 16.7.2015 – C-108/14 und C-109/14, ECLI:EU:C:2015:496 – Larentia + Minerva, Marenave, BStBl. II 2017, 604 = UR 2015, 671 m. Anm. *Hummel*; Anm. *Heinrichshofen*, UR 2015, 722, Rz. 44.

4 EuGH, Urt. v. 16.7.2015 – C-108/14 und C-109/14, ECLI:EU:C:2015:496 – Larentia + Minerva, Marenave, BStBl. II 2017, 604 = UR 2015, 671 m. Anm. *Hummel*; Anm. *Heinrichshofen*, UR 2015, 722, Rz. 45.

5 EuGH, Urt. v. 16.7.2015 – C-108/14 und C-109/14, ECLI:EU:C:2015:496 – Larentia + Minerva, Marenave, BStBl. II 2017, 604 = UR 2015, 671 m. Anm. *Hummel*; Anm. *Heinrichshofen*, UR 2015, 722, Rz. 45.

6 BFH, Urt. v. 2.12.2015 – V R 15/14, BStBl. II 2017, 553 = UR 2016, 192.

7 EuGH, Urt. v. 15.4.2021 – C-868/19, ECLI:EU:C:2021:285 – M-GmbH, UR 2021, 392 m. Anm. *Widmann*, Rz. 47 bis 49.

8 EuGH, Urt. v. 1.12.2022 – C-141/20, ECLI:EU:C:2022:943 – Norddeutsche Gesellschaft für Diakonie mbH, UR 2023, 25 m. Anm. *Monfort.*

9 BFH, Urt. v. 18.1.2023 – XI R 29/22 (XI R 16/18), UR 2023, 334 m. Anm. *Zitzl.*

cc) Wirtschaftliche Eingliederung

Der **BFH** verlangt für die wirtschaftliche Eingliederung einen **vernünftigen wirtschaftlichen Zusammenhang** der Tätigkeit des Organträgers und der Organgesellschaft im Sinne einer wirtschaftlichen **Einheit, Kooperation oder Verflechtung.**[1] Die wirtschaftliche Eingliederung verlangt aber **keine wirtschaftliche Zweckabhängigkeit** der Organgesellschaft.[2] Zudem kann die wirtschaftliche Eingliederung nicht nur aufgrund unmittelbarer Beziehungen zum Organträger bestehen, sondern auch auf einer **Verflechtung von Unternehmensbereichen verschiedener Gruppenmitgliedern** beruhen.[3] 130

Die **Kommission** hingegen interpretiert die wirtschaftliche Beziehung zwischen den Personen einer Mehrwertsteuergruppe als ein notwendiges **wirtschaftliches Zusammenarbeiten** dieser. Ein solches Zusammenarbeiten spiegelt sich in der Ausübung der gleichen Haupttätigkeit, in ergänzenden oder voneinander abhängigen Tätigkeiten der Mitglieder oder in der Tätigkeit eines Gruppenmitglieds wider, die allen anderen Mitgliedern in wesentlichem Umfang zugutekommt.[4] 131

Die Auslegung der wirtschaftlichen Eingliederung durch den BFH weicht aber insofern von der Interpretation der wirtschaftlichen Beziehung durch die Kommission ab, als ein **entgeltliches Leisten zwischen dem Organträger und den Organgesellschaften** verlangt wird. Die Leistungen müssen im Rahmen der wirtschaftlichen Tätigkeit des Organträgers ausgeführt werden und dem Grunde nach einen steuerbaren Leistungsaustausch begründen.[5] Ein unentgeltliches Leisten genügt demzufolge für eine wirtschaftliche Eingliederung nicht.[6] Zudem muss den Leistungen für das Unternehmen der Organgesellschafter **mehr als nur eine unwesentliche (geringfügige) Bedeutung** zukommen.[7] 132

Ein Grundstück, das vom Organträger an die Organgesellschaft vermietet wird, ist dann nicht von geringfügiger Bedeutung, wenn das Grundstück für die Umsatztätigkeit des Organträgers besonders gestaltet ist, seinem Betriebsablauf angepasst und dafür nach Lage, Größe, Bauart und Gliederung besonders zugeschnitten ist.[8] Das vom Organträger vermietete Grundstück hat für die Organgesellschaft auch dann besonderes Gewicht, wenn dort sein Unternehmen betrieben wird.[9] Der BFH sieht die wirtschaftliche Eingliederung als beendet an, wenn über das an die Organgesellschaft vermietete Grundstück Zwangsverwaltung und Zwangsversteigerung angeordnet wurde.[10] Die FinVerw. teilt diese Auffassung nicht. Vielmehr soll sich eine Entflechtung erst in dem Zeitpunkt vollziehen, in dem eine tatsächliche Beendigung der Nutzungsverhältnisse zwischen Organträger und Organgesellschaft erfolgt.[11] 133

Die Rechtsprechung des BFH zeigt ganz eindeutig, dass es für die wirtschaftliche Eingliederung eines entgeltlichen Leistens an den wirtschaftlichen Bereich bedarf.[12] Im Lichte der Rechtsprechung des EuGH zur Frage, wer einer Mehrwertsteuergruppe angehören kann (Rz. 88 f.), scheint die **Auslegung des BFH zu eng**. In der Rechtssache *Kommission gegen Irland* hat der EuGH unmissverständlich zum Ausdruck gebracht, dass Art. 11 Abs. 1 MwStSystRL den Zusammenschluss von Personen nicht von deren eigenständiger Steuerpflichtigeneigenschaft abhängig macht.[13] Nur dann, wenn die Einbeziehung von Nichtsteuerpflichtigen zu missbräuchlichen Praktiken führt, können die Mitgliedstaaten ge- 134

1 BFH, Urt. v. 29.10.2008 – XI R 74/07, BStBl. II 2009, 256 = UR 2009, 47.
2 BFH, Urt. v. 3.4.2003 – V R 63/01, BStBl. II 2004, 434 = UR 2003, 394.
3 BFH, Urt. v. 11.5.2023 – V R 28/20, BStBl. II 2023, 992 = UR 2023, 825; BFH, Urt. v. 1.2.2022 – V R 23/21, BStBl. II 2023, 148 = UR 2022, 769.
4 Kommission v. 2.7.2009, KOM(2009) 325 endg., 10.
5 BFH, Beschl. v. 13.11.2019 – V R 30/18, BStBl. II 2021, 248 = UR 2020, 140; *Treiber* in Sölch/Ringleb, § 2 UStG Rz. 197 (Stand: März 2018).
6 BFH, Urt. v. 18.6.2009 – V R 4/08, BStBl. II 2010, 310 = UR 2009, 793; BFH, Urt. v. 20.8.2009 – V R 30/06, BStBl. II 2010, 863 = UR 2009, 800.
7 BFH, Urt. v. 6.5.2010 – V R 26/09, BStBl. II 2010, 1114 = UR 2010, 902.
8 BFH, Urt. v. 9.9.1993 – V R 124/89, BStBl. II 1994, 129 = UR 1994, 122.
9 BFH, Urt. v. 16.8.2001 – V R 34/01, BFH/NV 2002, 223 = UR 2002, 214; BFH, Urt. v. 1.4.2004 – V R 24/03, BStBl. II 2004, 905 = UR 2004, 981.
10 BFH, Urt. v. 29.1.2009 – V R 67/07, BStBl. II 2009, 1029 = UR 2009, 554.
11 Abschn. 2.8. Abs. 6c Satz 3 UStAE.
12 *Treiber* in Sölch/Ringleb, § 2 UStG Rz. 198 (Stand: Juni 2021).
13 EuGH, Urt. v. 9.4.2013 – C-85/11, ECLI:EU:C:2013:217 – Kommission/Irland, UR 2013, 418, Rz. 36.

mäß Art. 11 Abs. 2 MwStSystRL Maßnahmen zu deren Vorbeugung setzen.[1] Wenn die wirtschaftliche Eingliederung **für sich schon** einen entgeltlichen Leistungsaustausch zwischen den Organmitgliedern fordert, ist es zwangsläufig unmöglich, Nichtunternehmer in den Organkreis miteinzubeziehen. Fordern aber die unionsrechtlichen Grundlagen zumindest die Möglichkeit der Gruppenbildung mit Nichtsteuerpflichtigen, so müssen die Merkmale der engen Beziehung zwischen ihnen es erlauben, ausschließlich nicht-wirtschaftlich tätig zu sein. Denn die enge Auslegung des Merkmals der wirtschaftlichen Eingliederung scheint nicht der Missbrauchsvermeidung zu dienen. Die geforderte wirtschaftliche Verflechtung zwischen Organträger und Organgesellschaft kann auch durch eine nicht-wirtschaftliche Tätigkeit eines potenziellen Organmitglieds begründet werden.

135 Gliedert eine Forschungseinrichtung bspw. ihre kommerzielle Weiterverarbeitung von Forschungsergebnissen und die angewandte Forschung in einen eigenen Rechtsträger aus, so können die Forschungsergebnisse des Organträgers für die wirtschaftliche Tätigkeit der Organgesellschaft essentiell sein. Die Ergebnisse der Grundlagenforschung stehen der Allgemeinheit offen und werden daher nicht im Wege eines entgeltlichen Leistungsaustausches den Organgesellschaften zur Verfügung gestellt. Trotz des mangelnden entgeltlichen Leistens kann die wirtschaftliche Tätigkeit der Organgesellschaften auf diesen Forschungsergebnissen des Organträgers nicht nur aufbauen, sie können die unverzichtbare Grundlage für die wirtschaftliche Tätigkeit der Organgesellschaft bilden.

136 Die Interpretation der wirtschaftlichen Beziehung zwischen den Organmitgliedern im Sinne eines notwendigen entgeltlichen Leistens ist **zu restriktiv**, da sie übersieht, dass auch eine nicht-wirtschaftliche Tätigkeit (nicht-wirtschaftliche Tätigkeit i.e.S.) des Organträgers wesentlich für die Tätigkeit der Organgesellschaft sein kann. Im Lichte der unionsrechtlichen Vorgaben darf die wirtschaftliche Verflechtung kein entgeltliches Leisten zwischen den Organmitgliedern fordern.

dd) Organisatorische Eingliederung

(1) Beherrschung der laufenden Geschäftsführung

137 Die organisatorische Eingliederung knüpft insofern an die finanzielle Eingliederung an, als der Organträger durch die organisatorische Eingliederung die mit der finanziellen Eingliederung verbundene Möglichkeit der **Beherrschung der Tochtergesellschaft auch in der laufenden Geschäftsführung** rechtlich wahrnehmen soll.[2] Eine solche Beherrschung der Tochtergesellschaft kann durch die Art und Weise der Geschäftsführung[3] oder aber zumindest durch die Gestaltung der Beziehung zwischen dem Organträger und der Organgesellschaft sichergestellt werden.[4]

138 Wenngleich die ältere Rechtsprechung des BFH es noch für ausreichend angesehen hat, wenn der Organträger eine abweichende Willensbildung in der Organgesellschaft ausschließen kann,[5] verlangt die jüngere Rechtsprechung des V. Senats, dass „der Organträger die mit der finanziellen Eingliederung verbundene Möglichkeit der Beherrschung der Tochtergesellschaft in der laufenden Geschäftsführung auch rechtlich wahrnehmen kann".[6] Der Organträger muss also **aktiv seine Beherrschung über die Geschäftsführung der Organgesellschaft ausüben** können.[7] Die explizite Änderung der Rechtsprechung wird in Anlehnung an die Notwendigkeit einer Über- und Unterordnung mit den Pflichten des Organträgers begründet. Der Organträger als Steuerpflichtiger für alle Organgesellschaften ist „Steu-

1 EuGH, Urt. v. 9.4.2013 – C-85/11, ECLI:EU:C:2013:217 – Kommission/Irland, UR 2013, 418, Rz. 49.
2 BFH, Urt. v. 27.11.2019 – XI R 35/17, BStBl. II 2021, 252 = UR 2020, 222; BFH, Urt. v. 12.10.2016 – XI R 30/14, BStBl. II 2017, 597 = UR 2017, 178; BFH, Urt. v. 28.1.1999 – V R 32/98, BStBl. II 1999, 258 = UR 1999, 251.
3 BFH, Urt. v. 5.12.2007 – V R 26/06, BStBl. II 2008, 451 = UR 2008, 259 m. Anm. *Hidien*; BFH, Urt. v. 9.10.2002 – V R 64/99, BStBl. II 2003, 375 = UR 2003, 74.
4 BFH, Urt. v. 3.4.2008 – V R 76/05, BStBl. II 2008, 905 = UR 2008, 549.
5 BFH, Urt. v. 20.2.1992 – V R 80/85, BFH/NV 1993, 133; BFH, Urt. v. 13.3.1997 – V R 96/96, BStBl. II 1997, 580 = UR 1997, 396; BFH, Urt. v. 28.1.1999 – V R 32/98, BStBl. II 1999, 258 = UR 1999, 251; BFH, Urt. v. 16.8.2001 – V R 34/01, BFH/NV 2002, 223 = UR 2002, 214; BFH, Urt. v. 1.4.2004 – V R 24/03, BStBl. II 2004, 905 = UR 2004, 352; BFH, Urt. v. 7.7.2011 – V R 53/10, BStBl. II 2013, 218 = UR 2011, 943.
6 BFH, Urt. v. 8.8.2013 – V R 18/13, BStBl. II 2017, 543 = UR 2013, 785 m. Anm. *Slapio*.
7 FG Münster, Urt. v. 18.6.2019 – 15 K 3739/16 U, EFG 2019, 1481 = UR 2019, 688.

ereinnehmer für Rechnung des Staates" und muss, damit er seine Aufgaben wahrnehmen kann, die laufende Geschäftsführung der Organgesellschaften beherrschen. Ein reines **Vetorecht ist nicht ausreichend**. Die organisatorische Eingliederung verlangt also eine klare, rechtlich verbindliche und schriftlich fixierte Einflussmöglichkeit auf die laufenden Geschäfte – eine rein faktische Einflussmöglichkeit reicht nicht aus.[1] Ob der XI. Senat des BFH die Rechtsprechungsänderung mitträgt, hat er noch offengelassen.[2]

Die **Kommission** verlangt für die Begründung einer organisatorischen Beziehung zwischen den Gruppenmitgliedern eine gemeinsame oder zumindest teilweise **gemeinsame Managementstruktur**.[3] Somit steht bei der organisatorischen Eingliederung klar die Leistung und damit die Geschäftsführung der Organgesellschaften im Vordergrund. 139

(2) Verschiedene Formen der organisatorischen Eingliederung

(aa) Personenidentität

Eine organisatorische Eingliederung verlangt eine enge **personelle Verflechtung der Geschäftsführung**, die regelmäßig durch **Personenidentität** in den Leitungsregimen von Organträger und Organgesellschaft begründet ist.[4] Personenidentität der Leitungsorgane verlangt, dass alle Mitglieder der Geschäftsführung der Organgesellschaft auch Mitglieder der Geschäftsführung des Organträgers sind. Nicht notwendig ist hingegen, dass alle Mitglieder der Geschäftsführung des Organträgers auch in der Geschäftsführung der Organgesellschaft vertreten sind.[5] Folglich liegt eine organisatorische Eingliederung vor, wenn nur einzelne Geschäftsführer des Organträgers Geschäftsführer der Organgesellschaft sind.[6] 140

(bb) Teilweise Personenidentität

Sind in der Organgesellschaft nur teilweise Personen vertreten, die auch die Geschäfte des Organträgers führen (**teilweise Personenidentität**), müssen nach Auffassung der FinVerw. für eine organisatorische Eingliederung weitere Voraussetzungen vorliegen. Ist eine Gesamtgeschäftsführungsbefugnis vereinbart, kann eine organisatorische Eingliederung bei Stimmenmehrheit der personenidentischen Geschäftsführer bestehen.[7] Verfügen die personenidentischen Geschäftsführer über keine Stimmenmehrheit oder ist eine Einzelgeschäftsführungsbefugnis vereinbart, bedarf es für die organisatorische Eingliederung darüber hinaus eines umfassenden Weisungsrechts des Organträgers gegenüber der Geschäftsführung der Organgesellschaft und eines umfassenden Abberufungsrechts aller Geschäftsführer der Organgesellschaft.[8] Alternativ kann ein schriftlich vereinbartes Letztentscheidungsrecht des personenidentischen Geschäftsführers die organisatorische Eingliederung begründen.[9] 141

---

1 FG Münster, Urt. v. 18.6.2019 – 15 K 3739/16 U, EFG 2019, 1481 = UR 2019, 688.

2 „Der V. Senat des BFH verlangt für das Vorliegen einer organisatorischen Eingliederung – unter Änderung seiner früheren Rechtsprechung – nunmehr, dass der Organträger die Organgesellschaft durch die Art und Weise der Geschäftsführung beherrschen und seinen Willen bei der Organgesellschaft durchsetzen können muss (vgl. BFH-Urteil vom 8.8.2013 – V R 18/13, BFHE 242, 433, BStBl. II 2017, 543, Rz. 25, 28 f.), während der erkennende Senat bisher darauf abgestellt hatte, dass der Organträger eine von seinem Willen abweichende Willensbildung bei der Organgesellschaft verhindern kann (BFH-Urteil in BFHE 223, 498, BStBl. II 2009, 256, unter II.1. b, Rz. 16)", BFH, Urt. v. 27.11.2019 – XI R 35/17, BStBl. II 2021, 252 = UR 2020, 222.

3 Kommission v. 2.7.2009, KOM(2009) 325 endg., 10.

4 BFH, Urt. v. 17.1.2002 – V R 37/00, BStBl. II 2002, 373 = UR 2002, 271; BFH, Urt. v. 3.4.2008 – V R 76/05, BStBl. II 2008, 905 = UR 2008, 549.

5 Abschn. 2.8. Abs. 8 Satz 3 UStAE.

6 BFH, Urt. v. 28.1.1999 – V R 32/98, BStBl. II 1999, 252 = UR 1999, 251.

7 Abschn. 2.8. Abs. 8 Satz 6 UStAE.

8 Abschn. 2.8. Abs. 8 Satz 8 UStAE, mit Verweis auf BFH, Urt. v. 7.7.2011 – V R 53/10, BStBl. II 2013, 218 = UR 2011, 943.

9 Abschn. 2.8. Abs. 8 Satz 9 UStAE.

(cc) Leitende Mitarbeiter

142 In besonderen Fällen hat der BFH eine organisatorische Eingliederung auch dann bejaht, wenn **leitende Mitarbeiter** des Organträgers als Geschäftsführer der Organgesellschaft tätig waren.[1] Dies beruht auf der Annahme, dass der leitende Mitarbeiter den Weisungen des Organträgers aufgrund des bestehenden Anstellungsverhältnisses und einer sich hieraus ergebenden persönlichen Abhängigkeit folgen wird und bei weisungswidrigem Verhalten vom Organträger als Geschäftsführer der Organgesellschaft uneingeschränkt abberufen werden kann.[2] Das Kriterium der uneingeschränkten Abberufungsmöglichkeit ist nicht erfüllt, wenn der Geschäftsführer nach der Satzung nur aus wichtigem Grund abberufen werden kann.[3]

143 Die BFH Rechtsprechung hat sogleich eine Diskussion dahingehend ausgelöst, was letztlich ein leitender Mitarbeiter ist, und warum nicht auch ein Mitarbeiter in nicht leitender Funktion durch die Führung der Geschäfte der Organgesellschaft eine organisatorische Eingliederung begründen kann, denn auch er ist an Weisungen des Organträgers gebunden.[4] Die **FinVerw.** hat indes von der Differenzierung zwischen leitenden und nicht leitenden Mitarbeitern Abstand genommen und geht von einer organisatorischen Eingliederung aus, wenn ein **Mitarbeiter des Organträgers** als Geschäftsführer der Organgesellschaft handelt.[5]

(dd) Eingriffsmöglichkeiten in den Kernbereich der laufenden Geschäftsführung

144 In Ausnahmefällen kann eine organisatorische Eingliederung auch **ohne eine personelle Verflechtung** der Geschäftsführung des Organträgers und der Organgesellschaft vorliegen. Voraussetzung dafür ist, dass **institutionell abgesicherte unmittelbare Eingriffsmöglichkeiten in den Kernbereich der laufenden Geschäftsführung** der Organgesellschaft gegeben sind.[6] Solche Eingriffsmöglichkeiten liegen vor, wenn schriftlich fixierte Vereinbarungen über die Entscheidungsbefugnis bestehen und der Organträger auf deren Basis den Geschäftsführer bei Verstößen gegen die Weisungen haftbar machen kann.[7] Ein aktienrechtlicher **Beherrschungsvertrag** mit einer Aktiengesellschaft oder analog mit einer GmbH kann eine organisatorische Eingliederung begründen.[8] Die organisatorische Eingliederung besteht erst, wenn der Beherrschungsvertrag in das Handelsregister eingetragen ist, denn der Eintragung kommt konstitutive Wirkung zu.[9]

(3) Beteiligungskette

145 Wie auch bei der finanziellen Eingliederung kann eine organisatorische Eingliederung über eine **Beteiligungskette** vermittelt werden. Sofern sichergestellt ist, dass der Organträger die Organgesellschaft durch die Art und Weise der Geschäftsführung beherrscht, ist es ausreichend, wenn die der organisatorischen Eingliederung dienenden Maßnahmen zwischen zwei Organgesellschaften ergriffen werden. Dies gilt selbst dann, wenn diese Maßnahmen nicht der Struktur der finanziellen Eingliederung folgen (z.B. bei Schwestergesellschaften).[10]

(4) Einzelunternehmer

146 Ist der Organträger ein **Einzelunternehmer**, gelten keine anderen Grundsätze. Für die organisatorische Eingliederung bedarf es einer organschaftlichen Vertretungsbefugnis.[11] Eine solche ist gesichert,

1 BFH, Urt. v. 20.8.2009 – V R 30/06, BStBl. II 2010, 863 = UR 2009, 800.
2 BFH, Urt. v. 7.7.2011 – V R 53/10, BStBl. II 2013, 218 = UR 2011, 943.
3 BFH, Urt. v. 7.7.2011 – V R 53/10, BStBl. II 2013, 218 = UR 2011, 943.
4 *Becker*, UStB 2013, 180 (183 f.); *Langer/Hammerl*, DStR 2013, 986 (989).
5 Abschn. 2.8. Abs. 9 Satz 1 UStAE.
6 BFH, Urt. v. 12.10.2016 – XI R 30/14, BStBl. II 2017, 597 = UR 2017, 178; BFH, Urt. v. 2.12.2015 – V R 15/14, BStBl. II 2017, 553 = UR 2016, 192; BFH, Urt. v. 3.4.2008 – V R 76/05, BStBl. II 2008, 905 = UR 2008, 549.
7 BFH, Urt. v. 5.12.2007 – V R 26/06, BStBl. II 2008, 451 = UR 2008, 259 m. Anm. *Hidien*.
8 Abschn. 2.8. Abs. 10 Satz 4 UStAE.
9 BFH, Urt. v. 10.5.2017 – V R 7/16, BStBl. II 2017, 1261 = UR 2017, 620.
10 Abschn. 2.8. Abs. 10a Sätze 1–5 UStAE.
11 BFH, Urt. v. 5.12.2007 – V R 26/06, BStBl. II 2008, 451 = UR 2008, 259 m. Anm. *Hidien*.

wenn der Einzelunternehmer alleiniger Geschäftsführer der Organgesellschaft ist. Verfügt die Organgesellschaft über mehrere Geschäftsführer, müssen die oben dargestellten Maßstäbe entsprechend angewendet werden. So ist von einer organisatorischen Eingliederung sicherlich auch dann auszugehen, wenn die weiteren Geschäftsführer Mitarbeiter des Organträgers sind.[1] Alternativ muss durch andere institutionell abgesicherte Maßnahmen ein Einfluss auf die Willensbildung sichergestellt werden.[2]

IV. Rechtsfolgen der Organschaft

1. Leisten innerhalb der Organschaft

Das nationale Recht sieht vor, dass jede Organgesellschaft unselbständiger Teil des Unternehmens des Organträgers ist. Organgesellschaften und Organträger bilden gemeinsam das Unternehmen und nur der Organträger ist Unternehmer. Leistungen zwischen den einzelnen Unternehmensteilen (mit anderen Worten zwischen den Organgesellschaften oder den Organgesellschaften und dem Organträger) sind **nicht steuerbar**. Die Leistungen innerhalb des Organkreises werden folglich ebenso behandelt wie Leistungen zwischen verschiedenen Betriebsabteilungen eines Einheitsunternehmens. 147

Die Konsequenz der Nichtsteuerbarkeit von Innenleistungen erlaubt es den Steuerpflichtigen, unternehmerische Entscheidungen nicht von etwaigen mehrwertsteuerlichen Belastungen abhängig zu machen. Vor diesem Hintergrund wird die Organschaft auch oft als ein **Gestaltungsinstrument** für Unternehmer betitelt,[3] denn die Organschaft ermöglicht es, einer Umsatzsteuerkumulation aufgrund fehlender vollständiger Vorsteuerabzugsberechtigung des Leistungsempfängers entgegenzuwirken.[4] Eine stärkere Spezialisierung von Unternehmen führt unweigerlich zu einer **Ausgliederung von Unternehmensprozessen**. Die umsatzsteuerlichen Konsequenzen einer Ausgliederung liegen bei voll vorsteuerabzugsberechtigten Unternehmern vor allem in einem erhöhten administrativen Aufwand. Steht dem Unternehmer das Recht auf Vorsteuerabzug nicht oder nur teilweise zu, kann ein die Effizienz steigerndes Ausgliedern mit hohen umsatzsteuerlichen Kosten verbunden sein, denn die Leistungen zwischen den Unternehmern unterliegen der Umsatzsteuer.[5] Die Organschaft kann hier Abhilfe schaffen, denn Leistungen zwischen den Organmitgliedern sind nicht steuerbar. Der vermeintliche Steuervorteil beschränkt sich aber auf eine Gleichstellung der mehrwertsteuerlichen Belastung der In-house-Leistungserbringung und jener der outgesourcten Leistungserbringung.[6] Auch im Zusammenspiel mit der Margenbesteuerung verschafft die Organschaftsregelung den Beteiligten keinen systemwidrigen Vorteil, denn Umsätze innerhalb des Organkreises sind nicht als Reisevorleistungen im Sinne des § 25 Abs. 1 und 3 UStG zu werten.[7] 148

Art. 11 MwStSystRL nimmt auf die umsatzsteuerrechtlichen Konsequenzen einer Mehrwertsteuergruppe nur insofern Bezug, als sämtliche Personen, die finanziell, wirtschaftlich und organisatorisch eng miteinander verbunden sind, als ein Steuerpflichtiger behandelt werden. Leistungen zwischen den eng miteinander verbundenen Personen werden dadurch zwangläufig zu nicht steuerbaren Innenumsätzen. Im Lichte der Rechtssache ***Norddeutsche Gesellschaft für Diakonie***[8] scheint diese Schlussfolgerung nun nicht mehr in Stein gemeißelt zu sein. Im Rahmen der Beantwortung der vierten Vorlagefrage führt der EuGH aus, dass die bloße Zugehörigkeit zu einer Mehrwertsteuergruppe nicht zu einem automatischen Versagen der selbständigen wirtschaftlichen Tätigkeit der Gruppenmitglieder führt. Positiv formuliert heißt dies, dass **Gruppenmitglieder weiterhin selbständig wirtschaftlich tätig** sein können, was es im Einzelfall zu prüfen gilt. Hieraus könnte der Schluss gezogen werden, dass im Falle von selbständig wirtschaftlich tätigen Gruppenmitgliedern, ein steuerbarer Leistungsaus- 148.1

1 *Korn*, NWB 2013, 1881 (1886).
2 *Korn* in Bunjes[22], § 2 UStG Rz. 133.
3 *Wäger*, DB 2014, 915 (915).
4 *Hummel*, MwStR 2013, 294 (295); Für die abwegige Ansicht eines Gestaltungsmissbrauchs nach § 42 AO: *Leonard*, DStR 2010, 721 (724).
5 Siehe weiterführend: *Heber*, IStR 2014, 686.
6 *Heber*, Taxlex 2023, 381.
7 BFH, Urt. v. 17.3.2022 – XI R 23/21 (XI R 4/21), BStBl. II 2022, 818 = UR 2022, 663.
8 EuGH, Urt. v. 1.12.2022 – C-141/20, ECLI:EU:C:2022:943 – Norddeutsche Gesellschaft für Diakonie, UR 2023, 25 m. Anm. *Monfort*.

tausch zwischen ihnen möglich ist.[1] Dass nach Auffassung von Generalanwältin *Medina* die Steuerbarkeit der Leistungen innerhalb der Gruppe das von Art. 11 MwStSystRL gewollte Ergebnis ist, verdeutlicht ein Beispiel in den Schlussanträgen mit aller Deutlichkeit.[2] Ob die konkreten Leistungen im Ausgangsfall letztlich steuerbar sind, lässt der EuGH mit Blick auf die Vorlagefrage offen.

148.2 Eine zu starke Verallgemeinerung von Urteilspassagen hat immer und in der Rechtssache *Norddeutsche Gesellschaft für Diakonie* ganz besonders mit Zurückhaltung zu erfolgen.[3] Die vierte vom BFH vorgelegte Frage, ob eine Typisierung durch den nationalen Gesetzgeber mit Blick auf die Selbständigkeit bei Vorliegen der Eingliederungsvoraussetzungen gestattet ist, macht nur im deutschen Kontext Sinn. Der BFH wollte hierdurch einen alternativen Begründungsweg für das Erfordernis eines Über- und Unterordnungsverhältnisses ebnen.[4] Der EuGH hatte spürbare Schwierigkeiten bei der Beantwortung der Frage[5] und so begann der EuGH mit Ausführungen zur zivilrechtlichen Selbständigkeit. Jedes Gruppenmitglied bleibt weiterhin zivilrechtlich eigenständig, denn die Mehrwertsteuergruppe hat nur mehrwertsteuerrechtliche Auswirkungen. Hierauf ist das Urteil aber nicht zu beschränken.[6] Liest man die Beantwortung der vierten Vorlagefrage in der Rechtssache ***Norddeutsche Gesellschaft für Diakonie*** mit der gebotenen Nüchternheit, so spricht der EuGH nur aus, dass Gruppenmitglieder weiterhin selbständig einer wirtschaftlichen Tätigkeit nachgehen können, wenn sie trotz Zugehörigkeit zur Gruppe ein wirtschaftliches Risiko tragen. Nicht im Urteil zu lesen ist aber, dass das Gruppenmitglied Steuerpflichtiger ist und steuerbare Leistungen an andere Gruppenmitglieder erbringt. Mit Blick auf die Grundstruktur des Mehrwertsteuersystems wird man sagen können, dass derjenige, der selbständig wirtschaftlich tätig ist, ein Steuerpflichtiger ist. Besteht aber zwischen den einzelnen selbständig wirtschaftlich tätigen Personen eine Mehrwertsteuergruppe, sind sie und ihre Folgen mit zu berücksichtigen. Folglich sind Gruppenmitglieder zwar im Grunde selbständig wirtschaftlich tätig, doch kommt ihnen die eigenständige Steuerpflichtigeneigenschaft nicht zu, da sie Teil einer Mehrwertsteuergruppe sind.[7]

148.3 Nach Auffassung des V. Senats des BFH ergeben sich aus dem EuGH-Urteil in der Rechtssache *Norddeutsche Gesellschaft für Diakonie* Zweifel daran, ob die Zusammenfassung mehrerer Personen zu einem Steuerpflichtigen im Rahmen der Gruppenbildung dazu führt, dass Leistungen zwischen diesen Personen nicht dem Anwendungsbereich der Mehrwertsteuer unterfallen. Aus diesem Grund hat der V. Senat des BFH eine erneute Vorlage an den EuGH gestellt, die klären soll, ob Leistungen zwischen Gruppenmitgliedern tatsächlich als nicht steuerbare Innenumsätze zu behandeln sind.[8]

2. Träger des organschaftlichen Unternehmens

a) Organträger als Unternehmer

149 Nach dem nationalen Gesetzeswortlaut übt eine juristische Person ihre gewerbliche oder berufliche Tätigkeit dann nicht selbständig aus, wenn sie in das Unternehmen des Organträgers eingegliedert ist. Der Wortlaut lässt schon erkennen, dass die Organschaftsregelung davon ausgeht, dass die Organgesellschaften dem Organträger untergeordnet sind und in ihn hineinverschmelzen. Dies hat zur Folge, dass die **Organschaft selbst nicht Unternehmer ist.**[9] Vielmehr kommt dem **Organträger die Unternehmereigenschaft** zu und ihm werden sämtliche Ausgangleistungen der Organmitglieder und alle

1 Vgl. hierzu *Ismer/Endres-Reich*, MwStR 2022, 887 f.; differenzierend: *Wüst*, UR 2023, 1 (3).

2 EuGH, Schlussanträge der Generalanwältin *Medina* v. 13.1.2022 – C-141/20, ECLI:EU:C:2022:11 – Norddeutsche Gesellschaft für Diakonie, Rz. 71–73.

3 Vgl. in diesem Sinne auch *Sterzinger*, MwStR 2023, 41; für eine Konzentration auf die Vorlagefrage und die Antwort des EuGH: *Ehrke-Rabel/von Streit*, UR 2023, 98 (101); vgl. allgemein zu dieser Thematik: *Hummel*, UR 2021, 171, insbesondere 179.

4 *Ismer*, MwStR 2022, 887; *Kirchinger*, UStB 2023, 19 (20).

5 A.A. *Luther/von Cölln/Rathmann*, MwStR 2023, 76 (79).

6 Für eine beschränkende Leseart auf die zivilrechtliche Eigenständigkeit: *Küffner/Tillmanns* in Weitemeyer/Hüttemann/Schauhoff, Umsatzsteuerrecht für den Nonprofitsektor, 2. Auflage 2024 (im Erscheinen).

7 *Heber*, Taxlex 2023, 383.

8 BFH, Beschl. v. 26.1.2023 – V R 20/22 (V R 40/19), BStBl. II 2023, 866 = UR 2023, 325 m. Anm. *Zitzl* (Az. des EuGH: C-184/23).

9 BFH, Urt. v. 10.11.2010 – XI R 25/08, BFH/NV 2011, 839.

von ihnen bezogenen Eingangsleistungen zugerechnet. Gleichermaßen ist ausschließlich der Organträger berechtigt, einen Vorsteuerabzug hinsichtlich der auf die Eingangsleistungen bezahlten Umsatzsteuer geltend zu machen. Gleichermaßen ist bei aufrechter Organschaft der Organträger Leistungsempfänger im Sinne von § 27 Abs. 19 UStG. Dies gilt auch dann, wenn zivilrechtlich die Organgesellschaft Vertragspartnerin des bauleistenden Unternehmers ist.[1]

b) Unionsrechtliche Vorgaben: Ein neuer Steuerpflichtiger

Die unionsrechtlichen Vorgaben kennen eine Trennung zwischen Organträger und Organgesellschaft nicht. Art. 11 Abs. 1 MwStSystRL sieht vielmehr vor, dass alle durch gegenseitige finanzielle, wirtschaftliche und organisatorische Beziehung eng miteinander verbundenen Personen zusammen als ein Steuerpflichtiger behandelt werden. Nach Auffassung der Kommission verlangt das Richtlinienrecht, dass mehrere eng miteinander verbundene Personen **„zu einem neuen einzigen Steuerpflichtigen verschmolzen werden“**.[2] Somit sollen die verbundenen Personen einen neuen Steuerpflichtigen formen[3] und nicht alle untergeordneten in einen bestehenden Steuerpflichtigen hineinverschmolzen werden. 150

Die Mehrwertsteuergruppe ist eine für Mehrwertsteuerzwecke geschaffene **„fiktive Einrichtung“**, der selbst die Steuerpflichtigeneigenschaft zukommen kann.[4] Die Mitglieder der Mehrwertsteuergruppe behalten zwar ihre Rechtsform und zivilrechtliche Eigenständigkeit, doch für Zwecke des Mehrwertsteuerrechts werden sie im Zeitpunkt des Beitritts zur Mehrwertsteuergruppe Bestandteil eines neuen, eigenständigen Mehrwertsteuerpflichtigen.[5] 151

Dass die Mehrwertsteuergruppe einen vollkommen eigenständigen Steuerpflichtigen bildet, der sich nicht in seine einzelnen Mitglieder aufteilen lässt, zeigt auch die Rechtssache *Skandia*. Nach der Urteilsbegründung sollen Leistungen zwischen einer gebietsfremden Gesellschaft und einer ihrer Zweigniederlassungen, die Teil einer schwedischen Mehrwertsteuergruppe war, steuerbar sein. Grundsätzlich sind Leistungen zwischen einer Zweigniederlassung und dem Hauptunternehmen nicht steuerbar, wenn die Zweigniederlassung keiner selbständigen Wirtschaftstätigkeit nachkommt. Aufgrund der mangelnden Eigenständigkeit der Zweigniederlassung kann kein Rechtsverhältnis zwischen ihr und der gebietsfremden Gesellschaft (dem Hauptunternehmen) begründet werden, was die Steuerbarkeit der Leistungen ausschließt.[6] Doch ist die Zweigniederlassung als Teil einer Mehrwertsteuergruppe gemeinsam mit den anderen Gruppenmitgliedern zu einem einzigen Steuerpflichtigen verschmolzen, verliert die Zweigniederlassung ihre Eigenständigkeit gegenüber den Gruppenmitgliedern und folglich auch die Verbindung zur gebietsfremden Gesellschaft.[7] Die Leistungen der gebietsfremden Gesellschaft können nicht mehr an die Zweigniederlassung erbracht werden, denn sie ist durch Beitritt zur Mehrwertsteuergruppe in diese hineinverschmolzen. Die Leistungen können nur noch an die Mehrwertsteuergruppe erbracht werden, die gegenüber der gebietsfremden Gesellschaft für die Begründung eines steuerbaren Leistungsaustausches hinreichend unabhängig ist. 152

Den Verlust der Eigenständigkeit bei Zugehörigkeit zur Mehrwertsteuergruppe bestätigt der EuGH in der Rechtssache *Danske Bank A/S* auch für den umgekehrten Fall, wenn also die **Hauptniederlassung Teil einer Mehrwertsteuergruppe** ist und Leistungen an ihre in einem anderen Mitgliedstaat ansässige Zweigniederlassung erbringt. Die Leistungen werden von der Gruppe erbracht und sind steuerbar, 152.1

---

1 BFH, Urt. v. 24.5.2023 – XI R 45/20, UR 2023, 828.

2 Kommission v. 2.7.2009, KOM(2009) 325 endg., 5.

3 EuGH, Urt. v. 22.5.2008 – C-162/07, ECLI:EU:C:2008:301 – Ampliscientifica und Amplifin, UR 2008, 534 m. Anm. *Nieskens* und Anm. *Stadie*, Rz. 19.

4 EuGH, Urt. v. 22.5.2008 – C-162/07, ECLI:EU:C:2008:301 – Ampliscientifica und Amplifin, UR 2008, 534 m. Anm. *Nieskens* und Anm. *Stadie*, Rz. 19.

5 EuGH, Urt. v. 22.5.2008 – C-162/07, ECLI:EU:C:2008:301 – Ampliscientifica und Amplifin, UR 2008, 534 m. Anm. *Nieskens* und Anm. *Stadie*, Rz. 19.

6 EuGH, Urt. v. 17.9.2014 – C-7/13, ECLI:EU:C:2014:2252 – Skandia America Corp. USA, filial Sverige, UR 2014, 847 m. Anm. *Maunz* und Anm. *Heinrichshofen*, Rz. 25.

7 EuGH, Urt. v. 17.9.2014 – C-7/13, ECLI:EU:C:2014:2252 – Skandia America Corp. USA, filial Sverige, UR 2014, 847 m. Anm. *Maunz* und Anm. *Heinrichshofen*, Rz. 29.

da die Zweigniederlassung aufgrund der gebietsmäßigen Beschränkung der Gruppenregelung nicht Teil der Mehrwertsteuergruppe sein kann.[1]

c) Vereinbarkeit des nationalen Rechts mit dem Unionsrecht

153 Die Frage, ob die deutsche Umsetzung der Mehrwertsteuergruppe im Sinne einer Eingliederung von Organgesellschaften in den Organträger mit den unionsrechtlichen Vorgaben im Einklang steht, war Gegenstand zweier sowohl vom V. Senat als auch vom XI. Senat des BFH an den EuGH zur **Vorabentscheidung vorgelegten Vorlagefragen.**[2] Der EuGH hält die deutsche Umsetzung der Gruppenregelung, wonach der Organträger zwar als einziger Steuerpflichtiger der Gruppe angesehen wird, die Organgesellschaften aber dennoch für die eigenen Steuern und die Steuern der anderen Gruppenmitglieder und des Organträgers haften, als mit den unionsrechtlichen Vorgaben vereinbar.[3] Der Gerichtshof präzisiert seine vorangegangenen Urteile in den Rechtssachen *Ampliscientifica* und *Amplifin, Skandia America, Filial Sverige*, in denen ausgesprochen wurde, dass die Mehrwertsteuergruppe als Steuerpflichtiger die Mehrwertsteuer schuldet. Doch braucht es bei mehreren rechtlich selbständigen Mitgliedern einer Mehrwertsteuergruppe einen einzigen Ansprechpartner, der die Pflichten der Gruppe gegenüber den Steuerbehörden wahrnimmt.[4] Aber auch unabhängig von der Notwendigkeit der Vertretung der Gruppe gegenüber der Steuerbehörde können die Ziele der Organschaft es rechtfertigen, dass der Organträger der Mehrwertsteuergruppe zum einzigen Steuerpflichtgen bestimmt wird, sofern er in der Lage ist, seinen Willen bei den anderen Gruppenmitgliedern durchzusetzen.[5] Die Ausgestaltung des Organträgers als einzigen Steuerpflichtigen darf aber nicht zur Gefahr von Steuerverlusten führen.

3. Administrative Aufgaben und Haftung

154 Die Eingliederung der Organgesellschaften in das Unternehmen des Organträgers hat zur Folge, dass die Organgesellschaften zwar an Dritte leisten und von diesen Leistungen beziehen können, doch werden sowohl **Ausgangsleistungen als auch Eingangsleistungen dem Organträger zugerechnet**. Folglich konzentrieren sich das Recht auf Vorsteuerabzug und die Steuerschuldnerschaft auf den Organträger (und nicht auf die Organschaft als solche, s. Rz. 158 ff.). Im Innenverhältnis ist ein (zivilrechtlicher) Ausgleich zwischen dem Organträger und den Organgesellschaften mit Blick auf die Umsatzsteuer und Vorsteuern natürlich möglich.

155 Die Verlagerung der Steuerschuld auf den Organträger wird für die FinVerw. gerade in Fällen der **Insolvenz einer Organgesellschaft** besonders wichtig.[6] Denn im Falle einer bis dahin noch nicht erkannten Organschaft kann der Organträger als Steuerschuldner zur Kasse gebeten werden. Befindet sich die Organgesellschaft im Insolvenzverfahren, kann der Organträger keinen Anspruch der Organgesellschaft gegen den Leistungsempfänger abtreten, wodurch eine Änderungsbefugnis nach § 27 Abs. 19 UStG bei irrtümlicher Anwendung von § 13b UStG ausgeschlossen ist.[7]

156 Nach der Rechtsprechung des EuGH ist es nach der Verschmelzung der verbundenen Personen zu einem Steuerpflichtigen ausgeschlossen, dass die einzelnen Personen weiterhin getrennte **Mehrwertsteu-**

---

1 EuGH, Urt. v. 11.3.2021 – C-812/19, ECLI:EU:C:2021:196 – Danske Bank A/S, UR 2021, 356 m. Anm. *Sterzinger*, Rz. 26, 27, 28.

2 BFH, Vorlagebeschl. v. 11.12.2019 – XI R 16/18, BHFE 268, 240 = UR 2020, 338 m. Anm. *Reiß* (Az. des EuGH: C-141/20); BFH, Vorlagebeschl. v. 7.5.2020 – V R 40/19, BFHE 270, 166 = UR 2020, 541 m. Anm. *Küffner/Kirchinger* und Anm. *Widmann* (Az. des EuGH: C-269/20).

3 EuGH, Urt. v. 1.12.2022 – C-269/20, ECLI:EU:C:2022:944 – Finanzamt T, UR 2023, 36 m. Anm. *Küffner*, Rz. 47 ff.; EuGH, Urt. v. 1.12.2022 – C-141/20, ECLI:EU:C:2022:943 – Norddeutsche Gesellschaft für Diakonie, UR 2023, 25 m. Anm. *Monfort*, Rz. 55 ff.

4 EuGH, Urt. v. 1.12.2022 – C-269/20, ECLI:EU:C:2022:944 – Finanzamt T, UR 2023, 36 m. Anm. *Küffner*, Rz. 48; EuGH, Urt. v. 1.12.2022 – C-141/20, ECLI:EU:C:2022:943 – Norddeutsche Gesellschaft für Diakonie, UR 2023, 25 m. Anm. *Monfort*, Rz. 55.

5 EuGH, Urt. v. 1.12.2022 – C-269/20, ECLI:EU:C:2022:944 – Finanzamt T, UR 2023, 36 m. Anm. *Küffner*, Rz. 49; EuGH, Urt. v. 1.12.2022 – C-141/20, ECLI:EU:C:2022:943 – Norddeutsche Gesellschaft für Diakonie, UR 2023, 25 m. Anm. *Monfort*, Rz. 56.

6 Die Organschaft als Mittel zur „Gestaltung“ von Rechtsbeziehungen für die FinVerw.: *Wäger*, DB 2014, 915 (915).

7 BFH, Urt. v. 6.7.2023 – V R 5/21, UR 2023, 790 m. Anm. *Heinrichshofen.*

ererklärungen abgeben.[1] Nach nationalem Recht ist es ausschließlich der Organträger, der Umsatzsteuervoranmeldungen und die Umsatzsteuerjahreserklärung für den Organkreis abzugeben hat. Zudem kann die Organschaft nur unter einer USt-IdNr. handeln. Die Verpflichtung zur Führung nur einer USt-IdNr. zeigt sich auch im OSS-Verfahren, denn nach den Leitlinien ist eine Mehrwertsteuergruppe immer nur unter einer USt-IdNr. zu registrieren (§ 18h Rz. 16 der Vorauflage).[2]

Trotz der umsatzsteuerlichen Eingliederung in das Unternehmen des Organträgers behalten die Organgesellschaften ihre zivilrechtliche Eigenständigkeit, was es auch erlaubt, sie für die Steuern, die aufgrund der Organschaft beim Organträger anfallen, nach **§ 73 AO haften** zu lassen.[3] Eine Haftung der Organgesellschaft nach § 73 AO besteht für solche Steuern des Organträgers, für welche die Organschaft zwischen ihnen steuerlich von Bedeutung ist. Nach Auffassung des VII. Senats des BFH umfasst dies auch Steuern, die nach Beendigung der Organschaft aufgrund der Eröffnung eines Insolvenzverfahrens entstanden sind.[4] 157

4. Recht auf Vorsteuerabzug

Weder das nationale Recht noch das Richtlinienrecht sehen besondere Regelungen für den Vorsteuerabzug der Organschaft vor. Im Lichte der Regelung zur Mehrwertsteuergruppe ist dies auch konsequent. Art. 11 Abs. 1 MwStSystRL sieht vor, dass besonders eng miteinander verbundene Personen einen eigenständigen Steuerpflichtigen bilden, dieser Steuerpflichtige kann wie jeder andere Steuerpflichtige die Umsatzsteuer auf die für seine steuerpflichtigen Ausgangsleistungen erworbenen Eingangsleistungen im Wege des Vorsteuerabzugs geltend machen. 158

Handelt es sich bei der Mehrwertsteuergruppe um nur einen Steuerpflichtigen, kann nur dieser Ausgangleistungen erbringen und das Recht auf Vorsteuerabzug ausüben.[5] Verschmelzen die Mitglieder der Gruppe aber nicht vollständig zu einem Steuerpflichtigen, sondern gliedern sich die Organgesellschaften in das Unternehmen des Organträgers ein, so können den einzelnen Unternehmensteilen für Zwecke des Vorsteuerabzugsrechts Eingangsleistungen weiterhin zugerechnet werden. Bei einer solchen Zurechnung zu den einzelnen Unternehmensteilen kommt es auf deren Leistungen innerhalb des Organkreises und gegenüber Dritten an. Bei einer Zurechnung zu den einzelnen Unternehmensteilen würde für Innenleistungen das Recht auf Vorsteuerabzug bestehen, wenn diese Leistungen der Umsatzsteuer unterlägen, würde die Organschaft wegfallen. 159

Trotz der nicht vollständigen Verschmelzung der Organmitglieder zu einem Steuerpflichtigen, kommt es für das Recht auf Vorsteuerabzug darauf an, welche Ausgangsleistungen (Leistungen an Dritte) mit den bezogenen Eingangsleistungen erbracht werden.[6] Somit ist das Recht auf Vorsteuerabzug auch innerhalb der Organschaft **umsatzbezogen,[7] nicht aber betriebsbezogen**. Auswirkungen hat eine umsatzbezogene Betrachtung insbesondere auf das innerorganschaftliche Erbringen von grundsätzlich steuerfreien Leistungen. Fließen diese steuerfreien Leistungen in eine steuerpflichtige Ausgangleistung der Organschaft, berechtigen die Eingangsleistungen zum Vorsteuerabzug, auch wenn sie in einem ersten Schritt im Organkreis für dem Grunde nach steuerfreie Leistungen verwendet werden. Für das Recht auf Vorsteuerabzug bei Vorliegen eines nicht-wirtschaftlichen Tätigkeitsbereichs s. Rz. 109 ff. 160

V. Grenzüberschreitende Organschaft

§ 2 Abs. 2 Nr. 2 Satz 2 UStG sieht vor, dass die **Wirkungen der Organschaft auf Innenleistungen** zwischen den im Inland gelegenen Unternehmensteilen **beschränkt** sind. Die Beschränkung der Or- 161

1 EuGH, Urt. v. 22.5.2008 – C-162/07, ECLI:EU:C:2008:301 – Ampliscientifica und Amplifin, UR 2008, 534 m. Anm. *Nieskens* und Anm. *Stadie*, Rz. 19.
2 Leitfaden zur kleinen einzigen Anlaufstelle für die Mehrwertsteuer 2021, 22.
3 BFH, Urt. v. 11.4.1991 – V R 126/87, BFH/NV 1992, 140 = UR 1992, 49.
4 BFH, Urt. v. 5.4.2022 – VII R 18/21, BStBl. II 2023, 3 = UR 2022, 727.
5 In diesem Sinne auch: *Endres*, Mehrwertsteuergruppe nach Art. 11 MwStSystRL, S. 177 f.
6 BFH, Urt. v. 13.11.2013 – XI R 2/11, BStBl. II 2014, 543 = UR 2014,357.
7 Die Unionsrechtskonformität bejahend: *Endres*, Mehrwertsteuergruppe nach Art. 11 MwStSystRL, S. 181.

ganschaftsregelung auf einen Mitgliedstaat gibt auch Art. 11 Abs. 1 MwStSystRL vor; demzufolge können nur in einem Mitgliedstaat ansässige Personen eine Mehrwertsteuergruppe bilden. Die Beschränkung der Wirkung der Mehrwertsteuergruppe auf einen Mitgliedstaat lässt sich mit dem Wahlrecht der Mitgliedstaaten und der möglichen Aufkommensverschiebung zwischen den Mitgliedstaaten begründen.[1]

162 **Inländische Zweigniederlassungen und Betriebsstätten** eines **ausländischen Unternehmensträgers** können trotz mangelnder eigener Unternehmereigenschaft Teil einer inländischen Organschaft werden (Rz. 115 f.). Hierdurch verschmelzen sie mit den anderen eng verbundenen Personen zu einem neuen und eigenständigen inländischen Steuerpflichtigen und verlieren ihre Verbindung zum ausländischen Unternehmen. Leistungen zwischen dem ausländischen Unternehmen und der inländischen Organschaft sind steuerbar, denn es kommt zu einem Leisten zwischen zwei voneinander unabhängigen Steuerpflichtigen.[2]

163 Auch im umgekehrten Fall kommt es zum steuerbaren Leistungsaustausch. Ist die **Hauptniederlassung Teil einer inländischen Mehrwertsteuergruppe**, werden Leistungen an ihre **in einem anderen Mitgliedstaat ansässige Zweigniederlassung** durch die Gruppe erbracht und sind steuerbar.[3] Mit Blick auf den territorial beschränkten Anwendungsbereich der Mehrwertsteuergruppe ist dieses Ergebnis auch konsequent. Würde man die **Unselbständigkeit der ausländischen Betriebsstätte oder Zweigniederlassung** weiterhin annehmen und sie nach dem Grundsatz der Einheit des Unternehmens (Rz. 178 ff.) zum inländischen Unternehmen der Organschaft zählen, würden alle Leistungen zwischen ihnen mangels hinreichender Selbständigkeit der Zweigniederlassung oder Betriebsstätte nicht steuerbar sein. Hierdurch würde eine tatsächliche Beschränkung der Organschaft auf die inländischen Unternehmensteile nicht erreicht werden. Eine Beschränkung auf das Inland kann bei ausländischen unselbständigen Betriebsstätten und Zweigniederlassungen nur gelingen, wenn man eine Duplizierung der Unternehmereigenschaft annimmt.[4] Durch die Organschaft kommt es zu einer Aufspaltung der Unternehmereigenschaft in einen inländischen Unternehmer, welcher der Organschaft angehört, und einen ausländischen Unternehmer.[5] Zwischen ihnen kommt es zu einem Leistungsaustausch.

164 Die **FinVerw.** differenziert zwischen **ausländischen Betriebsstätten des Organträgers** und jenen der **Organgesellschaft**. Ausländische Betriebsstätten des Organträgers sollen Teil des inländischen Unternehmens sein und Leistungen zwischen ihnen sind nicht steuerbare Innenleistungen.[6] Ausländische Betriebsstätten einer Organgesellschaft gehören nicht zum Unternehmen des Organträgers.[7] Folglich sind Leistungen zwischen diesen Betriebsstätten und dem Organträger und anderen Organgesellschaften steuerbar.[8] Diese Differenzierung stimmt nicht mit dem unionsrechtlichen Vorgaben überein, denen zufolge die Mehrwertsteuergruppe (Organschaft) einen neuen und einheitlichen Steuerpflichtigen schafft – eine Aufteilung der Mehrwertsteuergruppe in die verschiedenen Gruppenmitglieder sieht die MwStSystRL nicht vor.

VI. Ende der Organschaft

1. Entfall der Eingliederungsvoraussetzungen

165 Die Organschaft endet mit dem Zeitpunkt, in dem die Eingliederungsvoraussetzungen entfallen. Da nach nationalem Recht nur Unternehmer Teil des Organkreises sein können, muss die Organschaft auch enden, wenn der Organträger oder die Organgesellschaft die Unternehmereigenschaft verliert.

1 Kommission v. 2.7.2009, KOM(2009) 325 endg., 8.
2 EuGH, Urt. v. 17.9.2014 – C-7/13, ECLI:EU:C:2014:2252 – Skandia America Corp. USA, filial Sverige, UR 2014, 847 m. Anm. *Maunz* und Anm. *Heinrichshofen*, Rz. 29; Abschn. 2.9. Abs. 9 Satz 4 UStAE.
3 EuGH, Urt. v. 11.3.2021 – C-812/19, ECLI:EU:C:2021:196 – Danske Bank, UR 2021, 356 m. Anm. *Sterzinger*; so schon: *von Streit/Streit*, MwStR 2014, 714 (718).
4 *Korn* in Bunjes[22], § 2 UStG Rz. 147.
5 Kommission v. 2.7.2009, KOM(2009) 325 endg., 7.
6 Abschn. 2.9. Abs. 6 Satz 2 UStAE.
7 Abschn. 2.9. Abs. 6 Satz 7 UStAE.
8 Abschn. 2.9. Abs. 6 Satz 8 UStAE.

2. Insolvenzverfahren

Die Eröffnung des **Insolvenzverfahrens über das Vermögen der Organgesellschaft** beendet die organisatorische Eingliederung der Organgesellschaft in das Unternehmen des Organträgers. 166

Nach der älteren Rechtsprechung des BFH bestand die organisatorische Eingliederung trotz Eröffnung des Insolvenzverfahrens fort, wenn der Organträger weiterhin in der Lage war, in der Organgesellschaft seinen Willen durchzusetzen, er also dort weiterhin die beherrschende Stellung ausübt.[1] 167

Diese Rechtsprechungslinie hat der BFH aufgegeben. Da es nach der jüngeren Rechtsprechung für die organisatorische Eingliederung in das Unternehmen des Organträgers nicht mehr nur ein Vetorecht des Organträgers braucht, sondern eine aktive Beherrschung der Geschäftsführung der Organgesellschaft (Rz. 137 ff.), ist auch die Bestellung eines **schwachen vorläufigen Insolvenzverwalters** schädlich,[2] wenn diesem ein allgemeiner Zustimmungsvorbehalt zukommt.[3] 168

Dies gilt auch bei der Bestellung eines Sachwalters trotz Eigenverwaltung. Auch hier sind bestimmte Einschränkungen der Willensbildung in der Organgesellschaft evident und so hat der V. Senat des BFH bereits entschieden, dass die für die Organschaft erforderliche Eingliederung mit Durchgriffsmöglichkeit auch dann entfällt, wenn das Insolvenzgericht in den Insolvenzverfahren des Organträgers und der Organgesellschaften Eigenverwaltung anordnet und einen Sachwalter bestellt.[4] 169

Nach der Rechtsprechung des XI. Senats des BFH soll die **Anordnung der vorläufigen Eigenverwaltung** und die **Bestellung eines vorläufigen Sachwalters** die Organschaft nicht beenden.[5] Die Erwägungen zur Beendigung einer Organschaft aufgrund einer vorläufigen Insolvenzverwaltung sind nicht auf die vorläufige Eigenverwaltung übertragbar, denn im eigenverwaltenden Eröffnungsverfahren handelt der Schuldner regelmäßig weiterhin autonom und unterliegt nur der Überwachung durch den vorläufigen Sachwalter. An dieser Rechtsprechungslinie kann nach Änderung der InsO nach dem SanInsFoG mit großer Wahrscheinlichkeit nicht festgehalten werden. Denn durch die Änderungen kommt es im Bereich der Mitwirkung der Überwachungsorgane nach § 276a Abs. 1 InsO zu einer weitreichenden Gleichstellung der vorläufigen Eigenverwaltung und der Eigenverwaltung im Insolvenzverfahren (Anh. § 18 Rz. 103 ff. InsO).[6] 170

Nach Auffassung der FinVerw. endet die Organschaft mit Bestellung eines Sachwalters im Rahmen der Eigenverwaltung.[7] 171

Die Bestellung eines **starken vorläufigen Insolvenzverwalters** hat immer schon zum Wegfall der organisatorischen Eingliederung geführt, denn er (und folglich nicht der Organträger) bestimmt über die Willensbildung der Organgesellschaft.[8] 172

Im Fall der **Insolvenz des Organträgers** entfällt die finanzielle Eingliederung auch bei Bestellung eines Sachwalters im Rahmen der Eigenverwaltung.[9] Der BFH begründet seine Entscheidung insbesondere mit den Rechtsfolgen der Eröffnung des Insolvenzverfahrens. Im Insolvenzverfahren bleiben verbundene Unternehmen selbständig. Die Bildung einer einheitlichen Haftungsmasse bestehend aus mehreren rechtlich selbständigen Gesellschaften scheidet aus, da ansonsten der unterschiedliche Umfang der Gläubigerrechte missachtet werden würde.[10] Eine einheitliche Haftungsmasse wäre aber für das Weiterbestehen der Organschaft notwendig. 173

1 BFH, Urt. v. 1.4.2004 – V R 24/03, BStBl. II 2004, 905 = UR 2004, 352; vgl. auch BFH, Beschl. v. 10.3.2009 – XI B 66/08, BFH/NV 2009, 977.

2 Kritisch hierzu: *Hammerl/Fietz*, NWB 2018, 133 (135).

3 BFH, Urt. v. 8.8.2013 – V R 18/13, BStBl. II 2017, 543 = UR 2013, 785 m. Anm. *Slapio*; BFH, Urt. v. 24.8.2016 – V R 36/15, BStBl. II 2017, 595 = UR 2017, 117; Abschn. 2.8. Abs. 12 Satz 1 UStAE.

4 BFH, Urt. v. 15.12.2016 – V R 14/16, BStBl. II 2017, 600 = UR 2017, 305.

5 BFH, Urt. v. 27.11.2019 – XI R 35/17, BStBl. II 2021, 252 = UR 2020, 222.

6 *Wäger*, DStR 2021, 825 (829).

7 Abschn. 2.8. Abs. 12 Satz 2 UStAE.

8 BFH, Urt. v. 24.8.2011 – V R 53/09, BStBl. II 2012, 256 = UR 2012, 268; BFH, Urt. v. 1.4.2004 – V R 24/03, BStBl. II 2004, 905 = UR 2004, 352.

9 BFH, Urt. v. 15.12.2016 – V R 14/16, BStBl. II 2017, 600 = UR 2017, 305.

10 *Hasbach*, MwStR 2017, 262 (263 f.).

3. Rechtsfolgen

174 Mit Beendigung der Organschaft sind die **ehemaligen Organmitglieder** (Organträger und Organgesellschaft) wieder als **eigenständige Unternehmer** anzusehen. Hier kann man sich trefflich darüber streiten, ob durch die Beendigung der Organschaft nicht nur die Organgesellschaften wieder unabhängig und zu eigenständigen Unternehmern werden, denn nur sie sind nach der deutschen Diktion in das Unternehmen des Organträgers eingegliedert, oder ob auch der Organträger seine eigenständige Unternehmereigenschaft neu begründet. Legt man die Organschaft im Lichte von Art. 11 Abs. 1 MwStSystRL aus, muss die Beendigung der Organschaft, die einen neuen eigenständigen Steuerpflichtigen geschaffen hat, in dem Organträger und Organgesellschaften verschmelzen, auch zur neuerlichen Eigenständigkeit des Organträgers führen. Das Ende der Organschaft beendet auch die Zurechnung der Eingangs- und Ausgangsumsätze der Gruppenmitglieder zur Umsatzsteuergruppe bzw. zur Zurechnung aller Eingangs- und Ausgangsumsätze zum Organträger.

175 Für die Zurechnung der Umsatzsteuer kommt es im Falle der **Soll-Besteuerung** auf den Zeitpunkt der Leistungserbringung an und nicht auf den Zeitpunkt der Zahlung. Hat die Organschaft für ihre zu erbringende Leistung eine **Anzahlung** vor Beendigung der Organschaft erhalten, bleibt der Organträger trotz Beendigung der Organschaft Steuerschuldner und die Umsatzsteuer ist bei der Steuerfestsetzung gegenüber der vormaligen Organgesellschaft steuermindernd zu berücksichtigen (Mindest-Ist-Besteuerung).[1] Im Falle der **Ist-Besteuerung** hat der Organträger die Leistung, für die das Entgelt erst nach Beendigung vereinnahmt wird, nicht zu versteuern.

176 Wechselt der Organträger infolge einer Veräußerung der Anteile an der Organgesellschaft zeitlich nach dem Bezug einer Leistung durch die Organgesellschaft, aber noch vor Erhalt der Rechnung, steht das Recht zum Vorsteuerabzug aus diesem Leistungsbezug nicht dem neuen Organträger zu.[2]

177 Für die Frage, wer zur **Berichtigung nach § 17 UStG** berechtigt ist, wenn eine Forderung uneinbringlich wird, kommt es auf den Zeitpunkt der Verwirklichung des Berichtigungsgrundes an. Nach der Rechtsprechung des BFH richtet sich der Vorsteuerrückforderungsanspruch gegen den Organträger, der ursprünglich die Vorsteuer abgezogen hat, wenn die Organschaft bis zur Uneinbringlichkeit noch bestand.[3] Wird die Forderung erst nach Beendigung der Organschaft uneinbringlich, ist der Vorsteuerabzug nicht gegenüber dem bisherigen Organträger, sondern gegenüber dem im Zeitpunkt des Uneinbringlichwerdens bestehenden Unternehmen (dem früheren Organ) zu berichtigen.[4] Diese Logik könnte auch auf die Vorsteuerkorrektur nach § 15a UStG übertragen werden.[5]

E. Das Unternehmen (Absatz 1 Satz 2)

I. Systematik des Unternehmens

178 Das Unternehmen ist zentraler Bestandteil des deutschen Umsatzsteuersystems. Denn es sind nur jene Leistungen gegen Entgelt steuerbar, die ein Unternehmer im Rahmen seines Unternehmens ausführt (Rz. 10 ff.). Gleichermaßen ist ein Unternehmer auch zum Vorsteuerabzug nur in Bezug auf jene Leistungen berechtigt, die für sein Unternehmen ausgeführt werden (Rz. 9). Gemäß § 2 Abs. 1 Satz 2 UStG umfasst das Unternehmen „die gesamte gewerbliche und berufliche Tätigkeit des Unternehmers“. Daraus folgt, dass jeder Unternehmer nur ein Unternehmen hat (**Grundsatz der Unternehmenseinheit**). Dies gilt auch dann, wenn der Unternehmer unterschiedliche Leistungen erbringt.

179 Im Gegensatz zur Dominanz des Unternehmensbegriffs im deutschen UStG, lassen sich der Begriff des Unternehmens sowie die unternehmerischen und unternehmensfremden Zwecke nur vereinzelt in den Bestimmungen der MwStSystRL finden. So ist es für die Steuerbarkeit eines Umsatzes nach der

---

1 BFH, Urt. v. 21.6.2001 – V R 68/00, BStBl. II 2002, 255 = UR 2002, 29.

2 BFH, Urt. v. 13.5.2009 – XI R 84/07, BStBl. II 2009, 868 = UR 2009, 644.

3 BFH, Urt. v. 6.6.2002 – V R 22/01, BFH/NV 2002, 1352 = UR 2002, 429; BFH, Urt. v. 22.10.2009 – V R 14/08, BStBl. II 2011, 988 = UR 2010, 268.

4 BFH, Urt. v. 7.12.2006 – V R 2/05, BStBl. II 2007, 848 = UR 2007, 277.

5 Befürwortend: *Wäger* in Birkenfeld/Wäger, Umsatzsteuer-Handbuch, Abschn. I Kap. 3 A. – § 2 UStG Rz. 413 (Stand: August 2017).

Diktion des Art. 2 MwStSystRL nicht entscheidend, dass dieser Umsatz im Rahmen des Unternehmens eines Steuerpflichtigen ausgeführt wurde; entscheidend ist vielmehr, dass ein Steuerpflichtiger als solcher eine Leistung gegen Entgelt erbringt. Ebenso ist das Unternehmen für den Mechanismus des Vorsteuerabzugs nach dem Richtlinienrecht unbedeutend.[1]

Größere Bedeutung kommt dem Unternehmen aber nach der Rechtsprechung des EuGH bei der Zulässigkeit eines Vorsteuerabzugs bei **gemischt genutzten Wirtschaftsgütern** zu. Hiernach kann ein Wirtschaftsgut, das sowohl privat als auch wirtschaftlich genutzt wird, dem Unternehmen vollständig,[2] anteilig[3] oder gar nicht[4] zugeordnet werden. Die Zuordnungsentscheidung hat Auswirkungen auf die Zulässigkeit und den Umfang des Vorsteuerabzugs.[5] Die Mitgliedstaaten können das Recht auf Vorsteuerabzug bei gemischt genutzten (privat und wirtschaftlich) Grundstücken auf den tatsächlich wirtschaftlich genutzten Teil beschränken (Art. 168a MwStSystRL). Diese Bestimmung ändert aber nichts an dem Zuordnungswahlrecht der Steuerpflichtigen. Art. 168a MwStSystRL beschränkt nur das Recht auf Vorsteuerabzug (§ 15 Rz. 240 ff.). Darüber hinaus verwendet die MwStSystRL den Begriff der **unternehmensfremden Zwecke** in Art. 16 und 26, um den Tatbestand der unentgeltlichen Wertabgabe zu definieren. Diesen zufolge ist die unternehmensfremde (private) Verwendung von Lieferungen und Dienstleistungen, die von Vorsteuern entlastet sind, einer Lieferung oder Dienstleistung gegen Entgelt gleichgestellt. 180

II. Sphärenlogik

Nach der Systematik des deutschen UStG gibt es eine klare **Zweiteilung**: Der unternehmerische Bereich auf der einen Seite und der nicht-unternehmerische Bereich auf der anderen Seite. Den Auffangtatbestand bildet der nicht-unternehmerische Bereich, da das Unternehmen als der die gesamte gewerbliche und berufliche Tätigkeit eines Unternehmers umfassenden Bereich definiert ist und sich der nicht-unternehmerische Bereich nur in negativer Abgrenzung zum unternehmerischen Bereich ergibt. 181

Folglich wurde bspw. davon ausgegangen, dass die private Verwendung von Gegenständen und die hoheitliche Tätigkeit von juristischen Personen des öffentlichen Rechts zum nicht-unternehmerischen Bereich zählen. Dass eine solche Zweiteilung mit dem europäischen Mehrwertsteuerrecht kaum in Einklang zu bringen ist, zeigt die Rechtsprechung des EuGH, der zufolge es neben der wirtschaftlichen eine sogenannte **nicht-wirtschaftliche Sphäre** gibt, die aber nicht unternehmensfremd ist.[6] 182

Jedes nicht-wirtschaftliche Handeln liegt zwar außerhalb des Anwendungsbereichs des Mehrwertsteuerrechts, wodurch sämtliche nicht-wirtschaftliche Umsätze nicht der Mehrwertsteuer unterliegen und folglich hierfür notwendige Eingangsleistungen nicht zum Vorsteuerabzug berechtigen.[7] Doch löst eine nicht-wirtschaftliche Verwendung von umsatzsteuerentlasteten Wirtschaftsgütern keine unentgeltliche Wertabgabe aus (§ 3 Rz. 73 ff.).[8] 183

1 Vgl. Art. 167 MwStSystRL.

2 EuGH, Urt. v. 11.7.1991 – C-97/90, ECLI:EU:C:1991:315 – Lennartz, UR 1991, 291 m. Anm. *Widmann*; BFH, Urt. v. 3.3.2011 – V R 23/10, BStBl. II 2012, 74 = UR 2011, 617 m. Anm. *Küffner*.

3 EuGH, Urt. v. 4.10.1995 – C-291/92, ECLI:EU:C:1995:304 – Armbrecht, BStBl. II 1996, 392 = UR 1995, 485, Rz. 19; EuGH, Urt. v. 8.3.2001 – C-415/98, ECLI:EU:C:2001:136 – Bakcsi, UR 2001, 149, Rz. 25.

4 EuGH, Urt. v. 8.3.2001 – C-415/98, ECLI:EU:C:2001:136 – Bakcsi, UR 2001, 149.

5 Vgl. hierzu ausführlich: *Heber*, Gesellschaften und ihre Gesellschafter in der Umsatzsteuer, S. 53 ff.; EuGH, Urt. v. 10.9.2014 – C-92/13, ECLI:EU:C:2014:2188 – Gemeente's-Hertogenbosch, UR 2014, 852, Rz. 25.

6 EuGH, Urt. v. 12.2.2009 – C-515/07, ECLI:EU:C:2009:88 – VNLTO, UR 2009, 199; EuGH, Urt. v. 13.3.2008 – C-437/06, ECLI:EU:C:2008:166 – Securenta, BStBl. II 2008, 727 = UR 2008, 344 m. Anm. *Eggers*; EuGH, Urt. v. 10.9.2014 – C-92/13, ECLI:EU:C:2014:2188 – Gemeente's-Hertogenbosch, UR 2014, 852, Rz. 32; EuGH, Urt. v. 1.12.2022 – C-269/20, ECLI:EU:C:2022:944 – Finanzamt T, UR 2023, 36 m. Anm. *Küffner*, Rz. 58 ff.

7 Von einem direkten und unmittelbaren Zusammenhang mit nicht-wirtschaftlichen Ausgangsumsätzen ist nur dann auszugehen, wenn die nicht-wirtschaftliche Tätigkeit eine gewisse Eigenständigkeit im Unternehmen begründet, denn nur dann werden ihr auch Eingangsleistungen tatsächlich zurechenbar sein; *Heber*, World Journal of VAT/GST Law 2013, 24 (35 ff.). Das nicht-wirtschaftliche Handeln führt zu einer Beschränkung des Vorsteuerabzugs der Höhe nach, was letztlich zu einer Gleichstellung zu steuerfreien Ausgangsumsätzen führt: EuGH, Urt. v. 12.2.2009 – C-515/07, ECLI:EU:C:2009:88 – VNLTO, UR 2009, 199 m. Anm. *Korn*, DStR 2009, 369 (373); siehe zur Beschränkung des Vorsteuerabzugs der Höhe nach auch: *Küffner/von Streit*, DStR 2012, 581 (584).

8 EuGH, Urt. v. 12.2.2009 – C-515/07, ECLI:EU:C:2009:88 – VNLTO, UR 2009, 199, Rz. 38.

184 Die EuGH-Rechtsprechung zeigt, dass die nicht-wirtschaftliche Tätigkeit streng von der privaten Sphäre (**Konsumsphäre**) zu trennen ist, denn eine nicht-wirtschaftliche Verwendung von Wirtschaftsgütern des Unternehmens löst nicht dieselben umsatzsteuerlichen Konsequenzen aus wie die private (unternehmensfremde) Verwendung. Ist das nicht-wirtschaftliche Handeln nicht unternehmensfremd, muss es im Umkehrschluss unternehmerisch sein.[1] Folglich zählen nach der Logik der EuGH-Rechtsprechung sowohl das **wirtschaftliche als auch das nicht-wirtschaftliche Handeln zur Unternehmenssphäre** und nur der Konsum (private Sphäre) liegt außerhalb des Unternehmens.[2]

185 Ein nicht-wirtschaftliches (aber unternehmerisches) Handeln begründet keinen steuerbaren Leistungsaustausch i.S.d. Art. 2 MwStSystRL bzw. § 1 UStG, da es ihm entweder an der **Entgeltlichkeit**[3] **oder an der tauglichen Vorteilserbringung**[4] **mangelt.**[5] Von einer mangelnden Leistungserbringung ist grundsätzlich dann auszugehen, wenn die Tätigkeit nicht darin mündet, einem individualisierbaren Leistungsempfänger einen verbrauchsfähigen Vorteil zu verschaffen. Hiervon ist insbesondere immer dann auszugehen, wenn durch die Tätigkeit die Allgemeinheit bevorteilt werden soll.[6]

186 Beispiele für eine nicht-wirtschaftliche Tätigkeit aufgrund mangelnder Leistungserbringung sind:[7]
- ideell tätige Vereine,[8]
- hoheitliches Handeln von juristischen Personen des öffentlichen Rechts,[9]
- Ausgabe von Gesellschaftsanteilen.[10]

187 Verschafft das Handeln einem individualisierbaren Leistungsempfänger einen verbrauchsfähigen Vorteil, erhält der Leistende hierfür aber kein Entgelt, so ist die Tätigkeit mangels Entgeltlichkeit ebenso nicht-wirtschaftlicher Natur. Wichtig ist, unternehmerisch bedingte unentgeltliche Leistungen von jenen Leistungen zu trennen, die für die private Sphäre unentgeltlich erbracht werden und grundsätzlich der Entnahmebesteuerung zu unterliegen geeignet sind.[11] Es sei beispielhaft an Fälle der unentgeltlichen Abgabe von großzügigen Werbegeschenken gedacht.[12]

1 Siehe so auch: *Korf/Kurtz*, UR 2010, 86 (98); *Sterzinger*, UR 2010, 125 (129).

2 In diesem Sinne auch: *Küffner/von Streit*, DStR 2012, 581 (586 f.); *Ehrke-Rabel/von Streit*, UR 2015, 249 (251 f.). **A.A.:** *Wäger*, UR, 2012, 25 (26). Für einen differenzierten Unternehmensbegriff je nach dem Regelungsinhalt der nationalen Norm: *Lohse*, IStR 2009, 486. Für eine Orientierung am französischen Ansatz, der weniger das Unternehmen und mehr den Steuerpflichtigen in den Vordergrund stellt: *Pull*, Die Sphärentheorie im Mehrwertsteuerrecht, S. 85 ff.

3 EuGH, Urt. v. 16.10.1997 – C-258/95, ECLI:EU:C:1997:491 – Julius Fillibeck Söhne/Finanzamt Neustadt, UR 1998, 61; EuGH, Urt. v. 11.12.2008 – C-371/07, ECLI:EU:C:2008:711 – Danfoss und AstraZeneca, UR 2009, 60.

4 EuGH, Urt. v. 29.2.1996 – C-215/94, ECLI:EU:C:1996:72 – Mohr, UR 1996, 119 m. Anm. *Widmann*; EuGH, Urt. v. 18.12.1997 – C-384/95, ECLI:EU:C:1997:627 – Landboden-Agrardienste, UR 1998, 102 m. Anm. *Stapperfend*.

5 Siehe hierzu schon: *Heber*, UR 2014, 957 (959).

6 EuGH, Urt. v. 29.2.1996 – C-215/94, ECLI:EU:C:1996:72 – Mohr, UR 1996, 119 m. Anm. *Widmann*; EuGH, Urt. v. 18.12.1997 – C-384/95, ECLI:EU:C:1997:627 – Landboden-Agrardienste, UR 1998, 102 m. Anm. *Stapperfend*; EuGH, Urt. v. 12.2.2009 – C-515/07, ECLI:EU:C:2009:88 – VNLTO, UR 2009, 199; in diesem Sinne auch EuGH, Urt. v. 6.10.2009 – C-267/08, ECLI:EU:C:2009:619 – SPÖ Landesorganisation Kärnten, UR 2009, 760; EuGH v. 26.6.2007 – C-284/04, ECLI:EU:C:2007:381 – T-Mobile Austria u.a., UR 2007, 607 m. Anm. *Burgmaier*.

7 Vgl. auch: Abschn. 2.3. Abs. 1a Satz 4 UStAE.

8 EuGH, Urt. v. 12.2.2009 – C-515/07, ECLI:EU:C:2009:88 – VNLTO, UR 2009, 199, Rz. 34 f.; BFH, Urt. v. 6.5.2010 – V R 29/09, BStBl. II 2010, 885 = UR 2010, 746.

9 BFH, Urt. v. 3.3.2011 – V R 23/10, BStBl. II 2012, 74 = UR 2011, 617 m. Anm. *Küffner*.

10 EuGH, Urt. v. 26.6.2003 – C-442/01, ECLI:EU:C:2003:381 – KapHag, UR 2003, 443, Rz. 38 und 40; EuGH, Urt. v. 29.4.2004 – C-77/01, ECLI:EU:2004:243 – EDM, UR 2004, 292 m. Anm. *Wäger*, Rz. 57–62; EuGH, Urt. v. 26.5.2005 – C-465/03, ECLI:EU:C:2005:320 – Kretztechnik, UR 2005, 382, Rz. 19; EuGH, Urt. v. 8.2.2007 – C-435/05, ECLI:EU:C:2007:87 – Investrand, UR 2007, 225 m. Anm. *Hahne*, Rz. 25.

11 § 3 Abs. 1b, § 3 Abs. 9a UStG und Art. 16, 26 MwStSystRL; anders zur unternehmerisch motivierten unentgeltlichen Wertabgabe nur einmal EuGH, Urt. v. 27.4.1999 – C-48/97, ECLI:EU:C:1999:203 – Kuwait Petroleum, UR 1999, 278; kritisch vor dem Hintergrund der Rechtsprechung des EuGH zur nichtwirtschaftlichen Tätigkeit *Heber*, Gesellschaften und ihre Gesellschafter in der Umsatzsteuer, S. 107 f.

12 *Heber*, Gesellschaften und ihre Gesellschafter in der Umsatzsteuer, S. 48 f.

Die Reichweite des Unternehmens ist insbesondere für die Zuordnung von Wirtschaftsgütern zum Unternehmen von Bedeutung. Nur jene Wirtschaftsgüter, die dem Unternehmen zugeordnet sind, berechtigen zum Vorsteuerabzug dem Grunde nach,[1] was auch Auswirkung auf eine spätere Vorsteuerkorrektur bei geänderter Zweckverwendung hat (§ 15a Rz. 62). 188

III. Konsumsphäre

Zur nicht-unternehmerischen Sphäre zählt nach der EuGH-Rechtsprechung nur das echt Private. Über eine solche echt **private Sphäre (Konsumsphäre)** können sowohl natürliche als auch juristische Personen verfügen (z.B. im Ausmaß der privaten Verwendung eines Wohnhauses für Wohnzwecke der Gesellschafter)[2]. 189

Bei natürlichen Personen ist diese leichter fassbar, denn es betrifft sie selbst. Bei juristischen Personen wird die private Sphäre durch die Konsumsphäre der Gesellschafter gebildet. 190

Vielfach wird die (ertragsteuerlich festgestellte) **verdeckte Gewinnausschüttung** auch der privaten Sphäre der Gesellschaft zugerechnet. Dies muss aber für das Umsatzsteuerrecht nicht richtig sein, denn das Umsatzsteuersystem verlangt, jede Leistung auf ihre Entgeltlichkeit hin zu überprüfen. Kann ein unmittelbarer Zusammenhang zwischen der Leistung und der Gegenleistung festgestellt werden, so gilt das Entgelt als Bemessungsgrundlage für den Leistungsaustausch. Der Umstand, dass zwischen der Leistung und der Gegenleistung kein Verhältnis der Äquivalenz besteht, ist unbedeutend.[3] Kann ein unmittelbarer Zusammenhang nicht festgestellt werden, da das Entgelt nur zum Schein (symbolisches Entgelt) geleistet wird, handelt es sich insgesamt um eine unentgeltliche Leistung.[4] Dem Leistenden kam es auf die Gegenleistung nicht an, er hätte auch ohne Erhalt des (symbolischen) Entgelts geleistet. 191

Dies zeigt bereits, dass das Umsatzsteuersystem nur eine entgeltliche oder unentgeltliche Leistung kennt, einen „Mittelweg" der Teilentgeltlichkeit gibt es nicht.[5] Den Bedenken, wonach die Bestimmung der Höhe des Entgelts auch[6] von äußeren Faktoren, wie bspw. dem Gesellschafter-Gesellschaftsverhältnis, geprägt ist, kann über den Mechanismus der Mindestbemessungsgrundlage Rechnung getragen werden (§ 10 Rz. 175 ff.).[7] 192

IV. Enger Unternehmensbegriff

Der **BFH** und ihm folgend die **FinVerw.** halten an einer **engen Definition** der unternehmerischen Tätigkeit und folglich des Unternehmens fest, was wohl auf den klaren Wortlaut des § 2 Abs. 1 Satz 2 UStG und die Anknüpfung an das Unternehmen für die Steuerbarkeit einer Leistung und den Vorsteuerabzug zurückzuführen ist. Nach der Legaldefinition umfasst das Unternehmen nur die gewerbliche oder berufliche Tätigkeit. Das unternehmerische Handeln ist mit der wirtschaftlichen Tätigkeit i.S.d. Art. 9 Abs. 1 Unterabs. 2 MwStSystRL gleichzusetzen und hiervon zu unterscheiden ist die nichtunternehmerische Tätigkeit. Die nichtunternehmerische Sphäre teilt sich in die nicht-wirtschaftliche Tätigkeit im engeren Sinne (nicht-wirtschaftliche Tätigkeit i.e.S.), die im Wesentlichen das nicht-wirtschaftliche Handeln im Sinne der EuGH-Rechtsprechung widerspiegelt, und die unternehmensfremden Tätigkeiten. Das Unternehmensfremde ist das echt Private, die Konsumsphäre. Folglich wollen 193

1 *Heber*, ÖStZ 2013, 17 (17 ff.); *Küffner/von Streit*, DStR 2012, 581 (584); für einen Vorsteuerabzug unabhängig von der Zuordnung zum Unternehmen: *Lohse*, UR 2020, 333 (334).
2 BFH, Urt. v. 12.1.2011 – XI R 9/08, BStBl. II 2012, 58 = UR 2011, 357.
3 EuGH, Urt. v. 20.1.2005 – C-412/03, ECLI:EU:C:2005:47 – Hotel Scandic Gåsabäck, UR 2005, 98; EuGH, Urt. v. 9.6.2011 – C-285/10, ECLI:EU:C:2011:381 – Campsa Estaciones de Servicio, UR 2012, 440.
4 BFH, Urt. v. 27.11.2019 – XI R 35/17, BStBl. II 2021, 252 = UR 2020, 222.
5 *Heber*, Gesellschaften und ihre Gesellschafter in der Umsatzsteuer, S. 282.
6 Wenn das Entgelt nur von äußeren Faktoren bestimmt ist, wird die Leistung nicht unmittelbar mit der Gegenleistung verbunden sein, denn so spiegelt die Gegenleistung nicht den Wert der Leistung wider.
7 *Heber* in Weitemeyer/Schauhoff/Achatz, Umsatzsteuerrecht für den Nonprofitsektor, Rz. 25.16.

weder der BFH noch die FinVerw. die nicht-wirtschaftliche Tätigkeit dem Unternehmen zuordnen.[1] Sie folgen der Rechtsprechung des EuGH aber insoweit, als das nicht-wirtschaftliche Tätigwerden (nicht-wirtschaftliche Tätigkeit i.e.S.) vom rein privaten (unternehmensfremden) Handeln abgegrenzt wird.[2]

V. Zuordnung gemischt genutzter Wirtschaftsgüter

194 Die Einordnung des Nichtwirtschaftlichen zum Nichtunternehmerischen wirft Probleme bei der Zuordnung **gemischt** (wirtschaftlich und nicht-wirtschaftlich bzw. unternehmerisch und nicht-wirtschaftlich i.e.S.) **genutzter Wirtschaftsgüter** auf. Nach der Rechtsprechung des **BFH** ist eine vollständige Zuordnung dieser Wirtschaftsgüter zum unternehmerischen Bereich nicht möglich,[3] was im Ausmaß der Zuordnung zum Nichtunternehmerischen einen Verlust des Rechts auf Vorsteuerabzug dem Grunde nach mit sich bringt.[4]

195 Dies hat **Auswirkungen auf die Möglichkeit einer Vorsteuerkorrektur** bei späterer Nutzungsänderung der Wirtschaftsgüter. Kann ein gemischt genutztes Wirtschaftsgut nur im Ausmaß der unternehmerischen (wirtschaftlichen) Nutzung dem Unternehmen zugeordnet werden, ist der Unternehmer nur in diesem Ausmaß zum Vorsteuerabzug berechtigt. Nimmt die unternehmerische (wirtschaftliche) Nutzung in einem späteren Zeitpunkt (innerhalb des Korrekturzeitraums, s. § 15a Rz. 67) zu, müsste der Unternehmer berechtigt sein, den ursprünglich versagten Vorsteuerabzug nachzuholen, um seine unternehmerische (wirtschaftliche) Tätigkeit tatsächlich von einer umsatzsteuerlichen Vorbelastung zu befreien. Ist das Wirtschaftsgut aber teilweise nicht dem Unternehmen zugeordnet, müsste nach der Systematik des Mehrwertsteuerrechts eine Vorsteuerkorrektur ausscheiden.[5] Auch Art. 168a MwStSystRL, der es erlaubt, einen Vorsteuerabzug bei teilweise gemischt (wirtschaftlich und privat bzw. unternehmerisch und unternehmensfremd) genutzten Grundstücken auf die unternehmerische Nutzung zu beschränken, verlangt für eine spätere Korrektur eine vollständige Zuordnung zum Unternehmen im Zeitpunkt des Erwerbs.

196 Die **FinVerw.** will trotz teilweise fehlender Zuordnung der Wirtschaftsgüter zum Unternehmen eine **positive Vorsteuerkorrektur nach § 15a UStG im Billigkeitswege** zulassen (§ 15a Rz. 68), wenn sich die unternehmerische Nutzung erhöht.[6] Eine positive Vorsteuerkorrektur steht nur gemischt genutzten Wirtschaftsgütern (also teilweise auch unternehmerisch genutzten Wirtschaftsgütern) zu. Wurde das Wirtschaftsgut anfänglich ausschließlich für nicht-wirtschaftliche Tätigkeiten i.e.S. verwendet, ist eine spätere Vorsteuerkorrektur trotz späterer unternehmerischer (wirtschaftlicher) Verwendung ausgeschlossen. Kommt es zu einer Erhöhung der Nutzung der nicht-wirtschaftlichen Tätigkeit i.e.S., soll der ursprüngliche Vorsteuerabzug im Wege einer **Entnahmebesteuerung** korrigiert werden.[7] Eine unentgeltliche Wertabgabe darf nur zur Korrektur der Nutzungsänderung eines gemischt (wirtschaftlich und nicht-wirtschaftlich bzw. unternehmerisch und nicht-wirtschaftlich i.e.S.) genutzten Wirtschaftsguts herangezogen werden, nicht aber zur dauerhaften Berichtigung eines ursprünglich vollständigen Vorsteuerabzugs, wie es bei gemischt (wirtschaftlich und privat, bzw. unternehmerisch und unternehmensfremd) genutzten Wirtschaftsgütern der Fall ist.

---

1 Die Zugehörigkeit des Nichtwirtschaftlichen zum Unternehmen wurde vom BFH in Anlehnung an die Rechtssache VNLTO nur in einem Beschluss anerkannt, siehe BFH, Beschl. v. 29.6.2010 – V B 160/08, BFH/NV 2010, 1876; die Zugehörigkeit zum Unternehmen ablehnend, hier explizit BFH, Urt. v. 19.7.2011 – XI R 29/09, BStBl. II 2012, 430 = UR 2012, 238; BMF, Schr. v. 2.1.2012 – IV D 2-S 7300/11/10002 – DOK 2011/1014846, BStBl. I 2012 60 = UR 2012, 243.

2 Abschn. 2.3. Abs. 1a Satz 2 UStAE.

3 Eine Zuordnung von Gütern, die der nicht-wirtschaftlichen Tätigkeit dienen, zum Unternehmen wird vom BFH ausgeschlossen, siehe BFH, Urt. v. 19.7.2011 – XI R 29/09, BStBl. II 2012, 430 = UR 2012, 238.

4 *Heber*, Gesellschaften und ihre Gesellschafter in der Umsatzsteuer, S. 50 ff.

5 Abschn. 15a.1. Abs. 6 Satz 1 UStAE.

6 Abschn. 15a.1. Abs. 7 UStAE.

7 Abschn. 3.4. Abs. 2 Satz 4 UStAE; für Grundstücke: Abschn. 3.4. Abs. 5a Satz 4 UStAE.

Dieser Ansatz ist unsystematisch.[1] Wenngleich man aufgrund der Legaldefinition des Unternehmens in § 2 Abs. 1 Satz 2 UStG an einem engen Unternehmensbegriff festhalten will, könnte ein systematischer Ansatz durch eine weite Interpretation des § 15a UStG erreicht werden, wodurch sämtliche Nutzungsänderungen zwischen wirtschaftlich und nicht-wirtschaftlich bzw. unternehmerisch und nichtwirtschaftlich i.e.S. von der Korrekturbestimmung erfasst wären.[2] 197

Die Zuordnung zum Unternehmen ist vom **Mindestmaß der unternehmerischen Nutzung** für das Recht auf Vorsteuerabzug nach § 15 Abs. 1 Satz 2 UStG unabhängig.[3] Nach dem nationalen Gesetzeswortlaut sollen Lieferungen, die zu weniger als 10 % für unternehmerische Zwecke genutzt werden, zwar nicht als für das Unternehmen ausgeführt gelten, doch verbirgt sich hinter dieser Bestimmung eine reine Beschränkung des Rechts auf Vorsteuerabzug der Höhe nach. In der Vergangenheit haben mehrere Ermächtigungen es Deutschland erlaubt, das Recht auf Vorsteuerabzug unter die Bedingung einer mindestens 10%igen unternehmerischen Nutzung zu stellen (§ 15 Rz. 219 ff.).[4] Konkret war die Versagung des Vorsteuerabzugs bei überwiegend unternehmensfremder Nutzung von Wirtschaftsgütern möglich. Erst der aktuell geltende Durchführungsbeschluss vom 10.12.2015 erlaubt es Deutschland, das Recht auf Vorsteuerabzug auch bei einer mehr als 90%igen nicht-wirtschaftlichen Nutzung vollständig zu versagen.[5] 198

In der Rechtssache *Landkreis Potsdam-Mittelmark*[6] hat der EuGH explizit klargestellt, dass die bis zum 31.12.2009 geltende europäische Ermächtigung Deutschlands,[7] das Recht auf Vorsteuerabzug zu versagen, wenn der Unternehmer Lieferungen zu mehr als 90 % für private Zwecke des Steuerpflichtigen oder seines Personals oder allgemein für unternehmensfremde Zwecke nutzt, im Lichte des europäischen Mehrwertsteuersystems auszulegen ist. Folglich ist als eine unternehmensfremde Verwendung nur die echt private Verwendung zu verstehen. Das Verwenden von Wirtschaftsgütern für den nichtwirtschaftlichen Bereich (nicht-wirtschaftliche Tätigkeit i.e.S.) begründet keine unternehmensfremde Verwendung, mit der Folge, dass Wirtschaftsgüter, die zu weniger als 10 % für wirtschaftliche (unternehmerische) und zu mehr als 90 % für nicht-wirtschaftliche Zwecke (nicht-wirtschaftliche Tätigkeit i.e.S.) verwendet werden, zum anteiligen Vorsteuerabzug berechtigen. 199

Der BFH hat eine Auslegung des Unternehmens entsprechend der EuGH-Rechtsprechung abgelehnt und will ein unionsrechtskonformes Ergebnis vielmehr anhand einer unmittelbaren Anwendung der Bestimmungen der MwStSystRL erreichen.[8] Um sich der Frage, ob die nicht-wirtschaftliche Tätigkeit i.e.S. nun tatsächlich Teil des Unternehmens ist, zu entziehen, spricht der BFH teilweise auch von einer Zuordnung zur wirtschaftlichen Tätigkeit für die Frage des Vorsteuerabzugs.[9] 200

Diese Linie lässt sich auch in der älteren Rechtsprechung des EuGH finden[10] und steht auch mit dem verwendungsbezogenen Ansatz des EuGH im Einklang, wonach es für den Vorsteuerabzug darauf ankommt, in welcher Ausgangsleistung sich die Kosten der Eingangsleistungen niederschlagen.[11] 201

1 *Küffner/von Streit*, DStR 2012, 636 (639 f.).
2 Vgl. so auch: *Reiß*, UR 2010, 797 (806 f.).
3 **A.A.** Abschn. 15.2c. Abs. 1 Satz 3 UStAE – Zuordnungsverbot bei nicht mindestens 10 % unternehmerischer Mindestnutzung.
4 Entscheidung des Rates 2004/817/EG v. 19.11.2004, ABl. EU 2004 Nr. L 357, 33; Entscheidung des Rates 2000/186/EG v. 28.2.2000, ABl. EG 2000 Nr. L 59, 12 (13).
5 Durchführungsbeschluss (EU) 2015/2428 v. 10.12.2015, ABl. EU 2015 Nr. L 334, 12.
6 EuGH, Urt. v. 15.9.2016 – C-400/15, ECLI:EU:C:2016:687 – Landkreis Potsdam-Mittelmark, UR 2016, 840 m. Anm. *Sterzinger*.
7 Entscheidung des Rates 2004/817/EG v. 19.11.2004, ABl. EU 2004 Nr. L 357, 33.
8 BFH, Urt. v. 16.11.2016 – XI R 15/13, BStBl. II 2018, 237; etwas deutlicher eine teleologische Reduktion des nationalen Tatbestands andeutend: BFH, Urt. 2.8.2018 – V R 21/16, BStBl. II 2019, 339: Die 90 %-Grenze „greift […] nicht, wenn der Gegenstand im Unternehmen zu mehr als 90 % für nichtwirtschaftliche – nicht in den Anwendungsbereich der Mehrwertsteuer fallende – Tätigkeit genutzt wird".
9 BFH, Urt. v. 3.8.2017 – V R 62/16, BFHE 259, 380 = UR 2018, 170 m. Anm. *Dziadkowski*.
10 EuGH, Urt. v. 11.7.1991 – C-97/90, ECLI:EU:C:1991:315 – Lennartz, UR 1991, 291 m. Anm. *Widmann*.
11 EuGH, Urt. v. 29.10.2009 – C-29/08, ECLI:EU:C:2009:665 – AB SKF, UR 2012, 904, Rz. 58; EuGH, Urt. v. 27.9.2001 – C-16/00, ECLI:EU:C:2001:495 – Cibo Participations, UR 2001, 500 m. Anm. *Wäger*, Rz. 31; EuGH, Urt. v. 26.5.2005 – C-465/03, ECLI:EU:C:2005:320 – Kretztechnik, UR 2005, 382, Rz. 35.

202 Doch darf die ältere Rechtsprechung des EuGH zur Zuordnung von Eingangsleistungen zur wirtschaftlichen Tätigkeit nicht als eine Bestätigung eines engen Unternehmensbegriffs verstanden werden. Die Rechtsprechung des EuGH zur Zuordnung von gemischt genutzten Wirtschaftsgütern hat sich weiterentwickelt, wodurch es keine schlichte Unterscheidung zwischen wirtschaftlich und privat mehr gibt. Die Zuordnung zum Wirtschaftlichen im Sinne der älteren EuGH-Rechtsprechung ist vielmehr als eine Zuordnung zum Unternehmen zu verstehen. Dass die nicht-wirtschaftliche Tätigkeit (nicht-wirtschaftliche Tätigkeit i.e.S.) zum Unternehmen zu zählen ist, zeigt sich auch in der Rechtssache *Landkreis Potsdam-Mittelmark*[1], wonach dem Steuerpflichtigen eine Wahlfreiheit in Bezug auf die Zuordnung der Wirtschaftsgüter bei gemischter (wirtschaftlicher und nicht-wirtschaftlicher bzw. unternehmerischer und nicht-wirtschaftlicher i.e.S.) Nutzung nicht wie im Falle der teilweisen wirtschaftlichen (unternehmerischen) und teilweise privaten (unternehmensfremden) Verwendung zusteht, denn hier ist insgesamt von einer Verwendung der Wirtschaftsgüter innerhalb des Unternehmens auszugehen.

203 Die Rechtssache *Landkreis Potsdam-Mittelmark*[2] zeigt auch auf, dass die 10 %-Hürde eine Beschränkung des Rechts auf Vorsteuerabzug der Höhe nach begründet und **keine Auswirkungen auf die Zuordnungsentscheidung** der Wirtschaftsgüter hat. Daher können nicht nur jene Wirtschaftsgüter dem Unternehmen zugeordnet werden, welche die Hürde der unternehmerischen Nutzung nehmen, sondern auch Wirtschaftsgüter, die zu mehr als 10 % für private (unternehmensfremde) oder nicht-wirtschaftliche (nicht-wirtschaftliche i.e.S.) Zwecke verwendet werden.[3]

F. Beginn und Ende der Unternehmereigenschaft

I. Beginn der Unternehmereigenschaft

1. Aufnahmehandlung

204 Die Unternehmereigenschaft wird begründet, sobald eine Person nachhaltig eine selbständige Tätigkeit aufnimmt, die der Einnahmenerzielung dient bzw. dienen soll. Für die Begründung der Unternehmereigenschaft ist das tatsächliche Leisten, also das Erbringen einer Leistung gegen Entgelt, nicht erforderlich.

2. Vorbereitungshandlungen

a) Umfang der Vorbereitungshandlungen

205 Nach ständiger Rechtsprechung des EuGH ist Steuerpflichtiger, „wer die durch objektive Anhaltspunkte belegte Absicht hat, […] eine wirtschaftliche Tätigkeit selbständig auszuüben, und **erste Investitionsausgaben** für diese Zwecke tätigt".[4] Folglich erstreckt sich die wirtschaftliche Tätigkeit auf alle Vorbereitungshandlungen, die notwendig sind, um die späteren Leistungen gegen Entgelt auszuführen.[5] Die Vorbereitungshandlungen müssen aber einen hinreichenden Zusammenhang mit der späteren wirtschaftlichen Tätigkeit haben, was bei Ausbildungsleistungen regelmäßig zu verneinen ist.[6]

---

1 EuGH, Urt. v. 15.9.2016 – C-400/15, ECLI:EU:C:2016:687 – Landkreis Potsdam-Mittelmark, UR 2016, 840 m. Anm. *Sterzinger*, Rz. 34.

2 EuGH, Urt. v. 15.9.2016 – C-400/15, ECLI:EU:C:2016:687 – Landkreis Potsdam-Mittelmark, UR 2016, 840 m. Anm. *Sterzinger*.

3 **A.A.** Abschn. 15.2c. Abs. 1 Satz 3 und Abschn. 15a.1. Abs. 7 UStAE.

4 EuGH, Urt. v. 8.6.2000 – C-396/98, ECLI:EU:C:2000:303 – Schloßstraße, UR 2000, 336 m. Anm. *Widmann*, Rz. 36; EuGH, Urt. v. 8.6.2000 – C-400/98, ECLI:EU:C:2000:304 – Breitsohl, BStBl. II 2003, 452 = UR 2000, 329 m. Anm. *Widmann*, Rz. 34; EuGH, Urt. v. 21.5.2000 – C-110/98 bis 147/98, ECLI:EU:C:2000:145 – Gabalfrisa, UR 2000, 209, Rz. 47; der BFH hat sich dieser Rechtsprechungslinie angeschlossen: BFH, Urt. v. 8.3.2001 – V R 24/98, BStBl. II 2003, 430 = UR 2001, 214. So auch die FinVerw.: Abschn. 2.1. Abs. 1 Satz 2 UStAE.

5 EuGH, Urt. v. 14.2.1985 – C-268/83, ECLI:EU:C:1985:74 – Rompelman, juris, Rz. 22.

6 BFH, Urt. v. 15.3.1993 – V R 18/89, BStBl. II 1993, 561 = UR 1993, 313.

Die Frage, ob eine Person bereits im Rahmen der Vorbereitungshandlungen als Steuerpflichtiger handelt, hat Auswirkungen auf das Recht auf Vorsteuerabzug in Bezug auf die ersten Investitionshandlungen. Denn vielfach geht dem Leisten gegen Entgelt der Erwerb von Wirtschaftsgütern voraus, die notwendig sind, um die eigenen Ausgansleistungen erbringen zu können. 206

b) Nachweis der Verwendungsabsicht

Die Frage, ob eine Person ernstlich beabsichtigt, künftig umsatzsteuerlich relevante Leistungen gegen Entgelt zu erbringen, ist anhand objektiver Umstände zu klären. Der EuGH schließt es nicht aus, dass die FinVerw. **objektive Nachweise** für die erklärte Absicht von der jeweiligen Person verlangen.[1] In diesem Sinne kann die Person bspw. verpflichtet werden, einen Nachweis der besonderen Eignung der zu errichtenden Räumlichkeiten für eine gewerbliche Nutzung zu erbringen.[2] Die **FinVerw.** sieht den Nachweis der Ernsthaftigkeit der Vorbereitungshandlungen als gegeben an, wenn die bezogenen Gegenstände oder die in Anspruch genommenen sonstigen Leistungen **ihrer Art nach nur zur unternehmerischen Verwendung** oder Nutzung bestimmt sind oder in einem objektiven und zweifelsfrei erkennbaren Zusammenhang mit der beabsichtigten unternehmerischen Tätigkeit stehen. 207

Dies ist bspw. gegeben bei dem Erwerb von umfangreichem Inventar (Maschinen oder Fuhrpark), dem Wareneinkauf vor Betriebseröffnung, der Anmietung oder Errichtung von Büro- oder Lagerräumen, dem Erwerb eines Grundstücks, der Anforderung einer Rentabilitätsstudie, der Beauftragung eines Architekten, der Durchführung einer großen Anzeigeaktion sowie der Abgabe eines Angebots für eine Lieferung oder bei sonstigen Leistung gegen Entgelt.[3] 208

c) Mögliche Verwendung für unternehmerische als auch private Zwecke

Können die im Rahmen der Vorbereitungshandlung erworbenen Wirtschaftsgüter sowohl für **unternehmerische als auch private Zwecke** verwendet werden (z.B. Computer oder Kraftfahrzeug), so ist vor der ersten Steuerfestsetzung zu prüfen, ob die Verwendungsabsicht durch objektive Anhaltspunkte nachgewiesen ist.[4] Noch strenger wird der Maßstab, wenn die **Wirtschaftsgüter typischerweise der privaten Verwendung** dienen wie bspw. ein Wohnmobil oder ein Segelschiff.[5] Der BFH hat die ernstliche Absicht der Aufnahme einer gewerblichen oder beruflichen Tätigkeit und folglich die Unternehmereigenschaft verneint, da im Zeitpunkt der Investition keine Kostenkalkulation vorlag.[6] 209

d) Erfolglose Vorbereitungshandlungen

Die ernstliche Absicht, Leistungen gegen Entgelt zu erbringen, muss im Zeitpunkt der ersten Investitionshandlungen geprüft und festgestellt werden. Wird in diesem Zeitpunkt die Steuerpflichtigeneigenschaft bejaht, besteht auch das Recht auf Vorsteuerabzug in diesem Zeitpunkt. Dem Steuerpflichtigen kann das Recht auf Vorsteuerabzug auch dann nicht mehr genommen werden, wenn die Mehrwertsteuer unter Vorbehalt der Nachprüfung der Steuerverwaltung festgesetzt wird und sich herausstellt, dass der Steuerpflichtige die geplanten Leistungen nicht erbringt.[7] Denn das Recht auf Vorsteuerabzug besteht auch bei **erfolglosen Vorbereitungshandlungen.**[8] Münden die Vorbereitungshandlungen also 210

1 EuGH, Urt. v. 8.6.2000 – C-396/98, ECLI:EU:C:2000:303 – Schloßstraße, UR 2000, 336 m. Anm. *Widmann*, Rz. 40; EuGH, Urt. v. 8.6.2000 – C-400/98, ECLI:EU:C:2000:304 – Breitsohl, BStBl. II 2003, 452 = UR 2000, 329 m. Anm. *Widmann*, Rz. 39; EuGH, Urt. v. 21.5.2000 – C-110/98 bis 147/98, ECLI:EU:C:2000:145 – Gabalfrisa, UR 2000, 209, Rz. 46; EuGH, Urt. v. 29.2.1996 – C-110/94, ECLI:EU:C:1996:67 – INZO, UR 1996, 116 m. Anm. *Widmann*, Rz. 23.
2 EuGH, Urt. v. 14.2.1985 – C-268/83, ECLI:EU:C:1985:74 – Rompelman, juris, Rz. 24.
3 Abschn. 2.6. Abs. 2 Satz 2 UStAE.
4 Abschn. 2.6. Abs. 3 Satz 1 UStAE.
5 Abschn. 2.6. Abs. 3 Satz 2 UStAE.
6 BFH, Urt. v. 27.1.2011 – V R 21/09, BStBl. II 2011, 524 = UR 2011, 379.
7 EuGH, Urt. v. 8.6.2000 – C-396/98, ECLI:EU:C:2000:303 – Schloßstraße, UR 2000, 336 m. Anm. *Widmann*, Rz. 52.
8 EuGH, Urt. v. 29.2.1996 – C-110/94, ECLI:EU:C:1996:67 – INZO, UR 1996, 116 m. Anm. *Widmann*, Rz. 20; so auch die Auffassung der FinVerw.: Abschn. 2.6. Abs. 1 Satz 2 UStAE.

nicht in Leistungen bzw. werden die erworbenen Wirtschaftsgüter nicht für die ursprünglich geplante wirtschaftliche Tätigkeit verwendet,[1] ändert sich an dem Recht auf Vorsteuerabzug nichts.

211 Der BFH hat dem EuGH die Frage zur **Vorabentscheidung vorgelegt**, ob die Grundsätze des erfolglosen Unternehmers auch auf den Fall eines **erfolglosen Teilbetriebs** zu übertragen sind.[2] Konkret wollte eine GmbH, die ein Alten- und Pflegeheim steuerfrei betreibt, in einem Anbau eine Cafeteria einrichten. Für den Anbau wollte die GmbH einen Vorsteuerabzug geltend machen, der ihr zu 90 % gewährt werden sollte. Im Ausmaß von 10 % hätten die Räumlichkeiten auch dem steuerfreien Alten- und Pflegebetrieb gedient. Die Cafeteria stellte sich aber als Fehlinvestition heraus, woraufhin die GmbH den Betrieb der Cafeteria aufgab. Das Alten- und Pflegeheim wurde von der GmbH weiterbetrieben.

212 Nach Auffassung der FinVerw. sind die Grundsätze des erfolglosen Unternehmers zwar entsprechend auch auf eine neue Tätigkeit im Rahmen eines bereits bestehenden Unternehmens anzuwenden. Doch soll dies nur gelten, wenn **kein sachlicher Zusammenhang** mit der bisherigen unternehmerischen Tätigkeit besteht.[3]

213 M.E. begründet eine geringe Nutzung der Räumlichkeiten der Cafeteria durch die Bewohner des Alten- und Pflegeheims einen solchen sachlichen Zusammenhang nicht. Denn das Betreiben einer Cafeteria führt zur **Erschließung eines neuen Geschäftsfelds**, das Neuinvestitionen voraussetzt. Die bestehende Infrastruktur aus dem Betrieb des Alten- und Pflegeheims reicht für dieses neue Geschäftsfeld nicht aus.

e) Fälle von Missbrauch und Betrug

214 In Fällen des **Missbrauchs und Betrugs** gilt hingegen anderes. Hat eine Person ihre Absicht, eine wirtschaftliche Tätigkeit aufzunehmen, nur vorgespielt und hat sie in Wirklichkeit nur versucht, Gegenstände, die zum Vorsteuerabzug berechtigen, dem Privatvermögen zuzuführen, kann die Erstattung der abgezogenen Umsatzsteuerbeträge verlangt werden.[4] Denn der Vorsteuerabzug wurde aufgrund falscher Erklärungen gewährt. Die FinVerw. will in Missbrauchsfällen die zunächst angenommene Unternehmereigenschaft nach § 164 Abs. 2, § 165 Abs. 2 oder § 173 Abs. 1 AO durch Änderung der ursprünglichen Steuerfestsetzung rückgängig machen. Dies soll auch dann geschehen, wenn zwar kein Betrugsfall vorliegt, die Verwendungsabsicht aber nicht in gutem Glauben erklärt wurde.[5]

f) Vorgesellschaften und Vorgründungsgesellschaften

215 Die Frage nach dem Beginn der Unternehmereigenschaft wird gerade bei Kapitalgesellschaften, aber auch bei Personengesellschaften besonders relevant, denn die handelsrechtlichen Normen sehen für die Gründung von Gesellschaften bis zu ihrem endgültigen Bestehen mehrere Phasen vor. **Vorgesellschaften** und **Vorgründungsgesellschaften** treten im Wirtschaftsverkehr schon oft nach außen auf und erwerben erste Investitionsgüter ohne selbst Leistungen gegen Entgelt an Dritte zu erbringen. Ihr Ziel ist schlicht auf die Errichtung der Gesellschaft begrenzt, wodurch die Vorgründungsgesellschaft und die Vorgesellschaft selbst keine ernstliche Absicht haben, eine wirtschaftliche Tätigkeit zu entfalten.

216 Im Bereich der Personengesellschaften wird rein handelsrechtlich die Rechtspersönlichkeit der Vorgesellschaft von der eingetragenen Personengesellschaft fortgesetzt. Im Bereich der Kapitalgesellschaften gehen die Rechte und Pflichten der Vorgründungsgesellschaft nicht (wohl aber der Vorgesellschaft) nahtlos auf die errichtete Kapitalgesellschaft über. Es bedarf hierfür eines eigenständigen Rechtsge-

1 EuGH, Urt. v. 15.1.1998 – C-37/95, ECLI:EU:C:1998:1 – Ghent Coal Terminal, UR 1998, 149.
2 BFH, Vorlagebeschl. v. 27.3.2019 – V R 61/17, BFHE 264, 90 = UR 2019, 432.
3 Abschn. 2.6. Abs. 4 UStAE.
4 EuGH, Urt. v. 8.6.2000 – C-396/98, ECLI:EU:C:2000:303 – Schloßstraße, UR 2000, 336 m. Anm. *Widmann*, Rz. 40; EuGH, Urt. v. 29.2.1996 – C-110/94, ECLI:EU:C:1996:67 – INZO, UR 1996, 116 m. Anm. *Widmann*, Rz. 23, 24; EuGH, Urt. v. 14.2.1985 – C-268/83, ECLI:EU:C:1985:74 – Rompelman, juris, Rz. 24; EuGH, Urt. v. 21.5.2000 – C-110/98 bis 147/98, ECLI:EU:C:2000:145 – Gabalfrisa, UR 2000, 209, Rz. 46.
5 Abschn. 2.6. Abs. 3 Satz 4 UStAE.

schäfts. Selbst wenn erworbene Wirtschaftsgüter von der Vorgründungsgesellschaft auf die errichtete Gesellschaft übertragen werden, ändert dies meist nichts am Fehlen eines steuerbaren Leistungsaustausches, denn diese Übertragung wird eine nicht steuerbare Geschäftsveräußerung i.S.d. § 1 Abs. 1a UStG begründen.

In der Rechtssache ***Faxworld***[1] hat der EuGH festgestellt, dass die Frage nach der Steuerpflichtigeneigenschaft einer Vorgründungsgesellschaft rein danach zu beurteilen ist, ob die Gesellschaft Gegenstände für Zwecke einer wirtschaftlichen Tätigkeit erwirbt. Was als wirtschaftliche Tätigkeit anzusehen ist, ist ausschließlich nach dem Grundtatbestand des Art. 9 Abs. 1 MwStSystRL zu beurteilen. Der Anwendungsbereich von Art. 9 Abs. 1 UStG kann nicht dadurch geändert werden, „dass ein Mitgliedstaat von der durch [Art. 19 MwStSystRL] vorgesehenen Möglichkeit, die Übertragung des Gesamtvermögens oder eines Teilvermögens so zu behandeln, als ob keine Lieferung von Gegenständen vorliegt, Gebrauch gemacht hat oder nicht".[2] 217

Folglich löst der EuGH die Frage nach der Steuerpflichtigeneigenschaft anders als die Frage nach dem Recht auf Vorsteuerabzug. Während für das Recht auf Vorsteuerabzug auf die steuerpflichtigen Ausgangsleistungen der später gegründeten Gesellschaft abgestellt wird, wird die **Steuerpflichtigeneigenschaft** durch eine **rein isolierte Betrachtung der Tätigkeit** der Vorgründungsgesellschaft erreicht. Das spätere Nichtleisten aufgrund der Sonderbestimmung zur Geschäftsveräußerung ändern nichts an der ursprünglichen Beurteilung, dass die Wirtschaftsgüter für eine spätere potenzielle wirtschaftliche Tätigkeit erworben werden. Gleichermaßen können Gesellschafter in der Gründungsphase der Gesellschaft als Steuerpflichtige angesehen werden, wenn sie für die Gesellschaft Investitionsgüter im eigenen Namen anschaffen.[3] Hiervon bleibt die eigenständige Unternehmereigenschaft des Gesellschafters unberührt.[4] Dem in der Gründungsphase handelnden Gesellschafter oder alternativ der später gegründeten Gesellschaft soll das Recht auf Vorsteuerabzug uneingeschränkt zustehen.[5] Liegt das Vorsteuerabzugsrecht beim Gesellschafter, schadet die Umsatzsteuerbefreiung der Übertragung der Güter auf die Gesellschaft nicht.[6] Anders ist die Situation hingegen, wenn der Gesellschafter nicht beabsichtigt, das Erworbene jemals in die Gesellschaftssphäre zu überführen, sondern diese in der Gesellschaftersphäre belassen will.[7] In diesem Fall handelt der Gesellschafter nicht für die spätere wirtschaftliche Tätigkeit der Gesellschaft. 218

Der BFH legt bei der skizzierten Rechtsprechung des EuGH ein besonderes Augenmerk auf den Erwerb und die **spätere Übertragung von Vermögensgegenständen** in die Gesellschaftssphäre. Eine solche Übertragung sei bei der Inanspruchnahme einer Beratungsleistung nicht möglich und folglich sei ein Gesellschafter, der in der Gründungsphase solche Dienstleistungen in Anspruch nimmt, nicht zum Vorsteuerabzug berechtigt.[8] 219

Diese Differenzierung scheint mit der Intention der EuGH-Rechtsprechung nicht in Einklang zu stehen. Denn dem EuGH kommt es unzweifelhaft darauf an, dass diejenigen Personen, die für eine zu gründende Gesellschaft schlicht aufgrund der noch gegebenen Nichtexistenz tätig werden, von der Umsatzsteuer entlastet werden. Die wesentlichen Fragen, die es also zu stellen gilt, müssen wie folgt lauten: Dienen die Leistungen der Gründung einer Gesellschaft, die beabsichtigt wirtschaftlich tätig zu werden? Und würde diese Gesellschaft die Leistungen für ihre wirtschaftliche Tätigkeit in Anspruch nehmen, würde sie bereits existieren? Würde die zu gründende Gesellschaft schon bestehen und würde sie Beratungsleistung für den Erwerb von Vermögensgegenständen für ihre wirtschaftliche Tätigkeit beziehen, würde die Frage nach dem Recht auf Vorsteuerabzug nur allzu leicht zu beantworten sein. 220

---

1 EuGH, Urt. v. 29.4.2004 – C-137/02, ECLI:EU:C:2004:267 – Faxworld, UR 2004, 362.
2 EuGH, Urt. v. 29.4.2004 – C-137/02, ECLI:EU:C:2004:267 – Faxworld, UR 2004, 362, Rz. 29.
3 EuGH, Urt. v. 1.3.2012 – C-280/10, ECLI:EU:C:2012:107 – Polski Trawertyn, UR 2012, 366, Rz. 31.
4 *Wäger*, UR 2012, 911 (915).
5 Anders noch: BFH, Urt. v. 27.6.1995 – V R 36/94, BStBl. II 1995, 915 = UR 1996, 123.
6 EuGH, Urt. v. 1.3.2012 – C-280/10, ECLI:EU:C:2012:107 – Polski Trawertyn, UR 2012, 366, Rz. 34.
7 EuGH, Urt. v. 13.3.2014 – C-204/13, ECLI:EU:C:2014:147 – Malburg, UR 2014, 353.
8 BFH, Urt. v. 11.11.2015 – V R 8/15, BFHE 252, 468 = UR 2016, 401.

II. Ende der Unternehmereigenschaft

221 Spiegelbildlich zur Begründung der Unternehmereigenschaft wird sie nicht schon dann beendet, wenn der Unternehmer seine Leistungserbringung einstellt,[1] die Gesellschaft aufgelöst oder aus dem Firmenbuch gelöscht wird. Vielmehr kommt es auf die **tatsächliche Abwicklung aller Rechtsbeziehungen** an,[2] welche das wirtschaftliche Erscheinungsbild des Unternehmers ausgemacht haben.[3] Folglich wirkt die wirtschaftliche Tätigkeit der tatsächlichen entgeltlichen Leistungserbringung vor und gleichermaßen auch nach. Zur wirtschaftlichen Tätigkeit zählt jedenfalls das Veräußern des Unternehmensvermögens und alle Leistungen, die für die endgültige Abwicklung der unternehmerischen Tätigkeit notwendig sind.

222 In diesem Sinn steht dem Unternehmer auch in Bezug auf diese Eingangsleistungen das Recht auf Vorsteuerabzug zu, denn der Unternehmer soll vollständig von der im Rahmen seiner wirtschaftlichen Tätigkeit geschuldeten oder entrichteten Mehrwertsteuer entlastet werden.[4] Ein Vorsteuerabzug auf Eingangsleistungen in der Phase der Beendigung der Unternehmereigenschaft führt zu einem Gleichklang von Ausgaben für Zwecke des Unternehmens vor der tatsächlichen Aufnahme der wirtschaftlichen Tätigkeit, während dieser Tätigkeit und zum Zwecke der Beendigung dieser Tätigkeit.[5]

223 Leistungen, die der Unternehmer in der Beendigungsphase bezieht, die aber mit der vorangegangenen wirtschaftlichen Gesamttätigkeit zusammenhängen, sind bspw. die Leistung eines Insolvenzverwalters,[6] Entschädigungszahlungen für die vorzeitige Auflösung eines Pachtverhältnisses[7] und Beratungsleistungen zur Prüfung von Haftungsansprüchen in der Insolvenz.[8] Die Zurechnung von Leistungsbezügen zur wirtschaftlichen Tätigkeit geht sogar so weit, dass nach vollständiger Einstellung der Tätigkeit ein Vorsteuerabzug für Leistungen zusteht, zu deren Bezug sich der Unternehmer noch vor Einstellung der unternehmerischen Tätigkeit verpflichtet hat und von der er sich nicht befreien kann. So ist bspw. ein Unternehmer, der seine Tätigkeit vollständig eingestellt hat, zum Vorsteuerabzug in Bezug auf Mietzahlungen berechtigt, wenn der Unternehmer sich aus den mietvertraglichen Pflichten nicht befreien kann.[9] Werden am Ende der unternehmerischen Tätigkeit Leistungen bezogen, die direkt und unmittelbar mit einer steuerbefreiten Ausgangsleistung in Zusammenhang stehen – wie bspw. einer steuerbefreiten Grundstücksveräußerung – so können diese Eingangsleistungen nicht der vorangegangenen wirtschaftlichen Gesamttätigkeit zugerechnet werden, sondern vielmehr der konkreten Ausgangsleistung, was den Vorsteuerabzug versagen mag.[10]

224 Wird die wirtschaftliche Tätigkeit nicht aufgegeben, sondern nur ruhend gestellt, kommt es darauf an, ob die Absicht besteht, die wirtschaftliche Tätigkeit zu einem späteren Zeitpunkt wiederaufzunehmen. Ist das der Fall, bleibt die Unternehmereigenschaft erhalten (**ruhendes Unternehmen**).[11] Besteht aber keine Absicht mehr, die Leistungserbringung wiederaufzunehmen, kann die wirtschaftliche Tätigkeit als endgültig beendet angesehen werden, was das Ende der Unternehmereigenschaft bedingt.

225 Der teilweise oder dauerhafte Verzicht auf Einnahmen führt nicht zur Beendigung der wirtschaftlichen Tätigkeit, wenn der **Einnahmenverzicht** nicht unternehmensfremde Zwecke verfolgt. In diesem Sinne bleibt der Verpächter auch dann Unternehmer, wenn er auf die Einnahmen aufgrund wirtschaftlicher Schwierigkeiten des Pächters verzichtet, aber mit dem Pächter vereinbart, dass Zahlungen wieder geleistet werden, wenn sich die finanzielle Situation des Pächters verbessert.[12] Der **vermögenslose Un-**

---

1 BFH, Urt. v. 15.3.1993 – V R 18/89, BStBl. II 1993, 561 = UR 1993, 313.

2 Abschn. 2.6. Abs. 6 Satz 3 UStAE.

3 BFH, Urt. v. 21.4.1993 – XI R 50/90, BStBl. II 1993, 696 = UR 1993, 390.

4 EuGH, Urt. v. 3.3.2005 – C-32/03, ECLI:EU:C:2005:128 – Fini H, UR 2005, 433, Rz. 25.

5 BFH, Urt. v. 18.9.2019 – XI R 19/17, BStBl. II 2020, 172 = UR 2020, 196; BFH, Urt. v. 13.12.2017 – XI R 3/16, BStBl. II 2018 = UR 2018, 445.

6 BFH, Urt. v. 2.12.2015 – V R 15/15, BStBl. II 2016, 486 = UR 2016, 403.

7 BFH, Urt. v. 13.12.2017 – XI R 3/16, BStBl. II 2018, 727 = UR 2018, 445.

8 BFH, Urt. v. 18.9.2019 – XI R 19/17, BStBl. II 2020, 172 = UR 2020, 196.

9 EuGH, Urt. v. 3.3.2005 – C-32/03, ECLI:EU:C:2005:128 – Fini H, UR 2005, 433.

10 BFH, Beschl. v. 29.5.2008 – V B 224/07, BFH/NV 2008, 1545; BFH, Urt. v. 25.6.1998 – V R 25/97, BFH/NV 1998, 1533.

11 Abschn. 2.6. Abs. 6 Satz 5 UStAE.

12 BFH, Urt. v. 7.7.2005 – V R 78/03, BStBl. II 2005, 849 = UR 2005, 608.

ternehmer verliert seine Unternehmereigenschaft nicht. Vielmehr muss er seine Rechtsbeziehungen, einschließlich derer zur FinVerw., abwickeln, um seine Unternehmereigenschaft zu beenden.[1]

Die **Eröffnung des Insolvenzverfahrens** beendet für sich alleine die Unternehmereigenschaft nicht.[2] 226
Der **Tod** des Unternehmers beendet die Unternehmereigenschaft, da die Unternehmereigenschaft an die Person des Unternehmers geknüpft ist.[3] Der **Rechtsnachfolger** kann durch Fortführung der Tätigkeit oder Verwertung des Unternehmensvermögens[4] eine eigenständige Unternehmereigenschaft begründen.

§ 2a Fahrzeuglieferer

[1]Wer im Inland ein neues Fahrzeug liefert, das bei der Lieferung in das übrige Gemeinschaftsgebiet gelangt, wird, wenn er nicht Unternehmer im Sinne des § 2 ist, für diese Lieferung wie ein Unternehmer behandelt. [2]Dasselbe gilt, wenn der Lieferer eines neuen Fahrzeugs Unternehmer im Sinne des § 2 ist und die Lieferung nicht im Rahmen des Unternehmens ausführt.

Schrifttum: *Reiß*, Differenzbesteuerung bei Gebrauchtwagenlieferung und Steuerbefreiung bei Neuwagenlieferung in grenzüberschreitenden Fällen, UR 2017, 565.

A. Grundaussagen

I. Regelungsgegenstand und Bedeutung

Die Vorschrift ist eine notwendige Ergänzung des Systems, um zur **Vermeidung von Wettbewerbsverzerrungen**[5] im Binnenmarkt auch beim Erwerb neuer Fahrzeuge durch Privatpersonen das **Bestimmungslandprinzip** vollständig umzusetzen (§ 1b Rz. 1). Vor dem Inkrafttreten des Binnenmarktes erfolgte keine Entlastung im Ausfuhrmitgliedstaat, jedoch eine teilweise Entlastung bei der Einfuhrumsatzbesteuerung (§ 1b Rz. 3).[6] 1

Mit dem Binnenmarkt soll jedoch nach den Grundsätzen des Bestimmungslandprinzips eine vollständige Entlastung von der Mehrwertsteuer des Abgangsmitgliedstaats erfolgen, um eine klare Abgrenzung der Steuerhoheit der Mitgliedstaaten zu gewährleisten.[7] Dazu ist es notwendig, dass im Inland zum einen die Steuerbefreiung innergemeinschaftlicher Lieferungen nach § 4 Nr. 1 Buchst. b, § 6a 2

1 BFH, Urt. v. 9.12.1993 – V R 108/91, BStBl. II 1994, 483 = UR 1994, 431.
2 Abschn. 2.6. Abs. 5 Satz 1 UStAE.
3 Abschn. 2.6. Abs. 5 Satz 2 UStAE.
4 BFH, Urt. v. 13.1.2010 – V R 24/07, BStBl. II 2011, 241 = UR 2010, 489.
5 Erwägungsgrund 11 der MwStSystRL, ABl. EU 2006 Nr. L 347, 1.
6 Vgl. EuGH, Urt. v. 25.2.1988 – 299/86, ECLI:EU:C:1988:103 – Drexl, UR 1989, 352; EuGH, Urt. v. 5.5.1982 – 15/81, ECLI:EU:C:1982:135 – Schul, NJW 1983, 1252.
7 Vgl. EuGH, Urt. v. 14.6.2017 – C-26/16, ECLI:EU:C:2017:453 – Santogal M-Comércio e Reparação de Automóveis, UR 2017, 539, Rz. 38 m.w.N.

UStG (§ 6a Rz. 1 ff.) anwendbar ist, zum anderen der Vorsteuerabzug erfolgt.[1] Beides **erfordert die Unternehmereigenschaft des Liefernden,** die durch § 2a UStG fingiert wird.[2]

3 § 2a UStG ist für Lieferungen neuer Fahrzeuge aus dem Inland in das übrige Gemeinschaftsgebiet die **spiegelbildliche Vorschrift** zur Erweiterung des Erwerberkreises durch § 1b Abs. 1 UStG für Lieferungen aus dem übrigen Gemeinschaftsgebiet in das Inland.

II. Unionsrechtliche Grundlagen

4 Die Vorschrift setzt **Art. 9 Abs. 2 MwStSystRL** (Art. 28a Abs. 4 Unterabs. 1 6. EG-Richtlinie) um.

III. Verhältnis zu anderen Vorschriften und Rechtsentwicklung

5 Es gilt die **Definition neuer Fahrzeuge des § 1b Abs. 2 und 3 UStG** (§ 1b Rz. 33 ff.).

6 § 3c Abs. 5 Satz 1 Nr. 1 UStG[3] **schließt** die Anwendung der **Versandhandelsregelungen aus** (§ 3c Rz. 62). Unionsrechtlich liegt bei der Lieferung neuer Fahrzeuge weder ein innergemeinschaftlicher Fernverkauf von Gegenständen vor, Art. 14 Abs. 4 Nr. 1 Buchst. b MwStSystRL, noch ein Fernverkauf von aus Drittgebieten oder Drittländern eingeführten Gegenständen, Art. 14 Abs. 4 Nr. 2 Buchst. b MwStSystRL.

6.1 Die Fiktion einer Lieferkette bei Vermittlung oder sonstiger Unterstützung der Lieferung durch den unternehmerischen Betreiber einer elektronischen Schnittstelle für außerhalb der Gemeinschaft ansässige Unternehmen nach Art. 14a Abs. 2 MwStSystRL, entsprechend § 3 Abs. 3a Satz 1 UStG (§ 3 Rz. 232 ff.), ist im Rahmen des § 2a UStG nicht anwendbar, da die Lieferung gerade durch einen Nichtunternehmer (Rz. 27) bzw. außerhalb des Unternehmens (Rz. 31 f.) erfolgt. Darüber hinaus wollte die Regelung des Art. 14a Abs. 2 MwStSystRL bzw. § 3 Abs. 3a Satz1 UStG nur solche Lieferungen erfassen, bei denen der Lieferer die Umsatzsteuer des Bestimmungsmitgliedstaates schuldet, um zu einer Verbesserung der Erhebung der Mehrwertsteuer im elektronischen Handel zu gelangen.[4] Die Regelungen der Fahrzeugeinzelbesteuerung, zu denen auch § 2a UStG gehört, sind zudem als lex specialis gegenüber den neuen Regelungen des Handels über elektronische Schnittstellen anzusehen (§ 1b Rz. 8.1).

7 Der Fahrzeuglieferer ist **Unternehmer für Zwecke der Steuerbefreiung innergemeinschaftlicher Lieferungen**, § 4 Nr. 1 Buchst. b, § 6a Abs. 1 Satz 1 Nr. 1 UStG. Für ihn gelten die Nachweispflichten nach § 6a Abs. 3 UStG, §§ 17a, 17c UStDV. Der Erwerber kann, muss aber kein Unternehmer sein, § 6a Abs. 1 Satz 1 Nr. 2 Buchst. c UStG.

8 Da sich die Unternehmerfiktion nach § 2a UStG jedoch nur auf das Inland beschränkt, kann es für den Fahrzeuglieferer i.S.d. § 2a UStG **kein innergemeinschaftliches Verbringen** geben. Die Anwendung des § 3 Abs. 1a UStG auf Fahrzeuglieferer ist nach Satz 1 ausgeschlossen (§ 3 Rz. 58 ff.),[5] da diese kein Unternehmen haben, in dessen Rahmen das Fahrzeug in einen anderen Mitgliedstaat verbracht werden könnte (§ 1b Rz. 1 ff.), sondern nur für Zwecke der jeweiligen Lieferung als Unternehmer fingiert werden (Rz. 29).[6]

1 *Heuermann* in Sölch/Ringleb, § 2a UStG Rz. 3 (Stand: März 2022); *Stadie* in Rau/Dürrwächter, § 2a UStG Rz. 3 (Stand: Juni 2023).
2 *Sterzinger* in Birkenfeld/Wäger, Umsatzsteuer-Handbuch, Abschn. I, Kapitel 3, E. Rz. 1 f. (Stand: August 2023).
3 I.d.F. des Jahressteuergesetzes 2020, BGBl. I 2020, 3096.
4 *Wäger*, UStB 2021, 76 (78).
5 *Stadie* in Rau/Dürrwächter, § 2a UStG Rz. 15 (Stand: Juni 2023); **a.A.** *Reiß* in Reiß/Kraeusel/Langer, § 2a UStG Rz. 11 ff. (Stand: März 2018).
6 *Heuermann* in Sölch/Ringleb, § 2a UStG Rz. 9 (Stand: März 2022).

Für Zwecke des „Verbringens“ eines neuen Fahrzeugs anlässlich eines **Wohnortwechsels innerhalb der Union** wird dies – vorsorglich – durch Art. 2 MwStVO klargestellt.[1] Diese nimmt solche Vorgänge aus dem Anwendungsbereich innergemeinschaftlicher Erwerbe aus (§ 1b Rz. 32). 9

Art. 2 MwStVO ist nicht dergestalt formuliert, dass er – bei Ausnahme eines Sachverhalts aus der Steuerbarkeit innergemeinschaftlicher Erwerbe – im Umkehrschluss alle anderen Sachverhalte als innergemeinschaftliches Verbringen besteuern will,[2] da Tatbestandsvoraussetzung des Art. 2 MwStVO die Nichtanwendung der Steuerbefreiung des § 138 Abs. 2 Buchst. a MwStSystRL – entsprechend § 4 Nr. 1 Buchst. b, § 6a UStG – ist. Diese Steuerbefreiung wäre jedoch anwendbar, gäbe es ein Verbringen neuer Fahrzeuge durch Fahrzeuglieferer i.S.d. § 2a Satz 1 UStG. 10

Im Falle des Satzes 2 ist die Anwendung des § 3 Abs. 1a UStG bereits tatbestandlich ausgeschlossen, da die Fahrzeuglieferung **außerhalb des Unternehmens erfolgen muss.** 11

Nach § 14a Abs. 3 Satz 3 UStG ist der Fahrzeuglieferer i.S.d. § 2a UStG zur **Rechnungsausstellung verpflichtet**. Diese muss spätestens am 15. Tag des auf die Lieferung folgenden Monats erfolgen, § 14a Abs. 3 Satz 1 UStG, wobei keine Angaben der USt-IdNr. von Verkäufer und Erwerber erforderlich sind, § 14a Abs. 3 Satz 4 UStG. Allerdings sind die Merkmale der neuen Fahrzeuge nach § 1b Abs. 2 und 3 UStG in der Rechnung zu bezeichnen, § 14a Abs. 4 Satz 2 i.V.m. § 14a Abs. 4 Satz 1 UStG. Ein Doppel dieser Rechnung hat der Fahrzeuglieferer i.S.d. § 2a UStG zehn Jahre aufzubewahren, § 14b Abs. 1 Satz 4 Nr. 1 UStG. 12

Hinsichtlich des gelieferten Fahrzeugs kann der Fahrzeuglieferer i.S.d. § 2a UStG unter Beachtung der betraglichen und zeitlichen Einschränkungen des § 15 Abs. 4a UStG einen **Vorsteuerabzug geltend machen** (§ 15 Rz. 317 ff.). 13

Der Fahrzeuglieferer i.S.d. § 2a UStG hat eine **Umsatzsteuer-Voranmeldung** für den Voranmeldezeitraum der Fahrzeuglieferung sowie eine **Umsatzsteuerjahreserklärung** abzugeben, § 18 Abs. 4a UStG (§ 18 Rz. 82 ff.). 14

Wird das neue Fahrzeug **an Abnehmer mit MwSt-IdNr.** geliefert, ist auch der Fahrzeuglieferer i.S.d. § 2a UStG zur **Abgabe einer ZM verpflichtet**, § 18a Abs. 6 Nr. 1 UStG (§ 18a Rz. 37). 15

Erfolgt dagegen die **Lieferung an einen Abnehmer ohne MwSt-IdNr.**, müssen Fahrzeuglieferer i.S.d. § 2a UStG wie Unternehmer i.S.d. § 2 UStG eine **Meldung nach der Fahrzeuglieferungs-Meldepflichtverordnung**[3] bis zum 10. Tag nach Ablauf des Kalendervierteljahres der Lieferung an das Bundeszentralamt für Steuern übermitteln, § 18c UStG i.V.m. § 3 FzgLiefgMeldV (§ 18c Rz. 5). In diesem Fall besteht keine Pflicht zur Abgabe einer ZM, § 18a Abs. 6 Nr. 1 a.E. UStG (§ 18a Rz. 37). 16

Die **Anwendung der Kleinunternehmerregelung** ist im Bereich der Lieferungen neuer Fahrzeuge ins übrige Gemeinschaftsgebiet **ausgeschlossen**, § 19 Abs. 4 Satz 1 UStG (§ 19 Rz. 44). Derartige Lieferungen werden daher auch nicht in den Gesamtumsatz nach § 19 Abs. 1 Satz 2 UStG einbezogen, da § 19 Abs. 4 Satz 1 UStG den gesamten Absatz 1 des § 19 UStG für nicht anwendbar erklärt. 17

Die **Aufzeichnungspflichten** nach § 22 Abs. 1 Satz 1 UStG sind zu beachten, da der Fahrzeuglieferer i.S.d. § 2a UStG für diese Lieferung als Unternehmer gilt. 18

Die Anwendung der **Differenzbesteuerung** auf die innergemeinschaftliche Lieferung neuer Fahrzeuge ist **ausgeschlossen**, § 25a Abs. 7 Nr. 2 UStG (§ 25a Rz. 63 f.). 19

§ 2a UStG wurde **mit Wirkung zum 1.1.1993** durch das USt-Binnenmarktgesetz[4] eingeführt und ist seitdem inhaltlich unverändert geblieben. 20

1 Erwägungsgrund 6 der MwStVO, ABl. EU 2011 Nr. L 77, 1.

2 *Heuermann* in Sölch/Ringleb, § 2a UStG Rz. 9 (Stand: März 2022); im Ergebnis auch *Stadie* in Rau/Dürrwächter, § 2a UStG Rz. 15 (Stand: Juni 2023); **a.A.** *Reiß* in Reiß/Kraeusel/Langer, § 2a UStG Rz. 11.1.2.2 (Stand: März 2018).

3 FzgLiefgMeldV v. 18.3.2009, BStBl. I 2009, 472 i.d.F. Art. 21 Abs. 3 G. v. 18.7.2016, BGBl. I, 1679, 1708.

4 Vom 25.8.1992, BGBl. I 1992, 1548.

B. Fiktion der Unternehmereigenschaft für Lieferungen neuer Fahrzeuge durch Nichtunternehmer (Satz 1)

I. Lieferung eines Fahrzeugs aus dem Inland in das übrige Gemeinschaftsgebiet

21 § 2a Satz 1 UStG setzt eine Lieferung voraus. Der Regelung unterfallen **ausschließlich entgeltliche Lieferungen.**[1] Zwar werden durch Art. 16 MwStSystRL, § 3 Abs. 1b UStG unter bestimmten Voraussetzungen auch unentgeltliche Lieferungen einer Lieferung gegen Entgelt gleichgesetzt (§ 3 Rz. 73 ff.). Das setzt aber voraus, dass der unentgeltlich gelieferte Gegenstand zum Unternehmen gehört hat und durch einen Unternehmer unentgeltlich geliefert wird. Derartige unentgeltliche Vorgänge können aber von der Regelung des Satzes 1 nicht erfasst sein, andernfalls würde dessen Rechtsfolge – Behandlung wie ein Unternehmer für diese Lieferung – zugleich zur Tatbestandsvoraussetzung gemacht – Unternehmereigenschaft und Zuordnung des neuen Fahrzeugs zum Unternehmen als Voraussetzung der Gleichstellung mit entgeltlichen Lieferungen. Darüber hinaus besteht bei unentgeltlichen Zuwendungen durch Privatpersonen keine Wettbewerbssituation, die zu Verzerrungen des Wettbewerbs zwischen den Mitgliedstaaten führen könnte, so dass Art. 9 Abs. 2 MwStSystRL, § 2a Satz 1 UStG auch der *ratio legis* nach keiner Anwendung bedürfen.

22 Das neue Fahrzeug muss bei der Lieferung aus dem Inland **in das übrige Gemeinschaftsgebiet** gelangen. Das neue Fahrzeug muss durch den Verkäufer oder den Erwerber oder für deren Rechnung an den Erwerber grenzüberschreitend versendet oder befördert werden, Art. 9 Abs. 2 MwStSystRL.

23 Veräußert der Fahrzeuglieferer i.S.d. § 2a UStG an einen **unternehmerischen Zwischenhändler** und befördert oder versendet der Zwischenhändler das neue Fahrzeug unmittelbar an einen weiteren Abnehmer im übrigen Gemeinschaftsgebiet, so ist § 2a Satz 1 UStG nur dann anwendbar, wenn der Zwischenhändler es unterlässt, dem Fahrzeuglieferer gegenüber eine inländische USt-IdNr. zu verwenden, Art. 36a Abs. 1 i.V.m. Art. 36a Abs. 2 MwStSystRL, § 3 Abs. 6a Satz 4 und 5 UStG. Andernfalls greift Satz 1 nicht ein, da die bewegte Lieferung nicht der Lieferung des Fahrzeuglieferers zuzurechnen ist. Gleiches gilt, wenn der weitere Abnehmer das neue Fahrzeug in das übrige Gemeinschaftsgebiet versendet oder befördert.

24 Erwirbt der Fahrzeuglieferer das neue Fahrzeug **von einem Unternehmer im Inland** und versendet oder befördert er dieses unmittelbar von seinem Verkäufer im Inland an seinen Abnehmer in das übrige Gemeinschaftsgebiet, so unterliegt er als Erwerber der Fahrzeugeinzelbesteuerung nach Art. 2 Abs. 1 Buchst. b Ziffer ii MwStSystRL im übrigen Gemeinschaftsgebiet. § 2a Satz 1 UStG ist in diesem Fall auf ihn nicht anwendbar,[2] insofern kann er auch nicht als „Zwischenhändler" im Sinne des Art. 36a Abs. 1 MwStSystRL, § 3 Abs. 6a Satz 4 UStG angesehen werden. Will der Fahrzeuglieferer diese Erwerbsbesteuerung im Bestimmungsmitgliedstaat vermeiden, sollte in diesen Fällen der Abnehmer das Fahrzeug im Inland abholen und in das übrige Gemeinschaftsgebiet befördern bzw. versenden.

25 **Befördern** des Fahrzeugs schließt insbesondere auch das Fortbewegen des Fahrzeugs aus eigener Kraft ein (§ 1b Rz. 29).[3] Es gibt keine konkrete Frist, innerhalb derer das Befördern in den Bestimmungsmitgliedstaat abgeschlossen sein muss.[4] Zur Ermittlung des Bestimmungsmitgliedstaats können dabei objektive Kriterien, wie z.B. der Flaggenmitgliedstaat, der gewöhnliche Liege- oder Ankerplatz[5] oder der Wohnsitz des Erwerbers[6] herangezogen werden (§ 1b Rz. 30).

26 Nach der *ratio legis* des Art. 9 Abs. 2 MwStSystRL ist es sinnvoll, auch dann von einer Lieferung aus dem Inland in das übrige Gemeinschaftsgebiet auszugehen, wenn der **Abnehmer bei Beginn der Be-**

1 *Stadie* in Rau/Dürrwächter, § 2a UStG Rz. 13 (Stand: Juni 2023); *Heuermann* in Sölch/Ringleb, § 2a UStG Rz. 10 (Stand: März 2022); *Reiß* in Reiß/Kraeusel/Langer, § 2a UStG Rz. 20 f. (Stand: März 2018); **a.A.** *Korn* in Bunjes[22], § 2a UStG Rz. 9.

2 *Heuermann* in Sölch/Ringleb, § 2a UStG Rz. 8 (Stand: März 2022).

3 *Stadie* in Rau/Dürrwächter, § 1b UStG Rz. 10 (Stand: März 2023).

4 Vgl. EuGH, Urt. v. 18.11.2010 – C-84/09, ECLI:EU:C:2010:693 – X, UR 2011, 103.

5 Vgl. EuGH, Urt. v. 18.11.2010 – C-84/09, ECLI:EU:C:2010:693 – X, UR 2011, 103, Rz. 46.

6 Vgl. EuGH, Urt. v. 14.6.2017 – C-26/16, ECLI:EU:C:2017:453 – Santogal M-Comércio e Reparação de Automóveis, UR 2017, 539, Rz. 48; *Reiß*, UR 2017, 565 (574 ff.).

förderung oder Versendung im Inland noch nicht konkret feststeht, beispielsweise weil das neue Fahrzeug auf einem Gebrauchtfahrzeugmarkt im übrigen Gemeinschaftsgebiet durch den Fahrzeuglieferer veräußert wird.[1]

II. Nichtunternehmerischer Lieferer

Fahrzeuglieferer i.S.d. § 2a Satz 1 UStG können **nur Nichtunternehmer** sein. Das betrifft vor allem Privatpersonen, die gelegentlich ein neues Fahrzeug in das übrige Gemeinschaftsgebiet liefern, aber nicht nachhaltig mit dem An- und Verkauf von Fahrzeugen befasst sind.[2] 27

Ebenfalls erfasst sind **Personenvereinigungen oder juristische Personen**, die **keine unternehmerische Tätigkeit** ausüben.[3] 28

Kleinunternehmer i.S.d. § 19 UStG und **pauschalierende Land- und Forstwirte** i.S.d. § 24 UStG sind dagegen **keine Fahrzeuglieferer** i.S.d. § 2a Satz 1 UStG, da sie grundsätzlich Unternehmer i.S.d. § 2 UStG sind. Die Regelung des § 19 Abs. 4 S. 1 UStG schließt aber die Anwendung der Kleinunternehmerregelung für die Lieferung neuer Fahrzeuge aus, so dass im Ergebnis dieselbe mehrwertsteuerliche Behandlung wie bei der Anwendung der Fahrzeugeinzelbesteuerung erreicht wird.[4] 28.1

III. Behandlung als Unternehmer für diese Lieferung

Die Unternehmereigenschaft wird **ausschließlich für die konkrete Lieferung fingiert**, so dass eine der Lieferung vorhergehende Nutzung des neuen **Fahrzeugs keine gleichgestellte sonstige Leistung** i.S.d. § 3 Abs. 9a UStG darstellt.[5] Dafür besteht auch keine Notwendigkeit, da der Vorsteuerabzug zum einen erst im Zeitpunkt der Lieferung zu gewähren ist, § 15 Abs. 4a Nr. 3 UStG und zum anderen auf den Steuerbetrag beschränkt ist, der geschuldet würde, wäre die Lieferung nicht steuerfrei, § 15 Abs. 4a Nr. 2 UStG. Der durch eine vorhergehende Nutzung entstehende Wertverzehr wirkt sich daher wie eine Vorsteuerkürzung aus.[6] 29

Auch aus diesem Grund kann es **keine** einer entgeltlichen Lieferung **gleichgestellte Entnahme oder Zuwendung** i.S.d. § 3 Abs. 1a UStG im Rahmen des § 2a UStG geben (Rz. 8). 29.1

Die **Unternehmerfiktion** greift **für jede Neufahrzeuglieferung von neuem**.[7] Daraus lässt sich allerdings nicht zwingend schlussfolgern, dass für mehr als eine Neufahrzeuglieferung im Kalenderjahr mehr als eine Umsatzsteuer-Jahreserklärung abzugeben wäre. 30

C. Lieferung durch Unternehmer außerhalb des Unternehmens (Satz 2)

Im Falle des Satzes 2 ist der **Lieferer zwar Unternehmer**, die Lieferung des Fahrzeuges erfolgt aber außerhalb des Unternehmens. 31

Das gelieferte **Fahrzeug** darf also **nicht dem Unternehmen zugeordnet sein**, andernfalls liegt ein unternehmerischer Umsatz (wenn auch ggf. ein Hilfsgeschäft) vor.[8] 32

1 *Stadie* in Rau/Dürrwächter, § 2a UStG Rz. 9 f. (Stand: Juni 2023); **a.A.** *Sterzinger* in Birkenfeld/Wäger, Umsatzsteuer-Handbuch, Abschn. I, Kapitel 3, E. Rz. 26 (Stand: August 2023); ähnlich *Heuermann* in Sölch/Ringleb, § 2a UStG Rz. 9 (Stand: März 2022).
2 *Peltner* in Weymüller, BeckOK, § 2a UStG Rz. 21 (Stand: September 2023).
3 *Peltner* in Weymüller, BeckOK, § 2a UStG Rz. 22 (Stand: September 2023).
4 *Peltner* in Weymüller, BeckOK, § 2a UStG Rz. 26 (Stand: September 2023); *Stadie* in Rau/Dürrwächter, § 2a UStG Rz. 21 (Stand: Juni 2023).
5 *Peltner* in Weymüller, BeckOK, § 2a UStG Rz. 31 (Stand: September 2023); *Heuermann* in Sölch/Ringleb, § 2a UStG Rz. 11 (Stand: März 2022).
6 *Sterzinger* in Birkenfeld/Wäger, Umsatzsteuer-Handbuch, Abschn. I, Kapitel 3, E. Rz. 48 (Stand: August 2023).
7 *Stadie* in Rau/Dürrwächter, § 2a UStG Rz. 19 (Stand: Juni 2023).
8 *Peltner* in Weymüller, BeckOK, § 2a UStG Rz. 24.1 (Stand: September 2023).

33 Der **Vorsteuerabzug** nach § 15 Abs. 4a UStG ist möglich, wenn das neue Fahrzeug **bereits beim Erwerb der nichtunternehmerischen Sphäre zugeordnet** wurde.

34 Kommt es **zunächst zu einer unternehmerischen Verwendung** und bei Entnahme zur Besteuerung einer gleichgestellten Lieferung nach § 3 Abs. 1b Satz 1 Nr. 1 UStG im Inland, so fehlt es in der Regel an einer entsprechenden Rechnung mit Umsatzsteuerausweis, die auch im Rahmen des § 15 Abs. 4a UStG erforderlich ist (§ 15 Rz. 317 ff.), da § 15 Abs. 4a UStG den Vorsteuerabzug lediglich einschränkt, jedoch nicht erweitert. Das würde aber, entgegen der Logik des Systems der Art. 9 Abs. 2, Art. 172 MwStSystRL, zur indirekten Belastung mit der Mehrwertsteuer des Abgangsmitgliedstaats führen und aufgrund dessen zu einer Wettbewerbsverzerrung (diesmal zu Lasten des Abgangsmitgliedstaates). Aufgrund des Ziels, Wettbewerbsverzerrungen bei den Lieferungen neuer Fahrzeuge durch eine strikte Anwendung des Bestimmungslandprinzips zu vermeiden Rz. 1),[1] ist es daher notwendig, die bei der Entnahme aus dem Unternehmen im Inland zunächst aufgrund § 3 Abs. 1b Satz 1 Nr. 1 UStG anfallende Umsatzsteuer zum Vorsteuerabzug im Rahmen des § 15 Abs. 4a UStG zuzulassen und anschließend ausschließlich die Besteuerung im Bestimmungsmitgliedstaat durch Anwendung von § 2a Satz 2 i.V.m. § 4 Nr. 1 Buchst. b, § 6a UStG in Verbindung mit der Erwerbsbesteuerung nach Art. 2 Abs. 1 Buchst. b Ziffer ii MwStSystRL wirken zu lassen.[2]

§ 2b Juristische Personen des öffentlichen Rechts

(1) [1]Vorbehaltlich des Absatzes 4 gelten juristische Personen des öffentlichen Rechts nicht als Unternehmer im Sinne des § 2, soweit sie Tätigkeiten ausüben, die ihnen im Rahmen der öffentlichen Gewalt obliegen, auch wenn sie im Zusammenhang mit diesen Tätigkeiten Zölle, Gebühren, Beiträge oder sonstige Abgaben erheben. [2]Satz 1 gilt nicht, sofern eine Behandlung als Nichtunternehmer zu größeren Wettbewerbsverzerrungen führen würde.

(2) Größere Wettbewerbsverzerrungen liegen insbesondere nicht vor, wenn

1. der von einer juristischen Person des öffentlichen Rechts im Kalenderjahr aus gleichartigen Tätigkeiten erzielte Umsatz voraussichtlich 17 500 Euro jeweils nicht übersteigen wird oder

2. vergleichbare, auf privatrechtlicher Grundlage erbrachte Leistungen ohne Recht auf Verzicht (§ 9) einer Steuerbefreiung unterliegen.

(3) Sofern eine Leistung an eine andere juristische Person des öffentlichen Rechts ausgeführt wird, liegen größere Wettbewerbsverzerrungen insbesondere nicht vor, wenn

1. die Leistungen aufgrund gesetzlicher Bestimmungen nur von juristischen Personen des öffentlichen Rechts erbracht werden dürfen oder

2. die Zusammenarbeit durch gemeinsame spezifische öffentliche Interessen bestimmt wird. [2]Dies ist regelmäßig der Fall, wenn

   a) die Leistungen auf langfristigen öffentlich-rechtlichen Vereinbarungen beruhen,

   b) die Leistungen dem Erhalt der öffentlichen Infrastruktur und der Wahrnehmung einer allen Beteiligten obliegenden öffentlichen Aufgabe dienen,

   c) die Leistungen ausschließlich gegen Kostenerstattung erbracht werden und

   d) der Leistende gleichartige Leistungen im Wesentlichen an andere juristische Personen des öffentlichen Rechts erbringt.

(4) Auch wenn die Voraussetzungen des Absatzes 1 Satz 1 gegeben sind, gelten juristische Personen des öffentlichen Rechts bei Vorliegen der übrigen Voraussetzungen des § 2 Absatz 1 mit der Ausübung folgender Tätigkeiten stets als Unternehmer:

1. (weggefallen)

2. (weggefallen)

---

1 Erwägungsgrund 11 der MwStSystRL, ABl. EU 2006 Nr. L 347, 1.

2 Im Ergebnis so auch *Reiß* in Reiß/Kraeusel/Langer, § 2a UStG Rz. 21 (Stand: März 2018); **a.A.** *Heuermann* in Sölch/Ringleb, § 2a UStG Rz. 17 (Stand: März 2022).

3. die Leistungen der Vermessungs- und Katasterbehörden bei der Wahrnehmung von Aufgaben der Landesvermessung und des Liegenschaftskatasters mit Ausnahme der Amtshilfe;
4. die Tätigkeit der Bundesanstalt für Landwirtschaft und Ernährung, soweit Aufgaben der Marktordnung, der Vorratshaltung und der Nahrungsmittelhilfe wahrgenommen werden;
5. Tätigkeiten, die in Anhang I der Richtlinie 2006/112/EG des Rates vom 28. November 2006 über das gemeinsame Mehrwertsteuersystem (ABl. L 347 vom 11.12.2006, S. 1) in der jeweils gültigen Fassung genannt sind, sofern der Umfang dieser Tätigkeiten nicht unbedeutend ist.

Schrifttum: *Brill*, Zur künftigen Relevanz von Kostenteilungsgemeinschaften für die öffentliche Hand, UR 2019, 81; *Englisch*, Nichterhebung von Umsatzsteuer für kommunale Tätigkeiten – § 2b UStG und Alternativen – Teil I, UR 2021, 338; *Englisch*, Umsatzsteuerpflicht bei interkommunaler Kooperation, UR 2013, 570; *Erdbrügger/Liegmann*, Umsatzbesteuerung der interkommunalen Zusammenarbeit (§ 2b UStG), KommP Spezial 2018, 63; *Heidner*, Umsatzbesteuerung der öffentlichen Hand, UR 2016, 45; *Hummel/Richter/Schneider*, Zur umsatzsteuerrechtlichen Beurteilung der gemeinsamen Berufung von Professoren nach dem sog. „Berliner Modell", UR 2021, 621; *Hüttemann*, Neuregelung der Umsatzbesteuerung der öffentlichen Hand – alles wird gut?, UR 2017, 129; *Kronthaler/Kronthaler/Ruffert*, Umsatzbesteuerung der öffentlich finanzierten Wissenschaft – ein Irrweg, Rückbesinnung auf die Zusammenarbeit öffentlich finanzierter Forschungseinrichtungen als nichtwirtschaftliche Tätigkeit, UR 2021, 609; *Küffner*, Anmerkung zum EuGH- Urteil vom 29.9.2015, C-276, 14, UR 2015, 829; *Küffner/Rust*, Kirchen im Fokus der Umsatzsteuer – muss das sein?, DStR 2014, 2533; *Rust*, Faktische Abschaffung von § 2b Abs. 3 Nr. 2 UStG durch das BMF-Schreiben v. 14.11.2019?, MwStR 2019, 986; *Schmitz/Erdbrügger/Liegmann*, Reform der Umsatzbesteuerung des öffentlichen und gemeinnützigen Sektors, DStR 2011, 1157; *Wäger*, Rechtsprechungsauslese 2015, UR 2016, 125; *Weber*, Nichtunternehmerisches Handeln der Kirchen im Lichte des § 2b UStG, MwStR 2016, 818.

A. Grundaussagen

I. Regelungsgegenstand und Bedeutung

1. Regelungsgegenstand

1 Die Vorschrift regelt, unter welchen Voraussetzungen juristische Personen des öffentlichen Rechts (jPdöR) nicht als Unternehmer einzuordnen sind, obwohl sie die Tatbestandsmerkmale des § 2 Abs. 1 UStG erfüllen.

2 Die Vorschrift ist so aufgebaut, dass **Absatz 1** die allgemeinen Voraussetzungen für die Behandlung als Nicht-Unternehmer nennt. Dies ist der Fall, wenn eine jPdöR Tätigkeiten ausübt, die ihr im Rahmen der öffentlichen Gewalt obliegen und die Behandlung als Nicht-Unternehmer nicht zu größeren Wettbewerbsverzerrungen führt.

3 Die **Absätze 2 und 3 legen** – bezogen auf Absatz 1 Satz 2 – fest, wann insbesondere keine Wettbewerbsverzerrung anzunehmen ist. Hierbei gilt Absatz 2 allgemein für Leistungen von jPdöR und Absatz 3 lediglich für Leistungen einer jPdöR an andere jPdöR. Die Frage der Wettbewerbsrelevanz stellt sich allerdings immer erst, wenn die jPdöR im Rahmen der Ausübung der öffentlichen Gewalt handelt (Absatz 1 Satz 1).

4 **Absatz 4** zählt Tätigkeiten auf, bei denen eine unternehmerische Tätigkeit fingiert wird, auch wenn die Bedingungen des Absatzes 1 an sich erfüllt sind. Insoweit erfolgt dann keine Abweichung von § 2 Abs. 1 UStG, dessen Voraussetzungen weiter erfüllt sein müssen.

5 Daraus folgt für die Praxis, dass zunächst zu prüfen ist, ob eine unternehmerische Tätigkeit vorliegt. In diesem Fall ist vorab zu prüfen, ob ein Fall des Absatzes 4 vorliegt, der eine Anwendung des § 2b UStG ausschließt. Ist dies nicht der Fall, ist zunächst zu prüfen, ob die jPdöR eine Tätigkeit ausübt, die ihr im Rahmen der öffentlichen Gewalt obliegt (Absatz 1 Satz 1). Ist dies der Fall, ist weiter zu prüfen, ob die Behandlung als Nicht-Unternehmer zu größeren Wettbewerbsverzerrungen führen würde (Absatz 1 Satz 2, Absätze 2 und 3).

6 Die Vorschrift ist demnach komplex aufgebaut. Hinzu kommt, dass sie zahlreiche unbestimmte Rechtsbegriffe aufweist.

2. Bedeutung der Vorschrift

7 Die **Norm** hat für die **Umsatzbesteuerung von jPdöR** eine **zentrale Bedeutung**. In der Praxis werden über die Vorschrift viele Tätigkeiten der jPdöR von der Besteuerung ausgenommen.

Der vordergründige Zweck der Vorschrift besteht in der Umsetzung der Vorgaben des Art. 13 MwStSystRL.[1] Dieser gibt zwingend vor, dass die öffentliche Hand mit bestimmten Tätigkeiten nicht als Steuerpflichtige gilt, auch wenn sie die allgemeinen Voraussetzungen dafür erfüllt. 8

Im Schrifttum wird der Zweck der Nichtbesteuerung bemerkenswerterweise kaum thematisiert, obwohl diese Frage für die Auslegung der Norm eine gewisse Bedeutung hat. In den wenigen Äußerungen wird angeführt, dass die Nichtbesteuerung zu einer Vergünstigung der Leistungen von jPdöR führen soll, die Besteuerung zudem nicht zweckmäßig ist (u.a. Probleme bei der Ermittlung der Bemessungsgrundlage, Verteilung des Steueraufkommens) und schließlich Legitimationsverluste durch Steuergestaltungen des Staates selbst zu befürchten sind.[2] Vereinzelt wird vertreten, dass die Ausnahme der jPdöR von der Umsatzbesteuerung überhaupt nicht legitimiert ist und die Vorschrift damit völlig fehlgeht.[3] 9

M.E. lässt sich aus den Überlegungen der EU-Kommission zur Reform der Umsatzbesteuerung der öffentlichen Hand herleiten, dass die Nichtbesteuerung in der Tat den **Zweck einer Vergünstigung von Leistungen** verfolgt. Dieser Zweck wird auch bei den gemeinwohlorientierten Leistungen nicht öffentlich-rechtlicher Einrichtungen gemäß Art. 132 MwStSystRL verfolgt. Zudem dient die Nichtbesteuerung der **Vermeidung von Anwendungsproblemen** bei der Ermittlung der Bemessungsgrundlage und der Verteilung des Steueraufkommens (vor dem Hintergrund einer Vielzahl verschieden organisierter Mitgliedstaaten).[4] Diese können daraus resultieren, dass bei Tätigkeiten von jPdöR Abgrenzungsprobleme entstehen, ob diese unternehmerisch tätig sind (z.B. bei nicht kostendeckenden Tätigkeiten). Ebenso werden Probleme dadurch aufgeworfen, dass Gebühren oder ähnliche Abgaben nicht nur unter umsatzsteuerrechtlichen Gesichtspunkten ermittelt oder festgelegt werden. Insb. in Deutschland stellt sich das Problem der föderalen Struktur, die durch eine Besteuerung auf jeder Ebene der öffentlichen Hand beeinträchtigt wäre – insoweit soll das Steuerrecht keinen Einfluss auf die Organisation der Mitgliedstaaten haben. Vor diesem Hintergrund nimmt der Richtliniengeber eine unterschiedliche Behandlung von öffentlichen und privaten Leistungserbringern mit allen daraus folgenden Abgrenzungsschwierigkeiten in Kauf, solange sich daraus keine Wettbewerbsauswirkungen ergeben. Mit der Entscheidung für die Nichtbesteuerung geht systematisch einher, dass die öffentliche Hand **keine Möglichkeit zum Vorsteuerabzug** hat. Damit wird die öffentliche Hand (indirekt) besteuert und somit nur ihre eigene Wertschöpfung von der Umsatzsteuer entlastet. Dies hat für die Privatwirtschaft durchaus Nachteile. Einerseits ergibt sich ein **Kaskadeneffekt** aus nicht abziehbarer Vorsteuer bei Leistungen der öffentlichen Hand an Unternehmer. Andererseits wird die öffentliche Hand relativ stark incentiviert Aufgaben möglichst selbst zu erledigen, um eine Belastung mit nicht abziehbarer Vorsteuer zu vermeiden. Die Norm wirkt damit der Auslagerung von Tätigkeiten in den Privatsektor deutlich entgegen. Dieser Effekt im „Wettbewerb" zwischen Selbsterledigung und Fremdvergabe ist m.E. systemimmanent und damit nicht Teil der in Art. 13 MwStSystRL angesprochenen Wettbewerbsverzerrungen. 10

Die Norm stellt vor diesem Hintergrund einen Ausgleich zwischen der Nichtbesteuerung und der **Wettbewerbsneutralität** her. Tätigkeiten im Rahmen der öffentlichen Gewalt werden nicht besteuert, auch wenn sie an sich die Unternehmereigenschaft begründen. Allerdings werden jPdöR dort, wo sie in Wettbewerb mit anderen Unternehmern treten, genau wie diese besteuert, um Wettbewerbsverzerrungen auszuschließen. 11

Daraus folgt, dass die Nichtbesteuerung von jPdöR als eine **Ausnahme** zu verstehen ist, die dazu führt, dass die **Tatbestandsmerkmale grundsätzlich eng auszulegen** sind.[5] Ebenso ist daraus zu folgern, dass die Vorschrift als drittschützend einzuordnen ist und konkurrierenden Unternehmern die Erhebung von Wettbewerberklagen gegen eine unzutreffende Nichtbesteuerung der jPdöR ermöglicht.[6] 12

---

1 Beschlussempfehlung des Finanzausschusses v. 23.9.2015, BT-Drucks. 18/6094, 91.

2 *Ismer* in Reiß/Kraeusel/Langer, § 2b UStG, Rz. 17 (Stand: Januar 2017).

3 So *Stadie* in Rau/Dürrwächter, § 2b UStG Rz. 14 ff. (Stand: März 2022), der keine Gründe für eine Sonderbehandlung der öffentlichen Hand erkennt.

4 Studie „VAT in the public sector and exemptions in the public interest", abrufbar unter https://ec.europa.eu/taxation_customs/sites/taxation/files/docs/body/vat_public_sector_exemptions_en.pdf.

5 EuGH, Urt. v. 16.7.2009 – C-554/07, ECLI:EU:C:2009:464 – Kommission/Irland, HFR 2009, 1149, Rz. 41.

6 EuGH, Urt. v. 8.6.2006 – C-430/04, ECLI:EU:C:2006:4999 – Feuerbestattungsverein Halle, UR 2006, 459.

II. Unionsrechtliche Grundlagen

13 Unionsrechtliche Grundlage der Norm ist Art. 13 MwStSystRL.

14 Eine nahezu identische Formulierung fand sich auch in der zwischen 1980 und 2006 geltenden Vorgängerregelung des Art. 4 Abs. 5 der 6. EG-Richtlinie.

15 Die EU-Kommission hat sich vor einiger Zeit mit einer **Reform der Besteuerung der öffentlichen Hand** befasst. Hierbei standen vor allem die ökonomischen Effekte der Incentivierung zur Selbsterledigung von Aufgaben im Fokus (Rz. 10). Es wurde überlegt, diese Effekte durch eine allgemeine Vorsteuererstattungsmöglichkeit oder die Anwendung eines (stark) ermäßigten Steuersatzes auf die Ausgangsleistungen zu überwinden.[1] Nachdem eine Konsultation der EU-Kommission keine eindeutigen Ergebnisse zeitigte, ist kein Gesetzgebungsverfahren auf EU-Ebene initiiert worden.

III. Verhältnis zu anderen Vorschriften und Rechtsentwicklung

1. Verhältnis zu anderen Vorschriften

16 Die Regelung stellt eine **Ausnahme von § 2 Abs. 1 UStG** dar und steht daher in einem engen Kontext mit dieser Norm. Mit Blick auf die Besonderheiten bei Körperschaften des öffentlichen Rechts ergeben sich bei der Anwendung des § 2 Abs. 1 UStG bereits einige Besonderheiten. So geht die Rechtsprechung von EuGH und BFH davon aus, dass bei nicht kostendeckenden Tätigkeiten im Bereich der Daseinsvorsorge zwar von einer Entgeltlichkeit der Leistungen auszugehen sei, aber u.U. keine Unternehmereigenschaft bestehe (§ 1 Rz. 85, 86). Viele Punkte sind insoweit noch nicht geklärt. Zwischenzeitlich wurde geklärt, dass eine Verpachtung zu einem Entgelt ebenso wie eine Verpachtung zu einem höheren Pachtzins bei gleichzeitiger Zahlung eines Betriebskostenzuschusses in gleicher Höhe wie der Pachtzins als unentgeltliche Leistung anzusehen ist.[2] Ebenso wurde geklärt, dass die Überlassung von Kureinrichtungen gegen Zahlung einer Kurtaxe wegen der allgemeinen Nutzungsmöglichkeit keine entgeltliche Leistung darstellt.[3]

16.1 **Andere Vorschriften** des UStG verweisen nicht auf § 2b UStG. Es gibt allerdings zahlreiche Vorschriften, die **besondere Regelungen für jPdöR** vorsehen. Die Terminologie ist dabei jedoch nicht einheitlich, wie z.B. bei § 4 Nr. 14 Buchst. b UStG, in dem von „Einrichtungen des öffentlichen Rechts" die Rede ist. Lediglich der Wortlaut des § 4a Abs. 1 Satz 1 Nr. 6 UStG wurde bei Einführung des § 2b UStG angepasst. Nach dem zum 1.1.2020 § 4 Nr. 29 UStG können jPdöR sich zu einer Kostenteilungsgemeinschaft zusammenschließen und von dieser steuerfrei Leistungen beziehen.[4]

17 JPdöR sind selbst bei Anwendung des § 2b UStG u.U. zu einer **Umsatzversteuerung als Leistungsempfänger** verpflichtet. Dies kommt bei innergemeinschaftlichen Erwerben gemäß § 1a UStG bei Überschreiten der Lieferschwelle und beim Bezug von sonstigen Leistungen i.S.d. § 13b UStG in Betracht. Insoweit sind jPdöR, auf die § 2b UStG Anwendung findet, nicht vollständig mit nicht-unternehmerischen natürlichen Personen vergleichbar.

18 Die Vorschrift ist mit dem StÄndG 2015 vom 2.12.2015[5] zum 1.1.2016 neu eingeführt worden. Nach § 27 Abs. 22 Satz 2 UStG gilt sie gleichwohl erst für **Umsätze, die nach dem 31.12.2016 bewirkt werden.**

---

1 Übersicht bei *Schmitz/Erdbrügger/Liegmann*, DStR 2011, 1157. Vgl. auch Mitteilung der EU-Kommission v. 6.12.2011, KOM (2011)851; Studie „VAT in the public sector and exemptions in the public interest", abrufbar unter https://ec.europa.eu/taxation_customs/sites/taxation/files/docs/body/vat_public_sector_exemptions_en.pdf.

2 BFH, Beschl. v. 22.6.2022 – XI R 35/19, BFH/NV 2023, 39 = UR 2022, 892 m. Anm. *Küffner*.

3 EuGH, Urt. v. 13.7.2023 – C-344/22, ECLI:EU:C:2023:580 – Gemeinde A, UR 2023, 648 m. Anm. *Küffner*. Siehe nunmehr die Nachfolgeentscheidung BFH, Urt. v. 18.10.2023 – XI R 21/23 (XI R 30/19), UR 2024, 306. Vgl. zudem zu kommunalen Kureinrichtungen nunmehr auch BFH, Urt. v. 6.12.2023 – XI R 33/21, UR 2024, 296 m. Anm. *Küffner* und m. Anm. *Sterzinger*. S. zu beiden Urteilen § 12 Abs. 2 Nr. 9 Rz. 26 ff.

4 Dazu BMF, Schr. v. 19.7.2022 – III C 3-S 7189/20/10001 :001 – DOK 2022/0744072, BStBl. I 2022, 1208 = UR 2022, 675.

5 BGBl. I 2015, 1834.

Die jPdöR konnten allerdings gemäß § 27 Abs. 22 Sätze 3 und 5 UStG bis zum 31.12.2016 nach § 27 Abs. 22 UStG formlos gegenüber den für sie zuständigen Finanzämtern erklären, dass sie **das alte Recht noch bis zum 31.12.2020 weiter anwenden** möchten. Hierbei konnte die Erklärung nur einheitlich abgegeben werden (§ 27 Abs. 22 Satz 4 UStG). Eine weitere Besonderheit ist, dass die Erklärung zur Anwendung des alten Rechts gemäß § 27 Abs. 22 Satz 6 UStG nachträglich noch widerrufen werden kann, wobei dies jeweils nur zu Beginn eines Kalenderjahres möglich ist.[1] Offenkundig haben sich nahezu sämtliche jPdöR, einschließlich des Bundes und der Länder, für die weitere Anwendung des alten Rechts bis zum 31.12.2020 entschieden. Im Zuge der **Corona-Pandemie** wurde die Anwendung des alten Rechts noch einmal durch das erste Corona-Steuerhilfegesetz vom 19.6.2020[2] um zwei Jahre **bis zum 31.12.2022 verlängert**, ohne dass ein erneuter Antrag erforderlich ist.[3] 19

Aufgrund der Belastung der Kommunen durch den Ukrainekrieg und die Energiekrise wurde mit dem JStG 2022 die verpflichtende Anwendung des § 2b UStG **um zwei weitere Jahre, auf den 1.1.2025 verschoben.**[4] Für Fälle, in denen auch im Jahr 2023 weiterhin die a.F. angewendet wird und mit Blick auf den 1.1.2023 schon Rechnungen mit Umsatzsteuerausweis erteilt wurden, wurde eine Nichtbeanstandungsregelung des BMF geschaffen.[5] 19.1

Eng verbunden mit § 2b UStG ist die Neuregelung der Aufteilung von Gebietskörperschaften in sog. **Organisationseinheiten** für Zwecke der Abgabe von Steuervoranmeldungen und Steuererklärungen in § 18 Abs. 4f und Abs. 4g UStG. Hierzu hat die Finanzverwaltung mit BMF, Schr. v. 22.5.2023 ihre Auffassung dargelegt (§ 18 Rz. 87 ff.).[6] 19.2

2. Rechtsentwicklung

Die Umsatzbesteuerung von jPdöR war bisher in § 2 Abs. 3 UStG a.F. geregelt, der im Zusammenhang mit der Einführung des § 2b UStG aufgehoben wurde.[7] 20

Aus der dynamischen Verweisung auf das KStG resultierte eine **Gleichbehandlung im Körperschaft- und Umsatzsteuerrecht** nach Maßgabe des Körperschaftsteuerrechts. Aufgrund der Übergangsregelung ist nicht klar, welche Fassung in Bezug genommen werden soll, wenn sich § 1 Abs. 1 Nr. 6, § 4 KStG bis zum 31.12.2022 ändern würden, was sich allerdings derzeit nicht abzeichnet. 21

§ 2 Abs. 3 UStG a.F. verfolgte letztlich ähnliche Ziele wie nun § 2b UStG. Danach waren **jPdöR nur mit ihren Betrieben gewerblicher Art (BgA)** gemäß § 1 Abs. 1 Nr. 6, § 4 KStG als **Unternehmer** anzusehen, wobei die Definition des BgA große Ähnlichkeiten mit den Voraussetzungen der Eigenschaft als Unternehmer aufwies. Ein wesentlicher Unterschied bestand darin, dass vermögensverwaltende Tätigkeiten nicht als BgA, und damit nicht als unternehmerisch begriffen wurden.[8] Hoheitsbetriebe (Ausübung öffentlicher Gewalt) galten gemäß § 4 Abs. 5 KStG nicht als BgA. Diese Regelung weist Ähnlichkeiten mit § 2b UStG auf. 22

Problematisch an der Verweisung auf § 4 KStG war, dass die körperschaftsteuerrechtliche Regelung bereits lange vor der Rechtsharmonisierung durch die MwStSystRL und die vorherige 6. EG-Richtlinie bestand, ein eigenes, körperschaftsteuerrechtlich geprägtes Regelungskonzept verfolgte und demnach nahezu ausgeschlossen war, dass § 2 Abs. 3 UStG in allen Punkten eine zutreffende Umsetzung des Unionsrechts darstellte, auch wenn es in der großen Mehrzahl der Anwendungsfälle vermutlich zu 23

1 Dazu näher BMF, Schr. v. 19.4.2016 – III C 2-S 7106/07/10012-06 – DOK 2016/0366656, BStBl. I 2016, 481 = UR 2016, 410.

2 BGBl. I 2020, 1385.

3 Siehe § 27 Abs. 22a UStG. S. hierzu auch *Liebgott*, UR 2020, 404 ff.

4 BGBl. I 2022, 2294.

5 BMF, Schr. v. 2.2.2023 – III C 2-S 7358/19/10001 :007 – DOK 2023/0112261, BStBl. I 2023, 321 = UR 2023, 254.

6 BMF, Schr. v. 22.5.2023 – III C 2-S 7107/19/10002 :004 – DOK 2023/0487685, BStBl. I 2023, 803 = UR 2023, 535.

7 Siehe zu § 2 Abs. 3 UStG a.F. ausführlich *Stadie* in Rau/Dürrwächter, § 2 UStG Rz. 1100 ff. (Stand: Oktober 2023).

8 Vergleiche z.B. BFH, Urt. v. 15.4.2010 – V R 10/09, BStBl. II 2017, 863 = UR 2010, 646; BFH, Urt. v. 10.11.2011 – V R 41/10, BStBl. II 2017, 869 = UR 2012, 269; BFH, Urt. v. 1.12.2011 – V R 1/11, BStBl. II 2017, 834 = UR 2012, 363.

gleichen Ergebnissen kam.[1] Ein Vertragsverletzungsverfahren wurde durch die EU-Kommission vermutlich nur deshalb nicht initiiert.

24 Der **BFH hat** allerdings **in einer Reihe von Entscheidungen ab 2009 verschiedene Unvereinbarkeiten des alten Rechts mit dem Unionsrecht erkannt**, die vor allem **vermögensverwaltende Leistungen** und **sog. Beistandsleistungen** betrafen.[2] Diese Entscheidungen haben letztlich den Anstoß für eine grundlegende Reform der Umsatzbesteuerung der öffentlichen Hand gegeben, die zur Neuregelung des § 2b UStG geführt hat.[3]

25 Soweit das alte Recht nach § 27 Abs. 22 UStG noch anwendbar ist, muss die dazu ergangene Rechtsprechung des BFH berücksichtigt werden, insbesondere auch bezüglich der richtlinienkonformen Auslegung des alten Rechts.[4] Hiervon weicht die FinVerw. allerdings insoweit ab, als dass sie die frühere Rechtsauffassung der FinVerw. weiterhin vertritt und somit die neuere Rechtsprechung nicht anwendet, außer wenn sich eine jPdöR auf die neuere Rechtsprechung beruft, was jedoch nur einheitlich für das gesamte Unternehmen erfolgen soll.[5]

26 Im Rahmen der Neuregelung wiesen insbesondere die Kommunen auf ganz erhebliche steuerliche Mehrbelastungen hin, falls die interkommunale Zusammenarbeit künftig nicht mehr als Beistandsleistung von der Umsatzbesteuerung ausgenommen würde. Dieser Umstand wurde bei der Neufassung des § 2b UStG im Rahmen des Absatzes 3 besonders berücksichtigt. Die dortige Regelung stellt einen Spagat zwischen den unionsrechtlichen Anforderungen und den Praxisanforderungen vor allem der Kommunen dar.[6] Eine besondere Bedeutung spielt daher die Norminterpretation durch die FinVerw.[7]

27 Mit dem Gesetz zur weiteren steuerlichen Förderung der Elektromobilität und zur Änderung weiterer steuerlicher Vorschriften v. 12.12.2019 (sog. JStG 2019)[8] wurden mit Wirkung ab dem 1.1.2020 § 2b Abs. 4 Nr. 1 und 2 UStG gestrichen. Dies wurde damit begründet, dass es für beide aufgeführten Tätigkeiten keine praktischen Anwendungsfälle mehr gibt (Rz. 190 f.).[9]

B. Grundtatbestand (Absatz 1)

I. Regelungsgegenstand

28 In Absatz 1 sind die Voraussetzungen für die Behandlung von jPdöR als Nicht-Unternehmer aufgeführt: die jPdöR muss ihre Tätigkeit im Rahmen der öffentlichen Gewalt ausüben und die Behandlung als Nicht-Unternehmer darf nicht zu größeren Wettbewerbsverzerrungen führen. Die Vorschrift setzt dabei voraus, dass die Tätigkeit ohne die Anwendung des § 2b UStG als unternehmerisch gemäß § 2 Abs. 1 UStG anzusehen ist.[10] Die ausnahmsweise Behandlung der jPdöR als Nicht-Unternehmer gilt jedoch nicht für die in Absatz 4 aufgeführten Tätigkeiten.

1 So bereits BRH, Bericht v. 13.2.2004, BT-Drucks. 15/4081, 4.

2 Insbesondere sei auf BFH, Urt. v. 20.8.2009 – V R 70/05, BStBl. II 2017, 825 = UR 2009, 884; BFH, Urt. v. 15.4.2010 – V R 10/09, BStBl. II 2017, 863 = UR 2010, 646; BFH, Urt. v. 10.11.2011 – V R 41/10, BStBl. II 2017, 869 = UR 2012, 272; BFH, Urt. v. 1.12.2011 – V R 1/11, BStBl. II 2017, 834 = UR 2012, 363 verwiesen.

3 Beschlussempfehlung des Finanzausschusses v. 23.9.2015, BT-Drucks. 18/6094, 91.

4 FG Baden-Württemberg, Urt. v. 18.10.2018 – 1 K 1458/18, DStRK 2019, 104, Rz. 65; so auch der nachfolgende BFH, Vorlagebeschl. v. 15.12.2021 – XI R 30/19, BStBl II 2022, 577 = UR 2022, 502 m. Anm. *Küffner*, Rz. 37 (EuGH-Vorlage, die Folgeentscheidung des BFH steht noch aus, BFH XI R 21/23).

5 BMF, Schr. v. 27.7.2017 – III C 2-S 7106/0 :002 – DOK 2017/0386556, BStBl. I 2017, 1239.

6 Koalitionsvertrag von CDU, CSU und SPD v. 16.12.2013, S. 64.

7 Von zentraler Bedeutung war daher das im Zuge der Neuregelung ergangene BMF, Schr. v. 16.12.2016 – III C 2-S 7107/16/10001 – DOK 2016/1126266, BStBl. I 2016, 1451 = UR 2017, 78, auf das in Abschn. 2b.1 UStAE verwiesen wird. Dazu näher *Erdbrügger/Liegmann*, KommP Spezial 2018, 63. Durch das BMF, Schr. v. 14.11.2019 – III C 2-S 7107/19/10005 :011 – DOK 2019/0974402, BStBl. I 2019, 1140 = UR 2019, 951 m. Anm. *Küffner* ist es allerdings zwischenzeitlich zu einer deutlichen Abkehr bezüglich der Auslegung des Abs. 3 gekommen (vgl. Rz. 146 ff.).

8 BGBl. I 2019, 2451.

9 Regierungsentwurf, BT-Drucks. 19/13436, 138.

10 EuGH, Urt. v. 13.12.2007 – C-408/06, ECLI:EU:C:2007:789 – Götz, UR 2008, 296, Rz. 15.

Insoweit ist zunächst festzustellen, ob eine bestimmte Tätigkeit einer jPdöR als unternehmerisch gemäß § 2 Abs. 1 UStG anzusehen ist. Ist dies der Fall, bietet sich zunächst die Prüfung an, ob eine der in Absatz 4 angeführten Rückausnahmen eingreift. Erst dann ist zu prüfen, ob die Voraussetzungen des § 2b Abs. 1 UStG erfüllt sind. 29

II. Tatbestandvoraussetzungen (Absatz 1 Satz 1)

1. Ausübung von Tätigkeiten, bei denen Zölle, Gebühren, Beiträge oder ähnliche Abgaben erhoben werden

Die Vorschrift greift nur ein, soweit eine jPdöR eine Tätigkeit ausübt, die ohne Eingreifen des § 2b UStG als unternehmerisch anzusehen ist. Etwas deutlicher wird dies in Art. 13 MwStSystRL, der davon spricht, dass Tätigkeiten ausgeübt oder „Umsätze bewirkt" werden. 30

Insoweit ist vor einer Anwendung der Vorschrift zunächst zu prüfen, ob die jPdöR überhaupt i.S.d. § 2 Abs. 1 UStG eine gewerbliche oder berufliche Tätigkeit selbstständig ausübt. Hierfür kann auf die allgemeinen Voraussetzungen für die Annahme der Unternehmereigenschaft verwiesen werden, da die Voraussetzungen einer wirtschaftlichen Tätigkeit bei jPdöR und privaten Unternehmern gleich sind (§ 2 Rz. 10 ff.).[1] Aufgrund der zahlreichen Besonderheiten jPdöR ist diese Frage allerdings verhältnismäßig oft klärungsbedürftig. 31

Der EuGH hat in diesem Zusammenhang vor allem das Kriterium der Nachhaltigkeit und das der Entgelterzielung besonders betrachtet. Insbesondere kann die Zahlung eines Entgelts noch nicht darauf schließen lassen, dass eine Tätigkeit mit Entgelterzielungsabsicht unterhalten wird.[2] Bei einer staatlich betriebenen Milchquotenhandelsstelle kommt es laut EuGH auf die Umstände des Einzelfalls an.[3] 32

Bestimmte Tätigkeiten, wie z.B. die Gewährung von **Konzessionen** im Mobilfunkbereich, wurden vom EuGH mangels nachhaltiger Entgelterzielung als nicht-wirtschaftlich angesehen, obwohl sie mitunter zu erheblichen Erlösen führen.[4] Davon sind nach Auffassung des EuGH Tätigkeiten abzugrenzen, die zwar im staatlichen Interesse liegen, aber einen wirtschaftlichen Charakter aufweisen, wie z.B. der Handel mit Milchquoten.[5] 33

Nach der Rechtsprechung des EuGH sind **Rundfunkgebühren** nicht als Entgelt für Leistungen des öffentlich-rechtlichen Rundfunks anzusehen, wenn kein freiwilliges Rechtsverhältnis begründet wird und aufgrund des alleinigen Gerätebezugs nicht gesichert ist, dass die Gebühr den Umfang der Nutzung (bis hin zur Nichtnutzung) wiederspiegelt (Rz. 223).[6] 34

Die FinVerw. scheint diesen Gedanken auch auf sog. **Hilfsumsätze** auszudehnen, bei denen jPdöR Gegenstände ihres nicht-unternehmerischen Anlagevermögens, wie z.B. hoheitlich genutzte Kfz, nach der Nutzung selbst an Dritte veräußern – und zwar auch dann, wenn dies wiederholt und regelmäßig erfolgt.[7] Dies ist im Einzelfall zutreffend, aber letztlich immer unter Berücksichtigung des Einzelfalls zu beurteilen[8] und lässt sich daher m.E. nicht pauschal für alle Hilfsgeschäfte beantworten. 35

Auch **strukturell defizitäre Tätigkeiten** sind u.U. als nicht entgeltlich bzw. nicht-wirtschaftlich einzustufen, jedenfalls dann, wenn Gebühren erhoben werden, die nur einen sehr kleinen Teil der Kosten 36

---

1 BFH, Urt. v. 15.4.2010 – V R 10/09, BStBl. II 2017, 863 = UR 2010, 646, Rz. 20.
2 EuGH, Urt. v. 13.12.2007 – C-408/06, ECLI:EU:C:2007:789 – Götz, UR 2008, 296, Rz. 21.
3 EuGH, Urt. v. 13.12.2007 – C-408/06, ECLI:EU:C:2007:789 – Götz, UR 2008, 296, Rz. 22.
4 EuGH, Urt. v. 26.6.2007 – C-284/04, ECLI:EU:C:2007:381 – T-Mobile Austria u.a., UR 2007, 607 m. Anm. *Burgmaier*, Rz. 49.
5 EuGH, Urt. v. 13.12.2007 – C-408/06, ECLI:EU:C:2007:789 – Götz, UR 2008, 296, Rz. 19.
6 EuGH, Urt. v. 22.6.2016 – C-11/15, ECLI:EU:C:2016:470 – Odvolací finanční ředitelství, UR 2016, 632, Rz. 24 ff.
7 BMF, Schr. v. 16.12.2016 – III C 2-S 7107/16/10001, BStBl. I 2016, 1451 = UR 2017, 78, Rz. 19 f.
8 BFH, Urt. v. 12.8.2015 – XI R 43/13, BStBl. II 2015, 919 = UR 2015, 942 zu Verkäufen einer natürlichen Person über eine Internetverkaufsplattform.

decken und sich die Gebühren auch nicht am Gegenwert der Leistung, sondern z.B. an sozialen Kriterien orientieren (§ 1 Rz. 162 ff.).[1]

2. Juristische Person des öffentlichen Rechts

a) Überblick

37 Nach dem Wortlaut gilt § 2b UStG nur für jPdöR. Der **Begriff der jPdöR** wird weder in § 2b UStG noch an anderer Stelle im UStG bzw. der AO definiert und ist daher **auslegungsbedürftig**. Der Begriff weicht zudem von der Wortwahl in Art. 13 MwStSystRL ab. In der unionsrechtlichen Grundlage ist von „Staaten, Ländern, Gemeinden und sonstigen Einrichtungen des öffentlichen Rechts", also nicht von jPdöR die Rede.[2] Die Frage ist relevant für die Bestimmung der begünstigten Steuerpflichtigen sowie für die Abgrenzung des Steuersubjekts. Insoweit bestehen Divergenzen zwischen der Rechtsprechung und der Auffassung der FinVerw.

b) Auslegung durch die Rechtsprechung

aa) EuGH-Rechtsprechung

38 Bezüglich der Auslegung orientiert sich der EuGH an der Aufzählung von **Staaten, Ländern** und **Gemeinden** und betrachtet die **sonstigen Einrichtungen des öffentlichen Rechts** als eine **Auffangregelung**.[3]

39 Der EuGH hat im Rahmen der Auslegung des Art. 13 MwStSystRL klargestellt, dass der Begriff der Einrichtung des öffentlichen Rechts nicht auf das Recht der Mitgliedstaaten verweist. Vielmehr ist **der Begriff autonom unionsrechtlich auszulegen.**[4] Des Weiteren hat der EuGH erkannt, dass der **Begriff** der Einrichtung des öffentlichen Rechts **eng auszulegen** ist, da es sich bei der Behandlung von Einrichtungen des öffentlichen Rechts als Nicht-Unternehmer um eine Ausnahmevorschrift handelt. Insoweit kann z.B. nicht auf die vergaberechtliche Definition der Einrichtung des öffentlichen Rechts (seinerzeit Art. 1 RL 2004/18) zurückgegriffen werden, da der Begriff dort eher weit verstanden wird, um die Transparenz und Nichtdiskriminierung bei der Vergabe öffentlicher Aufträge zu gewährleisten.[5]

40 Es genügt aus Sicht des EuGH für eine Einordnung als Einrichtung des öffentlichen Rechts nicht, dass eine natürliche Person (oder eine privatrechtlich verfasste Gesellschaft) z.B. als **Beliehener** im Rahmen der öffentlichen Gewalt handelt, soweit sie nicht in die Organisation der öffentlichen Verwaltung eingegliedert ist (z.B. nicht gegeben bei Gerichtsvollziehern).[6] Eine öffentliche Einrichtung setzt daher hoheitliche Befugnisse und eine Einordnung in die öffentliche Verwaltung voraus.[7] Soweit ein Beliehener nicht Teil einer Einrichtung des öffentlichen Rechts ist, erbringt dieser mit der Übernahme der Aufgabe i.d.R. entgeltliche Leistungen, auch wenn er ggf. nur einen nicht leistungsbezogenen pauschalen Verlustausgleich erhält.[8]

---

1 EuGH, Urt. v. 29.10.2009 – C-246/08, ECLI:EU:C:2009:671 – Kommission/Finnland, UR 2010, 224, Rz. 51; EuGH, Urt. v. 12.5.2016 – C-520/14, ECLI:EU:C:2016:334 – Gemeente Borsele, UR 2016, 520 m. Anm. *Küffner* und Anm. *Sterzinger*, UR 2016, 543, Rz. 35. Die Umsetzung in das deutsche Recht ist noch nicht eindeutig, vgl. BFH, Urt. v. 15.12.2016 – V R 44/15, BFHE 256, 557 = UR 2017, 302 m. Anm. *Küffner* einerseits und BFH, Urt. v. 28.6.2017 – XI R 12/15, BFHE 258, 532 = UR 2017, 758 m. Anm. *Sterzinger* und *Rust* andererseits.

2 Das kritisiert auch *Hüttemann*, UR 2017, 129 (130).

3 EuGH, Urt. v. 29.10.2015 – C-174/14, ECLI:EU:C:2015:733 – Saudaçor, UR 2015, 901 m. Anm. *Küffner*, Rz. 55.

4 EuGH, Urt. v. 29.10.2015 – C-174/14, ECLI:EU:C:2015:733 – Saudaçor, UR 2015, 901 m. Anm. *Küffner*, Rz. 52, 54.

5 EuGH, Urt. v. 29.10.2015 – C-174/14, ECLI:EU:C:2015:733 – Saudaçor, UR 2015, 901 m. Anm. *Küffner*, Rz. 46, 48.

6 EuGH, Urt. v. 21.5.2008 – C-456/07, ECLI:EU:C:2008:293 – Mihal.

7 EuGH, Urt. v. 22.2.2018 – C-182/17, ECLI:EU:C:2018:91 – Ntp. Nagyszénás (NTN), UR 2018, 276 m. Anm. *Widmann*, Rz. 45.

8 EuGH, Urt. v. 22.2.2018 – C-182/17, ECLI:EU:C:2018:91 – Ntp. Nagyszénás (NTN), UR 2018, 276 m. Anm. *Widmann*, Rz. 42; EuGH, Urt. v. 29.10.2015 – C-174/14, ECLI:EU:C:2015:733 – Saudaçor, UR 2015, 901 m. Anm. *Küffner*, Rz. 36, 42.

Der EuGH hält es allerdings für möglich, dass eine **privatrechtlich verfasste Eigengesellschaft** (konkret eine Aktiengesellschaft), deren Anteile zu 100 % von einer öffentlichen Verwaltung gehalten werden, als eine Einrichtung des öffentlichen Rechts aufgefasst wird. Sie muss dazu u.a. über hoheitliche Befugnisse verfügen und eine Beteiligung privater Dritter muss ausgeschlossen sein. Zudem darf sie im Wesentlichen nur für ihren öffentlichen Träger tätig und muss hierbei dessen Leitlinien unterworfen bzw. diesem organschaftlich verbunden sein.[1] Sind diese (recht weitgehenden) Voraussetzungen erfüllt, ist die Anforderung in § 2b UStG an das Bestehen einer jPdöR zu restriktiv und muss unionsrechtskonform ausgelegt werden, was aufgrund des unbestimmten Rechtsbegriffs möglich ist.[2] Ist dies aufgrund des Wortlauts ausgeschlossen, kann sich die betroffene Eigengesellschaft auf eine unmittelbare Anwendung des Unionsrechts berufen.[3] 41

In einer Entscheidung aus dem Jahr 2015 befasste sich der EuGH mit der Frage, ob **gemeindliche Einrichtungen als eigenständige Steuersubjekte** zu betrachten sind. Auch wenn gemeindliche Einrichtungen über einen eigenen Haushalt verfügen, sind sie aus Sicht des EuGH nicht als eigenständiges Steuersubjekt anzusehen, wenn sie der Gemeinde untergeordnet und in deren Namen und für deren Rechnung ohne eigenes Risiko tätig sind.[4] In Deutschland hat dies zu einer noch nicht abgeschlossenen Diskussion darüber geführt, ob Eigenbetriebe eigenständige Steuersubjekte sein können.[5] Neben den verfahrensrechtlichen Implikationen ist die Frage vor allem für mögliche Innenleistungen zwischen verschiedenen Eigenbetrieben von Bedeutung.[6] Soweit eine Gebietskörperschaft nicht unter § 2b UStG fällt, muss sie als Steuersubjekt sämtliche unternehmerischen Tätigkeiten zusammengefasst in ihren umsatzsteuerlichen Erklärungen angeben. Auch Schwellenwerte wie z.B. in § 1a UStG oder § 19 UStG sind übergreifend zu betrachten. Abweichend vom Gesetz wurde es bezüglich § 2 Abs. 3 UStG a.F. jedoch nicht beanstandet, wenn die Steuererklärungen auf Ebene des BgA abgegeben wurden.[7] Für den Zeitraum ab Geltung des § 2b UStG sieht § 18 Abs. 4f UStG nunmehr eine Aufteilung in sog. Organisationseinheiten vor.[8] 42

bb) Rechtsprechung des BFH

Die deutsche Rechtsprechung hatte noch keine Gelegenheit sich zum Begriff der jPdöR i.S.d. § 2b UStG zu äußern. 43

In früheren Entscheidungen hat der BFH im Rahmen der Auslegung des § 2 Abs. 3 UStG a.F. auf den Begriff der jPdöR nach dem Bundes- oder Landesrecht abgestellt.[9] Hierbei ist allerdings zu bedenken, dass die Rechtsprechung vor der Harmonisierung durch das Unionsrecht erging. Auch angesichts der Erkenntnis des EuGH, dass es sich um einen autonomen Rechtsbegriff des Unionsrechts handelt, erscheint zweifelhaft, ob diese Rechtsprechung für § 2b UStG herangezogen werden kann, der ausdrücklich Art. 13 MwStSystRL umsetzen soll.[10] 44

Der V. Senat des BFH hat in seiner jüngeren Rechtsprechung zu § 2 Abs. 3 UStG a.F. auf den Wortlaut des Art. 13 MwStSystRL zurückgegriffen und damit m.E. die **Notwendigkeit einer unionsrechtskon-** 45

---

1 EuGH, Urt. v. 29.10.2015 – C-174/14, ECLI:EU:C:2015:733 – Saudaçor, UR 2015, 901 m. Anm. *Küffner*, Rz. 62 ff. So auch EuGH, Urt. v. 22.2.2018 – C-182/17, ECLI:EU:C:2018:91 – Ntp. Nagyszénás (NTN), UR 2018, 276 m. Anm. *Widmann*, Rz. 57.

2 *Ismer* in Reiß/Kraeusel/Langer, § 2b UStG Rz. 42 (Stand: Januar 2017).

3 So implizit BFH, Beschl. v. 21.3.2018 – XI B 113/17, BFH/NV 2018, 739, Rz. 10; *Treiber* in Sölch/Ringleb, § 2b UStG Rz. 33 (Stand: März 2023).

4 EuGH, Urt. v. 29.9.2015 – C-276/14, ECLI:EU:C:2015:635 – Gmina Wroclaw, UR 2015, 829 m. Anm. *Küffner*, Rz. 42.

5 Für die Eigenständigkeit *Ismer* in Reiß/Kraeusel/Langer, § 2b UStG Rz. 38 (Stand: Januar 2017); *Klenk*, UR 2016, 180 (182); dagegen *Küffner*, UR 2015, 829 (834); *Wäger*, UR 2016, 125 (132); offen *Treiber* in Sölch/Ringleb, § 2b UStG Rz. 37 (Stand: März 2023).

6 *Wäger*, UR 2016, 125 (132).

7 Abschn. 27a.1 Abs. 3 Satz 4 UStAE; FinMin Hessen v. 13.12.2006, UR 2007, 661.

8 Dazu näher BMF, Schr. v. 22.5.2023 – III C 2-S 7107/19/10002 :004 – DOK 2023/0487685, BStBl. I 2023, 803 = UR 2023, 535.

9 BFH, Urt. v. 9.7.1971 – V R 1/68, BStBl. II 1972, 70 = UR 1972, 151 bzgl. kirchlicher Orden.

10 Beschlussempfehlung des Finanzausschusses v. 23.9.2015, BT-Drucks. 18/6094, 91.

formen Auslegung angedeutet.[1] Der XI. Senat hat in einer jüngeren Entscheidung dem Begriff der jPdöR den Klammerzusatz „Einrichtung“ beigefügt und m.E. damit ebenfalls impliziert, dass eine unionsrechtskonforme Auslegung geboten ist.[2] Letztlich ist aber die weitere Rechtsentwicklung abzuwarten.

46 Bezüglich der Einschaltung einer privatrechtlich organisierten Einrichtung in die Erledigung öffentlicher Aufgaben folgt der BFH der Rechtsprechung des EuGH.[3]

c) Auslegung durch die Finanzverwaltung

47 Die FinVerw. berücksichtigt die o.g. Rechtsprechung (noch) nicht und verweist für die Auslegung des Begriffs der jPdöR weiter auf das Bundes- und Landesrecht.[4]

48 Demnach sind jPdöR: **Bund, Länder, Gemeinden, Gemeindeverbände, Zweckverbände, öffentlich-rechtliche Religionsgemeinschaften, Innungen, Handwerkskammern, Industrie- und Handelskammern, Hochschulen** und sonstige Gebilde, die aufgrund öffentlichen Rechts eine eigene Rechtspersönlichkeit besitzen. Dazu gehören Körperschaften, Anstalten und Stiftungen des öffentlichen Rechts wie z.B. **Rundfunkanstalten** und **Universitätsklinika.** Für **ausländische jPdöR** gelten zwar die Grundsätze des deutschen öffentlichen Rechts, jedoch sollen auch die Bestimmungen des ausländischen Rechts herangezogen werden.[5]

49 Die FinVerw. hat die Rechtsprechung des EuGH und BFH zur Behandlung von privatrechtlich verfassten Gesellschaften als jPdöR grundsätzlich übernommen.[6] Für die Behandlung als jPdöR werden allerdings teilweise Kriterien verlangt, die sich m.E. so nicht aus der Rechtsprechung ergeben.

d) Schrifttum

50 Im Schrifttum wird die Frage der Auslegung der jPdöR kaum thematisiert und im Regelfall die frühere Rechtsprechung und das BMF-Schreiben vom 16.12.2016[7] wiedergegeben, ohne dass eine nähere Auseinandersetzung mit der Frage stattfindet.[8] Die Fundstellen, die sich zu der Frage äußern, weisen auf das Spannungsverhältnis zwischen der Formulierung in Art. 13 MwStSystRL sowie der Auslegung durch den EuGH zum Wortlaut des § 2b UStG bzw. der Finanzverwaltungsauffassung zum Begriff der jPdöR hin.[9]

e) Würdigung

51 Angesichts des Bekenntnisses des deutschen Gesetzgebers zu einer Umsetzung des Art. 13 MwStSystRL und der EuGH-Rechtsprechung, die mittlerweile auch vom BFH herangezogen wird, kann m.E. das herkömmliche Verständnis der jPdöR, das sich an Bundes- und Landesrecht orientiert, nicht auf Dauer aufrechterhalten werden. Vielmehr muss es eine Auseinandersetzung mit dem autonomen unionsrechtlichen Begriff der öffentlichen Einrichtung geben. Allerdings ist die weitere Rechtsentwicklung abzuwarten.

---

1 BFH, Urt. v. 2.12.2015 – V R 67/14, BStBl. II 2017, 560 = UR 2016, 199, Rz. 14. So auch *Treiber* in Sölch/Ringleb, § 2b UStG Rz. 33 f. (Stand: März 2023).

2 BFH, Urt. v. 10.2.2016 – XI R 26/13, BStBl. II 2017, 857 = UR 2016, 428 m. Anm. *Küffner/Rust*, Rz. 37.

3 BFH, Beschl. v. 21.3.2018 – XI B 113/17, BFH/NV 2018, 739, Rz. 10.

4 BMF, Schr. v. 16.12.2016 – III C 2-S 7107/16/10001, BStBl. I 2016, 1451 = UR 2017, 78, Rz. 3.

5 BMF, Schr. v. 16.12.2016 – III C 2-S 7107/16/10001, BStBl. I 2016, 1451 = UR 2017, 78, Rz. 3.

6 BMF, Schr. v. 18.9.2019 – III C 2-S 7107/19/10006 :003, BStBl. II 2019, 921 = UR 2019, 789.

7 BMF, Schr. v. 16.12.2016 – III C 2-S 7107/16/10001 – DOK 2016/1126266, BStBl. I 2016, 1451 = UR 2017, 78, Rz. 3.

8 Beispielsweise *Korn* in Bunjes[22], § 2b UStG Rz. 16.

9 *Ismer* in Reiß/Kraeusel/Langer, § 2b UStG Rz. 42 (Stand: Januar 2017); *Treiber* in Sölch/Ringleb, § 2b UStG Rz. 33 (Stand: März 2023); *Hüttemann*, UR 2017, 129 (130). *Stadie* in Rau/Dürrwächter, § 2b UStG Rz. 60 ff. (Stand: März 2022) befasst sich mit verschiedenen Einzelaspekten, benennt aber letztlich keine positive Definition der jPdöR.

M.E. ist der **Ansatz des EuGH kritisch zu hinterfragen.** Es erscheint nicht ganz widerspruchsfrei bezüglich des Begriffs der öffentlichen Einrichtung von einem einheitlichen europäischen Verständnis auszugehen, aber bei der Definition der Ausübung der öffentlichen Gewalt auf das Recht der Mitgliedstaaten abzustellen (Rz. 38 ff.). Es stellt sich die Frage, ob sich beides überhaupt trennen lässt. Zudem würde die Umsatzbesteuerung von Bereichen, die nach dem Recht der Mitgliedstaaten als öffentliche Einrichtung verstanden werden, latent in den Aufbau und die Struktur der öffentlichen Einrichtungen eingreifen und damit das Selbstbestimmungsrecht der Mitgliedstaaten unterminieren. Zutreffend ist allerdings der Ansatz, sich bei der Auslegung an der Aufzählung in der Richtlinie zu orientieren und wirklich nur klassische staatliche Einrichtungen zu erfassen, so dass es zumindest insoweit weniger auf die Form, sondern mehr auf den Inhalt ankommt. 52

Klarheit besteht m.E. bei Anwendung der EuGH-Grundsätze auch darin, dass **Bund, Länder und Gemeinden** unter den Begriff der jPdöR fallen. Ebenso sind **Gemeindeverbände und Zweckverbände sowie Anstalten, Stiftungen oder andere Körperschaften des öffentlichen Rechts** unter den Begriff zu fassen, aber wohl nur, **wenn** es sich dabei um **staatliche Einrichtungen** handelt. 53

Die Rechtsprechung des EuGH in Verbindung mit der vom BFH angedeuteten unionsrechtskonformen Auslegung könnte sich allerdings auf die **Kirchen** auswirken, die nach Art. 140 GG i.V.m. Art. 137 Abs. 5 WRV in Deutschland als Körperschaften des öffentlichen Rechts behandelt werden.[1] Bei diesen Kirchen ist die Frage aufzuwerfen, ob auch nicht-staatliche Einrichtungen zu den sonstigen Einrichtungen des öffentlichen Rechts zählen. Während dies nach dem herkömmlichen deutschen Rechtsverständnis ohne weiteres anzunehmen ist,[2] erscheint dies unter dem Blickwinkel einer autonomen unionsrechtlichen Auslegung nicht so sicher, da die Aufzählung in Art. 13 MwStSystRL auf Staaten, Länder und Gemeinden – also die staatliche Verwaltung – verweist und die Kirchen gemäß Art. 137 Abs. 1 WRV gerade nicht Teil der staatlichen Verwaltung, sondern davon unabhängig sind. 54

Ähnliche Zweifel an der Eigenschaft als jPdöR i.S.d. § 2b UStG ergeben sich auch bei anderen **staatsfernen Körperschaften des öffentlichen Rechts**, die diesen Status aus verschiedensten historischen Gründen erlangt haben. 55

Bezüglich der **berufsständischen Körperschaften des öffentlichen Rechts** (z.B. Industrie- und Handelskammern, Handwerkskammern) ist regelmäßig von einer Eingliederung in die staatliche Verwaltung sowie vom Vorliegen hoheitlicher Befugnisse auszugehen.[3] Denn diese Körperschaften üben staatliche Aufgaben aus, die lediglich von den Betroffenen im Rahmen der Selbstverwaltung selbst wahrgenommen werden sollen. 56

Staatliche **Hochschulen, Universitätsklinika, Sozialversicherungsträger und Rundfunkanstalten** sind aufgrund ihrer Aufgabenstellung und der staatlichen Aufsicht bzw. Selbstverwaltung ebenfalls als jPdöR i.S.d. § 2b UStG anzusehen.[4] 57

Die Anerkennung **ausländischer jPdöR** muss sich folgerichtig nicht am deutschen oder dem ausländischen Recht orientieren,[5] sondern am autonomen unionsrechtlichen Verständnis. Bei ausländischen jPdöR ist zudem zu beachten, dass diese in der Bundesrepublik Deutschland, wenn überhaupt wohl nur in sehr eingegrenzten Fällen ihre öffentliche Gewalt ausüben können. 58

Soweit § 2b UStG demnach in weniger Fällen eingreift, führt dies bei Außenumsätzen zu keinen wesentlichen Nachteilen. Oftmals greift eine Steuerbefreiung gemäß § 4 Nr. 14–29 UStG ein. Wo dies 59

1 Ähnliches gilt wohl auch für weltanschauliche Einrichtungen wie z.B. das Bayerische Rote Kreuz, das aufgrund einer besonderen Entstehungsgeschichte eine jPdöR ist.

2 BT-Drucks. 18/6094, 91; BMF, Schr. v. 16.12.2016 – III C 2-S 7107/16/10001 – DOK 2016/1126266, BStBl. I 2016, 1451 = UR 2017, 78, Rz. 3. Vgl. auch *Weber*, MwStR 2016, 818 und *Küffner/Rust*, DStR 2014, 2533 zur Einordnung der Kirchen, insbesondere bzgl. der Ausübung öffentlicher Gewalt.

3 Zu einer Landesärztekammer BFH, Urt. v. 10.2.2016 – XI R 26/13, BStBl. II 2017, 857 = UR 2016, 426 m. Anm. *Küffner/Rust*, Rz. 37; allgemein auch BMF, Schr. v. 16.12.2016 – III C 2-S 7107/16/10001 – DOK 2016/1126266, BStBl. I 2016, 1451 = UR 2017, 78, Rz. 3.

4 Ebenso BMF, Schr. v. 16.12.2016 – III C 2-S 7107/16/10001 – DOK 2016/1126266, BStBl. I 2016, 1451 = UR 2017, 78, Rz. 3.

5 So aber BMF, Schr. v. 16.12.2016 – III C 2-S 7107/16/10001 – DOK 2016/1126266, BStBl. I 2016, 1451 = UR 2017, 78, Rz. 3.

nicht der Fall ist, steht das Wettbewerbskriterium gemäß Absatz 1 Satz 2 einer Nichtbesteuerung vermutlich oftmals entgegen. Eine größere Auswirkung kann sich jedoch bei den gegenseitigen Unterstützungsleistungen ergeben, da Absatz 3 nicht anwendbar ist.

60 Das Verständnis des EuGH zu privatrechtlich verfassten **Eigengesellschaften** kann unterschiedliche Folgen haben. In den vermutlich wenigen Fällen, in denen die Voraussetzungen des EuGH erfüllt werden können, sind diese Einrichtungen nicht steuerbar. Dadurch können Ausgangsleistungen steuerlich entlastet werden. Andererseits kann ein bislang möglicher Vorsteuerabzug nachträglich entfallen bzw. zu berichtigen sein. Gleichwohl sind die Folgen nicht so weitgehend wie bei einer Organschaft mit einem Nicht-Unternehmer,[1] da dort Innenleistungen – zumindest nach bisheriger Sichtweise (§ 2 Rz. 147 ff.)[2] – unbeschränkt nicht der Steuer unterworfen sind, während so § 2b Abs. 1 Satz 1 und Abs. 3 zu beachten sind.

3. Handeln im Rahmen der öffentlichen Gewalt

a) Überblick

61 Unabdingbare Voraussetzung für die Anwendung des § 2b UStG ist, dass die an sich nach § 2 Abs. 1 UStG zu besteuernde Tätigkeit der jPdöR im Rahmen der öffentlichen Gewalt obliegt. Eine fehlende Wettbewerbsrelevanz der Tätigkeit kann das Fehlen dieses Merkmals nicht kompensieren.[3]

62 Im Gesetz ist nicht näher definiert, wann einer jPdöR einer Tätigkeit im Rahmen der öffentlichen Gewalt obliegt. Insoweit ist das Tatbestandsmerkmal auslegungsbedürftig.

63 In vielen Punkten besteht Einigkeit zwischen Rechtsprechung, FinVerw. und Schrifttum. Es gibt allerdings aufgrund der noch kursorischen EuGH-Rechtsprechung offene Punkte, die umstritten sind.

b) Auslegung durch die Rechtsprechung

aa) EuGH-Rechtsprechung

64 Für die Auslegung kann insbesondere auf die Rechtsprechung des EuGH zurückgegriffen werden, da der Begriff der öffentlichen Gewalt in § 2b UStG und Art. 13 MwStSystRL übereinstimmend verwendet wird.

65 In seiner Rechtsprechung hat der EuGH aus dem systematischen Aufbau des Art. 13 MwStSystRL hergeleitet, dass bei Tätigkeiten, die einer jPdöR im Rahmen der öffentlichen Gewalt obliegen, das Fehlen eines Wettbewerbs mit privaten Anbietern regelmäßig zu vermuten ist.[4] Nur mit Blick darauf, dass nicht ausgeschlossen ist, dass neben einem Leistungsangebot im Rahmen der öffentlichen Gewalt noch ein Leistungsangebot privater Wettbewerber bestehen könnte, sieht die Vorschrift die Besteuerung bei Bestehen größerer Wettbewerbsverzerrungen vor.[5] Diese Erwägung lässt sich m.E. auf § 2b UStG übertragen, da er in seinem Aufbau Art. 13 MwStSystRL entspricht.

66 Aus Sicht des EuGH sind vor diesem Hintergrund die Ausübungsmodalitäten der Tätigkeit dafür entscheidend, ob diese im Rahmen der Ausübung öffentlicher Gewalt erbracht wird.[6] Nicht entscheidend

---

1 Dazu EuGH, Urt. v. 9.4.2013 – C-85/11, ECLI EU:C:2013:217 – Kommission/Irland, UR 2013, 418 einerseits und BFH, Urt. v. 2.12.2015 – V R 67/14, BStBl. II 2017, 560 = UR 2016, 199 andererseits.

2 Die Frage ist derzeit beim EuGH anhängig (EuGH Az. C-184/23, auf Vorlage des BFH, Vorlagebeschl. v. 26.1.2023 – V R 20/22 (V R 40/19), BStBl. II 2023, 530 = UR 2023, 325 m. Anm. *Widmann* und m. Anm. *Zitzl*).

3 EuGH, Urt. v. 13.12.2007 – C-408/06, ECLI:EU:C:2007:789 – Götz, UR 2008, 296, Rz. 41; **a.A.** FG Rheinland-Pfalz 2013 6 K 1961/09, MwStR 2015, 471, Rz. 99 (während des Revisionsverfahrens BFH V R 48/14 erledigt).

4 EuGH, Urt. v. 16.9.2008 – C-288/07, ECLI:EU:C:2008:505 – Isle of Wight Council u.a., UR 2008, 816 m. Anm. *Küffner*, Rz. 31.

5 EuGH, Urt. v. 16.9.2008 – C-288/07, ECLI:EU:C:2008:505 – Isle of Wight Council u.a., UR 2008, 816 m. Anm. *Küffner*, Rz. 33.

6 EuGH, Urt. v. 17.10.1989 – C-231/87 und C-129/88, ECLI:EU:C:1989:381 – Ufficio distrettuale delle imposte dirette di Fiorenzuola d'Arda e.a/Comune di Carpaneto Piacentino u.a., UR 1991, 77 m. Anm. *Ramme*, Rz. 15; EuGH, Urt. v. 14.12.2000 – C-446/98, ECLI:EU:C:2000:691 – Fazenda Pública, UR 2001, 108 m. Anm. *Widmann*, Rz. 16.

sind der Gegenstand oder die Zielsetzung der Tätigkeit.[1] Dies leitet der EuGH daraus her, dass z.B. die dem Gemeinwohl dienenden Tätigkeiten jPdöR nach Art. 132 MwStSystRL einer Steuerbefreiung zugänglich sind.[2]

Danach ist eine Tätigkeit im Rahmen der öffentlichen Gewalt anzunehmen, wenn die jPdöR die Tätigkeit auf Basis eigens für sie geltender Regelungen ausübt. Davon abzugrenzen sind Tätigkeiten, die unter den gleichen rechtlichen Bedingungen wie bei privaten Wirtschaftsteilnehmern erbracht werden, so dass die jPdöR wie ein Rechtssubjekt des Privatrechts handelt und dementsprechend behandelt wird.[3] Ausschlaggebend ist, dass von hoheitlichen Befugnissen Gebrauch gemacht wird.[4] Die Unterscheidung erfolgt dabei nach dem jeweiligen nationalen Recht.[5] 67

Ein Handeln im Rahmen öffentlicher Gewalt wurde beispielsweise noch angenommen bei der Erhebung von Parkgebühren auf öffentlich gewidmeten Flächen, wenn die jPdöR Beschränkungen aussprechen und bei Verstößen Geldbußen verhängen kann.[6] Dagegen wurden Vermietungs- und Verpachtungstätigkeiten als regelmäßig privatrechtlich eingestuft.[7] 68

bb) Rechtsprechung des BFH

Es stellt sich die Frage, ob neben der bereits ergangenen Rechtsprechung des EuGH auch auf die ältere deutsche Rechtsprechung zu § 2 Abs. 3 UStG a.F. zurückgegriffen werden kann. Die Vorschrift verwies auf den körperschaftsteuerrechtlichen BgA-Begriff gemäß § 1 Abs. 1 Nr. 6, § 4 KStG. In § 4 Abs. 1 KStG wird der BgA definiert. Nach § 4 Abs. 5 KStG liegt jedoch kein BgA vor, wenn ein BgA „überwiegend der Ausübung öffentlicher Gewalt dient“ (Hoheitsbetrieb). Dies ist nach der körperschaftsteuerrechtlichen Rechtsprechung anzunehmen, wenn eine Tätigkeit der jPdöR „eigentümlich und vorbehalten“ ist. Dies ist wiederum anzunehmen, wenn spezifische öffentlich-rechtliche Aufgaben erfüllt werden, die aus der Staatsgewalt abgeleitet sind, staatlichen Zwecken dienen und zu deren Annahme der Leistungsempfänger aufgrund gesetzlicher oder behördlicher Anordnung verpflichtet ist.[8] Insoweit geht es mehr um die Frage eines Anschluss- und Benutzungszwangs[9] als um die förmliche Rechtsgrundlage des Handelns. Dies wirkt sich z.B. in Fällen aus, in denen eine jPdöR zwar privatrechtliche Nutzungsverträge schließt, aber ein Anschluss- und Benutzungszwang besteht und der Bürger die vertraglichen Rahmenbedingungen dabei nicht frei aushandeln kann. 69

M.E. kann die ältere Rechtsprechung wegen der zuvor geschilderten systematischen Abweichung der Vorgängervorschrift tendenziell nicht auf § 2b UStG übertragen werden. Insoweit kann für eine Auslegung des Begriffs der Tätigkeit im Rahmen der öffentlichen Gewalt nur auf die jüngere Rechtsprechung des BFH zurückgegriffen werden. 70

---

1 EuGH, Urt. v. 17.10.1989 – C-231/87 und C-129/88, ECLI:EU:C:1989:381 – Ufficio distrettuale delle imposte dirette di Fiorenzuola d'Arda e.a/Comune di Carpaneto Piacentino u.a., UR 1991, 77 m. Anm. *Ramme*, Rz. 13; EuGH, Urt. v. 14.12.2000 – C-446/98, ECLI:EU:C:2000:691 – Fazenda Pública, UR 2001, 108 m. Anm. *Widmann*, Rz. 19.

2 EuGH, Urt. v. 17.10.1989 – 231/87 und 129/88, ECLI:EU:C:1989:381 – Ufficio distrettuale delle imposte dirette di Fiorenzuola d'Arda e.a/Comune di Carpaneto Piacentino u.a., UR 1991, 77 m. Anm. *Ramme*, Rz. 14.

3 EuGH, Urt. v. 17.10.1989 – 231/87 und 129/88, ECLI:EU:C:1989:381 – Ufficio distrettuale delle imposte dirette di Fiorenzuola d'Arda e.a/Comune di Carpaneto Piacentino u.a., UR 1991, 77 m. Anm. *Ramme*, Rz. 19; EuGH, Urt. v. 14.12.2000 – C-446/98, ECLI:EU:C:2000:691 – Fazenda Pública, UR 2001, 108 m. Anm. *Widmann*, Rz. 17; EuGH, Urt. v. 16.9.2008 – C-288/07, ECLI:EU:C:2008:505 – Isle of Wight Council u.a., UR 2008, 816 m. Anm. *Küffner*, Rz. 21.

4 EuGH, Urt. v. 25.2.2021 – C-604/19, ECLI:EU:C:2021:132 – Gmina Wrocław, UR 2021, 824.

5 EuGH, Urt. v. 17.10.1989 – 231/87 und 129/88, ECLI:EU:C:1989:381 – Ufficio distrettuale delle imposte dirette di Fiorenzuola d'Arda e.a/Comune di Carpaneto Piacentino u.a., UR 1991, 77 m. Anm. *Ramme*, Rz. 15.

6 EuGH, Urt. v. 14.12.2000 – C-446/98, ECLI:EU:C:2000:691 – Fazenda Pública, UR 2001, 108 m. Anm. *Widmann*, Rz. 24. Dem folgend BFH, Urt. v. 27.2.2003 – V R 78/01, BStBl. II 2004, 431 (unter II. 3.) zu Parkscheinautomaten.

7 EuGH, Urt. v. 6.2.1997 – C-247/95, ECLI:EU:C:1997:57 – Finanzamt Augsburg-Stadt/Marktgemeinde Welden, UR 1997, 261 m. Anm. *Stadie*, Rz. 18.

8 BFH, Urt. v. 12.7.2012 – I R 106/10, BStBl. II 2012, 837, Rz. 9 m.w.N.

9 So R 4.4 Abs. 1 Satz 1 KStR 2022.

71 In seiner jüngeren Rechtsprechung ist der BFH von den Grundsätzen der EuGH-Rechtsprechung ausgegangen.[1] Dementsprechend werden die Vermietung von Büroräumen, die Gestattung einer Automatenaufstellung, die Verpachtung einer Sporthalle, die Vermietung von Standflächen auf einem Marktplatz oder die Nutzung von Werbemobilen auf privatrechtlicher Grundlage nicht als Ausübung öffentlicher Gewalt angesehen.[2] Dagegen hält es der BFH für möglich, eine entgeltliche Überlassung von Personal zur Ausübung einer Nebentätigkeit auf Grundlage einer landesrechtlichen Verordnung über die Ausübung der Nebentätigkeit oder eine Parkraumüberlassung in einem dem öffentlichen Verkehr gewidmeten Parkhaus als Handeln im Rahmen der öffentlichen Gewalt anzusehen.[3] Soweit eine Ärztekammer auf Basis sozialversicherungsrechtlicher Gesetzesregelungen Vereinbarungen mit den Spitzenverbänden der Krankenversicherungen über Qualitätssicherungsmaßnahmen schließt, handelt es sich um öffentlich-rechtliche Verträge und damit um die Ausübung öffentlicher Gewalt. Ausschlaggebend für die Einordnung eines Vertrags ist nicht, dass die beiden Vertragspartner gleichgeordnet sind – dies entspricht der Natur eines Vertrags. Entscheidend ist vielmehr, ob der Gegenstand des Vertrags öffentlich-rechtlicher oder privatrechtlicher Natur ist. Dient ein Vertrag der Umsetzung öffentlich-rechtlicher Regelungen, ist auch er als öffentlich-rechtlich anzusehen.[4]

c) Auslegung durch die Finanzverwaltung

72 Bei der Auslegung des § 2b UStG kommt in der Praxis dem BMF-Schreiben vom 16.12.2016[5] eine besondere Bedeutung zu. Nach dem BMF-Schreiben kommt es – insoweit übereinstimmend mit der EuGH – und der jüngeren BFH-Rechtsprechung, auch wenn keine ausdrückliche Bezugnahme erfolgt – allein auf die förmliche Einordnung des Rechtsrahmens an, der die rechtliche Grundlage der Tätigkeit bildet.

73 Demnach muss die Tätigkeit auf Basis einer „öffentlich-rechtlichen Sonderregelung" erfolgen. Dies sind **Gesetze, Rechtsverordnungen, Satzungen, Staatsverträge, verfassungsrechtliche Verträge, Verwaltungsabkommen, Verwaltungsvereinbarungen, öffentlich-rechtliche Verträge** sowie **kirchliche Rechtssetzungsakte**. Dagegen ist ein Handeln auf privatrechtlicher Grundlage schädlich für die Anwendung des § 2b UStG (Rz. 6 des BMF-Schreibens).

74 In dem BMF-Schreiben werden einige dieser Regelungen anhand von Praxisbeispielen näher ausgeführt:

75 Unter Satzungen werden öffentlich-rechtliche Satzungen verstanden, die von Gemeinden, berufsständischen Organisationen, Sozialversicherungsträgern, Hochschulen, Zweckverbänden sowie Anstalten und Stiftungen des öffentlichen Rechts in eigenen Angelegenheiten erlassen werden. Als Beispiele werden gemeindliche Gebührensatzungen für die Abfallentsorgung oder die Friedhofsnutzung, Beitragssatzungen der Studentenwerke und Gebührensatzungen eines Abwasserzweckverbands genannt (Rz. 8, 9 des BMF-Schreibens).

76 Unter öffentlich-rechtlichen Verträgen sind solche Verträge zu verstehen, deren Gegenstand und Zweck dem Gebiet des öffentlichen Rechts zuzuordnen sind. Sie liegen insbesondere in Fällen vor, in denen die jPdöR ansonsten einen Verwaltungsakt erlassen würde. Als Beispiele werden Erschließungs- und Sanierungsverträge sowie Rundfunkstaatsverträge genannt. Zudem liegen öffentlich-rechtliche Verträge vor, wenn die Verpflichtungen in einer öffentlich-rechtlichen Vorschrift geregelt sind oder eine öffentlich-rechtliche Verpflichtung mit dem Vertrag vollzogen werden soll oder sich einer der Vertragspartner zu einem Verwaltungsakt verpflichtet (Rz. 12, 13 des BMF-Schreibens).

---

1 BFH, Urt. v. 15.4.2010 – V R 10/09, BStBl. II 2017, 863 = UR 2010, 646, Rz. 36.

2 BFH, Urt. v. 20.8.2009 – V R 70/05, BStBl. II 2017, 825 = UR 2009, 884; BFH, Urt. v. 15.4.2010 – V R 10/09, BStBl. II 2017, 863 = UR 2010, 646, Rz. 39; BFH, Urt. v. 17.3.2010 – XI R 17/08, BStBl. II 2017, 828 = UR 2010, 943, Rz. 28; BFH, Urt. v. 10.11.2011 – V R 41/10, BStBl. II 2017, 869 = UR 2012, 269, Rz. 20; BFH, Urt. v. 13.2.2014 – V R 5/13, BStBl. II 2017, 846 = UR 2014, 566, Rz. 17.

3 BFH, Urt. v. 15.4.2010 – V R 10/09, BStBl. II 2017, 863 = UR 2010, 646, Rz. 42; BFH, Urt. v. 1.12.2011 – V R 1/11, BStBl. II 2017, 834 = UR 2012, 363, Rz. 18.

4 BFH, Urt. v. 10.2.2016 – XI R 26/13, BStBl. II 2017, 857 = UR 2016, 428, Rz. 41 ff.

5 BMF, Schr. v. 16.12.2016 – III C 2-S 7107/16/10001 – DOK 2016/1126266, BStBl. I 2016, 1451 = UR 2017, 78.

77 Trotz dieser grundsätzlichen Übernahme der zuvor geschilderten Grundsätze der BFH-Rechtsprechung geht das BMF davon aus, dass die privatrechtliche Ausgestaltung von Leistungsbeziehungen in Fällen eines Anschluss- und Benutzungszwangs dazu führen soll, dass eine jPdöR nicht im Rahmen der öffentlichen Gewalt handelt.[1] Hierbei geht es um Fälle, in denen z.B. im Bereich der Entsorgungswirtschaft (Haushaltsabfälle, Abwasser) ein Anschluss- und Benutzungszwang besteht und die Gemeinde nicht durch Benutzungs- und Entgeltsatzungen sowie Gebührenbescheide, sondern durch privatrechtliche Verträge und Rechnungen tätig wird. M.E. lässt sich diese Sichtweise nicht mit der BFH-Rechtsprechung[2] in Einklang bringen. Denn dort wird es als maßgeblich angesehen, dass der Regelungsgegenstand des Vertrags durch öffentliche-rechtliche Vorschriften vorgegeben ist. Dies ist bei einem Anschluss- und Benutzungszwang der Fall. Auch wenn privatrechtliche Verträge geschlossen werden, sind deren wesentliche Inhalte öffentlich-rechtlich vorgegeben und die Beteiligten nicht frei, darüber zu disponieren. Vor diesem Hintergrund kann bei einem Anschluss- und Benutzungszwang kaum von einer Gleichordnung der Vertragspartner die Rede sein.[3]

78 Nach Auffassung der FinVerw. muss die öffentlich-rechtliche Grundlage zulässigerweise gewählt worden sein, wovon bei einem Anschluss- und Benutzungszwang auszugehen ist (Rz. 16 des BMF-Schreibens). Darüber hinaus unterstellt die FinVerw. aufgrund eines so bezeichneten „Grundsatzes der Rechtmäßigkeit des Verwaltungshandelns", dass die gewählte Handlungsform zulässig ist (Rz. 17 des BMF-Schreibens).[4]

In den nachfolgenden Fällen lehnt die FinVerw. die Anwendbarkeit des § 2b UStG aufgrund des regelmäßigen Vorliegens privatrechtlicher Verträge ab:

- Sponsoring-Leistungen;[5]
- die Entgelte für den Betrieb von Rettungsleitstellen;[6]
- hoheitliche Hilfsgeschäfte in der kommunalen Entsorgungswirtschaft, genauer die Veräußerung von Strom oder Papierabfällen;[7]
- der Verkauf von Feinstaubplaketten in den Zulassungsstellen;[8]
- die Vermietung von Wohnraum in kommunalen Wohnheimen an Berufsschüler.[9]

d) Schrifttum

79 Die Sichtweise der FinVerw. wird auch im Schrifttum überwiegend vertreten.[10] Insbesondere ist demnach nicht zu erwarten, dass sich aus der öffentlich-rechtlichen Sonderreglung ein Über-/Unterordnungsverhältnis ergeben muss, wie z.B. bei einem öffentlich-rechtlichen Vertrag. Demnach ist das Merkmal der Ausübung öffentlicher Gewalt im Sinne einer Vereinfachung eher wie ein Negativkriterium zu verstehen, dass die jPdöR nicht im Rahmen des Privatrechts handeln darf.[11]

80 Teilweise wird darauf aufbauend vertreten, dass es der jPdöR freisteht, ob sie auf öffentlich-rechtlicher oder auf privatrechtlicher Grundlage handelt und sie damit selbst praktisch ein Wahlrecht hat, ob § 2b

1 Abschn. 2b.1 Abs. 7 UStAE.
2 BFH, Urt. v. 10.2.2016 – XI R 26/13, BStBl. II 2017, 857 = UR 2016, 428, Rz. 41 ff.
3 So i.E. auch *Englisch*, UR 2021, 338 (348).
4 Krit. dazu *Hüttemann*, UR 2017, 129 (131).
5 BMF, Schr. v. 20.2.2020 – III C 2-S 7107/19/10009 :003 – DOK 2020/0155722, n.v. im BStBl., S. 5 (Nr. 14); FinMin Schleswig-Holstein, Kurzinformation v. 26.2.2020 – VI 3510-S 7107-001, Nr. 7, UR 2020, 316.
6 BMF, Schr. v. 20.2.2020 – III C 2-S 7107/19/10009 :003 – DOK 2020/0155722, n.v. im BStBl., S. 7 (Nr. 18); FinMin Schleswig-Holstein, Kurzinformation v. 26.2.2020 – VI 3510-S 7107-001, Nr. 11, UR 2020, 316.
7 BMF, Schr. v. 15.11.2019 – III C 2-S 7107/19/10007 :001, n.v. im BStBl.
8 BMF, Schr. v. 20.2.2020 – III C 2-S 7107/19/10009 :003 – DOK 2020/0155722, n.v. im BStBl., S. 7 (Nr. 21); FinMin Schleswig-Holstein, Kurzinformation v. 26.2.2020 – VI 3510-S 7107-001, Nr. 14, UR 2020, 316; s. auch *Sterzinger*, DStR 2021, 2689; krit. *Rebler*, DStR 2021, 2388.
9 BMF, Schr. v. 20.2.2020 – III C 2-S 7107/19/10009 :003 – DOK 2020/0155722, n.v. im BStBl., S. 7 (Nr. 22); FinMin Schleswig-Holstein, Kurzinformation v. 26.2.2020 – VI 3510-S 7107-001, Nr. 15, UR 2020, 316.
10 *Treiber* in Sölch/Ringleb, § 2b UStG Rz. 41 (Stand: März 2023); *Hüttemann*, UR 2017, 129 (130).
11 *Hüttemann*, UR 2017, 129 (130).

UStG zur Anwendung kommt (wenn die übrigen Voraussetzungen erfüllt sind).[1] Gleichwohl findet sich im Schrifttum auch die Ablehnung der Verwaltungsauffassung hinsichtlich der Steuerbarkeit von auf privatrechtlicher Grundlage erbrachten Leistungen vor dem Hintergrund eines Anschluss- und Benutzungszwangs.[2]

81 Im Schrifttum wird allerdings vereinzelt auch darauf hingewiesen, dass nach der EuGH-Rechtsprechung unklar ist, ob es eher auf den formalen Charakter der Rechtsgrundlage oder eher auf eine materielle Betrachtung ankommt.[3]

e) Würdigung

82 In den bisherigen Äußerungen in Rechtsprechung, FinVerw. und Schrifttum ist kaum thematisiert worden, dass nach dem Wortlaut der Vorschrift der jPdöR die Tätigkeit im Rahmen der öffentlichen Gewalt „obliegen" muss. Immerhin legt diese Wortwahl des deutschen und des europäischen Gesetzgebers nahe, dass nur Tätigkeiten im Rahmen der staatlichen Pflichtaufgaben durch § 2b UStG privilegiert sind und somit z.B. freiwillige Aufgaben der Daseinsvorsorge nicht erfasst wären. Allerdings lässt sich aus den bisherigen Rechtsprechungsbeispielen des EuGH, die z.B. die Parkplatzbewirtschaftung betrafen, durchaus herleiten, dass ein solches enges Verständnis wohl nicht geboten ist.[4]

83 Aus der bisherigen EuGH-Rechtsprechung lässt sich im Übrigen keine eindeutige Antwort entnehmen, ob es für die Ausübung der öffentlichen Gewalt auf formelle oder materielle Aspekte ankommt. Legt man die Vorschrift so wie die FinVerw. aus, kommt es nur auf den formellen Charakter des Vertrags an (es findet nur eine Kontrolle statt, ob die Form zulässigerweise gewählt werden konnte[5]). Dies gesteht dem Rechtsanwender relativ weitgehende Gestaltungsspielräume zu.

84 Solche Gestaltungsspielräume müssen nicht per se schädlich sein. Denn aus umsatzsteuerlicher Sicht gibt es immer noch das Wettbewerbskriterium des Absatzes 1 Satz 2 als Auffangregelung. Steht eine im Rahmen öffentlicher Gewalt ausgeübte Tätigkeit im Wettbewerb mit einem privaten Leistungsangebot, folgt daraus die Steuerbarkeit der Leistung.

85 Bedenklicher erscheint dagegen die vom BMF angedeutete Möglichkeit, dass eine jPdöR in das Privatrecht „fliehen" kann, um als steuerbar (und damit als vorsteuerabzugsberechtigt) behandelt zu werden. Denn dies wäre möglich, weil § 2b Abs. 1 Satz 1 UStG zunächst das Handeln im Rahmen öffentlicher Gewalt voraussetzt. Das Fehlen eines Wettbewerbs wäre also nicht mehr relevant. Zwar wird dies im Regelfall keine sinnvolle Option sein, doch mag es Einzelfälle geben, in denen dies einen steuerlichen Vorteil bewirken kann. Diese Gestaltungsanfälligkeit spricht eher für das m.E. vom BFH vorgesehene materielle Verständnis, denn dieses lässt sich deutlich schwerer beeinflussen.

III. Keine größere Wettbewerbsverzerrung (Absatz 1 Satz 2)

1. Überblick

86 Auch wenn eine jPdöR im Rahmen der öffentlichen Gewalt handelt, darf sie gemäß Absatz 1 Satz 2 nicht als Nicht-Unternehmer behandelt werden, wenn dies zu größeren Wettbewerbsverzerrungen führt.

87 Auch der Begriff der größeren Wettbewerbsverzerrung ist unbestimmt und bedarf der Auslegung. Anders als in Art. 13 MwStSystRL treffen § 2b Abs. 2 und 3 UStG allerdings Regelungen für Situationen, bei denen nach Vorstellung des Gesetzgebers „insbesondere" keine Wettbewerbsverzerrung anzunehmen ist.

1 *Filtzinger* in Schwarz/Widmann/Radeisen, § 2b UStG Rz. 26 (Stand: Juni 2020).
2 *Englisch*, UR 2021, 338 (347 f.).
3 *Ismer* in Reiß/Kraeusel/Langer, § 2b UStG Rz. 47 (Stand: Januar 2017).
4 So auch *Treiber* in Sölch/Ringleb, § 2b UStG, Rz. 43 (Stand: März 2023).
5 BMF, Schr. v. 16.12.2016 – III C 2-S 7107/16/10001 – DOK 2016/1126266, BStBl. I 2016, 1451 = UR 2017, 78, Rz. 16.

Im Gegensatz zu den anderen Tatbestandsmerkmalen besteht bezüglich der Auslegung des Begriffs der größeren Wettbewerbsverzerrung (jenseits der Absätze 2 und 3) weitgehende Einigkeit in Rechtsprechung, FinVerw. und Schrifttum. 88

2. Auslegung durch die Rechtsprechung

a) EuGH-Rechtsprechung

Für die Auslegung dieses unbestimmten Rechtsbegriffs kann insbesondere auf die Rechtsprechung des EuGH zurückgegriffen werden, da zwischen § 2b UStG und Art. 13 MwStSystRL eine inhaltliche Übereinstimmung besteht. 89

Da die Nichtbesteuerung von jPdöR als Ausnahme begriffen wird, legt der EuGH das Wettbewerbskriterium grundsätzlich weit aus.[1] Andererseits darf die Vorschrift nicht so ausgelegt werden, dass sie keinen praktischen Anwendungsbereich mehr hat.[2] 90

Eine Wettbewerbsverzerrung kann vorliegen, wenn private Wettbewerber die gleiche Leistung anbieten und hierbei besteuert werden, während dies bei einer jPdöR nicht der Fall ist.[3] Eine größere Wettbewerbsverzerrung ist umgekehrt betrachtet auszuschließen, wenn es keine privaten Wettbewerber gibt, die Leistungen erbringen, die mit denen der jPdöR konkurrieren.[4] Daraus folgert der EuGH, dass einerseits eine Wettbewerbssituation bestehen und sich andererseits die unterschiedliche Besteuerung auf den Wettbewerb auswirken muss.[5] 91

Der fehlende Wettbewerb kann sich daraus ergeben, dass in einem bestimmten Gebiet nur das Leistungsangebot der jPdöR besteht und private Angebote ausgeschlossen sind.[6] Der EuGH hatte allerdings m.E. einen Fall zu beurteilen, in denen das lokale Angebot genutzt werden musste. Insoweit blieb offen, ob dies auch gilt, wenn zwar lokal ein privates Angebot ausgeschlossen ist, die Bürger aber ein Angebot jenseits des lokalen Marktes nutzen können.[7] 92

Andererseits hat der EuGH hergeleitet, dass für die Betrachtung einer Tätigkeit die Tätigkeit als solche, und nicht der lokale Markt zu betrachten ist.[8] D.h. es hilft der jPdöR nicht, wenn es zwar tatsächlich keinen lokalen Wettbewerb gibt (konkret: Parkplatznutzung auf einer Insel), dieser aber theoretisch möglich wäre. 93

Zwischen den beiden Entscheidungen besteht m.E. kein Widerspruch, wenn man sie so versteht, dass der Umstand eines in bloß tatsächlicher Hinsicht fehlenden Wettbewerbs der Besteuerung grundsätzlich nicht entgegensteht, während dies bei einem räumlich abgrenzbaren Monopol der Fall ist.[9] 94

Für die Wettbewerbsbetrachtung kommt es demnach nicht auf eine tatsächliche Wettbewerbssituation an, sondern auf den potenziellen Wettbewerb. Andererseits sollen aber nur reale und nicht rein hypothetische Betrachtungen vorgenommen werden.[10] 95

1 EuGH, Urt. v. 16.7.2009 – C-554/07, ECLI:EU:C:2009:464 – Kommission/Irland, Rz. 57; EuGH, Urt. v. 16.9.2008 – C-288/07, ECLI:EU:C:2008:505 – Isle of Wight Council u.a., UR 2008, 816 m. Anm. *Küffner*, Rz. 30; EuGH, Urt. v. 19.1.2017 – C-344/15, ECLI:EU:C:2017:28 – National Roads Authority, UR 2017, 181, Rz. 36.
2 EuGH, Urt. v. 19.1.2017 – C-344/15, ECLI:EU:C:2017:28 – National Roads Authority, UR 2017, 181, Rz. 37.
3 EuGH, Urt. v. 19.1.2017 – C-344/15, ECLI:EU:C:2017:28 – National Roads Authority, UR 2017, 181, Rz. 39.
4 EuGH, Urt. v. 13.12.2007 – C-408/06, ECLI:EU:C:2007:789 – Götz, UR 2008, 296, Rz. 46.
5 EuGH, Urt. v. 19.1.2017 – C-344/15, ECLI:EU:C:2017:28 – National Roads Authority, UR 2017, 181, Rz. 43.
6 EuGH, Urt. v. 13.12.2007 – C-408/06, ECLI:EU:C:2007:789 – Götz, UR 2008, 296, Rz. 46.
7 Wie z.B. bei Krematorien, vgl. BFH, Urt. v. 29.10.2008 – I R 51/07, BStBl. II 2009, 1022 (zur Körperschaftsteuer).
8 EuGH, Urt. v. 16.9.2008 – C-288/07, ECLI:EU:C:2008:505 – Isle of Wight Council u.a., UR 2008, 816 m. Anm. *Küffner*, Rz. 53; EuGH, Urt. v. 19.1.2017 – C-344/15, ECLI:EU:C:2017:28 – National Roads Authority, UR 2017, 181, Rz. 41.
9 Ähnlich *Hüttemann*, UR 2017, 129 (131).
10 EuGH, Urt. v. 16.9.2008 – C-288/07, ECLI:EU:C:2008:505 – Isle of Wight Council u.a., UR 2008, 816 m. Anm. *Küffner*, Rz. 65; EuGH, Urt. v. 19.1.2017 – C-344/15, ECLI:EU:C:2017:28 – National Roads Authority, UR 2017, 181, Rz. 40.

96 Der Begriff der größeren Wettbewerbsverzerrung ist nicht so zu verstehen, dass es sich um erhebliche oder außergewöhnliche Verzerrungen handeln muss. Vielmehr erfüllen bereits mehr als unbedeutende Wettbewerbsverzerrungen das Kriterium. Dies leitet der EuGH aus dem Verhältnis zu Art. 13 Abs. 1 Unterabs. 3 MwStSystRL (respektive § 2b Abs. 4 Nr. 5 UStG) her.[1]

b) Rechtsprechung des BFH

97 Es stellt sich die Frage, ob neben der bereits ergangenen Rechtsprechung des EuGH auch auf die deutsche Rechtsprechung zu § 2 Abs. 3 UStG a.F. zurückgegriffen werden kann. Die Vorschrift verwies auf den körperschaftsteuerrechtlichen BgA-Begriff gemäß § 1 Abs. 1 Nr. 6, § 4 KStG. In § 4 Abs. 1 KStG wird der BgA definiert. Nach § 4 Abs. 5 KStG lag jedoch kein BgA vor, wenn ein BgA überwiegend der Ausübung öffentlicher Gewalt dient (Hoheitsbetrieb). Wegen der bereits erwähnten konzeptionellen Unterschiede kann die frühere Rechtsprechung nicht bzw. nur sehr vorsichtig für eine Auslegung des Absatzes 1 Satz 2 herangezogen werden. Ausgangspunkt für eine Auslegung des § 2b UStG sollte daher die neuere Rechtsprechung des BFH sein.

98 Der BFH geht in seiner neueren Rechtsprechung zu § 2 Abs. 3 UStG a.F. dem EuGH folgend davon aus, dass eine Wettbewerbsverzerrung nicht anzunehmen ist, wenn private Wettbewerber eine vergleichbare Leistung gar nicht anbieten oder wenn ihr Leistungsangebot umsatzsteuerfrei ist.[2] Auch den Begriff der „größeren" Wettbewerbsverzerrung legt der BFH wie der EuGH aus und setzt eine mehr als unbedeutende, jedoch keine erhebliche oder außergewöhnliche Wettbewerbsverzerrung voraus. Zudem geht es um die Beurteilung der Tätigkeit als solcher, also nicht um die lokalen Marktverhältnisse.[3] Daraus folgt z.B., dass die Überlassung von Parkraum in einem dem öffentlichen Verkehr gewidmeten Parkhaus eine nicht unbedeutende Wettbewerbsverzerrung für private Parkhausbetreiber bedeutet.[4]

3. Auslegung durch die Finanzverwaltung

99 Auch bei der Auslegung des Wettbewerbskriteriums kommt in der Praxis dem BMF-Schreiben vom 16.12.2016[5] eine besondere Bedeutung zu.

100 Die FinVerw. folgt der EuGH-Rechtsprechung weitgehend und geht davon aus, dass von einer Wettbewerbsverzerrung auszugehen ist, wenn ein Wettbewerb besteht, der durch eine unterschiedliche Besteuerung beeinflusst wird (Rz. 22 des BMF-Schreibens).

101 Insoweit muss zunächst festgestellt werden, ob ein Wettbewerb besteht, was anzunehmen ist, wenn gleichartige Leistungen auch von privaten Wettbewerbern angeboten werden könnten (Rz. 23 des BMF-Schreibens). Leistungen sind gleichartig und stehen damit im Wettbewerb, wenn sie aus Sicht eines Durchschnittsverbrauchers dieselben Bedürfnisse befriedigen. Die Leistungen müssen also ähnliche Eigenschaften aufweisen, wobei die Unterscheidung nicht anhand unbedeutender Merkmale vorgenommen werden darf. Vor diesem Hintergrund ist auch ein potenzieller Wettbewerb bereits schädlich, wobei ein rein hypothetischer Wettbewerb nicht dazu zählt (Rz. 24 des BMF-Schreibens). Als Beispiel werden hoheitliche Handlungen mit Gebührenpflicht wie die Erteilung verbindlicher Auskünfte oder die Ausstellung von Ausweispapieren oder Leistungen genannt, bei denen ein Anschluss- und Benutzungszwang besteht (Rz. 25 des BMF-Schreibens).

102 Bezüglich der räumlichen Abgrenzung ist nach der FinVerw. davon auszugehen, dass es auf die Verhältnisse in einem lokalen Markt nicht ankommt, außer wenn ein Anschluss- und Benutzungszwang besteht. Insoweit kann ein Wettbewerb bestehen, wenn eine Tätigkeit in einem Land der jPdöR vorbehalten ist, es aber keinen Benutzungszwang gibt. Andererseits soll die theoretisch mögliche In-

1 EuGH, Urt. v. 16.9.2008 – C-288/07, ECLI:EU:C:2008:505 – Isle of Wight Council u.a., UR 2008, 816 m. Anm. *Küffner*, Rz. 79.
2 BFH, Urt. v. 15.4.2010 – V R 10/09, BStBl. II 2017, 863 = UR 2010, 646, Rz. 48.
3 BFH, Urt. v. 10.11.2011 – V R 41/10, BStBl. II 2017, 869 = UR 2012, 272, Rz. 22.
4 BFH, Urt. v. 1.12.2011 – V R 1/11, BStBl. II 2017, 834 = UR 2012, 363, Rz. 23 unter ausdrücklicher Aufgabe der früheren Rechtsprechung, BFH, Urt. v. 27.2.2003 – V R 78/01, BStBl. II 2004, 431 = UR 2003, 396.
5 BMF, Schr. v. 16.12.2016 – III C 2-S 7107/16/10001 – DOK 2016/1126266, BStBl. I 2016, 1451 = UR 2017, 78.

anspruchnahme von Leistungen in anderen Mitgliedstaaten nicht maßgeblich sein, was letztlich damit begründet wird, dass es sich nur um einen hypothetischen Wettbewerb handelt (Rz. 27 des BMF-Schreibens).

Eine Wettbewerbsverzerrung ist anzunehmen, wenn vergleichbare Leistungen unterschiedlich besteuert werden. Diese kann zugunsten, aber auch zulasten der jPdöR sein (Rz. 30 des BMF-Schreibens). 103

Mittlerweile hat die FinVerw. für eine Vielzahl von Fällen bestimmt, ob sie jeweils prinzipiell von einer Wettbewerbsverzerrung ausgeht. Eine Wettbewerbsverzerrung wird dabei in folgenden Fällen angenommen:

- der Betrieb **interkommunaler Rechenzentren**, sofern Leistungen erbracht werden, die gleichartig im Wettbewerb auch von privaten Dritten erbracht werden können;[1]
- die Aufbereitung und Bereitstellung von Informationen für den Bürger durch ein **Callcenter**;[2]
- **Personalgestellungen im Zuge sog. „Umstrukturierungsfälle“**;[3]
- **Personalkostenerstattungen in bestimmten Fällen gemeinsamer Berufungen**;[4]
- bei **Leistungsbeziehungen zwischen einer Anstalt des öffentlichen Rechts und ihrer Trägerkommune**;[5]
- die **Übernahme der Aufgaben kreisangehöriger Gemeinden durch die Landkreise**, sofern die Kreise hierfür Kostenerstattungen oder ähnliche Entgelte erhalten, sofern die Tätigkeit nur von den Gemeinden oder vom Landkreis wahrgenommen werden kann;[6]
- die Erstellung von **amtsärztlichen Gutachten** für Gerichte;[7]
- die von den **Betreuungsstellen** erhobenen Gebühren für die Beglaubigungen der Patientenvollmachten;[8]
- **Weinprämierungen** durch Landwirtschaftskammern;[9]
- Entschädigungszahlungen an Gerichtsmitarbeiter für ihr Auftreten als **Sachverständiger** im Rahmen eines Gerichtsverfahrens.[10]

Keine Wettbewerbsverzerrung soll indes in folgenden Fällen bestehen:

- die **Wahrnehmung wesentlicher Teilaufgaben** für eine andere jPdöR **in den Bereichen der Abwasserbeseitigung und Abfallentsorgung**, sofern die Übertragung auf Private gänzlich ausgeschlossen ist (z.B. die Entsorgung von Abfällen privater Haushalte nach § 20 KrWG);[11]
- die Erhebung von **Parkgebühren**, sofern Parkbuchten auf öffentlich-rechtlich gewidmeten Straßen bereitgestellt werden (Parkscheinautomaten);[12]

---

1 BMF, Schr. v. 20.2.2020 – III C 2-S 7107/19/10009 :003 – DOK 2020/0155722, n.v. im BStBl., S. 2 (Nr. 1); FinMin Schleswig-Holstein, Kurzinformation v. 26.2.2020 – VI 3510-S 7107-001, Nr. 1, UR 2020, 316.

2 BMF, Schr. v. 20.2.2020 – III C 2-S 7107/19/10009 :003 – DOK 2020/0155722, n.v. im BStBl., S. 3 (Nr. 2); FinMin Schleswig-Holstein, Kurzinformation v. 26.2.2020 – VI 3510-S 7107-001, Nr. 2, UR 2020, 316.

3 BMF, Schr. v. 20.2.2020 – III C 2-S 7107/19/10009 :003 – DOK 2020/0155722, n.v. im BStBl., S. 3 (Nr. 4); FinMin Schleswig-Holstein, Kurzinformation v. 26.2.2020 – VI 3510-S 7107-001, Nr. 3, UR 2020, 316.

4 BMF, Schr. v. 26.11.2020 – III C 2-S 7107/19/10005 :015 – DOK 2020/1120127, DStR 2021, 292.

5 BMF, Schr. v. 15.1.2020 – III C 2-S 7107/19/10004 :006, n.v. im BStBl., S. 2.

6 BMF, Schr. v. 20.2.2020 – III C 2-S 7107/19/10009 :003 – DOK 2020/0155722, n.v. im BStBl., S. 6 (Nr. 16); FinMin Schleswig-Holstein, Kurzinformation v. 26.2.2020 – VI 3510-S 7107-001, Nr. 9, UR 2020, 316.

7 BMF, Schr. v. 20.2.2020 – III C 2-S 7107/19/10009 :003 – DOK 2020/0155722, n.v. im BStBl., S. 7 (Nr. 23); FinMin Schleswig-Holstein, Kurzinformation v. 26.2.2020 – VI 3510-S 7107-001, Nr. 16, UR 2020, 316.

8 BMF, Schr. v. 20.2.2020 – III C 2-S 7107/19/10009 :003 – DOK 2020/0155722, n.v. im BStBl., S. 8 (Nr. 25); FinMin Schleswig-Holstein, Kurzinformation v. 26.2.2020 – VI 3510-S 7107-001, Nr. 18, UR 2020, 316.

9 Abschn. 2b.1 Abs. 6 UStAE.

10 BMF, Schr. v. 20.2.2020 – III C 2-S 7107/19/10009 :003 – DOK 2020/0155722, n.v. im BStBl., S. 8 (Nr. 26); FinMin Schleswig-Holstein, Kurzinformation v. 26.2.2020 – VI 3510-S 7107-001, Nr. 19, UR 2020, 316.

11 BMF, Schr. v. 20.2.2020 – III C 2-S 7107/19/10009 :003 – DOK 2020/0155722, n.v. im BStBl., S. 4 (Nr. 8); FinMin Schleswig-Holstein, Kurzinformation v. 26.2.2020 – VI 3510-S 7107-001, Nr. 4, UR 2020, 316; zur Abwasserbeseitigung auch BayLSt, Vfg. v. 15.2.2023 – S 7107.2.1-52/14 St33, UR 2023, 696.

12 Abschn. 2b.1 Abs. 5 UStAE; FinMin Schleswig-Holstein, Kurzinformation v. 26.2.2020 – VI 3510-S 7107-001, Nr. 5, UR 2020, 316.

- die Festsetzung von **Sondernutzungsgebühren**, sofern die jPdöR die Sondernutzung nicht selbst vornimmt (etwa durch Überlassung von Standflächen auf einem Marktplatz gegen Entgelt);[1]
- die **Leistungen einer Kommune an deren Rats- oder Kreistagsfraktionen**;[2]
- die Erhebung von **Feuerwehrgebühren**, sofern die Feuerwehren ihre Pflichtaufgaben im Rahmen der Gefahrenabwehr wahrnehmen;[3]
- die Leistung von **Ausgleichsbeträgen nach § 154 BauGB** im Zusammenhang mit Sanierungs- und Entwicklungsmaßnahmen durch eine Kommune;[4]
- die Gebühren für Belehrungen nach dem **Infektionsschutzgesetz**, sofern es sich um Erstbelehrungen handelt;[5]
- die **Ausübung der Geschäftsführung der Innungen durch die Kreishandwerkerschaften**;[6]
- die Personalüberlassung einer überlassenden Mitgliedsgemeinde, wenn sich aus landesgesetzlichen Regelungen ergibt, dass ein **Gemeindeverwaltungsverband** ausschließlich mit Personal der Mitgliedsgemeinden oder mit eigenem Personal tätig werden darf;[7]
- die Erteilung von **Hypotheken-, Grundschuld und Rentenschuldbriefen durch das Grundbuchamt**, nicht jedoch die Erteilung von Teilbriefen oder Abschriften, da dies im Wettbewerb mit Notaren stünde;[8]
- die **Friedhofsgebühren** für die Einräumung von Grabnutzungsberechtigungen, Liegerechten und Rechten zur Beisetzung eines Sarges oder einer Urne sowie zu Leichentuchbestattungen, jedoch nur auf einer räumlich abgrenzbaren, individualisierten Parzelle.[9] Nebenleistungen teilen das Schicksal der Hauptleistung (z.B. Pflege und Instandhaltung der Friedhofsanlage). Eigenständig zu beurteilen sei die Pflege an individuellen Gräbern;[10]
- die Bestellung von **dinglichen Nutzungsrechten** gegen Konzessionsabgaben, wenn sie vom Begriff der Vermietung und Verpachtung erfasst werden.[11] Nicht jedoch die Einräumung eines Wegenutzungsrechts durch Gemeinden gegen Zahlung einer Konzessionsabgabe im Wege eines privatrechtlichen Vertrags;
- die Tätigkeit der **Versorgungskassen**, soweit sie auf öffentlich-rechtlicher Grundlage tätig werden bzw. Aufgaben wahrnehmen, die nur von jPdöR wahrgenommen werden dürfen.[12]

4. Schrifttum

104 Das Schrifttum folgt der Rechtsprechung und der Finanzverwaltungsauffassung im BMF-Schreiben vom 16.12.2016 weitgehend. Als Beispiel für fehlenden Wettbewerb wird die Abwasserentsorgung genannt, solange sie nach § 45 WHG i.V.m. den jeweiligen Landesgesetzen ausschließlich jPdöR vorbehalten ist und ein Anschluss- und Benutzungszwang gilt.[13]

---

1 BMF, Schr. v. 20.2.2020 – III C 2-S 7107/19/10009 :003 – DOK 2020/0155722, n.v. im BStBl., S. 5 (Nr. 9); FinMin Schleswig-Holstein, Kurzinformation v. 26.2.2020 – VI 3510-S 7107-001, Nr. 5, UR 2020, 316.
2 BMF, Schr. v. 20.2.2020 – III C 2-S 7107/19/10009 :003 – DOK 2020/0155722, n.v. im BStBl., S. 5 (Nr. 11); FinMin Schleswig-Holstein, Kurzinformation v. 26.2.2020 – VI 3510-S 7107-001, Nr. 6, UR 2020, 316.
3 BMF, Schr. v. 20.2.2020 – III C 2-S 7107/19/10009 :003 – DOK 2020/0155722, n.v. im BStBl., S. 6 (Nr. 17); FinMin Schleswig-Holstein, Kurzinformation v. 26.2.2020 – VI 3510-S 7107-001, Nr. 10, UR 2020, 316.
4 BMF, Schr. v. 20.2.2020 – III C 2-S 7107/19/10009 :003 – DOK 2020/0155722, n.v. im BStBl., S. 7 (Nr. 20); FinMin Schleswig-Holstein, Kurzinformation v. 26.2.2020 – VI 3510-S 7107-001, Nr. 13, UR 2020, 316.
5 BMF, Schr. v. 20.2.2020 – III C 2-S 7107/19/10009 :003 – DOK 2020/0155722, n.v. im BStBl., S. 8 (Nr. 24); FinMin Schleswig-Holstein, Kurzinformation v. 26.2.2020 – VI 3510-S 7107-001, Nr. 17, UR 2020, 316.
6 FinMin Schleswig-Holstein, Kurzinformation v. 16.12.2019 – VI 3510-S 7107-001, UR 2020, 316.
7 OFD Frankfurt/M, Vgf. v. 4.5.2021 – S 7107 A-001-St 110.2, UR 2021, 567.
8 FinMin des Landes Schleswig-Holstein, Kurzinformation v. 30.6.2023 – VI 3510-S 7107-001, UR 2023, 738.
9 BMF, Schr. v. 23.11.2020 – III C 2-S 7107/19/10004 :008 – DOK 2020/1212492, BStBl. I 2020, 1335 (1335 f.) = UR 2021, 129.
10 BMF, Schr. v. 23.11.2020 – III C 2-S 7107/19/10004 :008 – DOK 2020/1212492, BStBl. I 2020, 1335 (1336) = UR 2021, 129.
11 BMF, Schr. v. 5.8.2020 – III C 2-S 7107/19/10007 :005 – DOK 2020/0767842, BStBl. I 2020, 669 = UR 2020, 812.
12 FinMin. Schleswig-Holstein, Kurzinfo. v. 11.8.2020 – VI 3510 – S 7107-001, UR 2020, 977.
13 *Hüttemann*, UR 2017, 129 (132).

Gleichwohl wird der Handhabung der FinVerw. bisweilen kritisch entgegengetreten.[1] Diese sieht die gemeinsame Berufung von Hochschulpersonal dann als umsatzsteuerpflichtig an, wenn dies zu einem Leistungsaustausch führt, wie es bei dem sog. „Berliner Modell" der Fall ist.[2] Nach Stimmen im Schrifttum soll eine Auslegung von § 2b Abs. 1 UStG gleichwohl ergeben, dass bei Kooperationen öffentlich finanzierter Forschungseinrichtungen untereinander eine Wettbewerbsverzerrung schon deshalb nicht möglich sein soll, weil diese als nichtwirtschaftlich zu qualifizieren sind.[3] Ohne das Vorliegen einer wirtschaftlichen Tätigkeit könne danach auch kein Wettbewerb mit Privaten und folglich keine („größeren") Wettbewerbsverzerrung entstehen.[4] 104.1

Dabei wird die Handhabung der Steuerverwaltung abgelehnt, wonach bei einer gemeinsamen Berufung einer Person an zwei Forschungseinrichtungen bzw. einer Zuweisung von Personal einer Forschungseinrichtung an die andere Forschungseinrichtung von einer wirtschaftlichen Personalgestellung ausgegangen wird. Diese Handhabung würde verkennen, dass die Zuweisung des Personals nicht aus wirtschaftlichen Gründen erfolgt, sondern das Motiv vielmehr in der gemeinsamen Forschung zu sehen ist.[5] 104.2

Begründet wird diese Auslegung vor dem Hintergrund des europäischen Primärrechts unter anderem folgendermaßen: aus den „Unionsrahmen für staatliche Beihilfen zur Förderung, Entwicklung und Innovation" (2014/C 198/01) zu Art. 107 AEUV ergebe sich, dass im Sinne des europäischen Wettbewerbsrecht ein Tätigwerden der Forschungseinrichtungen als nichtwirtschaftlich anzusehen sei. Diese Einrichtungen haben ihre Forschungsergebnisse zu veröffentlichen, womit die Zuwendung eines selektiven Vorteils an andere Marktteilnehmer ausscheidet. Weil diese Tätigkeiten nicht vom Beihilfeverbot des Art. 107 Abs. 1 AEUV erfasst sein, würde das bedeuten, dass derartige, als nichtwirtschaftlich angesehen Tätigkeiten, auch keine Wettbewerbsbeeinträchtigung darstellen. Dieses Verständnis würde auch der Zielsetzung aus Art. 179 Abs. 2 AEUV entsprechen.[6] In diesem Lichte hätte eine auf dem öffentlich-rechtlichen Sonderrecht basierende Kooperation einer öffentlich-rechtlich verfassten Forschungseinrichtung keine Wettbewerbsverzerrung zur Folge und bei Vorliegen einer Kooperation auf privatrechtlicher Grundlage würde es bereits an der Qualifizierung als Steuerpflichtiger mangels wirtschaftlicher Tätigkeit scheitern.[7] 104.3

Diese verständliche Kritik steht m.E. in einigen Punkten nicht im Einklang mit der Rechtsprechung von EuGH und BFH. Es lässt sich jedenfalls nicht pauschal annehmen, dass gegenseitige Leistungen zwischen Wissenschaftseinrichtungen außerhalb des Wettbewerbs stünden, solange ein privates Angebot nicht ausgeschlossen ist. Das Motiv der Kooperation spielt nach ständiger Rechtsprechung ausdrücklich keine Rolle für die Frage der Wettbewerbsverzerrung. Auch die beihilferechtliche Betrachtung kann m.E. nicht herangezogen werden, da Art. 13 MwStSystRL hierauf nicht verweist und durch den EUGH autonom ausgelegt wird. Allerdings mag es im wissenschaftlichen Rahmen durchaus Situationen geben, bei denen ein Wettbewerb nur rein hypothetisch ist. 104.4

C. Allgemeine Regelung über Wettbewerbsverzerrungen (Absatz 2)

I. Bagatellgrenze von 17.500 Euro (Absatz 2 Nr. 1)

1. Begriff der „größeren Wettbewerbsverzerrungen"

Größere Wettbewerbsverzerrungen liegen nach Absatz 2 Nr. 1 „insbesondere nicht vor", wenn der von einer jPdöR im Kalenderjahr aus gleichartigen Tätigkeiten erzielte Umsatz voraussichtlich 17.500 Euro jeweils nicht übersteigen wird. Aus dem Wortlaut geht hervor, dass bei Unterschreiten der Bagatellgrenze keinesfalls von einer größeren Wettbewerbsverzerrung auszugehen ist.[8] 105

1 *Kronthaler/Kronthaler/Ruffert*, UR 2021, 609.
2 BMF, Schr. v. 26.11.2020 – III C 2-S 7107/19/10005 :015 – DOK 2020/1120127, DStR 2021, 292; Zum Vorliegen einer entgeltlichen Personalgestellung beim „Berliner Modell" kritisch, *Hummel/Richter/Schneider*, UR 2021, 621.
3 *Kronthaler/Kronthaler/Ruffert*, UR 2021, 609 (612).
4 *Kronthaler/Kronthaler/Ruffert*, UR 2021, 609 (612).
5 *Kronthaler/Kronthaler/Ruffert*, UR 2021, 609 (611).
6 *Kronthaler/Kronthaler/Ruffert*, UR 2021, 609 (610).
7 *Kronthaler/Kronthaler/Ruffert*, UR 2021, 609 (610 f.).
8 Beschlussempfehlung des Finanzausschusses v. 23.9.2015, BT-Drucks. 18/6094, 91.

106 Obwohl die Vorschrift auf den ersten Blick einfach erscheint, wirft sie einige Fragen auf. Es ist umstritten, ob der deutsche Gesetzgeber dazu befugt ist, selbst zu regeln, wann keine größeren Wettbewerbsverzerrungen anzunehmen sind. Daneben stellen sich einige Anwendungsfragen.

2. Rechtsprechung

107 Der EuGH hat lediglich mit Blick auf den mit Art. 13 Abs. 1 Unterabs. 3 MwStSystRL identischen Art. 4 Abs. 5 der 6. EG-Richtlinie entschieden, dass die Mitgliedstaaten jedenfalls nicht verpflichtet sind, eine Betragsgrenze einzuführen.[1]

3. Finanzverwaltung

108 Basierend auf dem Wortlaut geht die FinVerw. in dem Schreiben vom 16.12.2016 davon aus, dass bei Unterschreiten der 17.500 Euro-Grenze zwingend von einer fehlenden Wettbewerbsverzerrung auszugehen ist. Insoweit besteht auch kein Wahlrecht der jPdöR, auf die 17.500 Euro-Grenze, wie z.B. bei der Kleinunternehmer-Befreiung, zu verzichten.[2]

109 Die FinVerw. erläutert nicht, ob der Betrag von 17.500 Euro brutto oder netto zu verstehen ist. Eine Wertungsmöglichkeit besteht nur bei der Frage, wann von gleichartigen Leistungen auszugehen ist. Gleichartig sind demnach Leistungen, die die gleichen Bedürfnisse der Durchschnittsverbraucher befriedigen (Rz. 36 des BMF-Schreibens). Als Beispiel für gleichartige Leistungen führt das BMF dann jedoch einen Fall an, bei dem es um die rechtlichen Modalitäten des Parkens auf öffentlichen Flächen geht und nicht um das Bedürfnis des Bürgers sein Fahrzeug abzustellen (Rz. 37 des BMF-Schreibens).[3]

110 In diesem Zusammenhang sind bezüglich gleichartiger Tätigkeiten die jPdöR in ihrer Gesamtheit, also nicht nur auf Ebene ihrer Organisationseinheiten zu betrachten (Rz. 36 des BMF-Schreibens). Das bedeutet, dass die jPdöR über ihre verschiedenen Organisationseinheiten hinaus die Gesamtheit ihrer Leistungen im Blick haben muss.

111 Für die Ermittlung des Grenzwerts kommt es auf eine Prognose zu Beginn des Kalenderjahres an. D.h. ein späteres tatsächliches Überschreiten des Wertes ist nicht relevant, solange dies nicht prognostiziert worden ist. Bei neu begonnenen Tätigkeiten kommt es auf den tatsächlich erwarteten, aber nicht auf einen hochgerechneten Jahresumsatz an (Rz. 34 des BMF-Schreibens). Das führt zu dem etwas seltsam anmutenden Ergebnis, dass jPdöR, die eine wettbewerbsrelevante Tätigkeit neu aufnehmen, wegen Unterschreitung der Umsatzgrenze im ersten Jahr noch nicht als Unternehmer gelten.[4]

4. Schrifttum

112 Im Schrifttum wird einerseits vertreten, dass der deutsche Gesetzgeber nicht zu einer Auslegung des Wettbewerbskriteriums befugt ist.[5] Dagegen wird angeführt, dass der EuGH diese Möglichkeit stillschweigend vorgesehen hat und die Mitgliedstaaten berechtigt sind, Richtlinienvorschriften bei der Umsetzung in das nationale Recht zu konkretisieren. Allerdings ist auch dann der Rahmen des Art. 13 MwStSystRL zu beachten.[6]

1 EuGH, Urt. v. 17.10.1989 – 231/87 und 129/88, ECLI:EU:C:1989:381 – Ufficio distrettuale delle imposte dirette di Fiorenzuola d'Arda e.a/Comune di Carpaneto Piacentino u.a., UR 1991, 77 m. Anm. *Ramme*, Rz. 27. Zu der Bagatellgrenze des § 2b Abs. 2 Nr. 1 UStG gibt es noch keine Rechtsprechung.

2 BMF, Schr. v. 16.12.2016 – III C 2-S 7107/16/10001 – DOK 2016/1126266, BStBl. I 2016, 1451 = UR 2017, 78, Rz. 33.

3 Zu Recht kritisch dazu *Treiber* in Sölch/Ringleb, § 2b UStG Rz. 62 (Stand: März 2023).

4 Darauf weist zutreffend *Hüttemann*, UR 2017, 129 (134) hin. So auch *Ismer* in Reiß/Kraeusel/Langer, § 2b UStG Rz. 79 (Stand: Januar 2017).

5 *Ismer* in Reiß/Kraeusel/Langer, § 2b UStG Rz. 80 (Stand: Januar 2017); *Heidner*, UR 2016, 45 (49).

6 *Hüttemann*, UR 2017, 129 (133) unter Verweis auf EuGH, Urt. v. 17.10.1989 – 231/87 und 129/88, ECLI:EU:C:1989:381 – Ufficio distrettuale delle imposte dirette di Fiorenzuola d'Arda e.a/Comune di Carpaneto Piacentino u.a., UR 1991, 77 m. Anm. *Ramme*, Rz. 27.

Teilweise werden auch Bedenken geltend gemacht, dass Absatz 2 Nr. 1 eine unionsrechtlich nicht vorgesehene Kleinunternehmerregelung bedeutet. Aufgrund dieser Bedenken wird eine extrem weite Auslegung gefordert, nach der alle entgeltlichen Tätigkeiten als gleichartig anzusehen sind.[1] 113

Im Schrifttum wird davon ausgegangen, dass der Betrag von 17.500 Euro mangels anderweitiger Regelung brutto zu verstehen ist.[2] 114

Schließlich wird im Schrifttum kritisiert, dass die Regelung ohne Wahlrecht dazu führt, dass jPdöR in der Investitionsphase einer zweifelsfrei unternehmerischen, da im Wettbewerb stehenden Tätigkeit gleichwohl als Nicht-Unternehmer betrachtet werden können, wenn sie die Umsatzgrenze noch nicht erreichen. Dann sind sie vom Vorsteuerabzug ausgeschlossen, der naturgemäß besonders in einer anfänglichen Investitionsphase anfällt.[3] 115

5. Würdigung

Bei der Beurteilung der möglichen Unionsrechtswidrigkeit ist m.E. nicht davon auszugehen, dass mit der Bagatellgrenze eine Art eigenständige Kleinunternehmergrenze für jPdöR eingeführt wurde. Die Vorschrift bewegt sich auf dem Boden des Art. 13 MwStSystRL, der es schließlich zulässt, Tätigkeiten im Rahmen der öffentlichen Gewalt von der Steuer freizustellen, wenn dies zu keinen größeren Wettbewerbsverzerrungen führt. 116

Fraglich kann also nur sein, ob der deutsche Gesetzgeber eine Bagatellgrenze bestimmen durfte. Insoweit geht es m.E. weniger um die genaue Betragsgrenze, die angesichts weitläufig vergleichbarer Regelungen wie den Schwellenwerten beim Kleinunternehmern (Art. 287 MwStSystRL: 10.000 bis 35.000 Euro) nicht zu knapp bemessen sein darf, sondern mehr um die Frage, ob der Begriff der größeren Wettbewerbsverzerrung sich überhaupt nach starren Beträgen entscheiden darf. Für einen kleinen privaten Unternehmer bzw. ein überschaubares Betätigungsfeld kann bereits ein konkurrierender Umsatz von weniger als 17.500 Euro sehr wettbewerbsrelevant sein (z.B. in Anlehnung an den Sachverhalt im EuGH-Verfahren in Sachen Isle of Wight[4]: öffentlich betriebener Parkplatz auf einer kleinen Insel, der mit einem privaten Parkplatz konkurriert, aber lediglich 17.500 Euro Einnahmen erzielt). Insoweit kann es Fälle geben, bei denen gegen die Wettbewerbsneutralität verstoßen wird. Auch das im Schrifttum aufgebrachte Problem der Besteuerung von Investitionsphasen deutet klar darauf hin, dass eine alleinige Orientierung an einer Betragsgrenze zu starr ist. Wenn z.B. eine Tätigkeit im Rahmen der öffentlichen Gewalt aufgenommen werden soll, die aufgrund ihrer Wettbewerbswirkungen besteuert werden muss, kann es nicht sein, dass der jPdöR kein Vorsteuerabzug zustehen soll, wenn sie während der Investitionsphase noch keine oder nur sehr geringe Umsätze bewirkt. Dies wäre ein evidenter Verstoß gegen den Grundsatz der Neutralität. 117

Insoweit ist eine Bagatellgrenze sicherlich ein guter Ansatz, um mehr Rechtssicherheit zu bringen. Diese wirft auch in den meisten Fällen keine größeren Probleme auf. Es sind allerdings einige Fälle denkbar, in denen es zu Verstößen gegen die Wettbewerbsneutralität und den Grundsatz der umsatzsteuerlichen Neutralität wegen Wegfalls des Vorsteuerabzugs kommt. 118

Anders als im Schrifttum teilweise vertreten,[5] kann die Idee einer Betragsgrenze nicht auf eine EuGH-Rechtsprechung gestützt werden, die lediglich im Zusammenhang mit Art. 13 Abs. 1 Unterabs. 1 MwStSystRL besagt, dass die Mitgliedstaaten nicht verpflichtet sind, den Begriff der unbedeutenden Umsätze betragsmäßig näher zu definieren. Denn daraus ergibt sich nicht, dass die Mitgliedstaaten dazu im Zusammenhang mit Art. 13 Abs. 1 Unterabs. 2 MwStSystRL berechtigt sind. In diesem Zusammenhang ist auf die Rechtsprechung des EuGH zu Kostenteilungsgemeinschaften gemäß Art. 132 Abs. 1 Buchst. f MwStSystRL hinzuweisen. Nach dieser Norm darf die Befreiung für Kostenteilungsgemeinschaften nicht angewendet werden, wenn sie zu Wettbewerbsverzerrungen führen würde. Das 119

1 *Treiber* in Sölch/Ringleb, § 2b UStG Rz. 63 (Stand: März 2023).
2 *Hüttemann*, UR 2017, 129 (133).
3 *Ismer* in Reiß/Kraeusel/Langer, § 2b UStG Rz. 79 (Stand: Januar 2017); *Korn* in Bunjes[22], § 2b UStG Rz. 38.
4 EuGH, Urt. v. 16.9.2008 – C-288/07, ECLI:EU:C:2008:505 – Isle of Wight Council u.a., UR 2008, 816 m. Anm. *Küffner*.
5 *Hüttemann*, UR 2017, 129 (131).

Regelungskonzept in Art. 132 Abs. 1 Buchst. f MwStSystRL bezüglich des Wettbewerbs weist viele Ähnlichkeiten mit dem Konzept in Art. 13 MwStSystRL über die Wettbewerbsauswirkungen der Nichtbesteuerung von jPdöR auf. In einem Vertragsverletzungsverfahren gegen die Bundesrepublik Deutschland hat der EuGH erkannt, dass der deutsche Gesetzgeber nicht befugt war, gesetzlich zu bestimmen, wann er von einer Wettbewerbsverzerrung ausgeht. Vielmehr sei die Frage der Wettbewerbsverzerrung durch den Rechtsanwender zu klären.[1] § 4 Nr. 29 UStG setzt diese Rechtsprechung um und überlässt die Feststellung nunmehr dem Rechtsanwender (§ 4 Nr. 29 Rz. 67 ff.). Es spricht viel dafür diesen Rechtsgedanken auch auf die Auslegung von Art. 13 MwStSystRL zu übertragen. Insofern kann der Vorschrift eigentlich nur entnommen werden, dass im Regelfall bei Unterschreiten der Bagatellgrenze keine größere Wettbewerbsverzerrung anzunehmen, dies aber im Einzelfall zu überprüfen ist.

120 In der Konsequenz bedeutet dies im Zweifelsfall, dass private Unternehmer sich im Rahmen einer Wettbewerberklage womöglich auf die Unionsrechtswidrigkeit der Betragsgrenze unmittelbar nach Art. 13 MwStSystRL berufen können, um damit die Besteuerung ihrer öffentlich-rechtlichen Wettbewerber zu erreichen.[2] Die jPdöR selbst können sich zur Sicherung ihres Vorsteuerabzugs womöglich unmittelbar auf Art. 13 MwStSystRL stützen.[3] Daneben könnte es trotz des relativ klaren Wortlauts Versuche einer richtlinienkonformen Auslegung geben.[4] Letztlich bringt die Vorschrift m.E. eher das Gegenteil der eigentlich bezweckten Rechtssicherheit.

II. Zwingend steuerfreie Leistungen (Absatz 2 Nr. 2)

121 Größere Wettbewerbsverzerrungen liegen gemäß Absatz 2 Nr. 2 „insbesondere nicht vor", wenn vergleichbare, auf privatrechtlicher Grundlage erbrachte Leistungen ohne Recht auf Verzicht (§ 9 UStG) einer Steuerbefreiung unterliegen.

122 Wie schon bei Absatz 2 Nr. 1 besteht keinerlei Wahlrecht, die Umsätze doch als steuerbar zu behandeln.

123 Der Vorschrift liegt offenkundig der Rechtsgedanke zugrunde, dass die jPdöR im Bereich der zwingend steuerfreien Leistungen mit privaten Wettbewerbern konkurrieren, die ebenfalls keine Umsatzsteuer auf ihre Ausgangsumsätze schulden und auch keinen Vorsteuerabzug geltend machen können. Fehlende Steuerbarkeit und Steuerbefreiung haben also demnach die weitgehend gleichen Folgen, so dass keine Wettbewerbsverzerrung möglich ist.

124 Die Vorschrift gilt nicht für Steuerbefreiungen, auf die verzichtet werden kann (§ 9 UStG). Der Gesetzgeber wollte damit eine Wettbewerbsverzerrung zu Lasten der jPdöR ausschließen.[5] Eine solche lag z.B. dem EuGH-Urteil in Sachen *Salix* zugrunde, bei dem eine jPdöR bei einer Vermietung von Büroräumen an einen steuerpflichtigen Mieter nicht zur Umsatzsteuer optieren konnte, weil sie die Vermietungsleistung (nach damaligen Recht) aus dem nicht steuerbaren Bereich heraus erbrachte.[6] Wegen des damit einhergehenden Verlustes des Rechts auf Vorsteuerabzug ergab sich dort ein Wettbewerbsnachteil gegenüber privaten Vermietern, die ohne weiteres optieren und sich somit den Vorsteuerabzug sichern konnten.

1 EuGH, Urt. v. 21.9.2017 – C-616/15, ECLI:EU:C:2017:721 – Kommission/Deutschland, UR 2017, 792 m. Anm. *Küffner*, Rz. 68.

2 Zum Drittschutz und zur Wettbewerberklage allgemein EuGH, Urt. v. 8.6.2006 – C-430/04, ECLI:EU:C:2006:4999 – Feuerbestattungsverein Halle, UR 2006, 459.

3 Zur Berufbarkeit allgemein bereits EuGH, Urt. v. 6.2.1997 – C-247/95, ECLI:EU:C:1997:57 – Finanzamt Augsburg-Stadt/Marktgemeinde Welden, UR 1997, 261 m. Anm. *Stadie*, Rz. 76 sowie EuGH, Urt. v. 4.6.2009 – C-102/08, ECLI:EU:C:2009:345 – SALIX Grundstücks-Vermietungsgesellschaft, UR 2009, 484 m. Anm. *Küffner* und Anm. *Widmann*, Rz. 58.

4 Dazu *Treiber* in Sölch/Ringleb, § 2b UStG Rz. 63 (Stand: März 2023).

5 Beschlussempfehlung des Finanzausschusses, BT-Drucks. 18/6094, 91.

6 EuGH, Urt. v. 4.6.2009 – C-102/08, ECLI:EU:C:2009:345 – SALIX Grundstücks-Vermietungsgesellschaft, UR 2009, 484 m. Anm. *Küffner* und Anm. *Widmann*, Rz. 58.

Eine EuGH-Rechtsprechung existiert nicht, da das Unionsrecht eine mit Absatz 2 Nr. 2 vergleichbare Regelung nicht kennt. Der BFH hatte bislang noch keine Gelegenheit, sich mit der Norm zu befassen. 125

Seitens der **FinVerw.** existieren keine über die Gesetzesbegründung wesentlich hinausgehenden Erläuterungen der Vorschrift.[1] 126

Im **Schrifttum** wird diskutiert, ob es für die Vorschrift eine unionsrechtliche Grundlage gibt und welche weiteren Konsequenzen daraus folgen. 127

Teilweise wird vertreten, dass es ähnlich wie bei Absatz 2 Nr. 1 keine besondere unionsrechtliche Grundlage gibt, da der deutsche Gesetzgeber lediglich den Begriff der größeren Wettbewerbsverzerrung konkretisieren wollte.[2] 128

Andererseits wird vertreten, dass die unionsrechtliche Grundlage in Art. 13 Abs. 2 MwStSystRL zu erblicken ist.[3] Art. 13 Abs. 2 MwStSystRL erlaubt es den Mitgliedstaaten, bestimmte umsatzsteuerfreie Tätigkeiten jPdöR so zu behandeln, als würden sie ihnen im Rahmen der öffentlichen Gewalt obliegen. Insoweit befasst sich diese Vorschrift nicht mit Wettbewerbsverzerrungen, sondern mit dem Handeln im Rahmen der öffentlichen Gewalt. 129

Nach dem Wortlaut „insbesondere" ist allerdings m.E. davon auszugehen, dass der deutsche Gesetzgeber klarstellend regeln wollte, dass in den Fällen des § 2b Abs. 2 Nr. 2 UStG kein Wettbewerb besteht. Da die Annahme einer fehlenden Wettbewerbsverzerrung bei Leistungen zutrifft, die ansonsten (zwingend) steuerfrei wären, steht die Vorschrift grundsätzlich im Einklang mit dem Unionsrecht.[4] Zweifel daran können nur mit Blick auf ungünstigere Bedingungen bei einer späteren Umnutzung aufkommen. Denn bei einer Zuordnung zunächst zum nicht-unternehmerischen Bereich ist eine Vorsteuerberichtigung – zumindest nach bisheriger Lesart – nicht möglich.[5] Indessen hat der EuGH zwischenzeitlich angedeutet, dass auch in diesen Fällen eine Vorsteuerberichtigung denkbar ist.[6] M.E. sind die Bedenken nicht so gravierend, dass (außer vielleicht in besonderen Einzelfällen) von einer Unionsrechtswidrigkeit auszugehen ist. 130

Gleichwohl wirft die Vorschrift die Frage auf, in welchem Verhältnis sie zu Art. 13 Abs. 2 MwStSystRL steht. Der EuGH hat erkannt, dass Art. 13 Abs. 2 MwStSystRL nicht zwischen steuerfreien Tätigkeiten im Rahmen der öffentlichen Gewalt und jenseits davon unterscheidet, so dass auch Tätigkeiten auf privatrechtlicher Grundlage nach dieser Vorschrift als nicht steuerbar behandelt werden können.[7] Dies setzt allerdings voraus, dass der betreffende Mitgliedstaat eine entsprechende Regelung ausdrücklich vorsieht.[8] Die Frage ist, ob § 2b Abs. 2 Nr. 2 UStG eine solche Regelung ist. Zwar regelt sie vordergründig nur die Frage der Wettbewerbsverzerrung und damit nicht die der Ausübung der öffentlichen Gewalt.[9] Es kann vertreten werden, dass § 2b Abs. 2 Nr. 2 UStG logisch voraussetzt, dass die betreffende Tätigkeit als im Rahmen der öffentlichen Gewalt erbracht angesehen wird.[10] 131

M.E. wollte der deutsche Gesetzgeber Art. 13 Abs. 2 MwStSystRL nicht umsetzen. Denn dafür ergeben sich keinerlei Anhaltspunkte in der Gesetzesbegründung. Auch die FinVerw. ist nicht auf diese Idee gekommen, obwohl sie den Gesetzgeber bei der Gesetzesformulierung unterstützt hat. Vor allem der Wortlaut indiziert klar, dass es nur um eine Konkretisierung des Wettbewerbsbegriffs ging. Daher 132

1 BMF, Schr. v. 16.12.2016 – III C 2-S 7107/16/10001 – DOK 2016/1126266, BStBl. I 2016, 1451 = UR 2017, 78, Rz. 38.
2 *Ismer* in Reiß/Kraeusel/Langer, § 2b UStG Rz. 89 (Stand: Januar 2017).
3 *Treiber* in Sölch/Ringleb, § 2b UStG Rz. 71 (Stand: März 2023); in diese Richtung auch *Heidner*, UR 2016, 45 (49).
4 *Heidner*, UR 2016, 45 (49).
5 *Ismer* in Reiß/Kraeusel/Langer, § 2b UStG Rz. 88 (Stand: Januar 2017); *Liebgott* in Birkenfeld/Wäger, Umsatzsteuer-Handbuch, Abschn. I Kap. 3 – § 2b UStG Rz. 139 (Stand: August 2017).
6 EuGH, Urt. v. 25.7.2018 – C-140/17, ECLI:EU:C:2018:595 – Gmina Ryjewo, UR 2018, 687 m. Anm. *Sterzinger*.
7 EuGH, Urt. v. 6.2.1997 – C-247/95, ECLI:EU:C:1997:57 – Finanzamt Augsburg-Stadt/Marktgemeinde Welden, UR 1997, 261 m. Anm. *Stadie*, Rz. 20.
8 EuGH, Urt. v. 4.6.2009 – C-102/08, ECLI:EU:C:2009:345 – SALIX Grundstücks-Vermietungsgesellschaft, UR 2009, 484 m. Anm. *Küffner* und Anm. *Widmann*.
9 *Ismer* in Reiß/Kraeusel/Langer, § 2b UStG Rz. 86 (Stand: Januar 2017), der damit ausschließt, dass Art. 13 Abs. 2 MwStSystRL umgesetzt wurde.
10 *Heidner*, UR 2016, 45 (49).

bleibt es dabei, dass Tätigkeiten auf privatrechtlicher Grundlage steuerbar (aber steuerfrei) sind, während Tätigkeiten im Rahmen der Ausübung der öffentlichen Gewalt aufgrund von Absatz 2 Nr. 2 nicht steuerbar sein können, sofern vergleichbare Tätigkeiten privater Anbieter zwingend steuerfrei sind.

133 Im Schrifttum wird bezüglich der Anwendung der Vorschrift m.E. zu Recht darauf hingewiesen, dass Absatz 2 Nr. 2 nicht zwischen Steuerbefreiung mit und ohne Vorsteuerabzug unterscheidet, dass aber eine Anwendung auf Steuerbefreiungen mit Vorsteuerabzug nicht gewollt sein kann, da die jPdöR durch die Regelung ansonsten genau um diesen Vorsteuerabzug gebracht wird.[1]

D. Besondere Regelung über Wettbewerbsverzerrungen bei Leistungen zwischen jPdöR (Absatz 3)

I. Regelungsgegenstand

134 Bei Leistungen einer jPdöR an eine andere jPdöR (oftmals „Beistandsleistungen" genannt) liegen nach Absatz 3 größere Wettbewerbsverzerrungen „insbesondere nicht vor", wenn die Voraussetzungen der Nr. 1 oder der Nr. 2 erfüllt sind.

135 Damit trifft der Gesetzgeber eine besondere Regelung für Kooperationen von jPdöR, was in Art. 13 MwStSystRL nicht vorgesehen und vor dem Hintergrund der neueren Rechtsprechung des BFH zu § 2 Abs. 3 UStG a.F. besonders zu betrachten ist. Denn nach der BFH-Rechtsprechung gibt es unter Beachtung der Vorgaben des Art. 13 MwStSystRL keine besondere Privilegierung für Leistungen zwischen jPdöR. Sofern solche Leistungen im Rahmen der öffentlichen Gewalt erbracht werden, dürfen sie nur dann als nicht steuerbar behandelt werden, wenn dadurch keine größere Wettbewerbsverzerrung ausgelöst wird.[2] Hierbei ist zu beachten, dass die öffentliche Hand einer der größten Auftraggeber für die private Wirtschaft ist. Die Begünstigung sog. Beistandsleistungen oder Kooperationen ist geeignet die private Wirtschaft in erheblichem Umfang zugunsten kommunaler Angebote vom Markt zu verdrängen. Auf der anderen Seite haben die kommunalen Spitzenverbände sich mit großem Engagement dafür eingesetzt, die interkommunale Zusammenarbeit nicht der Umsatzsteuer zu unterwerfen, weil dies zu einer erheblichen Steuerlast für die Kommunen führen würde. Durch die entsprechenden Steuerlasten stellt sich auch die Frage der Verteilung des Steueraufkommens im Rahmen der föderalen Finanzverfassung. Daneben gibt es auch außersteuerliche Wirkungskräfte, wie z.B. die politische Vorstellung einer Rekommunalisierung von Aufgaben, durch die im Sinne einer kommunalen Selbstbestimmung ein größerer politischer Einfluss auf die Ausübung der Daseinsvorsorge gesichert werden kann. Die Vorschrift ist damit – in alle Richtungen betrachtet – höchst problematisch. Der von § 2b UStG intendierte Interessenausgleich zwischen der prinzipiellen Nichtbesteuerung der öffentlichen Hand und dem Wettbewerbsschutz ist bei Kooperationen von jPdöR nur sehr schwer herbeizuführen.

136 Vor diesem Hintergrund ist die Regelung in Absatz 3 Nr. 1 relativ wenig umstritten, die Regelung in Absatz 3 Nr. 2 dagegen sehr umstritten bzw. wurde sie von der Finanzverwaltung faktisch außer Kraft gesetzt.

II. Vorbehaltsaufgaben (Absatz 3 Nr. 1)

137 Nach Absatz 3 Nr. 1 führen Leistungen an andere jPdöR insbesondere zu keinen größeren Wettbewerbsverzerrungen, wenn die Leistungen aufgrund gesetzlicher Bestimmungen nur von jPdöR erbracht werden dürfen.

138 Als Beispiele für die Anwendung der Vorschrift nennt die Gesetzesbegründung den Betrieb gemeinsamer Standes-, Ordnungs- und Einwohnermeldeämter.[3]

1 *Ismer* in Reiß/Kraeusel/Langer, § 2b UStG Rz. 86 (Stand: Januar 2017).
2 BFH, Urt. v. 10.11.2011 – V R 41/10, BStBl. II 2017, 869 = UR 2012, 272, Rz. 26.
3 Beschlussempfehlung des Finanzausschusses v. 23.9.2015, BT-Drucks. 18/6094, 92.

Auch hier ist zu beachten, dass die Vorschrift nur regelt, wann keine größere Wettbewerbsverzerrung vorliegt. Handelt die leistende jPdöR nicht im Rahmen der öffentlichen Gewalt, sondern zivilrechtlich, kommt eine Anwendung von § 2b UStG von vornherein nicht in Betracht, da die Voraussetzungen des Absatzes 1 Satz 1 schon nicht erfüllt sind. 139

Bislang liegen keine Äußerungen der deutschen **Rechtsprechung** zu der Vorschrift vor. Eine EuGH-Rechtsprechung gibt es zu der Vorschrift nicht, da Art. 13 MwStSystRL keine vergleichbare Regelung enthält. 140

Die **FinVerw.** geht in ihrer Auslegung noch über den Gesetzeswortlaut hinaus, indem sie die Tatbestandsvoraussetzungen auch als erfüllt ansieht, wenn eine jPdöR als Abnehmer gesetzlich verpflichtet ist, die Leistung nur bei einer anderen jPdöR nachzufragen. Dies wird damit begründet, dass in beiden Fällen – in der Konsequenz – ein privates Leistungsangebot ausgeschlossen ist.[1] Im Schrifttum wird zwar zu Recht kritisiert, dass dies nicht dem Wortlaut des Absatzes 3 Nr. 1 entspricht,[2] doch im Ergebnis liegt m.E. tatsächlich keine Wettbewerbsverzerrung i.S.d. Absatzes 1 Satz 2 vor. 141

Als gesetzliche Regelung werden von der FinVerw. Gesetze (einschließlich Rechtsverordnungen) des Bundes und der Länder verstanden. Auch vergleichbare kirchliche Rechtsetzungsakte sollen darunterfallen. Satzungsrecht zählt nicht dazu.[3] 142

Die FinVerw. geht u.a. davon aus, dass eine Vorbehaltsaufgabe bzgl. der Personalüberlassung von einer jPdöR an eine andere jPdöR anzunehmen ist, wenn sich aus einem Landesgesetz ergibt, dass ein Gemeindeverwaltungsverband ausschließlich mit eigenem oder von den Mitgliedsgemeinden überlassenem Personal tätig werden darf.[4] 143

Allgemein wird es im **Schrifttum** als Selbstverständlichkeit betrachtet, dass keine größere Wettbewerbsverzerrung vorliegt, wenn ein privates Leistungsangebot gar nicht zulässig ist.[5] Vielmehr finden sich Hinweise, dass dies auch bei Leistungen von jPdöR gelten muss, die nicht an andere jPdöR erbracht werden.[6] Der Einklang mit dem Unionsrecht wird vor diesem Hintergrund nicht angezweifelt.[7] 144

Im Schrifttum wird zutreffend darauf hingewiesen, dass die Anwendung der Vorschrift vor allem bei einer Bündelung von Leistungen Schwierigkeiten bereitet, wenn aus dem Bündel nur ein Teil der Leistungen als Vorbehaltsaufgabe verstanden werden kann.[8] Hier bietet es sich m.E. an, die Grundsätze über die Aufteilung von Leistungen bzw. über das Verhältnis von Haupt- zu Nebenleistungen heranzuziehen, um zu praxisgerechten Lösungen zu kommen (§ 3 Rz. 533 ff.). 145

III. Gemeinsame spezifische öffentlichen Interessen (Absatz 3 Nr. 2 Satz 1)

1. Funktion als Regelbeispiel

Nach Absatz 3 Nr. 2 Satz 1 liegen größere Wettbewerbsverzerrungen i.S.d. Absatz 1 Satz 2 „insbesondere nicht vor", wenn die Zusammenarbeit (der leistenden und der leistungsempfangenden jPdöR) durch gemeinsame spezifische öffentliche Interessen bestimmt wird. Satz 2 definiert, wann dies „regelmäßig" der Fall ist, und zwar dann, wenn die Leistungen auf langfristigen öffentlich-rechtlichen Vereinbarungen beruhen (Buchst. a), sie dem Erhalt der öffentlichen Infrastruktur und der Wahrneh- 146

1 BMF, Schr. v. 16.12.2016 – III C 2-S 7107/16/10001 – DOK 2016/1126266, BStBl. I 2016, 1451 = UR 2017, 78, Rz. 41.
2 *Stadie* in Rau/Dürrwächter, § 2b UStG Rz. 342 (Stand: März 2022).
3 BMF, Schr. v. 16.12.2016 – III C 2-S 7107/16/10001 – DOK 2016/1126266, BStBl. I 2016, 1451 = UR 2017, 78, Rz. 42.
4 OFD Frankfurt/M, Vfg. v. 4.5.2021 – S 7107 A-001-St 110.2, UR 2021, 567.
5 *Stadie* in Rau/Dürrwächter, § 2b UStG Rz. 340 (Stand: März 2022) und *Treiber* in Sölch/Ringleb, § 2b UStG Rz. 81 (Stand: März 2021) halten die Vorschrift deshalb sogar für überflüssig.
6 *Hüttemann*, UR 2017, 129 (132).
7 *Ismer* in Reiß/Kraeusel/Langer, § 2b UStG Rz. 98 (Stand: Januar 2017); *Treiber* in Sölch/Ringleb, § 2b UStG Rz. 81 (Stand: März 2023).
8 *Ismer* in Reiß/Kraeusel/Langer, § 2b UStG Rz. 98 (Stand: Januar 2017).

mung einer allen Beteiligten obliegenden öffentlichen Aufgabe obliegen (Buchst. b), die Leistungen zudem ausschließlich gegen Kostenerstattung erbracht werden (Buchst. c) und gleichartige Leistungen im Wesentlichen an andere jPdöR erbracht werden (Buchst. d).

147 Während die Vorschrift aus Sicht des Gesetzgebers und der FinVerw. zunächst darauf ausgerichtet war, weiterhin die interkommunale Zusammenarbeit ohne Umsatzsteuerbelastung zu ermöglichen, hat sich dieses Verständnis unter dem Druck der EU-Kommission mittlerweile dahingehend gewandelt, dass § 2b Abs. 3 Nr. 2 UStG – entsprechend des Wortlauts („insbesondere", „regelmäßig") – lediglich ein Regelbeispiel bildet und stets im Einzelfall zu prüfen ist, ob trotz Erfüllung der Tatbestandsmerkmale in § 2b Abs. 3 Nr. 2 Satz 2 UStG eine Wettbewerbsverzerrung möglich ist.[1]

2. Gesetzesbegründung und Unionsrechtskonformität

148 In der Gesetzesbegründung wird die Vorschrift damit gerechtfertigt, dass jPdöR aufgrund des demographischen Wandels und der Notwendigkeit von Einsparungen immer mehr gezwungen sind zusammenzuarbeiten. Diese Zusammenarbeit ist nicht marktorientiert, sondern dient allein dem öffentlichen Interesse. Sie verfolgt das Ziel, Synergieeffekte zu erzielen und vorhandene Kapazitäten besser auszunutzen. Insoweit besteht kein Wettbewerb mit privaten Leistungsangeboten. Im Übrigen würde eine Besteuerung der Leistungen zu einer Verteuerung öffentlicher Leistungen und damit zu unerwünschten Mehrbelastungen für die Bürger führen.[2]

149 Als Anwendungsbereiche der Norm benennt der Gesetzgeber explizit die interkommunale Zusammenarbeit sowie die Zusammenarbeit von kirchlichen Einrichtungen und Rundfunkanstalten.[3] Die Regelung soll nicht nur für die horizontale Zusammenarbeit gelten, sondern auch für die vertikale Zusammenarbeit, z.B. die Gründung eines gemeinsamen Zweckverbands.

150 Der Gesetzgeber hat sich bei der Regelung an den vergaberechtlichen Vorschriften orientiert. Diese sollen auch für die Rechtsanwendung herangezogen werden, soweit dies der MwStSystRL entspricht.[4] Dieser gesetzgeberische Ansatz dürfte auf Äußerungen im Schrifttum zurückgehen.[5]

151 Unglücklicherweise hat der EuGH jedoch kurz nach der Beschlussempfehlung bereits erkannt, dass das Vergabe- und Mehrwertsteuerrecht in keinem Kontext stehen und daher das vergaberechtliche Verständnis der „öffentlichen Einrichtung" nicht für die Auslegung von Art. 13 MwStSystRL herangezogen werden kann.[6] Insoweit wird das gesetzgeberische Konzept bezüglich des Wettbewerbskriteriums in Absatz 3 Nr. 2 bereits für im Ansatz verfehlt eingeordnet.[7]

152 Darüber hinaus wird im Schrifttum an dem gesetzgeberischen Ansatz kritisiert, dass die Umsatzsteuerersparnis für Kommunen und Bürger keine logisch überzeugende Begründung dafür liefert, dass bei Kooperationen von jPdöR keine größere Wettbewerbsverzerrung entsteht.[8] Vielmehr ist die Norm als Nichtanwendungsgesetz bezüglich der neueren BFH-Rechtsprechung[9] zu verstehen.[10]

153 Die teilweise berechtigte Kritik berücksichtigt m.E. den Kerngedanken des deutschen Gesetzgebers nur unzureichend. Offenkundig ging dieser davon aus, dass es neben den ohnehin gesetzlich vorgesehenen Fällen (Absatz 3 Nr. 1) viele Situationen gibt, in denen faktisch eine Leistungserbringung durch private Anbieter ausgeschlossen ist. Dies ist anzunehmen, wenn die Leistungen nicht vergaberechtlich auszuschreiben sind, sondern direkt an eine andere jPdöR vergeben werden können und dies auch aus allein außersteuerlichen Gründen geschieht. In diesen Fällen ist die leistende jPdöR völlig unabhängig

---

1 BMF, Schr. v. 14.11.2019 – III C 2-S 7107/19/10005 :011 – DOK 2019/0974402, BStBl. I 2019, 1140 = UR 2019, 951 m. Anm. *Küffner*.
2 Beschlussempfehlung des Finanzausschusses v. 23.9.2015, BT-Drucks. 18/6094, 91.
3 Beschlussempfehlung des Finanzausschusses v. 23.9.2015, BT-Drucks. 18/6094, 91.
4 Beschlussempfehlung des Finanzausschusses v. 23.9.2015, BT-Drucks. 18/6094, 92.
5 Grundlegend *Englisch*, UR 2013, 570.
6 EuGH, Urt. v. 29.10.2015 – C-174/14, ECLI:EU:C:2015:733 – Saudaçor, UR 2015, 901 m. Anm. *Küffner*, Rz. 47.
7 *Treiber* in Sölch/Ringleb, § 2b UStG Rz. 84 (Stand: März 2023); *Stadie* in Rau/Dürrwächter, § 2b UStG Rz. 346 (Stand: März 2022); *Hüttemann*, UR 2017, 129 (136).
8 *Stadie* in Rau/Dürrwächter, § 2b UStG Rz. 31 (Stand: März 2022).
9 BFH, Urt. v. 10.11.2011 – V R 41/10, BStBl. II 2017, 869 = UR 2012, 269.
10 *Treiber* in Sölch/Ringleb, § 2b UStG Rz. 83 (Stand: März 2023).

von der umsatzsteuerrechtlichen Behandlung ihrer Kunden sicher, so dass sich aus der unterschiedlichen Besteuerung keine Wettbewerbsauswirkung ergibt.[1] In diesen Fällen ist die Nichtbesteuerung der jPdöR gerechtfertigt.

Eine andere Frage ist es, ob es eine gute Entscheidung war, dies gesetzlich pauschal zu regeln, zumal die gesetzlich verwendeten Begriffe völlig unbestimmt sind und die ausdrücklich geäußerte gesetzgeberische Motivation der Steuerersparnis für die Kommunen, Kirchen und Rundfunkanstalten latent unionsrechtswidrig ist. 154

Bezüglich der oftmals zitierten *Saudaçor-Entscheidung* des EuGH[2] ist zu beachten, dass sich diese nur mit dem Begriff der öffentlichen Einrichtung befasst, nicht aber mit der größeren Wettbewerbsverzerrung.[3] Der EuGH hat mit Blick auf die größere Wettbewerbsverzerrung gemäß Art. 13 MwStSystRL übrigens entschieden, dass nicht nur eine Wettbewerbssituation vorliegen, sondern dass sich die unterschiedliche steuerliche Behandlung auch auf den Wettbewerb auswirken muss.[4] Insoweit ist es m.E. für Absatz 3 Nr. 2 entscheidend, dass keine vergaberechtliche Ausschreibungspflicht besteht. Darüber hinaus muss m.E. aber noch verlangt werden, dass es aus außersteuerlichen Gründen sicher ist, dass kein privater Wettbewerber nur wegen der höheren Umsatzsteuerlast nicht zum Zuge kommt.[5] Denn nur, weil eine Leistung nicht ausgeschrieben werden muss, bedeutet dies noch nicht, dass sie auch tatsächlich nicht ausgeschrieben wird. Insoweit sind also die Gründe der Entscheidung maßgeblich. 155

Im Schrifttum besteht ungeachtet der einzelnen Erwägungen weitgehend Einigkeit, dass die Vorschrift unionsrechtskonform ausgelegt werden muss. Der Ansatz hierfür besteht in dem unbestimmten Rechtsbegriff der Bestimmung der Zusammenarbeit durch „gemeinsame spezifische öffentliche Interessen".[6] Die Regelungen in Absatz 3 Nr. 2 Satz 2 werden demgegenüber nur als ein Regelbeispiel angesehen, bei dem diese gemeinsamen spezifischen öffentlichen Interessen „regelmäßig" vorliegen. Das erlaubt es, Fälle, die der Gesetzgeber oder die FinVerw. als nicht-besteuert ansehen würden, der Besteuerung zu unterwerfen[7] oder auch umgekehrt, Tätigkeiten nicht zu besteuern, die die vier Kriterien in Absatz 3 Nr. 2 Buchst. a bis d nicht erfüllen.[8] 156

Dieser Sichtweise folgt nun auch die FinVerw. nach einer entsprechenden Intervention der EU-Kommission und geht von einem Regelbeispiel aus.[9] Demnach ist auch bei Erfüllung der Tatbestandsmerkmale des § 2b Abs. 3 Satz 2 UStG eine gesonderte Prüfung auf mögliche schädliche Wettbewerbsverzerrungen erforderlich. Maßstab sollen dabei die Ausführungen im BMF-Schreiben vom 16.12.2016 (dort Rz. 22 ff.) sein. Ist demnach von einer Wettbewerbsverzerrung auszugehen, ist die Regelvermutung in § 2b Abs. 3 Nr. 2 UStG widerlegt. 157

Mit dieser Auslegung wird die Regelung faktisch außer Kraft gesetzt, so dass die Tatbestandsmerkmale des § 2b Abs. 3 Nr. 2 UStG kaum eine Rolle spielen werden. Im Schrifttum wird teilweise vertreten, dass dies unzulässig ist.[10] In diesem Zusammenhang wird angeführt, dass die Betrachtung als bloßes Regelbeispiel rechtsmethodisch nicht begründbar sei und auch nicht im Einklang mit dem objektiven Willen des Gesetzgebers stünde. Außerdem wird in dieser Handhabung ein Verstoß gegen den Grundsatz des Gesetzesbindung der Verwaltung gesehen. Auch der Wortlaut der Norm spreche dafür, dass 158

1 Dies entspricht der Auslegung des Wettbewerbskriteriums im Rahmen des Art. 132 Abs. 1 Buchst. f MwStSystRL durch den EuGH, Urt. v. 20.11.2003 – C-8/01, ECLI:EU:C:2003:621 – Taksatorringen, UR 2004, 82. So m.E. auch *Hüttemann*, UR 2017, 129 (138).
2 *Ismer* in Reiß/Kraeusel/Langer, § 2b UStG Rz. 98 (Stand: Januar 2017).
3 *Korn* in Bunjes[22], § 2b UStG Rz. 48.
4 EuGH, Urt. v. 19.1.2017 – C-344/15, ECLI:EU:C:2017:28 – National Roads Authority, UR 2017, 181, Rz. 43.
5 In diese Richtung m.E. auch *Ismer* in Reiß/Kraeusel/Langer, § 2b UStG Rz. 117 (Stand: Januar 2017).
6 *Ismer* in Reiß/Kraeusel/Langer, § 2b UStG Rz. 117 (Stand: Januar 2017); *Treiber* in Sölch/Ringleb, § 2b UStG Rz. 85 (Stand: März 2023); *Hüttemann*, UR 2017, 129 (137).
7 *Liebgott* in Birkenfeld/Wäger, Umsatzsteuer-Handbuch, Abschn. I Kap. 3 – § 2b UStG Rz. 168 (Stand: August 2017).
8 *Filtzinger* in Schwarz/Widmann/Radeisen, § 2b UStG Rz. 60 (Stand: Juni 2020).
9 BMF, Schr. v. 14.11.2019 – III C 2-S 7107/19/10005 :011 – DOK 2019/0974402, BStBl. I 2019, 1140. Das Schreiben ist in allen offenen Fällen anzuwenden. Eine weitere Konkretisierung bzgl. interkommunaler Zusammenarbeit lässt sich OFD Frankfurt a.M., Vfg. v. 4.2.2022 – S 7107 A-005-St 110.2, UR 2022, 591 entnehmen.
10 *Englisch*, UR 2021, 338 (342); *Rust*, MwStR 2019, 986.

lediglich die § 2b Abs. 3 Nr. 2 Satz 2 Buchst. a bis b UStG als Regelbeispiele ausgestaltet wurden. Vor diesem Hintergrund dürfe der zum Ausdruck kommende Wille des nationalen Gesetzgebers, wenngleich er möglicherweise mit Blick auf die Unionsrechtslage auf einer Fehleinschätzung beruht, weder von Gerichten noch von der Verwaltung als unerheblich angesehen werden.[1]
Dem ist m.E. nicht zu folgen, da es sich vom Wortlaut her tatsächlich nur um ein Regelbeispiel handelt und zudem eine richtlinienkonforme Auslegung geboten ist. Es wäre allerdings folgerichtiger gewesen, wenn der Gesetzgeber die Vorschrift (wie auch Absatz 2 und Absatz 3 Nr. 1) klarstellend gestrichen hätte, wenn ein Verstoß gegen das Unionsrecht befürchtet wird.

159 Soweit auf Basis der früheren Auffassung der FinVerw. bereits verbindliche Auskünfte erteilt wurden, dürfen diese – mit Wirkung für die Zukunft – aufgehoben werden. Das BMF-Schreiben vom 14.11.2019 verhält sich dazu allerdings nicht.

160 Für die jPdöR bleiben allerdings andere Möglichkeiten einer umsatzsteuerfreien Kooperation. Mit Wirkung zum 1.1.2020 wurde § 4 Nr. 29 UStG eingeführt, der es erlaubt, dass sich jPdöR, die nicht steuerbare Tätigkeiten ausüben, zu einer Kostenteilungsgemeinschaft zusammenschließen können. Leistungen der Kostenteilungsgemeinschaft an die jPdöR, die unmittelbar für deren begünstigte Tätigkeiten erbracht werden, können als steuerfrei behandelt werden (§ 4 Nr. 29 Rz. 38).[2] Zu beachten ist, dass die Regelung nur für vertikale Kooperationen gilt (z.B. Zusammenschluss mehrerer jPdöR in einer GbR oder einem Zweckverband), nicht jedoch für horizontale Kooperationen (z.B. eine Gemeinde erbringt Leistungen an eine andere Gemeinde).[3]

IV. Voraussetzungen (Absatz 3 Nr. 2 Satz 2)

1. Gemeinsame spezifische öffentliche Interessen

161 Bei Leistungen an eine andere jPdöR geht der Gesetzgeber davon aus, dass diese gemeinsamen spezifischen öffentlichen Interessen dienen, wenn regelmäßig die vier Kriterien in Buchst. a bis d erfüllt sind. Angesichts der eingangs geschilderten Kritik an der Unionsrechtskonformität der Vorschrift und der mittlerweile geänderten Verwaltungsauffassung kommt den vier Kriterien keine praktisch bedeutende Rolle mehr zu.

2. Langfristige öffentlich-rechtliche Vereinbarung (Absatz 3 Nr. 2 Satz 2 Buchst. a)

162 Nach Buchst. a müssen die Leistungen auf langfristigen öffentlich-rechtlichen Vereinbarungen beruhen.

163 Bezüglich des Begriffs der **öffentlich-rechtlichen Verwaltung** verweist die FinVerw. in ihrem Schreiben v. 16.12.2016 zunächst auf die Auslegungshinweise zur Ausübung der öffentlichen Gewalt.[4]

164 Dieser unscheinbare Hinweis hat eine große praktische Bedeutung. Denn mit dem Verweis wird auch auf die Sichtweise Bezug genommen, dass aufgrund des „Grundsatzes der Rechtmäßigkeit der Verwaltung“ in der Regel davon auszugehen ist, dass eine gewählte öffentlich-rechtliche Handlungsform rechtmäßiger Weise gewählt wurde (Rz. 78). Außer in besonderen Einzelfällen wird eine Überprüfung dieses Merkmals durch die FinVerw. also nicht stattfinden. Das erleichtert die rechtliche Gestaltung von Kooperationen in erheblicher Weise. In systematischer Hinsicht ist zu beachten, dass Absatz 3 nur die Frage der Wettbewerbsverzerrung regelt. Erfolgt eine Kooperation schon nicht im Rahmen der Ausübung öffentlicher Gewalt, ist der Anwendungsbereich des § 2b UStG bereits nicht eröffnet.

165 Insoweit hat nur die Anforderung eine Bedeutung, dass die Vereinbarung langfristig sein muss. Der Begriff der **Langfristigkeit** wird gesetzlich nicht definiert. Angesichts der Intention des Gesetzgebers,

1 *Englisch*, UR 2021, 338 (342).
2 Dazu näher *Brill*, UR 2019, 81.
3 Dazu BMF, Schr. v. 19.7.2022 – III C 3-S 7189/20/10001 :001 – DOK 2022/0744072, BStBl. I 2022, 1208 = UR 2022, 675 unter III.
4 BMF, Schr. v. 16.12.2016 – III C 2-S 7107/16/10001 – DOK 2016/1126266, BStBl. I 2016, 1451 = UR 2017, 78, Rz. 46.

sich auf das Vergaberecht zu stützen, dürften am ehesten die dort entwickelten Vorstellungen herangezogen werden.

Die FinVerw. geht von keiner quantitativen, sondern von einer qualitativen Wertung aus. Entscheidend ist die Sicherstellung der Erreichung gemeinsamer Ziele, wobei dies nicht näher definiert wird. Es sind jedoch auch zeitliche Aspekte nicht „völlig außer Acht" zu lassen. Eine Langfristigkeit ist stets anzunehmen bei Vereinbarungen, die unbefristet geschlossen werden, wobei nicht auf Kündigungsfristen eingegangen wird. Bei befristeten Vereinbarungen kann von einer Langfristigkeit ausgegangen werden, wenn die Laufzeit mindestens fünf Jahre beträgt. Wenn dies üblich ist, können aber auch kürzere Zeiträume ausreichend sein (Rz. 47 des BMF-Schreibens). 166

Demnach liegt eine langfristige Vereinbarung vorrangig vor, wenn gemeinsame Ziele der leistenden und der leistungsempfangenden jPdöR erreicht werden sollen. Zeitliche Aspekte können an sich außer Acht gelassen werden, jedoch nicht völlig. Bemerkenswerterweise ist die Verfolgung gemeinsamer Ziele bereits Tatbestandsmerkmal im Rahmen des Buchst. b. Wenn darauf verwiesen werden soll, hätte das Tatbestandsmerkmal des Buchst. a überhaupt keine Bedeutung. Es ist allerdings ohnehin nur sehr schwer vorstellbar, den Begriff „langfristig" ohne eine zeitliche Komponente zu betrachten. 167

Deshalb sind m.E. am Ende doch die Hinweise zu den zeitlichen Kriterien in der Praxis bedeutend. Ob eine unbefristete, aber jederzeit kündbare Vereinbarung als langfristig verstanden werden kann, erscheint m.E. zweifelhaft. In der Praxis könnte das dazu führen, dass – trotz der vom BMF anvisierten ex ante-Betrachtung – tatsächlich erfolgte Kündigungen vor Ablauf der genannten Festlaufzeit von fünf Jahren (oder üblicherweise kürzer) als schädlich angesehen werden können. 168

Der Nachweis der Üblichkeit kürzerer als fünfjähriger Fristen dürfte in der Praxis nicht leicht sein. Da es ja keine „Marktüblichkeit" sein kann (sonst wäre man im Wettbewerb), kann es eigentlich keinen Vergleichsmaßstab geben oder man geht allein vom eigenen Verhalten der jPdöR aus. 169

Zusammengefasst wird das Kriterium der Langfristigkeit durch die FinVerw. so ausgelegt, dass es praktisch oft erfüllt ist.[1] 170

3. Erhalt der öffentlichen Infrastruktur und Wahrnehmung einer allen Beteiligten obliegenden öffentlichen Aufgabe (Absatz 3 Nr. 2 Satz 2 Buchst. b)

Nach Buchst. b muss die Leistung dem Erhalt der öffentlichen Infrastruktur und der Wahrnehmung einer allen Beteiligten obliegenden öffentlichen Aufgabe dienen. 171

Unter dem **Erhalt** der öffentlichen Infrastruktur versteht die FinVerw. auch deren Förderung, Aufbau und Errichtung (Rz. 48 des BMF-Schreibens). 172

Im Übrigen sind als **öffentliche Infrastruktur** sämtliche öffentlichen Einrichtungen materieller und institutioneller Art zu verstehen, die der Ausübung öffentlicher Gewalt dienen. Als Beispiele werden die technische und digitale Infrastruktur (Verkehrswegenetz, Wasserentsorgung), die immaterielle und soziale Infrastruktur (Bildungswesen, innere Sicherheit, öffentlicher Rundfunk) und die institutionelle Infrastruktur (Rechts-, Wirtschafts- und Sozialordnung) genannt (Rz. 48 des BMF-Schreibens). Dies gilt entsprechend für den kirchlichen Bereich bezüglich der dortigen Einrichtungen und Sachen. Keine öffentliche Infrastruktur sind jedoch Einrichtungen und Anlagen im Zusammenhang mit Tätigkeiten gemäß Absatz 4 (demnach z.B. Wasser,- Gas-, Fernwärme und Stromleitungen, Häfen, Flughäfen, Messen usw.; Rz. 48 des BMF-Schreibens). 173

Die **Wahrnehmung einer allen Beteiligten obliegenden öffentlichen Aufgabe** bedeutet nach Auffassung der FinVerw., dass eine Zusammenarbeit mehrerer jPdöR vorliegen muss, die dem Ziel dient, eine gemeinsame öffentliche Aufgabe im Interesse der Allgemeinheit zu erfüllen (Rz. 49 des BMF-Schreibens). Demnach geht es um öffentliche Aufgaben, die an sich jeder der beteiligten jPdöR obliegen. 174

Die gemeinsame Wahrnehmung ist „auch dann" anzunehmen, wenn eine Aufgabe in Gänze von einer jPdöR auf eine andere jPdöR übertragen wird (z.B. von einer Gemeinde auf einen Zweckverband oder 175

1 *Filtzinger* in Schwarz/Widmann/Radeisen, § 2b UStG Rz. 53 (Stand: Juni 2020).

auf den Landkreis; Rz. 49 des BMF-Schreibens). Vermutlich in Anlehnung an die vergaberechtliche Rechtsprechung[1] reicht es allerdings (trotz der Formulierung „auch dann") nicht aus, wenn lediglich verwaltungsunterstützende Leistungen (z.B. Gebäudereinigung, Grünpflegearbeiten, Neubau- und Sanierungsmaßnahmen an Straßen und Gebäuden) erbracht werden (Rz. 49 des BMF-Schreibens).[2] So wird in einem Beispiel des BMF die Übertragung der gesamten Aufgaben eines Bauhofs von einer Gemeinde auf eine andere als begünstigt und die Wahrnehmung lediglich einzelner Aufgaben wie Grünflächenpflege oder Straßenbauarbeiten, wie sie auch privaten Unternehmern angeboten werden, als schädlich charakterisiert (Rz. 50 des BMF-Schreibens). Es liegt nahe, dass dies in der Praxis zu vielen Abgrenzungsfragen führt, die tendenziell anhand des Vergaberechts zu lösen sind, mit dem die Finanzbehörden grundsätzlich nicht vertraut sind und das auch noch sehr stark von einem (vergaberechtlichen) Richterrecht des EuGH beeinflusst wird, welches sich immer noch fortentwickelt.

176 Die OFD Frankfurt am Main sieht die Überlassung von Personal durch eine Gemeinde an einen Gemeindeverwaltungsverband nicht als Hilfstätigkeit und geht somit davon aus, dass die Voraussetzungen des Buchst. b erfüllt sind.[3]

177 Im Übrigen kommt es nicht darauf an, ob es sich um eine delegierende oder eine mandatierende Übertragung handelt (Rz. 49 des BMF-Schreibens). Bei einer delegierenden Übertragung wird die Aufgabe übertragen, bei einer mandatierenden Übertragung erfolgt die Beauftragung mit der Durchführung der Aufgabe.[4]

178 Ebenso ist es möglich vertikal oder horizontal zu kooperieren (Rz. 49 des BMF-Schreibens). Vertikal ist die Beauftragung einer gemeinsamen Einrichtung, wie z.B. eines Zweckverbands. Horizontal sind direkte Vereinbarungen, z.B. zwischen zwei Gemeinden.

4. Ausschließliche Kostenerstattung (Absatz 3 Nr. 2 Satz 2 Buchst. c)

179 Nach Buchst. c dürfen die Leistungen nur gegen Kostenerstattung erbracht werden.

180 Das BMF geht davon aus, dass nur eine kostendeckende Kalkulation erfolgen darf. Eine gewinnorientierte Kalkulation deutet dagegen auf ein Wettbewerbsverhältnis hin. Pauschalkostenansätze sind zulässig. Im Übrigen können alle fixen und variablen Kosten einbezogen werden (Rz. 51 des BMF-Schreibens).

181 Das bedeutet in der Konsequenz u.a., dass eine Eigenkapitalverzinsung bei der Gebührenermittlung unzulässig ist.[5] Das ist in der Praxis insoweit oft misslich, als dass gebührenrechtlich die eigenen Bürger eine Eigenkapitalverzinsung aufgrund des Gebührenrechts bezahlen müssen, während die Bürger der Nachbargemeinde (indirekt) keine Eigenkapitalverzinsung vergüten müssen.

182 Man kann das BMF so verstehen, dass zufällige Gewinne unschädlich sind, jedenfalls wenn diese im Rahmen einer Spitzabrechnung in Folgejahren auf neue Rechnung vorgetragen werden und insoweit zum Ausgleich kommen.[6]

183 Ebenso sind pauschale Verteilungsquoten zwischen den jPdöR unschädlich, wenn sie von der tatsächlichen Verteilung abweichen, zumindest solange daraus nicht die (systematische) Absicht ableitbar ist, die reine Kostendeckung zu unterlaufen.

5. Gleichartige Leistungen im Wesentlichen nur an andere jPdöR (Absatz 3 Nr. 2 Satz 2 Buchst. d)

184 Schließlich sieht Buchst. d vor, dass gleichartige Leistungen nur an andere jPdöR erbracht werden.

---

1 EuGH, Urt. v. 13.6.2013 – C-386/11, ECLI:EU:C:2013:385 – Piepenbrock, NJW 2013, 2957.
2 S. auch BMF, Schr. v. 14.11.2019 – III C 2-S 7107/19/10005 :011 – DOK 2019/0974402, BStBl. I 2019, 1140 = UR 2019, 951 m. Anm. *Küffner*.
3 OFD Frankfurt a.M., Vfg. v. 20.12.2018 – S 7107 A-001-St 110, UR 2019, 238.
4 Vgl. z.B. § 5 Abs. 1 GKGBbg.
5 Ebenso *Ismer* in Reiß/Kraeusel/Langer, § 2b UStG Rz. 109 (Stand: Januar 2017).
6 So auch *Korn* in Bunjes[22], § 2b UStG Rz. 49.

Bezüglich der **Gleichartigkeit** geht die FinVerw. vom gleichen Verständnis wie bei der Auslegung von Absatz 2 Nr. 1 aus (Rz. 53 des BMF-Schreibens). 185

Bezüglich des **Wesentlichkeitsmerkmals** legt die FinVerw. 80 % zugrunde. Es dürfen also bis zu 20 % der Leistungen an private Abnehmer erbracht werden. Die Berechnung erfolgt anhand des Durchschnitts der jeweils letzten drei Jahre. Innenleistungen sind dabei nicht zu berücksichtigen (Rz. 54 des BMF-Schreibens). 186

E. Rückausnahme (Absatz 4)

I. Überblick

Auch wenn die Voraussetzungen des Abs. 1 Satz 1 erfüllt sind, werden Tätigkeiten als unternehmerisch behandelt, wenn sie in Abs. 4 aufgelistet sind. Es kommt also nicht darauf an, dass die Tätigkeit die Voraussetzungen des § 2b UStG im Übrigen erfüllt.[1] 187

Die Nr. 1 bis 4 entsprachen dem § 2 Abs. 3 Satz 2 a.F. Die Verwaltung verweist daher in ihrer Erläuterung zu § 2b UStG im Schreiben v. 16.12.2016 auf Abschn. 2.11 Abs. 7 bis 11 UStAE. 188

Mit der Einführung des § 2b UStG ist die Nr. 5 neu hinzugekommen. Die Vorschrift verweist auf den Anhang I der MwStSystRL. Die Besonderheit bei diesen Leistungen ist, dass die Rückausnahme erst greift, wenn mehr als unbedeutende Umsätze bewirkt werden. Die Nr. 1 bis 4 enthielten diese zusätzliche Anforderung nicht. 189

II. Notare und Ratsschreiber (Absatz 4 Nr. 1 a.F.)

Da die Vorschrift nach einer Rechtsänderung vor einiger Zeit mittlerweile keinen praktischen Anwendungsbereich hat, wurde sie durch das JStG 2019[2] zum 1.1.2020 aufgehoben. Nicht begünstigt war bis zum 31.12.2019 die Tätigkeit der Notare im Landesdienst und der Ratsschreiber im Land Baden-Württemberg, soweit Leistungen ausgeführt wurden, für die nach der Bundesnotarordnung die Notare zuständig sind. Damit wurde eine wettbewerbliche Gleichstellung mit freiberuflichen Notaren bezweckt. Aufgrund des Absatz 1 Satz 2 war die Regelung überflüssig. 190

III. Selbstabgabestellen der Sozialversicherungsträger (Absatz 4 Nr. 2 a.F.)

Da die Vorschrift keinen praktischen Anwendungsbereich mehr hatte (es gibt schon länger keine Selbstabgabestellen mehr), wurde sie zum 1.1.2020 aufgehoben. Dies gilt auch für § 4 Nr. 15 Buchst. b Satz 2 a.F. (§ 4 Nr. 15 Rz. 14). Nicht begünstigt war die Abgabe von Brillen und Brillenteilen einschließlich der Reparaturarbeiten durch Selbstabgabestellen der gesetzlichen Träger der Sozialversicherung. Zu beachten war, dass für diese Tätigkeiten auch die Steuerbefreiung für Leistungen der Sozialversicherungen nicht galt (§ 4 Nr. 15 Buchst. b Satz 2 a.F.). Zweck dieser Vorschriften war eine wettbewerbliche Gleichbehandlung der Optiker. Aufgrund der Regelung in Absatz 1 Satz 2 war die Regelung überflüssig. Aus der Regelung konnte nicht der Schluss gezogen werden, dass alle anderen Tätigkeiten der Sozialversicherungsträger stets nicht-unternehmerisch sind. 191

IV. Vermessungs- und Katasterbehörden (Absatz 4 Nr. 3)

Nicht begünstigt sind die Leistungen der Vermessungs- und Katasterbehörden bei der Wahrnehmung von Aufgaben der Landesvermessung und des Liegenschaftskatasters mit Ausnahme der Amtshilfe. 192

1 BMF, Schr. v. 16.12.2016 – III C 2-S 7107/16/10001 – DOK 2016/1126266, BStBl. I 2016, 1451 = UR 2017, 78.
2 BGBl. I 2019, 2451.

Auch mit dieser Vorschrift sollen Wettbewerbsverzerrungen mit freiberuflichen Vermessungsingenieuren vermieden werden.[1] Mit Blick auf Absatz 1 Satz 2 wäre dies an sich nicht mehr erforderlich.

193 Die FinVerw. geht davon aus, dass dies solche Tätigkeiten erfasst, die von zugelassenen öffentlich bestellten Vermessungsingenieuren ausgeführt werden, wie z.B. Teilungsvermessungen, Grenzfeststellungen und Gebäudeeinmessungen. Dagegen werden hoheitliche Tätigkeiten wie die Führung und Neueinrichtung des Liegenschaftskatasters nicht von der Einschränkung der Nr. 3 erfasst. Bei der Erteilung von Auszügen aus dem Liegenschaftskataster ist von einer unternehmerischen Tätigkeit auszugehen, wenn in dem jeweiligen Land auch öffentlich bestellte Vermessungsingenieure diese Tätigkeit ausüben und hierbei nicht Erfüllungsgehilfen der Behörden sind. Der Begriff der Vermessungs- und Katasterbehörden umfasst auch Gemeinden, die diese Tätigkeit ausüben, dies jedoch nur in Bezug auf Leistungen an Dritte und nicht bezüglich unentgeltlicher Wertabgaben an den hoheitlichen Bereich.[2] Auch die sog. Amtshilfe ist nicht erfasst.[3]

V. Bestimmte Tätigkeiten der Bundesanstalt für Landwirtschaft und Ernährung (Absatz 4 Nr. 4)

194 Ungeachtet des Vorliegens der Voraussetzungen des Absatzes 1 ist die Tätigkeit der Bundesanstalt für Landwirtschaft und Ernährung nicht begünstigt, soweit Aufgaben der Marktordnung, der Vorratshaltung und der Nahrungsmittelhilfe wahrgenommen werden. Die Aufgaben der Bundesanstalt ergeben sich aus § 2 BLEG. Aufgrund der Ergänzung der Nr. 5 i.V.m. Anhang I Nr. 7 ist die Vorschrift nunmehr eigentlich überflüssig und hätte bei Einführung des § 2b UStG gestrichen werden können.[4]

195 Nach der Rechtsprechung gehört die Tierkörperbeseitigung bei einer Schweinepest nicht zu den unternehmerischen Leistungen, so dass der Bundesanstalt beim Bezug von Beseitigungsleistungen kein Vorsteuerabzug zusteht.[5]

196 Durch die Rechtsprechung ist auch geklärt, dass die Tätigkeit von Milchquoten-Verkaufsstellen nicht unter Absatz 4 Nr. 4 bzw. Absatz 4 Nr. 5 i.V.m. Anhang I Nr. 7 der MwStSystRL fällt. Maßgeblich dafür ist, dass nicht Milch verkauft, sondern mit Referenzmengen gehandelt wird. Die Vorschrift greift also nur, wenn die Bundesanstalt Produkte in den Markt bringt, die auch von privaten Anbietern gehandelt werden.

VI. Tätigkeiten gemäß Anhang I zu Art. 13 MwStSystRL in nicht unbedeutendem Umfang (Absatz 4 Nr. 5)

1. Regelungsgegenstand

197 Mit Einführung des § 2b UStG ist eine Ausnahme für Tätigkeiten aufgenommen worden, die in Anhang I der MwStSystRL in der jeweils gültigen Fassung genannt sind, sofern der Umfang dieser Tätigkeiten nicht unbedeutend ist. Bei diesen Tätigkeiten werden jPdöR selbst dann als Unternehmer behandelt, wenn sie die Voraussetzungen des § 2b UStG an sich erfüllen würden, d.h. wenn sie die Tätigkeiten im Rahmen der öffentlichen Gewalt erbringen und keine größere Wettbewerbsverzerrung besteht.

198 Hierbei handelt es sich um eine sehr eng an Art. 13 Abs. 1 Unterabs. 3 MwStSystRL angelehnte Formulierung. Aufgrund der dynamischen Verweisung gilt stets die aktuell gültige Fassung des Anhang I. Der Inhalt des § 2b UStG kann sich also ohne Zutun des deutschen Gesetzgebers alleine durch eine Änderung seitens des europäischen Normgebers ändern.[6] Die grundsätzlichen Bedenken gegen dyna-

1 Beschlussempfehlung des Finanzausschusses v. 9.5.1979, BT-Drucks. 8/2827, 72.
2 Abschn. 2.11 Abs. 7 UStAE.
3 Dazu näher Abschn. 2.11 Abs. 8 UStAE.
4 So auch *Liebgott* in Birkenfeld/Wäger, Umsatzsteuer-Handbuch, Abschn. I Kap. 3 – § 2b UStG Rz. 212 (Stand: August 2017).
5 BFH, Urt. v. 3.7.2008 – V R 51/06, BStBl. II 2009, 213 = UR 2008, 928.
6 *Ismer* in Reiß/Kraeusel/Langer, § 2b UStG Rz. 128 (Stand: Januar 2017).

mische Verweisungen, insbesondere mit Blick auf das Demokratieprinzip, sind hier nicht ausschlaggebend, da das Mehrwertsteuerrecht nach Art. 113 AEUV harmonisiertes Recht und die Bundesrepublik insoweit nach Art. 288 Abs. 3 AEUV zur Umsetzung der Richtlinie verpflichtet ist.

Aufgrund der Systematik muss davon ausgegangen werden, dass es bei der Rückausnahme weniger um potenzielle Wettbewerbswirkungen ging, sondern eher um die Annahme, dass die aufgeführten Tätigkeiten in jedem Fall besteuerungswürdig sind, also losgelöst davon, dass sie von einer jPdöR erbracht werden. Insoweit unterscheidet sich Nr. 5 systematisch erheblich von den Nr. 1 bis 4, die m.E. eher wettbewerbsbezogen sind. 199

Die FinVerw.[1] und die herrschende Meinung im Schrifttum[2] gehen davon aus, dass Tätigkeiten unbedeutend sind, wenn die damit erzielten Umsätze – in Anlehnung an Absatz 2 Nr. 1 – 17.500 Euro nicht übersteigen. Die FinVerw. bezieht den Betrag dabei auf jede der in Absatz 4 Nr. 5 aufgeführten Tätigkeiten. 200

Zum Katalog des Anhang I der MwStSystRL existiert bislang, mit wenigen Ausnahmen, keine Rechtsprechung des EuGH oder der deutschen Finanzgerichte. Auch die FinVerw. äußert sich dazu nicht. Äußerungen im Schrifttum sind rar. Dies mag daran liegen, dass sämtliche Tätigkeiten auch schon nach dem bisherigen § 2 Abs. 3 UStG a.F. i.V.m. § 4 KStG als unternehmerisch eingeordnet worden wären, da bei den Tätigkeiten kein Anschluss- und Benutzungszwang besteht. 201

Aufgrund des Ausnahmecharakters des § 2b UStG sind die Rückausnahmevorschriften des Absatzes 4 grundsätzlich eher weit auszulegen. Andererseits ist die Nichterwähnung bestimmter Daseinsvorsorgeleistungen wie z.B. die Entwässerung oder die Abfallentsorgung ein deutliches Indiz dafür, dass diese Leistungen hoheitlich sein können, sofern die allgemeinen Voraussetzungen erfüllt sind. 202

2. Telekommunikationswesen

Als Leistungen im Bereich des Telekommunikationswesens kommen vor allem Telekommunikationsleistungen in Betracht. Dies sind insbesondere Leistungen im Bereich der Telefonie, wie z.B. die Zurverfügungstellung von Festnetz- und Mobilfunkanschlüssen und Verbindungsleistungen. Ebenso ist jede Form von Datenübertragung (z.B. Internet) gemeint. Auch Kabelanschlüsse, GPS-Netze oder Satellitenverbindungen gehören dazu. 203

Da der Begriff des Telekommunikationswesens jedoch recht weit ist, müssen nicht nur Leistungen an Endkunden, sondern auch Leistungen auf Vorstufen betroffen sein, wie die Überlassung von Infrastruktur für die Erbringung von Telekommunikationsleistungen (z.B. Satelliten, Datenübertragungsnetze). Der EuGH ging indessen davon aus, dass die Gewährung von Konzessionen im Mobilfunkbereich mangels Nachhaltigkeit nicht als unternehmerische Tätigkeit i.S.d. § 2 Abs. 1 UStG anzusehen ist.[3] 204

3. Lieferung von Wasser, Gas, Elektrizität und thermischer Energie

Die Lieferung von Wasser ist umfassend gemeint. Sie umfasst nach der Rechtsprechung auch das Verlegen von Hauswasseranschlüssen.[4] Darüber hinaus sind auch Umsätze auf Vorstufen gemeint, wie z.B. die Lieferung von Trink- und Gebrauchswasser durch einen Wasserversorgungsverband an die Mitgliedsgemeinden[5] oder die Lieferung von nicht aufbereitetem Wasser durch Wasser- und Bodenverbände an Wasserversorgungsverbände.[6] Im Übrigen ist zu beachten, dass die Lieferung von Wasser dem ermäßigten Steuersatz unterliegen kann (§ 12 Abs. 2 Nr. 1 i.V.m. Anhang 2 Nr. 34 UStG). 205

---

1 BMF, Schr. v. 16.12.2016 – III C 2-S 7107/16/10001 – DOK 2016/1126266, BStBl. I 2016, 1451 = UR 2017, 78.

2 *Ismer* in Reiß/Kraeusel/Langer, § 2b UStG Rz. 130 (Stand: Januar 2017); *Treiber* in Sölch/Ringleb, § 2b UStG Rz. 103 (Stand: März 2023).

3 EuGH v. 26.6.2007 – C-284/04, ECLI:EU:C:2007:381 – T-Mobile Austria u.a., UR 2007, 607 m. Anm. *Burgmaier*, Rz. 49.

4 EuGH, Urt. v. 3.4.2008 – C-442/05, ECLI:EU:C:2008:184 – Zweckverband zur Trinkwasserversorgung und Abwasserbeseitigung Torgau-Westelbien, UR 2008, 432; BFH, Urt. v. 3.7.2008 – V R 40/04, BStBl. II 2009, 208.

5 BFH, Urt. v. 2.3.2011 – XI R 65/07, BStBl. II 2017, 831 = UR 2011, 657, Rz. 18.

6 FG Düsseldorf, Urt. v. 14.2.1996 – 5 K 595/90 U, EFG 1996, 678.

206 Nicht erwähnt wird die Abwasserentsorgung. Daher kann die Abwasserentsorgung ohne weiteres unter § 2b UStG fallen, soweit die jPdöR im Rahmen der öffentlichen Gewalt handelt und größere Wettbewerbsverzerrungen ausgeschlossen sind.

207 Die Lieferung von Gas ist umfassend gemeint, also unabhängig davon, auf welcher Stufe das Gas gehandelt wird (z.B. Ausgleichsmengen bei Gasnetzbetreibern)[1] und wer die Abnehmer sind (private Haushalte, Industrie, Gashändler, andere jPdöR). Bei der Lieferung von Gas sind umsatzsteuerliche Sondervorschriften wie § 3g und § 13b Abs. 2 Nr. 5 UStG zu beachten.

208 Das gleiche gilt sinngemäß für die Lieferung von Elektrizität.

209 Thermische Energie ist Wärmeenergie wie z.B. Fernwärme oder lokale Wärme aus einem Blockheizkraftwerk. Auch insoweit gelten die gleichen Grundsätze wie bei Gas- und Elektrizitätslieferungen.

4. Güterbeförderung

210 Güterbeförderungen sind Beförderungen von Gegenständen. Vom Begriff der Güterbeförderung sind alle Transportzweige betroffen, also der Straßen- Schienen- oder Luftverkehr (einschließlich Drohnen) und die Schifffahrt.

5. Hafen- und Flughafendienstleistungen

211 Hafendienstleistungen sind m.E. der Umschlag von Gütern (Laden und Löschen), der Betrieb von Passagier- und Fährterminals, Abfertigung von Schiffen, Bereitstellung von Lotsen- und Schlepperdiensten, Ver- und Entsorgungsleistungen für die Schiffe und Crews einschließlich der damit verbundenen Koordinierungsleistungen. Die Lagerung fällt unter Nr. 9 (z.B. Lager- und Kühlhäuser).

212 Flughafendienstleistungen umfassen m.E. die Passagier- und Frachtabfertigung, Start- und Landerechte, Vorfelddienstleistungen.

213 Hafen- und Flughafendienstleistungen sind in vielen Fällen nach § 4 Nr. 2 i.V.m. § 8 UStG umsatzsteuerfrei (mit Vorsteuerabzug), so dass die Rückausnahme eher nützlich als schädlich ist.

6. Personenbeförderung

214 Personenbeförderungen sind Beförderungen von Personen. Wie bei der Güterbeförderung sind alle Verkehrswege erfasst. Aufgrund der allgemeinen Begrifflichkeit sind sowohl der Nahverkehr als auch der Fernverkehr erfasst. Bezüglich des Nahverkehrs ist zu beachten, dass der ermäßigte Steuersatz nach § 12 Abs. 2 Nr. 10 UStG eingreifen kann.

7. Lieferung von neuen Gegenständen zum Zwecke ihres Verkaufs

215 Die Lieferung von neuen Gegenständen zum Zwecke des Verkaufs ist selbsterklärend. Die Begrenzung auf den Zweck des Verkaufs ist so zu verstehen, dass die Lieferung neuer Gegenstände nicht erfasst ist, wenn sie im Gefolge sonstiger Leistungen vorkommt, also der Verkauf kein eigenständiger Zweck ist. Begrifflich nicht erfasst sind Verkäufe von gebrauchten Gegenständen des Anlagevermögens, die nach Auffassung der FinVerw. als hoheitliche Hilfsgeschäfte nicht-unternehmerisch sein können.[2]

8. Umsätze der landwirtschaftlichen Interventionsstellen

216 Nach der Rechtsprechung des EuGH sind mit den Interventionsstellen Einrichtungen gemeint, die landwirtschaftliche Produkte aufkaufen und verkaufen.[3] Wegen weiterer Einzelheiten sei auf die Kommentierung zu Nr. 4 (Rz. 194 ff.) verwiesen.

---

1 Näheres zu dem Themenkomplex in Abschn. 1.7 UStAE.

2 BMF, Schr. v. 16.12.2016 – III C 2-S 7107/16/10001 – DOK 2016/1126266, BStBl. I 2016, 1451 = UR 2017, 78.

3 EuGH, Urt. v. 13.12.2007 – C-408/06, ECLI:EU:C:2007:789 – Götz, UR 2008, 296, Rz. 26.

9. Veranstaltung von Messen und Ausstellungen mit gewerblichem Charakter

Die Veranstaltung von Messen und Ausstellungen mit gewerblichem Charakter ist selbsterklärend. Es sind alle Leistungen erfasst, die im Zusammenhang mit solchen Veranstaltungen vorkommen, wie z.B. die Überlassung von Standflächen, Lagerflächen, Parkplätzen, technische Versorgung, Planung und Aufbau der Stände, Überlassung von Einrichtungen, Überwachung, Reinigung und Betreuung von Ständen, Garderoben, Einlasssysteme, Telekommunikation, Informationssysteme, Übersetzungen, Gästebetreuer, Marketing und Kataloge.[1] 217

Es sind nur Veranstaltungen mit gewerblichem Charakter erfasst. Das schließt z.B. wissenschaftliche Kongresse aus. 218

10. Lagerhaltung

Unter Lagerhaltung ist der Betrieb von Lagerhäusern einschließlich Kühlhäusern zu verstehen, in denen Gütern gelagert und aufbewahrt werden (vgl. § 467 HGB). 219

11. Tätigkeiten gewerblicher Werbebüros

Als Werbebüros sind Werbeagenturen und Einrichtungen für Öffentlichkeitsarbeit zu verstehen, die von jPdöR betrieben werden. Die Einschränkung, dass diese gewerblich sein müssen, deutet darauf hin, dass Einrichtungen mit ideeller Zielsetzung nicht erfasst sein sollen. 220

12. Tätigkeiten der Reisebüros

Der Begriff des Reisebüros ist grundsätzlich selbsterklärend. Die Organisation von Dienstreisen fällt m.E. nicht hierunter, da die Tätigkeit im eigenen Interesse und damit auch nicht entgeltlich erbracht wird. Die Regelung ist vor allem von Bedeutung, wenn die Organisation von Dienstreisen zentralisiert stattfindet und anderen jPdöR die Kosten dafür berechnet werden. Insbesondere Absatz 3 greift in diesen Fällen nicht, auch wenn die Voraussetzungen dafür erfüllt wären. Bei Leistungen von Reisebüros sind die Besonderheiten der Margenbesteuerung (§ 25 UStG) zu beachten.[2] 221

13. Umsätze von betriebseigenen Kantinen, Verkaufsstellen und Genossenschaften und ähnlichen Einrichtungen

Der Begriff der betriebseigenen Kantine ist selbsterklärend. Der Begriff der Verkaufsstelle ist in der deutschen Sprachfassung nicht besonders konturiert. Damit sind nach der Rechtsprechung des EuGH (nur) Läden für den Bedarf von Mitarbeitern von jPdöR gemeint.[3] Unter Genossenschaften sind Zusammenschlüsse von Personen zu verstehen, die einen wirtschaftlichen Geschäftsbetrieb zur Versorgung ihrer Mitglieder unterhalten. In diesem Zusammenhang könnte die Steuerbefreiung gemäß Art. 132 Abs. 1 Buchst. f MwStSystRL (§ 4 Nr. 29 UStG) in Betracht kommen.[4] 222

14. Tätigkeiten der Rundfunk- und Fernsehanstalten sofern sie nicht nach Art. 132 Abs. 1 Buchst. q steuerbefreit sind

Bezüglich der Tätigkeiten von Rundfunk- und Fernsehanstalten ist zu beachten, dass der EuGH davon ausgeht, dass eine gebührenfinanzierte öffentlich-rechtliche Rundfunkanstalt nicht unternehmerisch tätig ist. Für den EuGH war insoweit maßgeblich, dass kein freiwillig begründetes Rechtsverhältnis besteht und dass eine gerätebezogene Gebühr nicht notwendig den Wert einer Leistung abbildet, ins- 223

---

1 Vgl. Abschn. 3a.4 UStAE.

2 Zu Reisebüroleistungen an Schulen und Hochschulen vgl. BFH, Urt. v. 21.11.2013 – V R 11/11, BStBl. II 2020, 819 = UR 2014, 372.

3 EuGH, Urt. v. 13.12.2007 – C-408/06, ECLI:EU:C:2007:789 – Götz, UR 2008, 296, Rz. 32.

4 Zur Auslegung dieser Vorschrift vgl. BMF, Schr. v. 19.7.2022 – III C 3-S 7189/20/10001 :001 – DOK 2022/0744072, BStBl. I 2022, 1208 = UR 2022, 675 unter III.

besondere dass die Gebühr auch geschuldet war, wenn der öffentliche Rundfunk gar nicht genutzt wurde. Insoweit sieht der EuGH Rundfunkgebühren eher als eine staatliche Abgabe.[1] Diese Erkenntnis weist eine gewisse Ähnlichkeit zu der Sichtweise des BVerfG – vor der EU-Rechtsharmonisierung – bezüglich der Hoheitlichkeit auf.[2] Diese hat auch dazu geführt, dass für den öffentlich-rechtlichen Rundfunk – anders als in Art. 132 Abs. 1 Buchst. q MwStSystRL vorgesehen – keine Umsatzsteuerbefreiung existiert. Einigkeit besteht, dass das Werbefernsehen nicht von der Befreiung erfasst ist.[3] Auf dieser Linie befindet sich auch eine aktuelle Entscheidung des EuGH aus dem Jahr 2021, welche vor dem Hintergrund eines aus Bulgarien stammenden Vorabentscheidungsverfahrens ergangen ist. Der EuGH hat dabei unter Bezugnahme der zuvor ergangenen Entscheidungen festgestellt, dass eine Auslegung von Art. 2 Abs. 1 Buchst. c MwStSystRL ergibt, dass die Erbringung audiovisueller Mediendienste durch einen öffentlich-rechtlichen Fernsehanbieter an die Zuschauer keine Dienstleistung gegen Entgelt in diesem Sinne darstellt, wenn dieser Fernsehanbieter durch einen staatlichen Zuschuss finanziert wird, die Zuschauer jedoch für die Ausstrahlung keine Gebühren entrichten.[4]

§ 3 Lieferung, sonstige Leistung

(1) Lieferungen eines Unternehmers sind Leistungen, durch die er oder in seinem Auftrag ein Dritter den Abnehmer oder in dessen Auftrag einen Dritten befähigt, im eigenen Namen über einen Gegenstand zu verfügen (Verschaffung der Verfügungsmacht).

(1a) [1]Als Lieferung gegen Entgelt gilt das Verbringen eines Gegenstands des Unternehmens aus dem Inland in das übrige Gemeinschaftsgebiet durch einen Unternehmer zu seiner Verfügung, ausgenommen zu einer nur vorübergehenden Verwendung, auch wenn der Unternehmer den Gegenstand in das Inland eingeführt hat. [2]Der Unternehmer gilt als Lieferer. [3]Die Sätze 1 und 2 gelten nicht in den Fällen des § 6b.

(1b) [1]Einer Lieferung gegen Entgelt werden gleichgestellt

1. **die Entnahme eines Gegenstands durch einen Unternehmer aus seinem Unternehmen für Zwecke, die außerhalb des Unternehmens liegen;**
2. **die unentgeltliche Zuwendung eines Gegenstands durch einen Unternehmer an sein Personal für dessen privaten Bedarf, sofern keine Aufmerksamkeiten vorliegen;**
3. **jede andere unentgeltliche Zuwendung eines Gegenstands, ausgenommen Geschenke von geringem Wert und Warenmuster für Zwecke des Unternehmens.**

[2]Voraussetzung ist, dass der Gegenstand oder seine Bestandteile zum vollen oder teilweisen Vorsteuerabzug berechtigt haben.

(2) (weggefallen)

(3) [1]Beim Kommissionsgeschäft (§ 383 des Handelsgesetzbuchs) liegt zwischen dem Kommittenten und dem Kommissionär eine Lieferung vor. [2]Bei der Verkaufskommission gilt der Kommissionär, bei der Einkaufskommission der Kommittent als Abnehmer.

(3a) [1]Ein Unternehmer, der mittels seiner elektronischen Schnittstelle die Lieferung eines Gegenstands, dessen Beförderung oder Versendung im Gemeinschaftsgebiet beginnt und endet, durch einen nicht im Gemeinschaftsgebiet ansässigen Unternehmer an einen Empfänger nach § 3a Absatz 5 Satz 1 unterstützt, wird behandelt, als ob er diesen Gegenstand für sein Unternehmen selbst erhalten und geliefert hätte. [2]Dies gilt auch in den Fällen, in denen der Unternehmer mittels seiner elektronischen Schnittstelle den Fernverkauf von aus dem Drittlandsgebiet eingeführten Gegenständen in Sendungen mit einem Sachwert von höchstens 150 Euro unterstützt. [3]Eine elektro-

1 EuGH, Urt. v. 22.6.2016 – C-11/15, ECLI:EU:C:2016:470 – Odvolací finanční ředitelství, UR 2016, 632, Rz. 24 ff.

2 BVerfG, Beschl. v. 27.7.1971 – 2 BvR 702/68, BVerfGE 31, 314.

3 *Filtzinger* in Schwarz/Widmann/Radeisen, § 2b UStG Rz. 69 (Stand: Juni 2020).

4 EuGH, Urt. v. 16.9.2021 – C-21/20, ECLI:EU:C:2021:743 – Balgarska natsionalna televizia, UR 2021, 778, Rz. 58.

nische Schnittstelle im Sinne der Sätze 1 und 2 ist ein elektronischer Marktplatz, eine elektronische Plattform, ein elektronisches Portal oder Ähnliches. [4]Ein Fernverkauf im Sinne des Satzes 2 ist die Lieferung eines Gegenstands, der durch den Lieferer oder für dessen Rechnung aus dem Drittlandsgebiet an einen Erwerber in einem Mitgliedstaat befördert oder versendet wird, einschließlich jener Lieferung, an deren Beförderung oder Versendung der Lieferer indirekt beteiligt ist. [5]Erwerber im Sinne des Satzes 4 ist ein in § 3a Absatz 5 Satz 1 bezeichneter Empfänger oder eine in § 1a Absatz 3 Nummer 1 genannte Person, die weder die maßgebende Erwerbsschwelle überschreitet noch auf ihre Anwendung verzichtet; im Fall der Beendigung der Beförderung oder Versendung im Gebiet eines anderen Mitgliedstaates ist die von diesem Mitgliedstaat festgesetzte Erwerbsschwelle maßgebend. [6]Satz 2 gilt nicht für die Lieferung neuer Fahrzeuge und eines Gegenstandes, der mit oder ohne probeweise Inbetriebnahme durch den Lieferer oder für dessen Rechnung montiert oder installiert geliefert wird.

(4) [1]Hat der Unternehmer die Bearbeitung oder Verarbeitung eines Gegenstands übernommen und verwendet er hierbei Stoffe, die er selbst beschafft, so ist die Leistung als Lieferung anzusehen (Werklieferung), wenn es sich bei den Stoffen nicht nur um Zutaten oder sonstige Nebensachen handelt. [2]Das gilt auch dann, wenn die Gegenstände mit dem Grund und Boden fest verbunden werden.

(5) [1]Hat ein Abnehmer dem Lieferer die Nebenerzeugnisse oder Abfälle, die bei der Bearbeitung oder Verarbeitung des ihm übergebenen Gegenstands entstehen, zurückzugeben, so beschränkt sich die Lieferung auf den Gehalt des Gegenstands an den Bestandteilen, die dem Abnehmer verbleiben. [2]Das gilt auch dann, wenn der Abnehmer an Stelle der bei der Bearbeitung oder Verarbeitung entstehenden Nebenerzeugnisse oder Abfälle Gegenstände gleicher Art zurückgibt, wie sie in seinem Unternehmen regelmäßig anfallen.

(5a) Der Ort der Lieferung richtet sich vorbehaltlich der §§ 3c, 3e und 3g nach den Absätzen 6 bis 8.

(6) [1]Wird der Gegenstand der Lieferung durch den Lieferer, den Abnehmer oder einen vom Lieferer oder vom Abnehmer beauftragten Dritten befördert oder versendet, gilt die Lieferung dort als ausgeführt, wo die Beförderung oder Versendung an den Abnehmer oder in dessen Auftrag an einen Dritten beginnt. [2]Befördern ist jede Fortbewegung eines Gegenstands. [3]Versenden liegt vor, wenn jemand die Beförderung durch einen selbständigen Beauftragten ausführen oder besorgen lässt. [4]Die Versendung beginnt mit der Übergabe des Gegenstands an den Beauftragten.

(6a) [1]Schließen mehrere Unternehmer über denselben Gegenstand Liefergeschäfte ab und gelangt dieser Gegenstand bei der Beförderung oder Versendung unmittelbar vom ersten Unternehmer an den letzten Abnehmer (Reihengeschäft), so ist die Beförderung oder Versendung des Gegenstands nur einer der Lieferungen zuzuordnen. [2]Wird der Gegenstand der Lieferung dabei durch den ersten Unternehmer in der Reihe befördert oder versendet, ist die Beförderung oder Versendung seiner Lieferung zuzuordnen. [3]Wird der Gegenstand der Lieferung durch den letzten Abnehmer befördert oder versendet, ist die Beförderung oder Versendung der Lieferung an ihn zuzuordnen. [4]Wird der Gegenstand der Lieferung durch einen Abnehmer befördert oder versendet, der zugleich Lieferer ist (Zwischenhändler), ist die Beförderung oder Versendung der Lieferung an ihn zuzuordnen, es sei denn, er weist nach, dass er den Gegenstand als Lieferer befördert oder versendet hat. [5]Gelangt der Gegenstand der Lieferung aus dem Gebiet eines Mitgliedstaates in das Gebiet eines anderen Mitgliedstaates und verwendet der Zwischenhändler gegenüber dem leistenden Unternehmer bis zum Beginn der Beförderung oder Versendung eine Umsatzsteuer-Identifikationsnummer, die ihm vom Mitgliedstaat des Beginns der Beförderung oder Versendung erteilt wurde, ist die Beförderung oder Versendung seiner Lieferung zuzuordnen. [6]Gelangt der Gegenstand der Lieferung in das Drittlandsgebiet, ist von einem ausreichenden Nachweis nach Satz 4 auszugehen, wenn der Zwischenhändler gegenüber dem leistenden Unternehmer bis zum Beginn der Beförderung oder Versendung eine Umsatzsteuer-Identifikationsnummer oder Steuernummer verwendet, die ihm vom Mitgliedstaat des Beginns der Beförderung oder Versendung erteilt wurde. [7]Gelangt der Gegenstand der Lieferung vom Drittlandsgebiet in das Gemeinschaftsgebiet, ist von einem ausreichenden Nachweis nach Satz 4 auszugehen, wenn der Gegenstand der Lieferung im Namen des Zwischenhändlers oder im Rahmen der indirekten Stellvertretung (Artikel 18 der Verordnung (EU) Nr. 952/2013 des Europäischen Parlaments und des Rates vom 9. Oktober 2013

zur Festlegung des Zollkodex der Union, ABl. L 269 vom 10.10.2013, S. 1) für seine Rechnung zum zoll- und steuerrechtlich freien Verkehr angemeldet wird.

(6b) Wird ein Unternehmer gemäß Absatz 3a behandelt, als ob er einen Gegenstand selbst erhalten und geliefert hätte, wird die Beförderung oder Versendung des Gegenstands der Lieferung durch diesen Unternehmer zugeschrieben.

(7) [1]Wird der Gegenstand der Lieferung nicht befördert oder versendet, wird die Lieferung dort ausgeführt, wo sich der Gegenstand zur Zeit der Verschaffung der Verfügungsmacht befindet. [2]In den Fällen der Absätze 6a und 6b gilt Folgendes:

1. **Lieferungen, die der Beförderungs- oder Versendungslieferung vorangehen, gelten dort als ausgeführt, wo die Beförderung oder Versendung des Gegenstands beginnt.**
2. **Lieferungen, die der Beförderungs- oder Versendungslieferung folgen, gelten dort als ausgeführt, wo die Beförderung oder Versendung des Gegenstands endet.**

(8) Gelangt der Gegenstand der Lieferung bei der Beförderung oder Versendung aus dem Drittlandsgebiet in das Inland, gilt der Ort der Lieferung dieses Gegenstands als im Inland gelegen, wenn der Lieferer oder sein Beauftragter Schuldner der Einfuhrumsatzsteuer ist.

(8a) (weggefallen)

(9) [1]Sonstige Leistungen sind Leistungen, die keine Lieferungen sind. [2]Sie können auch in einem Unterlassen oder im Dulden einer Handlung oder eines Zustands bestehen.

(9a) Einer sonstigen Leistung gegen Entgelt werden gleichgestellt

1. **die Verwendung eines dem Unternehmen zugeordneten Gegenstands, der zum vollen oder teilweisen Vorsteuerabzug berechtigt hat, durch einen Unternehmer für Zwecke, die außerhalb des Unternehmens liegen, oder für den privaten Bedarf seines Personals, sofern keine Aufmerksamkeiten vorliegen; dies gilt nicht, wenn der Vorsteuerabzug nach § 15 Absatz 1b ausgeschlossen oder wenn eine Vorsteuerberichtigung nach § 15a Absatz 6a durchzuführen ist;**
2. **die unentgeltliche Erbringung einer anderen sonstigen Leistung durch den Unternehmer für Zwecke, die außerhalb des Unternehmens liegen, oder für den privaten Bedarf seines Personals, sofern keine Aufmerksamkeiten vorliegen.**

(10) Überlässt ein Unternehmer einem Auftraggeber, der ihm einen Stoff zur Herstellung eines Gegenstands übergeben hat, an Stelle des herzustellenden Gegenstands einen gleichartigen Gegenstand, wie er ihn in seinem Unternehmen aus solchem Stoff herzustellen pflegt, so gilt die Leistung des Unternehmers als Werkleistung, wenn das Entgelt für die Leistung nach Art eines Werklohns unabhängig vom Unterschied zwischen dem Marktpreis des empfangenen Stoffs und dem des überlassenen Gegenstandes berechnet wird.

(11) Wird ein Unternehmer in die Erbringung einer sonstigen Leistung eingeschaltet und handelt er dabei im eigenen Namen, jedoch für fremde Rechnung, gilt diese Leistung als an ihn und von ihm erbracht.

(11a) [1]Wird ein Unternehmer in die Erbringung einer sonstigen Leistung, die über ein Telekommunikationsnetz, eine Schnittstelle oder ein Portal erbracht wird, eingeschaltet, gilt er im Sinne von Absatz 11 als im eigenen Namen und für fremde Rechnung handelnd. [2]Dies gilt nicht, wenn der Anbieter dieser sonstigen Leistung von dem Unternehmer als Leistungserbringer ausdrücklich benannt wird und dies in den vertraglichen Vereinbarungen zwischen den Parteien zum Ausdruck kommt. [3]Diese Bedingung ist erfüllt, wenn

1. **in den von jedem an der Erbringung beteiligten Unternehmer ausgestellten oder verfügbar gemachten Rechnungen die sonstige Leistung im Sinne des Satzes 2 und der Erbringer dieser Leistung angegeben sind;**
2. **in den dem Leistungsempfänger ausgestellten oder verfügbar gemachten Rechnungen die sonstige Leistung im Sinne des Satzes 2 und der Erbringer dieser Leistung angegeben sind.**

[4]Die Sätze 2 und 3 finden keine Anwendung, wenn der Unternehmer hinsichtlich der Erbringung der sonstigen Leistung im Sinne des Satzes 2

1. **die Abrechnung gegenüber dem Leistungsempfänger autorisiert,**
2. **die Erbringung der sonstigen Leistung genehmigt oder**
3. **die allgemeinen Bedingungen der Leistungserbringung festlegt.**

[5]Die Sätze 1 bis 4 gelten nicht, wenn der Unternehmer lediglich Zahlungen in Bezug auf die erbrachte sonstige Leistung im Sinne des Satzes 2 abwickelt und nicht an der Erbringung dieser sonstigen Leistung beteiligt ist.

(12) [1]Ein Tausch liegt vor, wenn das Entgelt für eine Lieferung in einer Lieferung besteht. [2]Ein tauschähnlicher Umsatz liegt vor, wenn das Entgelt für eine sonstige Leistung in einer Lieferung oder sonstigen Leistung besteht.

(13) [1]Ein Gutschein (Einzweck- oder Mehrzweck-Gutschein) ist ein Instrument, bei dem

1. die Verpflichtung besteht, es als vollständige oder teilweise Gegenleistung für eine Lieferung oder sonstige Leistung anzunehmen und

2. der Liefergegenstand oder die sonstige Leistung oder die Identität des leistenden Unternehmers entweder auf dem Instrument selbst oder in damit zusammenhängenden Unterlagen, einschließlich der Bedingungen für die Nutzung dieses Instruments, angegeben sind.

[2]Instrumente, die lediglich zu einem Preisnachlass berechtigen, sind keine Gutscheine im Sinne des Satzes 1.

(14) [1]Ein Gutschein im Sinne des Absatzes 13, bei dem der Ort der Lieferung oder der sonstigen Leistung, auf die sich der Gutschein bezieht, und die für diese Umsätze geschuldete Steuer zum Zeitpunkt der Ausstellung des Gutscheins feststehen, ist ein Einzweck-Gutschein. [2]Überträgt ein Unternehmer einen Einzweck-Gutschein im eigenen Namen, gilt die Übertragung des Gutscheins als die Lieferung des Gegenstands oder die Erbringung der sonstigen Leistung, auf die sich der Gutschein bezieht. [3]Überträgt ein Unternehmer einen Einzweck-Gutschein im Namen eines anderen Unternehmers, gilt diese Übertragung als Lieferung des Gegenstands oder Erbringung der sonstigen Leistung, auf die sich der Gutschein bezieht, durch den Unternehmer, in dessen Namen die Übertragung des Gutscheins erfolgt. [4]Wird die im Einzweck-Gutschein bezeichnete Leistung von einem anderen Unternehmer erbracht als dem, der den Gutschein im eigenen Namen ausgestellt hat, wird der leistende Unternehmer so behandelt, als habe er die im Gutschein bezeichnete Leistung an den Aussteller erbracht. [5]Die tatsächliche Lieferung oder die tatsächliche Erbringung der sonstigen Leistung, für die ein Einzweck-Gutschein als Gegenleistung angenommen wird, gilt in den Fällen der Sätze 2 bis 4 nicht als unabhängiger Umsatz.

(15) [1]Ein Gutschein im Sinne des Absatzes 13, bei dem es sich nicht um einen Einzweck-Gutschein handelt, ist ein Mehrzweck-Gutschein. [2]Die tatsächliche Lieferung oder die tatsächliche Erbringung der sonstigen Leistung, für die der leistende Unternehmer einen Mehrzweck-Gutschein als vollständige oder teilweise Gegenleistung annimmt, unterliegt der Umsatzsteuer nach § 1 Absatz 1, wohingegen jede vorangegangene Übertragung dieses Mehrzweck-Gutscheins nicht der Umsatzsteuer unterliegt.

Schrifttum: *Beck/König*, Anmerkung zum EuGH-Urteil vom 22.10.2015, C-264/14, UR 2015, 864; *Burgmaier*, Anmerkung zum EuGH-Urteil vom 27.9.2012, C-587/10, UR 2012, 832; *Burgmaier*, Anmerkung zum EuGH-Urteil vom 26.7.2017, C-386/16, UR 2017, 678; *Dobratz*, Anmerkung zum EuGH-Urteil vom 7.3.2017, C-390/15, UR 2017, 393; *Filtzinger*, Anmerkung zum BFH-Urteil vom 13.1.2011, V R 12/08, UR 2011, 295; *Gold*, Anmerkung zum BFH-Urteil vom 22.7.2010, V R 14/09, UR 2011, 57; *Heinrichshofen*, Neue Tendenzen des innergemeinschaftlichen Reihengeschäfts aus europäischer Sicht, UVR 2018, 206; *Heinrichshofen*, Anmerkung zum EuGH-Urteil vom 21.2.2018, C-628/16, UR 2018, 282; *Henkel*, Anmerkung zum BFH-Urteil vom 7.10.1999, V R 79, 80/98, UR 2000, 26; *Heuermann*, Einige Bemerkungen zum Reihengeschäft und zu seinen Rechtsgrundlagen; UR 2017, 853; *Heuermann*, Reihengeschäfte im unionalen Mehrwertsteuerrecht, DStR 2018, 2078; *Hiller*, Die Verschaffung der Verfügungsmacht – ein Mysterium?, UR 2018, 582; *Hiller*, Die Transportverantwortung im Reihengeschäft ab 2020 – Worauf kommt es an?, MwStR 2020, 476; *Hölzer*, Anmerkung zum EuGH-Urteil vom 3.6.2010, C-237/09, UR 2010, 624; *Hummel*, Anmerkung zum BFH-Urteil vom 7.7.2005, V R 34/03, UR 2005, 663; *Husmann*, Anmerkung zum BFH-Urteil vom 28.2.1991, V R 12/85, UR 1991, 282; *Husmann*, Anmerkung zum BFH-Urteil vom 18.11.1999, V R 13/99, UR 2000, 156; *Kirchinger/Dachauer*, Städte-Cards als Gutscheine i.S.d. Gutschein-Richtlinie?, UStB 2021, 22; *Korff/Süß*, Anmerkung zum BFH-Urteil vom 3.8.2017, V R 15/17, UR 2017, 787; *Körner*, Der Einheitliche Mehrwertsteuerraum und die Reihengeschäfte, MwStR 2017, 940; *Kramer*, Anmerkung zum BFH-Urteil vom 11.8.2011, V R 3/10, UR 2011, 909; *Küffner*, Anmerkung zum BFH-Urteil vom 18.2.2016, V R 53/14, UR 2016, 436; *Küffner*, Anmerkung zum EuGH-Urteil vom 4.5.2017, C-274/15, UR 2017, 424; *Küffner/Kirchinger*, Anmerkung zum Vorlagebeschl. vom 7.5.2020, V R 40/19, UR 2020, 541; *Maunz*, Anmerkung zum BFH-Urteil vom 11.8.2011, V R 3/10, UR 2011, 909; *Monfort*, Anmerkung zum BFH-Urteil vom 20.10.2016, V R 31/15, UR 2017, 185; *Monfort*, Anmerkung zum EuGH-Urteil vom 18.6.2020, C-276/18, UR 2020, 549; *Neeser*, Nichts Neues bei der Dienstwagenbesteuerung, UVR 2021, 189; *Nieskens*, Anmerkung zum BFH-Urteil vom 10.6.1999, V R 87/98, UR 1999, 407; *Nieskens*, Anmerkung zum EuGH-Urteil vom 10.3.2011, C-497/09, UR 2011, 272; *Nieskens*, Praxisbaustelle grenzüberschreitende Reihengeschäfte – inwieweit können subjektive Kriterien die Zuordnung der Warenbewegung beeinflussen?, UR 2018, 261; *Nieskens*, Anmerkung zum EuGH-Urteil vom 19.12.2018, C-414/17, UR 2019, 101; *Nieskens*, Anmerkung zum EuGH-Urteil vom 23.4.2020, C-401/18, UR 2020, 386; *Nieskens*, Beurteilung eines grenzüberschreitenden Reihengeschäfts nach unionsrechtlichen Kriterien, UR 2020, 392; *Nieskens*, BMF-Schreiben v. 25.4.2023 zur umsatzsteuerrechtlichen Behandlung von Reihengeschäften – eine kritische erste Einschätzung, UR 2023, 465; *Nieskens*, Vorsteuerabzug aus Erschließungskosten – wie geht es weiter?, UR 2024, 153; *Reiß*, Kein Renditefonds – Zur Begründungsqualität der jüngeren EuGH-Rechtsprechung zur 6. EG-Richtlinie, UR 2003, 428; *Reiß*, Innergemeinschaftlich befreite Lieferung und innergemeinschaftlicher Erwerb beim Reihengeschäft – Neues vom EuGH, MwStR 2017, 767; *Reiß*, Das Kreuz mit dem Reihengeschäft und dem Glauben und den Absichten der Beteiligten, MwStR 2018, 296; *Sterzinger*, Anmerkung zum BFH-Urteil vom 30.6.2011, V R 18/10, UR 2011, 699; *Sterzinger*, Anmerkung zum BFH-Urteil vom 25.2.2015, XI R 15/14, UR 2015, 391; *Sterzinger*, Anmerkung zum EuGH-Urteil vom 11.6.2020, C-242/19, UR 2020, 516; *Szabó/Tausch*, Der Einzug des Reihengeschäfts in das Unionsrecht, UVR 2019, 9; *Wäger*, Zuordnung des innergemeinschaftlichen Erwerbs und der innergemeinschaftlichen Lieferung bei Reihengeschäften, UR 2001, 1; *Wäger*, Anmerkung zum EuGH-Urteil vom 21.2.2006, C-255/02, UR 2006, 232; *Wäger*, Anmerkung zum EuGH-Urteil vom 16.2.2012, C-118/11, UR 2012, 230; *Wäger*, Umsatzsteuer bei der Verwertung von Kreditsicherheiten und Krediten, WM 2012, 769; *Wäger*, Diskussionsfall innergemeinschaftliches Reihengeschäft – Gehört Lübeck noch zum Inland?, UR 2015, 576; *Wäger*, Verwertung von Sicherheiten: Gibt es Dreifachumsätze?, UVR 2015, 27; *de Weerth*, Die „neue Welt" zur Umsatzsteuer bei Insolvenz und insbesondere bei der Sicherungsgutverwertung, NZI 2015, 884; *Weiß*, Anmerkung zum BFH-Urteil vom 19.12.1985, V R 139/76, UR 1986, 201; *Weiß*, Anmerkung zum EuGH-Urteil vom 8.2.1990, C-320/88, UR 1991, 289; *Weiß*, Anmerkung zum BFH-Urteil vom 28.1.1993, V R 43/89, UR 1993, 350; *Widmann*, Anmerkung zum Vorlagebeschl. vom 7.5.2020, V R 40/19, UR 2020, 541.

A. Grundaussagen

1 § 3 UStG **definiert** und **erweitert** die **Begriffe** der **Lieferung** und der **sonstigen Leistung**, die § 1 Abs. 1 Nr. 1 UStG zur Umschreibung der Steuerbarkeit verwendet. Die Trennung in Lieferung und sonstige Leistung ermöglicht dem Gesetzgeber die **Schaffung besonderer Ortsregelungen**, wie sie sich insbesondere aus § 3 Abs. 5a ff. UStG (Rz. 318 ff.) und § 3a UStG ergeben (§ 3a Rz. 1 ff.). Die Unterscheidung ist auch von Bedeutung für Steuerbefreiungen und Steuersatzermäßigungen.

2 Die Regelungen des § 3 UStG stehen weitgehend **zusammenhangslos** nebeneinander und könnten zur verbesserten Übersichtlichkeit auch in mehrere Vorschriften aufgeteilt oder teilweise auch anderen Vorschriften zugeordnet werden.

3 **§ 3 Abs. 1–8 UStG** enthalten Regelungen zum Bereich der **Lieferungen**. Absatz 1 definiert die Lieferung (Rz. 7 ff.). Absatz 1a und Absatz 1b fingieren die entgeltliche Lieferung für den Fall des innergemeinschaftlichen Verbringens (Rz. 58 ff.) und der unentgeltlichen Wertabgaben (Rz. 73 ff.). Der mit Wirkung ab 1993 aufgehobene Absatz 2 befasste sich mit Reihengeschäften (Rz. 367 ff.). Absatz 3 ordnet für den Fall der Kommission die Lieferung im Verhältnis zwischen Kommittenten und Kommissionär an (Rz. 145 ff.). Absatz 3a enthält die Fiktion zweier Lieferketten bei Unterstützung durch elektronische Schnittstellen (Rz. 168 ff.). Absatz 4 und Absatz 5 befassen sich mit den Sonderfällen der Werk- und der Gehaltslieferung (Rz. 297 ff.). Die Ortsregelungen ergeben sich aus den Absätzen 5a–8 (Rz. 318 ff.).

4 **§ 3 Abs. 9–11a UStG** betreffen die **sonstigen Leistungen**. Absatz 9 definiert die sonstige Leistung (Rz. 500 ff.). Absatz 9a fingiert die entgeltliche sonstige Leistung für den Fall der unentgeltlichen Wertabgabe (Rz. 552 ff.). Absatz 10 betrifft den Fall der sog. Umtauschmüllerei (Rz. 600 ff.). Absatz 11 und Absatz 11a regeln die Dienstleistungskommission (Rz. 603 ff.).

§ 3 Abs. 12 UStG ordnet deklaratorisch die Steuerbarkeit von **Tausch und tauschähnlichem Umsatz** an (Rz. 640 ff.). **§ 3 Abs. 13–15 UStG** enthalten Sonderregelungen zu Mehrzweck- und Einzweck-Gutscheinen (Rz. 660 ff.). 5

Die unionsrechtlichen Grundlagen, das Verhältnis zu anderen Vorschriften und die Rechtsentwicklung werden bei den jeweiligen Absätzen kommentiert. 6

B. Definition der Lieferung (Absatz 1)

I. Grundaussagen

1. Regelungsgegenstand und Bedeutung

§ 3 Abs. 1 UStG **definiert** insbesondere für Zwecke der Ortbestimmung, der Steuerfreiheit und der Steuersatzermäßigung den Begriff der Lieferung und grenzt diese von der sonstigen Leistung nach § 3 Abs. 9 UStG (Rz. 500 ff.) ab. 7

Dabei wiederholt § 3 Abs. 1 UStG einzelne der bereits in § 1 Abs. 1 Nr. 1 UStG genannten Tatbestandsmerkmale, ohne dass diese den eigentlichen Lieferungsbegriff betreffen. Dies gilt für die **Unternehmereigenschaft** des Lieferers wie auch den Oberbegriff der **Leistung**, mit dem über das Vorliegen eines besteuerungswürdigen Verbrauchs entschieden wird (§ 1 Rz. 61). Auch die Nennung des **Abnehmers** ist ohne eigenständige Bedeutung, da es sowohl dem Begriff der Leistung als auch dem der Lieferung immanent ist, dass diese zwischen zwei Personen erfolgen. Dass dritte Personen sowohl für den Abnehmer wie auch den Lieferer handeln können, ist schließlich im arbeitsteilig organsierten Wirtschaftsleben eine Selbstverständlichkeit. 8

Damit beschränkt sich die Definition der **Lieferung** auf **zwei Voraussetzungen**: 9

- Erforderlich ist die **Verschaffung von Verfügungsmacht** (Rz. 15 ff.). Dabei führt diese nicht zwingend zu einer Lieferung, da sie auch in einer übergeordneten sonstigen Leistung aufgehen kann.
- Die Verfügungsmacht muss **an einem Gegenstand** verschafft werden (Rz. 45 ff.). Fehlt es hieran, ist gleichfalls von einer sonstigen Leistung auszugehen.

2. Unionsrechtliche Grundlagen

§ 3 Abs. 1 UStG beruht auf **Art. 14 Abs. 1 MwStSystRL**. Als Lieferung von Gegenständen gilt gemäß Art. 14 Abs. 1 MwStSystRL die Übertragung der Befähigung, wie ein Eigentümer über einen körperlichen Gegenstand zu verfügen. 10

Von den **weiteren Regelungen zur Lieferung** in Art. 14 MwStSystRL und Art. 15 MwStSystRL hat der nationale Gesetzgeber in § 3 UStG nur die zur Einkaufs- und Verkaufskommission in seinen Absatz 3 aufgenommen. Die Regelung zur Eigentumsübertragung aufgrund behördlicher oder gesetzlicher Anordnung findet sich in § 1 Abs. 1 Nr. 1 Satz 2 UStG (§ 1 Rz. 214 f.).[1] 11

Nicht umgesetzt wurde demgegenüber die Bestimmung zur **Übergabe mit Eigentumserwerb** aufgrund der Zahlung der letzten Rate in Art. 14 Abs. 2 Buchst. b MwStSystRL (Rz. 28 f.) und die **Fiktion zum körperlichen Gegenstand** in Art. 15 Abs. 1 MwStSystRL (Rz. 47). Die Ermächtigungen in Art. 14 Abs. 3 MwStSystRL und Art. 15 Abs. 2 MwStSystRL hat der nationale Gesetzgeber nicht ausgeübt. 12

3. Verhältnis zu anderen Vorschriften und Rechtsentwicklung

Die Lieferdefinition in § 3 Abs. 1 UStG wird ergänzt durch die Fiktion einer Lieferung, die bei Fehlen der durch diese Vorschrift festgelegten Voraussetzungen eingreifen kann. Derartige Fiktionen bestehen beim innergemeinschaftlichen Verbringen gemäß § 3 Abs. 1a UStG (Rz. 58 ff.), bei den Entnahmen (§ 3 Abs. 1b UStG, Rz. 73 ff.), beim Kommissionsgeschäft gemäß § 3 Abs. 3 UStG (Rz. 145 ff.), und 13

1 EuGH, Urt. v. 13.6.2018 – C-665/16, ECLI:EU:C:2018:431 – Gmina Wrocław, UR 2018, 601, Rz. 38.

bei Schnittstellenlieferungen gem. § 3 Abs. 3a UStG (Rz. 168 ff.). § 3 Abs. 4 und Abs. 5 UStG dienen demgegenüber zur Abgrenzung der Lieferung von der sonstigen Leistung (Rz. 297 ff.).

14 Die Vorschrift besteht unverändert bereits seit dem UStG 1967.

II. Verschaffung der Verfügungsmacht

1. Definition

15 § 3 Abs. 1 UStG ist entsprechend seiner **unionsrechtlichen Grundlagen** und damit insbesondere unter Berücksichtigung von Art. 14 Abs. 1 MwStSystRL auszulegen.

16 Daher ist die in § 3 Abs. 1 UStG genannte Befähigung, im eigenen Namen über einen Gegenstand zu verfügen, als Übertragung der Befähigung zu verstehen, wie ein Eigentümer über einen körperlichen Gegenstand zu verfügen. Dies lässt sich als Übertragung einer eigentümerähnlichen Verfügungsbefähigung oder dem gleichgestellt als Übertragung **eigentümerähnlicher Verfügungsmacht** umschreiben.

17 Unstreitig kommt es für die so definierte Lieferung **nicht** auf eine **zivilrechtliche Eigentumsübertragung** nach den Rechtsordnungen der einzelnen Mitgliedstaaten an, da sich sonst die mit dieser Definition angestrebte unionsrechtliche Harmonisierung nicht erreichen ließe.

18 Umsatzsteuerrechtliche Lieferung im Sinne des Unionsrechts und Eigentumsübertragung nach Maßgabe des Zivilrechts des jeweiligen Mitgliedstaats werden häufig zusammenfallen, können aber auch abweichen. Bei Unterschieden kommt der **unionsrechtlichen Begriffsbildung Vorrang** zu. Daher kann eine umsatzsteuerrechtliche Lieferung ohne zivilrechtliche Eigentumsübertragung (Rz. 22 ff.) wie auch umgekehrt eine zivilrechtliche Eigentumsübertragung ohne umsatzsteuerrechtliche Lieferung (Rz. 33 ff.) vorliegen.

19 Den Begrifflichkeiten kommt eine nur eingeschränkte Bedeutung zu. So stellt der **EuGH** in ständiger Rechtsprechung auf die Übertragung (eines körperlichen Gegenstands) durch eine Partei ab, die die andere Partei ermächtigt, über diesen Gegenstand faktisch so zu verfügen, als wäre sie sein Eigentümer.[1] Der **BFH** sieht die Übertragung von Substanz, Wert und Ertrag als maßgeblich an,[2] was zu einem gewissen Gleichklang mit der ertragsteuerrechtlichen Beurteilung führt, ohne dass dieser irgendeine Bindungswirkung zukommt. Ein **Widerspruch** zwischen EuGH und BFH ist hierin **nicht zu sehen**. Vielmehr ist die Übertragung von Substanz, Wert und Ertrag nur insoweit von Bedeutung, als es hierdurch zu der faktischen Verfügungsermächtigung im Sinne der EuGH-Rechtsprechung kommt.

20 Die eigentümerähnliche Verfügungsmacht kann auch durch **Rücklieferung** anstelle von Rückgängigmachung der Lieferung an den Lieferer zurückübertragen werden. So ist es z.B., wenn der Händler (Abnehmer) das Angebot des Herstellers auf Rückkauf von noch nicht abgesetzten Erzeugnissen zum Einstandspreis annimmt.[3] Ebenso liegt eine Rücklieferung vor, wenn ein Umzugsunternehmen seinen Kunden anbietet, zuvor gelieferte Umzugskartons in verwertbarem Zustand gegen ein Entgelt zurückzunehmen.[4] In der Zuleitung von Pumpstrom an ein Pumpspeicherkraftwerk sieht der BFH mangels Verschaffung von Verfügungsmacht keine Lieferung, sondern als eine „Verwahrung" von Strom eine sonstige Leistung.[5] Die Lieferung setzt nicht voraus, dass der Erwerber eine unmittelbare **Zugriffsmöglichkeit** auf den gelieferten Gegenstand erlangt.[6]

---

1 EuGH, Urt. v. 8.2.1990 – C-320/88, ECLI:EU:C:1990:61 – Shipping and Forwarding Enterprise Safe, UR 1991, 289 m. Anm. *Weiß*, Rz. 7; EuGH, Urt. v. 14.7.2005 – C 435/03, ECLI:EU:C:2005:464 – British American Tobacco und Newman Shipping, UR 2005, 491, Rz. 35; EuGH, Urt. v. 21.2.2006 – C-255/02, ECLI:EU:C:2006:121 – Halifax, UR 2006, 232 m. Anm. *Wäger*, Rz. 51; EuGH, Urt. v. 3.6.2010 – C-237/09, ECLI:EU:C:2010:316 – De Fruytier, UR 2010, 624 m. Anm. *Hölzer*, Rz. 24; EuGH, Urt. v. 18.7.2013 – C-78/12, ECLI:EU:C:2013:486 – „Evita-Ka" EOOD, UR 2014, 475, Rz. 33; EuGH, Urt. v. 15.5.2019 – C-235/18, ECLI:EU:C:2019:412 – Vega International Car Transport and Logistic, UR 2019, 461, Rz. 27.

2 BFH, Urt. v. 16.4.2008 – XI R 56/06, BStBl. II 2008, 909 = UR 2008, 700.

3 BFH, Urt. v. 27.6.1995 – V R 27/94, BStBl. II 1995, 756 = UR 1996, 16.

4 BFH, Urt. v. 12.11.2008 – XI R 46/07, BStBl. II 2009, 558 = UR 2009, 84.

5 BFH, Urt. v. 12.5.1993 – XI R 56/90 (V R 32/90), BStBl. II 1993, 847 = UR 1994, 153.

6 BFH, Urt. v. 9.9.2015 – XI R 21/13, BFH/NV 2016, 597.

2. Verhältnis zum Zivilrecht

a) Lieferung mit Eigentumsverschaffung

Die Eigenständigkeit der Lieferungsdefinition im Umsatzsteuerrecht gegenüber der **zivilrechtlichen Eigentumsverschaffung** ändert nichts daran, dass die zivilrechtliche Eigentumsverschaffung umsatzsteuerrechtlich **häufig zu** einer **Lieferung führt.** So begründet die Übertragung des zivilrechtlichen Eigentums aufgrund eines Kaufvertrags regelmäßig umsatzsteuerrechtlich die Lieferung. Hiergegen wendet sich auch der EuGH nicht.[1] 21

b) Lieferung ohne Eigentumsverschaffung

aa) Diebstahl

Die Lieferung muss nicht durch den Eigentümer erfolgen. Vielmehr kann auch ein Dieb von ihm **gestohlene Gegenstände** an einen Abnehmer liefern. Denn die sich aus § 935 BGB ergebende Unmöglichkeit eines zivilrechtlichen Eigentumserwerbs steht der Übertragung einer eigentümerähnlichen Verfügungsbefähigung nicht entgegen. Demgegenüber ist im **Diebstahl selbst keine Lieferung** zu sehen, da dem selbst zugreifenden Dieb nichts übertragen wird.[2] Demgegenüber hat der EuGH im Stromdiebstahl eine gegen Entgelt ausgeführte Lieferung gesehen.[3] Während der EuGH die Bejahung eines Entgelts mit einem sich aus einem öffentlich-rechtlichen Energiedekret (Energieerlass) ergebenden Zahlungsanspruch immerhin noch nachvollziehbar begründet, erscheint die zusätzliche Annahme einer Lieferung zumindest wenig verallgemeinerungsfähig. Insoweit verweist der EuGH in Bezug auf die für die Lieferung maßgebliche „Übertragung … durch eine Partei …, die die andere Partei ermächtigt, über diesen Gegenstand faktisch so zu verfügen, als wäre sie sein Eigentümer" darauf, dass der bestohlene Stromnetzbetreiber aufgrund einer Stromversorgung über einen Zeitraum von mehr als zwei Jahren „zwangsläufig" davon ausgehen musste, dass er „einen Kunden belieferte", wobei „die Eigenschaften der Elektrizität dazu [führten], dass die Entnahme aus dem Verteilernetz mit dem Verbrauch des Gegenstands zusammenfällt". Diese Verbrauchsbetrachtung mag vor dem Hintergrund eines grundsätzlichen Lieferwillens eines Stromnetzbetreibers an Anschlussinhaber zu rechtfertigen sein, lässt sich aber nicht auf andere Fallgestaltungen, wie etwa einen Supermarktdieb, der entwendete Lebensmittel noch vor Ort konsumiert und dann auf Zahlung (Schadensersatz) verklagt wird, übertragen. 22

bb) Kauf unter Eigentumsvorbehalt

Zur Lieferung kommt es beim Kauf unter Eigentumsvorbehalt bereits mit der **Übergabe** und nicht erst mit der vollständigen Kaufpreiszahlung.[4] 23

cc) Vermietung

Die Vermietung eines **bebauten Grundstücks** über 999 Jahre führt zu einer Lieferung.[5] Substanz, Wert und Ertrag des Gegenstandes werden übertragen. 24

dd) Stromeinspeisung

Die Zahlung eines sog. **KWK-Zuschlags** für nicht eingespeisten, sondern dezentral verbrauchten Strom gemäß § 4 Abs. 3a KWKG 2009 führt entgegen Abschn. 2.5 Abs. 17 Satz 2 bis 4 UStAE nicht zu 25

---

1 EuGH, Urt. v. 11.5.2017 – C-36/16, ECLI:EU:C:2017:361 – Posnania Investment, UR 2017, 461, Rz. 29.

2 BFH, Urt. v. 8.9.2011 – V R 43/10, BStBl. II 2014, 203 = UR 2012, 312; ebenso EuGH, Urt. v. 21.11.2013 – C-494/12, ECLI:EU:C:2013:758 – Dixons Retail, Rz. 28 ff.

3 EuGH, Urt. v. 27.4.2023 – C-677/21, ECLI:EU:C:2023:348 – Fluvius Antwerpen, UR 2023, 521 m. Anm. *Widmann*.

4 BFH, Urt. v. 1.10.1970 – V R 49/70, BStBl. II 1971, 34.

5 EuGH, Urt. v. 15.12.2005 – C-63/04, ECLI:EU:C:2005:773 – Centralan Property, UR 2006, 418.

einer Lieferung i.S. von § 3 Abs. 1 UStG.[1] Der BFH hat dabei angedeutet, dass er es auch als unzutreffend ansieht, dass die **kaufmännisch-bilanzielle Einspeisung** der in einem Netz angebotenen und vergüteten Elektrizität entsprechend der Verwaltungsauffassung[2] zu einer Lieferung durch den EEG-Anlagenbetreiber an den vergütungspflichtigen Netzbetreiber führt, wenn der Verbrauch tatsächlich innerhalb eines Netzes erfolgt, das kein Netz für die allgemeine Versorgung ist und das vom Anlagenbetreiber selbst oder einem Dritten, der kein Netzbetreiber ist, betrieben wird.

ee) Leasing

(1) Ausgangslage

26 Die umsatzsteuerrechtliche Einordnung des Leasings als Lieferung oder sonstige Leistung orientierte sich in einer jahrzehntelangen Praxis an **einkommensteuerrechtlichen Grundsätzen.** So ging der BFH davon aus, dass beim **Finanzierungsleasing** insbesondere auf das Verhältnis von betriebsgewöhnlicher Nutzungsdauer (bgND) zur Grundmietzeit abzustellen ist. Danach lag eine Lieferung vor, wenn die bgND zwar erheblich länger ist als die Grundmietzeit, der Leasingnehmer aber nach Ablauf der Grundmietzeit den Gegenstand gegen ein geringes Entgelt kaufen oder weiter mieten kann. Es wurde davon ausgegangen, dass der Leasingnehmer den Gegenstand nach Ablauf der Grundmietzeit nicht zurückgibt, sondern die Option höchstwahrscheinlich ausübt und den Gegenstand bis zum Verschleiß nutzt. Dem wurde der Fall gleichgestellt, dass die Grundmietzeit der Nutzungsdauer entspricht, da ein Kündigungsrecht des Leasinggebers dann wirtschaftlich wertlos sei.[3]

27 Hieraus leitete die **FinVerw.** eine allgemeine Orientierung an einkommensteuerrechtlichen Grundsätzen für die Abgrenzung zwischen Lieferung und sonstiger Leistung ab.[4]

(2) EuGH-Rechtsprechung

28 Ob an der vorstehenden Beurteilung festzuhalten ist, kann im Hinblick auf die EuGH-Rechtsprechung als fraglich angesehen werden:

- **EuGH-Urteil Eon Aset Menidjmunt**: Danach ist zwischen **Operating-Leasing** und **Finanzierungsleasing** zu unterscheiden. Für die Frage, ob ein zu einer Lieferung führendes Finanzierungsleasing vorliegt, stellt der EuGH darauf ab, ob das Eigentum am Ende der Vertragslaufzeit übertragen werden soll oder die abgezinste Summe der Leasingraten praktisch dem Verkehrswert des Gegenstands entspricht. Danach liegt eine Lieferung vor, wenn die mit dem rechtlichen Eigentum verbundenen Chancen und Risiken zum überwiegenden Teil auf den Leasingnehmer übertragen werden und die abgezinste Summe der Leasingraten praktisch dem Verkehrswert des Gegenstands entspricht.[5]
- **EuGH-Urteil Mercedes Benz Financial Services UK**: Der EuGH beschäftigt sich hier mit **Art. 14 Abs. 2 Buchst. b MwStSystRL**. Nach dieser Bestimmung gilt die Übergabe eines Gegenstands aufgrund eines Vertrags, der die Vermietung eines Gegenstands während eines bestimmten Zeitraums oder den Ratenverkauf eines Gegenstands vorsieht, der regelmäßig die Klausel enthält, dass das Eigentum spätestens mit Zahlung der letzten fälligen Rate erworben wird, als Lieferung. Der EuGH geht von einer Lieferung aus, wenn bei einem **Standard**-Mietvertrag mit Kaufoption und einer Vertragsdurchführung bis zum Laufzeitende die Optionsausübung die einzig wirtschaftlich rationale Handlungsmöglichkeit für den Leasingnehmer ist.[6]

---

1 BFH, Urt. v. 29.11.2022 – XI R 18/21, BFHE 279, 298 = UR 2023, 437 und BFH, Urt. v. 11.5.2023 – V R 22/21, BFHE 280, 367 = UR 2023, 717.

2 Abschn. 2.5 Abs. 2 UStAE.

3 BFH, Urt. v. 1.10.1970 – V R 49/70, BStBl. II 1971, 34 = UR 1970, 374.

4 Abschn. 3.5 Abs. 5 Satz 2 UStAE a.F.

5 EuGH, Urt. v. 16.2.2012 – C-118/11, ECLI:EU:C:2012:97 – Eon Aset Menidjmunt, UR 2012, 230 m. Anm. *Wäger.*

6 EuGH, Urt. v. 4.10.2017 – C-164/16, ECLI:EU:C:2017:734 – Mercedes Benz Financial Services UK, UR 2018, 14.

(3) Folgen für das nationale Recht

Für die Abgrenzung von Lieferung und sonstiger Leistung beim Leasing kommt es zunächst darauf an, ob die **nicht** in das nationale Recht **umgesetzte** Bestimmung des **Art. 14 Abs. 2 Buchst. b MwStSystRL** bei der Auslegung von § 3 Abs. 1 UStG **Berücksichtigung finden kann**. Steuersystematisch ist dies eigentlich zu verneinen, da es sich bei Art. 14 Abs. 2 MwStSystRL um eine Ausnahmebestimmung mit konstitutiver Bedeutung[1] handelt. Gleichwohl geht die h.M. davon aus, dass in den in Art. 14 Abs. 2 Buchst. b MwStSystRL benannten Fällen eine Lieferung i.S.d. § 3 Abs. 1 UStG vorliegt, wie das Beispiel des Kaufs unter Eigentumsvorbehalt (Rz. 23) zeigt. 29

Damit stellt sich die weitere Frage, in welchem **Verhältnis** die vorstehenden **EuGH-Urteile zueinander** stehen und ob hier eine geänderte Rechtsprechung vorliegt. Davon scheint die **FinVerw.** auszugehen, indem sie die bisherige Anknüpfung an die einkommensteuerrechtliche Betrachtungsweise zugunsten einer ausschließlichen Orientierung an Art. 14 Abs. 2 Buchst. b MwStSystRL aufgegeben hat. 30

Danach soll „nur" noch unter zwei kumulativ zu erfüllenden Voraussetzungen beim Leasing von einer Lieferung auszugehen sein:[2] 31

- Der Vertrag muss ausdrücklich eine **Klausel zum Eigentumsübergang** vom Leasinggeber auf den Leasingnehmer enthalten, wofür die Vereinbarung einer Kaufoption ausreicht.
- Zusätzlich verlangt die FinVerw., dass aus den Vertragsbedingungen deutlich hervorgeht, dass das **Eigentum** am Gegenstand **automatisch** auf den Leasingnehmer **übergehen** soll, wenn der Vertrag bis zum Vertragsablauf planmäßig ausgeführt wird. Bei einer Kaufoption reiche aus, dass nach den Vertragsbedingungen die Optionsausübung die einzig wirtschaftlich rationale Möglichkeit für den Leasingnehmer ist, so dass für den Leasingnehmer in wirtschaftlicher Hinsicht keine Entscheidungsfreiheit bestehe, je nach Interessenlage den Gegenstand zu erwerben, zurückzugeben oder weiter zu mieten. Dies vermutet die FinVerw. insbesondere dann, wenn die Summe der vertraglichen Raten dem Verkehrswert des Gegenstands einschließlich der Finanzierungskosten entspricht und der Leasingnehmer wegen der Ausübung der Option keine zusätzlich erhebliche Summe zu entrichten habe.

Soweit sich hieraus ergeben sollte, dass in anderen Fällen das Leasing nicht zu einer Lieferung führen kann, ist dem nach der hier vertretenen Auffassung **nicht zu folgen**. Aus Sicht der Richtlinie ergibt sich dies bereits daraus, dass **Art. 14 Abs. 2 Buchst. b MwStSystRL** den Grundtatbestand der Lieferung in **Art. 14 Abs. 1 MwStSystRL** nicht verdrängt, sondern **ergänzt**. Dementsprechend ist aus einer EuGH-Rechtsprechung zu diesen beiden Bestimmungen **keine Rechtsprechungsänderung** abzuleiten. Daher ist weiter daran festzuhalten, dass z.B. ein Leasing mit einer Vertragsdauer entsprechend der betriebsgewöhnlichen Nutzungsdauer, aber ohne ausdrückliche Klausel zur Eigentumsverschaffung zu einer Lieferung führt, wenn der Gegenstand danach aufgrund seines Verschleißes wirtschaftlich wertlos ist (Rz. 28). Gesondert zu betrachten ist das **sale-and-lease-back**, in dem eine einheitliche (Rz. 541.8) und dabei zeitraumbezogene Dauerleistung zu sehen sein kann (§ 13 Rz. 17). 32

c) Eigentumsverschaffung ohne Lieferung

aa) Sicherungsübereignung

(1) Lieferung erst mit Verwertung

Die Sicherungsübereignung führt **nicht** zur Übertragung einer **eigentümerähnlichen Verfügungsbefähigung**, da die Eigentumsverschaffung bloße Sicherungsfunktion für den Anspruch auf Darlehensrückzahlung hat und weder zum Besitz noch zur Verwendung des Gegenstandes berechtigt. Auch der Eintritt des Sicherungsfalls, die Verwertungsreife oder eine Übergabe zur Verwertung sind unbeachtlich. 33

1 EuGH, Urt. v. 13.6.2018 – C-665/16, ECLI:EU:C:2018:431 – Gmina Wrocław, UR 2018, 601, Rz. 36.

2 Abschn. 3.5 Abs. 5 UStAE i.d.F. des BMF, Schr. v. 18.3.2020 – III C 2-S 7100/19/10008 :003, BStBl. I 2020, 286.

(2) Verwertung durch Sicherungsnehmer

34 Zu einer Lieferung kommt es erst aufgrund der Verwertung. So ist es dann, wenn der Sicherungsnehmer den Gegenstand zur Befriedigung seiner gesicherten Ansprüche im eigenen Namen an einen Dritten veräußert. Es liegen dann **zwei** nur durch eine juristische Sekunde getrennte **Lieferungen** vor. Zunächst liefert der Sicherungsgeber an den Sicherungsnehmer und sodann dieser an den Dritterwerber. Das Entgelt für die erste Lieferung ergibt sich aus dem Umfang der Schuldbefreiung. Ebenso ist es, wenn der Sicherungsgeber bei der Verwertung im Namen des Sicherungsnehmers handelt.

(3) Verwertung durch Sicherungsgeber

35 Fraglich ist, welche Rechtsfolgen bei einer Verwertung durch den (und damit im Namen des) Sicherungsgeber(s) eintreten. Die **FinVerw.**[1] geht auf der Grundlage der bisherigen BFH-Rechtsprechung[2] von einem sog. **Dreifachumsatz** aus. Danach soll die Sicherungsübereignung auch im Fall der Verwertung durch den Sicherungsnehmer zu einer Lieferung „erstarken". Bejaht man dies, entsteht das Dilemma, dass sich der Gegenstand dann umsatzsteuerrechtlich beim Sicherungsnehmer befindet, obwohl der Sicherungsgeber der Lieferer der Verwertungslieferung ist. Dem soll durch die Annahme einer dazwischengeschalteten Lieferung Rechnung getragen werden. Dies führt zu dem kurios anmutenden Ergebnis, dass aus einer tatsächlichen Lieferung (Sicherungsgeber an Dritterwerber) umsatzsteuerrechtlich drei Lieferungen (Sicherungsgeber an Sicherungsnehmer, Sicherungsnehmer an Sicherungsgeber und Verwertungslieferung an den Dritterwerber) werden.

36 Eine derartige **Umsatzkaskade**, bei der sich erste und zweite Lieferung – ohne Annahme einer Rückgängigmachung der Lieferung (Rz. 20) – neutralisieren, bevor es zu der tatsächlich ausgeführten Lieferung an den Dritterwerber kommt, ist **als fiktiv abzulehnen**. Liefert der Sicherungsgeber an den Dritterwerber, erlangt der Sicherungsnehmer zu keinem Zeitpunkt die eigentümerähnliche Verfügungsmacht.

37 Auch die vom **BFH** in seiner vorstehenden Rechtsprechung für den Dreifachumsatz angeführte **Begründung**, dass der Sicherungsgeber bei der Lieferung an den Dritterwerber auf Rechnung des Sicherungsnehmers handelt und daher eine Kommission nach § 3 Abs. 3 UStG vorliege, ist **nicht tragfähig**. So hat der BFH das hierfür erforderliche Handeln auf Rechnung des gesicherten Kreditgebers später für die Grundstücksverwertung in Bezug auf den Grundpfandrechtsgläubiger abgelehnt.[3] Auf dieser Grundlage kommt die Annahme eines Kommissionsverhältnisses bei der Sicherungsübereignung mit Verwertung durch den Sicherungsgeber nicht mehr in Betracht, da die **Sicherungsübereignung** nichts anderes als ein **besitzloses Pfandrecht** ist.

38 Daher ist nach einer sich im Vordringen befindenden Auffassung in der Verwertung des Sicherungseigentums durch den Sicherungsgeber **nur eine Lieferung an den Dritterwerber** zu sehen, bei der sich die im Ergebnis für den Regelfall zu bejahende Frage nach einer Haftung des Sicherungsnehmers nach § 13c UStG aufgrund der Erlösauskehr stellt.[4] Der **BFH** hat zuletzt **offengelassen**, ob er am **Dreifachumsatz** weiter **festhält**.[5]

bb) Bauten auf fremden Grund und Boden

(1) Zivilrechtliche Ausgangslage

39 Gebäude oder Einbauten in ein Gebäude können **wesentliche Grundstücksbestandteile** werden. Dazu gehören gemäß § 94 Abs. 1 BGB die mit dem Grund und Boden fest verbundenen Sachen wie Gebäu-

1 Abschn. 1.2 Abs. 1a UStAE.

2 BFH, Urt. v. 6.10.2005 – V R 20/04, BStBl. II 2006, 931 = UR 2006, 119 und BFH, Urt. v. 30.3.2006 – V R 9/03, BStBl. II 2006, 933 = UR 2006, 395. Der Dreifachumsatz kann frühestens ab Verwertungsreife vorliegen, vgl. BFH, Urt. v. 23.7.2009 – V R 27/07, BStBl. II 2010, 859 = UR 2010, 22.

3 BFH, Urt. v. 28.7.2011 – V R 28/09, BStBl. II 2014, 406 = UR 2011, 855.

4 *Wäger*, WM 2012, 769; *Wäger*, UVR 2015, 27; *Heuermann* in Sölch/Ringleb, § 3 UStG Rz. 104 (Stand: Juni 2023); *de Weerth*, NZI 2015, 884 und nunmehr auch *Nieskens* in Rau/Dürrwächter, § 3 UStG Rz. 670 (Stand: Mai 2020).

5 BFH, Urt. v. 28.7.2011 – V R 28/09, BStBl. II 2014, 406 = UR 2011, 855.

de oder nach § 94 Abs. 2 BGB die zur Herstellung des Gebäudes eingefügten Sachen. Wird eine bewegliche Sache mit einem Grundstück dergestalt verbunden, dass sie wesentlicher Bestandteil des Grundstücks wird, so erstreckt sich das Eigentum an dem Grundstück gemäß § 946 BGB auf diese Sache.

Dies gilt **nicht** für **Scheinbestandteile**, bei denen eine Verbindung nur zu einem **vorübergehenden Zweck** vorliegt. Hierfür muss die Aufhebung der Verbindung mit Sicherheit zu erwarten sein. Die **massive Bauart** eines **Gebäudes** steht der Annahme eines auf eine nur vorübergehende Zweckbestimmung gerichteten Willens nicht entgegen. Wurden keine Vereinbarungen über die Entfernung des Gebäudes getroffen, kann die massive Bauart aber den sicheren Schluss darauf zulassen, dass das Gebäude nach dem Willen des Mieters dem Grundstückseigentümer zufallen soll.[1] 40

Nach § 95 Abs. 1 Satz 1 BGB kann es sich bei einer nur zu einem **vorübergehenden Zweck** mit dem Grund und Boden verbundenen Sache z.B. um ein vom Pächter errichtetes Gebäude handeln, das nach Pachtende wieder zu entfernen ist.[2] Dasselbe gilt nach § 95 Abs. 2 BGB bei einer nur zu einem vorübergehenden Zwecke in ein Gebäude eingefügten Sache wie z.B. für den Einbau einer Telefonanlage oder einer Einbauküche durch den Mieter.[3] 41

(2) Umsatzsteuerrecht

Ob die Gebäudeerrichtung auf fremden Grund und Boden oder Mietereinbauten umsatzsteuerrechtlich zu einer Lieferung führen, richtet sich im Ausgangspunkt nach den Kriterien, die (ohne umsatzsteuerrechtliche Bindung an das Zivilrecht) für die **Abgrenzung** zwischen **wesentlichen Bestandteilen** und **Scheinbestandteilen** maßgeblich sind. 42

Sind **Mietereinbauten** bei Mietbeendigung zu entfernen, wie es auf Scheinbestandteile zutrifft, scheidet die Annahme einer Lieferung durch den Mieter an den Vermieter von vornherein aus. Handelt es sich dagegen um Auf- oder Einbauten, die nach Ablauf der Mietzeit auf oder in dem bebauten Grundstück verbleiben, so dass ein wesentlicher Grundstücksbestandteil vorliegt, kommt die Annahme einer Lieferung in Betracht.[4] 43

Führt der **Auf- oder Einbau** mangels Entfernungspflicht zum Mietende zu einem **wesentlichen Grundstücksbestandteil**, kann eine Lieferung durch den Mieter an den Vermieter in Betracht kommen. Dabei ist wie folgt zu differenzieren: 44

- **Finanzierung der Baumaßnahme durch den Vermieter**: Erstattet der Vermieter die Kosten der vom Mieter bezogenen Baumaßnahme, die der Mieter letztlich über den Mietzins finanziert, liefert der Mieter den von ihm geschaffenen Auf- oder Einbau mit Abschluss der Baumaßnahme an den Vermieter.[5]
- **Entschädigungsloser Übergang bei Vertragsbeendigung**: Geht der vom Mieter auf eigene Kosten vorgenommene Auf- oder Einbau bei Vertragsbeendigung entschädigungslos auf den Vermieter über, führt der Abschluss der Baumaßnahme zu keiner Verschaffung eigentümerähnlicher Verfügungsmacht an den Vermieter. Dabei ist nicht danach zu unterscheiden, ob sich der Gegenstand bis zur Vertragsbeendigung verbraucht hat.[6] Der entschädigungslose Übergang des Gegenstands auf den Vermieter kann aber zu einer Wertabgabenbesteuerung nach § 3 Abs. 1b Satz 1 Nr. 3 UStG führen, wenn der Gegenstand noch nicht verbraucht ist (Rz. 126 ff.).

  Erkauft der Eigentümer den formal entschädigungslosen Übergang mit einer **Mietermäßigung**, die sich am Restwert des Gegenstandes bei Vertragsbeendigung orientiert,[7] stellt sich die Frage nach einem tauschähnlichem Verhältnis nach § 3 Abs. 12 UStG. Die FinVerw. geht im Umfang der Preisermäßigung von einer Anzahlungsbesteuerung aus, was aber fragwürdig erscheint.

---

1 *Stresemann* in Münchener Kommentar BGB[8], § 95 BGB Rz. 3.
2 *Stresemann* in Münchener Kommentar BGB[8], § 95 BGB Rz. 18.
3 *Stresemann* in Münchener Kommentar BGB[8], § 95 BGB Rz. 20.
4 BMF, Schr. v. 23.7.1986 – IV A 2-S 7100-76/86, BStBl. I 1986, 432, Beispiel 2.
5 BMF, Schr. v. 23.7.1986 – IV A 2-S 7100-76/86, BStBl. I 1986, 432, Beispiel 1; BFH, Urt. v. 13.11.2019 – V R 5/18, BStBl. II 2020, 136 = UR 2020, 156.
6 BMF, Schr. v. 23.7.1986 – IV A 2-S 7100-76/86, BStBl. I 1986, 432, Beispiele 3 und 5.
7 BMF, Schr. v. 23.7.1986 – IV A 2-S 7100-76/86, BStBl. I 1986, 432, Beispiel 2.

- **Entgeltliche Übertragung bei Vertragsbeendigung**: Kann der Vermieter bei Vertragsbeendigung entscheiden, ob er den Gegenstand gegen Entgelt übernimmt oder ob er zu beseitigen ist, führt erst eine entgeltliche Übertragung bei Vertragsende zu einer Lieferung.[1]

III. Gegenstand als Objekt der Lieferung

45 Die Bedeutung des für die Lieferung vorausgesetzten Gegenstands darf **nicht überbewertet** werden. Zwar kann es ohne diesen Gegenstand, an dem die eigentümerähnliche Verfügungsmacht zu verschaffen ist, keine Lieferung geben. Aus dem Vorliegen eines Gegenstandes als Leistungsobjekts ergibt sich aber nicht, dass es sich bei der Leistung um eine Lieferung handelt, wie bereits das Beispiel der Vermietung zeigt.

46 Bei dem in § 3 Abs. 1 UStG genannten Gegenstand muss es sich bei richtlinienkonformer Auslegung entsprechend Art. 14 Abs. 1 MwStSystRL um einen **körperlichen Gegenstand** handeln. Die Richtlinie unterscheidet damit hier – anders als bei Art. 9 Abs. 1 Unterabs. 2 MwStSystRL – zwischen körperlichen oder nicht körperlichen Gegenständen.

47 Nicht gesondert umgesetzt hat der nationale Gesetzgeber die Anordnung aus Art. 15 Abs. 1 MwStSystRL, **Elektrizität, Gas, Wärme oder Kälte** und ähnliche Sachen einem körperlichen Gegenstand gleichzustellen. Hiervon geht die h.M. im Inland bereits aufgrund des allgemeinen Liefertatbestandes aus.

48 Zu den körperlichen Gegenständen gehören z.B. **Druckerzeugnisse**.[2] Demgegenüber sind elektronische Bücher keine körperlichen Gegenstände, so dass ihre Übertragung zu einer sonstigen Leistung führt.[3] Der EuGH unterscheidet insoweit zwischen der Übertragung eines digitalen Buchs auf einem physischen Träger als Lieferung und der Verschaffung eines digitalen Buchs (ohne derartigen Träger) auf elektronischem Weg als Dienstleistung.[4]

49 **Rechte** sind keine Gegenstände, die im Rahmen einer Lieferung übertragen werden können.[5] **Nicht körperliche Gegenstände** sind z.B. auch Aktien und andere Wertpapiere.[6] Ebenso gehören gesetzliche Zahlungsmittel und ihnen gleichgestellte Zahlungsmittel wie etwa Bitcoins nicht zu den körperlichen Gegenständen und können daher nicht geliefert werden.[7]

IV. Mehrpersonenverhältnisse

1. Bestimmung von Lieferer und Abnehmer nach dem zugrunde liegenden Rechtsverhältnis

50 Lieferer ist, wer die Verfügungsmacht verschafft, Abnehmer ist, wer sie erhält. Beides bestimmt sich nach dem der Lieferung zugrunde liegenden Rechtverhältnis, das Leistung und Entgelt zur Begründung der Steuerbarkeit miteinander verknüpft.

51 Nach Maßgabe dieses Rechtsverhältnisses kommt es darauf an, **in wessen Namen** es eingegangen wird. Bei einer Stellvertretung mit Vertretungsmacht wird somit der Vertretene, nicht aber der Vertreter zum Lieferer und zum Abnehmer.[8] Lieferer ist danach auch der im eigenen Namen und nur auf fremde Rechnung handelnde Strohmann.[9]

---

1 BMF, Schr. v. 23.7.1986 – IV A 2-S 7100-76/86, BStBl. I 1986, 432, Beispiel 4.

2 BFH, Urt. v. 13.5.2009 – XI R 75/07, BStBl. II 2009, 865 = UR 2009, 814.

3 EuGH, Urt. v. 5.3.2015 – C-479/13, ECLI:EU:C:2015:141 – Kommission/Frankreich, UR 2015, 305, Rz. 35; EuGH, Urt. v. 5.3.2015 – C-502/13, ECLI:EU:C:2015:143 – Kommission/Luxemburg, UR 2015, 308, Rz. 42; ebenso EuGH, Urt. v. 7.3.2017 – C-390/15, ECLI:EU:C:2017:174 – RPO, UR 2017, 393 m. Anm. *Dobratz*, Rz. 50.

4 EuGH, Urt. v. 7.3.2017 – C-390/15, ECLI:EU:C:2017:174 – RPO, UR 2017, 393 m. Anm. *Dobratz*, Rz. 50.

5 BFH, Urt. v. 16.7.1970 – V R 95/66, BStBl. II 1970, 706 = UR 1970, 260.

6 EuGH, Urt. v. 26.5.2005 – C-465/03, ECLI:EU:C:2005:320 – Kretztechnik, UR 2005, 382.

7 EuGH, Urt. v. 22.10.2015 – C-264/14, ECLI:EU:C:2015:718 – David Hedqvist, BStBl. II 2018, 211 = UR 2015, 864 m. Anm. *Beck/König*, Rz. 24 ff.

8 BFH, Urt. v. 16.3.2000 – V R 44/99, BStBl. II 2000, 361 = UR 2000, 281.

9 BFH, Urt. v. 28.1.1999 – V R 4/98, BStBl. II 1999, 628 = UR 1999, 283.

2. Mehrfache Lieferung

Die Bezugnahme auf den Dritten, der bei der Lieferung im Auftrag des Lieferers oder des Abnehmers handelt, bestätigt die Anerkennung von **Reihengeschäften**, bei denen z.B. in einer Kette A-B-C auch dann zwei Lieferungen vorliegen, wenn der erste Lieferer den Liefergegenstand unmittelbar auf den zweiten Abnehmer überträgt. Auf eine unmittelbare Zugriffsmöglichkeit des Zwischenerwerbes kommt es somit nicht an (Rz. 20).[1] 52

3. Kartenzahlung

Entrichtet der Abnehmer das Entgelt nicht selbst, sondern zahlt er mittels einer Kreditkarte, steht dies seiner Abnehmerstellung nicht entgegen. Bei der Zahlung durch die die **Kreditkarte ausgebende Bank** handelt es sich um die **Zahlung eines Dritten**. Dies gilt auch für den Fall einer missbräuchlichen Verwendung der Kreditkarte.[2] 53

Die Bestimmung der Lieferbeziehung bei sog. **Tankkarten** bereitet dem EuGH und nachfolgend der Praxis Probleme. Für den Fall, dass ein Leasinggeber dem Leasingnehmer das Betanken des geleasten Fahrzeugs mittels einer auf den Leasinggeber lautenden Tankkreditkarte ermöglicht, wobei die Kraftstoffkosten zwischen ihnen gesondert abgerechnet werden, wäre auf der Grundlage der vorstehenden EuGH-Rechtsprechung zu Kreditkarten davon auszugehen, dass der Tankstellenbetreiber den Kraftstoff an den Leasinggeber liefert. Demgegenüber ist der EuGH dadurch auf eine schiefe Bahn geraten, dass er stattdessen darauf abstellt, auf wessen Rechnung der Kraftstoff erworben wird. Unter dem Aspekt der Kostentragung sah er in der Betankungsvereinbarung einen Vertrag über die Finanzierung eines vom Leasingnehmer unmittelbar erworbenen Kraftstoffs, wobei die vor Ort tankende Person dessen Qualität und Menge sowie den Zeitpunkt des Kaufs frei wählt.[3] 54

Damit hat der EuGH die **Unterschiede** zwischen **Innen- und Außenverhältnis** nicht hinreichend berücksichtigt. Denn das zwischen dem Leasinggeber und dem Leasingnehmer bestehende Innenverhältnis kann nicht im Außenverhältnis zum Tankstellenbetreiber darüber entscheiden, an wen dieser liefert. Dies richtet sich nach dem seiner Lieferung zugrunde liegenden Rechtsverhältnis, das aber eine Lieferung an den Leasinggeber begründet. Die Beurteilung durch den EuGH ist daher nicht zu Unrecht als „Steinzeitumsatzsteuerrecht"[4] kritisiert worden. Verallgemeinerungsfähige weitergehende Rechtsfolgen sind hieraus nicht zu ziehen. Dementsprechend hat die FinVerw. zutreffend eine Eingrenzung auf die unmittelbar getroffene Fallgestaltung vollzogen.[5] Für den EuGH spricht lediglich, dass er in den von ihm entschiedenen Fällen die Durchführung von **Vergütungsverfahren vermieden** hat. Da auf der Grundlage seiner Rechtsprechung nur der Leasingnehmer zum Vorsteuerabzug aus der Betankung berechtigt ist und er vom Tankstellenbetreiber keine auf seinen Namen lautende Rechnung verlangen kann, ist die **Bedeutung** dieser EuGH-Rechtsprechung möglicherweise auf Fälle zu **beschränken**, in denen mittels **Kleinbetragsrechnung** abgerechnet werden kann. 55

4. Verwertung

Die **Zwangsversteigerung eines Grundstücks** begründet eine unmittelbare Lieferung des Grundstückseigentümers an den Ersteher und stellt keine Lieferung über das Bundesland dar, dem die Vollstreckungsorgane angehören.[6] 56

Dementsprechend führt der **Verkauf eines Pfandes** zu einer Lieferung des Pfandleihers an den Erwerber.[7] 57

---

1 BFH, Urt. v. 9.9.2015 – XI R 21/13, BFH/NV 2016, 597.
2 EuGH, Urt. v. 21.11.2013 – C-494/12, ECLI:EU:C:2013:758 – Dixons Retail, HFR 2014, 84, Rz. 35 ff.
3 EuGH, Urt. v. 6.2.2003 – C-185/01, ECLI:EU:C:2003:73 – Auto Lease Holland, UR 2003, 137; EuGH, Urt. v. 15.5.2019 – C-235/18, ECLI:EU:C:2019:412 – Vega International Car Transport and Logistic, UR 2019, 461 – zu sog. Tankkarten.
4 *Reiß*, UR 2003, 428 (438).
5 BMF v. 15.6.2004 – IV B 7-S 7100-125/04, BStBl. I 2004, 605.
6 BFH, Urt. v. 19.12.1985 – V R 139/76, BStBl. II 1986, 500 = UR 1986, 201 m. Anm. *Weiß*.
7 BFH, Urt. v. 16.4.1997 – XI R 87/96, BStBl. II 1997, 585 = UR 1997, 339.

C. Innergemeinschaftliches Verbringen (Absatz 1a)

I. Grundaussagen

1. Regelungsgegenstand und Bedeutung

58 Als Lieferung gegen Entgelt gilt gemäß § 3 Abs. 1a Satz 1 UStG das Verbringen eines Gegenstands des Unternehmens aus dem Inland in das übrige Gemeinschaftsgebiet durch einen Unternehmer zu seiner Verfügung, ausgenommen zu einer nur vorübergehenden Verwendung, auch wenn der Unternehmer den Gegenstand in das Inland eingeführt hat. Dabei gilt der Unternehmer nach § 3 Abs. 1b Satz 2 UStG als Lieferer. Beides gilt nach § 3 Abs. 1b Satz 3 UStG nicht in den Fällen des § 6b UStG (§ 6b Rz. 1 ff.).

59 Im Gegensatz zur Leistungserbringung an Endverbraucher wird im Binnenmarkt nach seiner bis heute bestehenden Ausgestaltung für Leistungen zwischen Unternehmern am **Bestimmungslandprinzip festgehalten**. Daher verlagert sich bei sonstigen Leistungen an Unternehmer der Leistungsort nach § 3a Abs. 2 UStG grundsätzlich an den Unternehmensort des Leistungsempfängers. Im Bereich der Lieferungen gibt es zwar keine gesonderte Regelung zur Ortbestimmung, Lieferungen zwischen den Mitgliedstaaten sind aber im Abgangsmitgliedstaat als innergemeinschaftliche Lieferungen von der Steuer zu befreien, während im Bestimmungsmitgliedstaat ein korrespondierender innergemeinschaftlicher Erwerb zu versteuern ist. Befindet sich der Abgangsort im Inland, ist die Lieferung daher nach § 4 Nr. 1 Buchst. b i.V.m. § 6a UStG steuerfrei zu stellen (§ 4 Nr. 1 Rz. 27 ff.). Bei einem Bestimmungsort im Inland kommt es demgegenüber zur Besteuerung des innergemeinschaftlichen Erwerbs gemäß § 1 Abs. 1 Nr. 5 i.V.m. § 1a UStG (§ 1a Rz. 1 ff.). Damit schreibt die Besteuerung durch Ent- und Belastung der innergemeinschaftlichen Lieferung und des innergemeinschaftlichen Erwerbs letztlich das zuvor geltende Aus- und Einfuhrprinzip fort.

60 Dabei sah es der Unionsgesetzgeber als erforderlich an, auch den Fall des sog. **rechtsgeschäftslosen Verbringens** zu regeln. Dabei werden z.B. Anlagegüter des Unternehmens aus einem Unternehmensteil in einem Mitgliedstaat in einen anderen Unternehmensteil in einen anderen Mitgliedstaat zur eigenen Verwendung des Unternehmers verbracht. Ebenso können zur Lieferung bestimmte Gegenstände verbracht werden, für die es aber noch keinen Abnehmer gibt. Das Bestimmungslandprinzip soll auch die Fälle dieses rechtsgeschäftslosen Verbringens erfassen. Daher ordnet § 3 Abs. 1a UStG die Steuerbarkeit eines Verbringens aus dem Inland in das übrige Gemeinschaftsgebiet an, das dann nach § 4 Nr. 1 Buchst. b i.V.m. § 6a Abs. 2 UStG steuerfrei sein kann. Für den Umkehrfall des Verbringens aus dem übrigen Gemeinschaftsgebiet in das Inland gilt § 1 Abs. 1 Nr. 5 i.V.m. § 1a Abs. 2 UStG.

2. Unionsrechtliche Grundlagen

61 Unionsrechtlich beruht § 3 Abs. 1a UStG auf **Art. 17 MwStSystRL**. Im Gegensatz zum nationalen Recht, das für das Verbringen mit Bestimmungsort und mit Abgangsort im Inland in § 1a Abs. 2 UStG und § 3 Abs. 1b UStG gesonderte Regelungen enthält, erfasst Art. 17 MwStSystRL beide Fälle.

62 Dabei **setzt** das nationale Recht nur den Grundtatbestand des Verbringens in Art. 17 Abs. 1 MwStSystRL, im Übrigen aber die **Ausnahmetatbestände** in Art. 17 Abs. 2 MwStSystRL nur **rudimentär um**. Es bestehen allerdings ergänzende Verwaltungsregelungen.[1] Alle Ausnahmetatbestände sind zumindest im Rahmen **richtlinienkonformer Auslegung** zu berücksichtigen.

3. Verhältnis zu anderen Vorschriften und Rechtsentwicklung

63 § 3 Abs. 1b UStG fingiert das Vorliegen einer entgeltlichen Lieferung für die Steuerbarkeit nach § 1 Abs. 1 Nr. 1 UStG. Das Verbringen ist unter den Bedingungen gemäß § 4 Nr. 1 Buchst. b i.V.m. § 6a Abs. 2 UStG unter den allgemeinen Bedingungen der innergemeinschaftlichen Lieferung steuerfrei (§ 6a Rz. 109).

1 Abschn. 1a.2 Abs. 9 ff. UStAE.

§ 3 Abs. 1b UStG besteht seit der Schaffung des Binnenmarktes ab 1.1.1993. Satz 3 wurde mit Wirkung ab 1.1.2020 im Zusammenhang mit der Sonderregelung in § 6b UStG in das UStG eingefügt (§ 6b Rz. 1 ff.). 64

II. Einzelerläuterungen

1. Verbringen aus dem Inland in das übrige Gemeinschaftsgebiet

Die Gebietsdefinitionen richten sich nach § 1 Abs. 2 und Abs. 2a UStG. Das Verbringen erfordert entsprechend Art. 17 Abs. 1 MwStSystRL eine **Beförderung oder Versendung** aus dem Inland in das übrige Gemeinschaftsgebiet. Dies setzt einen hierauf gerichteten Unternehmenswillen voraus. Verbringt ein Mitarbeiter des Unternehmens eigenmächtig, kann es hieran fehlen. 65

2. Unternehmensgegenstand

Der **Begriff** des Unternehmensgegenstandes ist dem **Umsatzsteuerrecht eigentlich fremd**. Der Gegenstand muss für Zwecke der Unternehmenstätigkeit im Sinne einer nachhaltig-selbständigen Tätigkeit zur Erbringung entgeltlicher Leistungen verwendet werden. 66

Eine nur **teilweise Verwendung** hierfür genügt. Im Fall der nur teilweisen Unternehmenszuordnung beschränkt sich das steuerbare Verbringen auf den Unternehmensteil. 67

3. Ausnahmetatbestände

§ 3 Abs. 1a UStG setzt die Ausnahmetatbestände des Art. 17 Abs. 2 MwStSystRL nur **eingeschränkt** um. 68

Dies ist in Bezug auf **Art. 17 Abs. 2 Buchst. a-e MwStSystRL** unschädlich, da die Bestimmung insoweit nur **deklaratorische Klarstellungen** in Bezug auf Fallgestaltungen enthält, bei denen entgeltliche Lieferungen bereits aus anderen Gründen vorliegen. 69

- Lieferungen im Rahmen des **Versandhandels** gemäß Art. 33 MwStSystRL (**Buchstabe a**), da hier eine entgeltliche Lieferung im Bestimmungsmitgliedstaat bereits nach allgemeinen Grundsätzen gegeben ist (§ 3c Rz. 1 ff.);
- Lieferungen, die aufgrund einer **Installation** oder **Montage** am Bestimmungsort dort als nach Art. 36 MwStSystRL ausgeführt gelten (**Buchstabe b**);
- Lieferungen an Bord eines Schiffes, eines Flugzeugs oder in einer Eisenbahn während einer **Personenbeförderung** gemäß Art. 37 MwStSystRL (**Buchstabe c**);
- Lieferung von **Gas** über ein Erdgasnetz im Gebiet der Gemeinschaft oder ein an ein solches Netz angeschlossenes Netz, Lieferung von **Elektrizität** oder Lieferung von **Wärme** oder **Kälte** über Wärme- oder Kältenetze gemäß Art. 38 und Art. 39 MwStSystRL (**Buchstabe d**);
- steuerfreie Lieferungen in den Bereichen der innergemeinschaftlichen Lieferungen, der Ausfuhrumsätze, der Seeschifffahrt und der Luftfahrt, der internationalen Einrichtungen und der Zentralbanken nach Art. 138, 146, 147, 148, 151 und 152 MwStSystRL (**Buchstabe e**).

Konstitutive Bedeutung haben daher nur Art. 17 Abs. 2 Buchst. f-h MwStSystRL: 70

- Verbringen zum **Bezug** einer **tatsächlich erbrachten Dienstleistung** an dem Gegenstand durch Begutachtung oder Arbeiten an diesem mit Rückbeförderung (**Buchstabe f**);
- **vorübergehende Verwendung** im Bestimmungsmitgliedstaat zum Zwecke der **Erbringung von Dienstleistungen** durch den im Abgangsmitgliedstaat ansässigen Steuerpflichtigen (**Buchstabe g**);
- **vorübergehende Verwendung** für höchstens 24 Monate im Bestimmungsmitgliedstaat, wenn dort bei einer Einfuhr mit vorübergehender Verwendung eine vollständige **Befreiung von Einfuhrabgaben** gelten würde (**Buchstabe h**).

Der in **§ 3 Abs. 1a Satz 1 UStG** genannte Ausschlusstatbestand der vorübergehenden Verwendung ist **im Sinne dieser drei Tatbestände auszulegen.** 71

72 Von einer vorübergehenden Verwendung im Bestimmungsmitgliedstaat zum Zwecke der Erbringung von Dienstleistungen durch den im Abgangsmitgliedstaat ansässigen Steuerpflichtigen ist z.B. bei einem **Verbringen zur Vermietung** auszugehen.[1]

D. Gegenstandsentnahme (Absatz 1b)

I. Grundaussagen

1. Regelungsgegenstand und Bedeutung

73 § 3 Abs. 1b Satz 1 UStG **fingiert** für drei Fallgestaltungen eine **Lieferung gegen Entgelt**. Dabei handelt es sich um die **Entnahme** oder die **unentgeltliche Zuwendung** von Gegenständen durch den Unternehmer:

- für Zwecke außerhalb des Unternehmens (§ 3 Abs. 1b Satz 1 Nr. 1 UStG) (Rz. 110 ff.);
- an das Personal für dessen privaten Bedarf, sofern keine Aufmerksamkeiten vorliegen, (§ 3 Abs. 1b Satz 1 Nr. 2 UStG) (Rz. 123 ff.) und
- zweckunabhängig, sofern es sich nicht um Geschenke von geringem Wert und Warenmuster für Zwecke des Unternehmens handelt (§ 3 Abs. 1b Satz 1 Nr. 3 UStG) (Rz. 126 ff.).

74 Voraussetzung ist zudem nach § 3 Abs. 1b Satz 2 UStG, dass der Gegenstand oder seine Bestandteile zum vollen oder teilweisen **Vorsteuerabzug** berechtigt haben (Rz. 141 ff.).

75 § 3 Abs. 1b UStG fingiert die **Entgeltlichkeit**, nicht aber auch die Lieferung. Bei einer Zuwendung an andere Personen ergibt sich dies daraus, dass der Unternehmer dem Empfänger die eigentümerähnliche Verfügungsmacht an dem Gegenstand verschafft. Bei der Entnahme durch den Unternehmer für sich selbst nach § 3 Abs. 1b Satz 1 Nr. 1 UStG kommt es darauf an, dass der Unternehmer seinem **Unternehmensbereich** die **eigentümerähnliche Verfügungsmacht entzieht**. Ob man hierin die zusätzliche Fiktion einer Lieferung oder nur den Verzicht auf einen vom Lieferer personenverschiedenen Abnehmer sieht, ist letztlich unerheblich.

2. Unionsrechtliche Grundlagen

76 § 3 Abs. 1b UStG beruht auf **Art. 16 MwStSystRL**. Danach ist einer Lieferung gegen Entgelt gleichgestellt die Entnahme eines Gegenstands durch einen Steuerpflichtigen aus seinem Unternehmen

- für seinen privaten Bedarf,
- für den Bedarf seines Personals,
- als unentgeltliche Zuwendung oder
- allgemein für unternehmensfremde Zwecke,

wenn dieser Gegenstand oder seine Bestandteile zum vollen oder teilweisen Vorsteuerabzug berechtigt haben. Entnahmen für Geschenke von geringem Wert und für Warenmuster für die Zwecke des Unternehmens sind von dieser Gleichstellung ausgenommen (Art. 16 Unterabs. 2 MwStSystRL).

77 Während das nationale Recht zwischen Entnahme für eigene Zwecke des Unternehmers und Zuwendung an andere unterscheidet, ist nach der Richtlinie die **Entnahme** der **Oberbegriff** für **alle Fallgestaltungen**. Die unionsrechtliche Begrifflichkeit erscheint vorzugswürdig. Befremdlich wirkt auch die von der Richtlinie abweichende Fallgruppenbildung des nationalen Rechts.

78 Art. 16 MwStSystRL stellt wie auch Art. 26 MwStSystRL bestimmte Umsätze, für die der Steuerpflichtige (Unternehmer) keine tatsächliche Gegenleistung erhält, einer entgeltlich ausgeführten Leistung gleich. Dies soll sicherstellen, dass der **Unternehmer, der** für seinen privaten Bedarf oder den seines Personals einen Gegenstand **entnimmt**, und der **Endverbraucher**, der einen Gegenstand gleicher Art

1 EuGH, Urt. v. 11.6.2020 – C-242/19, ECLI:EU:C:2020:466 – CHEP Equipment Pooling, UR 2020, 516 m. Anm. *Sterzinger*.

erwirbt, **gleich behandelt** werden.[1] Art 16 MwStSystRL wie auch Art. 26 Abs. 2 Buchst. a MwStSystRL verhindern damit, dass ein Unternehmer, der beim Kauf eines seinem Unternehmen zugeordneten Gegenstands die Mehrwertsteuer abziehen konnte, unbesteuert bleibt, wenn er einen Unternehmensgegenstand für seinen privaten Bedarf oder den seines Personals entnimmt, und damit gegenüber einem Endverbraucher, der den Gegenstand unter Zahlung von Mehrwertsteuer erwirbt, bevorzugt wäre.[2]

3. Verhältnis zu anderen Vorschriften und Rechtsentwicklung

a) Verhältnis zu anderen Vorschriften

aa) Vorsteuerabzug

Die Gegenstandsentnahme nach § 3 Abs. 1b UStG steht in einem vielfältigen Spannungsverhältnis zum Vorsteuerabzug und zur Vorsteuerberichtigung. Klar ist dabei, dass die Entnahmebesteuerung eine **Berechtigung** zum **Vorsteuerabzug** in Bezug auf den entnommenen Gegenstand **voraussetzt**, wie sich aus Satz 2 der Vorschrift ergibt. Damit stellt sich die Frage, ob die Entnahmebesteuerung gemäß § 3 Abs. 1b UStG vorsteuerabzugsbegründend wirken kann. Im Rahmen der **Verwendungsentnahme** nach § 3 Abs. 9a Nr. 1 UStG **bejaht** der **EuGH** dies bei der privaten Mitverwendung eines im Unternehmen mit Vorsteuerabzug genutzten Gegenstandes (Rz. 581 ff.). Eine derart gemischte Nutzung kommt bei einem Erwerb ausschließlich zur Entnahme nicht in Betracht. In diesem Sinne **verneint** der **BFH** eine **vorsteuerabzugsbegründende Wirkung der Gegenstandsentnahme.**[3] Davon zu trennen ist die Frage, ob eine Entnahme auch dann zu bejahen ist, wenn eine Gegenstandsübertragung mit mehreren Zielsetzungen verbunden ist, wobei Zwecke außerhalb des Unternehmens als nebensächlich anzusehen sind. 79

bb) Vorsteuerberichtigung

Die Besteuerung der Gegenstandsentnahme nach § 3 Abs. 1b UStG beschränkt sich nicht auf eine Rückgängigmachung eines vorherigen **Vorsteuerabzugs.** Dies ergibt sich bereits aus der Steuersatzfindung nach § 12 i.V.m. § 13 Abs. 1 Nr. 2 UStG (§ 13 Rz. 77), die auf den Entnahmezeitpunkt bezogen ist. Im Hinblick auf die mit der Entnahmebesteuerung bezweckte Endverbraucherbehandlung des Unternehmers (Rz. 78) und die sich daraus ergebende Besteuerung besteht ein grundsätzlicher **Vorrang der Entnahmebesteuerung gegenüber** der **Vorsteuerberichtigung** nach § 15a UStG. 80

Im Verhältnis zur Vorsteuerberichtigung ist zwischen einer Gegenstandsentnahme **vor und nach Ablauf der Berichtigungszeiträume** des § 15a UStG zu unterscheiden. Die Entnahme noch während des Berichtigungszeitraums kann gemäß § 15a Abs. 8 und 9 UStG zu einer Änderung der Verhältnisse und damit zu einer Berichtigung führen (§ 15a Rz. 180 ff.). So ist es z.B., wenn ein bebautes Grundstück, das der Unternehmer steuerpflichtig mit Recht auf Vorsteuerabzug erworben hatte, steuerfrei (Rz. 92) entnommen wird. Unterbleibt die Entnahmebesteuerung, kann dies zu einer Berichtigung nach § 15a Abs. 3 Satz 3 UStG (§ 15a Rz. 129 ff.) führen. 81

Der Ablauf der Berichtigungszeiträume des § 15a UStG steht einer nachfolgenden Entnahmebesteuerung gemäß § 3 Abs. 1b UStG dem Grunde nach nicht entgegen.[4] Ungeklärt ist allerdings, ob dies auch für die Verwendungsentnahme gilt (Rz. 574 ff.). 82

---

1 EuGH, Urt. v. 20.1.2005 – C-412/03, ECLI:EU:C:2005:47 – Hotel Scandic Gåsabäck, UR 2005, 98, Rz. 23; vgl. auch EuGH, Urt. v. 26.9.1996 – C-230/94, ECLI:EU:C:1996:352 – Enkler, UR 1996, 418, Rz. 35; EuGH, Urt. v. 16.10.1997 – C-258/95, ECLI:EU:C:1997:491 – Julius Fillibeck Söhne/Finanzamt Neustadt, UR 1998, 61, Rz. 25, sowie EuGH, Urt. v. 17.5.2001 – C-322/99 und C-323/99, ECLI:EU:C:2001:280 – Fischer und Brandenstein, UR 2001, 293, Rz. 56.

2 EuGH, Urt. v. 20.1.2005 – C-412/03, ECLI:EU:C:2005:47 – Hotel Scandic Gåsabäck, UR 2005, 98, Rz. 23; vgl. auch EuGH, Urt. v. 6.5.1992 – C-20/91, ECLI:EU:C:1992:192 – De Jong/Staatssecretaris van Financiën, UR 1992, 271, Rz. 15; EuGH, Urt. v. 26.9.1996 – C-230/94, ECLI:EU:C:1996:352 – Enkler, UR 1996, 418, Rz. 33; EuGH, Urt. v. 8.3.2001 – C-415/98, ECLI:EU:C:2001:136 – Bakcsi, UR 2001, 149, Rz. 42, sowie EuGH, Urt. v. 17.5.2001 – C-322/99 und C-323/99, ECLI:EU:C:2001:280 – Fischer und Brandenstein, UR 2001, 293, Rz. 56.

3 BFH, Urt. v. 13.1.2011 – V R 12/08, BStBl. II 2012, 61 = UR 2011, 295 m. Anm. *Filtzinger.*

4 Vgl. EuGH, Urt. v. 16.6.2016 – C-229/15, ECLI:EU:C:2016:454 – Mateusiak.

cc) Einlage

83 Umkehrfall der Entnahme ist die Einlage, bei der ein z.B. privat erworbener Gegenstand zunächst ausschließlich privat und später ausschließlich unternehmerisch verwendet wird. Ob dabei bereits beim Erwerb eine Unternehmerstellung bestand, ist für Fallgestaltungen dieser Art eigentlich unerheblich. § 3 Abs. 1b UStG enthält zur Einlage **keine Regelung**.

84 Denkbar ist hier entsprechend dem Gesetzeswortlaut des § 15a UStG die Annahme einer **Vorsteuerberichtigung**. Diese wird allerdings von der h.M. abgelehnt.[1] Maßgeblich ist hierfür die verfehlte Annahme, dass die Vorsteuerberichtigung einen Leistungsbezug als Unternehmer voraussetzt, woran es auch bei einer im Erwerbszeitpunkt bestehenden Unternehmereigenschaft fehlen kann.

85 Allerdings ist die bisherige Sichtweise der h.M. dadurch ins Wanken geraten, dass der **EuGH** eine Vorsteuerberichtigung bei juristischen Personen des öffentlichen Rechts dadurch zulässt, dass er zwar am **Erfordernis** des **Leistungsbezugs** als **Unternehmer** formal festhält, dieses Kriterium aber **bis zu Unkenntlichkeit auflöst**, so dass es im Grunde genommen nur noch auf eine Unternehmereigenschaft beim Erwerb ankommt.[2] Im Hinblick auf das Erfordernis einer rechtsformneutralen Besteuerung muss dies für alle Unternehmer gelten. Nach der hier vertretenen Auffassung ist die Vorsteuerberichtigung weitestgehend zu bejahen.

dd) Verhältnis zur Verwendungs- und Dienstleistungsentnahme

86 Neben der Gegenstandsentnahme in § 3 Abs. 1b UStG bestehen gesonderte Tatbestände für die Verwendungs- und Dienstleistungsentnahme nach § 3 Abs. 9a Nr. 1 und 2 UStG. Sie unterscheiden sich von der Gegenstandsentnahme durch die **Entnahmeart**, die dort in der Erbringung einer sonstigen Leistung besteht, wobei zwischen der Gegenstandsverwendung und anderen sonstigen Leistungen unterschieden wird (Rz. 552).

ee) Rechtsfolgen bei Bejahung des Entnahmetatbestandes

(1) Geschäftsveräußerung, Bemessungsgrundlage und Steuerentstehung

87 Liegen die Voraussetzungen des § 3 Abs. 1b UStG vor, kann die Entnahme gleichwohl als Geschäftsveräußerung nach § 1 Abs. 1a UStG nicht steuerbar sein (§ 1 Rz. 220 ff.).

88 Mit § 10 Abs. 4 Satz 1 Nr. 1 UStG (§ 10 Rz. 139 ff.) besteht eine eigenständige Regelung zur Bestimmung der Bemessungsgrundlage.

89 Die Steuer entsteht nach § 13 Abs. 1 Nr. 2 UStG mit der Leistungsausführung (§ 13 Rz. 77) mit dem dann geltenden Steuersatz.

(2) Ort und Steuerbefreiungen

90 Alles andere ist weitgehend **unklar.** Dies gilt insbesondere für die Ortsbestimmung und die Anwendung von Steuerbefreiungen. Ausdrückliche gesetzliche Regelungen bestehen hier nach der **Aufhebung** der besonderen Ortsregelung in **§ 3f UStG**, für die es keine Entsprechung in der Richtlinie gab, mit Ausnahme von § 6 Abs. 5 UStG (§ 6 Rz. 175 ff.) nicht mehr.

91 Feststeht insoweit nur, dass der **EuGH** einer **unmittelbaren** oder auch **analogen Anwendung** der für entgeltlichen Leistungen geltenden Regelungen **reserviert gegenübersteht**. So hat es der EuGH abgelehnt, in der Selbstnutzung eines Grundstücks eine Vermietung zu sehen.[3] Dies spricht für die vom BFH[4] verneinte Anwendung der Steuerfreiheit von Ausfuhrlieferungen auf Entnahmen, was dann

---

1 Vgl. z.B. Abschn. 15a.1 Abs. 6 UStAE.

2 EuGH, Urt. v. 25.7.2018 – C-140/17, ECLI:EU:C:2018:595 – Gmina Ryjewo, UR 2018, 687 m. Anm. *Küffner/Kirchinger* und Anm. *Sterzinger.*

3 EuGH, Urt. v. 8.5.2003 – C-269/00, ECLI:EU:C:2003:254 – Seeling, BStBl. II 2004, 378 = UR 2003, 288 m. Anm. *Burgmaier.*

4 BFH, Urt. v. 19.2.2014 – XI R 9/13, BStBl. II 2014, 597 = UR 2014, 523.

auch zur Unanwendbarkeit der Steuerbefreiung für innergemeinschaftliche Lieferungen auf Entnahmen führt.

Von besonderer Bedeutung ist die **Steuerfreiheit** der **Grundstücksübertragung**. Liegt bei den Entnahmen des § 3 Abs. 1b UStG ein Rechtsträgerwechsel vor, lässt sich die Anwendung von § 4 Nr. 9 Buchst. a UStG, der auf einer unionsrechtlichen Sonderermächtigung beruht (§ 4 Nr. 9 Buchst. a Rz. 11 f.), unproblematisch bejahen.[1] Fraglich, aber von der FinVerw. gleichfalls akzeptiert, ist die Steuerfreiheit auch der schlichten **Entnahme ohne Rechtsträgerwechsel**.[2] Ein Verzicht nach § 9 UStG mit Rechnungserteilung ist entgegen der Verwaltungsauffassung im Einzelfall möglich (§ 9 Rz. 54). 92

Unklarheiten bestehen in Bezug auf die Bestimmung des **Entnahmeorts**. Eine ausdrücklich auf den Unternehmensort abstellende Regelung enthält weder das Unionsrecht noch (nach Aufhebung von § 3f UStG) das nationale Recht. Dies führt zur grundsätzlichen Anwendung von § 3 Abs. 7 Satz 1 UStG und Art. 31 MwStSystRL. Entnahmeort ist dann der Ort, an dem sich der **Gegenstand bei** der Vornahme der **Entnahme befindet**. Entscheidet sich der Unternehmer zu einem steuerbaren Spontangeschenk im Ausland, ist dieses im Inland nicht steuerbar. Die zusätzliche Anwendung von § 3 Abs. 6 UStG und Art. 32 Unterabs. 1 MwStSystRL erscheint demgegenüber fraglich. 93

(3) Steuersatz

Die für Lieferungen bestehenden Steuersatzermäßigungen gelten auch für die Entnahmen nach § 3 Abs. 1b UStG. Dies gilt auch für § 12 Abs. 2 Nr. 8 UStG, soweit die Anwendung dieser Vorschrift im Rahmen richtlinienkonformer Auslegung möglich ist (§ 12 Abs. 2 Nr. 8 Rz. 5). 94

b) Rechtsentwicklung

§ 3 Abs. 1b UStG ist mit Wirkung zum 1.4.1999 in Kraft getreten und löste die bis dahin geltenden Tatbestände des Entnahmeeigenverbrauchs nach § 1 Abs. 1 Nr. 2 Satz 2 Buchst. a UStG (heute: § 3 Abs. 1b Satz 1 Nr. 1 UStG) und der unentgeltlichen Lieferung an Arbeitnehmer aufgrund des Dienstverhältnisses (heute: § 3 Abs. 1b Satz 1 Nr. 2 UStG) ab. Dem **alten Recht fehlte** die sich jetzt aus § 3 Abs. 1b Satz 2 UStG ergebende **Anknüpfung** an den **Vorsteuerabzug**. Als die Entnahmevorschriften in der Praxis vorübergehend außer Kraft setzende Regelung sind die Billigkeitsmaßnahmen im Zusammenhang mit der Corona-Krise zu beachten, die nunmehr bis zum 31.12.2022 gelten.[3] 95

II. Einzelerläuterungen

1. Unentgeltliche Lieferung

a) Unentgeltlichkeit

Die Gleichstellung mit einer Lieferung gegen Entgelt setzt in allen Fällen des § 3 Abs. 1b Satz 1 UStG einen unentgeltlichen Vorgang voraus. Dass die Unentgeltlichkeit in § 3 Abs. 1b Satz 1 Nr. 1 UStG nicht gesondert genannt ist, spielt keine Rolle, da der Gesetzgeber hier wohl vorrangig an die **unentgeltliche Eigenentnahme** durch Einzelunternehmer gedacht hat. 96

Jegliches Entgelt führt unabhängig von seiner Höhe zur unmittelbaren Anwendung von § 1 Abs. 1 Nr. 1 UStG. Eine Korrektur der Entgelthöhe kann nach § 10 Abs. 5 UStG erfolgen (§ 10 Rz. 175 ff.). Eine nur **symbolische Preisvereinbarung** ist nicht als Entgelt anzusehen. 97

---

1 BFH, Urt. v. 18.11.1999 – V R 13/99, UR 2000, 156 m. Anm. *Husmann* und BFH, Urt. v. 6.5.2010 – V R 26/09, UR 2010, 902.

2 Abschn. 4.9.1 Abs. 2 Nr. 6 UStAE und BMF v. 22.9.2008 – IV B 8-S 7109/07/10002, BStBl. I 2008, 895; zur Entnahme mit Rechtsträgerwechsel vgl. z.B. BFH, Urt. v. 2.10.1986 – V R 91/78, BStBl. II 1987, 44 = UR 1987, 14 m. Anm. *Weiß*.

3 BMF, Schr. v. 14.12.2021, BStBl. I 2021, 2500 = UR 2022, 120.

98 Gesondert zu prüfen ist stets, ob eine vordergründig unentgeltliche Zuwendung nicht im Rahmen eines **tauschähnlichen Verhältnisses** nach § 3 Abs. 12 UStG erfolgt. Dies gilt gleichermaßen für Zuwendungen an das Personal gemäß § 3 Abs. 1b Satz 1 Nr. 2 UStG (Rz. 123 ff.) wie auch an Dritte nach § 3 Abs. 1b Satz 1 Nr. 3 UStG (Rz. 126 ff.).[1]

99 Auch die Abgabe von Gegenständen gegen **Gutscheine**, die beim entgeltlichen Warenerwerb kostenlos ausgegeben werden, erfolgt unentgeltlich, da das für den Warenerwerb entrichtete Entgelt in keinem unmittelbaren Zusammenhang mit der späteren Ausgabe des Gegenstandes steht.[2]

100 Entgeltlich ist demgegenüber nach der zutreffenden Verwaltungsauffassung die Abgabe von **Mehr- oder Zusatzstücken** im Zusammenhang mit einer entgeltlichen Leistung.[3]

b) Unternehmensgegenstand

101 § 3 Abs. 1b UStG bezieht sich in allen Fällen nur auf Unternehmensgegenstände. Dabei ist auch die **verfehlte Zuordnungsrechtsprechung des EuGH** (Rz. 581 ff.) zu beachten. Bei einer gemischten Verwendung für Zwecke einer entgeltlichen Leistungstätigkeit und einer Privatnutzung kann danach ein Unternehmensgegenstand ganz, teilweise oder überhaupt nicht vorliegen. Unterbleibt diese Zuordnung vollständig, kann es nicht zu einer Entnahme kommen. Dabei sind die für juristische Personen bestehenden Besonderheiten zu beachten (Rz. 116 ff.). Liefert z.B. eine juristische Person des öffentlichen Recht den mit einer KWK- oder Biogasanlage hergestellten Strom (entsprechend ihrer Absicht beim Anlagenerwerb) gegen Entgelt, während sie die daneben entstehende Wärme hoheitlich nutzt, ist die Anlage nur im Umfang der Stromerzeugung Unternehmensgegenstand und berechtigt auch nur insoweit zum Vorsteuerabzug. Die hoheitliche Wärmeverwendung führt dann mangels Zuordnungsrechts nicht zu einer Entnahmebesteuerung nach § 3 Abs. 1b Satz 1 Nr. 1 UStG.

102 Zu unternehmerischen Entnahmehandlungen kann es auch im Zusammenhang mit **Privatgegenständen** kommen. Erwirbt z.B. ein Bauunternehmer ein **Grundstück allein** zur Verwendung für **private Zwecke** und errichtet er darauf im Rahmen seiner beruflichen Tätigkeit ein Wohnhaus für sich selbst, wird nur das Haus, nicht aber das Grundstück für den privaten Bedarf entnommen.[4] Dabei kommt entsprechend den Verhältnissen des Einzelfalles sowohl eine Entnahme des schlüsselfertig im Unternehmen errichteten Gebäudes einerseits wie auch eine Entnahme von Baustoffen verbunden mit einer Verwendungs- und Dienstleistungsentnahme andererseits in Betracht.[5] Zu beachten ist zudem, dass die Errichtung eines Privatgebäudes mit Unternehmensmitteln dem Vorsteuerabzug entgegensteht und damit auch den Umfang der Entnahmebesteuerung einschränkt.[6]

c) Lieferung

103 Die Entnahmetatbestände des § 3 Abs. 1b Satz 1 UStG können, müssen aber nicht zu einem **Rechtsträgerwechsel** im Sinne einer Übertragung zwischen dem Unternehmer und einer anderen Person als Zuwendungsempfänger führen. Eine derartige Übertragung liegt in den Zuwendungsfällen des § 3 Abs. 1b Satz 1 Nr. 2 und 3 UStG stets vor, während sie bei § 3 Abs. 1b Satz 1 Nr. 1 UStG fehlen kann.

104 Soweit ein Rechtsträgerwechsel gegeben ist, setzt § 3 Abs. 1b Satz 1 UStG eine **Verschaffung eigentümerähnlicher Verfügungsmacht** i.S.d. § 3 Abs. 1 UStG voraus. Bei Entnahmen nach § 3 Abs. 1b Satz 1 Nr. 1 UStG ohne Rechtsträgerwechsel kommt es darauf an, dass dem Unternehmen die eigentümerähnliche Verfügungsmacht entzogen wird. Dies ist z.B. beim privaten Verbrauch von Handelsware durch den Einzelhändler oder für die Bebauung eines Unternehmensgrundstücks mit einem (nur) privat nutzbaren Wohngebäude (Rz. 102) zu bejahen.

1 Zutreffend Abschn. 1.8 Abs. 1 Satz 1 und Abschn. 3.3. Abs. 17 UStAE.
2 EuGH, Urt. v. 27.4.1999 – C-48/97, ECLI:EU:C:1999:203 – Kuwait Petroleum, UR 1999, 278.
3 Abschn. 3.3. Abs. 18 ff. UStAE.
4 EuGH, Urt. v. 6.5.1992 – C-20/91, ECLI:EU:C:1992:192 – De Jong/Staatssecretaris van Financiën, UR 1992, 271.
5 BFH, Urt. v. 21.4.1988 – V R 135/83, UR 1988, 352.
6 BFH, Urt. v. 23.9.2009 – XI R 18/08, BStBl. II 2010, 313 = UR 2010, 237.

Wie im Grundtatbestand der Lieferung (Rz. 15 ff.) kommt es für die Verschaffung der eigentümerähnlichen Verfügungsmacht **nicht** auf einen **zivilrechtlichen Eigentumsübergang** an. 105

So setzt die Entnahme einerseits keine zivilrechtliche Eigentumsübertragung voraus. Daher hat der BFH die Entnahme z.B. auch bei der Bestellung eines **lebenslänglichen unentgeltlichen Nießbrauchs** an einem unternehmerisch genutzten bebauten Grundstück zugunsten einer Person, die bei der Bestellung eine statistische Lebenserwartung von 12 Jahren hatte und die die unternehmerische Tätigkeit fortsetzte, bejaht.[1] 106

Umgekehrt führt die zivilrechtliche Eigentumsübertragung nicht zwingend zur Entnahme. Daher wird ein Grundstück noch nicht geliefert, wenn der Steuerpflichtige zwar das Eigentum daran überträgt, es aber aufgrund eines gleichzeitig vereinbarten **Vorbehaltsnießbrauchs** wie bisher besitzt und den Ertrag durch Fortsetzung der bestehenden Mietverhältnisse zieht, wobei dies dann auch der Annahme einer Entnahme entgegensteht.[2] Die FinVerw. scheint die Konsequenz des bislang nicht im BStBl. veröffentlichten Urteils mittlerweile zu akzeptieren.[3] 107

An einer Entnahme fehlt es auch, wenn der Einzelunternehmer und sein Nichtunternehmer-Ehegatte das vom Einzelunterunternehmer weiter genutzte **Grundstück** auf einen **Abkömmling unter Nießbrauchvorbehalt übertragen.**[4] 108

Im Gegensatz zum Vorbehaltsnießbrauch führt die **unentgeltliche Übertragung** eines im Alleineigentum eines Einzelunternehmers stehenden **Unternehmensgrundstücks** auf einen Abkömmling trotz unveränderter Weiterverwendung des Grundstücks aufgrund eines gleichzeitig abgeschlossenen Pachtvertrags auch dann zur Gegenstandsentnahme, wenn der Bedachte das Unternehmen nach dem Versterben des Einzelunternehmers fortführen soll.[5] 109

2. Entnahmezwecke

a) Zwecke außerhalb des Unternehmens (Absatz 1b Satz 1 Nr. 1)

aa) Systematik

§ 3 Abs. 1b Satz 1 Nr. 1 UStG stellt auf **Zwecke** ab, die **außerhalb des Unternehmens** liegen. Hierfür besteht **keine unmittelbare Grundlage** in der **Richtlinie**. Das nationale Recht fasst damit den ersten und den letzten Fall von Art. 16 MwStSystRL zusammen und bezieht sich somit auf die Entnahme für den privaten Bedarf des Unternehmers sowie auf die Verfolgung allgemein unternehmensfremder Zwecke. 110

bb) Privater Bedarf des Unternehmers

Der private Bedarf des Unternehmers ist derselbe, der bei seiner **Lebensführung als Endverbraucher** entsteht. Insoweit bestehen keine Unterschiede zum privaten Bedarf des Personals (Rz. 123). 111

Der Tatbestand kann nur beim **Einzelunternehmer** zutreffen, nicht aber bei Personengesellschaften oder juristischen Personen, bei denen der Unternehmer keine natürliche Person ist und sich daher nicht in der Lage eines Endverbrauchers befindet. 112

---

1 BFH, Urt. v. 16.9.1987 – X R 51/81, BStBl. II 1988, 205 = UR 1988, 152 m. Anm. *Weiß* – § 1 Abs. 1a UStG galt im Streitfall noch nicht; zur Nießbrauchbestellung vgl. auch BFH, Urt. v. 2.2.1989 – V R 98/84, BFH/NV 1989, 604 = UR 1989, 181 m. Anm. *Widmann*.

2 BFH, Urt. v. 13.11.1997 – V R 66/96, BFHE 184, 134 = UR 1998, 101; dem steht die spätere EuGH-Rechtsprechung (EuGH, Urt. v. 15.12.2005 – C-63/04, ECLI:EU:C:2005:773 – Centralan Property, UR 2006, 418), die keinen Nutzungsvorbehalt betrifft, nicht entgegen.

3 Vgl. OFD Hannover, Vfg. v. 11.6.2008 – S 7109-10-StO 172, UR 2008, 671, Beispiel 6; im Hinblick hierauf wirkt Abschn. 3.3 Abs. 8 UStAE unvollständig.

4 BFH, Urt. v. 26.4.1995 – XI R 5/94, BStBl. II 1996, 248 = UR 1996, 121 m. Anm. *Weiß*.

5 BFH, Urt. v. 2.10.1986 – V R 91/78, BStBl. II 1987, 44 = UR 1987, 14 m. Anm. *Weiß*.

cc) Unternehmensfremde Zwecke

(1) Bedeutung des Unternehmens

113 Eigentlich sollte die Bestimmung des Unternehmensfremden keine Schwierigkeiten bereiten. Bei steuersystematischer Betrachtung bezieht sich dieser Begriff auf das, was dem Unternehmen fremd ist, da es nicht zum Unternehmen im Sinne einer wirtschaftlichen (unternehmerischen) Tätigkeit, mit der Leistungen gegen Entgelt erbracht werden, gehört.

114 Bei **Vereinen** gehören hierzu die rein ideelle Tätigkeit, ohne dass dabei entgeltliche Leistungen erbracht werden, und bei **juristischen Personen des öffentlichen Rechts** die Hoheitstätigkeit ohne entgeltliche Leistungserbringung. Beides lässt sich auch als Verfolgung satzungsmäßiger Zwecke durch juristische Personen umschreiben.

115 Auf dieser tradierten Grundlage ist der BFH seit jeher davon ausgegangen, dass z.B. eine **Gemeinde**, die Mittel ihres Unternehmens für Hoheitszwecke entnimmt, den Entnahmetatbestand verwirklicht.[1]

(2) EuGH-Rechtsprechung

116 Diese Sichtweise wird bekanntlich durch das EuGH-Urteil *VNLTO* in Frage gestellt. Hier ging es um die **Reichweite der Zuordnungsrechtsprechung** (Rz. 581 ff.). Beim Gegenstandserwerb ermöglicht diese bei nur teilweiser Verwendung für zum Vorsteuerabzug berechtigende entgeltliche Umsätze einen vollen Vorsteuerabzug im Hinblick auf eine **private Mitverwendung**, die zur Besteuerung einer Verwendungsentnahme führt. Zu entscheiden war, ob dies auch zugunsten einer juristischen Person wirkt, bei der an die Stelle der privaten Mitverwendung eine Mitverwendung für ideelle Zwecke ohne entgeltliche Leistungserbringung tritt.

117 Der **EuGH** hat diesen vollen Vorsteuerabzug mit bis heute **nicht entschlüsselten Begründungsfolgen** verneint. Er sieht bei einem Verein die ideelle Mitverwendung ohne entgeltliche Leistungserbringung als nicht unternehmensfremd an, da es sich um die Haupttätigkeit des Vereins handele. Ebenso hat er später in Bezug auf das Erfordernis einer unternehmerischen Mindestnutzung beim Vorsteuerabzug im Zusammenhang mit der Hoheitstätigkeit einer juristischen Person des öffentlichen Rechts entschieden.[2]

118 Überträgt man diese eigentlich zum Vorsteuerabzug ergangene Rechtsprechung auf die isolierte Frage, was unternehmensfremd ist, kommt bei einem Verein oder einer Gemeinde, die Gegenstände aus ihren Unternehmen für ideelle oder hoheitliche Zwecke entnehmen, ohne dass bei dieser Zweckverfolgung entgeltliche Leistungen erbracht werden, die Vornahme einer Entnahmebesteuerung nicht mehr in Betracht. Ebendies bejaht der EuGH auf ausdrückliche Nachfrage. Danach ist im Fall einer jPdöR als Organträger mit einer GmbH als Organgesellschaft die Erbringung einer Dienstleistung durch die GmbH im Zusammenhang mit der von der jPdöR ausgeübten hoheitlichen Tätigkeit nicht als Dienstleistungsentnahme zu besteuern.[3] Welche Bedeutung dem zukommt, ist im Hinblick auf eine zweite EuGH-Vorlage[4] in derselben Rechtssache noch offen, da sich die Verneinung der Entnahme möglicherweise auf organschaftliche Fallgestaltungen beschränken könnte. Die vom EuGH zur Dienstleis-

---

1 BFH, Urt. v. 10.2.1994 – V R 33/92, BStBl. II 1994, 668 = UR 1994, 311 m. Anm. *Weiß* zur Verwendungsentnahme einzelner Schwimmbahnen eines städtischen Schwimmbads für Zwecke des Schul- oder Vereinsschwimmens. Stellt eine Gemeinde demgegenüber ein Parkhaus zeitweise (z.B. in der Weihnachtszeit) Benutzern gebührenfrei zur Verfügung, ergibt sich daraus kein Verwendungseigenverbrauch, wenn damit neben dem Zweck der Verkehrsberuhigung auch dem Parkhausunternehmen dienende Zwecke (z.B. Kundenwerbung) verfolgt werden, vgl. BFH, Urt. v. 10.12.1992 – V R 3/88, BStBl. II 1993, 380 = UR 1993, 228 und Abschn. 3.4 Abs. 6 Satz 5 UStAE.

2 EuGH, Urt. v. 15.9.2016 – C-400/15, ECLI:EU:C:2016:687 – Landkreis Potsdam-Mittelmark, UR 2016, 840 m. Anm. *Sterzinger*.

3 EuGH, Urt. v. 1.12.2022 – C-269/20, ECLI:EU:C:2022:944 – Finanzamt T, UR 2023, 36 m. Anm. *Küffner*, Zweite Antwort – Vorlage durch BFH, Vorlagebeschl. v. 7.5.2020 – V R 40/19, UR 2020, 541 m. Anm. *Küffner/Kirchinger* und Anm. *Widmann*.

4 BFH, Vorlagebeschl. v. 26.1.2023 – V R 20/22 (V R 40/19), BStBl. II 2023, 530 = UR 2023, 325 m. Anm. *Widmann* und m. Anm. *Zitzl*.

tungsentnahme (Rz. 593 ff.) entschiedene Frage ist ebenso zur Bestimmung des Unternehmensfremden für die Gegenstandsentnahme und die Verwendungsentnahme (Rz. 574 ff.) von Bedeutung.

Immerhin ist auch dem EuGH die **Ableitung des Unternehmensfremden** aus dem Unternehmen (Rz. 113) nicht völlig fremd. Erlangt z.B. ein Leasinggeber nach Kündigung wegen Zahlungsverzugs den Leasinggegenstand vom Leasingnehmer nicht zurück, liegt keine unentgeltliche Lieferung des Leasinggegenstandes vor, da die Überlassung den Kern der wirtschaftlichen Tätigkeit des Leasinggebers darstellt und daher nicht unternehmensfremd ist.[1] Auch eine Zuwendung i.S.d. § 3 Abs. 1b Satz 1 Nr. 3 UStG (Rz. 126 ff.) ist hier zu verneinen. 119

dd) Sonderfälle

(1) Unternehmensaufgabe

Zu Gegenstandsentnahmen kann es bei der Beendigung der unternehmerischen Tätigkeit kommen. 120
So ist es z.B., wenn das bisherige **Einzelunternehmen** durch eine **Personengesellschaft fortgeführt** wird und der bisherige Einzelunternehmer Gegenstände seines bisherigen Unternehmensvermögens unentgeltlich zur Nutzung überlässt.[2]

Dabei ist aber zwischen Unternehmen und Unternehmerstellung zu trennen. So beendet das **Versterben des Einzelunternehmers** zwar dessen Unternehmereigenschaft, der Gesamtrechtsnachfolger rückt aber in die Unternehmerstellung ein und kann die wirtschaftliche Tätigkeit des Erblassers fortführen oder das Unternehmensvermögen auflösen, wobei er dann bei der Liquidation des Unternehmens als Unternehmer handelt.[3] 121

(2) Zerstörung, Untergang oder Diebstahl

Zerstörung, Untergang oder Diebstahl begründen **keine Gegenstandsentnahme**. Dies gilt auch für den Untergang eines Unternehmensfahrzeugs bei einer Privatfahrt. 122

b) Privater Bedarf des Personals (Absatz 1b Satz 1 Nr. 2)

Die Besteuerung der unentgeltlichen Zuwendung von Gegenständen im Sinne der Verschaffung einer eigentümerähnlichen Verfügungsmacht durch den Unternehmer an sein Personal beschäftigt die Gerichts- und Verwaltungspraxis eher selten. Dies liegt zum einen daran, dass der Unternehmer Sachzuwendungen an sein Personal im Regelfall in Form von **sonstigen Leistungen** gewährt, auf die § 3 Abs. 9a UStG (Rz. 552 ff.) anzuwenden ist. Soweit zum anderen Lieferungen vorliegen, erfolgen diese im Regelfall durch **Personalrabatt verbilligt** und unterliegen dann als entgeltliche Leistung § 10 Abs. 5 Satz 1 Nr. 2 UStG (§ 10 Rz. 190 ff.). Als praktischer Anwendungsfall verbleiben dann z.B. **Deputate**, bei denen es sich auch um Getränke oder andere Genussmittel handeln kann.[4] 123

Dem Begriff der **Aufmerksamkeiten** kommt bei unionsrechtlicher Betrachtung keine eigenständige Bedeutung zu, da es sich hierbei nur um Geschenke von geringem Wert oder Warenmuster für Zwecke des Unternehmens handeln kann (Rz. 76). Ist die Aufmerksamkeit ein Geschenk von geringem Wert, liegt keine Gegenstandsentnahme vor. Handelt es sich um **höherwertige Geschenke** (ohne Aufmerksamkeitscharakter), ist nach der BFH-Rechtsprechung[5] bei einem Erwerb des Geschenks in Geschenkabsicht der Vorsteuerabzug zu versagen, so dass die Entnahmebesteuerung nach § 3 Abs. 1b Satz 2 UStG unterbleibt. 124

1 EuGH, Urt. v. 17.7.2014 – C-438/13, ECLI:EU:C:2014:2093 – BCR Leasing, UR 2014, 924.
2 BFH, Urt. v. 21.5.2014 – V R 20/13, BStBl. II 2014, 1029 = UR 2014, 769.
3 BFH, Urt. v. 13.1.2010 – V R 24/07, BStBl. II 2011, 241 = UR 2010, 489.
4 Abschn. 1.8 Abs. 14 UStAE.
5 BFH, Urt. v. 9.12.2010 – V R 17/10, BStBl. II 2012, 53 = UR 2011, 313 zur gleich gelagerten Problematik des Betriebsausflugs.

125 Fraglich ist im Übrigen, ob es unentgeltliche Lieferungen an das Personal aus **überwiegend unternehmerischen Gründen** gibt, die nicht als Entnahme zu besteuern sind, da diese Zielsetzung auch bei § 3 Abs. 1b Satz 2 Nr. 3 UStG der Entnahmebesteuerung nicht entgegensteht (Rz. 126 ff.).

c) Unentgeltliche Zuwendung (Absatz 1b Satz 1 Nr. 3)

126 Nach § 3 Abs. 1b Satz 3 Nr. 3 und Satz 2 UStG unterliegt die unentgeltliche Zuwendung von Gegenständen, die zum Vorsteuerabzug berechtigt hat, der Entnahmebesteuerung. Maßgeblich ist die Zuwendung, nicht aber ihr Zweck.

127 In **Abgrenzung** zu § 3 Abs. 1b Satz 1 Nr. 1 und 2 UStG zeigt sich dies daran, dass § 3 Abs. 1b Satz 1 Nr. 3 UStG nach der gesetzgeberischen Konzeption unabhängig von den Voraussetzungen der § 3 Abs. 1b Satz 1 Nr. 1 und 2 UStG anzuwenden ist. Denn § 3 Abs. 1b Satz 1 Nr. 1 UStG dient der Umsetzung von Art. 16 Fälle 1, 2 und 4 MwStSystRL (für den „privaten Bedarf" des Steuerpflichtigen, den „Bedarf seines Personals" und „allgemein für unternehmensfremde Zwecke"), während sich die unentgeltliche Zuwendung i.S.v. § 3 Abs. 1b Satz 1 Nr. 3 UStG auf Art. 16 Fall 3 MwStSystRL („Entnahme … als unentgeltliche Zuwendung") bezieht. Daher ist § 3 Abs. 1b Satz 1 Nr. 3 UStG zweckunabhängig ausgestaltet und daher z.B. auch dann anzuwenden, wenn die Entnahme nach § 3 Abs. 1b Satz 1 Nr. 1 UStG am dort genannten Erfordernis des außerunternehmerischen Zwecks scheitert.[1] So sieht es auch der EuGH. Danach erfasst der Zuwendungstatbestand des Art. 16 Fall 3 MwStSystRL eine unentgeltliche Weitergabe **auch** dann, wenn sie „für die **Zwecke des Unternehmens** stattfindet".[2]

128 Davon zu trennen ist die Frage, ob überhaupt eine Zuwendung vorliegt. Dies erfordert, dass der zugewendete Gegenstand nach dem Kriterium eines **„unversteuerten Endverbrauchs"** einem **„tatsächlichen Endverbrauch"** zugeführt wird. Zwar steht aus Sicht des EuGH eine Zuwendung, die „gratis dem öffentlichen Verkehr offensteht, der Anwendung von Art. 5 Abs. 6 der 6. EG-Richtlinie [Art. 16 MwStSystRL] grundsätzlich nicht entgegen." Dienen aber „Arbeiten zum Ausbau" dazu, eine „Gemeindestraße an den Schwerlastverkehr anzupassen", um so den unternehmerisch veranlassten Schwerlastverkehr des zuwendenden **Steinbruchbetreibers** zu ermöglichen, so dass diese Arbeiten „nicht für die Bedürfnisse der betreffenden Gemeinde oder des öffentlichen Verkehrs durchgeführt" werden und die **Straße für den bestimmungsgemäßen Allgemeingebrauch nach der Ausbaumaßnahme nicht anders und vor allem nicht besser als zuvor genutzt** werden kann, fehlt es bereits an einer Zuwendung.[3] Dies lässt sich auch dahingehend umschreiben, dass ein Unternehmer, der sich eigentlich selbst beschenkt und dabei andere aufgedrängt bereichert, nichts i.S. von § 3 Abs. 1b Satz 1 Nr. 3 UStG zuwendet. Soweit sich der EuGH in weiteren Entscheidungen mit vergleichbaren Sachverhalten beschäftigt hat, betraf dies im Wesentlichen den Vorsteuerabzug, nicht aber die eigenständige Auslegung des Zuwendungstatbestandes.[4]

129 In seinem **Folgeurteil zum Steinbruchbetreiber** ist der BFH davon ausgegangen, dass ein unversteuerter Endverbrauch zu verneinen ist, wenn die Zuwendung insbesondere „vor allem für Bedürfnisse des Steuerpflichtigen genutzt [wird] … und der Vorteil des Dritten … allenfalls nebensächlich" ist.[5] Dementsprechend verneint er unter Aufgabe früherer Rechtsprechung[6] den Zuwendungstatbestand nunmehr für die **Errichtung eines Kreisverkehrs**, der eine zuvor „bestehende Straßenkreuzung mit vier Kreuzungsästen" ersetzte, wenn dieser Umbau für die „ordnungsgemäße Anbindung des [Unternehmens]Grundstücks an den öffentlichen Straßenverkehr" als erforderlich angesehen wurde, da es dann an einer Verbesserung für die Allgemeinheit fehlt.

---

1 BFH, Urt. v. 25.11.2021 – V R 45/20, BFHE 275, 392 = UR 2022, 380, Rz. 20.

2 EuGH, Urt. v. 27.4.1999 – C-48/97, ECLI:EU:C:199:203 – Kuwait Petroleum, UR 1999, 278, Rz. 22.

3 EuGH, Urt. v. 16.9.2020 – C-528/19, ECLI:EU:C:2020:712 – Mitteldeutsche Hartstein-Industrie, UR 2020, 840, Rz. 65–67 i.V.m. Rz. 37.

4 Vgl. z.B. EuGH, Urt. v. 22.10.2015 – C-126/14, ECLI:EU:C:2015:712 – Sveda, UR 2015, 910 m. Anm. *Sterzinger* und EuGH, Urt. v. 14.9.2017 – C-132/16, ECLI:EU:C:2017:683 – Iberdrola Inmobilaria Real Estate Investments, UR 2017, 928.

5 BFH, Urt. v. 16.12.2020 – XI R 26/20 (XI R 28/17), BStBl. II 2024, 146 = UR 2021, 465 m. Anm. *Küffner*, Rz. 38 f.; s. hierzu auch Abschn. 3.2 Abs. 4 UStAE.

6 BFH, Urt. v. 14.5.2008 – XI R 60/07, BStBl. II 2008, 721 = UR 2008, 696.

Im Hinblick auf das Erfordernis eines unversteuerten Endverbrauchs ist fraglich und vom EuGH zu entscheiden, ob dieses Kriterium der Annahme einer unentgeltlichen Zuwendung i.S. von Art. 16 MwStSystRL entgegensteht, wenn ein Steuerpflichtiger Wärme aus seinem Unternehmen unentgeltlich an einen anderen Steuerpflichtigen für dessen wirtschaftliche Tätigkeit abgibt und ob es hierfür darauf ankommt, ob der steuerpflichtige Empfänger die Wärme für Zwecke verwendet, die ihn zum Vorsteuerabzug berechtigen.[1] Davon zu trennen ist die Wärmeabgabe für beliebige Zwecke durch den Betreiber einer KWK-Anlage, für die der BFH den Zuwendungstatbestand bejaht hat.[2] Ob die Annahme einer Zuwendung trotz Endverbrauchs im Hinblick auf die Erlangung eines KWK-Bonus vermieden werden kann, was der BFH bislang verneint hat[3], steht erneut zur Entscheidung an.[4] 130

Gesondert zu betrachten ist die Herstellung von **Erschließungsanlagen**. Der BFH ist hier davon ausgegangen, dass der Unternehmer nicht zum Vorsteuerabzug berechtigt ist, wenn er bei deren Errichtung beabsichtigt, diese einer Gemeinde durch Zustimmung zur öffentlich-rechtlichen Widmung der Anlagen unentgeltlich i.S. von § 3 Abs. 1b Satz 1 Nr. 3 UStG zuzuwenden. Dies gilt auch dann, wenn er bei der Herstellung und Zustimmung zur Widmung der Erschließungsanlagen – mittelbar – beabsichtigt, Grundstücke im Erschließungsgebiet steuerpflichtig zu liefern.[5] Zweifel hieran ergeben sich daraus, dass der BFH in seiner Folgeentscheidung zum Steinbruchbetreiber das BFH-Urteil zur Erschließung im Zusammenhang mit dem Vorsteuerabzug (nicht aber im Zusammenhang mit der Zuwendungsbesteuerung) als „überholt" bezeichnet hat.[6] Was daraus folgt, kann als fraglich angesehen werden. Ist maßgeblich, ob es durch eine Zuwendung an die öffentliche Hand zu einer Verbesserung für die Allgemeinheit kommt, bleibt es bei der bisherigen BFH-Betrachtung zur Erschließung.[7] Denn im Gegensatz zu Straßenausbauarbeiten, die für die Straßennutzung durch die Allgemeinheit ohne Bedeutung sind (Rz. 128), entsteht mit den Erschließungsanlagen etwas, was zuvor nicht existierte, wobei der Vorteil für die die Erschließungsanlagen erhaltende Gemeinde eher nicht als nebensächlich anzusehen ist. Die Sichtweise der Finanzverwaltung erscheint daher jedenfalls dem Grunde nach nachvollziehbar.[8] Auf dieser Grundlage dürfte z.B. in Bezug auf **ökologische Ausgleichsmaßnahmen**, die der Unternehmer z.B. für eine Betriebserweiterung vorzunehmen hat, der Zuwendungstatbestand mangels Vorsteuerabzugs zu versagen sein. 131

Die Vorschrift erfasst auch **Sachspenden.**[9] 132

Dies betrifft insbesondere die Abgabe von **Lebensmitteln** mit bereits abgelaufenen Haltbarkeitsdatum oder drohendem Ablauf **an Tafeln** etc. Hier erscheint es sachgerechter, von einer nichtsteuerbaren Entsorgungsleistung auszugehen, die die Tafel an den Lebensmittelhändler erbringt, so dass auf dieser Grundlage eine Zuwendung in umgekehrter Richtung zu verneinen ist. Ob der Unternehmer dabei die Verkaufsmöglichkeit bis zum letzten Moment ausnutzt oder eine vorzeitige Entsorgung anstrebt, obliegt ebenso wie die Art der Entsorgung seiner unternehmerischen Entscheidung. Auch die Annahme eines tauschähnlichen Umsatzes scheidet hier aus, da der Unternehmer dem Gegenstand keinen Wert mehr beimisst. Dass der Gegenstand für die Tafel noch einen Wert hat, begründet keine Steuerbarkeit im Rahmen eines Rechtsverhältnisses. Letzteres käme nur bei der Einräumung eines von der Tafel einklagbaren Abholrechts in Betracht. Würde man eine steuerbare Leistung der Tafel bejahen, ergäbe sich für den Lebensmittelhändler hieraus ein entsprechender Vorsteuerabzug. Ebenso ist es bei der Abgabe 133

1 Rechtssache C-207/23 – Vorlage durch BFH, Vorlagebeschl. v. 22.11.2022 – XI R 17/20, BStBl. II 2023, 601 = UR 2023, 369 zur Zuwendung von Wärme aus dem Blockheizkraftwerk eines Stromlieferanten an ein landwirtschaftliches Unternehmen zum Beheizen von Spargelfeldern.

2 BFH, Urt. v. 25.11.2021 – V R 45/20, BFHE 275, 392 = UR 2022, 380 und BFH, Urt. v. 15.3.2022 – V R 34/20, BFHE 276, 369 = UR 2022, 659.

3 BFH, Urt. v. 31.5.2017 – XI R 2/14, BStBl. II 2017, 1024 = UR 2017, 754.

4 Az. des BFH: XI R 4/23 – Vorinstanz: FG Mecklenburg-Vorpommern, Urt. v. 27.2.2023 – 2 K 352/20, EFG 2023, 1799.

5 BFH, Urt. v. 13.1.2011 – V R 12/08, BStBl. II 2012, 61 = UR 2011, 295 m. Anm. *Filtzinger*.

6 BFH, Urt. v. 16.12.2020 – XI R 26/20 (XI R 28/17), BStBl. II 2024, 146 = UR 2021, 465 m. Anm. *Küffner*, Rz. 29.

7 So möglicherweise zutreffend BMF v. 24.1.2024 – III C 2-S 7109/19/10004 :001, BStBl. I 2024, 213 = UR 2024, 149 m. Anm. *Küffner*.

8 BMF, Schr. v. 24.1.2024 – III C 2-S 7109/19/10004 :001 – DOK 2024/0060262, UR 2024, 149, Rz. 8; a.M. *Nieskens*, UR 2024, 153.

9 Abschn. 3.3 Abs. 10 Satz 9 UStAE.

anderer, vom Unternehmer nicht benötigter Gebrauchtgegenstände. Selbst wenn die Steuerbarkeit zu bejahen ist, kann ein Entnahmewert von null € zu bejahen sein (§ 10 Rz. 177).

3. Ausnahmeregelungen

a) Anwendungsbereich

134 Das nationale Recht sieht bei den einzelnen Tatbeständen des § 3 Abs. 1b Satz 1 UStG unterschiedliche Ausnahmeregelungen vor. So entfällt die Steuerbarkeit der Zuwendung an das Personal nach § 3 Abs. 1b Satz 1 Nr. 2 UStG, wenn es sich dabei um eine **Aufmerksamkeit** handelt. Dasselbe gilt bei der unentgeltlichen Zuwendung gemäß § 3 Abs. 1b Satz 1 Nr. 3 für **Geschenke von geringem Wert** und für **Warenmuster für Zwecke des Unternehmens.** Im Unterschied hierzu besteht bei § 3 Abs. 1b Satz 1 Nr. 1 UStG keine derartige Sonderregelung.

135 Demgegenüber enthält Art. 16 MwStSystRL eine alle Entnahmetatbestände erfassende Ausnahmeregelung für Geschenke von geringem Wert und für Warenmuster für Zwecke des Unternehmens. Bei **richtlinienkonformer Betrachtung** gilt diese für alle Tatbestände des § 3 Abs. 1b Satz 1 Nr. 1 bis 3 UStG. Daher ist insbesondere der Begriff der Aufmerksamkeit in § 3 Abs. 1b Satz 1 Nr. 2 UStG im Sinne eines Geschenks von geringem Wert und warenmusterbezogen auszulegen.

b) Geschenke von geringem Wert und Aufmerksamkeiten

136 Die FinVerw. wendet **unterschiedliche Wertgrenzen** an. Ein **Geschenk** von geringem Wert soll bis zu einem Betrag von **35 Euro** vorliegen,[1] die Wertgrenze für **Aufmerksamkeiten** liegt bei **60 Euro.**[2]

137 Unionsrechtlich bejaht der EuGH auch bei einem Betrag von ca. 60 Euro das Geschenk von geringem Wert.[3] Selbst wenn man hierin keine verbindlich anzuordnende Wertgrenze sieht, kann man eine Vereinheitlichung der bisherigen Wertgrenzen auf diesen Betrag als wünschenswert ansehen.

138 Zudem ist das **Vorsteuerabzugsverbot** nach § 15 Abs. 1a i.V.m. § 4 Abs. 5 Satz 2 Nr. 1 EStG für Geschenke an Personen, die nicht Arbeitnehmer des Steuerpflichtigen sind und bei denen die Anschaffungs- oder Herstellungskosten der dem Empfänger im Wirtschaftsjahr zugewendeten Gegenstände insgesamt 35 Euro übersteigen, zu beachten. Danach ist bei Geschenken im Anwendungsbereich von § 4 Abs. 5 Satz 2 Nr. 1 EStG wie folgt zu unterscheiden:

- **Geschenke im Wert bis einschließlich 35 Euro**: Aufgrund eines Geschenks von geringem Wert liegt keine Gegenstandsentnahme vor. Entsprechend der BFH-Rechtsprechung zur Aufmerksamkeit (Rz. 124) ermöglicht der Ausnahmetatbestand den Vorsteuerabzug, der auch nicht durch § 15 Abs. 1a UStG ausgeschlossen ist (§ 15 Rz. 226 ff.).
- **Geschenke im Wert von über 35 Euro**: Der Ausnahmetatbestand für das Geschenk von geringem Wert liegt nicht vor. Die Entnahmebesteuerung scheitert gleichwohl nach § 3 Abs. 1b Satz 2 UStG an dem durch § 15 Abs. 1a UStG ausgeschlossenen Vorsteuerabzug.

c) Warenmuster

139 Warenmuster sind **Probeexemplare**, die ein Produkt dadurch bewerben sollen, dass es einem potenziellen oder tatsächlichen Käufer ermöglicht wird, die Qualität dieses Produkts zu bewerten und zu überprüfen, ob es die nachgefragten Eigenschaften aufweist. Das Warenmuster kann mit dem Produkt identisch sein.[4]

140 Ein **Blutzuckerspiegelbestimmungsset** (Blutzuckermessgerät, Stechhilfe und Teststreifen) ist in Bezug auf die für die Verwendung erforderlichen Teststreifen kein Warenmuster.[5] Allerdings kommt dem

1 Abschn. 3.3. Abs. 11 UStAE.
2 Abschn. 1.8 Abs. 3 UStAE.
3 EuGH, Urt. v. 30.9.2010 – C-581/08, ECLI:EU:C:2010:559 – EMI Group, UR 2010, 816.
4 EuGH, Urt. v. 30.9.2010 – C-581/08, ECLI:EU:C:2010:559 – EMI Group, UR 2010, 816; zu weiteren Einzelheiten vgl. Abschn. 3.3 Abs. 13 UStAE.
5 BFH, Urt. v. 12.12.2012 – XI R 36/10, BStBl. II 2013, 412 = UR 2013, 375.

keine Bedeutung mehr zu, da der BFH die Vorfrage, ob in der Abgabe des Sets überhaupt eine Zuwendung zu sehen ist, nunmehr dahingehend beantwortet, dass dies zu verneint.[1]

4. Vorsteuerabzug für Gegenstand oder Bestandteile (Absatz 1b Satz 2)

a) Berechtigung zum Vorsteuerabzug

Die Entnahmebesteuerung setzt gemäß § 3 Abs. 1b Satz 2 UStG wie auch nach Art. 16 MwStSystRL voraus, dass der Gegenstand oder seine Bestandteile zum Vorsteuerabzug berechtigt haben. Mit dem Abstellen auf die Vorsteuerabzugsberechtigung verweist Art. 16 MwStSystRL auf den gleichlautenden Begriff in Art. 168 MwStSystRL, so dass es auf das **Abzugsrecht**, nicht aber auch auf das Vorliegen der **Ausübungsvoraussetzungen** nach Art. 178 MwStSystRL ankommt (§ 15 Rz. 133 ff.). 141

Bei der Entnahme von Gegenständen, die der Unternehmer mit eigenen Produktionsmitteln wie etwa Maschinen selbst herstellt, ist für den Vorsteuerabzug auf die für die Herstellung eingesetzte Maschine abzustellen. Dies ist z.B. beim Betrieb von **Blockheizkraftwerken** (oder **Biogasanlagen**) zu beachten, mit denen der Unternehmer Strom und Wärme herstellt, wobei er den Strom entgeltlich liefert, während er die Wärme für private Zwecke entnimmt. Die Wärmeentnahme unterliegt hier § 3 Abs. 1b Satz 1 Nr. 1 UStG, da aufgrund der entgeltlichen Stromlieferung eine Vorsteuerabzugsberechtigung für die Anlage besteht. Voraussetzung ist hierfür aber eine entsprechend (z.B. volle) Unternehmenszuordnung der gemischt (wirtschaftlich und privat) verwendeten Anlage.[2] Ebenso ist es im Anwendungsbereich von § 3 Abs. 1b Satz 1 Nr. 3 UStG, wenn der Unternehmer Wärme unentgeltlich an andere abgibt.[3] 142

Die Vorsteuerabzugsberechtigung nach Art. 168 MwStSystRL setzt voraus, dass für den Gegenstand eine **Steuer entstanden** ist. Daran fehlt bei Leistungsbezügen, die nach § 12 Abs. 3 UStG steuerfrei sind.[4] Die Vorsteuerbeträge müssen tatsächlich angefallen sein. Ausgehend hiervon kann eine Entnahmebesteuerung in Bezug auf Gegenstände der Urproduktion als unzutreffend anzusehen sein. Im Hinblick auf die trotz des Binnenmarkts zwischen den Unternehmern beim Warenverkehr zwischen den Mitgliedstaaten fortbestehenden Besteuerungsschranken muss es sich zudem um eine **im Inland** entstandene Steuer handeln. Maßgeblich ist im Übrigen die zutreffende rechtliche Beurteilung ohne Bindung an rechtliche Fehlbeurteilungen in bestandskräftigen Steuerbescheiden für das Abzugsjahr. 143

Eine fehlende Abzugsberechtigung kann sich aus **umsatzbezogenen** Regelungen wie z.B. § 15 Abs. 2 und 3 UStG ergeben. Nach dem Gesetzeswortlaut ist die Entnahmebesteuerung auch bei einem nur teilweisen Recht auf Vorsteuerabzug nach § 15 Abs. 4 UStG vorzunehmen (§ 15 Rz. 267 ff.). 144

Unternehmerbezogen kommt eine Entnahmebesteuerung bei **Kleinunternehmern** nach § 19 Abs. 1 UStG oder bei **Land- und Forstwirten mit Pauschalierung** nach § 24 Abs. 1 bis 3 UStG[5] nicht in Betracht. 145

Bei **Sachlotterien**, bei denen die Abgabe von Sachpreisen in Form von Gegenständen zu einer unentgeltlichen Zuwendung führt, ist danach zu unterscheiden, ob die Sachpreise zu Geschenken von geringem Wert (Rz. 132 ff.) führen. Ist dies zu verneinen, ist der Sachlotteriebetreiber aus dem Erwerb von Gegenständen zur Abgabe als Sachpreis nicht zum Vorsteuerabzug berechtigt. Handelt es sich demgegenüber um geringwertige Geschenke, unterbleibt die Entnahmebesteuerung, wobei sich der Vorsteuerabzug aus dem Geschenkerwerb nach der steuerrechtlichen Behandlung des Losverkaufs richtet.[6] 146

1 BFH, Urt. v. 16.12.2020 – XI R 26/20 (XI R 28/17), BStBl. II 2024, 146 = UR 2021, 465 m. Anm. *Küffner*, Rz. 39.
2 BFH, Urt. v. 12.12.2012 – XI R 3/10, BStBl. II 2014, 809 = UR 2013, 460.
3 BFH, Urt. v. 25.11.2021 – V R 45/20, BFHE 275, 392 = = UR 2022, 380.
4 Abschn. 3.2 Abs. 3 UStAE.
5 Vgl. hierzu BFH, Urt. v. 1.3.2018 – V R 35/17, BStBl. II 2020, 749 = UR 2018, 514.
6 OFD Niedersachsen, Vfg. v. 3.7.2019 S 7109-5-St 171, UR 2019, 600.

b) Besonderheiten bei Bestandteilen

147 Für die Entnahmebesteuerung genügt eine Vorsteuerabzugsberechtigung für **Bestandteile** des entnommenen Gegenstandes. Hat der Unternehmer **z.B. einen Pkw** ohne Vorsteuerabzug erworben, in diesen aber Bestandteile mit Vorsteuerabzug eingebaut, beschränkt sich die Entnahme des Pkw auf diese Bestandteile. Erforderlich ist zudem, dass diese Bestandteile zu einer im Zeitpunkt der Entnahme noch nicht vollständig verbrauchten Werterhöhung des Pkw geführt haben.[1]

148 Bei der danach erforderlichen Abgrenzung zwischen bloßer **Werterhaltung**, die keine Bestandteileigenschaft vermittelt, und der bestandsbegründenden, nicht vollständig verbrauchten Werterhöhung geht der BFH davon aus, dass der Ersatz eines Scheibenwischers oder einer Autobatterie lediglich werterhaltend wirken, während der Einbau eines leistungsfähigeren Motors oder eines Katalysators zur Modernisierung eines Pkw zur bestandteilbegründenden Werterhöhung führt. Nicht bestandsteilbegründend wirken zudem Dienstleistungen, selbst wenn – wie z.B. bei Lackierarbeiten – dabei Material verwendet wird.[2]

149 Die **FinVerw.** geht im Rahmen einer **Vereinfachungsregelung** davon aus, dass es an einer werterhöhenden Bestandteileigenschaft fehlt, wenn die vorsteuerentlasteten Aufwendungen für den Einbau von Bestandteilen weder 20 % der Anschaffungskosten des Gegenstandes noch 1.000 Euro übersteigen.[3]

E. Kommissionsgeschäft (Absatz 3)

I. Grundaussagen

1. Regelungsgegenstand und Bedeutung

150 Kommissionsgeschäfte können bei der Lieferung und beim Erwerb von Gegenständen vorliegen. Dabei ist zwischen dem **Außen**- und dem **Innenverhältnis** zu unterscheiden. Im Außenverhältnis ist der Kommissionär sowohl bei der Lieferung als auch beim Erwerb gegenüber dem Dritten im eigenen Namen tätig, wobei er auf fremde Rechnung handelt. Insoweit bleibt es bei dem allgemeinen Grundsatz, dass sich die Person des Leistenden und des Leistungsempfängers nach dem zugrundeliegenden Rechtsverhältnis bestimmt. Gegenüber dem Dritten liefert daher der **Verkaufskommissionär**, während bei der Einkaufskommission der **Einkaufskommissionär** der Abnehmer der vom Dritten ausgeführten Lieferung ist. Die Regelungen zur Kommission stellen hier nur ergänzend klar, dass sich hieran durch das Handeln auf fremde Rechnung (des Kommittenten) nichts ändert.

151 Die eigentliche Bedeutung des § 3 Abs. 3 UStG liegt in der dort für das Innenverhältnis zwischen Kommittent und Kommissionär getroffenen Regelung. Dabei wird durch Satz 1 auch insoweit das Vorliegen einer Lieferung angeordnet, während sich aus Satz 2 ergibt, wer als Abnehmer gilt. Danach liefert bei der Verkaufskommission auch der Kommittent an den Kommissionär und bei der Einkaufskommission der Kommissionär auch an den Kommittenten. Soweit nach nationalem Handelsrecht in der Tätigkeit des Kommissionärs eine Geschäftsbesorgung zu sehen ist, wird diese umsatzsteuerrechtlich durch die Annahme von **zwei Lieferungen** ersetzt.

152 Kein derartiges Kommissionsgeschäft liegt vor, wenn der Unternehmer nicht wie ein Kommissionär im eigenen Namen, sondern **im fremden Namen** handelt. Die Lieferung wird dann durch oder an den Vertretenen erbracht. Hierzu bestehen **detaillierte Verwaltungsregelungen**.[4]

---

1 EuGH, Urt. v. 17.5.2001 – C-322/99 und C-323/99, ECLI:EU:C:2001:280 – Fischer und Brandenstein, UR 2001, 293.

2 BFH, Urt. v. 18.10.2001 – V R 106/98, BStBl. II 2002, 551 = UR 2002, 123; vgl. auch Abschn. 3.3. Abs. 2 und 3 UStAE.

3 Abschn. 3.3 Abs. 4 UStAE.

4 Abschn. 3.7 UStAE.

2. Unionsrechtliche Grundlagen

§ 3 Abs. 3 UStG beruht auf **Art. 14 Abs. 2 Buchst. c MwStSystRL.** Danach gilt die Übertragung eines Gegenstands auf Grund eines Vertrags über eine Einkaufs- oder Verkaufskommission als Lieferung. Die Bestimmung begründet die **Fiktion zweier gleichartiger Lieferungen**, die nacheinander erfolgen.[1] 153

3. Verhältnis zu anderen Vorschriften und Rechtsentwicklung

§ 3 Abs. 3 UStG besteht unverändert bereits seit dem UStG 1967. Die Vorschrift ergänzt § 3 Abs. 1 UStG. Eine Parallelregelung besteht mit § 3 Abs. 11 UStG für sonstige Leistungen (Rz. 603 ff.). 154

II. Einzelerläuterungen

1. Innen- und Außenverhältnis

§ 3 Abs. 3 UStG und Art. 14 Abs. 2 Buchst. c MwStSystRL befassen sich gleichermaßen mit dem **Innenverhältnis** zwischen Kommittent und Kommissionär und gehen bei einer auf Gegenstände bezogenen Kommission von einer Lieferung im Verhältnis zwischen ihnen aus. 155

Weder § 3 Abs. 3 UStG noch Art. 14 Abs. 2 Buchst. c MwStSystRL befassen sich mit der Tätigkeit des Kommissionärs im Verhältnis zu Dritten in Bezug auf das sog. **Ausführungsgeschäft.** 156

Ausdrückliche Anordnungen zum **Handeln des Kommissionärs** bestehen dabei nicht. Aus der Bezugnahme in § 3 Abs. 3 Satz 1 UStG auf § 383 HGB folgt immerhin, dass der Kommissionär beim Ausführungsgeschäft im eigenen Namen und für Rechnung des Kommittenten handelt. Dies entspricht der unionsrechtlichen Auslegung der Kommission in Art. 14 Abs. 2 Buchst. c MwStSystRL durch den EuGH, die dieser wie bei Art. 28 MwStSystRL in einem Handeln des Kommissionärs im eigenen Namen für fremde Rechnung (des Kommittenten) sieht.[2] 157

Im Hinblick auf den Grundsatz der autonom-unionsrechtlichen Auslegung ist aus der Bezugnahme in § 3 Abs. 3 Satz 1 UStG auf § 383 HGB **keine** weitergehende **Maßgeblichkeit** des **nationalen Handelsrechts** für die Umsatzbesteuerung abzuleiten. 158

2. Ausführungsgeschäft im Außenverhältnis

Für die Besteuerung des von § 3 Abs. 3 UStG und Art. 14 Abs. 2 Buchst. c MwStSystRL nur am Rande angesprochenen Ausführungsgeschäfts gelten die **allgemeinen umsatzsteuerrechtlichen Regelungen**. Aus dem durch diese Regelungen angeordneten Vorliegen einer Lieferung zwischen Kommissionär und Kommittent folgt für das Ausführungsgeschäft lediglich, dass der Lieferung durch den im eigenen Namen handelnden Kommissionär und seiner Abnehmerstellung nicht entgegensteht, dass er auf fremde Rechnung (des Kommittenten) handelt. 159

3. Lieferung im Innenverhältnis

a) Lieferung anstelle Geschäftsbesorgung

Dem **nationalen Handelsrecht** entsprechend könnte man im Innenverhältnis zwischen Kommissionär und Kommittent von einer Geschäftsbesorgung als sonstiger Leistung nach § 3 Abs. 9 UStG ausgehen. Dies wird durch § 3 Abs. 3 UStG und Art. 14 Abs. 2 Buchst. c MwStSystRL durch die Anordnung einer auch zwischen Kommissionär und Kommittent bestehenden Lieferung übereinstimmend ausgeschlossen. 160

---

1 EuGH, Urt. v. 4.5.2017 – C-274/15, ECLI:EU:C:2017:333 – Kommission/Luxemburg, UR 2017, 424 m. Anm. *Küffner*, Rz. 88.

2 EuGH, Urt. v. 4.5.2017 – C-274/15, ECLI:EU:C:2017:333 – Kommission/Luxemburg, UR 2017, 424 m. Anm. *Küffner*.

161 Damit soll bei einem Handeln zwischen Unternehmern ein **Bruch** in der **Umsatzkette vermieden** werden. Ist demgegenüber der Verkaufskommittent Nichtunternehmer, lassen sich umsatzsteuerrechtliche Nachteile aus der Lieferanordnung im Kommissionsgeschäft über § 25a UStG vermeiden.

162 Bei der Verkaufs- wie auch bei der Einkaufskommission ist im Verhältnis zwischen Kommissionär und Kommittent über eine Lieferung **abzurechnen**. Abrechnungen über Geschäftsbesorgungsleistungen ermöglichen dem Grunde nach keinen Vorsteuerabzug aus einer vom Kommittenten oder vom Kommissionär empfangenen Lieferung und können zu einer Steuerschuld nach § 14c UStG führen.

b) Zeitpunkt der Lieferung im Innenverhältnis

163 § 3 Abs. 3 UStG und Art. 14 Abs. 2 Buchst. c MwStSystRL enthalten **keine ausdrücklichen Anordnungen** zum Zeitpunkt der Lieferung. Aus dem Vergleich der unterschiedlichen Tatbestände in Art. 14 Abs. 2 MwStSystRL folgt immerhin, dass es im Verhältnis zwischen Kommittent und Kommissionär weder auf eine Eigentumsübertragung noch auf eine Übergabe, sondern auf die Übertragung eines Gegenstandes ankommt. Der EuGH umschreibt die Lieferung zwischen Kommittent und Kommissionär unter Berücksichtigung des Ausführungsgeschäfts als **juristische Fiktion zweier gleichartiger Lieferungen**, die nacheinander erfolgen.[1]

164 Weitergehend ergibt sich aus der Sichtweise des EuGH aber auch, dass die juristische Fiktion der Lieferung zwischen Kommittent und Kommissionär in einem **unmittelbaren Zusammenhang** mit der sich aus dem Ausführungsgeschäft ergebenden Lieferung steht. Hieraus folgt, dass bei der Verkaufskommission die Lieferung des Kommittenten erst erfolgt, wenn auch die Lieferung im Rahmen des Ausführungsgeschäfts feststeht, so dass die beiden nacheinander folgenden Lieferungen letztlich nur durch **eine juristische Sekunde** voneinander getrennt sind. Gleiches gilt für die Einkaufskommission.

165 **Unterbleibt die Lieferung** durch den Verkaufskommissionär, da kein Abnehmer gefunden wird oder der Gegenstand bei ihm zerstört wird, kommt es somit auch nicht zu einer Lieferung vom Kommittenten an den Kommissionär.

166 Damit ist im Kern an der bisherigen **BFH-Rechtsprechung** zum **Lieferzeitpunkt** bei der Verkaufskommission festzuhalten.[2] Soweit der BFH dabei aber von zwei zeitgleichen Lieferung im Zeitpunkt des Ausführungsgeschäfts ausgegangen ist, ist dies dahingehend zu korrigieren, dass es sich um zwei nacheinander folgende und durch eine juristische Sekunde getrennte Lieferungen handelt.

167 Im Übrigen ist vom Zeitpunkt der Lieferung die Frage nach der **Zuordnung einer Beförderung oder Versendung** zur Lieferung auch beim Kommissionsgeschäft zu trennen (Rz. 363 f.).

F. Fiktive Lieferketten (Absatz 3a)

I. Grundaussagen

1. Regelungsgegenstand und Bedeutung

a) Fiktionen einer Lieferkette in zwei Fällen

168 § 3 Abs. 3a Satz 1 und 2 UStG fingieren für die dort genannten Tatbestände jeweils anstelle von nur einer Lieferung, die nach § 3 Abs. 1 UStG zwischen dem Unternehmer und seinem Abnehmer vorliegt, aufgrund der Einbeziehung des Betreibers einer elektronischen Schnittstelle eine zwischen drei Personen bestehende Lieferkette. Im Rahmen dieses **Dreipersonenverhältnisses liefert der Unternehmer** dann nicht mehr an den Abnehmer, sondern **an den Schnittstellenbetreiber**, weshalb in der Folge **dieser** nunmehr die **Lieferung an den Abnehmer ausführt**. Beide Fiktionen erfordern eine Ausgangslieferung mit Bezug zum Drittlandsgebiet. Voraussetzung ist dabei für

1 EuGH, Urt. v. 4.5.2017 – C-274/15, ECLI:EU:C:2017:333 – Kommission/Luxemburg, UR 2017, 424 m. Anm. *Küffner*, Rz. 88.

2 BFH, Urt. v. 25.11.1986 – V R 102/78, BStBl. II 1987, 278 = UR 1987, 141.

- **§ 3 Abs. 3a Satz 1 UStG** die ausschließliche **Ansässigkeit des Lieferers im Drittlandsgebiet** und für
- **§ 3 Abs. 3a Satz 2 UStG** eine **Lieferung mit einem Abgangsort im Drittlandsgebiet.**

b) Voraussetzungen für beide Fiktionen

Beide Tatbestände setzen eine Beförderung oder Versendung des Liefergegenstandes voraus. Die gemäß § 3 Abs. 7 Satz 1 UStG ruhende Lieferung eines z.B. eingelagert bleibenden Gegenstandes führt daher nicht zur Anwendung der Fiktion. Zudem muss sich der Bestimmungsort der Lieferung im Gemeinschaftsgebiet befinden. 169

Der Unternehmer muss seine Lieferung mit **Unterstützung durch den Betreiber einer elektronischen Schnittstelle** (Rz. 226 ff.) erbringen. Für die Anwendung beider Fiktionen ist die **Ansässigkeit** des Unternehmers (im Inland, im übrigen Gemeinschaftsgebiet oder im Drittlandsgebiet) **unerheblich.** 170

Der Schnittstellenbetreiber muss **Unternehmer** sein. Dieses Kriterium wird im Regelfall unproblematisch zu bejahen sein, da der Schnittstellenbetreiber seine Unterstützungstätigkeit zugunsten des Unternehmers im Allgemeinen gegen Entgelt ausüben wird. Dabei ist zu beachten, dass die somit vom Schnittstellenbetreiber an den Unternehmer gegen Entgelt erbrachte Unterstützungsleistung anders als bei § 3 Abs. 3 UStG (Rz. 160 ff.) neben der Lieferkette bestehen bleibt, da es hier aufgrund eines Umsatzgeschäfts (zwischen dem Unternehmer und dem Abnehmer) zu zwei Lieferungen kommt, die aufgrund der Identität des Umsatzgeschäfts für dasselbe Entgelt ausgeführt werden. 171

Fraglich ist demgegenüber, ob zur Begründung der Fiktion eine **entgeltliche Leistung** des Schnittstellenbetreibers vorliegen muss. **Weder** dem **Wortlaut** der **Richtlinie** noch dem des **nationalen Rechts** ist ein derartiges **Erfordernis** ausdrücklich **zu entnehmen.** Es könnte allerdings **mittelbar** daraus abgeleitet werden, dass mit der Tätigkeit des Unternehmers (Steuerpflichtigen) zugleich eine Tätigkeit als Unternehmer gemeint ist, so dass die Unterstützung im Rahmen des Unternehmens im Sinne einer wirtschaftlichen Tätigkeit erfolgen muss. 172

Zu beachten ist dabei, dass aus der Annahme, dass der Schnittstellenbetreiber bei seiner Unterstützungsleistung unternehmerisch (wirtschaftlich) tätig ist, nicht folgt, dass eine **entgeltliche Leistung des Schnittstellenbetreibers** gegenüber dem Unternehmer vorliegen muss. Denn der Zusammenhang mit einer wirtschaftlichen Tätigkeit des Schnittstellenbetreibers kann sich auch daraus ergeben, dass er den Unternehmer bei den Lieferungen unentgeltlich unterstützt, dies aber z.B. davon abhängig macht, dass der Unternehmer Werbeleistungen von ihm bezieht. 173

Gegen ein derartiges Erfordernis spricht aber, dass weder das nationale Recht noch die Richtlinie ein Handeln des Schnittstellenbetreibers im Rahmen seines Unternehmens oder als Steuerpflichtiger erfordern. Nicht zuletzt zur Vermeidung von **Abgrenzungsschwierigkeiten** dürfte es sich daher als vorzugswürdig erweisen, die Anwendung der Lieferkettenfiktion nicht davon abhängig zu machen, dass eine entgeltliche Unterstützungsleistung des Schnittstellenbetreibers an den Unternehmer vorliegt, so dass die bloße Unternehmereigenschaft des Schnittstellenbetreibers ausreicht. 174

c) Unterschiede zwischen den Fiktionen

Unterschiede bestehen zwischen den beiden Fiktionen in Bezug auf den **Abgangsort der Lieferung**, die **Ansässigkeit des Unternehmers**, die **steuerrechtliche Einordnung des Abnehmers**, dem Vorliegen eines **Fernverkaufs**, den Liefergegenstand sowie den **Sachwert** der Lieferung. 175

§ 3 Abs. 3a Satz 1 UStG bezieht sich auf eine **„Lieferung innerhalb der Gemeinschaft"**, wie es die unionsrechtliche Grundlage in Art. 14a Abs. 2 MwStSystRL umschreibt. 176

- Nicht nur der Bestimmungsort, sondern auch der **Abgangsort** der Lieferung muss sich im Gemeinschaftsgebiet befinden. Dabei kann es sich um eine reine **Inlandslieferung** oder um eine **Lieferung zwischen zwei Mitgliedstaaten** handeln.[1] Bei einer Lieferung zwischen zwei Mitgliedstaa-

1 Abschn. 3.18 Abs. 2 Satz 1 UStAE.

ten greift die Fiktion auch dann ein, wenn kein innergemeinschaftlicher Fernverkauf i.S.v. § 3c Abs. 1, und 5 UStG (§ 3c Rz. 13 ff.) vorliegt.

- Weiter kommt es darauf an, dass der **Unternehmer nicht im Gemeinschaftsgebiet** (sondern ausschließlich im Drittlandsgebiet) **ansässig** ist.
- Der **Abnehmer** muss ein Endverbraucher oder eine ihm gleichgestellte Person i.S.v. § 3a Abs. 5 Satz 1 UStG (Rz. 234 ff.) sein.
- Es bestehen keine Einschränkungen in Bezug auf die Art des **Liefergegenstandes**. Zudem kommt es auf den **Sachwert** der Lieferung nicht an.

177 **§ 3 Abs. 3a Satz 2 UStG** erfasst den **Einfuhrfernverkauf** und damit den Fernverkauf eines aus dem Drittlandsgebiet eingeführten Gegenstandes:

- Der **Abgangsort** befindet sich hier im Drittlandsgebiet.
- Die **Ansässigkeit** des Lieferers ist unerheblich.[1]
- **Abnehmer** kann neben dem in § 3a Abs. 5 Satz 1 UStG genannten Personenkreis auch ein sog. Erwerbsschwellenunternehmer i.S.v. § 1a Abs. 3 UStG (Rz. 259) sein.
- Der **Liefergegenstand** darf weder ein neues Fahrzeug noch eine Montage- oder Installationslieferung sein. Der **Sachwert** der Lieferung darf höchstens 150 € betragen.

d) Weitere Regelungen des § 3 Abs. 3a UStG

178 **§ 3 Abs. 3a Satz 3 UStG** definiert für beide Fiktionen die elektronische Schnittstelle (Rz. 226 ff.). Die weiteren Vorschriften des **§ 3 Abs. 3a Sätze 4 bis 6 UStG** enthalten ergänzende Regelungen für den Einfuhrfernverkauf (Rz. 251 ff.).

2. Unionsrechtliche Grundlagen

179 § 3 Abs. 3a UStG beruht unionsrechtlich auf Art. 14 Abs. 4 und Art. 14a MwStSystRL. Grundlage für

- Satz 1 ist Art. 14a Abs. 2 MwStSystRL,
- Satz 2 ist Art. 14a Abs. 1 MwStSystRL,
- Satz 3 ist Art. 14a MwStSystRL und für die
- Sätze 4 bis 6 ist Art. 14 Abs. 4 Nr. 2 MwStSystRL.

3. Verhältnis zu anderen Vorschriften

a) Lieferortbestimmungen

180 Die beiden Lieferkettenfiktionen führen, da nur ein Liefergeschäft vorliegt, nicht unmittelbar zu einem Reihengeschäft. Wie bei einem Reihengeschäft mit drei Beteiligten kommt es aber zu einer Lieferkette mit einer Beförderung oder Versendung vom ersten Lieferer zum letzten Abnehmer. Damit stellt sich auch hier die Frage, ob entsprechend der h.M. (Rz. 377) zwischen einer **bewegten und einer ruhenden Lieferung** zu unterscheiden ist, was die FinVerw. bejaht.[2]

181 § 3 Abs. 6b UStG ordnet an, dass die **Lieferung durch den Schnittstellenbetreiber** die Beförderungslieferung ist. Damit wird die Anwendung von § 3c UStG auf diese Lieferung sichergestellt. Insoweit ist wie folgt zu unterscheiden:

- Handelt es sich im Anwendungsbereich von § 3 Abs. 3a Satz 1 UStG um eine **Inlandslieferung**, scheidet eine Anwendung von § 3c Abs. 1 UStG von vornherein aus.
- Ist § 3 Abs. 3a Satz 1 UStG auf eine **Lieferung mit Beförderung zwischen zwei Mitgliedstaaten** anzuwenden, liegen die Voraussetzungen von § 3c Abs. 1 UStG in der Regel vor. Scheitert die Anwendung von § 3c Abs. 1 UStG an den besonderen Bedingungen nach § 3c Abs. 4 und 5 UStG (§ 3c Rz. 49 ff.), ist die Fiktion der Lieferkette gleichwohl anzuwenden.

1 Abschn. 3.18 Abs. 4 Satz 2 UStAE.
2 Abschn. 3.18 Abs. 2 Satz 5 ff. UStAE mit vier Anwendungsbeispielen.

– § 3 Abs. 3a Satz 2 UStG führt regelmäßig zur Anwendung von § 3c Abs. 2 und 3 UStG, da gemeinsame Voraussetzung dieser Vorschriften ein **Einfuhrfernverkauf** ist. Allerdings ist zu beachten, dass § 3c Abs. 2 UStG faktisch (Rz. 278) und § 3c Abs. 3 Satz 1 UStG rechtlich (Rz. 267) die Anwendung des besonderen Besteuerungsverfahrens nach § 18k UStG und damit eine Lieferung mit einem Sendungssachwert von höchstens 150 € voraussetzen, worauf es aber für die Fiktion der Lieferkette nicht ankommt.

Für die **Lieferung des Unternehmers an den Schnittstellenbetreiber** ist § 3 Abs. 6b UStG für sich genommen unerheblich. Allerdings folgt nach der h.M. (Rz. 180) hieraus im Umkehrschluss, dass diese Lieferung als ruhend anzusehen ist. Ob dies zutrifft, kann aber im Regelfall dahingestellt bleiben, da es für die Lieferung an den Schnittstellenbetreiber (fast ausnahmslos) bei einer Ortsbestimmung am Abgangsort bleibt. Dies ergibt sich nach der h.M. aus § 3 Abs. 7 Satz 2 Nr. 1 UStG (Rz. 379), während nach der Gegenauffassung dasselbe aus § 3 Abs. 6 Satz 1 UStG folgt (Rz. 393 ff.). Unterschiede ergeben sich allerdings im Zusammenhang mit § 3 Abs. 8 UStG (Rz. 499). Unerheblich ist diese Frage für die Anwendung von § 3c UStG. Denn eine Anwendung dieser Vorschrift auf die Lieferung des Unternehmers an den Schnittstellenbetreiber scheitert (im Regelfall) bereits daran, dass dieser nicht zu dem in § 3c UStG bezeichneten Abnehmerkreis gehört. 182

b) Besteuerung der ersten Lieferung

Nach der Konzeption der fiktiven Lieferkette soll es in der Gemeinschaft **zu keiner Besteuerung der ersten Lieferung** des Unternehmers an den Schnittstellenbetreiber kommen. Denn diese Lieferung ist in der Regel im Fall des § 3 Abs. 3a Satz 1 UStG nach **§ 4 Nr. 4c UStG steuerfrei** und bei § 3 Abs. 3a Satz 2 UStG aufgrund eines im Drittlandsgebiet liegenden Lieferorts **nicht steuerbar**. 183

Der im Rahmen von § 3 Abs. 3a Satz 1 UStG anzuwendende **§ 4 Nr. 4c UStG** steht im **Widerspruch** zu seiner unionsrechtlichen Grundlage in **Art. 136a MwStSystRL**. Während das nationale Recht für die Steuerfreiheit eine Lieferung an den Schnittstellenbetreiber als Unternehmer und für sein Unternehmen voraussetzt, kommt es nach der Richtlinie nur darauf an, dass der Schnittstellenbetreiber im Rahmen der Fiktion als Empfänger und Lieferer behandelt wird. Unionsrechtlich lässt sich die nationale Zusatzbedingung der Lieferung für das Unternehmen des Schnittstellenbetreibers nur rechtfertigen, wenn es sich hierbei um eine Voraussetzung für die Fiktion der Lieferkette nach Art. 14a Abs. 2 MwStSystRL handelt. Dies ist nach der hier vertretenen Auffassung nicht zutreffend (Rz. 174). 184

Verlagert sich der Ort der Lieferung aufgrund von Sonderumständen ausnahmsweise in das Inland, ist entsprechend dieser Regelungskonzeption § 4 Nr. 4c UStG anzuwenden. Dies kann insbesondere dann in Betracht kommen, wenn sich entsprechend der hier vertretenen Auffassung der Ort einer nach der h.M. als ruhend angesehenen Lieferung gemäß § 3 Abs. 8 UStG in das Inland verlagert (Rz. 499). 185

Im Hinblick auf die Steuerfreiheit nach § 4 Nr. 4c UStG sind Steuerbefreiungen und Steuersatzermäßigung allgemeiner Art im Grundsatz für die Besteuerung der ersten Lieferung unbeachtlich. Allerdings kann§ 4 Nr. 4c UStG als Steuerfreiheit mit Recht auf Vorsteuerabzug gem. § 15 Abs. 3 Nr. 1 Buchst. a UStG für die erste Lieferung in einem **Konkurrenzverhältnis** zu anderen Befreiungstatbeständen ohne Abzugsrecht wie etwa § 4 Nr. 17 Buchst. a UStG stehen. Dieses Konkurrenzverhältnis kann zugunsten des Tatbestands ohne Abzugsrecht aufzulösen sein. 186

c) Besteuerung der zweiten Lieferung

Bei der Besteuerung der **zweiten Lieferung** durch den Schnittstellenbetreiber an den Abnehmer sind auf den Liefergegenstand bezogene Steuerbefreiungen (wie z.B. § 4 Nr. 17 Buchst. a UStG) oder Steuersatzermäßigungen (wie z.B. § 12 Abs. 2 Nr. 1 UStG i.V.m. Anlage 2) anzuwenden. 187

Im Übrigen bestehen vielfältige Zweifelsfragen. So ist für die Besteuerung der zweiten Lieferung zu entscheiden, ob sich **unternehmerbezogene Sonderregelungen nach der Person des ersten oder des zweiten Lieferers** richten. Sind z.B. bei einer § 3 Abs. 3a Satz 1 UStG unterliegenden Inlandslieferung beide Lieferer im Inland ansässig, wobei es sich nur beim ersten Lieferer oder beim zweiten Lieferer um einen blinden Unternehmer i.S.v. § 4 Nr. 19 Buchst. a UStG oder um eine gemeinnützige Körper- 188 schaft i.S.v. § 12 Abs. 2 Nr. 8 Buchst. a UStG[1] handelt, die unter Berücksichtigung von Satz 3 dieser Vorschrift im Rahmen eines Zweckbetriebs tätig ist. Möglich ist auch, dass der Schnittstellenbetreiber Kleinunternehmer i.S.v. § 19 Abs. 1 UStG ist, da § 3 Abs. 3a UStG jegliche Schnittstellentätigkeit ohne Größenvorbehalt erfasst.

189 **Besteuerung der zweiten Lieferung nach den Verhältnissen des ersten Lieferers:**
Hierfür spricht, dass die Verdoppelung der Lieferungen nach ihrer unionsrechtlichen Begründung dazu dient, „eine wirksame und effiziente Erhebung der Mehrwertsteuer sicherzustellen", wobei davon ausgegangen wurde, dass sich eine gesamtschuldnerische Haftung des Schnittstellenbetreibers zur „Erreichung dieses Ziels und zur Verringerung des Verwaltungsaufwands" als „unzureichend erwiesen" hatte, so dass es als erforderlich angesehen wurde, „die Steuerpflichtigen, die Fernverkäufe von Gegenständen durch die Nutzung einer solchen elektronischen Schnittstelle unterstützen, bei der Erhebung der Mehrwertsteuer auf diese Verkäufe einzubeziehen, indem vorgesehen wird, dass sie als die Personen gelten, die diese Verkäufe getätigt haben."[2] Auf dieser Grundlage kann es als gerechtfertigt angesehen werden, § 19 Abs. 1 UStG auf die zweite Lieferung anzuwenden, wenn der erste, nicht aber auch der zweite Lieferer, Kleinunternehmer ist. Dasselbe gilt dann für § 4 Nr. 19 Buchst. a UStG, wenn die Voraussetzungen dieser Vorschrift in der Person des ersten, nicht aber in der Person des zweiten, Lieferers erfüllt sind.

190 **Besteuerung der zweiten Lieferung nach den Verhältnissen des zweiten Lieferers:**
Gegen eine Besteuerung nach den beim ersten Lieferer bestehenden Verhältnisse spricht allerdings, dass diese Betrachtungsweise weder nach dem **Wortlaut** des nationalen Rechts noch nach dem der Richtlinie Anklang gefunden hat. Bei einer wortlautgetreuen Betrachtung kommt es somit auf die beim zweiten Lieferer bestehenden Verhältnisse an. An der Stelle einer dem Regelsteuersatz unterliegenden Lieferung ohne Anwendung von § 3 Abs. 3a UStG tritt dann eine **doppelte Begünstigung**. Liegen z.B. nur beim Schnittstellenbetreiber die Voraussetzungen von § 4 Nr. 19 Buchst. a UStG oder § 12 Abs. 2 Nr. 8 Buchst. a UStG vor, ist die erste Lieferung an den Schnittstellenbetreiber gemäß § 4 Nr. 4c UStG mit Vorsteuerabzug steuerfrei, während die zweite Lieferung durch den Schnittstellenbetreiber steuerfrei oder steuersatzermäßigt ist. Hierzu kommt es auch, wenn der Schnittstellenbetreiber Kleinunternehmer i.S.d. § 19 Abs. 1 UStG ist.

191 Zudem stellt sich nach der Regelungsweise des nationalen Rechts die Frage, ob § 3 Abs. 3a Satz 1 UStG zur Anwendung der **Differenzbesteuerung** gemäß § 25a UStG führt. Obwohl dies nach dem Unionsrecht ausgeschlossen ist, kann es bei einer wortlautgetreuen Anwendung des von der Richtlinie abweichenden nationalen Rechts in Betracht kommen (Rz. 223 ff.).

192 Welche dieser Beurteilungsmöglichkeiten sich durchsetzen wird, bleibt abzuwarten. Jedenfalls dürfte sich die Annahme, dass die durch den Schnittstellenbetreiber ausgeführte Lieferung abgesehen von gegenstandsbezogenen Begünstigungen (Rz. 187) zwingend dem Regelsteuersatz unterliegt, als unzutreffend erweisen.

d) Unentgeltliche Lieferung

193 § 3 Abs. 3a Sätze 1 und 2 UStG führen jeweils zum Entstehen einer Lieferkette, ohne dass es nach dem Wortlaut dieser Regelungen auf eine Entgeltlichkeit der Lieferung ankommt. Ein Entgelterfordernis kommt allenfalls beim Fernverkauf in Betracht, wobei sich dieses allerdings nur aus dem Begriff, nicht aber aus der Definition in § 3 Abs. 3a Satz 4 UStG ergeben kann. Abweichendes folgt auch nicht aus den unionsrechtlichen Grundlagen.

---

1 Diese Vorschrift erfasst auch im Ausland ansässige Körperschaften, ohne dass dabei zwischen dem übrigen Gemeinschaftsgebiet oder dem Drittlandsgebiet zu unterscheiden ist, da es umsatzsteuerrechtlich für die Steuerbegünstigung keinen § 5 Abs. 2 Nr. 3 KStG vergleichbaren Vorbehalt gibt. Diese Vorschrift schließt von der Steuerbegünstigung die nur beschränkt Steuerpflichtigen i.S.v. § 2 Nr. 1 KStG von der Steuerbegünstigung aus, enthält aber seit der Änderung durch das JStG 2009 vom 19.12.2008 eine Rückausnahme für nach den Rechtsvorschriften eines EU-Mitgliedstaats oder eines EWR-Abkommen-Staats gegründete Gesellschaften deren Sitz und Ort der Geschäftsleitung sich dort befindet. Eine der beschränkten Steuerpflicht vergleichbare Beschränkung besteht im Umsatzsteuerrecht nicht.

2 Erwägungsgrund 7 der ÄnderungsRL (EU) 2017/2455 v. 5.12.2017, ABl. EU Nr. L 348, 7.

Daher kann zumindest § 3 Abs. 3a Satz 1 UStG auf unentgeltliche Umsätze i.S.v. § 3 Abs. 1b UStG anzuwenden sein. Dies kommt jedenfalls dann in Betracht, wenn es – wie im Fall des **§ 3 Abs. 1b Satz 1 Nr. 3 UStG** – mit einem vom Zuwendenden **personenverschiedenen Zuwendungsempfänger** einen Abnehmer gibt. Damit stellt sich wiederum die Frage, ob es hier zu einer jeweils eigenständigen Betrachtung der beiden Lieferung kommen soll oder ob sich die Besteuerung der zweiten Lieferung an einer Besteuerung ohne Anwendung der Fiktion orientiert und damit nach den Verhältnissen beim ersten Lieferer erfolgt (Rz. 189). Bei einer eigenständigen Betrachtung liegen zwei unentgeltliche Lieferungen vor, von denen die erste nach § 4 Nr. 4c UStG steuerfrei sein kann, während die zweite Lieferung z.B. § 4 Nr. 19 Buchst. a UStG oder § 12 Abs. 2 Nr. 8 Buchst. a UStG unterliegt. Für unternehmerische Sachspender ergeben sich dann steuerrechtliche Optimierungsmöglichkeiten gegenüber der dem Regelsteuersatz unterliegenden Sachspende. 194

Erfolgt die Besteuerung der zweiten Lieferung demgegenüber nach den Verhältnissen ohne Anwendung der Fiktion, kommt es hier zur Anwendung des Regelsteuersatzes. 195

e) Einfuhr

Im Fall des § 3 Abs. 3a Satz 2 UStG stellt sich die Frage nach der Behandlung der Einfuhr. Diese ist unter den Voraussetzungen des **§ 5 Abs. 1 Nr. 7 UStG** (§ 5 Rz. 71 ff.) und damit bei Anwendung des besonderen Besteuerungsverfahrens nach § 18k UStG bei Lieferungen mit einem Sendungssachwert von höchstens 150 € steuerfrei. 196

f) Besondere Besteuerungsverfahren

Im Rahmen des Digitalpaketes kommt es zur Anwendung mehrerer neuer Besteuerungsverfahren nach §§ 18i, 18j, 18k UStG. Für § 3 Abs. 3a UStG (und § 3c UStG) sind dabei §§ 18j, 18k UStG von Bedeutung. 197

- **§ 18j Abs. 1 Satz 1 Nr. 1 UStG** erfasst Lieferungen nach **§ 3 Abs. 3a Satz 1 UStG** innerhalb eines Mitgliedstaats wie auch innergemeinschaftliche Fernverkäufe nach **§ 3c Abs. 1 Satz 2 und 3 UStG** im Gemeinschaftsgebiet (§ 18j Rz. 17).
- **§ 18k UStG** ist auf Fernverkäufe nach **§ 3 Abs. 3a Satz 2 UStG** oder nach **§ 3c Abs. 2 oder 3 UStG** bei Sendungen mit einem Sachwert von höchstens **150 €** anzuwenden (§ 18k Rz. 17).

Die Anwendung der besonderen Besteuerungsverfahren ist keine Voraussetzung für die Fiktion der Lieferkette, aber für die Ortsbestimmung nach § 3c Abs. 2 und 3 Satz 1 UStG (Rz. 278 und 267). Dabei kann sich die Frage stellen, ob z.B. § 3c Abs. 3 Satz 1 UStG auch dann anwendbar ist, wenn die FinVerw. die Registrierung für das Verfahren nach § 18k UStG zu Unrecht versagt. 198

g) Weitere Regelungen

aa) Innergemeinschaftliche Lieferung und innergemeinschaftlicher Erwerb

Die Vorschriften für die innergemeinschaftliche Lieferung und den innergemeinschaftlichen Erwerb finden keine Anwendung. Für die Lieferung an den Schnittstellenbetreiber kommt dies nach h.M. nicht in Betracht, da diese als ruhend anzusehen ist (Rz. 182). Für die Lieferung durch den Schnittstellenbetreiber ergibt sich dies im Anwendungsbereich des § 3c Abs. 1 UStG daraus, dass er seine Lieferung im Bestimmungsmitgliedstaat erbringt und er zudem nicht an einen der Regelbesteuerung unterliegenden Unternehmer liefert. 199

bb) Sonstiges

In den Fällen des § 3 Abs. 3a UStG entsteht die Steuer gem. § 13 Abs. 1 Buchst. i UStG zu dem Zeitpunkt, zu dem die Zahlung angenommen wird (§ 13 Rz. 74 ff.). Außerhalb des Anwendungsbereichs von § 3 Abs. 3a UStG kann es zu einer Haftung nach § 25e UStG kommen (§ 25e Rz. 1 ff.). 200

4. Rechtsentwicklung

201 § 3 Abs. 3a UStG gilt für die seit 1.7.2021 ausgeführten Umsätze und gehört zu den zu diesem Zeitpunkt in Kraft getretenen Neuregelungen des sog. Digitalpakets II (§ 3c Rz. 2). Eine Vorgängerregelung besteht nicht.

5. Bewertung der Neuregelung

a) Regelungsdefizite in Bezug auf die Systematik

aa) Geltendes Recht und Regelungsziele

202 Das Zusammenspiel der Regelungsbereiche von § 3 Abs. 3a UStG, § 3c UStG und §§ 18i, 18k UStG erweist sich als problematisch, da es unterlassen wurde, die einzelnen Regelungen stärker aufeinander abzustimmen. Sie überschneiden sich stattdessen in ihrem jeweiligen Anwendungsbereich teilweise, ohne sich dabei in ihren Unterschieden klar voneinander abzugrenzen. Die nur unzureichende Verzahnung der einzelnen Regelungen miteinander ergibt sich bereits aus der Regelungsweise des Unionsgesetzgebers.

203 Betrachtet man die mit den Neuregelungen verfolgten Ziele, geht es um eine Neuordnung der Besteuerung bei Lieferungen an Endverbraucher und den diesen gleichgestellten Personen in den Bereichen der Inlandslieferung, der innergemeinschaftlichen Lieferung und der Einfuhrlieferung.

204 In allen drei Fällen sollen Steuerausfälle bei Lieferungen mit Unterstützung eines Schnittstellenbetreibers verhindert werden. Zudem soll es bei grenzüberschreitenden Lieferungen zu einer Neubestimmung des Lieferorts kommen. Schließlich soll es Unternehmern ermöglicht werden, Lieferungen in besonderen und dabei unionsweit geltenden Besteuerungsverfahren zu erfassen, um steuerrechtliche Einzelregistrierungen in den Mitgliedstaaten zu verhindern. Diese Ziele ließen sich mit, im Vergleich zum heute bestehenden Recht, deutlich vereinfachten und besser aufeinander abgestimmten Regelungen effektiver und besser nachvollziehbar erreichen.

bb) Überlegungen de lege ferenda

(1) Definition des Fernverkaufs

205 Fernverkäufe im Sinne von Lieferungen, bei denen der Liefergegenstand mit zumindest indirekter Beteiligung des Lieferers befördert oder versendet (befördert) wird, gibt es in den Fallgestaltungen des Inlandsfernverkaufs, des innergemeinschaftlichen Fernverkaufs und des Einfuhrfernverkaufs. Dabei erweist sich die dem Art. 14 Abs. 4 MwStSystRL zugrunde liegende Vorstellung, den Tatbestand des Fernverkaufs so zu definieren, dass bei den weiteren Regelungen zur Lieferfiktion, zur Ortsbestimmung und zum besonderen Besteuerungsverfahren darauf verwiesen werden kann, als zutreffend.

206 Zu kritisieren ist demgegenüber die Ausgestaltung der Fernverkaufsdefinition in ihrem Verhältnis zu den weiteren Regelungen. So ist es im Bereich des **Einfuhrfernverkaufs** unverständlich, weshalb die für die Anwendung der Lieferfiktion in Art. 14a Abs. 1 MwStSystRL und der Ortbestimmung nach Art. 33 Buchst. c MwStSystRL i.V.m. Art. 368l Abs. 1 MwStSystRL vorgesehene Bedingung eines **Sendungssachwerts von höchstens 150 €** nicht bereits in die Definition des Einfuhrfernverkaufs integriert wird. Im Hinblick auf diese Wertgrenze kann beim Einfuhrfernverkauf der auf die Lieferung neuer Fahrzeuge und die Montagelieferung bezogene Ausschlusstatbestand entfallen, da es hierfür keine praxisrelevanten Anwendungsfälle gibt. Soweit in atypischen Fällen eine Montagelieferung den Regelungen für den Einfuhrfernverkauf unterliegt, handelt es sich um eine vorrangige Sonderregelung zu Art. 35 MwStSystRL.

207 Ebenso unverständlich ist, weshalb der Unterschied zwischen dem **Inlandsfernverkauf**, der nur für die Lieferfiktion in Art. 14a Abs. 2 MwStSystRL und dem **innergemeinschaftlichen Fernverkauf**, der ebenfalls dieser Lieferfiktion, aber zusätzlich auch der Ortsbestimmung in Art. 33 Buchst. a MwStSystRL unterliegt, nicht bereits bei der Definition des Fernverkaufs Berücksichtigung findet, um die unterschiedliche Bedeutung dieser beiden Verkaufstatbestände zu verdeutlichen. Dabei ist die Ansässigkeit des Lieferers, auf die es nur bei der Lieferfiktion, nicht aber auch bei der Ortsbestimmung ankommt, nicht einzubeziehen.

Daher könnte abweichend vom heute geltenden Recht in Art. 14 Abs. 4 MwStSystRL zunächst der allgemeine Tatbestand des Fernverkaufs definiert werden, um hierauf aufbauend die Sonderbedingungen für die jeweilige Fernverkaufsart zu definieren. Dadurch werden insbesondere überflüssige Wiederholungen im Gesetzestext vermieden: 208

- „Nr. 1 **Fernverkäufe von Gegenständen**: Lieferungen von Gegenständen, die durch den Lieferer oder für dessen Rechnung an einen Erwerber in einen Mitgliedstaat versandt oder befördert werden, einschließlich jene, an deren Beförderung oder Versendung der Lieferer indirekt beteiligt ist, wenn die Lieferung der Gegenstände an einen Steuerpflichtigen oder eine nichtsteuerpflichtige juristische Person erfolgt, deren innergemeinschaftliche Erwerbe gemäß Art. 3 Abs. 1 nicht der Mehrwertsteuer unterliegen, oder an eine andere nichtsteuerpflichtige Person. 209
- Nr. 2: **Fernverkäufe von Gegenständen innerhalb eines Mitgliedstaats und innergemeinschaftliche Fernverkäufe von Gegenständen**: Fernverkäufe von Gegenständen mit Ausnahme neuer Fahrzeuge und von Gegenständen, die mit oder ohne probeweise Inbetriebnahme durch den Lieferer oder für dessen Rechnung montiert oder installiert geliefert werden, wenn sie von dem Mitgliedstaat aus versendet oder befördert werden, in dem die Versendung oder Beförderung endet (Fernverkäufe innerhalb eines Mitgliedstaats) oder wenn sie von einem anderen Mitgliedstaat aus versendet oder befördert werden (innergemeinschaftliche Fernverkäufe).
- Nr. 3: **Fernverkäufe von aus Drittgebieten oder Drittländern eingeführten Gegenständen**: Fernverkäufe von eingeführten Gegenständen, die von einem Drittgebiet oder Drittland aus Sendungen mit einem Sachwert von höchstens 150 € befördert oder versendet werden."

(2) Definition der Lieferkette

Die Definition der Lieferkette in Art. 14a MwStSystRL gilt unter der weiteren Voraussetzung der Unterstützung durch einen Steuerpflichtigen mit elektronischer Schnittstelle für Einfuhrlieferungen, Inlandslieferungen und Lieferungen zwischen zwei Mitgliedstaaten. 210

Die Regelung ist in ihrem Abs. 1 zum **Einfuhrfernverkauf** insoweit gelungen, als sie neben der Schnittstellenunterstützung an den Begriff des Fernverkaufs anknüpft. Hierdurch wird sichergestellt, dass der in Art. 14 Abs. 4 Nr. 2 MwStSystRL definierte Einfuhrfernverkauf unter der Zusatzbedingung des Art. 14a Abs. 1 MwStSystRL zur Anwendung der Lieferfiktion führt. Die Bedingung zum Sendungssachhöchstwert kann entfallen, da sie sich bereits aus der Definition des Einfuhrfernverkaufs ergibt. 211

In Bezug auf Art. 14a Abs. 2 MwStSystRL bestehen mehrere Kritikpunkte. So ist es unverständlich, dass die Vorschrift nach ihrem Wortlaut auf ruhende Lieferungen anzuwenden sein kann. Hierfür besteht kein Sachgrund. Die Bedeutung von Art. 14a Abs. 2 MwStSystRL beschränkt sich (mangels Sonderregelung zur Ortsbestimmung) darauf, die Anwendung des hierfür vorgesehenen besonderen Besteuerungsverfahrens zu ermöglichen. Dieses setzt aber in Art. 369b Abs. 1 UA 1 Buchst. b MwStSystRL voraus, dass eine Versendung oder Beförderung vorliegt, die im selben Mitgliedstaat beginnt und endet. Daher ist es vorzugswürdig dieses Kriterium (unter Einschluss einer indirekten Beteiligung des Lieferers an der Versendung oder Beförderung) bereits dadurch in den Tatbestand des Art. 14a Abs. 2 MwStSystRL zu integrieren, dass auf die Definition des Fernverkaufs innerhalb eines Mitgliedstaats verwiesen wird. 212

Zudem ist es unverständlich, dass die Regelung zur Lieferfiktion bei Lieferungen innerhalb der Gemeinschaft (Inlandslieferungen und Lieferungen zwischen Mitgliedstaaten) im Gegensatz zum Einfuhrfernverkauf in Bezug auf den Abnehmerkreis und den Liefergegenstand von der Fernverkaufsregelung abweicht. Die Lieferfiktion könnte auch hier neben den Lieferungen an nicht steuerpflichtige Personen auch Lieferungen an die in Art. 3 Abs. 1 MwStSystRL bezeichneten Erwerber erfassen. Es dürfte zudem kein praktisches Regelungsbedürfnis bestehen, die Lieferfiktion auf die Lieferung neuer Fahrzeuge sowie die Montagelieferung anzuwenden. Beides sollte daher an den Tatbestand des Fernverkaufs in Art. 14 Abs. 4 Nr. 1 MwStSystRL angepasst werden. Dies kann durch die Übernahme der vorstehenden Fernverkaufsdefinitionen (Rz. 209) erreicht werden. Eine Besonderheit ist daher nur das Erfordernis der Ansässigkeit des Steuerpflichtigen außerhalb der Gemeinschaft, da die Regelung zur Ortsbestimmung nicht gilt. Danach könnte der Tatbestand der Lieferfiktion wie folgt gefasst werden: 213

214 „Unterstützen Steuerpflichtige durch die Nutzung einer elektronischen Schnittstelle, beispielsweise eines Marktplatzes, einer Plattform, eines Portals oder Ähnlichem,

a) Fernverkäufe von aus Drittgebieten oder Drittländern eingeführten Gegenständen,

b) Fernverkäufe von Gegenständen innerhalb eines Mitgliedstaats durch einen nicht in der Gemeinschaft ansässigen Steuerpflichtigen oder

c) innergemeinschaftliche Fernverkäufe von Gegenständen durch einen nicht in der Gemeinschaft ansässigen Steuerpflichtigen,

werden sie behandelt, als ob sie diese Gegenstände selbst erhalten und geliefert hätten."

(3) Ortsbestimmung

215 Die Regelung zur Ortsbestimmung beim innergemeinschaftlichen Fernverkauf in Art. 33 Buchst. a MwStSystRL ist unverändert beizubehalten.

216 Anders ist bei den Regelungen zum Einfuhrfernverkauf, die in Art. 33 Buchst. b und c MwStSystRL nach der Einfuhr in einem Transit- und im Bestimmungsmitgliedstaat zu unterscheiden. Diese Regelungen sind im Hinblick auf die mit dem Digitalpaket II verfolgte Zielsetzung als verfehlt anzusehen.

217 Ist es nach dem Digitalpaket II erwünscht, den Einfuhrfernverkauf in dem besonderen Einfuhrbesteuerungsverfahren („IOSS-Verfahren") zu versteuern, kann man es kaum als folgerichtig ansehen, die Ortsbestimmung am Empfängerort beim Einfuhrfernverkauf (wie in Art. 33 Buchst. c MwStSystRL angeordnet) von einer Anwendung des IOSS-Verfahrens abhängig zu machen. Sachgerecht ist vielmehr eine Ortsverlagerung an den Empfängerort aufgrund des bloßen Vorliegens eines Einfuhrfernverkaufs. Für den **Einfuhrfernverkaufsverpflichteten** (und damit für den Lieferer oder bei Anwendung der Lieferfiktion für den Schnittstellenbetreiber) entsteht so ein Anreiz das IOSS-Verfahren anzuwenden, in dem er diese Lieferung unter Inanspruchnahme der EUSt-Freiheit (Rz. 196) versteuern kann. Dies führt zu einer entsprechenden Preisbildung und zur Vermeidung des Einfuhreinzelbesteuerungsverfahren nach Art. 369y MwStSystRL und § 21a UStG.

218 Fragwürdig ist zudem die Regelung zur Ortsbestimmung bei einer Einfuhr in einem Transitmitgliedstaat in Art. 33 Buchst. b MwStSystRL. Diese Regelung ordnet wie Art. 33 Buchst. c MwStSystRL eine Ortsbestimmung am Empfängerort an. Unterschiede ergeben sich daraus, dass Art. 33 Buchst. c MwStSystRL den Fall der Einfuhr im Bestimmungsmitgliedstaat erfasst, während sich Art. 33 Buchst. b MwStSystRL auf die Einfuhr in einem Transitmitgliedstaat bezieht. Im Hinblick hierauf ist Art. 33 Buchst. b MwStSystRL als bloße Ergänzungsregelung zu Art. 33 Buchst. c MwStSystRL für den Fall der Einfuhr im Transitmitgliedstaat anzusehen.

219 Fraglich ist dabei bereits, ob es überhaupt einer gesonderten Regelung bedarf. Dies ist auf der Grundlage der hier vertretenen Auffassung zu verneinen, da die Ortsbestimmung am Empfängerort für den schlichten Tatbestand des Einfuhrfernverkaufs angeordnet werden kann, ohne dass es darauf ankommt, in welchem Mitgliedstaat es zur Einfuhr kommt. Nimmt der Einfuhrfernverkaufsverpflichtete am IOSS-Verfahren teil, ist es unerheblich, in welchem Mitgliedstaat es zur steuerfreien Einfuhr kommt. Nimmt er hieran nicht teil, ist die Einfuhr steuerpflichtig, so dass er sich bei einer Einfuhr in einem Transitmitgliedstaat um den Vorsteuerabzug aus der EUSt im dort geltenden Regelbesteuerungs- oder Erstattungsverfahren zu kümmern hat.

220 Im Übrigen besteht, selbst wenn man entgegen der hier vertretenen Auffassung am Erfordernis der Teilnahme am IOSS-Verfahren für die Ortsverlagerung in Art. 33 Buchst. c MwStSystRL ausgeht, kein gesondertes Regelungsbedürfnis für Art. 33 Buchst. b MwStSystRL. Die Notwendigkeit für diese Regelung erübrigt sich auch dann, wenn in Art. 33 Buchst. b MwStSystRL das Erfordernis der Einfuhr im Bestimmungsmitgliedstaat gestrichen wird. Durch die ersatzlose Streichung von Art. 33 Buchst. b MwStSystRL entfällt zudem die derzeit bestehende Möglichkeit zur Ortsbestimmung im Bestimmungsmitgliedstaat bei Einfuhrfernverkäufen mit einem 150 € übersteigenden Sendungssachwert, für die kein Sachgrund ersichtlich ist, zumal das IOSS-Verfahren gemäß Art. 369l Abs. 1 MwStSystRL auf

Einfuhrfernverkäufe mit einem Sendungssachwert von höchstens 150 € beschränkt ist.[1] Daher könnte Art. 33 MwStSystRL wie folgt gefasst werden:

„Abweichend von Art. 32 gilt als Ort der Lieferung eines innergemeinschaftlichen Fernverkaufs von Gegenständen und eines Fernverkaufs von aus Drittgebieten oder Drittländern eingeführten Gegenständen der Ort, an dem sich die Gegenstände bei Beendigung der Versendung oder Beförderung an den Erwerber befinden.“ 221

(4) Sonstiges

Die Regelung zur Differenzbesteuerung in Art. 35 MwStSystRL könnte bereits in die Definition des Fernverkaufs einbezogen werden. Die Schwellenwertregelung in Art. 59a MwStSystRL ist unverändert bezogen auf Art. 33 Buchst. a MwStSystRL beizubehalten. 222

b) Zusätzliche Mängel des nationalen Rechts

Die Fiktion der Lieferkette in § 3 Abs. 3a Satz 1 UStG und Art. 14a Abs. 2 MwStSystRL führt zu der u.U. überraschend anmutenden Frage, ob die so ausgeführten Lieferungen einer Besteuerung entgegenstehen können. Für die erste Lieferung ergibt sich dies aus ihrer Steuerfreiheit gemäß § 4 Nr. 4c UStG und Art. 136b MwStSystRL. Aufgrund dieser Steuerfreiheit der ersten in der Gemeinschaft ausgeführten Lieferung kann sich die Frage nach einer Anwendung der Differenzbesteuerung auf die zweite Lieferung stellen, die dann aufgrund der Entgeltidentität der beiden Lieferungen zu einer Bemessungsgrundlage von 0 € führen würde. 223

Unionsrechtlich ist dies dadurch ausgeschlossen, dass die Differenzbesteuerung gem. Art. 313 Abs. 1 MwStSystRL nur auf Gebrauchtgegenstände und bestimmte andere Gegenstände anzuwenden ist und zudem gem. Art. 314 Buchst. b MwStSystRL[2] voraussetzt, dass die Lieferung an den Wiederverkäufer nach Art. 136 MwStSystRL steuerfrei ist, während sich die Rechtsgrundlage für § 4 Nr. 4c UStG aus Art. 136a MwStSystRL ergibt. 224

Anders ist es im nationalen Recht. Danach ist die Differenzbesteuerung anzuwenden 225

- auf die Lieferung aller beweglichen körperlichen Gegenstände (§ 25a Abs. 1 UStG) und damit auch auf die **Lieferung neuer Gegenstände** (§ 25a Rz. 7)[3],
- durch Wiederverkäufer, die gem. § 25a Abs. 1 Nr. 1 UStG gewerbsmäßig mit beweglichen Gegenständen handeln,
- wobei für die im Gemeinschaftsgebiet ausgeführte Lieferung an den Wiederverkäufer gem. § 25 Abs. 1 Nr. 2 UStG die Umsatzsteuer nicht geschuldet werden darf, was eine **steuerfreie Lieferung an den Wiederverkäufer einbezieht** und
- gemäß § 25a Abs. 1 Nr. 3 UStG nur Edelsteine und Edelmetalle von der Differenzbesteuerung ausgeschlossen sind.

II. Unterstützung durch elektronische Schnittstelle

1. Elektronische Schnittstelle (Absatz 3a Satz 3)

Die Fiktionen nach § 3 Abs. 3a Satz 1 und 2 UStG setzen die Unterstützung durch eine elektronische Schnittstelle voraus. 226

---

1 Dies lässt sich dem nationalen Recht mit seiner Verweisung in § 18k Abs. 1 Satz 1 UStG auf § 3c Abs. 2 UStG allerdings nicht entnehmen.

2 Hierzu hat der EuGH (Urt. v. 19.7.2012 – C-160/11, ECLI:EU:C:2012:492 – Bawaria Motors, UR 2012, 807) entschieden, dass ein Wiederverkäufer die Differenzbesteuerung nicht anwenden kann, wenn er Gebrauchtgegenstände liefert, die er zuvor steuerfrei von einem anderen Steuerpflichtigen erworben hat, dem ein Recht auf teilweisen Vorsteuerabzug zustand.

3 *Oelmaier* in Sölch/Ringleb, UStG, § 25a Rz. 22 (Stand: März 2021).

227 § 3 Abs. 3a Satz 3 UStG definiert die Schnittstelle als Marktplatz, Plattform, Portal oder Ähnliches. Dazu muss das Merkmal „elektronisch“ hinzutreten. Dies entspricht Art. 14a MwStSystRL.

228 Die FinVerw. legt dem Begriff ein „sehr weites Verständnis“ zugrunde und will alle mit elektronischen Marktplätzen, Plattformen oder Portalen vergleichbaren elektronischen Handelsplätze erfassen.[1]

2. Unterstützung

229 Art. 5b MwStVO[2] definiert, was unter Unterstützung zu verstehen ist. Danach ermöglicht es die Unterstützung, einem Erwerber und einem Lieferer, der über eine elektronische Schnittstelle Gegenstände zum Verkauf anbietet, in Kontakt zu treten.

230 Eine derartige Unterstützung ist zu verneinen, wenn der Schnittstellenbetreiber weder unmittelbar noch mittelbar

- irgendeine der Bedingungen für die Lieferung der Gegenstände festlegt[3],
- an der Autorisierung der Abrechnung mit dem Erwerber bezüglich der getätigten Zahlung beteiligt[4] und auch nicht unmittelbar oder mittelbar
- an der Bestellung oder Lieferung der Gegenstände beteiligt[5] ist.

231 Zudem führt es nicht zu einer Unterstützung, wenn der Schnittstellenbetreiber lediglich

- Zahlungen im Zusammenhang mit der Lieferung verarbeitet,
- Gegenstände auflistet oder Werbung für diese betreibt oder
- Erwerber an andere elektronische Schnittstellen, über die Gegenstände zum Verkauf angeboten werden, ohne dass eine weitere Einbindung in die Lieferung besteht, weiterleitet oder vermittelt.[6]

III. Lieferkette bei Lieferungen innerhalb der Gemeinschaft (Absatz 3a Satz 1)

1. Besondere Voraussetzungen

a) Ansässigkeit des Unternehmers

232 Neben der Unterstützung durch eine elektronische Schnittstelle (Rz. 226 ff.) setzt § 3 Abs. 3a Satz 1 UStG eine Lieferung durch einen nicht im Gemeinschaftsgebiet und damit ausschließlich im Drittlandsgebiet ansässigen Unternehmer voraus.

233 Die FinVerw. geht dabei zutreffend davon aus, dass ein Unternehmer auch dann im Gemeinschaftsgebiet ansässig ist, wenn er im Drittlandsgebiet seinen Sitz oder seine Geschäftsleitung, im Gemeinschaftsgebiet aber eine Betriebsstätte (feste Niederlassung) hat.[7] Hierfür spricht insbesondere Art. 192a MwStSystRL.

b) Steuerstatus des Abnehmers

aa) Gesetzliche Regelungen

234 Zur Umschreibung der Anforderungen, die an die Person des Abnehmers zu stellen sind, verweist § 3 Abs. 3a Satz 1 UStG auf § 3a Abs. 5 Satz 1 UStG und die dort in drei Ziffern bezeichneten Personen. Dabei handelt es sich in der eher unverständlichen Gesetzessprache des nationalen Rechts um einen Abnehmer, der

1 Abschn. 3.18 Abs. 3 Satz 1 UStAE.
2 Ebenso Art. 54b MwStVO und Abschn. 3.18 Abs. 3 Sätze 2 ff. UStAE.
3 Zur Sichtweise der FinVerw. vgl. Abschn. 3.18 Abs. 3 Satz 5 UStAE.
4 Zur Sichtweise der FinVerw. vgl. Abschn. 3.18 Abs. 3 Satz 6 UStAE.
5 Zur Sichtweise der FinVerw. vgl. Abschn. 3.18 Abs. 3 Satz 7 UStAE.
6 Ebenso Abschn. 3.18 Abs. 3 Satz 8 UStAE.
7 Abschn. 3.18. Abs. 2 Satz 4 UStAE.

- kein Unternehmer ist, für dessen Unternehmen die Leistung bezogen wird (Nr. 1),
- keine ausschließlich nicht unternehmerisch tätige juristische Person ist, der eine USt-IdNr. erteilt worden ist (Nr. 2), oder der
- keine juristische Person ist, die sowohl unternehmerisch als auch nicht unternehmerisch tätig ist, bei der die Leistung nicht ausschließlich für den privaten Bedarf des Personals oder eines Gesellschafters bestimmt ist (Nr. 3).

Übersetzt bedeutet dies, dass § 3a Abs. 3 Satz 1 UStG in vier Fällen anzuwenden ist, wenn der Abnehmer 235
- ein Endverbraucher ist (Fall 1)
- oder ein Unternehmer, der die Leistung für seinen privaten Bedarf bezieht (Fall 2),
- eine juristische Person ohne Unternehmereigenschaft ist, der keine USt-IdNr. erteilt wurde (Fall 3), oder
- eine juristische Person mit Unternehmereigenschaft ist, die die Leistung aber ausschließlich für den privaten Bedarf des Personals oder eines Gesellschafters bezieht (Fall 4).

Das Unionsrecht drückt sich hier deutlich klarer aus. Der Abnehmer muss nach **Art. 14a Abs. 2 MwStSystRL** eine nicht steuerpflichtige Person und damit eine Person sein, der nicht die Eigenschaft als Steuerpflichtiger (Unternehmer) zukommt. 236

bb) Finanzverwaltung

Die FinVerw. verwendet zur Bestimmung des Abnehmers überwiegend den Begriff des Nichtunternehmers, wie sie ihn § 3a Abs. 1 UStG zugrunde legt.[1] Danach ist § 3 Abs. 3a Satz 1 UStG in den vorstehenden vier Fällen (Rz. 235) anzuwenden auf Lieferungen an 237
- einen Leistungsempfänger, der nicht Unternehmer ist (Fall 1),
- einen Unternehmer, der die Lieferung nicht für sein Unternehmen bezieht und keine juristische Person ist (Fall 2),
- eine nicht unternehmerisch tätige juristische Person, der keine USt-IdNr. erteilt wurde (Fall 3) und an
- eine unternehmerisch und zugleich nicht unternehmerisch tätige juristische Person, die für den privaten Bedarf ihres Personals erwirbt (Fall 4).

cc) Bewertung

Zu entscheiden ist, ob der Abnehmerkreis nach einem bloßen **Statusmerkmal** (Unternehmer oder kein Unternehmer) oder aber **funktional** (Erwerb für das Unternehmen oder Erwerb für andere Zwecke) zu bestimmen ist. Bei einer rein statusbezogenen Betrachtungsweise fällt die Lieferung an einen Unternehmer für dessen Privatbedarf anders als die Lieferung an einen Endverbraucher nicht unter § 3 Abs. 3a Satz 1 UStG, bei funktionaler Betrachtung ist der Unternehmer in diesem Fall als Endverbraucher zu betrachten. 238

Der funktionalen Betrachtungsweise des nationalen Rechts dürfte dabei im Ausgangspunkt zu folgen sein. Denn der Begriff der nicht steuerpflichtigen Person in Art. 14a Abs. 2 MwStSystRL sollte gemäß der Definition des Nichtsteuerpflichtigen in Art. 45 MwStSystRL und Art. 58 MwStSystRL (als Grundlage für § 3a Abs. 2 und Abs. 5 UStG) auszulegen sein. Zu Art. 45 MwStSystRL geht der EuGH davon aus, dass der Steuerpflichtige, der für seinen Privatbedarf erwirbt, als Nichtsteuerpflichtiger anzusehen ist.[2] Dies dürfte (trotz hier fehlender Komplementärregelung in Art. 44 MwStSystRL) auf Art. 14a MwStSystRL zu übertragen sein. 239

1 Abschn. 3.18 Abs. 4 Satz 4 UStAE mit Verweisung auf Abschn. 3a.1 Abs. 1 UStAE; vgl. auch Abschn. 3.18 Abs. 1 Satz 6 UStAE.

2 EuGH, Urt. v. 17.3.2021 – C-459/19, ECLI:EU:C:2021:209 – Wellcome Trust, UR 2021, 310.

240 Gleichwohl erweist sich das nationale Recht insoweit als **nicht richtlinienkonform** als es bei der Bestimmung der nicht steuerpflichtigen Person im Anwendungsbereich der Lieferkettenfiktion mit der Verweisung auf § 3a Abs. 5 Satz 1 UStG auch die Wertungen des Art. 43 MwStSystRL übernimmt. Diese sind aber nach ihrem Wortlaut wie auch nach ihrer systematischen Stellung nur der Ortsbestimmung für Dienstleistungen, nicht aber auch der Bestimmung des Abnehmerkreises der Lieferkettenfiktion zugrunde zu legen.

241 Hieraus folgt zweierlei. Zum einen unterliegt die Lieferung **an einen Unternehmer für außerunternehmerische Satzungszwecke** wie etwa bei einer **rein ideellen oder hoheitlichen Tätigkeit** einer ansonsten unternehmerisch tätigen juristischen Person (nichtwirtschaftliche Zwecke ohne Privatcharakter) im Gegensatz zu den auf Art. 43 Nr. 1 MwStSystRL beruhenden § 3a Abs. 2 Satz 3 Fall 2 und Abs. 1 Satz 1 UStG **nicht der Lieferkettenfiktion.** Dementsprechend geht die Verwaltungsauffassung davon aus, dass Lieferungen für diese Tätigkeitsbereiche von der Anwendung des § 3 Abs. 3a UStG ausgeschlossen sind (Rz. 237). Dasselbe gilt für das rein passive Halten von Beteiligungen durch einen Unternehmer ohne Unternehmensbezug. Beides ist für die Anwendung von § 3 Abs. 3a UStG zutreffend, aber für die Anwendung von § 3a Abs. 2 UStG wohl unzutreffend (§ 3a Rz. 67 ff.).

242 Zum anderen unterliegt die Lieferung an eine **nicht steuerpflichtige juristische Person mit USt-IdNr.** im Gegensatz zu Art. 43 Nr. 2 MwStSystRL (§ 3a Abs. 2 Satz 3 Fall 1 UStG) und im Gegensatz zur Verwaltungsauffassung der Fiktion der Lieferkette. Dies führt in der Praxis zu Problemen, da die USt-IdNr. als Ausweis der Unternehmerstellung gilt. Dem Schnittstellenbetreiber hilft bei Fehlbeurteilungen Art. 5c MwStVO (Rz. 296).

2. Anwendungsfälle der Fiktion

a) Lieferkette im Inland

aa) Regelfall

243 Bei einer Beförderung des Liefergegenstandes im Inland befinden sich **beide Lieferorte im Inland**. Die erste Lieferung ist nach § 4 Nr. 4c UStG steuerfrei (Rz. 183 ff.), die zweite Lieferung ist entsprechend den allgemeinen Regelungen steuerpflichtig (Rz. 187 ff.).

bb) Abhollieferung und ruhende Lieferung

244 § 3 Abs. 3a Satz 1 UStG setzt nur eine im Gemeinschaftsgebiet beginnende und endende Beförderung oder Versendung (Beförderung), nicht aber auch einen Fernverkauf voraus. Letzteres entspricht Art. 14a Abs. 2 MwStSystRL, für den es gleichfalls nicht auf das Vorliegen eines Fernverkaufs ankommt (zur Kritik Rz. 213).

245 Daher könnte § 3 Abs. 3a Satz 1 UStG im Gegensatz zum Fernverkauf, der sowohl beim innergemeinschaftlichen Fernverkauf als auch beim Einfuhrfernverkauf eine Beteiligung des Unternehmers an der Beförderung voraussetzt, auch auf den Fall der Abhollieferung anzuwenden sein.

246 Weitergehend stellt sich die Frage, ob es auf das in § 3 Abs. 3a Satz 1 UStG genannte Kriterium der Beförderung überhaupt ankommt. Der unionsrechtlichen Grundlage in Art. 14a Abs. 2 MwStSystRL ist dies zwar nicht zu entnehmen. Das Kriterium ergibt sich aber letztlich aus Art. 369b Abs. 1 UA 1 Buchst. b MwStSystRL und dürfte daher in Art. 14a Abs. 2 MwStSystRL hineinzulesen sein (Rz. 212).

b) Lieferkette mit Beförderung zwischen zwei Mitgliedstaaten

aa) Lieferorte

247 Die erste Lieferung an den Schnittstellenbetreiber wird im Abgangsmitgliedstaat erbracht. Dies ergibt sich nach h.M. aus § 3 Abs. 6b und Abs. 7 Satz 2 Nr. 1 UStG oder § 3 Abs. 6 UStG (Rz. 182) und den jeweiligen Korrespondenzvorschriften hierzu im anderen Mitgliedstaat.

248 Auch die zweite Lieferung durch den Schnittstellenbetreiber wird im Ausgangspunkt im Abgangsmitgliedstaat ausgeführt, was sich aus § 3 Abs. 6 UStG (i.V.m. § 3 Abs. 6b UStG) ergibt. Im Regelfall wird

es für die zweite Lieferung aber zu einer Ortsverlagerung an den Bestimmungsort nach § 3c Abs. 1 UStG kommen.

bb) Besteuerung

Wie im Fall der Inlandslieferung (Rz. 243) ist auch bei der innergemeinschaftlichen Lieferkette die **erste Lieferung** nach § 4 Nr. 4c UStG steuerfrei. Bei einer Beförderung aus einem anderen Mitgliedstaat ergibt sich dies aus der dortigen Umsetzungsvorschrift zu Art. 136a MwStSystRL. 249

Die Frage nach der Besteuerung der **zweiten Lieferung** stellt sich aus Sicht des UStG nur, wenn sich der Bestimmungsort der Lieferung im Inland befindet. Hier verlagert sich der Ort der Lieferung durch den Schnittstellenbetreiber im Regelfall nach § 3c Abs. 1 UStG in das Inland, da er die Lieferung an die in § 3c Abs. 1 Satz 2 UStG genannte Person ausführt. 250

IV. Lieferkette beim Einfuhrfernverkauf (Absatz 3a Sätze 2 und 4 bis 6)

1. Besondere Voraussetzungen

a) Überblick

§ 3 Abs. 3a Satz 2 UStG setzt neben der (auch für § 3 Abs. 3a Satz 1 UStG geltenden) Bedingung der Unterstützung durch eine elektronische Schnittstelle (Rz. 226 ff.) voraus, dass ein Einfuhrfernverkauf vorliegt, bei dem der Sachwert der Sendung höchstens 150 € beträgt. 251

Für die Fiktion der Lieferkette kommt es nicht darauf an, dass das besondere Besteuerungsverfahren nach § 18k UStG angewendet wird. 252

b) Einfuhrfernverkauf

aa) Definition

Den Einfuhrfernverkauf definiert § 3 Abs. 3a Satz 4 UStG als Lieferung eines Gegenstandes, der durch den Erwerber oder für dessen Rechnung aus dem Drittlandsgebiet an einen Abnehmer mit dem in Satz 5 genannten Steuerstatus **befördert** oder versendet (befördert) wird, wobei eine indirekte Beteiligung des Lieferers an der Beförderung genügt. 253

Die FinVerw. schließt die Lieferung von Gas, Elektrizität, Wärme und Kälte als nicht bewegte Lieferungen vom Anwendungsbereich der Regelung aus.[1] 254

bb) Beförderung mit zumindest indirekter Beteiligung des Lieferers

Art. 5a MwStVO[2] erläutert die Beförderung durch den Lieferer einschließlich seiner indirekten Beteiligung dahingehend, dass 255

- die Beförderung vom Lieferer als Unterauftrag an einen Dritten vergeben wird, der die Gegenstände an den Erwerber liefert,
- die Beförderung durch einen Dritten erfolgt, der Lieferer jedoch entweder die gesamte oder die teilweise Verantwortung für die Lieferung der Gegenstände an den Erwerber trägt,
- der Lieferer dem Erwerber die Transportkosten in Rechnung stellt und diese einzieht und sie dann an einen Dritten weiterleitet, der die Beförderung der Waren übernimmt oder dass
- der Lieferer in jeglicher Weise gegenüber dem Erwerber die Zustelldienste eines Dritten bewirbt, den Kontakt zwischen dem Erwerber und einem Dritten herstellt oder einem Dritten auf andere Weise die Informationen, die dieser für die Zustellung der Gegenstände an den Erwerber benötigt, übermittelt.

1 Abschn. 3.18 Abs. 4 Satz 3 UStAE.
2 Ebenso Abschn. 3.18. Abs. 4 Satz 8 UStAE.

256 An einer Beförderung durch den Lieferer oder für seine Rechnung fehlt es demgegenüber, wenn der Erwerber die Gegenstände selbst befördert oder wenn der Erwerber die Lieferung der Gegenstände selbst mit einem Dritten vereinbart und der Lieferer nicht mittelbar oder unmittelbar die Organisation der Versendung oder Beförderung dieser Gegenstände übernimmt oder dabei hilft.

cc) Steuerstatus des Abnehmers

257 Für das Vorliegen eines Fernverkaufs muss der **Abnehmer** gem. § 3 Abs. 3a Satz 5 UStG über einen bestimmten Steuerstatus verfügen:

258 Es kann sich zum einen um eine nicht steuerpflichtige Person handeln, die wie bei § 3 Abs. 3a Satz 1 UStG durch Bezugnahme auf § 3a Abs. 5 Satz 1 UStG definiert wird, so dass auch hier fraglich ist, wie der Abnehmerkreis, zu dem in erster Linie **Endverbraucher** gehören, im Einzelnen zu bestimmen ist (Rz. 234 ff.).

259 Abnehmer können auch sog. **Erwerbsschwellenunternehmer** i.S.v. § 1a Abs. 3 UStG sein, deren innergemeinschaftliche Erwerbe aufgrund des Unterschreitens der dort genannten Erwerbsschwelle, auf die sie auch nicht verzichtet haben, nicht der Erwerbsbesteuerung unterliegen. Hierzu gehören z.B. Unternehmer, deren Umsätze (wie z.B. bei Ärzten) ohne Vorsteuerabzug steuerfrei sind. Es kommt dann auf die Erwerbsschwelle im jeweiligen Bestimmungsstaat an.[1]

dd) Anforderungen an den Liefergegenstand

260 Zudem darf es sich beim Liefergegenstand gem. § 3 Abs. 3a Satz 6 UStG weder um ein neues Fahrzeug noch um eine Montage- oder Installationslieferung handeln.

c) Sachwert

261 Zur Fiktion der Lieferkette kommt es nur, wenn der Sachwert der Sendung höchstens 150 € beträgt.

262 Für die Sendung stellt die FinVerw. grundsätzlich auf jedes einzelne Packstück ab.[2] Gegenstände, die zusammen in demselben Packstück verpackt und gleichzeitig vom selben Versender (z.B. zugrunde liegender Lieferer oder möglicherweise elektronische Schnittstelle, die als fiktiver Lieferer handelt) an denselben Empfänger (z.B. Erwerber in der EU) unter einem Beförderungsvertrag (z.B. Luftfrachtbrief, CMR, Postsendung nach Weltpostvertrag mit S-10 Barcode) versandt werden, sollen eine einzige Sendung sein.[3] Gegenstände, die von ein und derselben Person getrennt bestellt, aber zusammen in demselben Packstück versandt werden, werden ebenfalls als eine einzige Sendung betrachtet.[4] Gegenstände, die vom selben Versender an denselben Empfänger versandt und getrennt bestellt und geliefert werden, gelten demgegenüber auch dann als getrennte Sendungen, wenn sie am selben Tag, aber in gesonderten Packstücken beim Postbetreiber oder Expresskurierdienstleister des Bestimmungsorts ankommen.[5]

263 Den Sachwert berechnet die FinVerw. nach dem Warenpreis beim Verkauf zur Ausfuhr in das Zollgebiet der Union ohne Transport- und Versicherungskosten, sofern diese nicht im Preis enthalten und nicht gesondert auf der Rechnung ausgewiesen sind, sowie alle anderen Steuern und Abgaben, die von den Zollbehörden anhand der einschlägigen Dokumente ermittelt werden können.[6] Danach sind gesondert ausgewiesene Beförderungskosten bei der Ermittlung des Sachwerts nicht zu berücksichtigen.

1 Zu diesen s. Abschn. 3.18 Abs. 4 Satz 7 UStAE.
2 Abschn. 3.18 Abs. 6 Satz 1 UStAE.
3 Abschn. 3.18 Abs. 6 Satz 2 UStAE.
4 Abschn. 3.18 Abs. 6 Satz 3 UStAE.
5 Abschn. 3.18 Abs. 6 Satz 4 UStAE.
6 Abschn. 3.18 Abs. 7 UStAE mit Anwendungsbeispielen.

2. Mögliche Anwendungsfälle

Für die Ortsbestimmung ist zwischen mehreren Fallgestaltungen zu unterscheiden. Aus § 3c Abs. 3 und 2 UStG ergibt sich eine Differenzierung danach, ob die Einfuhr in einem Transit- oder im Bestimmungsmitgliedstaat erfolgt. Weiter kommt es darauf an, ob der erste Lieferer oder der Schnittstellenbetreiber einführt und zudem darauf, ob auf dessen Lieferung § 18k UStG anzuwenden ist. Nimmt der Schnittstellenbetreiber am Verfahren nach § 18k UStG teil, ist dabei zu unterstellen, dass die dort erteilte USt-IdNr. für die Einfuhr verwendet wird. 264

Schließlich ist das Verhältnis zu § 3 Abs. 8 UStG zu beachten. Diese Vorschrift führt auf der Grundlage von Art. 32 Abs. 2 MwStSystRL zu einer Ortsverlagerung für die Lieferung durch den Schuldner der EUSt, bei dem es sich im Fall der Überführung zum freien Verkehr um den Zollanmelder handelt. Dies beruht darauf, dass der nationale Gesetzgeber das ihm durch die Richtlinie in Art. 201 MwStSystRL eingeräumte Ermessen dahingehend ausgeübt hat. In anderen Mitgliedstaaten wird demgegenüber der Warenempfänger als Einführer oder Importeur angesehen. Dies führt in Bezug auf § 3c Abs. 3 UStG dazu, dass die dort vorrangig (§ 3 Abs. 5a UStG) getroffene Regelungsanordnung im Hinblick auf § 3 Abs. 8 UStG als deklaratorisch angesehen werden kann. 265

3. Einfuhr im Bestimmungsmitgliedstaat

a) Einfuhr durch den Schnittstellenbetreiber

Die Einfuhr durch den Schnittstellenbetreiber hat für die Bestimmung des Orts der ersten Lieferung keine Bedeutung. Diese erste Lieferung wird nichtsteuerbar im Drittlandsgebiet ausgeführt (Rz. 182). 266

Im Hinblick auf die Lieferung durch den Schnittstellenbetreiber ist de lege lata (zur Kritik Rz. 217) danach zu unterscheiden, ob er § 18k UStG anwendet (und die dort erteilte USt-IdNr. bei der Einfuhr verwendet): 267

- Trifft dies zu, liefert er gem. § 3c Abs. 3 Satz 1 UStG am Bestimmungsort.[1] Für die Einfuhr kann er die Steuerfreiheit nach § 5 Abs. 1 Nr. 7 UStG in Anspruch nehmen.
- Ist dies nicht der Fall, liegen die Voraussetzungen von § 3c Abs. 3 Satz 1 UStG nicht vor, da die Steuer dann nicht nach § 18k UStG zu erklären ist.

Im zweiten Fall kommt dann § 3c Abs. 3 Satz 3 UStG zur Anwendung, wonach sich der Ort der Lieferung durch den Schnittstellenbetreiber gleichwohl an den Bestimmungsort verlagern soll. Die hierfür vorausgesetzte Schuldnerschaft eines Unternehmers für die EUSt liegt vor. Eine unmittelbare Grundlage in der Richtlinie ist hierfür nicht ersichtlich. Die Europäische Kommission geht ohne Anwendung des besonderen Besteuerungsverfahrens wohl von einem Lieferort im Drittlandsgebiet aus. Allerdings kommt der Anwendung von § 3c Abs. 3 Satz 3 UStG für diese Fallgestaltung im Inland eigentlich nur deklaratorische Bedeutung zu, da bei einer Einfuhr durch den Schnittstellenbetreiber, der gem. § 3 Abs. 6b UStG die Beförderungslieferung ausführt, die Voraussetzungen für eine Ortsverlagerung nach § 3 Abs. 8 UStG vorliegen (Rz. 265). 268

Im Übrigen ist die Einfuhr steuerpflichtig. 269

b) Einfuhr durch den ersten Lieferer

aa) Ausgangslage

Bei einer Einfuhr durch den ersten Unternehmer ist wiederum danach zu unterscheiden, ob der Schnittstellenbetreiber § 18k UStG anwendet und die dort erteilte USt-IdNr. bei der Einfuhr verwendet wird. Letzteres ist auch bei einer Einfuhr durch den ersten Lieferer möglich, da der Zollanmelder nicht die Person sein muss, der die USt-IdNr. nach § 18k UStG erteilt wurde.[2] 270

---

1 Zum gleichen Ergebnis führt hier § 3 Abs. 6b und 8 UStG.
2 *Wäger*, ZfZ 2021, 176.

bb) Anwendung von § 18k UStG

271 Wird auf dieser Grundlage § 18k UStG angewendet, ist dies für die Bestimmung des **Orts der ersten Lieferung** ohne Bedeutung. Der Ort dieser Lieferung verlagert sich nach h.M. wegen des sich aus § 3 Abs. 6b UStG ergebenden Umkehrschlusses nicht nach § 3 Abs. 8 UStG in das Inland, sondern verbleibt im Drittlandsgebiet.[1] Demgegenüber erfasst nach der hier vertretenen Auffassung (Rz. 499) § 3 Abs. 8 UStG die danach im Inland ausgeführte Lieferung, auf die dann § 4 Nr. 4c UStG entsprechend anzuwenden ist, da es nach dem Regelungskonzept des Digitalpakets zu keiner Steuerpflicht der ersten Lieferung kommen soll (Rz. 183 und Rz. 185). Auch die Einfuhr ist nach § 5 Abs. 1 Nr. 7 UStG steuerfrei.

272 Für die **Lieferung durch den Schnittstellenbetreiber** folgt aus der Anwendung von § 18k UStG die Ortsverlagerung nach § 3c Abs. 3 Satz 1 UStG in das Inland.

cc) Keine Anwendung von § 18k UStG

273 Wird § 18k UStG nicht angewendet, bleiben die sich für die **erste Lieferung** ergebenden Rechtsfolgen (Rz. 271) unverändert.[2]

274 Fraglich ist, welche Rechtsfolgen sich für den Schnittstellenbetreiber ergeben. Eine Lieferortverlagerung nach § 3c Abs. 3 Satz 1 UStG kommt wiederum nicht in Betracht. Aus Sicht des nationalen Gesetzgebers soll es zur Lieferortverlagerung nach § 3c Abs. 3 Satz 3 UStG kommen, um eine Besteuerungslücke zu vermeiden.[3] Diese Besteuerungslücke soll sich daraus ergeben, dass § 3 Abs. 8 UStG entsprechend der h.M. (Rz. 499) bei einer Einfuhr durch den ersten Lieferer nicht zu einer Ortsverlagerung für die Lieferung durch den Schnittstellenbetreiber führen soll.[4] Demgegenüber kommt es nach der hier vertretenen Auffassung auch in diesem Fall zu einer Ortsverlagerung, da Art. 32 Abs. 2 MwStSystRL als Rechtsgrundlage von § 3 Abs. 8 UStG die Ortsverlagerung für die Lieferung des Importeurs und nachfolgende Lieferungen anordnet, so dass die Regelungsanordnung in § 3c Abs. 3 Satz 3 UStG danach überflüssig ist.

4. Einfuhr in einem Transitmitgliedstaat

a) Ausgangslage

275 § 3c Abs. 2 Satz 1 UStG regelt den Ort für den Fernverkauf bei einer Einfuhr in einem Transitmitgliedstaat. Trotz der Einfuhr im Transitmitgliedstaat kommt es zu einer Lieferung am Bestimmungsort.

276 § 3c Abs. 2 UStG hat dabei im Verhältnis zu § 3 Abs. 8 UStG konstitutive Bedeutung, wie sich formal auch aus § 3 Abs. 5a UStG ergibt. Denn nach § 3 Abs. 8 UStG verlagert sich der Lieferort in den Transitmitgliedstaat. Dies wird durch die Spezialregelung in § 3c Abs. 2 UStG verhindert.

277 Nach § 3c Abs. 2 UStG kommt es anders als bei § 3c Abs. 3 Satz 1 UStG nicht auf die Anwendung von § 18k UStG an. Als zollrechtliche Besonderheit ist allerdings zu beachten, dass nach Art. 221 Abs. 4 UZK-DVO die **Zollstelle**, die für die Anmeldung von Waren zur Überführung in den zollrechtlich freien Verkehr **zuständig** ist, die in einer Sendung enthalten sind, für die eine **Befreiung von den Einfuhrabgaben gem. Art. 23 Abs. 1 ZollbefreiungsVO im Rahmen einer anderen Mehrwertsteuerregelung als der in Titel XII Kapitel 6 Abschnitt 4 MwStSystRL festgelegten Sonderregelung** für Fernverkäufe von aus Drittgebieten oder Drittländern eingeführten Waren gilt, eine **Zollstelle in dem Mitgliedstaat ist, in dem die Versendung** oder Beförderung der Waren **endet**.

278 Hieraus folgt, dass die Einfuhr einer für das Inland bestimmten (und nach Art. 23 ZollbefreiungsVO zollfreien) Ware nur dann im Transitmitgliedstaat erfolgen kann, wenn die Lieferung des Gegenstandes umsatzsteuerrechtlich § 18k UStG unterliegt. Über diesen Umweg wird die Anwendung von § 18k

1 Vgl. Abschn. 3c.1 Abs. 4 Beispiel 5 Satz 11 UStAE.
2 Abschn. 3c.1 Abs. 4 Beispiel 5 Satz 11 UStAE.
3 Abschn. 3c.1 Abs. 4 Beispiel 5 Satz 12 UStAE.
4 BT-Drucks. 503/20, 149 und Abschn. 3c.1 Abs. 4 Beispiel 5 Satz 13 UStAE.

UStG zur Voraussetzung für § 3c Abs. 2 UStG. Daher ist im Folgenden zu erörtern, welche Rechtsfolgen bei Anwendung von § 18k UStG eintreten.

b) Einfuhr durch den Schnittstellenbetreiber

Führt der Schnittstellenbetreiber in einem Transitmitgliedstaat nach der auf Art. 143 Abs. 1 Buchst. ca MwStSystRL beruhenden Korrespondenzvorschrift zu § 5 Abs. 1 Nr. 7 UStG steuerfrei ein, da er § 18k UStG anwendet, verlagert sich sein Lieferort gem. § 3c Abs. 2 Satz 1 UStG in das Inland. Dieser Vorschrift kommt als lex specialis Vorrang gegenüber der sich aus § 3 Abs. 8 UStG ergebenden Ortsbestimmung im Transitmitgliedstaat zu. Für den ersten Lieferer verbleibt es bei der Lieferung am Abgangsort. 279

c) Einfuhr durch den ersten Lieferer

Führt der erste Lieferer nach der im Transitmitgliedstaat bestehenden Korrespondenzvorschrift zu § 5 Abs. 1 Nr. 7 UStG steuerfrei ein (Rz. 196), ändert dies nach h.M. nichts daran, dass er am Abgangsort liefert, da danach § 3 Abs. 8 UStG auf seine als ruhend betrachte Lieferung nicht anzuwenden ist. Demgegenüber kommt es nach der hier vertretenen Auffassung zu einer Ortsverlagerung nach § 3 Abs. 8 UStG (Rz. 499) mit der Folge, dass er seine Lieferung im Transitmitgliedstaat ausführt, auf die dann die Korrespondenzvorschrift zu § 4 Nr. 4c UStG entsprechend anzuwenden ist. 280

Für die Lieferung durch den Schnittstellenbetreiber kommt es auch hier zur Anwendung von § 3c Abs. 2 UStG. 281

V. Zusammentreffen mit echten Reihengeschäften

Zu entscheiden ist auch über die Rechtsfolgen, die sich aus einer kumulativen Anwendung von § 3 Abs. 3a und 6a UStG ergeben. Hierzu kommt es, wenn der Unternehmer, der sich des Schnittstellenbetreibers bedient, seinerseits einen Vorlieferer hat und die Ware unmittelbar von diesem Vorlieferer zum Abnehmer befördert wird. 282

Beispiel 1: 283

B verkauft durch Unterstützung des elektronischen Schnittstellenbetreibers C einen Gegenstand an den Endverbraucher D. B hat den Gegenstand bei A erworben und weist diesen zur Beförderung an D an. A, B und C unterliegen der Regelbesteuerung. A ist in Frankreich ansässig und befördert aus Frankreich an D in das Inland. B und C sind in den USA ansässig.

Nach dem Grundsatz, dass es in einem Reihengeschäft nur eine Beförderungslieferung gibt (Rz. 377), stellt sich die Frage, wie § 3 Abs. 6b UStG im Beispiel 1 anzuwenden ist. Eine Einschränkung des Anwendungsbereichs dieser Vorschrift beim Zusammentreffen von § 3 Abs. 3a UStG mit echten Reihengeschäften besteht nicht, so dass die FinVerw. die Anwendung dieser Vorschrift auch hier bejaht.[1] Danach erbringt C die einzige Beförderungslieferung und hat die Lieferung an D im Inland nach § 3c Abs. 1 UStG zu versteuern. Bei allen anderen Lieferungen handelt es entsprechend § 3 Abs. 7 Satz 2 Nr. 1 UStG um ruhende Inlandslieferungen in Frankreich. Die Lieferung des A an B ist dort steuerpflichtig, die Lieferung des B an C ist nach der französischen Korrespondenzvorschrift zu § 4 Nr. 4c UStG auf der Grundlage von Art. 136a MwStSystRL steuerfrei. 284

Hieran ändert sich nichts, wenn entsprechend der hier vertretenen Auffassung (Rz. 392 und Rz. 398) alle Lieferungen Beförderungslieferungen sind. Auch dann liefert C im Rahmen eines Fernverkaufs, für den sich der Ort nach § 3c Abs. 1 UStG bestimmt. Für die Ortsbestimmung der Lieferungen durch A und B ist die Unterscheidung zwischen ruhender und bewegter Lieferung unerheblich, da beide Lieferarten zu einer Lieferung am selben Ort führen (Rz. 379). Für die Steuerfreiheit nach § 4 Nr. 4c UStG kommt es auf diese Unterscheidung nicht an. 285

1 Abschn. 3.18 Abs. 5 UStAE zum Einfuhrfernverkauf.

286 **Beispiel 2:**
Wie Beispiel 1: A ist jetzt aber in der Schweiz ansässig und befördert von dort an D in das Inland. Der Sendungswert beträgt 150 €. C führt ein und wendet § 18k UStG an.

287 Nach der h.M. (Rz. 377) führt C wiederum gemäß § 3 Abs. 6b UStG die Beförderungslieferung aus und liefert an D gem. § 3c Abs. 3 Satz 1 UStG im Inland. Die Einfuhr ist nach § 5 Abs. 1 Nr. 7 UStG steuerfrei. Alle anderen Lieferungen werden nichtsteuerbar ruhend (§ 3 Abs. 7 Satz 2 Nr. 1 UStG) in der Schweiz erbracht. Ebenso ist es nach der hier vertretenen Auffassung, nach der sich der Lieferort in der Schweiz aus § 3 Abs. 6 Satz 1 UStG ergibt (Rz. 285).

288 Es kommt im Ergebnis zu keinem materiellen Unterschied, wenn B einführt. Nach h.M. führt die Einfuhr durch den Lieferer einer ruhenden Lieferung zu keiner Ortsverlagerung nach § 3 Abs. 8 UStG[1] (Rz. 499), nach der hier vertretenen Auffassung ist die Lieferung durch B zwar im Inland aufgrund der Einfuhr steuerbar, aber entsprechend § 4 Nr. 4c UStG steuerfrei (Rz. 183 und Rz. 185).

289 Unterschiede ergeben sich auch nicht bei einer Einfuhr durch A. Nach der h.M. erbringt C die einzige Beförderungslieferung, die nach § 3c Abs. 3 Satz 1 UStG im Inland steuerbar und steuerpflichtig ist. Alle anderen Lieferungen werden entsprechend § 3 Abs. 7 Satz 2 Nr. 1 UStG in der Schweiz erbracht. Diese sind nach der hier vertretenen Auffassung entsprechend § 4 Nr. 4c UStG steuerfrei.

VI. Fehlerfolgen

1. Fehlbeurteilungen beim Unternehmer

290 Fehleinschätzungen beim Unternehmer, der nach § 3 Abs. 3a UStG prüfen muss, ob er an seinen eigentlichen Abnehmer oder an den Schnittstellenbetreiber liefert, führen regelmäßig dazu, dass entweder eine Steuer zu Unrecht ausgewiesen wird oder ein gesetzlich vorgesehener Steuerausweis unterbleibt.

291 Zur ersten Fallgestaltung kommt es dann, wenn der Unternehmer verkennt, dass er mittels einer elektronischen Schnittstelle liefert und in seiner Rechnung, die er an den Abnehmer (anstelle des Schnittstellenbetreibers) richtet, Umsatzsteuer gesondert ausweist. Es liegt dann ein unzutreffender Steuerausweis nach § 14c UStG vor. Hierin kann im Hinblick auf die unzutreffende Abnehmerbezeichnung eine Rechnung über eine (an diese Person) nicht erbrachte Leistung zu sehen sein, so dass § 14c Abs. 2 UStG anzuwenden wäre.[2]

292 Der zweite Fall liegt dann vor, wenn der Unternehmer zu Unrecht von einer Unterstützung durch eine elektronische Schnittstelle ausgeht und daher zu Unrecht die Steuerfreiheit nach § 4 Nr. 4c UStG bejaht.

2. Fehlbeurteilungen beim Schnittstellenbetreiber

293 Auch beim Schnittstellenbetreiber kann es zu Fehlbeurteilungen z.B. über den für § 3 Abs. 3a UStG erforderlichen Steuerstatus des Abnehmers kommen. Geht er z.B. davon aus, dass er an einen dieser Regelung unterliegenden Endverbraucher oder Erwerbsschwellenunternehmer liefert, während es sich tatsächlich um einen der Regelbesteuerung unterliegenden Unternehmer handelt, bezieht sich eine vom ihm mit Steuerausweis erteilte Rechnung auf eine von ihm nicht erbrachte Leistung. Dies führt dann wie eine entsprechende Abrechnung des Verkaufskommissionärs an den Verkaufskommittenten im Anwendungsbereich von § 3 Abs. 3 UStG zu einem ein Steuerausweis i.S.v. § 14c Abs. 2 UStG (§ 14c Rz. 57 ff.).

294 Umkehrt kann er den Abnehmer auch für einen der Regelbesteuerung unterliegenden Unternehmer halten, während es sich tatsächlich um einen den Anwendungsbereich des § 3 Abs. 3a UStG eröffnenden Endverbraucher oder Erwerbsschwellenunternehmer handelt. Er hat dann die von ihm an diesen erbrachte Lieferung nicht versteuert.

1 Abschn. 3.18 Abs. 5 UStAE.

2 Bejahend *Leipold* in Sölch/Ringleb, UStG, § 14c Rz. 301 f. (Stand: Oktober 2022).

Hier soll Art. 5c MwStVO dem Schnittstellenbetreiber helfen. Danach soll er „nicht die Mehrwertsteuerbeträge, die die Mehrwertsteuer übersteigen, die er für diese Lieferungen erklärt und entrichtet hat" schulden, wenn folgenden Voraussetzungen erfüllt sind: 295

- Er ist auf Angaben angewiesen, die von Lieferern, die Gegenstände über eine elektronische Schnittstelle verkaufen, oder von Dritten erteilt werden, um die Mehrwertsteuer für diese Lieferungen korrekt erklären und entrichten zu können,
- diese Angaben sind falsch und
- er kann nachweisen, dass er nicht wusste und nach vernünftigem Ermessen nicht wissen konnte, dass diese Angaben nicht zutreffend waren.

Dies kann sich zugunsten des Schnittstellenbetreibers in beiden der vorstehenden Fallkonstellationen auswirken. Im nationalen Recht stellt sich dabei die Frage, ob dies bereits im Festsetzungsverfahren oder erst in einem gesonderten Billigkeitsverfahren zu berücksichtigen ist. Letzteres erscheint wenig praktikabel. 296

G. Be- und Verarbeitung (Absätze 4 und 5)

I. Grundaussagen

1. Regelungsgegenstand und Bedeutung

Gemeinsamer Regelungsgegenstand von § 3 Abs. 4 und Abs. 5 UStG ist die Be- oder Verarbeitung von Gegenständen. Die Regelungen unterscheiden sich dadurch, dass es bei **§ 3 Abs. 4 UStG** um die **Leistung durch den Be- oder Verarbeiter** geht, während **§ 3 Abs. 5 UStG** die **Leistung an den Be- oder Verarbeiter** betrifft. 297

§ 3 Abs. 4 UStG erfordert die Übernahme einer Be- oder Verarbeitung **für den Auftraggeber**. Die Vorschrift regelt, unter welchen Voraussetzungen es sich bei dieser Leistung um eine Lieferung oder sonstige Leistung handelt. Liegen die Voraussetzungen für eine **Werklieferung** nicht vor, handelt es sich um eine **sog. Werkleistung** als sonstige Leistung. Ob dabei eine Verbindung mit Grund und Boden erfolgt, ist dem Grunde nach unerheblich. 298

Demgegenüber geht es bei § 3 Abs. 5 UStG um eine Lieferung für Zwecke einer Be- oder Verarbeitung, die der Abnehmer dieser Lieferung **im eigenen Interesse** vornimmt. Die Besonderheit dieser Lieferung an den Be- oder Verarbeiter besteht darin, dass er die bei ihm entstehende Nebenerzeugnisse oder Abfälle an den Lieferer zurückzugeben hat. Dies wird häufig als **Gehaltslieferung** bezeichnet, da sich die Lieferung auf den Gehalt des Gegenstands, der dem Abnehmer verbleibt, beschränkt und somit nicht das umfasst, was zurückzugeben ist. 299

Den Vorschriften kommt **unterschiedliche Bedeutung** zu. Die Abgrenzung zwischen Lieferung und sonstiger Leistung nach § 3 Abs. 4 UStG hat wie sonst auch Bedeutung für die Bestimmung des Leistungsorts sowie für die Anwendung von Steuerbefreiungen und Steuersatzermäßigungen. So bestimmt sich der Ort der Werklieferung nach § 3 Abs. 6–8 UStG (Rz. 218 ff.) und der einer Werkleistung im Sinne von Arbeiten an beweglichen Gegenständen als sonstiger Leistung nach § 3a Abs. 2 und Abs. 3 Nr. 3 Buchst. c UStG (§ 3a Rz. 182 ff.). Nur Werklieferungen, nicht aber auch Werkleistungen können nach §§ 6, 6a UStG steuerfrei sein (§ 6 Rz. 1 ff.; § 6a Rz. 1 ff.), während auf die Werkleistung nur § 7 UStG anzuwenden ist (§ 7 Rz. 1 ff.). Die Lieferung ist regelmäßige Voraussetzung für die Steuersatzermäßigung nach § 12 Abs. 2 Nr. 1 UStG (§ 12 Abs. 2 Nr. 1 Rz. 1 ff.). Eigenständige Bedeutung hat der Begriff der Werklieferung für die Steuerschuld des Leistungsempfängers nach § 13b Abs. 2 Nr. 1 und Nr. 4 UStG (§ 13b Rz. 84 ff., 129 ff.). 300

Die Hauptbedeutung von § 3 Abs. 5 UStG dürfte sich demgegenüber darauf beschränken, eine hier ohnehin **verfehlte Annahme eines Tausches** oder tauschähnlichen Umsatzes nach § 3 Abs. 12 UStG von vornherein **auszuschließen.** 301

2. Unionsrechtliche Grundlagen

302 Für beide Vorschriften besteht in der Richtlinie **keine eigenständige Grundlage.** Mit Art. 14 Abs. 3 MwStSystRL besteht eine Ermächtigungsgrundlage, die Erbringung bestimmter Bauleistungen als Lieferung von Gegenständen zu betrachten. Hierin könnte eine Grundlage für § 3 Abs. 4 Satz 2 UStG gesehen werden, was aber abzulehnen ist.

303 Im Hinblick auf das Erfordernis richtlinienkonformer Auslegung sind in § 3 Abs. 4 und 5 UStG Vorschriften zu sehen, die **lediglich klarstellend** verdeutlichen, was sich ohnehin bereits aus den allgemeinen Grundsätzen zur Abgrenzung von Lieferung und sonstiger Leistung (§ 3 Abs. 4 UStG) und zur Bestimmung des Leistungsgegenstandes (§ 3 Abs. 5 UStG) ergibt.

304 Gegen die Anknüpfung an § 3 Abs. 4 UStG als Vorschaltnorm für die Steuerschuld des Leistungsempfängers nach § 13b Abs. 2 Nr. 1 und Nr. 4 UStG bestehen keine unionsrechtlichen Bedenken (§ 13b Rz. 47 ff., 130 ff.).

3. Verhältnis zu anderen Vorschriften und Rechtsentwicklung

305 § 3 Abs. 4 UStG ist insbesondere für die **Steuerschuldnerschaft des Leistungsempfängers** nach § 13b UStG von Bedeutung. Diese erstreckt sich nach § 13b Abs. 2 Nr. 1 und Nr. 4 UStG auch auf den Bezug von Werklieferungen von ausländischen Unternehmern sowie im Baubereich.

306 Beide Vorschriften bestehen unverändert bereits seit dem UStG 1967.

II. Abgrenzung Lieferung und sonstige Leistung (Absatz 4)

1. Be- oder Verarbeitung fremder Gegenstände

307 § 3 Abs. 4 Satz 1 UStG erfordert die Übernahme der **Be- oder Verarbeitung** eines Gegenstandes durch den leistenden Unternehmer. Diese muss **Leistungsgegenstand** sein. Hieran fehlt es, wenn der Unternehmer, wie z.B. beim Neuwagenkauf, einen vom ihm entsprechend den Spezifikationen des Käufers hergestellten Gegenstand liefert. Dies verdeutlicht der BFH dadurch, dass er für die Annahme einer Werklieferung als Sonderfall der Lieferung auf die Be- oder Verarbeitung eines für den leistenden Unternehmer fremden Gegenstandes abstellt.[1]

2. Verwendete Stoffe

308 Die Be- oder Verarbeitung fremder Gegenstände führt für sich genommen zu einer sonstigen Leistung, da der Be- oder Verarbeiter seinem Auftraggeber keinerlei **Verfügungsmacht** verschafft.

309 Zu einer Lieferung kann es nur kommen, wenn die Be- oder Verarbeitung unter Verwendung von durch den **Unternehmer selbst beschafften Stoffen** erfolgt. Dabei darf es sich, wie von § 3 Abs. 4 Satz 1 UStG angeordnet, nicht um bloße Zutaten oder Nebensachen handeln, da diese ein Umschlagen von einer sonstigen Leistung zu einer Lieferung nicht rechtfertigen.

310 Der Wortlaut von § 3 Abs. 4 Satz 1 UStG lässt dabei offen, ob bereits die Verwendung eines selbst beschafften **Hauptstoffes** aus der Be- oder Verarbeitung eine Lieferung werden lässt. Dies ist unabhängig von einer richtlinienkonformen Auslegung schon deshalb zu verneinen, da die Frage, ob ein selbst beschaffter Hauptstoff vorliegt, nur unter Berücksichtigung der jeweiligen Be- oder Verarbeitung bestimmt werden kann. Dass für die hierfür erforderliche Würdigung auf die **Gesamtbetrachtung eines Durchschnittsverbrauchers** entsprechend den Vorgaben des EuGH abzustellen ist, kann man mit dem BFH[2] als richtlinienkonforme Auslegung bezeichnen, kennzeichnet aber mehr die Abkehr von einer früheren Sichtweise, die man auch ohne den EuGH als verfehlt ansehen konnte.

311 Danach ist z.B. der Einbau eines Austauschmotors in ein Fahrzeug als Werklieferung anzusehen. Ebenso ist der Ölwechsel eine Werklieferung, während es sich bei der Pkw-Inspektion mit Lieferung von

1 BFH, Urt. v. 22.8.2013 – V R 37/10, BStBl. II 2014, 128 = UR 2014, 282 und Abschn. 3.8 Abs. 1 Satz 1 UStAE.
2 BFH, Urt. v. 9.6.2005 – V R 50/02, BStBl. II 2006, 98 = UR 2005, 679.

Einzelteilen im kleineren Umfang im Regelfall um eine Werkleistung handelt.[1] Die **Verwaltungsregelung,**[2] die auf den **überwiegenden Entgeltanteil** abstellt, ist als Leitlinie mit widerlegbaren Vermutungscharakter zu beanstanden.

3. Anwendung im Grundstücksbereich

Nach § 3 Abs. 4 Satz 2 UStG liegt eine Lieferung unter den Bedingungen des § 3 Abs. 4 Satz 1 UStG auch bei einer festen Verbindung von Gegenständen mit dem Grund und Boden vor. Dabei tritt die **feste Verbindung mit Grund und Boden** an die Stelle der Be- oder Verarbeitung, so dass sich die zur bloßen Verschaffung der Verfügungsmacht hinzutretende Bearbeitung aus der Errichtung eines Gebäudes oder dem Einbau eines Gegenstandes in ein Gebäude ergeben kann.[3] Danach liegen Werklieferungen bei der Gebäudeerrichtung auf fremden Grund und Boden,[4] bei der Herstellung von Erschließungsanlagen,[5] bei Einbauten von Fenstern, Türen, Bodenbelägen, Aufzügen oder auch bei Mietereinbauten[6] vor. 312

4. Rechtsfolgen

Rechtsfolge der Vorschrift ist das Vorliegen einer Werklieferung bereits dann, wenn der **Unternehmer** für die Be- oder Verarbeitung einen von mehreren **Hauptstoffen selbst beschafft und verwendet** hat. Dies ist nach der BFH-Rechtsprechung **richtlinienwidrig**. Danach richtet sich die Abgrenzung von Lieferung und sonstiger Leistung bei Be- oder Verarbeitung nach der Empfängersicht und damit nach dem Schwerpunkt der Leistung. Danach ist z.B. die individuelle Anpassung eines Konfektionsschuhs an persönliche Erfordernisse auch dann eine sonstige Leistung (Werkleistung), wenn der Unternehmer für die Anpassung einen eigenen Hauptstoff verwendet (Rz. 310). 313

Der **BFH korrigiert** damit § 3 Abs. 4 UStG im Rahmen einer **richtlinienkonformen Auslegung**. 314

III. Bestimmung des Leistungsumfangs (Absatz 5)

1. Voraussetzungen

§ 3 Abs. 5 Satz 1 UStG setzt eine Lieferung nach § 3 Abs. 1 UStG mit der **Verpflichtung Nebenerzeugnisse oder Abfälle**, die bei der Bearbeitung oder Verarbeitung des übergebenen Gegenstands entstehen, **zurückzugeben**, voraus. Auf eine Nämlichkeit kommt es nicht an, so dass die Vorschrift nicht nur auf die Zuckergewinnung aus Zuckerrüben, sondern z.B. auch auf die Lieferung von Biomasse zur Gewinnung von Biogas mit der Rückgabe verbleibender Pflanzenreste anzuwenden ist.[7] 315

Ob der Abnehmer die tatsächlich entstandenen Nebenerzeugnisse oder Abfälle zurückgibt oder **Gegenstände gleicher Art**, die bei ihm regelmäßig anfallen, ist nach § 3 Abs. 5 Satz 2 UStG unerheblich. 316

2. Rechtsfolgen

Nach § 3 Abs. 5 Satz 1 UStG beschränkt sich die Lieferung auf die dem Abnehmer **verbleibenden Bestandteile**. Es kommt nicht zu einem Tausch oder einem tauschähnlichen Umsatz nach § 3 Abs. 12 UStG. Die Rückgabe der Nebenerzeugnisse oder Abfälle führt auch nicht zu einer unentgeltlichen Zuwendung nach § 3 Abs. 1b Satz 1 Nr. 3 UStG.[8] 317

---

1 BFH, Urt. v. 30.9.1999 – V R 77/98, BStBl. II 2000, 14 = UR 2000, 24.
2 Abschn. 3.8 Abs. 6 Satz 6 UStAE.
3 BFH, Urt. v. 22.8.2013 – V R 37/10, BStBl. II 2014, 128 = UR 2014, 282.
4 BFH, Urt. v. 24.10.1974 – V R 29/74, BStBl. II 1975, 396.
5 BFH, Urt. v. 22.7.2010 – V R 14/09, BStBl. II 2012, 428 = UR 2011, 57 m. Anm. *Gold*.
6 BFH, Urt. v. 13.11.2019 – V R 5/18, BStBl. II 2020, 136 = UR 2020, 156.
7 BFH, Urt. v. 10.8.2017 – V R 3/16, BStBl. II 2017, 1264 = UR 2017, 914.
8 BFH, Urt. v. 10.8.2017 – V R 3/16, BStBl. II 2017, 1264 = UR 2017, 914.

H. Ort der Lieferung (Absätze 5a–8)

I. Grundaussagen

1. Regelungsgegenstand und Bedeutung

318 Nach § 3 Abs. 5a UStG bestimmt sich der Ort der Lieferung vorbehaltlich der dort genannten Sonderregelungen nach § 3 Abs. 6–8 UStG. Dabei ist zwischen den Fällen

- der **Lieferung mit Beförderung- oder Versendung** (Beförderung) nach § 3 Abs. 6 UStG (Rz. 336 ff.);
- der sog. **ruhenden Lieferung** ohne Beförderung nach § 3 Abs. 7 Satz 1 UStG (Rz. 365 f.);
- dem **Reihengeschäft** gemäß § 3 Abs. 6a und § 3 Abs. 7 Satz 2 UStG (Rz. 367 ff.) und
- der **Einfuhrlieferung** nach § 3 Abs. 8 UStG (Rz. 488 ff.)

zu unterscheiden.

319 Die h.M. geht entsprechend bisheriger BFH-Rechtsprechung weiter davon aus, dass die Regelung zur Ortsbestimmung auch den Zeitpunkt der Lieferung beeinflusst, was für den Fall der Beförderungslieferung von Bedeutung ist. Demgegenüber ist die **Ortsbestimmung** nach der hier vertretenen Auffassung **für den Lieferzeitpunkt ohne Bedeutung** (Rz. 336 ff.).

320 Für die **ruhende Lieferung** ist dies ohne Bedeutung, da diese nach § 3 Abs. 7 Satz 1 UStG dort ausgeführt wird, wo sich der Gegenstand zur Zeit der Verschaffung der Verfügungsmacht befindet. Gleiches gilt für die Beförderungs- oder Versendungslieferung (**Beförderungslieferung**), bei der der Abnehmer den Liefergegenstand abholt und hierdurch die Verfügungsmacht erhält.

2. Unionsrechtliche Grundlagen

321 Für § 3 Abs. 5a–8 UStG bestehen im Unionsrecht unterschiedliche Grundlagen. § 3 Abs. 6 UStG beruht auf **Art. 32 Unterabs. 1 MwStSystRL**, § 3 Abs. 7 Satz 1 UStG auf Art. 31 MwStSystRL und § 3 Abs. 8 UStG auf **Art. 32 Unterabs. 2 MwStSystRL**. Eine teilweise Grundlage für § 3 Abs. 6a UStG ergibt sich aus **Art. 36a MwStSystRL**. Ohne eigenständige Grundlage in der Richtlinie sind § 3 Abs. 7 Satz 2 UStG und der ohnehin nur deklaratorisch wirkende § 3 Abs. 5a UStG. Art. 36 MwStSystRL enthält eine Sonderregelung zur Beförderungslieferung, die aufgrund einer Installation oder Montage am Bestimmungsort als an diesem Ort ausgeführt gilt. Eine „Umsetzung" hierzu erfolgte nur im Rahmen einer Verwaltungsanweisung.[1]

322 Art. 31, 32 und 36a MwStSystRL enthalten nur Regelungen zum **Lieferort**, nicht aber auch zum Lieferzeitpunkt. Dieser ergibt sich nach der Richtlinie aus Art. 62 ff. MwStSystRL.

3. Verhältnis zu anderen Vorschriften und Rechtsentwicklung

a) Verhältnis zu anderen Vorschriften

aa) Steuerbarkeit und Steuerfreiheit

323 Die Regelungen zur Ortbestimmung von Lieferungen stehen in vielseitigen Wechselbeziehungen. Sie entscheiden zunächst über die **Steuerbarkeit im Inland**. Versendet der Lieferer aus dem Ausland, fehlt es in Bezug auf die Lieferung an einem inländischen Besteuerungstatbestand. Dieser kann unter den Bedingungen des innergemeinschaftlichen Warenhandels durch den innergemeinschaftlichen Erwerb nach § 1 Abs. 1 Nr. 5 UStG ersetzt werden, der aber bei Lieferungen an Verbraucher mit Ausnahme der Sonderregelungen in § 1b UStG und § 3c UStG nicht eingreift. Bei einer Beförderung oder Versendung aus dem Drittlandsgebiet kann auf eine Lieferbesteuerung im Inland dem Grunde nach im Hinblick auf die Steuerpflicht der Einfuhr verzichtet werden. Die Rechtsprechung musste sich insoweit aber mehrfach auch mit der Ortsbestimmung bei der Lieferung von Gegenständen beschäftigen, die der früheren **Einfuhrumsatzsteuer-Freiheit für Kleinsendungen** unterliegen (Rz. 498). Zudem führt die Ortsbestimmung nach dem Beförderungs- oder Versendungsort bei den Lieferungen aus dem In-

1 Abschn. 3.12 Abs. 4 UStAE.

in das Ausland dazu, dass die Lieferungen nur unter den **Bedingungen der §§ 6, 6a UStG** steuerfrei sind. Zu beachten ist auch die Sonderregelung für innergemeinschaftliche Dreiecksgeschäfte nach § 25b UStG.

bb) Bedeutung für den Vorsteuerabzug aus der EUSt

(1) Nationales Recht

Fraglich ist demgegenüber, welche Bedeutung den Vorschriften zum Lieferort für die Bestimmung des aus der EUSt abzugsberechtigten Unternehmers bei **Reihengeschäften** zukommt. Nach einem **BFH-Urteil zum UStG 1967** war nur der Unternehmer abzugsberechtigt, der im Zeitpunkt der Einfuhr die Verfügungsmacht über den eingeführten Gegenstand besaß oder an den die Lieferung bereits im Ausland als bewirkt galt. Der BFH begründete dies damit, dass es für die Festlegung des aus der EUSt abzugsberechtigten Unternehmers an einer Vorbestimmung entsprechend dem Kriterium eines Leistungsempfängers fehle. Es müsse daher anhand des Merkmals „für sein Unternehmen" über die Person des Abzugsberechtigten entschieden werden. Der Abzugsberechtigte könne nicht nach der Schuldnerschaft der EUSt bestimmt werden, da der Gesetzeswortlaut nicht auf eine von diesem (als Steuerschuldner) entrichtete EUSt abstelle und hierdurch zudem unzutreffende Besteuerungsfolgen einträten. Diese sah der BFH in einem Wechsel in der Person des Abzugsberechtigten entsprechend vereinbarter Lieferkonditionen und in einem Vorsteuerabzug auch für Mieter. Daher stellte der BFH zur Bestimmung des Abzugsberechtigten auf das Kriterium der **Verfügungsmacht** ab, nach dem der Unternehmer den eingeführten Gegenstand nicht nur zur Umsatzbewirkung zu verwenden, sondern weitergehend in **„seinem inländischen Unternehmensbereich einzugliedern"** habe, wobei dem die **Lieferfiktion aufgrund Versendung gleichzustellen** sei. Auf dieser Grundlage entschied der BFH, dass beim **Reihenversendungsgeschäft** der Liefergegenstand im Rahmen der an die Versendung anknüpfenden Lieferfiktion (im Anschluss an nichtsteuerbare Lieferungen im Ausland) im Inland erstmals und nur in den inländischen Unternehmensbereich des letzten Abnehmers gelange, so dass nur dieser mit dem Gegenstand, der ihm bereits mit Beginn der Versendung geliefert werde, im Inland Umsätze bewirken könne. Dies ermögliche eine klare Bestimmung des Abzugsberechtigten. Danach war beim Reihenversendungsgeschäft aus dem Aus- in das Inland **nur der letzte Abnehmer zum Vorsteuerabzug aus der EUSt berechtigt.**[1] 324

Mit der **späteren Schaffung des § 3 Abs. 8 UStG** stellte sich die Frage, ob und ggf. mit welchen Modifikationen an dieser Rechtsprechung festzuhalten ist. Im Gegensatz zu der dem BFH-Urteil zugrunde liegenden Rechtslage führte die **Verzollung** durch den Lieferer nunmehr zu einer **Verlagerung des Orts** seiner Lieferung in das Inland. Damit änderte sich die Rechtslage dahingehend, dass eine Verzollung durch den Lieferer für diesen kein isoliertes EUSt-Abzugsrecht begründete, sondern eine Bejahung dieses Vorsteuerabzug mit einer im Inland steuerbaren Lieferung des Abzugsberechtigten verbunden wurde. Hierdurch entfiel die Grundlage für die vom BFH missbilligte isolierte Entstehung eines Abzugsrechts aufgrund vereinbarter Lieferkonditionen. Daher war die BFH-Rechtsprechung folgerichtig dahingehend weiter zu entwickeln, dass die **Verfügungsmacht bei der Einfuhr** (mit Eingliederung in einen inländischen Unternehmensbereich) **beim Lieferer vorliegt**, wenn sich bei einer Versendung aus dem Ausland für seine Lieferung ein inländischer Lieferort aus **§ 3 Abs. 8 UStG** ergibt. 325

Auf dieser Grundlage ging (und geht) die **FinVerw.** davon aus, dass bei einer Lieferung aus dem Drittlandsgebiet die EUSt-Abzugsberechtigung im Grundsatz dem **Lieferer** zusteht, wenn er aufgrund einer Verzollung **im Inland liefert** und dass **beim Fehlen einer Inlandslieferung** weiterhin der **Abnehmer** aufgrund der an ihn **bereits im Ausland als ausgeführt geltenden Lieferung abzugsberechtigt ist.**[2] Dies gilt insbesondere für den **Vorsteuerabzug aus der EUSt** bei der **Einfachlieferung** außerhalb von Reihengeschäften. 326

Allerdings ergaben sich mit der Einführung von **§ 3 Abs. 8 UStG** nunmehr Zweifel an der Bestimmung des Abzugsberechtigten dadurch, dass diese Vorschrift bei ihrer Schaffung nicht nur den Ort der Lieferung des Einführers, sondern auch den Ort **nachfolgender Lieferungen** verlagerte, was ins- 327

1 BFH, Urt. v. 24.4.1980 – V R 52/73, BStBl. II 1980, 615 = UR 1980, 205.
2 Vgl. heute Abschn. 15.8 Abs. 5 Sätze 1 und 2 UStAE.

besondere für **Reihengeschäfte** von Bedeutung ist. Die FinVerw. billigte hier das Abzugsrecht dem **Lieferer** in der Reihe zu, der die **EUSt** (als deren Schuldner) **entrichtet.**[1] Dies ermöglichte eine **gewillkürte Zuordnung** des Abzugsrechts, da § 3 Abs. 8 UStG bis einschließlich 1996 keine Trennung zwischen bewegter und ruhender Lieferung kannte.

328 An dieser Regelung zu § 3 Abs. 8 UStG und zum Reihengeschäft hielt die FinVerw. trotz der seit 1.1.1997 geltenden Änderungen in § 3 Abs. 6 bis 8 UStG bis zur Jahresmitte 2020 fest.[2] Nach einer dann **geänderten Verwaltungsauffassung** soll es nunmehr auch beim Reihengeschäft auf die Regelungen zur Ortsbestimmung nach **§ 3 Abs. 6 bis 8 UStG** ankommen.[3] Danach ist für die Bestimmung des Abzugsberechtigten nicht nur § 3 Abs. 8 UStG, sondern auch § 3 Abs. 7 Satz 2 UStG zu berücksichtigen. Damit stellt sich die Frage nach dem Rangverhältnis dieser Vorschriften für den Vorsteuerabzug aus der EUSt.

329 Auf der Grundlage der bisherigen BFH-Rechtsprechung dürfte im Ausgangspunkt das **Abzugsrecht dem Lieferer zuzuordnen** sein, der die **erste Inlandslieferung ausführt**. Erfolgt z.B. die Lieferung nach **§ 3 Abs. 7 Satz 2 Nr. 2 UStG** in der Reihe **vor** der Lieferung nach **§ 3 Abs. 8 UStG**, führt dies für sich genommen dazu, dass nicht mehr der Lieferer, der einführt, sondern der ihm vorhergehende Lieferer das Abzugsrecht beanspruchen kann (Rz. 446 f.).

330 Zudem stellt sich die Frage nach der Ortsbestimmung im Inland gemäß **§ 3 Abs. 7 Satz 2 Nr. 2 UStG im Verhältnis zum verzollenden Letztabnehmer**. Während das Abzugsrecht des Letztabnehmers aus der von ihm geschuldeten EUSt früher nicht in Frage stand, da es nach der bis 1996 bestehenden Rechtslage (Rz. 335.2) an einer Inlandslieferung fehlte (Rz. 326), führt ein Vorrang des inländischen Lieferorts nach § 3 Abs. 7 Satz 2 Nr. 2 UStG eigentlich dazu, dass auch hier (wie bei Rz. 329) der Schuldner der EUSt sein darauf bezogenes Abzugsrecht verliert (Rz. 451–453).

331 Abweichendes kann sich aber daraus ergeben, dass in diesen Fällen (Rz. 329 und 330) die gemäß § 3 Abs. 7 Satz 2 Nr. 2 UStG im Inland steuerbare Lieferung im Grundsatz nach **§ 4 Nr. 4c UStG** steuerfrei ist. Bei einer bloßen Betrachtung nach Lieferorten[4] ist dies unerheblich, zumal der Unternehmer, der nach dieser Vorschrift steuerfrei liefert, auch das Regelbesteuerungsverfahren anzuwenden hat.[5] Gleichwohl kann es nicht als sachgerecht angesehen werden, einem Lieferer (Rz. 329) oder einem Letztabnehmer (Rz. 330) den Vorsteuerabzug aus einer von ihnen geschuldeten EUSt zu versagen, da es in der Reihe vor ihnen einen im Inland steuerfrei liefernden Unternehmer gibt. Die Sichtweise der FinVerw. hierzu ist unklar. Sie scheint (ohne Vertiefung der hier vorliegenden Problematik) davon auszugehen, dass die im Inland steuerbare und nach § 4 Nr. 4b UStG steuerfreie Lieferung einem Vorsteuerabzug des verzollenden Abnehmers nicht entgegensteht.[6] Daher dürfte davon auszugehen sein, dass eine im Inland gemäß **§ 4 Nr. 4b UStG steuerfreie Lieferung den Vorsteuerabzug des nachfolgenden Lieferers** (Rz. 329) oder **Abnehmers** (Rz. 330) aus der von ihnen geschuldeten EUSt **nicht beeinträchtigt.**

(2) Unionsrecht

332 Zu betrachten ist auch das Unionsrecht. Für den Vorsteuerabzug aus der Einfuhr kommt es nach **Art. 168 Buchst. e MwStSystRL** darauf an, dass der Steuerpflichtige die eingeführten Gegenstände für Zwecke seiner besteuerten Umsätze verwendet. Hierfür stellt der EuGH darauf ab, dass der Wert der eingeführten Ware zu den Kosten gehört, die in die Preise der vom Steuerpflichtigen erbrachten Leistungen einfließen.[7] Danach ist der Steuerpflichtige zum Vorsteuerabzug berechtigt, bei dem der **Wert der eingeführte Ware Eingang in die Ausgangsleistung** findet. Die bloße Übernahme oder Weiterbe-

1 Vgl. z.B. Abschn. 199 Abs. 6 und 7 UStR 1992.
2 Vgl. Abschn. 15.8 Abs. 6 und 7 UStAE i.d.F. vor Änderung durch BMF, Schr. v. 16.7.2020, BStBl. I 2020, 645 = UR 2020, 820.
3 Abschn. 15.8 Abs. 4 Sätze 3 und 4 UStAE i.d.F. von BMF, Schr. v. 16.7.2020, BStBl. I 2020, 645 = UR 2020, 820.
4 Abschn. 15.8 Abs. 4 Sätze 3 und 4 UStAE i.d.F. von BMF, Schr. v. 16.7.2020, BStBl. I 2020, 645 = UR 2020, 820.
5 Vgl. § 59 Nr. 1 UStDV.
6 Abschn. 15.8 Abs. 10 UStAE.
7 EuGH, Urt. v. 25.6.2015 – C-187/14, ECLI:EU:C:2015:421 – DSV Road, UR 2015, 838 m. Anm. *Scheller*; BFH, Urt. v. 11.11.2015 – V R 68/14, BStBl. II 2016, 720 = UR 2016, 33.

lastung der für den Warenwert entstehenden EUSt reicht hierfür nicht aus. Damit löst sich das vom BFH angesprochene Problem der **Vermietung** (Rz. 324). Denn der Mieter ist auch bei einer Schuldnerschaft der EUSt aus dieser nicht zum Vorsteuerabzug berechtigt, da nur die Miete, nicht aber der Wert des Mietgegenstandes Eingang in die Ausgangsumsätze des Mieters findet.

Auf dieser Grundlage ist die Bestimmung der Person des Abzugsberechtigten von dem Kriterium einer Verwendung für besteuerte Umsätze (für das Unternehmen) zu trennen. Daher kommt als **Abzugsberechtigter nur der Schuldner der EUSt**[1] in Betracht, für den dann zu prüfen ist, ob die **verwendungsbezogenen Voraussetzungen** (Rz. 332) vorliegen. Im Hinblick hierauf ist die BFH-Rechtsprechung zum UStG 1967 (Rz. 324), nach der die Bestimmung des Abzugsberechtigten beim **Reihengeschäft** abweichend von der Schuldnerschaft der EUSt zu bestimmen ist, nicht auf die heute bestehende Rechtslage zu übertragen. Hiergegen spricht bereits **Art. 32 Abs. 2 MwStSystRL**, der der vom BFH missbilligten isolierten Entstehung des Abzugsrecht (Rz. 325) entgegensteht. Zudem erfordern Sachgerechtigkeit und Praktikabilität gleichermaßen eine Besteuerung, nach der der Schuldner der EUSt auch aus dieser abzugsberechtigt sein kann. Dies trifft beim Reihengeschäft auf jeden der Lieferer zu, der verzollt und daher im Inland liefert. Die Frage, ob der Vorsteuerabzug aus der EUSt von einer anderen Person als ihrem Schuldner in Anspruch genommen werden kann, entfällt. 333

Eine wortlautgetreue Anwendung von **Art. 32 Abs. 2 MwStSystRL** vereinfacht zudem die Problemstellungen bei Einfuhrlieferungen insgesamt. Danach verlagert sich der Ort der Lieferung des Einführers und der der **nachfolgenden Lieferungen** in den Mitgliedstaat der Einfuhr und damit in das Inland, wenn aufgrund der Verzollung hier die EUSt entsteht. Somit hat der Einführer aufgrund seiner Verzollung seine Lieferung im Inland zu versteuern und ist dementsprechend zum Vorsteuerabzug berechtigt (Rz. 457 f.). Im nationalen Recht ergibt sich in Bezug auf den Ort der Einfuhrlieferung nachfolgender Lieferungen dasselbe aus **§ 3 Abs. 7 Satz 2 Nr. 2 UStG**. Im Gegensatz zum nationalen Recht kommt es allerdings aufgrund der hier vertretenen Nichtsteuerbarkeit nicht zu einer Steuerbarkeit nach § 3 Abs. 7 Satz 2 Nr. 2 UStG mit Steuerfreiheit nach § 4 Nr. 4b UStG für eine der Beförderung nachfolgende Lieferung, die der Einfuhrlieferung vorausgeht. 334

b) Rechtsentwicklung

Die Vorschriften zum Lieferort sind in der Vergangenheit immer wieder geändert worden, wobei die Regelungen zum Reihengeschäft gesondert zu betrachten sind (Rz. 369 ff.). 335

Die heute in § 3 Abs. 6 UStG für die Beförderungslieferung und § 3 Abs. 7 Satz 1 UStG für die ruhende Lieferung bestehende Regelung bestand in umgekehrter Form im UStG 1967. Nach § 3 Abs. 6 UStG a.F. wurde eine Lieferung (ohne Beförderung) dort ausgeführt, wo sich der Gegenstand zur Zeit der Verschaffung der Verfügungsmacht befand. Nach § 3 Abs. 7 UStG a.F. galt die Lieferung als mit dem Beginn der Beförderung ausgeführt. Die Versendung musste durch den liefernden Unternehmer erfolgen. 335.1

Nach § 3 Abs. 7 UStG des UStG 1980 a.F. erfasste die Lieferungsfiktion mit Beginn der Beförderung oder Versendung (weiterhin) nur die Beförderung oder Versendung durch den Lieferer ohne **Einbeziehung des Abholfalls.**[2] § 3 Abs. 6 UStG a.F. blieb unverändert. Erstmals wurde in § 3 Abs. 8 UStG a.F. eine Regelung zur Einfuhrlieferung geschaffen. 335.2

§ 3 Abs. 6, 7 und 8 UStG erhielten ihre heutige Fassung durch das UStG 1997. Die Rechtsfolgen von Beförderung oder Versendung wurden dadurch auf eine Ortsbestimmung beschränkt, dass die Lieferung nur noch dort als ausgeführt gilt, wo die Beförderung oder Versendung an den Abnehmer beginnt. Diese erfasst nunmehr auch die Beförderung oder Versendung durch den Abnehmer und damit den sog. Abholfall. 335.3

1 Im nationalen Recht auf der Grundlage von Art. 201 MwStSystRL im Regelfall gemäß § 21 Abs. 2 MwStSystRL i.V.m. Art. 77 Abs. 3 UA 1 Sätze 1 und 2 UZK der Zollanmelder oder sein Beauftragter.

2 Vgl. z.B. *Nieskens* in Rau/Dürrwächter, UStG, § 3 Rz. 16 (Stand: April 2020).

II. Beförderungs- oder Versendungslieferung (Absatz 6)

1. Bedeutung

336 § 3 Abs. 6 UStG ist nach seinem Wortlaut eine Regelung zur Ortsbestimmung von Lieferungen mit Beförderung oder Versendung (Beförderung). Die **h.M.** entnimmt § 3 Abs. 6 UStG weitergehend eine **Regelung** zum **Zeitpunkt der Lieferung**. Als maßgeblich wird dabei weiterhin ein **BFH-Urteil zu § 3 Abs. 7 UStG a.F.** angesehen, wonach die Lieferung aufgrund einer Beförderung als ausgeführt galt (Rz. 331). Hieraus leitete der BFH – unter Inkaufnahme eines von ihm erkannten Widerspruchs zu der sich nach der Richtlinie ergebenden Rechtslage – ab, dass „die **Verschaffung der Verfügungsmacht** zur Ausführung der Lieferung durch die Übergabe des Lieferungsgegenstandes an den Beauftragten (bzw. durch den Beginn der Beförderung) **kraft gesetzlicher Fiktion ersetzt**" wird.[1]

337 Zu **§ 3 Abs. 6 UStG in seiner seit 1.1.1997** geltenden Fassung, wonach sich die Regelungsanordnung darauf beschränkt, dass die Lieferung dort als ausgeführt gilt, wo die Beförderung an den Abnehmer beginnt (Rz. 334), sah der **BFH** zwar keine Umsatzfiktion, aber immerhin noch eine Regelung, die den „**Leistungsort und damit zugleich auch den Zeitpunkt der Leistung**" regelt.[2]

338 Entgegen dieser auch im Schrifttum vertretenen Auffassung[3] ist m.E. in § 3 Abs. 6 UStG entsprechend seinem Wortlaut eine **reine Regelung zur Ortsbestimmung** zu sehen, ohne dass hieraus weitergehende Rechtsfolgen für den Zeitpunkt der Lieferung abzuleiten sind.[4]

339 Somit führt nur die **Abholung durch** den **Abnehmer** zur Lieferung i.S.d. § 3 Abs. 1 UStG, während es bei einer **Beförderung durch den Lieferer** zum Abnehmer erst mit der **Übergabe am Bestimmungsort** zur Verschaffung der Verfügungsmacht kommt und somit erst zu diesem Zeitpunkt die Lieferung nach § 3 Abs. 1 UStG vorliegt. Die Beförderung durch den Lieferer kann sich so z.B. auf die Steuersatzfindung auswirken, wenn sich dieser im Zeitraum zwischen Beförderungsbeginn und -ende ändert.

340 Gleiches gilt für den Fall der **Versendung**, wobei seit 1997 nicht mehr zwischen der Versendung durch den Lieferer oder den Abnehmer zu differenzieren ist (Rz. 334).

341 Auf dieser Grundlage kann die **Beförderung einer erst nachfolgenden Lieferung vorausgehen**. So ist es z.B. bei einem **shipment-on-hold**, bei der der Liefergegenstand in ein Auslieferungslager beim Kunden befördert wird, die Aushändigung an den Kunden aber noch einer gesonderten Freigabeerklärung durch den Lieferer bedarf, die von der Zahlung abhängt.[5]

342 Gleiches gilt nach der hier vertretenen Auffassung auch für die Fälle des **Konsignationslagers** (Rz. 360 f.) und der **Kommission** (Rz. 363 f.).

343 Unionsrechtlich entspricht nur dies **Art. 32 MwStSystRL**, der sich ebenso auf eine Ortsbestimmung beschränkt. Im Übrigen bestimmt sich aus Sicht des Unionsrechts der Zeitpunkt der Lieferung nach dem Eintritt von Steuertatbestand und Steueranspruch, wie sich aus **Art. 62 MwStSystRL** ergibt. Beides liegt gemäß **Art. 63 MwStSystRL** zu dem Zeitpunkt vor, zu dem die Lieferung bewirkt wird. Damit wird die Lieferung ausgeführt, wenn die Voraussetzungen der Lieferdefinition in Art. 14 MwStSystRL vorliegen. Auf die Beförderung oder Versendung kommt es nach dieser zumindest **unionsrechtlich eindeutigen Rechtslage** zur Bestimmung des Zeitpunkts der Lieferung nicht an.

2. Voraussetzungen

a) Liefergegenstand

344 Gegenstand von Beförderung oder Versendung (Beförderung) muss der Liefergegenstand sein. Befördert der Unternehmer einen Gegenstand, der aufgrund von Be- oder Verarbeitungsvorgängen sich noch **nicht** in dem **Zustand** befindet, in dem er an den **Abnehmer übergeben werden soll**, sind Be-

1 BFH, Urt. v. 21.4.1993 – XI R 102/90 (V R 128/90), BStBl. II 1993, 731 = UR 1993, 358.
2 BFH, Urt. v. 6.12.2007 – V R 24/05, BStBl. II 2009, 490 = UR 2008, 334 und ebenso Abschn. 3.13 Abs. 7 UStAE.
3 Vgl. z.B. *Nieskens* in Rau/Dürrwächter, UStG, § 3 Rz. 2507 (Stand: Januar 2021).
4 Ebenso *Frye*, UR 2013, 889 (892 ff.) und *Frye* in Rau/Dürrwächter, UStG, § 6a Rz. 158 ff. (Stand: September 2022).
5 BFH, Urt. v. 30.7.2008 – XI R 67/07, BStBl. II 2009, 552 = UR 2008, 847.

förderungsvorgänge für die Lieferortbestimmung unerheblich. Dies gilt z.B. auch für Gegenstände, die in größerer Menge, aber noch ohne die für die Kundenauslieferung erforderliche Verpackung befördert werden. Unerheblich ist aber die Beförderung in einer größeren Menge, wenn eine Verpackung oder ähnliches, wie etwa bei der Lieferung von Heizöl oder Kohle, ohne Bedeutung ist.

b) Abnehmer

Die Beförderung oder Versendung (Beförderung) zum Abnehmer setzt definitionsgemäß voraus, dass die Beförderung zu einer **Übergabe** an den Abnehmer führen soll. 345

Daher ist ein **unternehmensinternes Verbringen** – z.B. zu internen Testzwecken vor der Kundenauslieferung – ohne Bedeutung. Die Beförderung zum Abnehmer setzt aber bei der Beförderung größerer Warenmengen nicht zwingend eine Zuordnung bestimmter Teilmengen zu bestimmten Abnehmern voraus, wie das Beispiel der Auslieferung von Heizöl oder Kohle zeigt. 346

Demgegenüber steht einer bereits begonnenen Beförderung die Möglichkeit einer sog. **Umkartierung** nicht entgegen. Dabei nimmt der Lieferer einen **Abnehmerwechsel** während der Beförderung vor. Kommt es zu dieser Umkartierung, ist Ort der Lieferung der Ort, an dem sich der Gegenstand bei der Umkartierung befindet. 347

Unterbleibt eine derartige Umkartierung, so dass an den beim Beförderungsbeginn vorgesehenen Abnehmer tatsächlich auch geliefert wird, ändert die Möglichkeit zur Umkartierung nichts daran, dass der Lieferort der Ort ist, an dem die Beförderung begonnen hat. 348

c) Beförderung

Die Beförderung im Sinne der „Fortbewegung eines Gegenstands" nach § 3 Abs. 6 Satz 2 UStG erfolgt durch den Unternehmer oder durch den Abnehmer mit ihrem jeweils eigenen und unselbständig für sie tätigen Personal **ohne Beauftragung von Fremdunternehmern**. 349

Die **Abgrenzung zur Versendung** ist bei den Nachweisen für Steuerbefreiungen wie etwa bei § 6a UStG (§ 6a Rz. 184 ff.) von Bedeutung. 350

d) Versendung

Versenden liegt nach § 3 Abs. 6 Satz 3 UStG vor, wenn jemand und damit der Lieferer oder der Abnehmer die Beförderung durch einen selbständigen Beauftragten ausführen oder besorgen lässt. Die Versendung beginnt gemäß § 3 Abs. 6 Satz 4 UStG mit der Übergabe des Gegenstands an den Beauftragten. 351

Die Person des Versenders bestimmt sich danach, wer Auftraggeber des „selbständig Beauftragten" ist. Maßgeblich ist somit, wer den **Auftrag** zur Beförderung erteilt hat und wer dementsprechend aus der Beförderungsleistung zum Vorsteuerabzug berechtigt ist. 352

Möglicherweise entspricht dies aber nicht dem **Verständnis des EuGH**, der zumindest für die **Sonderkonstellation** des **Versandhandels** darauf abstellt, wer den Versendungsvorgang beherrscht. Dies eröffnet zum einen flexible Beurteilungsmöglichkeiten, ist zum anderen aber einer möglichst rechtssicheren Beurteilung nicht zuträglich.[1] 353

3. Einzelfälle

a) Gebrochene Beförderung oder Versendung

Von einer Beförderungs- oder Versendungslieferung (Beförderungslieferung) ist auch auszugehen, wenn sowohl der Lieferer als auch der Abnehmer die Beförderung (Versendung) auf **unterschiedlichen Teilstrecken** übernehmen. Ort der Lieferung ist daher auch dann der Ort, von dem aus der Lie- 354

1 EuGH, Urt. v. 18.6.2020 – C-276/18, ECLI:EU:C:2020:485 – KrakVet Marek Batko, UR 2020, 549 m. Anm. *Monfort*.

ferer die Beförderung beginnt, nicht aber der Ort, an dem der Lieferer den Gegenstand an den Abnehmer übergibt.

355 Nach der hier vertretenen Auffassung gilt dies auch im **Reihengeschäft**, was die h.M. aufgrund ihrer Dogmatik zur Einzelzuordnung der Beförderung ablehnt (Rz. 409 ff.).

b) Untergang während der Beförderung

356 Geht der Liefergegenstand während der Beförderung oder Versendung (Beförderung) unter, unterbleibt die für eine Lieferung erforderliche **Verschaffung von Verfügungsmacht**. An der Rechtsprechung zum UStG 1967 (Rz. 336) ist für die heute bestehende Rechtslage nicht mehr festzuhalten.

357 Hat der Käufer aufgrund einer bereits mit dem Transportbeginn auf ihn übergegangenen **Gefahrtragung** die Ware gleichwohl zu bezahlen, wird bei der Vereinbarung eines Kaufpreises zuzüglich gesetzlicher Umsatzsteuer nach der hier vertretenen Auffassung keine Steuer geschuldet.

c) Kauf auf Probe oder zur Erprobung

358 Bei einer Beförderung oder Versendung (Beförderung) für einen Kauf auf Probe fehlt es bei Beginn der Beförderung an einem der Lieferung zugrunde liegenden **Rechtsverhältnis**, wenn Ware unaufgefordert an den Kunden versendet wird.[1]

359 Nicht zu übertragen ist dies auf die Beförderung technischen Großgeräts, das unter der Bedingung einer **spezifischen Funktionstüchtigkeit** verkauft wird, zur deren Prüfung der Abnehmer berechtigt ist. Zwar steht auch hier noch eine „Billigung" durch den vorgesehenen Abnehmer aus. Diese wird aber anders als bei der unaufgeforderten Zusendung von Gebrauchsgütern des täglichen Bedarfs im Allgemeinen bereits im Hinblick auf die Höhe der Transportkosten nicht aus willkürlichen Gründen versagt.

d) Lieferung über Konsignationslager

360 Auch bei einer Lieferung über ein Konsignationslager handelt es sich um eine Lieferung nach § 3 Abs. 6 UStG, wenn der aus dem Lager Entnahmeberechtigte als Abnehmer feststeht. Der BFH[2] stellt hierfür darauf ab, dass ein **zeitlicher und sachlicher Zusammenhang** zwischen der Beförderung oder Versendung in das Lager und der Lieferung besteht. Eine Einlagerung für „kurze Zeit, um den produktionsbedingt beim Abnehmer für die nächsten Tage und Wochen benötigten Warenbedarf zu decken" wahrt diesen Zusammenhang. Nicht ausreichend ist demgegenüber die „nur wahrscheinliche Begründung einer Abnehmerstellung". Dabei ist auch die bisweilen von der Rechtsprechung in unterschiedlichsten Zusammenhängen bemühte **wirtschaftliche Realität** zu berücksichtigen. Eine rein theoretisch anmutende Möglichkeit, dass es nicht zur Lieferung an den zur Entnahme aus dem Lager Berechtigten kommt, sollte danach unbeachtlich sein.

361 Während sich die FinVerw. der vorstehenden Betrachtung weitgehend angeschlossen hat, besteht Uneinigkeit über den **Zeitpunkt**, zu dem die Lieferung über das Konsignationslager ausgeführt wird.

362 Die FinVerw. meint, dass es zur Lieferung bereits mit der Beförderung in das Konsignationslager kommt. Dies beruht auf der verfehlten Auffassung der Orts- und Zeitgleichheit von Beförderung und Lieferung (Rz. 336 ff.). Zutreffend ist es demgegenüber, die Beförderung in das Lager der späteren Entnahme aus dem Lager zuzuordnen, so dass im **Zeitpunkt der Entnahme eine Beförderungslieferung** vorliegt. Dies entspricht der Beurteilung im Rahmen der Sonderregelung nach § 6b UStG (§ 6b Rz. 59 ff.).

1 BFH, Urt. v. 6.12.2007 – V R 24/05, BStBl. II 2009, 490 = UR 2008, 334 zu Damenfeinstrumpfhosen.
2 BFH, Urt. v. 20.10.2016 – V R 31/15, BStBl. II 2017, 1076 = UR 2017, 185 m. Anm. *Monfort* und BFH, Urt. v. 16.11.2016 – V R 1/16, BStBl. II 2017, 1079 = UR 2017, 354.

e) Kommission

Die Frage nach der Orts- und Zeitgleichheit der Lieferung ist auch für die **Verkaufskommission** (Rz. 150 ff.) von Bedeutung. Der BFH hatte hier zu der nach dem UStG 1967/1973 bestehenden Rechtslage entschieden, dass der Kommittent, der das Kommissionsgut an den Kommissionär befördert oder versendet (befördert), an den Kommissionär erst liefert, wenn dieser das Kommissionsgut an den Kunden liefert und hieraus gefolgert, dass sich der **Ort der Lieferung** durch den Kommittenten **beim Kommissionär** befindet. Daran hält die FinVerw. bis heute fest.[1] 363

Auch nach der hier vertretenen Auffassung führt der Kommittent seine **Lieferung erst mit der Lieferung durch den Kommissionär** aus (Rz. 163 ff.). Der Lieferung durch den Kommittenten ist dabei aber die zuvor erfolgte Beförderung zuzuordnen, da der Kommissionär als Abnehmer feststeht. Unterbleibt demgegenüber das Ausführungsgeschäft (Lieferung durch den Kommissionär), kommt es auch nicht zu einer Lieferung durch den Kommittenten an den Kommissionär, so dass sich eine Lieferortbestimmung erübrigt. 364

III. Lieferung ohne Beförderung oder Versendung (Absatz 7)

Wird der Gegenstand der Lieferung nicht befördert oder versendet, wird die Lieferung gemäß § 3 Abs. 7 Satz 1 UStG dort ausgeführt, wo sich der **Gegenstand zur Zeit der Verschaffung der Verfügungsmacht** befindet. 365

Dies trifft z.B. auf die Lieferung eingelagerter Gegenstände zu, die auch nach der Lieferung eingelagert bleiben sollen. Gesondert zu betrachten sind die Regelungen zur ruhenden Lieferung im Reihengeschäft nach § 3 Abs. 7 Satz 2 UStG (Rz. 379). 366

IV. Reihengeschäft (Absatz 6a und 6b)

1. Ausgangslage

a) Definition und Problemstellung

Bei einem Reihengeschäft werden mehrere Lieferungen dadurch ausgeführt, dass der gelieferte Gegenstand nicht zum Abnehmer der eigenen Lieferung, sondern unmittelbar zum **Abnehmer einer nachfolgenden Lieferung befördert oder versendet (befördert)** wird. Das Schrifttum, das sich mit dieser Problematik auseinandergesetzt hat, ist fast unübersehbar.[2] Wer die Beförderung zwischen dem ersten Lieferer und dem letzten Abnehmer ausführt, ist dabei nach allgemeiner Auffassung ohne Bedeutung. Ein Reihengeschäft liegt daher z.B. auch bei einer Abholung durch den ersten Zwischenhändler vor. Auch die an ihn erbrachte Lieferung gehört zum Reihengeschäft. Würde man das Reihengeschäft demgegenüber erst bei der Lieferung beginnen lassen, bei der der Lieferer oder der Abnehmer die Beförderung übernimmt, käme es zu einer erheblichen Vereinfachung der Betrachtungsweise, da die Beförderung durch einen Zwischenhändler stets als Beförderung durch den ersten Abnehmer anzusehen wäre. 367

Die Problematik des Reihengeschäfts zeigt sich bei **grenzüberschreitenden Lieferungen.** Das **nationale Recht unterscheidet** seit 1997 (Rz. 376), mit Regelungserweiterung ab 2020 (Rz. 377 ff.), zwischen der **einen** Lieferung mit Beförderung oder Versendung (**Beförderungslieferung**) und der oder den anderen Lieferungen ohne Beförderung (**ruhende Lieferung**). Nur für die Beförderungslieferung kann nach h.M. die Steuerfreiheit für die Ausfuhrlieferung oder die innergemeinschaftliche Lieferung in An- 368

1 Abschn. 3.1 Abs. 3 Sätze 7 und 8 UStAE mit einer Ausnahmeregelung für innergemeinschaftliche Kommissionsgeschäfte.

2 Vgl. hierzu z.B. *Heuermann*, UR 2017, 853; *Heuermann*, DStR 2018, 2078; *Hiller*, UR 2018, 582; *Hiller*, MwStR 2020, 476; *Heinrichshofen*, UVR 2018, 206; *Körner*, MwStR 2017, 940; *Nieskens*, UR 2018, 261; *Nieskens*, UR 2020, 392; *Reiß*, MwStR 2017, 767; *Reiß*, MwStR 2018, 296; *Szabó/Tausch*, UVR 2019, 9; *Wäger*, UR 2001, 1; *Wäger*, UR 2015, 576.

spruch genommen werden.[1] Für Inlandsreihengeschäfte stellen sich derartige Fragen nicht. Sie werden auch nicht durch Verwendung einer ausländischen USt-IdNr. zum grenzüberschreitenden Reihengeschäft.[2] Für die Unterscheidung zwischen Beförderungslieferung und ruhender Lieferung findet sich eine unionsrechtliche Grundlage nur in Art. 36a MwStSystRL (Rz. 381). Diese Differenzierung entspricht aber der Rechtsprechung des EuGH (Rz. 382 ff.), wie auch der des BFH und der Auffassung der völlig h.M. in Schrifttum (Rz. 383 ff.). Demgegenüber sind nach der hier vertretenen Auffassung auf der Grundlage von Art. 32 Abs. 2 MwStSystRL **alle Lieferungen** im Reihengeschäft am Abgangsort ausgeführte **Beförderungslieferungen**, wobei sich die Bedeutung von Art. 36a MwStSystRL darauf beschränkt, für die Zuordnung der Steuerfreiheit der innergemeinschaftlichen Lieferung auf die Verwendung der USt-IdNr. abzustellen (Rz. 399). Zu einer **Ortsverlagerung** an den Bestimmungsort kommt es nur (bei einer Beförderung aus dem Drittlandsgebiet) für die **Lieferung des Einführers** und (bei einer Beförderung aus dem übrigen oder in das übrige Gemeinschaftsgebiet) für die **Lieferung des innergemeinschaftlichen Erwerbers** sowie für die diesen jeweils **nachfolgenden Lieferungen** (Rz. 388 ff.). Die insoweit bestehenden Unterschiede zeigen sich beim **innergemeinschaftliche Reihengeschäft** (Rz. 400 ff.), beim **Ausfuhrreihengeschäft** (Rz. 417 ff.), beim **Einfuhrreihengeschäft** (Rz. 431 ff.) und beim **Einfuhrreihengeschäft mit Transitverzollung** (Rz. 459 ff.). Die Regelungen zum Reihengeschäft sind derart komplex, dass die FinVerw. im Rahmen einer Vereinfachungsregelung, die Regelungen des UStAE hierzu unter den Vorbehalt stellt, dass es zu keiner abweichenden Beförderungszuordnung nach dem Recht eines anderen Mitgliedstaats kommt.[3]

b) Rechtsentwicklung

aa) UStG 1967/1980

369 Eine ausdrückliche Regelung für das Reihengeschäft bestand bereits in § 3 Abs. 2 UStG 1967. Schlossen mehrere Unternehmer über denselben Gegenstand Umsatzgeschäfte ab und erfüllten sie diese Geschäfte dadurch, dass der erste Unternehmer dem letzten Abnehmer in der Reihe unmittelbar die Verfügungsmacht über den Gegenstand verschaffte, galt die Lieferung an den letzten Abnehmer gleichzeitig als Lieferung eines jeden Unternehmers in der Reihe (Reihengeschäft). Hierfür bestand keine eigenständige Rechtsgrundlage im Unionsrecht.

370 In Bezug auf **Ausfuhrreihengeschäfte** ging die FinVerw. davon aus, dass mehrere steuerfreie Ausfuhrlieferungen vorliegen konnten. Hatte z.B. der erste Unternehmer in der Reihe den Gegenstand der Lieferung in das Ausland befördert, galt dies als Beförderung eines jeden Unternehmers in der Reihe.[4]

371 Durch das **§ 3 Abs. 8 UStG 1980** wurde zusätzlich eine Regelung zur Einfuhrlieferung und zum **Einfuhrreihengeschäft** geschaffen. Gelangte der Gegenstand der Lieferung bei der Beförderung an den Abnehmer oder in dessen Auftrag an einen Dritten vom Außengebiet in das Erhebungsgebiet oder vom Erhebungsgebiet in einen Mitgliedstaat, so war diese Lieferung als im Einfuhrland ausgeführt zu behandeln, wenn der Lieferer, sein Beauftragter oder in den Fällen des Reihengeschäfts ein vorangegangener Lieferer oder dessen Beauftragter Schuldner der bei der Einfuhr zu entrichtenden Umsatzsteuer war. Aufgrund dieser auf **Art. 8 Abs. 2 der 6. EG-Richtlinie** beruhenden Regelung wurde den an einem Reihengeschäft beteiligten Unternehmern eine **Dispositionsmöglichkeit** in Bezug auf den Ort der im Reihengeschäft ausgeführten Lieferungen eingeräumt. Entschied sich z.B. bereits der erste Lieferer in der Reihe dafür, die Verzollung zu übernehmen, verlagerte dies den Ort seiner und den Ort der nachfolgenden Lieferungen in das Inland, während es sich bei einer Verzollung durch den letzten Abnehmer um im Inland nicht steuerbare Lieferungen handelte.

bb) Binnenmarkt 1993

372 Mit der Schaffung des Binnenmarkts **verschärfte** sich die **Problematik**. Während im Ausfuhr- oder Einfuhrfall eine der Inlandsbeurteilung entsprechende Behandlung im Ausland ohne Bedeutung ist,

1 Abschn. 3.14 Abs. 2 Satz 3 UStAE.
2 Abschn. 3.14 Abs. 12 UStAE.
3 Abschn. 3.14 Abs. 19 UStAE.
4 Vgl. z.B. Abschn. 128 Abs. 4 Satz 1 UStR 1992.

muss in einem Binnenmarkt, in dem für den unternehmerischen Warenhandel das Ausfuhr- und Einfuhrprinzip durch die Steuerfreiheit der innergemeinschaftlichen Lieferung und den Steuertatbestand des innergemeinschaftlichen Erwerbs ersetzt wird, eine zumindest im Grundsatz **korrespondierende Behandlung von innergemeinschaftlicher Lieferung und innergemeinschaftlichen Erwerb** sichergestellt werden.

Nationaler Gesetzgeber und FinVerw. wollten dabei die Problematik ausgehend vom bisherigen § 3 Abs. 2 UStG mit einer **Anknüpfung an die Ansässigkeit** der beteiligten Unternehmer lösen. Hierzu ordnete § 1a Abs. 1 Satz 2 UStG a.F. ohne Grundlage im Unionsrecht an, dass im Fall des Reihengeschäfts als Erwerber galt, wer das Umsatzgeschäft mit einem im Gebiet eines anderen Mitgliedstaates oder im Drittlandsgebiet ansässigen Lieferer abschloss. 373

Eine weitere Sonderregelung ergab sich aus **§ 3 Abs. 8a UStG a.F.**, für die gleichfalls keine Grundlage im Unionsrecht bestand. Gelangte der Gegenstand bei einem Reihengeschäft aus dem Gebiet eines Mitgliedstaates in das Gebiet eines anderen Mitgliedstaates, galten die auf den innergemeinschaftlichen Erwerb folgenden Lieferungen als im Gebiet des Mitgliedstaates ausgeführt, in dem der innergemeinschaftliche Erwerb der Besteuerung unterlag. Bei einem Reihengeschäft zwischen drei Unternehmern aus drei Mitgliedstaaten kam es so auch beim Zwischenhändler in dessen Mitgliedstaat zu einem innergemeinschaftlichen Erwerb über § 3d Satz 2 UStG, der im Hinblick auf eine nachfolgende innergemeinschaftliche Lieferung in dem Mitgliedstaat des Beförderungsendes steuerfrei war.[1] 374

cc) UStG 1997

Die durch das UStG 1993 gefundene Lösung erwies sich als **nicht kompatibel mit** der Sichtweise in **anderen Mitgliedstaaten**. Mit Wirkung ab 1.1.1997 schaffte der nationale Gesetzgeber die Regelungen in § 1a Abs. 1 Satz 2 UStG sowie § 3 Abs. 2 UStG und § 3 Abs. 8a UStG ab und strich zudem in § 3 Abs. 8 UStG die Bezugnahme auf das Reihengeschäft. 375

Stattdessen wurden § 3 Abs. 6 Sätze 1 bis 4 und Abs. 7 Satz 2 UStG in ihrer bis heute geltenden Form eingeführt und in § 3 Abs. 6 Satz 5 und 6 UStG a.F. neue Vorschriften für das Reihengeschäft geschaffen. 376

dd) Rechtslage ab 1.1.2020

Seit 1.1.2020 besteht ein zusätzlicher **§ 3 Abs. 6a UStG** mit folgendem Regelungsinhalt: 377

- **Satz 1**: Im Reihengeschäft ist die **Beförderung** oder Versendung (Beförderung) **nur einer Lieferung zuzuordnen.**

  Eine derart ausdrückliche Anordnung, die als § 3 Abs. 6 Satz 5 UStG a.F. bereits seit 1997 bestand, enthält die Richtlinie nicht. Die Beschränkung der Beförderungszuordnung zu nur einer Lieferung entspricht aber der Rechtsprechung des EuGH (Rz. 382.1 ff.), des BFH (Rz. 383 ff.) und der h.M. im Schrifttum (Rz. 387), der aber nach der hier vertretenen Auffassung nicht zu folgen ist (Rz. 392 und Rz. 398).
- **Satz 2**: Bei der **Beförderung durch den ersten Lieferer** ist die Beförderung der ersten Lieferung zuzuordnen.

  Auch dies ist der Richtlinie nicht unmittelbar zu entnehmen, entspricht aber wiederum der EuGH-Rechtsprechung (Rz. 382.5).
- **Satz 3**: Bei der **Beförderung durch den letzten Abnehmer** ist die Beförderung der letzten Lieferung zuzuordnen.

  Auch insoweit fehlt es an einer ausdrücklichen Richtlinienbestimmung. Die Zuordnung entspricht der EuGH-Rechtsprechung (Rz. 382.5), nicht aber der BFH-Rechtsprechung zur Rechtslage vor Inkrafttreten von § 3 Abs. 6a UStG (Rz. 383 ff.).
- **Satz 4**: Bei einer **Beförderung durch einen Zwischenhändler** ist die Beförderung der an ihn ausgeführten Lieferung zuzuordnen. Der Zwischenhändler kann aber nachweisen, dass er als Lieferer

1 BMF v. 15.3.1993 – IV A 2-S 7114 a-6/93, BStBl. I 1993, 291, Beispiel 2.

befördert hat, so dass seine Lieferung die Beförderungslieferung ist. Diese Gesetzesanordnung bestand bereits seit 1997 als § 3 Abs. 6 Satz 6 UStG a.F.

378 Die weiteren Regelungen des § 3 Abs. 6a UStG beschäftigen sich bei der **Beförderung durch den Zwischenhändler** mit der Widerlegung der Beförderungszuordnung zu der an ihn ausgeführten Lieferung. Danach ist die Beförderung der vom Zwischenhändler ausgeführten Lieferung zuzuordnen, wenn der Zwischenhändler nach

- **Satz 5** beim **innergemeinschaftlichen Reihengeschäft** bis zum Beginn der Beförderung gegenüber seinem Lieferer eine ihm vom Abgangsmitgliedstaat erteilte USt-IdNr. verwendet,
- **Satz 6** beim **Ausfuhrreihengeschäft** bis zum Beginn der Beförderung gegenüber seinem Lieferer eine ihm vom Abgangsmitgliedstaat erteilte USt-IdNr. oder Steuernummer verwendet und wenn nach
- **Satz 7** beim **Einfuhrreihengeschäft** den Gegenstand in seinem Namen zum zoll- und steuerrechtlich freien Verkehr anmeldet oder dies für ihn in indirekter Stellvertretung für seine Rechnung erfolgt.

Die FinVerw. sieht in § 3 Abs. 6a Sätze 5 bis 7 UStG abschließende Regelungen zur Widerlegung der Beförderungszuordnung.[1]

379 Wie bereits seit 1997 ordnet **§ 3 Abs. 7 Satz 2 UStG** weiter an, dass die der Beförderungslieferung vorausgehenden Lieferungen am Abgangsort (§ 3 Abs. 7 Satz 2 Nr. 1 UStG) und die der Beförderungslieferung nachfolgenden Lieferungen am Bestimmungsort erbracht werden (§ 3 Abs. 7 Satz 2 Nr. 2 UStG). § 3 Abs. 7 Satz 2 Nr. 1 UStG wirkt im Grunde genommen nur deklaratorisch, da sich dasselbe bereits aus § 3 Abs. 6 Satz 1 UStG ergibt.

ee) Digitalpaket

380 Im Rahmen des Digitalpakets II (§ 3c Rz. 2) wurde § 3 Abs. 6b UStG für die Fiktionen einer Lieferkette nach § 3 Abs. 3a UStG Rz. 168 ff.) in das UStG eingefügt. Bei der dort angeordneten Fiktion einer Lieferung durch einen Unternehmer an den Schnittstellenbetreiber und durch diesen an den Abnehmer handelt es sich nicht um ein Reihengeschäft, da im Rahmen der ohne die Fiktion vorliegenden Direktlieferung des Unternehmers an den Abnehmer nur ein Umsatzgeschäft gegeben ist. Dieses wird durch die Fiktion in seiner Wirkung verdoppelt.

ff) Unionsrecht

381 Auffällig ist, dass sich für die vorstehenden Regelungen des nationalen Rechts kaum ausdrückliche Grundlage im Unionsrecht finden lassen. Gleichwohl entspricht das Grundverständnis des nationalen Rechts mit seiner Trennung zwischen Beförderungslieferung und ruhender Lieferung wie angemerkt (Rz. 377) dem, wovon auch der EuGH ausgeht (Rz. 382.1). Im Übrigen enthält die Richtlinie eine ausdrückliche Regelung zum Reihengeschäft nur in **Art. 36a MwStSystRL**. Danach ist beim innergemeinschaftlichen Reihengeschäft mit Beförderung durch den Zwischenhändler wie bei § 3 Abs. 6a Satz 4 UStG die Beförderung der Lieferung an den Zwischenhändler zuzuordnen, wenn es nicht ähnlich wie bei § 3 Abs. 6a Satz 5 UStG zu einer Zuordnung zu der durch den Zwischenhändler ausgeführten Lieferung kommt, da der Zwischenhändler eine ihm vom Abgangsmitgliedstaat erteilte USt-IdNr. verwendet. Anders als das nationale Recht verlangt die Richtlinie nicht, dass die USt-IdNr. bis zu einem bestimmten Zeitpunkt verwendet werden muss. Grundlage für § 3 Abs. 6b ist Art. 36b MwStSystRL.

2. Rechtsprechung zu der vor 2020 bestehenden Rechtslage

a) Bedeutung der Rechtsprechung

382 Die Problematik des Reihengeschäfts betrifft vorrangig den Warenhandel zwischen Unternehmern aus verschiedenen Mitgliedstaaten, wobei es der Rechtsprechung gelungen ist, für die hiervon betroffenen

1 Abschn. 3.14 Abs. 10 Satz 2 Abs. 11 UStAE.

Unternehmer Klarheit über die sie treffenden Verpflichtungen zu schaffen, was letztlich zu gesetzgeberischen Reparaturmaßnahmen in Form von Art. 36a MwStSystRL und § 3 Abs. 6a UStG geführt hat.

b) EuGH-Rechtsprechung

aa) Rechtssache EMAG

EuGH-Urteil:[1] Das innergemeinschaftliche Reihengeschäft führt zu **einer einzigen innergemeinschaftlichen Beförderung**, die nur einer von zwei Lieferungen zugeordnet werden kann, die dann als innergemeinschaftliche Lieferung steuerfrei ist. Hierfür kommt es nicht darauf an, welcher der am Reihengeschäft beteiligten Personen die Verfügungsmacht während der Beförderung zusteht. Nur die Lieferung, die zur innergemeinschaftlichen Beförderung führt, ist die Beförderungslieferung. Der Ort der anderen Lieferungen befindet sich entweder im Mitgliedstaat des Beginns oder im Mitgliedstaat der Ankunft der Beförderung, je nachdem, ob diese Lieferung die erste oder die zweite der beiden aufeinanderfolgenden Lieferungen ist. 382.1

Bewertung: Der EuGH geht völlig zutreffend davon aus, dass es auch im Reihengeschäft nur einen innergemeinschaftlichen Erwerb und dementsprechend auch nur eine steuerfreie innergemeinschaftliche Lieferung gibt. **Unzutreffend** ist demgegenüber nach der hier vertretenen Auffassung die vom EuGH hierfür angeführte **Begründung**, dass die Beförderung nur einer Lieferung im Reihengeschäft zuzuordnen sei und anhand dieses Kriteriums über die Zuordnung von Erwerbstatbestand und Steuerfreiheit zu entscheiden ist (Rz. 388 ff.).

bb) Rechtssache Euro Tyre Holding

EuGH-Urteil:[2] Die innergemeinschaftliche Beförderung „müsste" der ersten Lieferung zugerechnet werden, wenn der Ersterwerber die **eigentümerähnliche Verfügungsmacht** im Abgangsmitgliedstaat erlangt, dabei seine Absicht bekundet, den Gegenstand in den Bestimmungsmitgliedstaat zu befördern und mit seiner vom Bestimmungsmitgliedstaat zugewiesenen USt-IdNr. auftritt, sofern die eigentümerähnliche Verfügungsmacht im Bestimmungsmitgliedstaat auf den Zweiterwerber übertragen wird. 382.2

Bewertung: Der **EuGH** versagt sich einer eindeutigen Positionierung und spricht im **Konjunktiv**. Die Entscheidung stellt den Startpunkt einer Rechtsprechungsentwicklung dar, bei der der EuGH in der Folgezeit zwischen den Kriterien einer **Absichtsbekundung** und der **Verschaffung eigentümerähnlicher Verfügungsmacht** hin und her **schwankt**, ohne die Bedeutung dieser Umstände im Verhältnis zueinander zu klären.

cc) Rechtssache VSTR

EuGH-Urteil:[3] Die **Mitteilung** des **Zwischenhändlers** an den Erstlieferer über den **Weiterverkauf** reicht nicht als Nachweis aus, dass die Übertragung der eigentümerähnlichen Verfügungsmacht auf den Zweit- und Letzterwerber vor der Beförderung in den Bestimmungsmitgliedstaat stattgefunden hat. 382.3

Bewertung: Der EuGH räumt hier der **Verfügungsmacht Vorrang** gegenüber der Absichtsbekundung ein.

dd) Rechtssache Toridas

EuGH-Urteil:[4] Die erste Lieferung im Reihengeschäft ist nicht als innergemeinschaftliche Lieferung steuerfrei, wenn der Zwischenhändler den Erstlieferer vor der Beförderung darüber informiert, dass die Waren unmittelbar an einen in einem dritten Mitgliedstaat niedergelassenen Zweiterwerber weiterverkauft werden. Für die Zuordnung der Beförderung ist zu ermitteln, ob die Beförderung nach der 382.4

1 EuGH, Urt. v. 6.4.2006 – C-245/04, ECLI:EU:C:2006:232 – EMAG Handel Eder, UR 2006, 342.
2 EuGH, Urt. v. 16.12.2010 – C-430/09, ECLI:EU:C:2010:786 – Euro Tyre Holding, UR 2011, 176.
3 EuGH, Urt. v. 27.9.2012 – C-587/10, ECLI:EU:C:2012:592 – VSTR, UR 2012, 832 m. Anm. *Burgmaier*.
4 EuGH, Urt. v. 26.7.2017 – C-386/16, ECLI:EU:C:2017:599 – Toridas, UR 2017, 678 m. Anm. *Burgmaier*.

Zweitlieferung stattfand, da dann nur die Zweitlieferung als innergemeinschaftliche Lieferung steuerfrei sein kann.

Bewertung: Hier betont der EuGH die **Absichtsbekundung**.

ee) Rechtssache Kreuzmayr

382.5 *EuGH-Urteil:*[1] Die Abholung durch den Zweiterwerber führt dazu, dass nicht die erste, sondern die zweite Lieferung beim innergemeinschaftlichen Reihengeschäft zwischen drei Unternehmern steuerfrei ist.

Bewertung: Die Entscheidung entspricht der klassischen Sichtweise der FinVerw., dass die Abholung durch den Zweiterwerber einer Steuerfreiheit der ersten Lieferung entgegensteht. Der BFH hatte dies demgegenüber als möglich angesehen (Rz. 383).

ff) Rechtssache AREX

382.6 *EuGH-Urteil:*[2] Der EuGH betont nochmals, dass es beim innergemeinschaftlichen Reihengeschäft **nur einen innergemeinschaftlichen Erwerb** gibt, wobei die innergemeinschaftliche Beförderung diesem Erwerb zugeordnet werden muss.

Bewertung: Aus dieser Entscheidung ergaben sich **keine neuen Erkenntnisse**.

gg) Rechtssache Herst

382.7 *EuGH-Urteil:*[3] Im Rahmen einer **umfassenden Würdigung aller besonderen Umstände des Einzelfalls** ist zu bestimmen, welchem der aufeinanderfolgenden Erwerbe diese innergemeinschaftliche Beförderung zuzuordnen ist.

Bewertung: Die vom EuGH betonte umfassende Würdigung aller Umstände bringt gleichfalls keinen Erkenntnisgewinn.

c) BFH-Rechtsprechung und h.M. im Schrifttum

383 Die BFH-Rechtsprechung ist im besten Fall als **unergiebig** zu bezeichnen. Der BFH folgt der Trennung zwischen Beförderungslieferung und ruhender Lieferung. Er ging dabei einerseits davon aus, dass bei einem Reihengeschäft mit zwei Lieferungen und drei Beteiligten die **erste Lieferung** als **innergemeinschaftliche Lieferung** auch dann gemäß § 6a UStG steuerfrei ist, wenn der erste Abnehmer einem Beauftragten eine Vollmacht zur Abholung und Beförderung des gelieferten Gegenstands in das übrige Gemeinschaftsgebiet erteilt, die Kosten für die Beförderung aber vom zweiten Abnehmer getragen werden.[4] Damit sollte den Beteiligten auf der Grundlage der damaligen EuGH-Rechtsprechung (Rz. 382.2) größtmögliche Flexibilität bei der Zuordnung der steuerrechtlichen Verpflichtungen eingeräumt werden.

384 Andererseits soll bei einem Reihengeschäft mit zwei Lieferungen und drei Beteiligten die erforderliche Zuordnung der (einen) innergemeinschaftlichen Versendung zu einer der beiden Lieferungen eine **umfassende Würdigung aller besonderen Umstände des Einzelfalls** und insbesondere die Feststellung voraussetzen, ob zwischen dem Erstabnehmer und dem Zweitabnehmer die eigentümerähnliche Verfügungsmacht übertragen wird, bevor die innergemeinschaftliche Beförderung erfolgt.[5]

385 Zudem entschied der BFH, dass bei einem innergemeinschaftlichen Reihengeschäft mit zwei Lieferungen zwischen drei Beteiligten (A, B sowie C) die erforderliche Zuordnung der einen innergemeinschaftlichen Beförderung zu einer der beiden Lieferungen (neben einer umfassenden Würdigung aller Umstände des Einzelfalls) insbesondere die Feststellung voraussetzt, ob der Ersterwerber (B) dem

1 EuGH, Urt. v. 21.2.2018 – C-628/16, ECLI:EU:C:2018:84 – Kreuzmayr, UR 2018, 282 m. Anm. *Heinrichshofen*.
2 EuGH, Urt. v. 19.12.2018 – C-414/17, ECLI:EU:C:2018:1027 – AREX CZ, UR 2019, 101 m. Anm. *Nieskens*.
3 EuGH, Urt. v. 23.4.2020 – C-401/18, ECLI:EU:C:2020:295 – Herst, UR 2020, 386 m. Anm. *Nieskens*.
4 BFH, Urt. v. 11.8.2011 – V R 3/10, UR 2011, 909 m. Anm. *Kramer* und Anm. *Maunz*.
5 BFH, Urt. v. 28.5.2013 – XI R 11/09, UR 2013, 756.

Zweiterwerber (C) die eigentümerähnliche Verfügungsmacht im Inland übertragen hat, wobei es auf die objektiven Umstände ankommt und hiervon abweichende **Absichtsbekundungen** im Rahmen eines **Vertrauensschutzes** von Bedeutung sein können.[1]

Befördert oder versendet bei einem innergemeinschaftlichen Reihengeschäft mit zwei Lieferungen und drei Beteiligten (A, B sowie C) der letzte Abnehmer (C) den Gegenstand der Lieferung, soll die Beförderung der ersten Lieferung (A an B) zuzuordnen sein, es sei denn, der erste Abnehmer (B) hat dem letzten Abnehmer (C) die Befugnis, über den Gegenstand der Lieferung wie ein Eigentümer zu verfügen, bereits **im Inland übertragen.**[2] 386

Wenig überraschend, konnte der **BFH** die **Schwierigkeiten**, die sich aus der **EuGH-Rechtsprechung** ergeben, (auch) **nicht beheben**. Auch die **h.M. im Schrifttum** geht insbesondere von einer Trennung zwischen der Beförderungslieferung und der ruhenden Lieferung beim Reihengeschäft aus.[3] 387

3. Eigene Auffassung

a) Zuordnung zur letzten Lieferung

Das Reihengeschäft zwischen mehreren Staaten und mehreren Unternehmern dreht sich um die Frage, welcher von den durch eine gemeinsame Beförderung verknüpften Lieferungen die **Grenzüberschreitung** mit der Folge **zuzurechnen** ist, dass diese Lieferung im Abgangsstaat in Anwendung des Bestimmungslandprinzips steuerfrei zu stellen ist, während der Abnehmer dieser Lieferung die Überführung in die Besteuerungshoheit des Bestimmungsstaats durch Einfuhr oder innergemeinschaftlichen Erwerb zu versteuern hat. Die dieser Lieferung vorausgehenden Lieferungen sind im Abgangsstaat steuerpflichtig, während im Bestimmungsstaat eine Steuerpflicht für die Lieferung des Einführers oder Erwerbers sowie für die dem nachfolgenden Lieferungen besteht. 388

In **tatsächlicher Hinsicht** ist dabei zu beachten, dass sich der **Bestimmungsort** des Reihengeschäfts erst aus der **letzten Lieferung ableiten lässt**. Wird ein Gegenstand zur nationalen oder grenzüberschreitenden Lieferung angeboten, ergibt sich erst aus der letzten Lieferung, in welchen Bestimmungsstaat der Gegenstand gelangen wird. Daher ist es sachgerecht, grundsätzlich die letzte Lieferung als im Abgangsstaat steuerfrei zu stellen, die vorausgehenden Lieferungen als dort steuerpflichtige Inlandslieferungen zu behandeln und den Abnehmer der letzten Lieferung zur Einfuhr- oder Erwerbsbesteuerung zu verpflichten. 389

b) Dispositionsmöglichkeiten bei der Einfuhr

Eine **starre Zuordnung** kann allerdings den Interessen des Geschäftsverkehrs widersprechen. So kann es für den letzten Lieferer nachteilig sein, wenn er seinen Abnehmer zu einer Einfuhr- oder Erwerbsbesteuerung verpflichten muss, mit der dieser u.U. nicht vertraut ist. In fiskalischer Hinsicht ist zudem entscheidend, dass es zur Einfuhr- oder Erwerbsbesteuerung kommt, nicht aber, wer sie vornimmt. Dementsprechend können z.B. die an einem **Einfuhrreihengeschäft** beteiligten Unternehmer **frei entscheiden, wer die Einfuhr übernimmt**, da die Person, die die Zollanmeldung mit der Folge abgibt, dass sie für den Anmelder zur Schuldnerschaft für Zoll[4] und EUSt[5] führt, frei bestimmbar.[6] 390

---

1 BFH, Urt. v. 25.2.2015 – XI R 15/14, BStBl. II 2023, 514 = UR 2015, 391 m. Anm. *Sterzinger.*

2 BFH, Urt. v. 25.2.2015 – XI R 30/13, BStBl. II 2023, 511 = UR 2015, 402.

3 Vgl. *Nieskens* in Rau/Dürrwächter, UStG, § 3 Rz. 2620 ff. (Stand: Januar 2021); z.B. *Heuermann*, UR 2017, 853; *Heuermann*, DStR 2018, 2078; *Hiller*, UR 2018, 582; *Hiller*, MwStR 2020, 476; *Heinrichshofen*, UVR 2018, 206; *Körner*, MwStR 2017, 940; *Nieskens*, UR 2018, 261; *Nieskens*, UR 2020, 392; *Reiß*, MwStR 2017, 767; *Reiß*, MwStR 2018, 296; *Szabó/Tausch*, UVR 2019, 9.

4 *Harksen* in Rau/Dürrwächter, UStG, § 21 Rz. 176 (Stand: Juni 2021): Eigentumsverhältnisse oder Verfügungsrechte an den einzuführenden Waren im Zeitpunkt der Einfuhr sind unter zollrechtlichen Gesichtspunkten nicht von Bedeutung. Eine Ware zum zollrechtlich freien Verkehr im eigenen Namen anmelden, kann zollrechtlich mithin auch eine Person, der keinerlei Verfügungsrechte an einer Ware zustehen. Beschränkt wird das Recht, im Rahmen der Zollabfertigung als Anmelder aufzutreten und eine Zollanmeldung abzugeben, lediglich durch Art. 170 Abs. 2 UZK.

5 Art. 77 Abs. 3 UZK.

6 § 21 Abs. 2 UStG auf der Grundlage von Art. 201 MwStSystRL.

391 Die **zoll- und einfuhrumsatzsteuerrechtlich bestehende Dispositionsmöglichkeit** wirkt sich auch auf den Ort der Lieferung aus, wie sich aus **Art. 32 Abs. 2 MwStSystRL** ergibt. Danach gelten der **Ort der Lieferung**, die **durch den Importeur** i.S.d. Art. 201 MwStSystRL (Einführer) bewirkt wird, sowie der **Ort etwaiger anschließender Lieferungen** als in dem Mitgliedstaat gelegen, in den die Gegenstände eingeführt werden. Aus Art. 32 Abs. 2 MwStSystRL, der im nationalen Recht nur ungenügend durch **§ 3 Abs. 8 UStG** umgesetzt wird (Rz. 488 ff.), folgt zweierlei:

392 Zum einen handelt es sich um eine **Sonderregelung** zu Art. 32 Abs. 1 MwStSystRL (§ 3 Abs. 6 Satz 1 UStG). Hieraus folgt, dass sich nicht nur der Ort der Lieferung durch den Einführer, sondern auch der Ort der anschließenden Lieferungen ohne Anwendung von Art. 32 Abs. 2 MwStSystRL gemäß Art. 32 Abs. 1 MwStSystRL im Drittland befindet. Daher handelt es sich bei der Lieferung des Einführers und den sich hieran anschließenden Lieferungen um Beförderungslieferungen, bei denen wie bei einem Reihengeschäft die Person des Abnehmers, zu dem befördert wird, bei Beginn der Beförderung im Drittland feststeht. Daher ist Art. 32 Abs. 2 MwStSystRL eine Regelung zu einem **Einfuhrreihengeschäft**, nach der **alle** im Reihengeschäft ausgeführten **Lieferungen Beförderungslieferungen** sind.

393 Zum anderen eröffnet Art. 32 Abs. 2 MwStSystRL den Beteiligten ein von der Beförderungsveranlassung unabhängiges **Wahl- oder Dispositionsrecht**. Sie können darüber entscheiden, wer die Einfuhr vornimmt. Damit können sie darüber **disponieren, welche Lieferungen vor der Einfuhr im Drittland und welche Lieferungen aufgrund der Einfuhr und im Anschluss hieran im Mitgliedstaat der Einfuhr erbracht** werden. Dieses Dispositionsrecht besteht **unabhängig von der Beförderungsveranlassung**. So kann z.B. bei einem Einfuhrreihengeschäft A-B-C-D-E der erste Unternehmer befördern, während der dritte Unternehmer verzollt, wodurch er Steuerschuldner für die Einfuhr wird und sich der Ort seiner Lieferung und der Ort der nachfolgenden Lieferung durch D in dem Bestimmungsmitgliedstaat verlagert.

c) Beurteilung beim innergemeinschaftlichen Reihengeschäft

aa) Zuordnung vom innergemeinschaftlichen Erwerb und innergemeinschaftlicher Lieferung zur letzten Lieferung

394 Die Richtlinie regelt nur den Tatbestand des innergemeinschaftlichen Erwerbs in **Art. 20 MwStSystRL** als Erlangung der Befähigung, wie ein Eigentümer über einen beweglichen körperlichen Gegenstand zu verfügen, der durch den Verkäufer oder durch den Erwerber oder für ihre Rechnung nach einem anderen Mitgliedstaat als dem, in dem sich der Gegenstand zum Zeitpunkt des Beginns der Beförderung befand, an den Erwerber befördert wird. **Innergemeinschaftlicher Erwerber** ist danach derjenige, **zu dem** der gelieferte **Gegenstand befördert wird.**

395 Diese Regelung gilt auch bei einem Reihengeschäft im Sinne mehrerer Lieferungen, bei denen der Liefergegenstand unmittelbar vom ersten Lieferer zum letzten Abnehmer befördert wird. Somit ist im Grundsatz hier der **letzte Abnehmer**, zu dem befördert wird, der **innergemeinschaftliche Erwerber**. Dementsprechend kann der letzte Lieferer die Steuerfreiheit für den innergemeinschaftlichen Erwerb in Anspruch nehmen.

bb) Gewillkürte Zuordnung

396 Eine Art. 32 Abs. 2 MwStSystRL vergleichbare Regelung zur Ortbestimmung bei innergemeinschaftlichen Lieferungen enthält die Richtlinie nicht. Damit stellt sich die Frage, ob es entsprechend dem Einfuhrreihengeschäft (Rz. 391 ff.) auch beim innergemeinschaftlichen Reihengeschäft eine gewillkürte Zuordnung im Sinne einer den beteiligten Unternehmern einzuräumenden Dispositionsmöglichkeit geben kann oder muss. Im Verhältnis von Einfuhr und innergemeinschaftlichem Erwerb ist dabei zu bedenken, dass der **innergemeinschaftliche Erwerb** für den unternehmerischen Warenhandel zwischen den Mitgliedstaaten **an die Stelle der Einfuhr getreten** ist.

397 Hier besteht kein Sachgrund, die Unternehmer bei einem innergemeinschaftlichen Reihengeschäft strengeren Regelungen zu unterwerfen als bei einem Einfuhrreihengeschäft. Zudem ist es unstreitig, dass den beteiligten Unternehmen eine Dispositionsbefugnis in Bezug auf die Zuordnung des innergemeinschaftlichen Erwerbs und der korrespondierenden innergemeinschaftlichen Lieferung zuzubilligen ist, die nach der h.M. aber nur mittelbar über die Zuordnung der Beförderungsveranlassung aus-

geübt werden kann (Rz. 377). Dies benachteiligt die Unternehmer beim innergemeinschaftlichen Reihengeschäft im Vergleich zum Einfuhrreihengeschäft, bei dem es auf den Umweg der Beförderungsveranlassung nicht ankommt (Rz. 393). Daher ist die Regelung in Art. 32 Abs. 2 MwStSystRL zum Einfuhrreihengeschäft in der Weise auf das innergemeinschaftliche Reihengeschäft zu übertragen, dass der innergemeinschaftliche Erwerb an die Stelle der Einfuhr tritt.

Dementsprechend sind wie beim Einfuhrreihengeschäft (Rz. 392) auch **alle Lieferungen im innergemeinschaftlichen Reihengeschäft Beförderungslieferungen**. Zudem können die am Reihengeschäft Beteiligten wie bei der Einfuhr über die Zuordnung des innergemeinschaftlichen Erwerbs frei disponieren. Diese **Disposition** erfolgt hier über die **Verwendung von USt-IdNrn.** und nicht über die Zuordnung der Beförderung zu einer der Lieferungen. Letzteres wirkt im Zeitalter der elektronischen Rechnungsübermittlung, der Abgabe von Voranmeldungen durch Datenfernübertragung und von unionsweit geltenden besonderen Besteuerungsverfahren wie eine aus dem Mittelalter stammende Betrachtung von Warenlieferungen zwischen zwei Burgherren und ist daher als nicht mehr zeitgemäß abzulehnen. Treffen die Beteiligten keine Regelung zum Erwerbstatbestand, ist dieser dem letzten unternehmerischen Endabnehmer zuzuordnen (Rz. 395). 398

Die **Neuregelungen** in Art. 36a MwStSystRL und § 3 Abs. 6a Satz 5 UStG bestätigen dies für den Sonderfall der Beförderung durch den Zwischenhändler. Dies ist als **allgemeines Prinzip** dergestalt **weiter zu entwickeln**, dass den an einem Reihengeschäft beteiligten Unternehmen über die dort ausdrücklich geregelte Fallgestaltung hinaus allgemein eine Dispositionsbefugnis zuzubilligen ist, die es z.B. auch ermöglicht, bei einer Abholung durch den Zweiterwerber die Steuerfreiheit für die innergemeinschaftliche Lieferung und den innergemeinschaftlichen Erwerb der ersten Lieferung im Reihengeschäft zuzuordnen. Damit wie auch mit Art. 32 Abs. 2 MwStSystRL hat sich der EuGH bislang nicht beschäftigt, so dass eine Kurskorrektur in seiner Rechtsprechung nicht ausgeschlossen werden kann. Käme es zu einer Neubewertung, würde sich die rechtliche Betrachtung insgesamt erheblich vereinfachen, wie die Beispiele des innergemeinschaftlichen Reihengeschäfts (vgl. Rz. 400 ff. zur h.M. und Rz. 406 ff. zur Alternativbetrachtung), des Ausfuhrreihengeschäfts (vgl. Rz. 417 ff. zur h.M. und Rz. 425 f. zur Alternativbetrachtung), des Einfuhrreihengeschäfts (vgl. Rz. 433 ff. zur h.M. und Rz. 456 f. zur Alternativbetrachtung) und des innergemeinschaftlichen Einfuhrreihengeschäfts mit Transitverzollung (vgl. Rz. 460 ff. zur h.M. und Rz. 480 ff. zur Alternativbetrachtung) zeigen. 399

4. Innergemeinschaftliches Reihengeschäft

a) Beurteilung auf der Grundlage der h.M.

Auf der Grundlage von § 3 Abs. 6a Sätze 1–5 und Abs. 7 Satz 2 UStG ist entsprechend dem Verständnis der durch die EuGH-Rechtsprechung (Rz. 382 ff.) geprägten h.M. und der FinVerw. in Abschn. 3.14 UStG bei innergemeinschaftlichen Reihengeschäften mit drei Lieferungen zwischen den Unternehmern A-B-C-D und einer unmittelbaren Beförderung von A zu D aus einem in einen anderen Mitgliedstaat grundsätzlich wie folgt zu unterscheiden: 400

Fall 1 (Beförderung durch den ersten Lieferer) 401

A erbringt die steuerfreie innergemeinschaftliche Beförderungslieferung. B hat den innergemeinschaftlichen Erwerb zu versteuern. Bei den Lieferungen durch B und C handelt es sich um steuerpflichtige Inlandslieferung am Bestimmungsort.[1]

Fall 2 (Beförderung durch den letzten Abnehmer) 402

C erbringt die steuerfreie innergemeinschaftliche Beförderungslieferung. D hat den innergemeinschaftlichen Erwerb zu versteuern. Bei den Lieferungen durch A und B handelt es sich um steuerpflichtige Inlandslieferung am Abgangsort.[2]

1 Abschn. 3.14 Abs. 13 Beispiel 1 UStAE; allerdings geht die FinVerw. für die gewählte Fallgestaltung, dass der erste Abnehmer unter einer USt-IdNr. des Abgangsmitgliedstaats handelt, im Widerspruch zur EuGH-Rechtsprechung (EuGH, Urt. v. 7.7.2020 – C-696/20, ECLI:EU:C:2022:528 – B., UR 2022, 622) von einem dort von ihm zu versteuernden innergemeinschaftlichen Erwerb aus, woraus im Schrifttum zutreffend hingewiesen wurde (*Nieskens*, UR 2023, 465 [471]).

2 Abschn. 3.14 Abs. 13 Beispiel 5 UStAE für ein Reihengeschäft mit vier Unternehmern.

403 **Fall 3 (Beförderung durch den ersten Zwischenhändler)**: Hier ist wie folgt zu unterscheiden:

- **Unterfall 3.1:** Nach § 3 Abs. 6a Satz 4 UStG (Art. 36a Abs. 1 MwStSystRL) treten grundsätzlich dieselben Rechtsfolgen wie im Fall 1 ein.[1]
- **Unterfall 3.2:** Anders ist es, wenn B gemäß § 3 Abs. 6a Satz 5 UStG (Art. 36a Abs. 2 MwStSystRL) unter der USt-IdNr. des Abgangsmitgliedstaats handelt. Dann handelt es sich bei der Lieferung durch A um eine steuerpflichtige Inlandslieferung am Abgangsort. B erbringt die steuerfreie innergemeinschaftliche Beförderungslieferung. C hat den innergemeinschaftlichen Erwerb zu versteuern und erbringt eine steuerpflichtige Inlandslieferung am Bestimmungsort.[2]

404 **Fall 4 (Beförderung durch den zweiten Zwischenhändler)**: Auch hier ist zu unterscheiden.

- **Unterfall 4.1:** Nach § 3 Abs. 6a Satz 4 UStG treten grundsätzlich dieselben Rechtsfolgen wie im Fall 3.2 ein.[3]
- **Unterfall 4.2:** Bei Verwendung einer USt-IdNr. des Abgangsmitgliedstaats kommt es zu denselben Rechtsfolgen wie im Fall 2.[4]

405 Diese differenzierte Betrachtungsweise ermöglicht es den am Reihengeschäft Beteiligten, weitgehend **sachgerechte Lösungen** zu finden, um **Registrierungspflichten** außerhalb ihres Ansässigkeitsstaats zu **verhindern**. Sind z.B. A und B im Inland und C und D in Frankreich ansässig, werden sie sich für eine Besteuerung nach den Fällen 3.2 oder 4.1 entscheiden, um eine Registrierungspflicht außerhalb ihres Ansässigkeitsstaat zu vermeiden. Allerdings setzt dies eine entsprechende Beförderungsveranlassung voraus.

b) Bewertung

406 Die seit Jahresanfang 2020 geltende **Neuregelung löst sich** für den Fall der Beförderung durch den Zwischenhändler **von** dem entsprechend bislang h.M. ausschließlich geltenden **Kriterium** der **Beförderung**. Dies verstärkt die Frage, weshalb es für die Zuordnung von Steuerfreiheit und Erwerbstatbestand überhaupt auf eine Zuordnung der Beförderung zu einer bestimmten Lieferung ankommen sollte.

407 Nach der hier vertretenen Auffassung können die am Reihengeschäft **Beteiligten frei vereinbaren**, wer den innergemeinschaftlichen Erwerb zu versteuern hat und wer die damit korrespondierende Steuerfreiheit für die innergemeinschaftliche Lieferung in Anspruch nehmen kann (Rz. 396 ff.). Danach kann entsprechend den jeweiligen Vereinbarungen in der Lieferkette der Erwerbstatbestand sowohl B, C oder D zugeordnet werden, so dass für die zugrundeliegende Lieferung an den innergemeinschaftlichen Erwerber die Steuerfreiheit für die innergemeinschaftliche Lieferung in Anspruch genommen werden kann.

408 Treffen die **Beteiligten keine derartige Entscheidung**, da sie es eigentlich (gesetzwidrig) bei der Besteuerung im Abgangsmitgliedstaat belassen wollen, ist der Erwerbstatbestand dem letzten Abnehmer im Reihengeschäft zuzuordnen (Rz. 398), so dass der letzte Lieferer die Steuerfreiheit für die innergemeinschaftliche Lieferung in Anspruch nehmen kann.

c) Einzelfragen

aa) Gebrochene Beförderung

409 Die **h.M.**[5] **verneint** bei einer gebrochenen Beförderung, bei der zwei am Reihengeschäft beteiligte Unternehmer die Beförderung übernehmen, das Vorliegen eines **Reihengeschäfts**.

---

1 Abschn. 3.14 Abs. 10 Beispiel 1 UStAE für ein Reihengeschäft mit drei Unternehmern.
2 Abschn. 3.14 Abs. 10 Beispiele 2 und 3 UStAE für Reihengeschäfte mit drei Unternehmern und Abschn. 3.14 Abs. 13 Beispiel 2 UStAE für ein Reihengeschäft mit vier Unternehmern.
3 Abschn. 3.14 Abs. 13 Beispiel 3 UStAE für ein Reihengeschäft mit vier Unternehmern.
4 Abschn. 3.14 Abs. 13 Beispiel 4 UStAE für ein Reihengeschäft mit vier Unternehmern.
5 Vgl. z.B. Abschn. 3.14 Abs. 4 Satz 1 UStAE.

Dabei ist eigentlich auch auf der Grundlage der h.M. **zu unterscheiden**. Handelt es sich bei den beiden Beförderern um die Parteien desselben Liefergeschäfts, gefährdet die gebrochene Beförderung die nach h.M. zu nur einer Lieferung vorzunehmende Zuordnung der Beförderung (Rz. 382.1) nicht zwingend, so dass sie hier eigentlich auch auf der Grundlage der h.M. der Annahme eines Reihengeschäfts nicht entgegenstehen sollte. 410

Anders ist es bei einer gebrochenen Beförderung, bei der z.B. der erste Lieferer und der letzte Abnehmer befördern. Auf der Grundlage der h.M. kann hier nicht mehr die Zuordnung der Beförderung auf eine Lieferung beschränkt werden, so dass sie hier das Reihengeschäft verneint. 411

Demgegenüber **steht** die gebrochene Beförderung auf der Grundlage der hier vertretenen Auffassung einem **Reihengeschäft nicht entgegen**. Denn danach sind ohnehin alle Lieferungen im Reihengeschäft Beförderungslieferungen. 412

bb) Verwendung der USt-IdNr. des Abgangsmitgliedstaats bis zum Beförderungsbeginn

(1) Verwendung

An die Verwendung sind **keine besonderen Anforderungen** zu stellen. Die FinVerw. verlangt hierfür ein positives Tun des Zwischenhändlers, das zu dokumentieren ist.[1] Demgegenüber kann auch ein widerspruchsloses Dulden einer Verwendung durch den Vertragspartner als ausreichend anzusehen sein. 413

(2) Zeitpunkt

Das nationale Recht setzt bei einer Beförderung durch den Zwischenhändler für die Zuordnung zur Lieferung durch den Zwischenhändler in § 3 Abs. 6a Satz 5 UStG voraus, dass der **Zwischenhändler seine USt-IdNr.** gegenüber seinem Lieferer **bis zum Beginn der Beförderung** verwendet. Der Richtlinie ist ein derartiges zeitliches Erfordernis nicht zu entnehmen. 414

Für die Sichtweise des nationalen Rechts spricht, dass der Lieferer für seine Lieferung an den Zwischenhändler aufgrund der Verwendung der USt-IdNr. die Steuerfreiheit verliert und sich somit die Preisgestaltung wie auch die Erklärungspflicht gegenüber dem FA ändert. Daher erscheint eine **zeitliche Beschränkung nicht sachfremd**. Allerdings kommt es auch in Betracht, die erst **nachträgliche Verwendung** von einer Zustimmung des Lieferers abhängig zu machen und dabei dann **§ 17 UStG** entsprechend anzuwenden. 415

Nach der hier vertretenen Auffassung kommt dem nur dann Bedeutung zu, wenn die am Reihengeschäft Beteiligten eine andere Zuordnung als zur letzten Lieferung anstreben (Rz. 396). 416

5. Ausfuhrreihengeschäft

a) Beurteilung auf der Grundlage der h.M.

Auf der Grundlage von § 3 Abs. 6a Sätze 1–4 und Satz 6 sowie Abs. 7 Satz 2 UStG gelten entsprechend dem Verständnis der h.M. beim Ausfuhrreihengeschäft grundsätzlich dieselben Regelungen wie beim innergemeinschaftlichen Reihengeschäft.[2] 417

Der einzige Unterschied betrifft die **Beförderung durch** den **Zwischenhändler**. Für eine Zuordnung zur Lieferung durch den Zwischenhändler kommt es hier gemäß § 3 Abs. 6a Satz 6 UStG seit Jahresanfang 2020 darauf an, dass er unter einer **St-Nr. oder USt-IdNr. des Abgangsmitgliedstaats** handelt. Für diese Regelungen **fehlt** eine ausdrückliche **unionsrechtliche Grundlage** (Rz. 380). 418

Danach ist bei einem Ausfuhrreihengeschäft mit drei Lieferungen zwischen den Unternehmern A-B-C-D und einer unmittelbaren Beförderung von A zu D aus dem Inland in das Drittlandsgebiet wie folgt zu unterscheiden: 419

1 Abschn. 3.14 Abs. 10 UStAE mit zahlreichen Detailregelungen.
2 Vgl. z.B. Abschn. 3.14 Abs. 14 UStAE.

420 **Fall 1 (Beförderung durch den ersten Lieferer):** A erbringt die steuerfreie Ausfuhrbeförderungslieferung. Alle weiteren Lieferungen werden nichtsteuerbar am Bestimmungsort im Drittlandsgebiet erbracht.

421 **Fall 2 (Beförderung durch den letzten Abnehmer):** C erbringt die steuerfreie Ausfuhrbeförderungslieferung. Die Steuerfreiheit für die Lieferung des C setzt nach § 6 Abs. 1 Satz 1 Nr. 2 UStG zusätzlich voraus, dass D im Ausland ansässig ist (§ 6 Rz. 56 ff.). Bei den Lieferungen durch A und B handelt es sich um steuerpflichtige Inlandslieferung am Abgangsort.[1]

422 **Fall 3 (Beförderung durch den ersten Zwischenhändler):** Hier ist wie folgt zu unterscheiden:

- **Unterfall 3.1:** Nach § 3 Abs. 6a Satz 4 UStG treten grundsätzlich dieselben Rechtsfolgen wie im Fall 1 ein. Die Steuerfreiheit setzt hier aber nach § 6 Abs. 1 Satz 1 Nr. 2 UStG zusätzlich voraus, dass B im Ausland ansässig ist.
- **Unterfall 3.2:** Anders ist es, wenn B gemäß § 3 Abs. 6a Satz 6 UStG mit einer deutschen Steuernummer oder USt-IdNr. handelt. Dann erbringt B die steuerfreie Ausfuhrbeförderungslieferung. Auf § 6 Abs. 1 Satz 1 Nr. 2 UStG kommt es für die Steuerfreiheit nach der hier vertretenen Auffassung dann nicht an, da B hier als Lieferer befördert. Bei der Lieferung durch A handelt es sich um eine steuerpflichtige Inlandslieferung am Abgangsort. C erbringt seine Lieferung nichtsteuerbar am Bestimmungsort.[2]

423 **Fall 4 (Beförderung durch den zweiten Zwischenhändler):** Auch hier ist zu unterscheiden:

- **Unterfall 4.1:** Nach § 3 Abs. 6a Satz 4 UStG treten dem Grunde nach grundsätzlich dieselben Rechtsfolgen wie im Fall 3.2 ein. Allerdings setzt die Steuerfreiheit hier wieder nach § 6 Abs. 1 Satz 1 Nr. 2 UStG eine Auslandsansässigkeit des C voraus, da er hier als Abnehmer befördert.[3]
- **Unterfall 4.2:** Handelt C gemäß § 3 Abs. 6a Satz 6 UStG mit einer deutschen Steuernummer oder USt-IdNr. kommt es zu denselben Rechtsfolgen wie im Fall 2. Auf § 6 Abs. 1 Satz 1 Nr. 2 UStG kommt es hier wiederum nicht an, da C als Lieferer befördert.[4]

424 Auch diese differenzierte Betrachtungsweise ermöglicht den am Reihengeschäft Beteiligten, weitgehend **sachgerechte Lösungen** zu finden, um **Registrierungspflichten** außerhalb ihres Ansässigkeitsstaats zu verhindern, verlangt aber eine entsprechende Beförderungsveranlassung.

b) Bewertung

425 Es ist zweifelhaft, ob die Beurteilung zum innergemeinschaftlichen Reihengeschäft ohne weiteres auf das Ausfuhrreihengeschäft zu übertragen ist. Bedenkt man die Parallele zu Art. 32 Abs. 2 MwStSystRL beim Einfuhrreihengeschäft (Rz. 390 ff.), erscheint es vielmehr sachgerecht, auch beim Ausfuhrreihengeschäft **alle Lieferungen als Beförderungslieferungen anzusehen**.

426 Daher ist nach der hier vertretenen Auffassung **bereits die erste Lieferung steuerfrei**. Für den Fall der Beförderung durch irgendeinen der Abnehmer kommt es für die Steuerfreiheit der ersten Lieferung zusätzlich darauf an, dass in dessen Person die Voraussetzungen nach § 6 Abs. 1 Satz 1 Nr. 2 UStG vorliegen (§ 6 Rz. 56 ff.).

c) Einzelfragen

aa) Ausfuhr über andere Mitgliedstaaten

427 Ob ein Ausfuhrreihengeschäft oder ein innergemeinschaftliches Reihengeschäft vorliegt, bestimmt sich nach dem Bestimmungort der Beförderung. Dabei kann zu einem Bestimmungsort im Drittlandsgebiet auch über das übrige Gemeinschaftsgebiet befördert werden. Maßgeblich ist, dass der **Bestimmungsort im Drittlandsgebiet** bei Beginn der Beförderung **feststeht**.

1 Abschn. 3.14 Abs. 14 Beispiel 3 UStAE.
2 Abschn. 3.14 Abs. 14 Beispiel 4 UStAE.
3 Abschn. 3.14 Abs. 14 Beispiel 1 UStAE.
4 Abschn. 3.14 Abs. 14 Beispiel 2 UStAE.

bb) Gebrochene Beförderung

Gebrochene Beförderung sind bei Ausfuhrreihengeschäft ebenso **wie beim innergemeinschaftlichen Reihengeschäft** zu behandeln (Rz. 409 ff.). 428

cc) Verwendung von Steuernummer oder USt-IdNr. bis zum Beförderungsbeginn

Auch hier entspricht die Beurteilung beim Ausfuhrreihengeschäft der beim innergemeinschaftlichen Reihengeschäft. 429

Nach der hier vertretenen Auffassung kommt § 3 Abs. 6a Satz 6 UStG keine Bedeutung zu, da ohnehin alle Lieferungen im Reihengeschäft Beförderungslieferungen sind (Rz. 396). 430

6. Einfuhrreihengeschäft

a) Gesetzliche Regelungen

Auf der Grundlage von § 3 Abs. 6a Sätze 1–4 und Satz 7 sowie Abs. 7 Satz 2 UStG gelten auch beim Einfuhrreihengeschäft grundsätzlich dieselben Regelungen wie beim innergemeinschaftlichen Reihengeschäft. Der einzige Unterschied betrifft die **Beförderung durch den Zwischenhändler**. Für eine Zuordnung zur Lieferung durch den Zwischenhändler kommt es hier gemäß § 3 Abs. 6a Satz 7 UStG darauf an, dass der Liefergegenstand im Namen des Zwischenhändlers oder im Rahmen der indirekten Stellvertretung nach Art. 18 UZK für seine Rechnung zum zoll- und steuerrechtlich freien Verkehr angemeldet wird. Für diese Regelungen **fehlt** eine ausdrückliche **unionsrechtliche Grundlage** (Rz. 380). 431

Die Sonderregelung für innergemeinschaftliche Reihengeschäfte nach **Art. 36a MwStSystRL** findet **keine Anwendung.** 432

b) Beurteilung auf der Grundlage der h.M.

Wird der Liefergegenstand bei einem Reihengeschäft mit drei Lieferungen zwischen den Unternehmern A-B-C-D aus der Schweiz in das Inland unmittelbar von A zu D befördert, kann jeder der Beteiligten durch Überführung zum freien Verkehr verzollen wie auch befördern (versenden). Auf der Grundlage der h.M. ist der Besteuerung Folgendes zugrunde zu legen. 433

- **Nur eine Beförderungslieferung**: Nach § 3 Abs. 6a Satz 1 UStG ist die Beförderung nur einer der Lieferungen zuzuordnen, wobei es sich gemäß § 3 Abs. 6 Satz 1 UStG um die Lieferung handelt, bei der der Lieferer oder der Abnehmer befördert. Die der Beförderungslieferung vorausgehenden Lieferungen werden nach § 3 Abs. 7 Satz 2 UStG am Abgangsort, die dieser Lieferung nachfolgenden Lieferungen werden am Bestimmungsort ausgeführt.
- **Nur eine Einfuhrbeförderungslieferung**: Der Ort der Lieferung verlagert sich nach § 3 Abs. 8 UStG in das Inland, wenn der Lieferer Schuldner der EUSt (Einführer) und seine Lieferung die Beförderungslieferung ist. Dies kann sich aus einer Beförderung durch den Lieferer (Einführer) oder durch seinen Abnehmer ergeben (Rz. 497). Auf andere Lieferungen als die Beförderungslieferung wendet die FinVerw. § 3 Abs. 8 UStG nicht an (Rz. 499).
- **Steuerfreiheit**: Bei ruhenden Lieferungen, die nach § 3 Abs. 7 Satz 2 Nr. 2 UStG als am Bestimmungsort ausgeführt gelten und die der Einfuhrlieferung i.S.d. § 3 Abs. 8 UStG vorausgehen, kann die Steuerfreiheit nach § 4 Nr. 4b UStG angewendet werden.
- **Beförderung durch Zwischenhändler**: Bei der Beförderung durch den Zwischenhändler ist gemäß § 3 Abs. 6a Satz 4 UStG grundsätzlich die Lieferung an den Zwischenhändler die Beförderungslieferung. Demgegenüber ist die Lieferung des Zwischenhändlers nach § 3 Abs. 6a Satz 7 UStG die Beförderungslieferung, wenn der Zwischenhändler Einführer ist.
- **Vorsteuerabzug aus EUSt**: Zu betrachten ist auch die Frage, wem der Vorsteuerabzug aus der EUSt zusteht (Rz. 190 ff.).

c) Beurteilung im Beispielfall auf der Grundlage der h.M.

434 Auf dieser Grundlage ist im Beispielfall (Rz. 433) wie folgt zu unterscheiden:

435 **Fall 1 (Zollanmeldung durch A)**

Vorbemerkung: Verzollt A, ist nur auf seine Lieferung § 3 Abs. 8 UStG anwendbar. Hierfür muss entweder A oder B Beförderer sein. Eine Steuerfreiheit nach § 4 Nr. 4b UStG kommt nicht in Betracht.

436 **Fall 1.1 (Beförderung durch A)**

A liefert nach § 3 Abs. 8 UStG im Inland, da er nach § 3 Abs. 6a Satz 2 UStG die Beförderungslieferung ausführt. Alle weiteren Lieferungen werden im Inland gemäß § 3 Abs. 7 Satz 2 Nr. 2 UStG ausgeführt. A ist als erster Lieferer im Inland zum Vorsteuerabzug aus der von ihm geschuldeten EUSt berechtigt (Rz. 326 f.).

437 **Fall 1.2 (Beförderung durch B)**

Die Beurteilung entspricht der im Fall 1.1. § 3 Abs. 8 UStG ist auch bei einer Beförderung durch den Abnehmer B anzuwenden (Rz. 497), wenn der Lieferer A verzollt. B ist eine Nachweisführung gemäß § 3 Abs. 6a Satz 7 UStG nicht möglich, da A die Zollanmeldung abgibt.

438 **Fall 1.3 (Beförderung durch C)**

A liefert nach § 3 Abs. 7 Satz 2 Nr. 1 UStG in der Schweiz, da die Beförderung seiner Lieferung nicht zugeordnet werden kann und die FinVerw. daher § 3 Abs. 8 UStG auf diese Lieferung nicht anwendet. B liefert nach § 3 Abs. 6 Satz 1 UStG gleichfalls in der Schweiz, da C eine abweichende Zuordnung gemäß § 3 Abs. 6a Satz 7 UStG aufgrund der Verzollung durch A nicht möglich ist. C liefert nach § 3 Abs. 7 Satz 2 Nr. 2 UStG im Inland. Als erstem Lieferer im Inland steht ihm der Vorsteuerabzug aus der EUSt zu (Rz. 329). Demgegenüber besteht kein Abzugsrecht für A, obwohl er Schuldner der EUSt ist.

439 **Fall 1.4 (Beförderung durch D)**

Alle Lieferungen erfolgen in der Schweiz. Die Lieferung des C ist die Beförderungslieferung nach § 3 Abs. 6a Satz 3 UStG. Alle anderen Lieferungen gelten nach § 3 Abs. 7 Satz 2 Nr. 1 UStG als in der Schweiz erbracht. Abzugsberechtigt aus der EUSt ist D als letzter Abnehmer (Rz. 326). Für A besteht demgegenüber kein Vorsteuerabzug aus der EUSt, obwohl er diese schuldet.

440 **Fall 2 (Zollanmeldung durch B)**

Vorbemerkung: Verzollt B, ist § 3 Abs. 8 UStG nur auf seine Lieferung anwendbar. Hierfür muss entweder B oder C Beförderer sein. Eine Steuerfreiheit nach § 4 Nr. 4b UStG kommt nicht in Betracht.

441 **Fall 2.1 (Beförderung durch A)**

A liefert nach § 3 Abs. 6 Satz 1 und § 3 Abs. 6a Satz 2 UStG in der Schweiz. § 3 Abs. 8 UStG ist auf seine Lieferung aufgrund der Verzollung durch den Abnehmer B nicht anzuwenden. Alle weiteren Lieferungen erfolgen nach § 3 Abs. 7 Satz 2 Nr. 2 UStG im Inland. B ist als erster Lieferer im Inland zum Vorsteuerabzug aus der von ihm geschuldeten EUSt berechtigt (Rz. 327).[1]

442 **Fall 2.2 (Beförderung durch B)**

A liefert nach § 3 Abs. 7 Satz 2 Nr. 1 UStG in der Schweiz. B liefert gemäß § 3 Abs. 8 UStG im Inland, da er als Zwischenhändler gemäß § 3 Abs. 6a Satz 7 UStG die Beförderungslieferung ausführt. C liefert nach § 3 Abs. 7 Satz 2 Nr. 2 UStG im Inland. B ist als erster Lieferer im Inland zum Vorsteuerabzug aus der von ihm geschuldeten EUSt berechtigt (Rz. 326 f.).[2]

443 **Fall 2.3 (Beförderung durch C)**

Die Beurteilung entspricht der im Fall 2.2, da C trotz seiner Beförderung diese nach § 3 Abs. 6a Satz 7 UStG nicht seiner Lieferung zuordnen kann.

444 **Fall 2.4 (Beförderung durch D)**

Alle Lieferungen erfolgen in der Schweiz. A und B liefern nach § 3 Abs. 7 Satz 2 Nr. 1 UStG in der Schweiz. Die Lieferung des C erfolgt nach § 3 Abs. 6a Satz 3 UStG gleichfalls in der Schweiz. § 3 Abs. 8

1 Abschn. 3.14 Abs. 16 Beispiel 2 UStAE zu einem Reihengeschäft mit drei Unternehmern.

2 Abschn. 3.14 Abs. 16 Beispiel 3 UStAE zu einem Reihengeschäft mit drei Unternehmern.

UStG ist auf die Lieferung des B nicht anzuwenden, da es sich bei dieser nicht um die Beförderungslieferung handelt. B ist nicht zum Vorsteuerabzug aus der von ihm geschuldeten EUSt berechtigt, so dass das Abzugsrecht D als letztem Abnehmer zusteht (Rz. 326).

Fall 3 (Zollanmeldung durch C) 445

Vorbemerkung: Verzollt C, ist nur auf seine Lieferung § 3 Abs. 8 UStG anwendbar. Hierfür müssen entweder C oder D Beförderer sein. Die Steuerfreiheit nach § 4 Nr. 4b UStG kann anzuwenden sein.

Fall 3.1 (Beförderung durch A) 446

A liefert nach § 3 Abs. 6 Satz 1 und § 3 Abs. 6a Satz 2 UStG in der Schweiz, alle weiteren Lieferungen erfolgen nach § 3 Abs. 7 Satz 2 Nr. 2 UStG im Inland. Dabei ist die Lieferung des B nach § 4 Nr. 4b UStG als eine der Einfuhr vorangehende Lieferung steuerfrei (§ 4 Nr. 4b Rz. 9). B wäre dann als erster Lieferer im Inland zum Vorsteuerabzug aus der EUSt berechtigt (Rz. 329), so dass kein Abzugsrecht aus der EUSt für C bestünde, obwohl er die EUSt schuldet. Ist demgegenüber die im Inland nach § 4 Nr. 4b UStG steuerfreie Lieferung für die Zuordnung des Abzugsrecht außer Betracht zu lassen (Rz. 331), kommt es zu dem sachgerechten Ergebnis, dass C zum Vorsteuerabzug aus der EUSt berechtigt ist.

Fall 3.2 (Beförderung durch B) 447

Die Beurteilung entspricht der im Fall 3.1, da B trotz einer Beförderung als Zwischenhändler diese nach § 3 Abs. 6a Satz 7 UStG nicht seiner Lieferung zuordnen kann.

Fall 3.3 (Beförderung durch C) 448

A und B liefern nach § 3 Abs. 7 Satz 2 Nr. 1 UStG in der Schweiz. C liefert nach § 3 Abs. 8 UStG im Inland, da er gemäß § 3 Abs. 6a Satz 7 UStG die Beförderungslieferung ausführt. C ist zum Vorsteuerabzug aus der von ihm geschuldeten EUSt berechtigt (Rz. 326).

Fall 3.4 (Beförderung durch D) 449

Die Beurteilung entspricht im Ergebnis der im Fall 3.3, allerdings ergibt sich die Beförderungslieferung des C jetzt aus § 3 Abs. 6a Satz 3 UStG, ohne dass es auf § 3 Abs. 6a Satz 7 UStG ankommt.

Fall 4 (Zollanmeldung durch D) 450

Vorbemerkung: Verzollt D, ist § 3 Abs. 8 UStG nicht anwendbar. Die Steuerfreiheit nach § 4 Nr. 4b UStG kommt in Betracht.

Fall 4.1 (Beförderung durch A) 451

A liefert nach § 3 Abs. 6 Satz 1 und nach § 3 Abs. 6a Satz 2 UStG in der Schweiz. Alle weiteren Lieferungen werden nach § 3 Abs. 7 Satz 2 Nr. 2 UStG im Inland erbracht. Dabei sind die Lieferungen von B und C nach § 4 Nr. 4b UStG als der Einfuhr vorangehende Lieferung steuerfrei. Somit stünde B als erstem Lieferer im Inland der Vorsteuerabzug aus der von D geschuldeten EUSt zu (Rz. 330). Ist demgegenüber die im Inland nach § 4 Nr. 4b UStG steuerfreie Lieferung für die Zuordnung des Abzugsrecht außer Betracht zu lassen (Rz. 331), kommt es zu dem sachgerechten Ergebnis, dass C zum Vorsteuerabzug aus der EUSt berechtigt ist.[1]

Fall 4.2 (Beförderung durch B) 452

Die Beurteilung entspricht der im Fall 4.1, da die Regelvermutung des § 3 Abs. 6a Satz 4 UStG eingreift. B kann trotz der Beförderung als Zwischenhändler diese gemäß § 3 Abs. 6a Satz 7 UStG nicht seiner Lieferung zuordnen, da er nicht die Zollanmeldung abgibt.

Fall 4.3 (Beförderung durch C) 453

B liefert nach § 3 Abs. 6 Satz 1 und § 3 Abs. 6a Satz 4 UStG in der Schweiz. In der Schweiz gilt auch die Lieferung durch A gemäß § 3 Abs. 7 Satz 2 Nr. 1 UStG als ausgeführt. C liefert nach § 3 Abs. 7 Satz 2 Nr. 2 UStG im Inland, da § 3 Abs. 6a Satz 7 UStG aufgrund der Verzollung durch D nicht anzuwenden ist. Auf die Lieferung durch C ist § 4 Nr. 4b UStG anzuwenden. Somit stünde C der Vorsteuerabzug aus der von D geschuldeten EUSt zu (Rz. 330). Ist demgegenüber die im Inland nach § 4 Nr. 4b UStG steuerfreie Lieferung für die Zuordnung des Abzugsrecht außer Betracht zu lassen

1 Abschn. 3.14 Abs. 16 Beispiel 1 UStAE zu einem Reihengeschäft mit drei Unternehmern.

(Rz. 331), kommt es zu dem sachgerechten Ergebnis, dass D zum Vorsteuerabzug aus der EUSt berechtigt ist.

454 **Fall 4.4 (Beförderung durch D)**

Alle Lieferungen erfolgen in der Schweiz. Für die Lieferungen durch A und B ergibt sich dies aus § 3 Abs. 7 Satz 2 Nr. 1 UStG, für die Lieferung durch C aus § 3 Abs. 6a Satz 3 UStG. Dementsprechend ist D aus der von ihm geschuldeten EUSt zum Vorsteuerabzug berechtigt (Rz. 326).

d) Matrix zur h.M.

455

	Lieferung A	Lieferung B	Lieferung C
Fall 1.1 (ZA: A, Bef: A)	**stpfl. im Inl. (Abs. 8)**[1]	**stpfl. im Inl. (Abs. 7 S. 2 Nr. 2)**	**stpfl. im Inl. (Abs. 7 S. 2 Nr. 2)**
Fall 1.2 (ZA: A, Bef: B)	**wie Fall 1.1**	**wie Fall 1.1**	**wie Fall 1.1**
Fall 1.3 (ZA: A, Bef: C)	CH (Abs. 7 S. 2 Nr. 1)	CH (Abs. 6 S. 1)	**stpfl. im Inl. (Abs. 7 S. 2 Nr. 2)**
Fall 1.4 (ZA: A, Bef: D)	CH (Abs. 7 S. 2 Nr. 1)	CH (Abs. 7 S. 2 Nr. 1)	CH (Abs. 6 S. 1)
Fall 2.1 (ZA: B, Bef: A)	CH (Abs. 6 S. 1)	**stpfl. im Inl. (Abs. 7 S. 1 Nr. 2)**	**stpfl. im Inl. (Abs. 7 S. 2 Nr. 2)**
Fall 2.2 (ZA: B, Bef: B)	CH (Ab. 7 S. 2 Nr. 1)	**stpfl. im Inl. (Abs. 8)**	**stpfl. im Inl. (Abs. 7 S. 2 Nr. 2)**
Fall 2.3 (ZA: B, Bef: C)	wie Fall 2.2	**wie Fall 2.2**	**wie Fall 2.2**
Fall 2.4 (ZA: B, Bef: D)	CH (Abs. 7 S. 2 Nr. 1)	CH (Abs. 7 S. 2 Nr. 1)	CH (Abs. 6 S. 1)
Fall 3.1 (ZA: C, Bef: A)	CH (Abs. 6 S. 1)	**stfrei im Inl. (Abs. 7 S. 2 Nr. 2)**	**stpfl. im Inl. (Abs. 7 S. 2 Nr. 2)**
Fall 3.2 (ZA: C, Bef: B)	wie Fall 3.1	**wie Fall 3.1**	**wie Fall 3.1**
Fall 3.3 (ZA: C, Bef: C)	CH (Abs. 7 S. 2 Nr. 1)	CH (Abs. 7 S. 2 Nr. 1)	**stpfl. im Inl. (Abs. 8)**
Fall 3.4 (ZA: C, Bef: D)	wie Fall 3.3	wie Fall 3.3	**wie Fall 3.3**
Fall 4.1 (ZA: D, Bef: A)	CH (Abs. 6 S. 1)	stfrei im Inl. (Abs. 7 S. 2 Nr. 2)	**stfrei im Inl. (Abs. 7 S. 2 Nr. 2)**
Fall 4.2 (ZA: D, Bef: B)	wie Fall 4.1	wie Fall 4.1	**wie Fall 4.1**
Fall 4.3 (ZA: D, Bef: C)	CH (Abs. 7 S. 2 Nr. 1)	CH (Abs. 6 S. 1)	**stfrei im Inl. (Abs. 7 S. 2 Nr. 2)**
Fall 4.4 (ZA: D, Bef: D)	CH (Abs. 7 S. 2 Nr. 1)	CH (Abs. 7 S. 2 Nr. 1)	CH (Abs. 6a S. 3)

e) Bewertung

456 Die Beurteilung auf der Grundlage der h.M. ist zwar in sich schlüssig, wirkt aber gleichwohl befremdlich. So ist es nicht nachvollziehbar und verstößt zudem gegen Art. 32 Abs. 2 MwStSystRL, dass der Einführer und sein Abnehmer in den Fällen 1.3, 1.4 und 2.4 ihre Lieferungen in der Schweiz und nicht im Inland ausführen. Gleiches gilt im Fall 2.4 für die Lieferung durch den Einführer. Es handelt sich dabei um die Fälle, bei denen die Beförderung nicht durch den Einführer oder seinen Abnehmer, sondern durch einen nachfolgenden Abnehmer im Reihengeschäft erfolgt. Maßgeblich ist hierfür die auf die Beförderungslieferung beschränkte Anwendung von § 3 Abs. 8 UStG. Zudem stellen sich zahlreiche Zweifelsfragen zur Zuordnung des Vorsteuerabzugs aus der EUSt (Rz. 324 ff.). Dabei kann eine Trennung von Schuldnerschaft der EUSt und Vorsteuerabzug aus dieser zwar in den Fällen als sachgerecht angesehen werden, in denen eine Lieferer verzollt, ohne dass seine Lieferung im Inland steuerbar

1 Im Fettdruck hervorgehoben sind die im Inland ausgeführten Lieferungen.

ist (Fälle 1.3, 1.4 und 2.4). Nicht nachvollziehbar wäre aber eine Versagung des Vorsteuerabzugs aus der EUSt für deren Schuldner, wenn er im Inland steuerpflichtig liefert (Fälle 3.1 und 3.2) oder Letztabnehmer ist (Fälle 4.1, 4.2 und 4.3).

f) Beurteilung nach Art. 32 Abs. 2 MwStSystRL

Sind entsprechend Art. 32 Abs. 2 MwStSystRL alle Lieferungen Beförderungslieferungen (Rz. 398), werden alle Lieferungen im Grundsatz nach Art. 32 Abs. 1 MwStSystRL **in der Schweiz ausgeführt**. Zu einer Verlagerung des Lieferorts kommt es nur aufgrund einer Verzollung (Abgabe der Zollanmeldung zum freien Verkehr) für die Lieferung des Importeurs (Einführers) und die dieser Lieferung nachfolgenden Lieferungen. 457

Handelt bereits A als Einführer, verlagert sich der Ort für alle Lieferungen in das Inland. Erfolgt die Einfuhr durch B, gilt dies nur für seine Lieferung und die des C. Ist C Einführer, bezieht sich die Lieferortverlagerung nur auf seine Lieferung. Eine Einfuhr durch D ist ohne Einfluss auf die Lieferortbestimmung. Der jeweilige Einführer ist zugleich zum Vorsteuerabzug aus der EUSt berechtigt. 458

7. Innergemeinschaftliches Einfuhrreihengeschäft

a) Beispielsfall

Weitere Probleme treten auf, wenn der Einfuhr aufgrund einer sog. **Unterwegsverzollung in einem Transitmitgliedstaat** eine innergemeinschaftliche Lieferung nachfolgt. So ist es z.B. dann, wenn ein Gegenstand zwischen den Unternehmern A-B-C-D aus der Schweiz nach einer Verzollung im Inland unmittelbar von A zu D nach Frankreich befördert wird. Dabei kann mit Ausnahme von D, für den eine Transitverzollung kaum in Betracht kommen dürfte[1], jeder der Beteiligten im Inland verzollen und damit Schuldner der EUSt sein. Ebenso kommt auch eine Beförderung durch jeden der Beteiligten in Betracht. Danach ist auf der Grundlage der h.M. (Rz. 433) wie folgt zu differenzieren. 459

b) Beurteilung auf der Grundlage der h.M.

Fall 1 (Zollanmeldung durch A) 460

Vorbemerkung: Verzollt A, ist nur auf seine Lieferung § 3 Abs. 8 UStG anwendbar. Hierfür muss entweder A oder B Beförderer sein.

Fall 1.1 (Beförderung durch A) 461

A erbringt seine eigentlich gemäß § 3 Abs. 6 Satz 1 und Abs. 6a Satz 2 UStG in der Schweiz ausgeführte Beförderungslieferung nach § 3 Abs. 8 UStG im Inland. Diese Lieferung ist als innergemeinschaftliche Lieferung – ebenso wie seine Einfuhr nach § 5 Abs. 1 Nr. 3 UStG – steuerfrei. Aufgrund der Steuerfreiheit der Einfuhr erübrigt sich die Frage nach einem Vorsteuerabzug aus der EUSt.

B hat den innergemeinschaftlichen Erwerb in Frankreich zu versteuern. B und C liefern gemäß § 3 Abs. 7 Satz 2 Nr. 2 UStG in Frankreich steuerpflichtig.

Fall 1.2 (Beförderung durch B) 462

Die Beurteilung entspricht nach § 3 Abs. 6a Satz 4 UStG der im Fall 1.1. § 3 Abs. 8 UStG ist auf die Lieferung durch A auch dann anzuwenden, wenn sein Abnehmer B befördert (Rz. 497).

Eine Nachweisführung nach § 3 Abs. 6a Satz 5 UStG ist nicht möglich, da die Beförderung in der Schweiz, nicht aber in einem Mitgliedstaat beginnt und die Vorschrift keine § 1a Abs. 1 Nr. 1 UStG entsprechende Einfuhrklausel enthält. Eine Nachweisführung nach § 3 Abs. 6a Satz 7 UStG kommt nicht in Betracht, da A, nicht aber Zwischenhändler B verzollt.

Fall 1.3 (Beförderung durch C) 463

B erbringt gemäß § 3 Abs. 6 Satz 1 und Abs. 6a Satz 4 UStG die Beförderungslieferung in der Schweiz. Eine Nachweisführung nach § 3 Abs. 6a Satz 5 oder Satz 7 UStG – mit der Folge einer Zuordnung der

---

1 Zu diesem Fall bei einem Reihengeschäft mit drei Unternehmern Abschn. 3.14 Abs. 15 Beispiel 2 UStAE.

Beförderung zur Lieferung durch C – ist wie im Fall 1.2 nicht möglich. Da § 3 Abs. 8 UStG nur für die Beförderungslieferung desjenigen gelten soll, der verzollt, ist diese Vorschrift auf die Lieferung durch B nicht anzuwenden.

A liefert somit nach § 3 Abs. 7 Satz 2 Nr. 1 UStG nichtsteuerbar in der Schweiz. Obwohl er verzollt, ist § 3 Abs. 8 UStG auch auf seine (ruhende) Lieferung nach Auffassung der FinVerw. nicht anzuwenden.

C hat in Frankreich den innergemeinschaftlichen Erwerb zu versteuern und führt gegenüber D eine in Frankreich steuerpflichtige Inlandslieferung aus.

Problemstellung: Damit stellt sich auf der Grundlage der h.M., die die Anwendung von § 3 Abs. 8 UStG auf Lieferungen nach § 3 Abs. 7 Satz 2 UStG ablehnt, die Frage, wie es trotz fehlenden Lieferorts im Inland zu einer innergemeinschaftlichen Lieferung aus dem Inland kommen kann. Denkbar wäre die Annahme eines innergemeinschaftlichen Verbringens (§ 3 Abs. 1a UStG), das steuerfrei sein kann (§ 6 Abs. 2 UStG) und das eine Steuerfreiheit der Einfuhr nach § 5 Abs. 1 Nr. 3 UStG begründen kann,[1] was aber eine Erwerbsbesteuerung durch den Verbringenden im Bestimmungsmitgliedstaat (vgl. § 1 Abs. 2 UStG zur Verbringung in das Inland) erfordert. Dies ist allerdings als fiktiv abzulehnen (Rz. 479). Daher ist mangels Inlandslieferung auch nicht § 5 Abs. 1 Nr. 3 UStG anwendbar, so dass die Einfuhr steuerpflichtig ist. Weiter ist zu entscheiden, wer in Bezug auf die EUSt abzugsberechtigt ist. Billigt man das Abzugsrecht demjenigen zu, der im Inland liefert (Rz. 328), besteht mangels derartiger Lieferung für keinen der Lieferer ein Abzugsrecht. Es ist danach jedenfalls für A als dem Schuldner der EUSt zu verneinen (Rz. 438). Ein Vorsteuerabzug kommt dann eigentlich nur für den Endabnehmer D in Betracht.

464 **Fall 1.4 (Beförderung durch D)**

C erbringt gemäß § 3 Abs. 6 Satz 1 und Abs. 7 Satz 3 UStG die Beförderungslieferung in der Schweiz. Auf diese ist wiederum § 3 Abs. 8 UStG nicht anzuwenden.

A und B liefern daher gemäß § 3 Abs. 7 Satz 2 Nr. 1 UStG nichtsteuerbar in der Schweiz.

D hat in Frankreich den innergemeinschaftlichen Erwerb zu versteuern.

Problem: Damit stellt sich wie im Fall 1.3 die Frage, woraus sich die dem Erwerb entsprechende innergemeinschaftliche Lieferung im Inland ergibt. Im Hinblick auf die Steuerpflicht der Einfuhr ist wiederum über die Zuordnung des Abzugsrechts zu entscheiden.

465 **Fall 2 (Zollanmeldung durch B)**

Vorbemerkung: Verzollt B, ist auf seine Lieferung nach der h.M. § 3 Abs. 8 UStG nur anzuwenden, wenn er oder sein Abnehmer C befördert.

466 **Fall 2.1 (Beförderung durch A)**

A erbringt nach § 3 Abs. 6 Satz 1 und Abs. 6a Satz 2 UStG die Beförderungslieferung in der Schweiz. § 3 Abs. 8 UStG ist auf diese Lieferung nicht anzuwenden, da A nicht Schuldner der Einfuhrumsatzsteuer ist.

B hat als Empfänger der Beförderungslieferung in Frankreich den innergemeinschaftlichen Erwerb zu versteuern. Die Lieferungen durch B und C erfolgen nach § 3 Abs. 7 Satz 2 Nr. 2 UStG in Frankreich.

Problemstellung: Im Hinblick auf die steuerpflichtige Einfuhr im Inland stellt sich wie in den Fällen 1.3 und 1.4 die Frage, wie der Gegenstand aus der inländischen in die französische Steuerhoheit überführt wird und wem der Vorsteuerabzug aus der EUSt zustehen könnte.

467 **Fall 2.2 (Beförderung durch B)**

Nach § 3 Abs. 6a Satz 7 UStG erbringt B die Beförderungslieferung, deren Ort sich nach § 3 Abs. 8 UStG im Inland befindet. Diese Lieferung ist als innergemeinschaftliche Lieferung nach § 6a UStG steuerfrei. Die Steuerfreiheit der Einfuhr durch B ergibt sich aus § 5 Abs. 1 Nr. 3 UStG. Die Frage nach einem Vorsteuerabzug aus der EUSt erübrigt sich.[2]

A liefert gemäß § 3 Abs. 7 Satz 2 Nr. 1 UStG nichtsteuerbar in der Schweiz.

1 *Hillek/Müller* in Rau/Dürrwächter, UStG, § 5 Rz. 283; *Weymüller* in Rüsken, Zollrecht, § 5 UStG Rz. 43 und *Wäger* in Reiß/Kraeusel/Langer, UStG, § 5 Rz. 48.

2 Abschn. 3.14 Abs. 15 Beispiel 1 UStAE für ein Reihengeschäft mit drei Unternehmern.

C hat in Frankreich den innergemeinschaftlichen Erwerb zu versteuern und erbringt gemäß § 3 Abs. 7 Satz 2 Nr. 2 UStG eine steuerpflichtige Inlandslieferung in Frankreich.

Fall 2.3 (Beförderung durch C) 468

Nach § 3 Abs. 6a Satz 4 UStG ist die Beförderung der Lieferung durch B zuzuordnen. Die Voraussetzungen für eine abweichende Zuordnung zur Beförderung durch C gemäß § 3 Abs. 6a Satz 7 UStG liegen nicht vor, da C nicht verzollt.

Damit entspricht die Beurteilung der im Fall 2.2.

Fall 2.4 (Beförderung durch D) 469

C erbringt nach § 3 Abs. 6 Satz 1 und Abs. 6a Satz 3 UStG die Beförderungslieferung in der Schweiz. § 3 Abs. 8 UStG ist auf die Lieferung des C nicht anzuwenden, da B verzollt.

A und B liefern danach nach § 3 Abs. 7 Satz 2 Nr. 1 UStG nichtsteuerbar in der Schweiz.

D hat in Frankreich den innergemeinschaftlichen Erwerb zu versteuern.

Problemstellung: Im Hinblick auf die steuerpflichtige Einfuhr im Inland stellt sich auch hier wie in den Fällen 1.3, 1.4 und 2.1 die Frage, wie der Liefergegenstand aus der inländischen in die französische Steuerhoheit überführt wird. Zudem besteht in den Fällen 1.3 und 1.4 die Frage, wer den Vorsteuerabzug aus der EUSt in Anspruch nehmen kann.

Fall 3 (Zollanmeldung durch C) 470

Vorbemerkung: Verzollt C, ist auf seine Lieferung nach der h.M. § 3 Abs. 8 UStG nur anzuwenden, wenn er oder sein Abnehmer D befördert.

Fall 3.1 (Beförderung durch A) 471

A liefert nach § 3 Abs. 6 Satz 1 und Abs. 6a Satz 2 UStG in der Schweiz. Die Verzollung durch C führt somit nicht zur Anwendung von § 3 Abs. 8 UStG.

Alle weiteren Lieferungen erfolgen nach § 3 Abs. 7 Satz 2 Nr. 2 UStG in Frankreich.

B hat den innergemeinschaftlichen Erwerb in Frankreich zu versteuern.

Problemstellung: Fraglich ist damit auch hier wie in den Fällen 1.3, 1.4, 2.1 und 2.4, wie der Liefergegenstand aus der inländischen in die französische Steuerhoheit überführt wird. Wie in den Fällen 1.3, 1.4 und 2.4 ist zudem fraglich, wem das Abzugsrecht in Bezug auf die EUSt zusteht.

Fall 3.2 (Beförderung durch B) 472

Die Beurteilung entspricht nach § 3 Abs. 6a Satz 4 UStG der im Fall 3.1, da die Beförderung durch B als Zwischenhändler gemäß § 3 Abs. 6a Satz 4 UStG der an ihn ausgeführten Lieferung zuzuordnen ist. Eine Zuordnung zu seiner Lieferung nach § 3 Abs. 6a Satz 7 UStG kommt nicht in Betracht, da B nicht verzollt.

Fall 3.3 (Beförderung durch C) 473

C führt gemäß § 3 Abs. 6a Satz 7 UStG aufgrund der Verzollung durch ihn die Beförderungslieferung aus und liefert nach § 3 Abs. 8 UStG im Inland. Seine Lieferung ist als innergemeinschaftliche Lieferung – ebenso wie seine Einfuhr nach § 5 Abs. 1 Nr. 3 UStG – steuerfrei. Die Frage nach dem Vorsteuerabzug aus der EUSt erübrigt sich.

A und B liefern somit nach § 3 Abs. 7 Satz 2 Nr. 1 UStG nicht steuerbar in der Schweiz.

D hat in Frankreich den innergemeinschaftlichen Erwerb zu versteuern.

Fall 3.4 (Beförderung durch D) 474

Die Beurteilung entspricht der im Fall 3.3, wobei sich die Beförderungslieferung des C jetzt aus § 3 Abs. 6a Satz 3 UStG ergibt.

c) Matrix zur h.M.

475

	A	B	C	D
Fall 1.1 (ZA: A, Bef: A)	**Stfreie ig. Lieferung im Inland (Abs. 8)**[1]	**ig. Erwerb** u. Lieferung in F (Abs. 7 Satz 2 Nr. 2)	Stpfl. Lieferung in F (Abs. 7 S. 2 Nr. 2)	–
Fall 1.2 (ZA: A, Bef: B)	wie Fall 1.1	wie Fall 1.1	wie Fall 1.1	–
Fall 1.3 (ZA: A, Bef: C)	CH (Abs. 7 S. 2 Nr. 1)	**CH (Abs. 6 S. 1)**	**ig. Erwerb** u. stpfl. Lieferung in F (Abs. 7 S. 2 Nr. 2)	–
Fall 1.4 (ZA: A, Bef: D)	CH (Abs. 7 S. 2 Nr. 1)	CH (Abs. 7 S. 2 Nr. 1)	**CH (Abs. 6 S. 1)**	**ig. Erwerb**
Fall 2.1 (ZA: B, Bef: A)	**CH (Abs. 6 S. 1)**	**ig. Erwerb** u. stpfl. Lieferung in F (Abs. 7 S. 2 Nr. 2)	stpfl. Lieferung in F (Abs. 7 S. 2 Nr. 2)	–
Fall 2.2 (ZA: B, Bef: B)	CH (Abs. 7 S. 2 Nr. 1)	**Stfreie ig. Lieferung im Inland (Abs. 8)**	**ig. Erwerb** u. stpfl. Lieferung in F (Abs. 7 S. 2 Nr. 2)	–
Fall 2.3 (ZA: B, Bef: C)	wie Fall 2.2	wie Fall 2.2	wie Fall 2.2	–
Fall 2.4 (ZA: B, Bef: D)	CH (Abs. 7 S. 2 Nr. 1)	CH (Abs. 7 S. 2 Nr. 1)	**CH (Abs. 6 S. 1)**	**ig. Erwerb**
Fall 3.1 (ZA: C, Bef: A)	**CH (Abs. 6 S. 1)**	**ig. Erwerb** u stpfl Lieferung in F (Abs. 7 S. 2 Nr. 2)	stpfl. Lieferung in F (Abs. 7 S. 2 Nr. 2)	–
Fall 3.2 (ZA: C, Bef: B)	wie Fall 3.1	wie Fall 3.1	wie Fall 3.1	–
Fall 3.3 (ZA: C, Bef: C)	CH (Abs. 7 S. 2 Nr. 1)	CH (Abs. 7 S. 2 Nr. 1)	**Stfreie ig. Lieferung im Inland (Abs. 8)**	**ig. Erwerb**
Fall 3.4 (ZA: C, Bef: D)	wie Fall 3.3	wie Fall 3.3	wie Fall 3.3	wie Fall 3.3

d) Bewertung

aa) Nachvollziehbare Rechtsfolgen bei Verzollung durch den Lieferer der Beförderungslieferung

476 Betrachtet man die sich auf der Grundlage der h.M. ergebenden Rechtsfolgen, zeigt sich, dass diese immer dann **sachlich nachvollziehbar** sind, wenn der Unternehmer verzollt, der die Beförderungslieferung ausführt (Fälle 1.1, 1.2, 2.2, 2.3, 3.3 und 3.4). Dies sind die für die **Praxis zweifelslos wichtigsten Fallgruppen** des innergemeinschaftlichen Einfuhrreihengeschäfts.

bb) Fehlen einer innergemeinschaftlichen Lieferung für den innergemeinschaftlichen Erwerb

477 Problematisch sind demgegenüber die Fälle, bei denen auf der Grundlage der h.M. die Anwendung von § 3 Abs. 8 UStG auf andere Lieferungen als die Beförderungslieferung verneint wird. Hier stellt sich die Frage, wie der eingeführte Gegenstand bei einer Verzollung im Inland aus der inländischen Steuerhoheit in die des Bestimmungsmitgliedstaats überführt wird.[2] Handelt es sich aufgrund der Einfuhrverzollung um eine **Gemeinschaftsware**, muss es im Bestimmungsland zu einem innergemeinschaftlichen Erwerb kommen. Diesem hat dann aber eine innergemeinschaftliche Lieferung aus dem

1 Im Fettdruck hervorgehoben sind die jeweilige Beförderungslieferung und der Tatbestand für innergemeinschaftliche Lieferung und innergemeinschaftlichen Erwerb.

2 „Verlagerung der Steuereinnahmen auf den Mitgliedstaat, in dem der Endverbrauch der gelieferten Gegenstände erfolgt", vgl. EuGH, Urt. v. 6.4.2006 – C-245/04, ECLI:EU:C:2006:232 – EMAG Handel Eder, UR 2006, 342, Rz. 31.

Mitgliedstaat der Einfuhr gegenüberzustehen, was einen Lieferort im Einfuhrmitgliedstaat erfordert. Hieran fehlt es zum einen dann, wenn die Verzollung durch einen Lieferer erfolgt, dessen Lieferung der von der h.M. angenommenen Beförderungslieferung vorausgeht (Fälle 1.3, 1.4 und 2.4) oder nachfolgt (Fälle 2.1, 3.1 und 3.2).

Die Sichtweise der FinVerw. hierzu ist unklar. Sie beschäftigt sich in diesem Zusammenhang mit der wenig praxisrelevanten Fallgestaltung (Rz. 459), dass bei einem innergemeinschaftlichen Einfuhrreihengeschäft der Letztabnehmer nicht nur befördert, sondern auch noch im Transitmitgliedstaat verzollt. Es soll dann ein **innergemeinschaftliches Verbringen durch den Letztabnehmer** vorliegen.[1] Dies kann insoweit als nachvollziehbar angesehen werden, als der Gegenstand aus der Besteuerungshoheit des Transit- in die des Bestimmungsmitgliedstaats zu überführen ist und das innergemeinschaftliche Verbringen hier der letzten (entgeltlichen) Lieferung nachfolgt. Demgegenüber erscheint es fraglich, weshalb hier eine steuerpflichtige Einfuhr vorliegen soll, obwohl im Hinblick auf das innergemeinschaftliche Verbringen eine Steuerfreiheit der Einfuhr nach § 5 Abs. 1 Nr. 3 UStG in Betracht kommt.[2] 478

Hieraus folgt aber kein innergemeinschaftliches Verbringen für die vorstehenden Fallkonstellationen (Rz. 477), bei denen ein Lieferer verzollt.[3] Denn die Annahme eines **innergemeinschaftliches Verbringens durch einen Lieferer** mutet als zusätzlicher Besteuerungstatbestand neben der von ihm gegen Entgelt ausgeführten Lieferung völlig fiktiv an und legt letztlich nur die verfehlte Dogmatik der h.M. offen. 479

e) Beurteilung nach Art. 32 Abs. 2 MwStSystRL

aa) Ausgangsüberlegungen

Nach der hier vertretenen Auffassung folgt aus Art. 32 Abs. 2 MwStSystRL zum einen, dass **alle** in einem Reihengeschäft ausgeführten **Lieferungen Beförderungslieferungen** sind (Rz. 392) und zum anderen, dass die Lieferungen des Einführers und die nachfolgenden Lieferungen als im Mitgliedstaat der Einfuhr erbracht gelten. 480

Hieraus ergibt sich keine unmittelbare Regelung für den Fall, dass sich an die Einfuhr in einem Mitgliedstaat eine innergemeinschaftliche Lieferung in einen anderen Mitgliedstaat anschließt. Berücksichtigt man, dass der innergemeinschaftliche Erwerb den Einfuhrtatbestand für den unternehmerischen Warenhandel zwischen den Mitgliedstaaten ersetzt hat, liegt aus Sicht des Art. 32 Abs. 2 MwStSystRL eine **Einfuhr nach der Einfuhr** vor. Die Rechtsfolgenanordnung dieser Bestimmung, die in der Verlegung des Lieferorts besteht, kann dann zweimal anzuwenden sein. Die Lieferungen, die im Anschluss an den innergemeinschaftlichen Erwerb ausgeführt werden, sind dann als im Mitgliedstaat des innergemeinschaftlichen Erwerbs erbracht anzusehen. 481

Damit können die an einem innergemeinschaftlichen Einfuhrreihengeschäft Beteiligten **zwei dispositive Entscheidungen** treffen, zum einen über die Zuordnung der Einfuhr und zum anderen über die Zuordnung des Erwerbstatbestandes. 482

bb) Beurteilung im Beispielsfall

Fall 1 (Verzollung durch A) 483

Geht man mit der hier vertretenen Auffassung davon aus, dass beim Einfuhrreihengeschäft ausschließlich Beförderungslieferungen vorliegen (Rz. 480), verlagert sich bei einer **Verzollung** durch A (Beispielsfall aus Rz. 459) im Inland der **Ort seiner Lieferung** nach Art. 32 Abs. 2 MwStSystRL in das **Inland**, ohne dass es darauf ankommt, welcher der Lieferer befördert.

Alles Weitere entscheidet sich danach, welche Regelungen die Beteiligten zur Bestimmung des innergemeinschaftlichen Umsatzes treffen. 484

1 Abschn. 3.14 Abs. 15 Beispiel 2 UStAE.
2 Zutreffend *Nieskens*, UR 2023, 465 (472).
3 Wie hier auch *Nieskens*, UR 2023, 465 (472).

- ***Innergemeinschaftlicher Erwerb durch den ersten Zwischenhändler***: Entscheiden sich die Parteien dafür, dass B den innergemeinschaftlichen Erwerb versteuern soll, ist die im Inland erbrachte Lieferung des A ebenso wie seine Einfuhr nach § 5 Abs. 1 Nr. 3 UStG steuerfrei. Der innergemeinschaftliche Erwerber B erbringt ebenso wie auch C seine Lieferung in entsprechender Anwendung von Art. 32 Abs. 2 MwStSystRL im Bestimmungsmitgliedstaat Frankreich, da der innergemeinschaftliche Erwerb für den Bereich des Warenhandels zwischen Unternehmern an die Stelle des Einfuhrtatbestands tritt und daher wie eine zweite Einfuhr wirkt, so dass es sich um zwei diesem Tatbestand nachfolgende Lieferungen handelt.
- ***Innergemeinschaftlicher Erwerb durch den zweiten Zwischenhändler***: Soll C den innergemeinschaftlichen Erwerb versteuern, ist die Lieferung des A wie auch seine Einfuhr im Inland steuerpflichtig. A ist zum Vorsteuerabzug aus der EUSt berechtigt. B führt dann seine nach Art. 32 Abs. 2 MwStSystRL der Lieferung des Einführers nachfolgende Lieferung gleichfalls im Inland, aber als innergemeinschaftliche Lieferung steuerfrei aus. C erbringt seine Lieferung an D wiederum entsprechend Art. 32 Abs. 2 MwStSystRL in Frankreich.
- ***Innergemeinschaftlicher Erwerb durch den letzten Abnehmer***: Treffen die Beteiligten keine Bestimmung zur Zuordnung des innergemeinschaftlichen Umsatzes, ist dieser bei der letzten Lieferung zu erfassen (Rz. 398). A und B liefern dann steuerpflichtig im Inland, während die Lieferung des C als innergemeinschaftliche Lieferung im Inland steuerfrei ist. A ist zum Vorsteuerabzug aus der EUSt berechtigt.

485 **Fall 2 (Verzollung durch B)**

A erbringt seine Lieferung gemäß Art. 32 Abs. 1 MwStSystRL in der Schweiz. Erst für die Lieferung durch B kommt es nach Art. 32 Abs. 2 MwStSystRL zur **Ortsverlagerung** in das Inland. Dabei kommt es nicht darauf an, welcher der Lieferer die Beförderung übernimmt.

486 Die Beteiligten können wiederum entscheiden, wer den innergemeinschaftlichen Erwerb versteuern soll.

- ***Innergemeinschaftlicher Erwerb durch den zweiten Zwischenhändler***: Übernimmt C den innergemeinschaftlichen Erwerb in Frankreich, ist die von B im Inland erbrachte Lieferung ebenso wie seine Einfuhr steuerfrei. C liefert dann in entsprechender Anwendung von Art. 32 Abs. 2 MwStSystRL in Frankreich.
- ***Innergemeinschaftlicher Erwerb durch den letzten Abnehmer***: Treffen die Beteiligten keine Bestimmung, hat der letzte Abnehmer D den innergemeinschaftlichen Erwerb in Frankreich zu versteuern. Die Lieferung durch B ist dann ebenso wie seine Einfuhr im Inland steuerpflichtig. C erbringt im Inland die steuerfreie innergemeinschaftliche Lieferung an D. B ist zum Vorsteuerabzug aus der EUSt berechtigt.

487 **Fall 3 (Verzollung durch C)**

Die Lieferungen durch A und B werden nach Art. 32 Abs. 1 MwStSystRL in der Schweiz ausgeführt, die Lieferung durch C gemäß Art. 32 Abs. 2 MwStSystRL im Inland. Die Lieferung durch C erfolgt gemäß Art. 32 Abs. 2 MwStSystRL im Inland, wobei diese Lieferung – wie auch die Einfuhr – im Hinblick auf den innergemeinschaftlichen Erwerb durch D steuerfrei ist.

V. Einfuhrlieferungen (Absatz 8)

1. Grundaussagen

a) Regelungsgegenstand und Bedeutung

488 § 3 Abs. 8 UStG regelt den Lieferort, wenn der Liefergegenstand bei der Beförderung oder Versendung (Beförderung) **aus dem Drittlandsgebiet in das Inland**, gelangt. Nach § 3 Abs. 6 Satz 1 UStG befindet sich der Lieferort dann am Ort des Beförderungsbeginns im Drittlandsgebiet. Hieran ändert sich durch § 3 Abs. 8 UStG nur dann etwas, wenn der Lieferer oder sein Beauftragter **Schuldner der Einfuhrumsatzsteuer** (EUSt) ist. Unter dieser Zusatzbedingung verlagert sich der Lieferort in das Inland.

Die Vorschrift dient der **Vermeidung von Steuerausfällen**, die dann entstehen könnten, wenn die Einfuhrumsatzsteuer auf der Grundlage eines Einkaufsgeschäfts des Lieferers anfällt, ohne dass die von ihm zu einem höheren Entgelt ausgeführte Lieferung im Inland der Besteuerung unterliegt. 489

b) Unionsrechtliche Grundlagen

§ 3 Abs. 8 UStG beruht auf **Art. 32 Abs. 2 MwStSystRL.** Auch diese Bestimmung setzt voraus, dass der Ort, von dem aus der Gegenstand versandt oder befördert wird, in einem Drittgebiet oder in einem Drittland liegt. 490

Im Gegensatz zum nationalen Recht erfasst die Verlagerung des Lieferorts die Lieferung durch den zum Steuerschuldner bei der Einfuhr bestimmten **Importeur** wie auch **etwaige anschließende Lieferungen** (Rz. 391). Die Ortsverlagerung führt zu einer Lieferung im Mitgliedstaat der Einfuhr. 491

c) Verhältnis zu anderen Vorschriften und Rechtsentwicklung

§ 3 Abs. 8 UStG enthält eine **Sonderregelung zu § 3 Abs. 6 UStG**, so dass sich der Ort der Lieferung nicht mehr am Ort des Beginns der Beförderung befindet. 492

§ 3 Abs. 8 wurde durch das UStG 1980 geschaffen. Die Vorschrift erfasste das Gelangen vom Außengebiet in das Erhebungsgebiet bei der Beförderung (Versendung) an den Abnehmer ab und setzt voraus, dass der Lieferer oder sein Beauftragter Schuldner der Einfuhrumsatzsteuer war. Die Vorschrift galt zudem für das Gelangen vom Erhebungsgebiet in einen anderen Mitgliedstaat. Der Ort verlagerte sich für die Lieferung durch den Schuldner der Einfuhrumsatzsteuer in das Einfuhrland. Beim Reihengeschäft galt dies auch dann, wenn ein vorangegangener Lieferer Schuldner der Einfuhrumsatzsteuer war. Zu beachten war der Zusammenhang mit dem damaligen § 3 Abs. 7 UStG, bei dem nur die Beförderung (Versendung) durch den Lieferer zu einer Beförderungslieferung führte, während der Abholfall als sog. ruhende Lieferung angesehen wurde. 493

Mit Schaffung des Binnenmarkts zum 1.1.1993 bezog sich die Vorschrift auf das Gelangen bei der Beförderung an den Abnehmer aus dem Drittlandsgebiet in das Gebiet eines Mitgliedstaats. 494

§ 3 Abs. 8 UStG besteht in seiner heutigen Fassung seit 1.1.1997. Zeitgleich wurde in § 3 Abs. 6 UStG die Beförderung durch den Abnehmer der Beförderung durch den Lieferer gleichgestellt. 495

2. Einzelerläuterungen

a) Gelangen aus dem Drittlandsgebiet in das Inland bei der Beförderung

Für die Begriffe Drittlandsgebiet und Inland gilt die **Definition** in § 1 Abs. 2 und 2a UStG (§ 1 Rz. 297 ff.). Dem Gelangen kommt gegenüber der Beförderung (Versendung) keine eigenständige Bedeutung zu und verdeutlicht lediglich, dass die Beförderung zu einem Gelangen in das Inland führen muss. 496

Im Hinblick auf die seit 1.1.1997 auch im nationalen Recht bestehende Gleichstellung der Beförderung durch den Lieferer und durch den Abnehmer kommt es für die Anwendung von § 3 Abs. 8 UStG nicht darauf an, ob der **Lieferer** oder der **Abnehmer befördert**.[1] 497

b) Einfuhrumsatzsteuer

Der Lieferer oder sein Beauftragter muss Schuldner der Einfuhrumsatzsteuer sein, damit es zur Ortsverlagerung nach § 3 Abs. 8 UStG kommt. Dies bestimmt sich über § 21 Abs. 2 UStG nach den **Zollvorschriften** (§ 21 Rz. 1 ff.). Schuldner der Einfuhrumsatzsteuer ist danach regelmäßig der Zollanmel- 498

1 Vgl. z.B. Abschn. 3.13 Abs. 2 Satz 2 UStAE; *Nieskens* in Rau/Dürrwächter, § 3 UStG Rz. 3660 (Stand: Januar 2021).

der. Der BFH geht davon aus, dass es einen Schuldner der Einfuhrumsatzsteuer auch bei einer steuerfreien Einfuhr gibt.[1]

c) Rechtsfolge

499 Aufgrund der im nationalen Recht vorgegebenen Trennung zwischen der einen Beförderungslieferung und den anderen ruhenden Lieferungen (Rz. 377), ist § 3 Abs. 8 UStG **nur** auf die **Beförderungslieferung** anzuwenden.[2] Dies erscheint im Hinblick auf **Art. 32 Abs. 2 MwStSystRL** unzutreffend (Rz. 391). Danach erfasst die Lieferortverlagerung neben der Lieferung durch den Importeur (Schuldner der Einfuhrumsatzsteuer) auch etwaig anschließende Lieferungen und damit auch die im Reihengeschäft der Beförderungslieferung nachfolgenden Lieferungen. Damit entfallen vielfältige Zweifelsfragen bei der Ortsbestimmung im Einfuhrreihengeschäft und beim innergemeinschaftlichen Einfuhrreihengeschäft (Rz. 431 ff.).

I. Sonstige Leistungen (Absatz 9)

I. Grundaussagen

1. Regelungsgegenstand und Bedeutung

500 Sonstige Leistungen sind gemäß § 3 Abs. 9 Satz 1 UStG Leistungen, die **keine Lieferungen** sind. Sie können nach Satz 2 dieser Vorschrift auch in einem Unterlassen oder im Dulden einer Handlung oder eines Zustands bestehen.

2. Unionsrechtliche Grundlagen

501 Die Vorschrift beruht auf **Art. 24 Abs. 1 und Art. 25 Buchst. b MwStSystRL**. Art. 24 Abs. 2 und Art. 25 Buchst. a MwStSystRL hat das nationale Recht nicht umgesetzt. Eine Regelung zu Art. 25 Buchst. c MwStSystRL ergibt sich aus § 1 Abs. 1 Nr. 1 Satz 2 UStG (§ 1 Rz. 214 f.).

3. Verhältnis zu anderen Vorschriften und Rechtsentwicklung

502 § 3 Abs. 9 UStG grenzt negativ die sonstige Leistung von der Lieferung i.S.d. § 3 Abs. 1 UStG ab. Dies dient insbesondere zur **Leistungsortbestimmung**, die sich bei Lieferungen nach § 3 Abs. 5a UStG und bei sonstigen Leistung nach **§§ 3a, 3b und 3e UStG** richtet.

503 Die Regelung bestand bereits im UStG 1967 als § 3 Abs. 8 UStG. Frühere Regelungen zur Restaurationsdienstleistung und zu Verwertungsgesellschaften bestehen nicht mehr.[3] Fragen aus diesem Bereich beschäftigen aber den EuGH immer wieder.[4] Bei Leistungen in diesem Bereich ist § 12 Abs. 2 Nr. 7 Buchst. c UStG zu beachten (§ 12 Abs. 2 Nr. 7 Rz. 177 ff.).

II. Sonstige Leistungen ohne Gegenstandsübertragung

1. Allgemeines

504 Aufgrund der Negativabgrenzung der sonstigen Leistung als Nichtlieferung stellt sich bei Leistungen ohne Gegenstandsübertragung vorrangig die Frage, ob überhaupt eine Leistung im Sinne eines **be-**

1 BFH, Urt. v. 21.3.2007 – V R 32/05, BStBl. II 2008, 153 = UR 2007, 768; BFH, Urt. v. 29.1.2015 – V R 5/14, BStBl. II 2015, 567 = UR 2015, 466.
2 Vgl. Abschn. 3.13 Abs. 2 Satz 3 UStAE.
3 S. hierzu *Nieskens* in Rau/Dürrwächter, § 3 UStG Rz. 3895 ff. (Stand März 2021).
4 So soll der EuGH in der Rechtssache C-179/23, *Credidam* entscheiden, ob die Tätigkeit der Einziehung, Verteilung und Auszahlung von Vergütungen durch Organisationen für die kollektive Rechtewahrnehmung, für die diese eine Bearbeitungsgebühr erhalten, gegenüber den Inhabern von Urheberrechten oder verwandten Schutzrechten eine Dienstleistung i.S.v. Art. 24 Abs. 1 und Art. 25 Buchst. c MwStSystRL darstellt.

steuerungswürdigen Verbrauchs vorliegt, die in einem die Steuerbarkeit nach § 1 Abs. 1 Nr. 1 UStG begründenden Zusammenhang steht (§ 1 Rz. 61).

2. Bejahung der sonstigen Leistungen

Der BFH neigt in seiner Rechtsprechung dazu, an den Leistungstatbestand sehr **geringe Anforderungen** zu stellen. Er stellt zwar formal in Abrede, von einer Zahlung auf eine Leistung zu schließen, was unzulässig wäre, orientiert sich aber letztlich bisweilen doch an der Annahme, dass im Geschäftsleben nichts verschenkt wird. 505

So geht der BFH z.B. davon aus, dass ein Insolvenzverwalter, der ein mit einem Grundpfandrecht belastetes Grundstück **freihändig** aufgrund einer mit dem Grundpfandgläubiger getroffenen Vereinbarung **veräußert**, nicht nur ein Grundstück an den Erwerber liefert, sondern daneben auch noch eine entgeltliche Geschäftsbesorgungsleistung an den Grundpfandgläubiger erbringt, wenn er den Verwertungserlös als einen sog. Massekostenbeitrag zugunsten der Masse einbehalten darf. Die steuerbare Leistung sieht der BFH dabei darin, dass der Insolvenzverwalter mit der freihändigen Veräußerung dem Gläubiger die Möglichkeit verschafft, eine weitergehende Tilgung seiner Forderung als bei einer Zwangsversteigerung zu erlangen, wodurch der Gläubiger einen Vorteil erhält, den er ohne die Leistung des Insolvenzverwalters nicht erreichen kann, da er aufgrund seines Pfandrechts nicht selbst zur Veräußerung des mit dem Grundpfandrecht belasteten Grundstücks berechtigt ist.[1] 505.1

Ebenso sieht der BFH im Verzicht auf weitere Vertragsdurchführung gegen Zahlung einer Abfindung einen steuerbaren und in der Regel **steuerpflichtigen Verzicht**.[2] Dabei wird nicht zwischen einem Verzicht durch den Sachleistungsgläubiger (z.B. den Empfänger von Beratungsleistungen oder Mieter) oder durch den Sachleistungsschuldner (z.B. Berater oder Vermieter) unterschieden. 505.2

Für den Fall des **Verzichts durch den Sachleistungsgläubiger** kann in der Befreiung des Leistenden von seiner Leistungsverpflichtung die Einräumung eines Verbrauchsvorgangs gesehen werden. Entgegen der vorstehenden Rechtsprechung erscheint es aber wenig überzeugend, im Verzicht des Sachleistungsschuldners (Leistenden) auf die weitere Leistungserbringung einen besteuerungswürdigen Verbrauch zu erblicken, da der bestehende Anspruch auf Geldleistung aufgrund der Leistungserbringung durch einen neuen Anspruch auf Geldleistung, der ohne Leistungserbringung entsteht, ausgetauscht wird. 505.3

Für seine Rechtsprechung kann sich der BFH immerhin auf die Bejahung der Steuerbarkeit bei der **vorzeitigen Beendigung von Mietverhältnissen** durch den EuGH berufen.[3] Dementsprechend liegt eine Verzichtsleistung auch vor, wenn ein Vermieter bei vorzeitiger Auflösung eines langfristigen Mietvertrags im Interesse des Mieters auf seine ihm **zustehende vertragliche Rechtsposition gegen Zahlung einer Abfindung verzichtet**.[4] 505.4

In der Bereitstellung von Kureinrichtungen sieht der EuGH eine Dienstleistung, die aber nicht durch eine Kurtaxe im Sinne eines Entgelts vergütet wird, so dass es deshalb an einem steuerbaren Umsatz fehlt (§ 2b Rz. 16).[5] 505.5

---

1 BFH, Urt. v. 28.7.2011 – V R 28/09, BStBl. II 2014, 406 = UR 2011, 855.

2 BFH, Urt. v. 6.5.2004 – V R 40/02, BStBl. II 2004, 854 = UR 2004, 470, zum Verzicht auf die Ausübung des Amtes als Testamentsvollstrecker; BFH, Urt. v. 7.7.2005 – V R 34/03, BStBl. II 2007, 66 = UR 2005, 663 m. Anm. *Hummel*, zum Verzicht auf die Erbringung vereinbarter Beratungsleistungen durch eine Anwaltssozietät; BFH, Urt. v. 16.1.2014 – V R 22/13, BFH/NV 2014, 736, zum Verzicht auf die Erbringung von IT-Dienstleistungen im Rahmen eines Vergleichs.

3 EuGH, Urt. v. 15.12.1993 – C-63/92, ECLI:EU:C:1993:929 – Lubbock Fine/Commissioners of customs and excise, UR 1994, 225.

4 BFH, Beschl. v. 22.5.2019 – XI R 20/17, BFH/NV 2019, 1256 = UR 2019, 764.

5 EuGH, Urt. v. 13.7.2023 – C-344/22, ECLI:EU:C:2023:580 – Gemeinde A, UR 2023, 648 m. Anm. *Küffner*, Rz. 30 und 40. Siehe nunmehr die Nachfolgeentscheidung BFH, Urt. v. 18.10.2023 – XI R 21/23 (XI R 30/19), UR 2024, 306. Vgl. zudem zu kommunalen Kureinrichtungen nunmehr auch BFH, Urt. v. 6.12.2023 – XI R 33/21, UR 2024, 296 m. Anm. *Küffner* und m. Anm. *Sterzinger*. S. zu beiden Urteilen § 12 Abs. 2 Nr. 9 Rz. 26 ff.

3. Verneinung sonstiger Leistungen

506 Der BFH tritt einer von der FinVerw. angenommenen steuerbaren Leistungserbringung eher selten entgegen.

506.1 Hierzu gehört die Verneinung der sonstigen Leistung, wenn der Leasinggeber eine **über den vertragsgemäßen Gebrauch hinausgehende Nutzung eines Leasingfahrzeugs** duldet und hierfür eine Entschädigung erhält.[1]

506.2 Ebenso fehlt es an einer Leistung, wenn der Unternehmer gegenüber seinen Arbeitnehmern ein tatsächlich auch gewolltes Verbot der **Privatnutzung** dienstlich zur Verfügung gestellter **Unternehmensfahrzeuge** ausspricht.[2]

III. Sonstige Leistungen mit Gegenstandsübertragung

1. Abgrenzung der Lieferung zur sonstigen Leistung

507 Streitanfällig ist die Abgrenzung der sonstigen Leistungen, die mit einer Gegenstandsübertragung einhergeht, von der Lieferung. Hier orientiert sich die Rechtsprechung an einer **Schwerpunktbetrachtung**, die sich einer übergeordneten Systematisierung weitgehend entzieht.

2. Bejahung der sonstigen Leistung

508 Tritt die Verschaffung der Verfügungsmacht an einem Gegenstand hinter einem **weitergehenden Ziel** zurück, bejaht die Rechtsprechung trotz des Gegenstandsbezugs die sonstige Leistung.

508.1 So liegt beim **An- und Verkauf von in- und ausländischen Banknoten** und Münzen im Rahmen von Sortengeschäften eine sonstige Leistung, nicht aber eine Lieferung vor, da dem Kunden hierdurch ermöglicht wird, die in seinem Bargeld verkörperte Kaufkraft in einem bestimmten Staat zu nutzen.[3]

508.2 Ebenso ist die entgeltliche Überlassung von **Eintrittskarten zu einem sportlichen oder kulturellen Ereignis** (an einen Reiseveranstalter) eine sonstige Leistung.[4]

508.3 Die zeitweise Einräumung einer **Angelberechtigung** in einem Teich verbunden mit dem Recht, den Fang zu behalten, ist eine sonstige Leistung, nicht aber die Lieferung von Fisch.[5]

508.4 Eine „**Mailingaktion**" im Sinne eines Leistungsbündels zur Planung, Herstellung, Verteilung und Erfolgskontrolle von Serienbriefen, die Adressaten zu Spendenzahlungen bewegen sollen, ist eine einheitliche sonstige Leistung, nicht aber eine Lieferung von Druckschriften.[6]

508.5 Erstellt ein **Verlag** aufgrund eines Verlagsvertrags mit einem Autor ein Buch und liefert er zur Abdeckung der **Druckkosten** dem Autor vertragsgemäß eine bestimmte Anzahl von Erstexemplaren zu einem höheren Preis als dem Ladenpreis, sieht der BFH neben der Lieferung von Büchern hierzu zusätzlich eine eigenständige sonstige (verlegerische) Leistung.[7]

3. Bejahung der Lieferung

a) Arbeiten an Gegenständen

509 Die **Installation oder Montage** eines gelieferten Gegenstandes ändert nichts am Vorliegen der Lieferung, wie sich aus der Ortsbestimmung nach Art. 36 MwStSystRL ergibt.

1 BFH, Urt. v. 20.3.2013 – XI R 6/11, BStBl. II 2014, 206 = UR 2014, 188.
2 BFH, Urt. v. 8.10.2008 – XI R 66/07, BFH/NV 2009, 616.
3 BFH, Urt. v. 19.5.2010 – XI R 6/09, BStBl. II 2011, 831 = UR 2010, 821.
4 BFH, Urt. v. 3.6.2009 – XI R 34/08, BStBl. II 2010, 857 = UR 2009, 843.
5 BFH, Urt. v. 4.7.2002 – V R 41/01, BFH/NV 2002, 1622 = UR 2003, 23.
6 BFH, Urt. v. 15.10.2009 – XI R 52/06, BStBl. II 2010, 869 = UR 2010, 170.
7 BFH, Urt. v. 21.10.2015 – XI R 22/13, BStBl. II 2018, 612 = UR 2016, 239.

Dies gilt auch für Verlegung eines **Hochseekabels** auf dem Meeresboden mit Spezialausrüstung und spezifischer Sachkunde.[1] 509.1

Der BFH behandelt den **Kfz-Ölwechsel** als Lieferung von Motoröl, da dem Einfüllen des Öls, dem Ablassen des Altöls und dessen Entsorgung nur untergeordnete Bedeutung zukommt. Demgegenüber ist **Kfz-Inspektion** mit Ölwechsel eine sonstige Leistung.[2] 509.2

b) Vervielfältigung

Im Anfertigen von **Kopien** von Dokumenten, Akten und Plänen sieht der EuGH im Hinblick auf die zur „bloßen Vervielfältigung der Originaldokumente" hinzutretende „Auswahl und Programmierung der Fotokopiergeräte sowie der Heftung, dem Binden der Dokumente und dem Ordnen der Kopien" einen „eine Einheit bildenden komplexen Umsatz", der zu einer Lieferung führt, da das Aushändigen der Kopien des Originals die Hauptleistung darstellt, während die weiteren Tätigkeiten nur ein Mittel darstellen, den Kunden die Leistung unter bestmöglichen Bedingungen zugutekommen zu lassen, wobei eine einzige **untrennbare wirtschaftliche Leistung** vorliegt, deren **Aufspaltung wirklichkeitsfremd** wäre. Beschränkt sich die Tätigkeit aber nicht auf den bloßen Abzug vom Original, sondern geht es weitergehend um eine „Anpassung, Umgestaltung und Verfremdung des Originals nach den Wünschen des Kunden" handelt es sich um eine Dienstleistung.[3] 510

An der gegenteiligen früheren Rechtsprechung des BFH nach der das Herstellen von Kopien eines Druckerzeugnisses eine sonstige Leistung war,[4] ist daher nicht mehr festzuhalten. 511

c) Miteigentumsanteile

Die Veräußerung des Miteigentumsanteils an einer Sache wie z.B. einem Buch ist aufgrund geänderter Rechtsprechung eine **Lieferung**.[5] Gemeinschafter können über ihren Anteil am Gegenstand ohne Zwischenerwerb durch die Gemeinschaft verfügen,[6] wobei die Anteilsübertragung dann durch sonstige Leistung erfolgt. Die FinVerw.[7] folgt dem zumindest für den Fall einer nicht unternehmerisch tätigen Bruchteilsgemeinschaft (§ 2 Rz. 13). 512

d) Sonstiges

Der Verkauf von **Kontaktlisten** (Listen mit persönlichen Angaben von kontaktsuchenden Personen), die für eine unbestimmte Anzahl von Interessenten hergestellt werden, führt umsatzsteuerrechtlich zur Lieferung eines Druckerzeugnisses.[8] Die Übertragung einer **Zahlungskarte** als Zugang zum bargeldlosen Zahlungsverkehr ist Teil einer sonstigen Leistung.[9] 513

4. Besonderheiten bei Restaurant- und Verpflegungsdienstleistungen

a) Gesetzliche Regelungen

Mit Art. 6 MwStVO enthält das Unionsrecht eine gesetzliche Auslegungsregelung für die Abgrenzung der sonstigen Leistung (Dienstleistung) zur Lieferung, die außerhalb der zeitlichen Geltung von § 12 Abs. 2 Nr. 15 UStG für die Steuersatzfindung von Bedeutung ist. Dabei werden **Restaurantdienstleistungen** als Dienstleistung in den Räumlichkeiten des Leistenden und **Verpflegungsdienstleistungen** 514

---

1 EuGH, Urt. v. 29.3.2007 – C-111/05, ECLI:EU:C:2007:195 – Aktiebolaget NN, UR 2007, 420.
2 BFH, Urt. v. 30.9.1999 – V R 77/98, BStBl. II 2000, 14 = UR 2000, 24.
3 EuGH, Urt. v. 11.2.2010 – C-88/09, ECLI:EU:C:2010:76 – Graphic Procédé, UR 2010, 230.
4 BFH, Urt. v. 26.9.1991 – V R 33/87, BStBl. II 1992, 313 = UR 1992, 143 und BFH, Urt. v. 19.12.1991 – V R 107/86, BStBl. II 1992, 449 = UR 1992, 144.
5 BFH, Urt. v. 18.2.2016 – V R 53/14, UR 2016, 436 m. Anm. *Küffner*.
6 BFH, Urt. v. 28.8.2014 – V R 49/13, BStBl. II 2021, 825 = UR 2014, 974.
7 Abschn. 3.5 Abs. 2 Nr. 6 Satz 3 UStAE.
8 BFH, Urt. v. 13.5.2009 – XI R 75/07, BStBl. II 2009, 865 = UR 2009, 814.
9 BFH, Urt. v. 26.1.2022 – XI R 19/19 (XI R 12/17), BStBl. II 2022, 582 = UR 2022, 538 m. Anm. *Jacobs*.

als Dienstleistung an einem anderen Ort gleichermaßen als sonstige Leistung angesehen. Verpflegungsdienstleistungen kommen z.B. bei der Tätigkeit eines Partyservices in Betracht.

515 Art. 6 Abs. 1 MwStVO differenziert für die Abgrenzung zwischen Lieferung und sonstiger Leistung nicht danach, ob es sich um eine Abgabe **zubereiteter oder nicht zubereiteter Speisen** handelt. Ebenso kommt es nicht darauf an, ob zusätzlich **Getränke** abgegeben werden.

516 Entscheidend für das Vorliegen einer Restaurant- und Verpflegungsdienstleistung (Restaurantdienstleitung) ist vielmehr, dass die Speisenabgabe zusammen mit ausreichenden **unterstützenden Dienstleistungen** erfolgt, die deren sofortigen Verzehr ermöglichen und dass die Speisenabgabe nur eine Komponente einer Gesamtleistung ist, bei der der Dienstleistungsanteil überwiegt.

517 Hinzu kommt die – sich eigentlich bereits aus Art. 6 Abs. 1 MwStVO ergebende – Anordnung in Art. 6 Abs. 2 MwStVO, dass die Speisenabgabe ohne andere unterstützende Dienstleistungen nicht als Restaurant- oder Verpflegungsdienstleistung gilt. Eigenständige Bedeutung hat hier nur, dass die **Beförderung** von Speisen nicht als unterstützende Dienstleistung anzusehen ist.

b) Rechtsprechung

aa) EuGH-Urteil Bog

518 Nach dem EuGH-Urteil *Bog*[1] kommt es für die Abgrenzung von sonstiger Leistung zur Lieferung insbesondere auf das Vorliegen einer „Standardspeise" als **„Ergebnis einer bloßen Standardzubereitung**" an, bei der sich „die Zubereitung des warmen Endprodukts im Wesentlichen auf einfache, standardisierte Handlungen beschränkt, die in den meisten Fällen nicht auf Bestellung eines bestimmten Kunden, sondern entsprechend der allgemein vorhersehbaren Nachfrage [...] vorgenommen" wird (Rz. 68, 77 und 80 des Urteils).

519 Handelt es sich um eine **Standardspeise**, liegt grundsätzlich eine **Lieferung** vor. Die ergänzende Bereitstellung behelfsmäßiger Vorrichtungen wie etwa einfacher Verzehrtheken ohne Sitzgelegenheit, um einer beschränkten Zahl von Kunden den Verzehr an Ort und Stelle im Freien zu ermöglichen, ändert nichts am Vorliegen einer Lieferung, da es hierfür nur eines geringfügigen Personaleinsatzes bedarf (Rz. 70 des Urteils). Gleiches gilt für die Abgabe von Popcorn und „Tortilla"-Chips in Kino-Foyers, wenn zusätzliches Mobiliar wie Stehtische, Hocker, Stühle und Bänke auch als Warteraum und Treffpunkt genutzt werden und es daher nicht ausschließlich dazu bestimmt ist, zum Speisenverzehr genutzt zu werden (Rz. 73 f. des Urteils).

520 Anders ist es bei der Abgabe von im Vergleich zu Standardspeisen **qualitativ höherwertigen Speisen**. Hier führt die Speisenabgabe aufgrund der „Qualität der Gerichte" zu einer **Dienstleistung**, die der EuGH bei den Leistungen eines Partyservices sogar vermutet. Dies begründet der EuGH auch damit, dass die hier anzutreffende Bereitstellung von Geschirr, Besteck oder Mobiliar im Unterschied zur bloßen Bereitstellung einer behelfsmäßigen Infrastruktur einen deutlich höheren Personaleinsatz erfordern, um das gestellte Material herbeizuschaffen, zurückzunehmen und ggf. zu reinigen. Daher geht der EuGH bei einem Partyservice nur dann von einer Lieferung aus, wenn es sich um Standardspeisen ohne zusätzliches Dienstleistungselement handelt oder besondere Umstände belegen, dass die Lieferung der Speisen der dominierende Bestandteil des Umsatzes ist (Rz. 77 ff. des Urteils).

521 **Ergebnis** dieser Betrachtungsweise ist, dass die Abgabe von Standardspeisen nur beim Hinzutreten zusätzlicher Dienstleistungselemente zu einer sonstigen Leistung führen kann, während die Abgabe qualitativ höherwertiger Speisen bereits für sich allein für die Annahme einer sonstigen Leistung sprechen kann.

bb) Verhältnis zu Art. 6 MwStVO

522 Offensichtlich hat der EuGH bei seinem Urteil *Bog* nicht mit einer Auslegungsregelung nach Art des Art. 6 MwStVO gerechnet, während der Unionsgesetzgeber bei der Abfassung dieser Vorschrift von

1 EuGH, Urt. v. 10.3.2011 – C-497/09, C-499/09, C-501/09 und C-502/09, ECLI:EU:C:2011:135 – Bog u.a., UR 2011, 272 m. Anm. *Nieskens*.

diesem Urteil überrascht worden sein dürfte. Denn Standardspeise und Standardzubereitung sind ersichtlich keine Kriterien für Art. 6 MwStVO, der gleichermaßen auf die Abgabe zubereiteter wie nicht zubereiteter Speisen anzuwenden ist, wobei nach dem Wortlaut dieser **Regelung nicht** nach der **Art der Speise zu differenzieren** ist.

Damit stellt sich die Frage, ob es nach Art. 6 MwStVO in allen Fällen der Speisenabgabe auf das Vorliegen zusätzlicher Dienstleistungselemente ankommt, so dass entgegen dem EuGH-Urteil *Bog* die bloße „Qualität der Gerichte" noch nicht zu einer **Dienstleistung führt oder ob weiterhin auch auf diese Qualität abzustellen ist, da Art. 6 MwStVO kein abschließender Charakter** zukommt und diese Vorschrift letztlich nur auf Standardspeisen anzuwenden ist. 523

Eine **Aufgabe des EuGH-Urteils *Bog*** in Bezug auf den aus der bloßen Höherwertigkeit von Speisen abzuleitenden Dienstleistungscharakter aufgrund der Auslegungsregelung in Art. 6 MwStVO wäre für Unternehmer, die derartige Speisen abgeben, außerhalb des zeitlich befristeten Anwendungsbereichs von § 12 Abs. 2 Nr. 15 UStG günstiger. Denn nach dieser Auslegungsvorschrift führt auch die Abgabe derartiger Speisen nur aufgrund zusätzlicher Dienstleistungselemente zu einer sonstigen Leistung. 524

Der EuGH hat zur Klärung dieser Frage in seinem ersten Urteil unter Berücksichtigung von Art. 6 MwStVO nichts beigetragen[1]. Stattdessen beschränkt er sich auf die (seit jeher unstreitige) Aussage, dass bei der Abgabe von Speisen keine Restaurant- und Verpflegungsdienstleistung vorliegt, wenn sich der Endkunde dafür entscheidet, die materiellen und personellen Mittel, die ihm vom Steuerpflichtigen neben dem Verzehr der bereitgestellten Speisen angeboten werden, nicht in Anspruch zu nehmen. 525

cc) Folgerechtsprechung des BFH

Für Zeiträume vor der Geltung von Art. 6 MwStVO sieht der BFH in den in einer Großküche eines **Altenwohnheims** und **Pflegeheims** zur Verpflegung der Bewohner zubereiteten Speisen keine „Standardspeisen" als Ergebnis einfacher und standardisierter Zubereitungsvorgänge nach Art eines Imbissstandes, so dass deren Abgabe zu festen Zeitpunkten in Warmhaltebehältern eine sonstige Leistung, nicht aber eine Lieferung ist.[2] Gleiches gilt für **Kindergärten**.[3] 526

Demgegenüber ist die Abgabe von Bratwürsten, Pommes frites und ähnlichen standardisiert zubereiteten Speisen an einem nur mit behelfsmäßigen Verzehrvorrichtungen ausgestatteten **Imbissstand** eine Lieferung.[4] Gleiches gilt für die Abgabe von zubereiteten Pizzateilen an einem Imbissstand im Gastronomiebereich eines Fußballstadions.[5] Zu den Standardspeisen zählt der BFH z.B. Grillsteaks, Rostbratwurst zum Grillen und Pommes frites.[6] 527

Die Leistungen eines **Partyservice** sieht der BFH grundsätzlich als sonstige Leistung an und macht hiervon nur dann eine Ausnahme, wenn der Partyservice lediglich Standardspeisen ohne zusätzliches Dienstleistungselement liefert oder wenn besondere Umstände belegen, dass die Lieferung der Speisen der dominierende Bestandteil des Umsatzes ist.[7] Auch hier sind Verzehrvorrichtungen nur dann als Dienstleistungselement zu berücksichtigen, wenn sie vom Leistenden als Teil einer einheitlichen Leistung zur Verfügung gestellt werden. Dies gilt auch für die Überlassung von Geschirr und Besteck.[8] In einer **Dinnershow** als Leistungsbündel aus Unterhaltung und kulinarischer Versorgung der Gäste sieht der BFH eine einheitliche sonstige Leistung.[9] 528

---

1 EuGH, Urt. v. 22.4.2021 – C-703/19, ECLI:EU:C:2021:314 – Dyrektor Izby Administracji Skarbowej w Katowicach, UR 2021, 902.
2 BFH, Urt. v. 12.10.2011 – V R 66/09, BStBl. II 2013, 250 = UR 2012, 101.
3 BFH, Beschl. v. 22.12.2011 – V R 47/10, BFH/NV 2012, 812; vgl. auch BFH, Urt. v. 28.5.2013 – XI R 28/11, BFH/NV 2013, 1950.
4 BFH, Urt. v. 30.6.2011 – V R 35/08, BStBl. II 2013, 244 = UR 2011, 969; BFH, Urt. v. 8.6.2011 – XI R 37/08, BStBl. II 2013, 238 = UR 2012, 34.
5 BFH, Urt. v. 8.6.2011 – XI R 33/08, BFH/NV 2011, 1927.
6 BFH, Urt. v. 23.11.2011 – XI R 6/08, BStBl. II 2013, 253 = UR 2012, 150.
7 BFH, Urt. v. 23.11.2011 – XI R 6/08, BStBl. II 2013, 253 = UR 2012, 150.
8 BFH, Urt. v. 11.4.2013 – V R 28/12, UR 2014, 149.
9 BFH, Urt. v. 10.1.2013 – V R 31/10, BStBl. II 2013, 352 = UR 2013, 385; BFH, Urt. v. 13.6.2018 – XI R 2/16, BStBl. II 2018, 678 = UR 2018, 797.

529 Zu der nicht lediglich behelfsmäßigen, sondern zur sonstigen Leistung führenden **Verzehrvorrichtung** äußert sich der BFH mit großer Detailtiefe. Es muss sich um einen Tisch mit Sitzgelegenheit handeln.[1] Verzehrvorrichtungen berücksichtigt der BFH zudem nur dann als Dienstleistungselement, wenn sie **vom Leistenden** als Teil einer einheitlichen Leistung zur Verfügung gestellt werden.[2] Zudem ist Mobiliar nur als Dienstleistungselement zu berücksichtigen, wenn es ausschließlich dazu bestimmt ist, den Verzehr von Lebensmitteln zu erleichtern, so dass möblierte Bereiche, die auch als Warteraum und Treffpunkt dienen, keinen Dienstleistungscharakter begründen.[3]

530 Die Abgabe von **Brezeln** („Wiesnbrezn") in Festzelten durch einen vom Festzeltbetreiber personenverschiedenen Unternehmer unterliegt als Lieferung dem ermäßigten Steuersatz.[4] Maßgeblich war hierfür, dass der Brezelnverkäufer seinen Kunden keine eigenständige Nutzung der im Festzelt vorhandenen Tische mit Sitzmöglichkeit verschaffen konnte. Anders ist es in einem sog. **Food-Court**. Hier ist davon auszugehen, wenn die Einräumung der Nutzungsmöglichkeit an diesem aus der Sicht eines Durchschnittsverbrauchers dem Speisenanbieter zuzurechnen ist. Dies bejaht der BFH für die Ausgabe von Speisen auf einem Tablett, wenn es typischerweise dazu dient, es dem Kunden zu ermöglichen, die von ihm erworbenen Speisen zu dem Food-Court zu bringen und diese dort an einem Tisch mit Sitzmöglichkeit zu verzehren.[5] Trifft dies nur auf einige der Kunden zu, während andere Kunden die Speisen ohne Tablett mitnehmen, ist entsprechend aufzuteilen.

531 Verkauft eine Bäckerei in Filialen, die sich teilweise in **„Vorkassenzonen"** eines Supermarkts befinden, Speisen zum Verzehr vor Ort auf Mehrweggeschirr und mit Mehrwegbesteck, das es nach dem Verzehr der Speisen zurücknimmt und reinigt, liegen sonstige Leistungen vor.[6] Der BFH ist dabei davon ausgegangen, dass **Art. 6 Abs. 1 Sätze 1 und 3 MwStVO auch für Besteuerungszeiträume vor ihrem Inkrafttreten** zu berücksichtigen sind, da sie (mit Rückwirkung) Begriffe klären, die bereits zuvor von der MwStSystRL verwendet wurden, während in anderen Fällen eine derartige Rückwirkung als zweifelhaft angesehen wird (Rz. 629). Im Übrigen erbringt auch ein Unternehmer, der in einer Betriebskantine Speisen portioniert, auf Mehrweggeschirr mit Mehrwegbesteck ausgibt sowie das Geschirr und Besteck nach dessen Rückgabe reinigt, eine sonstige Leistung.[7]

c) Finanzverwaltung

532 Die FinVerw. sieht das **EuGH-Urteil *Bog*** in Bezug auf die Abgabe höherwertiger Speisen als durch Art. 6 MwStVO **überholt** an. Ohne Differenzierung nach dem Vorliegen einer Standardspeise geht sie zugunsten der leistenden Unternehmer davon aus, dass die Speisenabgabe stets nur aufgrund zusätzlicher Dienstleistungselemente zu einer sonstigen Leistung führt, die dann außerhalb des Anwendungsbereichs von § 12 Abs. 2 Nr. 15 UStG dem Regelsteuersatz unterliegt.[8]

IV. Mehr- oder Einheit von Leistungen

1. Grundregel und Ausnahmen

533 Zu Abgrenzung von Mehr- oder Einheit von Leistungen liegt eine **gefestigte ständige Rechtsprechung**[9] vor, die von einer Grundregel und zwei Ausnahmen ausgeht.

1 BFH, Urt. v. 30.6.2011 – V R 18/10, BStBl. II 2013, 246 = UR 2011, 699 m. Anm. *Sterzinger*.
2 BFH, Urt. v. 30.6.2011 – V R 18/10, BStBl. II 2013, 246 = UR 2011, 699 m. Anm. *Sterzinger*.
3 BFH, Urt. v. 3.8.2017 – V R 61/16, BFH/NV 2018, 63.
4 BFH, Urt. v. 3.8.2017 – V R 15/17, BStBl. II 2021, 403 = UR 2017, 787 m. Anm. *Korff/Süß* sowie Abschn. 3.6. Abs. 5 Satz 4 UStAE.
5 BFH, Urt. v. 26.8.2021 – V R 42/20, BStBl. II 2022, 219 = UR 2022, 14; zur Einordnung der Leistung als sonstige Leistung und nicht als Lieferung vgl. auch die Folgeentscheidung des FG im zweiten Rechtsgang: FG Düsseldorf, Urt. v. 19.6.2023 – 5 K 404/14 U, juris.
6 BFH, Beschl. v. 15.9.2021 – XI R 12/21 (XI R 25/19), BStBl. II 2022, 417 = UR 2022, 256.
7 BFH, Urt. v. 20.10.2021 – XI R 2/21, BFH/NV 2022, 353.
8 Abschn. 3.6 UStAE.
9 Statt aller vgl. z.B. BFH, Urt. v. 14.2.2019 – V R 22/17, BStBl. II 2019, 350 = UR 2019, 341.

Nach der **Grundregel** ist jede **Leistung eigenständig**. Davon zu unterscheiden sind **zwei Ausnahmefälle:** 534

- Haupt- und Nebenleistung sind eine **einheitliche Leistung**, bei der die Nebenleistung Bestandteil der Hauptleistung ist. Die Nebenleistung hat für die Kundschaft keinen eigenen Zweck, sondern stellt das Mittel dar, um die Hauptleistung des Leistungserbringers unter optimalen Bedingungen in Anspruch zu nehmen.
- Mehrere Handlungen oder Einzelleistungen des Steuerpflichtigen für einen Kunden sind eine einheitliche Leistung, wenn sie so eng miteinander verbunden sind, dass sie **objektiv einen einzigen untrennbaren wirtschaftlichen Vorgang** bilden, dessen Aufspaltung wirklichkeitsfremd wäre.

Dabei sind unter Berücksichtigung eines **Durchschnittsverbrauchers** die charakteristischen Merkmale des Umsatzes zu ermitteln. Nicht allein bedeutsam ist, ob die Beteiligten die Vereinbarungen in ein oder zwei Vertragsurkunden niedergelegt haben.[1] Zur Frage, welche Bedeutung der Speisenabgabe auf einem Tablett aus Sicht eines Durchschnittsverbrauchers zukommt, sieht sich der BFH als hinreichend sachkundig an.[2] Im Übrigen verbietet es das Unionsrecht nicht, dass ein Gericht, wenn es besondere Schwierigkeiten bei der Prüfung zur Sicht des Durchschnittsverbrauchers hat, nach Maßgabe des nationalen Rechts ein **Sachverständigengutachten** einholt.[3] Derartige Schwierigkeiten hat der BFH bislang nicht gesehen. 535

Der Vereinbarung eines **Gesamtpreises** oder der Inrechnungstellung kommt keine entscheidende Bedeutung zu.[4] 536

Nach der Rechtsprechung des BFH können auch unterschiedliche Leistung von Organträger und Organgesellschaft aufgrund der Zusammenfassung zu einem Unternehmer nach § 2 Abs. 2 Nr. 2 UStG eine einheitliche Leistung sein.[5] 537

2. Rechtsfolgen

Die einheitliche Leistung unterliegt nur **einem Steuersatz**, da eine unterschiedliche Besteuerung nach den einzelnen Bestandteilen zu einer künstlichen Aufspaltung führen würde.[6] 538

Die **Nebenleistung** ist dabei als **akzessorisch** zur Hauptleitung zu behandeln.[7] Dies kommt aber nicht in Betracht, wenn mehrere Elemente nicht nur untrennbar, sondern zudem gleichrangig sind, da beide für die Erbringung der Gesamtleistung unerlässlich sind. Es liegt dann eine objektiv einzige wirtschaftliche Leistung vor, deren Aufspaltung wirklichkeitsfremd wäre (Rz. 534).[8] 539

3. Haupt- und Nebenleistung

Rechtsprechung und FinVerw. bejahen für vielfältige Fallgestaltungen das Vorliegen einer Haupt- mit Nebenleistung. 540

1 Statt aller vgl. z.B. BFH, Urt. v. 14.2.2019 – V R 22/17, BStBl. II 2019, 350 = UR 2019, 341.

2 BFH, Urt. v. 26.8.2021 – V R 42/20, BStBl. II 2022, 219 = UR 2022, 14, Rz. 46.

3 EuGH, Urt. v. 9.9.2021 – C-406/20, ECLI:EU:C:2021:720 – Phantasialand, UR 2021, 758 – Vorlage: FG Köln, Vorlagebeschl. v. 25.8.2020 – 8 K 1092/17, EFG 2020, 1638 = UR 2021, 32.

4 EuGH, Urt. v. 25.2.1999 – C-349/96, ECLI:EU:C:1999:93 – CPP, UR 1999, 254, Rz. 31; EuGH, Urt. v. 10.3.2011 – C-497/09, C-499/09, C-501/09 und C-502/09, E-CLI:EU:C:2011:135 – Bog u.a., UR 2011, 272 m. Anm. *Nieskens*, Rz. 57; EuGH, Urt. v. 27.10.2005 – C-41/04, ECLI:EU:C:2005:649 – Levob Verzekeringen und OV Bank, UR 2006, 20, Rz. 25; vgl. aber auch EuGH, Urt. v. 17.1.2013 – C-224/11, ECLI:EU:C:2013:15 – BGŻ Leasing, UR 2013, 262, Rz. 44 f.

5 BFH, Urt. v. 29.10.2008 – XI R 74/07, BStBl. II 2009, 256 = UR 2009, 47.

6 EuGH, Urt. v. 18.1.2018 – C-463/16, ECLI:EU:C:2018:22 – Stadion Amsterdam, UR 2018, 200.

7 EuGH, Urt. v. 2.12.2010 – C-276/09, ECLI:EU:C:2010:730 – Everything Everywhere, UR 2011, 261, Rz. 24 und 30.

8 EuGH, Urt. v. 19.7.2012 – C-44/11, ECLI:EU:C:2012:484 – Deutsche Bank, UR 2012, 667, Rz. 27 f.

540.1 Im Bereich der **Finanzdienstleistungen** ist die **Vermögensberatung** als Vorbereitung zur Wahl eines für den Kunden geeigneten Finanzprodukts Nebenleistung zur Kreditvermittlung als Hauptleistung.[1]

540.2 Ebenso ist es beim Börsenbetreiber als Abwickler und technischen Anbieter im **Börsengeschäft**. Werden die sog. Matching, Clearing und Settlement durch einen einzigen Leistungserbringer erbracht, dienen das Clearing und das Settlement der Abwicklung des Matchings, so dass es sich um Nebenleistungen zur Hauptleistung Matching handelt und es beim Erbringen von Matching, Clearing und Settlement durch einen einzigen Leistenden gerade um die Verbindung dieser Elemente geht.[2]

540.3 Zur **Warenlagerung** als Hauptleistung treten die Annahme, die Unterbringung, die Ausgabe, das Ent- und das Verladen der Waren als Nebenleistungen hinzu. Für das Umpacken in Sammelpackungen gilt dies nur, wenn es unerlässlich ist, um eine bessere Warenlagerung zu gewährleisten.[3]

540.4 Der **Versand** von Sachprämien ist Nebenleistung zur Lieferung der Prämie als Hauptleistung.[4]

540.5 Die Einräumung der Möglichkeit, **Rechnungen** für eine Sachleistung nicht nur im Lastschriftverfahren oder durch BACS-Überweisung, sondern auch per Kreditkarte, per Scheck oder in bar **zu bezahlen**, ist Nebenleistung zur Sachleistung.[5]

540.6 Die Übernahme von ausgedienten **Strahlenquellen** ist Hauptleistung mit dem Ausbau der Strahlenquelle, der Anmietung eines Spezialcontainers, dem Einholen der erforderlichen Genehmigungen, der Freimessung der Räumlichkeiten und mit dem Transport als Nebenleistungen.[6]

540.7 Die Aushändigung von Broschüren im Rahmen eines **Seminars** kann unselbständige Nebenleistung zur Seminarleistung sein und damit dem Regelsteuersatz unterliegen, wenn die Broschüren lediglich ergänzende und vertiefende Funktion haben.[7]

540.8 Bei einer mehrtägigen **Hochseeangelreise** sollen die Unterkunft und Verpflegung sowie diejenigen Dienstleistungen, die dazu dienen, dass die Passagiere den Angelsport optimal ausüben und das Fanggut transportieren können, Nebenleistungen zur Personenbeförderung darstellen.[8]

540.9 Die **Gewährung einer Abo-Prämie** als Gegenleistung für den Abschluss eines Zeitschriftenabonnements stellt eine **Nebenleistung zu der in der entgeltlichen Lieferung von Zeitschriften bestehenden Hauptleistung** dar und ist daher keine unentgeltliche Zuwendung i.S.v. Art. 16 Abs. 1 MwStSystRL.[9] Der EuGH stellt hierfür im Widerspruch zu seiner sonstigen Rechtsprechung zur eigentlich maßgeblichen Kundensicht auch auf die vom Leistenden verfolgten Interessen ab.

4. Komplexe einheitliche Leistung

541 Auch die komplexe einheitliche Leistung wird für vielfältige Fallgestaltungen bejaht.

Die Überlassung einer **Basissoftware** und ihre Anpassung an die speziellen Bedürfnisse des Kunden ist eine einheitlich komplexe Dienstleistung.[10]

---

1 EuGH, Urt. v. 21.6.2007 – C-453/05, ECLI:EU:C:2007:369 – Ludwig, UR 2007, 617 m. Anm. *Philipowski*, Rz. 19 f.

2 BMF, Schr. v. 3.5.2021 – III C 3-S 7160/20/10003 :001 – DOK 2021/0481500, BStBl. I 2021, 713 = UR 2021, 525.

3 EuGH, Urt. v. 27.6.2013 – C-155/12, ECLI:EU:C:2013:434 – RR Donnelley Global Turnkey Solutions Poland, UR 2013, 708, Rz. 24 f.

4 EuGH, Urt. v. 3.7.2001 – C-380/99, ECLI:EU:C:2001:372 – Bertelsmann, UR 2001, 346, Rz. 21.

5 EuGH, Urt. v. 2.12.2010 – C-276/09, ECLI:EU:C:2010:730 – Everything Everywhere, UR 2011, 261, Rz. 27 ff.

6 BFH, Urt. v. 13.1.2011 – V R 63/09, BStBl. II 2011, 461 = UR 2011, 497.

7 BFH, Urt. v. 17.4.2008 – V R 39/05, BFH/NV 2008, 1712.

8 BFH, Urt. v. 2.3.2011 – XI R 25/09, BStBl. II 2011, 737 = UR 2011, 692.

9 EuGH, Urt. v. 5.10.2023 – C-505/22, ECLI:EU:C:2023:731 – Deco Proteste – Editores, UR 2023, 865 m. Anm. *Claussen*.

10 EuGH, Urt. v. 27.10.2005 – C-41/04, ECLI:EU:C:2005:649 – Levob Verzekeringen und OV Bank, UR 2006, 20, Rz. 22 ff.

Einheitlicher Leistungsgegenstand ist ein noch zu **bebauendes Grundstück**, wenn derselbe Veräußerer in getrennten Verträgen ein Grundstück veräußert und die Pflicht zur Erstellung eines schlüsselfertigen Bürohauses und Geschäftshauses übernimmt.[1] 541.1

Pferdetraining und Überlassung der Sportanlagen sieht der EuGH im Rahmen einer einheitlich komplexen Dienstleistung als gleichwertig an.[2] 541.2

Die **Verlegung eines Kabels** auf dem Meeresboden ist aufgrund der Anwendung komplexer technischer Verfahren unter Einsatz von Spezialausrüstung keine einfache Nebenleistung zur Lieferung des Kabels, aber gleichwohl eine einheitliche Leistung, bei der das Lieferelement aufgrund der Kostenbestandteile der dominierende Bestandteil ist.[3] 541.3

Die **Portfolioverwaltung**, bei der ein Steuerpflichtiger aufgrund eigenen Ermessens über den Kauf und Verkauf von Wertpapieren entscheidet und diese Entscheidung durch den Kauf und Verkauf der Wertpapiere vollzieht, besteht aus zwei Elementen, die so eng miteinander verbunden sind, dass sie objektiv eine einzige wirtschaftliche Leistung bilden.[4] 541.4

Die Festvergütung, die der geschäftsführungs- und vertretungsberechtigte Komplementär einer KG von dieser für seine Haftung nach §§ 161, 128 HGB erhält, ist Entgelt für eine einheitliche Leistung im Sinne eines einzigen untrennbaren wirtschaftlichen Vorgangs, der **Geschäftsführung, Vertretung und Haftung** umfasst.[5] 541.5

Die Verschaffung der Eintrittsberechtigung zur allgemeinen Nutzung der Einrichtungen eines **Freizeitparks** ist als Kombination der durch den Vergnügungspark zusammengefassten Leistungsangebote eine einheitliche Leistung.[6] 541.6

Eine einheitlich komplexe Leistung liegt vor, wenn durch die Kombination von Pflanzenlieferungen (Büsche, Sträucher, Bäume, Rasen) mit Gartenbauarbeiten eine **Gartenanlage** und damit etwas Eigenständiges, Neues (Drittes) geschaffen wurde, hinter dem die Pflanzenlieferungen und die Gartenbauarbeiten zurücktreten.[7] 541.7

Ein „**sale-and-lease-back**" durch Veräußerung und Rückverpachtung zur Erhöhung der Liquidität ist als einheitliche Leistung anzusehen.[8] 541.8

Forderungsabtretung und Abtretung einer Verfahrensposition betreffend die Zwangsvollstreckung dieser Forderung, mit dem ein Grundstück zugeschlagen wird, sind eine einheitliche Leistung.[9] 541.9

In der **Betankung von E-Automobilien** sieht der EuGH im Ergebnis eine komplexe einheitliche Leistung und dabei eine Lieferung i.S.v. Art. 14 Abs. 1 MwStSystRL.[10] Hierzu soll sich der EuGH auch noch in einer weiteren Rechtssache äußern.[11] 541.10

5. Mehrheit von Leistungen

Bisweilen kommt es auch zur Bejahung eigenständiger Leistungen. 542

Leasing und Versicherung des Leasingobjekts sind selbständige Dienstleistungen.[12] 542.1

1 BFH, Urt. v. 19.3.2009 – V R 50/07, BStBl. II 2010, 78 = UR 2009, 560.
2 EuGH, Urt. v. 10.11.2016 – C-432/15, ECLI:EU:C:2016:855 – Baštová, UR 2016, 913, Rz. 75.
3 EuGH, Urt. v. 29.3.2007 – C-111/05, ECLI:EU:C:2007:195 – Aktiebolaget NN, UR 2007, 420.
4 EuGH, Urt. v. 19.7.2012 – C-44/11, ECLI:EU:C:2012:484 – Deutsche Bank, UR 2012, 667, Rz. 27 f.
5 BFH, Urt. v. 3.3.2011 – V R 24/10, BStBl. II 2011, 950 = UR 2011, 585.
6 BFH, Urt. v. 2.8.2018 – V R 6/16, UR 2018, 915.
7 BFH, Urt. v. 14.2.2019 – V R 22/17, BStBl. II 2019, 350 = UR 2019, 341.
8 EuGH, Urt. v. 27.3.2019 – C-201/18, ECLI:EU:C:2019:254 – Mydibel, UR 2019, 395, Rz. 40 f.
9 EuGH, Urt. v. 17.10.2019 – C-692/17, ECLI:EU:C:2019:867 – Paulo Nascimento Consulting, UR 2019, 853, Rz. 33.
10 EuGH, Urt. v. 20.4.2023 – C-282/22, ECLI:EU:C:2023:312 – Dyrektor Krajowej Informacji Skarbowej, UR 2023, 517; ebenso Abschn. 3.5 Abs. 2 Nr. 8 UStAE und Abschn. 3.10 Abs. 6 Nr. 19 UStAE.
11 Rechtssache C-60/23, *Digital Charging Solutions*.
12 EuGH, Urt. v. 17.1.2013 – C-224/11, ECLI:EU:C:2013:15 – BGŻ Leasing, UR 2013, 262.

542.2 Die Lieferung eines **Gebrauchtfahrzeugs** und die Versicherung gegen mechanische Ausfälle bestimmter Teile des Gebrauchtwagens sind eigenständige Leistungen.[1]

542.3 Mehrere **Grundstücksgeschäfte** sind auch dann selbständig, wenn sie durch eine Abrissverpflichtung miteinander verknüpft sind.[2] Auch **Fitnesstraining und Ernährungscoaching** sind eigenständige Leistungen.[3] Ob in der Zurverfügungstellung eines Zugangs zum Bezug von **E-Paper für Print-Abonnenten** einer Zeitschrift in der Lieferung der Print-Ausgaben einerseits und in der Zurverfügungstellung des Zugangs zum E-Paper zwei eigenständige Leistungen zu sehen sind, soll der BFH entscheiden.[4]

6. Uneinheitliche Beurteilung

a) Absatzfinanzierung

543 Die Beurteilung von Finanzierungsleistungen durch den EuGH erscheint widersprüchlich.

543.1 Einerseits sieht der EuGH – im Zusammenhang mit einem **Integrationsprogramm** – in der Darlehensgewährung durch den Lieferer eine Nebenleistung zur Lieferung als Hauptleistung, wenn der Abnehmer das Darlehen nur zum Warenerwerb verwenden kann (§ 4 Nr. 8 Rz. 34 ff.).[5]

543.2 Andererseits soll es sich bei **Fahrzeug-Ratenkaufverträgen** um zwei eigenständige Leistungen mit steuerpflichtiger Lieferung und steuerfreier Kreditgewährung handeln können.[6]

543.3 Beim Verkauf von Waren im **Versandhandel** liegt auch dann eine einheitliche Warenlieferung (nicht zum Teil eine steuerfreie Kreditgewährung) vor, wenn der Käufer von der ihm eingeräumten Möglichkeit der Ratenzahlung Gebrauch macht und dadurch einen Barzahlungsrabatt in Höhe von 3 v.H. des Katalogpreises einbüßt.[7]

543.4 Der BFH hat in einer zwanzigjährigen Finanzierung eines Bauvorhabens im Rahmen eines „**Public-Private-Partnership-Projekts**" eine eigenständige steuerfreie Kreditgewährung neben einer Werklieferung gesehen, ohne dass es dabei auf die Angabe eines Jahreszinses ankam.[8]

b) Nebenleistungen bei Vermietung oder Verpachtung

544 Die FinVerw. behandelt insbesondere die Lieferung von **Wärme**, der Versorgung mit **Wasser** und die Lieferung von **Strom** als Nebenleistungen zur Vermietung.[9]

545 Dies steht dem Grunde nach in einem Spannungsverhältnis zur (allerdings uneinheitlichen) EuGH-Rechtsprechung.

546 Der EuGH sieht in der Vermietung einer Immobilie und der begleitenden Lieferung von Wasser, Elektrizität und Wärme sowie in der Abfallentsorgung grundsätzlich mehrere getrennt zu beurteilende Leistungen. Anders ist es aber, wenn gewisse Umstände, zu denen auch die „wirtschaftliche Grundlage des Vertragsabschlusses" gehört, so eng miteinander verbunden sind, dass sie objektiv eine einzige **untrennbare wirtschaftliche Leistung** bilden, deren Aufspaltung wirklichkeitsfremd wäre. Von einer Einheitlichkeit ist danach bei der Vermietung von Immobilien für kurze Zeiträume, wie etwa als Ferienwohnung, bei der Vermietung schlüsselfertiger, mit der Lieferung von Versorgungsleistungen und

1 EuGH, Urt. v. 16.7.2015 – C-584/13, ECLI:EU:C:2015:488 – Mapfre asistencia compania internacional de seguros y reaseguros SA und Mapfre warranty SpA, UR 2015, 714; vgl. auch BFH, Urt. v. 14.11.2018 – XI R 16/17, BStBl. II 2021, 461 = UR 2019, 227 und Abschn. 3.10 Abs. 6 Nr. 3 UStAE.

2 EuGH, Urt. v. 4.9.2019 – C-71/18, ECLI:EU:C:2019:660 – KPC Herning, UR 2019, 769.

3 EuGH, Urt. v. 4.3.2021 – C-581/19, ECLI:EU:C:2021:167 – Frenetikexito, UR 2021, 550.

4 XI R 29/23 – Die Vorinstanz (FG Saarland, Beschl. v. 22.8.2023 – 1 K 1270/21, EFG 2023, 1667) ist von zwei getrennten Leistungen ausgegangen.

5 EuGH, Urt. v. 8.12.2016 – C-208/15, ECLI:EU:C:2016:936 – Stock'94, UR 2017, 28, Rz. 31 ff.

6 EuGH, Urt. v. 18.10.2018 – C-153/17, ECLI:EU:C:2018:845 – Volkswagen Financial Services (UK), UR 2018, 883, Rz. 34 ff.

7 BFH, Urt. v. 28.1.1993 – V R 43/89, BStBl. II 1993, 360 = UR 1993, 350 m. Anm. *Weiß*.

8 BFH, Urt. v. 13.11.2013 – XI R 24/11, BStBl. II 2017, 1147 = UR 2014, 693.

9 Abschn. 4.12 Abs. 5 UStAE.

bestimmten anderen Leistungen einsatzbereiter Büroräume oder bei der Vermietung durch einen Teileigentümer eines im Mitbesitz stehenden Gebäudes auszugehen, der nicht frei über die Wahl des Versorgungsunternehmens entscheiden kann.[1]

Auf dieser Grundlage ging das FG Münster[2] davon aus, dass der Vermieter trotz Steuerfreiheit der Vermietung Energie steuerpflichtig liefert, wenn hierüber **gesondert als Mietnebenkosten abrechnet** wird und die Mieter den Verbrauch individuell regeln können. Dem steht nicht entgegen, dass sich das Entgelt für die Energielieferungen nicht ausschließlich nach der verbrauchten Energiemenge, sondern nach Maßgabe der **§§ 7, 8 Heizkostenverordnung auch nach der Wohn- oder Nutzfläche** oder nach dem umbauten Raum der beheizten Räume richtet. Der BFH musste dieser Frage nicht nachgehen, sondern hat das Urteil des FG aus anderen Gründen aufgehoben und den Vorsteuerabzug selbst auf der Grundlage einer eigenständigen und dabei steuerpflichtigen Wärmelieferung verneint.[3] 547

Gesondert zu beurteilen ist, ob entsprechend dem Niedersächsischen FG[4] in der Lieferung von Strom, die der Vermieter über eine Photovoltaikanlage erzeugt, keine unselbständige Nebenleistung zur (steuerfreien) Vermietung zu sehen ist, wenn der Mieter die Möglichkeit hat, den Stromanbieter frei zu wählen. 548

Vermietungsleistungen und individuell angepasste **Pflegeleistungen**, die ein Unternehmer aufgrund getrennter Verträge gegenüber Senioren im Rahmen einer Seniorenwohngemeinschaft erbringt, sind selbständige Leistungen.[5] 549

Bei der **Verpachtung einer Immobilie** zum Betrieb eines Restaurants als Hauptleistung tritt als Nebenleistung die Vermietung der für den Restaurantbetrieb bestimmten Sachanlagen und Inventargegenstände wie Küchenausstattungen und -geräten als wesentliche Bestandteile der Immobilie hinzu.[6] 550

Die **Überlassung von Mobiliar** ist Nebenleistung zur nach § 4 Nr. 12 Buchst. a UStG steuerfreien Vermietung eines **Seniorenpflegeheims** (§ 4 Nr. 12 Rz. 38 ff.).[7] 551

J. Unentgeltliche sonstige Leistungen (Absatz 9a)

I. Grundaussagen

1. Regelungsgegenstand und Bedeutung

a) Regelungsgegenstand

§ 3 Abs. 9a UStG stellt die unentgeltlich erbrachte sonstige Leistung einer gegen Entgelt ausgeführten sonstigen Leistung gleich und differenziert dabei zwischen der sog. **Verwendungsentnahme** (§ 3 Abs. 9a Nr. 1 UStG) als Verwendung eines dem Unternehmen zugeordneten Gegenstands und der **Dienstleistungsentnahme** (§ 3 Abs. 9a Nr. 1 UStG), die alle anderen Fälle der unentgeltlich erbrachten sonstigen Leistung erfasst. 552

Sowohl Verwendungs- als auch Dienstleistungsentnahme setzen eine Nutzung der sonstigen Leistung entweder durch den Unternehmer für **Zwecke**, die **außerhalb des Unternehmens** liegen, oder für den 553

---

1 EuGH, Urt. v. 16.4.2015 – C-42/14, ECLI:EU:C:2015:229 – Wojskowa Agencja Mieszkaniowa w Warszawie, UR 2015, 427 m. Anm. *Widmann*; vgl. aber auch EuGH, Urt. v. 27.9.2012 – C-392/11, ECLI:EU:C:2012:597 – Field Fisher Waterhouse, UR 2012, 964, und zur gesondert in Rechnung gestellten Reinigung von Gemeinschaftsräumen EuGH, Urt. v. 11.6.2009 – C-572/07, ECLI:EU:C:2009:365 – Tellmer Property, UR 2009, 557.

2 FG Münster, Urt. v. 6.4.2021 – 5 K 3866/18 U, EFG 2021, 1238.

3 BFH, Urt. v. 7.12.2023 – V R 15/21, BFHE nn = UR 2024, nn m. Anm. *Widmann*.

4 Niedersächsisches FG, Urt. v. 25.2.2021 – 11 K 201/19, EFG 2021, 883 – Revision eingelegt, Az. des BFH: XI R 8/21.

5 BFH, Urt. v. 4.5.2011 – XI R 35/10, BStBl. II 2011, 836 = UR 2011, 659.

6 EuGH, Urt. v. 19.12.2018 – C-17/18, ECLI:EU:C:2018:1038 – Mailat, UR 2019, 97, Rz. 39 f.; vgl. auch EuGH, Urt. v. 28.2.2019 – C-278/18, ECLI:EU:C:2019:160 – Sequeira Mesquita, UR 2019, 347, Rz. 31.

7 BFH, Urt. v. 20.8.2009 – V R 21/08, BFH/NV 2010, 473 = UR 2010, 263.

privaten Bedarf seines Personals voraus. Handelt es sich um Aufmerksamkeiten zugunsten des Personals, liegt in beiden Fällen keine Entnahme vor.

554 Die beiden Entnahmearten unterscheiden sich dadurch, dass der Gegenstand der **Verwendungsentnahme** ein zumindest teilweise **vorsteuerbelasteter Gegenstand** sein muss, während es bei der **Dienstleistungsentnahme** auf einen vorherigen **Vorsteuerabzug nicht ankommt**. Bei der Gegenstandsentnahme besteht eine Sonderregelung für den Fall der nur teilweisen Unternehmensverwendung, die § 15 Abs. 1b UStG unterliegt (§ 15 Rz. 240 ff.).

555 Im Vergleich zur Besteuerung der Gegenstandsentnahme **fehlt** es bei den sonstigen Leistungen an einem § 3 Abs. 1b Satz 1 Nr. 3 UStG (Rz. 126 ff.) vergleichbaren **Besteuerungstatbestand** für aus unternehmerischen Gründen **unentgeltlich erbrachten sonstigen Leistungen**.

b) Normzweck

556 Ebenso wie Art. 16 MwStSystRL stellt auch Art. 26 MwStSystRL und damit § 3 Abs. 9a UStG bestimmte Umsätze, für die der Steuerpflichtige (Unternehmer) keine Gegenleistung erhält, entgeltlich ausgeführten Leistungen gleich. Dies soll sicherstellen, dass der **Unternehmer**, der für seinen privaten Bedarf oder den seines Personals einen Gegenstand entnimmt oder eine Dienstleistung erbringt, und der **Endverbraucher**, der einen Gegenstand oder eine Dienstleistung gleicher Art erwirbt, **gleichbehandelt** werden.[1] Daher darf der Unternehmer, der beim Kauf eines seinem Unternehmen zugeordneten Gegenstands zum Vorsteuerabzug berechtigt war, einer Besteuerung nicht entgehen, wenn er den Unternehmensgegenstand für seinen privaten Bedarf oder den seines Personals entnimmt, da er sonst gegenüber einem Endverbraucher ungerechtfertigt bevorzugt wäre.[2]

557 Ebenso wenig lässt es Art. 26 Abs. 1 Buchst. b MwStSystRL zu, dass ein Steuerpflichtiger oder Angehörige seines Personals Dienstleistungen des Steuerpflichtigen, für die eine Privatperson Mehrwertsteuer hätte zahlen müssen, steuerfrei erhalten.[3]

c) Bedeutung der Unentgeltlichkeit

558 Die Unentgeltlichkeit wird nur in § 3 Abs. 9a Nr. 2 UStG, nicht aber auch in § 3 Abs. 9a Nr. 1 UStG eigens erwähnt, ist aber **Voraussetzungen** für **beide Tatbestände**, da sich sonst die als Fiktionswirkung angeordnete Rechtsfolge erübrigt.

559 Erbringt der Unternehmer sonstige Leistungen an seine Arbeitnehmer ohne hierfür eine Barvergütung zu verlangen, kann gleichwohl ein Entgelt dadurch vorliegen, dass die Leistung durch einen Teil der vom Arbeitnehmer zu erbringenden Arbeitsleistung vergütet wird. Es liegt dann ein **tauschähnliches Verhältnis** i.S.d. § 3 Abs. 12 Satz 2 UStG vor (Rz. 540 ff.).

560 Im Hinblick auf die Üblichkeit, Geschäftsführer-Vergütung aus Barlohn und Sachlohn wie Pkw-Überlassung zu kombinieren, ist die Überlassung eines **Firmenwagens zur Privatnutzung** ein untrennbarer Bestandteil der Vergütung von Führungskräften, ohne dass es dabei auf eine konkrete Vereinbarung zur wertmäßigen Berechnung dieses Vorteils ankommt.[4] Weitergehend soll sich eine Entgelt-

---

1 EuGH, Urt. v. 20.1.2005 – C-412/03, ECLI:EU:C:2005:47 – Hotel Scandic Gåsabäck, UR 2005, 98, Rz. 23; vgl. auch EuGH, Urt. v. 26.9.1996 – C-230/94, ECLI:EU:C:1996:352 – Enkler, UR 1996, 418; EuGH, Urt. v. 16.10.1997 – C-258/95, ECLI:EU:C:1997:491 – Julius Fillibeck Söhne/Finanzamt Neustadt, UR 1998, 61, Rz. 25, sowie EuGH, Urt. v. 17.5.2001 – C-322/99 und C-323/99, ECLI:EU:C:2001:280 – Fischer und Brandenstein, UR 2001, 293, Rz. 56.

2 EuGH, Urt. v. 20.1.2005 – C-412/03, ECLI:EU:C:2005:47 – Hotel Scandic Gåsabäck, UR 2005, 98, Rz. 23; vgl. auch EuGH, Urt. v. 6.5.1992 – C-20/91, ECLI:EU:C:1992:192 – De Jong/Staatssecretaris van Financiën, UR 1992, 271, Rz. 15; EuGH, Urt. v. 26.9.1996 – C-230/94, ECLI:EU:C:1996:352 – Enkler, UR 1996, 418, Rz. 33; EuGH, Urt. v. 8.3.2001 – C-415/98, ECLI:EU:C:2001:136 – Bakcsi, UR 2001, 149, Rz. 42, sowie EuGH, Urt. v. 17.5.2001 – C-322/99 und C-323/99, ECLI:EU:C:2001:280 – Fischer und Brandenstein, UR 2001, 293, Rz. 56.

3 EuGH, Urt. v. 20.1.2005 – C-412/03, ECLI:EU:C:2005:47 – Hotel Scandic Gåsabäck, UR 2005, 98, Rz. 23.

4 BFH, Urt. v. 10.6.1999 – V R 87/98, BStBl. II 1999, 580 = UR 1999, 407 m. Anm. *Nieskens*.

vereinbarung nach der FinVerw. auch aus einer **betrieblichen Übung** ergeben können.[1] Der tauschähnliche Umsatz wird in diesem Bereich allerdings nunmehr in Zweifel gezogen (Rz. 656).

Eine die Anwendung von § 3 Abs. 9a Nr. 1 und 2 UStG ausschließende Entgeltlichkeit kann auch bei einem **sehr geringen Entgelt** vorliegen, das aber gleichwohl einen nicht unerheblichen Teil der Kosten für die Leistungserbringung abdeckt. So ist z.B. von einer Entgeltlichkeit der Leistung auszugehen, wenn das Entgelt zwar nur 1 DM oder 1 Euro beträgt, damit aber 8,5 % der Leistungskosten bestritten werden können.[2] 561

2. Unionsrechtliche Grundlagen

Die Vorschrift beruht auf **Art. 26 Abs. 1 MwStSystRL**. Danach ist der Dienstleistung gegen Entgelt die Verwendung eines dem Unternehmen zugeordneten Gegenstands gleichgestellt, wenn der Gegenstand zum vollen oder teilweisen Vorsteuerabzug berechtigt hat (Art. 26 Abs. 1 Buchst. a MwStSystRL). Gleiches gilt für die unentgeltliche Erbringung von Dienstleistungen durch den Steuerpflichtigen (Art. 26 Abs. 1 Buchst. a MwStSystRL). 562

Gegenstandsverwendung wie auch unentgeltliche Dienstleistungen müssen jeweils für den privaten Bedarf des Steuerpflichtigen, für den Bedarf seines Personals oder allgemein für **unternehmensfremde Zwecke** erfolgen. 563

Die Mitgliedstaaten können gemäß Art. 26 Abs. 2 MwStSystRL Abweichungen vorsehen, sofern diese nicht zu **Wettbewerbsverzerrungen** führen. 564

Das **nationale Recht entspricht** diesen **Vorgaben**. Die Sonderregelung zu Aufmerksamkeiten und zu Grundstücken lassen sich auf Art. 26 Abs. 2 MwStSystRL stützen. Eine Besteuerung von Dienstleistungen, die der Unternehmer aus unternehmerischen Gründen unentgeltlich erbringt, sieht die Richtlinie nicht vor. 565

3. Verhältnis zu anderen Vorschriften und Rechtsentwicklung

a) Verhältnis zu anderen Vorschriften

Für das Verhältnis zu anderen Vorschriften gilt im Prinzip **dasselbe wie bei § 3 Abs. 1b UStG** (Rz. 79 ff.). Zu beachten ist, dass die Steuerbefreiung für die Grundstücksvermietung gemäß § 4 Nr. 12 UStG mangels Vermietung nicht auf die Verwendungsentnahme nach § 3 Abs. 9a Nr. 1 UStG anzuwenden ist.[3] Dies gilt ebenso für die Steuersatzermäßigungstatbestände des § 12 Abs. 2 Nr. 2 und Nr. 11 UStG (§ 12 Abs. 2 Nr. 2 Rz. 1 ff. und § 12 Abs. 2 Nr. 11 Rz. 1 ff.). § 7 Abs. 5 UStG schließt die Anwendung der Steuerbefreiung der Lohnveredelung für § 3 Abs. 9a Nr. 2 UStG ausdrücklich aus. 566

Der **Ort der Verwendungsentnahme** i.S.d. § 3 Abs. 9a Nr. 1 UStG befindet sich regelmäßig gemäß § 3a Abs. 1 UStG am Ort des Unternehmers. Bei Grundstücken kommt allerdings auch die Anwendung von § 3a Abs. 3 Nr. 1 UStG in Betracht. Eine Anwendung der Ortsbestimmungen, die wie § 3a Abs. 3 Nr. 2 oder Abs. 4 Satz 2 Nr. 10 UStG eine Vermietung voraussetzen, ist auf der Grundlage der EuGH-Rechtsprechung (Rz. 91) nicht möglich. Für den **Ort der Dienstleistungsentnahme** i.S.d. § 3 Abs. 9a Nr. 2 UStG kommen neben dem Unternehmensort nach § 3a Abs. 1 UStG auch weitere Ortsregelungen wie § 3a Abs. 3 Nr. 1, Nr. 3–5, Abs. 4 oder Abs. 5 UStG oder §§ 3b, 3e UStG in Betracht. 567

Die **Bemessungsgrundlagen** ergeben sich aus § 10 Abs. 4 Satz 1 Nr. 2 und Nr. 3 UStG (§ 10 Rz. 154 ff. und 170 ff.). 568

Als die Entnahmevorschriften für die Besteuerungspraxis außer Kraft setzende Regelung sind die **Billigkeitsmaßnahmen** im Zusammenhang mit der **Corona-Krise** zu beachten, die nunmehr bis zum 31.12.2022 gelten.[4] 569

1 Abschn. 15.12 Abs. 9 Satz 2 UStAE.

2 BFH, Urt. v. 15.11.2007 – V R 15/06, BStBl. II 2009, 423 = UR 2008, 556.

3 EuGH, Urt. v. 8.5.2003 – C-269/00, ECLI:EU:C:2003:254 – Seeling, BStBl. II 2004, 378 = UR 2003, 288 m. Anm. *Burgmaier*.

4 BMF, Schr. v. 14.12.2021, BStBl. I 2021, 2500.

b) Rechtsentwicklung

570 § 3 Abs. 9a UStG ist wie § 3 Abs. 1b UStG (Rz. 95) zum 1.4.1999 in Kraft getreten und hat dabei die früheren Tatbestände der § 1 Abs. 1 Nr. 1 Buchst. b UStG a.F. und § 1 Abs. 1 Nr. 2 Buchst. b UStG a.F. abgelöst.

571 Die Verlagerung aus § 1 UStG mit der Streichung als eigenständigem Umsatztatbestand zur Entgeltlichkeitsfiktion in § 3 UStG hatte **rechtstechnischen Charakter** und führte zu einer Anpassung an die Regelungssystematik der Richtlinie. Große Bedeutung hatte dabei, dass es im Bereich der unentgeltlichen sonstigen Leistungen zu der von der Richtlinie geforderten Aufteilung in Verwendungs- und Dienstleistungsentnahme kam und die Verwendungsentnahme vorsteuerabzugsabhängig ausgestaltet wurde. Damit entfiel die Notwendigkeit, sich für die in dieser Weise eingeschränkte Besteuerung auf die Richtlinie berufen zu müssen.

572 Zudem ersetzte der Gesetzgeber im Bereich der Leistungen durch Arbeitgeber den bisherigen Begriff der Leistung an Arbeitnehmer „auf Grund des Dienstverhältnisses" ohne „besonders berechnetes Entgelt" durch den des **privaten Bedarfs des Personals**, ohne dass sich hieraus aber materiell-rechtliche Änderungen ergaben.[1]

573 Seit Inkrafttreten des § 15 Abs. 1b UStG (§ 15 Rz. 240 ff.) verweist § 3 Abs. 9a Nr. 1 UStG auch auf diese Vorschrift und § 15a Abs. 6a UStG (§ 15a Rz. 164 ff.).

II. Verwendungsentnahme

1. Unentgeltlichkeit

574 Die Verwendungsentnahme nach § 3 Abs. 9a Nr. 1 UStG muss unentgeltlich erfolgen. Hier gilt **dasselbe wie bei § 3 Abs. 1b UStG** (Rz. 96 ff.).

2. Verwendung eines Unternehmensgegenstandes (Absatz 9a Nr. 1)

a) Unternehmensgegenstand

575 Der Unternehmer muss einen seinem Unternehmen zugeordneten Gegenstand verwenden. Die **Unternehmenszuordnung** ergibt sich im Regelfall aus einer Verwendung des Gegenstandes für entgeltliche Leistungen im Rahmen einer wirtschaftlichen Tätigkeit.

b) Bezugspunkt der Verwendung

576 Nach dem EuGH-Urteil *Mohsche* ist der **Verwendungsbegriff** im Hinblick auf das Erfordernis der Vorsteuerabzugsberechtigung (Rz. 580) als Ausnahmeregelung zur Dienstleistungsentnahme eng auszulegen.[2] Danach umfasst die Entnahme nur die Verwendung des Gegenstands selbst, nicht aber Nebenleistungen im Zusammenhang mit der Verwendung.

577 Auf dieser Grundlage erfasst die Verwendungsentnahme **keinerlei Nebenleistungen**, so dass die Kosten unabhängig von einer Vorsteuerbelastung auch nicht in die Bemessungsgrundlage hierfür einzubeziehen sind.

578 Demgegenüber geht der nationale Gesetzgeber in **§ 10 Abs. 4 Satz 1 Nr. 2 UStG** davon aus, dass **vorsteuerbelastete Nebenkosten** in die Bemessungsgrundlage für die Verwendungsentnahme **einzubeziehen** sind, so dass bei der Bestimmung der Bemessungsgrundlagen nur Nebenkosten ohne Vorsteuerbelastung außer Betracht zu lassen sind. Für diese Sichtweise spricht die vom EuGH im Urteil *Mohsche* dem nationalen Gericht gegebene Antwort, die aber im Widerspruch zu den Entscheidungsgründen steht. Daher erscheint es durchaus möglich, dass unionsrechtlich entgegen § 10 Abs. 4 Satz 1 Nr. 2

1 BFH, Urt. v. 27.2.2008 – XI R 50/07, BStBl. II 2009, 426 = UR 2008, 558.

2 EuGH, Urt. v. 25.5.1993 – C-193/91, ECLI:EU:C:1993:203 – Finanzamt München III/Mohsche, BStBl. II 1993, 812 = UR 1993, 309 m. Anm. *Widmann*, Rz. 12–14.

UStG auch vorsteuerbelastete Nebenkosten, wie z.B. eine steuerpflichtige Garagenmiete, nicht in die Bemessungsgrundlage einzubeziehen sind (§ 10 Rz. 154 ff.).

c) Verwendungsmöglichkeit

Nutzt der Unternehmer einen Gegenstand für seine entgeltliche Leistungstätigkeit, wie auch für seinen privaten Bedarf, sind im Rahmen der Verwendungsentnahme auch die Zeiträume zu erfassen, in denen der Gegenstand dem Unternehmer dergestalt zur Verfügung steht, dass er ihn tatsächlich jederzeit für private Zwecke verwenden kann.[1] 579

3. Vorsteuerabzug

a) Grundsatz

Der Unternehmensgegenstand muss zum vollen oder teilweisen Vorsteuerabzug berechtigt haben. Hieran fehlt es, wenn die unternehmerische Verwendung aufgrund ihrer **Steuerfreiheit kein Abzugsrecht** eröffnet. Die h.M. setzt keinen vorherigen Vorsteuerabzug voraus, sondern lässt es ausreichen, dass sich der Vorsteuerabzug aus der Verwendungsentnahme ergibt (Rz. 581 ff.). 580

b) Bedeutung der Zuordnung

aa) EuGH-Rechtsprechung und h.M.

Der EuGH billigt der Verwendungsentnahme in ständiger Rechtsprechung eine **vorsteuerabzugsbegründende Wirkung** zu.[2] Beabsichtigt der Unternehmer beim Erwerb eines Privatgegenstandes dessen Verwendung für steuerpflichtige und gegen Entgelt ausgeführte Umsätze sowie für eine Privatverwendung, stehe ihm ein **Wahlrecht** zu, über den Umfang der **Unternehmenszuordnung** zu entscheiden. Danach könne der Unternehmer den Gegenstand ganz, teilweise oder überhaupt nicht dem Unternehmen zuordnen. Eine z.B. vollständige Unternehmenszuordnung führt dann dazu, dass im Umfang der Privatverwendung eine Verwendungsentnahme vorliegt, die steuerpflichtig ist und damit auch im Umfang der Privatverwendung das Recht auf Vorsteuerabzug eröffnet (§ 15 Rz. 111). 581

Der EuGH begründet dies damit, dass es ansonsten bei **nachträglichen Verwendungsänderungen** zu einer Benachteiligung des Unternehmers komme. Dabei geht der EuGH davon aus, dass ein Unternehmer, der einen Gegenstand erwirbt, um ihn zu gleichen Teilen im Unternehmen und privat zu nutzen, einen Nachteil erleidet, wenn sich in einem Folgejahr die Unternehmensverwendung erhöht, da sich im Umfang der Änderung kein nachträglicher Vorsteuerabzug ergäbe. Dieser Nachteil ist aus Sicht des EuGH dadurch zu vermeiden, dass der Unternehmer den Gegenstand voll zuordnet, den vollen Vorsteuerabzug vornimmt und im Umfang der Privatverwendung eine Verwendungsentnahme besteuert, die sich dann aufgrund der nachträglichen Änderung mindert. Die Möglichkeit einer Vorsteuerberichtigung kommt für den EuGH nicht in Betracht, da sich diese auf den Umfang der Unternehmenszuordnung beschränke. 582

Die **private Mitverwendung** wirkt allerdings nur dann abzugsbegründend, wenn die unternehmerische Nutzung zum Vorsteuerabzug berechtigt. Eine steuerfreie Unternehmenstätigkeit ohne Recht auf Vorsteuerabzug begründet daher auch im Umfang der privaten Mitverwendung kein Abzugsrecht.[3] 583

bb) Kritik

Die EuGH-Rechtsprechung zur Zuordnung und die ihr folgende h.M. (Rz. 581 ff.) sind abzulehnen, da sie lediglich ein in klassischer Weise **selbst geschaffenes Problem bekämpfen**. Der Anwendungsbereich eines gesetzlich vorgesehenen Rechtsinstruments (hier: Vorsteuerberichtigung) wird durch eine gesetzlich nicht vorgesehene Voraussetzung (hier: Berichtigung nur im Umfang einer Unterneh- 584

1 EuGH, Urt. v. 26.9.1996 – C-230/94, ECLI:EU:C:1996:352 – Enkler, UR 1996, 418, Rz. 35.
2 Vgl. z.B. EuGH, Urt. v. 23.4.2009 – C-460/07, ECLI:EU:C:2009:254 – Puffer, UR 2009, 410.
3 BFH, Urt. v. 11.3.2009 – XI R 69/07, BStBl. II 2009, 496 = UR 2009, 421.

menszuordnung) als unanwendbar angesehen, so dass es zu unangemessenen Rechtsfolgen (hier: keine steuerliche Entlastung bei Erhöhung des unternehmerischen Nutzungsanteils) kommt, die dann durch eine gesetzlich nicht vorgesehene Erfindung der Rechtsprechung (hier: Vorsteuerabzug auch im Umfang einer privaten Mitverwendung) korrigiert werden soll.

585 **Symptomatisch** ist für derartige Fehlentwicklungen dann, dass der **Gesetzgeber** in der Folge **rechtsprechungsüberholend** tätig wird (hier: Art. 168a MwStSystRL und § 15 Abs. 1b UStG) und mit der Vorsteuerberichtigung das anordnet, was eigentlich ohnehin gelten sollte.

586 Auf dieser Grundlage könnten **Art. 168a MwStSystRL** und **§ 15 Abs. 1b UStG** als **rein deklaratorische Regelungen** angesehen werden. Kommt es bei einem gemischt sowohl unternehmerisch als auch privat verwendeten Investitionsgut zu einer nachträglichen Erhöhung des unternehmerischen Verwendungsanteils, liegen danach geänderte Faktoren (Verhältnisse) vor, die zu der nach dem Unionsrecht wie auch nach dem nationalen Recht vorgesehenen Vorsteuerberichtigung führen. Zu bedauern ist, dass der nationale Gesetzgeber die Berichtigung nur für den Grundstücksbereich angeordnet hat, ohne die Ermächtigung in Art. 168a Abs. 2 MwStSystRL auszuüben, nach der dasselbe für bewegliche Wirtschaftsgüter angeordnet werden kann.

587 Schließlich ist zu beachten, dass der EuGH seine Zuordnungsrechtsprechung nicht auf **Vereine** und **juristische Personen des öffentlichen Rechts** bei ideeller oder hoheitlicher Mitverwendung übertragen hat (Rz. 116 ff.).

4. Verwendungszwecke

a) Zwecke außerhalb des Unternehmens

588 Zu den außerhalb des Unternehmens liegenden Zwecken gehört wie bei § 3 Abs. 1b Satz 1 Nr. 1 UStG (Rz. 110 ff.) die **private** und die **unternehmensfremde Zweckverfolgung**. In Bezug auf die unternehmensfremde Zweckverfolgung ist derzeit unklar, ob sich diese bei Vereinen aus einer ideellen Zweckverfolgung und bei juristischen Personen des öffentlichen Rechts aus Hoheitstätigkeiten ergeben kann (Rz. 118).

b) Privater Bedarf des Personals

589 Bei der Verwendung von Unternehmensgegenständen für den privaten Bedarf des Personals ist besonderes Augenmerk auf die Möglichkeit eines **tauschähnlichen Verhältnisses** nach § 3 Abs. 12 UStG zu legen. Dieses kommt insbesondere bei der Überlassung von Wohnraum und von Pkw an das Personal zur Privatverwendung in Betracht (Rz. 653 ff.).

590 In Einzelfällen kann ein den privaten Bedarf **überlagerndes Unternehmensinteresse** zum Tragen kommen. So ist es z.B. bei der Überlassung von vom Unternehmer erworbenen Arbeitsmitteln wie Berufskleidung oder Arbeitsschutzkleidung.[1] Dabei werden private Bedürfnisse der Arbeitnehmer durch betriebliche Belange verdrängt, wenn der Unternehmer seinem Personal Arbeitskittel und -jacken als typische Berufskleidung vorrangig aus unternehmerischen Gründen, insbesondere aus Gründen der gebotenen **Gesundheitshygiene**, überlässt.[2] Es ist hierfür unerheblich, ob es sich um Schutzkleidung nach § 618 BGB handelt.[3] Die FinVerw. sieht dies ebenso bei der Parkplatzüberlassung auf dem Unternehmensgelände.[4]

591 Der EuGH verneint die Entnahme bei Dienstleistungen, mit denen ein Unternehmen seinen Mitarbeitern im Rahmen eines von ihm eingerichteten **Programms zur Auszeichnung und Belohnung** derjenigen **Mitarbeiter**, die sich am meisten verdient gemacht und die besten Leistungen erbracht haben,

1 Abschn. 1.8 Abs. 4 Satz 3 Nr. 4 UStAE.

2 BFH, Urt. v. 27.2.2008 – XI R 50/07, BStBl. II 2009, 426 = UR 2008, 558 zu einer Metzgerei.; ebenso BFH, Urt. v. 29.5.2008 – V R 17/07, BFH/NV 2008, 1893 zu einem Kaminofenbauer.

3 BFH, Urt. v. 29.5.2008 – V R 12/07, BStBl. II 2009, 428 = UR 2008, 705.

4 Abschn. 1.8 Abs. 4 Satz 3 Nr. 5 UStAE.

Einkaufsgutscheine kostenfrei zur Verfügung stellt.[1] Dies erscheint nur unter der Bedingung nachvollziehbar, dass der Gutschein der Zurverfügungstellung von Geld gleichzustellen ist.

5. Sonstiges

Die Annahme, dass es durch die Bestellung eines **Quotennießbrauchs** an einem vermieteten Grundstück zu einer Verwendungsentnahme in Bezug auf den nicht vom Nießbrauch belasteten Grundstücksanteil kommt, da die Nießbrauchbestellung die Unternehmereigenschaft einer gesonderten Gemeinschaft begründet[2], ist spätestens durch die **Rechtsprechungsänderung zur Bruchteilsgemeinschaft**[3] überholt. 592

III. Dienstleistungsentnahme (Absatz 9a Nr. 2)

1. Unentgeltlichkeit

Die Dienstleistungsentnahme nach § 3 Abs. 9a Nr. 2 UStG muss unentgeltlich erfolgen. Hier gilt **dasselbe wie bei § 3 Abs. 1b UStG** (Rz. 96 ff.). 593

2. Leistung

Es muss sich um **eine andere sonstige Leistung** als die Verwendung eines Gegenstandes handeln. Für die Dienstleistungsentnahme kommt es nicht auf einen vorherigen Vorsteuerabzug an. Der Tatbestand greift daher auch bei Unternehmern mit ausschließlich steuerfreien Umsätzen ein. 594

3. Verwendungszweck

a) Zwecke außerhalb des Unternehmens

Zu den außerhalb des Unternehmens liegenden Zwecken gehört wie bei § 3 Abs. 1b Satz 1 Nr. 1 UStG (Rz. 110 ff.) die **private und die unternehmensfremde Zweckverfolgung**. Ob die ideelle oder hoheitliche Zweckverfolgung als unternehmensfremd anzusehen ist, ist derzeit unklar (Rz. 118). 595

b) Privater Bedarf des Personals

aa) Ausgangslage

An der erforderlichen Unentgeltlichkeit fehlt es, wenn der Arbeitnehmer mit seiner Arbeitsleistung im Rahmen eines **tauschähnlichen Verhältnisses** nach § 3 Abs. 12 Satz 2 UStG anteilig vergütet wird (Rz. 653 ff.) oder der Arbeitnehmer Zahlungen leistet, wobei es auf deren Höhe nicht ankommt (Rz. 97). 596

Liegt **Unentgeltlichkeit** vor, kommt darauf an, ob eine Leistung für den privaten Bedarf des Arbeitnehmers zu verneinen ist, da der Unternehmer aus einem überwiegenden Unternehmensinteresse handelt. Auch hier pflegt die FinVerw. eine nicht engherzige Betrachtungsweise. So sieht sie z.B. die Bereitstellung von Bade- und Sportanlagen oder das Zurverfügungstellen von Betriebskindergärten als überwiegend durch das betriebliche Interesse veranlasst an.[4] Für **Betriebsveranstaltungen** gilt dies bis zu einer **Zuwendungsgrenze von 110 €** einschließlich Umsatzsteuer je Arbeitnehmer und für jeweils höchstens zwei Veranstaltungen im Jahr. Der BFH[5] hat dies im Hinblick auf den unionsrechtlichen Aufmerksamkeitsbegriff dem Grunde nach bestätigt. Der BFH sieht in der seit 2015 geltenden Betragsgrenze des § 19 Abs. 1 Satz 1 Nr. 1a EStG allerdings **keinen Freibetrag**, sondern nur eine **Freigrenze.**[6] 597

1 EuGH, Urt. v. 17.11.2022 – C-607/20, ECLI:EU:C:2022:884 – GE Aircraft Engine Services, UR 2022, 928.
2 BFH, Urt. v. 28.2.1991 – V R 12/85, BStBl. II 1991, 649 = UR 1991, 282 m. Anm. *Husmann*.
3 BFH, Urt. v. 22.11.2018 – V R 65/17, BFHE 263, 90 = UR 2019, 179.
4 Abschn. 1.8 Abs. 4 Nr. 1 und Nr. 7 UStAE.
5 BFH, Urt. v. 9.12.2010 – V R 17/10, BStBl. II 2012, 53 = UR 2011, 313 zum „Betriebsausflug", der lediglich dazu dient, das Betriebsklima durch gemeinsame Freizeitgestaltung zu verbessern.
6 BFH, Urt. v. 10.5.2023 – V R 16/21, BStBl. II 2023, 1023 = UR 2023, 683 m. Anm. *Farruggia-Weber.*

bb) Einzelfälle

(1) Personenbeförderung

598 Zum privaten Bedarf des Arbeitnehmers gehört nach dem **Werktorprinzip** die Zurücklegung der Wegstrecke zwischen Arbeits- und Wohnort. Befördert der Arbeitgeber seine Arbeitnehmer auf dieser Wegstrecke, befriedigt er daher einen privaten Bedarf. Anders ist es aufgrund besonderer Umstände, die sich z.B. daraus ergeben können, dass nur der Arbeitgeber über ein geeignetes Verkehrsmittel verfügt oder es sich um wechselnde Arbeitsstätten handelt, so dass der Arbeitgeber gezwungen ist, die Beförderung seiner Arbeitnehmer zu übernehmen. Der persönliche Vorteil des Arbeitnehmers wird dann durch den unternehmerischen Bedarf überlagert. Ein Indiz hierfür kann sich aus tarifvertraglichen Regelungen ergeben.[1]

(2) Bewirtung

599 Die **Abgabe von Mahlzeiten** an Arbeitnehmer dient der Befriedigung eines **privaten Bedarfs**. Es liegt nur dann keine Dienstleistungsentnahme vor, wenn Mahlzeiten an Geschäftspartner in Betriebskantinen anlässlich von Sitzungen für strikt geschäftliche Zwecke abgegeben werden. Ebenso ist es in Bezug auf das Personal, wenn Erfordernisse des Unternehmens, wie die Gewährleistung der Kontinuität und des ordnungsgemäßen Ablaufs von Arbeitssitzungen, es notwendig machen, dass Verpflegung durch den Arbeitgeber gestellt wird.[2]

K. Umtauschmüllerei (Absatz 10)

600 § 3 Abs. 10 UStG betrifft den Fall der Umtauschmüllerei. Der Auftraggeber übergibt dem Unternehmer hier einen Stoff zur Herstellung eines Gegenstandes. Dabei kann es sich z.B. um Getreide handeln, das zu Mehl zu verarbeiten und an den Auftraggeber herauszugeben ist. Dem Grunde nach handelt es somit um eine **Werkleistung**. Hieran ändert sich auch nichts dadurch, dass der Unternehmer seinem Auftraggeber nicht das Mehl herausgibt, das aus dem konkret zur Verfügung gestellten Getreide entstanden ist, sondern gleichartiges Mehl, wie er es in seinem Unternehmen herzustellen pflegt. Die Behandlung als Werkleistung setzt voraus, dass das Entgelt als Werklohn unabhängig von den Marktpreisen zwischen dem Ausgangs- und dem Endgegenstand vereinbart wird.

601 Die Vorschrift schließt hier die unzutreffende Annahme eines tauschähnlichen Umsatzes aus. Ihr kommt damit lediglich **deklaratorischer Charakter** in Bezug auf die Auslegung von § 1 Abs. 1 Nr. 1 UStG zu. Ihre praktische Bedeutung ist gering. Für sie besteht im Unionsrecht keine eigenständige Grundlage.

602 Die Regelung bestand bereits im UStG 1967 als § 3 Abs. 9 UStG.

L. Dienstleistungskommission (Absätze 11 und 11a)

I. Grundaussagen

1. Regelungsgegenstand und Bedeutung

603 Bei einer Leistung in einem **Dreipersonenverhältnis** zwischen einem Auftraggeber, einem Auftragsnehmer und einem Dritten stellt sich die Frage, wer an wen leistet. **Maßgeblich** ist hierfür das **Handeln des Auftragsnehmers.**

1 EuGH, Urt. v. 16.10.1997 – C-258/95, ECLI:EU:C:1997:491 – Julius Fillibeck Söhne/Finanzamt Neustadt, UR 1998, 61; vgl. auch BFH v. 9.7.1998 V R 105/92, BStBl. II 1998, 635; BFH, Urt. v. 10.6.1999 – V R 104/98, BStBl. II 1999, 582 = UR 1999, 404 m. Anm. *Husmann*; BFH, Urt. v. 15.11.2007 – V R 15/06, BStBl. II 2009, 423 = UR 2008, 556.

2 EuGH, Urt. v. 11.12.2008 – C-371/07, ECLI:EU:C:2008:711 – Danfoss und AstraZeneca, UR 2009, 60, Rz. 57 ff.

Handelt er mit Vertretungsmacht **im Namen des Auftraggebers**, liegen unmittelbare Leistungsbeziehungen zwischen dem Auftraggeber und dem Dritten vor, ohne dass dabei zwischen einer Leistungserbringung oder einem Leistungsbezug durch den Auftraggeber zu unterscheiden ist. Der Auftragsnehmer erbringt eine hiervon getrennte Vermittlungs- oder Geschäftsbesorgungsleistung für den Auftraggeber. 604

Anders ist es, wenn der Auftragsnehmer nach dem zum Dritten bestehenden Rechtsverhältnis **im eigenen Namen handelt**. Nach allgemeinen Grundsätzen ist dann der Auftragsnehmer als Erbringer oder Empfänger der an den Dritten oder der von dem Dritten bezogenen Leistung anzusehen. Dem steht das Handeln des Auftragsnehmers auf Rechnung des Auftraggebers nicht entgegen. Für den Bereich der sonstigen Leistungen wird dies letztlich **deklaratorisch** durch **§ 3 Abs. 11 UStG** klargestellt. 605

§ 3 Abs. 11 UStG kommt zudem weitergehende Bedeutung für das **Innenverhältnis** zwischen dem im eigenen Namen handelnden Auftragsnehmer (Kommissionär) und seinem Auftraggeber (Kommittent) zu. Hier ist zu entscheiden, ob ähnlich wie bei einer Vermittlung eine Geschäftsbesorgungsleistung vorliegt, wie sie sich aus dem nationalen Zivilrecht ergibt, oder ob es zu einer Verdoppelung von Leistungen kommt, so dass neben der im Außenverhältnis zum Dritten erbrachten Leistung dieselbe Leistung auch im Innenverhältnis vorliegt. Letzteres ist nach § 3 Abs. 11 UStG zutreffend. Durch die Vorschrift kommt es zu einer vom nationalen Zivilrecht abgekoppelten **Fiktion einer Leistungskette**, bei der im Fall des **Leistungsverkaufs** zwei nach ihren sachlichen Merkmalen identische Leistungen vorliegen, so dass der im Außenverhältnis vom Kommissionär an den Dritten erbrachten Leistung eine gleichartige Leistung als durch den Kommittenten an den Kommissionär erbracht fingiert wird. Für den Fall des **Leistungseinkaufs** wird fingiert, dass der Kommissionär die von ihm eingekaufte Leistung seinerseits an den Kommittenten erbringt. 606

Die durch § 3 Abs. 11 UStG angeordnete Leistungskette vom Kommittent bis zum Dritten oder umgekehrt, vermeidet ansonsten auftretende Probleme beim **Vorsteuerabzug**, kann aber umgekehrt zu Schwierigkeiten bei einer fehlenden Vorsteuerabzugsberechtigung führen. 607

§ 3 Abs. 11a UStG enthält eine zusätzliche Sonderregelung für z.B. über das **Internet erbrachte Leistungen**. 608

2. Unionsrechtliche Grundlagen

§ 3 Abs. 11 UStG beruht unionsrechtlich auf **Art. 28 MwStSystRL**. Danach werden Steuerpflichtige, die bei der Erbringung von Dienstleistungen im eigenen Namen, aber für Rechnung Dritter tätig werden, so behandelt, als ob sie diese Dienstleistungen selbst erhalten und erbracht hätten. Die steuerrechtliche Fiktion einer zweiten Leistung zwischen Kommittent und Kommissionär dient der **Entkoppelung** vom jeweiligen **nationalen Zivilrecht** und damit der **unionsrechtlichen Harmonisierung**. 609

Der EuGH umschreibt diese Regelung als **„juristische Fiktion zweier gleichartiger Dienstleistungen**, die nacheinander erbracht werden", und bei der in „dem zwischen Kommittent und Kommissionär bestehenden Rechtsverhältnis […] ihre jeweiligen Rollen als Dienstleister und als Zahler in Bezug auf die Mehrwertsteuer fiktiv vertauscht" werden.[1] 610

Zusätzliche Regelungen ergeben sich aus **Art. 9a MwStVO**, die durch **§ 3 Abs. 11a UStG teilweise wiederholt** werden. 611

3. Verhältnis zu anderen Vorschriften und Rechtsentwicklung

§ 3 Abs. 11 und Abs. 11a UStG setzen für die sonstige Leistung das um, was sich für Lieferungen bereits aus § 3 Abs. 3 UStG (Rz. 145 ff.) ergibt. Zu beachten ist, dass der ermäßigte Steuersatz anzuwenden sein kann. Dies betrifft in Bezug auf § 12 Abs. 2 Nr. 7 Buchst. c UStG insbesondere die Leistungen im Zusammenhang von Verwertungsgesellschaften (§ 12 Abs. 2 Nr. 7 Rz. 180). 612

§ 3 Abs. 11 UStG ist in seiner heutigen Fassung auf seit dem 1.1.2004 ausgeführte Umsätze anzuwenden. Die Vorschrift erfasste zuvor nur den Leistungseinkauf, nicht aber auch den Leistungsverkauf. 613

---

1 EuGH, Urt. v. 14.7.2011 – C-464/10, ECLI:EU:C:2011:489 – Henfling u.a., UR 2012, 470.

Der BFH sah in dieser Einschränkung einen Verstoß gegen das Unionsrecht, was letztlich zur Neuregelung führte.[1]

II. Einzelerläuterungen

1. Leistungsverkauf

a) Grundstruktur

614 Beim Leistungsverkauf beauftragt der Kommittent den Kommissionär mit der Erbringung einer sonstigen Leistung, die der Kommissionär im eigenen Namen, aber auf Rechnung des Kommittenten erbringt. Den das Handeln auf Rechnung des Kommittenten begründenden Auftrag bezeichnet § 3 Abs. 11 UStG als **Einschaltung**. Da die Vorschrift das Handeln des Kommissionärs auf Rechnung des Kommittenten ohnehin voraussetzt, kommt der Einschaltung im Verhältnis zum Handeln auf fremde Rechnung keine eigenständige Bedeutung zu. Dies zeigt sich auch an Art. 28 MwStSystRL, dem das eigenständige Kriterium einer Einschaltung fremd ist.

615 Die Unternehmereigenschaft des Kommissionärs richtet sich nach § 2 UStG. Auf eine **Unternehmerstellung** seines Auftraggebers kommt es nicht an.

616 Ob der Kommissionär beim Ausführungsgeschäft gegenüber dem Dritten **im eigenen Namen** handelt, bestimmt sich nach dem dieser Leistung zugrundeliegenden Rechtsverhältnis. Für das Handeln **auf fremde Rechnung** kommt es demgegenüber auf das Rechtsverhältnis zwischen Kommissionär und Kommittent an. Den Kommittenten müssen die wirtschaftlichen Folgen des Ausführungsgeschäfts treffen.

b) Rechtsfolgen

aa) Leistungsbeziehungen

617 Neben der Bestätigung der Leistungserbringung durch den Kommissionär folgt aus § 3 Abs. 11 UStG, dass er eine **Leistung gleicher Art** wie die von ihm erbrachte von seinem Kommittenten bezieht.[2] Damit entfällt die Annahme einer zweiten, vom Kommissionär in Form einer Geschäftsbesorgungsleistung an den Kommittenten erbrachten Leistung.

bb) Gleichstellung der an den Kommissionär erbrachten Leistung

(1) Steuerbarkeit

618 Die sich aus § 3 Abs. 11 UStG ergebende Leistung des Kommittenten an den Kommissionär unterliegt hinsichtlich der Steuerbarkeit einer **eigenständigen Beurteilung.**

619 Aus der Unternehmereigenschaft des Kommissionärs ist daher keine Unternehmerstellung des Kommittenten abzuleiten. Die Gleichstellungsfiktion bewirkt im Übrigen, dass beide Leistungen derselben Regelung über den **Unternehmensort** unterliegen. Ob dies z.B. bei Anwendung von § 3a Abs. 1 oder 2 UStG zu einer Leistungserbringung an unterschiedlichen Orten führen, soll der EuGH klären.[3] Sieht man eine übereinstimmende Ortsbestimmung auch bei Anwendung dieser Vorschriften als zwingend an, führt dies beim Leistungsverkauf über z.B. Börsen, bei dem dem Kommittenten die Person des Kunden des Kommissionärs nicht bekannt ist, zu erheblichen Schwierigkeiten, so dass dies, sofern

1 BFH, Urt. v. 7.10.1999 – V R 79, 80/98, BStBl. II 2004, 308 = UR 2000, 26 m. Anm. *Henkel*; BFH, Urt. v. 25.5.2000 – V R 66/99, BStBl. II 2004, 310 = UR 2000, 377; BFH, Urt. v. 31.1.2002 – V R 40, 41/00, BStBl. II 2004, 315 = UR 2002, 268; BFH, Urt. v. 29.8.2002 – V R 8/02, BStBl. II 2004, 320 = UR 2002, 600.

2 BFH, Beschl. v. 10.12.2020 – V R 4/19, BFH/NV 2021, 662 = UR 2021, 426, Rz. 24; BFH, Urt. v. 18.11.2021 – V R 38/19, BFHE 274, 355 = UR 2022, 293, Rz. 48.

3 Rechtssache C-101/24 auf Vorlage durch BFH, Vorlagebeschl. v. 23.8.2023 – XI R 10/20, BFHE 282, 113 = UR 2024, 162 – bejaht wird dies durch BFH, Urteil v. 18.11.2021 – V R 38/19, BFHE 274, 355 = UR 2022, 293, Rz. 57.

man dem überhaupt folgt, aber Fälle zu beschränken ist, in denen der Endkunde dem Kommittenten bekannt ist.

Einer eigenständigen Beurteilung unterliegen auch weitere unternehmerbezogene Regelungen wie etwa nach §§ 19, 24 ff. UStG. Insoweit bleibt es bei der **eigenständigen Betrachtung** von Kommissionär und Kommittent. 620

(2) Steuerbefreiungen

Unklar ist, welche **Reichweite** der Gleichstellungsfiktion bei der Anwendung von Steuerbefreiungen zukommt. 621

Im Grundsatz ist mit dem EuGH davon auszugehen, dass die Gleichstellungsfiktion auch die Anwendung der Steuerbefreiungen erfasst, so dass die Steuerfreiheit der vom Kommissionär erbrachten Leistungen auch zur Steuerfreiheit der an ihn erbrachten Leistung führt. Der EuGH sieht es aber auch als möglich an, dass eine Steuerbefreiung Besonderheiten aufweisen kann, die es rechtfertigen können, die Anwendung der **Gleichstellungsfiktion einzuschränken.**[1] 622

Die **FinVerw.** akzeptiert die Gleichstellung bei der Anwendung rein sachbezogener Steuerbefreiungen wie etwa bei der Grundstücksvermietung nach § 4 Nr. 12 UStG, lehnt aber eine Gleichstellung bei Befreiungstatbeständen, die an unternehmerbezogene Merkmale, wie z.B. bei § 4 Nr. 19 Buchst. a UStG, anknüpfen, ab.[2] 623

Demgegenüber hat der BFH[3] zur unternehmerbezogenen Bescheinigung nach § 4 Nr. 20 Buchst. a Satz 2 UStG die Gleichstellungsfiktion bejaht. Dem hat sich die FinVerw. angeschlossen.[4] 624

2. Leistungseinkauf

§ 3 Abs. 11 UStG erfasst auch den Leistungseinkauf. Hieran bestehen **keine unionsrechtlichen Zweifel**. Auch der EuGH sieht diese Bestimmung als auf Leistungsbezüge anwendbar an.[5] Dies ist z.B. für den Leistungsbezug von Frachtführern durch Spediteure für ihre Auftraggeber von Bedeutung. 625

Auch beim Leistungseinkauf stellt sich die Frage, inwieweit **Steuerbefreiungen** auf beide Leistungen anzuwenden sind. Bei einer Anmietung im eigenen Namen, auf fremde Rechnung wird dies auch hier zu bejahen sein. Fraglich ist dies aber wiederum in Bezug auf unternehmerbezogene Aspekte bei Steuerbefreiungen (Rz. 623 f.). 626

3. Besonderheiten nach § 3 Abs. 11a UStG

a) Grundlagen

§ 3 Abs. 11a UStG fingiert das Vorliegen einer Leistungskommission, ohne dass hierfür die in § 3 Abs. 11 UStG genannten Voraussetzungen vorliegen müssen. Dem Grunde nach geht es um Unternehmer (Anbieter), die ihre sonstigen Leistungen über das **Telekommunikationsnetz (TK-Netz), eine Schnittstelle oder ein Portal eines anderen Unternehmers** erbringen. Unter den weiteren Voraussetzungen von § 3 Abs. 11a UStG gilt der Anbieter dann als Kommittent und der das TK-Netz, die Schnittstelle oder das Portal betreibende Unternehmer als Kommissionär. 627

Die Vorschrift dient der **Vermeidung von Steuerausfällen**, wenn der im Hinblick auf die Art und Weise seiner Leistungserbringung für den Fiskus ggf. nur schwer greifbare Anbieter seine Leistungen nicht ordnungsgemäß versteuert. Dies gilt insbesondere für im Drittlandsgebiet ansässige Anbieter, die Leistungen an Endverbraucher nach § 3 Abs. 5 UStG im Inland steuerpflichtig erbringen. Die An- 628

---

1 EuGH, Urt. v. 14.7.2011 – C-464/10, ECLI:EU:C:2011:489 – Henfling u.a., UR 2012, 470.
2 Abschn. 3.15 Abs. 3 Sätze 1 und 2 UStAE.
3 BFH, Urt. v. 25.4.2018 – XI R 16/16, BStBl. II 2021, 457 = UR 2018, 794, zu einem Fall des Leistungseinkaufs.
4 Abschn. 3.15 Abs. 3 Satz 3 UStAE.
5 EuGH, Urt. v. 4.5.2017 – C-274/15, ECLI:EU:C:2017:333 – Kommission/Luxemburg, UR 2017, 424 m. Anm. *Küffner*, Rz. 89.

ordnung einer Dienstleistungskommission führt hier dazu, dass der das TK-Netz etc. betreibende Unternehmer als zwischengeschalteter Unternehmer nach § 13b Abs. 2 Nr. 1 UStG Steuerschuldner für die Leistung des Anbieters wie auch für die Leistung an den Endverbraucher wird (§ 13b Rz. 84 ff.).

629 § 3 Abs. 11a UStG beruht unionsrechtlich auf dem seit 1.1.2015 unmittelbar geltenden Art. 9a MwStVO. Diese Regelung entspricht als bloße Auslegungsbestimmung dem höherrangigen Art. 28 MwStSystRL.[1] Fraglich und vom EuGH zu entscheiden ist, ob Art. 9a MwStVO bereits für Zeiträume vor dem 1.1.2015 Berücksichtigung finden kann.[2]

630 § 3 Abs. 11a UStG erfasst nur den Fall des **Leistungsverkaufs, nicht** aber auch den des **Leistungseinkaufs.** Dies folgt daraus, dass nach dieser Vorschrift der Anbieter stets nur als Leistender (Leistungskommittent) nicht aber als Leistungsempfänger angesehen wird, wie sich aus § 3 Abs. 11a Satz 2 UStG und Art. 9a Abs. 1 Unterabs. 1 MwStVO ergibt.

b) Anwendungsbereich der Fiktion

aa) Besondere Art der Leistungserbringung

631 Die Fiktion der Dienstleistungskommission setzt nach **§ 3 Abs. 11a Satz 1 UStG** lediglich voraus, dass der Anbieter (Kommittent) einen Unternehmer (Kommissionär) in die Erbringung seiner sonstigen Leistung über ein TK-Netz, eine Schnittstelle oder ein Portal einschaltet.

632 **Art. 9a Abs. 1 Unterabs. 1 MwStVO** stellt auf eine Leistungserbringung über ein Telekommunikationsnetz, eine Schnittstelle oder ein Portal wie einen Appstore ab. Insoweit bestehen zwischen dem **nationalen Recht** und dem **Unionsrecht keine Unterschiede**. Die Einschaltung nach nationalem Recht ergibt sich unionsrechtlich bereits aus der vereinbarungsgemäßen Leistungserbringung durch den Kommittenten mit den genannten Mitteln des Kommissionärs.

bb) Art der sonstigen Leistungen

633 Nach § 3 Abs. 11a UStG kann es sich um beliebige sonstige Leistungen handeln.

634 Demgegenüber ist Art. 9a Abs. 1 Unterabs. 1 MwStVO nur auf **elektronisch erbrachte Dienstleistungen** und gemäß Art. 9a Abs. 2 MwStVO auf. über das Internet erbrachte **Telefondienste** einschließlich VoIP-Dienste anzuwenden.

635 Ein weitergehender Anwendungsbereich der Fiktion nach nationalem Recht entspricht daher unter Berücksichtigung der EuGH-Rechtsprechung zu Art. 9a MwStVO (Rz. 629) nicht dem Unionsrecht.

cc) Keine Zahlungsabwicklung

636 **§ 3 Abs. 11a Satz 5 UStG** ordnet deklaratorisch an, dass die bloße Abwicklung von Zahlungen nicht zur Fiktion der Leistungskommission führt, da es dann an der vorausgesetzten Leistungserbringung über das TK-Netz fehlt. Dies entspricht Art. 9a Abs. 3 MwStVO.

c) Widerlegung der Fiktion durch Benennung des Leistenden

637 Liegen die vorstehenden Voraussetzungen für die fiktive Annahme der Dienstleistungskommission vor, kann diese widerlegt werden. Dies setzt nach **§ 3 Abs. 11a Satz 2 UStG** voraus, dass der Unternehmer den Anbieter ausdrücklich als Leistungserbringer benennt und dies in den vertraglichen Vereinbarungen zwischen den Parteien zum Ausdruck kommt. Dies entspricht Art. 9a Abs. 1 Unterabs. 1 MwStVO.

---

1 EuGH, Urt. v. 28.2.2023 – C-695/20, ECLI:EU:C:2023:127 – Fenix International, UR 2023, 410 m. Anm. *Monfort.*

2 Rechtssache C-101/24 auf Vorlage durch BFH, Vorlagebeschl. v. 23.8.2023 – XI R 10/20, BFHE 282, 113 = UR 2024, 162, Rz. 75.

Zum Vorliegen dieses Ausnahmetatbestandes muss nach **§ 3 Abs. 11a Satz 3 UStG** in der Rechnung über die sonstige Leistung der Anbieter als Leistender angegeben sein. Beschränkt sich die Regelung unionsrechtlich auf elektronisch erbrachte Dienstleistungen und Telefondienste, muss in der Rechnung über diese Leistung gemäß Art. 9a Abs. 1 Unterabs. 2 MwStVO der Leistungserbringer angegeben sein. 638

Demgegenüber bleibt es gemäß der **Rückausnahme** nach **§ 3 Abs. 11a Satz 4 UStG** bei der Fiktion der Leistungskommission, wenn der Unternehmer die Abrechnung gegenüber dem Leistungsempfänger autorisiert, die Erbringung der sonstigen Leistung genehmigt oder die allgemeinen Bedingungen der Leistungserbringung festlegt. Dasselbe ergibt sich aus Art. 9 Abs. 1 Unterabs. 3 MwStVO. 639

M. Tausch und tauschähnlicher Umsatz (Absatz 12)

I. Grundaussagen

1. Regelungsgegenstand und Bedeutung

Die Steuerbarkeit nach § 1 Abs. 1 Nr. 1 UStG erfordert ebenso wie Art. 2 Abs. 1 Nr. 1 Buchst. a und c MwStSystRL eine gegen Entgelt erbrachte Leistung. Damit stellt sich die Frage, ob es sich bei dem Entgelt um eine Geldzahlung handeln muss oder ob das **Entgelt** seinerseits **in einer Leistung** (Lieferung oder sonstige Leistung) bestehen kann. Letzteres ist nach § 3 Abs. 12 UStG zutreffend, da ansonsten der Anwendungsbereich der Steuer zu einfach umgangen werden könnte. 640

Nach § 3 Abs. 12 Satz 1 UStG liegt ein **Tausch** vor, wenn das Entgelt für eine Lieferung in einer Lieferung besteht. Ein **tauschähnlicher Umsatz** ist gemäß § 3 Abs. 12 Satz 2 UStG gegeben, wenn das Entgelt für eine sonstige Leistung in einer Lieferung oder sonstigen Leistung besteht. 641

Der BFH sieht im Tausch und in der Tauschähnlichkeit nur eine **besondere Modalität der Entgeltvereinbarung**, die den unmittelbaren Zusammenhang zwischen Leistung und Entgelt begründet.[1] 642

Die Steuerbarkeit von Tausch und tauschähnlichem Umsatz besteht auch bei Leistungen **zwischen zwei Unternehmern**. Bei einer angenommenen Gleichwertigkeit ihrer Leistungen haben sie sich gegenseitig Rechnungen mit Steuerausweis zu erstellen und können die dann gegenseitig geschuldete Steuer verrechnen. Sehen sie ihre Leistungen nicht als gleichartig an, kommt es zu einer Ausgleichszahlung (Rz. 649). 643

2. Unionsrechtliche Grundlagen

Für § 3 Abs. 12 UStG besteht **keine unmittelbare Grundlage** in der MwStSystRL. Das Fehlen einer ausdrücklichen Regelung ist unbeachtlich, da § 3 Abs. 12 UStG unionsrechtlich als **deklaratorische Vorschrift** anzusehen ist. 644

Unionsrechtlich leitet sich dies aus den **allgemeinen Bestimmungen** zum **Anwendungsbereich der Steuer** in Art. 2 Abs. 1 Nr. 1 Buchst. a und c MwStSystRL ab. Der EuGH geht hierzu davon aus, dass die Gegenleistung für die Lieferung in einer Dienstleistung bestehen kann, wenn der stets erforderliche unmittelbarer Zusammenhang zwischen der Lieferung und der Dienstleistung besteht und der Wert der Dienstleistung in Geld ausgedrückt werden kann.[2] Gleiches gilt für den Tausch einer Dienstleistung gegen eine andere Dienstleistung oder beim Tausch von zwei Lieferungen. Der EuGH begründet dies zutreffend damit, dass es sich bei Tauschverträgen, bei denen die Gegenleistung in einer Sachleistung besteht, und Umsätzen, bei denen die Gegenleistung in Geld erbracht wird, unter wirtschaftlichen wie geschäftlichen Gesichtspunkten und nach Maßgabe des Gleichbehandlungsgrundsatzes um **gleichartige Fallgestaltungen** handelt.[3] 645

1 BFH, Urt. v. 15.4.2010 – V R 10/08, BStBl. II 2010, 879 = UR 2010, 657.
2 EuGH, Urt. v. 26.9.2013 – C-283/12, ECLI:EU:C:2013:599 – Serebryannay vek, HFR 2013, 1164, Rz. 38.
3 EuGH, Urt. v. 19.12.2012 – C-549/11 ECLI:EU:C:2012:832 – Orfey Balgaria EOOD, UR 2013, 215, Rz. 35.

3. Verhältnis zu anderen Vorschriften und Rechtsentwicklung

646 Im Hinblick auf den deklaratorischen Charakter von § 3 Abs. 12 UStG sind grundsätzlich alle für Lieferungen und sonstige Leistungen anwendbaren Vorschriften auch auf die beim Tausch und beim tauschähnlichen Umsatz erbrachten Leistungen anzuwenden. Eine Sonderregelung zur Bemessungsgrundlage beim Tausch und beim tauschähnlichen Umsatz besteht in § 10 Abs. 2 Satz 2 UStG (§ 10 Rz. 102 ff.).

647 Die Regelung besteht unverändert bereits seit dem UStG 1967.

II. Fallgruppen

1. Entsorgungsleistungen

648 Die FinVerw. beschäftigt sich mit großer Detailtiefe mit der Frage von Tausch und tauschähnlichem Umsatz bei Entsorgungsleistungen in Bezug auf die **Abgabe werthaltiger Abfälle.**[1] Ähnlich wie bei der Rechtsprechung zum Sachlohn (Rz. 653 ff.) wird darauf abgestellt, ob die Überlassung werthaltiger Abfälle an den Erbringer einer Entsorgungsleistung die Preisvereinbarung für diese Leistung beeinflusst. Zu entscheiden ist vom BFH, ob der Abfallerwerber bei der **Entsorgung von sondermüllartigem Abfall** nicht nur eine Entsorgungsleistung erbringt, da aufgrund der Werthaltigkeit des Abfalls ein **tauschähnlicher Umsatz** mit Zuzahlung des Abfallbesitzers vorliegt.[2]

2. Tausch und tauschähnlicher Umsatz mit Ausgleichszahlung

649 Tausch und tauschähnlicher Umsatz können auch im Zusammenhang mit Geldzahlungen (**Zu- oder Ausgleichszahlungen**) vorliegen. So ist es z.B. dann, wenn der Unternehmer eine **Abbruchleistung** erbringt und das entstandene Material, dem er Geldwert zumisst, übernehmen darf. Der Unternehmer, der die Abbruchleistung erbringt, empfängt dann eine Materiallieferung, die bei einer Unternehmereigenschaft des Empfängers der Abbruchleistung steuerbar ist. Der EuGH verlangt dabei keine gemeinsame Wertbemessung durch die Parteien des Abbruchvertrages. Dies ist nur vor der Besonderheit des entschiedenen Streitfalls verständlich, in dem der Abbruchunternehmer in Bezug auf die von ihm empfangene Materiallieferung als Leistungsempfänger Steuerschuldner (entsprechend § 13b UStG) war.[3] Bei einer Steuerschuld des Lieferers (Empfängers der Abbruchleistung) kann es demgegenüber nicht auf die einseitige Bewertung durch Abbruchunternehmer ankommen. Im Übrigen ist aus dieser Rechtsprechung nicht abzuleiten, dass Entsorgungsleistungen in Bezug auf werthaltige Abfälle entsprechend der Verwaltungsauffassung (Rz. 648) zu einem tauschähnlichen Umsatz führen.

650 Gleiches gilt für den EuGH bei der **Lieferung erst noch abzubrechender Gegenstände**, bei der sich die Gegenleistung für die Lieferung unter Berücksichtigung der Abbruchkosten bestimmt. Der Abnehmer der Lieferung erbringt dann seinerseits eine Abbruchdienstleistung an den Lieferer.[4]

3. Beistellungen

651 Tausch und Tauschähnlichkeit sind bei einer sog. **nichtsteuerbaren Beistellung** durch den Leistungsempfänger zu verneinen. Dies setzt voraus, dass der Beistellende Empfänger einer an ihn erbrachten Leistung ist und die Beistellung ausschließlich für Zwecke der Leistungserbringung an den Beistellenden verwendet wird. Sind für einen Unternehmer z.B. Handelsvertreter tätig, denen der Unternehmer Kfz überlässt, ist die Überlassung als Beistellung anzusehen, wenn die Handelsvertreter die Fahrzeuge nur für Zwecke der Handelsvertretertätigkeit, nicht aber auch für private Zwecke verwenden dürfen, und dieses Verbot auch in geeigneter Weise tatsächlich überwacht wird.[5]

1 Abschn. 3.16 UStAE.
2 Aktenzeichen V R 7/22 – Vorinstanz: FG München, Urt. v. 27.4.2022 – 3 K 843/19.
3 EuGH, Urt. v. 10.1.2019 – C-410/17, ECLI:EU:C:2019:12 – A, UR 2019, 222.
4 EuGH, Urt. v. 10.1.2019 – C-410/17, ECLI:EU:C:2019:12 – A, UR 2019, 222.
5 BFH, Urt. v. 12.5.2009 – V R 24/08, BStBl. II 2010, 854 = UR 2010, 140.

Dementsprechend muss z.B. bei einer **Personalgestellung** durch den Leistungsempfänger gewährleistet sein, dass der Leistende das überlassene Personal nur für Leistungen an den Empfänger einsetzt, der das Personal gestellt und **keine Poolbildung** in Bezug auf das durch mehrere Leistungsempfänger zur Verfügung gestellte Personal beim Leistenden vorliegt.[1] 652

4. Arbeits- oder Anstellungsverhältnisse

Tausch und Tauschähnlichkeit können auch im Zusammenhang mit Arbeits- oder Anstellungsverhältnissen vorliegen. Ist dies zu bejahen, erfolgen Sachleistungen des Arbeitgebers an Mitglieder seines Personals nicht unentgeltlich, sondern stehen in einem **unmittelbaren Zusammenhang** mit der vom Dienstverpflichteten zu erbringenden **Arbeitsleistung**. Die Arbeitsleistung wird dann nicht nur durch einen Barlohn, sondern zusätzlich durch **Sachlohn** vergütet, so dass sich die Frage einer Entnahmebesteuerung nicht stellt. 653

Ob eine Sachleistung des Arbeitgebers danach als Sachlohn anzusehen ist, richtet sich umsatzsteuerrechtlich eigenständig nach dem für die Entgeltlichkeit von Leistungen erforderlichen **unmittelbaren Zusammenhang zwischen Leistung und Entgelt** (Arbeitsleistung). Maßgeblich ist, ob die auszuführende Arbeit und der bezogene Lohn davon abhängen, ob die Arbeitnehmer die ihnen von ihrem Arbeitgeber gebotene Leistung in Anspruch nehmen.[2] Ob nach dem jeweiligen Einkommensteuerrecht eines Mitgliedstaats ein geldwerter Vorteil zu bejahen ist und z.B. einer Lohnsteuer unterliegt, ist ohne Bedeutung.[3] Einseitige Sachzuwendungen, die ohne Bezug zum Umfang der durch den Arbeitnehmer zu erbringenden Arbeitsleistung und unabhängig von dem hierfür bezogenen Lohn erfolgen, sind kein Entgelt für eine Arbeitsleistung und führen damit nicht zu einem tauschähnlichen Umsatz.[4] 654

Sachlohn erfordert dabei auch, dass der Arbeitgeber seinem Arbeitnehmer oder Angestellten eine **Sachzuwendung** im Rahmen des Arbeitsverhältnisses für dessen **privaten Bedarf** gewährt. BFH und FinVerw. bejahen dies insbesondere für die nicht nur kurzfristige **Pkw-Überlassung zur Privatnutzung**. So sieht der BFH in ständiger Rechtsprechung die Überlassung eines PKW durch eine GmbH an den Gesellschafter-Geschäftsführer zur Privatnutzung als eine übliche Vergütungsleistung neben der Barvergütung für die Arbeitsleistung an.[5] Die FinVerw. bejaht „regelmäßig" die Entgeltlichkeit.[6] 655

Hieran ist auch unter Berücksichtigung des EuGH-Urteils *FA Saarbrücken* festzuhalten. Im Zusammenhang mit der Ortsbestimmung für den Fall einer nicht nur kurzfristigen Vermietung zwischen dem Unternehmer-Arbeitgeber und dem Arbeitnehmer gemäß § 3a Abs. 3 Nr. 2 UStG (§ 3a Rz. 132 ff.), stellt der EuGH für die Frage, ob die **Dienstwagenüberlassung zur Privatnutzung** zu einer Vermietung im Sinne einer entgeltlichen Leistung führt, darauf ab, ob der Mitarbeiter für diese Überlassung eine Zahlung leistet, einen Teil seiner Barvergütung verwendet oder aufgrund der Nutzung des Firmenfahrzeugs auf andere ihm vom Arbeitgeber zur Wahl gestellte Vorteile verzichten muss.[7] Das bislang für die BFH-Rechtsprechung tragende Argument des tauschähnlichen Verhältnisses (zusätzlicher Sachlohn für die Arbeitsleistung) wurde dabei nicht angesprochen. Nicht zuletzt deshalb geht der BFH davon aus, dass sich an der bisherigen Beurteilung (Rz. 655) nichts ändert. Daher liegt der für einen steuerbaren Umsatz erforderliche unmittelbare Zusammenhang zwischen der Fahrzeugüberlassung an einen Arbeitnehmer des Steuerpflichtigen zu privaten Zwecken und der (teilweisen) Arbeitsleistung weiterhin jedenfalls dann vor, wenn die Fahrzeugüberlassung individuell arbeitsvertraglich vereinbart ist und tatsächlich in Anspruch genommen wird.[8] Der BFH verweist hierfür auf die ständige EuGH- 656

1 BFH, Urt. v. 15.4.2010 – V R 10/08, BStBl. II 2010, 879 = UR 2010, 657.

2 EuGH, Urt. v. 16.10.1997 – C-258/95, ECLI:EU:C:1997:491 – Julius Fillibeck Söhne/Finanzamt Neustadt, UR 1998, 61, Rz. 16.

3 BFH, Urt. v. 6.6.2019 – V R 18/18, BStBl. II 2020, 293 = UR 2019, 812.

4 BFH, Urt. v. 24.8.2022 – XI R 3/22, BStBl. II 2023, 936 = UR 2023, 163 m. Anm. *Hoeveler*, Rz. 17.

5 BFH, Urt. v. 10.6.1999 – V R 87/98, BStBl. II 1999, 580 = UR 1999, 407 m. Anm. *Nieskens*; ebenso BFH, Urt. v. 5.6.2014 – XI R 2/12, BStBl. II 2015, 785 = UR 2014, 981.

6 Abschn. 15.23 Abs. 8 ff. UStAE.

7 EuGH, Urt. v. 20.1.2021 – C-288/19, ECLI:EU:C:2021:32 – FA Saarbrücken, UR 2021, 147 m. Anm. *Monfort* – Vorlage durch FG Saarland, Vorlagebeschl. v. 18.3.2019 – 1 K 1208/16, UR 2019, 497.

8 BFH, Urt. v. 30.6.2022 – V R 25/21, BFHE 276, 435 = UR 2022, 846 m. Anm. *Monfort*; dem z.B. zustimmend *von Streit*, UStB 2023, 42.

Rechtsprechung, nach der die Gegenleistung für eine Lieferung in einer Dienstleistung bestehen kann. Fraglich ist allerdings, ob sich ein tauschähnlicher Umsatz auch aus einer betrieblichen Übung ergeben kann.

657 Auch bei der **Wohnraumüberlassung an Arbeitnehmer** kann ein tauschähnliches Verhältnis vorliegen, wenn ein Teil der Arbeitsleistung als Gegenleistung anzusehen ist. Hierfür reicht es aber nicht aus, dass die Wohnraumüberlassung für Zwecke der Einkommensteuer zur Annahme eines geldwerten Vorteils führt.[1] Ist die Arbeitsleistung danach als Entgelt anzusehen, ist die Wohnraumüberlassung im Rahmen des tauschähnlichen Verhältnisses nach § 4 Nr. 12 UStG steuerfrei, so dass anders als bei einer unentgeltlichen Überlassung nach den bis einschließlich 2010 geltenden Seeling-Grundsätzen (Rz. 581 ff.) kein Recht auf Vorsteuerabzug besteht.

658 Demgegenüber liegt kein tauschähnlicher Umsatz vor, wenn eine Konzerngesellschaft die **Wohnungssuche für Angestellte** übernimmt, die aufgrund einer **konzerninternen Funktionsverlagerung** aus dem Ausland an den Standort der Konzerngesellschaft in das Inland versetzt werden, da durch eine einmalige Vorteilsgewährung die Voraussetzungen dafür geschaffen werden, dass Arbeitsleistungen erbracht werden können, ohne dass dies als Gegenleistung für ein spätere Arbeitsleistung anzusehen ist.[2] Dasselbe gilt für eine **Outplacementberatung** im Zusammenhang mit einer Vertragsaufhebung, mit der unkündbar und unbefristet Beschäftigte individuell insbesondere durch sog. Bewerbungstrainings bei der Begründung neuer Beschäftigungsverhältnisse unterstützt werden sollen.[3]

5. Sonstige Einzelfälle

659 Auch in anderen Fällen kann sich die Frage nach Tausch und tauschähnlichem Umsatz stellen.

659.1 In der Überlassung eines **mit Werbung versehenen Fahrzeugs zur Eigennutzung** mit der Verpflichtung das Fahrzeug auch werbewirksam zu bewegen, sieht der BFH einen tauschähnlichen Umsatz.[4]

659.2 Beauftragt eine Ärztekammer als Herausgeber einen Verlag mit der Herstellung und dem Versand eines Ärzteblatts (**Kammerzeitschrift**) für ihre Mitglieder und überlässt sie dabei dem Verlag das Recht, im eigenen Namen und für eigene Rechnung in dem Ärzteblatt Werbeanzeigen zu platzieren, kann ein tauschähnlicher Umsatz vorliegen.[5]

N. Gutscheine (Absätze 13–15)

I. Grundaussagen

1. Regelungsgegenstand und Bedeutung

a) Bisherige Rechtslage

660 Die Umsatzsteuer erfasst nach § 1 Abs. 1 Nr. 1 UStG gegen Entgelt erbrachte Leistungen. Das Entgelt kann sich auch aus einer Bezahlung mit einem Gutschein ergeben, wobei sich dann die Frage nach der Wertbemessung stellt. Erbringt der **Unternehmer** seine Leistung gegen einen von ihm z.B. unentgeltlich ausgegebenen **Preisnachlassgutschein**, mindert sich das Entgelt.

661 Davon zu unterscheiden sind **Gutscheine, die ein Dritter ausgestellt** hat. Bei diesem Dritten kann es sich z.B. um den Hersteller der von einem Händler an einen Endverbraucher gelieferten Ware handeln. Fördert der Hersteller den Warenabsatz, indem er Endverbrauchern z.B. Preisnachlassgutscheine

---

1 EuGH, Urt. v. 18.7.2013 – C-210/11 und C-211/11, ECLI:EU:C:2013:479 – Medicom und Maison Patrice Alard, UR 2014, 404, Rz. 28 ff.

2 BFH, Urt. v. 6.6.2019 – V R 18/18, BStBl. 2020, 293 = UR 2019, 812.

3 BFH, Urt. v. 30.6.2022 – V R 32/20, BStBl. II 2023, 45 = UR 2022, 863 m. Anm. *Gomes*.

4 Zum Heißluftballon vgl. BFH, Urt. v. 1.8.2002 – V R 21/01, BStBl. II 2003, 438 = UR 2003, 26; zum Werbemobil vgl. BFH, Urt. v. 16.4.2008 – XI R 56/06, BStBl. II 2008, 909 = UR 2008, 700 und BFH, Urt. v. 17.3.2010 – XI R 17/08, BStBl. II 2017, 828 = UR 2010, 943.

5 BFH, Urt. v. 11.7.2012 – XI R 11/11, BStBl. II 2018, 146 = UR 2013, 330.

unentgeltlich zur Verfügung stellt, die den Endverbraucher zu einem verbilligten Warenerwerb berechtigen und die der Händler im Hinblick auf einen gegen den Hersteller bestehenden Ausgleichsanspruch im Umfang des Preisnachlasses akzeptiert, führt eine Ausgleichzahlung des Herstellers an den Händler in Bezug auf die Händlerlieferung an den Endverbraucher zu einem **Drittentgelt** und hinsichtlich der Herstellerlieferung an den Händler zu einer **Entgeltminderung**. Dies gilt nach einer mit Verzögerung auch von der FinVerw. akzeptierten EuGH-Rechtsprechung auch dann, wenn der Hersteller den Händler über zwischengeschaltete Unternehmer beliefert.[1]

Demgegenüber können sog. **Sach- oder Wertgutscheine** gegen Entgelt erworben werden und zum Bezug einer bestimmten Leistung (Sachgutschein) oder beliebiger Leistungen (Wertgutschein) berechtigen. Umsatzsteuerrechtlich handelt es sich bei dem auf eine bestimmte Leistung ausgerichteten Sachgutschein dem Grunde nach um eine Anzahlung, so dass die Vereinnahmung eines Entgelts für die Begebung des Sachgutscheins zu einer Anzahlungsbesteuerung führt (§ 13 Rz. 38 ff.). Die Übertragung derartiger Gutscheine gegen Entgelt im Vorfeld der Leistungserbringung ist grundsätzlich ein steuerfreier Forderungsumsatz nach § 4 Nr. 8 Buchst. c UStG (§ 4 Nr. 8 Rz. 49 ff.). Ansonsten ist bei Wertgutscheinen die entgeltliche Abgabe ein nichtsteuerbarer Tausch eines gesetzlichen in ein nicht gesetzliches Zahlungsmittel. 662

b) Bedeutung der Neuregelung

§ 3 Abs. 13 UStG definiert den **Grundtatbestand des Gutscheins**, der unter den weiteren Voraussetzungen des § 3 Abs. 14 UStG ein Einzweck-Gutschein und bei Fehlen dieser Voraussetzungen ein Mehrzweck-Gutschein nach § 3 Abs. 15 UStG ist. Aus § 3 Abs. 13 UStG ergeben sich für sich genommen keine Rechtsfolgen. Zentrales Element der Neuregelung ist vielmehr die für den Mehrzweck-Gutschein in § 3 Abs. 14 Satz 2 UStG getroffene Regelung, das die Übertragung dieses Gutscheins als Erbringung der Leistung gilt, auf die sich der Gutschein bezieht, weshalb die tatsächliche Erbringung dieser Leistung gemäß § 3 Abs. 14 Satz 5 UStG nicht als unabhängiger Umsatz gilt. Letzteres ist dahingehend zu verstehen, dass die Besteuerungsmerkmale der tatsächlichen Leistungserbringung für die Besteuerung der mit der Gutscheinübertragung als erbracht geltenden Leistung maßgeblich sind, ohne dass es durch die tatsächliche Leistungserbringung zu einer zweiten Besteuerung kommt. Zentrales Merkmal dieser Vorverlagerung ist insbesondere, dass es durch das Ausbleiben der tatsächlichen Besteuerung nicht zu einem Entfallen der zuvor bereits erfolgten Besteuerung kommt. Demgegenüber sind die Regelungen zum Mehrzweck-Gutschein in § 3 Abs. 15 UStG weitgehend deklaratorisch. Konstitutive Bedeutung hat aber die ergänzende Regelung zur Bemessungsgrundlage in § 10 Abs. 1 Satz 6 UStG. 663

Zu beachten ist, dass die Neuregelung keine Anforderungen an die **Person des Gutscheinempfängers** stellt. Bei diesem kann es sich daher dem Grunde nach um einen Endverbraucher oder auch um einen Unternehmer handeln. Begrifflich unterscheidet die FinVerw. zwischen der Übertragung von Gutscheinen als Verkauf zwischen Unternehmern und der Ausgabe von Gutscheinen als Verkauf an den Kunden.[2] Im Hinblick auf die vielfältigen Möglichkeiten von Fehlbeurteilungen soll der Austeller kennzeichnen, ob es sich um einen Einzweckgutschein handelt, wobei die FinVerw. im Hinblick auf diese Einordnung die Gewährung von Vertrauensschutz in Aussicht stellt.[3] 664

2. Unionsrechtliche Grundlagen

§ 3 Abs. 13–15 UStG setzen die Vorgaben aus der ÄnderungsRL 2016/1065 um, die insbesondere zur Schaffung der Neuregelung in Art. 30a und Art. 30b MwStSystRL geführt haben. 665

1 Vgl. zur geänderten Sichtweise der FinVerw. Abschn. 17.2 UStAE.
2 Abschn. 3.17 Abs. 1 Sätze 10 f. UStAE.
3 Abschn. 3.17 Abs. 2 Sätze 6 ff. UStAE.

3. Verhältnis zu anderen Vorschriften und Rechtsentwicklung

666 Der der Leistung gleichgestellte **Einzweck-Gutschein** unterliegt den **allgemeinen Regelungen** für Lieferungen und sonstige Leistungen. Für die Bemessungsgrundlage beim **Mehrzweck-Gutschein** besteht eine **Sonderregelung** in § 10 Abs. 1 Satz 6 UStG (§ 10 Rz. 100).

667 § 3 Abs. 13–15 UStG gelten gemäß **§ 27 Abs. 23 UStG** für nach dem 31.12.2018 ausgestellte Gutscheine. Zur alten Rechtslage hat der BFH entschieden, dass Guthabenkarten über näher bezeichnete und im Inland zu erbringende Leistungen wie eine Ware gehandelt werden konnten und jedenfalls vor Inkrafttreten der § 3 Abs. 13 ff. UStG über die Anzahlungsbesteuerung zu einer Steuerentstehung führten.[1]

II. Grundtatbestand des Gutscheins (Absatz 13)

1. Definition (Absatz 13 Satz 1)

a) Instrument

668 § 3 Abs. 13 Satz 1 UStG setzt im Kern voraus, dass der Gutschein („Instrument") einen leistenden Unternehmer verpflichtet, ihn als Gegenleistung für eine Leistung anzunehmen (Nr. 1), wobei der Gutschein den Leistungsgegenstand und den leistenden Unternehmer ausweist (Nr. 2). Unionsrechtlich ergeben sich diese Voraussetzungen aus **Art. 30a Nr. 1 MwStSystRL**.

669 § 3 Abs. 13 Satz 1 UStG bezeichnet den Gutschein in seinem einleitenden Satzteil etwas farblos als „Instrument". Dabei kann es sich um ein Papierdokument, um eine Plastikkarte, oder eine Berechtigung in elektronischer Form handeln.[2]

b) Verpflichtung zur Annahme des Gutscheins als Gegenleistung

670 Nach § 3 Abs. 13 Satz 1 Nr. 1 UStG muss die Verpflichtung bestehen, den Gutschein als vollständige oder teilweise Gegenleistung für eine Leistung anzunehmen, was Art. 30a Nr. 1 MwStSystRL entspricht. Diesem Merkmal kommt für die Bestimmung des Anwendungsbereichs der Neuregelung besondere Bedeutung zu. Dabei ist es ohne Bedeutung, ob für den Leistungserwerb noch eine Zuzahlung zu leisten ist.[3] Ebenso unerheblich ist es, ob ein Anspruch besteht, den Gutschein **voraussetzungslos** gegen den hingegebenen Zahlbetrag **zurückzutauschen**, da dann § 17 Abs. 2 Nr. 3 UStG angewendet werden kann (Rz. 702). Dies sieht die FinVerw. allerdings anders.[4] Im Übrigen ist wie folgt zu unterscheiden:

- Aus der Verpflichtung zur Annahme als Gegenleistung für eine Leistung folgt, dass ein „Instrument", aus dem sich eine **bereits erfolgte Annahme** als Gegenleistung ergibt, nicht als Gutschein anzusehen ist. Daher geht die FinVerw. im Ergebnis zutreffend davon aus, dass **Fahrscheine und Eintrittskarten** für Kinos und Museen keine Gutscheine sind.[5] Denn diese werden entweder erst nach Bezahlung (oder unabhängig von einer Bezahlung) ausgehändigt. Sie verkörpern zudem eine Berechtigung zur Leistungsinanspruchnahme, nicht aber die Verpflichtung, als Gegenleistung angenommen zu werden.
- Dies ist auch in Bezug auf die Abgrenzung zur **An- oder Vorauszahlungsbesteuerung** gemäß § 13 Abs. 1 Nr. 1 Buchst. a Satz 4 UStG zu beachten. Erteilt der Unternehmer über eine von ihm vereinnahmte Anzahlung eine Quittung, ergibt sich aus dieser die bereits erfolgte Zahlung, nicht aber die Verpflichtung, die Anzahlung als noch zu erbringende Gegenleistung anzunehmen. In Einzelfällen können Anzahlung und Gutschein nach der Bestimmtheit der zu erbringenden Leistung abzugrenzen sein. Steht der Leistungsgegenstand und der (zumindest voraussichtliche) Leistungszeitpunkt

1 BFH, Beschl. v. 29.11.2022 – XI R 11/21, BStBl. II 2023, 424 = UR 2023, 340.
2 Abschn. 3.17 Abs. 1 Satz 2 UStAE.
3 Abschn. 3.17 Abs. 1 Satz 3 UStAE.
4 Abschn. 3.17 Abs. 1 Satz 7 UStAE.
5 Abschn. 3.17 Abs. 1 Satz 6 UStAE. Dies entspricht dem fünften Erwägungsgrund zur ÄnderungsRL 2016/1065.

bereits spezifiziert fest, spricht dies für eine Anzahlung und gegen einen Gutschein, dem eine Flexibilität in Bezug auf diese Kriterien immanent ist. Zu beachten sind aber auch die insoweit bestehenden Wertungswidersprüche. Während die Anzahlungsbesteuerung für den konkret bestimmten Gegenstand gemäß § 27 Abs. 1 Satz 2 UStG unter dem Vorbehalt einer Steuersatzänderung steht, trifft dies auf den Gutschein in der Form des nach dem Leistungsgegenstand unbestimmteren Einzweck-Gutschein nach § 3 Abs. 14 Sätze 2 ff. UStG nicht zu. Gleichwohl kann sich auf dieser Grundlage die Betrachtung der FinVerw. zur Steuersatzerhöhung[1] als zutreffend erweisen.[2]

- Keine Verpflichtung zur Annahme als Gegenleistung ist die Verpflichtung zur Gewährung eines Preisnachlasses. „Instrumente", die auf die bloße **Gewährung eines Preisnachlasses** gerichtet sind, sind keine Gutscheine. § 3 Abs. 13 Satz 2 UStG regelt dies ausdrücklich. Zahlungsdienste, die für unterschiedliche Zwecke und nicht nur als Gegenleistung für Umsätze eingesetzt werden können, unterliegen ebenfalls nicht der Regelung für Gutscheine.[3]
- Schließlich ergibt sich aus diesem Kriterium, dass Instrumente, die auf einen **unentgeltlichen Erwerb** gerichtet sind, wie etwa auf den Erwerb von Warenproben oder Warenmustern, keine Gutscheine sind.[4] In diesem Zusammenhang ist auch das zur alten Rechtslage ergangene BFH-Urteil zum Hotelscheck[5] von Bedeutung.

§ 3 Abs. 13 Satz 1 Nr. 1 UStG dürfte dahingehend zu verstehen sein, dass der der Sonderregelung unterliegende Gutschein nicht nur zur Annahme des Gutscheins als Zahlungsmittel, sondern auch zur **Leistungserbringung selbst verpflichten** muss. Damit muss auch feststehen, wer die Leistung zu erbringen hat. 671

Weiter stellt sich die Frage, ob der Gutschein i.S.v. § 3 Abs. 13 UStG einen **Nennbetrag** im Sinne eines in Geld bezifferten Gutscheinwerts ausweisen muss. Hiervon geht die Regelung zur Entgeltbemessung bei Mehrzweck-Gutscheinen in § 10 Abs. 1 Satz 6 UStG (§ 10 Rz. 100) aus, so dass dieses Kriterium im Hinblick auf § 3 Abs. 15 Satz 1 UStG auch für den Einzweck-Gutschein gilt. Andersartige Gutscheine, wie z.B. ein Hotelscheck[6], der unter der Bedingung der Inanspruchnahme von Zusatzleistungen zu einer „kostenlosen" Übernachtung berechtigt, fallen daher nicht unter die Neuregelung. 672

c) Angaben zur Leistung und zum leistenden Unternehmer

aa) Anforderungen an die Leistung

§ 3 Abs. 13 Satz 1 Nr. 2 UStG erweitert die sich materiell-rechtlich bereits aus der Nr. 1 ergebenden Anforderungen dergestalt, dass aus dem Gutschein oder den zusammenhängenden Unterlagen auch der Leistungsgegenstand und der Leistende ersichtlich sein müssen. 673

Art. 30a Nr. 1 MwStSystRL formuliert hier etwas offener und stellt auf „die zu liefernden Gegenstände oder zu erbringenden Dienstleistungen" ab. Danach bestehen keinerlei Einschränkungen der Art, dass die aufgrund des Gutscheins zu erbringende Leistung näher bezeichnet sein muss. Auch wenn Gutscheine sich häufig auf bestimmte Waren- oder Leistungsarten beziehen, ist eine derartige Konkretisierung für den Gutscheinbegriff nicht wesentlich. Ein der Neuregelung unterliegender Gutschein kann daher auch dann vorliegen, wenn er zum **Bezug völlig beliebiger Leistungen** berechtigt und sich weitere **Einschränkungen nur aus dem Angebotsspektrum** des zur Leistung verpflichteten Unternehmers ergeben. 674

1 BMF, Schr. v. 4.11.2020, BStBl. I 2021, 1129, Rz. 5.
2 A.M. *Nieskens* in Rau/Dürrwächter, UStG, § 3 Rz. 4742 (Stand: März 2021).
3 Abschn. 3.17 Abs. 1 Satz 8 UStAE.
4 Abschn. 3.17 Abs. 1 Satz 5 UStAE.
5 Vgl. hierzu zur Beurteilung nach alter Rechtslage: BFH, Urt. v. 8.9.2011 – V R 42/10, BStBl. II 2012, 248 = UR 2012, 153.
6 Vgl. hierzu zur Beurteilung nach alter Rechtslage: BFH, Urt. v. 8.9.2011 – V R 42/10, BStBl. II 2012, 248 = UR 2012, 153.

bb) Anforderungen an den leistenden Unternehmer

675 § 3 Abs. 13 Satz 1 Nr. 2 UStG verlangt zum anderen, dass die **Identität** des leistenden Unternehmers **feststeht.**[1] Auch hier ist die Richtlinie offener formuliert. Art. 30a Nr. 1 MwStSystRL stellt insoweit auf die „Identität der möglichen Lieferer oder Dienstleistungserbringer" ab. Nationales Recht wie auch Richtlinie lassen eine alternative Nennung von Leistungsgegenstand oder Unternehmer zu. Demgegenüber dürfte es sich entgegen diesem Wortlaut um kumulativ zu erfüllende Voraussetzungen handeln, da die Ausgabe eines Gutscheins gegen Entgelt bei bloßer Nennung eines Leistungsgegenstandes ohne zusätzliche Angabe des Leistungsverpflichteten sinnlos sein dürfte.

676 Zudem ist es **nicht erforderlich**, dass der Gutschein einen **bestimmten Unternehmer verpflichtet**. Ein der Neuregelung unterliegender Gutschein liegt vielmehr auch dann vor, wenn sich der Gutschein auf Leistungen verschiedener Unternehmer bezieht, die im Gutschein oder den mit ihm im Zusammenhang stehenden Unterlagen genannt sind. Daher kann sich der Gutschein z.B. auch auf die Leistungen der in einem **Einkaufszentrum** oder einer **Shoppingmall** tätigen Unternehmer beziehen. Aufgrund der Steuersatzunterschiede in Bezug auf die dort angebotenen Leistungen wird es sich dabei um einen Mehrzweck-Gutschein handeln. Besteht Steuersatzidentität, kann jedenfalls über § 3 Abs. 14 Satz 4 UStG (Rz. 694 ff.) auch ein Einzweck-Gutschein in Betracht kommen.

2. Preisnachlassgutscheine (Absatz 13 Satz 2)

677 § 3 Abs. 13 Satz 2 UStG schließt Gutscheine („Instrumente"), die lediglich zu einem **Preisnachlass** berechtigen, vom Anwendungsbereich der Neuregelung aus.[2] Dies betrifft insoweit die erste Voraussetzung von § 3 Abs. 13 Satz 1 UStG, als diese Gutscheine nicht als Gegenleistung anzunehmen sind, sondern die Gegenleistung mindern.

678 Dies entspricht dies dem vierten Erwägungsgrund zur ÄnderungsRL 2016/1065. Danach soll die Neuregelung „nicht für Instrumente gelten, die den Inhaber zu einem Preisnachlass beim Erwerb von Gegenständen oder Dienstleistungen berechtigen, aber nicht das Recht verleihen, solche Gegenstände oder Dienstleistungen zu erhalten."

III. Einzweck-Gutscheine (Absatz 14)

1. Definition

679 Liegen die Voraussetzungen der allgemeinen Definition in § 3 Abs. 13 UStG vor, handelt es sich nach § 3 Abs. 14 Satz 1 UStG um einen Einzweck-Gutschein, wenn der Ort der Leistung, auf den sich der Gutschein bezieht und die für die Leistung geschuldete Steuer zum Zeitpunkt der Ausstellung des Gutscheins feststehen. Unionsrechtlich entspricht dies Art. 30a Nr. 2 MwStSystRL.

2. Voraussetzungen

a) Ort der Leistung

680 Das Kriterium des Orts der Leistung ist **interpretationsfähig**. Bei enger Auslegung müsste es sich um einen bestimmten Ort, wie etwa ein Geschäftslokal oder einen anderen konkret benannten Ort handeln, an dem die Leistung zu erbringen ist. Bei weiter Auslegung kommt es nur darauf an, dass sich der Ort der Leistung zur Abgrenzung der Besteuerungshoheiten der anderen Mitgliedstaaten im **Inland** befindet. Letzteres ist vorzugswürdig und entspricht der Verwaltungsauffassung.[3]

681 Ungeklärt und vom EuGH zu entscheiden ist, ob Art. 30b Abs. 2 Unterabs. 1 MwStSystRL, wonach die tatsächliche Erbringung der Dienstleistungen, für die der Erbringer der Dienstleistungen einen Mehrzweck-Gutschein als Gegenleistung oder Teil einer solchen annimmt, der Mehrwertsteuer gemäß Art. 2 MwStSystRL unterliegt, wohingegen jede vorangegangene Übertragung dieses Mehrzweck-Gutscheins

---

1 Ebenso Abschn. 3.17 Abs. 2 Satz 2 UStAE.
2 Abschn. 3.17 Abs. 1 Satz 4 UStAE.
3 Abschn. 3.17 Abs. 2 Satz 2 UStAE.

nicht der Mehrwertsteuer unterliegt, einer anderweitig begründeten Steuerpflicht[1] entgegensteht.[2] Letzteres könnte zu verneinen sein, so dass es ausschließlich darauf ankommt, dass sich aus dem Gutschein eine **Verpflichtung zur Leistungserbringung im Inland** ergibt und sich zugleich **darauf beschränkt.**

Bezieht sich der Gutschein auf **Leistungen unterschiedlicher Art** (Rz. 674) muss der Ort aller dem Gutschein unterliegenden Leistungen im Inland gelegen sein. **Berechtigt der Gutschein** nicht nur Endverbraucher, sondern auch **Unternehmer** zum Leistungsbezug, sind auch die sich hieraus ergebenden Besonderheiten für den Leistungsort zu beachten. Wird daher ein Gutschein für die sonstige Leistung eines im Inland ansässigen Unternehmers ausgegeben, die bei ihrer tatsächlichen Erbringung gegenüber Endverbrauchern zu einer Leistung im Inland nach § 3a Abs. 1 UStG führt, während es bei einer Leistungserbringung an Unternehmer bei entsprechender Empfängeransässigkeit zu einer Ortsverlagerung nach § 3a Abs. 2 UStG in das Ausland kommen kann, scheidet die Annahme eines Einzweck-Gutscheins aus. Im Bereich der sonstigen Leistungen werden Einzweck-Gutscheine daher häufig nur vorliegen, wenn sie nur durch Endverbraucher (ohne Unternehmereigenschaft) eingelöst werden dürfen.[3] Die FinVerw. stellt dabei auch auf Vermutungsregelungen ab.[4] Ein Einzweck-Gutschein, der Endverbraucher und Unternehmer gleichermaßen zu einer im Inland erbrachten Leistung berechtigt, kann sich z.B. auf die Abgabe von Speisen i.S.d. § 3 Abs. 3 Nr. 3 Buchst. b UStG beziehen. Danach erfordert der Einzweck-Gutschein im Regelfall eine **gattungsmäßige Einschränkung der Leistungsgegenstände.**[5] Ein eigenständiges Kriterium ist hierin aber nicht zu sehen. 682

Der **Ansässigkeit** des den **Gutschein ausgebenden Unternehmers** kommt demgegenüber keine eigenständige Bedeutung zu. Gibt z.B. ein im Ausland ansässiger Unternehmer einen Gutschein aus, der zum Leistungsbezug im Inland berechtigt, unterliegt auch dieser der Neuregelung. 683

b) Geschuldete Steuer

Bei einem Einzweck-Gutschein muss die aufgrund der Leistungserbringung geschuldete Steuer feststehen. Auch dies kann in unterschiedlicher Weise zu verstehen sein. Bei enger Auslegung muss es sich um die Steuer für ein genau genanntes Produkt oder eine ganz bestimmte Dienstleistung handeln. Bei weiter Auslegung reicht es aus, dass der Gutschein zum Bezug beliebiger Leistungen berechtigt, sofern alle Leistungen **demselben Steuersatz** unterliegen.[6] Nach der hier vertretenen Auffassung liegt im Beispiel des Einkaufszentrums (Rz. 676) ein Einzweck-Gutschein vor, wenn er alle Händler des Einkaufszentrums mit Ausnahme derjenigen verpflichtet, die auch Leistungen zum ermäßigten Steuersatz erbringen. Ein Einzweckgutschein kann sich ausnahmsweise auch auf Leistungen beziehen, die unterschiedlichen Steuersätzen unterliegen, wenn eine genaue und auch betragsmäßig Abgrenzung gegeben ist.[7] 684

Besondere Fragestellungen ergeben sich im Zusammenhang mit einer **Steuersatzänderung**. Ist der Zeitpunkt, zu der diese in Kraft tritt, bereits bekannt und bezieht sich der Gutschein nach den maßgeblichen Verhältnissen im Zeitpunkt seiner Ausgabe[8] auf eine der Änderung unterliegende Leistung, steht der Steuersatz nur fest, wenn der Gültigkeitszeitraum des Gutscheins mit diesem Zeitpunkt endet oder beginnt, so dass dann ein Einzweck-Gutschein vorliegt. Wurde der Gutschein bereits vor der Bekanntgabe der Steuersatzänderung ausgegeben, der nunmehr im Zeitraum vor und nach dieser Änderung verwendet werden kann, wird auf dieser Grundlage der Einzweck-Gutschein nachträglich zu einem Mehrzweck-Gutschein, so dass § 17 Abs. 2 Nr. 3 UStG anzuwenden sein dürfte (Rz. 702). 685

Fraglich ist, ob für das Feststehen der geschuldeten Steuer **Befreiungstatbestände** zu berücksichtigen sind. Würde man dies bejahen, käme das Vorliegen eines Einzweck-Gutscheins bei Warengutscheinen 686

1 EuGH, Urt. v. 3.5.2012 – C-520/10, ECLI:EU:C:2012:264 – Lebara, BStBl. II 2012, 755 = UR 2012, 523.
2 Rechtssache C-68/23 – Vorlage durch BFH, Vorlagebeschl. v. 3.11.2022 – XI R 21/21, BFHE 277, 561 = UR 2023, 273 m. Anm. *Prätzler*.
3 Vgl. Abschn. 3.17 Abs. 2 Satz 3 und Abs. 5 Sätze 4 f. UStAE.
4 Abschn. 3.17 Abs. 5 Satz 5 UStAE i.V.m. Abschn. 3a.2 Abs. 11a UStAE.
5 Abschn. 3.17 Abs. 2 Satz 4 f. UStAE.
6 Abschn. 3.17 Abs. 2 Sätze 4 f. UStAE.
7 Abschn. 3.17 Abs. 2 Satz 10 f. UStAE.
8 *Nieskens* in Rau/Dürrwächter, UStG, § 3 Rz. 4772 ff. (Stand: März 2021).

für Lieferungen (auch) an Unternehmer nicht in Betracht, da hier stets die Möglichkeit einer z.B. steuerfreien innergemeinschaftlichen Lieferung bestünde. Gleiches würde für Warengutscheine zugunsten von Endverbrauchern im Hinblick auf die mögliche Inanspruchnahme der Steuerfreiheit für Ausfuhrlieferungen gelten. Beides erscheint zweifelhaft, dürfte aber letztlich unbeachtlich sein, da es sonst entgegen dem gesetzgeberischen Willen im Bereich der Lieferung keinen Einzweck-Gutschein gäbe.

687 Zur Vermeidung dieser Problematik geht die FinVerw. davon aus, dass Übertragung (oder Ausgabe) eines auf eine Lieferung bezogenen Gutscheins entsprechend § 3 Abs. 7 Satz 1 UStG stets zu einer **ruhenden Lieferung** führt, so dass die Möglichkeit einer z.B. steuerfreien innergemeinschaftlichen Lieferung dem Erfordernis einer feststehenden Steuer nicht entgegensteht.[1] Ob diese Sichtweise rechtlich Bestand haben wird, ist offen. Denn die Frage nach der **Steuerbefreiung bestimmt sich** ebenso wie die des Steuersatzes nach der **tatsächlichen Leistung**, die gemäß § 3 Abs. 15 Satz 5 UStG nicht als unabhängiger Umsatz gilt.

688 Sollte sich die FinVerw. mit ihrer Sichtweise nicht durchsetzen, könnten anstelle von Einzweck-Gutscheinen tatsächlich Mehrzweck-Gutscheine vorliegen, da entgegen § 3 Abs. 14 Satz 1 UStG aufgrund der möglichen Anwendung der §§ 6, 6a UStG die geschuldete Steuer im Zeitpunkt der Ausstellung des Gutscheins nicht feststünde. An der Annahme eines Einzweck-Gutscheins ist daher nur dann nicht zu zweifeln, wenn nicht nur eine Beförderung durch den Lieferer, sondern im Abholfall auch eine Berechtigung zum steuerfreien Gegenstandserwerb als Unternehmer (oder als diesem gleichgestellte Person) und eine Abholung als Auslandsansässiger zur Beförderung in das Drittlandsgebiet ausgeschlossen ist. Berechtigt ein Gutschein daher zur steuerfreien Lieferung z.B. im Rahmen des sog. nichtkommerziellen Reiseverkehrs nach § 6 Abs. 3a UStG (§ 6 Rz. 91 ff.), liegt entgegen der Verwaltungsauffassung[2], die die Steuerfreiheit verneint und einen Einzweck-Gutschein bejaht, ein Mehrzweck-Gutschein vor, der zur Inanspruchnahme der Steuerfreiheit berechtigt.

3. Rechtsfolgen

a) Überblick

689 Aus § 3 Abs. 13 Sätze 2–5 UStG ergeben sich die Rechtsfolgen des Einzweck-Gutscheins. Dabei geht es um die **Übertragung** des Gutscheins (Sätze 2 und 3), die **Ausstellung** des Gutscheins durch einen anderen Unternehmer als den nach dem Gutschein zur Leistung verpflichteten Unternehmer (Satz 4) und die **Einlösung** des Gutscheins (Satz 5).

b) Besteuerung bereits mit Übertragung

690 § 3 Abs. 14 Sätze 2 und 3 UStG regeln die Übertragung des Einzweck-Gutscheins. Dies bezieht sich gleichermaßen auf die erstmalige Übertragung durch **Erstausgabe** des Gutscheins wie auch auf die **Weiterübertragung** des Gutscheins vor seiner Einlösung. Danach gilt sowohl die Erstausgabe wie auch die Weiterübertragung des Einzweck-Gutscheins als **Erbringung der Leistung**, auf die sich der Gutschein bezieht.[3]

691 Die mit der Gutscheinübertragung (Erstausgabe oder Weiterübertragung) fingierte Leistung gilt als durch den Unternehmer erbracht, in dessen Namen bei der Übertragung gehandelt wird. Dabei ist zwischen dem **Handeln im eigenen Namen und dem** (mit Vertretungsmacht) **im fremden Namen** zu unterscheiden, wie die hiernach differenzierende Regelung in § 3 Abs. 14 Sätze 2 und 3 UStG deklaratorisch klarstellt. Unionsrechtlich ergibt sich dasselbe aus Art. 30b Abs. 1 Unterabs. 1 Satz 1 und Unterabs. 2 MwStSystRL.

692 In **Vertriebsketten** kommt es zu einer mehrfachen Steuerentstehung zum jeweiligen Übertragungs- oder Ausgabezeitpunkt. Verkauft z.B. A einen Einzweck-Gutschein, der zum Bezug einer dem Regelsteuersatz unterliegenden Lieferung berechtigt, an den Unternehmer B, der diesen Gutschein an den Endverbraucher C verkauft, der den Gutschein dann später bei A für einen Warenbezug einlöst, liefert

1 Abschn. 3.17 Abs. 5 Satz 1 f. UStAE.
2 Abschn. 6.11 Abs. 6 UStAE.
3 Abschn. 3.17 Abs. 2 Satz 12 f. UStAE.

nach § 3 Abs. 14 Satz 3 UStG zunächst A gegen Entgelt an B und dann B an C. Demgegenüber ist die tatsächliche Leistungserbringung gemäß § 3 Abs. 14 Satz 5 UStG (Rz. 697) nicht steuerbar.[1]

Von der Leistungskette ist der **Vermittlungsfall** zu unterscheiden. Der erkennbar im fremden Namen handelnde Vermittler wird nicht Teil einer Leistungskette, sondern erbringt eine Vermittlungsleistung gegenüber seinem Auftraggeber.[2] Gibt im vorstehenden Beispiel B den Einzweck-Gutschein im Namen (und mit Vertretungsmacht) des A an C aus, hat A nach § 3 Abs. 14 Satz 3 UStG die Gutscheinleistung an C im Umfang der vollen Zahlung des C an B zu versteuern. B erbringt demgegenüber eine Vertriebsleistung an A, deren Entgelt sich nach dem Einbehalt des B für seine Tätigkeit bestimmt und die A unter den weiteren Voraussetzungen des § 15 UStG zum Vorsteuerabzug berechtigt. Im Übrigen ist die tatsächliche Leistungserbringung an C wiederum gemäß § 3 Abs. 14 Satz 5 UStG nichtsteuerbar.[3] 693

c) Personenverschiedenheit von Aussteller und Leistendem

§ 3 Abs. 14 Satz 4 UStG befasst sich damit, dass nicht der Unternehmer, der den Gutschein ausgestellt hat, sondern ein anderer Unternehmer, die im Einzweck-Gutschein bezeichnete Leistung erbringt. Danach wird der leistende Unternehmer so behandelt, als habe er die im Gutschein bezeichnete Leistung an den Aussteller erbracht. Unionsrechtliche Grundlage ist Art. 30b Abs. 1 Unterabs. 3 MwStSystRL. 694

Gibt z.B. B im eigenen Namen einen Gutschein an C aus, der zu einem Warenbezug von A berechtigt, erbringt gemäß § 3 Abs. 14 Satz 4 UStG A die im Gutschein verkörperte Leistung (Gutscheinleistung) an B, während B die Gutscheinleistung gemäß § 3 Abs. 14 Satz 2 UStG an C erbringt. Das Entgelt für den jeweiligen Umsatz bestimmt sich nach den hierfür geschuldeten Zahlungen. A hat daher das zu versteuern, was er für die Einräumung der Berechtigung, Gutscheine zu seinen Lasten ausgeben zu dürfen, von B erhält. Die FinVerw. geht hier von zwei zeitgleich erbrachten Leistungen (A an B und B an C) aus.[4] Die tatsächliche Leistungserbringung gilt demgegenüber wiederum nach § 3 Abs. 14 Satz 5 UStG nicht als eigenständiger Umsatz. 695

Bei § 3 Abs. 14 Satz 4 UStG handelt sich es somit ähnlich wie bei § 3 Abs. 3 UStG um eine steuerrechtliche Fiktion, die sich von der Bestimmung der Leistungsbeziehungen auf der Grundlage hiervon ggf. abweichender Rechtsverhältnisse löst. Daher sind die tatsächlich bestehenden Rechtsverhältnisse, aus denen sich z.B. eine unmittelbare Leistungserbringung (im Beispiel durch A an C) ergeben kann, aufgrund der Sonderregelung in § 3 Abs. 14 Satz 4 UStG ohne Bedeutung. Zum alten Recht ist der BFH davon ausgegangen, dass ein Steuerpflichtiger, der über sein Internetportal Gutscheine für bestimmte Freizeiterlebnisse verkauft, die durch den Gutschein versprochene Leistung entweder selbst erbringt oder hinsichtlich dieser Leistung als Vermittler tätig ist, so dass seine Leistung jedenfalls nicht im Betrieb eines Internetportals besteht.[5] 696

d) Einlösung

§ 3 Abs. 14 Satz 5 UStG ordnet an, dass die tatsächliche Leistungserbringung, für die ein Einzweck-Gutschein als Gegenleistung angenommen wird, in den Fällen von § 3 Abs. 14 Sätze 2–4 UStG nicht als unabhängiger Umsatz gilt. Hieraus folgt, dass die Leistungserbringung, die mit einem Gutschein bezahlt wird, nicht eigenständig steuerbar ist[6], sondern mit der Gutscheinleistung als besteuert gilt. Unionsrechtlich beruht dies auf Art. 30b Abs. 1 Unterabs. 1 Satz 2 MwStSystRL. 697

Für den Fall, dass der Gutschein zur Bezahlung nicht ausreicht, gilt dies nicht für eine **Zuzahlung**, so dass im Umfang dieser Zahlung eine entgeltliche Leistung vorliegt.[7] 698

---

1 Abschn. 3.17 Abs. 3 Sätze 1 ff. und Beispiel 1 UStAE.

2 Abschn. 3.17 Abs. 5 Satz 6 UStAE.

3 Abschn. 3.17 Abs. 4 UStAE.

4 Abschn. 3.17 Abs. 3 Sätze 4 ff. und Beispiel 2 UStAE.

5 BFH, Urt. v. 15.3.2022 – V R 35/20, BStBl. II 2023, 150 = UR 2022, 931 – in dieser Sache kam es zu einer Zurückverweisung an das FG und nach dessen Urteil im zweiten Rechtsgang (FG Münster, Urt. v. 28.9.2023 – 5 K 1404/18 U, EFG 2023, 1727) zu einer erneuten Revision unter dem Az. V R 21/23.

6 Abschn. 3.17 Abs. 2 Satz 14 UStAE.

7 Vgl. hierzu Abschn. 3.17 Abs. 2 Satz 15 und Beispiel 3 UStAE.

e) Sonstige Rechtfolgen

aa) Bemessungsgrundlagen

699 Es bestehen **keine Sonderregelungen** zum Entgelt, so dass § 10 Abs. 1 Sätze 1–5 UStG gelten. Der den Gutschein Übertragende hat daher das von ihm für die jeweilige Übertragung vereinnahmte Entgelt zu versteuern. Auf den Nennwert des Gutscheins kommt es auch bei der Gutscheinübertragung an den Endverbraucher nicht an.[1]

700 Im Fall einer **unentgeltlichen Übertragung** oder Ausgabe wendet die FinVerw. § 10 Abs. 4 Satz 1 UStG an (§ 10 Rz. 124 ff.).[2] Fraglich ist dabei, wie der Umsatz bei der unentgeltlichen Erstausgabe zu bemessen ist.

bb) Nichteinlösung, Umtausch und sonstige Änderungen

701 Die Nichteinlösung eines Einzweck-Gutscheins hat **auf die Besteuerung** der Gutscheinübertragung **keinen Einfluss** und lässt diese unberührt.[3] Zu beachten ist, dass die FinVerw. bei einer Zahlung an einen Vermittler, die dieser erst aufgrund einer tatsächlichen Leistungserbringung an den aus dem Gutschein verpflichteten Unternehmer weiterzuleiten hat, die aber unterbleibt, von einer Erhöhung des Vermittlungsentgelts und einem entsprechend erhöhten Vorsteuerabzug ausgeht.[4]

702 Besteht die Möglichkeit, den Gutschein jederzeit und voraussetzungslos gegen den hierfür aufgewendeten Zahlbetrag zurückzugeben, verneint die FinVerw. die Anwendung der Neuregelung.[5] Ansonsten geht die FinVerw. zutreffend davon aus, dass mit der ausnahmsweisen Erstattung des Gutscheinwerts bei Rückgabe des Gutscheins der Umsatz aus der Ausgabe des Umsatzes rückgängig gemacht wird und § 17 Abs. 2 Nr. 3 UStG anzuwenden ist.[6]

703 Diese Vorschrift dürfte auch im Fall einer **Sortimentserweiterung** anzuwenden sein, wenn sich ein Gutschein z.B. auf alle Waren eines Unternehmers bezieht, diese bei der Gutscheinausgabe denselben Steuersatz unterliegen und das Sortiment um Ware, deren Lieferung dem anderen Steuersatz unterliegen, erweitert wird, da so aus dem Einzweck- nachträglich ein Mehrzweck-Gutschein wird.[7] Im **Umkehrfall** wird aus dem Mehrzweck- nunmehr ein Einzweckgutschein, so dass es zu einer nachträglichen Besteuerung gemäß § 3 Abs. 14 Satz 2 UStG kommt.

IV. Mehrzweck-Gutscheine (Absatz 15)

1. Definition und Bedeutung

704 § 3 Abs. 15 Satz 1 UStG definiert den Mehrzweck-Gutschein **negativ** als Gutschein i.S.d. § 3 Abs. 13 UStG, bei dem es sich nicht um einen Einzweck-Gutschein nach § 3 Abs. 14 Satz 1 UStG handelt. Dies erfasst Gutscheine, bei denen entweder der Ort (Mitgliedstaat) der Leistungserbringung, auf den sich der Gutschein bezieht oder die für die Leistung geschuldete Steuer zum Zeitpunkt der Ausstellung des Gutscheins nicht feststehen. Dies trifft z.B. auf ein Instrument zu, das seinen Inhaber berechtigt, verschiedene Dienstleistungen an einem bestimmten Ort während eines begrenzten Zeitraums und bis zu einem bestimmten Wert in Anspruch zu nehmen, wenn die auf diese Dienstleistungen geschuldete Mehrwertsteuer zum Zeitpunkt seiner Ausstellung nicht feststeht.[8] Diese Regelungen zu Mehrzweck-Gutscheine sind im Kern deklaratorisch, da es hier bei der bisherigen Rechtslage, wie sie vor der Neuregelung bestand, bleibt.

---

1 Abschn. 3.17 Abs. 6 Beispiele 1 und 2 UStAE.
2 Abschn. 3.17 Abs. 6 Sätze 4 f. UStAE.
3 Abschn. 3.17 Abs. 7 Sätze 1 und Beispiel 1 UStAE.
4 Abschn. 3.17 Abs. 7 Beispiel 2 UStAE.
5 Abschn. 3.17 Abs. 1 Satz 7 UStAE.
6 Abschn. 3.17 Abs. 8 UStAE.
7 Vgl. auch *Nieskens* in Rau/Dürrwächter, UStG, § 3 Rz. 4776 (Stand: März 2021).
8 EuGH, Urt. v. 28.4.2022 – C-637/20, ECLI:EU:C:2022:304 – DSAB Destination Stockholm, UR 2022, 375 m. Anm. *Nieskens*.

2. Gutscheinübertragung

Aus der **Erstausgabe** wie auch aus der **Weiterübertragung** dieser Gutscheine ergeben sich wie im bisherigen Recht **keine umsatzsteuerrechtlichen Rechtsfolgen.**[1] 705

3. Gutscheineinlösung

Zu einer Besteuerung kommt es erst mit der Leistungserbringung, bei der der Gutschein ganz oder teilweise als Gegenleistung angenommen wird. Beides ergibt sich letztlich deklaratorisch aus § 3 Abs. 15 Satz 2 UStG, der sprachlich unklar gefasst wirkt. Die unionsrechtliche Grundlage in Art. 30b Abs. 2 Unterabs. 1 MwStSystRL wirkt hier eindeutiger. Damit ist wie nach der früheren Rechtslage die Erstausgabe wie auch die Weiterübertragung von Mehrzweck-Gutscheinen **nichtsteuerbar.** 706

4. Bemessungsgrundlage

a) Unmittelbare Begebung

Der Wert, mit dem der Gutschein zur Bezahlung einer steuerpflichtigen Leistung eingesetzt wird, bestimmt sich nach § 10 Abs. 1 Satz 2 UStG grundsätzlich nach dem, was der Unternehmer für die Begebung des Gutscheins erhalten hat. Gibt der leistende Unternehmer Mehrzweck-Gutscheine selbst für einen **Preis unter dem Nennwert** des Gutscheins aus, bestimmt sich das Entgelt für die Leistung, die mit dem Gutschein bezahlt wird, nach dem Kaufpreis für den Gutschein. 707

b) Mehrfachübertragung

Wird der Mehrzweck-Gutschein vor seiner Einlösung mehrfach verkauft, kann die Ermittlung dieses Werts Schwierigkeiten bereiten. Verkauft z.B. der aus dem Gutschein zur Leistung verpflichtete Unternehmer A den Gutschein zunächst an den Unternehmer B, der ihn zu einem höheren Preis, aber immer noch unter dem Nennwert des Gutscheins an den Endverbraucher C verkauft, der ihn bei A einlöst, fragt sich im Hinblick auf die Diskrepanz zwischen dem von A erlangten und dem von C aufgewendeten Kaufpreis, worauf für die Wertbemessung des Gutscheins abzustellen ist. 708

Hierfür ist **§ 10 Abs. 1 Satz 6 UStG** zu berücksichtigen, der unionsrechtlich Art. 73a MwStSystRL entspricht. Liegen bei der Entgegennahme eines Mehrzweck-Gutscheins keine Angaben über die Höhe der für den Gutschein erhaltenen Gegenleistung vor, wird das Entgelt für die Leistung, die mit dem Gutschein bezahlt wird, nach dem Nennwert des Gutscheins bemessen. Die Vorschrift stellt auf die Sicht des leistenden Unternehmers und seine Kenntnisse ab und setzt voraus, dass im Grundsatz der vom Endverbraucher aufgewendete Kaufpreis maßgeblich ist. Denn eine fehlende Kenntnis des leistenden Unternehmers kann nur in Bezug auf diesen Kaufpreis bestehen. 709

Maßgeblich ist im vorstehenden Beispiel somit der von C als Endverbraucher aufgewendete Kaufpreis. Kennt A diesen Preis nicht, muss er die von ihm erbrachte und mit dem Gutschein bezahlte Leistung nach dem Nennwert des Gutscheins bemessen.[2] Nach § 10 Abs. 1 Satz 6 UStG soll auf die Kenntnis des leistenden Unternehmers auch dann abzustellen sein, wenn ihm in Abwandlung des vorstehenden Beispiels bekannt ist, dass B den Gutschein unentgeltlich an C abgegeben hat.[3] 710

c) Vertriebsdienstleistung

Die sich aus § 10 Abs. 1 Satz 6 UStG ergebende Problematik kann durch die Annahme einer von B an A erbrachten **Vertriebsleistung** vermieden werden, deren Entgelt aus der Handelsspanne des B abgeleitet wird. Versteuert A seine mit dem Gutschein bezahlte Leistung nach dem von B vereinnahmten Kaufpreis und erbringt B an A eine Vertriebsleistung, die nach seiner Handelsspanne zu bemessen ist 711

1 Abschn. 3.17 Abs. 9 UStAE.
2 Abschn. 3.17 Abs. 12 Beispiele 1 und 2 UStAE.
3 Abschn. 3.17 Abs. 12 Beispiel 3 UStAE.

und die A zum Vorsteuerabzug berechtigt, hat A die von ihm erbrachte Leistung letztlich nur mit dem Entgelt zu versteuern, das er von B vereinnahmt hat.

712 Diese Betrachtungsweise wird von Art. 30b Abs. 2 Unterabs. 2 MwStSystRL vorgegeben, dem allerdings lediglich deklaratorische Bedeutung zukommt und dessen Regelungsanordnung sich nicht im nationalen Recht findet. Wird ein Mehrzweck-Gutschein von einem anderen Steuerpflichtigen als dem Steuerpflichtigen, der den mit dem Gutschein bezahlten Umsatz erbringt, übertragen, unterliegen danach alle bestimmbaren Dienstleistungen, wie etwa **Vertriebs- oder Absatzförderungsleistungen**, der Mehrwertsteuer.

713 Eine bestimmbare Vertriebsdienstleistung kann danach, muss aber nicht, im vorstehenden Beispiel von B an A erbracht werden. Von einem hierfür erforderlichen Rechtsverhältnis ist z.B. dann auszugehen, wenn B die Gutscheine zwar im eigenen Namen, aber für Rechnung des A verkauft und ihm gegenüber abrechnungspflichtig ist. Das von A angestrebte Ziel einer Besteuerung auf der Grundlage seines Verkaufspreises an B lässt sich dann unter Berücksichtigung eines Vorsteuerabzugs erreichen.

714 Begibt der Unternehmer Gutscheine zur Bezahlung seiner Leistung an andere Unternehmer und bezieht er keine Vertriebsdienstleistung, ist er auf eine Offenlegung entweder durch den anderen Unternehmer oder den den Gutschein verwendenden Endkunden angewiesen.

715 Im Übrigen sind die sich bei Einschaltung eines Vermittlers ergebenden Rechtsfolgen nicht völlig eindeutig. Ist für den aus dem Gutschein verpflichteten Unternehmer ein in dessen Namen handelnder Vermittler tätig, soll der Vermittler seine Leistung bereits mit dem Verkauf des Gutscheins und nicht erst mit dessen Einlösung erbracht haben.[1] Reicht für die Vermittlung eine bloße Nachweistätigkeit aus,[2] so dass es nicht auf den Eintritt des vermittelnden Erfolges ankommt,[3] ist dem zuzustimmen.

d) Unternehmerischer Erwerber

716 Zu beachten ist auch, dass es sich beim **Gutscheinerwerber** (im Beispiel C) auch um einen zum Vorsteuerabzug berechtigten **Unternehmer** handeln kann. Für ihn ist bei einem Gutscheinerwerb zu einem Kaufpreis unter dem Nennwert die Annahme einer Leistungserbringung nach dem Nennwert vorteilhaft, da für ihn dann die Möglichkeit eines – im Vergleich zu seinen Aufwendungen – erhöhten Vorsteuerabzugs besteht.

5. Nichteinlösung und Rückgabe

717 Unterbleibt die Einlösung eines Mehrzweck-Gutscheins und verfällt er aufgrund einer Befristung seiner Gültigkeit, bleibt dies umsatzsteuerrechtlich **ohne Rechtsfolge.**[4] Auswirkungen können sich allerdings für Vermittlungsleistungen ergeben. Ist für den Unternehmer A, der aus dem Gutschein verpflichtet wird, ein Vermittler B (im Namen des A) tätig, der aus dem Verkauf des Mehrzweck-Gutscheins an C provisionsberechtigt ist und der den dem A zustehenden Anteil des Kaufpreises erst aufgrund der Inanspruchnahme des Gutscheins an A auszukehren hat, zu der es aufgrund des Verfalls des Gutscheins nicht mehr kommt, erhöht sich das Entgelt für die Vermittlungsleistung des A an B nach der Verwaltungsauffassung auf den vollen von A vereinnahmten Kaufpreis.[5]

718 Ebenso wie die Ausgabe ist auch die Rückgabe des Gutscheins gegen Erstattung des Kaufpreises unbeachtlich.[6]

1 Abschn. 3.17 Abs. 11 Beispiel UStAE.
2 Vgl. z.B. bei § 4 Nr. 8 UStG, § 4 Nr. 8 Rz. 22.
3 So § 3a Abs. 3 Nr. 4 UStG bei der Leistungsortbestimmung für Vermittlungsleistungen (an Nichtunternehmer).
4 Abschn. 3.17 Abs. 13 Satz 1 UStAE.
5 Abschn. 3.17 Abs. 13 Satz 2 und Beispiel UStAE.
6 Abschn. 3.17 Abs. 14 UStAE.

§ 3a Ort der sonstigen Leistung

(1) [1]Eine sonstige Leistung wird vorbehaltlich der Absätze 2 bis 8 und der §§ 3b und 3e an dem Ort ausgeführt, von dem aus der Unternehmer sein Unternehmen betreibt. [2]Wird die sonstige Leistung von einer Betriebsstätte ausgeführt, gilt die Betriebsstätte als der Ort der sonstigen Leistung.

(2) [1]Eine sonstige Leistung, die an einen Unternehmer für dessen Unternehmen ausgeführt wird, wird vorbehaltlich der Absätze 3 bis 8 und der §§ 3b und 3e an dem Ort ausgeführt, von dem aus der Empfänger sein Unternehmen betreibt. [2]Wird die sonstige Leistung an die Betriebsstätte eines Unternehmers ausgeführt, ist stattdessen der Ort der Betriebsstätte maßgebend. [3]Die Sätze 1 und 2 gelten entsprechend bei einer sonstigen Leistung an eine ausschließlich nicht unternehmerisch tätige juristische Person, der eine Umsatzsteuer-Identifikationsnummer erteilt worden ist, und bei einer sonstigen Leistung an eine juristische Person, die sowohl unternehmerisch als auch nicht unternehmerisch tätig ist; dies gilt nicht für sonstige Leistungen, die ausschließlich für den privaten Bedarf des Personals oder eines Gesellschafters bestimmt sind.

(3) Abweichend von den Absätzen 1 und 2 gilt:

1. **[1]Eine sonstige Leistung im Zusammenhang mit einem Grundstück wird dort ausgeführt, wo das Grundstück liegt. [2]Als sonstige Leistungen im Zusammenhang mit einem Grundstück sind insbesondere anzusehen:**
   a) **sonstige Leistungen der in § 4 Nr. 12 bezeichneten Art,**
   b) **sonstige Leistungen im Zusammenhang mit der Veräußerung oder dem Erwerb von Grundstücken,**
   c) **sonstige Leistungen, die der Erschließung von Grundstücken oder der Vorbereitung, Koordinierung oder Ausführung von Bauleistungen dienen.**
2. **[1]Die kurzfristige Vermietung eines Beförderungsmittels wird an dem Ort ausgeführt, an dem dieses Beförderungsmittel dem Empfänger tatsächlich zur Verfügung gestellt wird. [2]Als kurzfristig im Sinne des Satzes 1 gilt eine Vermietung über einen ununterbrochenen Zeitraum**
   a) **von nicht mehr als 90 Tagen bei Wasserfahrzeugen,**
   b) **von nicht mehr als 30 Tagen bei anderen Beförderungsmitteln.**

   [3]Die Vermietung eines Beförderungsmittels, die nicht als kurzfristig im Sinne des Satzes 2 anzusehen ist, an einen Empfänger, der weder ein Unternehmer ist, für dessen Unternehmen die Leistung bezogen wird, noch eine nicht unternehmerisch tätige juristische Person, der eine Umsatzsteuer-Identifikationsnummer erteilt worden ist, wird an dem Ort erbracht, an dem der Empfänger seinen Wohnsitz oder Sitz hat. [4]Handelt es sich bei dem Beförderungsmittel um ein Sportboot, wird abweichend von Satz 3 die Vermietungsleistung an dem Ort ausgeführt, an dem das Sportboot dem Empfänger tatsächlich zur Verfügung gestellt wird, wenn sich auch der Sitz, die Geschäftsleitung oder eine Betriebsstätte des Unternehmers, von wo aus diese Leistung tatsächlich erbracht wird, an diesem Ort befindet.
3. **Die folgenden sonstigen Leistungen werden dort ausgeführt, wo sie vom Unternehmer tatsächlich erbracht werden:**
   a) **kulturelle, künstlerische, wissenschaftliche, unterrichtende, sportliche, unterhaltende oder ähnliche Leistungen, wie Leistungen im Zusammenhang mit Messen und Ausstellungen, einschließlich der Leistungen der jeweiligen Veranstalter sowie die damit zusammenhängenden Tätigkeiten, die für die Ausübung der Leistungen unerlässlich sind, an einen Empfänger, der weder ein Unternehmer ist, für dessen Unternehmen die Leistung bezogen wird, noch eine nicht unternehmerisch tätige juristische Person, der eine Umsatzsteuer-Identifikationsnummer erteilt worden ist,**
   b) **die Abgabe von Speisen und Getränken zum Verzehr an Ort und Stelle (Restaurationsleistung), wenn diese Abgabe nicht an Bord eines Schiffs, in einem Luftfahrzeug oder in einer Eisenbahn während einer Beförderung innerhalb des Gemeinschaftsgebiets erfolgt,**

c) Arbeiten an beweglichen körperlichen Gegenständen und die Begutachtung dieser Gegenstände für einen Empfänger, der weder ein Unternehmer ist, für dessen Unternehmen die Leistung ausgeführt wird, noch eine nicht unternehmerisch tätige juristische Person, der eine Umsatzsteuer-Identifikationsnummer erteilt worden ist.

4. Eine Vermittlungsleistung an einen Empfänger, der weder ein Unternehmer ist, für dessen Unternehmen die Leistung bezogen wird, noch eine nicht unternehmerisch tätige juristische Person, der eine Umsatzsteuer-Identifikationsnummer erteilt worden ist, wird an dem Ort erbracht, an dem der vermittelte Umsatz als ausgeführt gilt.
5. Die Einräumung der Eintrittsberechtigung zu kulturellen, künstlerischen, wissenschaftlichen, unterrichtenden, sportlichen, unterhaltenden oder ähnlichen Veranstaltungen, wie Messen und Ausstellungen, sowie die damit zusammenhängenden sonstigen Leistungen an einen Unternehmer für dessen Unternehmen oder an eine nicht unternehmerisch tätige juristische Person, der eine Umsatzsteuer-Identifikationsnummer erteilt worden ist, wird an dem Ort erbracht, an dem die Veranstaltung tatsächlich durchgeführt wird.

(4) [1]Ist der Empfänger einer der in Satz 2 bezeichneten sonstigen Leistungen weder ein Unternehmer, für dessen Unternehmen die Leistung bezogen wird, noch eine nicht unternehmerisch tätige juristische Person, der eine Umsatzsteuer-Identifikationsnummer erteilt worden ist, und hat er seinen Wohnsitz oder Sitz im Drittlandsgebiet, wird die sonstige Leistung an seinem Wohnsitz oder Sitz ausgeführt. [2]Sonstige Leistungen im Sinne des Satzes 1 sind:

1. die Einräumung, Übertragung und Wahrnehmung von Patenten, Urheberrechten, Markenrechten und ähnlichen Rechten;
2. die sonstigen Leistungen, die der Werbung oder der Öffentlichkeitsarbeit dienen, einschließlich der Leistungen der Werbungsmittler und der Werbeagenturen;
3. die sonstigen Leistungen aus der Tätigkeit als Rechtsanwalt, Patentanwalt, Steuerberater, Steuerbevollmächtigter, Wirtschaftsprüfer, vereidigter Buchprüfer, Sachverständiger, Ingenieur, Aufsichtsratsmitglied, Dolmetscher und Übersetzer sowie ähnliche Leistungen anderer Unternehmer, insbesondere die rechtliche, wirtschaftliche und technische Beratung;
4. die Datenverarbeitung;
5. die Überlassung von Informationen einschließlich gewerblicher Verfahren und Erfahrungen;
6. a) Bank- und Finanzumsätze, insbesondere der in § 4 Nummer 8 Buchstabe a bis h bezeichneten Art und die Verwaltung von Krediten und Kreditsicherheiten, sowie Versicherungsumsätze der in § 4 Nummer 10 bezeichneten Art,
   b) die sonstigen Leistungen im Geschäft mit Gold, Silber und Platin. [2]Das gilt nicht für Münzen und Medaillen aus diesen Edelmetallen;
7. die Gestellung von Personal;
8. der Verzicht auf Ausübung eines der in Nummer 1 bezeichneten Rechte;
9. der Verzicht, ganz oder teilweise eine gewerbliche oder berufliche Tätigkeit auszuüben;
10. die Vermietung beweglicher körperlicher Gegenstände, ausgenommen Beförderungsmittel;
11. (aufgehoben)
12. (aufgehoben)
13. (aufgehoben)
14. die Gewährung des Zugangs zum Erdgasnetz, zum Elektrizitätsnetz oder zu Wärme- oder Kältenetzen und die Fernleitung, die Übertragung oder Verteilung über diese Netze sowie die Erbringung anderer damit unmittelbar zusammenhängender sonstiger Leistungen.

(5) [1]Ist der Empfänger einer der in Satz 2 bezeichneten sonstigen Leistungen

1. kein Unternehmer, für dessen Unternehmen die Leistung bezogen wird,
2. keine ausschließlich nicht unternehmerisch tätige juristische Person, der eine Umsatzsteuer-Identifikationsnummer erteilt worden ist,
3. keine juristische Person, die sowohl unternehmerisch als auch nicht unternehmerisch tätig ist, bei der die Leistung nicht ausschließlich für den privaten Bedarf des Personals oder eines Gesellschafters bestimmt ist,

wird die sonstige Leistung an dem Ort ausgeführt, an dem der Leistungsempfänger seinen Wohnsitz, seinen gewöhnlichen Aufenthaltsort oder seinen Sitz hat. [2]Sonstige Leistungen im Sinne des Satzes 1 sind:

1. die sonstigen Leistungen auf dem Gebiet der Telekommunikation;

2. die Rundfunk- und Fernsehdienstleistungen;

3. die auf elektronischem Weg erbrachten sonstigen Leistungen.

[3]Satz 1 ist nicht anzuwenden, wenn der leistende Unternehmer seinen Sitz, seine Geschäftsleitung, eine Betriebsstätte oder in Ermangelung eines Sitzes, einer Geschäftsleitung oder einer Betriebsstätte seinen Wohnsitz oder gewöhnlichen Aufenthalt in nur einem Mitgliedstaat hat und der Gesamtbetrag der Entgelte der in Satz 2 bezeichneten sonstigen Leistungen an in Satz 1 bezeichnete Empfänger mit Wohnsitz, gewöhnlichem Aufenthalt oder Sitz in anderen Mitgliedstaaten sowie der innergemeinschaftlichen Fernverkäufe nach § 3c Absatz 1 Satz 2 und 3 insgesamt 10.000 Euro im vorangegangenen Kalenderjahr nicht überschritten hat und im laufenden Kalenderjahr nicht überschreitet. [4]Der leistende Unternehmer kann dem Finanzamt erklären, dass er auf die Anwendung des Satzes 3 verzichtet. [5]Die Erklärung bindet den Unternehmer mindestens für zwei Kalenderjahre.

(6) [1]Erbringt ein Unternehmer, der sein Unternehmen von einem im Drittlandsgebiet liegenden Ort aus betreibt,

1. eine in Absatz 3 Nr. 2 bezeichnete Leistung oder die langfristige Vermietung eines Beförderungsmittels,

2. eine in Absatz 4 Satz 2 Nummer 1 bis 10 bezeichnete sonstige Leistung an eine im Inland ansässige juristische Person des öffentlichen Rechts oder

3. eine in Absatz 5 Satz 2 Nummer 1 und 2 bezeichnete Leistung,

ist diese Leistung abweichend von Absatz 1, Absatz 3 Nummer 2, Absatz 4 Satz 1 oder Absatz 5 als im Inland ausgeführt zu behandeln, wenn sie dort genutzt oder ausgewertet wird. [2]Wird die Leistung von einer Betriebsstätte eines Unternehmers ausgeführt, gilt Satz 1 entsprechend, wenn die Betriebsstätte im Drittlandsgebiet liegt.

(7) [1]Vermietet ein Unternehmer, der sein Unternehmen vom Inland aus betreibt, kurzfristig ein Schienenfahrzeug, einen Kraftomnibus oder ein ausschließlich zur Beförderung von Gegenständen bestimmtes Straßenfahrzeug, ist diese Leistung abweichend von Absatz 3 Nr. 2 als im Drittlandsgebiet ausgeführt zu behandeln, wenn die Leistung an einen im Drittlandsgebiet ansässigen Unternehmer erbracht wird, das Fahrzeug für dessen Unternehmen bestimmt ist und im Drittlandsgebiet genutzt wird. [2]Wird die Vermietung des Fahrzeugs von einer Betriebsstätte eines Unternehmers ausgeführt, gilt Satz 1 entsprechend, wenn die Betriebsstätte im Inland liegt.

(8) [1]Erbringt ein Unternehmer eine Güterbeförderungsleistung, ein Beladen, Entladen, Umschlagen oder ähnliche mit der Beförderung eines Gegenstandes im Zusammenhang stehende Leistungen im Sinne des § 3b Absatz 2, eine Arbeit an beweglichen körperlichen Gegenständen oder eine Begutachtung dieser Gegenstände, eine Reisevorleistung im Sinne des § 25 Absatz 1 Satz 5 oder eine Veranstaltungsleistung im Zusammenhang mit Messen und Ausstellungen, ist diese Leistung abweichend von Absatz 2 als im Drittlandsgebiet ausgeführt zu behandeln, wenn die Leistung dort genutzt oder ausgewertet wird. [2]Satz 1 gilt nicht, wenn die dort genannten Leistungen in einem der in § 1 Absatz 3 genannten Gebiete tatsächlich ausgeführt werden.

Schrifttum: S. zu älterer Literatur auch die Vorauflagen.

Diemer, Ein vermietetes Grundstück macht noch keine umsatzsteuerliche Betriebsstätte, IWB 2021, 593; *Dünchheim/Bringmann*, Umsatzbesteuerung von im EU-Ausland ansässigen Online-Glückspielanbietern, ZfWG 2019, 202; *Drüen*, Unionsrechtliche Vorgaben für die Verzinsung von Umsatzsteuer, UR 2023, 257 (Teil 1) und UR 2023, 305 (Teil 2); *Farruggia-Weber*, Droht das Aus für die passive Betriebsstätte in Deutschland? UR 2024, 1; *Heinrichshofen*, Update Veranstaltungsleistungen und umsatzsteuerrechtliches Verfahrensrecht, UVR 2021, 314; *Hundt-Eßwein*, Neue Erkenntnisse über die Besorgungsleistung nach § 3 Abs. 11 UStG; *Langer/Mateev*, Der neue Grundstücksbegriff in der Umsatzsteuer – ist die Arbeit an einer Maschine eine grundstücksbezogene Dienstleistung?, DStR 2019, 2064; *Liegmann/Farruggia-Weber*, Umsatzsteuerliche Herausforderungen bei der Herausgabe von NFT-Kollektionen, UR 2022, 441; *Luther/Zawodsky*, Umsatzbesteuerung virtueller Transaktionen, REThinking Tax, Heft 3 2022, 49; *Monfort*, Reichweite der Unternehmereigenschaft zur Bestimmung des Orts der Dienstleistung beim Empfängerortsprinzip, UR 2021, 293; *Neeser*, Nichts Neues bei der Dienstwagenbesteuerung – wie das EuGH-Urteil vom 20.1.2021 missverstanden wird, UVR 2021, 189; *Neumann*, Die umsatzsteuerrechtliche Behandlung virtueller Vermietungen am Beispiel des Metaversums, UR 2023, 148; *Oldiges*, Umfang der menschlichen Beteiligung, der einer elektronisch erbrachten Dienstleistung entgegensteht, DStR 2023, 316; *Philipowski*, Ist die Bereitschaft zur Ausführung grenzüberschreitender Zahlungen eine steuerpflichtige Leistung?, UR 2018, 266; *Schäfer*, Die Besteuerung von Social-Media-Berufen in der Umsatzsteuer, StB 2019, 267; *Wischermann*, Die Betriebsstätte in der Umsatzsteuer – Anmerkungen zu dem Urteil in der Rechtssache XI R 1/18, UR 2019, 917.

A. Grundaussagen

I. Regelungsgegenstand und Bedeutung

1. Allgemeine Ausführungen

Bei der Vorschrift handelt es sich um die zentrale Bestimmung für die Ermittlung des Ortes von sonstigen Leistungen. Daneben gilt es die Ortsvorschriften der §§ 3b, 3e, 25 UStG zu beachten, die im Ergebnis vorrangig sind. Eine ausschließliche Prüfung auf Basis der nationalen Vorschrift führt m.E. 1

in einer Vielzahl von Fällen zu einer unzutreffenden Besteuerung, da erst über die Regelungen der MwStSystRL und der MwStVO das richtige Ergebnis gefunden wird. Dies zeigt sich insbesondere bei den Grund-/Auffangnormen der Absätze 1 und 2 in Bezug auf die Definition des Unternehmers. Insoweit stellt sich die Frage, ob die nationalen Bestimmungen **unionsrechtskonform** sind, weil richtlinienkonform auslegbar (Rz. 45, 81). Jedenfalls sollte die Ortsprüfung stets auf Basis der MwStSystRL und der MwStVO plausibilisiert werden. Die nachfolgende Tabelle soll dazu eine Hilfestellung geben, auch wenn sie nicht vollständig sein kann, da insbesondere die allgemeinen Auslegungsregelungen über die Eigenschaft des Dienstleistungsempfängers in den Art. 19 ff. MwStVO nahezu bei fast jeder Ortsregelung zu prüfen sind.

2

Nationale Vorschrift	MwStSystRL	MwStVO
§ 3a Abs. 1 Satz 1 UStG	Art. 45	Art. 10 Art. 12, 13, 13a, 17, 19
§ 3a Abs. 1 Satz 2 UStG	Art. 45 Satz 2	Art. 11
§ 3a Abs. 2 Satz 1 UStG	Art. 44, 43 Nr. 1	Art. 10, Art. 12, 13, 13a, 17, 18–22
§ 3a Abs. 2 Satz 2 UStG	Art. 44 Satz 2	Art. 11
§ 3a Abs. 2 Satz 3 UStG	Art. 44, 43 Nr. 2	Art. 17 Abs. 2, 19, 13a
§ 3a Abs. 3 Nr. 1 Satz 1 UStG	Art. 47	Art. 13b, 31a, 31b
§ 3a Abs. 3 Nr. 1 Satz 2 Buchst. a UStG		Art. 31a, Art. 31b
§ 3a Abs. 3 Nr. 1 Satz 2 Buchst. b UStG		Art. 31a, Art. 31b
§ 3a Abs. 3 Nr. 1 Satz 2 Buchst. c UStG		Art. 31a, Art. 31b
§ 3a Abs. 3 Nr. 2 Satz 1 UStG	Art. 56 Abs. 1	Art. 38–40
§ 3a Abs. 3 Nr. 2 Satz 2 Buchst. a UStG	Art. 56 Abs. 3	Art. 39
§ 3a Abs. 3 Nr. 2 Satz 2 Buchst. b UStG	Art. 56 Abs. 3	Art. 39
§ 3a Abs. 3 Nr. 2 Satz 3 UStG	Art. 56 Abs. 2	Art. 13a 23, 24, 24c, 24e
§ 3a Abs. 3 Nr. 2 Satz 4 UStG	Art. 56 Abs. 2 Unterabs. 2	Art. 11 Abs. 2 Buchst. b
§ 3a Abs. 3 Nr. 3 Satz 1 Buchst. a UStG	Art. 54 Abs. 1	Art. 7, 33a
§ 3a Abs. 3 Nr. 3 Satz 1 Buchst. b UStG	Art. 55	Art. 6
§ 3a Abs. 3 Nr. 3 Satz 1 Buchst. c UStG	Art. 54 Abs. 2	Art. 8, Art. 34
§ 3a Abs. 3 Nr. 4 UStG	Art. 46	Art. 30, Art. 31
§ 3a Abs. 3 Nr. 5 UStG	Art. 53	Art. 32, 33, 33a
§ 3a Abs. 4 Satz 1 UStG	Art. 59	Art. 23, 24, Art. 3
§ 3a Abs. 4 Satz 2 Nr. 1 UStG	Art. 59 Buchst. a	
§ 3a Abs. 4 Satz 2 Nr. 2 UStG	Art. 59 Buchst. b	
§ 3a Abs. 4 Satz 2 Nr. 3 UStG	Art. 59 Buchst. c	Art. 41
§ 3a Abs. 4 Satz 2 Nr. 4 UStG	Art. 59 Buchst. c	
§ 3a Abs. 4 Satz 2 Nr. 5 UStG	Art. 59 Buchst. c	
§ 3a Abs. 4 Satz 2 Nr. 6 UStG	Art. 59 Buchst. e	
§ 3a Abs. 4 Satz 2 Nr. 7 UStG	Art. 59 Buchst. f	
§ 3a Abs. 4 Satz 2 Nr. 8 UStG	Art. 59 Buchst. d	
§ 3a Abs. 4 Satz 2 Nr. 9 UStG	Art. 59 Buchst. d	
§ 3a Abs. 4 Satz 2 Nr. 10 UStG	Art. 59 Buchst. g	
§ 3a Abs. 4 Satz 2 Nr. 14 UStG	Art. 59 Buchst. h	
§ 3a Abs. 5 Satz 1 Nr. 1 UStG	Art. 58 Abs. 1 i.V.m. Art. 17 Abs. 1	Art. 13a, 23, 24, 24a, 24b, 24d, 24f

Nationale Vorschrift	MwStSystRL	MwStVO
§ 3a Abs. 5 Satz 1 Nr. 2 UStG	Art. 58 Abs. 1 i.V.m. Art. 17 Abs. 2	Art. 13a, 23, 24, 24a, 24b, 24d, 24f
§ 3a Abs. 5 Satz 1 Nr. 3 UStG	Art. 58 Abs. 1 i.V.m. Art. 17 Abs. 1	Art. 13a, 23, 24, 24a, 24b, 24d, 24f
§ 3a Abs. 5 Satz 2 Nr. 1 UStG	Art. 58 Abs. 1 Buchst. a	Art. 6a, 24a, 24b, 24d, 24f
§ 3a Abs. 5 Satz 2 Nr. 2 UStG	Art. 58 Abs. 1 Buchst. b	Art. 6b, 24a, 24b, 24d, 24f
§ 3a Abs. 5 Satz 2 Nr. 3 UStG	Art. 58 Abs. 1 Buchst. c	Art. 7 + Anhang I, 24a, 24b, 24d, 24f
§ 3a Abs. 5 Satz 3 UStG	Art. 58 Abs. 2 und 3 i.V.m. Art. 59c	Art. 11
§ 3a Abs. 5 Satz 4 UStG	Art. 58 Abs. 4	
§ 3a Abs. 5 Satz 5 UStG	Art. 58 Abs. 4	
§ 3a Abs. 6 Satz 1 Nr. 1 UStG	Art. 59a Buchst. b i.V.m. Art. 56	
§ 3a Abs. 6 Satz 1 Nr. 2 UStG	Art. 59a i.V.m. Art. 59 Abs. 1 Buchst. a-g	
§ 3a Abs. 6 Satz 1 Nr. 3 UStG	Art. 59a Buchst. b i.V.m. Art. 58	
§ 3a Abs. 6 Satz 2 UStG		
§ 3a Abs. 7 Satz 1 UStG	Art. 59a Buchst. a	Art. 3 Buchst. b
§ 3a Abs. 7 Satz 2 UStG		
§ 3a Abs. 8 Satz 1 UStG	Art. 59a Buchst. a	
§ 3a Abs. 8 Satz 2 UStG		

Tabelle 1: Übersicht der nationalen Vorschrift zu ihrem europäischen Pendant

3 Nur wenn sich der Ort der sonstigen Leistung im Inland befindet, steht Deutschland und nicht möglicherweise einem ausländischen Staat das Besteuerungsrecht zu. Ausschließlich in dieser Konstellation kann der Umsatz in Form der sonstigen Leistung steuerbar i.S.d. § 1 Abs. 1 Nr. 1 Satz 1 UStG sein, weil der Umsatz im Inland ausgeführt ist. Beim Bezug einer sonstigen Leistung von einem ausländischen Steuerpflichtigen gilt es stets, § 13b UStG im Auge zu behalten, da es bei ihrer Anwendbarkeit zu einer Verlagerung des Steuerschuldners kommt (§ 13b Rz. 1 ff.). Irrtümer bei der Beurteilung haben im Regelfall weitreichende negative Folgen, in der erst genannten Fallgruppe, dass Umsatzsteuer und in der zweitgenannten Fallgruppe Vorsteuer nacherhoben wird und aktuell auch noch mit Zinsen[1] (§ 233 ff. AO) belastet werden. Hinzu kommt, dass in diesen Fällen eine Durchsetzung des zivilrechtlichen Regressanspruches gegenüber dem Leistenden entfällt, wenn dieser in Vermögenslosigkeit gefallen ist, die Einrede der Verjährung erfolgreich erheben sollte oder nicht mehr erreichbar ist. In diesem Fall gilt es den Grundsatz des Direktanspruchs im Auge zu behalten, der von der deutschen Finanzverwaltung und einigen Finanzgerichten unionsrechtswidrig viel zu eng ausgelegt wird.[2]

4 Eine sonstige Leistung hat nach absolut h.M. nur einen Leistungsort,[3] sodass es in Bezug auf den Leistungsort nicht zu einer **Aufspaltung** kommt. Deshalb muss in einschlägigen Sachverhalten auch auf Grundlage der allgemeinen Grundsätze geprüft werden, ob es sich insoweit nur um eine sonstige Leis-

1 Vgl. hierzu aber *Drüen*, UR 2023, 257 (Teil 1) und UR 2023, 305 (Teil 2).
2 Vgl. EuGH, Urt. 7.9.2023 – C-453/22, ECLI:EU:C:2023:639 – Schütte, UR 2023, 758 mit Anm. *Nieskens*: *Heinrichshofen*, UVR 2023, 373 m.w.N.; *von Streit/Streit*, UStB 2023, 391.
3 Dieses aus praktischer Sicht völlig nachvollziehbare und auch zutreffende Ergebnis steht m.E. jedoch in einem Spannungsverhältnis zur Rechtsprechung des BFH (BFH, Urt. v. 14.10.2015 – V R 10/14, BStBl. II 2016, 717 = UR 2016, 35) und zur Auffassung der FinVerw. (Abschn. 15.2c Abs. 2 Satz 1 UStAE), wonach eine sonstige Leistung bei der Entscheidung darüber, ob sie sowohl für unternehmerische als auch für nichtunternehmerische Zwecke bezogen wurde, aufzuteilen ist.

tung oder um mehrere sonstige Leistungen handelt. Ersteres ist u.a. gegeben, wenn man zu dem Ergebnis gelangt, dass eine sog. „**komplexe**“ Dienstleistung (§ 3 Rz. 541 ff.) vorliegt oder die anderen Teile als unselbstständige Nebenleistungen zur Hauptleistung (§ 3 Rz. 540 ff.) zu beurteilen sind und damit deren Schicksal auch im Hinblick auf die Ortsbestimmung teilen. Bedeutung gewinnt dies in jüngster Zeit im Hinblick auf den erweiterten Anwendungsbereich der Vorschriften über Reiseleistungen (§ 25 UStG) im B2B-Bereich sowie für sog. „Eintrittsberechtigungen“ (§ 3a Abs. 3 Nr. 3 und 5 UStG). Trotz eines Vertrages oder Mitgliedschaft und nur einem zu entrichtenden Betrages liegen mehrere Dienstleistungen vor, wenn privaten Golfspielern die Berechtigung eingeräumt wird, an mehreren Golfplätzen im In- und Ausland Golf spielen zu dürfen (Rz. 173).

5 Wird eine sonstige Leistung an mehrere Parteien (als **Gesamtschuldner**), die in unterschiedlichen Bestimmungsorten ansässig sind, erbracht (z.B. in Schiedsgerichtsverfahren), so wird zumindest nach nationalem Verständnis die sonstige Leistung aufgespalten.[1] Vom Ergebnis her liegen in einem solchen Sachverhalt mehrere sonstige Leistungen vor, die an verschiedene Leistungsempfänger ausgeführt werden. Diese Beurteilung entspricht m.E. der Systematik. Die in den Vorauflagen aufgezeigten Konsequenzen in Bezug auf Leistungen an eine Bruchteilsgemeinschaft dürften durch die Gesetzesänderung des § 2 Abs. 1 Satz 1 UStG im Rahmen des JStG 2022 ab 2023 (§ 2 Rz. 13) gegenstandslos geworden sein.

6 Deutlich stärker als bei den Ortsregelungen zur Lieferung kommt bei § 3a UStG im zwischenunternehmerischen Bereich nach seiner grundlegenden Änderung im Rahmen des JStG 2009 der **Verbrauchsteuercharakter** der Umsatzsteuer zum Tragen. Dies gilt insbesondere für sonstige Leistungen im zwischenunternehmerischen Bereich, da sich der Ort in diesen Fällen grundsätzlich danach bestimmt, wo der Leistungsempfänger seine wirtschaftliche Tätigkeit ausübt. Dies gilt selbst dann, wenn es sich bei ihm um einen Steuerhinterzieher handelt, so dass dem Staat des leistenden Unternehmers auch über die Missbrauchsrechtsprechung des EuGH kein Besteuerungsrecht zusteht.[2]

7 Der Aufbau der Vorschrift ist aus dogmatischer Sicht nicht wirklich gelungen.[3] Auch sein Wortlaut führt an einzelnen Stellen, insbesondere durch doppelte Verneinungen, zu Verständnisschwierigkeiten. Der nationale Gesetzgeber wäre gut beraten, wenn er grundsätzlich die Formulierungen aus dem Unionsrecht übernehmen und nur in Ausnahmefällen hiervon Abstand nehmen würde.

8 Die Absätze 1 und 2 stellen, unterscheidend nach dem jeweiligen Leistungsempfänger die jeweiligen **Auffang**normen für die Ortsbestimmung dar, die jedoch in ihren nachfolgenden Absätzen und anderen Paragraphen verdrängt werden.

2. Prüfungsreihenfolge

9 Nach der Systematik gilt es, im Wesentlichen folgende Prüfungsreihenfolge zu beachten:

10 Gegenüber der Auffangnorm vorrangig und damit als erstes zu prüfen sind folgende Sonderregelungen, die für **alle Leistungsempfänger, d.h. unabhängig von deren Status**, gelten. Die Sonderregelungen sind dabei jedoch nicht im Sinne einer Ausnahmevorschrift zu verstehen, sodass sie nicht eng auszulegen sind.[4] Im Einzelnen sind dies für:

- **Grundstücksleistungen** (§ 3a Abs. 3 Nr. 1 UStG): Leistungsort am Belegenheitsort des Grundstücks (Rz. 99 ff.).
- **Kurzfristige Vermietung von Beförderungsmitteln** (§ 3a Abs. 3 Nr. 2 Satz 1 und 2 sowie Abs. 6 Satz 1 Nr. 1 UStG): Leistungsort am Übergabeort des Fahrzeugs (Rz. 132 ff., 317 ff.).

1 Vgl. *Slapio* in Birkenfeld/Wäger, Umsatzsteuer-Handbuch, Abschn. I Kap. 5 A. – § 3a Abs. 1 UStG Rz. 3 f. Beispiel (Stand: Mai 2018).

2 Vgl. EuGH, Urt. v. 27.10.2022 – C-641/21, ECLI:EU:C:2022:842 – Climate Corporation Emissions Trading, UR 2022, 886 m. Anm. *Monfort*.

3 Aus diesem Grund gibt es namhafte Autoren, die die Vorschrift systematisch und nicht nach den einzelnen Absätzen kommentieren.

4 Vgl. EuGH v. 13.3.2019 – C-647/17, ECLI:EU:C:2019:195 – Srf konsulterna AB, UR 2019, 344 = EU-UStB 2019, 40 mit Anm. *Buge* = DStR 2019, 617 m. Anm. *Langer* = MwStR 2019, 359 m. Anm. *Grambeck*, Rz. 21 f.

- **Restaurationsumsätze** (§ 3a Abs. 3 Nr. 3 Buchst. b und § 3e Abs. 1 UStG): Leistungsort am Bewirtungsort (Rz. 177 ff.).
- **Personenbeförderungen** (§ 3 Abs. 1 UStG): Leistungsort richtet sich nach der Beförderungsstrecke (Rz. 317 ff.).
- **Reisedienstleistungen** (auch) bei Anwendung der Grundsätze über den sog. Anwendungsvorrang der MwStSystRL (Art. 306 ff. MwStSystRL): Leistungsort, an dem das Reisebüro oder dessen feste Niederlassung seine wirtschaftliche Tätigkeit ausübt (Rz. 194 ff.).
- **Unentgeltliche Wertabgaben** (§ 3f UStG a.F.): Ort der wirtschaftlichen Tätigkeit bzw. der Betriebsstätte des Leistenden (str.).
- **Einräumung von Eintrittsberechtigungen** (§ 3a Abs. 3 Nr. 3 Buchst. a oder § 3a Abs. 3 Nr. 5) (Rz. 165 ff. bzw. 207 ff.).

Abhängig vom Status des Leistungsempfängers kommen folgende Sonderregelungen für Leistungsempfänger bei denen es sich um **Nichtunternehmer** handelt zur Anwendung: 11

- Leistungsempfänger **als Nichtunternehmer**, d.h. Leistungen im sog. B2C-Bereich:
  - **Langfristige Vermietung von Beförderungsmitteln** (§ 3a Abs. 3 Nr. 2 Satz 3 und 4 UStG): Leistungsort am Empfängerort (Rz. 154 ff.).
  - **Veranstaltungsleistungen und Tickethandel** (§ 3a Abs. 3 Nr. 3 Buchst. a UStG): Leistungsort am Tätigkeitsort (Rz. 165 ff.).
  - **Arbeiten an beweglichen körperlichen Gegenständen** (§ 3a Abs. 3 Nr. 3 Buchst. c UStG): Leistungsort am Tätigkeitsort (Rz. 182 ff.).
  - **Vermittlungsleistungen** (§ 3a Abs. 3 Nr. 4 UStG): Leistungsort des vermittelten Umsatzes (Rz. 194 ff.).
  - **Katalogleistungen an Leistungsempfänger im Drittland** (§ 3a Abs. 4 UStG): Leistungsort am Wohnsitz bzw. Sitz des Leistungsempfängers (Rz. 216 ff.).
  - **Telekommunikations-, Rundfunk- und Fernsehdienstleistungen** und auf elektronischem Weg erbrachte Dienstleistungen, wenn Dienstleistungs- oder Lieferschwelle für i.g. Fernverkäufe von 10.000 Euro überschritten wird (§ 3a Abs. 5 UStG): Leistungsort am Empfängerort (Rz. 267 ff.).
  - **Drittlandsunternehmer** erbringen:
  - **Telekommunikations-, Rundfunk- und Fernsehdienstleistungen** (§ 3a Abs. 6 Satz 1 Nr. 3 UStG): Leistungsort im Inland, wenn sie dort genutzt oder ausgewertet werden (Rz. 333 ff.)
  - **einzelne Katalogleistungen an jPdöR als Nichtunternehmer** (§ 3a Abs. 6 Satz 1 Nr. 2 UStG): Leistungsort im Inland, wenn sie dort genutzt oder ausgewertet werden (Rz. 325 ff.).
  - **Vermietung eines Beförderungsmittels** (§ 3a Abs. 6 Satz 1 Nr. 1 UStG): Leistungsort im Inland, wenn es dort genutzt wird (Rz. 317 ff.).
- Leistungsempfänger **ist Unternehmer bzw. diesem gleichgestellt** (jPdöR mit USt-IdNr.):
  - **Einräumung von Eintrittsberechtigung** (§ 3a Abs. 3 Nr. 5 UStG): Leistungsort am Veranstaltungsort (Rz. 207 ff.).
  - **Sonstige Leistungen i.S.d. § 3a Abs. 8 UStG**, die im Drittland genutzt oder ausgewertet werden: Leistungsort im Drittlandsgebiet (Rz. 346 ff.).

Kommen die vorstehenden Sonderregelungen für Leistungsempfänger, bei denen es sich um Nichtunternehmer handelt, nicht zur Anwendung, richtet sich die Ortsbestimmung im sog. „B2C-Bereich“ oder bei einem nichtunternehmerischen Leistungsbezug nach der **Grundvorschrift** des § 3a Abs. 1 UStG (Rz. 32 ff.). 12

Kommen die obigen Sonderregelungen für Leistungsempfänger, bei denen es sich um Unternehmer oder diesen gleichgestellten juristischen Personen mit USt-IdNr. handelt, nicht zur Anwendung, richtet sich die Ortsbestimmung im sog. „B2B-Bereich/zwischenunternehmerischen Bereich“ oder bei einem unternehmerischen Leistungsbezug nach der Grundvorschrift des § 3a Abs. 2 UStG (Rz. 67 ff.). 13

II. Entwicklung der Vorschrift

14 Mit Wirkung zum 1.1.2010 kam es zu einem Paradigmenwechsel in Bezug auf die Ortsbestimmung bei den sonstigen Leistungen.[1] Der Unionsgesetzgeber[2] und ihm folgend der nationale Gesetzgeber[3] haben insoweit sichergestellt, dass bei nahezu sämtlichen sonstigen Leistungen gegenüber Unternehmern der Ort zum Leistungsempfänger verlagert wird. Dadurch wird dem Verbrauchsteuercharakter stärker als in der Vergangenheit Rechnung getragen, wenn es zu einer Besteuerung im Bestimmungsland kommt.

15 Die letzten Änderungen erfuhr die Vorschrift jeweils in ihrem Absatz 5 durch das Gesetz zur Vermeidung von Umsatzsteuerausfällen beim Handel mit Waren im Internet und zur Änderung weiterer steuerlicher Vorschriften[4] und durch das Jahressteuergesetz 2020.[5] Aufgrund einer Änderung von Art. 54 und Art. 59a MwStSystRL[6],insbesondere in Bezug auf Tätigkeiten, die per Streaming übertragen werden, wird dies zu einer Änderung der Vorschrift führen.

III. Unionsrechtliche Grundlagen

16 Die Regelungen zur Ortsbestimmung in der MwStSystRL sind zwingend und stehen damit nicht zur Dispositionsbefugnis der einzelnen Mitgliedstaaten. Sie verteilen sich auf eine Vielzahl von Vorschriften (Art. 43–59c sowie Art. 307 MwStSystRL). Da viele der Tatbestandsmerkmale keine oder stark auslegungsbedürftige Bezugspunkte enthalten, versucht insbesondere Abschn. 4 der MwStVO in den Art. 17–41 sowie die Art. 3, 6, 10–13 MwStVO Abhilfe zu schaffen und benennt u.a. entsprechende Auslegungskriterien. Die Regelungen der MwStVO gelten in den Mitgliedstaaten direkt und unmittelbar und sind damit bei etwaigen Auslegungsfragen stets heranzuziehen. Die deutsche FinVerw. wendet sie über entsprechende Verweise im UStAE an.

In der Praxis bedeutet dies, dass eine Ortsprüfung niemals ausschließlich unter bloßer Heranziehung der nationalen Vorschrift erfolgen darf (Rz. 1).

IV. Stammhaus versus Betriebsstätte/feste Niederlassung

17 Sowohl in den Grundregelungen der Absätze 1 und 2 als auch in den sog. „Use-and-Employment-Regelungen" der Absätze 6 und 7 ist für die Ortsbestimmung entscheidend, ob die sonstige Leistung von dem Ort, von dem aus der Unternehmer sein Unternehmen betreibt (im Folgenden auch nur kurz „Stammhaus") oder von einer Betriebsstätte/festen Niederlassung ausgeführt oder an diese erbracht wird.

18 Die Auslegung des Begriffs der Betriebsstätte/festen Niederlassung richtet sich weder nach der rein nationalen Vorschrift des § 12 AO noch nach den Regelungen der jeweiligen DBA, sondern allein nach dem unionsrechtlichen Verständnis und versteht sich somit als feste Niederlassung (Art. 45 MwStSystRL i.V.m. Art. 11 Abs. 2 MwStVO). Die deutsche FinVerw. beschreibt den Begriff in Abschn. 3a.1 Abs. 3 UStAE. Ein vermietetes Grundstück macht noch keine umsatzsteuerliche Betriebsstätte aus, wenn der Eigentümer der Immobilie nicht auch über **eigenes Personal** für die Leistungsbewirkung mit der Vermietung verfügt.[7] Das Vorhandensein von Personal scheint für den EuGH sowohl für die aktive als auch die passive Betriebsstätte Tatbestandsvoraussetzung zu sein.

---

1 Zur Entstehungsgeschichte vgl. *Stadie* in Rau/Dürrwächter, UStG, § 3a UStG Rz. 20 ff. (Stand: August 2021); ausführlich zur Entwicklung auch *Radeisen* in Hartmann/Metzenmacher, § 3a UStG Rz. 56 ff. (Stand: Februar 2020); *Lippross*, UR 2009, 786.

2 Änderungsrichtlinie v. 12.2.2008, ABl. EU 2008 Nr. L 44, 11 und v. 22.12.2009, ABl. EU 2010 Nr. L 10, 14.

3 Vgl. Art. 7 JStG 2009 v. 19.12.2008, BGBl. I 2009, 2794.

4 Vgl. Art. 9 Gesetz zur Vermeidung von Umsatzsteuerausfällen beim Handel mit Waren im Internet und zur Vermeidung weiterer steuerlicher Vorschriften v. 11.12.2018, BGBl. I 2018, 2338.

5 Vgl. Art. 14 JStG 2020 v. 21.12.2020, BGBl. I 2020, 3096.

6 Vgl. Richtlinie (EU) 2022/542 v. 5.4.2022, ABL. EU 2022, 107.

7 Vgl. EuGH, Urt. v. 3.6.2021 – C-931/19, ECLI:EU:C:2021:446 – Titanium, UR 2021, 513 m. Anm. *Monfort.*

In den Fällen, in denen es um die Ausführung von sonstigen Leistungen, also der Zuordnung einer **Ausgangs**leistung zu einer Betriebsstätte/festen Niederlassung geht, wie beispielsweise bei § 3a Abs. 1 UStG (Rz. 54 ff.), spricht man von einer sog. „aktiven" Betriebsstätte, im umgekehrten Fall, also bei der Prüfung, ob eine **Eingangs**leistung dem sog. Stammhaus oder einer Betriebsstätte/festen Niederlassung des Leistungsempfängers zuzurechnen ist, wie beispielsweise bei § 3a Abs. 2 Satz 2 UStG (Rz. 86 ff.), spricht man von einer sog. „passiven" Betriebsstätte. Die unterschiedliche Formulierung in den beiden Absätzen des Art. 11 MwStVO hatte in der Vergangenheit zu Diskussionen geführt (vgl. hierzu 2. Auflage Rz. 20 ff.). Die Rechtsprechung des EuGH in der Rechtssache Titanium (Rz. 18) wird jedoch allgemein dahingehend verstanden, dass eine umsatzsteuerlich relevante Betriebsstätte/feste Niederlassung nur dann vorliegt, wenn sie sowohl über persönliche als auch sachliche Mittel verfügt.[1] In Bezug auf das Merkmal „persönliche Mittel" muss der EuGH „nur" noch entscheiden, ob und bejahendenfalls unter welchen Voraussetzungen dem Unternehmer das von einem Dritten eingestellte Personal zuzurechnen ist. Zumindest bei einer Personalgestellung durch einen anderen als den Leistungsempfänger sollte dies zu bejahen sein. Selbiges gilt m.E. auch für die sachlichen Mittel. 19

In Bezug auf die Frage von wem dem Leistenden die persönliche und/oder technische Ausstattung zur Verfügung gestellt wird, ist m.E. wie folgt zu unterscheiden: Erhält er diese von 19.1

- einem **Subunternehmer**, indem er sie von ihm einkauft (z.B. mietet er Räumlichkeiten oder schließt er Dienstverträge über Personal ab), so ist dem Leistenden die eingekaufte Ausstattung im Verhältnis zu seinem Vertragspartner, d.h. seinem Leistungsempfänger, zuzurechnen und führt bei ihm zu einer festen Niederlassung;[2]
- seinem **Vertragspartner, d.h. seinem Leistungsempfänger** (z.B. führt er die Arbeiten in den Räumlichkeiten seines Vertragspartners aus), so ist ihm die Ausstattung regelmäßig nicht zuzurechnen. Er kann diese Räumlichkeiten nämlich regelmäßig nicht auch für sonstige Leistungen gegenüber anderen Auftraggebern nutzen.[3] Letzteres Tatbestandsmerkmal scheint nach der Entscheidung des BFH v. 29.4.2020[4] wohl nicht (mehr) ausschlaggebend zu sein. In der Entscheidung hatte der Leistende Einfluss auf die Personalauswahl (= persönliche Mittel) sowie die Beschaffenheitsentscheidungen für die Büroausstattung und die Räume nebst Sach- und Personalausstattung (= sachliche Mittel) seines Auftraggebers standen ihm **im Rahmen der Projektaufgaben** in vollem Umfang zur Verfügung. Will man also für das konkrete Projekt eine umsatzsteuerliche Betriebsstätte beim Auftraggeber begründen, sollte insoweit auch für eine „saubere Papierlage" gesorgt werden.

Unklar bleibt weiterhin, ob und bejahendenfalls wann eine **Tochtergesellschaft** als feste Niederlassung zu beurteilen ist (vgl. hierzu 2. Auflage Rz. 88.1). Dies kann m.E. nur ganz ausnahmsweise der Fall sein. Aus der Entscheidung in der Rechtssache Berlin Chemie[5] ergibt sich zumindest eine weitere Einschränkung dahingehend, dass eine Betriebsstätte/feste Niederlassung jedenfalls 19.2

- nicht durch das bloße Vorhandensein einer Tochtergesellschaft begründet wird (Rz. 40 des Urteils),
- nicht erfordert, dass die Muttergesellschaft (als Eigentümer) über eine eigene personelle und technische Ausstattung verfügt, sondern eine Verfügungsberechtigung über die Ausstattung auch aufgrund von nicht kurzfristig kündbaren Mietverträgen ausreicht (Rz. 41 des Urteils),
- nur von Bedeutung ist, wenn sie die sonstige Leistung bezieht und für den Bedarf ihrer Tätigkeit verwendet (Rz. 49 des Urteils) und dass
- dieselbe Ausstattung nicht zugleich für die Erbringung und die Verwendung derselben sonstigen Leistung verwenden kann (Rz. 54 des Urteils).

1 Vgl. u.a. *Monfort*, UR 2021, 516.
2 In diesem Sinne nunmehr wohl auch *Stadie* in Rau/Dürrwächter, § 3a UStG Rz. 207 (Stand August 2021).
3 In diesem Sinne m.E. BFH, Urt. v. 30.6.2011 – V R 37/09, BFH/NV 2011, 2129.
4 Vgl. BFH, Urt. v. 29.4.2020 – XI R 3/18, UR 2020, 711; s. hierzu *Jacobs* UR 2020, 701.
5 Vgl. EuGH, Urt. v. 7.4.2022 – C-333/20, ECLI:EU:C:2022:291 – Berlin Chemie A. Menarini, UR 2022, 339 m. Anm. *Monfort*; vgl. auch *Wäger* in Birkenfeld/Wäger, Das große Umsatzsteuer-Handbuch, Aktuell 2022/II Rz. 13 ff.

Auch die Entscheidung des EuGH in der Rechtsache *Cabot Plastics Belgium*[1] hat zu keinem anderen Ergebnis geführt.

19.3 Nach Auffassung der Finanzverwaltung kann auch eine **Organgesellschaft** i.S.d. § 2 Abs. 2 Nr. 2 UStG zu einer festen Niederlassung führen, wenn sie entsprechend in den Leistungsaustausch einbezogen ist.[2] Eine ausländische feste Niederlassung im übrigen Gemeinschaftsgebiet, die zu einer dort befindlichen Mehrwertsteuergruppe gehört, ist jedoch ein **anderer** Steuerpflichtiger.[3] Da die Wirkungen der umsatzsteuerlichen Organschaft an der Grenze enden, ist m.E. eine im Ausland befindliche Organgesellschaft als eigenständisches Steuersubjekt anzusehen und scheidet damit ebenfalls als Betriebsstätte/feste Niederlassung des Stammhauses definitiv aus.

19.4 Die Finanzgerichte mussten vermehrt über die Frage entscheiden, ob eine **Windkraftanlage** eine feste Niederlassung begründet,[4] der die Ausgangsleistung zuzurechnen ist. Diese Frage wurde von ihnen bislang stets bejaht. Das Finanzgericht Schleswig-Holstein brauchte dabei – anders als das Finanzgericht Münster – nicht darüber zu befinden, ob das Fehlen von eigenem Personal das Vorliegen einer festen Niederlassung verhindert, weil das Fehlen durch die überdurchschnittlich stark ausgeprägte sachliche Ausstattung kompensiert werde. Das Finanzgericht Schleswig-Holstein hat der Steuerpflichtigen – m. E. zutreffend – das von einem externen Dienstleister mit der Betriebsführung beauftragte Fremdpersonal zugerechnet, sodass beide Tatbestandsmerkmale erfüllt waren. Die Thematik ist nach Ergehen der Entscheidung des EuGH in der Rechtssache *Titanium* (Rz. 18) m.E. dahin gehend zu beantworten, dass eine Windkraftanlage ohne (eigenes) Personal zu keiner festen Einrichtung führt. Selbiges gilt dann auch für das bloße Unterhalten eines Servers.

19.5 Einrichtungen **an Bord eines Schiffes**, wie beispielsweise Friseur-, Kosmetik-, Fitness- oder Massagebetriebe, können nach Auffassung der FinVerw. eine Betriebsstätte/feste Niederlassung begründen.[5] M.E. ist diese Auffassung aus nachfolgenden Gründen nur bedingt zutreffend.

19.6 Vorrangig stellt sich die Frage, ob ein **Schiff selbst** eine Betriebsstätte/feste Niederlassung begründet. Stellt man bei der Prüfung des hinreichenden Grades an Beständigkeit und Struktur **vorrangig** alleine auf das autonome ständige Zusammenwirken von personellen und sachlichen Mitteln ab, so müsste die Frage bejaht werden. Allerdings hat der EuGH eine Zuordnung der Dienstleistung zu einer anderen Niederlassung als dem Sitz auch davon abhängig gemacht, dass die Anknüpfung an den Sitz nicht zu einer steuerlich sinnvollen Lösung führe und auch keinen Konflikt mit einem anderen Mitgliedstaat zur Folge hat. Folglich hatte er die Restaurationsumsätze eines Fährschiffes dem Sitz des Reeders zugerechnet.[6] Dies ist m.E. auch konsequent, da aufgrund der ständigen Fortbewegung eines Schiffes, insbesondere wenn sie sich über mehrere Länder erstreckt, eine Ortsbestimmung mit erheblichen Schwierigkeiten verbunden wäre, es sei denn, man würde unabhängig vom Standort des Schiffes den Ort dem Land zurechnen, unter dessen Flagge das Schiff fährt oder die Zurechnung von ähnlichen leicht feststellbaren Kriterien abhängig machen, wie z.B. dem ersten Ablegeort. Deshalb ist m.E. eine Anlehnung an das nationale Verständnis zur Betriebsstätte, wonach diese auch einen hinreichenden Grad an Verfestigung erfahren muss und damit dauerhaft mit einem bestimmten Teil der Erdoberfläche verbunden sein muss, für vorzugswürdig.

---

1 Vgl. EuGH, Urt. v. 29.6.2023 – C-232/22, ECLI:EU:C:2023:530 – Cabot Plastics Belgium, UR 2023, 609 m. Anm. *Monfort*.

2 Vgl. Abschn. 3a.1 Abs. 3 Satz 5 UStAE.

3 Vgl. EuGH, Urt. v. 11.3.2021 – C-812/19, ECLI:EU:C:2021:196 – Danske Bank, UR 2021,356 m. Anm. *Sterzinger*. Zur Thematik Tochtergesellschaft als passive Betriebsstätte s. Rz. 88.

4 Vgl. u. a. FG Schleswig-Holstein, Urt. v. 17.5.2018 – 4 K 47/17, EFG 2018, 1500 m. Anm. *Paetsch*; nachgehend BFH, Urt. v. 12.12.2019 – V R 20/18 2020, 392: Der BFH löste die Problematik anders und brauchte damit die Frage nicht zu beantworten); FG Münster, Urt. v. 5.9.2013 – 5 K 1768/10 U, EFG 2013, 1890; FG Köln, Urt. v. 14.3.2017 – 2 K 920/14, juris.

5 Vgl. Abschn. 3a.1 Abs. 3 Satz 6 f. UStAE; **a.A.** FG Düsseldorf, Urt. v. 22.3.2002 – 1 K 6122/98 U, EFG 2002, 1484.

6 Vgl. EuGH, Urt. v. 2.5.1996 – C-231/94, ECLI:EU:C:1996:184 – Faaborg-Gelting-Linien, UR 1996, 220 m. Anm. *Weiß*.

Unklar ist auch, ob und bejahendenfalls unter welchen Voraussetzungen ein **Homeoffice** oder **Telearbeitsplatz** eine Betriebsstätte/feste Niederlassung begründet[1]. In Fällen, in denen sowohl das Stammhaus als auch die Betriebsstätte/feste Niederlassung bei der Ausführung der sonstigen Leistung beteiligt sind, soll es darauf ankommen, von wem die sonstige Leistung **überwiegend** erbracht wird.[2] Aufgrund der durch die Pandemie ausgelösten und stark angestiegenen Heimarbeit (**Homeoffice**) stellt sich die Thematik jedenfalls dann, wenn das Büro an den Arbeitgeber vermietet wird. Ist dies nicht der Fall, kann dem Unternehmer m.E. das Homeoffice nicht zugerechnet werden. Damit wird keine feste Einrichtung begründet. 19.7

Praktische Fragen stellen sich auch bei **Beratungsleistungen** von **überregionalen Anwaltskanzleien bzw. Beratungsunternehmen.**[3] Dies zeigt sich auch in den jüngsten Veröffentlichungen zu den Durchsuchungen der Steuerfahndung bei einer großen WP-Gesellschaft im Zusammenhang mit der seinerzeitigen Erstellung von Selbstanzeigen deutscher Nachzahler bezüglich ihrer Schweizer Konten. Die OFD Frankfurt hält es für vertretbar, die inländische Kanzlei einer ausländischen Rechtsanwaltssozietät, soweit sie im Inland Leistungen gegen Entgelt ausführt, generell sowohl für das materielle Umsatzsteuerrecht als auch für das Besteuerungsverfahren als einen inländischen Unternehmer anzusehen. Über eine Zurechnung konkreter Beratungsleistungen zum Stammhaus oder der Betriebsstätte/festen Niederlassung musste die OFD nicht entscheiden. Aus praktischer Sicht bietet es sich in diesen Fällen an, auf den mandatsverantwortlichen Partner abzustellen. Da ein solches Verständnis keinesfalls zwingend ist, sollte die Einholung einer verbindlichen Auskunft (§ 89 Abs. 2 AO) oder verbindlichen Zusage (§ 204 AO) geprüft werden. 20

Setzt in einer solchen Konstellation neben Deutschland auch ein Drittland Mehrwertsteuer fest, kann dies auch bei einer bestehenden Bruttopreisvereinbarung nur dazu führen, dass aus dem Bruttopreis die Mehrwertsteuer beider Staaten herausgerechnet wird und dieser Betrag das umsatzsteuerliche Entgelt darstellt. Bei Bestehen einer Nettopreisvereinbarung darf m.E. auch nur auf den Nettopreis abgestellt werden, denn bezöge man die ausländische Umsatzsteuer mit ein, wäre eine Berechnung unmöglich, wenn der ausländische Staat die deutsche Umsatzsteuer ebenfalls in seine Bemessungsgrundlage mit einbeziehen würde.

Nach Art. 11 Abs. 1 MwStVO liegt eine **passive Betriebsstätte/feste Niederlassung** vor, die, wenn sie einen hinreichenden Grad an Beständigkeit sowie eine Struktur aufweist, der es von der persönlichen **und** technischen Ausstattung her erlaubt, Dienstleistungen, die für den eigenen Bedarf der Niederlassung erbracht werden, zu empfangen und zu erbringen. Wenn es um die Zurechnung einer Eingangsleistung geht, mag man sich fragen, warum der Gesetzgeber auch das Tatbestandsmerkmal „erbringen" verlangt. Der Grund könnte darin liegen, dass sich der Ort für eine von einem bloßen Repräsentationsbüro eingekaufte Eingangsleistung hin zum Stammhaus verlagert, wenn dieses die zu beurteilende Eingangsleistung ausgangsseitig verwendet. Dogmatisch wäre dieses Verständnis konsequent. In diesem Sinne im Ergebnis auch das FG Berlin-Brandenburg zum sog. Verbindungs- bzw. Repräsentationsbüro.[4] 21

Für das Vorliegen einer **aktiven Betriebsstätte/festen Niederlassung** soll nach Art. 11 Abs. 2 MwStVO ausreichend sein, dass sie einen hinreichenden Grad an Beständigkeit sowie eine Struktur aufweist, die es von der persönlichen **und** technischen Ausstattung her erlaubt, Dienstleistungen zu erbringen. Dies ist m.E. konsequent, da in dieser Fallkonstellation darüber entschieden werden muss, wann die Ausgangsleistung durch die Betriebsstätte/feste Niederlassung oder durch das Stammhaus ausgeführt wird und insoweit muss die Betriebsstätte/feste Niederlassung in der Lage sein, die Dienstleistung zu erbringen und auch tatsächlich an ihrer Ausführung beteiligt sein. 22

1 Vgl. hierzu auch *Hoffmann/Schmidt*, UStB 2021, 294.
2 Abschn. 3a.1 Abs. 2 Satz 4 UStAE.
3 Vgl. hierzu insbesondere im Zusammenhang mit der Vorschrift des § 13b UStG: OFD Frankfurt, Vfg. v. 25.4.2002 – S 7279 A-2-St I 23, UR 2003, 42.
4 Vgl. FG Berlin-Brandenburg, Urt. v. 27.6.2023 – 2 K 2072/22, UR 2024, 30; vgl. auch *Farruggia-Weber*, UR 2024, 1.

V. Feststellungslast

23 Richtet sich der Ort der sonstigen Leistung nach dem Empfängerort und bestehen Zweifel, ob der Empfängerort im Ausland liegt, ist nach h.M.[1] gemäß den allgemeinen Beweisregeln des § 90 Abs. 2 AO von einem Ort im Inland und damit von einem steuerbaren Umsatz auszugehen. *Stadie* wendet völlig zu Recht ein, dass dieses Verständnis verfehlt sei, weil es sich nicht um vom Leistenden betreffende, von ihm beeinflussbare „Vorgänge" im Ausland handelt, sondern nur um Eigenschaften und Umstände auf Seiten des Leistungsempfängers, die für dessen Besteuerung durch die Umsatzsteuer als Verbrauchsteuer von Bedeutung ist und es sich im Übrigen bei dem Leistenden nur um dem Steuereinsammler des Staates handelt.[2] Die bislang hierzu ergangenen Entscheidungen der Finanzgerichte als Tatsachengerichte[3] gehen von einem sehr restriktiven und im Ergebnis anderen Verständnis aus, wenn es darum geht, den Ort der sonstigen Leistung ins Ausland zu verlegen.[4] Aufgrund der eingeschränkten Überprüfungsmöglichkeit des BFH als Revisionsgericht in Bezug auf durch das jeweilige FG getroffene Tatsachenfeststellungen,[5] gilt es hier im Rahmen des Möglichen für einen ausreichenden Vortrag – mit Beweisangebot – zu sorgen. Auch wenn das **Verfahrensrecht** in die Entscheidungskompetenz der Mitgliedstaaten fällt, darf dies jedoch nicht so weit gehen, dass es hier zu einer richtlinienwidrigen (inländischen) Besteuerung kommt. Die nationale Rechtsprechung verdeutlicht jedoch, dass Steuerpflichtigen zur Konfliktvermeidung mit dem FA und zur Vermeidung von Nachteilen dazu geraten werden muss, bei Zweifeln mit deutscher Umsatzsteuer zu fakturieren. Sollte sich die Auffassung im Nachhinein aber als unzutreffend erweisen, kann dies jedoch zu Regeressansprüchen des Vertragspartners führen. Deshalb sollte zuallererst, d.h. spätestens im Rahmen des Vertragsabschlusses, eine fachkundige Prüfung über den konkreten Leistungsort veranlasst werden. Zumindest in Zweifelsfällen erfordert dies auch eine Prüfung in anderen Mitgliedstaaten. Verbleiben sodann Rechtsunsicherheiten, die auch nicht mehr mit dem FA verbindlich geklärt werden können, ist eine umfassende Umsatzsteuerklausel und frühzeitige Einschaltung der Finanzbehörden geboten. Die Entscheidung der Handhabung muss dann unter Risikogesichtspunkten erfolgen.

24 In der Abwehrberatung muss ggf. die Sache an die Gerichte getragen werden, damit die Frage final durch den EuGH entschieden wird. Dies wird immer dann der Fall sein, wenn auch ein anderer Mitgliedstaat ein Besteuerungsrecht geltend macht. Hoffnung macht die Entscheidung des BFH zu § 13b UStG.[6]

VI. Vertrauensschutz

25 Der Vertrauensschutz spielt im Bereich der Eingriffsverwaltung eine bedeutende Rolle. Bei der Umsatzsteuer verstärkt sich diese Rolle noch, da sich der Staat des Unternehmers als **Steuereinsammler** bedient. Der Grundsatz erfordert keine ausdrückliche gesetzliche Grundlage. Er ergibt sich vielmehr durch Auslegung der jeweiligen Normen nach Maßgabe des Verfassungsrechts und des Unionsrechts, zu dessen ungeschriebenen Regeln das **Verhältnismäßigkeitsgebot** (Übermaßverbot) und das Gebot des Vertrauensschutzes[7] gehören. Insoweit ist der Vertrauensschutz bereits im Rahmen des Festsetzungsverfahrens zu berücksichtigen. Dies wird häufig von der FinVerw. verkannt bzw. es wird dem Grundsatz zu wenig Bedeutung beigemessen. (vgl. hierzu auch 2. Auflage).

1 Vgl. *Lippross/Janzen*, Umsatzsteuer 2019, S. 241; BFH, Beschl. v. 28.11.2017 – V B 60/17, BFH/NV 2018, 353; BFH, Urt. v. 14.5.2008 – V B 227/07, BFH/NV 2008, 1371.

2 Vgl. *Stadie* in Rau/Dürrwächter, § 3a Rz. 225 (Stand August 2021).

3 Vgl. FG Berlin-Brandenburg, Urt. v. 12.7.2017 – 7 K 7094/16, DStRE 2018, 1042; FG Niedersachsen, Urt. v. 4.5.2017 – 11 K 10219/15, juris; FG-Berlin-Brandenburg, Beschl. v. 28.12.2018 – 7 V 7195/18, MwStR 2019, 512 mit Anm. *Masuch*; FG Baden-Württemberg, Urt. v. 9.5.2019 – 1 K 412/17, EFG 2019, 986; FG Thüringen, Urt. v. 22.10.2019 – 3 K 309/19, EFG 2020, 805 mit Anm. *Leist*; FG Rheinland-Pfalz, Urt. v. 25.6.2020 – 6 K 1789/18, EFG 2020, 1356 mit Anm. *Martini* (Tatsachenfeststellungen durch BFH als Revisionsgericht nur sehr eingeschränkt überprüfbar, vgl. BFH, Urt. v. 18.10.2023 – XI R 22/20, UR 2024, 64).

4 **A.A.** *Stadie* in Rau/Dürrwächter, § 3a UStG Rz. 136 (Stand: August 2021).

5 Vgl. BFH, Urt. v. 18.10.2023 – XI R 22/20, UR 2024, 64, Rz. 39.

6 BFH, Urt. v. 31.1.2024 - V R 20/21, BFHE nn = UR 2024, nn.

7 Vgl. *Englisch* in Tipke/Lang, Steuerrecht[24], Rz. 4.3.

Die Bestimmung des Ortes hängt regelmäßig von Eigenschaften (z.B. Unternehmer oder Nichtunternehmer) und weiteren Umständen (Verwendung der sonstigen Leistung durch das Stammhaus oder die Betriebsstätte/feste Niederlassung) beim Leistungsempfänger ab. Nach dem Gesetzeswortlaut und der Rechtsprechung (Rz. 23) scheint es allein auf die objektive Lage anzukommen, sodass das Risiko zu Lasten des Unternehmers ginge. *Stadie*[1] zeigt diesen Missstand völlig zu Recht auf und weist zutreffend darauf hin, dass es unzumutbar ist, dem Unternehmer das Risiko der objektiv zutreffenden Besteuerung seiner Umsätze nach den Regeln der objektiven Beweislast aufzubürden. Vielmehr obliegt es dem Leistungsempfänger, dem leistenden Unternehmer glaubhaft die Voraussetzungen dafür darzulegen, dass sich der Ort nicht im Inland befindet, wenn sich das nicht bereits aus den äußeren Umständen ergibt. Der Unionsgesetzgeber hat dies erkannt und insoweit beispielsweise in den Art. 24a ff. MwStVO im Gemeinschaftsgebiet unmittelbar geltende Regelungen über Vermutungen und deren Widerlegung implementiert. Darüber hinaus müssen die Mitgliedstaaten auch im Bereich ihres Verfahrensrechts diesen Grundsatz beachten.[2] 26

VII. Widerstreitende Steuerfestsetzungen aufgrund unterschiedlicher Auslegung von Ortsbestimmungen

Die Komplexität sowie die teilweise auslegungsbedürftigen Leistungsbeschreibungen bei den Ortsbestimmungen können m.E. dazu führen, dass ein- und dieselbe Leistung aufgrund **unterschiedlicher Interpretationen** entweder in zwei oder in keinem der beiden am Leistungsaustausch involvierten Staaten der Besteuerung unterworfen werden. In einer solchen Konstellation stellen sich sowohl materielle als auch verfahrensrechtliche Fragen. 27

Steht fest, dass es sich bei der Leistung unzweifelhaft um eine sonstige Leistung[3] handelt, darf es **innerhalb der Union** mangels Umsetzungsspielraums zu **keiner** solchen **Besteuerungslage** kommen, sodass eine der beiden Steuerfestsetzungen rechtswidrig sein muss. Es stellt sich in einer solchen Konstellation die verfahrensrechtliche Frage, ob eine Änderung des fehlerhaften Bescheides möglich ist. Damit verbunden sind Fragen des Vertrauensschutzes. Mit einem Staat **außerhalb der Union** kann es auch materiell-rechtlich in rechtmäßiger Weise zu einer **doppelten oder einer Nichtbesteuerung** kommen, sodass sich insoweit verfahrensrechtliche Fragen nicht stellen dürften. 28

Bei widerstreitenden Steuerfestsetzungen aufgrund unterschiedlicher Auslegung von Ortsbestimmungen innerhalb der Union dürften in Bezug auf die Steuerfestsetzung im Inland regelmäßig die Vorschriften des **§ 174 AO** und des **§ 176 AO** im Blickpunkt stehen. Der BFH[4] hat in anderem (ertragsteuerlichem) Kontext bereits entschieden, dass ein Steuerbescheid bei Doppelberücksichtigung eines Sachverhalts auch dann nach Maßgabe von § 174 Abs. 1 AO geändert werden kann, wenn der widerstreitende Steuerbescheid von einer Behörde eines Mitgliedstaats stammt. Dies muss auch für die Umsatzsteuer gelten. Will Deutschland im Nachgang einen Umsatz besteuern, um damit eine Nichtbesteuerung zu verhindern, ist dies nur rechtmäßig, wenn der Besteuerung keine eindeutige gegenteilige Verwaltungsauffassung oder § 176 Abs. 2 AO entgegensteht. Kam es aufgrund einer fehlerhaften deutschen Interpretation zu einer rechtswidrigen **(Doppel)Besteuerung**, ist der Umsatzsteuerbescheid regelmäßig nach § 174 Abs. 1 AO zu ändern. 29

VIII. Verhältnis zu anderen Vorschriften und Rechtsentwicklung

Das Verhältnis zu den anderen Ortsbestimmungen kann überwiegend den gesetzlichen Verweisen in den einzelnen Absätzen entnommen werden. 30

1 Vgl. *Stadie* in Rau/Dürrwächter, § 3a UStG Rz. 114 (Stand: August 2021).
2 Vgl. *Englisch* in Tipke/Lang, Steuerrecht[24], Rz. 17.438.
3 Zu einer rechtmäßigen Nichtbesteuerung kann es aber auch innerhalb der EU kommen, wenn die Leistung innerhalb eines Staates als Lieferung und in dem anderen Mitgliedstaat als sonstige Leistung beurteilt wird.
4 BFH, Urt. v. 9.5.2012 – I R 73/10, BStBl. II 2013, 566.

31 Neben der Steuerbarkeit ist die Vorschrift zentral für die Beurteilung der Steuerschuld[1] und für Fragen der Ausstellung von Rechnungen.[2] Auch hat die Vorschrift Bedeutung bei der Berechnung der Steuer,[3] den **Deklarations-**[4] und **Aufzeichnungspflichten,**[5] die auf die Ortsbestimmung verweisen.

B. Grundregel für den Leistungsort im nichtunternehmerischen Bereich (Absatz 1)

I. Regelungsgegenstand

32 Aufgrund der komplexen Verweisungskette findet die Grundregelung des Absatzes 1 nur Anwendung, wenn die sonstige Leistung an einen Nichtunternehmer ausgeführt wird und **keine Sonderregelung eingreift** (Rz. 35 f.). Liegt keine Sonderregelung vor, darf es sich bei dem Leistungsempfänger zusätzlich auch um keine Person handeln, die unter Absatz 2 fällt, es sei denn der Leistungsbezug erfolgt für private bzw. unternehmensfremde Zwecke. Damit handelt es sich bei der Vorschrift im doppelten Sinne um eine **Auffangregelung**. Die FinVerw. hat ihr Verständnis der Vorschrift in Abschn. 3a.1 UStAE dargelegt. Für Zwecke der Auslegung gilt es aber stets, auch Art. 43 MwStSystRL i.V.m. Art. 19 MwStVO heranzuziehen.

33 Die Auffangvorschrift – mit inländischem Besteuerungsort – kommt damit im Ergebnis insbesondere zur Anwendung, wenn der die Leistung Ausführende im Inland ansässig ist und sein nichtunternehmerischer Leistungsempfänger entweder ebenso oder im übrigen Gemeinschaftsgebiet (sog. Dienstleistungs**export**). Im korrespondierenden Dienstleistungs**import**sachverhalt befindet sich der Leistungsort regelmäßig im Ausland.

34 Schwierigkeiten bereitet die Auslegung der Vorschrift insbesondere dann, wenn an der Ausführung der sonstigen Leistung sowohl das Stammhaus als auch die in einem anderen Land befindliche feste Niederlassung beteiligt ist oder die Leistung an nicht unter § 3a Abs. 2 Satz 3 UStG fallende Personen erbracht wird (Rz. 36, 47, 96).

II. Nachrangige Grundregelung (Absatz 1 Satz 1)

1. Allgemeine Ausführungen

35 § 3a Abs. 1 Satz 1 UStG kommt zur Anwendung, wenn die in Satz 1 geregelten vorrangigen Sonderregelungen nicht einschlägig sind. Außerdem darf die sonstige Leistung nicht einer in einem anderen Land vom Steuerpflichtigen unterhaltenen Betriebsstätte/festen Niederlassung zuzurechnen sein. Im Ergebnis steht die **Vorschrift in der Prüfungsreihenfolge am Ende.**

36 Die Verweisungskette in Satz 1 führt im Ergebnis dazu, dass die Regelung nach nationaler Terminologie nur zur Anwendung kommt, wenn der Leistungsbezug für den **nichtunternehmerischen** Bereich des Leistungsempfängers erfolgt. Art. 45 MwStSystRL spricht insoweit nur davon, dass die Leistung an einen Nichtsteuerpflichtigen erbracht wird. Da die Richtlinie den Steuerpflichtigen über die (wirtschaftliche) Tätigkeit definiert und der nationale Gesetzgeber bislang keine Notwendigkeit für eine entsprechende Anpassung der nationalen Bestimmungen sah, kommt es insoweit zu Unstimmigkeiten und unnötigen Auslegungsschwierigkeiten. Dies gilt vor allem für die in § 3a Abs. 2 Satz 3 UStG nur für juristische Personen geregelten Ausnahmen. M.E. gelten diese Ausnahmen auch für natürliche Personen bzw. Zusammenschlüsse. D.h. m.E. bestimmt sich der Ort einer sonstigen Leistung gegenüber natürlichen Personen, die Unternehmer sind, für einen Leistungsbezug im Rahmen der nichtwirt-

1 Vgl. u.a. § 13b Abs. 1 UStG; § 13b Rz. 47 ff.
2 Vgl. u. a. § 14a Abs. 1 UStG; § 14a Rz. 4 ff.
3 Vgl. § 16 Abs. 1a und 1b UStG; § 16 Rz. 25 ff.
4 Vgl. § 18 Abs. 4c, § 18a Abs. 2 und § 18b UStG sowie § 18h Abs. 1 UStG; § 18 Rz. 86 ff., § 18a Rz. 20 ff., § 18b Rz. 1 ff.
5 Vgl. § 22 Abs. 4b UStG; § 22 Rz. 74 ff.

schaftlichen Tätigkeit im engeren Sinne genauso – entgegen dem Verständnis der FinVerw. – nach der Vorschrift des § 3a Abs. 2 UStG und nicht nach der Vorschrift des Abs. 1, d.h. genauso wie für juristische Personen.

2. Nichtunternehmerischer Leistungsbezug durch den Leistungsempfänger

a) Überblick

Ein Leistungsbezug für den nichtunternehmerischen Bereich des Leistungsempfängers liegt nach Auffassung der FinVerw.[1] vor, wenn der Leistungsempfänger 37

- kein Unternehmer ist oder
- er zwar Unternehmer ist, die Leistung aber nicht für sein Unternehmen bezieht **und** es sich bei ihm auch nicht um eine juristische Person handelt oder
- eine sowohl unternehmerische als auch nichtunternehmerische juristische Person ist und der Leistungsbezug für deren Personal bestimmt ist oder
- eine nichtunternehmerisch tätige juristische Person ist, der auch keine USt-IdNr. erteilt worden ist.

b) Kein Unternehmer

Hierunter gehören grundsätzlich alle Personen, die nicht unter die §§ 2, 2a, 2b UStG fallen. Unternehmer können damit nur unter engen Voraussetzungen taugliche Leistungsempfänger sein (Rz. 41 ff.). Im Ergebnis m.E. nur, wenn der Leistungsbezug **„unternehmensfremd“** (s. Rz. 42) verwendet werden soll. 38

Gemäß § 27a Abs. 1 Satz 2 UStG wird auch einer **juristischen Person, die kein Unternehmer ist**, eine USt-IdNr. erteilt, wenn sie diese für innergemeinschaftliche Erwerbe benötigt (vgl. hierzu auch § 1a Abs. 1 Nr. 2 Buchst. b UStG). Empfängt eine solche juristische Person eine sonstige Leistung, kommt damit die Ortsregelung des Absatzes 1 **nicht** zur Anwendung.[2] Ist der juristischen Person eine USt-IdNr. erteilt worden, hat sie diese nach Auffassung der FinVerw. (grundsätzlich) auch zu verwenden. Aufgrund der Regelung in Art. 17 Abs. 2 MwStVO gilt dies auch bei unerkannter Pflicht zur Erteilung. Das nationale Gesetz hat diesen Fall jedoch nicht geregelt, sodass dies m.E. unter Vertrauensschutzgründen nicht zu Lasten des leistenden Unternehmers gehen darf.[3] Fraglich ist, ob die juristische Person die ihr einmal erteilte USt-IdNr. wieder löschen kann, wenn sie diese nicht mehr benötigt. Dies ist m.E. zu bejahen. 39

Fraglich ist, ob die **juristische Person** die ihr einmal erteilte **USt-IdNr. wieder löschen** kann, wenn sie diese nicht mehr benötigt, um so nicht unter die Regelung des § 3a Abs. 2 und § 13b Abs. 5 UStG zu fallen. Dies ist m.E. zu bejahen.[4] Es besteht zum einen keine Notwendigkeit, eine nicht steuerpflichtige juristische Person mit den sich für Steuerpflichtige geltenden Obliegenheiten zu verpflichten und zum anderen kann auch ein Steuerpflichtiger zum Nichtsteuerpflichtigen werden, sodass es keinen Grund gibt, eine juristische Person, die kein Steuerpflichtiger ist, schlechter zu stellen.

Maßgebend für die Beurteilung ist der Zeitpunkt, in dem der Leistungsbezug erfolgt, d.h. die Leistung ausgeführt wird. Kommt es zwischen der Auftragserteilung und der Ausführung der Leistung zu einer Veränderung, so ist für die Ortsbestimmung letzterer Zeitpunkt maßgeblich. 40

c) Kein Bezug für das Unternehmen

Nach der Rechtsprechung des EuGH verfügen Unternehmen über mehrere Tätigkeitsbereiche. Ein Leistungsbezug erfolgt danach **nicht** für das Unternehmen und damit für den nichtunternehmerischen 41

---

1 Vgl. Abschn. 3a.1 Abs. 1 Satz 1 UStAE. Bei Streitigkeiten mit dem FA gilt es die im Zeitpunkt der Leistungserbringung maßgebliche Fassung des UStAE zugrunde zu legen.

2 Vgl. auch Art. 43 Nr. 2 MwStSystRL.

3 In diesem Sinne auch *Slapio* in Birkenfeld/Wäger, Umsatzsteuer-Handbuch, § 3a Abs. 2 Rz. 44 (Stand: Mai 2018).

4 In diesem Sinne auch *Burgmaier* in diesem Komm., § 27a Rz. 42.

Bereich, wenn er entweder für nichtwirtschaftliche Tätigkeiten im engeren Sinne oder für unternehmensfremde Tätigkeiten genutzt wird.[1]

42 Die FinVerw. hat in Abschn. 3a.2 Abs. 11a Satz 4 UStAE verschiedene Leistungen aufgelistet, bei denen der erste Anschein für den **privaten** Gebrauch des Leistungsempfängers (unternehmensfremd) spricht. Will der leistende in Deutschland ansässige Unternehmer bei diesen Leistungen die Ortsregelung des Absatzes 2 anwenden, sodass es aus deutscher Sicht zu einem nicht steuerbaren Umsatz käme, so reicht es nach diesem Verständnis dafür nicht aus, dass ihm der Leistungsempfänger seine ausländische USt-IdNr. mitteilt, sondern er braucht eine (plausible?) Erklärung, dass die bezogene Leistung für das Unternehmen bestimmt ist.

42.1 Zu den **unternehmensfremden** Tätigkeiten gehören im Ergebnis die Entnahmen für den privaten Bedarf des Unternehmers, seiner Angehörigen oder seines Personals.[2] Art. 19 MwStVO bestimmt ebenfalls, dass ein derartiger Leistungsbezug nicht für das Unternehmen als bezogen gilt. Derartige Leistungsbezüge fallen damit unter die Regelung des Absatzes 1, obwohl sie an einen Unternehmer erbracht werden.

43 Zu den **nichtwirtschaftlichen Tätigkeiten im engeren Sinne** gehören alle nichtunternehmerischen Tätigkeiten, die nicht unternehmensfremd sind. Dazu gehören nach der BFH-Rechtsprechung

- **unentgeltliche** Tätigkeiten eines Vereins, die aus ideellen Vereinszwecken verfolgt werden,
- **hoheitliche** Tätigkeiten jPdöR,[3]
- das bloße Erwerben, Halten und Veräußern von gesellschaftsrechtlichen Beteiligungen,
- den Leerstand eines Gebäudes verbunden mit dauerhafter Nichtnutzung.[4]

44 Bezieht der Unternehmer oder die ihm gleichgestellte juristische Person eine Leistung für seine nichtwirtschaftlichen Tätigkeiten **im engeren Sinne**, liegt für die Ortsbestimmung ein Leistungsbezug als Unternehmer/Steuerpflichtiger vor,[5] sodass die Vorschrift des Abs. 1 **nicht** zur Anwendung kommt, sondern vielmehr Absatz 2 (Rz. 67 ff.). Diese Vereinfachung ist m.E. richtig, muss dann aber auch für den übrigen Personenkreis (vor allem natürliche Personen) gelten.

45 Nach dem Unionsrecht und deren Rechtsverständnis ist dieses Ergebnis **rechtsformneutral**, sodass es für alle Steuerpflichtigen – und zwar unabhängig davon, in welcher Rechtsform sie betrieben werden – gilt und es somit zu einer Besteuerung am Empfängerort (Bestimmungsland) kommt.[6] Nach der nationalen Regelung[7] gilt dies aber nur für die juristischen Personen, die „Unternehmer" sind und nicht für natürliche Personen. Aufgrund der Rechtsprechung des EuGH sollte dieser Wertungswiderspruch einer Würdigung der Gerichte nicht standhalten[8]. Sollte die Rechtsprechung das Verständnis der deutschen FinVerw. nicht teilen, darf dies aber nicht zu Lasten des Bürgers gehen.

46 Für Rechtspersönlichkeiten, die keine juristischen Personen sind, also natürliche Personen sowie Personenvereinigungen, die nicht unter den Begriff der juristischen Person fallen, können nur die obigen beiden letzten Fallgruppen zu einem Leistungsbezug für nichtwirtschaftliche Tätigkeiten im engeren Sinne führen und damit zum Ausschluss der Ortsbestimmung von Absatz 1.

1 Vgl. zur Begrifflichkeit Abschn. 2.3 Abs. 1a UStAE.

2 Richtigerweise hat der BFH beim Arbeitgeber angefallene Umzugskosten für sein Personal nicht als Entnahme beurteilt, (BFH, Urt. v. 6.6.2019 – V R 18/18, BStBl. II 2020, 293 = UR 2019, 812), sodass die Vorschrift insoweit zur Anwendung kommen könnte.

3 Vgl. BFH, Urt. v. 3.3.2011 – V R 23/10, BStBl. II 2012, 74 = UR 2011, 617 m. Anm. *Küffner*.

4 Vgl. BFH, Urt. v. 19.7.2011 – XI R 29/09, BStBl. II 2012, 430 = UR 2012, 238.

5 Vgl. Art. 43 Abs. 1 MwStSystRL.

6 In diesem Sinne auch EuGH, Urt. v. 17.3.2021 – C-459/19, ECLI:EU:C:2021:209 – Wellcome Trust, UR 2021, 310.

7 Die Vorschrift wurde leider nur teilweise durch das AmtshilfeRLUmsG (BGBl. I 2013, 1809) an das Unionsrecht angepasst.

8 Vgl. hierzu auch *Wäger* in Sölch/Ringleb, § 3a UStG Rz. 20 ff. (Stand: Juni 2021).

Somit führen nach Auffassung der **FinVerw.** folgende Tätigkeitsbereiche zur Anwendung des Absatzes 1: 47

Merkmale des Leistungsempfängers			Anzuwendende Auffangnorm
Unternehmereigenschaft	Rechtsform	Verwendung/Tätigkeitsbereich	§ 3a Abs. 1 UStG
Kein Unternehmer	Natürliche oder juristische Person **ohne** USt-IdNr.		(+)
Unternehmer	Alle Rechtsformen	Unternehmensfremde Zwecke	(+)
	Natürliche Person	Nichtwirtschaftliche Tätigkeit im engeren Sinne	(+) str. (Rz. 36, 44)

3. Vermutungsregelungen/Beweisanzeichen

Der leistende Steuerpflichtige muss, um seine gesetzlichen und vertraglichen Verpflichtungen erfüllen zu können, zum Zeitpunkt der Ausführung der sonstigen Leistung **erkennen können**, ob er seine sonstige Leistung an einen Unternehmer für dessen Unternehmen im oben genannten Sinne ausgeführt hat. Er muss die Beurteilung aufgrund der ihm objektiv erkennbaren Umstände treffen. Für seine Prüfung sollte sich der Steuerpflichtige dabei unbedingt an den Vorgaben der Art. 17 ff. MwStVO orientieren, da sie unmittelbar geltendes Recht sind. Dabei schreibt der Unionsgesetzgeber der USt-IdNr. zentrale Bedeutung zu. Der Steuerpflichtige kommt somit nicht umhin, seinen (ausländischen) Vertragspartner zu kontaktieren, ob letzterer eine USt-IdNr. besitzt. Bei Leistungsbezügen, die regelmäßig einen privaten Bezug haben (können), empfiehlt es sich auf Basis der Auffassung der FinVerw. und der ihr folgenden finanzgerichtlichen Rechtsprechung, beim Vertragspartner nachzufragen, ob die Leistung für den unternehmerischen oder nichtunternehmerischen Bereich bestimmt sind und die Korrespondenz aufzubewahren (Rz. 42). Sofern dem Steuerpflichtigen von seinem Vertragspartner die USt-IdNr. mitgeteilt wurde und diese sich nach Prüfung als richtig herausgestellt hat, kann er grundsätzlich, **d.h. jedoch nur mit den vorgenannten Besonderheiten**, davon ausgehen, dass § 3a Abs. 1 UStG nicht zur Anwendung kommt. Anders ausgedrückt: Wird dem leistenden Steuerpflichtigen von seinem Vertragspartner mitgeteilt, dass letzterer über keine USt-IdNr. verfügt, kann Ersterer grundsätzlich davon ausgehen, dass für ihn die Auffangvorschrift des Absatzes 1 zur Anwendung kommt. Hierbei handelt es sich jedoch nur um ein **Beweisanzeichen**, das **widerlegbar** ist. 48

Der Leistungsempfänger kann sich im Ergebnis auch nicht in seinem Ansässigkeitsstaat der Besteuerung entziehen, wenn sich (später) herausstellt, dass es zu einer dortigen Besteuerung kommt. Ein solches Interesse könnte insbesondere in Fällen bestehen, in denen im Verbrauchsmitgliedstaat ein höherer Steuersatz ohne korrespondierendes Recht auf Vorsteuerabzug gilt. Eine andere Frage ist, ob er eine Korrektur der ihm von seinem Vertragspartner fakturierten Umsatzsteuer erreichen kann. 49

Wird dem leistenden Steuerpflichtigen von seinem Vertragspartner, dem Leistungsempfänger, eine gültige ausländische USt-IdNr. mitgeteilt, kommt die Auffangvorschrift des § 3a Abs. 1 UStG nicht zur Anwendung, auch wenn die sonstige Leistung nicht für das Unternehmen bezogen wird. Der leistende Unternehmer steht aber stets vor dem Problem, sich mit dem Argument auseinandersetzen zu müssen, ob ihm gegenteilige Informationen i.S.d. Art. 19 Abs. 2 MwStVO vorliegen. Neben den in Abschn. 3a.2 Abs. 11a UStAE genannten Beispielen gehört hierzu auch die Erstellung einer Erbschaftsteuererklärung für einen Angehörigen eines anderen Mitgliedstaats. In der Praxis ergeben sich bei Verkennung der Beurteilung im Nachgang regelmäßig auch zivilrechtliche Folgeprobleme in Bezug auf Nachforderungsansprüche. 50

4. Rechtsfolge

Rechtsfolge von § 3a Abs. 1 UStG ist, dass die sonstige Leistung an dem Ort ausgeführt ist, von dem aus der Leistende sein Unternehmen betreibt (Satz 1). Wird die sonstige Leistung von einer Betriebs- 51 stätte/festen Niederlassung des Leistenden ausgeführt (Satz 2), ist dieser Ort maßgeblich. Das Innehaben einer Betriebsstätte/festen Niederlassung kann nur dann zu einer anderen Ortsbestimmung führen, wenn sie sich in einem anderen Land als das Stammhaus befindet.

52 Art. 10 MwStVO bestimmt für andere Unternehmen als Einzelunternehmer, was unter dem Ort, von dem aus ein Unternehmen betrieben wird, zu verstehen ist. Dies ist der Sitz der **wirtschaftlichen** Tätigkeit. Entscheidend ist dabei im Ergebnis, wo die Handlungen zur zentralen Verwaltung des Unternehmens vorgenommen werden. Damit kommt dem statutarischen Sitz keine Bedeutung zu, wenn (ausnahmsweise) die zentralen Handlungen an einem anderen Ort, d.h. in einem anderen Land, gefällt werden. Selbstredend misst der Unionsgesetzgeber damit auch der bloßen Postanschrift keine besondere Bedeutung bei. Aus deutscher Besteuerungssicht kommt damit in der Praxis regelmäßig dem Wohnsitz oder dem gewöhnlichen Wohnsitz der Geschäftsführung in Deutschland Bedeutung zu, wenn die juristische Person/Personengesellschaft über kein (aktives) ausländisches Geschäftslokal verfügt.[1] Sobald es Anhaltspunkte dafür gibt, dass eine Ansässigkeit im Inland bestehen könnte, zwingt die bisherige finanzgerichtliche Rechtsprechung über die Vorschrift des § 90 Abs. 2 AO den Leistenden dazu, ausreichende **Beweisvorsorge** für die ausländische wirtschaftliche Tätigkeit zu treffen. Anhaltspunkte für eine inländische Ansässigkeit sind nach der finanzgerichtlichen Rechtsprechung insbesondere, dass die Anteilseigner und gesetzlichen Vertreter im Inland ansässig sind. Hieran ändern selbst der Nachweis des Zahlungseingangs auf ein ausländisches Konto sowie die steuerliche Erfassung im Ausland nichts.[2] Der inländische Wohnsitz ist aber m.E. unbeachtlich, solange nachgewiesen werden kann, dass die sonstigen Leistungen von den betroffenen Personen zu den ordentlichen Geschäftszeiten im Geschäftslokal ausgeführt werden.

53 Verfügt die natürliche Person als Steuerpflichtige über keinen Geschäftssitz, kommt es auf ihren Wohnsitz,[3] hilfsweise auf ihren gewöhnlichen Aufenthalt,[4] an. Dabei fällt auf, dass sich die Unterscheidung zwischen Wohnsitz und gewöhnlichem Aufenthalt über Art. 45 MwStSystRL nur in der Auffangnorm des § 3a Abs. 1 UStG widerspiegelt. Sachliche Gründe sind nicht erkennbar, weshalb dies nicht auch für § 3a Abs. 2 UStG gelten soll. Hierfür spricht m.E. auch der Einleitungssatz in Art. 10 Abs. 1 MwStVO. Aufgrund der immer stärker wachsenden Mobilität verfügen natürliche Personen zwischenzeitlich häufiger über mehrere Wohnsitze in verschiedenen Ländern. In solchen Fällen ist auf den **gewöhnlichen Aufenthalt** abzustellen (Art. 45 Satz 3 MwStSystRL).

III. Ausgangsleistung durch Betriebsstätte (Absatz 1 Satz 2)

54 Zur Thematik Betriebsstätte/feste Niederlassung vgl. die Ausführungen unter Rz. 17 ff.

In Fällen, in denen sowohl das Stammhaus als auch die Betriebsstätte/feste Niederlassung bei der Ausführung der sonstigen Leistung beteiligt sind, soll es darauf ankommen, von wem die sonstige Leistung **überwiegend** erbracht wird.[5] Für die Entscheidung kann es m.E. nicht auf ganz formale Dinge ankommen, die im Vorgriff oder im Nachgang zur sonstigen Leistung anfallen, z.B. darauf, wo der Vertrag abgeschlossen oder die Rechnung gefertigt wird.

55–65 frei

IV. Typische Anwendungsfälle für den nichtunternehmerischen Leistungsbezug

66 Typische Anwendungsfälle für die Leistungsortsbestimmung nach § 3a Abs. 1 UStG hat die FinVerw. in Abschn. 3a.1 Abs. 4 UStAE aufgelistet. Hierzu gehören daneben auch folgende Leistungen:

---

1 Vgl. BFH, Urt. v. 18.10.2023 – XI R 22/20, UR 2024, 64, Rz. 37.
2 Vgl. FG Berlin-Brandenburg, Beschl. v. 28.12.2018 – 7 V 7195/18, MwStR 2019, 512 mit Anm. *Masuch*.
3 Vgl. Art. 12 MwStVO.
4 Vgl. Art. 13 MwStVO.
5 Abschn. 3a.1 Abs. 2 Satz 4 UStAE. Vgl. zur Einbeziehung von Betriebsstätte/fester Niederlassung in den Leistungsaustausch auch Rz. 19 f.

- Erstellung von **privaten Steuererklärungen** gegenüber im übrigen Gemeinschaftsgebiet ansässigen Auftraggebern,
- Arbeiten einer inländischen **Visagistin** im übrigen Gemeinschaftsgebiet gegenüber einer selbstständigen Schauspielerin für den privaten Besuch einer Abendveranstaltung im Rahmen der Salzburger Festspiele,[1]
- Erwerb von **Hotelgutscheinen/Hotelschecks** unter den in der Entscheidung genannten Voraussetzungen,[2]
- **Schiedsrichterleistungen** eines Rechtsanwalts gegenüber Nichtunternehmern,[3]
- **Übersetzungsleistungen** gegenüber nicht im Drittlandsgebiet ansässigen Nichtunternehmern,
- **Tierarztleistungen** gegenüber Nichtunternehmern,[4]
- **Treuhändertätigkeit** bezüglich der Beteiligung an einer Anlagegesellschaft.[5]

C. Grundregel für den Leistungsort im zwischenunternehmerischen Bereich (Absatz 2)

I. Regelungsgegenstand

Aufgrund der komplexen Verweisungskette findet die Grundregelung des Absatzes 2 nur Anwendung, wenn die sonstige Leistung an einen Unternehmer ausgeführt wird und keine vorrangige Sonderregelung eingreift. Damit handelt es sich bei der Vorschrift um eine reine **Auffangvorschrift** im zwischenunternehmerischen Bereich. Die FinVerw. hat ihr diesbezügliches Verständnis in Abschn. 3a.2. UStAE dargelegt. 67

Zur Auslegung der Vorschrift sind insbes. die Art. 44 MwStSystRL sowie die Art. 10 ff. MwStVO heranzuziehen. Daneben finden Art. 43 MwStSystRL sowie Art. 3, 17–23, 24a und 25 MwStVO Anwendung. Letztere gelten direkt und unmittelbar. Besondere Schwierigkeiten ergeben sich, wenn es um die Beurteilung grenzüberschreitender Leistungsbezüge in Bezug auf nichtwirtschaftliche Tätigkeiten i.S.d. Abschn. 2.3 Abs. 1a UStAE des Leistungsempfängers geht. Selbiges gilt, wenn der unternehmerische **Leistungsempfänger** auch über eine in einem anderen Land gelegene Betriebstätte/feste Niederlassung verfügt, die in den Leistungsaustausch involviert ist (zur vergleichbaren Thematik nur für den umgekehrten Fall, dass der Leistende über eine in einem anderen Staat belegene feste Niederlassung verfügt Rz. 17 ff.). 68

II. Leistungsempfänger bezieht sonstige Leistung für sein Unternehmen (Absatz 2 Satz 1)

1. Allgemeine Ausführungen

Voraussetzung für die Anwendung des § 3a Abs. 2 UStG ist nach der nationalen Gesetzesformulierung,[6] dass die sonstige Leistung an einen Unternehmer für dessen Unternehmen (Rz. 42 ff.) ausgeführt wird. Diese Formulierung wird im UStG an verschiedenen Stellen verwendet[7] und bereitet aufgrund der m.E. weiterhin interpretierbaren Rechtsprechung des EuGH stets Probleme. 69

1 Vgl. *Bürgler/Stifter* in Beerger/Bürgler/Kanduth-Kristen/Wakounig, UStG-ON³, § 3a UStG-Ö Rz. 114 Beispiel 9b.
2 Vgl. BFH, Urt. v. 8.9.2011 – V R 42/10, BStBl. II 2012, 248 = UR 2012, 153.
3 Vgl. EuGH, Urt. v. 16.9.1997 – C-145/96, ECLI:EU:C:1997:406 – von *Hoffmann*, UR 1998, 17.
4 Vgl. EuGH, Urt. v. 6.3.1997 – C-167/95, ECLI:EU:C:1997:105 – Linthorst, Pouwels en Scheres, UR 1997, 217.
5 Vgl. BFH, Urt. v. 29.1.1998 – V R 67/96, BStBl. II 1998, 413 = UR 1998, 460.
6 Vgl. Abschn. 3a.2 Abs. 1 UStAE.
7 U.a. § 1a Abs. 1 Nr. 2 Buchst. a UStG, § 9 Abs. 1 UStG, § 5 Abs. 1 Satz 1 Nr. 1 bis 5 UStG.

70 Nach Auffassung der FinVerw. liegt eine sonstige Leistung für das Unternehmen des Leistungsempfängers vor, wenn dieser

- ein Unternehmer ist und die Leistung für sein Unternehmen bezogen hat,
- eine nicht unternehmerisch tätige juristische Person ist, der eine USt-IdNr. erteilt worden ist (Art. 43 Abs. 2 MwStSystRL) oder
- eine sowohl unternehmerisch als auch nicht unternehmerisch tätige juristische Person ist und die Leistung für den unternehmerischen oder den nichtunternehmerischen Bereich, nicht aber für den privaten Bedarf des Personals, bezogen hat.

71 Leistungsempfänger im umsatzsteuerrechtlichen Sinne ist **grundsätzlich** der **Auftraggeber oder** der **Besteller** einer Leistung. Er hat den (vertraglichen) Anspruch auf Ausführung der Leistung.[1]

72 Von diesem Grundsatz macht die FinVerw. aus **Vereinfachungsgründen** für gewisse Fallgestaltungen **Ausnahmen** und erkennt den Rechnungsempfänger als Leistungsempfänger an, wenn es sich um Güterbeförderungen oder in deren Zusammenhang anfallende selbständige steuerpflichtige Nebenleistungen handelt sowie bei der Vermittlung vorgenannter Leistungen. Praktische Anwendungsfälle ergeben sich insbesondere bei den sog. unfreien Versendungen (§ 41 UStDV). Eine darüber hinausgehende Ausweitung, insbesondere nach wirtschaftlichen Gesichtspunkten, beispielsweise auf Verträge zugunsten Dritter, ist m.E. nicht möglich.

73 Der Begriff des **Unternehmers** ergibt sich unionsrechtlich aus den Art. 9–13 MwStSystRL und national aus §§ 2, 2a, 2b UStG. Deshalb zählen hierzu auch der Kleinunternehmer (§ 19 UStG), genauso wie Unternehmer, die der Pauschal-Durchschnittssatzbesteuerung oder der Differenzbesteuerung (§§ 23–25a UStG) unterliegen. Hinzu kommt über Satz 3 die ausschließliche nicht unternehmerisch tätige juristische Person, der eine USt-IdNr. erteilt worden ist (Rz. 89 ff.).

74 Art. 25 MwStVO regelt, dass für die Bestimmung des Ortes der sonstigen Leistung die Umstände im Zeitpunkt der Leistungserbringung maßgeblich sind. Dies bezieht sich insbesondere auf die Eigenschaft des Leistungsempfängers und die Verwendung der sonstigen Leistung. Die ist m.E. dahingehend zu verstehen, dass nach Ausführung der sonstigen Leistung erbrachte Nachweise, z.B. über die Unternehmereigenschaft (Beispiel: Leistungsempfänger hat seine Unternehmereigenschaft bereits aufgenommen, die beantragte USt-IdNr. lag jedoch bei Ausführung der sonstigen Leistung noch nicht vor), herangezogen werden müssen und damit auch zu einer Berichtigung der ursprünglichen Würdigung führen. M.E. darf dies aber nicht zu Lasten des Steuerpflichtigen gehen, insbesondere in Bezug auf die Erstfakturierung keinen unrichtigen Steuerausweis i.S.d. § 14c Abs. 1 UStG begründen.

75 Ist ein und dieselbe sonstige Leistung sowohl zum privaten Gebrauch des Unternehmers und/oder des Personals, als auch für die unternehmerischen Zwecke des Leistungsempfängers bestimmt, richtet sich der Ort einheitlich nach § 3a Abs. 2 UStG.[2] Wie stets steht auch dieses Verständnis unter einem Missbrauchsvorbehalt. Im Ergebnis kommt es damit aber jedenfalls **nicht** zu einer **Aufteilung** der sonstigen Leistung bzw. besser zur Bejahung von mehreren Dienstleistungen.[3]

2. Nachweise über den Unternehmerstatus

a) Nachweis für im übrigen Gemeinschaftsgebiet ansässige Unternehmer

76 Die Vorschrift regelt nicht, wie der leistende Unternehmer nachzuweisen hat, dass sein Leistungsempfänger Unternehmer ist.

77 Der leistende Steuerpflichtige kann davon ausgehen, dass es sich bei seinem Vertragspartner um einen Unternehmer handelt, der die sonstige Leistung für seine unternehmerischen Zwecke empfängt, wenn

---

1 **A.A.** *Stadie* in Rau/Dürrwächter, § 3a UStG Rz. 130 (Stand: August 2021). Danach ist Leistungsempfänger derjenige, der die Gegenleistung schuldet. Dies ist dem durchaus einsichtigen Umstand geschuldet, dass *Stadie* nicht nur beim Recht auf Vorsteuerabzug eine wirtschaftliche Betrachtungsleistung zugrunde legt. Dieses Verständnis steht noch im Widerspruch zur Rechtsprechung.

2 Vgl. Art. 19 Abs. 3 MwStVO.

3 Beim Vorsteuerabzug teilt der BFH jedoch die sonstige Leistung auf (BFH, Urt. v. 14.10.2015 – V R 10/14, BStBl. II 2016, 717 = UR 2016, 35).

ihm Letzterer seine USt-IdNr. mitgeteilt hat. Die deutsche FinVerw. versteht den Begriff „mitgeteilt" als „verwendet", sodass sie ein positives Tun des Leistungsempfängers voraussetzt. Dies muss nicht schriftlich, sondern kann auch auf andere Weise, insbesondere durch konkludentes Verhalten erfolgen, wie z.B. beim Anlegen der Stammdaten. Eine im Briefkopf eingedruckte USt-IdNr. oder eine in einer Gutschrift des Leistungsempfängers formularmäßig eingedruckte USt-IdNr. soll alleine nicht ausreichen.[1] Dieses Verständnis wird in der Literatur[2] mangels gesetzlicher Regelung zu Recht kritisiert und abgelehnt.

In der Praxis sollte der Steuerpflichtige versuchen, sich an die Auffassung der FinVerw. zu halten und deshalb auch für eine Klarstellung mit dem Vertragspartner **vor** Leistungsausführung (am besten im Rahmen des Bestellvorgangs) sorgen. Dies kann m.E. auch durch Verwendung allgemeiner Geschäftsbedingungen geschehen. Muss der Unternehmer von der Auffassung der FinVerw. oder der höchstrichterlichen Rechtsprechung abweichen, empfiehlt es sich insbes. aus strafrechtlichen Gründen, dies dem FA offenzulegen. 78

b) Nachweis für im Drittland ansässige Unternehmer

Mangels gesetzlicher Regelung kann der Nachweis auf verschiedene Weise erfolgreich geführt werden. 79

Ist der Leistungsempfänger im Drittland ansässig, kann nach Auffassung der FinVerw.[3] der Nachweis der Unternehmereigenschaft durch eine Bescheinigung einer Behörde des Sitzstaates geführt werden, in der diese bescheinigt, dass der Leistungsempfänger dort als Unternehmer erfasst ist. Dieser Nachweis entspricht der Bescheinigung, die der ausländische Unternehmer für das Vorsteuervergütungsverfahren benötigt. Allerdings ist diese Bescheinigung weder Tatbestandsvoraussetzung noch einziges Nachweismittel für die Ansässigkeit. Der Nachweis kann auch auf andere Weise, d.h. auf dieselbe Weise erbracht werden, wie bei Leistungsempfängern, die in Ländern ansässig sind, mit denen keine Gegenseitigkeit besteht. Hierzu zählen m.E. auch Ausdrucke aus dem Internet über das jeweilige Unternehmen. Nach der hier vertretenen Auffassung ist auch eine Bestätigung des Leistungsempfängers, in der die wirtschaftliche Tätigkeit beschrieben wird, ausreichend. 79.1

Bei sonstigen Leistungen, die unter den Katalog des § 3a Abs. 4 UStG fallen, braucht der leistende Steuerpflichtige für keine derartigen Nachweise zu sorgen, da diese Leistungen auch dann nicht im Inland umsatzsteuerbar sind, wenn sie an Nichtunternehmer erbracht werden. 79.2

3. Leistung für das Unternehmen des Leistungsempfängers

Die Leistung muss für das Unternehmen des Leistungsempfängers bezogen werden. Diese **einschränkende Voraussetzung** ist für den Leistenden, der als Steuereinsammler des Staates handelt, regelmäßig nicht wirklich feststellbar, sodass dieses Tatbestandsmerkmal m.E. verfehlt ist und die Praxis vor **erhebliche Schwierigkeiten** stellt. 80

Die Formulierung im UStG bereitet Schwierigkeiten, da weiterhin nicht eindeutig geklärt ist, was eigentlich genau darunter zu verstehen ist. Erschwerend kommt hinzu, dass diese Formulierung im Spannungsverhältnis zu Art. 43 MwStSystRL i.V.m. Art. 19 Abs. 1 MwStVO steht. Aus der Entscheidung des EuGH in der Rechtssache *Wellcome Trust*[4] ergibt sich m.E. nunmehr, dass eine Leistung immer dann für das Unternehmen des Leistungsempfängers ausgeführt wird, solange sie von ihm nicht für den privaten Bedarf (in der Terminologie der FinVerw. für unternehmensfremde Tätigkeiten) bezogen wird. M.E. ist die Rechtslage im Inland[5] – trotz gesetzlicher Nachbesserungen – weiterhin bei dem Bezug von sonstigen Leistungen für sog. nichtwirtschaftliche Tätigkeiten **im engeren Sinne** unzureichend und im Widerspruch zur Richtlinie gelöst. D.h. nach der hier vertretenen Auffassung führt 81

1 Vgl. Abschn. 3a.2 Abs. 7 Satz 4 UStAE.
2 Vgl. *Slapio* in Birkenfeld/Wäger, Umsatzsteuer-Handbuch, Abschn. I Kap. 5 A. – § 3a Abs. 2 UStG Rz. 25 (Stand: Mai 2018).
3 Vgl. Abschn. 3a.2 Abs. 11 UStAE.
4 Vgl. EuGH, Urt. v. 17.3.2021 – C-459/19, ECLI:EU:C:2021:209 – Wellcome Trust, UR 2021, 310; *Monfort*, UR 2021, 293.
5 Vgl. Abschn. 2.3 Abs. 1a Satz 4 UStAE.

eine Eingangsleistung für nichtwirtschaftliche Tätigkeiten im engeren Sinne – unabhängig von der Rechtsform, d.h. auch für natürliche Personen – unter den sonstigen Voraussetzungen – entgegen der Auffassung der FinVerw.[1] – zur Anwendung der Vorschrift. Allerdings entfällt eine richtlinienkonforme Auslegung zu Lasten des Steuerpflichtigen, sodass es Deutschland damit verwehrt ist, eine Leistung ins Inland zu transferieren.

82 **Nicht wirtschaftliche Tätigkeiten im engeren Sinne** sind nach Auffassung der FinVerw.[2] auf Basis der bisherigen Rechtsprechung alle nichtunternehmerischen Tätigkeiten, die nicht unternehmensfremd (privat) sind, z.B.:
- unentgeltliche Tätigkeiten eines Vereins, die aus ideellen Vereinszwecken verfolgt werden;
- hoheitliche Tätigkeiten jPdöR;
- bloßes Erwerben, Halten und Veräußern von gesellschaftsrechtlichen Beteiligungen;
- Leerstand eines Gebäudes verbunden mit dauerhafter Nichtnutzung.

83 Erbringt ein inländischer Unternehmer an seinen ausländischen unternehmerischen Vertragspartner eine sonstige Leistung, die für einen der genannten Bereiche bestimmt ist, so verlagert sich nach dem Verständnis der FinVerw. der Ort nur ins Ausland, sofern es sich um eine juristische Person handelt. Insoweit gilt es aber die Grundsätze über die **Feststellungslast** (§ 90 Abs. 2 AO) zu beachten. In einer solchen Konstellation trägt nach dem Verständnis der FinVerw. und der finanzgerichtlichen Rechtsprechung der inländische Unternehmer damit steuerrechtlich das Risiko, dass der deutsche Fiskus Umsatzsteuer nacherhebt, ohne dass er diese von seinem Vertragspartner erhalten hat oder erhält. Stellt er sie diesem aus dem soeben dargestellten Grund aus Vorsicht in Rechnung, so trägt er das Risiko, dass er sich diesem gegenüber schadensersatzpflichtig macht, wenn der Ausweis der Umsatzsteuer zu Unrecht erfolgt. Dieses Risiko kann durch Verwendung einer Steuerklausel zumindest abgefedert werden.

84 Empfängt der inländische Unternehmer eine sonstige Leistung für einen der obigen Bereiche von einem ausländischen Unternehmer, so verlagert sich der Ort ins Inland, regelmäßig verbunden mit dem Übergang der Steuerschuld über § 13b Abs. 5 UStG. In der Regel dürfte sich bei ihm mangels Vorsteuerabzug eine entsprechende Belastung ergeben.

4. Rechtsfolge

85 Unter der Voraussetzung, dass der Leistungsempfänger über keine Betriebsstätte/feste Niederlassung (vgl. Rz. 17 ff.) verfügt, der die sonstige Leistung zuzurechnen ist, ist Rechtsfolge, dass die sonstige Leistung an dem Ort ausgeführt wird, an dem der Leistungsempfänger sein Unternehmen betreibt. Es gelten insoweit die Ausführungen unter Absatz 1 entsprechend (Rz. 51 ff.). Verfügt eine natürliche Person als Leistungsempfänger weder über einen Unternehmenssitz noch über eine Betriebsstätte/feste Niederlassung, kommen als Leistungsort sein Wohnsitz oder der Ort seines gewöhnlichen Aufenthalts in Betracht.[3] Der Bedeutung des Wohnsitzes oder des gewöhnlichen Aufenthaltes dürfte immer stärkere Relevanz beigemessen werden, da viele Tätigkeiten kein Geschäftslokal mehr erfordern.

III. Einbeziehung einer Betriebsstätte (feste Niederlassung) in den Leistungsaustausch (Absatz 2 Satz 2)

86 Ist eine (in einem anderen Land als dem Stammhaus **des Leistungsempfängers**) existierende Betriebsstätte/feste Niederlassung (vgl. Rz. 17 ff.) in den Leistungsaustausch involviert, ist nach Absatz 2 Satz 2 ihr oder der ausländischen Mehrsteuergruppe, der sie angehört, und nicht dem Stammhaus die sonstige Leistung zuzurechnen, wenn die Leistung **ausschließlich oder überwiegend** von ihr (für den eigenen Bedarf) verwendet wird.

---

1 Vgl. Abschn. 3a.2 Abs. 13 und 14 UStAE, die die Rechtsfolge auf juristische Personen begrenzen.
2 Vgl. Abschn. 2.3 Abs. 1a Satz 4 UStAE mit Verweis auf die bisherige Rechtsprechung.
3 Vgl. Abschn. 3a.2 Abs. 3 Satz 3 UStAE.

Wann dies nach Auffassung der FinVerw. der Fall ist, ergibt sich aus Abschn. 3a.2 Abs. 4 und 6 UStAE. 87
Unionsrechtlich gilt es bei der Prüfung Art. 21 und 22 MwStVO zu beachten.

Der Ort der Betriebsstätte/festen Niederlassung des Leistungsempfängers ist nach Auffassung der Fin- 88
Verw. maßgebend, wenn die Leistung ausschließlich oder überwiegend für diese bestimmt ist, d.h. also dort verwendet werden soll.[1] Ist **zweifelhaft**, ob die Leistung für das Stammhaus oder die Betriebsstätte/feste Niederlassung bestimmt ist, kann der leistende Unternehmer davon ausgehen, dass die Leistung an das Stammhaus ausgeführt wird.[2] Nicht geregelt ist, wann eine Beurteilung zweifelhaft ist. Eine vergleichbare Formulierung wird im Rahmen des § 13b Abs. 5 Satz 7 und Abs. 7 Satz 5 UStG verwendet. M.E. darf der leistende Steuerpflichtige nicht pauschal behaupten, dass die Beurteilung zweifelhaft ist und damit seine Leistung automatisch dem Stammhaus seines Vertragspartners zurechnen. Er kann dies vielmehr nur mit Erfolg behaupten, wenn ihm Anhaltspunkte vorliegen, die eine widerstreitende Zurechnung der von ihm ausgeführten sonstigen Leistung nicht ausschließen. Dies bedeutet zumindest, dass auch das Stammhaus an dem Leistungsbezug beteiligt ist. Sodann muss er anhand der Art der von ihm erbachten Leistung und der Verwendung der Leistung beim Leistungsempfänger prüfen, ob sie der Betriebsstätte/festen Niederlassung zuzurechnen ist. Kommt er hierbei zu keinem eindeutigen Ergebnis, muss er anhand anderer objektiven Bedingungen (vertragliche Regelungen, Verwendung der USt-IdNr.) die Zurechnung bestimmen. Verbleiben sodann Zweifel, kann er von einer Zurechnung zum Stammhaus ausgehen.

IV. Juristische Personen als Leistungsempfänger (Absatz 2 Satz 3)

1. Nicht unternehmerisch tätige juristische Personen mit USt-IdNr. (Absatz 2 Satz 3 Alt. 1)

Auch die nicht unternehmerisch tätige juristische Person **mit** USt-IdNr. (Rz. 95) als Leistungsempfän- 89
ger fällt nach § 3a Abs. 2 Satz 3 Alt. 1 UStG unter die Auffangnorm. Dabei wird nicht danach unterschieden, ob es sich um eine jPdöR[3] (z.B. Gebietskörperschaft) oder des Privatrechts (z.B. reine Finanzholding) handelt. Die Gebietskörperschaften Bund und Länder können für einzelne Organisationseinheiten (z.B. Resorts, Behörden oder Ämter) eine USt-IdNr. erhalten.[4]

Fraglich ist, ob die Einordnung der juristischen Person als Unternehmer für die Regelung zur Orts- 90
bestimmung nur dann gilt, wenn die juristische Person unter ihrer USt-IdNr. auftritt oder ob das objektive Vorliegen einer USt-IdNr. entscheidend ist. Der Wortlaut von Art. 17 MwStVO spricht für letzteres Verständnis. Das würde auf eine entsprechende Ermittlungspflicht des leistenden Unternehmers hinauslaufen. Hiervon geht auch die FinVerw. aus, indem sie von dem leistenden Steuerpflichtigen verlangt, dass er bei seinem Vertragspartner nachfragt.[5] Für diese Lösung soll die systematische Überlegung sprechen, dass offenbar eine Parallelität zum innergemeinschaftlichen Erwerb hergestellt werden soll: Wenn schon für innergemeinschaftliche Erwerbe eine USt-IdNr. vorliegt oder vorliegen müsste, soll diese auch für sonstige Leistungen relevant sein. In der Gestaltungsberatung sollten Unternehmen und ihre Berater dafür sorgen, dass entsprechende Nachfragen vorgenommen werden und diese auch aufgezeichnet werden.

Blickt man nach Österreich, wird dort die Auffassung vertreten,[6] dass, wenn eine juristische Person 91
nicht unter ihrer USt-IdNr. auftritt, der leistende Unternehmer davon ausgehen darf, dass eine solche nicht erteilt wurde. Etwas anderes soll nur dann gelten, wenn sich aus den Umständen des Einzelfalles ergibt, dass eine USt-IdNr. vorhanden sein müsste. Dies ist jedenfalls dann der Fall, wenn die juristische Person in der Vergangenheit unter der USt-IdNr. aufgetreten ist. Diese Auslegung ist pragmatisch und wird dem Alltag gerecht. Sollten insoweit die Finanzbehörden im Inland zum Nachteil des Steuer-

1 Vgl. Abschn. 3a.2 Abs. 4 Satz 2 UStAE; zur Abgrenzung aktive und passive Betriebsstätte Rz. 19 ff.
2 Vgl. Art. 22 Abs. 1 Unterabs. 3 MwStVO.
3 Vgl. zum Ort der sonstigen Leistungen bei jPdöR instruktiv LSt Nds., Vfg. v. 12.8.2020 – S 7117-65-St 183, juris.
4 Vgl. Abschn. 27a.1 Abs. 3 Satz 4 UStAE.
5 Vgl. Abschn. 3a.2 Abs. 7 Satz 4 UStAE.
6 Vgl. *Ruppe/Achatz*, UStG-Ö[5], § 3a Rz. 40.

pflichtigen eine strengere Auffassung vertreten, müsste in einem gerichtlichen Verfahren der EuGH angerufen werden.

2. Juristische Person, die sowohl unternehmerisch als auch nicht unternehmerisch tätig ist (gemischt tätige juristische Person; Absatz 2 Satz 3 Alt. 2)

92 Auch die sog. gemischt tätige juristische Person als Leistungsempfänger fällt nach § 3a Abs. 2 Satz 3 Alt. 2 UStG unter die Auffangnorm (vgl. zur Entwicklung die Vorauflage Rz. 92).

93 Bezieht eine gemischt tätige juristische Person eine sonstige Leistung für den **privaten Bedarf ihres Personals (unternehmensfremde Zwecke)**, darf sie nach Auffassung der FinVerw. eine ihr erteilte USt-IdNr. nicht verwenden. Dabei macht es keinen Unterschied, ob es sich bei der gemischt tätigen juristischen Person um eine solche des öffentlichen Rechts oder des Privatrechts handelt.[1] Die FinVerw. lässt den Steuerpflichtigen bei der Beantwortung der Frage alleine, welche Rechtsfolgen sich ergeben, wenn die gemischt tätige juristische Person dies unter Verkennung der Rechtslage doch tut. M.E. greifen hier die Grundsätze zum Vertrauensschutz.

94 Verwendet eine ausländische juristische Person fälschlicherweise ihre ausländische USt-IdNr. gegenüber dem inländischen leistenden Unternehmer und bestimmt sich danach der Ort (nach objektiven Kriterien) nach der Vorschrift des Absatzes 1, so dürfte die deutsche FinVerw. die Umsatzsteuer nacherheben. Hat die ausländische juristische Person die Umsatzsteuer in ihrem Ansässigkeitsstaat abgeführt, so sollte eine Rückabwicklung zwar mit größerem administrativen Aufwand, aber ohne größere Kollateralschäden möglich sein. Kann der leistende inländische Unternehmer die Umsatzsteuer bei der ausländischen juristischen Person nicht mehr erfolgreich nacherheben, stellt sich die Frage, ob die Nichtbezahlung der Umsatzsteuer zu einer vollständigen im Wege der Billigkeit oder nur zu einer teilweisen Berichtigung im Rahmen des § 17 UStG führt. Nach einer vorzunehmenden Gesamtabwägung ist m.E. eine vollständige Berichtigung sachgerecht (ggf. über eine Billigkeitsregelung aus materiellen Gründen).

3. Rechtsfolgen

95 Rechtsfolge der Auffangnorm für den zwischenunternehmerischen Bereich ist, dass sich der Ort dort befindet, von wo aus die juristische Person ihr „(Quasi)-Unternehmen" betreibt (Rz. 89 f.). Unterhält sie eine Betriebsstätte/feste Niederlassung, der die sonstige Leistung zuzurechnen ist, ist dieser Ort maßgeblich (Rz. 86 ff.).

96 Somit ergibt sich m.E. folgendes Bild:

Merkmale des Leistungsempfängers			Anzuwendende Auffangnorm
Unternehmereigenschaft	Rechtsform	Verwendung/Tätigkeitsbereich	§ 3a Abs. 2 UStG
Unternehmer	Alle Rechtsformen	Für das Unternehmen	(+)
Unternehmer	Alle Rechtsformen	Für nichtwirtschaftliche Tätigkeit im engeren Sinne	(+) a.A. FinVerw. Bei natürlicher Person als Leistungsempfänger (Rz. 36, 69, 81)
Kein Unternehmer	juristische Person mit USt-IdNr.	Für nichtwirtschaftliche Tätigkeit im engeren Sinne	(+)

1 Vgl. Abschn. 3a.2 Abs. 14 Satz 7 i.V.m. Abschn. 3a.2. Abs. 13 Satz 2 UStAE.

D. Sonderregelung: Besteuerung am Tätigkeitsort (Absatz 3)

I. Regelungsgegenstand

Absatz 3 enthält eine große Anzahl von Sondertatbeständen. Geregelt werden im Wesentlichen: 97
- Grundstücksleistungen (Nr. 1, Rz. 99 ff.),
- Vermietung von Beförderungsmitteln (Nr. 2, Rz. 132 ff.),
- Eintrittsberechtigungen (Nr. 3 Buchst. a und Nr. 5, Rz. 165 ff., 207 ff.),
- Restaurationsleistungen (Nr. 3 Buchst. b, Rz. 177 ff.),
- Arbeiten etc. an beweglichen Gegenständen im zwischenunternehmerischen Bereich (Nr. 3 Buchst. c, Rz. 182 ff.) und
- Vermittlungsleistungen im zwischenunternehmerischen Bereich (Nr. 4, Rz. 194 ff.).

Die in den einzelnen Ziffern geregelten Sonderbestimmungen unterscheiden dabei ihrerseits teilweise danach, ob es sich bei den Leistungsempfängern um Unternehmer oder Nichtunternehmer handelt. 98

II. Grundstücksleistungen (Absatz 3 Nr. 1)

1. Regelungsgegenstand

Die Vorschrift ist eine Sonderregelung, die nicht vom Status des Dienstleistungsempfängers abhängig ist, sondern bei Vorliegen ihrer Tatbestandsvoraussetzungen für alle Dienstleistungsempfänger zur Anwendung kommt. 99

Die Vorschrift ist auf Basis von Art. 47 MwStSystRL sowie Art. 13b, 31a und 31b MwStVO auszulegen. Letztere sind zum 1.1.2017 in Kraft getreten. Sie enthalten umfangreiche Detailregelungen und gelten unmittelbar, d.h. es bedarf – anders als bei den Regelungen in europäischen Richtlinien – insoweit keiner Umsetzung des nationalen Gesetzgebers. Mit ihrer Veröffentlichung ging ein rund 60-seitiges Dokument mit Erläuterungen zur Anwendung der neuen Vorschriften einher.[1] Diese sind für die Mitgliedstaaten nicht verbindlich (sog. Erläuterungen/Explanatory Notes), können aber in der Praxis zur Auslegung herangezogen werden und finden regelmäßig auch von der deutschen FinVerw. Beachtung. 100

In der Praxis geht es im Wesentlichen um die Klärung, 101
- was unter den Begriff des Grundstücks fällt und
- welche Leistungen konkret als grundstücksbezogen zu beurteilen sind.

Der Wortlaut der nationalen Vorschrift ist trotz der umfangreichen europäischen Detailregelungen unverändert geblieben. Stärker als das Unionsrecht unterscheidet die nationale Vorschrift nach der jeweiligen Leistungsart. Die FinVerw. Hat die unionsrechtlichen Regelungen in Abschnitt 3a.3 UstAE übernommen. 102

Der Grundstücksbegriff ist ein eigenständiger Begriff des Unionsrechts und darf deshalb auch nach Auffassung der FinVerw. Nicht nach dem nationalen Zivilrecht ausgelegt werden.[2] Eine Definition des Grundstücks enthält Abschnitt 3a. 3 Abs. 2 Satz 3 UstAE durch Übernahme und Interpretation von Art. 13b MwStVO. Ein Grundstück ist danach 103
- ein bestimmter über- oder unterirdischer Teil der Erdoberfläche, an dem Eigentum und Besitz begründet werden kann,
- jedes mit oder in dem Boden über oder unter dem Meeresspiegel befestigte Gebäude oder jedes derartige Bauwerk, das nicht leicht abgebaut oder bewegt werden kann,

1 Vgl. https://ec.europa.eu/taxation_customs/sites/taxation/files/resources/documents/taxation/vat/how_vat_works/explanatory_notes_new_de.pdf.
2 Vgl. Abschn. 3a.3 Abs. 2 Satz 2 und 3 UStAE.

- jede Sache, die einen wesentlichen Bestandteil eines Gebäudes oder eines Bauwerks bildet, ohne die das Gebäude oder das Bauwerk unvollständig ist, wie zum Beispiel Türen, Fenster, Dächer, Treppenhäuser und Aufzüge,
- Sachen, Ausstattungsgegenstände oder Maschinen, die auf Dauer in einem Gebäude oder einem Bauwerk installiert sind und die nicht bewegt werden können, ohne das Gebäude oder das Bauwerk zu zerstören oder erheblich zu verändern. Die Veränderung ist immer dann unerheblich, wenn die betreffenden Sachen einfach an der Wand hängen und wenn sie mit Nägeln oder Schrauben so am Boden oder an der Wand befestigt sind, dass nach ihrer Entfernung lediglich Spuren oder Markierungen zurückbleiben (z.B. Dübellöcher), die leicht überdeckt oder ausgebessert werden können.

104 **Charakteristisch** für die Bejahung eines Grundstücks ist, dass es sich bei diesem um einen bestimmten über- oder unterirdischen Teil der Erdoberfläche handelt, an dem Eigentum oder Besitz begründet werden kann (insbesondere Grund und Boden) und dessen wesentliche Bestandteile, wie insbesondere Gebäude, Betriebsvorrichtungen, Sachen, Ausstattungsgegenstände oder Maschinen, die auf Dauer installiert sind und nicht bewegt werden können, ohne das Gebäude/Bauwerk zu zerstören oder erheblich zu verändern. Im Regelfall fehlt es nach einer in der Literatur vertretenen Ansicht bei sog. Floating Wind Farms an einer dauerhaften Verbindung zum Meeresboden, so dass keine Grundstücksleistung vorliegt.[1]

2. Rechtsfolge bei Vorliegen einer Grundstücksleistung (Absatz 3 Nr. 1 Satz 1)

105 Satz 1 regelt die Rechtsfolge bei Annahme einer Grundstücksleistung: Die sonstige Leistung ist dort ausgeführt, wo das Grundstück liegt.

3. Definition der Grundstücksleistung (Absatz 3 Nr. 1 Satz 2)

a) Keine abschließende Regelung

106 Satz 2 definiert, welche Leistungen als im Zusammenhang mit einem Grundstück anzusehen sind. Die Verwendung des Tatbestandsmerkmals „insbesondere" verdeutlicht, dass die Aufzählung nicht abschließend ist. Insoweit gewinnen die Auslegungskriterien der MwStVO an Bedeutung. Wie eingangs dargelegt (Rz. 7 ff.), versucht der nationale Gesetzgeber seit jeher – anders als das europäische Recht – die Leistungen systematisch nach ihrer Art zu definieren:

b) Leistungen der in § 4 Nr. 12 bezeichneten Art (Absatz 3 Nr. 1 Satz 2 Buchst. a)

107 Die FinVerw. hat ihr diesbezügliches Verständnis in Abschnitt 3a.3 Abs. 4–6 UStAE dargelegt.

108 Unter eine Leistung der in § 4 Nr. 12 UStG bezeichneten **Art** fallen insbesondere:

- die in § 4 Nr. 12 Satz 1 Buchst. a–c geregelten **steuerfreien** sonstigen Leistungen, insbesondere die Vermietung[2] und Verpachtung von Grundstücken,
- die in § 4 Nr. 12 Satz 1 Buchst. a–c geregelten sonstigen Leistungen, wenn sie aufgrund eines Verzichts nach § 9 steuerpflichtig sind (insoweit besteht Identität zu der vorgenannten Leistungskategorie) sowie
- nach § 4 Nr. 12 Satz 2 steuerpflichtige sonstige Leistungen. Welche Art von steuerpflichtigen Leistungen hierunter nach Auffassung der FinVerw. fallen, ergibt sich aus Abschnitt 3a.3 Abs. 4 UStAE.[3]

---

1 Vgl. *Gach/Pasdeloup*, MwStR 2022, 383.

2 Zum Begriff der Vermietung vgl. EuGH, Urt. v. 4.10.2001 – C-326/99, ECLI:EU:C:2001:506 – Goed Wonen, UR 2001, 484 Rz. 55; EuGH, Urt. v. 18.7.2013 – C-210/11 und C-211/11, ECLI:EU:C:2013:479 – Medicom und Maison Patrice Alard, UR 2014, 404 Rz. 26.

3 Hierunter fällt auch die Gewährung von Zugangsberechtigungen zu sog. Flughafenlounges, wenn es sich nicht um eine Nebenleistung zur Flugbeförderung handelt, vgl. BMF, Schr. v. 26.4.2022 – III C 3-S 7117-a/20/10002 :003 – DOK 2022/0442171, BStBl. I 2022, 655 = UR 2022, 478.

Hierzu gehören namentlich die Vermietung und Verpachtung von Maschinen und Vorrichtungen aller Art, die zu einer Betriebsanlage gehören, wenn sie wesentliche Bestandteile eines Grundstücks sind.

Auch die Vermietung von **Wohnwagen, die auf Campingplätzen** aufgestellt sind und ausschließlich zum **stationären** Gebrauch als Wohnung überlassen werden, ist nach Auffassung der FinVerw. als sonstige Leistung im Zusammenhang mit einem Grundstück anzusehen. Unerheblich soll dabei sein, dass die Wohnwagen nicht fest mit dem Grund und Boden verbunden sind und deshalb auch als Beförderungsmittel verwendet werden können. Entscheidend ist nach Auffassung der FinVerw., dass die Wohnwagen nach dem Inhalt der abgeschlossenen Mietverträge nicht als Beförderungsmittel, sondern zum stationären Gebrauch als Wohnung überlassen werden.[1] Es ist nicht ausgeschlossen, dass das unterschiedliche Verständnis einmal durch die Gerichte entschieden werden muss. Dabei stehen m.E. Art. 13b und Art. 31a Abs. 1 Buchst. h und i MwStVO in einem gewissen Spannungsverhältnis, das es aufzulösen gilt. Sollte man in der Gestaltungsberatung von der Auffassung der FinVerw. abweichen und damit zu einer Ortsverschiebung ins Ausland kommen, sollte dies im Rahmen der jeweiligen Deklaration oder aber in einem allgemeinen Schreiben offengelegt werden, um mögliche strafrechtliche Sanktionen zu vermeiden und frühzeitig Klarheit über eine etwaige Notwendigkeit der Nacherhebung der Umsatzsteuer vom Vertragspartner zu erhalten.

Nach Auffassung der FinVerw. muss der Zusammenhang mit dem Grundstück ein **enger** sein.[2] Erforderlich hierfür ist gemäß Art. 31a Abs. 1 Satz 1 MwStVO, dass die sonstige Leistung in einem **hinreichend direkten** Zusammenhang mit dem Grundstück steht. Daraus leitet die FinVerw. ab, dass die Dienstleistung zum einen mit einem **ausdrücklich bestimmten** Grundstück im Zusammenhang stehen und zum anderen das Grundstück **selbst** Gegenstand der Dienstleistung sein muss. Der EuGH verlangt in Vermietungsfällen eine ausschließliche Nutzungsmöglichkeit des Grundstücksteils, die beispielsweise bei sog. Hostingleistungen in einem Rechnungszentrum im Regelfall nicht vorliegt.[3] 109

In welchen Fällen dies der Fall ist, hat der Unionsgesetzgeber nachfolgend in Satz 2 und Absatz 2 geregelt. Die Aufzählung in Art. 31a Abs. 2 MwStVO sowie die Rechtsprechung des EuGH[4] stützen das Auslegungsverständnis der deutschen FinVerw. 110

Zu den Leistungen der in § 4 Nr. 12 bezeichneten Art gehören damit auch 111

- die Überlassung von Grundstücken und Grundstücksteilen zur Nutzung aufgrund eines auf Übertragung des Eigentums gerichteten Vertrags oder Vorvertrags (§ 4 Nr. 12 Buchst. b). Hierzu zählt die FinVerw. die Überlassung von Grundstücken und Grundstücksteilen zur Nutzung aufgrund von Kaufanwartschaftsverhältnissen. Der hierbei zugrunde liegende Kaufanwartschaftsvertrag und der gleichzeitig abgeschlossene Nutzungsvertrag sehen in der Regel vor, dass dem Kaufanwärter das Grundstück bis zur Auflassung zur Nutzung überlassen wird;[5]
- die Bestellung, die Übertragung und die Überlassung der Ausübung von dinglichen **Nutzungs**rechten an Grundstücken (§ 4 Nr. 12 Buchst. c). Unter die Vorschrift fällt insbesondere der Nießbrauch (§ 1030 BGB), die Grunddienstbarkeit (§ 1018 BGB), die beschränkt persönliche Dienstbarkeit (§ 1090 BGB) sowie das Dauerwohnrecht und das Dauernutzungsrecht (§ 31 WoEigG), wenn die Bestellung solcher dinglicher Nutzungsrechte vom Begriff der Vermietung und Verpachtung nach Abschn. 4.12.1 UStAE umfasst wird.[6] Für die Anwendbarkeit der Ortsregelung ist nicht erforderlich, dass die sonstige Leistung umsatzsteuerfrei ist.

1 **A.A.** *Korn* in Bunjes[22], § 3a UStG Rz. 44.
2 Vgl. Abschn. 3a.3 Abs. 3 Satz 1 UStAE.
3 Vgl. EuGH, Urt. v. 2.7.2020 – C- 215/19, ECLI:EU:C:2020:518 – A Oy, UR 2021, 199 Rz. 61.
4 Vgl. EuGH, Urt. v. 27.6.2013 – C-155/12, ECLI:EU:C:2013:434 – RR Donnelley Global Turnkey Solution Poland, UR 2013, 708 Rz. 34 = EU-UStB 2013, 69 m. Anm. *Nieskens*; EuGH, Urt. v. 2.7.2020 – C- 215/19, ECLI:EU:C:2020:518 – A Oy, UR 2021, 199.
5 Vgl. Abschn. 4.12.7 UStAE.
6 Vgl. Abschn. 4.12.8 UStAE.

112 Zu den Abgrenzungsfragen, die den EuGH[1] wiederholt beschäftigt haben, gehört die Vermietung von Messestandplätzen (Rz. 125 ff.). Derartige Vermietungsleistungen beinhalten regelmäßig weitere (bedeutende) Leistungsbestandteile, sodass es sich um eine **komplexe Dienstleistung** handelt. Die Bereitstellung eines solchen Standplatzes zusammen mit anderen ähnlichen Dienstleistungen, die dem Aussteller die Darbietung seines Angebots ermöglichen – wie die Aufmachung und Gestaltung des Standes, die Beförderung und Lagerung der Ausstellungsstücke, die Bereitstellung von Maschinen, die Verlegung von Kabeln, Versicherung und Werbung – gelten **nicht** als Grundstücksleistung.[2] In diesen Fällen gilt es die anderen Ortsbestimmungen, insbesondere die Absätze 1, 2 und 8 zu prüfen. Bei Leistungsempfängern aus dem übrigen Gemeinschaftsgebiet kann es dazu kommen, dass diese nicht von einer einheitlichen (Veranstaltungs-)Leistung ausgehen und darauf hinweisen, dass diese Zusatzleistungen nicht in ihrem Ansässigkeitsstaat der Besteuerung unterliegen. Dies kann bei fehlendem Recht auf Vorsteuerabzug zwar zu einer Nichtbesteuerung führen. Dies führt jedoch in Deutschland für den Leistenden aufgrund der eindeutigen Vorgaben im UStAE zu keiner Besteuerung.

c) Sonstige Leistungen im Zusammenhang mit der Veräußerung oder dem Erwerb eines Grundstücks (Absatz 3 Nr. 1 Satz 2 Buchst. b)

113 Die FinVerw. hat ihr diesbezügliches Verständnis in Abschn. 3a.3 Abs. 7 UStAE, der Unionsgesetzgeber im Wesentlichen in **Art. 31a Abs. 2 Buchst. p und q MwStVO** dargelegt.

114 Klassischerweise gehören hierzu die sonstigen Leistungen der **Grundstücksmakler** und **Grundstückssachverständigen** sowie die der **Notare** bei der Beurkundung von Grundstückskaufverträgen und anderen Verträgen, die auf die Veränderung von Rechten an einem Grundstück gerichtet sind. Nicht entscheidend dabei ist, wenn es im Nachgang zu keiner Veränderung des Rechts an dem Grundstück kommt. Ausreichend ist es, wenn die Leistung darauf gerichtet war. Die FinVerw. begrenzt letztgenanntes Tatbestandsmerkmal nicht nur auf juristische Dienstleistungen.

115 Die Beurteilung von **juristischen Dienstleistungen** im Zusammenhang mit Grundstücken führt im Einzelfall zu **Abgrenzungsschwierigkeiten**. Unter die Ortsregelung fallen gemäß Art. 31a Abs. 2 Buchst. q MwStVO juristische Dienstleistungen im Zusammenhang mit Grundstücksübertragungen sowie mit der Begründung oder Übertragung von bestimmten Rechten an Grundstücken oder dinglichen Rechten an Grundstücken (unabhängig davon, ob diese Rechte einem körperlichen Gegenstand gleichgestellt sind), wie z.B. die Tätigkeiten von Notaren, oder das Aufsetzen eines Vertrags über den Verkauf oder den Kauf eines konkreten Grundstücks, selbst wenn die zugrunde liegende Transaktion, die zur rechtlichen Veränderung an dem Grundstück führt, letztlich nicht stattfindet.

116 Die FinVerw. beschränkt die Erbringung der juristischen Leistungen nicht auf bestimmte Berufsgruppen. Erforderlich sei jedoch, dass die Dienstleistung mit einer zumindest beabsichtigten Veränderung des rechtlichen Status des Grundstücks zusammenhängt. Zu den diesbezüglichen sonstigen Leistungen zählen danach:

- das Aufsetzen eines Vertrags über den Verkauf oder den Kauf eines Grundstücks und das Verhandeln der Vertragsbedingungen sowie damit im Zusammenhang stehenden Beratungsleistungen (z.B. Finanzierungsberatung, Erstellung einer Due Diligence), sofern diese als unselbstständige Nebenleistungen anzusehen sind;
- die sonstigen Leistungen der Notare bei der Beurkundung von Grundstückskaufverträgen und anderen Verträgen, die auf die Veränderung von Rechten an einem Grundstück gerichtet sind, unabhängig davon, ob sie zwingend einer notariellen Beurkundung bedürfen;
- die Beratung hinsichtlich einer Steuerklausel in einem Grundstücksübertragungsvertrag;
- das Aufsetzen und Verhandeln der Vertragsbedingungen eines sale-and-lease-back-Vertrags über ein Grundstück oder einen Grundstücksteil sowie damit in Zusammenhang stehende Beratungs-

1 Vgl. EuGH, Urt. v. 27.10.2011 – C-530/09, ECLI:EU:C:2011:697 – Inter-Mark Group, UR 2011, 894 m. Anm. *Burgmaier* m.w.N. = EU-UStB 2011, 72 m. Anm. *Nieskens*; EuGH, Urt. v. 9.3.2006 – C-114/05, ECLI:EU:C:2006:169 – Gillian Beach, UR 2006, 350 = EU-UStB 2006, 6 m. Anm. *Nieskens*.

2 Vgl. Art. 31a Abs. 3 Buchst. e MwStVO; Abschn. 3a.4 Abs. 2 Satz 3 UStAE.

leistungen (z.B. Finanzierungsberatung), sofern diese als unselbständige Nebenleistungen anzusehen sind;
- das Aufsetzen und Verhandeln von Miet- und Pachtverträgen über ein bestimmtes Grundstück oder einen bestimmten Grundstücksteil;
- die rechtliche Prüfung bestehender Miet- oder Pachtverträge im Hinblick auf den Eigentümerwechsel im Rahmen einer Grundstücksübertragung;
- m.E. gehört dazu auch die Vereinbarung über ein Vorkaufsrecht.

Davon abzugrenzen sind **juristische Dienstleistungen**, einschließlich Beratungsdienstleistungen betreffend die Vertragsbedingungen eines Grundstücksübertragungsvertrags, die Durchsetzung eines solchen Vertrags oder der Nachweis, dass ein solcher Vertrag besteht, sofern diese Dienstleistungen **nicht speziell** mit der **Übertragung von Rechten an Grundstücken** zusammenhängen. Sie fallen gemäß Art. 31a Abs. 3 Buchst. h MwStVO nicht unter die Ortsregelung. Hierunter fasst die deutsche FinVerw. folgende Leistungen: 117
- die Rechts- und Steuerberatung in Grundstückssachen. Hierzu dürfte u.a. die Erstellung der Umsatzsteuervoranmeldungen, die laufende Buchhaltung etc. gehören;
- die Erstellung von **Muster**miet- oder -pachtverträgen ohne Bezug zu einem konkreten Grundstück;
- die Beratung zur Akquisitionsstruktur einer Transaktion (Asset Deal oder Share Deal);
- die Prüfung der rechtlichen Verhältnisse eines Grundstücks (Due Diligence);
- die Durchsetzung von Ansprüchen aus einer bereits vorgenommenen Übertragung von Rechten an Grundstücken.

d) Sonstige Leistungen im Zusammenhang mit der Erschließung von Grundstücken oder der Vorbereitung, Koordinierung oder Ausführung von Bauleistungen (Absatz 3 Nr. 1 Satz 2 Buchst. c)

Die FinVerw. hat ihr diesbezügliches Verständnis in Abschn. 3a.3 Abs. 8 UStAE, der Unionsgesetzgeber im Wesentlichen in **Art. 31a Abs. 2 Buchst. a–d MwStVO** dargelegt. Aus Art. 31a Abs. 2 Buchst. a MwStVO ergibt sich, dass die konkrete Dienstleistung im Zusammenhang mit einem **bestimmten Grundstück** stehen muss. Nach Auffassung der FinVerw. soll ein solcher Zusammenhang nicht bestehen, wenn bei Planungsleistungen der Standort des Grundstücks noch nicht feststeht. Vor dem Hintergrund des Verbrauchsteuergedankens sollte dieses einschränkende Verständnis m.E. nur dann gelten, wenn denkbar ist, dass sich die vom ausländischen Investor ins Auge gefassten Standorte über mehrere Länder erstrecken, nicht jedoch, wenn sich alle Grundstücke im selben Mitgliedstaat befinden. Wegen der insoweit aber bestehenden Unsicherheiten sollte in einem solchen Fall versucht werden, eine frühzeitige Klärung mit dem FA herbeizuführen. 118

Nach Art. 47 MwStSystRL zählen zu den Dienstleistungen zur Vorbereitung und Koordinierung von Bauleistungen auch die Leistungen von Architekten und Bauaufsichtsunternehmen, nicht jedoch auch Erschließungs- und Bauleistungen. Letztere werden jedoch über Art. 31a Abs. 2 Buchst. b und c MwStVO erfasst. 119

Die Gesamtkonzeption einer Ferienanlage **einschließlich** der Feststellung der **Rahmenbedingungen**, die nicht in vergleichbarer Weise mit einem Grundstück zusammenhängen, wie die in der Richtlinienbestimmung genannten Leistungen „zur Vorbereitung oder zur Koordinierung von Bauleistungen", können nach einem BFH-Urteil[1] nicht als Grundstücksleistung angesehen werden. 120

4. Weitere Leistungen im engen Zusammenhang mit einem Grundstück

a) Anerkannte weitere Leistungen

Bei der Aufzählung der drei unter Buchst. a–c genannten Leistungsarten handelt es sich um keine abschließende Aufzählung, wie sich aus der Verwendung des Adverbs „insbesondere" ergibt, sodass auch 121

1 Vgl. BFH, Urt. v. 12.10.2004 – V R 37/02, BFH/NV 2005, 923.

weitere Leistungen als Grundstücksleistungen angesehen werden können. Von der Rechtsprechung bzw. dem Mehrwertsteuerausschuss anerkannt sind:

- Tätigkeit einer Tauschbörse, die für ihre Mitglieder den Tausch von Teilnutzungsrechten an Ferienwohnungen organisiert.[1]
- Bereitstellung einer Navigationsstruktur von Wasserstraßen, für die eine Transitgebühr erhoben wird, und die Nutzung von Hafeninfrastrukturen, für die eine Strukturnutzungsgebühr erhoben wird.[2]

b) Streitige weitere Leistungen

aa) Juristische Beratungsleistungen

122 Der Unionsgesetzgeber versucht mittels Art. 31a Abs. 2 Buchst. q (Positivbeispiele) sowie Abs. 3 h (Negativbeispiele) MwStVO, Klarheit zu schaffen. Richtig gelungen ist es ihm nicht. Mein Verständnis ist, dass juristische Dienstleistungen nur im Ausnahmefall zu einer Grundstücksleistung führen. Solche Ausnahmen sind, wenn die juristischen Dienstleistungen im Zusammenhang mit einer konkreten (-) Grundstücksübertragung oder (-) der Begründung oder Übertragung von bestimmten Rechten an Grundstücken oder (-) dinglichen Rechten erbracht werden.

Unter die Regelung fallen damit juristische Beratungsleistungen im Zusammenhang mit einem Übertragungsvertrag seitens der der Notare oder der Anwälte, das Abfassen eines Mietvertrages oder das Aufsetzen von Bauverträgen. Unschädlich ist, wenn die beratene Grundstückstransaktion scheitert.

Beispiele für juristische Dienstleistungen,[3] die **nicht** unter die Ortsvorschrift fallen, sind nach Auffassung der Kommission:[4]

- juristische Beratung über Vertragsbedingungen oder über Streitbeteiligung im Zusammenhang mit dem Eigentum;
- Steuerberatung über Abschreibungsmöglichkeiten im Zusammenhang mit einem Grundstück;
- Rechtsberatung in steuerlichen Fragen im Zusammenhang mit Grundstücksveräußerungen;
- juristische Dienstleistungen im Zusammenhang mit der Gewährung von Rechten im Zusammenhang mit Bürgschaft und Hypotheken oder Dienstleistungen bei Insolvenzverfahren.

123 Hiervon sollen nach den Erläuterungen der Kommission lediglich Sachverhalte ausgenommen werden (d.h. es liegen grundstücksbezogene Dienstleistungen vor), in denen solche Dienstleistungen mit dem Akt der Übertragung des Eigentumstitels an einem Grundstück, der Gewährung oder Übertragung von bestimmten Rechten oder dinglichen Rechten an Grundstücken als Teil einer einheitlichen Leistung zu tun haben (unabhängig davon, ob sie als bewegliche Sachen zu behandeln sind). Hierunter fällt das Abfassen eines Übertragungsvertrages inklusive der Steuerklausel. Muss die Steuerklausel von einem Subunternehmer eingekauft werden, kommt es diesem Verhältnis nach meinem Auslegungsverständnis der Kommissionsmeinung jedoch zu keiner juristischen Dienstleistung im Zusammenhang mit einem Grundstück, sodass in diesem Verhältnis § 3a Abs. 2 UStG zur Anwendung kommt.

124 Zutreffend weisen *Raudszus* und *Grebe* darauf hin, dass dies nicht nur für juristische, sondern auch beispielsweise für steuerliche Beratungsleistungen im Zusammenhang mit Grundstücksvermietungen gelten muss.[5]

bb) Leistungen mit Messen, Ausstellungen und Kongressen

125 Die FinVerw. regelt diese Thematik in dem eigenen Abschn. (3a.4 UStAE), was deren besondere Bedeutung zum Ausdruck bringt.

1 Vgl. EuGH, Urt. v. 3.9.2009 – C-37/08, ECLI:EU:C:2009:507 – RCI Europe, IStR 2009, 700 mit Anm. *Korf*.
2 Vgl. Leitlinien aus der 109. Sitzung des Mehrwertsteuer-Ausschusses v. 1.12.2017, DStR-Beih. 2017, 2 f.
3 Hierbei handelt es sich um eine Sondervorschrift im Verhältnis zu § 3a Abs. 4 Satz 2 Nr. 3 UStG.
4 Vgl. Erläuterungen der Kommission v. 26.10.2015, Rz. 254.
5 Vgl. *Raudszus/Grebe*, UStB 2018, 177 (181); sehr lesenswert mit vielen Beispielen aus der Alltagspraxis.

Beteiligte bei Messeveranstaltungen sind der jeweilige Messeveranstalter, die Aussteller, die Besucher sowie Unternehmen, die ihre Vorleistungen an die vorgenannten Beteiligten erbringen. Auch kommt es vor, dass in der Leistungskette zwischen Veranstalter und Aussteller sog. Durchführungsgesellschaften tätig, d.h. dazwischengeschaltet, werden. Dies geschieht regelmäßig bei sog. Gemeinschaftsausstellungen. Durchführungsgesellschaften können auch staatliche Stellen sein. Da diese aber ebenfalls Entgelte erheben, gelten die nachfolgenden Ausführungen auch für diese Beteiligten entsprechend.[1] 126

Bei der Überlassung von Standflächen auf Messen und Ausstellungen an die Aussteller handelt es sich um sonstige Leistungen im Zusammenhang mit einem Grundstück. Dazu zählt auch die Überlassung von Räumen und deren Einrichtungen auf dem Messegelände für Informationsveranstaltungen einschließlich der üblichen Nebenleistungen. Dazu zählt die FinVerw. insbesondere die Überlassung von Parkplätzen auf dem Messegelände. Übliche Nebenleistungen, wie die Überlassung von Mikrofonanlagen und Simultandolmetscheranlagen sowie Bestuhlungsdienste, Garderobendienste und Hinweisdienste teilen das Schicksal der Hauptleistung und gelten somit ebenfalls als Grundstücksleistung. 127

Im Regelfall wird in diesem Zusammenhang jedoch eine Vielzahl von weiteren Leistungen erbracht, sodass dann insgesamt keine Grundstücksleistung mehr, sondern vielmehr eine sog. **„komplexe" Dienstleistung**, vorliegt. Die FinVerw. spricht insoweit von einer **Veranstaltungsleistung**. Nach ihrem Verständnis liegt eine solche Veranstaltungsleistung vor, wenn neben der Überlassung von Standflächen mindestens noch **drei** weitere von ihr definierte Leistungsbestandteile vorliegen[2]. 128

Unklar ist, welche Rechtsfolgen sich nach Auffassung der FinVerw. ergeben, wenn in diesem Zusammenhang auch Übernachtungs- und/oder Verpflegungsleistungen anfallen. Nach (noch aktueller Auffassung?)[3] sollen diese keine Leistungsbestandteile der Veranstaltungsleistung sein, sondern eigenständige Leistungen. Werden Übernachtungsleistungen erbracht, wäre danach der Anwendungsbereich des § 3a Abs. 3 Nr. 1 UStG oder der Sonderregelung des § 25 (Reiseleistungen) eröffnet, wenn diese Leistungen als **Reisevorleistungen** zu beurteilen sind (§ 25 Rz. 30 ff.) bzw. für Verpflegungsleistungen der Anwendungsbereich des § 3a Abs. 3 Nr. 3 Buchst. b UStG. **Allerdings** hat die FinVerw.[4] zwischenzeitlich in **anderem Zusammenhang** klargestellt, dass Beförderungs-, Verpflegungs- und Beherbergungsleistungen, die vom Veranstalter als einheitliche Leistung angeboten werden und im Zusammenhang mit der Einräumung von Eintrittsberechtigungen für Messen, Ausstellungen, Seminare und Kongresse anfallen, **keine** Reiseleistung sind. Kurz zuvor hat sie mit Schreiben vom 9.6.2021[5] klargestellt, dass unter obigen Tatbestandsvoraussetzungen Beförderungs- und/oder Unterbringungsleistungen, die im Zusammenhang mit Eintrittsberechtigungen anfallen, unter § 3a Abs. 3 UStG fallen. Nach meinem Verständnis bedarf es insoweit konsequenterweise einer Streichung von Abschn. 3a.4 Abs. 2 Satz 7 UStAE. 129

Diese Grundsätze über die Veranstaltungsleistung gelten nach Auffassung der FinVerw. entsprechend bei der Überlassung eines Kongresszentrums oder Teilen hiervon einschließlich des Equipments an einen **Kongressveranstalter.** Gleiches gilt für die Überlassung von Flächen in einem Hotel von **Konferenz-**, **Seminar-** oder **Tagungsräumen einschließlich der Konferenztechnik.**[6] 130

Liegt das Grundstück in einem anderen Mitgliedstaat, gilt es vor Ort zu klären, ob es zu einer übereinstimmenden Auslegung kommt. 131

1 Vgl. Abschn. 3a.4 Abs. 4 und 5 UStAE.
2 Vgl. zu den Einzelheiten Abschn. 3a.4 Abs. 2 Satz 5 UStAE.
3 Vgl. Abschn. 3a.4 Abs. 2 Satz 7 UStAE.
4 Vgl. BMF, Schr. v. 24.6.2021 – III C 2-S 7419/19/10001 :006 – DOK 2021/0568692, BStBl. I 2021, 857 = UR 2021, 679 unter Änderung von Abschn. 25.1. Abs. 2 Satz 6 (nunmehr Satz 8) UStAE.
5 Vgl. BMF, Schr. v. 9.6.2021 – III C 3-S 7117-b/20/10002 :002 – DOK 2021/0661491, BStBl. I 2021, 778 = UR 2021, 569.
6 Vgl. Abschn. 3a.4 Abs. 2a UStAE.

III. Kurzfristige Vermietung eines Beförderungsmittels (Absatz 3 Nr. 2)

1. Allgemeine Ausführungen

132 Die unionsrechtlichen Vorgaben ergeben sich aus Art. 56 MwStSystRL sowie Art. 38–40 MwStVO. Hinzu kommen die Beweislastregeln der Art. 23 f. MwStVO.

133 Die FinVerw. hat ihr diesbezügliches Verständnis in Abschn. 3a.5 UStAE erläutert.

133.1 Der Begriff Vermietung (eines Beförderungsmittels) erfordert, dass dem Mieter das Recht übertragen wird, gegen Zahlung eines Mietzinses für eine vereinbarte Dauer die Sache in Besitz zu nehmen und andere von diesem Recht auszuschließen.[1]

134 Die Ortsbestimmung für die Vermietung von Beförderungsmitteln ist äußerst vielschichtig. § 3a Abs. 3 Nr. 2 UStG regelt die kurzfristige Vermietung von Beförderungsmitteln sowie die langfristige Vermietung von Beförderungsmitteln an Nichtunternehmer. Für die langfristige Vermietung von Beförderungsmitteln an Unternehmer findet die Grundregelung des § 3a Abs. 2 UStG Anwendung. Erbringt der leistende Unternehmer seine Leistung aus dem **Drittlandsgebiet**, greift die Sondervorschrift des § 3a Abs. 6 Satz 1 Nr. 1 UStG (Rz. 317 ff.).

135 Überblick der Fallgruppen:

136 Die **kurzfristige** Vermietung von Beförderungsmitteln an Unternehmer und Nichtunternehmer erfolgt am Übergabeort (§ 3a Abs. 3 Nr. 2 Satz 1).

137 Die nicht kurzfristige (im nachfolgend „**langfristige**") Vermietung eines Beförderungsmittels an Personen, die als Nichtunternehmer handeln, erfolgt am Ort der Ansässigkeit des Mieters (§ 3a Abs. 3 Nr. 2 Satz 3 UStG). Handelt es sich aber jedoch um ein Sportboot, erbringt der Vermieter seine Leistung am Übergabeort, wenn er an diesem Ort auch sein Unternehmen betreibt (§ 3a Abs. 3 Nr. 2 Satz 4 UStG). Die langfristige Vermietung an Unternehmer und juristische Personen mit USt-IdNr. (Rz. 89 f.) erfolgt demgegenüber am Empfängerort gemäß § 3a Abs. 2 UStG.

138 Betreibt der Vermieter sein Unternehmen im **Drittlandsgebiet**, kommt § 3a Abs. 6 Satz 1 Nr. 1 UStG zur Anwendung. Die Benutzung eines von einem derartigen Vermieter angemieteten Beförderungsmittels verlagert sich in allen Anwendungsfällen nach § 3a Abs. 3 Nr. 2 UStG in das Inland.

2. Rechtsfolge der kurzfristigen Vermietung eines Beförderungsmittels (Absatz 3 Nr. 2 Satz 1)

139 § 3a Abs. 3 Nr. 2 Satz 1 UStG beruht auf Art. 40 MwStVO.

140 Satz 1 regelt die Rechtsfolge für den Ort. Dieser befindet sich bei einer kurzfristigen Vermietung eines Beförderungsmittels dort, wo das Beförderungsmittel dem Empfänger tatsächlich zur Verfügung gestellt wird (sog. Übergabeort).

141 Art. 40 MwStVO ordnet hierzu an, dass dies der Ort ist, an dem der Dienstleistungsempfänger oder eine von ihm beauftragte Person das Beförderungsmittel unmittelbar physisch in Besitz nimmt.

142 Die Definition des Beförderungsmittels als solches ergibt sich aus Art. 38 MwStVO.[2] Als „Beförderungsmittel" gelten danach motorbetriebene Fahrzeuge oder Fahrzeuge ohne Motor und sonstige Ausrüstungen und Vorrichtungen, **die zur Beförderung von Gegenständen oder Personen von einem Ort an einen anderen konzipiert** wurden und von Fahrzeugen gezogen oder geschoben werden können und die normalerweise zur Beförderung von Gegenständen oder Personen konzipiert und tatsächlich geeignet sind. Als Beförderungsmittel gelten insbesondere Landfahrzeuge wie Personenkraftwagen, Motorräder, Fahrräder, Dreiräder sowie Wohnanhänger, Anhänger und Sattelanhänger, Eisenbahnwagen, Wasserfahrzeuge, Luftfahrzeuge, Fahrzeuge, die speziell für den Transport von Kranken oder Verletzten konzipiert sind, landwirtschaftliche Zugmaschinen und andere landwirtschaftliche Fahrzeuge, Rollstühle und ähnliche Fahrzeuge für Kranke und Körperbehinderte, mit mechanischen oder elektronischen Vorrichtungen zur Fortbewegung. Die FinVerw. ergänzt die Positivbeispielsliste

---

1 Vgl. EuGH, Urt. v. 20.1.2021 – C-288/19, ECLI:EU:C:2021:32 – Finanzamt Saarbrücken, UR 2021, 147 m. Anm. *Monfort*, Rz. 40 f.

2 Vgl. auch Abschn. 3a.5 Abs. 2 UStAE.

um Auflieger, Sattelanhänger, Fahrzeuganhänger, Eisenbahnwaggons, Elektro-Caddywagen, Transportbetonmischer, Segelboote, Ruderboote, Paddelboote, Motorboote, Sportflugzeuge, Segelflugzeuge, Wohnmobile, Wohnwagen.[1] Auch die Überlassung eines Rundfunk- oder Fernsehübertragungswagens durch Rundfunkanstalten untereinander fällt unter die Vorschrift.[2]

Obwohl nicht in der Beispielsliste genannt, gehören hierunter auch gewisse **Long Boards, Paddle Boards** (Rz. 159) und **Pocket Bikes.**[3] 143

Sind Beförderungsmittel jedoch dauerhaft stillgelegt, gelten sie nach dem Unionsgesetzgeber, wie auch Container, nicht als Beförderungsmittel. Selbiges gilt für Wohnwagen auf Campingplätzen (Rz. 108). 144

Keine Beförderungsmittel sind nach Auffassung der FinVerw. z.B. Bagger, Planierraupen, Bergungskräne, Schwertransportkräne, Transportbänder, Gabelstapler, Elektrokarren, Rohrleitungen, Ladekräne, Schwimmkräne, Schwimmrammen, Container, militärische Kampffahrzeuge, z.B. Kriegsschiffe – ausgenommen Versorgungsfahrzeuge –, Kampfflugzeuge, Panzer.[4] 145

Der Begriff der **Vermietung** ist ebenfalls nicht gesetzlich geregelt (vgl. Rz. 133.1). Die FinVerw.[5] zählt hierzu auch die Überlassung eines Fahrzeugs seitens des Arbeitgebers an sein Personal zur privaten Nutzung (Privatfahrten, Fahrten zwischen Wohnung und erster Tätigkeitsstätte sowie Familienheimfahrten aus Anlass einer doppelten Haushaltsführung). Dieses Verständnis war von Beginn an nicht zwingend.[6] Der EuGH[7] hat hierzu entschieden, dass ein Mietzins nur dann vorliegt, wenn sich die Fahrzeugüberlassung **konkret** auf das Gehalt ausgewirkt hat. Dies ist jedenfalls dann der Fall, wenn der Mitarbeiter ohne die konkrete Fahrzeugüberlassung für den privaten Bedarf ein höheres Gehalt bezogen hätte. Damit hat die generelle Einstufung der FinVerw., wonach die Arbeitsleistung **stets** ein Entgelt darstellt, für die Ortsregelung keine Rechtfertigung. Insbesondere die Überlassung – ohne besonderes Entgelt – durch bloße **betriebliche Übung** dürfte danach nicht mehr als Vermietung angesehen werden. Wird das Fahrzeug dem Arbeitnehmer aus besonderem Anlass oder zu einem besonderen Zweck **nur gelegentlich** von Fall zu Fall an nicht mehr als fünf Kalendertagen im Kalendermonat für private Zwecke überlassen, so liegt auch nach Auffassung der FinVerw. keine Vermietung vor.[8] 146

Von der Vermietung eines Beförderungsmittels zu unterscheiden gilt es insbesondere die Beförderungsleistung. Bei Beförderungsleistungen behält der leistende Unternehmer den Besitz an dem Beförderungsmittel bei. Dementsprechend hat der BFH[9] entschieden, dass die Überlassung eines Fahrzeugs mit Chauffeur eine Beförderungsleistung darstellt. 147

Werden das Personal sowie das Beförderungsmittel **von unterschiedlichen Unternehmen angemietet**, um selbst eine Beförderungsleistung zu erbringen, liegt auf der Vorstufe keine Beförderungsleistung vor. 148

3. Definition der Kurzfristigkeit (Absatz 3 Nr. 2 Satz 2)

Satz 2 beruht auf Art. 56 Abs. 3 MwStSystRL. 149

Die Definition der **Kurzfristigkeit** ist vom jeweiligen Beförderungsmittel abhängig. 150

Bei **Wasserfahrzeugen** liegt gemäß § 3a Abs. 3 Nr. 2 Satz 2 Buchst. a UStG Kurzfristigkeit vor, wenn die Vermietung über einen ununterbrochenen Zeitraum von nicht mehr als 90 Tagen erfolgt. Bei **allen anderen Beförderungsmitteln** verkürzt sich der Zeitraum gem. § 3a Abs. 3 Nr. 2 Satz 2 Buchst. b UStG auf 30 Tage, d.h. die Vermietung eines Wasserfahrzeugs über einen Zeitraum von genau 90 Tagen 151

1 Vgl. Abschn. 3a.5 Abs. 2 Satz 2 UStAE.
2 Vgl. Abschn. 3a.5 Abs. 2 Satz 5 UStAE.
3 Vgl. BFH, Urt. v. 27.2.2014 – V R 21/11, BStBl. II 2014, 501 = UR 2014, 429.
4 Vgl. Abschn. 3a.5 Abs. 2 Satz 3 UStAE.
5 Vgl. Abschn. 3a.5 Abs. 4 UStAE.
6 Vgl. u.a. *Thurmayr*, MwStR 2013, 617 m.w.N.
7 Vgl. EuGH, Urt. v. 20.1.2021 – C-288/19, ECLI:EU:C:2021:32 – QM, UR 2021, 147 m. Anm. *Monfort*; vgl. auch *Neeser*, UVR 2021, 189; vgl. auch BFH, Urt. v. 30.6.2022 – V R 25/21, UR 2022, 846 m. Anm. *Monfort*.
8 Vgl. Abschn. 3a.5 Abs. 4 Satz 3 i.V.m. Abschn. 15.23 Abs. 12 UStAE.
9 BFH, Urt. v. 8.9.2011 – V R 5/10, BStBl. II 2012, 620 = UR 2012, 227.

bzw. eines anderen Beförderungsmittels über einen Zeitraum von genau 30 Tagen führt zur Anwendbarkeit der Sonderregelung.

152 Augenscheinlich hat der **Unionsgesetzgeber** eine Regelungsvielfalt für notwendig erachtet, weil er **Manipulationen** vor Augen gehabt hatte und diese **befürchtete.**[1] So gibt er vor, dass der zwischen den Vertragsparteien abgeschlossene Vertrag lediglich eine Vermutung begründet, die durch jegliche auf Fakten oder Gesetz gestützte Mittel widerlegt werden kann. Ferner stellt er klar, dass trotz Überschreitens des Zeitraums keine Langfristigkeit vorliegt, wenn dies auf höherer Gewalt beruht. Eine gesetzliche Definition der höheren Gewalt fehlt. Sie kann insbesondere durch Naturereignissee wie beispielsweise Lawinen, Überflutungen, Schneechaos hervorgerufen werden, die eine vertragsgemäße Rückgabe des Beförderungsmittels ausschließen. M.E. kann die höhere Gewalt aber auch aus persönlichen Umständen resultieren, wie ein unvorhergesehener Krankenhausaufenthalt oder Tod eines Angehörigen etc.

153 Werden für ein und dasselbe Beförderungsmittel mehrere aufeinanderfolgende Mietverträge zwischen denselben Parteien geschlossen (sog. Kettenvermietung), so sind die Zeiträume zusammenzurechnen. Will man deshalb als Vermietungsunternehmen die Kurzfristigkeit nicht gefährden, bedarf es eines rechtzeitigen Wechsels des Beförderungsmittels.

4. Langfristige Vermietung (Absatz 3 Nr. 2 Satz 3)

154 Satz 3 beruht auf Art. 56 Abs. 2 MwStSystRL.

155 Satz 3 regelt den Ort einer langfristigen Vermietung eines Beförderungsmittels mit nichtunternehmerischem Leistungsbezug. Dabei gilt für die Vermietung von Sportbooten eine weitere Sonderregelung.

156 Die (langfristige) Vermietung von Beförderungsmitteln **mit Ausnahme von Sportbooten** (Sonderregelung in Satz 4) wird am Wohnsitz oder Sitz des Mieters erbracht. Für Vermietungsleistungen ab dem 1.1.2015 vermutet Art. 24c MwStVO, dass der Dienstleistungsempfänger an dem Ort ansässig ist oder seinen Wohnsitz oder seinen gewöhnlichen Aufenthalt hat, der vom Leistungserbringer unter Verwendung von zwei einander nicht widersprechenden Beweisregeln gemäß Art. 24e MwStVO als solcher bestimmt wird. Die Regelung ist widerlegbar. Nach Art. 24e MwStVO gelten als Beweismittel

- die Rechnungsanschrift des Dienstleistungsempfängers,
- Bankangaben, wie der Ort, an dem das für die Zahlung verwendete Bankkonto geführt wird oder die der Bank vorliegende Rechnungsanschrift des Dienstleistungsempfängers,
- die Zulassungsdaten des von dem Dienstleistungsempfänger gemieteten Beförderungsmittels, wenn dieses an dem Ort, an dem es genutzt wird, zugelassen sein muss, oder ähnliche Informationen sowie
- sonstige wirtschaftlich relevante Informationen.

5. Ausnahme für die langfristige Vermietung von Sportbooten (Absatz 3 Nr. 2 Satz 4)

157 Satz 4 beruht auf Art. 56 Abs. 2 Satz 2 MwStSystRL.

158 Sportboote sind nach Auffassung der FinVerw.[2] unabhängig von der Antriebsart sämtliche Boote mit einer Rumpflänge von 2,5 bis 24 m, die ihrer Bauart nach für Sport- und Freizeitzwecke bestimmt sind, insbesondere Segelyachten, Motoryachten, Segelboote, Ruderboote, Paddelboote oder Motorboote.

159 Damit könnten auch gewisse sog. **„Longboards"** unter die Regelung fallen. Ein Longboard ist ein Surfbrett, das die Länge von acht Foot überschreitet. Sog. **„Paddle Boards"** für das Stand Up Paddling sollten zwar die Länge von 2,5 m regelmäßig überschreiten, doch sollte es in diesen Fällen regelmäßig nicht zu einer langfristigen Vermietung kommen.

1 Vgl. Art. 39 MwStVO.
2 Vgl. Abschn. 3a.5 Abs. 12 UStAE.

Werden Sportboote langfristig vermietet, gilt die Leistung am Übergabeort erbracht, wenn sich dort auch der Sitz, die Geschäftsleitung oder eine Betriebsstätte/feste Niederlassung des Vermietungsunternehmens befindet, von wo die Leistung tatsächlich erbracht wird. 160

Damit verbleibt es bei der Ortsregelung nach Satz 3, wenn sich die Übergabe des Sportbootes beispielsweise an einem anderen Ort vollzieht. 161

IV. Besteuerung am Tätigkeitsort (Absatz 3 Nr. 3)

1. Regelungsgegenstand

Die Regelung über die sog. Besteuerung am Tätigkeitsort nach Nr. 3 gilt für drei unterschiedliche Arten von sonstigen Leistungen: Eintrittsberechtigungen (Veranstaltungsleistungen), Restaurationsumsätze und Arbeiten an beweglichen körperlichen Gegenständen. 162

Die Eintrittsberechtigungen sind je nach Status des Leistungsempfängers in zwei eigenständigen Vorschriften geregelt, für Nichtunternehmer in Ziffer 3 Buchst. a und für den unternehmerischen Bereich in Ziffer 5 UStG. Das jeweilige Leistungsspektrum unterscheidet sich, wobei es im nichtunternehmerischen Bereich umfassender ist. 163

Das Verständnis der FinVerw. ergibt sich aus Abschn. 3a.6 UStAE. Dabei erläutert sie nicht positiv, was unter Tätigkeitsort zu verstehen ist, sondern negativ, welche Kriterien nicht maßgeblich sind, nämlich: Eintritt des Erfolges oder überwiegende Tätigkeit des Unternehmers. Jeder Umsatz muss einzeln betrachtet werden. 164

Der Unionsgesetzgeber hat Art. 53 und Art. 54 MwStSystRL mit Wirkung zum 1.1.2025 geändert.[1] Um die Besteuerung im Mitgliedstaat des Verbrauchs sicherzustellen, müssen nach Erwägungsgrund 18 der Richtlinie (EU) 2022/542 alle Dienstleistungen, die für einen Verbraucher elektronisch erbracht werden können, an dem Ort steuerbar sein, an dem der Verbraucher ansässig ist oder seinen Wohnsitz oder seinen gewöhnlichen Aufenthaltsort hat. 164.1

2. „Eintrittsberechtigungen (Veranstaltungsleistungen)" für den nichtunternehmerischen Leistungsbezug (Absatz 3 Nr. 3 Buchst. a)

Die Sonderregelung gilt nur für sonstige Leistungen, die für den nichtunternehmerischen Bereich bezogen werden. Die Abgrenzung zu anderen Ortsvorschriften führt in der Praxis zu großen Schwierigkeiten. 165

Die unionsrechtlichen Vorgaben ergeben sich aus Art. 54 MwStSystRL. Die FinVerw. hat ihre Sichtweise in Abschn. 3a.6 Abs. 2–7 UStAE erläutert. 166

Anders als im zwischenunternehmerischen Bereich beschränkt Art. 54 MwStSystRL die Leistungen nicht auf Eintrittsberechtigungen, sondern erfasst ganz allgemein Tätigkeiten auf dem Gebiet der Kultur, der Künste, des Sports, der Wissenschaft, des Unterrichts, der Unterhaltung oder ähnlichen Veranstaltungen, wie Messen und Ausstellungen, einschließlich der Erbringung von Dienstleistungen der Veranstalter solcher Tätigkeiten. 167

Die nationale Vorschrift spricht demgegenüber nur von kulturellen, künstlerischen, wissenschaftlichen, unterrichtenden, sportlichen, unterhaltenden und ähnlichen Leistungen,[2] wie Leistungen im Zusammenhang mit Messen und Ausstellungen. Aufgrund der nicht nachvollziehbaren unterschiedlichen Formulierung in den Bestimmungen überrascht es nicht, dass deshalb die FinVerw. in Abschn. 3a.6 Abs. 2 ff. UStAE nachbessern musste. Deshalb ist es zwingend erforderlich, die konkrete Prüfung vorrangig auf Grundlage der unionsrechtlichen Vorschrift vorzunehmen. Sollte die Prüfung ergeben, dass die sonstige Leistung nur nach europäischem Verständnis nicht steuerbar ist und diese Beurteilung im 168

1 Vgl. Richtlinie (EU) 2022/542 des Rates vom 5.4.2022 zur Änderung der Richtlinien 2006/112/EG und (EU) 2020/285 in Bezug auf die Mehrwertsteuersätze, Abl. EU L 107/1.

2 Vgl. EuGH, Urt. v. 9.3.2006 – C-114/05, ECLI:EU:C:2006:169 – Gillan Beach, UR 2006, 350 = HFR 2006, 826 mit Anm. *Klenk*.

Rahmen der Deklaration zugrunde gelegt werden, sollte dies aus strafrechtlichen Gesichtspunkten unbedingt dem FA offengelegt werden. Sinnvoller ist es jedoch sich unverzüglich bei Erkennen der Problematik mit der Finanzbehörde abzustimmen und für eine entsprechende vertragliche Grundlage mit dem Leistungsempfänger zu sorgen.

169 Kennzeichnend für die genannten Tätigkeiten ist, dass sie **in Bezug auf den Leistenden** überwiegend **persönlichkeitsbezogen** sind, im Regelfall ohne standortgebundenes Vermögen ausgeführt werden können und typischerweise im Rahmen von Veranstaltungen erbracht werden.[1] Werden inhaltsgleiche Leistungen (rein) **automatisiert**,[2] **d.h. ohne oder nur mit wenig menschlicher Beteiligung**, erbracht, wie beispielsweise der interaktionslose Fernunterunterricht,[3] handelt es sich um auf elektronischem Wege erbrachte Dienstleistungen (Rz. 297), die nicht unter die Ortsregelung fallen. Im Ergebnis fallen m.E. damit die interaktionslosen sog. „Webcasts“ unter die auf elektronischem Wege erbrachten Dienstleistungen und die interaktiven sog. „Webseminare“ unter die Veranstaltungsleistungen. Für den zwischenunternehmerischen Bereich vertritt die FinVerw. allerdings die Auffassung, dass für die Anwendung der Spezialvorschrift die physische Anwesenheit des Teilnehmers hinzukommen muss, sodass eine Online-Teilnahme, selbst wenn sie interaktiv ist, nicht unter die Vorschrift fällt (Rz. 207). M.E. ist dieses Verständnis gerade in der heutigen Zeit nicht richtig, da die zeitliche und nicht die räumliche Dimension das entscheidende Kriterium für eine Veranstaltungsleistung ist (§ 12 Abs. 2 Nr. 7 Buchst. a Rz. 67). Wenn aber die davon abweichende Auffassung der FinVerw. richtig ist, muss dies auch für den nichtunternehmerischen Leistungsbezug gelten. In der Praxis sollte deshalb das Verständnis der FinVerw. der jeweiligen Beurteilung zugrunde gelegt werden. Bei EU-grenzüberschreitenden Sachverhalten empfiehlt sich jedoch auch eine Abstimmung mit dem Ausland, um eine Doppelbesteuerung zu vermeiden. Mit Drittländern (z.B. der Schweiz) kann es zu Doppelbesteuerungen kommen. Unter die Vorschrift fallen ferner nur sonstige Leistungen, die in einem positiven Tun bestehen, sodass beispielsweise die Übertragung von Rechten anlässlich derartiger Veranstaltungen an Nichtunternehmer nicht hierunter fallen. Letzteres dürfte m.E. aber praktische Bedeutung nur für den unternehmerischen Bezug im Rahmen von Absatz 3 Nr. 5 UStG haben.

170 Unter die Regelung fallen zum einen entsprechende Leistungen der Veranstalter, zum anderen aber auch solche Leistungen, die einen unmittelbaren Bezug zur Veranstaltung im genannten Bereich aufweisen. Deshalb fällt der Verkauf von Eintrittskarten auf den genannten Gebieten an **die Besucher** nicht nur seitens der Veranstalter, sondern auch ihr Verkauf durch sog. Wiederverkäufer[4] unter die Vorschrift. Entscheidend ist aber, dass der Wiederverkäufer im eigenen Namen auftritt. Die Vermittlung von Eintrittskarten fällt damit nicht unter die Regelung, da der Vermittler im fremden Namen tätig wird. Erfolgt die Vermittlungsleistung gegenüber einem Unternehmer, so kommt Absatz 2 zur Anwendung.

171 Nach der Auffassung des EuGH stellt die Benutzung von **Geldspielgeräten in Spielhallen** eine unterhaltende oder ähnliche Tätigkeit dar, die unter die Vorläuferregelung des Art. 9 Abs. 2 Buchst. c erster Gedankenstrich der 6. EG-Richtlinie fiel[5] und somit auch unter die Regelung. Für die Benutzung außerhalb von Spielhallen soll die Vorschrift nicht zur Anwendung kommen.[6] Ob diese Unterscheidung heute noch ihre Gültigkeit hat, ist für mich zweifelhaft.

172 Von der **wissenschaftlichen Tätigkeit** ist die beratende Tätigkeit zu unterscheiden. Eine wissenschaftliche Leistung setzt voraus, dass das erstellte Gutachten nicht auf die Beratung des Auftraggebers gerichtet ist, was dann der Fall ist, wenn das Gutachten nach seinem Zweck **keine konkrete Entscheidungshilfe** für den Auftraggeber darstellt.[7] Liegt eine beratende Tätigkeit vor, bestimmt sich der Ort bei Leistungen an Nichtunternehmer entweder nach der Vorschrift des § 3a Abs. 1 oder Abs. 4 Nr. 3 UStG.

173 Räumt ein Unternehmer privaten Golfspielern die Berechtigung ein, auf mehreren Golfplätzen im In- und Ausland Golf zu spielen, handelt es sich um eine Tätigkeit auf dem Gebiet des Sports und um

1 Vgl. *Lippross*, Umsatzsteuer[25], S. 304.
2 Vgl. u.a. Abschn. 3a.12 Abs. 3 Nr. 7, 8, 9 UStAE.
3 Vgl. Abschn. 3a.12. Abs. 3 Nr. 9 UStAE; Art. 7 Abs. 3 Buchst. j, o MwStVO.
4 Vgl. Abschn. 3a.6 Abs. 2 Satz 2 UStAE.
5 Vgl. EuGH, Urt. v. 12.5.2005 – C-452/03, ECLI:EU:C:2005:289 – RAL (Channel Islands) u. a., UR 2005, 443.
6 Vgl. EuGH, Urt. v. 4.7.1985 – C-168/84, ECLI:EU:C:1985:299 – Bergholz, juris.
7 Abschn. 3a.6 Abs. 5 UStAE.

keine Grundstücksleistung.[1] Damit unterliegt das Spielen im Ausland nicht der deutschen Umsatzsteuer. Insoweit kommt es zu einer Aufteilung des Entgelts, da mehrere sonstige Leistungen vorliegen sollen. Augenscheinlich liegen nach Auffassung des BFH insoweit mehrere Dienstleistungen vor, abhängig von der Anzahl der ausgeübten Spielberechtigungen. Da der Unternehmer die Leistungen des Golfspielers nicht erst bei Ausübung der Besteuerung unterworfen darf, kommt es in diesen Fällen m.E. zu einer quotenmäßigen Aufteilung eines Pauschalentgeltes auf die jeweiligen Länder.

Was den Bereich **Unterricht** betrifft, vertritt die Generalanwältin *Sharpston*[2] die Auffassung, dass die unter die Vorschrift fallenden Tätigkeiten weitergefasst sind als bei unternehmerischem Leistungsbezug i.S.d. § 3a Abs. 2 Nr. 5 UStG. Jedenfalls fallen damit im nichtunternehmerischen Leistungsbezug nicht nur **Veranstaltungen** von Unterricht und deren Eintritt unter die Vorschrift. Das Verfahren und die komplexen Erwägungen zeigen, dass der EuGH sicherlich ein weiteres Mal zu dieser Thematik angerufen wird. 174

Bei interaktiven erotischen **Live-Webcam-Darbietungen** handelt es sich nach Auffassung des EuGH[3] um eine Tätigkeit auf dem Gebiet der Unterhaltung. An einer elektronisch erbrachten Dienstleistung soll es dabei fehlen, wenn die Leistung **ausnahmslos** an Empfänger erbracht wird, die sich **im Mitgliedstaat des Dienstleistenden befinden.** 175

Der **Tätigkeitsort** ist dort, wo die Leistung durch den Leistenden erbracht wird. Wo die Vorbereitungshandlungen ausgeführt werden, ist damit unmaßgeblich. Bei den Veranstaltungsleistungen liegt der Tätigkeitsort damit dort, wo die Veranstaltung durch den Leistenden stattfindet, d.h. dort wo sich der Veranstalter befindet und nicht die Teilnehmer. 176

3. Abgabe von Speisen und Getränken (Restaurationsumsätze) (Absatz 3 Nr. 3 Buchst. b)

Die Regelung setzt Art. 55 MwStSystRL um. Zur Auslegung der Vorschrift äußert sich die FinVerw. in Abschn. 3a.6 Abs. 8 und 9 UStAE. 177

Die Vorschrift ist eine Sonderregelung für sämtliche Leistungsempfänger, d.h. unabhängig von deren Status. 178

Die Regelung betrifft nur sonstige Leistungen und nicht die Lieferungen von Lebensmitteln (vgl. zur Abgrenzung § 12 Abs. 2 Nr. 15 Rz. 33 ff.). Eine sonstige Leistung in Form der Abgabe von Speisen und Getränken zum Verzehr an Ort und Stelle liegt vor, wenn sich der leistende Unternehmer nicht auf die Ausübung der Handels- und Verteilerfunktion des Lebensmittelhandels/-handwerks beschränkt, sondern zu der Lieferung noch zumindest eine Dienstleistung hinzukommt, die für den **Durchschnittsverbraucher**[4] dem Umsatz das Gepräge als sonstige Leistung verleiht. Die Abgrenzung, die ansonsten große Bedeutung für den Steuersatz hat, dürfte an dieser Stelle keine materiellen Auswirkungen haben, da sich die beiden Orte in der Regel decken sollten (Ausnahme über § 3c UStG denkbar). 179

Die Regelung findet keine Anwendung, wenn die Abgabe der Speisen und Getränke an Bord eines Schiffs, Luftfahrzeugs oder in einer Eisenbahn während einer Beförderungsleistung innerhalb des Gemeinschaftsgebiets erfolgt. In diesen Fällen richtet sich die Ortsbestimmung nach § 3e UStG. Sie findet auch keine Anwendung, wenn es sich bei der Abgabe der Speisen und Getränke um eine unselbstständige Nebenleistung[5] handelt oder sie in einer sog. **komplexen Dienstleistung** aufgeht.[6] 180

1 Vgl. BFH, Urt. v. 12.10.2016 – XI R 5/14, BStBl. II 2017, 500 = UR 2017, 189.

2 Vgl. EuGH, Schlussanträge der Generalanwältin *Sharpston* v. 10.1.2019 – C-647/17, ECLI:EU:C:2019:13 – Srf. konsulterna AB. Der Gerichtshof selbst (EuGH, Urt. v. 13.3.2019 – C-647/17, ECLI:EU:C:2019:195 – Srf. konsulterna AB, UR 2019, 344) hat sich mit seiner Begründung sehr kurz gefasst.

3 Vgl. EuGH v. 8.5.2019 – C-568/17, ECLI:EU:C:2019:388 – Geelen, UR 2019, 456; *Wäger*, UR 2020, 85 (88).

4 Vgl. EuGH, Urt. v. 10.3.2011 – C-497/09, C-499/09, C-501/09 und C-502/09, ECLI:EU:C:2011:135 – Bog u.a., UR 2011, 272 m. Anm. *Nieskens*; BFH, Urt. v. 30.6.2011 – V R 35/08, BStBl. II 2013, 244 = UR 2011, 696; BFH, Urt. v. 30.6.2011 – V R 3/07, BStBl. II 2013, 241 = UR 2012, 37; BFH, Urt. v. 8.6.2011 – XI R 37/08, BStBl. II 2013, 238 = UR 2012, 34; BFH, Urt. v. 23.11.2011 – XI R 6/08, BStBl. II 2013, 253 = UR 2012, 150.

5 Vgl. BFH, Urt. v. 15.1.2009 – V R 9/06, BStBl. II 2010, 433 = UR 2009, 319; BFH, Urt. v. 20.3.2014 – V R 25/11, UR 2014, 261.

6 Vgl. BFH, Beschl. v. 28.10.2014 – V B 92/14, BFH/NV 2015, 244 für Restaurationsumsätze im Rahmen einer Dinner-Show; BFH, Urt. v. 10.1.2013 – V R 31/10, BStBl. II 2013, 352 = UR 2013, 385.

181 **Tätigkeitsort** bei einem Restaurationsumsatz ist dort, wo der Umsatz tatsächlich erbracht wird. Das ist die jeweilige Lokalität. Damit ist der Restaurationsumsatz regelmäßig in dem jeweiligen Hotel, Restaurant, Gasthof, Kantine oder Bar ausgeführt.

4. Arbeiten an beweglichen körperlichen Gegenständen oder deren Begutachtung (Absatz 3 Nr. 3 Buchst. c)

182 Die Regelung setzt Art. 54 Abs. 2 Buchst. b MwStSystRL um. Die Auslegung der Vorschrift seitens der FinVerw. findet sich in Abschn. 3a.6 Abs. 10–12 UStAE.

183 Die Vorschrift ist eine Sonderreglung für den nichtunternehmerischen Leistungsbezug. Für den unternehmerischen Leistungsempfänger verbleibt es regelmäßig bei der Grundregelung des § 3a Abs. 2 UStG.

184 Die Ortsregelung kommt nicht zur Anwendung, wenn die Arbeiten im Rahmen einer sog. **komplexen Dienstleistung** anfallen, wie beispielsweise beim Einsammeln, Sortieren, Befördern und Beseitigen von Müll.[1]

185 Es muss sich um Arbeiten an beweglichen körperlichen Gegenständen oder deren Begutachtung handeln. Auch wenn die nationalen zivilrechtlichen Vorschriften, hier § 90 BGB, nicht zur Auslegung unionsrechtlicher Bestimmungen herangezogen werden können, sollte es insoweit ausnahmsweise zu keinen Abweichungen kommen, da die Auslegungskriterien m.E. dieselben sind.

186 **Bewegliche Gegenstände** sind somit Sachen, mit Ausnahme von Grundstücken und deren Bestandteilen. Zubehör wiederum gilt als Sache. Da Arbeiten an Zubehörstücken von Grundstücken regelmäßig nicht als Grundstücksleistung angesehen werden,[2] kann es hier – anders als bei Arbeiten an wesentlichen Bestandteilen eines Grundstücks – zu Unterschieden bei der Ortsbestimmung kommen.

187 **Körperlich** sind feste, flüssige oder gasförmige **Sachen**, die im Raum abgrenzbar sind.

188 **Arbeiten an körperlichen beweglichen Gegenständen** liegen nach Auffassung der FinVerw. vor, wenn die Gegenstände bearbeitet oder verarbeitet werden oder an ihnen Wartungsarbeiten verrichtet werden. Der EuGH[3] hatte im Zusammenhang mit der Auslegung der Vorgängervorschrift von Art. 9 Abs. 2 der 6. EG-Richtlinie entschieden, dass „Arbeiten **an** einem beweglichen Gegenstand" im Allgemeinen einen **Eingriff** in bewegliche körperliche Gegenstände bezeichnet, der nicht wissenschaftlicher oder intellektueller Natur ist. Danach dürfte das bloße Ver- oder Umpacken einer Ware wohl nicht unter die Begrifflichkeit fallen. Richtig einleuchtend ist mir diese Unterscheidung nicht. Solche Arbeiten dürften aber regelmäßig nur gegenüber Unternehmern als Leistungsempfängern vorgenommen werden, für die die Regelung nicht zur Anwendung kommt. Als typische Anwendungsfälle kommen Reparatur- und Wartungsarbeiten an körperlichen Gegenständen in Betracht.

189 Mit der Auslegung der Vorschrift gehen insbesondere Abgrenzungsfragen zu Werklieferungen i.S.d. § 3 Abs. 4 UStG einher, wie z.B. zum Ölwechsel.[4] Werden die bei den Arbeiten verbauten Hauptstoffe vollumfänglich vom Besteller der Leistung beigestellt, handelt es sich um keine Werklieferung, sodass die Ortsregelung zur Anwendung kommt.

190 Der **Tätigkeitsort** für die Arbeiten an einem beweglichen körperlichen Gegenstand liegt damit dort, wo die Arbeiten konkret vorgenommen werden.

191 Auch die **Begutachtung** von körperlichen beweglichen Gegenständen fällt unter die Ortsbestimmung.[5]

---

1 Vgl. EuGH, Urt. v. 25.1.2001 – C-429/97, ECLI:EU:C:2001:54 – Kommission/Frankreich, UR 2001, 265; EuGH, Urt. v. 27.6.2013 – C-155/02, ECLI:EU:C:2013:434 – Donnelley Global Turkney Solution, UR 2013, 708.
2 Vgl. Abschn. 3a.3 Abs. 10 Nr. 2 UStAE.
3 Vgl. EuGH, Urt. v. 6.3.1997 – C-167/95, ECLI:EU:C:1997:105 – Linthorst, Pouwels en Scheres, UR 1997, 217.
4 Vgl. BFH, Urt. v. 30.9.1999 – V R 77/98, BStBl. II 2000, 14 = UR 2000, 24.
5 Hierbei handelt es sich um eine Sondervorschrift im Verhältnis zu § 3a Abs. 4 Satz 2 Nr. 3 UStG.

Die **Begutachtung** ist eine Leistung, die regelmäßig zur **Ermittlung der Schadenshöhe** oder zur **Wertermittlung** der Gegenstände dient. Bezüglich der in § 3a Abs. 3 Nr. 3 Buchst. c UStG angesprochenen Begutachtungsfälle geht diese Vorschrift der Regelung des § 3a Abs. 4 Nr. 3 UStG vor.[1] 192

Tätigkeitsort ist dabei allerdings nicht, wo die Begutachtung (Besichtigung) vorgenommen wird, sondern vielmehr dort, wo der Gutachter die entscheidenden Bedingungen zum Erfolg setzt, also seine Auswertungen vornimmt.[2] Danach wird der Sachverständige, der einen Autoschaden in Frankreich inspiziert, zum wesentlichen Teil im Inland tätig, wenn er im Inland die Ergebnisse seiner Besichtigung auswertet. Die Frage des BFH,[3] ob das **Herauslösen menschlicher Zellen** (hier: Gelenkknorpelzellen) und die anschließende Zellvermehrung eine Arbeit an einem beweglichen Gegenstand ist, hat der EuGH unbeantwortet gelassen.[4] Keine Arbeit an einem beweglichen Gegenstand ist der Ausbau und die Übernahme von Strahlenquellen.[5] 193

V. Vermittlungsleistungen (Absatz 3 Nr. 4)

Die Regelung setzt Art. 46 MwStSystRL i.V.m. Art. 30, 31 MwStVO um. Die Auslegung der Vorschrift seitens der FinVerw. findet sich in Abschn. 3a.7 UStAE. 194

Die Vorschrift ist eine Sonderreglung nur für den nichtunternehmerischen Leistungsbezug mit folgenden Besonderheiten: 195

- Handelt es sich um die Vermittlung einer **Beherbergungsdienstleistung** in der **Hotelbranche** oder einer ähnlichen Branche (z.B. Gaststätten, Pensionen, Fremdenzimmer, Ferienhäuser/-wohnungen), kommt die Vorschrift zur Anwendung.[6]
- Handelt es sich um die Vermittlung von Vermietungen von Grundstücken, findet die Sonderregelung des § 3a Abs. 3 Nr. 1 UStG Anwendung.[7] Ist Leistungsempfänger ein Nichtunternehmer, führen jedoch beide Bestimmungen zum selben Ergebnis.
- Handelt es sich um die Vermittlung beim Verkauf von Grundstücken bzw. bei der Begründung oder Übertragung von bestimmten Rechten an Grundstücken oder dinglichen Rechten, findet ebenfalls die Sonderregelung des § 3a Abs. 3 Nr. 1 Buchst. b UStG Anwendung.[8]

Für den unternehmerischen Leistungsempfänger verbleibt es bei den Vermittlungsleistungen regelmäßig bei der Grundregelung des § 3a Abs. 2 UStG. 196

Der Vermittlungsbegriff ist nicht gesetzlich definiert. Auch die Umschreibung in Art. 30 MwStVO ist unpräzise und wenig hilfreich. Entgegen dem Wortlaut fällt unter die Ortsbestimmung nicht nur die Vermittlung von Dienstleistungen, sondern auch die Vermittlung von Lieferungen. Insoweit gilt es deshalb weiterhin auf die Definition durch den EuGH, die vom BFH[9] übernommen wurde, zurückzugreifen. 197

Danach liegt eine Vermittlungsleistung vor, wenn eine Mittelsperson, die nicht den Platz einer der Parteien des zu vermittelnden Vertrages einnimmt, und deren Tätigkeit sich von den vertraglichen Leistungen, die von den Parteien dieses Vertrages erbracht werden, unterscheidet, das Erforderliche tut, damit zwei Parteien einen Vertrag schließen. Die Mittlertätigkeit kann darin bestehen, einer Vertrags- 198

1 Vgl. Abschn. 3a.6 Abs. 12 UStAE.
2 BFH, Urt. v. 4.4.1974 – V R 161/72, BStBl. II 1974, 532; **a.A.** *Stadie* in Rau/Dürrwächter § 3a UStG Rz. 433 m.w.N. (Stand: August 2021).
3 BFH, Beschl. v. 1.4.2009 – XI R 52/07, BStBl. II 2009, 563 = UR 2009, 494.
4 EuGH. Urt. v. 18.11.2010 – C-156/09, ECLI:EU:C:2010:695 – Verigen Transplantation Service International AG, UR 2011, 215 m. Anm. *Jansen*.
5 BFH, Urt. v. 13.1.2011 – V R 63/09, BStBl. II 2011, 461 = UR 2011, 497.
6 Vgl. Art. 31a Abs. 3 Buchst. d MwStVO.
7 Vgl. Abschn. 3a.7 Abs. 1 Satz 4 UStAE.
8 Vgl. Art. 31a Abs. 2 Buchst. p MwStVO.
9 Vgl. BFH, Urt. v. 12.12.2012 – XI R 30/10, BStBl. II 2013, 348 = UR 2013, 499, Rz. 28 m.w.N. zur EuGH-Rechtsprechung.

partei Gelegenheiten zum Abschluss eines Vertrages nachzuweisen, mit der anderen Partei Kontakt aufzunehmen oder die Einzelheiten der gegenseitigen Leistungen zu verhandeln. Kennzeichnend ist darüber hinaus, dass der Vermittler, abgesehen von seinem Interesse an der Provision, kein Eigeninteresse an dem Inhalt des Vertrages hat.[1]

199 In Bezug auf die Eigenschaft „Mittelsperson" erläutert Art. 46 MwStSystRL, dass eine Vermittlung nur dann vorliegt, wenn der Vermittler im fremden Namen und auf fremde Rechnung tätig wird. Damit ist die Tätigkeit vom Eigenhändler, der im eigenen Namen und auf eigene Rechnung und dem Kommissionär, der ebenfalls im eigenen Namen, aber auf fremde Rechnung handelt, abzugrenzen.

200 Soweit es bei Maklertätigkeiten erlaubt ist, für beide Vertragsparteien entgeltlich tätig zu werden (sog. „Doppeltätigkeit"), führt dies m.E. regelmäßig dazu, dass ein- und dieselbe Tätigkeit zur Anwendbarkeit von unterschiedlichen Ortsregelungen führt. Dies ist u.a. dann gegeben, wenn die beiden Leistungsempfänger einen unterschiedlichen Status besitzen.[2] Dies ist jedoch kein dogmatischer Bruch, da mehrere Dienstleistungen gegenüber unterschiedlichen Empfängern vorliegen.

201 Die Vermittlungsleistung als solche kann auch von einem Untervermittler ausgeführt werden. Allerdings erbringt der Untervermittler dann seine Leistung gegenüber dem Hauptvermittler, sodass in diesem Verhältnis die Vorschrift des § 3a Abs. 2 UStG zur Anwendung kommt. Jedoch schließt m.E. das Tätigwerden des Untervermittlers nicht die Anwendbarkeit der Vorschrift auf die Leistung des Hauptvermittlers aus, sofern dieser seine Leistung an einen Nichtunternehmer erbringt.

202 Der BFH konnte bislang in einem sehr speziellen Sachverhalt offenlassen,[3] ob die Vorgängerregelung des § 3a Abs. 2 Nr. 4 UStG a.F. zur Anwendung kommt, wenn der Vermittler (gegenüber einem Unternehmer) im eigenen Namen und auf eigene Rechnung tätig wird. Die Besonderheit in dem der Entscheidung zugrundeliegenden Streitfall war, dass die Klägerin sehr wohl nur vermittelnd (Mitgliederwerbung) tätig war, sich allerdings zivilrechtlich gegenüber dem Hauptvermittler verpflichtet hatte, diese Verpflichtung im eigenen Namen und auf eigene Rechnung zu erfüllen. Nach der Novelle richtet sich der Leistungsort in dem vom BFH entschiedenen Sachverhalt nach § 3a Abs. 2 UStG.

203 **Leistungsort** ist dort, wo der vermittelte Umsatz ausgeführt wird. Wird der vermittelte Umsatz im Ausland ausgeführt und ist der Leistungsempfänger nicht im Inland ansässig, ist der Status des Leistungsempfängers unmaßgeblich, da der Ort dann stets im Ausland ist.

204 Bei Anwendung der Vorschrift wird damit die Vermittlung einer bewegten Lieferung dort ausgeführt, wo der Transport der Ware beginnt und die Vermittlung einer ruhenden Lieferung dort, wo die Verfügungsmacht an dem Gegenstand verschafft wird; die Vermittlung einer sonstigen Leistung, wo die vermittelte Leistung ausgeführt wird, was sich wiederum nach der Vorschrift der §§ 3a, 3b und 25 UStG bestimmt; die Vermittlung einer Einfuhr, an dem Ort, an dem sich der Gegenstand zu dem Zeitpunkt, in dem er in die Gemeinschaft eingeführt wird, befindet (Art. 60 MwStSystRL); die Vermittlung eines innergemeinschaftlichen Erwerbs eines neuen Fahrzeugs am Bestimmungsort des Fahrzeugs (§ 3d Satz 1 UStG).

205 Die Vorschrift kommt auch bei der Vermittlung von nicht steuerbaren Umsätzen (z.B. Ort des vermittelten Umsatzes ist im Ausland) oder einer Leistung eines Nichtunternehmers[4] zur Anwendung, denn auch eine nicht steuerbare Leistung ist ein Umsatz. Insoweit ist es wichtig auf den konkret vermittelten Umsatz abzustellen, sodass es gerade bei der Vermittlung im Rahmen des innergemeinschaftlichen Warenverkehrs zu unterscheiden gilt, ob die Lieferung oder vielmehr der Erwerb vermittelt wird.[5]

206 Liegt gar kein (vermittelter) Umsatz vor, weil keine Leistung gegen Entgelt vermittelt wird, kommt die Vorschrift nicht zur Anwendung. Die Ortsbestimmung regelt sich in diesen Fällen nach § 3a Abs. 1

1 Vgl. EuGH, Urt. v. 13.12.2001 – C-235/00, ECLI:EU:C:2001:696 – CSC, UR 2002, 84 m. Anm. *Wäger*.
2 In diesem Sinne auch *Radeisen* in Hartmann/Metzenmacher, § 3a UStG Rz. 658 (Stand: Februar 2020).
3 Vgl. BFH, Urt. v. 12.12.2012 – XI R 30/10, BStBl. II 2013, 348 = UR 2013, 499, Rz. 49.
4 Vgl. EuGH, Urt. v. 27.5.2004 – C-68/03, ECLI:EU:C:2004:325 – Lipjes, UR 2004, 355.
5 Vgl. auch die Beispiele in *Lippross*, Umsatzsteuer[25], S. 312.

UStG. Anwendungsfälle sind u.a. die Vermittlung von **Mitgliedschaften**,[1] der erstmaligen Ausgabe von Gesellschaftsanteilen,[2] von **Joint Venture**[3] und die **Partnerschaftsvermittlung.**[4]

VI. „Eintrittsberechtigungen (Veranstaltungsleistungen)" für den unternehmerischen Bereich (Absatz 3 Nr. 5)

1. Überblick

Art. 53 MwStSytRL wurde mit Wirkung zum 1.1.2025 dahin gehend geändert, dass die Vorschrift im Fall der virtuellen Teilnahme nicht zur Anwendung kommt (vgl. Rz. 164.1). 207

Die Vorschrift bereitet der Praxis wegen der damit einhergehenden Abgrenzungsfragen große Schwierigkeiten. Deshalb bedarf es bei grenzüberschreitenden Sachverhalten unbedingt einer Abstimmung mit dem Ausland. Nur für den unternehmerischen Bereich vertritt die FinVerw.[5] nunmehr die Auffassung, dass die Online-Teilnahme nicht unter die Vorschrift fällt, weil es an der physischen Anwesenheit des Teilnehmers fehlen soll (Rz. 165 ff.). Nach der hier vertretenen Auffassung ist das entscheidende Abgrenzungskriterium nicht die „räumliche", sondern die „zeitliche" Dimension (Rz. 169). Hierüber wird der EuGH zu entscheiden haben. Die FinVerw. unterscheidet nicht danach, ob es sich um eine interaktive Veranstaltung handelt, sodass sich danach der Ort für den vom Büro oder Homeoffice tätigen Teilnehmer auch bei seiner interaktiven Teilnahme nach § 3a Abs. 2 UStG bestimmt. Dieses Verständnis ist m.E. nicht zwingend und bedarf vor allem wegen der nachfolgenden Problematik einer – auch für die Praxis handhabbaren – entsprechenden gesetzlichen Regelung.[6]

Für sog. „**hybride Veranstaltungen**" führt dieses Verständnis dazu, dass es für die selbe Veranstaltung zu unterschiedlichen Ortsbestimmungen kommt.

Unklar bleibt auch, welche Konsequenzen sich ergeben, wenn von ein und demselben Teilnehmer eine mehrtägige Veranstaltung vor Ort als auch vom Büro oder Homeoffice wahrgenommen wird. Denkbar ist, dass dann zwei sonstige Leistungen vorliegen oder nur eine sonstige Leistung, deren Ort sich danach bestimmt, wo der Teilnehmer (zeitlich) überwiegend an der Veranstaltung teilnimmt. Die Golfplatzentscheidung des BFH[7] könnte dazu führen, dass zwei Leistungen angenommen werden.

Positiv hervorzuheben ist, dass die FinVerw. m.E. völlig zutreffend den Begriff der Einheitlichkeit der Leistung ausdrücklich anspricht, sodass typische Nebenleistungen oder Leistungen, die typischerweise mit einer Veranstaltungsleistung einhergehen, wie die Unterbringung und Beförderung, damit am Tätigkeitsort der Besteuerung unterliegen. Auch wenn nicht erwähnt, sehe ich keinen Grund, weshalb dies nicht auch für Verpflegungsleistungen gelten soll bspw. für die Mittagsverpflegung bei Seminaren. Mit der Auslegungshilfe ist der Praxis m.E. weitergeholfen, um sich durch den diesbezüglichen Dschungel durchzukämpfen.

Ebenfalls von erheblicher praktischer Bedeutung ist die Auffassung der FinVerw.[8], wonach die Einräumung von Eintrittsberechtigungen und damit im Zusammenhang erbrachte Beförderungsleistungs-, Verpflegungs- und Beherbergungsleistungen, die vom Veranstalter als einheitliche Leistung angeboten werden, nicht unter die Sonderreglung der Reiseleistung fallen. Wichtig wäre jedoch, wenn der (Unions-)Gesetzgeber hier tätig würde und den Begriff des Reiseveranstalters „einschränkend" definiert. 207.1

Die Sonderregelung der Nr. 5 gilt nur für den unternehmerischen Leistungsbezug. 208

Die unionsrechtlichen Vorgaben ergeben sich aus Art. 53 MwStSystRL sowie Art. 32–Art. 33a MwStVO. 209
Die Auslegung der Vorschrift seitens der FinVerw. findet sich in Abschn. 3a.6 Abs. 13 UStAE.

1 Vgl. BFH, Urt. v. 12.12.2012 – XI R 30/10, BStBl. II 2013, 348 = UR 2013, 499.
2 Vgl. BFH, Urt. v. 1.7.2004 – V R 32/00, BStBl. II 2004, 1022 = UR 2004, 537 m. Anm. *Wäger*; Abschn. 1.6 Abs. 2 Satz 1 und 2 UStAE.
3 Vgl. BFH, Beschl. v. 1.9.1994 – XI B 21/94, BFH/NV 1995, 458.
4 Vgl. BFH, Beschl. v. 16.1.2003 – V B 47/02, BFH/NV 2003, 830.
5 Vgl. BMF, Schr. v. 9.6.2021 – III C 3-S 7117-b/20/10002 :002, BStBl. I 2021, 778 = UR 2021, 569.
6 Vgl. *Heinrichshofen*, UVR 2021, 314.
7 Vgl. BFH, Urt. v. 12.10.2016 – XI R 5/14, BStBl. II 2017, 500 = UR 2017, 189.
8 Vgl. BMF, Schr. v. 24.6.2021 – III C 2 -S 7419/19/10001 :006, BStBl. I 2021, 857 = UR 2021, 679.

210 Grundlegend für die Auslegung der Vorschrift ist die Entscheidung des EuGH in der Rechtssache *Srf konsulterna AB*[1]. Sie hat auch die deutsche FinVerw.[2] zum Umdenken veranlasst, sodass nicht mehr zwischen sog. „offenen und verschlossenen" Veranstaltungen unterschieden wird (vgl. hierzu Rz. 211 der Vorauflage).[3]

211 frei

2. Eintrittsberechtigung für Veranstaltung

212 Die Vorschrift regelt die Eintrittsberechtigung für Veranstaltungen in bestimmten Bereichen. Zumindest nach der Generalanwältin *Sharpston* umfasst der Begriff der Veranstaltung eine Vielzahl von Merkmalen. Danach sollen darunter im Voraus geplante, nicht teilbare Unterrichtstätigkeiten erfasst werden, die an einem bestimmten Ort und über einen kurzen Zeitraum stattfinden und einen im Voraus festgelegten Gegenstand betreffen. Umgekehrt sollen Unterrichtstätigkeiten, denen eines oder mehrere dieser Merkmale fehlen, wie z.B. eine Reihe einzelner Sitzungen oder Workshops, die an unterschiedlichen Tagen oder Orten stattfinden, Kurse über einen längeren Zeitraum oder zeitlich unbegrenzte Sitzungszyklen, insbesondere wenn ihr Programm oder Ablauf nicht im Voraus festgelegt ist, nicht unter diesen Begriff fallen.

213 Unter den Begriff „Eintritt" fasst die Generalanwältin *Sharpston*, dass einer oder mehreren Personen das Recht auf Zugang zu den Räumlichkeiten, in denen eine Unterrichtsveranstaltung stattfindet, gewährt wird. „Man kann sagen, dass der Preis als Gegenleistung dafür in Rechnung gestellt wird, dass einer bestimmten Anzahl von Personen das Recht auf Zugang zu einer bestimmten Veranstaltung gewährt wird. Praktisch bedeutet dies, dass eine Veranstaltung, sobald der Dienstleistende die Anzahl der eintrittsberechtigten Personen kontrolliert und von den Steuerpflichtigen eine Gebühr für den Eintritt verlangt, unter Art. 53 der MwStSystRL fallen dürfte." Ferner setzt die Vorschrift – entgegen der hier vertretenen Meinung – nach Auffassung von *Sharpston* die **physische** Anwesenheit des Teilnehmers voraus, was nach Auffassung der FinVerw. bei einer Onlineveranstaltung nicht gegeben ist (Rz. 207).

214 Nicht unter die Begrifflichkeit „Eintrittsberechtigung" sollen Leistungen fallen, die das Durchführen einer Veranstaltung als solches, d.h. eine Dienstleistung, die das Veranstalten oder Ausrichten einer Unterrichtsveranstaltung und ihre Vermarktung insgesamt umfassen, wie z.B. der Verkauf eines vorgefertigten Unterrichts oder Lehrgangs an einen anderen Steuerpflichtigen zum Weitervertrieb (Wiederverkäufer). Hierunter fallen ebenfalls keine Vorleistungen an den Veranstalter, z.B. Leistungen des Darstellers, selbst wenn diese den Inhalt der vom Endkunden eingekauften Leistung bestimmen.[4]

3. Leistungsort

215 Der Leistungsort ist dort, wo die Veranstaltung tatsächlich durchgeführt wird. Bei interaktiven Veranstaltungsleistungen, also dort, von wo aus der Veranstalter tätig wird. Nach der hier vertretenen Auffassung würde dies auch für die Online-Veranstaltungen mit Interaktionsmöglichkeit gelten. Nach Auffassung der FinVerw. in Abschn. 3a.7a Abs. 1 Satz 4 HS. 2 UStAE kommt hingegen die Vorschrift des § 3a Abs. 2 UStG zur Anwendung.

1 Vgl. EuGH v. 13.3.2019 – C-647/17, ECLI:EU:C:2019:195 – Srf konsulterna AB, UR 2019, 344 = EU-UStB 2019, 40 mit Anm. *Buge* = DStR 2019, 617 m. Anm. *Langer* = MwStR 2019, 359 m. Anm. *Grambeck* = jurisPR-SteuerR 25/2019 m. Anm. *Weymüller*; vgl. auch EuGH, Schlussanträge der Generalanwältin *Sharpston* v. 10.1.2019 – C-647/17, ECLI:EU:C:2019:13 – Srf. konsulterna AB.

2 Vgl. BMF, Schr. v. 9.6.2021 – III C 3-S 7117-b/20/10002 :002 – DOK 2021/0661491, BStBl. I 2021, 778 = UR 2021, 569.

3 Vgl. *Heinrichshofen*, UVR 2019, 285.

4 Vgl. EuGH, Urt. v. 23.11.2023 – C-532/22, ECLI:EU:C:2023:919 – SC Westside Unicat, UR 2023, 939.

E. Bestimmte Katalogleistungen gegenüber im Drittland ansässigen Nichtunternehmern (Absatz 4)

I. Nichtunternehmerischer Leistungsempfänger aus dem Drittland (Absatz 4 Satz 1)

Die Sonderregelung gilt nur für den nichtunternehmerischen Leistungsbezug mit Drittlandsbezug. 216
Dabei gilt es den Zusammenhang mit Absatz 6 im Auge zu behalten.

Die unionsrechtlichen Vorgaben ergeben sich aus Art. 59 MwStSystRL sowie Art. 23 Abs. 2 und Art. 24 217
MwStVO. Deutschland hat **gesetzlich**[1] bei den Katalogleistungen – anders als bei § 3a Abs. 8 UStG – nicht von der Möglichkeit der sog. „Use-and-Enjoyment-Regelung" des Art. 59a MwStSystRL Gebrauch gemacht. Die Auslegung der Vorschrift seitens der FinVerw. findet sich in Abschn. 3a.8 und 3a.9 UStAE.

Bis zur Gesetzesreform galt die Vorgängervorschrift sowohl für den unternehmerischen als auch den 218
nichtunternehmerischen Leistungsbezug.

§ 3a Abs. 4 Satz 1 UStG regelt die Rechtsfolge, d.h. den Ort, an dem die in Satz 2 aufgeführten Katalog- 219
leistungen erbracht werden.[2] Die vormals in den Nummern 11–13 ausgeführten Leistungen (Telekommunikation, Rundfunk- und Fernseh-, sowie auf elektronischem Weg erbrachte sonstige Leistungen) sind nunmehr in Absatz 5 geregelt mit der Besonderheit, dass es nicht darauf ankommt, ob der Leistungsempfänger im Gemeinschafts- oder Drittlandsgebiet ansässig ist.

Aufgrund der immer weiter anwachsenden Mobilität weisen Leistungsempfänger zwischenzeitlich 220
häufig Anknüpfungspunkte zu mehreren Staaten auf, sodass es insoweit zu Abgrenzungsproblemen kommen kann. Dies hat der europäische Gesetzgeber erkannt und versucht, diese Konflikte in Art. 23 und Art. 24 MwStVO zu regeln.

Danach ist wie folgt zu unterscheiden:[3] 221

- Ist der Leistungsempfänger ein Nichtunternehmer mit ausschließlichem Wohnsitz (natürliche Person) oder Sitz im Drittlandsgebiet, wird die sonstige Leistung an seinem Wohnsitz oder Sitz ausgeführt.
- Ist obiger Leistungsempfänger in verschiedenen Ländern ansässig[4] oder befindet sich sein Wohnsitz und gewöhnlicher Aufenthalt in verschiedenen Ländern, so bestimmt sich bei
- natürlichen Personen der Leistungsort vorrangig nach ihrem gewöhnlichen Aufenthaltsort[5] soweit keine Anhaltspunkte dafür vorliegen, dass die Leistung an ihrem Wohnsitz genutzt oder ausgewertet wird;
- Leistungen an eine nicht unternehmerische juristische Person der Leistungsort am Ort ihrer „Geschäftsführung"[6] soweit keine Anhaltspunkte dafür vorliegen, dass die Leistung an ihrer Betriebsstätte (Niederlassung) genutzt oder ausgewertet wird.
- Ist der Leistungsempfänger ein Nichtunternehmer als natürliche Person mit ausschließlichem Wohnsitz im Gemeinschaftsgebiet, kommt die Vorschrift nicht zur Anwendung, sondern vielmehr § 3a Abs. 1 UStG. Handelt es sich jedoch um eine Leistung i.S.d. § 3a Abs. 4 Satz 2 Nr. 1 (Rechteübertragung) oder Nr. 2 (Werbeleistung), die von einem Unternehmer aus dem Drittlandsgebiet

---

1 Dies geschieht jedoch über Abschn. 3a.8 Nr. 2a Buchst. a und b UStAE. Über diese Vorgehensweise werden sicherlich die Gerichte entscheiden müssen.

2 Aufgrund des Verlusts des deutschen Besteuerungssubstrats ist für eine ausreichende Beweisdokumentation zu sorgen (Rz. 23).

3 Vgl. Abschn. 3a.8 UStAE.

4 Eine Mehrfachansässigkeit liegt demnach nach dem Verständnis des Gesetzgebers vor, wenn eine Person in verschiedenen Ländern über einen Wohnsitz verfügt.

5 Vgl. Art. 13 MwStVO. Der gewöhnliche Aufenthaltsort liegt dort, wo die natürliche Person aufgrund persönlicher und beruflicher Bindungen gewöhnlich lebt. Hier besteht m.E. ein sehr enger Zusammenhang und eine Übereinstimmung mit den ertragsteuerlichen Regelungen in DBA (Art. 4 OECD-MA).

6 Vgl. Art. 13a MwStVO, der von dem Ort, an dem Handlungen zu ihrer zentralen Verwaltung ausgeführt werden, spricht.

oder dessen drittländischer Betriebsstätte erbracht wird, gilt sie gemäß § 3a Abs. 6 Satz 1 UStG als im Inland ausgeführt, wenn sie im Inland genutzt oder ausgewertet wird.

- Handelt es sich um eine Leistung i.S.d. § 3a Abs. 4 Satz 2 Nr. 1–10 UStG, die von einem Unternehmer aus dem Drittlandsgebiet oder dessen drittländischer Betriebsstätte an eine jPdöR erbracht wird, gilt sie gemäß § 3a Abs. 6 Satz 1 Nr. 2 UStG als im Inland ausgeführt, wenn sie im Inland genutzt oder ausgewertet wird.
- Ist der Leistungsempfänger ein Unternehmer, findet die Vorschrift keine Anwendung, sondern vielmehr § 3a Abs. 2 UStG.

II. Die Katalogleistungen im Einzelnen (Absatz 4 Satz 2)

1. Rechteübertragung (Absatz 4 Satz 2 Nr. 1)

222 Art. 59 Buchst. a MwStSystRL und § 3a Abs. 4 Satz 2 Nr. 1 UStG unterscheiden sich in ihrem Wortlaut. Dies ist aber insoweit unproblematisch, da die Aufzählung der genannten Rechte nicht abschließend ist.[1] Ergänzend zur nationalen Vorschrift zählt Art. 59 MwStSystRL enumerativ noch das Fabrik- und Warenzeichen auf, während im nationalen Recht noch das Markenrecht genannt ist.

223 Unter die ähnlichen **gesetzlichen Rechte** fasst die FinVerw. noch die Rechte, die sich aus dem Gesetz über das Verlagsrecht[2] und das Gebrauchsmustergesetzt[3] ergeben.

224 Zu den ähnlichen (**sonstigen**) **Rechten** sind bislang die Überlassung von Fernsehübertragungsrechten und die Freigabe eines Berufssportlers gegen Ablösezahlung anerkannt. Hierunter fallen m.E. auch das Namensrecht nach § 12 BGB, beispielsweise bei Fotomodellen und Domainadressen[4] oder auch Treibhausgasemissionszertifikate.[5]

225 Keine sonstige Leistung im Rahmen einer Rechteübertragung liegt vor, wenn der Sachverhalt als Lieferung zu beurteilen ist, wie beispielsweise beim Vertrieb von Standardsoftware.[6] Hinterfragt wird mittlerweile, ob es aufgrund von Nutzungsbedingungen nicht auch bei virtuellen Transaktionen zur Einräumung oder Übertragung von Rechten kommt[7] (vgl. Rz. 244).

2. Werbeleistungen (Absatz 4 Satz 2 Nr. 2)

226 Die Wortlaute von Art. 59 Buchst. b MwStSystRL und § 3a Abs. 4 Satz 2 Nr. 2 UStG stimmen nicht überein. Das europäische Recht spricht „nur" von Dienstleistungen **auf dem Gebiet der Werbung**. Dies zeigt das weite Verständnis der Vorschrift. Aus dem unterschiedlichen Wortlaut der Bestimmungen sollte sich keine Diskrepanz ergeben. Die Auslegung der Vorschrift seitens der FinVerw. findet sich in Abschn. 3a.9 Abs. 3–8a UStAE. Danach gehören zu den Leistungen insbesondere Leistungen der Werbeberatung, die Werbevorbereitung und Werbeplanung, die Werbegestaltung, die Werbemittelherstellung, die Werbevermittlung, die Durchführung von Werbung.

227 Auf Basis älterer Rechtsprechung sind darunter Leistungen zu verstehen, die bei dem Werbeadressaten den Entschluss zum Erwerb von Gegenständen oder zur Inanspruchnahme von Dienstleistungen auslösen sollen.

228 Der Begriff Werbeleistung ist weit zu verstehen. Nach der Rechtsprechung des EuGH fällt hierunter auch die Planung, Gestaltung sowie den Aufbau, Umbau, Abbau von Ständen auf Messen und Ausstellungen, wenn der Stand für Werbezwecke verwendet wird.[8] Die FinVerw. fasst hierunter m.E. zutref-

1 Vgl. hierzu auch Abschn. 12.7 UStAE.
2 Vgl. Abschn. 3a.9 Abs. 1 Nr. 5 UStAE.
3 Vgl. Abschn. 3a.9 Abs. 1 Nr. 6 UStAE.
4 Vgl. FG Rheinland-Pfalz, Urt. v. 24.11.2011 – 6 K 2154/09, DStRE 2012, 936.
5 Vgl. EuGH, Urt. v. 8.12.2016 – C-453/15, ECLI:EU:C:2016:933 – A und B, UR 2017, 24.
6 Vgl. u.a. Abschn. 3.5 Abs. 2 UStAE.
7 Vgl. *Luther/Zawodsky*, REthinking Tax 2022, 50 (53).
8 Vgl. EuGH, Urt. v. 27.10.2011 – C-530/09, ECLI:EU:C:2011:697 – Inter-Mark Group, UR 2011, 894 mit Anm. *Burgmaier* m.w.N. = EU-UStB 2011, 72 m. Anm. *Nieskens*.

fenderweise auch Leistungen, die ein bestimmtes außerwirtschaftliches, z.B. politisches, soziales oder religiöses Verhalten herbeiführen sollen.

Nicht als der Werbung dienend anzusehen sind **Finanzanzeigen**, z.B. Veröffentlichungen von Bilanzen, Emissionen, Börsenzulassungsprospekten usw. Allerdings sollten derartigen Anzeigen regelmäßig gegenüber Unternehmern erbracht werden, sodass die Vorschrift bereits aus diesem Grunde nicht zur Anwendung kommt. Auch Stellengesuche, Stellenangebote, Familienanzeigen (z.B. Geburts- oder Todesanzeigen), Kleinanzeigen (z.B. Vermietungsanzeigen) fallen nicht unter die Vorschrift.[1] 229

3. Beraterleistungen (Absatz 4 Satz 2 Nr. 3)

Die Wortlaute von Art. 59 Buchst. c MwStSystRL und § 3a Abs. 4 Satz 2 Nr. 3 UStG stimmen nicht überein. M.E. ist die europäische Formulierung „**Dienstleistung von**" weitergehend als die Formulierung „Leistungen aus der Tätigkeit als". Die Auslegung der Vorschrift seitens der FinVerw. findet sich in Abschn. 3a.9 Abs. 9 UStAE. 230

Nach dem nationalen Gesetz und dem Verständnis der deutschen FinVerw. fallen unter die Vorschrift die berufstypischen sonstigen Leistungen aus der Tätigkeit als Rechtsanwalt,[2] Patentanwalt, Steuerberater, Steuerbevollmächtigter, Wirtschaftsprüfer, vereidigter Buchprüfer, Sachverständiger, Ingenieur, Aufsichtsratsmitglied, Dolmetscher und Übersetzer sowie **ähnliche Leistungen** anderer Unternehmer, insbesondere die rechtliche, wirtschaftliche und technische Beratung. Die FinVerw. schränkt den Anwendungsbereich – m.E. völlig zutreffend – ein, wonach als Nebenleistung erbrachte Beratungsleistungen nicht darunter fallen. Sie schließt daraus, dass der Großteil der Leistungen der Notare nicht unter die Vorschrift fallen soll.[3] Letzteres halte ich nicht für zweifelsfrei und es führt zu erheblichen Abgrenzungsschwierigkeiten, insbesondere bei den **Rechtsanwaltsnotaren**. 231

Die Regelung bezieht sich nicht auf die Berufe, sondern auf die jeweiligen Leistungen.[4] Aus diesem Grundverständnis leitet sich das weitere Verständnis ab, wonach von der Regelung die Tätigkeiten der **Rechtsanwälte/Steuerberater/Wirtschaftsprüfer** als Testamentsvollstrecker und Nachlasspfleger jedoch nicht erfasst werden.[5] Mangels Beratung müssen dann konsequenterweise auch die Tätigkeiten als Insolvenz-, Zwangs- und Nachlassverwalter ausscheiden. Soweit ersichtlich,[6] wird dies in Österreich anders gesehen, sodass im Streitfall hierüber der EuGH entscheiden müsste. 232

Der EuGH hat auch die **Schiedsrichtertätigkeit** eines Rechtsanwalts nicht unter die Vorgängerregelung gefasst.[7] Auch diese Würdigung ist nicht zwingend, da die Tätigkeit regelmäßig nicht in der Streitbeilegung, sondern vielmehr in der fachmännischen Beurteilung von schwierigen Sach- und Rechtsfragen besteht und damit eher einer Sachverständigentätigkeit ähnelt, die unter die Vorschrift fällt.[8] 233

Buchhaltungsleistungen eines Steuerbevollmächtigten/Steuerberaters etc. fallen nach Auffassung des BFH[9] ebenfalls nicht unter die Vorschrift. Auch diese Auffassung ist nicht zweifelsfrei. Wie ein Blick nach Österreich zeigt, scheinen[10] derartige Leistungen dort unter die Vorschrift gefasst zu werden. 234

---

1 Vgl. Abschn. 3a.9 Abs. 5 UStAE.

2 Zu der Problematik, wenn ein Rechtsanwalt seine Beratungsleistungen über eine Internetplattform gegenüber anonymen Kunden erbringt, vergleiche FG Thüringer, Urt. v. 22.10.2019 – 3 K 309/19, rkr. EFG 2020, 805 mit Anm. *Leist.*

3 Vgl. Abschn. 3a.9 Abs. 9 und Abs. 11 Satz 2 UStAE.

4 Vgl. FG Berlin-Brandenburg, Urt. v. 29.11.2017 – 7 K 7228/15, EFG 2018, 500 mit Anm. *Schumann* = UStB 2018, 135 m. Anm. *Weigel* (bestätigt durch BFH, Urt. v. 29.4.2020 – XI R 3/18, UR 2020, 711 – unter Rz. 27; s. hierzu *Jacobs*, UR 2021, 701); EuGH, Urt. v. 1.8.2022 – C-267/21, ECLI:EU:C:2022:614 – Uniqa Asigurări, UR 2022, 619. Die darauf vorgenommene Änderung von Abschn. 3a.9 Abs. 9 Satz 3 des UStAE durch BMF, Schr. v. 4.1.2024 – III C 3-S 7117-f/21/10001: 001 – DOK 2024/0001208, BStBl. I 2024, 170 = UR 2024, 110 ist m.E. unglücklich formuliert und kann so nicht für typische Beratungsleistungen verallgemeinert werden.

5 Vgl. BFH, Urt. v. 3.4.2008 – V R 62/05, BStBl. II 900 = UR 2008, 727; Abschn. 3a.9 Abs. 10 Satz 3 UStAE.

6 Vgl. *Bürgler/Stifter* in Berger/Bürgler/Kanduth-Kristen/Wakounig, UStG-ON³, § 3a UStG-Ö 2022 Rz. 293.

7 Vgl. EuGH, Urt. v. 16.9.1997 – C-145/96, ECLI:EU:C:1997:406 – Bernd von *Hoffmann*, UR 1998, 17.

8 So auch *Ruppe/Achatz*, UStG-Ö⁵, § 3a Rz. 164.

9 Vgl. BFH, Urt. v. 9.2.2012 – V R 20/11, UStB 2012, 243 m. Anm. *Fritsch.*

10 Vgl. *Bürgler/Stifter* in Berger/Bürgler/Kanduth-Kristen/Wakounig, UStG-ON³, § 3a UStG-Ö 2022 Rz. 294.

235 Zu den **Sachverständigenleistungen** zählen u.a. das Anfertigen von Gutachten,[1] das Aufstellen von Finanzierungsplänen, die Auswahl von Herstellungsverfahren und die Prüfung ihrer Rentabilität. Die Leistungen von Handelschemikern sollen nur dann unter die Vorschrift fallen, wenn neben der chemischen Analyse von Warenproben insbesondere über Kennzeichnungsfragen beraten wird. Auch dieses restriktive Verständnis halte ich für fraglich, doch sollten derartige Leistungen regelmäßig nur gegenüber Unternehmern erbracht werden, sodass sich der Ort dann nach der Grundregel des § 3a Abs. 2 UStG bestimmt. Berät der Handelschemiker, liegt m.E. keine Sachverständigenleistung, sondern eine ähnliche Beratungsleistung vor.

236 **Ingenieurleistungen** sind dadurch gekennzeichnet, Kenntnisse und bestehende Prozesse auf konkrete Probleme anzuwenden sowie neue Kenntnisse zu erwerben und neue Prozesse zur Lösung dieser und neuer Probleme zu entwickeln.[2] Darunter fällt auch die Anpassung von Software an die besonderen Bedürfnisse des Anwenders sowie Forschungs- und Entwicklungsarbeiten, beispielsweise im Bereich der Umwelt- und Technologiebereiche.

237 Auch wenn nur die Tätigkeit als **Aufsichtsrat**[3] genannt ist, fällt m.E. unter die Regelung auch die Tätigkeit eines **Beirats** und ähnlicher Kontrollorgane, die die Überwachung der Geschäftsführung zum Ziel hat. Mangels einschlägiger Bestimmung müsste in einer solchen Sachverhaltskonstellation ernsthaft über eine verbindliche Abstimmung mit der FinVerw. nachgedacht werden. Stiftungsräte, die die Stiftung nach außen vertreten, fallen hingegen nicht unter die Regelung.

238 Die FinVerw. lässt den Rechtsanwender im Unklaren darüber, welche ähnlichen Leistungen anderer Berufe, insbesondere im Bereich der rechtlichen, wirtschaftlichen und technischen Beratung unter die Vorschrift fallen. Unter Beratung wird herkömmlicherweise eine unverbindlich strukturierte Kommunikation, also ein Beratungsgespräch – üblicherweise mündlich und seltener wohl auch schriftlich, etwa mit Hilfe von (elektronischen) Briefen – verstanden, wobei ein Teilnehmer Informationen weitergibt, um damit das Wissen des Empfängers zu vergrößern. Ziel einer Beratung kann auch sein, den Adressaten zu einer bestimmten Handlung oder einem Unterlassen zu bewegen. Hierunter fallen deshalb beispielsweise Beratungen von Vermögensberatern, Personalberatern, m.E. auch von Ärzten, Trainern und Ernährungsberatern. Aber auch insoweit besteht m.E. noch große rechtliche Unsicherheit. Die Tätigkeit eines Kfz-Schadensregulierers fällt nach der Rechtsprechung des BFH[4] und des EuGH[5] nicht unter die Vorschrift.

4. Datenverarbeitungsleistungen (Absatz 4 Satz 2 Nr. 4)

239 Die FinVerw. hat ihr diesbezügliches Verständnis in Abschn. 3a.9 Abs. 15 UStAE erläutert.

240 Nach der **Legaldefinition** des **Art. 4 Nr. 2 DSGVO** bezeichnet der Ausdruck „**Verarbeitung**" jeden mit oder ohne Hilfe automatisierter Verfahren ausgeführten Vorgang oder jede solche Vorgangsreihe im Zusammenhang mit personenbezogenen Daten, wie das Erheben, das Erfassen, die Organisation, das Ordnen, die Speicherung, die Anpassung oder Veränderung, das Auslesen, das Abfragen, die Verwendung, die Offenlegung durch Übermittlung, Verbreitung oder eine andere Form der Bereitstellung, den Abgleich oder die Verknüpfung, die Einschränkung, das Löschen oder die Vernichtung von **Daten**. Es handelt sich also bei der Datenverarbeitung um den organisierten Umgang mit Datenmengen mit dem Ziel, Informationen über diese Datenmengen zu gewinnen oder diese Datenmengen zu ver-

---

1 Bei Gutachten in Grundstückssachen ist die Vorschrift des § 3a Abs. 3 Nr. 1 UStG, bei beweglichen Gegenständen die Vorschrift des § 3a Abs. 3 Nr. 3 Buchst. c UStG als Sonderregelung vorrangig.

2 Vgl. EuGH, Urt. v. 7.10.2010 – C-222/09, ECLI:EU:C:2010:593 – Kronospan Mielec, UR 2010, 854 = EU-UStB 2010, 70 m. Anm. *Tehler*.

3 Der BFH (Urt. v. 27.11.2019 – V R 23/19, UR 2020, 190 m. Anm. *Küffner/Kirchinger*) hat im Ergebnis durch eine Rechtsprechungsänderung entschieden, dass das Tätigwerden eines Aufsichtsrats gegen ausschließliche Festvergütung keine unternehmerische Tätigkeit begründet. Es stellen sich auch nach Ergehen des BMF-Schreibens v. 8.7.2021 (BMF, Schr. v. 8.7.2021 – III C 2-S 7104/19/10001 :003 – DOK 2021/0761949, BStBl. I 2021, 919 = UR 2021, 675) insoweit weiterhin in der Praxis viele Folgefragen (§ 2 Rz. 78).

4 Vgl. BFH, Urt. v. 20.7.2012 – V B 82/11, BStBl. II 2012, 809 = UR 2012, 714; BFH, Urt. v. 30.11.2016 – V R 15/16, BFH/NV 2017, 331.

5 Vgl. EuGH, Urt. v. 1.8.2022 – C-267/21, ECLI:EU:C:2022:614 – Uniqa Asigurări, UR 2022, 619.

ändern. Daten werden in Datensätzen erfasst, nach einem vorgegebenen Verfahren durch Menschen oder Maschinen verarbeitet und als Ergebnis ausgegeben. Nach Auffassung der **FinVerw.**[1] gehört hierzu insbesondere die Automatisierung von gleichförmig wiederholbaren Abläufen, die Sammlung, Aufbereitung, Organisation, Speicherung und Wiedergewinnung von Informationsmengen sowie die Verknüpfung von Datenmengen oder Datenstrukturen mit der Verarbeitung dieser Informationen auf Grund computerorientierter Verfahren. Die Erstellung von Datenverarbeitungsprogrammen (Software) ist keine Datenverarbeitung i.S.d. § 3a Abs. 4 Satz 2 Nr. 4 UStG. Der Verweis seitens der FinVerw. auf Abschn. 3a.12 UStAE (elektronische Dienstleistungen) hilft m.E. bei der Beurteilung nicht wirklich weiter. M.E. sollte es hier im Regelfall zur Übertragung von Rechten i.S.d. § 3a Abs. 4 Nr. 1 UStG kommen.

Besteht der Inhalt der Leistung in der Erhebung, Erfassung und Auswertung von Daten, geht die Leistung nach Auffassung von *Ruppe/Achatz*[2] über die Datenverarbeitung hinaus, sodass allenfalls eine sonstige Katalogleistung vorliegen soll. 241

5. Überlassung von Informationen (Absatz 4 Satz 2 Nr. 5)

Die Überlassung von Informationen einschließlich gewerblicher Verfahren und Erfahrungen ist ein Auffangtatbestand, da viele dieser Leistungen bereits entweder unter die Rechteübertragung (§ 3a Abs. 4 Nr. 1 UStG), Beratungsleistungen (§ 3a Abs. 4 Nr. 3 UStG) oder Datenverarbeitung (§ 3a Abs. 4 Nr. 4 UStG) fallen. Allerdings entfaltet die Vorschrift durchaus Bedeutung innerhalb von Konzernen, wenn eingekaufte Leistungen gegen Entgelt „weitergegeben" werden. Die FinVerw. hat unter Hinweis auf die bislang ergangene Rechtsprechung eine Vielzahl der relevanten Leistungen in Abschn. 3a.9 Abs. 16 UStAE erläutert. 242

Der BFH[3] hat entschieden, dass die Unterrichtung des Erben über den Erbfall durch einen Erbenermittler keine Überlassung von Informationen darstellt. 243

Die Art der überlassenen Informationen ist gleichgültig. Sie können damit dem Empfänger für jeden beliebigen Zweck dienen. Somit fällt hierunter auch das Erstellen von Horoskopen oder die herkömmliche Überlassung von Adressen, beispielsweise durch Partnerwahlinstitute oder die Vermietung virtueller Land-Parzellen im Metaverse soweit die Nutzungsbedingungen nicht zu einer Einräumung eines Rechts führen[4]. Davon abzugrenzen sind Vermittlungsleistungen. 244

6. Finanzumsätze (Absatz 4 Satz 2 Nr. 6 Buchst. a)

Die Wortlaute von Art. 59 Buchst. e MwStSystRL und § 3a Abs. 4 Satz 2 Nr. 6 UStG stimmen nicht überein. Die Auslegung der Vorschrift seitens der FinVerw. findet sich in Abschn. 3a.9 Abs. 17 UStAE. 245

Danach gehören zu den Leistungen nur die **Finanzumsätze**[5] i.S.d. § 4 Nr. 8 Buchst. a–h (nicht i) und § 4 Nr. 10 UStG, ohne dass es darauf ankommt, ob diese steuerfrei oder steuerpflichtig sind.[6] So fällt beispielsweise auch die Vermögensverwaltung mit Wertpapieren unter die Ortsregelung.[7] Selbiges gilt für die Einziehung von Forderungen oder die Vermittlung von Umsätzen mit Zahlungsmitteln, die wegen ihres Metallgehalts oder Sammlerwertes gehandelt werden. 246

Bei den **Versicherungsumsätzen** fallen gemäß Art. 59 Buchst. e MwStSystRL auch Rückversicherungsumsätze unter die Regelung. Derartige Umsätze sollten aber regelmäßig nur im zwischenunternehme- 247

1 Vgl. Abschn. 3a.9 Abs. 15 Satz 2 UStAE.
2 Vgl. *Ruppe/Achatz*, UStG-Ö5, § 3a Rz. 166.
3 Vgl. BFH, Urt. v. 3.4.2008 – V R 62/05, BStBl. II 2008, 900 = UR 2007, 727.
4 Vgl. *Neumann*, UR 2023, 148 (154).
5 Die Abwicklung der Umsatzsteuerrückerstattung beim Touristenexport stellt eine Katalogleistung dar, die in der Einziehung von Forderungen besteht: Vgl. ÖVwGH, Urt. v. 30.3.2016 – 2013/13/0037; *Bürgler/Stifter* in UStG-ON3, § 3a Rz. 316.
6 Vgl. BFH, Urt. v. 22.11.2018 – V R 21/17, UR 2019, 186 = MwStR 2019, 242 mit Anm. *Hahne*.
7 Vgl. EuGH, Urt. v. 19.7.2012 – C-44/11, ECLI:EU:C:2012:484 – Deutsche Bank, UR 2012, 667; Nachfolgeentscheidung BFH, Urt. v. 11.10.2012 – V R 9/10, BStBl. II 2011, 306 = UR 2013, 56.

rischen Bereich vorkommen, sodass dann vielmehr die Ortsregelung nach § 3a Abs. 2 zur Anwendung käme.

7. Gold, Silber und Platinumsätze (Absatz 4 Satz Nr. 6 Buchst. b)

248 Die Regelung hat kein Pendant im europäischen Recht. Sie wurde bereits 1979 auf Anregung des Bundesrates in das Gesetz aufgenommen. Mit der Vorschrift wurde bezweckt, befürchtete Wettbewerbsverzerrungen zum Nachteil inländischer Edelmetallbörsen zu mildern.[1]

249 Die Auslegung der Vorschrift seitens der FinVerw. findet sich in Abschn. 3a.9 Abs. 18 UStAE.

250 Von der Vorschrift erfasst sind im Wesentlichen die **Vermittlung** und die **Verwaltung** der drei Edelmetallbestände.

251 Ihr Anwendungsbereich dürfte eher gering sein, da einerseits die unter die Regelung fallenden Leistungen im Wesentlichen gegenüber Unternehmern erbracht werden dürften, sodass insoweit § 3a Abs. 2 UStG zur Anwendung kommt. Andererseits werden eine Vielzahl der ursprünglich unter die Vorschrift fallenden sonstigen Leistungen nunmehr vom europäischen Gesetzgeber[2] als Lieferungen beurteilt.[3]

252 Der Inhalt der Regelung in Abschn. 3a.9 Abs. 18 Sätze 2 und 3 UStAE, wonach sonstige Leistungen im Handel von Platinmetallen, bei denen die Versorgungsfunktion des Verarbeitungsunternehmens im Vordergrund steht und es sich insoweit um ein Warengeschäft handelt, ist für mich nicht wirklich verständlich.

8. Personalgestellung (Absatz 4 Satz 2 Nr. 7)

253 Die Wortlaute von Art. 59 Buchst. f MwStSystRL und § 3a Abs. 4 Satz 2 Nr. 7 UStG stimmen überein. Die Auslegung der Vorschrift seitens der FinVerw. findet sich in Abschn. 3a.9 Abs. 18a UStAE.

254 Unter Personalgestellung versteht die FinVerw. die entgeltliche Überlassung von weiterhin beim leistenden Unternehmer **angestellten Arbeitnehmern** an einen Dritten, welcher das Personal für seine Zwecke einsetzt. Dass nur die Überlassung von angestelltem Personal unter die Regelung fallen soll, steht im Widerspruch zu der Rechtsprechung des EuGH.[4] Danach umfasst der Begriff Gestellung von Personal auch die Überlassung von **selbstständigem** Personal. In entsprechenden Situationen ist dringend eine möglichst frühzeitige Abstimmung mit dem FA zu empfehlen.

9. Rechteverzicht (Absatz 4 Satz 2 Nr. 8)

255 Die Wortlaute von Art. 59 Buchst. d MwStSystRL und § 3a Abs. 4 Satz 2 Nr. 8 UStG stimmen nicht überein. Die europäische Vorschrift ist weiter gefasst, da sie ganz allgemein von dem Verzicht der in Art. 59 genannten Rechte, d.h. aller Rechte, spricht, während nach der nationalen Vorschrift nur der **Verzicht** von den unter § 3a Abs. 4 Nr. 1 UStG fallenden Rechten umfasst wird.

10. Tätigkeitsverzicht (Absatz 4 Satz 2 Nr. 9)

256 Die Wortlaute von Art. 59 Buchst. d MwStSystRL und § 3a Abs. 4 Satz 2 Nr. 9 UStG stimmen nahezu überein.

257 Der Anwendungsbereich dürfte eher gering sein, da der Verzicht auf die Ausübung einer gewerblichen oder beruflichen Tätigkeit regelmäßig im zwischenunternehmerischen Bereich vorkommen sollte und im Übrigen im Zusammenhang mit (Teil-)Geschäftsveräußerungen[5] steht und somit m.E. nichtsteuer-

---

1 Vgl. Beschlussfassung und Bericht des Finanzausschusses v. 9.5.1979 – BT-Drucks. 8/2827.
2 Vgl. Art. 346 MwStSystRL.
3 Vgl. hierzu auch *Langer* in Reiß/Kraeusel/Langer, § 3a UStG Rz. 192 (Stand: April 2019).
4 Vgl. EuGH v. 26.1.2012 – C-218/10, ECLI:EU:C:2012:35 – ADV Allround, UR 2012, 175 m. Anm. *Burgmaier* und *Sterzinger* = EuZW 2012, 219 m. Anm. *Weinschütz*.
5 Vgl. zur Problematik bei grenzüberschreitenden Geschäftsveräußerungen *Klenk*, MwStR 2013, 687.

bar sein dürfte. Von praktischer Bedeutung ist die Regelung beispielsweise für den Verzicht durch den unselbständigen Gesellschafter-Geschäftsführer im Rahmen eines sog. asset deals (§ 1 Rz. 275 ff.) durch die Gesellschaft.

11. Vermietung von beweglichen körperlichen Gegenständen ausgenommen Beförderungsmittel (Absatz 4 Satz 2 Nr. 10)

Die Wortlaute von Art. 59 Buchst. g MwStSystRL und § 3a Abs. 4 Satz 2 Nr. 10 UStG stimmen nahezu überein. Die Auslegung der Vorschrift seitens der FinVerw. findet sich in Abschn. 3a.9 Abs. 19 UStAE. 258

Unter die **Vermietung** von beweglichen körperlichen Gegenständen fällt auch das „Leasing", sofern es aufgrund der Vereinbarungen und dem diesbezüglichen Verständnis des EuGH[1] und der FinVerw.[2] nicht zu einer Lieferung des Gegenstandes kommt (§ 3 Rz. 26 ff.). 259

Ausgenommen sind jegliche Beförderungsmittel (Rz. 142). 260

12. Gewährung des Zugangs zu Energienetzen (Absatz 4 Satz 2 Nr. 14)

Die Wortlaute von Art. 59 Buchst. h MwStSystRL und § 3a Abs. 4 Satz 2 Nr. 14 UStG stimmen nahezu überein. Die Auslegung der Vorschrift seitens der FinVerw. findet sich in Abschn. 3a.13 UStAE. 261

Bei den Leistungen darf es sich nicht um Lieferungen handeln. Die Ortsbestimmung der Lieferung richtet sich nach § 3g UStG. 262

Der Anwendungsbereich der Vorschrift sollte äußerst gering sein, da die umschriebenen Leistungen regelmäßig im zwischenunternehmerischen Bereich anfallen. 263

Zu den Leistungen gehören nach Auffassung der deutschen FinVerw. die Gewährung des Zugangs, die Fernleitung, die Übertragung oder die Verteilung über diese Netze. Die Erläuterungen der österreichischen FinVerw.[3] lesen sich hierzu sehr viel ausführlicher.[4] Da es bei der Ortsbestimmung keine nationalen Unterschiede geben darf, kann in der Praxis auf das österreichische Verständnis zurückgegriffen werden. Danach gehören zu den sonstigen Leistungen insbesondere: 264

- die Gewährung des Zugangs zu Erdgasspeichern sowie die Zwischenspeicherung von Gas in solchen Speichern,
- das Vorhalten von Speicher- und Transportkapazitäten für Erdgas im eigenen Netz, auch wenn diese tatsächlich nicht in Anspruch genommen werden,
- die Verpachtung von Leitungssegmenten und das Transportmanagement in fremden Netzen,
- die Überwachung des Transports von Gas,
- die Bereitstellung von Arbeitsgasvolumen im Erdgasspeichersystem einschließlich der damit einhergehenden Einspeise- und Ausspeiseleistung,
- technische Dienstleistungen, wie Ausgleich von Mengen- und Druckschwankungen,
- Verdichterleistung, Gastrocknung, Überlassung oder Wartung von Mess-, Druck-, Druckregel- und Datenübertragungsanlagen und Gasbeschaffenheitsanalysen,
- Steuern von Gasflüssen (Dispatching) in eigenen und fremden Gasnetzen,
- sonstige Serviceleistungen wie Überwachung, Revision und Wartung fremder Netze oder Pipelines, Netzoptimierung, Notrufbereitschaften.

---

1 Vgl. EuGH, Urt. v. 4.10.2017 – C-164/16, ECLI:EU:C:2017:734 – Mercedes Benz Financial Services UK, UR 2018, 14; EuGH, Urt. v. 27.3.2019 – C-201/18, ECLI:EU:C:2019:254 – Mydibel, UR 2019, 395.

2 Vgl. BMF, Schr. v. 18.3.2020 – III C 2-S 7100/19/10008 :003 – DOK 2020/0256754, BStBl. I 2020, 286 = UR 2020, 362.

3 Vgl. UStR-Ö Rz. 642 s und 642 t.

4 Vgl. hierzu auch: *Bürgler/Stifter*, UStG-ON³, § 3a Rz. 329 ff.

265 Zu den mit der Gewährung des Zugangs etc. unmittelbar zusammenhängenden Umsätzen gehören insbesondere folgende sonstige Leistungen:
- der Anschluss an das Elektrizitätsnetz sowie die Netznutzung,
- die Netzführung sowie die Schaffung der Voraussetzungen für die Messung,
- die Spannungs- und Frequenzhaltung,
- der Wiederaufbau der Versorgung nach Störungseintritt oder Störungsabgrenzung,
- das Vorhalten von Übertragungskapazitäten, auch wenn diese tatsächlich nicht in Anspruch genommen werden,
- Überwachung des Transports von Strom,
- sonstige Serviceleistungen wie Überwachung, Revision und Wartung fremder Netze, Netzoptimierung, Notrufbereitschaften.

266 Werden die Umsätze vermittelt, bestimmt sich der Ort gegenüber Nichtunternehmern nach § 3a Abs. 3 Nr. 4 UStG.

F. Empfängerortsbestimmung bei nichtunternehmerischem Bezug (Absatz 5)

I. Regelungsgegenstand

267 Die Ortsregelung betrifft die sonstigen Leistungen auf dem Gebiet der Telekommunikation, die Rundfunk- und Fernsehdienstleistungen und die auf elektronischem Weg erbrachten sonstigen Leistungen; im Zeitalter von Abkürzungen gemeinsam nachfolgend auch nur „TRFE-Leistungen“. Die Regelung führt im Ergebnis dazu, dass es bei Vorliegen der Voraussetzungen zu einer Besteuerung am Verbrauchsort kommt und damit im Ergebnis zu einem Gleichklang beim unternehmerischen und nichtunternehmerischen Leistungsbezug. Muss man sich mit den Leistungen auseinandersetzen, empfiehlt es sich, die diesbezüglichen Erläuterungen der Europäischen Kommission vom 3.4.2014, ein 102-seitiges Dokument, anzusehen.[1]

268 Inländische Unternehmer, die TRFE-Leistungen an im übrigen Gemeinschaftsgebiet ansässige Nichtunternehmer (sog. „Outbound-Fall) ausführen, haben die Möglichkeit diese Umsätze im Inland ab dem 1.7.2021 im „OSS-Verfahren“ gem. § 18j UStG (§ 18j Rz. 1 ff.) zu deklarieren.

269 Für den sog. „**Inbound**-Fall“, d.h. TRFE-Leistungen, die von im **übrigen Gemeinschaftsgebiet** „**ansässigen** Unternehmen“ ausgeführt werden, deren Ort sich nach § 3a Abs. 5 UStG im Inland befindet, muss es im übrigen Gemeinschaftsgebiet eine den § 18h bzw. § 18j UStG entsprechende Vorschrift geben. Macht das Unternehmen hiervon Gebrauch, kommt insoweit § 18 Abs. 4e UStG zur Anwendung. Nimmt ein solches Unternehmen **nicht** am „OSS-Verfahren“ teil, hat es sich für umsatzsteuerliche Zwecke im Inland zu registrieren. Dabei gilt es die Sonderzuständigkeiten gemäß der Verordnung über die örtliche Zuständigkeit für die Umsatzsteuer im Ausland ansässiger Unternehmer (Umsatzsteuerzuständigkeitsverordnung „USt-ZuStV“) zu beachten.[2]

270 Im **Drittland** ansässige Unternehmen, die im Gemeinschaftsgebiet zu besteuernde TRFE-Leistungen ausführen, haben die Möglichkeit, ihre diesbezüglichen Umsätze ab 1.7.2021 vollumfänglich im „OSS-Verfahren“ zu deklarieren. Machen sie hiervon im Inland Gebrauch, findet § 18i UStG Anwendung. Machen sie hiervon im übrigen Gemeinschaftsgebiet Gebrauch, so findet § 18 Abs. 4d UStG Anwendung. Das Unternehmen wird im Ergebnis dann von der Abgabe seiner inländischen Umsatzsteuererklärung befreit.

1 https://ec.europa.eu/taxation_customs/sites/taxation/files/resources/documents/taxation/vat/how_vat_works/telecom/explanatory_notes_2015_de.pdf.

2 Vgl. BGBl. I 2001, 3814; zuletzt geändert Art. 2 der Verordnung v. 12.7.2017, BGBl. I 2017, 2360.

II. Rechtsfolge (Absatz 5 Satz 1)

1. Regelfall eines nichtunternehmerischen Leistungsbezugs (Absatz 5 Satz 1 Nr. 1)

Die Wortlaute von Art. 58 MwStSystRL und § 3a Abs. 5 UStG stimmen nicht wirklich überein. In Bezug auf den Leistungsempfänger gilt es, die Vermutungen der Art. 24a–24f MwStVO zu beachten. Die Auslegung der Vorschrift seitens der FinVerw. findet sich in den sehr umfangreichen Ausführungen der Abschn. 3a.9a–3a.12 UStAE. 271

Das Lesen und Verständnis der Vorschrift ist mehr als nur anspruchsvoll und wirft Fragen auf, da sie insbesondere auch noch durch die oben bezeichneten weiteren europäischen Vorschriften der Verordnung auszulegen ist. Diese wiederum enthalten eine Vielzahl von Vermutungen, teilweise mit Ausnahmen und Gegenausnahmen. Bei den nationalen Formulierungen fragt man sich u.a., ob die unterschiedlichen sprachlichen Formulierungen in Satz 1 Nr. 1–3 im Vergleich zu § 3a Abs. 2 Satz 3 bewusst oder nur zufällig gewählt wurden. 272

Für die sonstigen Leistungen auf dem Gebiet der **Telekommunikation** sowie die **Rundfunk- und Fernsehdienstleistungen** gilt es dabei auch die Vorschrift des Absatzes 6 Satz 1 Nr. 3 zu beachten, da der Gesetzgeber (auch) für diese beiden Leistungsarten von der Möglichkeit einer sog. „Use-and-Enjoyment-Regelung (Inbound)" Gebrauch gemacht hat. Damit kommt es bei der Leistungsortsbestimmung zu Unterschieden, je nachdem, ob der Leistende seine Leistung aus dem Drittlands- oder dem übrigen Gemeinschaftsgebiet erbringt. 273

Für die Anwendung der Vorschrift bedarf es eines nichtunternehmerischen Leistungsbezugs der in Satz 2 abschließend aufgelisteten sonstigen Leistungen. Hinsichtlich des nichtunternehmerischen Leistungsbezugsbezug gelten die Ausführungen und aufgezeigten Abgrenzungsschwierigkeiten zu Absatz 1 entsprechend (Rz. 37 ff.). 274

Die Umschreibung des nicht unternehmerischen Leistungsbezugs in Satz 1 Nr. 1 durch keinen Unternehmer, für dessen Unternehmen die Leistung bezogen wird, ist das Gegenstück zu § 3a Abs. 2 Satz 1 UStG (Leistungserbringung an einen Unternehmer für dessen Unternehmen). Im Ergebnis kommt es bei beiden Fallvarianten zur Anwendung des Empfängerortsprinzips und zwar sowohl im unternehmerischen als auch beim nichtunternehmerischen Leistungsbezug. 275

Die Vorschrift des Satzes 1 mit seinen unterschiedlichen Nummern regelt die **Rechtsfolge** des Dienstleistungsortes für sämtliche, in seinen drei Nummern umschriebene Arten des nichtunternehmerischen Leistungsbezugs. Rechtsfolge der unter die Vorschrift fallenden TRFE-Leistungen ist, dass die sonstige Leistung an dem Ort ausgeführt wird, an dem der (nichtunternehmerische) Leistungsempfänger seinen Wohnsitz, seinen gewöhnlichen Aufenthaltsort oder seinen Sitz hat. Die Rechtsfolge tritt jedoch aufgrund der **Bagatellregelung** in Satz 3 für Unternehmer, die in einem anderen Mitgliedstaat der europäischen Gemeinschaft ansässig sind, nicht ein, wenn ihre Auslandsumsätze (seit 1.7.2021 inkl. der innergemeinschaftlichen Fernverkäufe im B2C-Bereich, s. § 3c Rz. 18 ff.) im übrigen Gemeinschaftsgebiet in der Summe den Betrag von 10.000 Euro nicht übersteigen haben. 276

Aufgrund der immer stärker ansteigenden Globalität und der Leistungsvielfalt hat der europäische Gesetzgeber in den Art. 24a ff. MwStVO eine Vielzahl von Vermutungsregelungen festgelegt. Diese sind für die betroffenen Unternehmer von erheblicher praktischer Bedeutung. Der Gesetzgeber lässt sich dabei davon leiten, ob der Dienstleistungsempfänger beim Bezug der sonstigen Leistung **physisch anwesend ist oder nicht**. Danach gilt es im Ergebnis wie folgt zu unterscheiden: 277

- Nimmt der Dienstleistungsempfänger die TRFE-Leistung während einer **Beförderungsleistung** innerhalb des Gemeinschaftsgebiet an Bord **eines Schiffes, Flugzeugs oder** einer **Eisenbahn** in Anspruch, so findet die Besteuerung im Abgangsland der Personenbeförderung statt.[1]
- Wird die TRFE-Leistung an Orten wie Telefonzellen, Kiosk-Telefonen, WLAN-Hot-spots, Internetcafés, Restaurants oder Hotellobbys erbracht, wird vermutet, dass der nichtunternehmerische Leistungsempfänger dort – d.h. in dem Land – auch ansässig ist.[2]

1 Vgl. Art. 24a Abs. 2 MwStVO.
2 Vgl. Art. 24a Abs. 1 MwStVO.

- Werden die TRFE-Leistungen über bestimmte Anschlüsse, Netze etc. erbracht, erfolgen über Art. 24b MwStVO folgende Vermutungen:
  - Werden die TRFE-Leistungen an Nichtunternehmer
  - über seinen **Festnetzanschluss** erbracht, wird vermutet, dass der Dienstleistungsempfänger an dem Ort, an dem sich der Festnetzanschluss befindet, ansässig ist oder seinen Wohnsitz oder seinen gewöhnlichen Aufenthaltsort hat;[1]
  - über **mobile Netze** erbracht, wird vermutet, dass der Dienstleistungsempfänger in dem Land, das durch den Ländercode der bei Inanspruchnahme der Dienstleistungen verwendeten SIM-Karte bezeichnet wird, ansässig ist oder seinen Wohnsitz oder seinen gewöhnlichen Aufenthaltsort hat;[2]
  - erbracht, für die ein **Decoder oder ein ähnliches Gerät** oder eine **Programm- oder Satellitenkarte** verwendet werden muss und wird kein Festnetzanschluss verwendet, gilt die Vermutung, dass der Dienstleistungsempfänger an dem Ort, an dem sich der Decoder oder das ähnliche Gerät befindet, oder, wenn dieser Ort unbekannt ist, an dem Ort, an den die Programm- oder Satellitenkarte zur Verwendung gesendet wird, ansässig ist oder seinen Wohnsitz oder seinen gewöhnlichen Aufenthaltsort hat;[3]
  - unter anderen Umständen und auch anders als nach Art. 24a MwStVO erbracht, wird vermutet, dass der Dienstleistungsempfänger an dem Ort ansässig ist oder seinen Wohnsitz oder seinen gewöhnlichen Aufenthaltsort hat, der vom Leistungserbringer unter Verwendung von zwei einander nicht widersprechenden Beweismitteln gemäß Art. 24f MwStVO als solcher bestimmt wird.[4] Dieser Vermutungsregelung kommt besonders große praktische Bedeutung zu.
- Der Leistungserbringer kann nach Art. 24d MwStVO obige Vermutungen nach Art. 24a bis 24c MwStVO durch **drei** einander nicht widersprechenden **Beweismittel** widerlegen, aus denen hervorgeht, dass der Dienstleistungsempfänger an einem *anderen* Ort ansässig ist oder seinen Wohnsitz oder seinen gewöhnlichen Aufenthaltsort hat. Damit aber noch nicht genug: Wiederum kann der **Fiskus** die Vermutungen nach den Art. 24a bis 24c MwStVO widerlegen, wenn es Hinweise auf falsche Anwendung oder Missbrauch durch den Leistungserbringer gibt. Im Ergebnis bedeutet dies aber, dass, sofern der Steuerpflichtige die Vermutungsregelung entsprechend Art. 24d Abs. 1 MwStVO mit drei einander nicht widersprechenden Beweismitteln widerlegt hat, er keine Widerlegung seitens des Fiskus mehr zu befürchten braucht. Soweit mit vertretbarem Aufwand erreichbar, sind Steuerpflichtige gut beraten, wenn sie nachfolgende Beweismittel i.S.d. Art. 24f MwStVO einholen:
  - die Rechnungsanschrift des Dienstleistungsempfängers,
  - die Internet-Protokoll-Adresse (IP-Adresse) des von dem Dienstleistungsempfänger verwendeten Geräts oder jedes Verfahren der Geolokalisierung,
  - die Bankangaben, wie den Ort, an dem das für die Zahlung verwendete Bankkonto geführt wird oder die der Bank vorliegende Rechnungsanschrift des Dienstleistungsempfängers,
  - den Mobilfunk-Ländercode (Mobile Country Code – MCC) der Internationalen Mobilfunk-Teilnehmerkennung (International Mobile Subscriber Identity – IMSI), der auf der von dem Dienstleistungsempfänger verwendeten SIM-Karte (Teilnehmer-Identifikationsmodul – Subscriber Identity Module) gespeichert ist,
  - den Ort des Festnetzanschlusses des Dienstleistungsempfängers, über den ihm die Dienstleistung erbracht wird sowie
  - sonstige wirtschaftlich relevante Informationen.

278 Durch eine Änderung in Art. 24b MwStVO kam es zu einer echten Erleichterung für die Unternehmen und zwar in Bezug auf den Nachweis des Wohnsitzes des Leistungsempfängers. Bis zum Betrag von 100.000 Euro (maßgeblich ist dabei die Summe der Umsätze in **allen** Mitgliedstaaten des entspre-

1 Vgl. Art. 24b Abs. 1 Buchst. a MwStVO.
2 Vgl. Art. 24b Abs. 1 Buchst. b MwStVO.
3 Vgl. Art. 24b Abs. 1 Buchst. c MwStVO.
4 Vgl. Art. 24b Abs. 1 Buchst. d MwStVO.

chenden Vorjahres und laufenden Kalenderjahres) genügt ab 2019 ein – anstelle von zwei – Beweismittel i.S.d. Art. 24f MwStVO für den entsprechenden Nachweis über den Wohnsitz des Leistungsempfängers.

2. Keine ausschließlich nicht unternehmerisch tätige juristische Person mit erteilter USt-IdNr. (Absatz 5 Satz 1 Nr. 2)

Die Umschreibung des nichtunternehmerischen Leistungsbezugs in Satz 1 Nr. 2 durch keine ausschließlich nicht unternehmerisch tätige juristische Person, der eine USt-IdNr. erteilt worden ist, ist das Gegenstück zu § 3a Abs. 2 Satz 3 Halbs. 1 UStG (Leistungserbringung an eine juristische Person, der eine USt-IdNr. erteilt worden ist). Im Ergebnis kommt es bei beiden Fallvarianten für die juristische Person zur Anwendung des Empfängerortsprinzips. 279

3. Nicht unternehmerisch juristische Person (Absatz 5 Satz 1 Nr. 3)

Die Vorschrift ist sprachlich nicht wirklich verständlich. Die Umschreibung dieses nicht unternehmerischen Leistungsbezugs in Satz 1 Nr. 3 ist nur ein **(Teil-)**Gegenstück zu § 3a Abs. 2 Satz 3 Halbs. 2 UStG (Leistungserbringung an eine juristische Person, der eine USt-IdNr. erteilt worden ist). Soweit der „Gegenbezug" der gerichtlichen Überprüfung halten sollte, d.h. bei Bezug von juristischen Personen, die sowohl unternehmerisch als auch nichtunternehmerisch tätig sind (z.B. gemischte Holding), kommt es zur Anwendung des Empfängerortsprinzips. 280

Unklar sind die Gründe und Rechtsfolgen der unterschiedlichen Formulierungen bei einem nicht ausschließlichen Leistungsbezug für den privaten Bedarf des Personals oder eines Gesellschafters. Dieser wird (nur) in § 3a Abs. 5 Satz 1 Nr. 3 UStG verwendet, obwohl er auf der anderen Seite (Gegenstück) in § 3a Abs. 2 Satz 3 UStG für beide Halbsätze gilt, sodass er zumindest auf § 3a Abs. 5 Satz 1 Nr. 2 UStG Anwendung finden müsste. 281

Wie auch *Wäger*[1] zutreffend aufzeigt, wird durch den Wortlaut in Absatz 5 auch der „neutrale" Leistungsbezug (= nichtwirtschaftliche Tätigkeit im engeren Sinne) erfasst (z.B. für die nichtsteuerbare Beteiligungsverwaltung), obwohl dieser unionsrechtlich unter die Vorschrift des Art. 43/44 MwStSystRL (§ 3a Abs. 2 UStG) fällt. Die Problematik scheint aber Auswirkungen nur in Bezug auf die Vorschrift des § 18 UStG zu haben. 282

III. TRFE-Leistungen im Einzelnen (Absatz 5 Satz 2)

1. Sonstige Leistungen auf dem Gebiet der Telekommunikation (Absatz 5 Satz 2 Nr. 1)

Die Definition der sonstigen Leistungen auf dem Gebiet der Telekommunikation ergibt sich aus Art. 24 Abs. 2 MwStSystRL i.V.m. Art. 6a MwStVO. Danach gelten als Telekommunikationsdienstleistung Dienstleistungen 283

- zum Zweck **der Übertragung**, Ausstrahlung oder **des Empfangs** von Signalen, Schrift, Bild und Ton oder Informationen jeglicher Art über Draht, Funk, optische oder andere elektromagnetische Medien,
- einschließlich der damit im Zusammenhang stehenden **Abtretung oder Einräumung** von Nutzungsrechten an Einrichtungen zur Übertragung, Ausstrahlung oder zum Empfang,
- einschließlich der **Bereitstellung des Zugangs** zu globalen Informationsnetzen.

Eine Auslegung, welche Leistungen unter die einzelnen Gruppierungen fallen oder auch nicht fallen, enthalten Art. 6a MwStVO und Abschn. 3a.10 UStAE. Dabei fällt auf, dass der UStAE eine deutlich detailliertere Aufzählung als die europäische Vorschrift enthält. Dies ist für den Rechtsanwender zu begrüßen. Er unterscheidet positiv zwischen: 284

- der **Übertragung von Signalen** (Abschn. 3a.10 Abs. 2 Nr. 1 UStAE),

1 Vgl. *Wäger* in Sölch/Ringleb, § 3a UStG Rz. 333 (Stand: Juni 2021).

- der **Bereitstellung von Leistungskapazitäten** (Abschn. 3a.10 Abs. 2 Nr. 2 UStAE),
- der **Verschaffung von Zugangsberechtigungen** (Abschn. 3a.10 Abs. 2 Nr. 3 UStAE),
- der **Vermietung und dem Zurverfügungstellen von Telekommunikationsanlagen im Zusammenhang mit der Einräumung von Nutzungsmöglichkeiten der verschiedenen Übertragungskapazitäten** (Abschn. 3a.10 Abs. 2 Nr. 4 UStAE) und
- der **Einrichtung von „voice-mail-box-Systemen“** (Abschn. 3a.10 Abs. 2 Nr. 5 UStAE).

285 Art. 6a Abs. 2 MwStVO grenzt die Telekommunikationsdienstleistungen negativ von den elektronisch erbrachten Dienstleistungen sowie den Rundfunk- und Fernsehdienstleistungen ab,[1] während die FinVerw.[2] negativ auch folgende weitere Dienstleistungen **nicht** unter die Telekommunikationsdienstleistungen fasst:

- Angebote im Bereich Onlinebanking und Datenaustausch;
- Angebote zur Information (Datendienste, z.B. Verkehrs-, Wetter-, Umwelt- und Börsendaten, Verbreitung von Informationen über Waren und Dienstleistungsangebote);
- Angebote zur Nutzung des Internets oder weiterer Netze (z.B. Navigationshilfen);
- Angebote zur Nutzung von Onlinespielen;
- Angebote von Waren und Dienstleistungen in elektronisch abrufbaren Datenbanken mit interaktivem Zugriff und unmittelbarer Bestellmöglichkeit.

286 Zu Abgrenzungsschwierigkeiten kommt es regelmäßig, wenn Online-Anbieter eine Mehrzahl von Hauptleistungen ausführen, für die es zu **unterschiedlichen** Ortsbestimmungen kommt. Dabei sind die allgemeinen Grundsätze heranzuziehen, insbesondere der Grundsatz zur sog. „Einheitlichkeit der Leistung“.[3]

287 Im Bereich der Telekommunikationsdienstleistungen war lange Zeit die Abgabe von sog. Startpaketen von Bedeutung, die von der FinVerw.[4] früh geregelt und angepasst[5] wurden. Eine einheitliche **Lieferung** und keine sonstige Leistung liegt in der Abgabe eines sog. Startpakets (Mobilfunkgerät, Anspruch auf Freischaltung und Zuteilung von Rufnummer) danach vor, wenn der Netz- oder Servicebetreiber an den Endkunden auch ein Mobilfunkgerät liefert. Allerdings hat diese Art der Vertriebsform stark nachgelassen.

288 Ein Startpaket ohne Abgabe eines Mobilfunkgeräts führt zu einer Telekommunikationsdienstleistung.[6]

289 Ferner bestimmt die FinVerw.,[7] dass **getrennte Entgelte** den einzelnen Leistungen zuzuordnen sind.[8]

290 Ein **einheitliches** Entgelt ist auf die jeweils damit vergüteten Leistungen aufzuteilen. Maßgeblich sind danach grundsätzlich die jeweiligen Nutzungszeiten. Auf Antrag kann auch ein anderer geeigneter Aufteilungsmaßstab **genehmigt werden**. Um Rechtsstreitigkeiten auszuschließen, sollte in der Praxis versucht werden, eine Abstimmung herbeizuführen. Sollte dies nicht erreicht werden können, müssten die Gerichte darüber befinden.

2. Rundfunk- und Fernsehdienstleistungen (Absatz 5 Satz 2 Nr. 2)

291 Die Definition der Rundfunk- und Fernsehdienstleistungen enthält Art. 6b MwStVO und wird seitens der deutschen FinVerw. in Abschn. 3a.11 UStAE erläutert. Sehr vereinfacht und **positiv** umschrieben, liegen Rundfunk- und Fernsehprogramme vor, wenn sie auf der Grundlage eines Sendeplans über

1 Diese Unterscheidung ist insoweit wichtig, da für elektronisch erbrachte Dienstleistungen § 3a Abs. 6 Satz 1 Nr. 3 UStG nicht zur Anwendung kommt.
2 Vgl. Abschn. 3a.10 Abs. 4 UStAE.
3 Vgl. Abschn. 3.10 UStAE.
4 Vgl. BMF, Schr. v. 3.12.2001 – IV B 7-S 7100-292/01, BStBl. I 2001, 1010.
5 Vgl. OFD Nds., Vfg. v. 19.2.2016 – S 7100-407-St 171, UR 2016, 569.
6 Vgl. Abschn. 3.5 Abs. 3 Nr. 15 UStAE.
7 Vgl. Abschn. 3a.10 Abs. 8 UStAE.
8 Grenze: Gestaltungsmissbrauch.

Kommunikationsnetze, wie Kabel, Antenne oder Satellit, durch Mediendienstanbieter unter dessen redaktioneller Verantwortung der Öffentlichkeit zugänglich gemacht werden.[1]

Nach Art. 6b MwStVO umfassen Rundfunkdienstleistungen Dienstleistungen **in Form von Audio- und audiovisuellen Inhalten**, wie Rundfunk- oder Fernsehsendungen, die auf der Grundlage **eines Sendeplans** über **Kommunikationsnetze durch einen Mediendiensteanbieter unter dessen redaktioneller Verantwortung der Öffentlichkeit** zum zeitgleichen Anhören oder Ansehen zur Verfügung gestellt werden. Hierunter fallen insbesondere: 292

- Rundfunk- oder Fernsehsendungen, die über einen Rundfunk- oder Fernsehsender verbreitet oder weiterverbreitet werden;
- Rundfunk- oder Fernsehsendungen, die über das Internet oder ein ähnliches elektronisches Netzwerk (IP-Streaming) verbreitet werden, wenn sie zeitgleich zu ihrer Verbreitung oder Weiterverbreitung durch einen Rundfunk- oder Fernsehsender übertragen werden.

Negativ[2] abzugrenzen sind die Rundfunk- und Fernsehdienstleistungen von 293

- den Telekommunikationsdienstleistungen;
- den elektronisch erbrachten Dienstleistungen (z.B. Verbreitung nur über das Internet, sog. „Web-Rundfunk“);
- der Bereitstellung von Informationen über bestimmte auf Abruf erhältliche Programme;
- der Übertragung von Sende- oder Verbreitungsrechten;
- dem Leasing von Geräten und technischer Ausrüstung zum Empfang von Rundfunkdienstleistungen;
- Rundfunk- oder Fernsehsendungen, die über das Internet oder ein ähnliches elektronisches Netz (IP-Streaming) verbreitet werden, es sei denn, sie werden zeitgleich zu ihrer Verbreitung oder Weiterverbreitung durch herkömmliche Rundfunk- oder Fernsehsender übertragen.

Die Negativabgrenzung zu den auf elektronischem Weg erbrachten Leistungen hat Bedeutung, wenn die Dienstleistung von einem im Drittland ansässigen Unternehmer erbracht wird, da die sog. „Use-and-Enjoyment-Regelung (Inbound)“ des § 3a Abs. 6 Satz 1 Nr. 3 UStG **nicht** für auf elektronischem Weg erbrachte Dienstleistungen zur Anwendung kommt. 294

Werden die Leistungen zwischen in- und ausländischen öffentlich-rechtlichen Rundfunk- und Fernsehanstalten ausgetauscht, kommt grundsätzlich die Vorschrift des § 3a Abs. 2 UStG zur Anwendung.[3] 295

3. Auf elektronischem Weg erbrachte sonstige Leistungen (Absatz 5 Satz 2 Nr. 3)

Die Definition, was unter einer auf elektronischem Weg erbrachten sonstigen Leistung zu verstehen ist, enthält Art. 7 MwStVO i.V.m. Anhang I und wird durch die deutsche FinVerw. in Abschn. 3a.12 UStAE erläutert. Auch wenn ebenfalls nicht rechtsverbindlich, bietet das Arbeitspapiers des Mehrwertsteuerausschusses wichtige Auslegungskriterien.[4] Wie bei den anderen TRFE-Leistungen enthält die gesetzliche Regelung wiederum sowohl positive als auch negative Abgrenzungsmerkmale. 296

Positiv umschrieben sind die elektronisch erbrachten Dienstleistungen dadurch gekennzeichnet, dass sie über das Internet oder ein ähnliches elektronisches Netz **erbracht** werden, deren Erbringung aufgrund ihrer Art im Wesentlichen automatisiert **und** nur mit minimaler menschlicher Beteiligung[5] erfolgt und (**negativ**) ohne Informationstechnologie nicht möglich wäre. Der Gesetzgeber scheint davon auszugehen, dass menschliche Vorbereitungsarbeiten bis zur Erbringung der Dienstleistung auszuscheiden sind und nicht zur Verneinung einer auf elektronischen Weg erbrachten Leistung führen. 297

1 Vgl. Abschn. 3a.11 Abs. 1 UStAE.
2 Vgl. Art. 6b Abs. 3 MwStVO.
3 Vgl. Abschn. 3a.11 Abs. 3 i.V.m. Abschn. 3a.2 Abs. 15 UStAE .
4 Vgl. Value Added Tax Committee v. 28.2.2017 Working Paper No. 919; https://circabc.europa.eu/sd/a/d3e89803-eecf-4b1a-87d2-2ccf342ee346/919 %20-%20Minimal%20human%20intervention%202nd%20follow-up.pdf.
5 Vgl. hierzu BFH, Urt. v. 3.8.2022 – XI R 36/19, UR 2023, 223 Rz. 24 ff.; *Neumann*, UR 2023, 148 (154), der dies für die virtuelle Vermietung für möglich hält; *Oldiges*, DStR 2023, 316.

Das gilt nach obiger Rechtsprechung des BFH auch für die menschliche Beteiligung bei Nebenleistungen, die nicht zum Ausschluss der Vorschrift führen. Kommt es bei Ausführung der Leistung hingegen zu einer menschlichen Beteiligung, die nicht nur minimal ist, liegt keine elektronische Dienstleistung vor. Dies ist jedenfalls bei **interaktiven** Schulungs- oder Bildungsleistungen der Fall und zwar unabhängig davon, ob der Teilnehmer hiervon tatsächlich Gebrauch macht. Zwar scheint Art. 7 Abs. 3 Buchst. j MwStVO eine Interaktivität gerade nicht vorauszusetzen, um eine elektronisch erbrachte Dienstleistung auszuschließen, dazu steht m.E. jedoch wiederum der geänderte Anhang I Nr. 5 Buchst. a zu Art. 7 MwStVO in einem unklaren Spannungsverhältnis.

297.1 Der durch die **Corona-Pandemie** veranlasste Lockdown sowie neue Technologien haben dazu geführt, dass die Anzahl der über das Internet bzw. auf elektronischem Weg erbrachte Dienstleistungen stark zugenommen haben.[1] Dies gilt insbesondere für eine Vielzahl von Leistungen, die unter den Katalog des Absatzes 3 Nr. 3 Buchst. a bzw. unter Absatz 3 Nr. 5 fallen, insbesondere unterrichtende oder unterhaltende Leistungen. Nach meinem Verständnis des Katalogs in Art. 7 MwStVO nebst Anhang I gehören die interaktionslosen Webcasts zu den auf elektronischem Weg erbrachten Dienstleistungen, nicht jedoch interaktive Webseminare. Sodann bedarf es einer Abgrenzung, ob die Leistung zu den Veranstaltungsleistungen oder die Grundregelung zu fassen ist, wie es die FinVerw. macht (Rz. 169). Hierunter fallen eher **allgemein** umschrieben:[2]

- die Überlassung digitaler Produkte allgemein, z.B. Software und zugehörige Änderungen oder Upgrades;
- Dienste, die in elektronischen Netzen eine Präsenz zu geschäftlichen oder persönlichen Zwecken, z.B. eine Website oder eine Webpage, vermitteln oder unterstützen;
- von einem Computer automatisch generierte Dienstleistungen über das Internet oder ein ähnliches elektronisches Netz auf der Grundlage spezifischer Dateninputs des Dienstleistungsempfängers;
- die Einräumung des Rechts, gegen Entgelt eine Leistung auf einer Website, die als Online-Marktplatz fungiert, zum Kauf anzubieten, wobei die potenziellen Käufer ihr Gebot im Wege eines automatisierten Verfahrens abgeben und die Beteiligten durch eine automatische, computergenerierte E-Mail über das Zustandekommen eines Verkaufs unterrichtet werden;
- Internet-Service-Pakete, in denen die Telekommunikations-Komponente ein ergänzender oder untergeordneter Bestandteil ist (d.h. Pakete, die mehr ermöglichen als nur die Gewährung des Zugangs zum Internet und die weitere Elemente wie etwa Nachrichten, Wetterbericht, Reiseinformationen, Spielforen, Webhosting, Zugang zu Chatlines usw. umfassen).

298 Eine exemplarische Aufzählung der Leistungen enthält Art. 7 Abs. 2 Buchst. f durch den Verweis auf Anhang I MwStVO. Hierzu gehören:

- Webhosting (Websites und Webpages);
- automatisierte Online-Fernwartung von Programmen;
- Fernverwaltung von Systemen;
- Online-Data-Warehousing (Datenspeicherung und -abruf auf elektronischem Wege);
- Online-Bereitstellung von Speicherplatz nach Bedarf;
- Gewährung des Zugangs zu oder Herunterladen von Software (z.B. Beschaffungs- oder Buchführungsprogramme, Software zur Virusbekämpfung) und Updates;
- Bannerblocker (Software zur Unterdrückung der Anzeige von Werbebannern);
- Herunterladen von Treibern (z.B. Software für Schnittstellen zwischen Computern und Peripheriegeräten wie z.B. Printer);
- automatisierte Online-Installation von Filtern auf Websites;
- automatisierte Online-Installation von Firewalls;
- Gewährung des Zugangs zu oder Herunterladen von Desktop-Gestaltungen;
- Gewährung des Zugangs zu oder Herunterladen von Fotos, Bildern und Screensavern;

1 Vgl. zur Herausgabe von „Non Fungible Token" (kurz NFTs), *Liegmann/Farruggia-Weber*, UR 2022, 441.
2 Vgl. Art. 7 Abs. 2 Buchst. a–e MwStVO.

- digitalisierter Inhalt von E-Books und anderen elektronischen Publikationen;
- Abonnement von Online-Zeitungen und -Zeitschriften;
- Web-Protokolle und Website-Statistiken;
- Online-Nachrichten, -Verkehrsinformationen und -Wetterbericht;
- Online-Informationen, die automatisch anhand spezifischer, vom Dienstleistungsempfänger eingegebener Daten etwa aus dem Rechts- oder Finanzbereich generiert werden (z.B. Börsendaten in Echtzeit);
- Bereitstellung von Werbeplätzen (z.B. Bannerwerbung auf Websites und Webpages);
- Benutzung von Suchmaschinen und Internetverzeichnissen.
- Gewährung des Zugangs zu oder Herunterladen von Musik auf Computer und Mobiltelefon;
- Gewährung des Zugangs zu oder Herunterladen von Jingles, Ausschnitten, Klingeltönen und anderen Tönen;
- Gewährung des Zugangs zu oder Herunterladen von Filmen;
- Herunterladen von Spielen auf Computer und Mobiltelefon;
- Gewährung des Zugangs zu automatisierten Online-Spielen, die nur über das Internet oder ähnliche elektronische Netze laufen und bei denen die Spieler räumlich voneinander getrennt sind;
- Empfang von Rundfunk- oder Fernsehsendungen, die über ein Rundfunk- oder Fernsehnetz, das Internet oder ein ähnliches elektronisches Netz verbreitet werden und die der Nutzer auf individuellen Abruf zum Anhören oder Anschauen zu einem von ihm bestimmten Zeitpunkt aus einem von dem Mediendiensteanbieter bereitgestellten Programmverzeichnis auswählt, wie Fernsehen auf Abruf oder Video-on-Demand;
- Empfang von Rundfunk- oder Fernsehsendungen, die über das Internet oder ein ähnliches elektronisches Netz (IP-Streaming) übertragen werden, es sei denn, sie werden zeitgleich zu ihrer Verbreitung oder Weiterverbreitung durch herkömmliche Rundfunk- und Fernsehnetze übertragen;
- die Erbringung von Audio- und audiovisuellen Inhalten über Kommunikationsnetze, die weder durch einen Mediendiensteanbieter noch unter dessen redaktioneller Verantwortung erfolgt;
- die Weiterleitung der Audio- und audiovisuellen Erzeugnisse eines Mediendiensteanbieters über Kommunikationsnetze durch eine andere Person als den Mediendiensteanbieter;
- Automatisierter Fernunterricht, dessen Funktionieren auf das Internet oder ein ähnliches elektronisches Netz angewiesen ist und dessen Erbringung wenig oder gar keine menschliche Beteiligung erfordert, einschließlich sogenannter virtueller Klassenzimmer, es sei denn, das Internet oder das elektronische Netz dient nur als Kommunikationsmittel zwischen Lehrer und Schüler;
- Arbeitsunterlagen, die vom Schüler online bearbeitet und anschließend ohne menschliches Eingreifen automatisch korrigiert werden.

Der Betrieb einer **Internet-Partnervermittlung** ist eine auf dem elektronischen Weg erbrachte sonstige Leistung, wenn ein Unternehmer auf einer Internet-Plattform seinen Mitgliedern gegen Entgelt eine Datenbank mit einer automatisierten Such- und Filterfunktion zur Kontaktaufnahme mit anderen Mitgliedern im Sinne einer Partnervermittlung bereitstellt, selbst wenn bei Einstellung des Kunden in das Portal eine individuelle Prüfung des Mitgliederprofils erfolgt. 299

Eine Leistung gilt nicht bereits dann als elektronisch erbracht, wenn das eingesetzte elektronische Medium nur der Überbringung einer in Auftrag gegebenen menschlichen Dienstleistung dient (z.B. die Übermittlung eines in Auftrag gegebenen Gutachtens eines Arztes oder Beraters, das dem Patienten/Mandanten per E-Mail übermittelt wird). Hier dient die E-Mail nur als sog. Briefumschlag. Die Abgrenzung ist leider fließend. 300

Bei interaktiven erotischen Live-Webcam-Darbietungen handelt es sich nach Auffassung des EuGH[1] um eine Tätigkeit auf dem Gebiet der Unterhaltung. An einer elektronisch erbrachten Dienstleistung 301

1 Vgl. EuGH, Urt. v. 8.5.2019 – C-568/17, ECLI:EU:C:2019:388 – Geelen, UR 2019, 456; *Wäger*, UR 2020, 85 (88).

soll es dabei fehlen, wenn die Leistung **ausnahmslos** an Empfänger erbracht wird, die sich im Mitgliedstaat des Dienstleistenden befinden.

302 **Negativ**[1] abzugrenzen sind die elektronisch erbrachten Dienstleistungen deshalb von:

- Rundfunkdienstleistungen;
- Telekommunikationsdienstleistungen;
- Gegenständen bei elektronischer Bestellung und Auftragsbearbeitung. Hierbei handelt es sich regelmäßig um Lieferungen;
- CD-ROMs, Disketten und ähnlichen körperlichen Datenträgern. Hierbei handelt es sich regelmäßig um Lieferungen;
- Druckerzeugnissen wie Bücher, Newsletter, Zeitungen und Zeitschriften. Hierbei handelt es sich regelmäßig um Lieferungen;
- CDs und Audiokassetten. Hierbei handelt es sich regelmäßig um Lieferungen;
- Videokassetten und DVDs. Hierbei handelt es sich regelmäßig um Lieferungen;
- Spielen auf CD-ROM. Hierbei handelt es sich regelmäßig um Lieferungen;
- Beratungsleistungen durch Rechtsanwälte, Finanzberater usw. per E-Mail;
- Unterrichtsleistungen, wobei ein Lehrer den Unterricht über das Internet oder ein elektronisches Netz, d.h. über einen Remote Link, erteilt;
- physischen Offline-Reparaturen von EDV-Ausrüstung;
- Offline-Data-Warehousing;
- Zeitungs-, Plakat- und Fernsehwerbung;
- Telefon-Helpdesks;
- Fernunterricht im herkömmlichen Sinne, z.B. per Post;
- Versteigerungen herkömmlicher Art, bei denen Menschen direkt tätig werden, unabhängig davon, wie die Gebote abgegeben werden.

IV. Bagatellgrenze (Absatz 5 Satz 3)

303 Die Regelung beruht auf Art. 59c MwStSystRL.

304 Die Verlagerung des Orts zum Leistungsempfänger ohne gleichzeitigen Übergang der Steuerschuld auf den Leistungsempfänger führt für ausländische Unternehmer, die im Inland für umsatzsteuerliche Zwecke nicht registriert sind, zu einem durchaus beträchtlichen administrativen und finanziellen Mehraufwand. Deshalb sieht die Vorschrift vor, dass es für Unternehmer aus dem übrigen Gemeinschaftsgebiet zu keiner Ortsverlagerung und damit Umsatzsteuerbesteuerung im Inland kommt, wenn der Unternehmer

- nur in einem Mitgliedstaat ansässig ist und
- **sämtliche** Entgelte seiner **im gesamten übrigen** Gemeinschaftsgebiet (ohne Ansässigkeitsstaat) erbrachten TRFE-Leistungen nebst innergemeinschaftlicher Fernverkäufe im B2C-Bereich den Gesamtbetrag von 10.000 Euro im vorangegangenen Kalenderjahr nicht überschritten haben und im laufenden Kalenderjahr nicht überschreiten werden.

305 Die Bagatellregelung wurde erst durch das Gesetz zur Vermeidung von Umsatzsteuerausfällen beim Handel mit Waren im Internet und zur Änderung weiterer steuerlicher Vorschriften von Waren eingeführt. Sie gilt für Umsätze, die nach dem 31.12.2018 ausgeführt werden.[2]

306 Erbringt der im übrigen Gemeinschaftsgebiet ansässige Unternehmer seine TRFE-Leistungen nebst seiner innergemeinschaftlichen Fernverkäufe im B2C-Bereich im Ansässigkeitsstaat und größtenteils im Drittland, fällt er unter die Bagatellregelung.

1 Vgl. Art. 7 Abs. 3 MwStVO.
2 Vgl. § 27 Abs. 24 UStG.

Ab dem Zeitpunkt, ab dem die Bagatellgrenze überschritten wurde, kommt es zur Ortsverlagerung. Anders als in der Vergangenheit bei der sog. Versandhandelsregelung des § 3c UStG a.F. – bis zu seiner Revision anlässlich der Neuregelungen zum Fernverkauf – müssen Unternehmer insoweit nicht eine länderspezifische Aufzeichnung ihrer TRFE-Leistungen vornehmen, sondern eine **Gesamtbetrachtung** ihrer entsprechenden Umsätze im gesamten übrigen Gemeinschaftsgebiet. Abzustellen ist dabei auf die Summe der Entgelte, sodass die Umsatzsteuer herauszurechnen ist. Bei vielen kleinen Umsätzen im Gemeinschaftsgebiet ist der dortige Steuersatz für die „Herausrechnung" maßgeblich. 307

V. Verzicht auf die Bagatellregelung (Absatz 5 Satz 4)

Die Regelung beruht auf Art. 59c Abs. 3 MwStSystRL. 308

Der im übrigen Gemeinschaftsgebiet ansässige Unternehmer kann zur Besteuerung im Bestimmungsland optieren. Dies geht jedoch nur, wenn sein Ansässigkeitsstaat von dieser Möglichkeit Gebrauch gemacht hat. Dies ist insoweit folgerichtig, da dem Ansässigkeitsstaat Besteuerungssubstrat verloren geht. Deutschland hat von der Optionsregelung Gebrauch gemacht. 309

Die Erklärung erfolgt gegenüber dem (zuständigen) FA. Vor dem Hintergrund der Bindungsfrist dürfte die Erklärung nicht widerrufbar sein. 310

VI. Bindungsfrist des Verzichts (Absatz 5 Satz 5)

Wenn im Inland ansässige Unternehmen für eine Besteuerung im übrigen Gemeinschaftsgebiet optieren, sind sie für zwei Jahre an ihren Antrag gebunden. 311

G. Leistender ist Drittlandsunternehmer (Absatz 6)

I. Regelungsgegenstand

Werden die unter diesen Absatz (sowie die in den Absätzen 7 und 8) genannten Leistungen von Unternehmern aus dem Drittlandsgebiet erbracht, hat Deutschland von der Möglichkeit der sog. „Use-and-Enjoyment-Regelung" des Art. 59a MwStSystRL Gebrauch gemacht. Dabei regelt Absatz 6 den sog. „Inbound-Fall" und die Absätze 7 und 8 den sog. „Outbound-Fall". Die Auslegung der Vorschrift seitens der FinVerw. findet sich in Abschn. 3a.14 UStAE. 312

Für die unter § 3a Abs. 6 UStG fallenden Leistungen wird der Ort abweichend von § 3a Abs. 1, Abs. 3 Nr. 2 UStG aus dem Drittland in das Inland verlagert, wenn die sonstigen Leistungen im Inland **genutzt** oder **ausgewertet** werden. Unter den Begriff Auswertung fallen m.E. regelmäßig Rechte, während die anderen sonstigen Leistungen im Regelfall genutzt werden. Allerdings beschränkt sich der Begriff der Auswertung nicht nur auf Rechte. Er wird nämlich von der Académie francaise weitergehend dahin verstanden, dass unter ihn jede Handlung, einen Gegenstand auszuwerten, zu verwerten oder zu verwalten fällt, um daraus Gewinn zu erzielen.[1] 313

Motiv für den Inbound-Fall ist, dass Drittlandsunternehmer keinen Wettbewerbsvorteil gegenüber den Gemeinschaftsunternehmern haben sollen und ihre Leistungen auch der Umsatzbesteuerung innerhalb der EU unterliegen. Ohne die Regelung käme es zu keiner Besteuerung im Inland. Eine etwaige parallele Besteuerung im Drittland steht der Besteuerung im Gemeinschaftsgebiet nicht entgegen. 314

Noch nicht abschließend geklärt ist, ob die Doppel- bzw. Nichtbesteuerung oder der Wettbewerbsvorteil Tatbestandsvoraussetzung ist, oder – was m.E. zutreffend ist – lediglich den Normzweck widerspiegeln, der regelmäßig im Rahmen der Verhältnismäßigkeitsprüfung zu berücksichtigen ist. 315

1 Vgl. Schlussantrag des- Generalanwalts *Saugmandsgaard Øe* v. 22.10.2020 – C-593/19, ECLI:EU:2020:851, Rz. 73 – SK Telecom.

316 Voraussetzung ist, dass die jeweilige Leistung aus dem Drittland erbracht wird. Dies ist dann der Fall, wenn die sonstige Leistung entweder vom im Drittland gelegenen Stammhaus oder der dort befindlichen Betriebsstätte/festen Niederlassung ausgeführt wird.

II. Use-and-Enjoyment-Regelung (Inbound) (Absatz 6 Satz 1)

1. Vermietung eines Beförderungsmittels (Absatz 6 Satz 1 Nr. 1)

317 Der Anwendungsbereich der Regelung hat Überschneidungen mit Absatz 7.

318 Die unionsrechtlichen Vorgaben ergeben sich aus Art. 59a Buchst. b i.V.m. Art. 56 MwStSystRL. Die Auslegung der Vorschrift seitens der FinVerw. ergibt sich aus Abschn. 3a.14 Abs. 1 und 2 UStAE.

319 Die Regelung liest sich auf den ersten Blick verwirrend, da sie einerseits die Langfristigkeit der Vermietung zur Tatbestandsvoraussetzung hat und zum anderen auch auf § 3a Abs. 3 Nr. 2 UStG verweist, der die kurzfristige Vermietung von Beförderungsmitteln regelt. Für den zwischenunternehmerischen Bereich kommt sie nur bei der kurzfristigen Vermietung zur Anwendung, da sie gem. Halbsatz 2 keine Sonderregelung für Abs. 2 enthält.[1] Bei nichtunternehmerischem Leistungsbezug kommt sie hingegen unabhängig davon zur Anwendung, ob es sich um eine kurz- oder langfristige Vermietung handelt.

320 Ob es in derartigen Sachverhalten zu einer Erhebung der Umsatzsteuer im Inland kommt, dürfte fraglich sein, da der vermietende Unternehmer einerseits regelmäßig nicht erfährt, wo der Mieter das Fahrzeug tatsächlich nutzt und andererseits Drittlandsunternehmer häufig im Vorfeld von ihren drittländischen Beratern nicht auf eine etwaige Steuerpflicht im „Ausland" hingewiesen werden.

321 Zu einer von der Grundregelung abweichenden Ortsverlagerung kommt es, wenn der Drittlandsunternehmer oder die sich im Drittland befindliche Betriebsstätte/feste Niederlassung das Beförderungsmittel vermietet **und die Nutzung im Inland** erfolgt, sich der Ort aber ohne die Vorschrift nicht im Inland befände. Dies ist dann der Fall, wenn das Beförderungsmittel an den Leistungsempfänger im Ausland übergeben wird.

322 Zu den Tatbestandsvoraussetzungen eines Beförderungsmittels s. Rz. 142, zur Langfristigkeit s. Rz. 137.

323 Zu einer Besteuerung im Inland kommt es, wenn unter obigen Voraussetzungen das Beförderungsmittel im Inland genutzt wird. Ein Beförderungsmittel wird dort **genutzt**, wo es fortbewegt wird. Erstreckt sich die Fortbewegung also über mehrere Länder, so kommt es zu einer Ortsverlagerung auf das Inland m.E. nur dann, wenn die Fortbewegung **überwiegend** im Inland stattfindet.[2] Eine ausschließliche Nutzung ist m.E. nicht erforderlich. M.E. kommt es auch an dieser Stelle nicht zu einer Aufteilung der sonstigen Leistung.

324 Die Vorschrift kommt damit in folgenden Konstellationen zur Anwendung: Drittländische(r) Unternehmer/Betriebsstätte vermietet

- das Beförderungsmittel an Nichtunternehmer und übergibt ihm das Beförderungsmittel im Drittland, das überwiegend im Inland genutzt wird;
- das Beförderungsmittel kurzfristig an ausländischen Unternehmer, der das Beförderungsmittel überwiegend im Inland verwendet. Liegt eine langfristige Vermietung vor, kommt § 3a Abs. 2 UStG zur Anwendung, der durch die Vorschrift nicht überlagert wird;
- das Sportboot an Nichtunternehmer mit Übergabe an der Betriebsstätte des leistenden Unternehmers im Ausland und das Sportboot wird überwiegend im Inland genutzt.

1 Insoweit unrichtig in der Vorauflage.

2 So auch Abschn. 3a.14 Abs. 3 Satz 4 UStAE; **a.A.** Aufteilung zur Vorgängerregelung FG Rheinland-Pfalz, Urt. v. 26.6.2008 – 6 K 1808/05, BeckRS 2008, 26025448.

2. Katalogleistungen i.S.d. Absatzes 4 ohne Gewährung des Zugangs von Energienetzen (Absatz 6 Satz 1 Nr. 2)

Die unionsrechtlichen Vorgaben ergeben sich aus Art. 59a i.V.m. Art. 59 Abs. 1 Buchst. a–g MwStSystRL. Die Auslegung der Vorschrift seitens der FinVerw. ergibt sich aus Abschn. 3a.14 Abs. 3 UStAE. 325

Voraussetzung für die Ortsverlagerung ins Inland ist, dass die unter die Vorschrift fallenden Katalogleistungen an eine im Inland ansässige **nichtunternehmerische** jPdöR erfolgen. Durch den Verweis auf Abschn. 3a.1 Abs. 1 UStAE stellt die FinVerw.[1] klar, dass somit sämtliche der dort geregelten Anwendungsfälle umfasst sind. 326

Verlagert sich der Ort ins Inland, wird die jPdöR gemäß § 13b Abs. 2 Nr. 1 i.V.m. Abs. 5 Satz 1 Steuerschuldner, obwohl sie Nichtunternehmer ist (§ 13b Rz. 84 ff.). 327

Zu den einzelnen Leistungen, die unter die Vorschrift fallen (Rz. 222 ff.). 328

Werden der nichtunternehmerischen jPdöR Urheberrechte in Form von Senderechten übertragen, so werden diese am Sitz der jPdöR verwertet oder genutzt, unabhängig davon, was mit den Rechten geschieht, d.h. in welchen Staaten die Sendungen ausgestrahlt werden.[2] 329

Aufsichtsratsleistungen werden am Sitz der Gesellschaft genutzt oder ausgewertet.[3] *Stadie*[4] weist zutreffend darauf hin, dass eine jPdöR nicht über einen Aufsichtsrat verfügt. Wie unter Rz. 267 dargestellt, gelten die von mir für Aufsichtsräte gemachten Ausführungen entsprechend für andere vergleichbare Kontroll- und Überwachungsorgane. 330

Werbeleistungen, die der Öffentlichkeitsarbeit dienen, werden dort genutzt oder ausgewertet, wo die Werbung oder Öffentlichkeitsarbeit wahrgenommen werden soll. Zu einer Aufteilung der Leistung soll es nicht kommen. Wird die Werbeleistung in mehreren Ländern genutzt oder ausgewertet, ist maßgeblich, in welchem Staat dies überwiegend geschieht.[5] 331

Sonstige Leistungen i.S.d. § 3a Abs. 4 Nr. 14 UStG sind von der Regelung ausgeschlossen. 332

3. Leistungen auf dem Gebiet der Telekommunikation und Rundfunk- und Fernsehdienstleistungen („sog. TRF-Leistungen") (Absatz 6 Satz 1 Nr. 3)

Die unionsrechtlichen Vorgaben ergeben sich aus Art. 59a i.V.m. Art. 58 MwStSystRL. 333

Zu den Voraussetzungen von Leistungen auf dem Gebiet der Telekommunikation (Rz. 283 ff.), zu Rundfunk- und Fernsehdienstleistungen (Rz. 291 ff.). 334

Es muss sich bei der TRF-Leistung wiederum um einen nichtunternehmerischen Leistungsbezug handeln. Wenn man das Ergebnis nicht bereits kennt, fragt man sich, unter welchen Voraussetzungen die Vorschrift überhaupt zur Anwendung kommen soll. Geht man, wie der Verfasser, davon aus, dass eine einheitliche Leistung in Bezug auf die Ortsbestimmung nicht aufgeteilt werden kann, ist der Sinn nicht erkennbar. Sollte eine Aufteilung möglich sein, käme die Vorschrift zur Anwendung, wenn die Leistung im Inland überwiegend genutzt/verwertet wird. 335

III. Leistungserbringung durch drittländische Betriebsstätte/feste Niederlassung (Absatz 6 Satz 2)

Die Use-and-Enjoyment-Regelung (Inbound) kommt auch dann zur Anwendung, wenn die Leistung zwar durch einen im Inland- oder übrigen Gemeinschaftsgebiet ansässigen Unternehmer ausgeführt 336

1 Vgl. Abschn. 3a.14 Abs. 3 Satz 1 UStAE.
2 Vgl. Abschn. 3a.14 Abs. 3 Satz 4 Beispiel 2.
3 Vgl. Abschn. 3a.14 Abs. 3 Satz 2 UStAE; **a.A.** *Stadie* in Rau/Dürrwächter, § 3a UStG Rz. 668 (Stand: August 2021).
4 Vgl. *Stadie* in Rau/Dürrwächter, § 3a UStG Rz. 668 (Stand: August 2021).
5 Vgl. Abschn. 3a.14 Abs. 3 Satz 4 UStAE.

wird, die Leistung jedoch einer im Drittland befindlichen Betriebsstätte/festen Niederlassung des Leistenden zugerechnet werden muss.

H. Verlagerung des Leistungsortes in das Drittlandsgebiet bei Vermietung bestimmter Beförderungsmittel (sog. „Use-and-Enjoyment-Regelung“ [Outbound]) (Absatz 7)

I. Vermietung durch das Stammhaus (Absatz 7 Satz 1)

337 Die beiden letzten Absätze der Vorschrift regeln Dienstleistungen mit einem Bezug **ins** Drittland, d.h. einen sog. Dienstleistungsexport. Auch insoweit hat Deutschland von der Möglichkeit der sog. „Use-and-Enjoyment-Regelung (**Outbound**)“ des Art. 59a Buchst. a MwStSystRL Gebrauch gemacht. Ohne die Regelung wäre es wegen § 3a Abs. 3 Nr. 2 UStG zu einer Besteuerung im Inland gekommen, da das Beförderungsmittel dem Leistungsempfänger im Inland übergeben wurde.

338 Von den in Art. 59a MwStSystRL genannten Gründen für den Erlass der Vorschrift kommt m.E. insbesondere die Vermeidung der Doppelbesteuerung in Betracht; in Grenzgebieten möglicherweise auch die Vermeidung von Wettbewerbsnachteilen.

339 Leistungs**gegenstand** ist die kurzfristige Vermietung eines Schienenfahrzeugs, eines Kraftomnibusses oder eines **ausschließlich** zur Beförderung von **Gegenständen** bestimmten Straßenfahrzeugs. Das europäische Recht enthält hierzu keine Definitionen. Damit fällt gerade nicht jedes Beförderungsmittel, sondern nur ein kleiner Teil der Beförderungsmittel unter die Vorschrift.

340 Die Vermietung des unter die Vorschrift fallenden Beförderungsmittels muss **kurzfristig** sein (zur Kurzfristigkeit s. Rz. 132 ff.).

341 Leistender muss ein Unternehmer sein, der sein Unternehmen vom Inland aus betreibt. Wird die Leistung durch eine inländische Betriebsstätte/feste Einrichtung ausgeführt, gilt es Satz 2 zu prüfen (Rz. 345).

342 Leistungsempfänger muss ein im Drittlandsgebiet **ansässiger** Unternehmer sein. Eine bloße umsatzsteuerliche Registrierung führt nicht zu dessen Ansässigkeit (Rz. 79).

343 Es muss sich um einen unternehmerischen Leistungsbezug im Drittland handeln. Analog Abschn. 3a.14 Abs. 3 Satz 4 UStAE muss damit eine **überwiegende** Nutzung im Drittland für eine Ortsverlagerung ausreichen.

344 **Rechtsfolge** ist, dass sich der Ort in das Drittlandsgebiet verlagert und damit im Inland nicht steuerbar ist. Ohne diese Regelung wäre der Ort im Inland, da das Beförderungsmittel dem Leistungsempfänger im Inland übergeben wurde.

II. Vermietung durch inländische Betriebsstätte/feste Einrichtung (Absatz 7 Satz 2)

345 Ist die Vermietungsleistung auf der Ausgangsseite nicht dem Stammhaus, sondern einer inländischen Betriebsstätte/festen Einrichtung zuzurechnen, kommt es unter den oben genannten Voraussetzungen ebenfalls zu einer Ortsverlagerung in das Drittland.

I. Weitere Fälle der Verlagerung des Leistungsorts in das Drittlandsgebiet (Absatz 8)

I. Anwendungsfälle (Absatz 8 Satz 1)

346 Auch bei unter diese Vorschrift fallenden sonstigen Leistungen handelt es sich um einen sog. Dienstleistungsexport ins Drittland. Auch insoweit hat Deutschland von der Möglichkeit der sog. „Use-and-Enjoyment-Regelung (**Outbound**)“ des Art. 59a Buchst. a MwStSystRL Gebrauch gemacht (Rz. 337).

Ohne die Regelung wäre es zu einer Besteuerung im Inland gekommen. Die Auslegung der Vorschrift durch die FinVerw. findet sich in Abschn. 3a.16 Abs. 5 UStAE.

Unter die Vorschrift fallende sonstige Leistungen: 347

- Güterbeförderungsleistungen, ein Beladen, Entladen, Umschlagen oder ähnliche mit der Beförderung eines Gegenstandes im Zusammenhang stehende sonstige Leistungen i.S.d. § 3b UStG (Rz. 349),
- eine Arbeit an beweglichen körperlichen Gegenständen (Rz. 351) oder eine Begutachtung dieser Gegenstände (vgl. Rz. 351),
- eine Reisevorleistung i.S.d. § 25 Absatz 1 Satz 5 UStG (§ 25 Rz. 30 ff.) oder
- eine Veranstaltungsleistung im Zusammenhang mit Messen und Ausstellungen (Rz. 350).

Durch die Bezugnahme auf § 3a Abs. 2 UStG muss es sich um einen **unternehmerischen** Leistungs- 348
bezug handeln. Damit der nationale Gesetzgeber überhaupt über die Ortsverlagerung entscheiden darf, muss der Leistungsbezug gegenüber einem im Inland „ansässigen" Unternehmer erfolgen, genauer die sonstige Leistung muss dem inländischen Stammhaus oder einer inländischen Betriebsstätte/festen Einrichtung zuzuordnen sein.

Die Formulierung der ersten Fallgruppe „Güterbeförderungsleistung" ist etwas missverständlich. Ge- 349
meint sind die oben genannten, im Zusammenhang mit der Beförderung eines Gegenstandes stehenden, sonstigen Leistungen.[1]

Unter den Begriff Veranstaltungsleistungen im Zusammenhang mit Messen und Ausstellungen will 350
die FinVerw. solche Leistungen verstanden wissen, wenn neben der Überlassung der Standfläche noch zumindest drei weitere Leistungen vertraglich vereinbart und tatsächlich erbracht werden, sodass eine „komplexe Veranstaltungsleistung" (Rz. 128) vorliegt.[2] Der EuGH hat in der Rechtssache *Srf*[3] nach meinem Verständnis den Begriff der Veranstaltungsleistung weniger eng ausgelegt, sodass es häufiger zu einer Verlagerung ins Drittland kommen sollte als bislang von der deutschen FinVerw. anerkannt.

Rechtsfolge ist, dass es zu einer Ortsverlagerung in das Drittland kommt, wenn die genannten Leis- 351
tungen im Drittland genutzt oder ausgewertet werden.[4] Unklar ist, ob es zu einer Ortsverlagerung ins Drittland kommt, wenn der bewegliche körperliche Gegenstand nach seiner im Drittland vorgenommenen „Bearbeitung" oder Begutachtung wieder ins Inland gelangt. Dies wird von *Lippross*[5] bejaht und von *Stadie*[6] verneint. Sofern dies im Drittland im Rahmen der Einfuhrumsatzbesteuerung erfasst wird, sprechen m.E. die besseren Gründe für eine Ortsverlagerung ins Drittland. Die Problematik zeigt aber, dass die Unternehmen durch entsprechende Steuerklauseln Vorsorge treffen sollten.

II. Keine Ortsverlagerung bei Ausführung in Freihäfen und sog. Wattenmeeren (Absatz 8 Satz 2)

Zu keiner Ortsverlagerung soll es kommen, wenn die oben genannten sonstigen Leistungen in den in 352
§ 1 Abs. 3 UStG genannten Gebieten tatsächlich ausgeführt wurden. Damit verbleibt es bei der Besteuerung im Inland.

1 So auch *Stadie* in Rau/Dürrwächter, § 3a UStG Rz. 682 (Stand: August 2021).
2 Vgl. Abschn. 3a.14 Abs. 5 Satz 2 i.V.m. Abschn. 3a.4 Abs. 2 Satz 5 UStAE.
3 Vgl. EuGH v. 13.3.2019 – C-647/17, ECLI:EU:C:2019:195 – Srf konsulterna AB, UR 2019, 344 = EU-UStB 2019, 40 mit Anm. *Buge* = DStR 2019, 617 m. Anm. *Langer* = MwStR 2019, 359 m. Anm. *Grambeck*.
4 Vgl. hierzu *Mateev*, IWB 2022, 949 zu Arbeiten von einem Subunternehmer an einer Maschine gegenüber einem inländischen Unternehmer, der diese im Drittland für einen dort ansässigen Kunden montiert.
5 *Lippross*, Umsatzsteuer[25], S. 344.
6 *Stadie* in Rau/Dürrwächter, § 3a UStG Rz. 693 ff. (Stand: August 2021).

§ 3b Ort der Beförderungsleistungen und der damit zusammenhängenden sonstigen Leistungen

(1) [1]Eine Beförderung einer Person wird dort ausgeführt, wo die Beförderung bewirkt wird. [2]Erstreckt sich eine solche Beförderung nicht nur auf das Inland, fällt nur der Teil der Leistung unter dieses Gesetz, der auf das Inland entfällt. [3]Die Sätze 1 und 2 gelten entsprechend für die Beförderung von Gegenständen, die keine innergemeinschaftliche Beförderung eines Gegenstands im Sinne des Absatzes 3 ist, wenn der Empfänger weder ein Unternehmer, für dessen Unternehmen die Leistung bezogen wird, noch eine nicht unternehmerisch tätige juristische Person ist, der eine Umsatzsteuer-Identifikationsnummer erteilt worden ist. [4]Die Bundesregierung kann mit Zustimmung des Bundesrates durch Rechtsverordnung zur Vereinfachung des Besteuerungsverfahrens bestimmen, dass bei Beförderungen, die sich sowohl auf das Inland als auch auf das Ausland erstrecken (grenzüberschreitende Beförderungen),

1. kurze inländische Beförderungsstrecken als ausländische und kurze ausländische Beförderungsstrecken als inländische angesehen werden;

2. Beförderungen über kurze Beförderungsstrecken in den in § 1 Abs. 3 bezeichneten Gebieten nicht wie Umsätze im Inland behandelt werden.

(2) Das Beladen, Entladen, Umschlagen und ähnliche mit der Beförderung eines Gegenstands im Zusammenhang stehende Leistungen an einen Empfänger, der weder ein Unternehmer ist, für dessen Unternehmen die Leistung bezogen wird, noch eine nicht unternehmerisch tätige juristische Person ist, der eine Umsatzsteuer-Identifikationsnummer erteilt worden ist, werden dort ausgeführt, wo sie vom Unternehmer tatsächlich erbracht werden.

(3) Die Beförderung eines Gegenstands, die in dem Gebiet eines Mitgliedstaates beginnt und in dem Gebiet eines anderen Mitgliedstaates endet (innergemeinschaftliche Beförderung eines Gegenstands), an einen Empfänger, der weder ein Unternehmer ist, für dessen Unternehmen die Leistung bezogen wird, noch eine nicht unternehmerisch tätige juristische Person, der eine Umsatzsteuer-Identifikationsnummer erteilt worden ist, wird an dem Ort ausgeführt, an dem die Beförderung des Gegenstands beginnt.

Schrifttum: *Grawe*, Personen- und Güterbeförderung, UStB 2002, 49; *Grube*, Hochseeangelreisen als einheitliche Beförderungsleistung, jurisPR-SteuerR 31/2011 Anm. 6; *Henkel*, Sonne, Wind und Umsatzsteuer bei Segelschiffreisen, UStB 2001, 278; *Henkel*, Die Priorität der Beförderung bei einheitlichen Leistungen, UStB 2012, 264; *Henkel/Jorczyk*, Die Angelkreuzfahrt, UStB 2011, 212; *Monfort*, JStG 2009: Der neue Ort der sonstigen Leistungen ab 2010, DStR 2009, 297; *Schlienkamp*, Umsatzsteuerliche Auswirkungen der Ausweitung des deutschen Küstenmeeres zum 1.1.1995, UR 1995, 1; *Sternberg*, Die extraterritoriale Besteuerungsgewalt des Staates, Berlin 2019; *Weitemeyer/Schauhoff/Achatz*, Umsatzsteuerrecht für den Nonprofitsektor, Köln 2019.

A. Grundaussagen

I. Regelungsgegenstand und Bedeutung

§ 3b UStG betrifft den Ort der Leistung für Beförderungsleistungen. Seit den Änderungen durch das so genannte Mehrwertsteuerpaket betrifft § 3b UStG ab dem 1.1.2010 im Wesentlichen nur noch Personenbeförderungen, auf die § 3b Abs. 1 Satz 1, 2, 4 UStG Anwendung finden. Die die Güterbeförderungen betreffenden Vorgaben in § 3b Abs. 1 Satz 3, Abs. 2, 3 UStG finden nur noch Anwendung, wenn der Leistungsempfänger weder Unternehmer noch eine gleichgestellte Person ist. 1

Im Kern enthält § 3b UStG damit drei verschiedene Leistungsorte: 2

- Bei einer Personenbeförderung oder von Absatz 1 erfassten Güterbeförderung findet das sog. **Streckenprinzip** Anwendung. Leistungsort ist danach der Ort der tatsächlichen Beförderung. Hierdurch ist zugleich eine Aufteilung der Bemessungsgrundlage veranlasst, denn von der Gesamtstrecke der Beförderung ist nur derjenige Teil steuerbar, der tatsächlich im Inland stattfindet.
- Mit einer **Güterbeförderung zusammenhängende Leistungen** im Sinne des Absatzes 2, die nicht Nebenleistung zu einer Hauptleistung sind, werden am Ort der tatsächlichen Erbringung ausgeführt.
- Die **innergemeinschaftliche Güterbeförderung** an Nichtunternehmer i.S.d. Absatzes 3 wird dort ausgeführt, wo die Beförderung beginnt.

§ 3b UStG betrifft nicht die Erbringung von Güterbeförderungen an **Unternehmer oder diesen gleichgestellten Personen** (Rz. 6). Ebenso wenig umfasst § 3b UStG die Erbringung von **Vermittlungsleistungen** im Zusammenhang mit Beförderungsleistungen oder die **Überlassung eines Beförderungsmittels** als solches (Rz. 6 f.). Demgemäß ist im Einzelfall festzustellen, ob eine einzelne Beförderungsleistung geschuldet wird oder ein Beförderungsmittel für eine Vielzahl von Beförderungsleistungen, gegebenenfalls gar mit Fahrer, überlassen wird. 3

Der für die Beförderungsleistung bestimmte Leistungsort gilt auch für die **Nebenleistungen** (Rz. 12), da diese nach dem Grundsatz der Einheitlichkeit der Leistung das Schicksal der Hauptleistung teilen (§ 3 Rz. 540 ff.). Als Nebenleistungen zu einer Beförderung sieht die Rechtsprechung insbesondere die Unterbringung und Verpflegung der Reisenden an.[1] Für die Verpflegung kommt es dann nicht auf den besonderen Leistungsort nach § 3e UStG an. Nicht mehr als Nebenleistung anzusehen ist aber insbesondere die Abgabe von Verpflegung an Bord von Flugzeugen gegen ein zusätzliches Entgelt.[2] 4

II. Unionsrechtliche Grundlagen

§ 3b UStG beruht auf Art. 48–51, 54 Abs. 2 MwStSystRL, vorgehend Art. 9 Abs. 2 Buchst. b und c, Art. 28b Teile C, D und E, Art. 27 Abs. 5 der 6. EG-Richtlinie. Divergenzen zwischen dem nationalen Recht und den unionsrechtlichen Vorgaben bestehen allein hinsichtlich der Erfassung des nicht-unternehmerischen Bereiches von Unternehmen und den ausschließlich für den privaten Bedarf des Personals oder eines Gesellschafters bestimmten Leistungsbezug (Rz. 18). Die **Vereinfachungsregelungen** der §§ 4–7 UStDV, die auf der Ermächtigung in § 3b Abs. 1 Satz 4 UStG beruhen, sind auf die Regelung des Art. 394 MwStSystRL zurückzuführen.[3] Soweit diese den Verkehr mit der Insel Helgoland 5

---

1 BFH, Urt. v. 1.8.1996 – V R 58/94, BStBl. II 1997, 160 = UR 1997, 95; BFH, Urt. v. 29.8.1996 – V R 103/93, BFH/NV 1997, 383 = UR 1997, 99; BFH, Urt. v. 19.9.1996 – V R 129/93, BStBl. II 1997, 164 = UR 1997, 100; BFH, Urt. v. 2.3.2011 – XI R 25/09, BStBl. II 2011, 737 = UR 2011, 692. Betreffend Zugangsberechtigungen zu Flughafenlounges vgl. BMF, Schr. v. 26.4.2022 – III C 3-S 7117-a/20/10002 :003 – DOK 2022/0442171, BStBl. I 2022, 655 = UR 2022, 478.

2 BFH, Urt. v. 27.2.2014 – V R 14/13, BStBl. II 2014, 869 = UR 2014, 564.

3 Siehe die laufende Nr. 10 (Deutschland) der VAT Derogations Schedule, 5.8.2019, Ares(2019)5085883 sowie *Wäger* in Sölch/Ringleb, § 3b UStG Rz. 28 (Stand: März 2021); *Marchal* in Rau/Dürrwächter, § 3b UStG Rz. 32 (Stand: März 2022); *Zaumseil* in Schwarz/Widmann/Radeisen, § 3b UStG Rz. 8 (Stand: Januar 2023); *Kossack* in Offerhaus/Söhn/Lange, § 3b UStG Rz. 14 (Stand: Februar 2016); *Monfort*, DStR 2009, 297 (299); *Schlienkamp*, UR 1995, 1 (3).

betreffen, die nicht zum Gemeinschaftsgebiet zählt und auf das die MwStSystRL keine Anwendung findet, scheidet bereits deshalb ein Unionsrechtsverstoß aus.

III. Verhältnis zu anderen Vorschriften und Rechtsentwicklung

6 § 3b UStG wird flankiert durch **§ 3a Abs. 2 UStG**, der den Ort der Beförderungsleistung für solche Beförderungsleistungen bestimmt, die nicht durch § 3b UStG erfasst werden. Ergänzend ist die Sonderregel des § 3a Abs. 8 UStG zu beachten. Soweit eine Beförderungsleistung **vermittelt** wird, sind § 3a Abs. 2, Abs. 3 Nr. 4 UStG anzuwenden. § 3e UStG ergänzt § 3b UStG hinsichtlich bestimmter Lieferungen und **Restaurationsleistungen**, sofern diese nicht Nebenleistungen zur Beförderungsleistung sind.

7 Die Beförderungsleistung ist von der kurzfristigen **Vermietung eines Beförderungsmittels** abzugrenzen, die durch § 3a Abs. 3 Nr. 2 UStG erfasst wird (§ 3a Rz. 132 ff.).

8 Nach § 3b UStG steuerbare Beförderungsleistungen können nach § 4 Nr. 3, 6 UStG **steuerfrei** sein. Bei Personenbeförderungsleistungen ist der **reduzierte Steuersatz** des § 12 Nr. 10 UStG zu beachten.

9 Nach § 13b Abs. 2 Nr. 1 Var. 2 UStG kann sich die **Steuerschuldnerschaft** auf den Leistungsempfänger verlagern, wenn die Beförderungsleistung durch einen ausländischen Unternehmer erbracht wird und der Leistungsempfänger ein Unternehmer oder eine gleichgestellte Person ist (Absatz 5); allerdings ist die Rückausnahme nach § 13b Abs. 6 Nr. 1–3 UStG zu beachten.

9.1 Ist der Leistungsempfänger kein Unternehmer oder eine gleichgestellte Person im Sinne des § 3a Abs. 5 Satz 1 UStG, so können nicht in der Bundesrepublik Deutschland ansässige Leistungserbringer die nach § 3b UStG im Inland steuerbaren Umsätze seit dem 1.7.2021 nach dem One-Stop-Shop-Verfahren gemäß §§ 18i, 18j UStG (§ 18i Rz. 1 ff., § 18j Rz. 1 ff.) besteuern.

10 § 3b UStG wurde mit Wirkung vom 1.1.1993 mit dem Übergang zum europäischen Binnenmarkt eingeführt. Zu diesem Zeitpunkt enthielt die Vorschrift umfassende Regelungen zur Bestimmung des Leistungsortes bei Beförderungsleistungen. Erst durch die Änderungen durch das Mehrwertsteuerpaket mit Wirkung vom 1.1.2010 ist der Anwendungsbereich des § 3b UStG wieder erheblich eingeschränkt worden.[1] Mit Wirkung vom 1.7.2021 hat der Verordnungsgeber die Vereinfachungsregelung des § 5 UStDV ersatzlos aufgehoben (Rz. 22).

B. Besteuerung nach dem Streckenprinzip (Absatz 1)

I. Personenbeförderung (Absatz 1 Satz 1)

11 § 3b Abs. 1 Satz 1 UStG bestimmt den Leistungsort für den Fall einer Personenbeförderung und sieht vor, dass der Leistungsort dort liegt, **wo die Beförderung tatsächlich bewirkt wird**. Erstreckt sich die Beförderung nicht nur auf das Inland, so ist § 3b Abs. 1 Satz 2 UStG zu beachten. Die Anwendung dieses Leistungsortes ist unabhängig davon, ob die Personenbeförderung unternehmerischen oder nicht-unternehmerischen Zwecken dient. Wird die Personenbeförderung durch verschiedene Subunternehmer erbracht, so sind die Gesamtbeförderungsleistung sowie die Sub-Beförderungsleistungen jeweils für sich zu betrachten.

12 Eine **Personenbeförderung** ist zunächst von einer **Güterbeförderung** abzugrenzen. Im Einzelfall können sich Überschneidungen ergeben, wenn im Zusammenhang mit der Personenbeförderung zugleich eine Güterbeförderung erfolgt, wie dies bspw. bei Fähren oder Autozügen der Fall ist. Praktisch bedeutsame Unterschiede ergeben sich dann, wenn die Güterbeförderung nicht § 3b Abs. 1 Satz 3 UStG unterfiele. In diesen Zusammenhängen ist nach Maßgabe der allgemeinen Kriterien zur Abgrenzung

1 Zur Rechtsentwicklung ausführlich *Wäger* in Sölch/Ringleb, § 3b UStG Rz. 1 ff. (Stand: März 2021); *Marchal* in Rau/Dürrwächter, 3b UStG Rz. 1 ff. (Stand: März 2022); *Prätzler* in Birkenfeld/Wäger, Abschn. I Kap. 6 A. – § 3b UStG Rz. 2 ff. (Stand: Februar 2018); *Radeisen* in Hartmann/Metzenmacher, § 3b UStG Rz. 16 ff. (Stand: Juli 2013).

einer **Nebenleistung** (§ 3 Rz. 540 ff.) entscheidend, ob die Personen- oder Güterbeförderung in den Vordergrund tritt. Die Verwaltung geht – an anderer Stelle – davon aus, dass die **Beförderung eines PKW per Eisenbahn** im Rahmen einer Personenbeförderung als unselbständige Nebenleistung anzusehen ist.[1] Dem stimmen Teile der Literatur zu; dieser Ansicht folgend soll wiederum die Beförderung eines LKW-Fahrers auf einer Fähre eine unselbständige Nebenleistung einer Güterbeförderung darstellen.[2] Während Letzterem zuzustimmen ist, da der Transport des LKW im Vordergrund steht, ist sowohl der FinVerw. als auch der ihr folgenden Literatur bei der Beförderung eines PKW per Eisenbahn zu widersprechen. Der Transport von Autos im Eisenbahnverkehr ist nicht notwendig mit der Personenbeförderung verbunden. Es handelt sich regelmäßig vielmehr um gesonderte Züge, jedenfalls aber gesondert hierfür vorgehaltene Wagen, die dem Gütertransport dienen. Da insoweit diese besondere Transportleistung gebucht werden muss, entspricht es kaum der Verkehrsauffassung, den Transport des PKW mit dem Transport des Gepäcks gleichzusetzen. Entsprechend sollten hierin zwei unterschiedlich zu beurteilende Leistungen gesehen werden.[3]

Vom Begriff der Personenbeförderung auszunehmen sind weiterhin solche Leistungen, bei denen 13
nicht die räumliche Beförderung einer Person durch den Leistenden im Vordergrund steht.[4] Maßgebend ist hierbei, ob aus der Sicht eines Durchschnittsverbrauchers die vereinbarte Leistung als Beförderungsleistung anzusehen ist (§ 3 Rz. 318 ff.). Von einzelnen Leistungsempfängern verfolgte **Zwecke**, die jenseits der vereinbarten Leistung liegen, sind nicht von Bedeutung.[5] Nach der Rechtsprechung stellen nach diesem Maßstab **Pauschalreisen** auf einem Schiff sowie **Hochseeangelreisen** Personenbeförderungen dar.[6] Auch ein **Chauffeurservice** für vereinbarte und fakultativ weitere Fahrtstrecken ist noch eine Personenbeförderung und keine von dieser sorgsam abzugrenzende Fahrzeugvermietung.[7] Demgegenüber kann der Betrieb einer **Wasserski-Seilbahn**, einer **Coaster-Bahn** oder eines **Skiliftes** in einer Skihalle nicht als Personenbeförderung angesehen werden, da hier die Ermöglichung des Wasserski- und Skisports im Vordergrund steht.[8] Ob dies auch für das Skifahren außerhalb von Skihallen sowie **Bergbahnen** gilt, ist in der Rechtsprechung noch nicht entschieden.[9] Unter Anwendung der vorgenannten Kriterien wäre jedenfalls vergleichbar der Durchführung von Hochseeangelreisen danach zu unterscheiden, ob die Ermöglichung des Sports zum Leistungsinhalt zählt oder nicht und sie sich darüber hinaus durch diese Umstände von einer Beförderung abgrenzt.

---

1 Abschn. 4.3.1 Abs. 1 UStAE.

2 *Püschner* in Reiß/Kraeusel/Langer, § 3b UStG Rz. 16.5 (Stand: September 2021).

3 Ebenso *Heidner* in Bunjes[22], § 4 Nr. 3 UStG Rz. 3.

4 Siehe auch *Grambeck* in Weymüller, § 3b UStG Rz. 31 ff. (Stand: September 2023); *Marchal* in Rau/Dürrwächter, § 3b UStG Rz. 8 ff. (Stand: März 2022); *Prätzler* in Birkenfeld/Wäger, Abschn. I Kap. 6 A. – § 3b UStG Rz. 35 ff. (Stand: Februar 2018); *Kossack* in Offerhaus/Söhn/Lange, § 3b UStG Rz. 7 ff. (Stand: Februar 2016); *Radeisen* in Hartmann/Metzenmacher, § 3b UStG Rz. 111 ff. (Stand: Juli 2013); *Henkel*, UStB 2012, 264; *Henkel/Jorczyk*, UStB 2011, 212; *Grawe*, UStB 2002, 49; *Henkel*, UStB 2001, 278.

5 BFH, Urt. v. 6.12.2012 – V R 36/11, BFH/NV 2013, 994; BFH, Urt. v. 2.3.2011 – XI R 25/09, BStBl. II 2011, 737 = UR 2011, 692; BFH, Beschl. v. 8.12.1983 – V S 13/83, UR 1984, 122; BFH, Beschl. v. 28.9.1987 – V B 106/86, BFH/NV 1988, 339; grundlegend auch *Heber* in Weitemeyer/Schauhoff/Achatz, Umsatzsteuerrecht für den Nonprofitsektor, S. 202 f., 240.

6 BFH, Urt. v. 2.3.2011 – XI R 25/09, BStBl. II 2011, 737 = UR 2011, 692; BFH, Urt. v. 1.8.1996 – V R 58/94, BStBl. II 1997, 160 = UR 1997, 95; FG Nürnberg, Urt. v. 27.3.2012 – 2 K 854/10, EFG 2012, 1975; *Grube*, jurisPR-SteuerR 31/2011 Anm. 6.

7 BFH, Urt. v. 8.9.2011 – V R 5/10, BStBl. II 2012, 620 = UR 2012, 227. Siehe auch BFH, Urt. v. 6.12.2012 – V R 36/11, BFH/NV 2013, 994; BFH, Urt. v. 19.9.1996 – V R 129/93, BStBl. II 1997, 164 = UR 1997, 100; FG Nürnberg, Urt. v. 18.9.2012 – 2 K 1991/10, EFG 2013, 244; FG München, Urt. v. 13.10.2011 – 14 K 1703/09, DStRE 2012, 1270; FG Hamburg, Urt. v. 28.4.2008 – 5 K 10/07, juris.

8 BFH, Urt. v. 20.2.2013 – XI R 12/11, BStBl. II 2013, 645 = UR 2013, 767; BFH, Beschl. v. 18.6.2011 – XI B 87/10, BFH/NV 2011, 2128; FG München, Urt. v. 2.2.2011 – 3 K 2953/10, EFG 2011, 1293; FG Thüringen, Urt. v. 11.12.2013 – 3 K 506/13, EFG 2014, 593.

9 Vgl. *Klenk* in Sölch/Ringleb, § 12 UStG Rz. 845 (Stand: Juni 2017). Zu bedenken ist, dass bspw. im Freistaat Bayern vorbehaltlich ordnungsrechtlicher Vorgaben und in Ausdruck des dort verfassungsrechtlich verbürgten Rechtes auf Naturgenuss, Art. 141 Abs. 3 Bayerische Verfassung, eine Benutzung der Skipisten nicht an den Erwerb eines Skipasses gebunden ist.

II. Aufteilung grenzüberschreitender Beförderungen (Absatz 1 Satz 2)

14 § 3b Abs. 1 Satz 2 UStG führt den Gedanken des § 3b Abs. 1 Satz 1 UStG folgerichtig fort, demgemäß die Beförderungsleistung dort steuerbar ist, wo sie bewirkt wird. Bei grenzüberschreitenden Beförderungen impliziert dies eine **Aufteilung** der an sich einheitlichen Leistung, die durch § 3b Abs. 1 Satz 2 UStG ausdrücklich angeordnet wird. Hiernach ist die Beförderung nur in dem Umfang im Inland steuerbar, wie die Leistung auf das Inland entfällt. Maßstab für dieses Entfallen auf das Inland ist der inländische **Streckenanteil**, weshalb vom sog. **Streckenprinzip** gesprochen wird. Es ist daher in diesen Fällen eine Aufteilung der Beförderungsleistung und der Gegenleistung im Verhältnis der im In- und Ausland zurückgelegten Beförderungsstrecken für die jeweilige Beförderungsleistung vorzunehmen.[1] Streckenanteile, die **der Beförderung vor- oder nachlaufen**, bspw. Fahrten zum oder vom Betriebshof hin zum ersten Betriebshalt, sind nach der zutreffenden Ansicht der FinVerw. als Gemeinkosten der Beförderung nicht zu berücksichtigen.[2] Die FinVerw. gestattet es aus Vereinfachungsgründen, die Aufteilung bei Personenbeförderungen anhand des Bruttoentgeltes vorzunehmen, wenngleich sich die nationalen Steuersätze unterscheiden.[3]

15 Eine Modifikation erfährt dieses Streckenprinzip nach der Rechtsprechung des EuGH in Bezug auf Streckenanteile **außerhalb der Hoheitsgebiete** eines Staates, d.h. in internationalen Gewässern und im internationalen Luftraum, wenn eine Beförderungsleistung zwischen zwei Punkten desselben Staatsgebietes stattfindet. In diesen – und nur in diesen – Fällen steht es nach der Rechtsprechung des EuGH den Staaten frei, die Beförderungsleistung unter Einbezug der Streckenanteile in internationalen Gewässern oder im internationalen Luftraum zu besteuern, da insoweit kein Besteuerungskonflikt denkbar sei.[4]

16 Teils bestehen aufgrund der komplizierten oder gar unklaren Grenzverläufe auf dem **Rhein und Bodensee** Besonderheiten.[5]

III. Güterbeförderungen an Nichtunternehmer (Absatz 1 Satz 3)

17 § 3b Abs. 1 Satz 3 UStG erweitert den Anwendungsbereich der Regelungen des § 3b Abs. 1 Satz 1, 2 UStG auf **bestimmte Güterbeförderungen**. Negative Voraussetzungen der Anwendung dieser Vorschrift sind, dass der Leistungsempfänger weder ein Unternehmer, der die Beförderungsleistung für sein Unternehmen oder den nicht-privaten nichtunternehmerischen Bereich bezieht, noch eine nichtunternehmerisch tätige juristische Person ist, der eine USt-IdNr. erteilt wurde; in diesen Fällen ist § 3a Abs. 2 UStG anzuwenden. Weiter ist negative Voraussetzung, dass keine innergemeinschaftliche Güterbeförderung i.S.d. § 3b Abs. 3 UStG vorliegt. Eine solche liegt aber nicht bereits deshalb vor, weil der Gegenstand im Rahmen einer Gesamtbeförderung von einem in einen anderen Mitgliedstaat gelangt, da jede Beförderungsleistung für sich zu beurteilen ist.

17.1 Soweit § 3b Abs. 1 Satz 3 UStG dem Wortlaut nach auch auf Güterbeförderungen Anwendung findet, die von Unternehmern für den **nicht-privaten nicht-unternehmerischen Bereich** bezogen werden, und zugleich Güterbeförderungen ausnimmt, die durch eine nicht-unternehmerisch tätige juristische Person bezogen wurden, der eine USt-IDNr. erteilt wurde und die die Leistungen **ausschließlich für den privaten Bedarf des Personals oder eines Gesellschafters** bezieht, ist an sich eine **richtlinien-**

1 EuGH, Urt. v. 6.11.1997 – C-116/96, ECLI:EU:C:1997:520 – Reisebüro Binder, UR 1998, 146; BFH, Urt. v. 12.3.1998 – V R 17/93, BStBl. II 1998, 523 = UR 1998, 347.

2 Abschn. 3b.1. Abs. 6 Satz 2 UStAE; *Wäger* in Sölch/Ringleb, § 3b UStG Rz. 12 (Stand: März 2021); *Radeisen* in Hartmann/Metzenmacher, § 3b UStG Rz. 145, 148 (Stand: Juli 2013).

3 Abschn. 3b.1. Abs. 6 Satz 2 Nr. 2 UStAE.

4 EuGH, Urt. v. 23.5.1996 – C-331/94, ECLI:EU:C:1996:211 – Kommission/Griechenland, UR 1996, 222; EUGH, Urt. v. 13.3.1990 – C-30/89, ECLI:EU:C:1990:114 – Kommission/Frankreich, UR 1991, 170; EuGH, Urt. v. 23.1.1986 – C-283/84, ECLI:EU:C:1986:31 – Trans Tirreno Express, Slg. 1986, 231. Kritisch insoweit *Sternberg*, Die extraterritoriale Besteuerungsgewalt des Staates, 260 Fn. 719.

5 BFH, Urt. v. 1.8.1996 – V R 58/94, BStBl. II 1997, 160 = UR 1997, 95; Abschn. 3b.1. Abs. 18 UStAE; BMF, Schr. v. 27.6.1984 – IV A 3-S 7118-17/84, UR 1984, 197; *Marchal* in Rau/Dürrwächter, § 3b UStG Rz. 54 f. (Stand: März 2022).

konforme Auslegung veranlasst. Denn der Leistungsbezug für den nicht-privaten nicht-unternehmerischen Bereich ist mehrwertsteuerrechtlich dem Bezug für das Unternehmen gleichgestellt, während der Leistungsbezug durch eine nicht-unternehmerisch tätige juristische Person, der eine USt-IDNr. erteilt wurde, dem privaten Bereich zuzurechnen ist, wenn die Leistung ausschließlich für den privaten Bedarf des Personals oder eines Gesellschafters bestimmt ist (§ 3a Rz. 41 ff.). Ob eine entsprechende richtlinienkonforme Auslegung zu gelingen vermag, erscheint angesichts der zunehmend differenzierten – wenngleich nicht überzeugenden – Regelungen des nationalen Gesetzgebers in diesem Bereich fraglich.[1]

Hinsichtlich der Ortsbestimmung kann auf die Ausführungen zu Absatz 1 Sätze 1, 2 UStG verwiesen werden (Rz. 11, 14). 18

IV. Verordnungsermächtigung zur Rechtsvereinfachung (Absatz 1 Satz 4)

§ 3b Abs. 1 Satz 4 UStG beinhaltet zwei **Verordnungsermächtigungen** i.S.d. Art. 80 Abs. 1 GG, die der Rechtsvereinfachung dienen sollen. Die Bundesregierung hat von diesen Ermächtigungen durch **§§ 2–7 UStDV** Gebrauch gemacht. Durch diese Regelungen erfüllt die Bundesrepublik Deutschland zugleich ihre **völkerrechtlichen Verpflichtungen** aus zahlreichen Abkommen mit den Anrainerstaaten.[2] Die Vereinfachungsregelungen können zwar nicht unmittelbar auf eine korrespondierende Regelung in der MwStSystRL zurückgeführt werden, beruhen aber auf der Regelung des Art. 394 MwStSystRL (Rz. 5). 19

§ 3b Abs. 1 Satz 4 Nr. 1 UStG erlaubt es, kurze inländische (ausländische) Beförderungsstrecken als im Ausland (Inland) belegen anzusehen. Dies ermöglicht es, von einer Aufteilung der Beförderungsleistung abzusehen, wenn diese nur wegen kurzer Streckenteile notwendig werden würde. 20

Demgegenüber will § 3b Abs. 1 Satz 4 Nr. 2 UStG es ermöglichen, Beförderungen über kurze Strecken *in* den in § 1 Abs. 3 UStG genannten Gebieten nicht wie Umsätze im Inland zu behandeln. Der Anwendungsbereich dieser Regelung erschließt sich erst im Zusammenhang mit der Ermächtigung des § 3b Abs. 1 Satz 4 Nr. 1 UStG. Denn an sich würden die in Nr. 2 genannten Beförderungsleistungen außerhalb des Anwendungsbereiches des UStG liegen, da § 1 Abs. 2 Satz 1 UStG die in § 1 Abs. 3 Satz 1 UStG genannten Gebiete vom Inlandsbegriff des UStG ausnimmt, diese also nach § 1 Abs. 2 Satz 2 UStG zum Ausland zählen. Der Zweck der Regelung der Nr. 2 muss also darin gesehen werden, eine Rückausnahme zur Regelung der Nr. 1 zu beinhalten. Regelungstechnisch hätte es hierzu einer Verordnungsermächtigung nicht bedurft. Überzeugender wäre es auch gewesen, insoweit zur Vermeidung von Zweifeln hinsichtlich des Umfangs eines zugebilligten Entscheidungsspielraumes ausdrücklich in der Ermächtigung nach Nr. 1 zu bestimmen, dass es dem Verordnungsgeber auch freisteht, von der Ermächtigung nur für einzelne Gebiete des Auslandes Gebrauch zu machen. Folge dieser gesetzgeberischen Konzeption ist aber, dass in systematischer Auslegung nunmehr der Exekutive kein Entscheidungsspielraum zugebilligt werden kann, einzelne ausländische Gebiete jenseits der Möglichkeiten des § 3b Abs. 1 Satz 4 Nr. 2 UStG von dem nach § 3b Abs. 1 Satz 4 Nr. 1 UStG zulässigen Einbezug in den Inlandsbegriff auszunehmen. Umgekehrt steht § 3b Abs. 1 Satz 4 Nr. 2 UStG nach diesem Normverständnis einem Einbezug der in § 1 Abs. 3 Satz 1 UStG genannten Gebiete in den Inlandsbegriff gestützt auf § 3b Abs. 1 Satz 4 Nr. 1 UStG aber nicht entgegen. 21

Hinter den §§ 2–7 UStDV verbirgt sich ein Konglomerat von verschiedenen Vereinfachungsregelungen. So enthalten §§ 2, 3, 4 Nr. 1 Var. 1, § 4 Nr. 2 Var. 2, § 4 Nr. 2, 6, 7 Abs. 1, § 7 Abs. 2 Satz 1 Nr. 1, § 7 Abs. 2 Satz 1 Nr. 1, § 7 Abs. 2 Satz 2, § 7 Abs. 3 Var. 1, § 7 Abs. 3 Var. 2 und § 7 Abs. 5 UStDV jeweils verschiedene Vereinfachungsnormen. Mit Ausnahme der Regelung des § 7 Abs. 3 Var. 2 UStDV, die auf § 3b Abs. 1 Satz 4 Nr. 2 UStG beruht, sind sämtliche Vereinfachungsnormen letztlich auf die Ermächtigung des § 3b Abs. 1 Satz 4 Nr. 1 UStG gestützt.[3] Die bisher in § 5 UStDV enthaltene 22

1 Ausführlich *Wäger* in Sölch/Ringleb, § 3b UStG Rz. 15 (Stand: März 2021).

2 Siehe im Detail Abschn. 3b.1 Abs. 7, 9 UStAE.

3 Zu den Einzelheiten BFH, Urt. v. 4.7.2013 – V R 33/11, BStBl. II 2013, 937 = UR 2013, 751; Abschn. 3b.1. UStAE; *Grambeck* in Weymüller, § 3b UStG Rz. 85 ff. (Stand: September 2023); *Marchal* in Rau/Dürrwächter, § 3b UStG Rz. 30 ff. (Stand: März 2022); *Püschner* in Reiß/Kraeusel/Langer, § 3b UStG Rz. 15.1.1 ff. (Stand: Septem-

Vereinfachungsregelung, der gemäß inländische Streckenanteile bis zu 10 Km Länge bei einer Personenbeförderung im Gelegenheitsverkehr mit Kraftfahrzeugen nicht zur Besteuerung führten, ist mit Wirkung vom 1.7.2021 entfallen.

C. Mit Güterbeförderungen zusammenhängende Leistungen (Absatz 2)

I. Mit der Beförderung eines Gegenstands im Zusammenhang stehende Leistungen

23 § 3b Abs. 2 UStG findet nur auf mit der Beförderung eines Gegenstands im **Zusammenhang stehende Leistungen** Anwendung. Mit dem Begriff der Leistung sind sonstige Leistungen i.S.d. § 3 Abs. 9 UStG gemeint. Einerseits ist eine Lieferung, die im Zusammenhang mit der Beförderungsleistung steht, schwerlich denkbar, andererseits ist § 3b UStG nicht in § 3 Abs. 5a UStG als spezielle Leistungsortregelung für Lieferungen genannt, was erhellt, dass sonstige Leistungen gemeint sind.

24 Als **Regelbeispiele** nennt die Norm das Beladen, Entladen und Umschlagen, sie ist hierauf aber nicht beschränkt. Die Verwaltung nennt als weiteres Beispiel die Lagerung der Gegenstände.[1] Die praktische Bestimmung des Regelungsumfanges wird aber durch den scheinbaren Widerspruch erschwert, dass einerseits die Norm nur auf selbständige Leistungen Anwendung findet und die jeweiligen Vorgänge daher nicht bloße Nebenleistungen zur Beförderungsleistung darstellen dürfen, deren umsatzsteuerliches Schicksal durch die Beförderungsleistung als Hauptleistung bestimmt wird. Andererseits fordert die Regelung zugleich einen Zusammenhang zur Beförderung. Angesichts dessen, dass das Vorliegen einer gesonderten Entgeltvereinbarung nur ein Indiz für die Selbständigkeit ist, ihr aber keine entscheidende Bedeutung zukommt, und die Bestimmung des Tätigkeitsortes als Leistungsort lediglich mit Blick auf eine besondere Nähe zur Beförderungsleistung zielführend ist, ist die Vorschrift insbesondere auf solche Leistungen gerichtet, die, würden sie durch den Erbringer der Beförderungsleistung erbracht werden, als Nebenleistung anzusehen wären.[2] Maßgebend muss daher im Sinne eines vergleichbaren engen Zusammenhanges sein, ob die **Ermöglichung, Begleitung oder Erleichterung der Beförderung** im Vordergrund steht oder darüberhinausgehende Zwecke verfolgt werden. So wird eine kurzzeitig erfolgende Lagerung im Zusammenhang mit einer Beförderung stehen können, wenn die Dauer der Lagerung durch Notwendigkeiten der Beförderung, wie Abwarten auf verfügbare Beförderungskapazitäten, bestimmt ist. Von § 3b Abs. 2 UStG umfasst sind zudem Handlungen wie das Verwiegen und Probeziehen, sofern die Vorgänge durch die Beförderung veranlasst sind.[3]

II. Nichtunternehmer als Leistungsempfänger

25 Die Leistungsortbestimmung des § 3b Abs. 2 UStG findet nur Anwendung, wenn die genannten Leistungen an einen **Nichtunternehmer** erbracht werden. Hierunter versteht § 3b Abs. 2 UStG wie bereits § 3b Abs. 1 Satz 3 UStG den Leistungsbezug durch Unternehmer für den nicht-unternehmerischen Bereich und durch Nichtunternehmer mit Ausnahme einer nicht-unternehmerisch tätigen juristischen Person, der eine USt-IdNr. erteilt wurde. Auch insoweit bedürfte es einer **richtlinienkonformen Auslegung** des nationalen Rechts, deren methodische Zulässigkeit nicht ohne Zweifel besteht (Rz. 17).

---

ber 2021); *Kossack* in Offerhaus/Söhn/Lange, § 3b UStG Rz. 14 ff. (Stand: Februar 2016); *Radeisen* in Hartmann/Metzenmacher, § 3b UStG Rz. 321 ff. (Stand: Juli 2013).

1 Vgl. Abschn. 3b.2 Abs. 3 Satz 2 UStAE.

2 *Prätzler* in Birkenfeld/Wäger, Abschn. I Kap. 6 A. – § 3b UStG Rz. 35 ff. (Stand: Februar 2018); *Radeisen* in Hartmann/Metzenmacher, § 3b UStG Rz. 382 (Stand: Juli 2013).

3 So bspw. in BFH, Urt. v. 29.1.1959 – V 76/57 U, BFHE 68, 307. Siehe auch *Zaumseil* in Schwarz/Widmann/Radeisen, § 3b UStG Rz. 56 (Stand: Januar 2023); *Püschner* in Reiß/Kraeusel/Langer, § 3b UStG Rz. 43 (Stand: September 2021); *Kossack* in Offerhaus/Söhn/Lange, § 3b UStG Rz. 33 (Stand: Februar 2016); *Radeisen* in Hartmann/Metzenmacher, § 3b UStG Rz. 384 ff. (Stand: Juli 2013).

III. Ort der Tätigkeit als Leistungsort

Rechtsfolge des § 3b Abs. 2 UStG ist, dass der Leistungsort für diese Leistungen dort liegt, wo sie tatsächlich erbracht werden. Dies meint aufgrund des Zusammenhanges zur Beförderung den Ort, wo die Tätigkeit **tatsächlich ausgeübt** wird. Ein jenseits der Beförderung liegender Erfolg, wie er beim Probeziehen angenommen werden kann, ist für die Bestimmung des Ortes nicht heranzuziehen. Soweit die Leistung mehraktig ist, sollte auf den Ort unmittelbar am beförderten Gegenstand abgestellt werden, da hiermit die durch § 3b Abs. 2 UStG herbeigeführte Nähe zum Ort der Beförderung nach § 3b Abs. 1, 3 UStG hergestellt wird. Damit liegt der Tätigkeitsort im Falle des Probeziehens dort, wo die Probe gezogen wird, nicht aber am Ort der Probenanalyse und -auswertung. 26

D. Innergemeinschaftliche Güterbeförderung (Absatz 3)

§ 3b Abs. 3 UStG legt schließlich den Abgangsort des Gutes als Leistungsort der **innergemeinschaftlichen Güterbeförderungen** an Nichtunternehmer fest. Eine innergemeinschaftliche Güterbeförderung liegt dann vor, wenn die Beförderung in einem anderen Mitgliedstaat beginnt als sie endet. Der Begriff des Nichtunternehmers bedarf auch in diesem Falle einer richtlinienkonformen Auslegung (Rz. 17). 27

Diese Maßstäbe sind auch auf sog. **gebrochene innergemeinschaftliche Güterbeförderungen** anzuwenden.[1] Diese zeichnen sich dadurch aus, dass die Gesamtbeförderungsleistung durch mehrere Beförderungsleistungen erbracht wird. Besonderheiten ergeben sich hieraus nicht, stattdessen ist jede Beförderungsleistung für sich zu betrachten, d.h. die Gesamtbeförderungsleistung als innergemeinschaftliche Güterbeförderung sowie die jeweiligen Sub-Beförderungsleistungen. 28

§ 3c Ort der Lieferung beim Fernverkauf

(1) [1]Als Ort der Lieferung eines innergemeinschaftlichen Fernverkaufs gilt der Ort, an dem sich der Gegenstand bei Beendigung der Beförderung oder Versendung an den Erwerber befindet. [2]Ein innergemeinschaftlicher Fernverkauf ist die Lieferung eines Gegenstands, der durch den Lieferer oder für dessen Rechnung aus dem Gebiet eines Mitgliedstaates in das Gebiet eines anderen Mitgliedstaates oder aus dem übrigen Gemeinschaftsgebiet in die in § 1 Absatz 3 bezeichneten Gebiete an den Erwerber befördert oder versandt wird, einschließlich jener Lieferung, an deren Beförderung oder Versendung der Lieferer indirekt beteiligt ist. [3]Erwerber im Sinne des Satzes 2 ist ein in § 3a Absatz 5 Satz 1 bezeichneter Empfänger oder eine in § 1a Absatz 3 Nummer 1 genannte Person, die weder die maßgebende Erwerbsschwelle überschreitet noch auf ihre Anwendung verzichtet; im Fall der Beendigung der Beförderung oder Versendung im Gebiet eines anderen Mitgliedstaates ist die von diesem Mitgliedstaat festgesetzte Erwerbsschwelle maßgebend.

(2) [1]Als Ort der Lieferung eines Fernverkaufs eines Gegenstands, der aus dem Drittlandsgebiet in einen anderen Mitgliedstaat als den, in dem die Beförderung oder Versendung des Gegenstands an den Erwerber endet, eingeführt wird, gilt der Ort, an dem sich der Gegenstand bei Beendigung der Beförderung oder Versendung an den Erwerber befindet. [2]§ 3 Absatz 3a Satz 4 und 5 gilt entsprechend.

(3) [1]Der Ort der Lieferung beim Fernverkauf eines Gegenstands, der aus dem Drittlandsgebiet in den Mitgliedstaat, in dem die Beförderung oder Versendung der Gegenstände an den Erwerber endet, eingeführt wird, gilt als in diesem Mitgliedstaat gelegen, sofern die Steuer auf diesen Gegenstand gemäß dem besonderen Besteuerungsverfahren nach § 18k zu erklären ist. [2]§ 3 Absatz 3a Satz 4 und 5 gilt entsprechend. [3]Bei einem Fernverkauf nach § 3 Absatz 3a Satz 2 gilt Satz 1 für die Lieferung, der die Beförderung oder Versendung des Gegenstandes gemäß § 3 Absatz 6b zu-

---

1 Abschn. 3b.4. UStAE; *Korn* in Bunjes[22], § 3b UStG Rz. 20; *Marchal* in Rau/Dürrwächter, § 3b UStG Rz. 66 f. (Stand: März 2022); *Zaumseil* in Schwarz/Widmann/Radeisen, § 3b UStG Rz. 79 f. (Stand: Januar 2023); *Püschner* in Reiß/Kraeusel/Langer, § 3b UStG Rz. 59 ff. (Stand: September 2021).

geschrieben wird, entsprechend, auch wenn die Steuer auf diesen Gegenstand nicht gemäß dem besonderen Besteuerungsverfahren nach § 18k zu erklären ist und ein Unternehmer oder dessen Beauftragter Schuldner der Einfuhrumsatzsteuer für die Einfuhr des Gegenstands ist.

(4) [1]Absatz 1 ist nicht anzuwenden, wenn der leistende Unternehmer seinen Sitz, seine Geschäftsleitung, eine Betriebsstätte oder in Ermangelung eines Sitzes, einer Geschäftsleitung oder einer Betriebsstätte seinen Wohnsitz oder gewöhnlichen Aufenthalt in nur einem Mitgliedstaat hat und der Gesamtbetrag der Entgelte der in § 3a Absatz 5 Satz 2 bezeichneten sonstigen Leistungen an in § 3a Absatz 5 Satz 1 bezeichnete Empfänger mit Wohnsitz, gewöhnlichem Aufenthalt oder Sitz in anderen Mitgliedstaaten sowie der innergemeinschaftlichen Fernverkäufe nach Absatz 1 Satz 2 und 3 insgesamt 10 000 Euro im vorangegangenen Kalenderjahr nicht überschritten hat und im laufenden Kalenderjahr nicht überschreitet. [2]Der leistende Unternehmer kann dem Finanzamt erklären, dass er auf die Anwendung des Satzes 1 verzichtet. [3]Die Erklärung bindet den Unternehmer mindestens für zwei Kalenderjahre.

(5) [1]Die Absätze 1 bis 3 gelten nicht für

1. die Lieferung neuer Fahrzeuge,

2. die Lieferung eines Gegenstands, der mit oder ohne probeweise Inbetriebnahme durch den Lieferer oder für dessen Rechnung montiert oder installiert geliefert wird, und für

3. die Lieferung eines Gegenstands, auf die die Differenzbesteuerung nach § 25a Absatz 1 oder 2 angewendet wird.

[2]Bei verbrauchsteuerpflichtigen Waren gelten die Absätze 1 bis 3 nicht für Lieferungen an eine in § 1a Absatz 3 Nummer 1 genannte Person.

Schrifttum: *Ammann*, Lieferortbestimmung bei innergemeinschaftlichen Transportlieferungen an Abnehmer mit ungesichertem Status nach Art. 28b TeilB der 6. EG-Richtlinie und § 3c UStG, UR 2001, 287; *Gothmann/Speetjens/*

Pawlik, Umsatzsteuerliche Aspekte beim Verkauf über Online-Handelsplattformen und Online-Versandhändler, UVR 2016, 380; *Heckel*, Zur Vereinbarkeit der Binnenmarktkollisionsregel des § 3c UStG mit dem völkerrechtlichen Grundsatz der formellen Territorialität, MwStR 2017, 149; *Huschens*, Das sog. Digitalpaket des Rates vom 5.12.2017 und seine Auswirkungen auf das deutsche Umsatzsteuerrecht, UVR 2018, 46; *Joost/Oldenburg*, Umsetzung des Digitalpakets zum 1.7.2021 – Teil 1: Materielle Regelungen, MwStR 2020, 773; *Klein*, Der nach § 3c UStG zu bestimmende Ort der Lieferung in besonderen Fällen, UVR 2004, 121; *Lamensch*, Adoption of the E-Commerce VAT Package: The Road Ahead Is Still a Rocky one, EC Tax Review 2018, 186; *Nattkämper/Scholz*, Online-Handel – Chancen und Risiken aus umsatzsteuerlicher Sicht, UR 2010, 643; *Neeser*, Von der Versandhandelsregelung zum Fernverkauf – Die Änderungen im Binnenmarkt bei zwei Beteiligten, UVR 2021, 296; *Oldiges/Mateev*, Umsetzung der zweiten Stufe des Mehrwertsteuer-Digitalpakets zum 1.4.2021 bzw. 1.7.2021, 2021, 2377; *Polok*, Aufspaltung von Lieferung und Transportleistung im B2C-E-Commerce, UR 2019, 681; *Streit/Duyfies*, E-Commerce 2021 – Anmerkungen zur Neuregelung der Fernverkäufe, UStB 2018, 197 und UStB 2018, 233; *Vobbe/Dietsch*, Umsatzbesteuerung des E-Commerce im Jahr 2019 und ab 2021, BB 2019, 535; *Wäger*, Digitalpaket – Neuregelungen zum 1.7.2021 für den Bereich der Lieferungen, UStB 2021, 76; *Wäger*, Einfuhrfernverkauf ab dem 1.7.2021, ZfZ 2021, 176; *Widmann*, Das Umsatzsteuer-Binnenmarktgesetz, UR 1992, 249.

A. Grundaussagen

I. Regelungsgegenstand und Bedeutung

§ 3c UStG ist eine Spezialvorschrift für den Leistungsort bei bestimmten sog. **Fernverkaufsumsätzen**, 1
insbesondere im Bereich der Lieferungen von Unternehmern an Nichtunternehmer (Business to Consumer, **B2C**).

Die Norm wurde mit **Wirkung zum 1.7.2021** im Zuge des sogenannten **Digitalpakets II**[1] vollständig 2
neu gefasst. Sie ersetzt und ergänzt die bisherige Versandhandelsregelung nach § 3c UStG a.F. und erfasst – abhängig vom Warenweg – **drei Grundkonstellationen**: den **innergemeinschaftlichen Fernverkauf** (§ 3c Abs. 1 UStG, Rz. 13), den **Direkteinfuhrfernverkauf** (§ 3c Abs. 3 UStG, Rz. 42) und den **Transiteinfuhrfernverkauf** (§ 3c Abs. 2 UStG, Rz. 38). Das **Digitalpaket II** beinhaltete neben der **Neufassung des § 3c UStG** und der Einführung der Fernverkaufsregelungen außerdem insbesondere die Einführung neuer **Reihengeschäftsfiktionen für Lieferungen über elektronische Schnittstellen** mit Drittlandsbezug (**§ 3 Abs. 3a UStG**, § 3 Rz. 168 ff.) sowie Regelungen über das sog. **One-Stop-Shop-Verfahren** im Falle des Nicht-EU-Verfahrens (**§ 18i UStG**, § 18i Rz. 1 ff.), des EU-Verfahrens (**§ 18j UStG**, § 18j Rz. 1 ff.) sowie die Regelung des sog. **Import-One-Stop-Shop-Verfahrens** (§ 18k UStG, § 18k Rz. 1 ff.).[2] Als Zweite Stufe **ergänzt** das Digitalpaket II daher das zum 1.1.2019 in Kraft getretene **Digitalpaket I**, mit dem mit Wirkung zum **1.1.2019** insbesondere für die Ortsverlagerung bei sog. **TERF**[3]-Leistungen im B2C-Bereich (§ 3a Abs. 5 Satz 2 UStG) ein **Schwellenwert von EUR 10.000** eingeführt wurde (§ 3a Abs. 5 Sätze 3 bis 5 UStG, § 3a Rz. 303 ff.).[4] Das Digitalpaket I wiederum beruht auf den **Änderungen zum 1.1.2015**, mit denen insbesondere das **Bestimmungslandprinzip für TERF-Leistungen im B2C-Bereich** (§ 3a Abs. 5 Satz 1 und 2 UStG, § 3a Rz. 271 ff.) und der sog. **Mini-One-Stop-Shop** (§ 18h UStG a.F.) als Vorläufer des One-Stop-Shops eingeführt wurden.[5]

Im Ergebnis setzt § 3c UStG, wie bisher, die Umsatzbesteuerung nach dem **Bestimmungsortsprinzip** 3
um, indem er den **Lieferort zum Ende der Warenbeförderung verlagert**. Anders als dies im innergemeinschaftlichen Warenverkehr zwischen Unternehmern der Fall ist, erfolgt die **Besteuerung** dabei nicht beim Leistungsempfänger über einen innergemeinschaftlichen Erwerb, sondern **beim Leistenden.** Dies hat vor allem die Konsequenz, dass Versandhändler, die unter den Voraussetzungen des § 3c UStG Waren in andere Mitgliedstaaten versenden oder befördern, sich **in den Bestimmungsländern**

1 Gesetz v. 21.12.2020, BGBl. I 2020, 3096.
2 Vgl. im Einzelnen u. a. *Joost/Oldenburg*, MwStR 2020, 773 ff.; *Wäger*, UStB 2021, 76 ff.; *Wäger*, ZfZ 2021, 176 ff.
3 Leistungen auf dem Weg der Telekommunikation, auf elektronischem Weg erbrachte Leistungen, Rundfunkleistungen und Fernsehleistungen.
4 Gesetz v. 11.12.2018, BGBl. I 2018, 2338.
5 Gesetz v. 25.7.2014, BGBl. I 2014, 1266.

umsatzsteuerlich registrieren müssen und in der Folge den dortigen umsatzsteuerrechtlichen **Melde- und Erklärungspflichten** unterliegen. Damit richten sich auch etwaige verfahrensrechtlich vorgesehene Sanktionen, wie z.B. Bußgelder für die Verletzung von Compliance-Pflichten, nach dem Recht des jeweiligen Bestimmungslands.

4 Ohne die Verlagerung des Orts in das Bestimmungsland für das B2C-Geschäft käme es für den Bereich der innergemeinschaftlichen Fernverkäufe nach **§ 3c Abs. 1 UStG** dazu, dass insbesondere Online-Versandhandels-Unternehmer, die ganz oder überwiegend innergemeinschaftliche Fernverkäufe tätigen, einen Anreiz hätten, sich in dem Mitgliedstaat anzusiedeln, der den niedrigsten Steuersatz bietet. Insofern dient die Regelung – wie bereits § 3c UStG a.F. – auch dazu, einen **Wettlauf der Mitgliedstaaten um einen möglichst geringen Steuersatz bzw. Wettbewerbsnachteile für Mitgliedstaaten mit hohen Steuersätzen zu vermeiden.**[1]

5 Für den innergemeinschaftlichen B2C-Versandhandel, der überwiegend über Online-Angebote im Rahmen des sog. **eCommerce** stattfindet, nimmt § 3c UStG eine **herausragende Bedeutung** ein.[2] Fehler bei seiner Anwendung können wegen des branchentypischen Massengeschäfts leicht zu wirtschaftlich erheblichen Auswirkungen bis hin zu existenzbedrohlichen Konsequenzen durch hohe Umsatzsteuernachforderungen und Zinsbelastungen führen. Dabei ist durch die Neufassung die **Komplexität** noch einmal deutlich **gestiegen**, was auch die Fehleranfälligkeit erhöht (vgl. zur Kritik an der Neuregelung insbesondere auch § 3 Rz. 202 ff.).

II. Unionsrechtliche Grundlagen

6 Unionsrechtliche Grundlage des § 3c UStG sind insbesondere die **Art. 14 Abs. 4 sowie Art. 33, 35, 36 und 59c MwStSystRL**.

7 Unklar erscheint, ob sich die Einschaltung eines Unternehmers eines anderen Mitgliedstaats in die Umsatzbesteuerung des Letztverbrauchs im eigenen Mitgliedstaat durch § 3c Abs. 1 UStG mit dem **völkerrechtlichen Territorialitätsprinzip** vereinbaren lässt.[3] Diese Fragestellung hat sich durch die Ausweitung des bisherigen Mini One Stop Shop Verfahrens (MOSS), zum One Stop Shop Verfahren (OSS), das auch Erklärungen innergemeinschaftlicher Fernverkäufe ermöglicht (§ 18j UStG) jedoch erheblich relativiert (§ 18j Rz. 1 ff.).

III. Verhältnis zu anderen Vorschriften und Rechtsentwicklung

8 Der **zum 1.1.1993** erstmals in Deutschland **eingeführte**[4] § 3c UStG geht als **Spezialvorschrift** zur Bestimmung des Leistungsorts den allgemeinen Vorschriften des § 3 Abs. 6 und Abs. 7 UStG vor, was durch § 3 Abs. 5a UStG ausdrücklich angeordnet wird. Hieran hat sich durch die Neufassung zum 1.7.2021 nichts geändert.

9 § 3c UStG und das Regime der Besteuerung des innergemeinschaftlichen Warenverkehrs zwischen Unternehmern (§ 1a, § 4 Nr. 1 Buchst. b und § 6a UStG) schließen sich gegenseitig aus. Beide Besteuerungssysteme setzen das Bestimmungsortsprinzip[5] um, jedoch mit unterschiedlichen Steuerschuldnern. Auch hieran ändert sich durch die Neufassung zum 1.7.2021 nichts.

10 In Fällen des § 3c UStG ist der Unternehmer für Lieferungen ins Inland nach **§ 14a Abs. 2 Satz 1 UStG** auch dann zur **Ausstellung** einer **Rechnung verpflichtet**, wenn sich das nicht bereits aus § 14 Abs. 2 UStG ergibt. Dies gilt allerdings gemäß § 14a Abs. 2 Satz 2 UStG nicht, wenn der Unternehmer an dem besonderen Besteuerungsverfahren nach § 18j UStG teilnimmt. Dabei gilt in diesem Fall nicht das Recht des Landes, in dem der leistende Unternehmer seinen Sitz hat, wie es § 14 Abs. 7 UStG für

1 *Raudszus* in Esskandari/Bick, UStG, § 3c Rz. 3 (Stand Juli 2019); *Langer*, DB 1991, 462.
2 S. *Hildebrandt/Gothmann* in Steuerberater-Jahrbuch 2018/2019, S. 633 (637 ff.).
3 Hierzu *Heckel*, MwStR 2017, 149.
4 Vgl. Umsatzsteuerbinnenmarktgesetz v. 25.8.1992, BGBl. I 1992, 1548.
5 Siehe aber *Wäger* in Birkenfeld/Wäger, Umsatzsteuer-Handbuch, Abschnitt I Kap. 6 B – § 3c UStG Rz. 2 (Stand: Februar 2018).

Reverse-Charge-Umsätze anordnet. D.h., der Versandhändler muss seine Rechnungen jeweils nach den Vorgaben des Mitgliedstaats legen, in den geliefert wird.[1] Die Erleichterungen für Kleinbetragsrechnungen finden auf Versandhandelsumsätze keine Anwendung (§ 33 Satz 3 UStDV). In der Praxis führt dies zu einem sehr großen Anreiz dafür, von der Nutzung des One-Stop-Shops Gebrauch zu machen, um sich nicht mit den Rechnungslegungsvorschriften zahlreicher Mitgliedstaaten auseinandersetzen zu müssen (§ 18j Rz. 1 ff.).

Unionsrechtlich hat die Regelung zum innergemeinschaftlichen Fernverkehr (Art. 14 Abs. 4 MwStSystRL), die im Zuge des sog. **EU-Digitalpakets**[2] eingeführt wurde, die bisherige Regelung zum sog. **Versandhandelsumsatz** ersetzt. Die Regelung wurde mit Wirkung vom 1.7.2021 durch das Jahressteuergesetz 2020[3] umgesetzt und findet entsprechend erstmals auf Umsätze und Einfuhren Anwendung, die nach dem 30.6.2021 ausgeführt werden (§ 27 Abs. 34 Satz 1 UStG, s. § 27 Rz. 80). 11

Ein Bezug besteht außerdem zu der ebenfalls im Zuge des Digitalpakets II eingeführten **Lieferkettenfiktion** für elektronische Schnittstellen nach § 3 Abs. 3a UStG (§ 3 Rz. 168 ff.), auf die § 3c Abs. 2 UStG verweist. § 3c Abs. 2 UStG enthält Verweise auf § 3 Abs. 3a UStG für die Definition der Fernverkäufe mit Drittlandsbezug. Umgekehrt verweist § 3 Abs. 3a UStG trotz terminologischer Parallelen nicht auf § 3c UStG, sondern enthält eine eigene Fernverkaufsdefinition (§ 3 Abs. 3a Satz 4 UStG). 12

B. Innergemeinschaftlicher Fernverkauf (Absatz 1)

I. Regelungsgegenstand

§ 3c Abs. 1 UStG regelt den innergemeinschaftlichen Fernverkauf. Er unterscheidet sich von den in den Absätzen 2 und 3 geregelten Arten des Fernverkaufs dadurch, dass er **keinen Drittlandsbezug** voraussetzt, sondern sich **auf grenzüberschreitende Warenbewegungen innerhalb der EU** beschränkt. 13

§ 3c Abs. 1 UStG greift nur bei **grenzüberschreitenden** Lieferungen ein. Er findet daher **keine Anwendung** auf **rein inländische Liefervorgänge**. 14

Strukturell ist die Norm so aufgebaut, dass Satz 1 im Wesentlichen die Rechtsfolge (Ortsverlagerung) und zwei Grundvoraussetzungen regelt (innergemeinschaftlicher Fernverkauf und bewegte Lieferung), während sich Konkretisierungen und weitere Voraussetzungen aus den Sätzen 2 und 3 des ersten Absatzes sowie den Absätzen 4 und 5 ergeben. 15

Die Voraussetzungen für die Ortsverlagerung nach § 3c Abs. 1 i.V.m. Abs. 4 und Abs. 5 UStG sind danach: 16

- „Art der Lieferung“: **Bewegte Lieferung** (Beförderung oder Versendung),
- „Weg der Lieferung“ (§ 3c Abs. 1 Satz 2 Halbs. 1 UStG): **Innergemeinschaftliche Warenbewegung** (grenzüberschreitend[4] aber innerhalb der EU),
- „Art der Beteiligung des Unternehmers“ (§ 3c Abs. 1 Satz 2 Halbs. 2 UStG): **Direkte oder** auch nur **indirekte Beteiligung**,
- „Abnehmerkreis“ (§ 3c Abs. 1 Satz 3 UStG): **Leistungsempfänger**, die für die Lieferung **nicht** dem Regime des **innergemeinschaftlichen Erwerbs** unterliegen,

1 Vgl. *Weymüller* in BeckOK, § 14a UStG Rz. 33 (Stand: September 2023).

2 Das Digitalpaket besteht aus insgesamt drei Rechtsakten: RL (EU) 2017/2455 des Rates vom 5.12.2017 zur Änderung der RL 2006/112/EG und der RL 2009/132/EG in Bezug auf bestimmte mehrwertsteuerliche Pflichten für die Erbringung von Dienstleistungen und für Fernverkäufe von Gegenständen; Durchführungsverordnung (EU) 2017/2459 des Rates vom 5.12.2017 zur Änderung der Durchführungsverordnung (EU) Nr. 282/2011 des Rates zur Festlegung von Durchführungsvorschriften zur RL 2006/112/EG über das gemeinsame Mehrwertsteuersystem; Verordnung (EU) 2017/2454 des Rates vom 5.12.2017 zur Änderung der Verordnung (EU) Nr. 904/2010 des Rates über die Zusammenarbeit der Verwaltungsbehörden und die Betrugsbekämpfung auf dem Gebiet der Mehrwertsteuer.

3 JStG 2020 v. 21.12.2020, BGBl. I 2020, 3096.

4 Zur Vereinfachung werden bei dieser Übersicht die Lieferungen ohne Grenzüberschreitung in die nach § 1 Abs. 3 UStG bezeichneten Gebiete nicht genannt; siehe hierzu aber Rz. 27.

– „Lieferschwelle“ (§ 3c Abs. 4 UStG): **Überschreiten** der maßgeblichen Lieferschwelle von **10.000 Euro Umsatz oder Verzicht** auf die Lieferschwelle,
– „Ausschlusstatbestände“ (§ 3c Abs. 5 UStG): Keine neuen Fahrzeuge, Montagelieferungen oder verbrauchsteuerpflichtige Waren.

II. Voraussetzungen im Einzelnen

1. Verlagerung des Lieferorts zum Warenempfänger (Absatz 1 Satz 1)

17 § 3c Abs. 1 Satz 1 UStG regelt **zwei (Grund-)Voraussetzungen** für die Verlagerung des Lieferorts in das Bestimmungsland beim Fernverkauf zwischen Mitgliedstaaten. Sie betreffen den in § 3c Abs. 1 Satz 2 UStG legaldefinierten **innergemeinschaftlichen Fernverkauf** und die **Art der Lieferung** (Beförderung oder Versendung).

2. Innergemeinschaftlicher Fernverkauf (Absatz 1 Satz 2)

a) Legaldefinition

18 Die **Legaldefinition** des innergemeinschaftlichen Fernverkaufs findet sich in § 3c Abs. 1 Satz 2 UStG. Ein innergemeinschaftlicher Fernverkauf stellt danach jede Lieferung eines Gegenstands dar, der durch den Lieferer oder für dessen Rechnung aus dem Gebiet eines Mitgliedstaates in das Gebiet eines anderen Mitgliedstaates oder aus dem übrigen Gemeinschaftsgebiet in die in § 1 Abs. 3 UStG bezeichneten Gebiete an den Erwerber befördert oder versandt wird. Das gilt gem. § 3c Abs. 1 Satz 2 Halbs. 2 UStG auch im Falle einer Lieferung, an deren Beförderung oder Versendung der Lieferer nur indirekt beteiligt ist.

b) Art der Lieferung – Befördern oder Versenden

19 Es muss eine **bewegte Lieferung** vorliegen. Der Anwendungsbereich des innergemeinschaftlichen Fernverkaufs betrifft damit nicht nur die Versendung von Waren, sondern **auch** die **Beförderung**, also Fälle, in denen der **Lieferant selbst** die Ware zu seinem Kunden befördert.

20 Situationen, in denen Kunden die Ware selbst direkt beim Unternehmer abholen (**Abholfälle**) und dann in einen anderen Mitgliedstaat bringen, stellen **keinen innergemeinschaftlichen Fernverkauf** dar, **wenn** es sich um **eine indirekte Beteiligung** handelt. So regelt § 3c Abs. 1 Satz 2 UStG ausdrücklich, dass der der Lieferung zugrundeliegende Gegenstand durch den Lieferer oder für dessen Rechnung befördert oder versandt werden muss. Im Umkehrschluss ist ein innergemeinschaftlicher Fernverkauf ausgeschlossen, wenn der Abnehmer in eigener Person die Lieferung herbeiführt, die Beförderung oder den Versand selbst veranlasst oder Dritte damit beauftragt. Wenn dies der Fall ist, kommt grundsätzlich nur eine Besteuerung durch das Ursprungsland in Betracht.

21 Darüber hinaus ist ein innergemeinschaftlicher Fernverkauf ausgeschlossen, wenn den Lieferungen **Gas, Elektrizität, Wärme oder Kälte** zugrundliegt. Sie stellen **keine bewegten Lieferungen** dar und fallen dementsprechend nicht in den Anwendungsbereich von § 3c Abs. 1 Satz 2 UStG.[1]

22 Auch bei **indirekter Beteiligung** des Lieferers an der Beförderung oder Versendung an den Erwerber ist gem. § 3c Abs. 1 Satz 2 UStG a.E. ein innergemeinschaftlicher Fernverkauf gegeben. Diese Variante bestand in der Versandhandelsregelung nach § 3c UStG a.F. noch nicht und ist zudem auch in der Lieferkettenfiktion des § 3 Abs. 3a Satz 4 UStG vorgesehen (§ 3 Rz. 253). Damit kann insbesondere auch dann, wenn auf den ersten Blick ein nicht von der Ortsverlagerung erfasster Sachverhalt vorzuliegen scheint, die Regelung dennoch greifen.

23 Die indirekte Beteiligung als unbestimmter Rechtsbegriffe ist selbst zwar nicht von § 3c UStG erfasst, wird aber in Art. 5a MwStVO näher konkretisiert. Die FinVerw. hat diese Konkretisierung unter direk-

1 Abschn. 3c.1 Abs. 2 Satz 2 UStAE.

tem Verweis auf Art. 5a MwStVO in den UStAE implementiert.[1] Art. 5a MwStVO nennt insofern, nicht abschließend, vier Fallkonstellationen, in denen eine indirekte Beteiligung zu bejahen ist[2]:

- der Unternehmer vergibt zur Beförderung oder Versendung einen **Unterauftrag** an einen Dritten, der die Gegenstände an den Erwerber liefert;
- der Unternehmer übernimmt die gesamte oder die teilweise **Verantwortung** für die Lieferung der Gegenstände bei Versendung oder Beförderung an den Erwerber;
- der Unternehmer **stellt** dem Erwerber die **Transportkosten in Rechnung**, zieht sie ein und leitet sie an einen Dritten weiter, der die Versendung oder Beförderung des Gegenstandes übernimmt;
- der Unternehmer **bewirbt** in jeglicher Weise gegenüber dem Erwerber die **Zustelldienste eines Dritten**, stellt den **Kontakt** zwischen dem Erwerber und dem Dritten her oder **übermittelt** einem Dritten in anderer Weise die **Informationen**, die für die Beförderung und Versendung des Gegenstandes benötigt werden.

Insbesondere im Zuge der letzten Fallkonstellation wird der Anwendungsbereich der „echten" Abholfälle, die nicht von der Ortsverlagerung erfasst werden, sehr stark eingeschränkt. Für die Praxis ist dies insbesondere für Fälle des sog. **„Decoupling"** relevant, bei dem im Online-Handel versucht wird, durch eine Entkoppelung von Bestellung und Lieferverantwortung einen Abholfall herzustellen, der die Anwendung der Ortsverlagerung nach § 3c UStG ausschließen soll, um einen (günstigeren) Steuersatz im Sitzstaat des Online-Händlers zu nutzen.[3] Hier sind die Hürden für eine entsprechende Gestaltung ab dem 1.7.2021 erheblich gestiegen. 24

c) Weg der Lieferung

aa) Innergemeinschaftliches Befördern oder Versenden

Der **Anwendungsbereich** ist beschränkt auf **grenzüberschreitende Fälle in der EU**. Nur wenn die Lieferung von einem Mitgliedstaat in einen anderen Mitgliedstaat erfolgt, ist § 3c Abs. 1 UStG anwendbar. 25

Endet die Warenbewegung im **Drittland**, so findet § 3c UStG bereits aufgrund seines Wortlauts **keine Anwendung**. Bei einem **Beginn** der Warenbewegung im **Drittland** ist **zu unterscheiden** zwischen einer **direkten Belieferung** des Kunden in einem Mitgliedstaat, die als sog. **Direkteinfuhrfernverkauf** nunmehr in § 3c Abs. 3 UStG geregelt ist (Rz. 42 ff.) **und** der Einfuhr in einen Mitgliedstaat mit nachfolgendem Weitertransport in einen anderen Bestimmungsmitgliedstaat, der als sog. **Transiteinfuhrfernverkauf** in § 3c Abs. 2 UStG geregelt ist (Rz. 38 ff.). Während letzterer bereits von der Versandhandelsregelung nach § 3c UStG a.F. erfasst wurde, ist die Erfassung der Direkteinfuhrfernverkäufe ab dem 1.7.2021 neu. 26

bb) Innergemeinschaftliches Liefern in deutsche Freihäfen, Gewässer und Wattgebiete

Besonderheiten ergeben sich bei Lieferungen und Lieferketten, die einen Bezug zu den in § 1 Abs. 2 Satz 1 i.V.m. § 1 Abs. 3 UStG vom Inland ausgenommenen Sondergebieten (Freihäfen, Gewässer und Wattgebiete zwischen Strandlinie und Hoheitsgrenze) haben. Werden Waren von einem anderen Mitgliedstaat als Deutschland aus versendet und **endet** die **Warenbewegung** in den in § 1 Abs. 3 UStG genannten **Sondergebieten**, so ist **§ 3c Abs. 1 UStG anwendbar** und führt zur Verlagerung des Lieferorts in diese Gebiete (§ 3c Abs. 1 Alt. 2 UStG). Auch in diesen Fällen bedarf es jedoch stets einer grenzüberschreitenden Lieferung von einem Mitgliedstaat in einen **anderen Mitgliedstaat**. Daher ist § 3c Abs. 1 UStG für **Lieferungen zwischen** dem **Inland und** den in § 1 Abs. 3 UStG genannten **Sondergebieten ausgeschlossen.** 27

---

1 Abschn. 3c.1 Abs. 2 Satz 6 i.V.m. Abschn. 3.18 Abs. 4 Satz 8 UStAE.

2 Abschn. 3c.1 Abs. 2 Satz 6 UStAE.

3 Vgl. BFH, Urt. v. 20.5.2015 – XI R 2/13, BStBl. II 2018, 605 = UR 2016, 101; EuGH, Urt. v. 18.6.2020 – C-276/18, ECLI:EU:C:2020:81 – KrakVet Marek Batko, UR 2020, 549 m. Anm. *Monfort*.

3. Erwerberkreis (Absatz 1 Satz 3)

a) Regelungsgegenstand

28 § 3c Abs. 1 Satz 3 UStG schränkt die Anwendung der Norm auf einen bestimmten, abschließend aufgezählten Kreis von Erwerbern ein. Mit dieser Regelungstechnik wird insbesondere die **Subsidiarität gegenüber** der **Erwerbsbesteuerung** hergestellt. Denn die Erwerber, die nicht unter den genannten Personenkreis fallen, sind grundsätzlich solche Lieferungsempfänger, bei denen bereits durch die Besteuerung eines innergemeinschaftlichen Erwerbs und die korrespondierende Steuerbefreiung einer innergemeinschaftlichen Lieferung im Ursprungsland die Besteuerung im Bestimmungsland durchgeführt wird. Der wesentliche Unterschied dieser beiden Systeme liegt darin, dass bei Anwendung des § 3c UStG nicht der Empfänger, sondern der Lieferer die Umsatzsteuer im Bestimmungsland schuldet.

29 Die **Beweislast** für die Voraussetzungen des § 3c Abs. 1 Satz 3 UStG, etwa für das Nichteingreifen des § 3c UStG wegen eines unternehmerischen Empfängers (§ 3c Abs. 1 Satz 3 Halbs. 1 UStG) oder des Unterschreitens der Erwerbsschwelle im vorangegangenen und laufenden Kalenderjahr (§ 3c Abs. 4 Satz 1 UStG), liegt **beim** (ausländischen) **Unternehmer.**[1] Dies gilt in den betroffenen Fällen entsprechend für den Nachweis, dass der Erwerber auf die Erwerbsschwelle verzichtet hat (§ 3c Abs. 1 Satz 3 Halbs. 2 UStG).

30 Der Erwerber ist gemäß § 3c Abs. 1 Satz 3 UStG entweder ein in § 3a Abs. 5 Satz 1 UStG bezeichneter Empfänger oder eine in § 1a Abs. 3 Nr. 1 UStG genannte Person, die weder die maßgebende Erwerbsschwelle überschreitet noch auf ihre Anwendung verzichtet.

b) Personenkreis gemäß § 3a Abs. 5 Satz 1 UStG

31 Der Verweis auf § 3a Abs. 5 Satz 1 UStG führt zu einer Negativabgrenzung, die die Komplexität unnötig erhöht. **Taugliche Erwerber** sind daher:

- Personen, die nicht Unternehmer sind und die Leistung für ihr Unternehmen beziehen,
- ausschließlich nicht unternehmerisch tätige juristischen Personen, denen keine Umsatzsteuer-Identifikationsnummer erteilt worden ist,
- juristische Personen, die sowohl unternehmerisch als auch nicht unternehmerisch tätig sind, bei denen die Lieferung jedoch ausschließlich für den privaten Bedarf des Personals oder eines Gesellschafters bestimmt ist.

32 Die hiermit erfassten Fälle entsprechen grundsätzlich denen, die in der bisherigen Versandhandelsregelung über den Verweis des § 3c Abs. 2 Nr. 1 UStG a.F. erfasst wurden. Erfasst werden damit **insbesondere** natürliche **(Privat-)Personen**, die als Verbraucher (grenzüberschreitend) Waren erwerben. Sobald eine natürliche Person als Erwerber Waren **nicht privat**, sondern als Unternehmer für ihr Unternehmen erwirbt, **greift** anstelle des § 3c UStG wiederum grundsätzlich die **(vorrangige) Erwerbsbesteuerung** nach § 1a UStG. Bei juristischen Personen als Erwerber gilt dies selbst dann, wenn sie nicht Unternehmer sind, oder wenn sie zwar Unternehmer sind, den Gegenstand jedoch nicht für ihr Unternehmen erwerben (§ 1a Abs. 1 Nr. 2 Buchst. b UStG). Wenn **z.B.** Waren aus einem anderen Mitgliedstaat an eine deutsche Holdinggesellschaft geliefert werden, so würde auch dann **vorrangig** vor § 3c UStG eine Besteuerung eines **innergemeinschaftlichen Erwerbs** greifen, wenn es sich beim **Empfänger** um eine **reine Finanzholding** handelt, die kein Unternehmer i.S.d. UStG ist oder eine gemischte Holding, die zwar Unternehmer ist, die Gegenstände jedoch für den Bereich ihrer nicht unternehmerisch gehaltenen Beteiligungen bezieht (vgl. § 2 Rz. 20 und 25).

c) Person, die nicht der Erwerbsbesteuerung gem. § 1a Abs. 3 Nr. 1 UStG unterliegt

33 Des Weiteren definiert **§ 1a Abs. 3 Nr. 1 UStG** einen möglichen Erwerberkreis, wenn die Personen nicht der Erwerbsbesteuerung unterliegen (durch fehlendes Erreichen der Erwerbsschwelle oder Verzicht auf diese). Das betrifft:

---

1 Vgl. *Martin* in Sölch/Ringleb, zu § 3c UStG a.F. Rz. 7 (Stand: Juni 2023); zum Gutglaubensschutz s. *Ammann*, UR 2001, 287; *Kempf*, UR 1994, 37.

- Unternehmer, die **nur steuerfreie Umsätze** ausführen, die zum Ausschluss vom Vorsteuerabzug führen,
- Unternehmer, für deren Umsätze die Umsatzsteuer nach § 19 UStG nicht erhoben wird **(Kleinunternehmer)**,
- Unternehmer, die den Liefergegenstand zur Ausführung von Umsätzen verwenden, für die die Steuer nach den Durchschnittssätzen des § 24 UStG festgesetzt ist **(land- und forstwirtschaftliche Betriebe)**,
- und **juristische Personen**, die **nicht Unternehmer** sind oder die den Gegenstand nicht für ihr Unternehmer erwerben.

Der Verweis auf § 1a Abs. 3 Nr. 1 UStG schließt die Lücke, die sich aus der Reichweite der Erwerbsbesteuerung und dem Personenkreis i. S. d. § 3a Abs. 5 UStG ergibt. D.h. in bestimmten Fällen ist der **innergemeinschaftliche Fernverkauf auch für Personen** anzuwenden, **die** sich **nicht bereits** aus **§ 3a Abs. 5 Satz 1 UStG** ergeben. 34

Erfasst von der Versandhandelsregelung sind daher **auch** die **Fälle**, in denen Unternehmer von einer Erwerbsbesteuerung nach § 1a UStG ausgenommen sind, weil sie die **Erwerbsschwelle nicht erreicht und** auch **nicht** auf diese **verzichtet** haben (§ 1a Abs. 3 Nr. 1 und Nr. 2 UStG). In diesen Fällen greift § 3c UStG so lange, bis wegen des Überschreitens der Erwerbsschwelle die (vorrangige) Erwerbsbesteuerung nach § 1a UStG greift (§ 1a Rz. 1 ff.). 35

d) Maßgebliche Erwerbsschwelle

Endet die Beförderung oder Versendung im Gebiet eines anderen Mitgliedstaates, ist die von diesem Mitgliedstaat festgesetzte Erwerbsschwelle gemäß § 3c Abs. 1 Satz 3 UStG a.E. maßgebend. Die in den Mitgliedstaaten jeweils festgelegten **Erwerbsschwellen und Lieferschwellen werden regelmäßig von der EU-Kommission unverbindlich veröffentlicht.**[1] 36

Grundsätzlich muss der liefernde Unternehmer aufgrund seiner Beweislast **im Zweifel aktive Ermittlungsmaßnahmen** vornehmen, um zu erfahren, ob ein Empfänger i.S.d. § 1a Abs. 3 Nr. 2 UStG die jeweilige Erwerbschwelle überschritten oder darauf verzichtet hat. In der Praxis dürfte es diesbezüglich im Regelfall genügen, wenn er sich von seinen Kunden bestätigten lässt, ob diesen eine USt-IdNr. erteilt wurde.[2] 37

C. Transiteinfuhrfernverkauf (Absatz 2)

I. Regelungsgegenstand

§ 3c Abs. 2 UStG regelt den Einfuhrfernverkauf aus einem Drittlandsgebiet, wenn die Ware anschließend weiterbefördert wird (Transiteinfuhrfernverkauf). Gemäß § 3c Abs. 2 Satz 1 UStG gilt als Ort der Lieferung eines Fernverkaufs der Mitgliedstaat, an dem sich ein Gegenstand bei Beendigung der Beförderung oder Versendung befindet, wenn ein Gegenstand aus dem Drittlandsgebiet über einen anderen Mitgliedstaat als demjenigen, in dem die Beförderung oder Versendung endet, eingeführt wird. 38

II. Voraussetzungen im Einzelnen

1. Transiteinfuhr (Absatz 2 Satz 1)

Besonderheit des Transiteinfuhrverkaufs ist der **Warenweg**, der sich **nach** der **Einfuhr** in einem Mitgliedstaat **in einen weiteren Mitgliedstaat** fortsetzt. Unbeachtlich ist hierbei, wie viele Mitgliedstaaten die Ware durchquert, bis sie zum Warenempfänger gelangt. 39

1 S. unter https://taxation-customs.ec.europa.eu/system/files/2021-02/vat_in_ec_annexi.pdf; Abschn. 3.18. Abs. 4 Satz 7 UStAE.

2 Vgl. *Vellen* in Reiß/Kraeusel/Langer, § 3c UStG Rz. 74 (Stand: Februar 2017).

2. Fernverkauf (Absatz 2 Satz 2)

40 Die **Definition des Transiteinfuhrfernverkaufs** wird in § 3c Abs. 2 Satz 1 UStG systematisch anders gehandhabt als beim innergemeinschaftlichen Fernverkauf in § 3c Abs. 1 Satz 2 UStG, der legaldefiniert wird. Durch den Verweis auf die entsprechende Geltung des § 3 Abs. 3a Satz 4 UStG in § 3c Abs. 2 Satz 2 UStG wird auf die Definition des Fernverkaufs, die dort ebenfalls im Zuge der Umsetzung des EU-Digitalpakts eingefügt wurde, verwiesen (§ 3 Rz. 253). Demnach ist ein Fernverkauf die Lieferung eines Gegenstandes, der durch den Lieferer oder für dessen Rechnung **aus dem Drittlandsgebiet an einen Erwerber in einem Mitgliedstaat befördert oder versendet wird**, einschließlich jener Lieferung, an deren Beförderung oder Versendung der Lieferer indirekt beteiligt ist. Für die Begriffsbestimmung der **indirekten Beteiligung** gelten die Ausführungen zu § 3c Abs. 1 Satz 2 UStG (Rz. 18 ff.).

41 Der Gesetzgeber hat an dieser Stelle mit einer etwas **komplizierten Verweiskette** gearbeitet. § 3c Abs. 2 Satz 2 UStG verweist zur Konkretisierung des **Erwerberbegriffs** auf § 3 Abs. 3a Satz 5 UStG. Die Verweisung in § 3 Abs. 3a Satz 5 UStG regelt den Erwerberbegriff wiederum selbst durch eine Verweisung auf § 3a Abs. 5 Satz 1 UStG und § 1a Abs. 3 Nr. 1 UStG, sodass sich der Erwerber auch vorliegend grundsätzlich als Nichtunternehmer darstellt. Dementsprechend ist der **Erwerberkreis** im Rahmen des Transiteinfuhrfernverkaufs grundsätzlich **inhaltsgleich zum Erwerberkreis des innergemeinschaftlichen Fernverkaufs** (Rz. 28 ff.).

D. Direkteinfuhrfernverkauf (Absatz 3)

I. Regelungsgegenstand

42 § 3c Abs. 3 UStG betrifft Fälle des sog. **Direkteinfuhrfernverkaufs**, in denen die Beförderung oder Versendung eines Gegenstandes aus einem Drittlandsgebiet auch in dem Mitgliedstaat endet, in welchem die Einfuhr stattgefunden hat. Als Rechtsfolge gilt der Ort der Lieferung eines Gegenstandes, der aus einem **Drittlandsgebiet in den Mitgliedstaat, in dem die Beförderung oder Versendung endet**, eingeführt wird, als in diesem Mitgliedstaat gelegen, **wenn** – als zusätzliche Voraussetzung – die Steuer auf diesen Gegenstand gem. dem besonderen Besteuerungsverfahren nach **§ 18k UStG** (§ 18k Rz. 1 ff.) zu erklären ist.

II. Voraussetzungen im Einzelnen

1. Direkteinfuhr und Nutzung des Import-One-Stop-Shop-Verfahrens (Absatz 3 Satz 1)

43 Die Verlagerung des Lieferungsortes greift – im Unterschied zum Transiteinfuhrfernverkauf nach § 3c Abs. 2 UStG – **nur, wenn** ein Gegenstand **ohne weiteren grenzüberschreitenden Transport** in dem Mitgliedstaat der Einfuhr verbleibt und für den umsatzsteuerpflichtigen Unternehmer das sogenannte **Import-One-Stop-Shop-Verfahren** (IOSS) nach § 18k UStG in Bezug auf den eingeführten Gegenstand gilt. Dies ermöglicht ihm, die einheitliche Erfüllung umsatzsteuerlicher Erklärungs- und Zahlungsverpflichtungen gegenüber nur einem Mitgliedstaat, ohne jeweils in jedem einzelnen Mitgliedstaat – der auch Leistungsort ist – am Umsatzsteuerverfahren teilnehmen zu müssen (§ 18k Rz. 1 ff.).

44 Ein Unternehmer oder ein in seinem Auftrag handelnder Vertreter **kann** dann gemäß § 18k Abs. 1 Satz 1 UStG zu diesem besonderen Besteuerungsverfahren optieren, **wenn** er nach dem 30.6.2021 als Steuerschuldner Fernverkäufe nach § 3 Abs. 3a Satz 2 UStG oder § 3c Abs. 2 oder Abs. 3 UStG in Sendungen mit einem **Sachwert von höchstens 150 €** im Gemeinschaftsgebiet erbringt. Dies gilt allerdings gemäß § 18k Abs. 1 Satz 4 UStG ausdrücklich nicht für verbrauchsteuerpflichtige Waren.

45 Da § 18k Abs. 1 Satz 1 UStG für Direkteinfuhren seinerseits voraussetzt, dass Lieferungen i.S.d. § 3c Abs. 3 UStG vorliegen, bestünde bei streng wortgetreuer Auslegung ein **Zirkelschluss**, der den Anwendungsbereich von § 3c Abs. 3 UStG vollständig entfallen ließe. Dem Gesetzgeber ist insoweit eine **technische Ungenauigkeit** vorzuwerfen. Lösbar ist dies, indem § 18k Abs. 1 Satz 1 UStG so ausgelegt wird, dass es sich um Lieferungen handelt, die § 3c Abs. 3 UStG erfüllen *würden*, wenn sie über das IOSS-Verfahren erklärt würden (§ 18k Rz. 1 ff.).

2. Fernverkauf und Erwerberkreis (Absatz 3 Satz 2)

Wie bereits bei der Regelung über den Transiteinfuhrfernverkauf ergibt sich die Definition und der Erwerberkreis des erforderlichen Fernverkaufs über einen Verweis auf § 3 Abs. 3a Satz 4 und 5 UStG. Definition und Erwerberkreis sind mit dem Transiteinfuhrfernverkauf identisch (Rz. 39). 46

3. Besonderheiten im Zusammenspiel mit Schnittstellenlieferketten (Absatz 3 Satz 3)

§ 3c Abs. 3 Satz 3 UStG regelt, dass bei einem **Fernverkauf mit Beteiligung einer elektronischen Schnittstelle** die Ortsverlagerung der bewegten Lieferung gemäß § 3 Abs. 6b UStG zugeschrieben wird. 47

Abweichend vom „Regelfall" des Einfuhrfernverkaufs kommt es in diesen Fällen **auch** dann zur **Ortsverlagerung** nach § 3c Abs. 3 UStG ins Bestimmungsland, **wenn** der Händler **nicht** von der Möglichkeit des Import-One-Stop-Shop-Verfahrens gemäß **§ 18k UStG** Gebrauch macht. Dies dient der Schließung einer potenziellen Besteuerungslücke, die bei einer fehlenden Pflicht zur Erklärung nach § 18k UStG für den Fernverkauf eines Gegenstandes aus einem Drittlandsgebiet entstünde.[1] 48

E. Ausschluss des innergemeinschaftlichen Fernverkaufs (Absatz 4)

I. Regelungsgegenstand

§ 3c Abs. 4 UStG steht als **Ausschlusstatbestand** für den innergemeinschaftlichen Fernverkauf in direktem Zusammenhang mit § 3c Abs. 1 UStG und hat **für** den **Transiteinfuhrfernverkauf** sowie für den **Direkteinfuhrfernverkauf keine Bedeutung**. Der Ausschluss greift, wenn kumulativ eine Lieferschwelle von 10.000 Euro und eine auf den Sitz des Unternehmers bezogene Voraussetzung vorliegen. 49

II. Voraussetzungen im Einzelnen

1. Unternehmenssitz und Umsatzschwelle (Absatz 4 Satz 1)

Nach Satz 1 ist die Ortsverlagerung für innergemeinschaftliche Fernverkäufe nach Abs. 1 dann **nicht** anzuwenden, **wenn** 50

- der leistende Unternehmer seinen **Sitz, seine Geschäftsleitung, eine Betriebsstätte** oder in Ermangelung eines Sitzes, einer Geschäftsleitung oder einer Betriebsstätte seinen **Wohnsitz oder gewöhnlichen Aufenthalt** in nur **einem Mitgliedstaat** hat *und*
- der **Gesamtbetrag** der Entgelte der in § 3a Abs. 5 Satz 2 UStG bezeichneten sonstigen Leistungen an in § 3a Abs. 5 Satz 1 UStG bezeichnete Empfänger mit Wohnsitz, gewöhnlichem Aufenthalt oder Sitz in anderen Mitgliedstaaten sowie der Entgelte der innergemeinschaftlichen Fernverkäufe nach Absatz 1 Satz 2 und 3 insgesamt **10.000 Euro** im vorangegangenen Kalenderjahr nicht überschritten hat und im laufenden Kalenderjahr **nicht überschreitet.**

Im Gegensatz zur bisherigen Lieferschwelle des § 3c UStG a.F., die von den Mitgliedsstaaten unterschiedlich festgesetzt werden konnte, ist die aktuelle Umsatzschwelle von 10.000 Euro durch das Unionsrecht **einheitlich** geregelt, so dass sich eine erhebliche Vereinfachung für den Rechtsverkehr ergibt. 51

Die Voraussetzungen von Ansässigkeitsort und Schwellenwert müssen **kumulativ** gegeben sein. Die Ortsverlagerung nach § 3c UStG ist folglich bereits dann nicht über § 3c Abs. 4 UStG vermeidbar, wenn der Unternehmer in mehr als einem Mitgliedstaat ansässig ist, z.B. in dem er dort eine umsatzsteuerliche Betriebsstätte unterhält. 52

Im Vergleich zur bisherigen Versandhandelsregelung nach § 3c Abs. 3 UStG a.F., die für Deutschland noch eine Lieferschwelle von 100.000 Euro vorsah und bei der keine Zusammenrechnung mit anderen Umsatzarten erfolgte, wird deutlich, dass es **durch** die **Neuregelung ab dem 1.7.2021** zu einer **erheb-** 53

1 *Martin* in Sölch/Ringleb, § 3c UStG Rz. 69 (Stand: Juni 2023).

lichen Einschränkung des Ausschlusses und damit zu einer ebenfalls erheblichen **Ausweitung des Anwendungsbereichs** der Ortsverlagerung kommt. Der hierdurch entstehende administrative Aufwand, sich in anderen Mitgliedstaaten umsatzsteuerlich zu registrieren und dessen Melde- und Erklärungspflichten zu beachten, wird durch die neue Möglichkeit, auch innergemeinschaftliche Fernverkäufe über das One-Stop-Shop-Verfahren nach § 18j UStG zu erklären (§ 18j Rz. 1 ff.), kompensiert.

54 Die zusammenzurechnenden Entgelte der Leistungen, deren Gesamtbetrag bei Überschreitung des Schwellenwertes die Anwendung von § 3c Abs. 1 UStG ausschließen kann, müssen sonstige Leistungen in Form von **Telekommunikationsleistungen, Rundfunk- und Fernsehdienstleistungen, auf elektronischem Weg erbrachte sonstige Leistungen** (§ 3a Abs. 5 Satz 2 UStG) oder **innergemeinschaftliche Lieferungen** i.S.d. § 3c Abs. 1 Satz 2 und Satz 3 UStG sein.

55 Der Betrachtungszeitraum für die Bestimmung der Umsatzschwelle, ist durch § 3c Abs. 4 Satz 1 UStG definiert. Insofern kommt es **sowohl auf das vorangegangene als auch** das **laufende Kalenderjahr** an; d.h. das Überschreiten der Umsatzschwelle in einem Jahr wirkt sich sowohl auf die (folgenden) Umsätze dieses Jahres als auch auf das Folgejahr aus.

56 § 3c Abs. 4 Satz 1 UStG stellt für den geografischen Anknüpfungspunkt für Besteuerungszwecke auf die **Begriffe des Sitzes, der Geschäftsleistung oder der Betriebsstätte** ab und weicht damit begrifflich von dem einfacher gefassten Art. 59c Abs. 1 Buchst. a MwStSystRL ab, der nur auf die „Ansässigkeit" abstellt.[1] Als Konsequenz ergibt sich, dass ein Unternehmer unabhängig vom Unterschreiten des Schwellenwerts die Ortsverlagerung nicht verhindern kann, wenn er in mehr als einem Mitgliedstaat eine Betriebsstätte hat. Ausreichend ist insoweit bereits, wenn die Betriebsstätte in irgendeinem anderen Mitgliedstaat besteht; es muss sich nicht um den Mitgliedstaat handeln, in den die Waren versendet werden. In Anbetracht des seit dem 1.7.2021 – im Vergleich zur alten Regelung sehr niedrigen – Schwellenwerts dürfte die praktische Auswirkung dieser Fälle jedoch gering sein.

57 **Nicht eindeutig** ist, ob es bei der Anwendung des Schwellenwertes von 10.000 Euro in § 3c Abs. 4 Satz 1 UStG auf einen Gesamtbetrag der Entgelte aus sonstigen Leistungen i.S.d. § 3a Abs. 5 Satz 2 UStG und den Fernverkäufen nach Absatz 1 Satz 2 und 3 ankommt oder **ob** der Schwellenwert **für jede Leistungsart gesondert** erreicht, werden muss. Dies ergibt sich aus einer Abweichung in der Formulierung von Art. 59c Abs. 1 Buchst. c MwStSystRL, die nicht von „sowie", sondern von „oder" in Bezug auf beide Umsatzarten spricht. Im Hinblick auf den Richtlinienwortlaut der englischen und der französischen Fassung liegt es m.E. jedoch nahe, dass es sich bei der deutschen Fassung um ein redaktionelles Versehen handelt. Ob die Möglichkeit einer unionsrechtskonformen Auslegung zur Begründung einer isolierten Betrachtung beider Umsatzarten besteht[2], erscheint insoweit fraglich. Bis zu einer Klärung dieser Rechtsunsicherheit ist es für die Praxis ratsam, von einem Gesamtbetrag[3] beider Umsatzarten auszugehen.

2. Verzicht auf den Ausschluss (Absatz 4 Satz 2 und 3)

58 Es ist dem leistenden Unternehmer – wie bereits bei der alten Versandhandelsregelung – gem. § 3c Abs. 4 Satz 2 UStG möglich, dem FA den **Verzicht** auf die Anwendung des Ausschlusstatbestandes nach § 3c Abs. 4 Satz 1 UStG zu erklären. Ist eine solche Verzichtserklärung erfolgt, kommt eine Verlagerung des Leistungsortes in das Bestimmungsland auch bei denjenigen Unternehmern in Betracht, die bei nur einem geografischen Anknüpfungspunkt zur Besteuerung den Schwellenwert von 10.000 Euro nicht überschritten haben.

59 Dies kann insbesondere dann ökonomisch **sinnvoll** sein, **wenn** der **im Bestimmungsland** anwendbare **Steuersatz** deutlich **niedriger** ist als der Steuersatz im Ursprungsland. Auch wenn bereits absehbar ist, dass die Umsätze die jeweils geltende Umsatzschwelle überschreiten werden, kann ein Verzicht sinnvoll

1 Vgl. hierzu auch *Martin* in Sölch/Ringleb, § 3c UStG Rz. 72 (Stand: Juni 2023); *Weymüller* in BeckOK, § 3c UStG Rz. 65 (Stand: September 2023).

2 So offenbar *Martin* in Sölch/Ringleb, § 3c UStG Rz. 71 (Stand: Juni 2023); **a.A.** *Joost/Oldenburg*, MwStR 2020, 773 unter 2.5.

3 So auch *Serafini*, GStB 2021, 459 (460).

sein, um den Aufwand für das genaue Monitoring der Lieferschwelle zu vermindern und das damit verbundene Risiko einer zu spät erkannten Verlagerung des Lieferorts zu vermeiden.

Die Erklärung des Verzichts hat gegenüber der zuständigen Behörde zu erfolgen. D.h. **gegenüber** dem **FA, das ohne Ausübung der Option für umsatzsteuerliche Zwecke zuständig wäre.**[1] Sie ist an **keine bestimmte Form oder Frist** gebunden. Aus Dokumentationsgründen **empfiehlt sich** allerdings eine **schriftliche Ausübung** des Verzichts. 60

Ein einmal erklärter **Verzicht bindet** den Unternehmer für **mindestens zwei Kalenderjahre** (§ 3c Abs. 4 Satz 3 UStG). Erst danach ist ein Widerruf der Option möglich. Bezüglich der Frage, ob der **Verzicht auch mit Rückwirkung** erklärt werden kann, werden im Hinblick auf die alte Fassung der Norm unterschiedliche Auffassungen vertreten, die sich auch auf die aktuelle Regelung übertragen lassen[2]: Vor dem Hintergrund, dass es sich bei der Umsatzschwelle um eine Ausnahme der Anwendung des § 3c UStG aus Vereinfachungsgründen handelt, ist die Möglichkeit eines Verzichts auch mit Rückwirkung für alle noch offenen Zeiträume zu bejahen. Zudem ist *Grünwald* beizupflichten, der darauf hinweist, dass die sich aus dem grenzüberschreitenden Charakter der Fernverkaufsumsätze ergebenden Diskrepanzen unterschiedlicher Mitgliedstaaten nicht dazu führen dürfen, dass nationales Verfahrensrecht zu Lasten des Unternehmers nicht angewendet wird.[3] 61

F. Ausschluss der Regelungen über den Ort der Lieferung beim Fernverkauf (Absatz 5)

I. Neue Fahrzeuge (Absatz 5 Satz 1 Nr. 1)

Für Lieferungen neuer Fahrzeuge greift die besondere Erwerbsbesteuerung nach **§ 1b UStG** (§ 1b Rz. 1 ff.), die ebenfalls das Bestimmungslandprinzip durchsetzt. § 3c Abs. 5 Satz 1 Nr. 1 UStG ordnet an, dass dieser **Vorrang vor der Fernverkaufsregelung** nach § 3c UStG hat, neue Fahrzeuge unterliegen daher nicht der Fernverkaufsregelung. 62

II. Montiert oder installiert gelieferte Gegenstände (Absatz 5 Satz 1 Nr. 2)

In § 3c Abs. 5 Satz 1 Nr. 2 UStG hat der Gesetzgeber festgelegt, dass die Fernverkaufsregelung nicht für die Lieferung eines Gegenstandes gilt, der mit oder ohne probeweise Inbetriebnahme durch den Lieferer oder für dessen Rechnung **montiert oder installiert geliefert** wird. Insofern bezieht sich die Norm auf Montagelieferungen, die als solche, Gegenstand des Art. 36 MwStSystRL sind.[4] 63

III. Anwendung der Differenzbesteuerung (Absatz 5 Satz 1 Nr. 3)

Darüber hinaus ist die Anwendung von § 3c Abs. 1–3 UStG ebenfalls ausgeschlossen, sofern die Lieferung einen Gegenstand betrifft, auf den **Differenzbesteuerung** nach § 25a Abs. 1 oder 2 UStG angewendet wird. 64

1 *Widmann*, UR 1991, 249.
2 Bejahend insbes. *Grünwald* in Hartmann/Metzenmacher, § 3c UStG Rz. 64 (Stand: September 2023); **a.A.** *Martin* in Sölch/Ringleb, § 3c UStG Rz. 30 (Stand: Juni 2023); *Vellen* in Reiß/Kraeusel/Langer, § 3c UStG Rz. 97 (Stand: September 2023).
3 *Grünwald* in Hartmann/Metzenmacher, § 3c UStG Rz. 64 (Stand: September 2023).
4 Vgl. *Martin* in Sölch/Ringleb, § 3c UStG Rz. 78 (Stand: Juni 2023); *Weymüller* in BeckOK, § 3c UStG Rz. 89 (Stand: März 2023).

IV. Verbrauchsteuerpflichtige Waren (Absatz 5 Satz 2)

65 § 3c Abs. 5 Satz 2 UStG regelt, dass die Anwendung der Fernverkaufsregelungen bei **verbrauchsteuerpflichtigen Waren** und ihrer Lieferung an eine in § 1a Abs. 3 Nr. 1 UStG genannte Person ausgeschlossen ist. Verbrauchsteuerpflichtige Waren werden besonders behandelt. Ihr Erwerb unterliegt im B2B-Bereich unabhängig von einer etwaigen betragsmäßigen Schwelle beim inländischen Unternehmer der Erwerbsbesteuerung nach § 1a Abs. 1 UStG (§ 1a Rz. 24 ff.). Im innergemeinschaftlichen B2C-Geschäft bleibt es insoweit mangels Anwendbarkeit der Fernverkaufsregelungen nach § 3c UStG hingegen beim Ursprungsortprinzip.

§ 3d Ort des innergemeinschaftlichen Erwerbs

[1]Der innergemeinschaftliche Erwerb wird in dem Gebiet des Mitgliedstaates bewirkt, in dem sich der Gegenstand am Ende der Beförderung oder Versendung befindet. [2]Verwendet der Erwerber gegenüber dem Lieferer eine ihm von einem anderen Mitgliedstaat erteilte Umsatzsteuer-Identifikationsnummer, gilt der Erwerb so lange in dem Gebiet dieses Mitgliedstaates als bewirkt, bis der Erwerber nachweist, dass der Erwerb durch den in Satz 1 bezeichneten Mitgliedstaat besteuert worden ist oder nach § 25b Abs. 3 als besteuert gilt, sofern der erste Abnehmer seiner Erklärungspflicht nach § 18a Absatz 7 Satz 1 Nummer 4 nachgekommen ist.

Schrifttum: *Heinrichshofen*, Auf dem Prüfstand: Fehlgeschlagenes Dreiecksgeschäft, UVR 2022, 375; *Hiller*, Die Facet-Falle im deutschen Umsatzsteuerrecht – eine Farce, DStR 2015, 621; *Körner*, Die „Sicherheitsnetz"-Regelung des Art. 41 MwStSystRL und ihre Umsetzung in § 3d S. 2 UStG im Lichte der aktuellen EuGH-Rechtsprechung, MwStR 2022, 641; *Neeser*, Das Ende des Dreiecksgeschäfts? – die missglückte Entscheidung des EuGH zu Rechnungsfehlern, UVR 2023, 54; *Plikat*, Neue Entwicklungen bei Dreiecksgeschäften und von Dreiecksgeschäften im „Viereck" – ist es wirklich so einfach?, UStB 2023, 128; *Tausch*, Neuerungen zum „Straferwerb", UVR 2018, 166.

A. Grundaussagen

I. Regelungsgegenstand und Bedeutung

1 Die Vorschrift sichert die Umsetzung des **Bestimmungslandprinzips** und soll die Steuereinnahmen auf den Mitgliedstaat verlagern, in dem der Endverbrauch der gelieferten Gegenstände erfolgt.[1] Dies erfolgt einerseits direkt, indem Satz 1 als Ort der Besteuerung des innergemeinschaftlichen Erwerbs den Ort des Endes der Beförderung oder Versendung normiert. Satz 2 stellt eine solche Besteuerung indirekt[2] dadurch sicher, dass bei Verwendung einer anderen MwSt-IdNr. als der des Ortes des Endes

1 Vgl. EuGH, Urt. v. 19.4.2018 – C-580/16, ECLI:EU:C:2018:261 – Firma Hans Bühler, UR 2018, 404 m. Anm. *Nieskens*, Rz. 39 m.w.N.

2 Vgl. EuGH, Urt. v. 22.4.2010 – C-536/08 und C-539/08, ECLI:EU:C:2010:217 – X und Facet Trading BV, UR 2010, 418 Rz. 35 m. Anm. *Maunz*, Rz. 44.

der Beförderung oder Versendung eine auflösend bedingte[1] – dem Grundsatz nach temporäre – Doppelbesteuerung[2] angeordnet wird, die nur dadurch aufgelöst werden kann, dass die Besteuerung am Ort des Endes der Beförderung oder Versendung nachgewiesen werden kann.[3]

Die Formulierung des Satzes 2, die auf die Verwendung einer „von einem anderen Mitgliedstaat erteilten Umsatzsteuer-Identifikationsnummer" abstellt, ist allerdings verunglückt, da es nach diesem **Wortlaut** des Satzes 2 keinen Anwendungsfall im Inland gibt. Satz 2 regelt wörtlich eine Steuerschuld in einem anderen Mitgliedstaat, für den das deutsche UStG jedoch territorial nicht anwendbar ist. Zutreffend wäre die Formulierung: „Verwendet […] die ihm nach § 27a Abs. 1 Satz 1 erteilte Umsatzsteuer-Identifikationsnummer […]". 2

Allerdings sind die **unionsrechtlichen Grundlagen** der Art. 41 und 42 MwStSystRL (Rz. 5) inhaltlich hinreichend bestimmt, so dass diese **unmittelbar angewendet** werden können. 3

II. Unionsrechtliche Grundlagen

Satz 1 setzt Art. 40 MwStSystRL (Art. 28b Teil A Abs. 1 6. EG-Richtlinie) um. 4

Satz 2 Alt. 1 setzt Art. 41 Unterabs. 1 (Art. 28b Teil A Abs. 2 Unterabs. 1 6. EG-Richtlinie) sowie Art. 41 Unterabs. 2 MwStSystRL (Art. 28b Teil A Abs. 2 Unterabs. 2 6. EG-Richtlinie) i.V.m. Art. 40 MwStSystRL (Art. 28b Teil A Abs. 1 6. EG-Richtlinie) um; **Satz 2 Alt. 2** hingegen Art. 41 Unterabs. 1 (Art. 28b Teil A Abs. 2 Unterabs. 1 6. EG-Richtlinie) i.V.m. der Vereinfachungsregel nach Art. 42 MwStSystRL (Art. 28b Teil A Abs. 2 Unterabs. 3 6. EG-Richtlinie), Art. 141 MwStSystRL (Art. 28c Teil E, Abs. 3 6. EG-Richtlinie), Art. 197 MwStSystRL (Art. 28g Abs. 1 Buchst. c Unterabs. 1 6. EG-Richtlinie) und Art. 265 MwStSystRL (Art. 28g Abs. 6 Buchst. b Unterabs. 5 6. EG-Richtlinie).[4] 5

III. Verhältnis zu anderen Vorschriften und Rechtsentwicklung

§ 3d UStG **ergänzt** § 1 Abs. 1 Nr. 5 sowie § 1 Abs. 3 Satz 1 Nr. 1 und 7 UStG, indem er regelt, wie der Ort des innergemeinschaftlichen Erwerbes zu bestimmen ist. § 1a sowie § 1b UStG ergänzen § 3d UStG, indem sie die sachliche Steuerbarkeit des innergemeinschaftlichen Erwerbs definieren. 6

§ 3d UStG **allein kann keine Steuerbarkeit** eines innergemeinschaftlichen Erwerbs im Inland **begründen**, dies gilt insbesondere für die Verwendung einer inländischen USt-IdNr. nach Satz 2 (Rz. 15 ff.). Nur das Zusammenspiel mit § 1a Abs. 1 Nr. 1 UStG führt zur Steuerbarkeit (§ 1a Rz. 28). 7

In § 17 Abs. 2 Nr. 4 i.V.m. § 17 Abs. 1 UStG wird bestimmt, dass die **Minderung der Bemessungsgrundlage** dann eintritt, wenn der Erwerber den Nachweis i.S.d. § 3d Satz 2 führt (Rz. 27 ff.; § 17 Rz. 145). Dies widerspricht der unionsrechtlichen Grundlage des Art. 41 Unterabs. 2 MwStSystRL (Rz. 29 ff.). 8

§ 3d UStG wurde mit **Wirkung zum 1.1.1993** durch das USt-Binnenmarktgesetz[5] eingeführt. Durch das Umsatzsteuer-Änderungsgesetz 1997[6] wurde § 3d Satz 2 UStG mit Wirkung zum 1.1.1997 dahin ergänzt, dass die Besteuerung aufgrund der Verwendung einer inländischen USt-IdNr. auch dadurch beendet werden kann, dass der Erwerber seinen Erklärungspflichten nach den Regelungen des sog. „Dreiecksgeschäfts" nachkommt. Mit Gesetz vom 8.4.2010[7] wurden mit Wirkung zum 1.7.2010 die Verweise auf die Regelungen des sog. „Dreiecksgeschäft" aktualisiert. 9

1 *Heuermann* in Sölch/Ringleb, § 3d UStG Rz. 6a (Stand: Juni 2021).
2 *Hiller*, DStR 2015, 621 (622).
3 Auch als „Sicherheitsnetz" oder „Straferwerb" (*Tausch*, UVR 2018, 166) bezeichnet.
4 Vgl. EuGH, Urt. v. 19.4.2018 – C-580/16, ECLI:EU:C:2018:261 – Firma Hans Bühler, UR 2018, 404 m. Anm. *Nieskens*, Rz. 39 m.w.N.
5 Vom 25.8.1992, BGBl. I 1992, 1548.
6 Vom 12.12.1996, BGBl. I 1997, 1851.
7 BGBl. I 2010, 386.

B. Ort des Endes der Beförderung oder Versendung des Gegenstandes des innergemeinschaftlichen Erwerbs (Satz 1)

10 Jeder innergemeinschaftliche Erwerb bedarf einer innergemeinschaftlichen Lieferung, da beide die gleiche Bedeutung und Reichweite haben (§ 1a Rz. 51).[1] § 3d Satz 1 UStG verhilft dem Bestimmungslandprinzip dadurch zur Geltung,[2] dass einem **wirtschaftlich einheitlichen Vorgang** neben dem Ort der Besteuerung nach Art. 32 Abs. 1 MwStSystRL im Abgangsmitgliedstaat **ein zusätzlicher Ort der Besteuerung** im Inland als Bestimmungsmitgliedstaat zugeordnet wird.

11 Grundsätzlich ist der Bestimmungsmitgliedstaat der Beendigung des Versands oder der Beförderung der Gegenstände in der Beurteilung des Vorliegens eines innergemeinschaftlichen Erwerbs unabhängig von der mehrwertsteuerlichen Behandlung des Mitgliedstaats des Beginns der Versendung oder Beförderung, Art. 16 Abs. 1 MwStVO. Dies gilt aber nur insofern, dass die Besteuerung des innergemeinschaftlichen Erwerbs im Bestimmungsmitgliedstaat nicht von der Gewährung der Steuerbefreiung nach Art. 138 MwStSystRL im Abgangsmitgliedstaat abhängt. Da Art. 16 MwStVO ausweislich der Überschrift des Kapitels 5 Abschnitt 3 MwStVO nur die Regelungen des Orts des innergemeinschaftlichen Erwerbs näher bestimmt, diese aber immer eine Versendung oder Beförderung des Gegenstandes des Erwerbs voraussetzen (Art. 40, 41 MwStSystRL), ist der Bestimmungsmitgliedstaat in der Beurteilung des Vorliegens einer Lieferung mit Versendung oder Beförderung (bewegte Lieferung) – insbesondere beim Vorliegen von **Reihengeschäften** – in gleichem Maße wie der Abgangsmitgliedstaat[3] an die Grundsätze der europäischen Rechtsprechung[4] sowie die Regelungen des Art. 36a MwStSystRL mit Wirkung ab dem 1.1.2020 gebunden (Rz. 19.1). Art. 16 Abs. 1 MwStVO hat somit nur Bedeutung, wenn aus anderen Gründen als dem Vorliegen einer Lieferung mit Versendung oder Beförderung nach Art. 32 Abs. 1 oder 36a MwStSystRL die Steuerbefreiung nach Art. 138 MwStSystRL im Abgangsmitgliedstaat versagt wird, beispielsweise aufgrund der Verletzung der Verpflichtungen nach Art. 138 Abs. 1a MwStSystRL.

12 Die Ortsregelung des § 3d Satz 1 UStG kann somit **nur** zur Anwendung kommen, wenn es sich bei der betreffenden Lieferung um eine **grenzüberschreitende bewegte Lieferung** aus dem übrigen Gemeinschaftsgebiet handelt,[5] die im Inland, einschließlich der in § 1 Abs. 3 UStG[6] bezeichneten Gebiete, endet. Es gibt zwar keine zeitliche Befristung für die Beendigung der grenzüberschreitenden Beförderung oder Versendung, allerdings muss ein zeitlicher und sachlicher Zusammenhang zwischen der Verschaffung der Verfügungsmacht des Gegenstands der Lieferung und seiner Beförderung oder Versendung sowie ein kontinuierlicher Ablauf des Vorgangs vorliegen (§ 1a Rz. 38).[7]

13 § 3d Satz 1 UStG ist auch in Fällen des innergemeinschaftlichen Lieferungen gleichgestellten **Verbringens,**[8] § 1a Abs. 2, § 1c Abs. 2 UStG, des Erwerbens **verbrauchsteuerpflichtiger Waren** unterhalb der Erwerbsschwelle, § 1a Abs. 5 UStG sowie Erwerbens **neuer Fahrzeuge**, § 1b Abs. 1 UStG, anwendbar.

14 Die Ortsregelung des Satzes 1 steht **gleichrangig** neben der des Satzes 2.[9] Wird der Gegenstand des Erwerbs ins Inland versendet oder befördert und verwendet der Erwerber gegenüber seinem Lieferer

1 St. Rspr., vgl. EuGH, Urt. v. 6.4.2006 – C-245/04, ECLI:EU:C:2006:232 – EMAG Handel Eder, UR 2006, 342, Rz. 29; zuletzt EuGH, Urt. v. 19.12.2017 – C-414/17, ECLI:EU:C:2018:1027 – AREX CZ, UR 2019, 101, Rz. 45.

2 *Heuermann* in Sölch/Ringleb, § 3d UStG Rz. 4 (Stand: Juni 2021); *Marchal* in Rau/Dürrwächter, § 3d UStG Rz. 3 (Stand: Juni 2023).

3 **A.A.** *Langer* in Reiß/Kraeusel/Langer, § 3d UStG Rz. 10 (Stand: September 2016).

4 D.h. an objektive Kriterien wie das Vorliegen einer physischen Bewegung der betreffenden Gegenstände zwischen Mitgliedstaaten, vgl. EuGH, Urt. v. 27.9.2007 – C-409/94, ECLI:EU:C:2007:548 – Teleos, BStBl. II 2009, 70 = UR 2007, 774, Rz. 37–42.

5 St. Rspr., vgl. EuGH, Urt. v. 19.12.2018 – C-414/17, ECLI:EU:C:2018:1027 – AREX CZ, UR 2019, 101, Rz. 61; EuGH, Urt. v. 27.9.2007 – C-409/94, ECLI:EU:C:2007:548 – Teleos, BStBl. II 2009, 70 = UR 2007, 774, Rz. 37–42.

6 *Marchal* in Rau/Dürrwächter, § 3d UStG Rz. 5 (Stand: Juni 2023).

7 Vgl. EuGH, Urt. v. 18.11.2010 – C-84/09, ECLI:EU:C:2010:693 – X, UR 2011, 103, Rz. 33; *Heuermann* in Sölch/Ringleb, § 3d UStG Rz. 5 (Stand: Juni 2021).

8 *Langer* in Reiß/Kraeusel/Langer, § 3d UStG Rz. 7 (Stand: September 2016).

9 *Langer* in Reiß/Kraeusel/Langer, § 3d UStG Rz. 10 (Stand: September 2016).

dabei eine inländische USt-IdNr., versperrt jedoch Satz 1 die Anwendung des Satzes 2,[1] da es insofern an der Verwendung einer von einem anderen als dem im Satz 1 bezeichneten Mitgliedstaat erteilten MwSt-IdNr.[2] mangelt (Rz. 21 ff.).

C. Ort der gegenüber dem Lieferer verwendeten Umsatzsteuer-Identifikationsnummer (Satz 2)

I. Fiktion des innergemeinschaftlichen Erwerbs im Mitgliedstaat der verwendeten Umsatzsteuer-Identifikationsnummer, Korrektur dieses Erwerbs

Die Vorläuferregelung der heutigen unionsrechtlichen Grundlage des Art. 41 MwStSystRL – Art. 28b Teil A Abs. 2 6. EG-Richtlinie[3] – wurde bereits durch die Binnenmarktrichtlinie als „Übergangsregelung" geschaffen. Sie soll dem Steuerpflichtigen einen **Anreiz** geben, die **Besteuerung im Bestimmungsmitgliedstaat nachzuweisen**, um das Ziel der Übergangsregelungen, die Besteuerung im Bestimmungsmitgliedstaat sicherzustellen, zu gewährleisten.[4] 15

Um dies zu erreichen, führt die Erwerbsbesteuerung aufgrund von Art. 41 MwStSystRL, § 3d Satz 2 UStG **nicht zum Vorsteuerabzug**, sondern kann nur bei Vorliegen der Voraussetzungen – Besteuerung im Bestimmungsmitgliedstaat – entfallen.[5] 16

Soweit die Steuerbefreiung des innergemeinschaftlichen Erwerbs im Bestimmungsmitgliedstaat nach den zwingenden Befreiungsvorschriften des Art. 140 MwStSystRL zu gewähren ist, besteht allerdings kein Grund, diese Steuerbefreiungen in Bezug auf die Erwerbsbesteuerung im Mitgliedstaat der verwendeten MwSt-IdNr. zu verweigern. Insofern können auch die nach § 3d Satz 2 UStG im Inland zu besteuernden Erwerbe der **Steuerbefreiung** nach § 4b UStG unterfallen (§ 4b Rz. 11).[6] Zwar ist der Sicherungscharakter des § 3d Satz 2 UStG[7] unbestreitbar, aber die Nichtanwendbarkeit der entsprechenden Steuerbefreiungen muss bei einer Eingriffsnorm wie der des § 3d Satz 2 UStG gesetzlich normiert sein und kann nicht zu Lasten der Steuerpflichtigen aus einer teleologischen Extension der Vorschrift angenommen werden. Ein gleichartiges Problem stellt sich bei der Anwendung der **ermäßigten Steuersätze**, insbesondere des 0 %-Steuersatzes des § 12 Abs. 3 Nr. 2 UStG auf innergemeinschaftliche Erwerbe (§ 12 Abs. 3 Rz. 48 ff.), bei welchem nicht nach der Ortsregelung des innergemeinschaftlichen Erwerbs unterschieden wird (insbesondere muss die Photovoltaikanlage nicht im Inland gelegen sein). In diesem Fall ginge die Sicherungswirkung des § 3d Satz 2 UStG sogar ins Leere, wenn sich der Steuersatz anders als hier vertreten nicht nach dem Recht des Bestimmungsmitgliedstaates richtete, sondern der inländische 0 %-Steuersatz Anwendung fände. 17

Voraussetzung der Anwendung des Satzes 2 ist, dass eine grenzüberschreitende Lieferung im Binnenmarkt stattgefunden hat und somit im Mitgliedstaat des Endes einer Versendung oder Beförderung eine Erwerbsbesteuerung vorzunehmen ist. Da Art. 16 Abs. 1 MwStVO nur auf den Mitgliedstaat der Beendigung des Versands oder der Beförderung der Gegenstände anwendbar ist (Rz. 11), ist eine Besteuerung im Mitgliedstaat der verwendeten MwSt-IdNr. **akzessorisch zum Vorliegen einer steuerbefreiten innergemeinschaftlichen Lieferung im Abgangsmitgliedstaat.**[8] Die Anordnung einer temporären Doppelbesteuerung in Art. 41 MwStSystRL, § 3d Satz 2 UStG dient ausschließlich der Umset- 18

1 *Heuermann* in Sölch/Ringleb, § 3d UStG Rz. 8 (Stand: Juni 2021).

2 Zur Verwendung der Begriffe MwSt-IdNr. versus USt-IdNr.: *Lohse*, UR 2019, 321 (323) sowie *Lohse* in FS 100 Jahre Umsatzsteuer in Deutschland, Köln 2018, 897.

3 I.d.F. der Richtlinie 91/680/EWG, ABl. EG 1991 Nr. L 376, 1.

4 Vgl. EuGH, Urt. v. 22.4.2010 – C-536/08 und C-539/08, ECLI:EU:C:2010:217 – X und Facet Trading BV, UR 2010, 418, Rz. 44 m. Anm. *Maunz*.

5 Vgl. EuGH, Urt. v. 22.4.2010 – C-536/08 und C-539/08, ECLI:EU:C:2010:217 – X und Facet Trading BV, UR 2010, 418, Rz. 44 m. Anm. *Maunz*; *Heuermann* in Sölch/Ringleb, § 3d UStG Rz. 11 (Stand: Juni 2021) sowie *Peltner* in Weymüller, BeckOK, § 3d UStG Rz. 21 (Stand: September 2023): auflösend bedingte Besteuerung.

6 **A.A.** *Heuermann* in Sölch/Ringleb, § 3d UStG Rz. 10 (Stand: Juni 2021).

7 *Heuermann* in Sölch/Ringleb, § 4b UStG Rz. 4 (Stand: Juni 2021).

8 Vgl. EuGH, Urt. v. 7.7.2022 – C-696/20, ECLI:EU:C:2022:528 – Dyrektor Izby Skarbowej w W., UR 2022, 622, Rz. 53 ff.; ausführlich dazu *Körner*, MwStR 2022, 641 ff.

zung des Bestimmungslandprinzips, so dass eine solche Doppelbesteuerung neben einer Besteuerung im Abgangsmitgliedstaat ausgeschlossen ist.[1]

19 Damit ist die **Anwendung des Satzes 2 ausgeschlossen**, wenn die zugrunde liegende Lieferung den Abgangsmitgliedstaat nicht verlässt, sondern in diesem verbleibt, selbst wenn bei dieser Lieferung eine deutsche USt-IdNr. verwendet wird.[2] Auch auf eine ruhende Lieferung in einem Reihengeschäft kann Satz 2 nicht angewendet werden, da es bei einer solchen nicht zu einem innergemeinschaftlichen Erwerb kommen kann.[3] Hat daher der Erwerber seine inländische USt-IdNr. verwendet, weil er sich als Erwerber der bewegten Lieferung im Reihengeschäft wähnte, ist dies aber in Anwendung der Regelungen des Art. 36a MwStSystRL bzw. des § 3 Abs. 6a UStG unzutreffend, unterliegt sein Erwerb im Rahmen einer dann zwangsläufig ruhenden Lieferung nicht dem Satz 2.

19.1 Wähnt sich der Erwerber dagegen als Empfänger einer inländischen ruhenden Lieferung vor der bewegten Lieferung im Reihengeschäft und verwendet er seine inländische USt-IdNr., stellt sich dann jedoch heraus, dass die bewegte Lieferung bereits die Lieferung an den Erwerber zuzuordnen war, kann durch die Verwendung der inländischen USt-IdNr. im Grundsatz die Anwendung des Satzes 2 eröffnet sein.[4] Dies setzt aber voraus, dass die bewegte Lieferung durch den Mitgliedstaat der verwendeten MwSt-IdNr. (im Falle der Anwendung des Satzes 2 dann Deutschland) als innergemeinschaftliche Lieferung steuerbefreit ist. Dies kann jedoch aufgrund der Neuregelung der Steuerbefreiung innergemeinschaftlicher Lieferungen in § 6a Abs. 1 Nr. 4 UStG ab dem 1.1.2020 (§ 6a Rz. 91 ff.) nicht mehr der Fall sein.

19.2 Satz 2 ist **nicht auf Ausfuhren in das Drittlandsgebiet** anwendbar.[5]

20 Als steuererhöhender Tatbestand liegt die **Nachweispflicht** für das Vorliegen einer zu einem innergemeinschaftlichen Erwerb nach Satz 2 führenden grenzüberschreitenden Lieferung bei der FinVerw. und nur hinsichtlich der Entlastungsmöglichkeit – Besteuerung im Bestimmungsmitgliedstaat – beim Steuerpflichtigen. Soweit der BFH im Urteil vom 1.9.2010[6] aufgrund des Vorliegens eines Auslandssachverhalts nach § 90 Abs. 2 AO die Nachweispflicht beim Steuerpflichtigen sieht, ist die Besonderheit des Falles zu beachten, dass der Steuerpflichtige selbst den Erwerb nach Satz 2 im Inland erklärt hatte und – nachdem ihm der Vorsteuerabzug nicht gewährt werden konnte – versuchte, diese von ihm erklärten Erwerbe ungeschehen zu machen.

21 Der **Begriff der „Verwendung“** der MwSt-IdNr. ist weder unionsrechtlich noch national höchstrichterlich geklärt (§ 6a Rz. 101 ff.).[7] Aufgrund der Vorgabe in Art. 41 Unterabs. 1 MwStSystRL handelt es sich um einen **autonom unionsrechtlich** nach dem Zweck der Norm **auszulegenden Begriff**.[8]

22 Die Abgabe einer ZM mit Angabe einer gültigen MwSt-IdNr. des Erwerbers ist aber nach den Regelungen des Art. 138 Abs. 1 Buchst. b, Art. 138 Abs. 1a MwStSystRL mit Wirkung ab dem 1.1.2020 nach dem Willen des Richtliniengebers „materielle“ Voraussetzung der Steuerbefreiung im Abgangsmitgliedstaat.[9] Der **Eingang der** im Zeitpunkt der Lieferung **gültigen MwSt-IdNr.**[10] **in die ZM** stellt

1 *Peltner* in Weymüller, BeckOK, § 3d UStG Rz. 26 (Stand: Juni 2023).

2 Vgl. BFH, Urt. v. 8.9.2010 – XI R 40/08, BStBl. II 2011, 661 = UR 2011, 322, Rz. 12; ähnlich BFH, Urt. v. 1.9.2010 – V R 39/08, BStBl. II 2011, 658 = UR 2011, 319, Rz. 31; *Marchal* in Rau/Dürrwächter, § 3d UStG Rz. 18 (Stand: Juni 2023).

3 Vgl. FG Berlin-Bdb., Urt. v. 17.6.2020 – 7 K 7214/17, rkr., UStB 2020, 341 = MwStR 2020, 985 m. Anm. *Vobbe*, Rz. 31.

4 Vgl. EuGH, Urt. v. 7.7.2022 – C-696/20, ECLI:EU:C:2022:528 – Dyrektor Izby Skarbowej w W., UR 2022, 622, Rz. 35 ff.

5 Vgl. FG Berlin-Bdb., Urt. v. 17.6.2020 – 7 K 7214/17, rkr., UStB 2020, 341 = MwStR 2020, 985 m. Anm. *Vobbe*, Rz. 39 ff.; für ein Fallbeispiel infolge des Verlassens des Mehrwertsteuerraums der Union durch das Vereinigte Königreich mit Ausnahme Nordirlands wird auf die Vorauflage verwiesen.

6 Vgl. BFH, Urt. v. 1.9.2010 – V R 39/08, BStBl. II 2011, 658 = UR 2011, 319, Rz. 31.

7 *Marchal* in Rau/Dürrwächter, UStG, § 3d UStG, Rz. 19 (Stand: Juni 2023); *Peltner* in Weymüller, BeckOK, § 3d UStG Rz. 23 (Stand: September 2023).

8 *Heuermann* in Sölch/Ringleb, UStG, § 3d Rz. 12 (Stand: Juni 2021).

9 Offen gelassen in EuGH, Urt. v. 7.7.2022 – C-696/20, ECLI:EU:C:2022:528 – Dyrektor Izby Skarbowej w W., UR 2022, 622, Rz. 40.

10 *Heuermann* in Sölch/Ringleb, UStG, § 3d Rz. 13 (Stand: Juni 2021).

somit ein hinreichendes aber auch notwendiges[1] **Mindesterfordernis** für ein „Verwenden" einer MwSt-IdNr. und der damit verbundenen steuergefährdungsverhindernden Doppelbesteuerung dar. Im Ergebnis dessen wird es zu Differenzen im Mehrwertsteuer-Informationsaustauschsystem MIAS kommen, vermittels derer die FinVerw. den Erfolg und daraus gefolgert auch die Handlung des „Verwendens" nachweisen kann.

Die Anwendung des Satzes 2 ist demnach im Ergebnis ausgeschlossen, wenn **Abgangsmitgliedstaat der innergemeinschaftlichen Lieferung Deutschland** ist und der Erwerber seine deutsche USt-IdNr. gegenüber seinem Lieferer verwendet.[2] 23

Das „Verwenden" bedarf zudem einer **dem Steuerpflichtigen zurechenbaren Veranlassung.**[3] Er muss dem liefernden Unternehmer die inländische USt-IdNr. zweckgerichtet auf innergemeinschaftliche Lieferungen mitgeteilt haben. Dies ist beispielsweise nicht der Fall, wenn der Lieferant die inländische USt-IdNr. aus den Pflichtangaben einer Eingangsrechnung des Steuerpflichtigen ohne dessen Wissen abschreibt[4] oder aber, wenn ein Dritter ohne Wissen oder Wollen des Steuerpflichtigen dessen deutsche USt-IdNr. „kidnappt". 24

Eine dem Steuerpflichtigen zurechenbare Verwendung liegt auch **nicht** vor, wenn der **Lieferer** die vom Steuerpflichtigen mitgeteilte USt-IdNr. **absprachewidrig nutzt**. 25

Beispiel: 26
Der Abnehmer hat bei Aufnahme der Lieferbeziehung seinem Lieferer seine belgische, seine österreichische und seine deutsche USt-IdNr. mitgeteilt, die dieser in seine Kundenstammdaten einpflegt. Dabei soll die belgische MwSt-IdNr. für Lieferungen, die in Belgien steuerbar sind, auf den Rechnungen erscheinen, die österreichische USt-IdNr. für Lieferungen, die in Österreich enden, die deutsche für alle anderen Lieferungen in der EU. Durch einen Fehler in der Rechnungstextsteuerung des Lieferers wird für eine Lieferung aus Belgien nach Österreich die deutsche USt-IdNr. aufgedruckt. Der deutsche Abnehmer nimmt aber ungeachtet der Rechnung routinemäßig die Erwerbsbesteuerung in Österreich vor. Hier mangelt es bereits an einer Verwendung der deutschen USt-IdNr. durch den deutschen Abnehmer,[5] diese wurde absprachewidrig durch den Lieferer genutzt. Mindestmaß für das Auslösen der Doppelbesteuerung des § 3d Satz 2 UStG muss sein, dass die deutsche USt-IdNr. Eingang in die ZM des Lieferers in Belgien findet[6] (Rz. 22) *und* der Erwerber dies zielgerichtet veranlasst hat.

Die durch Satz 2 angeordnete **Doppelbesteuerung entfällt bei Nachweis der Besteuerung** gemäß Alternative 1 (Rz. 33 ff.) oder 2 (Rz. 36 ff.). Dabei erfolgt eine Korrektur der entsprechenden Bemessungsgrundlage; die Steuerbemessungsgrundlage wird „entsprechend gemindert", Art. 41 Unterabs. 2 a.E. MwStSystRL, § 17 Abs. 2 Nr. 4 UStG, nach dem § 17 Abs. 1 UStG „sinngemäß" gilt. Es handelt sich um einen besonderen Korrekturmechanismus.[7] 27

Der **Zeitpunkt der Wirksamkeit der Korrektur** der Bemessungsgrundlage tritt dann ein, wenn der Erwerb gemäß Art. 40 MwStSystRL im Bestimmungsmitgliedstaat besteuert wurde, Art. 41 Unterabs. 2 MwStSystRL. 28

§ 3d Satz 2 UStG setzt hinsichtlich der **zeitlichen Komponente**: *„[...] gilt als bewirkt [...] bis der Erwerber nachweist [...]"* die unionsrechtliche Grundlage des Art. 41 Unterabs. 2 MwStSystRL unzutreffend um.[8] Gleiches gilt für § 17 Abs. 2 Nr. 4 UStG, der die Korrektur nach § 17 Abs. 1 UStG vorsieht, 29

---

1 *Heuermann* in Sölch/Ringleb, UStG, § 3d Rz. 12 (Stand: Juni 2021); *Peltner* in Weymüller, UStG, § 3d Rz. 24 (Stand: September 2023).

2 Vgl. EuGH, Urt. v. 19.4.2018 – C-580/16, ECLI:EU:C:2018:261 – Firma Hans Bühler, UR 2018, 404 m. Anm. *Nieskens*, Rz. 36; siehe aber EuGH, Urt. v. 7.7.2022 – C-696/20, ECLI:EU:C:2022:528 – Dyrektor Izby Skarbowej w W., UR 2022, 622, Rz. 35 ff. der im Grundsatz eine Anwendung des Art. 41 MwStSystRL bejaht, diese jedoch an der mangelnden Steuerbefreiung im Abgangsmitgliedstaat scheitern lässt.

3 Vgl. EuGH, Urt. v. 19.4.2018 – C-580/16, ECLI:EU:C:2018:261 – Firma Hans Bühler, UR 2018, 404 m. Anm. *Nieskens*, Rz. 38: „[...] die MwSt-IdNr. [von mehreren], unter der er den innergemeinschaftlichen Erwerb getätigt hat, [...]".

4 Ähnlich die Beispiele in Abschn. 3d.1 Abs. 3 i.V.m. Abschn. 3a.2 Abs. 10 S. 5 UStAE.

5 **A.A.** *Langer* in Reiß/Kraeusel/Langer, § 3d UStG Rz. 14.1 (Stand: September 2016); *Marchal* in Rau/Dürrwächter, § 3d UStG Rz. 19 (Stand: Juni 2023).

6 *Heuermann* in Sölch/Ringleb, § 3d UStG Rz. 12 (Stand: Juni 2021).

7 *Heuermann* in Sölch/Ringleb, § 3d UStG Rz. 11 (Stand: Juni 2021).

8 **A.A.** *Heuermann* in Sölch/Ringleb, § 3d UStG Rz. 13a (Stand: Juni 2021).

wenn: „… *der Erwerber den* **Nachweis** *im Sinne des § 3d Satz 2 führt;…*". Hierbei wird im nationalen Recht die unionsrechtliche Beweislastregelung mit dem Zeitpunkt des Eintritts der rechtlichen Folgen der nachzuweisenden Tatsache vermischt.

30 Zwar normiert **Art. 41 Unterabs. 1 MwStSystRL** das Nachweiserfordernis des Erwerbers.[1] Dies ist jedoch eine **Beweislastregelung**: „ […] *sofern der Erwerber nicht nachweist […]*"[2] und keine Regelung des Zeitpunkts des Eintritts der Korrekturwirkung der so nachzuweisenden Tatsache. Der Korrekturmechanismus ist vielmehr ausschließlich in Art. 41 Unterabs. 2 MwStSystRL normiert.

30.1 Die **unionsrechtliche Korrekturvorschrift des Art. 41 Unterabs. 2 MwStSystRL** normiert dagegen ausschließlich die Abhängigkeit von einer bereits erfolgten Besteuerung des Erwerbs im Bestimmungsmitgliedstaat: *„Wird der Erwerb gemäß Artikel 40 […] besteuert, nachdem er gemäß [Art. 41] Absatz 1 besteuert wurde, wird die Steuerbemessungsgrundlage […] entsprechend gemindert."* Es kommt also nicht auf den Zeitpunkt an, in dem dem Erwerber der Nachweis der entsprechenden Erwerbsbesteuerung gelingt,[3] sondern darauf, dass die so nachgewiesene Erwerbsbesteuerung erfolgt ist und damit **die steuerliche Gefährdungslage beseitigt** wurde.[4] Insbesondere der klare Wortlaut des Art. 41 Unterabs. 2 MwStSystRL: *„[…] nachdem […] besteuert wurde, wird […] entsprechend gemindert."* lässt den Mitgliedstaaten keinen Spielraum, weitere Voraussetzungen für den Eintritt der Wirksamkeit der Minderung, wie beispielsweise den Zeitpunkt des Erfolgs des Nachweises, zu normieren.[5]

31 Da eine später erfolgende **Erwerbsbesteuerung im Bestimmungsmitgliedstaat** aufgrund des **Besteuerungszeitpunkts nach Art. 68, 69, 222 Abs. 1 MwStSystRL** spätestens im Folgemonat des Zeitpunkts der innergemeinschaftlichen Lieferung zu erfolgen hat, ist somit die Erwerbsbesteuerung dort in auf diesen Zeitpunkt **rückwirkenden Korrekturerklärungen** vorzunehmen.[6] Infolge dessen ist die Dauer der Doppelbesteuerung nach Art. 41 Abs. 2 MwStSystRL bei erfolgtem Nachweis systematisch auf höchstens einen Monat beschränkt. Sie kann nur dann länger andauern, wenn der Bestimmungsmitgliedstaat nach seinem Recht keine rückwirkenden Korrekturerklärungen für innergemeinschaftliche Erwerbe vorsieht, sondern eine solche Korrektur in laufenden Mehrwertsteuermeldungen erfolgt.

32 Selbst für diesen einzuschränkenden Zeitraum ist auf eine nach § 3d Satz 2 UStG geschuldete Erwerbssteuer **keine Verzinsung nach § 233a AO** vorzunehmen,[7] da nach der gesetzgeberischen Intention des Art. 41 Unterabs. 2 MwStSystRL die Erwerbsbesteuerung im Bestimmungsmitgliedstaat, nicht jedoch im Inland sichergestellt werden soll. Eine sich aus der Anwendung des § 3d Satz 2 UStG ergebende Umsatzsteuer steht den inländischen Steuergläubigern planmäßig nicht endgültig zu. § 233a AO muss in diesen Fällen teleologisch reduziert werden,[8] insbesondere auch im Hinblick darauf, dass der temporären Doppelbesteuerung des Art. 41 Unterabs. 2 MwStSystRL ja bereits selbst ein Sanktionscharakter innewohnt, der das Erfordernis einer weiteren Sanktion in Form der Verzinsung[9] als unverhältnismäßige Doppelsanktion erscheinen lässt.

1 Vgl. BFH, Urt. v. 8.9.2021 – XI R 40/08, BStBl. II 2011. 661 = UR 2011, 322 zur Vereinbarkeit von § 3d S. 2 UStG mit der Vorgängerreglung Art. 28b Teil A Abs. 2 Unterabs. 1 der 6. EG-Richtlinie.

2 Das kommt in der englischen Fassung des Art. 41 Unterabs. 1 MwStSystRL klarer zum Ausdruck: *„[…] unless […] establishes […]"*.

3 Dem steht Rz. 28 des Urteils des BFH v. 1.9.2010 – V R 39/08, BStBl. II 2011, 658 = UR 2011, 319, nicht entgegen, da diese Frage nicht entscheidungsrelevant war.

4 Für diesbezügliche Ansatzpunkte des EuGH in seinem Urt. v. 7.7.2022 siehe *Körner*, MwStR 2022, 641, 646 f.

5 Für die gleich gelagerte Problematik der Unzulässigkeit weiterer, über den Wortlaut des Art. 11 Abs. 1 MwstSystRL hinausgehender Tatbestandsvoraussetzungen vgl. EuGH, Urt. v. 15.4.2021 – C-868/19, ECLI:EU:C:2021:285 – Finanzamt für Körperschaften Berlin, UR 2021, 392 m. Anm. *Widmann*, Rz. 53 m.w.N.

6 **A.A.** *Peltner* in Weymüller, BeckOK, § 3d UStG Rz. 29 (Stand: September 2023).

7 **A.A.** *Heuermann* in Sölch/Ringleb, § 3d UStG Rz. 13a (Stand: Juni 2021).

8 *Englisch*, UR 2011, 648 (655 f.).

9 Vgl. EuGH, Urt. v. 13.10.2022 – C-1/21, ECLI:EU:C:2022:788 – Direktor na Direktsia „Obzhalvane i danachno-osiguritelna praktika"; UR 2023, 450, Rz. 88 ff.; *Drüen*, UR 2023, 257 (268) sowie UR 2023, 305 (307); *v. Streit/Streit*, MwStR 2021, 595 (598 ff.).

II. Nachweis der Erwerbsbesteuerung im Bestimmungsmitgliedstaat (Alt. 1)

Die **Nachweispflicht** liegt beim Unternehmer, dessen inländische USt-IdNr. verwendet wurde, da es sich um einen steuermindernden Tatbestand handelt. Wie er diesen Nachweis führt, ist nicht geregelt;[1] er kann aber jedenfalls nicht auf den Informationsaustausch zwischen den FinVerw. der Mitgliedstaaten zurückgreifen.[2] 33

Hat der Unternehmer **selbst den innergemeinschaftlichen Erwerb im Bestimmungsmitgliedstaat besteuert**, kann er dazu seine Erwerbs-Einzelmeldungen in den Mitgliedstaaten, die von der Option des Art. 268 MwStSystRL Gebrauch gemacht haben, vorlegen. In den anderen Mitgliedstaaten ist neben der entsprechenden MwSt-Erklärung auch die Aufstellung, wie sich der Gesamtbetrag der Steuerbemessungsgrundlage der innergemeinschaftlichen Erwerbe einzeln zusammensetzt, vorzulegen.[3] 34

Art. 41 Unterabs. 1 MwStSystRL verlangt für die Korrektur, dass „*dieser* Erwerb im Einklang mit Artikel 40 besteuert worden ist". Die Regelung des § 3d Satz 2 Alt. 1 UStG verlangt großzügiger formuliert, dass „der Erwerb durch den in Satz 1 bezeichneten Mitgliedstaat besteuert worden ist". Insofern stellt sich die Frage, ob der Unternehmer den Entlastungsbeweis auch durch den Nachweis der Erwerbsbesteuerung durch einen anderen, i.d.R. einen nachfolgenden Abnehmer, führen kann. Dafür spricht, dass es Ziel der Mehrwertsteuerübergangsregelungen für den innergemeinschaftlichen Handel ist, dass die Steuereinnahmen auf den Mitgliedstaat verlagert werden, in dem der Endverbrauch der gelieferten Gegenstände erfolgt.[4] Gleichwohl hat der EuGH die **Besteuerung** des innergemeinschaftlichen Erwerbs **durch nachfolgende Abnehmer** als **unerheblich** für die Korrektur angesehen.[5] 35

III. Fiktion der Erwerbsbesteuerung im Bestimmungsmitgliedstaat durch Erfüllung der Erklärungspflicht nach § 18 Abs. 7 Satz 1 Nr. 4 UStG (Alt. 2)

Nach der Einführung der Vereinfachungsregelungen des sog. „Dreiecksgeschäfts" (heutige Art. 141,197 MwStSystRL) mit Wirkung zum 1.1.1997 durch Richtlinie vom 25.6.1996[6] war es **notwendig, eine weitere Korrekturvorschrift zur Beseitigung der Doppelbesteuerung** zu normieren, kommt es doch bei Vorliegen der Voraussetzungen der Art. 141,197 MwStSystRL nicht zu einer Erwerbsbesteuerung im Bestimmungsmitgliedstaat, sondern wird diese aufgrund des Übergangs der Steuerschuldnerschaft auf den weiteren Erwerber lediglich als erfolgt fingiert, Art. 42 MwStSystRL. 36

Dementsprechend reicht es aus, dass der Unternehmer seinen **Meldepflichten in der ZM nach § 18 Abs. 7 Satz 1 Nr. 4 UStG nachkommt**, also insbesondere auch die MwSt-IdNr. des weiteren Abnehmers meldet und den Hinweis auf das Vorliegen eines innergemeinschaftlichen Dreiecksgeschäfts durch Verwendung der entsprechenden Kennziffer „2" vornimmt. 37

Darüber hinaus müssen die **Voraussetzungen des § 25b Abs. 2 UStG** vorliegen, da andernfalls die Fiktion der Besteuerung des innergemeinschaftlichen Erwerbs nach § 25b Abs. 3 UStG (§ 25b Rz. 49 ff.) nicht eintritt. Dies setzt voraus, dass der Unternehmer, welcher die deutsche USt-IdNr. verwendet, weder im Bestimmungsmitgliedstaat ansässig ist noch die Gegenstände des Erwerbs vom Inland aus in den Bestimmungsmitgliedstaat versendet oder befördert wurden, § 25b Abs. Nr. 2 UStG. Zudem muss in der Rechnung an den Abnehmer auf das Vorliegen eines innergemeinschaftlichen Dreiecksgeschäfts und die Steuerschuldnerschaft des Abnehmers hingewiesen werden, § 25b Abs. 2 Nr. 3 i.V.m. § 14a Abs. 7 Satz 1 UStG. 38

---

1 *Heuermann* in Sölch/Ringleb, § 3d UStG Rz. 14 (Stand: Juni 2021).

2 Vgl. EuGH, Urt. v. 22.4.2010 – C-536/08 und C-539/08, ECLI:EU:C:2010:217 – X und Facet Trading BV, UR 2010, 418, Rz. 37 m. Anm. *Maunz*.

3 *Heuermann* in Sölch/Ringleb, § 3d UStG Rz. 14 (Stand: Juni 2021); *Peltner* in Weymüller, BeckOK, § 3d UStG Rz. 29.1 (Stand: September 2023).

4 St. Rspr., vgl. z.B. EuGH, Urt. v. 19.4.2018 – C-580/16, ECLI:EU:C:2018:261 – Firma Hans Bühler, UR 2018, 404 m. Anm. *Nieskens*, Rz. 39 m.w.N.

5 Vgl. EuGH, Urt. v. 7.7.2022 – C-696/20, ECLI:EU:C:2022:528 – Dyrektor Izby Skarbowej w W., UR 2022, 622, Rz. 48; a.A. noch *Körner* in Wäger, UStG in der Vorauflage.

6 Richtlinie 96/42/EG, ABl. EG 1996 Nr. L 170, 34.

38.1 Bisher **ungeregelt** ist, ob für die Beurteilung, ob die **Voraussetzungen** der Vereinfachungsregelung der Art. 42, 197 und 141 MwStSystRL (im Inland § 25b UStG i.V.m. § 3d Satz 2 Alt. 2 UStG) die **Regelungen des Bestimmungsmitgliedstaates oder des Mitgliedstaats der verwendeten MwSt-IdNr. maßgeblich** sind. Dies kann wesentlich sein, wenn der eine betroffene Mitgliedstaat die Anwendung dieser Vereinfachungsregelung auch für Reihengeschäfte mit mehr als drei Beteiligten und ggf. sogar beim Vorhandensein eines weiteren Erwerbers nach dem Erwerber im Rahmen der Vereinfachungsreglungen[1] als gegeben ansieht[2], der andere Mitgliedstaat dagegen nicht. Da es *ratio legis* des Regelungskomplexes ist, die Erwerbsbesteuerung im Bestimmungsmitgliedstaat sicherzustellen,[3] sollte sich die Anwendbarkeit der Vereinfachungsregelung ausschließlich nach den Ansichten des Bestimmungsmitgliedstaates richten. Dies umso mehr als die Korrekturwirkung des Art. 42 MwStSystRL (§ 3d Satz 2 Alt. 2 UStG) im Mitgliedstaat der verwendeten MwSt-IdNr. eine bloße Reflexwirkung der Besteuerungsfiktion des innergemeinschaftlichen Erwerbs im Bestimmungsmitgliedstaat ist.

39 Eine **verspätete Abgabe der ZM** oder eine verspätete Kennzeichnung als innergemeinschaftliches Dreiecksgeschäfts in der ZM verhindert nicht die Auflösung der Doppelbesteuerung durch die Korrekturwirkung des Art. 42 MwStSystRL, § 3d Satz 2 Alt. 2 UStG.[4]

40 Auf Unionsebene höchstrichterlich entschieden ist nunmehr, dass eine nachträgliche Ergänzung der Rechnung für den Fall, dass zunächst nicht auf das Vorliegen eines innergemeinschaftlichen Dreiecksgeschäfts und die Steuerschuldnerschaft des Abnehmers hingewiesen wurde, keine Rückwirkung entfaltet. Es handelt sich dann vielmehr um die erstmalige Ausstellung einer Rechnung, die den für die Anwendung der Vereinfachungsregelung erforderlichen Hinweis auf die Steuerschuldnerschaft des Erwerbers enthält.[5]

41 **Weitere Nachweise** sind **nicht erforderlich**. Insbesondere muss die Vornahme einer Besteuerung im Bestimmungsmitgliedstaat, anders als in Art. 41 Unterabs. 1 MwStSystRL bzw. § 3d Satz 2 Alt. 1 UStG (Rz. 33 ff.) nicht geführt werden, da Art. 41 Unterabs. 1 MwStSystRL als besondere Beweislastregel (Rz. 30) strengere Anforderungen an den Nachweis stellt als Art. 42 MwStSystRL.[6]

§ 3e Ort der Lieferungen und Restaurationsleistungen während einer Beförderung an Bord eines Schiffs, in einem Luftfahrzeug oder in einer Eisenbahn

(1) Wird ein Gegenstand an Bord eines Schiffs, in einem Luftfahrzeug oder in einer Eisenbahn während einer Beförderung innerhalb des Gemeinschaftsgebiets geliefert oder dort eine sonstige Leistung ausgeführt, die in der Abgabe von Speisen und Getränken zum Verzehr an Ort und Stelle (Restaurationsleistung) besteht, gilt der Abgangsort des jeweiligen Beförderungsmittels im Gemeinschaftsgebiet als Ort der Lieferung oder der sonstigen Leistung.

(2) [1]Als Beförderung innerhalb des Gemeinschaftsgebiets im Sinne des Absatzes 1 gilt die Beförderung oder der Teil der Beförderung zwischen dem Abgangsort und dem Ankunftsort des Beförderungsmittels im Gemeinschaftsgebiet ohne Zwischenaufenthalt außerhalb des Gemeinschafts-

1 Vgl. Leitlinien des MwSt-Komitees, 113. Sitzung v. 3.6.2019, DOKUMENT D – taxud.c.1(2019)7899573 – 975 (rechtlich nicht bindend); im Inland nicht von dem Beispiel des Abschn. 25b.1 Abs. 2 UStAE umfasst, welches die Vereinfachungsregelung nur am Ende des Reihengeschäfts behandelt.

2 Wie beispielsweise Italien.

3 Vgl. EuGH, Urt. v. 8.12.2022 – C-247/21, ECLI:EU:C:2022:966 – Luxury Trust Automobil, UR 2023, 83 m. Anm. *Heinrichshofen*, Rz. 53.

4 Vgl. EuGH, Urt. v. 19.4.2018 – C-580/16, ECLI:EU:C:2018:261 – Firma Hans Bühler, UR 2018, 404 m. Anm. *Nieskens*; *Grube*, MwStR 2018, 471 (476); *Tausch*, UVR 2018, 166.

5 Vgl. EuGH, Urt. v. 8.12.2022 – C-247/21, ECLI:EU:C:2022:966 – Luxury Trust Automobil, UR 2023, 83 m. Anm. *Heinrichshofen*, Rz. 61 f.

6 EuGH, Schlussanträge des Generalanwalts *Bot* v. 30.11.2017 – C-580/16, ECLI:EU:C:2017:930 – Firma Hans Bühler.

gebiets. [2]Abgangsort im Sinne des Satzes 1 ist der erste Ort innerhalb des Gemeinschaftsgebiets, an dem Reisende in das Beförderungsmittel einsteigen können. [3]Ankunftsort im Sinne des Satzes 1 ist der letzte Ort innerhalb des Gemeinschaftsgebiets, an dem Reisende das Beförderungsmittel verlassen können. [4]Hin- und Rückfahrt gelten als gesonderte Beförderungen.

Schrifttum: *Jorczyk*, Bordverkauf auf Kreuzfahrtschiffen – Abgangsortprinzip und Zwischenaufenthalte, IStR 2004, 447.

A. Grundaussagen

I. Regelungsgegenstand und Bedeutung

§ 3e UStG statuiert einen besonderen Leistungsort für bestimmte Lieferungen und **Restaurationsleistungen**, einschließlich gleichgestellter Entnahmen, wenn diese während einer Beförderung an Bord eines Schiffes, eines Luftfahrzeugs oder eines Zuges erbracht werden. Nicht erfasst werden hingegen andere Beförderungsmittel wie Omnibusse. Die Vorschrift gilt nur, wenn die Beförderung innerhalb des Gemeinschaftsgebietes erbracht wird. Auf Beförderungen in oder aus Drittstaaten ist § 3e UStG nicht anwendbar. 1

§ 3e UStG dient der **Rechtsvereinfachung** und der **Vermeidung von Besteuerungskonflikten.**[1] Durch die Bestimmung des Abgangsortes im Gemeinschaftsgebiet als Ort der Lieferung wird die Notwendigkeit vermieden, mit der Durchquerung verschiedener Länder verschiedene Leistungsorte anzuwenden. Der Unternehmer ist nicht verpflichtet, sich in diesen Ländern zu registrieren und für während der Durchquerung ausgeführte Leistungen die dortige Mehrwertsteuer abzuführen. Entsprechend entfällt auch die Notwendigkeit einer genauen Ermittlung der Zeitpunkte der Grenzübertritte. Angesichts dessen ist eine Unbilligkeit bei Rundkursen nicht zu erkennen. 2

II. Unionsrechtliche Grundlagen

§ 3e UStG beruht auf Art. 37, 57 MwStSystRL, vorgehend Art. 8 Abs. 1 Buchst. c der 6. EG-Richtlinie und setzt diese richtlinienkonform um. Soweit nach dem einfachen Wortlaut Differenzen bestehen, bspw. weil § 3e UStG nicht ausdrücklich auf Personenbeförderungen beschränkt ist, lassen sich diese ohne weiteres im Wege der Auslegung beseitigen. Ergänzend sind die Vorgaben der Art. 35–37 MwStVO zu beachten, die die Norminhalte des Art. 57 MwStSystRL konkretisieren. 3

Auf **Art. 6 MwStVO**, in dem der Begriff der Restaurations- und Verpflegungsdienstleistung definiert wird, kommt es im Anwendungsbereich der Art. 37, 57 MwStSystRL regelmäßig nicht an, da bei einer Einordnung als Lieferung Art. 37 MwStSystRL Anwendung findet, widrigenfalls Art. 57 MwStSystRL und beide den gleichen Leistungsort auf Rechtsfolgenebene festlegen. Art. 6 MwStVO entfaltet sich allein bei der Abgrenzung der Restaurationsleistung zu sonstigen Dienstleistungen. 4

1 EuGH, Urt. v. 15.9.2005 – C-58/04, ECLI:EU:C:2005:553 – Köhler, UR 2005, 543; BFH, Beschl. v. 2.2.2010 – XI B 36/09, BFH/NV 2010, 1500 = UR 2010, 661; *Langer* in Reiß/Kraeusel/Langer, § 3e UStG Rz. 3 f. (Stand: April 2014); *Prätzler* in Birkenfeld/Wäger, Abschn. I Kap. 6 D. – § 3e UStG Rz. 15 (Stand: Februar 2018).

5 Der Begriff des **„Luftfahrzeugs"** ist einschränkend im Sinne des Begriffes „Flugzeug" auszulegen, der in Art. 37 Abs. 1 MwStSystRL verwendet wird (Rz. 14).

III. Verhältnis zu anderen Vorschriften und Rechtsentwicklung

6 § 3e UStG steht in engem Zusammenhang mit **§ 3b UStG**, der einen besonderen Leistungsort für Beförderungsleistungen statuiert. Letzterer gilt auch für als Nebenleistung zur Beförderungsleistung einzuordnende Bestandteile (§ 3b Rz. 12).[1] Abweichend von § 3e UStG sieht § 3b UStG allerdings keine einheitliche Bestimmung des Abgangsortes als Leistungsort vor, sondern eine Aufteilung der Beförderungsleistung entsprechend den im jeweiligen Gebiet zurückgelegten Beförderungsstrecken (§ 3b Rz. 14 ff.).

7 Der besondere Leistungsort des § 3e UStG gilt nur für innergemeinschaftliche Beförderungsleistungen. Soweit sich diese **über das Gemeinschaftsgebiet hinaus** erstrecken, sind die allgemeinen Vorgaben maßgeblich, d.h. für Lieferungen § 3 Abs. 7 Satz 1 UStG, für sonstige Leistungen § 3a Abs. 3 Nr. 3 Buchst. b UStG.[2]

7.1 Ist der Leistungsempfänger kein Unternehmer oder eine gleichgestellte Person im Sinne des § 3a Abs. 5 Satz 1 UStG, so können nicht in der Bundesrepublik Deutschland ansässige Leistungserbringer die nach § 3e UStG im Inland steuerbaren sonstigen Leistungen seit dem 1.7.2021 nach dem One-Stop-Shop-Verfahren gemäß §§ 18i, 18j UStG (§ 18i Rz. 1 ff., § 18j Rz. 1 ff.) besteuern.

8 Restaurant- und Verpflegungsdienstleistungen unterliegen nach § 12 Abs. 1 Nr. 15 UStG befristet bis zum 1.1.2023 nach den Hilfsmaßnahmen zur Abfederung der Folgen der Covid-19-Pandemie dem reduzierten Mehrwertsteuersatz. Soweit es sich um eine steuerbare **Lieferung** handelt, sind die Vorgaben des § 12 Abs. 1 Nr. 1 i.V.m. Anlage 2 UStG zu beachten.

9 Der in § 3e UStG enthaltene besondere Leistungsort für Lieferungen geht zurück auf die 6. EG-Richtlinie in der Fassung vom 14.12.1992, war aber anfangs auf solche Lieferungen beschränkt, die nicht zum Verzehr an Ort und Stelle bestimmte Gegenstände zum Inhalt hatten. Diese Einschränkung wurde mit Wirkung zum 23.6.1998 aufgehoben. Mit Wirkung vom 1.1.2010 wurde der Anwendungsbereich des § 3e UStG aufgrund der Aufnahme des Art. 57 MwStSystRL um Restaurationsleistungen ergänzt.[3]

B. Die Bestimmung des Leistungsortes (Absatz 1)

I. Lieferungen oder Restaurationsleistungen

10 Der besondere Leistungsort gilt für **Lieferungen und Restaurationsleistungen**. Während letztere den Anwendungsbereich auf bestimmte sonstige Leistungen beschränken, sind Lieferungen unabhängig des Inhalts der Lieferung umfasst.[4] In teleologischer Auslegung der Norm sind aber solche Lieferungen auszunehmen, die Gegenstände betreffen, die sich nicht tatsächlich an **Bord des Beförderungsmittels** befinden und bei denen daher die Verfügungsmacht mittels Vereinbarung eines Besitzkonstituts vereinbart wird. In diesen Fällen fehlt es an der Konfliktlage, die Anlass der Vereinfachungsregelung ist, denn der Leistungsort ist unabhängig von der Beförderung mit dem Ort, an dem sich der Gegenstand befindet, bestimmbar.[5]

1 Zur Abgrenzung bei Snacks u.a. an Bord eines Flugzeugs BFH, Urt. v. 27.2.2014 – V R 14/13, BStBl. II 2014, 869 = UR 2014, 564.

2 FG Berlin-Bdb., Urt. v. 14.2.2013 – 7 K 7079/09, EFG 2013, 973; *Grube*, jurisPR-SteuerR 30/2014, Anm. 5.

3 S. umfassend *Marchal* in Rau/Dürrwächter, § 3e UStG Rz. 1 (Stand: Juni 2023).

4 BFH, Beschl. v. 2.2.2010 – XI B 36/09, BFH/NV 2010, 1500 = UR 2010, 661; FG Mecklenburg-Vorpommern, Urt. v. 26.2.2009 – 2 K 446/06, juris; *Grünwald* in Hartmann/Metzenmacher, § 3e UStG Rz. 8 (Stand: Februar 2018); *Huschens* in Schwarz/Widmann/Radeisen, § 3e UStG Rz. 20 (Stand: August 2022).

5 *Martin* in Sölch/Ringleb, § 3e UStG Rz. 17 (Stand: März 2022); *Kossack* in Offerhaus/Söhn/Lange, § 3e UStG Rz. 9a (Stand: März 2021); *Grünwald* in Hartmann/Metzenmacher, § 3e UStG Rz. 12 ff. (Stand: Februar 2018); *Langer* in Reiß/Kraeusel/Langer, § 3e UStG Rz. 10 (Stand: April 2014).

Der Begriff der Restaurationsleistung wird in § 3e Abs. 1 UStG als sonstige Leistung unter Abgabe von Speisen und Getränken zum Verzehr an Ort und Stelle legal definiert. Auf die Abgrenzung zur Lieferung kommt es in diesem Zusammenhang nicht an (Rz. 10),[1] sodass sich Abgrenzungsprobleme lediglich im Verhältnis zu durch weitere Leistungsinhalte geprägte sonstige Leistungen stellen können. Soweit der Begriffsabgrenzung Bedeutung zukommt, ist der Begriff richtlinienkonform im Sinne des Art. 6 MwStVO auszulegen. 11

Der besondere Leistungsort gilt nicht für **Nebenleistungen** einer Beförderungsleistung (Rz. 6). 12

II. Schiff, Luftfahrzeug oder Eisenbahn

§ 3e UStG gilt nur für bestimmte **Beförderungsmittel**, namentlich Schiffe, Luftfahrzeuge und Eisenbahnen. Diese einschränkende Aufzählung ist einer erweiternden Rechtsfortbildung nicht zugänglich.[2] 13

Der Begriff des **Luftfahrzeuges** ist im Sinne des Begriffes Flugzeug unionsrechtskonform auszulegen; Zeppeline und Ballone sind daher nicht umfasst.[3] Soweit die französische Sprachfassung in Art. 57 MwStSystRL den Begriff des Luftfahrzeuges verwendet, handelt es sich um einen Einzelfall, der in weiteren Sprachfassungen keine Entsprechung findet. Darüber hinaus verwendet auch die französische Sprachfassung in Art. 37 MwStSystRL den engeren Begriff des Flugzeuges. Dass das Bedürfnis einer Vermeidung von Besteuerungskonflikten auch bei Zeppelinen und Ballonen eintreten kann, ist angesichts dessen unerheblich. 14

III. Während einer Beförderung innerhalb des Gemeinschaftsgebietes

Der besondere Leistungsort des § 3e UStG gilt nur für Leistungen, die **während einer Beförderung** erbracht werden. Nicht ausreichend ist daher bspw. die Vereinbarung der Erbringung einer Lieferung an Bord, wenn die Verfügungsmacht erst nach Beendigung der Beförderung verschafft wird. Die Beförderung selbst ist nicht eng in dem Sinne zu verstehen, dass das Verkehrsmittel in Bewegung sein muss. Ebenso wenig ist der Begriff dahingehend zu verstehen, dass die Leistung während der Erbringung einer Beförderungsleistung im umsatzsteuerrechtlichen Sinne erbracht werden muss. Eine solche Einschränkung ist dem Wortlaut nicht zu entnehmen und auch der Vereinfachungszweck spricht dafür, unter der Beförderung den gesamten tatsächlichen Vorgang zu verstehen. Dieser beginnt mit dem planmäßigen Betreten des Beförderungsmittels und nicht erst mit dessen In-Bewegung-Setzen und endet mit dem planmäßigen Verlassen.[4] 15

Bei der Beförderung muss es sich denknotwendig um eine Personenbeförderung im tatsächlichen Sinne handeln, denn die Vorschrift setzt die Anwesenheit der Person auf dem Beförderungsmittel voraus. Dem entsprechen nach hier vertretener Ansicht die Art. 37, 57 MwStSystRL, die in diesem Sinne auf **Personenbeförderungen** beschränkt sind. Nicht erforderlich ist dagegen, dass es sich um ein planmäßiges Mittel der (ggf. regelmäßigen) Personenbeförderung handelt.[5] Eine derartige Einschränkung ist weder mit Blick auf den vorgenannten Vereinfachungszweck noch auf Grund des Wortlauts der Art. 37, 57 MwStSystRL erforderlich. Auch die Abschnittsüberschriften der Art. 37, 57 MwStSystRL – 16

1 *Korn* in Bunjes[22], § 3e UStG Rz. 3.

2 *Grünwald* in Hartmann/Metzenmacher, § 3e UStG Rz. 17 (Stand: Februar 2018).

3 **A.A.** *Martin* in Sölch/Ringleb, § 3e UStG Rz. 7 (Stand: März 2022); *Kossack* in Offerhaus/Söhn/Lange, § 3e UStG Rz. 10 (Stand: März 2021); *Grünwald* in Hartmann/Metzenmacher, § 3e UStG Rz. 16 (Stand: Februar 2018); *Prätzler* in Birkenfeld/Wäger, Abschn. I Kap. 6 D. – § 3e UStG Rz. 21 (Stand: Februar 2018).

4 *Martin* in Sölch/Ringleb, § 3e UStG Rz. 17 (Stand: März 2022); *Grünwald* in Hartmann/Metzenmacher, § 3e UStG Rz. 19 (Stand: Februar 2018).

5 *Marchal* in Rau/Dürrwächter, § 3e UStG Rz. 10 (Stand: Juni 2023); *Grünwald* in Hartmann/Metzenmacher, § 3e UStG Rz. 18 (Stand: Februar 2018); *Huschens* in Schwarz/Widmann/Radeisen, § 3e UStG Rz. 22 (Stand: August 2022); *Prätzler* in Birkenfeld/Wäger, Abschn. I Kap. 6 D. – § 3e UStG Rz. 56 ff. (Stand: Februar 2018); *Langer* in Reiß/Kraeusel/Langer, § 3e UStG Rz. 9 (Stand: April 2014). **A.A.** *Korn* in Bunjes[22], § 3e UStG Rz. 4; *Martin* in Sölch/Ringleb, § 3e UStG Rz. 6 (Stand: März 2022); *Kossack* in Offerhaus/Söhn/Lange, § 3e UStG Rz. 14 (Stand: März 2021); *Weymüller* in Weymüller, § 3e UStG Rz. 6.

„(…) an Bord eines Schiffes, eines Flugzeugs oder in einer Eisenbahn“ – und der Art. 35 ff. MwStVO – „Restaurant- und Verpflegungsdienstleistungen an Bord eines Beförderungsmittels“ – implizieren dies nicht. Eine Personenbeförderung kann auch auf einem Beförderungsmittel erfolgen, das (im Übrigen) der Güterbeförderung dient. Ebenso wenig ergeben sich aus Abs. 2 Anhaltspunkte für eine derartige Einschränkung. Abgangsorte, Ankunftsorte, Beförderungsmittel und Reisende bestehen begrifflich auch dann, wenn nur ausnahmsweise Personen befördert werden.

17 Das Begriffsmerkmal „innerhalb des Gemeinschaftsgebietes“ schließt aus dem Anwendungsbereich des § 3e UStG Leistungen aus, die während einer Beförderung erbracht werden, die im **Drittlandsgebiet** begonnen haben oder dort enden werden. Zu den weiteren Einzelheiten siehe Rz. 20.

IV. Rechtsfolge: Abgangsort als Leistungsort

18 Als Rechtsfolge sieht § 3e UStG mit dem Abgangsort des Beförderungsmittels im Gemeinschaftsgebiet einen einheitlichen Leistungsort vor, der unabhängig vom Ort der tatsächlichen Leistungserbringung ist. Entsprechend Art. 35 MwStVO ist nicht der Abgangsort der Beförderung für die jeweilige Person des Leistungsempfängers entscheidend, sondern der (erste) Abgangsort des Beförderungsmittels im Gemeinschaftsgebiet; Zwischenaufenthalte im Gemeinschaftsgebiet sind ohne Bedeutung.

C. Beförderung innerhalb des Gemeinschaftsgebietes (Absatz 2)

19 In § 3e Abs. 2 Satz 1 UStG wird der Begriff der Beförderung **innerhalb des Gemeinschaftsgebietes**[1] definiert. Diese umfasst hiernach die gesamte (Teil-)Strecke des Beförderungsmittels zwischen dem Abgangsort im Gemeinschaftsgebiet und dem Ankunftsort im Gemeinschaftsgebiet, wobei Hin- und Rückfahrt nach Absatz 2 Satz 4 getrennt zu betrachten sind. Der Abgangsort wird in Absatz 2 Satz 2 UStG legal definiert als der erste Ort im Gemeinschaftsgebiet, an dem Reisende einsteigen können. Der Ankunftsort wiederum ist nach Absatz 2 Satz 3 UStG der letzte Ort innerhalb des Gemeinschaftsgebietes, an dem Reisende aussteigen können. Zwischenhalte sind daher unerheblich, wenn diese innerhalb des Gemeinschaftsgebietes liegen.

20 Liegen **Zwischenhalte außerhalb des Gemeinschaftsgebietes** vor,[2] so ist § 3e UStG nach Ansicht der FinVerw. nicht auf diejenigen Leistungen anzuwenden, die außerhalb des Gemeinschaftsgebietes und während des Zwischenaufenthaltes erbracht werden, wohl aber auf solche, die während des im Gemeinschaftsgebiet liegenden Beförderungsteils bewirkt werden.[3] Näher liegt angesichts der Begriffsdefinition in § 3e Abs. 2 UStG aber, die gesamte Beförderungsstrecke zwischen dem letzten Halt im Gemeinschaftsgebiet und dem Zwischenhalt außerhalb des Gemeinschaftsgebietes sowie ebendiesem Zwischenhalt und dem dann ersten Halt im Gemeinschaftsgebiet vom Begriff der Beförderung innerhalb des Gemeinschaftsgebietes auszunehmen.[4] Dies hat allerdings nicht zur Folge, dass nach Rückkehr in das Gemeinschaftsgebiet ein neuer Abgangsort nach § 3e Abs. 2 UStG maßgebend wäre.[5]

21 Als Zwischenhalt gilt nach der Rechtsprechung jeder Zwischenhalt unabhängig seiner Dauer oder der Frage, ob an diesem Zwischenhalt die Reise begonnen oder beendet werden kann.[6]

1 Zu Folgen der unterschiedlichen Definition des Gemeinschaftsgebietes im nationalen Recht und in der MwStSystRL *Marchal* in Rau/Dürrwächter, § 3e UStG Rz. 15 (Stand: Juni 2023).

2 Siehe insoweit auch Art. 36, 37 MwStVO, die aber weder für die eine noch die andere der nachfolgenden Ansichten streiten.

3 Abschn. 3e.1. S. 3 UStAE. M.E. ist dies auch der von der FinVerw. bemühten EuGH-Entscheidung nicht zu entnehmen.

4 *Langer* in Reiß/Kraeusel/Langer, § 3e UStG Rz. 20 f., 23 f. (Stand: April 2014); *Prätzler* in Birkenfeld/Wäger, Abschn. I Kap. 6 D. – § 3e UStG Rz. 34 ff. (Stand: Februar 2018).

5 EuGH, Urt. v. 15.9.2005 – C-58/04, ECLI:EU:C:2005:553 – Köhler, UR 2005, 543; BFH, Urt. v. 20.12.2005 – V R 30/02, BStBl. II 2007, 139 = UR 2006, 347.

6 EuGH, Urt. v. 15.9.2005 – C-58/04, ECLI:EU:C:2005:553 – Köhler, UR 2005, 543; BFH, Urt. v. 20.12.2005 – V R 30/02, BStBl. II 2007, 139 = UR 2006, 347.

Entscheidend ist eine allgemeine Betrachtung des Beförderungsmittels. Unerheblich ist die jeweilige Beförderungsstrecke eines einzelnen Reisenden, Art. 35 MwStVO. 22

Beispiel: 23
Ein Kreuzfahrtschiff verkehrt von Barcelona nach Bilbao. Nach Zwischenhalten in Palma und Málaga steuert das Schiff Casablanca in Marokko an. Von dort verkehrt es weiter über Lissabon nach Porto und Bilbao.
Innerhalb des Gemeinschaftsgebietes liegen die Beförderungsstrecken Barcelona – Palma – Málaga und Lissabon – Porto – Bilbao. Abgangsort für sämtliche während dieser Teilstrecken erbrachten Leistungen ist Barcelona. Die Strecken Málaga – Casablanca und Casablanca – Lissabon werden von § 3e UStG ebenso wenig wie die Leistungen im Hafen von Casablanca erfasst.

§ 3f *(Ort der unentgeltlichen Lieferungen und sonstigen Leistungen)*

(aufgehoben)[1]

§ 3g Ort der Lieferung von Gas, Elektrizität, Wärme oder Kälte

(1) [1]Bei einer Lieferung von Gas über das Erdgasnetz, von Elektrizität oder von Wärme oder Kälte über Wärme- oder Kältenetze an einen Unternehmer, dessen Haupttätigkeit in Bezug auf den Erwerb dieser Gegenstände in deren Lieferung besteht und dessen eigener Verbrauch dieser Gegenstände von untergeordneter Bedeutung ist, gilt als Ort dieser Lieferung der Ort, an dem der Abnehmer sein Unternehmen betreibt. [2]Wird die Lieferung an die Betriebsstätte eines Unternehmers im Sinne des Satzes 1 ausgeführt, so ist stattdessen der Ort der Betriebsstätte maßgebend.

(2) [1]Bei einer Lieferung von Gas über das Erdgasnetz, von Elektrizität oder von Wärme oder Kälte über Wärme- oder Kältenetze an andere als die in Absatz 1 bezeichneten Abnehmer gilt als Ort der Lieferung der Ort, an dem der Abnehmer die Gegenstände tatsächlich nutzt oder verbraucht. [2]Soweit die Gegenstände von diesem Abnehmer nicht tatsächlich genutzt oder verbraucht werden, gelten sie als an dem Ort genutzt oder verbraucht, an dem der Abnehmer seinen Sitz, eine Betriebsstätte, an die die Gegenstände geliefert werden, oder seinen Wohnsitz hat.

(3) Auf Gegenstände, deren Lieferungsort sich nach Absatz 1 oder Absatz 2 bestimmt, sind die Vorschriften des § 1a Abs. 2 und § 3 Abs. 1a nicht anzuwenden.

1 § 3f UStG aufgehoben durch das Gesetz zur weiteren steuerlichen Förderung der Elektromobilität und zur Änderung weiterer steuerlicher Vorschriften v. 12.12.2019 (sog. JStG 2019), BGBl. I 2019, 2451. Eine aktuelle Kommentierung des § 3f UStG a.F. finden Sie bei *Nieskens* in Rau/Dürrwächter, § 3f UStG a.F. Rz. 1 ff. (Stand: April 2021).

Schrifttum: *Eggers/Trinks*, Umsatzsteuerrechtliche Behandlung negativer Preise, UR 2012, 577; *Hummel*, Umsatzsteuerrechtliche Risiken im grenzüberschreitenden Stromhandel, UR 2012, 584; *Hummel*, Umsatzsteuerrechtliche Behandlung der Abrechnung von Mehr- bzw. Mindermengen von Gas (Leistungsbeziehungen) durch die Finanzverwaltung, BB 2014, 2024; *Kment*, Energiewirtschaftsgesetz, 2. Aufl., Baden-Baden 2019; *Nebeling*, Lieferortbestimmung bei der Lieferung von Kissengas in einer Gaskaverne, UR 2008, 459; *Oldiges*, E-Charging von Elektrofahrzeugen, DStR 2021, 1146; *Oldiges/Reimann*, E-Charging von Elektrofahrzeugen, DStR 2019, 1125; *Prätzler*, EuGH zur Mehrwertsteuer beim Laden von Elektrofahrzeugen, jurisPR-SteuerR 28/2023 Anm. 6; *Sterzinger*, Umsatzsteuerrechtliche Beurteilung von zur Teilnahme am Regelenergiemarkt vorgesehenen Stromspeichermodellen, UR 2020, 259; *Theobald/Kühling*, Energierecht, Loseblatt, München; *Vellen*, Umsatzbesteuerung der Lieferungen von Gas und Elektrizität, UR 2005, 133; *Wäger*, Grenzüberschreitender Gas- und Elektrizitätshandel, UStB 2004, 424.

A. Grundaussagen

I. Regelungsgegenstand und Bedeutung

1 § 3g UStG dient der **Vermeidung von Anwendungsschwierigkeiten**, die andernfalls bei der Anwendung der allgemeinen Leistungsortregelungen für Lieferungen auf die Bereitstellung von Gas, Elektrizität, Wärme und Kälte über ein Leitungsnetz entstehen würden. Hiermit trägt die Regelung den besonderen Eigenarten dieser Güter bei einem Transport über ein Leitungsnetz Rechnung. Die Transportrichtung dieser Güter im Leitungsnetz wird allein von **physikalischen Merkmalen** bestimmt und entsprechend ist der Lieferer regelmäßig nicht in der Lage, dem Abnehmer genau die von ihm eingespeiste und veräußerte Einheit eines solchen Gutes zu verschaffen.[1]

2 Die Regelung des § 3g UStG vermeidet hieraus resultierende Schwierigkeiten, indem für den Fall der Lieferung über ein Leitungsnetz durch Absatz 1 und Absatz 2 eine besondere Ortsbestimmung eingeführt wird. Diese stellt allein auf – verschiedene – Orte des Leistungsempfängers ab: Werden die genannten Güter vom Leistungsempfänger verbraucht, so liegt der Leistungsort nach Absatz 2 Satz 1 am Ort der Entnahme aus dem Leitungsnetz. Fehlt es an einem Verbrauch durch den Leistungsempfänger, ist der Sitz des Leistungsempfängers nach Absatz 1 oder Absatz 2 Satz 2 maßgebend. Dem Merkmal der Nutzung in Absatz 2 kommt dagegen in richtlinienkonformer Auslegung keine Bedeutung zu (Rz. 30). In Absatz 3 wird schließlich der Tatbestand des innergemeinschaftlichen Verbringens ausgeschlossen (Rz. 36). Im Ergebnis wird durch diese Konzeption dem Verbrauchsortprinzip weitgehend entsprochen.[2]

3 **In der Praxis** kommt es allerdings auf diese in den Vordergrund gerückte Differenzierung nur in eingeschränktem Umfang an.[3] Denn in richtlinienkonformer Auslegung ist unter dem Sitz i.S.d. Absatzes 2 Satz 2 der Ort zu verstehen, an dem das Unternehmen betrieben wird. Damit stimmt der Lieferort nach Absatz 1 und Absatz 2 Satz 2 in jedem Falle überein und die Frage, welcher Absatz Anwendung findet, erweist sich regelmäßig als unerheblich. Bedeutung erlangt diese Differenzierung aber dadurch, dass Absatz 1 allein auf die Einordnung des Abnehmers als **Wiederverkäufer** abstellt und unabhängig von der konkreten Verwendung des bezogenen Gutes im Einzelfall einen einheitlichen Lieferort bestimmt. Demgegenüber kommt es bei **sonstigen Abnehmern** gerade auf diese Unterscheidung nach der Verwendung der gelieferten Güter an: Werden diese tatsächlich verbraucht, so ist der Verbrauchsort maßgebend, andernfalls der Empfängerort.[4]

4 § 3g UStG gilt nur für die Lieferung der enumerativ genannten Güter. Auf die Zurverfügungstellung dieser Güter im Rahmen einer sonstigen Leistung oder im Zusammenhang einer nicht durch die Be-

---

1 *Stadie* in Rau/Dürrwächter, § 3g UStG Rz. 20 (Stand: Juli 2019).

2 *Stadie* in Rau/Dürrwächter, § 3g UStG Rz. 2 (Stand: Juli 2019); *Becker* in Schwarz/Widmann/Radeisen, § 3g UStG Rz. 4 (Stand: Dezember 2021); *Widmann*, DB 2005, 183 (184).

3 Ähnlich *Hummel*, UR 2012, 584 (587), der immer von einer Irrelevanz dieser Differenzierung ausgeht.

4 Ebenso *Martin* in Sölch/Ringleb, § 3g UStG Rz. 33 (Stand: März 2022); *Grambeck* in Weymüller § 3g UStG Rz. 58; *Fritsch* in Reiß/Kraeusel/Langer, § 3g UStG Rz. 24, 29 (Stand: März 2017).

reitstellung dieser Güter geprägten Lieferung (Rz. 12) und die Lieferung anderer Güter (Rz. 13) findet die Vorschrift keine Anwendung.

II. Unionsrechtliche Grundlagen

§ 3g UStG dient der Umsetzung der Art. 17 Abs. 2 Buchst. d, Art. 38, 39 MwStSystRL bzw. der Vorgängerregelungen in Art. 8 Abs. 1 Buchst. d, Art. 28a Abs. 5 Buchst. b der 6. EG-Richtlinie. Die unionsrechtlichen Vorgaben für die Lieferung von Gas und Elektrizität wurden durch die Richtlinie 2003/92/EG vom 7.10.2003 geschaffen und durch die Richtlinie 2009/162/EU vom 22.12.2009 geändert sowie zeitgleich um die Güter Wärme und Kälte ergänzt. 5

Unterschiede zwischen der nationalen Regelung und der unionsrechtlichen Grundlage bestehen bei der Ortsbestimmung für Unternehmer, die sich nicht als Wiederverkäufer qualifizieren, aber die Güter weiterliefern, Absatz 2 Satz 2 (Rz. 31 ff.), sowie bei der Bestimmung der Reichweite der Ortsvorschrift für den eigenen Verbrauch, Absatz 2 Satz 1 (Rz. 29 f.). Zudem hat der nationale Gesetzgeber auf eine Übernahme der subsidiären Ortsregeln in den Fällen des § 3g Abs. 2 Satz 2 UStG verzichtet (Rz. 35). 6

III. Verhältnis zu anderen Vorschriften und Rechtsentwicklung

§ 13b Abs. 2 Nr. 5 Buchst. a UStG sieht für grenzüberschreitende Lieferungen i.S.d. § 3g UStG eine Verlagerung der **Steuerschuldnerschaft** auf den Leistungsempfänger vor (§ 13b Rz. 155 ff.). 7

Die **Einfuhr** von Gütern i.S.d. § 3g UStG ist unter den Bedingungen des § 5 Abs. 1 Nr. 6 UStG steuerfrei (§ 5 Rz. 71 f.). Für selbständig zu beurteilende **sonstige Leistungen**, die in unmittelbarem Zusammenhang zu Lieferungen i.S.d. § 3g UStG stehen und an einen Leistungsempfänger mit Sitz in einem Drittland erbracht werden, ist § 3a Abs. 4 Satz 2 Nr. 14 UStG zu beachten. Dieser verlagert den Leistungsort ins Drittlandsgebiet und schließt so die Steuerbarkeit der sonstigen Leistung aus (§ 3a Rz. 261 ff.). 8

Lieferungen i.S.d. § 3g UStG sind nicht in die **ZM** nach § 18a UStG aufzunehmen, da diese nicht eine Beförderung oder Versendung beinhalten (§ 18a Abs. 1, § 25b Abs. 1 Satz 1 Nr. 4 UStG). Ebenso sind sie nicht nach **§ 18b UStG** gesondert zu erklären. 9

Nach Ansicht der FinVerw. findet auf Lieferungen i.S.d. § 3g UStG das One-Stop-Shop-Verfahren nach § 18j UStG (§ 18j Rz. 1 ff.) keine Anwendung. Die Vorschrift setz eine Beförderung oder Versendung voraus, im Anwendungsbereich des § 3g UStG erfolge jedoch keine bewegte Lieferung.[1] Dem dürfte angesichts der gewählten Formulierungen in § 3 Abs. 3a Satz 1 UStG und § 3c Abs. 1 Satz 2 UStG im Ergebnis zu folgen sein. Dem früheren Streitstand, ob die Lieferung der von § 3g UStG umfassten Güter eine bewegte oder ruhende Lieferung darstelle, dürfte dabei allerdings keine Bedeutung zukommen.[2] 9.1

§ 3g UStG trat am 1.1.2005 und damit zum Ende der Umsetzungsfrist, Art. 2 der Richtlinie 2003/92/EG, in Kraft. Die durch die Richtlinie 2009/162/EU gebotenen Änderungen und Ergänzungen wurden zum 1.1.2011, wiederum dem Ende der Umsetzungsfrist, Art. 2 Abs. 1 der Richtlinie 2009/162/EU, vorgenommen. 10

B. Lieferungen i.S.d. § 3g

Die Vorgaben des § 3g UStG – sei es die Ortsregelung in Absatz 2 oder der Ausschluss des innergemeinschaftlichen Verbringens – gelten für die Lieferung von Gas über ein Erdgasnetz, Elektrizität, 11

1 Abschn. 3.18. Abs. 4 Satz 3 UStAE.

2 Vgl. *Stadie* in Rau/Dürrwächter, § 3g UStG Rz. 2, 10 (Stand: Juli 2019); *Fritsch* in Reiß/Kraeusel/Langer, § 3g UStG Rz. 5 (Stand: März 2017).

Wärme über ein Wärmenetz und Kälte über ein Kältenetz.[1] Sie gelten auch für einer Lieferung gleichgestellte unentgeltliche Wertabgaben, § 3 Abs. 1b UStG.[2]

12 Vom Anwendungsbereich **ausgenommen** sind demgegenüber sonstige Leistungen sowie solche Lieferungen, die nicht durch die Bereitstellung dieser Güter geprägt sind.[3] Dies ist konsequent, denn in diesen Fällen fehlt es an der typischen aus den physikalischen Eigenschaften der Güter folgenden Schwierigkeit, den umsatzsteuerlichen Leistungsort nach den allgemeinen Regelungen zu bestimmen (Rz. 1 f.).

13 § 3g UStG setzt nach dem Wortlaut die Bereitstellung der Güter Gas, Wärme und Kälte über ein Verteilungsnetz voraus. Damit gilt die Vorschrift nicht für andere Formen der Lieferung der vorgenannten Güter wie der Lieferung von **Gas in Gasflaschen.**[4] Demgegenüber soll es bei der Lieferung von **Elektrizität** nach dem Wortlaut nicht auf eine Bereitstellung über ein Verteilnetz ankommen. Dem ist zu widersprechen, insoweit ist eine **richtlinienkonforme**[5] **teleologische Reduktion** der Vorschrift veranlasst, in deren Folge bspw. **Elektrizität in Batterien** nicht umfasst ist:[6] Denn das in Rz. 12 bezeichnete Erfordernis, Anwendungsschwierigkeiten zu vermeiden, besteht allein bei der Lieferung von Elektrizität über ein Verteilnetz. Andernfalls wird die Elektrizität verkörpert über ein Speichermedium geliefert und es lassen sich die allgemeinen Regelungen auf diese Verkörperung ohne weiteres anwenden.[7]

14 Auch das **Richtlinienrecht** hat in teleologischer Auslegung allein die Lieferung über Verteilnetze im Blick.[8] Zwar findet sich ein entsprechendes Merkmal für die Lieferung von Elektrizität auch dort nicht im Wortlaut der Norm. Allerdings heißt es in Erwägungsgrund 5 der Richtlinie 2003/92/EG zur Rechtfertigung der mit § 3g UStG in engem Zusammenhang stehenden Regelung über die Gewährung von Zugang zu Verteilungsnetzen als sonstige Leistung ausdrücklich: „die Lieferung von Elektrizität und Gas erfolgt über Verteilungsnetze, zu denen Netzbetreiber Zugang gewähren. […] Der Zugang zu Verteilungsnetzen und deren Nutzung sowie die Erbringung anderer, unmittelbar damit verbundener Dienstleistungen […]". Bestätigt wird dies durch Erwägungsgrund 4 der Richtlinie 2009/162/EU anlässlich der Ergänzung um die Lieferung von Wärme und Kälte. Dort heißt es: „Die ersten grenzüber-

1 Siehe umfassend zur Frage des Vorliegens einer Lieferung bei verschiedenen Geschäftsbeziehungen in der Energiewirtschaft: *Martin* in Sölch/Ringleb, § 3g UStG Rz. 11 ff. (Stand: März 2022); *Rauch* in Offerhaus/Söhn/Lange, § 3g UStG Rz. 3e f. (Stand: Oktober 2021). Zur Behandlung des Aufladens von Elektrofahrzeugen vgl. EuGH, Urt. v. 20.4.2023 – C-282/22, ECLI:EU:C:2023:312 – Dyrektor Krajowej Informacji Skarbowej, UR 2023, 517; *Prätzler*, jurisPR-SteuerR 28/2023 Anm. 6; sowie zu den Fragestellungen vor Ergehen des EuGH-Urteils *Oldiges*, DStR 2021, 1146; *Oldiges/Reimann*, DStR 2019, 1125.

2 Ebenso *Becker* in Schwarz/Widmann/Radeisen, § 3g UStG Rz. 6 (Stand: Dezember 2021). **A.A.** *Grambeck* in Weymüller, § 3g UStG Rz. 32; *Stadie* in Rau/Dürrwächter, § 3g UStG Rz. 13 (Stand: Juli 2019).

3 BFH, Urt. v. 15.1.2009 – V R 91/07, BStBl. II 2009, 615 = UR 2009, 315 m. Anm. *Klenk*; BFH, Urt. v. 12.5.1993 – XI R 56/90, BStBl. II 1993 847 = UR 1994, 153; Abschn. 3g.1. Abs. 2 Satz 3 UStAE. Zur Frage des Vorliegens einer Lieferung bei negativen Preisen siehe *Hummel*, BB 2014, 2024; *Eggers/Trinks*, UR 2012, 577 (580). Zur Teilnahme am Regelenergiemarkt mit Stromspeichern *Sterzinger*, UR 2020, 259 (262).

4 Abschn. 3g.1. Abs. 1 Satz 2 UStAE.

5 Zur Übernahme der Regelungen des Richtlinienrechts durch den deutschen Gesetzgeber siehe BT-Drucks. 17/2249, 74 f. und BR-Drucks. 318/10, 119 f., wenngleich wohl selbst der deutsche Gesetzgeber davon ausging, dass das Richtlinienrecht eine Beschränkung der Lieferung von Elektrizität über Verteilnetze nicht erfordere, BT-Drucks. 15/3677, 39.

6 *Martin* in Sölch/Ringleb, § 3g UStG Rz. 9 (Stand: März 2022); *Rauch* in Offerhaus/Söhn/Lange, § 3g UStG Rz. 3d (Stand: Oktober 2021); *Jansen* in Birkenfeld/Wäger, Abschn. I Kap. 6 F. – § 3g UStG Rz. 37 (Stand: Mai 2018); *Stadie* in Rau/Dürrwächter, § 3g UStG Rz. 28 ff. (Stand: Juli 2019); *Becker* in Schwarz/Widmann/Radeisen, § 3g UStG Rz. 8 (Stand: Dezember 2021); **a.A.** *Grambeck* in Weymüller, § 3g UStG Rz. 30; *Eggers/Trinks* in Hartmann/Metzenmacher, § 3g UStG Rz. 9.

7 *Stadie* in Rau/Dürrwächter, § 3g UStG Rz. 28 ff. (Stand: Juli 2019); *Becker* in Schwarz/Widmann/Radeisen, § 3g UStG Rz. 8 (Stand: Dezember 2021). Mit anderer Begründung bei *Eggers/Trinks* in Hartmann/Metzenmacher, § 3g UStG Rz. 9. Bei wiederverwendbaren Speichermedien wird ohnehin die Lieferung auf das Speichermedium und nicht die enthaltene Energie bezogen sein, sodass kein Anwendungsfall des § 3g UStG vorliegt.

8 Ebenso *Martin* in Sölch/Ringleb, § 3g UStG Rz. 9 (Stand: März 2022).

schreitenden Wärme- und Kältenetze sind bereits in Betrieb. Bei der Lieferung oder Einfuhr von Wärme oder Kälte ist die Problematik die gleiche wie bei der Lieferung oder Einfuhr von Gas oder Elektrizität. […] Auf Wärme und Kälte ist daher dieselbe Regelung anzuwenden wie auf Erdgas und Elektrizität". Für diese Fälle hat der Richtliniengeber aber ausdrücklich klargestellt, dass es einer Lieferung über ein Verteilnetz bedarf. Schließlich lautete die ursprüngliche Kapitelüberschrift der Richtlinie/2006/112/EG „Lieferung von Gegenständen über die Verteilungsnetze" und die Änderung der Kapitelüberschrift durch die Richtlinie 2009/162/EU sollte keine Veränderung herbeiführen.

Die Reichweite des **Verteilnetzes** ist in teleologischer Auslegung nach umsatzsteuerlichen Maßstäben 15
danach zu bestimmen, ob eine Trennung der in den Netzen befindlichen Güter leicht möglich ist, d.h. ob das einzelne Gut zurückverfolgt werden kann. Ist dies nicht der Fall, so ist die jeweilige Leitung oder das jeweilige Behältnis[1] Teil eines Verteilnetzes i.S.d. § 3g UStG; insoweit kann von allgemeinen Verteilnetzen gesprochen werden.[2] Eine vollständige Übernahme der **energiewirtschaftlichen Kategorien**, bspw. in Form einer Anknüpfung an den Begriff des Energieversorgungsnetzes nach § 3 Nr. 16 EnWG oder des Energieversorgungsnetzes der allgemeinen Versorgung nach § 3 Nr. 17 EnWG, scheidet dabei aus: Zwar ergibt sich aus der Definition der nicht zu den vorgenannten Netzen zählenden Direktleitung i.S.d. § 3 Nr. 12 EnWG noch, dass keine Abgrenzungsschwierigkeiten auftreten können, da es sich um isolierte Leitungen von einem Lieferanten aus handelt, weshalb diese als nicht allgemeines Verteilnetz nicht § 3g UStG unterfallen. Bereits bei Kundenanlagen i.S.d. § 3 Nr. 24 a und b EnWG, die ebenfalls nicht zu den Energieversorgungsnetzen i.S.d. EnWG zählen, gilt dies aber nicht mehr in jedem Falle, denn neben sog. Insellösungen, bei denen sich ebenso keine Anwendungsschwierigkeiten ergeben, sind auch Netzanlagen umfasst, die – wenn auch in aus regulatorischer Sicht unbedeutendem Umfang – zur Durchleitung durch Dritte genutzt werden,[3] sodass die durch § 3g UStG adressierten Abgrenzungsprobleme sonst bestünden. Entsprechend ist auch regelmäßig – nicht aber in jedem denkbaren Falle – die Einordnung als geschlossenes Verteilnetz i.S.d. § 110 EnWG unerheblich.[4]

§ 3g UStG ist keiner **analogen Anwendung** zugänglich.[5] Es fehlt an einer planwidrigen Regelungs- 16
lücke. Soweit Güter nicht von § 3g UStG erfasst sind, sind die weiteren in § 3 Abs. 5a UStG genannten Regelungen einschlägig. Entsprechend liegt bereits keine Regelungslücke vor. Die Entstehungsgeschichte, insbesondere die später erfolgte Aufnahme der Güter Wärme und Kälte, belegt zudem, dass es sich um eine bewusst abschließende Sonderregelung für diese Güter handelt. Demgemäß fehlte auch eine Planwidrigkeit einer angenommenen Regelungslücke.

---

1 Abschn. 3g.1. Abs. 1 Satz 3 UStAE. Im Ergebnis ebenso *Fritsch* in Reiß/Kraeusel/Langer, § 3g UStG Rz. 13.1 (Stand: März 2017); *Nebeling*, UR 2008, 459 (460). Demgemäß ist auch bei einer Veräußerung des in einer Kaverne enthaltenen Kissengases der Lieferort nach § 3g UStG zu bestimmen, denn das Kissengas weist keine vom gelagerten Erdgas abweichenden chemischen Eigenschaften auf, sondern bezeichnet allein das Gasvolumen, das aus geologischen Gründen dauerhaft in der Kaverne verbleiben muss, vgl. auch *Fritsch* in Reiß/Kraeusel/Langer, § 3g UStG Rz. 13.1 (Stand: März 2017); *Nebeling*, UR 2008, 459 (460). Ob die Lieferung des Kissengases selbst nach § 3g UStG zu beurteilen ist, ist davon abhängig, ob dieses bereits über ein Verteilnetz geliefert wird, *Stadie* in Rau/Dürrwächter, § 3g UStG Rz. 25 (Stand: Juli 2019); **a.A.** *Nebeling*, UR 2008, 459 (460).

2 Zwischen allgemeinen und nicht-allgemeinen Verteilnetzen für Gas differenzieren *Jansen* in Birkenfeld/Wäger, Abschn. I Kap. 6 F. – § 3g UStG Rz. 36 (Stand: Mai 2018) und *Stadie* in Rau/Dürrwächter, § 3g UStG Rz. 28 (Stand: Juli 2019), wobei allerdings die Reichweite dieser Differenzierung für andere Güter und die Frage offenbleibt, ab wann ein Verteilnetz ein allgemeines darstelle. Richtigerweise ist allein nach teleologischen Merkmalen darauf abzustellen, ob ein Bedürfnis für die Anwendung des § 3g UStG besteht.

3 *Theobald* in Theobald/Kühling, § 3 EnWG Rz. 205f (Stand: September 2015); *Schex* in Kment², § 3 EnWG Rz. 55ff.

4 Zu diesen bspw. *Jacobshagen/Kachel* in Theobald/Kühling, § 110 EnWG, Rz. 23 ff. (Stand: Mai 2016); *Schex* in Kment², § 110 EnWG Rz. 30 ff.

5 Einhellige Meinung: *Eggers/Trinks* in Hartmann/Metzenmacher, § 3g UStG Rz. 7; *Stadie* in Rau/Dürrwächter, § 3g UStG Rz. 16 (Stand: Juli 2019); *Martin* in Sölch/Ringleb, § 3g UStG Rz. 5 a.E. (Stand: März 2022).

C. Ort der Lieferung an Wiederverkäufer (Absatz 1)

I. Unternehmer i.S.d. Absatzes 1 Satz 1 Halbs. 2

1. Anwendungsbereich

17 Absatz 1 Satz 1 findet lediglich auf Unternehmer Anwendung, die als **Wiederverkäufer** zu qualifizieren sind; im Übrigen, insbesondere auf Betreiber von Stromerzeugungsanlagen, ist Absatz 2 anzuwenden (Rz. 29 ff.). Anders als das Richtlinienrecht vermeidet das nationale Recht allerdings den Umweg über den Begriff des Wiederverkäufers (siehe Art. 38 MwStSystRL) und benennt stattdessen direkt die maßgebenden Kriterien. Auch hiernach findet § 3g Abs. 1 UStG nur auf Unternehmer Anwendung, deren Haupttätigkeit in Bezug auf den Erwerb dieser Güter in deren Lieferung besteht und deren eigener Verbrauch von untergeordneter Bedeutung ist. Maßgeblich ist nach dem Wortlaut der Vorschrift der **Zeitpunkt der Lieferung**, wenngleich sich der Typus des Wiederverkäufers nicht abschließend zeitpunkt-, sondern nur zeitraumbezogen verstehen lässt; die möglicherweise nicht mehr zutreffenden Verhältnisse des Vorjahres, auf die die FinVerw. maßgebend abstellt,[1] können ebenso wie die Vorlage einer Bescheinigung des zuständigen Finanzamtes nach dem Vordruckmuster USt 1 TH allenfalls unter Vertrauensschutzgesichtspunkten maßgebend sein.[2]

2. Haupttätigkeit in Bezug auf den Erwerb dieser Güter

18 Es ist zunächst erforderlich, dass der Unternehmer in Bezug auf den Erwerb des Gutes hauptsächlich als Lieferant auftritt. Entscheidend ist nach einhelliger Ansicht,[3] dass das erworbene Gut **mehrheitlich**, also zu mehr als 50 %, weitergeliefert wird. Aufgrund der Bezugnahme der Tätigkeit auf die genannten Güter ist unerheblich, in welchem Umfang Umsätze erbracht werden, die keinen Bezug zum Erwerb dieser Güter aufweisen.[4] Wer bspw. als Unternehmer Elektrizität erwirbt und diese vollständig weiterliefert, zugleich aber noch in einer **anderen Branche tätig** ist und dort einen Großteil seiner Umsätze erzielt, hat dennoch insoweit seine Haupttätigkeit i.S.d. Absatzes 1 in der Weiterlieferung des Gutes. Dem Typus des Wiederverkäufers entspricht es, wenn die FinVerw. eine mengenmäßige Betrachtung fordert und es auf das Verhältnis der Umsätze nicht ankommt.[5]

19 Einschränkend ist zu beachten, dass die Güter im Rahmen einer Lieferung im umsatzsteuerlichen Sinne weiterveräußert werden müssen. Schädlich für die Bestimmung der Haupttätigkeit ist daher die Zurverfügungstellung der Güter als **Nebenleistung** oder im Rahmen einer einheitlich zu beurteilenden **sonstigen Leistung.**[6] Umgekehrt sind **Entnahmen** aufgrund ihrer Gleichstellung mit Lieferungen nach § 3 Abs. 1b UStG unschädlich; eine Veranlassung, diese Gleichstellung zu durchbrechen, ist nicht ersichtlich.[7] Unschädlich sind ebenso Fehlmengen durch **Diebstahl**, da sie keinen Bezug zu einer Tätigkeit aufweisen und auch beim typischen Wiederverkäufer auftreten können.[8]

20 Die Haupttätigkeit wird nach einhelliger Ansicht auch dann nicht infrage gestellt, wenn der Wiederverkaufsanteil unter Einbezug von **Verlustmengen** nicht mehr als 50 % betragen würde.[9] Dies folgt bereits daraus, dass Netzverluste gemäß § 22 Abs. 1 EnWG durch den Netzbetreiber auszugleichen sind, der die Beschaffungskosten wiederum über die Netzentgelte erhebt (§ 10 Abs. 1 Satz 1 StromNZV, § 22 Abs. 1 GasNZV). Entsprechend können Unternehmer aber ebenjene Menge aus dem Netz liefern,

---

1 Abschn. 3g.1. Abs. 3 Satz 1 UStAE. Ebenso *Stadie* in Rau/Dürrwächter, § 3g UStG Rz. 82 (Stand: Juli 2019).

2 *Becker* in Schwarz/Widmann/Radeisen, § 3g UStG Rz. 13 (Stand: Dezember 2021); *Martin* in Sölch/Ringleb, § 3g UStG Rz. 24 (Stand: März 2022); *Wäger*, UStB 2004, 424 (425). Ausführlich *Hummel*, UR 2012, 584.

3 Abschn. 3g.1. Abs. 2 Satz 2 UStAE. Entsprechend bleiben selbst erzeugte Mengen außer Ansatz.

4 *Grambeck* in Weymüller, § 3g UStG Rz. 37; *Stadie* in Rau/Dürrwächter, § 3g UStG Rz. 64 (Stand: Juli 2019); *Becker* in Schwarz/Widmann/Radeisen, § 3g UStG Rz. 8 (Stand: Dezember 2021); *Vellen*, UR 2005, 133 (138).

5 Abschn. 3g.1. Abs. 2 Satz 1 UStAE.

6 Abschn. 3g.1. Abs. 2 Satz 3 UStAE.

7 *Rauch* in Offerhaus/Söhn/Lange, § 3g UStG Rz. 6 (Stand: Oktober 2021); *Wäger*, UStB 2004, 424 (425); **a.A.** *Stadie* in Rau/Dürrwächter, § 3g UStG Rz. 84 (Stand: Juli 2019).

8 *Stadie* in Rau/Dürrwächter, § 3g UStG Rz. 22 (Stand: Juli 2019); *Hundt-Eßwein* in Küffner/Zugmaier, § 3g UStG Rz. 6b (Stand: Februar 2015).

9 Abschn. 1.7. Abs. 1 UStAE.

die sie in das Netz eingespeist haben. Einer besonderen Verrechnung von Verlustenergie bei der Bestimmung der Haupttätigkeit bedarf es also nicht.

Schließlich findet nach dem Wortlaut auch eine Verrechnung von Umsätzen zwischen **verschiedenen Gütern** nicht statt. Es heißt ausdrücklich „dieser Gegenstände" und nicht „eines dieser Gegenstände".[1] 21

3. Untergeordneter eigener Verbrauch

Nach dem zweiten Merkmal des Absatzes 1 muss der eigene Verbrauch des Gutes durch den Unternehmer von **untergeordneter Bedeutung** sein. Die FinVerw. geht davon aus, dass hierdurch eine Grenze von 5 % gesetzt wird. Ein höherer eigener Verbrauch soll dagegen die Anwendung des Absatzes 1 regelmäßig ausschließen.[2] Diese Grenze erscheint angemessen. 22

Unklar ist allerdings, in welchen Fällen von einem **eigenen Verbrauch** i.S.d. Absatzes 1 auszugehen ist. 23
Einigkeit besteht zunächst zutreffend darin, dass Verlustmengen keinen Verbrauch in diesem Sinne bilden (Rz. 20).[3] Nach Ansicht der **FinVerw.** und Teilen der Literatur liegt ein Verbrauch immer vor, wenn das Gut durch den Abnehmer verwendet wird und dabei untergeht, sei es durch eine unternehmerische oder nichtunternehmerische Nutzung. Erfasst ist damit sowohl die produktive Transformation im Rahmen des Unternehmens oder im Rahmen des nicht-privaten nichtunternehmerischen Bereiches als auch der Verbrauch für private nichtunternehmerische Zwecke.[4] Nach weiteren **Teilen der Literatur** soll hingegen nur die Verwendung für nichtunternehmerische Zwecke als Verbrauch anzusehen sein, da andernfalls das Kriterium der Haupttätigkeit leerliefe.[5] Denkbar ist schließlich aber auch, den Begriff des Verbrauchs auf Fälle der Verwendung für private nichtunternehmerische Zwecke zu begrenzen.

Meines Erachtens umfasst der Begriff des eigenen Verbrauches nur die produktive Transformation im unternehmerischen wie nichtunternehmerischen Bereich, nicht aber die Entnahme.[6] 24

Dies folgt aus einer systematischen Auslegung der Vorschrift. Überzeugen kann hierbei nur ein Verständnis, das beiden Merkmalen – also der Haupttätigkeit und dem untergeordneten eigenen Verbrauch – einen eigenständigen Anwendungsbereich zuweist. Dabei ist im Ausgangspunkt festzustellen, dass die genannten Güter entweder weitergeliefert, im Rahmen sonstiger Leistungen weiterveräußert, produktiv im unternehmerischen oder nicht-privaten nichtunternehmerischen Bereich transformiert oder für private Zwecke entnommen werden können. Bereits das Merkmal der Haupttätigkeit betrifft den notwendigen Umfang der Weiterlieferung, der mehr als 50 % der erworbenen Menge erfassen muss. Demgemäß betrifft das Merkmal des untergeordneten eigenen Verbrauchs, soll es nicht im Kriterium der Haupttätigkeit aufgehen, die Verwendung der restlichen Menge des Gutes für die anderen genannten Zwecke. Außer Frage steht dabei bereits, dass die Weiterveräußerung im Rahmen sonstiger Leistungen nicht unter den Begriff des Verbrauches gefasst werden kann, da die genannten Güter hier unverändert fortbestehen und in einem Leistungsbündel bereitgestellt werden. Entsprechend besitzt das Merkmal des eigenen Verbrauches aber bereits dann, wenn man die weiteren Verwendungsformen dem Merkmal des eigenen Verbrauches zuweist, einen eigenständigen Anwendungsbereich.[7] Während insoweit keine Bedenken in der Einordnung der produktiven Transformation als eigener Verbrauch bestehen, da in diesen Fällen der unternehmerischen wie nicht-privaten nichtunternehmerischen Verwendung die Güter untergehen und im allgemeinen Wortsinn verbraucht werden, kann die Entnahme nicht als eigener Verbrauch im Sinne dieser Vorschrift angesehen werden. § 3 Abs. 1b UStG fingiert 25

1 Abschn. 3g.1. Abs. 2 Satz 6 UStAE; *Fritsch* in Reiß/Kraeusel/Langer, § 3g UStG Rz. 17.1 (Stand: März 2017); *Hundt-Eßwein* in Küffner/Zugmaier, § 3g UStG Rz. 5 (Stand: Februar 2015).
2 Abschn. 3g.1. Abs. 3 Satz 1 UStAE.
3 Abschn. 3g.1. Abs. 3 Satz 7 UStAE; *Becker* in Schwarz/Widmann/Radeisen, § 3g UStG Rz. 11 (Stand: Dezember 2021); *Martin* in Sölch/Ringleb, § 3g UStG Rz. 22 a.E. (Stand: März 2022).
4 Abschn. 3g.1. Abs. 2 Satz 5 UStAE; *Jansen* in Birkenfeld/Wäger, Abschn. I Kap. 6 F. – § 3g UStG Rz. 44 (Stand: Mai 2018); *Becker* in Schwarz/Widmann/Radeisen, § 3g UStG Rz. 11 (Stand: Dezember 2021).
5 *Stadie* in Rau/Dürrwächter, § 3g UStG Rz. 71 ff. (Stand: Juli 2019).
6 Zustimmend *Rauch* in Offerhaus/Söhn/Lange, § 3g UStG Rz. 6a (Stand: Oktober 2021).
7 Hiervon dürfte auch *Vellen*, UR 2005, 133 (138) ausgehen. **A.A.** *Stadie* in Rau/Dürrwächter, § 3g UStG Rz. 72 (Stand: Juli 2019).

insoweit eine Lieferung und entsprechend ist eine Trennung zwischen dem Schritt der Entnahme beim Unternehmer und dem anschließenden Verbrauch beim Leistungsempfänger veranlasst.[1]

II. Rechtsfolge: Ort des Betreibens (Absatz 1 Satz 1 Halbs. 3, Satz 2)

26 Ist der Leistungsempfänger ein Wiederverkäufer i.S.d. Absatzes 1, so liegt der Leistungsort an dem Ort, an dem dieser sein Unternehmen betreibt. Wird die Lieferung hingegen an eine Betriebsstätte ausgeführt, so ist ihr Ort maßgebend.

27 Für die Bestimmung dieser Orte kann auf die zu § 3a Abs. 2 UStG ergangene Rechtsprechung und damit grundsätzlich auch auf die Art. 10, 11 der MwStVO zurückgegriffen werden.[2] Es ist nicht erkennbar, dass im Rahmen des § 3g Abs. 1 UStG eine Modifikation der Merkmale erforderlich ist, zumal die Vorschrift auf Rechtsfolgenseite auf das Unternehmen insgesamt und nicht nur den Ort der Wiederverkaufstätigkeit abstellt. Siehe zu diesen Begrifflichkeiten ausführlich § 3a Rz. 52 f.

28 Fraglich ist aber, wann von einer Lieferung an eine **Betriebsstätte** ausgegangen werden kann. Die FinVerw. und Teile der Literatur wollen es bereits ausreichen lassen, wenn die Bestellung durch diese erfolgt und an diese abgerechnet wird.[3] Dem ist zuzustimmen. Es kann nicht verlangt werden, dass die Lieferung an die Betriebsstätte dergestalt erfolgt, dass der Zähler oder eine ähnliche physische Abrechnungseinrichtung der Betriebsstätte zuzuordnen ist. Denn § 3g Abs. 1 Satz 2 UStG erfasst ausdrücklich wiederverkaufende Betriebsstätten. Bei Wiederverkäufern und damit auch bei wiederverkaufenden Betriebsstätten findet aber nur eine rein rechnerische Lieferung statt, während in tatsächlicher Hinsicht die Güter das Verteilungsnetz nicht verlassen, sondern in diesem verbleiben. Derartige Fälle einer wiederverkaufenden Betriebsstätte würden bei einer gegenteiligen Auslegung aber nie zu einer Anwendung des § 3g Abs. 1 Satz 2 UStG führen und die Regelung liefe weitgehend leer.[4]

D. Lieferung an sonstige Abnehmer (Absatz 2)

I. Maßgeblichkeit des Verbrauchsortes (Absatz 2 Satz 1)

29 § 3g Abs. 2 Satz 1 UStG enthält die Grundregel für die Bestimmung des Lieferortes, die unter der ausdrücklichen negativen Voraussetzung steht, dass der Lieferort nicht nach Absatz 1 zu bestimmen ist, der Leistungsempfänger also kein Wiederverkäufer ist. Aus Absatz 2 Satz 2 Halbs. 1 folgt in systematischer Auslegung als weitere Voraussetzung, dass der Leistungsempfänger die bezogenen Güter **tatsächlich nutzen oder verbrauchen muss**. Durch dieses zusätzliche Merkmal (Rz. 31 ff.) grenzen sich Absatz 2 Satz 1 und Absatz 2 Satz 2 voneinander ab und es ist, sofern die Güter nicht tatsächlich genutzt oder verbraucht werden, Absatz 2 Satz 2 als speziellere Regelung vorranging (lex specialis derogat legi generali). Für Absatz 2 Satz 1 verbleiben hiernach als Anwendungsbereich Lieferungen, bei denen der Abnehmer ein Endverbraucher ist oder der Abnehmer die Güter produktiv verbraucht, diese also in anderen Gütern aufgehen. Soweit die Güter in ihrer Ursprungsform erhalten bleiben und weitergeliefert, im Rahmen einer sonstigen Leistung weiterveräußert oder anschließend entnommen werden sollen, ist Absatz 2 Satz 2 einschlägig.[5]

30 Nach Absatz 2 Satz 1 soll der Ort **der tatsächlichen Nutzung oder des tatsächlichen Verbrauches** maßgebend sein. Richtigerweise ist in richtlinienkonformer Auslegung von einer Deckungsgleichheit

---

1 Vgl. auch *Martin* in Sölch/Ringleb, § 3g UStG Rz. 21 (Stand: März 2022); **a.A.** *Stadie* in Rau/Dürrwächter, § 3g UStG Rz. 72 ff., 83 (Stand: Juli 2019).

2 *Eggers/Trinks* in Hartmann/Metzenmacher, § 3g UStG Rz. 30; *Stadie* in Rau/Dürrwächter, § 3g UStG Rz. 59 (Stand: Juli 2019).

3 Abschn. 3g.1. Abs. 4 UStAE; *Rauch* in Offerhaus/Söhn/Lange, § 3g UStG Rz. 9 (Stand: Oktober 2021); *Eggers/Trinks* in Hartmann/Metzenmacher, § 3g UStG Rz. 35; *Jansen* in Birkenfeld/Wäger, Abschn. I Kap. 6 F. – § 3g UStG Rz. 54 (Stand: Mai 2018); *Martin* in Sölch/Ringleb, § 3g UStG Rz. 28 (Stand: März 2022).

4 Mit dieser Konsequenz ausdrücklich *Stadie* in Rau/Dürrwächter, § 3g UStG Rz. 87 f. (Stand: Juli 2019); ähnlich *Becker* in Schwarz/Widmann/Radeisen, § 3g UStG Rz. 14 (Stand: Dezember 2021).

5 *Hundt-Eßwein* in Küffner/Zugmaier, § 3g UStG Rz. 1 (Stand: Februar 2015).

der Begriffe auszugehen (Rz. 31 ff.). Nach Erwägungsgrund 4 der Richtlinie 2003/92/EG und auch der von der FinVerw. vertretenen Auffassung handelt es sich „normalerweise" um den Ort, an dem sich der Zähler befindet.[1] Dem ist zuzustimmen, denn in aller Regel wird der Verbrauch dieser Güter in unmittelbarer Nähe zum Ort der Entnahme aus dem Verteilungsnetz erfolgen.[2]

II. Maßgeblichkeit des Empfängerortes (Absatz 2 Satz 2)

31 Sofern sich der Lieferort nicht nach Absatz 2 Satz 1 richtet, ist Absatz 2 Satz 2 einschlägig. Absatz 2 Satz 2 setzt positiv voraus, dass die Güter durch den Abnehmer **nicht tatsächlich genutzt und verbraucht** werden; soweit das nationale Recht von „oder" spricht, ergeben sich in richtlinienkonformer Auslegung keine Fälle, bei denen nicht beide Varianten erfüllt sind.[3]

32 Unter einem **tatsächlichen Verbrauch** im Sinne dieses Satzes, der die Anwendung des Absatzes 2 Satz 1 zur Folge hat, ist dabei nicht nur der konsumtive Verbrauch zu verstehen, sondern auch die produktive Transformation.[4] Entscheidend ist allein, ob das Gut in seiner Ursprungsform bestehen bleibt oder untergeht. Dies folgt aus dem Sinn und Zweck des § 3g sowie des zugrundeliegenden Richtlinienrechts: Die Vorschriften dienen der Rechtsvereinfachung und sollen dem Umstand Rechnung tragen, dass die Transportrichtung der Güter allein durch physikalische Merkmale bestimmt wird. Diese Abgrenzungsschwierigkeiten bestehen aber nur, soweit sich die Güter im Verteilungsnetz befinden und auf diesem Wege zur Verfügung gestellt werden, nicht jedoch darüber hinaus. Geht das Gut durch einen konsumtiven Verbrauch oder eine produktive Transformation unter, bestehen die die Anwendung des § 3g leitenden Schwierigkeiten nicht mehr. Insoweit ergibt sich ein einheitliches Begriffsverständnis mit dem Merkmal des eigenen Verbrauches in Absatz 1. Die Regelung des Absatzes 2 Satz 2 ist daher auf Lieferungen an Unternehmer anzuwenden, die die Güter weiterliefern, ohne Wiederverkäufer zu sein, im Rahmen sonstiger Leistungen zur Verfügung stellen oder bei denen die Güter entnommen werden.

33 Dem Merkmal der **tatsächlichen Nutzung** kommt dagegen in richtlinienkonformer Auslegung keine eigenständige Bedeutung zu: Anders als das nationale Recht verbindet das Richtlinienrecht die tatsächliche Nutzung mit dem tatsächlichen Verbrauch durch das Wort „und". Es benennt zudem die tatsächliche Nutzung nur auf Rechtsfolgenebene und stellt tatbestandsseitig zur Abgrenzung des Art. 39 Abs. 1 von Art. 39 Abs. 2 MwStSystRL, die der Abgrenzung zwischen Absatz 2 Satz 1 und Absatz 2 Satz 2 entspricht, allein auf die Frage ab, ob die Güter tatsächlich verbraucht werden. Die nationale Regelung kann aber richtlinienkonform ausgelegt werden, denn „oder" kann auch als einschließendes „oder" verwendet werden, demgemäß beide Varianten zugleich vorliegen können und hier auch müssen.[5]

34 Die Abgrenzung zwischen Absatz 2 Satz 2 und Absatz 2 Satz 1 erfolgt durch das Wort „**soweit**". Auch das Richtlinienrecht spricht von „Falls die Gesamtheit oder ein Teil" und bestimmt für „diese", Art. 39 Abs. 2 Satz 1 MwStSystRL, einen anderen Lieferort als für den verbrauchten Teil. Entsprechend ist davon auszugehen, dass eine einheitliche Lieferung verschiedene Leistungsorte aufweisen kann, wenn bei Lieferung unterschiedliche Verwendungsformen bereits feststehen.[6]

35 Die Regelung des Absatzes 2 Satz 2 bestimmt dabei den **Sitz** des Abnehmers, den Ort einer empfangenden **Betriebsstätte** oder den **Wohnsitz** des Abnehmers als maßgeblich. Abweichend hiervon ist

1 Abschn. 3g.1. Abs. 5 Satz 2 UStAE.

2 *Martin* in Sölch/Ringleb, § 3g UStG Rz. 32 (Stand: März 2022); *Stadie* in Rau/Dürrwächter, § 3g UStG Rz. 99 (Stand: Juli 2019); *Becker* in Schwarz/Widmann/Radeisen, § 3g UStG Rz. 15 (Stand: Dezember 2021); *Vellen*, UR 2005, 133 (136, 138).

3 *Eggers/Trinks* in Hartmann/Metzenmacher, § 3g UStG Rz. 39.

4 *Martin* in Sölch/Ringleb, § 3g UStG Rz. 31 (Stand: März 2022); *Eggers/Trinks* in Hartmann/Metzenmacher, § 3g UStG Rz. 38, 40; *Becker* in Schwarz/Widmann/Radeisen, § 3g UStG Rz. 15 (Stand: Dezember 2021); *Jansen* in Birkenfeld/Wäger, Abschn. I Kap. 6 F. – § 3g UStG Rz. 56 (Stand: Mai 2018); *Fritsch* in Reiß/Kraeusel/Langer, § 3g UStG Rz. 25 (Stand: März 2017); *Vellen*, UR 2005, 133 (138).

5 Im Ergebnis ebenso *Hundt-Eßwein* in Küffner/Zugmaier, § 3g UStG Rz. 9 (Stand: Februar 2015); **a.A.** *Stadie* in Rau/Dürrwächter, § 3g UStG Rz. 98 (Stand: Juli 2019); *Nebeling*, UR 2008, 459 (460 f.).

6 *Vellen*, UR 2005, 133 (138). Ebenso *Fritsch* in Reiß/Kraeusel/Langer, § 3g UStG Rz. 29 (Stand: März 2017).

nach Art. 39 Abs. 2 Satz 1 MwStSystRL allein der Ort der wirtschaftlichen Tätigkeit oder festen Niederlassung entscheidend. Auf den Sitz oder Wohnsitz des Abnehmers wird nicht abgestellt.[1] Diese Divergenz zwischen Richtlinienrecht und nationalem Gesetz kann wiederum durch eine richtlinienkonforme Auslegung behoben werden. Denn der Gesetzgeber wollte ausweislich der Gesetzesbegründung die Vorgaben der Richtlinie umsetzen und dokumentierte ausdrücklich, dass nach Absatz 2 Satz 2 der Ort der Lieferung dort liegt, „wo dieser Abnehmer sein Unternehmen betreibt oder eine Betriebsstätte hat, für die die Gegenstände geliefert werden."[2] Entsprechend ist der Ort der Lieferung identisch mit jenem, der sich bei Anwendung des Absatzes 1 ergäbe. Zur Bestimmung dieses Ortes siehe Rz. 26 ff.

E. Ausschluss des innergemeinschaftlichen Verbringens (Absatz 3)

36 § 3g Abs. 3 UStG schließt ausdrücklich die Anwendung der Regelungen des innergemeinschaftlichen Verbringens, § 1a Abs. 2, § 3 Abs. 1a UStG, aus. Die Norm dient der umfassenden Etablierung des Prinzips, dass die Lieferung der Güter über ein Verteilungsnetz als **ruhende Lieferung** anzusehen ist.[3]

1 Siehe hierzu *Stadie* in Rau/Dürrwächter, § 3g UStG Rz. 60 (Stand: Juli 2019).

2 BT-Drucks. 15/3677, 39.

3 *Becker* in Schwarz/Widmann/Radeisen, § 3g UStG Rz. 1 (Stand: Dezember 2021); *Fritsch* in Reiß/Kraeusel/Langer, § 3g UStG Rz. 5 (Stand: März 2017); *Hundt-Eßwein* in Küffner/Zugmaier, § 3g UStG Rz. 1 (Stand: Februar 2015); *Vellen*, UR 2005, 133 (135, 138).

Zweiter Abschnitt
Steuerbefreiungen und Steuervergütungen (§§ 4–9)

§ 4 Nr. 1 [Ausfuhrlieferungen, Lohnveredelungen und ig. Lieferungen]

Von den unter § 1 Abs. 1 Nr. 1 fallenden Umsätzen sind steuerfrei:

1. a) die Ausfuhrlieferungen (§ 6) und die Lohnveredelungen an Gegenständen der Ausfuhr (§ 7),

b) die innergemeinschaftlichen Lieferungen (§ 6a); dies gilt nicht, wenn der Unternehmer seiner Pflicht zur Abgabe der Zusammenfassenden Meldung (§ 18a) nicht nachgekommen ist oder soweit er diese im Hinblick auf die jeweilige Lieferung unrichtig oder unvollständig abgegeben hat;

...

Schrifttum: S. zu älterer Literatur auch die Vorauflagen.

Becker, Die sog. Quickfixes kommen – ab dem 1.1.2020 unabhängig vom zertifizierten Steuerpflichtigen, MwStR 2018, 957; *Connemann/Meyer-Burow*, Aktuelle Entwicklungen zu den neuen „materiellen Voraussetzungen" (ZM, USt-IdNr.) für die Steuerbefreiung innergemeinschaftlicher Lieferungen, MwStR 2022, 531; *Frye*, Zusätzliche Voraussetzungen für die Steuerbefreiung innergemeinschaftlicher Lieferungen ab 1.1.2020, UR 2020, 325; *Grommes*, Die neue Bedeutung von Umsatzsteuer-Identifikationsnummer und Zusammenfassender Meldung bei innergemeinschaftlichen Lieferungen und deren steuerstrafrechtliche Auswirkungen sowie die Neufassung des § 26a UStG, UR 2021, 461; *Meyer-Burow/Connemann*, JStG 2019: Die Verwendung der USt-IdNr. und die Abgabe der ZM als verschärfte Voraussetzungen der Steuerbefreiung für innergemeinschaftliche Lieferungen, MwStR 2020, 106; *Prätzler*, Steuerfreie Dienstleistung bei Ausfuhr und Einfuhr nur unmittelbar möglich („L. C."), jurisPR-SteuerR 38/2017, Anm. 5; *Prätzler*, Steuerfreie Ausfuhr auch ohne Ausfuhr-Zollverfahren („Vins"), jurisPR-SteuerR 20/2019 Anm. 4; *Robisch*, Neue Vorgaben für den Belegnachweis bei innergemeinschaftlichen Lieferungen ab 1.1.2020 und deren praktische Implikationen, UR 2019, 922.

A. Grundaussagen

I. Regelungsgegenstand und Bedeutung

§ 4 Nr. 1 UStG enthält die materiell-rechtliche Basis für die **Ausfuhrlieferung**, die **Lohnveredelungen an Gegenständen der Ausfuhr** und **innergemeinschaftliche Lieferungen**. 1

§ 4 Nr. 1 UStG enthält durch die Klammerzusätze einen Verweis auf die Vorschriften, die die Voraussetzungen, d.h. die Tatbestandsvorschriften, für die Anwendung der Steuerbefreiung regeln. Die Rechtsfolge der Steuerbefreiung kann nur eintreten, wenn die Tatbestandsvoraussetzungen der Tatbestandsvorschriften erfüllt sind. 2

Sinn und Zweck der Steuerbefreiung ist die Verwirklichung des steuerrechtlich anerkannten **Bestimmungslandprinzips**. Die Leistungen sollen im Verbrauchsland umsatzbesteuert werden. Der Steuerbefreiung von Ausfuhren steht die Besteuerung von Einfuhren gegenüber. Es handelt sich im unternehmerischen Bereich um eine „echte" Steuerbefreiung, da der Vorsteuerabzug auf den Vorstufen nicht ausgeschlossen ist und im Ergebnis steuerlich unbelastete Gegenstände ausgeführt werden können. Die Steuerbefreiungen ohne Vorsteuerabzug gehen den Steuerbefreiungen mit Vorsteuerabzug 3 vor.[1] Deswegen kommt die Steuerbefreiung gemäß § 4 Nr. 1 UStG nicht in Betracht, wenn für die Lieferung aus dem Inland in das Drittland oder in das Gemeinschaftsgebiet auch die Voraussetzungen der Steuerbefreiungen gemäß § 4 Nr. 17, 19 oder 28 bzw. gemäß § 25c Abs. 1 und Abs. 2 UStG vorliegen.[2]

4 Mit der Verwirklichung des **Europäischen Binnenmarkts** zum 1.1.1993 ist die Besteuerung der Einfuhren aus anderen Mitgliedstaaten der EG durch die Besteuerung des innergemeinschaftlichen Erwerbs ersetzt worden. Dem steht für die steuerbefreite Ausfuhrlieferung im unternehmerischen Bereich die steuerbefreite innergemeinschaftliche Lieferung gegenüber. Für den Warenverkehr im Europäischen Binnenmarkt ist es im unternehmerischen Bereich im Wesentlichen beim Bestimmungslandprinzip geblieben. Das ursprünglich angestrebte Ursprungslandprinzip im innergemeinschaftlichen Warenverkehr ist im Wesentlichen im nichtunternehmerischen Warenverkehr, vornehmlich im Reiseverkehr durch Privatpersonen, verwirklicht worden.

II. Unionsrechtliche Grundlagen

5 § 4 Nr. 1 Buchst. a UStG setzt die in Art. 146 Abs. 1 Buchst. a, b und d und Art. 147 MwStSystRL für die Steuerbefreiungen bei der Ausfuhr gemachten unionsrechtlichen Vorgaben in nationales Recht um. Die Art. 131, 138 und 139 MwStSystRL werden in § 4 Nr. 1 Buchst. b UStG für die innergemeinschaftliche Lieferung umgesetzt.

6 Anders als das deutsche Umsatzsteuerrecht kennt das Unionsrecht keine Unterscheidung von **Anwendungs- und Rechtsfolgevorschrift.**

6.1 Wegen der Inanspruchnahme der Steuerbefreiung hat die sog. **Missbrauchsrechtsprechung des EuGH** Bedeutung (Grundsätze der Verhältnismäßigkeit und der steuerlichen Neutralität). Sie schützt die finanziellen Interessen wegen der Mehrwertsteuer und das Funktionieren des gemeinsamen Mehrwertsteuersystems. Die Ausfuhrlieferung und die innergemeinschaftliche Lieferung bleiben danach steuerfrei, wenn die materiell-rechtlichen Voraussetzungen für die Steuerbefreiung vorliegen, selbst wenn einzelne formelle Kriterien des Buch- und Belegnachweises nicht erfüllt sind. Auf die europarechtlich anerkannten Grundsätze kann sich der liefernde Unternehmer jedoch nicht berufen, wenn er sich an einer das Funktionieren des gemeinsamen Mehrwertsteuersystems gefährdenden Steuerhinterziehung beteiligt hat bzw. davon Kenntnis hatte oder dies nach der Sorgfalt eines ordentlichen Kaufmanns hätte wissen müssen oder der Verstoß gegen die formellen Kriterien den sicheren Nachweis verhindert, dass die materiell-rechtlichen Voraussetzungen für die Steuerbefreiung erfüllt wurden.[3] Aus der Verkürzung von Einfuhrumsatzsteuer in einem Drittland folgt jedoch kein Nachteil für das gemeinsame Mehrwertsteuersystem und keine Versagung der Steuerbefreiung für eine Ausfuhrlieferung, da es anders als bei der Steuerbefreiung für eine innergemeinschaftliche Lieferung keine Verpflichtung zur Vornahme der Erwerbsbesteuerung beim Erwerber begründet und diese Korrespondenz wegen Steuerbefreiung und Besteuerung nicht besteht. So hat der BFH folgerichtig entschieden, dass das Ausstellen einer unterfakturierten Zweitrechnung oder das Ausstellen einer gesplitteten Rechnung nicht dazu führt, dass die Steuerfreiheit für die Ausfuhrlieferung aufgrund einer vom Abnehmer zu Lasten des Steueraufkommens eines Drittstaats begangenen Steuerhinterziehung zu versagen ist.[4]

1 EuGH, Urt. v. 7.12.2006 – C-240/05, ECLI:EU:C:2006:763 – Eurodental, UR 2007, 98.
2 Abschn. 6.1. Abs. 7 und Abschn. 6a.1. Abs. 2a UStAE.
3 Wegen des Grundsatzes der Steuerneutralität EuGH, Urt. v. 17.10.2019 – C-653/18, ECLI:EU:C:2019:876 – Unitel, UR 2019, 849; wegen der Beweisregelung bezüglich der Ausfuhr von Gegenständen EuGH, Urt. v. 8.11.2018 – C-495/17, ECLI:EU:C:2018:887 – Cartrans Spedition, UR 2018, 908; wegen der Voraussetzungen für die Steuerbefreiung bei fehlender Überführung in das Ausfuhrverfahren EuGH, Urt. v. 28.3.2019 – C-275/18, ECLI:EU:C:2019:265 – Vinš, UR 2019, 550.
4 BFH, Urt. v. 12.3.2020 – V R 20/19, BStBl. II 2020, 608 = UR 2020, 718; BFH, Urt. v. 12.3.2020 – V R 24/19, BFH/NV 2020, 1098.

III. Verhältnis zu anderen Vorschriften und Rechtsentwicklung

Die **Steuerbefreiungen** gemäß § 4 Nr. 1 Buchst. a und b UStG regeln originäre Steuerbefreiungen. 7
Steuerbefreiungen ohne Vorsteuerabzug gemäß § 4 Nr. 8–29 UStG, § 25c Abs. 1 und 2 UStG gehen den Steuerbefreiungen mit Vorsteuerabzug gemäß § 4 Nr. 1–7 UStG vor.[1]

§ 4 Nr. 1 Buchst. a UStG bildet mit den §§ 6 und 7 UStG eine Einheit. Der Abschn. 4.1.1. UStAE 8
wegen Ausfuhrlieferungen und Lohnveredelungen an Gegenständen der Ausfuhr verweist daher auch direkt auf die Abschn. 6.1 bis 6.12 und 7.1 bis 7.4. UStAE, die die Ausfuhrlieferungen und Lohnveredelungen an Gegenständen der Ausfuhr behandeln.

§ 6 UStG definiert die **Ausfuhrlieferungen**, d.h. andere als die **innergemeinschaftlichen Lieferungen** 9
gemäß § 6a UStG, für Lieferungen in das übrige Gemeinschaftsgebiet.

§ 6 UStG enthält die Tatbestandsvoraussetzungen für den im Umsatzsteuerrecht geltenden Begriff der 10
Ausfuhrlieferung (**Anwendungsvorschrift**).

Die Rechtsgrundlage für die Steuerbefreiung von Lieferungen und sonstigen Leistungen in das Aus- 11
land und damit auch die Ausfuhrlieferung enthält § 4 Nr. 1 Buchst. a UStG (**Rechtsfolgevorschrift**).

In der UStDV hat das BMF als Rechtsverordnung in den §§ 8–17 UStDV Durchführungsvorschriften 12
zu § 4 Nr. 1 Buchst. a UStG erlassen.

Neben der UStDV enthalten die Abschn. 4.1.1., 6.1.–6.12. und 7.1.–7.4. UStAE Regelungen für die An- 13
wendung des UStG wegen der Ausfuhrlieferungen und der Lohnveredelungen an Gegenständen der Ausfuhr.

Seit Einführung der **Netto-Allphasen-Umsatzsteuer** mit Vorsteuerabzug zum 1.1.1968 gibt es system- 14
gerecht eine Steuerbefreiung für Ausfuhrlieferungen. Zum 1.1.1980 wurde diese um die Steuerbefreiung für Lohnveredelungen an Gegenständen der Ausfuhr erweitert. Wegen der Vollendung des Europäischen Binnenmarkts am 1.1.1993 wurde der Begriff der Ausfuhr auf das Gelangen von Gegenständen aus dem Inland beschränkt und für den innergemeinschaftlichen Warenverkehr als Pendant die innergemeinschaftliche Lieferung eingeführt.

§ 4 Nr. 1 Buchst. b UStG bildet mit § 6a UStG eine Einheit. 15

§ 6a UStG enthält die Tatbestandsvoraussetzungen für den im Umsatzsteuerrecht geltenden Begriff 16
der innergemeinschaftlichen Lieferung (**Anwendungsvorschrift**).

In der UStDV hat das BMF in den §§ 17a–17c UStG Durchführungsvorschriften zu § 4 Nr. 1 Buchst. b 17
UStG erlassen. Auch für die innergemeinschaftlichen Lieferungen enthalten die Abschn. 4.1.2. und 6a.1.–6a.8. UStAE Anweisungen für die Anwendung des UStG Regelungen.

Die Vorschriften der UStDV der Steuerbefreiung für Ausfuhrlieferungen und Lohnveredelungen an 18
Gegenständen der Ausfuhr sind mit Wirkung vom 1.1.2012 wegen der **Beleg- und Buchnachweispflichten** für Ausfuhrlieferungen und der seit dem 1.7.2009 bestehenden Pflicht zur Teilnahme am elektronischen Ausfuhrverfahren geändert worden. Wegen der innergemeinschaftlichen Lieferungen sind zudem neue Nachweisregelungen getroffen worden.[2]

Die auf Unionsrecht basierenden nationalen **Steuerbefreiungen** bedürfen einer richtlinienkonformen 19
Auslegung. Der Beteiligte kann sich vor den nationalen Gerichten aufgrund der national geregelten Steuerbefreiung unmittelbar auf die Vorschriften der MwStSystRL berufen, wenn die Norm der MwStSystRL eine Steuerbefreiung vorsieht, die nicht in das nationale Recht umgesetzt worden ist.

Die materiell-rechtlichen Voraussetzungen für das Vorliegen einer innergemeinschaftlichen Lieferung 19.1
und deren Steuerbefreiung wurden durch das Gesetz zur weiteren steuerlichen Förderung der Elektromobilität und zur Änderung weiterer steuerlicher Vorschriften v. 12.12.2019 geändert.[3] Seit dem 1.1.2020 galt die Steuerbefreiung nicht, wenn der Unternehmer seiner Pflicht zur Abgabe der ZM gemäß § 18a UStG nicht nachgekommen ist oder soweit er diese im Hinblick auf die jeweilige Lieferung

---

1 Abschn. 6.1. Abs. 7 und Abschn. 6a.1. Abs. 2a UStAE.
2 Zweite Verordnung zur Änderung steuerlicher Verordnungen vom 2.12.2012, BGBl. I 2011, 2416.
3 BGBl. I 2019, 2451 (sog. JStG 2019).

unrichtig oder unvollständig abgegeben hat. Mit Art. 16 Nr. 3 des Jahressteuergesetz 2022 vom 16.12.2022 wurde der zum 1.1.2020 eingefügte **Satz 2 mit Wirkung zum 1.1.2023 ersatzlos gestrichen.** Die Pflicht zur Korrektur einer ZM innerhalb der Monatsfrist gemäß § 18a Abs. 10 UStG, wenn der Unternehmer die Fehlerhaftigkeit seiner ZM erkennt, bleibt davon unberührt.

B. Ausfuhrlieferungen und Lohnveredelungen an Gegenständen der Ausfuhr (Nr. 1 Buchst. a)

20 Die Lieferung von Gegenständen ist gemäß § 1 Abs. 1 Nr. 1 UStG ein grundsätzlich **steuerbarer Umsatz.** Die Steuerschuld entsteht, wenn kein Tatbestand der Steuerbefreiung in Betracht kommt. Ist die Lieferung nicht steuerbar, kommt eine Besteuerung und die Prüfung einer Steuerbefreiung nicht in Betracht.

21 § 4 Nr. 1 Buchst. a UStG befreit die **Ausfuhrlieferungen** und die **Lohnveredelungen** an Gegenständen der Ausfuhr von der Steuer (Steuerbefreiung als Rechtsfolge) und ist eine Rechtsfolgevorschrift. Die Vorschrift verweist für die Ausfuhrlieferung auf § 6 UStG und für die Lohnveredelung an Gegenständen der Ausfuhr auf § 7 UStG. Diese Vorschriften enthalten die Voraussetzungen für die Steuerbefreiung, indem die Voraussetzungen einer Ausfuhrlieferung oder einer Lohnveredelung an Gegenständen der Ausfuhr erfüllt sein müssen.

22 Im Rahmen des § 6 Abs. 3a UStG sind auch Lieferungen deutscher Unternehmer an Abnehmer mit Wohnort oder Sitz im Drittlandsgebiet zu privaten Zwecken von der Steuer befreit, wenn die Gegenstände im **persönlichen Reisegepäck** in das Drittlandsgebiet befördert werden. Europäische Basis ist Art. 147 Abs. 1 MwStSystRL der die Steuerbefreiung für „Gegenstände zur Mitführung im persönlichen Gepäck von Reisenden" regelt. Nach Auslegung des EuGH fallen darunter keine Gegenstände, die eine Privatperson, die nicht in der EU ansässig ist, zu gewerblichen Zwecken an Orte außerhalb der EU mit sich führt, um sie in einem Drittland weiterzuverkaufen.[1]

23 **Lohnveredelung** ist die Be- oder Verarbeitung eines Gegenstands, d.h. eine Leistung, die von einem inländischen Veredeler für einen Auftraggeber gegen ein Entgelt erbracht wird. Der be- oder verarbeitete Gegenstand muss dann in das Drittlandsgebiet ausgeführt werden. Insoweit ergänzt die Vorschrift den Grundfall der Ausfuhrlieferung für diese Variante der Außenwirtschaft praxisgerecht.

24 Der **Grundsatz der steuerlichen Wettbewerbsneutralität** verbietet bei der Anwendung der Mehrwertsteuer eine allgemeine Differenzierung zwischen erlaubten und unerlaubten Geschäften, mit Ausnahme der Fälle, in denen aufgrund der besonderen Merkmale bestimmter Waren jeder Wettbewerb zwischen einem legalen und einem illegalen Wirtschaftssektor ausgeschlossen ist (Ausfuhrlieferungen bei Verstoß gegen Embargovorschriften). Waren, deren Ausfuhr in ganz bestimmte Gebiete wegen einer möglichen Verwendung zu strategischen Zwecken verboten ist, sind von dem Anwendungsbereich der Steuerbefreiung nicht ausgeschlossen. Die Sanktion wegen des Verstoßes gegen Vorschriften über die Genehmigung bleibt davon unberührt. Damit ist das Erbringen gesetzlich verbotener Leistungen von der Anwendung der Mehrwertsteuer nicht ausgeschlossen.[2]

25 Nachweislich erfolgte **Ausfuhrlieferungen** sind gemäß § 4 Abs. 1 Buchst. a UStG dann nicht steuerfrei, wenn der Unternehmer gewusst hat oder hätte wissen müssen, dass der von ihm bewirkte Umsatz mit einer Steuerhinterziehung, Steuerumgehung oder einem sonstigen Betrug des Erwerbers verknüpft ist und er nicht alle ihm zur Verfügung stehenden zumutbaren Maßnahmen ergriffen hat, um die Steuerhinterziehung, Steuerumgehung oder einen sonstigen Betrug zu verhindern.[3] Die systemtragenden Prinzipien der Umsatzsteuer, wie die Grundsätze der Neutralität und Territorialität sowie das Bestimmungslandprinzip, treten zu Gunsten der Bekämpfung von Steuerhinterziehung, Steuerumgehung

1 EuGH, Urt. v. 17.12.2020 – C-656/19, ECLI:EU:C:2020:1045 – Bakati Plus, UR 2021, 598.

2 So auch der EuGH wegen der Lieferung von nachgeahmten Parfümeriewaren: EuGH, Urt. v. 28.5.1998 – C-3/97, ECLI:EU:C:1998:263 – Goodwin und Unstead, UR 1998, 341.

3 Insbs. BFH, Urt. v. 12.3.2020 – V R 20/19, BStBl. II 2020, 608 = UR 2020, 718; und die folgerichtige Änderung der Verwaltungsauffassung zu den Auswirkungen der sog. Missbrauchsrechtsprechung des EuGH bereits mit BMF, Schr. v. 25.6.2020 – III C 3-S 7134/19/10003 :001 – DOK 2020/0626512, UR 2020, 696.

und etwaigen Missbräuchen über die Landesgrenzen der Mitgliedstaaten hinaus zurück.[1] Neben der steuerrechtlichen Frage der Steuerbefreiung können Handlungen (z.B. das Ausstellen einer unterfakturierten Zweitrechnung oder einer gesplitteten Rechnung) auch eine steuerstraf- oder steuerordnungswidrigkeitenrechtliche Relevanz haben. Der BGH lehnt für bestimmte Fälle (z.B. Verschleierung des wahren Empfängers) eine Steuerbefreiung der innergemeinschaftlichen Lieferung wegen Missbrauchs ab und bejaht eine erfolgreiche Steuerverkürzung.[2] Im Drittlandswarenverkehr muss beachtet werden, dass Umsatzsteuer sogar hinterzogen werden kann, wenn der Erfolg der Steuerverkürzung im EWR oder einem mit der EU assoziierten Staat eintritt (§ 370 Abs. 6 i.V.m. Abs. 1 AO). Sanktionsbewehrte Handlungen reduzieren sich damit nicht nur auf die Steuergefährdung gemäß § 379 Abs. 1 Satz 1 Nr. 1 AO.

Bei grenzüberschreitenden **Reihengeschäften** greift die Steuerbefreiung für Ausfuhrlieferungen nur für die **bewegte Lieferung**. Anders als in § 3 Abs. 6 Satz 5 und 6, § 3 Abs. 7 Satz 2 Nr. 1 und Nr. 2 UStG fehlt es in der MwStSystRL an einer speziellen Regelung zum Reihengeschäft. Der EuGH hat jedoch wegen der Reihengeschäfte unionsrechtliche Grundsätze aufgestellt.[3] 26

C. Innergemeinschaftliche Lieferungen (Nr. 1 Buchst. b)

Die Lieferung von Gegenständen ist gemäß § 1 Abs. 1 Nr. 1 UStG ein grundsätzlich **steuerbarer Umsatz**. Die Steuerschuld entsteht, wenn kein Tatbestand der Steuerbefreiung in Betracht kommt. Ist die Lieferung nicht steuerbar, kommt eine Besteuerung und die Prüfung einer Steuerbefreiung nicht in Betracht. 27

§ 4 Nr. 1 Buchst. b UStG befreit die **innergemeinschaftlichen Lieferungen** von der Steuer (Steuerbefreiung als Rechtsfolge) und ist eine Rechtsfolgevorschrift. Die Vorschrift verweist für die innergemeinschaftliche Lieferung auf § 6a UStG (§ 6a Rz. 1 ff.). Diese Vorschrift enthält die Voraussetzungen für die Steuerbefreiung, indem die Voraussetzungen einer innergemeinschaftlichen Lieferung erfüllt sein müssen. 28

Durch die Änderung des § 4 Nr. 1 Buchst. b UStG im Rahmen des sog. JStG 2019 (s. Rz. 19.1, 36) enthält die Vorschrift nicht nur die Rechtsfolge der Steuerbefreiung, sondern auch einen Teil der Voraussetzung für die Steuerbefreiung. Dies dient der Stärkung des grenzüberschreitenden Informationsaustauschs in der EU im Rahmen des Mehrwertsteuer-Informationsaustauschsystems (MIAS). Die Überwachung des Erwerbs und dessen steuerliche Behandlung bedingen die ordnungsgemäße Erklärung der innergemeinschaftlichen Lieferung, um Umsatzsteuerbetrug zu vermeiden (innergemeinschaftliches Kontrollverfahren). 28.1

Gibt der Unternehmer keine ZM für eine innergemeinschaftliche Lieferung ab, ist diese nicht steuerfrei; selbst dann, wenn die Tatbestandsvoraussetzungen des § 6a UStG erfüllt sind. Die Feststellung, dass die Voraussetzungen nicht erfüllt sind, kann immer erst nachträglich getroffen werden, da die Abgabe einer ZM zu einer innergemeinschaftlichen Lieferung immer erst später, nämlich bis zum 25. Tag nach Ablauf des jeweiligen Meldezeitraums erfolgt. 28.2

Erkennt der Unternehmer die Fehlerhaftigkeit einer ZM, ist er zur Berichtigung verpflichtet. Kommt der Unternehmer dieser Pflicht nicht nach, ist die Steuerbefreiung für die betreffende Lieferung nachträglich zu versagen. Bei verspäteter sowie richtiger und vollständiger Abgabe der ZM für einen betreffenden Meldezeitraum liegen die materiell-rechtlichen Voraussetzungen erstmals in diesem Zeitpunkt vor und die Steuerbefreiung wird bei Vorliegen der weiteren Voraussetzungen gewährt (Rückwirkung für die Steuerbefreiung). Ein Bußgeldverfahren gemäß § 26a Abs. 2 Nr. 5 UStG bleibt davon unberührt. 28.3

1 FG Köln, Urt. v. 19.2.2019 – 8 K 2906/16, EFG 2019, 1236, Rz. 71 ff. m.w.N.
2 BGH, Urt. v. 19.3.2013 – 1 StR 318/12, wistra 2013, 463; BGH, Urt. v. 16.1.2020 – 1 StR 89/19, wistra 2020, 419.
3 Z.B. EuGH, Urt. v. 6.4.2006 – C-245/04, ECLI:EU:C:2006:232 – EMAG Handel Eder, UR 2006, 342; EuGH, Urt. v. 16.12.2010 – C-430/09, ECLI:EU:C:2010:786 – Euro Tyre Holding, UR 2011, 176; EuGH, Urt. v. 27.9.2012 – C-587/10, ECLI:EU:C:2012:592 – VStR = UR 2012, 832 m. Anm. *Burgmaier*.

28.4 Der gesetzliche Wortlaut zielt nur auf die fehlende, unrichtige oder unvollständige ZM als solches ab. Abschn. 4.1.2 Abs. 3 UStAE regelt darüber hinaus auch eine Monatsfrist wegen Berichtigung. In Abschn. 4.1.2 Abs. 2 Satz 2 UStAE wird zudem eine fristgerechte Abgabe der ZM angesprochen. Damit geht die Verwaltungsvorschrift über den gesetzlichen Wortlaut hinaus. Art. 138 Abs. 1a MwStSystRL ist Basis für die Umsetzung in das deutsche Recht. Unabhängig von unbestritten erforderlichen Bemühungen um die Bekämpfung des Umsatzsteuerbetrugs kann die nationale Regelung nicht über die unionsrechtliche Vorgabe hinausgehen. Nicht in der deutschen Umsetzung enthalten ist die Möglichkeit gem. Art. 138 Abs. 1a 2. Halbsatz MwStSystRL den zuständigen Behörden das Versäumnis als Lieferer zur Zufriedenheit dieser ordnungsgemäß zu begründen. Tatsächlich ist ein praktischer Anwendungsfall eher theoretisch vorstellbar.

29 Eine große Bedeutung für den **Nachweis**, dass eine innergemeinschaftliche Lieferung i.S.d. § 6a UStG vorliegt, hat der Nachweis dieser Voraussetzungen gemäß § 6a Abs. 3 UStG (§ 6a Rz. 114 ff.). Mit Schreiben vom 6.1.2009 hat das BMF erstmals eine Verwaltungsanweisung wegen der Steuerfreiheit von innergemeinschaftlichen Lieferungen bekannt gemacht.[1]

30 Die Anforderungen an den **Nachweis einer steuerfreien innergemeinschaftlichen Lieferung** sind durch die Rechtsprechung im Wesentlichen geklärt und auch durch den UStAE als Verwaltungsanweisung konkretisiert. Die Voraussetzungen sind insbesondere dann nicht erfüllt, wenn der Unternehmer den Nachweispflichten gemäß § 6a Abs. 3 UStG i.V.m. §§ 17a ff. UStDV nicht nachkommt oder berechtigte, durch den Unternehmer nicht ausgeräumte Zweifel an der inhaltlichen Richtigkeit der Angaben bestehen.

31 Allerdings kann trotz Nichterfüllung der **Nachweispflichten** „aufgrund der objektiven Beweislage" feststehen, dass die Voraussetzungen der innergemeinschaftlichen Lieferung vorliegen und die Lieferung kann dann auch steuerfrei sein. Diese Meinung ist eine Folge der Rechtsprechung des EuGH wegen des Beleg- und/oder Buchnachweises. Denn eine nationale Maßnahme, die das Recht auf Steuerbefreiung einer innergemeinschaftlichen Lieferung im Wesentlichen von der Einhaltung formeller Pflichten abhängig macht, ohne die materiellen Anforderungen zu berücksichtigen und insbesondere ohne in Betracht zu ziehen, ob diese erfüllt sind, geht über das hinaus, was erforderlich ist, um eine genaue Erhebung der Steuer sicherzustellen. Die Umsätze sind unter Berücksichtigung ihrer objektiven Merkmale zu besteuern. Wenn unbestreitbar eine innergemeinschaftliche Lieferung ausgeführt wurde, erfordert der Grundsatz der steuerlichen Neutralität, dass die Steuerbefreiung gewährt wird, wenn die materiellen Anforderungen erfüllt sind, selbst wenn der Steuerpflichtige bestimmten Anforderungen nicht genügt hat.[2] In Folge der Entscheidung des EuGH änderte der BFH seine Rechtsprechung und stellte fest, dass die Nachweispflichten des Unternehmers keine materiellen Voraussetzungen für die Befreiung als inngemeinschaftliche Lieferung sind.[3] Die Regelungen des § 6a Abs. 3 UStG und der §§ 17a, 17c UStDV bestimmen vielmehr, dass und wie der Unternehmer die Nachweise zu erbringen hat. Kommt der Unternehmer diesen Nachweispflichten nicht nach, ist grundsätzlich davon auszugehen, dass die Voraussetzungen einer innergemeinschaftlichen Lieferung nicht erfüllt sind. Etwas anderes gelte ausnahmsweise, wenn trotz der Nichterfüllung der formellen Nachweispflichten aufgrund der „objektiven Beweislage" feststehe, dass die Voraussetzungen des § 6a Abs. 1 UStG vorliegen. Dann sei die Steuerbefreiung zu gewähren, auch wenn der Unternehmer die erforderlichen Nachweise nicht entsprechend §§ 17a, 17c UStDV (Formalbeweis) erbracht hat. Der Verhältnismäßigkeitsgrundsatz gebiete es den Nachweis ausnahmsweise in anderer Form zuzulassen.[4]

32 Diese Ausnahme gilt allerdings nicht für den Fall, dass „bewusst sachlich falsche" Rechnungen ausgestellt werden, um die Identität der wahren Erwerber zu verschleiern. In diesem Fall kann die Steuer-

1 BMF, Schr. v. 6.1.2009 – IV B 9-S 7141/08/10001, BStBl. I 2009, 60.

2 EuGH, Urt. v. 27.9.2007 – C-146/05, ECLI:EU:C:2007:549 – Collée, BStBl. II 2009, 78 = UR 2007, 813 m. Anm. *Maunz* und nachgehend BFH, Urt. v. 6.12.2007 – V R 59/03, BFHE 219, 469.

3 Wegen der steuerstrafrechtlichen Relevanz sprach der BGH auch wegen der Einhaltung der Ausfuhrlieferungen i.S.v. § 6 UStG den vorgesehenen Nachweispflichten gemäß §§ 8 ff. UStDV noch die materiell-rechtliche Voraussetzung für die Steuerbefreiung ab: BGH, Beschl. v. 19.8.2009 – 1 StR 206/09, BGHSt 54, 133.

4 BFH, Beschl. v. 31.1.2019 – V B 99/16, BFH/NV 2019, 409; BFH, Urt. v. 19.3.2015 – V R 14/14, BFHE 250, 248.

befreiung versagt werden, wenn der Lieferant vorsätzlich an der **Hinterziehung** der Erwerbsbesteuerung im Bestimmungsland mitwirkt.[1]

Die Steuerfreiheit innergemeinschaftlicher Lieferungen ist ausgeschlossen, wenn zwar die Voraussetzungen für die Steuerbefreiung objektiv vorliegen, der Unternehmer jedoch **wusste oder hätte wissen müssen**, dass er sich mit dem betreffenden Umsatz an einem anderen Umsatz der Lieferkette beteiligt, der in eine **Steuerhinterziehung** in einem anderen Mitgliedstaat der EU einbezogen ist.[2] In solchen Fällen kommt auch kein Vertrauensschutz nach § 6a Abs. 4 UStG in Betracht. Schon die **Nichtabfrage der USt-IdNr. des Empfängers** zeitnah zur ersten innergemeinschaftlichen Lieferung und darauffolgend in regelmäßigen Abständen während der laufenden Lieferbeziehung kann nach den Umständen des Einzelfalls als Sorgfaltspflichtverletzung anzusehen sein, die einen Vertrauensschutz nach § 6a Abs. 4 UStG ausschließt.[3] 32.1

Im Ergebnis trägt der Unternehmer, der sich auf das Vorliegen der Voraussetzungen für die Steuerbefreiung beruft, auch die **Beweislast**. Dies ist im Steuerrecht vorherrschender Grundsatz. Insbesondere in den Fällen der zweifelhaft erscheinenden Beförderung zum Bestimmungsort oder einer zweifelhaften Bevollmächtigung eines Abnahmebeauftragten, muss der Unternehmer bei der FinVerw. bestehende Zweifel ausräumen. Das Ausräumen von Zweifeln obliegt nicht der FinVerw. oder dem FG im Rahmen ihrer Sachaufklärungspflicht. 33

Bei der Einfuhr geht die **Steuerbefreiung für Anschlusslieferungen** gemäß § 5 Abs. 1 Nr. 3 UStG als Steuerbefreiung bei der Einfuhr der Steuerbefreiung gemäß § 4 Nr. 1 Buchst. b UStG für innergemeinschaftliche Lieferungen als die speziellere Steuerbefreiung vor, auch wenn die Anschlusslieferung i.S.d. § 5 Abs. 1 Nr. 3 UStG das Vorliegen einer innergemeinschaftlichen Lieferung selbst erfordert. 34

Eine innergemeinschaftliche Lieferung knüpft seit dem 1.1.2020 zum einen an die weitere Voraussetzung an, dass der Abnehmer im anderen Mitgliedstaat für Zwecke der Umsatzsteuer erfasst ist (§ 6a Abs. 1 Satz 1 UStG; s. § 6a Rz. 35 ff.). Zum anderen bildet die Verwendung der USt-IdNr. durch den Abnehmer eine zusätzliche **materiell-rechtliche Voraussetzung** für das Vorliegen einer innergemeinschaftlichen Lieferung. Die Steuerfreiheit kann schließlich versagt werden, wenn der liefernde Unternehmer der Verpflichtung über eine ZM nicht, nicht richtig oder nicht gänzlich nachkommt (§ 4 Nr. 1 Buchst. b UStG). 35

Durch die Änderung mit dem sog. JStG 2019[4] wurde die Steuerbefreiung für eine innergemeinschaftliche Lieferung versagt, wenn der liefernde Unternehmer seiner Pflicht zur Abgabe der ZM (§ 18a UStG) nicht, nicht vollständig und richtig im Hinblick auf die jeweilige Lieferung nachgekommen ist. Eine etwaige **Versagung der Steuerbefreiung** tritt regelmäßig nach Bewirken des Umsatzes ein, weil die Abgabe einer ZM zu einer innergemeinschaftlichen Lieferung immer erst später (bis zum 25. Tag nach Ablauf jedes Kalendermonats [Meldezeitraum], in dem die innergemeinschaftliche Lieferung ausgeführt wurde, § 18a Abs. 1 Satz 1 UStG; s. § 18a Rz. 8 ff.) erfolgt und somit frühestens in diesem Zeitpunkt feststehen kann, ob die Abgabe der ZM ordnungsgemäß war. 36

Zum 1.1.2023 wurde § 4 Nr. 1 Buchst. b Satz 2 ersatzlos aufgehoben. Danach war der Unternehmer, der nachträglich erkennt, dass eine von ihm abgegebene **ZM** unrichtig oder unvollständig ist, verpflichtet, die ursprüngliche Meldung innerhalb eines Monats zu berichtigen (§ 18a Abs. 10 UStG; s. § 18a Rz. 57 ff.). Durch die Streichung wurde klargestellt, dass die Voraussetzungen für das Vorliegen einer steuerfreien innergemeinschaftlichen Lieferung unabhängig von der in § 18a Abs. 10 UStG enthaltenen Frist gelten. Diese ist allein für Zwecke des Kontrollverfahrens und gegebenenfalls einem Ordnungswidrigkeitenverfahren maßgebend. 37

Durch die Abgaben einer richtigen ZM gelten die Versäumnisse des Unternehmers als hinreichend entschuldigt, was Art. 138 Abs. 1a MwStSystRL entspricht.[5] 38

---

1 EuGH, Urt. v. 7.12.2010 – C-285/09, ECLI:EU:C:2010:742 – R., BStBl. II 2011, 846 = UR 2011, 15 m. Anm. *Sterzinger*; vorgehend BGH, Vorlagebeschl. v. 7.7.2009 – 1 StR 41/09, wistra 2009, 441. Damit wird dem Steuerrecht ein ihm fremder Sanktionscharakter verliehen, so *Möller*, AW-Prax 2011, 242.

2 BFH, Beschl. v. 2.7.2021 – XI R 40/19, BFH/NV 2022, 140.

3 BFH, Urt. v. 11.3.2020 – XI R 38/18, UR 2020, 764 m. Anm. *Dachauer/Walcher*.

4 BGBl. I 2019, 2451.

5 I.d.F. von Art. 1 Nr. 3 der RL 2018/1910 des Rates v. 4.12.2018, ABl. EU Nr. L 311, 3.

§ 4 Nr. 2 [Seeschifffahrt und Luftfahrt]

Von den unter § 1 Abs. 1 Nr. 1 fallenden Umsätzen sind steuerfrei:

…

2. die Umsätze für die Seeschifffahrt und für die Luftfahrt (§ 8);

…

Schrifttum: *Dißars/Kahl-Hinsch*, Umsatzsteuerrechtliche Aspekte des Betriebs von Handelsschiffen, NWB 2016, 3021; *Weber*, Steuerbefreiung der Umsätze für die Seeschifffahrt, UVR 2017, 338.

A. Grundaussagen

I. Regelungsgegenstand und Bedeutung

1 Die Vorschrift befreit Umsätze, die – unmittelbar oder auf einer Vorstufe – für die Seeschiff- oder Luftfahrt erbracht werden. Die Norm ist eine reine **Rechtsfolgevorschrift**, der Umfang der Steuerbefreiung ergibt sich im Einzelnen aus § 8 UStG (§ 8 Rz. 1 ff.). Der Gesetzgeber verfolgt mit der Befreiungsregel insbesondere zwei Ziele: Vornehmlicher Zweck ist die Sicherung der Wettbewerbsfähigkeit von Unternehmen, die auf dem Gebiet der Seeschifffahrt und der Luftfahrt tätig sind, da diese Umsätze Ausfuhren in Drittstaaten bzw. grenzüberschreitenden Beförderungen gleichgestellt werden.[1] Zum anderen soll die Steuerbefreiung aus Effektivitätsgründen eine verfahrenstechnische Vereinfachung zur Folge haben. Unternehmen, die im Bereich der Seeschifffahrt oder der Luftfahrt tätig sind und überwiegend steuerfreie Umsätze ausführen, sollen nicht laufend hohe Vorsteuerüberhänge aus Eingangsumsätzen geltend machen müssen.[2] Nicht zuletzt können die betroffenen Unternehmer so vermeiden, dass ihnen durch die Vorfinanzierung ein Liquiditätsnachteil entsteht.

II. Unionsrechtliche Grundlagen

2 § 4 Nr. 2 UStG in Kombination mit § 8 UStG beruht auf Art. 148 MwStSystRL (vormals Art. 15 der 6. EG-Richtlinie) und damit auf einer Regelung zur Steuerbefreiung bei **grenzüberschreitenden Beförderungen.** Die für Steuerbefreiungen auf unionsrechtlicher Ebene allgemeine Bestimmung des Art. 131 MwStSystRL wurde in § 18 UStDV umgesetzt (Rz. 7).

III. Verhältnis zu anderen Vorschriften und Rechtsentwicklung

3 Die Rechtsfolgevorschrift § 4 Nr. 2 UStG sowie die Anwendungsvorschrift des § 8 UStG bilden eine **untrennbare Einheit**. Die Trennung von Rechtsfolgevorschrift und Anwendungsvorschrift erfolgt aus Gründen der Gesetzestechnik, die ebenso u.a. bei den Ausfuhrlieferungen umgesetzt wurde. § 4 Nr. 2 UStG legt dabei den Befreiungstatbestand fest, während der genaue Umfang in § 8 UStG definiert wird.

---

1 Vgl. Art. 15 der 6. EG-Richtlinie, Überschrift von Kap. 7 MwStSystRL, in dem Art. 148 MwStSystRL erfasst ist.
2 Vgl. BT-Drucks. 8/1779, 37.

§ 4 Nr. 2 UStG tritt in Konkurrenz zu § 4 Nr. 1 UStG, soweit der Unternehmer ein Fahrzeug i.S.d. § 8 UStG in das Ausland liefert oder an diesem Lohnveredelungsarbeiten i.S.d. §§ 6, 7 UStG vornimmt. Auf welche Steuerbefreiung sich der Unternehmer beruft, bleibt ihm überlassen.[1]

Die Vorschrift gilt in ihrer heutigen **Form** unverändert seit dem 1.1.1980. Ihren Ursprung hat die Steuerbefreiungsnorm bereits im Jahr 1928.[2] Um deutsche Seehäfen wettbewerbsfähiger zu machen, wurden Leistungen im Zusammenhang mit der Beförderung von Gegenständen auf dem Seewege und dem Be- und Entladen der Schiffe von der Umsatzsteuer befreit.[3] Seitdem erfuhr die Steuerbefreiung zahlreiche Erweiterungen,[4] bis letztlich das UStG 1980 den Anwendungsbereich zugunsten an Unternehmen der internationalen Luftfahrt erbrachter Lieferungen und sonstiger Leistungen erweiterte. 4

B. Umfang der Steuerbefreiung (Nr. 2)

Der genaue Umfang der Steuerbefreiung von **Vorstufenumsätzen** für die Seeschiff- und Luftfahrt ergibt sich aus dem Tatbestand des § 8 UStG. Insofern wird auf die Kommentierung zu § 8 UStG verwiesen. 5

C. Vorsteuerabzug (Nr. 2)

§ 4 Nr. 2 UStG stellt eine sog. **echte Steuerbefreiung**[5] dar, da sie in den Anwendungsbereich der Rückausnahmen des § 15 Abs. 3 Nr. 1 Buchst. a UStG fällt. Ein Vorsteuerabzug kommt somit trotz Befreiung der Leistungen von der Umsatzsteuer und einem grundsätzlichen Ausschluss nach § 15 Abs. 2 Satz 1 Nr. 1 i.V.m. § 4 Nr. 2 UStG ausnahmsweise in Betracht. 6

D. Nachweispflichten (Nr. 2)

Die Voraussetzungen der Steuerbefreiung bei Umsätzen für die Seeschiff- oder die Luftfahrt sind gemäß § 18 UStDV buchmäßig nachzuweisen. Es gelten die Nachweispflichten des § 13 Abs. 1 und § 13 Abs. 2 Nr. 1–4 UStDV, die den **Buchnachweis** bei Ausfuhren regeln, entsprechend. Darüber hinaus soll der Unternehmer zusätzlich aufzeichnen, für welchen Zweck der Liefergegenstand oder die sonstige Leistung bestimmt ist.[6] 7

§ 4 Nr. 3 [Grenzüberschreitende Beförderungsleistungen]

Von den unter § 1 Abs. 1 Nr. 1 fallenden Umsätzen sind steuerfrei:

…

3. die folgenden sonstigen Leistungen:

a) die grenzüberschreitenden Beförderungen von Gegenständen, die Beförderungen im internationalen Eisenbahnfrachtverkehr und andere sonstige Leistungen, wenn sich die Leistungen

aa) unmittelbar auf Gegenstände der Ausfuhr beziehen oder auf eingeführte Gegenstände beziehen, die im externen Versandverfahren in das Drittlandsgebiet befördert werden, oder

1 *Raudszus* in Schwarz/Widmann/Radeisen, § 8 UStG Rz. 14 (Stand: September 2023).
2 Vgl. die VO über die Befreiung von Umsatzsteuer für Leistungen in Seehäfen v. 17.3.1928 (RGBl. I 1928, 69).
3 Vgl. exemplarisch § 1 Abs. 1 Nr. 1 und 2 der VO v. 17.3.1928 (RGBl. I 1928, 69).
4 So etwa durch das Gesetz v. 18.10.1967 (BGBl. I 1967, 991) und das Gesetz v. 26.6.1973 (BGBl. I 1973, 676).
5 BFH, Beschl. v. 9.4.2014 – VII R 7/13, BFH/NV 2014, 1244, Rz. 19.
6 § 18 Satz 2 UStDV.

bb) auf Gegenstände der Einfuhr in das Gebiet eines Mitgliedstaates der Europäischen Union beziehen und die Kosten für die Leistungen in der Bemessungsgrundlage für diese Einfuhr enthalten sind. [2]Nicht befreit sind die Beförderungen der in § 1 Abs. 3 Nr. 4 Buchstabe a bezeichneten Gegenstände aus einem Freihafen in das Inland,

b) die Beförderungen von Gegenständen nach und von den Inseln, die die autonomen Regionen Azoren und Madeira bilden,

c) sonstige Leistungen, die sich unmittelbar auf eingeführte Gegenstände beziehen, für die zollamtlich eine vorübergehende Verwendung in den in § 1 Abs. 1 Nr. 4 bezeichneten Gebieten bewilligt worden ist, wenn der Leistungsempfänger ein ausländischer Auftraggeber (§ 7 Abs. 2) ist. [2]Dies gilt nicht für sonstige Leistungen, die sich auf Beförderungsmittel, Paletten und Container beziehen.

[2]Die Vorschrift gilt nicht für die in den Nummern 8, 10 und 11 bezeichneten Umsätze und für die Bearbeitung oder Verarbeitung eines Gegenstands einschließlich der Werkleistung im Sinne des § 3 Abs. 10. [3]Die Voraussetzungen der Steuerbefreiung müssen vom Unternehmer nachgewiesen sein. [4]Das Bundesministerium der Finanzen kann mit Zustimmung des Bundesrates durch Rechtsverordnung bestimmen, wie der Unternehmer den Nachweis zu führen hat;

...

Schrifttum: S. zu älterer Literatur auch die Vorauflagen.

Friedrich-Vache, Anmerkung zu BFH, Urt. v. 18.2.2016 – V R 53/14, MwStR 2016, 506; *Harksen*, Die Steuerbefreiung grenzüberschreitender Beförderungsleistungen nach § 4 Nr. 3 Buchst. a UStG, UR 2022, 366; *Kampf*, Mehrwertsteuerbefreiung bei Beförderung im TIR-Verfahren – EuGH zu den Voraussetzungen der Mehrwertsteuerbefreiung ohne Überführung der Waren in das Ausfuhrverfahren, AW-Prax 2019, 246; *Maunz*, Voraussetzungen für die Steuerbefreiung für Beförderungsleistungen im Zusammenhang mit Ausfuhrlieferungen, MwStR 2019, 70; *Winter*, Steuerbefreiung von Dienstleistungen in unmittelbarem Zusammenhang mit der Ausfuhr oder der Einfuhr von Gegenständen, MwStR 2017, 745.

A. Grundaussagen

I. Regelungsgegenstand und Bedeutung

1 § 4 Nr. 3 UStG befreit im Zusammenhang mit Einfuhren, Durchfuhren und Ausfuhren **Beförderungs- und andere darauf bezogene Leistungen** von der Umsatzsteuer.

2 Zweck der Steuerbefreiung ist bei Ausfuhren und Durchfuhren die Umsetzung des **Bestimmungslandprinzips**. Da der Verbrauch nicht im Inland, sondern im Ausland erfolgt, soll der Preis nicht mit Umsatzsteuer für Leistungen im Zusammenhang mit der steuerbefreiten Ausfuhrlieferung etc. belastet werden. Bei zollrechtlichen Waren der vorübergehenden Ausfuhr liegt umsatzsteuerrechtlich kein Gegenstand der Ausfuhr vor, da der Gegenstand das Inland nur vorübergehend verlässt und bei der Wiedereinfuhr nicht der Einfuhrumsatzsteuer unterliegt. Bei Leistungen, die sich auf Gegenstände der Einfuhr beziehen, dient die Befreiung der Vereinfachung, da diese Leistungen zur Bemessungsgrundlage für die Einfuhrumsatzsteuer gehören und durch diese Regelung mit der Umsatzsteuer belastet werden.

Die Befreiung kommt nur für die **selbständigen Leistungen** im Zusammenhang mit Einfuhren, Durchfuhren und Ausfuhren in Betracht. Ist die Leistung unselbständige Nebenleistung zu einer Hauptleistung, teilt diese Leistung das umsatzsteuerrechtliche Schicksal der Hauptleistung. Insoweit kann dann allenfalls eine Steuerbefreiung für die Hauptleistung einschließlich der unselbständigen Nebenleistung in Betracht kommen. 3

Die Steuerbefreiung kommt nur für Leistungen in Betracht, deren Ort im Inland liegt (§ 3a und § 3b UStG). 4

Die Vorschrift erfasst fünf Steuerbefreiungsfälle: 5

1. sonstige Leistungen, die sich unmittelbar auf Gegenstände der Ausfuhr beziehen (§ 4 Nr. 3 Buchst. a Doppelbuchst. aa Alt. 1 UStG),
2. sonstige Leistungen, die sich unmittelbar auf Gegenstände der Durchfuhr beziehen (§ 4 Nr. 3 Buchst. a Doppelbuchst. aa Alt. 2 UStG),
3. sonstige Leistungen, die sich auf Gegenstände der Einfuhr beziehen (§ 4 Nr. 3 Buchst. a Doppelbuchst. bb UStG),
4. Beförderungen von Gegenständen nach und von den Azoren und Madeira (§ 4 Nr. 3 Buchst. b UStG) und
5. sonstige Leistungen, die sich unmittelbar auf eingeführte Gegenstände beziehen, für die zollrechtlich eine vorübergehende Verwendung bewilligt wurde (§ 4 Nr. 3 Buchst. c UStG).

Die Vorschrift nimmt Leistungen der Nummern 8, 10 und 11 (Kredit-, Bank- und Finanz- und Versicherungsdienstleistungen) von der Steuerbefreiung aus (§ 4 Nr. 3 Satz 2 Halbs. 1 UStG). Ausgenommen sind auch **Be- und Verarbeitungen eines Gegenstands** (§ 4 Nr. 3 Satz 2 Halbs. 2 UStG). 6

II. Unionsrechtliche Grundlagen

§ 4 Nr. 3 UStG setzt die Art. 142, 144, 146 Abs. 1 Buchst. c MwStSystRL in nationales Recht um. 7

Im Schrifttum bestehen Zweifel, ob alle Regelungen des § 4 Nr. 3 UStG richtlinienkonform umgesetzt sind, insbesondere ob Rechtfertigungen in der MwStSystRL für die Ausnahmen von der Steuerbefreiung gemäß § 4 Nr. 3 Buchst. c UStG bestehen.[1] 8

III. Verhältnis zu anderen Vorschriften und Rechtsentwicklung

Die **spezielleren Steuerbefreiungen** gemäß § 4 Nr. 8, 10, 11 und § 7 UStG gehen gemäß § 4 Nr. 3 Satz 2 UStG der Steuerbefreiung gemäß § 4 Nr. 3 Satz 1 UStG vor. 9

Innergemeinschaftliche Beförderungen von Gegenständen werden von der Steuerbefreiung gemäß § 4 Nr. 3 UStG nicht erfasst. Für diesen Fall gilt § 4b UStG (§ 4b Rz. 1 ff.). 10

§ 20 UStDV enthält Durchführungsvorschriften zum belegmäßigen Nachweis bei steuerfreien Leistungen, die sich auf Gegenstände der Ausfuhr oder Einfuhr beziehen (Rz. 29 ff.). 11

Als Verwaltungsanweisung enthalten die Abschn. 4.3.1. bis 4.3.6. UStAE Regelungen zur **grenzüberschreitenden Güterbeförderung** und anderen sonstigen Leistungen, die sich auf Gegenstände der Einfuhr, Durchfuhr oder Ausfuhr beziehen (Rz. 29 ff.). 12
Bereits im UStG 1951 war unter bestimmten Voraussetzungen eine Steuerbefreiung für Beförderungsleistungen geregelt. Über das UStG 1967, UStG 1980, Steuerbereinigungsgesetz 1986 und die notwendigen Änderungen wegen der Verwirklichung des Binnenmarkts fokussiert sich der Anwendungsbereich auf Steuerbefreiungen bei Lieferungen und sonstigen Leistungen mit Drittlandsbezug (grenzüberschreitende Beförderungsleistungen).

1 Z.B. *Jatzke* in Sölch/Ringleb, § 4 Nr. 3 Rz. 8 (Stand: Oktober 2022); *Wäger* in Reiß/Kraeusel/Langer, § 4 Nr. 3 UStG, Rz. 36 ff. (Stand: August 2021).

B. Voraussetzungen (Nr. 3 Satz 1)

I. Leistungen, die sich unmittelbar auf Gegenstände der Ausfuhr oder der Durchfuhr und der Einfuhr beziehen (Nr. 3 Satz 1 Buchst. a)

13 Die Steuerbefreiung gemäß § 4 Nr. 3 Satz 1 Buchst. a UStG erfasst die folgenden Tatbestände:

1. sonstige Leistungen, die sich unmittelbar auf Gegenstände der Ausfuhr beziehen (§ 4 Nr. 3 Buchst. a Doppelbuchst. aa Alt. 1 UStG),
2. sonstige Leistungen, die sich unmittelbar auf Gegenstände der Durchfuhr beziehen (§ 4 Nr. 3 Buchst. a Doppelbuchst. aa Alt. 2 UStG) und
3. sonstige Leistungen, die sich auf Gegenstände der Einfuhr beziehen (§ 4 Nr. 3 Buchst. a Doppelbuchst. bb UStG).

14 Der Anwendungsbereich der Vorschrift erfasst die **grenzüberschreitenden Güterbeförderungen** und anderen Leistungen, die sich unmittelbar auf Gegenstände der Ausfuhr oder Durchfuhr und Einfuhr beziehen.

15 Grenzüberschreitende Beförderungen von Gegenständen sind gemäß § 3b Abs. 1 Satz 4 UStG die, die sich sowohl auf das Inland als auch das Ausland erstrecken. Von der Steuer werden aber auch grenzüberschreiende Beförderungsleistungen befreit, bei denen das Inland zwar nicht berührt wird, aber der Ort gemäß § 3a Abs. 2 UStG im Inland liegt.

16 Das UStG enthält keine Legaldefinition des in der Steuerbefreiungsvorschrift verwendeten Begriffs der Ausfuhr. Aus zollrechtlicher Sicht handelt es sich um das **Verbringen von Waren** aus dem Zollgebiet der EU, so dass von dem umsatzsteuerrechtlichen Begriff der Ausfuhr das Verbringen eines Gegenstands in das Drittlandsgebiet (§ 1 Abs. 2a Satz 3 UStG) erfasst wird. Da der Begriff vom Wortlaut her, anders als § 6 UStG mit der Ausfuhrlieferung, nicht die Lieferung umfasst, wird von der Vorschrift auch ein rechtsgeschäftsloses Verbringen in das Drittlandsgebiet erfasst, so dass z.B. auch die Beförderung von zoll- und steuerbefreitem Umzugsgut von der Steuerbefreiung erfasst wird.

17 Auch der Begriff der umsatzsteuerrechtlichen **Einfuhr** i.S.d. § 4 Nr. 3 Buchst. a UStG ist nicht im Umsatzsteuerrecht definiert. § 4 Nr. 3 Buchst. a UStG spricht von Gegenständen der „Einfuhr" und § 4 Nr. 3 Buchst. c UStG von „eingeführten" Gegenständen. Hier spiegelt sich die Problematik des Einfuhrumsatzes gemäß § 1 Abs. 1 Nr. 4 UStG und der Einfuhrumsatzsteuer gemäß § 21 UStG wider. Bei § 4 Nr. 3 Buchst. a Doppelbuchst. aa UStG liegt unter Zugrundelegung der aktuellen Rechtsprechung des EuGH zum mehrwertsteuerrechtlichen Einfuhrbegriff gar keine Einfuhr vor, denn es handelt sich um in das Inland verbrachte Gegenstände, die in das Drittlandsgebiet befördert werden.[1]

18 § 4 Nr. 3 Buchst. a Doppelbuchst. bb UStG spricht richtigerweise von **Gegenständen der Einfuhr**, da die Vorschrift die Überführung in den zoll- und umsatzsteuerrechtlich freien Verkehr voraussetzt. § 4 Nr. 3 Buchst. c UStG erfasst dagegen die vorübergehende Verwendung unter vollständiger Befreiung von Einfuhrabgaben, bei der die umsatzsteuerrechtliche Einfuhr gerade nicht erfolgt, so dass umsatzsteuerrechtlich keine „eingeführten Gegenstände" vorliegen können. Bei § 4 Nr. 3 Buchst. c UStG wird man unter Berücksichtigung dieser Sichtweise für seine praktische Anwendung auf in das Inland „verbrachte Gegenstände" abstellen müssen.

19 Die Leistungen müssen sich unmittelbar auf die Gegenstände der Ausfuhr und Durchfuhr oder Einfuhr beziehen. Eine solche Leistung liegt nach Meinung des BFH vor, wenn zwischen der Leistung und einem Ausfuhrgegenstand ein **unmittelbarer Zusammenhang** besteht, ohne dass es sich um eine „handelsübliche Nebenleistung" zu einer Güterbeförderung als Hauptleistung handeln muss. So hat er dies für den Fall bejaht, dass ein Unternehmer die Warenprüfung jeglicher Art im nationalen und internationalen Warenverkehr hinsichtlich Quantität und Qualität vornimmt. Denn in diesem Fall stelle die Tätigkeit der Klägerin eine einheitliche Leistung dar und stehe in einem engen wirtschaftlichen

1 Grundlegend zum mehrwertsteuerrechtlichen Einfuhrbegriff EuGH, Urt. v. 10.7.2019 – C-26/18, ECLI:EU:C:2019:579 – Federal Express Corporation Deutsche Niederlassung, UR 2019, 633 m. Anm. *Harksen.*

Zusammenhang mit der Ausfuhr der Erzeugnisse in verschiedene Drittländer.[1] Im Interesse eines funktionierenden Mehrwertsteuersystems dürfe eine wirtschaftlich einheitliche Dienstleistung nicht künstlich aufgespalten werden.[2] Nach Vorlage zur Vorabentscheidung aus Lettland hat der EuGH geurteilt, dass Dienstleistungen in unmittelbarem Zusammenhang mit der Ausfuhr oder der Einfuhr von Gegenständen zu erfolgen haben.[3] Abschn. 4.3.2. Abs. 4 UStAE ist in Folge des EuGH-Urteils neugefasst, so dass die Steuerbefreiung grundsätzlich nur für die Leistung des Hauptfrachtführers, nicht aber für die Leistungen der Unterfrachtführer in Betracht kommt, da dieser die Beförderungsleistungen nicht unmittelbar an den Versender oder den Empfänger der Gegenstände erbringt, sondern an den Hauptfrachtführer.[4] Die **Dienstleistung** ist nur steuerbefreit, wenn die betreffenden Dienste unmittelbar an den Versender oder den Empfänger der Gegenstände geleistet werden.[5]

Die sonstigen Leistungen müssen sich nur unmittelbar auf Gegenstände der Ausfuhr und Durchfuhr oder Einfuhr beziehen, müssen aber nicht notwendig deren Beförderung dienen. 20

II. Beförderungen von Gegenständen nach und von den Azoren und Madeira (Nr. 3 Satz 1 Buchst. b)

§ 4 Nr. 3 Buchst. b UStG erfasst nur Beförderungsleistungen nach und von den Azoren und Madeira, aber nicht andere Leistungen, die sich auf die nach oder von dort beförderten Gegenstände beziehen. Insoweit bedarf es auch nicht des Ausschlusses gemäß § 4 Nr. 3 Satz 2 UStG. 21

III. Sonstige Leistungen auf Einfuhren im Rahmen einer vorübergehenden Verwendung (Nr. 3 Satz 1 Buchst. c)

Der **Anwendungsbereich** der Steuerbefreiung gemäß § 4 Nr. 3 Buchst. c UStG ist schwierig. Der UStAE enthält dazu keine Regelungen. *Wäger* hält die Steuerbefreiung in mehrfacher Hinsicht für richtlinienwidrig.[6] 22

Die Leistungen beziehen sich unmittelbar auf **eingeführte Gegenstände**, für die zollrechtlich eine vorübergehende Verwendung gemäß Art. 250 UZK bewilligt wurde. Wegen des Einfuhrbegriffs ist der Wortlaut missverständlich. Die Befreiung von der Einfuhrumsatzsteuer wird für diese Einfuhrwaren gemäß § 1 Abs. 2 Nr. 1 EUStBV i.V.m. § 5 Abs. 2 Nr. 5 UStG gewährt. Die in Betracht kommenden Gegenstände der vorübergehenden Verwendung wegen steuerbefreiter Leistungen regeln Art. 204 ff. UZK-DelVO. 23

Voraussetzungen wie „**ausländischer Auftraggeber**" oder der Ausschluss von Beförderungsmitteln, Paletten und Containern finden keine Grundlage in der MwStSystRL. Gemäß Art. 212, 208 und 210 UZK-DelVO können die vorgenannten Gegenstände bereits zoll- und einfuhrumsatzsteuerrechtlich im Rahmen der vorübergehenden Verwendung vollständig von Einfuhrabgaben befreit werden. 24

C. Ausnahmen (Nr. 3 Satz 2)

Die Steuerbefreiung gemäß § 4 Nr. 3 Buchst. c UStG gilt nicht für sonstige Leistungen, die sich auf Beförderungsmittel, Paletten und Container beziehen (§ 4 Nr. 3 Buchst. c Satz 2 UStG). 25

---

1 BFH, Urt. v. 10.11.2010 – V R 27/09, BFHE 232 546 = UR 2011, 495; BFH, Urt. v. 27.2.2008 – XI R 55/07, BFH/NV 2008, 1211.

2 Z.B. EuGH, Urt. v. 11.6.2009 – C-572/07, ECLI:EU:C:2009:365 – Tellmer Property, UR 2009, 557.

3 EuGH, Urt. v. 29.6.2017 – C-288/16, ECLI:EU:C:2017:502 – L.Č., UR 2017, 599; *Winter*, MwStR 2017, 745; *Tehler*, EU-UStB 2017, 64.

4 BMF, Schr. v. 6.2.2020 – III C 3-S 7156/19/10002 :001, BStBl. I 2020, 235 = UR 2020, 246.

5 EuGH, Urt. v. 29.6.2017 – C-288/16, ECLI:EU:C:2017:502 – L.Č., UR 2017, 599.

6 Ausführlich *Wäger* in Reiß/Kraeusel/Langer, § 4 Nr. 3 UStG, Rz. 5 f. (Stand: August 2021).

26 Die Steuerbefreiung gemäß § 4 Nr. 3 UStG gilt auch nicht für Leistungen der Nummern 8, 10 und 11 (Kredit-, Bank-, Finanz- und Versicherungsdienstleistungen) (§ 4 Nr. 3 Satz 2 Halbs. 1 UStG). Der Sinn liegt in dem Vorsteuerabzug der uneingeschränkt oder nur unter besonderen Voraussetzungen besteht.

27 Die **Ausnahmen** sind gleichfalls aus verschiedenen Gründen potenziell richtlinienwidrig.[1]

28 Ausgenommen sind auch Be- und Verarbeitungen eines Gegenstands (§ 4 Nr. 3 Satz 2 Halbs. 2 UStG). Sie können aber gemäß § 4 Nr. 1 Buchst. a i.V.m. § 7 UStG steuerbefreit sein.[2]

D. Nachweise (Nr. 3 Sätze 3 und 4)

29 § 4 Nr. 3 Satz 3 UStG macht das Vorliegen der Voraussetzungen der Steuerbefreiung von einem **Nachweis** abhängig.

30 § 4 Nr. 3 Satz 4 UStG ermächtigt das BMF, durch Rechtsverordnung zu bestimmen, wie der Unternehmer den Nachweis zu führen hat. Dies ist mit den §§ 20 und 21 UStDV für § 4 Nr. 3 Buchst. a und b UStG, aber nicht für § 4 Nr. 3 Buchst. b und c UStG erfolgt. Danach sind ein **Beleg- und ein Buchnachweis** zu erbringen, woraus sich die Voraussetzungen eindeutig und leicht nachprüfbar ergeben. Die Vorschriften über den Ausfuhrnachweis in den §§ 9–11 UStDV sind für den belegmäßigen Nachweis entsprechend anzuwenden (§ 20 Abs. 1 Satz 3 UStDV). Auch für den buchmäßigen Nachweis orientiert sich der Verordnungsgeber an den Ausführungen zum buchmäßigen Nachweis bei Ausfuhrlieferungen (§ 21 UStDV i.V.m. Abschn. 4.3.6. UStAE). Unter Beleg- und Buchnachweis versteht der BFH einen Nachweis durch Bücher und Aufzeichnungen i.V.m. Belegen, die beide eine Einheit bilden.[3]

31 Aus der Rechtsprechung des EuGH ergibt sich für den Nachweis ebenso, dass er keine **materiell-rechtliche Qualität** für die Steuerbefreiung hat und der Unternehmer den objektiven Nachweis der Voraussetzungen auch in anderer Weise führen kann. Hier wiederholt sich die zu § 4 Nr. 1 Buchst. a UStG bei Ausfuhrlieferungen und Lohnveredelungen an Gegenständen der Ausfuhr bekannte Problematik zur materiell-rechtlichen Ausgestaltung des Nachweises, insbesondere des Belegnachweises, im deutschen Umsatzsteuerrecht. Gerade wegen der Steuerbefreiung gemäß § 4 Nr. 3 UStG beabsichtigen Dritte, die nicht originär den Belegnachweis erhalten, die Steuerbefreiung in Anspruch nehmen zu wollen.

32 Aufgrund eines rumänischen Vorabentscheidungsersuchens hat der EuGH entschieden, dass die Umsatzsteuerbefreiung für im Zusammenhang mit Ausfuhrlieferungen stehende Beförderungsleistungen sowie von Vermittlern bezüglich dieser Beförderungsleistungen erbrachte Dienstleistungen nicht von der **Vorlage einer Ausfuhranmeldung** bezüglich der betroffenen Gegenstände abhängig gemacht werden kann. Nach Ansicht des EuGH sind auch andere Nachweise für die Erfüllung der Voraussetzung der Ausfuhr, wie ein von einer Zollstelle des Bestimmungsdrittlands mit einem Sichtvermerk versehenes Carnet TIR, zu berücksichtigen.[4]

33 Bei **grenzüberschreitenden Güterbeförderungen** und anderen sonstigen Leistungen, einschließlich Besorgungsleistungen, die sich unmittelbar auf Gegenstände der Ausfuhr oder der Durchfuhr beziehen, hat der leistende Unternehmer im Geltungsbereich der UStDV die Ausfuhr oder Wiederausfuhr der Gegenstände durch Belege eindeutig und leicht nachprüfbar nachzuweisen (§ 20 Abs. 1 und 3 UStDV). Bei grenzüberschreitenden Güterbeförderungen kommen insbesondere die vorgeschriebenen Frachturkunden (z.B. Frachtbrief, Konnossement), der schriftliche Speditionsauftrag, das im Speditionsgewerbe übliche Bordero, ein Doppel des Versandscheins oder im EDV-gestützten Ausfuhrverfah-

1 Ausführlich *Wäger* in Reiß/Kraeusel/Langer, § 4 Nr. 3 UStG, Rz. 5 (Stand: August 2021).
2 Vgl. Abschn. 4.3.5. Abs. 2 UStAE.
3 BFH, Beschl. v. 25.10.1979 – V B 5/79, BStBl. II 1980, 64 = UR 1980, 34 m. Anm. *Weiß*.
4 EuGH, Urt. v. 8.11.2018 – C-495/17, ECLI:EU:C:2018:887 – Cartrans Spedition, UR 2018, 908; zu Grundsätzen der Rechtssicherheit und der Verhältnismäßigkeit Anm. *Kampf*, AW-Prax 2019, 246.

ren (ATLAS-Ausfuhr) die durch die AfZSt per EDIFACT-Nachricht übermittelte Statusmeldung über die Erlaubnis des Ausgangs „STA“ als Nachweisbelege in Betracht. Bei anderen sonstigen Leistungen kommen als Ausfuhrbelege insbesondere Belege mit einer Ausfuhrbestätigung der den Ausgang aus dem Zollgebiet der EU überwachenden Grenzzollstelle, Versendungsbelege oder sonstige handelsübliche Belege in Betracht (so Abschn. 4.3.4. Abs. 4 UStAE).

Die Steuerbefreiung gemäß Art. 146 Abs. 1 Buchst. e MwStSystRL muss richtlinienkonform in das nationale Recht der Mitgliedstaaten umgesetzt sein. Das Festhalten an der Regelung von Nachweisvoraussetzungen in der UStDV („Beleg über die Ausfuhr“) ist im Lichte des EuGH-Urteils bedenklich.[1] Dennoch scheint das deutsche Recht durch den EuGH im Grundsatz bestätigt zu werden. So hat der EuGH bereits in seinem Urteil v. 29.6.2017[2] ausdrücklich bestätigt; dass sich aus dem Wortlaut und dem Zweck von Art. 146 Abs. 1 Buchst. e MwStSystRL, ergibt, dass ein **unmittelbarer Zusammenhang mit der Ausfuhr von Gegenständen** i. S. dieser Befreiung nicht nur voraussetzt, dass die betreffenden Dienstleistungen ihrer Art nach *zur tatsächlichen Durchführung einer Ausfuhr* beitragen, sondern auch, dass diese Dienstleistungen unmittelbar an den Ausführer oder den Empfänger der Gegenstände, auf die sich diese Bestimmung bezieht, erbracht werden. Diese Einschränkung der Steuerbefreiung nach dem Richtlinienrecht, dass nach § 4 Nr. 3 UStG befreite Leistungen nur an den die Ausfuhrlieferung erbringenden Unternehmer oder den Erwerber der Gegenstände erbracht werden können, ist so im deutschen Recht bisher nicht umgesetzt, denn hier können auch nach wie vor z.B. Beförderungsleistungen, die ein Subunternehmer an einen Hauptfrachtführer oder Spediteur erbringt, nach § 4 Nr. 3 UStG steuerfrei sein. 34

Das BMF hat auf das EuGH-Urteil vom 29.6.2017 mit einem Schreiben reagiert und den UStAE geändert.[3] Nach Abschn. 4.3.2. Abs. 4 UStAE kommt die Steuerbefreiung grundsätzlich nur für die Leistung des **Hauptfrachtführers**, nicht aber für die Leistungen des Unterfrachtführers in Betracht, da diese die Beförderungsleistungen nicht unmittelbar an den Versender oder den Empfänger der Gegenstände erbringen, sondern an den Hauptfrachtführer. 35

Der Beleg- oder Buchnachweis muss grundsätzlich bis zu dem Zeitpunkt vorliegen, zu dem der Unternehmer die Voranmeldung für den Voranmeldungszeitraum der Ausfuhrlieferung abzugeben hat.[4] Als Belegnachweis kommen gem. Abschn. 4.3.3 Abs. 4 ff., 4.3.4 Abs. 5 ff. UStAE die in den dort dargestellten Beispielen genannten Belege in Betracht. 36

§ 4 Nr. 4 [Goldlieferungen]

Von den unter § 1 Abs. 1 Nr. 1 fallenden Umsätzen sind steuerfrei:

…

4. die Lieferungen von Gold an Zentralbanken;

…

1 *Maunz*, MwStR 2019, 70.
2 EuGH, Urt. v. 29.6.2017 – C-288/16, ECLI:EU:C:2017:502 – L.Č., UR 2017, 599.
3 BMF, Schr. v. 6.2.2020 – III C 3-S 7156/19/10002 :001, BStBl. I 2020, 235 = UR 2020, 246.
4 BFH, Urt. v. 28.8.2014 – V R 16/14, BStBl. II 2015, 46 = UR 2014, 893.

A. Grundaussagen

I. Regelungsgegenstand und Bedeutung

1 § 4 Nr. 4 UStG befreit die gemäß § 1 Abs. 1 Nr. 1 UStG steuerbaren Lieferungen von **Gold an Zentralbanken**. Zu der Regelung haben währungspolitische Überlegungen geführt.[1]

II. Unionsrechtliche Grundlagen

2 § 4 Nr. 4 UStG setzt Art. 152 MwStSystRL in nationales Recht um. Danach soll sichergestellt werden, dass **Gold** in allen Mitgliedstaaten der EU steuerfrei an die Zentralbanken geliefert werden kann.

III. Verhältnis zu anderen Vorschriften und Rechtsentwicklung

3 Die Steuerbefreiung gemäß § 4 Nr. 4 UStG steht im Zusammenhang mit der Befreiung der Einfuhr von Gold durch die Zentralbanken (§ 5 Abs. 1 Nr. 2 UStG, s. § 5 Rz. 33 ff.) und der Befreiung von Gold beim innergemeinschaftlichen Erwerb (§ 4b Nr. 2 UStG). So ist auch die Steuerbefreiung für inländische Lieferungen von **Gold** – ohne Rücksicht auf die rechtliche Beurteilung der Unternehmereigenschaft der Zentralbanken – sichergestellt.

4 § 25c UStG enthält allgemeine Regeln für die Besteuerung von **Anlagegold** (§ 25c Rz. 1 ff.).

5 Als Verwaltungsanweisung enthält in Abschn. 4.4.1. UStAE Regelungen für die Lieferung von Gold an Zentralbanken.

B. Voraussetzungen (Nr. 4)

I. Gold

6 § 4 Nr. 4 UStG enthält keine Begriffsbestimmung für **Gold** als das begünstigte Edelmetall. Zumindest ist keine gesetzliche Einschränkung für den Begriff geregelt.

7 Vor dem Hintergrund der Regelung und ihrer währungspolitischen Zielsetzung umfasst der Begriff Gold alle Handelsformen des Edelmetalls, sofern das Gold im Rahmen der hoheitlichen Tätigkeit der Zentralbanken, z.B. als Währungsreserve, verwendet wird.

8 Anders verhält es sich bei § 25c Abs. 2 UStG. § 25c Abs. 2 UStG enthält eine Legaldefinition für „Anlagegold" im Sinne des UStG. Anlagegold sind demnach:

1. Gold in Barren- oder Plättchenform mit einem von den Goldmärkten akzeptierten Gewicht und einem Feingehalt von mindestens 995 Tausendstel;
2. Goldmünzen, die einen Feingehalt von mindestens 900 Tausendstel aufweisen, nach dem Jahr 1800 geprägt wurden, in ihrem Ursprungsland gesetzliches Zahlungsmittel sind oder waren und üblicherweise zu einem Preis verkauft werden, der den Offenmarktwert ihres Goldgehalts um nicht mehr als 80 Prozent übersteigt.

8.1 Art. 344 f. MwStSystRL enthält eine Sonderregelung für Anlagegold und eine Definition was in der MwStSystRL als Anlagegold gilt. Wegen der Goldmünzen teilt jeder Mitgliedstaat der Kommission vor dem 1.7. eines jeden Jahres mit, welche Münzen, die in Art. 344 Abs. 1 MwStSystRL genannten Kriterien erfüllen und die Kommission veröffentlicht dann in der Reihe C des Amtsblatts der EU ein entsprechendes Verzeichnis.[2]

---

1 BT-Drucks. 8/1779.

2 Wegen des Verzeichnisses der befreiten Goldmünzen 2022, ABl. EU 2021 Nr. C 446, 14.

II. Zentralbank

Die Deutsche Bundesbank ist **„Zentralbank der Bundesrepublik Deutschland“**.[1] Sie ist eine bundesunmittelbare juristische Person des öffentlichen Rechts und ist kein Unternehmer i.S.d. UStG. Mangels Unternehmereigenschaft kann sie keine steuerbaren Umsätze nach § 1 Abs. 1 Nr. 1 UStG tätigen und ist nicht zum Vorsteuerabzug berechtigt. Aufgrund der Steuerbefreiung kann die Deutsche Bundesbank Währungsgold ohne umsatzsteuerliche Belastung erwerben. 9

Von der Steuerbefreiung gemäß § 4 Nr. 4 UStG sind auch die **Goldlieferungen** an die Europäische Zentralbank, an die Zentralbanken anderer Staaten und an die den Zentralbanken entsprechenden Währungsbehörden anderer Staaten erfasst.[2] 10

Dem an die Zentralbank liefernden Unternehmer steht trotz der Steuerbefreiung der **Vorsteuerabzug** zu (§ 15 Abs. 3 Nr. 1 Buchst. a, s. § 15 Rz. 252 ff. und Abs. 3 Nr. 2 Buchst. a UStG, s. § 15 Rz. 260 ff.). 11

§ 4 Nr. 4a [Umsatzsteuerlager]

Von den unter § 1 Abs. 1 Nr. 1 fallenden Umsätzen sind steuerfrei:

...

4a. die folgenden Umsätze:

a) die Lieferungen der in der Anlage 1 bezeichneten Gegenstände an einen Unternehmer für sein Unternehmen, wenn der Gegenstand der Lieferung im Zusammenhang mit der Lieferung in ein Umsatzsteuerlager eingelagert wird oder sich in einem Umsatzsteuerlager befindet. [2]Mit der Auslagerung eines Gegenstands aus einem Umsatzsteuerlager entfällt die Steuerbefreiung für die der Auslagerung vorangegangene Lieferung, den der Auslagerung vorangegangenen innergemeinschaftlichen Erwerb oder die der Auslagerung vorangegangene Einfuhr; dies gilt nicht, wenn der Gegenstand im Zusammenhang mit der Auslagerung in ein anderes Umsatzsteuerlager im Inland eingelagert wird. [3]Eine Auslagerung ist die endgültige Herausnahme eines Gegenstands aus einem Umsatzsteuerlager. [4]Der endgültigen Herausnahme steht gleich der sonstige Wegfall der Voraussetzungen für die Steuerbefreiung sowie die Erbringung einer nicht nach Buchstabe b begünstigten Leistung an den eingelagerten Gegenständen,

b) die Leistungen, die mit der Lagerung, der Erhaltung, der Verbesserung der Aufmachung und Handelsgüte oder der Vorbereitung des Vertriebs oder Weiterverkaufs der eingelagerten Gegenstände unmittelbar zusammenhängen. [2]Dies gilt nicht, wenn durch die Leistungen die Gegenstände so aufbereitet werden, dass sie zur Lieferung auf der Einzelhandelsstufe geeignet sind.

[2]Die Steuerbefreiung gilt nicht für Leistungen an Unternehmer, die diese zur Ausführung von Umsätzen verwenden, für die die Steuer nach den Durchschnittssätzen des § 24 festgesetzt ist. [3]Die Voraussetzungen der Steuerbefreiung müssen vom Unternehmer eindeutig und leicht nachprüfbar nachgewiesen sein. [4]Umsatzsteuerlager kann jedes Grundstück oder Grundstücksteil im Inland sein, das zur Lagerung der in Anlage 1 genannten Gegenstände dienen soll und von einem Lagerhalter betrieben wird. [5]Es kann mehrere Lagerorte umfassen. [6]Das Umsatzsteuerlager bedarf der Bewilligung des für den Lagerhalter zuständigen Finanzamts. [7]Der Antrag ist schriftlich zu stellen. [8]Die Bewilligung ist zu erteilen, wenn ein wirtschaftliches Bedürfnis für den Betrieb des Umsatzsteuerlagers besteht und der Lagerhalter die Gewähr für dessen ordnungsgemäße Verwaltung bietet;

...

1 § 3 Satz 1 BBankG.
2 Abschn. 4.4.1 Sätze 1 und 2 UStAE.

Schrifttum: S. zu älterer Literatur auch die Vorauflagen.
Henke/Witte, Praxishandbuch Lagerung im Zoll- und Steuerrecht – Verwahrungslager, Zolllager, Verbrauchsteuerlager, Umsatzsteuerlager, 2. Aufl. 2019; *Lux/Scheller/Zaczek*, Lagerverfahren im Zoll-, Mehrwert- und Verbrauchsteuerrecht, RIW 2016, 654.

A. Grundaussagen

I. Regelungsgegenstand und Bedeutung

1 Mit Art. 5 des Steueränderungsgesetzes 2003 v. 15.12.2003[1] sind § 4 Nr. 4a und auch Nr. 4b UStG, d.h. eine **Umsatzsteuerlagerregelung** und eine Steuerbefreiung für die einer Einfuhr vorangehenden Lieferungen, in das UStG eingefügt worden. Die Änderungen sind zum 1.1.2004 in Kraft getreten.

2 Bereits nach einer Neufassung von Art. 16 der 6. EG-Richtlinie waren die Rahmenbedingungen zur Gewährung einer Steuerbefreiung für bestimmte Umsätze im Zusammenhang mit einem von den Mitgliedstaaten selbst zu definierenden **Umsatzsteuerlager** festgesetzt worden. Die Regelung ist seit dem 1.1.2007 mit Art. 156 Abs. 1 Buchst. a–c und Art. 156 Abs. 2 MwStSystRL materiell übernommen worden. Durch die Regelung sollte eine Gleichbehandlung von bestimmten Gemeinschaftswaren (jetzt Unionswaren) mit Drittlandswaren (jetzt Nichtunionswaren) in Zolllagern erreicht werden.

3 Nach dieser Regelung können die Mitgliedstaaten unter bestimmten Voraussetzungen eine Steuerbefreiung für Lieferungen bei nicht verbrauchsteuerpflichtigen Waren in ein von ihnen selbst definiertes Umsatzsteuerlager sowie für in diesen Lagern bewirkte Lieferungen und Dienstleistungen einführen. Der Steueranspruch entsteht mit der Entnahme aus dem entsprechenden **Umsatzsteuerlager**. Steuerschuldner ist derjenige, der die Entnahme veranlasst.

4 Durch die Regelung sollte in Deutschland insbesondere erreicht werden, dass ausländische Unternehmer, die hier nur Umsätze im Zusammenhang mit Gegenständen erbringen, die sich in einem Umsatzsteuerlager befinden, sich nicht in Deutschland für Zwecke der Umsatzsteuer erfassen lassen müssen. Vor der Einführung der Umsatzsteuerlagerregelung sind die Unternehmensverbände vom BMF beteiligt worden. Es wurde eine Regelung erarbeitet, nach der Umsätze im Zusammenhang mit Gegenständen, die in ein Umsatzsteuerlager eingelagert werden bzw. die sich in einem **Zollverfahren** (Nichterhebungsverfahren) befinden, zunächst steuerfrei gestellt werden. Eine Steuerbelastung erfolgt mit der Auslagerung.

5 Durch diese Regelung wird die Wettbewerbsfähigkeit der betroffenen deutschen Unternehmer, insbesondere von Lagerhaltern, erheblich verbessert. Außerdem müssen sich ausländische Unternehmen, die hier derartige Waren liefern, in Deutschland nicht für Umsatzsteuerzwecke erfassen lassen.

6 Mit der grundsätzlichen Einführung einer **Umsatzsteuerlagerregelung** ist auch die neue Anlage 1 zu § 4 Nr. 4a UStG in Kraft getreten. Die Anlage beschreibt die Gegenstände, für die die Umsatzsteuerlagerregelung in Betracht kommt (Warenkatalog). Dabei handelt es sich um Waren aus dem Nahrungsmittel- und Rohstoffbereich. Hierdurch ist der praktische Anwendungsbereich stark eingeschränkt.

1 BGBl. I 2003, 2645.

II. Unionsrechtliche Grundlagen

§ 4 Nr. 4a UStG setzt Art. 155, 157 und 160 MwStSystRL in nationales Recht um. 7

III. Verhältnis zu anderen Vorschriften und Rechtsentwicklung

Wegen der Einführung der Steuerbefreiung für die einer Einfuhr **vorangehenden Lieferungen** von Gegenständen hat das BMF auch eine Verwaltungsvorschrift bekanntgemacht.[1] Daneben sind in Abschn. 4.4a.1. UStAE Regelungen zum Umsatzsteuerlager enthalten. 8

B. Umsatzsteuerlagerregelung (Nr. 4a Satz 1)

I. Befreite Umsätze (Nr. 4a Satz 1 Buchst. a)

Die Steuerbefreiung von Lieferungen in ein oder in einem **Umsatzsteuerlager** gemäß § 4 Nr. 4a Satz 1 Buchst. a Satz 1 UStG gilt für Lieferungen von Unionswaren und auch von Nichtunionswaren, die sich in einem Zollverfahren befinden. 9

Die Steuerbefreiung gilt für: 10

- die Lieferung von Gegenständen, die in ein im Inland belegenes Umsatzsteuerlager eingelagert werden,
- die Lieferung von Gegenständen, die sich im Umsatzsteuerlager befinden (Lagerlieferungen) und
- die Lieferung von Gegenständen, die zu einem Zeitpunkt bewirkt wird, in dem diese Gegenstände vom liefernden Unternehmer oder seinem Abnehmer von einem in ein anderes Umsatzsteuerlager befördert oder versendet werden. Dabei wird unterstellt, dass sich die Gegenstände im Zeitpunkt der Lieferung bereits in dem Umsatzsteuerlager befinden, in das sie befördert oder versendet werden.

Wesentlicher Inhalt der Umsatzsteuerlagerregelung ist eine *Steuerbefreiung* für Umsätze von Gegenständen, mit denen diese in ein Umsatzsteuerlager eingelagert werden (***Einlagerung***), sowie eine Steuerbefreiung der Lieferungen von Gegenständen, bei denen diese körperlich in einem Umsatzsteuerlager verbleiben oder in ein anderes Umsatzsteuerlager im Inland gelangen (Lagerlieferungen) (§ 4 Nr. 4a Satz 1 Buchst. a Satz 1 UStG). Die Befreiung gilt bei der Einlagerung nicht nur für die Lieferung dieser Gegenstände im Inland. Befreit sind auch ein vor der Einlagerung liegender innergemeinschaftlicher Erwerb oder eine Einfuhr. 11

Die Steuerbefreiung gilt nicht für 12

- Lieferungen, bei denen die gelieferten Gegenstände für die Lieferung auf der Einzelhandelsstufe aufgemacht sind. Ein Gegenstand ist für die Lieferung auf der Einzelhandelsstufe insbesondere dann aufgemacht, wenn er sich in einer handelsüblichen Verpackung befindet und/oder ohne weitere Be- oder Verarbeitung an einen Endverbraucher geliefert werden kann;
- Umsätze von in der Anlage 1 zu § 4 Nr. 4a UStG genannten Gegenständen durch und an Land- und Forstwirte, die die Durchschnittssätze des § 24 UStG anwenden (§ 4 Nr. 4a Satz 2 UStG).

Umsatzsteuerlager kann jeder räumlich bestimmte Ort in Deutschland sein, der zur Lagerung von in der Anlage 1 zu § 4 Nr. 4a UStG genannten Gegenständen dienen soll und geeignet ist. Das Lager kann auch aus mehreren Lagerorten bestehen. Umsatzsteuerlager können auch in den Räumen oder an jedem anderen festen Ort in Deutschland, der als Zolllager zugelassen wurde, errichtet werden (§ 4 Nr. 4a Satz 4 UStG). Eine gemeinsame Lagerung von Unionswaren und Nichtunionswaren bedarf der Zulassung. 13

Lagerhalter kann jeder Unternehmer sein, der die in Anlage 1 zu § 4 Nr. 4a UStG genannten Gegenstände in seinem Unternehmen lagern kann und wenn für den Betrieb dieses Lagers ein wirtschaftli- 14

1 BMF, Schr. v. 28.1.2004 – IV D 1-S 7157-1/04, IV D 1-S 7157a-1/04, BStBl. I 2004, 242.

ches Bedürfnis besteht. Außerdem muss der Lagerhalter die Gewähr dafür bieten, dass das Umsatzsteuerlager ordnungsgemäß verwaltet wird; der Lagerhalter muss also zuverlässig sein.

15 Die Einrichtung und der Betrieb eines Umsatzsteuerlagers sind von einer Bewilligung des für den **Umsatzsteuerlagerhalter** zuständigen FA abhängig. Einen entsprechenden Antrag hat der Unternehmer schriftlich zu stellen. Der Lagerhalter soll hierzu insbesondere folgende Angaben machen:

- Ort und Anschrift des Umsatzsteuerlagers sowie der dazugehörigen Lagerstätten,
- Zeitpunkt der beabsichtigten Inbetriebnahme,
- Beschreibung der in Anlage 1 zu § 4 Nr. 4a UStG genannten Gegenstände, die im Umsatzsteuerlager gelagert werden sollen.

16 Wurde für das Lager bereits ein Zolllagerverfahren bewilligt, ist die Nummer der erteilten Bewilligung des Hauptzollamts anzugeben.

17 Außerdem ist das wirtschaftliche Bedürfnis für den Betrieb des Umsatzsteuerlagers darzulegen. Dieses kann regelmäßig angenommen werden, wenn die Gegenstände, die der antragstellende Unternehmer zu lagern beabsichtigt, mehrfach ohne Warenbewegung umgesetzt werden sollen (z.B. an Warenterminbörsen). Die Zuverlässigkeit des Antragstellers ist daran zu überprüfen, ob dieser seinen steuerlichen Verpflichtungen bei der Abgabe von Steuererklärungen und der Zahlung der zu entrichtenden Steuern regelmäßig und rechtzeitig nachkommt.

18 Die **Umsatzsteuerlagerregelung** gilt nur für Umsätze der in der Anlage 1 zu § 4 Nr. 4a UStG genannten Gegenstände, wenn diese nicht für die Lieferung auf der Einzelhandelsstufe aufgemacht sind (Warenkatalog).

19 Die Befreiung von Lieferungen in ein oder in einem Umsatzsteuerlager nach § 4 Nr. 4a Satz 1 Buchst. a Satz 1 UStG gilt sowohl für Lieferungen von Unionswaren als auch von Nichtunionswaren, die sich in einem **Zollverfahren** (Nichterhebungsverfahren) befinden.

20 Nicht befreit sind Umsätze, die als sonstige Leistungen zu qualifizieren sind (z.B. Optionsgeschäfte mit Gegenständen und die Vermittlung derartiger sonstiger Leistungen; diese Leistungen können aber ggf. unter die Steuerbefreiung nach § 4 Nr. 8 Buchst. e UStG fallen, s. § 4 Nr. 8 Rz. 77 ff.).

21 Wird ein Gegenstand aus einem anderen Mitgliedstaat in ein **Umsatzsteuerlager** in Deutschland eingelagert, ist ein vor der Einlagerung liegender innergemeinschaftlicher Erwerb steuerfrei (§ 4b Nr. 2 UStG). Die Befreiung des innergemeinschaftlichen Erwerbs ist unabhängig davon, ob die der Einlagerung vorangehende Lieferung in einer innergemeinschaftlichen Lieferung oder in einem einer innergemeinschaftlichen Lieferung gleichgestellten innergemeinschaftlichen Verbringen zur Verfügung des Einlagerers (§ 3 Abs. 1a UStG, s. § 3a Rz. 32 ff.) besteht.

22 Wird ein sich in einem Umsatzsteuerlager befindlicher Gegenstand ausgelagert, entfällt die Steuerbefreiung für den der Auslagerung vorangegangenen Umsatz (§ 4 Nr. 4a Satz 1 Buchst. a Satz 2 UStG). Eine **Auslagerung** liegt vor, wenn ein in ein Umsatzsteuerlager eingelagerter Gegenstand tatsächlich aus diesem Lager endgültig herausgenommen wird (§ 4 Nr. 4a Satz 1 Buchst. a Satz 3 UStG). Eine Auslagerung liegt nach § 4 Nr. 4a Satz 1 Buchst. a Satz 4 UStG aber auch dann vor, wenn die übrigen Voraussetzungen für die Steuerbefreiung nicht mehr vorliegen (z.B. Widerruf der Bewilligung des Steuerlagers) oder wenn nicht begünstigte Leistungen an dem eingelagerten Gegenstand erbracht werden. Dabei ist es unbeachtlich, ob die Gegenstände das Lager verlassen oder eingelagert bleiben. Die Auslagerung kann durch den letzten Lieferanten in der Reihe oder durch dessen Abnehmer erfolgen. Keine Auslagerung liegt vor, wenn der in einem Umsatzsteuerlager befindliche Gegenstand im Zusammenhang mit der Herausnahme aus diesem Lager in ein anderes Umsatzsteuerlager eingelagert wird. Dieses Umsatzsteuerlager muss sich aber im Inland befinden.

23 **Auslagerer** ist der Unternehmer, der im Zeitpunkt der Auslagerung die Verfügungsmacht über den Gegenstand hat. Der Auslagerer muss die Auslagerung veranlassen. Ein Veranlassen der Auslagerung durch den Auslagerer liegt i.d.R. dann vor, wenn dieser den Gegenstand aus dem Umsatzsteuerlager befördert oder versendet. Die Beförderung oder Versendung muss nicht mit einer Lieferung des Gegenstandes zusammenhängen.

24 Wird der Gegenstand aus dem Steuerlager ausgelagert, ist die der Auslagerung vorangegangene Lieferung, der der Auslagerung vorangegangene innergemeinschaftliche Erwerb oder die der **Auslagerung**

vorangegangene Einfuhr zu besteuern. Dieser Umsatz muss nicht in einem unmittelbaren zeitlichen Zusammenhang mit der Auslagerung stehen.

Steuerschuldner ist grundsätzlich der **Auslagerer**, d.h. derjenige, der den Gegenstand aus dem Steuerlager entnimmt. Ihm obliegen auch die Erklärungs- und Aufzeichnungspflichten für die Auslagerung. Bei der einer Auslagerung vorangehenden Lieferung ist Bemessungsgrundlage grundsätzlich der in der Rechnung ausgewiesene Betrag (Betrag ohne Umsatzsteuer). In den Fällen, in denen der Abnehmer einer Lieferung als Auslagerer nach § 13a Abs. 1 Nr. 6 UStG die Steuer schuldet, hat dieser die Umsatzsteuer von diesem Betrag zu berechnen. Die Bemessungsgrundlage für den Umsatz, für den die Steuerbefreiung wegfällt, erhöht sich um die Kosten für die an den Auslagerer erbrachten steuerfreien Leistungen sowie um die vom Auslagerer geschuldeten oder entrichteten Verbrauchsteuern, soweit diese nicht bereits im Entgelt enthalten sind. Ist der liefernde Unternehmer Auslagerer, kann regelmäßig davon ausgegangen werden, dass die Kosten in der Bemessungsgrundlage enthalten sind, wenn sie ihm oder einem Vorlieferanten in Rechnung gestellt worden sind (§ 10 Abs. 1 Satz 5 UStG, s. § 10 Rz. 88 ff.). 25

Gelangt der Gegenstand beim Verlassen des Steuerlagers in ein Drittland oder in einen anderen Mitgliedstaat, ist die damit verbundene Lieferung entweder als Ausfuhrlieferung oder als innergemeinschaftliche Lieferung steuerfrei (§ 4 Nr. 1, §§ 6, 6a UStG). 26

II. Steuerbefreiung von Leistungen im Zusammenhang mit nach § 4 Nr. 4a UStG befreiten Umsätzen (Nr. 4a Satz 1 Buchst. b)

Bestimmte Leistungen, die mit in einem Umsatzsteuerlager eingelagerten Gegenständen unmittelbar zusammenhängen, sind steuerfrei. Hierzu gehören vor allem die der Lagerung dienenden Leistungen, insbesondere durch den **Lagerhalter**. 27

Die Leistungen dürfen nur der Erhaltung, der Verbesserung der Aufmachung oder der Handelsgüte, der Vorbereitung des Vertriebs oder des Weiterverkaufs der eingelagerten Gegenstände dienen. Weitergehende Be- oder Verarbeitungen der eingelagerten Gegenstände (z.B. **Aufbereitung für die Einzelhandelsstufe**) fallen nicht unter die Befreiung. 28

C. Wegfall und Ausschluss der Steuerbefreiung (Nr. 4a Satz 2)

Wird ein in einem **Umsatzsteuerlager** befindlicher Gegenstand ausgelagert, fällt die Steuerbefreiung für den der Auslagerung vorangegangenen Umsatz weg. 29

Die Steuerbefreiung gilt nicht für Leistungen an Unternehmer, die diese zur Ausführung von Umsätzen verwenden, für die die Steuer nach den Durchschnittssätzen des § 24 UStG festgesetzt ist. 30

D. Nachweis der Voraussetzungen der Steuerbefreiung (Nr. 4a Satz 3)

Der Unternehmer hat die Voraussetzungen für die Steuerbefreiung gemäß § 4 Nr. 4b UStG nachzuweisen. Dieser Nachweis ist eindeutig und leicht nachprüfbar zu führen. Mangels gesetzlicher Regelung kommt jeder geeignete Beleg in Betracht (z.B. Lagerschein des Umsatzsteuerlagerinhabers). 31

E. Umsatzsteuerlager (Nr. 4a Satz 4)

Umsatzsteuerlager kann jeder räumlich bestimmte Ort in Deutschland sein, der zur Lagerung von in der Anlage 1 zu § 4 Nr. 4a UStG genannten Gegenständen dienen soll und geeignet ist. Das Lager kann auch aus mehreren Lagerorten bestehen. Umsatzsteuerlager können auch in den Räumen oder an jedem anderen festen Ort in Deutschland, der als Zolllager zugelassen wurde, errichtet werden (§ 4 Nr. 4a Satz 4 UStG). 32

F. Mehrere Lagerorte (Nr. 4a Satz 5)

33 Das **Umsatzsteuerlager** kann mehrere Lagerorte umfassen.

G. Bewilligungsverfahren (Nr. 4a Satz 6–8)

34 Das **Umsatzsteuerlager** bedarf der Bewilligung des für den Lagerhalter zuständigen FA. Der Antrag ist schriftlich zu stellen.

35 Die **Bewilligung** ist zu erteilen, wenn ein wirtschaftliches Bedürfnis für den Betrieb des Umsatzsteuerlagers besteht und der Lagerhalter die Gewähr für dessen ordnungsgemäße Verwaltung bietet.

§ 4 Nr. 4b [Einer Einfuhr vorangehende Lieferung]

Von den unter § 1 Abs. 1 Nr. 1 fallenden Umsätzen sind steuerfrei:

…

4b. die einer Einfuhr vorangehende Lieferung von Gegenständen, wenn der Abnehmer oder dessen Beauftragter den Gegenstand der Lieferung einführt. [2]Dies gilt entsprechend für Lieferungen, die den in Satz 1 genannten Lieferungen vorausgegangen sind. [3]Die Voraussetzungen der Steuerbefreiung müssen vom Unternehmer eindeutig und leicht nachprüfbar nachgewiesen sein;

…

Schrifttum: S. zu älterer Literatur auch die Vorauflagen.

Hiller, Steuerfreiheit der einer Einfuhr vorangehenden Lieferung, UR 2015, 45; *Hoss/Klein*, Warenlieferungen über ein Konsignationslager, UR 2019, 615; *Lux/Scheller/Zaczek*, Lagerverfahren im Zoll-, Mehrwertsteuer- und Verbrauchsteuerrecht, RIW 2016, 654; *Möller*, Umsatzsteuer bei Umsätzen im Zolllagerverfahren, AW-Prax 2013, 124.

A. Grundaussagen

I. Regelungsgegenstand und Bedeutung

1 § 4 Nr. 4b UStG befreit die einer Einfuhr vorangehende Lieferung (**Einfuhrlieferung**) und Lieferungen, die der Einfuhrlieferung vorangehen. Es handelt sich in diesen Fällen um die Lieferung eines Gegenstands, der zum Zeitpunkt der Lieferung noch nicht den Einfuhrtatbestand erfüllt hat.

2 Eine Lieferung kann grundsätzlich nur steuerfrei sein, wenn ihr Ort im Inland liegt. Einfuhr ist umsatzsteuerrechtlich nicht das körperliche Verbringen in das Inland aus Drittlandsgebieten, sondern die Überführung in den einfuhrumsatzsteuerrechtlich freien Verkehr. Als Folge daraus können bis zu der Überführung in den einfuhrumsatzsteuerrechtlich freien Verkehr im Inland an einem Einfuhrgegenstand steuerbare Lieferungen durchgeführt werden.

3 Die Steuerbefreiung dient der **Vereinfachung** des Besteuerungsverfahrens.

II. Unionsrechtliche Grundlagen

§ 4 Nr. 4b UStG setzt Art. 156 Abs. 1 Buchst. a und c und Art. 158 MwStSystRL in das nationale Recht um. 4

III. Verhältnis zu anderen Vorschriften und Rechtsentwicklung

Zollrechtlich gibt es die Möglichkeit, Waren im Zollverfahren der **Lagerung** Nichtunionswaren zu lagern (Art. 237 bis 242 UZK). Die gemeinsame Lagerung von Nichtunionswaren und Unionswaren bedarf der Bewilligung durch das zuständige Hauptzollamt (Art. 211 UZK). 5

Wegen der Einführung der Steuerbefreiung für die einer Einfuhr **vorangehenden Lieferungen** von Gegenständen hat das BMF auch eine Verwaltungsvorschrift bekanntgemacht.[1] Daneben enthält Abschn. 4.4b.1. UStAE Regelungen für die Steuerbefreiung der einer Einfuhr vorangehenden Lieferungen von Gegenständen. 6

Die Steuerbefreiungen gemäß § 4 Nr. 4a und § 4 Nr. 4b UStG stehen gleichwertig nebeneinander. Insoweit hat der Unternehmer ein Wahlrecht.[2] 7

Die Steuerbefreiung ist davon unabhängig, ob die nachfolgende Einfuhr steuerpflichtig oder gemäß § 5 UStG steuerfrei ist. Die nachfolgende Einfuhr, d.h. Anmeldung zur Überführung in den freien Verkehr, wird von dem Abnehmer der Lieferung, einem nachfolgenden Abnehmer bzw. einem Beauftragten vorgenommen.[3] 8

B. Lieferung von Gegenständen (Nr. 4b Satz 1)

Gemäß § 4 Nr. 4b Satz 1 UStG ist die einer Einfuhr vorangehende Lieferung (**Einfuhrlieferung**) von der Umsatzsteuer befreit, wenn der Abnehmer oder dessen Beauftragter den Gegenstand einführt. Die Steuerbefreiung gilt für Lieferungen von Nichtunionswaren, die sich in einem Zollverfahren nach Art. 5 Nr. 16 i.V.m. Art. 210 UZK befinden. Zollverfahren sind der Versand, die Lagerung, die aktive Veredelung und die vorübergehende Verwendung. Es sind nur Lieferungen und nicht sonstige Leistungen von der Umsatzsteuer befreit. 9

Insbesondere die **Lagerung** hat eine große praktische Bedeutung. Die zoll- und umsatzsteuerrechtliche Behandlung der Lagerlieferungen ist nicht unproblematisch. Schwierig ist die umsatzsteuerrechtliche Behandlung von Sachverhalten, die z.B. bei Weiterlieferung in einen anderen Mitgliedstaat wegen der Optionen in der MwStSystRL keine spiegelbildliche Behandlung erfahren. Weitergehende Be- oder Verarbeitungen der in das Umsatzsteuerlager eingelagerten Gegenstände fallen nicht unter die Steuerbefreiung. Erfolgt eine Be- oder Verarbeitung entgegen der Umsatzsteuerlagerbewilligung gilt der eingelagerte Gegenstand als ausgelagert und es entfällt die Steuerbefreiung für den der Auslagerung vorangegangenen Umsatz (§ 4 Nr. 4a Satz 1 Buchst. a Satz 2 UStG). 10

Das Verhältnis von Zoll- und Umsatzsteuerrecht kann zu unerwarteten Ergebnissen führen. Der Verkauf von Gegenständen, die sich einfuhrabgabenfrei in einem Zollverfahren (z.B. Zolllagerverfahren) befinden, kann dennoch der Umsatzsteuer unterliegen. So urteilte der EuGH in der Rechtssache *Profitube*, dass Zolllager zum umsatzsteuerlichen Inland gehören und die Verkäufe von Waren in einem Zolllager der Umsatzsteuer unterliegen.[4] 11

---

1 BMF, Schr. v. 28.1.2004 – IV D 1-S 7157-1/04, BStBl. I 2004, 242.

2 Ebenso *Harksen* in Henke/Witte, G 146, 332.

3 Abschn. 4.4b.1. UStAE.

4 Bei Waren aus einem Drittland in einem Zolllagerverfahren eines Mitgliedstaats, die dann im aktiven Veredelungsverkehr verarbeitet, anschließend verkauft und erneut in das Zolllagerverfahren übergeführt worden sind und während des gesamten Vorgangs in demselben im Hoheitsgebiet dieses belegenen öffentlichen Zolllager verblieben sind, unterliegt der Verkauf der Mehrwertsteuer: EuGH, Urt. v. 8.11.2012 – C-165/11, ECLI:EU:C:2012:692 – Profitube, UR 2013, 68.

12 Die Ansicht des EuGH vertraten die deutsche FinVerw. und das Schrifttum bereits vor diesem Urteil. In dem Urteils-Sachverhalt in der Slowakei sind Waren aus einem Drittland in einem Mitgliedstaat in das Zolllagerverfahren übergeführt worden, sodann im aktiven Veredelungsverkehr nach dem Nichterhebungsverfahren verarbeitet, anschließend verkauft und erneut in das Zolllagerverfahren überführt worden und während der gesamten Vorgänge in demselben im Hoheitsgebiet dieses Mitgliedsstaats belegenen öffentlichen Zolllager verblieben. Der EuGH entschied, dass der Verkauf solcher Waren der Mehrwertsteuer unterliegt, es sei denn, der Mitgliedstaat hat von der ihm durch die Richtlinie eingeräumten Möglichkeit Gebrauch gemacht, diesen Verkauf nicht der Steuer zu unterwerfen.[1]

13 Deutschland hat von dem Wahlrecht gemäß Art. 154–161 MwStSystRL Gebrauch gemacht, indem einer Einfuhr vorangehende Lieferungen von Gegenständen gemäß § 4 Nr. 4b UStG als steuerfrei behandelt werden. Die Thematik wird vom BMF ausführlich in einem Schreiben behandelt.[2]

14 Wird eine Nichtunionsware, die sich zollrechtlich in einem besonderen Zollverfahren (Art. 210 UZK) befindet, im Zusammenhang mit einer Lieferung aus dem Inland in das **Drittlandsgebiet** ausgeführt, ist diese Lieferung nicht nach § 4 Nr. 4b UStG steuerfrei. Diese Lieferung kann aber unter den Voraussetzungen des § 6 UStG steuerfrei sind.

14.1 Wird eine Nichtunionsware, die sich zollrechtlich in einem besonderen Zollverfahren befindet, im Zusammenhang mit einer Lieferung aus dem Inland in das **übrige Gemeinschaftsgebiet** befördert oder versendet, ist diese Lieferung nicht nach § 4 Nr. 4b UStG, sondern unter den Voraussetzungen des § 4 Nr. 1 Buchst. b i.V.m. § 6a UStG als innergemeinschaftliche Lieferung steuerfrei.

14.2 Sind die Voraussetzungen für die Steuerbefreiung der Ausfuhrlieferung oder der innergemeinschaftlichen Lieferung nicht erfüllt, entsteht die Steuer auch in den Fällen, in denen später eine Überführung in den zoll- und umsatzsteuerrechtlich freien Verkehr erfolgt.

15 Die umsatzsteuerliche Belastung wird für die Einfuhrgegenstände dadurch sichergestellt, dass diese mit Einfuhrumsatzsteuer in den zoll- und umsatzsteuerrechtlich **freien Verkehr** übergeführt werden.

15.1 Fraglich ist, ob jegliche Mehrwertsteuer auf die Einfuhr zur Steuerbefreiung im Inland führt. Anders gefragt, ob auch die zoll- und umsatzsteuerrechtliche Überführung der Lieferung in einem anderen Mitgliedstaat der EU, die Steuerbefreiung der Einfuhrlieferung in Deutschland bewirkt. § 4 Nr. 4b UStG macht die Steuerbefreiung nicht von dem Ort des Abnehmers oder seiner Berechtigung zum Vorsteuerabzug abhängig. § 4 Nr. 4b UStG verlangt nur, dass der Gegenstand der Lieferung „eingeführt" wird. Der Ort der Einfuhr in Deutschland oder die Entstehung deutscher Einfuhrumsatzsteuer ist nicht als Voraussetzung für die Steuerbefreiung geregelt.

15.2 Gemäß § 4 Nr. 4b Satz 3 UStG muss der Unternehmer die Voraussetzungen der Steuerbefreiung eindeutig und leicht nachprüfbar nachweisen können.

16 Als Voraussetzung wird an die Eigenschaft als **Abnehmer** bzw. als Beauftragter des Abnehmers angeknüpft. Weitere Eigenschaften (z.B. die Ansässigkeit, umsatzsteuerrechtliche Unternehmereigenschaft oder Vorsteuerabzugsberechtigung) sind nicht erforderlich.

17 Wird die Nichtunionsware, die sich zollrechtlich in einem **Zollverfahren** befindet, im Zusammenhang mit einer Lieferung in das Drittland ausgeführt oder in das übrige Gemeinschaftsgebiet befördert oder versendet, können diese Lieferungen gegebenenfalls gemäß § 6 UStG oder gemäß§ 4 Nr. 4b i.V.m. § 6a UStG steuerfrei sein.

17.1 Der **deutsche Gesetzgeber** hat hier in seiner Regelung die Termini **Einfuhr und Lieferung** verwendet, die umsatzsteuerrechtlich offensichtlich belegt erscheinen. Da der räumliche Anwendungsbereich des deutschen UStG beschränkt ist, stellen unionsrechtliche Entwicklungen neue Fragen. Wenn z.B. in einem Zollverfahren befindliche Nicht-Unionswaren in einem anderen Mitgliedstaat in den mehrwertsteuerrechtlich freien Verkehr gelangen würden (mehrwertsteuerrechtliche Einfuhr), würde dann der im Anwendungsbereich des UStG liegende steuerbare Umsatz der Einfuhr gemäß § 1 Abs. 1 Nr. 4 UStG nicht vorliegen. Denkbar wäre auch die zuvor erfolgende Einfuhr wegen eines zur Zollschuld führenden Verstoßes. Einmal mehr muss dann die nationale Regelung im UStG im Lichte des Unions-

---

1 *Möller*, AW-Prax 2013, 124.

2 BMF, Schr. v. 28.1.2004 – IV D 1-S 7157-1/04, BStBl. I 2004, 242.

rechts und der europäischen Rechtsprechung gesehen werden. Umso mehr muss der umsatzsteuerrechtliche Begriff der Einfuhr eindeutig sein.

C. Vorlieferungen (Nr. 4b Satz 2)

Die Steuerbefreiung erstreckt sich auch auf die Lieferungen, die der Einfuhrlieferung vorangingen (**Vorlieferungen**). Dies aber nur für den Fall, dass der Abnehmer oder dessen Beauftragter den Gegenstand der Lieferung einführt, d.h. diese Anmelder und in Folge dessen Schuldner werden. In einem Einfuhrreihengeschäft muss es sich zudem um den letzten Abnehmer handeln. 18

D. Nachweis der Voraussetzungen (Nr. 4b Satz 3)

Der Unternehmer hat die Voraussetzungen für die Steuerbefreiung gemäß § 4 Nr. 4b UStG nachzuweisen. Dieser **Nachweis** ist eindeutig und leicht nachprüfbar zu führen. 19

Der liefernde Unternehmer muss im Besitz eines Belegs sein, aus dem die Eigenschaft als Nichtunionsware in einem **Zollverfahren** hervorgeht. 20

Meldet der **Abnehmer** die Nichtunionsware zur Überführung in den zoll- und umsatzsteuerrechtlich freien Verkehr an, kann er dem liefernden Unternehmer eine entsprechende Bescheinigung ausstellen. 21

§ 4 Nr. 4c [Fiktive Lieferung an Betreiber einer elektronischen Schnittstelle]

Von den unter § 1 Abs. 1 Nr. 1 fallenden Umsätzen sind steuerfrei:

…

4c. die Lieferung von Gegenständen an einen Unternehmer für sein Unternehmen, die dieser nach § 3 Absatz 3a Satz 1 im Gemeinschaftsgebiet weiterliefert;

…

Schrifttum: *Neugebauer*, Digitalisierung – Old economy im neuen Outfit?, UR 2020, 104; *Luther/Dachauer/Zawodsky*, Wer schuldet die Umsatzsteuer bei Internetplattformen, DStR 2021, 517; *Prätzler*, Umsatzsteuer im grenzüberschreitenden Versandhandel ab 1.1.2021, StuB 2020, 143; *Widmann*, Jahressteuergesetz 2020: Die umsatzsteuerlichen Änderungen, MwStR 2021, 6; *Sterzinger*, Änderungen des UStG, der UStDV und der EUStBV durch das sog. Jahressteuergesetz 2020, UR 2020, 941.

A. Grundaussagen

I. Regelungsgegenstand und Bedeutung

§ 4 Nr. 4c UStG regelt die Steuerbefreiung derjenigen Umsätze, denen die **fiktive Lieferung** an einen im **Drittlandsgebiet ansässigen Betreiber einer elektronischen Schnittstelle** (§ 3 Abs. 3a Satz 1 UStG) zugrunde liegt. Die Bezugnahme auf § 3 Abs. 3a Satz 1 UStG verdeutlicht, dass sich die **Steuerbefreiung** auf die **fiktive Lieferung** (Online-Händler an Schnittstellenbetreiber) bezieht. 1

2 Die Norm knüpft an die weiteren Neuerungen durch das **Digitalpaket II**[1] an und ging ebenfalls mit diesem einher. Das Digitalpaket II umfasste insbesondere die **Neuregelung des § 3c UStG** (§ 3c Rz. 2) über den Ort der Lieferung bei einem Fernverkauf, die **Reihengeschäftsfiktionen für Lieferungen unter Beteiligung elektronischer Schnittstellen** mit Drittlandsbezug (§ 3 Rz. 168 ff.) und die Regelungen über das **One-Stop-Shop-Verfahren** (OSS-Verfahrens) in den Konstellationen des Nicht-EU-Verfahrens (§ 18i Rz. 1 ff.), des EU-Verfahrens (§ 18j Rz. 1 ff.) und des sog. **Import-OSS-Verfahrens** (§ 18k Rz. 1 ff.).

3 Die Befreiung hat einen **relativ engen Anwendungsbereich**, da es sich bei der fingierten Lieferung an den Schnittstellenbetreiber aufgrund der Zuordnung der bewegten Lieferung nach § 3 Abs. 6b UStG (§ 3 Rz. 367 ff.) um die ruhende Lieferung eines Reihengeschäfts handelt. Der Ort der fiktiven Lieferung – als diejenige Lieferung, die der Beförderungs- oder Versendungslieferung vorangeht – liegt dort, wo die Beförderung oder Versendung des Gegenstands beginnt (§ 3 Abs. 6b i.V.m. § 3 Abs. 7 Satz 2 Nr. 1 UStG). Umsatzsteuerbar und nach § 4 Nr. 4c UStG befreiungsfähig sind daher **nur** solche **Lieferungen**, bei denen die **Warenbewegung im Inland beginnt.**

4 § 4 Nr. 4c UStG bewirkt mit der Steuerbefreiung der fiktiven Lieferung an den Schnittstellenbetreiber eine **Vereinfachung** und vermeidet Umsatzsteuerausfälle. So muss sich der Unternehmer, der im Drittland ansässig ist und eine Lieferung innerhalb des Gemeinschaftsgebiets an einen Nichtunternehmer ausführt, nicht wegen der fiktiven Lieferung an den Schnittstellenbetreiber im Inland steuerlich registrieren lassen.[2] Es wird damit vermieden, dass Online-Händler gegenüber den Schnittstellenbetreibern Rechnungen mit Umsatzsteuerausweis ausstellen, die vom Schnittstellenbetreiber als Vorsteuer abgezogen werden können und mit der Umsatzsteuerzahlung ggf. ausfallen.

II. Unionsrechtliche Grundlagen

5 § 4 Nr. 4c UStG dient der Umsetzung des Art. 136a MwStSystRL. Artikel 136a wurde der MwStSystRL mit Art. 1 Nr. 3 der Richtlinie (EU) 2019/1995 des Rates vom 21.11.2019[3] in Bezug auf Vorschriften für Fernverkäufe von Gegenständen und bestimmte inländische Lieferungen von Gegenständen hinzugefügt.[4]

6 Die Richtlinie allerdings stellt im Unterschied zur nationalen Umsetzung in § 4 Nr. 4c UStG lediglich darauf ab, ob die Lieferkettenfiktion nach Art. 14a Abs. 2 MwStSystRL einschlägig ist. Die deutsche Regelung geht daher insoweit über die unionsrechtliche Vorgabe hinaus, als dass sie eine Lieferung an einen Unternehmer für dessen Unternehmen voraussetzt. Ob dies wiederum eine unionsrechtskonforme Voraussetzung für die Lieferkettenfiktion ist, erscheint fraglich (§ 3 Rz. 174 und 184).

7 Die praktische Relevanz dieser Überschreitung der Richtlinienvorgaben dürfte für die Zwecke der Befreiung nach § 4 Nr. 4c UStG jedoch gering sein. Da § 4 Nr. 4c UStG die Weiterlieferung des Schnittstellenbetreibers im Rahmen von § 3 Abs. 3a Satz 1 UStG voraussetzt, dürften Lieferungen, die gerade Teil dieser fingierten Lieferkette sind, spätestens mit dem sich aus der Lieferkettenfiktion für den Schnittstellenbetreiber ergebenden unternehmerischen Bereich des Schnittstellenbetreibers zusammenhängen.

8 Die Voraussetzungen der Lieferung an einen Unternehmer für sein Unternehmen in Bezug auf die von § 4 Nr. 4c UStG abgedeckten Lieferungen an Schnittstellenbetreiber dürften so besehen, stets zu bejahen sein. Eine andere – hiervon zunächst unabhängige – Frage ist, ob der Betreiber einer Schnittstelle bereits die Voraussetzungen eines Unternehmers erfüllen muss, um überhaupt unter die Lieferkettenfiktion nach § 3 Abs. 3a UStG zu fallen (§ 3 Rz. 168 ff.). Lehnte man dies ab und greift die Lieferkettenfiktion – z.B. in Fällen, in denen die Schnittstelle rein unentgeltlich betrieben wird – nicht ein, so würde die Befreiung nach § 4 Nr. 4c UStG bereits an der Voraussetzung einer Weiterlieferung nach § 3 Abs. 3a UStG scheitern.

1 Gesetz v. 21.12.2020, BGBl. I 2020, 3096.
2 *Nieskens* in Rau/Dürrwächter, § 4 Nr. 4c UStG Rz. 7 (Stand: Oktober 2021); *Widmann*, MwStR 2021, 6 (12).
3 ABl. EU 2019 Nr. L 310, 1.
4 Gesetzentwurf der Bundesregierung zum JStG 2020 v. 25.9.2020, BT-Drucks. 19/22850, 135.

III. Verhältnis zu anderen Vorschriften und Rechtsentwicklung

Systematisch setzt die Steuerbefreiungsvorschrift Lieferungen innerhalb des Gemeinschaftsgebietes voraus, die von einem im Drittland ansässigen Unternehmer durch Nutzung einer elektronischen Schnittstelle an einen Nichtunternehmer erbracht werden. Insofern bezieht sich die Norm nicht nur auf die Reihengeschäftsfiktion des § 3 Abs. 3a Satz 1 UStG, sondern auch auf **die Legaldefinition der elektronischen Schnittstelle gemäß § 3 Abs. 3a Satz 3 UStG.** 9

§ 4 Nr. 4c UStG steht ferner auch im Zusammenhang mit der ebenfalls durch das Digitalpaket II eingeführten Einfuhrumsatzsteuerbefreiung nach § 5 Abs. 1 Nr. 7 UStG für Waren bis zu einem Sachwert von 150 Euro, wenn das Besteuerungsverfahren nach § 18k UStG genutzt wird (§ 5 Rz. 71 ff.). 10

B. Fiktive Lieferung an Betreiber einer elektronischen Schnittstelle

§ 4 Nr. 4c UStG regelt, dass Umsätze aus Lieferungen von Gegenständen an einen Unternehmer für sein Unternehmen, die dieser nach § 3 Abs. 3a Satz 1 UStG **im Gemeinschaftsgebiet weiterliefert**, von der Umsatzsteuer befreit sind. Nicht erfasst sind damit Fälle, in denen der Schnittstellenbetreiber die Ware ausführt. 11

Der Anwendungsbereich beschränkt sich auf die erste Lieferung im Rahmen der Lieferkettenfiktion des § 3 Abs. 3a **Satz 1** UStG. Diese bewirkt, dass ein **Unternehmer**, der mit Hilfe seiner elektronischen Schnittstelle die Lieferung eines Gegenstands, dessen Beförderung oder Versendung im Gemeinschaftsgebiet beginnt und endet, durch einen nicht im Gemeinschaftsgebiet ansässigen Unternehmer an einen Empfänger nach § 3a Abs. 5 Satz 1 UStG unterstützt, behandelt wird, als ob er den Gegenstand für sein Unternehmen **selbst erhalten und geliefert habe** (§ 3 Rz. 232 ff.). Dementsprechend sorgt § 4 Nr. 4c UStG dafür, dass die durch § 3 Abs. 3a Satz 1 UStG **ruhende Lieferung des fingierten Reihengeschäfts steuerfrei** gestellt wird.[1] 12

Die durch eine elektronische Lieferung unterstützte Lieferung muss im Gemeinschaftsgebiet beginnen und auch enden. Betroffen sind insbesondere Lieferungen, die von einem inländischen Warenlager aus geliefert werden. **Direktlieferungen aus dem Ausland** fallen **nicht in den Anwendungsbereich** des § 4 Nr. 4c UStG, da sich bereits der Ort dieser Lieferung nicht im Inland befindet (§ 3 Abs. 6b i.V.m. § 3 Abs. 7 Satz 2 Nr. 1 UStG). 13

§ 4 Nr. 5 [Vermittlungsleistungen]

Von den unter § 1 Abs. 1 Nr. 1 fallenden Umsätzen sind steuerfrei:

…

5. die Vermittlung

a) der unter die Nummer 1 Buchstabe a, Nummern 2 bis 4b und Nummern 6 und 7 fallenden Umsätze,

b) der grenzüberschreitenden Beförderungen von Personen mit Luftfahrzeugen oder Seeschiffen,

c) der Umsätze, die ausschließlich im Drittlandsgebiet bewirkt werden,

d) der Lieferungen, die nach § 3 Abs. 8 als im Inland ausgeführt zu behandeln sind.

[2]Nicht befreit ist die Vermittlung von Umsätzen durch Reisebüros für Reisende. [3]Die Voraussetzungen der Steuerbefreiung müssen vom Unternehmer nachgewiesen sein. [4]Das Bundesministerium der Finanzen kann mit Zustimmung des Bundesrates durch Rechtsverordnung bestimmen, wie der Unternehmer den Nachweis zu führen hat;

…

1 Abschn. 4.4c.1 Satz 2 UStAE.

Schrifttum: *Behrens/Grabbe*, Anmerkung zum EuGH-Urteil C-124/07, BB 2008, 1152; *Forster/Striegl*, Vermittlung von Reiseleistungen – Beeinflusst die EU-Pauschalreiserichtlinie die umsatzsteuerliche Würdigung?, MwStR 2021, 606; *Philipowski*, Anmerkung zum EuGH-Urteil vom 21.6.2007, C-453/05, UR 2007, 621; *Reiß*, Vermittlungsleistungen in der Umsatzsteuer, UR 2005, 593; *Schick/Franz*, Die Umsatzsteuerbefreiung von Vermittlungsleistungen nach dem „Ludwig"-Urteil des EuGH, BB 2008, 1483; *Wäger*, Anmerkung zum EuGH-Urteil vom 13.12.2001, C-235/00, UR 2002, 88; *Wäger*, Anmerkung zum EuGH-Urteil vom 3.4.2008, C-124/07, UR 2008, 389; *Wäger*, Versicherungs- und Finanzdienstleistungen, UR 2008, 102.

A. Grundaussagen

I. Regelungsgegenstand und Bedeutung

1 Die Regelung beinhaltet eine Steuerbefreiung für bestimmte **Vermittlungsleistungen**. Die Steuerbefreiung umfasst Leistungen, deren Gemeinsamkeit in der Vermittlung einer ihrerseits nicht steuerbaren oder echt steuerbefreiten Leistung besteht. Ebenso wie die vermittelte Leistung in diesen Fällen vollständig nicht mit Umsatzsteuer belastet sein soll, soll dies nach § 4 Nr. 5 UStG auch für die Vermittlung als eigenständige Leistung gelten.[1] Demgemäß ist die Vermittlungsleistung **echt steuerbefreit**, d.h. der Vorsteuerabzug bleibt erhalten, § 15 Abs. 3 Nr. 1 Buchst. a UStG (§ 15 Rz. 249 ff.). Durch die Gewährung einer echten Steuerbefreiung soll die Notwendigkeit der Durchführung eines Vorsteuervergütungsverfahrens vermieden werden.[2]

II. Unionsrechtliche Grundlagen

2 Die Vorschrift findet ihre Grundlage in Art. 153 MwStSystRL, vorgehend Art. 15 Nr. 14, Art. 28 Abs. 3 Buchst. a, Anhang E Nr. 15, Anhang F Nr. 17 der 6. EG-Richtlinie. Hiernach befreien die Mitgliedstaaten Vermittlungsleistungen betreffend die nach Art. 146–152 MwStSystRL steuerbefreiten Umsätze sowie solche, die sich auf Leistungen außerhalb des Gemeinschaftsgebietes beziehen. Dabei erweisen sich die nationalen Regelungen **nur teilweise als unionsrechtskonform**.[3] Schwierigkeiten ergeben sich dadurch, dass die in Bezug genommenen Vorschriften teilweise auf Vorschriften der MwStSystRL beruhen, für die eine Steuerfreiheit der Vermittlungsleistung nach Art. 153 MwStSystRL nicht eintreten soll. Eine Unionsrechtskonformität der in Bezug genommenen Steuerbefreiung hat daher nicht gleichsam die Übereinstimmung der Steuerbefreiung für betreffende Vermittlungsleistungen zur Folge. Im Einzelnen[4] ist folgendes festzustellen:

- § 4 Nr. 5 Buchst. a i.V.m. § 4 Nr. 1 Buchst. a UStG beruht auf Art. 153, 146, 147 MwStSystRL.
- § 4 Nr. 5 Buchst. a i.V.m. § 4 Nr. 2 UStG beruht auf Art. 153, 148 MwStSystRL.
- § 4 Nr. 5 Buchst. a i.V.m. § 4 Nr. 3 UStG kann teilweise auf Art. 153, 146 Abs. 1 Buchst. e, Art. 149 MwStSystRL zurückgeführt werden. Soweit § 4 Nr. 3 UStG allerdings auf Art. 142, 144 MwStSystRL

1 BT-Drucks. 8/1779, 32; BFH, Urt. v. 25.6.1998 – V R 57/97, BStBl. II 1999, 102 = UR 1999, 107.
2 BT-Drucks. 8/1779, 32.
3 *Oelmeier* in Sölch/Ringleb, § 4 Nr. 5 UStG Rz. 3 (Stand: Oktober 2022); *Sterzinger* in Birkenfeld/Wäger, Umsatzsteuer-Handbuch, § 4 Nr. 5 UStG Rz. 17 (Stand: Juni 2023). **A.A.** *Waza* in Offerhaus/Söhn/Lange, § 4 Nr. 5 UStG Rz. 12 (Stand: Oktober 2019).
4 Siehe auch jeweils die Einordnung bei *Wenzel* in Rau/Dürrwächter, § 4 Nr. 5 UStG (Stand: Januar 2009).

beruht bzw. hinter Art. 146 Abs. 1 Buchst. e MwStSystRL zurückbleibt, erweist sich auch die nationale Steuerbefreiung für Vermittlungsleistungen als teils überschießend und teils hinter dem Unionsrecht zurückbleibend.

- § 4 Nr. 5 Buchst. a i.V.m. § 4 Nr. 4 UStG setzt Art. 153, 152 MwStSystRL um.
- § 4 Nr. 5 Buchst. a i.V.m. § 4 Nr. 4a und Nr. 4b UStG sind unionsrechtswidrig.[1] Zwar könnte es sich um eine mit einer Lieferung zusammenhängende, weil diese vermittelnde, Leistung i.S.d. Art. 159 MwStSystRL handeln, allerdings unterscheidet der Unionsgesetzgeber zwischen zusammenhängenden Leistungen und solchen eines Vermittlers, wie sich insbesondere aus der englischen Sprachfassung ergibt.
- § 4 Nr. 5 Buchst. a i.V.m. § 4 Nr. 6 UStG beruht in weiten Teilen auf keiner Grundlage des Unionsrechtes.[2] § 4 Nr. 6 UStG lässt sich nicht auf eine der Steuerbefreiungen nach Art. 146–152 MwStSystRL zurückführen (§ 4 Nr. 6 Rz. 2) und betrifft auch nicht außerhalb des Gemeinschaftsgebietes erbrachte Leistungen. Dies gilt teilweise auch für § 4 Nr. 6 Buchst. d UStG, der Beförderungen zur nicht zum Gemeinschaftsgebiet zählenden Insel Helgoland betrifft. Soweit unter Anwendung des Streckenprinzips (§ 3b Rz. 11 ff.) die Beförderungsleistung aber nicht auf das Gemeinschaftsgebiet entfällt, ist hierin eine außerhalb der Gemeinschaft liegende Leistung i.S.d. Art. 153 MwStSystRL zu sehen. Ebenso wie die Beförderungsleistung ist in diesen Fällen die Vermittlungsleistung aufzuteilen. Denn nur so wird das Ziel erreicht, diese Leistungen vollständig, d.h. auch betreffend Vermittlungsleistungen, von einer Mehrwertsteuerbelastung freizustellen. Auch im Falle einer Vermittlungsleistung an einen Leistungsempfänger, der kein Steuerpflichtiger ist, der als solcher handelt, wäre durch § 3a Abs. 3 Nr. 4, § 3b Abs. 1 Satz 2 UStG bzw. Art. 46, 48 MwStSystRL eine solche Aufteilung veranlasst.
- § 4 Nr. 5 Buchst. a i.V.m. § 4 Nr. 7 UStG beruht auf Art. 153, 151 MwStSystRL (§ 4 Nr. 7 Rz. 4 ff.).
- § 4 Nr. 5 Buchst. b UStG setzt nur teilweise Art. 153 MwStSystRL um. Soweit die vermittelte Personenbeförderung nach dem Streckenprinzip (§ 3b Rz. 11 ff.) nicht im Gemeinschaftsgebiet erbracht wird, ist auch die (anteilige) Befreiung der Vermittlungsleistung unionsrechtskonform.[3] Hierfür spricht das Ziel des Art. 153 Halbs. 2 MwStSystRL, eine nicht im Gemeinschaftsgebiet erbrachte Leistung auch nicht mittelbar durch die Vermittlungsleistung umsatzsteuerlich zu belasten. Auf die Regelung des Art. 371, Anhang X Teil B Nr. 10 MwStSystRL kommt es daher nicht an.[4] Im Übrigen fehlt es an einer Grundlage in der MwStSystRL.
- § 4 Nr. 5 Buchst. c UStG übernimmt die Regelung des Art. 153 MwStSystRL jenseits des Sonderfalls der Aufteilung einheitlicher Leistungen, wie sie bei Personenbeförderungen vorgesehen ist und befreit entsprechend dem Unionsrecht Vermittlungsleistungen, die ausschließlich im Drittland erbracht werden.
- § 4 Nr. 5 Buchst. d UStG kann auf keine Grundlage der MwStSystRL zurückgeführt werden und ist unionsrechtswidrig.
- § 4 Nr. 5 Satz 2 UStG betreffend die Beschränkung der vorgenannten Steuerbefreiung entspricht nur teilweise Art. 153 Unterabs. 2 MwStSystRL. Der Ausschluss der Steuerbefreiung für die Vermittlung von Leistungen in einem Drittland beruhe aber auf Art. 370, Anhang X Teil A Nr. 4 MwStSystRL.[5] Soweit die nationale Regelung auch Vermittlungsleistungen betreffend im Inland bewirkte

1 *Sterzinger* in Birkenfeld/Wäger, Umsatzsteuer-Handbuch, § 4 Nr. 5 UStG Rz. 17 (Stand: Juni 2023).

2 Für eine Unionsrechtswidrigkeit der gesamten Bestimmung *Oelmeier* in Sölch/Ringleb, § 4 Nr. 5 UStG Rz. 9 (Stand: Oktober 2022); *Wenzel* in Rau/Dürrwächter, § 4 Nr. 5 UStG Rz. 202 (Stand: Januar 2009); *Sterzinger* in Birkenfeld/Wäger, Umsatzsteuer-Handbuch, § 4 Nr. 5 UStG Rz. 17 (Stand: Juni 2023).

3 Weitergehend *Wenzel* in Rau/Dürrwächter, § 4 Nr. 5 UStG Rz. 221 (Stand: Januar 2009). Einschränkend *Huschens* in Schwarz/Widmann/Radeisen, § 4 Nr. 5 UStG Rz. 13 (Stand: September 2023). Nach *Oelmeier* in Sölch/Ringleb, § 4 Nr. 5 UStG Rz. 10 (Stand: Oktober 2022); *Sterzinger* in Birkenfeld/Wäger, Umsatzsteuer-Handbuch, § 4 Nr. 5 UStG Rz. 17 (Stand: Juni 2023) ist die Bestimmung insgesamt unionsrechtswidrig.

4 So aber *Wenzel* in Rau/Dürrwächter, § 4 Nr. 5 UStG Rz. 221 (Stand: Januar 2009).

5 So *Oelmeier* in Sölch/Ringleb, § 4 Nr. 5 UStG Rz. 3 (Stand: Oktober 2022); *Huschens* in Schwarz/Widmann/Radeisen, § 4 Nr. 5 UStG Rz. 11 (Stand: September 2023); *Sterzinger* in Birkenfeld/Wäger, Umsatzsteuer-Handbuch, § 4 Nr. 5 UStG Rz. 13 (Stand: Juni 2023).

Leistungen von der Steuerfreiheit ausschließt, ist ein Richtlinienverstoß nicht auszumachen, da nicht erkennbar ist, in welchen Fällen ein im Inland bewirkter Umsatz, der Gegenstand einer Vermittlung durch ein Reisebüro an einen Reisenden sein könnte, richtlinienkonform nach § 4 Nr. 5 Satz 1 UStG steuerfrei wäre.[1]

3 Ob diese Divergenzen im Wege einer teleologischen Reduktion der Vorschriften und damit im Wege richterrechtlich zulässiger **richtlinienkonformer Rechtsfortbildung** noch zu beheben sind, muss gerade mit Blick auf die Regelungen in § 4 Nr. 5 Satz 1 Buchst. a i.V.m. § 4 Nr. 4a und 4b UStG und § 4 Nr. 5 Satz 1 Buchst. d UStG als fraglich gelten. Zwar hat der Gesetzgeber in sämtlichen Fällen dokumentiert, eine richtlinienkonforme Regelung zu bezwecken (Rz. 11, 17). Eine derartige Reduktion der Vorschriften würde aber jedenfalls in den zuvor ausdrücklich benannten Fällen dazu führen, dass die Verweise bzw. Vorschrift insgesamt und in jedem Einzelfall unbeachtet zu lassen wäre, mithin die gesetzliche Anordnung völlig leerliefe.[2]

4 Umgekehrt ist das **Richtlinienrecht unmittelbar anwendbar**, soweit die Steuerbefreiungen nicht vollständig in nationales Recht umgesetzt wurden. Demgemäß können sich Steuerpflichtige unmittelbar auf Art. 153, 146 Abs. 1 Buchst. e MwStSystRL berufen, soweit § 4 Nr. 5 Satz 1 Buchst. a i.V.m. § 4 Nr. 3 UStG hier hinter zurückbleibt (§ 4 Nr. 3 Rz. 34).

5 Jenseits der vorgenannten Divergenzen, bei denen das nationale Recht teilweise über die Vorgaben der MwStSystRL hinausreicht und teilweise hinter diesen zurückbleibt, hat der nationale Gesetzgeber auf eine Umsetzung der Steuerbefreiung für Vermittlungsleistungen betreffend Leistungen, die an nach §§ 51–68 AO **steuerbegünstigte Körperschaften** i.S.d. § 4a UStG erbracht werden, verzichtet. Art. 146 Abs. 1 Buchst. c MwStSystRL sieht für die von § 4a UStG erfassten Leistungen eine Steuerbefreiung vor, erlaubt den Mitgliedstaaten allerdings eine Umsetzung im Wege der Mehrwertsteuererstattung, Art. 146 Abs. 2 MwStSystRL. Von dieser Möglichkeit hat der nationale Gesetzgeber Gebrauch gemacht, ohne allerdings die in Art. 153 MwStSystRL vorgesehene Steuerbefreiung der Vermittlungsleistung dennoch vorzusehen. Diese Steuerbefreiung steht allerdings nicht unter dem Vorbehalt, dass von dem Wahlrecht nach Art. 146 Abs. 2 MwStSystRL nicht Gebrauch gemacht wird; vielmehr wird gerade auf die Vorschrift insgesamt verwiesen. Entsprechend können sich Steuerpflichtige auf Art. 153, 146 Abs. 1 Buchst. c MwStSystRL im Rahmen einer unmittelbaren Anwendung berufen.

III. Verhältnis zu anderen Vorschriften und Rechtsentwicklung

6 Aufgrund ihres **Ergänzungscharakters**, die Vermittlungsleistung betreffend eine nicht steuerbare oder steuerbefreite Leistung ebenfalls steuerfrei zu stellen, steht die Vorschrift in engem Zusammenhang mit denjenigen Vorschriften, die die fehlende Steuerbarkeit oder die Steuerfreiheit der vermittelten Leistung aussprechen. Siehe insoweit die Kommentierungen zu § 4 Nr. 1 Buchst. a, § 4 Nr. 2, § 4 Nr. 3, § 4 Nr. 4, § 4 Nr. 4a, § 4 Nr. 4b, § 4 Nr. 6, § 4 Nr. 7 UStG.

7 Der Begriff der Vermittlungsleistung in § 4 Nr. 5 UStG stimmt insbesondere mit der **Begriffsverwendung** in der Ortsbestimmungsregelung des **§ 3a Abs. 3 Nr. 4 UStG** (§ 3a Rz. 194 ff.) überein[3] und kann daher – vorbehaltlich der Unionsrechtskonformität dieser Regelung – auch entsprechend **Art. 30 f. MwStVO** verstanden werden. Daneben wird der Begriff der Vermittlung mit identischem Bedeutungsgehalt in **§ 4 Nr. 8 UStG** verwendet. **§ 11 Abs. 3 Nr. 3 UStG** über die Hinzurechnungen zum Zollwert zur Bestimmung der Bemessungsgrundlage der Einfuhrumsatzsteuer verwendet ebenso den Begriff der Vermittlung, bezieht diesen aber allein auf die Vermittlung der Beförderung. Ein enger Zusammenhang besteht schließlich zu **§ 4 Nr. 11 UStG**.

---

1 Vgl. hierzu auch *Oelmeier* in Sölch/Ringleb, § 4 Nr. 5 UStG Rz. 3 (Stand: Oktober 2022).

2 Zu den Grenzen der richtlinienkonformen Rechtsfortbildung BVerfG, Nichtannahmebeschl. v. 26.9.2011 – 2 BvR 2216/06, 2 BvR 469/07, NJW 2012, 669; BVerfG, Beschl. v. 6.7.2010 – 2 BvR 2661/06, BVerfGE 126, 286 = NJW 2010, 3422.

3 BFH, Urt. v. 12.12.2012 – XI R 30/10, BStBl. II 2013, 348 = UR 2013, 499; *Oelmeier* in Sölch/Ringleb, § 4 Nr. 5 UStG Rz. 5 (Stand: Oktober 2022).

Die Vorschrift geht wesentlich auf die **Umsetzung der 6. EG-Richtlinie** durch das Umsatzsteuergesetz 1980 zurück.[1] Änderungsbedarf ergab sich im weiteren Verlauf durch die Veränderungen im Zuge des Binnenmarktpaketes von 1993 und im Jahre 2003. Betreffend die ursprüngliche Fassung des § 4 Nr. 5 UStG im Gesetzgebungsverfahren zum Umsatzsteuergesetz 1980 verwies der Gesetzgeber ausdrücklich darauf, dass dies der Umsetzung der Richtlinienvorgaben diene.[2] Im weiteren Verlauf des Gesetzgebungsverfahrens wurde die Regelung um den heutigen § 4 Nr. 5 Satz 1 Buchst. b und d UStG ergänzt. Diese Ergänzungen begründete der Gesetzgeber mit Gründen der Gesetzesklarheit im Falle des Buchstabens b und mit Gründen der Rechtsvereinfachung im Falle des Buchstabens d.[3] Im Zuge der Anpassungen an das **Binnenmarktpaket** wurden die Regelung in Buchstaben a und c angepasst, um diese an die Richtlinienvorgaben anzugleichen.[4] 2003 erfolgte eine Ergänzung des Buchstaben a um einen Verweis auf die in diesem Zuge neu geschaffenen Befreiungstatbestände nach § 4 Nr. 4a und 4b UStG. Hierbei ging der Gesetzgeber davon aus, sich im Rahmen der Kann-Bestimmungen des Richtlinienrechts zu bewegen.[5] 8

B. Vermittlungsleistungen (Nr. 5 Sätze 1 und 2)

I. Vermittlung im Inland (Nr. 5 Satz 1)

Unter **Vermittlungsleistungen** (siehe auch § 3a Rz. 194 ff.) sind eigenständige[6] Leistungen einer Mittelsperson einschließlich Untervermittlern zu verstehen, die die Ermöglichung einer zwischen Dritten eintretenden Leistungsbeziehung zum Gegenstand haben. Die Tätigkeiten der Mittelsperson sind dadurch gekennzeichnet, dass sie gerade kein Interesse an der vermittelten Leistung selbst hat,[7] sondern sich ihre Tätigkeit und ihr Interesse in eigenständig gegen Entgelt[8] erbrachten Leistungselementen, wie der Herstellung des Kontaktes zwischen Leistungserbringer und -empfänger oder das Aushandeln von Vertragselementen, erschöpft.[9] Auf den Erfolgseintritt kommt es nicht an, weshalb bezüglich derselben Leistung mehrere Vermittlungsleistungen denkbar sind, sofern diese jeweils für sich eigenständig als Vermittlungsleistungen qualifiziert werden können.[10] Die Mittelsperson muss insoweit in fremdem Namen und für fremde Rechnung auftreten, was insbesondere im Falle der Stellvertretung, vgl. Art. 30 f. MwStVO, gegeben ist;[11] ausreichend ist nach Ansicht der FinVerw. aber bereits das Bestehen 9

1 Ausführlich bspw. *Huschens* in Schwarz/Widmann/Radeisen, § 4 Nr. 5 UStG Rz. 3 ff. (Stand: September 2023).
2 BT-Drucks. 8/1779, 32.
3 BT-Drucks. 8/2827, 73.
4 BT-Drucks. 12/2463, 29.
5 BT-Drucks. 15/1562, 42.
6 Zur Abgrenzung einer Vermittlungsleistung als Nebenleistung siehe EuGH, Urt. v. 21.6.2007 – C-453/05, ECLI:EU:C:2007:369 – Ludwig, UR 2007, 617 m. Anm. *Philipowski*; FG Hamburg, Gerichtsbesch. v. 25.2.2022 – 6 K 134/20, EFG 2022, 1145 (Az. BFH V R 4/22).
7 Zu diesem Merkmal aufgrund des Provisionsinteresses *Behrens/Grabbe*, BB 2008, 1155 (1156).
8 Die Steuerbefreiung erfasst dabei auch den Ausgleichsanspruch eines Handelsvertreters nach § 89b HGB, BFH, Urt. v. 25.6.1998 – V R 57/97, BStBl. II 1999, 102 = UR 1999, 72.
9 EuGH, Urteil v 13.12.2001 – C-235/00, ECLI:EU:C:2001:696 – CSC Financial Services, UR 2002, 84 m. Anm. *Wäger*; EuGH, Urt. v. 21.6.2007 – C-453/05, ECLI:EU:C:2007:369 – Ludwig, UR 2007, 617 m. Anm. *Philipowski*; EuGH, Urt. v. 5.7.2012 – C-259/11, ECLI:EU:C:2012:423 – DTZ Zadelhoff, UR 2012, 672; BFH, Urt. v. 28.5.2009 – V R 7/08, BStBl. II 2010, 80 = UR 2009, 846; BFH, Urt. v. 12.12.2012 – XI R 30/10, BStBl. II 2013, 348 = UR 2013, 499; BFH, Urt. v. 14.5.2014 – XI R 13/11, BStBl. II 2014, 734 = HFR 2014, 818; *Weymüller* in BeckOK, § 4 Nr. 5 UStG Rz. 11.1; *Sterzinger* in Birkenfeld/Wäger, Umsatzsteuer-Handbuch, § 4 Nr. 5 UStG Rz. 28 ff. (Stand: Juni 2023); *Wenzel* in Rau/Dürrwächter, § 4 Nr. 5 UStG Rz. 3 ff. (Stand: Januar 2009); *Reiß*, UR 2005, 593 (599 ff.).
10 Ausdrücklich *Wäger*, UR 2008, 389 (392 f.); *Wäger*, UR 2008, 102 (109 f.); *Wäger*, UR 2002, 88 (90). Vgl. auch EuGH, Urt. v. 21.6.2007 – C-453/05, ECLI:EU:C:2007:369 – Ludwig, UR 2007, 617 m. Anm. *Philipowski*, Rz. 36; BFH, Urt. v. 3.11.2005 – V R 21/05, BStBl. II 2006, 282 = UR 2006, 121; BFH, Urt. v. 14.5.2014 – XI R 13/11, BStBl. II 2014, 734 = HFR 2014, 818.
11 *Oelmeier* in Sölch/Ringleb, § 4 Nr. 5 UStG Rz. 6 (Stand: Oktober 2022); *Heidner* in Bunjes[22], § 4 Nr. 5 UStG Rz. 2; *Huschens* in Schwarz/Widmann/Radeisen, § 4 Nr. 5 UStG Rz. 28 (Stand: September 2023); *Waza* in Offerhaus/Söhn/Lange, § 4 Nr. 5 UStG Rz. 12, 21 ff. (Stand: Oktober 2019); *Reiß*, UR 2005, 593; *Schick/Franz*, BB 2008, 1483 (1485).

einer Vermittlungsvollmacht.[1] Die Vermittlungstätigkeit ist von einem Kommissionsgeschäfts, für das § 3 Abs. 3, 11 UStG eine Leistungskette fingiert, einer bloßen Beratungsleistung[2] und ausgelagerten BackOffice-Tätigkeiten[3] abzugrenzen (§ 3 Rz. 603 ff.). Werden mehre Leistungen auf Grund eines Rahmenauftrags vermittelt, so wird regelmäßig für jede vermittelte Leistung zugleich eine eigenständig zu beurteilende Vermittlungsleistung anzunehmen sein.[4] Im Fall einer Personenbeförderung im **Luftverkehr** nimmt die FinVerw. eine steuerpflichtige Vertriebsleistung an, wenn ein Reisebüro insbesondere aufgrund einer ausdrücklichen Incentive-Vereinbarung ein Entgelt für ein bevorzugtes Anbieten der Leistungen der Airline erhält.[5] Daneben kommt trotz grundsätzlicher Vereinbarung des sog. Nullprovisionsmodells ausnahmsweise das Vorliegen einer Vermittlungsleistung in Betracht.[6]

10 Die Steuerbefreiung setzt weiter voraus, dass der **Leistungsort** der Vermittlungsleistung im Inland liegt. Soweit die Vermittlungsleistungen nicht an einen Steuerpflichtigen erbracht werden, der als solcher handelt – dann bestimmt sich der Leistungsort nach § 3a Abs. 3 Nr. 4 UStG und damit dem Ort der Leistungserbringung der vermittelten Leistung – ist der Leistungsort nach § 3a Abs. 2 UStG zu bestimmen. Maßgebend ist dann grundsätzlich der Sitz des Leistungsempfängers oder einer empfangenden Betriebsstätte der Vermittlungsleistung selbst.

II. Vermittlung echt steuerbefreiter Leistungen (Nr. 5 Satz 1 Buchst. a)

11 Nach § 4 Nr. 5 Satz 1 Buchst. a UStG sind die Vermittlungsleistungen steuerbefreit, die sich auf **echt steuerbefreite Leistungen** nach § 4 Nr. 1 Buchst. a, Nr. 2, Nr. 3, Nr. 4, Nr. 4a, Nr. 4b, Nr. 6 und Nr. 7 UStG beziehen. Zum Gegenstand dieser Steuerbefreiungen siehe grundsätzlich dort sowie zur Frage der Übereinstimmung mit **Richtlinienrecht** und der Vornahme einer richtlinienkonformen Rechtsfortbildung Rz. 13.

III. Grenzüberschreitende Personenbeförderung im Seeschiff- und Luftverkehr (Nr. 5 Satz 1 Buchst. b)

12 Nach dem Wortlaut umfasst die Steuerbefreiung sämtliche grenzüberschreitenden Beförderungen von Personen mit Luftfahrzeugen oder Seeschiffen. Zum Begriff der **Personenbeförderung** sowie der grenzüberschreitenden Beförderungen s. § 3b Rz. 11 ff. Durch den Begriff der **Seeschiffe** wird von der Steuerbefreiung insbesondere die Vermittlung einer Personenbeförderung im Schiffsverkehr auf Flüssen und Seen von der Steuerfreiheit ausgenommen. Die hiernach ausgenommenen Umsätze können § 4 Nr. 5 Satz 1 Buchst. c UStG unterliegen (Rz. 15).

13 Die Vorschrift ist **richtlinienkonform dahingehend fortzubilden**, dass die Vermittlungsleistung allein soweit steuerfrei gestellt ist, wie sie sich auf den ausländischen Teil einer grenzüberschreitenden Personenbeförderung nach § 3b Abs. 1 Satz 2 UStG bezieht (§ 3b Rz. 14 ff.). Hierdurch wird dem Gebot richtlinienkonformer Anwendung des nationalen Rechts und den Grenzen richtlinienkonformer Rechtsfortbildung (Rz. 3) Rechnung getragen, indem lediglich die Grenzen der Steuerbefreiung in Übereinstimmung mit dem Willen des Gesetzgebers (Rz. 14) und dem Zweck der Regelung, Vermittlungsleistungen, die sich auf umsatzsteuerrechtlich nicht zu belastende Leistungen beziehen, freizustellen,

---

1 Abschn. 4.5.1. Abs. 1 Satz 3 UStAE; *Heidner* in Bunjes[22], § 4 Nr. 5 UStG Rz. 2; *Waza* in Offerhaus/Söhn/Lange, § 4 Nr. 5 UStG Rz. 12, 21 ff. (Stand: Oktober 2019); *Sterzinger* in Birkenfeld/Wäger, Umsatzsteuer-Handbuch, § 4 Nr. 5 UStG Rz. 29 (Stand: Juni 2023). Kritisch *Reiß*, UR 2005, 593 (603).

2 EuGH, Urt. v. 21.6.2007 – C-453/05, ECLI:EU:C:2007:369 – Ludwig, UR 2007, 617 m. Anm. *Philipowski*.

3 EuGH, Urt. v. 3.3.2005 – C-472/03, ECLI:EU:C:2005:135 – Arthur Andersen, UR 2005, 201 m. Anm. *Wäger*, 485; BFH, Urt. v. 28.5.2009 – V R 7/08, BStBl. II 2010, 80 = UR 2009, 846 m.w.N.; BFH, Urt. v. 14.5.2014 – XI R 13/11, BStBl. II 2014, 734.

4 FG Hamburg, Gerichtsbesch. v. 25.2.2022 – 6 K 134/20, EFG 2022, 1145 (Az. BFH V R 4/22).

5 Abschn. 10.1. Abs. 9 Nr. 3 Satz 2 UStAE.

6 Abschn. 4.5.2. Abs. 6 Satz 3, Abschn. 10.1. Abs. 9 Nr. 3 Satz 1 UStAE; *Püschner* in Reiß/Kraeusel/Langer, § 4 Nr. 5 UStG Rz. 43 (Stand: Oktober 2017).

unionsrechtskonform konturiert werden. Auf die Fiktionen der **§§ 2 ff. UStDV** kommt es damit entgegen der Ansicht der FinVerw.[1] nicht an.[2]

14 Aufgrund dieser richtlinienkonformen Rechtsfortbildung könnte die Vorschrift **ersatzlos entfallen**, ohne dass in der Sache eine Veränderung einträte, da die richtlinienkonform erfassten Leistungen auch § 4 Nr. 5 Satz 1 Buchst. c UStG unterfallen. Der Gesetzgeber sieht in der Norm ohnehin nur eine Klarstellung zu § 4 Nr. 5 Satz 1 Buchst. c UStG.[3]

IV. Außerhalb der Gemeinschaft erbrachte Leistungen (Nr. 5 Satz 1 Buchst. c)

15 § 4 Nr. 5 Satz 1 Buchst. c UStG setzt unmittelbar Art. 153 Halbs. 2 MwStSystRL um und befreit im **Drittlandsgebiet erbrachte Leistungen** von der Umsatzsteuer. National betrifft die Vorschrift allerdings aufgrund einer Überschneidung mit der spezielleren Regelung des § 4 Nr. 5 Satz 1 Buchst. b UStG nur Umsätze, die durch diese Regelung nicht erfasst werden. Anders als § 4 Nr. 5 Satz 1 Buchst. b UStG erfasst die vorliegende Vorschrift insbesondere den **ausländischen Beförderungsanteil** bestimmter grenzüberschreitender Güterbeförderungen, wenn diese nach § 3b Abs. 1 Satz 3 UStG bzw. Art. 49 MwStSystRL dem Streckenprinzip (§ 3b Rz. 17 f.) unterliegen (Rz. 2).

V. Lieferungen i.S.d. § 3 Abs. 8 UStG (Nr. 5 Satz 1 Buchst. d)

16 Durch § 4 Nr. 5 Satz 1 Buchst. d UStG werden solche Leistungen steuerbefreit, bei denen der Ort der Lieferung nach **§ 3 Abs. 8 UStG** zu bestimmen ist (§ 3 Rz. 488 ff.). Der Gesetzgeber erblickte hierin eine gebotene **Vereinfachung der Rechtsanwendung**, da für den Unternehmer in der Regel nicht erkennbar werde, ob die vermittelte Leistung § 3 Abs. 8 UStG unterliege oder im Ausland zu verorten sei. Denn § 3 Abs. 8 UStG verlagert den Leistungsort abweichend vom grundsätzlich einschlägigen § 3 Abs. 6 UStG in das Inland, wenn der Lieferer oder sein Beauftragter – nicht aber der Leistungsempfänger – Schuldner der Einfuhrumsatzsteuer nach § 13a Abs. 2, § 21 Abs. 2 UStG, Art. 77, 5 Nr. 15 UZK ist.

17 Die vom nationalen Gesetzgeber geschaffene Vereinfachungsregelung ist allerdings nicht mit dem Richtlinienrecht vereinbar. Eine richtlinienkonforme Auslegung oder Rechtsfortbildung scheidet dabei aus. Zwar hatte der Gesetzgeber den Willen, eine richtlinienkonforme Regelung zu schaffen. Dem könnte jedoch nur entsprochen werden, wenn die Vorschrift insgesamt nicht angewendet wird. Die Vorschrift gänzlich unangewandt zu lassen überschreitet aber die Grenzen der richtlinienkonformen Auslegung und Rechtsfortbildung (Rz. 3).

VI. Keine Vermittlung durch ein Reisebüro für einen Reisenden (Nr. 5 Satz 2)

18 § 4 Nr. 5 Satz 2 UStG nimmt von der Steuerfreiheit nach § 4 Nr. 5 Satz 1 UStG ausdrücklich die Vermittlungsleistungen aus, die durch Reisebüros für Reisende erbracht werden. Mit dem Begriff des Reisebüros werden Unternehmer beschrieben, die für Zwecke einer Reise bezogene Leistungen vermitteln. Dies sind zum einen Reiseleistungen i.S.d. § 25 UStG (§ 25 Rz. 9 ff.), zum anderen Einzelleistungen i.S.d. § 4 Nr. 5 Satz 1 Buchst. b, c UStG.[4] Soweit das Reisebüro nach §§ 651b, 651c BGB als Reiseveranstalter gilt, dürfte keine Vermittlungsleistung des Reisebüros, sondern eine Reiseleistung des Reise-

1 Abschn. 4.5.1. Abs. 4 UStAE. So auch *Püschner* in Reiß/Kraeusel/Langer, § 4 Nr. 5 UStG Rz. 27 (Stand: Oktober 2017); *Weymüller* in BeckOK, § 4 Nr. 5 UStG Rz. 15.1.

2 Für eine Anwendung auf grenzüberschreitende Personenbeförderungen unabhängig der §§ 2 ff. UStDV *Heidner* in Bunjes[22], § 4 Nr. 5 UStG Rz. 4; *Huschens* in Schwarz/Widmann/Radeisen, § 4 Nr. 5 UStG Rz. 54 (Stand: September 2023); *Sterzinger* in Birkenfeld/Wäger, Umsatzsteuer-Handbuch, § 4 Nr. 5 UStG Rz. 64 (Stand: Juni 2023).

3 BT-Drucks. 8/2827, 73.

4 Abschn. 4.5.2. UStAE.

büros i.S.d § 25 UStG vorliegen, denn das Reisebüro trifft alle Rechte und Pflichten aus dem Reisevertrag.[1]

19 Die Vermittlungsleistung muss nach dem Wortlaut **für einen Reisenden** erbracht werden. Reisender ist aber nur, wer selbst die Reise unternimmt. Wird die Vermittlungsleistung dagegen für einen Unternehmer erbracht, der diese Leistung für eine dritte Person – den Reisenden – in Anspruch nimmt, so findet die Einschränkung des § 4 Nr. 5 Satz 2 UStG keine Anwendung und die Steuerfreiheit bleibt erhalten. Entscheidend ist daher, wer nach den allgemeinen Kriterien – auch unter Berücksichtigung der Figur des Drittentgeltes – Leistungsempfänger ist (§ 2 Rz. 30 ff.). Im Falle der Vermittlung einer (grenzüberschreitenden) Personenbeförderung im **Luftverkehr** geht die FinVerw. davon aus, dass beim Verkauf von Flugscheinen eine steuerfreie Vermittlungsleistung für das Luftverkehrsunternehmen grundsätzlich einen ausdrücklichen und über eine bloße Vertriebsabrede hinausreichenden Vermittlungsauftrag voraussetzt (Rz. 9), der aber neben den Vermittlungsauftrag eines Reisenden treten kann.[2] Bei seitens der Airline an das Reisebüro bewirkten Zahlungen im Rahmen eines Nullprovisionsmodells bleibt im Einzelfall zu prüfen, ob trotz Fehlens eines ausdrücklichen Vermittlungsauftrages ausnahmsweise eine an die Airline erbrachte Vermittlungsleistung oder eine anderweitige Leistung, insbesondere die Vermittlungsleistung an den Reisenden, entgolten wird.[3]

C. Nachweiserfordernisse (Nr. 5 Sätze 3 und 4)

20 § 4 Nr. 5 Sätze 3 und 4 UStG beinhalten **verfahrensrechtliche** Regelungen, die sich auf den Nachweis der Voraussetzungen der Steuerbefreiung beziehen.

21 § 4 Nr. 5 Satz 3 UStG legt die **Darlegungslast** dem Unternehmer auf. Hiermit ist letztlich keine Abweichung von der allgemeinen Verteilung der Darlegungslast nach dem Günstigkeitsprinzip verbunden. Eine Einschränkung der von Amts wegen gebotenen Sachverhaltsermittlung ist der Vorschrift nicht zu entnehmen.

22 § 4 Nr. 5 Satz 4 UStG enthält eine **Ermächtigungsgrundlage** i.S.d. Art. 80 GG und ermöglicht dem Verordnungsgeber, die Art und Weise des Nachweises näher zu bestimmen. Hiervon ist in **§ 22 UStDV** Gebrauch gemacht worden. Nach § 22 Abs. 1, § 13 Abs. 1 UStDV ist ein Buchnachweis zu erbringen, der die in § 22 Abs. 2 UStDV bezeichneten Angaben enthält.

§ 4 Nr. 6 [Eisenbahnleistungen, Lieferungen an Bord von Schiffen]

Von den unter § 1 Abs. 1 Nr. 1 fallenden Umsätzen sind steuerfrei:

…

6. a) **die Lieferungen und sonstigen Leistungen der Eisenbahnen des Bundes auf Gemeinschaftsbahnhöfen, Betriebswechselbahnhöfen, Grenzbetriebsstrecken und Durchgangsstrecken an Eisenbahnverwaltungen mit Sitz im Ausland,**

   b) **(weggefallen)**

   c) **die Lieferungen von eingeführten Gegenständen an im Drittlandsgebiet, ausgenommen Gebiete nach § 1 Abs. 3, ansässige Abnehmer, soweit für die Gegenstände zollamtlich eine vorübergehende Verwendung in den in § 1 Abs. 1 Nr. 4 bezeichneten Gebieten bewilligt**

---

1 **A.A.** *Forster/Striegl*, MwStR 2021, 606. Vgl. zur zivilrechtlichen Rechtsfolge *Meier* in BeckOGK, § 651b BGB Rz. 22; *Alexander* in BeckOGK, § 651c BGB Rz. 51 f.

2 Abschn. 10.1. Abs. 9 Nr. 3, 4 UStAE. Siehe auch ausführlich dazu bspw. *Waza* in Offerhaus/Söhn/Lange, § 4 Nr. 5 UStG Rz. 76 ff. (Stand: Oktober 2019).

3 Abschn. 10.1. Abs. 9 Nr. 3 Satz 1 UStAE; *Waza* in Offerhaus/Söhn/Lange, § 4 Nr. 5 UStG Rz. 80e (Stand: Oktober 2019).

worden ist und diese Bewilligung auch nach der Lieferung gilt. [2]Nicht befreit sind die Lieferungen von Beförderungsmitteln, Paletten und Containern,

d) Personenbeförderungen im Passagier- und Fährverkehr mit Wasserfahrzeugen für die Seeschifffahrt, wenn die Personenbeförderungen zwischen inländischen Seehäfen und der Insel Helgoland durchgeführt werden,

e) die Abgabe von Speisen und Getränken zum Verzehr an Ort und Stelle im Verkehr mit Wasserfahrzeugen für die Seeschifffahrt zwischen einem inländischen und ausländischen Seehafen und zwischen zwei ausländischen Seehäfen. [2]Inländische Seehäfen im Sinne des Satzes 1 sind auch die Freihäfen und Häfen auf der Insel Helgoland;

...

Schrifttum: *Arzberger*, Jahressteuergesetz 1996: Die Änderungen des UStG, DB 1995, 2184; *Buchholz*, Deutschlands Meereszonen in Nordsee und Ostsee, in Leibniz-Institut für Länderkunde (Hrsg.), Bundesrepublik Deutschland Nationalatlas, Deutschland in der Welt, Band 11, Berlin 2005, S. 44 f.; *Hiller*, Steuerfreiheit der einer Einfuhr vorangehenden Lieferung, UR 2015, 45; *Jorczyk*, Bordrestauration bei Airlines – § 4 Nr. 6 lit. e UStG analog anwendbar, DStR 2007, 1660; *Kraeusel*, Änderungen im Umsatzsteuerrecht durch das Jahressteuergesetz (JStG) 1996, UR 1995, 357; *Sterzinger*, Änderungen des UStG und der UStDV durch das sog. JStG 2019 und das BEG III, UR 2020, 1; *Wäger*, Lieferung von Nichtgemeinschaftsware, UR 2004, 344; *Wäger*, Rechtsprechungsauslese 2012, UR 2013, 81.

A. Grundaussagen

I. Regelungsgegenstand und Bedeutung

1 Die Regelung benennt mehrere **echte Steuerbefreiungen** für im Inland steuerbare Lieferungen und sonstige Leistungen nach § 1 Abs. 1 Nr. 1 UStG. Die Vorschrift erfasst Leistungen, deren Gemeinsamkeit darin besteht, im sachlichen und territorialen Grenzbereich erbracht zu werden. Sie weisen mithin eine Nähe zu außerhalb des Besteuerungsgebietes erbrachten nicht steuerbaren Leistungen auf und ergänzen auf diese Weise die Ortsbestimmungsregelungen (Rz. 3 ff.) um eine echte Steuerbefreiung für an sich im Inland erbrachte Leistungen. Für diese Leistungen wird den leistenden Unternehmern trotz der Steuerbefreiung der Vorsteuerabzug nicht nach § 15 Abs. 2 Nr. 1 UStG verwehrt, § 15 Abs. 3 Nr. 1 Buchst. a UStG (§ 15 Rz. 249 ff.). Im wirtschaftlichen Ergebnis wird der leistende Unternehmer so gestellt, als handelte es sich um eine nicht steuerbare Leistung. Soweit die Steuerbefreiung Leistungen während einer **Beförderung** betrifft, wird eine Bestimmung des konkreten Ortes der Leistungserbringung für umsatzsteuerliche Zwecke weitgehend entbehrlich und Unklarheiten bei der Zuordnung wirken sich jedenfalls nicht bei der Umsatzsteuerbelastung aus, sondern betreffen allein etwaige Erklärungspflichten.

II. Unionsrechtliche Grundlagen

2 Die Steuerbefreiung nach § 4 Nr. 6 UStG erweist sich nur **teilweise als unionsrechtskonform.** **§ 4 Nr. 6 Buchst. a UStG** beruht auf Art. 394 MwStSystRL (vorgehend: Art. 27 Abs. 5 der 6. EG-Richtlinie) und

stellt eine Bestandsausnahme dar.[1] **§ 4 Nr. 6 Buchst. c UStG** setzt die Kann-Vorschrift des Art. 161 MwStSystRL (Art. 16 Abs. 1 Teil E 6. EG-Richtlinie) überschießend (Rz. 18) um. Die Unionsrechtskonformität der Steuerbefreiung nach **§ 4 Nr. 6 Buchst. d UStG** ist offen.[2] Als Grundlage kommt allein Art. 371, Anhang X Teil B Nr. 10 MwStSystRL (Art. 28 Abs. 3 Buchst. b Anhang F Nr. 17 6. EG-Richtlinie) in Betracht, die allerdings allein den Fortbestand früherer Steuerbefreiungen ermöglichen. § 4 Nr. 6 Buchst. d UStG betrifft allerdings Leistungen, die zuvor nicht steuerbar waren. Ob insoweit die fehlende Steuerbarkeit einer Steuerbefreiung gleichsteht, ist nicht geklärt. Letztlich kann dies keinen Unterschied machen, da in beiden Fällen Leistungen bis zum Eintreten einer Harmonisierung nicht umsatzsteuerlich belastet waren und angesichts der fehlenden Harmonisierung zu diesem Zeitpunkt und einer fehlenden Kohärenz der Steuerbefreiungen und Steuerermäßigungen kaum angenommen werden kann, dass der Richtliniengeber bewusst bisher nicht steuerbare Leistungen ausgeklammert hat. Die wirtschaftliche Bedeutung dieser Frage ist allerdings dadurch eingeschränkt, dass dies nur diejenigen Leistungsteile betreffen kann, die in Anwendung der MwStSystRL steuerbar wären. Nach Art. 48 MwStSystRL (Art. 28b Teil C Abs. 1 der 6. EG-Richtlinie) betrifft dies allerdings nur im Gemeinschaftsgebiet zurückgelegte Streckenanteile. **§ 4 Nr. 6 Buchst. e UStG** ist schließlich mangels Grundlage in der MwStSystRL unionsrechtswidrig.[3]

III. Verhältnis zu anderen Vorschriften und Rechtsentwicklung

3 Die Steuerbefreiungen sind in engem Zusammenhang zu korrespondierenden Ortsbestimmungsregelungen zu betrachten.

4 § 4 Nr. 6 Buchst. a und d UStG weisen eine sachliche Nähe zur Regelung des **§ 3b UStG** auf, durch die im Wesentlichen nach dem Streckenprinzip im Ausland erbrachte Beförderungsleistungen von der Besteuerung ausgenommen werden. Diese Regelung wird durch § 4 Nr. 6 Buchst. a UStG um bestimmte im Zusammenhang mit einer grenzüberschreitenden Eisenbahnbeförderung stehende Leistungen im Grenzgebiet erweitert. § 4 Nr. 6 Buchst. d UStG erweitert die Ortsbestimmung insoweit, wie nunmehr auch Personenbeförderungen zur Insel Helgoland von der Besteuerung ausgenommen werden. Diese Regelung steht im Zusammenhang zu § 1 Abs. 2 Satz 1, Abs. 3, § 3b UStG, § 7 UStDV und bewirkt, dass die Personenbeförderung unabhängig der Frage, ob der Leistungsempfänger als solcher handelt, vollständig steuerbefreit ist, ohne dass es einer Differenzierung der Personenbeförderung in inländische und ausländische Streckenanteile bedarf. Zu diesem Zwecke wird durch die vorgenannten Vorschriften einerseits der Leistungsort einheitlich und damit unabhängig sowohl vom Verlauf der Schifffahrtsrouten als auch der Frage, ob die Personenbeförderung von § 1 Abs. 3 UStG[4] erfasst wird (§ 1 Rz. 332), in das Inland verlagert und sodann durch die Steuerbefreiung von der Besteuerung ausgenommen.[5]

5 § 4 Nr. 6 Buchst. e UStG ergänzt die Regelung des **§ 3e UStG**, die allein Restaurationsleistungen im Zusammenhang mit Beförderungsleistungen zwischen Orten im Gemeinschaftsgebiet betrifft (Rz. 21 ff.). Ebenso wie die Vorschrift des § 3e UStG dient die Vorschrift der Rechtsvereinfachung und Vermeidung von Besteuerungskonflikten, indem auch von § 3e UStG nicht erfasste Restaurationsleistungen im Zusammenhang mit grenzüberschreitenden Beförderungsleistungen unter Erhalt des Vorsteuerabzuges von der Besteuerung ausgenommen werden, sodass es für Zwecke der Ermittlung der Umsatz-

1 Vgl. Nr. 18 der VAT Derogations Schedule, 5.8.2019, Ares(2019)5085883.

2 Hierzu und dem Folgenden: *Huschens* in Schwarz/Widmann/Radeisen, § 4 Nr. 6 Buchst. d UStG Rz. 15 (Stand: März 2022); *Tehler* in Rau/Dürrwächter, § 4 Nr. 6 UStG Rz. 38 (Stand: Juni 2023); *Treiber* in Sölch/Ringleb, § 4 Nr. 6 UStG Rz. 7 (Stand: Oktober 2020); *Waza* in Offerhaus/Söhn/Lange, § 4 Nr. 6 UStG Rz. 16 (Stand: Juni 2015); *Arzberger*, DB 1995, 2184; *Kraeusel*, UR 1995, 357.

3 Ebenso *Treiber* in Sölch/Ringleb, § 4 Nr. 6 UStG Rz. 8 (Stand: Oktober 2020); *Huschens* in Schwarz/Widmann/Radeisen, § 4 Nr. 6 Buchst. e UStG Rz. 12 ff. (Stand: Juli 2022); *Sterzinger*, UR 2020, 1 (4).

4 Zum Verlauf der Grenze des Hoheitsgebietes der Bundesrepublik Deutschland siehe auch *Buchholz* in Leibniz-Institut für Länderkunde, Deutschlands Meereszonen in Nordsee und Ostsee, S. 44.

5 Siehe auch *Huschens* in Schwarz/Widmann/Radeisen, § 4 Nr. 6 Buchst. d UStG Rz. 8 (Stand März 2022); *Fritsch* in Reiß/Kraeusel/Langer, § 4 Nr. 6 UStG Rz. 46 ff. (Stand: März 2017).

steuerschuld keiner Anwendung der Ortsbestimmungsregelungen des **§ 3a Abs. 3 Nr. 3 Buchst. b UStG** bedarf.

§ 4 Nr. 6 Buchst. c UStG ergänzt die Regelungen der **Einfuhrumsatzsteuer**, die im Wesentlichen zollrechtlichen Vorgaben folgen, § 1 Abs. 1 Nr. 4, § 3 Abs. 8, § 21 UStG. Soweit nach den zollrechtlichen Vorschriften eine Überführung von Waren in das Zollgebiet der Europäischen Union erfolgt, obgleich die Waren für eine Ausfuhr bestimmt sind und daher zollrechtlich mangels wirtschaftlich bedeutsamer Verwendung der Waren im Wirtschaftskreislauf der Europäischen Union eine sog. vorübergehende Verwendung bewilligt wurde,[1] erfolgen der Einfuhr nachfolgende Lieferungen an im Drittlandsgebiet ansässige Empfänger echt umsatzsteuerbefreit.[2] Hierdurch erfolgt eine umsatzsteuerliche Erfassung der zollrechtlich eingeführten Waren, ohne – entsprechend der zollrechtlichen Behandlung – eine umsatzsteuerrechtliche Belastung herbeizuführen.[3] Die Steuerbefreiung erfasst allerdings weder die Einfuhr selbst, für die § 5 Abs. 2 Nr. 5 UStG gilt (§ 5 Rz. 113 ff.), noch die Ausfuhrlieferung, die durch § 4 Nr. 1 Buchst. a UStG erfasst wird (§ 4 Nr. 1 Rz. 20 ff.). Für sonstige Leistungen, die sich auf Gegenstände in der zollamtlich vorübergehenden Verwendung beziehen, sieht **§ 4 Nr. 3 Buchst. c UStG** eine Steuerbefreiung vor (§ 4 Nr. 3 Rz. 22 ff.). 6

§ 4 Nr. 6 UStG ist erstmals mit **§ 4 Nr. 6 Buchst. a UStG** in das UStG 1980 aufgenommen und in der Folgezeit mehrfach ergänzt worden.[4] Im Referentenentwurf zum sog. JStG 2019 war die Streichung des unionsrechtswidrigen **§ 4 Nr. 6 Buchst. e UStG** vorgesehen. Die Bundesregierung hat dies allerdings nicht in ihren Gesetzesentwurf übernommen. 7

B. Eisenbahnleistungen (Nr. 6 Buchst. a)

I. Lieferungen und sonstige Leistungen der Eisenbahnen des Bundes

Die Steuerbefreiung betrifft allein Leistungen, die von den Eisenbahnen des Bundes erbracht werden. Dieser Begriff umfasst seit der durchgeführten **Organisationsprivatisierung** ausgehend von den Legaldefinitionen in § 2 Abs. 1, 15 AEG Unternehmen, die sich überwiegend in der **Hand des Bundes** selbst oder eines mehrheitlich dem Bund gehörenden Unternehmens befinden, und deren Gegenstand in der Erbringung von Verkehrs- oder Infrastrukturleistungen im Eisenbahnverkehr besteht. Von anderen Unternehmen erbrachte Leistungen, seien es Unternehmen in privater Hand oder in der Hand eines Landes, werden nicht erfasst.[5] 8

II. An Eisenbahnverwaltungen mit Sitz im Ausland

Spiegelbildlich zur Beschränkung der Steuerbefreiung auf Leistungen durch die Deutsche Bahn betrifft die Steuerbefreiung allein Leistungen an ausländische **Eisenbahnverwaltungen**. Trotz der Verwendung des Begriffes der Verwaltung ist die Vorschrift nicht auf hoheitliche Leistungsempfänger beschränkt, sondern erfasst ausländische Eisenbahnunternehmer in jeder Rechtsform. Zu fordern ist allerdings – entsprechend der Voraussetzung einer staatlichen Trägerschaft auf Seiten des Leistungserbringers – dass der ausländische Staat unmittelbar oder mittelbar mehrheitlicher Anteilseigner des Unternehmens ist. Widrigenfalls könnte auch nicht im weitesten Sinne von „Verwaltung" gesprochen werden.[6] 9

1 *Henke* in Witte[7], Vorbemerkungen zu Art. 250 bis 253 UZK Rz. 2, Art. 252 UZK Rz. 1.
2 Zur Frage der Steuerbarkeit Rz. 15.
3 Zur zollrechtlichen Einordnung siehe Rz. 15.
4 Zur historischen Entwicklung des § 4 Nr. 6 UStG siehe umfassend bspw. *Treiber* in Sölch/Ringleb, § 4 Nr. 6 UStG Rz. 1 ff. (Stand: Oktober 2020); *Tehler* in Rau/Dürrwächter, § 4 Nr. 6 UStG Rz. 11 ff. (Stand: Juni 2023).
5 An der Richtlinienkonformität dieser Beschränkung Zweifel äußernd BFH, Urt. v. 4.7.2013 – V R 33/11, BStBl. II 2013, 937 = UR 2013, 751; *Tehler* in Rau/Dürrwächter, § 4 Nr. 6 UStG Rz. 46 (Stand: Juni 2023); *Treiber* in Sölch/Ringleb, § 4 Nr. 6 UStG Rz. 10 (Stand: Oktober 2020).
6 Weitergehend für eine vollständige Erfassung *Weymüller* in BeckOK, § 4 Nr. 6 UStG Rz. 16; *Treiber* in Sölch/Ringleb, § 4 Nr. 6 UStG Rz. 11 (Stand: Oktober 2020); *Huschens* in Schwarz/Widmann/Radeisen, § 4 Nr. 6 Buchst. a UStG Rz. 27 (Stand: August 2022).

III. Leistungsorte

1. Regelungsgegenstand

10 Zur sachlichen Beschränkung des Umfangs der Steuerbefreiung begrenzt die Regelung den möglichen Ort der Erbringung einer Leistung durch ein Unternehmen der Deutschen Bahn auf Gemeinschafts- und Betriebswechselbahnhöfe sowie Grenzbetriebs- und Durchgangsstrecken. Hiermit knüpft der Gesetzgeber an **Begrifflichkeiten der Eisenbahninfrastruktur** an, die zur Vernetzung der Eisenbahnsysteme innereuropäisch geöffnet ist. Zutreffend sind hierdurch schwerpunktmäßig an diesen Orten erbrachte Leistungen[1] insbesondere in Form der Überlassung von Anlagen und Räumen sowie der Personalgestellungen[2] und die Bereitstellung von Betriebsstoffen, Schmierstoffen und Energie[3] umfasst.[4]

2. Gemeinschaftsbahnhöfe

11 **Gemeinschaftsbahnhöfe** sind dem Wortlaut nach gemeinschaftliche Bahnhöfe. Mithin handelt es sich um Bahnhöfe, die durch die Deutsche Bahn und die Eisenbahnverwaltung des jeweiligen Auslandes **gemeinsam betrieben** werden, d.h. an denen die Eisenbahninfrastruktur zweier Länder zusammentrifft.

3. Betriebswechselbahnhöfe

12 Unter **Betriebswechselbahnhöfen** sind Bahnhöfe zu verstehen, an denen **ein Zug** an ein im Ausland tätiges Eisenbahnverkehrsunternehmen **übergeben wird**. In diesen Fällen erfolgt – anders als auf Grenzbetriebsstrecken – der Weiterbetrieb des Zuges im Inland nicht durch das ausländische Eisenbahnverkehrsunternehmen sondern durch ein im Inland zugelassenes Eisenbahnverkehrsunternehmen.

4. Grenzbetriebsstrecken

13 **Grenzbetriebsstrecken** sind nach **§ 2 Nr. 10 der EIGV** Streckenabschnitte zwischen festgelegten Bahnhöfen beiderseits der Staatsgrenze. Diese können aufgrund wechselseitiger Anerkennung der Zulassungsvoraussetzungen der jeweiligen Staaten durch ein Eisenbahnverkehrsunternehmen befahren werden, ohne sämtliche inländischen Zulassungsvoraussetzungen für den Betrieb einer Eisenbahn auf dieser Strecke erfüllen zu müssen. Diese notwendig grenznahen Streckenabschnitte liegen **zwischen der Grenze und einem Gemeinschafts- oder Betriebswechselbahnhof**,[5] um bis zu diesem Punkt einen Weiterbetrieb durch das ausländische und ab diesem Punkt einen Betrieb durch das allen Zulassungsvoraussetzungen des jeweiligen Landes entsprechende Eisenbahnverkehrsunternehmen durchzuführen.

5. Durchgangsstrecken

14 Unter **Durchgangsstrecken** sind inländische Strecken zu verstehen, die einem ausländischen Eisenbahnverkehrsunternehmer zur Durchquerung des Inlandsgebietes zur **Verbindung zweier ausländischer Strecken** ohne Zwischenhalt dienen. Nicht erforderlich ist, dass die Strecke als solche in der Hand des ausländischen Eisenbahninfrastrukturunternehmens steht.[6] Diese sind entsprechend dem historischen Rechtsrahmen jedenfalls zumeist durch Staatsverträge errichtet, die entsprechende Befreiungen vorsehen. Durchgangsstrecken stellen bspw. die Bahnstrecken Kufstein – Salzburg über Rosenheim, die auf deutschem Gebiet liegt und in deutscher Hand ist,[7] und Erzingen-Singen über Schaff-

1 BFH, Urt. v. 4.7.2013 – V R 33/11, BStBl. II 2013, 937 = UR 2013, 751.
2 BT-Drucks. 8/1779, 32.
3 Abschn. 4.6.1. UStAE.
4 Ausf. *Huschens* in Schwarz/Widmann/Radeisen, § 4 Nr. 6 Buchst. a UStG Rz. 17 ff. (Stand: August 2022).
5 BT-Drucks. 8/1779, 32; BFH, Urt. v. 4.7.2013 – V R 33/11, BStBl. II 2013, 937 = UR 2013, 751.
6 So wohl *Sterzinger* in Birkenfeld/Wäger, Umsatzsteuer-Handbuch, Abschn. II. Kap. 1. F. – § 4 Nr. 6 UStG Rz. 24 (Stand: August 2018).
7 Vgl. Art. 44 des 31. Staatsvertrages zwischen Österreich und Bayern v. 21.6.1854 (http://alex.onb.ac.at/cgi-content/alex?aid=rgb&datum=1852&page= 200&size= 45).

hausen, die auf schweizerischem Gebiet liegt und in deutscher Hand ist,[1] dar. Nicht entscheidend kann angesichts dessen sein, ob Zwischenhalte möglich wären, aber nicht bedient werden,[2] denn widrigenfalls wäre jedenfalls die Strecke Kufstein – Rosenheim – Salzburg entgegen ihrer historischen Errichtung nicht als Durchgangsstrecke anzusehen.

C. Gegenstände in zollfreier Verwendung (Nr. 6 Buchst. c)

§ 4 Nr. 6 Buchst. c UStG betrifft die Lieferung eingeführter Waren, für die eine **zollrechtlich vorübergehende Verwendung nach Art. 250 ff. UZK**[3] bewilligt wurde, sofern die Bewilligung auch nach der Lieferung noch gilt. Dies beruht darauf, dass die betroffenen Gegenstände nach ihrem zollrechtlichen Status für die Ausfuhr bestimmt sind und daher Einfuhrabgaben nicht erhoben werden, Art. 250 Abs. 1 UZK. § 4 Nr. 6 Buchst. c UStG betrifft allerdings nicht die Ausfuhr als solche, sondern der Ausfuhr vorhergehende Lieferungen. Diese sind befreit, weil der Empfänger der Waren im Drittlandsgebiet ansässig ist und die Waren für die Ausfuhr vorgesehen sind. Nicht maßgebend ist demgegenüber, ob die Waren in das Drittlandsgebiet gelangen; dieser Fall wird von § 4 Nr. 1 Buchst. a, § 6 UStG erfasst. 15

Soweit § 4 Nr. 6 Buchst. c UStG die Lieferung von **„eingeführten"** Waren betrifft, ist dieser Begriff nicht im Sinne der Richtlinie auszulegen, die eine derartige Beschränkung auch gar nicht kennt. Denn nach der Rechtsprechung des Europäischen Gerichtshofes sollen Gegenstände, bei denen es nicht zum Entstehen der Einfuhrumsatzsteuer gekommen ist, weil ein besonderer zollrechtlicher Status eingetreten ist, nicht als „eingeführt" angesehen werden können.[4] Eine derartige Auslegung des Begriffes hätte aber zur Folge, dass die Steuerbefreiung völlig ohne Anwendungsbereich verbliebe. 16

Die Steuerbefreiung gilt nicht für die in **§ 1 Abs. 3 UStG** genannten Gebiete, die ausnahmsweise wie Inlandsgebiete behandelt werden (§ 1 Rz. 320 ff.). **Sachlich ausgenommen** ist die Lieferung von Beförderungsmitteln, Paletten und Containern. Unerheblich ist allerdings die Verschaffung der Verfügungsmacht über diese Gegenstände anlässlich der Lieferung eines anderen, die Lieferung prägenden Gegenstandes. 17

Anders als Art. 161 MwStSystRL verlangt das nationale Recht dem Wortlaut nach nicht, dass die Ware der vorübergehenden Verwendung unter **vollständiger Nichterhebung der Einfuhrabgaben** unterliegen müsse. Dieser fehlenden Beschränkung ist in **richtlinienkonformer Rechtsfortbildung** des nationalen Rechts Rechnung zu tragen, da auch nach nationalem Recht die Steuerbefreiung nur insoweit zu rechtfertigen ist, wie zollrechtlich von einem fehlenden wirtschaftlichen Verbrauch der Waren im Gemeinschaftsgebiet auszugehen ist (Rz. 6). 18

Der Steuerbefreiung kommt angesichts der Rechtsprechung des Europäischen Gerichtshofes konstitutive Bedeutung zu. Denn nach dessen Ansicht kommt es für die Frage, ob eine Lieferung vorliegt, nicht darauf an, dass die gelieferten Gegenstände zuvor im zollrechtlichen Sinne eingeführt worden sind.[5] Hiergegen werden zutreffend Bedenken erhoben.[6] In der Praxis ergeben sich hieraus jedoch zumindest im vorliegenden Zusammenhang keine Unterschiede. 19

D. Personenbeförderungen zur Insel Helgoland (Nr. 6 Buchst. d)

§ 4 Nr. 6 Buchst. d UStG erfasst Personenbeförderungen (zum Begriff § 3b Rz. 11 ff.) im Passagier- und Fährverkehr mit Wasserfahrzeugen zur **Insel Helgoland**. Unter dem Begriff des Fährverkehrs ist 20

1 Vgl. Art. 1, 9 des Vertrages zwischen der Schweizerischen Eidgenossenschaft und dem Großherzogtum Baden betreffend die Weiterführung der badischen Eisenbahnen über schweizerisches Gebiet (https://www.admin.ch/opc/de/classified-compilation/18520001/index.html).
2 Diesen Gesichtspunkt deutet indes BFH, Urt. v. 4.7.2013 – V R 33/11, BStBl. II 2013, 937 = UR 2013, 751 an.
3 Verordnung (EU) Nr. 952/2013, ABl. EU 2013 Nr. L 269, 1.
4 EuGH, Urt. v. 8.11.2012 – C-165/11, ECLI:EU:C:2012:692 – Profitube, UR 2013, 68.
5 EuGH, Urt. v. 8.11.2012 – C-165/11, ECLI:EU:C:2012:692 – Profitube, UR 2013, 68; EuGH, Urt. v. 9.2.2006 – C-305/03, ECLI:EU:C:2006:90 – Kommission/Vereinigtes Königreich, UR 2007, 20.
6 *Wäger*, UR 2013, 81; *Wäger*, UR 2004, 344. Vgl. auch *Hiller*, UR 2015, 45.

der regelmäßige Schiffsverkehr zwischen zwei oder mehreren Häfen zu verstehen, durch den es ermöglicht werden soll, ein Gewässer zu überqueren. Hiervon unterscheidet sich der Passagierverkehr mit Wasserfahrzeugen dadurch, dass dieser weder regelmäßig eingerichtet sein noch dem Zweck dienen muss, ein Gewässer zu überqueren, wenngleich Letzteres beim Schiffsverkehr zur Insel Helgoland immer der Fall ist.

E. Restaurationsleistungen (Nr. 6 Buchst. e)

21 Durch § 4 Nr. 6 Buchst. e UStG werden unionsrechtswidrig (Rz. 2) Restaurationsleistungen an Bord eines Wasserfahrzeuges von der Steuer befreit, sofern sie im Verkehr zwischen einem inländischen und ausländischen Seehafen oder zwei ausländischen Seehäfen erbracht werden. Der Begriff der **Restaurationsleistung** ist in § 3e Abs. 1 Halbs. 2 UStG legal definiert (§ 3e Rz. 11).[1]

22 Die Steuerbefreiung gilt lediglich für Restaurationsleistungen, die im **grenzüberschreitenden Schiffsverkehr** erbracht werden. Sofern eine Beförderung innerhalb des Gemeinschaftsgebietes erbracht wird und sich damit der Leistungsort der Restaurationsleistung nach **§ 3e UStG** richtet, betrifft die Steuerbefreiung allein Beförderungen, die an einem inländischen Seehafen begonnen haben; widrigenfalls liegt bereits der Leistungsort nicht im Inland (§ 3e Rz. 10). Der Anwendungsbereich gegenüber dieser Vorschrift wird allein durch das weitere Merkmal der Seeschifffahrt beschränkt, sodass die Steuerbefreiung einen Großteil der nach § 3e UStG im Inland steuerbaren Restaurationsleistungen erfasst. Von § 3e UStG erfasste Leistungen im Schiffsverkehr, die **nicht** durch § 4 Nr. 6 UStG **erfasst** werden, sind lediglich Restaurationsleistungen an Bord von innergemeinschaftlich grenzüberschreitend verkehrenden **Fluss- und Binnenseeschiffen** wie auf dem Rhein, der Oder oder der Donau.

23 Richtet sich der Leistungsort hingegen nach **§ 3a Abs. 3 Nr. 3 Buchst. b UStG**, d.h. es liegt keine Beförderung innerhalb des Gemeinschaftsgebietes vor, so erfasst die Steuerbefreiung allein Restaurationsleistungen, die während des Durchquerens der steuerlich zum Inland zählenden Hoheitsgewässer erbracht werden, § 1 Abs. 2, 3 UStG (§ 1 Rz. 297 ff., 320 ff.). Andernfalls fehlt es abermals bereits an einer im Inland steuerbaren Restaurationsleistung (§ 3a Rz. 177 ff.).[2] Durch die ausdrückliche Anordnung des § 4 Nr. 6 Buchst. e Satz 2 UStG werden Restaurationsleistungen im Schiffsverkehr mit der Insel Helgoland als wesentlicher Anwendungsbereich allerdings von der Steuerbefreiung ausgenommen.[3]

24 Die Vorschrift ist bereits aufgrund des Verstoßes gegen Richtlinienrecht (Rz. 2) **nicht analog auf Fluggesellschaften** anwendbar.[4]

§ 4 Nr. 7 [NATO-Streitkräfte, Botschaften, Konsulate, zwischenstaatliche Einrichtungen]

Von den unter § 1 Abs. 1 Nr. 1 fallenden Umsätzen sind steuerfrei:

…

7. **die Lieferungen, ausgenommen Lieferungen neuer Fahrzeuge im Sinne des § 1b Abs. 2 und 3, und die sonstigen Leistungen**
   a) **an andere Vertragsparteien des Nordatlantikvertrags, die nicht unter die in § 26 Abs. 5 bezeichneten Steuerbefreiungen fallen, wenn die Umsätze für den Gebrauch oder Verbrauch**

1 *Huschens* in Schwarz/Widmann/Radeisen, § 4 Nr. 6 Buchst. e UStG Rz. 21 (Stand: Juli 2022) will die Vorschrift analog auf Lieferungen anwenden, soweit ein räumlicher und sachlicher Zusammenhang zwischen der Abgabe und dem Verzehr bestehe. **A.A.** ausdrücklich Abschn. 4.6.2. Satz 2 UStAE.

2 Siehe auch *Tehler* in Rau/Dürrwächter, § 4 Nr. 6 UStG Rz. 79 (Stand: Juni 2023).

3 *Tehler* in Rau/Dürrwächter, § 4 Nr. 6 UStG Rz. 82 (Stand: Juni 2023).

4 BFH, Urt. v. 27.2.2014 – V R 14/13, BStBl. II 2014, 869 = UR 2014, 564; *Treiber* in Sölch/Ringleb, § 4 Nr. 6 UStG Rz. 16 (Stand: Oktober 2020); *Tehler* in Rau/Dürrwächter, § 4 Nr. 6 UStG Rz. 40 (Stand: Juni 2023); *Fritsch* in Reiß/Kraeusel/Langer, § 4 Nr. 6 UStG Rz. 17, 65 (Stand: März 2017). **A.A.** *Jorczyk*, DStR 2007, 1660.

durch die Streitkräfte dieser Vertragsparteien, ihr ziviles Begleitpersonal oder für die Versorgung ihrer Kasinos oder Kantinen bestimmt sind und die Streitkräfte der gemeinsamen Verteidigungsanstrengung dienen,

b) an die in dem Gebiet eines anderen Mitgliedstaates stationierten Streitkräfte der Vertragsparteien des Nordatlantikvertrags, soweit sie nicht an die Streitkräfte dieses Mitgliedstaates ausgeführt werden,

c) an die in dem Gebiet eines anderen Mitgliedstaates ansässigen ständigen diplomatischen Missionen und berufskonsularischen Vertretungen sowie deren Mitglieder,

d) an die in dem Gebiet eines anderen Mitgliedstaates ansässigen zwischenstaatlichen Einrichtungen sowie deren Mitglieder,

e) an Streitkräfte eines anderen Mitgliedstaates, wenn die Umsätze für den Gebrauch oder Verbrauch durch die Streitkräfte, ihres zivilen Begleitpersonals oder für die Versorgung ihrer Kasinos oder Kantinen bestimmt sind und die Streitkräfte an einer Verteidigungsanstrengung teilnehmen, die zur Durchführung einer Tätigkeit der Union im Rahmen der Gemeinsamen Sicherheits- und Verteidigungspolitik unternommen wird und

f) an die in dem Gebiet eines anderen Mitgliedstaates stationierten Streitkräfte eines Mitgliedstaates, wenn die Umsätze nicht an die Streitkräfte des anderen Mitgliedstaates ausgeführt werden, die Umsätze für den Gebrauch oder Verbrauch durch die Streitkräfte, ihres zivilen Begleitpersonals oder für die Versorgung ihrer Kasinos oder Kantinen bestimmt sind und die Streitkräfte an einer Verteidigungsanstrengung teilnehmen, die zur Durchführung einer Tätigkeit der Union im Rahmen der Gemeinsamen Sicherheits- und Verteidigungspolitik unternommen wird.

[2]Der Gegenstand der Lieferung muss in den Fällen des Satzes 1 Buchstabe b bis d und f in das Gebiet des anderen Mitgliedstaates befördert oder versendet werden. [3]Für die Steuerbefreiungen nach Satz 1 Buchstabe b bis d und f sind die in dem anderen Mitgliedstaat geltenden Voraussetzungen maßgebend. [4]Die Voraussetzungen der Steuerbefreiungen müssen vom Unternehmer nachgewiesen sein. [5]Bei den Steuerbefreiungen nach Satz 1 Buchstabe b bis d und f hat der Unternehmer die in dem anderen Mitgliedstaat geltenden Voraussetzungen dadurch nachzuweisen, dass ihm der Abnehmer eine von der zuständigen Behörde des anderen Mitgliedstaates oder, wenn er hierzu ermächtigt ist, eine selbst ausgestellte Bescheinigung nach amtlich vorgeschriebenem Muster aushändigt. [6]Das Bundesministerium der Finanzen kann mit Zustimmung des Bundesrates durch Rechtsverordnung bestimmen, wie der Unternehmer die übrigen Voraussetzungen nachzuweisen hat;

…

Schrifttum: *Dahm/Delbrück/Wolfrum*, Völkerrecht, Band I/2, 2. Aufl., Berlin 2002, §§ 71–74; *Schlienkamp*, EG-Binnenmarkt-Richtlinie vom 16.12.1991, UR 1992, 189; *Wäger*, Steuerfreie Leistungen an internationale Einrichtungen, UStB 2000, 146.

A. Grundaussagen

I. Regelungsgegenstand und Bedeutung

1 Die Regelung benennt mehrere **echte Steuerbefreiungen** für im Inland steuerbare Lieferungen und sonstige Leistungen nach § 1 Abs. 1 Nr. 1 UStG. Die Steuerbefreiung erfasst bestimmte im Inland steuerbare Leistungen, die an die im Gebiet der Bundesrepublik ansässigen Streitkräfte anderer Staaten, an die im Gebiet eines anderen Mitgliedstaates ansässigen Streitkräfte eines anderen Mitgliedstaates oder die im Gebiet eines anderen Mitgliedstaates ansässigen Botschaften oder zwischenstaatlichen Einrichtungen erbracht werden. Soweit die Steuerbefreiung voraussetzt, dass die Leistung an in einem anderen Mitgliedstaat ansässige Leistungsempfänger erbracht wird, betrifft sie allein Fälle, die dem Ursprungslandprinzip unterliegen und deshalb im Inland steuerbar sind. Hiernach erfassen § 4 Nr. 7 Buchst. b–d, f UStG allein **Outbound-Leistungen**, während § 4 Nr. 7 Buchst. a, e UStG inländische Leistungsbeziehungen sowie **Inbound-Fälle** erfasst.

2 Durch die Steuerbefreiung wird in sehr weitgehender und über das völkerrechtlich notwendige Maß[1] hinausgehender Form der **Souveränität** fremder Staaten im Allgemeinem und der **Exterritorialität** diplomatischer und konsularischer Vertretungen im Besonderen Rechnung getragen.[2] Dieser Überlegung entspricht es, in Fällen grenzüberschreitender Leistungsbeziehungen auf die materiellen Voraussetzungen des Bestimmungslandes über die Gewährung derartiger Vorrechte Bezug zu nehmen.[3]

3 Da durch die Steuerbefreiungen eine **vollständige Entlastung** von der Umsatzsteuer bezweckt ist, wird den leistenden Unternehmern der Vorsteuerabzug nicht nach § 15 Abs. 2 Nr. 1 UStG verwehrt, § 15 Abs. 3 Nr. 1 Buchst. a UStG (§ 15 Rz. 249 ff.).

II. Unionsrechtliche Grundlagen

4 Die Vorschrift dient der Umsetzung des Art. 151 MwStSystRL (Art. 15 Nr. 10 der 6. EG-Richtlinie):

5 § 4 Nr. 7 Buchst. a UStG beruht auf Art. 151 Abs. 1 Buchst. c MwStSystRL und übernimmt diesen in den wesentlichen Zügen wortgleich.

6 § 4 Nr. 7 Buchst. b UStG beruht auf Art. 151 Abs. 1 Buchst. d MwStSystRL, bleibt jedoch teils hinter zurück (Rz. 15.1). Die fehlende Beschränkung dahingehend, dass die Streitkräfte den gemeinsamen Verteidigungsanstrengungen des Nordatlantikvertrages dienen müssen, erweist sich angesichts des Verweises auf die Bedingungen des anderen Mitgliedstaates betreffend die Gewährung der Steuerbefreiung als unerheblich, § 4 Nr. 7 Satz 2 UStG, sofern dieser seinerseits die Vorgaben der MwStSystRL zutreffend umgesetzt hat.[4]

7 § 4 Nr. 7 Buchst. c, d UStG beruhen auf Art. 151 Abs. 1 Buchst. a, b MwStSystRL. Teils werden **Zweifel an der Unionsrechtskonformität** der Beschränkung der Steuerbefreiung auf Leistungen an im übrigen Gemeinschaftsgebiet ansässige Einrichtungen geäußert,[5] die allerdings aufgrund der nunmehrigen Fassung des Art. 151 Abs. 2 MwStSystRL überholt sein dürften.[6]

7.1 § 4 Nr. 7 Buchst. e, f UStG beruhen auf Art. 151 Abs. 1 Buchst. ba, bb MwStSystRL[7]. Die nationale Regelung übernimmt diese Vorgaben in weiten Teilen wortgleich.

---

1 Zur früheren Debatte, die anfänglich unter dem Stichwort der Exterritorialität und später unter dem Gesichtspunkt der Immunität und der Vorrechte und Befreiungen weitergeführt wurde, siehe bspw. *Dahm/Delbrück/Wolfrum*, Völkerrecht, Band I/2, S. 452 ff., 456 ff., 458 ff., 472 ff.

2 In diesem Sinne auch *Hummel* in Rau/Dürrwächter, § 4 Nr. 7 UStG Rz. 15 (Stand: Oktober 2021); Weitergehend *Liegmann* in Hartmann/Metzenmacher, § 4 Nr. 7 UStG Rz. 9 (Stand: Juni 2018).

3 Ähnlich *Huschens* in Schwarz/Widmann/Radeisen, § 4 Nr. 7 UStG Rz. 27 (Stand: März 2021); Anders *Hummel* in Rau/Dürrwächter, § 4 Nr. 7 UStG Rz. 18 (Stand: Oktober 2021); Zur Frage, ob ein solcher Verweis verfassungskonform ist, vgl. *Hummel* in Rau/Dürrwächter, § 4 Nr. 7 UStG Rz. 41 ff. (Stand: Oktober 2021).

4 *Fritsch* in Reiß/Kraeusel/Langer, § 4 Nr. 7 UStG Rz. 39 (Stand: Juni 2016).

5 *Wäger*, UStB 2000, 146.

6 **A.A.** *Liegmann* in Hartmann/Metzenmacher, § 4 Nr. 7 UStG Rz. 36 (Stand: Juni 2018).

7 Eingeführt durch Richtlinie 2019/2235/EU v. 16.12.2019, ABl. EU 2019 Nr. L 336, 10.

Die in Art. 151 Abs. 1 Buchst. b MwStSystRL genannten Bedingungen, die mit dem Aufnahmemitgliedstaat vereinbart sind, werden durch § 4 Nr. 7 Satz 2 UStG in Bezug genommen. 8

Teilweise haben die Vorgaben Konkretisierung in den unmittelbar geltendes Recht darstellenden Vorgaben der **Art. 49–51 MwStVO** gefunden. 9

III. Verhältnis zu anderen Vorschriften und Rechtsentwicklung

§ 4 Nr. 7 Buchst. a UStG dient der Ergänzung **völkerrechtlich vereinbarter Steuerbefreiungen** in den in § 26 Abs. 5 UStG genannten Verträgen (§ 26 Rz. 53 ff.).[1] 10

§ 4 Nr. 7 Buchst. b–d, f UStG sind aufgrund ihres grenzüberschreitenden Anwendungsbereiches im Zusammenhang mit den Ortsbestimmungsregelungen zu sehen. Die Steuerbefreiungen greifen nur ein, soweit nicht der Leistungsort bereits im Bestimmungsland, insbesondere nach § 3c UStG, liegt. Nicht erfasst wird die **Lieferung neuer Fahrzeuge**. Für diese gilt die Steuerbefreiung nach § 6a UStG.[2] 11

Eine § 4 Nr. 7 UStG entsprechende Regelung ist erstmals mit Wirkung vom 1.1.1987 in § 4 Nr. 6 Buchst. b UStG aufgenommen worden. Zum 1.1.1993 ist diese Regelung in § 4 Nr. 7 Buchst. a UStG übernommen und in der Folgezeit mehrfach geändert worden. § 4 Nr. 7 Buchst. e, f UStG sind durch Artikel 15 Nr. 2 des JStG 2020 mit Wirkung vom 1.7.2022 eingefügt worden, Art. 50 Abs. 8 des JStG 2020. Die Vorschriften stehen im Zusammenhang mit § 1c Abs. 1 Satz 1 Nr. 4 UStG und § 5 Abs. 1 Nr. 8 UStG zur Befreiung innergemeinschaftlicher Erwerbe und Einfuhren.[3] 12

B. Leistungen an andere Vertragsparteien des Nordatlantikvertrages (Nr. 7 Satz 1 Buchst. a)

Die Steuerbefreiung erfasst im Inland steuerbare Leistungen, die an die im Inland stationierten oder sich befindenden Streitkräfte **anderer Vertragsparteien des Nordatlantikvertrages** erbracht werden. Andere Vertragsparteien im Sinne dieser Vorschrift sind alle Vertragsstaaten mit Ausnahme der Bundesrepublik Deutschland als Ansässigkeitsstaat. Zugleich ist **über den Wortlaut** hinaus erforderlich, dass die entsprechenden Streitkräfte **im Inland stationiert** sind oder sich dort als **Gaststreitkräfte** befinden. Dies hat der EuGH für Art. 151 Abs. 1 Buchst. c MwStSystRL in systematischer Auslegung Art. 151 Abs. 1 Buchst. d MwStSystRL entnommen.[4] Diese Auslegung entspricht dem erkennbaren Ziel, dass ein Mitgliedstaat zur Schonung der Souveränität anderer Staaten nicht die Leistungen belasten können soll, die an einen anderen Staat in Wahrnehmung seiner vertraglich zugesicherten Aufgaben erbracht werden.[5] Hieraus erklärt sich auch die weitere Voraussetzung, dass die Streitkräfte der gemeinsamen Verteidigungsanstrengung dienen müssen. Schließlich erfasst § 4 Nr. 7 Buchst. a UStG vor diesem Hintergrund auch Leistungen an die **statusrechtlich eigenen Streitkräfte der NATO** nicht; insoweit kann allein § 4 Nr. 7 Buchst. d UStG einschlägig sein.[6] 13

Die weiteren Begrifflichkeiten der Steuerbefreiung lehnen sich teilweise an die entsprechenden völkerrechtlichen Vereinbarungen an, die Steuerbefreiungen vorsehen, deren Ausweitung § 4 Nr. 7 Buchst. a 14

---

1 *Hummel* in Rau/Dürrwächter, § 4 Nr. 7 UStG Rz. 2 (Stand: Oktober 2021); *Heidner* in Bunjes[22], § 4 Nr. 7 UStG Rz. 2; *Sterzinger* in Birkenfeld/Wäger, Umsatzsteuer-Handbuch, Abschn. II Kap. 1 G. – § 4 Nr. 7 UStG Rz. 5 (Stand: Juni 2023); *Fritsch* in Reiß/Kraeusel/Langer, § 4 Nr. 7 UStG Rz. 31 (Stand: Juni 2016).

2 Zur Frage der Richtlinienkonformität: *Hummel* in Rau/Dürrwächter, § 4 Nr. 7 UStG Rz. 58 ff. (Stand: Oktober 2021); *Liegmann* in Hartmann/Metzenmacher, § 4 Nr. 7 UStG Rz. 13 ff. (Stand: Juni 2018).

3 Zur historischen Entwicklung des § 4 Nr. 7 UStG siehe umfassend bspw. *Hummel* in Rau/Dürrwächter, § 4 Nr. 7 UStG Rz. 6 (Stand: Oktober 2021); *Schüler-Täsch* in Sölch/Ringleb, § 4 Nr. 7 UStG Rz. 1 (Stand: März 2021); *Huschens* in Schwarz/Widmann/Radeisen, § 4 Nr. 7 UStG Rz. 9 ff. (Stand: März 2021).

4 EuGH, Urt. v. 26.4.2012 – C-225/11, ECLI:EU:C:2012:252 – Able UK, UR 2012, 554; *Liegmann* in Hartmann/Metzenmacher, § 4 Nr. 7 UStG Rz. 18 (Stand: Juni 2018).

5 *Sterzinger* in Birkenfeld/Wäger, Umsatzsteuer-Handbuch, Abschn. II Kap. 1 G. – § 4 Nr. 7 UStG Rz. 6 (Stand: Juni 2023).

6 **A.A.** *Hummel* in Rau/Dürrwächter, § 4 Nr. 7 UStG Rz. 92 (Stand: Oktober 2021).

UStG zum Gegenstand hat. Der Begriff der **Streitkräfte** kann in Einklang mit der Legaldefinition in Art. 1 Buchst. a NATO-Truppenstatut, der des **zivilen Begleitpersonals** entsprechend Art. 1 Buchst. b NATO-Truppenstatut verstanden werden. Betreffend die Frage des notwendigen Status der Streitkräfte im jeweiligen Staat kann Art. 1 Buchst. e NATO-Truppenstatut herangezogen werden, nach dem Streitkräfte entweder im Inland stationiert sind oder sich auf der Durchreise befinden. Soweit daher gefordert ist, dass sich die Streitkräfte als Gaststreitkräfte im Inland befinden, meint dies den tatsächlichen Aufenthalt anlässlich einer Durchreise.

C. Leistungen an im übrigen Unionsgebiet stationierte Streitkräfte (Nr. 7 Satz 1 Buchst. b)

15 § 4 Nr. 7 Buchst. b UStG erfasst **grenzüberschreitende Leistungen** (Rz. 2) an die im übrigen Unionsgebiet stationierten Streitkräfte eines (anderen) Mitgliedstaates. Voraussetzung ist, dass die Leistungen an die Streitkräfte eines **anderen Vertragsstaates** des Nordatlantikvertrages **als der der Stationierung** erbracht werden. Es soll verhindert werden, dass die Streitkräfte eines Mitgliedstaates im Gebiet des eigenen Mitgliedstaates steuerfrei Leistungen beziehen können. Aus diesem Zweck folgt zugleich, dass die Streitkräfte auch **nicht dem Staat angehören** dürfen, **aus dem die Leistung** heraus erbracht wird; in diesem Fall fehlt es auch an der Belastung der Souveränität eines anderen NATO-Vertragspartners, auf deren Schonung § 4 Nr. 7 Buchst. a, b UStG abzielen.[1]

15.1 Abweichend von § 4 Nr. 7 Buchst. a UStG und Art. 151 Abs. 1 Buchst. d MwStSystRL erfasst die Steuerbefreiung nicht die Leistungserbringung an das zivile Begleitpersonal und für die Versorgung der Kasinos und Kantinen. Steuerpflichtige können sich jedoch **unmittelbar auf das Richtlinienrecht berufen**.

D. Leistungen an im übrigen Unionsgebiet ansässige diplomatische und konsularische Vertretungen sowie zwischenstaatliche Einrichtungen (Nr. 7 Satz 1 Buchst. c und d)

16 § 4 Nr. 7 Buchst. c, d UStG betreffen den Leistungsbezug durch die diplomatischen und konsularischen Vertretungen sowie deren Mitglieder und zwischenstaatliche Einrichtungen,[2] sofern sie **in einem anderen Mitgliedstaat und nicht im Inland ansässig** sind.[3] Diese Steuerbefreiungen sind **unmittelbar den jeweiligen völkerrechtlichen Verträgen zu entnehmen**, soweit sie in innerstaatliches Recht durch Bundesgesetz transformiert wurden.[4]

E. Leistungen an die Streitkräfte im Rahmen einer europäischen Verteidigungsanstrengung (Nr. 7 Satz 1 Buchst. e und f)

17 Die Vorschrift befreit die im Inland (§ 4 Nr. 7 Satz 1 Buchst. e UStG) oder in einem anderen Mitgliedstaat (§ 4 Nr. 7 Satz 1 Buchst. f UStG) erbrachten Lieferungen und sonstigen Leistungen an Streitkräfte, die im Rahmen der **Gemeinsamen Sicherheits- und Verteidigungspolitik** nach Art. 42–46 des EU-Vertrages an einer Verteidigungsanstrengung teilnehmen. Die Steuerbefreiungen und ihr Pendant im Richtlinienrecht sind in ihrer Reichweite, Formulierung und Systematik den Steuerbefreiungen im

1 *Sterzinger* in Birkenfeld/Wäger, Umsatzsteuer-Handbuch, Abschn. II Kap. 1 G. – § 4 Nr. 7 UStG Rz. 37 (Stand: Juni 2023); **A.A.** *Schüler-Täsch* in Sölch/Ringleb, § 4 Nr. 7 UStG Rz. 18 (Stand: März 2021); *Huschens* in Schwarz/Widmann/Radeisen, § 4 Nr. 7 UStG Rz. 73 (Stand: März 2021); *Liegmann* in Hartmann/Metzenmacher, § 4 Nr. 7 UStG Rz. 31 (Stand: Juni 2018); *Schlienkamp*, UR 1992, 189 (191).

2 Vgl. hierzu BMF, Schr. v. 9.10.2023 – III C 3-S 7493/19/10001 :004 – DOK 2023/0938140, BStBl I 2023, 1705 = UR 2023, 884, Abschn. (3). Für einen umfassenden Überblick siehe *Huschens* in Schwarz/Widmann/Radeisen, § 4 Nr. 7 UStG Rz. 112 ff. (Stand: März 2021).

3 *Wäger*, UStB 2000, 146.

4 *Wäger*, UStB 2000, 146.

Rahmen des **Nordatlantikvertrages entlehnt**. Gemäß Erwägungsgrund 3 der RL 2019/22357EU sollte eine Angleichung an ebendiese Steuerbefreiungen erfolgen. Entsprechend ist hinsichtlich der Reichweite der Steuerbefreiungen auf die Ausführungen zu § 4 Nr. 7 Satz 1 Buchst. a, b UStG – einschließlich der Rechtsprechung des EuGH betreffend eine einschränkende Auslegung der Vorschriften[1] – zu verweisen (Rz. 13 ff.).[2] Von einer Übereinstimmung der Maßstäbe geht grundsätzlich auch die Finanzverwaltung aus.[3]

F. Bestimmungslandabhängigkeit der Steuerbefreiungen nach Buchst. b–d, f (Nr. 7 Satz 2 ff.)

§ 4 Nr. 7 Satz 2 ff. UStG knüpft die Umsatzsteuerbefreiung der § 4 Nr. 7 Satz 1 Buchst. b–d, f UStG an weitere gemeinsame **materielle wie formelle Voraussetzungen**. 18

In **materieller Hinsicht** fordert § 4 Nr. 7 Satz 2 UStG für Lieferungen zunächst die Beförderung oder Versendung des Gegenstandes der Lieferung in das Gebiet des anderen Mitgliedstaates, d.h. in das Gebiet des Mitgliedstaates, in dem die empfangende Einrichtung ansässig ist. Zum Begriff der Beförderung und Versendung siehe § 3 Rz. 336 ff. Dies soll in den Fällen des § 4 Nr. 7 Satz 1 Buchst. b–d UStG voraussetzen, dass die Leistung noch für mindestens sechs Monate zum Gebrauch oder Verbrauch im übrigen Gemeinschaftsgebiet bestimmt ist.[4] Diese zeitliche Einschränkung überzeugt mangels einer entsprechenden gesetzlichen Grundlage nicht,[5] zumal sie entgegen dem klaren Wortlaut des herangezogenen § 4 Nr. 7 Satz 2 UStG nicht die Steuerbefreiung des § 4 Nr. 7 Satz 1 Buchst. f UStG betreffen soll. 19

Weiterhin verknüpft § 4 Nr. 7 Satz 3 UStG die Voraussetzungen der Steuerbefreiung mit den im anderen Mitgliedstaat bestehenden Voraussetzungen. Die von § 4 Nr. 7 Satz 1 Buchst. b–d, f UStG erfassten Leistungen müssen daher zugleich die Voraussetzungen erfüllen, die der Mitgliedstaat der Ansässigkeit des Leistungsempfängers statuiert hat. Zum Zweck dieser Verknüpfung bereits Rz. 2. 19.1

Verfahrensrechtlich sieht § 4 Nr. 7 Satz 5 UStG entsprechend Art. 51 MwStVO zum Nachweis der Voraussetzungen des § 4 Nr. 7 Satz 3 UStG vor, dass dem Leistungserbringer eine vom Leistungsempfänger stammende und von dessen Mitgliedstaat ausgestellte Bescheinigung nach amtlichem Vordruck vorliegt. Eine andere Form des Nachweises über den Inhalt und die Erfüllung fremden Rechts ist nach dem Wortlaut nicht zulässig. § 4 Nr. 7 Satz 6 UStG gestattet es, durch **Rechtsverordnung** weitere Nachweisanforderungen zum Beleg der übrigen Voraussetzungen, d.h. nicht der im anderen Mitgliedstaat bestehenden Anforderungen nach § 4 Nr. 7 Satz 3 UStG, zu stellen. Hiervon hat der Verordnungsgeber bisher **nicht Gebrauch gemacht**, weshalb jede Form des Nachweises zulässig ist.[6] Die FinVerw. wendet dennoch die Grundsätze über den Buch- und Belegnachweis an, will aber auch im Ausnahmefall andere Belege zulassen.[7] Die Anwendung dieser Maßstäbe kann jedenfalls nicht aus der deklaratorischen Regelung des § 4 Nr. 7 Satz 4 UStG gefolgert werden.[8] 20

---

1 *Hummel* in Rau/Dürrwächter, § 4 Nr. 7 UStG Rz. 152 (Stand: Oktober 2021).

2 *Hummel* in Rau/Dürrwächter, § 4 Nr. 7 UStG Rz. 150 ff. (Stand: Oktober 2021). Vgl. auch *Schüler-Täsch* in Sölch/Ringleb, § 4 Nr. 7 UStG Rz. 22 ff. (Stand: März 2021), wonach § 4 Nr. 7 Satz 1 Buchst. f UStG allerdings weiter reiche.

3 Vgl. i.Erg. Abschn. 4.7.1. Abs. 3a–3c UStAE. Zur Einschränkung nach Abschn. 4.7.1. Abs. 5 Satz 3 UStAE, siehe Rz. 19.

4 Abschn. 4.7.1. Abs. 5 Satz 3 UStAE.

5 Zutreffend *Hummel* in Rau/Dürrwächter, § 4 Nr. 7 UStG Rz. 120 (Stand: Oktober 2021).

6 *Hummel* in Rau/Dürrwächter, § 4 Nr. 7 UStG Rz. 196 ff. (Stand: Oktober 2021); *Liegmann* in Hartmann/Metzenmacher, § 4 Nr. 7 UStG Rz. 43 (Stand: Juni 2018).

7 Abschn. 4.7.1. Abs. 5, 7 UStAE.

8 Hierauf verweist aber *Fritsch* in Reiß/Kraeusel/Langer, § 4 Nr. 7 UStG Rz. 39 (Stand: Juni 2016).

§ 4 Nr. 8 [Finanzumsätze]

Von den unter § 1 Abs. 1 Nr. 1 fallenden Umsätzen sind steuerfrei:

…

8. a) die Gewährung und die Vermittlung von Krediten,

b) die Umsätze und die Vermittlung der Umsätze von gesetzlichen Zahlungsmitteln. [2]Das gilt nicht, wenn die Zahlungsmittel wegen ihres Metallgehalts oder ihres Sammlerwerts umgesetzt werden,

c) die Umsätze im Geschäft mit Forderungen, Schecks und anderen Handelspapieren sowie die Vermittlung dieser Umsätze, ausgenommen die Einziehung von Forderungen,

d) die Umsätze und die Vermittlung der Umsätze im Einlagengeschäft, im Kontokorrentverkehr, im Zahlungs- und Überweisungsverkehr und das Inkasso von Handelspapieren,

e) die Umsätze im Geschäft mit Wertpapieren und die Vermittlung dieser Umsätze, ausgenommen die Verwahrung und die Verwaltung von Wertpapieren,

f) die Umsätze und die Vermittlung der Umsätze von Anteilen an Gesellschaften und anderen Vereinigungen,

g) die Übernahme von Verbindlichkeiten, von Bürgschaften und anderen Sicherheiten sowie die Vermittlung dieser Umsätze,

h) die Verwaltung von Organismen für gemeinsame Anlagen in Wertpapieren im Sinne des § 1 Absatz 2 des Kapitalanlagegesetzbuchs, die Verwaltung von alternativen Investmentfonds im Sinne des § 1 Absatz 3 des Kapitalanlagegesetzbuchs und die Verwaltung von Versorgungseinrichtungen im Sinne des Versicherungsaufsichtsgesetzes,

i) die Umsätze der im Inland gültigen amtlichen Wertzeichen zum aufgedruckten Wert;

j) (weggefallen)

k) (weggefallen)

…

Schrifttum: *Altvater*, BMF-Schreiben zur umsatzsteuerlichen Behandlung der Leistungen von Börsenbetreibern – eine kritische Analyse, RdF 2021, 210; *Bal*, Umsatzsteuerliche Behandlung des Kreditkartengeschäfts, BB 2010, 2668; *Bustorff*, Umsatzsteuer bei Finanzdienstleistern, München 2019; *Demleitner*, Vorsteuerabzug bei AIF-Vertriebsgesellschaften, MwStR 2014, 824;*Flad*, Umsatzsteuerbefreiung für die Verwaltung von Wagniskapitalfonds, UVR 2023, 85, 117; *Fleckenstein-Weiland*, Umsatzsteuer bei Corporate Finance-Dienstleistungen, BB 2009, 1508; *Grambeck*, Umsatzsteuerliche Behandlung des echten Factoring, DB 2015, 2969; *Grebe*, Factoring im Umsatzsteuerrecht, UStB 2016, 190; *Hahne*, Die Umsatzsteuer in Kreditinstituten, Heidelberg 2007; *Hahne*, Zur Anwendung von Umsatzsteuer-Befreiungen für Bank- und Finanzdienstleistungen bei Outsourcing-Fällen, BB 2015, 541; *Herbert*, Steuerbefreiung nach § 4 Nr. 8 Buchst. d UStG von an Banken erbrachten Umsätzen eines Dritten im beleghaften Zahlungsverkehr, MwStR 2015, 694; *Huschens*, Neue Entwicklungen bei der umsatzsteuerlichen Behandlung des Factoring, UVR 2016, 80; *Jacobs*, Non-Performing-Loans- und Asset-Backed-Securities-Transaktionen – umsatzsteuerliche Anforderungen, RdF 2017, 146; *Jacobs*, Zur Steuerfreiheit von Umsätzen im Zahlungs- und Überweisungsverkehr, UR 2017, 194; *Jacobs*, Outsourcing im Kreditkartengeschäft, UR 2021, 413; *Jacobs*, BMF stellt klar: Börsenhandelsleistungen im Kassamarkt unterliegen nicht der Umsatzsteuer, AG 2021, R 201; *Jacobs/Zitzl*, Outsourcing im Zahlungsverkehr steuerfrei gem. § 4 Nr. 8 Buchst. d UStG?, UR 2017 110; *Kamps*, Kreditgewährung im europäischen Mehrwertsteuersystem, Köln 2021 (Dissertation); *Liegmann*, Umsatzsteuerliche Behandlung virtueller Währungen, BB 2018, 1175; *Kratz*, Nie wieder umsatzsteuerfreie Auslagerung im Finanzsektor?, BB 2022, 2519; 2587; *Liegmann/Farruggia-Weber*, Die umsatzsteuerrechtliche Behandlung sog. Utility-Token, UR 2021, 541; *Müller/Schmidt*, Umsatzsteuer im Web 3.0 – Ableitungen aus dem BMF-Schreiben v. 10.5.2022 zur Behandlung von Kryptowährungen, DStR 2023, 121, 177; *Philipowski*, Deutsche Umsatzsteuer für die Benutzung einer Kredit- oder Debitkarte im Ausland?, UR 2015, 489; *Philipowski*, Ist die Bereitschaft zur Ausführung grenzüberschreitender Zahlungen eine steuerpflichtige Leistung?, UR 2018, 266; *Rust/Klein*, Voraussetzungen und Rechtsfolgen der neuen Umsatzsteuerbefreiung der Verwaltung von Wagniskapitalfonds nach § 4 Nr. 8 Buchst. h UStG, RdF 2022, 284; *Schuska*, Die Abgrenzung von Vermittlungsdienstleistungen zum Eigengeschäft und elektronischen Dienstleistungen, MwStR 2017, 301; *Straßburger*, Der Forderungskauf in der Umsatzsteuer, StuW 2016, 63; *von Streit/Behrens*, Steuerfreie Kreditgewährung beim sog. echten Factoring – Zugleich Anmerkung zum BFH-Urteil XI R 28/10 vom 15.5.2012, MwStR 2013, 301; *Thunshirn*, Vorsteuerabzug und Umsatzsteuerpflicht für Bankspesen – Bestandsprovisionen im Lichte der EuGH-Rechtsprechung, BB 2013, 1117; *Weber*, Umsatzsteuerliche Behandlung von Provisionen auf Wertpapierbestände bei Depotüberträgen (Bestandsprovisionen), USt direkt digital 15/2017, 9.

A. Grundaussagen

I. Regelungsgegenstand und Bedeutung

1 Gemäß § 4 Nr. 8 UStG sind die in den Buchstaben a-i gennannten Umsätze im Geld- und Kapitalverkehr („Finanzumsätze") steuerbefreit.

2 Dass Finanzumsätze sachlich durch eine allgemeine Verbrauchsteuer wie die Mehrwertsteuer erfasst werden, lässt sich historisch erklären – inhaltlich erscheint die Einbeziehung von Finanzumsätzen in den Anwendungsbereich des UStG wenig zwingend und eine echte Befreiung systematisch gerechtfertigt.[1] Die Motive des historischen Gesetzgebers, eine **Verteuerung des Verbraucherkredits** zu verhindern und **Schwierigkeiten bei der Bestimmung der Bemessungsgrundlage** und der Höhe der abzugsfähigen Mehrwertsteuer zu vermeiden,[2] sind wenig aussagekräftig und regelmäßig wenig geeignet, die Befreiung eines Umsatzes im Einzelfall zu begründen.[3] Zudem lässt sich der Zweck einer Verteuerung des Verbraucherkredits entgegenzuwirken, wegen der Ausgestaltung als unechter Steuerbefreiung (vgl. § 15 Abs. 2 Nr. 1 UStG, s. § 15 Rz. 249 ff.) nur unvollkommen erreichen.

3 Das reine Hin- und Herbewegen von Kapital und einfache Geldzahlungen selbst sind schon keine steuerbaren Umsätze. Steuerbar sind Kreditgewährung, Anteilsveräußerung und Forderungsabtretungen und -einzug zudem nur dann, wenn sie unternehmerisch und im Rahmen einer umsatzsteuerlich relevanten Leistung erfolgen. Nur dann ist eine mögliche Steuerbefreiung zu prüfen.

4 Steuerfrei sind Finanzumsätze, die

- auf die Nutzungsüberlassung von Geld auf Zeit oder auf die Verwahrung von Geld gerichtet sind;
- auf einen Transfer von Geld, Forderungen, Verbindlichkeiten oder aber Wertpapieren, Gesellschaftsanteilen gerichtet sind;
- auf eine Vermögensverwaltung für Rechnung einer Mehrzahl von Anlegern angelegt sind.[4]

5 Die Steuerbefreiung ist auch auf die Vermittlung von Finanzumsätzen ausgeweitet worden.

II. Unionsrechtliche Grundlagen

6 § 4 Nr. 8 UStG setzt die in Art. 135 Abs. 1 Buchst. b-g MwStSystRL aufgeführten Befreiungstatbestände in nationales Recht um und ist richtlinienkonform insbesondere unter Berücksichtigung der Rechtsprechung des EuGH auszulegen. Die durch die Befreiung verwendeten Begriffe gehen auf die 6. EG-Richtlinie zurück und sind seit 1977 nahezu unveränderte, **autonome unionsrechtliche Begriffe**. Eine Orientierung an nationalen zivilrechtlichen Vorschriften scheidet vor diesem Hintergrund aus. Zivilrecht und insbesondere das Aufsichtsrecht haben nur mittelbar Einfluss auf die Auslegung. Auch wenn sich die Befreiungstatbestände inhaltlich an den die jeweilige Leistung typischerweise prägenden Elementen und deren rechtlichen Rahmen orientieren, genießt die „wirtschaftliche und geschäftliche Realität" Vorrang vor einer „formalen Einordnung".[5] Bei komplexen Finanzierungen mit einer Mehrzahl vertraglicher Leistungen sind die allgemeinen Grundsätze zur „komplexen Leistung" sowie von „Haupt- und Nebenleistung" zu beachten.[6]

---

1 *Englisch* in Tipke/Lang, Steuerrecht[24], Rz. 17.203; *Hummel*, UR 2016, 937.

2 EuGH, Urt. v. 22.10.2015 – C-264/14, ECLI:EU:C:2015:718 – David Hedqvist, BStBl. II 2018, 211 = UR 2015, 854 m. Anm. *Beck/König*, Rz. 36 m.w.N. auf EuGH, Urt. v. 19.4.2007 – C-455/05, ECLI:EU:C:2007:232 – Velvet & Steel Immobilien, UR 2007, 379, Rz. 24; EuGH, Urt. v. 14.5.2008 – C-231/07, ECLI:EU:C:2008:275 – Tiercé Ladbroke, Rz. 24.

3 *Prätzler* in Birkenfeld/Wäger, Umsatzsteuer-Handbuch, Abschn. II Kap. 2 A. – § 4 Nr. 8 UStG, Rz. 3 f. (Stand: November 2018).

4 *Wäger* in Sölch/Ringleb, § 4 Nr. 8 UStG, Rz. 21 (Stand: Juni 2023).

5 EuGH, Urt. v. 17.12.2020 – C-801/19, ECLI:EU:C:2020:1049 – FRANCK, UR 2021, 593, Rz. 44.

6 EuGH, Urt. v. 17.12.2020 – C-801/19, ECLI:EU:C:2020:1049 – FRANCK, UR 2021, 593, Rz. 26 ff.; vgl. hierzu auch § 3 Rz. 533 ff., insbes. § 3 Rz. 543–543.4.

Der EuGH verfolgt eine funktionale Betrachtungsweise: Die Befreiungsvorschriften erfassen nur **Finanzgeschäfte.**[1] Die Tatbestandsmerkmale sind personenunabhängig und losgelöst von der Person des leistenden Unternehmers und des Leistungsempfängers auszulegen.[2] Die Vorschriften sind so hinreichend konkret gefasst, dass sie für Steuerpflichtige unmittelbar berufbar sind.[3] Dies gilt – trotz ausdrücklicher Ermächtigung der Mitgliedstaaten zur näheren Definition in Art. 135 Abs. 1 Buchst. g MwStSystRL – auch für die Verwaltung von „Sondervermögen". 7

Die Steuerbefreiungsvorschriften sind als Ausnahme von der Steuerpflicht **eng auszulegen.**[4] In Befreiungstatbeständen enthaltene Rückausnahmen von der Steuerbefreiung (wie die Einziehung von Forderungen, vgl. § 4 Nr. 8 Buchst. c UStG, Rz. 49 ff.) sind weit auszulegen. Der jeweiligen Befreiungsvorschrift darf dabei jedoch nicht ihre praktische Wirksamkeit genommen werden.[5] 8

III. Verhältnis zu anderen Vorschriften und Rechtsentwicklung

1. Vorsteuerabzug und -berichtigung

Vorsteuerbeträge auf Eingangsleistungen, die in direktem Zusammenhang mit Finanzumsätzen stehen, sind gemäß § 15 Abs. 2 Nr. 1 UStG nicht abzugsfähig (**unechte Steuerbefreiung**). Die Umsatzsteuer auf Eingangsleistungen wird so für Unternehmer mit Finanzumsätzen zum Kostenfaktor (Widerspruch zum Neutralitätsgrundsatz). Bei im Inland steuerbaren sonstigen Leistungen an Unternehmer darf der Leistende auf die Steuerfreiheit verzichten und zur Steuerpflicht gemäß § 9 Abs. 1 UStG optieren.[6] Auch Finanzumsätze an Leistungsempfänger mit (Wohn-)Sitz im Drittland (§ 3a Abs. 2, § 3a Abs. 4 Nr. 3 UStG) stehen als Abzugsumsätze gemäß § 15 Abs. 3 UStG einem Vorsteuerabzug nicht entgegen. Soweit Eingangsleistungen nicht direkt mit Abzugs- oder Ausschlussumsätzen in Zusammenhang stehen, sind Vorsteuerbeträge gemäß § 15 Abs. 4 UStG nach wirtschaftlicher Betrachtungsweise schätzweise aufzuteilen. Bei geänderten Verwendungsverhältnissen ist die abgezogene Vorsteuer berichtigungspflichtiger Investitionsgüter und Dienstleistungen (vgl. § 15a Abs. 4 UStG) nachträglich – d.h. nach erstmaliger Verwendung – gemäß § 15a UStG zu kürzen oder anzuheben. Die nur eingeschränkte Vorsteuerabzugsberechtigung der Unternehmer mit unecht steuerfreien Finanzumsätzen beeinflusst die Organisation der Geschäftstätigkeit (Reorganisationen, Beschaffungs- und Vertriebsstrukturen etc.) in vielfältiger Weise. 9

2. Reformüberlegungen

Die Entwicklungen, die der Finanzdienstleistungssektor durchlaufen hat, führen dazu, dass sich eine Vielzahl von Dienstleistungen nur schwer in die Begriffswelt der Mehrwertsteuersystemrichtlinie einpassen lassen, die im Wesentlichen unverändert seit 1977 Bestand hat. Einen ersten Anlauf zur Reform der Befreiungsvorschriften unternahm die Kommission in 2007 mit ihren Vorschlägen für eine Richtlinie und Verordnung zur Reform der Mehrwertbesteuerung von Finanzdienstleistungen.[7] Das Vorhaben war politisch gescheitert und der Vorschlag wurde 2016 offiziell zurückgezogen.[8] 10

1 EuGH, Urt. v. 19.4.2007 – C-455/05, ECLI:EU:C:2007:232 – Velvet & Steel Immobilien, UR 2007, 379, Rz. 22; EuGH, Urt. v. 22.10.2009 – C-242/08, ECLI:EU:C:2009:647 – Swiss Re, UR 2009, 891 m. Anm. *Hamacher*, Rz. 46; EuGH, Urt. v. 28.10.2010 – C-175/09, ECLI:EU:C:2010:646 – Axa UK, UR 2011, 265, Rz. 26.

2 EuGH, Urt. v. 6.10.2022 – C-250/21, ECLI:EU:C:2022:757 – Szef Krajowej Administracji Skarbowej, UR 2022, 851 m. Anm. *L'habitant/Nabipour*; EuGH, Urt. v. 19.4.2007 – C-455/05, ECLI:EU:C:2007:232 – Velvet & Steel Immobilien, UR 2007, 379, Rz. 21 f.

3 EuGH, Urt. v. 19.1.1982 – 8/81 – Becker, UR 1982, 70 m. Anm. *Weiß*.

4 St. Rspr.: EuGH, Urt. v. 19.7.2012 – C-44/11, ECLI:EU:C:2012:484 – Deutsche Bank, UR 2012, 667, Rz. 45.

5 EuGH, Urt. v. 5.7.2012 – C-259/11, ECLI:EU:C:2012:423 – DTZ Zadelhoff, UR 2012, 672, Rz. 21.

6 Bei aus deutscher Sicht im übrigen Gemeinschaftsgebiet ausgeführten steuerfreien Umsätzen sollte die Option regelmäßig ausscheiden, vgl. Abschn. 15.14. Abs. 1 Satz 3 f. UStAE, zum Streitstand: *Bleckmann* in Bustorff, Umsatzsteuer bei Finanzdienstleistern, Rz. 775.

7 Vorschlag für eine Richtlinie bzw. Verordnung zur Reform der Mehrwertbesteuerung von Finanzdienstleistungen, COM (2007), 747, COM (2007), 746; vgl. hierzu auch *Wäger*, UR 2008, 112.

8 ABl. EU 2016 Nr. C 155, 3.

11 Da in jüngerer Vergangenheit auch der EuGH den Anwendungsbereich der Befreiungen zunehmend restriktiv auslegt und so der Branche europaweit Instrumente (wie die Kostenteilungsgemeinschaft, Art. 132 Abs. 1 Buchst. f MwStSystRL)[1] aus der Hand genommen oder zunehmend eingeschränkt hat (vgl. nur die Steuerpflicht des Outsourcing im Geldausgabeautomatenbetrieb)[2], die eine **Belastung mit nicht abzugsfähiger Vorsteuer mindern**, wächst der Reformdruck. Die Kommission hat nun eine weitere Initiative gestartet die Regelungen zur Mehrwertbesteuerung von Finanzdienstleistungen zu überarbeiten. Sie nimmt dabei nicht nur die Begriffsdefinitionen der Befreiungsvorschriften i.e.S. in den Blick, sondern prüft nunmehr auch Optionen wie der Finanzdienstleistungssektor von nicht abzugsfähiger Vorsteuer entlastet werden kann.[3]

IV. Grundfragen des Befreiungstatbestands

1. Auslagerung von Teilleistungen einer Finanzdienstleistung auf Dritte

a) Wahl des Organisationsmodells

12 Eine Dienstleistung soll nach der Rechtsprechung des EuGH auch dann unter die Steuerbefreiung des § 4 Nr. 8 UStG fallen können, wenn sie sich als bloßer Teil eines steuerfreien Finanzumsatzes versteht.[4]

13 Aus dem Neutralitätsgrundsatz folgert der EuGH, dass Unternehmer in der Lage sein müssen, das Organisationsmodell zu wählen, das aus Ihrer Sicht am wirtschaftlichsten ist, um den mit der Ausführung der Leistung intendierten Erfolg zu bewirken.[5] Der Leistungsprozess kann sich auch in mehrere Dienstleistungen aufgliedern, die von (Sub-)Unternehmern jeweils im Auftrag eines (General-)Unternehmers erbracht werden, der sich vertraglich gegenüber dem Leistungsempfänger zur Dienstleistung verpflichtet hat.

14 Diese Freiheit in der Wahl des Organisationsmodells findet ihre Beschränkung jedoch darin, dass jede dieser (ausgelagerten) Dienstleistungen **ein im Großen und Ganzen eigenständiges Ganzes** darstellen muss, das die **spezifischen und wesentlichen Funktionen** einer in dieser Bestimmung beschriebenen Dienstleistung erfüllt – und sich **nicht** in rein technischen oder materiellen Leistungselementen erschöpft.[6] Eine Dienstleistung kann für den Finanzumsatz regelmäßig nicht spezifisch und wesentlich sein, wenn sich die Verantwortlichkeit des unterbeauftragten Unternehmers auf technische Aspekte der Dienstleistung beschränkt. Übernimmt ein Unternehmer ausschließlich notwendige, auch mit Blick auf den angestrebten Leistungserfolg unerlässliche **technische „Sacharbeiten"** mit Nebenleistungscharakter, ist die Leistung nicht hinreichend spezifisch und wesentlich.[7] Da die Teilleistungen funktionell in Bezug zum gesamten Leistungserstellungsprozess zu setzen sind, darf der Ausschluss rein technischer oder materieller Leistungselemente von der Steuerbefreiung nicht so verstanden werden, dass die Steuerbefreiung schon allein wegen der Art ihrer (rein automatisierten) Leistungserbringung ausscheidet – maßgebend sind Inhalt und Ergebnis der Leistungen.[8]

---

1 EuGH, Urt. v. 4.5.2017 – C-274/15, ECLI:EU:C:2017:333 – Kommission/Luxemburg, UR 2017, 424 m. Anm. *Küffner*; EuGH, Urt. v. 21.9.2017 – C-326/15, ECLI:EU:C:2017:719 – DNB Banka, UR 2017, 806 m. Anm. *Jacobs*; EuGH, Urt. v. 21.9.2017 – C-605/15, ECLI:EU:C:2017:718 – Aviva, UR 2017, 801; EuGH, Urt. v. 21.9.2017 – C-616/15, ECLI:EU:C:2017:721 – Kommission/Deutschland, UR 2017, 792 m. Anm. *Küffner*.

2 EuGH, Urt. v. 3.10.2019 – C-42/18, ECLI:EU:C:2019:822 – Cardpoint, UR 2019, 815 m. Anm. *Jacobs*.

3 Vgl. VAT Expert Group working paper No. 89 v. 29.4.2020, taxud.c.1(2020)2635531; VAT Expert Group working paper No. 92 v. 22.5.2020, taxud.c.1(2020)3635695; vgl. auch *Kamps*, Kreditgewährung im europäischen Mehrwertsteuersystem, S. 207 ff. mit Darstellung von Reformvorschlägen zur Mehrwertbesteuerung der Kreditgewährung.

4 EuGH, Urt. v. 5.6.1997 – C-2/95, ECLI:EU:C:1997:278 – SDC, UR 1998, 64, Rz. 64.

5 EuGH, Urt. v. 21.6.2007 – C-453/05, ECLI:EU:C:2007:369 – Ludwig, UR 2007, 617 m. Anm. *Philipowski*.

6 EuGH, Urt. v. 22.10.2009 – C-242/08, ECLI:EU:C:2009:647 – Swiss Re, UR 2009, 891 m. Anm. *Hamacher*.

7 EuGH, Urt. v. 28.7.2011 – C-350/10, ECLI:EU:C:2011:532 – Nordea Pankki Suomi, UR 2011, 747 m. Anm. *Bleckmann*.

8 *Hahne* in Hahne, Umsatzsteuer in Kreditinstituten, Rz. 470.

b) Rechtsprechung

Der EuGH hat die Rechtsprechungsgrundsätze in der Rechtssache *SDC* für die Auslagerung im Zahlungs- und Überweisungsverkehr in weiteren Entscheidungen so weiter fortentwickelt und eingeengt, dass der Auslagerungsunternehmer mit seiner Leistung selbst die für den Umsatz prägende „Änderung der finanziellen und rechtlichen Situation" an dem Buch- oder Bargeld bewirken muss. Das bloße Hinwirken auf den Leistungserfolg „Übertragung von Buch- oder Bargeld" scheint dem EuGH nicht mehr ausreichend zu sein: Denn wenn das Bewirken der Rechtsänderung an Buch- oder Bargeld selbst als entscheidend angesehen wird, erscheint der Schluss nicht fernliegend, dass nur ein Unternehmer, der im Verhältnis zum Leistungsempfänger zur Kontoführung verpflichtet ist, einen steuerfreien Umsatz ausführen kann.[1] Für (Issuing-)Processing Dienstleistungen im Kreditkartengeschäft hat der BFH dies scheinbar jüngst bestätigt.[2] Von den in der Entscheidung *SDC* entwickelten Grundsätzen zum Outsourcing – gerade im Zahlungsverkehr – hat sich die Nachfolgerechtsprechung weit entfernt, ohne diese formell aufzugeben.[3] 15

Die Prüfung, ob Teilleistungen hinreichend spezifisch und wesentlich sind, überlässt der EuGH grundsätzlich den nationalen Gerichten. Aufgrund des hohen Abstraktionsgrads der vorgenannten Kriterien haben mitgliedstaatliche Gerichte ihrerseits den EuGH wiederholt zur Konkretisierung der Grundsätze mit zahlreichen Vorlagebeschlüssen in Vorabentscheidungsverfahren aufgefordert.[4] Der EuGH hat in einer Reihe von nachfolgenden Entscheidungen auf die in der Entscheidungsbegründung der Rechtssache *SDC* entwickelten Grundsätze zurückgegriffen und diese Kriterien für einzelne Finanzumsätze näher konkretisiert: Der von einem Dritten übernommene Leistungsbeitrag sei in Bezug zur befreiten Dienstleistung insgesamt zu setzen. Erscheine der Beitrag funktionell spezifisch und wesentlich, so sei die Leistung steuerbefreit.[5] Deutsche Finanzgerichte oder der BFH haben, wenn sie die Steuerbefreiung von Outsourcing Leistungen prüften, diese überwiegend abgelehnt oder die Auslegung der Steuerbefreiung dem EuGH überlassen.[6] 16

c) Schrifttum

Nach der Literatur sollen die Begriffe „Wesentlichkeit" und „Spezifität" gemeinsam und einheitlich zu verstehen sein. Nur wenn die erbrachte Leistung besondere Bedeutung für den Leistungserfolg habe oder für diesen entscheidend sei, könne sie unter die Steuerbefreiung fallen. Maßgebend sei, dass **die Leistung auf den Erfolg hinwirke**, sie müsse diesen Erfolg nicht selbst bewirken. Ist mit Erfolg der Nutzen, den ein Durchschnittsverbraucher aus dem Konsum der Leistung erfährt, gemeint, so wäre dieser bei der Kreditgewährung in der Deckung von Liquiditätsengpässen, bei Zahlungsverkehrsdienstleistungen in der Übertragung von Buch- oder Bargeld, der Übertragung von geldwerten Ansprüchen, in der Absicherung finanzieller Risiken oder Vermögensverwaltung für fremde Rechnung zu erkennen. 17

d) Vermögensverwaltung

Besonderheiten gelten für die Verwaltung von Investmentvermögen i.S.d. § 4 Nr. 8 Buchst. h UStG. Der Begriff der **„Verwaltung"** ist weiter, die Tätigkeit **komplexer**, so dass der Anwendungsbereich der Steuerbefreiung für verschiedene einzelne (Teil-)Verwaltungsleistungen eröffnet wird.[7] Die Frage, welche Leistungen im Rahmen einer Aufgabenauslagerung im Rahmen der Fondsverwaltung unter der Steuerbefreiung ausgeführt werden können, bleibt umstritten.[8] 18

---

1 *Tausch*, UVR 2017, 134; *Jacobs*, UR 2017, 194; zu EuGH, Urt. v. 26.5.2016 – C-607/14, ECLI:EU:C:2016:355 – Bookit, UR 2016, 711: *Grube*, MwStR 2016, 535; *Hahne*, MwStR 2021, 535 f.; *Hahne*, BB 2015, 541; *Herbert*, MwStR 2015, 694; *Jacobs*, UR 2017, 194.

2 BFH, Urt. v. 10.12.2020 – V R 4/19, UR 2021, 427; kritisch hierzu *Jacobs*, UR 2021, 423.

3 Vgl. *Kratz*, BB 2022, 2519 (2523).

4 Vgl. *Kratz*, BB 2022, 2519 (2523 ff.; 2587 ff.) mit umfassender Darstellung der Rechtsprechungsentwicklung.

5 FG Rheinland-Pfalz, Urt. v. 23.10.2014, 6 K 1465/12, EFG 2015, 588.

6 BFH, Urt. v. 16.11.2016 – XI R 35/14, BStBl. II 2017, 327 = UR 2017, 194 m. Anm. *Jacobs*.

7 *De Weerth* in Küffner/Zugmaier, § 4 Nr. 8 UStG Rz. 39 (Stand: November 2018).

8 Vgl. EuGH, Urt. v. 2.7.2020 – C-231/19, ECLI:EU:C:2020:513 – Blackrock Investment Management (UK), UR 2021, 314; EuGH, Urt. v. 17.6.2021 – C-58/20, C-59/20 – ECLI:EU:C:2021:491 – K und DBKAG, UR 2021, 663.

2. Vermittlung von Finanzumsätzen

a) Autonomer Begriff des Unionsrechts

19 Neben den in § 4 Nr. 8 Buchst. a–g UStG genannten steuerfreien Finanzumsätze im engeren Sinne (Kreditgewährung, Umsätze von gesetzlichen Zahlungsmitteln, Umsätze im Geschäft mit Forderungen, Einlagengeschäft, Zahlungs- und Überweisungsverkehr etc., Wertpapierumsätze und Umsätze von Gesellschaftsanteilen sowie die Übernahme von Verbindlichkeiten i.w.S.) ist auch deren Vermittlung steuerbefreit. Der Vermittlungsbegriff ist ein **eigenständiger, autonomer Begriff des Unionsrechts** und für sämtliche Finanzdienstleistungen in § 4 Nr. 8 Buchst. a–g UStG sowie die Versicherungsvermittlung i.S.d. § 4 Nr. 11 UStG einheitlich auszulegen.[1]

b) Definition

20 Eine Vermittlungsleistung stellt keine Finanzdienstleistung im engeren Sinne dar.[2] Zur Abgrenzung von Eigengeschäften ist maßgebend auf den **Auftritt im Außenverhältnis** abzustellen:[3] Vermitteln setzt ein Handeln im fremden Namen für fremde Rechnung voraus. Eine Vermittlungsleistung setzt die Tätigkeit einer Mittelsperson voraus, die nicht den Platz einer Partei eines Vertrags über ein Finanzprodukt einnimmt und deren Tätigkeit sich von den Leistungen unterscheidet, die von den Parteien selbst erbracht werden.[4] Die Vermittlung nicht steuerbarer Umsätze ist selbst steuerbar und kann daher auch steuerfrei sein.[5]

21 Die Rechtsprechungsgrundsätze zur auch arbeitsteilig möglichen Erbringung steuerbefreiter Finanzdienstleistungen finden auf die Vermittlung Anwendung. Für die Steuerbefreiung ist der Zweck der Mittlertätigkeit zu berücksichtigen. Diesen erkennt der EuGH darin, alles Erforderliche zu tun, damit zwei oder mehrere Parteien einen Vertrag abschließen, an dessen Inhalt der Vermittler kein über das bloße Zustandekommen hinausgehendes Eigeninteresse hat.[6] Entscheidend ist die Art der Leistung und der mit der Leistung verfolgte Zweck; es ist nicht erforderlich, dass der Vermittler Kontakt zu einer Vertragspartei hat oder dass er zu einer der Vertragsparteien selbst in einem vertraglichen Verhältnis steht.[7]

22 Die Tätigkeit kann darin bestehen, die Gelegenheit zum Abschluss eines Vertrags nachzuweisen (Nachweis), mit der anderen Partei Kontakt aufzunehmen (Kontaktaufnahme) oder im Namen und für Rechnung des Kunden über die Einzelheiten des Vertrags zu verhandeln (Verhandlung). Erbringt der Unternehmer weitere, insbesondere der Vermittlung der Natur der Sache nach vorgelagerte (Beratungs-)Leistungen und erscheinen diese Leistungen nach den Grundsätzen der Einheitlichkeit der Leistung oder Haupt- und Nebenleistung nur als untergeordnet, so steht dieser Umstand der Steuerbefreiung der Leistung des Unternehmers insgesamt nicht entgegen.[8]

23 Auch über eine Online-Plattform vermittelte Geschäfte können als Vermittlung steuerfrei sein, wenn der Betreiber mit seiner Plattform eine Vermittlungstätigkeit ausübt: Ein hoher Technisierungsgrad und der Einsatz von IT können für sich dem Vermittlungscharakter nicht entgegenstehen.[9]

---

1 Vgl. Abschn. 4.8.1 Satz 1 UStAE.

2 EuGH, Urt. v. 13.12.2001 – C-235/00, ECLI:EU:C:2001:696 – CSC Financial Services, UR 2002, 84 m. Anm. *Wäger*, Rz. 38.

3 Vgl. BFH, Urt. v. 15.5.2012 – XI R 16/10, BStBl. II 2013, 49 = UR 2013, 27; BFH, Urt. v. 16.3.2000 – V R 44/99, UR 2000, 281.

4 EuGH, Urt. v. 21.6.2007 – C-453/05, ECLI:EU:C:2007:369 – Ludwig, UR 2007, 617 m. Anm. *Philipowski*; EuGH, Urt. v. 3.4.2007 – C-124/07, ECLI:EU:C:2008:196 – Beheer, UR 2008, 504 m. Anm. *Hamacher*.

5 EuGH, Urt. v. 27.5.2004 – C-68/03, ECLI:EU:C:2004:325 – Lipjes, UR 2004, 355.

6 EuGH, Urt. v. 13.12.2001 – C-235/00, ECLI:EU:C:2001:696 – CSC Financial Services, UR 2002, 84 m. Anm. *Wäger*, Rz. 39; EuGH, Urt. v. 21.6.2007 – C-453/05, ECLI:EU:C:2007:369 – Ludwig, UR 2007, 617 m. Anm. *Philipowski*, Rz. 28; EuGH, Urt. v. 5.7.2012 – C-259/11, ECLI:EU:C:2012:423 – DTZ Zadelhoff, UR 2012, 672, Rz. 27; Abschn. 4.8.1 Satz 2 UStAE.

7 Abschn. 4.8.1 Satz 3 UStAE.

8 Vgl. EuGH, Urt. v. 21.6.2007 – C-453/05, ECLI:EU:C:2007:369 – Ludwig, UR 2007, 617 m. Anm. *Philipowski*.

9 Kritisch auch *Bustorff* in Bustorff, Umsatzsteuer bei Finanzdienstleistern, Rz. 63.

c) Arbeitsteilige Vermittlung

Nicht ausgeschlossen ist, dass die Vermittlungstätigkeit in verschiedene Einzelleistungen zerfällt, die von unterschiedlichen Unternehmern ausgeführt werden und dass jede dieser Einzeltätigkeiten als **steuerbefreite Vermittlungsleistung** qualifiziert werden kann. Voraussetzung hierfür ist jedoch, dass die Einzeltätigkeiten jeweils für sich hinreichend spezifisch und wesentlich genug sind, um im Großen und Ganzen als Vermittlungsleistung eingeordnet werden zu können. Diesem Erfordernis soll ein Unternehmer nur genügen, wenn sich sein Leistungsbeitrag auf konkrete einzelne Geschäftsabschlüsse bezieht, denn allgemeine vertriebsunterstützende Leistungen, aber auch die Übernahme von Arbeiten, die der zur Hauptleistung (Vermittlung) verpflichtete Unternehmer schuldet (über die Vermittlung hinausgehende Sacharbeiten i.w.S.)[1], sind für sich nicht steuerbefreit.[2] Hierunter fallen u.a. Leistungen, die sich darin erschöpfen, einen Mittler bei dessen Vermittlungsgeschäften zu unterstützen, ohne selbst die Voraussetzungen für eine Mittlertätigkeit zu erfüllen, z.B. Schulungs- und Trainingsleistungen im mehrstufigen Vertrieb von „Untervermittlern" durch sog. Distributoren. Unter welchen Voraussetzungen **im mehrstufigen Vertrieb** noch von einem hinreichend engen Bezug der Vertriebsleistung zu einzelnen Geschäftsvorfällen und damit von einer steuerfreien Vermittlung ausgegangen werden kann, erscheint mit Blick auf die Entscheidungspraxis der Umsatzsteuersenate des BFH **zweifelhaft.**[3] Die FinVerw. lässt die Möglichkeit der Einflussnahme durch Prüfung eines jeden Vertragsangebots genügen,[4] während der XI. Senat die Prüfung eingereichter Unterlagen auf Vollständigkeit und Plausibilität nicht als hinreichend ansieht.[5] Da auch diese Entscheidung im Bundessteuerblatt Teil II veröffentlicht ist, empfiehlt sich im mehrstufigen Vertrieb die durchgeführten Prüfungshandlungen möglichst präzise zu dokumentieren und so die Einflussnahme auf den Geschäftsabschluss im Einzelfall nachweisen zu können.[6] 24

d) Einzelfälle

aa) Kontinuitäts- und Bestandsprovision

(1) Rechtsprechung

Nach der Rechtsprechung des BFH stellen die von Wertpapieremittenten (i.d.R. Investmentfondsverwaltungsgesellschaften) an Vermittler von Finanzprodukten gezahlten Kontinuitäts- und Bestandsprovisionen Entgelt für einen steuerfreien Vermittlungsumsatz dar. Mit ihnen soll der Vertriebserfolg verstetigt werden. Kunden sollen an das Finanzprodukt dauerhaft gebunden werden.[7] Die Provision soll den Vermittler motivieren, den Kunden nicht zur Umschichtung seines Portfolios zu bewegen. 25

(2) Einzelfragen

Die FinVerw. geht auch nach einem Depotübertrag auf ein anderes Kreditinstitut von der Steuerfreiheit entsprechender Provisionen aus, wenn das aufnehmende Kreditinstitut eine eigene Vertriebsvereinbarung mit dem Wertpapieremittenten hat und die Provision auf der Grundlage der abgeschlossenen Vertriebsvereinbarung gezahlt wird, der Emittent keine anderweitig erbrachte Leistung des auf- 26

---

1 Vgl. hierzu auch den Vorlagebeschluss: BFH, Vorlagebeschl. v. 5.9.2019 – V R 58/17, UR 2020, 61 zur Frage, ob die Leistungen eines Assekuradeurs, der neben Vermittlungsleistungen auch Leistungen erbringt, die als Versicherungsleistungen steuerfrei sein können, insgesamt steuerfrei sind.

2 BFH, Urt. v. 30.10.2008 – V R 44/07, BStBl. II 2009, 554 = UR 2009, 86 m. Anm. *Hahne/Philipowski*; Abschn. 4.8.10 Abs. 3 Satz 5 UStAE.

3 BFH, Urt. v. 3.8.2017 – V R 19/16, BStBl. II 2017, 1207 = UR 2017, 919; BFH, Urt. v. 30.10.2008 – V R 44/07, BStBl. II 2009, 554 = UR 2009, 86 m. Anm. *Hahne/Philipowski*; möglicherweise restriktiver BFH, Urt. v. 14.5.2014 – XI R 13/11, BStBl. II 2014, 734.

4 Abschn. 4.8.1 Satz 10 ff. UStAE.

5 BFH, Urt. v. 14.5.2014 – XI R 13/11, BStBl. II 2014, 734.

6 Vgl. hierzu *Hahne/Philipowski*, UR 2009, 90 ff.; auch hier muss die Dokumentation die ökonomische Realität abbilden, vgl. FG Niedersachsen, Urt. v. 19.8.2021 – 11 K 190/19, DStRE 2022, 991.

7 BFH, Urt. v. 19.4.2007 – V R 31/05, UR 2007, 646 m. Anm. *Hahne*.

nehmenden Instituts vergütet, der Zahlung immer eine Vermittlungsleistung zeitlich vorausgeht und die an das abgebende und das aufnehmende Institut gezahlte Provision der Höhe nach identisch ist.[1]

27 Weshalb die Steuerfreiheit einer Vermittlungsleistung davon abhängig sein soll, dass abgebendes und aufnehmendes Kreditinstitut in identischer Höhe vergütet werden, erscheint nicht überzeugend.[2] Bei Abrechnung von Provisionen durch Gutschriften ohne Steuerausweis und mit Hinweis auf die Steuerbefreiung muss das aufnehmende Institut wohl vermuten dürfen, dass der Emittent Provisionen in identischer Höhe an das abgebende und das aufnehmende Institut gezahlt hat. Nur wenn das aufnehmende Institut positive Kenntnis von der Höhe der an das abgebende Institut gezahlten Provision hat, ist es überhaupt in der Lage die eigene Steuerschuldnerschaft zu erkennen und gestellten Gutschriften zu widersprechen. Wie das aufnehmende Institut aber diese Kenntnis erlangen soll, ist zweifelhaft. Denn einen Auskunftsanspruch gegen den Emittenten wird das aufnehmende Institut nicht haben. Damit sollte dem Kriterium keine praktische Relevanz zukommen und die FinVerw. die Steuerfreiheit entsprechender Zahlungen nicht in Abrede stellen, wenn im Übrigen die Voraussetzungen der Verwaltungsvorschrift erfüllt werden.[3]

bb) Kommissionsstrukturen

28 Der Vermittlungserfolg (z.B. Kauf-, Verkauf von Wertpapieren für einen Dritten) kann auch im Rahmen einer Kommissionsstruktur hergestellt werden. **Art. 28 MwStSystRL** begründet eine juristische Fiktion zweier gleichartiger Dienstleistungen, die nacheinander erbracht werden. Dementsprechend wird der Wirtschaftsteilnehmer, der bei der Erbringung von Dienstleistungen hinzutritt, so behandelt, als ob er zunächst die fraglichen Dienstleistungen von dem Wirtschaftsteilnehmer erhalten hätte und anschließend diese Dienstleistungen dem Kunden selbst erbrächte.[4] Der **Wortlaut der Vorschrift** ist **weit gefasst** und enthält keinerlei Beschränkungen des Anwendungsbereichs.[5] Die mit dieser Vorschrift geschaffene Fiktion betrifft daher auch die Anwendung von nach der MwStSystRL vorgesehenen Befreiungen für Finanzdienstleistungen von der Mehrwertsteuer.[6]

29 Im Rahmen der Vorsteueraufteilung gemäß § 15 Abs. 4 UStG kann sich diese Fiktionswirkung bei Finanzkommissionsgeschäften für Privatanleger und Auftrag zu Veräußerung von Finanzinstrumenten an ausländischen Handelsplätzen u.a. als problematisch erweisen, wenn anhand von Umsatzverhältnissen der Anteil nichtabzugsfähiger Vorsteuerbeträge ermittelt werden soll. Auch vor diesem Hintergrund lässt sich die Ablehnung der Fiktion durch Teile der Literatur für diese Art Umsätze erklären.[7]

cc) Abgrenzung zur Beratung

30 Die Begleitung von Unternehmenstransaktionen durch (Investment-)Banken (sog. „**Corporate Finance Dienstleistungen**") kann in umsatzsteuerlicher Hinsicht als ein Bündel einzelner steuerpflichtiger Beratungs- und steuerbefreiter Vermittlungsleistungen gemäß § 4 Nr. 8 Buchst. e, f UStG oder insgesamt als einheitliche steuerpflichtige Beratung oder steuerbefreite Vermittlungsleistung einzuordnen sein. Letztlich ist nach allgemeinen Grundsätzen zur Einheitlichkeit der Leistung oder nach den Grundsätzen von Haupt- und Nebenleistung und damit aus Sicht des Durchschnittsverbrauchers zu prüfen, ob im Einzelfall die Beratung nur als Nebenleistung zur Vermittlung einzuordnen ist oder aber die Beratung derart in den Vordergrund rückt, dass Vermittlung oder Beratung insgesamt die vertraglich zusammengefassten Leistungselemente prägen.[8] Bei Beauftragung des Unternehmers durch den

---

1 Vgl. Abschn. 4.8.8 Abs. 6 UStAE.

2 Kritisch *Bleckmann* in Bustorff, Umsatzsteuer bei Finanzdienstleistern, Rz. 1292.

3 *Thunshirn*, BB 2013, 1117; *Weber*, USt direkt digital 15/2017, 9.

4 EuGH, Urt. v. 14.7.2011 – C-464/10, ECLI:EU:C:2011:489 – Henfling, UR 2012, 470, Rz. 35.

5 *Bustorff* in Bustorff, Umsatzsteuer bei Finanzdienstleistern, Rz. 114; vgl. auch die Kritik bei *Wäger* in Sölch/Ringleb, § 4 Nr. 8 UStG, Rz. 107 (Stand: Oktober 2021).

6 *Wäger*, DStR 2005, 854; vgl. auch § 3 Rz. 622 ff.

7 *Bustorff* in Bustorff, Umsatzsteuer bei Finanzdienstleistern, Rz. 279.

8 FG Hessen, Urt. v. 23.10.2008 – 6 K 1970/03, EFG 2009, 1875; *Bustorff*, DB 2009, 1317; *Prätzler* in Birkenfeld/Wäger, Umsatzsteuer-Handbuch, Abschn. II Kap. 2 A. – § 4 Nr. 8 UStG, Rz. 225 (Stand: November 2018).

bisherigen Anteilsinhaber, insbesondere bei einem beabsichtigten Verkauf der Beteiligung in einem Bieterverfahren, sollte das Vermittlungselement das Leistungsbündel prägen können und bei einheitlicher Leistung von der Steuerfreiheit der Corporate Finance Dienstleistung insgesamt auszugehen sein.[1]

B. Kreditgewährung und -vermittlung (Nr. 8 Buchst. a)

I. Regelungsgegenstand

§ 4 Nr. 8 UStG setzt Art. 135 Abs. 1 Buchst. b MwStSystRL in nationales Recht um. Seit dem UStG 1980 ist neben der „Gewährung" auch die „Vermittlung von Krediten" steuerbefreit. Das Jahressteuergesetz 1996[2] schloss die Verwaltung von Krediten und Kreditsicherheiten durch einen anderen als den Kreditgeber von der Steuerbefreiung aus. 31

Die Kreditgewährung definiert sich unionsrechtlich als **Überlassung von Kapital gegen Entgelt**,[3] regelmäßig aber nicht zwingend gegen Zins.[4] Die Steuerbefreiung greift nur, wenn die Kreditgewährung steuerbar ist; d.h. ein Unternehmer im Zusammenhang mit seinem Unternehmen Kredite gewährt. Gesellschafterdarlehen einer Finanzholding sind daher nicht steuerbar,[5] sofern die Kapitalüberlassung jedoch zur Verfolgung der wirtschaftlichen Tätigkeit des Unternehmers im Übrigen erfolgt (Cash-Pool) ist sie steuerbar und steuerbefreit. Eine zinslose Darlehensgewährung ist Indiz für die Nichtsteuerbarkeit.[6] Die Kapitalanlage, das Sparen, ist regelmäßig nicht steuerbar,[7] kann aber ausnahmsweise steuerbar sein, wenn die Geldanlage der Erweiterung einer bestehenden unternehmerischen Tätigkeit und unternehmerischen Zwecken dient.[8] Das Interesse an der „Rentabilisierung des investierten Kapitals"[9] kann die Steuerbarkeit für sich nicht begründen. Die Übergänge der unternehmerischen zur nicht unternehmerischen Tätigkeit sind fließend. 31.1

II. Gewährung von Krediten

1. Definition

Die steuerfreie Kreditgewährung ist eine **Duldungsleistung** (Auszahlung von Kapital gegen Entgelt). Der Kreditgeber trägt das Kreditrisiko. Unerheblich ist, woher dieses stammt und ob der Kreditgeber zur Verringerung dieses Risikos Maßnahmen ergreift (Sicherheitengestellung).[10] Die Auszahlung der Kreditvaluta und deren Rückzahlung sind nicht steuerbar. Ob Sachdarlehen steuerfrei gewährt werden können, ist zweifelhaft, weil kein (Buch-)Geld zur Nutzung gegen Entgelt überlassen wird und daher kein Finanzgeschäft vorliegen sollte.[11] 32

1 Vgl. auch *Bustorff*, DB 2009, 1317; *Fleckenstein-Weiland*, BB 2009, 1508; *Bode/Fleckenstein-Weiland*, DStR 2013, 2066.

2 Art. 20 Abs. 7 Buchst. d JStG 1996, BGBl. II 1995, 1250, 1395 = BStBl. I 1995, 438.

3 EuGH, Urt. v. 17.12.2020 – C-801/19, ECLI:EU:C:2020:1049 – FRANCK, UR 2021, 593, Rz. 36.

4 Vgl. EuGH, Urt. v. 6.10.2022 – C-250/21, ECLI:EU:C:2022:757 – Szef Krajowej Administracji Skarbowej, UR 2022, 851 m. Anm. *L'habitant/Nabipour*, Rz. 34 unter Hinweis auf EuGH, Urt. v. 15.5.2019 – C-235/18, ECLI:EU:C:2019:412 – Vega International Car Transport and Logistic, UR 2019, 461, Rz. 47 f.

5 Vgl. BFH, Beschl. v. 13.11.2019 – V R 30/18, BStBl. II 2021, 248 = UR 2020, 140; EuGH, Urt. v. 29.4.2004 – C-77/01, ECLI:EU:C:2004:243 – EDM, UR 2004, 292 m. Anm. *Wäger*.

6 Vgl. *Herbert* in Hartmann/Metzenmacher, § 4 Nr. 8 UStG, Rz. 21 (Stand: Januar 2014).

7 BFH, Urt. v. 15.1.1987 – V R 3/77, BStBl. II 1987, 512 = UR 1987, 261.

8 EuGH, Urt. v. 11.7.1996 – C-306/94, ECLI:EU:C:1996:290 – Régie dauphinoise, UR 1996, 304.

9 EuGH, Urt. v. 14.11.2000 – C-142/99, ECLI:EU:C:2000:623 – Floridienne und Berginvest, UR 2000, 530, Rz. 27 f.

10 Vgl. EuGH, Urt. v. 6.10.2022 – C-250/21, ECLI:EU:C:2022:757 – Szef Krajowej Administracji Skarbowej, UR 2022, 851 m. Anm. *L'habitant/Nabipour*, Rz. 38 f.; a.A. EuGH, Schlussantr. der Generalanwältin Medina v. 12.5.2022 – C-250/21, ECLI:EU:C:2022:386 – Szef Krajowej Administracji Skarbowej, Rz. 63, 78.

11 Vgl. *Wäger* in Sölch/Ringleb, § 4 Nr. 8 UStG, Rz. 91 (Stand: Oktober 2021).

33 Zum Entgelt der Kreditgewährung zählen neben dem Zins auch die **Kreditnebenkosten.** Die Leistungsbezeichnung hat keine Auswirkung auf die Steuerbefreiung. Auch die Kreditbereitschaft ist steuerfreie Kreditgewährung, sodass Bereitstellungszinsen,[1] Vorfälligkeits- und Nichtabnahmeentschädigungen ebenfalls steuerfrei sind,[2] jedenfalls soweit sie nicht wegen aufgetretener Vertragsstörungen gezahlt werden und Schadensersatzcharakter besitzen.[3] Eine ausdrückliche Kreditvereinbarung ist nicht nötig.[4]

2. Kreditgewährung i.Z.m. anderen Leistungen

34 Ein Unternehmer kann in unmittelbarem Zusammenhang mit der Ausführung eines steuerpflichtigen Umsatzes auch zusätzlich steuerfrei Kredit gewähren und damit eine weitere selbständige sonstige Leistung erbringen. Erscheint die Kreditgewährung hingegen als Nebenleistung einer steuerpflichtigen Hauptleistung bzw. unselbständiges Element eines komplexen einheitlichen (steuerpflichtigen) Umsatzes, erhöhen Zinsen des Leistungsempfängers das Entgelt für die steuerpflichtige Leistung.[5]

35 Gewährt ein Unternehmer für die Bezahlung der Gegenleistung einen Zahlungsaufschub gegen Stundungs- oder Zielzinsen ist hierin ein Entgelt für steuerfreie Kreditgewährungen zu erkennen. Die FinVerw. fordert für die Annahme einer selbständigen Kreditgewährung eine **gesonderte Vereinbarung und Abrechnung** des Entgelts durch den leistenden Unternehmer.[6] Von der Forderung den Jahreszins gesondert auszuweisen, ist die Verwaltung nach jüngerer BFH Rechtsprechung[7] abgerückt.[8]

36 Die **Stundung** muss jedoch die **Zeit nach Lieferung oder Leistung** betreffen; die entgeltliche Stundung von An- oder Vorauszahlungen ist keine steuerbefreite „Kreditgewährung", sondern zusätzliches Entgelt für die steuerpflichtige Sachleistung.[9]

37 Gewährt der Unternehmer zur Absatzförderung zinslos Kredit, so soll die Kreditgewährung jedoch bloße Nebenleistung sein und das für den steuerpflichtigen Umsatz berechnete Entgelt nicht in einen steuerfreien (Kreditzins) und steuerpflichtigen Anteil (Kaufpreis) aufgespalten werden können.[10] Zur umsatzsteuerlichen Behandlung von Zahlungen der Hersteller/Händler an Finanzierungsinstitute zum Ausgleich von vergünstigten Kredit- bzw. Leasinggeschäften (**Subventionszahlungen**) hat die FinVerw. Stellung genommen.[11]

38 **Skonto und Barzahlungsrabatte** stellen **Entgeltminderungen** in Bezug auf die steuerpflichtige Sachleistung dar; nicht in Anspruch genommene Zahlungsnachlässe sind keine steuerfreien Kreditgewährungen. Keine Entgeltminderung ist hingegen anzunehmen, wenn der Unternehmer Zinskosten einer Null-Prozentfinanzierung im Rahmen einer Warenlieferung bei Kreditgewährung durch einen Dritten (Kreditinstitut) in der Weise trägt, dass das Kreditinstitut im Rahmen der Auszahlung an den Unternehmer vom Darlehensbetrag die Zinsen einbehält und der Kunde in Raten den Kaufpreis an das Kreditinstitut zahlt. Dies gilt auch, wenn der Unternehmer in der Rechnung gegenüber dem Kunden angibt, er gewähre ihm einen Nachlass in Höhe der Zinsen.[12]

39 Während der BFH für das „echte Factoring" eine selbständige steuerfreie Kreditgewährung des Forderungskäufers neben der Einziehungsleistung ausschließt,[13] kann bei unechtem Factorings eine nur op-

---

1 Abschn. 4.8.2 Abs. 1 Satz 3 UStAE; BFH, Urt. v. 13.2.1969 – V R 68/87, BStBl. II 1969, 449.
2 BFH, Urt. v. 20.3.1980 – V R 32/76, BStBl. II 1980, 538 = UR 1980, 210.
3 Zu Schadensersatzzahlungen vgl. Abschn. 1.3 UStAE.
4 Abschn. 3.5 Abs. 7 UStAE.
5 EuGH, Urt. v. 8.12.2016 – C-208/15, ECLI:EU:C:2016:936 – Stock'94, UR 2017, 28.
6 Abschn. 3.11, 4.8.2 UStAE.
7 BFH, Urt. v. 13.11.2013 – XI R 24/11, BStBl. II 2017, 1147 = UR 2014, 693.
8 Abschn. 3.11 Abs. 1 UStAE geändert durch BMF, Schr. v. 8.11.2017 – III C 2-S 7100/13/10007, BStBl. I 2017, 1517, UR 2017, 941.
9 EuGH, Urt. v. 27.10.1993 – C-281/91, ECLI:EU:C:1993:855 – Muys' en De Winter's, UR 1994, 73.
10 EuGH, Urt. v. 15.5.2001 – C-34/99, ECLI:EU:C:2002:271 – Primback, UR 2001, 308.
11 Abschn. 3.10 Abs. 6 Nr. 14 UStAE.
12 BFH, Urt. v. 24.2.2021 – XI R 15/19, BStBl. II 2021, 729 = UR 2021, 645.
13 BFH, Urt. v. 15.5.2012 – XI R 28/10, BFH/NV 2012, 1744.

tional angebotene Vorfinanzierung von Arzthonoraren gegen gesonderte Gebühr selbständige steuerfreie Kreditgewährung sein.[1]

3. Konsortial- und Treuhandkredite

Konsortialkredite werden von mehreren Banken gemeinschaftlich vergeben. Jeder Konsorte will nur einen Anteil der Kreditsumme zur Verfügung stellen. Der Konsortialkredit wird regelmäßig durch eine Bank (Konsortialführer) für sämtliche Konsorten ausverhandelt und verwaltet. Beim offenen Konsortialkredit gewährt der Konsortialführer im Rahmen seiner Konsortialquote im eigenen Namen für eigene Rechnung Kredit. Ansonsten tritt der **Konsortialführer** im fremden Namen für fremde Rechnung (der übrigen Konsorten) auf und vermittelt weitere Kreditgewährungsleistungen. Nach Auffassung der OFD Frankfurt sollen an den Konsortialführer gezahlte **(Führungs-)entgelte** – wie bei der offenen Mitversicherung[2] – steuerpflichtig und die Umsatzsteuer (bei Zahlung durch den Kreditnehmer an einen ausländischen Konsortialführer von dritter Seite) vom inländischen Konsorten zu schätzen sein.[3] Dies ist für inländische Kreditinstitute, die sich an internationalen offenen Konsortialkrediten beteiligen, nachteilig, denn gem. Art. 135 Abs. 1 Buchst. b und c MwStSystRL ist die „Verwaltung von Krediten“ und „Verwaltung von Kreditsicherungen“ jeweils „durch die Kreditgeber“ steuerfrei. Andere EU Mitgliedstaaten haben diese Unionsvorschriften umfassend in ihr nationales Recht umgesetzt (zur Rechtslage in Deutschland Rz. 43). Mit dem ZuFinG sollte daher die „Verwaltung von Krediten durch die Kreditgeber“ wieder in § 4 Nr. 8 Buchst. a UStG bzw. „die Verwaltung von Kreditsicherheiten“ in § 4 Nr. 8 Buchst. g UStG aufgenommen werden.[4] Der Gesetzgeber hat sich jedoch aus Haushaltsgründen (wegen befürchteter Steuermindereinnahmen i.H.v. 100 Millionen Euro) entschlossen, auf die Neuregelung zu verzichten.[5] 40

Treuhand- oder (verdeckte) Konsortialkredite werden vom Treuhänder bzw. vom Konsortialführer im eigenen Namen abgeschlossen und (auch) für Rechnung einer oder mehrerer Hintermänner an Dritte vergeben. Treuhänder oder Konsortialführer sind insoweit in die Ausführung einer sonstigen Leistung eingeschaltet, § 3 Abs. 11 UStG.[6] Der Kommissionär erbringt im eigenen Namen eine steuerbefreite sonstige Leistung (Kreditgewährung). Die **zivilrechtliche Geschäftsbesorgungsleistung** wird für umsatzsteuerliche Zwecke **negiert**, stattdessen wird eine Leistung des Geschäftsherrn an den Kommissionär fingiert. Provisionsansprüche (Federführungsgebühren) des Kommissionärs gegen den Geschäftsherrn sind von der Bemessungsgrundlage der fingierten Leistung des Geschäftsherrn abzuziehen. Nach anderer Ansicht soll § 3 Abs. 11 UStG keine Anwendung finden, wenn der Kommissionär nicht nur für fremde, sondern auch für eigene Rechnung tätig wird; der Kommissionär somit keine reine Mittlertätigkeit verfolgt und auch nicht allein für diese vergütet wird.[7] Diese Einschränkung lässt sich § 3 Abs. 11 UStG nicht ohne weiteres entnehmen.[8] 41

4. Sale-and-lease-back

Die von den Parteien mit dem Sale-and-lease-back Geschäft verfolgten wirtschaftlichen Ziele können sehr unterschiedlich sein und wirken sich auf Art und Umfang der Leistungsbeziehungen aus: So kommen u.a. Lieferung des Leasinggegenstands durch den bisherigen Eigentümer und eine sich anschließende Nutzungsüberlassung an letzteren durch den Käufer, die Einordnung der Zahlung des Kaufpreises als Kreditvaluta mit anschließender Kreditgewährung durch den Käufer und ausnahmsweise auch 42

---

1 FG Düsseldorf, Urt. v. 26.4.2021 – 5 K 382/19 U, EFG 2021, 1763; in Abgrenzung zu BFH Urt. v. 15.5.2012 – XI R 28/10, BStBl. II 2015, 966, und FG München v. 31.8.2016 – 3 K 874/14, EFG 2016, 2089.

2 BFH, Urt. v. 24.4.2013 – XI R 7/11, BStBl. II 2013, 648 = UR 2014, 13.

3 Vgl. OFD Frankfurt, Vfg. v. 23.10.2020 – S 7160a A-005-St 16, juris entgegen MwSt-Ausschuss, Working Paper No. 941, taxud.c.1 (2018) 1589480 – EN.

4 RegE ZuFinG, BT-Drucks. 20/8292, 36.

5 BT-Drucks. 20/9363, 130.

6 Vgl. BFH, Urt. v. 31.1.2002 – V R 40, 41/00, BStBl. II 2004, 315 = UR 2002, 268.

7 *Wäger* in Sölch/Ringleb, § 4 Nr. 8 UStG, Rz. 107 (Stand: Oktober 2021).

8 Vgl. für eine Anwendung der Dienstleistungskommission auch insoweit (jedoch im Kontext von Heilbehandlungsumsätzen) FG Düsseldorf, Urt. v. 19.7.2019 – 1 K 907/17 U, EF 2021, 875 Rev. BFH, Az. XI R 18/20.

eine Mitwirkung an einer bilanziellen Gestaltung in Betracht.[1] Von einer Kreditgewährung ist nur auszugehen, wenn der Verkäufer dem Käufer den Gegenstand nicht i.S.d. § 3 Abs. 1 UStG liefert (keine Verschaffung der Verfügungsmacht an dem Gegenstand) – dann ist in der Leasingrate der Kapitaldienst zu erkennen.[2]

5. Kreditverwaltung und Kreditfabriken

43 Die Kreditverwaltung ist nur steuerbefreit, wenn sie sich als **Nebenleistung zur eigenen Kreditgewährung** des Unternehmers darstellt, auch sofern sie nachlaufend erfolgt.[3] Der nationale Gesetzgeber hat so Art. 135 Abs. 1 Buchst. b MwStSystRL zu restriktiv umgesetzt (Rz. 40). Steuerpflichtige sollten sich direkt auf die Richtlinienvorschrift berufen können (Rz. 7). Die Kreditverwaltung durch Kreditfabriken sollte auch nach den Rechtsprechungsgrundsätzen des EuGH zum sog. Outsourcing (Rz. 15 f.) steuerfrei erfolgen können.[4]

6. Übertragung von Kreditverträgen im Ganzen

44 Die Übertragung schwebender und bestehender Kreditverträge im Ganzen sollte auch bei zinsgebundenen Darlehen (über Marktzins) steuerfrei sein (Rz. 53). Der Leistungsgegenstand ist in der Übertragung von Geldforderungen (Rückzahlungsanspruch) samt Sicherheiten zu erkennen. Dies gilt auch bei Eintritt in einen bestehenden Kreditvertrag: Die Verpflichtung das Kreditverhältnis zu den vertraglich festgelegten Bedingungen fortzuführen, sollte nach Art eines bloßen Leistungsreflexes nicht steuerbar ggfs. aber steuerfrei sein können.[5]

III. Kreditvermittlung

45 Die Kreditvermittlung ist nach allgemeinen Grundsätzen steuerfrei und bleibt es auch, wenn mit ihr Beratungsleistungen verbunden sind, soweit die Beratung ihren Nebenleistungscharakter nicht verliert.[6]

C. Gesetzliche Zahlungsmittel (Nr. 8 Buchst. b)

I. Regelungsgegenstand

46 Die Steuerbefreiung der Umsätze von gesetzlichen Zahlungsmitteln und deren Vermittlung geht auf Art. 135 Abs. 1 Buchst. e MwStSystRL zurück. Die Vorschrift stellt erstmals mit dem UStG 1980 klar, dass die Steuerfreiheit nicht gelten soll, wenn gesetzliche Zahlungsmittel wegen ihres Metallgehaltes oder wegen ihres Sammlerwertes umgesetzt werden.[7] Unter die Befreiung fallen insbesondere sonstige Leistungen im Devisen- und Sortengeschäft.[8] Die Bemessungsgrundlage bei Geldwechselgeschäften bildet regelmäßig die „Geld-Brief-Spanne" (Differenz zwischen Ankaufs- und Verkaufskurs, sog. „**Spread**"). Der Umstand, dass eine Vergütung nicht in Form der Zahlung einer Provision oder spezieller Gebühren erfolgt, ist ohne Belang.[9]

---

1 Abschn. 3.5 Abs. 5 ff. UStAE.

2 Vgl. BFH, Urt. v. 9.2.2006 – V R 22/03, BStBl. II 2006, 727 = UR 2006, 515 zum Mietkauf.

3 FinMin. Bayern, Erl. v. 25.3.1998 – 36 S 7160 – 41/12-3910, UR 1998, 282.

4 Vgl. MwSt Ausschuss, Working Paper No. 941, taxud.c.1(2018)1589480, 15.

5 Vgl. *Wäger* in Sölch/Ringleb, § 4 Nr. 8 UStG, Rz. 94 (Stand: Oktober 2021); *Philipowski*, UR 2010, 45; *de Weerth* in Küffner/Zugmaier, § 4 Nr. 8 UStG Rz. 66 (Stand: November 2018).

6 MwSt-Ausschuss, Leitlinien v. 28.3.2017, taxud.c.1(2017)6692583-928, UR 2018, 596.

7 Vgl. *Huschens* in Reiß/Kraeusel/Langer, § 4 Nr. 8 UStG, Rz. 4 (Stand: August 2017).

8 BFH, Urt. v. 19.5.2010 – XI R 6/09, BStBl. II 2011, 831 = UR 2010, 821; EuGH, Urt. v. 22.10.2015 – C-264/14, ECLI:EU:C:2015:718 – David Hedqvist, BStBl. II 2018, 211 = UR 2015, 854 m. Anm. *Beck/König*.

9 EuGH, Urt. v. 14.7.1998 – C-172/96, ECLI:EU:C:1998:354 – First National Bank of Chicago, UR 1998, 456 m. Anm. *Philipowski*, Rz. 33.

II. Gesetzliches Zahlungsmittel

Unter den Begriff „gesetzliche Zahlungsmittel" fallen neben konventionellen Währungen auch virtuelle Währungen, insbesondere sog. Kryptowährungen wie „**Bitcoin**". Entscheidend ist, dass die virtuelle Währung von den an der Transaktion Beteiligten als alternatives Zahlungsmittel akzeptiert wird und sie keinem anderen Zweck als der Verwendung als Zahlungsmittel dient.[1] Virtuelles Spielgeld, Spielwährungen – sog. „Ingame-Währungen" von Onlinespielen – können jedenfalls dann kein Zahlungsmittel im Sinne der Befreiungsvorschrift sein, wenn sie nicht in gesetzliche Zahlungsmittel zurückgetauscht werden können, weil sie dann nicht als alternatives Zahlungsmittel zu gesetzlichen Zahlungsmitteln eingesetzt werden können.[2] 47

Wenn Metallgehalt oder Sammlerwert wertbestimmend für Münzen oder Banknoten sind, tritt ihre Funktion als gesetzliches Zahlungsmittel zurück und die Steuerbefreiung soll nicht greifen.[3] Rabattkarten sind kein Zahlungsmittel im vorstehenden Sinn.[4] Umsätze mit Mehrzweck-Gutscheinen, die auch in Bargeld zurückgetauscht werden können, sollten – soweit steuerbar – bei einer Differenz zwischen Nennwert- und Verkaufspreis steuerfrei sein. Während sich das BMF zwischenzeitlich mit einem Entwurf eines BMF-Schreibens zur ertragsteuerlichen Behandlung von sog. (Utility) Token positioniert hat, fehlt es noch an einer entsprechenden Festlegung zur umsatzsteuerlichen Behandlung durch die FinVerw.[5] 48

D. Umsätze im Geschäft mit Forderungen (Nr. 8 Buchst. c)

I. Regelungsgegenstand

Seit dem 1.1.2002 sind die „Umsätze im Geschäft mit Forderungen, Schecks und anderen Handelspapieren, ausgenommen die Einziehung von Forderungen" steuerfrei.[6] Bis zum 31.12.2001 fielen lediglich die Umsätze im Geschäft mit Geldforderungen (ausgenommen die Einziehung von Forderungen) unter die Steuerbefreiung. Die Vorschrift setzt Teile von Art. 135 Abs. 1 Buchst. d MwStSystRL in nationales Recht um (Umsätze – einschließlich der Vermittlung – im Geschäft mit Forderungen, Schecks und anderen Handelspapieren, mit Ausnahme der Forderungseinziehung). 49

Forderungsabtretungen können nur dann als steuerbarer Umsatz angesehen werden, wenn der Zedent mit der Abtretung eine wirtschaftliche Tätigkeit verfolgt und die Abtretung nicht erfolgt, um eine steuerpflichtige Einziehungsleistung durch den Zessionar (Factor) zu empfangen (d.h. die Abtretung nicht steuerbare Beistellung ist).[7] Die Forderungsabtretung muss zudem „Finanzgeschäft" sein. Hierfür ist auf das **Wesen der abgetretenen Ansprüche** abzustellen.[8] 50

II. Forderungen, Schecks, andere Handelspapiere

1. Definition

Unter den Begriff Forderung fallen nur **auf Geldzahlung gerichtete Forderungen**; auch soweit sie noch nicht entstanden und vom Eintritt einer aufschiebenden Bedingung abhängig sind.[9] Unter die 51

---

1 EuGH, Urt. v. 22.10.2015 – C-264/14, ECLI:EU:C:2015:718 – David Hedqvist, BStBl. II 2018, 211 = UR 2015, 854 m. Anm. *Beck/König*; BMF, Schr. v. 27.2.2018 – III C 3-S 7160-b/13/10001, BStBl. I 2018, 316.

2 Abschn. 4.8.3 Abs. 3a UStAE; **a.A.** FG Köln, Urt. v. 13.8.2019 – 8 K 1565/18, EFG 2021, 1058 Rz. 45 mit Verweis auf. *Liegmann*, BB 2018, 275.

3 Abschn. 4.8.3 Abs. 1, 2 UStAE.

4 EuGH, Urt. v. 12.6.2014 – C-461/12, ECLI:EU:C:2014:856 – Granton Advertising BV, UR 2014, 856, Rz. 37.

5 BMF, Schr. v. 10.5.2022 – IV C 1-S 2256/19/10003 :001 – DOK 2022/0493899, BStBl. I 2022, 668 vgl. *Liegmann/Farruggia-Weber*, UR 2021, 541; *Müller/Schmidt*, DStR 2023, 177.

6 Art. 18 Nr. 2 Buchst. a des StÄndG 2001, BGBl. I 2001, 3794 = BStBl. I 2002, 4.

7 *Jacobs*, RdF 2017, 146.

8 Vgl. BFH, Urt. v. 30.3.2011 – XI R 19/10, BStBl. II 2011, 772 = UR 2011, 834.

9 Abschn. 4.8.4 Abs. 1 UStAE; BFH, Urt. v. 12.12.1963 – V 60/61 U, BStBl. III 1964, 109.

Umsätze im Geschäfte mit Forderungen fallen auch Optionsgeschäfte mit Geldforderungen einschließlich Devisen.[1] Die Übertragung von Dienstleistungs- oder Sachleistungsforderungen ist nicht erfasst. Die Übertragung von Zahlungsansprüchen nach der EU-Agrarreform (GAP-Reform) ist nicht von der Steuerbefreiung umfasst. Rabattkarten fallen nicht unter den Begriff „andere Handelspapiere".[2]

2. Termingeschäfte

52 Geschäfte mit Optionen auf Warenterminkontrakte sind steuerfrei, wenn die Optionsausübung nicht zu einer Warenlieferung führt.[3] Optionsprämien würden dann im Lieferfall umzuqualifizieren sein und das Entgelt der Warenlieferung erhöhen. Bei bilateralen (OTC) Optionsgeschäften ist die physische Erfüllung nicht ausgeschlossen. Standardisierte Warenterminkontrakte, die börsenmäßig gehandelt werden können, werden im Rahmen eines Differenzausgleichs glattgestellt. Eine Umqualifizierung kommt insoweit nicht in Betracht. Generell sollten Optionen, soweit sie als Finanzinstrument gehandelt werden, als selbständige Dienstleistungen einzuordnen sein, die von den Umsätzen, auf die sich die Option bezieht, getrennt sind.[4]

3. Übertragung schwebender Verträge (über Finanzdienstleistungen) im Ganzen

53 Bei der **Übertragung schwebender bestehender und nicht beendeter Verträge im Ganzen** (Rückversicherung, Kapitallebensversicherungen, Darlehensverträgen, Bausparvorratsverträgen) entscheidet der im Einzelfall mit der Transaktion bezweckte Leistungserfolg über die umsatzsteuerliche Behandlung.[5] Bei Vertragsübernahmen ist zu differenzieren, ob der Übernehmer in die Schuldner oder Gläubigerposition eintritt und insbesondere, ob er sich durch den Eintritt in den Vertrag selbst zur Erbringung der Hauptleistung verpflichtet und die vertraglich vereinbarte Leistung zukünftig ausführen wird.

54 Der Verkauf von Lebensversicherungspolicen durch einen Versicherungsnehmer oder einen Dritten, der in den Lebensversicherungsvertrag eintritt und die Position des Versicherungsnehmers übernimmt ist – soweit überhaupt steuerbar – steuerbefreit.[6] Gleiches gilt für einen sich anschließenden Verkauf etwaiger Ansprüche aus dem Vertrag an einen Fonds (Anlagevehikel). Dies ist für den Verkauf von Bausparverträgen auch von der FinVerw. anerkannt.[7]

55 Der EuGH hat die Übertragung eines Pakets von Rücklebensversicherungen durch einen Rücklebensversicherer auf einen weiteren Rücklebensversicherer als steuerpflichtigen Umsatz eingeordnet und aus dem Kaufpreis das Entgelt für diesen Umsatz abgeleitet.[8] Ob sich diese Rechtsprechung auch auf die Übertragung ganzer Darlehensverträge übertragen lässt ist zweifelhaft.[9]

56 Ist in der Vertragsübertragung ein Umsatz zu erkennen, ist bei Bestimmung der Bemessungsgrundlage zu prüfen, ob diese allein aus der vertraglichen Gegenleistung oder aber unter Berücksichtigung nachfolgender Umsätze des Vertragsübernehmers zu ermitteln ist („Marge").[10]

1 Abschn. 4.8.4 Abs. 4 UStAE.
2 EuGH, Urt. v. 12.6.2014 – C-461/12, ECLI:EU:C:2014:856 – Granton Advertising, UR 2014, 856, Rz. 37 f.
3 Abschn. 4.8.4 Abs. 5 Satz 2 UStAE.
4 *Bustorff* in Bustorff, Umsatzsteuer bei Finanzdienstleistern, Rz. 375; *Korf/Schnee*, UR 2007, 253; vgl. auch Verordnung (EU) Nr. 282/2011, 13, ABl. EU 2011 Nr. L 77, 1, Erwägungsgrund 13.
5 Vgl. *Hummel*, UR 2016, 937.
6 BFH, Urt. v. 5.9.2019 – V R 57/17, BStBl. II 2020, 356 = UR 2020, 64.
7 Abschn. 4.8.4 Abs. 2 UStAE.
8 EuGH, Urt. v. 22.10.2009 – C-242/08, ECLI:EU:C:2009:647 – Swiss Re, UR 2009, 891 m. Anm. *Hamacher*.
9 *Philipowski*, UR 2010, 45.
10 Vgl. BFH, Urt. v. 5.9.2019 – V R 57/17, BStBl. II 2020, 356 = UR 2020, 64, Rz. 47 f.; *Hahne*, MwStR 2018, 328; *Korneev*, BB 2018, 1251.

4. Abtretung eingeklagter und besicherter Forderungen

Die Abtretung einer gerichtlich eingeklagten, grundbuchmäßig abgesicherten Forderung ist nicht als Kreditgewährung gemäß § 4 Nr. 8 Buchst. a UStG steuerbefreit, kann aber als Umsatz im Geschäft mit Forderungen gemäß § 4 Nr. 8 Buchst. c UStG steuerfrei sein.[1] 57

III. Rückausnahme: Forderungseinzug (Factoring)

1. Steuerpflichtige Leistung des Zessionars

Von der Steuerbefreiung ist der Forderungseinzug ausgenommen.[2] Als **Rückausnahme** von der Befreiung ist der Begriff **weit auszulegen**. Unter Forderungseinzug fällt neben dem Einzug fremder Forderungen für fremde Rechnung der Forderungseinzug im eigenen Namen für Rechnung eines Dritten (Treuhand)[3] und bisweilen auch der Einzug erworbener Forderungen für eigene Rechnung: Ob das Ausfallrisiko mitübertragen wird oder nicht ist irrelevant.[4] Entscheidend soll sein, dass der Forderungskäufer die Forderung erwirbt, um den Inhaber vom Forderungseinzug und Risiko des Forderungsausfall zu entlasten und der Forderungsverkäufer für diese Leistung eine Vergütung (**Delkredere, Factoringgebühr**) zahlt.[5] Die Abtretung ist unter diesen Umständen als bloße Beistellung zu qualifizieren. Die FinVerw. scheint bei Forderungsabtretungen regelmäßig (mit Ausnahme der stillen Zession) von steuerpflichtigen Einzugsleistungen auszugehen und leitet die Bemessungsgrundlage der Einzugsleistung aus der Differenz zwischen Forderungsnennwert und Kaufpreis ab. Die vom Forderungskäufer geschuldete Steuer nimmt mit steigender Differenz zu. 58

Der EuGH hat in der Rechtssache *GFKL*[6] klargestellt, dass die Grundsätze der Rechtssache *MKG*[7] jedenfalls nicht auf den Verkauf **notleidender Forderungen** übertragbar sind: Im niedrigen Forderungskaufpreis spiegelt sich der Wert des Kaufgegenstands wider. Der Verkäufer will sich schlicht eines Vermögensgegenstands entledigen.[8] Ob Forderungskauf und -abtretung durch das Interesse sich endgültig der Forderung entledigen zu wollen (steuerfreier Umsatz) geprägt ist oder der Verkäufer eine Einziehungsleistung empfängt (Abtretung als Beistellung eines steuerpflichtigen Umsatzes), ist letztlich mit Blick auf die zwischen den Parteien getroffenen Vereinbarungen zu bewerten und im Einzelfall zu entscheiden.[9] 59

2. Transaktionen mit Non-Performing-Loans

Der Forderungsverkäufer trennt sich im Rahmen von NPL (non-performing-loans, zahlungsgestörte Darlehen) Transaktionen von einem Forderungsbestand häufig, um die eigene Bilanz von etwaigen Ausfallrisiken zu entlasten. 60

Steht die **Bereinigung der Bilanz** im Vordergrund, geht es dem Verkäufer (Kreditinstitut) aber gerade darum, eine (weitere) Eigenkapitalunterlegung zu vermeiden – und sich von den Forderungen endgültig zu trennen. Die Vorstellung, der Verkäufer möchte die Forderungen bloß beistellen, um Einziehungsleistungen aus der Hand des Käufers zu erlangen, spiegelt die wirtschaftliche Realität nicht 61

---

1 Vgl. EuGH, Urt. v. 17.10.2019 – C-692/17, ECLI:EU:C:2019:867 – Paulo Nascimento Consulting, UR 2019, 853, Rz. 36; *de Weerth*, MwStR 2019, 993 (997).

2 Vgl. zum Factoring auch Abschn. 2.4 UStAE.

3 *Wäger* in Sölch/Ringleb, § 4 Nr. 8 UStG, Rz. 135 (Stand: Oktober 2021).

4 EuGH, Urt. v. 26.6.2003 – C-305/01, ECLI:EU:C:2003:377 – MKG, UR 2003, 399 m. Anm. *Wäger*.

5 EuGH, Urt. v. 26.6.2003 – C-305/01, ECLI:EU:C:2003:377 – MKG, UR 2003, 399 m. Anm. *Wäger*.

6 EuGH, Urt. v. 27.10.2011 – C-93/10, ECLI:EU:C:2011:700 – GFKL, UR 2011, 933 m. Anm. *Philipowski*.

7 EuGH, Urt. v. 26.6.2003 – C-305/01, ECLI:EU:C:2003:377 – MGK, UR 2003, 399 m. Anm. *Wäger*.

8 Vgl. auch BFH, Urt. v. 26.1.2012 – V R 18/08, BStBl. II 2015, 962 = UR 2012, 359; BFH, Urt. v. 4.7.2013 – V R 8/10, BStBl. II 2015, 969 = UR 2014, 8.

9 Vgl. FG Münster, Urt. v. 21.2.2019 – 5 K 3473/16 U, juris, zur Forderungsabtretung mit „Besserungsvereinbarung" rkr., zu steuerpflichtigen Einziehungsleistungen eines Forderungskäufers auch bei Erwerb zahlungsgestörter Forderungen, vgl. FG Brandenburg, Urt. v. 14.9.2020 – 7 K 7043/17, juris.

wider. Die Forderungsverkäufe sind vielmehr entgeltliche Forderungsumsätze und gem. § 4 Nr. 8 Buchst. c UStG steuerbefreit.

3. ABS-Transaktionen

62 Bei einer Asset Backed Securities (durch Vermögensgegenstände gegen Kapitalverlust gesicherte Schuldverschreibungen, „ABS") Transaktion werden **werthaltige Forderungen nebst Sicherheiten** an eine Finanzierungsgesellschaft (**Special Purpose Vehicle**, „SPV") übertragen, die den Forderungsankauf durch Ausgabe von Schuldverschreibungen refinanziert. Um Zins- und Rückzahlungsverpflichtungen aus den ausgegeben Schuldverschreibungen bedienen zu können, hat der Forderungskäufer großes Interesse an der Werthaltigkeit der Forderungen. Der Verkäufer („**Originator**" oder ein Dritter, sog. „**Servicer**"), zieht die im Rahmen einer stillen Zession übertragenen Forderungen für Rechnung des SPV ein. Ob das SPV Unternehmereigenschaft besitzt, ist nach allgemeinen Grundsätzen zu entscheiden.[1]

63 Verbleibt der Forderungseinzug beim Verkäufer, kann der Käufer an den Verkäufer keine Einziehungsleistung ausführen. **Nach Auffassung der FinVerw.** soll der Forderungsverkäufer einen steuerfreien Umsatz gemäß § 4 Nr. 8 Buchst. c UStG an den Forderungskäufer und der Forderungskäufer dem Forderungsverkäufer einen Kredit in Höhe des Forderungskaufpreises gewähren („**tauschähnlicher Umsatz mit Baraufgabe**").[2] Diese Sicht stößt im Schrifttum auf Kritik, denn der vom Forderungskäufer gezahlte Kaufpreis kann nicht Entgelt eines Forderungsumsatzes und zugleich Gegenstand einer eigenen Leistung des Forderungskäufers an den Verkäufer sein (Kapitalauszahlung). Zur umsatzsteuerlichen Beurteilung ist im Rahmen einer Gesamtbetrachtung der wirtschaftliche Zweck der ABS-Transaktion zu bestimmen. Wenn der Forderungskaufpreis zugleich Kreditvaluta für eine Kreditgewährungsleistung sein soll, kann die Abtretung nicht zur Übertragung des wirtschaftlichen Eigentums an der Forderung führen. Nimmt man den Zweck der Verbriefung in den Blick kann sich die Abtretung der Forderungen zur Vollziehung des Forderungsverkaufs als reine Kreditsicherheit darstellen.[3] Dies sollte jedenfalls dann gelten, wenn Forderungsverkäufe im Delkrederefall rückabzuwickeln sind bzw. der Forderungsverkäufer Forderungen zurückkauft, um die Kapitalbindungskosten im Rahmen der Wertpapierausgabe auf Ebene des SPV zu begrenzen.[4]

63.1 Im Rahmen von synthetischen Verbriefungsmodellen werden nicht Forderungen selbst, sondern nur das Adressenausfallrisiko übertragen.[5] Der ursprüngliche Kreditgeber (Originator) überträgt weder seine Rückzahlungs- und Zinsforderungen noch kommt es zu einer Novation des Kreditvertrags, vielmehr erlaubt der Originator Anlegern in sein Kreditgeschäft, z.B. über eine Unterbeteiligung, zu investieren. Im Gegenzug erhält der Unterbeteiligte Mittel aus dem Forderungseinzug (Darlehensnehmer). In der Differenz zwischen der Zahlung der Anleger und dem Prognosewert der Einnahmen aus dem Forderungseinzug bei Abschluss der Unterbeteiligungsvereinbarung ist nach der Rechtsprechung des EuGH das Entgelt für eine steuerfreie Kreditgewährung zu erkennen. Dass der Unterbeteiligte das Zahlungsausfallrisiko der Forderungsschuldner trägt, spricht nicht gegen die Kreditgewährung.[6]

1 *Wäger* in Sölch/Ringleb, § 4 Nr. 8 UStG, Rz. 161 (Stand: Oktober 2021).
2 Abschn. 2.4 Abs. 2 Satz 2, Abs. 5 Satz 2 UStAE.
3 Vgl. auch Abschnitt 2.4 Abs. 5 Satz 2 Halbs. 1 UStAE zur Sicherungsabtretung.
4 Vgl. Abschn. 2.4 Abs. 5 Satz 4 UStAE; auch wenn es keinen Gleichlauf von Bilanz-, Ertragsteuer- und Umsatzsteuerrecht gibt, darf sich die umsatzsteuerliche Bewertung nicht von der wirtschaftlichen Realität lösen, vgl. auch *Wäger* in Sölch/Ringleb, § 4 Nr. 8 UStG, Rz. 160 (Stand: Oktober 2021).
5 *Rinne* in Ellenberger/Bunte, Bankrechts-Handbuch, 6. Aufl. 2022, § 95, Rz. 22 f.
6 EuGH, Urt. v. 6.10.2022 – C-250/21, ECLI:EU:C:2022:757 – Szef Krajowej Administracji Skarbowej, UR 2022, 851 m. Anm. *L'habitant/Nabipour*, Rz. 38 f.; a.A. EuGH, Schlussantr. der Generalanwältin *Medina* v. 12.5.2022 – C-250/21, ECLI:EU:C:2022:386 – Szef Krajowej Administracji Skarbowej, Rz. 63, 78.

E. Einlagengeschäft, Kontokorrent-, Zahlungs- und Überweisungsverkehr (Nr. 8 Buchst. d)

I. Regelungsgegenstand

Bereits das UStG 1951 stellte die Umsätze im Kontokorrent-, sowie im Zahlungs- und Überweisungsverkehr steuerfrei.[1] Das Umsatzsteueränderungsgesetz v. 9.8.1994 ergänzte die Befreiung um die Vermittlung entsprechender Umsätze.[2] 64

§ 4 Nr. 8 Buchst. d UStG setzt weite Teile von Art. 135 Abs. 1 Buchst. d MwStSystRL um (Umsätze – einschließlich der Vermittlung – im Einlagengeschäft und Kontokorrentverkehr, im Zahlungs- und Überweisungsverkehr). Die von Art. 135 Abs. 1 Buchst. d MwStSystRL erfassten Umsätze betreffen Dienstleistungen, die auf einen Geldtransfer i.w.S. gerichtet sind oder die Verwahrung von Geld zum Gegenstand haben.[3]

Zur **Vermittlung** gelten die oben genannten Grundsätze (Rz. 19 ff.). 65

II. Einlagengeschäft

Unter Umsätzen im Einlagengeschäft (vgl. auch § 1 Abs. 1 Nr. 1 KWG) fällt im Wesentlichen die Verwahrung von Buchgeld durch einen Kontoführer. Das Entgelt besteht regelmäßig in Kontoführungsgebühren i.w.S. (insbesondere Kontoeinrichtung,-sperrung und -auflösung).[4] 66

Ist ein Kontoführer seinerseits an einer profitablen Anlage der ihm zur Verwahrung überlassenen Gelder gehindert und seinerseits (Kreditinstitut) zur Zahlung negativer Zinsen (insbesondere an die Europäische Zentralbank) verpflichtet, zählen auch die vom Kontoinhaber gegenüber dem Kontoführer geschuldeten negativen Einlagezinsen zum Entgelt der steuerfreien Verwahrleistung.[5] Die Ausführungen der FinVerw. beziehen sich ausdrücklich auf das „Einlagegeschäft". Entsprechendes gilt, wenn ein Kreditinstitut Darlehen zu negativen Zinsen vergibt, um seine Belastung mit Strafzinsen für das **„Parken von Einlagen"** bei der EZB zu mindern. Zu der Frage, wie negative Zinsen bei der Vorsteueraufteilung gemäß § 15 Abs. 4 UStG zu berücksichtigen sind, insbesondere ob und inwieweit eine Verrechnung mit anderweitigen Zinseinnahmen bei Berechnung einer Zinsmarge zulässig ist, hat sich die FinVerw. noch nicht geäußert. 67

Im Rahmen einer „Liquiditätsbündelungsvereinbarung", die zwischen den Mitgliedern einer Unternehmensgruppe eingegangen wird, verpflichtet sich der Poolführer, die Liquidität der Gruppe sicherzustellen und übernimmt hierzu die Führung eines konsolidierten Kontos und in diesem Zusammenhang stehende Aufgaben. Die Leistungen eines Cash-Poolführers im sog. „zero-balancing" **Cash Pooling** sind als steuerfreie Umsätze im Einlagengeschäft einzuordnen. Die Begründung verzinslicher Forderungen und Verbindlichkeiten der Poolmitglieder untereinander ist als Kreditgewährung zu verstehen und als solche steuerbefreit.[6] 68

III. Kontokorrent-, Zahlungs-, und Überweisungsverkehr

1. Definitionen

Die Steuerbefreiung umfasst den Zahlungsverkehr mit Bar- und Buchgeld sowie den Kontokorrentverkehr i.S.d. §§ 355 ff. HGB. Die Überweisung ist aufsichtsrechtlich dem unbaren Zahlungsverkehr zu- 69

1 *Philipowski* in Rau/Dürrwächter, § 4 Nr. 8 UStG, Rz. 2, 9 (Stand: Juli 2018).
2 Gesetz zur Änderung des UStG und anderer Gesetze v. 9.8.1994, BGBl. I 1994, 2058.
3 EuGH, Urt. v. 22.10.2015 – C-264/14, ECLI:EU:C:2015:718 – David Hedqvist, BStBl. II 2018, 211 = UR 2015, 854 m. Anm. *Beck/König*, Rz. 40.
4 Vgl. im Einzelnen: Abschn. 4.8.5 UStAE; Zweifel an der Steuerfreiheit der Ausgabe von Heimsparbüchsen hat *de Weerth* in Küffner/Zugmaier, § 4 Nr. 8 UStG Rz. 117 (Stand: November 2018).
5 FinMin Schleswig-Holstein, Kurzinformation v. 26.2.2016 – VI 358-S 7160d-003.
6 MwSt-Ausschuss, Leitlinien v. 1.12.2017, taxud.c.1(2018)835539 – 940, UR 2018, 598.

zurechnen. Der EuGH versteht die Überweisung als einen Vorgang, der in der Ausführung eines Auftrags zur Übertragung einer Geldsumme von einem Bankkonto auf ein anderes besteht. Sie ist dadurch gekennzeichnet, dass sie zu einer Änderung der bestehenden rechtlichen und finanziellen Situation zwischen dem Auftraggeber und dem Empfänger auf der einen Seite und zwischen diesen und ihren jeweiligen Banken auf der anderen Seite sowie zwischen gegebenenfalls zwischen den Banken führt. Der Vorgang, der zu dieser Änderung führt, ist allein die Übertragung der Gelder zwischen den Konten – unabhängig von deren Grund.[1] Unter den Begriff „Überweisung" fallen sämtliche unbaren Zahlungsvorgänge, einschließlich dem Lastschrifteinzug[2] sowie der Buchgeldtransfer auf Grundlage einer Einzugsermächtigung.[3] Mit „Zahlungsverkehr" sollte die Vorschrift Umsätze im Zusammenhang mit der Übertragung von Bargeld ansprechen.[4] Für die umsatzsteuerliche Behandlung wirkt sich diese Differenzierung nicht aus. Die Begriffe Überweisungs- und Zahlungsverkehr sind mehrwertsteuerlich im Wesentlichen deckungsgleich.[5] Sowohl mit dem Zahlungs- als auch mit dem Überweisungsverkehr sind regelmäßig auch die Kontoführung und der Kontokorrentverkehr verbunden. Fordert ein Unternehmer vom Leistungsempfänger für die Akzeptanz eines bestimmten Zahlungsmittels (Kreditkarte, Scheck, Einzelüberweisung statt z.B. Lastschrifteinzug) über das Entgelt für die erbrachte Dienstleistung oder Lieferung hinaus ein zusätzliches Entgelt, ist dieser zusätzliche berechnete Betrag keine Gegenleistung für eine selbständige steuerbefreite Leistung, sondern erhöht als Nebenleistungsentgelt das Entgelt der Hauptleistung.[6] Entsprechend gilt bei Zahlung mittels Kreditkarte der von einem Kreditkartenunternehmen einbehaltene Betrag des Kaufpreises nicht als Entgeltminderung, sondern als „Garantie"-Prämie für die Bezahlung der Ware.[7]

2. Kartengestützter Zahlungsverkehr (Kredit- oder Debitkarten)

70 Losgelöst von der Frage, wie sich Kosten des Zahlungsverkehrs auf Leistungsentgelte im sog. „Valutaverhältnis" auswirken, sind die umsatzsteuerlichen Folgen des Kredit- oder Zahlungskarteneinsatzes im Deckungs- (Kreditkartenorganisation/Kreditkartenunternehmer oder **Kartenemittent, sog. Issuer** und Karteninhaber) und Vollzugsverhältnis (Kreditkartenorganisation/Kreditkartenunternehmer oder **Acquirer** und Vertragshändler, [Merchant Bank] und Vertragsunternehmen [Merchant]) zu beantworten. Issuer oder Acquirer lagern zudem regelmäßig Aufgaben auf **Processing-Dienstleister** aus.[8] Die Anzahl der zu beurteilenden Leistungsverhältnisse ist von der vertraglichen Ausgestaltung im Einzelfall abhängig.[9]

71 Die Leistungen der kartenausgebenden Bank sind regelmäßig steuerfrei: Es kann sich entweder um Umsätze im Zahlungs- und Überweisungsverkehr gemäß § 4 Nr. 8 Buchst. d UStG oder aber um eine Kreditgewährung gemäß § 4 Nr. 8 Buchst. a UStG handeln.[10]

72 Die umsatzsteuerliche Behandlung der **Leistungen von Acquirern** ist umstritten: Teils wird von der zivilrechtlichen Einstufung als abstraktem Schuldversprechen auf einen steuerfreien Umsatz gemäß § 4 Nr. 8 Buchst. g UStG geschlossen, wobei Acquirer gegenüber im Inland ansässigen, voll vorsteuerabzugsberechtigten Händlern regelmäßig auf die Steuerbefreiung verzichten und gemäß § 9 Abs. 1 UStG zur Steuerpflicht optieren, teils werden entsprechende Leistungen als originär steuerpflichtig

---

1 St. Rspr. des EuGH vgl. EuGH, Urt. v. 26.5.2016 – C-607/14, ECLI:EU:C:2016:355 – Bookit, UR 2016, 711, Rz. 38.

2 EuGH, Urt. v. 28.10.2010 – C-175/09, ECLI:EU:C:2010:646 – Axa UK, UR 2011, 265.

3 EuGH, Urt. v. 25.7.2018 – C-5/17, ECLI:EU:C:2018:592 – DPAS, UR 2018, 712.

4 *Wäger* in Sölch/Ringleb, § 4 Nr. 8 UStG, Rz. 146 (Stand: Oktober 2021).

5 EuGH, Urt. v. 25.7.2018 – C-5/17, ECLI:EU:C:2018:592 – DPAS, UR 2018, 712, Rz. 37; EuGH, Urt. v. 26.5.2016 – C-607/14, ECLI:EU:C:2016:355 – Bookit, UR 2016, 711, Rz. 43; EuGH, Urt. v. 28.7.2011 – C-350/10, ECLI:EU:C:2011:532 – Nordea Pankki Suomi, UR 2011, 747 m. Anm. *Bleckmann*, Rz. 26, EuGH, Urt. v. 5.6.1997 – C-2/95, ECLI:EU:C:1997:278 – SDC, UR 1998, 64, Rz. 50.

6 EuGH, Urt. v. 2.12.2010 – C-276/09, ECLI:EU:C:2010:730 – Everything Everywhere, UR 2011, 261.

7 EuGH, Urt. v. 25.5.1993 – C-18/92, ECLI:EU:C:1993:212 – Bally, UR 1994, 72, Rz. 9, 16.

8 Vgl. BFH, Urt. v. 10.12.2020 – V R 4/19, UR 2021, 427; kritisch hierzu *Jacobs*, UR 2021, 413.

9 Vgl. *Bustorff* in Bustorff, Umsatzsteuer bei Finanzdienstleistern, Rz. 209 ff.

10 Vgl. zum Einsatz von Tankkarten zur Bezahlung von Kraftstofflieferungen (steuerfreie Kreditgewährung) auch: EuGH, Urt. v. 15.5.2019 – C-235/18, ECLI:EU:C:2019:412 – Vega International Car Transport and Logistic, UR 2019, 461.

eingeordnet.[1] Steht für den Händler die Realisierung seiner Forderung aus dem Valutaverhältnis im Vordergrund, spricht viel für die Annahme einer **originär steuerpflichtigen Forderungseinzugsleistung**.

Das Kreditkartenunternehmen oder die kartenausgebende Bank (auch „Issuer") sowie der Acquirer oder die Merchant Bank lagern regelmäßig Aufgaben auf einen Processor aus. Die Leistungen eines Issuing Processors sind wohl regelmäßig auch dann als steuerpflichtig einzuordnen, wenn der Processor zwar auch an der Autorisierung beteiligt ist, diese aber mit Blick auf die übertragenen Aufgaben insgesamt nicht ins Gewicht fällt.[2] Wegen der näheren Einzelheiten zur umsatzsteuerlichen Behandlung des Outsourcing s. Rz. 15 f. 73

Inwieweit die Leistungen der (im europäischen Ausland ansässigen) **Kreditkartenorganisationen** steuerpflichtig oder steuerfrei sind, müssen wegen § 13b Abs. 1, Abs. 5 UStG regelmäßig inländische Unternehmer (Kreditinstitute) klären: Soweit Leistungen steuerpflichtig sind, sollte die übergegangene Steuerschuld regelmäßig nicht als Vorsteuer abzugsfähig sein. Die FinVerw. hält in diesem Kontext Leistungen i.Z.m. „Authorisierung, Clearing und Settlement" für steuerfrei, während separat vereinbarte und erhobene Lizenzgebühren sowie Zahlungen für Markenrechts- und Know-how-Nutzungsüberlassungen als Entgelte für steuerpflichtige Leistungen einzuordnen sein sollten.[3] Die Einordnung der Einräumung des „Rechts" zur Teilnahme am grenzüberschreitenden Zahlungsverkehr und weiterer hiermit verbundener Dienstleistungen gegen eine separate vereinbarte „Lizenzgebühr" („Debit Card Fee") als steuerpflichtig durch das FG Münster ist aus Sicht inländischer Leistungsempfänger kritisch.[4] Doch die „Debit Card Fee" sollte Teil der Gegenleistung für die Leistungsbereitschaft zum grenzüberschreitenden Zahlungsverkehr bzw. für die Abwicklung des grenzüberschreitenden Zahlungsverkehrs selbst und damit Entgelt für steuerbefreite Leistungen sein.[5] Der Umstand, dass auch administrative, organisatorische und technische Dienstleistungen erforderlich sind, um einen Zahlungsvorgang zu bewirken, ist für die Bewertung der Tätigkeit aus Sicht der kartenausgebenden Institute irrelevant. Denn wie bei jedem Leistungsbündel ist bzgl. der Frage, ob eine Mehrzahl selbständiger Leistungen oder eine einheitliche Leistung vorliegt, auf die Perspektive des „Durchschnittsverbrauchers" abzustellen. Die kartenausgebenden Kreditinstitute möchten über diesen Leistungszukauf ihren Kunden die Teilnahme am internationalen bargeldlosen Zahlungsverkehr ermöglichen. Hiermit geht (auch) ein Buchgeldtransfer zwischen kartenausgebendem Institut und Kreditkartenorganisation einher.[6] 74

Die Ausgabe einer elektronischen Zahlungskarte zur Bezahlung von Leistungen in einem Stadion gegen ein „Kartenpfand" ist Nebenleistung einer insgesamt steuerbefreiten Zahlungsverkehrsdienstleistung (Hauptleistung) gemäß § 4 Nr. 8 Buchst. d UStG, denn das Interesse der Karteninhaber ist ausschließlich auf die bargeldlose Zahlung (als Bedingung für den Erwerb von Speisen und Getränken im Stadion) gerichtet.[7] 75

3. Geldausgabeautomaten

Kredit- oder Debitkarten werden nicht nur zur bargeldlosen Zahlung, sondern daneben auch zur **Bargeldabhebung** an Geldausgabeautomaten eingesetzt. Sofern Kreditinstitute Geldausgabeautomaten betreiben und Geldausgabeautomaten Bargeld an eigene Kunden aber auch Kunden anderer Kreditinstitute ausgeben, werden die Leistungen durch die Kontoführungsgebühr oder aber durch eine sog. Interchange-Fee abgegolten und sind somit entgeltlich und steuerfrei gemäß § 4 Nr. 8 Buchst. d UStG. Selbst bei weitreichender Aufgabenauslagerung („Rund-um-Sorglos-Paket")[8] sollte die Leistung des 76

1 Vgl. *Wäger* in Sölch/Ringleb, § 4 Nr. 8 UStG, Rz. 165 f. (Stand: Oktober 2021); zum Streitstand vgl. auch *Bustorff* in Bustorff, Umsatzsteuer bei Finanzdienstleistern, Rz. 228 f.

2 BFH, Urt. v. 10.12.2020 – V R 4/19, UR 2021, 427; kritisch hierzu *Jacobs*, UR 2021, 413.

3 BMF, Schr. v. 16.7.2014 – IV D 3-S 7160/14/10001 – DOK 2014/0633069, UR 2015, 524.

4 FG Münster, Urt. v. 14.11.2017 – 15 K 197/15, UR 2018, 288, rkr.

5 BMF, Schr. v. 16.7.2014 – IV D 3-S 7160/14/10001 – DOK 2014/0633069, UR 2015, 524.

6 Vgl. BFH, Urt. v. 26.1.2022 – XI R 19/19 (XI R 12/17), BStBl II 2022, 582 = UR 2022, 538 m. Anm. *Jacobs*, Rz. 62; *Philipowski*, UR 2018, 266; vgl. auch *Philipowski*, UR 2015, 489.

7 BFH, Urt. v. 26.1.2022 – XI R 19/19 (XI R 12/17), BStBl II 2022, 582 = UR 2022, 538 m. Anm. *Jacobs*.

8 FG Rheinland-Pfalz, Urt. v. 23.10.2014 – 6 K 1465/12, EFG 2015, 588, Rz. 260.

Dritten aber wohl nicht als steuerbefreiter Umsatz im Zahlungsverkehr eingeordnet werden können, wenn sie nicht selbst rechtliche und finanzielle Änderungen in Bezug auf das ausgegebene Bargeld bewirkt; wegen der weiteren Einzelheiten zum Outsourcing s. Rz. 15 f.[1]

F. Wertpapiergeschäft (Nr. 8 Buchst. e)

I. Regelungsgegenstand

77 Bereits das UStG 1919 stellte die Umsätze von Wertpapieren, Anteilen an Gesellschaften und anderen Vereinigungen steuerfrei. Die Vorschrift wurde mehrfach geändert und an unionsrechtliche Vorgaben angepasst.[2]

Umsätze im Geschäft mit Wertpapieren sind steuerbefreit, wenn und soweit die Umsätze durch einen Unternehmer im Rahmen seines Unternehmens erfolgen. **Der bloße Verkauf von Wertpapieren** ist für sich genommen **keine wirtschaftliche Tätigkeit.**[3] Gleiches gilt für die Ausgabe eigener Aktien (Kapitalerhöhungen)[4] sowie Schuldverschreibungen[5] wie auch den Einzug eigener Anteile (Kapitalherabsetzungen)[6] durch eine Gesellschaft. Steuerbar ist insbesondere der gewerbsmäßige Wertpapierhandel[7] und der Verkauf von Beteiligungen, in deren Verwaltung der Gesellschafter unmittelbar oder mittelbar eingreift oder von Beteiligungen, die die steuerbare Tätigkeit des Gesellschafters unmittelbar, dauerhaft und notwendig erweitert haben.[8]

78 Die Buchstaben e und f setzen Art. 135 Abs. 1 Buchst. f MwStSystRL um. Nach dem Unionsrecht sind „Umsätze – einschließlich der Vermittlung, jedoch nicht der Verwahrung und der Verwaltung –, die sich auf Aktien, Anteile an Gesellschaften und Vereinigungen, Schuldverschreibungen oder sonstige Wertpapiere beziehen, mit Ausnahme von Warenpapieren und der in Artikel 15 Absatz 2 genannten Rechte und Wertpapiere" von der Mehrwertsteuer befreit. Umsätze, die sich auf Wertpapiere beziehen, sind solche, die auf dem Wertpapiermarkt bewirkt werden **(Wertpapierhandel)**; von der Befreiung sind sämtliche Tätigkeiten umfasst, die dazu geeignet sind, eine Änderung der rechtlichen oder finanziellen Lage zwischen den am Umsatz beteiligten Parteien herbeizuführen.[9] Dienstleistungen administrativer, materieller oder technischer Art sowie die Bereitstellung von Finanzinformation fallen daher nicht unter die Befreiung.[10] Insoweit sind die Voraussetzungen deckungsgleich mit den Umsätzen im Zahlungs- und Überweisungsverkehr.

79 Im Unterschied zu den gemäß Buchstabe f befreiten Umsätzen mit Gesellschaftsanteilen sind Aktien verbrieft. Die Umsetzung der unionsrechtlichen Befreiungsvorschrift durch zwei separate Vorschriften im UStG (Buchstabe e und Buchstabe f) erklärt sich nur historisch; für sie besteht kein besonderer Grund. Ob verbriefte oder unverbriefte Gesellschaftsanteile übertragen werden, hat für umsatzsteuerliche Zwecke keinerlei Relevanz.

1 Vgl. EuGH, Urt. v. 3.10.2019 – C-42/18, ECLI:EU:C:2019:822 – Cardpoint, UR 2019, 815 m. Anm. *Jacobs*; vgl. BFH, Urt. v. 13.11.2019 – V R 30/19, BStBl. II 2020, 522 = UR 2020, 70.

2 *Philipowski* in Rau/Dürrwächter, § 4 Nr. 8 UStG, Rz. 2, 7 (Stand: Juli 2018).

3 EuGH, Urt. v. 29.10.2009 – C-29/08, ECLI:EU:C:2009:665 – SKF, UR 2010, 107, Rz. 33.

4 EuGH, Urt. v. 26.5.2005 – C-465/03, ECLI:EU:C:2005:320 – Kretztechnik, UR 2005, 382, Rz. 20; vgl. auch Abschn. 4.8.10 Abs. 1 Satz 2 i.V.m. Abschn. 1.6 Abs. 2 UStAE.

5 BFH, Urt. v. 6.5.2010 – V R 29/09, BStBl. II 2010, 885 = UR 2010, 746.

6 EuGH, Urt. v. 13.6.2018 – C-421/17, ECLI:EU:C:2018:432 – Polfarmex, UR 2018, 553, Rz. 44 f.

7 EuGH, Urt. v. 20.6.1996 – C-155/94, ECLI:EU:C:1996:243 – Wellcome Trust, UR 1996, 423, Rz. 35.

8 EuGH, Urt. v. 29.10.2009 – C-29/08, ECLI:EU:C:2009:665 – SKF, UR 2010, 107, Rz. 51; EuGH, Urt. v. 29.4.2004 – C-77/01, ECLI:EU:C:2004:243 – EDM, UR 2004, 292 m. Anm. *Wäger*, Rz. 59.

9 EuGH, Urt. v. 29.10.2009 – C-29/08, ECLI:EU:C:2009:665 – SKF, UR 2010, 107, Rz. 48.

10 EuGH, Urt. v. 13.12.2001 – C-235/00, ECLI:EU:C:2001:696 – CSC Financial Services, UR 2002, 84 m. Anm. *Wäger*, Rz. 28, 30; EuGH, Urt. v. 28.7.2011 – C-350/10, ECLI:EU:C:2011:532 – Nordea Pankki Suomi, UR 2011, 747 m. Anm. *Bleckmann*.

II. Umsätze im Geschäft mit Wertpapieren

1. Wertpapierbegriff

Bei den Anteilen i.S.d. Art. 135 Abs. 1 Buchst. f MwStSystRL handelt es sich um Papiere, die ein Eigentumsrecht an juristischen Personen begründen, sowie um ihrer Art nach vergleichbare Papiere.[1] Die verbrieften Rechte müssen auf Geldzahlungen aus Gewinnansprüchen, Beteiligung an Liquidationserlös und Bezugsrechten gerichtet sein.[2] Unter die Steuerbefreiung fallen auch Umsätze, die in der Übertragung von Anteilen an Grundstücksgesellschaften bestehen, soweit ein Mitgliedstaat (wie Deutschland) nicht von der Option in Art. 15 Abs. 2 MwStSystRL Gebrauch gemacht hat.[3] Ausgeschlossen sind verbriefte Emissionsrechte und Herkunftszertifikate für erneuerbare Energie (vgl. § 13b Abs. 2 Nr. 6 UStG) sowie Warenpapiere aller Art.[4] 80

2. Wertpapierauftragshandel

Umfasst sind der Wertpapierauftragshandel (Provisionsgeschäft) – d.h. das **Wertpapierkommissionsgeschäft** (§ 1 Abs. 1 Satz 2 Nr. 4 KWG) – insbesondere die Beschaffung von Wertpapieren über (regulierte) Märkte, das **Festpreisgeschäft** sowie der **Wertpapiereigenhandel** (§ 1 Abs. 1a Satz 2 Nr. 4 KWG).[5] In der Regel sind die Gesellschaftsanteile in einer Sammelurkunde verbrieft und werden in Girosammelverwahrung über Einschaltung von Zentral- und Zwischenverwahrern gehalten. Der (anonyme) Handel physischer Wertpapiere (mit Kupons) über den Bankschalter bildet die Ausnahme. Die aufsichtsrechtliche Unterscheidung und Form oder Organisation des Wertpapierhandels hat für die Befreiung keinerlei Relevanz. 81

Der Begriff „Wertpapier" umfasst neben Aktien auch sog. Wertpapieroptionsgeschäfte, nicht jedoch Optionen auf Warenterminkontrakte sowie Gold- und Devisentermingeschäfte.[6] 82

3. Emissionsgeschäft

Steuerfrei ist auch das Emissionsgeschäft,[7] d.h. die **Übernahme und Platzierung von Neuemissionen** für einen Wertpapieraussteller (Emittenten) aufgrund einer Platzierungsabrede („Übernahmevertrag"). Die Platzierungsmethode, d.h. ob private oder öffentliche Platzierung (etwa im Rahmen einer Börseneinführung von Wertpapieren), die Unterbringung der Wertpapiere somit an einen begrenzten Personenkreis oder im Kapitalmarkt erfolgen soll, wirkt sich auf die Steuerbefreiung nicht aus. Die Steuerbefreiung umfasst auch die Umsätze im Rahmen einer **Übernahmegarantie**.[8] 83

4. Individuelle Vermögensverwaltung (Portfolioverwaltung im Kundenauftrag)

Im Rahmen der individuellen Vermögensverwaltung entscheidet der Auftragnehmer nach eigenem Ermessen im Rahmen einer mit dem Auftraggeber vereinbarten Anlagestrategie über Kauf und Verkauf von Wertpapieren. Die Vermögensverwaltung im Auftrag von Kapitalanlegern ist als einheitliche sonstige Leistung steuerpflichtig.[9] 84

---

1 EuGH, Urt. v. 12.6.2014 – C-461/12, ECLI:EU:C:2014:856 – Granton Advertising, UR 2014, 856, Rz. 27.
2 Vgl. *Wäger* in Sölch/Ringleb, § 4 Nr. 8 UStG, Rz. 174 (Stand: Oktober 2021).
3 EuGH, Urt. v. 5.7.2012 – C-259/11, ECLI:EU:C:2012:423 – DTZ Zadelhoff, UR 2012, 672.
4 Vgl. hierzu *Philipowski* in Rau/Dürrwächter, § 4 Nr. 8 UStG, Rz. 338 ff. (Stand: März 2019).
5 Abschn. 2.3 Abs. 3 Satz 5 Nr. 1 UStAE.
6 BFH, Urt. v. 30.3.2006 – V R 19/02, BStBl. II 2007, 68 = UR 2006, 696; Abschn. 4.8.8 Abs. 1 UStAE.
7 Abschn. 4.8.8 Abs. 2 UStAE.
8 EuGH, Urt. v. 10.3.2011 – C-540/09, ECLI:EU:C:2011:137 – SEB, UR 2011, 751.
9 EuGH, Urt. v. 19.7.2012 – C-44/11, ECLI:EU:C:2012:484 – Deutsche Bank, UR 2012, 667; Abschn. 4.8.9 Abs. 2 UStAE.

5. Vermögensberatung, Transaktionsdienstleistungen

85 Spricht der Unternehmer Empfehlungen zum Kauf- oder Verkauf von Wertpapieren aus und entschließt sich der Kunde daraufhin, Wertpapiere zu kaufen oder zu verkaufen, sind die vom Unternehmer berechneten Transaktionsgebühren Entgelte für steuerbefreite Wertpapierumsätze, während die für die Beratung (Recherche, Anlagenauswahl) daneben abgerechneten Entgelte steuerpflichtig sind.[1]

III. Vermittlung von Wertpapierumsätzen

86 Die Vermittlung von Wertpapierumsätzen kann insbesondere in der **Anlage- oder Abschlussvermittlung** (§ 1 Abs. 1a Satz 2 Nr. 1, Nr. 2 KWG) bestehen. Für die Steuerbefreiung aber ist allein maßgeblich, ob die Voraussetzungen für die Vermittlung eines Finanzumsatzes erfüllt sind. Dies ist im Einzelfall nach allgemeinen Grundsätzen zu prüfen (Rz. 19 ff.).

87 Betreiber von **Börsen und anderer (multilateraler) Handelsplattformen** (Plattformbetreiber) erlauben den zum Handel zugelassenen Handelsteilnehmern, Kauf- und Verkaufsorder über dort zum Handel zugelassene Wertpapiere (aber auch andere Finanzinstrumente) zu platzieren. Der Plattformbetreiber führt die Order nach einem von ihm definierten Verfahren zusammen (**Matching**) und übergibt regelmäßig die zusammengeführte Order an ein Clearinghaus (zentrale Gegenpartei). Im Gegenzug verlangt der Betreiber vom Handelsteilnehmer von Art und Umfang der angebahnten Transaktionen abhängige und unabhängige (technische) Gebühren. Wenn und soweit transaktionsabhängige Plattformgebühren für eine selbständige „Matching"-Leistung entrichtet werden, sollte von einem steuerfreien Vermittlungsumsatz im Wertpapiergeschäft und nicht nur von einer technischen Abwicklungsleistung auszugehen sein – unabhängig vom Automatisationsgrad. Der **Plattformbetreiber** übermittelt nicht nur isolierte Kauf- und Verkaufsorder nach Art eines Nachrichtendienstes an eine zentrale Gegenpartei, sondern **übernimmt** auch **Funktionen eines (Börsen-)Maklers** im ehemaligen Parketthandel.[2] Transaktionsunabhängige Gebühren etwa für die Einrichtung des technischen Zugangs zur Handelsplattform können steuerpflichtige Entgelte darstellen, wenn und soweit diese Leistungen nicht als Nebenleistungen zur steuerfreien Vermittlung zu behandeln sind.[3]

88 Plattformbetreiber sind gegenüber inländischen Unternehmern gemäß § 9 Abs. 1 UStG berechtigt auf die Steuerfreiheit zu verzichten und zur Steuerpflicht zu optieren.

IV. Verwaltung und Verwahrung von Wertpapieren

89 Von der Steuerbefreiung ist die „Verwaltung und Verwahrung von Wertpapieren" ausdrücklich ausgenommen. Der Ausschluss betrifft vor allem das Depotgeschäft gegenüber Kapitalanlegern (insbesondere: Depotunterhalt und mit der Depotführung typischerweise verbundene Leistungen), während bei Abrechnung dieser Leistungen gegenüber Emittenten eine Vermutung für die Steuerfreiheit dieser Leistungen gelten soll.[4]

90 Die Steuerbefreiung des § 4 Nr. 8 Buchst. e UStG knüpft an den Finanztransfer an, der durch die Ein- oder Auslieferung vollendet wird. Gebühren für die effektive Ein- oder Auslieferung von Wertpapieren in ein Depot zur **Erfüllung von Wertpapierkauf- oder Wertpapierverkaufsgeschäften (sog. Settle-**

1 MwSt-Ausschuss, Leitlinien aus der 104. Sitzung v. 4.–5.6.2015 – Dokument B – taxud.c.1(2015)4694162 – 875.

2 Vgl. auch BMF, Schr v. 3.5.2021 – III C 3-S 7160/20/10003 :001, BStBl. I 2021, 713 sowie die Nichtbeanstandungsregelung zum Vorsteuerabzug der Börsenbetreiber durch BMF, Schr. v. 23.6.2022 – III C 3-S 7160/20/10003: 002 – DOK 2022/0656522, BStBl. I 2022, 1005 = UR 2022, 639; kritisch hierzu *Altvater*, RdF 2021, 210; *Jacobs*, AG 2021, R 201; *Wäger* in Sölch/Ringleb, § 4 Nr. 8 UStG, Rz. 181 (Stand: Oktober 2021); **a.A.** *Prätzler* in Birkenfeld/Wäger, Umsatzsteuer-Handbuch, Abschn. II Kap. 2 A. – § 4 Nr. 8 UStG, Rz. 209 (Stand: November 2018).

3 Vgl. auch Mehrwertsteuer-Ausschuss: Anwendungsbereich des Begriffs „elektronisch erbrachte Dienstleistungen"; „minimale menschliche Beteiligung", MwSt-Ausschuss, Leitlinien v. 1.12.2017, taxud.c.1(2018)835539-940, UR 2018, 598.

4 Abschn. 4.8.9 Abs. 1 Satz 3 f. UStAE.

ment) sollten im Gegensatz zur anschließenden Verwahrung **steuerfrei** sein: Dies muss unabhängig von der Art und Weise gelten, in der Veräußerer und Erwerber ihre Wertpapiere verwahren lassen (Girosammelverwahrung oder aber bei Tafelgeschäften physisch, z.B. in einem Bankschließfach).[1] Die für die Buchung eines Wertpapierkaufs oder -verkaufs in Rechnung gestellten Gebühren einer Verwahrstelle zählen ebenfalls zum Entgelt für einen steuerfreien Wertpapierumsatz.[2]

Nur bei stückeseitiger Wertpapierverwahrung im Streifbanddepot kann der Verwahrer gegenüber dem Hinterleger von dieser Verwahrung abgesonderte Verwaltungsleistungen erbringen. Bei (Giro-)Sammelverwahrung folgt bereits aus der Verpflichtung zur Sammelverwahrung die Notwendigkeit die in der Sammelurkunde zusammengefassten Anteile für die Miteigentümergemeinschaft auch verwalten zu müssen. 91

G. Gesellschaftsanteile (Nr. 8 Buchst. f)

I. Regelungsgegenstand

Steuerfrei sind auch die Umsätze von Anteilen an Gesellschaften und anderen Vereinigungen sowie deren Vermittlung, vorausgesetzt die Umsätze erfolgen im Rahmen des Unternehmens des veräußernden Unternehmers und sind nicht ausnahmsweise durch § 1 Abs. 1a UStG von der Steuerbarkeit ausgenommen,[3] zu weiteren Einzelheiten s. § 1 Rz. 220 ff. 92

II. Gesellschaftsanteile

Bei den Anteilen i.S.d. § 4 Nr. 8 Buchst. f UStG handelt es sich um Papiere, die ein Eigentumsrecht an juristischen Personen begründen, sowie um ihrer Art nach vergleichbare Papiere.[4] Gesellschaftsanteile im Sinne der Vorschrift sind Anteile an Kapitalgesellschaften insbesondere GmbH-Anteile, Personengesellschaften aber auch stille Beteiligungen (§ 230 HGB),[5] nicht aber Mitgliedschaften in einem Idealverein oder in einem zur Vertriebsförderung aufgelegten Programm einer Einzelhandelskette – auch nicht als „Anteil an anderen Vereinigungen".[6] Unter Wertpapiere fallen weder Rabattkarten noch sonstige Warenpapiere. 93

III. Vermittlung von Gesellschaftsanteilen

Die Vermittlung von Gesellschaftsanteilen ist nach allgemeinen Grundsätzen steuerbefreit, zu weiteren Einzelheiten s. Rz. 19 ff. 94

H. Übernahme von Verbindlichkeiten etc. (Nr. 8 Buchst. g)

I. Regelungsgegenstand

Die Übernahme von Verbindlichkeiten, von Bürgschaften und anderen Sicherheiten sowie die Vermittlung dieser Umsätze ist gemäß § 4 Nr. 8 Buchst. g UStG steuerbefreit. Die Befreiung war bereits weitgehend im UStG 1967 enthalten, durch das UStG 1980 auf die Vermittlung entsprechender Um- 95

1 **A.A.** *Altvater*, RdF 2021, 210 (217): Leistung innerhalb der Wertpapierverwahrung, deshalb steuerpflichtig.
2 Vgl. in diesem Sinne BMF, Schr. v. 3.2.2015 – IV D 3-S 7160/14/10002, Anlage „Leistungen im Wertpapier- und Depotgeschäft", Großbuchst. C, Nr. 40.; vgl. auch *Huschens* in eKomm UStG, § 4 Nr. 8 UStG Rz. 106 (Stand: Februar 2018).
3 BFH, Urt. v. 18.9.2019 – XI R 33/18, BStBl. II 2021, 243 = UR 2020, 183 m. Anm. *Jacobs*.
4 EuGH, Urt. v. 12.6.2014 – C-461/12, ECLI:EU:C:2014:856 – Granton Advertising BV, UR 2014, 856, Rz. 27.
5 Abschn. 4.8.10 Abs. 1 Satz 1 UStAE.
6 Vgl. BFH, Urt. v. 18.12.2019 – XI R 21/18, BStBl. II 2020, 723 = UR 2020, 504, Rz. 41.

sätze ausgedehnt und ihr Wortlaut mit dem 2. USt-Änderungsgesetz vom 30.3.1990 klargestellt worden.[1]

Die Vorschrift setzt Art. 135 Abs. 1 Buchst. c MwStSystRL in nationales Recht um. Die Vorschriften des Art. 135 Abs. 1 Buchst. b–g MwStSystRL befreien ausschließlich Finanzdienstleistungen. Gegenstand der Befreiung sind Finanzgeschäfte.[2] Voraussetzung für das Eingreifen der Steuerbefreiung ist, dass die Übernahme der **Geldverbindlichkeit** nicht als bloße (nicht steuerbare) Entgeltzahlung einzuordnen ist.[3] Zur Bestimmung der Bemessungsgrundlage dieser Umsätze gemäß § 10 Abs. 1 UStG ist der wirtschaftliche Vorteil zu ermitteln, der aus der Übernahme der Verbindlichkeit resultiert.[4] Ein überhöht angesetztes steuerfreies Entgelt kann sich für den Unternehmer nachteilig im Rahmen der Vorsteueraufteilung gemäß § 15 Abs. 4 UStG auswirken.

II. Übernahme von Verbindlichkeiten

96 Unter den Begriff der „Verbindlichkeiten" fallen nur „Geldverbindlichkeiten". Die Verpflichtung eine Immobilie zu renovieren fällt als Dienstleistungsverpflichtung nicht unter die Steuerbefreiung.[5] Die Befreiung umfasst nicht nur die entgeltliche Übernahme bestehender Verbindlichkeiten in Geld (kumulative oder befreiende Schuldübernahme gemäß § 414 BGB) und den entgeltlichen Schuldbeitritt, sondern auch die entgeltliche Übernahme der Verpflichtung einen Vertrag abzuschließen, aus dem sich die Geldleistungspflicht erst ergibt.[6]

97 Die Haftung nach §§ 161, 128 HGB des Komplementärs gegen Haftungsvergütung soll mangels Finanzcharakter keine steuerbefreite Übernahme einer Verbindlichkeit darstellen.[7]

III. Übernahme von Bürgschaften und anderen Sicherheiten

1. Bürgschaften

98 Unter Übernahme von Bürgschaften fallen Bürgschaften i.S.d. § 765 BGB gegen Entgelt. Erscheinungsformen sind Bankbürgschaften (Avalkredit), Miet-, Ausfallbürgschaften etc. Die Verwaltung von Kreditsicherheiten ist, soweit sie keine Nebenleistung zur eigenen Kreditgewährung darstellt, steuerpflichtig, zu unionsrechtlichen Bedenken s. Rz. 40.

2. Andere Sicherheiten (Garantien)

99 Unter „andere Sicherheiten" fallen insbesondere **Garantieverpflichtungen.**[8] Der Garantiegeber steht dafür ein, dass ein bestimmter Erfolg eintritt, dass ein bestimmter Zustand fortdauert oder dass sich ein bestimmtes Risiko nicht verwirklicht. Der Garant soll den garantierten Erfolg nicht selbst herbeiführen müssen, sondern bei Nichteintritt des garantierten Erfolgs den wirtschaftlichen Ausfall decken.[9] Der Garantiegeber muss gegenüber dem Garantienehmer eine Sicherheit bieten; hiervon ist nicht auszugehen, wenn der Garantiegeber bereits aufgrund anderweitiger Vereinbarung zur Leistung verpflichtet ist. Empfängt der leistende Unternehmer weitere als Garantiezahlung benannte Gelder, ist hierin zusätzliches Entgelt für die anderweitig geschuldete Hauptleistung zu erkennen.[10]

1 Vgl. *Huschens* in Reiß/Kraeusel/Langer, § 4 Nr. 8 UStG, Rz. 9 (Stand: August 2017).
2 EuGH, Urt. v. 19.4.2007 – C-455/05, ECLI:EU:C:2007:232 – Velvet & Steel Immobilien, UR 2007, 379, Rz. 21, 23.
3 Abschn. 4.8.11 Satz 3 UStAE, Abschn. 1.1. Abs. 3 UStAE.
4 Vgl. *Heuermann*, DStR 2017, 150 (152).
5 EuGH, Urt. v. 19.4.2007 – C-455/05, ECLI:EU:C:2007:232 – Velvet & Steel Immobilien, UR 2007, 379.
6 BFH, Urt. v. 30.11.2016 – V R 18/16, BFHE 255, 572 = UR 2017, 143 m. Anm. *Jacobs/Zitzl*, Rz. 16.
7 BFH, Urt. v. 3.3.2011 – V R 24/10, BStBl. II 2011, 950 = UR 2011, 585; Abschn. 4.8.12 Abs. 2 UStAE.
8 Abschn. 4.8.12 Abs. 1, 2 UStAE.
9 *Philipowski* in Rau/Dürrwächter, § 4 Nr. 8 UStG Rz. 494 (Stand: März 2019).
10 BFH, Urt. v. 14.12.1989 – V R 125/84, BStBl. II 1990, 401 = UR 1990, 181 m. Anm. *Philipowski.*

3. Einzelfälle

Die Übernahme einer Vermietungsgarantie liegt demnach vor, wenn ein Garantiegeber das wirtschaftliche Risiko des Garantienehmers aus der vom Garantienehmer geplanten Vermietung übernimmt und damit das Risiko dafür trägt, dass Flächen nicht weitervermietet werden können. Ist die Einräumung der Garantieverpflichtung steuerbefreit, ist auch der Verzicht auf die Garantie als **gegenläufiger Akt** steuerbefreit, selbst wenn die Einräumung der Mietgarantie ursprünglich unentgeltlich erfolgte.[1] Auf die Steuerbefreiung kann der Garantiegeber nach allgemeinen Grundsätzen gemäß § 9 Abs. 1 UStG verzichten, d.h. auf die Art der beabsichtigten Verwendung der zu vermietenden Flächen durch spätere Mieter kommt es für die Optionsausübung nicht an. 100

Die Garantiezusage muss sich auf ein Finanzgeschäft beziehen. Daher ist die Zusage eines Kfz-Händlers, nach Wahl des Käufers das Fahrzeug im Reparaturfall selbst instand zu setzen oder aber einen Ersatzanspruch gegen den Versicherer des Verkäufers abzutreten (sog. „**Kombinationsmodell**") steuerpflichtig.[2] Fehlt es an einem solchen Wahlrecht und geht der Händler nur die Verpflichtung ein, Reparaturkostenersatz im Garantiefall zu leisten, soll hierin eine selbständige, steuerfreie Versicherungsleistung des Händlers i.S.d. § 4 Nr. 10 Buchst. a UStG zu erkennen sein.[3] Da das Kombinationsmodell eine Mehrfachbelastung des Händlers durch Umsatz- und Versicherungsteuer nach sich ziehen kann,[4] sollten Händler, die entsprechende Garantiezusagen machen, ihre Vertragsbedingungen mit Blick auf diese Rechtsprechung überprüfen. 101

Steuerfrei gemäß § 4 Nr. 8 Buchst. g UStG sind auch Ausbietungsgarantien, Zinshöchstbetragsgarantien und Eigenkapitalübernahmegarantien.[5] Platzierungsgarantien, die für die Ausgabe eigener Anteile auf dem Kapitalmarkt abgegeben werden, sind gemäß § 4 Nr. 8 Buchst. e UStG steuerbefreit.[6] 102

Geschäfte mit Finanzderivaten mit Absicherungscharakter (Hedging-Geschäfte) sind gemäß § 4 Nr. 8 Buchst. g UStG steuerbefreit. 103

I. Verwaltung von OGAW, vergleichbaren AIF und Versorgungseinrichtungen (Nr. 8 Buchst. h)

I. Regelungsgegenstand

1. Befreiungstatbestand

Die Verwaltung von OGAW (Organismen für gemeinsame Anlagen in Wertpapieren) i.S.d. § 1 Abs. 2 KAGB, von AIF (alternativen Investmentfonds) i.S.d. § 1 Abs. 3 KAGB, von Wagniskapitalfonds und von Versorgungseinrichtungen i.S.d. Versicherungsaufsichtsgesetzes sind gemäß § 4 Nr. 8 Buchst. h UStG steuerbefreit. Die Vorschrift setzt Art. 135 Abs. 1 Buchst. g MwStSystRL in nationales Recht um, der die „Verwaltung" von „durch die Mitgliedstaaten definierte Sondervermögen" von der Steuerpflicht befreit. 104

Erstmals waren „Umsätze aus der Verwaltung von Sondervermögen nach dem Gesetz über Kapitalanlagegesellschaften" durch das UStG 1980 befreit worden. Der Wortlaut der Vorschrift wurde durch das Umsatzsteueränderungsgesetz v. 9.8.1994 um die Verwaltung von Versorgungseinrichtungen i.S.d. Versicherungsaufsichtsgesetzes ergänzt.[7] Mit Aufhebung des Gesetzes über Kapitalanlagegesellschaften 104.1

1 BFH, Urt. v. 15.4.2015 – V R 46/13, BStBl. II 2015, 947 = UR 2015, 762.
2 BFH, Urt. v. 10.2.2010 – XI R 49/07, BStBl. II 2010, 1109 = UR 2010, 371.
3 BFH, Urt. v. 14.11.2018 – XI R 16/17, BStBl. II 2021, 461 = UR 2019, 227, Rz. 28; vgl. auch EuGH, Urt. v. 16.7.2015 – C-584/13, ECLI:EU:C:2015:488 – Mapfre asistencia compania internacional de seguros y reaseguros SA und Mapfre warranty SpA, UR 2015, 714.; BMF, Schr. v. 11.5.2021 – III C 3-S 7163/19/10001 :001, DOK 2021/0533686, BStBl. I 2021, 781 = UR 2021, 527.
4 Vgl. hierzu *Robisch/Jacobs*, UR 2010, 925 (927).
5 Abschn. 4.8.12 Abs. 1 UStAE; BFH v. 24.1.1991 – V R 19/87, BStBl. II 1991, 539 = UR 1991, 201 m. Anm. *Philipowski*.
6 EuGH, Urt. v. 10.3.2011 – C-540/09, ECLI:EU:C:2011:137 – SEB, UR 2011, 751.
7 *Philipowski* in Rau/Dürrwächter, § 4 Nr. 8 UStG, Rz. 9 (Stand: Juli 2018).

und der Einführung des Investmentgesetzes änderte sich der Wortlaut der Vorschrift zum 1.1.2004 entsprechend. Mit Art. 8 Nr. 4 Buchst. b JStG 2008 wurde der Begriff „Sondervermögen" durch das Wort „Investmentvermögen" ersetzt.[1] Die Anpassung erfolgte, um die aufsichtsrechtlich zulässige Fremdverwaltung einer grundsätzlich eigenverwalteten Investmentaktiengesellschaft durch einen externen Dritten ebenfalls von der Steuerpflicht zu befreien.[2] Durch Art. 4 des Gesetzes zur Anpassung des Investmentsteuergesetzes und anderer Gesetze an das AIFM-Umsetzungsgesetz trat an die Stelle der „Verwaltung von Investmentvermögen nach dem Investmentgesetz" die „Verwaltung von Investmentfonds i.S.d. Investmentsteuergesetzes".[3] § 4 Nr. 8 Buchst. h ist mit Wirkung ab dem 1.1.2018 durch Art. 5 InvStRefG angepasst worden und knüpft nun mehr wieder an die Vorschriften des Finanzaufsichtsrechts an.[4] Dabei zog der Gesetzgeber auch die Folgerungen aus der Rechtsprechung des EuGH zum Umfang der Steuerbefreiung. Mit Wirkung ab 1.7.2021 wurde der Wortlaut des § 4 Nr. 8 Buchst. h auf „die Verwaltung von Wagniskapitalfonds" ausgedehnt.[5]

104.2 Die Vorschrift setzt Art. 135 Abs. 1 Buchst. g MwStSystRL in nationales Recht um, der die „Verwaltung" von „**durch die Mitgliedstaaten definierte Sondervermögen**" von der Steuerpflicht befreit. Die Vorschrift ist nach ihrem Sachzusammenhang sowie nach den Zielsetzungen und der Systematik der MwStSystRL insgesamt – insbesondere unter Beachtung des Neutralitätsgrundsatzes – und schließlich unter Berücksichtigung des Normzwecks der Befreiung selbst auszulegen.[6]

2. Zweck

105 Den Zweck der Steuerbefreiung sieht der EuGH darin, Anlegern die Anlage in Wertpapiere über Organismen für Anlagen durch den Wegfall der Mehrwertsteuerkosten zu erleichtern. Die Mehrwertsteuer soll sich nicht auf die Entscheidung des Anlegers auswirken, unmittelbar in Wertpapiere oder aber mittelbar über „Sondervermögen" zu investieren. Eine daneben intendierte sozialpolitisch motivierte Privilegierung der Vermögensanlage durch **Klein**anleger sollte der Befreiungsvorschrift nicht zu entnehmen sein, auch wenn der EuGH diesen Gedanken zur Rechtfertigung der Befreiung selbst in der Vergangenheit herangezogen hat.[7] Der EuGH hat in der Folge weit überwiegend auf den „Anleger" an sich und nicht mehr auf den „Kleinanleger" als Adressat einer intendierten begünstigenden Wirkung der Steuerbefreiung verwiesen.[8] Die Entscheidung für die Steuerbefreiung der Verwaltung von Sondervermögen erscheint mit Blick auf das **Wesen der Mehrwertsteuer** als **allgemeine Verbrauchsteuer**, die nicht den „Sparer" oder „Investor" im weitesten Sinne belasten soll, nachvollziehbar, weshalb der Rückgriff auf den „Anleger" an sich – egal ob Kleinanleger oder (semi-)professioneller Anleger – sich gerade mit der Belastungsintention der Mehrwertsteuer erklären lässt.[9] Doch ist die Norm – wie alle Befreiungsvorschriften – eng auszulegen, so dass die Vorschrift nicht analog auf die Vermögensverwaltung anderer Vermögen als Sondervermögen anzuwenden ist.[10]

106 Die Steuerbefreiung gelangt zudem nur zur Anwendung, soweit zwischen Verwaltung und Vergütung ein hinreichend direkter und unmittelbarer Zusammenhang (Leistungsaustausch) besteht. Hiervon ist regelmäßig auszugehen, wenn die Verwaltung auf schuldrechtlicher Grundlage, insbesondere durch

1 *Philipowski* in Rau/Dürrwächter, § 4 Nr. 8 UStG, Rz. 14 (Stand: Juli 2018).
2 Vgl. *Huschens* in Reiß/Kraeusel/Langer, § 4 Nr. 8 UStG, Rz. 9 (Stand: August 2017).
3 *Philipowski* in Rau/Dürrwächter, § 4 Nr. 8 UStG, Rz. 15 f. (Stand: Juli 2018).
4 Investmentsteuerreformgesetz, BGBl. I 2016, 1730.
5 Vgl. Art. 4, Art. 19 Abs. 1 des Fondstandortgesetzes (FoStoG) v. 3.6.2021, BGBl. I 2021, 1498.
6 EuGH, Urt. v. 4.5.2006 – C-169/04, ECLI:EU:C:2006:289 – Abbey National, UR 2006, 352 m. Anm. *Wäger*, Rz. 59.
7 EuGH, Urt. v. 4.5.2006 – C-169/04, ECLI:EU:C:2006:289 – Abbey National, UR 2006, 352 m. Anm. *Wäger*, Rz. 62 f.; EuGH, Urt. v. 7.3.2013 – C-275/11, ECLI:EU:C:2013:141 – GfBk, BStBl. II 2013, 900 = UR 2013, 293 m. Anm. *Philipowski*, Rz. 30.
8 EuGH, Urt. v. 9.12.2015 – C-595/13, ECLI:EU:C:2015:801 – Fiscale Eenheid X, UR 2016, 20 m. Anm. *Scholz/Walter*, Rz. 34 m.w.N.
9 Vgl. i.E. ebenso: *Jacobs/Stabenow*, UR 2018, 75 (77 f.); **a.A.** *Wäger* in Sölch/Ringleb, § 4 Nr. 8 UStG, Rz. 242 f. (Stand: Oktober 2021).
10 EuGH, Urt. v. 19.7.2012 – C-44/11, ECLI:EU:C:2012:484 – Deutsche Bank, UR 2012, 667, Rz. 33 f.

eine externe Kapitalverwaltungsgesellschaft, erfolgt oder bei intern verwalteten Investmentgesellschaften sich der Verwaltungsanspruch nicht aus der Gesellschafterstellung der Anleger ergibt.[1]

II. Begünstigtes Investmentvermögen

1. Ermächtigung für die Mitgliedstaaten

Das Unionsrecht ermächtigt die Mitgliedstaaten die Sondervermögen zu definieren, deren Verwaltung 107
steuerfrei zu stellen ist.[2] Der unionsrechtliche Begriff „Sondervermögen“ ist nicht mit dem in § 1 Abs. 10 KAGB definierten Sondervermögensbegriff gleichzusetzen. Denn der Unionsbegriff **Sondervermögen** versteht sich **unabhängig von der Rechtsform** des verwalteten Vermögens.[3]

Historisch lässt sich die Ermächtigung mit den unterschiedlichen Harmonisierungsgraden von Mehr- 108
wertsteuer- und Finanzaufsichtsrecht zum Zeitpunkt des Erlasses der 6. EG-Richtlinie erklären.[4] Die Definitionsbefugnis der Mitgliedstaaten ist durch die fortschreitende Harmonisierung des Aufsichtsrechts für Investmentfonds schrittweise eingeschränkt und von den Rechtsvorschriften zur harmonisierten Investmentaufsicht überlagert worden.[5] Die Definitionsbefugnis kann somit nur soweit reichen, wie der Sondervermögensbegriff noch nicht durch das Aufsichtsrecht der Union, insbesondere die **OGAW-RL** und die **AIFM-RL**, ausgefüllt ist.[6] Bei Ausübung der Definitionsbefugnis müssen die Mitgliedstaaten zudem das Neutralitätsprinzip beachten und dürfen insbesondere nicht einzelne Fonds, die die Voraussetzungen an ein „Sondervermögen“ erfüllen, von der Steuerbefreiung ausschließen (sog. „Verbot, der Formulierung der Befreiungsvorschrift zuwiderzuhandeln“).[7] Ob die an die Mitgliedstaaten gerichtete Ermächtigung, den Begriff des „Sondervermögens“ zu definieren, sich darin erschöpft, aus dem Kreis sämtlicher Fonds diejenigen auszuwählen, die nach innerstaatlichem Recht als „Sondervermögen“ i.S.d. Art. 135 Abs. 1 Buchst. g MwStSystRL zu behandeln und steuerfrei zu verwalten sind[8] oder ob den Mitgliedstaaten darüber hinaus noch Umsetzungsspielräume bei der Definition des Sondervermögens verbleiben, ist zweifelhaft.[9]

2. OGAW

Fonds, die (aufsichts-)rechtlich als Organismen für gemeinsame Anlagen in Wertpapieren zu qualifi- 109
zieren sind, sind jedenfalls „Sondervermögen“.[10] Der ausschließlicher Zweck eines OGAW besteht darin, beim Publikum beschaffte Gelder für gemeinsame Rechnung nach dem Grundsatz der Risikostreuung in Wertpapieren anzulegen und ausgegebene Anteile auf Verlangen der Anteilsinhaber unmittelbar oder mittelbar zu Lasten des Vermögens des Organismus zurückzunehmen (Art. 1 Abs. 2 OGAW-RL). Unter „OGAW“ fallen nach nationalem Aufsichtsrecht **offene Publikumsinvestmentvermögen (Anlagegegenstand: Wertpapiere)** (§ 1 Abs. 4 Nr. 1, Abs. 6 KAGB).

---

1 Vgl. Abschn. 4.8.13 Abs. 11–13 UStAE.

2 EuGH, Urt. v. 28.6.2007 – C-363/05, ECLI:EU:C:2007:391 – JP Morgan Fleming Claverhouse Investment Trust and The Association of Investment Trust Companies, UR 2007, 727 m. Anm. *Maunz*, Rz. 41–43.

3 EuGH, Urt. v. 4.5.2006 – C-169/04, ECLI:EU:C:2006:289 – Abbey National, UR 2006, 352 m. Anm. *Wäger*, Rz. 53.

4 EuGH, Urt. v. 9.12.2015 – C-595/13, ECLI:EU:C:2015:801 – Fiscale Eenheid X, UR 2016, 20 m. Anm. *Scholz/Walter*, Rz. 41; Richtlinie 85/611/EWG (OGAW-RL) geändert durch Richtlinie 2001/107/EG und Richtlinie 2001/108/EG.

5 EuGH, Urt. v. 9.12.2015 – C-595/13, ECLI:EU:C:2015:801 – Fiscale Eenheid X, UR 2016, 20 m. Anm. *Scholz/Walter*, Rz. 46; BFH, Urt. v. 5.9.2019 – V R 2/16, BStBl. II 2020, 109 = UR 2019, 929, Rz. 24.

6 *Kempf/Wiendl/Auffarth*, MwStR 2020, 34 (37 f.).

7 EuGH, Urt. v. 9.12.2015 – C-595/13, ECLI:EU:C:2015:801 – Fiscale Eenheid X, UR 2016, 20 m. Anm. *Scholz/Walter*, Rz. 32 m.w.N.

8 MwSt-Ausschuss, Working Paper Nr. 936, taxud.c.1(2017)6168695, 21.

9 *Hahne*, BB 2017, 2469 (2472); *de Weerth*, MwStR 2017, 836 (840).

10 EuGH, Urt. v. 9.12.2015 – C-595/13, ECLI:EU:C:2015:801 – Fiscale Eenheid X, UR 2016, 20 m. Anm. *Scholz/Walter*, Rz. 36; EuGH, Urt. v. 19.7.2012 – C-44/11, ECLI:EU:C:2012:484 – Deutsche Bank, UR 2012, 667, Rz. 32; EuGH, Urt. v. 7.3.2013 – C-424/11, ECLI:EU:C:2013:144 – Wheels, UR 2013, 300, Rz. 23; EuGH, Urt. v. 13.3.2014 – C-464/12, ECLI:EU:C:2014:139, ATP PensionService, juris, Rz. 46.

3. Mit OGAW vergleichbare AIF

110 Neben OGAW sollten nach § 4 Nr. 8 Buchst. h UStG i.d.F. durch das InvStRefG auch mit OGAW vergleichbare AIF steuerfrei verwaltet werden dürfen. Mit dem ZuFinG hat sich der Gesetzgeber von der „Vergleichbarkeit“ als Kriterium zur Umsetzung des Begriffs „Sondervermögen“ in das nationale Recht verabschiedet. Der Gesetzgeber des InvStRefG hatte sich durch die EuGH Rechtsprechung in der Rechtssache Fisclae Eenheid zur Ausweitung der Befreiung auf mit OGAW vergleichbare AIF veranlasst gesehen. Zum „Vergleichsbarkeitskriterium“ vgl. Rz. 110 ff., 2. Aufl. 2022.

111–121 frei

4. Wagniskapitalfonds

121.1 Die Verwaltung von Wagniskapitalfonds ist für nach dem 30.6.2021 ausgeführte Leistungen ebenfalls steuerbefreit.[1] Der Gesetzgeber hat mit dieser Ausweitung der Befreiungsvorschrift durch das FoStoG beabsichtigt, den Fondsstandort Deutschland im europäischen Wettbewerb zu stärken. Auf eine eigenständige Begriffsdefinition hatte der Gesetzgeber jedoch verzichtet und die Konkretisierung dem BMF überlassen:[2]. Die FinVerw. sieht die Steuerbefreiung durch diese Änderung nur punktuell erweitert.[3] Als Wagniskapitalfonds sollen AIF i.S.d. § 1 Abs. 3 KAGB – soweit sie den **gleichen Wettbewerbsbedingungen wie OGAW** unterliegen – insb. aber qualifizierte Risikokapitalfonds i.S.d. EuVECA Verordnung[4] in Betracht kommen.[5] Nach ihren Anlagebedingungen sollten Wagniskapitalfonds verpflichtet sein, mehr als 50 % ihres aggregiert eingebrachten bzw. zugesagten Kapitals zum Zeitpunkt der ersten Wagniskapitalbeteiligung in **begünstigte Wachstumsunternehmen** zu investieren.[6] Begünstigte Wachstumsunternehmen müssen weitere Bedingungen in Bezug auf ihr **Alter, ihre Beschäftigtenanzahl, Marktkapitalisierung, Ansässigkeit und wirtschaftliche Aktivität** (Gewinnerzielungsabsicht) erfüllen.[7] Die Begünstigung der „Verwaltung von Wagniskapitalfonds“ wird teils als unionsrechtlich zu weitgehende Ausweitung der Befreiungsvorschrift bedenklich kritisiert[8], teils wird die Ausweitung begrüßt[9] und umgekehrt als Indiz für die Irrelevanz des Merkmals der „Kleinanlegerbegünstigung“ verstanden[10], jedoch wurden die vom BMF angestellten Voraussetzungen als unzulässige Einschränkung des Anwendungsbereichs bemängelt.[11]

121.2 Mit der Steuerbefreiung geht für betroffene Unternehmer der Verlust der Vorsteuerabzugsberechtigung einher (§ 15 Abs. 2 Nr. 1 UStG). Dies gilt uneingeschränkt auch für „grenzüberschreitende Verwaltungsleistungen“ mit Leistungsempfängern im Drittland (§ 15 Abs. 2 Nr. 2 i.V.m. Abs. 3 Nr. 2 Buchst. b UStG greift nicht). Die Nichtbeanstandungsregelung des BMF ist zum 30.6.2022 ausgelaufen.[12] Mit Art. 18 ZuFinG ist der Wortlaut der Vorschrift erneut angepasst worden. Da die Steuerbefreiung in ihrer Fassung durch das ZuFinG auf die Verwaltung sämtlicher AIF i.S.d. § 1 Abs. 3 KAGB Anwendung findet, entfällt die Notwendigkeit Wagniskapitalfonds, die sich uneingeschränkt als AIF i.S.d. § 1 Abs. 3 KAGB qualifizieren, ausdrücklich als begünstigte Investmentvermögen zu benennen.

---

1 Art. 4, Art. 11 Abs. 1 des Fondsstandortgesetzes (FoStoG), BGBl. I 2021, 1498.
2 BT-Drucks. 19/28868, 114.
3 BMF, Schr. v. 24.6.2022 – III C 3-S 7160-h/20/10003 :026 – DOK 2022/0662220, BStBl. I 2022, 1006; kritisch *Flad*, UVR 2023, 117 (121); *Jacobs*, MwStR 2022, 762; *Hahn* in BeckOK, § 4 Nr. 8 UStG, Rz. 101a.1.
4 Verordnung (EU) Nr. 345/2013 des Europäischen Parlaments und des Rates v. 17.4.2013 über Europäische Risikokapitalfonds, geändert durch die Verordnung (EU) 2017/1991 des Europäischen Parlaments und des Rates vom 25.10.2017 und durch die Verordnung (EU) 2019/1156 des Europäischen Parlaments und des Rates vom 20.6.2019, ABl. EU v. 25.4.2013, L 115, 1.
5 Abschn. 4.8.13 Abs. 10 Satz 1, 5 UStAE.
6 Abschn. 4.8.13 Abs. 10 Satz 2 UStAE.
7 Vgl. im Einzelnen Abschn. 4.8.13 Abs. 10 Satz 6 UStAE.
8 *Wäger* in Sölch/Ringleb, § 4 Nr. 8 UStG, Rz. 255 ff. (Stand Oktober 2021).
9 *Rust/Klein*, RdF 2022, 284 (287); *Jacobs*, MwStR 2022, 762 (763).
10 *Flad*, UVR 2023, 85 ff. 117, 123.
11 Zum Streitstand vgl. auch Wissenschaftliche Dienste Deutscher Bundestag, WD 4 – 3000 – 041/23.
12 BMF, Schr. v. 24.6.2022 – III C 3-S 7160-h/20/10003 :026 – DOK 2022/0662220, UR 2022, 599.

5. Verwaltung von AIF (ZuFinG)

In ihrer Fassung durch Art. 18 ZuFinG stellt die Befreiungsvorschrift nunmehr die Verwaltung von AIF i.S.d. § 1 Abs. 3 KAGB steuerfrei ohne deren Vergleichbarkeit mit OGAW zu fordern. Die Änderung ist zum 1.1.2024 in Kraft getreten (Art. 35 Abs. 2 ZuFinG). Mit dieser Anpassung sollen Wettbewerbsnachteile für den Finanzstandort Deutschland aus einer ungleichen Umsetzung der Umsatzsteuerbefreiung für die Verwaltung von Wagniskapitalfonds ausgeglichen und so Wettbewerbsgleichheit mit anderen europäischen Mitgliedstaaten hergestellt werden. Der Gesetzgeber beabsichtigt eine Angleichung an die rechtlichen Rahmenbedingungen in anderen europäischen Mitgliedstaaten[1]. Die im Zuge der Ausdehnung der Befreiung formulierte Kritik im Bundesrat[2], die Ausweitung des begünstigten Investmentvermögens auf sämtliche AIF sei unionsrechtlich kritisch zu bewerten, scheint die Koalitionsfraktionen bewogen zu haben, das BMF zu bitten bestehende unionsrechtliche Bedenken gegen die Ausweitung der Umsatzsteuerbefreiung auf die Verwaltung sämtlicher AIF mit der EU-Kommission zu erörtern und gegenüber der EU-Kommission auf eine einheitliche Handhabung innerhalb der EU hinzuwirken. Ein Bericht über das Ergebnis der Erörterung mit der EU-Kommission soll das BMF noch im 1. Quartal 2024 vorlegen.[3] Ob diese Erörterungen auf Unionsebene eine Vereinheitlichung der Anwendungsbereiche nationaler Befreiungsvorschriften auslösen und bejahendenfalls in welche Richtung eine solche Vereinheitlichung gehen wird, bleibt abzuwarten.[4] 121.3

Ab dem 1.1.2024 ist die Verwaltung Alternativer Investmentfonds i.S.d. § 1 Abs. 3 KAGB generell von der Umsatzsteuer befreit. Vergütungen und Auslagenersatz, die ein Fondsmanager aus dem Fondsvermögen finanziert/vergütet erhält, verstehen sich damit zukünftig grundsätzlich als Entgelt für eine steuerbefreite Verwaltungsleistung mit den bereits beschriebenen Folgen für den Vorsteuerabzug des Fondsmanagers, Rz. 121.2.

6. Versorgungseinrichtungen nach dem Versicherungsaufsichtsgesetz (VAG)

Steuerfrei ist auch die Verwaltung von Versorgungseinrichtungen nach dem VAG, die Leistungen im Todes- oder Erlebensfall, bei Arbeitseinstellung oder bei Minderung der Erwerbstätigkeit vorsehen (§ 1 Abs. 2 Satz 3 VAG i.V.m. Anl. 1 Nr. 24). Hierunter fallen insbesondere die Versorgungswerke der freien Berufe, Pensionskassen (§ 232 VAG) und Pensionsfonds (§ 236 VAG). Der historische Gesetzgeber wollte mit der Ausweitung der Steuerbefreiung auf „Versorgungseinrichtungen" Wettbewerbsnachteilen inländischer Unternehmer gegenüber in anderen Mitgliedstaaten der Union ansässigen Unternehmern entgegenwirken.[5] 122

Unionsrechtlich ist die Verwaltung der Versorgungseinrichtung von der Steuerbefreiung gedeckt, soweit die jeweilige Versorgungseinrichtung als „Sondervermögen" qualifiziert werden kann. Eine Versorgungseinrichtung (Rentenkasse) ist mit einem OGAW vergleichbar, soweit sie das Vermögen mehrerer Begünstigter zu gemeinsamer Rechnung zusammenfasst, die Vermögensanlage nach den Grundsätzen der Risikostreuung erfolgt und die Begünstigten das Anlagerisiko tragen; ist hingegen der Rentenanspruch der Höhe nach allein durch die Beschäftigungsdauer vorgegeben und zahlt der Arbeitgeber die Beiträge aufgrund einer ihn treffenden gesetzlichen Verpflichtung, soll die Versorgungseinrichtung kein Sondervermögen darstellen. Der BFH hat die Steuerbefreiung für die **Verwaltung von Unterstützungskassen** mit der Begründung versagt, die Begünstigten trügen kein Anlagerisiko.[6] Der XI. Senat hat dabei zu erkennen gegeben, dass er zur dieser Einschätzung nicht nur bei unmittelbarer Berufung des Steuerpflichtigen auf das Unionsrecht, sondern auch aufgrund richtlinienkonformer 123

1 BT-Drucks. 20/9363, 102.
2 BR-Drucks. 362/1/23, unter Verweis auf MwSt-Ausschuss, 109. Sitzung, 949. Leitlinie.
3 BT-Drucks. 20/9363, 106.
4 *Wäger* in Sölch/Ringleb, § 4 Nr. 8 UStG Rz. 258 (Stand Oktober 2021).
5 BT-Drucks. 12/7686, 7.
6 BFH, Urt. v. 26.7.2017 – XI R 22/15, BFH/NV 2017, 1567 = UR 2017, 915, Rz. 34 ff.

Auslegung des § 4 Nr. 8 Buchst. h UStG gelangen würde.[1] Die FinVerw. geht weiterhin davon aus, dass Unterstützungskassen auch steuerfrei verwaltet werden können.[2]

III. Verwaltung

1. Verwaltung

124 Der Begriff „Verwaltung" in Art. 135 Abs. 1 Buchst. g MwStSystRL ist ein Begriff des Unionsrechts, dessen Inhalt die Mitgliedstaaten nicht verändern können.[3] § 4 Nr. 8 Buchst. h UStG verwendet den identischen Begriff und ist uneingeschränkt inhaltlich deckungsgleich zu verstehen. Der EuGH hat den Verwaltungsbegriff unter Bezugnahme auf die OGAW-Richtlinie als die für das jeweilige Vorabentscheidungsverfahren geltende unionsrechtliche Investmentaufsicht/im jeweils entscheidungserheblichen Zeitraum geltenden aufsichtsrechtlichen Vorschriften, näher definiert.[4] Auch wenn aber einzelne Verwaltungs- oder verwaltungsnahe Aufgaben nicht in Anhang II der Richtlinie 2001/107 ausdrücklich aufgeführt sind, folgt daraus noch nicht, dass die einschlägigen Dienstleistungen nicht als steuerfrei ausgeführt eingeordnet werden können. Denn die in diesem Anhang aufgeführten Aufgaben haben Regelbeispielcharakter und verstehen sich nicht als abschließende Aufzählung (vgl. Art. 5 Abs. 2 Richtlinie 85/611).[5] Von der steuerfreien Verwaltung sind jedenfalls Aufgaben der Verwahrstellen, die sich auf die Verwahrung der Vermögensgegenstände oder aber die Überwachung der Tätigkeiten des Verwalters beziehen (vgl. im Einzelnen Art. 7–14 Richtlinie 85/611) ausgeschlossen.[6] Nicht begünstigt sind zudem nach Auffassung der FinVerw. die von Kapitalverwaltungsgesellschaften übernommenen Tätigkeiten im Kontext der Verwahrung von Vermögensgegenständen des Investmentvermögens nach §§ 72–79 KAGB sowie die Übernahme sonstiger Aufgaben gemäß §§ 81–89a KAGB.[7] Zu den aus Sicht der FinVerw. steuerfreien und steuerpflichtigen Leistungen der Verwaltungsgesellschaften siehe im Einzelnen Abschn. 4.8.13 Abs. 18, 19–21 UStAE.

2. Auslagerung

125 Die Verwaltung extern wie intern verwalteter Investmentvermögen kann nach § 36 Abs. 1 KAGB auf andere Unternehmer auslagert werden. Für die Steuerbefreiung kommt es ausschließlich auf die **Art der ausgelagerten Tätigkeit**, nicht aber darauf an, ob die Auslagerung aufsichtsrechtlich zulässig ist.[8]

126 Die Leistungen der zur Verwaltung verpflichteten Verwaltungsgesellschaft/Investmentgesellschaft werden unabhängig von dem Umfang, in dem die Verwaltungsgesellschaft selbst Dienstleistungen ausführt, stets als steuerfrei zu behandeln sein.[9] Die auf Dritte übertragenen Aufgaben können nach allgemeinen Auslagerungsgrundsätzen der Steuerbefreiung unterfallen (Rz. 12 ff.). Neben der Anlagenverwaltung (**„Portefeuille- oder Portfolioverwaltung"**) gilt dies auch für nur administrative Aufgaben wie das Risiko- und Sicherheitsmanagement und sonstige administrative Aufgaben (den Anteilsver-

1 BFH, Urt. v. 26.7.2017 – XI R 22/15, BFH/NV 2017, 1567 = UR 2017, 915, Rz. 27; vgl. *de Weerth*, MwStR 2017, 836 (840) zu den Auswirkungen.

2 Abschn. 4.8.13 Abs. 22 Satz 6 UStAE i.V.m. BMF, Schr. v. 18.12.1997 – IV C 4-S 7160h – 6/97, BStBl. I 1997, 1046.

3 EuGH, Urt. v. 4.5.2006 – C-169/04, ECLI:EU:C:2006:289 – Abbey National, UR 2006, 352 m. Anm. *Wäger*, Rz. 43.

4 EuGH, Urt. v. 4.5.2006 – C-169/04, ECLI:EU:C:2006:289 – Abbey National, UR 2006, 352 m. Anm. *Wäger*, Rz. 64; EuGH, Urt. v. 7.3.2013 – C-275/11, ECLI:EU:C:2013:141 – GfBk, BStBl. II 2013, 900 = UR 2013, 293 m. Anm. *Philipowski*, Rz. 22; EuGH, Urt. v. 13.3.2014 – C-464/12, ECLI:EU:C:2014:139, ATP PensionService, juris, Rz. 66.

5 EuGH, Urt. v. 7.3.2013 – C-275/11, ECLI:EU:C:2013:141 – GfBk, BStBl. II 2013, 900 = UR 2013, 293 m. Anm. *Philipowski*, Rz. 25.

6 EuGH, Urt. v. 4.5.2006 – C-169/04, ECLI:EU:C:2006:289 – Abbey National, UR 2006, 352 m. Anm. *Wäger*, Rz. 48.

7 Abschn. 4.8.13 Abs. 10 UStAE.

8 Abschn. 4.8.13 Abs. 16, 17 UStAE.

9 Zu weiteren Einzelheiten vgl. Abschn. 4.8.13 Abs. 18–21 UStAE.

trieb ausgenommen).[1] Die an den Fondsverwalter erbrachten Dienstleistungen müssen sich ausschließlich auf die Verwaltung von Sondervermögen beziehen: Die Portfolioverwaltung unterstützende (einheitliche) Leistungen (Marktanalysen sowie Leistungs- und Risikoüberwachung zur Unterstützung beim Treffen von Anlageentscheidungen an, Compliance, Umsetzung von Handelsentscheidungen), die sowohl für die Verwaltung von Sondervermögen als auch für die Verwaltung von nicht begünstigtem Vermögen verwendet werden, unterfallen insgesamt nicht der Steuerbefreiung.[2] Die FinVerw. hält eine steuerfreie Auslagerung des Portfoliomanagements zudem regelmäßig nur dann für zulässig, wenn Kauf- und Verkaufsempfehlungen an den rechtlichen und tatsächlichen Erfordernissen der Vermögensanlage ausgerichtet sind und die Dispositionsempfehlung aufgrund ständiger Beobachtung des Fondsvermögens und auf einem aktuellen Kenntnisstand über die Zusammenstellung des Vermögens beruht.[3]

Auch die Berechnung der steuerlichen Bemessungsgrundlagen (für Anleger) im Auftrag eines Fondsverwalters wie auch die Überlassung von Software, die für das Risikomanagement und die Performancemessung wesentliche Berechnungen liefert, kann steuerbefreit sein und ist nicht per se als technische Hilfsleistung (und damit als steuerpflichtig) einzuordnen. Zweifelhaft ist, ob die im UStAE sich widerspiegelnde Auffassung zur Steuerbefreiung administrativer Leistungen im Rahmen der Fondsverwaltung im Einklang mit dieser EuGH Rechtsprechung steht. Die Auslagerung der von der FinVerw. den sonstigen administrativen Aufgaben zugerechneten Dienstleistungen soll nur dann steuerfrei möglich sein, wenn daneben auch qualitativ bedeutsamere Aufgaben auf den Dritten übertragen werden.[4] Für die „Erstellung von Steuererklärungen" (der Anleger) soll die Steuerbefreiung jedoch nur greifen, wenn die Tätigkeit sich als Nebenleistung zu aus Sicht der FinVerw. qualitativ hochwertigeren administrativen Dienstleistungen darstellt.[5] 126.1

J. Amtliche Wertzeichen (Nr. 8 Buchst. i)

Die Umsätze im Inland gültiger amtlicher Wertzeichen zum aufgedruckten Wert sind seit dem 1.1.1980 gemäß § 4 Nr. 8 Buchst. i UStG steuerbefreit.[6] Die Vorschrift setzt Art. 135 Abs. 1 Buchst. h MwStSystRL in nationales Recht um. Von der Umsatzsteuer sollen Lieferungen von Briefmarken, Stempel- und Steuermarken sowie Gebührenmarken befreit werden. Soweit Steuer- und Gebührenmarken durch Einrichtungen des öffentlichen Rechts im Rahmen ihrer hoheitlichen Tätigkeit geliefert werden, ist zunächst die Steuerbarkeit der Lieferung zu prüfen (gemäß § 2 Abs. 3 UStG bis zum Ablauf des Optionszeitraums, § 27 Abs. 22 Satz 3 ff. UStG oder § 2b UStG). 127

§ 4 Nr. 9 Buchst. a [Umsätze, die unter das GrEStG fallen]

Von den unter § 1 Abs. 1 Nr. 1 fallenden Umsätzen sind steuerfrei:

…

9. a) die Umsätze, die unter das Grunderwerbsteuergesetz fallen,

b) …

…

1 Abschn. 4.8.13 Abs. 18 UStAE.

2 EuGH, Urt. v. 2.7.2020 – C-231/19, ECLI:EU:C:2020:513 – Blackrock Investment Management (UK), UR 2021, 314.

3 Abschn. 4.8.13 Abs. 16 Satz 6 f. UStAE im Anschluss an EuGH, Urt. v. 7.3.2013 – C-275/11, ECLI:EU:C:2013:141 – GfBk, BStBl. II 2013, 900 = UR 2013, 293 m. Anm. *Philipowski*; BFH, Urt. v. 11.4.2013 – V R 51/10, BStBl. II 2013, 877 = UR 2013, 861.

4 Abschn. 4.8.13 Abs. 18–21 UStAE.

5 Abschn. 4.8.13 Abs. 20 Nr. 1 UStAE; vgl. auch *de Weerth*, MwStR 2021, 681 mit Zweifeln an der Unionsrechtskonformität dieser Interpretation.

6 Vgl. *Huschens* in Reiß/Kraeusel/Langer, § 4 Nr. 8 UStG, Rz. 11 (Stand August 2017).

Schrifttum: *Behrens*, Reform- und Änderungsbedarf bei der Grunderwerbsteuer, UVR 2014, 147; *Behrens*, Grunderwerbsteuer bei der Sicherungsübereignung von Gebäuden auf fremdem Boden, UVR 2017, 152; *Behrens/Schmitt*, Zur Anwendung von § 1 Abs. 1a UStG bei Immobilientransaktionen, UVR 2008, 220; *Behrens/Sparr*, Diskussionsentwurf eines Grunderwerbsteuer-Novellierungsgesetzes, DB 2023, 2460; *Behrens/Sparr*, Grunderwerbsteuer beim Signing und beim Closing von Share Deals nach dem JStG 2022, UVR 2023, 269; *Behrens/Wachter*, GrEStG, 2. Aufl., Köln 2022; *Böing*, Grunderwerbsteuer durch die Ausübung von Ankaufsrechten beim Immobilienleasing, UVR 2010, 369; *Esskandari/Wieck*, Verhältnis der Umsatzsteuer zu Grunderwerbsteuer, UStB 2015, 344; *Harlacher*, Erstmalig klärt der BFH in einem Hauptsacheverfahren das Verhältnis zwischen § 4 Nr. 9a UStG und § 1 Abs. 2 GrEStG bei einem atypischen Maklervertrag, BB 2015, 3112; *Heinrichshofen*, Steuerbefreiung für Vermittlung von Anteilen an Grundstücksgesellschaften, EU-UStB 2012, 65; *Hofmann*, Grunderwerbsteuergesetz, 11. Aufl., Herne 2016; *Nieskens*, Steuerbefreiung für Lieferung von Gebäuden – Begriff des Erstbezugs, Anmerkung zum EuGH-Urteil vom 16.11.2017, C-308/16, EU-UStB 2018, 19; *Pogodda-Grünwald*, Verhältnis Umsatzsteuer zur Grunderwerbsteuer, Anmerkung zum BFH-Urteil vom 10.9.2015, V R 41/14, MwStR 2016, 124; *Rutemöller*, Mehrfachbelastung mit Grunderwerb- und Umsatzsteuer im Lichte der Rechtsprechung zum einheitlichen Vertragswerk, BB 2013, 983; *Schmid*, Aktuelle Entwicklungen im Grunderwerbsteuerrecht, DStR 2018, 2058; *Sterzinger*, Gesetzliche Steueraufteilungsgebote und der Grundsatz der Einheitlichkeit einer Leistung, UStB 2019, 214; *von Streit/Streit*, Einheitliche Behandlung von einheitlichen Leistungen: Kein „Aufteilungsgebot" – Konsequenzen für die Praxis, UStB 2023, 351; *Viskorf*, GrEStG, 20. Aufl., München 2022; *Wäger*, Anmerkung zum BFH-Urteil vom 24.9.2015, V R 9/14, BFH/PR 2016, 44; *Wäger*, Rechtsprechungsauslese 2015, UR 2016, 125; *de Weerth*, Steuerbefreiung der Mitvermietung von Betriebsvorrichtungen – Y/FA X, MwStR 2023, 507; *Widmann*, Betriebsvorrichtungen als Gegenstand von Umsätzen, UR 2024, 5.

A. Grundaussagen

I. Regelungsgegenstand

1. Vermeidung einer (ggf. nur virtuellen) Doppelbelastung mit Umsatz- und Grunderwerbsteuer

1 § 4 Nr. 9 Buchst. a UStG soll eine **Doppelbesteuerung** mit Umsatzsteuer und Grunderwerbsteuer als der Umsatzsteuer ähnliche Steuer ausschließen.[1] Die Befreiung von der Umsatzsteuer nach § 4 Nr. 9 Buchst. a UStG ist, wenn der Umsatz, der unter das Grunderwerbsteuergesetz („GrEStG") fällt, keine Geschäftsveräußerung im Ganzen i.S.d. § 1 Abs. 1a UStG ist, bereits anwendbar, wenn der Vorgang grunderwerbsteuerbar ist. § 4 Nr. 9 Buchst. a UStG ist auch dann anwendbar, wenn der Erwerbsvorgang von der Grunderwerbsteuer befreit ist.[2] Z.B. ist die Grundstücksveräußerung unter Ehegatten nach § 3 Nr. 4 GrEStG von der Grunderwerbsteuer befreit und gleichzeitig nach § 4 Nr. 9 Buchst. a UStG auch von der Umsatzsteuer.[3] Nicht anwendbar ist § 4 Nr. 9 Buchst. a UStG dagegen auf eine **Vermittlungsleistung**, auch wenn diese auf einem atypischen Maklervertrag beruht, der dem Vermittler über den Vermittlungsauftrag hinaus besondere Befugnisse einräumt, die ihm eine Verwertung auf eigene Rechnung i.S.d. § 1 Abs. 2 GrEStG ermöglichen.[4] § 4 Nr. 9 Buchst. a UStG ist auch dann anzuwenden, wenn die Grunderwerbsteuer erlassen[5] oder aus sonstigen Gründen (z.B. aufgrund eines Antrags nach § 16 Abs. 1 oder Abs. 2 GrEStG wegen Rückgängigmachung des grunderwerbsteuerrechtlichen Erwerbsvorgangs) nicht erhoben wird.

2 Eine Ausdehnung der Umsatzsteuerbefreiung nach § 4 Nr. 9 Buchst. a UStG auf generell jegliche Art der Doppelbelastung mit Grunderwerb- und Umsatzsteuer unter Berufung auf Art. 3 GG wird von der h.M. allerdings abgelehnt.[6] Z.B. sind Bau- oder Baubetreuungsleistungen nicht nach § 4 Nr. 9 Buchst. a UStG deswegen steuerfrei, weil sie beim Leistungsempfänger in die Bemessungsgrundlage für die Grunderwerbsteuer einbezogen worden sind.[7] Für die Umsatzsteuer ist **nicht bindend**, dass Bauleistungen und Architektenleistungen grunderwerbsteuerrechtlich unter bestimmten Voraussetzungen mit anderen Leistungen zusammengefasst werden und der dadurch vorhandene Erwerbsvorgang beim Erwerber der Grunderwerbsteuer unterworfen wird.[8] Dass es zu Doppelbelastungen mit beiden Steuerarten kommen kann, wird in der Literatur zum Teil als bedenklich angesehen.[9]

2. Unzulänglichkeit des Wortlauts von § 4 Nr. 9 Buchst. a UStG

3 Die Steuertatbestände des GrEStG einerseits und des UStG andererseits sind **nicht aufeinander abgestimmt**.[10] Die Tatbestände in § 1 GrEStG erfassen sowohl das Verpflichtungsgeschäft als auch die Auflassung als auch den Übergang des Eigentums am inländischen Grundstück (bzw. der Rechtsinhaberschaft am Eigentumsverschaffungsanspruch bzw. Gesellschaftsanteil) als jeweils steuerbar,[11] wobei

1 So wird die Grunderwerbsteuer in der Literatur auch als „Sonderumsatzsteuer" bezeichnet – vgl. *Englisch* in Tipke/Lang, Steuerrecht[24], Rz. 18.3; *Schaumburg* in FS Reiß, 2008, S. 25 (35).

2 Vgl. *Heidner* in Bunjes[22], § 4 Nr. 9 UStG Rz. 3.

3 Vgl. *Leipold* in Sölch/Ringleb, § 4 Nr. 9 UStG Rz. 19 (Stand: Juni 2021).

4 Vgl. BFH, Urt. v. 10.9.2015 – V R 41/14, BStBl. II 2016, 308 = UR 2015, 948; BFH, Beschl. v. 28.5.2015 – V B 15/15, UR 2015, 634.

5 Vgl. *Heidner* in Bunjes[22], § 4 Nr. 9 UStG Rz. 3.

6 Vgl. *Heidner* in Bunjes[22], § 4 Nr. 9 UStG Rz. 1.

7 Zum sog. einheitlichen Vertragswerk bzw. einheitlichen Leistungsgegenstand vgl. Rz. 57 ff. und Rz. 72 ff. Vgl. BFH, Urt. v. 27.10.1999 – II R 17/99, BFHE 189, 550 = BStBl. II 2000, 34; BFH, Urt. v. 10.9.1992 – V R 99/88, BFHE 169, 255 = BStBl. II 1993, 316 = UR 1993, 55.

8 Vgl. BFH, Urt. v. 10.9.1992 – V R 99/88, BFHE 169, 255 = BStBl. II 1993, 316 = UR 1993, 55.

9 Vgl. *Fischer* in Boruttau[19], Vorb. Rz. 179.

10 Vgl. *Loose* in Viskorf[20], Vorb. Rz. 175.

11 Diese Regelungstechnik hat der Gesetzgeber des GrEStG nicht nur bei Grundstücksgeschäften, sondern auch bei Meistgeboten im Zwangsversteigerungsverfahren, bei den Zwischengeschäften und bei den Anteilsgeschäften in § 1 Abs. 3, 3a GrEStG gewählt. Von dieser Regelungstechnik ausgenommen hat der Gesetzgeber lediglich § 1 Abs. 2a und Abs. 2b GrEStG, was im Verhältnis von § 1 Abs. 2a, Abs. 2b GrEStG zu § 1 Abs. 3, Abs. 3a GrEStG zu noch nicht abschließend geklärten Fragen betreffend den Vorrang von § 1 Abs. 2a, Abs. 2b GrEStG

aber stets nur das jeweils vorausgehende Rechtsgeschäft der Grunderwerbsteuer unterliegt. § 1 Abs. 1 Nr. 1 UStG erfasst demgegenüber die Lieferung des Grundstücks[1] bzw. die sonstige Leistung der Einräumung bzw. Übertragung des Erbbaurechts, der Übertragung des Eigentumsverschaffungsanspruchs bzw. Gesellschaftsanteils.

Aus dieser Unterschiedlichkeit der Tatbestände von GrEStG einerseits und UStG andererseits resultiert 4
die höchstgerichtlich noch nicht abschließend geklärte **Rechtsfrage**, ob § 4 Nr. 9 Buchst. a UStG auch solche Rechtsgeschäfte befreit, deren Durchführung zwar schon eine sonstige Leistung und damit einen Umsatz i.S.d. § 1 Abs. 1 Nr. 1 UStG darstellt, jedoch noch und möglicherweise auch zukünftig keinen Tatbestand des GrEStG erfüllt. So ist z.B. fraglich, ob die entgeltliche Einräumung eines auf ein inländisches Grundstück bezogenen Ankaufsrechts bzw. einer Kaufoption nach § 4 Nr. 9 Buchst. a UStG von der Umsatzsteuer befreit ist, obwohl ein Tatbestand i.S.d. § 1 GrEStG erst mit Ausübung des Ankaufsrechts bzw. der Kaufoption ausgelöst wird.[2]

§ 4 Nr. 9 Buchst. a UStG befreit auch solche Lieferungen und sonstigen Leistungen von der Umsatz- 5
steuer, die nicht mehr der Grunderwerbsteuer unterliegen können, weil ihnen ein der Grunderwerbsteuer unterliegendes **Verpflichtungsgeschäft** vorausgegangen ist.[3] Verpflichtungs- und Erfüllungsgeschäft sind zusammen zu betrachten, um beurteilen zu können, ob der Umsatz i.S.d. § 4 Nr. 9 Buchst. a UStG unter das GrEStG fällt.[4]

3. Grundstücksbegriff i.S.d. § 2 GrEStG, nicht Art. 13b MwStVO

Das GrEStG erfasst nur (tatsächliche oder fingierte) Rechtsträgerwechsel in Bezug auf inländische 6
Grundstücke i.S.d. § 2 Abs. 1 Satz 1 GrEStG und in Bezug auf Erbbaurechte,[5] Gebäude auf fremdem Boden sowie dinglich gesicherte Sondernutzungsrechte i.S.d. § 15 WEG und § 1010 BGB, die gemäß § 2 Abs. 2 GrEStG den Grundstücken gleichstehen (Rz. 121 ff.). Mithin findet auch § 4 Nr. 9 Buchst. a UStG nur auf Umsätze mit im Inland gelegenen Grundstücken, Erbbaurechten, Gebäuden auf fremdem Boden sowie dinglich gesicherten Sondernutzungsrechten i.S.d. § 15 WEG und § 1010 BGB Anwendung. Der Grundstücksveräußerer und/oder der Grundstückserwerber kann im Inland oder im Ausland ansässig sein. Umsätze mit im Ausland gelegenen Grundstücken sind im Inland nicht grunderwerb- und in aller Regel auch nicht umsatzsteuerbar.

Maßgebend für die Anwendbarkeit von § 4 Nr. 9 Buchst. a UStG ist der Grundstücksbegriff von § 2 7
GrEStG. Der Grundstücksbegriff von Art. 13b MwStVO[6] ist für die Frage, ob der Umsatz im Sinne

---

gegenüber § 1 Abs. 3, 3a GrEStG führt; vgl. *Behrens* in Behrens/Wachter[2], § 1 GrEStG, Rz. 717, Rz. 908. Zu den durch das JStG 2022 v. 16.12.2022, BGBl. I 2022, 2294, mit Wirkung ab 21.12.2022 in Kraft gesetzten Neuregelungen in § 16 Abs. 4a, Abs. 5 Satz 2 GrEStG vgl. *Behrens/Sparr*, UVR 2023, 269. Vgl. gleich lautende Erlasse der obersten Finanzbehörden der Bundesländer v. 16.10.2023, BStBl. I 2023, 1872, Rz. 11.

1 D.h. die Übertragung der Verfügungsmacht am Grundstück, wofür der Veräußerer dem Erwerber grundsätzlich den Wert, die Substanz und den Ertrag des Grundstücks überlassen muss; vgl. *Klenk* in Rau/Dürrwächter, § 4 Nr. 9 UStG Rz. 22.1 (Stand: Oktober 2011).

2 In BFH, Urt. v. 3.9.2008 – XI R 54/07, BStBl. II 2009, 499 = UR 2009, 18, hat der BFH diese Frage per *obiter dictum* verneint: „Die Einräumung des Ankaufsrechts durch den Grundstückseigentümer unterliegt nicht der Grunderwerbsteuer und erfüllt daher nicht die Voraussetzungen des § 4 Nr. 9 a) UStG". Die Anwendung von § 4 Nr. 9 Buchst. a UStG bejaht in diesem Fall *Jansen* in Birkenfeld/Wäger, Umsatzsteuer-Handbuch, Abschn. II Kap. 2 B. – § 4 Nr. 9 Buchst. a UStG Rz. 65 (Stand: August 2018).

3 *Fischer* in Boruttau[19], Vorb. Rz. 176, bezeichnet dies zu Recht als unstrittig.

4 Vgl. *Klenk* in Rau/Dürrwächter, § 4 Nr. 9 UStG Rz. 22 (Stand: Oktober 2011).

5 Bis zum UStG 1980 war die Bestellung von Erbbaurechten nach § 4 Nr. 12 Buchst. c UStG von der Umsatzsteuer befreit; vgl. BT-Drucks. 8/1779 v. 5.5.1987 (Regierungsbegründung zu § 4 Nr. 12 UStG 1980). Vgl. zum Erbbaurecht als inländischem Grundstück Rz. 118.

6 Für Zwecke der Umsatzsteuer ist der Grundstücksbegriff gemäß der Legaldefinition des Art. 13b MwStVO auszulegen; vgl. *Englisch* in Rau/Dürrwächter, § 4 Nr. 12 UStG Rz. 14 (Stand: Januar 2023); *Schüler-Täsch* in Sölch/Ringleb, § 4 Nr. 12 UStG Rz. 22 (Stand: März 2021), wo es wie folgt heißt: „Für die Zwecke der Anwendung der Richtlinie 2006/112/EG gilt als „Grundstück" ein bestimmter über- oder unterirdischer Teil der Erdoberfläche, an dem Eigentum und Besitz begründet werden kann; jedes mit oder in dem Boden über oder unter dem Meeresspiegel befestigte Gebäude oder jedes derartige Bauwerk, das nicht leicht abgebaut oder bewegt werden kann; jede Sache, die einen wesentlichen Bestandteil eines Gebäudes oder eines Bauwerks bildet, ohne die das Gebäude

von § 4 Nr. 9 Buchst. a UStG unter das GrEStG fällt, **nicht relevant.**[1] Zwar sind die in der MwStSystRL vorgesehenen Steuerbefreiungen nach der Rechtsprechung des EuGH autonome unionsrechtliche Begriffe, die eine von Mitgliedstaat zu Mitgliedstaat unterschiedliche Anwendung des Mehrwertsteuersystems verhindern sollen. Jedoch verwendet § 4 Nr. 9 Buchst. a UStG den Begriff des Grundstücks nicht unmittelbar, sondern knüpft über den Verweis auf das GrEStG an § 2 GrEStG an. Davon unberührt bleibt m.E., dass § 4 Nr. 9 Buchst. a UStG infolge des EuGH-Urteils v. 4.5.2023[2] auf den Umsatz insgesamt anwendbar ist (vorbehaltlich § 1 Abs. 1a UStG), auch wenn nur ein Bestandteil des Umsatzes unter das GrEStG fällt (vgl. Rz. 126.1).

4. Prüfungsreihenfolge

8 Für die Anwendung von § 4 Nr. 9 Buchst. a UStG ist zunächst festzustellen, woraus der möglicherweise nach § 4 Nr. 9 Buchst. a UStG von der Umsatzsteuer befreite Umsatz besteht. Nach der **EuGH-Rechtsprechung** sollen zur Wahrung der Wettbewerbsneutralität der Umsatzsteuer getrennte steuerbare Umsätze, die umsatzsteuerrechtlich nicht zu einem einheitlichen Umsatz zusammengefasst werden können, einzeln der Umsatzsteuer unterworfen werden können.[3] Anschließend ist zu prüfen, ob dieser Umsatz unter das GrEStG fällt, d.h. ob der nach umsatzsteuerrechtlichen Vorschriften bestimmte Umsatz einen grunderwerbsteuergesetzlichen Tatbestand i.S.d. § 1 Abs. 1, Abs. 2. Abs. 2a, Abs. 2b, Abs. 3 oder Abs. 3a[4] GrEStG erfüllt. Diese Prüfung hat die Umsatzsteuerstelle im Grundsatz selbständig und unabhängig von der Grunderwerbsteuerstelle vorzunehmen.[5]

II. Rechtsentwicklung

9 Vor 1931 wurde der Verkauf von Grundstücken sowohl zur Grunderwerbsteuer als auch zur Umsatzsteuer herangezogen. Diese Doppelbelastung wurde mit Wirkung ab dem 1.1.1931 durch § 2 Nr. 4 Buchst. a UStG 1930 (entspricht § 2 Ziffer 8 UStG 1932) beseitigt.[6] Die **derzeitige Fassung** von § 4 Nr. 9 Buchst. a UStG ist auf das UStG 1934 zurückzuführen[7] und entspricht der Fassung von § 4 Nr. 9 UStG 1967.[8]

---

oder das Bauwerk unvollständig ist, wie zum Beispiel Türen, Fenster, Dächer, Treppenhäuser und Aufzüge; Sachen, Ausstattungsgegenstände oder Maschinen, die auf Dauer in einem Gebäude oder einem Bauwerk installiert sind, und die nicht bewegt werden können, ohne das Gebäude oder das Bauwerk zu zerstören oder zu verändern".

1 Wie hier *Klenk* in Rau/Dürrwächter, § 4 Nr. 9 UStG Rz. 15.1 (Stand: Oktober 2011). **A.A.** *Jansen* in Birkenfeld/Wäger, Umsatzsteuer-Handbuch, Abschn. II Kap. 2 B. – § 4 Nr. 9 Buchst. a UStG Rz. 56 (Stand: August 2018), unter Hinweis auf EuGH, Urt. v. 5.7.2012 – C-259/11, ECLI:EU:C:2012:423 – DTZ Zadelhoff, UR 2012, 672, Rz. 19, das sich jedoch nicht auf § 4 Nr. 9 Buchst. a des deutschen UStG bezieht. *Jansen* merkt an, dass sich in der Regel keine Abweichungen zwischen dem deutschen zivilrechtlichen und dem unionsrechtlichen Grundstücksbegriff ergeben; vgl. *Jansen* in Birkenfeld/Wäger, Umsatzsteuer-Handbuch, Abschn. II Kap. 2 B. – § 4 Nr. 9 Buchst. a UStG Rz. 59 (Stand: August 2018).

2 EuGH, Urt. v. 4.5.2023 – C-516/21, ECLI:EU:C:2023:372 – Finanzamt X, UR 2023, 442 m. Anm. *Nieskens*.

3 Vgl. EuGH, Urt. v. 8.7.1986 – C-73/85, ECLI:EU:C:1986:295 – Kerrutt, Rz. 14, zu Lieferungen und Dienstleistungen im Rahmen eines Bauherrenmodells.

4 Nach Verwaltungsansicht, vgl. gleich lautende Erlasse v. 19.9.2018, BStBl. I 2018, 1078, und nach h.M. in der Kommentarliteratur (vgl. z.B. *Meßbacher-Hönsch* in Viskorf[20], § 1 GrEStG Rz. 1290 ff.) stellt § 1 Abs. 3a GrEStG einen auch im Verhältnis zu § 1 Abs. 3 GrEStG eigenständigen Tatbestand dar; **a.A.** *Behrens* in Behrens/Wachter[2], § 1 GrEStG Rz. 946.

5 Vgl. *Klenk* in Rau/Dürrwächter, § 4 Nr. 9 UStG Rz. 128 (Stand: Oktober 2011), unter Hinweis auf RFH, Urt. v. 14.12.1934 – V A 360/34, RStBl. 1935, 843, allerdings unter Verweis auf § 174 AO, falls Grunderwerbsteuerstelle und Umsatzsteuerstelle zu sich widersprechenden Entscheidungen gelangen (Rz. 54).

6 Vgl. *Klenk* in Rau/Dürrwächter, § 4 Nr. 9 UStG Rz. 14 (Stand: Oktober 2011).

7 Vgl. *Leipold* in Sölch/Ringleb, § 4 Nr. 9 UStG Rz. 1 (Stand: Juni 2021).

8 Vgl. *Klenk* in Rau/Dürrwächter, § 4 Nr. 9 UStG Rz. 1 (Stand: Oktober 2011).

Um eine Doppelbelastung mit Umsatzsteuer und Grunderwerbsteuer zur vermeiden, hätte der Gesetzgeber die Grunderwerbsteuer als Verkehrsteuer in die Umsatzsteuer einbeziehen können.[1] Davon wurde jedoch abgesehen, weil Umsatzsteuer und Grunderwerbsteuer verschiedenen Steuergläubigern zustehen. Die Überführung der Grunderwerbsteuer in ihrer Form seit dem GrEStG 1940 in eine **Unterart** der Umsatzsteuer hätte somit zum Erhalt der bisherigen Verteilung des Steueraufkommens einer Änderung der Finanzverfassung bedurft. Das Erfordernis einer solchen Änderung wollte der Gesetzgeber verhindern.[2] 10

III. Unionsrechtliche Grundlagen

§ 4 Nr. 9 Buchst. a UStG beruht – soweit die Lieferung von Gebäuden oder Gebäudeteilen mit dem dazugehörigen Grund und Boden vor dem Erstbezug sowie Lieferungen von Baugrundstücken i.S.d. Art. 12 Abs. 1 MwStSystRL betroffen sind – auf Art. 371 i.V.m. Anhang X Teil B Nr. 9 MwStSystRL.[3] Die insoweit in § 4 Nr. 9 Buchst. a UStG enthaltene deutsche **Sonderregelung** ist zeitlich nicht befristet.[4] Im Übrigen beruht § 4 Nr. 9 Buchst. a UStG auf Art. 135 Abs. 1 Buchst. j, k MwStSystRL.[5] 11

Anders als die MwStSystRL kennt § 4 Nr. 9 Buchst. a UStG mit dem Verweis auf das GrEStG **keinen Unterschied** zwischen Grundstückslieferungen vor und nach Erstbezug bzw. Lieferung von Baugrundstücken und sonstigen unbebauten Grundstücken. Nach § 4 Nr. 9 Buchst. a UStG sind alle grunderwerbsteuerbaren Grundstücksumsätze von der Umsatzsteuer befreit. 12

IV. Verhältnis zu anderen Vorschriften

1. Verhältnis von § 4 Nr. 9 Buchst. a UStG zur Geschäftsveräußerung im Ganzen i.S.d. § 1 Abs. 1a UStG

a) Grundsätze

§ 4 Nr. 9 Buchst. a UStG ist nicht anwendbar, wenn der betreffende Umsatz eine **Geschäftsveräußerung im Ganzen** i.S.d. § 1 Abs. 1a UStG darstellt oder im Rahmen einer Geschäftsveräußerung im Ganzen i.S.d. § 1 Abs. 1a UStG ausgeführt wird. Etwaige Berichtigungszeiträume werden dann gemäß § 15a Abs. 10 UStG nicht unterbrochen, vielmehr führt der Erwerber die bisherigen Berichtigungszeiträume fort.[6] Geschäftsveräußerungen i.S.d. § 1 Abs. 1a UStG können als solche – anders als nach § 4 Nr. 9 Buchst. a UStG steuerfreie oder aufgrund wirksamer Option zur Umsatzsteuer gemäß § 9 UStG steuerpflichtige Grundstückslieferungen – keine Vorsteuerkorrektur nach § 15a UStG auslösen.[7] 13

---

1 Vgl. hierzu *Baur*, Steuersystematisches Postulat und steuertechnische Möglichkeit der Integration der Grunderwerbsteuer in die Umsatzsteuer, 1974.

2 Vgl. BT-Drucks. IV/1590, 28. Vgl. auch *Hofmann*, GrEStG[11], Einf. Rz. 10, unter Hinweis auf BT-Drucks. 9/251, wonach man sich zur Transformation der 6. EG-Richtlinie (77/388/EWG, ABl. EG 1977 Nr. L 145, 1) unter Abschaffung der Grunderwerbsteuer wegen des befürchteten Einnahmeausfalls für die Länder nicht habe durchringen können.

3 Vgl. zuvor Art. 13 Teil B Buchst. g und h, Art. 28 Abs. 3 Buchst. b, Anhang S Nr. 16 der 6. EG-Richtlinie.

4 Vgl. *Leipold* in Sölch/Ringleb, § 4 Nr. 9 UStG Rz. 4 (Stand: Juni 2021); *Nieskens*, EU-UStB 2018, 19; *Sterzinger*, UStB 2019, 214; vgl. auch *Klenk* in Rau/Dürrwächter, § 4 Nr. 9 UStG Rz. 15.2 (Stand: Oktober 2011) mit dem Hinweis auf Art. 393 Abs. 1 MwStSystRL, wonach der Ministerrat auf Grundlage des Berichts der Kommission alle fünf Jahre prüft, ob und in welchem Umfang die Übergangsregelung vom Ministerrat einstimmig abgeschafft werden kann.

5 Vgl. zuvor Art. 13 Teil B Buchst. g und h, Art. 28 Abs. 3 Buchst. b, Anhang S Nr. 16 der 6. EG-Richtlinie.

6 Vgl. BFH, Urt. v. 22.11.2007 – V R 5/06, BStBl. II 2008, 448 = UR 2008, 255; BFH, Urt. v. 30.4.2009 – V R 4/07, BStBl. II 2009, 863 = UR 2009, 797.

7 Vgl. BFH, Urt. v. 6.9.2007 – V R 41/05, BStBl. 2008 II, 65 = UR 2007, 858, unter II.1., Rz. 30; BFH, Urt. v. 15.9.2011 – V R 8/11, BStBl. II 2012, 368 = UR 2012, 157, Rz. 26; BFH, Urt. v. 19.12.2012 – XI R 38/10, BFHE 240, 366 = BStBl. II 2013, 1053 = UR 2013, 494, Rz. 28; ebenso Abschn. 15a.10 Satz 1 Nr. 1 und Satz 2, Abschn. 15a.2 Abs. 3 UStAE.

14 Für die Auslegung von § 1 Abs. 1a UStG gelten die Auslegungsgrundsätze zu Art. 5 Abs. 8 der 6. EG-Richtlinie bzw. Art. 19 MwStSystRL insbesondere betreffend die Begriffe „Übertragung des Gesamtvermögens", „Übertragung eines Teilvermögens" und zur Verwendung durch den Begünstigten. Die Auslegungsgrundsätze zu § 75 Abs. 1 AO sind insoweit nicht maßgebend.[1] Nach der **EuGH-Rechtsprechung**[2] „ist der Begriff *Übertragung des Gesamtvermögens oder eines Teilvermögens* […] nach dem Zweck der Bestimmung dahin auszulegen, dass er die Übertragung eines Geschäftsbetriebs oder eines selbständigen Unternehmensteils erfasst, die jeweils materielle und ggf. immaterielle Bestandteile umfassen, die zusammengenommen ein Unternehmen oder einen Unternehmensteil bilden, mit dem eine selbständige wirtschaftliche Tätigkeit fortgeführt werden kann; er schließt jedoch nicht die bloße Übertragung von Gegenständen wie den Verkauf einen Warenbestands ein".

15 Die Übertragung eines vermieteten oder verpachteten Grundstücks stellt eine Geschäftsveräußerung im Ganzen nach § 1 Abs. 1a UStG dar, weil durch den mit dem Grundstückserwerb verbundenen Eintritt in den Miet- oder Pachtvertrag ein **Vermietungs- oder Verpachtungsunternehmen** übernommen wird. Die für das Vorliegen einer Geschäftsveräußerung entscheidende Gesamtwürdigung, ob das übertragene Unternehmensvermögen als hinreichendes Ganzes die Ausübung einer wirtschaftlichen Tätigkeit ermöglicht[3] und ob die vor und nach der Übertragung ausgeübten Tätigkeiten übereinstimmen oder sich hinreichend ähneln,[4] beschränkt sich auf die Feststellung, dass ein Grundstück(-steil) und der darauf bezogene Miet- oder Pachtvertrag auf den Leistungsempfänger übertragen werden. Im Falle der Lieferung eines von mehreren vermieteten oder verpachteten Grundstücken des liefernden Unternehmers handelt es sich um die Lieferung eines Teilvermögens bzw. eines in der Gliederung des Unternehmens gesondert geführten Betriebs i.S.d. § 1 Abs. 1a UStG. Eine weitere Prüfung, ob nur ein oder mehrere lose Bestandteile eines Unternehmens oder eine Kombination von ihnen übertragen wird, die zur Ausübung einer wirtschaftlichen Tätigkeit ausreicht, auch wenn diese Tätigkeit nur Teil eines größeren Unternehmens ist, von dem sie abgespalten wurde,[5] ist bei der Lieferung vermieteter oder verpachteter Grundstücksteile nicht erforderlich. Die für die Geschäftsveräußerung notwendige Fortführung der Unternehmenstätigkeit muss bei einer mehrfachen Übertragung nur dem Grunde nach, nicht aber auch höchstpersönlich beim jeweiligen Erwerber vorliegen. Gegen die Annahme einer Teilgeschäftsveräußerung spricht es daher nicht, wenn z.B. eine Gesellschaft das von ihr errichtete und schon seit einiger Zeit vermietete Gebäude an ihre Gesellschafter liefert, die es als Teil eines zivilrechtlich einheitlich bebauten Grundstücks zeitgleich weiterliefern. Voraussetzung ist, dass der Käufer, an den die Gesellschafter das Grundstück samt Gebäude weiterliefern, die Fortführung der Vermietungstätigkeit beabsichtigt.[6] Nach Ansicht des FG München[7] liegt eine nichtsteuerbare Geschäftsveräußerung im Ganzen auch dann vor, wenn ein Betrieb an zwei Personen zu gleichen Teilen (Miteigentumsanteil = Teilvermögen) verkauft wird und die Erwerber ihren selbständigen Unternehmensteil (Miteigentumsanteil) an einen Dritten verpachten, der im Endergebnis mit dem Teilvermögen des Veräußerers ein hinreichend ähnliches Unternehmen fortführt. Danach sind die für Kettenübertragungen entwickelten Grundsätze auch bei einer Nutzungsüberlassung an Dritte anwendbar. Für das Vorliegen

1 Vgl. BFH, Urt. v. 18.1.2005 – V R 53/02, BStBl. II 2017, 730 = UR 2005, 375.

2 Vgl. insbesondere EuGH, Urt. v. 27.11.2001 – C-497/01, ECLI:EU:C:2003:644 – Zita Modes, UR 2004, 19 m. Anm. *Wäger*, Rz. 33, 40 f.; zur *Übertragung* eines Gesamt- oder Teilvermögens vgl. EuGH, Urt. v. 19.12.2018 – C-17/18, ECLI:EU:C:2018:1038 – Mailat, UR 2019, 97.

3 Vgl. BFH, Urt. v. 18.1.2012 – XI R 27/08, BStBl. II 2012, 842 = UR 2012, 393.

4 Vgl. BFH, Urt. v. 28.11.2002 – V R 3/01, BStBl. II 2004, 665, unter II.1.c; BFH, Urt. v. 23.8.2007 – V R 14/05, BStBl. II 2008, 165 = UR 2008, 150, unter II.1.b; BFH, Urt. v. 18.1.2012 – XI R 27/08, BStBl. II 2012, 842 = UR 2012, 393.

5 Vgl. EuGH, Schlussanträge des Generalanwalts *Jacobs* v. 26.9.2002 – C-497/01, ECLI:EU:C:2002:551 – Zita Modes, Rz. 36.

6 Vgl. BFH, Urt. v. 25.11.2015 – V R 66/14, BStBl. 2020, 793 = UR 2016, 232: „Damit liegt die für die Geschäftsveräußerung erforderliche Fortführung der Unternehmenstätigkeit in der Kette vor. Es handelt sich hierbei nicht um ein höchstpersönliches Kriterium, das dergestalt in der Person des jeweiligen Leistungsempfängers vorliegen muss, dass er selbst in eigener Person die Fortführung der Unternehmenstätigkeit beabsichtigt". So auch Abschn. 1.5 Abs. 1 Satz 5 UStAE.

7 Vgl. FG München, Urt. v. 2.2.2023 – 14 K 2328/20, EFG 2023, 722; Rev. beim BFH anhängig, V R 3/23.

der Rechtsfolgen einer Geschäftsveräußerung auf jeder Stufe ist es erforderlich, dass auf jeder Stufe der Übertragung der jeweilige Erwerber Unternehmer i.S.d. § 2 UStG ist.[1]

Demgegenüber ist die Lieferung eines weder vermieteten noch verpachteten Grundstücks im Regelfall keine Geschäftsveräußerung im Ganzen.[2] Die Übertragung eines nicht vermieteten Grundstücks ist grundsätzlich keine Übertragung eines Unternehmensteils, mit dem eine selbständige Tätigkeit fortgeführt werden kann, sondern die Übertragung eines **einzelnen Vermögensgegenstands**. Es handelt sich dann um eine grundsätzlich nach § 4 Nr. 9 Buchst. a UStG steuerfreie Grundstückslieferung. 16

b) Einzelne Fallkonstellationen in Bezug auf inländische Grundstücke

aa) Teilweiser Leerstand

Ein teilweiser **Leerstand** im Veräußerungszeitpunkt steht der Annahme einer Geschäftsveräußerung im Ganzen nicht grundsätzlich entgegen (§ 1 Rz. 268). Es reicht aus, wenn ein Grundstück nur teilweise vermietet oder verpachtet ist, die nicht genutzten Flächen aber zur Vermietung oder Verpachtung bereitstehen. Für die Fortführung einer selbständigen wirtschaftlichen Vermietungstätigkeit durch den erwerbenden Unternehmer reicht es in diesem Fall aus, wenn dieser einen Mietvertrag übernimmt, der eine nicht unwesentliche Fläche der Gesamtnutzfläche des Grundstücks umfasst.[3] Ist nur ein Teil des übertragenen Grundstücks vermietet und besteht auf Seiten des Käufers auch nur insoweit eine Vermietungsabsicht, so liegt nur in Bezug auf den vermieteten Teil eine Geschäftsveräußerung im Ganzen vor.[4] 17

bb) Übertragung eines Miteigentumsanteils

Überträgt ein Vermietungsunternehmer das Eigentum an einem umsatzsteuerpflichtig vermieteten Grundstück zur Hälfte auf seinen Ehegatten, liegt darin eine Geschäftsveräußerung im Ganzen, wenn das Grundstück **alleiniger Vermietungsgegenstand** war (§ 1 Rz. 269).[5] 18

cc) Übertragung einer Ferienwohnung

Die Lieferung einer Ferienwohnung kann auch dann zu einer Geschäftsveräußerung führen, wenn die Wohnung zwar im Zeitpunkt der Lieferung **unvermietet**, aber zur Vermietung an wechselnde Feriengäste bestimmt ist (§ 1 Rz. 268).[6] 19

dd) Änderung des Zuschnitts des Vermietungsunternehmens

Eine Geschäftsveräußerung im Ganzen liegt auch bei nicht unveränderter Weiterführung eines Betriebs in seinem Zuschnitt aus **kaufmännischen Gründen** vor (§ 1 Rz. 246). Der Annahme einer Geschäftsveräußerung im Ganzen steht nicht entgegen, dass der Erwerber das Unternehmen nicht mit allen Vertragsbeziehungen übernimmt.[7] Der Anwendung von § 1 Abs. 1a UStG bei Verkauf eines Mietshauses steht es also nicht entgegen, wenn der Käufer z.B. die vom Verkäufer abgeschlossenen Verwal- 20

---

1 Vgl. Abschn. 1.5 Abs. 1 Satz 5 UStAE.
2 Vgl. BFH, Urt. v. 11.10.2007 – V R 57/06, BStBl. II 2008, 447 = UR 2008, 182.
3 BFH, Urt. v. 30.4.2009 – V R 4/07, BStBl. II 2009, 863 = UR 2009, 797.
4 BFH, Urt. v. 6.7.2016 – XI R 1/15, BStBl. II 2016, 909 = UR 2016, 869; Abschn. 1.5 Abs. 2 Sätze 5 und 6 UStAE. Vgl. auch Rz. 33 zur partiellen Geschäftsveräußerung.
5 Vgl. BFH, Urt. v. 6.9.2007 – V R 41/05, BStBl. 2008 II, 65 = UR 2007, 858; *Friedrich-Vache* in Haase/Jachmann², § 10 Umsatzsteuer Rz. 58. Vgl. auch Abschn. 1.5 Abs. 2b Satz 3 UStAE.
6 Vgl. BFH, Urt. v. 5.6.2014 – V R 10/13, BFH/NV 2014, 1600.
7 Vgl. BFH, Urt. v. 23.8.2007 – V R 14/05, BStBl. II 2008, 165 = UR 2008, 150; vgl. ferner *Beer/Zugmaier*, MittBayNot 2008, 359 ff.; *Behrens*, BB 2008, 259.

ter- und Wartungsverträge nicht übernimmt[1] oder den übergehenden Mietvertrag nur in einzelnen Punkten ändert.[2]

ee) Immobilienleasing durch Veräußerer, Vermietung durch Erwerber

21 Nach Ansicht des FG Nürnberg[3] stellt sich Leasing in der Ausprägung des Sale-and-Lease-Back, das durch miteinander verbundene Veräußerungs- und Vermietungsvorgänge gekennzeichnet ist, nach seinem wirtschaftlichen Gehalt als Finanzdienstleistung dar, bei der die Übertragung des Grundstücks nur Sicherungsfunktion für das **Finanzierungsgeschäft** hat. Immobilienleasing sei daher nicht mit einer Vermietungsdienstleistung gerichtet auf Fortführung des Geschäftsbetriebs vergleichbar, so dass – wenn der Unternehmensgegenstand des Veräußerers ersteres, Unternehmensgegenstand des Erwerbers letzteres ist – keine Geschäftsveräußerung im Ganzen vorliege. Denn eine Geschäftsveräußerung im Ganzen erfordere insbesondere, dass sich die vom Veräußerer und Erwerber erbrachten Ausgangsleistungen ähneln; sie könne nicht angenommen werden, wenn beide unterschiedliche Leistungen anbieten.

ff) Zeitweises Aussetzen von Pachtzinszahlungen

22 Wenn ein Erwerber einer verpachteten Gewerbeimmobilie, der anstelle des Veräußerers in den Pachtvertrag eingetreten ist, anschließend wegen wirtschaftlicher Schwierigkeiten des Pächters auf Pachtzinszahlungen verzichtet und mit dem Pächter vereinbart, dass die Zahlungen wieder aufzunehmen sind, wenn sich die finanzielle Situation des Pächters deutlich verbessert, kann in der Regel nicht bereits eine unentgeltliche nichtunternehmerische Tätigkeit angenommen werden. Auch eine derartige Übertragung einer verpachteten Gewerbeimmobilie kann eine nicht steuerbare Geschäftsveräußerung gemäß § 1 Abs. 1a UStG sein.[4]

gg) Übertragung eines insgesamt nicht vermieteten Grundstücks

(1) Grundsatz

23 Wird dagegen ein nicht vermietetes oder verpachtetes Grundstück übertragen, so handelt es sich grundsätzlich um keine Geschäftsveräußerung im Ganzen.[5] Unter besonderen Umständen kann eine Geschäftsveräußerung im Ganzen auch anzunehmen sein, wenn auf den Erwerber zwar ein Grundstück, aber kein Mietvertrag übergeht (§ 1 Rz. 268). Solche besonderen Umstände und damit die Anwendung von § 1 Abs. 1a UStG hat der BFH[6] in einem Fall bejaht, in dem das veräußerte Grundstück im Veräußerungszeitpunkt zwar insgesamt nicht vermietet war, für Käufer und Verkäufer bei Abschluss des Kaufvertrages jedoch erkennbar feststand, dass der Käufer – wie zuvor der Verkäufer – mit dem erworbenen Grundstück ein **Vermietungsunternehmen** betreiben würde. In Rz. 19 dieses Urteils stellt der BFH zusätzlich darauf ab, dass geplant war, dass gerade der Grundstücksverkäufer der zukünftige Mieter sein würde, und dass die zukünftige Vermieterin zugleich Alleingesellschafterin und einzige Geschäftsführerin der bisherigen Mieterin gewesen war. Offen ist, ob diese Sachverhaltsumstände nach Ansicht des BFH notwendige Voraussetzung für die Anwendung von § 1 Abs. 1a UStG waren.

---

1 Vgl. auch EuGH, Beschl. v. 16.1.2023 – C-729/21, ECLI:EU:C:2023:74 – Dyrektor Izby Administracji Skarbowej w Łodzi, nicht in deutscher, sondern nur in französischer und in polnische Sprache veröffentlicht, wonach es beim Verkauf eines Einkaufszentrums einschließlich Grundbesitz, Zubehör, Einbauten und Mietverträgen für die Annahme einer Geschäftsveräußerung im Ganzen unschädlich ist, wenn einzelne Verträge vom Käufer neu abgeschlossen werden müssen und ein neuer Leiter des Centers eingestellt wird.

2 Vgl. *Behrens/Schmitt*, UVR 2008, 220.

3 FG Nürnberg, Urt. v. 30.4.2019 – 2 K 358/17, EFG 2020, 555.

4 Vgl. BFH, Urt. v. 18.1.2005 – V R 53/02, BStBl. II 2017, 730 = UR 2005, 375.

5 Vgl. BFH, Urt. v. 11.10.2007 – V R 57/06, BStBl. II 2008, 447 = UR 2008, 182; Abschn. 1.5 Abs. 2 Satz 1 UStAE.

6 Vgl. BFH, Urt. v. 6.5.2010 – V R 25/09, BFH/NV 2010, 1873; vgl. dazu *Behrens*, BB 2010, 3068.

Nach einer Literaturansicht[1] genügt die Absicht des Käufers, mit dem übertragenen Grundstück die Vermietungstätigkeit fortzuführen.

(2) Ausnahme

Wenn jedoch der Alt-Eigentümer den mit einer GmbH bestehenden Mietvertrag kündigt, das unvermietete Grundstück auf den Geschäftsführer und Alleingesellschafter der GmbH überträgt, das Unternehmen der GmbH übernimmt, mit dem Erwerber des Grundstücks (Geschäftsführer und Alleingesellschafter der GmbH) einen neuen Mietvertrag abschließt und die Kündigung des Mietvertrags, die Grundstücksübertragung, der Unternehmenserwerb und der Neuabschluss des Mietvertrags in engem zeitlichem Zusammenhang miteinander stehen, ergibt die erforderliche **Gesamtwürdigung** aufgrund der besonderen Umstände, dass eine Geschäftsveräußerung im Ganzen nach § 1 Abs. 1a UStG auch dann vorliegt, wenn bei der Grundstücksübertragung auf den Erwerber kein bestehender Mietvertrag übergeht.[2] 24

hh) Einstellung der Vermietungstätigkeit vor Übertragung des Grundstücks

Eine Geschäftsveräußerung im Ganzen scheidet aus, wenn die Vermietung vor der Veräußerung des Grundstücks bereits **endgültig** eingestellt worden war.[3] 25

ii) Erfordernis der Fortsetzung der Vermietungstätigkeit durch den Erwerber

Zwar kann eine Geschäftsveräußerung auch bei der Übereignung eines einzigen Gegenstandes anzunehmen sein, wenn dieser Gegenstand die unternehmerische Tätigkeit ausmacht. Handelt es sich jedoch um ein Grundstück, das durch den bisherigen Mieter erworben und sodann durch ihn weiterhin eigenbetrieblich genutzt wird, so liegt keine Geschäftsveräußerung im Ganzen vor.[4] Der Erwerber setzt in diesem Fall keine Vermietungstätigkeit fort, sondern nutzt das Grundstück nunmehr als Eigentümer für seine – nicht hinreichend ähnliche – **eigene** unternehmerische Tätigkeit. 26

jj) Übertragung des Grundstücks an Zwischenmieter durch einen die Mietverhältnisse fortführenden Grundstücksverkäufer

Keine Geschäftsveräußerung ist nach Ansicht des BFH gegeben, wenn ein vermietetes Grundstück verkauft wird, die Mietverhältnisse aber nicht übergehen, sondern der Veräußerer das Grundstück auch nach der Übertragung weiterhin – nunmehr als Zwischenmieter – vermietet.[5] Nach dem vom FG[6] festgestellten Sachverhalt waren die Mietverhältnisse nicht auf den Erwerber übergegangen. Der Erwerber habe daher nicht die Vermietungstätigkeit des Grundstücksveräußerers fortgeführt, sondern ein eigenes **Vermietungsunternehmen** begründet. Zudem habe der Grundstücksveräußerer seine Vermietungstätigkeit nach der Übertragung unverändert fortgesetzt. Dass er nicht mehr als Eigentümer, sondern als Zwischenmieter vermietete, sei für die Fortsetzung der Unternehmenstätigkeit im Verhältnis zu den Mietern ohne Bedeutung. 27

kk) Vermietung durch Erwerber schon vor Übertragung des Grundstücks

Eine (partielle) Geschäftsveräußerung i.S.d. § 1 Abs. 1a UStG liegt gemäß Urteil des BFH vor, soweit der Erwerber das zunächst vom Veräußerer gepachtete – teilweise eigenbetrieblich genutzte und teil- 28

1 Vgl. *Hidien*, UVR 2009, 11, 16: „Ebensowenig begründet ein gänzlicher […] Leerstand schon das Ende des konkreten Vermietungsunternehmens".
2 Vgl. BFH, Urt. v. 6.5.2010 – V R 25/09, BFH/NV 2010, 1873.
3 BFH, Urt. v. 18.1.2005 – V R 53/02, BStBl. II 2017, 730 = UR 2005, 375, Rz. 32; OFD Karlsruhe, Vfg. v. 19.2.2015 – S 7100 b, UR 2015, 406.
4 BFH, Urt. v. 4.9.2008 – V R 23/06, UR 2009, 528.
5 BFH, Urt. v. 3.7.2014 – V R 12/13, BFH/NV 2014, 1603.
6 FG Düsseldorf, Urt. v. 1.2.2013 – 1 K 3144/11 U, EFG 2013, 1525.

weise untervermietete – Grundstück nach dem Erwerb weiterhin teilweise vermietet.[1] Erforderlich ist nach Ansicht des BFH die Fortführung der Vermietungstätigkeit, nicht der Fortbestand eines konkreten Mietverhältnisses.[2] Für das Vorliegen einer Geschäftsveräußerung reiche es jedoch aus, dass mit dem übertragenen Vermögen eine selbständige wirtschaftliche Tätigkeit fortgeführt werde.[3] Nach in erster Instanz vom FG Berlin-Brandenburg vertretener Ansicht sollte keine (teilweise) Geschäftsveräußerung im Ganzen vorliegen, wenn der Grundstückserwerber das Grundstück vor dem Erwerb bereits gemietet, teilweise eigengewerblich genutzt und teilweise (unter)vermietet hatte. Mit der Weitervermietung führe der Erwerber seine **eigene Vermietungstätigkeit** und nicht die des Veräußerers fort.[4] Dem BFH ist zuzustimmen[5]: Zwar müssen, um § 1 Abs. 1a UStG anwenden zu können, die übertragenen Vermögensgegenstände die Fortsetzung einer bisher durch den Veräußerer ausgeübten Tätigkeit ermöglichen. Nach der schon bisherigen Rechtsprechung des BFH ist die Übertragung aller wesentlichen Betriebsgrundlagen und die Möglichkeit zur Unternehmensfortführung ohne großen finanziellen Aufwand jedoch keine eigenständige Voraussetzung für die Nichtsteuerbarkeit, sondern im Rahmen der Gesamtwürdigung zu berücksichtigen, aus der sich ergibt, ob das übertragene Unternehmensvermögen als hinreichendes Ganzes die Ausübung einer wirtschaftlichen Tätigkeit ermöglicht.[6] Weil der Käufer schon selbst (bisher Unter-)Mietverträge abgeschlossen hatte, bedurfte es keines Eintritts in vom Verkäufer abgeschlossene Mietverträge.[7]

ll) Organschaft

29 Erwirbt ein Organträger ein an seine Organgesellschaft vermietetes Gebäude, liegt keine Geschäftsveräußerung vor, da der erwerbende Organträger das übertragene Gebäude umsatzsteuerrechtlich nicht vermietet, sondern durch die Organgesellschaft als Teil seines Unternehmens **eigenunternehmerisch** nutzt.[8]

30 Überträgt dagegen die frühere Organträgerin ein ihr gehörendes Grundstück im Rahmen der Beendigung der Organschaft auf die frühere Organgesellschaft als Erwerberin, liegt eine nicht steuerbare Geschäftsveräußerung vor, wenn die Erwerberin die unternehmerische Tätigkeit des Organkreises fortführt und das übertragene Grundstück ein **Teilvermögen** ist.[9]

mm) Bauträger

31 Keine Geschäftsveräußerung im Ganzen liegt in der Regel vor, wenn ein Bauträger, nachdem er ein Grundstück erworben hat, um es zu bebauen und Mieter zu beschaffen, das Grundstück anschließend ertragssteigernd **weiter veräußert**, auch wenn vor der Veräußerung bereits Mietverträge abgeschlossen wurden, die auf den Erwerber übergehen (§ 1 Rz. 270).[10] In solchen Fällen kann eine Geschäftsveräußerung im Ganzen aber dann vorliegen, wenn die Veräußerung der Immobilie erst mehrere Jahre nach Fertigstellung erfolgt und der Bauträger in der Zwischenzeit einen erheblichen Teil der Mietflä-

1 Vgl. BFH, Urt. v. 24.2.2021 – XI R 8/19, BStBl. II 2022, 34 = UR 2021, 633. Gemäß Rz. 36 bildet der Teil des Grundstücks, das der Kläger bereits untervermietet hatte, ein für die partielle Fortführung der Vermietungstätigkeit des Grundstücksverkäufers ausreichendes Teilvermögen i.S.v. Art. 19 MwStSystRL.

2 Vgl. BFH, Urt. v. 24.2.2021 – XI R 8/19, BStBl. II 2022, 34 = UR 2021, 633, Rz. 34.

3 Vgl. BFH, Urt. v. 24.2.2021 – XI R 8/19, BStBl. II 2022, 34 = UR 2021, 633, Rz. 35: „Die umsatzsteuerrechtliche Rechtsnachfolge i.S. des § 1 Abs. 1a UStG erfordert jedenfalls keine Rechtsnachfolge nach den zivilrechtlichen Vorschriften des nationalen Rechts".

4 FG Berlin-Brandenburg, Urt. v. 27.3.2019 – 2 K 2167/17, EFG 2019, 1946, aufgehoben durch BFH, Urt. v. 24.2.2021 – XI R 8/19, BStBl. II 2022, 34 = UR 2021, 633.

5 Zum Urteil des FG Berlin-Brandenburg v. 27.3.2019 – 2 K 2167/17, EFG 2019, 1946, aufgehoben durch BFH, Urt. v. 24.2.2021 – XI R 8/19, BStBl. II 2022, 34 = UR 2021, 633; vgl. *Behrens*, BB 2020, 1128.

6 Vgl. BFH, Urt. v. 23.8.2007 – V R 14/05, BStBl. II 2008, 316 = UR 2008, 150.

7 Vgl. *Behrens*, BB 2020, 1128.

8 BFH, Urt. v. 6.5.2010 – V R 26/09, BStBl. II 2010, 1114 = UR 2010, 902; Abschn. 1.5 Abs. 2 Satz 4 UStAE.

9 BFH, Urt. v. 26.6.2019 – XI R 3/17, BStBl II 2021, 953 = UR 2019, 803.

10 BFH, Urt. v. 24.2.2005 – V R 45/02, BStBl. II 2007, 61 = UR 2005, 547.

che schon längere Zeit vermietet hatte.[1] Für die umsatzsteuerliche Behandlung ist es unerheblich, ob das Objekt bilanzsteuerrechtlich dem Umlaufvermögen oder Anlagevermögen zuzuordnen ist.[2]

Die Geschäftsveräußerung setzt bei Grundstücksübertragungen eine zuvor **nachhaltig** ausgeübte Vermietungstätigkeit voraus.[3] Dies verneinte der BFH für eine Vermietungsdauer von nur einem Monat vor der Lieferung, für die Erteilung eines Verkaufsauftrags an einen Makler unmittelbar nach Abschluss eines Mietvorvertrags in Bezug auf ein erst noch zu bebauendes Grundstück und für den Fall, dass der Lieferer ein noch nicht fertig gestelltes Großobjekt veräußert. In Abgrenzung hierzu bejaht er zutreffend eine Geschäftsveräußerung, wenn der Unternehmer einen Bürogebäudekomplex liefert, der schon seit zwei bis drei Jahren zu 90 % langfristig vermietet war.[4] Die vom BFH bereits bisher geforderte nachhaltige Vermietungstätigkeit des Lieferers liegt dann vor. Gemäß dem BMF-Schreiben v. 16.11.2020[5] gilt die Tätigkeit jedes Unternehmers für die Zwecke von § 1 Abs. 1a UStG unabhängig von seinem originären Geschäftszweck widerlegbar als Vermietungsunternehmen, wenn die Vermietung durch ihn von der Besitzübergabe an den Mieter mindestens sechs Monate gedauert hat. Eine anfängliche und weiterhin bestehende Absicht des Wiederverkaufs steht dem nicht zwingend entgegen.[6] 32

nn) Vermietete Räume als selbständiger Unternehmensteil (sog. partielle Geschäftsveräußerung)

Einzelne vermietete Räume sind ein selbständiger Unternehmensteil. Der in Art. 19 MwStSystRL verwendete Begriff des Teilvermögens, das Gegenstand einer Geschäftsveräußerung sein kann, verlangt bei teilweiser Vermietung eines Grundstücks nicht, dass der vermietete Grundstücksteil ein „zivilrechtlich selbständiges Wirtschaftsgut" ist.[7] Es kommt nicht auf zivilrechtliche, sondern auf umsatzsteuerrechtliche Kriterien an. Der Begriff des **Teilvermögens** ist von der Ausgestaltung des nationalen Zivilrechts unabhängig.[8] Auch ertragsteuerliche Kriterien des nationalen Rechts spielen keine Rolle. Daraus folgt, dass, wenn ein Veräußerer ein verpachtetes Geschäftshaus überträgt und der Erwerber die Verpachtung nur hinsichtlich eines Teils des Gebäudes fortsetzt, hinsichtlich dieses Grundstücksteils eine 33

1 BFH, Urt. v. 12.8.2015 – XI R 16/14, BStBl. II 2020, 790 = UR 2016, 98; Einzelheiten zu den Ausnahmen bei *Oelmaier* in Sölch/Ringleb, § 1 UStG Rz. 195 (Stand: Oktober 2021).

2 BFH, Urt. v. 12.8.2015 – XI R 16/14, BStBl. II 2020, 790 = UR 2016, 98, Rz. 43. Dies wurde früher von der FinVerw. teilweise anders gesehen, vgl. u.a. OFD München, Vfg. V. 1.8.2000 – S 7100b-3 St 433, UR 2001, 174. Vgl. nun aber (entsprechend BFH, Urt. v. 12.8.2015 – XI R 16/14, BStBl. II 2020, 790 = UR 2016, 98) Abschn. 1.5 Abs. 2 Satz 6 UStAE.

3 BFH, Beschl. v. 1.4.2004 – V B 112/03, BStBl. II 2004, 802 = UR 2004, 417; BFH, Urt. v. 24.2.2005 – V R 45/02, BStBl. II 2007, 61 = UR 2005, 547; BFH, Urt. v. 7.7.2005 – V R 78/03, BStBl. II 2005, 849 = UR 2005, 608; BFH, Urt. v. 18.9.2008 – V R 21/07, BStBl. II 2009, 254 = UR 2009, 15; BFH, Urt. v. 28.10.2010 – V R 22/09, BFH/NV 2011, 854.

4 Vgl. BFH, Urt. v. 12.8.2015 – XI R 16/14, BStBl. II 2020, 790 = UR 2016, 98.

5 Vgl. BMF, Schr. v. 16.11.2020 – III C 2-S 7100-b/20/10001 :004 – DOK 2020/1181130, BStBl. I 2020, 1267 = UR 2021,38.

6 Vgl. Abschn. 1.5 Abs. 2 Sätze 3 bis 5 UStAE.

7 Der Begriff des Teilvermögens bezieht sich auf eine Kombination von Bestandteilen eines Unternehmens, die zur Ausübung einer wirtschaftlichen Tätigkeit ausreicht, auch wenn diese Tätigkeit nur Teil eines größeren Unternehmens ist, von dem sie abgespalten wurde (vgl. BFH, Urt. v. 19.12.2012 – XI R 38/10, BFHE 240, 366 = BStBl. II 2013, 1053 = UR 2013, 494, Rz. 35; BFH, Urt. v. 4.2.2015 – XI R 14/14, BStBl. II 2015, 908 = UR 2015, 624, Rz. 26). Die organisatorischen Verhältnisse beim Veräußerer sind unmaßgeblich (vgl. z.B. BFH, Urt. v. 19.12.2012 – XI R 38/10, BFHE 240, 366 = BStBl. II 2013, 1053 = UR 2013, 494, Rz. 45; BFH, Urt. v. 4.2.2015 – XI R 42/13, BStBl. II 2015, 616 = UR 2015, 384, Rz. 20). Es kommt nicht darauf an, ob bereits beim Veräußerer eine eigenständige betriebliche Organisation vorlag, sondern darauf, ob ein Teilvermögen übertragen wird, das vom Erwerber selbständig hätte übernommen werden können und für das im Falle der entgeltlichen Übertragung der Erwerber eine Gegenleistung gezahlt hätte (vgl. EuGH, Urt. v. 30.5.2013 – C-651/11, ECLI:EU:C:2013:346 – X, UR 2013, 582 m. Anm. *Marchal*, Rz. 53).

8 Vgl. BFH, Urt. v. 6.7.2016 – XI R 1/15, BStBl. II 2016, 909 = UR 2016, 869. Vgl. auch *Behrens*, BB 2015, 1767.

Geschäftsveräußerung i.S.d. § 1 Abs. 1a UStG vorliegt, unabhängig davon, ob der verpachtete Gebäudeteil „zivilrechtlich selbstständig" ist.[1]

oo) Erbbaurecht

34 Für die Anwendung von § 1 Abs. 1a UStG macht es keinen Unterschied, ob ein Grundstück(-steil) oder ein Erbbaurecht mit Mietvertrag übertragen wird. Das Erbbaurecht ist ein grundstücksgleiches Recht.[2] Die für eine Teilvermögensveräußerung erforderliche Sachgesamtheit ergibt sich bei der Übertragung eines Erbbaurechts mit verpachtetem Gebäude als eines von mehreren verpachteten Objekten des Veräußerers aus der Zusammenfassung von Erbbaurecht und Pachtvertrag, ohne dass es darauf ankommt, ob beim veräußernden Unternehmer für das übertragene Erbbaurecht mit verpachtetem Gebäude vor der Veräußerung eine eigenständige **betriebliche Organisation** vorlag.[3]

pp) Veräußerung von Gesellschaftsanteilen

35 Die Veräußerung von Anteilen bzw. einer Beteiligung an einer Gesellschaft, ohne dass eine umsatzsteuerliche **Organschaft** bis zum Zeitpunkt der Abtretung der Beteiligung zum Verkäufer und ab diesem Zeitpunkt zum Käufer besteht, ist keine nichtsteuerbare Geschäftsveräußerung i.S.d. § 1 Abs. 1a UStG (§ 1 Rz. 274 ff.).[4]

2. Umsatzsteuerbefreiung der unentgeltlichen Wertabgabe von Grundstücken

36 Nach Ansicht des BFH[5] und der FinVerw.[6] ist die Entnahme eines Grundstücks zum Eigenverbrauch bzw. die unentgeltliche Wertabgabe i.S.d. § 3 Abs. 1b UStG eines Grundstücks nach § 4 Nr. 9 Buchst. a UStG von der Umsatzsteuer befreit, und zwar auch dann, wenn mit der Entnahme bzw. der unentgeltlichen Wertabgabe kein Rechtsträgerwechsel verbunden ist. Diese Ansicht beruht auf der sog. **Fiktionstheorie**, wonach der Entnahmeeigenverbrauch in § 1 Abs. 2 UStG 1918 als eine Lieferung des Unternehmers an sich selbst als Privatmann fingiert wurde.[7]

37 Weil die Grundstücksentnahme durch den Unternehmer in seinen nicht-unternehmerischen Bereich gemäß § 3 Abs. 1b Nr. 1 UStG mangels Rechtsträgerwechsel keine Grunderwerbsteuer auslöst, d.h. nicht unter das GrEStG fällt, scheidet die Umsatzsteuerbefreiung in unmittelbarer Anwendung von § 4 Nr. 9 Buchst. a UStG aus.[8] Allerdings ist gemäß Art. 135 Abs. 1 Buchst. j und k MwStSystRL[9] die Entnahme von **Altbauten** (d.h. von Gebäuden und Gebäudeteilen mit dem dazugehörigen Grund und Boden nach dem Erstbezug) sowie von unbebauten Grundstücken steuerfrei und nur die Entnahme von **Neubauten** (d.h. von Gebäuden und Gebäudeteilen mit dem dazugehörigen Grund und Boden

---

1 BFH, Urt. v. 6.7.2016 – XI R 1/15, BStBl. II 2016, 909 = UR 2016, 869 (Streitjahr 2007). **A.A.** die Vorinstanz FG Kassel, Urt. v. 12.11.2014 – 6 K 2574/11, juris.

2 Vgl. § 11 Abs. 1 Satz 1 ErbbauRG.

3 Vgl. BFH, Urt. v. 19.12.2012 – XI R 38/10, BFHE 240, 366 = BStBl. II 2013, 1053 = UR 2013, 494. Vgl. auch BFH, Beschl. v. 1.4.2004 – V B 112/03, BStBl. II 2004, 802 = UR 2004, 417.

4 Vgl. BFH, Urt. v. 18.9.2019 – XI R 33/18, BStBl. II 2021, 243 = UR 2020, 183 m. Anm. *Jacobs*.

5 Vgl. BFH, Urt. v. 2.10.1986 – V R 91/78, BStBl. II 1987, 44 = UR 1987, 14 m. Anm. *Weiß*. Vgl. demgegenüber EuGH, Urt. v. 8.5.2003 – C-269/00, ECLI:EU:C:2003:254 – Seeling, BStBl. II 2004, 378 = UR 2003, 288 m. Anm. *Burgmaier*. In diesem Urteil hat der EuGH entschieden, dass die Privatnutzung einer Wohnung in einem ganz dem Unternehmen zugeordneten Gebäude nicht als steuerfreier Vermietungsumsatz behandelt werden kann.

6 Vgl. Abschn. 4.9.1 Abs. 2 Nr. 6 UStAE.

7 Vgl. *Klenk* in Rau/Dürrwächter, § 4 Nr. 9 UStG Rz. 119.5 (Stand: Oktober 2011).

8 *Klenk* in Rau/Dürrwächter, § 4 Nr. 9 UStG Rz. 119.3 (Stand: Oktober 2011) hält es sogar für fraglich, ob die unentgeltliche Zuwendung eines Grundstücks i.S.d. § 3 Abs. 1b Nr. 2 und Nr. 3 UStG nach § 4 Nr. 9 Buchst. a UStG von der Umsatzsteuer befreit ist. Weil im Falle der unentgeltlichen Zuwendung an einen anderen Rechtsträger ein Rechtsträgerwechsel vorliegt, kann an der Anwendbarkeit von § 4 Nr. 9 Buchst. a UStG auf unentgeltliche Grundstückszuwendungen m.E. kein Zweifel bestehen.

9 Zuvor Art. 13 Teil B Buchst. g und h der 6. EG-Richtlinie.

vor dem Erstbezug) und von Baugrundstücken i.S.d. Art. 12 Abs. 1 Buchst. b, Abs. 3 MwStSystRL[1] steuerpflichtig. In Bezug auf die Entnahme von Altbauten kann sich der Steuerpflichtige daher unmittelbar auf die MwStSystRL bzw. zuvor auf die 6. EG-Richtlinie berufen.[2]

§ 9 UStG ist nicht anwendbar, d.h. die Möglichkeit, auf die Umsatzsteuerbefreiung der unentgeltlichen 38
Wertabgabe zu verzichten, besteht nicht. Der Verweis in § 9 UStG auf § 4 UStG bezieht sich lediglich auf Umsätze i.S.d. § 1 Abs. 1 Nr. 1 UStG (Leistungsaustausch), nicht auch auf § 3 Abs. 1b UStG (unentgeltliche Wertabgabe). Bei der unentgeltlichen Wertabgabe führt der Unternehmer keinen Umsatz an einen anderen Unternehmer für dessen Unternehmen aus, was aber in § 9 UStG vorausgesetzt wird. Die unentgeltliche Wertabgabe aus dem Unternehmen zu **unternehmensfremden Zwecken** beinhaltet keinen Umsatz an einen anderen Unternehmer. Zudem wird nicht auf die Verwendung beim Empfänger abgestellt. Maßgebend sind ausschließlich die Verhältnisse beim abgebenden Unternehmer.

Diese Beschränkung der **Verzichtsmöglichkeit** auf die Steuerbefreiung für die Umsätze i.S.d. § 1 Abs. 1 39
Nr. 1 UStG entspricht dem Zweck von § 9 UStG, dem Unternehmer zu ermöglichen, bei den in dieser Vorschrift genannten Umsätzen trotz des Grundsatzes von § 15 Abs. 2 UStG den Vorsteuerabzug geltend zu machen, um damit im Rahmen der unternehmerischen Tätigkeit wirtschaftliche Nachteile zu vermeiden. Die die unentgeltliche Wertabgabe kennzeichnende Wertabgabe durch das Unternehmen zu unternehmensfremden Zwecken, d.h. eine den Vorsteuerabzug des abgebenden Unternehmers gemäß § 15 Abs. 1 UStG nicht rechtfertigende Verwendung, wird demgegenüber nicht durch die Gewährung der Möglichkeit begünstigt, zur Umsatzsteuer zu optieren.[3]

3. Verhältnis von § 4 Nr. 9 Buchst. a UStG zur Umsatzsteuerbefreiung nach § 4 Nr. 8 Buchst. e bzw. f UStG

a) Eigenständige Befreiungstatbestände

§ 4 Nr. 8 Buchst. f UStG befreit Umsätze mit **Gesellschaftsanteilen** und die Vermittlung solcher Um- 40
sätze von der Umsatzsteuer. § 4 Nr. 8 Buchst. e UStG befreit die Umsätze im Geschäft mit Wertpapieren (d.h. auch mit Aktien an einer inländische Grundstücke haltenden AG oder KGaA) und die Vermittlung dieser Umsätze, ausgenommen die Verwahrung und die Verwaltung von Wertpapieren, von der Umsatzsteuer.[4]

---

1 Zuvor Art. 4 Abs. 3 Buchst. b der 6. EG-Richtlinie.

2 So auch *Klenk* in Rau/Dürrwächter, § 4 Nr. 9 UStG Rz. 119.4 (Stand: Oktober 2011). *Klenk* weist darauf hin, dass, wenn man – wie die FinVerw. und der BFH – der Ansicht sei, dass die Entnahme oder unentgeltliche Zuwendung eines Baugrundstücks oder Neubaus i.S.d. § 3 Abs. 1b UStG nach § 4 Nr. 9 Buchst. a UStG steuerfrei ist, der Vorsteuerabzug nach § 15a Abs. 8, Abs. 9 UStG berichtigt werden muss, weshalb es im Ergebnis wohl häufig keinen Unterschied mache, ob man die Entnahme (oder unentgeltliche Zuwendung) als steuerpflichtig oder als steuerfrei behandelt.

3 Vgl. BFH, Urt. v. 2.10.1986 – V R 91/78, BStBl. II 1987, 44 = UR 1987, 14 m. Anm. *Weiß*.

4 Umsätze, die sich auf Wertpapiere beziehen, sind steuerfrei, wenn sie Rechte und Pflichten der Parteien in Bezug auf Wertpapiere begründen, ändern oder zum Erlöschen bringen können (EuGH, Urt. v. 5.7.2012 – C-259/11, ECLI:EU:C:2012:423 – DTZ Zadelhoff, UR 2012, 672; EuGH, Urt. v. 13.12.2001 – C-235/00, ECLI:EU:C:2001:696 – CSC, UR 2002, 84 m. Anm. *Wäger*, Rz. 33), da sich im Wertpapierhandel ähnlich dem Überweisungs- oder Zahlungsverkehr die rechtliche und finanzielle Lage zwischen den Parteien ändert (vgl. EuGH, Urt. v. 5.6.1997 – C-2/95, ECLI:EU:C:1997:278 – SDC, UR 1998, 64, Rz. 73; EuGH, Urt. v. 13.12.2001 – C-235/00, ECLI:EU:C:2001:696 – CSC, UR 2002, 84 m. Anm. *Wäger*, Rz. 28; EuGH, Urt. v. 29.10.2009 – C-29/08, ECLI:EU:C:2009:665 – SKF, UR 2010, 107; EuGH, Urt. v. 19.4.2007 – C-455/05, ECLI:EU:C:2007:232 – Velvet & Steel Immobilien, UR 2007, 537 m. Anm. *Grundt/Hamacher*, Rz. 21 f.; BFH, Urt. v. 19.4.2007 – V R 31/05, UR 2007, 646 m. Anm. *Hahne*; BFH, Urt. v. 18.7.2002 – V R 44/01, BStBl. II 2003, 730 = UR 2003, 20). Dass Dienstleistungen administrativer, materieller oder technischer Art sowie Finanzinformationen, die nicht die rechtliche und finanzielle Lage zwischen den Parteien ändern, nicht nach § 4 Nr. 8 Buchst. f UStG befreit sind (vgl. EuGH, Urt. v. 28.7.2011 – C-350/10, ECLI:EU:C:2011:532 – Nordea Pankki Suomi, UR 2011, 747 m. Anm. *Bleckmann*), schränkt den Anwendungsbereich im Vergleich zur Befreiung nach § 4 Nr. 9 Buchst. a UStG nicht ein, weil mit solchen Dienstleistungen auch kein Rechtsträgerwechsel i.S.d. § 1 GrEStG verbunden ist.

41 Anteilsveräußerungen durch Unternehmer sind nach § 4 Nr. 8 Buchst. e oder f UStG von der Umsatzsteuer befreit. Die Befreiung nach § 4 Nr. 9 Buchst. a UStG ist **gleichzeitig** anwendbar, wenn Anteile an grundbesitzenden Gesellschaften veräußert werden und diese Veräußerung unmittelbar die Erfüllung eines der Tatbestände in § 1 Abs. 2a, Abs. 3 oder Abs. 3a GrEStG bewirkt.[1]

b) Vermittlung von Anteilen an grundbesitzenden Gesellschaften

42 In der Rechtssache *DTZ Zadelhoff*[2] hat der EuGH entschieden, dass die Steuerbefreiung für die Vermittlung von Anteilen nicht entfällt, wenn es sich bei der Gesellschaft, deren Anteile vermittelt werden sollen, um eine Grundstücksgesellschaft handelt, sofern der jeweilige Mitgliedstaat von seiner Wahlmöglichkeit, die Übertragung von Anteilen an einer Grundstücksgesellschaft als Lieferung zu behandeln, keinen Gebrauch gemacht hat. Deutschland hat das Wahlrecht des Art. 15 Abs. 2 Buchst. c MwStSystRL nicht ausgeübt und demnach keine Sonderregelung für die Behandlung von Umsätzen mit Anteilen an **Grundstücksgesellschaften** implementiert. Maßgebend für die Befreiung von der Umsatzsteuer ist § 4 Nr. 8 Buchst. e oder f UStG. M.E. ist auch § 4 Nr. 9 Buchst. a UStG auf Anteilsgeschäfte anwendbar, wenn durch den betreffenden Anteilsübergang unmittelbar Grunderwerbsteuer ausgelöst wird. § 3a Abs. 3 Nr. 1 UStG ist auf Umsätze mit Anteilen an Immobiliengesellschaften nicht anwendbar, d.h. Ort der Leistung ist bei der Veräußerung von Anteilen an Immobiliengesellschaften umsatzsteuerlich nicht der Ort der Belegenheit der Immobilien der Gesellschaft.

43 Die Übertragung von Anteilen an Grundstücksgesellschaften ist eine sonstige Leistung.[3] Bei den Vermittlungsleistungen befreit auch Deutschland gemäß § 4 Nr. 8 Buchst. e bzw. f UStG nur die **Vermittlung** von Anteilen an Gesellschaften, nicht jedoch die Vermittlung von Grundstücken. Insoweit ist die Vermittlung eines „*Asset Deal*" umsatzsteuerrechtlich anders zu beurteilen als die Vermittlung eines „*Share Deal*". Der EuGH schaut bei der Frage der Steuerbefreiung nicht durch die Beteiligungsgesellschaft hindurch.

44 Im Zeitpunkt der Beauftragung des Vermittlers ist möglicherweise noch unklar, ob der spätere Erwerber das Grundstück oder die Anteile an der Grundstücksgesellschaft erwerben wird. Wenn bei Abschluss des Vertrags noch ungewiss ist, woraus der vermittelte Umsatz letztlich bestehen wird, kommt es nach der EuGH-Rechtsprechung darauf an, welcher Umsatz **letztlich** ausgeführt wird.[4] In den Vertrag mit dem Vermittler sollte eine Regelung zur Umsatzsteuer aufgenommen werden, wenn sich die Vergütung des Vermittlers um etwaige Umsatzsteuer erhöhen soll.[5]

4. Verhältnis von § 4 Nr. 9 Buchst. a UStG zur Umsatzsteuerbefreiung nach § 4 Nr. 28 UStG

45 Nach § 4 Nr. 28 UStG ist die Lieferung von Gegenständen umsatzsteuerfrei, wenn der Unternehmer die gelieferten Gegenstände ausschließlich für eine nach § 4 Nr. 8–27 UStG steuerfreie Tätigkeit verwendet hat. Eine **geringfügige Verwendung** für nicht danach steuerfreie Tätigkeiten ist nach Verwaltungsansicht unschädlich, wenn der Unternehmer für diese Gegenstände darauf verzichtet, einen anteiligen Vorsteuerabzug vorzunehmen.[6] Fällt eine Grundstückslieferung sowohl unter § 4 Nr. 9 Buchst. a UStG als auch unter § 4 Nr. 28 UStG, ist der Verzicht auf die Steuerbefreiung nach § 9 UStG insgesamt möglich. M.E. tritt § 4 Nr. 28 UStG gegenüber § 4 Nr. 9 Buchst. a UStG zurück, weil nicht ersichtlich ist, dass der Gesetzgeber für der Grunderwerbsteuer unterfallende Grundstückslieferungen die Option nach § 9 UStG ausschließen wollte, wenn im Einzelfall auch die Voraussetzungen von § 4 Nr. 28 UStG erfüllt sind.[7]

---

1 Vgl. *Klenk* in Rau/Dürrwächter, § 4 Nr. 9 UStG Rz. 76 (Stand: Oktober 2011).
2 EuGH, Urt. v. 5.7.2012 – C-259/11, ECLI:EU:C:2012:423 – DTZ Zadelhoff, UR 2012, 672.
3 Abschn. 3.1 Abs. 1 Satz 5 UStAE.
4 Vgl. EuGH, Urt. v. 5.7.2012 – C-259/11, ECLI:EU:C:2012:423 – DTZ Zadelhoff, UR 2012, 672, Rz. 25.
5 Vgl. *Heinrichshofen*, EU-UStB 2012, 65.
6 Vgl. Abschn. 4.28.1 Abs. 2 UStAE.
7 So auch FG Nürnberg, Urt. v. 30.7.1991 – II 107/89, UR 1993, 259, rkr: „Die andere Zielsetzung des § 4 Nr. 28 UStG läßt es […] nicht zu, die für Grundstücksumsätze eingeführte Optionsmöglichkeit nach § 9 i.V.m. § 4 Nr. 9 a) UStG auszuschalten. Andernfalls würde dadurch für einen bestimmten Personenkreis die Optionsmöglichkeit

5. Ausschluss vom Vorsteuerabzug gemäß § 15 Abs. 2 Nr. 1 UStG

Die Befreiung des unter das Grunderwerbsteuergesetz fallenden Umsatzes von der Umsatzsteuer führt im Grundsatz gemäß § 15 Abs. 2 Nr. 1 UStG zum **Verlust** des Vorsteuerabzugs. 46

6. Umkehr der Steuerschuldnerschaft gemäß § 13b Abs. 5 Satz 1 Halbs. 1 i.V.m. Abs. 2 Nr. 3 UStG

Die Umsatzsteuer auf Umsätze, die unter das GrEStG fallen, schuldet der **Leistungsempfänger**, wenn er ein Unternehmer oder eine juristische Person ist. Gemäß § 13b Abs. 5 Satz 6 UStG gilt dies auch dann, wenn der Leistungsempfänger die Leistung für seinen nichtunternehmerischen Bereich bezieht. Die Umkehr der Steuerschuldnerschaft nach § 13b Abs. 5 Satz 1 Halbs. 1 UStG erlangt nur dann Bedeutung, wenn bzw. soweit auf die Umsatzsteuerbefreiung gemäß § 9 UStG wirksam verzichtet wird. 47

7. Option zur Umsatzsteuer gemäß § 9 UStG

Gemäß § 9 UStG kann auf die Steuerbefreiung nach § 4 Nr. 9 Buchst. a UStG – mit Ausnahme der Fälle der unentgeltlichen Wertabgabe nach § 3 Abs. 1b UStG[1] – verzichtet werden (anders als bei § 4 Nr. 9 Buchst. b UStG). Weil mit dem aus der Umsatzsteuerbefreiung nach § 4 Nr. 9 Buchst. a UStG folgenden Vorsteuerabzugsverbot Wettbewerbsnachteile einhergehen, wurde den Unternehmern durch § 9 UStG die **Option** zur Steuerpflicht ermöglicht. Dadurch tritt zwar die erwähnte Doppelbesteuerung trotzdem ein, sie wirkt sich aber wirtschaftlich nicht aus, wenn die infolge des Verzichts auf die Befreiung anfallende Umsatzsteuer beim Leistungsempfänger wieder als Vorsteuer abgezogen werden kann.[2] 48

Bei **gemischt genutzten Grundstücken** ist eine Option gemäß § 9 UStG nur für die unternehmerisch genutzten Teile möglich. Die Verschaffung der Verfügungsmacht an einem nicht unternehmerisch genutzten Teil bzw. an nicht unternehmerisch genutzten Teilen ist nicht umsatzsteuerbar.[3] 49

Gemäß § 9 Abs. 1 UStG kann der Unternehmer einen Umsatz, der nach § 4 Nr. 9 Buchst. a UStG steuerfrei ist, als steuerpflichtig behandeln, wenn der Umsatz an einen anderen Unternehmer für dessen Unternehmen ausgeführt wird. 50

Bei der Bestellung und Übertragung von **Erbbaurechten** ist der Verzicht auf die Steuerbefreiung i.S.d. § 4 Nr. 9 Buchst. a UStG gemäß § 9 Abs. 2 UStG nur zulässig, soweit der Leistungsempfänger das Grundstück ausschließlich für Umsätze verwendet oder zu verwenden beabsichtigt, die den Steuerabzug nicht ausschließen. Der Unternehmer hat die Voraussetzungen nachzuweisen. Nicht die Bestellung des Erbbaurechts (grunderwerbsteuerlich der Erwerbsvorgang) ist umsatzsteuerrechtlich die relevante Leistung, sondern die sich anschließende Duldung der Nutzung des Grundstücks als Dauerleistung.[4] 51

Gemäß § 9 Abs. 3 UStG ist der Verzicht auf Steuerbefreiung nach § 9 Abs. 1 UStG bei Lieferungen von Grundstücken (§ 4 Nr. 9 Buchst. a UStG) im **Zwangsversteigerungsverfahren** durch den Vollstreckungsschuldner an den Ersteher bis zur Aufforderung zur Abgabe von Geboten im Versteigerungstermin zulässig.[5] Bei Umsätzen i.S.d. § 4 Nr. 9 Buchst. a UStG außerhalb eines Zwangsversteigerungsverfahrens kann der Verzicht auf die Steuerbefreiung nach § 9 Abs. 1 UStG gemäß § 9 Abs. 3 Satz 2 52

nach § 9 UStG bei Grundstücksumsätzen eingeschränkt. Für eine derartige Benachteiligung gegenüber anderen Steuerpflichtigen gibt es jedoch keinen sachlichen Grund."

1 Sog. Entnahme-Eigenverbrauch; vgl. BFH, Urt. v. 2.10.1986 – V R 91/78, BStBl. II 1987, 44 = UR 1987, 14 m. Anm. *Weiß*.

2 Vgl. *Plückebaum/Malitzky/Widmann*, § 15 UStG Rz. 299.

3 Vgl. BFH, Urt. v. 26.6.1996 – XI R 43/90, BStBl. II 1997, 98 = UR 1996, 425 m. Anm. *Widmann*.

4 Vgl. *Klenk* in Rau/Dürrwächter, § 4 Nr. 9 UStG Rz. 105.2 (Stand: Oktober 2011). Grunderwerbsteuerliche Bemessungsgrundlage ist der kapitalisierte Erbbauzins, umsatzsteuerliche Bemessungsgrundlage der jährliche Erbbauzins; BFH, Urt. v. 20.4.1988 – X R 4/80, BStBl. II 1988, 744 = UR 1989, 18 m. Anm. *Giesberts*; FG Nürnberg, Urt. v. 18.12.1979 – II 44/77, UR 1981, 235.

5 *Wäger*, UR 2016, 125 (148) weist darauf hin, dass damit sichergestellt sei, dass dem Erwerber bekannt war, dass sein Erwerb für ihn zu einer Steuerschuld nach § 13b UStG führen würde.

UStG nach der Rechtsprechung des XI. Senats des BFH **nur in dem gemäß § 311b Abs. 1 BGB notariell zu beurkundenden Vertrag** erklärt werden.[1] Ein späterer Verzicht auf die Umsatzsteuerbefreiung sei unwirksam, auch wenn er notariell beurkundet wird.[2]

53 Nach bisheriger Verwaltungsansicht „*gilt Gleiches für die Rücknahme des Verzichts auf die Umsatzsteuerbefreiung.*“[3] Dem haben das **FG Baden-Württemberg**[4] und der XI. Senat des BFH[5] widersprochen. Die Option zur Umsatzsteuer bei der Grundstückslieferung kann nach Ansicht der Gerichte rückgängig gemacht werden, solange die Umsatzsteuer-Festsetzung des Grundstückskäufers noch anfechtbar oder nach § 164 AO änderbar ist. Ist die Umsatzsteuer-Veranlagung des Käufers noch änderbar und wird die Option daher wirksam widerrufen, stellt der Widerruf der Option für den Grundstücksverkäufer ein sog. rückwirkendes Ereignis i.S.v. § 175 Abs. 1 Satz 1 Nr. 2 AO dar. Andernfalls könnten Steuerschuld und Vorsteuerabzug nicht in Gleichklang gebracht werden. Die Einordnung der Rückgängigmachung der Umsatzsteuer-Option als sog. rückwirkendes Ereignis für Zwecke der Umsatzsteuer-Veranlagung des Grundstücksverkäufers führt nicht dazu, dass die umsatzsteuerrechtliche Abwicklung der Grundstücksveräußerung auf unabsehbare Zeit offenbleibt.[6] Nach Ansicht des XI. Senats des BFH regelt § 9 Abs. 3 Satz 2 UStG den Widerruf der Option zur Umsatzsteuer insgesamt nicht. M.E. bedeutet dies, dass die Rückgängigmachung nach Ansicht des XI. Senats des BFH keiner notariellen Beurkundung bedarf, sondern der Verkäufer die Option auch einseitig widerrufen könnte.[7] Die Rückgängigmachung des Verzichts wirkt auf das Jahr der Ausführung des Umsatzes zurück. Für die Ansicht des FG Baden-Württemberg und XI. Senats des BFH spricht, dass eine Rückgängigmachung in den Fällen des Grundstückskaufvertrags im Ergebnis insgesamt ausscheiden würde, wenn man nur die im ursprünglichen, notariell beurkundeten Grundstücksaufvertrag vereinbarte „Rückgängigmachung“ für wirksam hielte, obwohl ein Widerruf der Option nach allgemeinen Grundsätzen möglich ist.[8] § 9 Abs. 3 Satz 2 UStG soll zudem allein dem Schutz des Erwerbers dienen, der angesichts des Reverse-charge-Verfahrens nach § 13b Abs. 2 Nr. 3 UStG vor der nachträglichen Entstehung einer Umsatzsteuer-Schuld geschützt werden soll.[9] Der Empfänger muss aber nicht vor der nachträglichen Rückkehr zur Steuerfreiheit geschützt werden, weil das für ihn nur vorteilhaft ist.[10] Auf Grundlage des BFH-Be-

1 § 9 Abs. 3 Satz 2 UStG wurde durch das Haushaltsbegleitgesetz 2004 v. 29.12.2003, BGBl. I 2003, 3076, in Kraft gesetzt. Dies berücksichtigt das Schutzbedürfnis des Erwerbers, denn durch die Regelung wird der ansonsten einseitig zu erklärende Verzicht zu einem Vertragsbestandteil, so dass hier keine einseitige Erklärung, sondern eine Verzichtsvereinbarung vorliegt. Vgl. allerdings BFH, Beschl. v. 25.1.2022 – XI B 60/20, BFH/NV 2022, 827, wonach § 9 Abs. 3 Satz 2 UStG, der den Verzicht auf die Steuerbefreiung des § 4 Nr. 9 Buchst. a UStG bei Lieferungen von Grundstücken außerhalb von Zwangsversteigerungsverfahren, jedoch nicht dessen Widerruf regelt, einer nachträglichen formwirksamen Optionsausübung auch dann entgegensteht, wenn sie zwischen den Vertragsbeteiligten einvernehmlich erfolgt und keine Gefahr von Steuerausfällen besteht. Auf Grundlage des EuGH, Urt. v. 30.6.2022 – C-56/21, ECLI:EU:C:2022:509 – ARVI ir ko, UR 2022, 574, sollte § 9 Abs. 3 Satz 2 UStG mit Unionsrecht vereinbar sein.

2 Vgl. BFH, Urt. v. 21.10.2015 – XI R 40/13, BStBl. II 2017, 852 = UR 2016, 107; bestätigt in BFH, Beschl. v. 2.7.2021 – XI R 22/19, BFHE 274, 170 = UR 2021, 899, Rz. 18; Abschn. 9.2 Abs. 9 UStAE. **A.A.** *Wäger*, UR 2016, 125 (147 ff.).

3 Vgl. Abschn. 9.2 Abs. 9 Satz 3 UStAE.

4 Vgl. FG Baden-Württemberg, Urt. v. 1.8.2019 – 1 K 3115/18, EFG 2020, 168. Zur Rechtslage vor dem Haushaltsbegleitgesetz 2004 v. 29.12.2003 (BGBl. I 2003, 3076) ging der BFH mit BFH, Urt. v. 19.12.2013 – V R 6/12, BStBl. II 2017, 837 = UR 2014, 572 m. Anm. *Wüst* und BFH, Urt. v. 19.12.2013 – V R 7/12, BStBl. II 2017, 841 = UR 2014, 579, davon aus, dass der Verzicht auf Steuerbefreiungen nach § 9 UStG – und auch in den Fällen eines Grundstückskaufvertrags – zurückgenommen werden könne, solange die Steuerfestsetzung für das Jahr der Leistungserbringung noch anfechtbar oder aufgrund eines Vorbehalts der Nachprüfung gemäß § 164 AO änderbar sei; **a.A.** aber bisher die FinVerw. in Abschn. 9.2 Abs. 9 Satz 3 UStAE.

5 Vgl. BFH, Beschl. v. 2.7.2021 – XI R 22/19, BFHE 274, 170 = UR 2021, 899; vgl. dazu *Behrens*, BB 2021, 2850.

6 Zu diesem Aspekt vgl. BFH, Urt. v. 2.4.1988 – V R 34/97, BStBl. II 1998, 695.

7 Im entschiedenen Fall hatten die Parteien in 2012 einen notariell beurkundeten Änderungsvertrag zwecks Rückgängigmachung der Umsatzsteuer-Option abgeschlossen.

8 Vgl. z.B. *Heidner* in Bunjes[22], § 9 UStG Rz. 29; arg. E § 14c Abs. 1 Satz 3 UStG.

9 Vgl. *Schüler-Täsch* in Sölch/Ringleb, § 9 UStG Rz. 179 (Stand: Juni 2023).

10 Beim Widerruf ist die Literatur vergleichbar großzügig, vgl. *Kraeusel* in Reiß/Kraeusel/Langer, § 9 UStG Rz. 44.3 (Stand: April 2021); *Wenzel* in Rau/Dürrwächter, § 9 UStG Rz. 130, 141 (Stand: Juli 2013).

schlusses vom 2.7.2021[1] ist es den Kaufvertragsparteien nun möglich, zunächst vollständig auf die Befreiung nach § 4 Nr. 9a UStG zu verzichten und bei Fortbestand der Änderbarkeit nach § 164 AO der Veranlagung des Käufers die Option (ggf. teilweise) rückgängig zu machen, sobald feststeht, welche Grundstücksteile der Käufer umsatzsteuerfrei und damit vorsteuerabzugsschädlich nutzen wird. Im Einzelfall kann der durch die Rückgängigmachung der Option beim Verkäufer entstehende Vorsteuerschaden erheblich geringer sein als die (anteilige) Umsatzsteuer bei Wirksambleiben des Verzichts auf die Umsatzsteuer-Befreiung gemäß § 4 Nr. 9 Buchst. a UStG.

8. Widerstreitende Steuerfestsetzungen i.S.d. § 174 AO

Wenn es wegen unrichtiger Rechtsanwendung entgegen § 4 Nr. 9 Buchst. a UStG tatsächlich zu einer **Doppelbelastung** mit Umsatzsteuer und Grunderwerbsteuer kommt, kommt die Aufhebung oder Änderung des unrichtigen Steuerbescheids gemäß § 174 Abs. 1 AO in Betracht. Danach ist, wenn ein bestimmter Sachverhalt in mehreren Steuerbescheiden zu Ungunsten eines oder mehrerer Steuerpflichtiger berücksichtigt worden ist, obwohl er nur einmal hätte berücksichtigt werden dürfen, der fehlerhafte Steuerbescheid auf Antrag aufzuheben oder zu ändern. Gemäß AEAO, Ziffer 2 Abs. 2 Satz 2 zu § 174 AO, ist, wenn der Steuerpflichtige fälschlich nur einen Antrag auf Änderung des rechtmäßigen Steuerbescheids gestellt hat, der Antrag allgemein als Antrag auf Beseitigung der widerstreitenden Festsetzung zu behandeln. Nach Ansicht von *Klenk* ist die Stellung von allgemeinen Anträgen von vornherein auf Beseitigung widerstreitender Steuerfestsetzungen zulässig[2] und es empfiehlt sich u.U. die vorherige Einschaltung der Aufsichtsbehörde.[3] 54

B. Umsatzsteuerbefreiung unter das GrEStG fallender Umsätze (Nr. 9 Buchst. a)

I. Vergleichbarkeit des unter das UStG fallenden Umsatzes und des unter das GrEStG fallenden Erwerbsvorgangs

1. Atypischer Maklervertrag

Der unter das UStG fallende Umsatz muss mit dem einen Tatbestand des GrEStG erfüllenden Rechtsvorgang zwar nicht identisch, aber hinreichend vergleichbar sein. Dies ist in Bezug auf die umsatzsteuerbare und -pflichtige **Vermittlungsleistung** eines atypischen Maklers, der von seinem Auftraggeber die Verwertungsbefugnis nach § 1 Abs. 2 GrEStG in Bezug auf das zu vermarkende Grundstück erhalten hat, und die Einräumung der Verwertungsbefugnis durch den Auftraggeber an den sog. atypischen Makler nicht der Fall. 55

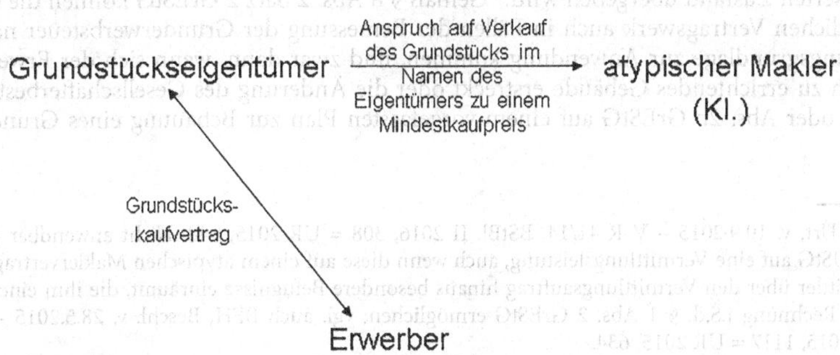

1 BFH, Beschl. v. 2.7.2021 – XI R 22/19, BFHE 274, 170 = UR 2021, 899.
2 Vgl. *Klenk* in Rau/Dürrwächter, § 4 Nr. 9 UStG Rz. 13 (Stand: Oktober 2011).
3 Vgl. *Klenk* in Rau/Dürrwächter, § 4 Nr. 9 UStG Rz. 128 (Stand: Oktober 2011).

56 Mithin sind Vermittlungsleistungen eines sog. atypischen Maklers mit Verwertungsbefugnis nach § 1 Abs. 2 GrEStG nicht gemäß § 4 Nr. 9 Buchst. a UStG von der Umsatzsteuer befreit.[1] Der nach § 1 Abs. 2 GrEStG der Grunderwerbsteuer unterliegende Rechtsvorgang beim sog. atypischen Maklervertrag ist nicht identisch mit der vom atypischen Makler erbrachten Vermittlungsleistung. Die Vermittlungsleistung ergibt sich aus dem dem atypischen Makler erteilten Vermittlungsauftrag, während die Tatbestandserfüllung des § 1 Abs. 2 GrEStG darauf beruht, dass der Vermittler zusätzlich zum Vermittlungsauftrag besondere Befugnisse erhält, die ihm eine Verwertung auf eigene Rechnung ermöglichen. Bestätigt wird diese Differenzierung zwischen Vermittlungsleistung und Einräumung der **Verwertungsbefugnis** dadurch, dass der atypische Makler nicht auf der Grundlage des an ihn gezahlten Vermittlungsentgelts zur Grunderwerbsteuer herangezogen wird.[2] Umsatzsteuerrechtlich sind die einzelnen Vorgänge grundsätzlich als eigenständig zu betrachten.[3]

2. Einheitliches Vertragswerk bzw. einheitlicher Erwerbsgegenstand

a) Berücksichtigung des zukünftigen Grundstückszustands bei der Bemessung der Grunderwerbsteuer

57 Bemessungsgrundlage für die Grunderwerbsteuer ist gemäß § 8 Abs. 1 GrEStG der Wert der Gegenleistung für das Grundstück in dem Zustand, in dem es von den Parteien zum Gegenstand des grunderwerbsteuerrechtlichen Erwerbsvorgangs gemacht worden ist.[4] Der für den Umfang der **Gegenleistung** i.S.d. § 9 Abs. 1 Nr. 1 GrEStG maßgebliche Gegenstand des Erwerbsvorgangs wird zunächst durch das den Steuertatbestand des § 1 Abs. 1 Nr. 1 GrEStG erfüllende (zivilrechtliche) Verpflichtungsgeschäft – d.h. durch den Grundstückskaufvertrag – bestimmt. Auch wenn sich mangels Verpflichtung zur Veränderung des körperlichen Zustands des Grundstücks aus dem Grundstückskaufvertrag nicht ergibt, dass das Grundstück in seinem zukünftigen bebauten Zustand Gegenstand des Erwerbsvorgangs wird, können die Kosten für die nach notarieller Beurkundung des Grundstückskaufvertrags herbeizuführende Veränderung des körperlichen Zustands des Grundstücks zur grunderwerbsteuerrechtlichen Bemessungsgrundlage gehören. Sollten zusätzliche Kosten erst nach Erlass des Grunderwerbsteuerbescheids anfallen, ist das zuständige Finanzamt auf Grundlage des § 175 Abs. 1 Satz 1 Nr. 2 AO berechtigt, die Grunderwerbsteuerfestsetzung entsprechend anzupassen.[5] Nach Ansicht des BFH ist es für die Anwendbarkeit des § 4 Nr. 9 Buchst. a UStG unerheblich, wenn nach notarieller Beurkundung eines Grundstückskaufvertrags hinsichtlich des auf dem Grundstück neu zu errichtenden Gebäudes noch Zusatzleistungen erbracht werden, die im beurkundeten Vertragswerk keine Berücksichtigung fanden, soweit es sich bei den Zusatzleistungen um Leistungen handelt, die in unmittelbarem Zusammenhang mit der Grundstückslieferung stehen, jedenfalls dann, wenn das Gebäude dem Erwerber in dem gegenüber der „Grundausstattung" höherwertigen, umfangreicheren oder verbesserten Zustand übergeben wird.[6] Gemäß § 8 Abs. 2 Satz 2 GrEStG können die Grundsätze zum einheitlichen Vertragswerk auch in Fällen der Bemessung der Grunderwerbsteuer nach der Ersatzbemessungsgrundlage zur Anwendung kommen, und zwar dann, wenn sich der Erwerbsvorgang auf ein noch zu errichtendes Gebäude erstreckt oder die Änderung des Gesellschafterbestandes i.S.v. § 1 Abs. 2a oder Abs. 2b GrEStG auf einem vorgefassten Plan zur Bebauung eines Grundstücks beruht.[7]

---

1 Vgl. BFH, Urt. v. 10.9.2015 – V R 41/14, BStBl. II 2016, 308 = UR 2015, 948. Nicht anwendbar ist § 4 Nr. 9 Buchst. a UStG auf eine Vermittlungsleistung, auch wenn diese auf einem atypischen Maklervertrag beruht, der dem Vermittler über den Vermittlungsauftrag hinaus besondere Befugnisse einräumt, die ihm eine Verwertung auf eigene Rechnung i.S.d. § 1 Abs. 2 GrEStG ermöglichen; vgl. auch BFH, Beschl. v. 28.5.2015 – V B 15/15, BFH/NV 2015, 1117 = UR 2015, 634.

2 Vgl. BFH, Urt. v. 26.7.2000 – II R 33/98, BFH/NV 2001, 306, unter II. 1. B.

3 Vgl. z.B. BFH, Urt. v. 27.2.2014 – V R 14/13, BStBl. II 2014, 869 = UR 2014, 564.

4 Als Gegenleistung gilt beim Kauf nach § 9 Abs. 1 Nr. 1 GrEStG der Kaufpreis einschließlich der vom Käufer übernommenen sonstigen Leistungen und der dem Verkäufer vorbehaltenen Nutzungen.

5 *Loose* in Viskorf[20], § 9 GrEStG Rz. 155.

6 Vgl. BFH, Urt. v. 24.1.2008 – V R 42/05, BStBl. II 2008, 697 = UR 2008, 505 m. Anm. *Dast/Karabulut*. Vgl. Rz. 77.1.

7 Zu § 8 Abs. 2 Satz 2 GrEStG vgl. BFH, Urt. v. 16.9.2020 – II R 12/18, BStBl. II 2021, 632, wonach es, um den Wert des Grundstücks abweichend von § 157 Absatz 1 Satz 1 BewG nach den tatsächlichen Verhältnissen im

b) Einheitliches Vertragswerk durch rechtlichen Zusammenhang

Ergibt sich die Verpflichtung zur Übereignung des Grundstücks und zur Errichtung des Gebäudes zwar aus zwei (oder mehreren) an sich selbständigen Verträgen, sind diese Verträge jedoch aufgrund ihres **rechtlichen Zusammenhangs** als einheitlicher Vertrag (gerichtet auf einen einheitlichen Leistungsgegenstand) anzusehen, so ist grunderwerbsteuerrechtlich Gegenstand des Erwerbsvorgangs das Grundstück in bebautem Zustand. 58

c) Einheitliches Vertragswerk durch sachlichen Zusammenhang

aa) Verpflichtung der Veräußererseite zur Veränderung des körperlichen Grundstückszustands

Abgesehen von dem Fall der rechtlichen Bestandsverknüpfung des Grundstückskaufvertrags einerseits und der Bauverträge andererseits ist Gegenstand des Erwerbsvorgangs das Grundstück in bebautem Zustand aber auch dann, wenn zwischen den Verträgen ein so enger sachlicher Zusammenhang besteht, dass der Erwerber bei objektiver Betrachtungsweise als **einheitlichen Leistungsgegenstand** das bebaute Grundstück erhält. Das ist der Fall, wenn dem Erwerber aufgrund einer konkreten und bis (annähernd) zur Baureife gediehenen Vorplanung ein bestimmtes Gebäude auf einem bestimmten Grundstück zu einem im wesentlichen feststehenden Preis angeboten wird und er dieses Angebot als einheitliches annimmt oder nur annehmen kann. 59

Das Grundstück ist nicht allein deshalb in bebautem Zustand Gegenstand des Erwerbsvorgangs, weil sich der Erwerber im Grundstückskaufvertrag gegenüber dem Veräußerer verpflichtet, das Grundstück auf bestimmte Art und Weise zu bebauen. Dies ist vielmehr nur der Fall, wenn die auf der Veräußererseite handelnden Personen zur **Errichtung des Gebäudes** oder zur sonstigen Veränderung des körperlichen Zustands des Grundstücks verpflichtet sind. Fehlt es an einer solchen Verpflichtung, handelt es sich bei der Bebauung um eine eigennützige Leistung des Erwerbers, die keine Gegenleistung für den Erwerb des Grundstücks darstellt. Eine etwaige vom Erwerber geschuldete Vergütung für Dienstleistungen im Zusammenhang mit dem von ihm selbst herzustellenden Gebäude, die Lieferung beweglicher Gegenstände (z.B. Baumaterialien) oder die Bereitstellung von Planungsunterlagen unterliegen in einem solchen Fall nicht der Grunderwerbsteuer. Dies gilt auch dann, wenn die Veräußererseite das Grundstück sowie die sonstigen Dienst- und Sachleistungen einheitlich angeboten hatte.[1] 60

Ein enger sachlicher Zusammenhang zwischen dem Grundstückskaufvertrag und den Verträgen, die der Errichtung des Gebäudes dienen, kommt insbesondere dann in Betracht, wenn der Erwerber mit Abschluss des Grundstückskaufvertrags in seiner Entscheidung über das „Ob" und „Wie" einer Bebauung gegenüber der Veräußererseite **nicht mehr frei** ist. 61

bb) Mehrere Verträge mit dem Veräußerer

In der Regel insgesamt als einheitlicher Grundstücksumsatz nach § 4 Nr. 9 Buchst. a UStG von der Umsatzsteuer befreit kann nicht nur die Veräußerung eines bereits bebauten Grundstücks sein, sondern auch Grundstückserwerbe, bei denen **derselbe Veräußerer** in zwei getrennten Verträgen ein Grundstück veräußert und die Pflicht zur Erstellung eines schlüsselfertigen Bürohauses und Geschäftshauses übernimmt. Leistungsgegenstand ist in diesem Fall ein noch zu bebauendes Grundstück.[2] Die Befreiung nach § 4 Nr. 9 Buchst. a UStG betrifft sowohl den Kaufpreis für das Grundstück als auch den Werklohn für die Bebauung. 62

Zeitpunkt der Fertigstellung des Gebäudes zu bemessen, einen vorgefassten Plan gegeben haben muss, mit dem sich die Gesellschaft über einen Gesellschafterwechsel hinaus in wesentlichen Punkten so auf die Bebauung eines Grundstücks festgelegt hat, dass sie sich im Regelfall nur noch unter wirtschaftlichen Schwierigkeiten oder Einbußen davon lösen könnte, und die Neugesellschafter die Gesellschaftsanteile wegen des Plans erworben haben müssen.

1 Vgl. BFH, Urt. v. 6.7.2016 – II R 5/15, BStBl. II 2016, 895.

2 Vgl. BFH, Urt. v. 19.3.2009 – V R 50/07, BStBl. II 2010, 78 = UR 2009, 560.

cc) Mehrere Personen auf Veräußererseite

63 Auf der Veräußererseite können auch mehrere Personen als Vertragspartner auftreten. Gegenstand des Erwerbsvorgangs kann das Grundstück im zukünftigen bebauten Zustand auch dann sein, wenn sich der Grundstücksübereignungsanspruch einerseits und der Anspruch auf Errichtung des Gebäudes bzw. auf sonstige Veränderung des körperlichen Grundstückszustands andererseits zivilrechtlich gegen **verschiedene Personen** richten.

64 Die Bindung an eine bestimmte Bebauung reicht als solche in den Fällen *nicht* aus, in denen als Grundstücksverkäufer und als Bauunternehmer verschiedene Personen bzw. Gesellschaften auftreten. Hier liegt ein enger sachlicher Zusammenhang zwischen den Verträgen nur vor, wenn diese Personen personell, wirtschaftlich oder gesellschaftsrechtlich eng verbunden sind oder aufgrund einer vertraglichen Abrede bei der Veräußerung zusammenarbeiten und durch **abgestimmtes Verhalten** auf den Abschluss aller Verträge hinwirken.[1]

65 Anhaltspunkte für **Abreden der Veräußererseite** können z.B. ein gemeinsamer Vermarktungsprospekt oder ein gemeinsamer Internetauftritt des Grundstücksveräußerers und des Bauunternehmens bzw. der für sie handelnden Personen sein. Eine Abrede kann auch anzunehmen sein, wenn der Grundstücksveräußerer dem Erwerber Bauunternehmen benennt, die bereits Interesse an der Bebauung des zu veräußernden Grundstücks oder bei einem größeren Baugebiet der zu veräußernden Grundstücke bekundet haben und/oder den baurechtlichen Vorschriften entsprechende Haustypen für das Grundstück anbieten können. Nicht ausreichend ist insoweit der allgemeine Hinweis auf in der näheren Umgebung tätige Bauunternehmer, die noch nicht mit der möglichen Bebauung des zur Veräußerung bestimmten Grundstücks befasst waren. Eine Abrede auf der Veräußererseite muss nach der Rechtsprechung des BFH für den Erwerber nicht erkennbar sein. Es ist nach Ansicht des BFH ausreichend, wenn sie durch die FinVerw. und ggf. Finanzgerichte anhand äußerer Merkmale objektiv festgestellt werden kann, auch wenn sie dem Grundstückskäufer nicht bekannt war und der Grundstückskäufer sie auch nicht in Erfahrung hätte bringen können.[2] Ob eine Abrede auf der Veräußererseite vorliegt, ist nach den Umständen des Einzelfalls zu ermitteln. Die Feststellungslast (objektive Beweislast) für die Tatsachen, die die Einbeziehung der Bauerrichtungskosten in die Bemessungsgrundlage der Grunderwerbsteuer rechtfertigen, trägt das Finanzamt.

d) Gleich lautende Erlasse der obersten Finanzbehörden der Länder vom 14.3.2017

66 Die Grundsätze zum sog. einheitlichen Vertragswerk bzw. einheitlichen Erwerbsvorgang sind in den **gleich lautenden Erlassen** der obersten Finanzbehörden der Länder – zuletzt vom 14.3.2017 – zusammengefasst.[3] Die Voraussetzungen für die Einbeziehung von Bau-, Sanierungs- und sonstigen Kosten in die grunderwerbsteuerliche Bemessungsgrundlage sind darin teilweise anders formuliert als in den zugrunde liegenden BFH-Entscheidungen.[4] Es ist davon auszugehen, dass damit keine Abweichungen der Verwaltungsansicht von der BFH-Rechtsprechung beabsichtigt ist, zumindest soweit die BFH-Entscheidungen im Bundessteuerblatt Teil II (ohne Nicht-Anwendungserlass) veröffentlicht sind. In Rz. 3.8 dieser Erlasse findet sich die folgende Übersicht:

---

1 Vgl. z.B. BFH, Urt. v. 17.9.1997 – II R 24/95, BStBl. II 1997, 776.

2 Vgl. BFH, Urt. v. 19.6.2013 – II R 3/12, BStBl. II 2013, 965; BFH, Urt. v. 26.2.2014 – II R 54/12, BFH/NV 2014, 1403, Rz. 13. Kritisch *Behrens*, UVR 2014, 147 (153), mit dem Hinweis darauf, dass der BFH damit eine Rechtslage geschaffen hat, die es Grundstückserwerbern mit Bauabsicht unmöglich macht, bei Vertragsabschluss vorherzusehen, in welcher Höhe Grunderwerbsteuer anfällt. Solche Grundstückserwerber müssen sich im Grundstückskaufvertrag zusichern lassen, dass der Grundstücksverkäufer mit bestimmten Bauunternehmen nicht in einem nach der Rechtsprechung schädlichen Zusammenhang steht.

3 Vgl. BStBl. I 2017, 436.

4 Kritisch dazu *Schmid*, DStR 2018, 2058.

Gleich lautende Länder-Erlasse vom 14.3.2017, Tz. 3.8

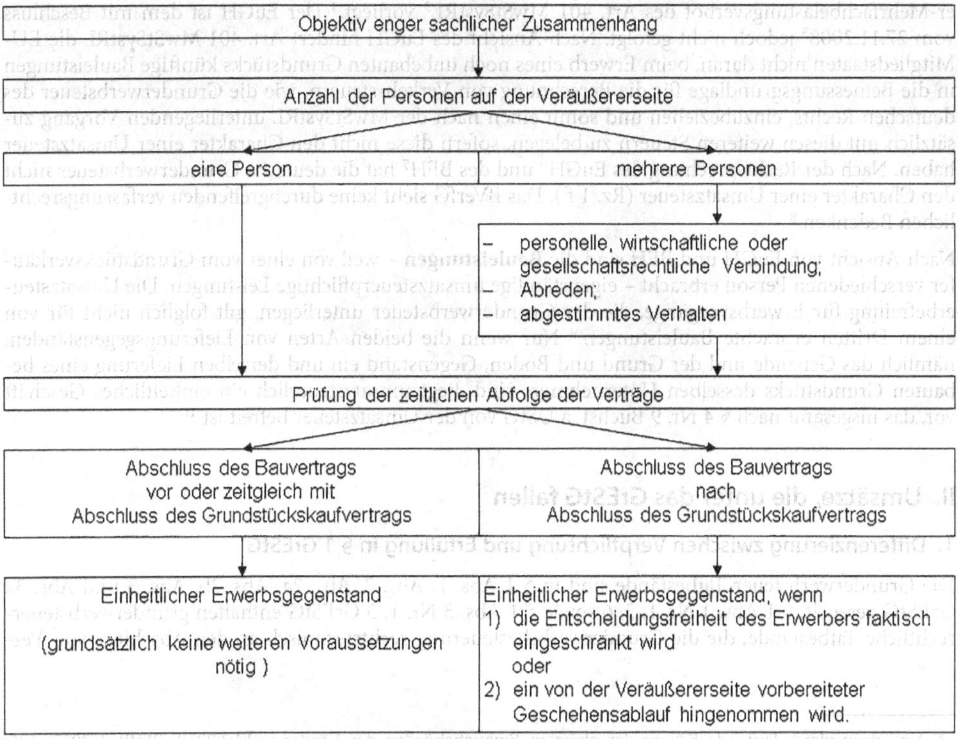

e) Doppelbelastung mit Grunderwerbsteuer und Umsatzsteuer (insbes. Bauherrenmodell)

67 Für die Grunderwerbsteuer können mehrere von dem Grundstückserwerber ***mit verschiedenen Personen***[1] – z.B. Grundstückseigentümer, Bauunternehmer, Bauhandwerker – abgeschlossene Verträge als ein einheitliches, auf den Erwerb auf ein bebautes Grundstück gerichtetes Vertragswerk anzusehen sein.[2] Dieser dem GrEStG unterliegende Vorgang wird nicht zwischen dem Grundstückserwerber und den einzelnen Bauunternehmern bzw. Bauhandwerkern verwirklicht.[3] Die Leistungen der einzelnen Bauunternehmer und der Bauhandwerker sind mit dem der Grunderwerbsteuer unterliegenden Erwerbsvorgang nicht identisch und fallen daher auch nicht unter die Umsatzsteuerbefreiung nach § 4 Nr. 9 Buchst. a UStG.[4]

68 In diesen Konstellationen des sog. **einheitlichen Vertragswerks**[5] kann es (insbesondere im Bauherrenmodell) zur Kumulierung von Umsatzsteuer und Grunderwerbsteuer hinsichtlich der Bau- und etwaiger Nebenleistungen (sofern von einem anderen Unternehmer als dem Grundstücksverkäufer erbracht) kommen, weil in die Bemessungsgrundlage der Grunderwerbsteuer die wegen Unanwendbar-

1 Die auch nicht im Rahmen einer umsatzsteuerlichen Organschaft i.S.d. § 2 Abs. 2 Nr. 2 UStG als ein Unternehmer zu qualifizieren sind.

2 Vgl. BFH, Urt. v. 27.10.1982 – II R 102/81, BStBl. II 1983, 55; BFH, Urt. v. 27.10.1999 – II R 17/99, BStBl. II 2000, 34.

3 Vgl. BFH, Urt. v. 7.2.1991 – V R 53/85, BStBl. II 1991, 737 = UR 1991, 260; BFH, Urt. v. 29.8.1991 – V R 87/86, BStBl. II 1992, 206 = UR 1992, 76; BFH, Urt. v. 10.9.1992 – V R 99/88, BStBl. II 1993, 316 = UR 1993, 55.

4 Vgl. BFH, Beschl. v. 30.10.1986 – V B 44/86, BStBl. II 1987, 145 = UR 1987, 78; BFH, Urt. v. 24.2.2000 – V R 89/98, BStBl. II 2000, 278 = UR 2000, 249.

5 Vgl. dazu gleich lautende Erlasse der obersten Finanzbehörden der Länder v. 14.3.2017, BStBl. I 2017, 436.

keit von § 4 Nr. 9 Buchst. a UStG auf die Bauleistungen anfallende Umsatzsteuer einbezogen wird.[1] Zwar vertrat das FG Niedersachsen[2] die Ansicht, dass ein Verstoß gegen das europäische Umsatzsteuer-Mehrfachbelastungsverbot des Art. 401 MwStSystRL[3] vorliegt.[4] Der EuGH ist dem mit Beschluss vom 27.11.2008[5] jedoch nicht gefolgt. Nach Ansicht des EuGH hindert Art. 401 MwStSystRL die EU-Mitgliedstaaten nicht daran, beim Erwerb eines noch unbebauten Grundstücks künftige Bauleistungen in die Bemessungsgrundlage für die Berechnung von Verkehrsteuern, wie die Grunderwerbsteuer des deutschen Rechts, einzubeziehen und somit einen nach der MwStSystRL unterliegenden Vorgang zusätzlich mit diesen weiteren Steuern zu belegen, sofern diese nicht den Charakter einer Umsatzsteuer haben. Nach der Rechtsprechung des EuGH[6] und des BFH[7] hat die deutsche Grunderwerbsteuer nicht den Charakter einer Umsatzsteuer (Rz. 1 f.). Das BVerfG sieht keine durchgreifenden verfassungsrechtlichen Bedenken.[8]

69 Nach Ansicht von EuGH und BFH sind die **Bauleistungen** – weil von einer vom Grundstücksverkäufer verschiedenen Person erbracht – eigenständige umsatzsteuerpflichtige Leistungen. Die Umsatzsteuerbefreiung für Erwerbsvorgänge, die der Grunderwerbsteuer unterliegen, gilt folglich nicht für von einem Dritten erbrachte Bauleistungen.[9] Nur wenn die beiden Arten von Lieferungsgegenständen, nämlich das Gebäude und der Grund und Boden, Gegenstand ein und derselben Lieferung eines bebauten Grundstücks desselben Unternehmers sind, liegt umsatzsteuerlich ein einheitliches Geschäft vor, das insgesamt nach § 4 Nr. 9 Buchst. a UStG von der Umsatzsteuer befreit ist.[10]

II. Umsätze, die unter das GrEStG fallen

1. Differenzierung zwischen Verpflichtung und Erfüllung in § 1 GrEStG

70 Die Grunderwerbsteuer-Tatbestände sind in § 1 Abs. 1, Abs. 2, Abs. 2a, Abs. 2b, Abs. 3 und Abs. 3a GrEStG geregelt. § 1 Abs. 1 Nr. 1, 5, 6 sowie § 1 Abs. 3 Nr. 1, 3 GrEStG enthalten grunderwerbsteuerrechtliche Tatbestände, die die Grunderwerbsbesteuerung rechtstechnisch an den Abschluss von **Ver-**

1 Vgl. dazu gleich lautende Erlasse der obersten Finanzbehörden der Länder v. 14.3.2017, BStBl. I 2017, 436, Rz. 5.2.2 Abs. 3.

2 Vgl. FG Niedersachsen v. 2.4.2008 – 7 K 333/06, UR 2008, 381; EuGH, Beschl. v. 27.11.2008 – C-156/08, ECLI:EU:C:2008:663 – Vollkommer, UR 2009, 136; vor diesem Hintergrund hatte das FG Niedersachsen mit Beschl. v. 2.4.2008 – 7 K 333/06, UR 2008, 381 dem EuGH die Frage vorgelegt, ob diese Doppelbelastung mit Umsatzsteuer und Grunderwerbsteuer unionsrechtskonform ist. Zur Begründung führte der Senat an, die Grunderwerbsteuer habe den Charakter einer „Sonderumsatzsteuer". Diese Mehrfachbelastung sei nach der Rechtsprechung des EuGH (EuGH, Urt. v. 8.7.1986 – C-73/85, ECLI:EU:C:1986:295 – Kerrutt) unzulässig. Nach dieser Rechtsprechung seien die Mitgliedsstaaten durch Art. 33 Abs. 1 der 6. EG-Richtlinie bzw. nunmehr Art. 401 MwStSystRL an der Einführung weiterer Umsatzsteuern gehindert. Der EuGH ist diesem Vorbringen mit EuGH, Beschl. v. 27.11.2008 – C-156/08, ECLI:EU:C:2008:663 – Vollkommer, UR 2009, 136 (Bauherrenmodell) jedoch nicht gefolgt und führte aus, dass keine Vorschrift des Gemeinschaftsrechts einen Mitgliedstaat daran hindere, einen umsatzsteuerbaren und -pflichtigen Vorgang zusätzlich mit einer weiteren Verkehrsteuer, wie der Grunderwerbsteuer, zu belegen, sofern diese nicht den Charakter von Umsatzsteuer hat. Die Grunderwerbsteuer habe nicht den Charakter einer Umsatzsteuer. Vgl. auch EuGH, Urt. v. 20.3.2014 – C-139/12, ECLI:EU:C:2014:174 – Caixa d'Estalvis i Pensions de Barcelona, HFR 2014, 465.

3 Zuvor Art. 33 der 6. EG-Richtlinie.

4 Vgl. FG Niedersachsen v. 2.4.2008 – 7 K 333/06, UR 2008, 381. Die Vorlage des FG Niedersachsen lautete: „Verstößt die Erhebung der deutschen GrESt auf künftige Bauleistungen durch deren Einbeziehung in die grunderwerbsteuerliche Bemessungsgrundlage beim Erwerb eines noch unbebauten Grundstücks gegen das europäische Umsatzsteuer-Mehrfachbelastungsverbot des Art. 401 MwStSystRL, wenn die grunderwerbsteuerlich belasteten Bauleistungen zugleich als eigenständige Leistungen der deutschen Umsatzsteuer unterliegen?".

5 Vgl. EuGH, Beschl. v. 27.11.2008 – C-156/08, ECLI:EU:C:2008:663 – Vollkommer, UR 2009, 136.

6 Vgl. EuGH, Beschl. v. 27.11.2008 – C-156/08, ECLI:EU:C:2008:663 – Vollkommer, UR 2009, 136; vgl. bereits EuGH, Urt. v. 8.7.1986 – C-73/85, ECLI:EU:C:1986:295 – Kerrutt.

7 Vgl. BFH, Urt. v. 2.4.2008 – II R 53/06, BStBl. II 2009, 05.

8 Vgl. BVerfG, Nichtannahmebeschl. v. 27.12.1991 – 2 BvR 72/90, BStBl. II 1992, 212.

9 Vgl. FG Niedersachsen, Beschl. v. 2.4.2008 – 7 K 333/06, UR 2008, 381.

10 Vgl. EuGH, Urt. v. 8.7.1986 – C-73/85, ECLI:EU:C:1986:295 – Kerrutt.

pflichtungsgeschäften anknüpfen.[1] Die Umsatzsteuer entsteht dagegen grundsätzlich erst mit der Erfüllung des Verpflichtungsgeschäfts. Nach § 4 Nr. 9 Buchst. a UStG umsatzsteuerfrei ist daher die Erfüllung der Sachleistungsverpflichtung durch den das Grundstück liefernden Unternehmer, die in der Regel dem grunderwerbsteuerbaren Erwerbsvorgang folgt.

frei 71

2. GrEStG-Tatbestände

a) Kaufverträge und andere Rechtsgeschäfte, die den Anspruch auf Übereignung eines inländischen Grundstücks begründen (§ 1 Abs. 1 Nr. 1 GrEStG)

aa) Grundsätze

Nach § 1 Abs. 1 Nr. 1 GrEStG unterliegen Kaufverträge und andere Rechtsgeschäfte, die einen Anspruch auf Übereignung eines Grundstücks i.S.d. § 2 GrEStG begründen, der Grunderwerbsteuer. Bei diesen Rechtsgeschäften handelt es sich um **Verpflichtungsgeschäfte**. Hierzu gehören auch die Verpflichtung zur Bestellung von Erbbaurechten[2] sowie zur Übertragung von Erbbaurechten,[3] zur Übertragung von Miteigentumsanteilen an einem (bebauten oder unbebauten) Grundstück, zur Lieferung von auf fremdem Boden errichteten Gebäuden[4] und auch die Verpflichtung zur Übertragung eines Grundstücks zur Vermeidung einer drohenden Enteignung.[5] 72

Aufgrund der Zielrichtung des GrEStG im Hinblick auf die Besteuerung des Erwerbs muss es sich grundsätzlich um ein **wirksames** Verpflichtungsgeschäft handeln. Grundsätzlich muss aufgrund des Rechtsgeschäfts auf Auflassung geklagt werden können. Bei Erbbaurechten ist statt auf die Verpflichtung zur Auflassung auf die Verpflichtung zur dinglichen Einigung i.S.d. § 11 Abs. 1 ErbbauRG abzustellen. 73

Der Abschluss eines Rechtsgeschäfts, das den Anspruch auf Übereignung des Grundstücks begründet, ist grundsätzlich **kein Umsatz** i.S.d. § 1 UStG. Jedoch ist die Lieferung des Grundstücks nach § 4 Nr. 9 Buchst. a UStG umsatzsteuerfrei, weil die Verpflichtung zur Grundstückslieferung unter das GrEStG fällt.[6] 74

Wenn sich die Hauptleistung eines Rechtsgeschäftes auf die Übertragung eines Grundstücks bezieht, die als nach § 1 GrEStG grunderwerbsteuerbare Übertragung nach § 4 Nr. 9 Buchst. a UStG umsatzsteuerfrei ist, teilt auch eine etwaige **unselbstständige Nebenleistung** das umsatzsteuerbefreite Schicksal der Hauptleistung.[7] Ob eine unselbstständige Nebenleistung vorliegt, richtet sich nach den allgemeinen Grundsätzen, d.h. danach, ob aus der Sicht eines Durchschnittsverbrauchers[8] die Nebenleistung tatsächlich nebensächlich ist und daher nach ihrem Sinn und Zweck üblicherweise mit der jeweiligen Grundstücksübertragung als Hauptleistung erbracht wird. Die Hauptleistung und die Nebenleistung müssen einen solchen Zusammenhang aufweisen, dass die Nebenleistung unter Verlust ihrer Selbstständigkeit bei natürlicher Betrachtung zurücktritt und daher die Hauptleistung und die Nebenleistung als eine einheitliche Leistung angesehen werden. 75

Im Falle eines sog. **einheitlichen Vertragswerks** mit einer Person auf der Veräußererseite ist nicht nur grunderwerbsteuerrechtlich, sondern auch umsatzsteuerrechtlich das zukünftig bebaute Grundstück 76

1 Ausgenommen Anzahlungen nach § 13 Abs. 1 Nr. 1a Satz 4 UStG und die Sondertatbestände von § 14 Abs. 2, Abs. 3 UStG, wobei aber nur der Fall der Anzahlung für eine Steuerbefreiung in Betracht kommt.

2 Vgl. BFH, Urt. v. 28.11.1967 – II 1/64, BStBl. II 1968, 222; BFH, Urt. v. 28.11.1967 – II R 37/66, BStBl. II 1968, 223.

3 Vgl. BFH, Urt. v. 5.12.1979 – II R 122/76, BStBl. II 1980, 136.

4 Etwa nach Ablauf der Miet- oder Pachtzeit, vgl. Abschn. F II in BMF, Schr. v. 23.7.1986 – IV A 2-S 7100-76/86, BStBl. I 1986, 432.

5 Vgl. BFH, Urt. v. 24.6.1992 – V R 60/88, BStBl. II 1992, 986 = UR 1992, 368 m. Anm. *Schmidt*.

6 Es ist für die Anwendung von § 4 Nr. 9 Buchst. a UStG unerheblich, ob es sich um ein unbebautes, bebautes, erschlossenes oder nicht erschlossenes Grundstück handelt; vgl. Abschn. 4.9.1 Abs. 1 Satz 1 UStAE.

7 Zu Betriebsvorrichtungen i.S.d. § 2 Abs. 1 Satz 2 Nr. 1 GrEStG vgl. Rz. 124 ff.

8 BFH, Urt. v. 13.5.2001 – V R 97/98, BStBl. II 2001, 658 = UR 2001, 396.

Gegenstand des Erwerbsvorgangs. Nach § 4 Nr. 9 Buchst. a UStG umsatzsteuerfrei ist dann nicht nur die Lieferung des Grundstücks, sondern auch die im Zusammenhang mit der Grundstückslieferung vom Veräußerer geschuldete Bebauung.[1] Dies gilt auch dann, wenn als einheitliche Leistung[2] der Organträger das Grundstück veräußert und seine Organgesellschaft im Auftrag des Grundstückserwerbers Baumaßnahmen auf diesem Grundstück ausführt.[3]

77 In bestimmten Konstellationen des sog. einheitlichen Vertragswerks[4] kommt es zur **Kumulierung** von Umsatzsteuer und Grunderwerbsteuer, wenn Bau- und sonstige den körperlichen Zustand des Grundstücks verändernde Leistungen von einem vom Grundstücksverkäufer verschiedenen Unternehmer an den Grundstückskäufer erbracht werden und der Grundstücksverkäufer und der Bauunternehmer[5] personell, wirtschaftlich oder gesellschaftsrechtlich eng verbunden sind oder aufgrund einer vertraglichen Abrede bei der Veräußerung zusammenarbeiten und durch abgestimmtes Verhalten auf den Abschluss aller Verträge hinwirken.[6] Denn in die Bemessungsgrundlage der Grunderwerbsteuer wird die Umsatzsteuer einbezogen, die wegen Unanwendbarkeit von § 4 Nr. 9 Buchst. a UStG auf die von einem vom Grundstücksverkäufer verschiedenen (und nicht mit dem Grundstücksverkäufer in einer Organschaft i.S.v. § 2 Abs. 2 Satz 2 UStG verbundenen) Unternehmer erbrachten Bauleistungen anfällt (Rz. 57).

bb) Sonderfall: Wertsteigernde Zusatzleistungen

77.1 Beim Verkauf eines neu errichteten Gebäudes ist der über eine einfache „Grundausstattung" hinausgehende Einbau von zusätzlichen Treppen, Wänden, Fenstern, Duschen sowie die Errichtung von Garagen und Freisitzüberdachungen durch den Verkäufer nach dem Urteil des BFH vom 24.1.2008[7] jedenfalls dann ein Bestandteil der steuerfreien Grundstückslieferung, wenn das Gebäude dem Erwerber in dem gegenüber der „Grundausstattung" höherwertigen, umfangreicheren oder verbesserten Zustand übergeben wird. Umsatzsteuerlich handelt es sich gemäß dem Urteil des BFH unabhängig davon, ob die Zusatzleistungen in den notariell beurkundeten Grundstückskaufvertrag aufgenommen oder in einem gesonderten Vertrag vereinbart worden sind, um eine einheitliche Leistung, d.h. um eine einheitliche Grundstückslieferung. Inwieweit spätere, nach Übergabe des Gebäudes/der Wohnung erbrachte Bauleistungen unter den Befreiungstatbestand fallen können, ließ der BFH offen. M.E. fallen auch Zusatzleistungen, die Nebenleistungen der umsatzsteuerfreien Grundstückslieferung sind, unter die Befreiung nach § 4 Nr. 9 Buchst. a UStG, weil Nebenleistungen umsatzsteuerrechtlich das Schicksal der Hauptleistung, hier der Grundstückslieferung, teilen. Für die Frage, inwieweit spätere, nach Übergabe des Gebäudes/der Wohnung erbrachte Bauleistungen unter § 4 Nr. 9 Buchst. a UStG fallen, kommt

1 Vgl. z.B. *Klenk* in Rau/Dürrwächter, § 4 Nr. 9 UStG Rz. 36 (Stand: Oktober 2011).

2 Vgl. EuGH, Urt. v. 8.6.2000 – C-400/98, ECLI:EU:C:2000:304 – Breitsohl, BStBl. II 2003, 452 = UR 2000, 329 m. Anm. *Widmann*, Rz. 52, wonach ein Steuerpflichtiger, der Gebäude und den dazugehörigen Grund und Boden liefert, entweder die Befreiung von der Mehrwertsteuer für die Gebäude und den dazugehörigen Grund und Boden insgesamt geltend machen oder für die Besteuerung dieser Gesamtheit optieren kann.

3 Vgl. BFH, Urt. v. 29.10.2008 – XI R 74/07, BStBl. II 2009, 256 = UR 2009, 47, Rz. 31, wonach eine einheitliche Leistung auch im Verhältnis von Organträger und Organgesellschaft (Abschn. 2.8 Abs. 6 Satz 3 UStAE) vorliegen kann.

4 Vgl. dazu gleich lautende Erlasse der obersten Finanzbehörden der Länder v. 14.3.2017, BStBl. I 2017, 436.

5 Bzw. generell die Unternehmer, die zur Veränderung des körperlichen Zustands des Grundstücks verpflichtet sind.

6 Vgl. BFH, Urt. v. 17.9.1997 – II R 24/95, BStBl. II 1997, 776 mit Verweis auf BFH, Urt. v. 14.3.1990 – II R 169/87, BFH/NV 1991, 263; BFH, Urt. v. 20.2.1991 – II R 96/88, BFH/NV 1992, 55; BFH, Urt. v. 8.11.1995 – II R 83/93, BFH/NV 1996, 637.

7 Vgl. BFH, Urt. v. 24.1.2008 – V R 42/05, BStBl. II 2008, 697 = UR 2008, 505, mit dem Hinweis darauf, dass Vergütungen für nachträglich vereinbarte Sonderwünsche auch grunderwerbsteuerrechtlich gemäß § 9 Abs. 2 Nr. 1 GrEStG der Gegenleistung zuzurechnen sind. Nach dem BFH, Urt. v. 26.4.2006 – II R 3/05, BStBl. II 2006, 604 ist, wenn die Partner eines Rechtsgeschäfts i.S.d. § 1 Abs. 1 Nr. 1 GrEStG nachträglich eine Erhöhung der Gegenleistung vereinbaren, der darin liegende Erwerbsvorgang in Form der zusätzlich gewährten Gegenleistung i.S.d. § 9 Abs. 2 Nr. 1 GrEStG in dem Zeitpunkt gemäß § 23 Abs. 4 GrEStG verwirklicht, in dem die Bindung der Vertragspartner hinsichtlich der zusätzlich gewährten Gegenleistung eingetreten ist.

es auf die Umstände des Einzelfalls an. Voraussetzung für die Anwendung von § 4 Nr. 9 Buchst. a UStG auf solche späteren Leistungen ist m.E., dass sie eine Nebenleistung zur einheitlichen Leistung der Grundstückslieferung oder einen Bestandteil dieser Grundstückslieferung darstellen.

cc) Ankaufsrechte, Vorverträge

Die **Einräumung** des Ankaufsrechts durch den Grundstückseigentümer unterliegt nicht der Grunderwerbsteuer und erfüllt daher nicht die Voraussetzungen des § 4 Nr. 9 Buchst. a UStG.[1] Erst mit dem durch die Ausübung des Ankaufsrechts herbeigeführten Kaufvertrag wird ein Vorgang gemäß § 1 Abs. 1 Nr. 1 GrEStG verwirklicht,[2] mit der Folge, dass erst mit Ausübung des Ankaufsrechts eine nach § 4 Nr. 9 Buchst. a UStG steuerfreie Lieferung des Grundstücks vorliegen kann. Für Vorverträge, aus denen noch nicht auf Auflassung geklagt werden kann, gilt dies entsprechend. 78

b) Auflassung (§ 1 Abs. 1 Nr. 2 GrEStG)

Nach § 1 Abs. 1 Nr. 2 GrEStG unterliegt die Auflassung i.S.d. §§ 873, 925 BGB der Grunderwerbsteuer, wenn kein Rechtsgeschäft vorausgegangen ist, das den Anspruch auf Übereignung begründet, in dessen Erfüllung die Auflassung erklärt wird.[3] Sobald ein Rechtsgeschäft vorliegt, das den Anspruch auf Übereignung eines inländischen Grundstücks i.S.d. § 2 GrEStG begründet, ist die Anwendung von § 1 Abs. 1 Nr. 2 GrEStG ausgeschlossen.[4] 79

Die bloße Auflassung als solche stellt in der Regel nicht den Gegenstand eines Umsatzes i.S.d. § 1 UStG dar. 80

c) Übergang des Eigentums, wenn kein den Anspruch auf Übereignung begründendes Rechtsgeschäft vorausgegangen ist und es auch keiner Auflassung bedarf (§ 1 Abs. 1 Nr. 3 Halbs. 1 GrEStG)

Nach § 1 Abs. 1 Nr. 3 GrEStG unterliegt der Übergang des Eigentums an einem inländischen Grundstück der Grunderwerbsteuer, wenn dem Übergang des Eigentums kein den Anspruch auf Übereignung begründendes Rechtsgeschäft vorausgegangen ist und es für den Eigentumsübergang auch keiner Auflassung bedarf. 81

Ausgenommen sind 82

- der Übergang des Eigentums durch die Abfindung in Land und die unentgeltliche Zuteilung von Land für gemeinschaftliche Anlagen im Flurbereinigungsverfahren sowie durch die entsprechenden Rechtsvorgänge im beschleunigten Zusammenlegungsverfahren und im Landtauschverfahren nach dem Flurbereinigungsgesetz;

---

1 Vgl. BFH, Urt. v. 3.9.2008 - XI R 54/07, BStBl. II 2009, 499 = UR 2009, 18, Rz. 33, im Zusammenhang mit der Begründung, dass der Verzicht auf das Ankaufsrecht - im Gegensatz zu dem Verzicht der Mieterin auf ihre Rechte aus dem Mietvertrag - keine laufend erbrachten steuerfreien Leistungen des Grundstückseigentümers betrifft. A.A. *Jansen* in Birkenfeld/Wäger, Umsatzsteuer-Handbuch, Abschn. II Kap. 2 B. - § 4 Nr. 9 Buchst. a UStG, Rz. 223, unter Hinweis darauf, dass es für die Umsatzsteuerbefreiung nach § 4 Nr. 9 Buchst. a UStG nur darauf ankomme, ob ein Vorgang der Grunderwerbsteuer unterliegt, nicht jedoch darauf, ob GrESt tatsächlich entsteht oder erhoben wird.

2 Vgl. BFH, Urt. v. 15.3.2006 - II R 29/04, BFH/NV 2006, 1702.

3 Beispiele: Übereignung eines Grundstücks als Schadenersatz oder aufgrund Vermächtnisses; Herausgabe des Eigentums an einem Grundstück durch einen Geschäftsbesorger nach §§ 667, 675 BGB.

4 Auch wenn das Verpflichtungsgeschäft unter einer aufschiebenden Bedingung oder einem Genehmigungsvorbehalt i.S.d. § 14 GrEStG steht und dennoch - wie regelmäßig - die Auflassung bereits erklärt wird, ist § 1 Abs. 1 Nr. 2 GrEStG nicht einschlägig, vgl. BFH, Beschl. v. 10.2.2005 - II B 115/04, BFH/NV 2005, 1139: „Durch die wirksame Begründung eines aufschiebend bedingten Übereignungsanspruchs gelangt das Grundstück in den grunderwerbsteuerlichen Zuordnungsbereich des Erwerbers und schließt die Anwendung des § 1 Abs. 1 Nr. 2 GrEStG aus […]." In solchen Fällen werde der Steuertatbestand nicht durch die Auflassung, sondern durch das zu Grunde liegende, wenn auch noch nicht wirksame Rechtsgeschäft erfüllt.

- der Übergang des Eigentums im Umlegungsverfahren nach dem Baugesetzbuch, wenn der neue Eigentümer in diesem Verfahren als Eigentümer eines im Umlegungsgebiet gelegenen Grundstücks Beteiligter ist;
- der Übergang des Eigentums im Zwangsversteigerungsverfahren.

83 Nach § 1 Abs. 1 Nr. 3 GrEStG unterliegt der Eigentumsübergang am Grundstück **kraft Gesetzes** oder kraft behördlichen bzw. gerichtlichen Ausspruchs der Grunderwerbsteuer. Hauptanwendungsfälle von § 1 Abs. 1 Nr. 3 GrEStG sind Rechtsvorgänge, bei denen ein Vermögen, zu dem ein oder mehrere Grundstücke gehören, im Wege der (teilweisen) Gesamtrechtsnachfolge übergehen soll, wie bei übertragenden Umwandlungen i.S.d. UmwG oder der beim Austritt aller Gesellschafter bis auf einen aus einer grundbesitzenden Personengesellschaft erfolgenden Anwachsung. Die Eigentumsänderung am inländischen Grundstück tritt „außerhalb des Grundbuches" ein. Der neue Grundstückseigentümer ist im Wege einer Grundbuchberichtigung nach § 894 BGB in das Grundbuch einzutragen.

84 Der Vorgang, der gemäß § 1 Abs. 1 Nr. 3 Halbs. 1 GrEStG der Grunderwerbsteuer unterliegt, bildet in der Regel auch den Gegenstand eines umsatzsteuerlichen **Umsatzes.**[1] Allerdings kommt es umsatzsteuerrechtlich nicht auf den zivilrechtlichen Eigentumsübergang in den durch das nationale Recht vorgesehenen Formen an. Es ist vielmehr entscheidend, ob der Erwerber ermächtigt wird, über den Gegenstand faktisch so zu verfügen, als wäre er Eigentümer.[2]

d) Meistgebot im Zwangsversteigerungsverfahren (§ 1 Abs. 1 Nr. 4 GrEStG)

85 § 1 Abs. 1 Nr. 4 GrEStG knüpft die Steuerbarkeit des Erwerbs von Grundstückseigentum im Wege der Zwangsversteigerung an die **Abgabe des Meistgebots**. Der Übergang des Eigentums im Zwangsversteigerungsverfahren ist demgegenüber gemäß § 1 Abs. 1 Nr. 3 Satz 2 Buchst. c GrEStG nicht grunderwerbsteuerbar.

86 Der Meistbietende erwirbt den Anspruch auf Erwerb des versteigerten Grundstücks durch Erteilung des Zuschlags. Schuldner der Grunderwerbsteuer ist gemäß § 13 Nr. 4 GrEStG der Meistbietende. Das Grundstückeigentum wird im Zwangsversteigerungsverfahren durch den Zuschlag erworben,[3] der durch die Verkündung des Zuschlagbeschlusses wirksam wird.[4] Der Zuschlag ist dem Meistbietenden oder einem Dritten zu erteilen, dem die Rechte aus dem Meistgebot abgetreten worden sind.[5]

87 **Umsatzsteuerlich** wird das versteigerte Grundstück durch den Vollstreckungsschuldner an den Ersteher im Zeitpunkt der Erfüllung dieses Anspruchs geliefert.[6] Trotz der Unterschiedlichkeit der Anknüpfungspunkte in § 1 Abs. 1 Nr. 4 GrEStG einerseits und im Umsatzsteuerrecht andererseits ist die Lieferung des Grundstücks durch den Vollstreckungsschuldner an den Ersteher im Grundsatz nach § 4 Nr. 9 Buchst. a UStG umsatzsteuerfrei.

---

1 Vgl. § 1 Abs. 1 Nr. 1 Satz 2 UStG.

2 Grundsätzlich zum Begriff „Lieferung eines Gegenstands" vgl. EuGH, Urt. v. 8.2.1990 – C-320/88, ECLI:EU:C:1990:61 – Shipping and Forwarding Enterprise Safe, UR 1991, 289 m. Anm. *Weiß*, Rz. 7; EuGH, Urt. v. 6.2.2003 – C-185/01, ECLI:EU:C:2003:73 – Auto Lease Holland, BStBl. II 2004, 573 = UR 2003, 137, Rz. 32; EuGH, Urt. v. 15.12.2005 – C-63/04, ECLI:EU:C:2005:773 – Centralan Property, UR 2006, 418, Rz. 62. Nach ständiger Rechtsprechung des BFH setzt die Verschaffung einer derartigen Verfügungsmacht die Übertragung von Substanz, Wert und Ertrag voraus, vgl. z.B. BFH, Urt. v. 6.12.2007 – V R 24/05, BStBl. II 2009, 490 = UR 2008, 334.

3 Vgl. § 90 Abs. 1 ZVG.

4 Vgl. § 89 ZVG.

5 Vgl. § 1 Abs. 1 Nr. 5 Alt. 2, Nr. 7 GrEStG (Rz. 90 ff.).

6 Mit BFH, Urt. v. 19.12.1985 – V R 139/76, BStBl. II 1986, 500 = UR 1986, 201 m. Anm. *Weiß*, hat der BFH die früher vertretene Auffassung, es handele sich um einen Doppelumsatz (Grundstückslieferung vom Vollstreckungsschuldner an das Bundesland, dem die Vollstreckungsorgane angehören, und von diesem an den Ersteher) aufgegeben. Vgl. auch Abschn. 9.2 Abs. 8 UStAE; *Klenk* in Rau/Dürrwächter, § 4 Nr. 9 UStG Rz. 60 (Stand: Oktober 2011).

e) Zwischengeschäfte (§ 1 Abs. 1 Nr. 5–7 GrEStG)

aa) Grundsätze

Die in § 1 Abs. 1 Nr. 5–7 GrEStG normierten Tatbestände sollen Umgehungsgeschäfte der Besteuerung unterwerfen, mit denen die Grunderwerbsteuer für eine Weiterveräußerung eines Grundstücks sonst dadurch vermieden werden würde, dass – statt mit dem Grundstück – mit dem Anspruch auf die Übereignung des Grundstücks oder mit den Rechten aus einem **Kaufangebot bzw. einem Meistgebot** gehandelt wird.[1] Wird ein Grundstück an einen Erwerber verkauft und veräußert dieser das Grundstück an einen Zweiterwerber weiter, so liegen zwei nacheinander verwirklichte Erwerbsvorgänge i.S.d. § 1 Abs. 1 Nr. 1 GrEStG vor, die jeweils grunderwerbsteuerbar sind. Ebenso fällt zweimal Grunderwerbsteuer an, wenn der (Erst-)Erwerber nicht ins Grundbuch eingetragen wird, aber seinen (Auflassungs- oder Übertragungs-)Anspruch aus dem Kaufvertrag an den Zweiterwerber abtritt. Auch wenn der Vertrag mit einem vom Angebotsempfänger zu benennenden Dritten abgeschlossen wird, fällt zweimal Grunderwerbsteuer an.[2] 88

bb) Schuldrechtliche Verpflichtung zur Abtretung des Übereignungsanspruchs

Der Anspruch auf Übereignung eines Grundstücks, der z.B. durch notarielle Beurkundung eines Kaufvertrags erworben worden ist, kann an einen Dritten nach § 398 BGB abgetreten werden.[3] Das den Übereignungsanspruch begründende Verpflichtungsgeschäft unterliegt nach den allgemeinen Grundsätzen der Grunderwerbsteuer nach § 1 Abs. 1 Nr. 1 GrEStG. Die schuldrechtliche **Verpflichtung zur Abtretung** oder – falls keine solche Verpflichtung vorhanden ist – die Abtretung selbst unterliegt der Grunderwerbsteuer nach § 1 Abs. 1 Nr. 5–7 GrEStG. Nicht nur grunderwerbsteuerrechtlich, sondern auch umsatzsteuerrechtlich liegen Rechtsträgerwechsel vom Veräußerer an den Zwischenhändler und vom Zwischenhändler an den Zessionar vor. Dass der Veräußerer das Grundstück direkt an den Zessionar übereignet, steht dem nicht entgegen.[4] 89

cc) Schuldrechtliche Verpflichtung zur Abtretung bzw. die Abtretung der Rechte aus einem Meistgebot (Absatz 1 Nr. 5 und 7)

Das Meistgebot im Zwangsversteigerungsverfahren unterliegt gemäß § 1 Abs. 1 Nr. 4 GrEStG der Grunderwerbsteuer. Der Meistbietende ist gemäß § 13 Nr. 4 GrEStG der Steuerschuldner. Wenn der Meistbietende in eigenem Namen für einen Dritten gehandelt hat und die erworbenen Rechte aus dem Meistgebot auf den Dritten überleitet, so wird gemäß § 1 Abs. 1 Nr. 5 bzw. 7 GrEStG ein zweiter steuerbarer Vorgang verwirklicht.[5] Weil der **Meistbietende** aufgrund des Meistgebots eine Rechtsposition innehat, die es ihm erlaubt das Grundstück durch Abtretung der Rechte aus dem Meistgebot gleichsam weiter zu veräußern, hält es der BFH für gerechtfertigt, in der Aufeinanderfolge von Abgabe des Meistgebots und Abtretung der Rechte aus dem Meistgebot grunderwerbsteuerrechtlich zwei aufeinanderfolgende Tatbestände zu erkennen.[6] 90

Der **Anspruch auf den Zuschlag** steht im Zwangsversteigerungsverfahren gemäß § 81 Abs. 1 ZVG zunächst dem Meistbietenden zu, auch wenn er für einen Dritten geboten hat. Zivilrechtlich kann der Anspruch auf den Zuschlag wie folgt auf einen Dritten übergeleitet werden: 91

---

1 Vgl. *Böing* in Behrens/Wachter[2], § 1 GrEStG Rz. 142.

2 Vgl. Begründung zum GrEStG 1940, RStBl. 1940, 377 (391).

3 Die Abtretung bzw. die schuldrechtliche Verpflichtung zur Abtretung unterliegen grundsätzlich keinem Formzwang. Eine Ausnahme gilt für die Abtretung von Ansprüchen auf Rückübertragungen von Grundstücken (sowie Gebäuden oder Unternehmen), die aufgrund der ausdrücklichen Regelungen in § 3 Abs. 1 Satz 2 VermG der notariellen Beurkundung bedürfen.

4 So auch *Klenk* in Rau/Dürrwächter, § 4 Nr. 9 UStG Rz. 63 (Stand: Oktober 2011).

5 Wenn der Ersteher ausnahmsweise die Verwertungsbefugnis an dem Grundstück erlangt hat, wird ein Fall der Übertragung der Verwertungsbefugnis vorliegen, der nach § 1 Abs. 2 GrEStG der Grunderwerbsteuer unterliegt.

6 Vgl. BFH, Urt. v. 16.3.1994 – II R 14/91, BStBl. II 1994, 525, Rz. 11.

- Gemäß § 81 Abs. 2 ZVG können die Rechte aus dem Meistgebot gemäß § 398 BGB an den Dritten abgetreten werden mit der Folge, dass anstelle des Meistbietenden der Zessionar den Zuschlag erhält.
- Gemäß § 81 Abs. 3 ZVG kann einem anderen der Zuschlag erteilt werden, wenn das Meistgebot in verdeckter Vollmacht abgegeben worden ist und der Meistbietende dies im Termin oder nachträglich in einer öffentlich beglaubigten Urkunde erklärt.

92 In beiden Fällen liegt ein **steuerbares Zwischengeschäft** gemäß § 1 Abs. 1 Nr. 5 bzw. 7 GrEStG vor. Gemäß § 38 AO entsteht die Steuer in dem Zeitpunkt, in dem der Dritte den Anspruch auf Erteilung des Zuschlags erlangt.[1] Sowohl grunderwerbsteuerrechtlich als auch umsatzsteuerrechtlich liegt eine Lieferung des Grundstücks vom Vollstreckungsschuldner an den Meistbietenden sowie vom Meistbietendem an den Dritten vor. Beide Lieferungen sind nach § 4 Nr. 9 Buchst. a UStG von der Umsatzsteuer befreit.

dd) Rechtsgeschäfte, die den Anspruch auf Abtretung der Rechte aus einem Kaufangebot begründen (§ 1 Abs. 1 Nr. 6 GrEStG)

(1) Tatbestände der § 1 Abs. 1 Nr. 6, 7 GrEStG

93 Nach der Rechtsprechung des BFH zielen die Regelungen in § 1 Abs. 1 Nr. 6, 7 GrEStG auf die grunderwerbsteuerrechtliche Erfassung des Grundstückshandels, der der Weiterveräußerung von Grundstücken durch einen **Handel mit Kaufangeboten**[2] ausweicht.[3] Es muss ein rechtswirksames Kaufangebot vorliegen, das eigene Rechte eines Zwischenhändlers begründet, die dieser an einen Dritten „abtritt".[4] Die Anwendung von § 1 Abs. 1 Nr. 6, 7 GrEStG setzt nach ständiger BFH-Rechtsprechung allerdings nicht voraus, dass der Angebotsempfänger das Grundstück auch selbst kaufen könnte.[5] Als ungeschriebenes Tatbestandsmerkmal setzen § 1 Abs. 1 Nr. 6, 7 GrEStG voraus, dass der Berechtigte das Kaufangebot zum Nutzen der eigenen wirtschaftlichen Interessen verwertet.[6] Ein Handeln im Interesse des Grundstücksveräußerers oder des Grundstückserwerbers reicht nicht aus.[7] Entscheidend ist, dass der Benennungsberechtigte seine Rechtsposition, die ihm das Kaufangebot verleiht, zum Nutzen eigener wirtschaftlicher Interessen verwertet. Es muss auch tatsächlich ein (eigener) wirtschaftlicher Vorteil vorliegen. Ob ein solches Ausnutzen oder Verwerten des Benennungsrechts aus dem Kaufangebot zum eigenen wirtschaftlichen Nutzen vorliegt, ist unter Berücksichtigung aller Umstände des konkreten Falls zu bestimmen.[8] Der Abtretungsempfänger erwirbt das Grundstück durch Annahme des Angebots nicht vom Abtretenden, sondern unmittelbar vom Eigentümer des Grundstücks. Die Tatbestän-

---

1 In den Fällen des § 81 Abs. 2 ZVG entsteht die Grunderwerbsteuer, wenn die Abtretungserklärung und die Übernahmeerklärung in der erforderlichen Form dem Versteigerungsgericht angezeigt worden sind. Liegt eine verdeckte Vertretung nach § 81 Abs. 3 ZVG vor, entsteht die Grunderwerbsteuer, wenn die Erklärung des Meistbietenden, dass er das Meistgebot für den anderen abgegeben hat, sowie die Zustimmungserklärung des Vertretenen dem Versteigerungsgericht angezeigt worden sind.

2 Dem Kaufangebot steht gemäß § 1 Abs. 1 Nr. 6 GrEStG ein Angebot zum Abschluss eines anderen Vertrags gleich, kraft dessen die Übereignung verlangt werden kann.

3 Vgl. BFH, Urt. v. 5.7.2006 – II R 7/05, BStBl. II 2006, 765, Rz. 23.

4 Eine zivilrechtliche Abtretung ist nicht erforderlich, die Benennung eines Dritten aufgrund Benennungsrechts genügt; vgl. Begründung zum GrEStG 1940, RStBl. 1940, 377 (391).

5 Vgl. z.B. BFH, Urt. v. 10.7.1974 – II R 89/68, BStBl. II 1975, 86, mit dem Hinweis darauf, dass § 1 Abs. 1 Nr. 6 GrEStG gerade die Fälle erfasse, in denen ein Selbstbenennungsrecht nicht ausgeübt werde; ein Handel mit bindenden Angeboten sei auch ohne Benennungsrecht möglich.

6 Vgl. z.B. BFH, Urt. v. 15.3.2000 – II R 30/98, BStBl. II 2000, 359; BFH, Urt. v. 18.12.2002 – II R 12/00, BStBl. II 2003, 356; BFH, Urt. v. 19.11.2008 – II R 24/07, BFH/NV 2009, 788. Vgl. z.B. Gottwald/Behrens/Böing/Seemaier[6], Kapitel 2, Rz. 103 ff.

7 Vgl. BFH, Urt. v. 15.3.2000 – II R 30/98, BStBl. II 2000, 359; BFH, Urt. v. 18.12.2002 – II R 12/00, BStBl. II 2003, 356.

8 Die FinVerw. und die Finanzgerichte haben nach der BFH-Rechtsprechung einen weiten Spielraum bei der Beurteilung dieses den Wortlaut von § 1 Abs. 1 Nr. 6 und Nr. 7 GrEStG eingrenzenden ungeschriebenen Tatbestandsmerkmals; vgl. z.B. BFH, Beschl. v. 30.1.2019 – II B 79/17, BFH/NV 2019, 415.

de in § 1 Abs. 1 Nr. 6 bzw. Nr. 7 GrEStG sind erst und nur dann erfüllt, wenn der Kauf zwischen dem Dritten und dem Grundstückseigentümer zustande kommt.[1]

(2) Bemessungsgrundlage und Steuerschuldnerschaft

Als Bemessungsgrundlage für einen Erwerbsvorgang nach § 1 Abs. 1 Nr. 6 bzw. 7 GrEStG ist nicht der Kaufpreis anzusetzen, den der Benannte an den Grundstücksveräußerer (d.h. an den bisherigen Eigentümer) zu zahlen hat, weil dieser nicht als Gegenleistung für die Abtretung der Rechte aus dem Kaufangebot zu sehen ist. Als Bemessungsgrundlage kommt auch nicht das Entgelt in Betracht, das der Angebotsempfänger von dem benannten Dritten für die Benennung erhält. Diese Zahlung stellt keine – etwa dem Preis für das Grundstück vergleichbare – Gegenleistung i.S.d. § 8 Abs. 1 i.V.m. § 9 GrEStG dar. Die für die Abtretung der Rechte aus dem Kaufangebot nach § 1 Abs. 1 Nr. 6 GrEStG festzusetzende Steuer ist daher gemäß § 8 Abs. 2 GrEStG nach dem **Grundbesitzwert des Grundstücks** zu bemessen. Da dieser Vorgang bereits gemäß § 1 Abs. 1 Nr. 1 GrEStG steuerbar ist und eine Steuerschuldnerschaft des Dritten nach § 13 Nr. 1 GrEStG auslöst, kann nicht noch zusätzlich in derselben Person eine weitere Steuerschuld für den Erwerbsvorgang gemäß § 1 Abs. 1 Nr. 6 bzw. Nr. 7 GrEStG entstehen; denn der Dritte „erwirbt" das Grundstück nur einmal, und zwar aufgrund des Kaufvertrags und nicht aufgrund der Ausübung des Benennungsrechts durch den Abtretenden. Für das **Zwischenhandelsgeschäft** ist somit nur der Benennungsberechtigte als alleiniger Steuerschuldner anzusehen.[2] 94

(3) Berücksichtigung des Entgelts für die Benennung im Rahmen der Bemessungsgrundlage des eigentlichen Grundstückserwerbs

Der Dritte zahlt den von vornherein im Kaufangebot vereinbarten Kaufpreis an den Grundstückseigentümer und ein Entgelt für seine Benennung an den Angebotsempfänger. Auf Grundlage der Ansicht des BFH[3] ist das Entgelt für die Benennung, weil der Angebotsempfänger das Angebot auch selbst hätte annehmen können, gemäß § 9 Abs. 2 Nr. 3 GrEStG als Teil der vom Dritten zu leistenden **Gegenleistung für den Grundstückskauf** zu werten und deshalb in die Bemessungsgrundlage für die Grunderwerbsteuer einbeziehen, obwohl der Angebotsempfänger nicht ausdrücklich auf den eigenen Grundstückserwerb verzichtet.[4] In der Literatur wird kritisiert, dass hierdurch die Benennung durch die Erhöhung der Bemessungsgrundlage des eigentlichen Grundstückserwerbs um das für die Benennung gezahlte Entgelt einerseits und die eigenständige Besteuerung der Benennung unter Zugrundelegung des Grundbesitzwerts i.S.d. § 8 Abs. 2 GrEStG i.V.m. § 151 Abs. 1 Nr. 1, § 157 Abs. 1–3 BewG andererseits grunderwerbsteuerrechtlich doppelte Berücksichtigung finden würde. Zudem zahle der Dritte das Honorar vorrangig, um die Rechte aus dem Kaufangebot zu erhalten.[5] M.E. ist der Kritik zuzustimmen und die Einbeziehung des für die Abtretung der Rechte aus dem Kaufangebot gezahlten Entgelts in die Gegenleistung für das Grundstück in Anwendung von § 9 Abs. 2 Nr. 3 GrEStG abzulehnen. Dass der Angebotsempfänger dadurch, dass er die Rechte aus dem Kaufangebot abtritt, zugleich auf einen eigenen Erwerb verzichtet, ist nur ein Reflex des vorrangigen Ziels, einen Anspruch auf Eigentumsübertragung gegen den Veräußerer zu erlangen. 95

(4) Verhältnis der § 1 Abs. 1 Nr. 6, 7 GrEStG zu § 4 Nr. 9 Buchst. a UStG (anhand von Beispielsfällen zur Benennung in Leasingverhältnissen)

Zur Veranschaulichung eines Grundstückskaufs durch einen Dritten nach Abtretung der Rechte aus dem Ankaufsrecht an den Dritten soll der folgende Fall dienen. Der Leasinggeber („LG") vermietet das Grundstück an den Leasingnehmer („LN") für eine bestimmte Grundmietzeit, mit deren Ablauf LN das ihm von LG gemachte Angebot zum Kauf des Grundstücks annehmen oder einen Dritten als 96

1 D.h., die Grunderwerbsteuer entsteht nicht schon mit der Benennung des Dritten, sondern erst dann, wenn dieser das an ihn abgetretene Recht auch ausgeübt hat und der Grundstückskaufvertrag zustande kommt.

2 Dieser ist daher nach § 19 Abs. 1 Satz 2 GrEStG verpflichtet, den Vorgang bei dem zuständigen Finanzamt anzuzeigen und an ihn allein ist der Grunderwerbsteuerbescheid zu richten.

3 Vgl. BFH, Urt. v. 11.6.2008 – II R 58/06, BFH/NV 2008, 2059.

4 Vgl. BFH, Urt. v. 11.6.2008 – II R 58/06, BFH/NV 2008, 2059.

5 Vgl. *Böing*, UVR 2010, 369 (372).

Käufer benennen kann. LN hat selbst kein Interesse am Erwerb des Grundstücks. Er benennt den Dritten, der das Kaufangebot annimmt und anschließend mit LG als Verkäufer einen Grundstückskaufvertrag abschließt:

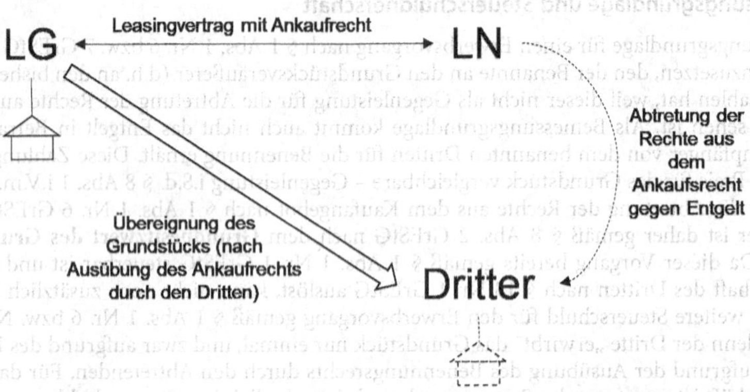

97 Nicht nur grunderwerbsteuerrechtlich, sondern auch umsatzsteuerrechtlich liefert der bisherige Eigentümer das Grundstück unmittelbar an den vom Angebotsempfänger benannten Dritten. Diese Lieferung ist gemäß § 4 Nr. 9 Buchst. a UStG umsatzsteuerfrei und zwar schon deshalb, weil im selben Verhältnis der Tatbestand des § 1 Abs. 1 Nr. 1 GrEStG verwirklicht wird. M.E. ist auch der aus der **entgeltlichen Abtretung** der Rechte aus dem Kaufangebot bestehende Umsatz gemäß § 4 Nr. 9 Buchst. a UStG umsatzsteuerfrei. Dies muss m.E. auch dann gelten, wenn der Dritte nach Erwerb der Rechte aus dem Kaufangebot dieses Angebot dann nicht annimmt. Obwohl mangels Abschlusses des Grundstückskaufvertrags im konkreten Fall keine Grunderwerbsteuer anfällt,[1] fällt dieser Umsatz – weil er Teil des Tatbestands von § 1 Abs. 1 Nr. 6, 7 GrEStG ist – dennoch grundsätzlich unter das GrEStG.

98 Fraglich ist, ob sich an der grunderwerb- und umsatzsteuerrechtlichen Beurteilung etwas ändert, wenn der Angebotsempfänger die Rechte aus dem Kaufangebot zwar nicht an den Dritten abtritt, jedoch auf das Kaufangebot **verzichtet** und anschließend der Dritte das Grundstück unbelastet vom Kaufangebot vom Eigentümer kauft:

99 Dies soll für den Fall des Grundstückskaufs durch einen Dritten nach Verzicht des Leasingnehmers auf die Ausübung des Ankaufsrechts wie folgt veranschaulicht werden:

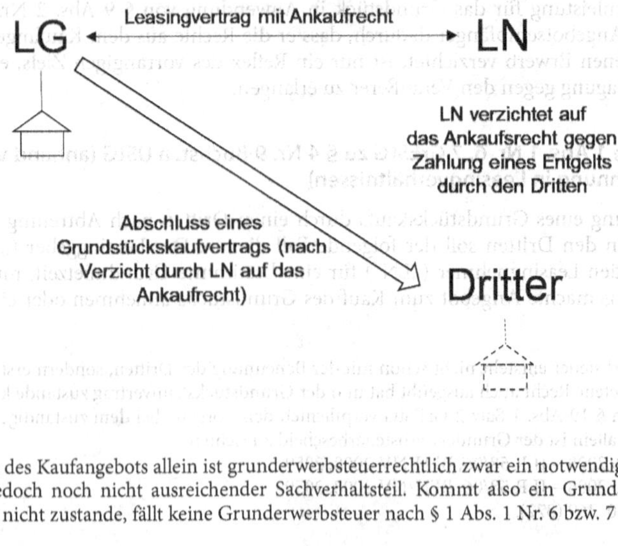

1 Die Abtretung des Kaufangebots allein ist grunderwerbsteuerrechtlich zwar ein notwendiger, zur Tatbestandsverwirklichung jedoch noch nicht ausreichender Sachverhaltsteil. Kommt also ein Grundstückskaufvertrag trotz der Abtretung nicht zustande, fällt keine Grunderwerbsteuer nach § 1 Abs. 1 Nr. 6 bzw. 7 GrEStG an.

Der XI. Senat des BFH hat in diesem Fall eine Steuerpflicht aus § 1 Abs. 1 Nr. 6 GrEStG und aus diesem Grund auch die Anwendung von § 4 Nr. 9 Buchst. a UStG verneint, weil in dem Verzicht auf das (im entschiedenen Fall erst später ausübbare) Ankaufsrecht **keine Abtretung der Rechte** aus einem Kaufangebot zu sehen sei.[1] Da der Ankaufsberechtigte im entschiedenen Fall nicht das Recht hatte, einen Dritten zur Ausübung zu benennen und weil das Ankaufsrecht außerdem erst einige Jahre später ausgeübt werden konnte, kann die Frage, ob der Verzicht auf ein Ankaufsrecht stets als nicht grunderwerbsteuerpflichtiger und umsatzsteuerpflichtiger Vorgang anzusehen ist, nicht als abschließend geklärt angesehen werden.[2] In der Literatur wird der Entscheidung des XI. Senats des BFH entgegen gehalten, dass der Ankaufsberechtigte dem Eigentümer durch den Verzicht wieder die uneingeschränkte Dispositionsfreiheit über dessen Grundstück verschaffe, so dass die Möglichkeit, über das Grundstück zu verfügen, auf den Eigentümer zurückübertragen werde, was wie die Übertragung des Ankaufsrechts auf einen Dritten zu beurteilen sei.[3] 100

Der entgeltliche Verzicht auf das an einem Grundstück eingeräumte Ankaufsrecht ist nach Auffassung des XI. Senats des BFH dann nicht nach § 4 Nr. 9 Buchst. a UStG steuerfrei, wenn das Entgelt für den Verzicht gemäß § 9 Abs. 2 Nr. 3 GrEStG als **Teil der Gegenleistung** für den Grundstückskauf zu werten und deshalb in die Bemessungsgrundlage für die Grunderwerbsteuer einbeziehen ist.[4] 101

Gegen das Urteil des BFH spricht m.E. jedoch die EuGH-Rechtsprechung für die Anwendung von § 4 Nr. 9 Buchst. a UStG auf den entgeltlichen Verzicht auf ein Ankaufsrecht. Denn im Falle einer gegen Abfindung der Mieterin vereinbarten vorzeitigen **Auflösung eines Mietvertrags** behandelte der EuGH den entgeltlichen Verzicht der Mieterin auf die weitere Gewährung einer steuerfreien Leistung des Grundstückseigentümers im Rahmen der Beendigung eines Dauerschuldverhältnisses als umsatzsteuerfrei, weil die Vermietung durch den Grundstückseigentümer umsatzsteuerfrei war.[5] Abweichend zum Urteil des BFH betrifft m.E. auch der Verzicht auf das Ankaufsrecht – ebenso wie der Verzicht der Mieterin auf ihre Rechte aus dem Mietvertrag – eine steuerfreie Leistung des Grundstückseigentümers, zu der es gekommen wäre, wenn der Ankaufsberechtigte nicht auf das Ankaufsrecht verzichtet, sondern dieses Recht ausgeübt hätte. Ob es sich bei der in Rede stehenden umsatzsteuerfreien Leistung des vom Verzicht begünstigten Grundstückseigentümers um eine Dauerleistung oder um eine einmalige Leistung handelt, kann m.E. nicht entscheidend sein. 102

ee) Abtretung eines Übereignungsanspruchs, Meistgebots oder Kaufangebots, wenn kein Rechtsgeschäft vorausgegangen ist, das den Anspruch auf Abtretung der Rechte begründet (§ 1 Abs. 1 Nr. 7 GrEStG)

Bei § 1 Abs. 1 Nr. 7 GrEStG handelt es sich um einen **Auffangtatbestand**, wenn kein Anspruch auf Abtretung eines Übereignungsanspruchs, eines Meistgebots oder der Rechte aus einem Kaufangebot begründet worden ist. Die Ausführungen zu § 1 Abs. 1 Nr. 5 und 6 GrEStG gelten entsprechend. 103

1 Vgl. BFH, Urt. v. 3.9.2008 – XI R 54/07, BStBl. II 2009, 499 = UR 2009, 18. Diesem Urteil ist zumindest insoweit zuzustimmen, als der XI. Senat es ablehnt, den Verzicht auf ein Ankaufsrecht als nach § 1 Abs. 1 Nr. 1 GrEStG grunderwerbsteuerbar anzusehen. Denn ein Anspruch auf Übereignung des Grundstücks wird durch den Verzicht auf ein Ankaufsrecht nicht begründet. Die Wirkung des Verzichts erschöpft sich darin, dass das Ankaufsrecht erlischt und das Grundstück insoweit nicht mit Rechten Dritter belastet ist. Der Verzicht auf das Ankaufsrecht erfüllt nach Ansicht des XI. Senats auch nicht die Voraussetzungen des § 1 Abs. 2 GrEStG, weil dadurch kein Dritter die Befugnis erlange, über das Grundstück seiner Substanz nach zu verfügen.

2 Vgl. *Böing*, UVR 2010, 369, mit dem Hinweis, dass die Stellung eines Antrags auf verbindliche Auskunft in Betracht komme.

3 Vgl. *Jansen* in Birkenfeld/Wäger, Umsatzsteuer-Handbuch, Abschn. II Kap. 2 B. – § 4 Nr. 9 Buchst. a UStG Rz. 223 (Stand: August 2018).

4 Vgl. BFH, Urt. v. 3.9.2008 – XI R 54/07, BStBl. II 2009, 499 = UR 2009, 18, Rz. 36.

5 Vgl. EuGH, Urt. v. 15.12.1993 – C-63/92, ECLI:EU:C:1993:929 – Lubbock Fine, UR 1994, 225.

f) Rechtsvorgänge, die es ohne Begründung eines Anspruchs auf Übereignung einem anderen rechtlich oder wirtschaftlich ermöglichen, ein inländisches Grundstück auf eigene Rechnung zu verwerten (§ 1 Abs. 2 GrEStG)

104 Nach § 1 Abs. 2 GrEStG unterliegen der Grunderwerbsteuer auch Rechtsvorgänge, die es ohne Begründung eines Anspruchs auf Übereignung einem anderen rechtlich oder wirtschaftlich ermöglichen, ein inländisches Grundstück auf eigene Rechnung zu verwerten. Erfasst werden sollen solche Rechtsvorgänge „unterhalb der Ebene eines Eigentümerwechsels", die einem anderen ohne Begründung eines Übereignungsanspruchs eine **eigentümerähnliche Rechtsposition** am Grundstück verschaffen. Die von § 1 Abs. 2 GrEStG erfassten Fälle kommen den Erwerbsvorgängen i.S.d. § 1 Abs. 1 Nr. 1 GrEStG so nahe, dass sie es wie diese dem Erwerber ermöglichen, sich den Wert des Grundstücks für eigene Rechnung nutzbar zu machen.[1]

105 Unter § 1 Abs. 2 GrEStG fallen vielfältige Fallkonstellationen.[2] In vielen Fällen wird die Einräumung bzw. die Übertragung der Verwertungsbefugnis an einem Grundstück i.S.d. § 1 Abs. 2 GrEStG zugleich eine Grundstückslieferung i.S.d. § 1 Abs. 1 Nr. 1 UStG darstellen, die nach § 4 Nr. 9 Buchst. a UStG von der Umsatzsteuer befreit ist.[3] Dies soll anhand des Beispiels der Errichtung und erst späteren Lieferung eines Gebäudes auf fremdem Boden veranschaulicht werden:

106 **Beispiel:**
Der Pächter errichtet auf dem gepachteten Grundstück ein Gebäude für sein Unternehmen. Der Pächter und der Verpächter (Grundstückseigentümer) haben vereinbart, dass der Verpächter das Gebäude nach Beendigung des Pachtvertrags gegen Zahlung einer Entschädigung übernehmen darf, d.h. der Verpächter hat die Wahl, das Gebäude zu übernehmen oder dessen Beseitigung zu verlangen. In diesem Fall ist der Verpächter zwar gemäß §§ 94, 946 BGB von Anfang an Eigentümer des Gebäudes.[4] Solange der Pächter das Gebäude nutzt, ohne für das Gebäude Miete oder Pacht zu zahlen, liegt aber noch keine Weiterlieferung des Gebäudes an den Grundstückseigentümer vor.[5] Erst wenn der Verpächter das Gebäude gegen Zahlung der Entschädigung vom Pächter übernimmt, fällt gemäß § 1 Abs. 2 GrEStG Grunderwerbsteuer an und wird ein Umsatz i.S.d. § 1 Abs. 1 Nr. 1 UStG verwirklicht. Dieser Umsatz ist nach § 4 Nr. 9 Buchst. a UStG (vorbehaltlich der Option nach § 9 UStG) umsatzsteuerfrei.

g) Anteilsgeschäfte (§ 1 Abs. 2a, Abs. 2b, Abs. 3 und Abs. 3a GrEStG)

aa) Grundsätze

107 § 1 Abs. 2a, Abs. 2b[6], Abs. 3 und Abs. 3a GrEStG knüpfen rechtstechnisch zwar an Rechtsgeschäfte über Gesellschaftsanteile bzw. den Übergang der Rechtsinhaberschaft an Gesellschaftsanteilen an, besteuern jedoch nicht den Anteilsübergang als solchen, sondern die mit der Verwirklichung dieser Er-

1 Dies setzt grundsätzlich voraus, dass es einem Dritten, der nicht Eigentümer des Grundstücks ist, ohne Begründung eines Anspruchs auf Eigentumsübertragung ermöglicht wird, über das Grundstück zu verfügen, d.h. es zu besitzen, zu verwalten, zu nutzen, zu belasten und schließlich zu veräußern, und sich diese Maßnahmen wirtschaftlich zu Gunsten oder zu Lasten des Dritten auswirken; vgl. BFH, Urt. v. 3.5.1973 – II R 37/68, BFHE 109, 476 = BStBl. II 1973, 709; BFH, Urt. v. 26.7.2000 – II R 33/98, BFH/NV 2001, 206; BFH, Urt. v. 5.7.2006 – II R 7/05, BFHE 213, 403 = BStBl. II 2006, 765. Die Verwertungsbefugnis kann erlangt sein, auch wenn das eine oder andere dieser Rechte dem Verwertungsbefugten nicht eingeräumt worden ist. Ob dem Grundstückseigentümer Risiken oder mögliche Nachteile seines Eigentums verbleiben, ist für die Besteuerung nach § 1 Abs. 2 GrEStG kein wesentliches Entscheidungskriterium.

2 Vgl. z.B. *Behrens* in Behrens/Wachter[2], § 1 GrEStG Rz. 674 ff.

3 Vgl. *Klenk* in Rau/Dürrwächter, § 4 Nr. 9 UStG Rz. 71 (Stand: Oktober 2011).

4 Das Gebäude bleibt also nicht als sog. Scheinbestandteil des Grundstücks i.S.d. § 95 Abs. 1 Satz 1 BGB im Eigentum des Pächters (nicht „nur zu einem vorübergehenden Zweck" auf dem Grund und Boden errichtet). Handelte es sich um einen sog. Scheinbestandteil, wäre dessen späterer Verkauf an den Verpächter nach § 1 Abs. 1 Nr. 1 i.V.m. § 2 Abs. 2 Nr. 2 GrEStG grunderwerbsteuerbar.

5 Vgl. BMF, Schr. v. 23.7.1986 – IV A 2-S 7100-76/86, BStBl. I 1986, 432, C II 2; BFH, Urt. v. 12.11.1997 – XI R 83/96, BFH/NV 1998, 749.

6 Die sog. Börsenklausel in § 1 Abs. 2c GrEStG schränkt die Tatbestände in § 1 Abs. 2a und Abs. 2b GrEStG ein, stellt jedoch selbst keinen Grunderwerbsteuer-Tatbestand dar. Vgl. gleich lautende Erlasse der obersten Finanzbehörden der Länder v. 4.10.2022 betr. Anwendung des § 1 Abs. 2c GrEStG, BStBl. I 2022, 1451.

gänzungstatbestände eintretende Veränderung der grunderwerbsteuerrechtlichen **Zuordnung der Gesellschaftsgrundstücke.**[1] § 1 Abs. 2a und Abs. 2b GrEStG fingieren jeweils einen zivilrechtlich nicht vorhandenen grunderwerbsteuerrechtlichen Erwerbsvorgang[2] durch eine fingiert neue Personen- bzw. Kapitalgesellschaft. § 1 Abs. 3, Abs. 3a GrEStG sehen eine Zurechnung der Gesellschaftsgrundstücke zum mindestens zu 90 % (bis 30.6.2021 und danach subsidiär[3] mindestens zu 95 %) an ihr beteiligten Gesellschafter vor. Während § 1 Abs. 3 GrEStG eine veränderte Zuordnung von Grundstücken durch eine geänderte Sachherrschaft auf Gesellschaft*er*ebene erfasst, betreffen die Tatbestände in § 1 Abs. 2a und Abs. 2b GrEStG nicht eine geänderte Sachherrschaft in der Person eines Gesellschafters, sondern vielmehr eine geänderte Zuordnung auf Ebene der Gesellschaft selbst.[4]

Umsatzsteuerrechtlich sind diese grunderwerbsteuerrechtlichen Fiktionen ohne Bedeutung. Zudem hat Deutschland das Wahlrecht des Art. 15 Abs. 2 Buchst. c MwStSystRL nicht ausgeübt und demnach keine Sonderregelung für die Behandlung von Umsätzen mit **Anteilen an Grundstücksgesellschaften** implementiert.[5] Die Tatbestände in § 1 Abs. 2a, Abs. 2b, Abs. 3 und Abs. 3a GrEStG erfassen nicht nur Grundstücksgesellschaften, sondern alle Gesellschaften, zu deren Vermögen ggf. neben vielen anderen Vermögensgegenständen auch ein inländisches Grundstück gehört. 108

bb) § 1 Abs. 2a GrEStG

Der unmittelbare und/oder mittelbare Übergang von Anteilen am Gesellschaftsvermögen einer Personengesellschaft, zu deren Vermögen ein inländisches Grundstück gehört, löst nach § 1 Abs. 2a GrEStG Grunderwerbsteuer aus, wenn mindestens 90 %[6] (bis 30.6.2021 mindestens 95 %[7]) der Anteile am Gesellschaftsvermögen der Personengesellschaft unmittelbar und/oder mittelbar innerhalb von zehn (bis 30.6.2021: fünf) Jahren auf neue Gesellschafter übergehen[8]. Dieser Tatbestand kann in einem Akt oder sukzessive durch im Grundsatz über bis zu zehn (bis 30.6.2021: fünf[9]) Jahre verteilte **Anteilsübergän-** 109

1 Vgl. z.B. BFH, Urt. v. 5.11.2002 – II R 23/00, BFH/NV 2003, 505 betr. § 1 Abs. 3 GrEStG.

2 Vgl. BFH, Urt. v. 25.8.2010 – II R 65/08, BStBl. II 2011, 225.

3 Die 95 %-Grenze gilt gemäß § 23 Abs. 21 bzw. Abs. 22 GrEStG fort, wenn am 30.6.2021 und seitdem durchgehend bereits mindestens 90 %, jedoch weniger als 95 % in der Hand des betreffenden Gesellschafters vereinigt gewesen sind; vgl. gleich lautende Länder-Erlasse zu den Übergangsregelungen des GrEStÄndG vom 29.6.2021, BStBl. I 2021, 1006, Rz. 4.

4 Für § 1 Abs. 2a GrEStG vgl. BFH, Beschl. v. 11.9.2002 – II B 113/02, BStBl. II 2002, 777, Rz. 20; BFH, Urt. v. 8.11.2000 – II R 64/98, BStBl. II 2001, 422, Rz. 17.

5 In EuGH, Urt. v. 5.7.2012 – C-259/11, ECLI:EU:C:2012:423 – DTZ Zadelhoff, UR 2012, 672, hat der EuGH entschieden, dass die Steuerbefreiung für die Vermittlung von Anteilen nicht entfällt, wenn es sich bei der Gesellschaft, deren Anteile vermittelt werden sollen, um eine Grundstücksgesellschaft handelt, sofern der jeweilige Mitgliedstaat von seiner Wahlmöglichkeit, die Übertragung von Anteilen an einer Grundstücksgesellschaft als Lieferung zu behandeln, keinen Gebrauch gemacht hat. Der Verkauf von Anteilen an Immobiliengesellschaften ist umsatzsteuerlich nicht am Ort der Immobilien umsatzsteuerbar.

6 Durch Art. 1 Nr. 1 Buchst. a GrEStÄndG v. 12.5.2021, BGBl. I 2021, 986, wurden in § 1 Abs. 2a Satz 1 und Satz 4 GrEStG die Beteiligungsschwellen mit Wirkung ab 1.7.2021 von 95 % auf 90 % herabgesetzt. Gleichzeitig wurde der bisher fünfjährige Betrachtungszeitraum in § 1 Abs. 2a Satz 1 GrEStG auf zehn Jahre verlängert. Die Systematik und Funktionsweise des § 1 Abs. 2a GrEStG sind durch diese Anpassungen nicht geändert worden.

7 Gemäß § 23 Abs. 20 Satz 1 und Satz 2 GrEStG bleibt die Altfassung der §§ 1 Abs. 2a, 19 Abs. 1 Satz 1 Nr. 3a GrEStG bis zum 30.6.2026 weiterhin auf Rechtsvorgänge anwendbar, die nicht bereits nach § 1 Abs. 1, Abs. 2, Abs. 2a, Abs. 3 oder Abs. 3a GrEStG in der ab 1.7.2021 geltenden Neufassung der Besteuerung unterliegen. Erfasst werden damit Fälle, in denen der Gesellschafterbestand einer grundbesitzenden Personengesellschaft zum 30.6.2021 eine Neugesellschafterquote von mindestens 90 % aber weniger als 95 % aufweist. Ohne § 23 Abs. 20 GrEStG bliebe eine weitere Erhöhung der Neugesellschafterquote auf 95 % oder mehr nach dem neuen Recht folgenlos, weil die 90 %-Schwelle bereits vor dem 1.7.2021 überschritten war. Zu den Übergangsregelungen in § 23 Abs. 18 bis Abs. 20 GrEStG vgl. gleich lautende Länder-Erlasse v. 29.6.2021, BStBl. I 2021, 1006.

8 Die sog. Börsenklausel nimmt bestimmte über MiFID-II-Börsen bzw. qualifizierende multilaterale Handelssysteme gehandelte Anteilsübergänge vom Tatbestand in § 1 Abs. 2a GrEStG aus.

9 Der Fünf-Jahres-Zeitraum gilt gemäß § 23 Abs. 20 GrEStG subsidiär bis maximal 30.6.2026 fort.

ge auf neue Gesellschafter verwirklicht werden[1]. Dies gilt als ein auf die Übereignung eines Grundstücks auf eine neue Personengesellschaft gerichtetes Rechtsgeschäft.[2]

110 Übergänge von Anteilen unmittelbar am Gesellschaftsvermögen grundbesitzender Personengesellschaften sind, wenn Anteilsveräußerer ein Unternehmer ist, nach § 4 Nr. 8 Buchst. f UStG von der Umsatzsteuer befreit. Mittelbare Anteilsübergänge sind nach § 4 Nr. 8 Buchst. e UStG (wenn die vermittelnde Gesellschaft eine AG oder KGaA ist) oder nach § 4 Nr. 8 Buchst. f UStG (in allen anderen Fällen) von der Umsatzsteuer befreit (Rz. 40 ff.). Dass § 1 Abs. 2a GrEStG den **fingierten Übergang** der Gesellschaftsgrundstücke auf eine fingierte neue Personengesellschaft besteuert, steht dem nicht entgegen. Die Befreiung nach § 4 Nr. 9 Buchst. a UStG ist gleichzeitig anwendbar, wenn Anteile an grundbesitzenden Gesellschaften veräußert werden und diese Veräußerung die Verwirklichung von § 1 Abs. 2a GrEStG auslöst.[3]

cc) § 1 Abs. 2b GrEStG

110.1 Der unmittelbare und/oder mittelbare Übergang von Anteilen der Kapitalgesellschaft, zu deren Vermögen ein inländisches Grundstück gehört, auf neue Gesellschafter löst gemäß § 1 Abs. 2b GrEStG Grunderwerbsteuer aus, d.h. wenn **mindestens 90 % der Anteile** unmittelbar und/oder mittelbar innerhalb von zehn Jahren auf neue Gesellschafter **übergehen.**[4] Ebenso wie § 1 Abs. 2a GrEStG in Bezug auf grundbesitzende Personengesellschaften kann auch dieser – grundbesitzende Kapitalgesellschaften betreffende – Tatbestand in einem Akt oder sukzessive durch im Grundsatz über bis zu zehn Jahre verteilte Anteilsübergänge auf neue Gesellschafter verwirklicht werden. Dies gilt als ein auf die Übereignung eines Grundstücks auf eine neue Kapitalgesellschaft gerichtetes Rechtsgeschäft. Der Gesetzgeber geht (wie bei § 1 Abs. 2a GrEStG) auch bei § 1 Abs. 2b GrEStG typisierend von einer missbräuchlichen Gestaltung aus, womit es sich auch bei § 1 Abs. 2b GrEStG um einen sog. **typisierenden Missbrauchsvermeidungstatbestand** handelt.[5]

110.2 Gemäß § 23 Abs. 18 GrEStG findet der Tatbestand des § 1 Abs. 2b GrEStG lediglich auf **nach dem 30.6.2021 verwirklichte Erwerbsvorgänge** Anwendung. Gemäß § 23 Abs. 23 GrEStG sind darüber hinaus vor dem 1.7.2021 dinglich oder wirtschaftlich vollzogene Anteilsübergänge gänzlich ohne Bedeutung. Dies bedeutet zum einen, dass bei der Berechnung der 90 %-Neugesellschafterquote des § 1 Abs. 2b Satz 1 GrEStG Anteilsübergänge, die dinglich oder wirtschaftlich vor dem 1.7.2021 vollzogen wurden, nicht zu berücksichtigen sind. Zum anderen folgt daraus, dass Gesellschafter, die zum 30.6.2021/1.7.2021 an einer grundbesitzenden Kapitalgesellschaft beteiligt sind, als Altgesellschafter zu qualifizieren sind. Dies gilt m.E. sowohl auf unmittelbarer als auch auf mittelbarer Beteiligungsebene. Zwar ergibt sich aus dem Wortlaut des § 23 Abs. 23 GrEStG[6] und aus den Anwendungserlassen der Länder[7] nicht eindeutig, dass sich die Regelungswirkung des § 23 Abs. 23 GrEStG auch auf die mittel-

---

1 In Bezug auf Übergänge von Anteilen an einer beteiligten Kapitalgesellschaft wendet die FinVerw. die Fünf- und vermutlich auch die Zehn-Jahres-Frist nicht an, sondern zählt auch sich über einen längeren Zeitraum erfolgende Anteilsübergänge zusammen; vgl. gleich lautende Erlasse der obersten Finanzbehörden der Länder zu § 1 Abs. 2a GrEStG, BStBl. I 2018, 1314, Rz. 6. Kritisch dazu z.B. *Behrens/Hofmann*, UVR 2019, 125.

2 Zur Anwendung von § 1 Abs. 2a GrEStG vgl. gleich lautende Erlasse der obersten Finanzbehörden der Länder v. 10.5.2022, BStBl. I 2022, 801.

3 Vgl. *Klenk* in Rau/Dürrwächter, § 4 Nr. 9 UStG Rz. 76 (Stand: Oktober 2011).

4 Die sog. Börsenklausel nimmt bestimmte über MiFID-II-Börsen bzw. qualifizierende multilaterale Handelssysteme gehandelte Anteilsübergänge vom Tatbestand in § 1 Abs. 2b GrEStG aus.

5 Vgl. BT-Drucks. 19/13437, 12: „*Die neue Vorschrift des § 1 Abs. 2b GrEStG soll aus Gründen der Missbrauchsverhinderung unter gleichen Voraussetzungen [wie § 1 Abs. 2a GrEStG] Anteilseignerwechsel an Kapitalgesellschaften mit inländischem Grundbesitz erfassen. Besteuert wird die Gesellschaft, die wegen des Anteilseignerwechsels grunderwerbsteuerrechtlich nicht mehr als dieselbe Kapitalgesellschaft anzusehen ist*".

6 Als „*Übergänge von Anteilen der Gesellschaft*" könnten lediglich die Anteile an der grundbesitzenden Kapitalgesellschaft als „*die Gesellschaft*" verstanden werden, womit § 23 Abs. 23 GrEStG für die mittelbaren Beteiligungsebenen keine Wirkung entfalten würde.

7 In Rz. 3 der gleichlautenden Erlasse der obersten Finanzbehörden der Länder v. 29.6.2021, BStBl. I 2021, 1006 findet sich lediglich die Formulierung „*Alle mit Ablauf des 30.6.2021 Beteiligten gelten als Altgesellschafter*". Unklar ist jedoch, ob sich dies auch auf die mittelbare Beteiligungsebene bezieht. Zur Anwendung von § 1 Abs. 2b GrEStG vgl. gleich lautende Erlasse der obersten Finanzbehörden der Länder v. 10.5.2022, BStBl. I 2022, 821.

bare Gesellschafterebene erstreckt. Eine Beschränkung auf die unmittelbare Gesellschafterebene und damit eine Rückbetrachtung auf mittelbarer Beteiligungsebene wäre jedoch nicht dem gesetzgeberischen Regelungsziel vereinbar[1] und würde zudem zu einer verfassungsrechtlich unzulässigen Rückbetrachtung führen.[2]

Übergänge von Anteilen an unmittelbar grundbesitzenden Kapitalgesellschaften sind, wenn Anteilsveräußerer ein Unternehmer i.S.v. § 2 Abs. 1 UStG ist, nach § 4 Nr. 8 Buchst. f UStG von der Umsatzsteuer befreit. Mittelbare Anteilsübergänge sind nach § 4 Nr. 8 Buchst. e UStG (wenn die vermittelnde Gesellschaft eine AG oder KGaA ist) oder nach § 4 Nr. 8 Buchst. f UStG (in allen anderen Fällen) von der Umsatzsteuer befreit. Dass § 1 Abs. 2b GrEStG den **fingierten Übergang** der Gesellschaftsgrundstücke auf eine fingierte neue Kapitalgesellschaft besteuert, steht dem nicht entgegen. Die Befreiung nach § 4 Nr. 9 Buchst. a UStG ist gleichzeitig anwendbar, wenn Anteile an grundbesitzenden Kapitalgesellschaften veräußert werden und diese Veräußerung die Verwirklichung von § 1 Abs. 2b GrEStG auslöst. Die zu § 1 Abs. 2a GrEStG dargestellten Grundsätze gelten mithin für § 1 Abs. 2b GrEStG entsprechend. 110.3

dd) Anteilsvereinigung (§ 1 Abs. 3, Abs. 3a GrEStG)

(1) Grundsätze der Erwerbstatbestände der §§ 1 Abs. 3, Abs. 3a GrEStG

Gemäß § 1 Abs. 3 GrEStG unterliegen die folgende Erwerbsvorgänge der Grunderwerbsteuer: 111

- Rechtsgeschäfte, die den Anspruch auf Übertragung von Anteilen an Gesellschaften begründen, wenn die Erfüllung des Anspruchs zur Vereinigung von mindestens 90 % (bis 30.6.2021: 95 %)[3] der Anteile[4] in der Hand des Erwerbers oder in der Hand von herrschenden und abhängigen Unternehmen oder abhängigen Personen oder in der Hand von abhängigen Unternehmen oder abhängigen Personen allein führen (§ 1 Abs. 3 Nr. 1 GrEStG); unter welchen Voraussetzungen herrschende und abhängige Unternehmen oder abhängige Personen vorliegen, ist in § 1 Abs. 4 GrEStG – insbesondere Nr. 2 (sog. grunderwerbsteuerrechtliche Organschaft) – geregelt;
- den Übergang von Anteilen an einer Gesellschaft, wenn durch den Anteilsübergang mindestens 90 % (bis 30.6.2021: 95 %) der Anteile an der Gesellschaft in einer Hand vereinigt werden (§ 1 Abs. 3 Nr. 2 GrEStG);
- die Verpflichtung zur Übertragung bereits vereinigter Anteile (§ 1 Abs. 3 Nr. 3 GrEStG);
- den Übergang bereits vereinigter Anteile an einer Gesellschaft, wenn durch den Anteilsübergang mindestens 90 % (bis 30.6.2021: 95 %) der Anteile an der Gesellschaft in einer Hand vereinigt werden (§ 1 Abs. 3 Nr. 4 GrEStG).

§ 1 Abs. 3a GrEStG unterwirft die folgenden Erwerbsvorgänge der Grunderwerbsteuer: 112

Rechtsvorgänge, aufgrund derer ein Rechtsträger erstmalig unmittelbar und/oder mittelbar mindestens 90 % (bis 30.6.2021: 95 %)[5] der Anteile an einer Gesellschaft, zu deren Vermögen ein inländisches Grundstück gehört, innehat. 113

---

1 Vgl. BT-Drucks. 19/28528, 29; bereits auch schon BR-Drucks. 355/19, 6.

2 Vgl. zu entsprechenden Fragen hinsichtlich der zeitlichen Anwendung von Neufassungen des § 1 Abs. 2a GrEStG: BFH, Urt. v. 8.11.2000 – II R 64/98, BStBl. II 2001, 422; FG Niedersachsen, Urt. v. 3.5.2006 – 7 K 374/03, EFG 2007, 282.

3 Gemäß § 23 Abs. 21 GrEStG gilt die 95 %-Beteiligungsschwelle subsidiär fort.

4 Nach § 23 Abs. 21 und Abs. 22 GrEStG bleiben die noch die 95 %-Schwelle enthaltenden Altfassungen von § 1 Abs. 3 und Abs. 3a GrEStG für Konstellationen anwendbar, in denen ein Rechtsträger am 30.6.2021 bereits zu mindestens 90 % aber weniger als 95 % an einer grundbesitzenden Gesellschaft beteiligt war. Die Anwendung der Altfassungen der § 1 Abs. 3, Abs. 3a GrEStG ist gemäß § 23 Abs. 21 Satz 3 und Abs. 22 Satz 2 GrEStG wiederum subsidiär gegenüber der Verwirklichung eines der Tatbestände in § 1 Abs. 1 bis Abs. 3a GrEStG in der jeweils am 1.7.2021 geltenden Fassung. Die Altfassungen bleiben solange anwendbar, wie die jeweilige Beteiligung nicht unter 90 % fällt. Vgl. *Behrens/Wagner*, DB 2021, 866 (773); zu Beispielen vgl. die gleichlautenden Erlasse der obersten Finanzbehörden der Länder v. 29.6.2021 zu den Übergangsregelungen des Gesetzes zur Änderung des Grunderwerbsteuergesetzes v. 12.5.2021, BStBl. I 2021, 1006, Rz. 4, Beispiele 11 bis 13.

5 Gemäß § 23 Abs. 22 GrEStG gilt die 95 %-Beteiligungsschwelle subsidiär fort.

114 § 1 Abs. 3 GrEStG besteuert in Nr. 1 und Nr. 2 die erstmalige Vereinigung von mindestens 90 % (bis 30.6.2021: 95 %) der Anteile an einer Gesellschaft, zu deren Vermögen ein inländisches Grundstück gehört, in einer Hand. Der einzelne übertragende Rechtsträger veräußert weniger als 90 % (bis 30.6.2021: 95 %) der Anteile: Entweder hält der Erwerber bereits weitere Anteile an der grundbesitzenden Gesellschaft oder der Erwerber erwirbt gleichzeitig Anteile an der grundbesitzenden Gesellschaft von einem oder mehreren anderen übertragenden Rechtsträgern, so dass der Erwerber insgesamt mindestens 90 % (bis 30.6.2021: 95 %) der **Anteile in seiner Hand vereinigt.** § 1 Abs. 3 Nr. 3 und Nr. 4 GrEStG unterwerfen die Übertragung bereits vereinigter Anteile i.H.v. mindestens 90 % (bis 30.6.2021: 95 %) von einem Rechtsträger auf einen anderen Rechtsträger der Grunderwerbsteuer; fingiert wird der Übergang der Gesellschaftsgrundstücke vom Veräußerer der bei ihm bereits vereinigten Anteile auf den Erwerber.[1]

115 § 1 Abs. 3 Nr. 2 GrEStG ist gegenüber Nr. 1, Nr. 4 ist gegenüber Nr. 3 subsidiär. Nr. 1 und Nr. 3 erfassen vorrangig **schuldrechtliche Rechtsgeschäfte**, die einen Anspruch auf Übertragung von Anteilen begründen. § 1 Abs. 3 Nr. 2 und Nr. 4 GrEStG erfassen dingliche Anteilsübergänge, denen kein schuldrechtliches Rechtsgeschäft, das einen Anspruch auf Übertragung der Anteile begründet hat, zugrunde liegt. Ist der Tatbestand von § 1 Abs. 3 Nr. 1 bzw. Nr. 3 GrEStG durch einen Rechtsvorgang verwirklicht worden, unterliegt die nachfolgende Übertragung des von diesem Rechtsvorgang betroffenen Anteils (nach der BFH-Rechtsprechung: soweit dasselbe Grundstück betroffen ist) nicht erneut nach § 1 Abs. 3 Nr. 2 bzw. Nr. 4 GrEStG der Grunderwerbsteuer.[2]

(2) Verhältnis zu § 4 Nr. 8 Buchst. e, f und Nr. 9 Buchst. a UStG

116 Auch in Bezug auf Anteilsübergänge i.S.d. § 1 Abs. 3, Abs. 3a GrEStG gilt, dass Übergänge von Anteilen an Gesellschaften, wenn Anteilsveräußerer ein Unternehmer ist, nach § 4 Nr. 8 Buchst. e oder f UStG von der Umsatzsteuer befreit sind (Rz. 40 ff.). Umsatzsteuerrechtlicher Umsatz und nach § 4 Nr. 9 Buchst. a UStG umsatzsteuerfrei ist auch in den Fällen von § 1 Abs. 3 Nr. 1 und Nr. 3 GrEStG erst die Erfüllung der **Anteilsübertragungsverpflichtung** durch den als Unternehmer qualifizierenden Anteilsveräußerer, die in der Regel dem den grunderwerbsteuerbaren Erwerbsvorgang darstellenden Verpflichtungsgeschäft folgt (Rz. 70). Dass § 1 Abs. 3, 3a GrEStG den fingierten Übergang der Gesellschaftsgrundstücke auf den mindestens 90 % (bis 30.6.2021 und danach subsidiär mindestens 95 %) der Anteile unmittelbar und/oder mittelbar in seiner Hand vereinigenden Anteilserwerber bzw. Organkreis i.S.d. § 1 Abs. 4 Nr. 2 GrEStG besteuert, steht dem nicht entgegen. Die Befreiung nach § 4 Nr. 9 Buchst. a UStG ist gleichzeitig anwendbar, wenn Anteile an grundbesitzenden Gesellschaften veräußert werden und diese Veräußerung unmittelbar[3] die Verwirklichung von § 1 Abs. 3, 3a GrEStG auslöst.[4] Dies gilt m.E. auch für die Anteilsvereinigung im sog. grunderwerbsteuerrechtlichen Organkreis, unabhängig davon, wer in diesem Fall grunderwerbsteuerrechtlich als der Erwerber anzusehen ist. Der Leistungsempfänger braucht grunderwerb- und umsatzsteuerrechtlich nicht derselbe zu sein.[5]

1 Vgl. BFH, Urt. v. 2.4.2008 – II R 53/06, BStBl. II 2009, 54.

2 Zu den grunderwerbsteuerrechtlichen Grundsätzen der Anteilsgeschäfte in § 1 Abs. 3, 3a GrEStG vgl. z.B. *Behrens* in Behrens/Wachter[2], § 1 GrEStG Rz. 680–1015.

3 Die Grunderwerbsteuer wird allein durch den letzten Anteilserwerb ausgelöst, der zur Vereinigung von mindestens 90 %, bis 30.6.2021 und danach subsidiär 95 %der Anteile in einer Hand führt; vgl. BFH, Urt. v. 5.11.2002 – II R 23/00, BFH/NV 2003, 505.

4 Vgl. *Klenk* in Rau/Dürrwächter, § 4 Nr. 9 UStG Rz. 76 (Stand: Oktober 2011).

5 Vgl. *Klenk* in Rau/Dürrwächter, § 4 Nr. 9 UStG Rz. 22 (Stand: Oktober 2011), bezogen auf den Fall der unternehmerisch tätigen Bruchteilsgemeinschaft. Mit BFH, Urt. v. 22.11.2018 – V R 65/17, BFHE 263, 90 = UR 2019, 179 m. Anm. *Heinrichshofen*, hat der BFH unter Aufgabe seiner bisherigen Rechtsprechung zur Umsatzsteuer entschieden, dass eine Bruchteilsgemeinschaft nicht Unternehmer sein kann, sondern die Gemeinschafter als jeweilige Unternehmer anteilig von ihnen selbst zu versteuernde Leistungen erbringen. Soweit ersichtlich hat sich die FinVerw. dem bisher nicht angeschlossen.

3. Rückgängigmachung des grunderwerbsteuerrechtlichen Erwerbsvorgangs nach § 16 Abs. 1, 2 GrEStG und Antragstellung nach § 16 Abs. 4a GrEStG

Daran, dass ein Umsatz i.S.d. § 4 Nr. 9 Buchst. a UStG unter das GrEStG fällt, ändert sich nichts, wenn der zugrundeliegende grunderwerbsteuerrechtliche Erwerbsvorgang nach § 16 Abs. 1 oder Abs. 2 GrEStG **rückgängig** gemacht wird und deshalb auf Antrag Grunderwerbsteuer nicht festgesetzt oder eine bereits erfolgte Festsetzung von Grunderwerbsteuer wieder aufgehoben wird. Denn der grunderwerbsteuerrechtliche Erwerbsvorgang wird nicht ungeschehen gemacht, er fällt weiterhin unter das GrEStG, auch wenn es zu keiner Belastung mit Grunderwerbsteuer kommt bzw. es nicht bei der Belastung mit Grunderwerbsteuer bleibt. § 16 GrEStG ist keine materiell-rechtliche Vorschrift, insbesondere keine Steuerbefreiungsvorschrift, sondern eine sonstige Korrekturnorm i.S.d. § 172 Abs. 1 Nr. 2d AO.[1] In den Fällen von § 16 Abs. 2 GrEStG ist die Rückübereignung des Grundstücks ebenfalls nach § 4 Nr. 9 Buchst. a UStG umsatzsteuerfrei. Die Befreiung nach § 4 Nr. 8 Buchst. e oder f UStG bzw. § 4 Nr. 9 Buchst. a UStG von Anteilsgeschäften i.S.d. § 1 Abs. 3, Abs. 3a GrEStG gilt auch dann, wenn auf Antrag nach § 16 Abs. 4a GrEStG die auf Grundlage der Verwaltungsansicht[2] durch das sog. *Signing* des Anteilskaufvertrags nach § 1 Abs. 3, Abs. 3a GrEStG ausgelöste Grunderwerbsteuer nicht erhoben wird. 117

III. Inländische Grundstücke

1. Grundstücke und gleichstehende Rechte bzw. Gebäude

a) Grundsatz

aa) Grundstück i.S.d. § 2 Abs. 1 Satz 1 GrEStG

Grundstücke i.S.d. GrEStG sind alle Grundstücke i.S.d. **bürgerlichen Rechts**. Das sind zum einen die Grundstücke im Rechtssinne, d.h. diejenigen Teile der Erdoberfläche, die im Grundbuch eine besondere Stelle haben,[3] d.h. entweder ein besonderes Grundbuchblatt oder, wenn ein gemeinschaftliches Grundbuchblatt geführt wird, eine besondere Nummer des Bestandsverzeichnisses.[4] Zum anderen sind die Grundstücke im tatsächlichen Sinne erfasst, die (noch) kein Grundbuchblatt erhalten haben.[5] Grundstück i.S.d. bürgerlichen Rechts ist auch der Miteigentumsanteil an einem Grundstück.[6] Bezieht sich ein Rechtsvorgang auf mehrere Grundstücke, die zu einer wirtschaftlichen Einheit gehören, so werden diese Grundstücke als ein Grundstück behandelt.[7] 118

bb) Erbbaurechte (§ 2 Abs. 2 Nr. 1 GrEStG)

Erbbaurechte stehen gemäß § 2 Abs. 2 Nr. 1 GrEStG den Grundstücken gleich. Damit sind das Erbbaurecht und das mit dem Erbbaurecht belastete Grundstück zwei selbstständige Grundstücke i.S.d. § 2 GrEStG. Die **Gleichstellung der Erbbaurechte** mit den Grundstücken gemäß § 2 Abs. 2 Nr. 1 119

---

1 Vgl. BFH, Beschl. v. 17.4.2002 – II B 120/00, BFH/NV 2002, 1170: „Der Anspruch aus § 16 GrEStG ist neben dem Steueranspruch ein selbständiger gegenläufiger Anspruch aus dem Steuerschuldverhältnis. Er steht als Vergünstigungsvorschrift eigener Art neben den Änderungsvorschriften der §§ 172 ff. AO 1977". Vgl. auch *Loose* in Viskorf[20], § 16 GrEStG Rz. 12.

2 Vgl. gleich lautende Erlasse der obersten Finanzbehörden der Länder betr. Zurechnung von Grundstücken für die Ergänzungstatbestände in § 1 Absatz 2a bis 3a GrEStG, BStBl. I 2023, 1872, Tz. 11 zweiter Spiegelstrich; gegen diese Verwaltungsansicht z.B. *Behrens/Sparr*, UVR 2023, 269; *Behrens/Sparr*, DB 2023, 2460; *Saecker/Dorn*, Ubg 2023, 672.

3 Vgl. § 3 Abs. 1 Satz 1 GBO.

4 Vgl. § 4 GBO.

5 Vgl. z.B. § 3 Abs. 3 GBO.

6 Vgl. *Viskorf* in Viskorf[20], § 2 GrEStG Rz. 11.

7 Zum Begriff der wirtschaftlichen Einheit als Typusbegriff vgl. z.B. *Lieber* in Behrens/Wachter[2], § 2 GrEStG Rz. 85 ff. Verhindert werden soll durch § 2 Abs. 3 GrEStG, dass eine einheitliche Veräußerung mehrerer zu einer wirtschaftlichen Einheit gehörender Grundstücke i.S.d. bürgerlichen Rechts eine Vielzahl von Steuerfällen auslöst.

GrEStG umfasst auch die Untererbbaurechte.[1] Die Bestellung und Übertragung von Erbbaurechten fallen unter § 4 Nr. 9 Buchst. a UStG[2], nicht unter § 4 Nr. 12 UStG (§ 4 Nr. 12 Rz. 45). Im Falle des Erwerbs eines mit einem Erbbaurecht belasteten Grundstücks vom Grundstückseigentümer und Erbbauberechtigten erbringt der Grundstückserwerber keine grunderwerbsteuerbare Leistung an den Grundstücksverkäufer und Erbbauberechtigten, weil er von vornherein lediglich das bereits mit dem Erbbaurecht belastete Grundstück und ggf. das Recht auf den Erbbauzins erwirbt.[3]

120 Gemäß § 2 Abs. 1 Satz 2 Nr. 3 GrEStG wird das Recht des Grundstückseigentümers auf den Erbbauzins nicht zum Grundstück gerechnet.[4]

cc) Gebäude auf fremdem Boden

121 Zu den wesentlichen Bestandteilen eines Grundstücks gehören gemäß § 94 Abs. 1 Satz 1 BGB die mit dem Grund und Boden fest verbundenen Sachen, also insbesondere die **aufstehenden Gebäude**. Nach § 95 Abs. 1 BGB gilt jedoch eine Ausnahme, wenn der Bestandteil (d.h. hier das Gebäude) nur zu einem vorübergehenden Zweck mit dem Grund und Boden verbunden ist[5] oder wenn das Gebäude oder andere Werk in Ausübung eines Rechts an einem fremden Grundstück von dem Berechtigten mit dem Grundstück verbunden worden ist,[6] wobei Rechte in diesem Sinne nur dingliche Rechte wie z.B. Nießbrauch und Grunddienstbarkeit sind.[7] In den Fällen von § 95 Abs. 1 BGB liegt das Gebäudeeigentum beim Ersteller oder Erwerber des Gebäudes.

122 Die **Sicherungsübereignung** von Gebäuden auf fremdem Boden löst im Grundsatz[8] Grunderwerbsteuer aus. Demgegenüber wird umsatzsteuerrechtlich an einem zur Sicherheit übereigneten Gebäude auf fremdem Boden durch die Übertragung des Gebäudeeigentums noch keine Verfügungsmacht verschafft.[9]

123 Wird – wie in der Praxis üblich – vereinbart, dass das Gebäudeeigentum nach Erfüllung der besicherten Verpflichtungen ohne Weiteres an den Sicherungsgeber zurückfällt, kommt es zur Grunderwerbsteuerzahlungspflicht erst, wenn der Sicherungsnehmer das Gebäude **verwertet**, weil der Sicherungs-

---

1 Das Erbbaurecht kann mit einem Untererbbaurecht belastet werden. Das Untererbbaurecht wird als ein dem Erbbaurecht gleichwertiges Recht angesehen; vgl. BGH, Urt. v. 22.2.1974 – V ZR 67/72, BGHZ 62, 179 = NJW 1974, 1137.

2 Vgl. Abschn. 4.9.1 Abs. 2 Nr. 1 UStAE.

3 Das bisherige Eigentümererbbaurecht wandelt sich in ein Erbbaurecht an einem fremden Grundstück.

4 Die Grunderwerbsteuer soll nach Sinn und Zweck den Umsatz von Grundstücken, nicht aber den Umsatz von Geldforderungen erfassen.

5 Vgl. § 95 Abs. 1 Satz 1 BGB. Beispiel: Die Nutzungsdauer des Gebäudes ist länger als die voraussichtliche Mietdauer, das Gebäude hat auch nach seinem Abbau nicht nur Schrottwert, sondern repräsentiert noch einen beachtlichen Wiederverwendungswert. Es kann nach den gesamten Umständen, insbesondere nach Art und Zweck der Verbindung, damit gerechnet werden, dass die eingebauten Sachen später wieder entfernt werden. Vgl. z.B. FG Hamburg, Urt. v. 28.10.1996 – II 82/95, EFG 1997, 552, betr. *sale and lease back* von als Lagerhallen genutzten Leichtbauhallen, die für eine befristete Zeit (zehn Jahre) von der Leasingnehmerin vermietet worden waren und nach Ablauf der Mietzeit wieder abgebaut werden sollten. Vgl. auch BMF, Schr. v. 15.1.1976 – IV B 2-S 2133-1/76, BStBl. I 1976, 66; R 7.1 Abs. 4 EStR, H 7.1 „Scheinbestandteile" EStH.

6 Vgl. § 95 Abs. 1 Satz 2 BGB.

7 Vgl. *Mansel* in Jauernig[19], § 95 BGB Rz. 3. § 95 Abs. 1 Satz 2 BGB gilt auch dann, wenn das Recht (z.B. die Grunddienstbarkeit) erst nach Errichtung der Baulichkeit eingetragen worden ist. Gebäude, die im Erbbaurecht übernommen oder aufgrund des Erbbaurechts errichtet sind, sind keine Gebäude auf fremdem Boden; vgl. *Viskorf* in Viskorf[20], § 2 GrEStG Rz. 253.

8 Wird jedoch vereinbart, dass das Gebäudeeigentum nach Erfüllung der besicherten Verpflichtungen ohne weiteres an den Sicherungsgeber zurückfällt, liegt also ein auflösend bedingter Erwerb vor, erhebt die FinVerw. die Grunderwerbsteuer nicht, sondern stundet sie zinslos. Werden die besicherten Verpflichtungen erfüllt und fällt das Gebäudeeigentum automatisch an den Sicherungsgeber zurück, wird der Grunderwerbsteuerbescheid wieder aufgehoben. Für den Rückerwerb des sicherungsübereigneten Gebäudes setzt die FinVerw. ebenfalls keine Grunderwerbsteuer fest, weil der ursprüngliche Erwerb als Auswirkung der Anwendung von § 5 Abs. 2 BewG so behandelt wird, als hätte er nicht stattgefunden. Vgl. *Behrens*, UVR 2017, 152 (158).

9 Abschn. 3.1 Abs. 3 Satz 1 UStAE.

geber seinen Zahlungsverpflichtungen nicht nachgekommen ist. Dann ist die Stundung nach Verwaltungsansicht zu widerrufen und die nach § 1 Abs. 1 Nr. 3 i.V.m. § 2 Abs. 2 Nr. 2 GrEStG festgesetzte Grunderwerbsteuer – jedoch keine Stundungszinsen – einzutreiben.

b) Ausnahme von Betriebsvorrichtungen, Mineralgewinnungsrechten und sonstigen Gewerbeberechtigungen

Nicht zu den Grundstücken gerechnet werden gemäß § 2 Abs. 1 Satz 2 Nr. 1 GrEStG Maschinen und sonstige Vorrichtungen aller Art, die zu einer Betriebsanlage gehören, sowie Mineralgewinnungsrechte und sonstige Gewerbeberechtigungen. Der Umsatz von Maschinen und Vorrichtungen aller Art, die zu einer Betriebsanlage gehören, und Mineralgewinnungsrechten sowie sonstigen Gewerbeberechtigungen ist daher nach bisheriger Sichtweise ebenso wie die Veräußerung eines Wasserbezugsrechts nicht nach § 4 Nr. 9 Buchst. a UStG von der Umsatzsteuer befreit.[1] Beim Verkauf eines Grundstücks mit Betriebsvorrichtungen wird bisher ein **Aufteilungsgebot** befolgt.[2] Im Anschluss an die EuGH-Vorlage des BFH[3], das EuGH-Urteil C-516/21 v. 4.5.2023[4] und den BFH-Beschluss v. 17.8.2023[5] zu § 4 Nr. 12 Satz 2 UStG ist allerdings fraglich, ob der Grundsatz der Einheitlichkeit der Leistung bzw. Lieferung der (bisher aus § 2 Abs. 1 GrEStG abgeleiteten) gesonderten Umsatzbesteuerung bestimmter Bestandteile dieser einheitlichen Lieferung entgegen steht.[6] In der Literatur wird zum Teil vertreten, dass die bisherige Sichtweise, dass das Aufteilungsgebot unter Hinweis auf die Sonderregelung der Befreiungsnorm uneingeschränkt zur Anwendung komme[7], wohl nicht mehr gelten könne, weil der EuGH im Anwendungsbereich der Befreiung der Vermietung und Verpachtung dem Grundsatz der Einheitlichkeit der Leistung Vorrang einräumt und dies wohl auch in Veräußerungsfällen zu gelten habe[8] (Rz. 126.1). Nach anderer Ansicht kann der umsatzsteuerrechtliche Grundsatz der Einheitlichkeit der Leistung nicht in das ausschließlich national bestimmte GrEStG durchschlagen[9]. Die Verknüpfung der Steuerbefreiung für Grundstücksveräußerungen mit dem GrEStG stellt eine gem. Art. 371 i.V.m. Anhang X Teil B Nr. 9 MwStSystRL unionsrechtlich zulässige, nicht befristete Sonderregelung dar[10]. Zum Teil wird die Ansicht vertreten, dass die gegenwärtige Fassung des § 4 Nr. 9 Buchst. a UStG mit der pauschalen Verweisung auf das GrEStG nach dem BFH-Urteil v. 17.8.2023 nicht mehr beibehalten werden könne, weil die in § 2 Abs. 1 GrEStG geregelte Ausnahme für Betriebsvorrichtungen mit dem 124

1 Zur Veräußerung eines Wasserbezugsrechts vgl. FG Baden-Württemberg, Urt. v. 28.10.1987 – II K 160/84, EFG 1988, 264.

2 Vgl. FG Nürnberg, Urt. v. 23.1.1990 – II 5/89, UR 1991, 324.

3 Vgl. BFH, Vorlagebeschl. v. 26.5.2021 – V R 22/20, BFHE 273, 351 = UR 2021, 707, mit dem der BFH dem EuGH die Frage zur Vorabentscheidung vorgelegt hatte, ob die Steuerpflicht der Vermietung von auf Dauer eingebauten Vorrichtungen und Maschinen gemäß Art. 135 Abs. 2 Buchst. c MwStSystRL nur die isolierte (eigenständige) Vermietung derartiger Vorrichtungen und Maschinen erfasst oder auch die Vermietung (Verpachtung) derartiger Vorrichtungen und Maschinen, die aufgrund einer zwischen denselben Parteien erfolgenden Gebäudeverpachtung (und als Nebenleistung zu dieser) nach Art. 135 Abs. 1 Buchst. l MwStSystRL steuerfrei ist.

4 Vgl. EuGH, Urt. v. 4.5.2023 – C-516/21, ECLI:EU:C:2023:372 – Finanzamt X, UR 2023, 441 m. Anm. *Nieskens*.

5 Vgl. BFH, Beschl. v. 17.8.2023 – V R 7/23 (V R 22/20), UR 2023, 805 m. Anm. *Widmann*.

6 Vgl. allerdings auch EuGH, Urt. v. 6.7.2005 – C-251/05, ECLI:EU:C:2006:451 – Talacre Beach Caravan Sales, UR 2006, 582: „Zwar ergibt sich aus der Rechtsprechung betreffend einheitliche Lieferungen, dass auf eine solche Lieferung grundsätzlich ein Mehrwertsteuersatz anzuwenden ist, aber sie steht nicht einer gesonderten Besteuerung bestimmter Bestandteile einer solchen Lieferung entgegen, wenn nur durch eine solche Besteuerung die Voraussetzungen erfüllt werden können, die Artikel 28 Absatz 2 Buchstabe a der Sechsten Richtlinie für die Rückerstattung der gezahlten Steuer vorsehende Ausnahmeregelungen aufstellt." Dieses EuGH-Urteil wird in der Literatur als einziger Ausnahmefall bezeichnet, vgl. *von Streit/Streit*, UStB 2023, 351 (352).

7 So *Nieskens*, UR 2018, 181 (186).

8 Vgl. *von Streit/Streit*, UStB 2023, 351 (353).

9 Vgl. *Widmann*, UR 2024, 5 (7), unter Hinweis darauf, dass, wenn für die Betriebsvorrichtungen der Vorsteuerabzug nicht zulässig gewesen sein sollte, weil sie durch die einheitliche Verpachtungsleistung steuerfrei überlassen wurden, dann ihre Veräußerung gem. § 4 Nr. 28 UStG steuerfrei wäre.

10 Vgl. *Leipold* in Sölch/Ringleb, § 4 Nr. 9 UStG Rz. 4 (Stand: Oktober 2021) mit dem Hinweis darauf, dass sich bei der Anwendung von § 4 Nr. 9 Buchst. a UStG und dem Verweis auf das nationale GrEStG keine spezifisch unionsrechtlichen Auslegungsfragen stellen dürften.

neuen Aufteilungsverbot bei § 4 Nr. 9 Buchst. a UStG kollidiere, so dass der Gesetzgeber zu einer klarstellenden Bereinigung des Textes von § 4 Nr. 9 Buchst. a UStG aufgefordert sei[1].

125 Wird ein Grundstück zusammen mit anderen Gegenständen, die nicht als Teil des Grundstücks anzusehen sind, einheitlich zu einem Gesamtkaufpreis erworben, ist die Grunderwerbsteuer nur von dem Teil der Gesamtgegenleistung zu erheben, der auf das Grundstück entfällt. Die Gegenleistung ist nach dem Verhältnis zu verteilen, in dem der Wert des Grundstücks zum Wert der sonstigen Gegenstände steht. Entsprechend wird nach bisheriger Praxis umsatzsteuerlich verfahren, selbst wenn der Veräußerer nur bezüglich eines Teils des Unternehmergrundstücks auf die Steuerfreiheit verzichtet. Eine andere **Aufteilung der Gesamtgegenleistung** als nach dem Verkehrswert oder Teilwert der verschiedenen Liefergegenstände oder den Nutzflächen des umsatzsteuerfrei und umsatzsteuerpflichtig gelieferten Grundstücksteils ist grundsätzlich ausgeschlossen. Etwas anderes gilt aber, wenn auch zivilrechtlich verschiedene Liefergegenstände vorliegen und angenommen werden kann, dass für jeden Liefergegenstand ein eigener Kaufvertrag mit eigenem Kaufpreis (mit nicht nur steuerlichen Auswirkungen) vereinbart worden ist.[2] Gegenstände sind lediglich dann als Teil des Grundstücks anzusehen, wenn sie wesentliche Bestandteile i.S.d. § 94 BGB desselben sind. Nicht zum Grundstück gehört somit sonstiges Zubehör i.S.d. § 97 BGB oder Inventar i.S.d. § 98 BGB.[3] Wenn sich jedoch nach umsatzsteuerlichen Kriterien ergibt, dass die Lieferung von Zubehör oder Inventar unselbständige Nebenleistung zur Hauptleistung der Lieferung des Grundstücks ist, oder wenn eine umsatzsteuerlich einheitlich zu behandelnde komplexe Lieferung vorliegt, die, weil auch ein Grundstück veräußert wird, umsatzsteuerlich betrachtet der Grunderwerbsteuer unterliegt, erstreckt sich die Befreiung nach § 4 Nr. 9 Buchst. a UStG in Folge des EuGH-Urteils v. 4.5.2023[4] m.E. auch auf die (Mit-)Veräußerung des Zubehörs bzw. Inventars. M.E. sollte die Finanzverwaltung Vertrauensschutz gewähren bzw. eine Vertrauensschutz gewährende Übergangsregelung treffen.

126 Die Lieferung eines Grundstücks, auf dem noch ein zum **Abriss** vorgesehenes Gebäude steht, das abgerissen werden soll, um einen Neubau zu ermöglichen, ist nach der Rechtsprechung des EuGH eine Lieferung eines unbebauten Grundstücks.[5]

126.1 Bei den sonstigen Vorrichtungen aller Art, die zu einer Betriebsanlage gehören, handelt es sich um die sog. **Betriebsvorrichtungen**. Die Auslegung des Begriffs „Betriebsvorrichtung" richtet sich nach dem Verständnis, das ihm im Rahmen des § 68 Abs. 2 Nr. 2 BewG zu Grunde gelegt wird.[6] Die bisher in der Praxis wohl überwiegende Sichtweise ist, dass § 2 Abs. 1 Satz 2 Nr. 1 GrEStG auch für die Reichweite der Umsatzsteuerbefreiung des § 4 Nr. 9 Buchst. a GrEStG maßgeblich ist. Allerdings hat der BFH zur Vermietung von Grundstücken mit Beschl. v. 17.8.2023 in Folge des EuGH-Urteils v. 4.5.2023 seine Rechtsprechung geändert und entschieden, dass bei der Vermietung oder Verpachtung eines Grundstücks mit Betriebsvorrichtungen das Entgelt nicht hinsichtlich des Grundstückanteils und des Betriebsvorrichtungsanteils aufzuteilen ist, wenn es sich um eine einheitliche Leistung handelt, die maßgeblich von der Grundstücksüberlassung geprägt wird. Danach ist nicht nur die Grundstücks- und Gebäudeüberlassung gem. § 4 Nr. 12 Buchst. a UStG steuerfrei, sondern auch die im entschiede-

1 Vgl. *de Weerth*, MwStR 2023, 507 (510), nach dessen Ansicht der gesetzgeberische Verweis auf das GrEStG aufgrund des EuGH-Urteils C-516/21 entfallen muss.

2 Vgl. FG Nürnberg, Urt. v. 23.1.1990 – II 5/89, UR 1991, 324.

3 Vgl. FG Nürnberg, Urt. v. 30.4.2019 – 2 K 358/17, juris, Rz. 45: „Die Lieferung des Inventars ist nicht steuerfrei (§ 4 Nr. 9 Buchst. a UStG in Verbindung mit § 1 Abs. 1 Nr. 1 Grunderwerbsteuergesetz – GrEStG – vgl. § 2 Abs. 1 Satz 1 GrEStG in Verbindung mit §§ 94, 95 und 97 Bürgerliches Gesetzbuch und § 2 Satz 2 Nr. 1 GrEStG) und ist daher als Teil der zum Regelsteuersatz zu besteuernden Umsätze zu berücksichtigen". M.E. kann hieran auf Grundlage des geltenden § 4 Nr. 9 Buchst. a UStG infolge EuGH, Urt. v. 4.5.2023 – C-516/21, ECLI:EU:C:2023:372 – Finanzamt X, UR 2023, 441 m. Anm. *Nieskens*, nicht festgehalten werden.

4 EuGH, Urt. v. 4.5.2023 – C-516/21, ECLI:EU:C:2023:372 – Finanzamt X, UR 2023, 442 m. Anm. *Nieskens*.

5 Vgl. EuGH, Urt. v. 19.11.2009 – C-461/08, ECLI:EU:C:2009:722 – Don Bosco Onroerend Goed, UR 2010, 25.

6 Im Anwendungsbereich der Befreiung der Vermietung von Verpachtung von Grundstücken ist allerdings die autonom-unionsrechtliche Auslegung des Grundstücksbegriffs der MwStSystRL vorrangig, vgl. BFH, Vorlagebeschl. v. 26.5.2021 – V R 22/20, BFHE 273, 351 = UR 2021, 707, Rz. 20, unter Hinweis auf Art. 13b Buchst. d der Durchführungsverordnung (EU) Nr. 282/2011 des Rates v. 15.3.2011; EuGH, Urt. v. 4.5.2023 – C-516/21, ECLI:EU:C:2023:372 – Finanzamt X, UR 2023, 441 m. Anm. *Nieskens*.

nen Fall als unselbständige Nebenleistung eingeordnete Überlassung der Betriebsvorrichtungen.[1] Ob hieraus folgt, dass die als unselbständige Nebenleistung einzuordnende Mitveräußerung von Betriebsvorrichtungen als Bestandteil des einheitlichen Umsatzes der Grundstückslieferung (vorbehaltlich § 1 Abs. 1a UStG) ebenfalls nach § 4 Nr. 9 Buchst. a UStG umsatzsteuerfrei ist, wird in der Literatur unterschiedlich beurteilt[2]. M.E. hat auch in Bezug auf § 4 Nr. 9 Buchst. a UStG der Grundsatz der Einheitlichkeit der Leistung Vorrang, d.h. § 2 Abs. 1 Satz 2 Nr. 1 GrEStG, wonach Betriebsvorrichtungen nicht zum Grundstück gerechnet werden, ist im Anwendungsbereich von § 4 Nr. 9 Buchst. a UStG nicht zu beachten. M.E. fällt der einheitliche Umsatz „Grundstückslieferung samt Lieferung der Betriebsvorrichtungen" i.S.v. § 4 Nr. 9 Buchst. a UStG unter das GrEStG, unabhängig davon, dass ein Bestandteil dieses Umsatzes gemäß § 2 Abs. 1 Satz 2 Nr. 1 GrEStG vom Anwendungsbereich des GrEStG ausgenommen ist. In Fällen, in denen die Vermietung oder Verpachtung von Betriebsvorrichtungen die das Schicksal der Leistung insgesamt bestimmende Hauptleistung, die Gebäudevermietung oder -verpachtung also nur unselbständige Nebenleistung ist, ist § 4 Nr. 12 Buchst. a UStG insgesamt nicht anwendbar. M.E. lässt sich dies auf den Veräußerungsfall nicht übertragen. D.h., § 4 Nr. 9 Buchst. a UStG ist m.E. (vorbehaltlich § 1 Abs. 1a UStG) auf den einheitlichen Umsatz insgesamt anwendbar,[3] weil der Umsatz unter das GrEStG fällt, unabhängig davon, ob die Grundstücksveräußerung der die Gesamtleistung prägende Bestandteil ist oder nicht, und auch unabhängig davon, ob es sich – bezogen auf die Vermietung oder Verpachtung – um eine sog. komplexe Leistung handelt, bei der aufgrund weiterer Leistungselemente keine Vermietungs- oder Verpachtungsleistung i.S.v. Art. 135 MwStSystRL vorliegt[4].

Die zu einer Betriebsanlage gehörenden Vorrichtungen müssen von Menschenhand hergestellt sein, 127
Pflanzen können keine sog. Betriebsvorrichtungen sein.[5] Betriebsvorrichtungen sind Vorrichtungen, die eine speziell auf den Gewerbebetrieb ausgerichtete maschinenähnliche Funktion haben. Sie stehen in besonderer und unmittelbarer Beziehung zu dem Gewerbebetrieb und werden zu seiner Ausübung eingesetzt.[6] Die Beziehung der einzelnen Betriebsvorrichtungen zum **Gewerbebetrieb** ist somit enger als die Verbindung zum Grundstück, was den Ausschluss der Betriebsvorrichtungen aus dem Gebäudebegriff rechtfertigt. Bei Vermietung der Vorrichtungen an einen Mieter, der nicht gewerblich tätig ist, scheidet die Annahme von Betriebsvorrichtungen m.E. grundsätzlich aus.[7] Gebäude und Außen-

1 Vgl. BFH, Vorlagebeschl. v. 26.5.2021 – V R 22/20, BFHE 273, 351 = UR 2021, 707, EuGH, Urt. v. 4.5.2023 – C-516/21, ECLI:EU:C:2023:372 – Finanzamt X, UR 2023, 441 m. Anm. *Nieskens*; BFH, Beschl. v. 17.8.2023 – V R 7/23 (V R 22/20), UR 2023, 805 m. Anm. *Widmann*. Vgl. zuvor BFH, Urt. v. 28.5.1998 – V R 19/96, BStBl. II 2010, 307 = UR 1998, 388. Zum Teil wird die Frage, ob bewegliche Ausrüstungsgegenstände Betriebsvorrichtungen sind, in Bezug auf verschiedene Steuerarten unterschiedlich beantwortet; vgl. *Behrens*, BB 2019, 2472 betr. Hotel-/Bar-Ausrüstung bei der Gewerbesteuer einerseits und der Vermietung eines Seniorenpflegeheimes inkl. Überlassung der gesamten Erstausrüstung und Einrichtung als einheitliche Leistung bei der Umsatzsteuer andererseits.

2 Einerseits *von Streit/Streit*, UStB 2023, 351 (353), andererseits *Widmann*, UR 2024, 5 (7).

3 Vgl. *Heuermann*, DStR 2023, 2005, bezogen auf Vermietungen und Verpachtungen.

4 Vgl. BFH, Beschl. v. 31.8.2023 – XI B 89/22, BFH/NV 2023, 1322 = UR 2023, 909 betr. Vermietung eines Golfplatzes samt weiterer Leistungen. Zur Nutzungsüberlassung von Sportanlagen vgl. Abschn. 4.12.11 Abs. 1 Satz 1 UStAE. Auf derartige komplexe Vermietung- oder Verpachtungsleistungen wirken sich – weil keine Vermietung oder Verpachtung von Grundstücken i.S.v. § 4 Nr. 12 Buchst. a UStG gegeben ist – der BFH, Beschl. v. 17.8.2023 – V R 7/23 (V R 22/20), UR 2023, 805 m. Anm. *Widmann* und das EuGH, Urt. v. 4.5.2023 – C-516/21, ECLI:EU:C:2023:372 – Finanzamt X, UR 2023, 441 m. Anm. *Nieskens* nicht aus, vgl. *von Streit/Streit*, UStB 2023, 351 (354).

5 Vgl. BFH, Urt. v. 1.2.1989 – II R 240/85, BStBl. II 1989, 518.

6 Vgl. BFH, Urt. v. 5.3.1971 – III R 90/69, BStBl. II 1971, 455; BFH, Urt. v. 2.6.1971 – III R 18/70, BStBl. II 1971, 673.

7 So auch *Halaczinsky*, ErbStB 2013, 324 (326). Anders aber BFH, Urt. v. 28.5.1998 – V R 19/96, BStBl. II 2010, 307, worin der BFH im Anschluss an das erstinstanzliche Urteil des FG Niedersachsen v. 4.1.1996 – V 26/92, EFG 1996, 347, Versorgungseinrichtungen von Mobilheimplätzen als Betriebsvorrichtungen i.S.d. § 4 Nr. 12 Satz 2 UStG einordnete, obwohl die Mobilheimplätze von den Mietern für Freizeitzwecke, d.h. nicht gewerblich genutzt wurden. Vgl. auch BFH, Beschl. v. 7.5.2014 – V B 94/13, BFH/NV 2014, 1242, im zugrunde liegenden Sachverhalt wurde eine Sporthalle für Zwecke des Sportunterrichts (hoheitliche Tätigkeit) langfristig an eine Schule und damit einen nicht-gewerblichen Mieter vermietet. Der BFH ging dennoch, allerdings ohne weitere Erläuterungen, von der Mitvermietung von Betriebsvorrichtungen aus.

anlagen sind unter keinen Umständen Betriebsvorrichtungen.[1] Ein Gebäude ist ein Bauwerk, das Menschen oder Sachen durch räumliche Umschließung Schutz gegen Witterungseinflüsse gewährt, den bestimmungsgemäßen Aufenthalt von Menschen gestattet, fest mit dem Boden verbunden, von einiger Beständigkeit und ausreichend standfest ist.[2] Ein Getreidesilo, dessen Außenwände nur aus der Behälterumwandlung bestehen, ist Betriebsvorrichtung und nicht Gebäude, weil es nicht zum bestimmungsgemäßen Aufenthalt von Menschen geeignet ist. Bei Lieferung von **Inventar**, z.B. Mobiliar, Bestuhlungen o.ä. im Zusammenhang mit einer Grundstücksveräußerung liegt ein einheitlicher Leistungsgegenstand, der nach § 4 Nr. 9 Buchst. a UStG steuerfrei ist, zumindest dann vor, wenn es sich hierbei um einen wesentlichen Bestandteil der veräußerten Grundstücke bzw. Gebäude (wie z.B. Wände, Treppen, Fenster, Duschen) handelt. Bei der Inventarlieferung handelt es sich abhängig von den Umständen des Einzelfalls ggf. nicht um eine unselbständige Nebenleistung, die das Schicksal der Hauptleistung (Grundstückslieferung) teilt. Inventarlieferungen können umsatzsteuerpflichtig sein, soweit es sich nicht um wesentliche Bestandteile handelt.[3]

128 Werden bspw. im Bauträgervertrag möblierte **Studentenapartments** veräußert, fällt nach bisheriger Praxis hinsichtlich des Inventars (soweit es kein wesentlicher Bestandteil ist) – weil insoweit § 4 Nr. 9 Buchst. a UStG nicht anwendbar ist – Umsatzsteuer an.

129 Werden zusammen mit einem bebauten Grundstück auch Betriebsvorrichtungen, Zubehör und Mobiliar etc. verkauft, ist die **folgende vertragliche Regelung** denkbar: „Sofern neben den verkauften Grundstücken weitere Vermögenswerte übertragen werden, deren Veräußerung nicht nach § 4 Nr. 9 Buchst. a UStG umsatzsteuerfrei ist oder bei denen die Steuerschuld nicht nach § 13b UStG auf den Käufer übergeht, wird die Umsatzsteuer gesetzlich vom Verkäufer geschuldet. Die Umsatzsteuer erhöht den Kaufpreis, insoweit als dem Käufer hierfür ein Vorsteuerabzug zusteht. Der Verkäufer wird dem Käufer hierüber eine Rechnung ausstellen, die den Anforderungen von § 14 UStG entspricht, insbesondere mit gesondertem Ausweis der anfallenden Umsatzsteuer. Ungeachtet dessen gehen die Parteien bei Vertragsschluss davon aus, dass keine solchen Vermögenswerte vorhanden sind oder ihnen jedenfalls kein wirtschaftlicher Wert beizumessen ist." Wenn die Lieferung von Grundstück und Betriebsvorrichtungen umsatzsteuerrechtlich eine einheitliche Leistung darstellt und der Leistende wirksam in Bezug auf diese gesamte Leistung optiert, gilt die Umkehr der Umsatzsteuerschuldnerschaft nach § 13b Abs. 5 Satz 1, Abs. 2 Nr. 3 UStG einheitlich, d. h. nicht nur in Bezug auf das Grundstück, sondern auch in Bezug auf die Betriebsvorrichtungen, m.E. unabhängig davon, welcher Bestandteil die Hauptleistung ist.

2. Belegenheit im Inland

130 § 4 Nr. 9 Buchst. a UStG kommt zudem lediglich dann zur Anwendung, wenn das Grundstück im Inland belegen ist. Dies ergibt sich aus dem Verweis auf das GrEStG, das nach § 1 Abs. 1 GrEStG nur auf **inländische Grundstücke** Anwendung findet. Der Inlandsbegriff des GrEStG ist umfassender als der umsatzsteuerliche Inlandsbegriff i.S.d. § 1 Abs. 2 Satz 1 UStG und umfasst daher auch die von § 1 Abs. 2 Satz 1 UStG ausgeschlossenen Gebiete (Büsingen, Helgoland, Freihäfen).

1 Vgl. *Heidner* in Bunjes[22], § 4 Nr. 9 UStG Rz. 9.
2 Vgl. BFH, Urt. v. 24.5.1963 – III 140/60 U, BStBl. III 1963, 376.
3 Vgl. FG München, Urt. v. 16.4.2013 – 2 K 3443/10, UVR 2013, 234. Vgl. aber auch EuGH, Urt. v. 19.12.2018 – C-17/18, ECLI:EU:C:2018:1038 – Mailat, UR 2019, 97.

§ 4 Nr. 9 Buchst. b [Umsätze, die unter das RennwLottG fallen]

Von den unter § 1 Abs. 1 Nr. 1 fallenden Umsätzen sind steuerfrei:

…

9. a) …

b) die Umsätze, die unter das Rennwett- und Lotteriegesetz fallen. [2]Nicht befreit sind die unter das Rennwett- und Lotteriegesetz fallenden Umsätze, die von der Rennwett- und Lotteriesteuer befreit sind oder von denen diese Steuer allgemein nicht erhoben wird;

…

Schrifttum: *Dziadkowski*, Verrechnung der Umsatzsteuer mit Länder-Spielbankabgaben systemwidrig?, UR 2019, 840; *Dziadkowski*, Zur Umsatzbesteuerung von Geldspielautomatenumsätzen, UR 2020, 445; *Ismer*, Die mehrwertsteuerliche Bemessungsgrundlage bei Glückspielen, MwStR 2016, 99.

A. Grundaussagen

I. Regelungsgegenstand und Bedeutung

§ 4 Nr. 9 Buchst. b UStG befreit die Umsätze, die unter das Rennwett- und Lotteriegesetz (RennwLottG)[1] fallen, von der Umsatzsteuer. **Anders als bei der Steuerbefreiung in Buchstabe a reicht die Steuerbarkeit derartiger Umsätze allein nicht aus** (§ 4 Nr. 9 Buchst. a Rz. 1). Vielmehr verlangt § 4 Nr. 9 Buchst. b Satz 2 UStG, dass die fraglichen Umsätze nach dem RennwLottG steuerpflichtig sind. 1

Der Gesetzgeber des **UStG 1967** wollte mit der Regelung eine **Doppelbelastung** mit Rennwett- und Lotteriesteuer (sowie seinerzeit noch der Spielbankabgaben) einerseits und mit Umsatzsteuer andererseits vermeiden.[2] Dieser Zweck besteht zwar weiterhin, wird jedoch durch die Notwendigkeit der **Umsetzung des** später in Kraft getretenen **Unionsrechts** überlagert (Rz. 3 ff.). 2

II. Unionsrechtliche Grundlagen

1. Überblick

Die nationale Regelung setzt die **unionsrechtliche Vorgabe in Art. 135 Abs. 1 Buchst. i MwStSystRL** um. Danach sind Wetten, Lotterien und sonstige Glücksspiele mit Geldeinsatz von der Steuer befreit, 3

1 RennwLottG v. 25.6.2021, BGBl. I 2021, 2065, ersetzt mit Wirkung zum 1.7.2021 das Gesetz v. 8.4.1922, RGBl. I 1922, 335, 393, zuletzt geändert durch Art. 29 des sog. JStG 2019 v. 12.12.2019, BGBl. I 2019, 2451.

2 Schriftlicher Bericht zu BT-Drucks. V/1581, 11.

und zwar unter den Bedingungen und Beschränkungen, die von jedem Mitgliedstaat festgelegt werden.

4 Nach der Rechtsprechung des EuGH ist die **Befreiungsvorschrift technischer Natur**, da sich Rennwetten, Lotterien und sonstige Glücksspiele mit Geldeinsatz schlecht für die Anwendung der Mehrwertsteuer eignen.[1] Zweck der Steuerbefreiung ist jedenfalls **nicht** die **Förderung des Glücksspiels.**[2]

2. Weitgehendes Ermessen der Mitgliedstaaten bei der Umsetzung

5 Der **Wortlaut der Richtlinie ist weiter gefasst** als § 4 Nr. 9 Buchst. b UStG, da nicht nur (Renn-) Wetten und Lotterien, sondern grundsätzlich auch „sonstige Glücksspiele mit Geldeinsatz" von dem Befreiungstatbestand erfasst werden. Zu beachten ist allerdings einerseits, dass die zum 1.7.2021 in Kraft getretenen Neuregelungen des RennwLottG auch virtuelles Automatenspiel und Online-Poker erfassen. Andererseits geht die EuGH-Rechtsprechung davon aus, dass der nationale Gesetzgeber nicht sämtliche Glücksspiele von der Umsatzsteuer befreien muss.[3] Vielmehr steht es im Rahmen der Wettbewerbsgleichheit (Rz. 6) in der **freien Entscheidung der Mitgliedstaaten, welche Arten von Glücksspielen befreit werden sollen und welche nicht.**[4]

6 **Entscheidend ist** für den EuGH allein, dass Glücksspiele, die im **Wettbewerb** zueinander stehen, steuerlich gleichbehandelt werden.[5] Glücksspiele stehen dann im Wettbewerb zueinander, wenn aus Sicht eines Durchschnittsverbrauchers diese vergleichbar sind und dieselben Bedürfnisse befriedigen, wobei Gesichtspunkte wie Höchst- oder Mindesteinsätze sowie Gewinnchancen berücksichtigt werden können.[6]

7 M.E. ist das Ermessen allerdings neben dem Wettbewerbsgedanken auch durch das **Übermaßverbot** begrenzt.[7] Soweit bei einem Glücksspiel die Spieleinsätze als Gegenleistung für die Einräumung einer Gewinnchance angesehen und entsprechend besteuert werden (Rz. 15), könnte die Erhebung von Mehrwertsteuer auf die Einsätze bei entsprechend geringen Margen wirtschaftlich betrachtet eine erdrosselnde Wirkung haben (die Mehrwertsteuer wäre um ein mehrfaches höher als die Marge).[8] Dieser Umstand muss, soweit er bei der Auslegung der Bemessungsgrundlage nicht berücksichtigt werden kann, m.E. dazu führen, dass der Gesetzgeber das betreffende Glücksspiel unter die Steuerbefreiung fassen muss, da es sich eben schlecht für die Anwendung der Mehrwertsteuer eignet.

3. Bedeutung der Doppelbelastung mit Verkehrsteuern

8 Anders als beim UStG 1967 spielt die **Doppelbelastung mit Verkehrsteuern** aus Sicht des Unionsrechts keine Rolle. Vielmehr ist es nach Art. 401 MwStSystRL möglich, neben der Mehrwertsteuer

1 EuGH, Urt. v. 10.11.2011 – C-259/10 und C-260/10, ECLI:EU:C:2011:719 – The Rank Group, UR 2012, 104, Rz. 39; EuGH, Urt. v. 10.6.2010 – C-58/09, ECLI:EU:C:2010:333 – Leo-Libera, UR 2010, 494, Rz. 24; EuGH, Urt. v. 13.7.2006 – C-89/05, ECLI:EU:C:2006:469 – United Utilities, UR 2006, 521, Rz. 23.

2 Siehe etwa EuGH, Urt. v. 13.7.2006 – C-89/05, ECLI:EU:C:2006:469 – United Utilities, UR 2006, 521, Rz. 23.

3 EuGH, Urt. v. 10.6.2010 – C-58/09, ECLI:EU:C:2010:333 – Leo-Libera, UR 2010, 494, Rz. 27.

4 EuGH, Urt. v. 10.6.2010 – C-58/09, ECLI:EU:C:2010:333 – Leo-Libera, UR 2010, 494, Rz. 39; bestätigt durch EuGH, Urt. v. 24.10.2013 – C-440/12, ECLI:EU:C:2013:687 – Metropol Spielstätten, UR 2013, 866 m. Anm. *Dobratz*, Rz. 29.

5 EuGH, Urt. v. 10.6.2010 – C-58/09, ECLI:EU:C:2010:333 – Leo-Libera, UR 2010, 494.

6 EuGH, Urt. v. 10.11.2011 – C-259/10 und C-260/10, ECLI:EU:C:2011:719 – The Rank Group, UR 2012, 104, Rz. 58.

7 Das Übermaßverbot ist als unionsrechtlicher Grundsatz für das Mehrwertsteuerrecht anerkannt, siehe etwa EuGH, Urt. v. 21.2.2008 – C-271/06, ECLI:EU:C:2008:105 – Netto Supermarkt, UR 2008, 508, Rz. 19 f.; EuGH, Urt. v. 26.10.2010 – C-97/09, ECLI:EU:C:2010:632 – Schmelz, UR 2011, 32, Rz. 58. Hier lässt sich der Gedanke m.E. auf die Feststellung des EuGH zurückführen, dass sich Glücksspiele für die Anwendung der Mehrwertsteuer schlecht eignen, EuGH, Urt. v. 10.11.2011 – C-259/10 und C-260/10, ECLI:EU:C:2011:719 – The Rank Group, UR 2012, 104, Rz. 39; EuGH, Urt. v. 10.6.2010 – C-58/09, ECLI:EU:C:2010:333 – Leo-Libera, UR 2010, 494, Rz. 24; EuGH, Urt. v. 13.7.2006 – C-89/05, ECLI:EU:C:2006:469 – United Utilities, UR 2006, 521, Rz. 23.

8 Ders. Auffassung: EuGH, Schlussanträge des Generalanwalts *Jacobs* v. 20.3.1997 – C-283/95, ECLI:EU:C:1997:167 – Fischer, Rz. 53 ff. In diese Richtung auch *Ismer*, MwStR 2016, 99 (108).

auch besondere Verkehrsteuern auf Spiele und Wetten zu erheben, sofern diese keinen Charakter von Umsatzsteuern aufweisen, wie z.B. bei der Vergnügungsteuer.[1]

III. Verhältnis zu anderen Vorschriften und Rechtsentwicklung

1. Verhältnis zu anderen Vorschriften

a) Steuerbarkeit der Umsätze

Nach der jüngeren EuGH-Rechtsprechung zur Nichtsteuerbarkeit von **Preisgeldern bei Pferderennen**[2] ist die Frage aufgekommen, ob Glücksspiele gegen Geldeinsatz steuerbar sind. Der BFH hat dies abermals bejaht und damit seine frühere Rechtsprechung bestätigt.[3] Unter Hinweis auf die allgemeine Glücksspiel-Definition in § 3 GlüStV geht der BFH davon aus, dass der Anbieter von Glücksspielen dem Spieler eine **Gewinnchance** einräumt und hierfür **als Gegenleistung den Spieleinsatz** erhält. Die Zufallsabhängigkeit des Spielgewinns steht dem nicht entgegen. Er stützt sich dabei auch auf die frühere EuGH-Rechtsprechung zu Glücksspielautomaten.[4] In Bezug auf das EuGH-Urteil *Bastova* stellt der BFH klar, dass sich die Besteuerung des Glücksspielanbieters und des Spielers unterschieden können.[5] Der BFH deutet an, dass auch zu berücksichtigen ist, dass ein gewerblicher Glückspielanbieter einen Überschuss der Spieleinsätze über die ausgezahlten Gewinne kalkuliert und zieht dabei Parallelen zu Wirtschaftsbeteiligten, die mit dem Verfall von Guthaben auf Guthabenkarten rechnen (§ 1 Rz. 88).[6] 9

Einigkeit besteht darüber, dass **auch illegale Glücksspiele** steuerbar sind (§ 1 Rz. 71).[7] 10

b) Kommissionär

Während Vermittlungsleistungen steuerpflichtig sind, besteht für **Kommissionäre** gemäß § 3 Abs. 11 UStG die Möglichkeit steuerfreie Umsätze zu erbringen.[8] 11

c) Leistungsort

Besteuert wird die Leistung **grundsätzlich am Sitzort des Leistenden** (§ 3a Abs. 1 Satz 1 UStG), da die Spieler regelmäßig nicht als Unternehmer im Rahmen eines Unternehmens handeln (§ 3a Rz. 35 ff.). 12

Sofern Glücksspiele über das **Internet** angeboten werden (bspw. bei Online-Casinos, Sportwetten), liegt hierin eine **auf elektronischem Wege erbrachte sonstige Leistung** gemäß § 3a Abs. 5 Satz 2 Nr. 3 UStG, deren Ort sich nach der Ansässigkeit des Leistungsempfängers richtet (§ 3a Rz. 296 ff.).[9] Die Veranstaltung einer Zweitlotterie mit manueller Übertragung der Ergebnisse wird dagegen nicht als elektronisch erbrachte Leistung eingestuft.[10] 13

1 EuGH, Urt. v. 24.10.2013 – C-440/12, ECLI:EU:C:2013:687 – Metropol Spielstätten, UR 2013, 866 m. Anm. *Dobratz*, Rz. 29.
2 EuGH, Urt. v. 10.11.2016 – C-432/15, ECLI:EU:C:2016:855 – Bastova, UR 2016, 913, Rz. 37.
3 BFH, Urt. v. 11.12.2019 – XI R 13/18, BStBl. II 2020, 296 = UR 2020, 460, Rz. 21. S. zu diesem Urteil *Dziadkowski*, UR 2020, 445 ff. So bereits früher BFH, Urt. v. 30.8.2017 – XI R 37/14, BStBl. II 2019, 336 = UR 2017, 956, Rz. 21; BFH, Beschl. v. 22.2.2017 – V B 122/16, BFH/NV 2017, 772; Abschn. 1.1 Abs. 25 UStAE.
4 EuGH, Urt. v. 5.5.1994 – C-38/93, ECLI:EU:C:1994:188 – Glawe, UR 1994, 308, Rz. 13.
5 BFH, Urt. v. 11.12.2019 – XI R 13/18, BStBl. II 2020, 296 = UR 2020, 460, Rz. 33.
6 BFH, Urt. v. 26.6.2019 – V R 64/17, BStBl. II 2019, 640 = UR 2019, 693, Rz. 24. M.E. kann insoweit auch auf die Besteuerung von Devisenhändlern verwiesen werden: EuGH, Urt. v. 14.7.1998 – C-172/96, ECLI:EU:C:1998:354 – First National Bank of Chicago, UR 1998, 456.
7 EuGH, Urt. v. 17.2.2005 – C-453/02 und C-462/02, ECLI:EU:C:2005:92 – Linneweber und Akritidis, UR 2005, 194 m. Anm. *Birk/Jahndorf*, Rz. 30.
8 EuGH, Urt. v. 14.7.2011 – C-464/10, ECLI:EU:C:2011:489 – Henfling, UR 2012, 470.
9 Anhang II zu Art. 58 Abs. 1 Buchst. c MwStSystRL; Abschn. 3a.12 Abs. Nr. 7 UStAE.
10 BFH, Urt. v. 3.8.2022 – XI R 36/19, BFH/NV 2023, 152 = UR 2023, 223.

d) Keine Optionsmöglichkeit, kein Vorsteuerabzug

14 Anders als bei Grundstückstransaktionen i.S.d. § 4 Nr. 9 Buchst. a UStG kann nicht zur Steuerpflicht optiert werden, da die Vorschrift in **§ 9 Abs. 1 UStG nicht erwähnt** wird. Insofern ist wegen des Abzugsverbotes in § 15 Abs. 2 Nr. 1 UStG ein steuerbefreiter Spielveranstalter stets mit Vorsteuer belastet. Zumindest insoweit besteht eine **Doppelbelastung** mit Umsatzsteuer und der Steuer nach dem RennwLottG.

e) Bemessungsgrundlage

15 Sofern Glücksspielumsätze nicht unter die Steuerbefreiung fallen, wird als **Bemessungsgrundlage grundsätzlich** der **Spieleinsatz** herangezogen (§ 10 Abs. 1 Satz 2 UStG).

16 Wenn **allerdings**, wie z.B. bei **Geldspielautomaten**, eine **gesetzliche Vorschrift** eine betragsmäßige **Mindestgewinnausschüttung** an einen Spieler vorsieht und die Beträge abgesondert werden, soll dieser Gewinn **von der Bemessungsgrundlage abgezogen** werden.[1] Bei der Ermittlung der Bemessungsgrundlage ist es ausreichend, den Kassenbestand (und nicht etwa jeden einzelnen Spieleinsatz) zugrunde zu legen (§ 10 Rz. 29).[2]

17 Bei Spielen, die zwar nicht rechtlich, allerdings aufgrund **mathematischer Gesetze** zu einer Mindestausspielung führen (wie etwa beim Roulette 97,3 %), scheinen diese Grundsätze indes nicht zu gelten, jedenfalls hat der EuGH bei einer Ausspielung die gewährten Gewinne nicht von den Spieleinsätzen abgezogen.[3] Im Schrifttum wird völlig zu Recht gefordert, die Grundsätze des EuGH einschränkend auszulegen und die Umsatzsteuer nur auf den Kassenbestand zu erheben.[4] Hierfür kann das Vorgehen bei Devisengeschäften herangezogen werden.[5] Ohne diese Beschränkung würde es zu einer **Übermaßbesteuerung** kommen (wenn z.B. beim Roulette auf einen Spieleinsatz von 100 eine Umsatzsteuer von 16 abzuführen wäre und gleichzeitig 97,3 aufgrund der mathematischen Gesetze ausgespielt werden).

2. Rechtsentwicklung

18 Die Vorschrift besteht bezüglich der Umsätze, die dem RennwLottG unterliegen unverändert seit dem UStG 1967.[6]

19 Allerdings sah die ursprüngliche Fassung daneben auch eine Befreiung von Umsätzen der zugelassenen **öffentlichen Spielbanken** vor, die durch den Betrieb der Spielbank bedingt sind. Dies wurde mit Wirkung zum 6.5.2006 aufgehoben.[7] Die Streichung ist auf ein EuGH-Urteil zurückzuführen, in dem § 4 Nr. 9 Buchst. b UStG a.F. insoweit für unionsrechtswidrig erklärt worden ist.[8] Als Reaktion darauf wird nunmehr bei der Bemessung der Spielbankabgaben die Umsatzsteuer angerechnet.[9] Der EuGH hat dies nicht beanstandet.[10] Im Schrifttum wird nun diskutiert, ob deshalb eine Konkurrentenklage gegen die Festsetzung der Spielbankenabgabe möglich ist.[11]

---

1 EuGH, Urt. v. 5.5.1994 – C-38/93, ECLI:EU:C:1994:188 – Glawe, UR 1994, 308, Rz. 13; EuGH, Urt. v. 19.7.2012 – C-377/11, ECLI:EU:C:2012:503 – International Bingo Technology, UR 2012, 803, Rz. 28.

2 EuGH, Urt. v. 24.10.2013 – C-440/12, ECLI:EU:C:2013:687 – Metropol Spielstätten, UR 2013, 866 m. Anm. *Dobratz*, Rz. 44.

3 EuGH, Urt. v. 17.9.2002 – C-498/99, ECLI:EU:C:2002:494 – Town & County Factors, UR 2002, 510, Rz. 30.

4 *Ismer*, MwStR 2016, 99 (108).

5 EuGH, Urt. v. 14.7.1998 – C-172/96, ECLI:EU:C:1998:354 – First National Bank of Chicago, UR 1998, 456.

6 Zur Rechtsentwicklung vor 1967 *Klenk* in Rau/Dürrwächter, § 4 Nr. 9 UStG Rz. 133 (Stand: Oktober 2011).

7 Gesetz v. 28.4.2006, BGBl. I 2006, 1095.

8 EuGH, Urt. v. 17.2.2005 – C-453/02 und C-462/02, ECLI:EU:C:2005:92 – Linneweber und Akritidis, UR 2005, 194 m. Anm. *Birk/Jahndorf*, Rz. 30.

9 Ausführliche Darstellung bei *Dziadkowski*, UR 2020, 445.

10 EuGH, Urt. v. 24.10.2013, C-440/12, ECLI:EU:C:2013:687 – Metropol Spielstätten, UR 2013, 866 m. Anm. *Dobratz*, Rz. 44; Krit. dazu *Dziadkowski*, UR 2019, 840.

11 *Dziadkowski*, UR 2020, 445 (448).

B. Umsätze, die unter das Rennwett- und Lotteriegesetz fallen (Nr. 9 Buchst. b Satz 1)

I. Überblick

§ 4 Nr. 9 Buchst. b UStG befreit die Umsätze, die unter das RennwLottG fallen, von der Umsatzsteuer. Unter das RennwLottG fallen **Rennwetten** (§§ 8–15 RennwLottG), **Sportwetten** (§§ 16–25 RennwLottG), **Lotterien inkl. Zweitlotterien und Ausspielungen** (§§ 26–35 RennwLottG), **virtuelles Automatenspiel** (§§ 36–45 RennwLottG) sowie **Online-Poker** (§§ 46–55 RennwLottG). 20

Durch die Anknüpfung an das RennwLottG wird bewirkt, dass die **Umsätze entweder nach dem RennwLottG oder nach dem UStG besteuert** werden. Es genügt jedoch – anders als bei § 4 Nr. 9 Buchst. a UStG – nicht, dass die Umsätze nach dem RennwLottG steuerbar sind. Sie dürfen zudem nicht steuerbefreit sein (§ 4 Nr. 9 Buchst. b Satz 2 UStG, Rz. 40 ff.). 21

II. Rennwetten

Bei nach dem RennwLottG steuerbaren **Rennwetten** handelt es sich **einerseits** um **Totalisatorwetten** anlässlich öffentlicher Pferderennen und anderer öffentlicher Leistungsprüfungen für **Pferde** (§ 8 RennwLottG) und **andererseits** um **Buchmacherwetten** anlässlich öffentlicher Leistungsprüfungen für **Pferde** (§§ 2, 11 RennwLottG), die jeweils von im Inland ansässigen Personen angeboten werden. Der jeweilige Steuersatz beträgt 5,3 % vom Wetteinsatz abzüglich der Rennwettsteuer. 22

Totalisatoren erstellen Wettangebote auf gewisse Pferde an potenzielle Kunden dergestalt, dass sie die Summe aller Wetteinsätze (nach Steuern und Gewinn) durch die Summe aller auf das jeweilige Pferd anfallende Wetten teilen. Die sich hieraus ergebende Quote wird im Falle eines Pferdesiegs mit dem an den Totalisator hingegebenen Wetteinsatz multipliziert.[1] 23

Buchmacher unterscheiden sich von Totalisatoren insbesondere dadurch, dass sie nicht etwa für einen Dritten Wetteinsätze zusammenführen und daraus Quoten errechnen.[2] Vielmehr schließen sie im eigenen Namen und auf eigene Rechnung eine Wette gegen jeden Wettenden ab und sind damit selbst gegenüber den Wettenden verpflichtet, einen etwaigen Gewinn auf eigene Kosten an den Wettenden auszuschütten.[3] Buchmacher, die lediglich als Wettvermittler auftreten, lagen nach der früheren Fassung des RennwLottG außerhalb des Anwendungsbereichs des RennwLottG.[4] Die Folge davon ist, dass die Steuerbefreiung in § 4 Nr. 9 Buchst. b UStG keine Anwendung findet und die aus der Vermittlung erhaltenen Provisionen voll umsatzsteuerpflichtig zu behandeln sind.[5] Da § 8 RennwLottG n.F. weiter auf „gehaltene" Wetten Bezug nimmt, dürften Vermittlungen weiterhin ausgenommen sein. 24

Rennwetten, die sich auf ein Rennen mit **anderen Tieren als Pferden** beziehen (z.B. Brieftauben), sind von der Befreiungsvorschrift nicht erfasst.[6] 25

Für die Steuerbefreiung nach § 4 Nr. 9 Buchst. b UStG macht es dabei keinen Unterschied, ob die Wette bei einem legalen oder **illegalen Rennwettbetrieb** abgeschlossen worden ist, da auch bei illegalen Betrieben gemäß § 12 RennwLottG Rennwettsteuer anfällt.[7] 26

1 Hierzu *Steegmann*, Rennwett- und Lotteriegesetz, 2012, § 1 Rz. 1.
2 *Huschens* in Schwarz/Widmann/Radeisen, § 4 Nr. 9 UStG Rz. 135 (Stand: Januar 2023).
3 *Klenk* in Rau/Dürrwächter, § 4 Nr. 9 UStG Rz. 143 (Stand: Oktober 2011); *Huschens* in Schwarz/Widmann/Radeisen, § 4 Nr. 9 UStG Rz. 135 (Stand: Januar 2023).
4 RFH, Urt. 6.5.1924 – II F 2/24, RFHE 13, 340; *Leipold* in Sölch/Ringleb, § 4 Nr. 9 UStG Rz. 64 (Stand: Oktober 2020).
5 *Klenk* in Rau/Dürrwächter, § 4 Nr. 9 UStG Rz. 142 (Stand: Oktober 2011).
6 BFH, Urt. v. 18.8.2005 – V R 42/02, BStBl. II 2007,131 = UR 2005, 30.
7 Zur Wettbewerbsneutralität von legalen und illegalen Angeboten (Roulette) vgl. EuGH, Urt. v. 11.6.1998 – C-283/95, ECLI:EU:C:1998:276 – Fischer, UR 1998, 384, Rz. 31.

III. Lotterien und Ausspielungen

27 Lotteriesteuerpflichtig sind im Inland öffentlich veranstaltete Lotterien und Ausspielungen (§ 26 Abs. 1 RennwLottG).

28 Eine **Lotterie** bezeichnet ein Glücksspiel, bei dem einer Mehrzahl von Personen die Möglichkeit eröffnet wird, nach einem bestimmten Plan gegen ein bestimmtes Entgelt die Chance auf einen **Geldgewinn** zu erlangen.[1] **Ausspielungen** sind Lotterien, bei denen die Chance auf Erhalt eines **Sachgewinns** besteht.[2]

29 § 26 Abs. 1 RennwLottG setzt ausdrücklich voraus, dass Lotterien und Ausspielungen **öffentlich im Inland** veranstaltet werden. Nach § 26 Abs. 1 Satz 2 RennwLottG ist das der Fall, wenn entweder der Veranstalter der Lotterie oder Ausspielung bei Abschluss des Spielvertrages seinen Wohnsitz, gewöhnlichen Aufenthalt, Ort der Geschäftsleitung oder Sitz im Inland[3] hat oder der Spieler die zur Entstehung des Spielvertrages mit einem im Ausland ansässigen Veranstalter erforderlichen Handlungen im Inland vornimmt. Lotterien und Ausspielungen werden mit 20 % des geleisteten Teilnahmeentgelts ausschließlich der Steuer besteuert (§ 29, 27 Abs. 1 RennwLottG). Unter bestimmten Voraussetzungen werden die von Vermittlern und Losverkäufern zusätzlich erhobenen Entgelte bei der Berechnung der Steuer mitumfasst (§ 27 Abs. 3 RennwLottG).[4]

29.1 Findet die Lotterie oder Ausspielung ohne inländische ordnungsrechtliche Erlaubnis statt, wird neben dem Veranstalter auch derjenige gesamtschuldnerisch als Steuerschuldner herangezogen, der die Teilnahme an dieser öffentlichen Lotterie oder Ausspielung als Dritter ermöglich (§ 30 Abs. 2 RennwLottG).

IV. Sportwetten

30 Seit 2012 fallen durch das Gesetz zur Besteuerung von **Sportwetten** vom 29.6.2012[5] auch Sportwetten in den Anwendungsbereich des RennwLottG. Dies wird im neuen RennwLottG fortgeführt (nunmehr § 16 RennwLottG). Die Steuer beträgt seit 1.7.2021 5,3 % des Wetteinsatzes abzüglich der Sportwettsteuer (§ 17 Abs. 1 RennwLottG). Nach dem vorherigen Recht belief sich die Steuer auf 5 % des Wetteinsatzes. Nach der Rechtsprechung des BFH sind hierbei überwälzte Wettsteuern hinzuzurechnen.[6]

31 Bei einer „Sportwette" wird um den **Eintritt eines gewissen Sportergebnisses**, den **Eintritt gewisser Spielabschnitte oder** um eine **Kombination** von beidem gespielt.[7]

32 Sportwetten unterliegen dem RennwLottG, wenn diese **im Inland** veranstaltet werden (§ 16 Abs. 2 Nr. 1 RennwLottG). Das ist der Fall, wenn entweder der Veranstalter der Sportwette bei Abschluss des Wettvertrages seinen Wohnsitz, gewöhnlichen Aufenthalt, Ort der Geschäftsleitung oder Sitz im Inland hat oder der Wettende die zur Entstehung des Wettvertrages erforderlichen Handlungen im Inland vornimmt (§ 16 Satz 2 RennwLottG).

33 Steuerschuldner ist gemäß § 19 Abs. 1 Satz 1 RennwLottG der **Veranstalter**. Nur dieser kann sich auf die Steuerbefreiung in § 4 Nr. 9 Buchst. b UStG berufen.[8] Wer der Veranstalter ist, wurde durch das RennwLottG a.F. allerdings nicht geregelt. Nach ständiger Rechtsprechung ist derjenige als Veranstalter anzusehen, der die planmäßige Ausführung des gesamten Unternehmens selbst oder durch andere ins

1 § 3 Abs. 3 Glücksspielstaatsvertrag (GlüStV).
2 *Klenk* in Rau/Dürrwächter, § 4 Nr. 9 UStG Rz. 154 (Stand: Oktober 2011).
3 Aus sprachlichen Gründen wird hier und im Folgenden von „Inland" und nicht vom Geltungsbereich des Gesetzes gesprochen.
4 Vgl. auch *Grambeck*, USt direkt 16/2021, 18.
5 BGBl. I 2012, 1424.
6 BFH, Urt. v. 7.9.2021 – IX R 30/18, BStBl. II 2022, 146.
7 *Hildesheim* in Offerhaus/Söhn/Lange, § 4 Nr. 9 UStG Rz. 69b (Stand. Februar 2020); *Kraeusel* in Reiß/Kraeusel/Langer, § 4 Nr. 9 UStG Rz. 135 (Stand: November 2020).
8 *Leipold* in Sölch/Ringleb, § 4 Nr. 9 UStG Rz. 73 (Stand: Oktober 2020).

Werk setzt und dabei das Spiel- und Wettgeschehen maßgeblich mitgestaltet.[1] Nunmehr findet sich in § 19 Satz 2 RennwLottG selbst eine Definition, die mit der Definition der Rechtsprechung identisch ist.

Vermittler von Sportwetten sind dagegen Wettbüroinhaber, welche für z.B. im Ausland ansässige Wettbetreiber vermittelnd tätig sind.[2] Die Vermittlungsumsätze des Wettbüroinhabers sind in diesen Fällen nicht in Deutschland steuerbar.[3] Anders als z.B. bei § 4 Nr. 8 UStG sind (inländische) **Vermittlungsleistungen** im Übrigen **nicht umsatzsteuerbefreit**. 34

V. Virtuelles Automatenspiel

Durch die Neufassung des RennwLottG durch das Rennwett- und Lotteriegesetz vom 25.6.2021[4] wird erstmals auch das virtuelle Automatenspiel in den Katalog der Steuertatbestände aufgenommen. 35

Virtuelle Automatenspiele sind im Internet angebotene Nachbildungen terrestrischer Automatenspiele (§ 36 Satz 1 RennwLottG). Dies sind z.B. Online-Versionen von herkömmlichen Glückspielgeräten. Das terrestrische Automatenspiel sowie die im Internet angebotenen Nachbildungen des terrestrischen Automatenspiels unterliegen nicht der virtuellen Automatensteuer, wenn diese nur an bestimmten, ortsgebundenen Eingabegeräten gespielt werden können (§ 36 Satz 3 RennwLottG). 36

Virtuelle Automatenspiele unterliegen nur der virtuellen Automatensteuer, wenn sie im Inland veranstaltet werden. Davon ist auszugehen, wenn entweder der Veranstalter des virtuellen Automatenspiels bei Abschluss des Spielvertrages seinen Wohnsitz, gewöhnlichen Aufenthalt, Ort der Geschäftsleitung oder Sitz im Inland hat oder der Spieler die zur Entstehung des Spielvertrages erforderlichen Handlung im Inland vornimmt (§ 36 Satz 2 RennwLottG). 37

Der Steuersatz beträgt 5,3 % des geleisteten Spieleinsatzes abzüglich der virtuellen Automatensteuer (§§ 39, 37 RennwLottG). Der Veranstalter des virtuellen Automatenspiels schuldet die Steuer. Wer die planmäßige Ausführung des gesamten Unternehmens selbst oder durch andere ins Werk setzt und dabei das Spielgeschehen maßgeblich gestaltet, ist Veranstalter (§ 39 RennwLottG). 38

VI. Online-Poker

Ebenfalls im Zuge der Neufassung des RennwLottG durch das Rennwett- und Lotteriegesetz vom 25.6.2021[5] wurde die Besteuerung von Online-Poker in den Katalog der Steuertatbestände aufgenommen. 39

Online Poker sind Varianten des Pokerspiels ohne Bankhalter, bei denen an einem virtuellen Tisch gespielt wird. Demgegenüber sind alle Formen des terrestrischen Pokerspiels sowie solche mit Bankhalter an einem virtuellen Tisch nicht der Online-Pokersteuer zu unterwerfen. 40

Der Online-Pokersteuer unterliegen nur Online-Pokerspiele, die im Inland veranstaltet werden. Eine solche Veranstaltung liegt vor, wenn entweder der Veranstalter des Online-Pokers bei Abschluss des Spielvertrages seinen Wohnsitz, gewöhnlichen Aufenthalt, Ort der Geschäftsleitung oder Sitz im Inland hat oder der Spieler die zur Entstehung des Spielvertrages erforderlichen Handlungen im Inland vornimmt (§ 46 Satz 2 RennwLottG). 41

Der Steuersatz beträgt 5,3 % des geleisteten Spieleinsatzes abzüglich der Online-Pokersteuer (§§ 48, 47 RennwLottG). Der Veranstalter des Online-Pokerspiels schuldet die Steuer. Wer die planmäßige Aus- 42

1 BFH, Urt. v. 10.12.1970 – V R 50/67, BStBl. II 1971, 217 = UR 1971, 96, Rz. 10, sowie die dort angeführte Rechtsprechung des RFH; vgl. auch BT-Drucks. 17/8494, 8.

2 *Leipold* in Sölch/Ringleb, § 4 Nr. 9 UStG Rz. 72 (Stand: Oktober 2020); zu Vermittlern allgemein *Kraeusel* in Reiß/Kraeusel/Langer, § 4 Nr. 9 UStG Rz. 12 (Stand: November 2020).

3 BFH, Urt. v. 15.2.2017 – XI R 21/15, UR 2017, 502 (503).

4 BGBl. I 2021, 2065.

5 BGBl. I 2021, 2065.

führung des gesamten Unternehmens selbst oder durch andere ins Werk setzt und dabei das Spielgeschehen maßgeblich gestaltet, ist Veranstalter (§ 49 RennwLottG).

C. Ausnahme für Umsätze, die nach dem RennwLottG steuerfrei sind oder von denen diese Steuer allgemein nicht erhoben wird (Nr. 9 Buchst. b Satz 2)

43 Von der Steuerbefreiung ausgenommen sind gemäß § 4 Nr. 9 Buchst. b Satz 2 UStG diejenigen Umsätze, die nach dem RennwLottG steuerfrei sind oder von denen diese Steuer allgemein nicht erhoben wird.

44 In erster Linie betrifft dies die Steuerbefreiung von bestimmten Lotterien in § 28 RennwLottG.

45 Die Umsatzsteuerpflicht tritt auch in den Fällen ein, bei denen die Rennwett- oder Lotteriesteuer **allgemein nicht erhoben** wird. Damit sind die Fälle gemeint, bei denen von behördlicher Seite die Rennwett- oder Lotteriesteuer erlassen wird.[1]

§ 4 Nr. 10 [Versicherungsumsätze]

Von den unter § 1 Abs. 1 Nr. 1 fallenden Umsätzen sind steuerfrei:

…

10. a) die Leistungen auf Grund eines Versicherungsverhältnisses im Sinne des Versicherungsteuergesetzes. [2]Das gilt auch, wenn die Zahlung des Versicherungsentgelts nicht der Versicherungsteuer unterliegt,

b) die Leistungen, die darin bestehen, dass anderen Personen Versicherungsschutz verschafft wird;

…

Schrifttum: *Gries/Grünwald*, Garantiezusagen im Versicherungsteuer- und Umsatzsteuerrecht: Der Fragen- und Antworten-Katalog des BMF: Misslungen in Form und Inhalt, MwStR 2023, 283; *Pötters/Vobbe*, Garantie, Vollwartung oder doch Versicherung?, MwStR 2022, 727.

A. Grundaussagen

I. Regelungsgegenstand und Bedeutung

1. Regelungsgegenstand

1 § 4 Nr. 10 UStG befreit Leistungen aufgrund eines Versicherungsverhältnisses i.S.d. **VersStG** sowie die Verschaffung von Versicherungsschutz.

1 *Huschens* in Schwarz/Widmann/Radeisen, § 4 Nr. 9 UStG Rz. 4 (Stand: Januar 2023).

2. Bedeutung der Vorschrift

Die Norm verfolgt mit der Steuerbefreiung das Ziel eine **Doppelbesteuerung** von Versicherungsgeschäften durch VersSt und Umsatzsteuer zu **vermeiden.**[1] Im Gegensatz hierzu fehlt es an jeglicher Belastung, wenn zwar Umsätze im Zusammenhang mit Versicherungsverhältnissen vorliegen, diese jedoch nicht versicherungsteuerpflichtig sind. 2

II. Unionsrechtliche Grundlagen

Unionsrechtliche Grundlage der Steuerbefreiung nach § 4 Nr. 10 Buchst. a und b UStG ist Art. 135 Abs. 1 Buchst. a MwStSystRL (Art. 13 Teil B Buchst. a der 6. EG-Richtlinie), wonach Versicherungs- und Rückversicherungsumsätze einschließlich der dazugehörigen Dienstleistungen, die von Versicherungsmaklern und -vertretern erbracht werden, von der Mehrwertsteuer befreit sind. 3

Die Steuerfreiheit für Versicherungs- und Rückversicherungsumsätze wurde mittels § 4 Nr. 10 UStG in nationales Recht umgesetzt. Die Steuerfreiheit der dazugehörigen Dienstleistungen von Versicherungsmaklern und -vertretern wurde durch § 4 Nr. 11 UStG umgesetzt. 4

Der EuGH geht davon aus, dass der **Begriff** des Versicherungs- bzw. Rückversicherungsumsatzes **unionsrechtlich autonom auszulegen** ist. Demnach liegt ein Versicherungsumsatz vor, wenn ein Versicherer sich verpflichtet, einem Versicherten gegen vorherige Zahlung einer Prämie beim Eintritt des Versicherungsfalls die bei Vertragsschluss vereinbarte Leistung zu erbringen. Diese kann in einer Geld- oder Sachleistung bestehen.[2] Kein Versicherungsumsatz ist anzunehmen, wenn ein Geschäftsbesorger für einen Versicherer Teile oder eine Vielzahl von sog. „Backoffice-Tätigkeiten" übernimmt.[3] 5

§ 4 Nr. 10 UStG verweist demgegenüber für die Definition der befreiten Umsätze auf das VersStG, so dass es theoretisch zu Abweichungen kommen könnte. Im Rahmen möglicher Abweichungen wäre allerdings zu prüfen, ob und wie die Regelungen des VersStG umsatzsteuerlich unionsrechtskonform ausgelegt werden können. 6

III. Verhältnis zu anderen Vorschriften und Rechtsentwicklung

1. Verhältnis zu anderen Vorschriften

Die Steuerbefreiung setzt zunächst voraus, dass ein nach **§ 1 Abs. 1 Nr. 1 UStG** steuerbarer Umsatz vorliegt. Die Leistungen im Zusammenhang mit einem Versicherungsverhältnis erfolgen grundsätzlich gegen Zahlung einer Prämie und damit entgeltlich. 7

Die Ermittlung des Leistungsorts erfolgt gemäß **§ 3a UStG**. Explizit sind hierbei die **Sonderregelungen** in § 3a Abs. 4 Satz 1, § 3a Abs. 4 Satz 2 Nr. 6 Buchst. a und § 3a Abs. 6 Satz 1 Nr. 2 UStG zu berücksichtigen (§ 3a Rz. 216 ff., 245 ff., 325 ff.). 8

Da die Vorschrift in § 9 Abs. 1 UStG nicht aufgeführt ist, **kann auf die Steuerbefreiung nicht verzichtet werden.** Nach § 15 Abs. 2 Satz 1 Nr. 1 UStG führt die Steuerbefreiung nach § 4 Nr. 10 UStG beim Leistungsempfänger grundsätzlich zur **Versagung des Vorsteuerabzugs**. Als **Ausnahme** hierzu greift 9

---

1 EuGH, Urt. v. 25.2.1999 – C-349/96, ECLI:EU:C:1999:93 – CPP, UR 1999, 254, Rz. 23.

2 EuGH, Urt. v. 16.7.2015 – C-584/13, ECLI:EU:C:2015:488 – Mapfre asistencia compania internacional de seguros y reaseguros SA und Mapfre warranty SpA, UR 2015, 714, Rz. 26–28; EuGH, Urt. v. 22.10.2009 – C-242/08, ECLI:EU:C:2009:647 – SwissRe, BStBl. II 2011, 559, UR 2009, 891, Rz. 34; EuGH, Urt. v. 7.12.2006 – C-13/06, ECLI:EU:C:2006:765 – Kommission/Griechenland, UR 2007, 182, Rz. 10, 11; EuGH, Urt. v. 20.11.2003 – C-8/01, ECLI:EU:C:2003:621 – Taksatorringen, UR 2004, 82, Rz. 39; EuGH, Urt. v. 25.2.1999 – C-349/96, ECLI:EU:C:1999:93 – CPP, UR 1999, 254, Rz. 17, 18.

3 EuGH, Urt. v. 3.3.2005 – C-472/03, ECLI:EU:C:2005:135 – Arthur Andersen, UR 2005, 201 m. Anm. *Wäger*, Rz. 34; EuGH, Urt. v. 20.11.2003 – C-8/01, ECLI:EU:C:2003:621 – Taksatorringen, UR 2004, 82, Rz. 46; EuGH, Urt. v. 8.3.2001 – C-240/99, ECLI:EU:C:2001:140 – Skandia, UR 2001, 157, Rz. 43.

allerdings bei Leistungen mit **Drittlandsbezug** unter Umständen § 15 Abs. 3 UStG (§ 15 Rz. 254 ff. und Rz. 262 ff.).

10 Ein inhaltlicher Zusammenhang ergibt sich aus **§ 4 Nr. 11 UStG**, nach dem insbesondere Vermittlungsumsätze steuerbefreit sind (§ 4 Nr. 11 Rz. 1 ff.).

11 Nach **§ 4 Nr. 28 UStG** sind Lieferungen von Gegenständen steuerfrei, die der Unternehmer ausschließlich für eine nach § 4 Nr. 10 UStG steuerfreie Tätigkeit verwendet hat. (§ 4 Nr. 28 Rz. 22 ff.) Die Vorschrift gilt jedoch **nicht für sonstige Leistungen wie die Übertragung eines Bestands von Versicherungsverträgen.**[1]

12 Nach § 4 Nr. 10 Buchst. a UStG sind Leistungen aufgrund eines Versicherungsverhältnisses i.S.d. VersStG steuerfrei. Insofern sind das **VersStG 1996**[2] **und die VersStDV 1996**[3] **zu berücksichtigen**. Die Formulierung ist m.E. als dynamische Verweisung zu verstehen, so dass das VersStG in der jeweils gültigen Fassung maßgeblich ist. D.h. jede Änderung des VersStG führt auch zu einer Änderung der Umsatzbesteuerung.

2. Rechtsentwicklung

13 Seit 1980 ist die Vorschrift unverändert.[4]

B. Leistungen aufgrund eines Versicherungsverhältnisses (Nr. 10 Buchst. a)

I. Regelungsgegenstand

14 In § 4 Nr. 10 Buchst. a Satz 1 UStG werden alle Leistungen aufgrund eines Versicherungsverhältnisses i.S.d. VersStG umsatzsteuerfrei gestellt. Dies gilt gemäß § 4 Nr. 10 Buchst. a Satz 2 UStG unabhängig davon, ob die Zahlung des Versicherungsentgelts der VersSt unterliegt.

II. Versicherungsverhältnis i.S.d. VersStG (Nr. 10 Buchst. a Satz 1)

15 Nach **§ 1 Abs. 1 VersStG** unterliegt die Zahlung eines Entgelts aufgrund eines Vertrags oder auf sonstige Weise (z.B. durch Gesetz oder gerichtliche Entscheidung) entstandenen Versicherungsverhältnisses der VersSt. § 1 Abs. 2–4 VersStG sieht eigenständige Regelungen über die Aufkommenshoheit bei grenzüberschreitenden Versicherungsverhältnissen vor.

16 Für die nach § 4 Nr. 10 Buchst. a UStG steuerbefreiten Leistungen ist ein **unmittelbarer Zusammenhang zwischen der Leistungserbringung und dem Versicherungsverhältnis erforderlich**. Nicht aufgrund eines Versicherungsverhältnisses erbrachte Leistungen sind z.B. die Verwertung von versicherten Gegenständen durch den Versicherer oder sog. „Backoffice-Tätigkeiten", die darin bestehen, gegen Vergütung Dienstleistungen für ein Versicherungsunternehmen zu erbringen.[5] Dies gilt auch für Führungsleistungen bei Mitversicherungen.[6] Auch die Leistungen eines Asskuradeurs, der ein Versicherungsprodukt entwickelt und es an einen Versicherer lizensiert, begründen kein Versicherungsverhältnis, da der Assekuradeur in keiner vertraglichen Beziehung mit dem Versicherten steht.[7]

---

1 EuGH, Urt. v. 22.10.2009 – C-242/08, ECLI:EU:C:2009:647 – SwissRe, BStBl. II 2011, 559, UR 2009, 891, Rz. 61. Vgl. aber zum Verkauf „gebrauchter Lebensversicherungen" BFH, Urt. v. 5.9.2019 – V R 57/17, BStBl. II 2020, 356 = UR 2020, 64.

2 BGBl. I 1996, 22 = BStBl. I 1996, 65.

3 BGBl. I 1996, 28 = BStBl. I 1996, 71.

4 Zur Rechtsentwicklung davor vgl. *Klenk* in Rau/Dürrwächter, § 4 Nr. 10 UStG Rz. 9 ff. (Stand: August 2007).

5 RFH, Urt. v. 25.3.1931 – II A 149/31, RStBl. 1928, 201; EuGH, Urt. v. 3.3.2005 – C-472/03, ECLI:EU:C:2005:135 – Arthur Andersen, UR 2005, 201 m. Anm. *Wäger*, Rz. 34.

6 BFH, Urt. v. 24.4.2013 – XI R 7/11, BStBl. II 2013, 648 = UR 2014, 13.

7 EuGH, Urt. v. 25.3.2021 – C-907/19, ECLI:EU:C:2021:237 – Q-GmbH, UR 2021, 361.

16.1 Nach der EuGH-Rechtsprechung ist auch die Gewährung einer Garantie durch einen Dritten anlässlich des Kaufs eines Gebrauchtfahrzeugs als Versicherungsumsatz anzusehen.[1] Die FinVerw. sieht auf Grundlage der BFH-Rechtsprechung[2] die Verschaffung von Versicherungsschutz oder die entgeltliche Garantiezusage durch einen Kraftfahrzeughändler im Zusammenhang mit einer Fahrzeuglieferung nunmehr als eigenständige Leistung an.[3] Bei einer durch einen Kraftfahrzeughändler getätigten entgeltlichen Garantiezusage, wonach dieser im Garantiefall als Garantiegeber eine Geldleistung verspricht, handelt es sich um ein nach § 4 Nr. 10 Buchst. a UStG steuerfreies Versicherungsverhältnis i.S.d. VersStG. Gleiches gilt bezüglich des Versprechens einer Reparaturleistung durch den Garantiegeber.[4] Insoweit wird nicht mehr von einer steuerpflichtigen Leistung ausgegangen. Vor diesem Hintergrund besteht auch kein Vorsteuerabzugsrecht bezüglich der Kosten. Für die Praxis bedeutend ist die Übergangsregelung bezüglich der früheren Beurteilung durch die FinVerw. Nachdem zunächst eine Geltung der neuen Grundsätze ab 1.7.2021 vorgesehen war[5], wurde die Anwendung zunächst auf den 1.1.2022[6] und sodann auf den 1.1.2023 verschoben.[7] Später wurde die Ausführung seitens des BMF durch sog. „FAQ" ergänzt, was zeigt, dass in der Praxis zahlreiche Fragen ungeklärt bleiben.[8] Entscheidend ist in diesem Zusammenhang, ob es sich um eine Haupt- oder Nebenleistung handelt, so dass letztlich der Einzelfall entscheidend ist.[9]

III. Umsatzsteuerfreiheit unabhängig davon, ob VersSt anfällt (Nr. 10 Buchst. a Satz 2)

17 Die **Steuerbefreiung** für Leistungen aufgrund eines Versicherungsverhältnisses **gilt unabhängig davon, ob die Zahlung des Versicherungsentgelts der VersSt unterliegt**. Die VersSt fällt bei nicht steuerbaren Leistungen i.S.d. § 1 Abs. 2–4 VersStG (Auslandsgeschäfte) oder in den Fällen einer Steuerbefreiung (§ 4 VersStG)[10] nicht an. Die Umsatzsteuerbefreiung greift trotz der fehlenden Versicherungsteuerpflicht und kann in diesen Fällen zu einer doppelten Nichtbesteuerung führen, wobei aber stets eine Belastung mit nicht abziehbarer Vorsteuer verbleibt.

C. Verschaffung von Versicherungsschutz (Nr. 10 Buchst. b)

18 Die Verschaffung von Versicherungsschutz liegt vor, wenn der Unternehmer mit einem Versicherer einen **Versicherungsvertrag zugunsten eines Dritten** abschließt.[11] Dabei ist der Unternehmer als Versicherungsnehmer anzusehen, der Dritte als Versicherter. Die Ansprüche aus dem Versicherungsvertrag kann der Dritte unmittelbar gegenüber der Versicherung geltend machen.[12] Der EuGH geht ebenfalls davon aus, dass die Verschaffung von Versicherungsschutz unter die von der Mehrwertsteuer befreiten Umsätze zu fassen ist.[13]

1 EuGH, Urt. v. 16.7.2015 – C-584/13, ECLI:EU:C:2015:488 – Mapfre asistencia compania internacional de seguros y reaseguros SA und Mapfre warranty SpA, UR 2015, 714, Rz. 38.
2 BFH, Urt. v. 14.11.2018 – XI R 16/17, BStBl. II 2021, 461 = UR 2019, 227.
3 Abschn. 3.10 Abs. 6 Nr. 3 UStAE.
4 Abschn. 4.10.1 Abs. 4 Satz 3 UStAE.
5 BMF, Schr. v. 11.5.2021 – III C 3-S 7163/19/10001 :001, BStBl. I 2021, 781 = UR 2021, 527.
6 BMF, Schr. v. 18.6.2021 – III C 3-S 7163/19/10001 :001, BStBl. I 2021, 871 = UR 2021, 527 (529).
7 BMF, Schr. v. 18.10.2021 – III C 3-S 7163/19/10001 :001, BStBl. I 2021, 2142 = UR 2021, 922.
8 Zurecht krit. *Gries/Grünwald*, MwStR 2023, 283.
9 Dazu näher *Pötters/Vobbe*, MwStR 2022, 727.
10 Dies ist z.B. bei nachfolgenden Versicherungen der Fall: Arbeitslosenversicherungen (§ 4 Nr. 4 VersStG), Berufs- oder Erwerbsunfähigkeitsversicherungen (§ 4 Nr. 5 VersStG) oder Transportgüterversicherungen (§ 4 Nr. 10 VersStG).
11 BFH, Urt. v. 9.10.2002 – V R 67/01, BStBl. II 2003, 378 = UR 2003, 21; Abschn. 4.10.2 Abs. 1 Satz 1 UStAE.
12 BFH, Urt. v. 9.10.2002 – V R 67/01, BStBl. II 2003, 378 = UR 2003, 21.
13 EuGH, Urt. v. 25.2.1999 – C-349/96, ECLI:EU:C:1999:93 – CPP, UR 1999, 254, Rz. 21, 22.

19 Mit der Verschaffung von Versicherungsschutz für einen Dritten geht eine **Dreierkonstellation** einher. Während der Unternehmer gegenüber dem Dritten gemäß § 4 Nr. 10 Buchst. b UStG eine steuerfreie Leistung erbringt, liegt eine steuerfreie Versicherungsleistung des Versicherers an den Unternehmer gemäß § 4 Nr. 10 Buchst. a UStG vor.

20 Zwar fällt nach der EuGH-Rechtsprechung unter den unionsrechtlichen Begriff der Versicherungsumsätze auch die Verschaffung von Versicherungsschutz,[1] nichtsdestotrotz **bedarf es im deutschen Recht einer autonomen Regelung in § 4 Nr. 10 Buchst. b UStG**, weil für die Verschaffung von Versicherungsschutz das VersStG nicht greift und damit die Befreiung nicht unter § 4 Nr. 10 Buchst. a UStG fällt.

21 **Unter dem Begriff Versicherungsschutz werden jegliche Versicherungsarten subsumiert.**[2] Der Versicherungsschutz kann sich dabei sowohl auf einzelne Personen als auch auf Personengruppen erstrecken. Die im Rahmen der Verschaffung des Versicherungsschutzes für Dritte gewährte Steuerbefreiung nach § 4 Nr. 10 Buchst. b UStG greift somit u.a. bei Lebens-, Kranken-, Unfall-, Haftpflicht-, Hausrat- Kreditkarten-,[3] Garantie-[4] oder Reiserücktrittsversicherungen.[5] Unter den Begriff Versicherungsschutz fällt nicht die Vermögensverwaltung für ein betriebliches Altersversorgungssystem unter Ausschluss jeder Risikoübernahme.[6]

§ 4 Nr. 11 [Bausparkassenvertreter, Versicherungsvertreter und Versicherungsmakler]

Von den unter § 1 Abs. 1 Nr. 1 fallenden Umsätzen sind steuerfrei:

...

11. die Umsätze aus der Tätigkeit als Bausparkassenvertreter, Versicherungsvertreter und Versicherungsmakler;

...

Schrifttum: *Grambeck*, Versicherungsvermittlung via Internet, UR 2011, 365 ff.; *Haase/Dorn*, Tippgeber im Umsatzsteuerrecht, UR 2012, 257 ff.

1 EuGH, Urt. v. 25.2.1999 – C-349/96, ECLI:EU:C:1999:93 – CPP, UR 1999, 254, Rz. 19.
2 Abschn. 4.10.2 Abs. 1 Satz 2 UStAE.
3 EuGH, Urt. v. 25.2.1999 – C-349/96, ECLI:EU:C:1999:93 – CPP, UR 1999, 254.
4 BFH, Urt. v. 9.10.2002 – V R 67/01, BStBl. II 2003, 378 = UR 2003, 21.
5 BFH, Urt. v. 13.7.2006 – V R 24/02, BStBl. II 2006, 935 = UR 2006, 648.
6 EuGH, Urt. v. 8.10.2020 – C-235/19, ECLI:EU:C:2020:801 – United Biscuits, UR 2021, 590, Rz. 51.

A. Grundaussagen

I. Regelungsgegenstand und Bedeutung

1. Regelungsgegenstand

Die Regelung des § 4 Nr. 11 UStG befreit (berufstypische) Umsätze aus der Tätigkeit als Bausparkassenvertreter, Versicherungsvertreter und Versicherungsmakler von der Umsatzsteuer. Maßgeblich ist dabei auf die Art der Tätigkeit abzustellen. 1

2. Bedeutung der Vorschrift

Der Gesetzgeber des UStG 1967 hat die Vorschrift zum **Schutz der selbstständig tätigen Bausparkassenvertreter, Versicherungsvertreter und Versicherungsmakler** eingeführt. Die Erwägung hierbei war, dass bei einer Umsatzsteuerpflicht der Leistungen die Versicherungsunternehmen keinen Vorsteuerabzug vornehmen und daher geneigt sein können, nur noch angestellte Vermittler zu beschäftigen.[1] Zwischenzeitlich wird dies dadurch überlagert, dass der deutsche Gesetzgeber die Vorgaben des Unionsrechts umsetzen muss. 2

II. Unionsrechtliche Grundlagen

Unionsrechtliche Grundlage der Steuerbefreiung nach § 4 Nr. 11 UStG ist **Art. 135 Abs. 1 Buchst. a MwStSystRL** (Art. 13 Teil B Buchst. a der 6. EG-Richtlinie), wonach Versicherungs- und Rückversicherungsumsätze **einschließlich der dazugehörigen Dienstleistungen, die von Versicherungsmaklern und -vertretern erbracht werden**, von der Umsatzsteuer befreit sind. 3

Die Steuerfreiheit für Versicherungs- und Rückversicherungsumsätze wurde dabei mittels § 4 Nr. 10 UStG in nationales Recht transformiert. Die Steuerfreiheit der dazugehörigen Dienstleistungen von Versicherungsmaklern und -vertretern wurde mittels § 4 Nr. 11 UStG umgesetzt, wobei die Umsetzung darin bestand, dass die seit 1967 bestehende Vorschrift ab 1980 einfach unverändert fortgeführt wurde. 4

Aus Art. 135 Abs. 1 Buchst. a MwStSystRL ergibt sich zwar keine unionsrechtliche Grundlage für die in § 4 Nr. 11 UStG geregelte Steuerbefreiung von Umsätzen aus der **Tätigkeit als Bausparkassenvertreter**, sondern nur für Versicherungsmakler- und -vertreter. Der BFH geht zutreffend davon aus, dass diese Erweiterung jedoch nicht als unionsrechtswidrig anzusehen ist, da sie sich auf die Mehrwertsteuerbefreiung für die Vermittlung von Krediten und Einlagen gemäß Art. 135 Abs. 1 Buchst. b und d MwStSystRL stützen kann.[2] Allerdings bedeutet dies, dass die Umsätze dann auch unter die Steuerbefreiungen gemäß § 4 Nr. 8 Buchst. a und d UStG fallen, so dass die Aufzählung in § 4 Nr. 11 UStG überflüssig ist und bereinigt werden sollte, zumal damit unklar bleibt, ob auf die Steuerbefreiung gemäß § 9 Abs. 1 UStG verzichtet werden kann. 5

III. Verhältnis zu anderen Vorschriften und Rechtsentwicklung

1. Verhältnis zu anderen Vorschriften

Die Steuerbefreiung setzt voraus, dass es sich um einen nach **§ 1 Abs. 1 Nr. 1 UStG** steuerbaren Umsatz handelt. Auch bei einer allein erfolgsabhängigen Vergütung in Form einer Provision liegt eine entgeltliche Leistung vor (§ 1 Rz. 87). Bezüglich des Leistungsorts nach § 3a UStG gibt es keine Besonderheiten zu beachten. 6

Da § 4 Nr. 11 UStG in § 9 Abs. 1 UStG nicht genannt ist, **kann auf die Steuerbefreiung nicht verzichtet werden** (vgl. aber Rz. 9). Nach § 15 Abs. 2 UStG kommt es dadurch zu einem **Verlust des Vor-** 7

1 BT-Drucks. IV/1581, 5.
2 BFH, Urt. v. 10.6.1999 – V R 10/98, BStBl. II 1999, 686 = UR 1999, 454, Rz. 29.

steuerabzugsrechts. Allerdings kann bei einem **Drittlandsbezug** der Vorsteuerabzug nach § 15 Abs. 3 UStG möglich sein (§ 15 Rz. 254 ff. und Rz. 262 ff.).

8 Die Steuerbefreiung gemäß § 4 Nr. 11 UStG steht **in engem Zusammenhang mit § 4 Nr. 10 UStG,** was sich bereits aus der gemeinsamen Grundlage im Unionsrecht ergibt.

9 Nach **§ 4 Nr. 28 UStG** sind Lieferungen von Gegenständen steuerfrei, die der Unternehmer ausschließlich für eine nach § 4 Nr. 11 UStG steuerfreie Tätigkeit verwendet hat (§ 4 Nr. 28 Rz. 22 ff.).

2. Rechtsentwicklung

10 Seit dem UStG 1967 ist die Normierung gemäß § 4 Nr. 11 UStG zur Steuerbefreiung von Umsätzen aus den Tätigkeiten als Bausparkassenvertreter, Versicherungsvertreter und Versicherungsmakler unverändert.[1]

B. Tätigkeit als Bausparkassenvertreter, Versicherungsvertreter und Versicherungsmakler (Nr. 11)

I. Vermittlungstätigkeit ausschlaggebend

11 Nach der Rechtsprechung des EuGH sind die **Begriffsbestimmungen** bezüglich der Berufsgruppen **unionsrechtlich autonom und nicht nach den nationalen Rechtsordnungen auszulegen.**[2] Ein Versicherungsmakler oder -vertreter ist danach eine Person, die im Rahmen ihrer Tätigkeit zugleich mit dem Versicherer und dem Versicherungsnehmer in einer Beziehung steht.[3] Der wesentliche Aspekt der Versicherungsvermittlungstätigkeit ist es Kunden zu suchen und diese mit dem Versicherer zusammenzubringen.[4] **Bloße Unterstützungsleistungen** eines Geschäftsbesorgers im Zusammenhang mit sog. „Backoffice-Tätigkeiten" sind z.B. **nicht steuerbefreit.**[5]

12 Aufgrund dieser EuGH-Rechtsprechung gab der **BFH** seine **frühere Rechtsprechung** auf, bei der er stärker auf die subjektiven Eigenschaften der Steuerpflichtigen entsprechend der handelsrechtlichen Begrifflichkeiten (§§ 92 und 93 HGB) zurückgriff.[6]

II. Abgrenzung der Vermittlungstätigkeit

1. Grundlegende Tatbestandsvoraussetzungen

13 Eine **Vermittlungstätigkeit** erfordert das Vorliegen zweier Voraussetzungen: Zum einen muss der Dienstleistungserbringer **sowohl mit dem Versicherten als auch mit dem Versicherer in Verbindung** stehen.[7] Zum anderen muss die Tätigkeit wesentliche Aspekte der Versicherungsvermittlungstätigkeit – wie die **Kundensuche und das Zusammenbringen dieser mit dem Versicherer** – umfassen.[8] Der EuGH spezifiziert darüber hinaus, dass die Tätigkeit auf den Abschluss von Versicherungsverträgen zu

1 Zur Rechtsentwicklung auch *Tehler* in Rau/Dürrwächter, § 4 Nr. 11 UStG Rz. 1 ff. (Stand: September 2019).

2 EuGH, Urt. v. 3.3.2005 – C-472/03, ECLI:EU:C:2005:135 – Arthur Andersen, UR 2005, 201 m. Anm. *Wäger*, Rz. 25.

3 EuGH, Urt. v. 3.3.2005 – C-472/03, ECLI:EU:C:2005:135 – Arthur Andersen, UR 2005, 201 m. Anm. *Wäger*, Rz. 33.

4 EuGH, Urt. v. 3.3.2005 – C-472/03, ECLI:EU:C:2005:135 – Arthur Andersen, UR 2005, 201 m. Anm. *Wäger*, Rz. 36.

5 EuGH, Urt. v. 3.3.2005 – C-472/03, ECLI:EU:C:2005:135 – Arthur Andersen, UR 2005, 201 m. Anm. *Wäger*, Rz. 35; EuGH, Urt. v. 20.11.2003 – C-8/01, ECLI:EU:C:2003:621 – Taksatorringen, UR 2004, 82, Rz. 46; EuGH, Urt. v. 8.3.2001 – C-240/99, ECLI:EU:C:2001:140 – Skandia, UR 2001, 157, Rz. 43.

6 BFH, Urt. v. 6.9.2007 – V R 50/05, BStBl. II 2008, 829 = UR 2008, 121, Rz. 13.

7 EuGH, Urt. v. 20.11.2003 – C-8/01, ECLI:EU:C:2003:621 – Taksatorringen, UR 2004, 82, Rz. 44; EuGH, Urt. v. 17.3.2016 – C-40/15, ECLI:EU:C:2016:172 – Aspiro, UR 2016, 386, Rz. 37.

8 EuGH, Urt. v. 3.3.2005 – C-472/03, ECLI:EU:C:2005:135 – Arthur Andersen, UR 2005, 201 m. Anm. *Wäger*, Rz. 33 und 36; EuGH, Urt. v. 17.3.2016 – C-40/15, ECLI:EU:C:2016:172 – Aspiro, UR 2016, 386, Rz. 37.

richten ist, damit die zweite Voraussetzung als erfüllt gilt.[1] M.E. lässt sich dies auf das Umsatzsteuerrecht übertragen. Der BFH folgt dieser Auffassung und präzisiert sein Verständnis von einer Vermittlungsleistung um die Ergänzung, dass hierbei regelmäßig eine auf ein einzelnes Geschäft gerichtete **Nachweis-, Kontaktaufnahme- oder Verhandlungstätigkeit erforderlich** ist.[2] Insofern führt der fehlende Bezug zu einem Versicherungsgeschäft dazu, dass die Steuerbefreiung nach § 4 Nr. 11 UStG nicht greift, wenn Leistungen an einen „Strukturoberen" zum Aufbau eines **Strukturvertriebs** erbracht werden.[3] Bei sog. **Tarifoptimierungen** geht die Rechtsprechung davon aus, dass diese auch dann eine Vermittlungsleistung darstellen, wenn beim bisherigen Versicherer ein Vertrag mit neuen Bedingungen abgeschlossen wird.[4]

2. Untervermittlung

14 Eine unmittelbare Beziehung zum Versicherungsnehmer oder dem Versicherer ist allerdings nicht zwingend erforderlich für die Erbringung einer Vermittlungsleistung, eine **mittelbare Beziehung** ist hierfür ausreichend (Untervermittlungstätigkeit).[5]

3. Unterstützungsleistungen

15 **Unterstützungsleistungen** für die Ausübung von dem Versicherer selbst obliegenden Aufgaben sind grundsätzlich **nicht steuerbefreit.**[6] Dementsprechend liegt in den folgenden Fällen keine Versicherungsvermittlung vor:

- **Backoffice-Tätigkeiten** eines selbständigen Unternehmers für den Versicherer (die darin bestehen, gegen Vergütungen Dienstleistungen für ein Versicherungsunternehmen zu erbringen);[7]
- **Betreuung**, Überwachung oder Schulung eines **nachgeordneten** selbständigen **Vermittlers;**[8]
- Aufbau, Führung und Überwachung eines **Außendienstes;**[9]
- schlichte **Informationserteilung** über das Finanzprodukt[10] oder
- ausschließliche Erbringung von **Beratungsleistungen.**[11]

4. Tippgeber

16 Leistungen von sog. **Tippgebern** (Personen die dem Versicherungsnehmer einen Tipp geben, wo sich dieser versichern lassen kann), die kein nachgewiesenes konkretes Interesse an einem bestimmten Ver-

1 EuGH, Urt. v. 3.3.2005 – C-472/03, ECLI:EU:C:2005:135 – Arthur Andersen, UR 2005, 201 m. Anm. *Wäger*, Rz. 36; EuGH, Urt. v. 3.4.2008 – C-124/07, ECLI:EU:2008:196 – J.C.M. Beheer BV, UR 2008, 389 m. Anm. *Wäger*, Rz. 18; EuGH, Urt. v. 17.3.2016 – C-40/15, ECLI:EU:C:2016:172 – Aspiro, UR 2016, 386, Rz. 39.

2 BFH, Urt. v. 14.8.2006 – V B 65/04, BFH/NV 2007, 114; BFH, Urt. v. 6.9.2007 – V R 50/05, BStBl. II 2008, 829 = UR 2008, 121; BFH, Urt. v. 30.10.2008 – V R 44/07, BStBl. II 2009, 554 = UR 2009, 86 m. Anm. *Hahne/Philipowski*; BFH, Urt. v. 28.5.2009 – V R 7/08, BStBl. II 2010, 80 = UR 2009, 846; BFH, Urt. v. 27.5.2015 – V B 31/15, BFH/NV 15, 1274.

3 BFH, Urt. v. 3.8.2017 – V R 19/16, BStBl. II 2017, 1207 = UR 2017, 919.

4 FG Hamburg, Urt. v. 16.2.2023 – 6 K 86/22, EFG 2023, 958 m. Anm. *Barche* (Rev. eingelegt, Az. BFH XI R 7/23).

5 EuGH, Urt. v. 21.6.2007 – C-453/05, ECLI:EU:C:2007:369 – Ludwig, UR 2007, 617 m. Anm. *Philipowski*; EuGH, Urt. v. 3.4.2008 – C-124/07, ECLI:EU:2008:196 – J.C.M. Beheer BV, UR 2008, 389 m. Anm. *Wäger*; EuGH, Urt. v. 17.3.2016 – C-40/15, ECLI:EU:C:2016:172 – Aspiro, UR 2016, 386.

6 EuGH, Urt. v. 3.3.2005 – C-472/03, ECLI:EU:C:2005:135 – Arthur Andersen, UR 2005, 201 m. Anm. *Wäger*.

7 EuGH, Urt. v. 3.3.2005 – C-472/03, ECLI:EU:C:2005:135 – Arthur Andersen, UR 2005, 201 m. Anm. *Wäger*.

8 BFH, Urt. v. 30.10.2008 – V R 44/07, BStBl. II 2009, 554 = UR 2009, 86 m. Anm. *Hahne/Philipowski*.

9 BFH, Urt. v. 20.12.2007 – V R 62/06, BStBl. II 2008, 641 = UR 2008, 268.

10 EuGH, Urt. v. 13.12.2001 – C-235/00, ECLI:EU:C:2001:696 – CSC, UR 2002, 84 m. Anm. *Wäger*; FG Köln, Urt. v. 21.8.2002 – 5 K 613/02, EFG 2003, 272.

11 EuGH, Urt. v. 21.6.2007 – C-453/05, ECLI:EU:C:2007:369 – Ludwig, UR 2007, 617 m. Anm. *Philipowski*.

sicherungsprodukt haben, fallen regelmäßig **nicht** unter die **Steuerbefreiung** des § 4 Nr. 11 UStG (fehlende Verbindung mit dem Versicherten).[1]

5. Internet als Vermittlungsplattform

17 Versicherungsvermittlungen werden oftmals auch über das **Internet** erbracht. Bereits der Grundsatz der Neutralität gebietet hierbei, dass auch über das Internet erbrachte Vermittlungsleistungen von der Umsatzsteuer befreit sind. Dies gilt uneingeschränkt immer dann, wenn die Versicherungsvermittlungen via Internet der durch eine natürliche Person erbrachten Vermittlungsleistung gleichwertig gegenüberstehen.[2]

6. Assekuradeur

18 Bei Assekuradeuren stellt sich die Frage, ob eine steuerfreie Leistung i.S.d. Art. 135 Abs. 1 Buchst. a MwStSystRL vorliegt, wenn ein Steuerpflichtiger für eine Versicherungsgesellschaft eine Vermittlungstätigkeit ausübt und zugleich dieser Versicherungsgesellschaft auch das vermittelte Versicherungsprodukt zur Verfügung stellt. Der Sachverhalt unterscheidet sich von der Rechtsprechung des EuGH in der Rechtssache *Aspiro*, da sich dort der Steuerpflichtige darauf beschränkte, Schäden zu regulieren und er damit eine ausschließlich steuerpflichtige Tätigkeit ausübte.[3] Dagegen positionieren sich Assekuradeure zwischen Versicherern und Vermittlern. Der EuGH legt Art. 135 Abs. 1 Buchst. a MwStSystRL so aus, dass die Befreiung auf die von einem Steuerpflichtigen erbrachten Dienstleistungen in Form der Bereitstellung eines Versicherungsprodukts und, als Nebenleistung, der Vermittlung dieses Produkts für Rechnung dieser Gesellschaft sowie der Verwaltung der geschlossenen Versicherungsverträge keine Anwendung findet, sofern diese Leistungen als einheitliche Leistung beurteilt werden.[4] Auch bei Assekuradeuren sei es im Hinblick auf eine Steuerbefreiung nach Art. 135 Abs. 1 Buchst. a MwStSystRL von entscheidender Bedeutung, dass diese Versicherungsumsätze erbringen und dass es sich um Versicherungsmakler bzw. -vertreter handelt. Bei Vermittlungsleistungen handelt es sich dabei grundsätzlich um eine Hauptleistung. Im Fall einer Qualifizierung als einheitliche Leistung stellt die Gewährung von Lizenzen zur Verwendung eines Versicherungsprodukts die Hauptleistung dar, die jedoch keiner Steuerbefreiung unterliegt. Nach Ansicht des EuGH stellen die Leistungen des Assekuradeurs bezüglich der Gewährung von Lizenzen keinen Versicherungsumsatz dar, da der Lizenzgeber nur an den Versicherer vertraglich gebunden ist. Der Wortlaut von Art. 135 Abs. 1 Buchst. a MwStSystRL befreit zwar auch die von Versicherungsmaklern und -vertretern erbrachten Versicherungs- und Rückversicherungsumsätze einschließlich der „dazugehörigen" Dienstleistungen. Nach Ansicht der EuGH ist es aufgrund der Weite des Ausdrucks „dazugehörig" auch nicht ausgeschlossen, dass darunter ebenfalls die Gewährung von Lizenzen zur Verwendung eines von einem Dritten entwickelten Versicherungsprodukts fallen. Eine Steuerbefreiung scheitert aber daran, dass der Assekuradeur nicht als Versicherungsmakler und -vertreter anzusehen ist. Entscheidend ist hierbei, dass der Dienstleistungserbringer mit dem Versicherer und dem Versicherten in einer hinreichenden Beziehung steht und wesentliche Aspekte der Versicherungsvermittlungstätigkeit erbracht werden. Hierzu zählt exemplarisch auch die Suche nach potenziellen Versicherungskunden und die Vermittlung dieser mit dem Versicherer.[5] Im Ergebnis führt diese Einschätzung dazu, dass im Falle einer Qualifizierung als einheitliche Leistung diese komplett steuerpflichtig ist, wohingegen bei Annahme dreier selbständiger Leistungen nur die Vermittlungstätigkeit steuerfrei, die übrigen Leistungen aber steuerpflichtig sind. Der BFH hat die Sache nach dem Ergehen der EuGH-Entscheidung an das FG zurückverwiesen, weil die Frage offengeblieben ist, ob tatsächlich eine einheitliche Leistung vorlag.[6]

---

1 BFH, Urt. v. 6.9.2007 – V R 50/05, BStBl. II 2008, 829 = UR 2008, 121, Rz. 13; FG Münster, Urt. v. 14.11.1996 – 5 K 1451/95 U, UR 1998, 307; dazu auch *Haase/Dorn*, UR 2012, 257.
2 *Grambeck*, UR 2011, 366.
3 EuGH, Urt. v. 17.3.2016 – C-40/15, ECLI:EU:C:2016:172 – Aspiro, UR 2016, 386.
4 EuGH, Urt. v. 25.3.2021 – C-907/19, ECLI:EU:C:2021:237 – Q-GmbH, UR 2021, 361.
5 EuGH, Urt. v. 25.3.2021 – C-907/19, ECLI:EU:C:2021:237 – Q-GmbH, UR 2021, 361.
6 BFH, Urt. v. 22.6.2021 – V R 10/21 (V R 58/17), BFH/NV 2022, 126.

Die Entscheidung des EuGH ist im Hinblick auf ihre Reichweite in der Praxis problematisch. Die Tatsache, dass Assekuradeure im Wettbewerb mit steuerbefreiten Versicherern und Vermittlern stehen, blieb gänzlich unbeachtet. M.E. wäre es geboten, sie ebenfalls von der Steuer zu befreien.[1] Gegen einen Wettbewerb könnte hier allerdings sprechen, dass die Assekuradeure mehr Leistungen anbieten als ein Vermittler, aber andererseits eben auch keine Versicherer sind. Insoweit decken sie jeweils andere Bedürfnisse ab. 19

§ 4 Nr. 11a [Umsätze der Deutschen Bundespost und der Deutsche Telekom AG]

Von den unter § 1 Abs. 1 Nr. 1 fallenden Umsätzen sind steuerfrei:

…

11a. die folgenden vom 1. Januar 1993 bis zum 31. Dezember 1995 ausgeführten Umsätze der Deutschen Bundespost TELEKOM und der Deutsche Telekom AG:

a) die Überlassung von Anschlüssen des Telefonnetzes und des diensteintegrierenden digitalen Fernmeldenetzes sowie die Bereitstellung der von diesen Anschlüssen ausgehenden Verbindungen innerhalb dieser Netze und zu Mobilfunkendeinrichtungen,

b) die Überlassung von Übertragungswegen im Netzmonopol des Bundes,

c) die Ausstrahlung und Übertragung von Rundfunksignalen einschließlich der Überlassung der dazu erforderlichen Sendeanlagen und sonstigen Einrichtungen sowie das Empfangen und Verteilen von Rundfunksignalen in Breitbandverteilnetzen einschließlich der Überlassung von Kabelanschlüssen;

…

Hinweis: 1

Die Vorschrift befreite lediglich vom 1.1.1993 bis zum 31.12.1995 die genannten Umsätze. Von einer Kommentierung der Vorschrift wird daher abgesehen.

§ 4 Nr. 11b [Post-Universaldienstleistungen]

Von den unter § 1 Abs. 1 Nr. 1 fallenden Umsätzen sind steuerfrei:

…

11b. Universaldienstleistungen nach Artikel 3 Absatz 4 der Richtlinie 97/67/EG des Europäischen Parlaments und des Rates vom 15. Dezember 1997 über gemeinsame Vorschriften für die Entwicklung des Binnenmarktes der Postdienste der Gemeinschaft und die Verbesserung der Dienstequalität (ABl. L 15 vom 21.1.1998, S. 14, L 23 vom 30.1.1998, S. 39), die zuletzt durch die Richtlinie 2008/6/EG (ABl. L 52 vom 27.2.2008, S. 3) geändert worden ist, in der jeweils geltenden Fassung. [2]Die Steuerbefreiung setzt voraus, dass der Unternehmer sich entsprechend einer Bescheinigung des Bundeszentralamtes für Steuern gegenüber dieser Behörde verpflichtet hat, flächendeckend im gesamten Gebiet der Bundesrepublik Deutschland die Gesamtheit der Universaldienstleistungen oder einen Teilbereich dieser Leistungen nach Satz 1 anzubieten. [3]Die Steuerbefreiung gilt nicht für Leistungen, die der Unternehmer erbringt

a) auf Grund individuell ausgehandelter Vereinbarungen oder

b) auf Grund allgemeiner Geschäftsbedingungen zu abweichenden Qualitätsbedingungen oder zu günstigeren Preisen als den nach den allgemein für jedermann zugänglichen Ta-

---

1 In diesem Sinne bei Ärzten bereits EuGH, Urt. v. 27.4.2006 – C-443/04, ECLI:EU:C:2006:257 – Solleveld und van den Hout-van Eijnsbergen, UR 2006, 587.

rifen oder als den nach § 19 des Postgesetzes vom 22. Dezember 1997 (BGBl. I S. 3294), das zuletzt durch Artikel 272 der Verordnung vom 31. Oktober 2006 (BGBl. I S. 2407) geändert worden ist, in der jeweils geltenden Fassung, genehmigten Entgelten;

…

A. Grundaussagen

I. Regelungsgegenstand und Bedeutung

1 Nach § 4 Nr. 11b UStG sind Post-Universaldienstleistungen nach Art. 3 Abs. 4 i.S.d. sog. 1. Postrichtlinie (Richtlinie 97/67/EG) von der Umsatzsteuer befreit. Sachlich fallen unter Art. 3 Abs. 4 der 1. Postrichtlinie Abholung, Sortieren, Transport und Zustellung von Postsendungen bis 2 kg, von Postpaketen bis 10 kg und die Dienste für Einschreib- und Wertsendungen. Gegenstand der Steuerbefreiung ist somit ein **Dienstleistungskatalog** aus einer **außersteuerlichen EU-Richtlinie**.

2 Hintergrund der Regelung, die praktisch jeden Bundesbürger zumindest mittelbar trifft, ist die Subventionierung der **Grundversorgung postalischer Dienstleistungen** der Bevölkerung.[1] Um den Grundversorgungscharakter zu wahren, setzt die Steuerbefreiung weitere Merkmale voraus. So muss der Unternehmer seine Dienstleistungen flächendeckend im gesamten Bundesgebiet anbieten (Rz. 28). Der Unternehmer hat diese Voraussetzungen nachzuweisen. Das BZSt stellt eine entsprechende Bescheinigung aus, die wiederum materielle Tatbestandsvoraussetzung für die Steuerbefreiung ist (Rz. 25).

3 Begünstigt sind zudem nur Dienstleistungen, die zum Normaltarif angeboten werden (Rz. 36 f.).

4 Für einen Ausschlussumsatz nach § 4 Nr. 11b UStG steht dem Unternehmer der Vorsteuerabzug nicht zu (§ 15 Abs. 2 Nr. 1 UStG). Eine Optionsmöglichkeit nach § 9 UStG besteht nicht, weil der Optionskatalog des § 9 UStG abschließend ist (§ 9 Rz. 9). Der Unternehmer könnte allerdings durch Unterlassen einer Verpflichtungserklärung gegenüber dem BZSt die Ausstellung des Grundlagenbescheides verhindern, was einer Option gleichkommt.

1 EuGH, Urt. v. 23.4.2009 – C-357/07, ECLI:EU:C:2009:248 – TNT Post UK, UR 2009, 348.

II. Unionsrechtliche Grundlagen

Unionsrechtlich geht § 4 Nr. 11b UStG auf **Art. 132 Abs. 1 Buchst. a MwStSystRL** zurück. Befreit sind hiernach von öffentlichen Posteinrichtungen erbrachte Dienstleistungen und dazugehörige Lieferungen von Gegenständen mit Ausnahme von Personenbeförderungs- und Telekommunikationsdienstleistungen. Der Wortlaut der Richtlinienvorschrift erweckt den Eindruck, dass jede Postdienstleistung, die von einer öffentlichen Posteinrichtung erbracht wird, steuerbefreit ist. Dem ist aber entsprechend der einschlägigen EuGH-Rechtsprechung nicht so.[1] 5

Nach der MwStSystRL können somit sämtliche Postdienstleistungen von der Steuer befreit werden. Einen Verweis auf die 1. Postrichtlinie, wie in § 4 Nr. 11b UStG, enthält Art. 132 Abs. 1 Buchst. a MwStSystRL nicht. **Damit setzt § 4 Nr. 11b UStG Art. 132 Abs. 1 Buchst. a MwStSystRL nicht vollumfänglich um.**[2] Infolgedessen sind der Umfang und die Auslegung der Steuerbefreiungsvorschrift regelmäßig Gegenstand von EuGH-Verfahren.[3] 6

Zudem sind unionsrechtlich lediglich von „öffentlichen Posteinrichtungen" erbrachte Leistungen begünstigt. Die nationale Regelung enthält diese Einschränkung nicht. Der EuGH hat den Begriff „öffentliche Posteinrichtungen" jedoch dahingehend erweiternd ausgelegt, dass er für öffentliche oder private Betreiber gilt, die sich verpflichten, in einem Mitgliedstaat den gesamten Universalpostdienst, wie er in Art. 3 der Richtlinie 97/67 über gemeinsame Vorschriften für die Entwicklung des Binnenmarktes der Postdienste der Gemeinschaft und die Verbesserung der Dienstequalität in der durch die Richtlinie 2002/39 geänderten Fassung geregelt ist, oder einen Teil desselben zu gewährleisten. Nach der EuGH- und BFH-Rechtsprechung ist ein Unternehmer bereits dann als Universaldienstleistungsanbieter anzusehen, wenn er als Inhaber einer nationalen Lizenz verpflichtet ist, förmliche Zustellungen von Schriftstücken von Gerichten und Verwaltungsbehörden durchzuführen.[4] Das FG Köln hatte diese Auffassung ebenfalls bereits zuvor vertreten.[5] Eine solche Auslegung steht nicht im Widerspruch zum Grundsatz der steuerlichen Neutralität, der es nicht zulässt, dass Wirtschaftsteilnehmer, die gleichartige Umsätze tätigen, bei der Erhebung der Mehrwertsteuer unterschiedlich behandelt werden.[6] 7

III. Verhältnis zu anderen Vorschriften und Rechtsentwicklung

§ 4 Nr. 11b UStG wurde im Zuge der **Liberalisierung des Postmarktes zum 1.7.2010** neu gefasst und für alle Unternehmer geöffnet, da zuvor lediglich Umsätze der Deutsche Post AG befreit waren.[7] Seit der Einführung im Jahr 2010 ist die Norm unverändert. 8

Der Umfang der Rechtsprechung zu § 4 Nr. 11b UStG ist überschaubar, da die Vorschrift erst 2010 eingeführt wurde und bislang nur wenige Unternehmen den Gang zu den Gerichten beschritten haben. 9

---

1 EUGH, Urt. v. 23.4.2009 – C-357/07, ECLI:EU:C:2009:248 – TNT Post UK, UR 2009, 348.

2 *Kulmsee* in Reiß/Kraeusel/Langer, § 4 Nr. 11b UStG Rz. 13 (Stand: Juni 2023).

3 Vgl. z.B. EuGH, Urt. v. 21.4.2015 – C-114/14, ECLI:EU:C:2015:249 – Kommission/Schweden, UR 2015, 387; EuGH, Urt. v. 16.10.2019 – C-4/18 und C-5/18, ECLI:EU:C:2019:860 – Winterhoff und Eisenbeis, UR 2019, 883 m. Anm. *Pisanó/von Streit* zur förmlichen Zustellung; sowie Nachfolgeurteile des BFH v. 6.2.2020 – V R 36/19 (V R 30/15) und V R 37/19 (V R 8/16), UR 2020, 642.

4 EuGH, Urt. v. 16.10.2019 – C-4/18 und C-5/18, ECLI:EU:C:2019:860 – Winterhoff und Eisenbeis, UR 2019, 883 m. Anm. *Pisanó/von Streit*; sowie Nachfolgeurteile des BFH v. 6.2.2020 – V R 36/19 (V R 30/15) und V R 37/19 (V R 8/16), UR 2020, 642.

5 FG Köln, Urt. v. 9.12.2015 – 2 K 1715/11, EFG 2016, 774.

6 EuGH, Urt. v. 23.4.2009 – C-357/07, ECLI:EU:C:2009:248 – TNT Post UK, UR 2009, 348; bestätigt durch EuGH, Urt. v. 21.4.2015 – C-114/14, ECLI:EU:C:2015:249 – Kommission/Schweden, UR 2015, 387.

7 BGBl. I 2010, 386.

B. Begünstigte Post-Universaldienstleistungen (Nr. 11b Satz 1)

I. Regelungsgegenstand

10 In § 4 Nr. 11b **Satz 1** UStG ist der **sachliche Umfang** der Befreiungsvorschrift geregelt. Dieser wird durch drei Ausnahmen in **Satz 3 eingeschränkt**. **Satz 2** enthält die **persönlichen Merkmale.** Diese gesetzliche Reihenfolge ist umgekehrt zur MwStSystRL und auch von der Prüfsystematik stellt sich zunächst die Frage nach den persönlichen Voraussetzungen des die Steuerbefreiung begehrenden Unternehmers.

II. Universaldienstleistungen

1. Definition auf europäischer Ebene

11 § 4 Nr. 11b Satz 1 UStG enthält lediglich ein Tatbestandsmerkmal: **Universaldienstleistungen**. Das Gesetz enthält keine eigene Definition dieses Begriffs, sondern verweist lediglich auf **Art. 3 Abs. 4 der 1. Postrichtlinie** des EU-Parlaments. Eine Änderung der Postrichtlinie hat somit grundsätzlich auch eine Änderung des sachlichen Umfangs der nationalen Befreiungsvorschrift zur Folge.

12 In Art. 3 Abs. 4 der 1. Postrichtlinie (i.d.F. v. 27.2.2008) sind lediglich Abholung, Sortieren, Transport und Zustellung von Postsendungen bis 2 kg, von Postpaketen bis 10 kg und die Dienste für Einschreib- und Wertsendungen aufgeführt. Die vorstehenden Begriffe sind in Art. 2 der Postrichtlinie im Einzelnen definiert. Gegenstand der Steuerbefreiung ist somit ein Dienstleistungskatalog aus einer außersteuerlichen EU-Richtlinie.

13 Die Regelung steht im **Konflikt mit Art. 132 Abs. 1 Buchst. a MwStSystRL**, der sämtliche Postdienstleistungen befreit (Rz. 5 ff.). Zumal auch die Definition des Universaldienstes in Art. 3 Abs. 1 der Postrichtlinie, auf die sich der EuGH in der Entscheidung TNT[1] bezog, *sämtliche* flächendeckenden postalischen Dienstleistungen einer bestimmten Qualität zu tragbaren Preisen für alle Nutzer einschließt.

14 Unternehmer, die durch die in § 4 Nr. 11b UStG erfolgte eingeschränkte Auslegung des Unionsrechts aus der Steuerbefreiung herausfallen, sollten sich auf das Unionsrecht berufen, weil der EuGH den Begriff nicht eingeschränkt hat.

2. Definition auf Ebene des nationalen Gesetzgebers

15 Die EU-Postrichtlinie hat Deutschland durch das PostG und die PUDLV umgesetzt. Hiernach sind Universaldienstleistungen ein Mindestangebot an Postdienstleistungen nach **§ 4 Nr. 1 PostG**, die flächendeckend in einer bestimmten Qualität und zu einem erschwinglichen Preis erbracht werden. Der Universaldienst ist auf lizenzpflichtige Postdienstleistungen und Postdienstleistungen, die zumindest in Teilen beförderungstechnisch mit lizenzpflichtigen Postdienstleistungen erbracht werden können, beschränkt. Er umfasst nur solche Dienstleistungen, die allgemein als unabdingbar angesehen werden.

16 Die Einzelheiten des PostG können allerdings dahingestellt bleiben, weil § 4 Nr. 11b UStG hierauf keinen Bezug nimmt, sondern nur auf die EU Postrichtlinie.

3. Definition der Finanzverwaltung

17 Die FinVerw. stellt in **Abschn. 4.11b.1 UStAE** umfassend dar, welche Leistungen sie von der Umsatzsteuer befreit. Wenig überraschend schließt sie sich der engen Sichtweise des nationalen Gesetzgebers an. Bereits im Einleitungssatz stellt das BMF klar, dass „**nur bestimmte Post-Universaldienstleistungen**" steuerfrei sein können. Der Umfang des Universaldienstes ist aus Absatz 2 des Abschnitts ersichtlich. Die FinVerw. arbeitet sich hierbei an den einzelnen Punkten des § 3 Abs. 4 Postrichtlinie ab, auch wenn sie z.T. Bezug auf § 1 PUDLV nimmt. In den Absätzen 5 ff. des Abschnitts 4.11b.1 UStAE sind die nicht begünstigten und damit steuerpflichtigen Leistungen aufgelistet (Rz. 32 ff.).

1 EuGH, Urt. v. 23.4.2009 – C-357/07, ECLI:EU:C:2009:248 – TNT Post UK, UR 2009, 348.

Die FinVerw. hat die eigene Auffassung in Abschn. 4.11b.1. Abs. 8 UStAE geändert, wonach förmliche Zustellungen i.S.d. § 33 PostG nicht unter die Steuerbefreiung des § 4 Nr. 11b UStG fallen.[1] Vielmehr hat sie in Abschn. 4.11b.1. Abs. 2 Nr. 6 UStAE nunmehr geregelt, dass förmliche Zustellungen von Schriftstücken von Gerichten oder Verwaltungsbehörden auf der Grundlage der Prozessordnungen und der Gesetze, die die Verwaltungszustellungen regeln, entsprechend einer seitens der Bundesnetzagentur zu diesem Zweck erteilten Lizenz, wenn sich der Lizenznehmer verpflichtet, diese Zustellungen im gesamten Bundesgebiet anzubieten, ebenfalls steuerbefreit sind. 17.1

4. Definition durch die Rechtsprechung

Der BFH räumt der Auslegung des Begriffs der Universaldienstleistung ebenfalls einen Auslegungsspielraum ein. „Die Richtlinie wendet sich an die EU-Mitgliedstaaten, damit sie diese Anforderungen an den Universaldienst gewährleisten. Der jeweilige EU-Mitgliedstaat hat im durch die Richtlinie 97/67/EG vorgegebenen Rahmen einen Umsetzungs- und Präzisierungsspielraum."[2] Der BFH orientiert sich hierbei maßgeblich am deutschen Gesetzeswortlaut, der auf Art. 3 Abs. 4 der Postrichtlinie verweist. 18

Das FG Köln hat sich umfassend mit der richtlinienkonformen Bestimmung des Begriffs der Universaldienstleistung sowie mit der Abgrenzung von begünstigten und nicht begünstigten Postdienstleistungen auseinandergesetzt.[3] So sind beispielsweise begünstigt Brief mit Handyporto und Nachnahme Brief. Nicht begünstigt sind hingegen Nachnahme Paket, weil es sich um eine einheitliche komplexe Leistung handele sowie Sperrgut, weil es sich nicht um eine Universaldienstleistung handele. 18.1

Der BFH greift für die Auslegung des eigenständigen unionsrechtlichen Begriffs der Universaldienstleistung dennoch auch auf Art. 3 Abs. 3 Postrichtlinie zurück, wonach der Universaldienst wöchentlich an mindestens 5 Arbeitstagen stattzufinden hat.[4] Diese einschränkende Auslegung ist zutreffend, weil gerade eine Grundversorgung begünstigt werden soll, die eine zeitnahe Zustellung voraussetzt. 19

Die Folge dieses Auslegungserfordernisses ist, dass bereits der EuGH den Begriff der Universaldienstleistung präzisieren musste. So hatte er in zwei verbundenen Verfahren darüber zu entscheiden, ob eine begünstigte Universaldienstleistung, die jedermann zugänglich sein muss, auch dann vorliegt, wenn der Unternehmer lediglich förmliche Zustellungen von Gerichten und Verwaltungsbehörden ausführt.[5] Zwar könnten Privatpersonen diesen Dienst nicht als Absender in Anspruch nehmen. Ausreichend sei allerdings bereits, dass jedermann Empfänger dieser Dienste sein kann. Hierdurch werde das ordnungsgemäße Funktionieren des Justiz- und Verwaltungsapparates gewährleistet, das begünstigungsfähig ist. Die FinVerw. hat infolgedessen den UStAE angepasst (Rz. 17.1). 20

5. Eigene Auffassung

Die Steuerbefreiungsvorschrift ist nicht eng auszulegen, weil die MwStSystRL dies nicht vorgibt und Schweden bereits wegen einer unzureichenden Umsetzung vom EuGH gerügt worden ist.[6] Zutreffend fordert der BFH[7] Mindestqualitätsstandards der erbrachten Leistungen (flächendeckend, 5 Tage pro Woche), damit lediglich die vom Gesetzgeber ins Visier genommenen Grundversorger und keine „Rosinenpicker" begünstigt werden, die bspw. ihre Leistungen nur in Ballungsgebieten erbringen. 21

1 BMF, Schr. v. 28.9.2021 – III C 3-S 7167-b/19/10003 :001, BStBl. 2021, 1858 = UR 2021 886.
2 BFH, Urt. v. 2.3.2016 – V R 20/15, BStBl. II 2016, 548 = UR 2016, 530.
3 FG Köln, Urt. v. 2.2.2021 – 8 K 1248/18, EFG 2021, 1327, Revision anhängig (Az.: V R 6/21).
4 BFH, Urt. v. 2.3.2016 – V R 20/15, BStBl. II 2016, 548 = UR 2016, 530; so auch BMF in Abschn. 4.11b.1 Abs. 2 Nr. 1 Buchst. e UStAE.
5 EuGH, Urt. v. 16.10.2019 – C-4/18 und C-5/18, ECLI:EU:C:2019:860 Winterhoff und Eisenbeis, UR 2019, 883 m. Anm. *Pisanó/von Streit*; sowie Nachfolgeurteile des BFH v. 6.2.2020 – V R 36/19 (V R 30/15) und V R 37/19 (V R 8/16), UR 2020, 642.
6 EuGH, Urt. v. 21.4.2015 – C-114/14, ECLI:EU:C:2015:249 – Kommission/Schweden, UR 2015, 387.
7 BFH, Urt. v. 2.3.2016 – V R 20/15, BStBl. II 2016, 548 = UR 2016, 530.

22 Wenn man die Grundversorgung postalischer Dienstleistungen der Bevölkerung als Leitbild der Befreiungsvorschrift betrachtet, sollte sich die Steuerbefreiungsvorschrift auch den sich ändernden Bedürfnissen der Bevölkerung anpassen.[1] Durch den starren Verweis auf Art. 3 Abs. 4 Postrichtlinie ist dies nicht gewährleistet bzw. abhängig von einer Änderung der Postrichtlinie. Im Digitalzeitalter sollte überlegt werden, die Steuerbefreiung auch auf bestimmte elektronische Kommunikationsdienstleistungen auszuweiten. Hier wäre denkbar, auch Dienstleistungen im elektronischen Rechtsverkehr – wie bspw. DE-Mail oder das besondere elektronische Anwaltspostfach (beA)- zu begünstigen, weil diese modernen Kommunikationswege ebenfalls der Grundversorgung bei der Kommunikation mit öffentlichen Einrichtungen dienen, wobei hier die Leistungsempfänger regelmäßig zum Vorsteuerabzug berechtigt sein dürften. Es ist kein Grund ersichtlich, diese Kommunikationswege steuerlich anders zu behandeln als die physische Übermittlung von Nachrichten. Ein Schritt in Richtung umsatzsteuerlicher Gleichbehandlung von physischen und digitalen Dienstleistungen ist durch die Einführung des ermäßigten Steuersatzes für eBooks und Co. in § 12 Nr. 14 UStG im Rahmen des sog. JStG 2019 bereits erfolgt (§ 12 Abs. 2 Nr. 14 Rz. 1 ff.).

23 Darüber hinaus wäre auch denkbar, die bisherige Gewichtsbegrenzung der begünstigten Sendungen von 10 kg auszuweiten. Denn postalische Dienstleistungen beschränken sich heutzutage nicht mehr lediglich auf den Versand von Postkarten und Briefen. Vielmehr werden durch den Onlinehandel auch Lebensmittel und Güter des täglichen Lebensbedarfs versendet, was sich insbesondere in Pandemiezeiten gezeigt hat. Sofern man diese Leistungen ebenfalls als postalische Grundversorgung verstehen möchte, müsste die Gewichtsbegrenzung aufgehoben werden, damit die Steuervergünstigung auf den Versand des Onlineeinkaufs nicht vom Umfang des Einkaufs abhängig ist.

C. Antrag auf Erteilung einer Bescheinigung zur Erbringung flächendeckender Universaldienstleistungen (Nr. 11b Satz 2)

I. Unternehmer

24 Unternehmer i.S.d. § 4 Nr. 11b Satz 2 UStG ist jeder Unternehmer, der die Voraussetzungen des § 2 UStG erfüllt. Zwar begünstigt der Wortlaut des Art. 132 Abs. 1 Buchst. a MwStSystRL lediglich **„öffentliche Posteinrichtungen"**. Jedoch hat der EuGH klargestellt, dass die Befreiung **gleichermaßen für private Anbieter** gilt (Rz. 5 ff.).[2]

II. Bescheinigung des BZSt

1. Antrag und Ausstellung der Bescheinigung

25 **Materielle Voraussetzung** für die Steuerbefreiung ist eine **Bescheinigung des BZSt**. Vor Aufnahme der Tätigkeit muss der Unternehmer deshalb zwingend die Bescheinigung erhalten haben, um seine Leistungen steuerfrei erbringen zu können. Das BZSt hat die Voraussetzungen eigenständig zu prüfen, wobei der Unternehmer hierfür sein Konzept vorlegen muss.[3] Damit hat die Bescheinigung den Charakter eines Grundlagenbescheides i.S.d. §§ 171 Abs. 10 AO und 175 Abs. 1 Nr. 1 AO. Die Bescheinigung wird ausschließlich auf formlosen Antrag des Steuerpflichtigen erteilt. Denn nur dieser kann sich gegenüber dem BZSt verpflichten, die Dienstleistungen flächendeckend anzubieten (Rz. 28). Anders als in § 4 Nr. 20 Buchst. a und § 4 Nr. 21 Buchst a UStG a.F. ist die Finanzbehörde damit nicht berechtigt, einen Antrag auf Erteilung der Bescheinigung zu stellen, um bspw. den Vorsteuerabzug zu versagen.

1 In diesem Sinne: Art. 5 Abs. 1 der Postrichtlinie und § 11 Abs. 2 Satz 2 PostG.
2 EuGH, Urt. v. 23.4.2009 – C-357/07, ECLI:EU:C:2009:248 – TNT Post UK, UR 2009, 348.
3 Abschn. 4.11b.1. Abs. 10 UStAE.

2. Rechtsmittel

Sollte das BZSt einen Antrag auf Erteilung der Bescheinigung ablehnen, ist hiergegen der **Rechtsbehelf gegeben**. Eine Klage würde sich auf Erteilung der Bescheinigung richten. Als Rechtsmittel kommen die Rechtsbehelfe nach dem Verwaltungsverfahrensgesetz in Betracht, weil die Bescheinigung kein Steuerverwaltungsakt i.S.d. § 1 AO ist. Zwar hat das FG Köln diesen Punkt übergangen und sich mit der materiell-rechtlichen Frage auseinandergesetzt.[1] Verfahrensrechtlich ist dies jedoch zweifelhaft, wie der BFH im Revisionsverfahren entschied. Er war an die Entscheidung des FG gebunden (§ 17a Abs. 5 GVG).[2] 26

III. Verpflichtung

Die Steuerbefreiung setzt eine Verpflichtung des Steuerpflichtigen gegenüber dem BZSt voraus, die Dienstleistungen flächendeckend im gesamten Gebiet der Bundesrepublik Deutschland zu erbringen. Tatsächlich reicht allerdings nicht nur die Verpflichtung aus, sondern vielmehr muss der Unternehmer diese Leistung **auch tatsächlich erbringen**. Hierfür spricht zudem, dass das BZSt die **Bescheinigung – auch rückwirkend – zurücknehmen** kann, wenn die Voraussetzungen nicht vorliegen.[3] 27

IV. Flächendeckung

Weitere Voraussetzung ist, dass der Unternehmer selbst die Universaldienstleistungen flächendeckend im **gesamten Gebiet der Bundesrepublik Deutschland** anbietet.[4] Dieses Merkmal ist Ausfluss des Grundversorgungscharakters der Vorschrift. Der Unternehmer kann hierfür auf **Subunternehmer** zurückgreifen, weil er gegenüber den Kunden im eigenen Namen auftritt. Nicht ausreichend ist es allerdings, wenn der Unternehmer lediglich einen geographischen Teil der BRD abdeckt und das weitere Feld den übrigen Unternehmen überlässt oder auf die Deutsche Post AG zurückgreift. 28

V. Gesamtheit oder Teilbereich der Universaldienstleistung

Die Steuerbefreiung wird zum einen für Unternehmer gewährt, die sämtliche Universaldienstleistungen erbringen. **Ausreichend** ist aber auch, wenn der Unternehmer lediglich einen **Teilbereich der Universaldienstleistungen** (flächendeckend im gesamten Bundesgebiet) anbietet (Rz. 18 ff.). 29

Weder gesetzlich noch durch die Rechtsprechung ist geklärt, welche Mindestanforderungen an den „Teilbereich" zu stellen sind. Reicht es bspw. aus, wenn der Unternehmer lediglich Briefsendungen und keine Pakte befördert? Hiergegen spricht zunächst, dass das FG Köln allein das Dienstleistungselement Postzustellungsaufträge als nicht hinreichend erachtet.[5] Jedoch hat das FG die Klage deshalb abgewiesen, weil es Postzustellungsaufträge erst gar nicht als Universaldienstleistung einordnet. 30

Das Gesetz enthält keinen Mindestumfang an zu erbringenden Leistungen. Zutreffend erachtet die FinVerw. daher auch „einen einzelnen der in Absatz 2 genannten Post-Universaldienstleistungsbereiche" als ausreichend.[6] 31

1 FG Köln, Urt. v. 11.3.2015 – 2 K 2529/11, EFG 2015, 1418.
2 BFH, Urt. v. 2.3.2016 – V R 20/15, BStBl. II 2016, 548 = UR 2016, 530.
3 S. Abschn. 4.11b.1 Abs. 12 UStAE.
4 Abschn. 4.11b.1 Abs. 4 UStAE.
5 FG Köln, Urt. v. 11.3.2015 – 2 K 1707/11, EFG 2015, 1476, Rz. 55 ff.
6 Abschn. 4.11b.1 Abs. 4 Satz 2 UStAE; **a.A.** *von Streit* in Rau/Dürrwächter, § 4 Nr. 11b UStG Rz. 13 ff. (Stand: Mai 2022).

D. Ausnahmen vom sachlichen Umfang (Nr. 11b Satz 3)

I. Individuell ausgehandelte Vereinbarungen (Nr. 11b Satz 3 Buchst. a)

1. Ausnahmenkatalog

32 § 4 Nr. 11b Satz 3 UStG enthält einen **abschließenden Ausnahmenkatalog** für die nach Satz 1 begünstigten Universaldienstleistungen. Den drei Ausnahmen ist gemeinsam, dass sie alle auf den Preis abstellen, zu dem der Unternehmer seine Leistungen anbietet.

33 Nicht in Satz 3 ausdrücklich erwähnt sind die Dienstleistungen, die keine Universaldienstleistungen darstellen. Dieses Erfordernis ergibt sich jedoch bereits aus Satz 1.

2. Vereinbarungen

34 § 4 Nr. 11b Satz 3 Buchst. a UStG ist Folge der EuGH-Rechtsprechung, wonach **einzelvertraglich ausgehandelte Dienstleistungen nicht** unter die MwStSystRL fallen können.[1]

35 Hiervon betroffen sind insbesondere Leistungen an Großkunden, die einen Rabatt erhalten und Leistungen der Postkonsolidierer (Rz. 40 ff.).

II. Allgemeine Geschäftsbedingungen (Nr. 11b Satz 3 Buchst. b)

1. Abweichende Qualitätsbedingungen (Nr. 11b Satz 3 Buchst. b Alt. 1)

36 § 4 Nr. 11b Satz 3 Buchst. b Alt. 1 UStG unterscheidet sich zu § 4 Nr. 11b Satz 3 Buchst. a UStG zunächst dadurch, dass die Abweichung auf **AGB** beruht und nicht auf einer individuellen, einzelvertraglichen Vereinbarung.

37 Sofern die erbrachten Leistungen nicht die Qualitätsbedingungen der Universaldienstleistung erfüllen, ist die Leistung nicht begünstigt. Dies ergibt sich nur vermeintlich aus der Sache selbst, wo die Postrichtlinie ansonsten Qualitätsstandards setzt. Denn § 4 Nr. 11b Satz 1 UStG verweist lediglich auf Art. 3 Abs. 4 der Postrichtlinie, der wiederum keine Angaben zur Qualität der Leistung enthält. Offen ist hier wiederum, auf welche Standards abzustellen ist (Postrichtlinie, PostG, PUDLV). Die Gesetzesbegründung stellt lediglich auf die Merkmale der PUDLV ab (Anzahl Briefkästen, Auslieferungszeit etc.). Z.B. führt hiernach eine zwingende Einlieferung beim Anbieter zur Steuerpflicht.[2]

2. Abweichende Preise (Nr. 11b Satz 3 Buchst. b Alt. 2)

38 § 4 Nr. 11b Satz 3 Buchst. b Alt. 2 UStG (AGB) ist das Pendant zu § 4 Nr. 11b Satz 3 Buchst. a UStG (Einzelvertrag), wonach eine abweichende Bepreisung zur Steuerpflicht führt. Die Ausführungen des EuGH geltend daher entsprechend (Rz. 5 ff.).

39 Als Vergleichspreis sind im Gesetz zum einen die **„allgemeinen für jedermann zugänglichen Tarife“** und die Tarife nach § 19 PostG angeführt. Maßstab ist somit der **private Normalverbraucher.**[3] Die Steuerbefreiung entfällt allerdings nicht bei der Gewährung eines Rabattes (z.B. 1 %), der für Kunden bei Briefsendung mit DV-Freigabe gewährt wird, weil diese von allen Kunden an Anspruch genommen werden kann.[4]

In einer weiteren Entscheidung hat das FG Köln die Steuerbefreiung für PZA-Leistungen weit ausgelegt.[5] Trotz eines Rabatts über 1 % und der Freimachung greife die Steuerbefreiung, weil die Rahmenverträge keine Sondervereinbarung darstellten, sondern Teil der jeweiligen PZA-Auftragsverhältnisse, welche den Grundbedürfnissen der Bevölkerung diene. Weder Privatkunden noch Unternehmen

---

1 EuGH, Urt. v. 23.4.2009 – C-357/07, ECLI:EU:C:2009:248 – TNT Post UK, UR 2009, 348, Rz. 47.
2 Abschn. 4.11b.1 Abs. 7 UStAE.
3 Kritisch hierzu: *von Streit* in Rau/Dürrwächter, § 4 Nr. 11b UStG Rz. 471 ff. (Stand: Mai 2022).
4 FG Köln, Urt. v. 2.2.2021 – 8 K 1248/18, EFG 2021, 1327, Revision anhängig (Az.: V R 6/21).
5 FG Köln, Urt. v. 25.7.2023 – 8 K 2452/21, UStB 2024, 44, Revision anhängig (Az.: V R 16/23).

haben Zustellungen nach § 176 ZPO bewirken können, sondern lediglich Gerichte, Verwaltungsbehörden, Gerichtsvollzieher und Schiedsmänner/-frauen. Auch der Ausweis von Umsatzsteuer führe in diesem Fall nicht zu einem unrichtigen Steuerausweis nach § 14c Abs. 1 UStG, denn mangels Vorsteuerabzugsberechtigung der Kunden liege keine Gefährdung des Steueraufkommens vor. Vergleichbare Unternehmen sollten die Umsatzsteuerbescheide bis zum Abschluss des Revisionsverfahrens offen halten und ggf. ihre Bepreisung anpassen. Zudem ist die Finanzverwaltung aufgefordert, das Merkmal „durchschnittliche Nachfrage eines Privathaushalts" in Abschn. 4.11b.1 Abs. 3 Satz 2 UStAE zu prüfen.

III. Sonderfall Postkonsolidierung

1. Gegenstand der Postkonsolidierung

Ein Großteil der gewerbsmäßig versendeten Post wird über Postkonsolidierer abgewickelt. Regelmäßig 40
bündeln Postkonsolidierer aufgrund eines Vertrages mit der Deutsche Post AG Sendungen verschiedener Absender, sie erbringen für diese Sendungen bestimmte Leistungen der Beförderungskette selbst (z.B. Sortieren) und **speisen** sie dann **in der Beförderungskette der Deutsche Post AG ein**. Hierfür erhalten die Postkonsolidierer eine Vergütung seitens der Deutsche Post AG in Form einer **Gutschrift**. Zum Teil erhalten die Absender ebenfalls einen Teil der Vergütung vom Postkonsolidierer. Sofern der Absender einen Anteil am Rabatt erhält, ist die Beförderungsleistung umsatzsteuerpflichtig, weil der Tarif nicht für den Normalverbraucher zugänglich ist.

2. Leistungsbeziehungen

a) Auffassung der Finanzverwaltung

Fraglich ist allerdings welche **Leistungsbeziehungen** im Geflecht zwischen Absender, Postkonsolidie- 41
rer und der Deutsche Post AG bestehen. Hier **weichen BMF und BFH voneinander ab**. Sofern der Postkonsolidierer im eigenen Namen und für eigene Rechnung auftritt, unterstellt das BMF eine Leistungskette: Deutsche Post – Postkonsolidierer – Absender.[1] Die erste Leistung sei nach § 4 Nr. 11b UStG steuerfrei und die zweite Leistung steuerpflichtig.

b) Auffassung der Rechtsprechung

Zweifelhaft ist allerdings, ob die vom BMF angenommene Leistungskette eine Rechtsgrundlage findet. 42
Der BFH hat zutreffend klargestellt, dass ein Postkonsolidierer, der die Ausgangspost bei den Absendern abholt und dann vorsortiert im Briefzentrum der Deutsche Post AG einliefert, gerade keine (weitere) Leistung an die Absender in Form einer Postbeförderungsleistung erbringt.[2] Der Postkonsolidierer erbringe lediglich eine Leistung an die Deutsche Post AG und nicht umgekehrt. Eine Leistung der Deutsche Post an den Postkonsolidierer sei „ausgeschlossen".

Der **BFH kehrt die Leistungsbeziehungen damit um**: Es liegt einerseits eine eigenständige Leistung 43
des Postkonsolidierers an die Deutsche Post AG vor und andererseits eine Postbeförderungsleistung der Deutsche Post AG an die Absender. Folge dieser Leistungsumkehr ist, dass die Postkonsolidierer den Gutschriften der Deutsche Post AG widersprechen sollten, sofern diese hierin Umsatzsteuer offen ausweist (§ 14c UStG). Ferner müssten die Postkonsolidierer die einbehaltene Umsatzsteuer zivilrechtlich von der Deutsche Post AG zurückfordern. Die Deutsche Post AG wird unter Berufung auf die Vorgaben der Bundesnetzagentur und des BMF einem solchen Begehren voraussichtlich nicht zustimmen können, zumal die Deutsche Post AG aus den Eingangsleistungen des Postkonsolidierers dann nicht zum Vorsteuerabzug berechtigt wäre.

1 BMF, Schr. v. 13.12.2006 – IV A 5-S 7100-177/06, BStBl. I 2007, 119; so auch Abschn. 4.11b.1 Abs. 6 UStAE.
2 BFH, Urt. v. 20.10.2016 – V R 33/14, BFH/NV 2017, 175 = MwStR 2017, 175 m. Anm. *Schlegel*.

c) Folgen für die Praxis

44 In der Praxis bereiten die Fälle dann Probleme, wenn das Finanzamt beim Postkonsolidierer entweder den Vorsteuerabzug aus den Eingangsleistungen der Deutsche Post AG versagt, weil dieser mangels Rabattgewährung an die Absender keine steuerpflichtige Ausgangsleistung in der BMF-Kette erbringt oder die FinVerw. die steuerpflichtigen Ausgangsumsätze des Postkonsolidierer gegenüber den Absendern erhöht (und diese ggf. nicht zum Vorsteuerabzug berechtigt sind), obwohl diese keine Vergütung seitens des Absenders erhalten.

45 Als Lösung haben sich zwei Modelle entwickelt: In der ersten Variante gewährt der Postkonsolidierer dem Absender stets einen (minimalen) Rabatt, damit die vom BMF geforderte Leistungskette mit steuerpflichtigen Ausgangsumsätzen beim Postkonsolidierer besteht und so dessen Vorsteuerabzug erhalten bleibt.

46 Alternativ schalten die Postkonsolidierer einen Zwischenunternehmer mit Sitz im übrigen Gemeinschaftsgebiet („Hollandmodell") ein. Der Postkonsolidierer erbringt sodann eine Leistung an den ausländischen Unternehmer, sodass die Leistung im übrigen Gemeinschaftsgebiet steuerbar ist (§ 3a Abs. 2 UStG) und eine etwaige Steuerschuld im Reverse-Charge-Verfahren auf den ausländischen Unternehmer übergeht. In den Niederlanden sind derartige Leistungen von der Steuer befreit, sodass sich die Problematik dort nicht stellt (daher Hollandmodell). Über den Bogen des übrigen Gemeinschaftsgebietes lässt sich die Problematik in entsprechenden Fällen vermeiden.

47 Schließlich könnten die Postkonsolidierer auch den Gutschriften der Deutsche Post AG widersprechen und ihre Ansprüche gegenüber der Deutsche Post AG geltend machen. Auch das FG Köln hatte entschieden, dass die ausgewiesene Umsatzsteuer der Deutsche Post eine solche nach § 14c Abs. 1 UStG ist. Bereits anhängige Zivilverfahren sind bislang nicht bekannt.

48 Im Nachgang zum BFH Urteil vom 20.10.2016[1] waren beim BFH zwei Nichtzulassungsbeschwerden (V B 62/19[2] und V B 98/19[3]) anhängig, bei denen materiell-rechtlich jeweils streitgegenständlich ist, ob die Vorsteuerkürzung aus den vermeintlichen Eingangsleistungen der Deutsche Post AG (§ 14c UStG) aus Billigkeitsgründen abweichend festzusetzen ist. Das Finanzgericht Düsseldorf und das Hessische Finanzgericht hatten die Klage jeweils abgewiesen. Der BFH hat die beiden Beschwerden als unbegründet zurückgewiesen, weil die Rechtsfrage nicht mehr klärungsbedürftig sei und § 176 AO auf Erstbescheide keine Anwendung finde. Betroffene Unternehmer sollten sich in Altfällen zudem auf die Entscheidung des BFH zum Billigkeitserlass bei § 14c-UStG Rechnungen berufen, um den Vorsteuerabzug zumindest aus Billigkeitsgründen zu behalten.[4] Ob sich in diesen Fällen ein „Reemtsma-Anspruch"[5] gegenüber der FinVerw. durchsetzen lässt, muss zumindest bezweifelt werden, weil dieser Direktanspruch nach der BFH-Rechtsprechung voraussetzt, dass der Rechnungsaussteller eine Leistung an den Rechnungsempfänger erbracht hat, für die er Umsatzsteuer in der Rechnung zu Unrecht ausgewiesen hat. In den Konstellationen hat die Deutsche Post AG allerdings gerade keine Leistung an die Konsolidierer erbracht, sondern umgekehrt. Ob der Anwendungsbereich des Direktanspruchs auch auf solche Fälle ausgeweitet werden kann, ist bislang durch die Rechtsprechung ungeklärt.

1 BFH, Urt. v. 20.10.2016 – V R 33/14, BFH/NV 2017, 175.
2 Az. der Vorinstanz Hessisches FG – 1 K 507/17.
3 Az. der Vorinstanz FG Düsseldorf – 5 K 1377/17.
4 BFH, Urt. v. 27.9.2018 – V R 32/16, BFH/NV 2019, 367.
5 Vgl. EuGH, Urt. v. 15.3.2007 – C-35/05, ECLI:EU:C:2007:167 – Reemtsma Cigarettenfabriken, UR 2007, 343 m. Anm. *Burgmaier*; BMF, Schr. v. 12.4.2022 – III C 2 7358/20/10001 :004 – DOK 2022/0385137, BStBl. I 2022, 652 = UR 2022 437.

§ 4 Nr. 12 [Grundstücksumsätze]

Von den unter § 1 Abs. 1 Nr. 1 fallenden Umsätzen sind steuerfrei:

…

12. a) die Vermietung und die Verpachtung von Grundstücken, von Berechtigungen, für die die Vorschriften des bürgerlichen Rechts über Grundstücke gelten, und von staatlichen Hoheitsrechten, die Nutzungen von Grund und Boden betreffen,

b) die Überlassung von Grundstücken und Grundstücksteilen zur Nutzung auf Grund eines auf Übertragung des Eigentums gerichteten Vertrages oder Vorvertrages,

c) die Bestellung, die Übertragung und die Überlassung der Ausübung von dinglichen Nutzungsrechten an Grundstücken.

[2]Nicht befreit sind die Vermietung von Wohn- und Schlafräumen, die ein Unternehmer zur kurzfristigen Beherbergung von Fremden bereithält, die Vermietung von Plätzen für das Abstellen von Fahrzeugen, die kurzfristige Vermietung auf Campingplätzen und die Vermietung und Verpachtung von Maschinen und sonstigen Vorrichtungen aller Art, die zu einer Betriebsanlage gehören (Betriebsvorrichtungen), auch wenn sie wesentliche Bestandteile eines Grundstücks sind;

…

Schrifttum: *Burgmaier*, Vorsteuerabzug bei teilweise privater Verwendung gemischt genutzter Gebäude, UStB 2003, 243; *Dziadkowski*, Umsatzbesteuerung der Überlassung von Sportanlagen, UR 2001, 337; *Dziadkowski*, Zur gemeinschaftsrechtlichen Auslegung des Begriffs Vermietung und Verpachtung von Grundstücken, UVR 2002, 237; *Huschens*, Private Nutzung unternehmerischer Gebäude – Folgen der Seeling-Rechtsprechung des EuGH, INF 2004, 498; *Klenk*, Umsatzbesteuerung der Campingplätze, UR 2010, 727; *Kraeusel/Szabó/Tausch*, Umsatzsteuerrechtliche Behandlung der entgeltlichen Überlassung von Sportanlagen durch gemeinnützige Vereine an ihre Mitglieder, UVR 2014, 282; *Kretzer-Moßner/Neeser*, Haupt- und Nebenleistungen bei Vermietungsumsätzen – Reinigung der Gemeinschaftsflächen von Wohnhäusern als Hauptleistung steuerpflichtig?, UVR 2010, 153; *Lange*, Umsatzsteuerpflichtige Beherbergungsumsätze, UR 1995, 425; *Nieskens*, Die Nebenleistung teilt das Schicksal der Hauptleistung – Immer?, UR 2018, 181; *Oldiges*, Das Ende der Aufteilungsgebote im UStG?, DB 2018, 541; *Ronge/Franckenstein*, Umsatzsteuerliche Behandlung der Verpachtung von Pflegeheimen, UR 2010, 246; *Schmidt*, Überlassung von Inventar eines Pflegeheims ist steuerfreie Nebenleistung zur Grundstücksvermietung, NWB 2016, 606; *Sterzinger*, Seeling und kein Ende, UR 2008, 641; *Wäger*, Sportvereine in der Umsatzsteuer: Steuerbare, steuerfreie und steuerermäßigte Umsätze, DStR 2015, 1517; *Wagner*, Umsatzsteuer bei Vermietung und Verkauf von Immobilien, Ubg 2015, 80 und 153; *Widmann*, Wann ist ein Hotel eine Herberge?, DStR 2015, 2823; *Widmann*, Haupt- und Nebenleistungen – ein immer aktuelles Umsatzsteuerthema, UR 2022, 7; *Wüst*, Nebenleistungen zu Vermietungsumsätzen – fällt auf Betriebskostenumlagen nach dem EuGH-Urteil v. 16.4.2015 – C-42/14 Umsatzsteuer an?, MwStR 2015, 447.

A. Grundaussagen

I. Regelungsgegenstand und Bedeutung

1. Regelungsgegenstand

1 § 4 Nr. 12 UStG enthält eine Steuerbefreiung für Umsätze aus der entgeltlichen Überlassung von Grundstücken und grundstücksgleichen Rechten sowie die damit in unmittelbarem Zusammenhang stehenden üblichen Nebenleistungen.[1]

2 Gemäß § 4 Nr. 12 Satz 2 UStG sind die Vermietung von Wohn- und Schlafräumen, die ein Unternehmer zur kurzfristigen Beherbergung von Fremden bereithält, die Vermietung von Plätzen für das Abstellen von Fahrzeugen, die kurzfristige Vermietung auf Campingplätzen und die Vermietung und Verpachtung von Betriebsvorrichtungen von der Umsatzsteuerbefreiung explizit ausgenommen.[2]

2. Bedeutung der Vorschrift

3 Die allgemeine Bedeutung der Vorschrift ist in der unionsrechtlichen Grundlage des Art. 135 Abs. 1 Buchst. l MwStSystRL (Rz. 4 ff.) angelegt. Sie soll aus sozialpolitischen Gründen die Kosten für Grundstücksleistungen senken; entlastet werden sollen die Letztverbraucher. Wegen des mit der „unechten" Steuerbefreiung einhergehenden Vorsteuerausschlusses (§ 15 Abs. 2 Nr. 1 UStG) und der untersagten Option gegenüber Nichtunternehmern erhöht sich jedoch das (Miet-)Entgelt um die nicht abziehbaren Vorsteuerbeträge (bzw. entsteht eine **„heimliche" Umsatzsteuer**). Dies sollte aber langfristig für die Mieter günstiger sein als die Umsatzbesteuerung der Mieten (trotz der später anfallenden Instandhaltungsarbeiten für die Gebäude, die der Vermieter einpreist). Ein Verzicht auf die Steuerbefreiung durch den Leistenden zur Erlangung des Vorsteuerabzugsrechts ist nur zulässig (§ 9 Abs. 2 UStG),[3] soweit ein unternehmerisch tätiger Leistungsempfänger das Grundstück ausschließlich für Umsätze verwendet, die den Vorsteuerabzug nicht ausschließen.

1 Abschn. 4.12.1 Abs. 1–5 UStAE.
2 Abschn. 4.12.2, 4.12.3, 4.12.9 und 4.12.2010 UStAE.
3 Zu ökonomischen Aspekten der Option siehe *Forster/Schorer*, UStB 2002, 25.

II. Unionsrecht

1. Grundlagen

§ 4 Nr. 12 UStG beruht auf **Art. 135 Abs. 1 Buchst. l i.V.m. Art. 135 Abs. 2 MwStSystRL.** Danach befreien die Mitgliedstaaten die „Vermietung und Verpachtung von Grundstücken" – **aber nicht** die Gewährung von Unterkunft im Rahmen des Hotel- oder ähnlichen Gewerbes oder auf Campingplätzen sowie die Vermietung von Abstellplätzen für Fahrzeuge, von eingebauten Vorrichtungen und Maschinen und von Schließfächern. 4

Da nach dem EuGH[1] Art. 135 Abs. 1 Buchst. l MwStSystRL so auszulegen ist, dass er einer nationalen Rechtsvorschrift nicht entgegensteht, die es zulässt, dass die Begründung eines dinglichen Rechts, das ein Nutzungsrecht an einem Grundstück beinhaltet, der Vermietung oder Verpachtung von Grundstücken gleichgestellt wird, sind auch die Vorschriften des § 4 Nr. 12 Buchst. b und c UStG unter Art. 135 Abs. 1 Buchst. l. MwStSystRL zu subsumieren und infolgedessen **unionrechtskonform.** 5

Vom **Wahlrecht**, die Befreiung nach Art. 135 Abs. 1 Buchst. l MwStSystRL über Art. 135 Abs. 2 MwStSystRL hinaus einzuschränken, hat Deutschland keinen Gebrauch gemacht. Allerdings ist das in Art. 137 Abs. 1 Buchst. d MwStSystRL eingeräumte Optionsrecht einschließlich dessen Einschränkungsmöglichkeiten in Anspruch genommen worden. 6

In Art. 135 MwStSystRL soll noch folgender Absatz 3 eingefügt werden:[2] „Die ununterbrochene Vermietung von Unterkünften für höchstens 45 Tage mit oder ohne Erbringung anderer Nebendienstleistungen gilt als Tätigkeit mit ähnlicher Zielsetzung wie das Hotelgewerbe." 6.1

2. Auslegungsgrundsätze

Nach ständiger EuGH-Rechtsprechung sind Steuerbefreiungen eng auszulegen, so auch Art. 135 Abs. 1 Buchst. l MwStSystRL (nicht aber die Ausnahmen von der Steuerbefreiung wie Art. 135 Abs. 2 MwStSystRL)[3], weil diese letztlich Ausnahmen von dem Grundsatz darstellen, dass jede von einem Steuerpflichtigen erbrachte Leistung der Umsatzsteuer unterliegt.[4] 7

Der BFH hatte dem EuGH die Frage vorgelegt, ob die Steuerpflicht der Vermietung von auf Dauer eingebauten Vorrichtungen und Maschinen gemäß Art. 135 Abs. 2 Buchst. c MwStSystRL nur die isolierte (eigenständige) Vermietung derartiger Vorrichtungen und Maschinen erfasst oder auch die Vermietung (Verpachtung) derartiger Vorrichtungen und Maschinen, die aufgrund einer zwischen denselben Parteien erfolgenden Gebäudeverpachtung (und als Nebenleistung zu dieser) nach Art. 135 Abs. 1 Buchst. l MwStSystRL steuerfrei ist – letztlich die Frage, ob insoweit der Grundsatz der Einheitlichkeit der Leistung gilt oder aber einem Aufteilungsgebot der Vorrang einzuräumen ist.[5] 7.1

Vor dem Hintergrund des EuGH-Urteils *Finanzamt X* vom 4.5.2023[6] lässt sich einschränkend sagen, dass der EuGH und der BFH im Folgebeschluss[7] in der Vorschrift des § 4 Nr. 12 Satz 2 UStG gar kein gesetzliches Aufteilungsgebot gesehen hat, sondern diese nur der Umsetzung von Art. 135 Abs. 2 Satz 1 MwStSystRL dient, nicht aber zur Ausübung der durch Art. 135 Abs. 2 Satz 2 MwStSystRL eingeräum- 7.2

---

1 EuGH, Urt. v. 4.10.2001 – C-326/99, ECLI:EU:C:2001:506 – Goed Wonen, UR 2001, 484 = UVR 2002, 322 m. Anm. *Wagner* sowie jüngst wieder EuGH, Urt. v. 4.5.2023 – C-516/21, ECLI:EU:C:2023:372 – Finanzamt X, UR 2023, 441 m. Anm. *Nieskens*.

2 Vorschlag der Kommission für eine Richtlinie des Rates zur Änderung der Richtlinie 2006/112/EG in Bezug auf die Mehrwertsteuervorschriften für das digitale Zeitalter v. 8.12.2022.

3 EuGH, Urt. v. 12.2.1998 – C-346/95, ECLI:EU:C:1998:51 – Blasi, UR 1998, 189.

4 EuGH, Urt. v. 6.12.2007 – C-451/06, ECLI:EU:C:2007:761 – Walderdorff, UR 2008, 266 = IStR 2008, 110 m. Anm. *Korf* und EuGH, Urt. v. 16.12.2010 – C-270/09, ECLI:EU:C:2010:780 – MacDonald Resorts, UR 2011, 462 sowie EuGH, Urt. v. 19.12.2018 – C-17/18, ECLI:EU:C:2018:1038 – Mailat, UR 2019, 97.

5 BFH, Vorlagebeschl. v. 26.5.2021 – V R 22/20, UR 2021, 707 m. Anm. *Kirchinger/Fehrmann*.

6 EuGH, Urt. v. 4.5.2023 – C-516/21, ECLI:EU:C:2023:372 – Finanzamt X, UR 2023, 441 m. Anm. *Nieskens*, Rz. 34.

7 BFH, Beschl. v. 17.8.2023 – V R 7/23, BFH/NV 2023, 1386 = UR 2023, 805 m. Anm. *Widmann*, Rz. 19.

ten Ermächtigung. Im Gegensatz zu § 4 Nr. 12 Satz 2 UStG soll § 12 Abs. 2 Nr. 11 UStG nach expliziter Auffassung des BFH in eindeutiger Weise ein Aufteilungsgebot begründen.[1]

8 Die Auslegung der Begriffe wie v.a. „Vermietung" oder „Verpachtung" bzw. „Grundstück" in § 4 Nr. 12 Satz 1 Buchst. a UStG wird ausschließlich nach den Vorgaben des Unionsrechts bestimmt.[2] Für die Beurteilung, ob eine bestimmte Vereinbarung als „Vermietung" in diesem Sinne zu behandeln ist, sind alle Umstände des Einzelfalls, insbesondere der tatsächlich verwirklichte Sachverhalt zu berücksichtigen. Maßgebend ist insoweit der objektive Inhalt des Vorgangs, unabhängig von der Bezeichnung, die die Parteien ihm gegeben haben.

9 Entgegen dem nationalen Zivilrecht ist laut EuGH[3] z.B. der Vermietung eines Grundstücks der Verzicht auf Rechte aus dem Mietvertrag gegen eine Abstandszahlung gleichzusetzen.

III. Verhältnis zu anderen Vorschriften und Rechtsentwicklung

1. Verhältnis zu anderen Vorschriften

10 Eine nach § 4 Nr. 12 UStG steuerbefreite Vermietung setzt zunächst voraus, dass der Vermieter (z.B. Ehegatten als Bruchteilsgemeinschaften)[4] Unternehmer ist (§ 2 Abs. 1 bzw. § 2b UStG für jPdöR) und das Grundstück dem Unternehmen zugeordnet ist, was grundsätzlich durch entgeltliches Vermieten bzw. dessen Absicht gegeben ist.[5]

11 Weiterhin muss die Steuerbarkeit in Deutschland gegeben sein, die sich bei Vermietungen und ähnlichen Leistungen nach dem **Belegenheitsort** nach § 3a Abs. 3 Nr. 1 Satz 2 Buchst. a UStG (§ 3a Rz. 107 ff.) bestimmt.

12 Mit einer „unechten" Umsatzsteuerbefreiung einher geht der **Vorsteuerausschluss** gemäß § 15 Abs. 2 UStG für damit zusammenhängende Eingangsleistungen (§ 15 Rz. 249 ff.).

13 Dieser Vorsteuerausschluss kann vermieden werden durch eine **Option** nach § 9 Abs. 1 UStG, wobei ein Verzicht auf die Umsatzsteuerbefreiungen des § 4 Nr. 12 UStG gemäß § 9 Abs. 2 UStG voraussetzt, dass der Leistungsempfänger das Grundstück ausschließlich für Umsätze verwendet oder zu verwenden beabsichtigt, die den Vorsteuerabzug nicht ausschließen (§ 9 Rz. 76 ff.).

2. Rechtsentwicklung

14 Die Grundstücksüberlassung war seit jeher (UStG 1918) von der Umsatzsteuer befreit.

15 Im UStG 1980 wurde die Vorschrift an die 6. EG-Richtlinie angepasst und insoweit die kurzfristige Vermietung von Stellplätzen für Fahrzeuge sowie von Campingplätzen von der Befreiung ausgenommen. Mit Wirkung vom 1.1.1992 ist die langfristige Vermietung der Fahrzeugstellplätze dann aber ebenso durch das StÄndG 1992[6] von der Steuerbefreiung ausgeschlossen worden.

16 Durch das StBerG 1985[7] wurde § 4 Nr. 12 Buchst. c UStG neu gefasst und der Nießbrauch sowie die Dienstbarkeiten in den sachlichen Anwendungsbereich der Steuerbefreiung mit einbezogen.

1 Ablehnend *Grünwald*, Wpg 2024, (Quelle in Vorbereitung), weil in § 12 Abs. 2 Nr. 11 Satz 2 UStG von Leistungen gesprochen wird und nicht von Bestandteilen einer solchen Leistung, unselbständigen Nebenleistungen oder unselbständigen Komponenten einer komplexen Leistung.

2 Abschn. 4.12.1 Abs. 1 UStAE unter Hinweis auf BFH, Urt. v. 8.11.2012 – V R 15/12, BStBl. II 2013, 455 = UR 2013, 453 und BFH, Urt. v. 28.5.2013 – XI R 32/11, BStBl. II 2014, 411 = UR 2014, 264.

3 EuGH, Urt. v. 15.12.1993 – C-63/92, ECLI:EU:C:1993:929 – Lubbock Fine, BStBl. II 1995, 480 = UR 1996, 90.

4 So noch Abschn. 2.1 Abs. 2 Sätze 2-3 UStAE unter Verweis auf BFH, Urt. v. 29.4.1993 – V R 38/89, BStBl. II 1993, 734 = UR 1994, 45 bzw. nunmehr gegensätzlich BFH, Urt. v. 22.11.2018 – V R 65/17, BFHE 263, 90 = UR 2019, 179 m. Anm. *Heinrichshofen* sowie BFH, Beschl. v. 28.8.2023 – V B 44/22, BFH/NV 2023, 1388 = UR 2023, 870.

5 Selbst eine anfängliche unentgeltliche (aber zukünftig beabsichtigte steuerpflichtige) Vermietung schließt den Vorsteuerabzug aus Eingangsleistungen nicht aus: BFH, Urt. v. 11.12.2003 – V R 48/02, BStBl. II 2006, 384 = UR 2004, 203.

6 Steueränderungsgesetz 1992 v. 25.2.1992, BGBl. I 1992, 297 = BStBl. I 1992, 146/166.

7 Art. 17 Abs. 3 Steuerbereinigungsgesetz v. 14.12.1984, BGBl. I 1984, 1493.

B. Steuerbefreiungen i.Z.m. Grundstücken (Nr. 12 Satz 1)

I. Grundstücksbegriff

1. Unionsrecht als Maßstab

Der Grundstücksbegriff i.S.d. Umsatzsteuerrechts ist ein **eigenständiger Begriff des Unionsrechts**;[1] er richtet sich nicht (wie nach herkömmlicher Rechtsauffassung in Deutschland)[2] ausschließlich nach dem zivilrechtlichen Begriff eines Grundstücks gemäß § 94 BGB.[3] 17

2. Definition des Grundstücks

Unter einem **Grundstück** i.S.d. § 3a Abs. 3 Nr. 1 UStG ist – entsprechend Art. 13b EU-VO – zu verstehen: 18

- ein bestimmter über- oder unterirdischer Teil der Erdoberfläche, an dem Eigentum und Besitz begründet werden kann,
- jedes mit oder in dem Boden über oder unter dem Meeresspiegel befestigte Gebäude oder jedes derartige Bauwerk, das nicht leicht abgebaut oder bewegt werden kann,
- jede Sache, die einen wesentlichen Bestandteil eines Gebäudes oder eines Bauwerks bildet, ohne die das Gebäude oder das Bauwerk unvollständig ist, wie z.B. Türen, Fenster, Dächer, Treppenhäuser und Aufzüge,
- Sachen, Ausstattungsgegenstände oder Maschinen, die **auf Dauer** in einem Gebäude oder einem Bauwerk installiert sind, und die nicht bewegt werden können, ohne das Gebäude oder das Bauwerk zu zerstören oder erheblich zu verändern. Die Veränderung ist immer dann unerheblich, wenn die betreffenden Sachen einfach an der Wand hängen und wenn sie mit Nägeln oder Schrauben so am Boden oder an der Wand befestigt sind, dass nach ihrer Entfernung lediglich Spuren oder Markierungen zurückbleiben (z.B. Dübellöcher), die leicht überdeckt oder ausgebessert werden können.

3. Grundstücksteile

Die Steuerbefreiung nach § 4 Nr. 12 Satz 1 Buchst. a UStG gilt nicht nur für die Vermietung und die Verpachtung von ganzen Grundstücken,[4] sondern auch für die Vermietung und die Verpachtung von Grundstücksteilen.[5] Hierzu gehören insbesondere Gebäude und Gebäudeteile wie Stockwerke, Wohnungen und einzelne Räume[6], auch räumlich abgrenzbare und individualisierte Grundstücksparzellen fallen hierunter,[7] selbst eine abgrenzbare **Wasserfläche** (z.B. überfluteter Teil eines Flussbettes) nebst Hausboot.[8] Gebäude oder Gebäudeteile und der dazugehörige Grund und Boden können für Zwecke der Umsatzsteuer nicht getrennt voneinander behandelt werden.[9] 19

- Bei Überlassung von Grundstücksteilen zur **Errichtung von Strommasten** für eine Überlandleitung, der Einräumung des Rechts zur Überspannung der Grundstücke und der Bewilligung einer beschränkten persönlichen Dienstbarkeit zur dinglichen Sicherung dieser Rechte handelt es sich

---

1 EuGH, Urt. v. 16.1.2003 – C-315/00, ECLI:EU:C:2003:23 – Maierhofer, UR 2003, 86; EuGH, Urt. v. 15.11.2012 – C-532/11, ECLI:EU:C:2012:720 – Leichenich, UR 2013, 30.
2 BFH, Urt. v. 8.10.1991 – V R 89/86, BStBl. II 1992, 108 = UR 1992, 45.
3 Abschn. 3a.3 Abs. 2 Satz 2 UStAE sowie Abschn. 4.12.1 Abs. 1 Satz 2 UStAE und mit ausführlichen Erläuterungen: *Englisch* in Rau/Dürrwächter, § 4 Nr. 12 UStG Rz. 30 ff. (Stand: Januar 2023).
4 Abschn. 4.12.1 Abs. 3 UStAE.
5 EuGH, Urt. v. 12.2.1998 – C-346/95, ECLI:EU:C:1998:51 – Blasi, UR 1998, 189.
6 BFH, Urt. v. 8.10.1991 – V R 89/86, BStBl. II 1992, 108 = UR 1992, 45.
7 EuGH, Urt. v. 16.1.2003 – C-315/00, ECLI:EU:C:2003:23 – Maierhofer, UR 2003, 86.
8 EuGH, Urt. v. 15.11.2012 – C-532/11, ECLI:EU:C:2012:720 – Leichenich, UR 2013, 30.
9 EuGH, Urt. v. 8.6.2000 – C-400/98, ECLI:EU:C:2000:304 – Breitsohl, BStBl. II 2003, 452 = UR 2000, 329 m. Anm. *Widmann*.

um eine einheitliche sonstige Leistung, die nach § 4 Nr. 12 Satz 1 Buchst. a UStG umsatzsteuerfrei ist.[1]

- Steuerfrei ist auch die **Überlassung von Dachflächen** zur Errichtung von Photovoltaikanlagen.[2]
- Eine Grundstücksvermietung ist danach ebenso gegeben, wenn der Vermieter dem Mieter ein Gebäude vermietet, das er auf einem Grundstück des Mieters errichtet hat (**Gebäude auf fremdem Grundstück**).[3]
- Steuerfrei ist nach deutscher Verwaltungsauffassung auch die Überlassung von **Werkdienstwohnungen** (oder Gemeinschaftsunterkünften) durch Arbeitgeber an Arbeitnehmer,[4] wenn sie mehr als 6 Monate dauert,[5] was nach der Rechtsprechung des EuGH **nicht gesichert erscheint**, der erstaunlicherweise von einer Umsatzsteuerpflicht selbst bei Einkommensteuerpflicht des als umsatzsteuerliches Entgelt geltenden geldwerten Vorteils ausgeht;[6] die Überlassung von Räumen einer Pension an Saison-Arbeitnehmer soll aber steuerpflichtig sein.[7]
- Wird im Rahmen eines **Time-Sharing** ein Recht in die Nutzung von Unterkünften umgewandelt, stellt die betreffende Dienstleistung eine Vermietung eines Grundstücks dar, wobei die Mitgliedstaaten derartige Leistungen von der Steuerbefreiung ausnehmen können.[8]

4. Einrichtungsgegenstände

20 Die Steuerbefreiung erstreckt sich i.d.R. auch auf mitvermietete oder mitverpachtete Einrichtungsgegenstände,[9] z.B. auf das bewegliche Büromobiliar oder das bewegliche Inventar eines **Seniorenheims**[10] bzw. auf die Bühne, Stühle oder Tische bei Vermietung einer **Stadthalle** als insoweit untergeordnete Nebenleistungen zu der vertraglich vereinbarten Überlassung von Räumlichkeiten;[11] davon abzugrenzen war allerdings die (bisher zwingend umsatzsteuerpflichtige) Vermietung und Verpachtung von Betriebsvorrichtungen, was sich in der Praxis als **schwierige Herausforderung** herausstellte aufgrund der nicht stringenten Rechtsprechung,[12] sowie auch der Vertrag besonderer Art bei technischen und gastronomischen Zusatzleistungen.[13] Nach dem EuGH-Urteil *Finanzamt X* vom 4.5.2023[14] und dem Folgebeschluss des BFH lässt sich sagen, dass § 4 Nr. 12 Satz 2 UStG nicht auf die Verpachtung von auf Dauer eingebauten Vorrichtungen und Maschinen anzuwenden ist, wenn es sich hierbei um eine Nebenleistung zur Verpachtung eines Gebäudes als Hauptleistung handelt, die im Rahmen eines zwischen denselben Parteien geschlossenen Vertrags nach § 4 Nr. 12 Satz 1 Buchst. a UStG steuerfrei ist, so dass nunmehr auch insoweit eine einheitliche Leistung vorliegt.[15]

---

1 BFH, Urt. v. 11.11.2004 – V R 30/04, BStBl. II 2005, 802 = UR 2005, 157.
2 OFD Karlsruhe, Vfg. v. 13.8.2019 – S 7104, UR 2019, 665.
3 BFH, Urt. v. 21.6.2017 – V R 3/17, BStBl. II 2018, 372 = UR 2018, 27; BFH, Urt. v. 21.6.2017 – V R 4/17, BStBl. II 2018, 370 = UR 2018, 30.
4 BFH, Urt. v. 30.7.1986 – V R 99/76, BStBl. II 1986, 877 = UR 1986, 289 m. Anm. *Weiß*; BFH, Urt. v. 7.10.1987 – V R 2/79, BStBl. II 1988, 88 = UR 1988, 129 m. Anm. *Weiß*; BFH, Urt. v. 12.1.2011 – XI R 9/08, BStBl. II 2012, 58 = UR 2011, 357.
5 Abschn. 4.12.9 Abs. 1 Satz 2 UStAE.
6 EuGH, Urt. v. 18.7.2013 – C-210/11 und C-211/11, ECLI:EU:C:2013:479 – Medicom und Maison Patrice Alard, UR 2014, 404.
7 Abschn. 4.12.9 Abs. 2 Satz 3 UStAE.
8 EuGH, Urt. v. 16.12.2010 – C-270/09, ECLI:EU:C:2010:780 – MacDonald Resorts, UR 2011, 462.
9 Abschn. 4.12.1 Abs. 3 Satz 4 UStAE.
10 BFH, Urt. v. 11.11.2015 – V R 37/14, BStBl. II 2017, 1259 = UR 2016, 236.
11 FG München, Urt. v. 23.10.2012 – 2 K 3457/09, EFG 2013, 247.
12 FG Rheinland-Pfalz, Urt. v. 18.9.2019 – 3 K 1555/17, DStRE 2020, 413 (Anm.: Revision wurde durch Beschl. XI R 33/19 v. 5.5.2020, BFH/NV 2020, 907, als unzulässig verworfen) sowie FG Baden-Württemberg, Gerichtsbescheid v. 7.12.2020 – 1 K 2427/19, EFG 2021, 691 m. Anm. *Wiesch* (anhängig BFH Az. XI R 1/21), jeweils in Bezug auf die Mitüberlassung von als Betriebsvorrichtungen einzuordnenden Küchen, deren Annahme einer Nebenleistung zur bisherigen Rechtsprechung des BFH im Widerspruch, aber auf dem Prüfstand des EuGH stand.
13 BFH, Beschl. v. 25.2.2011 – XI B 63/10, BFH/NV 2011, 1033.
14 EuGH, Urt. v. 4.5.2023 – C-516/21, ECLI:EU:C:2023:372 – Finanzamt X, UR 2023, 441 m. Anm. *Nieskens*.
15 BFH, Beschl. v. 17.8.2023 – V R 7/23, BFH/NV 2023, 1386 = UR 2023, 805 m. Anm. *Widmann*, Rz. 19.

5. Zubehör

21 Aber nicht zu den Grundstücken gehört das in § 97 Abs. 1 BGB genannte Zubehör; bei Vermietung eines Grundstücks mit Zubehör kann die Vermietung des Zubehörs aber unselbständige Nebenleistung zur steuerfreien Grundstücksvermietung sein, so wie bei der Vermietung eines Hauses mit Garage, Gartenschuppen, Treibhaus oder sonstigem geringfügigen Nebengebäude.[1]

6. Scheinbestandteile

22 Eine Grundstücksvermietung liegt regelmäßig nicht vor[2] bei der Vermietung von Baulichkeiten, die nur zu einem vorübergehenden Zweck mit dem Grund und Boden verbunden und daher keine Bestandteile des Grundstücks, sondern Scheinbestandteile (§ 95 BGB) sind.[3]

- Steuerpflichtig kann insbesondere die Vermietung von **Büro- und Wohncontainern**, Baubuden, Kiosken, Tribünen und ähnlichen Einrichtungen sein.
- Allerdings stellt die Vermietung eines Gebäudes, das aus **Fertigteilen** errichtet wird, die so in das Erdreich eingelassen werden, dass sie weder leicht demontiert noch leicht versetzt werden können, eine steuerfreie Vermietung eines Grundstücks dar, auch wenn dieses Gebäude nach Beendigung des Mietvertrags entfernt und auf einem anderen Grundstück wiederverwendet werden soll.[4]
- Gleiches gilt für die Verpachtung eines Hausboots einschließlich der dazugehörenden Liegefläche und Steganlage, wenn das **Hausboot** mit nicht leicht zu lösenden Befestigungen, die am Ufer oder auf dem Grund eines Gewässers angebracht sind, ortsfest gehalten wird und an einem abgegrenzten und identifizierbaren Liegeplatz im Gewässer liegt sowie vertraglich und tatsächlich auf Dauer ausschließlich ortsfest und damit wie ein mit einem Grundstück fest verbundenes Gebäude genutzt wird.[5]
- Steuerpflichtig ist hingegen die Vermietung **beweglicher Gegenstände** wie Zelten, Wohnanhängern und Mobilheimen,[6] steuerfrei aber die langfristige Vermietung von Campingflächen.[7]

II. Vermietung und Verpachtung von Grundstücken, Berechtigungen und staatlichen Hoheitsrechten (Nr. 12 Satz 1 Buchst. a)

1. Vermietung und Verpachtung

a) Unionsrecht als Maßstab

23 Die Frage, ob eine Vermietung oder Verpachtung eines Grundstücks i.S.d. § 4 Nr. 12 Satz 1 Buchst. a UStG vorliegt, richtet sich auch nach dem Unionsrecht[8] und nicht nach den Vorschriften des nationalen Zivilrechts:[9]

1 Siehe EG-Kommission, ABl. EG 2001 Nr. C 350E, 12 = UR 2002, 364.
2 Abschn. 4.12.1 Abs. 4 UStAE.
3 BFH, Urt. v. 15.12.1966 – V 252/63, BStBl. III 1967, 209.
4 EuGH, Urt. v. 16.1.2003 – C-315/00, ECLI:EU:C:2003:23 – Maierhofer, UR 2003, 86.
5 EuGH, Urt. v. 15.11.2012 – C-532/11, ECLI:EU:C:2012:720 – Leichenich, UR 2013, 30; steuerpflichtig ist aber die Nutzung eines Schiffes zur (kurzfristigen) Unterbringung von Asylbewerbern; BFH, Urt. v. 7.3.1996 – V R 29/95, BStBl. II 1996, 341 = UR 1996, 295.
6 EuGH, Urt. v. 3.7.1997 – C-60/96, ECLI:EU:C:1997:340 – Kommission/Frankreich, UR 1997, 443.
7 Abschn. 4.12.3 Abs. 2 UStAE.
8 So hat der EuGH, Beschl. v. 1.12.2021 – C-598/20, ECLI:EU:C:2021:971 – Pilsētas zemes dienests, BeckRS 2021, 37814, entschieden, dass es einer nationalen Regelung nicht entgegensteht, nach der die Vermietung von Grundstücken im Rahmen eines obligatorischen Pachtverhältnisses von der Mehrwertsteuerbefreiung ausgeschlossen ist.
9 BFH, Urt. v. 8.11.2012 – V R 15/12, BStBl. II 2013, 455 = UR 2013, 453; BFH, Urt. v. 28.5.2013 – XI R 32/11, BStBl. II 2014, 411 = UR 2014, 264 und mit ausführlichen Erläuterungen: *Englisch* in Rau/Dürrwächter, § 4 Nr. 12 UStG Rz. 50 ff. (Stand: Januar 2023).

b) Gebrauchs- oder Nutzungsüberlassung

24 Danach setzt die Vermietung eines Grundstücks voraus,[1] dass dem Mieter vom Vermieter **auf bestimmte Zeit** gegen eine Vergütung[2] das Recht eingeräumt wird, das **Grundstück so in Besitz zu nehmen**, als ob er dessen Eigentümer wäre, und jede andere Person von diesem Recht auszuschließen,[3] d.h. die Vereinbarungen müssen auf eine **Gebrauchs- oder Nutzungsüberlassung** gerichtet sein (wozu auch die „Untervermietung" zählt)[4].

c) Nutzungsbeschränkungen

25 Auch **vertragliche Beschränkungen** (z.B. gemeinschaftliche Nutzung von bestimmten Räumlichkeiten) des an der Mietsache bestehenden Nutzungsrechts schließen nicht aus, dass es sich um ein ausschließliches Nutzungsrecht handelt, d.h. die Überlassung kann auch an mehrere Personen gemeinsam erfolgen.[5]

d) Zeitlicher Umfang des Nutzungsrechts

26 Die **Dauer der Gebrauchsüberlassung** muss nicht von vornherein festgelegt sein[6] – sie ist grundsätzlich ohne Bedeutung (**relevant aber** bei der Beherbergung und bei Campingplätzen), muss aber in irgendeiner Weise oder Form einer **Begrenzung** (z.B. durch Kündigung) unterliegen;[7] auch die kurzfristige Gebrauchsüberlassung eines Grundstücks kann die Voraussetzungen einer Vermietung erfüllen.

e) Bestimmbarkeit des Nutzungsrechts

27 Für die Vermietung eines Grundstücks ist es nicht erforderlich, dass die vermietete Grundstücksfläche bereits im Zeitpunkt des Abschlusses des Mietvertrags bestimmt ist. Der Mietvertrag kann auch über eine zunächst unbestimmte, aber **bestimmbare Grundstücksfläche** (z.B. Parkhausfläche) geschlossen werden.[8] Die spätere Konkretisierung der Fläche kann durch den Vermieter oder den Mieter erfolgen.

f) Objektiver Beurteilungsmaßstab

28 Für die Beurteilung, ob eine bestimmte Vereinbarung als „Vermietung" in diesem Sinne zu behandeln ist, sind alle Umstände des Einzelfalls, vor allem der tatsächlich verwirklichte Sachverhalt zu berücksichtigen (so z.B. in den Fällen des Mietkaufs).[9] **Maßgebend ist insoweit der objektive Inhalt des Vorgangs**, unabhängig von der Bezeichnung, die die Parteien ihm gegeben haben.[10]

1 EuGH, Urt. v. 16.12.2010 – C-270/09, ECLI:EU:C:2010:780 – MacDonald Resorts, UR 2011, 462.

2 Keine Entgeltlichkeit (und kein Vorsteuerabzug) bei symbolischem Entgelt: BFH, Beschl. v. 22.6.2022 – XI R 35/19, UR 2022, 892 m. Anm. *Küffner* bzw. auch nicht bei asymmetrischem Entgelt: BFH, Urt. v. 15.12.2016 – V R 44/15, UR 2017, 302 m. Anm. *Küffner*, aber schon bei nichtkostendeckenden Marktangeboten: BFH, Urt. v. 28.6.2017 – XI R 12/15, UR 2017, 758 m. Anm. *Sterzinger* und Anm. *Rust* unter Verweis auf EuGH, Urt. v. 12.5.2016 – C-520/14, ECLI:EU:C:2016:334 – Gemeente Borsele, UR 2016, 520 m. Anm. *Küffner* und Anm. *Sterzinger*, UR 2016, 543.

3 EuGH, Urt. v. 12.6.2003 – C-275/01, ECLI:EU:C:2003:341 – Sinclair Collins, UR 2003, 348; EuGH, Urt. v. 6.12.2007 – C-451/06, ECLI:EU:C:2007:761 – Walderdorff, UR 2008, 266.

4 Woran es u.a. fehlt, wenn ein Zusammenhang zwischen der Überlassung mit irgendeiner Art der Nutzung nicht besteht, z.B. wenn dem Leistungsempfänger nicht mehr verbleibt als das Affektionsinteresse am Schutz des Waldes, FG Rheinland-Pfalz, Urt. v. 23.11.2021, 3 K 1844/20, juris.

5 EuGH, Urt. v. 18.11.2004 – C-284/03, ECLI:EU:C:2004:730 – Temco Europe, UR 2005, 24; siehe aber BFH, Urt. v. 21.2.2013 – V R 10/12, BFH/NV 2013, 1635 zum Vorbehalt des Besitzes und der Nutzung.

6 EuGH, Urt. v. 18.11.2004 – C-284/03, ECLI:EU:C:2004:730 – Temco Europe, UR 2005, 24.

7 BFH, Urt. v. 21.2.2013 – V R 10/12, BFH/NV 2013, 1635 zur dauerhaften Überlassung eines Grundstücks als Grünausgleichsfläche.

8 BFH, Urt. v. 8.10.1991 – V R 95/89, BStBl. II 1992, 209 = UR 1992, 78 zur Abgrenzung zwischen einer Verwahrung und einer Vermietung sowie BFH, Urt. v. 8.10.1991 – V R 46/88, BStBl. II 1992, 369 = UR 1992, 144.

9 Abschn. 3.5 Abs. 7 UStAE.

10 EuGH, Urt. v. 16.12.2010 – C-270/09, ECLI:EU:C:2010:780 – MacDonald Resorts, UR 2011, 462.

g) Aus dem Grundstück resultierende Erträge

Diese Voraussetzungen gelten auch für die umsatzsteuerfreie **Verpachtung eines Grundstücks**[1] und die hierdurch typischerweise eingeräumten Berechtigungen an dem Grundstück zur Ausübung einer sachgerechten und nachhaltigen **Bewirtschaftung**; neben den Früchten zählen hierzu auch die im Grundstück vorhandenen **Bodenschätze**, wie z.B. Sand, Kies, Kalk, Torf[2] – davon abzugrenzen sind aber **reine Entnahmerechte bzw. Abbauverträge**, die als Lieferung zu qualifizieren wären.[3] Ebenso sind Verträge über die entgeltliche Überlassung von Grundstücken zur Ablagerung von Abfällen – z.B. Überlassung eines Steinbruchs zur Auffüllung mit Klärschlamm – i.d.R. als Mietverträge anzusehen und von der Umsatzsteuer befreit; dies gilt auch dann, wenn sich das Entgelt nicht nach der Nutzungsdauer, sondern nach der Menge der abgelagerten Abfälle bemisst.[4] 29

h) Verzichtsleistungen

Der Vermietung oder Verpachtung eines Grundstücks gleichzusetzen ist der **Verzicht auf Rechte aus dem Mietvertrag** gegen eine Abstandszahlung;[5] nach der Rechtsprechung des EuGH fällt eine Änderung des Mietvertrags erstaunlicherweise ebenfalls unter die Steuerbefreiung für Gebrauchsüberlassungen. Die FinVerw. und der BFH gehen – v.a. bei einer einvernehmlichen Vertragsauflösung[6] – insoweit von einer Änderung des bisherigen Leistungsverhältnisses aus und behandeln die Verzichtsleistung ebenso wie die Vermietungsleistung (d.h. grundsätzlich steuerfrei, aber steuerpflichtig bei Option), selbst dann, wenn der Mieter die Verzichtsleistung erbringt, was systematisch sehr fragwürdig erscheint.[7] 30

i) Baukostenzuschüsse

„Verlorene" Baukostenzuschüsse des Mieters sind regelmäßig wie Mietvorauszahlungen[8] als vorausgezahltes Entgelt für die Vermietung zu behandeln und bei Verzicht auf die Steuerbefreiung der Ist-Besteuerung zu unterwerfen.[9] 31

j) Mietoptionsrecht

Auf die Einräumung eines **Mietoptionsrechts** soll ebenso die Steuerbefreiung des § 4 Nr. 12 Satz 1 Buchst. a UStG anwendbar sein wie auf die tatsächliche Gebrauchsüberlassung nach Ausübung der Option.[10] 32

k) Unkündbarkeitsklausel

Weitere Zahlungen aufgrund einer Unkündbarkeitsklausel nach Beendigung der wirtschaftlichen Tätigkeit und der damit verbundenen **Nichtnutzung der Räume** fallen unter § 4 Nr. 12 Satz 1 Buchst. a UStG.[11] 33

---

1 EuGH, Urt. v. 6.12.2007 – C-451/06, ECLI:EU:C:2007:761 – Walderdorff, UR 2008, 266.
2 BFH, Urt. v. 28.6.1973 – V R 7/72, BStBl. II 1973, 717.
3 BFH, Urt. v. 25.11.1966 – VI 375/65, BStBl. III 1967, 226.
4 Abschn. 4.12.4 UStAE.
5 EuGH, Urt. v. 15.12.1993 – C-63/92, ECLI:EU:C:1993:929 – Lubbock Fine, BStBl. II 1995, 480 = UR 1996, 90 bezüglich der Verzichtsleistung durch den Mieter.
6 Zu nicht steuerbarem Schadensersatz bei fristloser Kündigung des Vermieters aufgrund einer Vertragsverletzung siehe auch OFD Karlsruhe, Vfg. v. 19.2.2015 – S 7100 Karte 1, juris.
7 Kritisch *Forster*, UStB 2000, 56; *Forster*, UR 2001, 199 m.w.N. und so bezüglich der Verzichtsleistung des Vermieters als Schadensersatz wohl auch EuGH, Urt. v. 9.10.2001 – C-108/99, ECLI:EU:C:2001:526 – Cantor Fitzgerald International, UR 2001, 494, Rz. 31.
8 FG München, Urt. v. 24.11.2011 – 14 K 431/09, EFG 2012, 1098 zur Verneinung von Darlehenszahlungen.
9 BFH, Urt. v. 19.5.1988 – V R 102/83, BStBl. II 1988, 848 = UR 1988, 356.
10 OFD Koblenz, Vfg. v. 17.11.1986, UR 1987, 56.
11 EuGH, Urt. v. 3.3.2005 – C-32/03, ECLI:EU:C:2005:128 – Fini H, UR 2005, 433.

l) Mieteintrittszahlungen

34 Umgekehrt sollen Mieteintrittszahlungen des Vermieters („Pre-Opening-Zahlungen")[1] vorweggenommene Mietnachlässe im Hinblick auf den Mietvertrag[2] und grundsätzlich keine Gegenleistung für eine Leistung des Mieters darstellen; eine von der FinVerw.[3] mitunter – analog zu den bilanzrechtlichen Vorgaben – vorgenommene Verteilung über die Mietvertragslaufzeit dürfte umsatzsteuerrechtlichen Prinzipien schlechterdings widersprechen, sodass Mieteintrittszahlungen oder Baukostenzuschüsse des Vermieters ohne konkrete Leistung des Mieters mit Unsicherheiten behaftet sind[4] – eine steuerpflichtige Werbeleistung läge jedenfalls dann vor, wenn es sich um einen **Prestigemieter** handele.[5] Wegen der bestehenden Unsicherheiten über die umsatzsteuerrechtliche Behandlung von Mieteintrittszahlungen sollten im Zweifel stattdessen anfängliche mietfreie Zeiten vereinbart werden, wobei auch diese nicht ohne jedwede Bedenken zu sein scheinen.[6]

m) Mietereinbauten

35 Jedoch sind die Überlassungen von Mietereinbauten gegen Entschädigungszahlungen des Vermieters regelmäßig Lieferungen,[7] letztlich also keine Entgeltminderungen der Mietzahlungen und auch keine Hilfsgeschäfte des Mieters im Rahmen seiner unternehmerischen Tätigkeit.[8]

n) Vertragsübernahme

36 Eine Dienstleistung, die darin besteht, dass eine Person, die ursprünglich kein Recht an einem Grundstück hat, aber gegen Entgelt die Rechte und Pflichten aus einem **Mietvertrag** über dieses Grundstück **übernimmt**, ist nicht von der Umsatzsteuer befreit.[9]

o) Unentgeltliche private Nutzung von Gebäuden

37 Ebenso ist die unentgeltliche private Nutzung von Gebäuden (nunmehr in § 15 Abs. 1b UStG, § 15 Rz. 240 ff.) – entgegen der tradierten deutschen Rechtspraxis[10] – nicht steuerbefreit.[11] Soweit die **Ver-**

1 In Abgrenzung hierzu ist die Übernahme von Werbekostenbeiträgen für Ankermieter durch den Vermieter zu sehen: FG Sachsen-Anhalt, Urt. v. 18.4.2023 – 5 K 741/17, MwStR 2023, 737 m. Anm. *Ulbrich*.

2 FG Saarland, Beschl. v. 26.7.2001 – 1 V 154/01, juris, wobei gemäß BFH, Urt. v. 30.1.2014 – V R 1/13, BFH/NV 2014, 911 = MwStR 2014, 697 m. Anm. *Slapio*, für eine Anerkennung als Entgeltminderung ein Bezug zu einem früheren Umsatz gefordert wird, wonach eine im Vorhinein gewährte Entgeltminderung, welche einen negativen Umsatz begründet, ausscheidet (**a.A.** *Robisch* in Bunjes[22], § 1 UStG Rz. 25), sodass das FG Saarland, Urt. v. 14.6.2023 – 1 K 1264/19, EFG 2023, 1263 vor diesem Hintergrund nunmehr von einer Vorfinanzierung der Mietminderung ausgeht und die späteren „Mietzahlungen" in einen Zins- und Tilgungsanteil für diese (umsatzsteuerfreie) Darlehensgewährung aufzuteilen seien, allerdings ohne die konkrete Umsetzung näher zu präzisieren: kritisch hierzu *Weber*, UVR 2024, 26 (31).

3 Ggf. in Anlehnung an BFH, Urt. v. 19.5.1988 – V R 102/83, BStBl. II 1988, 848 = UR 1988, 356.

4 Siehe hierzu ausführlich *Prätzler/Müller-Adams*, UStB 2021, 16 m.w.N.

5 EuGH, Urt. v. 9.10.2001 – C-409/98, ECLI:EU:C:2001:524 – Mirror Group, UR 2001, 490.

6 U.a. BFH, Urt. v. 11.12.2003 – V R 48/02, BStBl. II 2006, 384 = UR 2004, 203 sowie ausführlich *Prätzler*, UStB 2020, 224.

7 BMF, Schr. v. 23.7.1986 – IV A 2-S 7100-76/86, BStBl. II 1986, 432 = UR 1986, 239 zu unterschiedlichen Fallgestaltungen.

8 BFH, Urt. v. 13.11.2019 – V R 5/18, BStBl. II 2020, 136 = UR 2020, 156, zumindest wenn der Mieter einen unmittelbar vom Vermieter tatsächlich genutzten wirtschaftlichen Vorteil zuwendet bzw. schon bei Beginn des Nutzungsverhältnisses auf sein Wegnahmerecht (§ 539 Abs. 2 BGB) verzichtet, weil der Vermieter ihm die Herstellungskosten erstattet oder diese mit der Miete/Pacht verrechnet. Etwas anderes gilt umgekehrt, wenn der Mieter am Ende der Mietzeit verpflichtet wird, die Mietausbaumaßnahmen zurückzubauen; siehe hierzu *Jansen* in Birkenfeld/Wäger, USt-Handbuch, § 4 Nr. 12 UStG, Rz. 123 (Stand: August 2018).

9 EuGH, Urt. v. 9.10.2001 – C-108/99, ECLI:EU:C:2001:526 – Cantor Fitzgerald International, UR 2001, 494.

10 BFH, Urt. v. 10.2.1994 – V R 33/92, BStBl. II 1994, 668 = UR 1994, 311 m. Anm. *Weiß*.

11 EuGH, Urt. v. 8.5.2003 – C-269/00, ECLI:EU:C:2003:254 – Seeling, BStBl. II 2004, 378 = UR 2003, 288 m. Anm. *Burgmaier* sowie bestätigend EuGH, Urt. v. 18.7.2013 – C-210/11 und C-211/11, ECLI:EU:C:2013:479 – Medicom und Maison Patrice Alard, UR 2014, 404.

wendung eines dem Unternehmen zugeordneten Grundstücks/Gebäudes **für nichtunternehmerische Zwecke** steuerbar ist und die Übergangsregelung nach § 27 Abs. 16 UStG Anwendung findet,[1] ist diese **nicht** einer steuerfreien Grundstücksvermietung i.S.d. § 4 Nr. 12 Satz 1 Buchst. a UStG gleichgestellt.[2]

p) Nebenleistungen

Zu den nach § 4 Nr. 12 Satz 1 UStG umsatzsteuerfreien Leistungen der Vermietung und Verpachtung von Grundstücken gehören auch die damit in unmittelbarem wirtschaftlichen Zusammenhang stehenden üblichen Nebenleistungen.[3] Dies sind Leistungen, die im Vergleich zur Grundstücksvermietung bzw. -verpachtung nebensächlich sind, mit ihr eng zusammenhängen und in ihrem Gefolge üblicherweise vorkommen,[4] wenn sie für die Kunden keinen eigenen Zweck erfüllen, sondern das Mittel darstellen, um die Hauptleistung des Leistungserbringers unter optimalen Bedingungen in Anspruch zu nehmen.[5] 38

Weder die Rechtsprechung des EuGH noch des BFH ist eindeutig; es hängt in concreto von der jeweiligen Vertragsgestaltung bzw. letztlich vom jeweiligen Einzelfall ab, inwieweit tatsächlich **Nebenleistungen** oder eine mit der Vermietung **einheitliche/komplexe Leistung** oder aber getrennt zu beurteilende **selbständige Leistungen** vorliegen. Eine gesonderte Entgeltvereinbarung bei auch von Dritten erbringbaren Leistungen ist ein Indiz für das Vorliegen selbständiger Leistungen; bildet jedoch das Gebäude mit begleitenden Leistungen in wirtschaftlicher Hinsicht objektiv eine Gesamtheit, ist von einer einheitlichen/komplexen Leistung auszugehen.[6] 39

Um Unsicherheiten oder Zweifel zu vermeiden bzw. zu vermindern, sollten die Vereinbarungen so ausgestaltet werden, dass der Wille der Vertragsparteien klar zum Ausdruck kommt. Als letzte Absicherung sind diese noch mit einer Umsatzsteuer-Klausel zu versehen, sodass es hinsichtlich der Nebenleistungen nicht zu Definitivbelastungen mit Umsatzsteuer kommt (was bei Ausübung der Option gemäß § 9 UStG ohnehin nicht der Fall ist). 40

- Keine Nebenleistungen sind jedenfalls die **Lieferungen von Heizgas und Heizöl**.
- Als **regelmäßige Nebenleistungen** sind[7] aber die Lieferung von Wärme, die Versorgung mit Wasser, auch mit Warmwasser, die Überlassung von Waschmaschinen, die Flur- und Treppenreinigung, die Treppenbeleuchtung sowie die Lieferung von Strom durch den Vermieter anzusehen;[8] eine Nebenleistung zur Wohnungsvermietung ist i.d.R. die von dem Vermieter einer Wohnanlage vertraglich übernommene Balkonbepflanzung.[9]
- Ebenso stellt die **Stellplatzvermietung** eine Nebenleistung zur Grundstücksvermietung dar (Rz. 59).

1 Abschn. 3.4 Abs. 6–8 UStAE.

2 BFH, Urt. v. 24.7.2003 – V R 39/99, BStBl. II 2004, 371 = UR 2003, 539; BMF, Schr. v. 13.4.2004 – IV B 7-S 7300-26/04, BStBl. I 2004, 469.

3 BFH, Urt. v. 9.12.1971 – V R 84/71, BStBl. II 1972, 203.

4 Abschn. 4.12.1 Abs. 5 Satz 2 UStAE.

5 EuGH, Urt. v. 27.9.2012 – C-392/11, ECLI:EU:C:2012:597 – Field Fisher Waterhouse, UR 2012, 964.

6 EuGH, Urt. v. 16.4.2015 – C-42/14, ECLI:EU:C:2015:229 – Wojskowa Agencja Mieszkaniowa w Warszawie, UR 2015, 427 m. Anm. *Widmann* und nunmehr auch BFH, Urt. v. 11.11.2015 – V R 37/14, BStBl. II 2017, 1259 = UR 2016, 236.

7 BFH, Beschl. v. 21.7.1999 – V B 61/99, BFH/NV 1999, 1652; BFH, Urt. v. 15.1.2009 – V R 91/07, BStBl. II 2009, 615 = UR 2009, 315 m. Anm. *Klenk*.

8 Zur Abgrenzung selbständiger Leistungen bei getrennter, verbrauchsabhängiger Abrechnung bzw. bei Auswahlmöglichkeit der Leistenden bzw. Nutzungsmodalitäten: EuGH, Urt. v. 11.6.2009 – C-572/07, ECLI:EU:C:2009:365 – RLRE Tellmer Property, UR 2009, 557; EuGH, Urt. v. 27.9.2012 – C-392/11, ECLI:EU:C:2012:597 – Field Fisher Waterhouse, UR 2012, 964; EuGH, Urt. v. 16.4.2015 – C-42/14, ECLI:EU:C:2015:229 – Wojskowa Agencja Mieszkaniowa w Warszawie, UR 2015, 427 m. Anm. *Widmann* sowie im Anschluss BFH, Urt. v. 11.11.2015 – V R 37/14, BStBl. II 2017, 1259 = UR 2016, 236 u.a. zur maßgeblichen Tatsachenwürdigung durch das FG sowie jüngst BFH, Urt. v. 7.12.2023 - V R 15/21, UR 2024, 335 m. Anm. *Widmann* und FG Niedersachsen, Urt. v. 25.2.2021 – 11 K 201/19, EFG 2021, 883 (anhängig BFH Az. XI R 8/21), wobei die Behandlung als umsatzsteuerpflichtige Leistungen i.d.R. lediglich administrative Bürden nach sich zieht ohne fiskalische Mehreinnahmen, weil der Vermieter zwar Umsatzsteuer an das Finanzamt abführen muss, aber meist in gleicher Höhe zum Vorsteuerabzug berechtigt ist.

9 BFH, Urt. v. 9.12.1971 – V R 84/71, BStBl. II 1972, 203.

- Während die Vermietung dem Betrieb dienender Vorrichtungen, wie z.B. fest eingebautes Büromobiliar, die zentrale Fernsprech- und Fernschreibanlage[1] zwingend steuerpflichtig waren bzw. noch sind, hat die **Vermietung von Mobiliar** (z.B. Bettwäsche u.ä.) sowie Einrichtungsgegenständen (z.B. Küche samt Besteck) bei nicht kurzfristiger Überlassung von Wohnungen seit jeher als Nebenleistung gegolten.[2] Handelt es sich aber bei mitverpachtetem Inventar ganz überwiegend um speziell abgestimmte, zum Betrieb (z.B. eines Seniorenheims) zwingend erforderliche Ausstattungselemente, ist eine Würdigung, dass unter den konkreten Umständen des Einzelfalles die Überlassung des Mobiliars nur dazu gedient habe, die vertragsmäßige Nutzung des (als Seniorenpflegeheim) vermieteten Gebäudes unter optimalen Bedingungen in Anspruch zu nehmen, möglich und verstößt weder gegen allgemeine Erfahrungssätze noch gegen Denkgesetze.[3]

2. Gemischte Verträge und Verträge besonderer Art

a) Gemischte Verträge

41 Ein **gemischter Vertrag** liegt vor, wenn die Leistungsvereinbarung sowohl Elemente einer Grundstücksüberlassung als auch anderer Leistungen umfasst. Bei einem solchen Vertrag ist nach den allgemeinen Grundsätzen zunächst zu prüfen, ob es sich um eine einheitliche Leistung oder um mehrere selbständige Leistungen handelt. Sind mehrere selbständige Leistungen gegeben, ist zu prüfen, ob diese nach den Grundsätzen von Haupt- und Nebenleistung[4] einheitlich zu beurteilen sind.

- Liegt eine **einheitlich zu beurteilende Leistung** vor, ist für die Steuerbefreiung nach § 4 Nr. 12 Satz 1 Buchst. a UStG entscheidend, ob das Vermietungselement der Leistung ihr Gepräge gibt;[5] in diesem Fall ist die Leistung insgesamt steuerfrei. Eine Aufteilung des Entgelts in einen auf das Element der Grundstücksüberlassung und einen auf den Leistungsteil anderer Art entfallenden Teil ist nicht zulässig.
- Dies kann z.B. die Vermietung von Standflächen bei **Kirmesveranstaltungen**[6] oder auf **Wochenmärkten**[7] betreffen, wenn die Überlassung der Standplätze als wesentliches Leistungselement prägend ist und darüber hinaus erbrachte Leistungen als Nebenleistungen anzusehen sind.

b) Verträge besonderer Art

42 Hiervon abzugrenzen sind insgesamt steuerpflichtige Leistungen bei **Verträgen besonderer Art**,[8] d.h. wenn die Gebrauchsüberlassung des Grundstücks gegenüber anderen wesentlicheren Leistungen zurücktritt und das Vertragsverhältnis ein einheitliches, unteilbares Ganzes darstellt.[9] Bei einem Vertrag besonderer Art kommt die Steuerbefreiung nach § 4 Nr. 12 UStG weder für die gesamte Leistung noch für einen Teil der Leistung in Betracht.

43 Verträge besonderer Art liegen z.B. in folgenden Fällen vor:[10]

- **Arbeitsplatz in einem Coworking-Space**: Anbieter stellt den Interessenten einen Arbeitsplatz in einem Großraumbüro einschließlich Büromöbel, Technik und Internetzugang (meist tageweise) zur Verfügung.[11]

---

1 BFH, Urt. v. 15.1.2009 – V R 91/07, BStBl. II 2009, 615 = UR 2009, 315 m. Anm. *Klenk*.
2 BFH, Urt. v. 8.8.2013 – V R 7/13, BFH/NV 2013, 1952; BFH, Urt. v. 22.8.2013 – V R 18/12, BStBl. II 2013, 1058 = UR 2014, 21; BFH, Urt. v. 17.12.2014 – XI R 16/11, BStBl. II 2015, 427 = UR 2015, 261; BFH, Urt. v. 19.2.2014 – XI R 1/12, BFH/NV 2014, 1398.
3 BFH, Urt. v. 11.11.2015 – V R 37/14, BStBl. II 2017, 1259 = UR 2016, 236.
4 Abschn. 3.10 UStAE.
5 BFH, Urt. v. 31.5.2001 – V R 97/98, BStBl. II 2001, 658 = UR 2001, 396.
6 BFH, Urt. v. 13.2.2014 – V R 5/13, BStBl. II 2017, 846 = UR 2014, 566.
7 BFH, Urt. v. 24.1.2008 – V R 12/05, BStBl. II 2009, 60 = UR 2008, 308.
8 Abschn. 4.12.6 UStAE.
9 BFH, Urt. v. 19.12.1952 – V 4/51 U, BStBl. III 1953, 98; BFH, Urt. v. 31.5.2001 – V R 97/98, BStBl. II 2001, 658 = UR 2001, 396.
10 Abschn. 4.12.6 Abs. 2 UStAE.
11 U.a. *Brunckhorst*, EStB 2023, 474 m.w.N.

- **Bordellartiges Gewerbe:** Hausbesitzer überlässt **Prostituierten Zimmer** und erbringt zusätzliche Leistungselemente, die die Ausübung des Gewerbes der Bewohnerinnen fördern und die der Gesamtleistung das Gepräge geben.[1]
- **Fischereirecht:** Eigentümer einer Wasserfläche räumt ein Fischereirecht ein, ohne die Grundstücksfläche unter Ausschluss anderer zu überlassen.[2]
- **Hostingdienste:** In einem Rechenzentrum zur Verfügung gestellte Geräteschränke, in denen Kunden ihre Server unterbringen können, und als Nebenleistung, Güter und Dienstleistungen wie Strom und verschiedene Leistungen, mit denen die Nutzung dieser Server unter optimalen Bedingungen gewährleistet werden soll, stellen keine Grundstücksvermietungsleistungen dar.[3]
- **Jagdrecht:** Jäger wird Jagdrecht eingeräumt, das nach § 96 BGB zwar Grundstücksbestandteil ist, aber bei selbständiger Vermietung keine Grundstücksvermietung darstellt.[4]
- **Lagergeschäft:** Unternehmer übernimmt neben der Raumüberlassung die Lagerung und Aufbewahrung von Gütern (§§ 467 ff. HGB).[5]
- **Medizinische/pflegerische Betreuung in Alten-/Pflegeheim:** Betreiber eines Alten- oder Pflegeheims erbringen gegenüber pflegebedürftigen Heiminsassen umfassende medizinische und pflegerische Betreuung und Versorgung. Die nach § 4 Nr. 12 Satz 1 Buchst. a UStG steuerfreie Vermietung von Grundstücken tritt hinter diese Leistungen zurück;[6] für die Leistungen der Alten- oder Pflegeheimbetreiber kann die Steuerbefreiung nach § 4 Nr. 16 Satz 1 Buchst. c, d oder l UStG in Betracht kommen.[7]
- **Milchreferenzmenge:** Kein Grundstücksbestandteil ist die Milchreferenzmenge nach der Milch-Garantiemengen-Verordnung[8]. Die (entgeltliche) Übertragung der Milchreferenzmenge bei der Grundstücksverpachtung ist deshalb nicht gemäß § 4 Nr. 12 UStG steuerfrei.
- **Pferdepensionsleistungen:** Nicht steuerbefreit sind Pferdepensionsleistungen, d.h. die Zurverfügungstellung von Ställen mit Futterbereitstellung und Fütterung unter Mitbenutzung der Reitanlage.[9]
- **Reklamezwecke:** Hausbesitzer überlässt die **Außenwand- oder Dachflächen** des Gebäudes.[10]
- **Schaustellung gewerblicher Erzeugnisse:** Der Veranstalter einer Ausstellung überlässt den Ausstellern unter besonderen Auflagen Freiflächen in Hallen.
- **Schießanlage:** Schützen wird gestattet, eine überdachte Schießanlage zur Ausübung des Schießsports gegen ein Eintrittsgeld und ein nach Art und Anzahl der abgegebenen Schüsse bemessenes Entgelt zu nutzen.[11]
- **Schwimmbahnüberlassung:** Vereinen oder Schulen werden einzelne Schwimmbahnen zur Verfügung gestellt.[12]

1 BFH, Urt. v. 17.12.2014 – XI R 16/11, BStBl. II 2015, 427 = UR 2015, 261; BFH, Beschl. v. 30.1.2020 – V B 77/19, BFH/NV 2020, 568 sowie BFH, Urt. v. 24.2.2021 – XI R 4/19, BFH/NV 2021, 1374 und jüngst FG Hamburg, Urt. v. 17.5.2022 – 2 K 9/20, EFG 2022, 1327 zur Überlassung von Zimmern in einer sog. Steige (NZB wurde verworfen mit BFH, Beschl. v. 3.3.2023 – XI B 67/22, nicht dokumentiert).

2 EuGH, Urt. v. 6.12.2007 – C-451/06, ECLI:EU:C:2007:761 – Walderdorff, UR 2008, 266.

3 EuGH, Urt. v. 2.7.2020 – C-215/19, ECLI:EU:C:2020:518 – A Oy, UR 2021, 199.

4 BFH, Urt. v. 11.2.1999 – V R 27/97, BStBl. II 1999, 378 = UR 1999, 373.

5 BFH, Urt. v. 14.11.1968 – V 191/65, BStBl. II 1969, 120. Zum Diskussionstand der Vermietung von Lagerflächen in (See-)Containern innerhalb von Hallen ausführlich: *Schlegel*, NWB 2022, 1246.

6 BFH, Urt. v. 21.4.1993 – XI R 55/90, BStBl. II 1994, 266 = UR 1994, 80.

7 Nach Abschn. 4.12.6 Abs. 2 Nr. 16 UStAE gilt dies analog für Umsätze aus Wohn- und Betreuungsverträgen, die unter das Wohn- und Betreuungsvertragsgesetz (WBVG) fallen: BMF, Schr. v. 24.3.2020 – III C 3-S 7172/19/10002 :003 – DOK 2020/0080945, BStBl. I 2020, 291 = UR 2020, 400.

8 BGBl. I 1984, 720.

9 FG Münster, Urt. v. 25.9.2014 – 5 K 3700/10, EFG 2014, 2177.

10 BFH, Urt. v. 23.10.1957 – V 153/55 U, BStBl. III 1957, 457.

11 BFH, Urt. v. 24.6.1993 – V R 69/92, BStBl. II 1994, 52 = UR 1994, 78; BFH, Urt. v. 31.5.2001 – V R 97/98, BStBl. II 2001, 658 = UR 2001, 396.

12 BFH, Urt. v. 10.2.1994 – V R 33/92, BStBl. II 1994, 668 = UR 1994, 311 m. Anm. *Weiß*; BFH, Urt. v. 31.5.2001 – V R 97/98, BStBl. II 2001, 658 = UR 2001, 396.

- **Sirene:** Gestattung zur **Errichtung** einer Sirene auf einem Grundstück ist **keine Grundstücksüberlassung.**[1]
- **Sportanlage/Greenfee:** Unternehmer gestattet die **Benutzung** eines Sportplatzes oder eines Schwimmbads (Sportanlage)[2] gegen Eintrittsgeld, oder ein Golfclub stellt vereinsfremden Spielern seine Anlage entgeltlich (sog. Greenfee) zur Verfügung;[3] dies gilt unabhängig davon, ob der Nutzer der Sportanlage ein Endverbraucher oder Unternehmer (z.B. Golf- oder Tennislehrer) ist.
- **Tankstellenvertrag:** Zwischen denselben Beteiligten werden ein Tankstellenvertrag – Tankstellenagenturvertrag – und ein Tankstellenmietvertrag – Vertrag über die Nutzung der Tankstelle – abgeschlossen, die beide eine Einheit bilden, wobei die Bestimmungen des Tankstellenvertrags eine beherrschende und die des Mietvertrags eine untergeordnete Rolle spielen.[4]
- **Urnenliegerecht:** Einräumung von Liegerechten zur Einbringung von Urnen ist keine steuerfreie Grundstücksvermietung, weil i.d.R. keine räumlich abgrenzbaren, individualisierten Parzellen zur Nutzung überlassen werden.[5]
- **Wirtschaftswerbung:** Gemeinde gestattet einem Unternehmer, auf öffentlichen Wegen und Plätzen **Anschlagtafeln** zu errichten und auf diesen Wirtschaftswerbung zu betreiben.[6]
- **Zahnarztpraxis:** Bereitstellung einer funktionsfähigen Zahnarztpraxis ist eine vertraglich geschuldete einheitliche Leistung, die nicht unter die Steuerbefreiung fällt.[7]
- **Zigarettenautomat:** Gastwirt räumt das Recht zum **Aufstellen** eines Zigarettenautomaten in seiner **Gastwirtschaft** ein.[8]

3. Grundstücksgleiche Berechtigungen

44 Die Steuerbefreiung des § 4 Nr. 12 Buchst. a UStG ist auch anwendbar auf die Vermietung und Verpachtung von **Berechtigungen** unter der Voraussetzung, dass die Vorschriften des bürgerlichen Rechts (BGB) über Grundstücke gelten, so z.B. für das Bergwerkseigentum (§ 9 Abs. 1 Bundesberggesetz), landesrechtliche Fischereirechte (allerdings nur, wenn dem Pächter das Recht eingeräumt wird, das betreffende Grundstück in Besitz zu nehmen und jede andere Person von diesem Recht auszuschließen),[9] Wassernutzungsrechte und Realgewerbeberechtigungen sowie auch Wohnungs- und Teileigentum (§ 1 und § 6 WEG). Erforderlich für ein grundstücksgleiches Recht ist, dass diese Berechtigungen in das Grundbuch eingetragen sind.

45 Hingegen nicht erfasst sind Erbbaurechte, die unter § 4 Nr. 9 Buchst. a UStG fallen, und Wohnungserbbaurechte, die unter § 4 Nr. 12 Buchst. c UStG zu subsumieren sind.

4. Staatliche Hoheitsrechte

46 § 4 Nr. 12 Satz 1 Buchst. a UStG befreit letztlich die Vermietung und Verpachtung von **staatlichen Hoheitsrechten**, die Nutzungen von Grund und Boden betreffen, insbesondere Mineral- und Salzge-

---

1 Zu Standortmietverträgen über Funkfeststationen siehe auch OFD Erfurt, Vfg. v. 3.11.2002 – S 7168 A-01-L 242, DStR 2004, 1129.

2 Siehe u.a. *Dziadkowski*, UR 2001, 245.

3 BFH, Urt. v. 31.5.2001 – V R 97/98, BStBl. II 2001, 658 = UR 2001, 396; BFH, Urt. v. 9.4.1987 – V R 150/78, BStBl. II 1987, 659 = UR 1987, 301.

4 BFH, Urt. v. 5.2.1959 – V 138/57 U, BStBl. III 1959, 223; BFH, Urt. v. 21.4.1966 – V 200/63, BStBl. III 1959, 415.

5 BFH, Urt. v. 21.6.2017 – V R 4/17, BStBl. II 2018, 370 = UR 2018, 30.

6 BFH, Urt. v. 31.7.1962 – I 283/61 U, BStBl. III 1962, 476 zur vordergründigen „Rechtseinräumung zur Werbung".

7 FG München, Urt. v. 27.2.2019 – 3 K 1976/17, EFG 2019, 1036 m. Anm. *Kemper*.

8 EuGH, Urt. v. 12.6.2003 – C-275/01, ECLI:EU:C:2003:341 – Sinclair Collins, UR 2003, 348.

9 EuGH, Urt. v. 6.12.2007 – C-451/06, ECLI:EU:C:2007:761 – Walderdorff, UR 2008, 266.

winnungsrechte[1] sowie auch Brücken- und Fährrechte, soweit diese nicht ohnehin im Rahmen der Ausübung öffentlicher Gewalt gemäß § 2b UStG erfolgen.[2]

III. Überlassung von Grundstücken und Grundstücksteilen zur Nutzung auf Grund eines auf Übertragung des Eigentums gerichteten Vertrags oder Vorvertrags (Nr. 12 Satz 1 Buchst. b)

Nach § 4 Nr. 12 Satz 1 Buchst. b UStG ist die Überlassung von Grundstücken und Grundstücksteilen zur Nutzung aufgrund von Kaufanwartschaftsverhältnissen steuerfrei. Der hierbei zu Grunde liegende Kaufanwartschaftsvertrag und der gleichzeitig abgeschlossene Nutzungsvertrag sehen i.d.R. vor, dass dem Kaufanwärter das Grundstück bis zur Auflassung zur Nutzung überlassen wird. 47

Vielfach liegt zwischen der Auflassung und der Eintragung des neuen Eigentümers in das Grundbuch eine längere Zeitspanne, in der das bestehende Nutzungsverhältnis zwischen den Beteiligten auch nach der Auflassung fortgesetzt wird und in der der Kaufanwärter bis zur Eintragung in das Grundbuch die im Nutzungsvertrag vereinbarte **Nutzungsgebühr**, die Zinsen, Tilgung und Bewirtschaftungskosten enthält, weiter zahlt. Der Tilgungs- und Zinsanteil sind schon nach § 4 Nr. 9 Buchst. a UStG als Kaufpreis steuerfrei, sodass § 4 Nr. 12 Satz 1 Buchst. b UStG letztlich die Bewirtschaftungskosten befreit.[3] 48

In diesen Fällen ist davon auszugehen, dass die Nutzungsgebühren auch in der Zeit zwischen Auflassung und Grundbucheintragung auf Grund des – stillschweigend verlängerten – Nutzungsvertrags entrichtet werden und damit nach § 4 Nr. 12 Satz 1 Buchst. b UStG umsatzsteuerfrei sind.[4] 49

IV. Bestellung, Übertragung, Überlassung der Ausübung von dinglichen Nutzungsrechten an Grundstücken (Nr. 12 Satz 1 Buchst. c)

Unter die Steuerbefreiung nach § 4 Nr. 12 Satz 1 Buchst. c UStG fallen insbesondere der **Nießbrauch** (§ 1030 BGB), die **Grunddienstbarkeit** (§ 1018 BGB), die **beschränkte persönliche Dienstbarkeit** (§ 1090 BGB) sowie das **Dauerwohnrecht** und das **Dauernutzungsrecht** (§ 31 WoEigG), wenn die Bestellung solcher dinglicher Nutzungsrechte vom Begriff der Vermietung und Verpachtung[5] umfasst wird. 50

Hierdurch soll eine gleiche Behandlung aller Grundstücksüberlassungen durch Nutzung erreicht werden.[6] Danach ist z.B. die entgeltliche Bestellung eines unwiderruflich eingeräumten dinglichen Nutzungsrechts zur Durchführung von Ausgleichsmaßnahmen nach den Naturschutzgesetzen nicht nach § 4 Nr. 12 UStG befreit.[7] Es fallen nur jene dinglichen Nutzungsrechte unter die Steuerbefreiung, die – wie z.B. die Einräumung des Wegerechts – dem Inhaber ein Nutzungsrecht an dem Grundstück geben,[8] ohne dass der Eigentümer die wirtschaftliche Herrschaftsmacht über das Grundstück verliert;[9] insofern dürfte zweifelhaft sein, dass eine schuldrechtlich vereinbarte Grundstückseinbringung „quoad sortem" von der Befreiungsvorschrift des § 4 Nr. 12 UStG erfasst ist, weil einerseits der Eigentümer ja gerade nicht mehr über das wirtschaftliche Eigentum verfügen soll und andererseits mangels Verein- 51

1 BFH, Urt. v. 21.12.1967 – III 221/64, BStBl. III 1968, 303; BFH, Urt. v. 21.6.2017 – V R 3/17, BStBl. II 2018, 372 = UR 2018, 27; BFH, Urt. v. 21.6.2017 – V R 4/17, BStBl. II 2018, 370 = UR 2018, 30.
2 EuGH, Urt. v. 12.9.2000 – C-408/97, ECLI:EU:C:2000:427 – Kommission/Niederlande, UR 2000, 527.
3 **A.A.** *Englisch* in Rau/Dürrwächter, § 4 Nr. 12 UStG, Rz. 100–102 (Stand: Januar 2023), der u.a. wegen der schon anzuwendenden Steuerbefreiung für Grundstückslieferungen nach § 4 Nr. 9 Buchst. a UStG von einer größtenteils ins Leere gehenden Vorschrift spricht.
4 Abschn. 4.12.7 UStAE.
5 Abschn. 4.12.1 UStAE.
6 So die Gesetzesbegründung in BR-Drucks. 140/84 zu Art. 19 Nr. 2 des Gesetzentwurfs.
7 BFH, Urt. v. 8.11.2012 – V R 15/12, BStBl. II 2013, 455 = UR 2013, 453; BFH, Urt. v. 21.2.2013 – V R 10/12, BFH/NV 2013, 1635; BFH, Urt. v. 28.5.2013 – XI R 32/11, BStBl. II 2014, 411 = UR 2014, 264.
8 BFH, Urt. v. 24.2.2005 – V R 45/02, BStBl. II 2007, 61 = UR 2005, 547.
9 BFH, Urt. v. 8.11.2012 – V R 15/12, BStBl. II 2013, 455 = UR 2013, 453.

barung eines bestimmten Zeitraums die für eine Vermietung von Grundstücken notwendige Überlassung nur auf bestimmte Zeit[1] nicht gegeben ist.[2]

52 Es ist vor diesem Hintergrund erheblich, ob eine Dienstbarkeit auf die Vornahme, die Duldung oder die Unterlassung einer Handlung im Zusammenhang mit dem Grundstück gerichtet ist, entscheidend ist, dass die Vorschrift nur die Bestellung solcher dinglicher Nutzungsrechte erfasst, die auch von dem Begriff „Vermietung und Verpachtung" der MwStSystRL umfasst werden, was die Sicherung des Rechts zur Durchführung ökologischer Ausgleichsmaßnahmen nicht erfüllt.[3]

53 Bei der Überlassung von Grundstücksteilen zur Errichtung von Strommasten für eine Überlandleitung, der Einräumung des Rechts zur Überspannung der Grundstücke und der Bewilligung einer beschränkten persönlichen Dienstbarkeit zur dinglichen Sicherung dieser Rechte handelt es sich um eine einheitliche sonstige Leistung, die nach § 1 Abs. 1 Nr. 1 UStG steuerbar und nach § 4 Nr. 12 Satz 1 Buchst. a UStG steuerfrei ist.[4] Der Bewilligung der Grunddienstbarkeit kommt neben der Vermietung und Verpachtung der Grundstücke in diesem Fall kein eigenständiger umsatzsteuerlicher Gehalt zu, da sie nur der Absicherung der Rechte aus dem Miet- bzw. Pachtvertrag dient. Die vorstehenden Grundsätze gelten z.B. auch bei der Überlassung von Grundstücken zum Verlegen von Erdleitungen (z.B. Erdgas- oder Elektrizitätsleitungen) oder bei der Überlassung von Grundstücken für Autobahn- oder Eisenbahntrassen.[5]

C. Ausschlüsse von der Steuerbefreiung (Nr. 12 Satz 2)

I. Vermietung von Wohn- und Schlafräumen zur kurzfristigen Beherbergung von Fremden

1. Definition der Wohn- bzw. Schlafräume zur Beherbergung

54 Die nach § 4 Nr. 12 Satz 2 UStG steuerpflichtige Vermietung von Wohn- und Schlafräumen, die ein Unternehmer zur **kurzfristigen Beherbergung von Fremden** bereithält, setzt aber kein gaststättenähnliches Verhältnis voraus. Die Wohn- bzw. Schlafräume zur Beherbergung können entweder möbliert oder unmöbliert sein; sie dürfen nur nicht zur Ausübung gewerblicher Tätigkeiten verwendet werden, wie z.B. in einem Bordell, in dem Personen nicht beherbergt werden, sondern das als Einrichtung stundenweise zum Angebot sexueller Dienstleistungen dient.[6] Vor diesem Hintergrund kommt dann auch – wegen einheitlicher Auslegung der „kurzfristigen Beherbergung" – der ermäßigte Steuersatz gemäß § 12 Abs. 2 Nr. 11 Satz 1 UStG nicht in Betracht; die Überlassung ist vielmehr steuerfrei nach § 4 Nr. 12 Buchst. a UStG, falls nicht nach § 9 UStG optiert wird (ggf. steuerpflichtig als Vertrag besonderer Art).

2. Kurzfristigkeit der Beherbergung

55 Als kurzfristig wird – analog der Vermietung von Campingplätzen – i.d.R. eine **Dauer von weniger als 6 Monaten** angesehen.[7] Entscheidend ist dabei aber nicht die tatsächliche Dauer, sondern die **Absicht** des Unternehmers, die Räume nicht auf Dauer und damit nicht für einen dauernden Aufenthalt

1 EuGH, Urt. v. 25.10.2007 – C-174/06, ECLI:EU:C:2007:761 – CO.GE.P., UR 2007, 892.

2 So wohl auch *Englisch* in Rau/Dürrwächter, § 4 Nr. 12 UStG Rz. 104 (Stand: Januar 2023).

3 So zwar noch BFH, Urt. v. 11.5.1995 – V R 4/92, BStBl. II 1995, 610 = UR 1996, 22, aber mittlerweile BFH, Urt. v. 8.11.2012 – V R 15/12, BStBl. II 2013, 455 = UR 2013, 453 und BFH, Urt. v. 28.5.2013 – XI R 32/11, BStBl. II 2014, 411 = UR 2014, 264.

4 Zu Standortmietverträgen über Funkfeststationen siehe auch OFD Erfurt, Vfg. v. 3.11.2002 – S 7168 A-01-L 242, DStR 2004, 1129.

5 BFH, Urt. v. 11.11.2004 – V R 30/04, BStBl. II 2005, 802 = UR 2005, 157.

6 BFH, Urt. v. 22.8.2013 – V R 18/12, BStBl. II 2013, 1058 = UR 2014, 21; BFH, Urt. v. 24.9.2015 – V R 30/14, BStBl. II 2017, 132 = UR 2015, 950 m. Anm. *Filtzinger*.

7 BFH, Urt. v. 27.10.1993 – XI R 69/90, BFH/NV 1994, 744 = UR 1995, 20; BFH, Urt. v. 6.8.1998 – V R 26/98, BFH/NV 1999, 84.

i.S.d. §§ 8 und 9 AO zur Verfügung zu stellen;[1] abzustellen ist auf die objektiv erkennbaren äußeren Gesamtumstände des Einzelfalls.[2]

Hat ein Unternehmer den einen Teil der in einem Gebäude befindlichen Räume längerfristig, den anderen Teil nur kurzfristig vermietet, ist die Vermietung nur insoweit steuerfrei, als er die Räume eindeutig und leicht nachprüfbar zur nicht nur vorübergehenden Beherbergung von Fremden bereitgehalten hat; die „6-Monatsfrist" kann die Tatsachenwürdigung erleichtern.[3] Bietet der Unternehmer dieselben Räume wahlweise zur lang- oder kurzfristigen Beherbergung von Fremden an,[4] sind sämtliche Umsätze steuerpflichtig;[5] steuerpflichtig ist auch die Überlassung von Räumen einer Pension an Saison-Arbeitnehmer (Kost und Logis), wenn diese Räume wahlweise zur kurzfristigen Beherbergung von Gästen oder des Saison-Personals bereitgehalten werden.[6] 56

Bei der Unterbringung von **Asylbewerbern oder Bürgerkriegsflüchtlingen** sind mehrere Konstellationen möglich:[7] 57

- Miet- bzw. Beherbergungsvertrag mit der öffentlichen Hand oder lediglich Belegungs- bzw. Rahmenvertrag (entweder als Vertrag zugunsten Dritter oder als Einzelmietvertrag mit der untergebrachten Person).
- Ausschließliche Wohnraumüberlassung oder Wohnraumüberlassung mit Erbringung weiterer Leistungen (während Standardmöblierung als Nebenleistung angesehen wird, unterliegen Verpflegungsleistungen stets als eigenständige Leistungen dem Regelsteuersatz; bei Leistungsbündeln, die über die Grundstücksüberlassung hinausgehen, ist ein Vertrag besonderer Art, z.B. Heimbetreiberleistung, zu prüfen).[8]
- Kurzfristige Mietverträge (Beherbergungsverträge) von bis zu 6 Monaten, die ermäßigt zu besteuern sind, oder nach § 4 Nr. 12 Buchst. a UStG umsatzsteuerfreie Unterbringungen mit einer geplanten Dauer von über 6 Monaten, selbst wenn kurzfristige Kündigungsfristen vereinbart sind.[9]

3. Fremde

Das Wort „Fremde" in § 4 Nr. 12 Satz 2 UStG ist weit auszulegen. Der Begriff dient nur der Abgrenzung von Logierbesuchen von Verwandten und Freunden. Da solche Besuche schon mangels Entgeltlichkeit nicht steuerbar sein dürften, hat das Wort „Fremde" kaum Bedeutung. Fremde sind z.B. auch Vereinsangehörige und Arbeitnehmer des Vermieters, die sich in der Unterkunft – ebenso wie Asylbewerber und Flüchtlinge – häuslich einrichten und (vorübergehend) dort ihren Lebensmittelpunkt begründen.[10] 58

1 BFH, Beschl. v. 18.1.1973 – V B 47/72, BStBl. II 1972, 426; BFH, Urt. v. 25.1.1996 – V R 6/95, BFH/NV 1996, 583 = UR 1997, 181.

2 BFH, Beschl. v. 11.1.1990 – V B 109/89, BFH/NV 1990, 607; BFH, Urt. v. 27.10.1993 – XI R 69/90, BFH/NV 1994, 744 = UR 1995, 20.

3 BFH, Urt. v. 9.12.1993 – V R 38/91, BStBl. II 1994, 585 = UR 1994, 273; BFH, Urt. v. 6.8.1998 – V R 26/98, BFH/NV 1999, 84.

4 Zur Problematik bei Wohnen auf Zeit in Apartmenthotels oder Boardinghouses: *Klink*, UVR 2022, 120.

5 BFH, Urt. v. 20.4.1988 – X R 5/82, BStBl. II 1988, 795 = UR 1989, 52; BFH, Urt. v. 27.10.1993 – XI R 69/90, BFH/NV 1994, 744 = UR 1995, 20.

6 BFH, Urt. v. 13.9.1988 – V R 46/83, BStBl. II 1988, 1021 = UR 1989, 53.

7 BayLfSt, Vfg. v. 11.2.2015 – S 7168.1.1-7/9 St33.

8 BFH, Urt. v. 27.9.2007 – V R 73/05, BFH/NV 2008, 252, wobei durch BFH, Urt. v. 24.3.2021 – V R 1/19, BStBl. II 2023, 279 = UR 2021, 715 = DStR 2021, 2064 m. Anm. *Heuermann*, jüngst entschieden wurde, dass der Betrieb von Flüchtlingsunterkünften unter Berufung auf Art. 132 Abs. 1 Buchst. g MwStSystRL steuerfrei sein kann.

9 BFH, Urt. v. 27.4.1995 – V R 112/93, BFH/NV 1996, 182; BFH, Urt. v. 25.1.1996 – V R 6/95, BFH/NV 1996, 583 = UR 1997, 181.

10 BFH, Urt. v. 6.8.1998 – V R 26/98, BFH/NV 1999, 84 m.w.N., wobei der BFH, Urt. v. 7.10.1987 – V R 2/79, BStBl. II 1988, 88 = UR 1988, 129 m. Anm. *Weiß*, davon ausgeht, dass Personalunterkünfte grundsätzlich nicht der „vorübergehenden Beherbergung" dienen, was aber nach BFH, Urt. v. 8.8.2013 – V R 7/13, BFH/NV 2013, 1952, nicht gilt bei kurzfristiger Überlassung an Erntehelfer.

II. Vermietung von Plätzen für das Abstellen von Fahrzeugen

1. Steuerpflichtige Überlassung von Plätzen

59 Unabhängig von der Dauer der Nutzung als Stellplatz ist die Vermietung von Plätzen für das Abstellen von Fahrzeugen nach § 4 Nr. 12 Satz 2 UStG umsatzsteuerpflichtig. Die folgenden Umstände sind für die Beurteilung des Vorliegens eines steuerpflichtigen Umsatzes relevant:[1]

- Als Plätze für das Abstellen von Fahrzeugen kommen **Grundstücke einschließlich Wasserflächen** oder **Grundstücksteile** in Betracht.[2]
- Die **Bezeichnung** des Platzes und die bauliche oder technische Gestaltung (z.B. Befestigung, Begrenzung, Überdachung) sind **ohne Bedeutung.**
- Die Stellplätze können sich **im Freien** (z.B. Parkplätze, Parkbuchten, Bootsliegeplätze) oder in **geschlossenen Umgebungen** (z.B. Parkhäuser, Tiefgaragen, Einzelgaragen, Boots- und Flugzeughallen) befinden.
- Auch andere **Flächen** (z.B. landwirtschaftliche Grundstücke), die aus besonderem Anlass (z.B. Sport- und Festveranstaltung) nur **vorübergehend** für das **Abstellen** von **Fahrzeugen** genutzt werden, gehören zu den Stellplätzen in diesem Sinne.
- Auf die **tatsächliche Nutzung** der überlassenen Stellfläche als Fahrzeugstellplatz durch den Mieter kommt es nicht an; § 4 Nr. 12 Satz 2 UStG gilt auch für die Vermietung eines Parkplatz-Grundstücks, wenn der Mieter dort zwar nicht selbst parken will, aber entsprechend der Vereinbarung im Mietvertrag das Grundstück Dritten zum Parken überlässt.[3]

2. Steuerfreie Nebenleistungen

60 Die Vermietung von Fahrzeugstellplätzen ist steuerfrei, wenn sie eine Nebenleistung zu einer steuerfreien Leistung, insbesondere zu einer **steuerfreien Grundstücksvermietung** nach § 4 Nr. 12 Satz 1 UStG ist.[4]

61 Für die Annahme einer Nebenleistung ist es unschädlich, wenn die steuerfreie Grundstücksvermietung und die Stellplatzvermietung **zivilrechtlich** in **getrennten Verträgen** vereinbart werden. Beide Verträge müssen aber zwischen denselben Vertragspartnern abgeschlossen sein. Die Verträge können jedoch zu unterschiedlichen Zeiten zu Stande kommen.

62 Eine Annahme einer Nebenleistung bedingt einen **räumlichen Zusammenhang** zwischen Grundstück und Stellplatz; dieser Zusammenhang ist gegeben, wenn der Platz für das Abstellen des Fahrzeugs Teil eines einheitlichen Gebäudekomplexes ist oder sich in unmittelbarer Nähe des Grundstücks befindet (z.B. Reihenhauszeile mit zentralem Garagengrundstück).[5]

63 Zu beachten in diesem Zusammenhang ist jedoch, dass die Einräumung von Parkmöglichkeiten trotz der Qualifizierung als Nebenleistung nicht unmittelbar der Beherbergung dient und deswegen **nicht** von der Steuerermäßigung für **Beherbergungsleistungen** (§ 12 Abs. 2 Nr. 11 Rz. 40) umfasst ist.[6]

---

1 Abschn. 4.12.2 Abs. 1 UStAE.

2 BFH, Urt. v. 8.10.1991 – V R 46/88, BStBl. II 1992, 368 = UR 1992, 144 sowie EuGH, Urt. v. 3.3.2005 – C-428/02, ECLI:EU:C:2005:126 – Fonden Marselisborg Lystbådehavn, UR 2005, 458 zur Vermietung von Bootsliegeplätzen.

3 BFH, Urt. v. 30.3.2006 – V R 52/05, BStBl. II 2006, 731 = UR 2006, 592.

4 EuGH, Urt. v. 13.7.1989 – C-173/88, ECLI:EU:C:1989:329 – Skatteministeriet/Henriksen, juris.

5 Verneinend FG Thüringen, Urt. v. 27.6.2019 – 3 K 246/19, EFG 2019, 2001, wobei durch BFH, Urt. v. 10.12.2020 – V R 41/19, BFH/NV 2021, 949, die Klage schlussendlich abgewiesen wurde mit der Begründung, dass es ohne Bedeutung ist, ob andere (externe) Mieter von Stellplätzen Zugang zu diesen hatten, ohne das Mietwohngebäude betreten zu müssen; entscheidend ist, dass die Mietflächen Teil eines Gebäudekomplexes sind und von ein und demselben Vermieter an ein und denselben Mieter vermietet werden.

6 BFH, Urt. v. 1.3.2016 – XI R 11/14, BStBl. II 2016, 753 = UR 2016, 593 m. Anm. *Oldiges.*

3. Fahrzeuge

Als Fahrzeuge sind **vor allem Beförderungsmittel** anzusehen.[1] Das sind Gegenstände, deren Hauptzweck auf die Beförderung von Personen und Gütern zu Lande, zu Wasser oder in der Luft gerichtet ist und die sich auch tatsächlich fortbewegen. Die folgenden Einzelfälle sind von Bedeutung: 64

- Zu den Beförderungsmitteln gehören auch **Fahrzeuganhänger** sowie **Elektro-Caddywagen.**
- **Tiere** (z.B. Reitpferde) können zwar Beförderungsmittel sein, sie fallen jedoch **nicht** unter den **Fahrzeugbegriff.**
- Der Begriff des Fahrzeugs nach § 4 Nr. 12 Satz 2 UStG geht jedoch über den Begriff des Beförderungsmittels hinaus. Als Fahrzeuge sind auch Gegenstände anzusehen, die sich tatsächlich fortbewegen, ohne dass die Beförderung von Personen und Gütern im Vordergrund steht; hierbei handelt es sich insbesondere um **gewerblich genutzte** Gegenstände (z.B. Bau- und Ladekräne, Bagger, Planierraupen, Gabelstapler, Elektrokarren), **landwirtschaftlich genutzte** Gegenstände (z.B. Mähdrescher, Rübenernter) **und militärisch genutzte Gegenstände** (z.B. Panzer, Kampfflugzeuge, Kriegsschiffe).

III. Kurzfristige Vermietung von Campingplätzen

1. Dauer der Überlassung

Die Leistungen der Campingplatzunternehmer sind als Grundstücksvermietungen i.S.d. § 4 Nr. 12 Satz 1 UStG anzusehen,[2] wenn sie darauf gerichtet sind, dem Benutzer des Campingplatzes den Gebrauch einer bestimmten, nur ihm zur Verfügung stehenden Campingfläche zu gewähren. 65

Die Dauer der Überlassung der Campingfläche ist für die Frage, ob eine Vermietung vorliegt, ohne Bedeutung. Die Überlassung einer Campingfläche ist nur dann steuerfrei, wenn sie nicht kurzfristig ist,[3] d.h. wenn die **tatsächliche Gebrauchsüberlassung** mehr als 6 Monate beträgt, was unionsrechtlich zulässig ist.[4] 66

Wird eine Campingfläche auf **unbestimmte Dauer** vermietet mit monatlicher Kündigungsmöglichkeit, ist die Vermietung als langfristig anzusehen und somit steuerfrei; endet die tatsächliche Gebrauchsüberlassung jedoch vor Ablauf von 6 Monaten, handelt es sich insgesamt um eine steuerpflichtige kurzfristige Vermietung. 67

Soll eine Campingfläche für **3 Monate** vermietet werden, wobei sich der **Mietvertrag automatisch** um je einen Monat **verlängert**, wenn er nicht vorher gekündigt wird, so ist die Vermietung als kurzfristig anzusehen und somit steuerpflichtig. Dauert die tatsächliche Gebrauchsüberlassung jedoch mehr als 6 Monate, handelt es sich insgesamt um eine steuerfreie langfristige Vermietung. 68

Bedenklich ist insoweit, dass – anders als bei der kurzfristigen Beherbergung von Fremden – auf die tatsächliche Überlassung abgestellt wird und **nicht** auf die **Absicht**, weil es dadurch zu einer **Änderung der ursprünglichen Festsetzung** kommen kann. Sind die Umsätze aus der kurzfristigen Vermietung von Campingflächen nicht umsatzsteuerfrei, sondern umsatzsteuerpflichtig, so gelangt der ermäßigte Steuersatz zur Anwendung (§ 12 Abs. 2 Nr. 11 Rz. 37 ff.). 69

2. Überlassung üblicher Gemeinschaftseinrichtungen

Die vom Campingplatzunternehmer durch die Überlassung von üblichen Gemeinschaftseinrichtungen gewährten Leistungen sind gegenüber der Vermietung der Campingfläche von **untergeordneter Be-** 70

1 Abschn. 4.12.2 Abs. 2 UStAE.
2 Abschn. 4.12.3 Abs. 1 UStAE.
3 Abschn. 4.12.3 Abs. 2 UStAE.
4 BFH, Urt. v. 13.2.2008 - XI R 51/06, BStBl. II 2009, 63 = UR 2008, 781 m. Anm. *Karabulut* unter Verweis auf EuGH, Urt. v. 12.2.1998 - C-346/95, ECLI:EU:C:1998:51 - Blasi, UR 1998, 189.

deutung; sie sind als **Nebenleistungen** anzusehen, die den Charakter der Hauptleistung als Grundstücksvermietung nicht beeinträchtigen.[1]

71 Zu den **üblichen Gemeinschaftseinrichtungen** gehören insbesondere Wasch- und Duschräume, Toiletten, Wasserzapfstellen, elektrische Anschlüsse, Vorrichtungen zur Müllbeseitigung, Kinderspielplätze. Die Nebenleistungen fallen unter die Steuerbefreiung für die Grundstücksvermietung. Dies gilt auch dann, wenn für sie ein besonderes Entgelt berechnet wird.

3. Überlassung besonderer Einrichtungen

72 Die vom Campingplatzunternehmer durch die Überlassung von Wasserzapfstellen, Abwasseranschlüssen und elektrischen Anschlüssen erbrachten Leistungen sind in denjenigen Fällen **nicht** als **Nebenleistungen** steuerfrei, in denen die Einrichtungen nicht für alle Benutzer gemeinschaftlich, sondern **gesondert für einzelne Benutzer bereitgestellt** werden und es sich um **Betriebsvorrichtungen** i.S.d. § 4 Nr. 12 Satz 2 UStG handelt.[2]

72.1 Nach dem EuGH-Urteil *Finanzamt X* vom 4.5.2023[3] und dem Folgebeschluss des BFH[4] zur Einheitlichkeit der Leistung dürfte auch dieses Aufteilungsgebot der FinVerw. obsolet sein.

73 Bei den Lieferungen von **Strom, Wärme und Wasser** durch den Campingplatzunternehmer ist entsprechend den allgemeinen Regelungen zu verfahren (Rz. 40).

74 Leistungen, die nicht durch die Überlassung von üblichen Gemeinschaftseinrichtungen oder üblichen individuellen Einrichtungen erbracht werden, sind **nicht** als **Nebenleistungen** anzusehen und fallen mithin nicht unter die Steuerbefreiung, sondern sind gesondert zu beurteilen.[5] Wird für die bezeichneten Leistungen und für die Vermietung der Campingfläche ein **Gesamtentgelt** berechnet, ist dieses Entgelt im **Schätzungswege aufzuteilen**. Es handelt sich hier i.d.R. um Leistungen, die darin bestehen, den Benutzern der Campingplätze **besondere Sportgeräte, Sportanlagen**[6] usw. zur Verfügung zu stellen wie z.B. Segelboote, Wasserski, Reitpferde, Tennisplätze, Minigolfplätze, Hallenbäder, Saunabäder.

74.1 Sofern nicht ohnehin – wie üblich – ein gesondertes Entgelt für diese Leistungen berechnet wird, stellt sich auch hier – wie in Bezug auf den Fitnessbereich eines Hotels[7] – die Frage, ob diese nicht auch noch als Nebenleistungen anzusehen sind.

IV. Vermietung und Verpachtung von Betriebsvorrichtungen

1. Grundsätzliche Steuerpflicht

75 Die Vermietung und Verpachtung von Betriebsvorrichtungen sollte selbst dann nach § 4 Nr. 12 Satz 2 UStG steuerpflichtig sein, wenn diese wesentliche Bestandteile des Grundstücks sind.[8] Vor diesem Hintergrund war eine unselbständige Nebenleistung ausgeschlossen, diese Vorschrift enthält – nach bisheriger deutscher Rechtsauffassung, die auf dem Prüfstand des EuGH stand[9] – ein **Aufteilungsgebot**,[10] wenn Betriebsvorrichtungen zusammen mit Grundstücken vermietet oder verpachtet werden.[11] Allerdings ist in diesen Fällen ein Vertrag besonderer Art zu prüfen, z.B. bei der Überlassung von

---

1 Abschn. 4.12.3 Abs. 3 UStAE.

2 Abschn. 4.12.3 Abs. 3 Satz 4 UStAE mit Verweis auf BFH, Urt. v. 28.5.1998 – V R 19/96, BStBl. II 2010, 307 = UR 1998, 388.

3 EuGH, Urt. v. 4.5.2023 – C-516/21, ECLI:EU:C:2023:372 – Finanzamt X, UR 2023, 441 m. Anm. *Nieskens*.

4 BFH, Beschl. v. 17.8.2023 – V R 7/23, BFH/NV 2023, 1386 = UR 2023, 805 m. Anm. *Widmann*, Rz. 19.

5 Abschn. 4.12.3 Abs. 4 UStAE.

6 BFH, Urt. v. 31.5.2001 – V R 97/98, BStBl. II 2001, 658 = UR 2001, 396.

7 FG Niedersachsen, Urt. v. 19.8.2021 – 5 K 174/19, EFG 2022, 140 (Az. des BFH XI R 22/21) m. Anm. *Kessens*.

8 Abschn. 4.12.10 UStAE.

9 BFH, Vorlagebeschl. v. 26.5.2021 – V R 22/20, UR 2021, 707 m. Anm. *Kirchinger/Fehrmann*.

10 So noch *Englisch* in Rau/Dürrwächter, § 4 Nr. 12 UStG Rz. 142 (Stand: Januar 2023); *Wäger*, UR 2019, 41 (49); *Treiber*, DStR 2018, 1922 und *Sterzinger*, UStB 2019, 98 (99). **A.A.** *von Streit/Streit*, UStB 2023, 351 (352); *Nieskens*, UR 2023, 445 und *Oldiges*, UR 2016, 596 (597-598) und DB 2018, 541 (544).

11 BFH, Urt. v. 28.5.1998 – V R 19/96, BStBl. II 2010, 307 = UR 1998, 388.

Sportanlagen,[1] wobei die Rechtsprechung in Einzelfällen dann doch wieder eine unselbständige Nebenleistung bejaht.[2]

Nach einem vom niedersächsischen Finanzgericht zu entscheidenden Fall[3], in dem das Finanzamt das einheitliche Pachtentgelt in einem steuerfreien Anteil von 80 % und einen steuerpflichtigen Anteil von 20 % aufteilen wollte, der daran anknüpfenden EuGH-Vorlage im BFH-Revisionsverfahren[4], der entsprechenden EuGH-Entscheidung[5] und dem nunmehr ergangenen BFH-Folgebeschluss[6] sollte diesbezüglich Klarheit herrschen, wenngleich im Ergebnis für jeden Einzelfall weiter Abgrenzungsfragen verbleiben. 75.1

Der Ausschluss der Steuerbefreiung soll laut EuGH nur dann gelten, wenn solche Vorrichtungen und Maschinen als separate Hauptleistung neben dem eigentlichen Grundstück überlassen werden[7] – und wohl auch,[8] wenn die Grundstücksüberlassung die Nebenleistung zur Überlassung von Betriebsvorrichtungen und sonstigen Einrichtungsgegenständen oder Anlagen ist. 75.2

Anders sei dies, wenn die Überlassung der Vorrichtungen und Maschinen als Nebenleistung zur Vermietung und Verpachtung von Grundstücken einzustufen ist. So entschied der EuGH mit Urteil vom 4.5.2023[9] und der BFH-im Folgebeschluss[10], dass Art. 135 Abs. 2 Satz 1 Buchst. c MwStSystRL auf die Vermietung auf Dauer eingebauter Vorrichtungen und Maschinen keine Anwendung findet, wenn diese Vermietung eine Nebenleistung zu einer Hauptleistung der Verpachtung eines Gebäudes ist, die im Rahmen eines zwischen denselben Parteien geschlossenen und nach Art. 135 Abs. 1 Buchst. l MwStSystRL steuerbefreiten Pachtvertrags erbracht wird, und diese Leistungen eine wirtschaftlich einheitliche Leistung bilden. 75.3

Zwar ist es grundsätzlich die Sache der nationalen Gerichte, festzustellen, ob in einem konkreten Fall eine einheitliche Leistung vorliegt, aber der EuGH[11] hat hier zweckdienliche Auslegungshinweise gegeben. Danach ist nicht nur in Bezug auf bewegliche Gegenstände, die fest mit der Immobilie verbunden sind und als deren wesentliche Bestandteile anzusehen sind, sondern auch in Bezug auf Inventargegenstände, die allesamt gleichzeitig mit der Immobilie vermietet werden, davon auszugehen, dass deren Mitvermietung ein Mittel darstellt, um die Hauptleistung, die in der Verpachtung der Immobilie besteht, unter optimalen Bedingungen in Anspruch zu nehmen – aber bei deren Mitvermietung ist nicht von der Verfolgung eines eigenen Zwecks auszugehen. 75.4

2. Betriebsvorrichtungen

Der Begriff der „Maschinen und sonstigen Vorrichtungen aller Art, die zu einer Betriebsanlage gehören (**Betriebsvorrichtungen**)", ist in § 4 Nr. 12 Satz 2 UStG in gleicher Weise auszulegen wie für das Bewertungsrecht;[12] eine Bindung an das Grunderwerbsteuerecht besteht grundsätzlich nicht.[13] 76

1 EuGH, Urt. v. 18.1.2001 – C-150/99, ECLI:EU:C:2001:34 – Stockholm Lindöpark, UR 2001, 153 = IStR 2001, 256 m. Anm. *Dziadkowski* sowie zuletzt BFH, Beschl. v. 31.8.2023 – XI B 89/22, BFH/NV 2023, 1322 = UR 2023, 909.
2 BFH, Urt. v. 7.5.2014 – V B 94/13, BFH/NV 2014, 1242 zur Vermietung einer Sporthalle an Vereine.
3 FG Niedersachsen, Urt. v. 11.6.2020 – 11 K 24/19, EFG 2020, 1725.
4 BFH, Vorlagebeschl. v. 26.5.2021 – V R 22/20, BFH/NV 2021, 1316 = UR 2021, 707 m. Anm. *Kirchinger/Fehrmann.*
5 EuGH, Urt. v. 4.5.2023 – C-516/21, ECLI:EU:C:2023:372 – Finanzamt X, UR 2023, 441 m. Anm. *Nieskens.*
6 BFH, Beschl. v. 17.8.2023 – V R 7/23 (V R 22/20), UR 2023, 805 m. Anm. *Widmann.*
7 So FG Münster, Urt. v. 25.3.2021 – 5 K 1132/18, EFG 2021, 971 m. Anm. *Wiesch* zur Überlassung der Brenntechnik, Brennrechte und Zahlungsansprüche/Prämienrechte als steuerpflichtige selbständige Leistungen im Rahmen der umsatzsteuerfreien Verpachtung der Hofstelle, Ackerflächen und Räumlichkeiten der landwirtschaftlichen Verschlussbrennerei.
8 Zu Abgrenzungsüberlegungen siehe *Forster/Robisch*, UR 2023, 893.
9 EuGH, Urt. v. 4.5.2023 – C-516/21, ECLI:EU:C:2023:372 – Finanzamt X, UR 2023, 441 m. Anm. *Nieskens.*
10 BFH, Beschl. v. 17.8.2023 – V R 7/23 (V R 22/20), UR 2023, 805 m. Anm. *Widmann.*
11 EuGH, Urt. v. 19.12.2018 – C-17/18, ECLI:EU:C:2018:1038 – Mailat, UR 2019, 97, Rz. 39.
12 BFH, Urt. v. 16.10.1980 – V R 51/76, BStBl. II 1981, 228 = UR 1981, 176.
13 BFH, Urt. v. 12.5.2011 – V R 50/10, BFH/NV 2011, 1407 (u.a. sind Obstbäume keine Betriebsvorrichtungen).

77 Im Bewertungsrecht sind die Betriebsvorrichtungen von den Gebäuden, den einzelnen Teilen eines Gebäudes und den Außenanlagen des Grundstücks, z.B. Umzäunungen, Bodenbefestigungen, **abzugrenzen.**[1] Liegen dabei alle Merkmale des Gebäudebegriffs vor, kann das Bauwerk keine Betriebsvorrichtung sein.[2] Ein Bauwerk ist als Gebäude anzusehen, wenn es Menschen, Tieren oder Sachen durch räumliche Umschließung Schutz gegen Witterungseinflüsse gewährt, den Aufenthalt von Menschen gestattet, fest mit dem Grund und Boden verbunden, von einiger Beständigkeit und ausreichend standfest ist.[3]

78 Zu den Betriebsvorrichtungen gehören hiernach neben Maschinen und maschinenähnlichen Anlagen alle Anlagen, die – ohne Gebäude, Teil eines Gebäudes oder Außenanlage eines Gebäudes zu sein – in besonderer und **unmittelbarer Beziehung zu dem auf dem Grundstück ausgeübten Gewerbebetrieb** stehen, d.h. Anlagen, durch die das Gewerbe unmittelbar betrieben wird.[4] Die Überlassung eines landwirtschaftlichen Betriebs mit aus Rebflächen bestehenden landwirtschaftlichen Grundflächen kann nicht als Vermietung und Verpachtung von Vorrichtungen oder Maschinen eingestuft werden.[5]

3. Aufteilung zwischen steuerfreier Grundstücksüberlassung und steuerpflichtiger Vermietung von Betriebsvorrichtungen

79 Überlässt ein Unternehmer[6] die **gesamte Sportanlage** (oder andere Veranstaltungslokalitäten) einem anderen Unternehmer als Betreiber zur Überlassung an Dritte (sog. **Zwischenvermietung**),[7] ist die Nutzungsüberlassung an diesen Betreiber in eine steuerfreie Grundstücksüberlassung und eine steuerpflichtige Vermietung von Betriebsvorrichtungen **aufzuteilen**[8], falls nicht die Überlassung der Vorrichtungen, Anlagen bzw. Maschinen als Nebenleistung zur Vermietung und Verpachtung von Grundstücken im Rahmen einer einheitlichen Leistung einzustufen ist.[9]

79.1 Die Vorschrift des § 4 Nr. 12 UStG hat der BFH **bisher als Aufteilungsgebot** interpretiert, aber aufgrund der Rechtsprechung des EuGH[10] Zweifel gehegt, **ob dies nicht im Widerspruch zum Grundsatz der Einheitlichkeit der Leistung steht**, d.h. ob es die Vorschrift erlaubt, die Überlassung von Betriebsvorrichtungen von der Steuerbefreiung auszunehmen, wenn deren Überlassung eine Nebenleistung zur Grundstücksvermietung oder -verpachtung darstellt, und diese Frage dem EuGH vorgelegt.[11]

79.2 Für einen derartigen Vorrang der Einheitlichkeit der Leistung spricht die Rechtsprechung des EuGH zu Art. 135 Abs. 2 Buchst. b MwStSystRL, wonach der Begriff „Vermietung von Plätzen für das Abstellen von Fahrzeugen“ die Vermietung aller für das Abstellen von Fahrzeugen bestimmten Flächen einschließlich geschlossener Garagen umfasst, dass diese Vermietung jedoch dann nicht von der Steuerbefreiung für die Vermietung von Grundstücken ausgeschlossen werden kann, wenn sie mit der steuerfreien Vermietung von Grundstücken, die für einen anderen Gebrauch bestimmt sind, eng verbunden ist.[12] Auch aus dem EuGH-Urteil *Mailat* ergibt sich,[13] dass die Überlassung von Inventar, die nicht

1 Gleich lautender Ländererlass v. 5.6.2013, BStBl. I 2013, 734 zu weiteren Einzelheiten.
2 BFH, Urt. v. 15.6.2005 – II R 67/04, BStBl. II 2005, 688.
3 BFH, Urt. v. 28.5.2003 – II R 41/01, BStBl. II 2003, 693.
4 BFH, Urt. v. 11.12.1991 – II R 14/89, BStBl. II 1992, 278.
5 EuGH, Urt. v. 28.2.2019 – C-278/18, ECLI:EU:C:2019:160 – Sequeira Mesquita, UR 2019, 347.
6 Kein Leistungsaustausch bei symbolischem Entgelt: BFH, Urt. v. 22.6.2022 – XI R 35/19, BFH/NV 2023, 39 = UR 2022, 892 m. Anm. *Küffner.*
7 BFH, Urt. v. 11.3.2009 – XI R 71/07, BStBl. II 2010, 209 = UR 2010, 143.
8 Zur Beurteilung als Grundstücksteile bzw. Betriebsvorrichtungen bei einzelnen **Sportanlagen** oder **Veranstaltungsflächen** im Detail siehe ausführlich Abschn. 4.12.11 Abs. 2 und 4 UStAE mit zahlreichen Beispielen, der wie Abschn. 4.12.10 UStAE einer gründlichen Überarbeitung bedarf.
9 FG München, Urt. v. 27.2.2019 – 3 K 1976/17, EFG 2019, 1036 m. Anm. *Kemper* zur Überlassung einer funktionsfähigen Zahnarztpraxis als Hauptleistung und der damit verbundenen Raumüberlassung als Nebenleistung. Ähnliches dürfte auch bei Überlassung eines Tonstudios gelten, weil es dem Durchschnittsverbraucher maßgeblich auf die Technik sowie Anlagen ankommt und die Raumüberlassung insoweit untergeordnet ist.
10 EuGH, Urt. v. 18.1.2018 – C-463/16, ECLI:EU:C:2018:22 – Stadion Amsterdam, UR 2018, 200.
11 BFH, Vorlagebeschl. v. 26.5.2021 – V R 22/20, BFH/NV 2021, 1316 = UR 2021, 707 m. Anm. *Kirchinger/Fehrmann.*
12 EuGH, Urt. v. 13.7.1989 – C-173/88, ECLI:EU:C:1989:329 – Henriksen, UR 1991, 42, Rz. 17.
13 EuGH, Urt. v. 19.12.2018 – C-17/18, ECLI:EU:C:2018:1038 – Mailat, UR 2019, 97, Rz. 39.

gemäß Art. 135 Abs. 1 Buchst. l MwStSystRL steuerfrei ist, Nebenleistung zu einer nach dieser Bestimmung steuerfreien Gebäudeüberlassung sein kann, insbesondere wenn mit der Vermietung der Inventargegenstände kein eigener Zweck verfolgt wird, sondern sie vielmehr das Mittel darstellt, um die Hauptleistung der Grundstücksvermietung unter optimalen Bedingungen in Anspruch zu nehmen.

Folge eines Vorrangs der Einheitlichkeit wäre, dass sich die Anwendung von Art. 135 Abs. 2 Buchst. c MwStSystRL auf die Fälle beschränkt, in denen die Überlassung der Vorrichtungen und Maschinen eigenständig bzw. als eigenständige Hauptleistung und damit ohne Zusammenhang mit einer weitergehenden Gebäude- oder Grundstücksüberlassung erfolgt. 79.3

Vor dem Hintergrund des EuGH-Urteils *Finanzamt X* vom 4.5.2023[1] lässt sich sagen, dass der EuGH und der BFH im Folgebeschluss[2] in der Vorschrift des § 4 Nr. 12 Satz 2 UStG nicht von einem gesetzlichen Aufteilungsgebot in Bezug auf die Mitvermietung von Betriebsvorrichtungen ausgehen, sodass im Fall einer vielfach beachtlichen wirtschaftlichen Einheitlichkeit der Leistung als Grundsatz die Aufteilungsvorgaben der FinVerw. weitestgehend obsolet und die Vermietungs- bzw. Verpachtungsumsätze insgesamt (inklusive das auf Betriebsvorrichtungen entfallende Entgelt) umsatzsteuerbefreit sein sollten. Insoweit wird die systematisch gebotene Gleichbehandlung mit der Mitvermietung von Einrichtungsgegenständen (Inventar) und von Fahrzeugstellplätzen hergestellt. 79.4

Sind die Voraussetzungen der Optionsmöglichkeit des § 9 UStG nicht gegeben, kann dies zu Vorsteuerausschlüssen nach § 15 Abs. 2 UStG oder aber zu Vorsteuerberichtigungen nach § 15a UStG führen. Ist der Mieter/Pächter nicht zum Vorsteuerabzug berechtigt – ansonsten wäre ohnehin von Anfang an optiert worden – sollte bei vernünftig kalkulierenden Vermietern/Verpächtern der Wegfall des Vorsteuerabzugs nicht zum Nachteil gereichen, weil die nicht mehr geschuldete Umsatzsteuer zum Mietpreis hinzu verhandelt werden sollte und infolgedessen die nichtabzugsfähige Vorsteuer des Vermieters/Verpächters übersteigen sollte. 79.5

Es bleibt insoweit abzuwarten, mit welchen Übergangsvorschriften die FinVerw. reagiert, unabhängig des bestehenden Vertrauensschutzes der Steuerpflichtigen nach § 176 Abs. 2 AO. Jedenfalls müssen bestehende Mietverträge mit Entgeltaufteilungen auf Betriebsvorrichtungen umsatzsteuerrechtlich überprüft und ggf. (sogar rückwirkend für noch offene Veranlagungszeiträume) angepasst werden sowie bei Abschluss derartig neuer Mietverträge die Änderung der Rechtsprechung berücksichtigt werden.[3] 79.6

Für die etwaig noch verbleibende **Aufteilung des Entgelts**, z.B. bei Bejahung zweier Hauptleistungen in Form der Überlassung des Grundstücks sowie der Überlassung von Betriebsvorrichtungen, sind die jeweiligen Verhältnisse des Einzelfalles maßgebend, wobei i.d.R. von dem Verhältnis der Herstellungs- bzw. Anschaffungskosten der Grundstücke zu denen der Betriebsvorrichtungen auszugehen ist; zu berücksichtigen sind hierbei die Nutzungsdauer und die kalkulatorischen Zinsen auf das eingesetzte Kapital, erforderlichenfalls ist eine Schätzung vorzunehmen. Das Aufteilungsverhältnis kann aus Vereinfachungsgründen für die gesamte Vermietungsdauer beibehalten und – soweit eine wirtschaftliche Zuordnung nicht möglich ist – auch der Vorsteueraufteilung zu Grunde gelegt werden. 80

§ 4 Nr. 13 [Leistungen der Wohnungseigentümergemeinschaften]

Von den unter § 1 Abs. 1 Nr. 1 fallenden Umsätzen sind steuerfrei:

…

13. die Leistungen, die die Gemeinschaften der Wohnungseigentümer im Sinne des Wohnungseigentumsgesetzes in der im Bundesgesetzblatt Teil III, Gliederungsnummer 403-1, veröffentlichten bereinigten Fassung, in der jeweils geltenden Fassung an die Wohnungseigentümer und

1 EuGH, Urt. v. 4.5.2023 – C-516/21, ECLI:EU:C:2023:372 – Finanzamt X, UR 2023, 441 m. Anm. *Nieskens*.
2 BFH, Beschl. v. 17.8.2023 – V R 7/23, BFH/NV 2023, 1386 = UR 2023, 805 m. Anm. *Widmann*, Rz. 19.
3 U.a. *von Streit/Streit*, UStB 2023, 351 sowie *Klink*, UVR 2024, 23.

Teileigentümer erbringen, soweit die Leistungen in der Überlassung des gemeinschaftlichen Eigentums zum Gebrauch, seiner Instandhaltung, Instandsetzung und sonstigen Verwaltung sowie der Lieferung von Wärme und ähnlichen Gegenständen bestehen;

...

Schrifttum: *Forster/Schorer*, Ökonomische Aspekte der Option zur Umsatzsteuer, UStB 2002, 25; *Hummel*, Zum zutreffenden Umgang mit Urteilen des Europäischen Gerichtshof – am Beispiel des angeblich in seiner derzeitigen Fassung nicht zu rettenden § 4 Nr. 13 UStG, UR 2021, 173; *Nieskoven*, Umsatzsteuerliche Besonderheiten bei Wohnungseigentumsgemeinschaften, GStB 2006, 438; *Weimann/Raudszus*, Wohnungseigentümergemeinschaften: Die Steuerbefreiung des § 4 Nr. 13 UStG und ihre Brennpunkte, UR 1997, 462.

A. Grundaussagen

I. Regelungsgegenstand und Bedeutung

1. Regelungsgegenstand

1 § 4 Nr. 13 UStG enthält eine Umsatzsteuerbefreiung für Leistungen von Wohnungseigentümergemeinschaften an die Eigentümer oder Teileigentümer.

2 Das Wohnungseigentumsgesetz (WEG) unterscheidet zwischen dem Sondereigentum der einzelnen und dem gemeinschaftlichen Eigentum aller Wohnungs- und Teileigentümer (§ 1 WEG). Gemeinschaftliches Eigentum sind das Grundstück sowie die Teile, Anlagen und Einrichtungen eines Gebäudes, die nicht im Sondereigentum eines Mitglieds der Gemeinschaft oder im Eigentum eines Dritten stehen. Das gemeinschaftliche Eigentum wird i.d.R. von der Gemeinschaft der Wohnungseigentümer verwaltet (§ 18 WEG).

2. Bedeutung der Vorschrift

3 Die allgemeine Bedeutung der Vorschrift liegt in der **Vermeidung einer Schlechterstellung** der Wohnungs(teil-)eigentümer im Vergleich zu Hauseigentümern oder Mietern, insbesondere im Hinblick auf diejenigen Leistungen, die als unselbständige Leistungen das Schicksal der umsatzsteuerbefreiten Vermietungsleistungen teilen würden.

4 Um Nachteile aus dem mit der „unechten" Steuerbefreiung einhergehenden Vorsteuerausschluss (§ 15 Abs. 2 Nr. 1 UStG) oder der **„heimlichen" Umsatzsteuer** zu verhindern, ist ein **Verzicht auf die Steuerbefreiung** unter den allgemeinen Voraussetzungen des § 9 Abs. 1 UStG (§ 9 Rz. 15 ff.) zulässig (ohne Einschränkung des § 9 Abs. 2 UStG, § 9 Rz. 76 ff.).

II. Unionsrecht

1. Grundlagen

Die MwStSystRL enthält keine Steuerbefreiung für Wohnungseigentümergemeinschaften. § 4 Nr. 13 UStG soll auf der Protokollerklärung 7 vom 17.5.1977 zu Art. 13 der 6. EG-Richtlinie beruhen, „dass die Mitgliedstaaten die Bereitstellung des gemeinschaftlichen Eigentums zum Gebrauch, zur Instandhaltung, Instandsetzung und sonstigen Verwaltung sowie die Lieferung von Wärme und ähnlichen Gegenständen durch Wohnungseigentümergemeinschaften an die Wohnungseigentümer von der Mehrwertsteuer befreien können.“ 5

Diese in der deutschen Literatur umstrittene Frage,[1] ob für die Steuerbefreiung des § 4 Nr. 13 UStG eine unionsrechtliche Ermächtigungsgrundlage besteht, hatte das FG Baden-Württemberg bezweifelt und dem EuGH zur Entscheidung vorgelegt.[2] Das Finanzgericht versteht die Protokollerklärung unter Verweis auf ein Urteil des französischen Conseil d' État eher so, als dass keine Unternehmereigenschaft der Wohnungseigentümergemeinschaft gegeben ist, so dass die Berechtigung zum Vorsteuerabzug schon deswegen scheitern würde. 6

Als möglichen Anknüpfungspunkt für die Protokollerklärung zur 6. EG-Richtlinie und § 4 Nr. 13 UStG in der Richtlinie sieht *Wäger* die Steuerfreiheit für Zusammenschlüsse in Art. 132 MwStSystRL, deren Merkmale eine Wohnungseigentümergemeinschaft durchaus aufweise, womit sich der EuGH im hier vorliegenden Zusammenhang aber nicht beschäftigt hat.[3] Allerdings hat der EuGH in mehreren Urteilen darauf hingewiesen hat, dass Art. 132 Abs. 1 Buchst. f MwStSystRL nur die selbständigen Zusammenschlüsse von Personen betrifft, deren Mitglieder eine in Art. 132 MwStSystRL genannte, dem Gemeinwohl dienende Tätigkeit ausüben.[4] 7

Im Urteil „**WEG Tevesstraße**“ hat der EuGH mehrere Aspekte im Rahmen des § 4 Nr. 13 UStG beleuchtet und wie folgt entschieden:[5] 8

- Die WEG im Ausgangssachverhalt, die ein Blockheizkraftwerk auf dem Gemeinschaftseigentum errichtet und in dem Sinne betrieben hat, dass der erzeugte Strom an ein Energieversorgungsunternehmen sowie die erzeugte Wärme an die Wohnungseigentümer (die abhängig vom Verbrauch zu vergüten waren) geliefert wurde, sei zum einen als Unternehmer anzusehen und zum anderen liege ein Leistungsaustausch vor;
- vor diesem Hintergrund ist Art. 135 Abs. 1 Buchst. l MwStSystRL dahin auszulegen, dass er einer nationalen Regelung entgegensteht, nach der die Lieferung von Wärme durch eine WEG an die Eigentümer, die Mitglieder dieser Gemeinschaft sind, als Vermietung und Verpachtung von Grundstücken von der Mehrwertsteuer befreit ist,
- die Frage, ob eine Steuerbefreiung wie die in § 4 Nr. 13 UStG ihre Grundlage in der Protokollerklärung Nr. 7 der Tagung des Rates der EU vom 17.5.1977 zu Art. 13 der Sechsten RL 77/388/EWG hat – in der „[d]er Rat und die [Europäische] Kommission erklären, dass die Mitgliedstaaten die Bereitstellung des gemeinschaftlichen Eigentums zum Gebrauch, zur Instandhaltung, Instandsetzung und sonstigen Verwaltung sowie die Lieferung von Wärme und ähnlichen Gegenständen durch Wohnungseigentümergemeinschaften an die Wohnungseigentümer von der Mehrwertsteuer befreien können“ – ist klar verneint worden. Denn nach ständiger Rechtsprechung können Erklärungen, die bei vorbereitenden Arbeiten, die zum Erlass einer Richtlinie geführt haben, abgegeben

---

1 U.a. FG Sachsen, Urt. v. 14.1.2009 – 2 K 1725/06, EFG 2009, 1344; zum Stand der Diskussion in der Literatur siehe v.a. *Hummel* in Rau/Dürrwächter, § 4 Nr. 13 UStG Rz. 26 ff. (Stand: Juni 2021).

2 FG Baden-Württemberg, Beschl. v. 12.9.2018 – 14 K 3709/16, MwStR 2019, 833 m. Anm. *Huschens* = UR 2019, 624 (nachfolgend EuGH, Urt. v. 17.12.2020 – C-449/19, ECLI:EU:C:2020:1038 – WEG Tevesstraße, UR 2021, 103).

3 *Wäger* in Birkenfeld/Wäger, Umsatzsteuer-Handbuch, Aktuell Berichtszeitraum II. Quartal 2019 C. II. 3. Rz. 101 (Stand: August 2019).

4 EuGH, Urt. v. 21.9.2017 – C-616/15, ECLI:EU:C:2017:721 – Kommission/Deutschland, UR 2017, 792 m. Anm. *Küffner*; EuGH, Urt. v. 21.9.2017 – C-605/15, ECLI:EU:C:2017:718 – Aviva, UR 2017, 801 m. Anm. *Jacobs* und EuGH, Urt. v. 21.9.2017 – C-326/15, ECLI:EU:C:2017:719 – DNB Banka, UR 2017, 806.

5 EuGH, Urt. v. 17.12.2020 – C-449/19, ECLI:EU:C:2020:1038 – WEG Tevesstraße, UR 2021, 103 m. Anm. *Küffner/Wernthaler* und *Widmann*.

worden sind, bei der Auslegung der Richtlinie nicht berücksichtigt werden, wenn ihr Inhalt im Wortlaut der fraglichen Bestimmung keinen Ausdruck gefunden hat und sie somit keine rechtliche Bedeutung haben.

– Zu guter Letzt sei Art. 135 Abs. 1 Buchst. l MwStSystRL dahin auszulegen, dass eine Steuerbefreiung wie die in § 4 Nr. 13 UStG nicht unter diese Bestimmung fällt.

8.1 Ob § 4 Nr. 13 UStG vor dem Hintergrund des EuGH-Urteils weiterhin Bestand haben kann, wird in der Literatur kontrovers diskutiert. Einerseits wird mangels Grundlage in der Richtlinie das Ende von § 4 Nr. 13 UStG m.E. zu Recht vorausgesagt,[1] u.a. weil soweit eine Wohnungseigentümergemeinschaft in Einzelfällen tatsächlich Grundstücksflächen an Wohnungseigentümer oder Dritte überlassen würde, die Steuerbefreiung des § 4 Nr. 12 UStG greifen würde; die gemeinsame Nutzung des gemeinschaftlichen Eigentums steht dem Wohnungseigentümer jedenfalls ohnehin gemäß § 16 Abs. 1 Satz 3 WEG zu und kann deswegen wohl keinen Vermietungstatbestand begründen.[2] Andererseits wird aber vertreten, dass die Vorschrift des § 4 Nr. 13 UStG – entweder bei zutreffender Auslegung[3] oder zumindest in Teilen noch[4] – ihre Rechtfertigung hat und nicht gemeinschaftswidrig sei.

8.2 Jedenfalls wäre eine Unanwendbarkeit des § 4 Nr. 13 UStG zu Lasten der Steuerpflichtigen nicht möglich. Solange der nationale Gesetzgeber nicht tätig geworden ist, entweder ohne oder nach Einleitung eines Vertragsverletzungsverfahrens, können die Steuerpflichtigen sich auf das für sie günstigere Recht berufen, d.h. entweder auf das Unionsrecht, z.B. um den Vorsteuerabzug in Zusammenhang mit einem Blockheizkraftwerk zu erlangen, oder aufgrund Vertrauensschutzes auf das nationale Recht in der jetzigen Fassung (§ 176 AO).

2. Auslegungsgrundsätze

9 Mangels Grundlage der Vorschrift des § 4 Nr. 13 UStG im Unionsrecht ist die Entscheidung vom 17.12.2020 das bisher einzige einschlägige Urteil des EuGH, sodass ansonsten der allgemeine Grundsatz der engen Auslegung von Steuerbefreiungen greift, weil diese ja Ausnahmen von dem Grundsatz, dass jede von einem Steuerpflichtigen erbrachte Leistung der Umsatzsteuer unterliegt, darstellen.[5]

III. Verhältnis zu anderen Vorschriften und Rechtsentwicklung

1. Verhältnis zu anderen Vorschriften

10 Eine nach § 4 Nr. 13 UStG steuerbefreite Leistung der Wohnungs(teil-)eigentümergemeinschaft setzt zunächst voraus, dass die Gemeinschaft gem. § 2 Abs. 1 UStG Unternehmer ist (§ 2 Rz. 10 ff.); dies entspricht zwar noch der aktuellen Auffassung der FinVerw.[6], muss aber nach geänderter Rechtsprechung des BFH zur Bruchteilsgemeinschaft bezweifelt werden.[7] Inwieweit die Klarstellung in § 2 Abs. 1

1 So *Schüler/Täsch* in Sölch/Ringleb, § 4 Nr. 13 UStG Rz. 6 (Stand: März 2021); *Spilker* in BeckOK, § 4 Nr. 13 UStG Rz. 20.3 (Stand: Januar 2024); *Huschens*, MwStR 2019, 836; *Wäger*, UR 2021, 41 (60); *Streit/Rust*, DStR 2021, 955 (966); *Ossinger*, DStRK 2021, 51; *Pickelmann*, MwStR 2021, 155 (155); *Denk*, UR 2021, 192 (199) und *Widmann*, UR 2021, 109 (110), der auf die Möglichkeit hinweist, die fehlende unionsrechtliche Grundlage durch eine Ermächtigung gemäß Art. 395 MwStSystRL zu schaffen, die ihre Rechtfertigung in der dadurch erreichten Vereinfachung hätte.

2 **A.A.** *Küffner/Wernthaler*, UR 2021, 108 (109) und *Streit/Rust*, DStR 2021, 955 (966), wobei sich auch nicht erschließt, warum eine Waschmaschinenbenutzung von der Umsatzsteuer befreit sein soll.

3 U.a. *Hummel*, UR 2021, 173 (181 f.).

4 So wohl *Küffner/Wernthaler*, UR 2021, 108 (109); *Nieskens*, EU-UStB 2021, 3 (5) und *Heidner* in Bunjes[22], § 4 Nr. 13 UStG Rz. 3.

5 EuGH, Urt. v. 16.12.2010 – C-270/09, ECLI:EU:C:2010:780 – MacDonald Resorts Limited, UR 2011, 462.

6 Abschn. 2.1 Abs. 2 UStAE.

7 BFH, Urt. v. 22.11.2018 – V R 65/17, BFHE 263, 90 = UR 2019, 179 m. Anm. *Heinrichshofen* sowie auch EuGH, Urt. v. 21.4.2005 – C-25/03, ECLI:EU:C:2005:241 – HE, BStBl. II 2007, 24 = UR 2005, 324 m. Anm. *Widmann* = DStR 2005, 775 m. Anm. *Küffner/Zugmaier*.

Satz 1 UStG, dass die Unternehmereigenschaft unabhängig von der Rechtsfähigkeit nach anderen Vorschriften bestehen kann (§ 2 Rz. 13), bleibt abzuwarten.[1]

Weiterhin muss die Steuerbarkeit in Deutschland gegeben sein, die sich bei grundstücksbezogenen Leistungen nach dem **Belegenheitsort** nach § 3a Abs. 3 Nr. 1 Satz 2 Buchst. a UStG bestimmt (§ 3a Rz. 107 ff.). 11

Mit einer „unechten" Umsatzsteuerbefreiung einher geht der **Vorsteuerausschluss** gemäß § 15 Abs. 2 UStG (§ 15 Rz. 249 ff.) für damit zusammenhängende Eingangsleistungen. 12

Dieser Vorsteuerausschluss kann vermieden werden durch eine **Option** nach § 9 Abs. 1 UStG, d.h. soweit Leistungen an Unternehmer für deren Unternehmen erbracht werden, ohne dass der Verzicht auf die Umsatzsteuerbefreiung des § 4 Nr. 13 UStG den strengen Voraussetzungen des § 9 Abs. 2 UStG bedarf, dass der Leistungsempfänger die Leistungen ausschließlich für Umsätze verwendet oder zu verwenden beabsichtigt, die den Vorsteuerabzug nicht ausschließen. 13

Wohnungseigentümergemeinschaften sind für Bauleistungen als Leistungsempfänger nicht Steuerschuldner, wenn diese Leistungen als nach § 4 Nr. 13 UStG steuerfreie Leistungen der Wohnungseigentümergemeinschaften an die einzelnen Wohnungseigentümer weitergegeben werden; dies gilt auch dann, wenn die Wohnungseigentümergemeinschaft derartige Umsätze nach § 9 Abs. 1 UStG als steuerpflichtig behandelt.[2] 14

2. Rechtsentwicklung

Die Vorschrift der Steuerbefreiung für Leistungen der Wohnungseigentümergemeinschaft hat ihren Ursprung in § 4 Nr. 27 UStG 1951 und wurde so unverändert fortgesetzt in § 4 Nr. 13 UStG 1967. Im Rahmen des UStG 1980 erfolgte eine Klarstellung im Hinblick auf die Anwendung auch auf Leistungen von Teileigentümergemeinschaften, weil Wohnungs- und Teileigentum nach dem WEG analog beurteilt werden.[3] 15

B. Leistungen der Wohnungseigentümergemeinschaften an die (Teil-) Eigentümer betreffend die Überlassung des gemeinschaftlichen Eigentums sowie die Lieferung von Wärme und ähnlichen Gegenständen (Nr. 13)

I. Wohnungseigentümergemeinschaften als Unternehmer

Seit jeher war die Frage, inwieweit die Wohnungseigentümergemeinschaft überhaupt steuerbare Umsätze erbringt und mithin als umsatzsteuerlicher Unternehmer angesehen werden kann, schon kontrovers diskutiert worden.[4] Für den V. Senat des BFH ist seit dem Urteil vom 22.11.2018 klar, dass eine **Bruchteilsgemeinschaft kein Unternehmer** i.S.d. § 2 UStG ist. Als entscheidender Grund wird – unter ausdrücklicher Aufgabe der bisherigen Auffassung des BFH[5] sowie entgegen der FinVerw.[6] – angeführt, dass eine Bruchteilsgemeinschaft mangels Rechtsfähigkeit nicht an einem Rechtsverhältnis beteiligt sein kann.[7] 16

---

1 Zweifelnd BFH, Beschl. v. 28.8.2023 – V B 44/22, UR 2023, 870, Rz. 19 und auch *Weymüller*, MwStR 2023, 303 (304), der darauf hinweist, dass der Kern der Problematik nicht bei § 2 UStG, sondern bei § 1 Abs. 1 Nr. 1 UStG und bei der Frage zu verorten ist, wer die Leistung zivilrechtlich erbringt.

2 Abschn. 13b.3 Abs. 9 UStAE.

3 BGBl. I 1979, 1953.

4 U.a. *Hummel* in Rau/Dürrwächter, § 4 Nr. 13 UStG Rz. 120 ff. (Stand: Juni 2021) m.w.N.

5 BFH, Urt. v. 25.3.1993 – V R 42/89, BStBl. II 1993, 729 = UR 1994, 44 sowie BFH, Urt. v. 29.4.1993 – V R 38/89, BStBl. II 1993, 734.

6 Abschn. 2.1 Abs. 2 Satz 2 UStAE.

7 BFH, Urt. v. 22.11.2018 – V R 65/17, BFHE 263, 90 = UR 2019, 179 m. Anm. *Heinrichshofen* sowie BFH, Beschl. v. 28.8.2023 – V B 44/22, UR 2023, 870. Kritisch *Hummel* in Rau/Dürrwächter, § 4 Nr. 13 UStG Rz. 123 (Stand: Juni 2021).

17 Wie schon erwähnt, ist vor diesem Hintergrund der Vorschrift des § 4 Nr. 13 UStG die Berechtigung ggf. entzogen, zumindest aber die Unternehmereigenschaft der Wohnungseigentümergemeinschaft mehr als fraglich. Die Unternehmereigenschaft sollte eigentlich nicht von der zivilrechtlichen Rechtspersönlichkeit oder Rechtsform, die sich von Mitgliedstaat zu Mitgliedstaat unterscheiden kann, abhängen, sondern allein davon, ob Wirtschaftsteilnehmer, die als solche am Rechtsverkehr teilnehmen, nachhaltig und selbständig gegenüber Dritten wirtschaftlich tätig sind.[1] Zur Feststellung der Selbständigkeit der Ausübung einer wirtschaftlichen Tätigkeit ist daher zu prüfen, ob der Betroffene seine Tätigkeiten im eigenen Namen, auf eigene Rechnung und in eigener Verantwortung ausübt, und ob er das mit der Ausübung dieser Tätigkeiten einhergehende wirtschaftliche Risiko trägt.[2]

17.1 Jedenfalls sollten Wohnungseigentümergemeinschaften, die Gemeinschaftseigentum an Dritte vermieten oder Strom an Energieversorgungsunternehmen liefern,[3] umsatzsteuerrechtlich Unternehmer sein,[4] da insoweit kein wesentlicher Unterschied zu einer BGB-Gesellschaft besteht, falls der Außenauftritt dies widerspiegelt; für Wohnungseigentümergemeinschaften, die lediglich das Gemeinschaftseigentum für die Wohnungseigentümer verwalten und die in diesem Zusammenhang entstandenen Kosten umlegen, kann dies zu Recht aus mehreren Gründen bezweifelt werden. Zum einen wird auf den fehlenden Markauftritt[5] hingewiesen und zum anderen auf die fehlende Möglichkeit zur Erzielung eines Überschusses[6], wobei eigentlich vielmehr die Selbständigkeit in Frage gestellt werden muss vor allem mit Blick auf die eigene Verantwortung und das Risiko der Wohnungseigentümergemeinschaft sowie auch das Vorliegen eines Leistungsaustausches im Verhältnis zu den einzelnen Wohnungseigentümern; denn mehr als fraglich wäre, was z.B. der konkrete Leistungsinhalt oder Leistungsbezug auf Ebene des einzelnen Wohnungseigentümers bei einer Reinigung des Gemeinschaftseigentums sein sollte.[7]

17.2 Inwiefern diese Regelung als Verwaltungsvereinfachung (v.a. im Hinblick auf den vereinfachten Vorsteuerabzug eines unternehmerischen Wohnungseigentümers aus der Abrechnung der Wohnungseigentümergemeinschaft anstatt eines quotalen Vorsteuerabzugs aus allen übersandten Einzelrechnungen) gesehen werden kann,[8] indem über die **Fiktion steuerbarer Umsätze die Unternehmereigenschaft der Wohnungseigentümergemeinschaft begründet wird**, bleibt dahingestellt.[9] Jedenfalls genießen die nach bisheriger Rechtsauffassung als Unternehmer geltenden Wohnungseigentümergemeinschaften den Vertrauensschutz nach § 176 AO.[10]

18 **Leistungen anderer Unternehmer** als der Wohnungseigentümergemeinschaft (z.B. fremde Dritte, Verwalter oder Wohnungseigentümer) fallen subjektiv nicht unter die Befreiung.

II. Wohnungs(teil-)eigentümer als Leistungsempfänger

19 Nach § 4 Nr. 13 UStG sind nur Leistungen an die Wohnungseigentümer oder Teileigentümer, die grundsätzlich in das Grundbuch eingetragen sein müssen, umsatzsteuerfrei.

---

1 Siehe *Sterzinger*, MwStR 2019, 298 (307).

2 EuGH, Urt. v. 17.12.2020 – C-449/19, ECLI:EU:C:2020:1038 – WEG Tevesstraße, UR 2021, 103 m. Anm. *Küffner/Wernthaler* und *Widmann*, Rz. 30; im Übrigen geht der EuGH in Rz. 32 zu Unrecht davon aus, dass eine Wohnungseigentümergemeinschaft nach deutschem Recht eine mit den ihr angehörenden Eigentümern nicht identische juristische Person sei.

3 BFH, Urt. v. 20.9.2018 – IV R 6/16, BStBl. II 2019, 160 = FR 2019, 219 m. Anm. *Wendt*, Rz. 58.

4 So auch *Hummel* in Rau/Dürrwächter, § 4 Nr. 13 UStG Rz. 124 (Stand: Juni 2021); *Sterzinger*, UR 2023, 5 (7) und MwStR 2022, 391 sowie *Huschens*, UVR 2023, 76 (79), wobei es letztlich auf die konkreten vertraglichen Vereinbarungen nach Außen ankommt. Um Vorsteuerberichtigungen auf Ebene der Gesellschafter zu vermeiden, müsste ggf. die Unternehmereigenschaft der Bruchteilsgemeinschafter hergestellt werden.

5 So *Huschens*, MwStR 2019, 836 (837).

6 Siehe *Stadie* in Stadie[3], § 4 Nr. 13 UStG Rz. 3; **a.A.** *Küffner/Wernthaler*, UR 2021, 108 (109).

7 Dezidiert *Hummel* in Rau/Dürrwächter, § 4 Nr. 13 UStG Rz. 127 f. (Stand: Juni 2021).

8 U.a. *Hummel* in Rau/Dürrwächter, § 4 Nr. 13 UStG Rz. 132 (Stand: Juni 2021) m.w.N.

9 Siehe hierzu *Merkel* in Küffner/Zugmaier, § 4 Nr. 13 UStG Rz. 5 (Stand: Februar 2021).

10 *Widmann*, UR 2021, 109 (110 f.), weist darauf hin, dass selbst eine Steuerpflicht kein Steueraufkommen bringe, zumindest dann, wenn Umsatzsteuer und Vorsteuerabzug Null zu Null aufgeht, sondern letztlich nur zu einem gigantischen bürokratischen Aufwand führt.

Nicht unter die Steuerbefreiung fallen Leistungen an Mieter, oder an eine benachbarte Wohnungseigentümergemeinschaft oder deren Eigentümer. Dasselbe gilt für Leistungen eines Miteigentümers an die Wohnungseigentümergemeinschaft.[1] 20

III. Befreite Leistungen

1. Steuerbare Sonderleistungen

Im Rahmen ihrer Verwaltungsaufgaben erbringen die Wohnungseigentümergemeinschaften neben nicht steuerbaren Gemeinschaftsleistungen, die den Gesamtbelangen aller Mitglieder dienen, auch steuerbare Sonderleistungen an einzelne Mitglieder; natürlich können nur diese **steuerbaren Leistungen** auch der Umsatzsteuerbefreiung unterliegen. 21

2. Umlagen als Entgelt steuerbefreiter Sonderleistungen

Die Wohnungseigentümergemeinschaften erheben zur Deckung ihrer Kosten von ihren Mitgliedern (Wohnungs- und Teileigentümern) Umlagen, die das Entgelt für die nach § 4 Nr. 13 UStG umsatzsteuerbefreiten selbständigen Sonderleistungen der Wohnungseigentümergemeinschaft an ihre Mitglieder darstellen. 22

3. Erfasste Leistungen

Insbesondere die Leistungen für[2] 23

- die Benutzung von Waschküchen, Trockenräumen, Waschmaschinen, Wäschetrocknern, Antennenanlagen, Fahrstühlen, Müllanlagen und Telefonanlagen sowie die Flurbeleuchtung,
- die Instandhaltung und Instandsetzung des gemeinschaftlichen Eigentums inklusive Schornsteinreinigung, Straßenreinigung und Entwässerung,
- die Verwaltungsgebühren (Entschädigung für den Verwalter der Gemeinschaft) sowie Hausmeisterlohn, Feuer- und Haftpflichtversicherung, Müllabfuhr und
- die Lieferungen von Wärme (Heizung) sowie Wasser und Strom (Voraussetzung hierfür ist, dass nicht der einzelne Eigentümer die Leistung vom Versorgungsunternehmen bezieht)

werden von der Befreiungsvorschrift erfasst.

4. Nicht erfasste Leistungen

Nicht unter die Befreiungsvorschrift fallen hingegen 24

- die Benutzung von **beweglichen Gegenständen**, die nicht Grundstückszubehör sind, wie bspw. Tischtennisplatten oder Gartenmöbel,
- die Instandhaltung, Instandsetzung und Verwaltung des **Sondereigentums der Mitglieder** oder des Eigentums Dritter und
- die Lieferung von Kohlen, Koks, Heizöl und Gas, da sie nicht zu den der Wärme ähnlichen Gegenständen zählen sollen.

IV. Verzicht auf die Steuerbefreiung und Abrechnung

Gemäß § 9 Abs. 1 UStG kann auf die Steuerfreiheit verzichtet werden, sofern ein Wohnungs- oder Teileigentümer Unternehmer ist. 25

1 FG Sachsen, Urt. v. 14.1.2009 – 2 K 1725/06, EFG 2009, 1344.
2 Siehe hierzu umfassend z.B. *Weimann/Raudszus*, UR 1997, 462 ff. m.w.N.

26 Inwieweit dies **ökonomisch sinnvoll** ist,[1] sollte allerdings nicht nur im Lichte des Vorteils aus dem damit verbundenen Vorsteuerabzug für den Leistungsempfänger, sondern auch im Vergleich mit dem damit verbundenen Verwaltungsaufwand (z.B. Notwendigkeit separater Abrechnungen sowie buchhalterischer Maßnahmen) gesehen werden.[2]

27 **Beispiel:**
Eine Wohnungseigentümergemeinschaft, die aus 150 Eigentümern besteht, hat Ausgaben von 600.000 Euro, von denen 150.000 Euro nicht der Umsatzbesteuerung unterliegen (z.B. Müllabfuhr, Abwasser, Hausmeister etc.) und 450.000 Euro mit Umsatzsteuer an die Wohnungseigentümergemeinschaft fakturiert worden sind.

Wäre z.B. nur ein Wohnungseigentümer als Unternehmer zum Vorsteuerabzug berechtigt und würde die Option zur Umsatzsteuer verlangen, wäre wie folgt zu verfahren:[3]

- Wegen des Grundsatzes der Einzeloption kann die Wohnungseigentümergemeinschaft den Verzicht für jede optionsfähige Leistung gesondert ausüben, d.h. es macht Sinn, nur für die Leistungen auf die Steuerfreiheit zu verzichten, die mit Umsatzsteuer belastet sind.
- Folglich könnten 479 Euro (= 450.000 Euro/150/119 %*19 %) von der Wohnungseigentümergemeinschaft als Vorsteuerabzug geltend gemacht werden, und andererseits würde dem Unternehmer eine Rechnung gestellt werden müssen über 1.000 Euro aus den nicht vorsteuerbelasteten Kosten und 3.000 Euro aus den vorsteuerbelasteten Kosten, wobei diesbezüglich das Nettoentgelt von 2.521 Euro und die Umsatzsteuer in Höhe von 479 Euro gesondert ausgewiesen werden (§ 14 Abs. 4 UStG).
- Die Wohnungseigentümergemeinschaft hat demzufolge aus den ordnungsgemäßen Rechnungen einen Vorsteuerabzug von 479 Euro sowie eine Umsatzsteuer von 479 Euro in der Umsatzsteuerjahreserklärung zu melden.
- Gegenüber jedem anderen Wohnungseigentümer werden demnach auch 4.000 Euro abgerechnet, die mangels Option einerseits die Wohnungseigentümergemeinschaft eingangsseitig nicht zum Vorsteuerabzug berechtigen, aber andererseits ausgangsseitig zu keiner Umsatzsteuerschuld führen.

28 Zu beachten ist im Hinblick auf einen Verzicht, dass dieser nur durch die Wohnungseigentümergemeinschaft oder -versammlung aufgrund eines Beschlusses ausgeübt werden kann; denn der Verwalter ist hierzu nicht berechtigt.[4] In diesem Zusammenhang gilt es im Hinblick auf die oftmals relevante Kleinunternehmerregelung zu bedenken, dass die Wohnungseigentümergemeinschaft mindestens für 5 Jahre an die Verzichtserklärung gebunden ist (§ 19 Abs. 2 UStG).

§ 4 Nr. 14 [Heilbehandlungen]

Von den unter § 1 Abs. 1 Nr. 1 fallenden Umsätzen sind steuerfrei:

...

14. a) Heilbehandlungen im Bereich der Humanmedizin, die im Rahmen der Ausübung der Tätigkeit als Arzt, Zahnarzt, Heilpraktiker, Physiotherapeut, Hebamme oder einer ähnlichen heilberuflichen Tätigkeit durchgeführt werden. [2]Satz 1 gilt nicht für die Lieferung oder Wiederherstellung von Zahnprothesen (aus Unterpositionen 9021 21 und 9021 29 00 des Zolltarifs) und kieferorthopädischen Apparaten (aus Unterposition 9021 10 des Zolltarifs), soweit sie der Unternehmer in seinem Unternehmen hergestellt oder wiederhergestellt hat;

b) Krankenhausbehandlungen und ärztliche Heilbehandlungen einschließlich der Diagnostik, Befunderhebung, Vorsorge, Rehabilitation, Geburtshilfe und Hospizleistungen sowie damit eng verbundene Umsätze, die von Einrichtungen des öffentlichen Rechts erbracht werden. [2]Die in Satz 1 bezeichneten Leistungen sind auch steuerfrei, wenn sie von

aa) zugelassenen Krankenhäusern nach § 108 des Fünften Buches Sozialgesetzbuch oder anderen Krankenhäusern, die ihre Leistungen in sozialer Hinsicht unter vergleichba-

---

1 Siehe hierzu *Forster/Schorer*, UStB 2002, 25.
2 Anders u.a. wohl *Heidner* in Bunjes[22], § 4 Nr. 13 UStG Rz. 1.
3 Ausführlich *Weimann/Raudszus*, UR 1997, 462 (466 f.).
4 OLG Hamm, Beschl. v. 12.5.1991 – 15 W 33/92, UR 1993, 202 sowie BayObLG, Beschl. v. 13.6.1996 – 2 Z BR 28/96, UR 1997, 481.

ren Bedingungen wie die Krankenhäuser erbringen, die in öffentlich-rechtlicher Trägerschaft stehen oder nach § 108 des Fünften Buches Sozialgesetzbuch zugelassen sind; in sozialer Hinsicht vergleichbare Bedingungen liegen vor, wenn das Leistungsangebot des Krankenhauses den von Krankenhäusern in öffentlich-rechtlicher Trägerschaft oder nach § 108 des Fünften Buches Sozialgesetzbuch zugelassenen Krankenhäusern erbrachten Leistungen entspricht und die Kosten voraussichtlich in mindestens 40 Prozent der jährlichen Belegungs- oder Berechnungstage auf Patienten entfallen, bei denen für die Krankenhausleistungen kein höheres Entgelt als für allgemeine Krankenhausleistungen nach dem Krankenhausentgeltgesetz oder der Bundespflegesatzverordnung berechnet wurde oder voraussichtlich mindestens 40 Prozent der Leistungen den in § 4 Nummer 15 Buchstabe b genannten Personen zugutekommen, dabei ist grundsätzlich auf die Verhältnisse im vorangegangenen Kalenderjahr abzustellen,

bb) Zentren für ärztliche Heilbehandlung und Diagnostik oder Befunderhebung, die an der vertragsärztlichen Versorgung nach § 95 des Fünften Buches Sozialgesetzbuch teilnehmen oder für die Regelungen nach § 115 des Fünften Buches Sozialgesetzbuch gelten,

cc) Einrichtungen, die von den Trägern der gesetzlichen Unfallversicherung nach § 34 des Siebten Buches Sozialgesetzbuch an der Versorgung beteiligt worden sind,

dd) Einrichtungen, mit denen Versorgungsverträge nach den §§ 111 und 111a des Fünften Buches Sozialgesetzbuch bestehen,

ee) Rehabilitationseinrichtungen, mit denen Verträge nach § 38 des Neunten Buches Sozialgesetzbuch bestehen,

ff) Einrichtungen zur Geburtshilfe, für die Verträge nach § 134a des Fünften Buches Sozialgesetzbuch gelten,

gg) Hospizen, mit denen Verträge nach § 39a Abs. 1 des Fünften Buches Sozialgesetzbuch bestehen, oder

hh) Einrichtungen, mit denen Verträge nach § 127 in Verbindung mit § 126 Absatz 3 des Fünften Buches Sozialgesetzbuch über die Erbringung nichtärztlicher Dialyseleistungen bestehen,

erbracht werden und es sich ihrer Art nach um Leistungen handelt, auf die sich die Zulassung, der Vertrag oder die Regelung nach dem Sozialgesetzbuch jeweils bezieht, oder

ii) von Einrichtungen nach § 138 Abs. 1 Satz 1 des Strafvollzugsgesetzes erbracht werden;

c) Leistungen nach den Buchstaben a und b, die im Rahmen der hausarztzentrierten Versorgung nach § 73b des Fünften Buches Sozialgesetzbuch oder der besonderen Versorgung nach § 140a des Fünften Buches Sozialgesetzbuch von Einrichtungen erbracht werden, mit denen entsprechende Verträge bestehen, sowie Leistungen zur Sicherstellung der ambulanten Versorgung in stationären Pflegeeinrichtungen die durch Einrichtungen erbracht werden, mit denen Verträge nach § 119b des Fünften Buches Sozialgesetzbuch bestehen;

d) (aufgehoben);

e) die zur Verhütung von nosokomialen Infektionen und zur Vermeidung der Weiterverbreitung von Krankheitserregern, insbesondere solcher mit Resistenzen, erbrachten Leistungen eines Arztes oder einer Hygienefachkraft, an in den Buchstaben a und b genannte Einrichtungen, die diesen dazu dienen, ihre Heilbehandlungsleistungen ordnungsgemäß unter Beachtung der nach dem Infektionsschutzgesetz und den Rechtsverordnungen der Länder nach § 23 Absatz 8 des Infektionsschutzgesetzes bestehenden Verpflichtungen zu erbringen;

f) die eng mit der Förderung des öffentlichen Gesundheitswesens verbundenen Leistungen, die erbracht werden von

aa) juristischen Personen des öffentlichen Rechts,

bb) Sanitäts- und Rettungsdiensten, die die landesrechtlichen Voraussetzungen erfüllen, oder

cc) Einrichtungen, die nach § 75 des Fünften Buches Sozialgesetzbuch die Durchführung des ärztlichen Notdienstes sicherstellen;

…

Schrifttum: *Dorn*, Offene Fragen zur Umsatzsteuerbefreiung der Leistungen von Laborärzten und klinischen Chemikern nach § 4 Nr. 14 UStG, UR 2018, 657; *Erdbrügger*, Anmerkung zum BFH-Urteil vom 23.10.2014, V R 20/14, MwStR 2015, 398; *Grube*, Umsatzsteuerbefreiung für medizinisch indizierte fußpflegerische Leistungen durch Podologen, jurisPR-SteuerR 23/2015 Anm. 6; *Heidner*, Besteuerung von Heilbehandlungsleistungen, UR 2013, 641; *Heidner*, Heilbehandlungen im Bereich der Humanmedizin, in Umsatzsteuerforum e.V./Bundesministerium der Finanzen (Hrsg.), 100 Jahre Umsatzsteuer in Deutschland 1918-2018, Festschrift, Köln 2018, 605; *Heidner*, Die Besteuerung der öffentlichen Hand im USt-Recht (§ 2b UStG), DB 2019, 1049; *Herbert*, Anmerkung zum BFH-Urteil vom 5.11.2014, XI R 11/13, MwStR 2015, 260; *Klaßmann*, Anmerkung zum BFH-Urteil vom 9.3.2017, V R 39/16, MwStR 2017, 548; *Korf*, Anmerkung zum EuGH-Urteil vom 18.1.2018, C-463/16, MwStR 2018, 266; *Martin*, Anforderungen an Berufsqualifikation bei Heilbehandlungen, BFH/PR 2013, 198; *Nieskens*, Umsatzsteuer 2009 – Änderungen in der Umsatzsteuer durch das Steuerbürokratieabbaugesetz und das Jahressteuergesetz 2009, UR 2009, 253; *Nieskens*, Die Nebenleistung teilt das Schicksal der Hauptleistung – Immer?, UR 2018, 181; *Nieskens*, Steuerfreiheit für ärztliche Labortätigkeiten, UR 2019, 833; *Oelmaier*, Anmerkung zum EuGH-Urteil vom 18.9.2019, C-700/17, MwStR 2019, 859; *Schlegel/Voelzke*, jurisPK-SGB V, 4. Aufl. 2020; *Schlegel/Voelzke*, jurisPK-SGB VII, 3. Aufl. 2022; *Schlegel/Voelzke*, jurisPK-SGB IX, 3. Aufl. 2018; *Sterzinger*, Umsätze von Privatkliniken, UR 2013, 525; *Sterzinger*, Anmerkung zum EuGH-Urteil vom 18.9.2019, C-700/17, UR 2019, 778; *Tehler*, Die unterschiedliche umsatzsteuerliche Beurteilung von Schönheitsoperationen in den EU-Mitgliedstaaten, UVR 2011, 43; *Tehler*, Ästhetische Operationen können steuerfrei sein, EU-UStB 2013, 36; *Wäger*, Rechtsprechungsauslese 2011, UR 2012, 125; *Weber*, Auswirkungen des EuGH-Urteils Stadion Amsterdam auf die Aufteilungsgebote im deutschen Umsatzsteuerrecht, UVR 2018, 347; *Weymüller*, Anmerkung zum BFH-Urteil vom 1.10.2014, XI R 13/14, MwStR 2015, 225; *Widmann*, Aktuelles zur Umsatzsteuer aus Berlin, Brüssel, Luxemburg und München, DStR 2009, 1061; *Widmann*, Jahressteuergesetz 2019: Die Änderungen bei der Umsatzsteuer, MwStR 2019, 976; *Wüst*, Anmerkung zum BFH-Urteil vom 18.8.2011, V R 27/10, UR 2011, 906; *Wüst*, Anmerkung zum BFH-Urteil vom 17.11.2022, V R 23/20, UR 2023, 231.

A. Grundaussagen

I. Regelungsgegenstand und Bedeutung

1. Regelungsgegenstand

1 § 4 Nr. 14 UStG regelt die **Steuerbefreiung für humanmedizinische Heilbehandlungsleistungen**. Für deren Inanspruchnahme sind jeweils tätigkeits- und personenbezogene Voraussetzungen zu erfüllen. Die Steuerbefreiung gliedert sich zunächst mit § 4 Nr. 14 Buchst. a Satz 1 UStG in eine **Befreiungsvorschrift für Angehörige von Heilberufen** (Rz. 69 ff.) sowie mit § 4 Nr. 14 Buchst. b UStG in eine **Befreiungsvorschrift für Krankenhäuser und weitere Heilbehandlungseinrichtungen** (Rz. 165 ff.).

2 Beide Vorschriften unterscheiden sich im **Umfang der begünstigten Leistungen**. Zwar sind die dort für die begünstigten Leistungen verwendeten Begriffe „Heilbehandlungen im Bereich der Humanmedizin" bzw. „Krankenhausbehandlungen und ärztliche Heilbehandlungen" synonym zu verstehen (Rz. 165).[1] Während allerdings von § 4 Nr. 14 Buchst. a Satz 1 UStG nur die eigentlichen **Heilbehandlungsleistungen** und damit einhergehende unselbständige Nebenleistungen umfasst werden (Rz. 60 ff.), befreit § 4 Nr. 14 Buchst. b UStG in größerem Umfang Leistungen, die der Diagnose, Behandlung, Heilung und Vorbeugung von Krankheiten oder Gesundheitsstörungen dienen (Rz. 168 ff.), insbesondere weitere selbständige Leistungen, sofern es sich hierbei um sog. mit der Krankenhausbehandlung **eng verbundene Umsätze** handelt (Rz. 168 ff.).

3 Hinsichtlich der **personenbezogenen Voraussetzungen** gilt, dass der Unternehmer zur Inanspruchnahme der Steuerbefreiung nach § 4 Nr. 14 Buchst. a Satz 1 UStG zu den dort genannten Berufsträgern gehören oder eine diesen Katalogberufen ähnliche heilberufliche Tätigkeit ausüben muss (Rz. 69 ff.).[2] § 4 Nr. 14 Buchst. b UStG begünstigt Einrichtungen des öffentlichen Rechts (Rz. 184) sowie private Einrichtungen mit vergleichbarer sozialer Zweckbestimmung, deren Anerkennung unter Bezugnahme auf das Sozialrecht erfolgt (Rz. 188 ff.).[3]

4 Zur **Abgrenzung** von § 4 Nr. 14 Buchst. a Satz 1 UStG gegenüber § 4 Nr. 14 Buchst. b UStG im Einzelnen s. Rz. 142 ff.

5 Die Vorschriften des **§ 4 Nr. 14 Buchst. c, e und f UStG** ergänzen die Vorschrift um **besondere Einzeltatbestände**. Diese umfassen mit § 4 Nr. 14 Buchst. c UStG Heilbehandlungsleistungen durch Einrichtungen mit bestimmten Versorgungsverträgen (Rz. 243 ff.), mit § 4 Nr. 14 Buchst. e UStG eine Befreiungsvorschrift für infektionshygienische Leistungen (Rz. 252 ff.) sowie mit § 4 Nr. 14 Buchst. f UStG eine Befreiung von Leistungen zur Förderung des öffentlichen Gesundheitswesens (Rz. 260 ff.).

2. Bedeutung der Vorschrift

6 Die Vorschrift dient seit ihrer Anpassung an das Unionsrecht durch die vollständige Neufassung mit Wirkung zum 1.1.2009 im Rahmen des JStG 2009[4] (Rz. 28 ff.) dazu, die **Kosten von Heilbehandlungen allgemein zu senken** und diese damit für den Einzelnen leichter zugänglich zu machen.[5] Die Steuerbefreiung ist daher insbesondere unabhängig von der möglichen Form der konkreten heilberuflichen

1 EuGH, Urt. v. 10.6.2010 – C-262/08, ECLI:EU:C:2010:328 – CopyGene, UR 2010, 526, Rz. 28; EuGH, Urt. v. 21.3.2013 – C-91/12, ECLI:EU:C:2013:198 – PFC Clinic, UR 2013, 335, Rz. 28; EuGH, Urt. v. 18.9.2019 – C-700/17, ECLI:EU:C:2019:753 – Peters, UR 2019, 755 m. Anm. *Sterzinger*, Rz. 20.

2 Abschn. 4.14.1 Abs. 2 UStAE.

3 Abschn. 4.14.1 Abs. 3 UStAE.

4 JStG 2009 v. 19.12.2008, BGBl. I 2008, 2794 (2821). Vgl. hierzu *Nieskens*, UR 2009, 253 (265).

5 EuGH, Urt. v. 6.11.2003 – C-45/01, ECLI:EU:C:2003:595 – Dornier, UR 2003, 585 m. Anm. *Widmann*; EuGH, Urt. v. 8.6.2006 – C-106/05, ECLI:EU:C:2006:380 – L.u.P. GmbH, UR 2006, 464, Rz. 25 ff.; BFH, Urt. v. 15.3.2007 – V R 55/03, BStBl. II 2008, 31, Rz. 49; EuGH, Urt. v. 13.3.2014 – C-366/12, ECLI:EU:C:2014:143 – Klinikum Dortmund GmbH, UR 2014, 271, Rz. 28 m.w.N.

Leistung (z.B. Untersuchung, Attest, Gutachten) und vom möglichen Leistungsempfänger (z.B. Patient, Gericht, Sozialversicherung).[1]

Der Steuerbefreiung des § 4 Nr. 14 UStG kommt **keine Drittschutzwirkung** zu.[2] 7

II. Unionsrechtliche Grundlagen

1. § 4 Nr. 14 Buchst. a UStG

Die Steuerbefreiung nach **§ 4 Nr. 14 Buchst. a Satz 1 UStG** beruht auf **Art. 132 Abs. 1 Buchst. c** 8 **MwStSystRL** (Art. 13 Teil A Abs. 1 Buchst. c 6. EG-Richtlinie). Danach befreien die Mitgliedstaaten „Heilbehandlungen im Bereich der Humanmedizin, die im Rahmen der Ausübung der von dem betreffenden Mitgliedstaat definierten ärztlichen und arztähnlichen Berufe durchgeführt werden", von der Steuer. Die Vorschrift wurde bewusst unter Übernahme der Terminologie der MwStSystRL im nationalen Recht umgesetzt.[3] Soweit die Steuerbefreiung auch die Lieferung bzw. Wiederherstellung von außerhalb des Unternehmens hergestellten bzw. wiederhergestellten Zahnprothesen und kieferorthopädischen Apparaten umfasst, stützt sie sich auf **Art. 132 Abs. 1 Buchst. e MwStSystRL** (Art. 13 Teil A Abs. 1 Buchst. e 6. EG-Richtlinie).

Der **Ausschluss von Prothetikumsätzen** von der Steuerbefreiung nach **§ 4 Nr. 14 Buchst. a Satz 2** 9 **UStG** (Rz. 128 ff.) beruht auf **Art. 370 i.V.m. Anhang X Teil A Nr. 1 MwStSystRL** (Art. 28 Abs. 3 Buchst. a i.V.m. Anhang E Nr. 2 6. EG-Richtlinie). Deutschland hat von der dortigen Ermächtigung Gebrauch gemacht, die Steuerbefreiung des Art. 132 Abs. 1 Buchst. e MwStSystRL (Art. 13 Teil A Abs. 1 Buchst. e 6. EG-Richtlinie) insoweit nicht umzusetzen. Die entsprechenden Leistungen unterliegen allerdings nach § 12 Abs. 2 Nr. 6 UStG dem ermäßigten Steuersatz (§ 12 Abs. 2 Nr. 6 Rz. 1 ff.).

2. § 4 Nr. 14 Buchst. b UStG

Unionsrechtliche Grundlage für § 4 Nr. 14 Buchst. b UStG ist **Art. 132 Abs. 1 Buchst. b MwStSystRL** 10 (Art. 13 Teil A Abs. 1 Buchst. b 6. EG-Richtlinie). Danach sind „Krankenhausbehandlung und ärztliche Heilbehandlung sowie damit eng verbundene Umsätze, die von Einrichtungen des öffentlichen Rechts oder unter Bedingungen, welche mit den Bedingungen für diese Einrichtungen in sozialer Hinsicht vergleichbar sind, von Krankenanstalten, Zentren für ärztliche Heilbehandlung und Diagnostik und anderen ordnungsgemäß anerkannten Einrichtungen gleicher Art durchgeführt beziehungsweise bewirkt werden", steuerbefreit. Auch hier wurde eine weitgehende Übernahme der unionsrechtlichen Vorgaben hinsichtlich Terminologie und Aufbau der Vorschrift[4] in das nationale Recht angestrebt.[5]

Vom **Wahlrecht**, die Steuerbefreiung bei ihrer Umsetzung im nationalen Recht von den einschränkenden Voraussetzungen **des Art. 133 Abs. 1 MwStSystRL** (Art. 13 Teil A Abs. 2 Buchst. a 6. EG-Richtlinie) abhängig zu machen, hat Deutschland keinen Gebrauch gemacht. 11

Verpflichtend zu beachten ist hingegen **Art. 134 MwStSystRL** (Art. 13 Teil A Abs. 2 Buchst. b 6. EG-Richtlinie). Die Berücksichtigung dieser Vorschrift erfolgt im Rahmen der **Auslegung** des Tatbestandsmerkmals der **„eng verbundenen Umsätze"** (Rz. 168 ff.). Tätigkeiten, die den Kernbereich der Befreiungsvorschrift betreffen, dürfen dabei allerdings nicht ausgeschlossen werden.[6] 12

3. § 4 Nr. 14 Buchst. c und e UStG

Die Steuerbefreiung nach § 4 Nr. 14 Buchst. c UStG (Rz. 243 ff.) stützt sich nach ihrem Regelungsinhalt, der auf Leistungen i.S.d. § 4 Nr. 14 Buchst. a und b UStG Bezug nimmt, auf **Art. 132 Abs. 1** 13

1 Abschn. 4.14.1 Abs. 4 Satz 3 UStAE; vgl. BFH, Urt. v. 21.4.2021 – XI R 12/19, BFHE 273, 334 = UR 2021, 945, Rz. 34.
2 Hessisches FG, Urt. v. 11.12.2018 – 4 K 977/16, EFG 2019, 745 (rkr.), Rz. 35 ff.
3 BT-Drucks. 16/10189, 74.
4 Vgl. *Hölzer* in Rau/Dürrwächter, § 4 Nr. 14 UStG Rz. 58 (Stand: Juli 2017).
5 BT-Drucks. 16/10189, 75.
6 BFH, Urt. v. 3.4.2008 – V R 74/07, UR 2008, 698, Rz. 32 ff.

Buchst. b und c MwStSystRL (Art. 13 Teil A Abs. 1 Buchst. b und c 6. EG-Richtlinie). Gleiches gilt laut Gesetzesbegründung[1] für § 4 Nr. 14 Buchst. e UStG (Rz. 252 ff.).

4. § 4 Nr. 14 Buchst. f UStG

13.1 Die Vorschrift des § 4 Nr. 14 Buchst. f UStG ist insofern ein „Systembruch", als sie sich neben **Art. 132 Abs. 1 Buchst. c MwStSystRL** (Art. 13 Teil A Abs. 1 Buchst. c 6. EG-Richtlinie) gleichrangig und ohne weiter zu differenzieren auch auf **Art. 132 Abs. 1 Buchst. g MwStSystRL** (Art. 13 Teil A Abs. 1 Buchst. g 6. EG-Richtlinie) stützt.[2] Die beiden unionsrechtlichen Befreiungsvorschriften stellen unterschiedliche Voraussetzungen an die begünstigten Leistungen und – bei privaten Unternehmen – an die Person des Leistungserbringers. Dies bereitet Schwierigkeiten bei der Definition des genauen Umfangs der nationalen Steuerbefreiung (Rz. 260 ff.).[3]

5. Besondere Auslegungsgrundsätze

14 Zu beachten ist, dass der EuGH hinsichtlich der nach Art. 132 Abs. 1 Buchst. b und c MwStSystRL (Art. 13 Teil A Abs. 1 Buchst. b und c 6. EG-Richtlinie) befreiten Heilbehandlungsleistungen von dem allgemeinen Grundsatz, nach dem Steuerbefreiungen eng auszulegen sind,[4] abweicht. Angesichts des Ziels, die Heilbehandlungskosten zu senken, sind die in diesen Artikeln verwendeten **Begriffe „Heilbehandlungen im Bereich der Humanmedizin" sowie „ärztliche Heilbehandlung" nicht besonders eng auszulegen.**[5]

15 Die **EuGH-Rechtsprechung** zu Art. 13 Teil A Abs. 1 Buchst. b und c der 6. EG-Richtlinie als Vorgängervorschriften von Art. 132 Abs. 1 Buchst. b und c MwStSystRL ist für deren Auslegung **weiterhin heranzuziehen.**[6] **§ 4 Nr. 14 UStG** ist im Lichte dieser Grundsätze **richtlinienkonform auszulegen.**[7]

III. Verhältnis zu anderen Vorschriften und Rechtsentwicklung

1. Verhältnis zu anderen Vorschriften

a) Verhältnis zu anderen Vorschriften des UStG für den Gesundheitsbereich

16 Bei Pflegeeinrichtungen ist auf eine Abgrenzung zur Steuerbefreiung nach **§ 4 Nr. 16 UStG** zu achten. Bei den nach dieser Vorschrift begünstigten Einrichtungen sind die Leistungen der medizinischen Behandlungspflege (Rz. 65) nur unter den Voraussetzungen des § 4 Nr. 14 UStG steuerfrei, während die **körperbezogenen Pflegemaßnahmen**[8] nach § 4 Nr. 16 UStG begünstigt sind (§ 4 Nr. 16 Rz. 32),[9] auch soweit diese als Leistung der gesetzlichen Krankenversicherung im Rahmen der häuslichen Krankenpflege nach SGB V erbracht werden.

17 Bei Einrichtungen i.S.d. § 4 Nr. 14 Buchst. b UStG (Rz. 184 ff.) ist hinsichtlich der Lieferung menschlicher Organe, menschlichen Bluts und Frauenmilch die Steuerbefreiung nach **§ 4 Nr. 17 UStG** zu beachten (§ 4 Nr. 17 Rz. 1 ff.).[10]

---

1 BT-Drucks. 17/10000, 70.

2 Vgl. die Gesetzesbegründung lt. BT-Drucks. 19/22850, 117 f.

3 Vgl. auch *Oelmaier* in Sölch/Ringleb, § 4 Nr. 14 UStG Rz. 219b (Stand: März 2021).

4 Vgl. z.B. EuGH, Urt. v. 28.1.2010 – C-473/08, ECLI:EU:C:2010:47 – Eulitz, UR 2010, 174, Rz. 27 m.w.N.

5 EuGH, Urt. v. 6.11.2003 – C-45/01, ECLI:EU:C:2003:595 – Dornier, UR 2003, 585 m. Anm. *Widmann*, Rz. 42 f.

6 EuGH, Urt. v. 10.6.2010 – C-86/09, ECLI:EU:C:2010:334 – Future Health Technologies, UR 2010, 540, Rz. 26 f.; EuGH, Urt. v. 18.9.2019 – C-700/17, ECLI:EU:C:2019:753 – Peters, UR 2019, 755 m. Anm. *Sterzinger*, Rz. 18.

7 Vgl. z.B. BFH, Urt. v. 1.4.2004 – V R 54/98, BStBl. II 2004, 681 = UR 2004, 472, Rz. 18; BFH, Urt. v. 26.8.2014 – XI R 19/12, BStBl. II 2015, 310 = UR 2015, 16, Rz. 20 m.w.N.

8 Anders als weiterhin in Abschn. 4.14.4 Abs. 11 Satz 1 Nr. 4 Satz 2 UStAE ausgeführt, werden die Begriffe Grundpflege und hauswirtschaftliche Versorgung im SGB XI mit Einführung des neuen Pflegebedürftigkeitsbegriffs zum 1.1.2017 nicht mehr verwendet; vgl. Art. 2 Nr. 3 des PSG II v. 21.12.2015, BGBl. I 2015, 2424 (2438).

9 BFH, Urt. v. 22.4.2004 – V R 1/98, BStBl. II 2004, 849 = UR 2004, 475; Abschn. 4.14.4 Abs. 11 Nr. 4 und Abschn. 4.16.5 Abs. 6 UStAE.

10 Abschn. 4.17.1 UStAE.

Seit dem EuGH-Urteil vom 5.1.2012 in der Rs. *Zimmermann*[1] bestand ein potentielles **Konkurrenzverhältnis** des § 4 Nr. 14 UStG[2] zur Steuerbefreiung des **§ 4 Nr. 18 UStG**, welches infolge der gesetzlichen Neufassung des § 4 Nr. 18 UStG mit Wirkung zum 1.1.2020 aufgelöst wurde (§ 4 Nr. 16 Rz. 16 f.).[3] Nach § 4 Nr. 18 Satz 3 UStG kommt für die in anderen Nummern des § 4 UStG bezeichneten Leistungen eine Steuerbefreiung nur unter den dort genannten Voraussetzungen in Betracht (§ 4 Nr. 18 Rz. 29). 18

Die nach § 4 Nr. 14 Buchst. a Satz 2 UStG von der Steuerbefreiung ausgeschlossenen **Prothetikumsätze** (Rz. 128 ff.) unterliegen nach **§ 12 Abs. 2 Nr. 6 UStG** dem ermäßigten Steuersatz (§ 12 Abs. 2 Nr. 6 Rz. 1 ff.). 19

Eine inhaltliche Überschneidung ergibt sich zur Steuerermäßigung nach **§ 12 Abs. 2 Nr. 9 UStG** für **Heilbäder** (§ 12 Abs. 2 Nr. 9 Rz. 19 ff.).[4] Nach der einschränkenden Auslegung des Heilbadbegriffs durch BMF-Schreiben vom 28.10.2014[5] muss auch die Verabreichung eines Heilbads i.S.d. § 12 Abs. 2 Nr. 9 UStG der Behandlung einer Krankheit oder einer anderen Gesundheitsstörung und damit dem Schutz der menschlichen Gesundheit dienen. Die Leistung muss hierfür nach der Heilmittel-Richtlinie[6] verordnungsfähig sein.[7] Insofern liegen hinsichtlich der Heilbäder regelmäßig die Voraussetzungen zur Annahme einer Heilbehandlung i.S.d. § 4 Nr. 14 UStG vor. Der Anwendungsbereich der Steuerermäßigung ist daher insbesondere eröffnet, wenn die Heilbäder im Einzelfall nicht auf ärztliche Verordnung hin erbracht werden, d.h. kein Heilzweck nachgewiesen ist, oder der Leistungserbringer die persönlichen Voraussetzungen zur Inanspruchnahme der Steuerbefreiung nach § 4 Nr. 14 Buchst. a Satz 1 UStG (Rz. 69 ff.) bzw. § 4 Nr. 14 Buchst. b Satz 2 UStG (Rz. 188 ff.) nicht erfüllt. 20

b) Verhältnis zu weiteren Vorschriften des UStG

Nach **§ 4 Nr. 27 Buchst. a UStG** kann eine Personalgestellung durch religiöse und weltanschauliche Einrichtungen an Einrichtungen nach § 4 Nr. 14 Buchst. b UStG (z.B. kirchliche Krankenhäuser) steuerfrei sein (§ 4 Nr. 27 Rz. 10 ff.). 21

Hilfsgeschäfte in Form der Lieferung von Gegenständen, für die der Vorsteuerabzug ausgeschlossen war und die ausschließlich zur Ausführung der nach § 4 Nr. 14 UStG befreiten Umsätze verwendet wurden, sind nach **§ 4 Nr. 28 UStG** (§ 4 Nr. 28 Rz. 1 ff.) steuerfrei.[8] 22

Für Leistungen von Gemeinschaften (**Praxis- und Apparategemeinschaften**) an ihre Mitglieder, die u.a. in der Zurverfügungstellung von medizinischen Einrichtungen, Apparaten und Geräten oder der Erbringung von Laboruntersuchungen, Röntgenaufnahmen und anderen medizinisch-technischen Leistungen bestehen, kommt die Steuerbefreiung nach **§ 4 Nr. 29 UStG** in Betracht (§ 4 Nr. 29 Rz. 1 ff.). 23

Für die unter § 4 Nr. 14 UStG fallenden Umsätze ist ein **Verzicht auf die Steuerbefreiung** nach § 9 UStG **nicht möglich** (§ 9 Rz. 9). Die für eine nach § 4 Nr. 14 UStG befreite Leistung gesondert ausgewiesene Steuer wird nach § 14c Abs. 1 UStG geschuldet. 24

Die Steuerbefreiung hat damit zwingend den **Verlust des Vorsteuerabzugs** nach § 15 Abs. 2 Satz 1 Nr. 1 UStG (§ 15 Rz. 249 ff.) zur Folge, soweit die Eingangsleistungen zur Ausführung steuerbefreiter Heilbehandlungsleistungen verwendet werden. 25

1 EuGH, Urt. v. 15.11.2012 – C-174/11, ECLI:EU:C:2012:716 – Zimmermann, UR 2013, 35.
2 BFH, Urt. v. 8.8.2013 – V R 13/12, BFHE 242, 557 = UR 2014, 225, Rz. 29.
3 Art. 12 Nr. 5 Buchst. d des Gesetzes zur weiteren steuerlichen Förderung der Elektromobilität und zur Änderung weiterer steuerlicher Vorschriften v. 12.12.2019 (sog. JStG 2019), BGBl. I 2019, 2451 (2469).
4 Abschn. 12.11 Abs. 3 Satz 5 UStAE.
5 BMF, Schr. v. 28.10.2014 – IV D 2-S 7243/07/10002-02 – DOK 2014/0935834, BStBl. I 2014, 1439 = UR 2014, 907.
6 Die Heilmittel-Richtlinie in der aktuellen Fassung ist auf der Internetseite des Gemeinsamen Bundesausschusses eingestellt (www.g-ba.de/informationen/richtlinien/12/).
7 Vgl. Abschn. 12.11 Abs. 3 Satz 2–4 UStAE.
8 Abschn. 4.14.1 Abs. 6 und Abschn. 4.28.1 UStAE.

26 Werden Eingangsleistungen ganz oder teilweise für **steuerpflichtige Leistungen** verwendet, ist insoweit der **Vorsteuerabzug** eröffnet.[1] Hierbei sind die **Aufzeichnungspflichten** nach § 22 UStG i.V.m. § 63 UStDV[2] (§ 22 Rz. 20 ff.) zu beachten.

27 Die nach § 4 Nr. 14 UStG steuerfreien Umsätze zählen nach § 19 Abs. 3 Satz 1 Nr. 1 UStG nicht zum Gesamtumsatz bei der Bestimmung der Umsatzgrenzen für die Anwendung der **Kleinunternehmerregelung** (§ 19 Rz. 39 ff.). Bei Anwendbarkeit der Kleinunternehmerregelung gelten vereinfachte Aufzeichnungspflichten nach § 65 UStDV (§ 22 Rz. 117 f.).[3]

2. Rechtsentwicklung

a) Neufassung durch das JStG 2009

28 Durch das JStG 2009[4] erfolgte mit Wirkung **zum 1.1.2009** eine **Neufassung** des § 4 Nr. 14 UStG. Diese diente der Zusammenführung der zuvor in § 4 Nr. 14 UStG a.F. geregelten Befreiungsvorschrift für Heilbehandlungsleistungen von Ärzten und anderen Heilberufen sowie der Steuerbefreiung nach § 4 Nr. 16 Buchst. a-c UStG a.F. für die Leistungen der Krankenhäuser und sonstigen Heilbehandlungseinrichtungen. Ziel war laut Gesetzesbegründung die **Umsetzung aktueller Rechtsprechung**, die terminologische **Angleichung an das Unionsrecht** sowie die Berücksichtigung von zwischenzeitlichen Änderungen im Bereich des Gesundheitswesens.[5] Die einzelnen Befreiungstatbestände wurden weitestgehend ohne inhaltliche Änderung fortgeführt.[6] So trat § 4 Nr. 14 Buchst. a UStG an die Stelle des § 4 Nr. 14 UStG a.F., während § 4 Nr. 14 Buchst. b UStG die Nachfolgevorschrift des § 4 Nr. 16 Buchst. a-c UStG a.F. darstellt.

29 Die **grundsätzliche systematische Änderung** gegenüber den Vorgängerregelungen besteht darin, dass mit der Neufassung des § 4 Nr. 14 UStG das maßgebende Kriterium für die Abgrenzung zwischen § 4 Nr. 14 Buchst. a Satz 1 UStG und § 4 Nr. 14 Buchst. b UStG – entsprechend der Rechtsprechung des EuGH[7] – nicht mehr die Art der Leistung und die Zugehörigkeit zu einer Berufsgruppe, sondern vielmehr der Ort der Erbringung der Heilbehandlungsleistung ist (Rz. 147 ff.).[8]

30 Ausgehend von dieser Trennung der Anwendungsbereiche des § 4 Nr. 14 Buchst. a Satz 1 UStG und des § 4 Nr. 14 Buchst. b UStG sollen – entgegen § 4 Nr. 14 Satz 3 UStG a.F. – auch die eigentlichen (ärztlichen) **Heilbehandlungsleistungen eines Krankenhauses** nur nach § 4 Nr. 14 Buchst. b Satz 2 Doppelbuchst. aa UStG umsatzsteuerfrei sein, wenn die dort genannten Voraussetzungen erfüllt sind (Rz. 86). Ob die Anwendung von § 4 Nr. 14 Buchst. a Satz 1 UStG – bezogen auf die Heilbehandlung – allerdings tatsächlich ausgeschlossen ist, wenn für die Einrichtung der Anwendungsbereich des § 4 Nr. 14 Buchst. b UStG dem Grunde nach eröffnet ist, ist derzeit Gegenstand eines Revisionsverfahrens[9] (Rz. 164).

30.1 Die gleiche Rechtsfolge sollte für den Bereich der **Labormedizin** erreicht werden. Anlässlich der EuGH- und BFH-Rechtsprechung[10] wurden die Leistungen der in § 4 Nr. 14 Satz 1 UStG a.F. genannten klinischen Chemiker und damit der gesamte Bereich der Labormedizin[11] aus der Befreiungsvorschrift für die Heilberufe herausgelöst und dem § 4 Nr. 14 Buchst. b Satz 2 Doppelbuchst. bb bzw. cc

---

1 Vgl. *Hölzer* in Rau/Dürrwächter, § 4 Nr. 14 UStG Rz. 883–887 (Stand: Juli 2017).

2 Abschn. 22.1–22.6 UStAE.

3 Abschn. 22.5 Abs. 3 UStAE.

4 Art. 7 Nr. 4 Buchst. b des JStG 2009 v. 19.12.2008, BGBl. I 2008, 2794 (2821). Vgl. hierzu *Nieskens*, UR 2009, 253 (265); *Widmann*, DStR 2009, 1061 (1062).

5 BT-Drucks. 16/10189, 74.

6 Zum ausführlichen Vergleich zwischen a.F. und n.F. siehe *Hölzer* in Rau/Dürrwächter, § 4 Nr. 14 Rz. 26–35 (Stand: Juli 2017).

7 EuGH, Urt. v. 6.11.2003 – C-45/01, ECLI:EU:C:2003:595 – Dornier, UR 2003, 585 m. Anm. *Widmann*, Rz. 47.

8 BT-Drucks. 16/10189, 74.

9 BFH, Az. V R 10/22; Vorinstanz FG Schl.-Holst., Urt. v. 17.5.2022 – 4 K 119/18, EFG 2022, 1497.

10 EuGH, Urt. v. 8.6.2006 – C-106/05, ECLI:EU:C:2006:380 – L.u.P. GmbH, UR 2006, 464; BFH, Urt. v. 15.3.2007 – V R 55/03, BStBl. II 2008, 31; vgl. *Wüst* UR 2011, 906 (908).

11 BFH, Urt. v. 24.8.2017 – V R 25/16, BStBl. II 2023, 982 = UR 2017, 961, Rz. 14 und 15.

UStG zugeordnet,[1] wodurch § 4 Nr. 14 Buchst. a Satz 1 UStG auf die Labormedizin nicht anwendbar sein sollte. Dieser absoluten Form der Trennung der beiden Befreiungstatbestände hat allerdings der **EuGH mit Urteil vom 18.9.2019**[2] **widersprochen** und der **BFH** hat sich dieser Rechtsprechung im **Nachfolgeurteil vom 18.12.2019**[3] angeschlossen (Rz. 154 f.).

Aufgrund der Anpassung an die Terminologie des Unionsrechts konnte auf den Ausschluss der **Tierärzte** aus dem Anwendungsbereich des § 4 Nr. 14 Buchst. a Satz 1 UStG verzichtet werden, da deren Leistungen keine Heilbehandlungen im Bereich der Humanmedizin darstellen.[4] 31

b) Folgeänderungen

Mit dem **AmtshilfeRLUmsG**[5] wurde mit Wirkung **zum 1.7.2013** der § 4 Nr. 14 UStG um zwei Befreiungstatbestände erweitert. Zum einen wurde in **§ 4 Nr. 14 Buchst. c UStG** neben den bereits bislang befreiten Leistungen im Rahmen der integrierten Versorgung die Steuerbefreiung auf Einrichtungen, mit denen Versorgungsverträge nach § 73b (sowie zum damaligen Rechtsstand auch § 73c SGB V) bestehen, ausgeweitet.[6] Zum anderen wurde, ausgehend von der Rechtsprechung des BFH,[7] mit **§ 4 Nr. 14 Buchst. e UStG**[8] eine Steuerbefreiung für **infektionshygienische Leistungen** eingeführt. 32

Durch das **ZK-AO-AnpG**[9] wurde mit Wirkung **zum 1.1.2015** ein neuer **§ 4 Nr. 14 Buchst. b Satz 2 Doppelbuchst. hh UStG**[10] zur Steuerbefreiung von **nichtärztlichen Dialyseleistungen** eingefügt. Der bisherige § 4 Nr. 14 Buchst. b Satz 2 Doppelbuchst. hh UStG wurde zu § 4 Nr. 14 Buchst. b Satz 2 Doppelbuchst. ii UStG. 33

Im Rahmen des **BTHG**[11] erfolgte mit Wirkung **zum 1.1.2018** eine **redaktionelle Anpassung** des § 4 Nr. 14 Buchst. b Satz 2 Doppelbuchst. ee UStG an die Neufassung des SGB IX. 34

Durch das **Gesetz zur weiteren steuerlichen Förderung der Elektromobilität und zur Änderung weiterer steuerlicher Vorschriften**[12] wurde jeweils mit Wirkung **zum 1.1.2020:** 35

- **§ 4 Nr. 14 Buchst. b Satz 2 Doppelbuchst. aa UStG** um eine vom sozialversicherungsrechtlichen Bedarfsvorbehalt unabhängige **neue Anerkennungsregelung für private Krankenhäuser** ergänzt (Rz. 205 ff.);[13]
- **§ 4 Nr. 14 Buchst. c UStG an Rechtsänderungen des SGB V**, die bereits zum 23.7.2015 erfolgt waren,[14] **angepasst und Leistungen** der ambulanten Versorgung in stationären Pflegeeinrichtungen in die Befreiungsvorschrift **neu aufgenommen;**[15]

---

1 BT-Drucks. 16/10189, 74. Bei dem ausschließlichen Hinweis in der Gesetzesbegründung auf § 4 Nr. 14 Buchst. b Satz 2 Doppelbuchst. cc UStG handelt es sich um ein Redaktionsversehen. Einrichtungen der Labormedizin können – je nach Zulassung – nach beiden Vorschriften befreit sein, vgl. Abschn. 4.14.5 Abs. 9 UStAE.

2 EuGH, Urt. v. 18.9.2019 – C-700/17, ECLI:EU:C:2019:753 – Peters, UR 2019, 755 m. Anm. *Sterzinger*.

3 BFH, Urt. v. 18.12.2019 – XI R 23/19 (XI R 23/15), BStBl. II 2023, 984 = UR 2020, 295, Rz. 19 ff.

4 EuGH, Urt. v. 24.5.1988 – C-122/87, ECLI:EU:C:1988:256 – Kommission/Italien, UR 1989, 315, Rz. 9; zu möglichen humanmedizinischen Umsätzen der Tierärzte vgl. *Hölzer* in Rau/Dürrwächter, § 4 Nr. 14 Rz. 514 „Tierarzt" (Stand: Juli 2017).

5 AmtshilfeRLUmsG v. 26.6.2013, BGBl. I 2013, 1809 (1830).

6 Art. 10 Nr. 3 Buchst. a Doppelbuchst. aa des AmtshilfeRLUmsG v. 26.6.2013, BGBl. I 2013, 1809 (1830).

7 BFH, Urt. v. 18.8.2011 – V R 27/10, BFHE 235, 58 = UR 2011, 902 m. Anm. *Marchal* und Anm. *Wüst*; BFH, Urt. v. 5.11.2014 – XI R 11/13, BFHE 248, 389 = UR 2015, 180.

8 Art. 10 Nr. 3 Buchst. a Doppelbuchst. bb des AmtshilfeRLUmsG v. 26.6.2013, BGBl. I 2013, 1809 (1830).

9 ZK-AO-AnpG v. 22.12.2014, BGBl. I 2014, 2417 (2428).

10 Art. 9 Nr. 2 Buchst. a des ZK-AO-AnpG v. 22.12.2014, BGBl. I 2014, 2417 (2428).

11 Art. 17 Nr. 1 des BTHG v. 23.12.2016, BGBl. I 2016, 3234 (3329).

12 Gesetz zur weiteren steuerlichen Förderung der Elektromobilität und zur Änderung weiterer steuerlicher Vorschriften v. 12.12.2019 (sog. JStG 2019), BGBl. I 2019, 2451.

13 Art. 12 Nr. 5 Buchst. b Doppelbuchst. aa des Gesetzes zur weiteren steuerlichen Förderung der Elektromobilität und zur Änderung weiterer steuerlicher Vorschriften v. 12.12.2019 (sog. JStG 2019), BGBl. I 2019, 2451 (2469).

14 Vgl. Gesetz zur Stärkung der Versorgung in der gesetzlichen Krankenversicherung v. 16.7.2015, BGBl. I 2015, 1211.

15 Art. 12 Nr. 5 Buchst. b Doppelbuchst. bb des Gesetzes zur weiteren steuerlichen Förderung der Elektromobilität und zur Änderung weiterer steuerlicher Vorschriften v. 12.12.2019 (sog. JStG 2019), BGBl. I 2019, 2451 (2469).

- **§ 4 Nr. 14 Buchst. d UStG aufgehoben.**[1] An die Stelle der bisherigen Steuerbefreiung für **Praxis- und Apparategemeinschaften** tritt mit dem neu eingeführten § 4 Nr. 29 UStG eine allgemeine Steuerbefreiung für sonstige Leistungen von selbständigen Personenzusammenschlüssen an ihre Mitglieder für unmittelbare Zwecke ihrer nicht steuerbaren oder dem Gemeinwohl dienenden, steuerfreien Umsätze (§ 4 Nr. 29 Rz. 1 ff.).
- In **§ 4 Nr. 14 Buchst. e UStG** erfolgte eine **redaktionelle Anpassung** an die Aufhebung des § 4 Nr. 14 Buchst. d UStG.[2]

35.1 Im Rahmen des **JStG 2020**[3] wurde **zum 1.1.2021** mit **§ 4 Nr. 14 Buchst. f UStG** ein neuer Steuerbefreiungstatbestand für Leistungen, die der Förderung des öffentlichen Gesundheitswesens dienen, **angefügt** (Rz. 260 ff.).[4]

B. Heilbehandlungsleistungen durch Angehörige von Heilberufen (Nr. 14 Buchst. a)

I. Heilbehandlungsleistungen im Bereich der Humanmedizin (Nr. 14 Buchst. a Satz 1)

1. Heilbehandlungsbegriff

36 Der **Begriff** „Heilbehandlungen im Bereich der Humanmedizin" ist unionsrechtlich **nicht definiert** und auch das nationale Recht verzichtet im Hinblick auf die Übernahme der Terminologie der MwStSystRL (Rz. 8) auf eine Definition. Er ist insofern als autonomer unionsrechtlicher Begriff[5] **gemeinschaftsrechtskonform auszulegen** (Rz. 15).[6] Nach gefestigter Rechtsprechung des EuGH und BFH fallen hierunter Leistungen, die der **Vorbeugung, Diagnose, Behandlung** und, soweit möglich, der **Heilung von Krankheiten oder Gesundheitsstörungen** beim Menschen dienen.[7]

37 Zu den Begriffen „**Krankheiten**" und „**Gesundheitsstörungen**" liegt ebenfalls keine verbindliche Definition und auch kein EU-weit einheitliches Verständnis vor.[8] Daher wird z.T. auf die Notwendigkeit einer Klärung dieser Begrifflichkeiten durch den EuGH hingewiesen mit der Intention einer möglichst weiten Fassung des Gesundheitsbegriffs.[9] Der **BFH** hat sich allerdings wiederholt dahingehend festgelegt, dass für umsatzsteuerliche Zwecke u.a. die **Definition der** Gesundheit durch die **WHO**[10], wonach Gesundheit „ein Zustand des vollständigen körperlichen, geistigen und sozialen Wohlergehens

1 Art. 12 Nr. 5 Buchst. b Doppelbuchst. cc des Gesetzes zur weiteren steuerlichen Förderung der Elektromobilität und zur Änderung weiterer steuerlicher Vorschriften v. 12.12.2019 (sog. JStG 2019), BGBl. I 2019, 2451 (2469).

2 Art. 12 Nr. 5 Buchst. b Doppelbuchst. dd des Gesetzes zur weiteren steuerlichen Förderung der Elektromobilität und zur Änderung weiterer steuerlicher Vorschriften v. 12.12.2019 (sog. JStG 2019), BGBl. I 2019, 2451 (2469).

3 JStG 2020 v. 21.12.2020, BGBl. I 2020, 3096.

4 Art. 12 Nr. 2 Buchst. a des JStG 2020 v. 21.12.2020, BGBl. I 2020, 3096 (3107).

5 EuGH, Urt. v. 20.11.2003 – C-212/01, ECLI:EU:C:2003:625 – Unterpertinger, UR 2004, 70, Rz. 35; EuGH, Urt. v. 20.11.2003 – C-307/01, ECLI:EU:C:2003:627 – D'Ambrumenil und Dispute Resolution Services, UR 2004, 75, Rz. 53; BFH, Vorlagebeschl. v. 18.9.2018 – XI R 19/15, BStBl. II 2019, 178 = UR 2019, 139.

6 Vgl. im Einzelnen *Hölzer* in Rau/Dürrwächter, § 4 Nr. 14 UStG Rz. 282 (Stand: Juli 2017).

7 EuGH, Urt. v. 10.9.2002 – C-141/00, ECLI:EU:C:2002:473 – Kügler, UR 2002, 513, Rz. 38 und 40; EuGH, Urt. v. 6.11.2003 – C-45/01, ECLI:EU:C:2003:595 – Dornier, UR 2003, 585 m. Anm. *Widmann*, Rz. 48; EuGH, Urt. v. 20.11.2003 – C-212/01, ECLI:EU:C:2003:625 – Unterpertinger, UR 2004, 70, Rz. 39–40; EuGH, Urt. v. 20.11.2003 – C-307/01, ECLI:EU:C:2003:627 – D'Ambrumenil und Dispute Resolution Services, UR 2004, 75, Rz. 57 f.; EuGH, Urt. v. 21.3.2013 – C-91/12, ECLI:EU:C:2013:198 – PFC Clinic, UR 2013, 335, Rz. 28; BFH, Urt. v. 10.3.2005 – V R 54/04, BStBl. II 2005, 669 = UR 2005, 674, Rz. 18; BFH, Urt. v. 26.7.2017 – XI R 3/15, BStBl. II 2018, 793 = UR 2018, 25, Rz. 17; Abschn. 4.14.1 Abs. 4 Satz 1–4 UStAE.

8 Ausführlich *Tehler*, UVR 2011, 43 (47).

9 *Hölzer* in Rau/Dürrwächter, § 4 Nr. 14 UStG Rz. 86 (Stand: Juli 2017); *Tehler*, EU-UStB 2013, 36 (37).

10 Abs. 2 der Präambel der Verfassung der WHO.

und nicht nur das Fehlen von Krankheit oder Gebrechen" darstellt, **nicht maßgeblich** ist.[1] Dieser Begriff ist hinsichtlich des „Wohlergehens" zu weit gefasst und würde keine Abgrenzung beispielsweise zu Wellnessmaßnahmen ermöglichen.[2] Eine Vorlagepflicht bestünde für den BFH allerdings, wenn festzustellen wäre, dass ein und derselbe (konkrete) Umsatz in einem anderen Mitgliedstaat mehrwertsteuerrechtlich anders behandelt wird.[3]

Spezifische Kriterien der Heilbehandlung werden durch die nationale Rechtsprechung **anhand konkreter Einzelfälle** herausgearbeitet (Rz. 65). Dieses Vorgehen zur schrittweisen Bestimmung der Grenzen der Befreiungsvorschrift erscheint – bei aller Kritik[4] – notwendig, weil die therapeutische Zielsetzung bei jeder einzelnen Art von Behandlungsleistung zu prüfen ist (Rz. 47) und sich die Behandlungsmethoden auch stetig fortentwickeln.[5] 38

Heilbehandlungen stellen zunächst per se Leistungen dar, die der **Behandlung oder Heilung einer** bereits vorhandenen oder konkret absehbaren **Erkrankung oder Gesundheitsstörung** dienen. Auf den Behandlungserfolg kommt es dabei nicht an. Die Erkrankung kann **körperlicher** wie **psychischer Art** sein.[6] 39

Darüber hinaus stellen auch **Vorsorgemaßnahmen** bei nicht erkrankten Personen Heilbehandlungen dar.[7] Hierzu zählen z.B. Vorsorgeuntersuchungen, Gesundheits-Check-Up oder prophylaktische Impfungen.[8] Allerdings stellt sich im Bereich der Vorsorgeleistungen in besonderem Maße das Problem der therapeutischen Zielsetzung (Rz. 46 ff.), insbesondere bei den Leistungen zur Prävention und Selbsthilfe (Rz. 66). Auch aus der im Gesundheitsbereich gebräuchlichen Unterscheidung zwischen Maßnahmen der **primären, sekundären oder tertiären Prävention**[9] lassen sich daher keine allgemein gültigen Rückschlüsse auf eine medizinische Indikation der jeweiligen Maßnahmen ziehen. 40

Eine **Grenze bei den vorbeugenden Heilbehandlungsleistungen** hat der EuGH insofern gezogen, als er u.a. in der Rs. *CopyGene*[10] am Beispiel der Entnahme und Konservierung von Nabelschnurblut einen mit einer Heilbehandlung eng verbundenen Umsatz abgelehnt hat, weil die in Frage kommende Heilbehandlung zum Zeitpunkt der von CopyGene erbrachten Leistung wissenschaftlich nicht fundiert und in keiner Weise absehbar war.[11] Hinsichtlich des zeitlichen Elements kann in Abgrenzung dazu allerdings die Kryokonservierung von Eizellen oder Spermien, um zu einem späteren, noch unbestimmten Zeitpunkt ggf. eine (weitere) künstliche Befruchtung herbeizuführen, Teil einer Heilbehandlungsleistung sein (Rz. 65).[12] 41

Begünstigt sind auch **Folgebehandlungen** im Anschluss an eine Heilbehandlung, z.B. um die Folgen einer vorangegangenen Heilbehandlung zu mindern.[13] 42

Auch selbständige Leistungen, insbesondere **Laborleistungen**, die zwar nicht unmittelbar die Behandlung des Patienten betreffen, für diese aber ein unerlässlicher, fester und untrennbarer Bestandteil sind, stellen ihrerseits Heilbehandlungsleistungen dar.[14] 43

1 BFH, Urt. v. 26.8.2014 – XI R 19/12, BStBl. II 2015, 310 = UR 2015, 16, Rz. 25 m.w.N.; BFH, Urt. v. 4.12.2014 – V R 33/12, BFHE 248, 424 = UR 2015, 232, Rz. 22.
2 Vgl. *Heidner*, UR 2013, 641 (648).
3 EuGH, Urt. v. 5.7.2018 – C-544/16, ECLI:EU:C:2018:540 – Marcandi, UR 2018, 706, Rz. 61 ff.
4 Z.B. *Widmann*, DStR 2009, 1061 (1062).
5 Vgl. hierzu EuGH, Urt. v. 10.6.2010 – C-262/08, ECLI:EU:C:2010:328 – CopyGene, UR 2010, 526, Rz. 43 f.
6 EuGH, Urt. v. 6.11.2003 – C-45/01, ECLI:EU:C:2003:595 – Dornier, UR 2003, 585 m. Anm. *Widmann*, Rz. 50.
7 EuGH, Urt. v. 8.6.2006 – C-106/05, ECLI:EU:C:2006:380 – L.u.P. GmbH, UR 2006, 464, Rz. 29; BFH, Urt. v. 18.8.2011 – V R 27/10, UR 2011, 902 m. Anm. *Marchal* und Anm. *Wüst*, Rz. 14; BFH, Urt. v. 26.8.2014 – XI R 19/12, BStBl. II 2015, 310 = UR 2015, 16, Rz. 26.
8 Abschn. 4.14.2 Abs. 1 Satz 3 UStAE.
9 Vgl. z.B. https://www.bundesgesundheitsministerium.de/service/begriffe-von-a-z/p/praevention.html.
10 EuGH, Urt. v. 10.6.2010 – C-262/08, ECLI:EU:C:2010:328 – CopyGene, UR 2010, 526.
11 EuGH, Urt. v. 10.6.2010 – C-262/08, ECLI:EU:C:2010:328 – CopyGene, UR 2010, 526, Rz. 47 f.; EuGH, Urt. v. 10.6.2010 – C-86/09, ECLI:EU:C:2010:334 – Future Health Technologies, UR 2010, 540, Rz. 52.
12 BFH, Urt. v. 29.7.2015 – XI R 23/13, BStBl. II 2017, 733 = UR 2015, 790, Rz. 25; Abschn. 4.14.2 Abs. 4 UStAE.
13 BFH, Urt. v. 19.3.2015 – V R 60/14, BStBl. II 2015, 946 = UR 2015, 480; Abschn. 4.14.3 Abs. 8a Satz 3 UStAE.
14 EuGH, Urt. v. 18.11.2010 – C-156/09, ECLI:EU:C:2010:695 – Verigen Transplantation Service International AG, UR 2011, 215 m. Anm. *Jansen*, Rz. 26.

44 Die Frage der **Kostenübernahme durch die Sozialleistungsträger** hat keine Auswirkung auf die Einordnung als Heilbehandlungsleistung. Sowohl EuGH[1] als auch BFH[2] haben festgestellt, dass eine ganz oder teilweise **fehlende Kostenerstattung** durch die Sozialversicherung kein Kriterium für das Vorliegen einer Heilbehandlung ist. Allerdings folgt auch aus einer **Kostenübernahme** nicht automatisch, dass es sich um eine Heilbehandlungsleistung handelt; ihr kommt allerdings Indizwirkung zu.[3] Etwas anderes gilt hingegen bei der Beurteilung der beruflichen Qualifikation des Leistungserbringers Rz. 113 ff.).

45 Diese **Anforderungen** an eine Heilbehandlungsleistung **gelten allgemein**, d.h. unabhängig davon, um welche konkrete heilberufliche Leistung es sich handelt (z.B. Untersuchung, Attest, Gutachten), für wen sie erbracht wird (z.B. Patient, Gericht, Sozialversicherung) und wer sie erbringt (z.B. freiberuflicher oder angestellter Arzt, Heilpraktiker, Physiotherapeut, Angehöriger eines Heilberufs oder Krankenhäuser).[4] Sind die **Voraussetzungen** einer Heilbehandlungsleistung **nicht erfüllt**, ist die **Leistung steuerpflichtig**, auch wenn beim Leistungserbringer die persönlichen Voraussetzungen zur Inanspruchnahme der Steuerbefreiung nach § 4 Nr. 14 Buchst. a Satz 1 UStG bzw. § 4 Nr. 14 Buchst. b UStG vorliegen.

2. Therapeutische Zielsetzung

a) Gegenstand der Feststellung

46 Die begriffliche Umschreibung der Heilbehandlungshandlungsleistung erfordert, dass bei der konkreten Leistung ein **therapeutischer Zweck** im Vordergrund steht[5] und sie Teil eines konkreten, individuellen Behandlungskonzepts ist.[6] Die Leistung muss hierfür dem medizinischen **Schutz der Gesundheit** bzw. deren Aufrechterhaltung oder Wiederherstellung dienen.[7] Diese Zweckbestimmung ist grundsätzlich nicht eng zu verstehen.[8] Sie muss jedoch dem Stand der medizinischen Wissenschaft entsprechen.[9] Bei dieser Frage kann auf die BFH-Rechtsprechung zu wissenschaftlich anerkannten Behandlungsmethoden bei der Berücksichtigung von Aufwendungen als außergewöhnliche Belastungen[10] zurückgegriffen werden, die m.E. den hier geltenden Anforderungen entspricht.

47 Der therapeutische Zweck muss **bei jeder Einzelleistung feststehen**; im Fall nicht chronischer Erkrankungen muss dieser bei fortgeführten Behandlungen in gebotenen Abständen wiederholt belegt werden.[11]

48 Die Feststellung, welche Zwecke mit der Leistung verfolgt werden, ist in den Fällen unproblematisch, in denen sich die therapeutische **Zielsetzung** bereits **aus der Leistung selbst** ergibt,[12] z.B. bei der Behandlung akuter Krankheiten oder Verletzungen.

49 Bei Maßnahmen, die einem **Grenzbereich** zuzuordnen sind, weil sie sowohl Heilbehandlungszwecken als auch der bloßen **Verbesserung des allgemeinen Gesundheitszustands** dienen können, kommt es

1 EuGH, Urt. v. 6.11.2003 – C-45/01, ECLI:EU:C:2003:595 – Dornier, UR 2003, 585 m. Anm. *Widmann*, Rz. 75.
2 BFH, Urt. v. 30.1.2008 – XI R 53/06, BStBl. II 2008, 647 = UR 2008, 429, Rz. 27.
3 BFH, Beschl. v. 1.7.2010 – V B 62/09, UR 2011, 13, Rz. 14.
4 BFH, Urt. v. 7.7.2005, V R 23/04, BStBl. II 2005, 904 = UR 2005, 677, Rz. 16; BFH, Urt. v. 21.4.2021 – XI R 12/19, BFHE 273, 334 = UR 2021 945, Rz. 34; Abschn. 4.14.1 Abs. 4 Satz 3 UStAE.
5 EuGH, Urt. v. 20.11.2003 – C-307/01, ECLI:EU:C:2003:627 – D'Ambrumenil und Dispute Resolution Services, UR 2004, 75, Rz. 53; EuGH, Urt. v. 8.6.2006 – C-106/05, ECLI:EU:C:2006:380 – L.u.P. GmbH, UR 2006, 464, Rz. 29; Abschn. 4.14.1 Abs. 4 Satz 4 UStAE.
6 Abschn. 4.14.1 Abs. 4 Satz 9 UStAE.
7 EuGH, Urt. v. 20.11.2003 – C-212/01, ECLI:EU:C:2003:625 – Unterpertinger, UR 2004, 70, Rz. 41 und EuGH, Urt. v. 20.11.2003 – C-307/01, ECLI:EU:C:2003:627 – D'Ambrumenil und Dispute Resolution Services, UR 2004, 75, Rz. 60.
8 EuGH, Urt. v. 10.6.2010 – C-86/09, ECLI:EU:C:2010:334 – Future Health Technologies, UR 2010, 540, Rz. 40.
9 EuGH, Urt. v. 10.6.2010 – C-262/08, ECLI:EU:C:2010:328 – CopyGene, UR 2010, 526, Rz. 48.
10 Vgl. BFH, Urt. v. 26.6.2014 – VI R 51/13, BStBl. II 2015, 9, Rz. 19.
11 BFH, Urt. v. 1.10.2014 – XI R 13/14, BFHE 248, 367, Rz. 40 und 44.
12 BFH, Urt. v. 4.12.2014 – V R 33/12, BFHE 248, 24 = UR 2015, 232, Rz. 16; BFH, Urt. v. 4.12.2014 – V R 16/12, BFHE 248, 416 = UR 2015, 225 m. Anm. *Wüst*, Rz. 14.

auf eine Prüfung anhand der Umstände des Einzelfalls an.[1] Im Zweifel ist die ärztliche Indikation und Verordnung maßgebend.[2]

Als **Negativabgrenzung** hierzu sind folglich Leistungen, die lediglich der Verbesserung des allgemeinen Gesundheitszustands oder nur dem Wohlbefinden dienen, keine Heilbehandlungsleistungen.[3] 50

Ob eine entsprechende therapeutische **Zweckbestimmung** vorliegt, ist eine **medizinische Feststellung** und muss von dem entsprechenden Fachpersonal getroffen werden.[4] Die subjektive Vorstellung des Patienten von der Behandlungsmaßnahme ist bei der Prüfung der medizinischen Indikation nicht ausschlaggebend.[5] 51

Die **Beurteilung** der therapeutischen Zweckbestimmung, auch diejenige durch einen Arzt, ist für das Besteuerungsverfahren nicht bindend und damit **einer finanzgerichtlichen Überprüfung zugänglich** (Rz. 58)[6] und durch das FG aufgrund der ihm obliegenden Würdigung der Umstände des Einzelfalls festzustellen. 52

b) Nachweisführung

aa) Ärzte, Zahnärzte, Psychotherapeuten und Heilpraktiker

In Deutschland ist die **eigenverantwortliche Ausübung der Heilkunde** nur Ärzten[7], Zahnärzten[8], Psychotherapeuten[9] und Heilpraktikern[10] erlaubt; nur sie sind damit diagnoseberechtigt.[11] Dies rechtfertigt die besondere Stellung dieser Berufsgruppen bei der Therapieentscheidung gegenüber den Gesundheitsfachberufen (Rz. 55 ff.).[12] Der BFH hat die Notwendigkeit der Feststellung der therapeutischen Zielsetzung durch diese Berufsgruppen mehrfach bestätigt.[13] Von diesem Grundsatz zu unterscheiden ist die Tatsache, dass Heilbehandlungsleistungen nicht zwingend unter ärztlicher Aufsicht erbracht werden müssen (Rz. 80).[14] 53

Da Ärzte, Zahnärzte, Psychotherapeuten und Heilpraktiker eigenverantwortlich Heilbehandlungen durchführen dürfen, treffen sie auch selbst eine **eigenverantwortliche Entscheidung** über die therapeutische Zielsetzung ihrer Leistungen. Gleichwohl sind nicht alle Leistungen dieser Berufsgruppen Heilbehandlungen; die Rechtsprechung hat hierzu Abgrenzungen in verschiedenen Einzelfällen vorgenommen (Rz. 65 ff.). 54

bb) Sonstige Gesundheitsfachberufe (ähnliche heilberufliche Tätigkeiten)

Auf die ausschließlich Ärzten, Zahnärzten, Psychotherapeuten und Heilpraktikern vorbehaltene eigenverantwortliche Ausübung der Heilkunde (Rz. 53) stützt die **Verwaltung** ihre strenge Auffassung, dass die Feststellung des therapeutischen Zwecks durch Angehörige dieser Berufsgruppen erfolgen muss und damit Leistungen aus einer ähnlichen heilberuflichen Tätigkeit (Rz. 105 ff.) nur aufgrund **ärzt-** 55

1 BFH, Urt. v. 1.10.2014 – XI R 13/14, BFHE 248, 367, Rz. 29 ff.
2 BFH, Urt. v. 30.1.2008 – XI R 53/06, BStBl. II 2008, 647 = UR 2008, 429, Rz. 26; BFH, Urt. v. 1.10.2014 – XI R 13/14, BFHE 248, 367, Rz. 33.
3 Vgl. EuGH, Urt. v. 4.3.2021 – C 581/19, ECLI:EU:C:2021:167 – Frenetikexito, UR 2021, 550.
4 EuGH, Urt. v. 21.3.2013 – C-91/12, ECLI:EU:C:2013:198 – PFC Clinic, UR 2013, 335, Rz. 35.
5 EuGH, Urt. v. 21.3.2013 – C-91/12, ECLI:EU:C:2013:198 – PFC Clinic, UR 2013, 335, Rz. 34.
6 BFH, Urt. v. 4.12.2014 – V R 16/12, UR 2015, 225 m. Anm. *Wüst*, Rz. 24; BFH, Urt. v. 4.12.2014 – V R 33/12, UR 2015, 232 m. Anm. *Wüst*, Rz. 21.
7 §§ 2 und 10 BÄO.
8 § 1 ZHG.
9 § 1 PsychThG.
10 § 1 HeilprG.
11 Abschn. 4.14.1 Abs. 4 Satz 10 f. UStAE.
12 Zweifelnd *Hölzer* in Rau/Dürrwächter, § 4 Nr. 14 UStG Rz. 200 (Stand: Juli 2017).
13 BFH, Urt. v. 7.7.2005, V R 23/04, BStBl. II 2005, 904 = UR 2005, 677, Rz. 14 und 22; BFH, Urt. v. 26.8.2014 – XI R 19/12, BStBl. II 2015, 310 = UR 2015, 16, Rz. 38; BFH, Urt. v. 1.10.2014 – XI R 13/14, BFHE 248, 367, Rz. 26 f.; BFH, Urt. v. 4.12.2014 – V R 16/12, UR 2015, 225 m. Anm. *Wüst*, Rz. 12.
14 EuGH, Urt. v. 6.11.2003 – C-45/01, ECLI:EU:C:2003:595 – Dornier, UR 2003, 585 m. Anm. *Widmann*, Rz. 71.

licher Verordnung (Privat- bzw. Kassenrezept), aufgrund der **Verordnung eines Heilpraktikers** (Privatrezept)[1] oder im Rahmen einer Vorsorge- oder Rehabilitationsmaßnahme steuerfrei sind.[2] Dies gilt grundsätzlich auch für **Anschlussbehandlungen** im Nachgang einer Verordnung durch einen Arzt oder Heilpraktiker.[3] Der Therapiezweck ist jedoch auch in den Fällen nachgewiesen, in denen bereits vor der Anschlussbehandlung eine ärztliche Verordnung vorlag und auch im Nachgang zur nicht ärztlich verordneten Anschlussbehandlung zeitnah wegen derselben (chronischen) Erkrankung eine erneute ärztliche Verordnung vorgelegt wird.[4] Verordnungspflicht besteht ebenfalls für **osteopathische Leistungen.**[5]

Ausgenommen von der Verordnungspflicht ist lediglich die Tätigkeit von **Hebammen bzw. Entbindungspflegern** (Rz. 102 ff.).[6]

56 Der **BFH** hat diese **Form der Nachweisführung** zwar dahingehend **relativiert**, dass der therapeutische Zweck auch durch andere Beweismittel geführt werden kann und zwar z.B. durch betriebsärztliche Sammelüberweisungen zu Raucherentwöhnungsseminaren[7] oder den zweifelsfreien Nachweis der ärztlichen Veranlassung von Fußpflegeleistungen.[8] Allerdings hat er keine Zweifel daran gelassen, dass bei Gesundheitsfachberufen eine Selbstindikation nicht ausreicht, sondern diese Nachweise für den jeweiligen Einzelfall eine vergleichbare Aussagekraft wie ärztliche Verordnungen haben und von Personen stammen müssen, die zur Feststellung des therapeutischen Zwecks befähigt sind (Rz. 51 f.).[9] Bei nicht verschreibungspflichtigen Behandlungen kommt daher m.E. grundsätzlich auch eine **formlose (ärztliche) Bescheinigung** in Betracht. Allerdings sieht die Verwaltung eine bloße **„Behandlungsempfehlung"** als nicht ausreichend an.[10]

57 Angesichts der damit verbundenen erheblichen **Risiken in der Nachweisführung**, insbesondere wenn im Nachhinein der therapeutische Zweck in Zweifel gezogen wird, sollte daher von solchen Alternativnachweisen nach Möglichkeit abgesehen werden.[11] Denn die **Darlegungs- und Feststellungslast** für das Vorliegen einer Heilbehandlungsleistung als steuerlich begünstigende Tatsache trägt der Steuerpflichtige.[12]

c) Schutz des Vertrauensverhältnisses zum Patienten

58 Der BFH verlangt vor einer Anwendung der Regeln über die Feststellungslast, das Regelbeweismaß auf eine „größtmögliche Wahrscheinlichkeit" zu verringern.[13] Hierunter versteht der BFH, dass im Zweifelsfall zunächst auf der Grundlage **anonymisierter Patientenunterlagen** die Voraussetzungen einer Heilbehandlung zu prüfen sind, ggf. durch Sachverständigengutachten.[14] Eine Vernehmung des **Patienten als Zeuge** im finanzgerichtlichen Prozess (Rz. 52) scheidet damit aus.[15] Erst wenn diese anonymisierten Angaben nicht ausreichen, um den Heilbehandlungscharakter nachzuweisen, ist über die Steuerfreiheit nach Maßgabe der Feststellungslast[16] zu entscheiden.[17]

---

1 Abschn. 4.14.1 Abs. 5a Satz 1 UStAE.
2 Abschn. 4.14.1 Abs. 4 Satz 12 f.
3 Abschn. 4.14.1 Abs. 4 Satz 13 UStAE.
4 Vgl. FG Düsseldorf, Urt. v. 16.4.2021 – 1 K 2249/17 U, (rkr.), EFG 2021, 1755.
5 Abschn. 4.14.4 Abs. 12a Satz 2 UStAE.
6 Abschn. 4.14.4 Abs. 3 Satz 2 UStAE.
7 BFH, Urt. v. 26.8.2014 – XI R 19/12, BStBl. II 2015, 310 = UR 2015, 16.
8 BFH, Urt. v. 1.10.2014 – XI R 13/14, BFHE 248, 367, Rz. 38.
9 BFH, Urt. v. 1.10.2014 – XI R 13/14, BFHE 248, 367, Rz. 30–33 und 39; *Grube*, jurisPR-SteuerR 23/2015 Anm. 6 m.w.N.
10 Abschn. 4.14.1 Abs. 5a Satz 2 UStAE.
11 Gl.A. *Weymüller*, MwStR 2015, 225.
12 BFH, Urt. v. 1.10.2014 – XI R 13/14, BFHE 248, 367, Rz. 19 m.w.N. und 45.
13 BFH, Urt. v. 4.12.2014 – V R 16/12, BFHE 248, 416 = UR 2015, 225 m. Anm. *Wüst*, Rz. 19.
14 BFH, Urt. v. 4.12.2014 – V R 16/12, BFHE 248, 416 = UR 2015, 225 m. Anm. *Wüst*, Rz. 18 und 24.
15 BFH, Urt. v. 4.12.2014 – V R 16/12, BFHE 248, 416 = UR 2015, 225 m. Anm. *Wüst*, Rz. 17.
16 Vgl. hierzu BFH, Urt. v. 7.7.1983 – VII R 43/80, BStBl. II 1983, 760 m.w.N.
17 BFH, Urt. v. 4.12.2014 – V R 16/12, BFHE 248, 416 = UR 2015, 225 m. Anm. *Wüst*, Rz. 24.

In der Praxis ergeben sich Zweifel an der therapeutischen Zielsetzung häufig bei Eingriffen, die auch zu rein kosmetischen Gründen ausgeführt werden (**Schönheitsoperationen**, Laserbehandlungen der Haut u.ä.) und bei denen sich daher eine medizinische Indikation regelmäßig nicht aus den zu beurteilenden Leistungen selbst ergibt. Hier ist zu raten, besonders **detaillierte Angaben** zu der mit dem jeweiligen Behandlungsfall verfolgten therapeutischen Zielsetzung zu machen, um auch bei einer späteren Überprüfung den Heilbehandlungszweck belegen zu können. Die bloße Feststellung in den Patientenakten, dass ein bestimmtes körperliches Erscheinungsbild z.B. psychische Belastungen auslöst, dürfte für den Nachweis einer Heilbehandlung dabei nicht genügen. Hier sollte möglichst eine differenzierte Diagnose der psychischen Grunderkrankung erfolgen. 59

3. Nebenleistungen

Für die Bestimmung der im Rahmen der Heilbehandlungsleistung begünstigten unselbständigen Nebenleistungen gelten die **allgemeinen Grundsätze** zu Haupt- und Nebenleistungen (§ 3 Rz. 533 ff.).[1] Nebenleistungen sind strikt **abzugrenzen von den eng verbundenen Umsätzen**, die selbständige Leistungen darstellen und für die ein eigenständiger Befreiungstatbestand in § 4 Nr. 14 Buchst. b UStG besteht (Rz. 168 ff.). 60

Begünstigt sind danach zum einen die für die unmittelbare Behandlung unbedingt notwendigen **Lieferungen** von Gegenständen.[2] Diese umfassen insbesondere die Abgabe von allen für die Heilbehandlung erforderlichen **Medikamenten**, die durch den behandelnden Arzt im Rahmen der diagnostischen und therapeutischen Tätigkeit verabreicht werden[3] und sonstige Verbrauchsmaterialien.[4] 61

Zum anderen können auch **sonstige Leistungen** im vorgenannten Umfang eine Nebenleistung darstellen. 62

Darüber hinausgehende Lieferungen und Dienstleistungen stellen grundsätzlich keine Nebenleistungen dar, denn die Heilbehandlung besteht regelmäßig in den tatsächlichen heilkundlichen Verrichtungen am Patienten, denen weitere Leistungs- oder Lieferelemente ihren Charakter nehmen würden. 63

Aus der EuGH-Rechtsprechung in der **Rs. *Klinikum Dortmund GmbH***[5] und der Nachfolgeentscheidung des BFH[6], konkret durch das darin erwähnte „therapeutische Kontinuum" (Rz. 64.1), ergibt sich **keine Ausweitung des Nebenleistungsbegriffs.**[7] 64

4. Therapeutisches Kontinuum

Es scheint jedoch infolge der in Rz. 64 genannten Rechtsprechung eine **Ausweitung des Heilbehandlungsbegriffs möglich**. Die dort zitierten Entscheidungen beziehen sich auf Umsätze im Zusammenhang mit Heilbehandlungsleistungen nach § 4 Nr. 14 Buchst. b UStG bzw. Art. 132 Abs. 1 Buchst. b MwStSystRL (Art. 13 Teil A Abs. 1 Buchst. b 6. EG-Richtlinie) und konnten noch der Auslegung des „eng verbundenen Umsatzes" zugeordnet werden (Rz. 174). Demgegenüber bemüht der BFH in seinem Beschl. v. 7.7.2022[8] das Konzept des „therapeutischen Kontinuums" nun explizit auch im Rahmen des § 4 Nr. 14 Buchst. a Satz 1 UStG. Somit könnten selbständige Leistungen, die unerlässlicher Bestandteil einer Heilbehandlung sind, in den Genuss dieser Steuerbefreiung kommen. Im Streitfall diente nach BFH die isolierte Einlagerung eingefrorener Samen- oder Eizellen einem therapeutischen Zweck (sich ggf. anschließende Fruchtbarkeitsbehandlung) und war für diesen unerlässlich.[9] 64.1

---

1 Abschn. 3.10 Abs. 5 UStAE.
2 EuGH, Urt. v. 23.2.1988 – 353/85, UR 1989, 313, Rz. 33 und 35.
3 BFH, Urt. v. 26.5.1977 – V R 95/76, BStBl. II 1977, 879 = UR 1977, 234 m. Anm. *Weiß*, Rz. 11; Abschn. 4.14.1 Abs. 4 Sätze 5–8 UStAE.
4 Bei Zahnärzten vgl. Abschn. 4.14.3 Abs. 5 UStAE.
5 EuGH, Urt. v. 13.3.2014 – C-366/12, ECLI:EU:C:2014:143 – Klinikum Dortmund GmbH, UR 2014, 271. Ausf. zu dieser Rspr. *Hölzer* in Rau/Dürrwächter, § 4 Nr. 14 UStG Rz. 215–236 (Stand: Juli 2017).
6 BFH, Urt. v. 24.9.2014 – V R 19/11, BStBl. II 2016, 781 = UR 2015, 57.
7 I.d.S. *Hölzer* in Rau/Dürrwächter, § 4 Nr. 14 UStG Rz. 236 und 389 (Stand: Juli 2017).
8 BFH, Beschl. v. 7.7.2022 – V R 10/20, BFHE 276, 445 = UR 2022, 797.
9 BFH, Beschl. v. 7.7.2022 – V R 10/20, BFHE 276, 445 = UR 2022, 797, Rz. 17.

Aufgrund der kurzen Begründung in den bisherigen Gerichtsentscheidungen lassen sich noch keine belastbaren, allgemeinen Voraussetzungen für das „therapeutische Kontinuum" formulieren. Hinzuweisen ist aber darauf, dass der BFH im Beschl. v. 7.7.2022 ein „therapeutisches Kontinuum" zwar auch bei Leistungserbringung durch unterschiedliche Unternehmen anerkannt hat, dabei aber ausdrücklich auf die insoweit bestehende Personenidentität verweist.[1] Es erscheint jedoch kein Grund erkennbar, weshalb das Konzept des therapeutischen Kontinuums nicht auch bei fehlender Personenidentität zur Steuerfreiheit von Leistungen unterschiedlicher Unternehmer führen sollte. Inwieweit sich in diesem Zusammenhang weitere Änderungen für den Begriff der Heilbehandlungsleistung ergeben, bleibt abzuwarten.

5. Einzelfälle von Heilbehandlungsleistungen

65 Für die folgenden Heilbehandlungsleistungen ist die **Steuerbefreiung zu bejahen:**

- **Arbeitssicherheit/Betriebsärztliche Leistungen**: Untersuchung, arbeitsmedizinische Beurteilung und Beratung sowie Erfassung und Auswertung der Untersuchungsergebnisse (§ 3 Abs. 1 Nr. 2 ASiG) als jeweils selbständige Leistungen nach § 3 Abs. 1 ASiG.[2]
- **Ayurveda**: Als ärztlich-therapeutisch praktizierte bzw. ärztlich angeordnete Therapie.[3]
- **Augenlasern/Einsetzen künstlicher Linsen (Multifokallinsen)**: Behandlung von Fehlsichtigkeit und damit einer medizinisch indizierten körperlichen Beeinträchtigung.[4]
- **Behandlungspflege**: Ärztlich verordnete und medizinische Maßnahmen, z.B. Wundversorgung, Medikamentengabe, künstliche Ernährung.
- **Empfängnisverhütung**: Einsetzen einer Spirale, nicht nur bei medizinisch indizierter Verhinderung einer Schwangerschaft.[5]
- **Ernährungsberatung**: Mit dem Ziel der Krankheitsprävention bzw. im Rahmen von Rehabilitationsmaßnahmen.[6]
- **Fruchtbarkeitsbehandlungen**: Zur Überwindung einer Unfruchtbarkeit oder verminderten Fruchtbarkeit.[7] Dies gilt auch nach einer Leitlinie des MwSt-Ausschusses.[8]
- **Gesundheitsuntersuchung nach § 62 Abs. 1 AsylG**: Umfasst die Untersuchung auf übertragbare Krankheiten einschließlich einer Röntgenaufnahme der Atmungsorgane.[9]
- **Hörgeräte**: Anpassung durch Ärzte.[10]
- **Kontaktlinsen**: Anpassung durch Ärzte.[11]
- **Kryokonservierung und Lagerung von Samen- oder Eizellen**: Im Zusammenhang mit einer medizinisch indizierten Fruchtbarkeitsbehandlung. In diesem Fall liegt jedenfalls dann eine steuerfreie Heilbehandlungsleistung vor, wenn sie durch den die Fruchtbarkeitsbehandlung durchführenden Arzt erfolgt[12] oder die Fruchtbarkeitsbehandlung und die Kryokonservierung/Lagerung zwar durch

---

1 BFH, Beschl. v. 7.7.2022 – V R 10/20, BFHE 276, 445 = UR 2022, 797, Rz. 18.
2 BFH, Urt. v. 13.7.2006 – V R 7/05, BStBl. II 2007, 412 = UR 2007, 17; BMF, Schr. v. 4.5.2007 – IV A 5-S 7100/07/0011/IV A 6-S 7170/07/0003 – DOK 2007/0189309, BStBl. I 2007, 481.
3 FG Rh.-Pf., Urt. v. 25.7.2013 – 6 K 1122/11, EFG 2013, 1800 (rkr.).
4 FG Münster, Urt. v. 2.10.2009 – 5 K 3452/07 U, EFG 2010, 602 (rkr.).
5 Abschn. 4.14.2 Abs. 3 Satz 2 UStAE.
6 BFH, Urt. v. 7.7.2005 – V R 23/04, BStBl. II 2005, 904 = UR 2005. 677.
7 Abschn. 4.14.2 Abs. 4 UStAE.
8 Leitlinien aus der 108. Sitzung v. 27.–28.3.2017, UR 2018, 240. Zum Umgang mit Leitlinien des MwSt-Ausschusses vgl. BMF, Schr. v. 3.1.2014 – IV D 1-S 7072/13/10005-2013/1164285, BStBl. I 2014, 67.
9 LSF Sachsen, Vfg. v. 17.5.2016 – 213-S 7170/1/1-2016/8606, UR 2017, 127.
10 BMF, Schr. v. 10.6.1998 – IV C 3-S 7170-46/98, UR 1998, 282.
11 BMF, Schr. v. 10.6.1998 – IV C 3-S 7170-46/98, UR 1998, 282.
12 Abschn. 4.14.2 Abs. 4 Satz 1 und 2 UStAE.

zwei unterschiedliche Unternehmer erfolgen, für die aber jeweils dieselben Personen (Ärzte) tätig sind[1] (Rz. 64.1). In anderen Fällen nach Verwaltungsauffassung weiterhin steuerpflichtig.[2]

- **Notärztliche bzw. sanitätsdienstliche Betreuung**: Bei (Sport-)Veranstaltungen, wenn sie über eine bloße Anwesenheit und Einsatzbereitschaft hinausgeht.[3] Ab 2021 ist hier allerdings § 4 Nr. 14 Buchst. f UStG zu beachten (Rz. 260 ff.).
- **Radiologische Aufnahmen** (z.B. beim Mammographie-Screening): Auch, wenn keine eigene Befunderstellung erfolgt.
- **Schwangerschaftsabbruch nach § 218a StGB**[4]: Der Auffassung der Verwaltung, dass dies auch für die Sozialberatung nach § 219 StGB gelten soll, ist nicht zuzustimmen,[5] insbesondere weil diese auch von Personen durchgeführt wird, die keinen Heilberuf ausüben.
- **Telefonberatungsleistungen, medizinische**: Sind unter den allgemein für medizinisch indizierte Heilbehandlungen geltenden Voraussetzungen steuerfrei, wenn sie einen konkreten therapeutischen Zweck verfolgen (Rz. 46 ff.). Dies kann auf Beratungen zutreffen, die darin bestehen, die in Betracht kommenden Diagnosen und Therapien zu erläutern sowie Änderungen der durchgeführten Behandlungen vorzuschlagen, es der betroffenen Person ermöglichen, ihre medizinische Situation zu verstehen und gegebenenfalls entsprechend tätig zu werden, insbesondere indem sie ein bestimmtes Arzneimittel einnimmt oder nicht einnimmt.[6] Die Erteilung allgemeiner Auskünfte über Erkrankungen oder Therapien ist hingegen nicht befreit.[7]
- **Typisierungsleistungen**: Labordiagnostische zur Erfassung im Zentralen Knochenmarkspender-Register Deutschland.[8]
- **Zahnreinigung, professionelle**: Als Vorsorgeleistung umsatzsteuerfrei.[9]

Für die folgenden Heilbehandlungsleistungen ist die **Steuerbefreiung zu verneinen**: 66

- **„Ernährungscoaching“**: Im Zusammenhang mit dem Besuch eines Fitnessstudios.[10]
- **Haarwurzeltransplantation:** Dient – auch bei Haarausfall – in erster Linie einem kosmetisch-ästhetischen Ergebnis und allenfalls nachrangig therapeutischen Zwecken.[11]
- **Operationsräume**: Die bloße Überlassung fällt nicht unter § 4 Nr. 14 Buchst. a Satz 1 UStG.[12] Bei einer meist von Anästhesisten betriebenen Einrichtung zum ambulanten Operieren (**„Tagesklinik“**) nimmt jedoch die Einrichtung selbst an der vertragsärztlichen Versorgung teil (Rz. 225) und die Leistungen der dort operierenden niedergelassenen Ärzte sind nach § 4 Nr. 14 Buchst. a Satz 1 UStG befreit.
- **Prävention und Selbsthilfe i.S.d. § 20 SGB V**: Grundsätzlich nicht, es sei denn, dass sie ausnahmsweise im Rahmen einer medizinischen Behandlung durchgeführt werden.[13]

1 BFH, Beschl. v. 7.7.2022 – V R 10/20, BFHE 276, 445 = UR 2022, 797. Insoweit teilweise entgegen Abschn. 4.14.2 Abs. 4 Satz 4 UStAE.
2 Vgl. Abschn. 4.14.2 Abs. 4 UStAE.
3 BFH, Urt. v. 2.8.2018 – V R 37/17, BFHE 263, 63 = UR 2019, 112.
4 Abschn. 4.14.2 Abs. 3 Satz 1.
5 Gl.A. *Wagner* in Schwarz/Widmann/Radeisen, § 4 Nr. 14 UStG Rz. 54 (Stand: Juli 2023).
6 EuGH, Urt. v. 5.3.2020 – C-48/19, ECLI:EU:C:2020:169 – X-GmbH, UR 2020, 298, Rz. 31; BFH, Urt. v. 23.9.2020 – XI R 6/20 (XI R 19/15), BStBl. II 2023, 415 = UR 2021, 154, Rz. 30.
7 EuGH, Urt. v. 5.3.2020 – C-48/19, ECLI:EU:C:2020:169 – X-GmbH, UR 2020, 298, Rz. 32.
8 Abschn. 4.14.5 Abs. 7 Satz 5 f. UStAE.
9 Abschn. 4.14.3 Abs. 8a Satz 1 UStAE.
10 EuGH, Urt. v. 4.3.2021 – C 581/19, ECLI:EU:C:2021:167 – Frenetikexito, UR 2021, 550, Rz. 30.
11 FG Düsseldorf, Urt. v. 16.6.2021 – 5 K 2710/17 U, (Rev. BFH XI R 17/21), EFG 2021, 1680.
12 BFH, Urt. v. 18.3.2015 – XI R 15/11, BStBl. II 2015, 1058 = UR 2015, 542, Rz. 20–22; Abschn. 4.14.1 Abs. 5 Nr. 12 UStAE.
13 Abschn. 4.14.1 Abs. 5 Nr. 9 UStAE m.w.N.

67 Bei den folgenden Heilbehandlungsleistungen ist für die Frage der **Steuerbefreiung eine Beurteilung im Einzelfall erforderlich:**

- **Anästhesieleistungen**: Steuerbefreit i.Z.m. ebenfalls steuerbefreiten Heilbehandlungsleistungen. Nicht steuerbefreit z.B. bei nicht medizinisch indizierten ästhetisch-plastischen Operationen.[1]
- **Gutachtertätigkeiten**: Wenn Hauptzweck der Schutz der menschlichen Gesundheit ist.[2] Abgrenzungsfälle ergeben sich aus Abschn. 4.14.1 Abs. 5 Nr. 6 UStAE.[3]
- **Individuelle Gesundheitsleistungen (IGeL)**: Leistungen, die nicht zum festgeschriebenen Leistungskatalog der gesetzlichen Krankenkassen gehören. Sie reichen von Attesten und Gutachten über Vorsorgeleistungen (insbesondere Krebsvorsorgeleistungen und Glaukom-Früherkennung) bis zur Kunsttherapie.[4]
- **Meldungen an Krebsregister**: Steuerpflichtig sind Meldungen zur reinen Dokumentation von Patientendaten, wenn diese keine Auswirkungen auf die Heilbehandlung eines bestimmten Patienten haben. Steuerfrei sind dagegen Meldungen, z.B. zur klinischen Krebsregistrierung nach § 65c Abs. 6 SGB V, bei denen eine patientenindividuelle Rückmeldung zu möglichen Behandlungsmaßnahmen erfolgt.[5]
- **Saunabäder**: Nur in engen Grenzen als vorbereitende Leistung zu einer Heilbehandlung (z.B. Heilmassage).[6]

68 Eine Beurteilung **weiterer Leistungen** ergibt sich aus Abschn. 4.14.1 Abs. 5 UStAE.

68.1 **Corona-Tests** (PCR-Tests einschließlich PoC-(NAT) PCR-Tests und PCR-Pooling-Tests, Antigen-Tests und Point-of-Care (PoC)-Antigen-Schnelltests) und Abstrichnahmen zur Vorbereitung dieser Tests stellen Heilbehandlungsleistungen dar. Allerdings sind nach Änderung der Coronavirus-Testverordnung[7] zum 1.3.2023 die damit zusammenhängenden Billigkeitsmaßnahmen (vgl. 2. Auflage Rz. 68.1) entfallen und die Corona-Tests damit nur noch steuerfrei, wenn sie von Ärzten oder Angehörigen ähnlicher Heilberufe (Rz. 69 ff.) durchgeführt oder bei Antigen-Tests zur Eigenanwendung von diesen vor Ort überwacht werden. Die Umsatzsteuerbefreiung gilt weiterhin unabhängig von der persönlichen Veranlassung der getesteten Person. **Antikörper-Tests** zum Nachweis auf Antiköper gegen das Coronavirus SARS-CoV-2 sind als Teil einer medizinisch indizierten Heilbehandlungsleistung nur dann umsatzsteuerfrei, wenn der Test im Rahmen einer Behandlung durch Ärzte bzw. im Krankenhaus durchgeführt wird.

II. Begünstigte Heilberufe (Nr. 14 Buchst. a Satz 1)

1. Allgemeine Grundsätze

a) Voraussetzung der beruflichen Qualifikation

69 Für die Steuerbefreiung einer Heilbehandlungsleistung (Rz. 36 ff.) ist erforderlich, dass sie von einem hierzu **befähigten Leistungserbringer** ausgeübt wird.[8] Hierzu zählen nach Art. 132 Abs. 1 Buchst. c MwStSystRL (Art. 13 Teil A Abs. 1 Buchst. c 6. EG-Richtlinie) zunächst die Angehörigen der **ärztlichen Berufe**. Um eine ausreichende Qualität der Heilbehandlungsleistungen sicherzustellen, soll daneben die nach Art. 132 Abs. 1 Buchst. c MwStSystRL (Art. 13 Teil A Abs. 1 Buchst. c 6. EG-Richtlinie) erforderliche Definition der **arztähnlichen Berufe** durch die Mitgliedstaaten gewährleisten, dass die

1 BFH, Beschl. v. 6.9.2011 – V B 64/11, BFH/NV 2011, 2133 = UR 2011, 909.
2 Vgl. EuGH, Urt. v. 20.11.2003 – C-212/01, ECLI:EU:C:2003:625 – Unterpertinger = UR 2004, 70.
3 Eine ausf. Aufzählung steuerpflichtiger Gutachterleistungen findet sich bei *Hölzer* in Rau/Dürrwächter, § 4 Nr. 14 UStG Rz. 371 (Stand: Juli 2017).
4 Quelle: www.igel-monitor.de.
5 Abschn. 4.14.1 Abs. 5 Nr. 6a UStAE.
6 Abschn. 4.14.4 Abs. 13 UStAE.
7 Coronavirus-Testverordnung (TestV) des Bundesministeriums für Gesundheit v. 21.9.2021, BAnz AT 21.9.2021 V1.
8 EuGH, Urt. v. 21.3.2013 – C-91/12, ECLI:EU:C:2013:198 – PFC Clinic, UR 2013, 335, Rz. 36; BFH, Urt. v. 12.8.2004 – V R 18/02, BStBl. II 2005, 227 = UR 2005, 102, Rz. 38 m.w.N; Abschn. 4.14.4 Abs. 6 Satz 4 UStAE.

Befreiung nur für Heilbehandlungen gilt, die von Personen erbracht werden, welche die hierfür erforderliche **berufliche Qualifikation** besitzen.[1]

Bei der **Definition der arztähnlichen Berufe** haben die Mitgliedstaaten dabei in zweierlei Hinsicht ein **Ermessen.** 70

Dies betrifft zum einen die **Festlegung der begünstigten Berufe** anhand der erforderlichen beruflichen Qualifikation.[2] Dabei können die Mitgliedstaaten auch bestimmte Berufe von der Steuerbefreiung ausnehmen, wenn sich dies auf Erwägungen im Zusammenhang mit der Qualität der erbrachten Leistungen stützt.[3] Der Ausschluss eines Berufes oder einer spezifischen Heiltätigkeit verstößt allerdings gegen den **Grundsatz der steuerlichen Neutralität**, wenn nachgewiesen werden kann, dass die Personen, die diesen Beruf oder diese Tätigkeit ausüben, für die Durchführung solcher Heilbehandlungen über berufliche Qualifikationen verfügen, die gewährleisten können, dass diese Behandlungen denjenigen qualitativ gleichwertig sind, die von Personen erbracht werden, die nach den betreffenden nationalen Rechtsvorschriften in den Genuss der Befreiung gelangen.[4] 71

Zum anderen darf bei den arztähnlichen Berufen der **Umfang der begünstigten Leistungen** dahingehend eingeschränkt werden, dass eine Steuerbefreiung nur für solche Heilbehandlungen in Betracht kommt, für welche die behandelnde Person im Rahmen ihres jeweiligen Berufes qualifiziert ist.[5] Daher sind – mit Ausnahme des Arztberufes, der zur umfassenden Heilbehandlung ermächtigt – bei den übrigen Heilberufen nur Heilbehandlungsleistungen steuerfrei, die im Rahmen der jeweils erworbenen Qualifikation erbracht werden (Rz. 69 ff.).[6] 72

Die **Qualifikationsanforderungen** an eine heilberufliche Tätigkeit gelten nach der Rechtsprechung des EuGH[7] **unabhängig von der** für die Leistungserbringung gewählten **Art der Kommunikation** mit den Patienten, also z.B. auch bei telefonisch erbrachten medizinischen Beratungsleistungen (Rz. 65).[8] Unter Beachtung der Rechtsformneutralität (Rz. 74 ff.) obliegt es dabei den Mitgliedstaaten, den Erwerb besonderer Qualifikationen festzulegen, damit Heilbehandlungen, die nicht im herkömmlichen Sinne im direkten Arzt-Patienten-Kontakt erbracht werden, ein ausreichendes Qualitätsniveau aufweisen und damit letztlich steuerbefreit sind.[9] Dies dürfte künftig insbesondere für den Bereich der **Telemedizin** relevant werden. Zu den besonderen Qualifikationen können dabei z.B. das Beherrschen der speziellen Anforderungen an die Kommunikation sowie die Kenntnis des Leistungsspektrums sowie der technischen und inhaltlichen Grenzen des jeweiligen telemedizinischen Verfahrens gehören.[10] 73

b) Rechtsformneutralität und weitere Grundsätze

Der Grundsatz der steuerlichen Neutralität erfordert eine Gleichbehandlung der Leistungserbringer hinsichtlich der **Rechtsform.**[11] Diese ist damit für die Anwendbarkeit des § 4 Nr. 14 Buchst. a Satz 1 74

1 EuGH, Urt. v. 27.4.2006 – C-443/04 und C-444/04, ECLI:EU:C:2006:257 – Solleveld und van den Hout-van Eijnsbergen, UR 2006, 587, Rz. 37; Abschn. 4.14.4 Abs. 6 Satz 3 UStAE.

2 EuGH, Urt. v. 27.4.2006 – C-443/04 und C-444/04, ECLI:EU:C:2006:257 – Solleveld und van den Hout-van Eijnsbergen, UR 2006, 587, Rz. 29.

3 EuGH, Urt. v. 27.4.2006 – C-443/04 und C-444/04, ECLI:EU:C:2006:257 – Solleveld und van den Hout-van Eijnsbergen, UR 2006, 587, Rz. 33 und 38.

4 EuGH, Urt. v. 27.4.2006 – C-443/04 und C-444/04, ECLI:EU:C:2006:257 – Solleveld und van den Hout-van Eijnsbergen, UR 2006, 587, Rz. 41.

5 EuGH, Urt. v. 27.4.2006 – C-443/04 und C-444/04, ECLI:EU:C:2006:257 – Solleveld und van den Hout-van Eijnsbergen, UR 2006, 587, Rz. 30 und 34.

6 FG München, Urt. v. 18.11.2020 – 3 K 1438/19, EFG 2021, 594 (rkr.), Rz. 40.

7 EuGH, Urt. v. 5.3.2020 – C-48/19, ECLI:EU:C:2020:169 – X-GmbH, UR 2020, 298.

8 EuGH, Urt. v. 5.3.2020 – C-48/19, ECLI:EU:C:2020:169 – X-GmbH, UR 2020, 298, Rz. 43; BFH, Urt. v. 23.9.2020 – XI R 6/20 (XI R 19/15), BStBl. II 2023, 415 = UR 2021, 154, Rz. 31 ff.

9 EuGH, Urt. v. 5.3.2020 – C-48/19, ECLI:EU:C:2020:169 – X-GmbH, UR 2020, 298, Rz. 44; BFH, Urt. v. 23.9.2020 – XI R 6/20 (XI R 19/15), BStBl. II 2023, 415 = UR 2021, 154, Rz. 34 f.

10 Vgl. hierzu die Informationen der Bundesärztekammer unter www.bundesaerztekammer.de/themen/aerzte/digitalisierung/telemedizin-fernbehandlung.

11 BFH, Urt. v. 1.4.2004 – V R 54/98, BStBl. II 2004, 681 = UR 2004, 472, Rz. 24; BFH, Urt. v. 26.9.2007 – V R 54/05, BStBl. II 2008, 262 = UR 2007, 939, Rz. 11; Abschn. 4.14.7 Abs. 1 Satz 1 UStAE.

UStG nicht maßgebend.[1] Wird der Heilberuf nicht als Einzelunternehmen ausgeübt, müssen die Personen, die für eine Kapital- oder Personengesellschaft, Stiftung oder Genossenschaft die Heilbehandlung durchführen, über die erforderliche Berufsqualifikation verfügen.[2]

75 Nach der Rechtsprechung sind daher Heilbehandlungsleistungen einer **Stiftung** steuerfrei, wenn diese durch entsprechend qualifizierte Angestellte erbracht werden.[3] Heilbehandlungsleistungen einer **GmbH**[4] oder einer **Personengesellschaft**[5] sind steuerfrei, wenn entweder ihre Gesellschafter oder das angestellte Personal über die erforderliche berufliche Qualifikation verfügen.

76 Personen, die zwar keine Angestellten des Unternehmens sind, aber gleichwohl organisatorisch in dieses eingebunden und weisungsabhängig sind (z.B. **Leiharbeitnehmer**), sind m.E. den Angestellten gleichzustellen.

77 Es ist nicht erforderlich, dass sämtliche Gesellschafter oder Angestellte einem Heilberuf angehören. Aus dem Abstellen der Rechtsprechung auf die notwendige Qualifikation des Behandelnden (Rz. 69) folgt jedoch, dass die Steuerbefreiung jeweils nur diejenigen **Behandlungen** erfasst, die auch tatsächlich **von entsprechend qualifiziertem Personal** ausgeführt werden.[6]

78 Zwar enthält das EuGH-Urteil in der **Rs. *Verigen***[7] die Aussage, dass nicht jeder Aspekt einer therapeutischen Behandlung von medizinischem Personal ausgeführt werden muss.[8] Dies kann jedoch vor dem Hintergrund der vorangehend dargestellten Grundsätze nur so verstanden werden, dass nicht jede **einzelne Verrichtung bei einer Heilbehandlung** durch zur Heilbehandlung qualifiziertes Personal erfolgen muss, wenn die Heilbehandlungsleistung als solche unter der (Gesamt-)Verantwortung von entsprechend qualifiziertem Personal steht.[9] Anwendungsfälle hierfür sind z.B. die von Zahnärzten nach § 1 Abs. 5 ZHG im Rahmen der Heilbehandlung delegierbaren Tätigkeiten.

79 Wird hingegen ein **Teilbereich** der Therapie **als selbständige Heilbehandlung** erbracht, muss der Unternehmer über die erforderliche Qualifikation verfügen. So hat der BFH in seiner Nachfolgeentscheidung zum EuGH-Urteil in der Rs. *Verigen* keinen Zweifel daran gelassen, dass die Gewährung der Steuerbefreiung für die Laborleistungen letztlich noch von entsprechenden Feststellungen des FG abhängig ist.[10] Nach welchen Kriterien dies erfolgen sollte, blieb offen.[11] Es ist insofern davon auszugehen, dass die Steuerbefreiung auch weiterhin nur für Leistungen in der Verantwortung einer entsprechend heilberuflich qualifizierten Person gewährt wird.

80 Nach dem EuGH-Urteil in der **Rs. *Dornier***[12] ist es nicht erforderlich, dass die Heilbehandlung zwingend unter **ärztlicher Aufsicht** erfolgt; gleichwohl ist von den für die Behandlung verantwortlichen

---

1 Abschn. 4.14.7 Abs. 1 Satz 1 f. UStAE.

2 Abschn. 4.14.7 Abs. 1 Satz 3 f. UStAE. Vgl. BFH, Urt. v. 21.4.2021 – XI R 12/19, BFHE 273, 334 = UR 2021, 945, Rz. 35.

3 EuGH, Urt. v. 6.11.2003 – C-45/01, ECLI:EU:C:2003:595 – Dornier, UR 2003, 585 m. Anm. *Widmann*.

4 EuGH, Urt. v. 10.9.2002 – C-141/00, ECLI:EU:C:2002:473 – Kügler, UR 2002, 513, Rz. 41 (betr. angestelltes Personal); EuGH, Urt. v. 8.6.2006 – C-106/05, ECLI:EU:C:2006:380 – L.u.P. GmbH, UR 2006, 464 (betr. Gesellschafter).

5 BFH, Urt. v. 26.9.2007 – V R 54/05, BStBl. II 2008, 262 = UR 2007, 939, Rz. 11 f.

6 Gl.A. *Martin*, BFH/PR 2013, 198 (199); **a.A.** *Hölzer* in Rau/Dürrwächter, § 4 Nr. 14 UStG Rz. 163 (Stand: Juli 2017).

7 EuGH, Urt. v. 18.11.2010 – C-156/09, ECLI:EU:C:2010:695 – Verigen Transplantation Service International AG, UR 2011, 215 m. Anm. *Jansen*.

8 EuGH, Urt. v. 18.11.2010 – C-156/09, ECLI:EU:C:2010:695 – Verigen Transplantation Service International AG, UR 2011, 215 m. Anm. *Jansen*, Rz. 28.

9 Gl.A. zu dieser Rechtsprechung *Erdbrügger* in Hartmann/Metzenmacher, § 4 Nr. 14 UStG Rz. 58 (Stand: Januar 2015).

10 BFH, Urt. v 29.6.2011 – XI R 52/07, BStBl. II 2013, 971 = UR 2011, 818 m. Anm. *Marchal/Wagner*, Rz. 28 und 30.

11 Vgl. *Wäger*, UR 2012, 125 (133). Laut *Hölzer* in Rau/Dürrwächter, § 4 Nr. 14 UStG Rz. 155 (Stand: Juli 2017) wurde die Klage letztlich zurückgenommen.

12 EuGH, Urt. v. 6.11.2003 – C-45/01, ECLI:EU:C:2003:595 – Dornier, UR 2003, 585 m. Anm. *Widmann*.

Personen eine eigenständige Qualifikation zur Ausführung von Heilbehandlungen, ggf. im Rahmen arztähnlicher Berufe, zu fordern.[1]

81 Soweit Heilbehandlungsleistungen durch **Subunternehmer** bzw. in einer **Unternehmerkette** erbracht werden, müssen alle Unternehmer ihrerseits die entsprechende heilberufliche Qualifikation besitzen.[2]

82 So ist beispielsweise auch bei Übernahme bestimmter **Heilbehandlungsleistungen gegenüber einem Krankenhaus** (hier die Intensivpflege der Krankenhauspatienten) durch einen Subunternehmer erforderlich, dass dieser die persönlichen Voraussetzungen zur Erbringung der konkreten Heilbehandlungsleistungen erfüllt (Rz. 164).[3]

83 Auf die **einkommensteuerrechtliche Beurteilung**[4] der Tätigkeit kommt es nicht an.[5]

2. Katalogberufe

a) Tätigkeit als Arzt

84 Die Tätigkeit als Arzt ist die Ausübung der Heilkunde unter der Berufsbezeichnung „Arzt" oder „Ärztin".[6] Arzt oder Ärztin ist, wer aufgrund der **Approbation** nach § 2 Abs. 1 und §§ 3 ff. BÄO die Heilkunde ausübt. Daneben ist als Arzt tätig, wer nach § 2 Abs. 2, 3 oder 4 BÄO zur Ausübung des ärztlichen Berufs befugt ist.[7] Dies betrifft u.a. die Tätigkeit von Ärzten aus dem EU-Ausland, die gelegentlich in Deutschland tätig werden.

85 Die Ausübung des Arztberufs kann in verschiedenen **Tätigkeitsformen** erfolgen,[8] wie z.B. Einzelpraxen, Berufsausübungsgemeinschaften (ehem. Gemeinschaftspraxen), Personengesellschaften (grundsätzlich Partnerschaftsgesellschaften bei Angehörigen freier Berufe)[9]. Zu beachten ist allerdings, dass für besondere Organisationsformen wie insbesondere medizinische Versorgungszentren (Rz. 224 ff.) Steuerbefreiungen nach § 4 Nr. 14 Buchst. b Satz 2 UStG in Betracht kommen.

86 Nach derzeitiger Verwaltungsauffassung[10] sind auch die **(ärztlichen) Heilbehandlungsleistungen eines Krankenhauses** generell nur unter den Voraussetzungen des § 4 Nr. 14 Buchst. b Satz 2 Doppelbuchst. aa UStG befreit. Ob bereits der BFH mit Urteil vom 18.8.2011[11] dieser Auffassung allerdings i.E. insoweit widersprochen hat, als dies nur für ein Krankenhaus gilt, das nicht von einem Arzt betrieben wird, wird unterschiedlich beurteilt.[12] Aus meiner Sicht sind die beiden Fälle gleich zu behandeln, und auch nach dem **EuGH-Urteil in der Rs. *Peters***[13] erscheint eine Änderung dieser Auffassung nicht zwingend. M.E. ist dieser Rechtsprechung nicht zu entnehmen, dass sich auch ein Krankenhaus als maßgeblicher Leistungserbringer auf die Steuerbefreiung des Art. 132 Abs. 1 Buchst. c MwStSystRL (Art. 13 Teil A Abs. 1 Buchst. c 6. EG-Richtlinie) berufen kann (Rz. 156 ff.).[14]

---

1 EuGH, Urt. v. 6.11.2003 - C-45/01, ECLI:EU:C:2003:595 - Dornier, UR 2003, 585 m. Anm. *Widmann*, Rz. 51 i.V.m. Rz. 11.
2 BFH, Urt. v. 2.9.2010 - V R 47/09, BStBl. II 2011, 195 = UR 2011, 101; BFH, Urt. v. 8.8.2013 - V R 8/12, BFHE 242, 548 = UR 2013, 951; Abschn. 4.14.4 Abs. 10 UStAE.
3 Vgl. BFH, Urt. v. 21.4.2021 - XI R 12/19, BFHE 273, 334 = UR 2021, 945.
4 Vgl. hierzu BMF, Schr. v. 20.11.2019 - IV C 6-S 2246/19/10001 - DOK 2019/0982151, BStBl. I 2019, 1298.
5 BFH, Urt. v. 7.2.2013 - V R 22/12, BStBl. II 2014, 126 = UR 2013, 381 m. Anm. *Wüst*, Rz. 21; Abschn. 4.14.7 Abs. 2 UStAE.
6 § 2 Abs. 5 BÄO; Abschn. 4.14.2 Abs. 1 Satz 1 UStAE.
7 § 2a BÄO.
8 Ausführlich *Hölzer* in Rau/Dürrwächter, § 4 Nr. 14 UStG Rz. 354 f. (Stand: Juli 2017).
9 § 1 Abs. 2 BÄO; § 1 Abs. 1 PartGG.
10 Abschn. 4.14.2 Abs. 2 Satz 1 UStAE.
11 BFH, Urt. v. 18.8.2011 - V R 27/10, BFHE 235, 58 = UR 2011, 902 m. Anm. *Marchal* und Anm. *Wüst*, Rz. 27.
12 I.d.S. *Hölzer* in Rau/Dürrwächter, § 4 Nr. 14 UStG Rz. 128 und 131 (Stand: Juli 2017) und *Oelmaier* in Sölch/Ringleb, § 4 Nr. 14 UStG Rz. 31 (Stand: März 2020); *Wüst*, UR 2011, 906 (908), zweifelnd *Wäger*, UR 2012, 125 (133).
13 EuGH, Urt. v. 18.9.2019 - C-700/17, ECLI:EU:C:2019:753 - Peters, UR 2019, 755 m. Anm. *Sterzinger*.
14 Vgl. EuGH, Urt. v. 18.9.2019 - C-700/17, ECLI:EU:C:2019:753 - Peters, UR 2019, 755 m. Anm. *Sterzinger*, Rz. 28. **A.A.** *Nieskens*, UR 2019, 833 (835); *Oelmaier*, MwStR 2019, 859; *Sterzinger*, UR 2019, 778.

87 Im Gegensatz hierzu sind Heilbehandlungsleistungen eines **selbständigen Arztes**, die **in einem Krankenhaus** erbracht werden (z.B. Belegarzt nach § 121 Abs. 2 SGB V)[1], sowie die selbständigen ärztlichen Leistungen eines **im Krankenhaus angestellten Arztes** (z.B. in der eigenen Praxis im Krankenhaus, Vertragsarzt im klinikeigenen Medizinischen Versorgungszentrum) nach § 4 Nr. 14 Buchst. a Satz 1 UStG steuerfrei (Rz. 151).[2]

88 § 4 Nr. 14 Buchst. a Satz 1 UStG gilt auch für **Krankenhausärzte**, die gemäß **§ 116 SGB V** zur Teilnahme an der vertragsärztlichen Versorgung ermächtigt sind.[3] Dies folgt aus dem BFH-Urteil vom 24.9.2014[4]. Die darin zitierte dritte Vorlagefrage[5] aus dem Verfahren Klinikum Dortmund GmbH[6] bezieht sich auf die Annahme eng verbundener Umsätze des Krankenhauses auch bei der Lieferung von Medikamenten für Heilbehandlungen, die nach Art. 13 Teil A Abs. 1 Buchst. c der 6. EG-Richtlinie steuerbefreit waren, womit die Leistungen der nach § 116 SGB V ermächtigten Krankenhausärzte gemeint sind.[7]

89 Bei der **Privatliquidation sog. Wahlleistungen** im Krankenhaus ist allerdings aufgrund unterschiedlicher Vertragsvarianten (eigenes Liquidationsrecht oder lediglich Beteiligung an den Liquidationserlösen des Krankenhauses) stets im Einzelfall – für die Ertrag- und Umsatzsteuer übereinstimmend[8] – zu prüfen, ob es sich insoweit tatsächlich um eine selbständige Tätigkeit handelt.[9]

90 Soweit für **labormedizinische Leistungen** die Steuerbefreiung nach § 4 Nr. 14 Buchst. b Satz 2 Doppelbuchst. bb bzw. cc UStG wegen der fehlenden Teilnahme an der vertragsärztlichen Versorgung nach § 95 SGB V bzw. § 115 SGB V nicht in Betracht kommt,[10] können diese nach dem **EuGH-Urteil vom 18.9.2019**[11] sowie dem **BFH-Urteil vom 18.12.2019**[12] ebenfalls im Rahmen der ärztlichen Tätigkeit nach § 4 Nr. 14 Buchst. a Satz 1 UStG befreit sein. Diese Steuerbefreiung ist nicht wegen des bei Laborleistungen fehlenden persönlichen Vertrauensverhältnisses zum Patienten ausgeschlossen (Rz. 154 f.). Die Verwaltung hat sich dieser Auffassung mit zeitlicher Verzögerung nunmehr angeschlossen;[13] für zurückliegende Zeiträume gilt eine optionale Nichtbeanstandungsregelung.[14]

b) Tätigkeit als Zahnarzt

91 Die Tätigkeit als Zahnarzt ist die Ausübung der Zahnheilkunde unter der Berufsbezeichnung „Zahnarzt" oder „Zahnärztin".[15] Zahnarzt oder Zahnärztin ist, wer aufgrund **Approbation** nach § 1 Abs. 1 ZHG die Zahnheilkunde ausübt. Diese umfasst die auf zahnärztlich wissenschaftliche Erkenntnisse gegründete Feststellung und Behandlung von Zahn-, Mund- und Kieferkrankheiten.[16] Die Steuerbefreiung gilt auch für **Dentisten**.[17]

---

1 BFH, Urt. v. 18.8.2011 – V R 27/10, BFHE 235, 58 = UR 2011, 902 m. Anm. *Marchal* und Anm. *Wüst*, Rz. 27; BFH, Urt. v. 23.1.2019 – XI R 15/16, UR 2019, 377.

2 Abschn. 4.14.2 Abs. 2 Satz 2 UStAE; BFH, Urt. v. 18.3.2004 – V R 53/00, BStBl. II 2004, 677 = UR 2004, 421, Rz. 22.

3 Vgl. zur Stellung des nach § 116 SGB V ermächtigten Krankenhausarztes BFH, Urt. v. 6.6.2019 – V R 39/17, BStBl. II 2019, 651.

4 BFH, Urt. v. 24.9.2014 – V R 19/11, BStBl. II 2016, 781 = UR 2015, 57.

5 BFH, Urt. v. 24.9.2014 – V R 19/11, BStBl. II 2016, 781 = UR 2015, 57, Rz. 12.

6 EuGH, Urt. v. 13.3.2014 – C-366/12, ECLI:EU:C:2014:143 – Klinikum Dortmund GmbH, UR 2014, 271.

7 BFH, Urt. v. 24.9.2014 – V R 19/11, BStBl. II 2016, 781 = UR 2015, 57, Rz. 31–34.

8 Abschn. 2.2 Abs. 2 Satz 1 UStAE m.w.N.

9 Vgl. z.B. BFH, Urt. v. 5.10.2005 – VI R 152/01, BStBl. II 2006, 94.

10 Vgl. Stellungnahme der Bundessteuerberaterkammer vom 2.10.2008 zum Entwurf für ein Jahressteuergesetz 2009 (JStG 2009) zu Art. 7 Nr. 3 des Gesetzentwurfs, S. 15.

11 EuGH, Urt. v. 18.9.2019 – C-700/17, ECLI:EU:C:2019:753 – Peters, UR 2019, 755 m. Anm. *Sterzinger*.

12 BFH, Urt. v. 18.12.2019 – XI R 23/19 (XI R 23/15), BStBl. II 2023, 984 = UR 2020, 295.

13 Vgl. Abschn. 4.14.1 Abs. 1 und Abschn. 4.14.5 Abs. 9 UStAE.

14 BMF, Schr. v. 10.10.2023 – III C 3-S 7170/20/10002 :001 – DOK 2023/0963114, BStBl. I 2023, 1794 = UR 2023, 883.

15 § 1 Abs. 7 ZHG.

16 § 1 Abs. 3 ZHG; Abschn. 4.14.3 Abs. 1 UStAE.

17 Abschn. 4.14.3 Abs. 9 UStAE.

Bei der Bestimmung der zahnärztlichen Tätigkeit kommt dem **Ausschluss der Prothetikumsätze** nach § 4 Nr. 14 Buchst. a Satz 2 UStG wesentliche Bedeutung zu (Rz. 128 ff.). Zwar gehört auch die Lieferung von Zahnprothesen dem Grunde nach zu den Umsätzen aus der steuerfreien Tätigkeit als Zahnarzt i.S.d. § 4 Nr. 14 Buchst. a Satz 1 UStG; sie geht aufgrund des **gesetzlichen Aufteilungsgebots** allerdings nicht nach dem Grundsatz der Einheitlichkeit der Leistung (§ 3 Rz. 533 ff.) in diesen Umsätzen auf.[1] 92

Unter Berücksichtigung des § 4 Nr. 14 Buchst. a Satz 2 UStG sind der steuerfreien zahnärztlichen Tätigkeit insbesondere zuzurechnen: 93

- Die Anbringung von **Zahnfüllungen** unter Verwendung formbaren Füllmaterials, z.B. Kunststoff oder Amalgam.
- Das **Einsetzen von Implantaten**. Dies sind nicht individuell hergestellte künstliche Zahnwurzeln, auf welche Zahnersatz angebracht wird, und keine Zahnprothesen.
- Der Einsatz einer intraoralen Videokamera eines **CEREC-Gerätes** für diagnostische Zwecke.[2]
- Die **Überlassung von kieferorthopädischen Apparaten** (Zahnspangen) und Vorrichtungen, die der Fehlbildung des Kiefers entgegenwirken, sind laut BFH[3] und Verwaltungsauffassung[4] Teil der steuerfreien kieferorthopädischen Behandlung.
- Lieferung und Wiederherstellung von nicht im Unternehmen des Zahnarztes hergestellten **Zahnprothesen und kieferorthopädischen Apparaten.**

c) Tätigkeit als Heilpraktiker

Die Tätigkeit als Heilpraktiker ist die berufsmäßige Ausübung der Heilkunde durch den Inhaber einer **Erlaubnis nach § 1 Abs. 1 HeilprG**. Die Ermächtigung gilt grundsätzlich für den Bereich der gesamten Heilkunde (Heilpraktiker mit uneingeschränkter Heilerlaubnis).[5] 94

Heilpraktiker mit einer **fachgebundenen Spezialisierung** (sektorale Heilerlaubnis) dürfen hingegen nur auf dem Gebiet, auf das sich ihre jeweilige Zulassung bezieht, eigenverantwortlich die Heilkunde ausüben. Eine solche sektorale Heilpraktikerzulassung ist derzeit für das Gebiet der Psychotherapie, der Physiotherapie[6] und der Podologie möglich.[7] 95

Ausgenommen ist für Heilpraktiker die Ausübung der Zahnheilkunde[8], die Behandlung meldepflichtiger Infektionskrankheiten[9], die Geburtshilfe[10] und die Verordnung verschreibungspflichtiger Medikamente[11]. 96

d) Tätigkeit als Physiotherapeut

Die Tätigkeit als Physiotherapeut umfasst das Anwenden geeigneter **Verfahren der Physiotherapie** in Prävention, kurativer Medizin, Rehabilitation und im Kurwesen zur Entwicklung, zum Erhalt oder zur Wiederherstellung aller Funktionen im somatischen und psychischen Bereich und bei nicht rückbildungsfähigen Körperbehinderungen die Schulung von Ersatzfunktionen[12] unter der Berufsbezeichnung „Physiotherapeutin" oder „Physiotherapeut".[13] 97

1 BFH, Urt. v. 28.11.1996 – V R 23/95, BStBl. II 1999, 251 = UR 1997, 182, Rz. 17.
2 Abschn. 4.14.3 Abs. 1 Satz 3 UStAE.
3 BFH, Urt. v. 23.10.1997 – V R 36/96, BStBl. II 1998, 584 = UR 1998, 275.
4 Abschn. 4.14.3 Abs. 8 UStAE.
5 Zu Recht kritisch hinterfragt von *Hölzer* in Rau/Dürrwächter, § 4 Nr. 14 UStG Rz. 432–434 (Stand: Juli 2017).
6 Vgl. Abschn. 4.14.1 Abs. 4 Satz 11 UStAE.
7 www.heilpraktiker-fakten.de/heilpraktikerfakten/heilpraktiker-mit-fachgebundener-spezialisierung/.
8 § 6 Abs. 1 HeilprG.
9 § 24 IfSG.
10 § 4 Abs. 1 HebG.
11 § 48 Abs. 1 AMG.
12 Ausbildungsziel laut § 8 MPhG.
13 § 1 Abs. 1 Nr. 2 MPhG.

98 Die Berufsbezeichnung umfasst auch **Krankengymnasten.**[1]

99 Physiotherapeuten mit entsprechender Zusatzausbildung können umsatzsteuerfreie **osteopathische Leistungen** erbringen.[2]

100 **Physiotherapeuten**, die **im Sportbereich**, z.B. bei Vereinen oder an Trainingsstützpunkten, selbständig tätig sind, sollten auf eine ausreichende Dokumentation des therapeutischen Zwecks der einzelnen Leistungen achten. Leistungen, die auch der Erhaltung und Steigerung der körperlichen Leistungsfähigkeit der behandelten Athleten dienen, dürfte die Verwaltung bei ihren strengen Anforderungen an die Nachweisführung der medizinischen Indikation (Rz. 53 ff.) ohne entsprechende Einzelverordnung nicht als steuerfrei anerkennen. Alleine die (formlose) Abstimmung, z.B. mit einem Mannschaftsarzt, oder Behandlungspläne sind für den Nachweis einer medizinisch indizierten Heilbehandlung demnach nicht ausreichend.

101 Insbesondere bei physiotherapeutischen Leistungen besteht eine Überschneidung mit dem Anwendungsbereich der **Steuerermäßigung** nach § 12 Abs. 2 Nr. 9 UStG (§ 12 Abs. 2 Nr. 9 Rz. 19 ff.). Leistungen wie z.B. Heilmassagen und Heilgymnastik zählen zu den begünstigten Heilbädern[3] und unterliegen im Fall ihrer Steuerpflicht (z.B. aufgrund fehlender ärztlicher Verordnung) dem ermäßigten Umsatzsteuersatz.

e) Tätigkeit als Hebamme bzw. Entbindungspfleger

102 Die Tätigkeit der Hebamme bzw. des Entbindungspflegers umfasst zunächst die unter Erlaubnisvorbehalt ausgeübte Tätigkeit der **Geburtshilfe.**[4] Darüber hinaus fallen weitere, in Abschn. 4.14.4 Abs. 4 UStAE beispielhaft aufgezählte Leistungen im Rahmen der **Betreuung, Beratung und Pflege der Frau** von Beginn der Schwangerschaft an, bei der Geburt, im Wochenbett und in der gesamten Stillzeit unter die Steuerbefreiung nach § 4 Nr. 14 Buchst. a Satz 1 UStG.

103 Unter die Steuerbefreiung fallen auch die Leistungen als **Beleghebamme.**[5]

104 Leistungen z.B. der **Geburtshäuser** oder von Entbindungsheimen fallen unter die Steuerbefreiung nach § 4 Nr. 14 Buchst. b Satz 2 Doppelbuchst. ff UStG (Rz. 235).

3. Ähnliche heilberufliche Tätigkeiten (Gesundheitsfachberufe)

a) Kriterien zur Bestimmung der Ähnlichkeit

105 Ein Beruf ist dann einem der in § 4 Nr. 14 Buchst. a Satz 1 UStG genannten Katalogberufe ähnlich, wenn das typische Bild des Katalogberufs mit seinen wesentlichen Merkmalen dem **Gesamtbild des zu beurteilenden Berufs vergleichbar** ist.[6] Dazu gehören die Vergleichbarkeit der jeweils ausgeübten **Tätigkeit** nach den sie charakterisierenden Merkmalen, die Vergleichbarkeit der **Ausbildung** und die Vergleichbarkeit der Bedingungen, an die das Gesetz die **Ausübung** des zu vergleichenden Berufs knüpft.[7]

106 Maßgebend ist folglich zum einen, ob die im Rahmen des jeweiligen Berufs ausgeübte **Tätigkeit eine Heilbehandlungsleistung** darstellt. Dies bestimmt sich nach den unter Teil B. I. dargestellten Grundsätzen (Rz. 36 ff.). Zum anderen ist zu prüfen, ob nach den Grundsätzen der **Berufsausbildung und -ausübung** eine für die heilberufliche Tätigkeit **hinreichende Qualifikation** (Rz. 69 ff.) vorliegt.[8]

---

1 § 16 Abs. 4 MPhG; Abschn. 4.14.4 Abs. 2 Satz 3 UStAE.
2 Abschn. 4.14.4 Abs. 12a Satz 2 UStAE.
3 Abschn. 12.11 Abs. 3 Satz 4 UStAE.
4 § 1 Abs. 1 und § 4 HebG.
5 Abschn. 4.14.4 Abs. 4 Satz 2 UStAE.
6 Abschn. 4.14.4 Abs. 7 Satz 1 UStAE.
7 BFH, Urt. v. 29.1.1998 – V R 3/96, BStBl. II 2009, 679 = UR 1998, 277, Rz. 11 m.w.N.; Abschn. 4.14.4 Abs. 7 Satz 2 UStAE.
8 Abschn. 4.14.4 Abs. 6 Satz 3 UStAE.

b) Nachweis der vergleichbaren beruflichen Qualifikation

aa) Aufgrund berufsrechtlicher Regelungen

Die Ähnlichkeit eines Berufs auf dieser Grundlage macht vergleichbare berufsrechtliche Regelungen über **Ausbildung, Prüfung,** staatliche **Anerkennung** sowie staatliche **Erlaubnis und Überwachung der Berufsausübung** erforderlich.[1] 107

Falls für einen Beruf **bundesweite**[2] **berufsrechtliche Regelungen** bestehen, erfolgt die Prüfung der erforderlichen beruflichen Qualifikation des Behandelnden (Rz. 69) ausschließlich anhand dieser gesetzlichen Bestimmungen.[3] Hat der Unternehmer danach nicht die Erlaubnis zur Ausübung des entsprechenden Berufs, fehlt ihm damit insoweit die notwendige Qualifikation zur Erbringung steuerfreier Heilbehandlungsleistungen. 108

Der **Erlaubnisvorbehalt** kann sich auch nur auf einen **Teilbereich der Berufstätigkeit** erstrecken, z.B. bei der Übertragung ärztlicher Tätigkeiten, bei denen es sich um selbständige Ausübung von Heilkunde handelt, auf Berufsangehörige der Alten- und Krankenpflege nach § 63 Abs. 3c SGB V.[4] 109

In den Fällen, in denen die Ausübung einer ähnlichen heilberuflichen Tätigkeit unter keinem gesetzlichen Erlaubnisvorbehalt steht, ist der Nachweis über das Vorliegen der erforderlichen beruflichen Befähigung mit dem erfolgreichen **Ablegen der entsprechenden berufsrechtlichen Prüfung** erbracht.[5] 110

Die häufigsten von einer berufsrechtlichen Regelung **umfassten Berufe** ergeben sich aus Abschn. 4.14.4 Abs. 11 UStAE. 111

Das **Fehlen einer berufsrechtlichen Regelung** darf für sich alleine allerdings kein Hinderungsgrund für die Inanspruchnahme der Steuerbefreiung sein.[6] Fehlt eine solche, kommt als Nachweis der beruflichen Qualifizierung die **Kostentragung durch Sozialversicherungsträger** in Betracht, wenn diese den Charakter eines Befähigungsnachweises hat (Rz. 113 ff.).[7] Die Leistung muss hierfür „ihrer Art nach" in der Regel von den gesetzlichen Krankenkassen finanziert werden.[8] 112

bb) Aufgrund Finanzierung durch Sozialversicherungsträger

(1) Zulassung der Leistungserbringer nach § 124 Abs. 2 SGB V

Vom Vorliegen eines Befähigungsnachweises für die Erbringung einer Heilbehandlung ist grundsätzlich auszugehen bei **Zulassung** des jeweiligen **Unternehmers** bzw. der regelmäßigen Zulassung seiner **Berufsgruppe** gemäß § 124 Abs. 2 SGB V durch die zuständigen Stellen der gesetzlichen Krankenkassen.[9] 113

§ 124 Abs. 2 SGB V regelt die **Zulassung** von Einrichtungen, die Heilmittel in Form von Dienstleistungen erbringen, **durch die Krankenkassen**, damit diese gesetzlich Versicherte zu deren Lasten behandeln dürfen. Das Sozialrecht fordert hierzu u.a. eine für die jeweilige Leistungserbringung erforderliche Ausbildung und Praxiserfahrung.[10] 114

---

1 Abschn. 4.14.4 Abs. 7 Satz 3 UStAE.

2 BFH, Urt. v. 12.8.2004 – V R 18/02, BStBl. II 2005, 227 = UR 2005, 102, Rz. 43.

3 BFH, Urt. v. 11.11.2004 – V R 34/02, BStBl. II 2005, 316 = UR 2005, 207 m. Anm. *Heidner*, Rz. 21; BFH, Urt. v. 30.4.2009 – V R 6/07, BStBl. II 2009, 679 = UR 2009, 563, Rz. 17; BFH, Urt. v. 7.2.2013 – V R 22/12, BStBl. II 2014, 126 = UR 2013, 381 m. Anm. *Wüst*, Rz. 17 ff.

4 Abschn. 4.14.4 Abs. 11 Satz 3 UStAE.

5 BFH, Urt. v. 7.2.2013 – V R 22/12, BStBl. II 2014, 126 = UR 2013, 381 m. Anm. *Wüst*, Rz. 18 f.; Abschn. 4.14.4 Abs. 11 Satz 2 UStAE.

6 EuGH, Urt. v. 27.6.2019 – C-597/17, ECLI:EU:C:2019:544 – Belgisch Syndicaat van Chiropraxie u.a., UR 2019, 541, Rz. 29 ff.

7 BFH, Urt. v. 11.11.2004 – V R 34/02, BStBl. II 2005, 316 = UR 2005, 207 m. Anm. *Heidner*; BFH, Urt. v. 2.9.2010 – V R 47/09, BStBl. II 2011, 195 = UR 2011, 101, Rz. 17 m.w.N.

8 BFH, Urt. v. 19.12.2002 – V R 28/00, BStBl. II 2003, 532 = UR 2003, 284, Rz. 22.

9 BFH, Urt. v. 11.11.2004 – V R 34/02, BStBl. II 2005, 316 = UR 2005, 207 m. Anm. *Heidner*, Rz. 22; Abschn. 4.14.4 Abs. 8 Satz 2 UStAE.

10 Vgl. BFH, Urt. v. 11.11.2004 – V R 34/02, BStBl. II 2005, 316 = UR 2005, 207 m. Anm. *Heidner*, Rz. 23 ff.

115 Die Relevanz dieser Form des Nachweises einer beruflichen Qualifikation ergibt sich dadurch, dass auch **Personen außerhalb berufsrechtlich geregelter Bereiche** eine Zulassung nach § 124 Abs. 2 SGB V erhalten können. Allerdings muss gleichwohl eine besondere Qualifikation vorhanden sein, z.B. ein Hochschulabschluss oder die Anerkennung durch einen Berufsverband.[1]

116 Ist der jeweilige **Unternehmer zugelassen**, ist seine Qualifikation damit für das entsprechende Heilmittel erwiesen. Dabei ist es für den Qualifikationsnachweis unerheblich, von welchen und wie vielen Landesverbänden der Krankenkassen bzw. Ersatzkassen, welche die Zulassung erteilen,[2] er zugelassen ist.

117 Ohne persönliche Zulassung ist nach der Verwaltungsauffassung[3] und BFH-Rechtsprechung[4] von einer ausreichenden Qualifikation des Behandelnden auch bei einer regelmäßigen **Zulassung der Berufsgruppe** nach § 124 Abs. 2 SGB V auszugehen. Diese Regelung ist dahingehend zu verstehen, dass zu prüfen ist, ob für Personen mit entsprechender Qualifikation – vorbehaltlich der übrigen Voraussetzungen des § 124 Abs. 2 SGB V – grundsätzlich ein **Zulassungsanspruch** besteht. Es erfolgt insoweit **keine quantitative Betrachtung** wie bei der Frage, ob einzelne Leistungen regelmäßig, d.h. von einer bestimmten Zahl der gesetzlichen Krankenkassen, in den Leistungskatalog aufgenommen und erstattet werden. Für die Zulassung kommt es alleine auf die in § 124 SGB V geregelten Voraussetzungen an.[5]

118 Liegt der Befähigungsnachweis aufgrund einer Zulassung nach § 124 Abs. 2 SGB V vor, sind **sämtliche von der Zulassung erfassten Heilbehandlungsleistungen befreit**, unabhängig davon, ob diese gegenüber gesetzlich oder privat Versicherten erbracht werden und ob die konkrete Leistung tatsächlich durch die gesetzlichen Krankenkassen erstattet wird.[6]

(2) Aufnahme der Leistung in den Leistungskatalog der gesetzlichen Krankenkassen

119 Indiz für das Vorliegen der beruflichen Befähigung zur Erbringung von Heilbehandlungen ist die Aufnahme von Leistungen, für deren Erbringung der Unternehmer qualifiziert ist, in den **Leistungskatalog der gesetzlichen Krankenkassen** (Heilmittel- und Hilfsmittelrichtlinien gemäß § 92 SGB V).[7] Dem gleichgestellt ist die Kostentragung nach Maßgabe der **Satzung** der Krankenkassen.[8]

120 Hierbei ist allerdings erforderlich, dass die jeweilige Leistung **„in der Regel"** durch die gesetzlichen Krankenkassen **finanziert** wird.[9] Eine konkrete **Quantifizierung** dieser Voraussetzung ist **schwer möglich**. Die Verwaltung äußert sich hierzu nicht. Laut BFH ist es jedenfalls nicht ausreichend, wenn nur einzelne – im Urteilsfall drei[10] – gesetzliche Krankenkassen die Kosten der Heilbehandlung ersetzen.[11] Er spricht in diesem Zusammenhang vielmehr von einem **„Großteil" der gesetzlichen Krankenkassen**.[12] Falls man sich dennoch auf dieses Kriterium zu stützen beabsichtigt, sollte im Hinblick auf eine Risikoabwägung von einem recht hohen Anteil – z.B. einem Drittel – an gesetzlichen Krankenkassen ausgegangen werden, die eine entsprechende Leistung finanzieren. Vorausgesetzt, dass hierüber auch der entsprechende Nachweis geführt werden kann.

121 Im Fall der Anerkennung durch eine solche regelmäßige Kostentragung ist es für die umsatzsteuerliche Beurteilung unmaßgeblich, ob und ggf. in welchem Umfang eine **Erstattung der konkreten Einzelleistung** durch die gesetzlichen Krankenkassen erfolgt.[13]

1 *Schneider* in jurisPK, § 124 SGB V Rz. 13 (Stand: Juni 2020); BFH, Urt. v. 11.11.2004 – V R 34/02, BStBl. II 2005, 316 = UR 2005, 207 m. Anm. *Heidner*, Rz. 29.
2 § 124 Abs. 2 Satz 1 SGB V.
3 Abschn. 4.14.4 Abs. 8 Satz 2 UStAE.
4 BFH, Urt. v. 19.12.2002 – V R 28/00, BStBl. II 2003, 532 = UR 2003, 284, Rz. 22.
5 *Schneider* in jurisPK, § 124 SGB V Rz. 12 (Stand: Juni 2020).
6 BFH, Urt. v. 13.4.2000 – V R 78/99, BFHE 191, 441 = UR 2000, 436, Rz. 11.
7 BFH, Urt. v. 11.11.2004 – V R 34/02, BStBl. II 2005, 316 = UR 2005, 207 m. Anm. *Heidner*, Rz. 30.
8 BFH, Urt. v. 8.3.2012 – V R 30/09, BStBl. II 2012, 623 = UR 2012, 474, Rz. 48.
9 BFH, Urt. v. 13.4.2000 – V R 78/99, BFHE 191, 441 = UR 2000, 436, Rz. 11.
10 BFH, Urt. v. 8.3.2012 – V R 30/09, BStBl. II 2012, 623 = UR 2012, 474, Rz. 53.
11 BFH, Urt. v. 8.3.2012 – V R 30/09, BStBl. II 2012, 623 = UR 2012, 474, Rz. 49.
12 BFH, Urt. v. 8.3.2012 – V R 30/09, BStBl. II 2012, 623 = UR 2012, 474, Rz. 51.
13 BFH, Urt. v. 11.11.2004 – V R 34/02, BStBl. II 2005, 316 = UR 2005, 207 m. Anm. *Heidner*, Rz. 34–36.

(3) Weitere Einzelfälle des Qualifikationsnachweises

Darüber hinaus hat der **BFH** bislang **drei weitere Einzelfälle anerkannt**, in denen aufgrund einer Kostenerstattung durch die gesetzlichen Krankenkassen von einer ausreichenden beruflichen Qualifikation des Behandelnden ausgegangen werden kann. 122

Nach dem BFH-Urteil vom 25.11.2004[1] ist bei einem **Sportlehrer**, der an einer Rehabilitationseinrichtung Leistungen erbringt, von dem erforderlichen Qualifikationsnachweis auszugehen. Diese Rehabilitationseinrichtung hatte ihrerseits einen **Versorgungsvertrag** nach § 11 Abs. 2 und §§ 40, **111 SGB V** abgeschlossen, womit sie nach heute geltendem Recht unter die Steuerbefreiung nach § 4 Nr. 14 Buchst. b Satz 2 Doppelbuchst. dd UStG fällt (Rz. 232 f.). Der BFH leitet aus diesem Versorgungsvertrag auch einen Qualifikationsnachweis der an der Rehabilitationseinrichtung tätigen selbständigen Fachkräfte ab, soweit sie die in dem Versorgungsvertrag für die Behandelnden geforderte Qualifikation besitzen.[2] 123

Bei einer **Sportlehrerin** ging der BFH im Urteil vom 30.4.2009[3] von einer hinreichenden beruflichen Qualifikation für die Durchführung von **Rehabilitationssport und Funktionstraining** aus, soweit das Training von den Krankenkassen nach § 43 Abs. 1 Nr. 3 und 4 SGB V (heute § 64 Abs. 1 Nr. 3 und 4 SGB IX) in Verbindung mit der „Rahmenvereinbarung über den Rehabilitationssport und das Funktionstraining" vergütet und deren (medizinische) Notwendigkeit ärztlich bescheinigt wurde.[4] 124

Der berufliche Befähigungsnachweis kann sich zudem aus dem Abschluss eines **Integrierten Versorgungsvertrags nach §§ 140a ff. SGB V** zwischen dem Berufsverband des Leistungserbringers und den gesetzlichen Kassen ergeben, wenn der Leistungserbringer Mitglied des Berufsverbands ist und die Qualitätsanforderungen des Versorgungsvertrags erfüllt. Der Urteilsfall betraf die Leistungen eines **Heileurythmisten.**[5] 125

4. Einzelfälle von Heilberufen

Einen **Heilberuf** üben z.B. aus: 126

- Die in **Abschn. 4.14.4 Abs. 11 UStAE** genannten Berufsgruppen.
- **Klinische Chemiker**:[6] Die Steuerbefreiung umfasst nur klinisch-chemische, nicht hingegen mikrobiologische Untersuchungen.
- **Apotheker**: Soweit diese zu Grippeschutzimpfungen bei Personen, die das 18. Lebensjahr vollendet haben,[7] und Schutzimpfungen gegen das Coronavirus SARS-CoV-2 bei Personen, die das zwölfte Lebensjahr vollendet haben,[8] berechtigt sind, handelt es sich um eine nach § 4 Nr. 14 Buchst. a Satz 1 UStG steuerfreie Tätigkeit. Gleiches gilt für die Überlassung von Substitutionsmitteln zum unmittelbaren Verbrauch.[9]

Keinen Heilberuf üben z.B. aus: 127

- Die in **Abschn. 4.14.4 Abs. 12 UStAE** genannten Berufsgruppen.
- **Heilpädagogen**: Diese üben einen sozialpflegerischen Beruf aus.

---

1 BFH, Urt. v. 25.11.2004 – V R 44/02, BStBl. II 2005, 190 = UR 2005, 252 m. Anm. *Heidner.*

2 BFH, Urt. v. 25.11.2004 – V R 44/02, BStBl. II 2005, 190 = UR 2005, 252 m. Anm. *Heidner*, Rz. 21; Abschn. 4.14.4 Abs. 9 Satz 1 und 2 UStAE.

3 BFH, Urt. v. 30.4.2009 – V R 6/07, BStBl. II 2009, 679 = UR 2009, 563.

4 BFH, Urt. v. 30.4.2009 – V R 6/07, BStBl. II 2009, 679 = UR 2009, 563, Rz. 22–24; Abschn. 4.14.4 Abs. 9 Satz 3 UStAE.

5 BFH, Urt. v. 26.7.2017 – XI R 3/15, BStBl. II 2018, 793 = UR 2018, 25, Rz. 24; Abschn. 4.14.4 Abs. 9a UStAE.

6 Abschn. 4.14.5 Abs. 8 und 9 UStAE.

7 Vgl. Abschn. 4.14.4 Abs. 11 Nr. 14 UStAE zu Modellvorhaben nach § 132j SGB V sowie auf Grundlage von § 20c des Gesetzes zur Verhütung und Bekämpfung von Infektionskrankheiten beim Menschen (Infektionsschutzgesetz – IfSG) v. 20.7.2000, BGBl. I 2000, 1045.

8 Vgl. § 20c IfSG.

9 Abschn. 4.14.4 Abs. 11 Nr. 14 UStAE.

- **Legasthenietherapeuten**: Legasthenie ist grds. keine Krankheit,[1] ihre Therapie daher keine Heilbehandlung. Gleiches gilt m.E. für die Therapie bei Dyskalkulie.
- **Psychologen**: Psychologie ist keine Heilkunde. Insoweit ist die Zusatzausbildung als Psychotherapeut erforderlich.

III. Ausschluss der Lieferung und Wiederherstellung von Zahnprothesen und kieferorthopädischen Apparaten (Nr. 14 Buchst. a Satz 2)

1. Regelungszweck und ausgeschlossene Umsätze

128 Der Ausschluss der Umsätze aus der Lieferung und Wiederherstellung von im Unternehmen des Zahnarztes hergestellten bzw. wiederhergestellten Zahnprothesen und kieferorthopädischen Apparaten dient der **Vermeidung von Wettbewerbsverzerrungen** gegenüber entsprechenden steuerpflichtigen Leistungen der Zahntechniker.[2] Die von der Steuerbefreiung ausgeschlossenen Leistungen unterliegen nach § 12 Abs. 2 Nr. 6 UStG dem ermäßigten Steuersatz (§ 12 Abs. 2 Nr. 6 Rz. 12 ff.).

129 Die Regelung des § 4 Nr. 14 Buchst. a Satz 2 UStG umfasst zum einen **selbständige Lieferungen und Leistungen** (z.B. die Reparatur einer Prothese).

130 Zum anderen ordnet die Vorschrift jedoch auch ein **Aufteilungsgebot für einheitliche Leistungen** an.[3] Soweit das Einsetzen bzw. die Wiederherstellung einer Zahnprothese mit steuerfreien ärztlichen Leistungen einhergehen, ist die einheitliche Leistung daher in einen steuerpflichtigen (technischen) und einen steuerfreien Teil aufzuteilen. Zu diesem Grundsatz ist einerseits auf das EuGH-Urteil in der **Rs. *Stadion Amsterdam***[4] hinzuweisen. Dessen mögliche Auswirkungen auf nationale Aufteilungsgebote im UStG werden kontrovers diskutiert.[5] *Oelmaier* sieht die Lieferung von **Zahnprothesen** ausdrücklich nicht als Anwendungsfall dieser Rechtsprechung an.[6] Andererseits steht die Zulässigkeit nationaler Aufteilungsgebote durch das **EuGH-Urt. v. 4.5.2023**[7] zu einem deutschen Vorlageverfahren infrage. Vor diesem Hintergrund ist die weitere Entwicklung der Rechtsprechung zu beachten und bis auf weiteres noch eine Befolgung des Aufteilungsgrundsatzes anzuraten.

131 Die Überlassung der von einem Kieferorthopäden für einen Patienten selbst angefertigten **kieferorthopädischen Apparate** ist hingegen regelmäßig unselbständiger Teil der steuerfreien Heilbehandlung.[8]

132 Bei der entsprechenden **Aufteilung des Entgelts** sind für die Lieferung oder Wiederherstellung des Zahnersatzes usw. die Material- und zahntechnischen Laborkosten anzusetzen, die der Zahnarzt nach § 9 GOZ neben den Gebühren für seine ärztliche Leistung berechnen kann.[9]

133 In Abgrenzung dazu gehören zum Entgelt für umsatzsteuerfreie zahnärztliche Leistungen die **Pauschbeträge oder tatsächlich entstandene Kosten**, die der Zahnarzt für folgende Leistungen berechnet: Abformmaterial zur Herstellung von Kieferabdrücken, Hülsen zum Schutz beschliffener Zähne für die Zeit von der Präparierung der Zähne bis zur Eingliederung der Kronen, nicht individuell hergestellte provisorische Kronen, Material für direkte Unterfütterung von Zahnprothesen sowie Versandkosten für die Übersendung von Abdrücken usw. an das zahntechnische Labor.[10]

---

1 BFH, Urt. v. 18.8.2005 – V R 71/03, BStBl. II 2006, 143 = UR 2006, 166 m. Anm. *Heidner*, Rz. 20.
2 Vgl. BT-Drucks. V/1581, 5; BFH, Urt. v. 28.11.1996 – V R 23/95, BStBl. II 1999, 251 = UR 1997, 182, Rz. 17 sowie den Bericht der BReg. über die Wettbewerbssituation zwischen praxiseigenen zahntechnischen Labors und gewerblichen zahntechnischen Labors, BT-Drucks. 9/811.
3 BFH, Urt. v. 28.11.1996 – V R 23/95, BStBl. II 1999, 251 = UR 1997, 182, Rz. 17; *Hölzer* in Rau/Dürrwächter, § 4 Nr. 14 UStG Rz. 408 (Stand: Juli 2017); *Oelmaier* in Sölch/Ringleb, § 4 Nr. 14 UStG Rz. 99 (Stand: Juni 2019).
4 EuGH, Urt. v. 18.1.2018 – C-463/16, ECLI:EU:C:2018:22 – Stadion Amsterdam, UR 2018, 200.
5 Vgl. z.B. *Nieskens*, UR 2018, 181; *Korf*, MwStR 2018, 266; *Weber*, UVR 2018, 347.
6 *Oelmaier* in Sölch/Ringleb, § 4 Nr. 14 UStG Rz. 98 (Stand: Juni 2019).
7 EuGH, Urt. v. 4.5.2023 – C-516/21, ECLI:EU:C:2023:372 – Finanzamt X, UR 2023, 441 m. Anm. *Nieskens*.
8 BFH, Urt. v. 23.10.1997 – V R 36/96, BStBl. II 1998, 584 = UR 1998, 275.
9 Abschn. 4.14.3 Abs. 6 UStAE.
10 Abschn. 4.14.3 Abs. 5 Satz 1 f. UStAE.

2. Zahnprothesen und kieferorthopädische Apparate

Die unter den Ausschlusstatbestand fallenden Zahnprothesen und kieferorthopädischen Apparate werden anhand des **Zolltarifs** abgegrenzt.[1] Hierunter fallen: 134

- Künstliche Zähne aus Kunststoffen und anderen Stoffen (Unterpos. 9021 21).
- Andere Waren der Zahnprothetik (Unterpos. 9021 29 00). Hierzu zählen Füllungen (Inlays), Dreiviertelkronen (Onlays) und Verblendschalen für die Frontflächen der Zähne (Veneers) aus Keramik.[2] Der Zahnprothetik zuzurechnen sind auch individuell hergestellte provisorische Kronen und die indirekten Unterfütterungen von Zahnprothesen.[3]
- Apparate und Vorrichtungen zu kieferorthopädischen Zwecken (Unterpos. 9021 10).

Die computergesteuerte Herstellung einer Zahnprothese durch den Zahnarzt im sog. **CEREC-Verfahren** unterliegt dem Anwendungsbereich des § 4 Nr. 14 Buchst. a Satz 2 UStG.[4] 135

3. (Wieder-)Herstellung im Unternehmen des Zahnarztes

a) (Wieder-)Herstellung

Der (Wieder-)Herstellungsprozess umfasst die gesamte **zahntechnische Be- und Verarbeitung** der Prothesen, d.h. die eigentliche Prothesenherstellung, die ggf. erforderliche Nachbearbeitung und Anpassung sowie deren Reparatur.[5] Darüber hinaus gehören zur Herstellung von Zahnprothesen und kieferorthopädischen Apparaten die **vorbereitenden Arbeiten** zur Herstellung von Modellen, Bissschablonen, Bisswällen und Funktionslöffeln.[6] 136

Allerdings zählen notwendige **Vor- und Nacharbeiten** bei der Lieferung und Wiederherstellung von Zahnprothesen und kieferorthopädischen Apparaten, **die nur durch einen Zahnarzt durchgeführt werden können** (insbesondere Korrekturen der Prothese beim Einsetzen am Patienten), nach Verwaltungsauffassung zur steuerfreien Heilbehandlung.[7] Dies ist zutreffend, da insoweit kein Wettbewerb zu Zahntechnikern besteht und damit der Besteuerungszweck nicht vorliegt. 137

b) Unternehmen des Zahnarztes

Die Steuerbefreiung ist nur ausgeschlossen, soweit die Prothesen im Unternehmen des Zahnarztes (praxiseigenes zahntechnisches Labor) hergestellt werden. Für dessen Bestimmung ist der allgemeine **Unternehmensbegriff des § 2 UStG** maßgebend (§ 2 Rz. 10 ff.). 138

Es ist unerheblich, ob die Arbeiten vom **Zahnarzt** selbst oder von **angestellten Personen** durchgeführt werden.[8] 139

Wird der Zahnersatz teils durch einen selbständigen Zahntechniker, **teils im Unternehmen** des Zahnarztes **hergestellt**, ist der Zahnarzt nur mit dem auf sein Unternehmen entfallenden Leistungsanteil steuerpflichtig. Bei der Ermittlung des steuerpflichtigen Leistungsanteils sind deshalb die Beträge nicht zu berücksichtigen, die der Zahnarzt an den selbständigen Zahntechniker zu zahlen hat.[9] 140

---

1 Anhang I der Verordnung (EWG) Nr. 2658/87 des Rates über die zolltarifliche und statistische Nomenklatur sowie den Gemeinsamen Zolltarif (Kombinierte Nomenklatur), ABl. EG 1987 Nr. L 256, 1. Lt. *Nieskens* sind die Verweise auf den Zolltarif nur redaktioneller Art, vgl. *Nieskens* in Rau/Dürrwächter, § 12 Abs. 2 Nr. 6 UStG Rz. 56 (Stand: April 2021).
2 BFH, Urt. v. 28.11.1996 – V R 23/95, BStBl. II 1999, 251 = UR 1997, 182, Rz. 14; Abschn. 4.14.3 Abs. 3 Satz 1 UStAE.
3 Abschn. 4.14.3 Abs. 5 Satz 3 UStAE.
4 BFH, Urt. v. 28.11.1996 – V R 23/95, BStBl. II 1999, 251; Abschn. 4.14.3 Abs. 3 Satz 1 UStAE.
5 Vgl. auch *Hölzer* in Rau/Dürrwächter, § 4 Nr. 14 UStG Rz. 413 f. und 425 (Stand: Juli 2017).
6 Abschn. 4.14.3 Abs. 3 Satz 2 UStAE.
7 Vgl. LFS Sachsen, Vfg. v. 5.9.2017 – 213-S 7170/1/12-2017/21008, UR 2018, 336.
8 Abschn. 4.14.3 Abs. 2 Satz 2 UStAE.
9 Abschn. 4.14.3 Abs. 7 UStAE.

141 In den Fällen einer **Materialbeistellung** durch Zahnärzte bei der Herstellung von Zahnprothesen außerhalb ihres Unternehmens ist die Lieferung der Zahnprothesen durch den Zahnarzt hinsichtlich des beigestellten Materials steuerpflichtig.[1]

IV. Abgrenzung von Nr. 14 Buchst. a zu Nr. 14 Buchst. b

1. Grundsätze

142 Der Abgrenzung der beiden Vorschriften kommt zum einen insofern **Bedeutung** zu, als die **personenbezogenen Voraussetzungen unterschiedlich** sind. Während § 4 Nr. 14 Buchst. a Satz 1 UStG lediglich die Zugehörigkeit zu einem anerkannten Heilberuf voraussetzt, erfordert § 4 Nr. 14 Buchst. b UStG, dass es sich entweder um eine Einrichtung des öffentlichen Rechts handelt (Rz. 184 ff.) oder die private Einrichtung nach sozialrechtlichen Vorschriften anerkannt ist (Rz. 188 ff.).

143 Zum anderen sind nach **§ 4 Nr. 14 Buchst. b UStG** auch selbständige, mit den Krankenhausbehandlungen und ärztlichen Heilbehandlungen **eng verbundene Umsätze befreit** (Rz. 168 ff.).

144 Die **Abgrenzung** der Anwendungsbereiche von § 4 Nr. 14 Buchst. a Satz 1 UStG und § 4 Nr. 14 Buchst. b UStG erfolgt **nicht** anhand der **Rechtsform** (Rz. 74 ff.) **oder** der **Art der Leistung** (Rz. 29).

145 Die **Verwaltung** stellt für die Zuordnung von Leistungen zu § 4 Nr. 14 Buchst. a Satz 1 UStG und § 4 Nr. 14 Buchst. b UStG nunmehr im Einklang mit der Rechtsprechung nur auf den **Ort der Leistungserbringung** ab (Rz. 147 ff.).[2]

146 Die bislang von der Verwaltung noch geforderte Voraussetzung eines **persönlichen Vertrauensverhältnisses** zwischen dem Behandelnden und dem Patienten (Rz. 152 ff.) wurde zwischenzeitlich aufgegeben.[3]

2. Kriterium „Ort der Leistung"

147 Das **Abstellen auf den Ort** der Leistungserbringung **gilt als gesichert**. Der **EuGH** hat mehrfach klargestellt, dass Art. 132 Abs. 1 Buchst. c MwStSystRL (Art. 13 Teil A Abs. 1 Buchst. c 6. EG-Richtlinie) im Gegensatz zu Art. 132 Abs. 1 Buchst. b MwStSystRL (Art. 13 Teil A Abs. 1 Buchst. b 6. EG-Richtlinie) Leistungen umfasst, die außerhalb von Krankenhäusern oder ähnlichen Einrichtungen erbracht werden, sei es in den Praxisräumen des Behandelnden, in der Wohnung des Patienten oder an einem anderen Ort.[4] Der **BFH** hat entsprechend ausgeführt, dass die Abgrenzung der beiden Befreiungsvorschriften „in erster Linie dem Ort der Leistungserbringung folgt".[5]

148 Der Ort der Leistungserbringung dürfte auch nach dem **EuGH-Urteil vom 18.9.2019 in der Rs. *Peters***[6] ein für die Differenzierung zwischen den beiden Befreiungsvorschriften wesentliches Merkmal sein.[7] Zum einen wiederholt der EuGH in Rz. 21 dieser Entscheidung unverändert seine bisherigen Aussagen zu diesem Abgrenzungskriterium. Zum anderen führt er – vergleichbar zum Ortskriterium – in Rz. 28 dieses Urteils aus, dass Art. 132 Abs. 1 Buchst. c MwStSystRL (Art. 13 Teil A Abs. 1 Buchst. c 6. EG-Richtlinie) auf Heilbehandlungsleistungen abzielt, die außerhalb der unter Art. 132 Abs. 1 Buchst. b MwStSystRL (Art. 13 Teil A Abs. 1 Buchst. b 6. EG-Richtlinie) fallenden Strukturen

---

1 Abschn. 4.14.3 Abs. 4 UStAE.

2 Abschn. 4.14.1 Abs. 1 UStAE.

3 BMF, Schr. v. 10.10.2023 – III C 3-S 7170/20/10002 :001 – DOK 2023/0963114, BStBl. I 2023, 1794 = UR 2023, 883.

4 EuGH, Urt. v. 6.11.2003 – C-45/01, ECLI:EU:C:2003:595 – Dornier, UR 2003, 585 m. Anm. *Widmann*, Rz. 47; EuGH, Urt. v. 8.6.2006 – C-106/05, ECLI:EU:C:2006:380 – L.u.P. GmbH, UR 2006, 464, Rz. 22; EuGH, Urt. v. 10.6.2010 – C-262/08, ECLI:EU:C:2010:328 – CopyGene, UR 2010, 526, Rz. 27 m.w.N.

5 BFH, Urt. v. 15.3.2007 – V R 55/03, BStBl. II 2008, 31, Rz. 42; vgl. auch *Hölzer* in Rau/Dürrwächter, § 4 Nr. 14 UStG Rz. 123 f. und 261 (Stand: Juli 2017).

6 EuGH, Urt. v. 18.9.2019 – C-700/17, ECLI:EU:C:2019:753 – Peters, UR 2019, 755 m. Anm. *Sterzinger.*

7 **A.A.** *Nieskens*, UR 2019, 833 (835), der den Ort der Leistungserbringung nunmehr für letztlich unbeachtlich hält.

im Rahmen der Ausübung der von den Mitgliedstaaten definierten ärztlichen und arztähnlichen Berufe erbracht werden.

Das **Ortskriterium** ist allerdings **dahingehend zu konkretisieren**, dass die Leistung nach der Rechtsprechung des EuGH in der Rs. *Klinikum Dortmund GmbH*[1] nicht nur in den Räumen einer Einrichtung nach § 4 Nr. 14 Buchst. b UStG bewirkt, sondern auch von dieser Einrichtung selbst ausgeführt werden muss.[2] 149

Nach diesem Grundsatz fallen **ambulante Behandlungen durch Krankenhäuser** auf der Grundlage der Ermächtigung nach § 116a SGB V (ambulante Behandlung durch Krankenhäuser bei Unterversorgung) und § 116b SGB V (ambulante spezialfachärztliche Versorgung) in den Anwendungsbereich des § 4 Nr. 14 Buchst. b UStG.[3] Auch andere ambulante Heilbehandlungsleistungen von Krankenhäusern, z.B. in der Notfallambulanz, werden unter diese Befreiungsvorschrift subsumiert.[4] 150

Demgegenüber sind **Heilbehandlungsleistungen von Ärzten in einem Krankenhaus**, die diesen als Unternehmer zuzurechnen sind, nach § 4 Nr. 14 Buchst. a Satz 1 UStG befreit (Rz. 87 f.). Dies betrifft Heilbehandlungen eines selbständigen Arztes, die in einem Krankenhaus erbracht werden, selbständige ärztliche Leistungen eines im Krankenhaus angestellten Arztes und Heilbehandlungsleistungen durch gemäß § 116 SGB V ermächtigte Krankenhausärzte. 151

3. Kriterium „persönliches Vertrauensverhältnis"

Das „persönliche Vertrauensverhältnis" **erwähnte der EuGH in älteren Urteilen** bei der Abgrenzung des Anwendungsbereichs von Art. 132 Abs. 1 Buchst. b und c MwStSystRL (Art. 13 Teil A Abs. 1 Buchst. b und c 6. EG-Richtlinie).[5] In seiner **späteren Rechtsprechung** findet sich dieses Merkmal hingegen nicht mehr durchgängig.[6] 152

Daraus wurde vom **BFH**[7] und in der **Literatur**[8] bereits der Schluss gezogen, dass dieses Merkmal für die Abgrenzung der beiden Befreiungsvorschriften jedenfalls **keine zwingende Voraussetzung** darstellt. 153

Um diese Frage abschließend zu klären, hatte sie der BFH zum Gegenstand eines Vorabentscheidungsersuchens gemacht.[9] Hierauf hat der **EUGH** mit **Urteil vom 18.9.2019**[10] eindeutig geantwortet, dass es für die Anwendbarkeit der Steuerbefreiung nach Art. 132 Abs. 1 Buchst. c MwStSystRL (Art. 13 Teil A Abs. 1 Buchst. c 6. EG-Richtlinie) und damit des § 4 Nr. 14 Buchst. a Satz 1 UStG **keine Voraussetzung** ist, dass die betreffende Heilbehandlungsleistung im Rahmen eines Vertrauensverhältnisses zwischen dem Patienten und dem Behandelnden erbracht wird. Die Aussagen zu dem „persönlichen Vertrauensverhältnis" in der bisherigen EuGH-Rechtsprechung zielten vielmehr darauf ab, den Gegensatz zwischen Art. 132 Abs. 1 Buchst. c MwStSystRL (Art. 13 Teil A Abs. 1 Buchst. c 6. EG-Richtlinie) und Art. 132 Abs. 1 Buchst. b MwStSystRL (Art. 13 Teil A Abs. 1 Buchst. b 6. EG-Richtlinie) im Zusammenhang mit der Abgrenzung des Anwendungsbereichs der beiden Befreiungstatbestände zu un- 154

1 EuGH, Urt. v. 13.3.2014 – C-366/12, ECLI:EU:C:2014:143 – Klinikum Dortmund GmbH, UR 2014, 271.

2 EuGH, Schlussanträge der Generalanwältin *Sharpston* v. 26.9.2013 – C-366/12, ECLI:EU:C:2013:618 – Klinikum Dortmund GmbH, Rz. 33 i.V.m. EuGH, Urt. v. 13.3.2014 – C-366/12, ECLI:EU:C:2014:143 – Klinikum Dortmund GmbH, UR 2014, 271, Rz. 25.

3 Gl.A. *Hölzer* in Rau/Dürrwächter, § 4 Nr. 14 UStG Rz. 133 (Stand: Juli 2017).

4 Abschn. 4.14.6 Abs. 2 Nr. 2; vgl. auch § 117 SGB V.

5 Vgl. z.B. EuGH, Urt. v. 6.11.2003 – C-45/01, ECLI:EU:C:2003:595 – Dornier, UR 2003, 585 m. Anm. *Widmann* Rz. 47.

6 Vgl. BFH, Vorlagebeschl. v. 11.10.2017 – XI R 23/15, BStBl. II 2018, 109 = UR 2018, 114, Rz. 37.

7 BFH, Urt. v 29.6.2011 – XI R 52/07, BStBl. II 2013, 971 = UR 2011, 818 m. Anm. *Marchal/Wagner*, Rz. 27; BFH, Urt. v. 18.8.2011 – V R 27/10, BFHE 235, 58 = UR 2011, 902 m. Anm. *Marchal* und Anm. *Wüst*, Rz. 20.

8 *Hölzer* in Rau/Dürrwächter, § 4 Nr. 14 UStG Rz. 141 f. (Stand: Juli 2017); *Wagner/Marchal*, DStR 2011, 2075 (2076).

9 BFH, Vorlagebeschl. v. 11.10.2017 – XI R 23/15, BStBl. II 2018, 109 = UR 2018, 114 (2. Vorlagefrage);. Ausführlich hierzu *Dorn*, UR 2018, 657.

10 EuGH, Urt. v. 18.9.2019 – C-700/17, ECLI:EU:C:2019:753 – Peters, UR 2019, 755 m. Anm. *Sterzinger.*

terstreichen.[1] Der **BFH** sieht diese Feststellung in seinem **Nachfolgeurteil vom 18.12.2019**[2] als Bestätigung seiner jüngsten Rechtsprechung zu dieser Frage (Rz. 163).

155 Damit können nunmehr insbesondere Leistungen der **Labormedizin**, die typischerweise ohne Patientenkontakt erbracht werden, auch nach § 4 Nr. 14 Buchst. a Satz 1 UStG steuerbefreit sein (Rz. 90).

4. Regelungsverhältnis von Nr. 14 Buchst. a und Nr. 14 Buchst. b zueinander

156 Die **Verwaltung** hat die mit der gesetzlichen Neufassung des § 4 Nr. 14 UStG zum 1.1.2009 beabsichtigte **strikte Trennung der Anwendungsbereiche** des § 4 Nr. 14 Buchst. a Satz 1 UStG und des § 4 Nr. 14 Buchst. b UStG übernommen.[3]

157 Der **BFH** bestätigte dies zunächst mit Urteil vom 24.8.2017,[4] mit dem er entschieden hat, dass **medizinische Analysen**, die außerhalb der Praxisräume des anordnenden Arztes durchgeführt werden, **nicht nach § 4 Nr. 14 Buchst. a Satz 1 UStG steuerfrei** sein können. Denn der Gesetzgeber habe „Einrichtungen von Laborärzten oder klinischen Chemikern" entsprechend der unionsrechtlichen Systematik ausdrücklich dem Anwendungsbereich des § 4 Nr. 14 Buchst. b UStG zugeordnet (Rz. 30).[5]

158 Auf ein Vorabentscheidungsersuchen des BFH[6] hin hat der **EuGH** allerdings mit **Urteil vom 18.9.2019**[7] entschieden, dass der Anwendungsbereich des Art. 132 Abs. 1 Buchst. c MwStSystRL (Art. 13 Teil A Abs. 1 Buchst. c 6. EG-Richtlinie) durch Art. 132 Abs. 1 Buchst. b MwStSystRL (Art. 13 Teil A Abs. 1 Buchst. b 6. EG-Richtlinie) nicht eingeschränkt wird. Heilbehandlungsleistungen, die etwa nicht alle Anforderungen des Art. 132 Abs. 1 Buchst. b MwStSystRL (Art. 13 Teil A Abs. 1 Buchst. b 6. EG-Richtlinie) erfüllen, sind nicht grundsätzlich vom Anwendungsbereich des Art. 132 Abs. 1 Buchst. c MwStSystRL (Art. 13 Teil A Abs. 1 Buchst. c 6. EG-Richtlinie) ausgeschlossen.[8]

159 Für den **konkreten Streitfall** bedeutet dies, dass die labormedizinischen Leistungen eines selbständigen **Laborarztes**, der die Voraussetzungen des § 4 Nr. 14 Buchst. b Satz 2 Doppelbuchst. bb UStG nicht erfüllt, unter den Voraussetzungen des § 4 Nr. 14 Buchst. a Satz 1 UStG steuerfrei sind.[9]

160 Die **allgemeinen Folgen aus dieser EuGH-Rechtsprechung** für das nationale Recht werden mitunter als sehr weitreichend interpretiert. Die Steuerbefreiungen nach § 4 Nr. 14 Buchst. a Satz 1 UStG und § 4 Nr. 14 Buchst. b UStG kämen nebeneinander zur Anwendung, wobei § 4 Nr. 14 Buchst. a Satz 1 UStG letztlich einen „Auffangtatbestand" des § 4 Nr. 14 Buchst. b UStG darstelle. Medizinisch indizierte Heilbehandlungen, die von entsprechend qualifiziertem Personal erbracht würden (Rz. 69 ff.), seien daher stets steuerfrei, auch wenn für die betreffende Einrichtung die jeweiligen Anerkennungsvoraussetzungen des § 4 Nr. 14 Buchst. b Satz 2 UStG nicht vorlägen.[10] Dem Art. 132 Abs. 1 Buchst. b MwStSystRL (Art. 13 Teil A Abs. 1 Buchst. b 6. EG-Richtlinie) und somit dem § 4 Nr. 14 Buchst. b UStG komme im Ergebnis nur noch Bedeutung für die Befreiung der eng verbundenen Umsätze zu.[11]

161 M.E. ist das in Rz. 158 genannte EuGH-Urteil hingegen zurückhaltender zu beurteilen, so dass sich **lediglich Auswirkungen auf** Leistungen von Angehörigen der unter **§ 4 Nr. 14 Buchst. a Satz 1 UStG** fallenden Heilberufe ergeben. Dafür spricht, dass der EuGH seine Aussagen – selbst im Urteilstenor – ausdrücklich nur auf die im Ausgangsverfahren streitigen Leistungen eines selbständigen Arztes bezieht. Zu Heilbehandlungsleistungen von Einrichtungen, die unzweifelhaft nur unter Art. 132 Abs. 1 Buchst. b MwStSystRL (Art. 13 Teil A Abs. 1 Buchst. b 6. EG-Richtlinie) fallen können, wie z.B. Krankenhäuser, äußert sich der EuGH nicht.

1 EuGH, Urt. v. 18.9.2019 – C-700/17, ECLI:EU:C:2019:753 – Peters, UR 2019, 755 m. Anm. *Sterzinger*, Rz. 37.
2 BFH, Urt. v. 18.12.2019 – XI R 23/19 (XI R 23/15), BStBl. II 2023, 984 = UR 2020, 295, Rz. 22 ff.
3 Vgl. die Fälle des Abschn. 4.14.2 Abs. 2 Satz 1 UStAE und des Abschn. 4.14.5 Abs. 9 UStAE.
4 BFH, Urt. v. 24.8.2017 – V R 25/16, BStBl. II 2023, 982 = UR 2017, 961.
5 BFH, Urt. v. 24.8.2017 – V R 25/16, BStBl. II 2023, 982 = UR 2017, 961, Rz. 15 f.
6 BFH, Vorlagebeschl. v. 11.10.2017 – XI R 23/15, BStBl. II 2018, 109 = UR 2018, 114 (1. Vorlagefrage).
7 EuGH, Urt. v. 18.9.2019 – C-700/17, ECLI:EU:C:2019:753 – Peters, UR 2019, 755 m. Anm. *Sterzinger*.
8 EuGH, Urt. v. 18.9.2019 – C-700/17, ECLI:EU:C:2019:753 – Peters, UR 2019, 755 m. Anm. *Sterzinger* Rz. 27 f.
9 Abschn. 4.14.5 Abs. 9 UStAE.
10 *Nieskens*, UR 2019, 833 (835); *Oelmaier*, MwStR 2019, 859; *Sterzinger*, UR 2019, 778.
11 *Oelmaier*, MwStR 2019, 859 (860).

Die inhaltlichen Aussagen über das **Verhältnis der Steuerbefreiungen** des Art. 132 Abs. 1 Buchst. b MwStSystRL (Art. 13 Teil A Abs. 1 Buchst. b 6. EG-Richtlinie) und Art. 132 Abs. 1 Buchst. c MwStSystRL (Art. 13 Teil A Abs. 1 Buchst. c 6. EG-Richtlinie) **zueinander** in den Rz. 27 und 28 des Urteils vom 18.9.2019[1] sagen nach meinem Verständnis aus, dass sich diese nicht gegenseitig ausschließen und daher medizinische Heilbehandlung – wie vorliegend labormedizinische Untersuchungen – bei der Umsetzung im nationalen Recht nicht ausschließlich dem Anwendungsbereich des Art. 132 Abs. 1 Buchst. b MwStSystRL (Art. 13 Teil A Abs. 1 Buchst. b 6. EG-Richtlinie) zugeordnet werden dürfen. Es darf folglich zu **keiner Beschränkung des Anwendungsbereichs des Art. 132 Abs. 1 Buchst. c MwStSystRL** (Art. 13 Teil A Abs. 1 Buchst. c 6. EG-Richtlinie) durch den Art. 132 Abs. 1 Buchst. b MwStSystRL (Art. 13 Teil A Abs. 1 Buchst. b 6. EG-Richtlinie) kommen. Einem Leistungserbringer, wie z.B. einem selbständigen Laborarzt, der die Anerkennungsvoraussetzungen des § 4 Nr. 14 Buchst. b Satz 2 Doppelbuchst. bb UStG nicht erfüllt, darf daher die Steuerbefreiung des § 4 Nr. 14 Buchst. a Satz 1 UStG nicht verwehrt werden. 162

Das EuGH-Urteil vom 18.9.2019[2] besagt m.E. hingegen nicht, dass die **einem Krankenhaus zuzurechnenden (ärztlichen) Heilbehandlungsleistungen** nach § 4 Nr. 14 Buchst. a Satz 1 UStG befreit sein können (Rz. 30 und Rz. 86). 163

Der **BFH** hat sich in seinem **Nachfolgeurteil vom 18.12.2019**[3] lediglich der Auffassung des EuGH angeschlossen und ergänzend auf die Auflösung der divergierenden Rechtsprechung zum V. Senat hingewiesen.[4] Weitergehende inhaltliche Aussagen zur Auslegung des EuGH-Urteils im Hinblick auf das Verhältnis der Steuerbefreiungen nach § 4 Nr. 14 Buchst. a Satz 1 UStG bzw. § 4 Nr. 14 Buchst. b Satz 2 UStG zueinander hat er nicht getroffen.

In einem nunmehr **anhängigen Revisionsverfahren**[5] hat der BFH genau die hier erörterten Rechtsfragen zu entscheiden. Die Vorinstanz[6] hatte geurteilt, dass ärztliche Heilbehandlungen gemäß § 4 Nr. 14 Buchst. a UStG auch dann steuerfrei sind, wenn sie im Rahmen von Krankenhausleistungen erbracht werden, die ihrerseits nicht die Voraussetzungen des § 4 Nr. 14 Buchst. b UStG erfüllen. Dass die betreffende Einrichtung (Krankenhaus) dem Grunde nach unter § 4 Nr. 14 Buchst. b UStG fällt, verhindere nicht die Anwendung des § 4 Nr. 14 Buchst. a UStG. 164

Eine solche Sichtweise würde übrigens auch die vom EuGH gerade für Krankenhauseinrichtungen jüngst ausdrücklich bestätigte Notwendigkeit der Anerkennung (Rz. 191) hinsichtlich der durch Art. 132 Abs. 1 Buchst. b MwStSystRL (Art. 13 Teil A Abs. 1 Buchst. b 6. EG-Richtlinie) hauptsächlich befreiten Heilbehandlungsleistungen obsolet werden lassen. Insofern könnte zur endgültigen Klärung des Verhältnisses von Art. 132 Abs. 1 Buchst. b MwStSystRL (Art. 13 Teil A Abs. 1 Buchst. b 6. EG-Richtlinie) zu Art. 132 Abs. 1 Buchst. c MwStSystRL (Art. 13 Teil A Abs. 1 Buchst. c 6. EG-Richtlinie) eine Vorlage an den EuGH angezeigt sein.

C. Steuerbefreiung für Leistungen der Krankenhäuser und anderer Einrichtungen (Nr. 14 Buchst. b)

I. Krankenhausbehandlungen und ärztliche Heilbehandlungen sowie eng verbundene Umsätze (Nr. 14 Buchst. b Satz 1)

1. Krankenhausbehandlungen und ärztliche Heilbehandlungen

Der Begriff **ärztliche Heilbehandlungen** entspricht den nach § 4 Nr. 14 Buchst. a Satz 1 UStG befreiten Heilbehandlungsleistungen (Rz. 36 ff.). Der EuGH verwendet die Begriffe zur Benennung der Leistungen in Art. 132 Abs. 1 Buchst. b und c MwStSystRL (Art. 13 Teil A Abs. 1 Buchst. b und c 6. EG- 165

1 EuGH, Urt. v. 18.9.2019 – C-700/17, ECLI:EU:C:2019:753 – Peters, UR 2019, 755 m. Anm. *Sterzinger.*
2 EuGH, Urt. v. 18.9.2019 – C-700/17, ECLI:EU:C:2019:753 – Peters, UR 2019, 755 m. Anm. *Sterzinger.*
3 BFH, Urt. v. 18.12.2019 – XI R 23/19 (XI R 23/15), BStBl. II 2023, 984 = UR 2020, 295.
4 BFH, Urt. v. 18.12.2019 – XI R 23/19 (XI R 23/15), BStBl. II 2023, 9841 = UR 2020, 295, Rz. 21.
5 BFH, Az. V R 10/22.
6 FG Schl.-Holst., Urt. v. 17.5.2022 – 4 K 119/18, EFG 2022, 1497 (Rev. BFH V R 10/22).

Richtlinie) synonym[1] und sieht nur in einigen Sprachfassungen der MwStSystRL überhaupt eine Unterscheidung zwischen der jeweiligen Leistungsbezeichnung.[2] Neben den unmittelbar von Ärzten oder unter ärztlicher Aufsicht erbrachten Heilbehandlungen sind demnach auch arztähnliche Leistungen in Krankenhäusern unter der alleinigen Verantwortung entsprechend qualifizierter Personen, die keine Ärzte sind, befreit.[3]

166 Ob dem Begriff der **Krankenhausbehandlung** in diesem Zusammenhang eine eigenständige Bedeutung zugeschrieben wird[4] oder das größere Leistungsspektrum der Krankenhäuser[5] als eng verbundene Umsätze (Rz. 168 ff.) beurteilt und so in die Steuerbefreiung einbezogen wird, macht von der Rechtsfolge keinen Unterschied.

167 Die weiteren Leistungen der **Diagnostik, Befunderhebung, Vorsorge, Rehabilitation, Geburtshilfe** und die **Hospizleistungen** werden im nationalen Recht in Anlehnung an die im SGB definierten Leistungen nur zur Klarstellung ausdrücklich erwähnt.[6]

2. Eng verbundene Umsätze

a) Begriffsbestimmung und allgemeine Grundsätze

168 Eng verbundene Umsätze sind im Gegensatz zu den unselbständigen Nebenleistungen **selbständige Hauptleistungen**, für die nach § 4 Nr. 14 Buchst. b Satz 1 UStG eine **eigenständige Befreiungsvorschrift** gilt. Eine Einrichtung kann die Steuerbefreiung für eng verbundene Umsätze daher nur in Anspruch nehmen, wenn es sich um eine öffentlich-rechtliche (Rz. 184 ff.) oder nach § 4 Nr. 14 Buchst. b Satz 2 UStG anerkannte Einrichtung (Rz. 188 ff.) handelt, die selbst im Kernbereich dieser Steuerbefreiung tätig ist.[7]

169 Bei den eng verbundenen Umsätzen kann es sich um **Lieferungen oder sonstige Leistungen** handeln.

170 Die **Grundsätze des Art. 134 MwStSystRL** (Art. 13 Teil A Abs. 2 Buchst. b 6. EG-Richtlinie) finden bei der Auslegung des Begriffs „eng verbundener Umsatz“ Anwendung.[8] Danach sind Leistungen von der Steuerbefreiung ausgeschlossen, wenn diese für die eigentlichen Krankenhausbehandlungen und ärztlichen Heilbehandlungen **nicht unerlässlich**[9] sind oder im Wesentlichen dazu bestimmt sind, der Einrichtung zusätzliche Einnahmen durch Umsätze zu verschaffen, die in unmittelbarem Wettbewerb mit Umsätzen von der Mehrwertsteuer unterliegenden gewerblichen Unternehmen bewirkt werden.[10] Tätigkeiten, die den Kernbereich der Befreiungsvorschrift betreffen, dürfen dabei allerdings nicht ausgeschlossen werden.[11]

171 Nach **EuGH** können nur Leistungen, die naturgemäß im Rahmen von Krankenhausbehandlungen und ärztlichen Heilbehandlungen erbracht werden und im Prozess der Erbringung dieser Dienstleistungen **zur Erreichung der** damit verfolgten **therapeutischen Ziele unerlässlich** sind, einen eng ver-

1 EuGH, Urt. v. 10.6.2010 – C-262/08, ECLI:EU:C:2010:328 – CopyGene, UR 2010, 526, Rz. 28; EuGH, Urt. v. 21.3.2013 – C-91/12, ECLI:EU:C:2013:198 – PFC Clinic, UR 2013, 335, Rz. 28.

2 EuGH, Urt. v. 6.11.2003 – C-45/01, ECLI:EU:C:2003:595 – Dornier, UR 2003, 585 m. Anm. *Widmann*, Rz. 46.

3 EuGH, Urt. v. 6.11.2003 – C-45/01, ECLI:EU:C:2003:595 – Dornier, UR 2003, 585 m. Anm. *Widmann*, Rz. 51; Abschn. 4.14.7 Abs. 4 UStAE.

4 Zustimmend *Hölzer* in Rau/Dürrwächter, § 4 Nr. 14 UStG Rz. 713 (Stand: Juli 2017). Ablehnend *Oelmaier* in Sölch/Ringleb, § 4 Nr. 14 UStG Rz. 109 (Stand: Juni 2019).

5 Vgl. § 107 Abs. 1 SGB V.

6 BT-Drucks. 16/10189, 75.

7 EuGH, Urt. v. 14.6.2007 – C-434/05, ECLI:EU:C:2007:343 – Horizon College, UR 2007, 587, Rz. 34 f.

8 Abschn. 4.14.6 UStAE; *Oelmaier* in Sölch/Ringleb, § 4 Nr. 14 UStG Rz. 122 (Stand: Juni 2019); *Erdbrügger* in Hartmann/Metzenmacher, § 4 Nr. 16 UStG Rz. 45 f. (Stand: August 2015).

9 Zum Merkmal der Unerlässlichkeit vgl. BFH, Urt. v. 24.2.2021 – XI R 30/20 (XI R 11/17), UR 2021, 639, Rz. 27 m.w.N.

10 EuGH, Urt. v. 1.12.2005 – C-394/04 und C-395/04, ECLI:EU:C:2005:734 – Ygeia, UR 2006, 171, Rz. 26.

11 BFH, Urt. v. 3.4.2008 – V R 74/07, BFHE 221, 451 = UR 2008, 698, Rz. 32 ff.

bundenen Umsatz darstellen.[1] Diese Umschreibung könnte synonym für das vom EuGH in der Rs. *Klinikum Dortmund* erwähnte „therapeutische Kontinuum" (Rz. 64.1) verstanden werden.[2]

Die von der **Verwaltung** in **Abschn. 4.14.6 Abs. 1 UStAE** gewählte Formulierung der Voraussetzungen an den eng verbundenen Umsatz steht mit den vorgenannten Grundsätzen in Einklang.[3] 172

Eng verbundene Umsätze erfordern demnach einen **Zusammenhang mit einer** tatsächlich erbrachten **Krankenhausbehandlung oder ärztlichen Heilbehandlung** i.S.d. § 4 Nr. 14 Buchst. b Satz 1 UStG. 173

Für **Ausnahmefälle** hat der BFH jedoch auch einen eng verbundenen Umsatz angenommen, wenn die Leistung der Ausführung einer nach **§ 4 Nr. 14 Buchst. a Satz 1 UStG** steuerfreien Heilbehandlung durch einen Dritten dient. Dies betrifft die **Personalgestellung** eines Krankenhauses **an eine Arztpraxis**, die mit dem überlassenen Personal nicht nur Krankenhauspatienten versorgt,[4] sowie die **Lieferung patientenindividuell hergestellter Medikamente**, die bei ambulanten Behandlungen durch einen nach § 116 SGB V ermächtigten Arzt (Rz. 88) in den Räumen des Krankenhauses zur Anwendung kommen.[5] Bereits diese Entscheidungen können zu Recht angezweifelt werden.[6] Sie erscheinen jedoch angesichts des besonders engen Zusammenhangs dieser Umsätze zu den eigenen Behandlungen des Krankenhauses noch vertretbar und könnten ebenfalls Ausdruck des „therapeutischen Kontinuums" (Rz. 64.1) sein.[7] 174

Für den Zusammenhang zwischen dem eng verbundenen Umsatz und der Heilbehandlung gibt es zwar keinen **zeitlichen Aspekt**. Die Erbringung der maßgeblichen Krankenhausbehandlung muss jedoch nach dem Stand der Wissenschaft möglich und ihr Eintritt grundsätzlich absehbar sein (Rz. 41). 175

Unstrittig ist, dass bei der Erbringung der Krankenhausbehandlung oder ärztlichen Heilbehandlung einerseits und dem eng verbundenen Umsatz andererseits eine **Identität des Leistenden** nicht erforderlich ist.[8] 176

Zur **Identität des Leistungsempfängers** ist die Rechtslage nicht eindeutig. Der BFH geht im Urteil vom 24.9.2014[9] von der Notwendigkeit einer Identität des Leistungsempfängers aus. Allerdings widerspricht dies den Grundsätzen des EuGH-Urteils in der Rs. *Horizon College*,[10] wonach die Personalgestellung an eine andere Bildungseinrichtung, die eindeutig nicht an die Empfänger der Bildungsleistungen erbracht wird, einen eng verbundenen Umsatz darstellen kann.[11] In Übereinstimmung damit werden z.B. bei Personal- und Sachmittelüberlassungen eng verbundene Umsätze auch ohne Empfängeridentität angenommen.[12] Die fehlende Identität des Leistungsempfängers schließt damit eng verbundene Umsätze nicht aus. 177

Eng verbundene Umsätze erfordern damit m.E. auch nicht, dass diese gegenüber den eigenen Leistungsempfängern erbracht werden. Soweit daher bspw. das FG Düsseldorf in seinem Urteil vom 19.7.2019 einen eng verbundenen Umsatz bei der Gestellung von Ärzten durch ein Krankenhaus allgemein nur für möglich erachtet, soweit die Personalüberlassung für die ärztliche Versorgung von dessen eigenen Patienten unerlässlich ist[13], erscheint dies nicht zutreffend. Gleichwohl dürften in dem konkreten Sachverhalt vor dem Hintergrund der Voraussetzungen des Art. 134 MwStSystRL (Art. 13 Teil A Abs. 2 Buchst. b 6. EG-Richtlinie) (Rz. 170) letztlich keine eng verbundenen Umsätze vorliegen, da der Zweck

1 EuGH, Urt. v. 13.1.2022 – C-513/20, ECLI:EU:C:2022:18 – Termas Sulfurosas de Alcafache, UR 2022, 90, Rz. 32 m.w.N.
2 Vgl. hierzu *Oelmaier* in Sölch/Ringleb, § 4 Nr. 14 UStG Rz. 121 (Stand: Juni 2019).
3 *Hölzer* in Rau/Dürrwächter, § 4 Nr. 14 UStG Rz. 745 (Stand: Juli 2017).
4 BFH, Urt. v. 25.1.2006 – V R 46/04, BStBl. II 2006, 481 = UR 2006, 282; Abschn. 4.14.6 Abs. 2 Nr. 5 UStAE.
5 BFH, Urt. v. 24.9.2014 – V R 19/11, BStBl. II 2016, 781 = UR 2015, 57; Abschn. 4.14.6 Abs. 2 Nr. 3 UStAE.
6 Vgl. *Hölzer* in Rau/Dürrwächter, § 4 Nr. 14 UStG Rz. 751 4. Spiegelstrich (Stand: Juli 2017).
7 Vgl. *Heidner* in FS 100 Jahre Umsatzsteuer in Deutschland, S. 605 (624).
8 BFH, Urt. v. 24.9.2014 – V R 19/11, BStBl. II 2016, 781 = UR 2015, 57, Rz. 33 m.w.N.
9 BFH, Urt. v. 24.9.2014 – V R 19/11, BStBl. II 2016, 781 = UR 2015, 57, Rz. 33 m.w.N.
10 EuGH, Urt. v. 14.6.2007 – C-434/05, ECLI:EU:C:2007:343 – Horizon College, UR 2007, 587.
11 *Oelmaier* in Sölch/Ringleb, § 4 Nr. 14 UStG Rz. 121 (Stand: Juni 2019).
12 Abschn. 4.14.6 Abs. 2 Nr. 5 und 7 UStAE; BFH, Urt. v. 25.1.2006 – V R 46/04, BStBl. II 2006, 481 = UR 2006, 282.
13 FG Düsseldorf, Urt. v. 19.7.2019 – 1 K 907/17 U, Rz. 210 (Rev. BFH XI R 18/20).

der Personalüberlassung darin bestand, gesetzlich Versicherten die ärztlichen Leistungen einer Privatklinik zukommen zu lassen.[1]

b) Einzelfälle

aa) Eng verbundene Umsätze

178 Als eng verbundene Umsätze gelten insbesondere die Leistungen aus der **Aufzählung in Abschn. 4.14.6 Abs. 2 UStAE**, auf die verwiesen wird. Darüber hinaus sind die nachstehenden Aspekte zu beachten.

179 Hieraus hervorzuheben ist die **Abgabe von Medikamenten**. Unabhängig von der sozialrechtlichen Ermächtigungsnorm gilt die Abgabe – patientenindividuell hergestellter wie fertiger Medikamente – auch für die in den Räumen des Krankenhauses durchgeführten **ambulanten Behandlungen** als eng verbundener Umsatz[2] und damit auch in Bezug zu einer nach § 4 Nr. 14 Buchst. a Satz 1 UStG steuerfreien Heilbehandlung eines nach § 116 SGB V ermächtigten Arztes (Rz. 88). Nach Abschn. 4.14.6 Abs. 2 Nr. 3 Satz 5 UStAE wird auf die Behandlung in einem Krankenhaus desselben Unternehmers abgestellt. Daher sind m.E. auch Medikamentenlieferungen zwischen zwei rechtlich eigenständigen Krankenhäusern ein eng verbundener Umsatz, wenn diese organschaftlich miteinander verbunden sind und insofern umsatzsteuerlich ein einheitliches Unternehmen bilden.

Die Abgrenzung zum Vorliegen einer Nebenleistung (Rz. 61) ist hierbei nicht trennscharf möglich. Für das steuerliche Ergebnis ist dies aber letztlich nicht relevant.

180 Die **Bereitstellung von Notärzten** für den Rettungsdienst ist ein eng verbundener Umsatz.

181 Unter Abschn. 4.14.6 Abs. 2 Nr. 5 UStAE fällt auch die Überlassung von Einrichtungen an die Deutsche Stiftung Organtransplantation im Zusammenhang mit **Organentnahmen**.

181.1 Bei **Wahlleistungen** ist entsprechend der allgemeinen Grundsätze (Rz. 170 f.) zu beurteilen, ob diese der Art nach für die Heilbehandlung unerlässlich sind und damit unter die Steuerbefreiung fallen. Dies trifft z.B. auf die Wahlleistungen hinsichtlich Einzelzimmer/Zweibettzimmer oder Verpflegung zu.

181.2 Die **Überlassungen von Sachmitteln, Räumen oder Arbeitskräften**, die im Zusammenhang mit der **Corona-Pandemie** erfolgen, werden aus Billigkeitsgründen bis 31.12.2023 als eng verbundene Umsätze angesehen und sind unter den weiteren Voraussetzungen des § 4 Nr. 14 UStG steuerfrei. Die Steuerbefreiung gilt allerdings nur für die Überlassungen zwischen Einrichtungen, deren Umsätze nach der gleichen Vorschrift steuerbefreit sind.[3]

bb) Keine eng verbundenen Umsätze

182 Nicht als eng verbundene Umsätze befreit sind insbesondere die in **Abschn. 4.14.6 Abs. 3 UStAE** genannten Leistungen.

183 Bei den in Abschn. 4.14.6 Abs. 3 Nr. 10 UStAE genannten Leistungen, insbesondere der **Unterbringung und Verpflegung von Begleitpersonen** ist zu prüfen, ob diese im Einzelfall medizinisch erforderlich und damit als eng verbundener Umsatz befreit sind,[4] z.B. bei der Unterbringung von Eltern zur Betreuung von Kleinst- und Kleinkindern. Als Nachweis kommt eine Bescheinigung des behandelnden Arztes in Betracht.

183.1 **Wahlleistungen**, die über den für eine Krankenbehandlung notwendigen Umfang hinausgehen (Rz. 181.1) sind keine eng verbundenen Umsätze. Hierzu zählen z.B. Fernseher, Telefon, Tageszeitung

---

1 FG Düsseldorf, Urt. v. 19.7.2019 – 1 K 907/17 U, Rz. 196 (Rev. BFH XI R 18/20).

2 Abschn. 4.14.6 Abs. 2 Nr. 3 UStAE.

3 BMF, Schr. v. 14.12.2021 – III C 2-S 7030/20/10004 :004 – DOK 2021/1290403, BStBl. I 2021, 2500 = UR 2022, 120 und BMF, Schr. v. 12.12.2022 – IV C 4-S 2223/19/10003 :006 – DOK 2022/1220871, BStBl. I 2022, 1677 = UR 2023, 90.

4 EuGH, Urt. v. 1.12.2005 – C-394/04 und C-395/04, ECLI:EU:C:2005:734 – Ygeia, UR 2006, 171, Rz. 35; BFH, Urt. v. 16.12.2015 – XI R 52/13, BStBl. II 2023, 412 = UR 2016, 275, Rz. 38.

und Internet, Bademantel/Körperpflegeartikel oder weitere Serviceleistungen (z.B. Service für die persönliche Wäsche).

II. Einrichtungen des öffentlichen Rechts (Nr. 14 Buchst. b Satz 1)

§ 4 Nr. 14 Buchst. b Satz 1 UStG befreit die begünstigten Umsätze (Rz. 165 ff.) von Einrichtungen, die von einer **jPdöR** (§ 2b Rz. 37 ff.) betrieben werden, **ohne weitere Voraussetzungen**. 184

Zu den jPdöR zählen insbesondere die **Gebietskörperschaften, öffentlich-rechtlichen Religionsgemeinschaften** und **Sozialversicherungsträger**[1] mit ihren jeweiligen Einrichtungen (z.B. Landeskrankenhäuser, kommunale oder kirchliche Kliniken, Universitätskliniken), sofern diese nicht in privatrechtlicher Form betrieben werden (Rz. 186). 185

Die **jPdöR muss** mit dem Betrieb der Einrichtung **selbst unternehmerisch tätig** werden. Einrichtungen, die in der Form privatrechtlicher Gesellschaften betrieben werden, deren Anteile nur von juristischen Personen des öffentlichen Rechts gehalten werden, gelten nicht als öffentliche Einrichtungen.[2] 186

Die Steuerbefreiung erstreckt sich nur auf die unmittelbar mit der begünstigten Einrichtung ausgeführten Umsätze und nicht auf weitere Umsätze des Trägers der Einrichtung.[3] Dem **allgemeinen Einrichtungsbegriff** kommt bei der Unternehmereigenschaft der öffentlichen Hand nach der Rechtsprechung keine Bedeutung mehr zu; die entsprechende wirtschaftliche Tätigkeit muss sich lediglich hinreichend funktionell abgrenzen lassen.[4] Hinsichtlich der Bestimmung des Anwendungsbereichs dieser Steuerbefreiung ist für Heilbehandlungseinrichtungen dennoch weiterhin von einer durch Zusammenfassung sachlicher und personeller Mittel **abgegrenzten Einheit** auszugehen, die den Zweck der Steuerbefreiung (z.B. Betrieb eines Krankenhauses) erfüllt.[5] Da diese regelmäßig einen eigenständigen körperschaftsteuerlichen **BgA** begründet, dürfte sich in der Praxis die Heilbehandlungseinrichtung auch unter Geltung des § 2b UStG grundsätzlich mit diesem BgA decken. 187

III. Private Einrichtungen (Nr. 14 Buchst. b Satz 2)

1. Einrichtungsbegriff

Der **Einrichtungsbegriff** umfasst bei privaten Unternehmen natürliche und juristische Personen sowie Personenvereinigungen[6] mit Gewinnerzielungsabsicht.[7] Er ist **nicht mit** dem **Unternehmen gleichzusetzen**; die Steuerbefreiung erstreckt sich daher auch bei privaten Unternehmen nur auf die unmittelbar mit der begünstigten Einrichtung ausgeführten Heilbehandlungsumsätze (Rz. 36 ff.). Eine **Organschaft** erweitert den Anwendungsbereich der Steuerbefreiung über die jeweilige Einrichtung hinaus nicht.[8] 188

2. Anerkennungsgrundsätze

Die Erbringung begünstigter Heilbehandlungsleistungen alleine reicht bei Einrichtungen i.S.d. § 4 Nr. 14 Buchst. b Satz 2 UStG für eine Steuerbefreiung nicht aus. Zusätzlich ist eine **Anerkennung** als 189

---

1 Vgl. § 29 Abs. 1 SGB IV.

2 Abschn. 4.14.7 Abs. 5 Satz 3 UStAE.

3 BFH, Urt. v. 22.5.2003 – V R 94/01, BStBl. II 2003, 954 = UR 2003, 541, Rz. 37 f.

4 Vgl. BFH, Urt. v. 15.4.2010 – V R 10/09, BStBl. II 2017, 863 = UR 2010, 646 m. Anm. *Bollweg* und *Küffner*, Rz. 28; ausführlich hierzu *Heidner*, DB 2019, 1049 (1051).

5 EuGH, Urt. v. 2.7.2015 – C-334/14, ECLI:EU:C:2015:437 – de Fruytier, UR 2015, 636, Rz. 35; EuGH, Schlussanträge des Generalanwalts *Hogan* v. 23.9.2021 – C-228/20, ECLI:EU:C:2021:762 – I GmbH, Rz. 44.

6 EuGH, Urt. v. 7.9.1999 – C-216/97, ECLI:EU:C:1999:390 – Gregg, UR 1999, 419, Rz. 17 ff.; Abschn. 4.14.7 Abs. 5 Satz 2 UStAE.

7 EuGH, Urt. v. 26.5.2005 – C-498/03, ECLI:EU:C:2005:322 – Kingscrest Associates und Montecello, UR 2005, 453, Rz. 35; EuGH, Urt. v. 21.1.2016 – C-335/14, ECLI:EU:C:2016:36 – Les Jardins de Jouvence, UR 2016, 391, Rz. 39.

8 FG Köln, Urt. v. 22.5.2013 – 8 K 3374/10, EFG 2013, 1439 = UR 2013, 540 m. Anm. *Stiepel*, Rz. 43 (rkr.).

in sozialer Hinsicht vergleichbare Einrichtung **erforderlich.**[1] Dies ist der Unterschied gegenüber privaten Unternehmern, die unter § 4 Nr. 14 Buchst. a Satz 1 UStG fallen.[2]

190 Krankenhausbehandlungen und ärztliche Heilbehandlungen sind nach Art. 132 Abs. 1 Buchst. b MwStSystRL (Art. 13 Teil A Abs. 1 Buchst. b 6. EG-Richtlinie) bei privaten Einrichtungen nur befreit, wenn sie von **„ordnungsgemäß anerkannten" Einrichtungen** unter Bedingungen erbracht werden, die **in sozialer Hinsicht** mit den für öffentliche Einrichtungen geltenden Bedingungen **vergleichbar** sind.

191 Die **Notwendigkeit der Anerkennung** gilt für alle Arten der in Art. 132 Abs. 1 Buchst. b MwStSystRL (Art. 13 Teil A Abs. 1 Buchst. b 6. EG-Richtlinie) genannten Einrichtungen, also auch für die darin ausdrücklich genannten Einrichtungen wie z.B. Krankenanstalten.[3]

192 Die **Anerkennung** hat **durch den nationalen Gesetzgeber** zu erfolgen.[4] Diese muss aus unionsrechtlicher Sicht weder in einem förmlichen Verfahren noch durch steuerrechtliche Vorschriften erfolgen.[5] Die Mitgliedstaaten verfügen insoweit über ein **Ermessen**, insbesondere bei der Festlegung der Kriterien, anhand derer die Anerkennung erfolgt.[6] Der **Grundsatz der steuerlichen Neutralität** erfordert aber, dass für alle privatrechtlichen Einrichtungen in Bezug auf die Erbringung vergleichbarer Leistungen die gleichen Bedingungen für ihre Anerkennung als steuerbegünstigte Einrichtung mit sozialem Charakter gelten müssen.[7]

193 Der nationale Gesetzgeber stellt in § 4 Nr. 14 Buchst. b Satz 2 UStG für die Anerkennung auf den **Regelungsgehalt der Sozialgesetzbücher** ab. Einrichtungen, die von den Sozialversicherungsträgern als Leistungserbringer im Heilbehandlungsbereich zugelassen sind, gelten als anerkannt.[8] Diese Anerkennungsregelung ist **vom Grundsatz her unionsrechtskonform.**[9] Auf die Zulassung durch die Sozialversicherungsträger abzustellen, impliziert die Entscheidung, dass die jeweilige private Einrichtung mit den entsprechenden öffentlichen Einrichtungen „in sozialer Hinsicht vergleichbar" ist. Als Folge daraus müssen aber auch alle von den Sozialversicherungsträgern zugelassenen Einrichtungen anerkannt sein.[10] Zweifelsfragen ergeben sich insoweit bei den Einrichtungen nach dem vierten Abschnitt des SGB V (Rz. 228).

194 Ein **Verstoß gegen Unionsrecht** liegt nach BFH jedoch vor, soweit die sozialrechtliche Anerkennung einem **Bedarfsvorbehalt** unterliegt und damit den Kreis der steuerbefreiten Leistungserbringer einschränkt. Dies galt bis zur Neufassung des § 4 Nr. 14 Buchst. b Satz 2 Doppelbuchst. aa UStG zum 1.1.2020 (Rz. 205 ff.) für private Krankenhäuser ohne Zulassung nach § 108 SGB V. In seinen zugrundeliegenden Urteilen vom 23.10.2014[11] und vom 18.3.2015[12] hat der BFH jedoch nicht die **Systematik der Anerkennung** aufgrund sozialrechtlicher Vorschriften als solche infrage gestellt.[13] Dies wurde im BFH-Urteil vom 23.1.2019[14] nochmals ausdrücklich **bestätigt.**[15]

---

1 Vgl. entsprechend zu Art. 132 Abs. 1 Buchst. g MwStSystRL EuGH, Urt. v. 15.4.2021 – C-846/19, ECLI:EU:C:2021:277 – Administration de l'Enregistrement, des Domaines und de la TVA, EQ, UR 2021, 830, Rz. 72.
2 Vgl. EuGH, Urt. v. 8.6.2006 – C-106/05, ECLI:EU:C:2006:380 – L.u.P. GmbH, UR 2006, 464, Rz. 45; zum Verhältnis zwischen § 4 Nr. 14 Buchst. a Satz 1 und Buchst. b UStG vgl. auch *Sterzinger*, UR 2013, 525 (528).
3 EuGH, Urt. v. 7.4.2022 – C-228/20, ECLI:EU:C:2022:275 – I (Exonération de TVA des prestations hospitalières), UR 2022, 384, Rz. 48–60.
4 EuGH, Urt. v. 10.9.2002 – C-141/00, ECLI:EU:C:2002:473 – Kügler, UR 2002, 513, Rz. 57.
5 EuGH, Urt. v. 6.11.2003 – C-45/01, ECLI:EU:C:2003:595 – Dornier, UR 2003, 585 m. Anm. *Widmann*, Rz. 67.
6 EuGH, Urt. v. 15.11.2012 – C-174/11, ECLI:EU:C:2012:716 – Zimmermann, UR 2013, 35, Rz. 26 f. und 31 m.w.N; EuGH, Urt. v. 21.1.2016 – C-335/14, ECLI:EU:C:2016:36 – Les Jardins de Jouvence, UR 2016, 391, Rz. 32 ff.
7 EuGH, Urt. v. 15.11.2012 – C-174/11, ECLI:EU:C:2012:716 – Zimmermann, UR 2013, 35, Rz. 52 f.
8 BT-Drucks. 16/10189, 74.
9 Vgl. BFH, Urt. v. 23.1.2019 – XI R 15/16, BFHE 263, 543 = UR 2019, 377.
10 Vgl. hierzu *Oelmaier* in Sölch/Ringleb, § 4 Nr. 14 UStG Rz. 137 und 163–165 (Stand: März 2020).
11 BFH, Urt. v. 23.10.2014 – V R 20/14, BStBl. II 2016, 785 = UR 2015, 235.
12 BFH, Urt. v. 18.3.2015 – XI R 38/13, BStBl. II 2016, 793 = UR 2015, 552.
13 Vgl. auch *Klaßmann*, MwStR 2017, 548 zur Rechtsprechung zu § 4 Nr. 16 UStG; **a.A.** *Erdbrügger*, MwStR 2015, 398.
14 BFH, Urt. v. 23.1.2019 – XI R 15/16, BFHE 263, 543 = UR 2019, 377.
15 BFH, Urt. v. 23.1.2019 – XI R 15/16, BFHE 263, 543 = UR 2019, 377, Rz. 86.

Für die Anerkennung privater Einrichtungen i.S.d. Art. 132 Abs. 1 Buchst. b MwStSystRL (Art. 13 Teil A Abs. 1 Buchst. b 6. EG-Richtlinie) ist der jeweilige **Besteuerungsmitgliedstaat zuständig**, der nach den Regelungen zum Ort der Dienstleistung (vgl. Art. 44 ff. MwStSystRL bzw. § 3a UStG) zu bestimmen ist (§ 4 Nr. 16 Rz. 74.1).[1] 194.1

3. Ausschluss von Leistungen außerhalb der jeweiligen Anerkennung

Nach § 4 Nr. 14 Buchst. b Satz 2 Halbs. 2 UStG erstreckt sich die Steuerbefreiung bei Einrichtungen i.S.d. **§ 4 Nr. 14 Buchst. b Satz 2 Doppelbuchst. aa–hh UStG** jeweils nur auf die Art von Leistungen, die von der Zulassung, dem Vertrag bzw. der Regelung nach Sozialrecht umfasst sind.[2] Dies dient dem **Ausschluss einrichtungsfremder Leistungen** von der Steuerbefreiung.[3] Unter dem den Mitgliedstaaten von der Rechtsprechung zugebilligten Ermessen bei der Anerkennung von Einrichtungen mit sozialem Charakter und dem Gesichtspunkt der Sicherstellung einer hinreichenden Qualität der Heilbehandlungsleistungen ist diese Einschränkung als unionsrechtskonform anzusehen. 195

Keine Einschränkung ergibt sich dadurch hinsichtlich der Vergütung der einzelnen Heilbehandlung (gesetzlich oder privat versichert). Auch die Erbringungen von Leistungen, die über den Leistungskatalog der gesetzlichen Krankenversicherung hinausgehen (z.B. Chefarztbehandlung, Doppel- oder Einzelzimmerbelegung), werden nicht von der Steuerbefreiung ausgeschlossen.[4] 196

Die Steuerbefreiung nach § 4 Nr. 14 Buchst. b Satz 2 Doppelbuchst. ii UStG (Rz. 241) für **Einrichtungen**, denen im Wege der Beleihung die Durchführung **des Maßregelvollzugs** übertragen wurde, ist von dieser Einschränkung **ausgenommen**. Zum einen liegt insoweit keine sozialrechtliche Anerkennung vor und zum anderen erbringen diese Einrichtungen z.T. auch Leistungen der allgemeinen Krankenbehandlung und Versorgung mit Hilfsmitteln an die dort untergebrachten Personen, die umsatzsteuerfrei zu stellen sind. 197

4. Anerkannte Einrichtungen

a) Krankenhäuser (Nr. 14 Buchst. b Satz 2 Doppelbuchst. aa)

aa) Zugelassene Krankenhäuser nach § 108 SGB V

Nach § 2 Nr. 1 KHG sind **Krankenhäuser** Einrichtungen, in denen durch ärztliche und pflegerische Hilfeleistung Krankheiten, Leiden oder Körperschäden festgestellt, geheilt oder gelindert werden sollen oder Geburtshilfe geleistet wird und in denen die zu versorgenden Personen untergebracht und verpflegt werden können. Der Krankenhausbegriff wird durch § 107 Abs. 1 SGB V ergänzt.[5] 198

Ein Unternehmer, der Krankenhauspatienten **nur Unterkunft und Verpflegung** gewährt, erbringt keine spezifische Krankenhausleistung und „betreibt" damit kein Krankenhaus.[6] 199

Neben **Allgemeinkrankenhäusern** gehören hierzu auch **Fach- oder Sonderkrankenhäuser** oder **Belegkrankenhäuser**. Einrichtungen, die ausschließlich der ambulanten Behandlung dienen, sind keine Krankenhäuser.[7] 200

Private Krankenhäuser sind nach § 4 Nr. 14 Buchst. b Satz 2 Doppelbuchst. aa UStG begünstigt, wenn sie eine **Zulassung nach § 108 SGB V** besitzen.[8] § 108 SGB V zählt auf, welche Krankenhäuser i.S.d. § 107 Abs. 1 SGB V zur Versorgung der gesetzlich Versicherten zugelassen sind.[9] Die Zulassung eines 201

---

1 EuGH, Urt. v. 11.5.2023 – C-620/21, ECLI:EU:C:2023:395 – MOMTRADE RUSE, UR 2023, 834 Rz. 72 ff.
2 Vgl. Abschn. 4.14.5 Abs. 24 UStAE.
3 BT-Drucks. 16/10189, 75.
4 Abschn. 4.14.5 Abs. 25 Satz 2 UStAE.
5 Siehe hierzu Abschn. 4.14.5 Abs. 2 UStAE; vgl. zum Krankenhausbegriff auch FG Münster, Urt. v. 2.8.2015 -15 K 718/12 U, EFG 2016, 1637 (rkr.).
6 BFH, Urt. v. 25.6.1998 – V R 76/97, BFH/NV 1998, 1534.
7 BFH, Urt. v. 2.3.1989 – IV R 83/86, BStBl. II 1989, 506, Rz. 10.
8 Abschn. 4.14.5 Abs. 3 UStAE.
9 *Wahl* in jurisPK, § 108 SGB V Rz. 4 (Stand: Juli 2020).

Krankenhauses erfolgt rechtsbegründend durch **Versorgungsvertrag** nach § 109 Abs. 1 SGB V, der bei den in § 108 Nr. 1 und 2 SGB V genannten Krankenhäusern fingiert wird. Dennoch wirkt die Zulassung auch in diesen Fällen mit der Anerkennung als Hochschulklinik bzw. der Aufnahme in den Krankenhausplan konstitutiv,[1] so dass die umsatzsteuerliche Anerkennung nur für die Dauer der Gültigkeit der fingierten Verträge vorliegen dürfte.

202 Die nach landesrechtlichen Vorschriften als **Hochschulklinik** anerkannten Krankenhäuser (**§ 108 Nr. 1 SGB V**) werden nach den Erfordernissen von Forschung und Lehre errichtet und betrieben. Keine Hochschulkliniken in diesem Sinne sind akademische Lehrkrankenhäuser.[2] In den meisten Fällen dürfte es sich bei Hochschulkliniken allerdings um Einrichtungen des öffentlichen Rechts handeln, die nach § 4 Nr. 14 Buchst. b Satz 1 UStG begünstigt sind.

203 Anerkannt sind zudem die **Plankrankenhäuser (§ 108 Nr. 2 SGB V)**, die in den Krankenhausplan eines Landes aufgenommen sind. Erforderlich hierfür ist ein entsprechender Feststellungsbescheid nach § 8 Abs. 1 Satz 3 KHG.[3]

204 Krankenhäuser, die **weder Hochschulkliniken noch Plankrankenhäuser** sind, müssen einen Versorgungsvertrag (§ 108 Nr. 3 SGB V) mit den Verbänden der gesetzlichen Krankenkassen abschließen, um zur Krankenhausbehandlung der Versicherten zugelassen zu sein und darüber die Anerkennung für umsatzsteuerliche Zwecke zu erlangen. Die Zulassung ist nach § 109 Abs. 3 Satz 1 Nr. 3 SGB V von der Bedarfsgerechtigkeit anhängig.

bb) In sozialer Hinsicht vergleichbare Krankenhäuser

(1) Hintergrund der gesetzlichen Neuregelung zum 1.1.2020

205 Private **Krankenhäuser** (vgl. § 30 GewO) **ohne Zulassung nach § 108 SGB V** waren nach der **bis 31.12.2019** geltenden Gesetzesfassung von der Steuerbefreiung **generell ausgeschlossen.**[4]

206 Der bis zu diesem Zeitpunkt geltende **§ 4 Nr. 14 Buchst. b Satz 2 Doppelbuchst. aa UStG a.F.** war nach der Rechtsprechung von **BFH**[5] und nunmehr auch EuGH[6] **nicht unionsrechtkonform**, da die entsprechende sozialrechtliche Anerkennung z.T. einem **Bedarfsvorbehalt** unterlag.

207 Mit **Urteil vom 23.1.2019**[7] hat der **BFH** seine Rechtsprechung zur Steuerbefreiung von Privatkliniken präzisiert. Zum einen ist danach das **Leistungsangebot** für die Prüfung, ob sozial vergleichbare Bedingungen wie die einer öffentlich-rechtlichen Einrichtung vorliegen, **nicht maßgebend**. Im Hinblick darauf ist allein entscheidend, ob die Leistungen medizinisch indiziert sind und damit für diese der Anwendungsbereich der Steuerbefreiung eröffnet ist.[8] Zum anderen ist bei der Vergleichsbetrachtung die ermessensgerechte Entscheidung des Gesetzgebers, für die Anerkennung der privaten Einrichtungen ist auf die sozialrechtliche Zulassung abzustellen, zu beachten. Insofern soll die **Einhaltung der in den §§ 108 ff. SGB V genannten Kriterien** der Leistungsfähigkeit und Wirtschaftlichkeit **entscheidend** sein. Es muss folglich geprüft werden, ob das jeweilige Krankenhaus die Voraussetzungen für die Aufnahme in den Krankenhausplan nach § 108 Nr. 2 SGB V oder den Abschluss eines Versorgungsvertrags nach § 108 Nr. 3 SGB V – unter Außerachtlassung der unionsrechtswidrigen Einschränkung durch den Bedarfsvorbehalt – erfüllt.[9]

---

1 *Wahl* in jurisPK, § 108 SGB V Rz. 15 (Stand: Juli 2020).
2 *Wahl* in jurisPK, § 108 SGB V Rz. 19 (Stand: Juli 2020).
3 *Wahl* in jurisPK, § 108 SGB V Rz. 20 (Stand: Juli 2020).
4 Abschn. 4.14.5 Abs. 4 Satz 1 UStAE in der zum 31.12.2019 geltenden Fassung.
5 BFH, Urt. v. 23.10.2014 – V R 20/14, BStBl. II 2016, 785 = UR 2015, 235; BFH, Urt. v. 18.3.2015 – XI R 38/13, BStBl. II 2016, 793 = UR 2015, 552.
6 EuGH, Urt. v. 7.4.2022 – C-228/20, ECLI:EU:C:2022:275 – I (Exonération de TVA des prestations hospitalières), UR 2022, 384.
7 BFH, Urt. v. 23.1.2019 – XI R 15/16, BFHE 263, 543 = UR 2019, 377.
8 BFH, Urt. v. 23.1.2019 – XI R 15/16, BFHE 263, 543 = UR 2019, 377, Rz. 77–79.
9 BFH, Urt. v. 23.1.2019 – XI R 15/16, BFHE 263, 543 = UR 2019, 377, Rz. 87 f.

Der nationale Gesetzgeber hat in Umsetzung dieser Rechtsprechung[1] **zum 1.1.2020** den § 4 Nr. 14 Buchst. b Satz 2 Doppelbuchst. aa UStG um eine vom sozialversicherungsrechtlichen Bedarfsvorbehalt unabhängige **neue Anerkennungsregelung für private Krankenhäuser** ergänzt. Inhaltlich ist diese Regelung im Grunde eine gesetzliche Umsetzung des BMF-Schreibens vom 6.10.2016.[2] 208

Private Krankenhäuser gelten **seit 1.1.2020** als anerkannte Einrichtungen, wenn sie ihre Heilbehandlungsleistungen unter Bedingungen erbringen, die in sozialer Hinsicht mit denen von öffentlich-rechtlichen Einrichtungen oder nach § 108 SGB V anerkannten Krankenhäusern vergleichbar sind. Hierfür sind nach nationalem Recht die **nachfolgenden Kriterien maßgebend.** 209

(2) Entsprechendes Leistungsangebot

Das **Leistungsangebot** des privaten Krankenhauses muss den von Krankenhäusern in öffentlich-rechtlicher Trägerschaft oder nach § 108 des Fünften Buches Sozialgesetzbuch zugelassenen Krankenhäusern erbrachten Leistungen entsprechen. 210

Als gesetzliches **Tatbestandsmerkmal** ist diese Festlegung m.E. **zu unbestimmt**. So ist der Regelung nicht zu entnehmen, welche öffentlich-rechtlichen oder nach § 108 SGB V zugelassenen Krankenhäuser für eine konkrete private Einrichtung den Vergleichsmaßstab bilden sollen. Darüber hinaus legt der Gesetzestext nahe, dass eine vollständige Entsprechung beim Leistungsangebot vorliegen muss. Dies erscheint mir bereits aus tatsächlichen Gründen unmöglich. Eine eingehende Erörterung dieser Fragen ist allerdings entbehrlich, weil nach der BFH-Rechtsprechung dieses Tatbestandsmerkmal **für die Frage der Anerkennung irrelevant** ist (Rz. 207). Medizinisch indizierte Heilbehandlungsleistungen können zudem nicht deshalb von der Steuerbefreiung ausgeschlossen werden, weil daneben noch andere Leistungen, insbesondere nicht medizinisch indizierte Heilbehandlungen, erbracht werden.[3] Sofern die Steuerbefreiung unter Verweis auf ein nicht adäquates Leistungsangebot verwehrt wird, sollten sich Steuerpflichtige auf diese Rechtsprechung berufen. 211

Nach meiner Auffassung kann die Anforderung an ein entsprechendes Leistungsangebot auch nicht so ausgelegt werden, dass darunter das **sozialrechtliche Kriterium der Leistungsfähigkeit eines Krankenhauses** (personelle, räumliche und medizinisch-technische Ausstattung i.S.d. § 109 Abs. 3 SGB V)[4] zu subsumieren wäre. 212

(3) „Sozialquoten" für 40 % der Fälle

Im Sinne einer „Sozialquote" müssen Privatkrankenhäuser für eine Anerkennung in mindestens **40 % der Fälle** eine **Entgeltgrenze** einhalten **oder** es muss eine **Kostenübernahme durch die gesetzlichen Krankenkassen bzw. andere Einrichtungen der sozialen Sicherheit** vorliegen. Die Regelung basiert auf den Grundsätzen der ehemaligen, in ständiger Rechtsprechung bislang als unionsrechtskonform beurteilten[5] 40 %-Grenzen in dem bis 2008 geltenden § 4 Nr. 16 UStG a.F. Im Urt. v. 17.11.2022[6] hat der BFH hieran jedoch nunmehr Zweifel geäußert, die sich auch auf das aktuelle Recht auswirken könnten (Rz. 222 ff.).[7] 213

Die **erste 40 %-Grenze** stellt auf die jährlichen **Berechnungs-/Belegungstage** ab. Ihr Jahreswert entspricht der Summe der an den einzelnen Tagen des Jahres um 24 Uhr vollstationär untergebrachten Patientinnen und Patienten.[8] In mindestens 40 % dieser Berechnungs-/Belegungstage darf kein höhe- 214

1 Vgl. die Gesetzesbegründung laut BT-Drucks. 19/13436, 144 f.
2 BMF, Schr. v. 6.10.2016 – III C 3-S 7170/10/10004 – DOK 2016/0882179, BStBl. I 2016, 1076; i.d.S. auch *Widmann*, MwStR 2019, 976 (980).
3 BFH, Urt. v. 23.1.2019 – XI R 15/16, BFHE 263, 543 = UR 2019, 377, Rz. 79.
4 BFH, Urt. v. 23.1.2019 – XI R 15/16, BFHE 263, 543 = UR 2019, 377, Rz. 87.
5 Vgl. BFH, Urt. v. 28.6.2017 – XI R 23/14, BFHE 258, 517 = UR 2017, 921 m.w.N.
6 BFH, Urt. v. 17.11.2022 – V R 23/20, UR 2023, 226 m. Anm. *Wüst*, Rz. 34.
7 Vgl. *Wüst*, UR 2023, 231.
8 Vgl. das Informationssystem der Gesundheitsberichterstattung des Bundes unter www.gbe-bund.de.

res **Entgelt** als für allgemeine Krankenhausleistungen **nach dem KHEntgG**[1] **oder der BPflV**[2] berechnet werden.[3]

Ab dem 1.1.2003 hat das KHEntgG für die Krankenhäuser, die dem DRG-Vergütungssystem nach § 17b KHG[4] (diagnose-orientierte Fallpauschalen) unterliegen, die Bundespflegesatzverordnung ersetzt.[5] Es regelt zusammen mit dem Krankenhausfinanzierungsgesetz die Entgelte für die vom Krankenhaus erbrachten vollstationären und teilstationären Leistungen. Seither gilt die BPflV nur noch für diejenigen Krankenhäuser, die nicht in das DRG-System einbezogen sind (psychiatrische und psychosomatische Krankenhäuser).

214.1 Als besondere **Problemfelder** bei dieser Vergleichsberechnung hervorzuheben ist zum einen, dass bei psychiatrischen und psychosomatischen Krankenhäusern aus dem vereinbarten Budget ein krankenhausindividueller Basisentgeltwert zu ermitteln ist,[6] wodurch die Möglichkeit der **Ermittlung maßgebender Vergleichswerte** infrage gestellt wird. Zum anderen ist fraglich, ob **Investitionskosten**, die von privaten Krankenhäusern selbst zu tragen sind, bei Berechnung dieser 40 %-Grenze in dem Sinne Berücksichtigung finden müssen, dass ihnen in entsprechendem Umfang ein höheres Entgelt zugestanden werden muss. In seinen Urt. v. 23.10.2014[7] und v. 17.11.2022[8] hat der BFH dies in Betracht gezogen. Vor dem Hintergrund, dass die Investitionskosten (insbes. für Gebäude und Anlagengüter) bei Hochschulkliniken und Plankrankenhäusern im Wege öffentlicher Förderung übernommen werden, erscheint dies auch gerechtfertigt.[9]

214.2 **Maßgebend** sind für diese Vergleichsberechnung alleine die **medizinisch indizierten Heilbehandlungen**, denn nur diese fallen dem Grunde nach überhaupt unter die Steuerbefreiung.[10]

215 Die **zweite 40 %-Grenze** stellt darauf ab, ob die **Leistungen den in § 4 Nr. 15 Buchst. b UStG genannten Personen** (§ 4 Nr. 15 Rz. 28 ff.) **zugutekommen**, was eine Kostenübernahme insbesondere durch die gesetzliche Krankenversicherung bedeutet.

Nicht hierzu zählen **beihilfeberechtigte Personen**, da diese zum Krankenhaus eine privatrechtliche Leistungsbeziehung haben.

216 Fraglich ist, ob die Anerkennung endgültig zu versagen ist, wenn **keine der beiden 40 %-Grenzen** für sich betrachtet **erreicht** ist. Für diesen Fall erscheint eine Gesetzesauslegung sachgerecht, wonach es ausreichend ist, dass die erste und zweite „Sozialquote" **in der Summe die 40 %-Grenze erreichen**. Denn das Gesetz stellt nach seinem Regelungsziel darauf ab, dass bei der jeweiligen Einrichtung im Gesamtumfang von 40 % für die Heilbehandlungsleistungen keine Entgelte verlangt werden, die über die Kostenerstattung der Sozialleistungsträger hinausgehen.

217 Hinsichtlich der Berücksichtigung der Entgelte für **Wahlleistungen** bei der Quotenbildung dürfte weiterhin auf die Regelung im BMF-Schreiben vom 6.10.2016[11] abzustellen sein, wonach diese in die Berechnung nicht mit einzubeziehen sind, wenn das Entgelt für die Wahlleistungen entsprechend § 17 Abs. 1 KHEntgG in einem angemessenen Verhältnis zu den allgemeinen Krankenhausleistungen steht. Die Angemessenheit dürfte durch einen Vergleich mit den Preisen öffentlicher oder nach § 108 SGB V zugelassener Krankenhäuser für entsprechende Wahlleistungen zu ermitteln sein.

---

1 Gesetz über die Entgelte für voll- und teilstationäre Krankenhausleistungen (Krankenhausentgeltgesetz – KHEntgG) v. 23.4.2002, BGBl. I 2002, 1412; vgl. insbesondere §§ 7 und 8 KHEntgG.

2 Verordnung zur Regelung der Krankenhauspflegesätze (Bundespflegesatzverordnung – BPflV) v. 26.9.1994, BGBl. I 1994, 2750.

3 Vgl. BFH, Urt. v. 23.1.2019 – XI R 15/16, BFHE 263, 543 = UR 2019, 377, Rz. 69.

4 Gesetz zur wirtschaftlichen Sicherung der Krankenhäuser und zur Regelung der Krankenhauspflegesätze (Krankenhausfinanzierungsgesetz – KHG) v. 10.4.1991, BGBl. I 1991, 886.

5 Vgl. die Gesetzesbegründung zum Krankenhausentgeltgesetz in BT-Drucks. 14/6893, 38.

6 Vgl. § 3 Abs. 5 BPflV.

7 BFH, Urt. v. 23.10.2014 – V R 20/14, BStBl. II 2016, 785 = UR 2015, 235, Rz. 27.

8 BFH, Urt. v. 17.11.2022 – V R 23/20, UR 2023, 226 m. Anm. *Wüst*, Rz. 25.

9 Vgl. *Wüst*, UR 2023, 231.

10 BFH, Urt. v. 23.1.2019 – XI R 15/16, BFHE 263, 543 = UR 2019, 377, Rz. 79.

11 BMF, Schr. v. 6.10.2016 – III C 3-S 7170/10/10004 – DOK 2016/0882179, BStBl. I 2016, 1076.

Für **wahlärztliche Leistungen** finden nach § 17 Abs. 3 Satz 7 KHEntgG die Vorschriften der Gebührenordnungen für Ärzte oder Zahnärzte Anwendung. Die Entgelte hierfür dürften daher stets als angemessen zu beurteilen sein. 218

(4) Maßgebendes Kalenderjahr

Nach dem Gesetz ist **grundsätzlich** auf die **Verhältnisse im vorangegangenen Kalenderjahr** abzustellen. Diese Formulierung versucht zwei Dinge zu vereinen. Zum einen **umgeht** die Regelung eine **Unionsrechtswidrigkeit**, die entstehen würde, wenn alleine und absolut auf die Verhältnisse des vorangegangenen Kalenderjahres abgestellt würde und die Verhältnisse im Zeitpunkt der Leistungserbringung unberücksichtigt blieben.[1] Zum anderen **schafft** sie im Interesse der Steuerpflichtigen und auch der Verwaltung **Planungssicherheit** dahingehend, dass bei der Erfüllung der Anerkennungskriterien im vorangegangenen Jahr auch für das Folgejahr eine Anerkennung vorliegt.[2] 219

Die **Regelung wirkt** sich bei dieser Auslegung **nur zugunsten der Steuerpflichtigen** aus. Einerseits können diese stets anhand der Verhältnisse des laufenden Kalenderjahres die Einhaltung der „Sozialquote" nachweisen. Anderseits kann – sofern die „Sozialquote" im vorangegangenen Kalenderjahr erfüllt wurde – einem privaten Krankenhaus die Anerkennung für das laufende Kalenderjahr nicht versagt werden, auch wenn in diesem die „Sozialquote" nicht mehr erfüllt wird. 220

Bei der **erstmaligen Aufnahme der Tätigkeit** sind die voraussichtlichen Verhältnisse des laufenden Kalenderjahres maßgebend. 221

(5) Möglicher Widerspruch zum Unionsrecht

Die Neuregelung in § 4 Nr. 14 Buchst. b Satz 2 Doppelbuchst. aa UStG zur Definition der „in sozialer Hinsicht vergleichbaren Bedingungen" könnte nach den **EuGH-Urteilen v. 5.3.2020[3] und v. 7.4.2022[4]** im Widerspruch zum Unionsrecht stehen. 222

Das genannte EuGH-Urteil v. 5.3.2020 bestätigt zwar, dass die hierzu im nationalen Recht festgelegte **Entgeltgrenze** sowie die **Kostenübernahmevoraussetzungen zulässig** sind.[5]

Nach Auffassung des EuGH bezieht sich das **Tatbestandsmerkmal der „Bedingungen, die in sozialer Hinsicht vergleichbar sind"** allerdings ausschließlich auf die erbrachten Leistungen und nicht auf den betreffenden Leistungserbringer. Der Anteil der Heilbehandlungen, die im Sinne dieser Vorschrift unter Bedingungen durchgeführt werden, die in sozialer Hinsicht vergleichbar sind, im Verhältnis zur gesamten Tätigkeit des Leistungserbringers, ist damit für die Anwendung des Art. 132 Abs. 1 Buchst. b MwStSystRL (Art. 13 Teil A Abs. 1 Buchst. b 6. EG-Richtlinie) nicht relevant.[6] Es handelt sich hierbei demnach um **kein Anerkennungskriterium für die Einrichtung**. Dies könnte der in § 4 Nr. 14 Buchst. b Satz 2 Doppelbuchst. aa UStG geregelten und auf das jeweilige Krankenhaus bezogenen „Sozialquote" (Rz. 213 ff.) sowie der hierbei angeordneten Jahresbetrachtung über alle Umsätze hinweg für die Definition der „in sozialer Hinsicht vergleichbaren Bedingungen" entgegenstehen. Entsprechende Zweifel äußerte auch bereits der BFH.[7] 223

Betroffenen Einrichtungen ermöglicht diese Rechtsprechung ggf., sich für die Inanspruchnahme der Steuerbefreiung **umsatzbezogen unmittelbar auf das EU-Recht berufen zu können.**

Dies wirft die Frage auf, welche **Kriterien für die Prüfung** einer in sozialer Hinsicht vergleichbaren Leistungserbringung heranzuziehen sind. Die hierbei aktuell zu berücksichtigende Rechtsprechung 223.1

---

1 Vgl. BFH, Urt. v. 28.6.2017 – XI R 23/14, BFHE 258, 517 = UR 2017, 921, Rz. 43; BFH, Urt. v. 13.6.2018 – XI R 20/16, BFHE 262, 220 = UR 2018, 834, Rz. 51 m.w.N.

2 I.d.S. auch *Widmann*, MwStR 2019, 976 (980).

3 EuGH, Urt. v. 5.3.2020 – C-211/18, ECLI:EU:C:2020:168 – IDEALMED III, UR 2020, 302.

4 EuGH, Urt. v. 7.4.2022 – C-228/20, ECLI:EU:C:2022:275 – I (Exonération de TVA des prestations hospitalières), UR 2022, 384 Rz. 75.

5 EuGH, Urt. v. 5.3.2020 – C-211/18, ECLI:EU:C:2020:168 – IDEALMED III, UR 2020, 302, Rz. 27 ff.

6 EuGH, Urt. v. 5.3.2020 – C-211/18, ECLI:EU:C:2020:168 – IDEALMED III, UR 2020, 302, Rz. 20 f.

7 BFH, Urt. v. 17.11.2022 – V R 23/20, UR 2023, 226 m. Anm. *Wüst*, Rz. 34.

fasst der BFH in seinem Urt. v. 17.11.2022 zusammen.[1] Dabei ergeben sich aus dem EuGH-Urt. v. 7.4.2022 als weitere Vergleichskriterien, welchen Verpflichtungen mit sozialer Zielsetzung die Einrichtung unterliegt, die Modalitäten der Berechnung der Tagessätze und die Kostenübernahme für die Heilbehandlungsleistungen durch die Sozialkassen bzw. die vom Patienten selbst zu tragenden Kosten.[2]

Solange sich die Verwaltung weder zur Vergleichsberechnung bei der 40 %-Grenze (Rz. 214 f.), noch zu dieser Rechtsprechung geäußert hat, bleibt Steuerpflichtigen nur die Möglichkeit anhand des jeweiligen Einzelfalls auf Grundlage der hier zitierten Urteile zu argumentieren.

b) Zentren für ärztliche Heilbehandlung und Diagnostik oder Befunderhebung (Nr. 14 Buchst. b Satz 2 Doppelbuchst. bb)

224 Für die hier verwendeten **Einrichtungsbegriffe**, übernommen aus Art. 132 Abs. 1 Buchst. b MwStSystRL (Art. 13 Teil A Abs. 1 Buchst. b 6. EG-Richtlinie), gibt es keine eigenständige Definition; maßgebend ist insoweit der **Anwendungsbereich von § 95 SGB V und § 115 SGB V**.[3] Die Verwaltung unterscheidet sie von den Krankenhäusern dadurch, dass den Patienten regelmäßig weder Unterkunft noch Verpflegung gewährt wird.[4]

225 Anerkannt sind zum einen Einrichtungen, die an der **vertragsärztlichen Versorgung** teilnehmen (§ 95 SGB V). Hierzu zählen insbesondere **Medizinische Versorgungszentren**[5] sowie grundsätzlich auch medizinische **Labore**[6] (Rz. 30). Auch Einrichtungen nach § 13 SchKG, in denen Leistungen nach § 24b SGB V (Schwangerschaftsabbruch und Sterilisation) erbracht werden, sind Teil der vertragsärztlichen Versorgung (§ 75 Abs. 9 SGB V).[7] Die Verwaltung hat die Anerkennung zudem auf Einrichtungen zur labordiagnostischen Stammzellentypisierung ausgedehnt.[8]

226 Das Kriterium, wonach Einrichtungen anerkannt sind, für die die **Regelungen des § 115 SGB V „gelten“**, ist m.E. nicht hinreichend bestimmt. Eine Anerkennung dürfte nach der gesetzlichen Systematik nur bei Vorliegen entsprechender Versorgungsverträge gegeben sein. Was im Vergleich dazu das „Gelten“ der Regelungen des § 115 SGB V bedeuten soll, ist unklar.[9]

227 Ein Anwendungsfall sind nach Abschn. 4.14.5 Abs. 12 Satz 1 UStAE sog. **Praxiskliniken** (vgl. § 115 Abs. 2 Nr. 1 SGB V, § 122 SGB V). Hierbei handelt es sich um Einrichtungen, in denen verschiedene Ärzte gesetzlich Versicherte ambulant und stationär behandeln (insbesondere ambulantes Operieren). „Praxiskliniken“ nehmen jedoch nicht selbst an der vertragsärztlichen Versorgung teil. Die Teilnahme wird vielmehr über den Vertragsarztstatus gemäß § 95 SGB V, d.h. über dort arbeitende zugelassene Vertragsärzte oder ein Medizinisches Versorgungszentrum vermittelt. Für stationäre Behandlungen bedürfen „Praxiskliniken“ einer Zulassung nach § 108 SGB V.[10]

228 Darüber hinaus fasst die Verwaltung[11] **weitere Einrichtungen** des Vierten Abschnitts des Vierten Kapitels SGB V darunter, z.B. Hochschulambulanzen nach § 117 SGB V, Psychiatrische Institutsambulanzen nach § 118 SGB V oder Sozialpädiatrische Zentren nach § 119 SGB V. *Oelmaier* kritisiert zu Recht, dass insoweit eine Anerkennung über die Bezugnahme auf die jeweils geltende Einzelvorschrift erfolgen müsste und insofern eine **Regelungslücke** vorliegen könnte.[12] Allerdings handelt es sich in den

---

1 BFH, Urt. v. 17.11.2022 – V R 23/20, UR 2023, 226 m. Anm. *Wüst*, Rz. 34.

2 Vgl. EuGH, Urt. v. 7.4.2022 – C-228/20, ECLI:EU:C:2022:275 – I (Exonération de TVA des prestations hospitalières), UR 2022, 384 Rz. 83.

3 Gl.A. *Hölzer* in Rau/Dürrwächter, § 4 Nr. 14 UStG Rz. 583 f. (Stand: Juli 2017).

4 Abschn. 4.14.5 Abs. 5 UStAE.

5 Abschn. 4.14.5 Abs. 10 UStAE.

6 Abschn. 4.14.5 Abs. 9 UStAE.

7 Abschn. 4.14.5 Abs. 7 Satz 3 UStAE.

8 Abschn. 4.14.5 Abs. 7 Satz 4 ff. UStAE.

9 Gl.A. *Oelmaier* in Sölch/Ringleb, § 4 Nr. 14 UStG Rz. 164 (Stand: Juni 2019); *Hölzer* in Rau/Dürrwächter, § 4 Nr. 14 UStG Rz. 592 (Stand: Juli 2017).

10 *Köhler-Hohmann* in jurisPK, § 122 SGB V Rz. 14 (Stand: Juli 2020).

11 Abschn. 4.14.5 Abs. 13 UStAE.

12 *Oelmaier* in Sölch/Ringleb, § 4 Nr. 14 UStG Rz. 165 (Stand: Juni 2019).

Fällen der §§ 115 SGB V ff. meist um die Vereinbarung ergänzender (ambulanter) Leistungen mit Vertragsärzten und bereits anerkannten Krankenhäusern, was die praktischen Auswirkungen dieses Regelungsdefizits relativiert.

c) An der Versorgung durch die Träger der gesetzlichen Unfallversicherung beteiligte Einrichtungen (Nr. 14 Buchst. b Satz 2 Doppelbuchst. cc)

Als anerkannt gelten nach dieser Vorschrift Einrichtungen, die nach **§ 34 SGB VII** von den Trägern der gesetzlichen Unfallversicherung an der Versorgung der Versicherten beteiligt werden. 229

Ärzte und Krankenhäuser haben bei Vorliegen der entsprechenden Voraussetzungen einen Anspruch auf Beteiligung an der Versorgung; es besteht insoweit kein Bedarfsvorbehalt. Die Zulassung sowie ihre Kündigung erfolgen durch **Verwaltungsakt.**[1] Die Anerkennung von Einrichtungen der Rehabilitation erfolgt durch **Vertrag** (§ 34 Abs. 8 SGB VII).[2] 230

Der **Anwendungsbereich** der Anerkennungsregelung nach § 4 Nr. 14 Buchst. b Satz 2 Doppelbuchst. cc UStG **dürfte gering sein.** Bei den von der gesetzlichen Unfallversicherung zugelassenen Leistungserbringern wird es sich regelmäßig um niedergelassene Ärzte handeln, deren Leistungen nach § 4 Nr. 14 Buchst. a Satz 1 UStG befreit sind, oder um bereits nach § 4 Nr. 14 Buchst. b Satz 2 Doppelbuchst. aa, bb oder dd UStG anerkannte Einrichtungen. 231

d) Einrichtungen mit Versorgungsverträgen nach § 111 und § 111a SGB V (Nr. 14 Buchst. b Satz 2 Doppelbuchst. dd)

Versorgungsverträge nach § 111 SGB V betreffen **Vorsorge- oder Rehabilitationseinrichtungen** nach § 107 Abs. 2 SGB V. Diese erbringen medizinische Leistungen zur Vorsorge oder medizinischen Rehabilitation einschließlich der Anschlussheilbehandlung, die eine stationäre Behandlung, aber keine Krankenhausbehandlung erfordern.[3] 232

Versorgungsverträge nach § 111a betreffen Einrichtungen des **Müttergenesungswerks oder gleichartige Einrichtungen**, die stationäre medizinische Leistungen zur besonderen Vorsorge oder Rehabilitation für Mütter und Väter erbringen.[4] Die Einrichtungen unterscheiden sich gegenüber denjenigen nach § 111 SGB V durch das auf den besonderen Versorgungsbedarf von Müttern und Vätern ausgerichtete Angebot (Behandlungsbedarf beim Kind oder dem Elternteil). 233

e) Rehabilitationseinrichtungen (Nr. 14 Buchst. b Satz 2 Doppelbuchst. ee)

Anerkannt sind sowohl **Rehabilitationsdienste** (dem Verständnis nach eher ambulante Leistungen) und **Rehabilitationseinrichtungen** (dem Verständnis nach eher stationäre Leistungen), mit denen Verträge nach § 38 SGB IX bestehen.[5] Diese Vorschrift umfasst allerdings den gesamten Bereich der Rehabilitation behinderter Menschen und damit z.B. auch Pflegedienste, Pflegeeinrichtungen, Berufsbildungswerke oder Integrationsfachdienste.[6] Von § 4 Nr. 14 Buchst. b Satz 2 Doppelbuchst. ee UStG sind aufgrund der danach begünstigungsfähigen Leistungen aber nur Einrichtungen der **medizinischen Rehabilitation** erfasst. Dies sind regelmäßig Ärzte und Kliniken, für die meist schon eine Steuerbefreiung nach § 4 Nr. 14 Buchst. a Satz 1 UStG oder § 4 Nr. 14 Buchst. b Satz 1 bzw. Satz 2 Doppelbuchst. bb UStG vorliegt. 234

1 *Welti* in jurisPK, § 34 SGB VII Rz. 12 und 15 (Stand: März 2014).
2 *Welti* in jurisPK, § 34 SGB VII Rz. 24 (Stand: März 2014).
3 Abschn. 4.14.5 Abs. 15 f. UStAE.
4 Abschn. 4.14.5 Abs. 17 UStAE.
5 Abschn. 4.14.5 Abs. 18 UStAE.
6 *O'Sullivan* in jurisPK, § 38 SGB IX Rz. 22 (Stand: Januar 2018).

f) Einrichtungen zur Geburtshilfe (Nr. 14 Buchst. b Satz 2 Doppelbuchst. ff)

235 Anerkannt sind Einrichtungen zur Geburtshilfe, z.B. **Geburtshäuser und Entbindungsheime**, für die Verträge nach § 134a SGB V gelten. Die Verträge werden von den gesetzlichen Krankenkassen mit den Berufsverbänden der Hebammen und den Verbänden der von Hebammen geleiteten Einrichtungen auf Bundesebene abgeschlossen. Der Vertrag gilt für die Einrichtung, wenn die **Hebamme** (Rz. 102 ff.) dem entsprechenden **Verband angehört** (§ 134a Abs. 2 Nr. 1 SGB V) oder einem **Vertrag beigetreten** ist (§ 134a Abs. 2 Nr. 2 SGB V), denn § 134a SGB V erfasst nur die freiberufliche Hebammentätigkeit.[1]

g) Hospize (Nr. 14 Buchst. b Satz 2 Doppelbuchst. gg)

236 Anerkannt sind Einrichtungen, die **stationäre und teilstationäre Hospizleistungen** erbringen und mit denen Verträge nach § 39a Abs. 1 SGB V bestehen.[2] Befreit ist nach § 4 Nr. 14 Buchst. b Satz 2 Doppelbuchst. gg UStG die palliativ-medizinische Behandlung. Die palliativ-pflegerische Versorgung stellt hierzu im (teil-)stationären Bereich einen eng verbundenen Umsatz dar.

237 **Ambulante Hospizleistungen** unterliegen hinsichtlich der Palliativmedizin der Steuerbefreiung nach § 4 Nr. 14 Buchst. a Satz 1 UStG. Pflegerische Leistungen sind unter den Voraussetzungen des § 4 Nr. 16 Satz 1 Buchst. c oder i UStG begünstigt.

h) Einrichtungen zur Erbringung nichtärztlicher Dialyseleistungen (Nr. 14 Buchst. b Satz 2 Doppelbuchst. hh)

238 Nichtärztliche Dialyseleistungen umfassen sämtliche **Sach- und Dienstleistungen rund um die Dialyse** (u.a. Bereitstellung der Behandlungseinrichtungen, Reparaturen und Wartungen, die pflegerische und medikamentöse Betreuung der Patienten oder die Entsorgung von Dialyseabfällen). Erbringer solcher Leistungen schließen mit den Krankenkassen **Verträge nach § 127 i.V.m. § 126 Abs. 3 SGB V** und kooperieren mit niedergelassenen Vertragsärzten, denen sie die organisatorische Infrastruktur für die Dialyse zur Verfügung stellen.

239 Damit wird eine umsatzsteuerliche **Gleichstellung** der Leistungen dieser Einrichtungen **mit** nach § 95 SGB V **zugelassenen Dialysezentren** erreicht,[3] bei denen die genannten Leistungen als Nebenleistungen zur Heilbehandlung (Rz. 60 ff.) oder eng verbundene Umsätze (Rz. 168 ff.) mit befreit sind.

240 Die **Vorschrift** ist m.E. **nicht zweifelsfrei**, da die hiervon umfassten Einrichtungen selbst keine Krankenhausbehandlungen oder ärztlichen Heilbehandlungen erbringen, sondern alleine die Infrastruktur hierfür zur Verfügung stellen. Der Anwendungsbereich des Art. 132 Abs. 1 Buchst. b MwStSystRL (Art. 13 Teil A Abs. 1 Buchst. b 6. EG-Richtlinie) bzw. § 4 Nr. 14 Buchst. b UStG ist daher im Grunde nicht eröffnet. Gleichwohl wurden sie auch in der Rechtsprechung bereits als Heilbehandlung qualifiziert.[4]

i) Einrichtungen des Strafvollzugsgesetzes (Nr. 14 Buchst. b Satz 2 Doppelbuchst. ii)

241 Private Einrichtungen (insbesondere **psychiatrische Krankenhäuser und Entziehungsanstalten**), denen im Wege der Beleihung die Durchführung des Maßregelvollzugs übertragen wurde und die nicht bereits über eine Zulassung nach § 108 SGB V verfügen, werden von dieser Vorschrift erfasst.[5] Die Einrichtungen sind mit ihren gesamten ärztlichen Heilbehandlungsleistungen befreit.

5. Krankenhäuser ohne Anerkennung nach Nr. 14 Buchst. b Satz 2 Doppelbuchst. aa

242 Krankenhäuser, die weder über eine Zulassung nach § 108 SGB V verfügen, noch Heilbehandlungsleistungen unter Bedingungen erbringen, die in sozialer Hinsicht mit denen von öffentlich-rechtlichen

---

1 *Schneider* in jurisPK, § 134a SGB V Rz. 23 (Stand: Juni 2020).
2 Abschn. 4.14.5 Abs. 20 f. UStAE.
3 Vgl. Abschn. 4.14.5 Abs. 22a UStAE.
4 FG Hessen, Urt. v. 28.9.2016 – 6 K 2294/14, MwStR 2017, 762, Rz. 26 f. (rkr.).
5 Abschn. 4.141.5 Abs. 23 UStAE.

Einrichtungen oder nach § 108 SGB V anerkannten Krankenhäusern vergleichbar sind, sind von der Steuerbefreiung nach § 4 Nr. 14 Buchst. b Satz 2 Doppelbuchst. aa UStG ausgeschlossen. Ob für die dort erbrachten Heilbehandlungsleistungen die Steuerbefreiung des § 4 Nr. 14 Buchst. a Satz 1 UStG in Betracht kommen kann, ist derzeit Gegenstand eines Revisionsverfahrens (Rz. 160 ff.).

D. Besondere Formen der ambulanten Versorgung (Nr. 14 Buchst. c)

I. Hausarztzentrierte Versorgung nach § 73b SGB V

Die hausarztzentrierte Versorgung nach § 73b SGB V ist eine **Sonderform der hausärztlichen Versorgung**, bei der die Hausärzte – bei freiwilligem Verzicht der Patienten auf die freie Arztwahl – die zentrale Versorgungsverantwortung für die Patienten übernehmen und koordinierend den Behandlungsablauf steuern.[1] Dabei schließen die gesetzlichen Krankenkassen entsprechende Verträge mit den in § 73b Abs. 4 SGB V genannten Einrichtungen[2] Meist ist Vertragspartner nach § 73b Abs. 4 Satz 1 SGB V der mitgliederstärkste **Hausärzteverband**, es sind z.B. aber auch Verträge mit sog. **Managementgesellschaften** denkbar, die sich verpflichten, die hausarztzentrierte Versorgung mit entsprechend qualifizierten vertragsärztlichen Leistungserbringern durchzuführen.[3] 243

Hinsichtlich der Anwendung des § 4 Nr. 14 UStG ist der Versorgungsvertrag nach § 73b Abs. 4 SGB V daraufhin zu überprüfen, ob der jeweilige Vertragspartner der gesetzlichen Krankenkassen darin auch den **Sicherstellungsauftrag zur vertragsärztlichen Versorgung** gemäß § 75 Abs. 1 SGB V übernimmt und damit selbst zum Erbringer der Heilbehandlungsleistungen wird. 244

Ist dies der Fall und handelt es sich bei dem Leistungserbringer nicht um einen bereits nach § 4 Nr. 14 Buchst. a Satz 1 UStG oder § 4 Nr. 14 Buchst. b Satz 2 UStG befreiten Unternehmer (z.B. vertragsärztlicher Hausarzt oder Medizinisches Versorgungszentrum), bildet § 4 Nr. 14 Buchst. c UStG eine **gesonderte Anerkennungsvorschrift** für die Inanspruchnahme der Umsatzsteuerbefreiung.[4] 245

Das **befreite Leistungsspektrum** umfasst – wie der entsprechende Verweis im Gesetzestext deutlich macht – die nach § 4 Nr. 14 Buchst. a Satz 1 UStG bzw. § 4 Nr. 14 Buchst. b Satz 1 UStG begünstigten Leistungen. Sofern lediglich Steuerungs-, Koordinierungs- und/oder Managementaufgaben (z.B. Betreuung der teilnehmenden Hausärzte, Abrechnung) gegenüber den Krankenkassen übernommen werden, ist diese Leistung steuerpflichtig.[5] 246

II. Besondere Versorgung nach § 140a SGB V

§ 140a SGB V eröffnet den gesetzlichen Krankenkassen vielfältige Möglichkeiten mit Leistungserbringern (neben Heilmittelerbringern z.B. auch Pharmaunternehmen, Hersteller von Medizinprodukten oder Kassenärztliche Vereinigungen)[6] **Einzelversorgungsverträge**[7] abzuschließen. 247

Im Hinblick auf die Steuerbefreiung ist zu beachten, dass sich durch diese Verträge der Umfang der befreiten Leistungen gegenüber § 4 Nr. 14 Buchst. a Satz 1 UStG oder § 4 Nr. 14 Buchst. b Satz 1 UStG nicht erweitern kann und § 4 Nr. 14 Buchst. c UStG daher auch ausdrücklich nur die nach diesen Buchstaben begünstigten Leistungen umfasst. Umsatzsteuerlich relevant ist daher nur ein **Teilbereich** der besonderen Versorgung. Dieser betrifft die mit § 140a Abs. 3 Satz 2 SGB V bestehende Möglichkeit, in Verträgen über eine besondere Versorgung von den Vorschriften des im Vierten Kapitel SGB V geregelten Leistungserbringerrechts abzuweichen und die Leistungserbringung außerhalb des Zulas- 248

1 *Matthäus* in jurisPK, § 73b SGB V Rz. 19 (Stand: November 2020).
2 Vgl. auch 4.14.9 Abs. 3 UStAE.
3 *Matthäus* in jurisPK, § 73b SGB V Rz. 65 (Stand: November 2020).
4 Vgl. Abschn. 4.14.9 Abs. 6 Satz 1–3 UStAE.
5 Vgl. Abschn. 4.14.9 Abs. 6 Satz 4 und 5 UStAE.
6 Vgl. § 140a Abs. 3 Satz 1 SGB V.
7 *Baumann/Matthäus* in jurisPK, § 140a SGB V Rz. 17 und 77 (Stand: November 2020).

sungs-, Ermächtigungs- oder Berechtigungsstatus des Leistungserbringers zu gestatten.[1] Die Aufnahme des § 140a SGB V in § 4 Nr. 14 Buchst. c UStG erfüllt insoweit die Funktion einer **eigenständigen Anerkennungsvorschrift** für Heilmittelerbringer, die nicht bereits in den Anwendungsbereich des § 4 Nr. 14 Buchst. a Satz 1 UStG oder § 4 Nr. 14 Buchst. b Satz 2 UStG fallen.

III. Ambulante Versorgung in stationären Pflegeeinrichtungen nach § 119b SGB V

249 Nach § 119b Abs. 1 SGBV ist der Träger der stationären Pflegeinrichtung für die ambulante ärztliche Versorgung der Pflegebedürftigen verantwortlich. Dies wird erreicht durch den Abschluss von **Kooperationsverträgen** zwischen Pflegeeinrichtungen und hierfür geeigneten vertragsärztlichen Leistungserbringern, z.B. Vertragsärzte, Medizinische Versorgungszentren (Rz. 224 ff.) oder Managementgesellschaften (Rz. 243).[2]

250 Vor diesem Hintergrund erschließt sich der **Zweck dieser Teilregelung** in § 4 Nr. 14 Buchst. c UStG nicht ohne weiteres, insbesondere, weil die Heilbehandlungsleistungen der ärztlichen Vertragspartner bereits nach § 4 Nr. 14 Buchst. a Satz 1 bzw. § 4 Nr. 14 Buchst. b Satz 2 UStG steuerbefreit sind. Erst wenn man sich den notwendigen **Inhalt der Kooperationsverträge** ansieht, der in einer nach § 119b Abs. 2 SGB V abzuschließenden Vereinbarung[3] geregelt ist, wird deutlich, dass zur Sicherstellung der ambulanten Versorgung in stationären Pflegeeinrichtungen auch **Kooperations- und Koordinationsleistungen** (z.B. Sicherstellung einer bedarfsgerechten Präsenz, Versorgung nach 22 Uhr, an Wochenenden und Feiertagen usw.) vereinbart werden, für die z.T. auch eine gesonderte Vergütung erfolgt.[4] Auch wenn die Gesetzesbegründung dazu nichts aussagt,[5] könnte der Gesetzgeber auf die umfassende Steuerbefreiung solcher Leistungen abzielen.

251 Sofern es sich hierbei um selbstständige Leistungen handelt, liegen jedenfalls **keine Heilbehandlungsleistungen** i.S.d. Art. 132 Abs. 1 Buchst. b oder c MwStSystRL (Art. 13 Teil A Abs. 1 Buchst. b oder c 6. EG-Richtlinie) vor. Eine darauf abzielende Steuerbefreiung wäre daher m.E. unionsrechtlich nicht gedeckt. Derartige Leistungen könnten allenfalls als unselbständige Nebenleistungen (Rz. 60 ff.) oder eng verbundene Umsätze (Rz. 168 ff.) unter § 4 Nr. 14 UStG fallen.

E. Infektionsschutz (Nr. 14 Buchst. e)

I. Infektionshygienische Leistungen

252 Die gesetzliche Beschreibung der begünstigten Leistungen ist aus § 23 Abs. 3 IfSG entnommen; eine Definition der nosokomialen Infektion enthält § 2 Nr. 8 IfSG. Von der Befreiungsvorschrift umfasst sind **Leistungen**, die erbracht werden, damit u.a. andere Ärzte und Krankenhäuser bei der Ausübung ihrer Heilbehandlungstätigkeit die hierfür bestehenden medizinisch unerlässlichen und gesetzlich vorgeschriebenen **infektionshygienischen Anforderungen** im Einzelfall erfüllen.[6]

253 Die einzelnen **Verpflichtungen nach dem Infektionsschutzgesetz** (§ 23 Abs. 3–5 IfSG) ergeben sich aus den Empfehlungen der Kommission für Krankenhaushygiene und Infektionsprävention (KRINKO) des Robert-Koch-Instituts sowie den Empfehlungen der Kommission Antiinfektiva, Resistenz und Therapie (ART) beim Robert-Koch-Institut.[7] Hierzu zählt z.B. die Erstellung von Hygieneplänen, allgemeine und bereichsspezifische Beratung, Schulung und fachliche Anleitung von Personal, Überprü-

1 *Baumann/Matthäus* in jurisPK, § 140a SGB V Rz. 106 (Stand: November 2020).
2 Vgl. *Köhler-Hohmann* in jurisPK, § 119b SGB V Rz. 29 ff. (Stand: Januar 2021).
3 Vereinbarung nach § 119b Abs. 2 SGB V zur Förderung der kooperativen und koordinierten ärztlichen und pflegerischen Versorgung in stationären Pflegeheimen (www.kbv.de/media/sp/Anlage_27_119b_SGBV.pdf).
4 Vgl. *Köhler-Hohmann* in jurisPK, § 119b SGB V Rz. 84 (Stand: Januar 2021).
5 BT-Drucks. 19/13436, 146.
6 BFH, Urt. v. 18.8.2011 – V R 27/10, BFHE 235, 58 = UR 2011, 902 m. Anm. *Marchal* und Anm. *Wüst*; Rz. 21.
7 Abrufbar unter: www.rki.de unter der Rubrik „Kommissionen".

fung von Reinigungs- und Desinfektionsprozessen, Flächen- und Händehygiene. Zu berücksichtigen sind zudem die Verpflichtungen in den **Rechtsverordnungen der Länder** nach § 23 Abs. 8 IfSG.

Die **Steuerbefreiung** für infektionshygienische Leistungen ist **ausgeschlossen**, soweit von den Ärzten oder Heilbehandlungseinrichtungen insgesamt oder teilweise medizinisch nicht indizierte Heilbehandlungen erbracht werden.[1] Eine von einzelnen steuerfreien bzw. steuerpflichtigen Heilbehandlungsumsätzen abhängige Besteuerung der infektionshygienischen Leistungen[2] kommt aber nur in Betracht, soweit es sich jeweils um selbständige Leistungen handelt und diese einzelnen Heilbehandlungen direkt zugeordnet werden können. Regelmäßig betreffen infektionshygienische Leistungen allerdings die gesamte Praxis- bzw. Krankenhausorganisation und gehen damit sowohl in steuerpflichtige als auch steuerfreie Heilbehandlungen ein mit der Folge, dass sie selbst insgesamt der Steuerpflicht unterliegen. 254

II. Arzt und Hygienefachkraft

Begünstigte Unternehmer sind zum einen **Ärzte** (Rz. 84 ff.) und zum anderen **Hygienefachkräfte**, deren Fort- und Weiterbildung nach § 23 Abs. 8 IfSG landesrechtlich zu regeln ist. Hygienefachkräfte sind Personen, die berechtigt sind, eine Berufsbezeichnung nach dem Krankenpflegegesetz oder eine vergleichbare Berufsbezeichnung zu führen und eine Weiterbildung zur Fachkraft für Hygiene an einer staatlich anerkannten Weiterbildungsstätte mit einer staatlichen Prüfung erfolgreich abgeschlossen haben.[3] 255

Mit der bei Anwendung des Art. 132 Abs. 1 Buchst. b und c MwStSystRL (Art. 13 Teil A Abs. 1 Buchst. b und c 6. EG-Richtlinie) zu beachtenden **Rechtsformneutralität** (Rz. 74 ff.) wäre jedoch eine ausdrückliche Beschränkung der Steuerbefreiung allein auf selbständig tätige Ärzte und Hygienefachkräfte nicht vereinbar. Insofern ist die Gesetzesformulierung im Sinne eines rechtsformneutralen **Einrichtungsbegriffs** auszulegen. Infektionshygienische Leistungen, die z.B. von Gesundheitsämtern oder Laboren in der Rechtsform einer juristischen Person des Privatrechts erbracht werden, dürften daher ebenfalls steuerfrei sein, wenn sie von entsprechend qualifiziertem Personal durchgeführt werden. Beim Einsatz von Subunternehmern ist auch bei § 4 Nr. 14 Buchst. e UStG die notwendige Berufsqualifikation von allen Unternehmern in der Leistungskette zu fordern (Rz. 81).[4] 256

III. Leistungsempfänger nach Nr. 14 Buchst. a oder b

Die Steuerbefreiung der infektionshygienischen Leistung setzt voraus, dass diese an eine **Einrichtung nach § 4 Nr. 14 Buchst. a Satz 1 UStG oder § 4 Nr. 14 Buchst. b UStG als Leistungsempfänger** erbracht wird. Im Hinblick auf § 4 Nr. 14 Buchst. b Satz 2 UStG muss es sich um eine nach dieser Vorschrift anerkannte private Einrichtung handeln. 257

Nicht befreit sind daher insbesondere infektionshygienische Leistungen gegenüber nicht nach § 4 Nr. 14 Buchst. b Satz 2 Doppelbuchst. aa UStG begünstigten **Privatkliniken** (Rz. 205 ff.) oder an zum Infektionsschutz verpflichtete **Einrichtungen i.S.d. § 36 Abs. 1 InfSG** (z.B. Kindergärten, Schulen, Obdachlosenunterkünfte, Justizvollzugsanstalten). 258

Leistungen gegenüber **Pflegediensten** oder **Pflegeeinrichtungen** nach § 4 Nr. 16 UStG sind ebenfalls nicht nach § 4 Nr. 14 Buchst. e UStG befreit, soweit dort keine Heilbehandlungsleistungen erbracht 259

1 BFH, Urt. v. 5.11.2014 – XI R 11/13, BFHE 248, 389 = UR 2015, 180, Rz. 29.
2 Vgl. *Herbert*, MwStR 2015, 260.
3 Vgl. z.B. die rheinland-pfälzische „Landesverordnung über die Hygiene und Infektionsprävention in medizinischen Einrichtungen" vom 17.2.2012, GVBl. 2012, 88 oder die nordrhein-westfälische „Weiterbildungsverordnung Hygienefachkraft" vom 28.9.2012, Gesetz- und Verordnungsblatt 2012, 461.
4 Insoweit m.E. entgegen BFH-Rechtsprechung: FG Berlin-Bdb., Urt. v. 12.8.2021 – 2 K 2066/19, EFG 2022, 1064 (rkr.).

werden.[1] Sie können jedoch infolge einer unmittelbaren Berufung auf Art. 132 Abs. 1 Buchst. g MwStSystRL (Art. 13 Teil A Abs. 1 Buchst. g 6. EG-Richtlinie) steuerfrei sein (§ 4 Nr. 16 Rz. 54).[2]

F. Öffentliches Gesundheitswesen (Nr. 14 Buchst. f)

I. Leistungen zur Förderung des öffentlichen Gesundheitswesens

260 Der **Begriff „öffentliches Gesundheitswesen"** ist sehr weit gefasst und stellt auf die „Beobachtung, Begutachtung und Wahrung der gesundheitlichen Belange der Bevölkerung" ab.[3] Eine Konkretisierung der Steuerbefreiung lässt sich damit nicht vornehmen.

261 Gleiches gilt für die Ausführungen in der **Gesetzesbegründung**. Sofern es sich nicht bereits um Heilbehandlungsleistungen handelt, würden mit „Leistungen zur Förderung des öffentlichen Gesundheitswesens" soziale Zwecke verfolgt, indem Menschen in medizinischen Notlagen geholfen werde.[4] Dies erklärt, weshalb als unionsrechtliche Grundlage auch Art. 132 Abs. 1 Buchst. g MwStSystRL (Art. 13 Teil A Abs. 1 Buchst. g 6. EG-Richtlinie) angegeben wird (Rz. 13.1).

Die hierbei in Betracht kommenden **Heilbehandlungsleistungen** müssten allerdings bereits nach **§ 4 Nr. 14 Buchst. a und b UStG** befreit sein, so dass für eine zusätzliche Befreiungsvorschrift kein Bedarf mehr besteht. Insofern erschließt sich die Bezugnahme in der Gesetzesbegründung auf Art. 132 Abs. 1 Buchst. c MwStSystRL (Art. 13 Teil A Abs. 1 Buchst. c 6. EG-Richtlinie) nicht (Rz. 13.1).

262 Letztlich ist mit § 4 Nr. 14 Buchst. f UStG eine **Befreiung konkreter Einzelsachverhalte beabsichtigt**, die sich anhand der begünstigten Leistungserbringer (Rz. 263 ff.) ergeben.[5]

II. Begünstigte Leistungserbringer

1. Juristische Personen des öffentlichen Rechts (Nr. 14 Buchst. f Doppelbuchst. aa)

263 Zu den allgemeinen Grundsätzen der Begünstigung von jPdöR s. Rz. 185 f. Angesprochen sind hier mit Blick auf das „öffentliche Gesundheitswesen" die **Länder und kommunalen Gebietskörperschaften**. Deren Betätigung im Bereich des öffentlichen Gesundheitswesens wird allerdings grundsätzlich hoheitlich und damit nichtunternehmerisch sein.

264 Als Anwendungsfall der Steuerbefreiung nennt die Gesetzesbegründung die **Selbstwahrnehmung des Rettungsdienstes.**[6] Der Rettungsdienst ist Aufgabe der Länder und nach den jeweiligen Landesrettungsdienstgesetzen regelmäßig an die Kreise und kreisfreien Städte als Träger delegiert. Sofern die Kommunen den Rettungsdienst selbst durchführen (z.B. mit Berufsfeuerwehren oder kommunalen Eigenbetrieben), werden sie unternehmerisch tätig.

2. Sanitäts- und Rettungsdienste (Nr. 14 Buchst. f Doppelbuchst. bb)

265 Den **Sanitätsorganisationen** (Arbeiter-Samariter-Bund, Deutsches Rotes Kreuz, Johanniter-Unfall-Hilfe und Malteser Hilfsdienst), aber auch **gewerblichen Anbietern** kann auf Grundlage der Landesrettungsdienstgesetze die **Durchführung des Rettungsdienstes übertragen** werden.[7] Insofern ist davon auszugehen, dass die betreffenden Unternehmen „die landesrechtlichen Voraussetzungen erfüllen". Dies gilt ebenfalls für Sanitätsdienste (z.B. örtliche Untergliederungen der genannten Sanitäts-

---

1 BFH, Urt. v. 5.11.2014 – XI R 11/13, BFHE 248, 389 = UR 2015, 180, Rz. 41 f.
2 BFH, Urt. v. 5.11.2014 – XI R 11/13, BFHE 248, 389 = UR 2015, 180, Rz. 52 f.; FG Münster, Urt. v. 1.6.2021 – 15 K 2712/17 U, EFG 2021, 2028 (rkr.), Rz. 46 ff.
3 Vgl. z.B. § 1 der Weiterbildungsordnung für Ärzte im Gebiet „Öffentliches Gesundheitswesen" in der in der Bayerischen Rechtssammlung (BayRS 2122-3-1-G) veröffentlichten bereinigten Fassung.
4 BT-Drucks. 19/22850, 118.
5 Vgl. auch *Oelmaier* in Sölch/Ringleb, § 4 Nr. 14 UStG Rz. 219c (Stand: März 2021).
6 BT-Drucks. 19/22850, 118.
7 Vgl. z.B. § 5 Abs. 1 i.V.m. § 2 Abs. 1 des Rettungsdienstgesetzes Rheinland-Pfalz v. 22.4.1991, GVBl. 1991, 217.

organisationen), soweit diese Sanitätsdienstleistungen übernehmen, die für Veranstaltungen durch die örtliche Ordnungs- bzw. Verwaltungsbehörde (kommunale Gefahrenabwehrbehörde) angeordnet werden.[1]

Zu den **begünstigten Leistungen dieser Unternehmen** zählen z.B. das Vorhalten von Heilbehandlungsleistungen in Form einer Rufbereitschaft, Erste-Hilfe-Maßnahmen, der Transport von Kranken oder Verletzten, das Bereitstellen von Notfallfahrzeugen samt Fahrern bzw. Rettungssanitätern oder der Betrieb einer Rettungsleitstelle bzw. Rettungswache.[2] 266

3. Einrichtungen des ärztlichen Notdienstes (Nr. 14 Buchst. f Doppelbuchst. cc)

Nach **§ 75 Abs. 1b Satz 1 SGB V** haben die Kassenärztlichen Vereinigungen den **ambulanten ärztlichen Notdienst** (sog. Bereitschaftsdienst) als Teil der vertragsärztlichen Versorgung sicherzustellen. Die Verpflichtung zur Teilnahme an diesem Notdienst folgt unmittelbar aus dem Zulassungsstatut des Vertragsarztes[3]. § 4 Nr. 14 Buchst. f Doppelbuchst. cc UStG befreit die zur Sicherstellung dieses Bereitschaftsdienstes erforderlichen Leistungen. 267

Hierzu zählt z.B. die Tätigkeit von Ärzten in einer von der Kassenärztlichen Vereinigung betriebenen Bereitschaftspraxis oder die Wahrnehmung der ärztlichen Leitung einer solchen Bereitschaftspraxis.[4]

Zur Frage der Steuerfreiheit bei der **Übernahme von Vertretungen** im Rahmen des ärztlichen Notfalldienstes ist auf das anhängige Revisionsverfahren XI R 24/23[5] hinzuweisen.

Durch die Regelung wird auch gewährleistet, dass Sachverhalte, wie sie dem BFH-Urteil vom 8.8.2013[6] zugrunde lagen, weiterhin steuerbefreit sind. Hier hatte ein eingetragener **Verein** auf Grund eines Vertrages mit der Kassenärztlichen Vereinigung nach § 75 SGB V die **Durchführung des ärztlichen Notdienstes übernommen**.[7] 268

Der BFH ging in dem o.g. Urteil für die entsprechenden Leistungen von einer Anwendbarkeit des § 4 Nr. 18 UStG in der bis 31.12.2019 geltenden Fassung aus (§ 4 Nr. 18 Rz. 1). In der ab 1.1.2020 geltenden Fassung ist § 4 Nr. 18 UStG aufgrund des eingeschränkten persönlichen Anwendungsbereichs der Vorschrift auf private Einrichtungen mit Gewinnstreben jedoch nicht mehr anwendbar (§ 4 Nr. 18 Rz. 23 ff.). Daher wurde mit § 4 Nr. 14 Buchst. f Doppelbuchst. cc UStG ab 1.1.2021 auch für diese Fälle eine eigenständige Befreiung geschaffen.

§ 4 Nr. 15 [Leistungen der gesetzlichen Sozialversicherungsträger]

Von den unter § 1 Abs. 1 Nr. 1 fallenden Umsätzen sind steuerfrei:

…

15. die Umsätze der gesetzlichen Träger der Sozialversicherung, der gesetzlichen Träger der Grundsicherung für Arbeitsuchende nach dem Zweiten Buch Sozialgesetzbuch sowie der gemeinsamen Einrichtungen nach § 44b Abs. 1 des Zweiten Buches Sozialgesetzbuch, der örtlichen und überörtlichen Träger der Sozialhilfe sowie der nach Bundes- oder Landesrecht zur Durch-

1 BT-Drucks. 19/22850, 118.
2 Vgl. die Aufführung in der Gesetzesbegründung, BT-Drucks. 19/22850, 118.
3 Vgl. *Hesral* in jurisPK, § 75 SGB V Rz. 130 f. (Stand: April 2023).
4 Vgl. z.B. die Organisation des Bereitschaftsdienstes in Rh.-Pf. unter https://www.kv-rlp.de/mitglieder/niederlassung/aerztlicher-bereitschaftsdienst/.
5 FG Münster, Urt. v. 9.5.2023 – 15 K 1953/20 U, EFG 2023, 1257 = MwStR 2023, 819 m. Anm. *Wüst* (Rev. BFH XI R 24/23).
6 BFH, Urt. v. 8.8.2013 – V R 13/12, BFHE 242, 557 = UR 2014, 225.
7 Zum Umfang der Leistungselemente siehe BFH, Urt. v. 8.8.2013 – V R 13/12, BFHE 242, 557 = UR 2014, 225, Rz. 2.

führung des Vierzehnten Buches Sozialgesetzbuch *(ab 1.1.2025: des Vierzehnten Buches Sozialgesetzbuch oder des Soldatenentschädigungsgesetzes)* zuständigen Verwaltungsbehörden

a) untereinander,

b) an die Versicherten, die Bezieher von Leistungen nach dem Zweiten Buch Sozialgesetzbuch, die Empfänger von Sozialhilfe oder die Berechtigten der Sozialen Entschädigung *(ab 1.1.2025: die Berechtigten der Sozialen Entschädigung oder die Berechtigten der Soldatenentschädigung)*;

...

Schrifttum: *Brill/Fassbender*, Die umsatzsteuerrechtliche Beurteilung der Leistungen der Jobcenter insbesondere unter Geltung des § 2b UStG, UR 2020, 901; *Erdbrügger*, Anmerkung zum BFH-Vorlageschluss vom 6.6.2019, V R 41/17, UR 2019, 904; *Herbert*, Anmerkung zum BFH-Urteil vom 16.12.2015, XI R 52/13, MwStR 2016, 428; *Rödder/Herlinghaus/Neumann*, Körperschaftsteuergesetz, 2. Aufl., Köln, 2023; *Schlegel/Voelzke*, jurisPK-SGB II, 5. Aufl. 2020; *Schlegel/Voelzke*, jurisPK-SGB XII, 3. Aufl. 2020; *Schlegel/Voelzke*, jurisPK-SGB XIV, 1. Aufl. 2020.

A. Grundaussagen

I. Regelungsgegenstand und Bedeutung

1 Die Vorschrift dient aus sozialpolitischen Gründen der **Entlastung der Sozialversicherungs- und Fürsorgeträger** von der Umsatzsteuer,[1] um die Sozialleistungen für die Versicherten nicht zu verteuern.

2 § 4 Nr. 15 UStG **befreit die Umsätze der genannten Sozialleistungsträger**. Der **sachliche Anwendungsbereich** der Vorschrift ist aufgrund BFH-Rechtsprechung[2] **unionsrechtskonform auszulegen** (Rz. 9).

3 Die begünstigten Leistungen sind nur befreit, soweit sie an **bestimmte Leistungsempfänger** erbracht werden (Rz. 23 ff.). Auch wenn der Kreis der möglichen Leistungsempfänger bei § 4 Nr. 15 UStG kaum darüber hinausgehen dürfte, ist eine solche **Beschränkung EU-rechtlich nicht zulässig**, da die maßgebende Befreiungsvorschrift im Unionsrecht (Rz. 8) keinerlei Bedingung hinsichtlich des Leistungsempfängers enthält.[3]

4 Die Steuerbefreiung kommt allerdings nur zur **Anwendung**, soweit es sich überhaupt um nach § 2 Abs. 3 UStG bzw. § 2 Abs. 1 i.V.m. § 2b UStG **steuerbare Dienst- und Sachleistungen** der Sozialleistungsträger handelt.[4] Dies gilt auch für die gemeinsamen Einrichtungen nach § 44b SGB II (Rz. 18).

1 Vgl. ausführlich *Huschens* in Schwarz/Widmann/Radeisen, § 4 Nr. 15 UStG Rz. 1 (Stand: Oktober 2022).
2 BFH, Urt. v. 16.12.2015 – XI R 52/13, BStBl. II 2023, 412 = UR 2016, 275, Rz. 25 ff.
3 EuGH, Urt. v. 8.10.2020 – C-657/19, ECLI:EU:C:2020:811 – Finanzamt D, UR 2020, 871 m. Anm. *Wüst*, Rz. 35.
4 Vgl. BFH, Urt. v. 16.12.2015 – XI R 52/13, BStBl. II 2023, 412 = UR 2016, 275, Rz. 19; *Oelmaier* in Sölch/Ringleb, § 4 Nr. 15 UStG Rz. 12 (Stand: Oktober 2022).

Insofern ist zur **Unternehmereigenschaft** der gesetzlichen **Sozialversicherungsträger** darauf hinzuweisen, dass diese im Rahmen ihrer öffentlich-rechtlichen Leistungsverpflichtung gegenüber den Versicherten hoheitlich tätig werden.[1] Dies gilt insbesondere auch für die gesetzlichen Krankenkassen, bei denen kein besteuerungsrelevanter Wettbewerb zu den Privatversicherungen besteht.[2] Insoweit bezieht sich § 4 Nr. 15 UStG weitgehend auf den nicht steuerbaren Bereich der Sozialleistungsträger, was zu einer durchaus unklaren Rechtslage führt.[3] 5

Steuerbar ist unter Geltung des § 2b UStG hingegen bspw. die **Behandlung von Mitgliedern anderer Sozialversicherungsträger** in den eigenen Einrichtungen (z.B. Rehabilitationseinrichtungen), die körperschaftsteuerlich als Beistandsleistungen behandelt werden (Rz. 24).[4] Ebenso die **Vermittlung privater Zusatzversicherungsverträge** durch gesetzliche Krankenkassen (Rz. 33). 6

§ 4 Nr. 15 UStG ist auf **Leistungen anderer Unternehmer** als die ausdrücklich in der Vorschrift genannten Sozialleistungsträger nicht anwendbar.[5] Dies betrifft z.B. private Krankenkassen oder die Sammel- und Verteilungsstelle für das Institutskennzeichen (SVI)[6] sowie Dritte, die **Leistungen an die begünstigten Einrichtungen** erbringen[7]. 7

II. Unionsrechtliche Grundlagen

§ 4 Nr. 15 UStG beruht laut Gesetzesbegründung[8] auf **Art. 132 Abs. 1 Buchst. g MwStSystRL** (Art. 13 Teil A Abs. 1 Buchst. g 6. EG-Richtlinie). Danach befreien die Mitgliedstaaten „eng mit der Sozialfürsorge und der sozialen Sicherheit verbundene Dienstleistungen und Lieferungen von Gegenständen, einschließlich derjenigen, die durch Altenheime, Einrichtungen des öffentlichen Rechts oder andere von dem betreffenden Mitgliedstaat als Einrichtungen mit sozialem Charakter anerkannte Einrichtungen bewirkt werden". Der Zweck des § 4 Nr. 15 UStG (Rz. 1), steht damit im Einklang.[9] 8

Bei der Auslegung der Vorschrift ist **verpflichtend Art. 134 MwStSystRL** (Art. 13 Teil A Abs. 2 Buchst. b 6. EG-Richtlinie) **zu beachten.** Die mit den Leistungen der Sozialfürsorge und sozialen Sicherheit eng verbundenen Umsätze können nur befreit werden, wenn sie zur Ausübung der steuerbefreiten Tätigkeiten unerlässlich und im Wesentlichen nicht dazu bestimmt sind, der Einrichtung zusätzliche Einnahmen durch Umsätze zu verschaffen, die in unmittelbarem Wettbewerb mit Umsätzen von der Mehrwertsteuer unterliegenden gewerblichen Unternehmen bewirkt werden.[10] Tätigkeiten, die den Kernbereich der Befreiungsvorschrift betreffen, dürfen dabei allerdings nicht ausgeschlossen werden.[11] Nach Auffassung des BFH[12] schränken diese Grundsätze den sachlichen Anwendungsbereich der Vorschrift ein (Rz. 25 ff. u. 32). 9

III. Verhältnis zu anderen Vorschriften und Rechtsentwicklung

1. Verhältnis zu anderen Vorschriften

Für die unter § 4 Nr. 15 UStG fallenden Umsätze ist ein **Verzicht auf die Steuerbefreiung** nach § 9 UStG **nicht möglich**. Die Befreiung hat damit zwingend den **Verlust des Vorsteuerabzugs** nach § 15 10

1 *Paetsch* in Rödder/Herlinghaus/Neumann², § 4 KStG Rz. 118.
2 Vgl. BFH, Beschl. v. 31.7.2007, V B 44/06, UR 2007, 936, Rz. 21.
3 Vgl. auch *Erdbrügger*, UR 2019, 904.
4 *Paetsch* in Rödder/Herlinghaus/Neumann², § 4 KStG Rz. 118.
5 BFH, Urt. v. 18.8.2005 – V R 71/03, BStBl. II 2006, 143 = UR 2006, 166 m. Anm. *Heidner*, Rz. 22 ff.
6 Vgl. *Huschens* in Schwarz/Widmann/Radeisen, § 4 Nr. 15 UStG Rz. 33 und 57 (Stand: Oktober 2022).
7 Vgl. *Huschens* in Schwarz/Widmann/Radeisen, § 4 Nr. 15 UStG Rz. 52 (Stand: Oktober 2022); BT-Drucks. zu V/1581, 12.
8 BT-Drucks. 8/1779, 34.
9 EuGH, Urt. v. 21.1.2016 – C-335/14, ECLI:EU:C:2016:36 – Les Jardins de Jouvence, UR 2016, 391, Rz. 41.
10 EuGH, Urt. v. 1.12.2005 – C-394/04 und 395/04, ECLI:EU:C:2005:734 – Ygeia, UR 2006, 171, Rz. 26.
11 BFH, Urt. v. 3.4.2008 – V R 74/07, BFHE 221, 451 = UR 2008, 698, Rz. 32 ff.
12 BFH, Urt. v. 16.12.2015 – XI R 52/13, BStBl. II 2023, 412 = UR 2016, 275, Rz. 25 ff.; BFH, Urt. v. 21.4.2021 – XI R 31/20 (XI R 34/18), UR 2021, 723, Rz. 30.

Abs. 2 Satz 1 Nr. 1 UStG (§ 15 Rz. 249 ff.) zur Folge. Die für eine nach § 4 Nr. 15 UStG befreite Leistung gesondert ausgewiesene Steuer wird nach **§ 14c Abs. 1 UStG** geschuldet.

11 Die Leistungen von **Genossenschaften und Arbeitsgemeinschaften nach § 219 SGB V** können unter den weiteren Voraussetzungen des **§ 4 Nr. 29 UStG** (§ 4 Nr. 29 Rz. 1 ff.) steuerfrei sein.

2. Rechtsentwicklung

12 § 4 Nr. 15 UStG geht zurück auf § 4 Nr. 11 UStG 1951 i.V.m. § 39 UStDB 1951. Als **§ 4 Nr. 15 UStG** wurde er **in das UStG 1967 aufgenommen** und befreite in dieser Fassung nur noch die Umsätze der gesetzlichen Träger der Sozialversicherung, der Behörden der Kriegsopferversorgung und der örtlichen und überörtlichen Träger der Sozialhilfe.[1]

13 Durch das Kommunale Optionsgesetz[2] wurden mit Wirkung **zum 6.8.2004 die begünstigten Einrichtungen** um die „gesetzlichen Träger der Grundsicherung für Arbeitssuchende nach dem Zweiten Buch Sozialgesetzbuch sowie der Arbeitsgemeinschaften nach § 44b Abs. 1 des Zweiten Buches Sozialgesetzbuch“ **ergänzt** und in Buchstabe b „die Bezieher von Leistungen nach dem Zweiten Buch Sozialgesetzbuch“ als begünstigte **Leistungsempfänger eingefügt**. In der Folge wurden mit Wirkung **zum 1.1.2011**[3] als **redaktionelle Folgeänderung** aus der Neufassung des § 44b SGB II das Wort „Arbeitsgemeinschaften“ durch die Wörter „gemeinsame Einrichtungen“ ersetzt.

14 Durch das Gesetz zur weiteren steuerlichen Förderung der Elektromobilität und zur Änderung weiterer steuerlicher Vorschriften (sog. JStG 2019) wurde **§ 4 Nr. 15 Buchst. b Satz 2 UStG mit Wirkung zum 18.12.2019 aufgehoben.**[4] Die Vorschrift schloss die Abgabe von Brillen und Brillenteilen einschließlich der Reparaturarbeiten durch Selbstabgabestellen der gesetzlichen Sozialversicherungsträger von der Steuerbefreiung aus und war durch die mittlerweile erfolgte Schließung der letzten Selbstabgabestelle für Brillen und Brillenteile gegenstandslos geworden.[5] Die korrespondierende Vorschrift zur Steuerbarkeit dieser Umsätze in § 2b Abs. 4 Nr. 2 UStG wurde zeitgleich aufgehoben (§ 2b Rz. 191).

14.1 Zur Anpassung an das ab 2024 geltende **Soziale Entschädigungsrecht (SGB XIV)** wurden durch das Gesetz zur Regelung des Sozialen Entschädigungsrechts[6] in § 4 Nr. 15 UStG mit Wirkung **zum 1.1.2024** im Einleitungssatz die zur Durchführung des SGB XIV zuständigen Behörden als begünstigte Leistungserbringer sowie in § 4 Nr. 15 Buchst. b UStG die Anspruchsberechtigten als begünstigte Leistungsempfänger aufgenommen.[7]

14.2 Die Neuregelung des **Soldatenentschädigungsrechts** erfordert mit Wirkung **zum 1.1.2025** weitere **Folgeänderungen** im Einleitungssatz sowie in § 4 Nr. 15 Buchst. b UStG.[8]

B. Begünstigte Einrichtungen (Nr. 15)

I. Gesetzliche Träger der Sozialversicherung

15 Die **gesetzlichen Träger der Sozialversicherung**[9] sind die rechtsfähigen KöR (vgl. § 29 SGB IV), die als Träger für die einzelnen Bereiche der Sozialversicherung bestimmt sind:

---

1 BT-Drucks. zu V/1581, 12.

2 Art. 11 des Gesetzes zur optionalen Trägerschaft von Kommunen nach dem Zweiten Buch Sozialgesetzbuch – Kommunales Optionsgesetz v. 30.7.2004, BGBl. I 2004, 2014 (2024).

3 Art. 2 Abs. 5 des Gesetzes zur Weiterentwicklung der Organisation der Grundsicherung für Arbeitssuchende v. 3.8.2010, BGBl. I 2010, 1112 (1124).

4 Art. 11 Nr. 6 Buchst. a des Gesetzes zur weiteren steuerlichen Förderung der Elektromobilität und zur Änderung weiterer steuerlicher Vorschriften vom 12.12.2019 (sog. JStG 2019), BGBl. I 2019, 2451 (2467).

5 Vgl. BT-Drucks. 19/13436, 138.

6 Gesetz zur Regelung des Sozialen Entschädigungsrechts v. 12.12.2019, BGBl. I 2019, 2652.

7 Art. 20 Nr. 1 Buchst. a des Gesetzes zur Regelung des Sozialen Entschädigungsrechts v. 12.12.2019, BGBl. I 2019, 2652 (2700).

8 Vgl. Art. 29 Nr. 1 Buchst. a des Gesetzes über die Entschädigung der Soldatinnen und Soldaten und zur Neuordnung des Soldatenversorgungsrechts v. 20.8.2021, BGBl. I 2021, 3932 (4019).

9 Vgl. auch Abschn. 4.16.3 Abs. 1a UStAE.

- Im Bereich der **Krankenversicherung** sind dies die Allgemeinen Ortskrankenkassen, die Betriebskrankenkassen, die Innungskrankenkassen, die Sozialversicherung für Landwirtschaft, Forsten und Gartenbau als landwirtschaftliche Krankenkasse, die Deutsche Rentenversicherung Knappschaft-Bahn-See und die Ersatzkassen (§ 4 Abs. 2 SGB V).
- Für die **Pflegeversicherung** die bei den Krankenkassen errichteten Pflegekassen (§ 46 Abs. 1 SGB XI).
- Nach § 23 Abs. 2 SGB I in der allgemeinen **Rentenversicherung** die Regionalträger, die Deutsche Rentenversicherung Bund und die Deutsche Rentenversicherung Knappschaft-Bahn-See (§ 125 Abs. 2 SGB VI), in der knappschaftlichen Rentenversicherung die Deutsche Rentenversicherung Knappschaft-Bahn-See, sowie in der Alterssicherung der Landwirte die Sozialversicherung für Landwirtschaft, Forsten und Gartenbau.
- Für die gesetzliche **Unfallversicherung** die in § 114 SGB VII genannten Unfallversicherungsträger.
- Für den Bereich der **Arbeitslosenversicherung** die Agenturen für Arbeit und die sonstigen Dienststellen der Bundesagentur für Arbeit (§ 19 Abs. 2 SGB I i.V.m. §§ 367, 368 und 370 SGB III).

II. Gesetzliche Träger der Grundsicherung für Arbeitssuchende sowie gemeinsame Einrichtungen nach § 44b SGB II

Zu den **gesetzlichen Trägern der Grundsicherung für Arbeitssuchende** zählen nach § 6 Abs. 1 SGB II: 16

- die **BA**,
- die kreisfreien Städte und Kreise, soweit durch Landesrecht nicht andere Träger bestimmt sind (**kommunale Träger**).

Im Rahmen dieser **geteilten Trägerschaft** sind die Agenturen für Arbeit zuständig für das Arbeitslosengeld II. Die kommunalen Träger sind u.a. zuständig für die Kosten von Unterkunft und Heizung, für kommunale Eingliederungsleistungen nach § 16a SGB II (Betreuung minderjähriger oder behinderter Kinder, häusliche Pflege von Angehörigen, Schuldnerberatung, psychosoziale Betreuung, Suchtberatung), für die Erstausstattung der Wohnung und bei Schwangerschaft und Geburt (§ 24 Abs. 3 Satz 1 Nr. 1 und 2 SGB II) sowie den Bedarf für Bildung und Teilhabe (§ 28 SGB II). 17

Im gesetzlichen Regelfall bilden die BA und die jeweilige Kommune als Leistungsträger eine **gemeinsame Einrichtung nach § 44b SGB II** zur einheitlichen Durchführung der Grundsicherung für Arbeitsuchende im Gebiet jedes kommunalen Trägers.[1] Die gemeinsame Einrichtung entsteht kraft Gesetzes, wobei ihre Rechtsnatur zwar umstritten ist, es sich aber wohl um eine teilrechtsfähige Organisationsform öffentlichen Rechts handelt (öffentlich-rechtliche Rechtsform sui generis).[2] Für die Unternehmereigenschaft kommt es nach § 2 Abs. 1 Satz 1 UStG auf die Rechtsfähigkeit nach anderen Vorschriften jedoch nicht an (§ 2 Rz. 13).[3] 18

Sofern es sich um eine sog. **Optionskommune** handelt, welche die alleinige Trägerschaft der Leistungen nach dem SGB II wahrnimmt (§§ 6a ff. SGB II), muss diese bei der Organisation dieser Aufgabe beachten, dass u.U. ein steuerpflichtiger Leistungsaustausch mit nicht begünstigten Einrichtungen entsteht, wenn z.B. ein Landkreis einzelne Aufgaben an seine kreisangehörigen Städte delegiert oder die Aufgabenwahrnehmung als Grundsicherungsträger nach dem SGB II in eine eigenständige Anstalt öffentlichen Rechts oder GmbH ausgelagert wird und dieser Sach- und Personalmittel überlassen werden.[4] Die Einbeziehung derartiger Einrichtungen in die Steuerbefreiung mit dem Ziel der Begünstigung solcher Personal- und Sachmittelüberlassung dürfte mit den unionsrechtlichen Vorgaben nicht vereinbar sein.[5] 19

1 *Herbst* in jurisPK, § 44b SGB II Rz. 56 (Stand: April 2021).
2 Vgl. hierzu *Herbst* in jurisPK, § 44b SGB II Rz. 57 und 66 ff. (Stand: April 2021).
3 Ausf. zur Stellung der gemeinsamen Einrichtungen nach § 44b SGB II *Brill/Fassbender*, UR 2020, 901 (904 ff.).
4 Vgl. BT-Drucks. 15/4652 (Antwort der BReg. zu Frage 26).
5 Vgl. zu dieser Problematik auch *Brill/Fassbender*, UR 2020, 901 (912 f.).

III. Träger der Sozialhilfe und Verwaltungsbehörden der Sozialen Entschädigung

1. Träger der Sozialhilfe

20 **Örtliche Träger der Sozialhilfe** sind nach § 3 Abs. 2 SGB XII die kreisfreien Städte und die Kreise, soweit nicht nach Landesrecht etwas anderes bestimmt wird. Der **überörtliche Träger der Sozialhilfe** wird von den einzelnen Ländern bestimmt (§ 3 Abs. 3 SGB XII). Häufig handelt es sich dabei um Landeseinrichtungen.[1] Das Landesrecht bestimmt auch die Zuständigkeitsverteilung zwischen den örtlichen und dem überörtlichen Träger.

2. Verwaltungsbehörden der Sozialen Entschädigung

21 Ab 1.1.2024 ist das **Soziale Entschädigungsrecht** in einem eigenen Buch des Sozialgesetzbuchs (SGB XIV) zusammengefasst.[2] Es regelt Entschädigungsansprüche z.B. für Opfer von Gewalttaten, von Kriegsauswirkungen oder auch für Schädigungen durch Schutzimpfungen.[3] Die **Träger** der Sozialen Entschädigung sind nach § 111 SGB XIV **die Länder**.

22 Die Länder als Träger legen durch Landesrecht die jeweils sachlich und örtlich **zuständigen Verwaltungsbehörden** zur Durchführung des SGB XIV fest (§§ 112 und 113 SGB XIV). Diese lassen sich daher nicht abschließend benennen. Regelmäßig dürften wohl die **Versorgungsämter/Landesversorgungsämter** zuständig für das Leistungsrecht der Sozialen Entschädigung sein.[4] Auf Bundesebene sind nach § 124 SGB XIV der Bundesstelle für Soziale Entschädigung Aufgaben des Bundes auf dem Gebiet der Sozialen Entschädigung zugewiesen.

C. Steuerbefreite Leistungen (Nr. 15)

I. Der begünstigten Einrichtungen untereinander (Nr. 15 Buchst. a)

23 **§ 4 Nr. 15 Buchst. a UStG** befreit Umsätze, die sich die jeweiligen **begünstigten Einrichtungen** (Rz. 15 ff.) **untereinander** erbringen.

24 Welche **konkreten Leistungen** hierfür in Betracht kommen, lässt sich dem Gesetz nicht entnehmen. Der § 4 Nr. 15 UStG befreit zwar ohne weitere Einschränkungen „die Umsätze" der genannten Sozialleistungsträger. Dennoch sind nicht alle erdenklichen Leistungen befreit. Der **sachliche Anwendungsbereich** der Vorschrift ist vielmehr **unionsrechtskonform auszulegen**.[5] In Übereinstimmung mit den unionsrechtlichen Grundlagen (Rz. 8 f.) dürfen nur Leistungen der Sozialfürsorge und der sozialen Sicherheit sowie damit eng verbundene Dienstleistungen befreit werden.[6] Hierzu zählt z.B. die **Behandlung von Mitgliedern anderer Sozialversicherungsträger**.

25 Diese Rechtsauslegung wird zum einen bestätigt durch das **BFH-Urteil vom 16.12.2015**[7]. Diese Entscheidung ist zwar zu einem Sachverhalt im Anwendungsbereich des § 4 Nr. 15 Buchst. b UStG ergangen (Rz. 32). In der am Unionsrecht ausgerichteten Begründung des BFH zur Einschränkung der Steuerbefreiung[8] ist jedoch kein Anhaltspunkt erkennbar, der dafür spräche, diese Grundsätze nicht auch auf § 4 Nr. 15 Buchst. a UStG anzuwenden.[9] Zumal Art. 132 Abs. 1 Buchst. g MwStSystRL (Art. 13 Teil A Abs. 1 Buchst. g 6. EG-Richtlinie) eine solche Differenzierung beim Umfang der begünstigten

1 *Siefert* in jurisPK, § 3 SGB XII Rz. 33 (Stand: Februar 2020).
2 Vgl. Gesetz zur Regelung des Sozialen Entschädigungsrechts v. 12.12.2019, BGBl. I 2019, 2652.
3 Zu den einzelnen Entschädigungstatbeständen vgl. § 13 ff. SGB XIV.
4 Vgl. *Kador* in jurisPK, § 112 SGB XIV Rz. 35 (Stand: Juni 2023).
5 Vgl. *Oelmaier* in Sölch/Ringleb, § 4 Nr. 15 UStG Rz. 12 (Stand: Oktober 2022); *Schuhmann* in Rau/Dürrwächter, § 4 Nr. 15 UStG Rz. 4.3 (Stand: Februar 2004); *Brill/Fassbender*, UR 2020, 901 (911); Abschn. 4.15.1 Abs. 1 Satz 1 UStAE.
6 Abschn. 4.15.1 Abs. 2 UStAE.
7 BFH, Urt. v. 16.12.2015 – XI R 52/13, BStBl. II 2023, 412 = UR 2016, 275.
8 BFH, Urt. v. 16.12.2015 – XI R 52/13, BStBl. II 2023, 412 = UR 2016, 275, Rz. 25 ff.
9 So wohl auch *Herbert*, MwStR 2016, 428.

Leistungen anhand des Leistungsempfängers auch nicht zuließe.[1] Die **Verwaltung** hat sich dieser Auslegung des BFH-Urteils angeschlossen.[2] Der gegenteiligen Auffassung, das Urteil schränke den Anwendungsbereich des § 4 Nr. 15 Buchst. a UStG grundsätzlich nicht ein,[3] stimme ich daher nicht zu.

Zum anderen hat der **BFH mit Urteil vom 21.4.2021**[4] zur Steuerbefreiung nach § 4 Nr. 15a UStG klargestellt, dass Verwaltungstätigkeiten wie z.B. die Gestellung von Personal, allgemeine Geschäftsführungs- und Verwaltungsleistungen oder Archivierungs- und Schreibarbeiten keine mit der Sozialfürsorge und der sozialen Sicherheit eng verbundenen Dienstleistungen darstellen (§ 4 Nr. 15a Rz. 28.2).[5] Solche Umsätze können damit auch nicht in den Anwendungsbereich des § 4 Nr. 15 UStG fallen. 26

Sofern daher insbesondere einzelne **Kooperationsleistungen** zwischen den Sozialleistungsträgern – denkbar sind hier Kooperationen auf dem Gebiet der Speisenversorgung, bei Personalgestellungen oder technischen Leistungen – umsatzsteuerbar sind, dürften diese **weder nach § 4 Nr. 15 Buchst. a UStG, noch nach Unionsrecht befreit** sein. 27

II. An die Anspruchsberechtigten (Nr. 15 Buchst. b)

Die Umsätze der begünstigten Einrichtungen (Rz. 15 ff.) sind befreit, wenn sie an die nach dem jeweiligen Sozialrecht **anspruchsberechtigten Personen** erbracht werden. Hierzu zählen: 28

- Die **Versicherten**. Dies sind i.S.d. Vorschrift die Anspruchsberechtigten gegenüber den gesetzlichen Trägern der Sozialversicherung (Rz. 15).
- Die **Bezieher von Leistungen nach dem SGB II** als Leistungsberechtigte nach § 7 SGB II.
- Die **Empfänger von Sozialhilfe**, d.h. die Anspruchsberechtigten gegenüber den örtlichen und überörtlichen Trägern der Sozialhilfe (Rz. 20).
- Die **Berechtigten der Sozialen Entschädigung**. Der hier in Betracht kommende Personenkreis ergibt sich aus § 2 SGB XIV.

Der mögliche **Leistungsumfang der gesetzlichen Sozialversicherungsträger** ergibt sich zusammenfassend aus §§ 18 ff. SGB I.[6] Soweit hierbei Geldleistungen vorgesehen sind (vgl. z.B. zur Sozialhilfe § 10 Abs. 1 Nr. 2 SGB XII oder zur Sozialen Entschädigung §§ 83 und 84 SGB XIV), liegen keine Umsätze vor. Steuerbar können nur entgeltliche Dienst- oder Sachleistungen sein. 29

Soweit die begünstigten Einrichtungen **Leistungen an die Anspruchsberechtigten** im Rahmen ihrer hoheitlichen Tätigkeit als gesetzliche Sozialversicherungsträger erbringen, sind diese jedoch **regelmäßig nicht steuerbar**. So erfüllen z.B. die gesetzlichen Krankenkassen (vgl. § 27 Abs. 1 SGB V), die Pflegeversicherung (vgl. §§ 28 und 28a SGB XI) oder die Unfallversicherung (vgl. § 26 Abs. 4 SGB VII) im Verhältnis zu den Versicherten ihre Leistungspflicht im Wege des sog. **Sachleistungsprinzips**. Dabei erfolgen die einzelnen Lieferungen und Dienstleistungen an die Versicherten unentgeltlich. Die Pflichtversicherungsbeiträge stellen Entgelt für das Versicherungsverhältnis als solches, nicht aber für die im Rahmen dieses Versicherungsverhältnisses erbrachten Leistungen dar.[7] 30

Bei den Leistungen an die Versicherten kommt es nicht darauf an, ob diese aufgrund einer **gesetzlichen Verpflichtung** bewirkt werden.[8] Auch **freiwillige Leistungen**, die über den jeweiligen gesetzlichen Leistungskatalog hinausgehen, sind begünstigt.[9] 31

1 EuGH, Urt. v. 8.10.2020 – C-657/19, ECLI:EU:C:2020:811 – Finanzamt D, UR 2020, 871 m. Anm. *Wüst*, Rz. 35.
2 Abschn. 4.15.1 Abs. 1 Satz 1 UStAE.
3 *Huschens* in Schwarz/Widmann/Radeisen, § 4 Nr. 15 UStG Rz. 51 (Stand: Oktober 2022).
4 BFH, Urt. v. 21.4.2021 – XI R 31/20 (XI R 34/18), UR 2021, 723.
5 Vgl. BFH, Urt. v. 21.4.2021 – XI R 31/20 (XI R 34/18), UR 2021, 723, Rz. 30 m.w.N.
6 Vgl. ausführlich *Huschens* in Schwarz/Widmann/Radeisen, § 4 Nr. 15 UStG Rz. 42 ff. (Stand: Oktober 2022).
7 Vgl. auch BFH, Vorlagebeschl. v. 6.6.2019 – V R 41/17, BStBl. II 2020, 164 = UR 2019, 896 m. Anm. *Erdbrügger*, Rz. 48 f.
8 BFH, Urt. v. 16.12.2015 – XI R 52/13, BStBl. II 2023, 412 = UR 2016, 275, Rz. 28.
9 *Schuhmann* in Rau/Dürrwächter, § 4 Nr. 15 UStG Rz. 22 f. (Stand: Februar 2004); Abschn. 4.15.1 Abs. 1 Satz 2 UStAE.

32 **§ 4 Nr. 15 Buchst. b UStG** ist laut BFH und Verwaltung **richtlinienkonform auszulegen.**[1] Danach sind nicht alle Leistungen der gesetzlichen Sozialversicherungsträger an ihre Versicherten steuerfrei, sondern nur Dienstleistungen der Sozialfürsorge und der sozialen Sicherheit oder damit eng verbundene Leistungen.[2] Im Urteilsfall hat der BFH die medizinisch nicht notwendige **Unterbringung und Verpflegung von Begleitpersonen** sowie die **Verpflegung eigenen Personals** von der Steuerbefreiung ausgeschlossen. Ebenfalls nicht nach § 4 Nr. 15 Buchst. b UStG befreit ist z.B. auch die **Behandlung privat Versicherter** oder sonstiger Privatpersonen gegen Entgelt in Einrichtungen der Sozialversicherungsträger.

33 Die steuerbare **Vermittlung privater Zusatzversicherungen** durch gesetzliche Krankenversicherungen (vgl. § 194 Abs. 1a SGB V) ist nicht nach § 4 Nr. 15 Buchst. b UStG steuerbefreit, da sie weder zwischen gesetzlichen Sozialversicherungsträgern noch gegenüber den Versicherten erbracht wird.[3]

§ 4 Nr. 15a [Medizinische Dienste und Medizinischer Dienst Bund]

Von den unter § 1 Abs. 1 Nr. 1 fallenden Umsätzen sind steuerfrei:

…

15a. die auf Gesetz beruhenden Leistungen der Medizinischen Dienste (§ 278 SGB V) und des Medizinischen Dienstes Bund (§ 281 SGB V) untereinander und für die gesetzlichen Träger der Sozialversicherung und deren Verbände und für die Träger der Grundsicherung für Arbeitsuchende nach dem Zweiten Buch Sozialgesetzbuch sowie die gemeinsamen Einrichtungen nach § 44b des Zweiten Buches Sozialgesetzbuch;

…

Schrifttum: *Wäger*, Rechtsprechungsauslese 2019, UR 2020, 85; *Wäger*, Rechtsprechungsauslese 2020, UR 2021, 41; *Wüst*, Anmerkung zum EuGH-Urteil vom 8.10.2020, C-657/19, UR 2020, 876.

A. Grundaussagen

I. Regelungsgegenstand und Bedeutung

1 Die Vorschrift dient der einheitlichen umsatzsteuerlichen **Begünstigung der Leistungen**, die den **Medizinischen Diensten (MD) bzw. dem MD Bund** (Rz. 15 ff.) **gesetzlich zugewiesen** sind (Rz. 23 ff.). Diese bestehen im Wesentlichen aus gutachterlichen Kooperationsleistungen und Beratungsleistungen

1 BFH, Urt. v. 16.12.2015 – XI R 52/13, BStBl. II 2023, 412 = UR 2016, 275, Rz. 25 ff.; Abschn. 4.15.1 Abs. 1 Satz 1 UStAE.

2 Vgl. Abschn. 4.15.1 Abs. 2 UStAE.

3 *Verweyen* in Hartmann/Metzenmacher, § 4 Nr. 15 UStG Rz. 28 (Stand: September 2010); vgl. BFH, Beschl. v. 3.2.2010 – I R 8/09, BStBl. II 2010, 502.

gegenüber den gesetzlichen Krankenkassen. Die Steuerbefreiung führt damit zur Entlastung der Sozialversicherungsträger von Umsatzsteuer, um die Sozialleistungen für die Versicherten nicht zu verteuern.

Die Leistungen sind nur befreit, soweit sie an **bestimmte Leistungsempfänger** erbracht werden (Rz. 30 ff.). Auch wenn der Kreis der möglichen Leistungsempfänger bei § 4 Nr. 15a UStG kaum darüber hinausgehen dürfte, ist eine solche **Beschränkung EU-rechtlich nicht zulässig**, da die maßgebende Befreiungsvorschrift im Unionsrecht (Rz. 6) keinerlei Bedingung hinsichtlich des Leistungsempfängers enthält.[1] 2

Zum Regelungsgegenstand der Vorschrift vor dem **MDK-Reformgesetz**[2] wird auf die Ausführungen in der 2. Auflage verwiesen. 3

Die **MD und der MD Bund sind einheitlich als KöR organisiert** (Rz. 15). § 4 Nr. 15a UStG befreit damit deren Leistungen, soweit diese nach § 2 Abs. 3 UStG a.F. bzw. § 2 Abs. 1 i.V.m. § 2b UStG steuerbar sind. 4

Eine Anwendung des § 4 Nr. 15a UStG auf **entsprechende Leistungen anderer Unternehmer** ist nicht möglich; eine unmittelbare Berufung auf das Unionsrecht dürfte allenfalls in sehr begrenztem Umfang in Betracht kommen (Rz. 19 ff.). 5

II. Unionsrechtliche Grundlagen

§ 4 Nr. 15a UStG beruht laut Gesetzesbegründung[3] auf **Art. 132 Abs. 1 Buchst. g MwStSystRL** (Art. 13 Teil A Abs. 1 Buchst. g 6. EG-Richtlinie). Danach befreien die Mitgliedstaaten „eng mit der Sozialfürsorge und der sozialen Sicherheit verbundene Dienstleistungen und Lieferungen von Gegenständen, einschließlich derjenigen, die durch Altenheime, Einrichtungen des öffentlichen Rechts oder andere von dem betreffenden Mitgliedstaat als Einrichtungen mit sozialem Charakter anerkannte Einrichtungen bewirkt werden“. Der Zweck des § 4 Nr. 15a UStG (Rz. 1), steht damit im Einklang.[4] 6

Bei der Auslegung der Vorschrift ist **Art. 134 MwStSystRL** (Art. 13 Teil A Abs. 2 Buchst. b 6. EG-Richtlinie) verpflichtend zu beachten, der den sachlichen Anwendungsbereich des § 4 Nr. 15a UStG begrenzen dürfte (§ 4 Nr. 15 Rz. 9). 7

Die **MD und der MD Bund** sind als KöR (Rz. 15) ohne weitere Voraussetzung **begünstigte Einrichtungen** i.S.d. unionsrechtlichen Befreiungsvorschrift. 8

Ob allerdings auch alle **von § 4 Nr. 15a UStG erfassten Leistungen**, d.h. die den MD (sozial-)gesetzlich zugewiesen Aufgaben, unionsrechtlich befreit werden dürfen,[5] ist **nicht zweifelsfrei** (Rz. 28 ff.). 9

Dies galt insbesondere für **Gutachterleistungen**, die den Hauptanwendungsfall des § 4 Nr. 15a UStG ausmachen (Rz. 23 und Rz. 28 f.). Der **EuGH** bestätigte jedoch im **Urteil vom 8.10.2020**, dass es sich bei der Erstellung von Gutachten zur Pflegebedürftigkeit um eine Tätigkeit handelt, die in den Anwendungsbereich des Art. 132 Abs. 1 Buchst. g MwStSystRL (Art. 13 Teil A Abs. 1 Buchst. g 6. EG-Richtlinie) fällt, da diese für die Entscheidung über die Pflegebedürftigkeit unerlässlich ist.[6] Die Steuerfreiheit von Gutachterleistungen im Rahmen dieser Befreiungsvorschrift folgt anderen Grundsätzen als bei der Steuerbefreiung medizinischer Gutachten als Heilbehandlung i.S.d. des Art. 132 Abs. 1 Buchst. c MwStSystRL (Art. 13 Teil A Abs. 1 Buchst. g 6. EG-Richtlinie) (§ 4 Nr. 14 Rz. 67).[7] 10

1 EuGH, Urt. v. 8.10.2020 – C-657/19, ECLI:EU:C:2020:811 – Finanzamt D, UR 2020, 871 m. Anm. *Wüst*, Rz. 35.
2 Gesetz für bessere und unabhängigere Prüfungen (MDK-Reformgesetz) v. 14.12.2019, BGBl. I 2019, 2789.
3 BT-Drucks. 13/3084, 24.
4 Vgl. EuGH, Urt. v. 21.1.2016 – C-335/14, ECLI:EU:C:2016:36 – Les Jardins de Jouvence, UR 2016, 391, Rz. 41.
5 So die Aussage in der Gesetzesbegründung; BT-Drucks. 13/3084, 24.
6 EuGH, Urt. v. 8.10.2020 – C-657/19, ECLI:EU:C:2020:811 – Finanzamt D, UR 2020, 871 m. Anm. *Wüst*, Rz. 37 und 41.
7 EuGH, Urt. v. 8.10.2020 – C-657/19, ECLI:EU:C:2020:811 – Finanzamt D, UR 2020, 871 m. Anm. *Wüst*, Rz. 40 f.

III. Verhältnis zu anderen Vorschriften und Rechtsentwicklung

1. Verhältnis zu anderen Vorschriften

11 Für die unter § 4 Nr. 15a UStG fallenden Umsätze ist ein **Verzicht auf die Steuerbefreiung** nach § 9 UStG **nicht möglich**. Die Befreiung hat damit zwingend den **Verlust des Vorsteuerabzugs** nach § 15 Abs. 2 Satz 1 Nr. 1 UStG (§ 15 Rz. 249 ff.) zur Folge. Die für eine nach § 4 Nr. 15a UStG befreite Leistung gesondert ausgewiesene Steuer wird nach **§ 14c Abs. 1 UStG** geschuldet.

2. Rechtsentwicklung

12 **§ 4 Nr. 15a UStG** wurde durch das JStErgG 1996[1] **rückwirkend mit Wirkung zum 1.1.1991 eingeführt**, damit bereits ab dem Zeitpunkt des Inkrafttretens des bundesdeutschen Steuerrechts eine Gleichbehandlung der MD unabhängig von ihrer Rechtsform (Rz. 3) gewährleistet war.[2]

13 Durch das Gesetz zur Ermittlung von Regelbedarfen und zur Änderung des Zweiten und Zwölften Buches Sozialgesetzbuch[3] wurde die **Vorschrift mit Wirkung zum 1.1.2011** um den Satzteil hinter den Wörtern „und deren Verbände" **ergänzt**. Durch diese Änderung werden die Leistungen der MD zur Begutachtung bei Zweifeln an der Arbeitsunfähigkeit bei Beauftragung durch die dort genannten Einrichtungen befreit (Rz. 24 und Rz. 32).

14 Durch das Gesetz zur weiteren steuerlichen Förderung der Elektromobilität und zur Änderung weiterer steuerlicher Vorschriften erfolgte **mit Wirkung zum 1.1.2020** eine **Folgeänderung aufgrund des MDK-Reformgesetzes**[4], bei der die Bezeichnung der begünstigten Einrichtungen an „Medizinischer Dienst" bzw. „Medizinischer Dienst Bund" angepasst wurde.[5] Eine inhaltliche Änderung ist damit nicht verbunden.

B. Medizinische Dienste und Medizinischer Dienst Bund (Nr. 15a)

15 Die medizinischen Dienste der Krankenkassen sind bundesweit als eigenständige KöR einheitlich unter der Bezeichnung **„Medizinischer Dienst"** (Rz. 16) bzw. **„Medizinischer Dienst Bund"** (Rz. 17) organisiert.

16 Grundsätzlich wird in jedem Land ein **MD** als KöR errichtet (**§ 278 Abs. 1 SGB V**). Die MD sind die Nachfolgeeinrichtungen der Medizinischen Dienste der Krankenversicherung, die schon bislang in den alten Bundesländern als KöR organisiert waren, in den neuen Bundesländern hingegen als e.V.

17 Daneben besteht der **MD Bund** (**§ 281 SGB V**) als KöR und Nachfolger des Medizinischen Dienstes der Spitzenverbände der Krankenkassen. Mitglieder des MD Bund sind die einzelnen MD auf Landesebene.

18 Es bestehen keine Zweifel an einem möglichen steuerbaren Leistungsaustausch zwischen den MD und den Krankenkassen. Die Umlagenfinanzierung der MD (vgl. § 280 Abs. 1 und 2 SGB V) und des MD Bund (§ 281 Abs. 2 SGB V) dürfte den Charakter von **Leistungsentgelten** haben.[6]

---

1 Art. 12 und 30 Abs. 3 Jahressteuer-Ergänzungsgesetz 1996 – JStErgG 1996 v. 18.12.1995, BGBl. I 1995, 1959 (1964, 1968).

2 BT-Drucks. 13/3084, 24.

3 Art. 11 des G. v. 24.3.2011, BGBl. I 2011, 453 (494).

4 Gesetz für bessere und unabhängigere Prüfungen (MDK-Reformgesetz) v. 14.12.2019, BGBl. I 2019, 2789.

5 Art. 12 Nr. 5 Buchst. c des Gesetzes zur weiteren steuerlichen Förderung der Elektromobilität und zur Änderung weiterer steuerlicher Vorschriften vom 12.12.2019 (sog. JStG 2019), BGBl. I 2019, 2451 (2469).

6 Gl.A. *Langer* in Offerhaus/Söhn/Lange, § 4 Nr. 15a UStG Rz. 14 (Stand: April 2020).

C. Mögliche Begünstigung weiterer Unternehmen (Nr. 15a)

Über die MD und den MD Bund hinaus sind **Leistungen anderer Unternehmen** aufgrund des eindeutigen Wortlauts der Vorschrift nach § 4 Nr. 15a UStG nicht begünstigt.[1] 19

Die Frage betrifft insbesondere **Gutachterleistungen**, die Unternehmer **im Auftrag des MD** an diesen erbringen, insbesondere zur Feststellung der Pflegebedürftigkeit (§ 18 Abs. 7 SGB XI). Bereits mit Urteil vom 8.10.2008[2] hatte der BFH eine Steuerbefreiung für vom MD beauftragte Gutachter abgelehnt – und zwar sowohl nach § 4 Nr. 15a UStG als auch im Hinblick auf eine unmittelbare Berufung auf Art. 132 Abs. 1 Buchst. g MwStSystRL (Art. 13 Teil A Abs. 1 Buchst. g 6. EG-Richtlinie). 20
Im Rahmen eines Vorabentscheidungsersuchens[3] hinterfragte der BFH erneut die Steuerbefreiung für die Leistungen selbständiger Pflegegutachter. Der **EuGH** schränkt in dem hierzu ergangen **Urteil vom 8.10.2020**[4] die **Berufungsmöglichkeit auf das Unionsrecht** für private Unternehmen stark ein.[5] Denn die hierfür erforderliche Anerkennung als „Einrichtung mit sozialem Charakter" kann sich weder aus der Subunternehmerstellung als solcher, noch aus der mittelbaren und pauschalen Kostentragung durch die Pflegekassen, noch aus der bloßen Möglichkeit, mit diesen Kassen einen Vertrag über die Gutachterleistung abschließen zu können, herleiten.[6] Zudem dürfte eine unmittelbare Berufung auf Art. 132 Abs. 1 Buchst. g MwStSystRL (Art. 13 Teil A Abs. 1 Buchst. g 6. EG-Richtlinie) infolge der Neufassung des § 4 Nr. 18 UStG zum 1.1.2020 (§ 4 Nr. 18 Rz. 1), der seither Leistungen mit Sozialbezug befreit, soweit keine speziellere Befreiungsvorschrift Anwendung findet (§ 4 Nr. 18 Rz. 29), weitgehend ausgeschlossen sein.[7]

Für die **Leistungen selbständiger Pflegegutachter** kommt allerdings eine Steuerbefreiung nach **§ 4 Nr. 16 Buchst. n UStG** in Betracht (§ 4 Nr. 16 Rz. 43 und 114 ff.). 21

Nach den vorstehenden Ausführungen müssen m.E. auch **Begutachtungsleistungen**, die **unmittelbar im Auftrag der Pflegekassen** erfolgen (§ 18 Abs. 1 Satz 1 SGB XI), steuerbefreit sein. 22

D. Auf Gesetz beruhende Leistungen (Nr. 15a)

I. Der Medizinischen Dienste

Die **Aufgaben der MD** sind insbesondere in **§ 275 SGB V** für den Bereich der **Krankenversicherung** festgelegt. Danach sind die Krankenkassen in den dort näher bestimmten Fällen verpflichtet, **gutachterliche Stellungnahmen** der MD einzuholen, z.B. zur Prüfung von Voraussetzungen, Art und Umfang der Leistung, zur Einleitung von Rehabilitationsmaßnahmen, zur Sicherung des Behandlungserfolgs bei Arbeitsunfähigkeit, zur Erforderlichkeit längerer häuslicher Krankenpflege, zur Erforderlichkeit eines Hilfsmittels oder zu möglichen Behandlungsfehlern. 23
Weitere Aufgaben der MD ergeben sich im Bereich der gesetzlichen Pflegeversicherung u.a. nach § 18 SGB XI (Prüfung, ob die Voraussetzungen der Pflegebedürftigkeit erfüllt sind und welcher Pflegegrad vorliegt), nach § 40 SGB XI (Prüfung der Notwendigkeit der Versorgung mit den beantragten Pflegehilfsmitteln) sowie gemäß § 56 Abs. 1 Satz 6 SGB II für Begutachtungsleistungen bei begründeten Zweifeln an der Arbeitsunfähigkeit. 24

II. Des Medizinischen Dienstes Bund

Die **Aufgaben des MD Bund** sind in **§ 283 SGB V** beschrieben. Er koordiniert und fördert die Durchführung der Aufgaben und die Zusammenarbeit der MD in medizinischen und organisatorischen Fra- 25

1 **A.A.** *Tehler* in Rau/Dürrwächter, § 4 Nr. 15a UStG Rz. 118 (Stand: Oktober 2021).
2 BFH, Urt. v. 8.10.2008 – V R 32/07, BStBl. II 2009, 429 = UR 2009, 22.
3 Vgl. BFH, Vorlagebeschl. v. 10.4.2019 – XI R 11/17, BStBl. II 2019, 683 = UR 2019, 734.
4 EuGH, Urt. v. 8.10.2020 – C-657/19, ECLI:EU:C:2020:811 – Finanzamt D, UR 2020, 871 m. Anm. *Wüst*.
5 Vgl. auch *Wäger*, UR 2021, 41 (60 f.).
6 Vgl. *Wüst*, UR 2020, 876 (878).
7 Vgl. auch *Wäger*, UR 2020, 85 (91).

gen und trägt Sorge für eine einheitliche Aufgabenwahrnehmung. Er berät den Spitzenverband Bund der Krankenkassen in allen medizinischen Fragen der diesem zugewiesenen Aufgaben.

III. Unionsrechtskonforme Auslegung

26 **§ 4 Nr. 15a UStG nennt** als begünstigte Umsätze undifferenziert **alle auf Gesetz beruhenden Leistungen** der MD und des MD Bund.

27 Insbesondere die **in § 275 SGB V genannten Leistungen der MD** werden insofern als **insgesamt begünstigt** angesehen,[1] worauf sich die betroffenen Einrichtungen angesichts des eindeutigen Wortlauts des § 4 Nr. 15a UStG („auf Gesetz beruhende Leistungen") auch berufen können.

28 Gleichwohl erscheint nach der unionsrechtlichen Grundlage des Art. 132 Abs. 1 Buchst. g MwStSystRL (Art. 13 Teil A Abs. 1 Buchst. g 6. EG-Richtlinie) (Rz. 6) ein **derart umfassender Anwendungsbereich zweifelhaft.**[2]

28.1 Einen hinreichenden **Bezug zur Sozialfürsorge oder sozialen Sicherheit** weisen dabei für mich insbesondere die Beratung der gesetzlichen Krankenversicherung bei Grundsatzfragen rund um Medizin und Pflege auf. Ebenso die **Einzelfallbegutachtung von Versicherten**. So hat der EuGH hat in seinem Urteil vom 8.10.2020 die Erstellung von Gutachten zur Pflegebedürftigkeit als Leistung i.S.d. Art. 132 Abs. 1 Buchst. g MwStSystRL (Art. 13 Teil A Abs. 1 Buchst. g 6. EG-Richtlinie) beurteilt.[3] Solche Gutachterleistungen werden daher auch zutreffend im Rahmen des § 4 Nr. 15a UStG befreit. Zudem dürften nach den Grundsätzen dieser Rechtsprechung auch **Qualitätsprüfungen nach § 114 SGB XI** steuerbefreit sein. So umfasst die in § 114 Abs. 2 SGB XI definierte Regelprüfung insbesondere wesentliche Aspekte des Pflegezustands und die Wirksamkeit der Pflege- und Betreuungsmaßnahmen. Solche Prüfungen erscheinen damit unerlässlich, um der Pflegekasse die vollständige Erfüllung ihrer Aufgaben – nämlich die Gewährleistung einer qualitätsgesicherten Pflege – zu ermöglichen.

28.2 **Keinen Bezug zur Sozialfürsorge oder sozialen Sicherheit** haben m.E. hingegen Abrechnungs- und Wirtschaftlichkeitsprüfungen, wie sie sich auch aus den §§ 275c und 275d SGB V ergeben. Hierbei handelt es sich auch unter Berücksichtigung des EuGH-Urteils vom 8.10.2020[4] nicht um mit der Sozialfürsorge oder sozialen Sicherheit eng verbundene Dienstleistungen. Gleiches gilt lt. BFH für allgemeine Verwaltungsleistungen (z.B. Lagerung/Archivierung von Akten oder die Erledigung von Schreibarbeiten).[5]

29 Der **BFH** hatte bereits den Anwendungsbereich des **§ 4 Nr. 15 UStG** aus unionsrechtlichen Erwägungen **entsprechend eingeschränkt** (§ 4 Nr. 15 Rz. 25).[6] Für den Anwendungsbereich des § 4 Nr. 15a UStG kann nichts anderes gelten.

29.1 Nicht auf Gesetz, sondern auf **vertraglicher Grundlage** erbrachte Leistungen, sind nicht nach § 4 Nr. 15a UStG steuerfrei.[7]

E. Mögliche Empfänger der befreiten Leistungen (Nr. 15a)

30 Die von § 4 Nr. 15a UStG erfassten Leistungen sind steuerbefreit, wenn sie sich die einzelnen **MD** bzw. der **MD Bund untereinander** erbringen.

---

1 Vgl. z.B. *Huschens* in Schwarz/Widmann/Radeisen, § 4 Nr. 15a UStG Rz. 15 ff. (Stand: Oktober 2022); *Oelmaier* in Sölch/Ringleb, § 4 Nr. 15a UStG Rz. 7 (Stand: März 2023).
2 Vgl. *Tehler* in Rau/Dürrwächter, § 4 Nr. 15a UStG Rz. 87 ff. (Stand: Oktober 2021).
3 EuGH, Urt. v. 8.10.2020 – C-657/19, ECLI:EU:C:2020:811 – Finanzamt D, UR 2020, 871 m. Anm. *Wüst*, Rz. 37 und 41.
4 EuGH, Urt. v. 8.10.2020 – C-657/19, ECLI:EU:C:2020:811 – Finanzamt D, UR 2020, 871 m. Anm. *Wüst.*
5 BFH, Urt. v. 21.4.2021 – XI R 31/20 (XI R 34/18), UR 2021, 723, Rz. 30 f.
6 BFH, Urt. v 16.12.2015 – XI R 52/13, BStBl. II 2023, 412 = UR 2016, 275.
7 BFH, Urt. v. 21.4.2021 – XI R 31/20 (XI R 34/18), UR 2021, 723, Rz. 23.

Zudem können die Leistungen steuerfrei **an die gesetzlichen Träger der Sozialversicherung und deren Verbände** erbracht werden. Die gesetzlichen Träger der Sozialversicherung sind die rechtsfähigen KöR für die Bereiche der Krankenversicherung, Pflegeversicherung, Unfallversicherung und Rentenversicherung sowie der Arbeitslosenversicherung (§ 4 Nr. 15 Rz. 15). Zu den Verbänden zählen insbesondere die von den einzelnen Krankenkassenarten gebildeten Landesverbände.[1] 31

Hinsichtlich der Begutachtungen bei Zweifeln an der Arbeitsfähigkeit sind die entsprechenden Leistungen der MD gegenüber den **Trägern der Grundsicherung für Arbeitssuchende** befreit; dies sind nach § 6 Abs. 1 SGB II die BA bzw. die kreisfreien Städte und Kreise (kommunale Träger). Begünstigt ist zudem die entsprechende Begutachtung gegenüber **gemeinsamen Einrichtungen nach § 44b SGB II**, welche die Aufgaben der Träger nach dem SGB II wahrnehmen (§ 4 Nr. 15 Rz. 18). 32

Nicht steuerbefreit sind demnach Leistungen z.B. gegenüber **privaten Krankenversicherungen**. 33

§ 4 Nr. 15b [Arbeitsmarktdienstleistungen]

Von den unter § 1 Abs. 1 Nr. 1 fallenden Umsätzen sind steuerfrei:

...

15b. Eingliederungsleistungen nach dem Zweiten Buch Sozialgesetzbuch, Leistungen der aktiven Arbeitsförderung nach dem Dritten Buch Sozialgesetzbuch und vergleichbare Leistungen, die von Einrichtungen des öffentlichen Rechts oder anderen Einrichtungen mit sozialem Charakter erbracht werden. ²Andere Einrichtungen mit sozialem Charakter im Sinne dieser Vorschrift sind Einrichtungen,

a) die nach § 178 des Dritten Buches Sozialgesetzbuch zugelassen sind,

b) die für ihre Leistungen nach Satz 1 Verträge mit den gesetzlichen Trägern der Grundsicherung für Arbeitsuchende nach dem Zweiten Buch Sozialgesetzbuch geschlossen haben oder

c) die für Leistungen, die denen nach Satz 1 vergleichbar sind, Verträge mit juristischen Personen des öffentlichen Rechts, die diese Leistungen mit dem Ziel der Eingliederung in den Arbeitsmarkt durchführen, geschlossen haben;

...

Schrifttum: *Schlegel/Voelzke*, jurisPK-SGB II, 5. Aufl. 2020.

1 Vgl. *Huschens* in Schwarz/Widmann/Radeisen, § 4 Nr. 15a UStG Rz. 27 (Stand: Oktober 2022).

A. Grundaussagen

I. Regelungsgegenstand und Bedeutung

1 § 4 Nr. 15b UStG befreit die **Eingliederungsleistungen nach dem SGB II**, die **Leistungen der aktiven Arbeitsförderung nach dem SGB III** sowie die hiermit **vergleichbaren Leistungen**. Aufgrund dieser dynamischen Verweisung wird der Umfang der im Einzelnen begünstigten Leistungen (Rz. 11 ff.) dem Grundsatz nach im SGB II bzw. SGB III beschrieben.[1] Die Leistungen werden im Rahmen des SGB II **an erwerbsfähige Leistungsberechtigte** in Ausbildung oder Arbeit oder für deren Eingliederung sowie im Rahmen des SGB III an erwerbsfähige Leistungsberechtigte, Arbeitslose, von Arbeitslosigkeit bedrohte Arbeitsuchende oder Ausbildungssuchende erbracht.

2 Die Leistungen sind steuerfrei, wenn sie von **Einrichtungen des öffentlichen Rechts** (Rz. 19 ff.) oder von anderen **privaten Einrichtungen mit sozialem Charakter** (Rz. 23 ff.) erbracht werden. Die Anerkennung der begünstigten Einrichtungen mit sozialem Charakter ist in § 4 Nr. 15b Satz 2 UStG abschließend geregelt.

3 § 4 Nr. 15b UStG dient der Umsetzung des Art. 132 Abs. 1 Buchst. g MwStSystRL (Art. 13 Teil A Abs. 1 Buchst. g 6. EG-Richtlinie) im Bereich der Arbeitsförderung.[2] Die Steuerbefreiung trägt damit zur **Entlastung der Träger der Grundsicherung für Arbeitssuchende** (§ 6 SGB II) **sowie der Träger der Arbeitsförderung** (§ 21 SGB III) bei, um die Arbeitsmarktdienstleistungen dem Einzelnen, der sie in Anspruch nehmen könnte, zugänglicher zu machen.[3]

II. Unionsrechtliche Grundlagen

4 § 4 Nr. 15b UStG beruht auf **Art. 132 Abs. 1 Buchst. g MwStSystRL** (Art. 13 Teil A Abs. 1 Buchst. g 6. EG-Richtlinie). Danach befreien die Mitgliedstaaten „eng mit der Sozialfürsorge und der sozialen Sicherheit verbundene Dienstleistungen und Lieferungen von Gegenständen, einschließlich derjenigen, die durch Altenheime, Einrichtungen des öffentlichen Rechts oder andere von dem betreffenden Mitgliedstaat als Einrichtungen mit sozialem Charakter anerkannte Einrichtungen bewirkt werden“. Mit den **Leistungen der Arbeitsförderung** werden soziale Zwecke verfolgt, weil sie einen spezifischen sozialrechtlichen Bedarf voraussetzen und somit einer wirtschaftlichen oder sozialen Notlage abhelfen, die sich aufgrund von Hilfebedürftigkeit oder Arbeitslosigkeit ergibt.[4]

5 Vom **Wahlrecht**, die Steuerbefreiung bei ihrer Umsetzung im nationalen Recht von den einschränkenden Voraussetzungen **des Art. 133 Abs. 1 MwStSystRL** (Art. 13 Teil A Abs. 2 Buchst. a 6. EG-Richtlinie) abhängig zu machen, hat Deutschland keinen Gebrauch gemacht. Dies ist auch konsequent, denn für eine effektive Begünstigung der Arbeitsförderung müssen auch die hier tätigen privatgewerblichen Maßnahmenträger (vgl. § 21 SGB III) befreit werden.

6 **Verpflichtend zu beachten ist** hingegen **Art. 134 MwStSystRL** (Art. 13 Teil A Abs. 2 Buchst. b 6. EG-Richtlinie). Dessen Grundsätze sind bei der Auslegung der Vorschrift zu berücksichtigen.[5] Leistungen, die mit den Eingliederungsleistungen (Rz. 11 ff.), Leistungen der aktiven Arbeitsförderung (Rz. 16 f.) und vergleichbaren Leistungen (Rz. 18) eng verbunden sind, können nur befreit werden, wenn sie zur Ausübung dieser steuerbefreiten Tätigkeiten unerlässlich sind und im Wesentlichen nicht dazu bestimmt sind, der Einrichtung zusätzliche Einnahmen durch Umsätze zu verschaffen, die in unmittelbarem Wettbewerb mit Umsätzen von der Mehrwertsteuer unterliegenden gewerblichen Unternehmen

---

1 Vgl. die Gesetzesbegründung laut BT-Drucks. 18/1529, 76 sowie *Hölzer* in Rau/Dürrwächter, § 4 Nr. 15b UStG Rz. 7 (Stand: März 2019).

2 Vgl. die Gesetzesbegründung laut BT-Drucks. 18/1529, 76.

3 Vgl. EuGH, Urt. v. 26.5.2005 – C-498/03, ECLI:EU:C:2005:322 – Kingscrest Associates und Montecello, UR 2005, 453, Rz. 30.

4 Vgl. die Gesetzesbegründung laut BT-Drucks. 18/1529, 76 sowie ausführlich hierzu *Huschens* in Schwarz/Widmann/Radeisen, § 4 Nr. 15b UStG Rz. 4 ff. (Stand: Oktober 2022).

5 Vgl. BFH, Urt. v. 16.12.2015 – XI R 52/13, BStBl. II 2023, 412 = UR 2016, 275, Rz. 24 f.

bewirkt werden.[1] Tätigkeiten, die den Kernbereich der Befreiungsvorschrift betreffen, dürfen dabei allerdings nicht ausgeschlossen werden.[2]

III. Verhältnis zu anderen Vorschriften und Rechtsentwicklung

1. Verhältnis zu anderen Vorschriften

In Abgrenzung zu § 4 Nr. 15b UStG befreit der mit Wirkung zum 1.1.2017 eingeführte **§ 4 Nr. 15c UStG** Leistungen zur **Eingliederung von Menschen mit Behinderung** oder von Behinderung bedrohten Menschen **in den regulären Arbeitsmarkt** (§ 4 Nr. 15c Rz. 12 ff.). 6.1

Ein mögliches Konkurrenzverhältnis zu **§ 4 Nr. 18 UStG**[3] wurde durch die Neufassung des § 4 Nr. 18 UStG mit Wirkung zum **1.1.2020** insofern ausgeschlossen, als nach § 4 Nr. 18 Satz 3 UStG für die in anderen Nummern des § 4 UStG bezeichneten Leistungen eine Steuerbefreiung nur unter den dort genannten Voraussetzungen in Betracht kommt (§ 4 Nr. 18 Rz. 29).[4] Das gleiche Regelungsverhältnis besteht zu **§ 4 Nr. 23 UStG.** Auch diese Befreiungsvorschrift kommt seit dem 1.1.2020 nach § 4 Nr. 23 Satz 3 UStG für die in § 4 Nr. 15b UStG bezeichneten Leistungen nicht in Betracht (§ 4 Nr. 23 Rz. 35).[5] 7

Eine Überschneidung beim Umfang der begünstigten Leistungen besteht hingegen im Verhältnis zu **§ 4 Nr. 21 UStG**[6] und ggf. zu **§ 4 Nr. 22 Buchst. a UStG**[7] soweit die Leistungen der Arbeitsförderung in Bildungsleistungen bestehen (Rz. 16 und 18.1).[8] Die beiden Befreiungsvorschriften stehen m.E. **gleichrangig neben § 4 Nr. 15b UStG,** so dass sich Steuerpflichtige wahlweise auf die für sie günstigere Vorschrift berufen können,[9] z.B. wenn es um die Steuerbefreiung von Subunternehmerleistungen geht (Rz. 31). M.E. kann den Leistungsbezeichnungen in § 4 Nr. 21 UStG und § 4 Nr. 15b Satz 1 UStG nicht entnommen werden, dass eine der Vorschriften einen Teilbereich der Leistungen, die auch nach der anderen Vorschrift begünstigt sind, genauer bezeichnet, mit der Folge, dass eine Befreiung der anderen als lex spezialis vorgehen würde.[10] 8

Für die unter § 4 Nr. 15b UStG fallenden Umsätze ist ein **Verzicht auf die Steuerbefreiung** nach § 9 UStG **nicht möglich.** Die Befreiung hat damit zwingend den **Verlust des Vorsteuerabzugs** nach § 15 Abs. 2 Satz 1 Nr. 1 UStG (§ 15 Rz. 249 ff.) zur Folge. Die für eine nach § 4 Nr. 15b UStG befreite Leistung gesondert ausgewiesene Steuer wird nach **§ 14c Abs. 1 UStG** geschuldet. 9

2. Rechtsentwicklung

§ 4 Nr. 15b UStG ist durch das KroatienAnpG **mit Wirkung vom 1.1.2015 eingeführt** worden.[11] 10

1 EuGH, Urt. v. 1.12.2005 – C-394/04 und 395/04, ECLI:EU:C:2005:734 – Ygeia, UR 2006, 171, Rz. 26.
2 BFH, Urt. v. 3.4.2008 – V R 74/07, BFHE 221, 451, UR 2008, 698, Rz. 32 ff.
3 Vgl. *Erdbrügger* in Hartmann/Metzenmacher, § 4 Nr. 15b UStG Rz. 18 (Stand: September 2015); *Hölzer* in Rau/Dürrwächter, § 4 Nr. 15b UStG Rz. 26 f. (Stand: März 2019).
4 Art. 12 Nr. 5 Buchst. d des Gesetzes zur weiteren steuerlichen Förderung der Elektromobilität u. zur Änderung weiterer steuerlicher Vorschriften v. 12.12.2019 (sog. JStG 2019), BGBl. I 2019, 2451 (2469).
5 Art. 12 Nr. 5 Buchst. e des Gesetzes zur weiteren steuerlichen Förderung der Elektromobilität u. zur Änderung weiterer steuerlicher Vorschriften v. 12.12.2019 (sog. JStG 2019), BGBl. I 2019, 2451 (2469).
6 Vgl. hierzu *Hölzer* in Rau/Dürrwächter, § 4 Nr. 15b UStG Rz. 20 ff. (Stand: März 2019); *Huschens* in Schwarz/Widmann/Radeisen, § 4 Nr. 15b UStG Rz. 2 (Stand: Oktober 2022); FinMin Sachs.-Anh., Erl. v. 14.4.2015 – 42-S 7179-72, UR 2015, 525.
7 Vgl. hierzu *Hölzer* in Rau/Dürrwächter, § 4 Nr. 15b UStG Rz. 28 (Stand: März 2019).
8 Vgl. Abschn. 4.21.2 Abs. 3 und 4.21.5 Abs. 5 UStAE, die jedoch seit Einführung des § 4 Nr. 15b UStG noch nicht angepasst wurden und insofern nicht aktuell sind.
9 Gl.A. und ausführlich zum Verhältnis der Befreiungsvorschriften *Erdbrügger* in Hartmann/Metzenmacher, § 4 Nr. 15b UStG Rz. 14 ff. (Stand: September 2015).
10 Vgl. BFH, Urt. v. 8.8.2013 – V R 13/12, BFHE 242, 557, UR 2014, 225, Rz. 29; BFH, Urt. v. 28.6.2017 – XI R 23/14, BFHE 258, 517, UR 2017, 921, Rz. 49; **a.A.** *Huschens* in Schwarz/Widmann/Radeisen, § 4 Nr. 15b UStG Rz. 2 und Rz. 36 (Stand: Oktober 2022), der sich für einen Vorrang des § 4 Nr. 21 UStG ausspricht.
11 Art. 9 Nr. 3 Buchst. a des KroatienAnpG v. 25.7.2014, BGBl. I 2014, 1266 (1288).

B. Begünstigte Leistungen (Nr. 15b Satz 1)

I. Eingliederungsleistungen nach SGB II

11 Die befreiten **Eingliederungsleistungen** sind in Kapitel 3 Abschnitt 1 des SGB II geregelt. Da es sich zur Anwendbarkeit der Steuerbefreiung dem Grunde nach um steuerbare Leistungen und nicht nur um bloße finanzielle Förderung[1] handeln muss, kommen hiervon insbesondere die Leistungen nach den **§§ 16, 16a, 16c und 16f SGB II** in Betracht.

12 **§ 16 SGB II** verweist hinsichtlich der Eingliederungsleistungen auf das SGB III. Danach werden von der Agentur für Arbeit aus dem Dritten Kapitel des SGB III insbesondere Leistungen der **Beratung und Vermittlung** (Rz. 16), Leistungen zur **Aktivierung und beruflichen Eingliederung** (Rz. 16), Leistungen zur **Berufsausbildung** (§§ 54a und 74 SGB III) sowie zur **beruflichen Weiterbildung** (§§ 131a und 131b SGB III) erbracht.

13 Soweit diese für die Eingliederung erwerbsfähiger Leistungsberechtigter in Arbeit erforderlich sind, können nach **§ 16a SGB II** (Kommunale Eingliederungsleistungen) die folgenden Leistungen erbracht werden: **Betreuung minderjähriger oder behinderter Kinder** oder die **häusliche Pflege von Angehörigen, Schuldnerberatung**, die **psychosoziale Betreuung**, die **Suchtberatung**.

14 Nach **§ 16c Abs. 2 SGB II** können **hauptberuflich Selbständige** durch geeignete Dritte durch **Beratung oder Vermittlung** von Kenntnissen und Fertigkeiten – mit Ausnahme beruflicher Kenntnisse – gefördert werden.

15 **§ 16f SGB II** ermöglicht der Agentur für Arbeit, die gesetzlich geregelten Eingliederungsleistungen durch **freie Leistungen** zur Eingliederung in Arbeit zu erweitern. Hierzu können z.B. Sprach- oder Erste-Hilfe-Kurse, aber auch Praktika zählen.[2]

II. Leistungen der aktiven Arbeitsförderung nach SGB III

16 Begünstigt sind die **Arbeitsförderungsleistungen** nach dem **Dritten Kapitel des SGB III**. Hierzu zählen insbesondere:

- **Beratung und Vermittlung** in Form der Berufsberatung (§ 30 SGB III), Berufsorientierung (§ 33 SGB III), Arbeitsmarktberatung für Arbeitgeber (§ 34 SGB III), Arbeitsvermittlung (§ 35 SGB III),
- **Aktivierung und berufliche Eingliederung** nach § 45 SGB III (Heranführung an den Ausbildungs- und Arbeitsmarkt, Feststellung, Verringerung oder Beseitigung von Vermittlungshemmnissen, Vermittlung in eine versicherungspflichtige Beschäftigung, Heranführung an eine selbständige Tätigkeit oder Stabilisierung einer Beschäftigungsaufnahme),
- **Berufswahl und Berufsausbildung** in Form von Berufsorientierungsmaßnahmen (§ 48 SGB III), Berufseinstiegsbegleitung (§ 49 SGB III), Berufsvorbereitungsmaßnahmen (§ 51 SGB III), Vorbereitung auf den nachträglichen Erwerb des Hauptschulabschlusses oder eines gleichwertigen Schulabschlusses (§ 53 SGB III),
- **berufliche Weiterbildung** (Kostenübernahme nach §§ 81 bis 87 SGB III) und
- **assistierte Ausbildung** zur Unterstützung der betrieblichen Berufsausbildung (§ 74 SGB III).

17 Es ist zu beachten, dass **gleichartige Leistungen** z.T. auch **an nicht arbeitslose oder konkret von Arbeitslosigkeit bedrohte Personen sowie durch nicht anerkannte Einrichtungen** erbracht werden. Dies gilt z.B. hinsichtlich Qualifizierungsmaßnahmen oder Arbeitsvermittlungsleistungen („Headhunter"). Insoweit dürfte es sich jedoch nicht um eng mit der Sozialfürsorge oder sozialen Sicherheit verbundene Leistungen handeln, die damit zu Recht von der Steuerbefreiung ausgeschlossen sind.[3]

1 Vgl. *Hölzer* in Rau/Dürrwächter, § 4 Nr. 15b UStG Rz. 86 ff. (Stand: März 2019).
2 *Harks* in jurisPK, § 16f SGB II Rz. 14 (Stand: Januar 2023).
3 Ausführlich hierzu *Huschens* in Schwarz/Widmann/Radeisen, § 4 Nr. 15b UStG Rz. 10 f. (Stand: Oktober 2022).

III. Vergleichbare Leistungen

Nach der Gesetzesbegründung[1] zählen zu den mit Eingliederungsleistungen nach SGB II und Leistungen der aktiven Arbeitsförderung nach SGB III vergleichbaren Leistungen insbesondere **Leistungen, die im Rahmen von Bundes- und Landesprogrammen sowie Programmen anderer Gebietskörperschaften** an erwerbsfähige Leistungsberechtigte, Arbeitslose, von Arbeitslosigkeit bedrohte Arbeitsuchende oder Ausbildungssuchende mit dem Ziel der Eingliederung in den Arbeitsmarkt (zur Ausbildung oder Arbeit) erbracht werden. 18

Die berufsbezogene Deutschsprachförderung nach § 45a AufenthG[2] kommt ebenfalls als begünstigte Leistung in Betracht. Hier zeigt sich allerdings in besonderem Maße die Schwierigkeit der Abgrenzung zur beruflichen Bildungsleistung (§ 4 Nr. 21 Rz. 52 ff.). Allgemeine Integrationskurse nach § 43 AufenthG sind hingegen als Bildungsleistung einzuordnen.[3] 18.1

C. Begünstigte Einrichtungen (Nr. 15b Sätze 1 und 2)

I. Einrichtungen des öffentlichen Rechts (Nr. 15b Satz 1)

Gemäß den Vorgaben des Art. 132 Abs. 1 Buchst. g MwStSystRL (Art. 13 Teil A Abs. 1 Buchst. g 6. EG-Richtlinie) (Rz. 4), sind die begünstigten Arbeitsmarktdienstleistungen (Rz. 11 ff.), die von Einrichtungen des öffentlichen Rechts erbracht werden, **voraussetzungslos steuerbefreit**. 19

Die **jPdöR muss** mit der Erbringung der Leistungen allerdings **selbst unternehmerisch tätig** werden (§ 2 Rz. 10 ff.). Ansonsten sind die Leistungen nicht steuerbar. Einrichtungen, die in der Form privatrechtlicher Gesellschaften betrieben werden, deren Anteile nur von juristischen Personen des öffentlichen Rechts gehalten werden, gelten nicht als öffentlich-rechtliche Einrichtungen.[4] 20

Bei den Leistungserbringern im Rahmen des § 4 Nr. 15b Satz 1 UStG kommen als jPdöR insbesondere die **BA** (**Agenturen für Arbeit**) sowie die **(kommunalen) Träger der Grundsicherung** nach den §§ 6 Abs. 1, 6a und 44b SGB II in Betracht (§ 4 Nr. 15 Rz. 15 ff.). Insoweit besteht eine partielle Überschneidung mit § 4 Nr. 15 UStG. 21

Weitere jPdöR als Leistungserbringer sind z.B. die öffentlich-rechtlichen Religionsgemeinschaften, die Innungen, Handwerkskammern, Industrie- und Handelskammern mit ihren jeweiligen Einrichtungen. Dies gilt m.E. auch, soweit diese aus sozialrechtlichen Gründen für die Durchführung von Maßnahmen der aktiven Arbeitsförderung eine Trägerzulassung nach § 176 SGB III benötigen.[5] 22

II. Andere Einrichtungen mit sozialem Charakter (Nr. 15b Satz 2)

1. Einrichtungsbegriff

Der **Einrichtungsbegriff** umfasst bei privaten Unternehmen natürliche und juristische Personen sowie Personenvereinigungen[6] mit Gewinnerzielungsabsicht[7]. Zu den allgemeinen Anerkennungsgrundsätzen wird auf die Kommentierung zu § 4 Nr. 16 UStG verwiesen (§ 4 Nr. 16 Rz. 67 ff.). 23

1 BT-Drucks. 18/1529, 77.
2 Gesetz über den Aufenthalt, die Erwerbstätigkeit und die Integration von Ausländern im Bundesgebiet (Aufenthaltsgesetz – AufenthG) v. 25.2.2008, BGBl. I 2008, 162.
3 Insoweit nach wie vor zutreffend Abschn. 4.21.2 Abs. 3a UStAE.
4 Vgl. entspr. Abschn. 4.14.7 Abs. 5 Satz 3 UStAE.
5 **A.A.** und ausf. zu dieser Frage *Hölzer* in Rau/Dürrwächter, § 4 Nr. 15b UStG Rz. 133 f. (Stand: März 2019).
6 EuGH, Urt. v. 7.9.1999 – C-216/97, ECLI:EU:C:1999:390 – Gregg, UR 1999, 419, Rz. 17 ff.
7 EuGH, Urt. v. 26.5.2005 – C-498/03, ECLI:EU:C:2005:322 – Kingscrest Associates und Montecello, UR 2005, 453, Rz. 35.

2. Nach § 178 SGB III zugelassene Einrichtungen (Nr. 15b Satz 2 Buchst. a)

24 Nach § 176 SGB III bedürfen Träger der **Zulassung durch eine fachkundige Stelle** i.S.d. § 177 SGB III, um Maßnahmen der Arbeitsförderung selbst durchzuführen oder durchführen zu lassen (vgl. § 176 Abs. 1 SGB III). Hierbei handelt es sich um von der Akkreditierungsstelle für die Zulassung nach dem Recht der Arbeitsförderung (Deutschen Akkreditierungsstelle GmbH – DAkkS) akkreditierte Zertifizierungsstellen.[1]

25 Die **Trägerzulassung** selbst erfolgt **nach § 178 SGB III**. Danach ist ein Träger von einer fachkundigen Stelle zuzulassen, wenn er die dort genannten Voraussetzungen erfüllt. Nicht ausreichend für eine Anerkennung der Einrichtung ist wegen des gesetzlichen Verweises auf § 178 SGB III eine bloße Maßnahmenzulassung nach § 179 SGB III.[2]

3. Einrichtungen, die Verträge mit den Trägern der Grundsicherung für Arbeitssuchende nach SGB II geschlossen haben (Nr. 15b Satz 2 Buchst. b)

26 Soweit eine **Zulassung** für nach dem SGB II oder SGB III zu erbringende Maßnahmen **nicht gesetzlich vorgesehen** ist, gelten Maßnahmenträger als anerkannte Einrichtung aufgrund der **Verträge**, die sie über ihre Leistungen **mit den gesetzlichen Trägern der Grundsicherung für Arbeitssuchende** (§ 4 Nr. 15 Rz. 16 ff.) abgeschlossen haben. Die Anerkennung als Einrichtung mit sozialem Charakter und damit der Anwendungsbereich der Steuerbefreiung beschränkt sich dabei m.E. aufgrund der Systematik einer Anerkennung durch Einzelverträge auf die darin bezeichneten Leistungen.

27 Nach der Gesetzesbegründung[3] sollen den Verträgen i.S.d. § 4 Nr. 15b Satz 2 Buchst. b und c UStG auch **Zuwendungsbescheide** gleichgestellt sein, in denen die gegenseitigen Rechte und Pflichten des Maßnahmenträgers bzw. Sozialleistungsträgers bestimmt werden. Dies erscheint angesichts des eindeutigen Wortlauts der Vorschriften zweifelhaft.[4]

4. Einrichtungen, die Verträge mit jPdöR über vergleichbare Leistungen geschlossen haben (Nr. 15b Satz 2 Buchst. c)

28 Die Anerkennung einer Einrichtung ergibt sich auch daraus, dass der Maßnahmenträger **Verträge über die in § 4 Nr. 15b Satz 1 UStG bezeichneten „vergleichbaren Leistungen"** (Rz. 18) mit den jPdöR geschlossen hat, die diese Leistungen mit dem Ziel der Eingliederung in den Arbeitsmarkt durchführen. Hier dürfte ebenfalls eine Begrenzung der Anerkennung auf die vertraglich vereinbarten Leistungen vorliegen (Rz. 26).

29 Auch insoweit sollen **Zuwendungsbescheide** zur Anerkennung führen (Rz. 27).

5. Subunternehmer

30 Fraglich ist, ob auch **Subunternehmer, die für begünstigte Einrichtungen tätig werden**, die Steuerbefreiung beanspruchen können.

31 Im Rahmen des § 4 Nr. 16 UStG (§ 4 Nr. 16 Rz. 114 ff.) und des § 4 Nr. 25 UStG (§ 4 Nr. 25 Rz. 28) wird eine Begünstigung von Subunternehmern dadurch ermöglicht, dass eine **Anerkennung als begünstigte Einrichtung** auch **mittels Vergütung** durch die Sozialleistungsträger erreicht werden kann. Demgegenüber **sieht § 4 Nr. 15b UStG** eine solche Anerkennungsregelung **nicht vor**. Aufgrund der nationalen Befreiungsvorschrift des § 4 Nr. 15b UStG kann ein Subunternehmer die Steuerbefreiung daher nicht erlangen.[5]

32 Die Anerkennung mittels Vergütung durch die Sozialleistungsträger nur bei einzelnen, den Art. 132 Abs. 1 Buchst. g MwStSystRL (Art. 13 Teil A Abs. 1 Buchst. g 6. EG-Richtlinie) umsetzenden nationa-

---

1 Vgl. Abschn. 4.21.5 Abs. 5 Satz 4 UStAE.
2 *Oelmaier* in Sölch/Ringleb, § 4 Nr. 15b UStG Rz. 12 (Stand: Oktober 2020).
3 BT-Drucks. 18/1529, 77.
4 *Oelmaier* in Sölch/Ringleb, § 4 Nr. 15b UStG Rz. 15 (Stand: Oktober 2020).
5 *Oelmaier* in Sölch/Ringleb, § 4 Nr. 15b UStG Rz. 10 (Stand: Oktober 2020).

len Befreiungsvorschriften vorzusehen, erscheint allerdings **unionsrechtlich zweifelhaft**. Als Folge hieraus könnte sich für Subunternehmer ein Berufungsrecht auf Art. 132 Abs. 1 Buchst. g MwStSystRL (Art. 13 Teil A Abs. 1 Buchst. g 6. EG-Richtlinie) eröffnen, in dessen Rahmen diese eine Anerkennung aufgrund einer mittelbaren Vergütung ihrer Leistungen durch die Sozialleistungsträger – entsprechend den bei § 4 Nr. 16 Satz 1 Buchst. n UStG geltenden Voraussetzungen – beanspruchen können (§ 4 Nr. 16 Rz. 127 ff.).[1]

§ 4 Nr. 15c [Leistungen zur Teilhabe am Arbeitsleben]

Von den unter § 1 Abs. 1 Nr. 1 fallenden Umsätzen sind steuerfrei:

…

15c. Leistungen zur Teilhabe am Arbeitsleben nach § 49 des Neunten Buches Sozialgesetzbuch, die von Einrichtungen des öffentlichen Rechts oder anderen Einrichtungen mit sozialem Charakter erbracht werden. [2]Andere Einrichtungen mit sozialem Charakter im Sinne dieser Vorschrift sind Rehabilitationsdienste und -einrichtungen nach den §§ 36 und 51 des Neunten Buches Sozialgesetzbuch, mit denen Verträge nach § 38 des Neunten Buches Sozialgesetzbuch abgeschlossen worden sind;

…

Schrifttum: *Schlegel/Voelzke*, jurisPK-SGB III, 3. Aufl. 2023; *Schlegel/Voelzke*, jurisPK-SGB IX, 3. Aufl. 2018.

A. Grundaussagen

I. Regelungsgegenstand und Bedeutung

§ 4 Nr. 15c UStG enthält eine spezielle Steuerbefreiungsvorschrift zur Begünstigung der **Leistungen zur Teilhabe am Arbeitsleben auf dem allgemeinen Arbeitsmarkt** nach dem SGB IX (Rehabilitation und Teilhabe von Menschen mit Behinderungen). Die begünstigten Leistungen (Rz. 12 ff.) werden erbracht, um **Menschen mit Behinderung** oder von Behinderung bedrohten Menschen langfristig den **Zugang zum Berufsleben zu sichern** und Arbeitslosigkeit zu verhindern.[2] 1

Die Leistungen sind steuerfrei, wenn sie von **Einrichtungen des öffentlichen Rechts** (Rz. 16 ff.) oder von anerkannten privaten Einrichtungen erbracht werden. Dies sind **Rehabilitationsdienste und -einrichtungen**, mit denen Verträge nach § 38 SGB IX bestehen (Rz. 24). 2

§ 4 Nr. 15c UStG dient der zielgenauen **Umsetzung des Art. 132 Abs. 1 Buchst. g MwStSystRL** (Art. 13 Teil A Abs. 1 Buchst. g 6. EG-Richtlinie) im Bereich der gesetzlichen Rentenversicherung einschließlich 3

1 Gl.A. *Hölzer* in Rau/Dürrwächter, § 4 Nr. 15b UStG Rz. 152 (Stand: März 2019).
2 Vgl. die Gesetzesbegründung lt. BT-Drucks. 18/9522, 348 sowie § 49 Abs. 1 SGB IX.

der Alterssicherung der Landwirte, der gesetzlichen Unfallversicherung, der Kriegsopferversorgung und Kriegsopferfürsorge sowie der Jugendhilfe.[1] Durch die Steuerbefreiung werden die **Sozialversicherungsträger** (Rehabilitationsträger nach § 6 SGB IX) **entlastet**, um die Leistungen dem Einzelnen, der sie in Anspruch nehmen könnte, zugänglicher zu machen.[2]

II. Unionsrechtliche Grundlagen

4 § 4 Nr. 15c UStG beruht auf **Art. 132 Abs. 1 Buchst. g MwStSystRL** (Art. 13 Teil A Abs. 1 Buchst. g 6. EG-Richtlinie). Danach befreien die Mitgliedstaaten „eng mit der Sozialfürsorge und der sozialen Sicherheit verbundene Dienstleistungen und Lieferungen von Gegenständen, einschließlich derjenigen, die durch Altenheime, Einrichtungen des öffentlichen Rechts oder andere von dem betreffenden Mitgliedstaat als Einrichtungen mit sozialem Charakter anerkannte Einrichtungen bewirkt werden". Hinsichtlich der im nationalen Sozialrecht geregelten **Leistungen zur Teilhabe am Arbeitsleben** für behinderte Menschen oder von Behinderung bedrohter Menschen liegen eng mit der Sozialfürsorge und der sozialen Sicherheit verbundene Leistungen vor.

5 Vom **Wahlrecht**, die Steuerbefreiung bei ihrer Umsetzung im nationalen Recht von den einschränkenden Voraussetzungen **des Art. 133 Abs. 1 MwStSystRL** (Art. 13 Teil A Abs. 2 Buchst. a 6. EG-Richtlinie) abhängig zu machen, hat Deutschland keinen Gebrauch gemacht.

6 **Verpflichtend zu beachten ist** hingegen **Art. 134 MwStSystRL** (Art. 13 Teil A Abs. 2 Buchst. b 6. EG-Richtlinie). Dessen Grundsätze sind bei der Auslegung der Vorschrift zu berücksichtigen (§ 4 Nr. 15b Rz. 6).

III. Verhältnis zu anderen Vorschriften und Rechtsentwicklung

1. Verhältnis zu anderen Vorschriften

7 Bei der Verzahnung von Leistungen zur Teilhabe am Arbeitsleben mit begleitenden medizinischen oder psychologischen Hilfen nach § 49 Abs. 6 SGB IX kann die Steuerbefreiung nach **§ 4 Nr. 14 UStG** zur Anwendung kommen. Die Abgrenzung zwischen beruflicher und medizinischer Rehabilitationsleistung ist bei einer einheitlichen Leistung nach dem Schwerpunkt der Maßnahme vorzunehmen (Rz. 14).[3]

7.1 In Abgrenzung zu § 4 Nr. 15c UStG kommt **§ 4 Nr. 15b UStG** für Eingliederungsleistungen nach dem SGB II, Leistungen der aktiven Arbeitsförderung nach dem SGB III sowie die hiermit vergleichbaren **Leistungen an erwerbsfähige Leistungsberechtigte** (mit oder ohne Behinderung) zur Anwendung (§ 4 Nr. 15b Rz. 11 ff.).

8 Ein mögliches Konkurrenzverhältnis zu **§ 4 Nr. 18 UStG** wurde durch die Neufassung des § 4 Nr. 18 UStG mit Wirkung zum **1.1.2020** insofern ausgeschlossen, als nach § 4 Nr. 18 Satz 3 UStG für die in anderen Nummern des § 4 UStG bezeichneten Leistungen eine Steuerbefreiung nur unter den dort genannten Voraussetzungen in Betracht kommt (§ 4 Nr. 18 Rz. 29).[4] Das gleiche Regelungsverhältnis besteht zu **§ 4 Nr. 23 UStG**. Auch diese Befreiungsvorschrift kommt seit dem 1.1.2020 nach § 4 Nr. 23 Satz 3 UStG für die in § 4 Nr. 15c Satz 1 UStG bezeichneten Leistungen nicht in Betracht (§ 4 Nr. 23 Rz. 35).[5]

---

1 Vgl. die Gesetzesbegründung lt. BT-Drucks. 18/9522, 348.

2 EuGH, Urt. v. 26.5.2005 – C-498/03, ECLI:EU:C:2005:322 – Kingscrest Associates und Montecello, UR 2005, 453, Rz. 30.

3 *Luik* in jurisPK, § 49 SGB IX Rz. 155 (Stand: Juni 2020).

4 Art. 12 Nr. 5 Buchst. d des Gesetzes zur weiteren steuerlichen Förderung der Elektromobilität und zur Änderung weiterer steuerlicher Vorschriften v. 12.12.2019 (sog. JStG 2019), BGBl. I 2019, 2451 (2469).

5 Art. 12 Nr. 5 Buchst. e des Gesetzes zur weiteren steuerlichen Förderung der Elektromobilität und zur Änderung weiterer steuerlicher Vorschriften v. 12.12.2019 (sog. JStG 2019), BGBl. I 2019, 2451 (2469).

Eine Überschneidung beim Umfang der begünstigten Leistungen besteht hingegen im Verhältnis zu **§ 4 Nr. 21 UStG** und ggf. zu **§ 4 Nr. 22 Buchst. a UStG** soweit die Leistungen zur Teilhabe am Arbeitsleben in Bildungsleistungen bestehen.[1] Zu dieser Abgrenzungsfrage wird auf die Kommentierung zu § 4 Nr. 15b UStG verwiesen (§ 4 Nr. 15b Rz. 8). 9

Für die unter § 4 Nr. 15c UStG fallenden Umsätze ist ein **Verzicht auf die Steuerbefreiung** nach § 9 UStG **nicht möglich**. Die Befreiung hat damit zwingend den **Verlust des Vorsteuerabzugs** nach § 15 Abs. 2 Satz 1 Nr. 1 UStG (§ 15 Rz. 249 ff.) zur Folge. Die für eine nach § 4 Nr. 15c UStG befreite Leistung gesondert ausgewiesene Steuer wird nach **§ 14c Abs. 1 UStG** geschuldet. 10

2. Rechtsentwicklung

§ 4 Nr. 15c UStG ist durch das BTHG **mit Wirkung zum 1.1.2017 eingeführt** worden.[2] Bereits im Rahmen des BTHG wurden zugleich **mit Wirkung zum 1.1.2018** die Verweise auf die Vorschriften des SGB IX an das zum 1.1.2018 neu gefasste SGB IX **redaktionell angepasst**.[3] 11

B. Leistungen zur Teilhabe am Arbeitsleben (Nr. 15c Satz 1)

Leistungen zur Teilhabe am Arbeitsleben (Teil 1 Kapitel 10 SGB IX) gehören zu den Leistungen der aktiven Arbeitsförderung nach dem Dritten Kapitel SGB III[4], die nach § 4 Nr. 15b UStG befreit sind. Die dortigen §§ 112 ff. SGB III befassen sich mit der Teilhabe behinderter Menschen am Arbeitsleben. Der **§ 49 SGB IX** ergänzt diese Regelungen und bestimmt, welche Leistungen von den Rehabilitationsträgern nach § 6 SGB IX zur Teilhabe von Menschen mit Behinderungen oder von Behinderung bedrohter Menschen am Arbeitsleben auf dem allgemeinen Arbeitsmarkt zu erbringen sind.[5] 12

Bei den Leistungen zur Teilhabe am Arbeitsleben liegt der Schwerpunkt auf dem **Erlernen beruflicher Kenntnisse und Fähigkeiten.**[6] Die für eine Steuerbefreiung nach § 4 Nr. 15c UStG infrage kommenden Leistungen ergeben sich insbesondere aus **§ 49 Abs. 3 SGB IX**. Die dortige Aufzählung ist jedoch **nicht abschließend**.[7] Hierzu zählen bspw.: Hilfen zur Erhaltung und Erlangung eines Arbeitsplatzes (Beratungs- und Vermittlungsleistungen, insb. Potenzialanalyse), Berufsvorbereitung einschließlich einer wegen der Behinderung erforderlichen Grundausbildung (z.B. blindendtechnische Grundausbildung), individuelle betriebliche Qualifizierung oder berufliche Anpassung und Weiterbildung. 13

Infolge des allgemeinen Verweises auf § 49 SGB IX und den dortigen, nicht abschließenden Leistungskatalog ergibt sich der **Umfang der begünstigten Leistungen** letztlich immer aus den zum jeweiligen Leistungszeitpunkt unmittelbar in § 49 SGB IX oder in den für die Rehabilitationsträger (Rz. 18) geltenden Leistungsgesetzen als Leistungen zur Teilhabe am Arbeitsleben genannten Maßnahmen.[8] 14

Leistungen für **Unterkunft und Verpflegung** sind, wenn sie im Zusammenhang mit den genannten Leistungen zur Teilhabe am Arbeitsleben von der begünstigten Einrichtung erbracht werden, als eng mit der Sozialfürsorge und der sozialen Sicherheit verbundene Leistungen befreit.[9] 15

---

1 Vgl. z.B. § 49 Abs. 3 Nr. 4 und 5 SGB IX. Vgl. hierzu *Hölzer* in Rau/Dürrwächter, § 4 Nr. 15c UStG Rz. 22 und 28 (Stand: Januar 2020).

2 Art. 16 des BTHG v. 23.12.2016, BGBl. I 2016, 3234 (3328).

3 Art. 17 Nr. 2 des BTHG v. 23.12.2016, BGBl. I 2016, 3234 (3329).

4 *Luik* in jurisPK, § 49 SGB IX Rz. 28 (Stand: Juni 2020).

5 *Luik* in jurisPK, § 49 SGB IX Rz. 2 (Stand: Juni 2020); zum Verhältnis zwischen § 112 SGB III und dem SGB IX vgl. *Schubert/Schaumberg* in jurisPK, § 112 SGB III Rz. 14 ff. (Stand: Januar 2023). Zu den möglichen Teilhabeleistungen nach § 49 SGB IX im Einzelnen vgl. *Hölzer* in Rau/Dürrwächter, § 4 Nr. 15c UStG Rz. 110 ff. (Stand: Januar 2020).

6 *Luik* in jurisPK, § 49 SGB IX Rz. 155 (Stand: Juni 2020).

7 *Luik* in jurisPK, § 49 SGB IX Rz. 173 (Stand: Juni 2020).

8 Ausführlich zur Problematik des allgemeinen Verweises auf § 49 SGB IX *Hölzer* in Rau/Dürrwächter, § 4 Nr. 15c UStG Rz. 7 (Stand: Januar 2020).

9 Vgl. die Gesetzesbegründung lt. BT-Drucks. 18/9522, 349.

C. Begünstigte Einrichtungen (Nr. 15c Sätze 1 und 2)

I. Einrichtungen des öffentlichen Rechts (Nr. 15c Satz 1)

16 Gemäß den Vorgaben des Art. 132 Abs. 1 Buchst. g MwStSystRL (Art. 13 Teil A Abs. 1 Buchst. g 6. EG-Richtlinie) (Rz. 4) sind die begünstigten Leistungen zur Teilhabe am Arbeitsleben (Rz. 12 ff.), die von Einrichtungen des öffentlichen Rechts erbracht werden, **voraussetzungslos steuerbefreit**.

17 Die **jPdöR muss** mit der Erbringung der Leistungen allerdings **selbst unternehmerisch tätig** werden (§ 2 Rz. 10 ff.). Ansonsten sind die Leistungen nicht steuerbar. Einrichtungen, die in der Form privatrechtlicher Gesellschaften betrieben werden, deren Anteile nur von juristischen Personen des öffentlichen Rechts gehalten werden, gelten nicht als öffentlich-rechtliche Einrichtungen.[1]

18 Bei den Leistungserbringern im Rahmen des § 4 Nr. 15c Satz 1 UStG kommen als jPdöR die **Rehabilitationsträger nach § 6 SGB IX** in Betracht, die Leistungen zur Teilhabe am Arbeitsleben nach § 5 Nr. 2 SGB IX erbringen. Dies sind insbesondere die Träger der gesetzlichen Unfall- und Rentenversicherung, die mit ihren steuerbaren Leistungen an die Versicherten zudem nach § 4 Nr. 15 UStG begünstigt sind (§ 4 Nr. 15 Rz. 15 ff.), die BA und die Träger der öffentlichen Jugendhilfe (z.B. Einrichtungen der beruflichen Rehabilitation in kirchlicher Trägerschaft).

II. Andere Einrichtungen mit sozialem Charakter (Nr. 15c Satz 2)

1. Einrichtungsbegriff

19 Der **Einrichtungsbegriff** umfasst bei privaten Unternehmen natürliche und juristische Personen sowie Personenvereinigungen[2] mit Gewinnerzielungsabsicht.[3] Zu den allgemeinen Anerkennungsgrundsätzen wird auf die Kommentierung zu § 4 Nr. 16 UStG verwiesen (§ 4 Nr. 16 Rz. 67 ff.).

2. Rehabilitationsdienste und -einrichtungen nach §§ 36 und 51 SGB IX

20 Die in § 36 SGB IX genannten **Rehabilitationsdienste und -einrichtungen** erfassen alle Betriebe, Unternehmen und sonstigen Anbieter, die Rehabilitationsleistungen jedweder Art nach dem SGB IX erbringen. Für den von § 4 Nr. 15c UStG erfassten **Bereich der beruflichen Rehabilitation** zählen hierzu insbesondere die in § 51 SGB IX genannten Berufsbildungswerke und Berufsförderungswerke sowie vergleichbare Einrichtungen.[4]

21 **Berufsbildungswerke** dienen der Berufsvorbereitung und der Erstausbildung behinderter Jugendlicher. Träger sind i.d.R. gemeinnützige Organisationen.[5] Derzeit gibt es in Deutschland 52 Berufsbildungswerke.[6]

22 **Berufsförderungswerke** dienen der beruflichen Wiedereingliederung erwachsener behinderter Menschen in Form von beruflicher Anpassung und Weiterbildung. Bundesweit bestehen derzeit 28 Berufsförderungswerke.[7]

23 Daneben begünstigt § 51 SGB IX **vergleichbare Einrichtungen der beruflichen Rehabilitation**. Diese Einrichtungen müssen ebenfalls die berufliche Integration behinderter Menschen anstreben. Vergleichsmaßstab sind dabei die Berufsbildungswerke und Berufsförderungswerke. Vergleichbare Ein-

1 Vgl. entspr. Abschn. 4.14.7 Abs. 5 Satz 3 UStAE.
2 EuGH, Urt. v. 7.9.1999 – C-216/97, ECLI:EU:C:1999:390 – Gregg, UR 1999, 419, Rz. 17 ff.
3 EuGH, Urt. v. 26.5.2005 – C-498/03, ECLI:EU:C:2005:322 – Kingscrest Associates und Montecello, UR 2005, 453, Rz. 35.
4 *O'Sullivan* in jurisPK, § 36 SGB IX Rz. 16 (Stand: Januar 2018).
5 *Luik* in jurisPK, § 51 SGB IX Rz. 47 (Stand: Januar 2018).
6 Liste der Berufsbildungswerke unter www.bagbbw.de (abgerufen am 29.12.2023).
7 Liste der Berufsförderungswerke unter www.bv-bfw.de (abgerufen am 29.12.2023).

richtungen sind z.B. Einrichtungen der freien Wohlfahrtsverbände, Fachschulen mit selbständigen Teilen zur Eingliederung behinderter Menschen oder berufliche Trainingszentren für Erwachsene.[1]

3. Anerkennung durch Verträge nach § 38 SGB IX

Soweit die Rehabilitationsträger bei der Erbringung ihrer Leistungen auf Dritte zurückgreifen, ordnet § 38 SGB IX an, dass die Rechtsbeziehungen durch Verträge zu regeln sind. Auch mit den in den §§ 36 bzw. 51 SGB IX genannten Einrichtungen sind daher entsprechende **Versorgungsverträge** abzuschließen. Die Rehabilitationsträger sind dabei grundsätzlich zum Abschluss von Versorgungsverträgen verpflichtet[2], so dass wohl nicht von einer Beschränkung der Steuerbefreiung aufgrund eines Bedarfsvorbehalts auszugehen ist. 24

Neben Verträgen soll auch ein **Bewilligungsbescheid** – wie im Rahmen des § 4 Nr. 15b UStG (§ 4 Nr. 15b Rz. 27) – zur Anerkennung führen können.[3] 24.1

4. Subunternehmer

Die Frage, ob auch **Subunternehmer, die für anerkannte Maßnahmenträger tätig werden**, steuerfreie Leistungen erbringen können, stellt sich hier in gleicher Weise wie bei § 4 Nr. 15b UStG (§ 4 Nr. 15b Rz. 30 ff.). 25

§ 4 Nr. 16 [Betreuungs- und Pflegeleistungen an hilfsbedürftige Personen]

Von den unter § 1 Abs. 1 Nr. 1 fallenden Umsätzen sind steuerfrei:

…

16. die eng mit der Betreuung oder Pflege körperlich, kognitiv oder psychisch hilfsbedürftiger Personen verbundenen Leistungen, die erbracht werden von

a) juristischen Personen des öffentlichen Rechts,

b) Einrichtungen, mit denen ein Vertrag nach § 132 des Fünften Buches Sozialgesetzbuch besteht,

c) Einrichtungen, mit denen ein Vertrag nach § 132a des Fünften Buches Sozialgesetzbuch, § 72 oder § 77 des Elften Buches Sozialgesetzbuch besteht oder die Leistungen zur häuslichen Pflege oder zur Heimpflege erbringen und die hierzu nach § 26 Abs. 5 in Verbindung mit § 44 des Siebten Buches Sozialgesetzbuch bestimmt sind,

d) Einrichtungen, die Leistungen der häuslichen Krankenpflege oder Haushaltshilfe erbringen und die hierzu nach § 26 Abs. 5 in Verbindung mit den §§ 32 und 42 des Siebten Buches Sozialgesetzbuch bestimmt sind,

e) Einrichtungen, mit denen eine Vereinbarung nach § 194 des Neunten Buches Sozialgesetzbuch besteht,

f) Einrichtungen, die nach § 225 des Neunten Buches Sozialgesetzbuch anerkannt sind,

g) Einrichtungen, soweit sie Leistungen erbringen, die landesrechtlich als Angebote zur Unterstützung im Alltag nach § 45a des Elften Buches Sozialgesetzbuch anerkannt sind,

h) Einrichtungen, mit denen eine Vereinbarung nach § 123 des Neunten Buches Sozialgesetzbuch oder nach § 76 des Zwölften Buches Sozialgesetzbuch besteht,

i) Einrichtungen, mit denen ein Vertrag nach § 8 Absatz 3 des Gesetzes zur Errichtung der Sozialversicherung für Landwirtschaft, Forsten und Gartenbau über die Gewährung von

---

1 *Luik* in jurisPK, § 51 SGB IX Rz. 53 (Stand: Januar 2018).
2 *O'Sullivan* in jurisPK, § 38 SGB IX Rz. 23 ff. (Stand: Januar 2018).
3 Vgl. *Hölzer* in Rau/Dürrwächter, § 4 Nr. 15c UStG Rz. 146 m.w.N. (Stand: Januar 2020).

häuslicher Krankenpflege oder Haushaltshilfe nach den §§ 10 und 11 des Zweiten Gesetzes über die Krankenversicherung der Landwirte, § 10 des Gesetzes über die Alterssicherung der Landwirte oder nach § 54 Absatz 2 des Siebten Buches Sozialgesetzbuch besteht,

j) Einrichtungen, die aufgrund einer Landesrahmenempfehlung nach § 2 der Frühförderungsverordnung als fachlich geeignete interdisziplinäre Frühförderstellen anerkannt sind,

k) Einrichtungen, die als Betreuer nach § 1814 Absatz 1 des Bürgerlichen Gesetzbuchs bestellt worden sind, sofern es sich nicht um Leistungen handelt, die nach § 1877 Absatz 3 des Bürgerlichen Gesetzbuchs vergütet werden,

l) Einrichtungen, mit denen eine Vereinbarung zur Pflegeberatung nach § 7a des Elften Buches Sozialgesetzbuch besteht,

m) Einrichtungen, die als Verfahrenspfleger nach den §§ 276, 297, 298 und 317 des Gesetzes über das Verfahren in Familiensachen und in den Angelegenheiten der freiwilligen Gerichtsbarkeit bestellt worden sind, wenn die Preise, die diese Einrichtungen verlangen, von den zuständigen Behörden genehmigt sind oder die genehmigten Preise nicht übersteigen; bei Umsätzen, für die eine Preisgenehmigung nicht vorgesehen ist, müssen die verlangten Preise unter den Preisen liegen, die der Mehrwertsteuer unterliegende gewerbliche Unternehmen für entsprechende Umsätze fordern, oder

n) Einrichtungen, bei denen die Betreuungs- oder Pflegekosten oder die Kosten für eng mit der Betreuung oder Pflege verbundene Leistungen in mindestens 25 Prozent der Fälle von den gesetzlichen Trägern der Sozialversicherung, den Trägern der Sozialhilfe, den Trägern der Eingliederungshilfe nach § 94 des Neunten Buches Sozialgesetzbuch *(ab 1.1.2025:, dem Träger der Soldatenentschädigung)* oder den für die Durchführung des Vierzehnten Buches Sozialgesetzbuch zuständigen Stellen ganz oder zum überwiegenden Teil vergütet werden.

[2]Leistungen im Sinne des Satzes 1, die von Einrichtungen nach den Buchstaben b bis n erbracht werden, sind befreit, soweit es sich ihrer Art nach um Leistungen handelt, auf die sich die Anerkennung, der Vertrag oder die Vereinbarung nach Sozialrecht oder die Vergütung jeweils bezieht;

...

Schrifttum: *Grube*, Anmerkung zum EuGH-Urteil vom 21.1.2016, C-335/14, MwStR 2016, 239; *Haase/Geils*, Gebärdensprachdolmetscher im Umsatzsteuerrecht, UR 2016, 697; *Heckelmann/Schödel*, Umsatzsteuerrechtliche Behandlung des Ambient Assisted Living am Beispiel des Hausnotruf, UR 2018, 661; *Herbert*, Anmerkung zum BFH-Urteil vom 7.12.2016, XI R 5/15, MwStR 2017, 468; *Herbert*, Anmerkung zum BFH-Urteil vom 13.6.2018, XI R 20/16, MwStR 2018, 1018; *Heuermann*, Anmerkung zum BFH-Urteil vom 9.3.2017, V R 39/16, DStR 2017, 1323; *Kirchhain/Pötters*, Menüservice ist kein Partyservice – auf den sozialen Kontext kommt es an, UR 2023, 319; *Klaßmann*, Anmerkung zum BFH-Urteil vom 9.3.2017, V R 39/16, MwStR 2017, 548; *Küffner/Streit*, Auf den Inhalt der Pflegeleistung kommt es an oder: Was vom Begriff der „Einrichtung mit sozialem Charakter" noch übrig bleibt, MwStR 2014, 10; *Nieskens*, Umsatzsteuer 2009 – Änderungen in der Umsatzsteuer durch das Steuerbürokratieabbaugesetz und das Jahressteuergesetz 2009, UR 2009, 253; *Schlegel*, Steuerbefreiung von Subunternehmerleistungen im Bereich der Eingliederungshilfe, MwStR 2018, 1005; *Schlegel*, Pflegenotstand in Deutschland, trotzdem Umsatzsteuer beim „Persönlichen Budget" – Eine Verfehlung des Gesetzgebers?, DStR 2023, 923; *Schlegel/Voelzke*, jurisPK-SGB V, 4. Aufl. 2020; *Schlegel/Voelzke*, jurisPK-SGB IX, 3. Aufl. 2018; *Schlegel/Voelzke*, jurisPK-SGB XI, 3. Aufl. 2021; *Schmidt*, Umsatzsteuerliche Auswirkungen des Bundesteilhabegesetzes auf die Umsatzsteuer für Verpflegung in besonderen Wohnformen nach § 42a SGB XII ab 1.1.2020, MwStR 2019, 891; *Tausch*, Anmerkung zum BFH-Urteil vom 3.8.2017, V R 52/16, UVR 2018, 35; *Tehler*, Umsatzsteuerrechtliche Beurteilung von Leistungen an Mitglieder einer Seniorenwohngemeinschaft, UVR 2012, 93; *Wäger*, Rechtsprechungsauslese 2018, UR 2019, 45; *Wäger*, Rechtsprechungsauslese 2019, UR 2020, 85; *Widmann*, Aktuelles zur Umsatzsteuer aus Berlin, Brüssel, Luxemburg und München, DStR 2009, 1061; *Wüst*, Anmerkung zum BFH-Urteil vom 18.8.2015, V R 13/14, UR 2015, 875; *Wüst*, Anmerkung zum EuGH-Urteil vom 8.10.2020, C-657/19, UR 2020, 876.

A. Grundaussagen

I. Regelungsgegenstand und Bedeutung

1. Regelungsgegenstand

§ 4 Nr. 16 UStG enthält eine **Steuerbefreiung für Betreuungs- und Pflegeleistungen**. Erfasst werden hiervon **sowohl ambulante als auch stationäre** Leistungsformen.[1] 1

Das **leistungsbezogene Tatbestandsmerkmal** wurde durch das JStG 2020 gegenüber der bis 2020 geltenden Gesetzesfassung ausdrücklich definiert (Rz. 26.1). Begünstigt sind demnach Leistungen zur Betreuung oder Pflege körperlich, kognitiv oder psychisch hilfsbedürftiger Personen (Rz. 27 ff.), einschließlich selbständiger, damit eng verbundener Umsätze (Rz. 52 ff.). Der Umfang der steuerbefreiten Leistungen ergibt sich im Einzelnen aus dem Tätigkeitsbereich der nach § 4 Nr. 16 Satz 1 Buchst. a–n UStG anerkannten Einrichtungen.[2] 2

1 Abschn. 4.16.1 Abs. 6 Satz 1 UStAE.
2 Abschn. 4.16.1 Abs. 1 UStAE.

3 Hinsichtlich der **personenbezogenen Voraussetzungen** gilt, dass die Pflege- und Betreuungsleistungen steuerfrei sind, wenn sie von Einrichtungen des öffentlichen Rechts (Rz. 63 ff.) oder von privaten Einrichtungen, deren Anerkennung in § 4 Nr. 16 Satz 1 Buchst. a–n UStG unter Bezugnahme auf das Sozialrecht erfolgt (Rz. 67 ff.), erbracht werden.[1]

4 Die Steuerbefreiung setzt voraus, dass die **Personen**, denen die Betreuungs- und Pflegeleistungen zugutekommen, **hilfsbedürftig sind**, d.h. auf Grund ihres körperlichen, geistigen oder seelischen Zustands der Betreuung oder Pflege bedürfen (Rz. 55 ff.).[2] Eine Vertragsbeziehung zu den Hilfsbedürftigen muss nicht bestehen (Rz. 29.1).[3]

2. Bedeutung der Vorschrift

5 Die allgemeine Bedeutung der Vorschrift ist in der unionsrechtlichen Grundlage des Art. 132 Abs. 1 Buchst. g MwStSystRL (Art. 13 Teil A Abs. 1 Buchst. g 6. EG-Richtlinie) (Rz. 6 f.) angelegt. Sie soll für bestimmte im sozialen Sektor erbrachte Leistungen, die dem Gemeinwohl dienen, die Kosten senken und dadurch diese Leistungen dem Einzelnen, der sie in Anspruch nehmen könnte, zugänglicher zu machen.[4] Mit der Steuerbefreiung des § 4 Nr. 16 UStG sollen aus diesen Gründen die **Kosten für Betreuungs- und Pflegeleistungen** gegenüber den Endverbrauchern **gesenkt werden.** Entlastet werden sollen sowohl die Sozialversicherungsträger als auch die selbstzahlenden Leistungsempfänger.[5]

II. Unionsrecht

1. Unionsrechtliche Grundlagen

6 § 4 Nr. 16 UStG beruht auf **Art. 132 Abs. 1 Buchst. g MwStSystRL** (Art. 13 Teil A Abs. 1 Buchst. g 6. EG-Richtlinie). Danach befreien die Mitgliedstaaten „eng mit der Sozialfürsorge und der sozialen Sicherheit verbundene Dienstleistungen und Lieferungen von Gegenständen, einschließlich derjenigen, die durch Altenheime, Einrichtungen des öffentlichen Rechts oder andere von dem betreffenden Mitgliedstaat als Einrichtungen mit sozialem Charakter anerkannte Einrichtungen bewirkt werden". Hinsichtlich der Betreuungs- und Pflegeleistungen wird mit § 4 Nr. 16 UStG insofern nur ein **Teilbereich** dieser Richtlinienvorschrift **in nationales Recht umgesetzt**.

7 Die **Kritik an einer unvollständigen Umsetzung** des Art. 132 Abs. 1 Buchst. g MwStSystRL (Art. 13 Teil A Abs. 1 Buchst. g 6. EG-Richtlinie),[6] die ein unmittelbares Berufungsrecht auf das Unionsrecht eröffnet,[7] dürfte infolge der zum 1.1.2009 erfolgten Neufassung des § 4 Nr. 16 UStG (Rz. 22) jedenfalls für Betreuungs- und Pflegeleistungen nicht mehr gelten. Ab diesem Zeitpunkt misst sich die unionsrechtskonforme Befreiung von Betreuungs- und Pflegeleistungen im nationalen Recht alleine an der Regelung des § 4 Nr. 16 UStG.[8]

8 Nach ständiger EuGH-Rechtsprechung sind Steuerbefreiungen eng auszulegen. Die **Auslegung der Tatbestandsmerkmale** muss jedoch mit den Zielen der Befreiungen und dem Grundsatzes der steuerlichen Neutralität in Einklang stehen und darf den Befreiungen nicht ihre Wirkung nehmen.[9]

---

1 Abschn. 4.16.1 Abs. 2 und 3 Satz 1 UStAE.
2 Abschn. 4.16.1 Abs. 4 UStAE.
3 BFH, Urt. v. 8.6.2011 – XI R 22/09, BFHE 234, 448 = UR 2011, 821, Rz. 36.
4 EuGH, Urt. v. 26.5.2005 – C-498/03, ECLI:EU:C:2005:322 – Kingscrest Associates und Montecello, UR 2005, 453, Rz. 30.
5 BFH, Urt. v. 23.10.2003 – V R 24/00, BStBl. II 2004, 89 = UR 2004, 92, Rz. 31.
6 BFH, Urt. v. 18.8.2005 – V R 71/03, BStBl. II 2006, 143 = UR 2006, 166 m. Anm. *Heidner*, Rz. 40 f.
7 Vgl. *Hölzer* in Rau/Dürrwächter, § 4 Nr. 16 UStG Rz. 81 ff. (Stand: Oktober 2015); *Oelmaier* in Sölch/Ringleb, § 4 Nr. 16 UStG Rz. 10 (Stand: März 2021).
8 Vgl. zur eingeschränkten Berufungsmöglichkeit auf Art. 132 Abs. 1 Buchst. g MwStSystRL auch *Wäger*, UR 2020, 85 (91); *Heuermann*, DStR 2021, 2071.
9 EuGH, Urt. v. 15.11.2012 – C-174/11, ECLI:EU:C:2012:716 – Zimmermann, UR 2013, 35, Rz. 22 m.w.N.

Vom **Wahlrecht**, die Steuerbefreiung bei ihrer Umsetzung im nationalen Recht von den einschränkenden Voraussetzungen **des Art. 133 Abs. 1 MwStSystRL** (Art. 13 Teil A Abs. 2 Buchst. a 6. EG-Richtlinie) abhängig zu machen, hat Deutschland im Rahmen des ab 1.4.2024 geltenden **§ 4 Nr. 16 Satz 1 Buchst. m UStG** zur Anerkennung von Verfahrenspflegern Gebrauch gemacht. Hier wurde die **Entgeltbeschränkung** nach Art. 133 Abs. 1 Buchst. c MwStSystRL (Art. 13 Teil A Abs. 2 Buchst. a 3. Tiret 6. EG-Richtlinie) umgesetzt (Rz. 113.5). 9

Verpflichtend zu beachten ist hingegen **Art. 134 MwStSystRL** (Art. 13 Teil A Abs. 2 Buchst. b 6. EG-Richtlinie). Die Berücksichtigung dieser Vorschrift erfolgt im Rahmen der **Auslegung** des Tatbestandsmerkmals der **„eng verbundenen Umsätze“** (Rz. 52 ff.).[1] Tätigkeiten, die den Kernbereich der Befreiungsvorschrift betreffen, dürfen dabei allerdings nicht ausgeschlossen werden.[2] 10

2. Zweifel am deutschen Richtlinientext

Der **Text des Art. 132 Abs. 1 Buchst. g MwStSystRL** (Rz. 6) **weicht von** demjenigen der Vorgängervorschrift des **Art. 13 Teil A Abs. 1 Buchst. g der 6. EG-Richtlinie ab**, nach dem die „eng mit der Sozialfürsorge und der sozialen Sicherheit verbundenen Dienstleistungen und Lieferungen von Gegenständen, einschließlich derjenigen der Altenheime, durch Einrichtungen des öffentlichen Rechts oder andere von dem betreffenden Mitgliedstaat als Einrichtungen mit sozialem Charakter anerkannte Einrichtungen“ befreit waren. Daraus entwickelte sich die Diskussion, ob es sich hierbei lediglich um eine **sprachliche Abweichung** handelt, **oder** ob damit auch **inhaltliche Änderungen** verbunden sind. 11

Dies betrifft zum einen die Frage, ob Art. 132 Abs. 1 Buchst. g MwStSystRL nur noch ein tätigkeitsbezogenes Tatbestandsmerkmal enthält und damit eine **Anerkennung privater Einrichtungen nicht mehr erforderlich** wäre.[3] Entsprechende Zweifel nährten auch Aussagen des BFH in seinem Urteil vom 18.8.2015[4], wonach der Anerkennung keine zwingende Bedeutung zukomme.[5] Zum anderen wird aus der Position des Begriffs **„Altenheime“** in der Satzstellung des Art. 132 Abs. 1 Buchst. g MwStSystRL hergeleitet, dass diese – ebenso wie Einrichtungen des öffentlichen Rechts – **keiner Anerkennung mehr bedürfen** und deren Leistungen damit voraussetzungslos befreit seien.[6] 12

Ausführlich diskutiert und m.E. zutreffend widerlegt wird diese Annahme von *Erdbrügger*.[7] Andernfalls käme den Ausführungen zur Anerkennung privater Einrichtungen im aktuellen Richtlinientext keine Bedeutung zu bzw. es läge eine Privilegierung von Altenheimen vor, für die kein sachlicher Grund ersichtlich ist. Auch der EuGH geht von der **Notwendigkeit der Anerkennung von Altenheimen** aus.[8] Zudem sollten nach den Erwägungsgründen in der MwStSystRL bei deren Neufassung Änderungen an der Struktur und dem Wortlaut nicht zu inhaltlichen Änderungen des geltenden Rechts führen.[9] Da Altenheime hinsichtlich der Anerkennungsvoraussetzung somit keinen Sonderstatus gegenüber anderen Einrichtungen besitzen, kommt es auch auf eine unionsrechtliche Definition des Begriffs „Altenheim“[10] letztlich nicht an. 13

1 Abschn. 4.14.6 UStAE; *Oelmaier* in Sölch/Ringleb, § 4 Nr. 14 UStG Rz. 122 (Stand: Juni 2019); *Erdbrügger* in Hartmann/Metzenmacher, § 4 Nr. 16 UStG Rz. 46 (Stand: August 2015).
2 BFH, Urt. v. 3.4.2008 – V R 74/07, BFHE 221, 451 = UR 2008, 698, Rz. 32 ff.
3 *Küffner/Streit*, MwStR 2014, 10 (13). Vgl. zu der Problematik auch *Wüst*, UR 2015, 875.
4 BFH, Urt. v. 18.8.2015 – V R 13/14, BStBl. II 2023, 769 = UR 2015, 871 m. Anm. *Küffner* und *Wüst*.
5 BFH, Urt. v. 18.8.2015 – V R 13/14, BStBl. II 2023, 769 = UR 2015, 871 m. Anm. *Küffner* und *Wüst*, Rz. 22.
6 Vgl. *Tehler*, UVR 2012, 93 (95); *Oelmaier* in Sölch/Ringleb, § 4 Nr. 16 UStG Rz. 32 (Stand: März 2017); *Hölzer* in Rau/Dürrwächter, § 4 Nr. 16 UStG Rz. 123 f., 358 (Stand: Oktober 2015).
7 *Erdbrügger* in Hartmann/Metzenmacher, § 4 Nr. 16 UStG Rz. 22 ff. (Stand: August 2015).
8 EuGH, Urt. v. 21.1.2016 – C-335/14, ECLI:EU:C:2016:36 – Les Jardins de Jouvence, UR 2016, 391; vgl. zur entsprechenden Anerkennungsvoraussetzung aller in Art. 132 Abs. 1 Buchst. b MwStSystRL (Art. 13 Teil A Abs. 1 Buchst. b 6. EG-Richtlinie) genannten Einrichtungen EuGH, Urt. v. 7.4.2022 – C-228/20, ECLI:EU:C:2022:275 – I (Exonération de TVA des prestations hospitalières), UR 2022, 384, Rz. 48–60.
9 Vgl. den dritten Erwägungsgrund der MwStSystRL.
10 Vgl. zur Notwendigkeit dieser Begriffsklärung *Tehler*, UVR 2012, 93 (96).

III. Verhältnis zu anderen Vorschriften und Rechtsentwicklung

1. Verhältnis zu anderen Vorschriften

14 Bei **Altenwohnheimen** kann hinsichtlich der Überlassung der Räumlichkeiten eine nach **§ 4 Nr. 12 Buchst. a UStG** steuerfreie Vermietungsleistung vorliegen (Rz. 46). Daneben können nach § 4 Nr. 16 UStG befreite Betreuungs- und Pflegeleistungen treten.[1]

15 Die Leistungen der medizinischen **Behandlungspflege** rechnen nicht zu den Betreuungs- und Pflegeleistungen i.S.d. Vorschrift, sondern sind nur unter den Voraussetzungen des **§ 4 Nr. 14 UStG** befreit (Rz. 34).

16 Die durch das EuGH-Urteil vom 15.11.2012 in der Rs. *Zimmermann*[2] aufgeworfene Frage, welches **Konkurrenzverhältnis zwischen § 4 Nr. 16 UStG und § 4 Nr. 18 UStG** in der bis 2019 geltenden Fassung besteht,[3] wurde durch die Neufassung des § 4 Nr. 18 UStG mit Wirkung **zum 1.1.2020** dahingehend **aufgelöst**, dass eine **Subsidiarität des § 4 Nr. 18 UStG** gilt und für die in anderen Nummern des § 4 UStG bezeichneten Leistungen eine Steuerbefreiung nur unter den dort genannten Voraussetzungen in Betracht kommt (§ 4 Nr. 18 Rz. 29).[4]

17 **§ 4 Nr. 18 UStG** befreit eng mit der Sozialfürsorge und der sozialen Sicherheit verbundene Leistungen insbesondere an **wirtschaftlich hilfsbedürftige Personen** zur Überwindung der wirtschaftlichen Hilfsbedürftigkeit (Rz. 60 u. § 4 Nr. 18 Rz. 9).

18 Nach **§ 4 Nr. 27 Buchst. a UStG** kann eine Personalgestellung durch religiöse und weltanschauliche Einrichtungen an Einrichtungen i.S.d. § 4 Nr. 16 UStG (z.B. kirchliche Altenheime) steuerfrei sein (§ 4 Nr. 27 Rz. 10 ff.). Nach **§ 4 Nr. 27 Buchst. b UStG** ist die Betriebshilfe in der Land- und Forstwirtschaft begünstigt (§ 4 Nr. 27 Rz. 20 ff.).

19 **Hilfsgeschäfte** in Form der Lieferung von Gegenständen, für die der Vorsteuerabzug ausgeschlossen war und die ausschließlich zur Ausführung der nach § 4 Nr. 16 UStG befreiten Umsätze verwendet wurden, sind nach **§ 4 Nr. 28 UStG** steuerfrei.[5]

20 Für die unter § 4 Nr. 16 UStG fallenden Umsätze ist ein **Verzicht auf die Steuerbefreiung** nach § 9 UStG **nicht möglich**. Die Befreiung hat damit zwingend den **Verlust des Vorsteuerabzugs** nach § 15 Abs. 2 Satz 1 Nr. 1 UStG (§ 15 Rz. 249 ff.) zur Folge. Die für eine nach § 4 Nr. 16 UStG befreite Leistung gesondert ausgewiesene Steuer wird nach § 14c Abs. 1 UStG geschuldet.

21 Nach § 4 Nr. 16 UStG steuerfreie Umsätze zählen nach § 19 Abs. 3 Satz 1 Nr. 1 UStG nicht zum Gesamtumsatz bei der Bestimmung der Umsatzgrenzen im Rahmen der **Kleinunternehmerregelung** (§ 19 Rz. 39 f.).

2. Rechtsentwicklung

22 Durch das **JStG 2009**[6] erfolgte **mit Wirkung zum 1.1.2009** eine **Neufassung** des § 4 Nr. 16 UStG. Sie diente einerseits der Anpassung an unionsrechtliche Grundsätze, insbesondere was die Anerkennung der privaten Einrichtungen mit sozialem Charakter auf der Grundlage des Sozialrechts betrifft.[7] Andererseits änderte sich der Inhalt des neuen § 4 Nr. 16 UStG infolge der Übernahme der Vorschriften zur Steuerbefreiung der Heilbehandlungsleistungen durch Krankenhäuser und sonstiger Heilbehandlungseinrichtungen in den neuen § 4 Nr. 14 UStG (§ 4 Nr. 14 Rz. 28 ff.). Im § 4 Nr. 16 UStG verblie-

---

1 Abschn. 4.16.4 Abs. 5 UStAE; *Oelmaier* in Sölch/Ringleb, § 4 Nr. 16 UStG Rz. 20 (Stand: März 2021).

2 EuGH, Urt. v. 15.11.2012 – C-174/11, ECLI:EU:C:2012:716 – Zimmermann, UR 2013, 35.

3 Vgl. hierzu BFH, Urt. v. 8.8.2013 – V R 13/12, BFHE 242, 557 = UR 2014, 225, Rz. 29; BFH, Urt. v. 28.6.2017 – XI R 23/14, BFHE 258, 517 = UR 2017, 921, Rz. 49.

4 Art. 12 Nr. 5 Buchst. d des Gesetzes zur weiteren steuerlichen Förderung der Elektromobilität und zur Änderung weiterer steuerlicher Vorschriften v. 12.12.2019 (sog. JStG 2019), BGBl. I 2019, 2451 (2469).

5 Abschn. 4.28.1 UStAE.

6 Art. 7 Nr. 4 Buchst. c des JStG 2009 v. 19.12.2008, BGBl. I 2008, 2794 (2821). Vgl. hierzu *Nieskens*, UR 2009, 253 (265); *Widmann*, DStR 2009, 1061 (1063).

7 BT-Drucks. 16/11108, 37 mit Hinweis auf EuGH, Urt. v. 8.6.2006 – C-106/05, ECLI:EU:C:2006:380 – L.u.P. GmbH, UR 2006, 464; vgl. auch *Hölzer* in Rau/Dürrwächter, § 4 Nr. 16 UStG Rz. 13 (Stand: Oktober 2015).

ben die Regelungen zu den Betreuungs- und Pflegeleistungen; der Einleitungssatz wurde entsprechend angepasst.

Nach der Gesetzesbegründung[1] wird in **§ 4 Nr. 16 Satz 1 Buchst. a UStG** (Rz. 63 ff.) die Steuerbefreiung für die von jPdöR betriebenen Einrichtungen fortgeführt. In **§ 4 Nr. 16 Satz 1 Buchst. b–j UStG** wird die unionsrechtlich erforderliche Anerkennung privater Einrichtungen unter Bezugnahme auf sozialrechtliche Vorschriften geregelt (Rz. 67 ff.). Die bis dahin nach § 4 Nr. 16 Buchst. d und e UStG a.F. begünstigten Einrichtungen gehen darin auf. Darüber hinaus bildet **§ 4 Nr. 16 Satz 1 Buchst. k UStG** bis 1.7.2013 als „Auffangtatbestand" eine Anerkennungsvorschrift für nicht bereits nach den Buchst. b–j begünstigte private Einrichtungen, deren Betreuungs- oder Pflegekosten in mindestens 40 Prozent der Fälle von den dort genannten Sozialleistungsträgern ganz oder zum überwiegenden Teil vergütet werden. 23

Mit dem **AmtshilfeRLUmsG**[2] wurden mit Wirkung **zum 1.7.2013** durch den **neuen § 4 Nr. 16 Satz 1 Buchst. k** UStG[3] Einrichtungen in die Steuerbefreiung aufgenommen, die als **Betreuer** bestellt worden sind (Rz. 112 f.). Der bisherige Buchstabe k wurde zu Buchstabe l. Zudem wurde im neuen **§ 4 Nr. 16 Satz 1 Buchst. l UStG**[4] (Rz. 114 ff.) die **Sozialgrenze** von 40 Prozent auf **25 Prozent** verringert. Darüber hinaus wurde § 4 Nr. 16 Satz 1 Buchst. i UStG[5] redaktionell an Änderungen bei den dort zitierten sozialrechtlichen Vorschriften angepasst. 24

Durch das **StÄndG 2015**[6] wurde mit Wirkung **zum 1.1.2016** die Steuerbefreiung nach **§ 4 Nr. 16 Satz 1 Buchst. g UStG** um die **niedrigschwelligen Entlastungsangebote** ergänzt, auf die nach § 45b SGB XI die Versicherten – neben den bereits seit 2009 befreiten niedrigschwelligen Betreuungsangeboten – seit 1.1.2015 einen Anspruch haben.[7] 25

Zum 1.1.2017 wurden die niedrigschwelligen Betreuungs- und Entlastungsangebote nach § 45b SGB XI zu **Angeboten zur Unterstützung im Alltag nach § 45a SGB XI.**[8] Durch das **Dritte Pflegestärkungsgesetz**[9] wurde diese Änderung mit Wirkung zum 1.1.2017 in § 4 Nr. 16 Satz 1 Buchst. g UStG nachvollzogen (Rz. 97 f.). Inhaltliche Änderungen waren damit nicht verbunden.[10]

Durch das BTHG[11] erfolgten **Folgeänderungen mit Wirkung zum 1.1.2018** in § 4 Nr. 16 Satz 1 Buchst. e, f und h UStG **sowie mit Wirkung zum 1.1.2020** in § 4 Nr. 16 Satz 1 Buchst. l UStG[12] zur Anpassung an das zum 1.1.2018 neu gefasste SGB IX.[13] 26

Im Rahmen des **JStG 2020**[14] wurde mit Wirkung **zum 1.1.2021** der einleitende Satzteil des § 4 Nr. 16 UStG zur **Definition der begünstigten Leistungen** neu gefasst (Rz. 27 f.). Zudem wurde ein **neuer § 4 Nr. 16 Satz 1 Buchst. l UStG** eingefügt zur Anerkennung von Einrichtungen, die **Pflegeberatung** nach § 7a SGB XI erbringen (Rz. 113.1 f.). Der bisherige Buchstabe l wurde neuer **Buchstabe m** und dahingehend neu gefasst, dass beim maßgebenden **Zeitraum für die Prüfung der „Sozialquote"** nicht mehr ausnahmslos auf die Verhältnisse des vorangegangenen Kalenderjahres abgestellt wird (Rz. 116 f.). 26.1

1 BT-Drucks. 16/11108, 37 ff.
2 AmtshilfeRLUmsG v. 26.6.2013, BGBl. I 2013, 1809 (1830).
3 Art. 10 Nr. 3 Buchst. b Doppelbuchst. aa Dreifachbuchst. ccc des AmtshilfeRLUmsG v. 26.6.2013, BGBl. I 2013, 1809 (1830).
4 Art. 10 Nr. 3 Buchst. b Doppelbuchst. aa Dreifachbuchst. ddd des AmtshilfeRLUmsG v. 26.6.2013, BGBl. I 2013, 1809 (1831).
5 Art. 10 Nr. 3 Buchst. b Doppelbuchst. aa Dreifachbuchst. aaa des AmtshilfeRLUmsG v. 26.6.2013, BGBl. I 2013, 1809 (1830).
6 Art. 12 Nr. 4 des StÄndG 2015 v. 2.11.2015, BGBl. I 2015, 1834 (1843).
7 Vgl. BT-Drucks. 18/6094, 92.
8 Art. 2 Nr. 29 des PSG II v. 21.12.2015, BGBl. I 2015, 2424 (2446).
9 Art. 11 des PSG III v. 23.12.2016, BGBl. I 2016, 3191 (3210).
10 Vgl. BT-Drucks. 18/9518, 101.
11 Art. 17 Nr. 3 des BTHG v. 23.12.2016, BGBl. I 2016, 3234 (3329).
12 Art. 20 Abs. 7 des BTHG v. 23.12.2016, BGBl. I 2016, 3234 (3334).
13 Vgl. BT-Drucks. 18/9522, 349 und 356.
14 JStG 2020 v. 21.12.2020, BGBl. I 2020, 3096 (3107).

26.2 Durch das Gesetz zur Reform des Vormundschafts- und Betreuungsrechts[1] wurden die **Verweise in § 4 Nr. 16 Satz 1 Buchst. k UStG** mit Wirkung **zum 1.1.2023** an die ab diesem Zeitpunkt maßgebenden Vorschriften im BGB **angepasst**.

26.3 Mit dem Wachstumschancengesetz[2] wurden **zum 1.4.2024** in einem **neuen § 4 Nr. 16 Satz 1 Buchst. m UStG** die nach dem Gesetz über das Verfahren in Familiensachen und den Angelegenheiten der freiwilligen Gerichtsbarkeit (FamFG) zur Unterstützung einer hilfsbedürftigen Person tätigen **Verfahrenspfleger** als begünstigte Einrichtungen anerkannt (Rz. 113.3 ff.). Der bisherige Buchstabe m wurde neuer Buchstabe n.

26.4 Durch das Soldatenentschädigungsgesetz erfolgen mit Wirkung **zum 1.1.2024 und 1.1.2025** Anpassungen bei den in **§ 4 Nr. 16 Satz 1 Buchst. n UStG** genannten **Sozialleistungsträgern.**[3]

B. Betreuungs- und Pflegeleistungen begünstigter Einrichtungen an hilfsbedürftige Personen (Nr. 16 Satz 1)

I. Betreuungs- und Pflegeleistungen (Nr. 16 Satz 1)

1. Leistungsbegriff des Gesetzes und allgemeine Grundsätze

27 Der im Einleitungssatz des § 4 Nr. 16 UStG verwendete Leistungsbegriff umfasst zunächst die eigentlichen **Betreuungs- und Pflegeleistungen**, einschließlich der unselbständigen Nebenleistungen, soweit es sich ihrer Art nach um Leistungen handelt, auf die sich die Anerkennung, der Vertrag oder die Vereinbarung nach Sozialrecht oder die Vergütung jeweils bezieht.[4]

27.1 Die mit der Betreuung und Pflege **eng verbundenen Umsätze** (Rz. 52 ff.) sind hiervon zu unterscheiden, werden allerdings vom Leistungsbegriff ebenfalls ausdrücklich eingeschlossen.[5] Dies gilt auch dann, wenn durch die jeweilige Einrichtung keine eigentlichen Pflege- oder Betreuungsleistungen, sondern lediglich damit eng verbundene Leistungen erbracht werden. Diese bereits in der Gesetzesbegründung[6] vertretene Auffassung wird durch die Rechtsprechung[7] bestätigt.

28 Eine **Unterscheidung zwischen Betreuung und Pflege** wird nicht ausdrücklich vorgenommen, zumal diese Elemente eng verzahnt sind und teilweise ineinander übergehen, wie z.B. bei der pflegerischen Betreuung (Rz. 33), und aus umsatzsteuerlicher Sicht auch keine Notwendigkeit für eine entsprechende Differenzierung besteht.

29 Betreuungs- und Pflegeleistungen sind begünstigt, **unabhängig** davon, ob sie **ambulant oder stationär** erbracht werden bzw. die Personen dauerhaft oder nur vorübergehend aufgenommen werden.[8] Bei stationären oder teilstationären Einrichtungen ist auch die **Unterbringung und Verpflegung** Teil der Betreuungs- und Pflegeleistung.[9]

29.1 Für die Anwendung des § 4 Nr. 16 UStG ist **unerheblich, wer umsatzsteuerlicher Leistungsempfänger ist.** Die Betreuungs- und Pflegeleistungen müssen nicht unmittelbar an die pflegebedürftige Person erbracht werden, damit sie in den Anwendungsbereich der Steuerbefreiungsvorschrift fallen.[10]

---

1 Art. 15 Abs. 28 Nr. 1 des Gesetzes zur Reform des Vormundschafts- und Betreuungsrechts v. 4.5.2021, BGBl. I 2021, 882 (936).

2 Art. 22 Nr. 1 des Gesetzes zur Stärkung von Wachstumschancen, Investitionen und Innovation sowie Steuervereinfachung und Steuerfairness (Wachstumschancengesetz), BGBl. I 2024, Nr. 108, 22.

3 Vgl. Art. 28 und 29 Nr. 1 Buchst. b des Gesetzes über die Entschädigung der Soldatinnen und Soldaten und zur Neuordnung des Soldatenversorgungsrechts v. 20.8.2021, BGBl. I 2021, 3932 (4019). Zum Zeitpunkt der Gesetzesänderung handelte es sich noch um § 4 Nr. 16 Satz 1 Buchst. m UStG.

4 Abschn. 4.16.1 Abs. 1 UStAE.

5 Vgl. zum Leistungsbegriff auch *Hölzer* in Rau/Dürrwächter, § 4 Nr. 16 UStG Rz. 175 (Stand: Oktober 2015).

6 Vgl. BT-Drucks. 19/22850, 118.

7 EuGH, Urt. v. 8.10.2020 – C-657/19, ECLI:EU:C:2020:811 – Finanzamt D, UR 2020, 871 m. Anm. *Wüst*; BFH, Urt. v. 24.2.2021 – XI R 30/20 (XI R 11/17), BStBl. II 2023, 792 = UR 2021, 639.

8 Abschn. 4.16.1 Abs. 6 UStAE.

9 Abschn. 4.16.1 Abs. 7 Satz 1 UStAE.

10 Vgl. BFH, Urt. v. 24.2.2021 – XI R 30/20 (XI R 11/17), BStBl. II 2023, 792 = UR 2021, 639, Rz. 30.

Hiervon zu unterscheiden sind allerdings die Fälle, in denen Unternehmen als Subunternehmer für eine anerkannte Einrichtung tätig werden, hierbei aber der Art nach keine nach § 4 Nr. 16 UStG begünstigte Leistungen erbringen, sondern nur Leistungen, die der Leistungsempfänger benötigt, um seinerseits steuerbefreite Ausgangsleistungen an Hilfsbedürftige auszuführen.[1]

Leistungen, die der Art nach dazu dienen ein **allgemeines Grundbedürfnis**, das jeder Mensch hat und das unabhängig vom jeweiligen Gesundheitszustand oder Alter des Menschen besteht, zu befriedigen, sind nicht eng mit der Sozialfürsorge und der sozialen Sicherheit verbunden und können dementsprechend auch keine Betreuungs- und Pflegeleistungen sein.[2] 30

Verwaltungstätigkeiten wie z.B. die Gestellung von Personal, allgemeine Geschäftsführungs- und Verwaltungsleistungen oder Archivierungs- und Schreibarbeiten stellen keine mit der Sozialfürsorge und der sozialen Sicherheit eng verbundenen Dienstleistungen dar[3] und fallen damit auch nicht in den Anwendungsbereich des § 4 Nr. 16 UStG. 30.1

Für die Beurteilung, ob es sich um begünstigte Betreuungs- und Pflegeleistungen i.S.d. Art. 132 Abs. 1 Buchst. g MwStSystRL (Art. 13 Teil A Abs. 1 Buchst. g 6. EG-Richtlinie) handelt, ist der jeweilige **Besteuerungsmitgliedstaat zuständig**, der nach den Regelungen zum Ort der Dienstleistung (vgl. Art. 44 ff. MwStSystRL bzw. § 3a UStG) zu bestimmen ist.[4] Bei der Leistungserbringung in anderen Mitgliedstaaten muss daher der Besteuerungsmitgliedstaat nicht zwingend der Ansässigkeitsmitgliedstaat der Betreuungs- oder Pflegeeinrichtung sein. 30.2
Gleiches gilt hinsichtlich der Anerkennung als Einrichtung mit sozialem Charakter (Rz. 74.1).

2. Einzelne Betreuungs- und Pflegeleistungen

Schwerpunkt der begünstigten Leistungen bilden die z.B. in § 36 Abs. 1 SGB XI bzw. § 64b SGB XII genannten **körperbezogenen Pflegemaßnahmen**[5], die **pflegerischen Betreuungsmaßnahmen**[6] und die **Hilfen bei der Haushaltsführung**. 31

Die **körperbezogenen Pflegemaßnahmen** betreffen im Wesentlichen die Bereiche der Mobilität und Selbstversorgung.[7] Hierzu gehören Körperpflege, Ernährung, Ankleiden, Mobilität, Vorbeugung (Prophylaxen), die Förderung der Eigenständigkeit und der Kommunikation. 32

Die **pflegerische Betreuung** steht neben den körperbezogenen Maßnahmen. Hierbei geht es in erster Linie um die Unterstützung pflegebedürftiger Personen bei der Kontaktpflege (das soziale Umfeld soll trotz Pflegbedürftigkeit erhalten bleiben).[8] 33

Nicht zu den Betreuungs- und Pflegeleistungen i.S.d. § 4 Nr. 16 UStG zählt die medizinische **Behandlungspflege**, die als Heilbehandlungsleistung in den Anwendungsbereich des § 4 Nr. 14 UStG fällt (§ 4 Nr. 14 Rz. 65).[9] Es ist daher auf eine entsprechende Abgrenzung zu achten. Dies gilt auch, wenn die körperbezogenen Pflegemaßnahmen, die Behandlungspflege und die hauswirtschaftliche Versorgung im Rahmen der häuslichen Krankenpflege zusammen verordnet werden.[10] 34

---

1 Vgl. BFH, Urt. v. 24.3.2021 – V R 1/19, UR 2021, 715, Rz. 37 m.w.N.
2 Zu Leistungen eines Menüservice vgl. BFH, Urt. v. 1.12.2010 – XI R 46/08, BStBl. II 2023, 269 = UR 2011, 348, Rz. 47. Kritisch zu dieser Rechtsprechung *Kirchhain/Pötters*, UR 2023, 319.
3 Vgl. BFH, Urt. v. 21.4.2021 – XI R 31/20 (XI R 34/18), UR 2021, 723, Rz. 30 m.w.N.
4 EuGH, Urt. v. 11.5.2023 – C-620/21, ECLI:EU:C:2023:395 – MOMTRADE RUSE, UR 2023, 834, Rz. 61 ff.
5 Die Begriffe Grundpflege und hauswirtschaftliche Versorgung, die nach wie vor in Abschn. 4.16.5 Abs. 6 UStAE genannt sind, werden im SGB mit Einführung des neuen Pflegebedürftigkeitsbegriffs zum 1.1.2017 nicht mehr verwendet; vgl. Art. 2 Nr. 3 des PSG II v. 21.12.2015, BGBl. I 2015, 2424 (2438).
6 Abschn. 4.16.1 Abs. 7 Satz 1 UStAE.
7 *Wiegand* in jurisPK, § 36 SGB XI Rz. 41 (Stand: Oktober 2021).
8 Vgl. § 14 Abs. 2 Nr. 6 SGB XI.
9 EuGH, Urt. v. 10.9.2002 – C-141/00, ECLI:EU:C:2002:473 – Kügler, UR 2002, 513, Rz. 44; BFH, Urt. v. 22.4.2004 – V R 1/98, BStBl. II 2004, 849 = UR 2004, 475.
10 Abschn. 4.16.5 Abs. 6 UStAE.

35 **Stationäre Pflegeleistungen** sind steuerfrei, wenn sie durch **Einrichtungen** nach § 4 Nr. 16 Satz 1 Buchst. c (Rz. 85 ff.) oder Buchst. n (Rz. 114 ff.) UStG erbracht werden.[1] Leistungen der **häuslichen Pflege** sind steuerfrei, wenn sie von **Einrichtungen** nach § 4 Nr. 16 Satz 1 Buchst. c (Rz. 85 ff.), Buchst. d (Rz. 89 f.), Buchst. i (Rz. 105 f.) oder Buchst. n (Rz. 114 ff.) UStG erbracht werden.[2]

36 Zu den **Hilfen bei der Haushaltsführung**[3] zählen die zur Weiterführung des Haushalts erforderlichen Maßnahmen, wie z.B. das Kochen, Einkaufen, Reinigen der Wohnung und Waschen der Kleidung. Diese Leistungen können auch isoliert erbracht werden,[4] z.B. in Form der Gestellung einer Haushaltshilfe. Die Leistungen sind steuerfrei, wenn sie von **Einrichtungen** nach § 4 Nr. 16 Satz 1 Buchst. b (Rz. 83 f.), Buchst. d (Rz. 89 f.), Buchst. i (Rz. 105 f.) oder Buchst. n (Rz. 114 ff.) UStG erbracht werden.

37 Als begünstigte **Leistungen im Rahmen des § 4 Nr. 16 Satz 1 Buchst. n UStG** kommen insbesondere in Betracht:

38 Leistungen der **Gebärdensprachdolmetscher**,[5] soweit sie sich auf den Erwerb praktischer Kenntnisse und Fähigkeiten beziehen. Nicht begünstigt sind hingegen reine Übersetzungen.[6] In gleicher Weise einzuordnen sind die Leistungen der **Schriftdolmetscher**.

39 Leistungen im Rahmen des **Hausnotrufs** nach § 40 SGB XI.[7] Die Steuerbefreiung beschränkt sich dabei nicht auf die von der Pflegeversicherung finanzierten (Basis-)Leistungen, da der Leistungskatalog der gesetzlichen Pflegeversicherung nicht für den Umfang der Steuerbefreiung maßgebend ist. **Komfort- oder Zusatzleistungen** sind jedoch nur steuerfrei, soweit es sich auch hierbei um Betreuungsleistungen handelt. Dies trifft z.B. nicht zu für Rauchmelder- und Alarmanlagenfunktionen, Weckdienst oder Schlüsselhinterlegung, weil insoweit kein Bezug zur Hilfsbedürftigkeit i.S.d. § 4 Nr. 16 UStG besteht.

40 Das **Job-Coaching** als Leistung der Eingliederungshilfe (§ 102 Abs. 1 Nr. 2 SGB IX) zur beruflichen Eingliederung behinderter Menschen am Arbeitsplatz. Insoweit ist auch eine Begünstigung nach § 4 Nr. 16 Satz 1 Buchst. h UStG möglich (Rz. 99).

40.1 Ein **Fahrdienst für behinderte Menschen** kann z.B. als Leistung zur Sozialen Teilhabe (§ 113 Abs. 2 Nr. 7 SGB IX) Betreuungsleistungen erbringen, die nach § 4 Nr. 16 Satz 1 Buchst. h UStG begünstigt sind (Rz. 99).

41 Leistungen der **Orientierungs- und Mobilitätslehrer** für blinde und sehbehinderte Menschen.[8]

42 Sofern als eigenständiger Umsatz erbracht, sind **Pflegekurse nach § 45 SGB XI** begünstigte Leistungen.[9]

43 Die Erstellung von **Gutachten zur Feststellung der Pflegebedürftigkeit** nach § 18 SGB XI fällt in den Anwendungsbereich des § 4 Nr. 16 Buchst. n UStG.[10] Mit Anpassung des Einleitungssatzes des § 4 Nr. 16 UStG zum 1.1.2021 (Rz. 27 f.) ist die nationale Steuerbefreiung tatbestandlich weit genug gefasst, um solche Gutachterleistungen zu begünstigen.

---

1 Abschn. 4.16.4 Abs. 4 UStAE; der Verweis auf § 4 Nr. 16 Satz 1 Buchst. d UStG in der zugehörigen Zwischenüberschrift ist unzutreffend.

2 Abschn. 4.16.5 Abs. 5 UStAE; in der zugehörigen Zwischenüberschrift fehlt der Verweis auf § 4 Nr. 16 Satz 1 Buchst. d UStG.

3 Vgl. Abschn. 4.16.5 Abs. 1–3 UStAE.

4 Abschn. 4.16.1 Abs. 7 Satz 2 UStAE.

5 Vgl. Abschn. 4.16.5 Abs. 21 Satz 3 UStAE.

6 *Haase/Geils*, UR 2016, 697 (699).

7 Abschn. 4.16.5 Abs. 21 Satz 4 UStAE auf der Grundlage von BFH, Urt. v. 1.12.2010 – XI R 46/08, BStBl. II 2023, 269 = UR 2011, 348, Rz. 31 ff.; BFH, Urt. v. 3.8.2017 – V R 52/16, BFHE 259, 160 = UR 2018, 22, Rz. 26; vgl. für eine ausführliche Beurteilung des Hausnotrufs *Heckelmann/Schödel*, UR 2018, 661.

8 Abschn. 4.16.5 Abs. 21 Satz 2 UStAE.

9 Abschn. 4.16.5 Abs. 21 Satz 4 UStAE.

10 Abschn. 4.16.5 Abs. 21 Satz 4 UStAE auf der Grundlage von EuGH, Urt. v. 8.10.2020 – C-657/19, ECLI:EU:C:2020:811 – Finanzamt D, UR 2020, 871 m. Anm. *Wüst*, Rz. 37 und 41; BFH, Urt. v. 24.2.2021 – XI R 30/20 (XI R 11/17), BStBl. II 2023, 792 = UR 2021, 639, Rz. 27 f.

Sofern der Unternehmer die Anerkennungsvoraussetzungen des § 4 Nr. 16 Buchst. n UStG erfüllt (Rz. 114 ff.), ist es für die Anwendbarkeit der Steuerbefreiung **unerheblich, wer umsatzsteuerlicher Leistungsempfänger** der Gutachterleistungen **ist**[1] (Rz. 29.1 u. 52) – z.B. die Medizinischen Dienste oder Unternehmen der privaten Krankenversicherung.

Nach den vorgenannten Grundsätzen dürften auch **Qualitätsprüfungen nach § 114 SGB XI** als begünstigte Leistungen anzusehen sein. So umfasst die in § 114 Abs. 2 SGB XI definierte Regelprüfung insbesondere wesentliche Aspekte des Pflegezustands und die Wirksamkeit der Pflege- und Betreuungsmaßnahmen. Solche Prüfungen erscheinen damit unerlässlich, um der Pflegekasse die vollständige Erfüllung ihrer Aufgaben – nämlich die Gewährleistung einer qualitätsgesicherten Pflege – zu ermöglichen. 44

3. Leistungen der Altenwohnheime, Altenheime und Altenpflegeheime

Der UStAE differenziert in Abschn. 4.16.4 bei **stationären Einrichtungen** für ältere Menschen wie folgt: 45

Bei **Altenwohnheimen** (auch betreutes Wohnen, Seniorenresidenzen) hat der Aspekt des selbstbestimmten Wohnens in grundsätzlich barrierefreien bzw. behinderten- oder altengerecht eingerichteten Wohnungen das größte Gewicht. Betreuungs- und Pflegeleistungen werden ggf. ergänzend und in geringerem Umfang in Anspruch genommen. Bei diesen Einrichtungen wird regelmäßig von einem gemischten Vertrag[2] (§ 4 Nr. 12 Rz. 41) auszugehen sein, bei dem hinsichtlich der Wohnraumüberlassung eine nach § 4 Nr. 12 Buchst. a UStG steuerfreie Vermietungsleistung vorliegt. Diese wird bedarfsweise ergänzt durch selbständige Betreuungs- und Pflegeleistungen, die unter der Voraussetzung des § 4 Nr. 16 Satz 1 Buchst. n UStG steuerfrei sind.[3] Liegt hingegen eine einheitliche Leistung vor, ist diese insgesamt nach § 4 Nr. 16 Satz 1 Buchst. n UStG befreit, wenn die Betreuung und Pflege der Leistung das Gepräge gibt oder die Wohnraumüberlassung eine Nebenleistung hierzu darstellt.[4] 46

Als **Betreuungs- und Pflegeleistungen** kommen bei dieser Wohnform z.B. in Betracht: Sozial- und Gesundheitsbetreuung durch zeitweise Präsenz einer Fachkraft, Mahlzeitendienst, Vermittlung von ambulanten Hilfsleistungen, (Vermittlung von) Dienstleistungen wie Wohnungsreinigung, Wäschedienst, Hausmeisterdienst oder Vermittlung eines Pflegeplatzes bei Dauerpflegebedürftigkeit sowie Betreuungs- und Pflegeleistungen oder hauswirtschaftliche Versorgung bei Pflegebedürftigkeit.[5] 47

Aus dem EuGH-Urteil vom 21.1.2016[6] wird z.T. der Schluss gezogen, dass bei Altenwohnheimen auch die **Wohnraumüberlassung** unter die Steuerbefreiung des Art. 132 Abs. 1 Buchst. g MwStSystRL (Art. 13 Teil A Abs. 1 Buchst. g 6. EG-Richtlinie) und mithin unter § 4 Nr. 16 UStG falle, wodurch die Anforderungen an eine Steuerbefreiung dieser Leistungen höher sein können als bei einer Vermietungsleistung.[7] Bislang geht hier die nationale Rechtsprechung allerdings noch von einer eigenständigen, nach § 4 Nr. 12 Buchst. a UStG steuerfreien Wohnraumüberlassung aus. Jedenfalls wurde dies vom BFH z.B. im Urteil vom 3.8.2017[8] zu Betreuungsleistungen in einem Altenheim nicht in Zweifel gezogen und auch das FG Schl.-Holst., das sich in einem AdV-Beschl. v. 29.1.2019[9] ausführlich mit der Umsatzsteuerfreiheit einzelner Leistungen, die im Rahmen des Betriebs einer Seniorenwohnanlage auf Basis verschiedener Verträge erbracht werden, auseinandersetzt, geht insoweit von keiner anderen Rechtslage aus. Bis auf weiteres ist eine Besteuerung auf Grundlage der o.g. Verwaltungsauffassung vorzugswürdig. 48

1 BFH, Urt. v. 24.2.2021 – XI R 30/20 (XI R 11/17), BStBl. II 2023, 792 = UR 2021, 639, Rz. 30.
2 Abschn. 4.12.5 UStAE.
3 Abschn. 4.16.4 Abs. 5 UStAE.
4 *Hölzer* in Rau/Dürrwächter, § 4 Nr. 16 UStG Rz. 355 f. (Stand: Oktober 2015); *Sterzinger* in Birkenfeld/Wäger, Umsatzsteuer-Handbuch, Abschn. II Kap. 4 E – § 4 Nr. 16 UStG Rz. 135 (Stand: Juni 2023).
5 Vgl. BFH, Urt. v. 8.6.2011 – XI R 22/09, BFHE 234, 448 = UR 2011, 821, Rz. 6 f.
6 EuGH, Urt. v. 21.1.2016 – C-335/14, ECLI:EU:C:2016:36 – Les Jardins de Jouvence, UR 2016, 391.
7 Vgl. *Sterzinger* in Birkenfeld/Wäger, Umsatzsteuer-Handbuch, Abschn. II Kap. 4 E – § 4 Nr. 16 UStG Rz. 134 (Stand: Juni 2023); *Grube* in MwStR 2016, 239.
8 BFH, Urt. v. 3.8.2017 – V R 52/16, BFHE 259, 160 = UR 2018, 22.
9 FG Schl.-Holst., Beschl. v. 29.1.2019 – 4 V 135/17, juris.

49 Bei **Altenheimen** besteht meist keine oder eine (noch) geringe Pflegebedürftigkeit der Bewohner, das selbstbestimmte Leben überwiegt. Dienstleistungen wie Unterkunft, deren Reinigung sowie Verpflegung werden regelmäßig in Anspruch genommen. Hinzu kommen ggf. weitere Betreuungs- und Pflegeleistungen. Die Bewohner führen keinen eigenen Haushalt.[1] Die Leistungen solcher Altenheime, die regelmäßig dem Anwendungsbereich des WBVG unterliegen, sind insgesamt unter der Voraussetzung des § 4 Nr. 16 Satz 1 Buchst. n UStG steuerfrei.[2]

50 **Altenpflegeheime** dienen der Betreuung und Pflege pflegebedürftiger Menschen. Deren Betreuungs- und Pflegeleistungen sind unter der Voraussetzung des § 4 Nr. 16 Satz 1 Buchst. c UStG (Rz. 85 ff.) steuerfrei; der „Auffangtatbestand" des § 4 Nr. 16 Satz 1 Buchst. n UStG (Rz. 114 ff.) kommt ebenfalls in Betracht.[3]

4. Einrichtungsspezifische Betreuungs- und Pflegeleistungen

51 **Einrichtungsspezifische Betreuungsleistungen**, die nur bei einer nach § 4 Nr. 16 Satz 1 Buchst. b-l UStG anerkannten Einrichtung vorkommen oder in besonderem Zusammenhang mit den jeweiligen Anerkennungsregelungen stehen, werden gemeinsam mit der betreffenden Anerkennungsvorschrift erläutert. Dies betrifft folgende Leistungen:

- **Integrationsfachdienste**, § 4 Nr. 16 Satz 1 Buchst. e UStG (Rz. 91 ff.);
- **Werkstätten für behinderte Menschen** sowie Förder- und Betreuungsstätten, § 4 Nr. 16 Satz 1 Buchst. f UStG (Rz. 94 ff.);
- **Angebote zur Unterstützung im Alltag**, § 4 Nr. 16 Satz 1 Buchst. g UStG (Rz. 97 f.);
- Leistungen der **Eingliederungshilfe**, § 4 Nr. 16 Satz 1 Buchst. h UStG (Rz. 99 ff.);
- **Interdisziplinäre Frühförderstellen**, § 4 Nr. 16 Satz 1 Buchst. j UStG (Rz. 107 ff.);
- **Rechtliche Betreuungsleistungen**, § 4 Nr. 16 Satz 1 Buchst. k UStG (Rz. 112 f.);
- **Pflegeberatung** nach § 7a SGB XI, § 4 Nr. 16 Satz 1 Buchst. l UStG (Rz. 113.1 f.);
- Leistungen der **Verfahrenspfleger**, § 4 Nr. 16 Satz 1 Buchst. m UStG (Rz. 113.3 ff.).

5. Eng verbundene Umsätze

52 Hinsichtlich der **allgemeinen Grundsätze** zu den mit Betreuungs- und Pflegeleistungen eng verbundenen Umsätzen wird auf die entsprechenden Ausführungen in der Kommentierung zu § 4 Nr. 14 Buchst. b Satz 1 UStG verwiesen (§ 4 Nr. 14 Rz. 168 ff.).[4]

Durch das BFH-Urteil vom 24.2.2021 ist geklärt, dass die begünstigten Leistungen nicht unmittelbar an die pflege- oder betreuungsbedürftigen Personen erbracht werden müssen (Rz. 29.1). Es reicht vielmehr aus, dass sie **im Einzelfall unerlässlich** sind, **um die Pflege und Betreuung zu gewährleisten**.[5]

53 Die **einrichtungstypischen Umsätze**, die hierfür in Betracht kommen oder als eng verbundene Umsätze ausscheiden,[6] finden sich in **Abschn. 4.16.6 Abs. 2 und 3 UStAE**.

54 **Infektionshygienische Leistungen** eines Arztes oder einer Hygienefachkraft gegenüber Pflegeeinrichtungen sind nach nationalem Recht nicht befreit. Steuerpflichtige können sich jedoch nach FG-Rechtsprechung unmittelbar auf eine Steuerbefreiung nach Art. 132 Abs. 1 Buchst. g MwStSystRL (Art. 13 Teil A Abs. 1 Buchst. g 6. EG-Richtlinie) berufen, weil insoweit ein Umsetzungsdefizit in § 4 Nr. 16 UStG bestehe.[7]

---

1 Abschn. 4.16.4 Abs. 1 UStAE.

2 Vgl. Abschn. 4.16.4 Abs. 2 UStAE sowie Abschn. 4.12.6 Abs. 2 Nr. 12 UStAE; *Hölzer* in Rau/Dürrwächter, § 4 Nr. 16 UStG Rz. 354 (Stand: Oktober 2015).

3 Vgl. Abschn. 4.16.4 Abs. 3 und 4 UStAE sowie Abschn. 4.12.6 Abs. 2 Nr. 12 UStAE.

4 Vgl. auch Abschn. 4.16.6 Abs. 1 UStAE.

5 BFH, Urt. v. 24.2.2021 – XI R 30/20 (XI R 11/17), BStBl. II 2023, 792 = UR 2021, 639, Rz. 29 ff.

6 Zu weiteren, nicht eng verbundenen Umsätzen vgl. *Hölzer* in Rau/Dürrwächter, § 4 Nr. 16 UStG Rz. 571 (Stand: Oktober 2015).

7 FG Münster, Urt. v. 1.6.2021 – 15 K 2712/17 U, EFG 2021, 2028 (rkr.).

II. Hilfsbedürftige Personen (Nr. 16 Satz 1)

1. Erfasster Personenkreis

Die Steuerbefreiung setzt voraus, dass die Personen, denen die Betreuungs- und Pflegeleistungen zugutekommen, **körperlich, geistig oder psychisch hilfsbedürftig** sind und deshalb der Betreuung und Pflege bedürfen.[1] 55

Die **Einzelfälle** ergeben sich aus den **Tatbeständen der Sozialgesetzbücher**, die auch Gegenstand für die Anerkennung der privaten Einrichtungen sind (Rz. 74). 56

In erster Linie erfasst sind demnach Personen, die pflegebedürftig i.S.d. § 14 SGB XI sind und denen ein **Pflegegrad** nach § 15 SGB XI zuerkannt wurde. Nach Abschn. 4.16.1 Abs. 4 Satz 3 UStAE sind allgemein Personen eingeschlossen, bei denen ein Bedarf an körperbezogenen Pflegemaßnahmen oder pflegerischen Betreuungsmaßnahmen besteht.[2] Eine Pflegebedürftigkeit nach § 61 Abs. 1 i.V.m. § 61a SGB XII reicht aus.[3] Zudem werden die Menschen mit Behinderungen i.S.d. § 2 SGB IX erfasst, ebenso wie die Anspruchsberechtigten nach § 99 Abs. 1 SGB IX[4] im Bereich der **Eingliederungshilfe** sowie nach § 71 SGB XII im Bereich der **Altenhilfe**[5] und nach § 72 SGB XII im Bereich der **Blindenhilfe**. 57

Darüber hinaus sind Personen hilfsbedürftig, die **Anspruch auf Betreuungs- und Pflegeleistungen nach dem Sozialrecht** haben. Hier sind beispielhaft zu nennen die häusliche Krankenpflege (§ 37 SGB V), Kurzzeitpflege bei fehlender Pflegebedürftigkeit (§ 39c SGB V), Haushaltshilfe (§ 38 SGB V, § 42 SGB VII, § 70 SGB XII) oder Pflege nach einem Unfall (§ 44 SGB VII). 58

Hilfsbedürftig sind auch Personen, die der **rechtlichen Betreuung** bedürfen (Rz. 112 f.). 59

Wirtschaftlich hilfsbedürftige Personen fallen nicht unter die Steuerbefreiung (Rz. 17). 60

Insofern rechnet der BFH die **Unterbringung von Flüchtlingen oder obdachlosen Personen** nicht dem Anwendungsbereich des § 4 Nr. 16 UStG zu, da diese regelmäßig aufgrund asyl- bzw. ordnungsrechtlicher Verpflichtung zur Sicherung ihres Existenzminimums untergebracht werden.[6] Eine mögliche Steuerbefreiung dieser Leistungen kommt nach § 4 Nr. 18 UStG in Betracht (Rz. 16 f.).

Soweit in Nr. 4 des **AEAO zu § 53 AO** die persönliche **Hilfebedürftigkeit ab Vollendung des 75. Lebensjahres** im Rahmen der Anerkennung als gemeinnützig (Verfolgung von mildtätigen Zwecken) ohne weitere Nachprüfung – aus Vereinfachungsgründen – angenommen wird, ist diese Vorschrift **nicht auf** die Voraussetzungen der **Hilfsbedürftigkeit** i.S.d. **§ 4 Nr. 16 UStG übertragbar**.[7]

Die Verwaltung gewährt stationären Pflegeeinrichtungen in **Abschn. 4.16.1 Abs. 5 UStAE** eine **Billigkeitsregelung**, nach der auch Pflege- oder Betreuungsleistungen an nicht hilfsbedürftige Personen steuerbefreit sind, wenn diese Personen nicht mehr als 10 % der Fälle ausmachen. Die Regelung ist nicht unumstritten,[8] dient aber der Vermeidung von Härtefällen (z.B. Aufnahme von Ehe- oder Lebenspartnern in Pflegeheimen)[9] und ist daher m.E. mit der Zielsetzung der Befreiungsvorschrift vereinbar. 61

2. Nachweispflichten

Dass die jeweilige Betreuungs- oder Pflegeleistung an eine hilfsbedürftige Person (Rz. 55 ff.) erbracht wurde, ist für jede betreute oder gepflegte Person gesondert nachzuweisen. Die Verwaltung hat hierzu in **Abschn. 4.16.2 UStAE** entsprechende Festlegungen getroffen. Diese **personenbezogenen Nach-** 62

1 Abschn. 4.16.1 Abs. 4 Satz 2 UStAE.
2 Zum 1.1.2017 sind an die Stelle der Grundpflege die körperbezogenen Pflegemaßnahmen bzw. pflegerischen Betreuungsmaßnahmen getreten. Der Verweis auf § 45a SGB XI in Abschn. 4.16.1 Abs. 4 Satz 3 UStAE ist nicht mehr aktuell.
3 BFH, Urt. v. 19.3.2013 – XI R 45/10, BFHE 241, 79 = UR 2013, 551, Rz. 43.
4 Vgl. BT-Drucks. 18/9522, 275.
5 Vgl. BFH, Urt. v. 8.6.2011 – XI R 22/09, BFHE 234, 448 = UR 2011, 821, Rz. 32.
6 Vgl. BFH, Urt. v. 24.3.2021 – V R 1/19, UR 2021, 715, Rz. 30.
7 FG Münster, Urt. v. 25.2.2020 – 15 K 2427/17 U, EFG 2020, 811; BFH, Beschl. v. 9.12.2020 – XI B 22/20, BFH/NV 2021, 611.
8 *Oelmaier* in Sölch/Ringleb, § 4 Nr. 16 UStG Rz. 23 (Stand: März 2021).
9 *Erdbrügger* in Hartmann/Metzenmacher, § 4 Nr. 16 UStG Rz. 76 (Stand: August 2015).

weispflichten ergeben sich aus der objektiven Tatbestandsvoraussetzung, dass jede Betreuungs- und Pflegeleistung einer hilfsbedürftigen Person zugutekommen muss. Sie lassen sich daher m.E. auf die allgemeinen Aufzeichnungspflichten nach § 22 UStG i.V.m. § 63 UStDV stützen.[1]

III. Einrichtungen des öffentlichen Rechts (Nr. 16 Satz 1 Buchst. a)

63 § 4 Nr. 16 Satz 1 Buchst. a UStG befreit Betreuungs- und Pflegeleistungen (Rz. 27 ff.), die von einer **jPdöR** erbracht werden, **ohne weitere Voraussetzungen**. Die Einschränkung des § 4 Nr. 16 Satz 2 UStG (Rz. 132 f.) gilt insoweit nicht.

64 Zu den jPdöR zählen für den Bereich Betreuung und Pflege insbesondere die **Gebietskörperschaften** und die **öffentlich-rechtlichen Religionsgemeinschaften** mit ihren jeweiligen Einrichtungen (z.B. kommunale oder kirchliche Pflegeeinrichtungen).

65 Die **jPdöR muss** mit dem Betrieb der Einrichtung **selbst unternehmerisch tätig** werden. Einrichtungen, die in der Form privatrechtlicher Gesellschaften betrieben werden, deren Anteile nur von juristischen Personen des öffentlichen Rechts gehalten werden, gelten nicht als öffentlich-rechtliche Einrichtungen.[2] Das gleiche gilt für Einrichtungen in der Trägerschaft von jPdöR, die z.B. als (gemeinnütziger) e.V. betrieben werden.

66 Trotz der abweichenden Formulierung zu § 4 Nr. 14 Buchst. b Satz 1 UStG, der ausdrücklich von „Einrichtungen des öffentlichen Rechts" und nicht nur allgemein von jPdöR spricht, gilt derselbe Grundsatz, dass sich die Steuerbefreiung nur auf die unmittelbar mit der begünstigten **Einrichtung** ausgeführten Umsätze und nicht auf weitere Umsätze des Trägers der Einrichtung erstreckt (§ 4 Nr. 14 Rz. 187).[3]

IV. Private Einrichtungen (Nr. 16 Satz 1 Buchst. b-m)

1. Anerkennungsgrundsätze

a) Allgemeine Grundsätze

67 Die allgemeinen Grundsätze zum **Einrichtungsbegriff** sind bei den privaten Unternehmen identisch mit denjenigen im Anwendungsbereich des § 4 Nr. 14 UStG (§ 4 Nr. 14 Rz. 188).[4]

68 Die Erbringung begünstigter Betreuungs- und Pflegeleistungen alleine reicht bei privaten Einrichtungen für eine Steuerbefreiung nicht aus. Diese müssen zusätzlich als eine in sozialer Hinsicht vergleichbare Einrichtung anerkannt sein.[5] Diese Anerkennung hat durch den nationalen Gesetzgeber zu erfolgen; Art. 132 Abs. 1 Buchst. g MwStSystRL (Art. 13 Teil A Abs. 1 Buchst. g 6. EG-Richtlinie) legt die Voraussetzungen und Modalitäten hierfür nicht fest.[6] Bei der Umsetzung des Art. 132 Abs. 1 Buchst. g MwStSystRL (Art. 13 Teil A Abs. 1 Buchst. g 6. EG-Richtlinie) ist eine **Anerkennung aller privaten Einrichtungen erforderlich**, auch der Altenheime (Rz. 11 f.).[7]

69 Die hierbei zu beachtenden **Grundsätzen** hat der EuGH im Urteil vom 21.1.2016[8] zusammenfassend dargestellt. Daraus folgt, dass die Mitgliedstaaten ein **Ermessen** dahingehend haben, ob sie bestimm-

1 Kritisch hierzu *Wagner* in Schwarz/Widmann/Radeisen, § 4 Nr. 16 UStG Rz. 34 (Stand: Juli 2022).
2 Abschn. 4.16.1 Abs. 3 Satz 3 UStAE.
3 Vgl. *Hölzer* in Rau/Dürrwächter, § 4 Nr. 16 UStG Rz. 175 (Stand: Oktober 2015).
4 Vgl. auch Abschn. 4.16.1 Abs. 3 Satz 2 UStAE.
5 EuGH, Urt. v. 15.4.2021 – C-846/19, ECLI:EU:C:2021:277 – Administration de l'Enregistrement, des Domaines and de la TVA, EQ, MwStR 2021, 611, Rz. 72.
6 EuGH, Urt. v. 10.9.2002 – C-141/00, ECLI:EU:C:2002:473 – Kügler, UR 2002, 513, Rz. 57; EuGH, Urt. v. 15.11.2012 – C-174/11, ECLI:EU:C:2012:716 – Zimmermann, UR 2013, 26, Rz. 26 ff.
7 Vgl. zur entsprechenden Anerkennungsvoraussetzung aller in Art. 132 Abs. 1 Buchst. b MwStSystRL (Art. 13 Teil A Abs. 1 Buchst. b 6. EG-Richtlinie) genannten Einrichtungen EuGH, Urt. v. 7.4.2022 – C-228/20, ECLI: EU:C:2022:275 – I (Exonération de TVA des prestations hospitalières), UR 2022, 384 Rz. 48–60.
8 EuGH, Urt. v. 21.1.2016 – C-335/14, ECLI:EU:C:2016:36 – Les Jardins de Jouvence, UR 2016, 391.

ten Einrichtungen, die keine Einrichtungen des öffentlichen Rechts sind, **sozialen Charakter** zuerkennen. Hierbei sind folgende **Kriterien** zu berücksichtigen:[1]

- Spezifische nationale oder regionale Rechts- oder Verwaltungsvorschriften, Steuervorschriften oder Vorschriften im Bereich der sozialen Sicherheit,
- das mit den Tätigkeiten der betreffenden Einrichtung verbundene Gemeinwohlinteresse,
- die Tatsache, dass andere Steuerpflichtige mit den gleichen Tätigkeiten bereits in den Genuss einer ähnlichen Anerkennung kommen, und
- der Gesichtspunkt, dass die Kosten der fraglichen Leistungen unter Umständen zum großen Teil von Krankenkassen oder anderen Einrichtungen der sozialen Sicherheit übernommen werden.

Eine Anerkennung als Einrichtung mit sozialem Charakter setzt **nicht** voraus, dass diese Kriterien stets **kumulativ** vorliegen. So kann sich eine Anerkennung im Einzelfall z.B. auch alleine aus einer „spezifischen nationalen Vorschrift" ergeben.[2] 70

Auf welche dieser Kriterien bei der **Ausgestaltung einer nationalen Anerkennungsvorschrift** abgestellt wird und welche Kriterien dabei ggf. auch als zwingende Voraussetzung definiert werden dürfen, richtet sich nach meiner Auffassung danach, welche Erkenntnisse sich aus dem einzelnen Kriterium hinsichtlich der ordnungsgemäßen, qualitativ ausreichenden Erbringung der jeweiligen Leistung ergeben. Die Anerkennung des sozialen Charakters geht jedenfalls stets mit einer **inhaltlichen Prüfung** einher.[3] 71

Der Grundsatz der steuerlichen Neutralität erfordert, dass **für alle privatrechtlichen Einrichtungen** in Bezug auf die Erbringung vergleichbarer Leistungen **die gleichen Bedingungen** für ihre Anerkennung als steuerbegünstigte Einrichtung mit sozialem Charakter gelten müssen.[4] 72

Der **Begriff** „von dem betreffenden Mitgliedstaat als Einrichtungen mit sozialem Charakter anerkannte Einrichtungen" ist in diesem Zusammenhang **nicht besonders eng auszulegen.**[5] Eine Einrichtung mit sozialem Charakter muss jedoch selbst im sozialen Bereich **Gemeinwohldienstleistungen** erbringen, weshalb z.B. ein Zeitarbeitsunternehmen nicht unter die Steuerbefreiung fällt.[6] 73

Mit der **ab 2009** geltenden Neufassung des § 4 Nr. 16 UStG hat der nationale Gesetzgeber für Betreuungs- und Pflegeleistungen detaillierte **Regelungen zur Anerkennung** privater Einrichtungen mit sozialem Charakter **auf der Grundlage des Sozialrechts** getroffen (Rz. 22 ff.). Durch diese soll u.a. eine bestimmte Qualifizierung der die Betreuungs- und Pflegeleistungen erbringenden Einrichtungen gewährleistet werden.[7] Sofern eine private Einrichtung verschiedenartige Betreuungs- und Pflegeleistungen erbringt, kommt eine Anerkennung nach mehreren Vorschriften in Betracht. Vor dem Hintergrund der EU-rechtlich zu beachtenden Anerkennungsgrundsätze (Rz. 69 ff.) dürften diese Vorschriften **weitgehend unionsrechtskonform** sein.[8] 74

Für die Anerkennung als Einrichtung mit sozialem Charakter i.S.d. Art. 132 Abs. 1 Buchst. g MwStSystRL (Art. 13 Teil A Abs. 1 Buchst. g 6. EG-Richtlinie) ist der jeweilige **Besteuerungsmitgliedstaat zuständig**, der nach den Regelungen zum Ort der Dienstleistung (vgl. Art. 44 ff. MwStSystRL bzw. § 3a UStG) zu bestimmen ist.[9] Gleiches gilt für die Frage, ob eine begünstigte Betreuungs- oder Pflegeleistung vorliegt (Rz. 30.2). 74.1

1 Vgl. EuGH, Urt. v. 21.1.2016 – C-335/14, ECLI:EU:C:2016:36 – Les Jardins de Jouvence, UR 2016, 391, Rz. 34 f. m.w.N.
2 BFH, Urt. v. 17.7.2019 – V R 27/17, BStBl. II 2023, 591 = UR 2019, 820, Rz. 26 ff.
3 EuGH, Urt. v. 11.5.2023 – C-620/21, ECLI:EU:C:2023:395 – MOMTRADE RUSE, UR 2023, 834 Rz. 96.
4 EuGH, Urt. v. 15.11.2012 – C-174/11, ECLI:EU:C:2012:716 – Zimmermann, UR 2013, 35, Rz. 52 ff.
5 EuGH, Urt. v. 26.5.2005 – C-498/03, ECLI:EU:C:2005:322 – Kingscrest Associates und Montecello, UR 2005, 453, Rz. 32.
6 EuGH, Urt. v. 12.3.2015 – C-594/13, ECLI:EU:C:2015:164 – „go fair" Zeitarbeit OHG, BStBl. II 2015, 980 = UR 2015, 351, Rz. 28.
7 Vgl. hierzu *Hölzer* in Rau/Dürrwächter, § 4 Nr. 16 UStG Rz. 211 ff. (Stand: Oktober 2015).
8 Gl.A. *Oelmaier* in Sölch/Ringleb, § 4 Nr. 16 UStG Rz. 31 (Stand: März 2017); **a.A.** *Erdbrügger* in Hartmann/Metzenmacher, § 4 Nr. 16 UStG Rz. 164 ff. (Stand: August 2015).
9 EuGH, Urt. v. 11.5.2023 – C-620/21, ECLI:EU:C:2023:395 – MOMTRADE RUSE, UR 2023, 834 Rz. 72 ff.

Bei der Leistungserbringung in anderen Mitgliedstaaten muss daher der Besteuerungsmitgliedstaat nicht zwingend der Ansässigkeitsmitgliedstaat der Betreuungs- oder Pflegeeinrichtung sein. Aufgrund abweichender nationaler Anerkennungsregelungen können somit die in verschiedenen Mitgliedstaaten erbrachten Leistungen einer Einrichtung bzw. die in einem Mitgliedstaat erbrachten Leistungen von Einrichtungen, die hierfür in verschiedenen Mitgliedstaaten der Besteuerung unterliegen, mehrwertsteuerlich unterschiedlich zu behandeln sein. Diese **mögliche Ungleichbehandlung** hat der EuGH als Folge des Gestaltungsspielraums, den die Mitgliedstaaten bei der Anerkennung haben (Rz. 69), ausdrücklich gebilligt und eine mögliche Abhilfe insoweit in die Zuständigkeit des Unionsgesetzgebers verwiesen.[1]

b) Unionsrechtskonformität des § 4 Nr. 16 Satz 1 Buchst. b–j und l UStG

75 Eine Begünstigung nach § 4 Nr. 16 Satz 1 Buchst. b–j und l UStG setzt eine **Anerkennung** der Einrichtung **durch** die gesetzlichen **Sozialleistungsträger** voraus, die sich grds. in vertraglichen Beziehungen ausdrückt.

76 Beide Senate des **BFH** haben diesen Anerkennungsgrundsatz mittlerweile in **Grundsatzurteilen**[2] bestätigt,[3] die zu **§ 4 Nr. 16 Satz 1 Buchst. h UStG** ergangen sind (Rz. 99 ff.). Sowohl nach dem Urteil vom 9.3.2017[4] als auch nach dem Urteil vom 13.6.2018[5] bestehen für den BFH keine Zweifel an der Vereinbarkeit dieser Anerkennungsregelung mit dem Unionsrecht. Der BFH hat insofern eine unmittelbare Berufung auf Art. 132 Abs. 1 Buchst. g MwStSystRL (Art. 13 Teil A Abs. 1 Buchst. g 6. EG-Richtlinie) abgelehnt und auch von einem Vorabentscheidungsersuchen abgesehen. Allerdings hat der BFH den § 4 Nr. 16 Satz 1 Buchst. h UStG nicht dahingehend bestätigt, dass ausschließlich eine **Vereinbarung nach § 75 Abs. 3 SGB XII** zur Anerkennung führt. Laut BFH kann auch ein **Leistungsangebot nach § 75 Abs. 4 SGB XII** ausreichen.[6] Gleichwohl führt aber auch die Leistungserbringung aufgrund eines solchen Leistungsangebots zu einer unmittelbaren Rechtsbeziehung zu dem Sozialleistungsträger und entspricht damit dem systematischen Ansatz des Gesetzgebers hinsichtlich der Anerkennungsgrundsätze.

77 Nach dieser Rechtsprechung ist der nationale **Gesetzgeber** bei der Ausgestaltung der unternehmerbezogenen Anerkennung **befugt**, z.B. die Leistungsqualität zu berücksichtigen, wie sie sich etwa aus einer Prüfung vor Vertragsschluss durch den Sozialhilfeträger ergibt[7] und durfte im Rahmen des ihm zustehenden Ermessens die **Anerkennung** von Einrichtungen mit sozialem Charakter **aufgrund sozialversicherungsrechtlicher Regelungen** vorsehen.

78 Die **Grundsätze** dieser Rechtsprechung sind m.E. **auf** alle anderen Anerkennungsregelungen nach **§ 4 Nr. 16 Satz 1 Buchst. b–j und l UStG übertragbar**, da hier für eine Anerkennung in vergleichbarer Weise auf sozialrechtliche Bestimmungen Bezug genommen wird.

79 Demzufolge dürften **andere Vorschriften** im Zusammenhang mit dem Betrieb von Betreuungs- und Pflegeeinrichtungen (z.B. §§ 12, 15,19 HeimG) **nicht zu einer Anerkennung** führen können. Der bloße Umstand, dass die nationalen Behörden Umsätze nach den im fraglichen Bereich vorgeschriebenen Qualitäts- und Sicherheitsstandards genehmigt haben, führt nämlich allein nicht schon automatisch zur Anerkennung, da sonst den Behörden das ihnen verliehene Ermessen genommen würde.[8] Eine

1 EuGH, Urt. v. 11.5.2023 – C-620/21, ECLI:EU:C:2023:395 – MOMTRADE RUSE, UR 2023, 834 Rz. 88.
2 BFH, Urt. v. 9.3.2017 – V R 39/16, BStBl. II 2023, 784 = UR 2017, 507; BFH, Urt. v. 21.6.2017 – V R 29/16, BFH/NV 2017, 1465; BFH, Urt. v. 13.6.2018 – XI R 20/16, BStBl. II 2023, 786 = UR 2018, 834; vgl. *Heuermann*, DStR 2017, 1323.
3 In diesem Sinne wohl auch *Klaßmann*, MwStR 2017, 548.
4 BFH, Urt. v. 9.3.2017 – V R 39/16, BStBl. II 2023, 784 = UR 2017, 507, Rz. 26 f.
5 BFH, Urt. v. 13.6.2018 – XI R 20/16, BStBl. II 2023, 786 = UR 2018, 834, Rz. 42.
6 BFH, Urt. v. 9.3.2017 – V R 39/16, BStBl. II 2023, 784 = UR 2017, 507, Rz. 26.
7 BFH, Urt. v. 9.3.2017 – V R 39/16, BStBl. II 2023, 784 = UR 2017, 507, Rz. 18; vgl. auch *Heuermann*, DStR 2017, 1323.
8 BFH, Urt. v. 23.10.2014 – V R 20/14, BStBl. II 2016, 785 = UR 2015, 235, Rz. 18 m.w.N.

entsprechende „Genehmigung“ einer Einrichtung wurde vom BFH jedoch bereits als ein Indiz für die ordnungsgemäße Anerkennung einer Einrichtung gewertet.[1]

Bei dem ab 2009 geltenden Recht sind die **Grundsätze der bisherigen BFH-Rechtsprechung** zur Berufung auf Art. 132 Abs. 1 Buchst. g MwStSystRL (Art. 13 Teil A Abs. 1 Buchst. g 6. EG-Richtlinie) bei der bis 2008 geltenden nationalen Rechtslage allerdings **nicht mehr ohne weiteres anwendbar.**[2] Dies betrifft insbesondere die Urteile, in denen der BFH die soziale Anerkennung aus der bloßen Möglichkeit, Verträge mit den Sozialleistungsträgern abschließen zu können, sowie einer nur mittelbaren Kostenkostentragung, die keinen konkreten Bezug zur erbrachten Pflege- oder Betreuungsleistung aufweist (Rz. 128 f.), hergeleitet hat.[3] An diesen Grundsätzen hält der BFH nach seinem Urteil vom 24.2.2021 nicht mehr fest.[4] 80

Alleine die **abstrakte Kostenübernahmefähigkeit** ist damit **nicht ausreichend** für eine Anerkennung als Einrichtung mit sozialem Charakter. Soweit das ab 2009 geltende Recht darauf abstellt, dass **tatsächlich vertragliche Beziehungen** mit einem Träger der sozialen Sicherheit oder Sozialfürsorge bestehen, ist dies mit EU-Recht vereinbar[5]

c) Unionsrechtskonformität des § 4 Nr. 16 Satz 1 Buchst. k, m und n UStG

Die Anerkennung von Einrichtungen zur rechtlichen Betreuung erfordert nach **§ 4 Nr. 16 Satz 1 Buchst. k UStG** eine Bestellung nach § 1896 Abs. 1 BGB. Ebenso müssen Verfahrenspfleger i.S.d. **§ 4 Nr. 16 Satz 1 Buchst. m UStG** gerichtlich bestellt sein. An diesen Anerkennungsvoraussetzungen bestehen keine unionsrechtlichen Zweifel. 81

Für eine Anerkennung nach **§ 4 Nr. 16 Satz 1 Buchst. n UStG** ist erforderlich, dass für die Betreuungs- oder Pflegekosten in einem bestimmten Umfang (sog. Sozialquote) eine **Vergütung durch die Sozialkassen** erfolgt.[6] Die Regelung ist **in der ab 1.1.2021 geltenden Fassung** ebenfalls **gemeinschaftsrechtskonform** (Rz. 114 ff.). 82

2. Anerkannte Einrichtungen

a) Einrichtungen zur Haushaltshilfe nach SGB V (Nr. 16 Satz 1 Buchst. b)

Die **Krankenkassen** schließen nach **§ 132 SGB V** Verträge über Inhalt, Umfang, Vergütung sowie Prüfung der Qualität und Wirtschaftlichkeit der Dienstleistungen zur Versorgung mit **Haushaltshilfe.** Nach dieser Vorschrift sind somit ausschließlich Haushaltshilfeleistungen (Rz. 36) befreit. 83

Nach **§ 38 Abs. 4 SGB V** ist es möglich, dass sich Versicherte die **Haushaltshilfe** auch **selbst beschaffen**, d.h. einen Vertrag mit der Einrichtung abschließen und dafür die Kosten in angemessener Höhe von der Krankenkasse erstattet bekommen. Ein solcher Vertrag führt nicht zu einer Anerkennung der Einrichtung. Gleichwohl sind bei einer anerkannten Einrichtung auch die Haushaltshilfeleistungen auf Grundlage eines Vertrages unmittelbar mit den Versicherten steuerfrei. 84

b) Einrichtungen zur häuslichen Pflege oder Heimpflege (Nr. 16 Satz 1 Buchst. c)

Nach § **132a Abs. 4 SGB V** schließen die **Krankenkassen** Verträge über die Einzelheiten der Versorgung mit **häuslicher Krankenpflege** mit den Leistungserbringern. 85

1 BFH, Urt. v. 6.4.2016 – V R 55/14, BFHE 253, 466 = UR 2016, 589, Rz. 34.
2 So auch *Herbert*, MwStR 2017, 468 (469).
3 BFH, Urt. v. 18.8.2015 – V R 13/14, BStBl. II 2023, 769 = UR 2015, 871 m. Anm. *Küffner* und *Wüst*; BFH, Urt. v. 6.4.2016 – V R 55/14, BFHE 253, 466 = UR 2016, 589; BFH, Urt. v. 7.12.2016 – XI R 5/15, BFHE 256, 550 = UR 2017, 385.
4 BFH, Urt. v. 24.2.2021 – XI R 30/20 (XI R 11/17), BStBl. II 2023, 792 = UR 2021, 639, Rz. 39.
5 EuGH, Urt. v. 8.10.2020 – C-657/19, ECLI:EU:C:2020:811 – Finanzamt D, UR 2020, 871, Rz. 51; *Wüst*, UR 2020, 876 (878).
6 Abschn. 4.16.3 Abs. 1 UStAE.

86 Nach **§ 72 SGB XI** dürfen die **Pflegekassen** ambulante und stationäre Pflege nur durch Pflegeeinrichtungen gewähren, mit denen ein Versorgungsvertrag besteht (zugelassene Pflegeeinrichtungen). Zu den **Pflegeeinrichtungen** zählen nach **§ 71 SGB XI** die ambulanten Pflegeeinrichtungen (**Pflegedienste**) und die stationären Pflegeeinrichtungen (**Pflegeheime**).[1] Ungeachtet des tatsächlichen Bedarfs ist jede Pflegeeinrichtung zur Erbringung von Pflegeleistungen zuzulassen, wenn sie die für einen Versorgungsvertrag notwendigen Voraussetzungen erfüllt.[2]

87 Ambulante Pflege darf nicht allein durch zugelassene Pflegeeinrichtungen geleistet werden, sondern auch durch **selbständige Pflegekräfte**, mit denen ein Vertrag nach **§ 77 Abs. 1 SGB XI** besteht (häusliche Pflege durch Einzelpersonen). In dem Vertrag sind Inhalt, Umfang, Qualität, Qualitätssicherung, Vergütung sowie Prüfung der Qualität und Wirtschaftlichkeit der vereinbarten Leistungen zu regeln.

88 Nach **§ 26 Abs. 5 SGB VII** bestimmen die **Unfallversicherungsträger** im Einzelfall Art, Umfang und Durchführung der Leistungen zur Teilhabe sowie die hierfür infrage kommenden Einrichtungen. Die Leistungen umfassen i.V.m. **§ 44 SGB VII** – wahlweise anstelle des Pflegegeldes – die Gestellung einer Pflegekraft (**Hauspflege**) oder die erforderliche Hilfe mit Unterkunft und Verpflegung in einer geeigneten Einrichtung (**Heimpflege**).

c) Einrichtungen zur häuslichen Krankenpflege und Haushaltshilfe nach SGB VII (Nr. 16 Satz 1 Buchst. d)

89 Nach **§ 26 Abs. 5 SGB VII** bestimmen die **Unfallversicherungsträger** im Einzelfall Art, Umfang und Durchführung der Leistungen zur Teilhabe sowie die hierfür infrage kommenden Einrichtungen.

90 Die Leistungen umfassen i.V.m. **§ 32 SGB VII** die **häusliche Krankenpflege**, die nach § 32 Abs. 2 SGB VII die erforderliche Grund- und Behandlungspflege sowie hauswirtschaftliche Versorgung beinhaltet.[3] Hiervon ist die medizinische Behandlungspflege jedoch nur unter den Voraussetzungen des § 4 Nr. 14 Buchst. a Satz 1 UStG befreit (Rz. 34).[4] Daneben sind i.V.m. **§ 42 SGB VII** Leistungen der **Haushaltshilfe** begünstigt.

d) Integrationsfachdienste (Nr. 16 Satz 1 Buchst. e)

91 Integrationsfachdienste dienen der **Eingliederung (schwer-)behinderter Menschen in den Arbeitsmarkt**. Sie sind für die BA, die Integrationsämter sowie die Rehabilitationsträger tätig. Ihre Leistungen unterscheiden sich von denen einer bloßen Arbeitsvermittlung dadurch, dass hier die Betreuung und Beratung der behinderten Menschen sowie die Beratung der Arbeitgeber im Vordergrund steht und auch nach Aufnahme des Arbeitsverhältnisses fortgeführt werden kann.[5] Von Integrationsfachdiensten wird u.a. die „Unterstützende Beschäftigung" nach § 55 SGB IX durchgeführt.

92 Die **Leistungen** der Integrationsfachdienste unterliegen **insgesamt § 4 Nr. 16 Satz 1 Buchst. e UStG**. Eine Anwendung des § 4 Nr. 21 UStG kommt nicht in Betracht.[6]

93 Die Anerkennung erfolgt über eine **Vereinbarung nach § 194 SGB IX**. § 194 Abs. 1 Satz 1 SGB IX ist Grundlage für die vertraglich zu regelnden Beziehungen zwischen den Integrationsfachdiensten und den sie beauftragenden Integrationsämtern oder Rehabilitationsträgern bzw. der BA.[7]

e) Werkstätten für behinderte Menschen sowie Förder- und Betreuungsstätten (Nr. 16 Satz 1 Buchst. f)

94 **Werkstätten für behinderte Menschen** nach § 219 SGB IX sind Einrichtungen, in denen Arbeitsmöglichkeiten für behinderte Menschen geschaffen werden, die wegen ihrer Behinderung unter den übli-

1 Vgl. Abschn. 4.16.4 Abs. 3 f. UStAE.
2 *Wahl* in jurisPK, § 72 SGB XI Rz. 23 (Stand: September 2017).
3 Die ab 2017 verwendeten neuen Pflegebegriffe wurden in dieser Vorschrift bislang nicht umgesetzt.
4 Abschn. 4.16.5 Abs. 6 UStAE.
5 Vgl. Abschn. 4.16.5 Abs. 7 UStAE und § 193 Abs. 2 SGB IX.
6 Vgl. Abschn. 4.21.2 Abs. 4 UStAE.
7 *Simon* in jurisPK, § 194 SGB IX Rz. 10 f. (Stand: Januar 2018); Abschn. 4.16.5 Abs. 8 UStAE.

chen Bedingungen des allgemeinen Arbeitsmarktes keine Arbeit finden können.[1] Sie bedürfen der **Anerkennung nach § 225 SGB IX** um die Vergünstigungen nach § 223 SGB IX (Anrechnung von Aufträgen auf die Ausgleichsabgabe) bzw. § 224 SGB IX (bevorzugte Auftragsvergabe durch die öffentliche Hand) in Anspruch nehmen zu können. Durch die Anerkennung wird zudem ein bundeseinheitlicher **(Mindest-)Qualitätsstandard** gewährleistet.[2] Ein **Verzeichnis** anerkannter Werkstätten für behinderte Menschen veröffentlicht die BA auf ihrer Internetseite.[3]

Förder- und Betreuungsstätten i.S.d. § 219 Abs. 3 SGB IX sind der Werkstatt für behinderte Menschen angegliedert, rechtlich gesehen sind sie aber nicht Bestandteil der Werkstatt,[4] sondern Einrichtungen zur Teilhabe am Leben in der Gemeinschaft nach § 113 SGB IX. Sie sind damit auch formal nicht Teil der Anerkennung nach § 225 SGB IX. Gleichwohl werden sie zur umsatzsteuerlich begünstigten Einrichtung gezählt,[5] da sie von den anerkannten Werkstätten betrieben werden. 95

Nach § 4 Nr. 16 Satz 1 Buchst. f UStG steuerfrei sind die **Betreuungs-, Beköstigungs-, Beherbergungs- und Beförderungsleistungen**, für die Werkstätten für behinderte Menschen und deren angegliederte Förder- und Betreuungsstätten Pflegegelder erhalten.[6] 96

f) Einrichtungen für Angebote zur Unterstützung im Alltag (Nr. 16 Satz 1 Buchst. g)

Die als **Angebote zur Unterstützung im Alltag** in Betracht kommenden Leistungen sind in **Abschn. 4.16.5 Abs. 12 UStAE** aufgeführt, der insoweit die beispielhafte Aufzählung aus § 45a Abs. 1 Satz 5 SGB XI übernimmt. Hierbei steht häufig die punktuelle **Unterstützung der Pflegebedürftigen und deren Angehörigen** im Vordergrund, z.B. durch Beratungsangebote, eine stundenweise Betreuung Pflegebedürftiger, Hilfen bei der Erledigung alltäglicher Aufgaben in der häuslichen Umgebung (Begleitung beim Einkaufen, Hilfe beim Kochen), Unterstützung beim Umgang mit Behördenangelegenheiten, organisatorische und beratende Unterstützung bei der Pflege.[7] 97

Die Angebote[8] benötigen nach § 45a Abs. 1 Satz 3 SGB XI eine **Anerkennung durch** die jeweils zuständige **Landesbehörde**. Diese erfolgt auf der Grundlage einer **Rechtsverordnung** der Landesregierung, für die § 45a Abs. 3 Satz 1 SGB XI die Verordnungsermächtigung enthält. 98

g) Eingliederungshilfe sowie Betreuung und Pflege als Sozialhilfeleistung (Nr. 16 Satz 1 Buchst. h)

aa) Eingliederungshilfe

(1) Erfasste Leistungen

Eingliederungshilfe (Teil 2 SGB IX) soll Menschen mit Behinderung bzw. Menschen, die von Behinderung bedroht sind, eine individuelle Lebensführung ermöglichen. Die **Leistungen** der Eingliederungshilfe sind entsprechend vielfältig und in **§ 102 Abs. 1 SGB IX** benannt. Sie umfassen Leistungen zur Teilhabe am Arbeitsleben (z.B. in Werkstätten für behinderte Menschen [Rz. 94 ff.] oder das Job-Coaching [Rz. 40]), Leistungen zur Sozialen Teilhabe (z.B. besondere Wohnformen, Umbau einer Wohnung, Leistungen zur Mobilität), Leistungen zur Teilhabe an Bildung (z.B. Hilfen zur Hochschulbildung) sowie Leistungen zur medizinischen Rehabilitation (z.B. Psychotherapie, Hilfsmittel). Dies zeigt, dass nicht alle im Rahmen der Eingliederungshilfe bewilligten Leistungen **Betreuungs- und Pflegeleistungen** darstellen, sondern dieses Tatbestandsmerkmal **im Einzelfall zu prüfen** ist.[9] 99

1 *Schramm* in jurisPK, § 219 SGB IX Rz. 12 (Stand: Dezember 2022); vgl. Abschn. 4.16.5 Abs. 9 Satz 1 f. UStAE.
2 *Schramm* in jurisPK, § 225 SGB IX Rz. 8 (Stand: Dezember 2022).
3 www.arbeitsagentur.de.
4 *Schramm* in jurisPK, § 219 SGB IX Rz. 35 (Stand: Dezember 2022); vgl. *Hölzer* in Rau/Dürrwächter, § 4 Nr. 16 UStG Rz. 402 (Stand: Oktober 2015).
5 Abschn. 4.16.5 Abs. 9 Satz 3 UStAE.
6 Abschn. 4.16.5 Abs. 10 UStAE.
7 Vgl. BR-Drucks. 223/14, 40 f.
8 Vgl. Abschn. 4.16.5 Abs. 13 Satz 1 UStAE.
9 Vgl. den Hinweis in Abschn. 4.16.5 Abs. 21 Satz 2 UStAE.

100 **Ab 1.1.2020** ist durch das BTHG eine Trennung von Fachleistungen der Eingliederungshilfe (SGB IX) und existenzsichernden Leistungen (SGB XII) erfolgt.[1] Leistungen der Eingliederungshilfe nach dem SGB IX werden nicht mehr abhängig von der Wohnform, sondern personenbezogen erbracht. Erwachsene Menschen mit Behinderung, die in sog. **besonderen Wohnformen** leben, müssen demnach die Kosten für ihre Verpflegung (Warenwert) aus ihrer Grundsicherung finanzieren. Infolge dessen liegen beim Betrieb einer solchen Einrichtung grundsätzlich mehrere Einzelleistungen vor, wenn diese aufgrund getrennter Verträge erbracht werden.[2] Von einer generellen Umsatzsteuerfreiheit nach § 4 Nr. 16 Satz 1 Buchst. h UStG der mit dieser Wohnform verbundenen Leistungen ist somit nicht mehr ohne weiteres auszugehen.[3] Originär steuerfrei sind nach § 4 Nr. 16 Satz 1 Buchst. h UStG die von der Vereinbarung nach § 123 SGB IX (Rz. 101 f.) umfassten Betreuungsleistungen. Daneben treten ggf. eine nach § 4 Nr. 12 UStG steuerfreie Vermietungsleistung sowie weitere Leistungen (z.B. Verpflegungsleistungen). Nach dem **BMF-Schreiben vom 24.3.2020**[4] sind die aufgrund getrennter Verträge außerhalb des Anwendungsbereichs des WBVG erbrachten weiteren Leistungen als steuerbefreite **eng verbundene Umsätze** zu den Betreuungsleistungen anzusehen. Sofern hingegen ein **Wohn- u. Betreuungsvertrag nach dem WBVG** abgeschlossen wurde und der Betreiber somit auch Wohnraum und ggf. Verpflegung als Teil der Betreuungsleistung zur Verfügung stellt, ist von einer einheitlichen Leistung aufgrund eines Vertrags besonderer Art[5] (§ 4 Nr. 12 Rz. 42 f.) auszugehen, die insgesamt nach § 4 Nr. 16 Satz 1 Buchst. h UStG steuerfrei ist.

(2) Anerkennungsregelung

101 Anerkannt sind Einrichtungen, mit denen eine **Vereinbarung nach § 123 SGB IX** über die Erbringung von Eingliederungsleistungen abgeschlossen wurde. In dieser Vorschrift werden die allgemeinen Grundsätze der Leistungserbringung zusammengefasst.[6]

102 Zum 1.1.2018 wurde durch das BTHG[7] die Eingliederungshilfe aus dem SGB XII (Sozialhilfe) herausgelöst[8] und als „Besondere Leistungen zur selbstbestimmten Lebensführung für Menschen mit Behinderungen (Eingliederungshilferecht)" in das SGB IX (Rehabilitation und Teilhabe von Menschen mit Behinderungen) überführt.[9] Der § 123 SGB IX ist damit hinsichtlich der Eingliederungshilfe die **Nachfolgevorschrift des § 75 SGB XII a.F.**[10] Damit sind auch auf die Anerkennung nach § 123 SGB IX die Grundsätze des **BFH-Urteils vom 9.3.2017**[11] **anwendbar** (Rz. 76), was bedeutet, dass nicht nur Einrichtungen anerkannt sind, mit denen eine Vereinbarung nach § 123 SGB IX besteht, sondern auch solche, die auf der Grundlage eines **Leistungsangebots nach § 123 Abs. 5 SGB IX** tätig werden.

bb) Betreuung und Pflege als Sozialhilfeleistung

103 Das SGB XII (Sozialhilfe) gewährt neben dem SGB XI (Pflegeversicherung) einen Anspruch auf Betreuungs- und Pflegeleistungen. In Betracht kommen **Hilfen zur Pflege** (Siebtes Kapitel, §§ 61–66 SGB XII) für Pflegebedürftige, die nicht in der sozialen Pflegeversicherung versichert sind, oder in Fällen, in denen die Pflegebedürftigkeit voraussichtlich nicht für mindestens sechs Monate besteht und aus diesem Grund keine Leistungen durch die Pflegeversicherung gewährt werden, oder in Fällen, in denen der pflegerische Bedarf durch die der Höhe nach begrenzten Leistungen der Pflegeversicherung nicht sichergestellt ist. Darüber hinaus kommen aus dem Neunten Kapitel des SGB XII (Hilfe in ande-

1 Vgl. BT-Drucks. 18/9522, 199 f.
2 Vgl. BFH, Urt. v. 4.5.2011 – XI R 35/10, BStBl. II 2011, 836 = UR 2011, 659.
3 Vgl. zu dieser Problematik *Schmidt*, MwStR 2019, 891.
4 BMF, Schr. v. 24.3.2020 – III C 3-S 7172/19/10002 :003 – DOK 2020/0080945, BStBl. I 2020, 291.
5 Vgl. Abschn. 4.12.6 UStAE.
6 Vgl. BT-Drucks. 18/9522, 292 f.
7 BTHG v. 23.12.2016, BGBl. I 2016, 3234.
8 Durch Art. 13 Nr. 19 des BTHG v. 23.12.2016, BGBl. I 2016, 3234 (3321) werden die §§ 53–60a SGB XII (Eingliederungshilfe) aufgehoben.
9 Vgl. BT-Drucks. 18/9522, 4 und Teil 2 des SGB IX i.d.F. ab 1.1.2018.
10 *Busse* in jurisPK, § 123 SGB IX Rz. 3 (Stand: September 2022).
11 BFH, Urt. v. 9.3.2017 – V R 39/16, BStBl. II 2023, 784 = UR 2017, 507.

ren Lebenslagen) die **Hilfe zur Weiterführung des Haushalts** (§ 70 SGB XII), die **Altenhilfe**[1] (§ 71 SGB XII) oder die **Blindenhilfe** (§ 72 SGB XII) als begünstigte Leistungen in Betracht.

Die Regelung des § 4 Nr. 16 Satz 1 Buchst. h UStG regelt vor diesem Hintergrund eine Anerkennung von Einrichtungen, die von den Sozialhilfeträgern mit Betreuungs- und Pflegeleistungen beauftragt werden. Die im Gesetz gewählte Bezugnahme auf **§ 76 SGB XII** zur Anerkennung von Einrichtungen ist aus meiner Sicht jedoch **unzutreffend**. Denn diese Vorschrift enthält lediglich Vorgaben für den Abschluss von Vereinbarungen nach dem Siebten bis Neunten Kapitel des SGB XII. Die dem § 123 SGB IX (Rz. 101 f.) inhaltlich entsprechende und daher m.E. zutreffende Anerkennungsgrundlage wäre vielmehr ab 2020 der **§ 75 SGB XII**.[2] Nach der Herauslösung der Eingliederungshilfe aus der Sozialhilfe dürfte der Anerkennung von Einrichtungen zur Betreuung und Pflege über das Sozialhilferecht[3] jedoch keine große Bedeutung mehr zukommen. Entsprechende Einrichtungen, die für Betreuungs- und Pflegeleistungen in Betracht kommen, dürften meist bereits nach anderen Vorschriften des § 4 Nr. 16 Satz 1 UStG anerkannt sein. 104

h) Einrichtungen zur häuslichen (Kranken-)Pflege und Haushaltshilfe nach der landwirtschaftlichen Sozialversicherung (Nr. 16 Satz 1 Buchst. i)

Nach **§ 8 Abs. 3 SVLFGG** schließt die Sozialversicherung für Landwirtschaft, Forsten und Gartenbau zur Gewährung von häuslicher Krankenpflege und von Betriebs- und Haushaltshilfe Verträge mit Dritten[4] (geeignete Personen, Einrichtungen oder Unternehmen), soweit sie diese Leistung nicht mit eigenem Personal erbringt. Diese Verträge beinhalten Regelungen über Inhalt, Umfang, Vergütung sowie Prüfung der Qualität und Wirtschaftlichkeit der Dienstleistungen. Die weiteren in § 4 Nr. 16 Satz 1 Buchst. i UStG zitierten gesetzlichen Vorschriften regeln die Einzelheiten zur Gewährung der häuslichen Krankenpflege und von Betriebs- und Haushaltshilfe.[5] 105

Begünstigt ist nach § 4 Nr. 16 Satz 1 Buchst. i UStG jedoch nur die **Krankenpflege und Haushaltshilfe**. Die **Betriebshilfe** wird von **§ 4 Nr. 27 Buchst. b UStG** umfasst (§ 4 Nr. 27 Rz. 27 ff.).[6] 106

i) Interdisziplinäre Frühförderstellen (Nr. 16 Satz 1 Buchst. j)

Interdisziplinäre Frühförderstellen nach **§ 3 FrühV** dienen der Früherkennung und Frühförderung für Kinder mit Behinderungen und von Behinderung bedrohten Kindern. Eine **Definition** enthält **Abschn. 4.16.5 Abs. 17 UStAE**. 107

Die maßgebende sozialrechtliche Vorschrift hierfür ist **§ 46 Abs. 2 SGB IX**,[7] der mit dem BTHG[8] mit Wirkung zum 1.1.2018 eingeführt wurde.[9] Danach umfassen die Leistungen zur Früherkennung und Frühförderung nichtärztliche therapeutische, psychologische, heilpädagogische, sonderpädagogische, psychosoziale Leistungen und die Beratung der Erziehungsberechtigten. 108

Die **Anforderungen an interdisziplinäre Frühförderstellen und sozialpädiatrische Zentren** werden gemäß § 2 FrühV durch Landesrecht (Landesrahmenempfehlungen) festgelegt.[10] 109

Entsprechende Leistungen werden jedoch nicht nur durch interdisziplinäre Frühförderstellen erbracht, sondern auch von den gemäß § 46 Abs. 2 Satz 1 SGB IX **nach Landesrecht zugelassenen Einrichtun-** 110

---

1 Vgl. BFH, Urt. v. 8.6.2011 – XI R 22/09, BFHE 234, 448 = UR 2011, 821, Rz. 32.
2 Art. 13 Nr. 25 des BTHG v. 23.12.2016, BGBl. I 2016, 3234 (3322). Vgl. auch *Busse* in jurisPK, § 123 SGB IX Rz. 5 (Stand: September 2022).
3 Vgl. Abschn. 4.16.5 Abs. 14 UStAE.
4 Vgl. insoweit auch BMF, Schr. v. 12.6.2009 – IV B 9-S 7187-a/08/10001 – DOK 2009/0378035, BStBl. I 2009, 687.
5 Vgl. hierzu Abschn. 4.16.5 Abs. 3 Satz 1 und Abs. 5 Satz 1 Spiegelstrich 2 UStAE.
6 Abschn. 4.16.5 Abs. 4 UStAE.
7 Vgl. § 1 FrühV; *Nellissen* in jurisPK, § 46 SGB IX Rz. 57 (Stand: März 2020).
8 Art. 1 des BTHG v. 23.12.2016, BGBl. I 2016, 3234 (3251).
9 Vgl. BT-Drucks. 18/9522, 251 f.
10 *Nellissen* in jurisPK, § 46 SGB IX Rz. 26 (Stand: März 2020).

gen mit vergleichbarem interdisziplinärem Förder-, Behandlungs- und Beratungsspektrum.[1] Hieran wurde mit Wirkung zum 1.1.2018 auch **§ 2 FrühV** angepasst, dessen Satz 2 nunmehr lautet: „Die erforderlichen Leistungen werden unter Inanspruchnahme von fachlich geeigneten interdisziplinären Frühförderstellen, von nach Landesrecht zugelassenen Einrichtungen mit vergleichbarem interdisziplinärem Förder-, Behandlungs- und Beratungsspektrum […] ausgeführt." Der **§ 4 Nr. 16 Satz 1 Buchst. j UStG bedarf insoweit der Anpassung.** Betroffene nach Landesrecht zugelassene Einrichtungen mit vergleichbarem interdisziplinärem Förder-, Behandlungs- und Beratungsspektrum können sich für ihre Steuerbefreiung ggf. unmittelbar auf Art. 132 Abs. 1 Buchst. g MwStSystRL (Art. 13 Teil A Abs. 1 Buchst. g 6. EG-Richtlinie) berufen.

111 Hiervon abzugrenzen sind die **sozialpädiatrischen Zentren** nach § 119 Abs. 1 Satz 1 SGB V, die fachlich-medizinisch unter ständiger ärztlicher Leitung stehen. Als vom Zulassungsausschuss (§ 96 SGB V) ermächtigte Einrichtung nehmen sie an der vertragsärztlichen Versorgung nach § 95 SGB V teil.[2] Deren Leistungen sind nach § 4 Nr. 14 Buchst. b Satz 2 Doppelbuchst. bb UStG befreit.[3]

j) Einrichtungen für rechtliche Betreuungsleistungen (Nr. 16 Satz 1 Buchst. k)

112 Der **Umfang der begünstigten Leistungen** im Zusammenhang mit der rechtlichen Betreuung volljähriger Personen, die ihre Angelegenheiten auf Grund einer psychischen Krankheit oder einer körperlichen, geistigen oder seelischen Behinderung ganz oder teilweise nicht besorgen können, sowie die **Anerkennungsgrundsätze** sind in **Abschn. 4.16.5 Abs. 20 UStAE** vollständig dargestellt.

113 An den dortigen Grundsätzen bestehen keine Zweifel. Der Ausschluss der Leistungen, die – z.B. bei Rechtsanwälten – zum Gewerbe oder Beruf des Betreuers gehören, steht im Einklang mit der Rechtsprechung.[4]

k) Einrichtungen der Pflegeberatung (Nr. 16 Satz 1 Buchst. l)

113.1 Die **Pflegeberatung** soll umfassende Beratung und Hilfestellung gewährleisten bei der Auswahl sowie Inanspruchnahme von bundes- oder landesrechtlich vorgesehenen Sozialleistungen und sonstigen Hilfsangeboten für Menschen mit Pflege-, Versorgungs- und Betreuungsbedarf.[5] Der Anspruch der Versicherten auf Pflegeberatung besteht unmittelbar gegenüber der zuständigen Pflegekasse. Die Pflegeberatung durch die Pflegekassen selbst sowie durch Pflegestützpunkte nach § 7c SGB XI, die von den Kranken- und Pflegekassen auf Initiative eines Bundeslandes eingerichtet werden, gegenüber den Pflegeversicherten und deren Angehörigen ist damit nicht steuerbar.

113.2 Die Steuerbefreiung nach § 4 Nr. 16 Satz 1 Buchst. l UStG greift insofern für **Einrichtungen**, mit denen eine **Vereinbarung zur Pflegeberatung nach § 7a SGB XI** besteht. Dabei erfasst die Steuerbefreiung neben Pflegeberatungsleistungen im Auftrag der gesetzlichen Pflegekassen auch solche Pflegeberatungsleistungen, die auf Grund von Vereinbarungen mit der privaten Pflege-Pflichtversicherung nach § 7a Abs. 5 SGB XI erbracht werden sowie weitere, eng mit der Pflegeberatung verbundene Leistungen.[6]

1 Vgl. BT-Drucks. 18/9522, 251; *Nellissen* in jurisPK, § 46 SGB IX Rz. 58 (Stand: März 2020).
2 Vgl. *Köhler-Hohmann* in jurisPK, § 119 SGB V Rz. 5 (Stand: Juni 2020).
3 Abschn. 4.16.5 Abs. 19 UStAE; **a.A.** *Oelmaier* in Sölch/Ringleb, § 4 Nr. 16 UStG Rz. 94 (Stand: März 2021).
4 EuGH, Urt. v. 28.7.2016 – C-543/14, ECLI:EU:C:2016:605 – Ordre des bareaux francophones et germanophone u.a., Jimmy Tessens u.a., Orde van Vlaamse Balies, Ordre des avocats du barreau d'Arlon u.a., UR 2016, 634, Rz. 62 ff.; BFH, Urt. v. 17.7.2019 – V R 27/17, BStBl. II 2023, 591 = UR 2019, 820, Rz. 35; EuGH, Urt. v. 15.4.2021 – C-846/19, ECLI:EU:C:2021:277 – Administration de l'Enregistrement, des Domaines und de la TVA, EQ, MwStR 2021, 611. Gl.A. *Vobbe*, MwStR 2021, 619.
5 *Baierl* in jurisPK, § 7a SGB XI Rz. 49 (Stand: Juni 2023).
6 Abschn. 4.16.5 Abs. 20a UStAE.

l) Verfahrenspfleger (Nr. 16 Satz 1 Buchst. m)

Mit Urt. v. 25.11.2021[1] hat der **BFH** entschieden, dass **Verfahrenspfleger**, die im Vorfeld der Bestellung eines Betreuers (vgl. § 276 Abs. 1 FamFG) sowie vor Anordnung einer (geschlossenen) Unterbringung (vgl. § 317 FamFG) tätig werden, nach Art. 132 Abs. 1 Buchst. g MwStSystRL (Art. 13 Teil A Abs. 1 Buchst. g 6. EG-Richtlinie) **begünstigte Betreuungsleistungen** erbringen und insoweit eine unmittelbare Berufung auf das Unionsrecht möglich ist. Diese bleibt auch für zurückliegende Besteuerungszeiträume maßgebend. 113.3

Erst mit Wirkung **zum 1.4.2024** vollzieht der Gesetzgeber diese Rechtsprechung durch die Einfügung eines neuen § 4 Nr. 16 Satz 1 Buchst. m UStG nach (Rz. 26.3). Durch diese Vorschrift werden alle im Rahmen des Gesetzes über das Verfahren in Familiensachen und in den Angelegenheiten der freiwilligen Gerichtsbarkeit zur Unterstützung einer hilfsbedürftigen Person tätigen **Verfahrenspfleger als begünstigte Einrichtungen anerkannt** und damit ihre Leistungen im Zusammenhang mit dieser Tätigkeit befreit. Die Anerkennung folgt aus der **gerichtlichen Bestellung** nach § 276 FamFG (Betreuungssachen), §§ 297, 298 FamFG (Sterilisation, ärztliche Maßnahmen), § 317 FamFG (Unterbringungssachen) bzw. § 419 FamFG (Freiheitsentziehungssachen). 113.4

Zu den Erwägungen des Gesetzgebers, im Rahmen dieser Betreuungsleistungen die Anwendbarkeit der Steuerbefreiung an die **Entgeltbeschränkung** nach Art. 133 Abs. 1 Buchst. c MwStSystRL (Art. 13 Teil A Abs. 2 Buchst. a 3. Tiret 6. EG-Richtlinie) zu knüpfen, finden sich in der Gesetzesbegründung[2] keine Ausführungen. 113.5

Jedenfalls dürfte bei den **nach § 277 FamFG bestehenden Ansprüchen** von der Einhaltung der Entgeltbeschränkung auszugehen sein. Hierzu zählen der auf § 277 Abs. 1 Satz 1 FamFG beruhende Aufwendungsersatz ehrenamtlicher Verfahrenspfleger, die auf § 277 Abs. 2 FamFG beruhenden Ansprüche auf Vergütung und Aufwendungsersatz berufsmäßiger Verfahrenspfleger sowie eine vom Gericht dem berufsmäßigen Verfahrenspfleger alternativ nach § 277 FamFG zugebilligte Pauschale.

Die Festlegung der **Unentgeltlichkeit** der Verfahrenspflegschaft in § 277 Abs. 1 Satz 1 FamFG sowie die in § 277 Abs. 2 Satz 1 FamFG geregelte Feststellung der **Berufsmäßigkeit** nach den Grundsätzen des Vormünder- und Betreuungsgesetzes haben dabei keine Auswirkungen auf die Frage, ob die Tätigkeit nach umsatzsteuerrechtlichen Maßstäben entgeltlich und damit unternehmerisch ausgeübt wird. Insbesondere ist auch ein reiner Aufwendungsersatz grundsätzlich Entgelt (§ 1 Rz. 82).

Die Leistungen von **Verfahrensbeiständen** fallen in den Anwendungsbereich des § 4 Nr. 25 Satz 3 Buchst. d UStG (§ 4 Nr. 25 Rz. 41 ff.).[3] 113.6

m) Anerkennung aufgrund der Leistungsvergütung (Nr. 16 Satz 1 Buchst. n)

aa) Allgemeines

Der Gesetzgeber hat mit § 4 Nr. 16 Satz 1 Buchst. n UStG einen ausdrücklich als solchen bezeichneten **„Auffangtatbestand“** geschaffen, der bei Einrichtungen, die nicht unter § 4 Nr. 16 Satz 1 Buchst. a–m UStG fallen, zur Anwendung kommt.[4] Die Anerkennungsvorschrift erfordert keine bestimmte vertragliche Vereinbarung nach dem Sozialrecht, sondern stellt darauf ab, dass bei der betreffenden Einrichtung für die Betreuungs- oder Pflegkosten bzw. für damit eng verbundene Leistungen in einem Umfang von mindestens 25 % (sog. **Sozialquote**) eine **Vergütung durch die Sozialkassen** erfolgt.[5] 114

Die Regelung ist an den bis 2008 geltenden § 4 Nr. 16 Buchst. c UStG a.F. angelehnt.[6] Bereits hierzu hatte die Rechtsprechung entschieden, dass die Anerkennung mittels einer **„Sozialquote“ im Grundsatz weder verfassungsrechtlich noch gemeinschaftsrechtlich zu beanstanden** ist.[7] Dies hat der BFH 115

1 BFH, Urt. v. 25.11.2021 – V R 34/19, BFHE 275, 283 = UR 2022, 347.
2 Vgl. BT-Drucks. 20/8628, 202.
3 Vgl. Abschn. 4.25.2 Abs. 9 UStAE.
4 BT-Drucks. 16/11108, 37 f.
5 Abschn. 4.16.3 Abs. 1 f. UStAE.
6 BT-Drucks. 16/11108, 38.
7 EuGH, Urt. v. 8.6.2006 – C-106/05, ECLI:EU:C:2006:380 – L.u.P. GmbH, UR 2006, 464, Rz. 54; BFH, Urt. v. 24.1.2008 – V R 54/06, BStBl. II 2008, 643 = UR 2008, 385, Rz. 27 und 50.

für das ab 2009 geltende Recht bislang ausdrücklich bestätigt.[1] Im Urt. v. 17.11.2022[2] hat der BFH hieran jedoch nunmehr Zweifel geäußert, die sich auch auf das aktuelle Recht auswirken könnten.

bb) Maßgebender Vergütungszeitraum für die Ermittlung der „Sozialquote"

116 Das **Gesetz trifft keine konkrete Aussage** zum maßgebenden Vergütungszeitraum, der für die Ermittlung der „Sozialquote" heranzuziehen ist, weshalb die Regelung auslegungsbedürftig ist. Die hierzu von der Verwaltung festgelegten Grundsätze ergeben sich aus **Abschn. 4.16.3 Abs. 3 UStAE** und entsprechen den ursprünglichen Aussagen in der Gesetzesbegründung[3].

In den wohl meisten Fällen kann danach auf die **Verhältnisse des vorangegangenen Jahres** abgestellt werden, d.h. die 25 %-Grenze gilt auch für das laufende Kalenderjahr als erfüllt, wenn diese im vorangegangenen Kalenderjahr erfüllt wurde.[4] Dies schafft für die Unternehmen Rechtssicherheit. In dieser begünstigenden Verwaltungsregelung liegt kein Verstoß gegen die BFH-Rechtsprechung, die zu der bis 2020 geltenden Gesetzesfassung entschieden hatte, dass ein ausschließliches Abstellen auf die Verhältnisse des vorangegangenen Kalenderjahres nicht mit Unionsrecht vereinbar ist.[5]

Denn daneben kann der Unternehmer durch eine **Prognose zu Beginn des laufenden Kalenderjahres** darlegen, dass er die 25 %-Grenze erfüllen wird oder nicht. Maßgebend für diese Beurteilung sind dabei die Verhältnisse zu Beginn des Kalenderjahres, unabhängig davon, wie sich die Umsätze des Unternehmers später entwickeln.

Gleiches gilt bei **Aufnahme der Tätigkeit** im Laufe eines Kalenderjahres mit der Maßgabe, dass die Prognose nach den Verhältnissen erfolgt, die bei Aufnahme der jeweiligen Betreuungs- oder Pflegetätigkeit bestehen.[6] Allerdings muss – entsprechend zu § 19 UStG (§ 19 Rz. 12) – auch hier gelten, dass die Prognose objektiv und sachgerecht war.

117 Hat der Unternehmer die **25 %-Grenze bislang nicht erfüllt** und schließt er nunmehr eine Vereinbarung mit einem Sozialträger ab, die dazu führt, dass er regelmäßig die 25 %-Grenze erfüllen wird, soll der Tatbestand der Steuerbefreiung nach Abschn. 4.16.3 Abs. 3 Satz 3 UStAE nur **ex nunc** und damit ggf. auch **unterjährig** erfüllt sein. Da die 25 %-Grenze kein auf den einzelnen Umsatz bezogenes Tatbestandsmerkmal ist, erscheint dies vor dem Hintergrund des Kalenderjahres als Besteuerungszeitraum (§ 16 Rz. 18) fraglich. Allerdings schützt diese Auslegung den Unternehmer vor den mitunter negativen Folgen des § 14c UStG bei rückwirkender Steuerfreiheit seiner Umsätze, verbunden mit dem Verlust des Vorsteuerabzugs.

cc) Betreuungs- oder Pflegekosten in mindestens 25 % der Fälle ganz oder zum überwiegenden Teil vergütet

118 Für eine Anerkennung als Einrichtung mit sozialem Charakter ist erforderlich, dass in mindestens **25 % der Fälle** die Betreuungs- und Pflegekosten von den einschlägigen Sozialleistungsträgern **ganz oder zum überwiegenden Teil vergütet** werden.[7] Mit der geringen „Sozialquote" von 25 % wird der Tatsache Rechnung getragen, dass nur die Zahlungen der Sozialleistungsträger (Rz. 123 ff.) zur Erfüllung der „Sozialquote" und damit zu einer Anerkennung führen können, nicht jedoch z.B. Zahlungen der privaten Krankenversicherung, der staatlichen Beihilfe oder aus Eigenmitteln wie dem Persönlichen Budget (§ 29 SGB IX) (Rz. 129).[8]

1 BFH, Urt. v. 13.6.2018 – XI R 20/16, BStBl. II 2023, 786 = UR 2018, 834, Rz. 48 ff. m.w.N.
2 BFH, Urt. v. 17.11.2022 – V R 23/20, UR 2023, 226 m. Anm. *Wüst*, Rz. 34.
3 Vgl. BT-Drucks. 19/22850, 119.
4 Abschn. 4.16.3 Abs. 3 Satz 4 UStAE.
5 BFH, Urt. v. 28.6.2017 – XI R 23/14, BFHE 258, 517 = UR 2017, 921, Rz. 43; BFH, Urt. v. 13.6.2018 – XI R 20/16, BStBl. II 2023, 786 = UR 2018, 834, Rz. 51 m.w.N.
6 Abschn. 4.16.3 Abs. 3 Satz 1 u. 2 UStAE.
7 Für Beispiele zur Berechnung der Fallkosten vgl. *Hölzer* in Rau/Dürrwächter, § 4 Nr. 16 UStG Rz. 532 (Stand: Oktober 2015) und *Sterzinger* in Birkenfeld/Wäger, Umsatzsteuer-Handbuch, Abschn. II Kap. 4 E – § 4 Nr. 16 UStG Rz. 230 ff. (Stand Juni 2023).
8 Abschn. 4.16.3 Abs. 2 und Abs. 4 Satz 3 UStAE; *Wagner* in Schwarz/Widmann/Radeisen, § 4 Nr. 16 UStG Rz. 102 (Stand: Juli 2022).

Hinsichtlich der Ermittlung der **Anzahl der Fälle** bei der Bestimmung der 25 %-Grenze ist grundsätzlich von der Anzahl der hilfsbedürftigen Personen im Laufe eines Kalendermonats auszugehen; detaillierte Grundsätze zur Auslegung des Begriffs „Fälle" enthält **Abschn. 4.16.3 Abs. 3b UStAE.** 119

Von einer **ganz oder überwiegenden Vergütung** ist auszugehen, wenn die Sozialleistungsträger (Rz. 123 ff.) alleine oder gemeinsam die Kosten des Falles zu **mehr als 50 %** übernehmen.[1] 120

Der **Zeitpunkt der tatsächlichen Kostenerstattung** ist für eine Anerkennung der Einrichtung im Zeitpunkt der Leistungserbringung nicht maßgeblich.[2] 121

Sofern von einem Unternehmer verschiedene Betreuungs- und Pflegeleistungen erbracht werden, ist diese Voraussetzung aufgrund des § 4 Nr. 16 Satz 2 UStG **bezogen auf jede Art von Betreuungs- und Pflegeleistung** gesondert zu prüfen.[3] 122

dd) Kostenträger

Die **gesetzlichen Träger der Sozialversicherung**[4] sind die gesetzlichen Krankenkassen, gesetzlichen Pflegekassen, Berufsgenossenschaften, die Rentenversicherungsanstalten und die Bundesknappschaft sowie die BA bzw. Agenturen für Arbeit. 123

Örtliche **Träger der Sozialhilfe** sind nach § 3 Abs. 2 SGB XII die kreisfreien Städte und die Kreise, soweit nicht nach Landesrecht etwas anderes bestimmt ist. 124

Die **Träger der Eingliederungshilfe** werden nach § 94 SGB IX durch die Länder im Rahmen von Ausführungsgesetzen bestimmt.[5] 125

Bei den **zur Durchführung des SGB XIV zuständigen Stellen** handelt es sich um die jeweils sachlich und örtlich zuständigen Verwaltungsbehörden, die von den Ländern als Träger für das ab 1.1.2024 geltende Soziale Entschädigungsrecht durch Landesrecht festgelegt werden (§ 4 Nr. 15 Rz. 21 f.). 126

ee) Anforderung an die Vergütung

Der § 4 Nr. 16 Satz 1 Buchst. n UStG stellt darauf ab, dass die Betreuungs- und Pflegekosten durch die Sozialleistungsträger (Rz. 123 ff.) „vergütet" werden. Die Verwaltung folgt – entgegen ihrer ursprünglich vertretenen Auffassung – mittlerweile der gefestigten Rechtsprechung des BFH[6], dass es hierbei **nicht ausschließlich** auf eine **unmittelbare Kostenerstattung** im Verhältnis vom Leistungserbringer zum jeweiligen Kostenträger ankommt, sondern für eine Anerkennung der Einrichtung auch eine **mittelbare (durchgeleitete) Kostentragung ausreichend** sein kann.[7] 127

Dies erweitert die Möglichkeiten der Steuerbefreiung für Leistungen von **Subunternehmern**, die nicht selbst in einer unmittelbaren Leistungsbeziehung zu den Sozialleistungsträgern stehen.[8] Deren Anerkennung kann sich nämlich nicht alleine daraus ergeben, dass sie als Subunternehmer gegenüber einer anerkannten Einrichtung tätig sind.[9] Auch die bloße Möglichkeit, Verträge über Betreuungs- und Pflegeleistungen mit den begünstigten Kostenträgern abschließen zu können, genügt nicht für eine Anerkennung als Einrichtung mit sozialem Charakter.[10] 128

---

1 Abschn. 4.16.3 Abs. 4 Satz 1 UStAE.
2 Abschn. 4.16.3 Abs. 4 Satz 2 UStAE.
3 Abschn. 4.16.3 Abs. 3b Satz 6 UStAE.
4 Vgl. Abschn. 4.16.3 Abs. 1a UStAE.
5 Siehe hierzu den Link: https://umsetzungsbegleitung-bthg.de/gesetz/umsetzung-laender/.
6 BFH, Urt. v. 6.4.2016 – V R 55/14, BFHE 253, 466 = UR 2016, 589; BFH, Urt. v. 13.6.2018 – XI R 20/16, BStBl. II 2023, 786 = UR 2018, 834; BFH, Urt. v. 24.2.2021 – XI R 30/20 (XI R 11/17), BStBl. II 2023, 792 = UR 2021, 639.
7 Abschn. 4.16.3 Abs. 3a Satz 1 UStAE.
8 Vgl. hierzu *Herbert*, MwStR 2018, 1018; *Schlegel*, MwStR 2018, 1005.
9 BFH, Urt. v. 8.11.2007 – V R 2/06, BStBl. II 2008, 634 = UR 2008, 229 m. Anm. *Hölzer*; EuGH, Urt. v. 8.10.2020 – C-657/19, ECLI:EU:C:2020:811 – Finanzamt D, UR 2020, 871 m. Anm. *Wüst*, Rz. 50.
10 Abschn. 4.16.3 Abs. 3a Satz 3 UStAE.

128.1 Voraussetzung für die **Anerkennung durch eine mittelbare Vergütung** ist, dass der zuständige Kostenträger die von einem Subunternehmer erbrachten Leistungen kennt und die Kosten hierfür, wenn auch mittelbar, tragen will.[1] Hierzu müssen dem Kostenträger Informationen zu der nur mittelbar beauftragten Person vorliegen,[2] sei es, dass in einem Kostenvorschlag der Subunternehmer genannt und auf dieser Grundlage der Auftrag durch den Kostenträger erteilt wird, oder dass patientenbezogene Leistungsabrechnungen vom Subunternehmer an den Leistungserbringer und vom Leistungserbringer an den zuständigen Träger erfolgen.[3] Vergütet der Kostenträger dagegen nicht konkret die Leistungen des Subunternehmers, sondern lediglich Leistungen des Leistungserbringers (pauschale Übernahme der Kosten des Hauptunternehmers), werden die Leistungen des Subunternehmers gerade nicht, wie es auch § 4 Nr. 16 Satz 1 Buchst. n UStG verlangt, von einem der dort bezeichneten Träger vergütet.[4]

129 Demgegenüber trägt eine **Vergütung** der Betreuungs- oder Pflegeleistungen **aus eigenen finanziellen Mitteln** der zu betreuenden bzw. zu pflegenden Person – auch wenn diese aus Zahlungen der Sozialkassen stammen, wie z.B. Renten oder Gelder des **Persönlichen Budgets** (§ 29 SGB IX) – nicht zur Erfüllung der Sozialgrenze (Rz. 118 ff.) bei. Insoweit liegt keine Vergütung durch einen der in § 4 Nr. 16 Satz 1 Buchst. n UStG genannten Kostenträger vor.[5] Zwischenzeitlich haben sich das Niedersächsische FG[6], das Hessische FG[7] sowie das FG Düsseldorf[8] in jeweils einer Entscheidung dieser Verwaltungsauffassung angeschlossen; gegen die beiden letztgenannten Urteile ist allerdings Revision anhängig.[9]

130 Infolge des BFH-Urteils vom 24.2.2021[10] ist nach dem ab 2009 geltenden Recht eine bloße **Übernehmbarkeit der Kosten** durch die Sozialversicherungsträger für eine Anerkennung **nicht ausreichend**. Anders hatte es der BFH für die bis 2008 geltende Rechtslage entschieden.[11]

131 Nach dem BFH-Urteil vom 3.8.2017[12] soll darüber hinaus als **Nachweis einer Vergütung** der Betreuungs- oder Pflegekosten durch die in § 4 Nr. 16 Buchst. n UStG genannten Kostenträger ausreichend sein, dass die Leistungsempfänger **aufgrund der Zuerkennung einer Pflegestufe**[13] **nach § 15 SGB XI** zum Bezug von Pflegesachleistungen nach §§ 36 ff. SGB XI berechtigt sind; in diesem Fall könne eine entsprechende Kostentragung unterstellt werden.[14] Der BFH begründet dies u.a. mit einer praktikablen Anwendung der Befreiungsvorschrift.[15] Im Hinblick auf die in § 4 Nr. 16 Buchst. n UStG genannten Kostenträger gilt dieser Grundsatz m.E. aber nur, wenn der Pflegegrad von einer **gesetzlichen Pflegekasse** und nicht von einem privaten Versicherungsunternehmen[16] anerkannt wurde, da auch tatsächliche Vergütungen privater Versicherungsunternehmen nicht zu einer Anerkennung im Sinne der Vorschrift führen.

---

1 Abschn. 4.16.3 Abs. 3a Satz 2 UStAE.
2 *Wäger*, UR 2019, 45 (54).
3 BFH, Urt. v. 13.6.2018 – XI R 20/16, BStBl. II 2023, 786 = UR 2018, 834, Rz. 67; vgl. auch *Herbert*, MwStR 2017, 468 (469).
4 BFH, Urt. v. 13.6.2018 – XI R 20/16, BStBl. II 2023, 786 = UR 2018, 834, Rz. 68; BFH, Urt. v. 24.2.2021 – XI R 30/20 (XI R 11/17), BStBl. II 2023, 792 = UR 2021, 639, Rz. 39.
5 Abschn. 4.16.3 Abs. 2 u. Abs. 3a Satz 5 UStAE.
6 Niedersächsisches FG, Urt. v. 25.3.2021 – 11 K 252/20, juris (rkr.).
7 Hess. FG, Urt. v. 20.10.2021 – 1 K 736/19, EFG 2022, 365 (Rev. BFH V R 1/22).
8 FG Düsseldorf, Urt. v. 14.12.2022 – 5 K 2911/18 U, EFG 2023, 1170 (Rev. BFH XI R 1/23).
9 Vgl. zu dieser Rechtsprechung *Schlegel*, DStR 2023, 923.
10 BFH, Urt. v. 24.2.2021 – XI R 30/20 (XI R 11/17), BStBl. II 2023, 792 = UR 2021, 639, Rz. 39 ff.
11 Vgl. BFH, Urt. v. 22.4.2004 – V R 1/98, BStBl. II 2004, 849 = UR 2004, 475, Rz. 66; BFH, Urt. v. 8.6.2011 – XI R 22/09, BFHE 234, 448 = UR 2011, 821.
12 BFH, Urt. v. 3.8.2017 – V R 52/16, BFHE 259, 160 = UR 2018, 22; vgl. hierzu *Tausch*, UVR 2018, 35.
13 Das Urteil betrifft die Rechtslage der Jahre 2009 und 2010. Ab 2017 regelt § 15 SGB XI die Pflegegrade.
14 BFH, Urt. v. 3.8.2017 – V R 52/16, BFHE 259, 160 = UR 2018, 22, Rz. 21.
15 BFH, Urt. v. 3.8.2017 – V R 52/16, BFHE 259, 160 = UR 2018, 22, Rz. 19.
16 Vgl. § 23 Abs. 6 SGB XI.

C. Ausschluss von Leistungen außerhalb der jeweiligen Anerkennung (Nr. 16 Satz 2)

Nach § 4 Nr. 16 Satz 2 UStG beschränkt sich die Steuerbefreiung für Betreuungs- und Pflegeleistungen bei Einrichtungen nach § 4 Nr. 16 Satz 1 Buchst. b-n UStG auf die **Art von Leistungen**, auf die sich deren Anerkennung, Vertrag oder Vereinbarung nach Sozialrecht bzw. die Vergütung jeweils bezieht.[1] Dies dient dem **Ausschluss einrichtungsfremder Leistungen** von der Steuerbefreiung.[2] Unter dem von der Rechtsprechung den Mitgliedstaaten zugebilligten Ermessen bei der Anerkennung von Einrichtungen mit sozialem Charakter (Rz. 69 f.) und der Sicherung einer ausreichenden Qualität der Betreuungs- und Pflegeleistungen[3] ist diese Einschränkung als **gemeinschaftsrechtskonform** anzusehen.[4] 132

Keine Einschränkung ergibt sich dadurch hinsichtlich des Umfangs der unter die jeweilige Anerkennung fallenden Leistungen.[5] Diese sind sowohl im Bereich der gesetzlichen Sozialversicherungen steuerfrei als auch bei Vorliegen eines privaten Versicherungsschutzes.[6] Auch die Erbringungen von Leistungen, die über den Leistungskatalog der gesetzlichen Kranken- oder Pflegeversicherung hinausgehen (z.B. tägliche Hilfe beim Baden anstatt nur einmal wöchentlich), werden nicht von der Steuerbefreiung ausgeschlossen.[7] 133

§ 4 Nr. 17 [Menschliche Organe; Krankentransporte]

Von den unter § 1 Abs. 1 Nr. 1 fallenden Umsätzen sind steuerfrei:

…

17. a) die Lieferungen von menschlichen Organen, menschlichem Blut und Frauenmilch,

b) die Beförderungen von kranken und verletzten Personen mit Fahrzeugen, die hierfür besonders eingerichtet sind;

…

Schrifttum: *Brete/Thomsen*, Umsatzsteuerliche Behandlung von Organlieferungen, UR 2009, 781; *Ehrlich*, Umsatzsteuerliche Behandlung von Blutplasmalieferungen zur industriellen Weiterverarbeitung, MwStR 2015, 890; *Herbert*, Vorsteuerabzug aus Blutplasmalieferungen in das übrige Gemeinschaftsgebiet – Konkurrenz zweier Umsatzsteuerbefreiungen – Selbstbindung der Verwaltung an ermessenslenkende Verwaltungsvorschriften, MwStR 2013, 58; *Hölzer*, Keine Steuerbefreiung für die Beförderung von Organen und dem menschlichen Körper entnommenen

1 Vgl. Abschn. 4.16.1 Abs. 8 UStAE mit Beispielen.
2 BT-Drucks. 16/11108, 38.
3 Zu Qualifikationsnachweisen für den Abschluss von Versorgungsverträgen vgl. *Wagner* in Schwarz/Widmann/Radeisen § 4 Nr. 16 UStG Rz. 43 (Stand: Juli 2022).
4 Gl.A. *Oelmaier* in Sölch/Ringleb, § 4 Nr. 16 UStG Rz. 24 (Stand: März 2021). Vgl. BFH, Beschl. v. 9.12.2020 – XI B 22/20, BFH/NV 2021, 661.
5 Abschn. 4.16.1 Abs. 9 Satz 1 UStAE.
6 Abschn. 4.16.1 Abs. 8 Satz 1 UStAE.
7 Abschn. 4.16.1 Abs. 9 Satz 2 UStAE.

Substanzen, UR 2010, 624; *Müller-Gatermann/Dennisen*, Ist die Lieferung von Blutplasma von der Umsatzsteuer befreit?, UR 2016, 573; *Stuhr/Walz*, Krankentransportleistungen und dafür erforderliche Vorhaltemaßnahmen, UR 2011, 525.

A. Grundaussagen

I. Regelungsgegenstand und Bedeutung

1 § 4 Nr. 17 UStG gehört zu den Steuerbefreiungen im Bereich der dem Gemeinwohl dienenden Tätigkeiten und beinhaltet zwei eigenständige Befreiungstatbestände. Nach § 4 Nr. 17 Buchst. a UStG wird die Lieferung von menschlichen Organen, menschlichem Blut und von Frauenmilch befreit, während § 4 Nr. 17 Buchst. b UStG eine Befreiung für Krankenbeförderungsleistungen mit hierfür besonders eingerichteten Fahrzeugen enthält.

2 Die Befreiung dient der **Gleichstellung des privaten Krankentransportgewerbes mit der öffentlichen Hand**, den **Krankenhäusern** und den **Wohlfahrtsverbänden.**[1] Die spezielle Befreiung für Wohlfahrtsverbände ist durch die Neufassung des § 4 Nr. 18 UStG allerdings entfallen (§ 4 Nr. 18 Rz. 1), sodass das gesetzgeberische Ziel sich in diesem Punkt erledigt hat.

II. Unionsrechtliche Grundlagen

3 § 4 Nr. 17 Buchst. a UStG (Lieferungen von Organen, Blut und Frauenmilch) beruht auf Art. 132 Abs. 1 Buchst. d MwStSystRL, der wortgleich übernommen wurde. § 4 Nr. 17 Buchst. b UStG beruht auf Art. 132 Abs. 1 Buchst. p MwStSystRL. Anders als die unionsrechtliche Vorgabe, die für „anerkannte Einrichtungen" gilt, sieht § 4 Nr. 17 Buchst. b UStG keine derartige Einschränkung vor und ist damit vom **Wortlaut** her **weiter als** das **Unionsrecht.**[2] Diese Diskrepanz wirkt sich jedoch nicht zum Nachteil des Unternehmers aus, der sich auf die nationale Norm berufen kann. Eine unmittelbare Anwendung der Richtlinienvorgaben zu Lasten des Steuerpflichtigen gegen dessen Willen wäre unzulässig und einer unionsrechtskonformen Auslegung steht der klare Wortlaut der nationalen Regelung entgegen.[3] Im Einzelfall interessant kann es für Unternehmer hingegen sein, sich auf Unionsrecht zu berufen, um aus dem Anwendungsbereich der Befreiung herauszufallen und damit ein Recht zum Vorsteuerabzug herzustellen.

III. Verhältnis zu anderen Vorschriften und Rechtsentwicklung

4 § 4 Nr. 17 UStG wird flankiert von § 5 Abs. 1 Nr. 1 UStG (§ 5 Rz. 26 ff.) und § 4b Nr. 1 UStG (§ 4b Rz. 16 ff.), die die Einfuhr und innergemeinschaftliche Erwerbe von menschlichen Organen, menschlichem Blut und Frauenmilch befreien.

5 Bei § 4 Nr. 17 UStG handelt es sich um eine sog. **„unechte" Steuerbefreiung**, die nach § 15 Abs. 2 UStG den Vorsteuerabzug ausschließt. Ein Verzicht auf die Befreiung nach § 9 UStG ist nicht möglich. Der Anwendungsbereich von § 4 Nr. 17 UStG kann sich allerdings mit anderen den Vorsteuerabzug nicht ausschließenden Befreiungen oder solchen Befreiungen, auf die der Unternehmer verzichten kann, überschneiden (z.B. Lieferungen in andere Mitgliedstaaten, die die Voraussetzungen einer steuerfreien innergemeinschaftlichen Lieferung nach § 4 Nr. 1 Buchst. a und § 6a UStG erfüllen). Die FinVerw. geht – abgeleitet von der EuGH Rechtsprechung in Sachen ***Eurodental***[4] – davon aus, dass bei

1 Vgl. BT-Drucks. 8/1779, 34; *Ehrt* in Weymüller BeckOK, § 4 Nr. 17 UStG Rz. 3 (Stand: Januar 2024); *Hummel* in Rau/Dürrwächter, § 4 Nr. 17 UStG Rz. 2 (Stand: Mai 2018).

2 *Ehrt* in Weymüller BeckOK, § 4 Nr. 17 UStG Rz. 10 (Stand: Januar 2024); *Oelmaier* in Sölch/Ringleb, § 4 Nr. 17 UStG Rz. 5 (Stand: März 2023); *Sterzinger* in Birkenfeld/Wäger, Umsatzsteuer-Handbuch, Abschn. II Kap. 5 A. – § 4 Nr. 17 Buchst. a UStG Rz. 19 (Stand: Juli 2019); **a.A.** *Hummel* in Rau/Dürrwächter, § 4 Nr. 17 UStG Rz. 66 f. (Stand: Mai 2018), der von einer „konkludenten Anerkennung" ausgeht.

3 Vgl. *Hummel* in Rau/Dürrwächter, § 4 Nr. 17 UStG Rz. 68 f. (Stand: Mai 2018).

4 EuGH, Urt. v. 7.12.2006 – C-240/05, ECLI:EU:C:2006:763 – Eurodental, UR 2007, 98.

Überschneidungen mit innergemeinschaftlichen Lieferungen oder Ausfuhrlieferungen § 4 Nr. 17 UStG vorgeht.[1] Dies hat – da ein Verzicht auf die § 4 Nr. 17 UStG-Befreiung gemäß § 9 UStG nicht möglich ist – zur Konsequenz, dass der Vorsteuerabzug nach § 15 Abs. 2 UStG weiterhin ausgeschlossen bleibt.[2] Für das Konkurrenzverhältnis zu innergemeinschaftlichen Lieferungen hat der BFH den Vorrang von § 4 Nr. 17 UStG bestätigt, jedoch offen gelassen, ob dies auch auf Ausfuhrlieferungen übertragbar ist.[3]

Ein in der Praxis wichtiger Zusammenhang besteht ferner zwischen § 4 Nr. 17 Buchst. b UStG und der Befreiung der **Umsätze für die Luftfahrt** nach § 4 Nr. 2 i.V.m. § 8 Abs. 2 UStG. Dies betrifft insbesondere Luftverkehrsunternehmer i.S.d. § 8 Abs. 2 Nr. 1 UStG, die auch Rettungsflüge durchführen. Soweit die unter § 4 Nr. 17 Buchst. b UStG fallenden **Rettungsflüge** im Vergleich zu den Personenbeförderungen im internationalen Luftverkehr **nur** einen **unbedeutenden Umfang** haben, wird die (echte) Umsatzsteuerbefreiung nach § 4 Nr. 2 i.V.m. § 8 Abs. 2 UStG nicht beeinträchtigt (§ 8 Abs. 2 Nr. 1 UStG).[4] Nach Auffassung der FinVerw. ist hierfür maßgeblich, ob der Vorjahresumsatz mit Rettungsflügen i.S.d. § 4 Nr. 17 Buchst. b UStG nicht mehr als 1 % der im gleichen Zeitraum ausgeführten Personenbeförderungen oder die Anzahl der Flüge nicht mehr als 1 % der Gesamtanzahl der ausgeführten Flüge im Personenverkehr betrug.[5] 6

B. Lieferungen von menschlichen Organen, menschlichem Blut und Frauenmilch (Nr. 17 Buchst. a)

I. Lieferungen

§ 4 Nr. 17 Buchst. a UStG ist auf Lieferungen[6] bestimmter Objekte beschränkt. Nicht unter die Befreiung fallen daher sonstige Leistungen. Den Lieferungen gleichgestellte unentgeltliche Wertabgaben (§ 3 Abs. 1b UStG) sind jedoch ebenfalls befreit, soweit es sich um die in § 4 Nr. 17 Buchst. a UStG aufgezählten Objekte handelt. Mit befreit sind unselbständige Nebenleistungen. In diesem Zusammenhang spielt daher in der Praxis die Abgrenzung zwischen einer einheitlichen Lieferungsleistung, sowie selbstständigen und unselbständigen Nebenleistungen eine erhebliche Rolle (§ 3 Rz. 533 ff.).[7] Die **reine Beförderung** der genannten Gegenstände ist daher **nicht befreit**.[8] 7

II. Menschliche Organe

Der Begriff der menschlichen Organe ist **umsatzsteuerlich nicht definiert**. Im Sinne der Rechtsklarheit und nach dem Sinn und Zweck der Befreiung dürfte es sich anbieten, auf die Definition des Transplantationsgesetzes (TPG) zurückzugreifen,[9] wonach der Begriff des Organs, mit Ausnahme der Haut, alle aus verschiedenen Geweben bestehenden, **differenzierten Teile des menschlichen Körpers** umfasst, die in Bezug auf Struktur, Blutgefäßversorgung und Fähigkeit zum Vollzug physiologischer Funktionen eine **funktionale Einheit** bilden, einschließlich der Organteile und einzelnen Gewebe eines Organs, die unter Aufrechterhaltung der Anforderungen an Struktur und Blutgefäßversorgung 8

1 Vgl. Abschn. 4.17.1 Abs. 4 UStAE.
2 Zur Kritik an dieser Rechtsprechung vgl. insbesondere *Hummel* in Rau/Dürrwächter, § 4 Nr. 17 UStG Rz. 68 f. (Stand: Mai 2018).
3 BFH, Urt. v. 22.8.2013 – V R 30/12, BStBl. II 2014, 133 = UR 2013, 915; siehe auch *Herbert*, MwStR 2013, 58.
4 Siehe hierzu auch: *Sterzinger* in Birkenfeld/Wäger, Umsatzsteuer-Handbuch, Abschn. II Kap. 5 A. – § 4 Nr. 17 Buchst. a UStG Rz. 16 ff. (Stand: Juli 2019).
5 Vgl. Abschn. 8.2 Abs. 2 Satz 2 UStAE; *Wiesch* in Offerhaus/Söhn/Lange, § 4 Nr. 17 UStG Rz. 7 (Stand: Dezember 2022); *Sterzinger* in Birkenfeld/Wäger, Umsatzsteuer-Handbuch, Abschn. II Kap. 5 A. – § 4 Nr. 17 Buchst. a UStG Rz. 14 (Stand: Juli 2019).
6 Kritisch zum Lieferungsbegriff im Zusammenhang mit Organen: *Brete/Thomsen*, UR 2009, 781.
7 Vgl. hierzu insbesondere *Hummel* in Rau/Dürrwächter, § 4 Nr. 17 UStG Rz. 91 ff. (Stand: Mai 2018).
8 Vgl. zur Beförderung von Organen: EuGH, Urt. v. 3.6.2010 – C-237/09, ECLI:EU:C:2010:316 – De Fruytier, UR 2010, 624 m. Anm. *Hölzer*.
9 So *Ehrt* in Weymüller, BeckOK, § 4 Nr. 17 UStG Rz. 21 (Stand: Januar 2024).

zum gleichen Zweck wie das ganze Organ im menschlichen Körper verwendet werden können, mit Ausnahme solcher Gewebe, die zur Herstellung von Arzneimitteln für neuartige Therapien i.S.d. § 4 Abs. 9 des Arzneimittelgesetzes bestimmt sind.[1]

9 Unter die Befreiung fallen demnach sämtliche Organe des menschlichen Körpers **unabhängig von ihrem Zustand** (z.B. Leber, Herz, Lunge, Niere).[2] **Auch** die Lieferung von lediglich **Teilen menschlicher Organe** oder **Organgewebe** kann befreit sein, jedoch **keine künstlichen Geräte/Organe**, die Organfunktionen übernehmen und ggf. implantiert werden (z.B. künstliche Herzschrittmacher).[3] Ferner sind von einem anderen Menschen stammende (sog. allogene) **Knochen keine Organe.**[4]

10 Die Organe müssen **menschlich** sein. Tierische Organe oder Organteile sind vom Wortlaut her auch dann nicht befreit, wenn sie zur Transplantation in einen Menschen vorgesehen sind (z.B. **Schweineherzklappen**).[5]

11 Die **Beförderung menschlicher Organe** ist nicht von der Befreiung umfasst.[6]

III. Menschliches Blut

12 Auch der Begriff des menschlichen Bluts ist umsatzsteuerlich nicht definiert. Nach der Rechtsprechung des EuGH zu Art. 132 Abs. 1 Buchst. d MwStSystRL handelt es sich hierbei um „einen Bestandteil des menschlichen Körpers […], der aus mehreren nicht autonomen, aneinander ergänzenden Bestandteilen besteht, deren synergistisches Zusammenwirken es ermöglicht, sämtliche Organe und Gewebe zu durchbluten".[7] Dies umfasst sowohl sog. „Vollblut",als auch Blutbestandteile (z.B. Blutzellen oder Blutplasma).[8]

13 Für die Befreiung **muss** nach der Auslegung des EuGH die Lieferung des Bluts **unmittelbar mit Gesundheitsleistungen zusammenhängen oder** einen **therapeutischen Zweck** haben. **Nicht befreit** ist daher auch die **Lieferung** von aus menschlichem Blut gewonnenem Plasma, das dafür bestimmt ist, in einem industriellen Prozess **zur Herstellung von Arzneimitteln** verwendet zu werden.[9] Nach der Finanzverwaltungsauffassung sind auch Blutplasmapräparate (Faktoren-Präparate, Humanalbumin, Fibrinogen, Immunglobuline) nicht befreit.[10]

IV. Frauenmilch

14 Der Begriff der Frauenmilch (umgangssprachlich auch „Muttermilch") umfasst die nach der Entbindung gebildete Nährflüssigkeit für den Säugling.[11] Für die Befreiung der Lieferungen von Frauenmilch ist es **unerheblich, ob** sie **bearbeitet** wurde (z.B. gereinigt, erhitzt, tiefgekühlt oder getrocknet).[12]

1 Vgl. § 1a Nr. 1 TPG, in der Fassung zuletzt geändert mit Wirkung v. 23.7.2009 durch Gesetz v. 17.7.2009 (BGBl. I 2009, 1990) und mit Wirkung v. 1.8.2012 durch Gesetz v. 21.7.2012 (BGBl. I 2012, 1601).

2 *Ehrt* in Weymüller, BeckOK, § 4 Nr. 17 UStG Rz. 22 (Stand: Januar 2024); *Prätzler* in Küffner/Zugmaier, § 4 Nr. 17 UStG Rz. 7 (Stand: August 2023).

3 *Huschens* in Schwarz/Widmann/Radeisen, § 4 Nr. 17 UStG Rz. 24 f. (Stand: September 2022); *Prätzler* in Küffner/Zugmaier, § 4 Nr. 17 UStG Rz. 7 f. (Stand: August 2023).

4 Abschn. 17.1 Abs. 2 Satz 3 UStAE.

5 So auch *Ehrt* in Weymüller BeckOK, § 4 Nr. 17 UStG Rz. 23 (Stand: Januar 2024).

6 EuGH, Urt. v. 3.6.2010 – C-237/09, ECLI:EU:C:2010:316 – De Fruytier, UR 2010, 624 m. Anm. *Hölzer.*

7 EuGH, Urt. v. 5.10.2016 – C-412/15, ECLI:EU:C:2016:738 – TMD, BStBl. II 2017, 505 = UR 2016, 922, Rz. 27.

8 Abschn. 4.17.1 Abs. 1 UStAE.

9 EuGH, Urt. v. 5.10.2016 – C-412/15, ECLI:EU:C:2016:738 – TMD, BStBl. II 2017, 505 = UR 2016, 922; Abschn. 4.17.1 Abs. 1 Sätze 2 und 4 UStAE; siehe auch *Ehrlich* MwStR 2015, 890; *Müller-Gatermann/Dennisen*, UR 2016, 573.

10 Abschn. 4.17.1 Abs. 2 Satz 1 UStAE.

11 Vgl. *Huschens* in Schwarz/Widmann/Radeisen, § 4 Nr. 17 UStG Rz. 30 (Stand: September 2022) mit Verweis auf Brockhaus Enzyklopädie[19], Bd. 15.

12 *Ehrt* in Weymüller BeckOK, § 4 Nr. 17 UStG Rz. 28.1 (Stand: Januar 2024); Abschn. 4.17.1 Abs. 3 UStAE.

C. Krankentransporte (Nr. 17 Buchst. b)

I. Beförderungen

§ 4 Nr. 17 Buchst. b UStG befreit bestimmte Personenbeförderungsleistungen unter der Voraussetzung, dass es sich bei den Beförderten um Kranke oder Verletzte (Rz. 18) handelt und dass die Beförderung mit hierfür besonders eingerichteten Fahrzeugen erfolgt (Rz. 19). Diese Leistungen werden auch als „Krankentransporte"[1] oder „Krankenbeförderungen"[2] bezeichnet. 15

Unerheblich ist, **auf welcher vertraglichen Grundlage** die Beförderung erfolgt und ob die beförderte Person selbst oder jemand anderes (z.B. eine gesetzliche Krankenkasse) umsatzsteuerlich der Empfänger der Beförderungsleistung ist.[3] Auch die Beförderungen im Rahmen von Dienstverträgen über den Betrieb von Rettungswachen fallen daher unter die Befreiung.[4] 16

Krankentransportleistungen stehen häufig im Zusammenhang mit anderen Leistungen (z.B. Behandlung eines Notfallpatienten, Lebensrettung etc.). Auch für § 4 Nr. 17 Buchst. b UStG kommt in der Praxis daher der **Abgrenzung zwischen einheitlichen Leistungen, selbständigen und unselbständigen Nebenleistungen** (§ 3 Rz. 533 ff.) eine erhebliche Rolle zu. Unselbständige Nebenleistung kann z.B. das Vorhalten der Rettungsfahrzeuge und des Personals zur Sicherstellung der Einsatzbereitschaft (sog. **Vorhalteleistungen**) sein, wenn sie von demselben Unternehmer erbracht wird.[5] Dies gilt auch für die **Beförderung des Notarztes im Einsatzfahrzeug**.[6] In der Regel handelt es sich bei der entgeltlichen Mitbeförderung anderer Personen hingegen um steuerpflichtige Leistungen, die eine Aufteilung eines einheitlichen Entgelts notwendig machen.[7] Werden Verletzte im Anschluss an eine Notrettung in ein Krankenhaus befördert und dienen die lebensrettenden Maßnahmen vor Ort der **Vorbereitung der Transportfähigkeit** des Patienten, so geht die FinVerw. von einer einheitlichen, nach § 4 Nr. 17 Buchst. b UStG befreiten Beförderungsleistung aus.[8] Die lebensrettenden Maßnahmen selbst, die nicht vor allem der Herstellung der Transportfähigkeit dienen, können als selbständige Leistungen aus dem Anwendungsbereich der Befreiung fallen; sie sind jedoch im Regelfall von der Befreiung für ärztliche Heilbehandlungen nach § 4 Nr. 14 Buchst. a UStG erfasst (siehe auch § 4 Nr. 14 Rz. 36 ff.). Ob auch Dienstleistungen von **Krankentransportunternehmen**, die darin bestehen, eigene und die Krankentransportleistungen von Drittanbietern für einen Leistungsträger abzurechnen, ebenfalls von der Steuerbefreiungsvorschrift erfasst werden, hat der BFH offengelassen und stattdessen diese Leistungen unmittelbar unter Art. 132 Abs. 1 Buchst. g MwStSystRL subsumiert (§ 4 Nr. 18 Rz. 12).[9] 17

II. Kranke oder verletzte Personen

Steuerfrei ist nur die Beförderung von Personen, die krank oder verletzt sind. Hierunter fallen **auch** Personen, die nicht akut krank oder verletzt sind, sondern **körperlich oder geistig behindert** und z.B. auf die Nutzung eines Rollstuhls angewiesen sind.[10] 18

1 *Heidner* in Bunjes[22], § 4 Nr. 17 UStG Rz. 3.
2 Vgl. OFD Hannover, Vfg. v. 24.6.2005 – S 7174-9-StO 181, UR 2005, 701.
3 BFH, Urt. v. 18.1.1995 – XI R 71/93, BStBl. II 1995, 559 = UR 1995, 395; Abschn. 4.17.2 Abs. 4 Satz 2 UStAE.
4 Abschn. 4.17.2 Abs. 4 Satz 3 UStAE.
5 Abschn. 4.17.2 Abs. 6 UStAE; siehe auch *Stuhr/Walz*, UR 2011, 525.
6 Vgl. OFD Erfurt, Vfg. v. 25.2.2002 – S 7174 A-01-St 343, UStB 2002, 207.
7 Vgl. Abschn. 4.17.2 Abs. 2 Satz 3 UStAE.
8 Abschn. 4.17.2 Abs. 5 Satz 6 UStAE.
9 BFH, Urt. v. 24.2.2021 – XI R 32/20 (XI R 42/19), BFHE 272, 270 = UR 2021, 547 Rz. 23.
10 BFH, Urt. v. 12.8.2004 – V R 45/03, BStBl. II 2005, 314 = UR 2005, 28.

III. Besonders eingerichtete Fahrzeuge

19 Die für die Beförderung verwendeten Fahrzeuge können sowohl **Kraft-, Luft- als auch Wasserfahrzeuge** sein.[1] Sie müssen jedoch für die Beförderung der kranken oder verletzten Personen „gesondert eingerichtet" sein. Dies ist z.B. ohne weiteres anzunehmen, wenn das Fahrzeug **nach Fahrzeugschein** als **Krankenkraftwagen** anerkannt ist (§ 4 Abs. 6PBefG).[2]

20 Streitanfällig ist in der Praxis, in welchem Umfang die Fahrzeuge im Einzelfall besonders eingerichtet sein müssen. Spezielle Einrichtungen in diesem Sinne können z.B. Bodenverankerungen für Rollstühle, Auffahrrampen und ausfahrbare Trittstufen sein. Das Fahrzeug muss jedoch nach Auffassung der FinVerw. **insgesamt die typischen Merkmale eines Krankenfahrzeugs** aufweisen. Dies trifft nicht zu auf einen serienmäßig ausgestatteten Pkw, der lediglich mit Blaulicht und Einsatzhorn ausgestattet ist.[3] Auch die Ausrüstung eines ansonsten serienmäßig eingerichteten Fahrzeugs mit einer Trittleiter als Einstiegshilfe genügt nach Auffassung des BFH nicht für die Steuerbefreiung.[4] Nach Auffassung der FinVerw. soll auch die Ausstattung mit einer Trage und einer Grundausstattung für „Erste Hilfe" alleine nicht ausreichen.[5]

§ 4 Nr. 18 [Soziale Leistungen]

Von den unter § 1 Abs. 1 Nr. 1 fallenden Umsätzen sind steuerfrei:

…

18. eng mit der Sozialfürsorge und der sozialen Sicherheit verbundene Leistungen, wenn diese Leistungen von Einrichtungen des öffentlichen Rechts oder anderen Einrichtungen, die keine systematische Gewinnerzielung anstreben, erbracht werden. ²Etwaige Gewinne, die trotzdem anfallen, dürfen nicht verteilt, sondern müssen zur Erhaltung oder Verbesserung der durch die Einrichtung erbrachten Leistungen verwendet werden. ³Für in anderen Nummern des § 4 bezeichnete Leistungen kommt die Steuerbefreiung nur unter den dort genannten Voraussetzungen in Betracht;

…

Schrifttum: *Hüttemann/Schauhoff*, Umsatzsteuerbefreiungen für Sozial- und Bildungseinrichtungen – Drohende Rechtsunsicherheiten für Non-Profit Organisationen durch die gesetzliche Neuregelung, DStR 2019, 1601.

1 Vgl. *Wiesch* in Offerhaus/Söhn/Lange, § 4 Nr. 17 UStG Rz. 34 ff. (Stand: Dezember 2022); Abschn. 4.17.2 Abs. 1 Satz 1 UStAE.
2 Abschn. 4.17.2 Abs. 1 Satz 3 UStAE.
3 BFH, Urt. v. 16.11.1989 – V R 9/85, BStBl. II 1990, 225 = UR 1990, 81; Abschn. 4.17.2 Abs. 1 Satz 4 UStAE.
4 BFH, Urt. v. 24.8.2022 – XI R 25/20, BFHE 277, 524 = UR 2023, 201.
5 Abschn. 4.17.2 Abs. 1 Satz 5 UStAE.

A. Grundaussagen

I. Regelungsgegenstand und Bedeutung

§ 4 Nr. 18 UStG ist in seiner seit dem **1.1.2020**[1] geltenden Fassung als **allgemeiner Befreiungstatbestand für den Bereich der dem Gemeinwohl dienenden Tätigkeiten** ausgestaltet. In seiner alten bis 31.12.2019 geltenden Fassung befreite § 4 Nr. 18 UStG die Tätigkeiten der amtlich anerkannten Verbände der freien Wohlfahrt, die sich aus § 23 UStDV ergaben. **Hintergrund der Neuregelung** waren insbesondere die Entscheidungen des **EuGH** in Sachen ***Zimmermann*** und ***Gregg***,[2] aus denen deutlich wurde, dass die **alte Regelung nicht unionsrechtskonform** war, sowie auch die **Rechtsprechungsentwicklung des BFH**, der die Regelung des § 4 Nr. 18 Buchst. c UStG a.F. als unionswidrig ansah und wegen des eingeschränkten Anwendungsbereichs des § 4 Nr. 18 UStG a.F. die Möglichkeit einer unmittelbaren Berufung auf die in Art. 132 Abs. 1 Buchst. g MwStSystRL geregelte Befreiung bejahte.[3] 1

Durch die Neufassung verlieren die von § 4 Nr. 18 UStG a.F. erfassten anerkannten Verbände der freien Wohlfahrtspflege und ihre Mitglieder die mit ihrem Sonderstatus verbundene umfassende Umsatzsteuerbefreiung. Der Gesetzgeber sieht jedoch auch durch die Neufassung des § 4 Nr. 18 UStG gewährleistet, dass „die Hauptaufgaben der anerkannten Verbände der freien Wohlfahrtspflege und deren Mitglieder unverändert von der Umsatzsteuer befreit sind".[4] 2

Das BMF hat mit Schreiben v. 14.2.2023 zu der gesetzlichen Neufassung Stellung genommen und die Rechtsprechung in den UStAE implementiert.[5] 2.1

II. Unionsrechtliche Grundlagen

Unionsrechtliche Grundlage der Befreiung ist **Art. 132 Abs. 1 Buchst. g MwStSystRL**, wonach Leistungen (Dienstleistungen und Lieferungen von Gegenständen) zu befreien sind, die **eng mit der Sozialfürsorge und der sozialen Sicherheit verbunden** sind, einschließlich derjenigen, die **durch Altenheime, Einrichtungen des öffentlichen Rechts oder** durch von dem betreffenden Mitgliedstaat als **Einrichtungen mit sozialem Charakter** anerkannten Einrichtungen bewirkt werden. (Rz. 2). Der deutsche Gesetzgeber hatte die Vorgaben des Art. 132 Abs. 1 Buchst. g MwStSystRL bislang nur unvollständig durch mehrere Befreiungstatbestände umgesetzt, die z.T. noch dem UStG 1951 entstammten und mit dem Inkrafttreten der 6. EG-Richtlinie als Vorgänger der Mehrwertsteuer-Systemrichtlinie fortgeführt wurden.[6] 3

Darüber hinaus hat der deutsche Gesetzgeber von der **fakultativen Ermächtigung** des **Art. 133 Abs. 1 Buchst. a MwStSystRL** Gebrauch gemacht, der es den Mitgliedstaaten erlaubt, die Befreiung nach Art. 132 Abs. 1 Buchst. g MwStSystRL davon abhängig zu machen, dass die betreffenden Einrichtungen **keine systematische Gewinnerzielung** anstreben dürfen und dass etwaige **Gewinne**, die trotzdem anfallen, **nicht verteilt** werden dürfen, sondern zur Erhaltung oder Verbesserung der erbrachten Leistungen verwendet werden müssen. Auch insoweit hat sich der Gesetzgeber bemerkenswert eng an den Wortlaut der unionsrechtlichen Vorgabe gehalten. 4

---

1 Eingeführt durch das Gesetz zur weiteren steuerlichen Förderung der Elektromobilität und zur Änderung weiterer steuerlicher Vorschriften (sog. JStG 2019), BGBl. I 2019, 2451.

2 EuGH, Urt. v. 15.11.2012 – C-174/11, ECLI:EU:C:2012:716 – Zimmermann, UR 2013, 35; EuGH, Urt. v. 7.9.1999 – C-216/97, ECLI:EU:C:1999:390 – Gregg, UR 1999, 419.

3 BFH, Urt. v. 18.8.2005 – V R 71/03, BStBl. II 2006, 143 = UR 2006, 166 m. Anm. *Heidner*; BFH, Urt. v. 1.12.2010 – XI R 46/08, BStBl. II 2023, 269 = UR 2011, 348; siehe auch BT-Drucks. 19/13436, 146.

4 BT-Drucks. 19/13436, 147.

5 BMF, Schr. v. 14.2.2023 – III C 3-S 7175/21/10003 :003 – DOK 2023/0067105, BStBl. I 2023, 348 = UR 2023, 252.

6 BT-Drucks. 19/13436, 146; *Ehrt* in Weymüller BeckOK, § 4 Nr. 18 UStG Rz. 6 (Stand: Januar 2024); *Oelmaier* in Sölch/Ringleb, § 4 Nr. 18 UStG Rz. 7 (Stand: Oktober 2023).

5 Die MwStSystRL räumt den Gesetzgebern der Mitgliedstaaten ein **Ermessen** ein, wie zu bestimmen ist, wann eine Einrichtung als „**Einrichtung mit sozialem Charakter**" anzuerkennen ist.[1] Durch die Implementierung der Einschränkungen nach Art. 133 Abs. 1 Buchst. a MwStSystRL hat der deutsche Gesetzgeber den persönlichen Anwendungsbereich eingeschränkt und damit gleichzeitig die Bedingungen für die Anerkennung festgelegt.[2]

III. Verhältnis zu anderen Vorschriften

6 Durch die gesetzgeberisch angeordnete **Subsidiarität** (§ 4 Nr. 18 Abs. 1 Satz 3 UStG) besteht ein enger Zusammenhang mit sämtlichen übrigen Befreiungstatbeständen des § 4 UStG (Rz. 28). In der Praxis besonders bedeutsam sind die übrigen Befreiungen des dem Gemeinwohl dienenden Bereiches in **§ 4 Nr. 14–26 UStG.** Ein direktes Verhältnis besteht ferner zu **§ 4 Nr. 27 Buchst. a UStG**, der Personalgestellungen für Tätigkeiten nach § 4 Nr. 18 UStG befreit und damit unmittelbar auf die Befreiung nach § 4 Nr. 18 UStG verweist (§ 4 Nr. 27 Rz. 18).[3]

7 Bei § 4 Nr. 18 UStG handelt es sich um eine sog. **„unechte Steuerbefreiung"**, die den Vorsteuerabzug nach § 15 Abs. 2 UStG ausschließt.

B. Befreiungsgrundsatz (Nr. 18 Satz 1)

I. Sachlicher Anwendungsbereich – „soziale" Leistungen

1. Allgemeines

8 Gegenstand der Befreiung sind jeweils solche Leistungen, die in einer **engen Verbindung zur Sozialfürsorge oder zur sozialen Sicherheit** stehen (soziale Leistungen). Weder der Begriff der Sozialfürsorge noch der Begriff der sozialen Sicherheit, bei denen es sich jeweils um unionsrechtlich autonom auszulegende Begriffe handelt,[4] wurden vom EuGH bislang abstrakt definiert. Es besteht hingegen eine **umfangreiche Kasuistik für Einzeltätigkeiten**, deren Beurteilung bereits Gegenstand der Rechtsprechung war.[5] Dies führt für alle übrigen Tätigkeiten zu einer **erheblichen Rechtsunsicherheit.**

9 Maßgeblich aus Sicht des Gesetzgebers ist, dass die Leistung **gegenüber speziell hilfsbedürftigen Personen** erbracht wird. Hierunter würden demnach insbesondere solche Leistungen fallen, die an wirtschaftlich hilfsbedürftige Personen zur Überwindung der wirtschaftlichen Hilfsbedürftigkeit ausgeführt werden.[6] Leistungen hingegen, die nicht speziell hilfsbedürftigen Personen angeboten werden, wie z.B. allgemeine Geschäftsführungs- und Verwaltungsleistungen oder Umzugsleistungen, sollen nicht unter die Befreiung fallen.

10 **Nicht zwingend erforderlich** ist es, dass der **schuldrechtliche Vertragspartner** (und Leistungsempfänger) des Leistenden die **hilfsbedürftige Person** selbst ist, solange die Tätigkeit tatsächlich gegenüber der hilfsbedürftigen Person erfolgt.[7] Auch wenn Leistungen nicht unmittelbar an die hilfsbedürftigen Personen erbracht werden, jedoch für die Umsätze im Bereich der Sozialfürsorge und der sozialen Sicherheit unerlässlich sind, kann die Befreiung greifen.[8]

1 EuGH, Urt. v. 26.5.2005 – C-498/03, ECLI:EU:C:2005:322 – Kingscrest, UR 2005, 453.

2 Vgl. *Hüttemann/Schauhoff*, DStR 2019, 1601.

3 Vgl. FG Münster, Urt. v. 20.5.2021 – 5 K 730/19 U (rkr.), UStB 2021, 284 m. Anm. *Sterzinger*, Rz. 72 f.; Abschn. 4.18.1 Abs. 5 Satz 1 UStAE.

4 So auch *Oelmaier* in Sölch/Ringleb, § 4 Nr. 18 UStG Rz. 19 (Stand: Oktober 2023).

5 *Oelmaier* in Sölch/Ringleb, § 4 Nr. 18 UStG Rz. 19 (Stand: Oktober 2023).

6 BT-Drucks. 19/13436, 147.

7 BFH, Urt. v. 1.12.2010 – XI R 46/08, BStBl. II 2023, 269 = UR 2011, 348; BFH, Urt. v. 8.6.2011 – XI R 22/09, BFHE 234, 448 = UR 2011, 821; BT-Drucks. 19/13436, 147; Abschn. 4.18.1 Abs. 1 Satz 2 UStAE.

8 EuGH, Urt. v. 8.10.2020 – C-657/19, ECLI:EU:C:2020:811 – Finanzamt D, UR 2020, 871 m. Anm. *Wüst*; Abschn. 4.18.1 Abs. 1 Satz 2 UStAE.

2. Einzelfälle

Eng mit der Sozialfürsorge oder sozialen Sicherheit verknüpft sind nach dem Willen des Gesetzgebers und nach Auffassung der FinVerw.:[1] 11

- **Schuldnerberatung** im außergerichtlichen Insolvenzverfahren;
- Leistungen der „**Tafeln**";
- Leistungen der **Frauenhäuser** nach § 36a SGB II;
- Beratung und Hilfe für **Obdach- und Wohnungslose**;
- Beratungsleistungen für **Angehörige von drogen- oder alkoholabhängigen Menschen**;
- Leistungen im Zusammenhang mit **Migration**[2] (z.B. Beratung und Hilfe für Migrantinnen und Migranten, Asylbewerberinnen und Asylbewerber, Aussiedlerinnen und Aussiedler sowie für Flüchtlinge);
- Leistungen der Beratungsstellen für **Ehe- und Lebensfragen**;
- Beratung und Hilfe für **Strafentlassene**;
- Beratung und Hilfe für **Prostituierte**;
- Leistungen, die Einsatzstellen, Zentralstellen und Träger aufgrund von Verträgen nach **§ 16 des Bundesfreiwilligendienstgesetzes** (BFDG) erbringen, **sofern** die Freiwilligen **Aufgaben im sozialen Bereich** erfüllen. Dies ist nach Ansicht des Gesetzgebers insbesondere für die unter § 4 Nr. 15, 15a, 15b, 15c, 16 und in Nr. 18 UStG genannten Leistungen zu bejahen, nicht hingegen bei einem Einsatz der Freiwilligen, z.B. im Bereich Umwelt- oder Naturschutz, Landschaftspflege, Kultur und Denkmalpflege, Sport sowie Zivil- und Katastrophenschutz.
- Leistungen, die ein **Träger des Jugendfreiwilligendienstes** im Zusammenhang mit § 11 Abs. 1 Jugendfreiwilligendienstegesetz an die Einsatzstelle der Freiwilligen erbringt, und die dem Träger von der Einsatzstelle durch eine monatliche Pauschale vergütet werden.

Vor der Neuregelung kam es aufgrund der Abweichung des § 4 Nr. 18 UStG a.F. von den unionsrechtlichen Vorgaben häufig zu Streitigkeiten im Zusammenhang mit einer unmittelbaren Berufung auf die Steuerbefreiung nach Art. 132 Abs. 1 Buchst. g MwStSystRL. Soweit dies das nunmehr in § 4 Nr. 18 UStG übernommene Tatbestandsmerkmal der „eng mit der Sozialfürsorge oder der sozialen Sicherheit verbundenen Leistungen" betrifft, wirkt sich diese Rechtsprechung auch auf die neue Rechtslage aus. Die Notwendigkeit einer unmittelbaren Berufung auf Unionsrecht, um die Steuerfreiheit zu erlangen, ist ab Geltung der aktuellen Regelung nicht mehr erforderlich. Gleichzeitig können Steuerpflichtige, die sich aus ökonomischen Gründen (z.B. wegen Vorsteuerüberhängen) bislang bewusst nicht auf Unionsrecht berufen hatten, nach der aktuellen Rechtslage die Steuerfreiheit auch nicht mehr vermeiden. 11.1

Von der **Rechtsprechung** wurden **eng mit der Sozialfürsorge oder der sozialen Sicherheit verbundene Leistungen** unter den jeweils konkreten Umständen des zu entscheidenden Sachverhalts in folgenden Fällen **bejaht**: 12

- Leistungen der **Grundpflege und hauswirtschaftlichen Versorgung** körperlich oder wirtschaftlich hilfsbedürftiger Personen;[3]
- die **Kinderbetreuung** durch Tageseltern **sowie** die **Vermittlung von Tageseltern**, wenn sie sich nicht auf eine bloße Nachweistätigkeit beschränkt, sondern mit weiteren Prüfungen hinsichtlich Geeignetheit und Qualifikation einhergeht;[4]
- **Betriebshelfer**, die Leistungen **für in Not geratene landwirtschaftliche Betriebe** nach § 9 des zweiten Gesetzes über die Krankenversicherung der Landwirte (KVLG) ausführen;[5]

---

1 BT-Drucks. 19/13436, 147; Abschn. 4.18.1 Abs. 2 Satz 1 und Abs. 3 Sätze 1 bis 4 UStAE.

2 Siehe hierzu auch bzgl. der Wohnraumbewirtschaftung im Zusammenhang mit der Unterbringung von Bürgerkriegsflüchtlingen und Asylbewerbern: OFD Frankfurt a. M., Vfg. v. 13.4.2023 – S 7168 A-015-St 16, UR 2023, 773.

3 EuGH, Urt. v. 10.9.2002 – C-141/00, ECLI:EU:C:2002:473 – Kügler, UR 2002, 513.

4 EuGH, Urt. v. 9.2.2006 – C-415/04, ECLI:EU:C:2006:95 – Kinderopvang Enschede, UR 2006, 470.

5 BFH, Urt. v. 31.5.2017 – V R 31/16, BFH/NV 2017, 1334.

- Leistungen im Bereich der Erfüllung von **Verwaltungsaufgaben im Bereich des Bundesfreiwilligendienstes** nach § 5a ZDG, wenn sie dazu dienen, den Einsatz von Zivildienstleistenden bei nach § 4 ZDG anerkannten oder noch anzuerkennenden Beschäftigungsstellen zu ermöglichen;[1]
- **Haus-Notrufdienste** für Alte, Kranke, Behinderte oder sozial Hilfsbedürftige soweit diese nicht bereits von § 4 Nr. 16 UStG (§ 4 Nr. 16 Rz. 39 sowie Rz. 29 unten zu § 4 Nr. 18 Satz 3) erfasst werden;[2]
- Leistungen eines nach § 158 FamFG **gerichtlich bestellten Verfahrensbeistands**;[3]
- der Betrieb einer **Flüchtlingsunterkunft für Asylbewerber**, und zwar unabhängig davon, ob diese nach den Vorschriften des AsylG rein verfahrensrechtliche Zwecke verfolgen;[4]
- die Frage, ob die **Abrechnung von Krankentransport und Notfallrettung** eines im öffentlichen Rettungsdienst tätigen Unternehmers gegenüber einem Leistungsträger (bspw. ein Landkreis) für fremde Leistungserbringer, die ebenso im Bereich des Krankentransportes tätig sind, unter die Befreiung des § 4 Nr. 18 UStG fallen oder stattdessen von der spezielleren Vorschrift des § 4 Nr. 17 UStG erfasst werden, hat der BFH ausdrücklich **offen gelassen**, weil solche Leistungen jedenfalls nach Art. 132 Abs. 1 Buchst. g MwStSystRL von der Mehrwertsteuer befreit sind;[5]
- Leistungen im Bereich der **(sozialen) Schuldnerberatung**.[6]

13 **Abgelehnt** wurde eine eng mit der Sozialfürsorge oder sozialen Sicherheit verbundene Tätigkeit in der Rechtsprechung hingegen für **Menüservice-Leistungen** (sog. „Essen auf Rädern") für hilfsbedürftige Personen.[7] Diese Leistungen können jedoch dem ermäßigten Steuersatz nach § 12 Abs. 2 Nr. 1 oder Nr. 8 UStG unterliegen (§ 12 Abs. 2 Nr. 1 Rz. 10 ff. sowie § 12 Abs. 2 Nr. 8 Rz. 1 ff.).[8]

14 Ebenfalls **nicht** nach § 4 Nr. 18 UStG **befreit** sind **Betreuungs- und Pflegeleistungen** an körperlich, geistig und seelisch hilfsbedürftige Personen, **da** insoweit **§ 4 Nr. 16 UStG** vorrangig ist.[9]

15 Weiterhin wurde vom EuGH entschieden:

- Im Hinblick auf die Frage, ob die **Erstellung von Gutachten zur Pflegebedürftigkeit von Patienten als Subunternehmer des Medizinischen Dienstes der Krankenkassen (MDK)** eine nach Art. 132 Abs. 1 Buchst. g MwStSystRL befreite Tätigkeit ist, hat der EuGH die Voraussetzungen der **Befreiung abgelehnt**.[10]
- Auf eine Vorlage aus Luxemburg hat sich der EuGH zu der Frage geäußert, ob die „enge Verbindung" so auszulegen ist, dass sie Leistungen erfasst oder ausschließt, die im Rahmen eines durch Gesetz eingeführten und der Kontrolle durch eine unabhängige Justizbehörde unterliegenden Systems der **Beistandschaft für Erwachsene** erbracht werden.[11] Der Gerichtshof bejahte dies für die Leistungen eines Anwalts zugunsten nicht geschäftsfähiger Erwachsener, um sie bei der Teilnahme im Rechtsverkehr zu unterstützen und die durch eine staatliche Behörde unter Berücksichtigung der Vermögensverhältnisse der hilfsbedürftigen Person vergütet werden.

1 BFH, Urt. v. 23.7.2009 – V R 93/07, BStBl. II 2015, 735 = UR 2009, 848.
2 BFH, Urt. v. 1.12.2010 – XI R 46/08, BStBl. II 2023, 269 = UR 2011, 348.
3 BFH, Urt. v. 17.7.2019 – V R 27/17, BStBl. II 2023, 591 = UR 2019, 820.
4 BFH, Urt. v. 24.3.2021 – V R 1/19, BStBl. II 2023, 279 = UR 2021, 715.
5 BFH, Urt. v. 24.2.2021 – XI R 32/20, BFHE 272, 270 = UR 2021, 547.
6 FG Niedersachsen, Urt. v. 5.9.2022 – 11 K 56/22 (rkr.), EFG 2023, 516.
7 BFH, Urt. v. 1.12.2010 – XI R 46/08, BStBl. II 2023, 269 = UR 2011, 348; Abschn. 4.18.1 Abs. 6 Satz 2 UStAE.
8 BT-Drucks. 19/13436, 147; BFH, Urt. v. 1.12.2010 – XI R 46/08, BStBl. II 2023, 269 = UR 2011, 348.
9 BT-Drucks. 19/13436, 147; BFH, Urt. v. 8.8.2013 – V R 13/12, BFHE 242, 557 = UR 2014, 225.
10 EuGH, Urt. v. 8.10.2020 – C-657/19, ECLI:EU:C:2020:811 – Finanzamt D, UR 2020, 871 m. Anm. *Wüst*.
11 EuGH, Urt. v. 15.4.2021 – C-846/19, ECLI:EU:C:2021:277 – Administration de l'Enregistrement, des Domaines und de la TVA, UR 2021, 830.

II. Persönlicher Anwendungsbereich

1. Einrichtungen

Der persönliche Anwendungsbereich umfasst neben **Einrichtungen des öffentlichen Rechts** (Rz. 20 ff.) auch **privatrechtlich verfasste Einrichtungen**, letztere allerdings nur unter der Bedingung, dass sie keine systematische Gewinnerzielung anstreben. 16

Der Begriff der Einrichtung umfasst nicht nur juristische Personen des öffentlichen oder privaten Rechts, sondern ist unionsrechtskonform so auszulegen, dass **auch natürliche Personen oder Personenvereinigungen** als Einrichtungen befreite Umsätze erbringen können.[1] 17

Diese im Rahmen der unmittelbaren Berufung von Steuerpflichtigen auf Art. 132 Abs. 1 Buchst. g MwStSystRL vom EuGH entwickelte und vom BFH fortgeführte[2] Auslegung des Einrichtungsbegriffs bleibt auch nach der gesetzlichen Neuregelung des § 4 Nr. 18 UStG maßgeblich und ist nunmehr im Rahmen der gebotenen unionsrechtskonformen Auslegung des Einrichtungsbegriffs des § 4 Nr. 18 UStG zu gewährleisten. Der Wortlaut des § 4 Nr. 18 UStG enthält insoweit keine Abweichungen vom Wortlaut des Art. 132 Abs. 1 Buchst. g MwStSystRL, die gegen diese Auslegung sprechen würden. Auch die Implementierung der zusätzlichen Befreiungsvoraussetzung nach Art. 133 Abs. 1 Buchst. a MwStSystRL dürfte einer Anwendung der Befreiung des § 4 Nr. 18 UStG auch auf natürliche Personen nicht entgegenstehen. Art. 133 Abs. 1 Buchst. a MwStSystRL enthält keinen eigenständigen Einrichtungsbegriff, sondern bezieht sich auf den Einrichtungsbegriff der jeweiligen Befreiung nach Art. 132 Buchst. 1 MwStSystRL (die „betreffenden Einrichtungen"). Ferner dürften auch natürliche Personen, die als Einzelunternehmer tätig werden, dem Verbot der „Verteilung" von Gewinnen entsprechen können, indem keine Entnahmen vorgenommen werden. Insoweit dürfte es nicht darauf ankommen, dass ein von der natürlichen Person separates gesellschaftsrechtliches Gebilde existiert. 18

Einrichtung ist nicht mit Unternehmer gleichzusetzen.[3] Der BFH hat im Hinblick auf die Befreiung für Krankenhausumsätze, die wie auch ihre unionsrechtliche Vorgabe nach Art. 132 Abs. 1 Buchst. b MwStSystRL, ebenfalls an „Einrichtungen" anknüpft, entschieden, dass die **Befreiung einrichtungsbezogen** wirkt. D.h. nur die unmittelbar durch den Betrieb der konkreten Einrichtung selbst bewirkten Umsätze können von der Befreiung profitieren.[4] Diese Grundsätze dürften auf § 4 Nr. 18 UStG übertragbar sein, so dass auch hier eine einrichtungsbezogene Anwendung der Befreiung greift. Unterschiede zwischen einer einrichtungsbezogenen und einer unternehmensbezogenen Wirkung der Befreiung ergeben sich insbesondere in Bezug darauf, für welches Bezugsobjekt das für private Einrichtungen notwendige fehlende Gewinnstreben und das Verbot der Verteilung etwaig erzielter Gewinne nach § 4 Nr. 18 Satz 3 UStG zu beurteilen sind. 19

2. Einrichtungen des öffentlichen Rechts

Der Begriff der Einrichtungen des öffentlichen Rechts entspricht dem in § 4 Nr. 14 Buchst. b UStG verwendeten (§ 4 Nr. 14 Rz. 2) und bezieht sich auf solche Einrichtungen, deren **Träger juristische Personen des öffentlichen Rechts** sind (§ 2b Rz. 37 ff.). 20

Wie auch bei § 4 Nr. 14 Buchst. b UStG in Bezug auf Krankenhausleistungen sind öffentliche Einrichtungen im Rahmen des § 4 Nr. 18 UStG für eng mit der Sozialfürsorge oder der sozialen Sicherheit verbundene Leistungen **ohne weitere Voraussetzungen befreit**. Sie unterliegen insbesondere nicht der Einschränkung, keine systematische Gewinnerzielung anstreben oder etwaig erzielte Gewinne nicht verteilen zu dürfen. 21

---

1 EuGH, Urt. v. 7.9.1999 – C-216/97, ECLI:EU:C:1999:390 – Gregg, UR 1999, 419, Rz. 17; EuGH, Urt. v. 15.11.2012 – C-174/11, ECLI:EU:C:2012:716 – Zimmermann, UR 2013, 57.

2 Vgl. BFH, Urt. v. 8.11.2007 – V R 2/06, BStBl. II 2008, 634 = UR 2008, 229; BFH, Urt. v. 19.3.2013 – XI R 47/07, BStBl. II 2023, 765 = UR 2013, 555; BFH, Urt. v. 31.5.2017 – V R 31/16, BFH/NV 2017, 1334, juris Rz. 18.

3 So auch zu § 4 Nr. 14 UStG: *Hölzer* in Rau/Dürrwächter, § 4 Nr. 14 UStG Rz. 535 (Stand: Juli 2017) sowie *Sterzinger* in Birkenfeld/Wäger, Umsatzsteuer-Handbuch, Abschn. II Kap. 3 B. – § 4 Nr. 14 Buchst. b UStG Rz. 28 (Stand: Juni 2020).

4 BFH, Urt. v. 22.5.2003 – V R 94/01, BStBl. II 2003, 954 =UR 2004, 34.

22 Da die Befreiung gerade nicht an juristische Personen des öffentlichen Rechts, sondern an Einrichtungen des öffentlichen Rechts anknüpft, erscheint es nicht ausgeschlossen, in bestimmten Einzelfällen auch juristische Personen des Privatrechts als Einrichtung des öffentlichen Rechts qualifizieren zu können, wenn insbesondere eine Eingliederung in die öffentliche Verwaltung besteht. Diese von der Rechtsprechung im Hinblick auf die Umsatzbesteuerung der öffentlichen Hand nach Art. 13 MwStSystRL entwickelten Grundsätze[1] (§ 2b Rz. 37 ff.) dürften auch auf § 4 Nr. 18 UStG übertragbar sein.

3. Andere Einrichtungen ohne systematische Gewinnerzielung

23 Der Begriff der „anderen Einrichtungen" bezieht sich auf **Einrichtungen in privatrechtlicher Trägerschaft** (juristische Personen, Personenvereinigungen oder natürliche Personen [Rz. 16 ff.]). Anders als für Einrichtungen des öffentlichen Rechts, hat der Gesetzgeber von der Möglichkeit des Art. 133 Abs. 1 Buchst. a MwStSystRL Gebrauch gemacht und die Befreiung an weitere Voraussetzungen geknüpft.

24 Die Vorgaben des Art. 132 Abs. 1 Buchst. g MwStSystRL allein schließen die Befreiung privater Einrichtungen mit Gewinnerzielungsabsicht nicht aus.[2] Daher war **vor** dem Inkrafttreten des § 4 Nr. 18 UStG zum **31.12.2019**, soweit es um Bereiche ging, in denen Deutschland unionsrechtswidrig die Vorgaben des Art. 132 Abs. 1 Buchst. g MwStSystRL nicht umgesetzt hatte, eine **unmittelbare Berufung** auf eine **Befreiung nach Unionsrecht auch für gewinnorientierte private Einrichtungen möglich**. Durch die Implementierung der in Art. 133 Abs. 1 Buchst. a MwStSystRL fakultativ möglichen Beschränkung hat der Gesetzgeber den Anwendungsbereich nunmehr jedoch auf Einrichtungen ohne Gewinnstreben beschränkt und damit gleichzeitig sein Ermessen ausgeübt, wann eine „anerkannte" Einrichtung i.S.d. Art. 132 Abs. 1 Buchst. g MwStSystRL anzunehmen ist.[3] **Ab** dem **1.1.2020** dürfte dies aufgrund der vom Gesetzgeber umgesetzten Einschränkung nach Art. 133 Abs. 1 Buchst. a MwStSystRL **nicht mehr möglich** sein.

25 Der Begriff der „Einrichtung, die keine systematische Gewinnerzielung anstrebt" unterliegt als direkte Vorgabe des Art. 133 Abs. 1 Buchst. a MwStSystRL dem **Gebot der unionseinheitlichen Auslegung**.[4] Es sind für die Beurteilung, ob eine systematische Gewinnerzielung angestrebt wird, nach der **EuGH-Rechtsprechung sämtliche Tätigkeiten dieser Einrichtung** zu berücksichtigen.[5] Der **Gesetzgeber** hingegen hat in seiner Gesetzesbegründung auf eine Betrachtung **sämtlicher Tätigkeiten des Unternehmers** abgestellt.[6] Da die vom Gesetzgeber im selben Atemzug zitierte EuGH-Rechtsprechung dies nicht hergibt, sondern sich auf die jeweilige Einrichtung bezieht, ist unklar, ob es sich hierbei um ein gesetzgeberisches Versehen bzw. eine Ungenauigkeit handelt oder ob der Gesetzgeber tatsächlich nicht von einem einrichtungsbezogenen, sondern von einem unternehmensbezogenen Verständnis der Befreiungsvorschrift ausging. Dies führt bedauerlicherweise zu einer erheblichen Rechtsunsicherheit. Leider wurde die gesetzgeberische Formulierung im Wesentlichen unverändert vom BMF im UStAE implementiert.[7] Es empfiehlt sich deshalb, bis sich die FinVerw. oder Rechtsprechung in diesem Punkt nicht klarstellend geäußert hat, in Zweifelsfällen aus Vorsichtsgründen sowohl die Einrichtung selbst als auch das gesamte Unternehmen in den Blick zu nehmen und eine Klärung mit dem zuständigen Finanzamt zu suchen.

25.1 Die FinVerw. hat klargestellt, dass sich das Gewinnstreben nur auf solche Gewinne bezieht, die nicht für die Durchführung der Leistungen erzielt werden sollen, sondern um sie an die Mitglieder aus-

1 EuGH, Urt. v. 29.10.2015 – C-174/14, ECLI:EU:C:2015:733 – Saudacor, UR 2015, 901 m. Anm. *Küffner*; EuGH, Urt. v. 22.2.2018 – C-182/17, ECLI:EU:C:2018:91 – Ntp. Nagyszenas, UR 2018, 276 m. Anm. *Widmann*; BFH, Urt. v. 2.12.2015 – V R 67/14, BStBl. II 2017, 560 = UR 2016, 199; siehe hierzu auch: BMF, Schr. v. 18.9.2019 – III C 2-S 7107/19/10006 :003 – DOK 2019/0796519, UR 2019, 789.

2 EuGH, Urt. v. 26.5.2005 – C-498/03, ECLI:EU:C:2005:322 – Kingscrest, UR 2005, 453.

3 Vgl. *Hüttemann/Schauhoff*, DStR 2019 1601.

4 *Oelmaier* in Sölch/Ringleb, § 4 Nr. 18 UStG Rz. 14 (Stand: Oktober 2023); vgl. hierzu auch *Hüttemann* in Weitemeyer/Achatz/Schauhoff, Umsatzsteuerrecht für den Nonprofitsektor, Rz. 9.1 ff.

5 EuGH, Urt. v. 21.3.2002 – C-174/00, ECLI:EU:C:2002:200 – Kennemer Golf, UR 2002, 320 m. Anm. *Widmann*; BT-Drucks. 19/13436, 147.

6 BT-Drucks. 19/13436, 148, so auch FG Niedersachsen, Urt. v. 5.9.2022 – 11 K 56/22, EFG 2023, 516.

7 BMF, Schr. v. 14.2.2023 – III C 3-S 7175/21/10003 :003 – DOK 2023/0067105, BStBl. I 2023, 348 = UR 2023, 252; Abschn. 4.18.1 Abs. 7 Satz 2 UStAE.

zuschütten.[1] Die Absicht einer Einrichtung, systematisch Gewinne zu erzielen, um die eigenen Leistungen zu fördern, stellt danach aus Sicht der FinVerw. kein Hindernis für die Befreiung dar.

Das Erfordernis fehlenden Gewinnstrebens insbesondere in Kombination mit dem Gewinnverteilungsverbot des § 4 Nr. 18 Satz 2 UStG erinnert an die Grundsätze im nationalen Gemeinnützigkeitsrecht, wo ausschließlich ein steuerbegünstigter Zweck verfolgt werden muss (§ 51 Abs. 1 Satz 1 AO) und etwaig anfallende Gewinne ebenfalls grundsätzlich nicht verteilt werden dürfen. Die **Befreiung** nach § 4 Nr. 18 UStG **knüpft** jedoch **nicht an** die Regelungen zur **Gemeinnützigkeit** (insbesondere nicht deren formale Voraussetzungen, wie z.B. die Satzungsmäßigkeit, §§ 60, 60a AO) **an**, so dass **auch Leistungen von Einrichtungen nicht gemeinnütziger Träger befreit sein können.**[2] Umgekehrt dürfte davon auszugehen sein, dass Einrichtungen von Trägern, die nach nationalem Recht gemeinnützig sind, in der Regel auch die Anforderungen des fehlenden Gewinnstrebens i.S.d. § 4 Nr. 18 UStG erfüllen. 26

C. Gewinnverteilungsverbot (Nr. 18 Satz 2)

§ 4 Nr. 18 Satz 2 UStG bestimmt, dass für den Fall, dass es zur Erwirtschaftung von Gewinnen kommt, diese nicht verteilt werden dürfen. Diese Gewinne müssen vielmehr zur Erhaltung oder Verbesserung der durch die Einrichtung erbrachten Leistungen verwendet werden. Die Konzeption ähnelt insofern wiederum dem nationalen Gemeinnützigkeitsrecht, das über die gemeinnützigkeitsrechtliche Mittelbindung (§ 55 Abs. 1 AO) im Ergebnis ebenfalls dazu führt, dass erzielte Gewinne grundsätzlich zeitnah für den gemeinnützigen Bereich verwendet werden müssen. 27

Da § 4 Nr. 18 UStG gerade **keinen Verweis auf das nationale Gemeinnützigkeitsrecht** enthält und auch das BMF bislang – auch nicht zur Vereinfachung – eine Verbindung herstellt, muss davon ausgegangen werden, dass die Voraussetzungen der Umsatzsteuerbefreiung unabhängig und gesondert vom Gemeinnützigkeitsrecht geprüft werden. Fraglich ist daher insbesondere, ob sich die im Gemeinnützigkeitsrecht bestehenden Ausnahmen vom Gebot der zeitnahen Mittelverwendung (z.B. durch zulässige Rücklagenbildungen nach § 62 AO oder unschädliche Mittelzuwendungen nach § 58 AO) negativ auswirken und die Umsatzsteuerfreiheit nach § 4 Nr. 18 UStG ausschließen. 28

D. Vorrang anderer Befreiungsvorschriften (Nr. 18 Satz 3)

I. Subsidiarität zu anderen UStG Befreiung (Nr. 18 Satz 3)

§ 4 Nr. 18 Satz 3 UStG enthält eine erhebliche Einschränkung des Anwendungsbereichs der Befreiung und ordnet an, dass § 4 Nr. 18 UStG für alle Leistungen, die bereits Gegenstand einer anderen in § 4 UStG geregelten Befreiung sind, nicht anwendbar ist, sondern in diesen Fällen die Befreiung nur unter den dort genannten Voraussetzungen in Frage kommt. Fraglich ist, ob § 4 Nr. 18 UStG damit als **Auffangbefreiungsvorschrift** geregelt ist, die zur Anwendung kommt, wenn andere Befreiungen nicht greifen[3] oder ob eine Befreiung nach § 4 Nr. 18 UStG für alle bereits in anderen Befreiungstatbeständen geregelten Leistungsarten (z.B. Heilbehandlungs- oder Krankenhausleistungen nach § 4 Nr. 14 und 16 UStG) von vornherein ausgeschlossen ist. In diesem Sinne scheint der Gesetzgeber die Regelung intendiert zu haben, da er Betreuungs- und Pflegeleistungen an körperlich, geistig und seelisch hilfsbedürftige Personen wegen § 4 Nr. 16 UStG vom Anwendungsbereich des § 4 Nr. 18 UStG als ausgeschlossen ansieht.[4] 29

1 BMF, Schr. v. 14.2.2023 – III C 3-S 7175/21/10003 :003 – DOK 2023/0067105, BStBl. I 2023, 348 = UR 2023, 252; Abschn. 4.18.1 Abs. 7 Satz 3 UStAE.

2 So offenbar: *Oelmaier* in Sölch/Ringleb, § 4 Nr. 18 UStG Rz. 14 (Stand: Oktober 2023).

3 *Oelmaier* in Sölch/Ringleb, § 4 Nr. 18 UStG Rz. 21 (Stand: Oktober 2023).

4 BT-Drucks. 19/13536, 146; so offenbar auch BMF, Schr. v. 14.2.2023 – III C 3-S 7175/21/10003 :003 – DOK 2023/0067105, BStBl. I 2023, 348 = UR 2023, 252; Abschn. 4.18.1 Abs. 5 Satz 1 UStAE.

II. Verhältnis zum Unionsrecht

30 Durch die Neuregelung, die die Voraussetzung der „eng mit der Sozialfürsorge oder der sozialen Sicherheit verbundenen Leistungen" nach Art. 132 Abs. 1 Buchst. g UStG in das nationale Recht übernimmt, haben sich Rechtsstreitigkeiten in Bezug auf die unmittelbare Anwendung der unionsrechtlichen Befreiung insoweit erledigt. Dies geht für die Steuerpflichtigen mit dem Nachteil einher, dass sie sich – soweit sie nach der früheren Rechtslage nicht befreit waren – nicht wahlweise auf Unionsrecht berufen können, um das für sie günstigste ökonomische Ergebnis (steuerpflichtig mit Vorsteuerabzug oder steuerfrei ohne Vorsteuerabzug) herbeizuführen (Rz. 12).

§ 4 Nr. 18a [Leistungen politischer Parteien]

Von den unter § 1 Abs. 1 Nr. 1 fallenden Umsätzen sind steuerfrei:

...

18a. die Leistungen zwischen den selbständigen Gliederungen einer politischen Partei, soweit diese Leistungen im Rahmen der satzungsgemäßen Aufgaben gegen Kostenerstattung ausgeführt werden, und sofern die jeweilige Partei nicht gemäß § 18 Absatz 7 des Parteiengesetzes von der staatlichen Teilfinanzierung ausgeschlossen ist;

...

Schrifttum: *Felix*, Zur Umsatzbesteuerung politischer Parteien, UR 1976, 85; *Huschens*, Unternehmereigenschaft halböffentlicher Einrichtungen – Auswirkungen der EuGH-Urteile vom 6.10.2009, C-267/08 (SPÖ-Landesorganisation Kärnten) und vom 29.10.2009, C-246/08 (Kommission/Finnland), UVR 2010, 61; *Lehmann*, Politische Betätigung im Steuerrecht, MIP 2011, 110; *Nieskens*, Wirtschaftliche Tätigkeit einer regionalen Organisation einer politischen Partei, EU-UStB 2009, 55.

A. Grundaussagen

I. Regelungsgegenstand und Bedeutung

1 § 4 Nr. 18a UStG sieht eine spezielle Befreiung vor, die den Leistungsaustausch zwischen selbständigen Untergliederungen einer Partei gegen Kostenerstattung zum Gegenstand hat.

2 Die Bedeutung der Befreiung wird insbesondere durch die EuGH-Rechtsprechung in Sachen *SPÖ* relativiert. In dieser Entscheidung hatte der EuGH klargestellt, dass Tätigkeiten einer Landesorganisation einer politischen Partei eines Mitgliedstaats mit eigener Rechtspersönlichkeit für ihr untergeordnete Bezirks- und Ortsorganisationen dann nicht als wirtschaftliche Tätigkeit anzusehen sind, wenn hierdurch keine (eigenen) nachhaltigen Einnahmen erzielt werden, sondern die Finanzierung durch öffentliche Zuschüsse oder Mitgliedsbeiträge der Parteimitglieder erfolgt.[1] Im konkreten Fall ging es um Maßnahmen der Außenwerbung.

---

1 EuGH, Urt. v. 6.10.2009 – C-267/08, ECLI:EU:C:2009:619 – SPÖ Landesorganisation Kärnten, UR 2009, 760; hierzu auch: *Huschens*, UVR 2010, 61 und *Nieskens*, EU-UStB 2009, 55.

3 Vor dem Hintergrund stellt sich ein **wesentlicher Teil** der entgeltlichen **Tätigkeiten** zwischen rechtlich selbständigen Untergliederungen **politischer Parteien** bereits **nicht** als **umsatzsteuerbar** dar,[1] sodass sich die Frage einer Umsatzsteuerbefreiung gar nicht stellt. In der Literatur wird daher zum Teil darauf hingewiesen, dass die Befreiung nach § 4 Nr. 18a UStG weitgehend leer liefe[2] oder der Gesetzgeber mit einer gewissen systematischen Schieflage durch § 4 Nr. 18a UStG systematisch keine Befreiungsvorschrift schaffen, sondern die Nichtsteuerbarkeit der Leistungen zwischen selbständigen Organisationen einer politischen Partei unter den dort genannten Voraussetzungen klarstellen wollte.[3]

II. Unionsrechtliche Grundlagen

4 Das Unionsrecht sieht keine Ermächtigungsgrundlage für eine selektive Umsatzsteuerbefreiung im Zusammenhang mit Leistungen zwischen selbständigen Gliederungen der Parteien vor.[4] Die Befreiung ist daher, soweit sie über eine bloße Klarstellung einer Verwaltungsvereinfachung für materiell bereits nicht steuerbare Umsätze hinausgeht, **unionsrechtswidrig.**[5] Eine Rechtfertigung nach Art. 132 Abs. 1 Buchst. l MwStSystRL kommt nicht (auch nicht für einen Teilbereich der Leistungen an untergeordnete Organisationen als „Mitglieder") in Frage, da nach deutschem Recht ausschließlich natürliche Personen und nicht selbständige Parteiuntergliederungen „Mitglieder" sein können (§ 2 Abs. 1 Satz 2 PartG).[6]

5 Im Schrifttum wird teilweise auch die Verfassungskonformität im Hinblick auf die Bevorzugung von Parteien gegenüber anderen Vereinen in Frage gestellt.[7]

III. Verhältnis zu anderen Vorschriften und Rechtsentwicklung

6 Bei § 4 Nr. 18a UStG handelt es sich um eine sog. **„unechte" Umsatzsteuerbefreiungsvorschrift**, die zum Ausschluss des Vorsteuerabzugs nach § 15 Abs. 2 UStG führt. Ein Verzicht auf die Steuerbefreiung nach § 9 UStG ist nicht möglich.[8]

B. Persönlicher Anwendungsbereich (Nr. 18a)

I. Selbständige Gliederungen einer politischen Partei

7 In persönlicher Hinsicht sind nur selbständige Gliederungen einer politischen Partei umfasst. Bei nicht selbständigen Gliederungen kommen umsatzsteuerbare Leistungen untereinander mangels Unternehmereigenschaft nach § 2 UStG ohnehin nicht in Frage. Es muss sich um selbständige Gliederungen derselben Partei handeln. Leistungen zwischen verschiedenen Parteien sind nicht nach § 4 Nr. 18a UStG umfasst.

1 Vgl. bereits *Felix*, UVR 1976, 85.

2 *Oelmaier* in Sölch/Ringleb, § 4 Nr. 18a UStG Rz. 3 (Stand: Juni 2021).

3 *Erdbrügger* in Hartmann/Metzenmacher, § 4 Nr. 18a UStG Rz. 10 (Stand: 2023).

4 *Frye* in Rau/Dürrwächter, § 4 Nr. 18a UStG Rz. 11 (Stand: Juli 2019); *Kulmsee* in Reiß/Kraeusel/Langer, § 4 Nr. 18a UStG Rz. 7 (Stand: Juli 2018); *Lehmann*, MIP 2011, 110; *Rauch* in Offerhaus/Söhn/Lange, § 4 Nr. 18a UStG Rz. 3 (Stand: November 2017); *Sterzinger* in Birkenfeld/Wäger, Umsatzsteuer-Handbuch, Abschn. II Kap. 5 D. – § 4 Nr. 18a UStG Rz. 10 (Stand: Juli 2019).

5 Vgl. *Ehrt* in Weymüller, BeckOK, § 4 Nr. 18a UStG Rz. 8 (Stand: Januar 2024); *Erdbrügger* in Hartmann/Metzenmacher, § 4 Nr. 18a UStG Rz. 26 (Stand: 2023); *Frye* in Rau/Dürrwächter, § 4 Nr. 18a UStG Rz. 13 (Stand: Juli 2019); vgl. auch BFH, Urt. v. 23.9.2020 – XI R 35/18, BStBl. II 2022, 344 = UR 2021, 348.

6 *Erdbrügger* in Hartmann/Metzenmacher, § 4 Nr. 18a UStG Rz. 26 (Stand: 2023); **a.A.** *Oelmaier* in Sölch/Ringleb, § 4 Nr. 18a UStG Rz. 3 (Stand: Juni 2021).

7 *Frye* in Rau/Dürrwächter, § 4 Nr. 18a UStG Rz. 16 (Stand: Juli 2019); *Gehm* in Küffner/Zugmaier, § 4 Nr. 18a UStG Rz. 3 (Stand: Mai 2018).

8 *Frye* in Rau/Dürrwächter, § 4 Nr. 18a UStG Rz. 52 f. (Stand: Juli 2019).

II. Kein Teilfinanzierungsausschluss

8 Die Befreiung ist **ausgeschlossen, wenn** eine Partei nach § 18 Abs. 7 Satz 2 PartG **von der staatlichen Teilfinanzierung ausgeschlossen** wird. Dies ist der Fall, wenn die Partei sich entweder selbst auflöst, verboten wird oder das Bundesverfassungsgericht sie als nach ihren Zielen oder dem Verhalten ihrer Anhänger darauf ausgerichtet ansieht, die freiheitliche demokratische Grundordnung zu beeinträchtigen oder zu beseitigen oder den Bestand der Bundesrepublik Deutschland zu gefährden (§ 46a BVerfGG i.V.m. Art. 21 Abs. 3 Satz 1 GG). Maßgeblicher Zeitpunkt für das Entfallen der Umsatzsteuerbefreiung dürfte jeweils der Zeitpunkt sein, ab dem der Ausschluss von der Teilfinanzierung wirksam wird, d.h. der Zeitpunkt der Auflösung der Partei (§ 18 Abs. 7 Satz 2 PartG) oder der Zeitpunkt der Entscheidung des BVerfG nach § 46a BVerfGG.[1]

C. Sachlicher Anwendungsbereich (Nr. 18a)

I. Leistungen untereinander im Rahmen der satzungsgemäßen Aufgaben

9 Von der Befreiung umfasst sind nur Leistungen der Parteigliederungen untereinander, **nicht** jedoch **Leistungen der Partei selbst an ihre Mitglieder**. Hintergrund für diesen beschränkten Umfang der Befreiung dürfte sein, dass der Gesetzgeber davon ausging, dass in diesen Fällen ohnehin, wie bei ideell tätigen Vereinen, keine umsatzsteuerbaren Leistungen vorliegen würden.[2] Nach der Rechtsprechungsentwicklung, insbesondere der EuGH-Rechtsprechung in Sachen *Kennemer Golf*[3] und der BFH-Rechtsprechung zur Unternehmereigenschaft von Berufsverbänden[4], ist jedoch vermehrt damit zu rechnen, dass Parteien im Einzelfall auch steuerbare Leistungen an ihre Mitglieder erbringen könnten. Diese wären nach der derzeitigen Fassung des § 4 Nr. 18a UStG dann nicht von der Befreiung umfasst.

II. Im Rahmen satzungsgemäßer Aufgaben und gegen Kostenerstattung

10 Befreit sind nur Leistungen **soweit** sie im Rahmen der **satzungsgemäßen Aufgaben und** gegen **Kostenerstattung** ausgeführt werden.

11 **Streitig** ist, ob sich die Formulierung „**soweit**" sowohl auf die Erfüllung der satzungsgemäßen Aufgaben als **auch auf das Kostenerstattungserfordernis** bezieht oder nur auf die satzungsgemäßen Aufgaben. Ein Teil der Literatur vertritt, dass im Hinblick auf die Kostenerstattung das „soweit" in ein „wenn" umzudeuten ist, sodass die Befreiung insgesamt entfiele, sobald das Entgelt auch nur geringfügig über den Kosten liegen würde.[5] Für eine derartige restriktive Auslegung der Befreiung fehlt es m.E. jedoch an überzeugenden Gründen, insbesondere erscheint sie weder aus Gründen der systematischen oder historischen Auslegung noch nach dem Sinn und Zweck der Befreiung gerechtfertigt. D. h. anders als bei einer sog. Kostenteilungsgemeinschaft i.S.d. § 4 Nr. 29 UStG (§ 4 Nr. 29 Rz. 1 ff.) dürfte die Befreiung nach § 4 Nr. 18a UStG nicht vollständig entfallen, wenn die selbständige Parteigliederung Gewinne erzielt. **Bei einer Überschreitung der Kostenerstattung** kommt es vielmehr zu einer **Aufteilung zwischen steuerfreien und steuerpflichtigen Tätigkeiten.**[6] Dies wiederum führt in der praktischen Umsetzung zu Problemen, insbesondere wenn sich erst zu einem späteren Zeitpunkt zeigt, dass Gewinne erzielt wurden. Um diese Situation zu vermeiden, empfiehlt es sich, entweder nur Kosten weiter zu berechnen, die bereits entstanden sind oder einen automatischen Ausgleichsmechanismus am Ende der jeweiligen Abrechnungsperiode zu vereinbaren, der das Entgelt entweder erhöht oder ermäßigt, je nachdem, wie hoch die Kosten tatsächlich waren.

---

1 So auch *Kulmsee* in Reiß/Kraeusel/Langer, § 4 Nr. 18a UStG Rz. 24.1 (Stand: Juli 2018).

2 Vgl. Abschn. 1.4. UStAE.

3 EuGH, Urt. v. 21.3.2002 – C-174/00, ECLI:EU:C:2002:200 – Kennemer Golf, UR 2002, 320 m. Anm. *Widmann.*

4 BFH, Urt. v. 13.12.2018 – V R 45/17, BStBl. II 2019, 460 = UR 2019, 337 m. Anm. *Küffner/Kirchinger.*

5 Vgl. *Huschens* in Schwarz/Widmann/Radeisen, § 4 Nr. 18a UStG Rz. 15 (Stand: Juli 2023).

6 So auch: *Frye* in Rau/Dürrwächter, § 4 Nr. 18a UStG, Rz. 45 f. (Stand: Juli 2019); *Kulmsee* in Reiß/Kraeusel/Langer, § 4 Nr. 18a UStG Rz. 24 (Stand: Juli 2018); *Rauch* in Offerhaus/Söhn/Lange, § 4 Nr. 18a UStG Rz. 8 (Stand: November 2017).

Die **satzungsgemäßen Aufgaben** einer Partei sind in § 1 Abs. 2 PartG umschrieben (insbes. Bildung des politischen Willens des Volkes).[1] Tätigkeiten, die über die satzungsgemäßen Aufgaben hinausgehen oder im Rahmen eines wirtschaftlichen Geschäftsbetriebs in Konkurrenz zu anderen Unternehmern ausgeführt werden (z.B. rein gesellige Veranstaltungen wie Konzerte)[2], sind (partiell) nicht befreit, ohne dass die Befreiung der übrigen Tätigkeiten insgesamt verloren ginge. 12

§ 4 Nr. 19 [Umsätze der Blinden und der Blindenwerkstätten]

Von den unter § 1 Abs. 1 Nr. 1 fallenden Umsätzen sind steuerfrei:

…

19. a) die Umsätze der Blinden, die nicht mehr als zwei Arbeitnehmer beschäftigen. ²Nicht als Arbeitnehmer gelten der Ehegatte, der eingetragene Lebenspartner, die minderjährigen Abkömmlinge, die Eltern des Blinden und die Lehrlinge. ³Die Blindheit ist nach den für die Besteuerung des Einkommens maßgebenden Vorschriften nachzuweisen. ⁴Die Steuerfreiheit gilt nicht für die Lieferungen von Energieerzeugnissen im Sinne des § 1 Abs. 2 und 3 des Energiesteuergesetzes und von Alkoholerzeugnissen im Sinne des Alkoholsteuergesetzes, wenn der Blinde für diese Erzeugnisse Energiesteuer oder Alkoholsteuer zu entrichten hat, und für Lieferungen im Sinne der Nummer 4a Satz 1 Buchstabe a Satz 2,

b) die folgenden Umsätze der nicht unter Buchstabe a fallenden Inhaber von anerkannten Blindenwerkstätten und der anerkannten Zusammenschlüsse von Blindenwerkstätten im Sinne des § 226 des Neunten Buches Sozialgesetzbuch:

aa) die Lieferungen von Blindenwaren und Zusatzwaren,

bb) die sonstigen Leistungen, soweit bei ihrer Ausführung ausschließlich Blinde mitgewirkt haben;

…

Schrifttum: *Moldan*, Steuerfreie Besorgungsleistungen bei Beschaffung von Opern-Eintrittskarten, UStB 2018, 253; *Weber*, Die Umsatzsteuerbefreiung von Subunternehmerleistungen im Gemeinwohlbereich, UVR 2018, 105.

1 Siehe auch: *Erdbrügger* in Hartmann/Metzenmacher, § 4 Nr. 18a UStG Rz. 35 (Stand: 2023).

2 *Erdbrügger* in Hartmann/Metzenmacher, § 4 Nr. 18a UStG Rz. 38 (Stand: 2023); *Frye* in Rau/Dürrwächter, § 4 Nr. 18a UStG Rz. 41 (Stand: Juli 2019); BFH, Beschl. v. 3.2.2016 – V B 122/15, BFH/NV 2016, 1062; FG Thüringen, Urt. v. 23.4.2015 – 1 K743/12, EFG 2015, 1473.

A. Grundaussagen

I. Regelungsgegenstand und Bedeutung

1 Die Befreiung wurde aus **sozialpolitischen Gründen** eingeführt und diente zunächst als Unterstützung der Kriegsblinden, die später auf Zivilblinde ausgedehnt wurde, um die durch ihre Blindheit verursachten wirtschaftlichen Nachteile zu vermeiden und Arbeitsplätze für Blinde zu schaffen.[1] Die Begünstigung ist nur eingeschränkt, da es sich um eine sog. echte Steuerbefreiung handelt, die den Vorsteuerabzug grundsätzlich ausschließt (§ 15 Abs. 2 UStG).[2] Es besteht jedoch die Möglichkeit eines Verzichts auf die Befreiung nach § 9 UStG.

II. Unionsrechtliche Grundlagen

2 Unionsrechtlich existiert keine Ermächtigungsgrundlage für eine selektive Befreiung der Umsätze von Blinden oder Inhabern von Blindenwerkstätten. Die Befreiung ist jedoch nach **Art. 371 i.V.m. Anhang X Teil B Nr. 5 MwStSystRL** gerechtfertigt, die es Mitgliedstaaten erlauben, bereits vor dem 1.1.1978 befreite „Umsätze, die von Blinden oder Blindenwerkstätten bewirkt werden" weiterhin zu befreien, „wenn ihre Befreiung von der Steuer keine erheblichen Wettbewerbsverzerrungen verursacht."[3] Wettbewerbsverzerrungen sollen durch die Beschränkung der Arbeitnehmerzahl und der Warenart vermieden werden.[4]

III. Verhältnis zu anderen Vorschriften und Rechtsentwicklung

3 In welchem **Verhältnis § 4 Nr. 19 UStG zu anderen Befreiungsvorschriften** steht, die nach ihren Tatbestandsvoraussetzungen ggf. gleichzeitig erfüllt sein können (z.B. steuerfreie innergemeinschaftliche Lieferungen nach § 4 Nr. 1a i.V.m. § 6a UStG), ist von der Rechtsprechung noch nicht geklärt und in der Literatur **umstritten**.[5] Die FinVerw. will in diesen Fällen § 4 Nr. 19 UStG als lex specialis vorrangig anwenden und hält die Rechtsprechung des EuGH zu § 4 Nr. 17 UStG in der Rechtsache *Eurodental*[6] auch für auf § 4 Nr. 19 UStG übertragbar.[7] Dies hat zur Konsequenz, dass für Blinde, die von § 4 Nr. 19 UStG profitieren, nach Finanzverwaltungsauffassung auch dann Vorsteuer vom Abzug ausgeschlossen ist, wenn gleichzeitig eine sog. „echte" Umsatzsteuerbefreiung greift, die den Vorsteuerabzug nach § 15 Abs. 3 UStG nicht ausschließen würde.

4 Da Unternehmer auf die Befreiung nach § 4 Nr. 19 UStG – anders als auf die Befreiung nach § 4 Nr. 17 UStG – verzichten können (s. zum Verzicht für Einzelumsätze auch § 9 Rz. 1 ff.), können die Begünstigten auf diese Weise ihren **Vorsteuerabzug wiederherstellen**. Ein derartiger **Verzicht** ist zwar konkludent durch die Geltendmachung des Vorsteuerabzugs möglich.[8] Für die Praxis dürfte es in Anbetracht der noch ungeklärten Rechtslage – gerade bei einem hohen Umsatzvolumen derartiger „doppelbefreiter" Umsätze – **empfehlenswert** sein, den Verzicht nach § 9 UStG aus Vorsichtsgründen auch dem Finanzamt gegenüber nochmals **ausdrücklich zu dokumentieren**.

---

1 Vgl. Antwort des Parlamentarischen Staatssekretärs *Häfele* v. 5.10.1981 auf die Frage 17 des Abgeordneten *Vosen*, BT-Drucks. 11/934, 8.

2 *Heidner* in Bunjes[22], § 4 Nr. 19 UStG Rz. 2; *Heuermann* in Sölch/Ringleb, § 4 Nr. 19 UStG Rz. 50 (Stand: Oktober 2023); *Huschens* in Schwarz/Widmann/Radeisen, § 4 Nr. 19 UStG Rz. 4 (Stand: Juli 2022).

3 Vgl. auch *Huschens* in Schwarz/Widmann/Radeisen, § 4 Nr. 19 UStG Rz. 15 f. (Stand: Juli 2022); *Sterzinger* in Birkenfeld/Wäger, Umsatzsteuer-Handbuch, Abschn. II Kapitel 5 E. – § 4 Nr. 19, Rz. 14 (Stand: Juli 2019); *Teufel* in Küffner/Zugmaier, § 4 Nr. 19 UStG Rz. 11 (Stand: September 2020); *Verweyen* in Hartmann/Metzenmacher, § 4 Nr. 19 UStG Rz. 18 ff. (Stand: 2023).

4 *Verweyen* in Hartmann/Metzenmacher, § 4 Nr. 19 UStG Rz. 16 (Stand: 2023).

5 Für einen den Vorsteuerabzug ausschließenden Vorrang: *Kulmsee* in Reiß/Kraeusel/Langer, § 4 Nr. 19 UStG Rz. 11.1 (Stand: April 2022); offen lassend: *Kossack* in Offerhaus/Söhn/Lange, § 4 Nr. 19 UStG Rz. 11 und 14 (Stand: September 2020).

6 EuGH, Urt. v. 7.12.2006 – C-240/05, ECLI:EU:C:2006:763 – Eurodental, UR 2007, 98.

7 Abschn. 4.19.1 Abs. 4 und Abschn. 4.19.2 Abs. 3 UStAE.

8 *Kulmsee* in Reiß/Kraeusel/Langer, § 4 Nr. 19 UStG Rz. 7 (Stand: April 2022).

B. Umsätze der Blinden (Nr. 19 Buchst. a)

I. Selektive Begünstigung – Umsätze von Blinden

In **sachlicher Hinsicht** befreit § 4 Nr. 19 Buchst. a UStG „Umsätze", so dass sowohl **Lieferungen** als auch **sonstige Leistungen** nach § 1 Abs. 1 Nr. 1 UStG sowie die diesen gleichgestellten unentgeltlichen Wertabgaben nach § 3 Abs. 1b und Abs. 9a UStG befreit sind. Wie alle in § 4 UStG aufgezählten Befreiungen sind diese allerdings nach dem Eingangssatz von § 4 UStG auf die in § 1 Abs. 1 Nr. 1 UStG genannten steuerbaren Umsätze beschränkt. § 4 Nr. 19 Buchst. a UStG enthält daher **keine Befreiung für innergemeinschaftliche Erwerbe** nach § 1 Abs. 1 Nr. 5 UStG **oder Einfuhren** nach § 1 Abs. 1 Nr. 4 UStG.[1] Werden derartige Wareneingänge für das (steuerfreie) Inlandsgeschäft verwendet, kommt es daher zu nicht abziehbarer Vorsteuer (§ 15 Abs. 2 Nr. 1 UStG). 5

In **persönlicher Hinsicht** begünstigt § 4 Nr. 19 UStG selektiv **ausschließlich Blinde**, jedoch **keine** Unternehmer mit **anderen Behinderungen**. Dies ist historisch erklärbar, verfassungsrechtlich unter Gleichheitsgesichtspunkten im Hinblick auf den Gleichheitsgrundsatz nach Art. 3 GG jedoch kritisiert worden.[2] Der Begriff der „Blinden" bezieht **sich ausschließlich** auf **natürliche Personen**, da nur diese blind sein können. **Nicht** von der Befreiung **erfasst** sind daher **Körperschaften oder Personenvereinigungen**. Auch eine sog. „Einmann-GmbH" eines Blinden oder eine Personengesellschaft mit ausschließlich blinden Gesellschaftern ist nicht nach § 4 Nr. 19 Buchst. a UStG befreit.[3] 6

II. Arbeitnehmergrenze (Satz 1)

Die Befreiung verlangt, dass **nicht mehr als zwei Arbeitnehmer** beschäftigt werden. Hierbei ist **nicht nach Köpfen, sondern der zeitlichen Arbeitsleistung**[4] abzugrenzen, so dass z.B. auch die Beschäftigung von vier Arbeitnehmern mit einer Arbeitsverpflichtung von 50 % möglich ist. **Unklar** ist, ob dies im Zusammenspiel mit **Überstunden** auch zum Entfallen der Steuerbefreiung führen kann.[5] Dies würde m.E. dem Sinn und Zweck der Befreiung widersprechen. Die FinVerw. stellt für die Bestimmung der zeitlichen Arbeitskapazitäten auf den jeweiligen **Kalendermonat** ab.[6] 7

III. Negativfiktion – keine Arbeitnehmer (Satz 2)

§ 4 Nr. 19 Buchst. a Satz 2 UStG nimmt bei der Zwei-Arbeitnehmer-Grenze bestimmte Personengruppen von der Zählung aus. Hierzu gehören **Ehegatten und minderjährige Abkömmlinge** (insbes. Kinder und Enkelkinder). Auch **eingetragene Lebenspartner** sind ab dem 30.6.2013 ausgenommen.[7] 8

Ebenfalls nicht in die Arbeitnehmergrenze miteinbezogen werden **Lehrlinge**. Dieser noch der alten Gesetzeslage entstammende Begriff wurde durch den Begriff der Auszubildenden nach § 10 BBiG er- 9

1 *Kossack* in Offerhaus/Söhn/Lange, § 4 Nr. 19 UStG Rz. 16 (Stand: September 2020); *Kulmsee* in Reiß/Kraeusel/Langer, § 4 Nr. 19 UStG Rz. 11 (Stand: April 2022).

2 Siehe hierzu *Kossack* in Offerhaus/Söhn/Lange, § 4 Nr. 19 UStG Rz. 10 (Stand: September 2020); *Verweyen* in Hartmann/Metzenmacher, § 4 Nr. 19 UStG Rz. 14 (Stand: 8. EL 2023).

3 Vgl. *Huschens* in Schwarz/Widmann/Radeisen, § 4 Nr. 19 UStG Rz. 23 (Stand: Juli 2022); *Kossack* in Offerhaus/Söhn/Lange, § 4 Nr. 19 UStG Rz. 17 (Stand: September 2020); *Kulmsee* in Reiß/Kraeusel/Langer, § 4 Nr. 19 UStG Rz. 17 (Stand: April 2022); *Sterzinger* in Birkenfeld/Wäger, Umsatzsteuer-Handbuch, Abschn. II. Kap. 5 E. – § 4 Nr. 19 UStG Rz. 28 (Stand: Juli 2019).

4 Vgl. Abschn. 4.19.1 Abs. 2 Satz 1 UStAE; **a.A.** *Kossack* in Offerhaus/Söhn/Lange, § 4 Nr. 19 UStG Rz. 10 (Stand: September 2020), wonach die Anzahl der Arbeitnehmer unabhängig von der geleisteten Zeit maßgeblich sein soll.

5 So z.B. *Kossack* in Offerhaus/Söhn/Lange, § 4 Nr. 19 UStG Rz. 20 (Stand: September 2020).

6 Abschn. 4.19.1 Abs. 2 Satz 2 UStAE; a.A. *Verweyen* in Hartmann/Metzenmacher, § 4 Nr. 19 UStG Rz. 33 (Stand: Mai 2016), wonach ein Abstellen auf das Kalenderjahr sachgerechter wäre.

7 Amtshilferichtliniengesetz v. 26.6.2013, BGBl. I 2013, 1801; hierzu auch: *Kossack* in Offerhaus/Söhn/Lange, § 4 Nr. 19 UStG Rz. 22 (Stand: September 2020); *Verweyen* in Hartmann/Metzenmacher, § 4 Nr. 19 UStG Rz. 8 und 32 (Stand: Mai 2016).

setzt.[1] Nach herrschender Meinung in der Literatur sind nach dem Sinn und Zweck der Befreiung **auch** andere Personen, die zwar keine Auszubildenden sind, aber ebenfalls eingestellt werden, um Kenntnisse, Fertigkeiten oder Erfahrungen zu erwerben, wie z.B. **Praktikanten und Volontäre** von der Arbeitnehmergrenze **ausgenommen.**[2]

IV. Nachweis der Blindheit (Satz 3)

10 Der blinde Unternehmer muss, um in den Anwendungsbereich der Befreiung zu kommen, nach § 4 Nr. 19 Buchst. a Satz 3 UStG die **Blindheit nach einkommensteuerlichen Grundsätzen** nachweisen. Diesbezüglich ist entsprechend § 33b Abs. 3 Satz 3 EStG und § 65 EStDV eine **amtliche Anerkennung** notwendig, die z.B. in einem amtlichen Schwerbehindertenausweis nach § 69 SGB IX mit dem Merkzeichen „BL" oder in Form eines Bescheids der für die Durchführung des Bundesversorgungsgesetzes zuständigen Behörde mit Feststellung der Blindheit liegen kann.[3] (Rz. 2).

11 Die **Abgrenzung** zwischen **Arbeitnehmern** und selbständigen Unterauftragnehmern – „sog. **Freelancern**" – hat bei Blinden über die lohn- und sozialversicherungsrechtlichen Konsequenzen hinaus auch umsatzsteuerliche Konsequenzen, da sog. „**Scheinselbständige**" zum Überschreiten der Arbeitnehmergrenze nach § 4 Nr. 19 UStG und damit zum (rückwirkenden) Entfallen der Steuerbefreiung führen können.

V. Ausgenommene Leistungen (Satz 4)

1. Lieferungen von verbrauchsteuerpflichtigen Energieerzeugnissen und Alkohol (Satz 4 Alt. 1)

12 Als **Reaktion** auf Gestaltungsmodelle, die es insbesondere **blinden Tankstellenunternehmern** ermöglichten, Wettbewerbsvorteile gegenüber ihren (nichtblinden) Konkurrenten zu realisieren, wurde durch das StÄndG 1973 die **Befreiung für** Lieferungen von **energiesteuerpflichtigen** Erzeugnissen i.S.d. § 1 Abs. 2 und Abs. 3 EnergieStG **und** von **alkoholsteuerpflichtigen Erzeugnissen** nach § 4 Nr. 19 Buchst. a Satz 2 Alt. 1 UStG **ausgeschlossen.**[4]

2. Lieferungen vor Auslieferung aus einem Umsatzsteuerlager (Satz 4 Alt. 2)

13 Des Weiteren vom Anwendungsbereich der Befreiung **ausgenommen** sind **Lieferungen, die** der **Auslagerung** eines Gegenstandes aus einem Umsatzsteuerlager **vorausgehen**, soweit der Gegenstand nicht in ein anderes Umsatzsteuerlager im Inland eingelagert wird (§ 4 Nr. 4a Buchst. a Satz 2 UStG). Hiermit wird sichergestellt, dass mit dem Entfallen der Umsatzsteuerlagerbefreiung nach § 4 Nr. 4a Buchst. a Satz 1 UStG infolge der Auslagerung nicht eine etwaige Steuerbefreiung nach § 4 Nr. 19 UStG bestehen bleibt. Nach dem Willen des Gesetzgebers sollte **keine unversteuerte Auslagerung durch blinde Unternehmer** möglich sein.[5] Die der Auslagerung vorangehende Lieferung wird daher nach § 4 Nr. 4a Buchst. a Satz 1 UStG auch dann steuerpflichtig, wenn sie von einem Blinden durchgeführt wird und die Voraussetzungen des § 4 Nr. 19 Buchst. a UStG im Übrigen vorliegen.

---

1 Vgl. *Ehrt* in Weymüller, BeckOK, § 4 Nr. 19 UStG Rz. 25 (Stand: Januar 2024).

2 *Ehrt* in Weymüller, BeckOK, § 4 Nr. 19 UStG Rz. 25 (Stand: Januar 2024); *Kossack* in Offerhaus/Söhn/Lange, § 4 Nr. 19 UStG Rz. 24 (Stand: September 2020); *Kulmsee* in Reiß/Kraeusel/Langer, § 4 Nr. 19 UStG Rz. 19 (Stand: April 2022); *Verweyen* in Hartmann/Metzenmacher, § 4 Nr. 19 UStG Rz. 32 (Stand: 2023).

3 Siehe hierzu: *Heuermann* in Sölch/Ringleb, § 4 Nr. 19 UStG Rz. 17 (Stand: Oktober 2023).

4 Vgl. *Heuermann* in Sölch/Ringleb, § 4 Nr. 19 UStG Rz. 3 f. (Oktober: 2023).

5 Gesetzesbegründung BT-Drucks. 15/1562, 44; hierzu auch *Verweyen* in Hartmann/Metzenmacher, § 4 Nr. 19 UStG Rz. 16 (Stand: 2023).

C. Blindenwerkstätten (Nr. 19 Buchst. b)

I. Subsidiarität

Die in § 4 Nr. 19 Buchst. b UStG geregelten Befreiungsvarianten greifen nur für Umsätze, die nicht bereits unter die allgemeine Befreiung der Umsätze von Blinden nach § 4 Nr. 19 Buchst. a UStG fallen. Dieses mit § 4 Nr. 19 Buchst. b Satz 1 UStG angeordnete Subsidiaritätsverhältnis führt insbesondere dazu, dass **Inhaber** von Behindertenwerkstätten, **die selbst blind sind** und die übrigen Befreiungsvoraussetzungen erfüllen, von der umfassenderen Befreiung nach § 4 Nr. 19 Buchst. a UStG profitieren.[1] 14

II. Persönlicher Anwendungsbereich – Blindenwerkstätten oder Zusammenschlüsse

§ 4 Nr. 19 Buchst. b UStG befreit Umsätze der **Inhaber von anerkannten Blindenwerkstätten oder** von anerkannten **Zusammenschlüssen** von Blindenwerkstätten. Die FinVerw. verweist diesbezüglich auf § 226 SGB IX, der wiederum auf die **Anerkennung nach dem Blindenwarenvertriebsgesetz** abstellt, das mit Wirkung zum 14.9.2007 aufgehoben wurde.[2] Nach § 5 des bis zum 13.9.2007 geltenden BliWaG handelte es sich bei den anzuerkennenden Betrieben um **Betriebe, in denen ausschließlich Blindenwaren hergestellt und in denen bei der Herstellung andere Personen als Blinde nur mit Hilfs- oder Nebenarbeiten beschäftigt werden** (zu den Begrifflichkeiten Rz. 17 ff.). Ein Verzeichnis der Blindenwerkstätten wird im Anhang des Verzeichnisses nach § 225 Satz 3 SGB IX von der Bundesagentur für Arbeit geführt.[3] 15

Schwierig kann sich in der Praxis die erforderliche **Abgrenzung zwischen Herstellungs- und Hilfsbetrieb** gestalten, wobei nach herrschender Meinung die Beschaffung der Rohstoffe und der Vertrieb der Erzeugnisse sowie die Ausfertigung von Schablonen und Mustern nicht zum Herstellungsbereich gehört.[4] 16

III. Befreite Leistungen

1. Lieferungen von Blindenwaren und Zusatzwaren (Buchst. b Doppelbuchst. aa)

Nach § 4 Nr. 19 Buchst. b Doppelbuchst. aa UStG sind die Lieferungen von Blindenwaren und Zusatzwaren befreit. Die Befreiung beschränkt sich damit auf Lieferungen; sonstige Leistungen fallen nicht darunter. 17

Die Begriffe der Blindenwaren und Zusatzwaren entspringen dem bis zum 13.9.2007 geltenden Blindenwarenvertriebsgesetz (BliWaG)[5] und dessen Durchführungsverordnung (DVOBliWaG).[6] Die FinVerw. verweist in diesem Zusammenhang auf § 2 BliWaG und §§ 1 und 2 DVOBliWaG.[7] 18

Blindenwaren sind in diesem Zusammenhang Waren, die in ihren wesentlichen, das Erzeugnis bestimmenden Arbeiten von Blinden hergestellt wurden und von der DVOBliWaG[8] aufgezählt werden (Bürs- 19

1 *Teufel* in Küffner/Zugmaier, § 4 Nr. 19 UStG Rz. 48 (Stand: September 2020).
2 *Pahlen* in Neumann/Pahlen/Greiner/Winkler/Jabben, 14. Aufl. 2020, § 226 SGB IX Rz. 2.
3 Anhang zum Verzeichnis der anerkannten Werkstätten für behinderte Menschen unter www.arbeitsagentur.de; hierzu auch: *Jacobs* in Dau/Düwell/Joussen[5], SGB IX, § 226 Rz. 8.
4 Vgl. hierzu *Heuermann* in Sölch/Ringleb, § 4 Nr. 19 UStG Rz. 38 (Stand: Oktober 2023); *Sterzinger* in Birkenfeld/Wäger, Umsatzsteuer-Handbuch, Abschn. II. Kap. 5 E. – § 4 Nr. 19 UStG Rz. 48 (Stand: Juli 2019).
5 Blindenwarenvertriebsgesetz v. 11.8.1965, BGBl. I 1965, 807.
6 Durchführungsverordnung zum Blindenwarenvertriebsgesetz v. 11.8.1965, BGBl. I 1965, 807, i.d.F. v. 25.3.1969, BGBl. I 1969, 283 und v. 28.11.1979, BGBl. I 1979, 1986.
7 Abschn. 4.19.2 Abs. 2 Satz 1 UStAE.
8 Durchführungsverordnung zum Blindenwarenvertriebsgesetz v. 11.8.1965, BGBl. I 1965, 807, i.d.F. v. 25.3.1969, BGBl. I 1969, 283 und v. 28.11.1979, BGBl. I 1979, 1986.

ten, Besen, Körbe, Matten, Web-, Strick-, Knüpf- und Häkelwaren, Töpfer- und Keramikwaren, Wäscheklammern, Arbeitsschürzen).[1]

20 Der Begriff der **Zusatzwaren** bezog sich auf „Korb- und Seilerwaren, Pinsel und Matten sowie einfaches Reinigungsgerät und Putzzeug, mit Ausnahme der in § 1 DVOBliWaG bezeichneten Waren. Für diese Waren galt bis zur Aufhebung des BliWaG zum 13.9.2007 eine Beschränkung auf maximal 30% des Gesamterlöses eines Kalenderjahres, die sich seinerzeit auch umsatzsteuerlich auswirken konnte, da § 4 Nr. 19 Buchst. b Doppelbuchst. aa UStG a.F. an die Lieferung von Zusatzwaren „im Sinne des Blindenwarenvertriebsgesetzes" anknüpfte. Diese Einschränkung ist nach Aufhebung des BliWaG gegenstandslos geworden und hat zu einer Anpassung des § 4 Nr. 19 Buchst. b Doppelbuchst. aa UStG geführt. Jedenfalls **ab** dem **14.9.2007** ist der Umfang der gelieferten Zusatzwaren für die Umsatzbesteuerung daher bedeutungslos. Nach der Rechtsprechung des FG Rheinland-Pfalz[2] war jedoch auch nach der alten Rechtslage das Einhalten der 30 %-Grenze für Zusatzwaren keine Voraussetzung für die Umsatzsteuerbefreiung.[3]

21 **Auch** die Lieferungen von **anderen Blindenwaren**, die nicht in der eigenen Blindenwerkstatt hergestellt wurden, sind **befreit.**[4]

2. Sonstige Leistungen unter Mitwirkung von Blinden (Buchst. b Doppelbuchst. bb)

22 § 4 Nr. 19 Buchst. b Doppelbuchst. bb UStG erweitert die Befreiung für Inhaber von Blindenwerkstätten und Werkstattzusammenschlüssen auf sonstige Leistungen unter der Voraussetzung, dass bei ihrer Ausführung Blinde mitgewirkt haben. Dies betrifft **insbesondere** sog. **Lohnveredelungsarbeiten** wie z.B. Ausbesserungen von Korbmöbeln, Klavierstimmen oder Flechtarbeiten.[5]

§ 4 Nr. 20 [Umsätze kultureller Einrichtungen und Veranstaltungsleistungen]

Von den unter § 1 Abs. 1 Nr. 1 fallenden Umsätzen sind steuerfrei:

...

20. a) **die Umsätze folgender Einrichtungen juristischer Personen des öffentlichen Rechts: Theater, Orchester, Kammermusikensembles, Chöre, Museen, botanische Gärten, zoologische Gärten, Tierparks, Archive, Büchereien sowie Denkmäler der Bau- und Gartenbaukunst. [2]Das Gleiche gilt für die Umsätze gleichartiger Einrichtungen anderer Unternehmer, wenn die zuständige Landesbehörde bescheinigt, dass sie die gleichen kulturellen Aufgaben wie die in Satz 1 bezeichneten Einrichtungen erfüllen. [3]Steuerfrei sind auch die Umsätze von Bühnenregisseuren und Bühnenchoreographen an Einrichtungen im Sinne der Sätze 1 und 2, wenn die zuständige Landesbehörde bescheinigt, dass deren künstlerische Leistungen diesen Einrichtungen unmittelbar dienen. [4]Museen im Sinne dieser Vorschrift sind wissenschaftliche Sammlungen und Kunstsammlungen,**

b) **die Veranstaltung von Theatervorführungen und Konzerten durch andere Unternehmer, wenn die Darbietungen von den unter Buchstabe a bezeichneten Theatern, Orchestern, Kammermusikensembles oder Chören erbracht werden;**

...

1 Siehe auch *Pahlen* in Neumann/Pahlen/Greiner/Winkler/Jabben, 14. Aufl. 2020, § 226 SGB IX Rz. 2.
2 FG Rheinland-Pfalz, Urt. v. 12.9.1983 – 5 K 28/83, UR 1984, 170.
3 Hierzu auch: *Verweyen* in Hartmann/Metzenmacher, § 4 Nr. 19 UStG Rz. 43 (Stand: 2023).
4 Abschn. 4.19.2 Abs. 2 Satz 2 UStAE.
5 Vgl. *Ehrt* in Weymüller, BeckOK, § 4 Nr. 19 UStG Rz. 50 (Stand: Januar 2024); *Sterzinger* in Birkenfeld/Wäger, Umsatzsteuer-Handbuch, Abschn. II. Kap. 5 E. – § 4 Nr. 19 UStG Rz. 55 (Stand: Juli 2019).

Schrifttum: *Baldauf*, Umsatzbesteuerung von Leistungsbündeln im öffentlich-rechtlichen Tätigkeitsbereich, DStZ 2018, 270; *Bramerdorfer*, BFH lässt unternehmerbezogene Umsatzsteuerbefreiung auf den Kommissär übergehen, SWK 11/2019, 563; *Dziadkowski*, Kein Verzicht auf die unechte Steuerbefreiung nach § 4 Nr. 20 UStG?, UR 2007, 408; *Grams*, Steuerbefreiung nach § 4 Nr. 20 UStG, UR 1995, 41; *Götze*, Kultur und Umsatzsteuer, StC 2010, 24; *Grams/Schroen*, Zum Regelungsumfang des Gleichstellungsbescheids nach § 4 Nr. 20a UStG, DStR 2007, 611; *Hättich/Renz*, Handel mit Eintrittskarten für kulturelle Veranstaltungen, NWB 2010, 601; *Hättich/Renz*, Umsatzbesteuerung von beschränkt einkommensteuerpflichtigen Künstlern, IStR 2010, 13; *Heuermann*, Rechtsprechung im besonderen Blickpunkt der Außenprüfung – Veranstaltung einer Theateraufführung durch Kauf sämtlicher Eintrittskarten, StBp 2014, 147; *Hidien*, „Systembruch" oder „Systeminhärenz" im internationalen Mehrwertsteuerrecht?, MwStR 2020, 210; *Hundt-Eßwein*, Neue Erkenntnisse über die umsatzsteuerliche Besorgungsleistung nach § 3 Abs. 11 UStG, UStB 2018, 304; *Koch*, Umsatzsteuerbefreiung für kulturelle Leistungen, NWB 2014, 760; *Kohlhaas*, Bindungswirkung der Bescheinigung der zuständigen Landesbehörde gemäß § 4 Nr. 20a Satz 2 UStG, UR 1999, 106; *Kohlhaas*, Grundlagenbescheid im Umsatzsteuerrecht – Bescheinigung der zuständigen Landesbehörde nach § 4 Nr. 20a UStG, UR 1999, 392; *Kohlhaas*, Konzertveranstaltungen künftig immer umsatzsteuerfrei? Zu möglichen Folgewirkungen des Urteils des BVerwG v. 4.5.2006, DStR 2007, 138; *Kohlhaas*, Abwehrstrategien zur Vermeidung der Umsatzsteuerfreiheit kultureller Veranstaltungen, Zur Gleichartigkeit der Einrichtung privater Unternehmer i. S. des § 4 Nr. 20a UStG, DStR 2008, 1020; *Küntzel*, Umsatzsteuerfreiheit bzw. Anwendung des ermäßigten Steuersatzes für Leistungen freier Dirigenten und andere kulturelle Dienstleistungen, DStR 2006, 598; *Lippross*, Gleichheitswidrige Umsatzbesteuerung eines international tätigen Dirigenten, UR 2019, 913; *Michow*, Umsatzbesteuerung im Konzertgeschäft bleibt weiterhin ein Problem, NWB 2011, 2274; *Moldan*, Umsatzsteuer bei Künstlern, Künstleragenturen und Veranstaltern (Teil 1), UStB 2013, 74; *Moldan*, Umsatzsteuer bei Künstlern, Künstleragenturen und Veranstaltern (Teil 2), UStB 2013, 148; *Moldan*, Umsatzsteuer beim Zwischenhandel mit Eintrittsberechtigungen zu künstlerischen Veranstaltungen, UStB 2013, 238; *Moldan*, Steuerfreie Besorgungsleistung bei Beschaffung von Opern-Eintrittskarten, UStB 2018, 253; *Moldan*, Umsatzbesteuerung der Kulturbranche – aktuelle Entwicklungen, UStB 2021, 46; *Rapp/Engelhardt/Bongers*, Zur Abgrenzung des umsatzsteuerlichen Museumsbegriffs in § 12 Abs. 2 Nr. 7 Buchst. a UStG von jenem in § 4 Nr. 20 Buchst. a UStG, NWB 2021, 2248; *Schroen*, Reformvorschlag zur „unglücklichen Steuerbefreiung“ § 4 Nr. 20 UStG; DStR 2007, 1566; *Tehler*, Keine unmittelbare Berufung auf die unionsrechtliche Steuerbefreiung für bestimmte kulturelle Dienstleistungen, EU-UStB 2017, 38; *Weber*, Umsatzbesteuerung künstlerischer Leistungen, UR 2005, 588.

A. Grundaussagen

I. Regelungsgegenstand und Bedeutung

1 Nach seinem Wortlaut stellt § 4 Nr. 20 Buchst. a Satz 1 UStG eine allgemeine Befreiungsvorschrift für Umsätze dar, die von den **abschließend aufgezählten kulturellen Einrichtungen jPdöR (ab 1.1.2023, Buchst. a Satz 1 Halbs. 1 n.F.) bzw. inländischer Gebietskörperschaften (bis 31.12.2022, Buchst. a Satz 1 Halbs. 1 a.F.)** erbracht werden. Damit kommt es im Hinblick auf den Befreiungsumfang national nicht auf leistungsbezogene, sondern lediglich auf unternehmerbezogene Kriterien (Art der Einrichtung und Person ihres Trägers) an. Der Steuerfreiheit liegt die historische Überlegung des Gesetzgebers zugrunde, dass diese kulturellen Einrichtungen umfangreich staatlich subventioniert werden müssen und sich bei Steuerpflicht die Subventionen weiter erhöhen würden, da die Preissteigerungen nicht an die Endkunden weitergegeben werden können.[1]

2 § 4 Nr. 20 Buchst. a Satz 2 UStG dehnt die allgemeine Steuerfreiheit des Satzes 1 auf Umsätze aus, die **andere Unternehmer als jPdöR (ab 1.1.2023, Buchst. a Satz 1 Halbs. 1 n.F.) bzw. inländische Gebietskörperschaften (bis 31.12.2022, Buchst. a Satz 1 Halbs. 1 a.F.)** ausführen, sofern diese Unternehmer die Umsätze durch eine gleichartige Einrichtung erbringen und darüber hinaus eine Bescheinigung der zuständigen Landeskulturbehörde vorweisen können, dass ihre kulturelle Einrichtung die gleichen kulturellen Aufgaben erfüllt. Somit hat eine einrichtungsbezogene Gleichartigkeitsprüfung und eine aufgabenbezogene Gleichheitsprüfung zu erfolgen. Satz 2 dient der steuerlichen Gleichstellung von kulturellen Einrichtungen des öffentlichen Rechts und anderer Unternehmer (Wettbewerbsneutralität).[2]

3 § 4 Nr. 20 Buchst. a Satz 3 UStG befreit die Umsätze von **selbstständigen Bühnenregisseuren und Bühnenchoreographen** an kulturelle Einrichtungen i.S.d. Sätze 1 und 2, wenn die zuständige Landeskulturbehörde bescheinigt, dass deren künstlerische Leistungen den kulturellen Einrichtungen unmittelbar dienen. Nach der amtlichen Gesetzesbegründung[3] ist die Befreiung erforderlich, da die Leistungen von Bühnenregisseuren und Bühnenchoreographen für die Inszenierung prägend und wesentlich sind, und diese ohne die Mitwirkung von Bühnenregisseuren und Bühnenchoreographen in künstlerischer wie kreativer Hinsicht unvorstellbar wäre.

4 Unter die Befreiungsvorschrift des § 4 Nr. 20 Buchst. b UStG fällt die **Veranstaltung von Theatervorführungen und Konzerten** durch Unternehmer, die nicht zu den in § 4 Nr. 20 Buchst. a Sätze 1 und 2 UStG aufgezählten Unternehmern gehören, wenn die Darbietungen von den dort bezeichneten Theatern, Orchestern, Kammermusikensembles oder Chören erbracht werden. Zweck der Vorschrift ist, aus Gründen der Wettbewerbsneutralität andere Unternehmer, die – wie z.B. Gemeinden ohne eigenes Theater, Konzert- und Gastspieldirektionen – Veranstaltungen mit den befreiten kulturellen Einrichtungen durchführen, ebenfalls zu befreien.[4]

1 BFH, Urt. v. 24.2.2000 – V R 23/99, BStBl. II 2000, 302 unter Bezugnahme auf Bericht des Finanzausschusses in BT-Drucks. V/1581, 5.

2 BVerwG, Urt. v. 31.7.2008 – 9 B80/07, UR 2009, 25 unter Bezugnahme auf BT-Drucks. 3/2402, 10; ebenso BVerfG, Urt. v. 29.6.2006 – 1 BvR 1673, UR 2007, 464 zur „Gleichbehandlung“ als Normzweck.

3 BT-Drucks. 17/10000, 86.

4 BT-Drucks. V/1581,13.

II. Unionsrechtliche Grundlagen

Die Steuerfreiheit nach § 4 Nr. 20 UStG beruht auf Art. 132 Abs. 1 Buchst. n MwStSystRL. Danach sind „bestimmte kulturelle Dienstleistungen und eng damit verbundene Lieferungen von Gegenständen, die von Einrichtungen des öffentlichen Rechts oder anderen von dem betreffenden Mitgliedstaat anerkannten Einrichtungen erbracht werden", steuerfrei. 5

Damit definiert sich die **Steuerfreiheit im Unionsrecht** – im Gegensatz zum nationalen Recht – vorrangig **leistungsbezogen** über den Begriff der kulturellen Dienstleistungen. Mit dem Zusatz „bestimmte" kulturelle Dienstleistungen gibt Art. 132 Abs. 1 Buchst. n MwStSystRL den Mitgliedsstaaten ein **Wahlrecht**, welche kulturellen Dienstleistungen nach nationalem Recht von der Steuerfreiheit erfasst werden und welche ausgenommen bleiben sollen.[1] Da die Vorschrift den Mitgliedstaaten bei der Bestimmung der steuerbefreiten kulturellen Dienstleistungen ein Ermessen einräumt, erfüllt sie somit nicht die Voraussetzungen, um vor einem nationalen Gericht unmittelbar geltend gemacht werden zu können.[2] 6

Art. 134 Buchst. a MwStSystRL schließt die Umsätze von der Steuerfreiheit nach Art. 132 Abs. 1 Buchst. n MwStSystRL aus, die für die von den Mitgliedstaaten bestimmten kulturellen Dienstleistungen „**nicht unerlässlich**" sind. Von der Steuerfreiheit ausgeschlossen sind nach Art. 134 Buchst. b MwStSystRL zudem die Umsätze, die im Wesentlichen dazu bestimmt sind, der Einrichtung zusätzliche Einnahmen durch Tätigkeiten zu verschaffen, die in unmittelbarem Wettbewerb mit Tätigkeiten von der Mehrwertsteuer unterliegenden gewerblichen Unternehmen ausgeführt werden. Beide Ausschlüsse gelten für Einrichtungen des öffentlichen Rechts wie auch anderer Unternehmer. Mangels nationaler Umsetzung von Art. 134 MwStSystRL sind die Ausschlüsse nur im Rahmen richtlinienkonformer Auslegung unter Beachtung der für die Gesetzesauslegung allgemein geltenden Wortlautgrenze zu berücksichtigen. 7

Unternehmerbezogen genügt es, dass eine Einrichtung des öffentlichen Rechts oder eine vom betreffenden Mitgliedstaat anerkannte Einrichtung eines anderen Unternehmers die bestimmten kulturellen Dienstleistungen erbringt. Einer gesonderten Einrichtung kultureller Art bedarf es hierfür nicht. Aus Gründen der steuerlichen Neutralität sind sogar Einzelkünstler als Einrichtungen i.S.d. Art. 132 Abs. 1 Buchst. n MwStSystRL anzusehen, denn es verbietet sich, Wirtschaftsteilnehmer, die im gleichen Umfeld gleiche Umsätze bewirken, bei deren Besteuerung unterschiedlich zu behandeln.[3] 8
Nachdem der EuGH[4] entschieden hat, dass die unmittelbare Berufung auf Art. 132 Abs. 1 Buchst. n MwStSystRL nicht möglich ist, da die Mitgliedstaaten ein Ermessen haben, welche kulturellen Dienstleistungen sie befreien (Rz. 6), stellt sich jedoch die Frage, ob dies nunmehr auch dann gelten kann, wenn ein Unternehmer mit der unmittelbaren Berufung „nur" erreichen möchte, dass er mit Wirtschaftsteilnehmern gleichgestellt wird, die identische kulturelle Dienstleistungen wie er erbringen, im Gegensatz zu ihm aber – aufgrund ihrer Leistungserbringung durch eine gesonderte Einrichtung kultureller Art – nach nationalem Recht befreit sind. Ein Berufungsverbot in dieser Konstellation würde m.E. dem vom EuGH[5] in den Rechtssachen *Gregg* und *Hoffmann* betonten Neutralitätsgrundsatz zuwiderlaufen.[6] Dies dürfte auch der Grund sein, warum der EuGH im Urteil in der Rechtssache *British Film Institute* seine vorausgegangenen Entscheidungen in den Rechtssachen *Gregg* und *Hoffmann* mit keinem Wort erwähnt (und damit m.E. auch die unmittelbare Berufbarkeit auf Art. 132 Abs. 1 Buchst. n

1 EuGH, Urt. v. 15.2.2017 – C-592/15, ECLI:EU:C:2017:117 – British Film Institute, UR 2017, 268; ebenso BFH, Urt. v. 4.5.2011 – XI R 44/08, BStBl. II 2014, 200.

2 EuGH, Urt. v. 15.2.2017 – C-592/15, ECLI:EU:C:2017:117 – British Film Institute, UR 2017, 268; *Kokott*, Das Steuerrecht der Europäischen Union, Rz. 333.

3 EuGH, Urt. v. 3.4.2003 – C-144/00, ECLI:EU:C:2003:192 – Hoffmann, BStBl. II 2003, 679 = UR 2003, 248; Anm. *Nieskens*, UR 2003, 286; EuGH, Urt. v. 7.9.1999 – C-216/97, ECLI:EU:1999:390 – Gregg, UR 1999, 419.

4 EuGH, Urt. v. 15.2.2017 – C-592/15, ECLI:EU:C:2017:117 – British Film Institute, UR 2017, 268; *Kokott*, Das Steuerrecht der Europäischen Union, Rz. 333.

5 EuGH, Urt. v. 3.4.2003 – C-144/00, ECLI:EU:C:2003:192 – Hoffmann, BStBl. II 2003, 679 = UR 2003, 248; EuGH, Urt. v. 7.9.1999 – C-216/97, ECLI:EU:1999:390 – Gregg, UR 1999, 419.

6 Ebenso *Lippross*, UR 2019, 913; *Hidien*, MwStR 2020, 210.

MwStSystRL nicht aufgegeben) hat, sondern lediglich klarstellen wollte, dass nur von den Mitgliedsstaaten bestimmte und nicht alle kulturellen Dienstleistungen unter die Befreiungsvorschrift fallen.[1] Den V. Senat des BFH[2] hingegen hat das Urteil des EuGH in der Rechtssache *British Film Institute* zu einer Änderung seiner bisherigen Rechtsprechung[3] veranlasst, mit der Folge, dass sich ein Dirigent in Bezug auf die Steuerfreiheit seiner kulturellen Dienstleistungen an ein Orchester nicht mehr unmittelbar auf Art. 132 Abs. 1 Buchst. n MwStSystRL berufen kann; die Steuerfreiheit seiner kulturellen Dienstleistungen ergibt sich stattdessen nunmehr zwingend durch richtlinienkonforme Auslegung von § 4 Nr. 20 Buchst. a UStG. Dieser geänderten Rechtsauffassung ist der XI. Senat des BFH[4] im Fall eines Museumsführers und seiner kulturellen Dienstleistungen an ein Museum gefolgt (Rz. 18 und 64).

9 Nach Art. 133 Abs. 1 MwStSystRL können Mitgliedstaaten die Befreiung für Einrichtungen anderer Unternehmer von **Bedingungen** (wie z.B. kein Anstreben systematischer Gewinnerzielung, Leitung und Verwaltung im Wesentlichen ehrenamtlich durch bestimmte Personen, Erhebung behördlich genehmigter Preise) abhängig machen.

III. Verhältnis zu anderen Vorschriften und Rechtsentwicklung

1. Verhältnis zu anderen Vorschriften

10 Voraussetzung für die Befreiung nach § 4 Nr. 20 UStG ist das Vorliegen eines steuerbaren Umsatzes nach § 1 Abs. 1 Satz 1 Nr. 1 UStG. Entsprechend hat die Frage der Steuerfreiheit **für Nichtunternehmer keine Bedeutung**. Auf **Kleinunternehmer** i.S.d. § 19 UStG findet § 4 Nr. 20 UStG **hingegen Anwendung**, da Kleinunternehmer steuerbare Umsätze nach § 1 Abs. 1 Satz 1 Nr. 1 UStG erbringen. Auf unentgeltliche Wertabgaben i.S.d. § 3 Abs. 1b und Abs. 9a UStG ist § 4 Nr. 20 UStG ebenfalls anzuwenden.

11 Steuerfreie Umsätze nach § 4 Nr. 20 UStG **schließen vom Vorsteuerabzug aus** (§ 15 Abs. 2 Satz 1 Nr. 1 UStG). Weil die Unternehmer hinsichtlich ihrer steuerfreien Umsätze auch nicht zur Steuerpflicht optieren können, da § 4 Nr. 20 UStG nicht in § 9 Abs. 1 UStG erwähnt ist, kommt es zu einer Belastung mit der aus Eingangsleistungen stammenden Vorsteuer.

12 Zu beachten ist insbesondere das Verhältnis zu § 12 Abs. 2 Nr. 7 Buchst. a UStG. Danach ermäßigt sich der Steuersatz für Eintrittsberechtigungen zu Theatern, Konzerten und Museen sowie für die den Theatervorführungen und Konzerten vergleichbaren Darbietungen ausübender Künstler. Die Befreiung nach § 4 Nr. 20 UStG und die Ermäßigung nach § 12 Abs. 2 Nr. 7 Buchst. a UStG betreffen damit weitgehend die gleichen kulturellen Dienstleistungen.[5] Sie unterscheiden sich nur in Bezug auf ihre unternehmerbezogenen Kriterien. Erfüllt ein Unternehmer die „strengeren" Kriterien des § 4 Nr. 20 UStG nicht und sind seine kulturellen Dienstleistungen steuerpflichtig, kommt die Anwendung des ermäßigten Steuersatzes nach § 12 Abs. 2 Nr. 7 Buchst. a UStG in Betracht.[6] Der **ermäßigte Steuersatz** ist im Verhältnis zu § 4 Nr. 20 UStG somit nur **subsidiär** anwendbar. Ein Wahlrecht – insbesondere im Hinblick auf den Vorsteuerabzug (Rz. 11) – besteht nicht. Das Gleiche gilt für Umsätze, die unmittelbar mit dem Betrieb von zoologischen Gärten verbunden und nach § 12 Abs. 2 Nr. 7 Buchst. d UStG ermäßigt zu besteuern sind, sowie Umsätze von botanischen Gärten, Tierparks, Archiven, Büchereien sowie Denkmälern der Bau- und Gartenkunst, die dem Regelsteuersatz nach § 12 Abs. 1 UStG unterliegen, sofern sie nicht nach § 4 Nr. 20 UStG befreit sind.

1 *Lippross*, UR 2019, 913.
2 BFH, Urt. v. 22.8.2019 – V R 14/17, BStBl. II 2020, 720 = UR 2019, 926.
3 BFH, Urt. v. 18.2.2010 – V R 28/08, BStBl. II 2010, 876 = UR 2010, 376.
4 BFH, Beschl. v. 15.2.2022 – XI R 30/21 (XI R 37/18), UR 2022, 547 m. Anm. *Moldan*.
5 Abschn. 12.5 Abs. 1 Satz 2 UStAE.
6 Abschn. 12.5 Abs. 1 Satz 1 UStAE.

2. Rechtsentwicklung

Die Steuerbefreiung im kulturellen Bereich hat ihren Ursprung im Jahr 1926.[1] Ab 1961 galt die Befreiung für Umsätze von Theatern und Museen in Trägerschaft öffentlich-rechtlicher Gebietskörperschaften und anderer Unternehmer (§ 4 Nr. 23 UStG 1951).[2] Für Theater und Museen in Trägerschaft anderer Unternehmer wurde sie aber nur gewährt, wenn durch eine behördliche Bescheinigung nachgewiesen wurde, dass diese Einrichtungen die gleichen kulturellen Aufgaben wie die Einrichtungen in Trägerschaft öffentlich-rechtlicher Gebietskörperschaften erfüllten. § 4 Nr. 20 UStG 1967[3] ersetzte die bisherige Regelung in § 4 Nr. 23 UStG 1951 und dehnte den Kreis der begünstigten Einrichtungen auf Orchester, botanische und zoologische Gärten, Tierparks, Archive und Büchereien aus. Zugleich wurde die Befreiungsvorschrift um Buchstabe b für die Veranstalter von Theatervorführungen und Konzerten erweitert. Durch das UStG 1980[4] wurden auch Kammermusikensembles und Chöre in den Kreis der begünstigten Einrichtungen aufgenommen. Gleichsam wurde der Wortlaut von § 4 Nr. 20 Buchst. a Satz 2 UStG dahingehend geändert, dass auf die ausdrückliche Wiederholung der in Satz 1 aufgezählten Einrichtungen verzichtet und stattdessen die Formulierung „gleichartiger Einrichtungen" eingefügt wurde, wobei die Änderung laut der Gesetzesbegründung nur eine redaktionelle Änderung darstellen sollte. Darüber hinaus wurde der Wortlaut zum nach § 4 Nr. 20 Buchst. a Satz 2 UStG erforderlichen Bescheinigungsverfahren geändert. Seither kann die Bescheinigung der zuständigen Landeskulturbehörde nicht nur vom Unternehmer, sondern genauso von Amts wegen durch die Steuerbehörde beantragt werden. Durch das UStG 2010[5] wurde mit Wirkung zum 1.1.2011 nach § 4 Nr. 20 Buchst. a Satz 2 ein neuer Satz 3 eingefügt, der in Hinblick auf die Erteilung der nach § 4 Nr. 20 Buchst. a Satz 2 UStG erforderlichen Bescheinigung auf § 181 Abs. 1 und 5 der Abgabenordung verwies. Die Vorschrift bezweckte, die von der BFH-Rechtsprechung[6] angenommene Rückwirkung der Bescheinigung zeitlich zu begrenzen. Mit Wirkung zum 1.7.2013 wurde im Rahmen des Amtshilferichtlinie-Umsetzungsgesetzes[7] nach § 4 Nr. 20 Buchst. a Satz 2 erneut ein neuer Satz 3 eingefügt, der die Steuerbefreiung auf bestimmte Umsätze von selbstständigen Bühnenregisseuren und Bühnenchoreographen ausgedehnt hat (Rz. 76–80). Die bisherigen Sätze 3 und 4 wurden dadurch zu den Sätzen 4 und 5. Durch das Gesetz zur Anpassung der Abgabenordnung an den Zollkodex der Union und zur Änderung weiterer steuerlicher Vorschriften[8] wurde der erst durch das JStG 2010 im Hinblick auf das nach § 4 Nr. 20 Buchst. a Satz 2 UStG erforderliche Bescheinigungsverfahren ins Gesetz aufgenommene Satz 4 (zuvor Satz 3) wieder aufgehoben, da er durch die Einfügung von Satz 2 in § 171 Abs. 10 AO überflüssig wurde (Rz. 75). Mit Wirkung zum 1.1.2023 wurde durch das JStG 2022[9] der Wortlaut von § 4 Nr. 20 Buchst. a Satz 1 UStG dahingehend geändert, dass die Wörter „des Bundes, der Länder, der Gemeinden und Gemeindeverbände" durch die Wörter „juristischer Personen des öffentlichen Rechts" ersetzt wurden. Dies bedeutete eine Erweiterung des Kreises der in Satz 1 begünstigten Unternehmer. Die Änderung erfolgte nach den Vorstellungen des Gesetzgebers deshalb, da durch die ab 1.1.2023 zwingend anzuwendende Vorschrift des § 2b UStG[10] bislang nicht umsatzsteuerbare Umsätze vergleichbarer Einrichtungen anderer öffentlich-rechtlicher Träger wie z.B. der Kirchen umsatzsteuerbar sind und diesen Einrichtungen das sonst nach § 4 Nr. 20 Buchst. a Satz 2 UStG erforderliche Bescheinigungsverfahren erspart werden soll.[11] 13

1 RGBl. I 1926, 218.
2 Änderung des JStG 1951 durch Gesetz vom 16.8.1961, BGBl. I 1961, 1330.
3 V. 29.5.1967, BGBl. I 1967, 545.
4 V. 26.11.1979, BGBl. I 1979, 1953.
5 V. 8.12.2010, BGBl. I 2010, 1768.
6 BFH, Urt. v. 18.2.2010 – V R 28/08, BStBl. II 2010, 876 = UR 2010, 376.
7 V. 26.6.2013, BGBl. I 2013, 1809.
8 V. 22.12.2014, BGBl. I 2014, 2417.
9 V. 16.12.2022, BGBl. I 2022, 2294.
10 Verschiebung der zwingenden Anwendung des § 2b UStG auf den 1.1.2025 durch § 27 Abs. 22a Satz 1 UStG, geändert m.W.v. 1.1.2023 durch Art. 16 Nr. 13 Buchst. a JStG 2022, BGBl. I 2022, 2294 (2309); hierzu § 2b Rz. 19.1).
11 RegBegr. v. 10.10.2022, BT-Drucks. 20/3879, 109 – zu Art. 9 Nr. 2 Buchst. b.

B. Steuerfreie Umsätze von kulturellen Einrichtungen (Nr. 20 Buchst. a)

I. Steuerfreie Umsätze von kulturellen Einrichtungen jPdöR (Nr. 20 Buchst. a Satz 1)

1. Voraussetzungen im Allgemeinen

a) Leistungsbezogene Voraussetzungen

14 Die national vorgesehene allgemeine Steuerfreiheit für die Umsätze der in Satz 1 genannten kulturellen Einrichtungen ist mit Unionsrecht, das für die Steuerfreiheit eine kulturelle Dienstleistung (oder eine mit ihr eng verbundene Lieferung) voraussetzt,[1] unvereinbar. Zudem dürfen nach Unionsrecht die Umsätze nicht dazu bestimmt sein, den in Satz 1 genannten kulturellen Einrichtungen zusätzliche Einnahmen durch Leistungen zu verschaffen, die in unmittelbarem Wettbewerb mit Tätigkeiten von der Mehrwertsteuer unterliegenden gewerblichen Unternehmen durchgeführt werden (Rz. 7). Daher sind im Ergebnis durch **richtlinienkonforme Einschränkung** des Umsatzbegriffs lediglich die **typischen kulturellen Dienstleistungen** der in Satz 1 genannten kulturellen Einrichtungen befreit.[2]
Aus dieser Rechtsprechung des BFH – zulasten der Berufungsmöglichkeit auf das günstigere nationale Recht in Form des § 4 Nr. 20 UStG – ergibt sich m.E. allerdings ein gewisser Spannungsbogen zur Rechtsprechung des BFH[3] hinsichtlich der Anwendung des ermäßigten Steuersatzes nach § 12 Abs. 2 Nr. 7 Buchst. c UStG auf die Übertragung von urheberrechtlich geschützten Rechten; denn hierzu vertritt der BFH die Rechtsauffassung, dass die in § 12 Abs. 2 Nr. 7 Buchst. c UStG nicht näher beschriebenen urheberrechtlichen Rechte richtlinienkonform eingeschränkt werden müssen, der Steuerpflichtige sich aber auf das für ihn gegebenenfalls günstigere nationale Recht berufen darf. Diese Berufungsmöglichkeit wurde jedoch durch das BFH-Urteil vom 3.12.2015[4] in Bezug auf elektronische Dienstleistungen mittlerweile eingeschränkt (§ 12 Abs. 2 Nr. 7 Buchst. c Rz. 5).

b) Einrichtungsbezogene Voraussetzungen

15 Die Art der steuerfreien typischen kulturellen Dienstleistungen wird durch den nationalen Gesetzgeber bestimmt, dem insoweit eine Definitionsbefugnis zusteht.[5] Der **Einrichtungsbegriff in Satz 1 dient** folglich dazu, die steuerfreien typischen **kulturellen Dienstleistungen zu umschreiben**, ohne dass ihm eine weitergehende eigenständige Bedeutung zukommt. Daher ist für die Erlangung der Steuerfreiheit nicht erforderlich, dass der Unternehmer eine gesonderte kulturelle Einrichtung (im Sinne einer auf Dauer angelegten Zusammenfassung sachlicher und personeller Mittel) unterhält.[6] Soweit der BFH früher – im Einklang mit dem nationalen Gesetzgeber in Satz 1 – davon ausging, dass der Unternehmer die steuerfreien typischen kulturellen Dienstleistungen mit Hilfe der aufgezählten gesonderten kulturellen Einrichtungen (wie z.B. Theater, Museum, Orchester usw.) erbringen muss,[7] hält er im Hinblick auf die zu Musiksolisten ergangene Rechtsprechung des EuGH[8] daran seit Längerem nicht mehr fest.[9]

---

1 EuGH, Urt. v. 15.2.2017 – C-592/15, ECLI:EU:C:2017:117 – British Film Institute, UR 2017, 268; ebenso BFH, Urt. v. 4.5.2011 – XI R 44/08, BStBl. II 2014, 200 = UR 2011, 859.

2 BFH, Urt. v. 14.5.1998 – V R 85/97, BStBl. II 1999, 145; BFH, Urt. v. 18.8.2005 – V R 20/03, BStBl. II 2005, 910 = UR 2006, 24.

3 BFH, Urt. v. 18.8.2005 – V R 42/03, BStBl. II 2006, 44 = UR 2006, 26; BFH, Urt. v. 25.11.2004 – V R 25/26/04, BStBl. II 2005, 419 m.w.N = UR 2005, 557.

4 BFH, Urt. v. 3.12.2015 – V R 43/13, BStBl. II 2016, 858 = UR 2016, 613.

5 EuGH, Urt. v. 15.2.2017 – C-592/15, ECLI:EU:C:2017:117 – British Film Institute, UR 2017, 268; ebenso BFH, Urt. v. 4.5.2011 – XI R 44/08, BStBl. II 2014, 200 = UR 2011, 859.

6 *Wäger* in Reiß/Kraeusel/Langer, § 4 Nr. 20 UStG Rz. 72 (Stand: August 2021).

7 BFH, Urt. v. 24.2.2000 – V R 23/99, BStBl. II 2000, 302.

8 EuGH, Urt. v. 3.4.2003 – C-144/00, ECLI:EU:C:2003:192 – Hoffmann, BStBl. II 2003, 679 = UR 2003, 248; Anm. *Nieskens*, UR 2003, 286.

9 BFH, Urt. v. 18.2.2010 – V R 28/08, BStBl. II 2010, 876 = UR 2010, 376; BFH, Urt. v. 4.5.2011 – XI R 44/08, BStBl. II 2014, 200 = UR 2011, 859; BFH, Urt. v. 22.8.2019 – V R 14/17, BStBl. II 2020, 720 = UR 2019, 926; BFH, Beschl. v. 15.2.2022 – XI R 30/21 (XI R 37/18), UR 2022, 547 m. Anm. *Moldan*.

Die **FinVerw.** hat auf diese Rechtsprechung dahingehend **reagiert**,[1] dass sie als Einzelkünstler auftretende Musiksolisten und Dirigenten – unter den weiteren Voraussetzungen von Satz 1 – als steuerbefreit behandelt, nicht jedoch sonstige Einzelkünstler oder andersartige Einrichtungen (wie z.B. eine Gemeinde, die selbst kein Theater als Zusammenfassung von eigenem Personal oder Sachmitteln unterhält). 16

Die nicht begünstigten sonstigen Einzelkünstler oder andersartigen Einrichtungen mussten sich zur Erlangung der Steuerfreiheit für ihre typischen kulturellen Dienstleistungen **bisher unmittelbar auf** Art. 132. Abs. 1 Buchst. n MwStSystRL **berufen**, sofern dies für sie trotz der damit verbundenen Versagung des Vorsteuerabzugs (Rz. 11) günstiger war. Diese Berufungsmöglichkeit bejahte die Rechtsprechung des BFH[2] zu Orchestermusikern sowie die finanzgerichtliche Rechtsprechung zu Dirigenten[3] und zu Museumsführern[4]. 17

Die zwingende Steuerfreiheit der typischen kulturellen Dienstleistungen durch richtlinienkonforme Auslegung von Satz 1 schied nach der bisherigen Rechtsprechung des BFH[5] dagegen aus, da § 4 Nr. 20 Buchst. a Satz 1 UStG anders als Art. 132 Abs. 1 Buchst. n MwStSystRL in abschließender Aufzählung von Theatern, Orchestern, Kammermusikensembles, Chören, Museen, botanischen Gärten, zoologischen Gärten, Tierparks, Archiven, Büchereien sowie Denkmälern der Bau- und Gartenbaukunst als Einrichtungen spricht. Dies setzt das Vorhandensein einer dauerhaften Zusammenfassung sachlicher und persönlicher Mittel voraus und eine richtlinienkonforme Auslegung „contra legem" kommt nicht in Betracht.[6] Die gewollte Begrenzung von § 4 Nr. 20 Buchst. a Satz 1 UStG auf die aufgezählten gesonderten kulturellen Einrichtungen (wie z.B. Orchester, Chöre usw.) ergibt sich nicht zuletzt aus dem Vergleich mit § 12 Abs. 2 Nr. 7 Buchst. a UStG als Schwestervorschrift (Rz. 12), die der Gesetzgeber durch Neufassung vom 9.12.2004 ausdrücklich auf „vergleichbare Darbietungen ausübender Künstler" erstreckt hat, während er eine entsprechende Anpassung von § 4 Nr. 20 Buchst. a Satz 1 UStG an die EuGH-Rechtsprechung bis heute nicht vorgenommen hat.[7] Aufgrund des unveränderten Gesetzeswortlauts ist es daher m.E. erstaunlich, dass der BFH mit Urt. v. 22.8.2019[8] (und nachfolgend auch mit Urt. v. 15.2.2022[9]) seine **bisherige Rechtsprechung geändert** hat und nun davon ausgeht, dass **andersartige Einrichtungen** – bei Erbringung von steuerfreien typischen kulturellen Dienstleistungen der in Satz 1 aufgezählten gesonderten kulturellen Einrichtungen – **richtlinienkonform als gleichartig** mit diesen Einrichtungen **anzusehen sind**.[10] Begründet wird diese Rechtsprechungsänderung vom BFH damit, dass der Einrichtungsbegriff in Satz 1 vor dem Hintergrund des Unionsrechts keine eigenständige Bedeutung hat und nur zur Umschreibung der steuerfreien typischen kulturellen Dienstleistungen dient (Rz. 15), so dass die leistungsbezogene Gleichartigkeit der Einrichtungen ausreichen muss und eine (zusätzliche) einrichtungsbezogene Identität nicht erforderlich ist. Auslöser der Rechtsprechungsänderung des BFH – hin zur Begründung der (nun zwingenden und nicht immer vorteilhaften) Steuerfreiheit durch richtlinienkonforme Auslegung von Satz 1 – ist das EuGH-Urteil in der Rechtssache *British Film Institute*[11], wonach eine unmittelbare Berufung auf Art. 132 Abs. 1 Buchst. n MwStSystRL (im Sinne eines Wahlrechts) nach Ansicht des BFH nicht möglich ist (Rz. 6). M.E. hätte es dieser Rechtsprechungsänderung des BFH aber überhaupt nicht bedurft, um die typischen kulturellen Dienstleistungen von andersartigen Einrichtungen entsprechend Unionsrecht steuerfrei zu stellen, da eine unmittelbare Berufung auf Art. 132 Abs. 1 Buchst. n MwStSystRL auch nach dem EuGH-Urteil in der Rechtssache *British Film Institute* für andersartige Einrichtungen weiterhin möglich sein sollte (Rz. 8).[12] 18

1 Abschn. 4.20.2 Abs. 1 Sätze 2 und 3 UStAE.
2 BFH, Urt. v. 18.2.2010 – V R 28/08, BStBl. II 2010, 876 = UR 2010, 376.
3 FG Rheinland-Pfalz, Urt. v. 6.5.2008 – 6 K 1666/06, juris.
4 FG Münster, Urt. v. 8.10.2018 – 5 K 1215/16 U, EFG 2018, 2072.
5 BFH, Urt. v. 18.2.2010 – V R 28/08, BStBl. II 2010, 876 = UR 2010, 376.
6 EuGH, Urt. v. 4.7.2006 – C-212/04, ECLI:EU:C:2006:443 – Adeneler u.a., NJW 2006, 2465.
7 *Lippross*, UR 2019, 913.
8 BFH, Urt. v. 22.8.2019 – V R 14/17, BStBl. II 2020, 720 = UR 2019, 926.
9 BFH, Beschl. v. 15.2.2022 – XI R 30/21 (XI R 37/18), UR 2022, 547 m. Anm. *Moldan*.
10 Ebenso die Entscheidung ablehnend: *Lippross*, UR 2019, 913; *Hidien*, MwStR 2020, 210.
11 EuGH, Urt. v. 15.2.2017 – C-592/15, ECLI:EU:C:2017:117 – British Film Institute, UR 2017, 268.
12 Ebenso *Lippross*, UR 2019, 913; *Hidien*, MwStR 2020, 210.

18.1 Auf die Rechtsprechungsänderung des BFH, nach der andersartige Einrichtungen – bei Erbringung von steuerfreien typischen kulturellen Dienstleistungen der in Satz 1 aufgezählten gesonderten kulturellen Einrichtungen – richtlinienkonform als gleichartig mit diesen Einrichtungen anzusehen sind, hat die FinVerw. mit dem BMF-Schreiben vom 12.11.2020[1] reagiert und darin – im Hinblick auf Theater – ihre restriktive Haltung zum Vorliegen einer einrichtungsbezogenen Voraussetzung durch entsprechende Änderungen im Umsatzsteueranwendungserlass aufgegeben (ausführlich hierzu Rz. 64.2 und Rz. 64.3).

18.2 Damit akzeptiert die FinVerw. nunmehr ausdrücklich für die in § 4 Nr. 20 Buchst. a Satz 1 UStG aufgeführten Theater (Rz. 18.1) sowie Orchester, Kammermusikensembles und Chöre (Rz. 16), dass der Einrichtungsbegriff lediglich dazu dient, die steuerfreien typischen kulturellen Dienstleistungen zu umschreiben, ohne dass ihm dabei eine weitergehende eigenständige Bedeutung zukommt. Vor dem Hintergrund des BFH-Urt. v. 15.2.2022[2] ist m.E. zu erwarten, dass die FinVerw mit ihrer Rechtsauffassung zu Museen nachziehen dürfte. Im Grunde genommen müsste sie in diesem Zug ihre Rechtsauffassung zu allen anderen in Satz 1 (und somit auch in Satz 2) aufgezählten gesonderten kulturellen Einrichtungen ebenfalls anpassen, da all diese Einrichtungen in gleicher Weise von der Kernaussage der BFH-Rechtsprechung, dass der Einrichtungsbegriff in § 4 Nr. 20 Buchst. a UStG ausschließlich leistungsbezogen zu verstehen und die Vorschrift entsprechend richtlinienkonform auszulegen ist, betroffen sind.

2. Kulturelle Einrichtungen und ihre befreiten Umsätze

a) Theater

aa) Die begünstigten Einrichtungen

19 Eine gesetzliche **Definition des Theaterbegriffs** fehlt. Bei einem Theater handelt es sich um eine Einrichtung, die kulturelle Dienstleistungen in Form von Theatervorführungen erbringt. Theatervorführungen sind Inszenierungen aller Art, die sich auf einer Bühne an eine unbestimmte Zuschauerzahl wenden und deren Darsteller durch Kommunikationsmittel wie Sprache, Körper oder Musik einen direkten Bezug zu den Zuschauern herstellen.[3] Die Inszenierung kann in einer Mischform aus Sprech-, Musik- und Tanzdarbietung bestehen. Auf das kulturelle Niveau kommt es nicht an.[4] Die Qualifikation solcher Inszenierungen als Theatervorführungen setzt (nur) voraus, dass es sich um persönlich-geistige Schöpfungen in der für den Urheberrechtsschutz geforderten Höhe handelt.[5] Entsprechend erbringt nach allgemeiner Auffassung das klassische Theater – bestehend aus Sprechtheater/Schauspiel, Musiktheater (Oper, Operette und Musical) sowie Bühnentanz (klassisches Ballett und moderner Tanz) – Theatervorführungen. Gleiches gilt für Freilichtbühnen, Wanderbühnen, Zimmertheater, Heimatbühnen, Puppen-, Marionetten-, Schattenspieltheater sowie literarisches und politisches Kabarett.[6] Eine Theatervorführung kann auch eine für Zuschauer bestimmte Vorführung durch nur „eine Person" sein.[7]

20 Selbst eine Kampf-Kunst-Show[8], Stripshow[9] und Feuerwerksveranstaltung mit Farb- und Klangelementen[10] hat der BFH **als Theatervorführung anerkannt**; gleichsam eine kabarettistisch geprägte Autorenlesung, die über das reine Vorlesen hinausgeht und durch die Veränderung von Stimme, Mimik, Körperhaltung sowie Bewegung beim Publikum Emotionen und Gedanken hervorruft.[11] Auch die

1 BMF v. 12.11.2020 – III C 3-S 7177/17/10001, UR 2021, 38.
2 BFH, Beschl. v. 15.2.2022 – XI R 30/21 (XI R 37/18), UR 2022, 547 m. Anm. *Moldan*.
3 BVerwG, Urt. v. 31.7.2008 – 9 B 80/07, NJW 2009, 793; BFH, Urt. v. 4.5.2011 – XI R 44/08, BStBl. II 2014, 200 = UR 2011, 859; Abschn. 4.20.1 Abs. 1 Satz 1 UStAE.
4 BFH, Urt. v. 19.10.2011 – XI R 40/09, BFH/NV 2012, 798.
5 BFH, Urt. v. 9.10.2003 – V R 86/01, BFH/NV 2004, 984.
6 Abschn. 4.20.1 Abs. 2 Satz 1 UStAE.
7 BFH, Urt. v. 4.5.2011 – XI R 44/08, BStBl. II 2014, 200 = UR 2011, 859.
8 BFH, Urt. v. 9.10.2003 – V R 86/01, BFH/NV 2004, 984.
9 BFH, Urt. v. 19.10.2011 – XI R 40/09, BFH/NV 2012, 798.
10 BFH, Urt. v. 30.4.2014 – XI R 34/12, BStBl. II 2015, 677 = UR 2014, 738.
11 BFH, Urt. v. 25.2.2015 – XI R 35/12, BStBl. II 2015, 677 = UR 2015, 590.

Rede eines Hochzeits- bzw. Trauerredners hat der BFH als Theatervorführung beurteilt, zumindest wenn diese eine gewisse „schöpferische Gestaltungshöhe" erlangt und sich die Redetätigkeit nicht auf die schablonenartige Wiederholung des Redegerüsts beschränkt.[1] Vor dem Hintergrund der genannten BFH-Rechtsprechung hat die FinVerw. mit dem BMF-Schreiben vom 12.11.2020[2] ihre bisher in Abschn. 4.20.1 Abs. 2 UStAE vertretene Auffassung, dass es sich bei Varietéaufführungen und sonstigen Kleinkunstveranstaltungen – im Gegensatz zum klassischen Theater (Rz. 19) – nicht um Theatervorführungen handelt, endlich aufgegeben. Dazu hat sie den bisherigen Satz 2[3] umformuliert[4] und damit § 4 Nr. 20 Buchst. a Satz 1 UStG für Theatervorführungen im weiteren Sinne, d.h. Kleinkunst-Vorführungen, geöffnet. In Abschn. 12.5 Abs. 2 UStAE ist der bisherige Satz 4 entsprechend nicht mehr enthalten. Mit ihrer Umformulierung von Abschn. 4.20.1 Abs. 2 Satz 2 UStAE trägt die FinVerw. den Stimmen in der Fachliteratur[5] Rechnung, die seit längerem fordern, den Begriff „Theatervorführungen" in § 4 Nr. 20 Buchst. a UStG in gleicher Weise (d.h. weit) zu bestimmen, wie es die höchstrichterliche Rechtsprechung[6] in § 12 Abs. 2 Nr. 7 Buchst. a UStG richtlinienkonform (Art. 98 Abs. 2 i. V. m. Anhang III Nr. 7 MwStSystRL: *„Theater sowie ähnliche kulturelle Ereignisse und Einrichtungen"*) und gesetzeskonform (*„Eintrittsberechtigung für Theater sowie die den Theatervorführungen vergleichbaren Darbietungen ausübender Künstler"*) getan hat, was von der Verwaltung dann auch akzeptiert wurde (siehe bisheriger Satz 4 von Abschn. 12.5 Abs. 2 UStAE). Denn weder Wortlaut noch Zweck von § 4 Nr. 20 Buchst. a Satz 1 UStG lassen die Schlussfolgerung zu, dass die Steuerbefreiung nur dem „auf hohem kulturellem Niveau arbeitenden" klassischen Theater zugutekommen und die Kleinkunst ausklammern soll.

Die Theatervorführung muss Hauptbestandteil der Veranstaltung sein.[7] Entsprechend sind Karnevals- 21
veranstaltungen aufgrund ihres geselligen Charakters **keine Theatervorführungen.**[8] Ebenfalls keine Theatervorführungen stellen Filmvorführungen, Sportwettkämpfe und Wahlkundgebungen dar.[9]

Ebenso verhält es sich nach dem neu in Abschn. 4.20.1 Abs. 2 UStAE eingefügten Satz 4 mit „reinen 21.1
Autorenlesungen vor Publikum". Im Umkehrschluss folgt m.E. daraus, dass die FinVerw. (obwohl sie es im Anwendungserlass nicht explizit zum Ausdruck bringt) – entsprechend der BFH-Rechtsprechung[10] – Autorenlesungen vor Publikum dann als begünstigte Theatervorführungen anerkennt, wenn sich die Leistung des Autors nicht in reinen Vorlesungen erschöpft, sondern z.B. kabarettistisch geprägt ist und durch die Veränderung von Stimme, Mimik, Körperhaltung sowie Bewegung beim Publikum Emotionen und Gedanken hervorruft. Ähnlich sieht es die FinVerw. jedenfalls bei Hochzeits- und Trauerrednern. Deren Redetätigkeiten stellen nach Abschn. 12.5 Abs. 1 UStAE Sätze 6 bis 9 grundsätzlich keine begünstigten Theatervorführungen dar.[11] Dies ändert sich – entsprechend BFH-

1 BFH, Urt. v. 3.12.2015 – V R 61/14, BStBl. II 2020, 797 = UR 2016, 285.

2 BMF v. 12.11.2020 – III C 3-S 7177/17/10001, UR 2021, 38.

3 Abschn. 4.20.1 Abs. 2 Satz 2 UStAE a.F.: *„Filmvorführungen, Varietèaufführungen und sonstige Veranstaltungen der Kleinkunst fallen nicht unter die Steuerbefreiung."*

4 Abschn. 4.20.1 Abs. 2 UStAE n.F.: *„Theatervorführungen sind auch Aufführungen der Pantomime und Tanzkunst, der Kleinkunst, des Varietés (u.a. Zauberei, Artistik und Bauchrednerei), der Eisrevuen sowie Mischformen von Sprech-, Musik und Tanzdarbietungen."*. Hiermit hat die FinVerw. letztlich Satz 4 aus Abschn. 12.5 Abs. 2 UStAE (*„Theatervorführungen sind außer den Theatervorführungen im engeren Sinne auch die Vorführungen von pantomimischen Werken einschließlich Werken der Tanzkunst, Kleinkunst- und Varietè-Theatervorführungen sowie Puppenspiele und Eisrevuen."*) übernommen.

5 *Kossack* in Offerhaus/Söhn/Lange, § 4 Nr. 20 UStG, Rz. 12 (Stand: Mai 2018); **a.A.** *Oelmaier* in Sölch/Ringleb, § 4 Nr. 20 UStG, Rz. 11 (Stand: Juni 2023).

6 BFH, Urt. v. 25.2.2015 – XI R 35/12, BStBl. II 2015, 677 = UR 2015, 590; BFH, Urt. v. 30.4.2014 – XI R 34/12, BStBl. II 2015, 166 = UR 2014, 738; BFH, Urt. v. 10.1.2013 – V R 31/10, BStBl. II 2013, 352 = UR 2013, 385; BFH, Urt. v. 19.10.2011 – XI R 40/09, BFH/NV 2012, 798; BFH, Urt. v. 9.10.2003 – V R 86/01, BFH/NV 2004, 984; BFH, Urt. v. 26.4.1995 – XI R 20/94, BStBl. II 1995, 519.

7 BFH, Urt. v. 26.4.1995 – XI R 20/94, BStBl. II 1995, 519.

8 FG Rheinland-Pfalz, Urt. v. 27.5.2010 – 6 K 1104/09, EFG 2010, 1552.

9 BFH, Urt. v. 9.10.2003 – V R 86/01, BFH/NV 2004, 984.

10 BFH, Urt. v. 25.2.2015 – XI R 35/12, BStBl. II 2015, 677 = UR 2015, 590.

11 Siehe hierzu auch OFD Frankfurt, Vfg. v. 26.8.2022 – S 7240 A-024-St16, UR 2022, 783 mit Hinweis auf weiterführende Rechtsprechung.

Rechtsprechung[1] – aber, wenn die Redetätigkeiten bestimmte künstlerische Gestaltungshöhe erlangen und sich nicht auf die schablonenartige Wiederholung anhand eines Redegerüsts beschränken (Rz. 20). Wieso die FinVerw. die Behandlung von Hochzeits- und Trauerrednern in Abschn. 12.5 UStAE angesiedelt hat, erschließt sich nicht, da sie ihre sonstigen Ausführungen zu „Theatern" und „Theatervorführungen" in Abschn. 4.20.1 UStAE bündelt und über Verweise in Satz 2 von Abschn. 12.5 Abs. 1 UStAE und Satz 4 von Abschn. 12.5 Abs. 2 UStAE mit § 12 Abs. 2 Nr. 7 Buchst. a UStG verknüpft. Vielleicht geht sie davon aus, dass Hochzeits- und Trauerredner die weiteren Anwendungsvoraussetzungen von § 4 Nr. 20 Buchst. a UStG (insbesondere das Vorliegen einer Bescheinigung der zuständigen Landeskulturbehörde nach Satz 2) regelmäßig nicht erfüllen, so dass die Befreiungsvorschrift – im Gegensatz zur Ermäßigungsvorschrift des § 12 Abs. 2 Nr. 7 Buchst. a UStG mit ihren weniger strengen Anwendungsvoraussetzungen – für sie keine Relevanz hat. Dasselbe Argument gilt allerdings auch für Autoren, die jedoch in Abschn. 4.20.1 Abs. 2 Satz 4 UStAE Erwähnung finden.

22 **Keine Theatervorführungen** erbringen (selbstständige) Intendanten, Bühnenbildner, Tontechniker, Beleuchter, Maskenbildner, Souffleusen, Dramaturgen, Bühnenregisseure und -choreographen,[2] da sie sich **nicht auf der Bühne** persönlich direkt gegenüber dem Publikum an der Inszenierung beteiligen. Die Leistungen von (selbstständigen) Bühnenregisseuren und -choreographen sind aber gemäß § 4 Nr. 20 Buchst. a Satz 3 UStG steuerfrei, sofern diese ihre Leistungen an kulturelle Einrichtungen i.S.d. Sätze 1 und 2 erbringen und ihre Leistungen diesen Einrichtungen unmittelbar dienen (Rz. 76–80).

bb) Die befreiten kulturellen Umsätze

23 Zu den **typischen steuerfreien Theaterleistungen** gehören der Verkauf von Eintrittskarten zu eigenen Theatervorführungen sowie die damit verbundenen unselbstständigen **Nebenleistungen**, wie z.B. die Garderobenaufbewahrung, der Programmverkauf und die Vermietung von Operngläsern.[3] Daneben sind die eigenen Vorführungsleistungen auf fremder Bühne gegenüber gastgebenden Auftraggebern (wie z.B. anderen Theatern, Gastspieldirektionen, Künstleragenturen, Fernsehsendern) als typische Theaterleistungen befreit.[4]

23.1 Nach herrschender Literaturmeinung gehört zu den typischen steuerfreien Theaterleistungen zudem die **Gestattung der Aufnahme sowie Übertragung** eigener Theatervorführungen durch Rundfunk oder Fernsehen, denn die elektronischen Medien stellen insoweit die Verbindung zwischen Künstler und Publikum her.[5] Sollte es sich aber bei der Rechteeinräumung/-überlassung – entgegen der herrschenden Meinung – nicht um typische steuerfreie Theaterleistungen handeln, wäre in solchen Fällen zu prüfen, ob zwei gesonderte Leistungen vorliegen oder eine einheitliche Leistung, und ob beim Vorliegen einer einheitlichen Leistung der wirtschaftliche Gehalt des Umsatzes in der typischen Theaterleistung oder in der Rechteeinräumung/-überlassung besteht. In Konstellationen mit zwei Vertragspartnern, in denen dem einen Partner (z.B. Veranstalter) die Darbietung vor Publikum geschuldet und dem anderen Partner (z.B. Rundfunkanstalt) die Möglichkeit eingeräumt wird, die Darbietung aufzuzeichnen, liegt m.E. keine einheitliche Leistung vor, sondern zwei getrennt zu beurteilende Leistungen: Zum einen die typische steuerfreie Theaterleistung, zum anderen die steuerpflichtige Einräumung/Überlassung von Rechten. Diese kann allerdings nach § 12 Abs. 2 Nr. 7 Buchst. c UStG dem ermäßigten Steuersatz unterliegen.[6] In Konstellationen, in denen einem Vertragspartner sowohl die typische steuerfreie Theaterleistung als auch die steuerpflichtige Einräumung/Überlassung von Rechten geschuldet wird, kann letztlich nur einzelfallbezogen eine Beurteilung des Umsatzes nach den allgemeinen Grundsätzen zur Einheitlichkeit einer Leistung erfolgen.

---

1 BFH, Urt. v. 3.12.2015 – V R 61/14, BStBl. II 2020, 797 = UR 2016, 285.
2 BFH, Urt. v. 4.5.2011 – XI R 44/08, BStBl. II 2014, 200 = UR 2011, 859.
3 Abschn. 4.20.1 Abs. 3 Satz 3 UStAE.
4 BFH, Urt. v. 4.5.2011 – XI R 44/08, BStBl. II 2014, 200 = UR 2011, 859.
5 *Huschens* in Schwarz/Widmann/Radeisen, § 4 Nr. 20 UStG Rz. 78 (Stand: November 2022); *Kossack* in Offerhaus/Söhn/Lange, § 4 Nr. 20 UStG Rz. 13 (Stand: Mai 2018).
6 Abschn. 12.7 Abs. 20 Satz 2 UStAE.

Die FinVerw[1] geht im Übrigen davon aus, dass es sich bei den Leistungen eines Theaters/Orchesters im Rahmen eines **Live-Streaming**, bei dem die Theatervorführung/das Konzert anstelle oder parallel zu einer Vor-Ort-Veranstaltung ausschließlich in Echtzeit angeboten wird, um typische kulturelle Leistungen handelt, die bei der Einrichtung selbst nach § 4 Nr. 20 Buchst. a UStG steuerfrei sind. 23.2

Keine typischen Theaterleistungen oder unselbstständigen Nebenleistungen und daher **steuerpflichtig** sind dagegen die Umsätze aus der Überlassung von Parkplätzen[2] und der Vermietung von Theaterräumen.[3] Das Gleiche gilt für die Vermietung von Ausstellungsvitrinen, das Dulden der Aufstellung von Automaten, die Gestattung von Werbung auf Eintrittsberechtigungen sowie Programmen, der Transport von Theatermitgliedern und der Verleih bzw. der Verkauf von Fundusmaterial.[4] Ebenso steuerpflichtig ist die Personalgestellung (z.B. eines angestellten Regisseurs) an andere Theater[5] und der Verkauf von Zeitschriften[6] sowie Bild- bzw. Tonträgern mit Aufzeichnungen von Vorführungen.[7] 24

Sind in den **Eintrittskarten** neben der Eintrittsberechtigung zur Theatervorführung **weitere Leistungen enthalten**, wie z.B. die Nutzung von Parkplätzen oder von öffentlichen Verkehrsmitteln zur An- und Abreise, liegen mehrere eigenständige Leistungen vor, die **gesondert zu beurteilen** sind.[8] Wird ein Gesamtticketpreis vereinbart, so ist dieser durch Schätzung auf die jeweiligen selbstständigen Leistungen aufzuteilen. 25

Restaurationsumsätze, auch die von Besuchern in Pausen erwartete Abgabe von kleinen Speisen, Süßwaren und Getränken, sind **nicht** nach Satz 1 **steuerfrei**, sofern sie dazu bestimmt sind, der begünstigten Einrichtung zusätzliche Einnahmen zu verschaffen und im unmittelbaren Wettbewerb mit gewerblichen Unternehmen (Bars, Restaurants) ausgeführt werden.[9] Ebenfalls nicht steuerfrei sind Restaurationsumsätze, die Theater durch eine Kantine an ihre eigenen Arbeitnehmer erbringen.[10] 26

Bei sog. **Dinner-Shows** handelt es sich aufgrund der für den Durchschnittsverbraucher untrennbaren Kombination aus kulinarischen sowie künstlerischen Elementen um eine eigenständige komplexe (und keine kulturelle) Dienstleistung, die nicht aufteilbar ist, mit der Folge, dass sie **gänzlich steuerpflichtig** ist.[11] 27

b) Orchester, Kammermusikensembles, Chöre

aa) Die begünstigten Einrichtungen

Eine gesetzliche **Definition der Begriffe** fehlt. Zu den Orchestern, Kammermusikensembles und Chören gehören alle Musiker- und Gesangsgruppen mit zwei oder mehr Mitwirkenden.[12] Diese erbringen in erster Linie kulturelle Dienstleistungen in Form von Konzerten. Konzerte sind Aufführungen von Musikstücken, bei denen Instrumente und/oder die menschliche Stimme eingesetzt werden.[13] Das blo- 28

1 FinMin Sachsen, Schr. v. 13.1.2022 – 35-S 7177/196/2-2022/2724, UR 2022, 783.
2 BFH, Urt. v. 4.12.1980 – V R 60/79, BStBl. II 1981, 231; FG Berlin-Brandenburg, Beschl. v. 15.5.2023 – 7 V 7031/23, EFG 2023, 1176, bestätigt durch BFH, Urt. v. 18.10.2023 – XI B 41/23 (AdV), UR 2024, 8; vgl. ausführlich Rz. 39.
3 Abschn. 4.20.1 Abs. 3 Satz 6 UStAE; insoweit besteht aber Steuerfreiheit nach § 4 Nr. 12 Buchst. a UStG.
4 BFH, Urt. v. 18.5.1988 – X R 11/82, BStBl. II 1988, 799.
5 BFH, Urt. v. 4.5.2011 – XI R 44/08, BStBl. II 2014, 200 = UR 2011, 859.
6 Abschn. 4.20.4 Abs. 3 Nr. 2 UStAE mit weiteren Beispielen.
7 Umsätze aus dem Verkauf von Bild- bzw. Tonträgern unterliegen auch nicht dem ermäßigten Steuersatz nach § 12 Abs. 2 Nr. 7 Buchst. a UStG, siehe OFD Frankfurt, Vfg. v. 17.10.2008 – S 7177 A-28-St 112, UR 2009, 287.
8 FinBeh Hamburg, Vfg. v. 14.3.2014 – 51-S 7238-002/12, MwStR 2014, 590; LSF Sachsen, Vfg. v. 30.8.2013 – S 7238-16/5-213.
9 BFH, Urt. v. 14.5.1998 – V R 85/97, BStBl. II 1999, 145; BFH, Urt. v. 18.8.2005 – V R 20/03, BStBl. II 2005, 910 = UR 2006,24; BFH, Urt. v. 21.4.2005 – V R 6/03, BStBl. II 2005, 899 = UR 2005, 611; Abschn. 4.20.1 Abs. 3 Satz 4 UStAE.
10 BFH, Urt. v. 18.5.1988 – X R 11/82, BStBl. II 1988, 799.
11 BFH, Urt. 10.12.2020 – V R 39/18, UStB 2021, 254; BFH, Urt. v. 13.6.2018 – XI R 2/16, BStBl. II 2018, 678 = UR 2018, 797; BFH, Urt. v. 10.1.2013 – V R 31/10, BStBl. II 2013, 352 = UR 2013, 385; Abschn. 4.20.1 Abs. 3 Satz 5 UStAE.
12 Abschn. 4.20.2 Abs. 1 Satz 1 UStAE.
13 BFH, Urt. v. 26.4.1995 – XI R 20/94, BStBl. II 1995, 519.

ße Abspielen eines Tonträgers ist dagegen kein Konzert.[1] Auf Art, Inhalt und Qualität der Musik kommt es nicht an, auch Unterhaltungsmusik (wie z.B. Rock, Pop, Jazz) kann unter die Befreiung des Satzes 1 fallen.[2]

bb) Die befreiten kulturellen Umsätze

29 Zu den **typischen steuerfreien Leistungen** von Orchestern, Kammermusikensembles und Chören gehören insbesondere der Verkauf von Eintrittskarten zu eigenen Konzerten sowie die eigenen Auftrittsleistungen in Form von Konzerten gegenüber gastgebenden Auftraggebern (wie z.B. anderen Konzertveranstaltern, Gastspieldirektionen, Künstleragenturen, Fernsehsendern, Industrieunternehmen, Vereinen). Dies gilt auch für Auftrittsleistungen bei nicht begünstigten Veranstaltungen, bei denen das eigene Konzert nicht im Vordergrund der Veranstaltung steht (wie z.B. bei Unternehmens-, Sport- oder Vereinsfesten).[3] Zur Frage, ob unselbständige **Nebenleistungen** im selben Umfang befreit sind wie bei Theaterumsätzen, und zur Frage, ob die Gestattung der Aufnahme und Übertragung eigener Konzerte durch Rundfunk oder Fernsehen zu den typischen steuerfreien Leistungen gehört, vgl. Rz. 23.

Für das **Live-Streaming** von Orchesterdarbietungen, vgl. Rz. 23.2.

30 **Keine unselbständigen Nebenleistungen** und daher steuerpflichtig sind andersartige (nicht kulturelle) Dienstleistungen, wie z.B. Autogrammstunden, Teilnahmen an Diskussionsrunden oder Talksendungen, Interviews, Vorträge oder Prüfungstätigkeiten.[4]

31 Ebenfalls keine typische steuerfreie kulturelle Leistung oder unselbständige Nebenleistung ist die Überlassung von Parkplätzen, vgl. Rz. 24 und Rz. 39.

Sind in den Eintrittskarten neben der Eintrittsberechtigung zum Konzert noch weitere Leistungen enthalten, wie z.B. die Nutzung von Parkplätzen oder von öffentlichen Verkehrsmitteln zur An- und Abreise, so liegen mehrere eigenständige Leistungen vor, die gesondert zu beurteilen sind.[5] Wird ein Gesamtticketpreis vereinbart, so ist dieser durch Schätzung auf die jeweiligen selbstständigen Leistungen aufzuteilen.

c) Museen (Nr. 20 Buchst. a Satz 4) und Denkmäler der Bau- und Gartenbaukunst

aa) Die begünstigten Einrichtungen

32 **Museen** sind nach der umsatzsteuerlichen **Legaldefinition** in Satz 4 wissenschaftliche Sammlungen und Kunstsammlungen.

33 Als **wissenschaftliche Sammlungen** und somit als Museen kommen naturkundliche, technische, geschichtliche, volkskundliche oder heimatkundliche Sammlungen in Betracht. Ob eine Sammlung wissenschaftlich ist, richtet sich nach dem Gesamtbild der Umstände, wie z.B. danach, ob die Sammlung nach wissenschaftlichen Gesichtspunkten zusammengestellt ist, und ob sie entsprechend durch Beschriftungen und/oder Kataloge erläutert[6] und dadurch ein bestimmter Qualitätsmaßstab der Sammlung sichergestellt wird.[7] So kann eine Ausstellung, in der Gebrauchs- und Kulturgegenstände aus der Region Melanesien ausgestellt werden, aufgrund der Wertigkeit der Exponate und aufgrund der Art ihrer Zusammenstellung und Ordnung als wissenschaftliche Sammlung und somit als Museum anzusehen sein.[8] Gleiches gilt für ein ausrangiertes U-Boot der sowjetischen Kriegsmarine, auf dem bzw.

---

1 BFH, Urt. v. 25.2.2015 – XI R 35/12, BStBl. II 2015, 677 = UR 2015, 590; BFH, Urt. v. 18.8.2005 – V R 50/04, BStBl. II 2006, 101 = UR 2006, 479.

2 Abschn. 4.20.2 Abs. 1 Satz 4 UStAE.

3 OFD Karlsruhe, Vfg. v. 30.3.2020 – S 2045/7-St 112, UR 2020, 654.

4 BFH, Urt. v. 25.2.2015 – XI R 35/12, BStBl. II 2015, 677 = UR 2015, 590; OFD Karlsruhe, Vfg. v. 30.3.2020 – S 2045/7-St 112, UR 2020, 654.

5 FinBeh Hamburg, Vfg. v. 14.3.2014 – 51-S 7238-002/12, MwStR 2014, 590; LSF Sachsen, Vfg. v. 30.8.2013 – S 7238-16/5-213.

6 BFH, Urt. v. 19.5.1993 – V R 110/88, BStBl. II 1993, 779; Abschn. 4.20.3 Abs. 1 Satz 3 und 4 UStAE.

7 BVerwG, Urt. v. 11.10.2006 – 10 C 7/05, UR 2007, 307.

8 BayVGH, Urt. v. 10.1.2011 – 21 ZB 10.578, juris.

in dessen Inneren Besucher mit Hilfe von zahlreichen Hinweis- und Erläuterungstafeln sowohl das Boot selbst wie auch weitere militärische Gegenstände aus früheren Epochen besichtigen können.[1]

Als Museen kommen auch **Kunstsammlungen** in Betracht. Kunstsammlungen sind Sammlungen der bildenden Künste, wie z.B. Gemälde-, Skulpturen- oder Bildhauersammlungen. Es muss sich um Kunstsammlungen handeln, die der Öffentlichkeit zum Betrachten und den damit verbundenen kulturellen und bildenden Zwecken zugänglich gemacht werden.[2] Sie dürfen dabei nicht reinen Verkaufszwecken dienen und gewerbliche Zwecke verfolgen.[3] Verkäufe von sehr untergeordneter Bedeutung beeinträchtigen die Eigenschaft der Kunstausstellung als Kunstsammlung hingegen nicht.[4] Es kann sich dabei auch um die Kunstsammlung einer anderen Person handeln.[5] Die Sammlung kann auch eigens für die Ausstellung zusammengestellt sein.[6] Es kommt nicht darauf an, ob Sonderausstellungen entweder komplett aus den Sammlungsbeständen anderer Einrichtungen oder privater Leihgeber zusammengestellt sind oder aber nur zu einem geringen Anteil aus der eigenen Sammlung bestückt werden.[7] 34

Eine temporäre, **nicht dauerhafte Kunstsammlung** erfüllt die gesetzlichen Anforderungen an ein Museum i.S.d. Satzes 4 **ebenfalls**, d.h. aus dem Begriff der Sammlung folgt kein Erfordernis der Dauerhaftigkeit.[8] Entsprechend können auch sog. Wanderausstellungen sowie Sammlungen mit vergänglichen Gegenständen (wie z.B. Eis- oder Sandskulpturen) begünstigt sein, sofern es sich bei den ausgestellten Objekten um Kunstwerke handelt.[9] 35

Keine Museen sind **Naturdenkmäler**, wie z.B. alte Bäume, besondere Felsformationen, Wasserfälle, Tropf- bzw. Sandsteinhöhlen oder Schaubergwerke (sofern es sich nicht um ein Bergwerksmuseum handelt). Selbst wenn diese Naturdenkmäler Anlass zum Betrachten und Besichtigen bieten, fehlt es ihnen am für den Museumscharakter erforderlichen wissenschaftlichen Rahmen. Selbiges gilt für (Kunst-)Sammlungen, wenn darin ausschließlich **Repliken** und keine Originale ausgestellt werden.[10] 36

Eine gesetzliche **Definition** des Begriffs **Denkmäler der Bau- und Gartenbaukunst** fehlt. Denkmäler der Baukunst sind Bauwerke, die nach denkmalpflegerischen Aspekten als schützenswerte Zeugnisse der Architektur anzusehen sind, ohne dass es auf eine künstlerische Ausgestaltung ankommt, wie z.B. Kirchen, Klöster, Schlösser, Burgen und Burgruinen.[11] Demgegenüber müssen Denkmäler der Gartenbaukunst eine künstlerische Ausgestaltung aufweisen.[12] Damit ist z.B. die entgeltliche Zurschaustellung von Parkanlagen, Zier- und Stadtgärten mit künstlerischer Anordnung und Ausstattung von Pflanzen begünstigt. Nicht begünstigt sind Bundes- und Landesgartenschauen, da es sich bei derartigen Veranstaltungen vornehmlich um Leistungsschauen handelt. 37

bb) Die befreiten kulturellen Umsätze

Zu den **typischen steuerfreien Museumsleistungen** gehören insbesondere solche, für die als Entgelte Eintrittsgelder (für die Präsentation und Vermittlung von Ausstellungsstücken) erhoben werden, und zwar auch insoweit, als es sich um Sonderausstellungen, Führungen und Vorträge handelt. Die Steuerbefreiung erfasst zudem die bei diesen Leistungen **üblichen Nebenleistungen**, wie z.B. die Garderobenaufbewahrung und den Verkauf von Katalogen und Museumsführern.[13] 38

1 FG Mecklenburg-Vorpommern, Urt. v. 26.5.2021 – 3 K 283/17, juris.
2 Abschn. 4.20.3 Abs. 2 Satz 2 UStAE.
3 BFH, Urt. v. 22.11.2018 – V R 29/17, BStBl. II 2021, 495 = UR 2019, 189; Abschn. 4.20.3 Abs. 2 Satz 8 UStAE.
4 Abschn. 4.20.3 Abs. 2 Satz 9 UStAE.
5 Abschn. 4.20.3 Abs. 2 Satz 3 UStAE.
6 Abschn. 4.20.3 Abs. 2 Satz 4 UStAE.
7 Abschn. 4.20.3 Abs. 2 Satz 5 UStAE.
8 BFH, Urt. v. 22.11.2018 – V R 29/17, BStBl. II 2021, 495 = UR 2019, 189; Abschn. 4.20.3 Abs. 2 Satz 6 UStAE.
9 Abschn. 4.20.3 Abs. 2 Satz 7 UStAE.
10 FG Baden-Württemberg, Urt. v. 29.1.2014 – 14 K 3485/12, juris.
11 Abschn. 4.20.3 Abs. 4 Sätze 1 bis 3 UStAE.
12 Abschn. 4.20.3 Abs. 4 Satz 4 UStAE.
13 Abschn. 4.20.3 Abs. 3 Sätze 1 und 2 UStAE.

Auch ein Museumsführer – als selbständiger Subunternehmer – erbringt typische Museumsleistungen in Form der Gästeführung an das Museum, zumindest dann, wenn das Museum ausschließlich in Begleitung eines Führers besucht werden darf, und der Führer damit unmittelbarer und unverzichtbarer Bestandteil der Leistung des Museums wird.[1] Gleiches sollte aber auch dann gelten, wenn das Museum ohne Führer besucht werden kann.[2]

M.E. sollten typische Museumsleistungen selbst dann vorliegen, wenn der Museumsführer die Führung der Museumsgäste im eigenen Namen – auf Vermittlung des Museums – direkt gegenüber den Gästen erbringt.

39 Bei der entgeltlichen Zurverfügungstellung eines Parkplatzes sowie einer WC-Anlage neben einem historischen Baudenkmal handelt es sich nach Auffassung des FG Berlin-Brandenburg[3] nicht um kulturelle Dienstleistungen, die nach § 4 Nr. 20 Buchst. a UStG steuerbefreit sind. Es handelt sich auch nicht um Nebenleistungen zur steuerfreien Zutrittsgewährung zum Denkmal bzw. zu den Führungen im Denkmal. Diese Auffassung des FG Berlin-Brandenburg hat der BFH[4] im Verfahren der Beschwerde gegen die Ablehnung der AdV in Bezug auf die entgeltliche Zurverfügungstellung des Parkplatzes bestätigt. Diese ist weder eine Leistung, die für ein Museum typisch ist, noch ist sie für eine Museumsleistung unerlässlich, mit der Folge, dass sie weder selbst nach § 4 Nr. 20 Buchst. a UStG steuerfrei noch Nebenleistung zu dem nach § 4 Nr. 20 Buchst. a UStG steuerfreien Museumsbetrieb ist. Ernstlich zweifelhaft ist nach Ansicht des BFH aber, ob dies für die entgeltliche Zurverfügungstellung der WC-Anlage an die Besucher des Museums in gleicher Weise gilt, da diese zwar nicht selbst nach § 4 Nr. 20 Buchst. a UStG steuerfrei ist, aber eine für die Hauptleistung Museumsbetrieb unerlässliche, steuerfreie Nebenleistung sein dürfte (zumal ein potentieller Wettbewerb mit Unternehmen, die WC-Anlagen umsatzsteuerpflichtig betreiben, fehlen dürfte). Die Tatsache, dass andere Personen dieselbe Leistung als einzige (und somit selbständige) Leistung (hier: Nutzung der WC-Anlage durch Personen, die das Museum nicht besuchen und damit die steuerfreie Hauptleistung Museumsbetrieb nicht beanspruchen) beziehen, schließt nach Auffassung des BFH nicht aus, dass diese Leistung bei anderen Personen eine Nebenleistung zur beanspruchten Hauptleistung ist.

Sind **in den Eintrittsgeldern** neben der Eintrittsberechtigung zum Museum bzw. Denkmal noch **weitere Leistungen enthalten**, wie z.B. die Nutzung von Parkplätzen und öffentlichen Verkehrsmitteln zur An- und Abreise, liegen mehrere eigenständige Leistungen vor, die **gesondert zu beurteilen** sind.[5] Wird ein Gesamtticketpreis vereinbart, so ist dieser durch Schätzung auf die jeweiligen selbstständigen Leistungen aufzuteilen.

40 Die Zurverfügungstellung von **Audioguides** (= audio-visuelle Führungssysteme in Form von Minicomputern mit Kopfhörern) gegen gesondertes Entgelt an Besucher zur eigenständigen Erkundung des Museums ist **nicht steuerfrei**.[6] Vor dem Hintergrund, dass Führungen durch Menschenhand als typische Museumsleistungen befreit sind, muss m.E. die Zurverfügungstellung von Audioguides durch das Museum im eigenen Namen ebenfalls eine typische steuerfreie Museumsleistung sein.[7] Eine Rechtfertigung für die unterschiedliche Behandlung von menschlichen und elektronischen Führungen ist für mich nicht ersichtlich. Etwas anderes dürfte nur gelten, wenn Audioguides unabhängig vom Museumsbesuch über elektronische Medien wie das Internet zur Verfügung gestellt oder vom Museum im fremden Namen und auf fremde Rechnung (z.B. des Produzenten) verkauft werden.

41 **Weitere typische Museumsleistungen** und damit steuerfrei sind das Dulden der Anfertigung von Reproduktionen, Abgüssen und Nachbildungen sowie die Restaurierung von Kunstwerken in Privatbesitz, die von den Museen im Interesse der Erhaltung dieser Werke für die Allgemeinheit vorgenom-

1 BFH, Beschl. v. 15.2.2022 – XI R 30/21 (XI R 37/18), UR 2022, 547 m. Anm. *Moldan*.
2 *Moldan*, UR 2022, 547; *Treiber*, DStR 2022, 1153; *Strahl*, NWB 2022, 1672.
3 FG Berlin-Brandenburg, Beschl. v. 15.5.2023 – 7 V 7031/23, EFG 2023, 1176.
4 BFH, Beschl. v. 18.10.2023 – XI B 41/23 (AdV), UR 2024, 8.
5 FinBeh Hamburg, Vfg. v. 14.3.2014 – 51-S 7238-002/12, MwStR 2014, 590; LSF Sachsen, Vfg. v. 30.8.2013 – S 7238-16/5-213.
6 LFD Thüringen, Vfg. v. 19.3.2013 – S 7244 A-05-A 5.16, UR 2013, 814.
7 Ebenso *Leisner-Egensperger/Ahrens*, Gemeinnützigkeitsrecht², § 4 Nr. 20 UStG Rz. 82; *Frye* in Rau/Dürrwächter, § 4 Nr. 20 UStG Rz. 122 (Stand: Juni 2023).

men wird.[1] Dieses Interesse dürfte dann zu bejahen sein, wenn die Kunstwerke in den entsprechenden Museen ausgestellt werden (z.B. als Dauerleihgabe).[2] Sollten die Werke nicht in diesen Museen ausgestellt werden, sondern im Privatbesitz verbleiben, dürfte die Befreiung der Restaurierungsleistungen dagegen nicht mit Art. 134 Buchst. b MwStSystRL (Rz. 7) vereinbar sein, da die Museen dann in unmittelbaren Wettbewerb mit den nicht befreiten Leistungen von selbstständigen Restauratoren treten.[3] Gleiches gilt für Verkäufe eines Museumsladens (z.B. Postkarten, Fotos, Literatur), die unter den Voraussetzungen des Abschn. 4.20.3 Satz 4 UStAE als typische Museumsleistungen befreit sind, aber ebenfalls in unmittelbarem Wettbewerb mit dem Verkauf anderer nicht befreiter Unternehmer stehen.

Die **Veräußerung von Museumsobjekten** und Altmaterial ist **nicht steuerfrei**. Es kann aber die Befreiungsvorschrift nach § 4 Nr. 28 UStG in Betracht kommen.[4] 42

d) Botanische und zoologische Gärten und Tierparks

aa) Die begünstigten Einrichtungen

Eine gesetzliche Definition der Begriffe, die zur Umschreibung der begünstigten Einrichtungen verwendet werden, existiert nicht. 43

Botanische Gärten sind Anlagen, in denen Pflanzen aller Art nach wissenschaftlichen Methoden gepflanzt und für Wissenschafts- und Forschungszwecke gepflegt und gezogen werden. Damit unterscheiden sie sich von Parks und Gartenanlagen, die vornehmlich Erholungszwecken dienen und in denen der optische Eindruck der Gesamtanlage, nicht aber die einzelne Pflanze im Mittelpunkt steht. 44

Zoologische Gärten und **Tierparks** sind Anlagen, in denen lebende Tiere aller Art nach wissenschaftlichen Methoden gehalten und für Wissenschafts- und Forschungszwecke gepflegt und gezüchtet werden. Während ein zoologischer Garten möglichst viele Tierarten in wenigen Exemplaren beherbergt, werden in einem Tierpark wenige Tierarten, dafür jedoch in Herden oder Zuchtgruppen auf großer Fläche und in freier Natur gehalten. Zu den Tierparks gehören auch Nationalparks. 45

Ein **Delphinarium** mit nur zwei Tierarten, in dem in erster Linie Dressurakte vorgeführt werden, ist weder ein zoologischer Garten noch ein Tierpark. Dies gilt auch dann, wenn das Delphinarium auf dem Gelände eines zoologischen Gartens von anderen Unternehmern in eigener Regie betrieben wird.[5] Aquarien und Terrarien gelten als zoologische Gärten, nicht aber Vergnügungsparks.[6] 46

bb) Die befreiten kulturellen Umsätze

Zu den **typischen steuerfreien Leistungen** der botanischen und zoologischen Gärten sowie Tierparks gehören insbesondere der Verkauf von Eintrittskarten für die Zurschaustellung von Pflanzen und Tieren, die Erteilung der Erlaubnis zum Fotografieren, der Verkauf von Tierfutter an die Besucher, von Zoo- und Tierparkführern sowie das Reiten und Fahren mit Tieren.[7] Das Reiten und Fahren mit Tieren stellt m.E. aber nur dann eine typische steuerfreie Leistung dar, wenn es eine Nebenleistung zu anderen typischen steuerfreien Leistungen (wie z.B. der Zurschaustellung von Tieren) ist und nicht den Charakter einer Vergnügungseinrichtung hat. 47

Keine typischen Leistungen der Einrichtungen und daher **steuerpflichtig** sind vor allem **folgende Umsätze:**[8] Restaurationsumsätze, Duldung der Jagd in einem Tierpark, Verkauf von Gebrauchsartikeln (wie z.B. Zeitungen, Filme, Andenken), von Wildbret, Fellen, Jagdtrophäen und Gegenständen des Anlagevermögens (ausgenommen der Tierverkauf unter bestimmten Bedingungen). In Bezug auf das Anlagevermögen kann jedoch die Befreiungsvorschrift nach § 4 Nr. 28 UStG in Betracht kommen. 48

1 Abschn. 4.20.3 Abs. 3 Satz 3 UStAE.
2 *Honisch*, UStB 2000, 302.
3 *Oelmeier* in Sölch/Ringleb § 4 Nr. 20 UStG Rz. 18 (Stand: Juni 2023); *Honisch*, UStB 2000, 302.
4 Abschn. 4.20.3 Abs. 3 Sätze 6 und 7 UStAE.
5 BFH, Urt. v. 20.4.1988 – X R 20/82, BStBl. II 1988, 796; Abschn. 4.20.4 Abs. 1 Satz 2 UStAE.
6 Abschn. 4.20.4 Abs. 1 Sätze 1 und 2 UStAE.
7 Abschn. 4.20.4 Abs. 2 Satz 2 UStAE.
8 Abschn. 4.20.4 Abs. 3 UStAE.

Ebenfalls steuerpflichtig ist die Überlassung besonderer Vergnügungseinrichtungen (wie z.B. Boote, Kleinbahnen, Autoscooter) und von Parkplätzen[1] an Besucher.

e) Archive und Büchereien

aa) Die begünstigten Einrichtungen

49 Eine gesetzliche Definition der Begriffe fehlt.

50 **Archive** sind Einrichtungen zur systematischen Erfassung, Ordnung, Verwaltung und Verwahrung von Schrift-, Bild oder Tonschriftgut, soweit dieses zwar für den laufenden Geschäftsverkehr entbehrlich, aber aus historischen, wissenschaftlichen, politischen, rechtlichen, wirtschaftlichen, kulturellen oder technischen Gründen von Belang ist. In Betracht kommen insoweit Staats-, Stadt-, Diözesan-, Ordinariats-, Kloster-, Unternehmens-, Gewerkschafts-, Vereins-, Familien- und Privatarchive.

51 **Büchereien** sind Einrichtungen zur systematischen Sammlung, Erfassung, Erhaltung und Betreuung von Büchern. Es kommen sowohl wissenschaftliche Bibliotheken (wie z.B. National-, Universitäts-, Landes- und Stadtbibliotheken) als auch Volksbüchereien oder Büchereien für spezielle Zwecke (wie z.B. Kinderbüchereien, Unternehmens-, Instituts- oder Behördenbibliotheken) in Betracht. Mit der Zurverfügungstellung von Büchern aus einer planmäßigen Sammlung von Büchern erfüllen auch die öffentlichen Schulen (nämlich mit dem Lernmittelbestand der jeweiligen Schule) den Begriff der öffentlichen Bücherei nach § 4 Nr. 20 Buchst. a UStG.[2]

bb) Die befreiten kulturellen Umsätze

52 Zu den **typischen steuerfreien Leistungen** gehört insbesondere die Zurverfügungstellung für die Allgemeinheit. Auf die Art der Zurverfügungstellung (physisch oder elektronisch) kommt es nicht an. Zudem ist nicht erheblich, ob die Dokumente bzw. Bücher entliehen werden können oder nur vor Ort eingesehen werden dürfen. Entsprechend ist auch die Anfertigung von Kopien gegen Entgelt in Büchereien und Archiven befreit, sofern die Kopiervorlagen dem Bestand der jeweiligen Bücherei bzw. des jeweiligen Archivs zuzuordnen sind.[3]

53 Die Erstattung von **Gutachten** durch den Archivbetreiber unter Ausnutzung des Archivmaterials dürfte hingegen m.E. keine typische Leistung und damit **nicht steuerfrei** sein. Gleiches gilt für den **Verkauf von Büchern** durch Bibliotheken, insoweit kann aber die Befreiungsvorschrift nach § 4 Nr. 28 UStG einschlägig sein.[4]

3. Juristische Personen des öffentlichen Rechts

54 Die typischen kulturellen Dienstleistungen der in Satz 1 aufgezählten gesonderten kulturellen Einrichtungen (Rz. 19–53) oder gleichartige kulturelle Dienstleistungen „andersartiger" Einrichtungen (Rz. 14–18.2) sind ab 1.1.2023 (Rz. 13) nur nach Satz 1 steuerfrei, wenn sich die Einrichtungen **in Trägerschaft einer jPdöR** befinden.

In richtlinienkonformer Auslegung erfasst Satz 1 dabei sowohl inländische jPdöR als auch die nach dem Recht anderer Mitgliedstaaten errichteten juristischen Personen bzw. Einrichtungen des öffentlichen Rechts, da der unionsrechtlich zugrundeliegende Art. 132 Abs. 1 Buchst. n Halbs. 1 MwStSystRL einschränkungslos von „Einrichtungen des öffentlichen Rechts" spricht.[5]

55 Die Einrichtungen müssen von den juristischen Personen öffentlichen Rechts als (unselbständige) Betriebe gewerblicher Art geführt werden, d. h. die jPdöR muss selbst der Unternehmer sein. Entsprechend ist Satz 1 nicht anwendbar, wenn die jPdöR eine juristische Person des Privatrechts (wie z.B.

1 BFH, Urt. v. 4.12.1980 – V R 60/79, BStBl. II 1981, 231 = UR 1981, 174 m. Anm. *Quack*.
2 LSt Niedersachsen, Vfg. v. 14.3.2018 – S 7177-37-St 182, UR 2018, 811.
3 *Huschens* in Schwarz/Widmann/Radeisen, § 4 Nr. 20 UStG Rz. 109 (Stand: November 2022), LSt Niedersachsen, Vfg. v. 22.2.2018 – S 7107-3-St 171, UR 2018, 334.
4 *Huschens* in Schwarz/Widmann/Radeisen, § 4 Nr. 20 UStG Rz. 110 (Stand: Juli 2023).
5 *Frye* in Rau/Dürrwächter, § 4 Nr. 20 UStG Rz. 61 (Stand: Juni 2023).

GmbH) zwischenschaltet, selbst wenn sie alleinige Anteilseignerin der zwischengeschalteten Gesellschaft ist.[1]

In seiner bis 31.12.2022 geltenden Fassung war die Anwendung von Satz 1 auf Einrichtungen in Trägerschaft einer inländischen Gebietskörperschaft (Bund, Land, Gemeinde oder Gemeindeverband) beschränkt. Diese nationale Einschränkung auf inländische Gebietskörperschaften in Satz 1 entsprach nicht Art. 132 Abs. 1 Buchst. n MwStSystRL, wonach die typischen kulturellen Dienstleistungen aller Einrichtungen des öffentlichen Rechts steuerfrei sind. Damit kam für einen Betrieb gewerblicher Art einer jPdöR, die wie z.B. eine Stiftung keine Gebietskörperschaft ist, im Sinne eines Wahlrechts die unmittelbare Berufung auf Art. 132 Abs. 1 Buchst. n MwStSystRL in Betracht, sofern die Steuerbefreiung ohne Erfordernis einer zusätzlichen Anerkennung nach Satz 2 (Rz. 65–75) angestrebt wurde. Diese unmittelbare Berufung auf Art. 132 Abs. 1 Buchst. n MwStSystRL lehnt der BFH[2] – infolge des EuGH-Urteils in der Rechtssache *British Film Institute*[3] – jedoch ab (Rz. 6). Diese Ablehnung erfolgt m.E. zu Unrecht (Rz. 8).[4] Eine richtlinienkonforme Auslegung von Satz 1, dessen Wortlaut abschließend von Einrichtungen des Bundes, der Länder, der Gemeinden oder der Gemeindeverbände spricht, ist m.E. „contra legem" und erscheint daher nicht möglich.[5] Allerdings ist – vor dem Hintergrund des BFH-Urteils[6] vom 22.8.2019 – nicht auszuschließen, dass der BFH auch hier die leistungsbezogene Gleichartigkeit der Einrichtungen für ausreichend und eine (zusätzliche) einrichtungs- bzw. unternehmerbezogene Identität für nicht erforderlich gehalten hätte, mit der Konsequenz, dass der bisherige Satz 1 in richtlinienkonformer Auslegung doch zwingend die Einrichtungen aller jPdöR umfasst hat. 56

II. Steuerfreie Umsätze von gleichartigen Einrichtungen anderer Unternehmer (Nr. 20 Buchst. a Satz 2)

1. Allgemeines

Satz 2 dehnt die Steuerfreiheit des Satzes 1 auf Umsätze aus, die **andere Unternehmer** als jPdöR ausführen, wenn diese Unternehmer ihre Umsätze durch eine **gleichartige Einrichtung** erbringen und zudem eine **Bescheinigung der zuständigen Landeskulturbehörde** vorweisen können, dass diese Einrichtung die gleichen kulturellen Aufgaben erfüllt. BFH[7] und BVerwG[8] sehen die Gleichartigkeit der Einrichtung und die Gleichheit der kulturellen Aufgabenerfüllung als unterschiedliche Voraussetzungen der Steuerfreiheit an. Verfahrensrechtlich ist die Gleichartigkeit der Einrichtung im Besteuerungsverfahren durch das jeweils zuständige Finanzamt zu prüfen (Rz. 59–64.4), während die Gleichheit der kulturellen Aufgabenerfüllung im gesonderten Bescheinigungsverfahren durch die jeweils zuständige Landeskulturbehörde zu entscheiden ist (Rz. 65–75). 57

2. Andere Unternehmer

Andere Unternehmer i.S.d. Satzes 2 sind ab dem 1.1.2023 Unternehmer, die nicht Betriebe gewerblicher Art jPdöR sind. Dazu gehören Körperschaften des Privatrechts (wie z.B. GmbHs), Personengesellschaften (wie z.B. GbRs, BGB-Gesellschaften) und natürliche Personen. Andere Unternehmer können auch ausländische Unternehmer sein. 58

Bis 31.12.2022 gehörten zu den anderen Unternehmern i.S.d. Satzes 2 zudem auch die Betriebe gewerblicher Art jPdöR, die keine inländischen Gebietskörperschaften sind (wie z.B. Universitätsinstitute, Stiftungen, Kirchen).

1 *Huschens* in Schwarz/Widmann/Radeisen, § 4 Nr. 20 UStG Rz. 36 (Stand: Juli 2023); *Frye* in Rau/Dürrwächter, § 4 Nr. 20 UStG Rz. 64–71 (Stand: Juni 2023); **a.A.** *Kossack* in Offerhaus/Söhn/Lange, § 4 Nr. 20 UStG Rz. 7 (Stand: Mai 2018).
2 BFH, Urt. v. 22.8.2019 – V R 14/17, BStBl. II 2020, 720 = UR 2019, 926.
3 EuGH, Urt. v. 15.2.2017 – C-592/15, ECLI:EU:C:2017:117 – British Film Institute, UR 2017, 268.
4 Ebenso *Frye* in Rau/Dürrwächter, § 4 Nr. 20 UStG Rz. 40 f. (Stand: Juni 2023).
5 EuGH, Urt. v. 4.7.2006 – C-212/04, ECLI:EU:C:2006:443 – Adeneler u.a., NJW 2006, 2465.
6 BFH, Urt. v. 22.8.2019 – V R 14/17, BStBl. II 2020, 720 = UR 2019, 926.
7 BFH, Urt. v. 4.5.2011 – XI R 44/08, BStBl. II 2014, 200 = UR 2011, 859.
8 BVerwG, Urt. v. 11.10.2006 – 10 C 4/06, UR 2007, 304; BVerwG, Urt. v. 11.10.2006 – 10 C 7/05, UR 2007, 307.

3. Gleichartige Einrichtungen

a) Identische Einrichtungen

59 **Gleichartig** sind alle Einrichtungen, die mit den in Satz 1 aufgezählten gesonderten kulturellen Einrichtungen (im Sinne einer dauerhaften Zusammenfassung sachlicher und persönlicher Mittel) **identisch** sind, d.h. Theater, Orchester, Kammermusikensembles, Chöre, Museen, botanische Gärten, zoologische Gärten, Tierparks, Archive, Büchereien sowie Denkmäler der Bau- und Gartenbaukunst.[1]

60 Die zum Teil in der Literatur vertretene Auffassung,[2] dass solche identischen Einrichtungen anderer Unternehmer **nicht** als **„gleichartig"** i.S.d. Satzes 2 anzusehen sind, wenn diese mit **Gewinnerzielungsabsicht** am wirtschaftlichen Verkehr teilnehmen und ohne Subventionen zur Verlustabdeckung betrieben werden, ist m.E. **abzulehnen.**[3] Denn nichts im Wortlaut von Art. 132 Abs. 1 Buchst. n MwStSystRL lässt darauf schließen, dass die Anwendung auf gewerbliche kulturelle Dienstleistungen ausgeschlossen ist.[4] Und seine Ermächtigung zur Einschränkung der Steuerfreiheit nach Art. 133 Abs. 1 MwStSystRL (für Einrichtungen anderer Unternehmer) hat der nationale Gesetzgeber nicht ausgeübt, so dass die Kriterien des Art. 133 Abs. 1 MwStSystRL (wie z.B. kein Anstreben systematischer Gewinnerzielung) für die Auslegung des Gleichartigkeitsbegriffs in Satz 2 ohne Bedeutung sind.[5] Das FG Düsseldorf[6] hat sich dieser Rechtsauffassung angeschlossen und entschieden, dass die fehlende Subventionierung eines Orchesters in privater Trägerschaft der Annahme einer „gleichartigen Einrichtung" und damit einer Steuerfreiheit i.S.v. § 4 Nr. 20 Buchst. a Satz 2 UStG nicht entgegen steht.

b) Einrichtungen mit leistungsbezogener Gleichartigkeit

61 Da der **Begriff Einrichtung** nach gefestigter europäischer und nationaler Rechtsprechung[7] lediglich der Umschreibung der steuerfreien typischen kulturellen Dienstleistungen dient und damit **leistungsbezogen auszulegen** ist (Rz. 14), ist es für die Erlangung der Steuerbefreiung nach Satz 2 nicht erforderlich, dass der andere Unternehmer eine gesonderte kulturelle Einrichtung (im Sinne einer dauerhaften Zusammenfassung sachlicher und persönlicher Mittel) unterhält.[8] Der andere Unternehmer muss folglich keine mit den in Satz 1 aufgezählten gesonderten kulturellen Einrichtungen identische Einrichtung (Rz. 59) unterhalten. Erforderlich ist nur, dass seine andersartige Einrichtung die steuerfreien typischen kulturellen Dienstleistungen der in Satz 1 aufgezählten gesonderten kulturellen Einrichtungen erbringt. Dies ist insbesondere dann der Fall, wenn seine andersartige Einrichtung (z.B. in Form eines Einzelkünstlers) die eigenen kulturellen Dienstleistungen an eine gesonderte kulturelle Einrichtung i.S.d. Satzes 1 erbringt, im Besitz einer Gleichstellungsbescheinigung ist (Rz. 65–75) und damit unmittelbarer und unverzichtbarer Bestandteil von deren Leistungserbringung wird.[9] Vor dem Hintergrund, dass die Steuerfreiheit unabhängig von der Person des Leistungsempfängers ist, kann die Befreiungsvoraussetzung, dass die andersartige Einrichtung (z.B. in Form eines Einzelkünstlers) die

1 BFH, Urt. v. 19.5.1993 – V R 110/88, BStBl. II 1993, 779.

2 *Kossack* in Offerhaus/Söhn/Lange, § 4 Nr. 20 UStG Rz. 9b (Stand: Mai 2018); *Kohlhaas*, DStR 2008, 1020.

3 Ebenso *Wäger* in Reiß/Kraeusel/Langer, § 4 Nr. 20 UStG Rz. 113 (Stand: August 2021); *Huschens* in Schwarz/Widmann/Radeisen, § 4 Nr. 20 UStG Rz. 39 (Stand: Juli 2023); *Frye* in Rau/Dürrwächter, § 4 Nr. 20 UStG Rz. 167 (Stand: Juni 2023).

4 EuGH, Urt. v. 28.11.2013 – C-319/12, ECLI:EU:C:2013:778 – MDDP, EU-UStB 2014, 9 m. Anm. *Buge*; EuGH, Urt. v. 26.5.2005 – C-498/03, ECLI:EU:C:2005:322 – Kingscrest Associates Ltd; EuGH, Urt. v. 3.4.2003 – C-144/00, ECLI:EU:C:2003:192 – Hoffmann, BStBl. II 2003, 679 = UR 2003, 248; Anm. *Nieskens*, UR 2003, 286.

5 OVG Münster, Urt. 31.10.2014 – 14 A 220/12, juris; *Wäger* in Reiß/Kraeusel/Langer, § 4 Nr. 20 UStG Rz. 22 (Stand: August 2021).

6 FG Düsseldorf, Urt. v. 22.12.2021 – 5 K 1106/20 U, EFG 2022, 1068.

7 EuGH, Urt. v. 3.4.2003 – C-144/00, ECLI:EU:C:2003:192 – Hoffmann, BStBl. II 2003, 679 = UR 2003, 248; EuGH, Urt. v. 7.9.1999 – C-216/97, ECLI:EU:1999:390 – Gregg, UR 1999, 419; BFH, Urt. v. 18.2.2010 – V R 28/08, BStBl. II 2010, 876 = UR 2010, 376; BFH, Urt. v. 4.5.2011 – XI R 44/08, BStBl. II 2014, 200 = UR 2011, 859; BFH, Urt. v. 22.8.2019 – V R 14/17, BStBl. II 2020, 720 = UR 2019, 926.

8 *Wäger* in Reiß/Kraeusel/Langer, § 4 Nr. 20 UStG Rz. 72 (Stand: August 2021).

9 BFH, Urt. v. 22.8.2019 – V R 14/17, BStBl. II 2020, 720 = UR 2019, 926; BFH, Beschl. v. 15.2.2022 – XI R 30/21 (XI R 37/18), UR 2022, 547 m. Anm. *Moldan*; *Wäger* in Reiß/Kraeusel/Langer, § 4 Nr. 20 UStG Rz. 131 (Stand: August 2021), kritisch hierzu *Lippross*, UR 2019, 913.

steuerfreien typischen kulturellen Dienstleistungen der in Satz 1 aufgezählten gesonderten kulturellen Einrichtungen erbringen muss, m.E. auch dann erfüllt sein, wenn beispielsweise der Einzelkünstler im Rahmen einer eigenen Veranstaltung (z.B. eines Solokonzerts) tätig wird.

Die **Verwaltung** hat dahingehend auf die Rechtsprechung **reagiert**,[1] dass sie als Einzelkünstler auftretende Musiksolisten und Dirigenten – unter den weiteren Voraussetzungen von Satz 2 – befreit, nicht jedoch sonstige Einzelkünstler oder andersartige Einrichtungen. 62

Die nicht begünstigten sonstigen Einzelkünstler oder andersartigen Einrichtungen mussten sich zur Erlangung der Steuerfreiheit für ihre typischen kulturellen Dienstleistungen **bisher unmittelbar auf** Art. 132. Abs. 1 Buchst. n MwStSystRL **berufen**, sofern dies für sie trotz der damit verbundenen Versagung des Vorsteuerabzugs (Rz. 11) günstiger war. Diese Berufungsmöglichkeit bejahte die Rechtsprechung des BFH[2] zu Orchestermusikern sowie die finanzgerichtliche Rechtsprechung zu Dirigenten[3] und zu Museumsführern[4]. 63

Die zwingende Steuerfreiheit der typischen kulturellen Dienstleistungen durch richtlinienkonforme Auslegung von Satz 2 schied nach bisheriger Rechtsprechung des BFH[5] zu Orchestermusikern dagegen aus. Satz 2 erfordert, dass die steuerfreien kulturellen Dienstleistungen vom anderen Unternehmer durch gleichartige Einrichtungen – d.h. durch Einrichtungen, die mit den in Satz 1 aufgezählten gesonderten kulturellen Einrichtungen (wie z.B. Theatern, Orchestern, Museen usw.) identisch sind – ausgeführt werden müssen und eine richtlinienkonforme Auslegung „contra legem" kommt nicht in Betracht.[6] Die gewollte Begrenzung von Satz 1 (und somit auch Satz 2) auf gesonderte kulturelle Einrichtungen (wie z.B. Orchester, Chöre usw.) ergibt sich nicht zuletzt aus dem Vergleich mit § 12 Abs. 7 Buchst. a UStG als Schwestervorschrift (Rz. 12), die der Gesetzgeber durch Neufassung vom 9.12.2004 ausdrücklich auf „vergleichbare Darbietungen ausübender Künstler" erstreckt hat, während er eine entsprechende Anpassung des Satzes 1 (und somit auch des Satzes 2) an die EuGH-Rechtsprechung bis heute nicht vorgenommen hat.[7] Aufgrund des unveränderten Gesetzeswortlauts ist es daher m.E. erstaunlich, dass der BFH mit Urt. v. 22.8.2019[8] (und nachfolgend mit Urt. v. 15.2.2022[9]) seine **bisherige Rechtsprechung geändert hat** und nunmehr davon ausgeht, dass **andersartige Einrichtungen** – bei Erbringung von steuerfreien typischen kulturellen Dienstleistungen der in Satz 1 (und somit auch in Satz 2) aufgezählten gesonderten kulturellen Einrichtungen – **richtlinienkonform als gleichartig** mit diesen Einrichtungen **anzusehen sind.**[10] Begründet wird diese Rechtsprechungsänderung vom BFH damit, dass der Einrichtungsbegriff in Satz 1 (und somit auch in Satz 2) vor dem Hintergrund des Unionsrechts keine eigenständige Bedeutung hat und nur zur Umschreibung der steuerfreien typischen kulturellen Dienstleistungen dient (Rz. 61), so dass die leistungsbezogene Gleichartigkeit der Einrichtungen ausreichen muss und eine (zusätzliche) einrichtungsbezogene Identität nicht erforderlich ist. Auslöser der Rechtsprechungsänderung des BFH – hin zur Begründung der (nun zwingenden und nicht immer vorteilhaften) Steuerfreiheit durch richtlinienkonforme Auslegung von Satz 1 (und somit auch Satz 2) – ist das EuGH-Urteil in der Rechtssache *British Film Institute*[11], wonach eine unmittelbare Berufung auf Art. 132 Abs. 1 Buchst. n MwStSystRL (im Sinne eines Wahlrechts) nach Auffassung des BFH nicht möglich ist (Rz. 6). M.E. hätte es dieser Rechtsprechungsänderung des BFH jedoch überhaupt nicht bedurft, um die typischen kulturellen Dienstleistungen von andersartigen Einrichtungen entsprechend dem Unionsrecht steuerfrei zu stellen, da eine unmittelbare Berufung auf Art. 132 Abs. 1 Buchst. n MwStSystRL auch nach dem EuGH-Urteil in der Rechtssache *British Film Institute* für andersartige Einrichtungen noch möglich sein sollte (Rz. 8).[12] 64

1 Abschn. 4.20.2 Abs. 1 Sätze 2 und 3 UStAE.
2 BFH, Urt. v. 18.2.2010 – V R 28/08, BStBl. II 2010, 876 = UR 2010, 376.
3 FG Rheinland-Pfalz, Urt. v. 6.5.2008 – 6 K 1666/06, juris.
4 FG Münster, Urt. v. 8.10.2018 – 5 K 1215/16 U, EFG 2018, 2072.
5 BFH, Urt. v. 18.2.2010 – V R 28/08, BStBl. II 2010, 876 = UR 2010, 376.
6 EuGH, Urt. v. 4.7.2006 – C-212/04, ECLI:EU:C:2006:443 – Adeneler u.a., NJW 2006, 2465.
7 *Lippross*, UR 2019, 913.
8 BFH, Urt. 22.8.2019 – V R 14/17, BStBl. II 2020, 720 = UR 2019, 926.
9 BFH, Beschl. v. 15.2.2022 – XI R 30/21 (XI R 37/18), UR 2022, 547 m. Anm. *Moldan*.
10 Ebenso die Entscheidung ablehnend: *Lippross*, UR 2019, 913, *Hidien*, MwStR 2020, 210.
11 EuGH, Urt. v. 15.2.2017 – C-592/15, ECLI:EU:C:2017:117 – British Film Institute, UR 2017, 268.
12 Ebenso *Lippross*, UR 2019, 913; *Hidien*, MwStR 2020, 210.

64.1 Auf die Rechtsprechungsänderung des BFH, nach der andersartige Einrichtungen – bei Erbringung von steuerfreien typischen kulturellen Dienstleistungen der in Satz 1 (und somit auch in Satz 2) aufgezählten gesonderten kulturellen Einrichtungen – richtlinienkonform als gleichartig mit diesen Einrichtungen anzusehen sind, hat die FinVerw. mit dem BMF-Schreiben vom 12.11.2020[1] reagiert und darin – im Hinblick auf Theater – ihre restriktive Haltung zum Vorliegen einer einrichtungsbezogenen Voraussetzung durch entsprechende Änderungen im Umsatzsteueranwendungserlass aufgegeben.

64.2 Nach bisheriger Auffassung der FinVerw.[2] musste es sich zwingend um Einrichtungen im Sinne einer auf Dauer angelegten Zusammenfassung sachlicher und persönlicher Mittel (zur Durchführung eines Spielplans aus eigenen Kräften) handeln. War diese einrichtungsbezogene Voraussetzung nicht erfüllt, wie z.B. bei Einzelkünstlern oder Gemeinden, die selbst kein Theater als Zusammenfassung von eigenem Personal und eigenen Sachmitteln unterhalten, lehnte die Verwaltung[3] die Anwendung von § 4 Nr. 20 Buchst. a Sätze 1 und 2 UStG (und § 12 Abs. 2 Nr. 7 Buchst. a UStG) – unabhängig vom Vorliegen der übrigen Anwendungsvoraussetzungen – in der Regel ab. Diese restriktive Haltung widersprach allerdings seit längerem der Rechtsprechung von EuGH[4] sowie BFH[5], nach welcher der Theaterbegriff in § 4 Nr. 20 Buchst. a Sätze 1 und 2 UStG (und § 12 Abs. 2 Nr. 7 Buchst. a UStG) „lediglich" die begünstigten kulturellen Dienstleistungen (Theatervorführungen) beschreibt, ohne dass ihm dabei eine weitergehende eigenständige Bedeutung zukommt. Mit den nun in Abschn. 4.20.1 Abs. 1 UStAE vorgenommenen Änderungen korrigiert die FinVerw. – so jedenfalls mein Verständnis – ihre restriktive, das Unionsrecht und die darauf basierende Rechtsprechung außer Acht lassende Auffassung vom Vorliegen einer einrichtungsbezogenen Voraussetzung für die Anwendung von § 4 Nr. 20 Buchst. a Sätze 1 und 2 UStG (und § 12 Abs. 2 Nr. 7 Buchst. a UStG). Sie tut dies zum einen, indem sie in Abschn. 4.20.1 Abs. 1 UStAE folgenden neuen Satz 2 eingefügt[6] und den bisherigen Satz 2 als neuen Satz 3 „abgeschwächt" hat.[7] Darüber hinaus hat die FinVerw. die bisherigen Sätze 5 bis 7 in Abschn. 12.5 Abs. 1 UStAE, aus denen insbesondere hervorging, dass Solokünstler wie z.B. Zauberkünstler, Artisten und Bauchredner nicht begünstigt sind, gestrichen. Diese drei Änderungen machen m.E. (verbal mehr oder weniger) deutlich, dass die Verwaltung akzeptiert, dass es für die Anwendung von § 4 Nr. 20 Buchst. a Sätze 1 und 2 UStG (und von § 12 Abs. 2 Nr. 7 Buchst. a UStG) nicht auf das Vorhandensein einer Einrichtung „Theater" im Sinne einer auf Dauer angelegten Zusammenfassung sachlicher und persönlicher Mittel (zur Durchführung eines Spielplans aus eigenen Kräften) ankommt; es für die Anwendung der Befreiungsvorschrift vielmehr ausreicht, wenn auf einer Bühne für Zuschauer bestimmte kulturelle Dienstleistungen, d.h. Theatervorführungen, durch mehrere Personen oder auch nur eine Person erfolgen (Rz. 19).

64.3 Damit akzeptiert die FinVerw. nunmehr ausdrücklich für die § 4 Nr. 20 Buchst. a Sätze 1 und 2 UStG aufgeführten Theater (Rz. 64.1) sowie Orchester, Kammermusikensembles und Chöre (Rz. 62), dass der verwendete Einrichtungsbegriff lediglich dazu dient, die steuerfreien typischen kulturellen Dienstleistungen zu umschreiben, ohne dass ihm dabei eine weitergehende eigenständige Bedeutung zukommt.

1 BMF, Schr. v. 12.11.2020 – III C 3-S 7177/17/10001, UR 2021, 38.

2 Abschn. 4.20.1 Abs. 1 Satz 2 UStAE a.F.

3 Abschn. 12.5 Abs. 1 Satz 6 UStAE a.F.

4 EuGH, Urt. v. 3.4.2003 – C-144/00, ECLI:EU:2003:192 – Hoffmann, BStBl. II 2003, 679 = UR 2003, 248; Anm. *Nieskens*, UR 2003, 286.

5 BFH, Urt. v. 18.2.2010 – V R 28/08, BStBl. II 2010, 876 = UR 2010, 376; BFH, Urt. v. 4.5.2011 – XI R 44/08, BStBl. II 2014, 200 = UR 2011, 859; BFH, Urt. v. 22.8.2019 – V R 14/17, BStBl. II 2020, 720 = UR 2019, 926; BFH, Beschl. v. 15.2.2022 – XI R 30/21 (XI R 37/18), UR 2022, 547 m. Anm. *Moldan*.

6 *„Danach können Umsätze eines Theaters nur vorliegen, wenn Personen in irgendeiner Weise auf einer Bühne vor einem Publikum ein Stück zur Aufführung bringen oder eine für Zuschauer bestimmte Aufführung durch eine Person erfolgt."*

7 Der bisherige Satz 2 – *„Dies [Theater] liegt vor, wenn so viele künstlerische und technische Kräfte und die zur Ausführung von Theaterveranstaltungen notwendigen technischen Voraussetzungen unterhalten werden, dass die Durchführung eines Spielplans aus eigenen Kräften möglich ist."* – lautet als neuer Satz 3 „abgeschwächt" nun wie folgt: *„Wenn z.B. so viele künstlerische und technische Kräfte und die zur Aufführung von Theaterveranstaltungen notwendigen technischen Voraussetzungen unterhalten werden, dass die Durchführung eines Spielplans aus eigenen Kräften möglich ist, liegt ein Theater vor."*

Dies wird die FinVerw. zukünftig auch für die in § 4 Nr. 20 Buchst. a Sätze 1 und 2 UStG aufgeführten Museen ebenso sehen müssen, nachdem der BFH[1] – gegen die (bisherige) Auffassung der FinVerw., aber im Sinne seiner gefestigten Rechtsprechung – entschieden hat, dass der Einrichtungsbegriff Museum lediglich dazu dient, die steuerfreien typischen kulturellen Dienstleistungen eines Museums zu umschreiben, mit der Folge, dass ein selbständiger Museumsführer, der selbst kein Museum betreibt, sondern lediglich für das ihn beauftragende Museum Gästeführungen durchführt, richtlinienkonform als gleichartig mit dem Museum zu beurteilen ist, da er unmittelbarer und unverzichtbarer Bestandteil von dessen steuerfreien typischen kulturellen Dienstleistungen ist (Rz. 61). 64.4

4. Bescheinigung der zuständigen Landeskulturbehörde

a) Rechtsnatur der Bescheinigung und Antragstellung

Zu der leistungsbezogen auszulegenden Voraussetzung der kulturell gleichartigen Einrichtung (Rz. 59–64.4) tritt für die Berufung auf die Steuerbefreiung nach Satz 2 die **materiell-rechtliche Voraussetzung** der Vorlage einer **Bescheinigung der zuständigen Landeskulturbehörde,**[2] dass der andere Unternehmer mit seiner Einrichtung die **gleichen kulturellen Aufgaben** wie die jPdöR erfüllt.[3] 65

Die **Bescheinigung** ist ein mit Widerspruch bzw. Klage anfechtbarer **Verwaltungsakt** und als **Grundlagenbescheid** nach § 171 Abs. 10 AO für Finanzamt und Finanzgericht verbindlich, soweit es um die Frage geht, ob der andere Unternehmer mit seiner Einrichtung die gleichen kulturellen Aufgaben wie die jPdöR erfüllt.[4] Wurde eine Bescheinigung zu Unrecht erteilt, so ist sie daher bis zur ihrer Aufhebung gleichwohl im Besteuerungsverfahren zu beachten. Ob die sonstigen Voraussetzungen der Steuerbefreiung nach Satz 2 erfüllt sind, d.h. ob eine kulturell gleichartige Einrichtung gegeben ist oder ob es sich um Leistungen handelt, die unter den begünstigten Zweck fallen, entscheidet das Finanzamt in eigener Zuständigkeit.[5] Der Inhalt der Bescheinigung kann jedoch für die Beurteilung der Gleichartigkeit herangezogen werden.[6] 66

Die **Bescheinigung** kann nicht nur vom Unternehmer, sondern auch **vom zuständigen Finanzamt beantragt** werden, da die Befreiung sonst – ähnlich einer Option nach § 9 UStG – im Belieben des Unternehmers stehen würde.[7] Die Beantragung durch das Finanzamt ist dabei nicht in dessen Ermessen gestellt. Denn in den Fällen, in denen Anhaltspunkte dafür vorliegen, dass die Voraussetzungen des Satzes 2 erfüllt sein könnten, besteht eine Verpflichtung des Finanzamts, die zuständige Landeskulturbehörde um die Ausstellung einer entsprechenden Bescheinigung zu ersuchen. Dies bedeutet letztlich, dass der Unternehmer es nicht in eigener Hand hat, durch Nichtbeantragung und damit verbundene Nichtvorlage der Bescheinigung auf die Befreiung zugunsten des Vorsteuerabzugs zu verzichten. 67

Die Erteilung der Bescheinigung ist **gebührenpflichtig**, wobei das Unionsrecht der Gebührenpflicht nicht entgegenstehen soll.[8] Diese Auffassung ist m.E. abzulehnen, da die Bescheinigung im Rahmen eines Besteuerungsverfahrens zu erteilen ist und damit Handlungen ersetzt, die das Finanzamt ohne gesondertes Bescheinigungsverfahren selbst und (in der Regel) ohne Kostenerhebung durchführen müsste.[9] 68

Die Bescheinigung kann für **Teilleistungen** des anderen Unternehmers (z.B. für die Mitwirkung in einem Orchester) erteilt werden, während für seine sonstigen Leistungen die Erteilung nicht in Frage kommt. Hierfür spricht, dass andere Unternehmer eine Vielzahl unterschiedlicher kultureller Dienst- 69

---

1 BFH, Beschl. v. 15.2.2022 – XI R 30/21 (XI R 37/18), UR 2022, 547 m. Anm. *Moldan.*

2 Wegen der zuständigen Landeskulturbehörde vergleiche die Auflistung bei *Kossack* in Offerhaus/Söhn/Lange, § 4 Nr. 20 UStG Rz. 38 ff. (Stand: Mai 2018).

3 BFH, Urt. v. 24.9.1998 – V R 3/98, BStBl. II, 1999, 147; BVerwG, Urt. v. 4.5.2006 – 10 C 10/05, UR 2006, 517.

4 BFH, Urt. v. 18.2.2010 – V R 28/08, BStBl. II 2010, 876 = UR 2010, 376.

5 BFH, Urt. v. 4.5.2011 – XI R 44/08, BStBl. II 2014, 200 = UR 2011, 859; BVerwG, Urt. v. 9.7.2014 – 9 B 63/13, NVwZ-RR 2014, 856; Abschn. 4.20.5 Abs. 1 i.V.m. Abschn. 4.21.5 Abs. 2 UStAE.

6 BFH, Urt. v. 22.8.2019 – V R 14/17, BStBl. II 2020, 720 = UR 2019, 926.

7 BFH, Urt. v. 24.9.1998 – V R 3/98, BStBl. II 1999, 147; BVerwG, Urt. v. 4.5.2006 – 10 C 10/05, UR 2006, 517; Abschn. 4.20.5 Abs. 1 i.V.m. Abschn. 4.21.5 Abs. 2 UStAE.

8 VG Hamburg, Urt. v. 30.4.2010 – K 709/08, juris.

9 *Wäger* in Reiß/Kraeusel/Langer, § 4 Nr. 20 UStG Rz. 152 (Stand: August 2021).

leistungen erbringen können. Es ist nicht erforderlich, dass in der Bescheinigung jeder konkrete Anlass der Mitwirkung (z.B. jedes Konzert) bezeichnet wird, da sich die Bescheinigung nicht auf einzelne Umsätze, sondern auf die Gesamttätigkeit des anderen Unternehmers (z.B. eine Konzertreihe) gegenüber einem bestimmten Leistungsempfänger (z.B. einem Orchester) bezieht.[1]

70 Soweit **ausländische Unternehmen** an verschiedenen inländischen Orten gastieren, genügt eine Bescheinigung der Behörde, in deren Zuständigkeitsbereich das Unternehmen erstmals im Erhebungsgebiet tätig wird.[2]

b) Inhalt der Bescheinigung

71 Die ausstellende Behörde befindet darüber, ob der andere Unternehmer mit seiner Einrichtung die **gleichen kulturellen Aufgaben** wie die jPdöR erfüllt.

So ist es bspw. nach Art. 18 Abs. 1 der Verfassung für das Land Nordrhein-Westfalen Aufgabe von Land und Gemeinden, Kultur, Kunst und Wissenschaft zu pflegen und zu fördern.[3] Nicht die Ausübung von Kunst ist somit **Aufgabe von jPdöR**, sondern die **Pflege und Förderung der Kunst**.[4] Entsprechend ist das für andere Unternehmer in Satz 2 aufgestellte Erfordernis der gleichen kulturellen Aufgabenerfüllung dahingehend auszulegen, dass an der von einem anderen Unternehmer erbrachten kulturellen Dienstleistung ein Gemeinwohlinteresse im Sinne der Kulturpflege und Kulturförderung bestehen muss, das die Subventionierung des anderen Unternehmers zur Leistungserbringung, wie bei einer Einrichtung einer jPdöR, rechtfertigt.[5]

72 **Geeignete Kriterien** zur Beantwortung der Frage, ob der andere Unternehmer mit seiner erbrachten kulturellen Dienstleistung **subventionierungsfähig** ist, sind dabei z.B. kulturelle Bildung, das Bewahren des kulturellen Erbes, die Nachwuchsgewinnung und -förderung, die Wahrnehmung experimenteller Kunst trotz wirtschaftlichen Risikos, die Zugänglichkeit für die Öffentlichkeit und die Wissenschaftlichkeit der Sammlungen.[6] Auf das Kriterium der Zugänglichmachung von Kultur hat kürzlich auch das VG Würzburg entscheidend abgestellt.[7] Ist der andere Unternehmer durch Erfüllung der genannten Kriterien mit seiner Einrichtung subventionierungsfähig, jedoch nicht subventionsbedürftig, da er sich selbst finanziell tragen kann, ist ihm die gleiche kulturelle Aufgabenerfüllung von der Landeskulturbehörde dennoch zu bestätigen, da fehlende Subventionsbedürftigkeit allenfalls ein Indiz dafür ist, dass keine kulturellen Aufgaben von jPdöR erfüllt werden, sondern bloße Erwerbstätigkeit vorliegt.[8]

73 Hieraus ergibt sich, dass für die scheinbar weit verbreitete **Bescheinigungspraxis** der Landeskulturbehörden, z.B. Einzelmusikern und Musikgruppen aus dem Bereich der Rock- und Popmusik Bescheinigungen über die Erfüllung gleicher kultureller Aufgaben zu erteilen, **keine gesetzliche Grundlage besteht**.[9] Wird von der zuständigen Landeskulturbehörde trotzdem eine Bescheinigung erteilt, ist diese bis zu ihrer Aufhebung gleichwohl im Bescheinigungsverfahren zu beachten (Rz. 66).

---

1 BFH, Urt. v. 18.2.2010 – V R 28/08, BStBl. II 2010, 876 = UR 2010, 376.
2 Abschn. 4.20.5 Abs. 1 Satz 2 UStAE.
3 OVG Nordrhein-Westfalen, Urt. v. 31.7.2013 – 14 A 2542/12, DVBl 2013, 1536.
4 *Grams/Schroen*, DStR 2007, 611.
5 *Wäger* in Reiß/Kraeusel/Langer, § 4 Nr. 20 UStG Rz. 111 (Stand: August 2021); a.A. *Frye* in Rau/Dürrwächter, § 4 Nr. 20 UStG Rz. 177 (Stand: Juni 2023), der ausführt, dass dem Gesetz nicht zu entnehmen ist, dass nur solche privatrechtlichen Kultureinrichtungen die gleichen Aufgaben wie öffentlich-rechtliche Kultureinrichtungen erfüllen, die öffentlich subventioniert werden oder subventionierungsfähig sind.
6 OVG Münster, Urt. 31.10.2014 – 14 A 220/12, juris; OVG Nordrhein-Westfalen, Urt. v. 31.7.2013 – 14 A 2542/12, DVBl 2013, 1536.
7 VG Würzburg, Urt. v. 10.11.2023 – W 8 K 23.411, das einer Faschingsgesellschaft für deren Elferratssitzungen die begehrte Bescheinigung mit der Begründung zugesprochen hat, dass sie – entsprechend Theatern der öffentlichen Hand – Kultur öffentlich zugänglich mache und hiermit förderwürdig das diesbezügliche Gemeinwohlinteresse erfülle. Hierbei ist im Übrigen auch unbeachtlich, dass die öffentliche Hand selbst keine karnevalistischen Veranstaltungen im Sinne einer „kulturellen Daseinsvorsorge“ veranstaltet.
8 OVG Nordrhein-Westfalen, Urt. v. 31.7.2013 – 14 A 2542/12, DVBl 2013, 1536.
9 *Wäger* in Reiß/Kraeusel/Langer, § 4 Nr. 20 UStG Rz. 116 (Stand: August 2021); *Grams/Schroen*, DStR 2007, 611.

Erbringt ein **Einzelkünstler** (wie z.B. Einzelmusiker, Dramaturg, Museumsführer) selbstständige und somit steuerbare **Leistungen an eine subventionierte Einrichtung** (z.B. Orchester, Theater, Museum), kann der subventionierten Einrichtung die Erfüllung gleicher kultureller Aufgaben bescheinigt werden. Werden in dieser Bescheinigung auch die Namen der für sie tätigen Einzelkünstler aufgezählt, so sind deren Leistungen an die subventionierte Einrichtung ebenfalls steuerfrei.[1] Ohne diese Namensnennung in der Bescheinigung ist möglicherweise von einer Steuerpflicht der von den Einzelkünstlern an die subventionierte Einrichtung erbrachten Leistungen auszugehen.[2] Auf jeden Fall wird Einzelkünstlern die Erteilung einer eigenen Bescheinigung nach den bisher ergangenen **Verwaltungsgerichtsurteilen**[3] mit der Begründung verwehrt, dass sie mit ihren im Auftrag der subventionierten Einrichtung erbrachten Leistungen nicht die gleichen kulturellen Aufgaben wie diese Einrichtung selbst erbringen. Denn die Leistungen der Einzelkünstler (wie z.B. die Museumsführungen einer Kunsthistorikerin) würden nur Teilleistungen innerhalb der subventionierten Einrichtung (wie z.B. einem Museum) darstellen, was nicht ausreichend sei, um von der Erfüllung der kulturellen Gesamtaufgabe der subventionierten Einrichtung (wie z.B. der Ausstellungstätigkeit bei einem Museum) auszugehen. 74

Nach der **hier vertretenen Auffassung** setzt die Erteilung einer Bescheinigung zur Erfüllung gleicher kultureller Aufgaben wie jPdöR voraus, dass der andere Unternehmer eine subventionsfähige kulturelle Dienstleistung erbringt. Diese Voraussetzung dürfte m.E. auch bei den kulturellen (Teil-)Leistungen, die Einzelkünstler an subventionierte Einrichtungen erbringen, in der Regel erfüllt sein; denn wenn die kulturelle Gesamtaufgabe der Einrichtung subventionierungsfähig ist, so sollte dies im Normalfall auch für die ihr dienenden (Teil-)Leistungen selbstständiger Einzelkünstler gelten.

c) Rückwirkung der Bescheinigung

Abgabenrechtlich ist die Bescheinigung ein **Grundlagenbescheid** i.S.d. § 171 Abs. 10 AO, der nach § 175 Abs. 1 Satz 1 Nr. 1 AO Grundlage für eine **Änderung bestandskräftiger Bescheide** sein kann.[4] Auf Basis dieser Rechtsprechung konnte eine für vergangene Zeiträume ausgestellte Bescheinigung ohne zeitliche Begrenzung zur Änderung selbst solcher Steuerfestsetzungen führen, für die die reguläre Festsetzungsfrist abgelaufen war. Daraus resultierte eine **erhebliche Rechtsunsicherheit**, da über die Festsetzungsfrist hinaus eine umsatzsteuerrechtliche Neubewertung – bis zum Zeitpunkt der Tätigkeitsaufnahme zurück – möglich war. Hierauf hat der Gesetzgeber im Rahmen des JStG 2010 mit der Einfügung von Satz 3 (zuletzt Satz 4) reagiert (Rz. 13). Nach dieser Regelung wurde eine besondere Feststellungsverjährung für das Bescheinigungsverfahren eingeführt, d.h. die Frist für die Erteilung, Änderung oder Aufhebung einer Bescheinigung durch die zuständige Landeskulturbehörde betrug seit 1.1.2011 grundsätzlich **nur noch vier Jahre** (§ 181 Abs. 1 Satz 1 i. V. m. § 169 Abs. 1 und 2 und § 170 Abs. 1 und 3 AO). Faktisch dürfte diese Frist jedoch regelmäßig länger als vier Jahre gewesen sein, da die Bescheinigung durch den in Satz 3 (zuletzt Satz 4) enthaltenen Verweis auf § 181 Abs. 5 AO auch dann noch ergehen konnte, wenn die Umsatzsteuerfestsetzung, für die die Bescheinigung wirken sollte, noch nicht verjährt war.[5] Mit der Änderung des § 171 Abs. 10 Satz 2 AO durch das Gesetz zur Anpassung der Abgabenordnung an den Zollkodex der Union und zur Änderung weiterer steuerlicher Vorschriften[6] wurde die besondere Feststellungsverjährung nach Satz 3 (zuletzt Satz 4) wieder entbehrlich. Nach der **seit 1.1.2015** geltenden Rechtslage kann ein Umsatzsteuerbescheid als Folgebescheid der Bescheinigung nur noch dann geändert werden, wenn die Bescheinigung vor Ablauf der Festsetzungsfrist für den Umsatzsteuerbescheid beantragt worden ist. 75

1 BFH, Urt. v. 18.2.2010 – V R 28/08, BStBl. II 2010, 876 = UR 2010, 376.
2 Offengelassen in BFH, Urt. v. 18.2.2010 – V R 28/08, BStBl. II 2010, 876 = UR 2010, 376.
3 VG Berlin, Urt. v. 22.11.2018 – 8 K 400/17, juris; VG München, Urt. 7.11.2013 – 17 K 13.2414, juris; VG Hamburg, Urt. v. 28.2.2013 – 7 K 105/11, juris.
4 BFH, Urt. v. 20.8.2009 – V R 25/08, BStBl. II 2010 = UR 2010, 29, 15 zu § 4 Nr. 21 UStG; ebenso BFH, Urt. v. 19.10.2011 – XI R 40/09, BFH/NV 2012, 798.
5 *Kossack* in Offerhaus/Söhn/Lange, § 4 Nr. 20 UStG Rz. 55c (Stand: Mai 2018).
6 V. 22.12.2014, BGBl. I 2014, 2417.

Trotz der mittlerweile erfolgten zeitlichen Begrenzung der Rückwirkung kann anderen Unternehmen mit ihren kulturellen Einrichtungen nur **geraten werden**, zu Beginn – besser noch **vor Aufnahme** – der Tätigkeit die Bescheinigung bei der zuständigen Landeskulturbehörde zu beantragen, um deren Beurteilung vorab zu erfahren und damit auch für den immer noch verbliebenen Rückwirkungszeitraum eine umsatzsteuerrechtliche Neubewertung der Leistungen verbunden mit Umsatzsteuerbelastungen und Zinszahlungen zu vermeiden.

III. Steuerfreie Umsätze von Bühnenregisseuren und Bühnenchoreographen (Nr. 20 Buchst. a Satz 3)

76 Nachdem der BFH[1] entschieden hatte, dass Bühnenregisseure und -choreographen keine kulturellen Dienstleistungen erbringen, die einem Theater gleichartig sind, da sie sich nicht auf einer Bühne persönlich direkt gegenüber dem Publikum an der Inszenierung beteiligen, und das Wirken der Akteure auf der Bühne ihnen auch nicht als eigene Leistung zuzurechnen ist, hat der **nationale Gesetzgeber** dies durch die Neuregelung in Satz 3[2] mit Wirkung **zum 1.7.2013 rechtsprechungsüberholend korrigiert**. Seitdem sind die kulturellen Dienstleistungen von (selbstständigen) Bühnenregisseuren und -choreographen steuerfrei, sofern diese ihre Leistungen an kulturelle Einrichtungen i.S.d. Sätze 1 und 2 erbringen, und die zuständige Landeskulturbehörde bescheinigt, dass ihre Leistungen diesen Einrichtungen unmittelbar dienen.

77 Die **Bescheinigung** ist inhaltlich nicht identisch mit der Bescheinigung nach Satz 2, in Bezug auf die Eigenschaft als Grundlagenbescheid, für die Antragsbefugnis sowie für die zeitliche und sachliche Reichweite gelten jedoch die gleichen Grundsätze wie bei der Bescheinigung nach Satz 2 (Rz. 65–75). Sofern (selbstständige) Bühnenregisseure und -choreographen ihre kulturellen Dienstleistungen an kulturelle Einrichtungen i.S.d. Satzes 2 erbringen, müssen für die Gewährung der Steuerbefreiung daher zwei Bescheinigungen der jeweils zuständigen Landeskulturbehörden vorliegen; eine Bescheinigung nach Satz 2 für die leistungsempfangende Einrichtung und eine zweite Bescheinigung nach Satz 3 für den leistenden (selbstständigen) Bühnenregisseur und -choreographen.[3]

78 **Nicht steuerbefreit** sind Leistungen an andere Leistungsempfänger (also insbesondere Leistungen an Unternehmer i.S.d. § 4 Nr. 20 Buchst. b UStG).

79 Die Richtlinie kennt keine vergleichbare Regelung. Dennoch ist sie **unionsrechtlich zulässig**, da die Mitgliedstaaten in der Bestimmung der steuerfreien kulturellen Dienstleistungen frei sind und daher auch (ausgewählte) kulturelle Dienstleistungen von Bühnenregisseuren und -choreographen befreien dürfen.[4]

80 **Nicht befreit sind weiterhin** die kulturellen Dienstleistungen von (selbstständigen) Intendanten, Bühnenbildnern, Tontechnikern, Beleuchtern, Maskenbildnern, Souffleusen sowie Dramaturgen (Rz. 22). Vor diesem Hintergrund stellt sich die Frage, ob Satz 3 mit dem Neutralitätsgrundsatz, nach dem gleiche und gleichartige Leistungen nicht unterschiedlich behandelt werden dürfen, vereinbar ist.[5] Denn die Gesetzesbegründung zur Einführung von Satz 3, dass diejenigen Leistungen befreit sein sollen, die für die Inszenierung einer Theateraufführung prägend und wesentlich sind und ohne die eine Theateraufführung weder in künstlerischer noch in kreativer Hinsicht vorstellbar wäre (Rz. 3), trifft ebenso auf die kulturellen Dienstleistungen der oben genannten Künstler (wie z.B. Bühnenbildner) zu.[6]

---

1 BFH, Urt. v. 4.5.2011 – XI R 44/08, BStBl. II 2014, 200 = UR 2011, 859.
2 V. 26.6.2013, BGBl. I 2013, 1809.
3 *Kossack* in Offerhaus/Söhn/Lange, § 4 Nr. 20 UStG Rz. 31d (Stand: Mai 2018).
4 *Wäger* in Reiß/Kraeusel/Langer, § 4 Nr. 20 UStG Rz. 144 (Stand: August 2021).
5 *Wäger* in Reiß/Kraeusel/Langer, § 4 Nr. 20 UStG Rz. 145 (Stand: August 2021).
6 *Wäger* in Reiß/Kraeusel/Langer, § 4 Nr. 20 UStG Rz. 31 (Stand: August 2021).

IV. Steuerfreie kulturelle Umsätze beim Zwischenhandel

1. Zwischenhandel mit Eintrittskarten

a) Dienstleistungskommission

Die **FinVerw.**[1] ging bisher davon aus, dass sich die **Fiktion im Rahmen des § 3 Abs. 11 UStG nur** auf **leistungsbezogene Merkmale**, nicht aber auf etwaige personenbezogene Merkmale der leistenden Person bezieht. Solche Merkmale sind für die fingierte Leistungsbeziehung gesondert und unabhängig voneinander zu prüfen und in die umsatzsteuerrechtliche Beurteilung – auch von Befreiungsvorschriften wie § 4 Nr. 20 Buchst. a UStG – einzubeziehen. Dementsprechend verweigerte die FinVerw. einem Hotelservice, der im Rahmen einer Dienstleistungskommission – d.h. im eigenen Namen, jedoch auf Rechnung der Kunden – steuerfreie Eintrittskarten der Sächsischen Staatsoper besorgt hatte, die Anwendung von § 4 Nr. 20 Buchst. a UStG auf den fingierten Weiterverkauf der Eintrittskarten an die Kunden, da diese Befreiungsvorschrift personenbezogene Voraussetzungen enthält, die vom Hotelservice nicht erfüllt werden (d.h. er ist keine begünstigte kulturelle Einrichtung i.S.d. § 4 Nr. 20 Buchst. a UStG und kein Veranstalter). 81

Der **BFH**[2] hat die **Verwaltungsauffassung** m.E.[3] zu Recht **zurückgewiesen**. Er stellt heraus, dass die Regelung über Kommissionsgeschäfte in Art. 28 MwStSystRL allgemein und ohne Beschränkungen in Bezug auf ihren Anwendungsbereich oder ihre Tragweite gefasst ist,[4] mit der Folge, dass **Befreiungsvorschriften auf die fingierte Leistungsbeziehung zu übertragen** sind. Da die Befreiungsvorschrift des § 4 Nr. 20 Buchst. a UStG im Verhältnis zu anderen Steuerbefreiungen auch keinerlei Besonderheiten aufweist, die es rechtfertigen könnten, die Fiktionswirkung des § 3 Abs. 11 UStG außer Kraft zu setzen, ist die vom Hotelservice an die Kunden erbrachte **Besorgungsleistung**, d.h. der Weiterverkauf der Eintrittskarten, ebenfalls **steuerfrei.** 82

Mit dem BMF-Schreiben vom 9.6.2021[5] trägt die FinVerw. der BFH-Entscheidung Rechnung und stellt durch Einfügung eines neuen Satz 3 in Abschn. 3.15 Abs. 3 UStAE klar, dass die Fiktionswirkung des § 3 Abs. 11 UStG für die Befreiungsvorschrift § 4 Nr. 20 Buchst. a UStG gilt. Folglich ist nicht nur die vom Kommissionär besorgte Leistung, sondern ebenso die von ihm fiktiv erbrachte Besorgungsleistung umsatzsteuerfrei. 83

b) Eigenhandel

Beim Weiterverkauf von steuerfrei erworbenen Eintrittskarten **im eigenen Namen und auf eigene Rechnung (sog. Ticketeigenhandel)** kommt die Befreiung nach § 4 Nr. 20 Buchst. a UStG dagegen – mangels Erfüllung der personenbezogenen Merkmale der Vorschrift durch den Ticketeigenhändler (d.h. er ist keine begünstigte kulturelle Einrichtung i.S.d. § 4 Nr. 20 Buchst. a UStG und kein Veranstalter) – **nicht zur Anwendung**. Gegebenenfalls ist eine Befreiung nach § 4 Nr. 20 Buchst. b UStG möglich (Rz. 93). 84

2. Zwischenhandel mit Künstlerdarbietungen

a) Dienstleistungskommission

Die Rechtsauffassung des BFH, dass die Befreiungsvorschrift des § 4 Nr. 20 Buchst. a UStG bei einem **Kommissionsgeschäft** dem Fiktionsgrundsatz unterliegt, hat m.E. nicht nur Auswirkungen auf den Weiterverkauf von steuerfreien Eintrittskarten (Rz. 82–83), sondern auch auf den im eigenen Namen, aber auf fremde Rechnung erfolgenden Weiterverkauf von **steuerfreien Künstlerdarbietungen** – in 85

1 Abschn. 3.15 Abs. 2 und 3 UStAE a.F.; ebenso FG Hamburg, Urt. v. 11.12.2013 – 2 K 267/12, EFG 2014, 588.
2 BFH, Urt. v. 25.4.2018 – XI R 16/16, BStBl. II 2021, 457 = UR 2018, 794.
3 *Moldan*, UStB 2018, 253; a.A. *Bramerdorfer*, SWK 11/2019, 563.
4 EuGH, Urt. v. 14.7.2011 – C-464/10, ECLI:EU:C:2011:489 – Henfling u.a., EU-UStB 2011, 55.
5 BMF, Schr. v. 9.6.2021 – III C 2-S 7110/19/10001 :002 – DOK 2021/0601464, BStBl. I 2021, 780 = UR 2021, 568.

Form von Theatervorführungen (Rz. 19–27) und Konzerten (Rz. 28–31) – durch Künstleragenturen/Gastspieldirektionen. Entsprechend erbringt nicht nur der Künstler an die Agentur/Gastspieldirektion, sondern ebenso die Agentur/Gastspieldirektion an den Veranstalter eine künstlerische Darbietung, die aufgrund des Fiktionsgrundsatzes nach § 4 Nr. 20 Buchst. a UStG steuerfrei ist, obwohl die Agentur/Gastspieldirektion die personenbezogenen Merkmale dieser Vorschrift nicht erfüllt (d.h. keine begünstigte kulturelle Einrichtung i.S.d. § 4 Nr. 20 Buchst. a UStG ist). Mit dem BMF-Schreiben vom 9.6.2021[1] und der damit verbundenen Einfügung eines neuen Satz 3 in Abschn. 3.15 Abs. 3 UStAE wendet die FinVerw. die Fiktionswirkung des § 3 Abs. 11 UStG auch auf den im Rahmen einer Dienstleistungskommission stattfindenden Weiterverkauf von nach § 4 Nr. 20 Buchst a UStG steuerfreien Künstlerdarbietungen an.

b) Eigenhandel

86 Erfolgt der Weiterverkauf von steuerfreien Künstlerdarbietungen an den Veranstalter durch Künstleragenturen/Gastspieldirektionen **im eigenen Namen und auf eigene Rechnung (sog. Eigenhandel)**, so erbringen diese mit der Zurverfügungstellung der Künstlerdarbietungen eine eigene (künstlerische) Leistung.[2] Hierfür kommt – mangels Erfüllung der personenbezogenen Merkmale von § 4 Nr. 20 Buchst. a UStG durch die Agenturen/Gastspieldirektionen (d.h. sie sind keine begünstigten kulturellen Einrichtungen) – zwar keine Befreiung nach dieser Vorschrift, m.E. aber nach § 4 Nr. 20 Buchst. b UStG in Betracht (Rz. 94–95).

V. Steuerfreie kulturelle Umsätze bei Ausgabe und Übertragung von Einzweck-Gutscheinen

87 Nach der **gesetzlichen Fiktion** in § 3 Abs. 14 Satz 2 UStG gilt die **Ausgabe und auch jede Weiterübertragung** eines **Einzweck-Gutscheins**[3] im eigenen Namen als **Ausführung des zugrunde liegenden Umsatzes.** Demnach muss die Befreiungsvorschrift des § 4 Nr. 20 Buchst. a UStG m.E. sowohl Anwendung finden auf die Gutscheinausgabe durch den Unternehmer, der die durch den Einzweck-Gutschein verkörperte steuerfreie kulturelle Dienstleistung erbringt (wie z.B. Theater einer öffentlich-rechtlichen Gebietskörperschaft), als auch jede Weiterübertragung in der Vertriebskette durch andere Unternehmer im eigenen Namen (wie z.B. Ticketeigenhändler).

88 Somit ist die **Weiterübertragung** eines **Einzweck-Gutscheins** im eigenen Namen in der Vertriebskette – im Gegensatz zum Weiterverkauf von Eintrittskarten durch Ticketeigenhändler (Rz. 84) – **aufgrund der gesetzlichen Fiktion steuerfrei**, selbst wenn die personenbezogenen Merkmale des § 4 Nr. 20 Buchst. a UStG durch die anderen Unternehmer in der Vertriebskette nicht erfüllt werden. Es ist m.E. fraglich, ob dies mit dem Neutralitätsgrundsatz vereinbar ist.

89 Wenn ein **Unternehmer Einzweck-Gutscheine im eigenen Namen ausgibt**, obwohl die darin verkörperte steuerfreie Leistung von einem anderen Unternehmer (wie z.B. Theater einer öffentlich-rechtlichen Gebietskörperschaft) erbracht wird, **fingiert** § 3 Abs. 14 Satz 4 UStG **eine Leistungskette** (wie bei Kommissionsgeschäften i.S.d. § 3 Abs. 11 UStG) vom Leistungserbringer an den Gutscheinaussteller und von diesem an den Gutscheinkäufer. Damit **findet die Befreiungsvorschrift** des § 4 Nr. 20 Buchst. a UStG **auf beide Leistungsbeziehungen Anwendung.** Eine unterschiedliche Behandlung im Vergleich zum Weiterverkauf von Eintrittskarten durch einen Kommissionär besteht demnach nicht (Rz. 82 f.).

1 BMF, Schr. v. 9.6.2021 – III C 2-S 7110/19/10001 :002 – DOK 2021/0601464, BStBl. I 2021, 780 = UR 2021, 568.
2 BFH, Urt. v. 1.3.2018 – V R 25/17, BStBl. II 2018, 555 = UR 2018, 608.
3 Vgl. § 3 Abs. 14 Satz 1 UStG.

C. Steuerfreie Veranstaltungsleistungen von anderen Unternehmern (Nr. 20 Buchst. b)

I. Andere Unternehmer

Steuerfrei ist nach § 4 Nr. 20 Buchst. b UStG die **Veranstaltung** von Theatervorführungen und Konzerten **durch andere Unternehmer**, wenn die Darbietungen von den unter § 4 Nr. 20 Buchst. a UStG bezeichneten Theatern, Orchestern, Kammermusikensembles oder Chören erbracht werden. 90

Mit **„anderen Unternehmern"** sind alle Unternehmer gemeint, die nicht bereits nach § 4 Nr. 20 Buchst. a UStG befreit sind. Für die Befreiung nach § 4 Nr. 20 Buchst. b UStG kommt es nicht auf unternehmerbezogene Voraussetzungen in der Person des anderen – die Veranstaltungsleistung erbringenden – Unternehmers an. Es ist nicht erforderlich, dass dem anderen Unternehmer von der zuständigen Landeskulturbehörde eine Bescheinigung über die gleiche kulturelle Aufgabenerfüllung erteilt wurde, d.h. es existiert **kein besonderes Bescheinigungsverfahren**. Die Steuerbefreiung der darbietenden Künstler nach § 4 Nr. 20 Buchst. a UStG wirkt vielmehr auf den anderen – die Veranstaltungsleistung erbringenden – Unternehmer durch. 91

II. Veranstaltungsleistungen

1. Veranstalter gegenüber dem Publikum

Für die Befreiung nach § 4 Nr. 20 Buchst. b UStG muss der **andere Unternehmer** eine Veranstaltungsleistung erbringen, d.h. er muss **Veranstalter** einer Theatervorführung (Rz. 19–27) oder eines Konzerts (Rz. 28–31) sein. Insoweit ist seine Befreiung auch unionsrechtlich durch Art. 132 Abs. 1 Buchst. n MwStSystRL gedeckt.[1] Nach Auffassung des BFH[2] ist der **Veranstalterbegriff** in § 4 Nr. 20 Buchst. b UStG von der **Übernahme des vollen wirtschaftlichen Risikos** der Veranstaltung und dem **Auftreten gegenüber dem Publikum im eigenen Namen** geprägt. Damit ist – im Gegensatz zum Veranstalterbegriff in § 12 Abs. 2 Nr. 7 Buchst. a UStG[3] und § 3a UStG[4] – **nicht (zusätzlich) erforderlich**, dass der Veranstalter die organisatorischen Maßnahmen dafür trifft, dass eine Theatervorführung oder ein Konzert abgehalten werden kann, wobei er die Umstände, den Ort und die Zeit der Darbietungen bestimmt. 92

Daher kann auch in der Konstellation, in der ein **Touristikunternehmer alle Eintrittskarten** für eine steuerfreie Theatervorführung erwirbt, er somit das volle wirtschaftliche Risiko der Vorführung trägt, und im Anschluss beim Weiterverkauf der Eintrittskarten gegenüber dem Publikum im eigenen Namen als Veranstalter auftritt, eine steuerfreie „Veranstaltung von Theatervorführungen" i.S.d. § 4 Nr. 20 Buchst. b UStG vorliegen, obwohl der Unternehmer keinerlei organisatorische Maßnahmen in Bezug auf die Vorführung trifft.[5] 93

Die Theatervorführung/das Konzert eines nach § 4 Nr. 20 Buchst. a UStG begünstigten Theaters/Orchesters im Rahmen eines **Live-Streaming**, bei dem die Darbietung anstelle oder parallel zu einer Vor-Ort-Veranstaltung ausschließlich in Echtzeit angeboten wird, ist beim Veranstalter nach § 4 Nr. 20 Buchst. b UStG umsatzsteuerfrei.[6] 93.1

2. Veranstalter gegenüber einem anderen Unternehmer im Rahmen von Unterveranstaltungen

Die nach § 4 Nr. 20 Buchst. b UStG **befreite Veranstaltungsleistung** muss jedoch **nicht zwingend gegenüber Publikum**, sondern kann auch an einen anderen Unternehmer erbracht werden (**sog. Un-** 94

---

1 BFH, Urt. v. 21.11.2013 – V R 33/10, BFHE 244,63 = UR 2014, 310; **a.A.** *Bramerdorfer*, SWK 11/2019, 563.
2 BFH, Urt. v. 21.11.2013 – V R 33/10, BFHE 244,63 = UR 2014, 310.
3 BFH, Urt. v. 14.12.1995 – V R 13/95, BStBl. II 1996, 386; BFH, Urt. v. 26.4.1995 – XI R 20/94, BStBl. II 1995, 519; BFH, Urt. v. 18.1.1995 – V R 60/93, BStBl. II 1995, 348.
4 BFH, Urt. v. 3.6.2009 – XI R 34/08, BStBl. II 2010, 857 = UR 2009, 843.
5 BFH, Urt. v. 21.11.2013 – V R 33/10, BFHE 244,63 = UR 2014, 310.
6 FinMin Sachsen, Schr. v. 13.1.2022 – 35-S 7177/196/2-2022/2724, UR 2022, 783.

terveranstaltungen).[1] Folglich sollte der von Künstleragenturen/Gastspieldirektionen **im eigenen Namen und auf eigene Rechnung erfolgende Weiterverkauf** von nach § 4 Nr. 20 Buchst. a UStG befreiten Künstlerdarbietungen als eigene Leistung ebenso § 4 Nr. 20 Buchst. b UStG unterliegen. Dies vor allem vor dem Hintergrund des Zwecks dieser Befreiungsvorschrift: **Der Förderung der Kunst**. Denn zu einer Theatervorführung bzw. einem Konzert vor Publikum kommt es in einer derartigen Veranstaltungskonstellation nur deshalb, weil die Agentur/Gastspieldirektion die befreiten Künstlerdarbietungen als eigene Leistung beschafft und dem (End-)Veranstalter somit seine Leistung gegenüber dem Publikum ermöglicht.[2]

95 Die **FinVerw.**[3] vertritt jedenfalls hinsichtlich Theatervorführungen und Konzerten mit mehreren Veranstaltern (**sog. Tournee-Darbietungen**) die Ansicht, dass die Befreiung nach § 4 Nr. 20 Buchst. b UStG von jedem Veranstalter in Anspruch genommen werden kann, auch von dem Veranstalter, der nicht mit dem Publikum im unmittelbaren Leistungsaustausch steht. Da die Zusammenarbeit zwischen Tournee- und lokalem Veranstalter in der Regel kein gesellschaftsrechtliches Zusammenwirken, sondern nichts anderes als der Verkauf einer Künstlerdarbietung als eigene Leistung an den lokalen Veranstalter ist, letztlich also ein typisches Gastspielgeschäft,[4] sollte m.E. davon auszugehen sein, dass die FinVerw. die Befreiung nach § 4 Nr. 20 Buchst. b UStG auch im typischen Gastspielgeschäft nicht beanstandet. Es wäre wünschenswert, wenn die Verwaltung ihre diesbezügliche Ansicht ausdrücklich klarstellen würde, wie sie es in Abschn. 12.5 Abs. 5 UStAE in Bezug auf die Nichtanwendbarkeit der Steuersatzermäßigung im Gastspielgeschäft bereits getan hat (§ 12 Abs. 2 Nr. 7 Buchst. a Rz. 14).

III. Künstlerdarbietungen

1. Darbietungen gegenüber Publikum

96 Darüber hinaus setzt die Steuerfreiheit nach § 4 Nr. 20 Buchst. b UStG voraus, dass die Veranstaltungsleistungen – in Form von Theatervorführungen bzw. Konzerten – gegenüber dem Publikum **ausschließlich von** den unter § 4 Nr. 20 Buchst. a UStG bezeichneten Theatern, Orchestern, Kammermusikensembles oder Chören **dargeboten werden.**

97 Ist dies **nicht der Fall**, da – teilweise – kulturelle Einrichtungen bei der Veranstaltung auftreten, die nicht die Voraussetzungen des § 4 Nr. 20 Buchst. a UStG erfüllen, so **scheidet die Befreiung** nach § 4 Nr. 20 Buchst. b UStG **aus.**[5]

98 Bisher existierte m.E. ein „faktisches Steuerbefreiungswahlrecht" für Konzertveranstalter, sofern im Rahmen ihrer Konzerte Einzelkünstler auftraten, welche die Auftrittsleistungen unter unmittelbarer Berufung auf Art. 132 Abs. 1 Buchst. n MwStSystRL steuerfrei erbrachten. Denn trotz des EuGH-Urteils[6] in der Rechtssache Hoffmann fordert der Wortlaut von § 4 Nr. 20 Buchst. b UStG bis zum heutigen Tag unverändert, dass die Darbietungen „[…] von den unter § 4 Nr. 20 Buchst. a UStG bezeichneten Orchestern, Kammermusikensembles oder Chören […]" erbracht werden, d.h. es wird begrifflich bis heute eindeutig auf Personengruppen abgestellt. Diese Voraussetzung ist allerdings nicht erfüllt, wenn an Konzerten auch Einzelkünstler – selbst wenn sie die sonstigen Voraussetzungen von § 4 Nr. 20 Buchst. a UStG erfüllen – beteiligt sind, so dass Konzertveranstalter § 4 Nr. 20 Buchst. b UStG nicht zwingend anwenden mussten, wenn dies für sie im Hinblick auf den Vorsteuerabzug günstiger war (Rz. 11). Dieses **bisherige „faktische Steuerbefreiungswahlrecht" für Konzertveranstalter dürfte** m.E. nach dem Urt. des BFH v. 22.8.2019[7] und dem Beschl. v. 15.2.2022[8] jedoch **nicht mehr bestehen**,

1 FG Hessen, Urt. v. 25.8.2010 – 6 K 3166/07,EFG 2011, 272; *Huschens* in Schwarz/Widmann/Radeisen, § 4 Nr. 20 UStG Rz. 44 (Stand: Juli 2023); **a.A.** FG Mecklenburg-Vorpommern, Urt. v. 13.9.2007 – 2 K 69/05, juris.

2 In analoger Anwendung der Argumente von *Heuermann*, StBp 2014, 147.

3 Abschn. 4.20.1 Abs. 4 und Abschn. 4.20.2 Abs. 2 UStAE.

4 *Michow*, NWB 2011, 2274.

5 OFD Karlsruhe, Vfg. v. 30.3.2020 – S 2045/7-St 112, UR 2020, 564; *Lippross*, Umsatzsteuer[25], 783.

6 EuGH, Urt. v. 3.4.2003 – C-144/00, ECLI:EU:C:2003:192 – Hoffmann, BStBl. II 2003, 679 = UR 2003, 248; Anm. *Nieskens*, UR 2003, 286.

7 BFH, Urt. v. 22.8.2019 – V R 14/17, BStBl. II 2020, 720 = UR 2019, 926.

8 BFH, Beschl. v. 15.2.2022 – XI R 30/21 (XI R 37/18), UR 2022, 547 m. Anm. *Moldan*.

da sich die Steuerfreiheit von Einzelkünstlern – vor dem Hintergrund des EuGH-Urteil in der Rechtssache *British Film Institute*[1], das eine unmittelbare Berufung auf Art. 132 Abs. 1 Buchst. n MwStSystRL verneint – nach Auffassung des BFH nun zwingend aus der richtlinienkonformen Auslegung von § 4 Nr. 20 Buchst. a UStG ergibt.

Im Übrigen **scheidet die Anwendung** von § 4 Nr. 20 Buchst. b UStG **aus**, wenn die Theatervorführung oder das Konzert **nicht den eigentlichen Zweck** der Veranstaltung ausmacht (wie z.B. bei einer Tanzbelustigung, sportlichen oder politischen Veranstaltung).[2] 99

2. Darbietungen gegenüber Publikum im Rahmen von Unterveranstaltungen

Der Gesetzeswortlaut in § 4 Nr. 20 Buchst. b UStG fordert nur, dass die bei einer Theatervorführung oder einem Konzert aufgeführten Künstlerdarbietungen von den unter § 4 Nr. 20 Buchst. a UStG bezeichneten kulturellen Einrichtungen erbracht werden, **nicht aber**, dass sie **unmittelbar** von diesen Einrichtungen an den (End-)Veranstalter ausgeführt werden. 100

Daher ist es m.E. für die Anwendung von § 4 Nr. 20 Buchst. b UStG beim (End-)Veranstalter **unschädlich**, wenn eine **im eigenen Namen und auf eigene Rechnung tätige Künstleragentur/Gastspieldirektion** in die Leistungskette eingeschaltet ist, die an den (End-)Veranstalter keine nach § 4 Nr. 20 Buchst. a UStG befreite Künstlerdarbietung erbringt, sondern als eigene Leistung einen nach § 4 Nr. 20 Buchst. b UStG steuerfreien Weiterverkauf einer nach § 4 Nr. 20 Buchst. a UStG befreiten Künstlerdarbietung (Rz. 94 f.). 101

Ebenso **unschädlich** ist nach dem BMF-Schreiben vom 9.6.2021[3] und der damit verbundenen Einfügung eines neuen Satz 3 in Abschn. 3.15 Abs. 3 UStAE, wenn die **Künstleragentur/Gastspieldirektion im eigenen Namen, aber auf fremde Rechnung** in die Leistungskette eingeschaltet ist und die nach § 4 Nr. 20 Buchst. a UStG steuerfreie Künstlerdarbietung im Rahmen einer Leistungsfiktion ebenfalls nach § 4 Nr. 20 Buchst. a UStG befreit an den (End-)Veranstalter weiterverkauft (Rz. 85). 102

Die **Ansicht**, dass die Zwischenschaltung **einer im eigenen Namen tätigen Künstleragentur/Gastspieldirektion** in die Leistungskette für die Steuerfreiheit des (End-)Veranstalters nach § 4 Nr. 20 Buchst. b UStG **unschädlich** ist, vertritt (im Umkehrschluss) **auch die FinVerw.**, indem sie in Abschn. 4.20.1 Abs. 4 i. V. m. Abschn. 4.20.2 Abs. 2 UStAE vorsieht, dass bei Tournee-Darbietungen sowohl der Tournee-Veranstalter (d.h. die Künstleragentur/Gastspieldirektion) als auch der lokale (End-)Veranstalter die Steuerbefreiung nach § 4 Nr. 20 Buchst. b UStG beanspruchen kann. 103

IV. Steuerfreie kulturelle Umsätze beim Zwischenhandel mit Eintrittskarten

1. Dienstleistungskommission

Die mittlerweile von der FinVerw. mit dem BMF-Schreiben vom 9.6.2021[4] und der damit verbundenen Einfügung eines neuen Satz 3 in Abschn. 3.15 Abs. 3 UStAE übernommene Rechtsauffassung des BFH, dass die Vorschrift des § 4 Nr. 20 Buchst. a UStG bei einem Kommissionsgeschäft dem **Fiktionsgrundsatz** unterliegt (Rz. 82 f.), ist – mit gleicher Begründung – auf § 4 Nr. 20 Buchst. b UStG zu übertragen.[5] Entsprechend fallen Unternehmer, die nach § 4 Nr. 20 Buchst. b UStG steuerfrei erworbene Eintrittskarten **im eigenen Namen, jedoch auf fremde Rechnung** weiterverkaufen, ebenfalls unter die Befreiungsvorschrift des § 4 Nr. 20 Buchst. b UStG. 104

1 EuGH, Urt. v. 15.2.2017 – C-592/15, ECLI:EU:C:2017:117 – British Film Institute, UR 2017, 268.
2 BFH, Urt. v. 26.4.1995 – XI R 20/94, BStBl. II 1995, 519; OFD Karlsruhe, Vfg. v. 30.3.2020 – S 2045/7-St 112, UR 2020, 564.
3 BMF, Schr. v. 9.6.2021 – III C 2-S 7110/19/10001 :002 – DOK 2021/0601464, BStBl. I 2021, 780 = UR 2021, 568.
4 BMF, Schr. v. 9.6.2021 – III C 2-S 7110/19/10001 :002 – DOK 2021/0601464, BStBl. I 2021, 780 = UR 2021, 568.
5 BFH, Urt. v. 25.4.2018 – XI R 16/16, BStBl. II 2021, 457 = UR 2018, 794.

2. Eigenhandel

105 Nach der Auffassung des BFH[1] ist der Veranstalterbegriff in § 4 Nr. 20 Buchst. b UStG unter anderem von der Übernahme des vollen wirtschaftlichen Risikos der jeweiligen kulturellen Veranstaltung geprägt (Rz. 92). Da Unternehmer (**sog. Ticketeigenhändler**), die Eintrittskarten für eine Theatervorführung oder ein Konzert im eigenen Namen und auf eigene Rechnung verkaufen, in der Regel nicht das volle wirtschaftliche Risiko der Veranstaltung tragen, kommt eine **Steuerbefreiung** nach § 4 Nr. 20 Buchst. b UStG insoweit **nicht in Betracht**. Hinsichtlich der „Ausnahmekonstellation", in der ein Unternehmer sämtliche Eintrittskarten für eine kulturelle Veranstaltung erwirbt und diese anschließend im eigenen Namen als Veranstalter weiterverkauft, vgl. aber Rz. 93.

V. Steuerfreie kulturelle Umsätze bei Ausgabe und Übertragung von Einzweck-Gutscheinen

106 Im Bereich der Einzweck-Gutscheine bestehen im Anwendungsbereich von § 4 Nr. 20 Buchst. b UStG keine Besonderheiten, so dass hier das Gleiche gilt wie bei § 4 Nr. 20 Buchst. a UStG (Rz. 87–89).

§ 4 Nr. 21 [Private Bildungseinrichtungen; selbständige Lehrer]

Von den unter § 1 Abs. 1 Nr. 1 fallenden Umsätzen sind steuerfrei:

…

21. a) die unmittelbar dem Schul- und Bildungszweck dienenden Leistungen privater Schulen und anderer allgemeinbildender oder berufsbildender Einrichtungen,

aa) wenn sie als Ersatzschulen gemäß Artikel 7 Abs. 4 des Grundgesetzes staatlich genehmigt oder nach Landesrecht erlaubt sind oder

bb) wenn die zuständige Landesbehörde bescheinigt, dass sie auf einen Beruf oder eine vor einer juristischen Person des öffentlichen Rechts abzulegende Prüfung ordnungsgemäß vorbereiten,

b) die unmittelbar dem Schul- und Bildungszweck dienenden Unterrichtsleistungen selbständiger Lehrer

aa) an Hochschulen im Sinne der §§ 1 und 70 des Hochschulrahmengesetzes und öffentlichen allgemeinbildenden oder berufsbildenden Schulen oder

bb) an privaten Schulen und anderen allgemeinbildenden oder berufsbildenden Einrichtungen, soweit diese die Voraussetzungen des Buchstabens a erfüllen;

…

1 BFH, Urt. v. 21.11.2013 – V R 33/10, BFHE 244,63 = UR 2014, 310.

Schrifttum: *Droege*, Der Grundsatz der Bildungsrechtsakzessorietät des Umsatzsteuerrechts, MwStR 2023, 244; *Lippross*, Der Begriff des Schul- und Hochschulunterrichts im Mehrwertsteuerrecht, DStR 2022, 292; *Müller*, Die Steuerbefreiung für gewerbliche Bildungsleistungen nach der neuen Unterrichtsdefinition des EuGH – zugleich ein Ausblick auf mögliche Konsequenzen für betroffene Anbieter und den Ausgang aktueller Verfahren, MwStR 2019, 615; *Nieskens*, Immer Ärger mit der Bildung, UR 2013, 175; *Philipowski*, Unterrichtsleistungen eines Privatlehrers sind steuerfrei, aber unter welchen Voraussetzungen? UR 2010, 161; *Sterzinger*, Änderungen des UStG und der UStDV durch das sog. JStG 2019 und das BEG III, UR 2020, 1; *Tehler*, Fortbildungsveranstaltungen durch „Privatlehrer" können steuerfrei sein, EU-UStB 2010, 6; *Wäger*, Umsatzsteuerfreie Unterrichtsleistungen, BFH/PR 2014, 270; *Wäger*, Rechtsprechungsauslese 2022, UR 2023, 45; *Widmann*, Jahressteuergesetz 2019: Die Änderungen bei der Umsatzsteuer, MwStR 2019, 976.

A. Grundaussagen

I. Regelungsgegenstand und Bedeutung

1 § 4 Nr. 21 UStG befreit **Bildungsleistungen von privaten Bildungseinrichtungen, die staatlich, landesrechtlich oder behördlich anerkannt sind** (§ 4 Nr. 21 Buchst. a UStG), und **von selbständigen Lehrern** (§ 4 Nr. 21 Buchst. b UStG). Die Vorschrift stellt nicht sämtliche, sondern nur schulische, berufliche und erzieherische Bildungsleistungen steuerfrei.

2 Der Wortlaut des **§ 4 Nr. 21 Buchst. a UStG** differenziert zwischen den Tatbestandsmerkmalen der befreiten **Leistungen** (Rz. 23 ff.), der **Leistungserbringer** (Rz. 95 ff.) und der **staatlichen, landesrechtlichen oder behördlichen Anerkennung der Leistungserbringer** (Rz. 110 ff.). Deren Voraussetzungen müssen für die Steuerbefreiung **kumulativ** erfüllt sein. Zu den geeigneten **Leistungsempfängern** s. Rz. 160.

3 Der Wortlaut des **§ 4 Nr. 21 Buchst. b UStG** differenziert zwischen den Tatbestandsmerkmalen der befreiten **Leistungen** (Rz. 76 ff.), des **Leistungserbringers** (Rz. 142 ff.) und der **Leistungsempfänger** (s. Rz. 161 ff.). Deren Voraussetzungen müssen für die Steuerbefreiung **kumulativ** erfüllt sein. Es bedarf **keiner staatlichen, landesrechtlichen oder behördlichen Anerkennung** des selbständigen Lehrers für die Inanspruchnahme der Steuerbefreiung (Rz. 144).

4 Unterricht von **öffentlichen Schulen**, deren Träger jPdöR sind, ist als Ausübung hoheitlicher Tätigkeit nicht steuerbar.[1] Zu möglichen Ausnahmen bei schulischen Sonderleistungen vgl. § 2b Rz. 61 ff.

5 Die Vorschrift bildet die aktuell gültige Rechtslage nicht vollständig ab (Rz. 11 ff.).

6 Normzweck ist die **Gleichbehandlung** von öffentlichen und privaten Schulen,[2] von Bildungseinrichtungen und selbständigen Lehrern[3] sowie die **Kostenentlastung**, um den Zugang zu bestimmten Bildungsleistungen zu erleichtern.[4]

7 Auf die Steuerbefreiung kann nicht nach § 9 UStG verzichtet werden.

8 Nach § 4 Nr. 21 UStG befreite Bildungsleistungen führen zum Ausschluss des **Vorsteuerabzugs** (§ 15 Abs. 2 Satz 1 Nr. 1 UStG, s. § 15 Rz. 249 ff.).

II. Unionsrechtliche Grundlagen

1. Überblick

9 § 4 Nr. 21 Buchst. a UStG beruht auf **Art. 132 Abs. 1 Buchst. i MwStSystRL (Art. 13 Teil A Abs. 1 Buchst. i der 6. EG-Richtlinie)**.

10 § 4 Nr. 21 Buchst b UStG beruht auf **Art. 132 Abs. 1 Buchst. j MwStSystRL (Art. 13 Teil A Abs. 1 Buchst. j der 6. EG-Richtlinie)**.

2. Unionsrechtswidrige Umsetzung

11 Diese Richtlinienbestimmungen wurden durch den nationalen Gesetzgeber bisher lediglich dadurch umgesetzt, dass er den schon bei Inkrafttreten der 6. EG-Richtlinie vorhandenen § 4 Nr. 21 UStG 1967[5] (heute: § 4 Nr. 21 Buchst. a UStG) im Wesentlichen unverändert weiterführte[6] und sodann durch § 4 Nr. 21 Buchst. b UStG ergänzte,[7] jeweils in der Annahme einer richtlinienkonformen Umsetzung. Dies ist ihm nach einhelliger Meinung nicht gelungen: Der von den Richtlinienbestimmun-

1 BFH, Urt. v. 6.5.1971 – V R 141/68, V R 158/69, V B 117/69, BStBl. II. 1971, 645.
2 BFH, Urt. v. 27.8.1998 – V R 73/97, BStBl. II 1999, 376 = UR 1999, 164 m. Anm. *Winter.*
3 BT-Drucks. 14/23, 197.
4 EuGH, Urt. v. 20.6.2002 – C-287/00, ECLI:EU:C:2002:388 – Kommission/Deutschland, UR 2002, 316.
5 BGBl. I 1967, 545.
6 Vgl. BT-Drucks. 8/1779, 35.
7 Vgl. BR-Drucks. 910/98, 197.

gen abweichende Wortlaut ist nicht gänzlich einer richtlinienkonformen Auslegung zugänglich (Rz. 27 f., 79 f.). Ferner sieht das nationale Recht von der Richtlinie abweichende Tatbestandsmerkmale vor, die die Steuerbefreiungen unionsrechtswidrig teils einschränken, teils erweitern. Mehrere Reformversuche sind bisher gescheitert, u.a. im Rahmen des sog. JStG 2019.[1]

3. Richtlinienkonforme Auslegung oder unmittelbare Berufsmöglichkeit

Aufgrund der unverändert weitergeführten Vorschrift (Rz. 14) hat der BFH bisher offen gelassen, ob 12
§ 4 Nr. 21 UStG richtlinienkonform auszulegen ist, weil betroffene Steuerpflichtige sich auf die Richtlinienbestimmungen **unmittelbar berufen** können.[2]

U.E. ist **in Teilen** eine **richtlinienkonforme Auslegung** der Tatbestandsmerkmale der Vorschrift in- 13
nerhalb der Wortlautgrenze möglich (Rz. 27 f., 79 f.), die unvollständige Umsetzung der MwStSystRL steht dem nicht entgegen.[3] Soweit die Wortlautgrenze aber überschritten wird (Rz. 112, 130, 152), können sich Steuerpflichtige zu ihren Gunsten unmittelbar auf Art. 132 Abs. 1 Buchst. i und j MwStSystRL berufen.

III. Verhältnis zu anderen Vorschriften und Rechtsentwicklung

Die Steuerbefreiung nach § 4 Nr. 21 UStG besteht dem Grunde nach seit dem UStG 1951[4] und in der 14
heutigen Fassung unverändert seit dem Steuerentlastungsgesetz 1999/2000/2002 vom 24.3.1999[5].[6]

Im UStG existieren weitere Befreiungstatbestände, die Bildungsleistungen umfassen können: 15

§ 4 Nr. 15b UStG befreit Leistungen der aktiven Arbeitsförderung (§ 4 Nr. 15b Rz. 8, 16), § 4 Nr. 15c 16
UStG Leistungen zur Teilhabe am Arbeitsleben (§ 4 Nr. 15c Rz. 9, 14).

§ 4 Nr. 22 Buchst. a UStG befreit Bildungsleistungen im Rahmen von Vorträgen, Kursen und anderen 17
Veranstaltungen wissenschaftlicher oder belehrender Art (§ 4 Nr. 22 Rz. 22 ff.).

§ 4 Nr. 23 Buchst. a UStG befreit eng mit der Erziehung von Kindern und Jugendlichen verbundene 18
Leistungen (§ 4 Nr. 23 Rz. 9 ff.).

§ 4 Nr. 25 UStG befreit Leistungen der Jugendhilfe (§ 4 Nr. 25 Rz. 9 ff.). 19

Das **Konkurrenzverhältnis** ist nicht abschließend geklärt, insbesondere weil das nationale Recht ge- 20
genüber den Richtlinienbestimmungen weitergehende Differenzierungen u.a. bei der Bestimmung der Leistungserbringer vornimmt.

IV. Verfahrensrecht

Über die Merkmale der Befreiungsvorschrift entscheiden die **Finanzbehörden**. Es ist der Finanzrechts- 21
weg eröffnet.[7] Lediglich über die Voraussetzungen der staatlichen, landesrechtlichen oder behördli-

1 Gesetz zur weiteren steuerlichen Förderung der Elektromobilität und zur Änderung weiterer steuerlicher Vorschriften vom Gesetz v. 12.12.2019, BGBl. I 2019, 2451; vgl. hierzu *Widmann*, MwStR 2019, 976 (976); *Sterzinger*, UR 2020, 1 (6).

2 BFH, Urt. v. 21.3.2007 – V R 28/04, BStBl. II 2010, 999 = UR 2007, 687; BFH, Urt. v. 28.5.2013 – XI R 35/11, BStBl. II 2013, 879 = UR 2013, 712; BFH, Urt. v. 26.5.2021 – V R 25/20, UR 2022, 20.

3 Ebenso *Wiesch* in Weitemeyer/Schauhoff/Achatz, Umsatzsteuerrecht für den Nonprofitsektor, Rz. 15.54 f.; *Oelmaier* in Sölch/Ringleb § 4 Nr. 21 UStG Rz. 47 (Stand: Okt. 2023); **a.A.** *Ehrt* in Weymüller[2], § 4 Nr. 21 UStG Rz. 8; *Nieskens*, EU-UStB 2019, 109 (110).

4 § 4 Nr. 14 UStG in der Neufassung v. 1.9.1951, BGBl. I 1951, 791.

5 BGBl. I 1999, 402.

6 Vgl. zur Historie: *Wiesch* in Weitemeyer/Schauhoff/Achatz, Umsatzsteuerrecht für den Nonprofitsektor, Rz. 15.57 ff.; *Tehler* in Rau/Dürrwächter, § 4 Nr. 21 UStG Rz. 10 ff. (Stand: Mai 2022).

7 BFH, Urt. v. 14.3.1974 – V R 54/73, BStBl. II 1974 = UR 1974, 167; BFH, Urt. v. 20.8.2009 – V R 25/08, BStBl. II 2010, 15 = UR 2010, 29.

chen Anerkennung der Leistungserbringer i.S.d. § 4 Nr. 21 Buchst. a Doppelbuchst. bb UStG und somit auch der Leistungsempfänger i.S.d. § § 4 Nr. 21 Buchst. b Doppelbuchst. bb UStG entscheiden die zuständigen **Verwaltungsbehörden.** Insoweit ist der Verwaltungsrechtsweg eröffnet (Rz. 118 ff.).[1]

22 Zur verfahrensrechtlichen Konnexität s. Rz. 118 ff.

B. Leistungsbezogene Voraussetzungen

I. Steuerbefreite Leistungen privater Schulen und anderer allgemeinbildender oder berufsbildender Einrichtungen (Buchst. a)

1. Überblick

23 § 4 Nr. 21 Buchst. a UStG befreit die „unmittelbar“ (Rz. 24 ff.) „dem Schul- und Bildungszweck dienenden Leistungen“ (Rz. 29 ff.), **ohne** diese **Begriffe zu definieren.**

2. Unmittelbarkeitsmerkmal

24 Das Merkmal „unmittelbar“ bezieht sich nicht auf den Inhalt der Leistungen, sondern beschreibt die Art und Weise, in der die Leistungen bei der Erfüllung des Schul- und Bildungszwecks eingesetzt werden müssen, d.h. es dienen solche Leistungen unmittelbar dem Schul- und Bildungszweck, die ihn nicht nur ermöglichen, sondern ihn **selbst bewirken.**[2]

25 **Einzelfälle:**

- **Rechen-, Lese- und Schreibübungsleistungen**[3] erfüllen unmittelbar den Bildungszweck.
- Damit verbundene Leistungen der **Betreuung**[4], **Unterkunft und Verpflegung**[5] oder die Lieferung von **Lehr- und Lernmaterial**[6] erfüllen nicht unmittelbar den Bildungszweck, wobei sie gleichwohl als **Nebenleistung** steuerfrei sein können (Rz. 69 f.).
- Tätigkeiten, mit denen Auszubildende bzw. deren Ausbildungsstellen für die Ausbildung unerlässliche Dienstleistungen gegenüber Dritten gegen Entgelt erbringen, z.B. bei der **praktischen Ausbildung** von Psychotherapeuten durch Krankenbehandlungen, erfüllen nicht das Unmittelbarkeitskriterium,[7] wobei sie gleichwohl als **Nebenleistung** steuerfrei sein können (Rz. 69, 72).
- **Prüfungsleistungen** erfüllen hingegen unmittelbar den Bildungszweck, weil sie den Schlusspunkt und notwendigen Bestandteil zu einer Bildungsmaßnahme darstellen, unabhängig davon, ob ein und derselbe Anbieter die Bildungsmaßnahme und die Prüfung durchführen.[8]

26 Der Leistungserbringer kann sich anderer Unternehmer (**Subunternehmer**) bedienen, z.B. selbständiger Lehrer (vgl. § 4 Nr. 21 Buchst. b UStG). Ob die Subunternehmerleistungen dann ihrerseits befreit sind, ist eigenständig zu prüfen.[9] Die **Zwischenschaltung einer weiteren Leistung** kann jedoch schädlich sein.[10]

1 BVerwG, Urt. v. 3.12.1976 – VII C 73.75, BStBl. II 1977, 334; BVerwG, Urt. v. 27.4.2017 – 9 C 5/16, HFR 2017, 977.
2 BFH, Urt. v. 21.3.2007 – V R 28/04, BStBl. II 2010, 999 = UR 2007, 687.
3 BFH, Urt. v. 21.3.2007 – V R 28/04, BStBl. II 2010, 999 = UR 2007, 687.
4 BFH, Urt. v. 21.3.2007 – V R 28/04, BStBl. II 2010, 999 = UR 2007, 687.
5 BFH, Urt. v. 17.3.1981 – VIII R 149/76, BStBl. II 1981, 746 = UR 1981, 229 m. Anm. *Weiß*.
6 BFH, Urt. v. 12.12.1985 – V R 15/80, BStBl. II 1986, 499 = UR 1986, 146.
7 BFH, Urt. v. 26.5.2021 – V R 25/20, UR 2022, 20.
8 BFH, Urt. v. 30.6.2022 – V R 32/21, UR 2022, 940.
9 BFH, Beschl. v. 27.7.2021 – V R 39/20, juris.
10 Vgl. BFH, Urt. v. 26.5.2021 – V R 25/20, UR 2022, 20.

3. Richtlinienkonforme Auslegung

Eine richtlinienkonforme Auslegung des Begriffs „dem Schul- und Bildungszweck dienende Leistungen" ist u.E. möglich, weil die Wortlautgrenze nicht überschritten wird.[1] 27

Somit umfasst der Begriff: 28
- den **Schul- und Hochschulunterricht** (Rz. 29 ff.);
- die **Aus- und Fortbildung sowie berufliche Umschulung** (Rz. 52 ff.);
- die bildungsbezogenen Leistungen der **Erziehung von Kindern und Jugendlichen** (Rz. 61 ff.)
- sowie die mit den drei vorgenannten Tatbeständen **eng verbundenen Leistungen** (Rz. 69 ff.)

jeweils i.S.d. Art. 132 Abs. 1 Buchst. i MwStSystRL (Rz. 95).

4. Schul- und Hochschulunterricht

a) Begriffsbestimmung

Der Begriff des Schul- und Hochschulunterrichts wird in der MwStSystRL nicht definiert. Er ist ein **autonomer Begriff des Unionsrechts**, den der EuGH wie folgt umschreibt:[2] 29

Der Begriff stellt auf einen bestimmten **Typus von Unterrichtsystem** ab, der allen Mitgliedstaaten unabhängig von den jeweiligen Besonderheiten der nationalen Systeme gemeinsam ist. Er verweist daher allgemein auf ein **integriertes System der Vermittlung von Kenntnissen und Fähigkeiten** in Bezug auf ein **breites und vielfältiges Spektrum von Stoffen** sowie auf die **Vertiefung und Entwicklung dieser Kenntnisse und Fähigkeiten** durch die Schüler und Studenten je nach ihrem Fortschritt und ihrer Spezialisierung auf den verschiedenen dieses **System bildenden Stufen.** Der Begriff ist **nicht beschränkt** auf **Unterricht**, der zu einer Abschlussprüfung zur **Erlangung einer Qualifikation** führt oder eine **Ausbildung** im Hinblick auf die Ausübung einer Berufstätigkeit vermittelt. Er schließt **andere Tätigkeiten** ein, bei denen die **Unterweisung in Schulen und Hochschulen** erteilt wird, um die Kenntnisse und Fähigkeiten der Schüler oder Studenten zu entwickeln, sofern diese Tätigkeiten **nicht den Charakter bloßer Freizeitgestaltung** haben. Er umfasst mithin Tätigkeiten, die sich sowohl wegen ihrer spezifischen Art als auch aufgrund des Rahmens, in dem sie ausgeübt werden, abheben. In Abgrenzung dazu ist das Unterrichten lediglich eines Stoffes durch einen privaten Anbieter als **spezialisierter Unterricht kein Schul- und Hochschulunterricht**. 30

Unterricht i.S.d. Begriffsbestimmung des EuGH ist eine Tätigkeit, die aus einer Gesamtheit von Elementen besteht: Vermittlung von Kenntnissen und Fähigkeiten im Rahmen einer Beziehung zwischen dem Unterrichtenden und dem Schüler/Studenten nebst Elementen, die den organisatorischen Rahmen ausmachen, in der der Unterricht erteilt wird, wie z.B. Prüfungsleistungen.[3] 31

Der BFH folgt dem „gezwungenermaßen" in nunmehr ständiger Rechtsprechung.[4] 32

b) Kritische Bewertung

aa) Enge Auslegung

Der EuGH hat die Begriffsbestimmung derart fortentwickelt, dass sie einer **Rechtsprechungsänderung** gleichkommt.[5] Sie widerspricht dem bis dahin vorhandenen weiten Verständnis des BFH. Der BFH ging bisher davon aus, dass sich der Begriff des Schul- und Hochschulunterrichts auf jegliche 33

---

1 **Offen gelassen**: BFH, Urt. v. 26.5.2021 – V R 25/20, UR 2022, 20.

2 EuGH, Urt. v. 14.3.2019 – C-449/17, ECLI:EU:C:2019:202 – A & G Fahrschul-Akademie, UR 2019, 294; EuGH, Beschl. v. 7.10.2019 – C-47/19, ECLI:EU:C:2019:840 – Finanzamt Hamburg-Barmbek-Uhlenhorst, UR 2019, 892 m. Anm. *Bünnemann*; EuGH, Urt. v. 21.10.2021 – C-373/19, ECLI:EU:C:2021:873 – Dubrovin & Tröger – Aquatics, UR 2021, 860 m. Anm. *Küffner*.

3 EuGH, Urt. v. 14.7.2007 – C-434/05, ECLI:EU:C:2007:343 – Horizon College, UR 2007, 587; EuGH, Urt. v. 28.1.2010 – C-473/08, ECLI:EU:C:2010:47 – Eulitz, UR 2010, 174.

4 BFH, Urt. v. 23.5.2019 – V R 7/19 (V R 38/16), BFHE 264, 539, UR 2019, 658; BFH, Beschl. v. 29.3.2022 – XI B 72/21, BFH/NV 2022, 923; BFH, Urt. v. 17.11.2022 – V R 33/21 (V R 26/18), UR 2023, 195 m. Anm. *Hüttemann*.

5 Vgl. *Wäger* in Birkenfeld/Wäger, Aktuell Berichtszeitraum I. Quartal 2019, Rz. 74 ff.

Aus- und Fortbildung bezieht, die nicht den Charakter bloßer Freizeitgestaltung hat.[1] Der EuGH fordert eine hiervon abweichende **enge Auslegung**. Im Schrifttum wird berechtigte Kritik an dieser neuen EuGH-Rechtsprechung erhoben, die jedoch ohne Anpassung der MwStSystRL durch den Unionsgesetzgeber gegenwärtig unumstößlich ist.[2]

34 Die **bisherige BFH-Rechtsprechung** (Rz. 47, 84) ist daher nur in Bezug auf den Unterrichtsbegriff **in Teilen überholt** (Rz. 52 ff.).

bb) Keine Beschränkung auf klassische Schulen

35 Die im Schrifttum zu Recht aufgeworfene Frage, ob der EuGH möglicherweise den steuerfreien Schul- und Hochschulunterricht auf klassische Schulen unter Ausschluss bereichsbezogenen Unterrichts beschränken will,[3] ist u.E. zu verneinen, insbesondere, weil der EuGH lediglich von einem Typus von Unterrichtsystem – nicht Schulsystem – sprich und er für die Annahme eines steuerfreien Unterrichts keine Abschlussprüfung zur Erlangung einer Qualifikation fordert.

cc) Erweiterte Vorsteuerabzugsberechtigung

36 Mit der engen Auslegung geht eine erweiterte Vorsteuerabzugsberechtigung der Leistungserbringer im schulischen Bildungsbereich einher.

dd) Verwaltungsauffassung

37 In der **Verwaltungspraxis** werden die Grundsätze der neuen EuGH- und BFH-Rechtsprechung vielfach angewendet, obgleich die Verlautbarungen der FinVerw. bis heute noch nicht angepasst wurden.[4] Diese Verwaltungspraxis ist vielfach im Ergebnis rechtswidrig, weil sie die jüngste Rechtsprechung des BFH in Bezug auf steuerfreie erzieherische Leistungen und insbesondere steuerfreie berufsbezogene Leistungen (Rz. 52 ff.) negiert, mit der der BFH an seine ursprüngliche zum Unterrichtsbegriff ergangene Rechtsprechung anknüpft, um Zitat „*die Kontinuität der auch von der Finanzverwaltung akzeptierten BFH-Rechtsprechung*“[5] zu wahren, die vor der o.a. einschränkenden EuGH-Rechtsprechung zum Unterrichtsbegriff (Rz. 29 f.) erging.

c) Einzelfälle

aa) Fahr- und Sportunterricht sowie Präventionskurse

38 Fahrunterricht einer Fahrschule,[6] Fahrsicherheitstraining,[7] Sportunterricht (z.B. Surf- und Segelunterricht,[8] Schwimm-,[9] Tennis-[10] und Judounterricht[11]) sowie Präventionskurse[12] sind jeweils als **spezialisierter Unterricht** kein Schul- oder Hochschulunterricht. Diese Leistungen können jedoch als **berufsbezogene und/oder erzieherische Leistungen** weiterhin steuerfrei sein (Rz. 52 ff.).

---

1 BFH, Beschl. v. 16.3.2017 – V R 38/16, BFHE 264, 539, UR 2017, 662 m. Anm. *Trinks/Trinks*.
2 Vgl. nur *Lippross*, DStR 2022, 292 (292 ff.); *Droege*, MwStR 2023, 244 (244 ff.).
3 *Wäger* in Birkenfeld/Wäger, Aktuell Berichtszeitraum II. Quartal 2019 Rz. 108.
4 Vgl. Abschn. 4.21.2 und 4.12.4 UStAE sowie LSt Niedersachsen, Information v. 1.11.2019, Umsatzsteuerbefreiung für Bildungsleistungen, DStR 2020, 600.
5 BFH, Urt. v. 17.11.2022 – V R 33/21 (V R 26/18), UR 2023, 195 m. Anm. *Hüttemann*.
6 EuGH, Urt. v. 14.3.2019 – C-449/17, ECLI:EU:C:2019:202 – A & G Fahrschul-Akademie, UR 2019, 294; BFH, Urt. v. 23.5.2019 – V R 7/19 (V R 38/16), BFHE 264, 539 = UR 2019, 658.
7 BFH, Urt. v. 17.11.2022 – V R 33/21 (V R 26/18), UR 2023, 195 m. Anm. *Hüttemann*.
8 EuGH, Beschl. v. 7.10.2019 – C-47/19, ECLI:EU:C:2019:840 – Finanzamt Hamburg-Barmbek-Uhlenhorst, UR 2019, 892 m. Anm. *Bünnemann*.
9 EuGH, Urt. v. 21.10.2021 – C-373/19, ECLI:EU:C:2021:873 – Dubrovin & Tröger – Aquatics, UR 2021, 860 m. Anm. *Küffner*; BFH, Urt. v. 16.12.2021 – V R 31/21, UR 2022, 254.
10 BFH, Beschl. v. 29.3.2022 – XI B 72/21, BFH/NV 2022, 923.
11 BFH, Urt. v. 15.12.2021 – XI R 31/12, UR 2022, 632.
12 BFH, Urt. v. 15.12.2021 – XI R 3/20, UR 2022, 628.

Nach Ansicht der **FinVerw.** kann ferner die Erteilung von **Sportunterricht** durch gemeinnützige Sportvereine nach § 4 Nr. 22 Buchst. a UStG steuerfrei sein (§ 4 Nr. 22 Rz. 27). 38.1

bb) Lehrplanunterricht

Eine abstrakt-generelle Betrachtung, ob ein Unterricht zum **Lehrplan** einer öffentlichen Schule/Hochschule gehört, genügt nicht für die Annahme eines Schul- und Hochschulunterrichts.[1] 39

Für die Steuerbefreiung von Unterrichtsleistungen von **Privatlehrern** i.S.d. Art. 132 Abs. 1 Buchst. j MwStSystRL ist es jedoch ausreichend, dass sich dieser auf einen Lehrplanunterricht bezieht (Rz. 146 ff.). 40

frei 41

cc) Beruflicher Aus- und Fortbildungsunterricht

Schul- und Hochschulunterricht kann nicht nur im Rahmen einer **Berufsausbildung**, sondern auch im Rahmen einer **Berufsfortbildung** erteilt werden.[2] Insoweit fordert der EuGH u.E. lediglich eine **Einbettung in ein Unterrichtssystem** im Sinne seiner neuen Begriffsbestimmung zum Schul- und Hochschulunterricht (Rz. 29 f.). 42

Sofern die Kriterien des Schul- und Hochschulunterrichts nicht erfüllt werden, kommt eine Befreiung im Rahmen des Begriffs **„Aus- und Fortbildung sowie berufliche Umschulung"** (Rz. 52 ff.) in Betracht.[3] 43

dd) Fernlehrinstitute

Fernlehrinstitute erfüllen u.E. regelmäßig die Kriterien der neuen EuGH-Rechtsprechung. Auch die FinVerw. nimmt steuerfreie Leistungen an.[4] 44

ee) Repetitorien sowie Nachhilfe-, Sprach-, EDV-, Musik-, Kunst- und Bewegungsunterricht

U.E. können **Repetitorien** für Studenten zur Vorbereitung auf akademische Prüfungen sowie **Nachhilfeunterricht** für Schüler nach den neuen EuGH-Kriterien im Einzelfall Schul- und Hochschulunterricht sein, wenn sie in ein entsprechendes Unterrichtssystem eingebettet sind.[5] Falls im Einzelfall nur ein nicht befreiter spezialisierter und punktueller Unterricht vorliegt, kommt u.E. jedenfalls eine Befreiung als bildungsbezogene Leistung der **„Aus- und Fortbildung sowie berufliche Umschulung"** (Rz. 52 ff.), **„Erziehung von Kindern und Jugendlichen"** (Rz. 61 ff.) oder als Unterricht eines **„Privatlehrers"** (Rz. 146 ff.) oder als **mit dem Schulunterricht eng verbundene Leistung** (Rz. 70.2) in Betracht. Nach Ansicht der FinVerw. und bisherigen Rechtsprechung sind Repetitorien und Nachhilfeunterricht nach § 4 Nr. 21 UStG steuerbefreit.[6] 45

Das gleiche gilt u.E. für **Sprach-, EDV-, Musik-, Kunst- und Bewegungsunterricht** (Rz. 52 ff.). 46

Die bisherige Rechtsprechung und Verwaltungsansicht, wonach Leistungen von privaten **Tanz- und Ballettschulen**,[7] Unterricht für das **Erlernen des Umgangs mit Computern** (z.B. Grundkurse für die 47

---

1 EuGH, Beschl. v. 7.10.2019 – C-47/19, ECLI:EU:C:2019:840 – Finanzamt Hamburg-Barmbek-Uhlenhorst, UR 2019, 892 m. Anm. *Bünnemann*. Kritisch: *Bünnemann*, UR 2019, 895 (895); *Nieskens*, EU-UStB 2019, 109 (111).

2 So bereits EuGH, Urt. v. 28.1.2010 – C-473/08, ECLI:EU:C:2010:47 – Eulitz, UR 2010, 174.

3 BFH, Urt. v. 17.11.2022 – V R 33/21 (V R 26/18), UR 2023, 195 m. Anm. *Hüttemann*; BFH, Urt. v. 30.6.2022 – V R 32/21, UR 2022, 940; BFH, Beschl. v. 22.6.2022 – XI R 32/21, BFHE 277, 504 = UR 2023, 108, m. Anm. *Esteves Gomes*.

4 Abschn. 4.21.2 Abs. 1 Satz 1 UStAE.

5 **A.A.**: *Lippross*, MwStR 2022, 503 (508); **offen gelassen**: EuGH, Urt. v. 28.4.2022 – C-612/20, ECLI:EU:C:2022:314 – Happy Education, UR 2022, 413.

6 Abschn. 4.21.2 Abs. 1 Satz 1 und Abs. 2 Satz 5 UStAE; FG Hamburg, Urt. v. 16.6.2011 – 6 K 165/10, EFG 2012, 560.

7 BFH, Urt. v. 24.1.2019 – V R 66/17, UR 2019, 385 m. Anm. *Trinks* m.w.N.; Abschn. 4.21.2. Abs. 8 UStAE.

Erstellung von Textdokumenten)[1] sowie **Fremdsprachen-**[2] und **Musikunterricht**[3] steuerfrei sein können, ist somit im Ergebnis nicht überholt.

47.1 Der Umstand, dass es sich bei einem solchen Unterricht ggf. um die Erlernung von **elementaren Grundfähigkeiten** handelt, an denen ein ausgeprägtes Gemeininteresse besteht, genügt nach dem EuGH für sich allein jedoch nicht, um steuerfreien Schul- und Hochschulunterricht anzunehmen.[4]

ff) Weitere Einzelfälle

48 Kurse der **Atlaslogie** sind jedenfalls als spezialisierter Unterricht kein Schul- und Hochschulunterricht,[5] können aber u.E. steuerfreie berufsbezogene Schulungsmaßnahmen sein (Rz. 52 ff.).

49 Überholt ist u.E. die BFH-Rechtsprechung, wonach **Dozentenleistungen für den Besucherdienst** des Deutschen Bundestages, deren Zielgruppe im Wesentlichen Schüler und Studenten sind, Schul- und Hochschulunterricht sind.[6] U.E. kommt aber eine Befreiung als bildungsbezogene Leistung der **„Erziehung von Kindern und Jugendlichen"** in Betracht (Rz. 61 ff.).

50–51 frei

5. Aus- und Fortbildung sowie berufliche Umschulung

a) Begriffsbestimmung

52 Der Begriff „Aus- und Fortbildung sowie berufliche Umschulung" ist ein **autonomer Begriff des Unionsrechts**. Er ist in Art. 44 Sätze 1 und 2 MwStVO[7] definiert:

53 Danach muss es sich um Dienstleistungen handeln, die **Schulungsmaßnahmen mit direktem Bezug zu einem Gewerbe oder einem Beruf** umfassen (1. Alternative), sowie Dienstleistungen, die jegliche Schulungsmaßnahmen umfassen, die dem **Erwerb oder der Erhaltung beruflicher Kenntnisse** dienen (2. Alternative). Die Dauer der Ausbildung, Fortbildung oder beruflichen Umschulung ist hierfür unerheblich.

54 Nach ständiger BFH-Rechtsprechung liegen solche berufsbezogenen Bildungsleistungen vor, wenn die Leistungen ihrer Art nach den Zielen der Berufsaus- oder der Berufsfortbildung dienen, d.h. wenn spezielle Kenntnisse und Fertigkeiten vermittelt werden, die zur Ausübung bestimmter beruflicher Tätigkeiten notwendig sind.[8] Die Begriffsbestimmung des BFH ist richtlinienkonform.[9] **Tagesveranstaltungen** sind ausreichend.[10]

54.1 Der **BFH** hat dies jüngst wie folgt präzisiert:[11]

- Bei Schulungsmaßnahmen, die dem Erwerb oder der Erhaltung beruflicher Kenntnisse dienen (Art. 44 Satz 1 Alternative 2 MwStVO), kommt es weder auf ein Unmittelbarkeitserfordernis (wie bei Alternative 1 des Art. 44 Satz 1 MwStVO) noch auf einen direkten Gewerbe- oder Berufsbezug an.

---

1 Abschn. 4.21.2 Abs. 5 Satz 1 UStAE.
2 FG Thüringen, Urt. v. 9.6.2016 – 2 K 75/16, EFG 2017, 160.
3 BFH, Urt. v. 3.5.1989 – V R 83/84, BStBl. II 1989, 815 = UR 1990, 82; BFH, Urt. v. 20.8.2009 – V R 25/08, BStBl. II 2010, 15 = UR 2010, 29.
4 EuGH, Urt. v. 21.10.2021 – C-373/19, ECLI:EU:C:2021:873 – Dubrovin & Tröger – Aquatics, UR 2021, 860 m. Anm. *Küffner*.
5 FG München, Urt. v. 18.11.2020 – 3 K 1438/19, EFG 2021, 594.
6 BFH, Urt. v. 10.8.2016 – V R 38/15, BFHE 254, 448, UR 2016, 879.
7 Durchführungsverordnung (EU) Nr. 282/2011 des Rates v. 15.3.2011 zur Festlegung von Durchführungsvorschriften zur Richtlinie 2006/112/EG über das gemeinsame Mehrwertsteuersystem, ABl. EU Nr. L 77, 1.
8 BFH, Urt. v. 21.3.2007 – V R 28/04, BStBl. II 2010, 999 = UR 2007, 687 m.w.N.
9 BFH, Urt. v. 10.6.1999 – V R 84/98, BStBl. II 1999, 578 = UR 1999, 1315.
10 BFH, Urt. v. 7.10.2010 – V R 12/10, BStBl. II 2011, 303 = UR 2011, 154.
11 BFH, Urt. v. 17.11.2022 – V R 33/21 (V R 26/18), UR 2023, 195 m. Anm. *Hüttemann*.

- Bei Art. 44 Satz 1 Alternative 2 MwStVO genügt vielmehr die **konkrete Eignung der Schulungsmaßnahme** zum Erwerb oder zur Erhaltung beruflicher Kenntnisse. Ähnlich der früheren **Abgrenzung** des steuerfreien Unterrichts von der steuerpflichtigen Unterrichtsleistung mit **Freizeitbezug**[1] kommt es hierfür darauf an, ob die Schulungsmaßnahme Teilnehmern ermöglicht, die vermittelten Kenntnisse und Fähigkeiten beruflich zu nutzen.
- Verwenden alle Teilnehmer die Schulungsmaßnahme beruflich, ist dabei die erforderliche Eignung zu unterstellen (sog. **„geschlossene Kurse"**). Die Schulungsmaßnahme ist dann steuerfrei.
- Liegt eine berufliche Nutzung nur bei einigen Teilnehmern vor, muss sich die erforderliche Eignung leistungsbezogen aus der Schulungsmaßnahme selbst ergeben. Bei Vorliegen von **„gemischten Kursen"** mit Berufsverwendung durch einzelne Teilnehmer erfolgt eine Steuerfreiheit für alle Kursteilnehmer daraus, dass ansonsten ein- und dieselbe Schulungsmaßnahme je nach der individuellen Verwendung des jeweiligen Teilnehmers teils steuerfrei und teils steuerpflichtig wäre. Diese leistungsbezogene Auslegung, d.h. nach der Art der erbrachten Leistung und deren Eignung für die Berufsverwendung, wahrt die Kontinuität der auch von der FinVerw. weiterhin akzeptierten BFH-Rechtsprechung vor Ergehen des EuGH-Urteils vom 14.3.2019[2].
- Danach können z.B. die Leistungen der **Ballett- oder Kampfsportschulen** als Aus- und Fortbildung dem Grunde nach weiterhin steuerfrei bleiben, ohne dass dem die einschränkende Auslegung des EuGH zum Unterrichtsbegriff entgegensteht, z.B. auch dann, wenn bereits bei durchschnittlich zwei von hundert Schülern eine Berufsverwendung besteht, weil der Anteil der Schüler mit Berufsverwendung aufgrund der vorgenannten leistungsbezogenen Auslegung ohne Belang ist.[3]

b) Anmerkungen

Zum Begriff „Aus- und Fortbildung sowie berufliche Umschulung" bestehen aus Sicht des BFH keine Zweifel an der Auslegung, weshalb auch er jüngst den EuGH hierzu nicht anrief.[4] Streitfälle sind daher beim EuGH bisher nicht gelandet, auch nicht aus anderen Mitgliedstaaten. 55

Die Hürden für die Befreiung sind gering. Anders als beim „Schul- und Hochschulunterricht" bedarf es keines integrierten Systems mit Stufen und der Vermittlung eines breiten und vielfältigen Spektrums von Stoffen (Rz. 30). Dies führt zu einem weiten Verständnis der Steuerbefreiung „unter Aufleben" der ursprünglichen BFH-Rechtsprechung, sofern eine berufsbezogene Bildungsleistungen vorliegt, die somit vielfach **faktischer Auffangtatbestand** sind (Rz. 58 ff.). 56

Die hiergegen im Schrifttum erhobene Kritik[5] ist u.E. unberechtigt, da sie insbesondere nicht hinreichend zwischen den unterschiedlichen Bildungsleistungen nach Art. 132 Abs. 1 Buchst. i MwStSystRL differenziert und aus der bisherigen Rechtsprechung des EuGH zum Begriff der „Aus- und Fortbildung sowie berufliche Umschulung" keine konkreten Anhaltspunkte bestehen, dass das Verständnis des BFH unionsrechtswidrig sein könnte. Offensichtlich hält auch der deutsche Gesetzgeber die Auffassung des BFH für zutreffend, weil er selbst eine entsprechende gesetzliche Regelung in Betracht gezogen hat.[6]

Damit einher geht gleichwohl **keine eingeschränkte Vorsteuerabzugsberechtigung**, weil die erforderliche behördliche Anerkennung des Leistungserbringers im beruflichen Bildungsbereich nur unter den engen Voraussetzungen des § 4 Nr. 21 Buchst. a Doppelbuchst. bb UStG erfolgt. 57

---

1 Mit Verweis auf: BFH, Urt. 24.1.2008 – V R 3/05, BStBl. II 2012, 267 = UR 2008, 552, und BFH, Urt. v 28.5.2013 – XI R 35/11, BFHE 242, 250, BStBl. II 2013, 879 = UR 2013, 712.

2 EuGH, Urt. v. 14.3.2019 – C-449/17, ECLI:EU:C:2019:202 – A & G Fahrschul-Akademie, UR 2019, 294.

3 Mit Verweis auf: BFH, Urt. 24.1.2008 – V R 3/05, BStBl. II 2012, 267 = UR 2008, 552, und BFH, Urt. v 28.5.2013 – XI R 35/11, BFHE 242, 250, BStBl. II 2013, 879 = UR 2013, 712.

4 So z.B. BFH, Urt. v. 7.10.2010 – V R 12/10, BStBl. II 2011, 303 = UR 2011, 154; BFH, Urt. v. 17.11.2022 – V R 33/21 (V R 26/18), UR 2023, 195 m. Anm. *Hüttemann*; kritisch hierzu: *Hummel*, MwStR 2023, 259 (264).

5 *Hummel*, MwStR 2023, 259 (263 f.).

6 S. Gesetzesbegründung zur gescheiterten Reform des § 4 Nr. 21 UStG durch das JStG 2019, BT-Drucks. 19/13436, 162.

c) Einzelfälle

58 Zum **Fahrunterricht** einer Fahrschule s. Rz. 38. Für andere Fahrerlaubnisklassen als die der Klasse B und C1 kommt auch nach der FinVerw.[1] eine Befreiung im Rahmen des Begriffs „Aus- und Fortbildung sowie berufliche Umschulung" in Betracht.

59 Steuerfreie berufsbezogene Schulungsmaßnahmen können z.B. sein:

- **Supervisionsleistungen;**[2]
- **Fahrsicherheitstraining;**[3]
- eintägige **Fortbildungsseminare für Steuerberater;**[4]
- berufsbezogene Schulungen durch **Volkshochschulen in privatrechtlicher Organisation;**
- **Fernlehrinstitute** sowie **Musik-, Ballett-, Schauspiel- und Kunstschulen**, die auf die Aufnahmeprüfung an einer Fachhochschule oder Hochschule für Musik, klassischen Tanz und Ballett sowie für darstellende und bildende Kunst vorbereiten;[5]
- Lehrgänge von **Kampfsportschulen**, die es den Schülern, z.B. Polizisten oder Soldaten, ermöglichen, die vermittelten Kenntnisse und Fähigkeiten durch Vertiefung und Fortentwicklung beruflich zu nutzen.[6]
- **Reitkurse**, die den Kursteilnehmern den Berufseinstieg in den Turniersport ermöglichen;[7]
- Schulungen zu staatlich oder **landesrechtlich geregelten Berufen und nicht staatlich geregelten Berufen**, u.a. im Bereich **künstlerischer Berufe** oder im **Rahmen von Yoga-Schulen**[8] **oder Heilpraktikerschulen;**[9]
- einjährige Kurse in den Fachbereichen Gastronomie, Floristik, Textil und EDV/Schreibtechnik, z.B. für **Langzeitarbeitslose, Spätaussiedler und Asylanten;**[10]
- **bestimmte Maßnahmen nach SGB II und SGB III** mit Bezug zu Ausbildung, Fortbildung oder berufliche Umschulung, z.B. zur Aktivierung und beruflichen Eingliederung i.S.d. § 45 SGB III sowie Weiterbildungsmaßnahmen entsprechend den Anforderungen der §§ 179, 180 SGB III;[11]
- nach § 43 AufenthG erbrachte Leistungen (**Integrationskurse**) als Maßnahme der Eingliederung in den Arbeitsmarkt zum Erwerb ausreichender Kenntnisse der deutschen Sprache.[12]
- **Prüfungsleistungen**, z.B. Ortskundeprüfungen für angehende Taxifahrer, weil sie den Schlusspunkt und notwendigen Bestandteil zu einer beruflichen Bildungsmaßnahme darstellen, unabhängig davon, ob ein und derselbe Anbieter die Bildungsmaßnahme und die Prüfung durchführen.[13]
- **Keramik- und Töpferkurse**, wie bisher.[14]

---

1 Abschn. 4.21.2 Abs. 6 UStAE.

2 BFH, Urt. v. 20.3.2014 – V R 3/13, BFHE 245, 391, UR 2014, 569; nachgehend: FG Köln, Urt. v. 23.9.2015 – 9 K 1649/14, EFG 2016, 145; BFH, Beschl. v. 22.6.2022 – XI R 32/21, BFHE 277, 504 = UR 2023, 108, m. Anm. *Esteves Gomes*.

3 BFH, Urt. v. 17.11.2022 – V R 33/21 (V R 26/18), UR 2023, 195 m. Anm. *Hüttemann*.

4 BFH, Urt. v. 20.3.2014 – V R 3/13, BFHE 245, 391, UR 2014, 569, unter Aufgabe der Rechtsprechung aus BFH, Urt. v. 17.4.2008 – V R 58/05, BFHE 221, 489, UR 2008, 581.

5 S. Gesetzesbegründung zur gescheiterten Reform des § 4 Nr. 21 UStG durch das JStG 2019, BT-Drucks. 19/13436, 162.

6 BFH, Urt. v 28.5.2013 – XI R 35/11, BFHE 242, 250 = BStBl. II 2013, 879 = UR 2013, 712.

7 FG Schleswig-Holstein, Urt. v. 2.3.2022 – 4 K 114/1, EFG 2022, 966 (Rev. BFH XI R 9/22).

8 FG Düsseldorf, Urt. v. 13.11.2013 – 5 K 2434/09 U, EFG 2014, 686.

9 S. Gesetzesbegründung zur gescheiterten Reform des § 4 Nr. 21 UStG durch das JStG 2019, BT-Drucks. 19/13436, 162.

10 BFH, Urt. v. 21.3.2007 – V R 28/04, BStBl. II 2010, 999 = UR 2007, 687.

11 Vgl. Abschn. 4.21.2. Abs. 3 UStAE mit weiteren Beispielen.

12 Abschn. 4.21.2. Abs. 3a UStAE.

13 BFH, Urt. v. 30.6.2022 – V R 32/21, UR 2022, 940.

14 Vgl. EuGH, Urt. v. 14.6.2007 – C-445/05, ECLI:EU:C:2007:344 – Haderer, UR 2007, 592; BFH, Urt. v. 27.9.2007 – V R 75/03, UR 2007, 941.

– Schulungen zur **Sucht-, Gewalt- und Konfliktprävention**[1] sowie zur **Unfallverhütung und Rettung**, die nach bisheriger Rechtsprechung steuerfrei waren.[2]

Schulungen zur Vorbereitung auf die **Jägerprüfung** könnten auch nach dem BFH nunmehr im Einzelfall ebenfalls vom Begriff „Aus- und Fortbildung sowie berufliche Umschulung" erfasst sein.[3] 60

6. Erziehung von Kindern und Jugendlichen

a) Rechtslage seit dem 1.1.2020

Erst mit Wirkung zum 1.1.2020 ist die „Erziehung von Kindern und Jugendlichen" i.S.d. Art. 132 Abs. 1 Buchst. i MwStSystRL als Befreiungstatbestand durch § 4 Nr. 23 Satz 1 Buchst. a UStG in nationales Recht umgesetzt worden (§ 4 Nr. 23 Rz. 1 ff.). Nach § 4 Nr. 23 Satz 4 UStG kommt eine Steuerbefreiung für Bildungsleistungen jedoch nur unter den unter § 4 Nr. 21 UStG genannten Voraussetzungen in Betracht (**Konkurrenzklausel**).[4] 61

b) Rechtslage bis zum 31.12.2019

Bis zum 31.12.2019 ergibt u.E. eine **richtlinienkonforme Auslegung** des § 4 Nr. 21 Buchst. a UStG (Rz. 27 f.), dass „dem Schul- und Bildungszweck dienende Leistungen" auch die „Erziehung von Kindern und Jugendlichen" i.S.d. Art. 132 Abs. 1 Buchst. i MwStSystRL umfasst, wenn mit ihnen Bildungsleistungen erbracht werden. Hiervon scheint auch die FinVerw. auszugehen, die bestimmte erzieherische Leistungen unter § 4 Nr. 21 UStG erfasst.[5] Rechtsprechung existiert hierzu noch nicht. 62

c) Begriffsbestimmung

Zum Begriff „Erziehung von Kindern und Jugendlichen" s. § 4 Nr. 23 Rz. 9 ff. Gemeint sind Personen, die noch nicht 27 Jahre alt sind (§ 4 Nr. 23 Satz 3 UStG). 63

Nach der Gesetzesbegründung fallen seit dem 1.1.2020 im Rahmen der Erziehung von Kindern und Jugendlichen erbrachte Leistungen dann unter die Befreiung des § 4 Nr. 21 UStG, wenn mit ihnen **in erster Linie ein Bildungszweck** verfolgt wird.[6] 64

d) Einzelfälle

Nach der Gesetzesbegründung[7] und dem BFH[8] fallen unter den Begriff „Erziehung von Kindern und Jugendlichen" z.B. die **altersgerechte Sprach- und Wissensvermittlung, die Musik-, Kunst- und Bewegungserziehung, Verkehrserziehung, Präventionskurse** sowie die **Beaufsichtigung bei Schularbeiten**. Mit Ausnahme der Beaufsichtigung von Schularbeiten (Rz. 66) werden u.E. mit diesen Leistungen regelmäßig in erster Linie Bildungszwecke verfolgt, so dass sie von § 4 Nr. 21 UStG erfasst sind. 65

Für das **Beaufsichtigung von Schularbeiten** gilt dies nur dann, wenn neben der Beaufsichtigung auch Hilfe bei der inhaltlichen Erledigung der Schularbeiten erbracht wird, um Wissens- und Verständnislücken zu erklären und zu beseitigen.[9] 66

---

1 BFH, Urt. v. 15.12.2021 – XI R 3/20, UR 2022, 628.
2 BFH, Urt. v. 10.1.2008 – V R 52/06, BFHE 221, 295 = UR 2008, 276.
3 Vgl. BFH, Urt. v. 17.11.2022 – V R 33/21 (V R 26/18), UR 2023, 195 m. Anm. *Hüttemann*.
4 Ebenso LfSt Niedersachsen, Vfg. v. 8.3.2021 – S 7181-22 St 181, juris.
5 Vgl. Abschn. 4.21.2. Abs. 8 Satz 3 UStAE.
6 BT-Drucks. 19/13436, 148.
7 BT-Drucks. 19/13436, 148.
8 BFH, Urt. v. 15.12.2021 – XI R 3/20, UR 2022, 628; BFH, Urt. v. 17.11.2022 – V R 33/21 (V R 26/18), UR 2023, 195 m. Anm. *Hüttemann*.
9 In diesem Sinne auch *Oelmaier* in Sölch/Ringleb, § 4 Nr. 21 UStG Rz. 55 (Stand: Okt. 2023); BVerwG, Urt. v. 27.4.2017 – 9 C 5/16, HFR 2017, 977; BVerwG, Urt. v. 3.12.1976 – VII C 73.75, BStBl. II 1977, 334.

67 Nach Ansicht der Verwaltung können Kurse der **tänzerischen Früherziehung** und **Kindertanzen** für Kinder ab 3 Jahren und **klassischer Ballettunterricht** nach § 4 Nr. 21 UStG steuerfrei sein,[1] ebenso **Reitkurse im Rahmen von Klassenfahrten.**[2]

68 Zu **Repetitorien** und **Nachhilfeunterricht** s. Rz. 45.

7. Eng verbundene Leistungen

a) Begriffsbestimmung

69 „Eng verbundene Leistungen" i.S.d. Art. 132 Abs. 1 Buchst. i MwStSystRL sind Dienstleistungen und Lieferungen, die tatsächlich als **Nebenleistungen** zur Bildungsleistung, die die Hauptleistung ist, erbracht werden; maßgeblich ist, dass die Nebenleistung keinen eigenen Zweck erfüllt, sondern das Mittel darstellt, um die Hauptleistung unter den bestmöglichen Bedingungen zu erhalten; die Nebenleistung muss **unerlässlich** sein.[3]

b) Einzelfälle

70 Eng mit dem Schul- und Hochschulunterricht verbunden ist die Zurverfügungstellung von **Lehr- und Lernmaterial,**[4] sofern – so der BFH[5] – es inhaltlich den Unterricht ergänzt, für diese Zwecke selbst entworfen worden ist und nicht von Dritten bezogen werden kann.

70.1 Sog. **Kopiergelder** an Schulen können nach Ansicht der FinVerw. steuerfrei sein.[6]

70.2 Ob auch **Bildungsleistungen privater Anbieter** als Ergänzung zum Schullehrplan im Anschluss an den Schulunterricht ohne Partnerschaft mit der Bildungseinrichtung (z.B. Unterstützung bei den Hausaufgaben, Bildungsprogramme, Sprach- und Kunstkurse und sportliche Aktivitäten nebst Abholen von Kindern aus Bildungseinrichtungen und deren Verköstigung) eng mit dem Schulunterricht verbundene Dienstleistungen sein können, ist Gegenstand einer Vorlage aus Rumänien an den EuGH.[7] Die deutsche FinVerw. geht bisher bei **„Nachhilfeunterricht"** und **„Schülerbetreuung"** von der Steuerfreiheit aus (Rz. 45, 65 ff.).

71 Eng mit dem Hochschulunterricht verbunden sind laut BFH **Vermietungsleistungen und Verpflegungsleistungen an Studenten durch Studentenwerke** sowie die Verpflegungsdienstleistungen an Bedienstete des Studentenwerks.[8] Die FinVerw. folgt dem nicht.[9]

72 Mit dem Unterricht eng verbundene Leistungen sind auch sog. **Ausbildungsrestaurants**[10] und u.E. die **praktische Ausbildung von Psychotherapeuten** durch Krankenbehandlungen. Der BFH hat dies mangels Entscheidungserheblichkeit bisher umsatzsteuerrechtlich offen gelassen, jedoch zu § 3 Nr. 13 GewStG, der in seiner alten Fassung auf § 4 Nr. 21 UStG verwies und in seiner neuen Fassung dem Wortlaut des § 4 Nr. 21 Buchst. a UStG weitestgehend entspricht, für gewerbesteuerrechtliche Zwecke und aus gewerbesteuerrechtlichen Gründen verneint, u.a. weil Art. 132 Abs. 1 Buchst. i MwStSystRL gewerbesteuerlich unbeachtlich ist.[11] Letzteres wiederum ist jedenfalls umsatzsteuerrechtlich nicht haltbar mit der Folge, dass aufgrund der EuGH-Rechtsprechung eng verbundene Leistungen auch Tätigkeiten sein können, mit denen Auszubildende bzw. deren Ausbildungsstellen für die Ausbildung un-

---

1 Abschn. 4.21.2. Abs. 8 Satz 3 UStAE.
2 FG Schleswig-Holstein, Urt. v. 2.3.2022 – 4 K 114/1, EFG 2022, 966 (Rev. BFH XI R 9/22).
3 EuGH, Urt. v. 14.6.2007 – C-434/05, ECLI:EU:C:2007:343 – Horizon College, UR 2007, 587.
4 EuGH, Urt. v. 20.6.2002 – C-287/00, ECLI:EU:C:2002:388 – Kommission/Deutschland, UR 2002, 316.
5 BFH, Urt. v. 12.12.1985 – V R 15/80, BStBl. II 1986, 499 = UR 1986, 146.
6 LfSt Niedersachsen, Vfg. v. 16.12.2020 – S 7107-3-St 171, juris.
7 EuGH Az. 612/20.
8 BFH, Urt. v. 28.9.2006 – V R 57/05, BStBl. II 2007, 846 = UR 2005, 1728.
9 BMF, Schr. v. 27.9.2007 – IV A 6-S 7175/07/0003, UR 2007, 832.
10 EuGH, Urt. v. 4.5.2017 – C-699/15, ECLI:EU:C:2017:344 – Brockenhurst College, UR 2017, 435.
11 BFH, Urt. v. 26.5.2021 – V R 25/20, UR 2022, 20.

erlässliche Dienstleistungen gegenüber Dritten gegen Entgelt erbringen.[1] Damit besteht nach dem BFH kein umsatz- und gewerbesteuerrechtlicher Gleichklang. Dass dies dem Willen des Gesetzgebers entspricht, lässt sich u.E. nicht aus der Gesetzeshistorie ableiten.[2]

Keine eng mit dem Hochschulunterricht verbundene Leistung ist die **entgeltliche Forschungstätigkeit** staatlicher Hochschulen, da sie für den Hochschulunterricht nur nützlich, nicht aber unverzichtbar ist.[3] 73

Die **entgeltliche Gestellung eines Lehrers** an eine Lehreinrichtung kann eine mit dem Schul- und Hochschulunterricht eng verbundenen Dienstleistung sein.[4] 74

Eng mit Aus- und Fortbildung sowie beruflicher Umschulung verbunden sind ausbildungsbegleitende, individuelle Hilfen, wie z.B. Maßnahmen zum **Abbau von Sprach- und Bildungsdefiziten** und zur **sozialpädagogischen Begleitung**, die im Einzelfall zur Erreichung des mit der Aus-/Fortbildung bzw. Umschulung verfolgten Zieles erforderlich sind.[5] 75

II. Steuerbefreite Unterrichtsleistungen selbständiger Lehrer (Buchst. b)

1. Überblick

§ 4 Nr. 21 Buchst. b UStG befreit die „unmittelbar" (Rz. 77 f.) „dem Schul- und Bildungszweck dienenden Unterrichtsleistungen" (Rz. 81 ff.). 76

2. Unmittelbarkeitsmerkmal

Das Merkmal der Unmittelbarkeit ist identisch mit dem des § 4 Nr. 21 Buchst. a UStG und wie dort auszulegen, s. Rz. 24 ff., allerdings mit folgender Abweichung nach der **BFH-Rechtsprechung**: Von § 4 Nr. 21 Buchst. b UStG werden nur die von selbständigen Lehrern (Rz. 142 ff.) persönlich – und nicht durch von diesen beauftragte selbständige Dozenten – erbrachten Unterrichtsleistungen erfasst.[6] Nach dem BFH ermöglicht somit § 4 Nr. 21 Buchst. b UStG **keine Einschaltung von Subunternehmern**, anders als § 4 Nr. 21 Buchst. a UStG (Rz. 26). 77

Die **FinVerw.** ist anderer Ansicht: Unternehmer, die beauftragt werden, an anderen Bildungseinrichtungen Unterricht zu erteilen, können selbständige Lehrer i.S.d. § 4 Nr. 21 Buchst. b UStG sein.[7] 78

3. Richtlinienkonforme Auslegung

Eine richtlinienkonforme Auslegung des Begriffs „dem Schul- und Bildungszweck dienende Unterrichtsleistungen" ist u.E. möglich, weil die Wortlautgrenze nicht überschritten wird. 79

Somit umfasst der Begriff u.E. den **Schul- und Hochschulunterricht** (Rz. 81) sowie **„Aus- und Fortbildung sowie berufliche Umschulung"** (Rz. 85 ff.), nicht hingegen „Erziehung von Kindern und Jugendlichen" und „eng damit verbundene Leistungen", weil u.E. für die leistungsbezogene richtlinienkonforme Auslegung des § 4 Nr. 21 Buchst. b UStG das Rechtsverständnis zu Art. 132 Abs. 1 Buchst. j MwStSystRL maßgeblich ist: 80

1 EuGH, Urt. v. 4.5.2017 – C-699/15, ECLI:EU:C:2017:344 – Brockenhurst College, UR 2017, 435.
2 **A.A.** BFH, Urt. v. 26.5.2021 – V R 25/20, UR 2022, 20.
3 EuGH, Urt. v. 20.6.2002 – C-287/00, ECLI:EU:C:2002:388 – Kommission/Deutschland, UR 2002, 316.
4 EuGH, Urt. v. 14.6.2007 – C-434/05, ECLI:EU:C:2007:343 – Horizon College, UR 2007, 587.
5 BFH, Urt. v. 21.3.2007 – V R 28/04, BStBl. II 2010, 999 = UR 2007, 687.
6 BFH, Urt. v. 23.8.2007 – V R 10/05, BFHE 217, 332, UR 2007, 854.
7 Abschn. 4.21.3 Abs. 1 Sätze 2 und 3 UStAE.

4. Schul- und Hochschulunterricht

a) Begriffsbestimmung

81 Nach dem EuGH-Urteil vom 28.1.2010[1] gilt:

- Der in den Buchstaben i und j des Art. 132 Abs. 1 MwStSystRL verwendete Begriff „Schul- und Hochschulunterricht" ist **gleich auszulegen** (zum Begriff „Schul- und Hochschulunterricht" s. Rz. 29 ff.).
- Die in Art. 132 Abs. 1 Buchst. j MwStSystRL genannte Steuerbefreiung bezieht sich jedoch nicht unmittelbar auf den „Schul- und Hochschulunterricht", sondern auf „**Unterrichtseinheiten, die sich auf Schul- und Hochschulunterricht beziehen**".
- Lehrleistungen, die eine unabhängige Lehrkraft (z.B. ein Diplom-Ingenieur) an einem als privatrechtlicher Verein verfassten Bildungsinstitut für die Teilnehmer von **Fortbildungslehrgängen** erbringt, die bereits mindestens einen Universitäts- oder Fachhochschulabschluss (z.B. als Architekt bzw. Ingenieur) oder eine gleichwertige Bildung besitzen, wobei die Kurse mit einer Prüfung abgeschlossen werden, können „Unterrichtseinheiten, die sich auf Schul- und Hochschulunterricht beziehen" sein.

82 Anknüpfend an diese EuGH-Rechtsprechung hält der **BFH** weiterhin daran fest, dass Art. 132 Abs. 1 Buchst. j MwStSystRL auch Unterrichtseinheiten erfasst, die sich auf Ausbildung, Fortbildung oder berufliche Umschulung beziehen.[2]

83 Somit befreit § 4 Nr. 21 Buchst. b UStG u.E. nach richtlinienkonformer Auslegung (Rz. 79 f.) die auf den Schul- und Hochschulunterricht bezogenen Unterrichtsleistungen, wozu auch ein **Unterricht im Rahmen einer Aus- oder Fortbildung oder Umschulung** gehören kann (Rz. 85 f.).

b) Kritische Bewertung

aa) Enge Auslegung

84 Aufgrund der neuen engen Begriffsbestimmung des Schul- und Hochschulunterrichts durch das EuGH-Urteil vom 14.3.2019[3] kamen Zweifel auf, ob die **bisherige Rechtsprechung des BFH** zu § 4 Nr. 21 Buchst. b UStG **in Teilen überholt ist**, insbesondere wonach sich der Begriff des „Schul- und Hochschulunterrichts" auf jegliche Aus- und Fortbildung bezieht, die nicht den Charakter bloßer Freizeitgestaltung hat (Rz. 33).[4]

bb) Beruflicher Aus- und Fortbildungsunterricht

85 Schrifttum[5] und BFH[6] folgerten aus dem EuGH-Urteil vom 28.1.2010[7], dass nicht nur Unterrichtseinheiten, die sich auf „Schul- und Hochschulunterricht" beziehen, sondern auch Unterrichtseinheiten, die sich auf „Aus- und Fortbildung oder berufliche Umschulung" beziehen, steuerfrei sind, ohne dass der Privatlehrer an einer Schule oder Hochschule tätig sein, sich an Schüler oder Hochschüler wenden oder es sich um einen in einen Lehr- oder Studienplan eingebetteten Unterricht handeln muss.

86 Es kamen zwar Zweifel auf, ob und inwieweit diese Ansicht und Rechtsprechung unter Würdigung des EuGH-Urteils vom 14.3.2019[8] noch haltbar war.[9]

---

1 EuGH, Urt. v. 28.1.2010 – C-473/08, ECLI:EU:C:2010:47 – Eulitz, UR 2010, 174.

2 BFH, Beschl. v. 22.6.2022 – XI R 32/21, BFHE 277, 504 = UR 2023, 108, m. Anm. *Esteves Gomes.*

3 EuGH, Urt. v. 14.3.2019 – C-449/17, ECLI:EU:C:2019:202 – A & G Fahrschul-Akademie, UR 2019, 294.

4 BFH, Beschl. v. 16.3.2017 – V R 38/16, BStBl. II 2017, 1017 = UR 2017, 662 m. Anm. *Trinks/Trinks.*

5 Vgl. *Tehler*, EU-UStB 2010, 6 (8); *Philipowski*, UR 2010, 161 (163); *Nieskens*, UR 2013, 175 (179); *Wäger*, BFH/PR 2014, 270 (270 f.).

6 BFH, Urt. v. 20.3.2014 – V R 3/13, BFHE 245, 391, UR 2014, 569.

7 EuGH, Urt. v. 28.1.2010 – C-473/08, ECLI:EU:C:2010:47 – Eulitz, UR 2010, 174.

8 EuGH, Urt. v. 14.3.2019 – C-449/17, ECLI:EU:C:2019:202 – A & G Fahrschul-Akademie, UR 2019, 294.

9 Vgl. Vorauflage, Rz. 86; *Oelmaier* in Sölch/Ringleb, § 4 Nr. 21 UStG Rz. 30 (Stand: März 2020).

Der BFH hat jedoch jüngst bestätigt, dass er einerseits an seiner ursprünglichen Rechtsprechung festhält, dass soweit ein beruflicher Bezug besteht, steuerfreie Aus- und Fortbildung sowie Umschulung mangels bloßen Freizeitcharakters vorliegen (Rz. 52 ff.), und dass anderseits die vom EuGH aufgestellten besonderen Anforderungen an die Steuerfreiheit des Schul- und Hochschulunterrichts nicht auf den Privatlehrerunterricht zu übertragen ist.[1] 86.1

Daraus folgt u.E., dass diese Rechtsprechung des BFH auch bei der Auslegung im Rahmen von § 4 Nr. 21 Buchst. b UStG maßgeblich ist. 86.2

Demzufolge können z.B. auch **selbständig tätige Sportlehrer** nach § 4 Nr. 21 Bucht. b Doppelbuchst. bb UStG steuerfreie Leistungen erbringen **an Sportschulen** (z.B. Ballett- und Kampfsportschule), die nach § 4 Nr. 21 Buchst. a Doppelbuchst. bb UStG aufgrund eines beruflichen Bezugs der Sportschule (Rz. 52 ff.) steuerfreie Bildungsleistungen erbringen.

cc) Erweiterte Vorsteuerabzugsberechtigung

Mit der engen Auslegung geht eine erweiterte Vorsteuerabzugsberechtigung von selbständigen Lehrern einher. 87

dd) Verwaltungsauffassung

Die FinVerw. wendet die neuen Grundsätze aus dem EuGH-Urteil 14.3.2019[2] (noch) nicht an. Sie folgt weiterhin grundsätzlich dem weiten Verständnis des BFH vor Ergehen dieser neuen EuGH-Rechtsprechung.[3] 88

Allerdings liegt nach Verwaltungsansicht eine Unterrichtstätigkeit i.S.d. § 4 Nr. 21 Buchst. b UStG nur dann vor, wenn Kenntnisse im Rahmen **festliegender Lehrprogramme und Lehrpläne** vermittelt werden, und die **Tätigkeit regelmäßig und für eine gewisse Dauer ausgeübt** wird.[4] 89

Betroffene Steuerpflichtige können sich daher zu ihren Gunsten im finanzbehördlichen Verfahren auf die Verwaltungsauffassung berufen (**faktisches Wahlrecht**). 90

c) Einzelfälle

Einzelne **Vorträge** fallen nicht unter die Steuerbefreiung nach § 4 Nr. 21 Buchst. b UStG.[5] Sie können steuerfrei sein nach § 4 Nr. 22 Buchst. a UStG (§ 4 Nr. 22 Rz. 24 ff.) oder nach § 4 Nr. 21 Buchst. a UStG als Bildungsleistung einer Bildungseinrichtung i.S.d. § 4 Nr. 21 Buchst. a UStG, wozu auch natürliche Personen gehören können (Rz. 160). Die FinVerw. fordert für die Befreiung nach § 4 Nr. 21 Buchst. a UStG lediglich eine Einbindung von Vorträgen in ein Lehrprogramm.[6] 91

Repetitorien sowie **Nachhilfe-, Sprach-, EDV-, Musik-, Kunst- und Bewegungsunterricht**, die sich auf Schul- und Hochschulunterricht beziehen, sind u.E. nach § 4 Nr. 21 Buchst. b UStG befreite Leistungen.[7] 92

(Fach-)Autoren erbringen mit der Erstellung von **Lehrbriefen** für Fernlehrinstitute nach Ansicht der FinVerw. keine steuerbefreite unmittelbare Unterrichtstätigkeit.[8] 93

Zu weiteren Einzelfällen zum Schul- und Hochschulunterricht s. Rz. 38 ff. sowie zu Ausbildung, Fortbildung oder berufliche Umschulung s. Rz. 58 ff. 94

---

1 BFH, Beschl. v. 22.6.2022 – XI R 32/21, BFHE 277, 504 = UR 2023, 108, m. Anm. *Esteves Gomes*.
2 EuGH, Urt. v. 14.3.2019 – C-449/17, ECLI:EU:C:2019:202 – A & G Fahrschul-Akademie, UR 2019, 294.
3 Vgl. Abschn. 4.21.3 Abs. 3 und 4 i.V.m. Abschn. 4.21.2 und 4.12.4 UStAE.
4 Abschn. 4.21.3 Abs. 2 Sätze 1 und 2 UStAE.
5 Abschn. 4.21.3 Abs. 2 Satz 5 UStAE.
6 Abschn. 4.21.2 Abs. 2 Satz 7 UStAE.
7 Ebenso Gesetzesbegründung zur gescheiterten Reform des § 4 Nr. 21 UStG durch das JStG 2019, BT-Drucks. 19/13436, 162.
8 Abschn. 4.23.3 Abs. 2a UStAE; LSF Sachsen, Vfg. v. 12.8.2016 – 213-S 7179/3/1-2016/15517, UR 2017, 127; LfSt Bayern, Fachinfo v. 11.10.2017 – S 7179.1.1-16/6 St33, DStR 2017, 2496.

C. Unternehmerbezogene Voraussetzungen

I. Bildungseinrichtungen i.S.d. Buchst. a

1. Bedeutung der Richtlinie

a) Einrichtung i.S.d. Art. 132 Abs. 1 Buchst. i MwStSystRL

95 Die in § 4 Nr. 21 Buchst. a UStG genannten Begriffe der Leistungserbringer sind richtlinienkonform auszulegen, da der Wortlaut dem nicht entgegensteht.[1] Art. 132 Abs. 1 Buchst. i MwStSystRL fordert eine Einrichtung, die Leistungen der „Erziehung von Kindern und Jugendlichen", „Schul- und Hochschulunterricht" oder „Aus- und Fortbildung sowie berufliche Umschulung" erbringt.

b) Rechtsformneutralität

96 Die Rechtsform der privaten Bildungseinrichtung ist unerheblich; auch **natürliche Personen** können eine Bildungseinrichtung sein.[2]

c) Gewinnstreben und gemischte Tätigkeit

97 Das Streben der privaten Bildungseinrichtung nach Gewinnerzielung und der **gewerbliche Charakter** der Tätigkeit sind unerheblich.[3]

98 Die Bildungseinrichtung muss auch **nicht ausschließlich** steuerfreie Leistungen erbringen.

2. Private Schulen

99 Bei richtlinienkonformer Auslegung sind „private Schulen" u.E. privatrechtlich organisierte Einrichtungen, die „Schul- und Hochschulunterricht" (Rz. 29 ff.) erteilen.

100 Das Verständnis des historischen Gesetzgebers bzw. nationalen Rechts, wonach „private Schulen" **Ersatzschulen** gemäß Art. 7 Abs. 4 GG (Rz. 114 f.) und **Ergänzungsschulen** (Rz. 116) sind,[4] ist im Ergebnis richtlinienkonform.

101 Da der Begriff „Schul- und Hochschulunterricht" u.E. jedoch keine Schule voraussetzt, sondern sie erst begründet,[5] können u.E. auch andere Einrichtungen „private Schulen" sein, die „Schul- und Hochschulunterricht" erteilen, z.B. private **Hochschulen, Berufsschulen, Volkshochschulen** und **Fernlehrinstitute** (Rz. 59). Jedenfalls sind solche Einrichtungen „andere allgemeinbildende oder berufsbildende Einrichtungen" (Rz. 102 ff.).

3. Andere allgemeinbildende Einrichtungen

102 Bei richtlinienkonformer Auslegung sind u.E. „andere allgemeinbildende Einrichtungen" solche Einrichtungen, die – ohne Berufsausbildung/-fortbildung durchzuführen – „Schul- und Hochschulunterricht" (Rz. 29 ff.) erteilen oder „Erziehung von Kindern und Jugendlichen" mit bildungsbezogenen Leistungen (Rz. 61 ff.) erbringen.

---

1 Ebenso BVerwG, Urt. v. 27.4.2017 – 9 C 5/16, HFR 2017, 977, im Zuge der Anerkennung des Leistungserbringers.

2 EuGH, Urt. v. 7.9.1999 – C-216/97, ECLI:EU:C:1999:390 – Gregg, UR 1999, 419; BFH, Urt. v. 17.4.2008 – V R 58/05, UR 2008, 581; BFH, Urt. v. 29.3.2017 – XI R 6/16, BFHE 257, 471 = UR 2017, 509; Abschn. 4.21.2 Abs. 1 Sätze 5 und 6 UStAE.

3 EuGH, Urt. v. 26.5.2005 – C-498/03, ECLI:EU:C:2005:322 – Kingscrest, UR 2005, 453; EuGH, Urt. v. 28.11.2013 – C-319/12, ECLI:EU:C:2013:778 – MDDP, EU-UStB 2014, 9 m. Anm. *Buge*; BFH, Urt. v. 21.3.2007 – V R 28/04, BStBl. II 2010, 999 = UR 2007, 687.

4 Vgl. BFH, Urt. v. 14.3.1974 – V R 54/73, BStBl. II 1974, 527; *Huschens* in Schwarz/Widmann/Radeisen, § 4 Nr. 21 UStG Rz. 17 ff. (Stand: Januar 2020).

5 Ebenso *Oelmaier* in Sölch/Ringleb, § 4 Nr. 21 UStG Rz. 20 (Stand: Okt. 2023).

Die **FinVerw.**[1] stellt weiterhin auf das BVerwG-Urteil vom 3.12.1976[2] ab: 103

Es werden alle Einrichtungen erfasst, die Allgemeinbildung vermitteln, ohne die Organisationsform der Schule zu haben. Die Vermittlung von Allgemeinbildung erfordert nicht, dass die Einrichtung eigenen Lehrstoff anbietet oder dies in der gleichen umfassenden Weise tut wie die Schule. Auch eine die Schule unterstützende und sich auf die Verarbeitung oder Repetition des von der Schule angebotenen Stoffes beschränkende Tätigkeit ist Vermittlung von Allgemeinbildung. Darüber hinaus fordert die **FinVerw.** ein festliegendes Lehrprogramm und Lehrpläne zur Vermittlung eines Unterrichtsstoffs für die Erreichung eines bestimmten Lehrgangsziels sowie geeignete Unterrichtsräume oder -vorrichtungen sowie dass der Betrieb der Bildungseinrichtung auf eine gewisse Dauer angelegt sein muss.[3] 104

Ein solch weites Verständnis ist durch die EuGH-Rechtsprechung überholt (Rz. 33). Daraus folgt ein **faktisches Wahlrecht** für den Steuerpflichtigen im finanzbehördlichen Verfahren. 105

Zu **Einzelfällen** s. Rz. 38 ff. 106

4. Andere berufsbildende Einrichtungen

Bei richtlinienkonformer Auslegung sind u.E. „andere allgemeinbildende Einrichtungen" solche Einrichtungen, die – im Rahmen einer beruflichen Aus- oder Fortbildung – „Schul- und Hochschulunterricht" (Rz. 29 ff.) erteilen oder Leistungen der „Aus- und Fortbildung sowie beruflichen Umschulung" (Rz. 52 ff.) erbringen. 107

„Andere berufsbildende Einrichtungen" sind nach Ansicht der Rechtsprechung[4] und FinVerw.[5] Einrichtungen, die Leistungen erbringen, die ihrer Art nach den Zielen der Berufsaus- oder der Berufsfortbildung dienen; sie müssen spezielle Kenntnisse und Fertigkeiten vermitteln, die zur Ausübung bestimmter beruflicher Tätigkeiten notwendig sind. Dies entspricht dem unionsrechtlichen Begriff „Aus- und Fortbildung sowie berufliche Umschulung".[6] 108

Zu **Einzelfällen** s. Rz. 58 ff. 109

5. Anerkennung der Leistungserbringer

a) Überblick

Die nach § 4 Nr. 21 Buchst. a UStG erforderliche Anerkennung privater Schulen oder anderer allgemeinbildender oder berufsbildender Einrichtung (Rz. 99 ff.) liegt vor, wenn sie als Ersatzschulen gemäß Art. 7 Abs. 4 GG staatlich genehmigt oder nach Landesrecht erlaubt sind oder (Doppelbuchst. aa; s. Rz. 114 ff.) wenn die zuständige Landesbehörde bescheinigt, dass sie auf einen Beruf oder eine vor einer juristischen Person des öffentlichen Rechts abzulegende Prüfung ordnungsgemäß vorbereiten (Doppelbuchst. bb; s. Rz. 131 ff.). 110

b) Unionsrechtswidrige Umsetzung

Die nach § 4 Nr. 21 Buchst. a Doppelbuchst. aa und bb UStG erforderliche staatliche, landesrechtliche oder behördliche Anerkennung der privaten Bildungseinrichtung ist zwar – dem Grunde nach – unionsrechtskonform, d.h. sind die Kriterien erfüllt, liegt eine Anerkennung i.S.d. Art. 132 Abs. Buchst. i MwStSystRL vor.[7] 111

1 Abschn. 4.21.2 Abs. 1 Satz 2 UStAE.
2 BVerwG, Urt. v. 3.12.1976 – VII C 73.75, BStBl. II 1977, 334.
3 Abschn. 4.21.2 Abs. 2 Sätze 2 und 3 UStAE.
4 BFH, Urt. v. 21.3.2007 – V R 28/04, BStBl. II 2010, 999 = UR 2007, 687.
5 Abschn. 4.21.2 Abs. 1 Satz 3 UStAE.
6 BFH, Urt. v. 10.6.1999 – V R 84/98, BStBl. II 1999, 578 = UR 1999, 1315.
7 BFH, Urt. v. 21.3.2007 – V R 28/04, BStBl. II 2010, 999 = UR 2007, 687.

112 Gleichwohl hat der deutsche Gesetzgeber – trotz eines **Ermessens**[1] – durch die **Einschränkungen** in § 4 Nr. 21 Buchst. a Doppelbuchst. aa und bb UStG hiervon unionsrechtswidrig Gebrauch gemacht. Denn der in Art. 132 Abs. 1 Buchst. i MwStSystRL verwendete Begriff einer Einrichtung mit vergleichbarer Zielsetzung wie eine Einrichtung des öffentlichen Rechts, die mit der Aufgabe der Erziehung von Kindern und Jugendlichen, Schul- und Hochschulunterricht oder Aus- und Fortbildung sowie berufliche Umschulung betraut ist, geht über die Anerkennungskriterien des § 4 Nr. 21 Buchst. a Doppelbuchst. aa und bb UStG hinaus. Eine richtlinienkonforme erweiternde Auslegung scheitert an der Wortlautgrenze.

113 Betroffene Steuerpflichtige können sich daher auf Art. 132 Abs. 1 Buchst. i MwStSystRL **unmittelbar berufen**, dass sie als „Einrichtung mit vergleichbarer Zielsetzung" (Rz. 138 ff.) anzuerkennen sind, falls sie nicht nach § 4 Nr. 21 Buchst. a Doppelbuchst. aa oder bb UStG anerkannt sind.[2] Daraus folgt ein **faktisches Wahlrecht** für den Steuerpflichtigen.

c) Ersatzschule

114 Ersatzschulen gemäß Art. 7 Abs. 4 GG sind **private Schulen, die öffentliche Schulen ersetzen**, d.h. private Schulen, die in ihren Lehrzielen und Einrichtungen sowie in der wissenschaftlichen Ausbildung ihrer Lehrkräfte nicht hinter den öffentlichen Schulen zurückstehen, die die Schüler nicht nach den Besitzverhältnissen der Eltern sondieren und die die wirtschaftliche und rechtliche Stellung der Lehrkräfte genügend sichern (Art. 7 Abs. 4 Sätze 2–4 GG).[3]

115 Der Nachweis der für die Befreiung materiell-rechtlichen Voraussetzung der staatlichen Genehmigung oder landesrechtlichen Erlaubnis kann durch eine entsprechende **Bescheinigung der Schulaufsichtsbehörde** geführt werden.[4] Die Bescheinigung selbst ist keine materiell-rechtliche Voraussetzung für die Steuerbefreiung und somit kein Grundlagenbescheid i.S.d. § 171 Abs. 10 AO; der Nachweis kann auch durch eine **gutachterliche Äußerung** der obersten für Schulfragen zuständigen Landesbehörde geführt werden.[5]

d) Bescheinigung der Landesbehörde

aa) Materiell-rechtliche Voraussetzung

116 Mit Ausnahme der Ersatzschulen benötigen alle übrigen Leistungserbringer, d.h. alle übrigen privaten Schulen (z.B. Ergänzungsschulen, die keine öffentliche Schule ersetzen, sondern nur ergänzen)[6] und anderen allgemein bildenden und berufsbildenden Einrichtungen eine **Bescheinigung** der jeweils zuständigen Landesbehörde, dass sie
- auf einen **Beruf vorbereiten** (Rz. 129 f.) oder
- auf eine **vor einer jPdöR abzulegende Prüfung ordnungsgemäß vorbereiten** (Rz. 131 ff.).

117 Diese Bescheinigung der Landesbehörde ist somit **materiell-rechtliche Voraussetzung** der Steuerbefreiung. Die Initiative des Bundesrats im Rahmen des JStG 2020 zur Abschaffung dieser Voraussetzung[7] ist gescheitert. Zum **Verfahrensrecht** s. Rz. 118 ff.

---

1 EuGH, Urt. v. 28.11.2013 – C-319/12, ECLI:EU:C:2013:778 – MDDP, EU-UStB 2014, 9 m. Anm. *Buge*; EuGH, Urt. v. 28.4.2022 – C-612/20, ECLI:EU:C:2022:314 – Happy Education, UR 2022, 413.
2 BFH, Urt. v. 21.3.2007 – V R 28/04, BStBl. II 2010, 999 = UR 2007, 687; BFH, Urt. v. 10.8.2016 – V R 38/15, BFHE 254, 488, UR 2016, 879; BFH, Beschl. v. 27.3.2019 – V R 32/18, BStBl. II 2019, 457 = UR 2019, 418 m. Anm. *Bünnemann*.
3 S. im Einzelnen *Tehler* in Rau/Dürrwächter, § 4 Nr. 21 UStG Rz. 75 ff. (Stand: Mai 2022).
4 Abschn. 4.21.1 UStAE.
5 BFH, Urt. v. 18.1.1962 – V 228/59 U, BStBl. III 1962, 151; BFH, Urt. v. 28.1.1965 – V 136/61, HFR 1965, 388.
6 S. im Einzelnen *Tehler* in Rau/Dürrwächter, § 4 Nr. 21 UStG Rz. 115 ff. (Stand: Mai 2022).
7 Vgl. BR-Drs. 503/20 (Beschluss), 53 f.

Bei Einschalten von Subunternehmern, z.B. selbständigen Lehrern i.S.d. § 4 Nr. 21 Buchst. b UStG, gilt nach dem BFH[1] (Rz. 165.1): 117.1

- Ist ein selbständiger Lehrer nach § 4 Nr. 21 Buchst. b Doppelbuchst. bb UStG an einer Einrichtung tätig, die die Voraussetzungen des § 4 Nr. 21 Buchst. a Doppelbuchst. bb UStG erfüllt, muss dieser Einrichtung die in § 4 Nr. 21 Buchst. a Doppelbuchst. bb bezeichnete Bescheinigung erteilt werden.
- Für einen selbständigen Lehrer kommt die Steuerfreiheit nach § 4 Nr. 21 Buchst. a Doppelbuchst. bb UStG nicht in Betracht, wenn er nicht selbst eine Bildungseinrichtung i.S.d. Vorschrift betreibt, sondern als selbständiger Lehrer lediglich Unterrichtsleistungen für eine solche Bildungseinrichtung erbringt. Daher ist in einem solchen Fall dem selbständigen Lehrer auch keine Bescheinigung nach § 4 Nr. 21 Buchst. a Doppelbuchst. bb UStG zu erteilen.

Ob die Bescheinigung nach § 4 Nr. 21 Buchst. a Doppelbuchst. bb UStG als unternehmerbezogene Befreiungsvoraussetzung des Leistungserbringers nach § 3 Abs. 11 UStG bei einer **Dienstleistungskommission** über diese Bildungsleistung in der Leistungskette fingiert werden kann, ist u.E. aufgrund der bisherigen EuGH- und BFH-Rechtsprechung zu ähnlichen Fällen denkbar, aber noch nicht gerichtlich geklärt (§ 3 Rz. 621 ff.). Die FinVerw. lehnt eine solche Gleichstellungsfiktion ab (vgl. Abschn. 3.15 Abs. 3 UStAE). 117.2

bb) Verfahrensrecht

(1) Eigenständiges Verwaltungsverfahren

Die Bescheinigung der Landesbehörde – nicht der Finanzbehörde – wird in einem eigenständigen Verwaltungsverfahren erteilt, welches mit dem Erlass eines Verwaltungsakts i.S.d. § 35 Abs. 1 VwVfG abgeschlossen wird.[2] 118

Der **Prüfungsumfang** der zuständigen Landesbehörde ist darauf beschränkt, ob und für welchen Zeitraum die Bildungseinrichtung ordnungsgemäß auf einen Beruf oder eine Prüfung vorbereitet.[3] Wird die ordnungsgemäße Vorbereitung bejaht, ist die Bescheinigung zwingend zu erteilen.[4] 119

Die Bescheinigung der Landesbehörde kann nicht nur vom Unternehmer **auf Antrag**, sondern auch **von Amts wegen** erwirkt werden.[5] In der Praxis kommt es häufig vor, dass die Bescheinigung auf Betreiben der Finanzbehörde erteilt wird und dies zur Versagung des Vorsteuerabzugs führt. 120

Erbringt die Einrichtung Leistungen, die **verschiedenartigen Bildungszwecken** dienen, sind hierfür getrennte Bescheinigungen – bei Fernlehrinstituten z.B. für jeden Lehrgang – vorzulegen.[6] 121

In der Praxis wird die Bescheinigung vielfach mit **Nebenbestimmungen** i.S.d. § 36 Abs. 1 VwVfG versehen, z.B. Befristungen, Werbeverbote oder Veränderungsanzeigen, gegen die sich der Steuerpflichtige ebenfalls wehren kann.[7] 122

Zur **örtlich zuständigen Landesbehörde** s. Abschn. 4.21.5 Abs. 3 UStAE. 123

Die **sachlich zuständige Landesbehörde** richtet sich nach Landesrecht und liegt in der Kompetenz der Länder; in der Regel sind die Ministerien als oberste Landesbehörden zur Ausstellung der Bescheinigung in ihrem jeweiligen Ressortbereich ermächtigt worden, nicht selten aber auch andere Landesbehörden oder nicht in die unmittelbare Landesverwaltung eingegliederte selbstständige Rechtsträger.[8] Die Bescheinigung durch eine nach Landesrecht zuständige untergeordnete Behörde ist ausreichend.[9] 124

---

1 BFH, Beschl. v. 27.7.2021 – V R 39/20, juris.
2 BVerwG, Urt. v. 3.12.1976 – VII C 73.75, BStBl. II 1977, 334.
3 BVerwG, Urt. v. 3.12.1976 – VII C 73.75, BStBl. II 1977, 334; BFH, Urt. v. 3.5.1989 – V R 83/84, BStBl. II 1989, 815.
4 BVerwG, Urt. v. 4.5.2006 – 10 C 10/05, UR 2006, 517.
5 BVerwG, Urt. v. 4.5.2006 – 10 C 10.05, UR 2006, 517.
6 Abschn. 4.21.5 Abs. 4 UStAE.
7 Vgl. VG Düsseldorf, Urt. v. 16.2.2005 – 25 K 1742/04, juris; VG Sigmaringen, Urt. v. 11.10.2006 – 1 K 1413/05, juris; VG Düsseldorf, Urt. v. 10.3.2003 – 25 K 144/02, juris; VG Stuttgart, Urt. v. 16.11.2006 – 1 K 814/06, juris.
8 Vgl. beispielhaft LfSt Niedersachsen, Information v. 1.11.2019, DStR 2020, 600.
9 Abschn. 4.21.5 Abs. 6 Satz 1 UStAE.

Das gleiche gilt für die staatliche Anerkennung der Bildungseinrichtung durch eine nach Landesrecht zuständige Behörde, wenn diese Anerkennung inhaltlich der Bescheinigung der zuständigen Landesbehörde entspricht.[1]

125 Hinsichtlich der Bescheinigung ist der **Verwaltungsrechtweg** und nicht der Finanzrechtsweg eröffnet (Rz. 21).

(2) Grundlagenbescheid

126 Aufgrund der näheren Sachkunde der zuständigen Landesbehörde entfaltet die Bescheinigung als Grundlagenbescheid gemäß **§ 171 Abs. 10 i.V.m. § 175 Abs. 1 Satz 1 Nr. 1 AO** Bindungswirkung für Finanzbehörden und Finanzgerichte.[2]

126.1 Dies gilt jedoch nicht, wenn die von der zuständigen Landesbehörde erteilte Bescheinigung nicht den Anforderungen des § 4 Nr. 21 Buchst. a Doppelbuchst. bb UStG entspricht.[3] Ob hierfür die Bescheinigung nähere Angaben zur Tätigkeit des Steuerpflichtigen enthalten muss oder ob es ausreicht, wenn die Behörde unter Benennung der Vorschrift bescheinigt, dass der Steuerpflichtige die darin benannten Voraussetzungen erfüllt, ist noch nicht geklärt.[4]

127 Die Bescheinigung kann – in den Grenzen der **Festsetzungsverjährung**, §§ 179 ff. AO – auch **rückwirkend** erteilt werden und damit – zum Vorteil oder Nachteil des Steuerpflichtigen – die Wirkungen der Steuerbefreiung herbeiführen. Eine Ablaufhemmung nach § 171 Abs. 10 AO tritt nur ein, wenn die Bescheinigung vor Ablauf der Festsetzungsfrist für die betroffene Steuer beantragt worden ist (§ 171 Abs. 10 Sätze 2 und 3 AO). Diese Vorschrift gilt für alle am 31.12.2014 noch nicht abgelaufenen Festsetzungsfristen (Art. 97 § 10 Abs. 12 des Einführungsgesetzes zur Abgabenordnung). Vor Geltung dieser Vorschrift gilt das Gleiche nach der Rechtsprechung, sofern die Bescheinigung vor Ablauf der Festsetzungsfrist erlassen worden ist.[5]

127.1 Ob und inwieweit ein **Vertrauenstatbestand** mit Blick auf die Verwaltungsverlautbarung zu Abschn. 4.21.5 Abs. 2 Satz 4 UStAE in Betracht kommt, ist Gegenstand eines anhängigen Revisionsverfahrens beim BFH.[6]

(3) Entbehrlichkeit

128 Zur **Entbehrlichkeit der Bescheinigung** in Einzelfällen nach Ansicht der **FinVerw.** s. Abschn. 4.21.5 Abs. 5 UStAE und nach Ansicht der **BFH-Rechtsprechung** s. Rz. 138.

cc) Vorbereitung auf einen Beruf

129 Nach Ansicht der **FinVerw.** umfasst die Vorbereitung auf einen Beruf unter Bezugnahme auf Art. 44 MwStVO die berufliche Ausbildung, die berufliche Fortbildung und die berufliche Umschulung.[7]

130 Dem folgt die zuständige **Verwaltungsgerichtsbarkeit** in jüngeren Entscheidungen nicht:[8] **Berufliche Fortbildung** ist – anders als die Berufsausbildung oder Berufsumschulung – keine Vorbereitung auf einen Beruf. Eine richtlinienkonforme Auslegung scheitert an der Wortlautgrenze. Denn wer einen

1 Abschn. 4.21.5 Abs. 6 Satz 2 UStAE.
2 BFH, Urt. v. 20.8.2009 – V R 25/08, BStBl. II 2010, 15 = UR 2010, 29.
3 BFH, Urt. v. 20.3.2014 – V R 3/13, BFHE 245, 391, UR 2014, 569.
4 Nähere Angaben fordernd: FG Köln, Urt. v. 17.7.2019 – 5 K 1112/18, EFG 2021, 1415; **offen gelassen** mangels Entscheidungserheblichkeit: BFH, Beschl. v. 27.7.2021 – V R 39/20, juris.
5 BFH, Urt. v. 21.2.2013 – V R 27/11, BStBl. II 2013, 529 = UR 2013, 684; BFH, Urt. v. 20.4.2016 – XI R 6/14, BFH/NV 2016, 1334.
6 Az.: BFH XI R 35/21; Vorinstanz: FG Baden-Württemberg, Urt. v. 14.10.2021 – 1 K 998/20, EFG 2022, 1522.
7 Abschn. 4.21.2 Abs. 3 Satz 1 UStAE.
8 VG Stuttgart, Urt. v. 12.4.2016 – 1 K 2297/15, GewArch 2016, 308; VG Düsseldorf. Urt. v. 12.7.2018 – 28 K 17366/17, juris; **a.A.** OVG Berlin-Brandenburg, Urt. v. 5.4.2006 – OVG 9 B 3.05, juris; **offen gelassen** mangels Entscheidungserheblichkeit: OVG NRW, Urt. v. 17.12.2020 – 14 A 470/18, NWVBl. 2021, 310.

Beruf ergriffen hat und sich in diesem Beruf fortbildet, bereitet sich nicht auf einen Beruf vor. Dies folgt auch aus der gescheiterten Gesetzesreform zum JStG 2013.[1]

dd) Vorbereitung auf eine Prüfung vor einer jPödR

(1) Begriffsbestimmung

131 Dazu genügt eine Tätigkeit, die einen **Bildungsgang fördert**, der im Allgemeinen mit einer Prüfung vor einer jPdöR abschließt (z.B. zu einem Schulabschluss führende Prüfung). **„Ordnungsgemäß"** ist die Prüfungsvorbereitung dann, wenn sie objektiv geeignet ist, der Prüfungsvorbereitung zu dienen, von einem seriösen Institut erbracht wird und die eingesetzten Lehrkräfte die erforderliche Eignung besitzen.[2]

(2) Einzelfälle

(aa) Nachhilfeunterricht

132 Ausreichend als Vorbereitung auf eine Prüfung ist auch eine Tätigkeit, die der schulischen nahekommt und sie ergänzt, wie dies für einen die Schule unterstützenden **Nachhilfeunterricht**[3] zutreffen kann.

133 Nicht ausreichend ist allerdings eine **bloße Beaufsichtigung** von Hausaufgaben. Erforderlich ist vielmehr eine Tätigkeit, die der speziellen Förderung von Schülern in ihren schwachen Fächern, der Repetition und Vertiefung des von der Schule gelehrten Stoffes und der Vorbereitung auf Klassenarbeiten und Prüfungen gewidmet ist.

134 Das BVerwG hat entgegen der vorangegangenen Rechtsprechung mit Urteil vom 27.4.2017[4] entschieden, dass die **eingesetzten Lehrkräfte** nicht nur dann über die erforderliche **Eignung** verfügen, wenn mindestens 25 % von ihnen die Befähigung für ein Lehramt an öffentlichen Schulen besitzen; es reicht vielmehr aus, wenn die eingesetzten Lehrkräfte für den konkreten, von ihnen zu erteilenden Nachhilfeunterricht jeweils geeignet sind, insbesondere ihre fachlichen und pädagogischen Kenntnisse und Fähigkeiten den Anforderungen gerecht werden, die der jeweilige Nachhilfeunterricht an sie stellt.

(bb) Früherziehung

135 Ob die musikalische Früherziehung im Kleinkindalter die schulische Ausbildung und somit die ordnungsgemäße Vorbereitung auf eine Prüfung vor einer jPdöR **fördert**, ist in der Verwaltungsgerichtsbarkeit umstritten.[5]

Zutreffend ist zwar, dass nicht jede Erziehungsleistung zwingend auch eine „Berufs-/Prüfungsvorbereitung" i.S.d. § 4 Nr. 21 Buchst. a Doppelbuchst. bb UStG ist; gleichwohl genügt u.E. hierfür bereits eine Tätigkeit, die einen Bildungsgang fördert, der im Allgemeinen mit einer Prüfung vor einer jPdöR abschließt (z.B. zu einem Schulabschluss führende Prüfung). Die OVG-Rechtsprechung fordert daher u.E. zu Unrecht zusätzlich einen **„finalen Zusammenhang"** (z.B. für Bewegungserziehung und Konfliktprävention im Kindergartenalter bei Kids-WingTsun-Kursen).[6] Eine höchstrichterliche Klärung dieser Frage steht noch aus.

(cc) Fachanwaltskurse

136 Fachanwaltskurse sind keine Vorbereitung auf eine Prüfung vor einer jPödR.[7]

1 Vgl. BT-Drucks. 17/10000, 21 f.; BT-Drucks. 17/1120, 5, 2, 38.
2 BVerwG, Urt. v. 27.4.2017 – 9 C 5/16, HFR 2017, 977.
3 BVerwG, Urt. v. 27.4.2017 – 9 C 5/16, HFR 2017, 977.
4 BVerwG, Urt. v. 27.4.2017 – 9 C 5/16, HFR 2017, 977.
5 Vgl. bejahend VG Düsseldorf, Urt. v. 16.2.2005 – 25 K 1742/04, juris; VG Darmstadt, Urt. v. 9.7.2009 – 7 K 97/08.DA (3), NVwZ-RR 2009, 1015; verneinend: OVG Berlin-Brandenburg, Urt. v. 27.9.2012 – OVG 9 B 6.11, juris.
6 OVG Schleswig-Holstein, Urt. v. 24.8.2022 – 3 LB 1/22, UR 2023, 578 m. Anm. *Esteves Gomes*.
7 VG Stuttgart, Urt. v. 12.4.2016 – 1 K 2297/15, GewArch 2016, 308.

ee) Indizwirkung

137 Eine erteilte Bescheinigung entfaltet nach bisheriger Rechtsprechung Indizwirkung für die Tatbestandsmerkmale der befreiten Leistung und des Leistungserbringers, wobei diese beiden Merkmale der vollen Nachprüfbarkeit der Finanzbehörden und Finanzgerichte unterliegen.[1]

e) Einrichtung mit vergleichbarer Zielsetzung

138 Eine Bescheinigung nach § 4 Nr. 21 Buchst. a Doppelbuchst. bb UStG kann nach ständiger Rechtsprechung des BFH[2] entbehrlich sein, wenn der Leistungserbringer sich auf Art. 132 Abs. 1 Buchst. i MwStSystRL **unmittelbar beruft**.

139 Hierzu muss er, um als private Einrichtung anerkannt werden zu können, eine vergleichbare Zielsetzung wie die Einrichtungen des öffentlichen Rechts haben. Denn Art. 132 Abs. 1 Buchst. i MwStSystRL untersagt, allgemein sämtliche Bildungsdienstleistungen zu befreien, ohne dass die Zielsetzung nicht öffentlicher Einrichtungen, die diese Leistungen erbringen, berücksichtigt wird.[3]

140 Zu den maßgeblichen **Kriterien** für diese Anerkennung nach Art. 132 Abs. 1 Buchst. i MwStSystRL hat der EuGH bisher lediglich ausgeführt, dass es grundsätzlich Sache des nationalen Rechts der einzelnen Mitgliedstaaten ist, die Regeln aufzustellen, nach denen den betreffenden Einrichtungen eine solche Anerkennung gewährt werden kann, und dass die Mitgliedstaaten dabei über ein **Ermessen** verfügen, das von den nationalen Gerichten zu prüfen ist, ob die Mitgliedstaaten bei der Aufstellung solcher Bedingungen die Grenzen ihres Ermessens nicht überschritten haben und die Grundsätze des Unionsrechts, insbesondere den Grundsatz der Gleichbehandlung, der im Mehrwertsteuerbereich im Grundsatz der steuerlichen Neutralität zum Ausdruck kommt, beachtet haben.[4]

141 Der BFH überträgt die EuGH-Rechtsprechung zur unternehmerbezogenen Anerkennung im Sozialbereich (Art. 132 Abs. 1 Buchst. g MwStSystRL) auch auf den Unterrichtsbereich (Art. 132 Abs. 1 Buchst. i MwStSystRL), so dass eine Anerkennung sich u.a. aus dem mit der Unterrichtstätigkeit verbundenen **Gemeinwohlinteresse** oder aus der **Kostentragung** durch öffentliche Einrichtungen ergeben kann.[5]

141.1 Auch in verfahrensrechtlicher Hinsicht ist zu beachten, dass die in § 4 Nr. 21 Buchst. a Doppelbuchst. bb UStG genannte Bescheinigung nicht Grundlagenbescheid für eine Anerkennung der Steuerbefreiung i.S.d. Art. 132 Abs. 1 Buchst. i MwStSystRL ist, wenn sich der Unternehmer hierauf beruft.[6]

II. Selbständige Lehrer i.S.d. Buchst. b

1. Überblick

142 Die Bildungsleistung (Rz. 76 ff.) ist von einem „selbständigen Lehrer" zu erbringen, ohne dass der Begriff im UStG definiert wird.

2. Begriffsbestimmung

143 Selbständige Lehrer sind selbständig tätige Personen, die Unterricht erteilen.[7] Zum Begriff des Unterrichts s. Rz. 81 ff.

---

1 BFH, Urt. v. 28.5.2013 – XI R 35/11, BStBl. II 2013, 879 = UR 2013, 712; FG Düsseldorf, Urt. v. 13.11.2013 – 5 K 2434/09 U, EFG 2014, 868.

2 BFH, Beschl. v. 27.3.2019 – V R 32/18, BStBl. II 2019, 457 = UR 2019, 418 m. Anm. *Bünnemann*; BFH, Beschl. v. 16.3.2017 – V R 38/16, BStBl. II 2017, 1017 = UR 2017, 662 m. Anm. *Trinks/Trinks*; BFH, Urt. v. 21.3.2007 – V R 28/04, BStBl. II 2010, 999 = UR 2007, 687; BFH, Urt. v. 5.6.2014 – V R 19/13, BFHE 245, 433 = UR 2014, 735.

3 EuGH, Urt. v. 28.11.2013 – C-319/12, ECLI:EU:C:2013:778 – MDDP, EU-UStB 2014, 9 m. Anm. *Buge*.

4 EuGH, Urt. v. 28.4.2022 – C-612/20, ECLI:EU:C:2022:314 – Happy Education, UR 2022, 413.

5 BFH, Urt. v. 21.3.2007 – V R 28/04, BStBl. II 2010, 999 = UR 2007, 687; BFH, Urt. v. 5.6.2014 – V R 19/13, BFHE 245, 433 = UR 2014, 735; ebenso FG Berlin-Brandenburg, Urt. v. 14.8.2019 – 7 K 7342/16, EFG 2020, 1101., aus anderen Gründen aufgehoben durch: BFH, Urt. v. 15.12.2021 – XI R 3/20, UR 2022, 628.

6 BFH, Beschl. v. 27.7.2021 – V R 39/20, juris.

7 BFH, Urt. v. 23.8.2007 – V R 10/05, BFHE 217, 332, UR 2007, 854.

Der Unterrichtende muss lediglich bestimmte Mindestqualifikationen vorweisen; hierfür ist es nicht erforderlich, dass er ein Hochschulstudium absolviert oder die Befähigung zum Lehramt erworben hat.[1] Auch einer Anerkennung im Wege einer Bescheinigung der Landesbehörde i.S.d. § 4 Nr. 21 Buchst. a Doppelbuchst. bb UStG bedarf es nicht[2], s. Rz. 165.1. 144

Nach Ansicht der **FinVerw.** kommt es auf die Rechtsform des Unternehmers nicht an, so dass auch **Personenzusammenschlüsse oder juristische Personen** „selbständige Lehrer" i.S.d. § 4 Nr. 21 Buchst. b UStG sein können.[3] Rechtsprechung existiert hierzu noch nicht. 145

3. Unionsrechtswidrige Umsetzung

a) Begriff des Privatlehrers

Art. 132 Abs. 1 Buchst. j MwStSystRL verwendet den Begriff „Privatlehrer", ohne den Begriff in der MwStSystRL zu definieren. 146

Der **EuGH** umschreibt den Begriff „Privatlehrer" wie folgt:[4] 147

Ein Unterricht wird von einem Privatlehrer erteilt, wenn der Lehrer dabei **für eigene Rechnung und in eigener Verantwortung** handelt und zwischen dem konkreten Inhalt des Unterrichts und den Qualifikationen der Unterrichtenden grundsätzlich ein Zusammenhang besteht. Der Anerkennung einer Tätigkeit als Privatlehrer steht nicht entgegen, wenn der Unterrichtende **mehreren Personen gleichzeitig** Unterricht erteilt. Das Erfordernis, dass der Unterricht privat erteilt wird, setzt ferner **nicht das Bestehen einer unmittelbaren Vertragsbeziehung** zwischen den Teilnehmern und dem Unterrichtenden voraus. Das **Nichtbestehen eines Vergütungsanspruchs im Verhinderungsfall und bei Kursausfall** spricht für eine als Privatlehrer ausgeübte Tätigkeit. Die bloße Unternehmereigenschaft (selbständige Tätigkeit) reicht demgegenüber nicht aus. Eine Lehrkraft, die im Rahmen der von einer dritten Einrichtung angebotenen Lehrveranstaltung Leistungen erbringt, ist hingegen kein Privatlehrer, sofern diese Einrichtung – nicht aber die betreffende Lehrkraft – **Träger der Bildungseinrichtung** ist, an der diese Lehrkraft Unterricht erteilt und Ausbildungsleistungen für die Teilnehmer an diesem Unterricht erbringt. 148

Ob weitere Anforderungen zu stellen sind, hat der EuGH bisher offen gelassen. 149

Der **BFH** folgt dem und formuliert vereinfacht: „Privatlehrer" sind Lehrkräfte, die eine befreite Unterrichtstätigkeit „privat" ausüben.[5] Einschränkend geht der BFH jedoch davon aus, dass die **Zwischenschaltung eines Dritten** auf Seiten des Leistenden schädlich ist für die Annahme eines „Privatlehrers".[6] 150

Nach der Rechtsprechung gemeint ist somit eine Erteilungsform, nach der der Lehrer Träger der Bildungsleistung ist, weil er den Unterricht inhaltlich, organisatorisch und im Rahmen eines persönlichen Vertrauensverhältnisses zu den Unterrichtenden eigenverantwortlich erbringt.[7] Die Tätigkeit auch als Lehrgangsleiter, bei der der Steuerpflichtige zwar den Unterricht durchführt, aber nicht organisiert, d.h. nur bei einem fremden Veranstalter, der die Leistung gegenüber den Schülern anbietet, tätig wird, genügt nicht.[8] 151

---

1 FG Schleswig-Holstein, Urt. v. 15.6.2015 – 4 K 19/15, juris m.w.N. zur Rechtsprechung.

2 BFH, Beschl. v. 27.7.2021 – V R 39/20, juris.

3 Abschn. 4.21.3 Abs. 1 UStAE.

4 EuGH, Urt. v. 14.6.2007 – C-445/05, ECLI:EU:C:2007:344 – Haderer, UR 2007, 592; EuGH, Urt. v. 28.1.2010 – C-473/08, ECLI:EU:C:2010:47 – Eulitz, UR 2010, 174.

5 BFH, Urt. v. 27.9.2007 – V R 75/03, BStBl. II 2008, 323 = UR 2007, 941; BFH, Beschl. v. 18.11.2015 – XI B 61/15, BFH/NV 2016, 435; BFH, Urt. v. 15.12.2021 – XI R 3/20, UR 2022, 628; BFH, Beschl. v. 22.6.2022 – XI R 32/21, BFHE 277, 504 = UR 2023, 108, m. Anm. *Esteves Gomes.*

6 BFH, Urt. v. 15.12.2021 – XI R 3/20, UR 2022, 628; BFH, Urt. 15.12.2021 – XI R 31/21, UR 2022, 632.

7 Vgl. Gesetzesbegründung zur gescheiterten Reform des § 4 Nr. 21 UStG im Rahmen des JStG 2019, BT-Drucks. 19/13436, 165 f.; BFH, Beschl. v. 22.6.2022 – XI R 32/21, BFHE 277, 504 = UR 2023, 108, m. Anm. *Esteves Gomes.*

8 FG Köln, Urt. v. 17.7.2019 – 5 K 1112/18, EFG 2021, 1415; BFH, Urt. v. 15.12.2021 – XI R 3/20, UR 2022, 628; BFH, Urt. 15.12.2021 – XI R 31/21, UR 2022, 632.

b) Keine richtlinienkonforme Auslegung

152 § 4 Nr. 21 Buchst. b UStG setzt Art. 132 Abs. 1 Buchst. j MwStSystRL hinsichtlich des Leistungserbringers nicht zutreffend um. Denn „selbständige Lehrer" sind bereits nach dem Wortverständnis nicht nur solche, die „Privatlehrer" sind. Eine einschränkende richtlinienkonforme Auslegung scheitert ferner an der Wortlautgrenze unter Berücksichtigung der in § 4 Nr. 21 Buchst. b UStG genannten Leistungsempfänger: Die Norm erfasst nur den Unterricht an Schulen, Hochschulen oder ähnlichen Bildungseinrichtungen. Ein solcher Unterricht begründet keine Privatlehrertätigkeit. Wegen der Nichtumsetzung der Umsatzsteuerbefreiung für Privatlehrer hat die EU-Kommission ein Vertragsverletzungsverfahren gegen Deutschland eingeleitet.[1]

153 Betroffene Steuerpflichtige können sich daher auf Art. 132 Abs. 1 Buchst. j MwStSystRL **unmittelbar berufen.**[2]

c) Faktische Wahlrechte

154 Es bestehen aufgrund der Unionsrechtswidrigkeit (Rz. 166 f.) **faktische Wahlrechte** des Steuerpflichtigen:

155 Sie können die **nationale Steuerbefreiung** des § 4 Nr. 21 Buchst. b UStG, die Art. 132 Abs. 1 Buchst. j MwStSystRL nicht vorsieht, beanspruchen.

156 Durch die unmittelbare Berufung auf Art. 132 Abs. 1 Buchst. j MwStSystRL können sie die **Steuerpflichtigkeit einer Leistung** an die in § 4 Nr. 21 Buchst. b UStG genannten Leistungsempfänger geltend machen mit dem Ziel einer Vorsteuerabzugsberechtigung.

157 Durch die unmittelbare Berufung auf Art. 132 Abs. 1 Buchst. j MwStSystRL können sie die von § 4 Nr. 21 Buchst. b UStG nicht erfasste **Steuerbefreiung für Privatlehrer** für Unterrichtsleistungen an nicht in § 4 Nr. 21 Buchst. b UStG genannte Leistungsempfänger beanspruchen.

157.1 Art. 132 Abs. 1 Buchst. j MwStSystRL erfasst dabei **Unterrichtseinheiten, die sich entweder auf Schul- und Hochschulunterricht oder auf Ausbildung, Fortbildung oder berufliche Umschulung beziehen**, d.h. auch ein insoweit spezialisierter Unterricht, ohne in breites und vielfältiges Spektrum an Stoffen anbieten zu müssen.[3]

d) Rechtsformneutralität

158 Durch die **Rechtsprechung** ist noch nicht geklärt, ob Privatlehrer nur **Einzelunternehmer** sein können. Die Vorlagefrage hierzu des BFH[4] hat der EuGH nicht beantwortet.[5]

e) Einzelfälle

159 Privatlehrer können z.B. selbständig tätige **Nachhilfe-**,[6] **Sprach-**,[7] **Musik-**[8], **Sportlehrer**[9], **Präventions- und Persönlichkeitstrainer**[10] sowie **Supervisor**[11] sein.

1 Quelle: https://germany.representation.ec.europa.eu/news/vertragsverletzungsverfahren-entscheidung-zu-deutschland-2024-02-07_de.
2 BFH, Beschl. v. 27.3.2019 – V R 32/18, BStBl. II 2019, 457 = UR 2019, 418 m. Anm. *Bünnemann.*
3 BFH, Beschl. v. 22.6.2022 – XI R 32/21, BFHE 277, 504 = UR 2023, 108, m. Anm. *Esteves Gomes.*
4 BFH, Beschl. v. 27.3.2019 – V R 32/18, BStBl. II 2019, 457 = UR 2019, 418 m. Anm. *Bünnemann.*
5 EuGH, Urt. v. 21.10.2021 – C-373/19, ECLI:EU:C:2021:873 – Dubrovin & Tröger – Aquatics, UR 2021, 860 m. Anm. *Küffner.*
6 FG Hamburg, Urt. v. 16.6.2011 – 6 K 165/10, EFG 2012, 560.
7 FG Schleswig-Holstein, Urt. v. 15.6.2015 – 4 K 19/15, EFG 2015, 1576; FG Niedersachsen, Urt. v. 19.12.2011 – 5 K 370/11, EFG 2012, 882.
8 FG Berlin-Brandenburg, Beschl. v. 26.3.2013 – 7 V 7361/12, EFG 2013, 1074.
9 BFH, Urt. 15.12.2021 – XI R 31/21, UR 2022, 632.
10 BFH, Urt. v. 15.12.2021 – XI R 3/20, UR 2022, 628.
11 BFH, Beschl. v. 22.6.2022 – XI R 32/21, BFHE 277, 504 = UR 2023, 108, m. Anm. *Esteves Gomes.*

D. Empfänger der steuerfreien Leistungen

I. Dem Schul- und Bildungszweck dienenden Leistungen i.S.d. Buchst. a

Geeignete Leistungsempfänger von unmittelbar dem Schul- und Bildungszweck dienenden Leistungen i.S.d. § 4 Nr. 21 Buchst. a UStG sind – als Vertragspartner des Leistungserbringers – alle Personen (z.B. natürliche oder juristische), sofern einer natürlichen Person oder mehreren natürlichen Personen Kenntnisse oder Fähigkeiten bzw. Fertigkeiten i.S.d. Norm vermittelt werden. D.h. die natürliche Person, der die Leistung tatsächlich zugutekommt, muss nicht Vertragspartner sein.[1] 160

II. Unterrichtsleistungen i.S.d. Buchst. b

1. Einrichtungen

Nach § 4 Nr. 21 Buchst. b UStG geeignete Einrichtungen als Leistungsempfänger einer steuerfreien Bildungsleistung sind: 161

- Hochschulen i.S.d. §§ 1, 70 des Hochschulrahmengesetzes (HRG) und öffentliche allgemeinbildende oder berufsbildende Schulen (Doppelbuchst. aa) oder
- private Schulen und andere allgemeinbildende oder berufsbildende Einrichtungen, soweit diese die Voraussetzungen des § 4 Nr. 21 Buchst. a UStG erfüllen (Doppelbuchst. bb).

Zu den **Hochschulen** gehören Universitäten, die Pädagogischen Hochschulen, die Kunsthochschulen, die Fachhochschulen und die sonstigen Einrichtungen des Bildungswesens, die nach Landesrecht staatliche Hochschulen sind (§ 1 HRG). Einrichtungen des Bildungswesens, die nach Landesrecht nicht staatliche Hochschulen sind, können nach näherer Bestimmung des Landesrechts die Eigenschaft einer staatlich anerkannten Hochschule erhalten, wenn die Voraussetzungen des § 70 HRG erfüllt sind. 162

Öffentliche allgemeinbildende Schulen sind z.B. Grund-, Haupt-, Real-, Gesamtschulen und Gymnasien. 163

Zum Begriff der **privaten Schulen und anderen allgemeinbildenden oder berufsbildenden Einrichtungen** s. Rz. 99 ff. 164

Zu den nach Ansicht der **FinVerw.** erforderlichen **Nachweisen** der Lehrtätigkeit für die in § 4 N. 21 Buchst. b UStG genannten Leistungsempfänger in dem von ihnen begünstigten Bereich s. Abschn. 4.21.3 Abs. 3 und 4 UStAE. U.E. kommen neben den im UStAE genannten Nachweisen auch andere Nachweise in Betracht. Der **BFH** hat dies mangels Entscheidungserheblichkeit bisher offen gelassen, jedoch klargestellt, dass die Darlegungs- und Beweislast beim Steuerpflichtigen liegt.[2] 165

Wird der selbständige Lehrer für eine Bildungseinrichtung i.S.d. § 4 Nr. 21 Buchst. a Doppelbuchst. bb UStG tätig, ist nach dem **BFH** zwischen einer – von der FinVerw. – geforderten **Bescheinigung** der Bildungseinrichtung für den selbständigen Lehrer i.S.d. § 4 Nr. 21 Buchst. b Doppelbuchst. bb UStG und der Bescheinigung der Landesbehörden für die Bildungseinrichtung nach § 4 Nr. 21 Buchst. a Doppelbuchst. bb UStG zu unterscheiden, auch in verfahrensrechtlicher Hinsicht:[3] 165.1

- Die von einer solchen Bildungseinrichtung dem selbständigen Lehrer nach dem Abschn. 4.21.3 Abs. 3 und 4 UStAE zu erteilende Bescheinigung ist **kein Grundlagenbescheid** i.S.d. § 171 Abs. 10 AO.
- Lediglich die durch die Landesbehörde nach § 4 Nr. 21 Buchst. a Doppelbuchst. bb UStG der Bildungseinrichtung zu erteilende Bescheinigung ist ein **Grundlagenbescheid** i.S.d. § 171 Abs. 10 AO (Rz. 126 ff.).

1 Abschn. 4.21.4 Abs. 1 Satz 3 UStAE.
2 BFH, Beschl. v. 27.7.2021 – V R 39/20, juris.
3 BFH, Beschl. v. 27.7.2021 – V R 39/20, juris.

2. Unionsrechtswidrige Umsetzung

166 Die in § 4 Nr. 21 Buchst. b UStG genannten Leistungsempfänger werden unionsrechtswidrig begünstigt, weil nicht der selbständige Lehrer, sondern Dritte Träger der Bildungseinrichtungen sind, an denen der Unterricht erteilt wird (Rz. 148).

167 Betroffene Steuerpflichtige, die „Privatlehrer" sind, können sich auf Art. 132 Abs. 1 Buchst. j MwStSystRL **unmittelbar** berufen hinsichtlich der Leistungsempfänger, die nicht in § 4 Nr. 21 Buchst. b UStG genannt sind (Rz. 152 f.). Vertragspartner muss nach der EuGH-Rechtsprechung nicht die natürliche Person sein, der der „private" Unterricht erteilt wird (Rz. 160).

§ 4 Nr. 22 [Wissenschaftliche, kulturelle und sportliche Veranstaltungen]

Von den unter § 1 Abs. 1 Nr. 1 fallenden Umsätzen sind steuerfrei:

...

22. a) die Vorträge, Kurse und anderen Veranstaltungen wissenschaftlicher oder belehrender Art, die von juristischen Personen des öffentlichen Rechts, von Verwaltungs- und Wirtschaftsakademien, von Volkshochschulen oder von Einrichtungen, die gemeinnützigen Zwecken oder dem Zweck eines Berufsverbandes dienen, durchgeführt werden, wenn die Einnahmen überwiegend zur Deckung der Kosten verwendet werden,

b) andere kulturelle und sportliche Veranstaltungen, die von den in Buchstabe a genannten Unternehmern durchgeführt werden, soweit das Entgelt in Teilnehmergebühren besteht;

...

Schrifttum: *Alvermann*, Aktuelles zur Umsatzsteuerbefreiung des Sports, SpuRt 2014, 154; *Erdbrügger*, Berufsverbände als vorsteuerabzugsberechtigte Unternehmer, DStR 2018, 59; *Hüttemann*, Anmerkung zum EuGH-Urteil vom 10.12.2020, C-488/18, MwStR 2021, 160; *Kirchhain*, Mitgliedsbeiträge umsatzsteuerfrei? Vorsteuerabzug in Gefahr!, SpuRt 2019, 107; *Wäger*, Sportvereine in der Umsatzsteuer: Steuerbare, steuerfreie und steuerermäßigte Umsätze, DStR 2014, 1517; *Wäger*, EuGH-Vorlage zur Umsatzbesteuerung von Vereinen, BFH/PR 2018, 251.

A. Grundaussagen

I. Regelungsgegenstand und Bedeutung

Die Vorschrift befreit unterschiedliche gemeinwohlorientierte Leistungen: bestimmte **außerschulische Bildungsleistungen** als **Veranstaltungen wissenschaftlicher oder belehrender Art** bestimmter Einrichtungen insbesondere im Bereich der Erwachsenenbildung (§ 4 Nr. 22 Buchst. a UStG, Rz. 22 ff.) sowie **kulturelle und sportliche Veranstaltungen**, die von bestimmten Einrichtungen durchgeführt werden (§ 4 Nr. 22 Buchst. b UStG, Rz. 35 ff.). 1

Normzweck ist die **Kostenentlastung**, um den Zugang zu diesen Leistungen zu erleichtern.[1] 2

Auf die Steuerbefreiung kann nicht nach § 9 UStG verzichtet werden. 3

Sie führt zum Ausschluss des **Vorsteuerabzugs** (§ 15 Abs. 2 Satz 1 Nr. 1 UStG, § 15 Rz. 249 ff.). 4

II. Unionsrechtliche Grundlagen

1. Veranstaltungen wissenschaftlicher oder belehrender Art

§ 4 Nr. 22 Buchst. a UStG beruht auf **Art. 132 Abs. 1 Buchst. i MwStSystRL** (Art. 13 Teil A Abs. 1 Buchst. i der 6. EG-Richtlinie) und ist richtlinienkonform auszulegen.[2] 5

Lediglich die Beschränkung der Steuerbefreiung auf die im § 4 Nr. 22 Buchst. a UStG genannten Einrichtungen (Rz. 52 ff.) ist **unionsrechtswidrig.**[3] Nicht von der Vorschrift erfasste Steuerpflichtige können sich daher zu ihren Gunsten auf Art. 132 Abs. 1 Buchst. i MwStSystRL **unmittelbar berufen,** wenn sie die Voraussetzungen einer Einrichtung mit vergleichbarer Zielsetzung i.S.d. Art. 132 Abs. 1 Buchst. i MwStSystRL (§ 4 Nr. 21 Rz. 138 ff.) und einer Verwendung der Einnahmen i.S.d. § 4 Nr. 22 Buchst. a UStG (Rz. 33 f.) erfüllen. 6

2. Kulturelle Veranstaltungen

§ 4 Nr. 22 Buchst. b UStG beruht in Bezug auf kulturelle Veranstaltungen auf **Art. 132 Abs. 1 Buchst. n MwStSystRL** (Art. 13 Teil A Abs. 1 Buchst. n der 6. EG-Richtlinie) und ist **nur in Teilen unionsrechtskonform.** Denn dem nationalen Gesetzgeber steht zwar nach jüngster Rechtsprechung des EuGH ein **Ermessen** hinsichtlich des **leistungsbezogenen Umfangs der Steuerbefreiung** von kulturellen Dienstleistungen zu, so dass sich Steuerpflichtige auf die nach Art. 132 Abs. 1 Buchst. n MwStSystRL weitergehende Steuerbefreiung **nicht unmittelbar berufen** können.[4] Aber die Beschränkung der Steuerbefreiung auf die im § 4 Nr. 22 Buchst. b i.V.m. Buchst. a UStG genannten Einrichtungen (Rz. 52 ff.) ist **unionsrechtswidrig** (Rz. 12.4). 7

3. Sportliche Veranstaltungen

a) Richtlinienbestimmung

§ 4 Nr. 22 Buchst. b UStG beruht in Bezug auf sportliche Veranstaltungen auf **Art. 132 Abs. 1 Buchst. m MwStSystRL** (Art. 13 Teil A Abs. 1 Buchst. m der 6. EG-Richtlinie) und ist **nur in Teilen unionsrechtskonform:** 8

1 Vgl. BT-Drucks. 8/2827, 73; *Tehler* in Rau/Dürrwächter, § 4 Nr. 22 UStG Rz. 32 f. (Stand: Mai 2022).

2 BFH, Urt. v. 27.4.2006 – V R 53/04, BStBl. II 2007, 16 = UR 2007, 70; BFH, Urt. v. 7.10.2010 – V R 12/10, BStBl. II 2011, 303 = UR 2011, 154; BFH, Urt. v. 17.11.2022 – V R 33/21 (V R 26/18), UR 2023, 195, m. Anm. *Hüttemann.*

3 Ebenso: *Tehler* in Rau/Dürrwächter, § 4 Nr. 22 UStG Rz. 67 (Stand: Mai 2022); *Kirchhain* in Weitemeyer/Schauhoff/Achatz, Umsatzsteuerrecht für den Nonprofitsektor, Rz. 19.96; einschränkend *Wiesch* in Weitemeyer/Schauhoff/Achatz, Umsatzsteuerrecht für den Nonprofitsektor, Rz. 15.110: nur zu Gunsten mildtätiger und kirchlicher Einrichtungen.

4 EuGH, Urt. v. 15.2.2017 – C-592/15, ECLI:EU:C:2017:117 – British Film Institute, UR 2017, 268.

b) Bisherige BFH-Rechtsprechung

9 Der BFH ging bisher von einer unionsrechtswidrigen Umsetzung aus, weil die Richtlinienbestimmung weitergehend *„bestimmte, in engem Zusammenhang mit Sport und Körperertüchtigung stehende Dienstleistungen"* befreit. Steuerpflichtige konnten sich daher nach ständiger BFH-Rechtsprechung auf die Richtlinienbestimmung **unmittelbar berufen.**[1]

c) Rechtsprechungswandel

10 Im Anschluss an die EuGH-Rechtsprechung zu kulturellen Dienstleistungen (Rz. 7) bekam der **BFH Zweifel** an seiner bisherigen Rechtsprechung und er rief den EuGH im Wege des Vorabentscheidungsersuchens an.[2]

11 Der **EuGH** entschied hierzu:[3]

- Hinsichtlich des **leistungsbezogenen Umfangs der Steuerbefreiung** steht dem nationalen Gesetzgeber ein **Ermessen** zu, so dass sich Steuerpflichtige auf die nach Art. 132 Abs. 1 Buchst. m MwStSystRL weitergehende Steuerbefreiung **nicht unmittelbar berufen** können.
- Der in der Richtlinienbestimmung verwendete Begriff der *„Einrichtungen ohne Gewinnstreben"* ist dahin auszulegen, dass er ein **autonomer unionsrechtlicher Begriff** ist. Er verlangt, dass eine solche Einrichtung während ihres gesamten Bestehens und im Fall ihrer Auflösung von ihr erzielte Gewinne, die die eingezahlten Kapitalanteile ihrer Mitglieder sowie den gemeinen Wert der von ihnen geleisteten Sacheinlagen übersteigen, nicht an ihre Mitglieder verteilen darf.

11.1 Infolgedessen hat der **BFH** seine bisherige Rechtsprechung aufgegeben und versagt nunmehr die Berufungsmöglichkeit auf Art. 132 Abs. 1 Buchst. m MwStSystRL hinsichtlich des **leistungsbezogenen Umfangs** der Steuerbefreiung.[4]

11.2 Ferner hat der BFH entschieden: Bei **richtlinienkonformer Auslegung** von § 4 Nr. 22 Buchst. b UStG entsprechend Art. 132 Abs. 1 Buchst. m MwStSystRL muss es sich bei den in dieser Vorschrift bezeichneten jPdöR, Verwaltungs- und Wirtschaftsakademien, Volkshochschulen und Einrichtungen, die gemeinnützigen Zwecken oder dem Zweck eines Berufsverbandes dienen, um **Einrichtungen ohne Gewinnstreben** i.S.d. vorgenannten EuGH-Rechtsprechung handeln.[5]

11.3 Eine Auslegung des Begriffs „Einrichtungen ohne Gewinnstreben" nach Maßgabe von § 52 AO i.V.m. § 55 AO oder gar nach den §§ 51 ff. AO insgesamt lehnt der EuGH ab.[6] Dies nahm der BFH bereits in seinem o.a. Vorlagebeschluss an.[7]

d) Bewertung

aa) Partielle richtlinienkonforme Auslegung

12 Für bis zur Rechtsprechungsänderung, d.h. der am 12.5.2022 erfolgten Veröffentlichung des BFH-Urteils vom 21.4.2022[8], verwirklichte Sachverhalte ist ein möglicher **Vertrauensschutz** (§ 176 AO) bereits auf Ebene der Steuerfestsetzung zu prüfen. Ferner können **Billigkeitsmaßnahmen** (§§ 163, 227 AO) erwogen werden.

---

1 Vgl. BFH, Urt. v. 3.4.2008 – V R 74/07, BFHE 221, 451 = UR 2008, 698; BFH, Urt. v. 2.3.2011 – XI R 21/09, BFHE 233, 269 = UR 2011, 589; BFH, Urt. v. 16.10.2013 – XI R 34/11, BFHE 243, 435 = UR 2014, 481; BFH, Urt. v. 20.3.2014 – V R 4/13, BFHE 245, 397 = UR 2014, 732.

2 BFH, Vorlagebeschl. v. 21.6.2018 – V R 20/17, BStBl. II 2018, 558 = UR 2018, 669, m. Anm. *Tehler*; vgl. hierzu auch *Wäger*, BFH/PR 2018, 251 (251 f.).

3 EuGH, Urt. v. 10.12.2020 – C-488/18, ECLI:EU:C:2020:1013 – Golfclub Schloß Igling, UR 2021, 158.

4 BFH, Urt. v. 21.4.2022 – V R 48/20, UR 2022, 459, m. Anm. *Alvermann/Esteves Gomes.*

5 BFH, Urt. v. 21.4.2022 – V R 48/20, UR 2022, 459, m. Anm. *Alvermann/Esteves Gomes.*

6 EuGH, Urt. v. 10.12.2020 – C-488/18, ECLI:EU:C:2020:1013 – Golfclub Schloß Igling, UR 2021, 158.

7 BFH, Vorlagebeschl. v. 21.6.2018 – V R 20/17, BStBl. II 2018, 558 = UR 2018, 669, m. Anm. *Tehler.*

8 BFH, Urt. v. 21.4.2022 – V R 48/20, UR 2022, 459, m. Anm. *Alvermann/Esteves Gomes.*

Überraschend und begrüßenswert ist, dass der EuGH sich zur Auslegung des Begriffs „Einrichtungen ohne Gewinnstreben" äußerte, obgleich der BFH diese Vorlagefrage nur für den Fall einer Berufungsmöglichkeit gestellt hatte. Der EuGH führt ausdrücklich aus, dass im Streitfall der Steuerpflichtige, ein **nicht gemeinnütziger** Golfclub, für Startgelder zu Golfveranstaltungen in den Genuss der Steuerbefreiung nach § 4 Nr. 22 Buchst. b UStG kommen kann, wenn er die Voraussetzungen des autonomen unionsrechtlichen Begriffs der „Einrichtungen ohne Gewinnstreben" erfüllt, der identisch ist mit dem Begriff der „Einrichtungen, die keine systematische Gewinnerzielung anstreben" i.S.d. Art. 133 Abs. 1 Buchst. a MwStSystRL (§ 4 Nr. 23 Rz. 16 ff.).[1] Dem folgt der BFH.[2] 12.1

EuGH und BFH erweitern somit den Kreis der begünstigungsfähigen Einrichtungen, sofern die unionsrechtlichen Voraussetzungen des Begriffs der „Einrichtungen ohne Gewinnstreben" im Einzelfall erfüllt werden. Daraus folgt u.E.: 12.2

- Steuerliche anerkannte **Körperschaften** i.S.d. §§ 51 ff. AO, die nach § 52 AO **gemeinnützige**, nach § 53 AO **mildtätige** oder nach § 54 AO **kirchliche Zwecke** (d.h. steuerbegünstigte Zwecke) verfolgen, sind begünstigungsfähige Einrichtungen ohne Gewinnstreben. Dies ergibt sich aus deren Selbstlosigkeit nach § 55 AO.
- Körperschaften, die keine steuerbegünstigten Zwecke i.S.d. §§ 51 ff. AO verfolgen bzw. als solche nicht anerkannt sind, vereinfacht **nicht gemeinnützige Körperschaften**, können ebenfalls begünstigungsfähige Einrichtungen ohne Gewinnstreben sein.[3] Dies erfordert, dass sie das Gewinnausschüttungsverbot in ihren Satzungen verankern und durch die tatsächliche Geschäftsführung sicherstellen.[4]
- **Sonstige juristische Personen des Privatrechts und des öffentlichen Rechts, Personengesellschaften sowie u.E. auch natürliche Personen** können ebenfalls begünstigungsfähige Einrichtungen ohne Gewinnstreben sein, weil der Einrichtungsbegriff nach der Rechtsprechung des EuGH aufgrund des Neutralitätsgrundsatzes unabhängig von der Rechtsform ist und generell auch natürliche Personen umfasst.[5] Letzteres ist für „Einrichtungen ohne Gewinnstreben" in der Literatur umstritten.[6] Rechtsprechung hierzu existiert noch nicht.[7]

Damit sind sportliche Veranstaltungen z.B. sowohl von **Sportvereinen, -verbänden, -stiftungen und Sport-Kapitalgesellschaften** als auch von **Schützen-, Karnevals-, Kultur-, Wohlfahrtsvereinen und kirchlichen Vereinen** befreiungsfähig. Ferner führt eine (ggf. rückwirkende, vgl. §§ 61 Abs. 3, 63 Abs. 2 AO) Versagung der Gemeinnützigkeit i.S.d. §§ 51 ff. AO nicht automatisch zum Verlust der Umsatzsteuerbefreiung für sportliche Veranstaltungen.

Ob die Vorgaben des EuGH zum o.a. Kreis der begünstigungsfähigen Einrichtungen im Rahmen einer **richtlinienkonformen Auslegung oder partiellen Berufungsmöglichkeit** auf Art. 132 Abs. 1 Buchst. m MwStSystRL zu erfüllen sind, ist noch nicht abschließend geklärt: 12.3

- Richtigerweise geht der BFH davon aus, dass der *Begriff „Einrichtungen, die gemeinnützigen Zwecken dienen"* richtlinienkonform (erweiternd) als „Einrichtungen ohne Gewinnstreben" auszulegen ist (Rz. 11.2, 12.2).
- Per *obiter dictum* nimmt der BFH an, dass im Wege einer richtlinienkonformen (einschränkenden) Auslegung auch alle anderen in § 4 Nr. 22 Buchst. b i.V.m. Buchst. a UStG bezeichneten Steuersubjekte Einrichtungen ohne Gewinnstreben sein müssen (Rz. 11.2). Dies überzeugt nicht. Hinsichtlich dieser Steuersubjekte geht das nationale Recht über den Begriff „Einrichtungen ohne Gewinnstreben" hinaus. U.E. scheitert eine einschränkende Auslegung an der Wortlautgrenze des § 4 Nr. 22 Buchst. b i.V.m. Buchst. a UStG unter Berücksichtigung der Systematik der nationalen Norm gemäß der Gesetzeshistorie und dem daraus abzuleitenden Willen des nationalen Gesetzgebers (Rz. 12.5 f.).

1 EuGH, Urt. v. 10.12.2020 – C-488/18, ECLI:EU:C:2020:1013 – Golfclub Schloß Igling, UR 2021, 158.
2 BFH, Urt. v. 21.4.2022 – V R 48/20, UR 2022, 459, m. Anm. *Alvermann/Esteves Gomes.*
3 Vgl. hierzu *Hüttemann*, MwStR 2021, 160 (161).
4 BFH, Urt. v. 21.4.2022 – V R 48/20, UR 2022, 459, m. Anm. *Alvermann/Esteves Gomes.*
5 Vgl. EuGH, Urt. 3.4.2003 – C-144/00, ECLI:EU:C:2020:1013 – Hoffmann, UR 2003, 248 m. Anm. *Nieskens; Hüttemann/Schauhoff* in Weitemeyer/Schauhoff/Achatz, Umsatzsteuerrecht für den Nonprofitsektor, Rz. 9.14 ff.
6 Vgl. zum Meinungsstand *Achatz/Tratlehner* in Weitemeyer/Schauhoff/Achatz, Umsatzsteuerrecht für den Nonprofitsektor, Rz. 18.23.
7 Offengelassen: BFH, Urt. v. 26.11.2014 – XI R 25/12, BFH/NV 2015, 531.

Eine richtlinienkonforme (einschränkende) Auslegung „*contra legem*" des nationalen Rechts kommt nicht in Betracht.[1]

- jPdöR, Verwaltungs- und Wirtschaftsakademien, Volkshochschulen und Einrichtungen, die dem Zweck eines Berufsverbandes dienen, sind daher – entgegen dem *obiter dictum* des BFH (Rz. 11.2) – u.E. weiterhin unabhängig davon, ob es sich im Einzelfall um Einrichtungen ohne Gewinnstreben handelt, nach dem nationalen Recht begünstigungsfähig. Sie können, müssen aber nicht, sich zu ihren Gunsten für Zwecke eines Vorsteuerabzugs auf die Einschränkung des EU-Rechts berufen, um mit dem Hinweis, keine Einrichtung ohne Gewinnstreben zu sein, eine Steuerfreiheit abzuwenden (sog. **faktisches Wahlrecht**).
- Ob jPdöR nach den Vorgaben des EU-Rechts für die Steuerfreiheit nach § 4 Nr. 22 Buchst. b UStG eine Einrichtung ohne Gewinnstreben sein müssen, ist ferner ungeklärt und zweifelhaft. Im Schrifttum wird dies verneint,[2] wofür die Bestimmungen in Art. 13 Abs. 2 MwStSystRL und der Einleitungssatz in Art. 133 Abs. 1 MwStSystRL sprechen. Der EuGH scheint dies jedoch in seinem Urteil vom 13.7.2017[3] zu einer britischen Gebietskörperschaft anders zu beurteilen, wobei mangels Begründung Unklarheiten verbleiben.

12.4 Diese Grundsätze (Rz. 12.1 ff.) gelten u.E. auch für **kulturelle Veranstaltungen**. Denn die dem zugrunde liegende Richtlinienbestimmung des Art. 132 Abs. 1 Buchst. n MwStSystRL räumt zwar den Mitgliedstaaten ein Ermessen für den Kreis begünstigungsfähiger Einrichtungen (Unternehmer) ein, weil nach dem Wortlaut dieser Norm nur von den Mitgliedstaaten anerkannte Einrichtungen in den Genuss der Steuerbefreiung kommen. Der nationale Gesetzgeber hat jedoch dieses Ermessen u.E. unter **Verstoß gegen den Neutralitätsgrundsatz** ausgeübt, weil er andere als die in § 4 Nr. 22 Buchst. a und b UStG genannten Einrichtungen ausschließt, und hierfür insbesondere unter Berücksichtigung des EuGH-Urteils vom 10.12.2020[4] keine sachliche Rechtfertigung ersichtlich ist (s. Rz. 12.5 f.)[5] Es besteht somit u.E. insoweit weiterhin ein **Gleichlauf zwischen kulturellen und sportlichen Veranstaltungen.** Rechtsprechung existiert hierzu noch nicht.

12.5 Im Anwendungsbereich des § 4 Nr. 22 Buchst. a UStG, d.h. für **Veranstaltungen wissenschaftlicher oder belehrender Art**, besteht für jPdöR, Verwaltungs- und Wirtschaftsakademien, Volkshochschulen und Einrichtungen, die dem Zweck eines Berufsverbandes dienen, **kein Erfordernis einer Einrichtung ohne Gewinnstreben.**[6] Davon geht auch der BFH aus, indem er – im Anschluss an das EuGH-Urteil vom 10.12.2020[7] – einen Berufsverband in der Rechtsform eines eingetragenen Vereins, der nicht gemeinnützig ist, als nach § 4 Nr. 22 Buchst. a UStG begünstigungsfähig beurteilt, ohne das Merkmal einer Einrichtung ohne Gewinnstreben zu prüfen.[8]

12.6 Es besteht u.E. – entgegen der Auffassung des BFH (Rz. 11.2, 12.5) und gewichtiger Stimme in der Literatur[9] – weiterhin ein **unternehmerbezogener Gleichlauf für Veranstaltungen wissenschaftlicher oder belehrender Art sowie für kulturelle und sportliche Veranstaltungen.** weil für all diese Leistungen u.E. nur in Bezug auf den Begriff der „Einrichtungen, die gemeinnützigen Zwecken dienen" das Erfordernis einer Einrichtung ohne Gewinnstreben besteht. Dies ergibt sich u.E. aus dem Wortlaut, der Gesetzeshistorie und -systematik des § 4 Nr. 22 UStG sowie dem daraus abzuleitenden Willen des nationalen Gesetzgebers:

- Die Wortfolge „*Einrichtungen, die gemeinnützigen Zwecken oder dem Zweck eines Berufsverbandes dienen*" wurde durch das UStG 1967 v. 29.5.1967[10] – d.h. vor Ergehen der 6. EG-Richtlinie – zu-

---

1 EuGH, Urt. v. 21.9.2017 – C-326/15, ECLI:EU:C:2017:719 – DNB Bank, UR 2017, 80; BVerfG, Beschl. v. 26.9.2011 – 2 BvR 2216/06 und 2 BvR 469/07, NJW 2012, 669.
2 *Wäger*, UR 2023, 45 (59).
3 EuGH, Urt. v. 13.7.2017 – C-633/15, ECLI:EU:C:2017:544 – London Borough of Ealing, UR 2017, 674.
4 EuGH, Urt. v. 10.12.2020 – C-488/18, ECLI:EU:C:2020:1013 – Golfclub Schloß Igling, UR 2021, 158.
5 Im Ergebnis ebenso: *Kirchhain* in Weitemeyer/Schauhoff/Achatz, Umsatzsteuerrecht für den Nonprofitsektor, Rz. 19.96; *Tehler* in Rau/Dürrwächter, § 4 Nr. 22 UStG Rz. 69 (Stand: Mai 2022).
6 So zutreffend: *Wäger*, UR 2023, 45 (60).
7 EuGH, Urt. v. 10.12.2020 – C-488/18, ECLI:EU:C:2020:1013 – Golfclub Schloß Igling, UR 2021, 158.
8 BFH, Urt. v. 30.6.2022 – V R 32/21, UR 2022, 940.
9 *Wäger*, UR 2023, 45 (60); *Wäger* in Birkenfeld/Wäger, Aktueller Berichtszeitraum II. Quartal 2022 Rz. 32.
10 BGBl. I 1967, 545.

sätzlich zu den bereits zuvor von der entsprechenden Befreiung erfassten jPdöR, Verwaltungs- und Wirtschaftsakademien aufgenommen, wobei sich die Befreiung seinerzeit nur auf Veranstaltungen wissenschaftlicher oder belehrender Art, d.h. den heutigen § 4 Nr. 22 Buchst. a UStG bezog. Durch das UStG 1980 v. 26.11.1979[1] wurde die Vorschrift um den § 4 Nr. 22 Buchst. b UStG für kulturelle und sportliche Veranstaltungen erweitert, ohne dass der Gesetzgeber das Begriffsverständnis zu den Steuersubjekten geändert hätte. Bis zum BFH-Urteil vom 21.4.2022[2] wurde auch allseits angenommen, dass die Befreiungstatbestände des § 4 Nr. 22 Buchst. a und b UStG unternehmerbezogen in derselben Weise auszulegen sind.[3]

- Durch den uneingeschränkten Verweis auf § 4 Nr. 22 Buchst. a UStG scheidet daher u.E. aufgrund der Gesetzessystematik und der Gesetzeshistorie ein unterschiedliches Begriffsverständnis der in § 4 Nr. 22 Buchst. a und b UStG genannten Steuersubjekte, d.h. innerhalb ein und derselben nationalen Vorschrift, aus.
- Nur der Begriff *„Einrichtungen, die gemeinnützigen Zwecken dienen"* ist daher einer richtlinienkonformen (erweiternden) Auslegung zugänglich, weil nur er eine Selbstlosigkeit nach § 55 AO voraussetzt, jedoch nicht die anderen in § 4 Nr. 22 Buchst. a UStG genannten Steuersubjekte. Daher ist lediglich für „Einrichtungen, die gemeinnützigen Zwecken dienen" ein vom Wortlaut der Norm gedeckter Wille des Gesetzgebers abzuleiten, dass eine solche Einrichtung für alle in § 4 Nr. 22 Buchstabe a und b UStG genannten Leistungen keine systematische Gewinnerzielung anstreben darf. Dies ist aufgrund des Verweises in Art. 133 Abs. 1 Buchst. a MwStSystRL auf Art. 132 Abs. 1 Buchst. i, n und m MwStSystRL auch unionrechtskonform, erfasst aber auch weitere Personen als die in § 4 Nr. 22 Buchst. a und b UStG genannten (Rz. 12.1 f.).

bb) Bedeutung für Vereinsbeiträge

Diese Rechtsprechungsänderung zur Berufungsmöglichkeit auf die MwStSystRL hat auch Auswirkungen auf die steuerliche Beurteilung der Mitgliedsbeiträge zu Vereinen. 13

Die **FinVerw.**[4] verneint aus politischen Gründen einen umsatzsteuerbaren Leistungsaustausch bei **„echten" Mitgliedsbeiträgen**, die von Vereinen im Rahmen ihrer satzungsmäßigen Zwecke gleichmäßig erhoben werden, auch wenn der Verein seinen Mitgliedern Einrichtungen zur Nutzung oder andere Vorteile einräumt. Nur bei Leistungen, die den **Sonderbelangen der einzelnen Mitglieder** dienen (**„unechte" Mitgliedsbeiträge**), bejaht die FinVerw. einen Leistungsaustausch.[5] 14

Demgegenüber bejaht die ständige **Rechtsprechung**[6] bereits seit vielen Jahren eine Steuerbarkeit auch „echter" Vereinsbeiträge, wenn mit der Zahlung des Beitrags das Nutzungsrecht an Vereinsleistungen (z.B. Nutzung der Sportanlagen) einhergeht. 15

Da u.a. die bloße Nutzungsüberlassung von Vereinseinrichtungen nach nationalem Recht nicht umsatzsteuerfrei ist (Rz. 40), führte dies in der Praxis bei „echten" Mitgliedsbeiträgen häufig zu einem **faktischen Wahlrecht** der Vereine, die Mitgliedsbeiträge im Bedarfsfall zum Zwecke des Vorsteuerabzugs unter Berufung auf die Rechtsprechung der Umsatzsteuer zu unterwerfen. Andererseits konnten sich Vereine mit „unechten", aus Sicht der FinVerw. steuerbaren Beiträgen auf eine mögliche weitergehende Befreiung nach der MwStSystRL berufen. 16

Diese Wahlmöglichkeiten werden durch die Rechtsprechungsänderung teils bestärkt, teils eingeschränkt. Denn mit einer fehlenden Berufungsmöglichkeit auf die Steuerbefreiung der MwStSystRL ist 17

1 BGBl. I 1979, 1953.
2 BFH, Urt. v. 21.4.2022 – V R 48/20, UR 2022, 459, m. Anm. *Alvermann/Esteves Gomes.*
3 Vgl. z.B. *Wäger* in Birkenfeld/Wäger, Aktueller Berichtszeitraum II. Quartal 2022 Rz. 32.
4 Vgl. Abschn. 1.4 UStAE; BMF, Schr. v. 4.2.2019 – III C 3-S 7180/17/10001 – DOK 2019/0091394, BStBl. I 2019, 115 = UR 2019, 238.
5 Vgl. hierzu auch *Wäger*, DStR 2014, 1517 (1517 f.).
6 EuGH, Urt. v. 21.3.2002 – C-174/00, Kennemer Golf, UR 2002, 320 m. Anm. *Widmann*; BFH, Urt. v. 9.8.2007 – V R 27/04, BFHE 217, 314 = UR 2007, 811; BFH, Beschl. v. 21.6.2018 – V R 20/17, BStBl. II 2018, 558 = UR 2018, 669, m. Anm. *Tehler*; BFH, Urt. v. 21.4.2022 – V R 48/20, UR 2022, 459, m. Anm. *Alvermann/Esteves Gomes.*

einerseits das **BMF-Schreiben vom 4.2.2019**[1] überholt: Danach nimmt die FinVerw. – zwecks Versagung einer Vorsteuerabzugsberechtigung – an, dass eine Berufung auf die Steuerbarkeit von Mitgliedsbeiträgen von gemeinnützigen Sportvereinen u.a. mit einer Berufung auf die Steuerbefreiung des Sports nach der MwStSystRL einhergeht.[2] Diese Sichtweise war schon bislang zweifelhaft. Sie ist wegen der fehlender Berufungsmöglichkeit nicht mehr zu halten. Steuerfrei sind nunmehr nur noch Teilnehmergebühren zu sportlichen Veranstaltungen (Rz. 44 ff.). Andererseits können Vereine, die durch Sonderleistungen an Mitglieder steuerbare Vereinsbeiträge erheben, sich nicht mehr auf die weitergehenden Steuerbefreiungen nach EU-Recht berufen. Zukünftig sind auf dem Boden der Rechtsprechung Vereinsbeiträge damit wohl in größerem Umfang als bisher steuerpflichtig, die faktische Wahlmöglichkeit bei „echten" Beiträgen gewinnt wieder größere Bedeutung.

III. Verhältnis zu anderen Vorschriften und Rechtsentwicklung

18 Die Steuerbefreiung nach § 4 Nr. 22 UStG besteht in der heutigen Fassung im Wesentlichen unverändert seit dem UStG 1980 (Rz. 12.5).[3]

19 Im UStG existieren weitere Befreiungstatbestände zu **Bildungsleistungen**, die mit § 4 Nr. 22 Buchst. a UStG konkurrieren, ohne dass das Konkurrenzverhältnis abschließend geklärt ist (§ 4 Nr. 21 Rz. 20). Die Befreiungstatbestände überschneiden sich teilweise. Mehrere Reformversuche sind bisher gescheitert (§ 4 Nr. 21 Rz. 11).

20 Die Steuerbefreiung für **kulturelle Veranstaltungen** (§ 4 Nr. 22 Buchst. b UStG) ist von steuerfreien Leistungen kultureller Einrichtungen gem. § 4 Nr. 20 UStG abzugrenzen: § 4 Nr. 22 Buchst b UStG befreit Teilnehmergebühren aus der aktiven Teilnahme (Rz. 37 ff.), § 4 Nr. 20 UStG hingegen Eintrittsgelder aus dem passivem Besuch (§ 4 Nr. 20 Rz. 14 ff.).

21 Für den **Sport** (§ 4 Nr. 22 Buchst. b UStG) sieht das UStG keine weiteren Befreiungstatbestände vor. Für Sportunterricht und Bewegungserziehung kommen jedoch im Wege der Auslegung neben § 4 Nr. 22 Buchst. a UStG (Rz. 27 ff.) weitere Befreiungstatbestände des UStG in Betracht (§ 4 Nr. 21 Rz. 45, 65 und § 4 Nr. 23 Rz. 9). Ferner können sportliche Betätigungen zu medizinischen Zwecken u.U. Befreiungstatbestände der Heilbehandlung nach § 4 Nr. 14 ff. UStG erfüllen.

B. Leistungsbezogene Voraussetzungen

I. Veranstaltungen wissenschaftlicher oder belehrender Art (Buchst. a)

1. Begriffsbestimmung

22 Nach der **BFH-Rechtsprechung** sind nicht alle Vorträge, Kurse und anderen Veranstaltungen wissenschaftlicher oder belehrender Art nach § 4 Nr. 22 Bucht. a UStG steuerfrei, sondern nach einschränkender richtlinienkonformer Auslegung nur diejenigen, die als **Erziehung von Kindern und Jugendlichen, als Schul- oder Hochschulunterricht, als Ausbildung, Fortbildung oder berufliche Umschulung** anzusehen sind nebst den jeweils damit eng verbundenen Leistungen i.S.d. Art. 132 Abs. 1 Buchst. i MwStSystRL.[4] Zur Auslegung der vorgenannten Begriffe i.S.d. § Art. 132 Abs. 1 Buchst. i MwStSystRL s. § 4 Nr. 21 Rz. 12 f.

23 Die **FinVerw.** folgt dem.[5]

---

1 BMF, Schr. v. 4.2.2019 – III C 3-S 7180/17/10001 – DOK 2019/0091394, BStBl. I 2019, 115 = UR 2019, 238.

2 Vgl. *Kirchhain*, SpuRt 2019, 107 (107 ff.).

3 BGBl. I 1979, 1953; zur Entstehungsgeschichte im Einzelnen vgl. *Tehler* in Rau/Dürrwächter, § 4 Nr. 22 UStG Rz. 10 ff. (Stand: Mai 2022).

4 BFH, Urt. v. 27.4.2006 – V R 53/04, BStBl. II 2007, 16 = UR 2007, 70; BFH, Urt. v. 7.10.2010 – V R 12/10, BStBl. II 2011, 303 = UR 2011, 154; BFH, Urt. v. 30.6.2022 – V R 32/21, UR 2022, 940; BFH, Urt. v. 17.11.2022 – V R 33/21 (V R 26/18), UR 2023, 195 m. Anm. *Hüttemann*.

5 Abschn. 4.22.1 Abs. 2 UStAE.

2. Kritische Bewertung

Aufgrund der engen Auslegung des Begriffs „Schul- und Hochschulunterricht" durch die EuGH-Rechtsprechung aus dem Jahr 2019, der der BFH folgt (§ 4 Nr. 21 Rz. 32), stellen Vorträge, Kurse und andere Veranstaltungen wissenschaftlicher oder belehrender Art regelmäßig **keinen Schul- und Hochschulunterricht** mangels eines integrierten Systems mit Stufen und der Vermittlung eines breiten und vielfältigen Spektrums von Stoffen dar. Die auf den Unterrichtsbegriff gestützte **bisherige BFH-Rechtsprechung** zu § 4 Nr. 22 Buchst. a UStG ist daher insoweit **in Teilen überholt.** 24

Dies führt zu einem weiteren **einschränkenden Anwendungsbereich** des § 4 Nr. 22 Bucht. a UStG. Die Vorschrift erfasst daher u.E. regelmäßig nur noch Bildungsleistungen der Erziehung von Kindern und Jugendlichen sowie der Ausbildung, Fortbildung oder beruflichen Umschulung sowie die jeweils damit eng verbundenen Leistungen. Danach sind folgende **Arten von Veranstaltungen** zukünftig von der Steuerpflicht bedroht: 25

- **Vorträge, Kurse und Tagesveranstaltungen:** Da es u.a. auf die **Dauer** der angebotenen Veranstaltung nicht ankommt, sind zwar auch Vorträge, Kurse und Tagesveranstaltungen ihrer Art nach geeignet, steuerbefreit zu sein.[1] Nach jüngster Rechtsprechung können sie aber nur mit Einbettung in ein Unterrichtssystem ohne die Eigenschaft als spezialisierter Unterricht steuerfreier Schul- und Hochschulunterricht sein. Ohne eine solche Einbettung sind diese Veranstaltungen nur dann steuerfrei, wenn sie einen Bezug zu einem **Gewerbe/Beruf** haben oder als **erzieherische Leistung an Kinder und Jugendliche** gerichtet sind (Rz. 27 ff., § 4 Nr. 21 Rz. 29 ff.).
- **Veranstaltungen mit dem Charakter bloßer Freizeitgestaltung:** Solche Veranstaltungen sind nach ständiger Rechtsprechung nicht geeignet, steuerfrei zu sein (Rz. 27 ff., § 4 Nr. 21 Rz. 29 ff.).
- Für die **Abgrenzung** zwischen steuerpflichtigen Veranstaltungen mit bloßem Freizeitcharakter und steuerfreien berufsbezogenen Veranstaltungen knüpft der **BFH** in seiner jüngsten Rechtsprechung an seine ursprüngliche zum Unterrichtsbegriff ergangene Rechtsprechung an, um Zitat *„die Kontinuität der auch von der Finanzverwaltung akzeptierten BFH-Rechtsprechung"*[2] zu wahren, so dass nicht bei allen Teilnehmern eine Berufsbezogenheit erforderlich ist, damit die Veranstaltung insgesamt nach § 4 Nr. 22 Buchst. a UStG steuerfrei ist (Rz. 29 f.; § 4 Nr. 21 Rz. 52 ff.).

Dies führt zu einer **erweiterten Vorsteuerabzugsberechtigung** im außerschulischen Bildungsbereich. 26

3. Einzelfälle

Nach Ansicht der **FinVerw.** ist die Erteilung von **Sportunterricht** (z.B. Schwimm-, Tennis-, Reit-, Segel- und Skiunterricht) nach § 4 Nr. 22 Buchst. a UStG steuerfrei, soweit er von einem gemeinnützigen Sportverein im Rahmen eines Zweckbetriebes i.S.d. § 67a AO durchgeführt wird; Tanzkurse stellen nur dann Sportunterricht dar, wenn die Teilnehmer das Tanzen als Tanzsportler in erster Linie als Wettkampf zwischen Paaren bzw. Formationen im Rahmen des Vereins- bzw. Leistungssports betreiben.[3] 27

Sportunterricht ist für sich genommen eine konkrete Dienstleistung, mit der bestimmte Fähigkeiten und Fertigkeiten durch den Leistungserbringer vermittelt werden. Im Vordergrund des Sportunterrichts steht das aktive Tun des Leistungserbringers und nicht die aktive Teilnahme des Leistungsempfängers im Rahmen einer organisatorischen Maßnahme des Leistungserbringers, wie nach § 4 Nr. 22 Buchst. b UStG erforderlich. In diesem Sinne hat beim Sportunterricht der **Leistungsempfänger eine „passive Rolle"** inne. U.E. sind jedoch die Grenzen zur sportlichen Veranstaltung i.S.d. § 4 Nr. 22 Buchst. b UStG fließend, weil hierfür bereits das bloße Training, Sportkurse und Sportlehrgänge genügen können (Rz. 44). 28

Dieses Verständnis der FinVerw. zum Sportunterricht als Veranstaltung belehrender Art i.S.d. § 4 Nr. 22 Buchst. a UStG steht zwar nur noch in Teilen im Einklang mit der jüngsten EuGH- und BFH-Rechtsprechung zum Unterrichtsbegriff überein (§ 4 Nr. 21 Rz. 29 ff.), wonach *allein* zu Freizeitzwe- 29

1 BFH, Urt. v. 7.10.2010 – V R 12/10, BStBl. II 2011, 303 = UR 2011, 154.
2 BFH, Urt. v. 17.11.2022 – V R 33/21 (V R 26/18), UR 2023, 195 m. Anm. *Hüttemann.*
3 Abschn. 4.22.1 Abs. 4 UStAE.

cken erteilter Sportunterricht (z.B. **Schwimm- und Tennisunterricht**)[1] steuerpflichtig ist. Gemeinnützige Sportvereine können sich jedoch zu ihren Gunsten im finanzbehördlichen Verfahren weiterhin auf die Verwaltungsauffassung berufen (**faktisches Wahlrecht**).

29.1 Bei hinreichender Berufsbezogenheit (§ 4 Nr. 21 Rz. 52 ff.) oder Erziehungsleistungen (§ 4 Nr. 21 Rz. 61 ff.). können nach jüngster Rechtsprechung des BFH z.B. auch Leistungen von **Sportschulen** (z.B. Ballett- und Kampfsportschulen) sowie **Fahrsicherheit- und Verkehrserziehungskurse**[2] nach § 4 Nr. 22 Buchst. a UStG steuerfrei sein, wenn zusätzlich die unternehmerbezogenen Voraussetzungen erfüllt sind (Rz. 50 ff.).

30 Nur geringe **Verpflegungsleistungen von Seminarteilnehmern** sind als Nebenleistungen von der Steuerbefreiung umfasst.[3]

31 **Beherbergungsleistungen** im Zusammenhang mit steuerfreien Seminarumsätzen sind nicht befreit.[4]

32 **Zu weiteren Einzelfällen** s. Rz. 25, § 4 Nr. 21 Rz. 38 ff. zum Schul- und Hochschulunterricht, § 4 Nr. 21 Rz. 29 ff. zur Aus-, Fortbildung und beruflichen Umschulung, § 4 Nr. 21 Rz. 58 ff. zur Erziehung von Kindern und Jugendlichen und § 4 Nr. 21 Rz. 65 ff. zu jeweils eng damit verbundenen Leistungen.

4. Verwendung der Einnahmen

33 Die begünstigten Einrichtungen (Rz. 52 ff.) müssen für die Inanspruchnahme der Steuerbefreiung die erzielten **Einnahmen überwiegend zur Deckung der Kosten** verwenden (§ 4 Nr. 22 Buchst. a UStG). Für jede einzelne Veranstaltung oder Veranstaltungsreihe bedarf es daher eines Nachweises, dass die Einnahmen zu mehr als 50 % die Kosten der Veranstaltung decken.[5] Bei **Gebührenerhebung** reicht als Nachweis, dass die Gebührensätze nach den Vorschriften hierzu so zu bemessen sind, dass die mit der Amtshandlung verbundenen Personal- und Sachaufwand gedeckt werden.[6]

34 Dieses Erfordernis ist **unionrechtskonform**, denn nach Art. 133 Buchst. a MwStSystRL können die Mitgliedstaaten die Steuerbefreiung davon abhängig machen, dass die betreffenden **Einrichtungen keine systematische Gewinnerzielung** anstreben. Hiervon hat der deutsche Gesetzgeber mit dem Erfordernis der Verwendung der Einnahmen in zulässiger Weise Gebrauch gemacht.

II. Kulturelle und sportliche Veranstaltungen (Buchst. b)

1. Überblick

35 Andere kulturelle und sportliche Veranstaltungen i.S.d. § 4 Nr. 22 Buchst. b UStG sind Veranstaltungen (Rz. 37 ff.), die **weder wissenschaftlicher noch belehrender Art** i.S.d. § 4 Nr. 22 Buchst. a UStG sind.

36 Ferner wird nach § 4 Nr. 22 Buchst. b UStG nur die **Teilnehmergebühr** (Rz. 48 f.) steuerfrei gestellt.

2. Veranstaltungen

a) Begriffsbestimmung

37 Eine Veranstaltung kultureller oder sportlicher Art ist eine **organisatorische Maßnahme**, die es Personen als Teilnehmer der Veranstaltung ermöglicht, sich entweder **aktiv kulturell zu betätigen oder aktiv Sport zu treiben**, ohne dass eine bestimmte Organisationsform oder Organisationsstruktur vor-

1 BFH, Urt. v. 16.12.2021 – V R 31/21, UR 2022, 254; BFH, Beschl. v. 29.3.2022 – XI B 72/21, BFH/NV 2022, 923.
2 BFH, Urt. v. 17.11.2022 – V R 33/21 (V R 26/18), UR 2023, 195 m. Anm. *Hüttemann.*
3 BFH, Urt. v. 7.10.2010 – V R 12/10, BStBl. II 2011, 303 = UR 2011, 154.
4 FG Münster, Urt. v. 15.3.2011 – 15 K 3840/08 U, UR 2011, 787, m. Anm. *Kirchhain*; bestätigt durch BFH, Urt. v. 8.3.2012 – V R 14/11, BStBl. II 2021, 630 = UR 2012, 560.
5 BFH, Urt. v. 7.10.2010 – V R 12/10, BStBl. II 2011, 303 = UR 2011, 154.
6 BFH, Urt. v. 30.6.2022 – V R 32/21, UR 2022, 940.

geschrieben oder die Teilnahme an Wettkämpfen erforderlich ist.[1] D.h. die Teilnehmer als Leistungsempfänger dürfen nicht bloß eine „passive Rolle" einnehmen (Rz. 48).

Die Steuerbefreiung gilt **für Mitglieder eines Vereins und Nichtmitglieder** und **Publikum** ist nicht erforderlich.[2] 38

Eine kulturelle oder sportliche Veranstaltung liegt auch vor, wenn im Rahmen einer Veranstaltung eine **kulturelle oder sportliche Darbietung** präsentiert wird.[3] 39

Sonderleistungen für einzelne Personen werden nicht erfasst, z.B. die reine Nutzungsüberlassung von Gegenständen bzw. Anlagen oder bloße konkrete Dienstleistungen, wie z.B. die Beförderung zum Ort der kulturellen oder sportlichen Betätigung oder die Erteilung eines Einzelunterrichts oder eines speziellen Trainings für einzelne Personen, wie z.B. für Sportler.[4] 40

Kultur-/Sportunterricht kann nach § 4 Nr. 22 Buchst. a UStG (Rz. 27 ff.), § 4 Nr. 21 UStG oder § 4 Nr. 23 UStG befreit sein,[5] als Gruppenkurse u.E. auch nach § 4 Nr. 22 Buchst. b UStG (Rz. 28, 44). 41

b) Kulturelle Veranstaltungen (Einzelfälle)

Als andere kulturelle Veranstaltungen kommen z.B. **Musikwettbewerbe und Trachtenfeste** in Betracht.[6] 42

Zum umsatzsteuerrechtlichen Kulturbegriff gehören insbesondere **Musik, bildende Kunst** (z.B. Malerei, Graphik, Bildhauerkunst, Architektur, Kunsthandwerk), **darstellende Kunst** (z.B. Theater, Tanz), **Film, audiovisuelle Kunst, Denkmalpflege, Brauchtum und Rundfunkbereich** (Fernsehen, Hörfunk, Internet).[7] Demzufolge sind hierauf bezogene Veranstaltungen geeignet für eine Steuerbefreiung nach § 4 Nr. 22 Buchst. b UStG. 43

c) Sportliche Veranstaltungen (Einzelfälle)

Der Begriff der sportlichen Veranstaltung i.S.d. § 4 Nr. 22 Buchst. b UStG hat dieselbe **Bedeutung wie in § 67a AO**, weshalb die Auslegungsergebnisse der Rechtsprechung zu § 67a AO zu beachten sind.[8] Damit sind insbesondere **Zweckbetriebsveranstaltungen von gemeinnützigen Sportvereinen** von der Umsatzsteuerbefreiung umfasst.[9] Die weiteren Tatbestandsmerkmale des § 67a AO (z.B. Einnahmegrenze, Teilnahme bezahlter Sportler, Zuordnung zum wirtschaftlichen Geschäftsbetrieb) sind für die Beurteilung einer nach § 4 Nr. 22 Buchst. b UStG befreiten sportlichen Veranstaltung hingegen irrelevant. Umsatzsteuerrechtlich sind auch nicht gemeinnützige sportliche Veranstaltungen befreiungsfähig, auch solche von nicht gemeinnützigen Organisationen (Rz. 11.1 ff.). 44

Als sportliche Veranstaltungen kommen nach Ansicht der **FinVerw.** z.B. das **bloße Training, Sportkurse und Sportlehrgänge oder Sportreisen** in Betracht, wenn die sportliche Betätigung wesentlicher und notwendiger Bestandteil der Reise ist (z.B. Reise zum Wettkampfort),[10] jedoch **nicht Sportunterricht** außerhalb von Sportkursen mit mehreren Teilnehmern (Rz. 27 ff., 40 f.).

Ein von einem **Sportverein organisierter und strukturierter Trainings- sowie Spielbetrieb**, der es seinen Mitgliedern ermöglicht, daran teilzunehmen, auch wenn einige Mitglieder davon keinen Ge- 44.1

1 Vgl. BFH, Urt. v. 9.8.2007 – V R 27/04, BFHE 217, 314 = UR 2007, 811; EuGH, Urt. v. 21.2.2013 – C-18/12, ECLI:EU:C:2013:95 – Mesto Zamberk, UR 2013, 338; *Kirchhain* in Weitemeyer/Schauhoff/Achatz, Umsatzsteuerrecht für den Nonprofitsektor, Rz. 19.94.

2 Vgl. BFH Urt. v. 25.7.1996 – V R 7/95, BStBl. II 1997, 154 = UR 1997, 186; Abschn. 4.22.2 Abs. 2 Satz 3 UStAE.

3 Abschn. 4.22.2 Abs. 5 UStAE.

4 Vgl. BFH Urt. v. 25.7.1996 – V R 7/95, BStBl. II 1997, 154 = UR 1997, 186; Abschn. 4.22.2 Abs. 4 UStAE.

5 Vgl. Abschn. 4.22.1 Abs. 4 UStAE; BFH, Urt. v. 15.12.2021 – XI R 3/20, UR 2022, 628; BFH, Urt. v. 17.11.2022 – V R 33/21 (V R 26/18), UR 2023, 195, m. Anm. *Hüttemann.*

6 Vgl. Abschn. 4.22.2 Abs. 1 UStAE.

7 Vgl. *Kirchhain* in Weitemeyer/Schauhoff/Achatz, Umsatzsteuerrecht für den Nonprofitsektor, Rz. 19.16 ff.

8 BFH, Urt. v. 25.7.1996 – V R 7/95, BStBl. II 1997, 154 = UR 1997, 186; BFH, Beschl. v. 20.11.2008 – V B 264/97, UR 2009, 318.

9 Abschn. 4.22.1 Abs. 4 Satz 3 UStAE.

10 Vgl. Abschn. 4.22.2. Abs. 2 Satz 4 und Abs. 3 Satz 1 UStAE.

brauch machen und nicht durch einen Trainer angeleitet werden bzw. nicht am Ligabetrieb teilnehmen, genügt aus Sicht der Finanzgerichtsbarkeit auch im Anschluss an das EuGH-Urteil vom 10.12.2020[1], eine sportliche Veranstaltung anzunehmen, weil die Möglichkeit der Mitglieder, diese Leistungen in Anspruch zu nehmen, bereits ausreichend sein soll.[2] Dies steht in Einklang mit dem bisherigen zutreffendem Verständnis von Rechtsprechung und FinVerw. (Rz. 37, 44) und dürfte daher durch durch den BFH im Revisionsverfahren bestätigt werden.[3]

45 Der Begriff des Sports umfasst nur Tätigkeiten, die durch eine **nicht unbedeutende körperliche Betätigung** gekennzeichnet sind.[4]

46 Sportliche Veranstaltungen sind danach z.B.:[5]

- **Golfturniere/-wettkämpfe**, nicht jedoch die bloße Nutzungsüberlassung der Golfanlage zum **Golfspielen** auch gegen Greenfee inkl. der leihweisen Überlassung von Golfbällen und Caddys, ferner nicht der Golfunterricht;[6] insoweit kam nach bisheriger, nunmehr jedoch überholter Rechtsprechung nur eine Steuerbefreiung durch unmittelbares Berufen auf Art. 132 Abs. 1 Buchst. m MwStSystRL in Betracht (Rz. 11); nunmehr bedarf es eines Zweckbetriebs, einer Berufsbezogenheit oder einer erzieherischen Leistung für die Befreiung des **Golfunterrichts** (Rz. 27 ff.);
- das **überwachte Schießen** nach den Regeln des Schützenbundes in einem Schützenverein.[7]
- u.E. auch Veranstaltungen im **eSport**, wenn die jeweilige elektronische Spielform – was im jeweiligen Einzelfall zu prüfen ist – auch ein Mindestmaß an körperlicher Aktivität erfordert;[8]
- die Leistungen eines **Sportverbandes** sind nur dann befreiungsfähig, wenn dieser selbst sportliche Veranstaltungen organisiert (vgl. auch § 67 a Abs. 4 AO). Die bloße Genehmigung oder das Ausstellen von Sportausweisen reicht hierfür nicht aus.[9]

47 Keine sportlichen Veranstaltungen sind z.B.:

- **Turnierbridge**, weil bereits keine sportliche Betätigung vorliegt;[10]
- **die Nutzungsüberlassung von Flugzeugen durch Luftsportvereine**; insoweit kam nach bisheriger, nunmehr überholter Rechtsprechung nur eine Steuerbefreiung durch unmittelbares Berufen auf Art. 132 Abs. 1 Buchst. m MwStSystRL in Betracht (Rz. 11).[11] Hierzu ist auch ein Revisionsverfahren beim BFH anhängig.[12]

3. Beschränkung auf Teilnehmergebühr

48 Die Steuerbefreiung für kulturelle und sportliche Veranstaltungen ist beschränkt auf die Teilnehmergebühren, d.h. **Entgelte für die aktive Teilnahme** an der Veranstaltung, bei der die Teilnehmer als Leistungsempfänger nicht nur eine „passive Rolle" einnehmen. Sie sind abzugrenzen von **Eintrittsgeldern für die passive Teilnahme** als Zuschauer an der Veranstaltung, die nicht unter die Steuerbefreiung nach § 4 Nr. 22 Buchst. b UStG fallen, sondern unter § 4 Nr. 20 UStG (§ 4 Nr. 20 Rz. 14 ff.).[13]

---

1 EuGH, Urt. v. 10.12.2020 – C-488/18, ECLI:EU:C:2020:1013 – Golfclub Schloß Igling, UR 2021, 158.

2 FG Niedersachsen, Urt. v. 10.1.2023 – 11 K 147/22, EFG 2024, 331.

3 Az.: BFH V R 4/23.

4 EuGH, Urt. v. 26.10.2017 – C-90/16, ECLI:EU:C:2017:814 – The English Bridge Union, UR 2018, 197.

5 S. ergänzend *Alvermann*, SpuRt 2014, 154 (154 f.); *Alvermann* in Fritzweiler/Pfister/Summerer, Praxishandbuch Sportrecht, 4. Auflage, 2020, 8. Kapitel, Rz. 18, ABC zum steuerlichen Begriff des Sports; AEAO 7 zu § 52 AO.

6 BFH Urt. v. 2.3.2011 – XI R 21/09, BFHE 233, 269; BFH, Beschl. v. 21.6.2018 – V R 20/17, BStBl. II 2018, 558 = UR 2018, 669; EuGH, Urt. v. 19.12.2013 – C-495/12, ECLI:EU:C:2013:861 – Bridport and West Dorset Golf Club, UR 2014, 192 m. Anm. *Widmann*.

7 FG München, Urt. v. 10.4.2014 – 14 K 1495/12, EFG 2014, 1436.

8 Vgl. weitergehend: *Alvermann* in Frey, eSport und Recht, 2021, § 28 Rz. 8 ff.

9 Abschn. 4.22.2 Abs. 4 Satz 3 UStAE; zum ermäßigten Steuersatz vgl. Abschn. 12.9 Abs. 4 Nr. 1 UStAE.

10 EuGH, Urt. v. 26.10.2017 – C-90/16, ECLI:EU:C:2017:814 – The English Bridge Union, UR 2018, 197.

11 BFH, Urt. v. 9.8.2007 – V R 27/04, BFHE 217, 314 = UR 2007, 811.

12 Az.: BFH XI R 31/22; Vorinstanz: FG Baden-Württemberg, Urt. v. 24.6.2021 – 1 K 3047/19, EFG 2023, 1425.

13 Abschn. 4.22.2 Abs. 5 Satz 2 UStAE.

Befreite Teilnehmergebühren sind z.B. **Startgelder** und **Meldegelder**[1]. Auch **Mitgliedsbeiträge von Vereinen**[2] können unter die Befreiung fallen, sofern mit der Beitragszahlung das Teilnahmerecht an kulturellen oder sportlichen Veranstaltungen einhergeht. Dies steht zur Überprüfung durch den BFH im Revisionsverfahren an.[3] 49

Die Befreiung gewinnt insbesondere an Bedeutung, soweit sich der Verein entgegen der Ansicht der FinVerw. und mit der Rechtsprechung auf die Steuerbarkeit auch von klassischen („echten") Mitgliedsbeiträgen beruft (Rz. 14 ff.).

„Teilnehmer" i.S.d. Vorschrift können sowohl **Mitglieder als auch Nichtmitglieder** eines Sportvereins sein.[4] 49.1

C. Unternehmerbezogene Voraussetzungen

I. Überblick

Die nach § 4 Nr. 22 Buchst. a und b UStG begünstigten Einrichtungen (Rz. 52 ff.) für steuerfreie Veranstaltungen wissenschaftlicher oder belehrender Art oder andere kulturelle und sportliche Veranstaltungen sind im § 4 Nr. 22 Buchst. a UStG **abschließend aufgezählt.** 50

Diese Beschränkung auf die im § 4 Nr. 22 Buchst. a und b UStG ausdrücklich genannten Einrichtungen ist für Veranstaltungen wissenschaftlicher oder belehrender Art sowie für sportliche und kulturelle Veranstaltungen **unionrechtswidrig** und u.E. **nur in Teilen einer richtlinienkonformen Auslegung** zugänglich, so dass sich hiervon betroffene Steuerpflichtige zu ihren Gunsten auf die jeweilige Richtlinienbestimmung unmittelbar berufen können, sofern sie die unternehmerbezogenen Voraussetzungen nach Art. 132 Abs. 1 Buchst. i, m bzw. n MwStSystRL erfüllen (Rz. 6 f., 12.1 ff.). 51

Ob infolge der jüngsten BFH-Rechtsprechung zu den Einrichtungserfordernissen bei sportlichen Veranstaltungen die Befreiungstatbestände in § 4 Nr. 22 Buchst. a und b UStG unternehmerbezogen noch in derselben Weise auszulegen sind, ist u.E. zu bejahen, jedoch in der Literatur umstritten und noch nicht abschließend geklärt; auf dem Boden der jüngsten Rechtsprechung ist **keine einheitliche Auslegung** mehr vorzunehmen (Rz. 11.2 ff.). 51.1

II. Begünstigte Einrichtungen

1. Juristische Personen des öffentlichen Rechts

Zur Begriffsbestimmung s. § 2b Rz. 37 ff. 52

2. Verwaltungs- und Wirtschaftsakademien

Das sind Aus-, Weiter- und Fortbildungseinrichtungen für Fachkräfte aus Verwaltung und Wirtschaft, ähnlich einer Hochschule, die die Befugnis zur Abnahme von Prüfung und Erteilung von Diplomen haben, z.B. Institute von Handwerkskammern, privaten und öffentlich-rechtlichen Trägern (z.B. die Bundesfinanzakademie und die Deutsche Hochschule für Verwaltungswissenschaften in Speyer).[5] 53

3. Volkshochschulen

Volkshochschulen sind privatrechtliche und öffentlich-rechtliche Einrichtungen, die **jedermann offenstehen** und auf freiwilliger, überparteilicher und überkonfessioneller Grundlage Bildungsziele verfol- 54

1 Abschn. 4.22.2 Abs. 5 Satz 1 UStAE.
2 Vgl. *Wäger*, DStR 2014, 1517 (1517 f.); *Kirchhain*, SpuRt 2019, 107 (107 ff.); FG Niedersachsen, Urt. v. 10.1.2023 – 11 K 147/22, EFG 2024, 331.
3 Az.: BFH V R 4/23.
4 Vgl. BFH Urt. v. 25.7.1996 – V R 7/95, BStBl. II 1997, 154 = UR 1997, 186; Abschn. 4.22.2 Abs. 2 Satz 3 UStAE.
5 *Tehler* in Rau/Dürrwächter, § 4 Nr. 22 UStG Rz. 86 (Stand: Mai 2022).

gen, wobei die Einrichtung auch von einer festen politischen, sozialen oder weltanschaulichen Grundeinstellung ausgehen darf, die aber den Kreis der Hörer nicht ausdrücklich einengen.[1]

4. Gemeinnützige Einrichtung

55 Einrichtungen, die i.S.d. § 4 Nr. 22 Buchst. a UStG gemeinnützigen Zwecken dienen, sind u.E. unter Berücksichtigung der jüngsten Rechtsprechung des EuGH und des BFH richtlinienkonform erweiternd als **„Einrichtungen, die keine systematische Gewinnerzielung anstreben"** i.S.d. Art. 133 Abs. 1 Buchst. a MwStSystRL auszulegen, ohne die Vorgaben der §§ 51 ff. AO erfüllen zu müssen, und zwar nicht nur in Bezug auf sportliche Veranstaltungen, sondern auch in Bezug auf kulturelle Veranstaltungen sowie Veranstaltungen wissenschaftlicher oder belehrender Art (Rz. 12.1 ff.). Der **BFH** beurteilt Letzteres jedoch anders (Rz. 11.2, 12.5 f.).

55.1 Die **FinVerw.** hat sich in ihren Verlautbarungen zu dieser neuen Rechtsprechung noch nicht positioniert und gewährt in der Praxis bisher nur solchen privatrechtlichen Einrichtungen die Steuerbefreiung, die auch im Übrigen die **gemeinnützigkeitsrechtlichen Anforderungen der §§ 51 ff. AO** erfüllen, also von der Finanzbehörde durch Steuerbescheid als steuerbegünstigte Körperschaft anerkannt wurden.

55.2 Dies Ansicht der FinVerw. ist u.E. nicht mit dem nationalen Gesetzeswortlaut vereinbar, da die Einrichtungen nur *„gemeinnützigen Zwecken dienen"* müssen.[2] U.E. erfasst ferner dieser Begriff auch nach rein nationalem Verständnis nicht nur **gemeinnützige Zwecke** i.S.d. § 52 AO, sondern darüber hinaus auch **mildtätige** (§ 53 AO) und **kirchliche Zwecke** (§ 54 AO).[3]

56 Ein **gemeinnütziger Bildungsverein**, der die Voraussetzungen für steuerfreie Leistungen nach § 4 Nr. 22 Bucht. a UStG erfüllt, kann sich nicht – im Hinblick auf eine begehrte Vorsteuerabzugsberechtigung – auf Art. 132 Abs. 1 Buchst. i, 133, 134 MwStSystRL mit der Begründung berufen, dass eine Umsatzsteuerbefreiung mangels vergleichbarer Zielsetzung ausscheidet, nur weil öffentlich-rechtliche Einrichtungen entsprechende Bildungsdienstleistungen nicht erbringen.[4]

5. Berufsverband

57 Berufsverbände[5] sind – nach der für die Körperschaftsteuerbefreiung (vgl. § 5 Abs. 1 Nr. 5 KStG) entwickelten Definition – Zusammenschlüsse natürlicher Personen oder Unternehmen, die allgemeine, aus der beruflichen oder unternehmerischen Tätigkeit erwachsende ideelle und wirtschaftliche Interessen eines Wirtschaftszweigs oder der Angehörigen eines Berufs wahrnehmen, wobei der Berufsverband die **wirtschaftlichen Interessen aller Angehörigen des Berufs- oder Wirtschaftszweigs** wahrnehmen und nicht nur Interessen einzelner Angehöriger des Berufs- oder Wirtschaftszweigs als Individualinteressen vertreten darf.[6] Folge dieser Begriffsdefinition ist – so jüngst der BFH – auch, dass der Zweck des Berufsverbands – wie in § 5 Abs. 1 Nr. 5 Satz 1 KStG ausdrücklich angeordnet – nicht auf einen wirtschaftlichen Geschäftsbetrieb gerichtet sein darf.[7] Erschöpft sich die Verbandstätigkeit in der Erbringung von wirtschaftlichen Sonderleistungen an die Mitglieder, liegt kein Berufsverband vor. Die für die Sonderleistungen erhobenen Verbandsbeiträge wären dann umsatzsteuerbar und -pflichtig.

58 Berufsverbände sind unter den vorgenannten Voraussetzungen z.B. **Gewerkschaften, Arbeitgeberverbände sowie Zusammenschlüsse von Angehörigen bestimmter Berufe** (Anwaltsverein, Ärztebund, freiberufliche Kammern, Fachvereinigungen, Verbraucherverbände, Haus- und Grundbesitzvereinigungen und Ärztevereinigungen).

---

1 BFH, Urt. v. 2.8.1962 – V 37/60 U, BStBl. III 1962, 458; Abschn. 4.22.1 Abs. 1 UStAE.

2 Ebenso: *Tehler* in Rau/Dürrwächter, § 4 Nr. 22 UStG Rz. 102 (Stand: Mai 2022); *Kulmsee* in Reiß/Kraeusel/Langer, § 4 UStG Rn. 26 (Stand: April 2013).

3 **A.A.** *Tehler* in Rau/Dürrwächter, § 4 Nr. 22 UStG Rz. 104 (Stand: Mai 2022); *Kulmsee* in Reiß/Kraeusel/Langer, § 4 UStG Rn. 28 (Stand: April 2013).

4 FG Düsseldorf, Urt. v. 1.2.2017 – 5 K 78/14, EFG 2019, 1335, rkr.

5 Vgl. zur umsatzsteuerrechtlichen Beurteilung im Allgemeinen *Erdbrügger*, DStR 2018, 59 (59 ff.).

6 BFH, Urt. v. 13.12.2018 – V R 45/17, BStBl. II 2019, 460 = UR 2019, 337, m. Anm. *Küffner/Kirchinger.*

7 BFH, Urt. v. 13.12.2018 – V R 45/17, BStBl. II 2019, 460 = UR 2019, 337; kritisch: *Küffner/Kirchinger*, UR 2019, 340 (340); *Erdbrügger*, DStR 2018, 59 (59 ff.).

§ 4 Nr. 23 [Erziehungs-, Betreuungs-, Beherbergungs- und Verpflegungsleistungen]

Von den unter § 1 Abs. 1 Nr. 1 fallenden Umsätzen sind steuerfrei:

…

23. a) die Erziehung von Kindern und Jugendlichen und damit eng verbundene Lieferungen und sonstige Leistungen, die durch Einrichtungen des öffentlichen Rechts, die mit solchen Aufgaben betraut sind, oder durch andere Einrichtungen erbracht werden, deren Zielsetzung mit der einer Einrichtung des öffentlichen Rechts vergleichbar ist und die keine systematische Gewinnerzielung anstreben; etwaige Gewinne, die trotzdem anfallen, dürfen nicht verteilt, sondern müssen zur Erhaltung oder Verbesserung der durch die Einrichtung erbrachten Leistungen verwendet werden,

b) eng mit der Betreuung von Kindern und Jugendlichen verbundene Lieferungen und sonstige Leistungen, die durch Einrichtungen des öffentlichen Rechts oder durch andere als Einrichtungen mit sozialem Charakter anerkannte Einrichtungen erbracht werden. [2]Andere Einrichtungen mit sozialem Charakter im Sinne dieser Vorschrift sind Einrichtungen, soweit sie

aa) auf Grund gesetzlicher Regelungen im Bereich der sozialen Sicherheit tätig werden oder

bb) Leistungen erbringen, die im vorangegangenen Kalenderjahr ganz oder zum überwiegenden Teil durch Einrichtungen des öffentlichen Rechts vergütet wurden,

c) Verpflegungsdienstleistungen und Beherbergungsleistungen gegenüber Kindern in Kindertageseinrichtungen, Studierenden und Schülern an Hochschulen im Sinne der Hochschulgesetze der Länder, an einer staatlichen oder staatlich anerkannten Berufsakademie, an öffentlichen Schulen und an Ersatzschulen, die gemäß Artikel 7 Absatz 4 des Grundgesetzes staatlich genehmigt oder nach Landesrecht erlaubt sind, sowie an staatlich anerkannten Ergänzungsschulen und an Berufsschulheimen durch Einrichtungen des öffentlichen Rechts oder durch andere Einrichtungen, die keine systematische Gewinnerzielung anstreben; etwaige Gewinne, die trotzdem anfallen, dürfen nicht verteilt, sondern müssen zur Erhaltung oder Verbesserung der durch die Einrichtung erbrachten Leistungen verwendet werden.

[2]Steuerfrei sind auch die Beherbergung, Beköstigung und die üblichen Naturalleistungen, die die Unternehmer den Personen, die bei der Erbringung der Leistungen nach Satz 1 Buchstabe a und b beteiligt sind, als Vergütung für die geleisteten Dienste gewähren. [3]Kinder und Jugendliche im Sinne von Satz 1 Buchstabe a und b sind alle Personen, die noch nicht 27 Jahre alt sind. [4]Für die in den Nummern 15b, 15c, 21, 24 und 25 bezeichneten Leistungen kommt die Steuerbefreiung nur unter den dort genannten Voraussetzungen in Betracht;

…

Schrifttum: *Hüttemann/Schauhoff*, Umsatzsteuerbefreiungen für Sozial- und Bildungseinrichtungen, DStR 2019, 1601; *Kraeusel*, Geplante Änderungen des UStG und der UStDV durch den Entwurf eines Gesetzes zur weiteren steuerlichen Förderung der Elektromobilität und zur Änderung weiterer steuerlicher Vorschriften, UVR 2019, 202; *Sterzinger*, Änderungen des UStG und der UStDV durch das sog. JStG 2019 und das BEG III, UR 2020, 1; *Weber*, Die Umsatzsteuerbefreiung von Subunternehmerleistungen im Gemeinwohlbereich, UVR 2018, 105.

A. Grundaussagen der Vorschrift

I. Regelungsgegenstand und Bedeutung

1 Die Vorschrift wurde durch das Gesetz zur weiteren steuerlichen Förderung der Elektromobilität und zur Änderung weiterer steuerlicher Vorschriften vom 12.12.2019 („JStG" 2019)[1] **zum 1.1.2020 neu gefasst** und durch das Jahressteuergesetz 2020 nochmals geändert.[2] Nach der bis zum 1.1.2020 gültigen Fassung war lediglich die Gewährung von Beherbergung, Beköstigung und der üblichen Naturalleistungen durch Einrichtungen im Bereich der Jugenderziehung und Ausbildung nach § 4 Nr. 23 UStG steuerbefreit.

2 Nunmehr regelt die Vorschrift über den bisherigen Anwendungsbereich hinaus insbesondere die Steuerbefreiung für **Erziehungs- und Betreuungsleistungen von Kindern und Jugendlichen** (Satz 1 Buchst. a und b) und **Verpflegungsdienstleistungen gegenüber Studierenden und Schülern** (Satz 1 Buchst. c). Die Vorschrift ist damit für den Bereich der Erziehung und Betreuung von Kindern und Jugendlichen von zentraler Bedeutung.

3 Die Steuerbefreiung führt zum **Verlust des Vorsteuerabzugs**. Es kann nicht nach § 9 UStG verzichtet werden.

II. Unionsrechtliche Grundlagen

4 Die Neufassung setzt **Art. 132 Abs. 1 Buchst. h und i MwStSystRL** für den Bereich der Erziehung und Betreuung von Kindern und Jugendlichen in nationales Umsatzsteuerrecht um.[3] Bisher hatte der Gesetzgeber die bereits bei Inkrafttreten der 6. EG-Richtlinie vorhandenen Steuerbefreiungstatbestände im Wesentlichen unverändert fortgeführt.

5 Die Befreiungsvorschriften des Art. 132 Abs. 1 Buchst. h und i MwStSystRL erfassen insbesondere die Leistungen zur **Erziehung von Kindern und Jugendlichen** und damit eng verbundene Dienstleistungen und Lieferungen von Gegenständen, sowie **eng mit der Kinder- und Jugendbetreuung verbundene Dienstleistungen und Lieferungen von Gegenständen**. Voraussetzung der unionsrechtlichen Befreiungsvorschriften ist, dass diese Leistungen von **Einrichtungen des öffentlichen Rechts** oder von anderen **Einrichtungen, die von dem Mitgliedstaat als Einrichtungen mit sozialem Charakter anerkannt sind bzw. eine anerkannte vergleichbare Zielsetzung verfolgen**, erbracht werden.

6 In § 4 Nr. 23 Satz 1 Buchst. a und c UStG hat der Gesetzgeber die Einschränkung des **Art. 133 Abs. 1 Buchst. a MwStSystRL** übernommen. Die Befreiung der Leistungen privatrechtlicher Einrichtungen erfordert danach, dass **keine systematische Gewinnerzielung** angestrebt wird und etwaige Gewinne, die trotzdem anfallen, nicht verteilt, sondern zur Erhaltung oder Verbesserung der durch die Einrichtung erbrachten Leistungen verwendet werden.

III. Verhältnis zu anderen Vorschriften

7 § 4 Nr. 23 UStG und § 4 Nr. 21 UStG ergänzen sich in der Umsetzung des Art. 132 Abs. 1 Buchst. i MwStSystRL. Für **Schul- und Hochschulunterricht, Aus- und Fortbildung sowie berufliche Um-**

1 BGBl. I 2019, 2451.
2 Art. 12 Ziffer 2 Buchst. c JStG 2020, BGBl. I 2020, 3096.
3 BT-Drucks. 356/19, 167.

schulung wird Art. 132 Abs. 1 Buchst. i MwStSystRL durch § 4 Nr. 21 UStG (allerdings nicht richtlinienkonform) umgesetzt (§ 4 Nr. 21 Rz. 13), während insbesondere **§ 4 Nr. 23 Satz 1 Buchst. a UStG die Befreiung für die Erziehung von Kindern und Jugendlichen** umsetzt. Nach § 4 Nr. 23 Satz 1 Buchst. c UStG werden zudem die mit dem Schul- und Hochschulunterricht, Aus- und Fortbildung sowie der beruflichen Umschulung zusammenhängenden **Verpflegungsdienstleistungen gegenüber Studierenden und Schülern** begünstigt.

§ 4 Nr. 23 Satz 4 UStG stellt klar, dass für die in **§ 4 Nr. 15b, 15c, 21, 24 und 25 UStG** bezeichneten Leistungen die Steuerbefreiung nur unter den dort genannten Voraussetzungen in Betracht kommt. Für Erziehungs- und Betreuungsleistungen der Kinder- und Jugendhilfe nach dem SGB VIII ist folglich § 4 Nr. 25 UStG maßgeblich (§ 4 Nr. 25 Rz. 1 ff.). 8

B. Erziehung von Kindern und Jugendlichen (Nr. 23 Satz 1 Buchst. a)

I. Erziehung

Erziehung i.S.d. § 4 Nr. 23 Satz 1 Buchst. a UStG ist **eine planmäßige Tätigkeit zur körperlichen, geistigen und sittlichen Formung von Kindern und Jugendlichen zu tüchtigen und mündigen Menschen.**[1] Begünstigt sind insbesondere altersgerechte Sprach- und Wissensvermittlung, Angebote von Musik-, Kunst- und Bewegungserziehung in Verbindung mit der **Vermittlung von sozialen Kompetenzen und Werten.**[2] Letzteres unterscheidet die Erziehung von der bloßen Wissensvermittlung.[3] 9

Die ebenfalls unter die unionsrechtliche Befreiungsnorm Art. 132 Abs. 1 Buchst. i MwStSystRL fallenden **Bildungsleistungen (§ 4 Nr. 21 UStG)** verfolgen neben der Erziehung von Kindern und Jugendlichen **in erster Linie den Bildungszweck** (§ 4 Nr. 21 Rz. 23 ff.). Die Anwendungsbereiche sind nicht trennscharf abgrenzbar. 10

Problematisch ist auch die Abgrenzung zur **Freizeitgestaltung**. Nach dem BFH sollten Leistungen im Zusammenhang mit **Fahrten, die von Sport- und Freizeitangeboten geprägt sind**, nicht der bis zum 31.12.2019 gültigen Fassung des § 4 Nr. 23 UStG unterfallen.[4] Die Leistungen müssen vorrangig der Erziehung dienen. 11

II. „Eng verbundene" Umsätze

Es handelt sich um Leistungen, die **keinen eigenständigen Zweck** erfüllen, sondern nur ein Mittel darstellen, um die Erziehungsleistung unter optimalen Bedingungen ausführen zu können. Als eng mit der Erziehung verbundene Leistungen kommen insbesondere die **Gewährung von Beherbergung, Beköstigung und der üblichen Naturalleistungen an die Kinder und Jugendlichen** in Betracht.[5] 12

Voraussetzung soll zudem sein, **dass dem Unternehmer, der die Leistungen erbringt, die Erziehung der Kinder und Jugendlichen selbst obliegt.**[6] Die Bewirtung durch andere Unternehmer soll daher nicht nach § 4 Nr. 23 Satz 1 Buchst. a UStG steuerbefreit sein. 13

III. Begünstigte Einrichtungen

Erziehungsleistungen sind steuerfrei, wenn sie durch **Einrichtungen des öffentlichen Rechts**, die mit solchen Aufgaben betraut sind, erbracht werden. Dies sind insbesondere die Leistungen der **öffentlichen Schulen.** 14

---

1 BFH, Urt. v. 17.11.2022 – V R 33/21 (V R 26/18), UR 2023, 195 m. Anm. *Hüttemann*.
2 BT-Drucks. 356/19, 168.
3 BFH, Urt. v. 17.11.2022 – V R 33/21 (V R 26/18), UR 2023, 195 m. Anm. *Hüttemann*.
4 BFH, Urt. v. 12.5.2009 – V R 35/07, BStBl. II 2009, 1032 = UR 2009, 853, Rz. 24; BFH, Urt. v. 30.7.2008 – V R 66/06, BStBl. II 2010, 507 = UR 2009, 241, Rz. 21.
5 BT-Drucks. 19/13436, 148.
6 BT-Drucks. 356/19, 168.

15 Ferner werden die Leistungen **privatrechtlicher Einrichtungen** nach § 4 Nr. 23 Satz 1 Buchst. a UStG befreit, wenn deren Zielsetzung mit der einer Einrichtung des öffentlichen Rechts vergleichbar ist. Davon ist auszugehen, wenn die Einrichtung in der Gesamtheit ihrer unternehmerischen Zielsetzung auf die Erziehung von Kindern und Jugendlichen ausgerichtet ist. Dies kann auch durch eine staatliche Genehmigung oder Kostenübernahme belegt werden. Gewerbliche Ziele sind nicht zwingend schädlich.[1] Der Begriff der Einrichtung erfasst nach der Rechtsprechung des EuGH zudem **Unternehmer jeglicher Rechtsform**, neben juristischen Personen also auch natürliche Personen und Personenzusammenschlüsse.[2]

16 Die Befreiung der Leistungen privatrechtlicher Einrichtungen erfordert nach § 4 Nr. 23 Satz 1 Buchst. a UStG zudem, dass **keine systematische Gewinnerzielung angestrebt wird** und etwaige Gewinne, die trotzdem anfallen, nicht verteilt, sondern zur Erhaltung oder Verbesserung der durch die Einrichtung erbrachten Leistungen verwendet werden. Diese Einschränkung ist **Art. 133 Abs. 1 Buchst. a MwStSystRL** entnommen.

17 Bei der Beurteilung der Frage, ob es sich um eine Einrichtung handelt, die keine systematische Gewinnerzielung anstrebt, sind **sämtliche Tätigkeiten dieser Einrichtung zu berücksichtigen**. Eine Einrichtung ohne Gewinnstreben kann nach unionsrechtlichen Maßstäben auch vorliegen, wenn **sie danach strebt, Gewinne zu erwirtschaften, die anschließend für die Durchführung der Leistungen der Einrichtung verwendet und nicht entnommen oder an Mitglieder oder Gesellschafter verteilt werden.**[3]

18 Das Verhältnis der dem Unionsrecht entnommenen Begriffe zu den Voraussetzungen der **Gemeinnützigkeit** nach nationalem Recht ist nicht abschließend geklärt. Gemeinnützige Einrichtungen i.S.v. § 52 AO sind jedoch Einrichtungen, die „keine systematische Gewinnerzielung anstreben".[4]

IV. Leistungsempfänger

19 Die Vorgaben der § 4 Nr. 23 Satz 1 Buchst. a UStG zum Leistungsempfänger beziehen sich auf die **tatsächlichen Empfänger der Leistungen**. Auf die Vertragspartner des leistenden Unternehmers und damit Leistungsempfänger im Rechtssinne kommt es insoweit nicht an.[5]

20 Voraussetzung der Steuerbefreiung nach § 4 Nr. 23 Satz 1 Buchst. a UStG ist, dass die Leistungen an **Kinder und Jugendliche** erbracht werden. § 4 Nr. 23 Satz 3 UStG regelt, dass Kinder und Jugendliche i.S.d. § 4 Nr. 23 Satz 1 Buchst. a und b UStG alle Personen sind, die **noch nicht 27 Jahre alt** sind.

21 Im Gegensatz zu § 4 Nr. 25 UStG, der die Steuerbefreiung insbesondere für die Leistungen der Jugendhilfe regelt, ist für § 4 Nr. 23 Satz 1 Buchst. a und b UStG also eine altersmäßige Begrenzung vorgesehen.

C. Betreuung von Kindern und Jugendlichen (Nr. 23 Satz 1 Buchst. b)

I. Betreuungsleistungen

22 § 4 Nr. 23 Satz 1 Buchst. b UStG erfasst die eng mit der Kinder- und Jugendbetreuung verbundenen Leistungen, **die nicht unter § 4 Nr. 25 UStG fallen**. Zu den Leistungen nach § 4 Nr. 23 Satz 1 Buchst. b

1 EuGH, Urt. v. 28.11.2013 – C-319/12, ECLI:EU:C:2013:778 – MDDP, EU-UStB 2014, 9 m. Anm. *Buge*, Rz. 54.
2 EuGH, Urt. v. 26.5.2005 – C-498/03, ECLI:EU:C:2005:322 – Kingscrest Associates und Montecello, UR 2005, 453; EuGH, Urt. v. 28.11.2013 – C-319/12, ECLI:EU:C:2013:778 – MD PP, DB 2014, 37.
3 EuGH, Urt. v. 21.3.2002 – C-174/00, ECLI:EU:C:2002:200 – Kennemer Golf, UR 2002, 320 m. Anm. *Widmann*, Rz. 26 ff.
4 EuGH, Urt. v. 10.12.2020 – C-488/18, ECLI:EU:C:2020:1013 – Golfclub Schloss Igling, MwStR 2021, 156 m. Anm. *Hüttemann*, Rz. 52; vorausgehend: BFH, Vorlagebeschl. v. 21.6.2018 – V R 20/17, BStBl. II 2018, 558 = UR 2018, 669 m. Anm. *Tehler*; *Hüttemann/Schauhoff*, DStR 2019, 1601; nachfolgend: BFH, Urt. v. 21.4.2022 – V R 48/20 (V R 20/17), BFHE 276, 394 = UR 2022, 459 m. Anm. *Alvermann/Gomes*.
5 Abschn. 4.23.1 Abs. 2 Satz 11 UStAE.

UStG zählen insbes. die Beaufsichtigung von Kindern und Jugendlichen bei der **Freizeitgestaltung und Nachmittagsbetreuung**, sofern sich eine Befreiung nicht bereits aus § 4 Nr. 23 Satz 1 Buchst. a UStG ergibt (bspw. Hausaufgabenbetreuung).

Nach dem EuGH sind allerdings **Surf- und Segelunterricht** nicht als eng mit der Kinder- und Jugendbetreuung verbundene Dienstleistungen anzusehen und unterfallen daher nicht Art. 132 Abs. 1 Buchst. h MwStSystRL.[1] 23

II. Begünstigte Einrichtungen

Eng mit der Kinder- und Jugendbetreuung verbundene Leistungen sind steuerfrei, wenn sie durch **juristische Personen des öffentlichen Rechts** sowie andere **Einrichtungen mit sozialem Charakter** erbracht werden. 24

Als andere Einrichtungen mit sozialem Charakter sind **privatrechtliche Einrichtungen** anzusehen, die entweder aufgrund **gesetzlicher Regelungen** im Bereich der sozialen Sicherheit tätig werden (Nr. 23 Satz 1 Buchst. b Satz 2 Doppelbuchst. aa), oder deren Leistungen im **vorangegangenen Kalenderjahr ganz oder zum überwiegenden Teil durch Einrichtungen des öffentlichen Rechts vergütet** wurden (Nr. 23 Satz 1 Buchst. b Satz 2 Doppelbuchst. bb). 25

§ 4 Nr. 23 Satz 1 Buchst. b Satz 2 Doppelbuchst. bb UStG ist unionsrechtskonform dahingehend auszulegen, dass eine Vergütung der Leistungen durch eine Einrichtung des öffentlichen Rechts **auch bei einer nur mittelbaren Kostentragung vorliegen kann.**[2] 26

III. Leistungsempfänger

Nach § 4 Nr. 23 Satz 1 Buchst. b UStG sind nur Leistungen an **Kinder und Jugendliche** steuerbefreit. Erfasst sind alle Personen, die noch nicht 27 Jahre alt sind (Rz. 19). 27

D. Verpflegungsdienstleistungen und Beherbergungsleistungen (Nr. 23 Satz 1 Buchst. c)

I. Verpflegungsdienstleistungen und Beherbergungsleistungen

Als Verpflegungsdienstleistungen gelten die **Abgabe zubereiteter oder nicht zubereiteter Speisen und Getränke** (mit Ausnahme alkoholischer Getränke) zum sofortigen Verzehr **und unterstützende Dienstleistungen**. Ohne unterstützende Dienstleistungen kann keine Verpflegungsdienstleistung vorliegen. 28

Beherbergung ist die Überlassung von Wohn- und Schlafräumen. Die Leistungen sind dann steuerfrei, wenn sie als **eigenständige Leistung** gegenüber Studierenden und Schülern erbracht werden. Begünstigt sind danach z.B. die Beherbergung in Kindertagesheimen, Schullandheimen, Schülerheimen, Erziehungsheimen, Jugendwohnheimen, Studentenheimen und Berufsschulheimen.[3] 28.1

II. Begünstigte Einrichtungen

Die Leistungen sind steuerfrei, wenn sie durch Einrichtungen des öffentlichen Rechts oder eine Einrichtung erbracht werden, die **keine systematische Gewinnerzielung** anstrebt und etwaige Gewinne, 29

1 EuGH, Beschl. v. 7.10.2019 – C-47/19, ECLI:EU:C:2019:840 – Finanzamt Hamburg-Barmbek-Uhlenhorst, UR 2019, 892 m. Anm. *Bünnemann*, Rz. 40.
2 BFH, Urt. v. 22.6.2016 – V R 46/15, BFHE 254, 272 = UR 2016, 763, Rz. 36, zu § 4 Nr. 25 UStG.
3 *Huschens*, UVR 2021, 45.

die trotzdem anfallen, nicht verteilt, sondern zur Erhaltung oder Verbesserung der durch die Einrichtung erbrachten Leistungen verwendet.

30 Die Formulierung entspricht **Art. 133 Abs. 1 Buchst. a MwStSystRL und § 4 Nr. 23 Satz 1 Buchst. a UStG** (Rz. 16). Anders als für die nach § 4 Nr. 23 Satz 1 Buchst. a und Buchst. b UStG begünstigten Einrichtung ist aber darüber hinaus kein „sozialer Charakter" oder eine entsprechende „Zielsetzung" der Einrichtung erforderlich. Als begünstigte Einrichtungen kommen bspw. Studentenwerke in Betracht.

III. Leistungsempfänger

31 § 4 Nr. 23 Satz 1 Buchst. c UStG regelt wie auch Satz 1 Buchst. a und Buchst. b die **tatsächlichen Empfänger der Leistungen**, die nicht die Leistungsempfänger im Rechtssinne sein müssen. Verpflegungsdienstleistungen und Beherbergungsleistungen sind danach nur dann begünstigt, wenn sie gegenüber **Kindern in Kindertageseinrichtungen** oder **gegenüber Studierenden und Schülern** an Hochschulen im Sinne der Hochschulgesetze der Länder, an einer staatlichen oder staatlich anerkannten Berufsakademie, an öffentlichen Schulen sowie an Ersatzschulen, die gemäß Art. 7 Abs. 4 GG staatlich genehmigt oder nach Landesrecht erlaubt sind, sowie an (nach den Schulgesetzen der Länder) staatlich anerkannten Ergänzungsschulen und an Berufsschulheimen erbracht werden.

32 § 4 Nr. 23 Satz 1 Buchst. c UStG bezieht sich damit gerade nicht nur auf die Leistungen nach § 4 Nr. 23 Satz 1 Buchst. a und b UStG und damit im Zusammenhang stehende Verpflegungsdienst- und Beherbergungsleistungen.

E. Beherbergung, Beköstigung und übliche Naturalleistungen (Nr. 23 Satz 2)

33 **Beherbergung** ist die Überlassung von Wohn- und Schlafräumen. Unter Beköstigung ist die Versorgung mit Verpflegung (Abgabe von Speisen und Getränken) zu verstehen. Übliche Naturalleistungen sind z.B. **Materialien, Kleidung oder sonstige Verbrauchsgegenstände** (§ 4 Nr. 25 Rz. 38 f.).

34 § 4 Nr. 23 Satz 3 UStG regelt, dass **Kinder und Jugendliche** i.S.d. Satz 1 Buchst. a und b alle Personen sind, die noch nicht 27 Jahre alt sind.

F. Konkurrenzregel (Nr. 23 Satz 4)

35 Die Steuerbefreiungsvorschrift des § 4 Nr. 23 UStG gilt nach dessen Satz 4 nicht, soweit Leistungen der Arbeitsförderung (Nr. 15b), Leistungen zur Teilhabe am Arbeitsleben (Nr. 15c), Bildungsleistungen (Nr. 21), Leistungen des Jugendherbergswesens (Nr. 24) oder Leistungen der Jugendhilfe (Nr. 25) erbracht werden. Diese Einschränkung ist vor allem dem sehr weiten begrifflichen Anwendungsbereich der Nr. 23 Satz 1 Buchst. a und b geschuldet.

§ 4 Nr. 24 [Leistungen des Jugendherbergswerks]

Von den unter § 1 Abs. 1 Nr. 1 fallenden Umsätzen sind steuerfrei:

…

24. die Leistungen des Deutschen Jugendherbergswerkes, Hauptverband für Jugendwandern und Jugendherbergen e.V., einschließlich der diesem Verband angeschlossenen Untergliederungen, Einrichtungen und Jugendherbergen, soweit die Leistungen den Satzungszwecken unmittelbar dienen oder Personen, die bei diesen Leistungen tätig sind, Beherbergung, Beköstigung und die üblichen Naturalleistungen als Vergütung für die geleisteten Dienste gewährt werden. [2]Das Gleiche gilt für die Leistungen anderer Vereinigungen, die gleiche Aufgaben unter denselben Voraussetzungen erfüllen;

…

Schrifttum: *Herberts*, Umsatzbesteuerung gemeinnütziger Jugendherbergen, MwStR 2017, 135; *Hüttemann/Schauhoff*, Umsatzsteuerbefreiungen für Sozial- und Bildungseinrichtungen, DStR 2019, 1601; *Weber*, Die Umsatzsteuerbefreiung von Subunternehmerleistungen im Gemeinwohlbereich, UVR 2018, 105.

A. Grundaussagen

I. Regelungsgegenstand und Bedeutung

Die Regelung ist eine deutsche **Sonderbefreiungsvorschrift für das Jugendherbergswerk**. Für die Leistungen der erfassten Unternehmer wird eine umfassende Steuerbefreiung angeordnet. 1

Der Vorsteuerabzug ist ausgeschlossen. Es kann nicht nach § 9 UStG auf die Befreiung verzichtet werden. 2

II. Unionsrechtliche Grundlagen

Eine unionsrechtliche Entsprechung hat § 4 Nr. 24 UStG nicht. Grundlage für die Befreiung ist **Art. 132 Abs. 1 Buchst. h MwStSystRL.** 3

Nach Art. 132 Abs. 1 Buchst. h MwStSystRL befreien die Mitgliedstaaten eng mit der **Kinder- und Jugendbetreuung** verbundene Dienstleistungen und Lieferungen von Gegenständen durch Einrichtungen des öffentlichen Rechts oder andere von dem betreffenden Mitgliedstaat als Einrichtungen mit sozialem Charakter anerkannte Einrichtungen. 4

III. Verhältnis zu anderen Vorschriften

§ 4 Nr. 23 UStG regelt seit dem 1.1.2020 insbesondere die Steuerbefreiung für **eng mit der Betreuung von Kindern und Jugendlichen verbundene Lieferungen und sonstige Leistungen**, die durch Einrichtungen des öffentlichen Rechts oder durch andere als Einrichtungen mit sozialem Charakter anerkannte Einrichtungen erbracht werden und **Beherbergungsleistungen** gegenüber Kindern, Schülern und Studierenden (§ 4 Nr. 23 Rz. 1 ff.). 5

Dies sind Leistungen, die auch § 4 Nr. 24 UStG erfasst. Gemäß § 4 Nr. 23 Satz 4 UStG kommt die Steuerbefreiung jedoch für die in § 4 Nr. 24 UStG genannten Leistungen nur unter den Voraussetzungen des § 4 Nr. 24 UStG in Betracht. **Für die Leistungen nach § 4 Nr. 24 UStG können sich Unternehmer also nicht auf § 4 Nr. 23 UStG berufen.** 6

Diese Einschränkung ist u.E. dann nicht unionsrechtskonform, wenn die Leistungen sowohl der Befreiung nach § 4 Nr. 23 UStG als auch § 4 Nr. 24 UStG zugeordnet werden könnten. 7

B. Voraussetzungen der Steuerbefreiung (Nr. 24)

I. Begünstigte Unternehmer (Nr. 24 Satz 1)

Begünstigte Unternehmer sind nach § 4 Nr. 24 Satz 1 UStG das **Deutsche Jugendherbergswerk, Hauptverband für Jugendwandern und Jugendherbergen e.V.** (folgend: DJH), einschließlich der diesem Verband angeschlossenen Untergliederungen, Einrichtungen und Jugendherbergen. 8

9 **Zweck des DJH** ist nach § 5 der Satzung vom 18.11.2017[1] die Förderung der Jugendhilfe, der Völkerverständigung sowie des Umwelt- und Landschaftsschutzes. Der DJH ist nach § 4 der Satzung gemeinnützig tätig, verfolgt also nicht in erster Linie eigenwirtschaftliche Zwecke und darf seine Mittel nur für die satzungsgemäßen Zwecke verwenden.

10 Begünstigt sind zudem die Leistungen der **Landesverbände**, die nach § 9 Abs. 1 der Satzung geborene Mitglieder des DJH sind, und der angeschlossenen Kreis- und Ortsverbände.

11 Nach Abschn. 4.24.1 Abs. 1 UStAE zählen zu den begünstigten Einrichtungen außerdem die **Träger von Jugendherbergen**, die dem DJH als Mitglied angeschlossen sind und deren Häuser im Deutschen Jugendherbergsverzeichnis als Jugendherbergen ausgewiesen sind, sowie die **Pächter** der vom DJH oder den Mitgliedern betriebenen Jugendherbergen und auch **Herbergseltern**, soweit sie einen Teil der Jugendherberge auf eigene Rechnung betreiben.

II. Andere Vereinigungen (Nr. 24 Satz 2)

12 Der Begriff der „**Vereinigungen**" ist nicht legal definiert. Nach dem EuGH können auch **natürliche Personen** Einrichtungen i.S.d. Art. 132 Abs. 1 MwStSystRL betreiben.[2] Zudem können nach § 9 Abs. 4 der Satzung des DJH natürliche Personen auch Mitglied des DJH sein und damit § 4 Nr. 24 Satz 1 UStG unterfallen. Richtlinienkonform ausgelegt, erfasst § 4 Nr. 24 Satz 2 UStG folglich auch natürliche Personen.

13 Die Vereinigungen sind nach § 4 Nr. 24 Satz 2 UStG begünstigt, wenn sie die gleichen Aufgaben unter denselben Voraussetzungen erfüllen, wie die nach § 4 Nr. 24 Satz 1 UStG begünstigten Unternehmer. Maßgeblich sind die satzungsgemäßen Aufgaben des DJH.

14 Nach Abschn. 4.24.1 Abs. 5 UStAE ist erforderlich, dass die Unterkunftsstätten der anderen Vereinigungen nach der Satzung und ihrer **tatsächlichen Durchführung überwiegend Jugendlichen dienen**.

15 Nach dem FG Berlin-Brandenburg müssen die Vereinigungen zudem **gemeinnützig** sein, um die Aufgaben gemäß § 4 Nr. 24 Satz 2 UStG unter denselben Voraussetzungen wie der DJH zu erfüllen.[3] Diese Beschränkung ist u.E. **nicht unionsrechtskonform**. Gemeinnützig können nach § 51 Abs. 1 Satz 2 AO nur Körperschaften im Sinne des KStG sein. Im Rahmen des Art. 132 Abs. 1 MwStSystRL ist für private Unternehmen der Grundsatz der Neutralität der Mehrwertsteuer zu beachten.[4] Der Ausschluss von Unternehmern aufgrund ihrer Rechtsform ist damit nicht zu vereinbaren.

16 Die FinVerw. zählt zu den begünstigten Vereinigungen insbesondere den „NaturFreunde Deutschlands Verband für Umweltschutz, sanften Tourismus, Sport und Kultur Bundesgruppe Deutschland e.V." und die ihm angeschlossenen Landesverbände, Bezirke und Ortsgruppen sowie die Pächter der von diesen Unternehmern unterhaltenen Naturfreundehäuser.[5]

III. Begünstigte Leistungen

17 Die Leistungen müssen nach § 4 Nr. 24 Satz 1 UStG den Satzungszwecken, also der **Förderung der Jugendhilfe, der Völkerverständigung sowie des Umwelt- und Landschaftsschutzes**, unmittelbar dienen. Außerdem sind Beherbergung, Beköstigung und die üblichen Naturalleistungen für die tätigen Personen als Vergütung für die geleisteten Dienste erfasst.

18 Die **Leistungen des DJH sind in § 6 Abs. 2 der Satzung** näher beschrieben. Hierzu zählt die Einrichtung und Führung von Jugendherbergen für junge Menschen, Erholungsaufenthalte, Ferien- und Bil-

1 Eingetragen am 23.3.2018 Vereinsregister Amtsgericht Lemgo (Nr. VR 60359).

2 EuGH, Urt. v. 15.11.2012 – C-174/11, ECLI:EU:C:2012:716 – Zimmermann, UR 2013, 35, Rz. 57; vgl. auch *Tehler* in Rau/Dürrwächter, § 4 Nr. 24 UStG Rz. 66 (Stand: Juni 2023).

3 FG Berlin-Brandenburg, Urt. v. 5.11.2014 – 2 K 2274/10, juris, Rz. 41; bestätigt durch BFH, Beschl. v. 21.9.2016 – XI R 2/15, BFH/NV 2017, 168.

4 EuGH, Urt. v. 8.6.2006 – C-106/05, ECLI:EU:C:2006:380 – LuP, UR 2006, 464, Rz. 24.

5 Abschn. 4.24.1 Abs. 5 UStAE.

dungsreisen für junge Menschen und Familien, sowie Schulwanderungen, Schulfahrten und Schullandheimaufenthalte. Ebenso die Förderung der Begegnung junger Menschen und Familien auf Wanderungen und Reisen, ihrer Verbindung zur Natur, ihres Umwelt- und Gesundheitsbewusstseins, ihrer Persönlichkeitsentwicklung und Freizeitgestaltung durch Sport, Spiel, Gespräche und gemeinsame Aktionen.

Nach der **FinVerw.** sind insbesondere die Beherbergung und die Beköstigung in Jugendherbergen einschließlich der Lieferung von Lebensmitteln und alkoholfreien Getränken außerhalb der Tagesverpflegung (Zusatz- und Wanderverpflegung), die Durchführung von Freizeiten, Wanderfahrten und Veranstaltungen, die dem Sport, der Erholung oder der Bildung dienen und damit im Zusammenhang stehende Lieferungen und Überlassungen begünstigt.[1] 19

IV. Leistungsempfänger

Die Satzung des DJH sieht in § 6 Abs. 1 vor, dass sich die Leistungen **vor allem an junge Menschen** aus aller Welt, unabhängig von ihrer Zugehörigkeit zu einem Geschlecht, ihrer ethnischen Herkunft, Religion, Weltanschauung oder politischen Partei richten. 20

Die FinVerw. fordert, dass die Leistungen an **Jugendliche (bis zur Vollendung des 27. Lebensjahres), wandernde Familien mit Kindern**, Leiter und Betreuer von Gruppen und andere Personen, wenn sie sich in der Ausbildung oder Fortbildung befinden und Mitglied einer geführten Gruppe sind, bewirkt werden.[2] 21

Nach Abschn. 4.24.1 Abs. 3 Nr. 1 Satz 2 UStAE wird von der FinVerw. jedoch nicht beanstandet, wenn die Leistungen in **geringem Umfang (2 %) auch an andere Personen** erbracht werden. 22

§ 4 Nr. 25 [Leistungen der Jugendhilfe]

Von den unter § 1 Abs. 1 Nr. 1 fallenden Umsätzen sind steuerfrei:

…

25. Leistungen der Jugendhilfe nach § 2 Absatz 2 des Achten Buches Sozialgesetzbuch, die Inobhutnahme nach § 42 des Achten Buches Sozialgesetzbuch und Leistungen der Adoptionsvermittlung nach dem Adoptionsvermittlungsgesetz, wenn diese Leistungen von Trägern der öffentlichen Jugendhilfe oder anderen Einrichtungen mit sozialem Charakter erbracht werden. [2]Andere Einrichtungen mit sozialem Charakter im Sinne dieser Vorschrift sind

a) von der zuständigen Jugendbehörde anerkannte Träger der freien Jugendhilfe, die Kirchen und Religionsgemeinschaften des öffentlichen Rechts,

b) Einrichtungen, soweit sie

aa) für ihre Leistungen eine im Achten Buch Sozialgesetzbuch geforderte Erlaubnis besitzen oder nach § 44 oder § 45 Abs. 1 Nr. 1 und 2 des Achten Buches Sozialgesetzbuch einer Erlaubnis nicht bedürfen,

bb) Leistungen erbringen, die im vorangegangenen Kalenderjahr ganz oder zum überwiegenden Teil durch Träger der öffentlichen Jugendhilfe oder Einrichtungen nach Buchstabe a vergütet wurden,

cc) Leistungen der Kindertagespflege erbringen, für die sie nach § 23 Absatz 3 des Achten Buches Sozialgesetzbuch geeignet sind, oder

dd) Leistungen der Adoptionsvermittlung erbringen, für die sie nach § 4 Absatz 1 des Adoptionsvermittlungsgesetzes anerkannt oder nach § 4 Absatz 2 des Adoptionsvermittlungsgesetzes zugelassen sind.

1 Abschn. 4.24.1 Abs. 2 UStAE.
2 Abschn. 4.24.1 Abs. 3 Nr. 1 Satz 2 UStAE.

[3]Steuerfrei sind auch

a) die Durchführung von kulturellen und sportlichen Veranstaltungen, wenn die Darbietungen von den von der Jugendhilfe begünstigten Personen selbst erbracht oder die Einnahmen überwiegend zur Deckung der Kosten verwendet werden und diese Leistungen in engem Zusammenhang mit den in Satz 1 bezeichneten Leistungen stehen,

b) die Beherbergung, Beköstigung und die üblichen Naturalleistungen, die diese Einrichtungen den Empfängern der Jugendhilfeleistungen und Mitarbeitern in der Jugendhilfe sowie den bei den Leistungen nach Satz 1 tätigen Personen als Vergütung für die geleisteten Dienste gewähren,

c) Leistungen, die von Einrichtungen erbracht werden, die als Vormünder nach § 1773 des Bürgerlichen Gesetzbuchs oder als Ergänzungspfleger nach § 1809 Absatz 3 des Bürgerlichen Gesetzbuchs bestellt worden sind, sofern es sich nicht um Leistungen handelt, die nach § 1877 Absatz 3 des Bürgerlichen Gesetzbuchs vergütet werden,

d) Einrichtungen, die als Verfahrensbeistand nach den §§ 158, 167, 174 oder 191 des Gesetzes über das Verfahren in Familiensachen und in den Angelegenheiten der freiwilligen Gerichtsbarkeit bestellt worden sind, wenn die Preise, die diese Einrichtungen verlangen, von den zuständigen Behörden genehmigt sind oder die genehmigten Preise nicht übersteigen; bei Umsätzen, für die eine Preisgenehmigung nicht vorgesehen ist, müssen die verlangten Preise unter den Preisen liegen, die der Mehrwertsteuer unterliegende gewerbliche Unternehmen für entsprechende Umsätze fordern;

…

Schrifttum: *Hölzer*, Umsatzsteuerbefreiung für frei mitarbeitende Sozialarbeiter, UR 2008, 234; *Hüttemann*, Umsatzsteuerbefreiungen für Leistungen des therapeutischen Reitens, UVR 2014, 14; *Michel*, Die Umsatzsteuerfreiheit von sozialen Leistungen, HFR 2016, 742; *Wäger*, Steuerfreiheit der von einem Erziehungsbeistand erbrachten Betreuungsleistungen, BFH/PR 2016, 346; *Wüst*, Anerkennung als Einrichtung mit sozialem Charakter für Leistungen der Kinder- und Jugendhilfe nach der sog. Vergütungsregelung, MwStR 2014, 166; *Wüst*, Betreuungsrecht unter Berufung auf Unionsrecht umsatzsteuerfrei, MwStR 2016, 593.

A. Grundaussagen

I. Regelungsgegenstand und Bedeutung

Die Steuerbefreiung nach § 4 Nr. 25 UStG umfasst die **Leistungen der Kinder- und Jugendhilfe,** die nach den Vorschriften SGB VIII erbracht werden, und damit eng verbundene Leistungen. 1

Die Vorschrift wurde durch das Gesetz zur weiteren steuerlichen Förderung der Elektromobilität und zur Änderung weiterer steuerlicher Vorschriften vom 12.12.2019[1] zum 1.1.2020 geändert. In den Katalog in § 4 Nr. 25 Satz 1 UStG wurden **Adoptionsvermittlungsleistungen nach dem Adoptionsvermittlungsgesetz (AdVermiG)** als eng mit der Kinder- und Jugendbetreuung verbundene Leistungen aufgenommen. Durch das Jahressteuergesetz (JStG) 2020 wurde zudem § 4 Nr. 25 Satz 3 Buchst. d UStG neu eingefügt, der Leistungen von **Verfahrensbeiständen zur Wahrnehmung der Interessen minderjähriger Kinder** erfasst.[2] 2

Auf die Steuerbefreiung kann nicht nach § 9 UStG verzichtet werden. Sie führt zum Verlust des Vorsteuerabzugs. 3

II. Unionsrechtliche Grundlagen

Eine spezielle Regelung zur Jugendhilfe weist der **Katalog des Art. 132 Abs. 1 MwStSystRL** nicht auf. § 4 Nr. 25 UStG erfasst vielmehr Leistungen nach Art. 132 Abs. 1 Buchst. g („Sozialfürsorge"), Buchst. h („Kinder- und Jugendbetreuung"), Buchst. i („Erziehung von Kindern und Jugendlichen"), Buchst. m („Sport und Körperertüchtigung"), Buchst. n („kulturelle Dienstleistungen") und Buchst. o („Dienstleistungen und Lieferungen von Gegenständen bei Veranstaltungen") MwStSystRL. 4

Der Gesetzgeber hat zudem **Art. 133 und 134 MwStSystRL** umgesetzt. Nach **Art. 133 MwStSystRL** können die Mitgliedstaaten die Gewährung der Steuerbefreiung nach Art. 132 Abs. 1 Buchst. g, h, i, m und n MwStSystRL für Einrichtungen, die keine Einrichtungen des öffentlichen Rechts sind, im Einzelfall von den dort genannten Bedingungen abhängig machen. 5

Gemäß **Art. 134 MwStSystRL** sind Lieferungen von Gegenständen und Dienstleistungen von der Steuerbefreiung des Art. 132 Abs. 1 Buchst. g, h, i, m und n MwStSystRL ausgeschlossen, wenn sie für die Umsätze nicht unerlässlich sind und im Wesentlichen dazu bestimmt sind, der Einrichtung zusätzliche Einnahmen durch Umsätze zu verschaffen, die in unmittelbarem Wettbewerb mit Umsätzen von der Mehrwertsteuer unterliegenden gewerblichen Unternehmen bewirkt werden. 6

III. Verhältnis zu anderen Vorschriften

Seit dem 1.1.2020 regelt § 4 Nr. 23 UStG insbesondere die Steuerbefreiung für eng mit der **Betreuung von Kindern und Jugendlichen** verbundene Lieferungen und sonstige Leistungen, die durch Einrichtungen des öffentlichen Rechts oder durch andere als Einrichtungen mit sozialem Charakter anerkannte Einrichtungen erbracht werden (§ 4 Nr. 23 Rz. 1 ff.). 7

Der Anwendungsbereich der Befreiungsvorschriften § 4 Nr. 23 UStG und § 4 Nr. 25 UStG überschneidet sich. § 4 Nr. 23 Satz 4 UStG stellt klar, dass für die in der Nr. 25 bezeichneten Leistungen die Steuerbefreiung nur unter den dort genannten Voraussetzungen in Betracht kommt. **Für Erziehungs- und Betreuungsleistungen der Kinder- und Jugendhilfe nach dem SGB VIII ist die Befreiung folglich nur in § 4 Nr. 25 UStG geregelt.** 8

1 BGBl. I 2019, 2451.
2 Art. 12 Ziffer 2 Buchst. d JStG 2020, BGBl. I 2020, 3096.

B. Leistungen der Jugendhilfe (Nr. 25 Satz 1)

I. Begünstigte Leistungen

9 Erfasst sind **Angebote der Jugendarbeit**, der **Jugendsozialarbeit** und des **erzieherischen Kinder- und Jugendschutzes** (§§ 11–14 SGB VIII). Gemäß § 11 Abs. 3 Nr. 2 SGB VIII gehört zu den Schwerpunkten der Jugendarbeit auch die Jugendarbeit in **Sport, Spiel und Geselligkeit**. Geselligkeit ist zwangloses und zweckfreies Zusammensein zur Unterhaltung und Entspannung.

10 Ebenso sind Angebote zur **Förderung der Erziehung in der Familie** (§§ 16–21 SGB VIII) und Angebote zur **Förderung von Kindern in Tageseinrichtungen und in Tagespflege** (§§ 22–25 SGB VIII) erfasst. Im Rahmen der Tagespflege werden sowohl Erziehungs- als auch Beköstigungs- und Beherbergungsleistungen erbracht.

11 Auch erfasst sind die **Hilfe zur Erziehung, Hilfe für seelisch Behinderte und ergänzende Leistungen** (§§ 27–37, 39, 40 SGB VIII), die **Hilfe für junge Volljährige und Nachbetreuung** (§ 41 SGB VIII) sowie die **Inobhutnahme** (§ 42 SGB VIII) und die **vorläufige Inobhutnahme** (§ 42a SGB VIII).

12 Zum 1.1.2020 ist zudem die **Adoptionsvermittlung** nach dem AdVermiG hinzugekommen.

13 Soweit **andere Leistungen** für die genannten Leistungen der Jugendhilfe **unerlässlich** sind (bspw. Überlassung von Personal), kommt die Berufung auf **Art. 132 Abs. 1 Buchst. g, h oder i MwStSystRL** in Betracht. Die bloße Gestellung von Arbeitnehmern durch Zeitarbeitsunternehmen stellt jedoch keine Gemeinwohldienstleistung nach Art. 132 Abs. 1 MwStSystRL dar.[1]

II. Träger der öffentlichen Jugendhilfe als Leistende

14 Die Leistungen sind nach § 4 Nr. 25 Satz 1 UStG begünstigt, wenn Leistender ein Träger der öffentlichen Jugendhilfe ist oder die in § 4 Nr. 25 Satz 2 UStG definierten anderen Einrichtungen mit sozialem Charakter (Rz. 14 ff., 20 ff.).

15 **Träger der öffentlichen Jugendhilfe** werden durch **Landesrecht** bestimmt (§ 69 SGB VIII). Örtliche Träger sind die **Kreise und die kreisfreien Städte**, d.h. juristische Personen des öffentlichen Rechts (Gebietskörperschaften).

16 Für die Wahrnehmung der Aufgaben nach SGB VIII errichtet jeder örtliche Träger ein **Jugendamt**, jeder überörtliche Träger ein **Landesjugendamt** (§ 69 Abs. 3 SGB VIII).

17 Voraussetzung für die Anwendung der Steuerbefreiung auf die Träger der öffentlichen Jugendhilfe ist, dass eine **unternehmerische Tätigkeit** der juristischen Personen des öffentlichen Rechts vorliegt (§ 2b UStG).

III. Leistungsempfänger

18 Empfänger der Leistungen sind **in der Regel die Eltern**, darüber hinaus **Kinder** im Rahmen der Förderung in Tageseinrichtungen und in der Tagespflege, **Kinder und Jugendliche** als Teilnehmer an Veranstaltungen der Jugendarbeit (§ 11 SGB VIII) und im Rahmen der Eingliederungshilfe für seelisch Behinderte (§ 35a SGB VIII) sowie **junge Volljährige** im Rahmen von Veranstaltungen der Jugendarbeit und der Hilfe für junge Volljährige (§ 41 SGB VIII).[2] Die Empfänger der Jugendhilfeleistungen müssen nicht Leistungsempfänger im umsatzsteuerrechtlichen Sinn, also Vertragspartner des Leistungserbringers, sein.

1 EuGH, Urt. v. 12.3.2015 – C-594/13, ECLI:EU:C:2015:164 – „go fair" Zeitarbeit OHG, UR 2015, 351, Rz. 28; BFH, Beschl. v. 19.8.2021 – V R 21/20, BFH/NV 2022, 144.

2 Abschn. 4.25.1. Abs. 3 UStAE.

§ 4 Nr. 25 UStG definiert keine Begrenzung hinsichtlich des Alters der Empfänger der Leistungen. Umsatzsteuerbefreit können daher auch Leistungen an **Personen über 27 Jahren** sein.[1] 19

C. Andere Einrichtungen mit sozialem Charakter (Nr. 25 Satz 2)

I. Träger der freien Jugendhilfe als Leistende (Nr. 25 Satz 2 Buchst. a)

Der Begriff der Einrichtung erfasst unabhängig von der Rechts- oder Organisationsform grundsätzlich natürliche und juristische Personen.[2] Andere Einrichtungen mit sozialem Charakter sind nach § 4 Nr. 25 Satz 2 Buchst. a UStG von der **zuständigen Jugendbehörde anerkannte Träger der freien Jugendhilfe**. Die **Anerkennung** erfolgt **durch Verwaltungsakt** des Jugendamtes (§ 85 Abs. 1 SGB VIII). Dass eine Einrichtung für einen Träger der öffentlichen Jugendhilfe arbeitet, genügt für eine Anerkennung nicht.[3] 20

Die behördliche Anerkennung als Träger der freien Jugendhilfe setzt gemäß § 75 Abs. 1 Nr. 2 SGB VIII u.a. die **Verfolgung gemeinnütziger Ziele** voraus. Demnach scheidet für gewerbliche Anbieter von Jugendhilfemaßnahmen eine Anerkennung grundsätzlich aus. 21

Ist eine erteilte behördliche Anerkennung **rechtswidrig**, aber bestandskräftig, entfaltet sie steuerrechtliche Tatbestandswirkung.[4] 22

Die **Kirchen und Religionsgemeinschaften des öffentlichen Rechts** und **die auf Bundesebene zusammengeschlossenen Verbände der freien Wohlfahrtspflege** benötigen keine behördliche Anerkennung durch Verwaltungsakt, da sie gesetzlich anerkannt sind (§ 75 Abs. 3 SGB VIII). 23

II. Weitere Einrichtungen als Leistende (Nr. 25 Satz 2 Buchst. b)

1. Einrichtungen mit Erlaubnis (Nr. 25 Satz 2 Buchst. b Doppelbuchst. aa Alt. 1)

Erfasst sind Einrichtungen mit der Erlaubnis zur Kindertagespflege (§ 43 SGB VIII), der Erlaubnis zur Vollzeitpflege (§ 44 Abs. 1 Satz 1 SGB VIII), der Erlaubnis für den Betrieb einer Einrichtung, in der Kinder oder Jugendliche ganztägig oder für einen Teil des Tages betreut werden oder Unterkunft erhalten (§ 45 Abs. 1 Satz 1 SGB VIII), der Erlaubnis für eine sonstige betreute Wohnform (§ 48a SGB VIII) und der Erlaubnis zur Übernahme von Vereinsvormundschaften (§ 54 SGB VIII). 24

Die Steuerbefreiung gemäß § 4 Nr. 25 UStG setzt eine bei Erbringung der Jugendhilfemaßnahme erteilte Erlaubnis voraus. Die **Rechtmäßigkeit der Erlaubnis** ist (genauso wie die Rechtmäßigkeit der behördlichen Anerkennung) nicht Voraussetzung der Steuerbefreiung. 25

2. Einrichtungen, die einer Erlaubnis nicht bedürfen (Nr. 25 Satz 2 Buchst. b Doppelbuchst. aa Alt. 2)

Einrichtungen, die einer Erlaubnis nicht bedürfen und dennoch steuerfrei Jugendhilfeleistungen erbringen können, sind die in § 44 Abs. 1 Satz 2 SGB VIII geregelten **Fälle der Vollzeitpflege** sowie der Betrieb einer Einrichtung nach § 45 SGB VIII, wenn es sich um eine **Jugendfreizeiteinrichtung, eine Jugendausbildungseinrichtung, eine Jugendherberge oder ein Schullandheim** (§ 45 Abs. 1 Satz 2 Nr. 1 SGB VIII) oder um ein landesgesetzlich der Schulaufsicht unterstehendes **Schülerheim** (§ 45 Abs. 1 Satz 2 Nr. 2 SGB VIII) handelt. 26

---

1 Abschn. 4.25.1. Abs. 4 UStAE.
2 BMF, Schr. v. 22.11.2013 – IV D 3-S 7172/13/10001, BStBl. I 2013, 1590.
3 BFH, Beschl. v. 28.2.2002 – V B 31/01, BFH/NV 2002, 957, Rz. 17.
4 BFH, Urt. v. 2.4.2009 – III R 92/06, BStBl. II 2010, 345, Rz. 13, zu Kindergeld.

3. Einrichtungen, deren Leistungen von anderen Einrichtungen vergütet werden (Nr. 25 Satz 2 Buchst. b Doppelbuchst. bb)

27 Steuerbefreit können auch Leistungen von Einrichtungen sein, deren Leistungen im vorangegangenen Kalenderjahr ganz oder zum überwiegenden Teil von Trägern der öffentlichen Jugendhilfe oder anerkannten Trägern der freien Jugendhilfe, Kirchen und Religionsgemeinschaften des öffentlichen Rechts vergütet wurden.

28 Der BFH verlangte ursprünglich eine **unmittelbare Vertragsbeziehung** zwischen dem Leistungserbringer und einem Träger der Jugendhilfe.[1] Zwischenzeitlich legt der BFH § 4 Nr. 25 Buchst. b Doppelbuchst. bb UStG jedoch unionsrechtskonform dahingehend aus, dass eine Vergütung durch Träger der öffentlichen Jugendhilfe **auch bei einer nur mittelbaren Kostentragung vorliegen kann.**[2] Auch **Subunternehmer** können demnach als begünstigte Einrichtungen steuerbefreite Leistungen erbringen. Auch die FinVerw. ist dem mittlerweile gefolgt.[3]

29 Der Leistungserbringer ist nur dann eine Einrichtung gemäß § 4 Nr. 25 Satz 2 Buchst. b Doppelbuchst. bb UStG, wenn er im **vorangegangenen Kalenderjahr** ganz oder zum überwiegenden Teil, das heißt zu **mehr als 50 %**, von Einrichtungen nach § 4 Nr. 25 Satz 1 oder Satz 2 Buchst. a UStG unmittelbar oder mittelbar vergütet worden ist. Maßgeblich für die Berechnung der 50 %-Grenze können nur die Vergütungen für die **Leistungen nach § 4 Nr. 25 Satz 1 UStG sein, die im Inland erbracht wurden.**

30 Wenn der Leistungserbringer seine **Tätigkeit im Laufe des Kalenderjahrs neu aufnimmt**, kann nicht auf das Vorjahr abgestellt werden. Dann kann sich die Einrichtung unmittelbar auf **Art. 132 Abs. 1 Buchst. h MwStSystRL** berufen.[4]

4. Einrichtungen, die Leistungen der Kindertagespflege erbringen (Nr. 25 Satz 2 Buchst. b Doppelbuchst. cc)

31 Andere Einrichtungen mit sozialem Charakter sind ferner Einrichtungen, soweit sie Leistungen der **Kindertagespflege** erbringen, für die sie nach § 23 Abs. 3 SGB VIII geeignet sind.

32 Da der Befreiungstatbestand insoweit allein darauf abstellt, dass die Einrichtung nach § 23 Abs. 3 SGB VIII als Tagespflegeperson geeignet ist, greift die Steuerbefreiung somit auch in den Fällen, in denen die Leistung **aufgrund privater Anfrage (ohne Vermittlung durch das Jugendamt)** erbracht wird.[5]

5. Einrichtungen, die Leistungen der Adoptionsvermittlung erbringen (Nr. 25 Satz 2 Buchst. b Doppelbuchst. dd)

33 Die Adoptionsvermittlungsleistungen müssen durch eine Einrichtung erbracht werden, die nach § 4 Abs. 1 AdVermiG anerkannt oder nach § 4 Abs. 2 AdVermiG zugelassen ist. Nach § 4 Abs. 1 Nr. 3 AdVermiG muss die Einrichtung **gemeinnützige Zwecke** verfolgen.

1 BFH, Urt. v. 8.11.2007 – V R 2/06, BStBl. II 2008, 634 = UR 2008, 229 m. Anm. *Hölzer*, Rz. 42 f.
2 BFH, Urt. v. 22.6.2016 – V R 46/15, BFH/NV 2016, 1530 = UR 2016, 763, Rz. 50 f.; BFH, Urt. v. 30.11.2016 – V R 10/16, BFH/NV 2017, 627, Rz. 12 f.
3 Abschn. 4.25.1 Abs. 2 Satz 3 Nr. 2 Buchst. c Satz 2 und 3 UStAE.
4 EuGH, Urt. v. 15.11.2012 – C-174/11, ECLI:EU:C:2012:716 – Zimmermann, UR 2013, 35, Rz. 40 f., zu Pflegeleistungen; *Hölzer* in Rau/Dürrwächter, § 4 Nr. 25 UStG Rz. 316 (Stand: Mai 2017).
5 Abschn. 4.25.1 Abs. 2 Satz 3 Nr. 2 Buchst. d UStAE.

D. Weitere steuerfreie Leistungen (Nr. 25 Satz 3)

I. Durchführung von kulturellen und sportlichen Veranstaltungen (Nr. 25 Satz 3 Buchst. a)

Steuerfrei ist nach § 4 Nr. 25 Satz 3 Buchst. a UStG die Durchführung von **kulturellen und sportlichen Veranstaltungen**, wenn die Darbietungen von den von der Jugendhilfe begünstigten Personen selbst erbracht oder die Einnahmen überwiegend zur Deckung der Kosten verwendet werden und die Leistungen **in engem Zusammenhang** mit den Leistungen der Jugendhilfe und Inobhutnahme stehen. 34

Als **kulturelle Veranstaltungen** kommen z.B. musikalische Vorführungen, Musikwettbewerbe, Theatervorführungen und Filmvorführungen in Betracht. 35

Eine **sportliche Veranstaltung** nach § 4 Nr. 25 Satz 3 Buchst. a UStG ist eine organisatorische Maßnahme, die es aktiven Sportlern erlaubt, Sport zu treiben. Sport ist eine Tätigkeit zur körperlichen Ertüchtigung durch Leibesübungen oder gleichgestellte Betätigung.[1] 36

Unklar ist der Sinn der „**Kostenverwendungsklausel**". Das Verhältnis der Einnahmen zu den Kosten muss irrelevant sein, zu regeln ist die Verwendung etwaiger Überschüsse. 37

II. Beherbergung, Beköstigung und die üblichen Naturalleistungen (Nr. 25 Satz 3 Buchst. b)

Beherbergung ist die **Überlassung von Wohn- und Schlafräumen**. Unter Beköstigung ist die **Versorgung mit Verpflegung** (Abgabe von Speisen und Getränken) zu verstehen. Davon ausgenommen ist die Abgabe von alkoholischen Getränken.[2] Übliche Naturalleistungen sind bspw. Materialien, Kleidung oder sonstige Verbrauchsgegenstände. 38

Die Leistungen können den Empfängern der Jugendhilfeleistungen oder den Mitarbeitern der Jugendhilfe gewährt werden. Zu den **Mitarbeitern in der Jugendhilfe** gehören nach § 72 SGB VIII die Personen, die haupt- oder ehrenamtlich auf dem Gebiet der Jugendhilfe arbeiten. In der Jugendhilfe tätige Personen, die nicht unmittelbar Tätigkeiten der Jugendhilfe ausführen, dürfen die Leistungen **nur als Vergütung für ihre Dienste** erhalten. 39

III. Leistungen von Vormündern oder Ergänzungspflegern (Nr. 25 Satz 3 Buchst. c)

Nach § 4 Nr. 25 Satz 3 Buchst. c UStG sind Leistungen steuerfrei, die von Einrichtungen erbracht werden, die als Vormünder nach § 1773 BGB oder als Ergänzungspfleger nach § 1909 BGB bestellt worden sind. Es darf sich jedoch nicht um **gewerbliche oder berufliche Leistungen** handeln, die nach § 1835 Abs. 3 BGB vergütet werden. 40

IV. Leistungen von Verfahrensbeiständen minderjähriger Kinder (Nr. 25 Satz 3 Buchst. d)

§ 4 Nr. 25 Satz 3 Buchst. d UStG wurde durch das JStG 2020 neu eingefügt. Mit der Ergänzung werden die Leistungen von Einrichtungen, die als Verfahrensbeistand nach den §§ 158, 167, 174 oder 191 FamFG zur Wahrnehmung der Interessen minderjähriger Kinder in Kindschaftssachen, in Abstammungssachen oder in Adoptionssachen bestellt wurden, begünstigt. Der Gesetzgeber folgt mit dieser 41

1 BFH, Urt. v. 30.3.2000 – V R 30/99, BStBl. II 2000, 705 = UR 2000, 327, Rz. 24.
2 Abschn. 4.25.2 Abs. 3 UStAE.

Steuerbefreiung dem BFH, der den nach § 158 FamFG gerichtlich bestellten Verfahrensbeiständen – mangels nationaler Regelung – die Berufung auf die unionsrechtliche Steuerbefreiung nach Art. 132 Abs. 1 Buchst. g MwStSystRL eröffnet hatte.[1] Nicht von § 4 Nr. 25 Satz 3 Buchst. d UStG erfasst ist die Tätigkeit der Verfahrenspfleger (§§ 276, 317 FamFG). Auch für diese hat der BFH aber die Berufung auf Art. 132 Abs. 1 Buchst. g MwStSystRL eröffnet.[2]

42 Die Vorschrift soll die Beistandsleistungen sowohl von freiberuflich tätigen Rechtsanwälten, Pädagogen sowie Kinder- und Jugendpsychologen als auch von Mitarbeitern von Betreuungsvereinen, die vom Familiengericht zum Verfahrensbeistand bestellt wurden, erfassen.[3]

43 Voraussetzung der Steuerbefreiung ist, dass die Preise, die die Einrichtungen verlangen, von den zuständigen Behörden genehmigt sind oder die genehmigten Preise nicht übersteigen. Bei Umsätzen für die eine Preisgenehmigung nicht vorgesehen ist müssen die verlangten Preise unter den Preisen liegen, die gewerbliche Unternehmen für entsprechende Umsätze fordern. Mit dieser Regelung setzt der Gesetzgeber Art. 133 Satz 1 Buchst. c MwStSystRL fast wortgetreu um. Die Formulierung passt allerdings nur bedingt. Maßstab muss die vom Familiengericht dem Gesetz nach festgesetzte Vergütung sein (§ 158c FamFG). Wird diese Vergütung nicht überschritten, sind die Voraussetzungen des Art. 133 Satz 1 Buchst. c MwStSystRL erfüllt.[4]

§ 4 Nr. 26 [Ehrenamtliche Tätigkeiten]

Von den unter § 1 Abs. 1 Nr. 1 fallenden Umsätzen sind steuerfrei:

…

26. die ehrenamtliche Tätigkeit,

a) wenn sie für juristische Personen des öffentlichen Rechts ausgeübt wird oder

b) wenn das Entgelt für diese Tätigkeit nur in Auslagenersatz und einer angemessenen Entschädigung für Zeitversäumnis besteht;

…

Schrifttum: *Meurer*, Das Ehrenamt und die Umsatzsteuer, UStB 2012, 322; *Totsche*, Anmerkung zum BFH-Urteil vom 17.12.2015, V R 45/14, MwStR 2016, 387.

1 BFH, Urt. v. 17.7.2019 – V R 27/17, BStBl. II 2023, 591 = UR 2019, 820.
2 BFH, Urt. v. 25.11.2021 – V R 34/19, BFHE 275, 283 = UR 2022, 347.
3 BR-Drucks. 503/20, 132.
4 BFH, Urt. v. 17.7.2019 – V R 27/17, BStBl. II 2023, 591 = UR 2019, 820, Rz. 37.

A. Grundaussagen

I. Regelungsgegenstand und Bedeutung

Geregelt wird die Steuerbefreiung für Umsätze aus **ehrenamtlichen Tätigkeiten** für jPdöR (Buchst. a) und für andere Einrichtungen (Buchst. b). 1

Motiv des historischen Gesetzgebers war die **Förderung wichtiger Ehrenämter** des öffentlichen Rechts (wie z.B. ehrenamtlicher Bürgermeister), die „Opfer an" (Einsatz von) Zeit und Arbeitskraft verlangen und nicht auch noch steuerlich belastet werden sollen.[1] Die **Vermeidung von Umsatzsteuerbelastungen** für ehrenamtliche Tätigkeiten ist auch heute noch sachgerecht. 2

Die Vorschrift ist nach der Rechtsprechung **eng** auszulegen.[2] Auf die Befreiung kann nicht verzichtet werden; sie führt zum Verlust des Vorsteuerabzugs. 3

II. Unionsrechtliche Grundlagen

Die **MwStSystRL** enthält **keine Steuerbefreiung für ehrenamtliche Tätigkeiten**. Der Verweis[3] auf die **Protokollerklärung** zu Art. 4 der 6. EG-Richtlinie[4], wonach es den EU-Mitgliedstaaten freisteht, ehrenamtlich Tätige nicht der Mehrwertsteuer zu unterwerfen, hilft nicht. Art. 4 der 6. EG-Richtlinie und damit auch die Protokollerklärung regelt unmittelbar nur die Steuerbarkeit des Umsatzes, nicht jedoch eine etwaige Steuerbefreiung.[5] Damit geht die Befreiung in § 4 Nr. 26 UStG über das Unionsrecht hinaus und ist u.E. **nicht richtlinienkonform**.[6] Da die Regelung im UStG **günstiger** ist als die Richtlinienbestimmung, fehlt es bislang an einer höchstgerichtlichen Entscheidung.[7] 4

III. Verhältnis zu anderen Vorschriften und Rechtsentwicklung

§ 4 Nr. 26 UStG hat ein enges Verhältnis zur Definition des **Unternehmers** (§ 2 UStG). **Aufsichtsratsmitglieder** sind nicht mehr automatisch als Unternehmer i.S.v. **§ 2 UStG** einzustufen[8] (§ 2 Rz. 78, s.a. Rz. 7 f.) Liegen die Voraussetzungen für § 4 Nr. 26 UStG nicht vor, kann sich der ehrenamtlich Tätige u.U. auf die **Kleinunternehmerregelung** nach **§ 19 UStG** (§ 19 Rz. 1 ff.) berufen; bei der Umsatzgrenze (§ 19 Abs. 1 UStG[9]: 22.000 Euro) sind dann auch Aufwendungs- oder Auslagenersatz mit einzubeziehen. 5

§ 4 Nr. 26 UStG gilt seit 1.1.1968 in unveränderter Fassung. 6

1 Weitergehend zur Historie: *Heinrichshofen* in Rau/Dürrwächter, § 4 Nr. 26 UStG Rz. 1 ff. (Stand: Juli 2017).

2 Vgl. nur BFH, Urt. v. 17.12.2015 – V R 45/14, BStBl. II 2017, 658 = UR 2016, 310, Rz. 16.

3 BT-Drucks. 8/1779, 35.

4 Nach BMF, Schr. v. 11.1.2007 – IV A 2-S 7056-6/07, UR 2007, 178 gilt diese Protokollerklärung von 1977 fort.

5 Vgl. auch EuGH, Urt. v. 17.12.2020 – C-449/19, ECLI:EU:C:2020:1038 – WEG Tevesstraße, UR 2021, 103 m. Anm. *Küffner/Wernthaler* und Anm. *Widmann* (zu Parallelproblematik bei § 4 Nr. 13 UStG) und EuGH, Urt. v. 22.10.2009 – C-242/08, ECLI:EU:C:2009:647 – Swiss RE Germany, BStBl. II 2011, 559 = UR 2009, 891, wonach Protokollerklärungen bei Auslegung der Richtlinie nicht heranzuziehen sind.

6 So auch *Heinrichshofen* in Rau/Dürrwächter, § 4 Nr. 26 UStG Rz. 33 (Stand: Juli 2017); offen gelassen in BFH, Urt. v. 20.8.2009 – V R 32/08, BStBl. II 2010, 88 = UR 2009, 766, Rz. 33; richtlinienkonform einschränkend in BFH, Urt. v. 17.12.2015 – V R 45/14, BStBl. II 2017, 658 = UR 2016, 310, Rz. 16; vgl. zur Parallelproblematik bei § 4 Nr. 13 UStG: EuGH, Urt. v. 17.12.2020 – C-449/19, ECLI:EU:C:2020:1038 – WEG Tevesstraße, UR 2021, 103 m. Anm. *Küffner/Wernthaler* und Anm. *Widmann*.

7 BFH, Urt. v. 20.8.2009 – V R 32/08, BStBl. II 2010, 88 = UR 2009, 766, Rz. 33.

8 BFH, Urt. v. 27.11.2019 – V R 23/19 (V R 62/17), BStBl. II 2021, 542 = UR 2020, 190.

9 I.d.F. des Bürokratieentlastungsgesetzes III (BEG III) v. 28.11.2019, BGBl. I 2019, 1746.

B. Ehrenamtliche Tätigkeit für jPdöR (Nr. 26 Buchst. a)

I. Begünstigter Unternehmer

7 **Jeder**, der ein Ehrenamt als Unternehmer[1] nach § 2 UStG (§ 2 Rz. 10 ff.) ausübt und steuerbare Umsätze in Form von sonstigen Leistungen im Rahmen eines Leistungsaustauschs (§ 3 Rz. 500 ff.) erbringt, wird begünstigt.

8 Hierzu zählen auch Mitglieder des **Vereinsvorstands**, die Geschäftsführungs- und Vertretungsleistungen gegenüber ihrem Verein erbringen.[2]

8.1 Auch **Mitglieder eines Aufsichtsrats oder anderer Gremien mit Beratung- oder Kontrollfunktion** können hierzu gehören (§ 2 Rz. 78). Die Rechtslage zur Unternehmereigenschaft dieser Gremienmitglieder ist jedoch weiterhin in Fluss:[3] Bei reiner Festvergütung ist die Unternehmereigenschaft zu verneinen,[4] z.B. bei einem Aufsichtsratsmitglied eines **Sportvereins**[5], anders jedoch – so die **FinVerw.**[6] – bei variabler Vergütung oder Mischvergütung. Nach der jüngsten EuGH-Rechtsprechung ist jedoch unabhängig von der Vergütungsart die Unternehmereigenschaft regelmäßig zu verneinen.[7] Daraus ergeben sich aktuell wieder **faktische Wahlrechte** für betroffene Steuerpflichtige, entweder die Verwaltungsauffassung gegen sich gelten zu lassen oder sich auf das günstigere EU-Recht zu berufen.

II. Ehrenamt im öffentlichen Bereich

9 **Beide Alternativen** des § 4 Nr. 26 UStG, also auch die des Buchstaben a, setzen eine **ehrenamtliche** Tätigkeit voraus.[8]

10 Der Begriff der **ehrenamtlichen Tätigkeit** ist gesetzlich nicht geregelt. Nach der Rechtsprechung des BFH werden solche Tätigkeiten ehrenamtlich ausgeübt, die in einem anderen **Gesetz** als dem UStG (enger als „Gesetz" i.S.d. § 4 AO, insbesondere keine Satzungen jPdöR[9], z.B. § 75 BRAO) ausdrücklich als ehrenamtlich oder „unentgeltlich"[10] genannt werden, die der allgemeine **Sprachgebrauch** als ehrenamtlich versteht oder die vom **materiellen Begriff der Ehrenamtlichkeit** umfasst werden.[11]

11 Im öffentlich-rechtlichen Bereich ist unter dem **„materiellen Ehrenamtsbegriff"** die unentgeltliche Mitwirkung natürlicher Personen bei der Erfüllung öffentlicher Aufgaben zu verstehen, die aufgrund **behördlicher Bestellung außerhalb eines haupt**- oder nebenamtlichen Dienstverhältnisses stattfindet und für die lediglich eine Entschädigung besonderer Art gezahlt wird.[12]

III. Leistungsempfänger: jPdöR

12 Die **ehrenamtliche** Tätigkeit für **jPdöR** ist stets steuerfrei, weil davon ausgegangen wird, dass es sich bei dem Entgelt immer um angemessenen Ersatz für Zeitaufwand und Auslagen handelt. Voraussett-

1 FG Hamburg, Urt. v. 8.9.2020 – 6 K 131/18, rkr.: zur Unternehmereigenschaft eines Vorstandsmitglieds einer öffR Berufskammer; FG Niedersachsen, Urt. v. 19.11.2019 – 5 K 282/18, rkr.: zur Unternehmereigenschaft eines Verwaltungsrats eines Versorgungswerks.
2 BFH, Urt. v. 14.5.2008 – XI R 70/07, BStBl. II 2008, 912 = UR 2008, 745, Rz. 16 ff.
3 FG Köln, Urt. v. 15.11.2023 – 9 K 1068/22, nv. (juris), Rev. BFH XI R 35/23.
4 BFH, Urt. v. 27.11.2019 – V R 23/19, BStBl. II 2021, 542 = UR 2020, 190, m. Anm. *Küffner/Kirchinger.*
5 FG Köln, Urt. v. 26.11.2020 – 8 K 2333/18, EFG 2021, 687.
6 Abschn. 2.2 Abs. 3a UStAE.
7 EuGH, Urt. v. 21.12.2023 – C-288/22, ECLI:EU:C:2023:1024 – Administration de l'enregistrement, des domaines und de la TVA, UR 2024, 55 m. Anm. *Küffner/Claussen.*
8 BFH, Urt. v. 17.12.2015 – V R 45/14, BStBl. II 2017, 658 = UR 2016, 310, Rz. 10; Abschn. 4.26.1 Abs. 1 Satz 1 UStAE.
9 BFH, Urt. v. 17.12.2015 – V R 45/14, BStBl. II 2017, 658 = UR 2016, 310, Rz. 15.
10 BFH, Urt. v. 19.4.2012 – V R 31/11, BFH/NV 2012, 1831, Rz. 24.
11 BFH, Urt. v. 14.5.2008 – XI R 70/07, BStBl. II 2008, 912 = UR 2008, 745, Rz. 27.
12 BFH, Urt. v. 16.12.1987 – X R 7/82, BStBl. II 1988, 384 = UR 1988, 220, Rz. 27.

zung ist jedoch, dass der Leistende für den **nichtunternehmerischen öffentlich-rechtlichen Bereich der jPdöR** tätig wird. Eine ehrenamtliche Tätigkeit für Betriebe gewerblicher Art ist nach **§ 4 Nr. 26 Buchst. b UStG** zu beurteilen.[1]

Zu den **jPdöR** gehören vor allem Gebietskörperschaften (Staaten, Länder, Gemeinden), ö.R. Berufsorganisationen (IHK, RAK, Ärztekammer, Versorgungswerke), ö.R. Anstalten (Bundesbank, Landeszentralbank, öffentliche Sparkassen, Rundfunkanstalten, DRV, Bundesagentur für Arbeit), Stiftungen des ö.R., ö.R. Religionsgemeinschaften. 13

Unter Buchstabe a fallen somit z.B. Mitglieder des **Vorstands der RAK**, Mitglieder des Vorstands einer Handwerksinnung, **Schöffen** oder Ratsmitglieder im Aufsichtsrat einer kommunalen Eigengesellschaft[2] – sofern jeweils die Unternehmereigenschaft (Rz. 7 ff.) zu bejahen ist. 14

C. Sonstige ehrenamtliche Tätigkeit (Nr. 26 Buchst. b)

I. Begünstigter Unternehmer

Siehe Rz. 7 ff. 15

II. Ehrenamt im nicht-öffentlichen Bereich

1. Begriff des Ehrenamts

Der Begriff des **Ehrenamts** (Rz. 9 ff.) ist für den nicht-öffentlichen Bereich zu modifizieren. Der „materielle Ehrenamtsbegriff" im nicht-öffentlichen Bereich erfordert das **Fehlen eines eigennützigen Erwerbsstrebens**, die **fehlende Hauptberuflichkeit** und den **Einsatz für eine fremdnützig bestimmte Einrichtung**.[3] Es ist eine Gesamtwürdigung der Umstände des Einzelfalls vorzunehmen.[4] 16

2. Kein eigennütziges Erwerbsstreben des Unternehmers

Für das Fehlen des eigennützigen Erwerbsstrebens ist insbesondere die **Höhe der Vergütung** zu prüfen. Hier hat das BMF seit 31.12.2012 Vergütungsgrenzen festgelegt (Rz. 23 ff.).[5] 17

3. Keine Hauptberuflichkeit

Die Tätigkeit darf (wie bei Buchstabe a) **nicht hauptberuflich** ausgeübt werden. Deshalb ist die Tätigkeit als **Nachlasspfleger** nicht mehr ehrenamtlich, wenn der Umfang eine berufliche Tätigkeit rechtfertigt (regelmäßig bei mehr als zehn Vormundschaften oder voraussichtlich nicht weniger als 20 Wochenstunden).[6] Auch ein **Rechtsanwalt**, der nebenberuflich als Rechtsberater bei einer Arbeitnehmerkammer Umsätze von rund 9.000 Euro p.a. erzielt, ist nicht mehr ehrenamtlich tätig.[7] Sofern die FinVerw. die **Mitwirkung von Rechtsanwälten** in Rechtsberatungsdiensten allerdings grundsätzlich von der ehrenamtlichen Tätigkeit ausschließt, weil die Rechtsanwälte in diesen Fällen nicht **außerhalb ihres Hauptberufs** tätig werden, schränkt Abschn. 4.26.1 Abs. 3 UStAE den Anwendungsbereich der Steuerbefreiung zu Unrecht ein – solange die Entschädigung angemessen ist, ist § 4 Nr. 26 Buchst. b UStG einschlägig.[8] 18

---

1 Zur Abgrenzung siehe BFH, Urt. v. 4.4.1974 – V R 70/73, BStBl. II 1974, 528, Rz. 11 ff.; Abschn. 4.26.1 Abs. 2 UStAE.

2 BFH, Urt. v. 4.5.1994 – XI R 86/92, BStBl. II 1994, 773 = UR 1994, 469, Rz. 9.

3 BFH, Urt. v. 20.8.2009 – V R 32/08, BStBl. II 2010, 88 = UR 2009, 766, Rz. 32; BFH, Urt. v. 14.5.2008 – XI R 70/07, BStBl. II 2008, 912 = UR 2008, 745, Rz. 27.

4 BFH, Urt. v. 25.1.2011 – V B 144/09, BFH/NV 2011, 863, Rz. 5.

5 BMF, Schr. v. 27.3.2013 – IV D 3-S 7185/09/10001-04, BStBl. I 2013, 452; Abschn. 4.26.1 Abs. 4 UStAE.

6 BFH, Urt. v. 19.4.2012 – V R 31/11, BFH/NV 2012, 1831, Rz. 25.

7 BFH, Urt. v. 16.4.2008 – XI R 68/07, BFH/NV 2008, 1368, Rz. 30.

8 So auch *Heinrichshofen* in Rau/Dürrwächter, § 4 Nr. 26 UStG Rz. 45 (Stand: Juli 2017).

4. Tätigkeit für fremdnützig bestimmte Einrichtung

19 Fremdnützig bestimmte Einrichtungen sind insbesondere (gemeinnützige) Einrichtungen, die dem **öffentlichen Interesse, der Allgemeinheit**, sozialen Zwecken oder zumindest einer großen Zahl von Bürgern dienen, z.B. Selbsthilfeeinrichtungen im genossenschaftlichen Bereich oder im Verbandsbereich,[1] nicht jedoch reine Erwerbsgesellschaften (z.B. Volksbank)[2].

III. Leistungsempfänger: sonstige Einrichtungen

20 Ehrenamtliche Tätigkeiten, die **nicht für den nichtunternehmerischen Bereich einer jPdöR** ausgeübt werden, sind steuerfrei, wenn das **Entgelt hierfür in Auslagenersatz und einer angemessenen Entschädigung für Zeitversäumnis** besteht. Geht das Entgelt darüber hinaus, ist der gesamte Umsatz nicht steuerbefreit.

IV. Auslagenersatz

21 **Auslagenersatz** liegt vor, wenn **tatsächlich entstandene Aufwendungen** ersetzt werden. Ersatzfähige Auslagen sind im Einzelnen nachzuweisende Telefonkosten, Fahrtkosten, Übernachtungskosten, Verpflegung, Bürokosten, Porto etc.

22 Anwendbar sind die einkommen- und lohnsteuerlich anerkannten **Pauschsätze**, es sei denn es können höhere Aufwendungen **nachgewiesen** werden.[3]

V. Angemessene Entschädigung für Zeitversäumnis

23 Der Leistende (ehrenamtlich Tätige) hat **keinen Anspruch auf Bezahlung**, sondern nur auf eine **Entschädigung** für tatsächlich angefallenen Zeitaufwand.

24 Die **Angemessenheit** ist eine Einzelfallentscheidung, die sich an dem BFH-Begriff des „Ehrenamts“[4] orientiert. Für seit dem 31.12.2012 ausgeführte Umsätze erachtet die FinVerw. einen **Stundensatz bis zu 50 Euro** als angemessen, wenn die Vergütung insgesamt den **Jahresbetrag von 17.500 Euro** nicht übersteigt.[5] Entscheidend hierfür ist die tatsächliche Entschädigung im Vorjahr und die voraussichtliche Höhe der Entschädigung im laufenden Jahr, allerdings ohne echten Auslagenersatz.[6] Die bisherige Möglichkeit der Einzelfallprüfung bleibt bestehen.[7] Der tatsächliche Zeitaufwand ist nachvollziehbar zu dokumentieren.

25 Als Orientierung für die Angemessenheit kann auch **§ 3 Nr. 26 EStG** (3.000 Euro pro Jahr), oder das **JVEG**[8] dienen.

26 Problematisch sind **Pauschalvergütungen**: Eine vom tatsächlichen Zeitaufwand **unabhängige**, d.h. laufend gezahlte **pauschale Vergütung** oder gesondert gezahltes **Urlaubs-**[9], **Weihnachts- oder Kran-**

1 BFH, Beschl. v. 25.1.2011 – V B 144/09, BFH/NV 2011, 863, Rz. 5.
2 BFH, Urt. v. 20.8.2009 – V R 32/08, BStBl. II 2010, 88 = UR 2009, 766, Rz. 32; BFH, Urt. v. 17.12.2015 – V R 45/14, BStBl. II 2017, 658 = UR 2016, 310, Rz. 12.
3 Abschn. 24.6.1 Abs. 4 Satz 5 UStAE unter Verweis auf R 9.4 Abs. 1 LStR.
4 BFH, Urt. v. 14.5.2008 – XI R 70/07, BStBl. II 2008, 912 = UR 2008, 745, Rz. 27; BFH, Urt. v. 20.8.2009 – V R 32/08, BStBl. II 2010, 88 = UR 2009, 766, Rz. 32.
5 Sog. Nichtbeanstandungsgrenzen: Abschn. 4.26.1 Abs. 4 UStAE i.d.F. durch BMF, Schr. v. 2.1.2012 – IV D 3-S 7185/09/10001, BStBl. I 2012, 59; vgl. auch BMF, Schr. v. 21.3.2012 – IV D 3-S 7185/09/10001-02, BStBl. I 2012, 344.
6 Abschn. 4.26.1 Abs. 4 Satz 3 UStAE.
7 Abschn. 24.6.1 Abs. 4 Satz 2 UStAE, zur früheren Verwaltungsauffassung *Heinrichshofen* in Rau/Dürrwächter, § 4 Nr. 26 UStG Rz. 116 (Stand: Juli 2017).
8 BGBl. I 2004, 718.
9 BFH, Urt. v. 14.5.2008 – XI R 70/07, BStBl. II 2008, 912 = UR 2008, 745, Rz. 29.

kengeld führt zum Ausschluss der Steuerbefreiung mit der Folge, dass sämtliche für diese Tätigkeit gezahlten Vergütungen, also auch neben der Pauschale gezahlter Auslagenersatz und/oder Entschädigung für Zeitaufwand umsatzsteuerpflichtig sind,[1] es sei denn, die Pauschale wird für eine bestimmte, auf statuarisch legitimierter Grundlage **festgelegte, durchschnittliche Stundenanzahl**[2] gezahlt. Aus Vereinfachungsgründen erkennt die FinVerw. bis zu einem Jahresbetrag von 3.000 Euro (§ 3 Nr. 26 EStG) die Steuerfreiheit ohne weitere Prüfung an.[3]

§ 4 Nr. 27 [Personalgestellung]

Von den unter § 1 Abs. 1 Nr. 1 fallenden Umsätzen sind steuerfrei:

…

27. a) die Gestellung von Personal durch religiöse und weltanschauliche Einrichtungen für die in Nummer 14 Buchstabe b, in den Nummern 16, 18, 21, 22 Buchstabe a sowie in den Nummern 23 und 25 genannten Tätigkeiten und für Zwecke geistlichen Beistands,

b) die Gestellung von land- und forstwirtschaftlichen Arbeitskräften durch juristische Personen des privaten oder des öffentlichen Rechts für land- und forstwirtschaftliche Betriebe (§ 24 Abs. 2) mit höchstens drei Vollarbeitskräften zur Überbrückung des Ausfalls des Betriebsinhabers oder dessen voll mitarbeitenden Familienangehörigen wegen Krankheit, Unfalls, Schwangerschaft, eingeschränkter Erwerbsfähigkeit oder Todes sowie die Gestellung von Betriebshelfern an die gesetzlichen Träger der Sozialversicherung;

…

Schrifttum: *Hüttemann*, Zur Umsatzsteuerpflicht der Gestellung von Ordensangehörigen nach nationalem Steuerrecht und Unionsrecht, UR 2018, 577; *Hüttemann*, Erste Einordnung des BMF-Schreibens v. 3.9.2020, MwStR 2020, 1029; *Klass/Möhrle*, Umsatzsteuer bei Personalgestellungen im Rahmen von Krankenhausprivatisierungen, DStR 2006, 1162; *Sterzinger*, „Religiöse und weltanschauliche Einrichtung" i.S.d. § 4 Nr. 27 Buchst. a UStG, UStB 2021, 284.

A. Grundaussagen

I. Regelungsgegenstand und Bedeutung

§ 4 Nr. 27 Buchst. a UStG regelt – aus sozialen Gründen – die Steuerbefreiung von **Personalgestellungen durch religiöse und weltanschauliche Einrichtungen**, bspw. für Krankenhäuser, Schulen und Pflegeeinrichtungen.[4] 1

1 Abschn. 26.1 Abs. 5 Satz 1 UStAE.
2 BMF, Schr. v. 29.8.2014 auf eine Eingabe des DStV v. 28.6.2013, abrufbar unter www.tertius-online.de.
3 Abschn. 4.26.1 Abs. 5 Satz 4 f. UStAE.
4 Vgl. BT-Drucks. 8/1779, 35 zu § 4 Nr. 27 UStG a.F.

2 **§ 4 Nr. 27 Buchst. b UStG** soll kleinere **land- und forstwirtschaftliche Betriebe**, die in **Notfällen** Aushilfskräfte gestellt bekommen, von der Umsatzsteuer auf Lohn freistellen, weil sie wegen der pauschalierten Besteuerung nach § 24 UStG keinen Vorsteuerabzug geltend machen können. Entsprechendes gilt für **Sozialversicherungsträger**, denen Aushilfskräfte zum Einsatz bei Mitgliedern gestellt werden. Die Regelung in § 4 Nr. 27 Buchst. b UStG hat sozialpolitische Bedeutung und dient der Steuervereinfachung.[1]

3 Auf beide Steuerbefreiungen kann **nicht verzichtet** werden; sie führen jeweils zum **Vorsteuerausschluss**.

II. Unionsrechtliche Grundlagen

4 § 4 Nr. 27 Buchst. a UStG beruht auf **Art. 132 Abs. 1 Buchst. k MwStSystRL (Art. 13 Teil A Abs. 1 Buchst. k der 6. EG-Richtlinie)**, wonach die Personalgestellung durch religiöse und weltanschauliche Einrichtungen für die in Art. 132 Abs. 1 Buchst. b, g, h und i MwStSystRL genannten Tätigkeiten und für Zwecke geistlichen Beistands befreit ist. Die nationalen Voraussetzungen der Steuerbefreiungen für die in § 4 Nr. 14 Buchst. b, 16, 18, 21, 22 Buchst. a, 23 und 25 UStG genannten Tätigkeiten bleiben jedenfalls teils hinter denen des Unionsrechts zurück, als die entsprechenden Bestimmungen der MwStSystRL innerhalb der angesprochenen Ziffern von § 4 UStG nicht hinreichend umgesetzt wurden.[2] Soweit sich also eine Steuerbefreiung aus Art. 132 Abs. 1 Buchst. k MwStSystRL, nicht jedoch aus § 4 Nr. 27 Buchst. a UStG ergibt, können sich Steuerpflichtige **unmittelbar auf Unionsrecht** berufen.[3]

5 Die unionsrechtliche Grundlage von § 4 Nr. 27 Buchst. b UStG ist **Art. 132 Abs. 1 Buchst. g MwStSystRL (Art. 13 Teil A Abs. 1 Buchst. g der 6. EG-Richtlinie)**, der jedoch keine entgeltlichen Personalgestellungen erfasst.[4] § 4 Nr. 27 Buchst. b UStG entspricht somit nicht dem Unionsrecht. Eine richtlinienkonforme (einschränkende) Auslegung *„contra legem"* des nationalen Rechts kommt nicht in Betracht.[5]

III. Verhältnis zu anderen Vorschriften und Rechtsentwicklung

6 Für Personalgestellungsleistungen **nicht-religiöser Einrichtungen** kann z.B. **Art. 132 Abs. 1 Buchst. b, g und i MwStSystRL** fruchtbar gemacht werden.

7 **Haushaltshilfeleistungen** können seit 2009 nur noch unter den Voraussetzungen des **§ 4 Nr. 16 UStG** befreit werden.

8 **§ 4 Nr. 27 Buchst. a UStG** wurde 1980 in das UStG aufgenommen und durch das Kroatien-Anpassungs-Gesetz vom 25.7.2014[6] **vollständig neu gefasst**, da die Vorschrift bis 31.12.2014 evident unionsrechtswidrig war.[7] Durch das JStG 2019 wurde lediglich das Wort „geistig" durch „geistlich" als redaktionelle Korrektur ersetzt.

9 **§ 4 Nr. 27 Buchst. b UStG** wurde durch das StÄndG 1992 (vorher in § 4 Nr. 7 UStG geregelt) in das UStG aufgenommen und zuletzt durch das JStG 2009 geändert.[8]

---

1 Vgl. BT-Drucks. 12/1108, 71.
2 Weiterführend *Liebgott* in Birkenfeld/Wäger, § 4 Nr. 27 UStG Rz. 32 f. (Stand: August 2023).
3 FG Rheinland-Pfalz, Urt. v. 27.11.2008 – 6 K 2348/07, EFG 2009, 441.
4 BFH, Urt. v. 14.1.2016 – V R 56/14, UR 2016, 359; BFH, Beschl. v. 19.8.2021 – V R 21/20, BFH/NV 2022, 144.
5 EuGH, Urt. v. 21.9.2017 – C-326/15, ECLI:EU:C:2017:719 – DNB Bank, UR 2017, 80; BVerfG, Beschl. v. 26.9.2011 – 2 BvR 2216/06 und 2 BvR 469/07, NJW 2012, 669.
6 BGBl. I 2014, 1266.
7 Vgl. FG Rheinland-Pfalz, Urt. v. 27.11.2008 – 6 K 2348/07, EFG 2009, 441; vgl. zur alten Rechtslage auch *Tehler* in Rau/Dürrwächter, § 4 Nr. 27 UStG Rz. 86 ff. (Stand: September 2019).
8 Zu Einzelheiten s. *Tehler* in Rau/Dürrwächter, § 4 Nr. 27 UStG Rz. 12 ff. (Stand: September 2019).

B. Personalgestellung durch religiöse und weltanschauliche Einrichtungen (Nr. 27 Buchst. a)

I. Begünstigter Unternehmer

Erbringer der Personalgestellung muss eine „**religiöse**" oder „**weltanschauliche Einrichtung**" sein. 10

Einrichtung kann eine juristische und auch eine (oder mehrere) natürliche Person sein. 11

Religiös und **weltanschaulich** sind nicht nur alle Einrichtungen, die berechtigt sind, den Schutz des Art. 4 Abs. 1 und 2 GG und des Art. 140 GG i.V.m. Art. 137 WRV in Anspruch zu nehmen, z.B. Kirchen in der Rechtsform als jPdöR, geistliche Genossenschaften oder Mutterhäuser.[1] Darüber hinaus erfasst werden zum einen rechtsformunabhängig alle privatrechtlich organisierten religiösen Einrichtungen, z.B. eine landeskirchliche Gemeinschaft als e.V.[2] Zum anderen sind darüber hinaus begünstigte weltanschauliche Einrichtungen solche Gemeinschaften, die sich die Pflege einer nicht religiösen Weltanschauung zur Aufgabe gemacht haben (z.B. der Humanistische Verband Deutschlands oder die Unitarier).[3] Erfasst werden somit auch z.B. Ordensgemeinschaften, Bruderschaften und Kommunitäten. 12

Weitere Anforderungen an den **Zweck und die Tätigkeit der gestellenden Einrichtung** gibt es nicht. Insbesondere muss sie selbst keine der in § 4 Nr. 14 Buchst. b UStG oder in den Nummern 16, 18, 21, 22 Buchst. a sowie in den Nummern 23 und 25 genannten Tätigkeiten erbringen. 13

II. Begünstigte Leistung: Gestellung von Personal

Personalgestellung ist die auf Dauer angelegte Beschäftigung bei einem Dritten. 14

Personalgestellung ist grundsätzlich eine **steuerbare Leistung**, die auch dann gegen Entgelt erbracht wird, wenn sie nur gegen **Aufwendungsersatz** erfolgt.[4] 15

Anders als die bis 31.12.2014 geltende Fassung, erfasst § 4 Nr. 27 Buchst. a UStG in der aktuellen Fassung nicht nur die Gestellung von **Mitgliedern** und **Angehörigen** der leistenden Einrichtungen, sondern auch von **Arbeitnehmern** und **selbständigen** Mitarbeitern, die bei der (oder für die) gestellenden Einrichtung tätig sind.[5] 16

III. Leistungsempfänger

Die Gestellung von Personal muss für bestimmte, regelmäßig dem **Gemeinwohl dienenende Tätigkeiten** i.S.d. Art. 132 Abs. 1 Buchst. k MwStSystRL erfolgen. 17

Die Einrichtung, der das Personal gestellt wird, muss **steuerfreie Leistungen nach § 4 Nr. 14 Buchst. b, § 4 Nr. 16, 18, 21, 22 Buchst. a sowie § 4 Nr. 23 und 25 UStG** erbringen und die überlassene Person muss in diesem **steuerbegünstigten Bereich tätig** werden, so die Gesetzesbegründung und die **FinVerw.**,[6] z.B. Gestellung von Pflegern an Krankenhäuser oder Altenheime, von Lehrern an Schulen.[7] Es genügt u.E. jedoch auch, dass die Kosten der Personalgestellung zu den Kostenbestandteilen der betroffenen steuerfreien Ausgangsleistung gehören. Auf die konkrete Tätigkeit des gestellten Personals kommt es somit nicht an, so dass auch ein Einsatz in der allgemeinen Verwaltung der Einrichtung zur 18

1 BT-Drucks. 18/1529, 77; Abschn. 4.27.1 Abs. 1 Satz 2 und 3 UStAE.
2 FG Münster, Urt. v. 20.5.2021 – 5 K 730/19 U, EFG 2021, 1591; *Liebgott* in Birkenfeld/Wäger, § 4 Nr. 27 UStG Rz. 22 (Stand: August 2023); *Sterzinger*, UStB 2021, 284 (285).
3 *Liebgott* in Birkenfeld/Wäger, § 4 Nr. 27 UStG Rz. 21 (Stand: August 2023).
4 BFH, Urt. v. 5.12.2007 – V R 60/05, BStBl. II 2009, 486 = UR 2008, 616.
5 Abschn. 4.27.1 Abs. 1 Satz 1 UStAE.
6 BT-Drucks. 18/1529, 77 f.; Abschn. 4.27.1 Abs. 2 Satz 1 UStAE.
7 Abschn. 4.27.1 Abs. 2 Satz 2 UStAE.

Steuerbefreiung führen kann:[1] Es ist auf die Tätigkeit der Einrichtung und nicht auf die des überlassenen Personals abzustellen.[2]

19 Wird Personal für **geistlichen Beistand**, z.B. für Gottesdienste, gestellt, muss die aufnehmende Einrichtung keine weiteren Voraussetzungen erfüllen.[3]

C. Personalgestellung für LuF-Betriebe (Nr. 27 Buchst. b Alt. 1)

I. Begünstigter Unternehmer

20 Steuerfrei sind nur die Gestellungsleistungen **juristischer Personen des privaten oder des öffentlichen Rechts**. Hierzu gehören z.B. LuF-Selbsthilfeeinrichtungen in der Rechtsform eines **Vereins** oder einer **Genossenschaft**. Einzelunternehmer und Personengesellschaften zählen nicht dazu, können sich aber ggf. auf Art. 132 Abs. 1 Buchst. g MwStSystRL berufen, sofern auch die leistungsbezogenen Voraussetzungen dieser Norm erfüllt werden.[4]

II. Begünstigte Leistung: Gestellung von land- und forstwirtschaftlichen Arbeitskräften

21 Land- und forstwirtschaftliche Arbeitskräfte sind Arbeitskräfte, die **in einem land- oder forstwirtschaftlichen Betrieb für die Zwecke des Unternehmens** eingesetzt werden. Eine besondere Qualifikation des Personals ist nicht erforderlich.

22 Zum Leistungsbegriff **„Gestellung“** s. Rz. 14 ff. Die bloße Vermittlung von Arbeitskräften genügt nicht.

III. Leistungsempfänger

23 Begünstigte Leistungen zu Buchstabe b Alt. 1 sind **unmittelbare Gestellungsleistungen an land- und forstwirtschaftliche Betriebe** mit höchstens **drei Vollarbeitskräften** (Vollzeitäquivalent, inkl. Inhaber) zur **Überbrückung eines Ausfalls aufgrund einer der im Gesetz genannten Notsituationen**.

24 Die gestellten Arbeitskräfte müssen **in den jeweiligen land- und forstwirtschaftlichen Betrieben** i.S.d. § 24 Abs. 2 UStG (§ 24 Rz. 59 ff., Neufassung zum 1.1.2025) **arbeiten**, unabhängig davon, ob diese Betriebe tatsächlich der Durchschnittsbesteuerung oder der Regelversteuerung unterliegen.[5] Eine Tätigkeit im Rahmen eines Gewerbebetriebs genügt nicht. Der Leistende (Gesteller) muss seinem Finanzamt hierüber einen entsprechenden **Nachweis** vorlegen, der durch eine schriftliche Erklärung des Land- und Forstwirts geführt werden kann.[6]

25 Die gesetzliche Aufzählung der **Notsituationen** ist **abschließend**.[7] Zum **Nachweis** der Notsituation siehe Abschn. 4.27.2 Abs. 3 Sätze 3 und 4 UStAE.

26 Die Steuerbefreiung wird **unabhängig** von einer etwaigen **Kostenerstattung** durch Sozialversicherungsträger gewährt.[8]

1 Ebenso *Hüttemann*, MwStR 2020, 1029 (1030).
2 FG Rheinland-Pfalz, Urt. v. 27.11.2008 – 6 K 2348/07, EFG 2009, 441.
3 Abschn. 4.27.1 Abs. 1 Satz 4 UStAE.
4 BFH, Urt. v. 31.5.2017 – V R 31/16, BFH/NV 2017, 1334; BFH, Beschl. v. 19.8.2021 – V R 21/20, BFH/NV 2022, 144.
5 Zu weiteren Einzelheiten s. *Liebgott* in Birkenfeld/Wäger, § 4 Nr. 27 UStG Rz. 86 ff. (Stand: August 2023).
6 Abschn. 4.27.2 Abs. 3 Sätze 1 und 2 UStAE.
7 Vgl. auch *Tehler* in Rau/Dürrwächter, § 4 Nr. 27 UStG Rz. 162 ff. (Stand: September 2019).
8 Abschn. 4.27.2. Abs. 2 Satz 4 UStAE.

D. Gestellung von Betriebshelfern (Nr. 27 Buchst. b Alt. 2)

I. Begünstigter Unternehmer

Der Kreis der begünstigten gestellenden Unternehmer ist – anders als bei § 4 Nr. 27 Buchst. b Alt. 1 UStG – **nicht auf juristische Personen beschränkt**. Gestellungsleistungen von **Einzelunternehmern und Personengesellschaften** sind somit auch begünstigt. Dies gilt auch für die sog. **„Selbstgestellung“** eines Betriebshelfers.[1] 27

II. Begünstigte Leistung: Gestellung von Betriebshelfern

Betriebshelfer sind alle Arbeitskräfte, die in einem Gewerbe- oder einem LuF-Betrieb für die Zwecke des Unternehmens eingesetzt werden können. Hier kommt es im Gegensatz zu den unmittelbaren Leistungen (Alt. 1) nicht darauf an, dass die Betriebshelfer in land- und forstwirtschaftlichen Betrieben eingesetzt werden. 28

Zum Leistungsbegriff **„Gestellung“** s. Rz. 14 ff. Die bloße Vermittlung von Betriebshelfern genügt nicht. 29

III. Leistungsempfänger

Empfänger der begünstigten Gestellung sind die **gesetzlichen Träger der Sozialversicherung** (z.B. Berufsgenossenschaften, Krankenkassen, Rentenversicherungsträger und landwirtschaftliche Alterskassen), die verpflichtet sind, ihren Mitgliedern in bestimmten **Notfällen** (z.B. Arbeitsunfall, Krankenhausaufenthalt) **Haushaltshilfe** oder **Betriebshilfe** zu gewähren. Sie bedienen sich regelmäßig des Personals anderer Unternehmer (z.B. Betriebshilfsdienste, Dorfhelferinnendienste).[2] 30

Wem die Tätigkeit der zur Verfügung gestellten Arbeitskräfte tatsächlich zugutekommt, ist für die Steuerbefreiung nicht entscheidend. 31

Überlässt es der Sozialversicherungsträger seinen Mitgliedern, die **Ersatzkraft selbst zu beschaffen** und ihnen lediglich die dadurch entstandenen **Kosten zu erstatten**, ist § 4 Nr. 27 Buchst. b Alt. 2 UStG nach Ansicht der **FinVerw.** nicht anwendbar.[3] Es kommt dann ggf. **§ 4 Nr. 27 Buchst. b Alt. 1 UStG**[4] oder unmittelbar **Art. 132 Abs. 1 Buchst. g MwStSystRL**[5] in Betracht. 32

§ 4 Nr. 28 [Weiterlieferung von Gegenständen aus abzugsschädlichen Tätigkeiten]

Von den unter § 1 Abs. 1 Nr. 1 fallenden Umsätzen sind steuerfrei:

…

28. die Lieferungen von Gegenständen, für die der Vorsteuerabzug nach § 15 Abs. 1a ausgeschlossen ist oder wenn der Unternehmer die gelieferten Gegenstände ausschließlich für eine nach den Nummern 8 bis 27 und 29 steuerfreie Tätigkeit verwendet hat;

…

1 BFH, Urt. v. 31.5.2017 – V R 31/16, BFH/NV 2017, 1334; Abschn. 4.27.1. Abs. 4 Sätze 5 und 6 UStAE.
2 Abschn. 4.27.2 Abs. 4 Sätze 1 bis 4 UStAE.
3 Abschn. 4.27.2 Abs. 5 Satz 1 UStAE.
4 Abschn. 4.27.2 Abs. 5 Satz 2 UStAE.
5 BFH, Urt. v. 31.5.2017 – V R 31/16, BFH/NV 2017, 1334.

Schrifttum: *Heuermann*, Anmerkung zum BFH-Urteil vom 22.8.2019, V R 47/17, DStR 2019, 2526; *Korf*, Gibt es eine Konkurrenz von Korrekturvorschriften?, UVR 2018, 186; *Schlegel*, Steuerfreiheit nach § 4 Nr. 28 UStG bei nicht steuerbaren Leistungen, UR 2002, 118.

A. Grundaussagen

I. Regelungsgegenstand und Bedeutung

1 Die Vorschrift enthält **zwei Tatbestände** und begünstigt die Weiterlieferung von Gegenständen aus abzugsschädlichen Tätigkeiten. Nach der 1. Alternative sind solche **Lieferungen von Gegenständen** steuerfrei, bei deren **Anschaffung** der Vorsteuerabzug nach § 15 Abs. 1a UStG ausgeschlossen war. Die Regelung in der 2. Alternative betrifft Lieferungen von Gegenständen, die der Unternehmer ausschließlich für eine nach § 4 Nr. 8–27 und 29 UStG **steuerfreie Tätigkeit verwendet** hat und für die er aus diesem Grund keine Vorsteuer abziehen konnte.

2 Hierdurch soll eine **Doppelbelastung vermieden** werden, die entsteht, wenn Gegenstände, die aufgrund des Vorsteuerausschlusses in § 15 Abs. 1a, 2 UStG bei ihrer Anschaffung nicht von der Umsatzsteuer entlastet sind, steuerpflichtig weitergeliefert werden. § 4 Nr. 28 UStG dient daneben auch der **Verfahrensvereinfachung**, indem eine Vorsteuerberichtigung vermieden wird, die bei der Steuerpflicht der Veräußerung des Gegenstands innerhalb des Berichtigungszeitraums eintreten würde.[1]

3 Die Vorschrift ist nach allgemeiner Auffassung **eng** auszulegen; eine analoge Anwendung über den Wortlaut hinaus soll nicht möglich sein. Auf die Befreiung kann nicht verzichtet werden; sie führt zum Verlust des Vorsteuerabzugs (§ 15 Abs. 2 UStG).

II. Unionsrechtliche Grundlagen

4 Die nationale Befreiungsvorschrift ist **unionsrechtskonform.**[2] Unionsrechtliche Grundlage ist **Art. 136 Buchst. a und b MwStSystRL (Art. 13 Teil B Buchst. c der 6. EG-Richtlinie), Art. 176 MwStSystRL (Art. 17 Abs. 6 der 6. EG-Richtlinie).**

III. Verhältnis zu anderen Vorschriften und Rechtsentwicklung

5 § 4 Nr. 28 UStG verweist auf **§ 15 Abs. 1a** und **Abs. 2 Satz 1 Nr. 1 UStG** und auf **§ 4 Nr. 8–27 und 29 UStG**. Nach § 4 Nr. 28 UStG sind steuerfreie Lieferungen in die Bemessung des Gesamtumsatzes nach **§ 19 Abs. 3 Satz 1 Nr. 1 UStG** (§ 19 Rz. 39) nicht einzubeziehen, auch wenn das Unternehmen erst durch die Veräußerungstätigkeit entsteht.[3]

6 Erfüllt die Lieferung eines Gegenstands i.S.d. § 4 Nr. 28 UStG auch die Voraussetzungen einer Ausfuhrlieferung (**§ 4 Nr. 1 Buchst. a UStG**, s. § 4 Nr. 1 Rz. 20 ff.) bzw. einer innergemeinschaftlichen

---

1 BT-Drucks. 8/1779, 35; weiterführend: *Monfort* in Birkenfeld/Wäger, § 4 Nr. 28 UStG Rz. 2 (Stand: September 2019).
2 BFH, Urt. v. 21.9.2016 – V R 43/15, BStBl. II 2017, 1203 = UR 2017, 200.
3 BFH, Urt. v. 26.9.2019 – V R 27/19 (V R 1/17), BFHE 267, 116 = UR 2020, 81.

Lieferung (**§ 4 Nr. 1 Buchst. b UStG**, s. § 4 Nr. 1 Rz. 27 ff.), ist § 4 Nr. 28 UStG spezieller und vorrangig.[1]

Bei einer Grundstückslieferung, die sowohl nach **§ 4 Nr. 9 Buchst. a UStG** (§ 4 Nr. 9 Buchst. a Rz. 55 ff.) als auch nach § 4 Nr. 28 UStG steuerfrei ist, ist der Verzicht auf die Steuerbefreiung möglich.[2] 7

Scheitert die Steuerbefreiung nach § 4 Nr. 28 UStG, kommt ggf. die **Margenbesteuerung** nach **§ 25a UStG** (§ 25a Rz. 1 ff.) in Betracht. 8

Die Vorschrift ist neu in das **UStG 1980** aufgenommen worden, wodurch die 6. EG-Richtlinie erstmalig in das UStG umgesetzt wurde. Die heutige Fassung stammt aus dem **JStG 2008**, sie wurde durch das **JStG 2019** infolge der Einfügung des § 4 Nr. 29 UStG redaktionell angepasst. 9

B. Vorsteuerausschluss nach § 15 Abs. 1a UStG (Nr. 28 Alt. 1)

I. Begünstigter Unternehmer

Entscheidend ist, dass der Steuerpflichtige im Zeitpunkt der (Weiter-)Lieferung Unternehmer i.S.d. § 2 UStG (§ 2 Rz. 10 ff.) ist. Dies gilt auch, wenn das Unternehmen erst durch die Veräußerungstätigkeit entsteht.[3] Die (Nicht-)**Unternehmerstellung beim Erwerb** des Gegenstands ist **unerheblich**, d.h. die Anwendung des § 4 Nr. 28 Alt. 1 UStG setzt lediglich voraus, dass für den gelieferten Gegenstand bei seinem Erwerb dem Grunde nach kein Vorsteuerabzug in Anspruch genommen werden konnte, ohne dass danach zu unterscheiden wäre, ob dies auf § 15 Abs. 1a UStG, auf § 19 Abs. 1 Satz 4 UStG (Kleinunternehmer) oder auf einer beim Erwerb fehlenden Unternehmerstellung beruht.[4] 10

II. Lieferungen

Die Steuerbefreiung für beide Alternativen greift nur bei **steuerbaren entgeltlichen (Weiter-)Lieferungen** (§ 3 Rz. 7 ff.), **nicht** bei sonstigen Leistungen.[5] Erforderlich ist die **erneute Verschaffung der Vermögensmacht**, was bei einer sonstigen Leistung nicht denkbar ist. Die ursprüngliche **Anschaffung** der Gegenstände ist **nicht steuerbefreit**.[6] 11

Entnahmen und (unentgeltliche) unternehmensfremde Gegenstandsverwendungen i.S.d. § 3 Abs. 1b UStG (Art. 16 und Art. 26 MwStSystRL) zählen **nicht** dazu, da sie die Berechtigung zum Vorsteuerabzug voraussetzen. Abschn. 4.28.1 Abs. 5 UStAE geht daher ins Leere. 12

III. Gegenstände

Der Begriff des „**Gegenstands**" entspricht dem des **§ 3 Abs. 1 UStG** (§ 3 Rz. 45 ff.). Hierzu zählt auch ein Miteigentumsanteil.[7] Die Übertragung immaterieller Wirtschaftsgüter (z.B. Lebensversicherungsverträge[8], Praxiswert, Patientenstamm) wird von der FinVerw. als sonstige Leistung angesehen[9] und fällt nicht unter Nr. 28. 13

---

1 Abschn. 4.28.1 Abs. 6 UStAE; BMF, Schr. v. 11.4.2011 – IV D 3-S 7130/07/10008, BStBl. I 2011, 459.

2 FG Nürnberg, Urt. v. 30.7.1991 – II 107/89, rkr., EFG 1992, 226; gl.A. *Monfort* in Birkenfeld/Wäger, § 4 Nr. 28 UStG Rz. 21 (Stand: September 2019).

3 BFH, Urt. v. 26.9.2019 – V R 27/19, BFHE 267, 116 = UR 2020, 81.

4 BFH, Urt. v. 26.9.2019 – V R 27/19, BFHE 267, 116 = UR 2020, 81.

5 BFH, Urt. v. 26.4.1995 – XI R 75/94, BStBl. II 1995, 746 = UR 1995, 484; BFH, Urt. 21.4.2021 – XI R 31/20, BFHE 273, 344 = UR 2021, 723; Abschn. 4.28.1 Abs. 1 Satz 3 UStAE.

6 EuGH, Beschl. v. 6.7.2006 – C-18/05 und C-155/05, ECLI:EU:C:2006:447 – Salus, UR 2007, 67.

7 BFH, Urt. v. 18.2.2016 – V R 53/14, BStBl. II 2019, 333 = UR 2016, 436 m. Anm. *Küffner*.

8 EuGH, Urt. v. 22.10.2009 – C-242/08, ECLI:EU:C:2009:647 – Swiss Re Germany Holding, BStBl. II 2011, 559 = UR 2009, 891.

9 Abschn. 3.1 Abs. 4 Satz 4 UStAE und BMF, Schr. v. 8.6.2011 – IV D 2-S 7100/08/10009, BStBl. I 2011, 582.

IV. Vorsteuerausschluss beim Erwerb

14 Steuerfrei ist die Lieferung von Gegenständen, deren **Erwerb gemäß § 15 Abs. 1a Nr. 1 UStG nicht zum Vorsteuerabzug berechtigt** hat, weil der Erwerb Aufwendungen verursacht hat, die ihrer Art nach unter das **Abzugsverbot des § 4 Abs. 5 Satz 1 Nr. 1–4, 7 EStG** oder des **§ 12 Nr. 1 EStG** fallen (§ 15 Rz. 224 ff.). Auslegungsmaßstab ist Art. 176 Abs. 2 MwStSystRL. Solche Aufwendungen sind **bspw.**:

15 **Geschenke** im Wert von mind. 50 Euro netto (§ 4 Abs. 5 Satz 1 Nr. 1 EStG)[1];

16 Bewirtungsaufwendungen (geringe Bedeutung, betrifft sonstige Leistungen, die i.d.R. nicht weitergeliefert werden, § 4 Abs. 5 Satz 1 Nr. 2 EStG);

17 **Aufwendungen für Gästehäuser** (hinsichtlich Mobiliar und Ausstattung, § 4 Abs. 5 Satz 1 Nr. 3 EStG);

18 Aufwendungen für **Jagd, Fischerei, Segel- und Motoryachten**[2] sowie für **Rennpferde**[3] (jeweils Erwerb und laufende Aufwendungen der entsprechenden Gegenstände, § 4 Abs. 5 Satz 1 Nr. 4 EStG); jedoch nicht Aufwendungen für **Sanierung einer Ritterburg** bei unternehmerischen Gesamtkonzept;[4]

19 andere **unangemessene Aufwendungen**, die die Lebensführung berühren (vgl. z.B. differenzierend bei (Luxus-)**Sportwagen**[5] zu Repräsentationszwecken, § 4 Abs. 5 Satz 1 Nr. 7 EStG).

19.1 Bei Versagung des Vorsteuerabzugs aus dem Erwerb eines Luxusfahrzeugs **mangels wirtschaftlicher Tätigkeit**[6] ist die spätere Veräußerung des Fahrzeugs ebenfalls steuerfrei (Rz. 11).

20 Aufwendungen für den **Haushalt** und für den **Unterhalt** der Familienangehörigen (§ 12 Nr. 1 EStG). I.d.R. ist der Vorsteuerabzug für die Anschaffung dieser Gegenstände aber schon ausgeschlossen, weil diese nicht dem Unternehmen zugeordnet werden können, mit der Folge, dass die spätere Veräußerung nicht im Rahmen des Unternehmens erfolgt und somit nicht steuerbar ist; § 4 Nr. 28 UStG kommt somit häufig nicht in Betracht.

21 Für die Inanspruchnahme der Steuerbefreiung ist die einkommensteuerliche Behandlung der Aufwendungen nicht entscheidend.[7]

C. Ausschließliche Verwendung für steuerfreie Tätigkeit (Nr. 28 Alt. 2)

I. Lieferung von Gegenständen

22 Vgl. Rz. 11 ff.

II. Verwendung für steuerfreie Tätigkeit

23 Steuerfrei ist auch die (Weiter-)Lieferung von Gegenständen, wenn der **Vorsteuerabzug nach § 15 Abs. 2 Satz 1 Nr. 1 UStG** ausgeschlossen ist, weil der Unternehmer die **dem Unternehmen zugeord-**

1 Weitergehend *Tehler* in Rau/Dürrwächter, § 4 Nr. 28 UStG Rz. 61 (Stand: September 2019).

2 BFH, Urt. v. 21.5.2014 – V R 34/13, BStBl. II 2014, 914 = UR 2014, 774; FG Mecklenburg-Vorpommern, Urt. v. 22.9.2021 – 3 K 227/19, EFG 2022, 368; kritisch bei Vercharterung: *Büchter-Hole*, EFG 2022, 372 (372).

3 BFH, Urt. v. 2.7.2008 – XI R 66/06, BStBl. II 2009, 206 = UR 2008, 919; BFH, Urt. v. 15.12.2021 – XI R 19/18, UR 2022, 496.

4 FG Mecklenburg-Vorpommern, Urt. v. 23.11.2022 – 3 K 75/22, EFG 2024, 164 (Rev. BFH XI R 32/22).

5 FG Hamburg, Urt. v. 27.9.2018 – 3 K 96/17, EFG 2019, 135; FG München, Urt. v. 9.3.2021 – 6 K 2915/17, EFG 2021, 1092 (Rev. BFH VIII R 12/21).

6 BFH, Urt. v. 8.9.2022 – V R 26/21, BStBl. II 2023, 361 = UR 2023, 238 m. Anm. *Ulbrich*.

7 BFH, Urt. v. 2.7.2008 – XI R 66/06, BStBl. II 2009, 206 = UR 2008, 919; BFH, Urt. v. 23.1.1992 – V R 66/85, UR 1992, 202 m. Anm. *Weiß*.

neten Gegenstände für eine nach **§ 4 Nr. 8–27 und 29 UStG steuerfreie Tätigkeit verwendet** hat (§ 15 Rz. 249 ff.). Gleiches gilt, wenn der Vorsteuerabzug in **unmittelbarer Berufung auf eine entsprechende Steuerbefreiung des Gemeinschaftsrechts** ausgeschlossen ist[1] oder der dem Unternehmen zugeordnete Gegenstand (z.B. Gebäude) für den **privaten Bedarf** des Unternehmers verwendet wird (**unentgeltliche Wertabgabe**).[2]

Beispiel: 24

Verkauf ausgemusterter **Lernmittel/Bücher** aus dem Bestand der **Schulbücherei** ist steuerfrei.[3] Ein **Privatlehrer**, der sich unmittelbar auf das Unionsrecht berufen kann und steuerfreie Umsätze erzielt (§ 4 Nr. 21 UStG), kann sich bei der **Weiterveräußerung seiner Büromöbel** auf § 4 Nr. 28 UStG berufen. Gleiches gilt für den **Heilpraktiker**, der seine ausschließlich im Rahmen seiner nach § 4 Nr. 14 UStG steuerfreien Tätigkeit genutzte **Behandlungsliege** verkauft.[4] Die Veräußerung gebrauchter **Geldspielautomaten** mit Gewinnmöglichkeit, die der Unternehmer ausschließlich zur **Ausführung steuerfreier Umsätze** verwendet hat, fällt unter § 4 Nr. 28 UStG,[5] und zwar auch dann, wenn er sich erst nach Ausführung der Verkäufe auf die Steuerfreiheit seiner Umsätze beruft.[6]

Voraussetzung ist die **ausschließliche** Verwendung des Gegenstands für eine nach § 4 Nr. 8–27 und 29 UStG steuerfreie Tätigkeit **während des gesamten Verwendungszeitraums**. Die FinVerw. lässt eine **geringfügige anderweitige Verwendung von bis zu 5 %** zu, sofern der Unternehmer keine Vorsteuer geltend macht.[7] 25

Hierzu zählen auch **Veräußerungsumsätze**, die steuerfrei behandelt werden, wenn der Abzug der Vorsteuer aus der Anschaffung der veräußerten Gegenstände nach § 15 Abs. 2 Satz 1 Nr. 1 UStG ausgeschlossen ist (§ 15 Rz. 249 ff.).[8] 26

Keine steuerbefreite Verwendung liegt jedoch vor, wenn der Gegenstand vor der steuerfreien Nutzung wieder veräußert wird: Z.B. ein Arzt, der als Mieter in angemieteten Räumlichkeiten Ein- und Umbauten („**Mietereinbauten**") im eigenen Namen vornehmen lässt, kann die ihm hierfür von Bauhandwerkern in Rechnung gestellte Umsatzsteuer im Falle einer entgeltlichen Weiterlieferung an den Vermieter vor Aufnahme der nach § 4 Nr. 14 Buchst. a UStG steuerfreien Tätigkeit in diesen Räumlichkeiten als Vorsteuer abziehen; § 4 Nr. 28 2. Alt. UStG ist dann nicht einschlägig.[9] Daraus ergeben sich **steuerliche Gestaltungsmöglichkeiten.** 26.1

III. Keine Anwendung über den Wortlaut hinaus

Der Ausschluss des Vorsteuerabzugs nach **§ 15 Abs. 2 Satz 1 Nr. 2 UStG** führt **nicht** zur Anwendbarkeit von § 4 Nr. 28 UStG. Daher ist es nicht ausreichend, dass der Unternehmer den Gegenstand für Umsätze verwendet hat, die steuerfrei gewesen wären, wenn sie im Inland ausgeführt worden wären. Gleiches gilt für den Vorsteuerausschluss nach **§ 15 Abs. 1 UStG,**[10] die Vorsteuerbeschränkung bei der **Durchschnittssatzbesteuerung** nach §§ 23, 23a, 24 UStG oder für **Kleinunternehmer** (§ 19 UStG). Entscheidend ist vielmehr die **tatsächliche Steuerbefreiung** nach § 4 Nr. 8–27 und 29 UStG. 27

1 BFH, Urt. v. 16.5.2012 – XI R 24/10, BStBl. II 2013, 52 = UR 2012, 951.
2 BFH, Urt. v. 8.10.2008 – XI R 58/07, BStBl. II 2009, 394 = UR 2009, 167.
3 LSt Nds., Vfg. v. 14.3.2018 – S 7177-37-St 182, UR 2018, 811.
4 Vgl. auch BFH, Urt. v. 21.9.2016 – V R 43/15, BStBl. II 2017, 1203 = UR 2017, 200.
5 BFH, Urt. v. 16.5.2012 – XI R 24/10, BStBl. II 2013, 52 = UR 2012, 951.
6 BFH, Urt. v. 24.4.2013 – XI R 9/11, BFH/NV 2013, 1457 = UR 2013, 716 m. Anm. *Nieskens*.
7 Abschn. 4.28.1 Abs. 2 UStAE; s.a. BFH, Urt. v. 21.9.2016 – V R 43/15, BStBl. II 2017, 1203 = UR 2017, 200.
8 BFH, Urt. v. 21.9.2016 – V R 43/15, BStBl. II 2017, 1203 = UR 2017, 200.
9 BFH, Urt. 13.11.2019 – V R 5/18, BStBl. II 2020, 136 = UR 2020, 156.
10 Vgl. BFH, Urt. v. 16.4.1997 – XI R 87/96, BStBl. II 1997, 585 = UR 1997, 339.

§ 4 Nr. 29 [Kostenteilungsgemeinschaften]

Von den unter § 1 Abs. 1 Nr. 1 fallenden Umsätzen sind steuerfrei:

…

29. sonstige Leistungen von selbständigen, im Inland ansässigen Zusammenschlüssen von Personen, deren Mitglieder eine dem Gemeinwohl dienende nichtunternehmerische Tätigkeit oder eine dem Gemeinwohl dienende Tätigkeit ausüben, die nach den Nummern 11b, 14 bis 18, 20 bis 25 oder 27 von der Steuer befreit ist, gegenüber ihren im Inland ansässigen Mitgliedern, soweit diese Leistungen für unmittelbare Zwecke der Ausübung dieser Tätigkeiten verwendet werden und der Zusammenschluss von seinen Mitgliedern lediglich die genaue Erstattung des jeweiligen Anteils an den gemeinsamen Kosten fordert, vorausgesetzt, dass diese Befreiung nicht zu einer Wettbewerbsverzerrung führt.

Schrifttum: *Brill*, Zur künftigen Relevanz von Kostenteilungsgemeinschaften für die öffentliche Hand, UR 2019, 81; *Brill*, Kritische Auseinandersetzung mit dem BMF-Schreiben zu § 4 Nr. 29 UStG, UR 2022, 641; *Erdbrügger*, Der EuGH versagt dem Finanzsektor die Umsatzsteuerbefreiung für Kostenteilungsgemeinschaften – Welche Auswirkungen ergeben sich für deutsche Banken und Versicherungen? UR 2018, 301; *Erdbrügger*, EuGH verlangt Ausweitung der Umsatzsteuerbefreiung für Kostenteilungsgemeinschaften, DStR 2018, 9; *Kirchinger*, Weitere Profilschärfung der Kostenteilungsgemeinschaft nach Art. 132 Abs. 1 Buchst. f MwStSystRL, UStB 2020, 17; *Küffner*, Anmerkung zum EuGH-Urteil vom 21.9.2017, C-616/15, UR 2017, 799; *Nieskens*, Umfang der Steuerbefreiung für Kostenteilungsgemeinschaften, EU-UStB 2020, 1; *Sterzinger*, Besteuerung von Kostenteilungszusammenschlüssen, UR 2017, 773; *Sterzinger*, Änderungen des UStG und der UStDV durch das sog. JStG 2019 und das BEG III, UR 2020, 1; *Sterzinger*, Umsatzsteuerbefreiung für Leistungen von selbständigen Personenzusammenschlüssen an ihre Mitglieder, UR 2021, 298; *Wäger*, Steuerfreie Zusammenschlüsse in der Umsatzsteuer, in Fischer/Geck/Haarmann (Hrsg.), FS für Georg Crezelius, Zivilrechtliches Ordnungsgefüge und Steuerrecht, Köln 2018, 715 ff.

A. Grundaussagen

I. Regelungsgegenstand und Bedeutung

§ 4 Nr. 29 UStG wurde **zum 1.1.2020 neu eingeführt.**[1] 1

Die Vorschrift befreit bestimmte Leistungen eines selbständigen Personenzusammenschlusses (sog. **Kostenteilungsgemeinschaft**) an seine Mitglieder für deren Gemeinwohltätigkeit von der Steuer. 2

Die Steuerbefreiung bezweckt die **Kostenentlastung** der dem Gemeinwohl dienenden steuerfreien oder nicht steuerbaren Tätigkeiten (Ausgangsleistungen) der Mitglieder, um den Zugang zu solchen Dienstleistungen und Lieferungen zu erleichtern:[2] Denn den Mitgliedern steht aus ihren damit verbundenen Eingangsleistungen keine Vorsteuerabzugsberechtigung zu. Um eine Vorsteuerbelastung der Mitglieder zu vermeiden, werden die Leistungen der Kostenteilungsgemeinschaft an ihre Mitglieder von der Steuer befreit. Hierdurch sollen Wettbewerbsnachteile gegenüber Unternehmern kompensiert werden, die die Vorleistungen durch eigene Angestellte oder im Rahmen einer Organschaft ohne Umsatzsteuerbelastung erbringen. 3

Die Vorschrift befreit weder Leistungen unter den Mitgliedern noch Leistungen der Mitglieder an die Kostenteilungsgemeinschaft. 4

Auf die Steuerbefreiung kann nicht nach § 9 UStG verzichtet werden. Sie lässt sich durch Erhebung eines Gewinnzuschlags bei der Leistungsabrechnung (Rz. 61) leicht vermeiden. Daraus folgt ein **faktisches Wahlrecht** der Steuerbefreiung. 5

Zum **Vorsteuerabzug** aus Eingangsleistungen der Kostenteilungsgemeinschaft s. Ausführungen unter Rz. 55. 6

Die **Darlegungs- und Beweislast** für die Steuerfreiheit trägt nach allgemeinen Grundsätzen grundsätzlich der Steuerpflichtige, d.h. die Kostenteilungsgemeinschaft.[3] Dies gilt auch für die dem Gemeinwohl dienende Tätigkeit der Mitglieder (Rz. 23 ff.), ihrer Ansässigkeit im Inland (Rz. 40 ff.) und ihrer Leistungsverwendung (Rz. 48 ff.), d.h. die Umstände außerhalb der Sphäre der Kostenteilungsgemeinschaft. Entsprechende Dokumentationen und vertragliche Vereinbarungen hierzu zwischen der Kostenteilungsgemeinschaft und ihren Mitgliedern sind in der Praxis zur Sicherstellung der Steuerfreiheit geboten. Für das Vorliegen einer **Wettbewerbsverzerrung** (Rz. 67 ff.) trägt aufgrund des Erfordernisses einer realen Gefahr die FinVerw. die Darlegungs- und Beweislast, so dass grundsätzlich davon auszugehen ist, dass die Bildung der Kostenteilungsgemeinschaft nicht zu einer Wettbewerbsverzerrung führt.[4] 7

II. Unionsrechtliche Grundlagen

Die Vorschrift beruht auf **Art. 132 Abs. 1 Buchst. f MwStSystRL (Art. 13 Teil A Abs. 1 Buchst. f der 6. EG-Richtlinie)**. Sie ist unionsrechtskonform mit Ausnahme der nach § 4 Nr. 29 UStG geforderten Inlandsansässigkeit der Kostenteilungsgemeinschaft und ihrer Mitglieder (Rz. 40 ff.). Steuerpflichtige können sich auf die für sie günstigere Steuerbefreiung des Art. 132 Abs. 1 Buchst. f MwStSystRL **unmittelbar berufen.**[5] 8

---

1 BGBl. I 2019, 2451.

2 Vgl. BT-Drucks. 19/13436, 152; EuGH, Urt. v. 20.11.2019 – C-400/18, ECLI:EU:C:2019:992 – Infohos, UR 2019, 932; BMF, Schr. v. 19.7.2022 – III C 3-S 7189/20/10001 :001, BStBl. I 2022, 1208 = UR 2022, 675, Tz. I.

3 BT-Drucks. 19/13436, 151.

4 BMF, Schr. v. 19.7.2022 – III C 3-S 7189/20/10001 :001, BStBl. I 2022, 1208 = UR 2022, 675, Tz. II.2; im Ergebnis ebenso EuGH, Schlussanträge der Generalanwältin *Kokott* v. 23.4.2020 – C-77/19, ECLI:EU:C:2020:302 – Kaplan International colleges UK; mangels Entscheidungserheblichkeit offen gelassen: EuGH, Urt. v. 18.11.2020 – C-77/19, ECLI:EU:C:2020:934 – Kaplan International colleges UK, UR 2021, 15 m. Anm. *Kirchinger.*

5 BFH, Urt. v. 6.9 2018 – V R 30/17, UR 2018, 950; BFH, Urt. v. 23.9.2020 – XI R 35/18, BFHE 271, 243 = UR 2021, 348 m. Anm. *Hüttemann.*

III. Verhältnis zu anderen Vorschriften und Rechtsentwicklung

9 Vor Einführung der Vorschrift bestand lediglich eine dem § 4 Nr. 29 UStG entsprechende Steuerbefreiung für sog. **Praxis- und Apparategemeinschaften** im Bereich des Gesundheitswesens nach § 4 Nr. 14 Buchst. d UStG in der bis zum 31.12.2019 gültigen Fassung (a.F.).[1] Diese Einschränkung war unionsrechtswidrig.[2] Mit dem neu eingeführten § 4 Nr. 29 UStG ist die Steuerbefreiung für Kostenteilungsgemeinschaften nicht mehr auf den Gesundheitsbereich beschränkt. Der § 4 Nr. 14 Buchst. d UStG a.F. wurde daher mit Wirkung zum 1.1.2020 aufgehoben.[3] Praxis- und Apparategemeinschaften unterfallen nunmehr dem § 4 Nr. 29 UStG mit der Neuerung gegenüber der bisherigen Rechtslage, dass diese Gemeinschaften und ihre Mitglieder im Inland ansässig sein müssen (Rz. 40 ff., 53, 55.1, 74.1).

10 Auf dem Boden der bisherigen Rechtsprechung[4] und der Verwaltungsansicht[5] zur Vorgängervorschrift des § 4 Nr. 14 Buchst. d UStG a.F. sowie der Verwaltungsansicht[6] zu § 4 Nr. 29 UStG ist die **Überlassung von Räumlichkeiten** durch die Kostenteilungsgemeinschaft an ihre Mitglieder nicht nach § 4 Nr. 29 UStG, sondern allenfalls nach § 4 Nr. 12 Satz 1 Buchst. a UStG steuerfrei. Dies steht mit dem Zweck der Vorschrift (Rz. 3) nicht im Einklang. Die Steuerbefreiung nach § 4 Nr. 29 UStG ist generell **nicht subsidiär** gegenüber anderen Steuerbefreiungstatbeständen des § 4 UStG, insbesondere, weil sie keine Konkurrenzklausel mit Nachrangigkeit enthält.

11 Kostenteilungsgemeinschaft und **Organschaft** nach § 2 Abs. 2 Nr. 2 UStG schließen sich nicht gegenseitig aus; zu Einzelheiten Rz. 16, 50.1 f.

B. Voraussetzungen der Steuerbefreiung

I. Überblick

12 Für die Steuerbefreiung müssen **kumulativ** folgende Tatbestandsmerkmale erfüllt sein:
- sonstige Leistung (Rz. 13);
- selbständiger Zusammenschluss von Personen als Leistungserbringer (Rz. 14 ff.);
- Gemeinwohltätigkeit der Mitglieder (Rz. 23 ff.);
- Inlandsansässigkeit des Personenzusammenschlusses und seiner Mitglieder (Rz. 40 ff.);
- Leistung für unmittelbare Zwecke der Gemeinwohltätigkeit der Mitglieder als Leistungsempfänger (Rz. 48 ff.);
- genaue Kostenerstattung als Entgelt (Rz. 57 ff.);
- keine Wettbewerbsverzerrung (Rz. 67 ff.).

II. Sonstige Leistung

13 § 4 Nr. 29 UStG befreit nur sonstige Leistungen (§ 3 Abs. 9 UStG). Lieferungen und Lieferungen gleichgestellte Leistungen gemäß § 3 Abs. 1–4 UStG sind nicht erfasst. Jede Art von sonstigen Leistungen i.S.d. § 3 Abs. 9 UStG kann steuerfrei sein.

1 *Hölzer* in Rau/Dürrwächter, § 4 Nr. 14 UStG Rz. 821 ff. (Stand: Januar 2018) sowie *Hölzer* in Rau/Dürrwächter, § 4 Nr. 29 Rz. 14 ff. (Stand: Oktober 2021); Abschn. 4.14.8 UStAE.

2 EuGH, Urt. v. 21.9.2017 – C-616/15, ECLI:EU:C:2017:721 – Kommission/Deutschland, UR 2017, 792 m. Anm. *Küffner*.

3 BGBl. I 2019, 2451.

4 BFH, Urt. v. 21.6.1990 – V R 94/85, UR 1991, 48.

5 Abschn. 4.14.8 Abs. 6 UStAE.

6 BMF, Schr. v. 19.7.2022 – III C 3-S 7189/20/10001 :001, BStBl. I 2022, 1208 = UR 2022, 675, Tz. II.1.4.

III. Selbständiger Zusammenschluss von Personen als Leistungserbringer

1. Überblick

Die sonstige Leistung ist von einem „selbständigen Zusammenschluss von Personen" zu erbringen. Daraus ergeben sich Erfordernisse zu Anzahl der Mitglieder (Rz. 15 f.), seiner Unternehmereigenschaft (Rz. 17) und Rechtsform (Rz. 18) sowie der Art und Weise des Zusammenschlusses (Rz. 19 ff.). 14

2. Mindestanzahl an Mitgliedern

Nach dem Wortlaut der Vorschrift muss der Personenzusammenschluss mindestens aus **zwei Mitgliedern** bestehen. Der BFH legt Art. 132 Abs. 1 Buchst. f MwStSystRL ebenso aus.[1] Die FinVerw. folgt dem: Mitglieder sind z.B. **Gesellschafter, Anteilseigner oder Träger**, je nach Rechtsform des Personenzusammenschlusses (Rz. 18).[2] 15

Eine Auslegung eines auf Art. 132 Abs. 1 Buchst. f MwStSystRL beruhenden Befreiungstatbestands darf nicht dazu führen, dass der Steuerbefreiung ihre Wirkung genommen wird.[3] Mit dieser Begründung könnten aufgrund des Zwecks der Vorschrift (Rz. 3) auch **sog. Ein-Mann-Gesellschaften** geeignete Personenzusammenschlüsse sein, z.B. bei Ausscheiden eines Mitglieds aus einem zweigliedrigen Personenzusammenschluss. Die praktische Relevanz hierfür ist gering, insbesondere, weil regelmäßig eine umsatzsteuerliche Organschaft mit nicht steuerbaren Innenumsätzen vorliegt, wenn sich eine Person für ihre Eingangsleistungen einer von ihr beherrschten selbständigen Ein-Mann-Gesellschaft bedient. Da jedoch die **Nichtsteuerbarkeit von Innenumsätzen bei Organschaften im Gemeinwohlbereich** zur Überprüfung auf Vorlage des BFH[4] durch den EuGH[5] steht, könnte dies sich in Zukunft ändern (§ 2 Rz. 98.1). 16

3. Unternehmereigenschaft

Der Personenzusammenschluss muss selbständig und somit ein eigenständiger, von seinen Mitgliedern verschiedener Steuerpflichtiger sein,[6] d.h. ein Unternehmer gemäß § 2 Abs. 1 UStG.[7] 17

4. Rechtsformneutralität

Die Rechtsform des Personenzusammenschlusses ist unerheblich.[8] Daher sind z.B. **Personengesellschaften (GbR, KG, OHG), Körperschaften des Privatrechts (z.B. Vereine, GmbH, AG)**, auch sofern sie **gemeinnützig** sind,[9] sowie **jPdöR**, darunter auch **Anstalten des öffentlichen Rechts**[10], geeignete Rechtsformen.[11] Die zivilrechtliche Rechtsfähigkeit des Zusammenschlusses ist nicht erforderlich, sofern gewährleistet ist, dass er ein Unternehmer i.S.d. § 2 Abs. 1 UStG ist. So kann z.B. auch ein nicht rechtsfähiger Verein tauglicher Zusammenschluss i.S.d. Vorschrift sein. Auch ein **Berufsverband** kann ein tauglicher Personenzusammenschluss sein.[12] Ob eine **Stiftung** tauglicher Personenzusammen- 18

1 BFH, Urt. v. 2.12.2015 – V R 67/14, BStBl. II 2017, 560 = UR 2016, 199.
2 BMF, Schr. v. 19.7.2022 – III C 3-S 7189/20/10001 :001, BStBl. I 2022, 1208 = UR 2022, 675, Tz. II.1.1.
3 EuGH, Urt. v. 20.11.2003 – C-8/01, ECLI:EU:C:2003:621 – Taksatorringen, UR 2004, 82 m. Anm. *Burgmaier.*
4 BFH, Beschl. v. 26.1.2023 – V R 20/22, BStBl. II 2023, 530, UR 2023, 325 m. Anm. *Widmann* und *Zitzl.*
5 Az.: EuGH C-184/23.
6 BT-Drucks. 19/13436, 151; EuGH, Urt. v. 4.5.2017 – C-274/15, ECLI:EU:C:2017:333 – Kommission/Luxemburg, UR 2017, 424 m. Anm. *Küffner.*
7 BMF, Schr. v. 19.7.2022 – III C 3-S 7189/20/10001 :001, BStBl. I 2022, 1208 = UR 2022, 675, Tz. II. 1.1.
8 BFH, Urt. v. 23.9.2020 – XI R 35/18, BFHE 271, 243 = UR 2021, 348 m. Anm. *Hüttemann*; BMF, Schr. v. 19.7.2022 – III C 3-S 7189/20/10001 :001, BStBl. I 2022, 1208 = UR 2022, 675, Tz. II.1.1.
9 BFH, Urt. v. 23.9.2020 – XI R 35/18, BFHE 271, 243 = UR 2021, 348 m. Anm. *Hüttemann.*
10 Kritisch: *Brill*, UR 2022, 641 (643 ff.).
11 Zu weiteren Beispielen s. BMF, Schr. v. 19.7.2022 – III C 3-S 7189/20/10001 :001, BStBl. I 2022, 1208 = UR 2022, 675, Tz. II.1.1. und III.1./2.
12 *Hölzer* in Rau/Dürrwächter, § 4 Nr. 29 Rz. 26 ff. (Stand: Oktober 2021).

schluss sein kann, ist umstritten.[1] Die FinVerw. verneint dies.[2] Der EuGH hat dies in einer Fallkonstellation ebenfalls verneint.[3]

5. Nicht geeignete Personenzusammenschlüsse

19 Mangels Unternehmereigenschaft scheiden **Innengesellschaften**[4] als Personenzusammenschluss i.S.d. § 4 Nr. 29 UStG aus. Auch eine bloße Vereinbarung zur Kostenteilung unter mehreren Unternehmern und/oder Nichtunternehmern (sog. **Aufwandspool**)[5] soll nach der **FinVerw.** nicht genügt.[6]

19.1 Die **FinVerw.** hält am Rechtsverkehr teilnehmende **Bruchteilsgemeinschaften** für geeignete Personenzusammenschlüsse i.S.d. § 4 Nr. 29 UStG.[7] Die Gesetzesanpassung zu § 2 Abs. 1 Satz 1 UStG (§ 2 Rz. 13) durch das JStG 2022 stützt dies. Der **BFH** verneint hingegen die Unternehmereigenschaft von Bruchteilsgemeinschaften und hält die Gegenauffassung für unionsrechtswidrig.[8]

6. Eigene Leistung

20 Der Personenzusammenschluss muss die Leistung im eigenen Namen gegenüber seinen Mitgliedern erbringen. Leistungen, die andere Unternehmer lediglich im Auftrag des Personenzusammenschlusses zugunsten der Mitglieder des Personenzusammenschlusses erbringen, sind nicht nach § 4 Nr. 29 UStG steuerfrei.[9]

21 Die Steuerbefreiung setzt nicht voraus, dass die Leistungen stets allen Mitgliedern gegenüber zu erbringen sind, auch nicht hinsichtlich der Art und des Umfangs der Leistungen.[10]

7. Gemischte Tätigkeit

22 Der Personenzusammenschluss muss sich nicht darauf beschränken, **ausschließlich** Leistungen an seine Mitglieder zu erbringen; Leistungen an Nichtmitglieder und für nicht begünstigte Tätigkeiten der Mitglieder sind lediglich steuerpflichtig, sofern keine andere Befreiungsvorschrift greift[11] (Rz. 49 ff.). **Nicht** erforderlich ist, dass der Zusammenschluss **selbst dem Gemeinwohl verpflichtet** ist.[12]

IV. Gemeinwohltätigkeit der Mitglieder

1. Überblick

23 Mindestens ein Mitglied des Personenzusammenschlusses muss eine „dem Gemeinwohl dienende nichtunternehmerische Tätigkeit oder eine dem Gemeinwohl dienende steuerfreie Tätigkeit nach § 4

1 Vgl. zum Meinungsstand: *Sterzinger*, UR 2021, 298 (300); *Hölzer* in Rau/Dürrwächter, § 4 Nr. 29 Rz. 54 (Stand: Oktober 2021).
2 BMF, Schr. v. 19.7.2022 – III C 3-S 7189/20/10001 :001, BStBl. I 2022, 1208 = UR 2022, 675, Tz. II.1.1.
3 EuGH, Urt. v. 15.6.1989 – C-348/87, ECLI:EU:C:1989:246 – Stichting Uitvoering, UR 1991, 28.
4 Vgl. Abschn. 2.1 Abs. 5 UStAE mit Rechtsprechungsnachweisen.
5 *Küffner/Achatz* in Weitemeyer/Schauhoff/Achatz, Rz. 12.10 ff.
6 BMF, Schr. v. 19.7.2022 – III C 3-S 7189/20/10001 :001, BStBl. I 2022, 1208, Tz. II. 1.1.; **a.A.** *Brill*, UR 2022, 641 (646).
7 BMF, Schr. v. 19.7.2022 – III C 3-S 7189/20/10001 :001, BStBl. I 2022, 1208, Tz. II.1.1; Abschn. 2.1 Abs. 2 Satz 2 UStAE.
8 BFH, Urt. v. 22.11.2018 – V R 65/17, BFHE 263, 90 = UR 2019, 179 m. Anm. *Heinrichshofen*; BFH, Beschl. v. 28.8.2023 – V B 44/2, UR 2023, 870.
9 EuGH, Urt. v. 15.6.1989 – C-348/87, ECLI:EU:C:1989:246 – Stichting Uitvoering, UR 1991, 28.
10 EuGH, Urt. v. 11.12.2008 – C-407/07, ECLI:EU:C:2008:713 – Stichting Centraal Begeleidingsorgaan voor de Intercollegiale Toetsing, UR 2009, 52; BMF, Schr. v. 19.7.2022 – III C 3-S 7189/20/10001 :001, BStBl. I 2022, 1208 = UR 2022, 675, Tz. II.1.2.
11 EuGH, Urt. v. 20.11.2019 – C-400/18, ECLI:EU:C:2019:992 – Infohos, UR 2019, 932; BMF, Schr. v. 19.7.2022 – III C 3-S 7189/20/10001 :001, BStBl. I 2022, 1208 = UR 2022, 675, Tz. II.1.2.
12 BMF, Schr. v. 19.7.2022 – III C 3-S 7189/20/10001 :001, BStBl. I 2022, 1208 = UR 2022, 675, Tz. II.1.3.

Nr. 11b, 14–18, 20–25 oder 27 UStG ausüben". Das Tatbestandsmerkmal ist vor dem unionsrechtlichen Hintergrund (Rz. 24) missglückt und hinsichtlich der Anforderungen an die Tätigkeit der Mitglieder konkretisierungsbedürftig (Rz. 26 ff.).

2. Unionsrechtlicher Hintergrund

Nach dem Wortlaut des Art. 132 Abs. 1 Buchst. f MwStSystRL bedarf es keiner Gemeinwohltätigkeit der Mitglieder. Der EuGH leitet dieses Erfordernis aus der Überschrift, der systematischen Stellung und dem Zweck des Art. 132 Abs. 1 Buchst. f MwStSystRL ab: Die Steuerbefreiung bezieht sich nur auf Personenzusammenschlüsse, deren Mitglieder dem Gemeinwohl dienende Tätigkeiten ausüben, die in Art. 132 MwStSystRL aufgeführt sind.[1] Diesen Rechtsgrundsatz hat der EuGH bisher nur auf Vorlagen zu steuerfreien Tätigkeiten der Mitglieder aufgestellt. 24

Das Gemeinwohlerfordernis in § 4 Nr. 29 UStG soll der Umsetzung dieser EuGH-Rechtsprechung dienen.[2] Die Gesetzesformulierung ist jedoch missglückt und geht über die bisherige EuGH-Rechtsprechung hinaus (Rz. 27 ff.). 25

3. Gemischte Tätigkeit

Mitglieder eines Personenzusammenschlusses können auch Personen sein, die nicht ausschließlich eine Gemeinwohltätigkeit i.S.d. § 4 Nr. 29 UStG, sondern daneben andere Tätigkeiten ausüben.[3] 26

4. Mitglieder ohne Gemeinwohltätigkeit

Nach der Rechtsprechung des BFH müssen nicht sämtliche Mitglieder eines Personenzusammenschlusses in der Rechtsform einer Genossenschaft eine dem Gemeinwohl dienende Tätigkeit i.S.d. § 4 Nr. 29 UStG ausüben.[4] Weitere Rechtsprechung existiert bislang nicht. 27

Für die Vorgängerschrift des § 4 Nr. 14 Buchst. d UStG a.F. fordert die FinVerw., dass alle Mitglieder entsprechend für das Gemeinwohl tätig sind.[5] Zu § 4 Nr. 29 UStG fordert dies die FinVerw. nicht.[6] 28

Im Schrifttum wird teilweise aus dem Wortlaut des Art. 132 Abs. 1 Buchst. f UStG und teilweise aus der EuGH-Rechtsprechung geschlossen, dass sämtliche Mitglieder für das Gemeinwohl tätig sein müssen.[7] 29

Nach dem Zweck der Vorschrift (Rz. 3) können generell Personen, die keine Gemeinwohltätigkeit i.S.d. § 4 Nr. 29 UStG ausüben, Mitglieder einer Kostenteilungsgemeinschaft sein, sofern zumindest ein weiteres Mitglied der Kostenteilungsgemeinschaft eine Gemeinwohltätigkeit ausübt.[8] Hierfür spricht auch die EuGH-Rechtsprechung zu gemischten Tätigkeiten von Mitgliedern (Rz. 26), zu gemischten Tätigkeiten der Kostenteilungsgemeinschaft (Rz. 22) sowie zu dem Umstand, dass die Steuerbefreiung nicht von der Bedingung abhängig gemacht werden darf, dass die Leistungen allen Mitgliedern des Personenzusammenschlusses angeboten werden, so dass die Steuerbefreiung auch dann greift, wenn die 30

1 EuGH, Urt. v. 21.9.2017 – C-616/15, ECLI:EU:C:2017:721 – Kommission/Deutschland, UR 2017, 792 m. Anm. *Küffner*; **a.A.**: *Erdbrügger*, UR 2018, 301 (303 ff.).

2 BT-Drucks. 19/13436, 151.

3 EuGH, Urt. v. 4.5.2017 – C-274/15, ECLI:EU:C:2017:333 – Kommission/Luxemburg, UR 2017, 424 m. Anm. *Küffner*; BFH, Urt. v. 23.9.2020 – XI R 35/18, BFHE 271, 243 = UR 2021, 348; BMF, Schr. v. 19.7.2022 – III C 3-S 7189/20/10001 :001, BStBl. I 2022, 1208 = UR 2022, 675, Tz. II.1.2.

4 BFH, Urt. v. 6.9.2018 – V R 30/17, UR 2018, 950, im Hinblick auf die Regelung des § 9 Abs. 2 Satz 1 Genossenschaftsgesetz, wonach die Mitglieder des Vorstands und des Aufsichtsrats Mitglieder der Genossenschaft sein müssen; diese Mitglieder erbrachten im Entscheidungsfall keine Leistungen.

5 Abschn. 4.14.8 Abs. 1 Satz 1 UStAE.

6 Vgl. BMF, Schr. v. 19.7.2022 – III C 3-S 7189/20/10001 :001, BStBl. I 2022, 1208 = UR 2022, 675.

7 *Küffner* in Weitemeyer/Schauhoff/Achatz, Rz. 12.48; *Hölzer* in Rau/Dürrwächter, § 4 Nr. 29 Rz. 100 f. (Stand: Oktober 2021).

8 Ebenso *Bunjes*, UR 1987, 316 (317), für die Vorgängervorschrift im UStG aus dem Gesundheitsbereich; im Ergebnis ebenso: *Oelmaier* in Sölch/Ringleb, § 4 Nr. 29 Rz. 8 (Stand: März 2023).

steuerfreien Dienstleistungen nur gegenüber einem oder mehreren der Mitglieder erbracht werden[1]. Darüberhinausgehende Einschränkungen existieren u.E. nach der EuGH-Rechtsprechung nur für Mitglieder, die zugleich Mitglieder einer Mehrwertsteuergruppe i.S.d. Art. 11 MwStSystRL (Organschaft i.S.d. § 2 Abs. 2 Nr. 2 UStG) sind (Rz. 50.1 f.).

5. Eine dem Gemeinwohl dienende steuerfreie Tätigkeit

31 Als eine dem Gemeinwohl dienende steuerfreie Tätigkeit kommt nur eine steuerfreie Tätigkeit eines Mitglieds nach § 4 Nr. 11b, 14–18, 20–25 oder 27 UStG (sog. **Katalogtätigkeit**) in Betracht. Dieser Katalog ist nach der Gesetzesbegründung abschließend.[2] Dies steht – dem Grunde nach – im Einklang mit der EuGH-Rechtsprechung, weil es sich um die im § 4 UStG geregelten, auf Art. 132 MwStSystRL beruhenden Steuerbefreiungen handelt (Rz. 8). Aus den Katalogtätigkeiten folgt bereits eine dem Gemeinwohl dienende steuerfreie Tätigkeit. Die zusätzliche Gesetzesformulierung „eine dem Gemeinwohl dienende" ist somit überflüssig. Eine **Erweiterung** kommt jedoch u.E. hinsichtlich des Umfangs der vorgenannten Katalogtätigkeiten in Betracht, d.h. sofern das nationale Recht die Steuerbefreiungstatbestände des Art. 132 MwStSystRL nicht unionsrechtskonform umsetzt.

32 Keine steuerfreien Leistungen nach § 4 Nr. 29 UStG erbringen somit z.B. Zusammenschlüsse von Personen, deren Mitglieder lediglich steuerfreie **Versicherungs- oder Finanzumsätze** nach § 4 Nr. 8, 10 und 11 UStG erbringen, weil sie nicht auf Art. 132 MwStSystRL, sondern auf Art. 135 MwStSystRL beruhen.[3]

6. Eine dem Gemeinwohl dienende nichtunternehmerische Tätigkeit

33 Nichtunternehmerisch ist die Tätigkeit einer Person, für die sie nicht Unternehmer i.S.d. § 2 Abs. 1 UStG ist.[4] Dies betrifft insbesondere Leistungen im ideellen Bereich von **Vereinen, Stiftungen** und anderen Non-Profit-Organisationen, im nichtunternehmerischen Bereich von **jPdöR (vgl. § 2b UStG)** oder **ausschließlich unentgeltliche Leistungen erbringende Personen.**

34 Der Gesetzeswortlaut verlangt allerdings zusätzlich, dass die betreffende Tätigkeit „dem Gemeinwohl dient". Dieser Begriff wird weder im UStG noch in der MwStSystRL näher definiert. Präzise Rechtsprechung und Verwaltungsanweisungen existieren hierzu bislang nicht.

35 Der Wortlaut der Richtlinienbestimmung setzt demgegenüber keinen Gemeinwohlbezug voraus. Es genügt dort vielmehr eine Tätigkeit, für die sie (d.h. die Personen, die sich zusammenschließen) nicht Steuerpflichtige sind (Art. 132 Abs. 1 Buchst. f MwStSystRL). Danach wäre bei weitester Auslegung jede Tätigkeit, die keine wirtschaftliche Tätigkeit i.S.d. Art. 9 MwStSystRL ist, für die Steuerbefreiung ausreichend. Dem steht allerdings der Gesetzeswortlaut von § 4 Nr. 29 UStG entgegen, der auch für nichtunternehmerische Tätigkeiten explizit einen Gemeinwohlbezug verlangt.

36 Diese Einschränkung des Gesetzgebers dürfte unionsrechtskonform sein,[5] zumal der EuGH zumindest für steuerbefreite Leistungen den Gemeinwohlbezug explizit verlangt (Rz. 24).

37 Danach können eine Kostenteilungsgemeinschaft jedenfalls solche Mitglieder bilden, die eine nicht steuerbare Leistung der in § 4 Nr. 11b, 14–18, 20–25 oder 27 UStG bezeichneten Art erbringen (sog. **Katalogtätigkeiten**).

38 Der Wortlaut des § 4 Nr. 29 UStG geht allerdings darüber hinaus, weil die Katalogtätigkeiten sich lediglich auf die steuerfreien Tätigkeiten beziehen. Dies geht auch aus der Gesetzesbegründung hervor. Denn danach kommt die Steuerbefreiung z.B. für hoheitliche Tätigkeiten für den Tourismus in Be-

---

1 EuGH, Urt. v. 11.12.2008 – C-407/07, ECLI:EU:C:2008:713 – Stichting Centraal Begeleidingsorgaan voor de Intercollegiale Toetsing, UR 2009, 52.

2 BT-Drucks. 19/13436, 151.

3 EuGH, Urt. v. 21.9.2017 – C-605/15, ECLI:EU:C:2017:718 – Aviva, UR 2017, 801 (806) m. Anm. *Jacobs*; EuGH, Urt. v. 21.9.2017 – C-326/15, ECLI:EU:C:2017:719 – DNB Banka, UR 2017, 806.

4 BT-Drucks. 19/13436, 151.

5 So auch *Hölzer* in Rau/Dürrwächter, § 4 Nr. 29 Rz. 94 (Stand: Oktober 2021).

tracht (keine Katalogtätigkeit), für die die kooperierenden jPdöR als Nichtsteuerpflichtige gelten.[1] Dementsprechend sind Leistungen an den nichtunternehmerischen Bereich von jPdöR auch über die Katalogtätigkeiten (Rz. 31) hinaus in die Befreiung einzubeziehen.[2] Hierfür spricht auch Art. 13 MwStSystRL.[3] Darüber hinaus umfasst der Gesetzeswortlaut aber auch Leistungen von Personen des Privatrechts wie z.B. Vereine und Stiftungen, u.E. auch an Verbraucher.[4] Deren Leistungen dienen u.E. dem Gemeinwohl i.S.d. Vorschrift, wenn sie einem **ideellen, nicht wirtschaftlichen Zweck** dienen. Dies ist zum einen bei gemeinnützigen, mildtätigen und kirchlichen Körperschaften (vgl. §§ 52–54 AO) der Fall, sofern die Leistungen nicht für einen wirtschaftlichen Geschäftsbetrieb (§§ 14, 64 AO) bestimmt sind. Zum anderen werden Leistungen an die nichtunternehmerischen Bereiche sonstiger Non-Profit-Organisationen umfasst, deren Satzungszweck nicht auf einen wirtschaftlichen Geschäftsbetrieb gerichtet ist, z.B. **Berufsverbände**[5] und andere, zwar nicht ertragsteuerbegünstigte, aber dennoch ideell tätige Vereine und Stiftungen. Auch **Verbraucher**[6] und Personengesellschaften, die sich ideell (z.B. durch **Spendensammlungen, Hilfeleistungen für Bedürftige**) engagieren, erbringen u.E. gemeinwohlorientierte Leistungen i.S.d. Vorschrift.[7] Gleiches gilt für die nichtunternehmerischen Tätigkeiten der **Religionsgemeinschaften**, insbesondere die Erfüllung des Verkündigungsauftrags.[8]

Bis zu einer Klärung durch den EuGH kommt eine Steuerbefreiung auf dem Boden des Gesetzeswortlauts und der Gesetzesbegründung auch aus **Vertrauensschutzgründen** in Betracht.[9] 39

V. Inlandsansässigkeit des Personenzusammenschlusses und seiner Mitglieder

1. Überblick

Nach dem Wortlaut des § 4 Nr. 29 UStG müssen Personenzusammenschluss und sämtliche Mitglieder des Personenzusammenschlusses im Inland (§ 1 Abs. 2 Satz 1 UStG) ansässig sein (sog. **doppelte Inlandsansässigkeit**). 40

2. Unionsrechtswidrigkeit

Das Erfordernis einer Inlandsansässigkeit ergibt sich weder aus dem Wortlaut des Art. 132 Abs. 1 Buchst. f MwStSystRL noch aus der bisherigen Rechtsprechung hierzu. 41

Nach der Gesetzesbegründung soll die doppelte Inlandsansässigkeit sich aus historischen und systematischen Erwägungen zur MwStSystRL ergeben sowie nach Art. 131 MwStSystRL geboten sein, um eine korrekte und einfache Anwendung der Befreiung zu gewährleisten und missbräuchliche Gestaltungen zu verhindern.[10] Die FinVerw.[11] sowie ein Teil des Schrifttums[12] und die Generalanwältin *Kokott*[13] teilen diese Ansicht. 42

1 BT-Drucks. 19/13436, 152; zu weiteren Beispielen s. *Hölzer* in Rau/Dürrwächter, § 4 Nr. 29 Rz. 93 (Stand: Oktober 2021).

2 *Brill*, UR 2019, 81 (86); *Hölzer* in Rau/Dürrwächter, § 4 Nr. 29 Rz. 90 (Stand: Oktober 2021); offen gelassen: BMF, Schr. v. 19.7.2022 – III C 3-S 7189/20/10001 :001, BStBl. I 2022, 1208 = UR 2022, 675, Tz. II.1.3.

3 *Wäger* in FS Crezelius, S. 715 (730).

4 *Stadie* in Rau/Dürrwächter, Vor §§ 4–9 UStG Rz. 27 (Stand: Januar 2023); *Erdbrügger*, DStR 2018, 9 (11 f.); offen gelassen: *Wäger* in FS Crezelius, S. 715 (730).

5 Zustimmend: *Hölzer* in Rau/Dürrwächter, § 4 Nr. 29 Rz. 93 (Stand: Oktober 2021).

6 **A.A.** *Sterzinger*, UR 2021, 298 (303); *Hölzer* in Rau/Dürrwächter, § 4 Nr. 29 Rz. 71 (Stand: Oktober 2021).

7 Zustimmend für Non-Profit-Organisationen: *Hölzer* in Rau/Dürrwächter, § 4 Nr. 29 Rz. 90 ff. (Stand: Oktober 2021).

8 BMF, Schr. v. 19.7.2022 – III C 3-S 7189/20/10001 :001, BStBl. I 2022, 1208 = UR 2022, 675, Tz. II.1.3.

9 EuGH, Urt. v. 21.9.2017 – C-605/15, ECLI:EU:C:2017:718 – Aviva, UR 2017, 801 (806) m. Anm. *Jacobs*; EuGH, Urt. v. 21.9.2017 – C-326/15, ECLI:EU:C:2017:719 – DNB Banka, UR 2017, 806.

10 BT-Drucks. 19/13436, 152.

11 BMF, Schr. v. 19.7.2022 – III C 3-S 7189/20/10001 :001, BStBl. I 2022, 1208 = UR 2022, 675, Tz. II.4.

12 *Sterzinger*, UR 2017, 773 (777); *Sterzinger*, UR 2020, 1 (9); *Sterzinger*, UR 2021, 298 (302 f.); *Hölzer* in Rau/Dürrwächter, § 4 Nr. 29 Rz. 107 ff. (Stand: Oktober 2021).

13 EuGH, Schlussanträge der Generalanwältin *Kokott* v. 23.4.2020 – C-77/19, ECLI:EU:C:2020:302 – Kaplan International colleges UK.

43 Diese Argumente überzeugen nicht. Weder mit der Historie oder der Systematik zur MwStSystRL noch mit Art. 131 MwStSystRL kann eine erforderliche Inlandsansässigkeit begründet werden, die zudem mit den Grundfreiheiten unvereinbar ist.[1] Das Gebot der doppelten Inlandsansässigkeit ist daher unionsrechtswidrig. Betroffene Steuerpflichtige können sich auf das für sie günstigere EU-Recht berufen (Rz. 8).

44 Eine Klärung durch den EuGH steht noch aus.[2]

3. Auslegungsbedürftigkeit

45 Sofern das Erfordernis der doppelten Inlandsansässigkeit unionsrechtskonform sein sollte, ist es jedenfalls auslegungsbedürftig.

46 Eine Legaldefinition des Begriffs der **Ansässigkeit** existiert weder in § 4 Nr. 29 UStG noch allgemein an anderer Stelle im UStG oder in der MwStSystRL i.V.m. der MwStVO, sondern jeweils nur bereichsspezifisch zu bestimmten Normen mit unterschiedlichen Definitionen.[3]

47 Ob es z.B. auf den Ort des Wohnsitzes, Sitzes der Geschäftsleitung, der Betriebsstätte, von der aus der Umsatz ausgeführt wird, oder auf andere denkbare Orte ankommt, ist unklar, ebenso, ob das Merkmal der Ansässigkeit für den Personenzusammenschluss und die Mitglieder identisch auszulegen ist. Die Gesetzesbegründung und die FinVerw. schweigen hierzu.

47.1 Sofern Mitglieder des Personenzusammenschlusses **(auch) im Ausland ansässig** sind, führt dies nach Ansicht der FinVerw. nicht zum Verlust der Steuerbefreiung nach § 4 Nr. 29 UStG. In diesem Fall ist die Anwendung der Steuerbefreiung auf Leistungen des Personenzusammenschlusses an dessen im Inland ansässige Mitglieder beschränkt.[4]

VI. Leistungen für unmittelbare Zwecke der Gemeinwohltätigkeit der Mitglieder als Leistungsempfänger

1. Überblick

48 Steuerfrei sind nur die Leistungen des Personenzusammenschlusses, die für unmittelbare Zwecke der Ausübung der dem Gemeinwohl dienenden Tätigkeiten der Mitglieder i.S.d. § 4 Nr. 29 UStG verwendet werden.

2. Geeignete Leistungsempfänger

49 Nur gemeinwohltätige Mitglieder i.S.d. § Nr. 4 Nr. 29 UStG (Rz. 23 ff.) sind geeignete Leistungsempfänger einer steuerfreien Leistung nach § 4 Nr. 29 UStG.

50 Leistungen des Personenzusammenschlusses an Nichtmitglieder (Rz. 71 ff.), an nicht gemeinwohltätige Mitglieder (Rz. 27 ff.) und an gemeinwohltätige Mitglieder für deren nicht gemeinwohlorientierte Bereiche (z.B. wirtschaftliche Geschäftsbetriebe gemeinnütziger Organisationen) sind steuerpflichtig. Daneben können steuerfreie Leistungen an gemeinwohltätige Mitglieder erbracht werden.[5]

50.1 Ist ein Mitglied des Personenzusammenschlusses zugleich Mitglied einer **Mehrwertsteuergruppe** i.S.d. Art. 11 MwStSystRL – nach nationalem Recht Organträger oder Organgesellschaft einer **Organschaft** i.S.d. § 2 Abs. 2 Nr. 2 UStG (§ 2 Rz. 82 ff.), ist er nur dann geeigneter Leistungsempfänger einer steuer-

1 *Kirchinger*, UStB 2020, 17 (18 ff.); *Brill*, UR 2019, 81 (90); kritisch ebenfalls: *Oelmaier* in Sölch/Ringleb, § 4 Nr. 29 Rz. 5 (Stand: März 2023).
2 Mangels Entscheidungserheblichkeit offen gelassen: EuGH, Urt. v. 18.11.2020 – C-77/19, ECLI:EU:C:2020:934 – Kaplan International colleges UK, UR 2021, 15 m. Anm. *Kirchinger*.
3 Zum Begriff der Ansässigkeit im Umsatzsteuerrecht im Einzelnen vgl. *Stadie* in Rau/Dürrwächter, § 19 UStG Rz. 88 ff. (Stand: Juni 2023).
4 BMF, Schr. v. 19.7.2022 – III C 3-S 7189/20/10001 :001, BStBl. I 2022, 1208 = UR 2022, 675, Tz. II.4.
5 EuGH, Urt. v. 20.11.2019 – C-400/18, ECLI:EU:C:2019:992 – Infohos, UR 2019, 932.

freien Leistung nach § 4 Nr. 29 UStG, wenn auch alle übrigen Mitglieder dieser Mehrwertsteuergruppe (Personen des Organkreises) Mitglieder des Personenzusammenschlusses sind.[1]

Der EuGH begründet diese Einschränkung für Mitglieder einer Mehrwertsteuergruppe damit, dass die Leistung des Personenzusammenschlusses als an die Mehrwertsteuergruppe erbracht anzusehen ist, und dass ohne die Mitgliedschaft aller eine Gefahr der Erweiterung der Steuerbefreiung zugunsten der Nichtmitglieder besteht.[2] Aufgrund der engen Verbundenheit der Mitglieder einer Mehrwertsteuergruppe durch gegenseitige finanzielle, wirtschaftliche und organisatorische Beziehungen ist Letzteres u.E. zwar nicht gänzlich ausgeschlossen, jedoch nur dann konsequent, wenn die übrigen Mitglieder der Mehrwertsteuergruppe nicht nur Mitglieder des Personenzusammenschlusses, sondern zudem gemeinwohltätige Mitglieder i.S.d. § 4 Nr. 29 UStG (Rz. 23 ff.) sein müssen. Anderenfalls bestünde die Gefahr einer Erweiterung der Steuerbefreiung weiterhin, weil u.E. auch nicht gemeinwohltätige Personen i.S.d. § 4 Nr. 29 UStG Mitglieder eines Personenzusammenschlusses sein können (Rz. 27 ff.), wozu sich der EuGH wiederum nicht geäußert hat. Im Schrifttum wird somit im Ergebnis zu Recht aus vielfältigen Gründen Kritik an der restriktiven Auffassung des EuGH geübt.[3] 50.2

3. Unmittelbarer Zusammenhang

„Für unmittelbare Zwecke der Ausübung" bedeutet, dass die (Ausgangs-)Leistung des Personenzusammenschlusses an das Mitglied als Eingangsleistung des Mitglieds unmittelbar von diesem dazu verwendet wird, eine dem Gemeinwohl dienende steuerfreie oder nicht steuerbare Ausgangsleistung zu erbringen.[4] 51

Weder im UStG noch in der MwStSystRL ist geregelt, unter welchen Voraussetzungen ein solcher unmittelbarer Zusammengang besteht. Auch der EuGH hat sich hierzu noch nicht geäußert. 52

Nach der Gesetzesbegründung und Verwaltungsansicht besteht exemplarisch ein unmittelbarer Zusammenhang:[5] 53

- wenn **ärztliche Praxis- und Apparategemeinschaften** medizinische Einrichtungen, Apparate und Geräte zentral beschaffen und ihren Mitgliedern zur Verfügung stellen sowie Laboruntersuchungen, Röntgenuntersuchungen und andere medizinisch-technische Leistungen für ihre Mitglieder ausführen;
- wenn durch den Zusammenschluss **IT-Infrastruktur**, die auf die Bedürfnisse der Mitglieder zugeschnitten ist, bereitgestellt und ihr Betrieb, die Betreuung oder die diesbezügliche Administration übernommen wird; dies umfasst auch Leistungen zum Zwecke der IT-Sicherheit und des Datenschutzes; ferner bei im Zusammenhang mit IT-Infrastruktur stehenden ähnlichen Tätigkeiten, wenn diese Leistungserbringung unmittelbar erforderlich ist, um gesetzlich vorgegebenen Aufgaben nachkommen zu können (z.B. die technische Erstellung von Bescheiden für in einem Personenzusammenschluss verbundenen Krankenkassen oder Gebietskörperschaften);
- wenn Zusammenschlüsse der **gesetzlichen Träger der Sozialversicherungen Kooperationsleistungen** für unmittelbare Zwecke der Ausübung der Tätigkeit an ihre in **§ 4 Nr. 15 UStG** genannten Mitglieder erbringen.

Ferner bedarf es nach der Gesetzbegründung einer Abgrenzung zu Tätigkeiten, die lediglich mittelbar der Ausführung von nicht steuerbaren oder steuerfreien Umsätzen der Mitglieder dienen oder von den Mitgliedern für solche bezogen werden (z.B. **allgemeine Verwaltungsleistungen**), die nicht unter die Befreiung fallen, weil sie diese allenfalls fördern.[6] Dies entspricht der bisherigen BFH-Rechtspre- 54

---

1 EuGH, Urt. v. 18.11.2020 – C-77/19, ECLI:EU:C:2020:934 – Kaplan International colleges UK, UR 2021, 15 m. Anm. *Kirchinger.*

2 EuGH, Urt. v. 18.11.2020 – C-77/19, ECLI:EU:C:2020:934 – Kaplan International colleges UK, UR 2021, 15 m. Anm. *Kirchinger.*

3 *Wäger,* UR 2021, 41 (54); *Sterzinger,* UR 2021, 298 (301 f.); *Kirchinger,* UR 2021, 15 (22).

4 BT-Drucks. 19/13436, 151.

5 Vgl. BT-Drucks. 19/13436, 151; BMF, Schr. v. 19.7.2022 – III C 3-S 7189/20/10001 :001, BStBl. I 2022, 1208 =, Tz. II.1.4.

6 BT-Drucks. 19/13436, 152.

chung[1] und der Verwaltungsanweisung[2] zur Vorgängervorschrift des § 4 Nr. 14 Buchst. d UStG sowie im Entwurf des Einführungsschreibens zu § 4 Nr. 29 UStG.

54.1 Nach Ansicht der **FinVerw.** umfassen danach allgemeine Verwaltungsleistungen diejenigen Tätigkeiten, die die Ausführung der eigentlichen Kernaufgabe(n) der Mitglieder ermöglichen, jedoch in ihrer Funktion als interne und somit begleitende Tätigkeiten nicht dem begünstigten Zweck als solchem dienen, wie z.B.:[3] Buchführung, Eingabe und Pflege von Kunden- und Stammdaten, Erstellen/Verarbeiten/Prüfung von Rechnungen, Rezeptprüfungen, Rechtsberatung, Tätigkeiten im Supportbereich wie z.B. Backoffice-Tätigkeiten, Telefonzentrale, Fahrbereitschaft, Ablage und Registrierungstätigkeiten, allgemeine Reinigungs- und Verpflegungsleistungen, allgemeine Aufgaben im Bereich der Organisation, Personalwesen/-gestellung, Vertrieb, Raumüberlassung.

55 Diese einschränkende Auslegung gewährleistet u.E. nicht hinreichend die von der Steuerbefreiung bezweckte Kostenentlastung und ist daher unionsrechtswidrig. Ein unmittelbarer Zusammenhang ist nach dem Zweck der Vorschrift (Rz. 3) vielmehr bereits dann zu bejahen, wenn und soweit die Eingangsleistung tatsächlich Bestandteil der **Kosten der Ausgangsleistung** des Mitglieds ist. Hierfür spricht auch das für die Steuerbefreiung notwendige Merkmal der genauen Kostenerstattung (Rz. 57 ff.). Es besteht eine Parallele zum Merkmal des direkten und unmittelbaren Zusammenhangs zwischen Eingangs- und Ausgangsleistung beim Vorsteuerabzug (§ 15 Rz. 87): Ein unmittelbarer Zusammenhang i.S.d. § 4 Nr. 29 UStG ist zu bejahen, wenn die vom Personenzusammenschluss bezogene Leistung zu den Einzelkosten der steuerfreien Leistung des Mitglieds gehört; gehört die bezogene Leistung zu den Gemeinkosten des Mitglieds, ist die Leistung steuerfrei, falls das Mitglied ausschließlich i.S.d. § 4 Nr. 29 UStG gemeinwohltätig ist.[4] Nach der hier und von Teilen im Schrifttum vertretenen Ansicht können daher z.B. auch allgemeine Verwaltungsleistungen nach § 4 Nr. 29 UStG steuerfrei sein.[5]

55.1 Der Umfang der Steuerbefreiung steht zur Überprüfung durch den **BFH**[6]: Dieses Revisionsverfahren betrifft zwar § 4 Nr. 14 Buchst. d UStG in der bis zum 31.12.2019 gültigen Fassung, d.h. entsprechende Praxis- und Apparategemeinschaften. Aber aufgrund der Gesetzeshistorie (Rz. 9) und der identischen unionsrechtlichen Grundlagen (Rz. 8) bestehen identische Auslegungsmaßstäbe zu § 4 Nr. 29 UStG. Nach der Entscheidung der Vorinstanz[7] sollen unter Würdigung des Zwecks der Steuerbefreiung u.a. Leistungen im Rahmen der **Praxisorganisation** und der **Erstellung von Arztberichten** sowie **Reinigungsleistungen** steuerbefreit sein, hingegen nicht **Buchführungs- und Abrechnungsleistungen** der Praxisgemeinschaft an die Gesellschafter (Ärzte). Damit stellt sich das FG in Teilen gegen die Ansicht der FinVerw. (Rz. 54.1).

4. Zuordnung bei gemischter Tätigkeit des Mitglieds

56 Bei gemischten Tätigkeiten eines Mitglieds (Rz. 26) bedarf es einer Zuordnung, ob und inwieweit die Leistung des Personenzusammenschlusses im unmittelbaren Zusammenhang mit der dem Gemeinwohl dienenden Tätigkeit des Mitglieds i.S.d. § 4 Nr. 29 UStG oder seinen anderen Tätigkeiten steht. Dies richtet sich danach, ob und inwieweit die Leistung tatsächlich Bestandteil der Kosten der gemeinwohldienenden Ausgangsleistung ist (Rz. 55). Rechtsprechung hierzu existiert noch nicht. Erbringt das Mitglied auch steuerpflichtige Leistungen, wird im Schrifttum zum Teil vertreten, dass eine Steuerfreiheit für die Leistung des Personenzusammenschlusses, die beim Mitglied zu den Gemeinkosten ge-

1 BFH, Urt. v. 21.6.1990 – V R 94/85, UR 1991, 48.

2 Abschn. 4.14.8 Abs. 3 UStAE: BMF, Schr. v. 19.7.2022 – III C 3-S 7189/20/10001 :001, BStBl. I 2022, 1208 = UR 2022, 675, Tz. II.1.4.

3 BMF, Schr. v. 19.7.2022 – III C 3-S 7189/20/10001 :001, BStBl. I 2022, 1208 = UR 2022, 675, Tz. II.1.4.

4 *Wäger* in FS Crezelius, S. 715 (724 f.); **a.A.** *Hölzer* in Rau/Dürrwächter, § 4 Nr. 29 Rz. 145 ff. (Stand: Oktober 2021); **differenzierend** zwischen Einzelkosten und Gemeinkosten: *Oelmaier* in Sölch/Ringleb, § 4 Nr. 29 Rz. 11 (Stand: März 2023).

5 *Erdbrügger*, DStR 2018, 9 (13); *Wäger* in FS Crezelius, S. 715 (725); **a.A.** *Sterzinger*, UR 2021, 298 (304); *Hölzer* in Rau/Dürrwächter, § 4 Nr. 29 Rz. 151 (Stand: Oktober 2021); *Oelmaier* in Sölch/Ringleb, § 4 Nr. 29 Rz. 11 (Stand: März 2023).

6 Rev.: BFH XI R 37/21.

7 FG Niedersachsen, Urt. v. 11.11.2021 – 5 K 62/19, EFG 2022, 623.

hört, ausscheidet.[1] Zum Teil wird im Schrifttum vertreten, dass eine anteilsmäßige Steuerbefreiung möglich ist, wenn die Leistung anteilig zu nach § 4 Nr. 29 UStG begünstigten Tätigkeiten des Mitglieds beiträgt.[2] Letzteres ist u.E. mit Blick auf den Zweck der Vorschrift (Rz. 3) und der Auslegung des Unmittelbarkeitsgrundsatzes (Rz. 55) zutreffend.

VII. Genaue Kostenerstattung als Entgelt

1. Überblick

Der Personenzusammenschluss darf als Entgelt von seinen Mitgliedern lediglich die genaue Erstattung des jeweiligen Anteils an den gemeinsamen Kosten fordern. 57

2. Begriffsbestimmung

Eine Legaldefinition der genauen Kostenerstattung existiert weder im UStG noch in der MwStSystRL. Auch konkretisierende Rechtsprechung liegt bislang noch nicht vor. 58

Nach der Gesetzesbegründung und Verwaltungsansicht gilt:[3] Eine genaue Erstattung der anfallenden Kosten liegt vor, wenn der Personenzusammenschluss seinen Mitgliedern die Leistungen zu Selbstkosten anbietet bzw. ihm nur die tatsächlich anfallenden Kosten erstattet werden und das jeweilige Mitglied den (seinen) entsprechenden Anteil an den Gesamtkosten trägt. Der Anteil des vom Mitglied zu tragenden Anteils an den Gesamtkosten kann insbesondere am Umfang oder der Häufigkeit der Inanspruchnahme der sonstigen Leistung bemessen werden. Ein pauschaler Kostenaufschlag ist schädlich. Steht die vereinbarte Kostenverteilung bzw. Kostenerstattung in einem krassen Missverhältnis zur jeweiligen Inanspruchnahme der sonstigen Leistungen, gilt das Kriterium der genauen Kostenerstattung als nicht erfüllt, sowohl bei zu hoher als auch zu niedriger Kostenerstattung. Umlagefähig sind sämtliche Kosten, die der Personenzusammenschluss im Interesse der Mitglieder trägt, wie z.B. Sach- und Personalkosten sowie externe Finanzierungskosten. 59

Zu **Erleichterungen** bei der Kostenzu-/abrechnung aus Sicht der FinVerw. z.B. anhand der Höhe der (gesellschaftlichen) Beteiligung am Personenzusammenschluss s. Einführungsschreibens zu § 4 Nr. 29 UStG;[4] zu Einzelheiten für **Praxis- und Apparategemeinschaften** aus Sicht der FinVerw. s. Abschn. 4.14.8 Abs. 4 und 5 UStAE. 60

3. Gewinnerzielung/-streben

Aus der Begriffsbestimmung folgt, dass für die Steuerfreiheit der Leistung für diese Leistung kein Gewinnzuschlag vom Personenzusammenschluss erhoben werden darf. Dies ist für jede einzelne Leistung zu beurteilen. Daraus folgt ein faktisches Wahlrecht des Personenzusammenschlusses für die Inanspruchnahme der Steuerbefreiung für Leistungen gegenüber seinen für das Gemeinwohl tätigen Mitgliedern. 61

Nach der Gesetzesbegründung und der Verwaltungsansicht darf der Personenzusammenschluss weder einen Gewinn erzielen noch die Absicht hierzu haben; sofern gleichwohl tatsächlich erzielte Überschüsse ausschließlich dazu bestimmt sind, der Finanzierung künftiger Investitionen zu dienen, wird dies nicht beanstandet, sofern hiervon das Prinzip der Kostenerstattung und Kostenverteilung sowie die Anforderungen an die Vermeidung von Wettbewerbsverzerrungen im Grundsatz nicht berührt werden.[5] 62

1 *Wäger* in FS Crezelius, S. 715 (725).
2 *Hölzer* in Rau/Dürrwächter, § 4 Nr. 29 Rz. 129 (Stand: Oktober 2021).
3 BT-Drucks. 19/13436, 152; BMF, Schr. v. 19.7.2022 – III C 3-S 7189/20/10001 :001, BStBl. I 2022, 1208 = UR 2022, 675, Tz. II.3.
4 BMF, Schr. v. 19.7.2022 – III C 3-S 7189/20/10001 :001, BStBl. I 2022, 1208 = UR 2022, 675, Tz. II.3.
5 BT-Drucks. 19/13436, 152; BMF, Schr. v. 19.7.2022 – III C 3-S 7189/20/10001 :001, BStBl. I 2022, 1208 = UR 2022, 675, Tz. II.3.

63 Nach dem EU-Recht stehen eine Gewinnerzielung oder ein Gewinnstreben des Personenzusammenschlusses einer Steuerbefreiung nicht entgegen, sofern die Gewinnerzielung und das Gewinnstreben aus steuerpflichtigen Leistungen des Personenzusammenschlusses (an Nichtmitglieder und Mitglieder) resultieren. Denn der Personenzusammenschluss muss sich nicht darauf beschränken, ausschließlich steuerfreie Leistungen an für das Gemeinwohl tätige Mitglieder zu erbringen.[1] Ferner räumt Art. 133 Buchst. a MwStSystRL den Mitgliedstaaten nicht die Möglichkeit ein, die Steuerbefreiung nach Art. 132 Abs. 1 Buchst. f MwStSystRL davon abhängig zu machen, dass keine systematische Gewinnerzielung angestrebt wird.

4. Periodenübergreifende Betrachtungsweise

64 Nach der bisherigen nationalen Rechtsprechung zu Art. 132 Abs. 1 Buchst. f MwStSystRL bedarf es keiner jährlich exakten Kostenverteilung, wenn das Entgelt unter Kostendeckungsgesichtspunkten bestimmt wird: Durch eine solche Entgeltbemessung dürfen in einzelnen Jahren Überschüsse (durch einkalkulierte, aber nicht realisierte Investitionen) und in anderen Jahren Verluste entstehen, wobei dem bisher einzigen Entscheidungsfall ein Verlustfall über die Totalperiode zugrunde lag.[2]

65 Dieser periodenübergreifenden Betrachtungsweise ist zuzustimmen. Auch insoweit gilt der Grundsatz der Gesetzesbegründung, wonach punktuelle Überschüsse unschädlich sind, sofern der Zusammenschluss und seine Entgeltbemessung insgesamt nicht auf Gewinnerzielung ausgerichtet sind (Rz. 61 ff.).

65.1 Die FinVerw. beurteilt dies offenbar ähnlich: Danach ist z.B. von einer zulässigen Kostenzuordnung auszugehen, wenn der Personenzusammenschluss zur Deckung des Finanzbedarfs jährlich auf der Basis des durchschnittlichen Umsatzes eine Umlage von den Mitgliedern erhebt und im Falle eines zu hohen Ansatzes ein z.B. satzungsmäßig festgelegter Rückzahlungsanspruch der Mitglieder gegen den Personenzusammenschluss besteht.[3]

5. Vorsteuer

66 Zum Vorsteuerabzug berechtigt ist die Kostenteilungsgemeinschaft nur mit ihren steuerpflichtigen, nicht jedoch mit ihren steuerfreien Ausgangsleistungen. Die nicht abzugsfähigen Vorsteuern tragen wirtschaftlich die für das Gemeinwohl tätigen Mitglieder der Kostenteilungsgemeinschaft im Rahmen der genauen Kostenerstattung.

VIII. Keine Wettbewerbsverzerrung

1. Überblick

67 Die Befreiung darf nicht zu einer Wettbewerbsverzerrung führen. Auch dieses Tatbestandsmerkmal ist konkretisierungsbedürftig, insbesondere zu Art und Umfang des Wettbewerbs (Rz. 68 ff.).

2. Begriffsbestimmung

68 Nach der Gesetzesbegründung ist nicht nur eine konkret festgestellte, sondern bereits eine **potentielle Wettbewerbsverzerrung** befreiungsschädlich. Diese liegt aber erst dann vor, wenn eine **reale Gefahr** besteht, dass die Befreiung für sich genommen unmittelbar oder in der Zukunft zu Wettbewerbsverzerrungen führen kann; eine bloß hypothetische Gefahr genügt nicht.[4] Ob eine solche reale Gefahr besteht, ist sowohl auf Grundlage der Art der erbrachten Leistung als auch aufgrund der objektiven

1 EuGH, Urt. v. 4.5.2017 – C-274/15, ECLI:EU:C:2017:333 – Kommission/Luxemburg, UR 2017, 424 m. Anm. *Küffner.*
2 FG Düsseldorf, Urt. v. 4.4.2012 – 5 K 3139/09 U, juris (rkr.).
3 BMF, Schr. v. 19.7.2022 – III C 3-S 7189/20/10001 :001, BStBl. I 2022, 1208 = UR 2022, 675, Tz. II.3.
4 BT-Drucks. 19/13436, 152; EuGH, Urt. v. 20.11.2003 – C-8/01, ECLI:EU:C:2003:621 – Taksatorringen, UR 2004, 82 m. Anm. *Burgmaier.*

(Markt-)Umstände der jeweiligen Leistungserbringung zu ermitteln.[1] Es ist der Umstand, dass Dienstleistungen, die ein Personenzusammenschluss durchführt, befreit sind, der geeignet sein muss, eine Wettbewerbsverzerrung hervorzurufen.

Ferner gilt nach der Gesetzesbegründung:[2] Die Wettbewerbsklausel ist restriktiv auszulegen. Sie soll insbesondere der Vermeidung von Missbräuchen entgegenwirken. Es ist grundsätzlich davon auszugehen, dass die Bildung eines Personenzusammenschlusses nicht zu einer Verzerrung des Wettbewerbs führt. Die Generalanwältin *Kokott* und Stimmen im Schrifttum teilen diese Ansicht.[3] Der BFH hält dies für möglich.[4] Der EuGH hat sich hierzu noch nicht geäußert.[5] 69

Die FinVerw. folgt der Gesetzesbegründung (Rz. 68 f.); insbesondere soll danach keine Wettbewerbsverzerrung vorliegen, wenn der Personenzusammenschluss sich sicher ist bzw. sein kann, dass die **Kundschaft seiner Mitglieder** unabhängig von jeder Besteuerung oder Befreiung erhalten bleibt.[6] 69.1

3. Mangelnde Wettbewerbssituation

Eine Wettbewerbsverzerrung scheidet aus, wenn eine **ausdrückliche gesetzliche Regelung** besteht, auf deren Grundlage ein Tätigwerden Dritter und damit eine Wettbewerbssituation ausgeschlossen ist.[7] Ergänzend können u.E. die zur Wettbewerbsbeeinträchtigung bei jPdöR entwickelten Grundsätze (§ 2b Rz. 86 ff.) herangezogen werden. Nach Verwaltungsansicht ist das Merkmal der Wettbewerbsverzerrung i.S.d. § 4 Nr 29 UStG zwar nicht mit dem Begriff der „größeren Wettbewerbsverzerrungen" i.S.d. § 2b UStG gleichzusetzen.[8] Jedoch schließt dies jedenfalls eine fehlende Wettbewerbssituation aufgrund gesetzlicher Regelungen nicht aus.[9] 70

4. Dienstleistungen an Nichtmitglieder

Die entgeltliche Erbringung von gleichen **Dienstleistungen an Nichtmitglieder am Markt** durch den Personenzusammenschluss unter Ausnutzung von Synergieeffekten soll nach der Gesetzesbegründung und Verwaltungsansicht ein **Indiz** für eine Wettbewerbsverzerrung sein.[10] 71

Dies steht im Widerspruch zum Zweck der Vorschrift (Rz. 3):[11] Denn durch Dienstleistungen an Nichtmitglieder werden die Kosten für nach § 4 Nr. 29 UStG steuerfreie Leistungen an Mitglieder zu deren Gunsten gesenkt, weil die Kosten auf weitere Personen (Nichtmitglieder) verteilt werden können. Ferner darf nach der Rechtsprechung die Gewährung der Steuerbefreiung nach § 4 Nr. 29 UStG nicht davon abhängig gemacht werden, dass keine Leistungen an Nichtmitglieder erbracht werden.[12] Zudem erschließt sich nicht, weshalb allein durch einen weiteren Wettbewerber (hier der Personenzusammenschluss) am Markt für Nichtmitglieder ein Wettbewerbsnachteil für die übrigen Wettbewer- 72

1 BT-Drucks. 19/13436, 152.
2 BT-Drucks. 19/13436, 152; EuGH, Urt. v. 20.11.2003 – C-8/01, ECLI:EU:C:2003:621 – Taksatorringen, UR 2004, 82 m. Anm. *Burgmaier*.
3 EuGH, Schlussanträge der Generalanwältin *Kokott* v. 23.4.2020 – C-77/19, ECLI:EU:C:2020:302 – Kaplan International colleges UK; *Hölzer* in Rau/Dürrwächter, UStG, § 4 Nr. 29 Rz. (Stand: Oktober 2021).
4 BFH, Urt. v. 23.9.2020 – XI R 35/18, BFHE 271, 243 = UR 2021, 348 m. Anm. *Hüttemann*.
5 Mangels Entscheidungserheblichkeit offen gelassen: EuGH, Urt. v. 18.11.2020 – C-77/19, ECLI:EU:C:2020:934 – Kaplan International colleges UK, UR 2021, 15 m. Anm. *Kirchinger*.
6 BMF, Schr. v. 19.7.2022 – III C 3-S 7189/20/10001 :001, BStBl. I 2022, 1208 = UR 2022, 675, Tz. II.2. und III.3.
7 Zur Reichweite einer solchen Regelung nach § 80 Abs. 5 Nr. 2 SGB X in Bezug auf **Speicherung von Daten** und damit verbundene **IT-Dienstleistungen** s. BFH, Urt. v. 6.9 2018 – V R 30/17, UR 2018, 950 m.w.N.; FG Düsseldorf, Urt. v. 4.4.2012 – 5 K 3139/09 U, juris (rkr.); FG Düsseldorf, Urt. v. 20.9.2017 – 5 K 1616/15 U, EFG 2018, 1320 (rkr.).
8 BMF, Schr. v. 19.7.2022 – III C 3-S 7189/20/10001 :001, BStBl. I 2022, 1208 = UR 2022, 675, Tz. II.2.
9 Vgl. *Hölzer* in Rau/Dürrwächter, § 4 Nr. 29 Rz. 228 f. (Stand: Oktober 2021).
10 BT-Drucks. 19/13436, 152; BMF, Schr. v. 19.7.2022 – III C 3-S 7189/20/10001 :001, BStBl. I 2022, 1208 = UR 2022, 675, Tz. II.2.
11 Ebenso *Nieskens*, EU-UStB 2020, 1 (2); kritisch ebenfalls: *Brill*, UR 2022, 641 (649).
12 EuGH, Urt. v. 20.11.2019 – C-400/18, ECLI:EU:C:2019:992 – Infohos, UR 2019, 932.

ber eintreten soll. Entscheidend für die Frage der Wettbewerbsverzerrung ist vielmehr, wie der Personenzusammenschluss am Markt auftritt, z.B. hinsichtlich der Preisgestaltung.

73 Aus den vorgenannten Gründen ist eine Indizwirkung auch dann abzulehnen, wenn der Personenzusammenschluss in erheblichem Umfang die gleichen Dienstleistungen entgeltlich an Nichtmitglieder erbringt und insoweit primär als Wettbewerber und weniger als kooperierender Zusammenschluss auf dem Markt agiert.[1] Je umfangreicher der Personenzusammenschluss am Markt für Nichtmitglieder auftritt, desto größer darf sein Gewinnstreben sein (Rz. 61 ff.) mit der Folge einer geringeren Gefahr einer Wettbewerbsverzerrung. Das Gewinnstreben ist ein entscheidungserheblicher Umstand.[2]

5. Angebote anderer Marktteilnehmer

74 Die Verlagerung von externen beliebigen, insbesondere nicht auf die Bedürfnisse seiner Mitglieder zugeschnittenen Dienstleistungen auf den Personenzusammenschluss, obwohl ein **Angebot solcher Leistungen von anderen Marktteilnehmern** besteht, kann nach der Gesetzesbegründung und Verwaltungsansicht ein **Indiz** für eine Wettbewerbsverzerrung sein.[3]

74.1 Ob und unter welchen Umständen solche speziellen Bedürfnisse bestehen, steht – neben dem Umfang der Steuerbefreiung (Rz. 55.1) – zur Überprüfung durch den **BFH**[4]: Nach der Vorinstanz[5] bestehen keine real drohenden Wettbewerbsverzerrungen durch Leistungen der **Praxisorganisation** und der **Erstellung von Arztberichten** sowie durch **Reinigungsleistungen einer Praxisgemeinschaft** an ihre Gesellschafter (Ärzte), da diese zu speziell und zu eng mit der Tätigkeit der Gesellschafter verbunden sind und sofern ausschließlich an diese erbracht werden.

75 Aufgrund des Zwecks der Vorschrift (Rz. 3) kann u.E. allein das Bestehen eines Handelsmarktes keine Wettbewerbsverzerrung begründen[6] und somit auch keine Indizwirkung haben.

6. Optimierung der Vorsteuerbelastung

76 Nach der Gesetzesbegründung und Verwaltungsansicht kann es ein **Indiz** für eine Wettbewerbsverzerrung sein, wenn bei dem Personenzusammenschluss im Ergebnis **allein die Optimierung der umsatzsteuerlichen Vorbelastungen** im Vordergrund steht.[7]

77 Dies steht im Widerspruch zum Zweck der Vorschrift (Rz. 3), da gerade durch eine solche Optimierung eine zweckgemäße Kostenentlastung bei den Mitgliedern entsteht.

---

1 **A.A.**: EuGH, Schlussanträge der Generalanwältin *Kokott* v. 23.4.2020 – C-77/19, ECLI:EU:C:2020:302 – Kaplan International colleges UK; *Hölzer* in Rau/Dürrwächter, § 4 Nr. 29 Rz. 234. (Stand: Oktober 2021).

2 EuGH, Urt. v. 20.11.2003 – C-8/01, ECLI:EU:C:2003:621 – Taksatorringen, UR 2004, 82 m. Anm. *Burgmaier*.

3 BT-Drucks. 19/13436, 152; BMF, Schr. v. 19.7.2022 – III C 3-S 7189/20/10001 :001, BStBl. I 2022, 1208 = UR 2022, 675, Tz. II.2.; ähnlich EuGH, Schlussanträge der Generalanwältin *Kokott* v. 23.4.2020 – C-77/19, ECLI:EU:C:2020:302 – Kaplan International colleges UK.

4 Rev.: BFH XI R 37/21.

5 FG Niedersachsen, Urt. v. 11.11.2021 – 5 K 62/19, EFG 2022, 623.

6 Gleiche Ansicht EuGH, Schlussanträge der Generalanwältin *Kokott* v. 23.4.2020 – C-77/19, ECLI:EU:C:2020:302 – Kaplan International colleges UK.

7 BT-Drucks. 19/13436, 152; BMF, Schr. v. 19.7.2022 – III C 3-S 7189/20/10001 :001, BStBl. I 2022, 1208 = UR 2022, 675, Tz. II.2.; gleiche Ansicht EuGH, Schlussanträge der Generalanwältin *Kokott* v. 23.4.2020 – C-77/19, ECLI:EU:C:2020:302 – Kaplan International colleges UK.

§ 4a Steuervergütung für Leistungsbezüge zur Verwendung zu humanitären, karitativen oder erzieherischen Zwecken im Drittlandsgebiet

(1) [1]Körperschaften, die ausschließlich und unmittelbar gemeinnützige, mildtätige oder kirchliche Zwecke verfolgen (§§ 51 bis 68 der Abgabenordnung), und juristischen Personen des öffentlichen Rechts wird auf Antrag eine Steuervergütung zum Ausgleich der Steuer gewährt, die auf der an sie bewirkten Lieferung eines Gegenstands, seiner Einfuhr oder seinem innergemeinschaftlichen Erwerb lastet, wenn die folgenden Voraussetzungen erfüllt sind:

1. **Die Lieferung, die Einfuhr oder der innergemeinschaftliche Erwerb des Gegenstands muss steuerpflichtig gewesen sein.**
2. **Die auf die Lieferung des Gegenstands entfallende Steuer muss in einer nach § 14 ausgestellten Rechnung gesondert ausgewiesen und mit dem Kaufpreis bezahlt worden sein.**
3. **Die für die Einfuhr oder den innergemeinschaftlichen Erwerb des Gegenstands geschuldete Steuer muss entrichtet worden sein.**
4. **Der Gegenstand muss in das Drittlandsgebiet gelangt sein.**
5. **Der Gegenstand muss im Drittlandsgebiet zu humanitären, karitativen oder erzieherischen Zwecken verwendet werden.**
6. **Der Erwerb oder die Einfuhr des Gegenstands und seine Ausfuhr dürfen von einer Körperschaft, die steuerbegünstigte Zwecke verfolgt, nicht im Rahmen eines wirtschaftlichen Geschäftsbetriebs und von einer juristischen Person des öffentlichen Rechts nicht im Rahmen ihres Unternehmens vorgenommen worden sein.**
7. **Die vorstehenden Voraussetzungen müssen nachgewiesen sein.**

[2]Der Antrag, in dem der Antragsteller die zu gewährende Vergütung selbst zu berechnen hat, ist nach amtlich vorgeschriebenem Vordruck oder amtlich vorgeschriebenem Datensatz durch Datenfernübertragung zu stellen.

(2) Das Bundesministerium der Finanzen kann mit Zustimmung des Bundesrates durch Rechtsverordnung näher bestimmen,

1. **wie die Voraussetzungen für den Vergütungsanspruch nach Absatz 1 Satz 1 nachzuweisen sind und**
2. **in welcher Frist die Vergütung zu beantragen ist.**

A. Grundaussagen

I. Regelungsgegenstand und Bedeutung

1 Grundsätzlich wird der gemeinnützige Bereich – jedenfalls in Bezug auf die Eingangsumsätze – wie ein Endverbraucher behandelt und hat wie dieser auch diejenigen Umsatzsteuern definitiv zu tragen, mit denen die für humanitäre, karitative oder erzieherische Zwecke – d.h. für den nichtunternehmerischen Bereich (§ 12 Abs. 2 Nr. 8 Rz. 28) oder für die Erbringung steuerfreier Umsätze (insbes. § 4 Nr. 16 UStG und § 4 Nr. 18 UStG) – bezogenen Leistungen belastet sind. Vor diesem Hintergrund entlastet § 4a UStG den Bezug von Gegenständen, die im Inland geliefert, aber in einem Drittland für humanitäre, karitative oder erzieherische Zwecke verwendet werden, im Wege der Steuervergütung. Diese Form der Steuervergünstigung hat damit nicht nur erhebliche wirtschaftliche Bedeutung für die Katastrophenhilfe, sondern für sämtliche gemeinnützigen Tätigkeiten inländischer Körperschaften in Drittstaaten.

II. Unionsrechtliche Grundlagen

2 Bereits nach **Art. 15 Nr. 12 der 6. EG-Richtlinie** waren Lieferungen von Gegenständen an zugelassene Körperschaften, die diese im Rahmen ihrer Tätigkeit auf humanitärem, karitativem oder erzieherischem Gebiet nach Orten außerhalb der Gemeinschaft exportierten, durch die Mitgliedstaaten von der Steuer zu befreien. Diese Befreiung konnte – wovon Deutschland durch die Einführung des § 4a UStG mit Wirkung vom 1.1.1980 (Rz. 4) Gebrauch gemacht hat – ausdrücklich auch im Wege einer Steuererstattung erfolgen. Nunmehr stellt **Art. 146 Abs. 1 Buchst. c MwStSystRL** die sekundärrechtliche Grundlage dar. Danach befreien die Mitgliedstaaten die Lieferungen von Gegenständen an zugelassene Körperschaften, die diese im Rahmen ihrer Tätigkeit auf humanitärem, karitativem oder erzieherischem Gebiet nach Orten außerhalb der Gemeinschaft ausführen. Nach Art. 146 Abs. 2 MwStSystRL kann diese Steuerbefreiung auch im Wege der Mehrwertsteuererstattung gewährt werden.

III. Verhältnis zu anderen Vorschriften und Rechtsentwicklung

3 § 4a UStG betrifft ausschließlich die Vergütung für auf Lieferungen von Gegenständen lastende Umsatzsteuer. Lieferungen und sonstige Leistungen, die gemeinnützige Körperschaften erbringen, können hingegen nach **§ 4 Nr. 16 und 18 UStG** steuerfrei sein oder nach **§ 12 Abs. 2 Nr. 8 UStG** dem ermäßigten Steuersatz unterfallen. Die Inanspruchnahme der Steuerfreiheit für Ausfuhrlieferungen (**§ 4 Nr. 1 Buchst. a, § 6 UStG**) kommt im Anwendungsbereich des § 4a UStG nicht in Betracht. Die Ausfuhr darf nach § 4a Abs. 1 Satz 1 Nr. 6 UStG weder im Rahmen eines wirtschaftlichen Geschäftsbetriebs noch von einer juristischen Person des öffentlichen Rechts im Rahmen ihres Unternehmens vorgenommen worden sein, so dass die Körperschaft/juristische Person insoweit nicht – wie jedoch nach § 6 Abs. 1 Nr. 1 UStG erforderlich – als steuerpflichtige Unternehmerin handelt.

4 Die Vorschrift des § 4a UStG wurde mit Wirkung vom 1.1.1980 zur Umsetzung der **6. EG-Richtlinie** in das UStG 1980 eingefügt. Nach redaktionellen Anpassungen des § 4a UStG und Anpassungen an die MwStSystRL wurde § 4a Abs. 1 Satz 1 Nr. 6 UStG durch das **Steueränderungsgesetz 2015**[1] an die – ebenfalls durch das Steueränderungsgesetz 2015 erfolgte – Abschaffung des § 2 Abs. 3 UStG und die Einführung des § 2b UStG angeglichen. Durch das Gesetz zur Umsetzung unionsrechtlicher Vorgaben im Umsatzsteuerrecht[2] wurde zur Abgrenzung zur gleichzeitig erfolgten Einführung einer Steuervergütung für Leistungsbezüge europäischer Einrichtungen in § 4c UStG (§ 4c Rz. 1 ff.) die bisherige Überschrift („Steuervergütung") dahingehend auf den – unveränderten – Regelungsgegenstand zugeschnitten, dass die Zwecksetzungen der Leistungsbezüge aufgenommen wurden. Durch das JStG 2022[3] wurde § 4a Abs. 1 Satz 2 UStG neu gefasst und der Vergütungsantrag mit einer Pflicht, die Vergütung selbst zu berechnen, verknüpft.

1 Gesetz v. 2.11.2015, BGBl. I 2015, 1834.
2 Gesetz v. 21.12.2021, BGBl. I 2021, 5250.
3 Gesetz v. 16.12.2022, BGBl. I 2022, 2294.

B. Steuervergütung (Absatz 1)

I. Regelungsgegenstand

Körperschaften, die ausschließlich und unmittelbar gemeinnützige, mildtätige oder kirchliche Zwecke verfolgen (§ 12 Abs. 2 Nr. 8 Rz. 11 ff.), wird auf Antrag eine Steuervergütung zum Ausgleich der Steuer gewährt, die auf der an sie bewirkten Lieferung eines Gegenstands, seiner Einfuhr oder seinem innergemeinschaftlichen Erwerb lastet, wenn die in § 4a Abs. 1 Satz 1 Nr. 1–6 UStG näher bestimmten Voraussetzungen erfüllt sind. Ebenfalls **antragsberechtigt** sind juristische Personen des öffentlichen Rechts (§ 2b Rz. 1 ff.); Anforderungen an die von diesen Körperschaften verfolgten Zwecke werden nicht gestellt. § 4a Abs. 1 Satz 1 Nr. 7 UStG enthält eine – letztlich deklaratorische (Rz. 15) – Nachweisobliegenheit des Antragstellers. 5

II. Vergütungsvoraussetzungen (Absatz 1 Satz 1)

1. Steuerpflicht der Lieferung, der Einfuhr oder des innergemeinschaftlichen Erwerbs (Absatz 1 Satz 1 Nr. 1)

Bei steuerfreiem Bezug des Gegenstands besteht nach § 4a Abs. 1 Satz 1 Nr. 1 UStG kein Anspruch auf Vergütung der Umsatzsteuer. Dies gilt auch, wenn die Lieferung des Gegenstandes an den Vergütungsberechtigten bzw. dessen Erwerb nicht umsatzsteuerbar gewesen ist (z.B. Lieferung durch Nichtunternehmer, z.B. Privatpersonen) oder unentgeltlich erfolgte (z.B. Sachspenden).[1] 6

2. Gesonderter Steuerausweis und Zahlung der geschuldeten Steuer (Absatz 1 Satz 1 Nr. 2 und 3)

Im Unterschied zu § 15 Abs. 1 Satz 1 Nr. 1 UStG muss nach § 4a Abs. 1 Satz 1 Nr. 2 UStG die auf die Lieferung des Gegenstandes entfallende Steuer nicht nur – worauf auch nichtunternehmerisch tätige juristische Personen einen Anspruch haben (§ 14 Abs. 2 Satz 1 Nr. 2 Satz 2 UStG) – in einer Rechnung i.S.d. § 14 UStG gesondert ausgewiesen werden, sondern muss auch **mit dem Kaufpreis bezahlt** worden sein. Eine Entrichtung allein der Umsatzsteuer genügt nicht.[2] Auch muss „der" – d.h. der gesamte – Kaufpreis gezahlt worden sein. Abschlags- oder Teilzahlungen genügen nicht.[3] 7

Da nicht ausschließlich auf die gesondert ausgewiesene, sondern auf die „entfallende" Steuer abgestellt wird, ist bei einem **überhöhten Umsatzsteuerausweis** der Mehrbetrag nicht vergütungsfähig.[4] Dies gilt auch, wenn die Umsatzsteuer i.S.d. § 14c Abs. 2 UStG – insbesondere von Nichtunternehmern oder Kleinunternehmern – unberechtigt ausgewiesen wurde.[5] Auch in diesem Fall wird nicht die auf die Lieferung des Gegenstands entfallende – d.h. die gesetzlich geschuldete Steuer – gezahlt. Vielmehr wird die Steuer ausschließlich durch den unberechtigten Steuerausweis i.S.d. § 14c Abs. 2 UStG ausgelöst. Etwas anderes gilt nur dann, wenn der Kleinunternehmer nach § 19 Abs. 2 UStG auf die Nichterhebung der Steuer verzichtet hat. Ist die **Umsatzsteuer zu niedrig ausgewiesen**, fehlt es in Höhe der Differenz zur „entfallenden Steuer" an einer Zahlung durch die Körperschaft; insoweit besteht ebenfalls kein Vergütungsanspruch.[6] 8

Bei der **Einfuhr oder dem innergemeinschaftlichen Erwerb** des Gegenstands muss die geschuldete Steuer entrichtet worden sein. Der Schuldner der Einfuhrumsatzsteuer bestimmt sich grundsätzlich gemäß § 13a Abs. 2 i.V.m. § 21 Abs. 2 UStG nach den Vorschriften über die Zölle. Gemäß Art. 77 9

1 Nr. 4a.2 Abs. 1 Satz 1 f. UStAE.
2 *Heidner* in Bunjes[22], § 4a UStG Rz. 5.
3 Nr. 4a.2 Abs. 3 Satz 2 UStAE.
4 Nr. 4a.2 Abs. 2 Satz 2 UStAE.
5 Nr. 4a.2 Abs. 2 Satz 3 UStAE; krit. in Bezug auf die Erstreckung auf Kleinunternehmer i.S.d. § 19 UStG *Treiber* in Sölch/Ringleb, § 4a UStG Rz. 15 (Stand: März 2023).
6 Nr. 4a.2 Abs. 2 Satz 1 UStAE; *Heidner* in Bunjes[22], § 4a UStG Rz. 5; *Treiber* in Sölch/Ringleb, § 4a UStG Rz. 14 (Stand: März 2023).

Abs. 3 Satz 1 UZK ist der Anmelder der Waren der Zollschuldner (§ 21 Rz. 65).[1] Schuldner der Steuer auf innergemeinschaftliche Erwerbe ist nach § 13a Abs. 1 Nr. 2 UStG der Erwerber. Jedoch handelt es sich bei einem Erwerb von juristischen Personen, die nicht Unternehmer sind oder die den Gegenstand nicht für ihr Unternehmen erwerben, nicht um einen innergemeinschaftlichen Erwerb (§ 1a Abs. 3 Nr. 1 Buchst. d UStG), wenn die Erwerbsschwelle des § 1a Abs. 3 Nr. 2 UStG (§ 1a Rz. 123 ff.) nicht überschritten wird.

3. Gelangen des Gegenstands in Drittlandsgebiet (Absatz 1 Satz 1 Nr. 4)

10 Der Gegenstand muss in das Drittlandsgebiet (s. zur Definition § 1 Rz. 318 f.) gelangt sein. Es gelten insoweit die für innergemeinschaftliche Lieferungen entwickelten Maßstäbe entsprechend. Mithin muss der Gegenstand das Inland physisch verlassen haben und **in das Drittlandsgebiet verbracht** worden sein.[2] Für Lieferungen in das übrige Unionsgebiet kann damit eine Steuervergütung nicht beansprucht werden.

4. Verwendung zu humanitären, karitativen oder erzieherischen Zwecken im Drittlandsgebiet (Absatz 1 Satz 1 Nr. 5)

11 Der Gegenstand muss nach § 4a Abs. 1 Satz 1 Nr. 5 UStG – in wörtlicher Übereinstimmung mit der deutschen Fassung von Art. 146 Abs. 1 Buchst. c MwStSystRL – im Drittlandsgebiet zu humanitären, karitativen oder erzieherischen Zwecken verwendet werden. Diese Zwecksetzungen sind weder im UStG noch in der AO definiert. Auch können sie weder mit den gemeinnützigen Zwecken i.S.d. § 52 AO noch mit den mildtätigen Zwecken i.S.d. § 53 AO gleichgesetzt werden.[3] Vielmehr sind sie schon nach dem Wortlaut denkbar **weit auszulegen**. Nach der FinVerw. ist humanitär nicht nur die Beseitigung und Milderung besonderer Notlagen, sondern auch die Verbesserung der wirtschaftlichen und sozialen Verhältnisse und der Umweltbedingungen.[4] Karitative Zwecke werden verfolgt, wenn anderen selbstlose Hilfe gewährt wird,[5] während erzieherische Zwecke die gesamte geistige, sittliche und körperliche Erziehung und Fortbildung einschließlich der beruflichen und nichtberuflichen Aus- und Weiterbildung sowie der Bildungsarbeit auf politischem, weltanschaulichem, künstlerischem und wissenschaftlichem Gebiet umfassen[6]. Die drei Verwendungszwecke können sich damit regelmäßig überschneiden (z.B. Bildungsarbeit als Verbesserung der sozialen Verhältnisse und zugleich als selbstlose Hilfe).[7]

12 Diese Zwecke müssen **nicht von der juristischen Person selbst** erfüllt werden.[8] Vielmehr ist es ebenso ausreichend, dass Gegenstände an Einrichtungen geliefert werden, die diese Zwecke verfolgen. Zugleich ist auch eine kollektive Zweckverfolgung im Drittlandsgebiet keine zwingende Voraussetzung. Auch durch die Lieferung der Gegenstände als solche – etwa an Privatpersonen – können diese für die privilegierten Zwecke verwendet werden.

5. Kein Erwerb im Rahmen eines wirtschaftlichen Geschäftsbetriebs oder eines Unternehmens einer juristischen Person des öffentlichen Rechts (Absatz 1 Satz 1 Nr. 6)

13 Der Erwerb oder die Einfuhr des Gegenstands und seine Ausfuhr dürfen von einer Körperschaft, die steuerbegünstigte Zwecke verfolgt, nicht im Rahmen eines **wirtschaftlichen Geschäftsbetriebs** (§ 14 AO) vorgenommen worden sein. In diesen Fällen steht der Körperschaft der Vorsteuerabzug zu, die

1 BFH, Urt. v. 29.1.2015 – V R 5/14, BStBl. II 2015, 567 = UR 2015, 466.
2 Vgl. EuGH, Urt. v. 27.9.2007 – C-409/04, ECLI:EU:C:2007:548 – Teleos, BStBl. II 2009, 70 = UR 2007, 774, Rz. 42 und 44; EuGH, Urt. v. 19.12.2018 – C-414/17, ECLI:EU:C:2018:1027 – AREX CZ, UR 2019, 101, Rz. 61; EuGH, Urt. v. 23.4.2020 – C-401/18, ECLI:EU:C:2020:295 – Herst, UR 2020, 493, Rz. 34.
3 Für Identität jedoch Nr. 4a Abs. 6 Satz 4 UStAE.
4 Nr. 4a.2 Abs. 6 Satz 1 UStAE.
5 Nr. 4a.2 Abs. 6 Satz 2 UStAE.
6 Nr. 4a.2 Abs. 6 Satz 3 UStAE i.V.m. Nr. 4.23.1 Abs. 4 Satz 1 UStAE.
7 *Treiber* in Sölch/Ringleb, § 4a UStG Rz. 25 (Stand: März 2023).
8 *Treiber* in Sölch/Ringleb, § 4a UStG Rz. 23 (Stand: März 2023); *Suabedissen* in BeckOK, § 4a UStG Rz. 33.1.

Ausfuhrlieferung ist nach § 4 Nr. 1 Buchst. a UStG steuerfrei; ein Bedürfnis für eine Steuervergütung nach § 4a Abs. 1 Satz 1 UStG besteht nicht. Nach § 64 Abs. 1 AO wird die Steuervergütung aber gewährt, wenn der wirtschaftliche Geschäftsbetrieb einen Zweckbetrieb i.S.d. §§ 65–68 AO darstellt. Juristische Personen des öffentlichen Rechts dürfen die Gegenstände nicht im Rahmen ihres **Unternehmens** erworben oder eingeführt und ausgeführt haben.

Die Gegenstände dürfen also weder beim Erwerb noch bei der Einfuhr **einer wirtschaftlichen/unternehmerischen Tätigkeit zugeordnet** werden (s. zu den allgemeinen Zuordnungsgrundsätzen § 15 Rz. 93 ff.). Ob hingegen zu diesem Zeitpunkt die Absicht bestand, die Gegenstände zu den in § 4a Abs. 1 Satz 1 Nr. 5 UStG genannten Zwecken zu verwenden, ist unerheblich.[1] Ebenso unschädlich ist, ob die Gegenstände nach dem Erwerb oder der Einfuhr im Rahmen einer unternehmerischen Tätigkeit verwendet werden, solange die Ausfuhr nicht im Rahmen eines wirtschaftlichen Geschäftsbetriebs oder eines Unternehmens einer juristischen Person des öffentlichen Rechts erfolgt.[2] 14

6. Nachweis der Vergütungsvoraussetzungen (Absatz 1 Satz 1 Nr. 7)

Die Regelung des § 4a Abs. 1 Satz 1 Nr. 7 UStG, wonach die Voraussetzungen des § 4 Abs. 1 Satz 1 Nr. 1–6 UStG **nachgewiesen** sein müssen, hat keine eigenständige Bedeutung. Da nach § 24 Abs. 2 UStDV (Rz. 18) der Ausfuhrnachweis in gleicher Weise wie bei Ausfuhrlieferungen zu führen ist, sind die für Ausfuhrlieferungen geltenden Grundsätze, nach denen es der FinVerw. eines Mitgliedstaats verwehrt ist, die Befreiung einer tatsächlich ausgeführten Ausfuhrlieferung allein mit der Begründung zu versagen, der Nachweis einer solchen Lieferung sei nicht rechtzeitig erbracht worden,[3] auch im Anwendungsbereich des § 4a UStG zu beachten.[4] Jedoch gehen verbleibende Zweifel nach allgemeinen – weiterhin allein nach nationalem Recht zu bemessenden – Grundsätzen zu Lasten der Körperschaft. 15

III. Antragsverfahren (Absatz 1 Satz 2)

Der Antrag ist gemäß § 4a Abs. 1 Satz 2 UStG nach **amtlich vorgeschriebenem Vordruck**[5] oder amtlich vorgeschriebenem Datensatz durch Datenfernübertragung zu stellen. Zugleich hat der Antragsteller die zu gewährende Vergütung darin selbst zu berechnen. Anträge und Erklärungen, die nach einem amtlichen Muster abzugeben sind, müssen, wenn amtliche Vordrucke nicht verwendet werden, in allen Einzelheiten dem amtlichen Muster entsprechen.[6] Andernfalls ist der Vergütungsantrag – ohne inhaltliche Prüfung – abzuweisen.[7] Der Antrag ist bei dem Finanzamt einzureichen, in dessen Bezirk der Antragsteller seinen Sitz hat.[8] 16

C. Verordnungsermächtigung (Absatz 2)

Von der Ermächtigung des § 4a Abs. 2 UStG, wonach mit Zustimmung des Bundesrates durch **Rechtsverordnung** näher bestimmt werden kann, wie die Voraussetzungen für den Vergütungsanspruch nach § 4a Abs. 1 Satz 1 UStG nachzuweisen sind (§ 4a Abs. 2 Nr. 1 UStG) und in welcher Frist die 17

---

1 *Treiber* in Sölch/Ringleb, § 4a UStG Rz. 32 (Stand: März 2023); anders BMF, Schr. v. 24.10.2002 – IV D 1-S 7195-10/02, BStBl. I 2002, 1357 (aufgehoben durch BMF, Schr. v. 9.4.2013 – IV A 2-O 2000/12/10001, BStBl. I 2013, 522).

2 Anders Nr. 4a.2 Abs. 9 UStAE: bereits Nutzung im Inland schädlich.

3 BFH, Urt. v. 28.5.2009 – V R 23/08, BStBl. II 2010, 517 = UR 2009, 714 unter Berufung auf die zu innergemeinschaftlichen Lieferungen ergangene Entscheidung des EuGH, Urt. v. 27.9.2007 – C-146/05, ECLI:EU:C:2007:549 – Collée, BStBl. II 2009, 78 = UR 2007, 813 m. Anm. *Maunz*.

4 *Treiber* in Sölch/Ringleb, § 4a UStG Rz. 35 (Stand: März 2023); **a.A.** *Wenzel* in Rau/Dürrwächter, § 4a UStG Rz. 92 (Stand: Juli 2004).

5 BMF, Schr. v. 5.11.2019 – III C 3-S 7532/18/10001, BStBl. I 2019, 1041 = UR 2019, 911.

6 Vgl. BFH, Urt. v. 13.4.1972 – V R 16/69, BStBl. II 1972, 725 = UR 1972, 362; BFH v. 15.10.1998 – IV R 18/98, BStBl. II 1999, 286 = FR 1999, 262.

7 Vgl. BFH, Urt. v. 21.10.1999 – V R 76/98, BStBl. II 2000, 214 = UR 2000, 167.

8 Nr. 4a.4 Abs. 2 Satz 1 UStAE.

Vergütung zu beantragen ist (§ 4a Abs. 2 Nr. 2 UStG), hat das BMF durch § 24 Abs. 1 UStDV – korrespondierend zu § 4a Abs. 2 Nr. 2 UStG als ausreichende Ermächtigungsgrundlage[1] – sowie § 24 Abs. 2 und Abs. 3 UStDV – korrespondierend zu § 4a Abs. 2 Nr. 1 UStG – Gebrauch gemacht.

18 Die Steuervergütung ist nach amtlich vorgeschriebenem Vordruck oder amtlich vorgeschriebenem Datensatz durch Datenfernübertragung bei dem zuständigen Finanzamt bis zum Ablauf des Kalenderjahres zu beantragen, das auf das Kalenderjahr folgt, in dem der Gegenstand in das Drittlandsgebiet gelangt (§ 24 Abs. 1 UStDV). Es handelt sich um eine **Ausschlussfrist**, die nicht nach § 109 AO verlängert werden kann.[2] Zugleich muss der Nachweis, dass der Gegenstand in das Drittlandsgebiet gelangt ist (**Ausfuhrnachweis**), nach § 24 Abs. 2 UStDV in der gleichen Weise wie bei Ausfuhrlieferungen geführt werden. Es gelten die §§ 8–11 UStDV (§ 6 Rz. 117 ff.). Gemäß § 24 Abs. 3 Satz 1 UStG sind die Voraussetzungen für die Steuervergütung buchmäßig nachzuweisen (**Buchnachweis**). Die nach § 24 Abs. 3 Satz 2 UStG regelmäßig erforderlichen Aufzeichnungen sowie sonstige erforderliche Belege sind nach § 147 Abs. 1 AO geordnet aufzubewahren.

§ 4b Steuerbefreiung beim innergemeinschaftlichen Erwerb von Gegenständen

Steuerfrei ist der innergemeinschaftliche Erwerb

1. **der in § 4 Nr. 8 Buchstabe e und Nr. 17 Buchstabe a sowie der in § 8 Abs. 1 Nr. 1 und 2 bezeichneten Gegenstände;**
2. **der in § 4 Nr. 4 bis 4b und Nr. 8 Buchstabe b und i sowie der in § 8 Abs. 2 Nr. 1 und 2 bezeichneten Gegenstände unter den in diesen Vorschriften bezeichneten Voraussetzungen;**
3. **der Gegenstände, deren Einfuhr (§ 1 Abs. 1 Nr. 4) nach den für die Einfuhrumsatzsteuer geltenden Vorschriften steuerfrei wäre;**
4. **der Gegenstände, die zur Ausführung von Umsätzen verwendet werden, für die der Ausschluss vom Vorsteuerabzug nach § 15 Abs. 3 nicht eintritt.**

1 BFH, Beschl. v. 5.11.1998 – V B 70/98, BFH/NV 1999, 682.
2 Vgl. BFH, Urt. v. 19.11.2014 – V R 39/13, BStBl. II 2015, 352 = UR 2015, 278 zu § 18 Abs. 9 UStG.

A. Grundaussagen

I. Regelungsgegenstand und Bedeutung

Die Regelung stellt bestimmte innergemeinschaftliche Erwerbe steuerfrei, bei denen die Lieferungen der entsprechenden Gegenstände im Inland (Nr. 1, 2 und 4) oder aber die Einfuhr (Nr. 3) ebenfalls steuerfrei wären.[1] Damit sollen **Wettbewerbsverzerrungen im Binnenmarkt vermieden** werden,[2] die andernfalls durch eine entsprechende Privilegierung inländischer Lieferungen oder Einfuhren gegenüber innergemeinschaftlichen Erwerben entstünden. 1

Die Steuerbefreiungen gelten auch für das dem innergemeinschaftlichen Erwerb nach § 1a Abs. 2 UStG gleichgestellte innergemeinschaftliche **Verbringen** sowie grundsätzlich auch für den **Erwerb neuer Fahrzeuge**, § 1b Abs. 1 Satz 1 UStG. 2

Die Vorschrift hat vor allem für die **Erwerber** Bedeutung, die **nicht zum vollen Vorsteuerabzug berechtigt** sind,[3] mithin also vor allem die Fallgruppen der Nr. 1 i.V.m. § 4 Nr. 17 Buchst. a UStG (Rz. 18) sowie der Nr. 2 i.V.m. § 4 Nr. 8 Buchst. b und i UStG (Rz. 27 f.). 3

Anders als in den Fällen des § 4 Nr. 8 Buchst. e oder des § 4 Nr. 8 Buchst. b UStG kann auf die entsprechende Steuerbefreiung des § 4b Nr. 1 bzw. Nr. 2 UStG **nicht nach § 9 Abs. 1 UStG verzichtet** werden.[4] 4

Nach Abschn. 4b.1 Abs. 3 Satz 2 UStAE wird es **in den Fällen des § 4b Nr. 4 UStG nicht beanstandet**, wenn der innergemeinschaftliche Erwerb als steuerpflichtig behandelt wird. Dies dient der Vermeidung von in der Praxis schwierigen Abgrenzungsfragen, wenn aufgrund der Rückausnahme vom Vorsteuerabzugsausschluss nach § 15 Abs. 3 UStG kein Bedürfnis für eine solche Abgrenzung besteht.[5] 5

II. Unionsrechtliche Grundlagen

Die Vorschrift setzt **Art. 140 Buchst. a und b MwStSystRL** (Art. 28c Teil B Buchst. a und b 6. EG-Richtlinie) um. Wegen der am 1.1.1978 im Inland bestehenden Besteuerung der Lieferung von Zahnersatz durch Zahnärzte und Zahntechniker musste nach Art. 370, Anhang X, Teil A Nr. 1 MwStSystRL im Inland keine Steuerbefreiung entsprechender innergemeinschaftlicher Erwerbe eingeführt werden.[6] 6

Art. 140 Buchst. c MwStSystRL (Art. 28c Teil B Buchst. c 6. EG-Richtlinie), der eine Steuerbefreiung des innergemeinschaftlichen Erwerbs für nicht ansässige Erwerber vorsieht, die lediglich nicht im Inland steuerbare oder bestimmte steuerfreie oder der Umkehr der Steuerschuldnerschaft unterliegende Umsätze erbringen, wird dagegen **nur teilweise** in § 4b Nr. 2 UStG (Rz. 21 ff.), § 4b Nr. 3 UStG (Rz. 30 ff.) bzw. § 4b Nr. 4 UStG (Rz. 33 ff.) **umgesetzt** soweit Art. 140 Buchst. c i.V.m. Art. 170 Buchst. a (Art. 28f Abs. 3 6. EG-Richtlinie) betroffen ist. In § 4b Nr. 2 und Nr. 4 UStG wurde die Steuerbefreiung nach Art. 140 Buchst. c i.V.m. Art. 170 Buchst. a, Art. 169 Buchst. b MwStSystRL umgesetzt, d.h. die Verwendung der erworbenen Gegenstände für echt steuerbefreite Lieferungen. In § 4b Nr. 3 UStG wurde die Steuerbefreiung nach Art. 140 Buchst. c i.V.m. Art. 170 Buchst. a, Art. 169 Buchst. c MwStSystRL umgesetzt, also Fälle, in denen die erworbenen Gegenstände zur Ausführung der in § 15 Abs. 3 Nr. 2 Buchst. b UStG aufgeführten Finanz und Versicherungsdienstleistungen an Empfänger im Drittlandsgebiet verwendet werden. 7

1 *Peltner* in Weymüller, BeckOK, § 4b UStG Rz. 2–5 (Stand: September 2023).

2 *Vellen* in Reiß/Kraeusel/Langer, § 4b UStG Rz. 5 (Stand: Oktober 2017).

3 *Stadie* in Rau/Dürrwächter, § 4b UStG Rz. 6 (Stand: Januar 2019); *Heuermann* in Sölch/Ringleb, § 4b UStG Rz. 3 (Stand: Juni 2021).

4 *Stadie* in Rau/Dürrwächter, § 4b UStG Rz. 7 (Stand: Januar 2019); *Heuermann* in Sölch/Ringleb, § 4b UStG Rz. 3 (Stand: Juni 2021); *Vellen* in Reiß/Kraeusel/Langer, § 4b UStG Rz. 6 (Stand: Oktober 2017).

5 *Robisch* in Bunjes[22], § 4b UStG Rz. 1.

6 Vgl. EuGH, Urt. v. 26.2.2015 – C-144/13, C-154/13 und C-160/13, ECLI:EU:C:2015:116 – VDP Dental Laboratory u.a., UR 2015, 474; *Heuermann* in Sölch/Ringleb, § 4b UStG Rz. 1 (Stand: Juni 2021); *Robisch* in Bunjes[22], § 4b UStG Rz. 3.

8 Die Steuerbefreiungen nach Art. 140 Buchst. c i.V.m. Art. 170 Buchst. a, Art. 169 Buchst. a MwStSystRL sowie nach Art. 140 Buchst. c i.V.m. Art. 170 Buchst. b MwStSystRL sind dagegen **nicht in nationales Recht umgesetzt** worden. Dies betrifft alle innergemeinschaftlichen Erwerbe, bei denen die Gegenstände des Erwerbs zur Ausführung von Leistungen verwendet werden, deren Ort der Leistung nicht im Inland liegt oder aber bei denen der Empfänger der Leistung die Umsatzsteuer für diese schuldet. Dies hat Auswirkungen auf die Möglichkeit solcher Erwerber, sich nach § 22a Abs. 1 UStG durch einen Fiskalvertreter vertreten zu lassen. So kann beispielsweise ein ausländischer Unternehmer, der bewegliche Wirtschaftsgüter ins Inland verbringt, um diese an andere Unternehmer zu verleasen (ohne dass es zu einer Übertragung der Verfügungsmacht kommt) und sie nach Ablauf der Leasingzeit in einen anderen Mitgliedstaat zu verbringen, sich nicht durch einen Fiskalvertreter nach § 22a Abs. 1 UStG im Inland vertreten lassen. Sein innergemeinschaftlicher Erwerb im Inland fällt nicht unter eine der Steuerbefreiungen des § 4b UStG, obwohl dies nach Art. 140 Buchst. c, 170 Buchst. b i.V.m. Art. 196 MwStSystRL verpflichtend der Fall sein müsste. Wird die Bestellung eines Fiskalvertreters nach § 22a UStG dem ausländischen Unternehmer mit der Begründung versagt, dass der Unternehmer in diesen Fällen steuerpflichtige innergemeinschaftliche Erwerbe und damit nicht ausschließlich steuerfreie Umsätze im Inland ausführt, kann sich der Betroffene unmittelbar auf die Steuerbefreiungen des innergemeinschaftlichen Erwerbs nach Art. 140 Buchst. c i.V.m. Art. 170 Buchst. a, Art. 169 Buchst. a bzw. Art. 170 Buchst. b MwStSystRL berufen, da die Richtlinie in diesen Vorschriften inhaltlich unbedingt und hinreichend genau ist.[1]

8.1 Gleiches gilt, soweit dem Steuerpflichtigen die Steuerbefreiung des innergemeinschaftlichen Erwerbs aufgrund der Verlagerung des Ortes der Besteuerung nach § 3d Satz 2 UStG verwehrt wird (Rz. 11, 35 f.). Art. 41 Unterabs. 1 MwStSystRL fingiert ausschließlich den Ort der Besteuerung eines innergemeinschaftlichen Erwerbs. Die Steuerbefreiungen des Art. 140 MwStSystRL sind verpflichtend (Rz. 36).

III. Verhältnis zu anderen Vorschriften und Rechtsentwicklung

9 Der Erwerber, der im Inland ausschließlich nach § 4b UStG steuerbefreit innergemeinschaftlich erwirbt, kann sich gemäß § 22a Abs. 1 UStG beim Vorliegen der weiteren Voraussetzungen durch einen **Fiskalvertreter** vertreten lassen (§ 22a Rz. 1 ff.).

10 Für **Kleinunternehmer** i.S.d. § 19 UStG hat die Steuerbefreiung des § 4b UStG keine Bedeutung,[2] da sie einerseits unterhalb der Erwerbsschwelle nach § 1b Abs. 3 Nr. 1 Buchst. b UStG nicht der Erwerbsbesteuerung unterliegen (§ 1a Rz. 115 ff.), andererseits die Steuerbefreiung des § 4b UStG bei der Ermittlung der Erwerbsschwelle des § 1b Abs. 3 Nr. 2 UStG nicht berücksichtigt wird. Gleiches gilt für pauschalierende Landwirte als Erwerber nach § 1b Abs. 3 Nr. 1 Buchst. c UStG.[3]

11 Die Steuerbefreiungsvorschrift des § 4b UStG kann **auch auf** die nach **§ 3d Satz 2 UStG** im Inland zu besteuernden innergemeinschaftlichen Erwerbe **Anwendung** finden,[4] da es sich bei Art. 140 MwStSystRL als unionsrechtliche Grundlage des § 4b UStG um eine zwingende Befreiungsvorschrift handelt, die an jedem Ort der Besteuerung eines innergemeinschaftlichen Erwerbs gleichermaßen anzuwenden ist (Rz. 6 ff., 36).

12 Die Steuerbefreiung innergemeinschaftlicher Erwerbe von **Anlagegold** i.S.d. § 25c Abs. 2 UStG ist in § 25c Abs. 1 Satz 1 UStG (§ 25c Rz. 7 ff.) geregelt, welcher als speziellere Regelung Vorrang hat.[5]

13 Die Vorschrift wurde durch das das USt-Binnenmarktgesetz[6] **mit Wirkung zum 1.1.1993** eingeführt.

1 Vgl. EuGH, Urt. v. 16.7.2015 – C-108/14 und C-109/14, ECLI:EU:C:2015:496 – Larentia + Minerva, Marenave, BStBl. II 2017, 604 = UR 2015, 671 m. Anm. *Hummel*; Anm. *Heinrichshofen*, UR 2015, 722, Rz. 48 m.w.N.

2 **A.A.** *Vellen* in Reiß/Kraeusel/Langer, § 4b UStG Rz. 12 (Stand: Oktober 2017).

3 **A.A.** *Vellen* in Reiß/Kraeusel/Langer, § 4b UStG Rz. 12 (Stand: Oktober 2017).

4 So auch *Robisch* in Bunjes[22], § 4b UStG Rz. 3; **a.A.** *Heuermann* in Sölch/Ringleb, § 4b UStG Rz. 4 (Stand: Juni 2021); *Vellen* in Reiß/Kraeusel/Langer, § 4b UStG Rz. 10.1 (Stand: Oktober 2017).

5 Abschn. 4.4.1 Satz 4 UStAE.

6 Vom 25.8.1992, BGBl. I 1992, 1548.

Die zwischenzeitlich bestehende Steuerbefreiung nach § 4b Nr. 1 i.V.m. § 4 Nr. 8 Buchst. k UStG für den innergemeinschaftlichen Erwerb von **Barrengold und Goldmünzen** wurde mit Wegfall der entsprechenden Steuerbefreiung in § 4 Nr. 8 Buchst. k UStG mit Wirkung zum 1.1.2000 ebenfalls gestrichen.[1] 14

Durch das Zweite Gesetz zur Änderung steuerlicher Vorschriften (StÄndG 2003)[2] wurde § 4b Nr. 2 UStG dahingehend erweitert, dass auch innergemeinschaftliche Erwerbe innerhalb der **Umsatzsteuerlagerregelung** des § 4 Nr. 4a UStG sowie solche, die einer Einfuhr vorhergehen, § 4 Nr. 4b UStG, mit Wirkung ab 1.1.2004 der Steuerbefreiung unterliegen. 15

B. Innergemeinschaftliche Erwerbe der in § 4 Nr. 8 Buchst. e, § 4 Nr. 17 Buchst. a, § 8 Abs. 1 Nr. 1 und 2 bezeichneten Gegenstände (Nr. 1)

Die Steuerfreiheit der innergemeinschaftlichen Erwerbe dieser Gegenstände tritt **ohne weitere Voraussetzungen** ein.[3] 16

Steuerfrei ist demnach der innergemeinschaftliche Erwerb von Wertpapieren, § 4 Nr. 8 Buchst. e UStG. 17
Dies kann aber nur den Erwerb von **Wertpapieren als Sammlungsgegenstände** umfassen,[4] da alle anderen Wertpapiere einen nichtkörperlichen Gegenstand (Recht) repräsentieren und somit nicht Gegenstand einer Lieferung, sondern nur einer sonstigen Leistung sein können.[5]

Steuerfrei ist der innergemeinschaftliche Erwerb von **menschlichen Organen, menschlichem Blut und Frauenmilch**, § 4 Nr. 17 Buchst. a UStG (§ 4 Nr. 17 Rz. 7 ff.). Der innergemeinschaftliche Erwerb von Blutplasma, das ausschließlich zur Herstellung von Arzneimitteln bestimmt ist, ist jedoch von der Steuerbefreiung ausgeschlossen, da auch eine entsprechende nationale Lieferung nicht steuerbefreit wäre.[6] 18

Desgleichen sind der innergemeinschaftliche Erwerb von **Wasserfahrzeugen für die Seeschifffahrt**, die dem Erwerb (i.S.e. Erwerbstätigkeit) durch die Seeschifffahrt oder der Rettung Schiffbrüchiger zu dienen bestimmt sind, § 8 Abs. 1 Nr. 1 UStG steuerbefreit, desgleichen der innergemeinschaftliche Erwerb von Gegenständen, die zur **Ausrüstung dieser Wasserfahrzeuge** bestimmt sind, § 8 Abs. 1 Nr. 2 UStG. 19

C. Innergemeinschaftliche Erwerbe der in § 4 Nr. 4 bis 4b, Nr. 8 Buchst. b und i, § 8 Abs. 2 Nr. 1 und 2 bezeichneten Gegenstände unter den in diesen Vorschriften bezeichneten Voraussetzungen (Nr. 2)

I. Innergemeinschaftlicher Erwerb von Gold bei der Lieferung an Zentralbanken, § 4 Nr. 4 UStG

Steuerfrei ist der Erwerb von Gold durch die **Deutsche Bundesbank, die Europäische Zentralbank oder die Zentralbanken anderer Staaten** oder die solchen entsprechenden Währungsbehörden anderer Staaten.[7] Die Steuerfreiheit des innergemeinschaftlichen Erwerbes von Anlagegold i.S.d. § 25c Abs. 2 UStG ist dagegen in § 25c Abs. 1 Satz 1 UStG normiert. 20

1 *Vellen* in Reiß/Kraeusel/Langer, § 4b UStG Rz. 1 (Stand: Oktober 2017).
2 BGBl. I 2003, 2645.
3 *Peltner* in Weymüller, BeckOK, § 4b UStG Rz. 20 (Stand: September 2023).
4 *Stadie* in Rau/Dürrwächter, § 4b UStG Rz. 11 (Stand: Januar 2019).
5 *Heuermann* in Sölch/Ringleb, § 4b UStG Rz. 5 (Stand: Juni 2021); *Robisch* in Bunjes[22], § 4b UStG Rz. 4.
6 Vgl. EuGH, Urt. v. 5.10.2016 – C-412/15, ECLI:EU:C:2016:738 – TMD, BStBl. II 2017, 505 = UR 2016, 922.
7 Abschn. 4.4.1 Satz 1 und 2 UStAE; *Vellen* in Reiß/Kraeusel/Langer, § 4b UStG Rz. 18 (Stand: Oktober 2017).

II. Innergemeinschaftlicher Erwerb im Zusammenhang mit einem Umsatzsteuerlager, § 4 Nr. 4a UStG

21 Steuerfrei ist der innergemeinschaftliche Erwerb der in **Anlage 1 zum UStG bezeichneten Gegenstände**, wenn diese bei der Lieferung an einen Unternehmer aus dem übrigen Gemeinschaftsgebiet in ein Umsatzsteuerlager im Inland (§ 4 Nr. 4a Rz. 9 ff.) eingelagert werden.[1]

22 Gleiches gilt für ein innergemeinschaftliches **Verbringen in ein Umsatzsteuerlager im Inland** zur Verfügung des einlagernden Unternehmers.[2]

23 Liegen allerdings in dieser Situation in Bezug auf einen oder mehrere künftige Erwerber **zugleich** die Tatbestandsvoraussetzungen des § 6b Abs. 1 UStG (**Konsignationslagerregelung**) vor, so bleibt die Steuerbefreiung des § 4b Nr. 2 UStG zunächst mangels steuerbaren innergemeinschaftlichen Erwerbs unangewendet. Fallen diese Voraussetzungen nach § 6b Abs. 6 UStG (§ 6b Rz. 89 ff.) oder wegen Überschreitens der Zwölf-Monats-Frist des § 6b Abs. 3 UStG weg (§ 6b Rz. 65 ff.), kann die Steuerbefreiung des innergemeinschaftlichen Erwerbs im Umsatzsteuerlager gemäß § 4b Nr. 2 UStG jedoch ab diesem Zeitpunkt zur Anwendung kommen.

24 Bei **Auslagerung** entfällt die Steuerbefreiung des der Auslagerung vorangegangenen innergemeinschaftlichen Erwerbs, § 4 Nr. 4a Buchst. a Satz 2 UStG. Insofern gewährt die Nutzung des Umsatzsteuerlagers nur dann einen Vorteil, wenn dem innergemeinschaftlichen Erwerb mehrere Lieferungen im Umsatzsteuerlager folgen.

25 Steuerfrei ist auch der Erwerb von Gegenständen, die **unmittelbar mit dem Erhalt, der Verbesserung der Aufmachung und Handelsgüte oder Vorbereitung des Vertriebs oder Weiterverkaufs** der in ein Umsatzsteuerlager eingelagerten Gegenstände zusammenhängen, sofern diese nicht so aufbereitet werden, dass sie zur Lieferung auf der Einzelhandelsstufe geeignet sind, § 4 Nr. 4a Buchst. b UStG. Darunter können beispielsweise Umverpackungen für die in Anlage 1 zum UStG bezeichneten Gegenstände fallen.

III. Innergemeinschaftliche Erwerbe, die einer Einfuhr vorhergehen, § 4 Nr. 4b UStG

26 Steuerfrei sind innergemeinschaftliche Erwerbe, bei denen Nicht-Unionswaren zwar zunächst in das übrige Gemeinschaftsgebiet gelangt sind, dort aber nicht zum zollrechtlich freien Verkehr abgefertigt, sondern vielmehr unter zollamtlicher Überwachung (besonderes Zollverfahren nach Art. 210 UZK) in das Inland verbracht werden. Es handelt sich um die ergänzende Vorschrift zur Einfuhrumsatzsteuerbefreiung bei nachfolgender innergemeinschaftlicher Lieferung nach Art. 143 Abs. 1 Buchst. d i.V.m. Abs. 2 MwStSystRL, entsprechend § 5 Abs. 1 Nr. 3 UStG (§ 5 Rz. 38 ff.) im Mitgliedstaat des Gelangens in die Union. Voraussetzung ist, dass eine **Abfertigung zum zollrechtlich freien Verkehr im Inland** erfolgt, da andernfalls keine Einfuhr vorliegt. Die Abfertigung muss durch den Abnehmer – dies kann der Erwerber oder nach § 4 Nr. 4b Satz 2 UStG einer der folgenden Erwerber (§ 4 Nr. 4b Rz. 18) sein bzw. im Falle des innergemeinschaftlichen Verbringens der verbringende Unternehmer selbst – oder durch dessen Beauftragten erfolgen.

1 *Höink* in Offerhaus/Söhn/Lange, § 4b UStG Rz. 18a (Stand: April 2021); *Vellen* in Reiß/Kraeusel/Langer, § 4b UStG Rz. 18.1 (Stand: Oktober 2017).

2 *Peltner* in Weymüller, BeckOK, § 4b UStG Rz. 28.2 (Stand: September 2023); *Höink* in Offerhaus/Söhn/Lange, § 4b UStG Rz. 18b (Stand: April 2021); *Vellen* in Reiß/Kraeusel/Langer, § 4b UStG Rz. 18.2 (Stand: Oktober 2017).

IV. Innergemeinschaftlicher Erwerb von gesetzlichen Zahlungsmitteln oder im Inland gültigen amtlichen Wertzeichen, § 4 Nr. 8 Buchst. b und i UStG

Steuerfrei ist der innergemeinschaftliche Erwerb von **gesetzlichen Zahlungsmitteln**, es sei denn, diese würden wegen ihres Metallgehalts oder Sammlerwerts erworben, § 4 Nr. 8 Buchst. b UStG (§ 4 Nr. 8 Rz. 46 ff.). 27

Gleiches gilt für im Inland gültige **amtliche Wertzeichen**, die zum aufgedruckten Wert erworben werden, § 4 Nr. 8 Buchst. i UStG (§ 4 Nr. 8 Rz. 127). 28

V. Innergemeinschaftlicher Erwerb von Luftfahrzeugen und deren Ausrüstung, § 8 Abs. 2 Nr. 1 und 2 UStG

Der innergemeinschaftliche Erwerb von Luftfahrzeugen, die zur Verwendung durch **Unternehmer** bestimmt sind, die im **entgeltlichen Luftverkehr überwiegend grenzüberschreitende Beförderungen** oder Beförderungen auf ausschließlich im Ausland gelegenen Strecken erbringen sowie von deren Ausrüstung ist steuerfrei, § 8 Abs. 2 Nr. 1 und 2 UStG. Im Inland ansässige Luftverkehrsunternehmen erfüllen diese Voraussetzung, wenn sie in der entsprechenden im Bundessteuerblatt veröffentlichten Liste[1] aufgeführt sind (§ 8 Rz. 37). 29

D. Innergemeinschaftliche Erwerbe von Gegenständen, deren Einfuhr nach den für die Einfuhrumsatzsteuer geltenden Vorschriften steuerfrei wäre (Nr. 3)

Zur Bestimmung des Umfangs der Steuerbefreiung innergemeinschaftlicher Erwerbe kann im Wesentlichen auf die **EUStBV**[2] zurückgegriffen werden. 30

Bis zum 30.6.2021 waren vor allem Sendungen von Waren mit geringem Wert, deren **Gesamtwert 22 Euro je Sendung** nicht überstieg, von der Einfuhrumsatzsteuer befreit, § 1a EUStBV. § 1a EUStBV wurde jedoch mit Wirkung ab dem 1.7.2021 ersatzlos aufgehoben (§ 5 Rz. 101.1).[3] Grund dafür ist die Einführung der Neuregelungen zur Besteuerung des e-Commerce durch die Richtlinie 2017/2455 des Rates v. 5.12.2017[4], die in Artikel III die Aufhebung der entsprechenden Befreiungsvorschrift des Titels IV der Richtlinie 2009/132/EG vorsieht. Als Anwendungsfall verbleibt die Einfuhr bestimmter Werbe- oder Wahlmaterialien.[5] 31

Auch **internationale Organisationen** können grundsätzlich in den Anwendungsbereich des § 4b Nr. 3 UStG fallen.[6] Diese sind allerdings regelmäßig bereits nach § 1c Abs. 1 UStG aus dem Kreis tauglicher Erwerber eines im Inland steuerbaren innergemeinschaftlichen Erwerbs ausgeschlossen (§ 1c Rz. 9 ff.). Deren Mitarbeiter können allerdings beim Erwerb von Fahrzeugen aus anderen Mitgliedstaaten der Fahrzeugeinzelbesteuerung nach § 1b UStG unterliegen (§ 1c Rz. 23). In diesem Fall greifen gem. § 1 Abs. 1 EUStBV die Befreiungen nach Kapitel III der VO (EWG) 918/83 (ZollbefrVO) auch für Zwecke der Umsatzsteuer. Die Befreiungen können aufgrund internationaler Abkommen, wie beispielsweise des Ottawa-Abkommens gewährt werden, ohne dass es auf Haltefristen des Fahrzeugs im Inland ankommt.[7] Für den Erwerb neuer Fahrzeuge greift bei Wohnortwechseln sowie Rückführungen die Aus- 32

1 Abschn. 8.2 Abs. 3 Satz 6 UStAE; zuletzt BMF, Schr. v. 9.12.2022 – III C 3-S 7155-a/19/10001 :004 – DOK 2022/1229966, BStBl. I 2022, 1679 = UR 2023, 43; ergänzt durch BMF, Schr. v. 3.5.2023 – III C 3-S 7155-a/19/10001 :004 – DOK 2023/0395876, BStBl. I 2023, 797 = UR 2023, 462.

2 Einfuhrumsatzsteuer-Befreiungsverordnung v. 11.8.1992, BGBl. I 1992, 1526, zuletzt geändert durch Art. 25 JStG 2020 v. 21.12.2020, BGBl. I 2020, 3096.

3 Art. 25 Nr. 2 JStG 2020 v. 21.12.2020, BGBl. I 2020, 3096.

4 ABl. EU 2017, Nr. L 348, 7.

5 *Heuermann* in Sölch/Ringleb, § 4b UStG Rz. 7 (Stand: Juni 2021); *Robisch* in Bunjes[22], § 4b UStG Rz. 7.

6 Vgl. BFH, Urt. v. 28.6.2006 – V R 65/03, BStBl. II 2007, 672 = UR 2007, 145.

7 Vgl. FG München, Urt. v. 27.7.2023 – 14 K 1448/21, rkr., juris.

nahme vom innergemeinschaftlichen Erwerb nach Art. 2 MwStVO (§ 1b Rz. 32), so dass die Steuerbefreiung des § 4b Nr. 3 UStG in diesen Fällen nicht mehr zur Anwendung kommen kann.

E. Innergemeinschaftliche Erwerbe von Gegenständen, die zur Ausführung von Umsätzen verwendet werden, für die der Ausschluss vom Vorsteuerabzug nach § 15 Abs. 3 UStG nicht eintritt (Nr. 4)

33 Die Steuerbefreiung nach § 4b Nr. 4 UStG betrifft vor allem Gegenstände, die innergemeinschaftlich erworben werden, um anschließend entweder selbst **steuerfrei nach § 4 Nr. 1–7 UStG oder § 26 Abs. 5 UStG geliefert zu werden** oder die in solche Gegenstände eingehen, § 15 Abs. 3 Nr. 1 Buchst. a i.V.m. § 15 Abs. 2 Satz 1 Nr. 1 UStG.

34 **Bedeutung** hat die Steuerbefreiung in Fällen, in denen ein ausländischer Unternehmer Gegenstände im Inland innergemeinschaftlich erwirbt, um diese anschließend steuerfrei in einen weiteren Mitgliedstaat oder in das Drittlandsgebiet zu liefern oder zu verbringen – letzterer Fall unterfiele der Regelung des § 15 Abs. 3 Nr. 2 Buchst. a i.V.m. § 15 Abs. 2 Satz 1 Nr. 2 UStG. Hätte der Unternehmer daneben keine im Inland steuerpflichtigen Umsätze, könnte er sich nach § 22a UStG durch einen Fiskalvertreter im Inland vertreten lassen.

35 Soweit in der Literatur vertreten wird, dass die **Befreiung nach § 4b Abs. 4 UStG** nicht auf den innergemeinschaftlichen Erwerb, der im Inland aufgrund der **Ortsregelung des § 3d Satz 2 UStG** versteuert wird, anwendbar ist,[1] ist dies von der Regelung des § 15 Abs. 3 Nr. 1 Buchst. a i.V.m. § 15 Abs. 2 Satz 1 Nr. 1 UStG gedeckt. Der Erwerber verwendet den erworbenen Gegenstand nicht für einen Umsatz, der im Inland unter eine der in § 15 Abs. 3 Nr. 1 Buchst. a UStG aufgezählten inländischen Steuerbefreiungen fallen kann, sondern nur im Ausland (im Sinne des übrigen Gemeinschaftsgebiets). Dieser Fall kommt aber im Rahmen der Ortsregelung des § 3d Satz 2 UStG nicht vor.

36 Dieser Ansicht kann jedoch nicht gefolgt werden, wenn der entsprechende Erwerb **im Bestimmungsmitgliedstaat** gemäß Art. 40 MwStSystRL (entsprechend § 3d Satz 1 UStG) nach den dortigen, die **verpflichtenden Regelungen des Art. 140 MwStSystRL** („Die Mitgliedstaaten befreien […]") umzusetzenden nationalen Regelungen **steuerfrei** ist. Hier kann sich der Steuerpflichtige auf die Steuerbefreiung nach § 4b Nr. 4 i.V.m. § 15 Abs. 3 Nr. 2 Buchst. a i.V.m. § 15 Abs. 2 Satz 1 Nr. 2 UStG (steuerbare Lieferung im Ausland, die steuerfrei wäre, wenn sie im Inland ausgeführt würde) berufen, welche Art. 140 Buchst. a MwStSystRL umsetzt.[2] Andernfalls wäre dem Steuerpflichtigen die Korrektur nach § 3d Satz 2 Alt. 1 UStG dauerhaft verwehrt, da es zu keiner Besteuerung im Bestimmungsmitgliedstaat käme (§ 3d Rz. 36 ff.). Zudem ist auch der aufgrund der Anwendung der Regelung zur Bestimmung des Ortes nach § 3d Satz 2 UStG im Inland gelegene Erwerb ausschließlich aufgrund der Definition des § 1a Abs. 1 UStG ein innergemeinschaftlicher Erwerb, der dann der Steuerbarkeit nach § 1 Abs. 1 Nr. 5 UStG unterfällt. Die Legaldefinition des § 1a Abs. 1 UStG kennt jedoch nur eine Art innergemeinschaftlicher Erwerbe, so dass auch aus diesem Gesichtspunkt eine Differenzierung nach der Ortsregelung des § 3d UStG im Rahmen der Steuerbefreiung des § 4b Nr. 4 UStG nicht vorzunehmen ist.[3]

---

1 *Stadie* in Rau/Dürrwächter, § 4b UStG Rz. 20 (Stand: Januar 2019).

2 Im Ergebnis so auch: *Robisch* in Bunjes[22], § 4b UStG Rz. 3; *Prätzler* in Birkenfeld/Wäger, Umsatzsteuer-Handbuch, Abschn. I, Kapitel 6, C. Rz. 92 (Stand: Februar 2018).

3 **A.A.** *Heuermann* in Sölch/Ringleb, § 4b UStG Rz. 4 (Stand: Juni 2021); *Stadie* in Rau/Dürrwächter, § 4b UStG Rz. 20 (Stand: Januar 2019); *Vellen* in Reiß/Kraeusel/Langer, § 4b UStG Rz. 10.1 (Stand: Oktober 2017); *Peltner* in Weymüller, BeckOK, § 4b UStG Rz. 19 (Stand: September 2023).

§ 4c Steuervergütung für Leistungsbezüge europäischer Einrichtungen

(1) Europäischen Einrichtungen wird

1. die von dem Unternehmer für eine Leistung gesetzlich geschuldete und von der Einrichtung gezahlte Steuer sowie

2. die von der Einrichtung nach § 13b Absatz 5 geschuldete und von ihr entrichtete Steuer

auf Antrag vergütet, sofern die Leistung nicht von der Steuer befreit werden kann.

(2) Europäische Einrichtungen im Sinne des Absatzes 1 sind

1. die Europäische Union, die Europäische Atomgemeinschaft, die Europäische Zentralbank und die Europäische Investitionsbank sowie die von der Europäischen Union geschaffenen Einrichtungen, auf die das dem Vertrag über die Europäische Union und dem Vertrag über die Arbeitsweise der Europäischen Union beigefügte Protokoll (Nr. 7) über die Vorrechte und Befreiungen der Europäischen Union (ABl. C 202 vom 7.6.2016, S. 266) anwendbar ist, und

2. die Europäische Kommission sowie nach dem Unionsrecht geschaffene Agenturen und Einrichtungen.

(3) Die Vergütung an eine in Absatz 2 Nummer 1 bezeichnete Einrichtung erfolgt in den Grenzen und zu den Bedingungen, die in dem Vertrag über die Europäische Union und dem Vertrag über die Arbeitsweise der Europäischen Union beigefügten Protokoll (Nr. 7) über die Vorrechte und Befreiungen der Europäischen Union und den Übereinkünften zu seiner Umsetzung oder in den Abkommen über den Sitz der Einrichtung festgelegt sind.

(4) [1]Die Vergütung an eine in Absatz 2 Nummer 2 bezeichnete Einrichtung setzt voraus, dass die Leistung

1. in Wahrnehmung der der Einrichtung durch das Unionsrecht übertragenen Aufgaben bezogen wurde, um auf die COVID-19-Pandemie zu reagieren, und

2. nicht zur Ausführung einer eigenen entgeltlichen Leistung verwendet wird.

[2]Soweit die Voraussetzungen nach Antragstellung wegfallen, ist die Einrichtung verpflichtet, dies dem Bundeszentralamt für Steuern innerhalb eines Monats anzuzeigen.

Schrifttum: *Huschens*, Umsatzsteuer-Vergütung nach § 4c UStG für Leistungsbezüge europäischer Einrichtungen, UVR 2022, 73; *Widmann*, Das Gesetz zur Umsetzung unionsrechtlicher Vorgaben im Umsatzsteuerrecht, MwStR 2022, 7.

A. Grundaussagen

I. Regelungsgegenstand und Bedeutung

1 § 4c UStG wurde durch das Gesetz zur Umsetzung unionsrechtlicher Vorgaben im Umsatzsteuerrecht vom 21.12.2021[1] **zum 1.1.2022 neu eingeführt**.

2 Die Vorschrift findet gemäß § 27 Abs. 35 Satz 1 UStG **rückwirkend Anwendung** für Leistungen, die nach dem 31.12.2020 bezogen werden.

3 Die Vorschrift **entlastet** bestimmte **europäische Einrichtungen** i.S.d. § 4c Abs. 2 UStG (Rz. 15 f.) von der Umsatzsteuer im Wege des **Vergütungsverfahrens** (§ 4c Abs. 1 UStG, Rz. 10 ff.) für den Bezug von Leistungen für den **Dienstgebrauch** dieser Einrichtungen (§ 4c Abs. 3 UStG, Rz. 20 f.) und im Zusammenhang mit der **COVID-19-Pandemie** (§ 4c Abs. 4 UStG, Rz. 23 ff.).[2]

II. Unionsrechtliche Grundlagen

4 Die Begünstigung der Leistungsbezüge für den **Dienstgebrauch** (§ 4c Abs. 3 i.V.m. Abs. 2 Nr. 1 UStG) beruhen auf **Art. 151 Abs. 1 Unterabschn. 1 Buchst. aa i.V.m. Unterabschn. 2 MwStSystRL**. Diese Richtlinienbestimmung wurde durch Art. 1 Nr. 11 der Richtlinie 2009/162/EU v. 22.12.2009 zur Änderung verschiedener Bestimmungen der MwStSystRL[3] in die MwStSystRL eingefügt und war danach bereits bis zum 1.1.2011 umzusetzen.

5 Die Begünstigung der Leistungsbezüge im Zusammenhang mit der **COVID-19-Pandemie** (§ 4c Abs. 4 i.V.m. Abs. 2 Nr. 2 UStG) beruhen auf **Art. 151 Abs. 1 Unterabschn. 1 Buchst. ab i.V.m. Unterabschn. 2 und Abs. 3 MwStSystRL**. Diese Richtlinienbestimmung wurde erst durch Art. 1 der Richtlinie (EU) 2021/1159 v. 13.7.2021 zur Änderung der MwStSystRL in Bezug auf befristete Befreiungen von Einfuhren und bestimmten Lieferungen als Reaktion auf die COVID-19-Pandemie[4] in die MwStSystRL eingefügt. Sie war danach bis zum 31.12.2021 umzusetzen.

6 § 4c UStG ist daher **richtlinienkonform auszulegen**: Art. 151 Abs. 1 Unterabschn. 1 Buchst. aa und ab MwStSystRL sehen für die vorgenannten Leistungsbezüge zwar grundsätzlich Steuerbefreiungen vor. Die Entlastung von der Umsatzsteuer erfolgt nach nationalem Recht durch § 4c UStG jedoch weitestgehend im Wege des Vergütungsverfahrens. Art. 151 Abs. 2 MwStSystRL räumt den Mitgliedstaaten diese Möglichkeit ein bei Dienstleistungen und bei Gegenständen, die nicht aus dem Mitgliedstaat versandt oder befördert werden, in dem die Lieferung dieser Gegenstände bewirkt wird. Der nationale Gesetzgeber bezweckt damit die Vermeidung bürokratischer Lasten für die Wirtschaft, ohne von den Vorgaben der MwStSystRL abweichen zu wollen.[5]

III. Verhältnis zu anderen Vorschriften und Rechtsentwicklung

7 Die Richtlinienbestimmungen (Rz. 4 f.) werden erstmalig durch den zum 1.1.2022 mit Rückwirkung neu eingeführten § 4c UStG in nationales Recht umgesetzt (Rz. 1).[6]

8 Bei der **Einfuhr von Gegenständen** nach § 1 Abs. 4 UStG für den Dienstgebrauch oder im Zusammenhang mit der COVID-19-Pandemie erfolgt die Entlastung von der Umsatzsteuer für bestimmte europäische Einrichtungen im Wege einer Steuerbefreiung nach dem ebenfalls zum 1.1.2022 neu eingeführten **§ 5 Abs. 1 Nr. 8 und 9 UStG** (§ 5 Rz. 72 ff.) für Einfuhren nach dem 31.12.2020 (vgl. § 27 Abs. 35 Satz 2 UStG, § 27 Rz. 81).[7]

---

1 BGBl. I 2021, 5250.
2 Vgl. Gesetzesbegründung, BT-Drucks. 20/12, 8 u. 12.
3 ABl. EU 2010 Nr. L 10, 14.
4 ABl. EU Nr. L 250, 1.
5 Vgl. Gesetzesbegründung, BT-Drucks. 20/12, 12.
6 Vgl. Gesetzesbegründung, BT-Drucks. 20/12, 12.
7 Vgl. Gesetzesbegründung, BT-Drucks. 20/12, 12.

Die Vergütung nach § 4c UStG scheidet ferner aus, wenn die bezogene Leistung **steuerfrei** ist, weshalb u.a. § 4 UStG vorrangig zu beachten ist (Rz. 12). 9

B. Allgemeine Vergütungsvoraussetzungen

I. Vergütungsfähige Steuerbeträge

Vergütungsfähig ist die vom Unternehmer als Leistungserbringer **gesetzlich geschuldete Umsatzsteuer**, die von der begünstigten europäischen Einrichtung i.S.d. § 4c Abs. 2 UStG (Rz. 15 f.) als Leistungsempfänger **gezahlt** wurde (§ 4c Abs. 1 Nr. 1 UStG). 10

Vergütungsfähig ist ferner die von der begünstigten europäischen Einrichtung i.S.d. § 4c Abs. 2 UStG (Rz. 15 f.) als Leistungsempfänger **nach § 13b Abs. 5 UStG geschuldete und** von ihr **entrichtete Umsatzsteuer** (§ 4c Abs. 1 Nr. 2 UStG). 11

II. Begünstigte Leistungen

§ 4c Abs. 1, letzter Halbsatz UStG stellt lediglich klar, dass eine Steuervergütung nur für Leistungen erfolgt, die **nicht von der Umsatzsteuer befreit** sind. Dies folgt bereits aus den Vorgaben zu den vergütungsfähigen Steuerbeträgen (Rz. 10 f.). Die Anwendung einer Steuerbefreiung (z.B. nach § 4 Nr. 7 Buchst. d UStG) geht demnach der Steuervergütung vor.[1] 12

Die Begünstigung nach § 4c Abs. 1 Nr. 1 und 2 UStG (Rz. 10 f.) setzt ferner voraus, dass die umsatzsteuerpflichtigen **Leistungsbezüge zu den in § 4c Abs. 3 und 4 UStG bestimmten Zwecken** erfolgen (Rz. 20, Rz. 23 ff.). 13

Vergütungsfähig ist nach Maßgabe des § 4c Abs. 1, 3 und 4 UStG dann **jede Leistung** eines Unternehmers, d.h. **Lieferungen und sonstige Leistungen.** 14

III. Begünstigte Einrichtungen

Vergütungsberechtigt sind nur die in § 4c Abs. 2 UStG genannten **europäischen Einrichtungen.** Die dortige Aufzählung ist abschließend.[2] 15

Bei der Vergütungsberechtigung ist wiederum zwischen Einrichtungen mit Leistungsbezügen zum **Dienstgebrauch** dieser Einrichtungen (§ 4c Abs. 3 UStG, Rz. 22) und Einrichtungen mit Leistungsbezügen im Zusammenhang mit der **COVID-19-Pandemie** (§ 4c Abs. 4 UStG, Rz. 28) zu unterscheiden. 16

IV. Antragsverfahren

Die Vergütung erfolgt nach § 4c Abs. 1 UStG **nur auf Antrag** der begünstigten europäischen Einrichtungen. 17

Zuständig für das Antragsverfahren ist das Bundeszentralamt für Steuern nach § 5 Abs. 1 Satz 1 Nr. 3 FVG. 18

Für Leistungsbezüge im Zusammenhang mit der COVID-19-Pandemie besteht ferner nach § 4c Abs. 4 Satz 2 UStG eine **Anzeigepflicht bei Wegfall der Vergütungsvoraussetzungen** (Rz. 29 f.). 19

1 Vgl. Gesetzesbegründung, BT-Drucks. 20/12, 12.
2 Vgl. Gesetzesbegründung, BT-Drucks. 20/12, 12; zu Einzelheiten s. *Huschens*, UVR 2022, 73 (76 ff.).

C. Besondere Vergütungsvoraussetzungen

I. Steuervergütung i.V.m. dem Dienstgebrauch

1. Begünstigte Leistungsbezüge

20 Nach dem sperrigen Wortlaut der Norm mit Verweis auf das Unionsrecht, gewährt § 4c Abs. 3 UStG lediglich eine Steuervergütung nach § 4c Abs. 1 UStG für **Leistungsbezüge für den Dienstgebrauch bzw. Dienstbedarf** der in § 4c Abs. 2 Nr. 1 UStG genannten europäischen Einrichtungen (Rz. 22).[1] Dies folgt aus den Erwägungen der genannten Richtlinien (Rz. 4 f.), die ferner darauf abstellen, dass die Steuervergütung nicht zu **Wettbewerbsverzerrungen** führt, ohne dass der nationale Gesetzgeber dies als gesondertes Tatbestandsmerkmal in § 4c UStG aufgegriffen hätte.

21 Es sind ferner die **allgemeinen Voraussetzungen** nach § 4c Abs. 1 UStG zu beachten (Rz. 10 ff.).

2. Begünstigte Einrichtungen

22 Steuervergütungen im Zusammenhang mit Beschaffungen für den Dienstgebrauch können alle **unter § 4c Abs. 2 Nr. 1 UStG** genannten europäischen Einrichtungen beanspruchen. Dazu gehören z.B. auch EU-Institutionen wie der Europäische Gerichtshof aufgrund des Verweises in § 4c Abs. 2 Nr. 1 UStG auf das Unionsrecht.

II. Steuervergütung i.V.m. der COVID-19-Pandemie

1. Begünstigte Leistungsbezüge

23 § 4c Abs. 4 UStG gewährt Steuervergütungen für Leistungsbezüge der unter § 4c Abs. 2 Nr. 2 UStG genannten europäischen Einrichtungen (Rz. 28) unter zwei Voraussetzungen: Die Leistung wurde in Wahrnehmung der der Einrichtung durch das Unionsrecht übertragenen **Aufgaben** bezogen, um auf die **COVID-19-Pandemie** zu reagieren (§ 4c Abs. 4 Satz 1 Nr. 1 UStG). Diese bezogene Leistung wird **nicht zur Ausführungen einer eigenen entgeltlichen Leistung der Einrichtung** verwendet (§ 4c Abs. 4 Satz 1 Nr. 2 UStG). Beide Voraussetzungen müssen nach dem Wortlaut der Norm **kumultativ** vorliegen.

24 **Impfstoffe**, die z.B. die Europäische Kommission oder eine von ihr geschaffene Einrichtung in Deutschland kauft, dürfen danach **nicht entgeltlich weiterverkauft** werden, wenn die Europäische Kommission oder ihre Einrichtungen die Vergütung nach § 4c UStG beantragen möchte.[2]

25 Der **sachliche Anwendungsbereich** des § 4c Abs. 4 UStG ist von dem des § 4c Abs. 3 UStG abzugrenzen: Denn die Beschaffung für den Dienstgebrauch nach § 4c Abs. 3 UStG (Rz. 20) ist nicht deckungsgleich mit der Verwendung für Aufgaben der begünstigten Einrichtung, insbesondere erlaubt der Leistungsbezug für den Dienstbedarf nicht die **kostenlose Weitergabe der bezogenen Dienstleistungen und Gegenstände an Mitgliedstaaten oder Dritte**, wie nationale Behörden und Einrichtungen.[3] Um u.a. Letzteres sowie weitere Maßnahmen ressourcenschonend ohne Umsatzsteuerbelastung und Verwaltungsaufwand im Umgang mit der anhaltenden Gesundheitskrise durch die COVID-19-Pandemie zu ermöglichen, wurde daher die Richtlinienbestimmung erweitert[4] und durch § 4c Abs. 4 UStG in nationales Recht umgesetzt (Rz. 4 ff.).

26 Von § 4c Abs. 4 UStG erfasst werden sind somit **alle Leistungsbezüge zur Bekämpfung der COVID-19-Pandemie**, wie z.B. zu Maßnahmen im Rahmen des mit der Verordnung (EU) 2020/51 v. 14.4.2020[5] eingerichteten „**Soforthilfeinstruments**".[6]

27 Es sind ferner die **allgemeinen Voraussetzungen** nach § 4c Abs. 1 UStG zu beachten (Rz. 10 ff.).

---

1 Vgl. Gesetzesbegründung, BT-Drucks. 20/12, 12.
2 *Widmann*, MwStR 2022, 7 (8).
3 Erwägung 1 der RL (EU) 2021/1159 v. 13.7.2021, ABl. EU Nr. L 250, 1.
4 Erwägungen 1 bis 5 der RL (EU) 2021/1159 v. 13.7.2021, ABl. EU Nr. L 250, 1 f.
5 ABl. EU Nr. L 117, 3.
6 Erwägung 5 der RL (EU) 2021/1159 v. 13.7.2021, ABl. EU Nr. L 250, 2.

2. Begünstigte Einrichtungen

Steuervergütungen im Zusammenhang mit der COVID-19-Pandemie können nur die **unter § 4c Abs. 2 Nr. 2 UStG** genannten europäischen Einrichtungen beanspruchen, die nach dem Unionsrecht mit **Aufgaben der Bekämpfung der COVID-19-Pandemie** betraut sind. Damit ist der **persönliche Anwendungsbereich** der Begünstigung nach § 4c Abs. 4 UStG enger als der nach § 4c Abs. 3 UStG. 28

3. Wegfall der Vergütungsvoraussetzungen

Fallen die Vergütungsvoraussetzungen zu § 4c Abs. 4 Satz 1 i.V.m. Abs. 1 und Abs. 2 Nr. 2 UStG nach Antragstellung weg – **nachträglicher Wegfall** – ist die begünstige europäische Einrichtung verpflichtet, dies dem Bundeszentralamt für Steuern **innerhalb eines Monats anzuzeigen** (§ 4c Abs. 4 Satz 2 UStG). Damit soll die **Korrektur der Steuervergütung** ermöglicht werden. 29

Der **Beginn der Monatsfrist** ist gesetzlich nicht geregelt. In Betracht kommt eine analoge Anwendung des § 18a Abs. 10 UStG oder § 153 Abs. 2 i.V.m. Abs. 1 AO mit Kenntnis der begünstigten europäischen Einrichtung über den Wegfall der Vergütungsvoraussetzungen. 30

§ 5 Steuerbefreiungen bei der Einfuhr

(1) Steuerfrei ist die Einfuhr

1. **der in § 4 Nr. 8 Buchstabe e und Nr. 17 Buchstabe a sowie der in § 8 Abs. 1 Nr. 1, 2 und 3 bezeichneten Gegenstände;**
2. **der in § 4 Nr. 4 und Nr. 8 Buchstabe b und i sowie der in § 8 Abs. 2 Nr. 1, 2 und 3 bezeichneten Gegenstände unter den in diesen Vorschriften bezeichneten Voraussetzungen;**
3. **der Gegenstände, die von einem Schuldner der Einfuhrumsatzsteuer im Anschluss an die Einfuhr unmittelbar zur Ausführung von innergemeinschaftlichen Lieferungen (§ 4 Nummer 1 Buchstabe b, § 6a) verwendet werden; der Schuldner der Einfuhrumsatzsteuer hat zum Zeitpunkt der Einfuhr**
   a) **seine im Geltungsbereich dieses Gesetzes erteilte Umsatzsteuer-Identifikationsnummer oder die im Geltungsbereich dieses Gesetzes erteilte Umsatzsteuer-Identifikationsnummer seines Fiskalvertreters und**
   b) **die im anderen Mitgliedstaat erteilte Umsatzsteuer-Identifikationsnummer des Abnehmers mitzuteilen sowie**
   c) **nachzuweisen, dass die Gegenstände zur Beförderung oder Versendung in das übrige Gemeinschaftsgebiet bestimmt sind;**
4. **der in der Anlage 1 bezeichneten Gegenstände, die im Anschluss an die Einfuhr zur Ausführung von steuerfreien Umsätzen nach § 4 Nr. 4a Satz 1 Buchstabe a Satz 1 verwendet werden sollen; der Schuldner der Einfuhrumsatzsteuer hat die Voraussetzungen der Steuerbefreiung nachzuweisen;**
5. **der in der Anlage 1 bezeichneten Gegenstände, wenn die Einfuhr im Zusammenhang mit einer Lieferung steht, die zu einer Auslagerung im Sinne des § 4 Nr. 4a Satz 1 Buchstabe a Satz 2 führt, und der Lieferer oder sein Beauftragter Schuldner der Einfuhrumsatzsteuer ist; der Schuldner der Einfuhrumsatzsteuer hat die Voraussetzungen der Steuerbefreiung nachzuweisen;**
6. **von Erdgas über das Erdgasnetz oder von Erdgas, das von einem Gastanker aus in das Erdgasnetz oder ein vorgelagertes Gasleitungsnetz eingespeist wird, von Elektrizität oder von Wärme oder Kälte über Wärme- oder Kältenetze;**
7. **von aus dem Drittlandsgebiet eingeführten Gegenständen in Sendungen mit einem Sachwert von höchstens 150 Euro, für die die Steuer im Rahmen des besonderen Besteuerungsverfahrens nach § 18k zu erklären ist und für die in der Anmeldung zur Überlassung in den freien Verkehr die nach Artikel 369q der Richtlinie 2006/112/EG des Rates vom 28. November 2006**

über das gemeinsame Mehrwertsteuersystem (ABl. L 347 vom 11.12.2006, S. 1) in der jeweils geltenden Fassung von einem Mitgliedstaat der Europäischen Union erteilte individuelle Identifikationsnummer des Lieferers oder die dem in seinem Auftrag handelnden Vertreter für diesen Lieferer erteilte individuelle Identifikationsnummer angegeben wird;

8. von Gegenständen durch die Europäische Union, die Europäische Atomgemeinschaft, die Europäische Zentralbank und die Europäische Investitionsbank sowie die von der Europäischen Union geschaffenen Einrichtungen, auf die das dem Vertrag über die Europäische Union und dem Vertrag über die Arbeitsweise der Europäischen Union beigefügte Protokoll (Nr. 7) über die Vorrechte und Befreiungen der Europäischen Union (ABl. C 202 vom 7.6.2016, S. 266) anwendbar ist, und zwar in den Grenzen und zu den Bedingungen, die in diesem Protokoll und den Übereinkünften zu seiner Umsetzung oder in den Abkommen über den Sitz festgelegt sind;
9. von Gegenständen durch die Europäische Kommission sowie nach dem Unionsrecht geschaffene Agenturen und Einrichtungen, sofern die Gegenstände in Wahrnehmung der ihnen durch das Unionsrecht übertragenen Aufgaben eingeführt werden, um auf die COVID-19-Pandemie zu reagieren. [2]Dies gilt nicht für Gegenstände, die von der Europäischen Kommission oder der nach dem Unionsrecht geschaffenen Agentur oder Einrichtung zur Ausführung von eigenen entgeltlichen Lieferungen verwendet werden. [3]Soweit die Voraussetzungen für die Steuerbefreiung nach der Einfuhr wegfallen, ist die Europäische Kommission oder die nach dem Unionsrecht geschaffene Agentur oder Einrichtung verpflichtet, dies dem für die Besteuerung dieser Einfuhr zuständigen Hauptzollamt innerhalb eines Monats anzuzeigen. [4]In diesem Fall wird die Einfuhrumsatzsteuer nach den im Zeitpunkt des Wegfalls geltenden Bestimmungen festgesetzt;
10. von Gegenständen durch die Streitkräfte anderer Mitgliedstaaten für den eigenen Gebrauch oder Verbrauch oder für den ihres zivilen Begleitpersonals oder für die Versorgung ihrer Kasinos oder Kantinen, wenn diese Streitkräfte an einer Verteidigungsanstrengung teilnehmen, die zur Durchführung einer Tätigkeit der Union im Rahmen der Gemeinsamen Sicherheits- und Verteidigungspolitik unternommen wird.

(2) Das Bundesministerium der Finanzen kann durch Rechtsverordnung, die nicht der Zustimmung des Bundesrates bedarf, zur Erleichterung des Warenverkehrs über die Grenze und zur Vereinfachung der Verwaltung Steuerfreiheit oder Steuerermäßigung anordnen

1. für Gegenstände, die nicht oder nicht mehr am Güterumsatz und an der Preisbildung teilnehmen;
2. für Gegenstände in kleinen Mengen oder von geringem Wert;
3. für Gegenstände, die nur vorübergehend ausgeführt worden waren, ohne ihre Zugehörigkeit oder enge Beziehung zur inländischen Wirtschaft verloren zu haben;
4. für Gegenstände, die nach zollamtlich bewilligter Veredelung in Freihäfen eingeführt werden;
5. für Gegenstände, die nur vorübergehend eingeführt und danach unter zollamtlicher Überwachung wieder ausgeführt werden;
6. für Gegenstände, für die nach zwischenstaatlichem Brauch keine Einfuhrumsatzsteuer erhoben wird;
7. für Gegenstände, die an Bord von Verkehrsmitteln als Mundvorrat, als Brenn-, Treib- oder Schmierstoffe, als technische Öle oder als Betriebsmittel eingeführt werden;
8. für Gegenstände, die weder zum Handel noch zur gewerblichen Verwendung bestimmt und insgesamt nicht mehr wert sind, als in Rechtsakten des Rates der Europäischen Union oder der Europäischen Kommission über die Verzollung zum Pauschalsatz festgelegt ist, soweit dadurch schutzwürdige Interessen der inländischen Wirtschaft nicht verletzt werden und keine unangemessenen Steuervorteile entstehen. Es hat dabei Rechtsakte des Rates der Europäischen Union oder der Europäischen Kommission zu berücksichtigen.

(3) Das Bundesministerium der Finanzen kann durch Rechtsverordnung, die nicht der Zustimmung des Bundesrates bedarf, anordnen, dass unter den sinngemäß anzuwendenden Voraussetzungen von Rechtsakten des Rates der Europäischen Union oder der Europäischen Kommission über die Erstattung oder den Erlass von Einfuhrabgaben die Einfuhrumsatzsteuer ganz oder teilweise erstattet oder erlassen wird.

Schrifttum: S. zu älterer Literatur auch die Vorauflagen.

Bender, Anmerkung zu einer Entscheidung des FG Hamburg, Gerichtsbescheid vom 25.1.2021 (4 K 47/18), RdTW 2021, 113; *Bender*, Fortentwicklung des Einfuhrmehrwertsteuerrechts nach Federal Express – Zur Rechtsnatur des EUSt-Rechts und zu den EuGH-Urteilen C-714/20 und C-489/20, ZfZ 2022, 226; *Bieber*, Haben Zoll und Einfuhrumsatzsteuer nichts miteinander zu tun?, SWK-Heft 13, 2019, 641; *Harksen/Pichler*, Der Vorsteuerabzug der Einfuhrumsatzsteuer durch Logistiker und Zolldienstleister, UStB 2015, 360; *Henke*, Die „Mitnutzung" des Zollrechts im Umsatzsteuerrecht, AW-Prax 2021, 543; *Kühl*, Der zollrechtliche vollmachtlose Vertreter beim Verfahren 42 ist nicht zwingend Schuldner der Einfuhrumsatzsteuer, MwStR 2022, 270; *Lux/Hannl*, Bedingungen und Nachweise beim Zollverfahrenscode 42, AW-Prax 2023, 584, AW-Prax 2024, 31; *Möller*, E-Commerce-Wachstum versus Bekämpfung des Mehrwertsteuerbetrugs – 22 €-Grenze für Waren in Postsendungen wird zum 1.1.2021 abgeschafft, AW-Prax 2019, 359; *Möller*, Zoll und Umsatzsteuer- Gesamtschuldnerische Haftung des indirekten Zollvertreters und des einführenden Unternehmens, jurisPR-SteuerR 39/2022; *Oelmaier*, Bedeutung der Umsatzsteueridentifikationsnummer für die Steuerbefreiung der Einfuhr, MwStR 2018, 712; *Prätzler*, EuGH-Urteil „Enteco Baltic": Steuerfreie innergemeinschaftliche Lieferung und steuerfreie Einfuhr, jurisPR-SteuerR 41/2018 Anm. 5; *Salder*, Einfuhrumsatzsteuer (Verfahrenscode 42): Inanspruchnahme des zollrechtlichen Vertreters ohne Vertretungsmacht für die Einfuhrumsatzsteuer bei fehlgeschlagener innergemeinschaftlicher Lieferung i.S.v. § 5 Abs. 1 Nr. 3 UStG, UR 2021, 283; *Scheller*, VC 42 und Fiskalvertretung, ZfZ 2023, 134; *Schrömbges*, Die neue Rechtsprechung des EuGH zum Einfuhrumsatzsteuerrecht, MwStR 2019, 133; *Schrömbges*, Zur umsatzsteuerrechtlichen Neuausrichtung des VC 42, ZfZ 2020, 290; *Schrömbges*, Umsatzsteuerbefreiung im VC 42 als unselbständige Besteuerungsgrundlage und andere Ungereimtheiten im EUSt-Recht, ZfZ 2022, 203; *Schrömbges*, Erwerberbezogenes Korrespondenzprinzip bei der innergemeinschaftlichen Lieferung?, MwStR 2021, 668; *Schrömbges/Killmann*, Innergemeinschaftliche Anschlusslieferung und Zoll, AW-Prax 2017, 119; *Thaler*, Die Rechtsprechung des EuGH zum Einfuhrumsatzsteuerrecht – ein aktueller Sachstand, ZfZ 2021, 168; *Wäger*, Digitalpaket – Neuregelungen zum 1.7.2021 für den Bereich der Lieferungen, UStB 2021, 76; *Wäger*, Einfuhrfernverkauf ab dem 1.7.2021, ZfZ 2021, 176*Weymüller*, Der neue Unionszollkodex und seine Auswirkungen auf die Umsatzsteuer, MwStR 2016, 487; *Witte/Wemmer*, Auslegung und Änderung von Zollanmeldungen – FG Hamburg zur Änderung von Zollanmeldungen sowie den Grenzen der *„Pfeifer & Langen"*-Rechtsprechung des EuGH, AW-Prax 2021, 287.

A. Grundaussagen

I. Regelungsgegenstand und Bedeutung

1 Nach der Steuerbarkeit als Umsatz ist für die Umsatzsteuer die **Steuerpflicht** zu prüfen. Diese ergibt sich aus der Ablehnung einer Steuerfreiheit. Dies gilt für die Inlandsumsätze wie für den steuerbaren Umsatz der Einfuhr. Es ist konsequent und dient der Gleichbehandlung von Inlandsumsätzen mit Drittlandseinfuhren. Die Gleichbehandlung ist auch wegen des Diskriminierungsverbots (Art. 110 AEUV), d.h. des Verbots eingeführte Gegenstände umsatzsteuerlich höher als gleiche inländische Gegenstände zu belasten, geboten.

2 Das Nichtentstehen einer Zoll-/Einfuhrumsatzsteuerschuld bei **Falschgeld**, Suchtstoffen oder psychotropen Substanzen, die vorschriftswidrig in das Zollgebiet der EU verbracht werden, gemäß Art. 83 Abs. 2 UZK, ist keine Frage der Steuerbefreiung gemäß § 5 UStG.[1]

3 Zum einen enthält § 5 UStG unmittelbare **Steuerbefreiungen** für Einfuhren, zum anderen enthält § 5 UStG die Ermächtigung für die Verordnung von Steuerbefreiungen für Einfuhren durch das BMF als zuständiges Fachministerium. So enthält dann der Absatz 1 die unmittelbar anwendbaren gesetzlichen Steuerbefreiungen und die Absätze 2 und 3 die Basis für verschiedene durch das BMF ergangene Rechtsverordnungen.

4 Tatbestandlich entsprechen die gesetzlichen Steuerbefreiungen gemäß **Absatz 1** mit Bezug auf § 4 UStG den Steuerbefreiungen des § 4 UStG für **Inlandsumsätze**.

5 Auf der Basis von **Absatz 2** sind durch Rechtsverordnungen Steuerbefreiungen für Waren im persönlichen Gepäck der Reisenden und Waren in Kleinsendungen geregelt worden. Die auch zahlenmäßig praktisch bedeutsamen Steuerbefreiungen für die Einfuhr enthält die **Einfuhrumsatzsteuer-Befreiungsverordnung**[2]. Die Befreiungen dienen vorrangig der Erleichterung des Warenverkehrs über die Grenze und der Vereinfachung der Verwaltung.

6 **Absatz 3** ermächtigt zur Rechtsverordnung für die **Erstattung und den Erlass** von EUSt im Gleichklang mit den Regelungen für die Erstattung und den Erlass von Einfuhrabgaben nach dem Zollrecht. Diese Ermächtigung ist mit einer Regelung wegen des Erlasses und der Erstattung für die EUSt in § 12 EUStBV umgesetzt worden.

7 Die Abgrenzung der Ermächtigungsvorschriften von Absatz 2 und Absatz 3 ist nicht scharf formuliert, entspricht aber wohl noch dem verfassungsrechtlich gebotenen Bestimmtheitsgebot.

II. Unionsrechtliche Grundlagen

8 Die Basis im Unionsrecht findet § 5 UStG in Art. 143 MwStSystRL.

III. Verhältnis zu anderen Vorschriften und Rechtsentwicklung

9 In der UStDV finden sich keine Durchführungsvorschriften zu § 5 UStG. Als Verwaltungsanweisung hat das BMF die **Dienstvorschrift Einfuhrumsatzsteuerrecht** erlassen (VSF Z 8101), die auch Regelungen zu den **Einfuhrumsatzsteuerbefreiungen** enthält.

10 Sofern die EUSt im unternehmerischen Bereich voll als Vorsteuer abgezogen werden kann (§ 15 Abs. 1 Satz 1 Nr. 2 UStG), treten grundsätzlich **keine Liquiditätsnachteile** ein,[3] die Steuerbefreiung für die EUSt erfolgt dann allenfalls zur Verwaltungsvereinfachung.

1 Zu den Ausnahmen von der Zollschuldentstehung: *Witte* in Witte, Zollkodex der Union[8], Art. 83 UZK Rz. 4 ff.
2 Einfuhrumsatzsteuer-Befreiungsverordnung v. 11.8.1992, BGBl. I 1992, 1526.
3 *Möller*, AW-Prax 2018, 10; *Möller/Weiß*, AW-Prax 2007, 38.

Eine Bund-Länder-Arbeitsgruppe prüft aktuell eine **Optimierung des Erhebungsverfahrens** der EUSt zur Beseitigung von Wettbewerbsnachteilen.[1] Es stellt sich die Frage, ob ein Vorsteuerguthaben so rechtzeitig von der Steuerverwaltung ausgezahlt wird, um damit die EUSt bei der Zollverwaltung spätestens am 16. Tag des auf die Einfuhr folgenden Monats zu zahlen. Hierin sieht z.B. die Freie und Hansestadt Hamburg einen Wettbewerbsnachteil gegenüber den Häfen Rotterdam und Antwerpen und strebt eine Änderung des Erhebungsverfahrens der EUSt an. 11

In der Vergangenheit sind die **Steuerbefreiungen** für Einfuhren **traditionell** den **Zollbefreiungen gefolgt**. Dies gilt z.B. insbesondere für die **Einreise-Freimengen** und die **Kleinsendungs-Einfuhrfreimengen**. So ist die Verwaltung von Zoll und EUSt einheitlich. Die höchstrichterliche Rechtsprechung hat auch wegen der sinngemäßen Anwendung der Zollvorschriften gemäß § 21 Abs. 2 UStG für die EUSt bisher im Wesentlichen darauf abgestellt, dass die bei der Einfuhr zu erhebenden Angaben von ein und derselben Behörde in einem Bescheid nach dem gleichen Verfahren aufgrund einheitlich getroffener Feststellungen einfach und zweckmäßig erhoben werden.[2] § 1 Abs. 1 Satz 1 EUStBV enthält einen vergleichbaren Wortlaut mit „[…] in entsprechender Anwendung". Für die Bezugnahme auf die europäischen Vorschriften zur Zollbefreiung gilt dies genauso. 12

Die vom deutschen Gesetzgeber vorgenommene **Verweisung auf die europäischen Zollvorschriften** ist zulässig, aber nicht zwingend. Er könnte die Texte des europäischen Zollrechts auch in den umsatzsteuerrechtlichen Vorschriften wortgleich wiederholen. 13

Spätestens seit der Beschränkung der Einfuhrumsatzsteuerfreiheit für Sendungen mit Waren mit geringem Wert im Sinne der **Zollbefreiungsverordnung** auf einen Gesamtwert von 22 Euro war der bisher von der Rechtsprechung angeführte Gleichschritt jedoch nicht mehr gegeben, da die Zollbefreiung für Sendungen mit Waren gemäß Art. 23 Zollbefreiungsverordnung aktuell weiterhin 150 Euro beträgt. Seit dem 1.7.2021 ist die Befreiung von der EUSt generell entfallen, so dass EUSt allenfalls als **Kleinbetragsregelung** nicht erhoben wird. EUSt für die Einfuhr von Sendungen mit einem Sachwert von höchstens 150 Euro die weniger als 1 Euro betragen werden gemäß § 23 Abs. 1 ZollV als sog. Kleinbetrag nicht erhoben und auch nicht buchmäßig erfasst. Dies gilt auch für den Fall, dass die Einfuhrabgaben i.S.d. § 1 Abs. 1 ZollVG, d.h. Zölle und Einfuhrumsatzsteuer, weniger als 5 Euro betragen. 14

Die mehrwertsteuerrechtliche Grenze von 22 Euro ist mit Wirkung zum 1.1.2021 in der MwStSystRL gänzlich gestrichen worden, was von den Mitgliedstaaten in das nationale Recht umzusetzen war (MwSt-Digitalpaket).[3] Deutschland hatte sich für eine Fristverlängerung auf den 1.1.2022 eingesetzt, die letztendlich nur bis zum 30.6.2021 eingeräumt wurde, so dass seit dem 1.7.2021 die Freigrenze von 22 Euro für die EUSt und damit eine Steuerbefreiung für Einfuhren aus Drittländern ersatzlos entfallen ist (Umsetzung der zweiten Stufe des Mehrwertsteuer-Digitalpakets zum 1.7.2021).[4] Im Ergebnis sind Waren im **Postverkehr** generell zollamtlich zu behandeln, da bis zu einem Wert von 150 Euro von der Zollverwaltung zumindest EUSt zu berechnen, buchmäßig zu erfassen, mitzuteilen und zu vereinnahmen ist. 15

Bereits § 5 UStG 1967 enthielt eine § 5 Abs. 1 Nr. 1 und Nr. 2 UStG entsprechende Regelung. Mit dem UStG 1980 erfolgte die Trennung in zwei unterschiedliche Tatbestände. Die Steuerbefreiung für Anschlusslieferungen gemäß § 5 Abs. 1 Nr. 3 UStG wurde zum 1.1.1993 mit der Verwirklichung des **Europäischen Binnenmarkts** eingeführt. Im Zuge des Mehrwertsteuer-Digitalpakets wurde § 5 Abs. 1 Nr. 7 UStG zum 1.7.2021 eingeführt. Zum 1.1.2022 wird zudem § 5 Abs. 1 Nr. 8 UStG eingeführt,[5] der durch das Gesetz zur Umsetzung unionsrechtlicher Vorgaben im Umsatzsteuerrecht mit der Einführung eines neuen § 5 Abs. 1 Nr. 8 und Nr. 9 UStG[6] zu § 5 Abs. 1 Nr. 10 UStG wurde (Rz. 72.7). 16

---

1 Vgl. Antwort der Bundesregierung auf eine Kleine Anfrage zur Einfuhrumsatzsteuer, BT-Drucks. 19/15669; ebenso Antwort des Senats der Freien und Hansestadt Hamburg, Drucks. 21/16677.

2 BFH, Urt. v. 26.4.1988 – VII R 124/85, BFHE 153, 463; BFH, Urt. v. 21.5.1999 – VII R 106/95, BFHE 189, 218; BFH, Urt. v. 17.8.2000 – VII R 10795, BFHE 192, 140 = ZfZ 2001, 55; BFH, Urt. v. 13.11.2001 – VII R 88/00, BStBl. II 2003, 726; *Möller*, AW-Prax 2003, 66.

3 Wegen des Mehrwertsteuerbetrugs bei steuerrechtlicher Gestaltung *Möller*, AW-Prax 2019, 359.

4 BMF, Schr. v. 1.4.2021 – III C 3-S 7340/19/10003 :022, 4, BStBl. I 2021, 629 = UR 2021, 368.

5 JStG 2020 v. 21.12.2020, BGBl. I 2020, 3096.

6 BGBl. I 2021, 5250; dazu BT-Drucks. 20/12.

Mit Wirkung vom 1.1.1994 wurde die Fassung des § 5 Abs. 2 UStG geändert und § 5 Abs. 3 UStG eingefügt.[1] Neben einigen eingefügten Steuerbefreiungen und Neufassungen ist die Verschärfung der Anforderungen der Steuerbefreiungen für Anschlusslieferungen von praktischer Bedeutung.

17 Für die Verwaltung der EUSt und auch der Steuerbefreiungen für Einfuhren ist die **Zollverwaltung zuständig**. Mit der Anmeldung zur Überführung in den zoll- und steuerrechtlich freien Verkehr meldet der Anmelder gegebenenfalls auch eine entsprechende Steuerbefreiung gemäß § 5 UStG an, da diese antragsgebunden ist. Insoweit gilt Art. 22 UZK sinngemäß.[2]

In der Zollanmeldung sind dann neben den obligatorischen Angaben wegen der Überführung in den freien Verkehr weitere Angaben, die für die Steuerbefreiung gemäß § 5 UStG erforderlich sind, zu machen. So ist z.B. mit der Zollanmeldung anzumelden, ob der eingeführte Gegenstand, für den die Steuerbefreiung als Rückware beantragt wird, vor der Einfuhr geliefert worden ist. Für das Vorliegen der Voraussetzungen gemäß § 6a Abs. 1 bis 3 UStG wegen einer Steuerbefreiung gemäß § 5 Abs. 1 Nr. 3 UStG muss der Anmelder zusätzlich zu dem Verfahrenscode 42 und Codierungen in der Zollanmeldung Nachweise erbringen. Die Zollverwaltung prüft die Voraussetzungen wegen einer innergemeinschaftlichen Lieferung als Anschlusslieferung anhand von Gesichtspunkten, die der Anmelder mit der Zollanmeldung anmeldet (z.B. USt-IdNr. des Einfuhrumsatzsteuerschuldners etc.).[3]

18 In der Mitteilung über buchmäßig erfasste Einfuhrabgaben (**Steuerverwaltungsakt**) oder zu der Zollanmeldung wird dem Anmelder in geeigneter Weise die Befreiung von Einfuhrabgaben, d.h. auch der Einfuhrumsatzsteuer, mitgeteilt. Diese Entscheidung des HZA ist als Feststellung nicht selbstständig anfechtbar.[4] Eine selbstständige Entscheidung wegen der EUSt und einer Steuerbefreiung ist weder im Unionsrecht noch im nationalen Recht geregelt.[5]

19 Die Steuerbefreiung ist im Rahmen der Zollanmeldung zur Überführung in den zoll- und steuerrechtlich freien Verkehr ein Element der Berechnung der Einfuhrabgaben aufgrund der zugrundeliegenden Bemessungsgrundlagen. Gegebenenfalls muss der Anmelder und Adressat der Entscheidung gegen diese einen **Rechtsbehelf** einlegen.

20 **Schuldner der EUSt** i.S.d. § 4 Abs. 8 UStG ist auch derjenige, dessen Umsätze zwar steuerbar, aber gemäß § 5 UStG steuerfrei sind.[6]

21 Bestimmte Steuerbefreiungen hängen aufgrund der Verweisung auf Zollbefreiungen oder wegen spezieller Regelungen in der **Einfuhrumsatzsteuer-Befreiungsverordnung** (EUStBV) von Bedingungen ab. Diese können bereits im Zeitpunkt der Annahme der Zoll- und Einfuhrumsatzanmeldung nicht vorliegen oder auch erst nach der Überlassung in den zoll- und steuerrechtlich freien Verkehr unter Steuerbefreiung wegfallen. Dies hat gegebenenfalls zoll- und steuerschuldrechtliche Folgen, insbesondere die nachträgliche buchmäßige Erfassung und Mitteilung von Einfuhrabgaben.

22 Eine Gestaltung zu der Inanspruchnahme von Zoll- und Einfuhrumsatzsteuerbefreiungen kann umsatzsteuerrechtliche Folgen z.B. wegen des **Lieferorts** haben.[7]

1 Art. 20 Nr. 6 Buchst. a und b des Mißbrauchsbekämpfungs- und Steuerbereinigungsgesetzes v. 21.12.1993, BGBl. I 1993, 2310.

2 Dies gilt auch für den Verfahrenscode 42 wegen der Befreiung von der EUSt gemäß § 5 Abs. 1 Nr. 3 UStG. Das FG Hamburg spricht bei der Verwendung des Verfahrenscodes 42 von einem Antrag i.S.v. Art. 22 UZK analog auf Befreiung von der EUSt gemäß § 5 Abs. 1 Nr. 3 UStG, FG Hamburg, Gerichtsbesch. v. 25.1.2021 – 4 K 47/18, UR 2021, 283, Rz. 5; zuvor bereits schon ansatzweise wegen der „Anmeldung" mit dem Code 42, FG Hamburg, Urt. v. 6.5.2020 – 4 K 116/15; wegen der Änderung einer Zollanmeldung, wenn die beantragte Befreiung gemäß § 5 Abs. 1 Nr. 3 UStG nicht erklangt werden kann FG Hamburg, Urt. v. 1.12.2020 – 4 K 49/18, ZfZ 2021, 28.

3 Abs. 63 ff. DV Einfuhrumsatzsteuerrecht VSF Z 8101.

4 FG München, Urt. v. 20.10.2016 – 14 K 1770/13, ZfZ Beilage 2017, Nr. 7, 35 (rkr.).

5 FG München, Urt. v. 20.10.2016 – 14 K 1770/13, ZfZ Beilage 2017, Nr. 7, 35 (rkr.).

6 So zu § 5 UStG 1993 BFH, Urt. v. 21.3.2007 – V R 32/05, BFHE 217, 66 = UR 2007, 768; *Möller*, AW-Prax 2007, 515; anders EuGH, Urt. v. 2.7.2009 – C-7/08, ECLI:EU:C:2009:417 – Har Vaessen Douane Service, ZfZ 2009, 214, der eine Gestaltung der Umsatzsteuer mit der Befreiung für die EUSt für rechtmäßig erachtete.

7 Zur Anwendbarkeit der Ortsregelung des § 3 Abs. 8 UStG bei Einfuhrumsatzsteuerfreiheit: BFH, Urt. v. 16.6.2015 – XI R 17/13, BStBl. II 2015, 1024 = UR 2015, 835.

Zur Lieferung von Waren mit einem Wert von bis zu 22 Euro an in Deutschland ansässige Kunden aus einem in der Schweiz belegenen Auslieferungslager wurde geurteilt, dass die der Einfuhr zugrunde liegenden allgemeinen Geschäftsbedingungen des Kaufvertrags eine **ungewöhnliche Steuerklausel** beinhalten und einen **Gestaltungsmissbrauch** darstellen, da dafür keine tragfähige außersteuerliche Begründung für die Gestaltung vorläge.[1] 23

Keine Steuerbefreiung wird beim **Absehen von der Festsetzung der Steuer** gemäß § 15 EUStBV gewährt. Im Anwendungsfall des § 15 EUStBV wird entstandene EUSt von weniger als 10 Euro bei Vorsteuerabzugsberechtigung weder buchmäßig erfasst noch mitgeteilt. Dies ist eine Vereinfachung im Rahmen des Festsetzungsverfahrens (Bagatellregelung i.S.d. § 156 Abs. 1 AO zur Verwaltungsvereinfachung) und keine Steuerbefreiung. 24

B. Gesetzliche Steuerbefreiungen (Absatz 1)

I. Regelungsgegenstand

Bei den **Steuerbefreiungen** gemäß § 5 Abs. 1 Nr. 1–8 handelt es sich um gesetzliche Steuerbefreiungen – § 5 Abs. 1 Nr. 8 wird ab dem 1.7.2022 in Kraft treten. Die Steuerbefreiungen sind davon abhängig, dass die normierten gesetzlichen Voraussetzungen erfüllt sind. Diese beziehen sich lediglich auf die Beschaffenheit einer Ware (z.B. als menschliches Organ) oder auf darüber hinaus gehende Voraussetzungen (z.B. als Übersiedlungsgut oder eine tatsächlich erfolgende innergemeinschaftliche Anschlusslieferung gemäß § 6a UStG). 25

II. Menschliche Organe etc. (Absatz 1 Nr. 1)

Steuerbefreit ist die Einfuhr von: 26

- menschlichen Organen, menschlichem Blut und Frauenmilch (§ 5 Abs. 1 Nr. 1 i.V.m. § 4 Nr. 17 Buchst. a UStG),
- Wertpapieren (§ 5 Abs. 1 Nr. 1 i.V.m. § 4 Nr. 8 Buchst. e UStG) und
- Seeschiffen, Ausrüstungs- und Versorgungsgegenständen für diese (§ 5 Abs. 1 Nr. 1 i.V.m. § 8 Abs. 1 Nr. 1–3 UStG).

Die Zollverwaltung befreit **menschliches Blut** in jeder Form. Steuerfrei sind demnach grundsätzlich Frischblutkonserven, Heparin-Blutkonserven, Serum- und Plasmakonserven (Gefrierplasma, antihämophiles Plasma, gefroren und getrocknet; Trockenplasma), Blutzellkonserven (Erythrozytenkonzentrat aus Frischblut, gewaschenes Erythrozytenkonzentrat aus Frischblut, Thrombozytenkonzentrat aus Frischblut). Für die Lieferung von Blutplasma gilt die Steuerbefreiung nur, wenn diese Lieferung unmittelbar zu dem Gemeinwohl dienenden Tätigkeiten beiträgt, d.h. wenn das gelieferte Blut unmittelbar für Gesundheitsleistungen oder zu therapeutischen Zwecken eingesetzt wird. Die Lieferung von sog. Industrieplasma, das ausschließlich zur Herstellung von Arzneimitteln bestimmt ist, fällt dagegen nicht unter die Steuerbefreiung. Nicht unter die Steuerbefreiung fallen auch die aus Mischungen von humanem Blutplasma herstellten Plasmapräparate. Hierzu gehören insbesondere: Faktoren-Präparate, Humanalbumin, Fibrinogen, Immunglobuline.[2] 27

Die Zollverwaltung befreit **Wertpapiere** nur von der Einfuhrumsatzsteuer, wenn diese bereits ausgegeben (emissioniert) sind. Hierzu gehören z.B. Aktionen, Kuxscheine bergrechtlicher Gesellschaften, Pfandbriefe, Schuldverschreibungen auf den Inhaber, Zins-, Gewinnanteil- und Erneuerungsscheine, 28

1 So bzgl. des Gestaltungsmissbrauchs bei derartigen Lieferungen, BFH, Urt. v. 16.6.2015 – XI R 17/13, BStBl. II 2015, 1024 = UR 2015, 835; zum Merkmal „Schuldner der Einfuhrumsatzsteuer" in § 3 Abs. 8 UStG, FG Münster, Urt. v. 14.1.2014 – 15 K 2663/10 U, EFG 2014, 688 und nachgehend BFH, Urt. v. 29.1.2015 – V R 5/14, BFHE 29, 283 = UR 2015, 466; *Wäger*, BFH/PR 2015, 245; zur Schuldnerschaft bei steuerfreien Einfuhren auch BFH, Urt. v. 21.3.2007 – V R 32/05, BFHE 217, 66 = UR 2007, 768 sowie FG München, Urt. v. 20.2.2013 – 3 K 2222/10, EFG 2013, 970; *Möller*, AW-Prax 2017, 515.

2 Abs. 77 DV Einfuhrumsatzsteuerrecht VSF Z 8101.

Hypotheken- und Grundschuldbriefe. Nicht zu Wertpapieren gehören z.B. Eintritts- und Fahrkarten, Sparkassenbücher, Pfandscheine.[1]

29 Die Zollverwaltung befreit die Einfuhr von **Wasserfahrzeugen** aus Positionen 8901 und 8902 00, aus Unterposition 8903 9210, aus Position 8904 00 und aus Unterposition 8906 9010 des Zolltarifs (Stand 12/2007), die dem Erwerb durch die Seeschifffahrt oder der Rettung Schiffbrüchiger zu dienen bestimmt sind (siehe § 8 Abs. 1 Nr. 1 UStG). Ob Seeschiffe für einen begünstigten Zweck bestimmt sind, ist nach ihrer Bauart zu beurteilen. Der Anmelder hat nachzuweisen, dass das eingeführte Wasserfahrzeug tatsächlich ausschließlich oder überwiegend in der Erwerbsschifffahrt oder zur Rettung Schiffbrüchiger eingesetzt werden soll. Die Einfuhr eines Wasserfahrzeuges i.S.d. des § 8 Abs. 1 Nr. 1 UStG durch einen Unternehmer (z.B. Werft) ist auch steuerfrei, wenn das Wasserfahrzeug im Anschluss an die Einfuhr an einen Betreiber eines Seeschiffes oder an die Gesellschaft zur Rettung Schiffbrüchiger zu deren ausschließlicher Nutzung überlassen wird und diese Zweckbestimmung im Zeitpunkt der Einfuhr bereits endgültig feststeht und vom Einführer nachgewiesen werden kann.

30 **Wassersportfahrzeuge** (z. B. Segelyachten) gehören nicht zu den begünstigten Wasserfahrzeugen i.S.d. § 5 Abs. 1 Nr. 1 i. V. m. § 8 Abs. 1 Nr. 1 UStG. Auf den beabsichtigten Verwendungszweck (z.B. eigene private Nutzung, Vercharterung oder Verwendung für Mitfahrertouren) kommt es hierbei nicht an. Einfuhrumsatzsteuerfrei sind Gegenstände, die zur Ausrüstung der bezeichneten Seeschiffe bestimmt sind (siehe § 8 Abs. 1 Nr. 2 UStG). Nicht befreit sind demnach Einfuhren von Gegenständen zur Ausrüstung anderer Wasserfahrzeuge (z.B. Sportboote, Yachten). Voraussetzung für die Einfuhrumsatzsteuerfreiheit von Gegenständen der Schiffsausrüstung ist, dass es sich um ein begünstigtes Wasserfahrzeug handelt. Zu den steuerfreien Gegenständen der Schiffsausrüstung gehören

a) die an Bord eines Schiffes zum Gebrauch mitgeführten, im Allgemeinen beweglichen Gegenstände (z.B. optische und nautische Geräte, Drahtseile und Tauwerk, Werkzeug),
b) das Schiffszubehör (z.B. Rettungsboote und andere Rettungsvorrichtungen, Möbel, Wäsche und anderes Schiffsinventar, Seekarten, Handbücher) sowie
c) Teile von Schiffen und andere Gegenstände, die in ein bestimmtes nach § 5 Abs. 1 Nr. 1 oder nach § 8 Abs. 1 Nr. 1 UStG steuerfreies Wasserfahrzeug eingebaut werden sollen oder die zum Ersatz von Teilen oder zur Reparatur eines begünstigten Wasserfahrzeugs bestimmt sind. Die Steuerbefreiung kann jedoch nur gewährt werden, wenn die Gegenstände unmittelbar an Betreiber der bezeichneten Schiffe geliefert werden.

31 Einfuhrumsatzsteuerfrei sind Gegenstände, die zur **Versorgung** der bezeichneten **Seeschiffe** bestimmt sind (siehe § 8 Abs. 1 Nr. 3 UStG). Die Steuerbefreiung kann jedoch nur gewährt werden, wenn die Gegenstände unmittelbar an Betreiber der bezeichneten Schiffe geliefert werden.[2]

32 Die Steuerbefreiungen setzen Art. 143 Abs. 1 Buchst. a MwStSystRL um. Danach ist die endgültige Einfuhr von Gegenständen steuerfrei, deren Lieferung durch Steuerpflichtige in ihrem jeweiligen Gebiet in jedem Fall mehrwertsteuerfrei ist.

III. Gold für Zentralbanken, gesetzliche Zahlungsmittel, amtliche Wertzeichen und Luftfahrzeuge (Absatz 1 Nr. 2)

33 Die **Einfuhr von Gold**, welches an Zentralbanken geliefert wird, ist gemäß § 5 Abs. 1 Nr. 2 i.V.m. § 4 Nr. 4 UStG steuerfrei. Die Steuerbefreiung setzt Art. 143 Abs. 1 Buchst. k MwStSystRL um. Danach ist die Einfuhr von Gold durch Zentralbanken mehrwertsteuerfrei.

34 Die Einfuhr **gesetzlicher Zahlungsmittel** ist gemäß § 5 Abs. 1 Nr. 2 i.V.m. § 4 Nr. 8 Buchst. b UStG steuerfrei. Gesetzliche Zahlungsmittel sind im Kurs befindliche Münzen und Banknoten in Euro und in fremder Währung. Zahlungsmittel, die wegen ihres Metallgehalts oder Sammlerwerts umgesetzt werden, sind nicht steuerfrei. Bei Goldmünzen in fremder Währung kann davon ausgegangen werden, dass sie nicht als gesetzliche Zahlungsmittel umgesetzt werden. Goldmünzen, die Voraussetzungen für

1 Abs. 76 DV Einfuhrumsatzsteuerrecht VSF Z 8101.
2 Abs. 78 ff. DV Einfuhrumsatzsteuerrecht VSF Z 8101.

Anlagegold erfüllen (Anlage 2 DV Einfuhrumsatzsteuerrecht VSF Z 8101), sind steuerfrei. Auch bei anderen Münzen in fremder Währung kann davon ausgegangen werden, dass sie wegen ihres Metallgehalts oder Sammlerwerts umgesetzt werden und sie deswegen nicht steuerfrei sind. Die Steuerbefreiung setzt Art. 143 Abs. 1 Buchst. a MwStSystRL um.

Zudem ist die Einfuhr von **Anlagegold** i.S.d. § 25c Abs. 2 UStG steuerfrei. Die Europäische Kommission veröffentlicht jährlich ein Verzeichnis der begünstigten Goldmünzen. 35

Die Einfuhr von **amtlichen Wertzeichen** ist gemäß § 5 Abs. 1 Nr. 2 i.V.m. § 4 Nr. 8 Buchst. i UStG steuerfrei. Es sind die im Inland gültigen amtlichen Wertzeichen, soweit sie zum aufgedruckten Wert geliefert werden. Für Briefmarken als Sammlungsstücke gilt der ermäßigte Steuersatz (Nr. 49 f.) der Anlage 2 zu § 12 Abs. 2 Nr. 1 und 2 UStG. Die Steuerbefreiung setzt Art. 143 Buchst. Abs. 1 a MwStSystRL um. 36

Die Einfuhr von **Luftfahrzeugen** ist gemäß § 5 Abs. 1 Nr. 2 i.V.m. § 8 Abs. 2 Nr. 1, 2 und 3 UStG steuerfrei. Voraussetzung ist jedoch, dass die Luftfahrzeuge zur Verwendung durch Unternehmer bestimmt sind, die im entgeltlichen Luftverkehr überwiegend grenzüberschreitende Beförderungen oder Beförderungen auf ausschließlich im Ausland gelegenen Strecken, d.h. internationalen Luftverkehr durchführen (siehe § 8 Abs. 2 Nr. 1 UStG). Für die Steuerfreiheit kommt es auf den Zweck, für den das einzelne Flugzeug bestimmt ist oder verwendet wird (Einsatz im internationalen oder nationalen Luftverkehr), nicht an. Bei Luftverkehrsunternehmern mit Sitz im Ausland ist davon auszugehen, dass sie im Rahmen ihres entgeltlichen Luftverkehrs überwiegend internationalen Luftverkehr betreiben; die Einfuhr von Luftfahrzeugen für diese Unternehmen ist deshalb stets einfuhrumsatzsteuerfrei. Einfuhrumsatzsteuerfrei sind Gegenstände, die zur Ausrüstung der Luftfahrzeuge bestimmt sind, die von den genannten Unternehmern verwendet werden (siehe § 8 Abs. 2 Nr. 2 UStG). Einfuhrumsatzsteuerfrei sind ferner Gegenstände, die zur Versorgung der genannten Luftfahrzeuge bestimmt sind (siehe § 8 Abs. 2 Nr. 3 UStG). Die Steuerbefreiung kann jedoch nur gewährt werden, wenn die Gegenstände unmittelbar an Betreiber der o.g. Luftfahrzeuge geliefert werden.[1] 37

IV. Anschlusslieferung (Absatz 1 Nr. 3)

Steuerfrei ist gemäß § 5 Abs. 1 Nr. 3 UStG die Einfuhr der Gegenstände, die von einem **Schuldner der EUSt im Anschluss an die Einfuhr unmittelbar** zur Ausführung von **innergemeinschaftlichen Lieferungen** verwendet werden. Die Steuerbefreiung hat in den Buchst. a, b und c prägende Tatbestandsmerkmale. So muss der Schuldner der EUSt zum Zeitpunkt der Einfuhr seine im Geltungsbereich des UStG erteilte USt-IdNr. oder die im Geltungsbereich des UStG erteilte USt-IdNr. seines **Fiskalvertreters** (Buchst. a) und die im anderen Mitgliedstaat erteilte USt-IdNr. des **Abnehmers** mitteilen (Buchst. b) sowie nachweisen, dass die Gegenstände zur Beförderung oder Versendung in das **übrige Gemeinschaftsgebiet** bestimmt sind (Buchst. c).[2] 38

Das BMF hat das Abfertigungsverfahren wegen dieser Steuerbefreiung in Abs. 63 ff. DV Einfuhrumsatzsteuerrecht VSF Z 8101 geregelt. Das Zollamt prüft das Vorliegen der Voraussetzungen gemäß § 6a Abs. 1 bis 3 UStG anhand verschiedener Gesichtspunkte der Abs. 64 bis 71 DV Einfuhrumsatzsteuerrecht VSF Z 8101. Hierzu gehört z.B. eine Sichtung der Begleitpapiere und eine entsprechende Dokumentation dieser Prüfung. 38.1

Der Einfuhrgegenstand muss zur **Ausführung einer innergemeinschaftlichen Lieferung „verwendet"** werden, d.h. die „Bestimmung" gemäß § 5 Abs. 1 Nr. 3 Buchst. c UStG ist allein nicht ausreichend für die Steuerbefreiung. Im europäischen Zollrecht bedeutet verwenden, einen zweckgerechten Umgang mit einer Ware (z.B. vorübergehende Verwendung, besondere Verwendung). Im UStG wird der Terminus „Verwendung" an mehreren Stellen verwendet; insbesondere auch wegen des Umgangs mit einem Gegenstand. Wird der Einfuhrgegenstand entgegen der Antragsangaben nicht für eine innergemeinschaftliche Lieferung verwendet (wird z.B. der Einfuhrgegenstand nach Überlassung in den einfuhrumsatzsteuerrechtlich freien Verkehr im Inland ausgeliefert) sind die Voraussetzungen für die 38.2

1 Abs. 86 ff. DV Einfuhrumsatzsteuerrecht VSF Z 8101.
2 Zu den Voraussetzungen z.B. *Schrömges*, ZfZ 2013, 1.

Steuerbefreiung tatsächlich nicht erfüllt und die EUSt ist nachträglich zu erheben. Die Handlung hat auch eine steuerstrafrechtliche Relevanz.

39 Auch die **Anschlusslieferung** ist Lieferung, d.h. Verschaffung der Verfügungsmacht. Praktisch wird im Anschluss an die Anmeldung zur Überführung in den zollrechtlich freien Verkehr (Einfuhrmitgliedstaat) unter Inanspruchnahme einer Steuerbefreiung zur Überführung in den steuerrechtlich freien Verkehr für die EUSt eine innergemeinschaftliche Lieferung (Bestimmungsmitgliedstaat) durchgeführt.

40 Für zum vollen Vorsteuerabzug berechtigte Unternehmer ist die Steuerbefreiung regelmäßig keine Alternative, da sie den Abzug der EUSt zu einem Zeitpunkt vornehmen (10. des Folgemonats), zu dem sie die EUSt wegen ihres Zahlungsaufschubs noch nicht zahlen mussten (16. des Folgemonats). Sinn macht die Steuerbefreiung für Ausländer, die sich die deutsche steuerliche Registrierung mit den formellen Pflichten oder das Vergütungsverfahren ersparen möchten.

41 Aufgrund der zollrechtlich erforderlichen Codierung in der Zollanmeldung ist diese Steuerbefreiung in der Praxis auch als **Verfahren 42** bekannt. Die Steuerbefreiung ist wegen Unregelmäßigkeiten in Kritik geraten.[1]

42 Insbesondere die **Praxis in Österreich** hat in den letzten Jahren zu zahlreichen Streitigkeiten wegen des Verfahrens 42 vor den Gerichten geführt. Dies lag insbesondere an der praktischen Ausgestaltung der Zollabfertigung in Österreich, die für die Inanspruchnahme des Verfahrens 42 in den Fällen der Stellvertretung, bei denen der Empfänger nicht über eine österreichische USt-IdNr. verfügt, nur die **indirekte Vertretung** zulässt und damit die verschuldensunabhängige Inanspruchnahme des Vertreters ermöglicht. Der indirekte Vertreter „haftet" damit quasi für der Zollabfertigung nachgelagertes Verhalten der Beteiligten. So sind in der Folge z.B. für fehlerhafte Besteuerungen der Anschlusslieferung (Erwerbsbesteuerung) im Bestimmungsmitgliedstaat Abgaben gegenüber dem Vertreter mitgeteilt worden. Die Rechtsprechung des EuGH zur Steuerbefreiung der innergemeinschaftlichen Anschlusslieferung klärt zunehmend die Rechtslage.[2]

43 Im Lichte der neuen Rechtsprechung des EuGH[3] zum Begriff der mehrwertsteuerlichen Einfuhr, bei der er auf den **Eingang der Ware in den Wirtschaftskreislauf** abstellt, ist auch von Bedeutung, wo eine Verfehlung erfolgt und zur Mitteilung von Einfuhrabgaben berechtigt. *Thaler* spricht wegen der Einfuhr bei dem Verfahrenscode 42 von einem Sonderfall und stellt die Frage, ob dann erst der Erwerb im Bestimmungsmitgliedstaat die Einfuhr darstellen kann.[4] Er verneint dies mit mehreren Begründungen. Es überzeugt, dass eine Einfuhrware im Zeitpunkt der Überführung in den zoll- und steuerrechtlich freien Verkehr in den Wirtschaftskreislauf der EU gelangt und einem Verbrauch, d.h. dem mit Mehrwertsteuer belasteten Vorgang (Anschlusslieferung), zugeführt werden kann. Im Ergebnis hat die Stelle, welche die Steuerbefreiung zu Unrecht gewährt hat, auch die **Kompetenz** zur **Änderung** der **fehlerhaften Einfuhrabgabenmitteilung.**

In den Fällen der einfuhrumsatzsteuerbefreiten Anschlusslieferung wird die EUSt nicht erst im endgültigen Bestimmungsland durch die dortigen Behörden erhoben und entrichtet, denn diese führen dann die Besteuerung eines innergemeinschaftlichen Erwerbs durch.[5] Der UZK-IA regelt in seiner Erläuterung zu diesem Verfahrenscode: „In diesem Fall sind die Mehrwertsteuer und gegebenenfalls die Verbrauchsteuer im Bestimmungsmitgliedstaat zu entrichten." Dies ist dann aber gerade nicht mehr eine Mehrwertsteuer auf eine Einfuhr.

44 Die Anschlusslieferung kann aber auch z.B. nach Auslagerung aus einem Zolllagerverfahren erfolgen (**Verfahrenscode 63**). So können **Drittlandseinfuhren** in Deutschland zollrechtlich in den freien Verkehr und wegen der Umsatzsteuer zu Bedingungen des umsatzsteuerrechtlichen Binnenmarkts weiter-

---

1 *Summersberger*, Österreichischer Außenwirtschaftsrechtstag 2015, 49; *Fuchs*, ZfZ 2015, 148; *Möller*, AW-Prax 2011, 407; *Heller*, Österreichischer Außenwirtschaftsrechtstag 2015, 27.

2 *Csoklich*, StAW 2018, 233.

3 EuGH, Urt. v. 10.7.2019 – C-26/18, ECLI:EU:C:2019:579 – Federal Express Corporation, UR 2019, 633 m. Anm. *Harksen*.

4 *Thaler*, ZfZ 2019, 365; wegen der Einfuhr in Form des Eingangs in den Wirtschaftskreislauf beim „Verfahrenscode 42" *Thaler*, ZfZ 2021, 174.

5 **A.A.** *Thaler*, ZfZ 2021, 174.

geliefert und im Bestimmungsmitgliedstaat dem Bestimmungslandprinzip folgend umsatzbesteuert werden.

Verwendet nicht der Zollanmelder und Schuldner der Einfuhrumsatzsteuer, sondern ein **Dritter** die **Ware** für die Ausführung einer innergemeinschaftlichen Lieferung und hat er schon im Zeitpunkt der Einfuhr Verfügungsmacht über die Ware und den Zollanmelder lediglich mit der Einfuhr beauftragt, kann jedenfalls dann § 5 Abs. 1 Nr. 3 UStG nicht angewendet werden, wenn die Einfuhrware nicht zur Ausführung einer innergemeinschaftlichen Lieferung verwendet worden ist.[1] Der Zollanmelder muss die Einfuhrware selbst zur Ausführung einer anschließenden innergemeinschaftlichen Lieferung verwenden. 45

Mit dieser Steuerbefreiung steht die **Fiskalvertretung** gemäß § 22a–22e UStG im Zusammenhang, welche erst zum 1.1.1997, also wesentlich später nach der Verwirklichung des Europäischen Binnenmarkts zum 1.1.1993 eingeführt worden ist. Danach können sich nicht in Deutschland steuerlich registrierte Steuerbeteiligte durch einen umsatzsteuerrechtlichen Fiskalvertreter („kleiner Fiskalvertreter" für Umsatzsteuerzwecke) vertreten lassen. Zu Anwendungsfällen und Voraussetzungen hat das BMF ein Schreiben herausgegeben.[2] 46

Neben der zweifellos praktischen Bedeutung der Steuerbefreiung führt ihre rechtliche Ausgestaltung doch zu Fragen und Problemen.[3] In der Zollanmeldung ist ein Verfahren anzugeben, das sich aus einem Unionscode zusammensetzt.[4] 47

Die Steuerbefreiung gemäß § 5 Abs. 1 Nr. 3 UStG ist antragsbedürftig.[5] Grundsätzlich besteht für den Anmelder die Alternative ohne den Verfahrenscode 42 EUSt zu entrichten, obwohl die Einfuhrware im Anschluss an die Überführung in den zoll- und einfuhrumsatzsteuerrechtlich freien Verkehr innergemeinschaftlich geliefert wird und die gesetzlichen Voraussetzungen einer Befreiung gemäß § 5 Abs. 1 Nr. 3 UStG erfüllt werden. Daher ist es konsequent, die Geltendmachung dieser Steuerbefreiung von einem Antrag abhängig zu machen, dessen Stellung auf Entscheidung hierüber in § 21 Abs. 2 UStG i.V.m. Art. 22 UZK zu sehen ist. Wegen der EUSt steht dieser „Antrag" neben der „Zoll"anmeldung gemäß Art. 158 UZK.[6]

Der **Verfahrenscode 42 ist kein Zollverfahren im Sinne des Zollrechts.**[7] Er ist eine Kodierung für die Steuerbefreiung gemäß § 5 Abs. 1 Nr. 3 UStG und ist ein entsprechender Antrag auf Steuerbefreiung.[8] Der zollrechtliche Verfahrenscode hat aber wegen der mehrwertsteuerbefreienden Lieferung in einen anderen Mitgliedstaat einen eigenständigen umsatzsteuerrechtlichen Erklärungsgehalt.[9] Darüber hinaus muss die Zollanmeldung für die Prüfung der Voraussetzungen gemäß § 5 Abs. 1 Nr. 3 UStG Funktionscodes als zusätzlichen steuerlichen Verweis enthalten, FR1 (Einführer), FR2 (Erwerber) und FR3 (Fiskalvertreter).[10]

Zollrechtlich werden die Einfuhrwaren in den zoll- und steuerrechtlich freien Verkehr überlassen und die Befreiung von der EUSt wird gewährt, da auf die Einfuhr eine innergemeinschaftliche Lieferung der Gegenstände in einen anderen Mitgliedstaat folgt. 48

1 BFH, Urt. v. 26.1.2012 – VII R 77/10, juris.

2 BMF, Schr. v. 11.5.1999 – IV D 2-S 7395-6/99, BStBl. I 1999, 515.

3 *Möller*, AW-Prax 2011, 407; *Nieskens* in Summersberger (Hrsg.), Einfuhr und innergemeinschaftliche Lieferung, Wien 2015, S. 27; *Summersberger*, Österreichischer Außenwirtschaftsrechtstag 2013, Linz, Österreich.

4 *Schrömbges/Killmann*, AW-Prax 2017, 119; den Verfahrenscode 42 als „Verfahren" bezeichnend *Schrömbges*, ZfZ 2020, 290.

5 Die in der 1. Auflage vertretene Auffassung wird aufgrund der Entwicklung in der Rechtsprechung nicht mehr aufrechterhalten.

6 Zu der Antragsgebundenheit ausführlich FG Hamburg, Gerichtsbesch. v. 25.1.2021 – 4 K 47/18, UR 2021, 283; zuvor bereits zu Vorgängerrecht des ZK FG München, Urt. v. 20.10.2016 – 14 K 1770/13, ZfZ Beilage 2017, Nr. 7, 35; wegen der Konkretisierung *Bender*, RdTW 2021, 113; *Salder*, UR 2021, 288.

7 So EuGH, Urt. v. 25.10.2018 – C-528/17, ECLI:EU:C:2018:868 – Bozicevic Jezovnik, UR 2018, 904; **a.A.** mit der Angabe in der Zollanmeldung begründend *Schrömbges*, ZfZ 2020, 290.

8 *Scheller* spricht von einer speziellen Kodierung in der Einfuhrzollanmeldung, *Scheller*, ZfZ 2023, 134.

9 FG Hamburg, Urt. v. 6.5.2020 – 4 K 116/15, n.V.

10 Vgl. Merkblatt zu Zollanmeldungen, summarische Anmeldungen und Wiederausfuhranmeldungen.

49 Über den gesetzlichen Wortlaut der Steuerbefreiung in § 5 Abs. 1 Nr. 3 UStG hinausgehend hat das BMF in den Absätzen 54 ff. der Dienstvorschrift Einfuhrumsatzsteuerrecht[1] **Voraussetzungen für die Inanspruchnahme der Steuerbefreiung** geregelt. Einfuhrumsatzsteuerfrei ist danach die Einfuhr von Gegenständen, die von einem Schuldner der EUSt im Anschluss an die Einfuhr unmittelbar zur Ausführung von innergemeinschaftlichen Lieferungen verwendet werden. Dabei hat der Schuldner der EUSt das Vorliegen der Voraussetzungen des § 6a Abs. 1–3 UStG nachzuweisen.

50 Wesentliches Kriterium und wesentliche Möglichkeit zur Prüfung durch das die Zollanmeldung annehmende Zollamt sind die USt-IdNr. **des Anmelders und des Erwerbers** in dem anderen Mitgliedstaat.[2] Die Angabe der USt-IdNr. des Erwerbers und des Lieferers bzw. seines Fiskalvertreters ist Voraussetzung für eine Befreiung von der EUSt im Zeitpunkt der Einfuhr.[3]

51 Stichprobenweise prüft die Zollverwaltung auch die **Begleitpapiere.**

52 Wird eine Zollanmeldung über das IT-Fachverfahren **ATLAS** abgegeben, liegt grundsätzlich eine eindeutige Willenserklärung vor, die i.d.R. einer Auslegung nicht zugänglich ist. Dies gilt auch für den Fall, dass die beantragte Befreiung von der EUSt auf der Grundlage der Angaben in der Zollanmeldung nicht erlangt werden kann.[4] Die nachträgliche Änderung des zollrechtlichen Anmelders hat der EuGH dagegen dennoch als zulässig angesehen.[5] Die Angabe mit einem Verfahrenscode wegen der Steuerbefreiung ist materielle Voraussetzung für eine Befreiung von der EUSt gemäß § 5 Abs. 1 Nr. 3 UStG im Zeitpunkt der Einfuhr.[6] Einfuhren, die nicht der Zollanmelder selbst zur Ausführung innergemeinschaftlichen Lieferungen verwendet, sondern zu diesem Zweck Dritten überlassen will, sind nicht steuerbefreit nach § 5 Abs. 1 Nr. 3 UStG.[7]

53 Die **tatsächliche Anschlusslieferung** in den anderen Mitgliedstaat kann in der Regel **nicht vollständig zollamtlich überwacht** werden.[8] Die Kontrolltätigkeit in den Mitgliedstaaten wegen des Verfahrenscodes 42 hat der Europäische Rechnungshof als unzulänglich befunden, da er festgestellt hat, dass die Anwendung des Verfahrenscodes 42 zu erheblichen Einnahmeausfällen zulasten der nationalen Haushalte geführt hat (im Jahr 2009 rund 2,2 Mrd. Euro, d.h. 29 % der Mehrwertsteuer, die theoretisch auf die Bemessungsgrundlage sämtlicher Einfuhren anwendbar gewesen wäre).[9] Missbräuche in Einzelfällen sollten die für den Beteiligten und die FinVerw. vorteilhafte Regelung nicht in Frage stellen.[10]

54 Der EuGH hat festgestellt, dass die Mitgliedstaaten die Einfuhr von Gegenständen von der Mehrwertsteuer befreien, die von einem Drittgebiet oder einem Drittland aus in einen anderen Mitgliedstaat als den Mitgliedstaat der Beendigung der Versendung oder Beförderung versandt oder befördert werden […], sofern die Lieferung dieser Gegenstände durch den […] als Steuerschuldner bestimmten […] bewirkt wird […]. Die Befreiung ist danach davon abhängig, dass der Importeur anschließend eine innergemeinschaftliche Lieferung durchführt, die nach **Art. 139 MwStSystRL** steuerbefreit ist. Sie hängt demnach von der Beachtung der in diesem Artikel festgelegten **materiellen Voraussetzungen** ab.[11]

55 Die Steuerbefreiung der Anschlusslieferung setzt die anschließende Durchführung einer nach **Art. 138 MwStSystRL befreiten innergemeinschaftlichen Lieferung** voraus. Die beiden Umsätze sind einheitlich zu behandeln, um die innere Logik der in Art. 138 MwStSystRL festgelegten Regelung der Steuer-

---

1 VSF Z 8101.

2 *Oelmaier*, MwStR 2018, 712.

3 So auch FG Baden-Württemberg, Urt. v. 14.11.2017, ZfZ Beilage 2018, Nr. 3, 33.

4 FG Hamburg, Urt. v. 1.12.2020 – 4 K 49/18, ZfZ 2021, 28; die Nichtzulassungsbeschwerde wurde als unbegründet zurückgewiesen (BFH, Beschl. v. 18.8.2021 – VII B 182/20, nicht dokumentiert); *Witte/Wemmer*, AW-Prax 2021, 287.

5 EuGH, Urt. v. 16.7.2020 – C-97/19, ECLI:EU:C:2020:574 – Pfeifer & Langen, ZfZ 2020, 300.

6 FG Baden-Württemberg, Urt. v. 26.10.2010 – 11 K 47/07, EFG 2011, 1102.

7 BFH, Urt. v. 26.1.2012 – VII R 77/10, ZfZ 2012, 1054; *Prätzler*, jurisPR-SteuerR 42/2012 Anm. 6.

8 *Heller*, Österreichischer Außenwirtschaftsrechtstag 2013, Linz, Österreich.

9 Europäischer Rechnungshof, Sonderbericht Nr. 13/2011 „Lässt sich MwSt-Hinterziehung durch die Kontrolle des Zollverfahrens 42 verhindern und aufdecken?", Luxemburg 2011; *Heller*, Österreichischer Außenwirtschaftsrechtstag 2013, Linz, Österreich.

10 So *Weymüller* in Dorsch, Zollrecht, § 5 UStG Rz. 43 (Stand: November 2019).

11 EuGH, Urt. v. 25.10.2018 – C-528/17, ECLI:EU:C:2018:868 – Bozicevic Jezovnik, UR 2018, 904.

befreiung bei der Einfuhr zu wahren. Insoweit enthält der Verfahrenscode 42 ein aus dem Blickwinkel des europäischen Rechts zu würdigendes zollrechtliches und mehrwertsteuerrechtliches Element. Das mehrwertsteuerrechtliche Element ist vorrangig im Lichte des europäischen Mehrwertsteuerrechts zu würdigen.[1]

Die Rechtsprechung hat festgestellt, dass ein Mitgliedstaat nicht das Recht hat, die Steuerbefreiung innergemeinschaftlicher Lieferungen von der Vorlage ganz bestimmter **rein formaler Nachweise** abhängig zu machen.[2] Im Fall der Beteiligung an einer Steuerhinterziehung ist das jedoch nachvollziehbar anders.[3] 56

Die Zollverwaltung befindet sich in einem Dilemma tatsächlicher Kontrolle der Steuerbefreiung und überhöhter steuerrechtlicher Anforderungen für die Annahme des **Verfahrenscode 42** zur Gewährung der Steuerbefreiung für Anschlusslieferungen. So sind die Zollämter wegen der Steuerbefreiung bei innergemeinschaftlichen Lieferungen darauf angewiesen, dass die Voraussetzungen des § 6a Abs. 1–3 UStG nachzuweisen sind und das Vorliegen der Voraussetzungen anhand bestimmter Gesichtspunkte der Dienstvorschrift zu prüfen.[4] Die die innergemeinschaftliche Lieferung kennzeichnenden Nachweispflichten gemäß § 17a-§ 17d UStDV sind i.d.R. zum Zeitpunkt der Abgabe/Annahme der Zollanmeldung regelmäßig noch nicht erfüllt. Diese durch Rechtsverordnung geregelten Nachweispflichten sind zu § 4 Nr. 1 Buchst. b und § 6a UStG ergangen. Bei dem Verfahrenscode 42 ist gesetzliche Grundlage für die beantragte Steuerbefreiung § 5 Abs. 1 Nr. 3 UStG wegen einer Steuerbefreiung bei der Einfuhr. Zu § 5 UStG hat das BMF aber gerade keine konkretisierenden Regelungen in der UStDV erlassen. 57

Allgemeine Voraussetzungen sind aber unstrittig die Lieferung des Gegenstands und das Gelangen des Liefergegenstands in das übrige Gemeinschaftsgebiet. Strittig ist in der Praxis immer wieder, welche Anforderungen an den Nachweis einer steuerfreien innergemeinschaftlichen Lieferung zu stellen sind. Das Problem besteht für die steuerbefreite Anschlusslieferung ebenso.[5] Allerdings bestehen konkretisierende Regelungen aktuell nur in einer Verwaltungsvorschrift. 57.1

Über die **Steuerbefreiung** der innergemeinschaftlichen Lieferung **entscheiden** in Deutschland die **Finanzämter**, die an die Beurteilung der Zollämter zum Zeitpunkt der Abgabe/Annahme der Zollanmeldung nicht gebunden sind.[6] Deren Feststellungen (z.B. aus einer Umsatzsteuer-Sonderprüfung) haben für die Zollverwaltung wegen einer nachträglichen Mitteilung der EUSt eine besondere Bedeutung. Insoweit ist auch die Zusammenarbeit Zoll und Steuer wichtig, d.h. nachträgliche Feststellungen wegen „fehlgeschlagener" innergemeinschaftlicher Lieferungen auch durch die Finanzämter haben für die Hauptzollämter wegen der Nacherhebung von EUSt praktische Bedeutung. 58

Praktische Brisanz hat die Steuerbefreiung gemäß § 5 Abs. 1 Nr. 3 UStG für den Fall, dass die Steuerbefreiung zum Zeitpunkt der Überführung in den zoll- und steuerrechtlich freien Verkehr gewährt wurde, erst **später festgestellt** wird, dass die **Voraussetzungen** für die **Steuerbefreiung nicht vorlagen** (z.B. das der Gegenstand nicht von Deutschland aus in das übrige Gemeinschaftsgebiet gelangt) und die Zollverwaltung die EUSt nachträglich mitteilt. In den Fällen der Stellvertretung bzw. der Fiskalvertretung kommen für die Mitteilung nicht nur der vertretene Anmelder, sondern weitere Personen als Schuldner in Betracht (z.B. Spediteur).[7] Diese sind i.d.R. nicht zum vollen Vorsteuerabzug berechtigt, 59

---

1 Vgl. EuGH, Urt. v. 20.6.2018 – C-108/16 – Enteco Baltic, ECLI:EU:C:2018:473, UR 2018, 635; *Schrömbges/Hannl*, AW-Prax 2018, 426.

2 Vgl. EuGH, Urt. v. 27.9.2007 – C-146/05, ECLI:EU:C:2007:549 – Collée, BStBl. II 2009, 78 = UR 2007, 813 m. Anm. *Maunz*; EuGH, Urt. v. 27.9.2012 – C-587/10, ECLI:EU:C:2012:592 – VSTR, UR 2012, 832 m. Anm. *Burgmaier.*

3 EuGH, Urt. v. 21.2.2008 – C-271/06, ECLI:EU:C:2008:105 – Netto Supermarkt, UR 2008, 508; zur mehrwertsteuerrechtlichen Sonderstellung wegen der Ausfuhrlieferung *Möller*, AW-Prax 2008, 213; zu den steuerstrafrechtlichen Konsequenzen *Harksen/Möller*, AW-Prax 2010, 145.

4 Abs. 63 ff. Dienstvorschrift Einfuhrumsatzsteuerrecht VSF Z 8101.

5 Zum Nachweis der Voraussetzungen dafür, dass die eingeführten Gegenstände zu dem Abnehmer befördert oder versendet worden sind und der nicht eindeutigen Rechtslage BFH, Beschl. v. 25.11.2005 – V B 75/05, BFHE 212, 176 = UR 2006, 122.

6 So FG München, Urt. v. 20.10.2016 – 14 K 1770/13, ZfZ Beilage 2017, Nr. 7, 35 (rkr.).

7 *Reiche*, ZfZ 2013, 232; *Fuchs*, ZfZ 2015, 148.

so dass die Nacherhebung der EUSt bei diesen Schuldnern betriebswirtschaftlich Kosten darstellt. Die vergütete Dienstleistung (z.B. als Zollspediteur) und beim Regelsteuersatz die EUSt stehen dann in vielen Fällen im krassen Missverhältnis. Insoweit stellt sich aus Sicht der Beteiligten auch die Frage eines schutzwürdigen Vertrauens.[1]

60 Die Möglichkeit des **Vertrauensschutzes** hat das FG München noch verneint.[2] Nach Meinung des EuGH hängt die Befreiung von der EUSt grundsätzlich davon ab, dass anschließend eine innergemeinschaftliche Lieferung durchgeführt wird, die nach Art. 138 MwStSystRL steuerfrei ist, wofür die materiellen Voraussetzungen vorliegen.[3] Er hat folgerichtig mit Blick auf die Betrugsbekämpfungsklausel entschieden, dass die Einfuhrumsatzsteuerbefreiung nicht zu versagen ist, wenn z.B. der Empfänger der im Anschluss an diese Einfuhr erfolgenden innergemeinschaftlichen Verbringung bei einem späteren Umsatz, der mit der Verbringung in keinem Zusammenhang steht, eine Steuerhinterziehung begeht und es **keinen Anhaltspunkt** dafür gibt, dass der **Importeur** wusste oder hätte wissen müssen, dass dieser spätere Umsatz in eine vom Empfänger begangene **Steuerhinterziehung einbezogen** war.[4] In einem ähnlichen Fall hatte der EuGH auch den Verlust der Steuerbefreiung verneint, wenn der **Lieferer gutgläubig** ist und alle Maßnahmen ergriffen hatte, die vernünftigerweise von ihm verlangt werden können, um eine Beteiligung an einem Betrug auszuschließen.[5]

61 Sind die Voraussetzungen für die Steuerbefreiung nicht erfüllt, entsteht die Einfuhrumsatzsteuerschuld (Art. 77 Abs. 1 UZK i.V.m. § 21 Abs. 2 UStG) und wird von der Zollverwaltung bei der Überführung in den zoll- und steuerrechtlich freien Verkehr oder bei nachträglichem Bekanntwerden nachträglich erhoben. Es muss tatsächlich eine innergemeinschaftliche Lieferung im Anschluss an die Einfuhr durchgeführt werden bzw. durchgeführt worden sein.

61.1 Wirtschaftliche Relevanz hat das nachträgliche Bekanntwerden, dass die Voraussetzungen der Einfuhrumsatzsteuerbefreiung nicht gegeben sind. Die Einfuhrumsatzsteuer ist dann nachzuerheben. Anders als für die Erstattung und den Erlaß der Einfuhrumsatzsteuer gemäß § 14 Einfuhrumsatzsteuer-Befreiungsverordnung gibt es für die Nacherhebung keine speziellen Vorschriften. Die **Nacherhebung** der Einfuhrumsatzsteuer erfolgt gemäß Art. 101 Abs. 1, Art. 105 Abs. 4 und Abs. 3 UZK i.V.m. § 21 Abs. 2 Halbs. 1 UStG. Wegen der Nachholwirkung sind Bescheide, bei denen die Einfuhrumsatzsteuer als Vorsteuer abgezogen werden kann, von Amtswegen regelmäßig nicht zu ändern (Abs. 51 DV Einfuhrumsatztsteuer Z 8101). Die Einfuhrumsatzsteuer ist jedoch nachzufordern, wenn ein Gegenstand, der nicht einfuhrumsatzsteuerfrei ist, unversteuert in den zollrechtlich freien Verkehr überlassen worden ist. Wird entgegen dem Antrag auf Steuerbefreiung die innergemeinschaftliche Lieferung (Anschlusslieferung) nicht ordnungsgemäß durchgeführt, sind die Voraussetzungen der Einfuhrumsatzsteuerbefreiung nicht erfüllt und die Einfuhrumsatzsteuer ist nicht nachzuerheben. Sie entsteht nicht später, sondern die Voraussetzungen für die Steuerbefreiung sind im Entstehungszeitpunkt bei der Annahme der Zollanmeldung nicht erfüllt.

61.2 Der Frage der Entstehung und Nacherhebung folgt logischerweise auch die Frage der **Schuldnerschaft.** Hinsichtlich der Person des Schuldners der Einfuhrumsatzsteuer finden die Regelungen des § 21 Abs. 2 UStG i.V.m. Art. 77 Abs. 3 UZK Anwendung (Abs. 51a DV Einfuhrumsatzsteuer Z 8101). Das BMF weist diesbezüglich ohne weitere Erläuterung in seiner Dienstvorschrift auf die Rechtsprechung, insbesondere des EuGH sowie des BFH hin.[6] Art. 201 MwStSystRL und der 43. Erwägungs-

1 *Lembke*, MwStR 2017, 592; *Lux/Schrömbges*, AW-Prax 2014, 250; *Summersberger*, ZfZ 2011, 309; *Summersberger*, AW-Prax 2014, 384.

2 FG München, Urt. v. 20.10.2016 – 14 K 1770/13, ZfZ Beilage 2017, Nr 7, 35.

3 Z.B. EuGH, Urt. v. 20.6.2018 – C-108/16, ECLI:EU:C:2018:473 – Enteco Baltic, UR 2018, 635; *Schrömbges/Hannl*, AW-Prax 2018, 426.

4 EuGH, Urt. v. 14.2.2019 – C-531/17, ECLI:EU:C:2019:114 – Vetsch Int. Transporte, UR 2019, 329; *Schrömbges*, RdW 2019, 273; speziell zur Betrugsbekämpfungsklausel *Schrömbges*, MwStR 2019, 444.

5 EuGH, Urt. v. 25.10.2018 – C-528/17, ECLI:EU:C:2018:868 – Bozicevic Jezovnik, UR 2018, 904; *Winter*, MwStR 2019, 106.

6 EuGH, Urt. v. 20.10.2016 – C 24/15, ECLI:EU:C:2016:791 – Plöckl, UR 2016, 882 (Beteiligung an einer Steuerhinterziehung); BFH, Urt. v. 11.8.2011 – V R 50/09, BStBl II 2012, 151 = UR 2011, 916 (Steuerpflicht bei Täuschung über Abnehmer) und BFH, Urt. v. 14.12.2011 – XI R 33/10, BFH/NV 2012, 1009 (Steuerpflicht bei Täuschung über Abnehmer).

grund der MwStSystRL sprechen nicht gegen die deutsche Umsetzung mit § 21 Abs. 2 UStG.[1] **Einfuhrumsatzsteuerschuldner** wird danach auch die durch Verstoß **Zollschuldner** gewordene Person (Art. 79 Abs. 3 und 4 UZK).

Einfuhrumsatzsteuerschuldner ist bei der Überführung in den einfuhrumsatzsteuerrechtlich freien Verkehr der Anmelder, der die Zollanmeldung im eigenen Namen abgibt oder für dessen Namen die Anmeldung abgegeben wird. Bei indirekter Stellvertretung, bei der der Anmelder im eigenen Namen, aber für fremde Rechnung handelt, ist Einfuhrumsatzsteuerschuldner auch (gesamtschuldnerisch) die Person, für deren Rechnung die Zollanmeldung abgegeben worden ist. Darauf, dass tatsächlich Einfuhrumsatzsteuer angefallen ist, kommt es nicht an.[2] Schuldner der Einfuhrumsatzsteuer im Sinne des § 3 Abs. 8 UStG ist auch derjenige, dessen Umsätze zwar gemäß § 1 Abs. 1 Nr. 4 UStG steuerbar, aber gemäß § 5 UStG steuerfrei sind.[3] 61.3

Wirtschaftlich problematisch, in der Regel wegen fehlender Berechtigung zum Vorsteuerabzug der zu zahlenden Einfuhrumsatzsteuer, ist die Inanspruchnahme eines Zollvertreters (z.B. Spediteur oder anderer Zolldienstleister) als Schuldner der Einfuhrumsatzsteuer.[4] Der BFH hat entschieden, dass der Unternehmer der in Bezug auf den eingeführten Gegenstand lediglich eine Verzollungs- oder eine Beförderungsleistung erbringt, kein Abzugsrecht hat.[5] Dies kann wegen der Zollschuldentstehung bei Verstößen oder auch bei der Nacherhebung von Einfuhrumsatzsteuer der Fall sein. 61.4

Nach FG Hamburg v. 25.1.2021[6] wird der zollrechtliche **indirekte Vertreter** ohne Vertretungsmacht Schuldner der Einfuhrumsatzsteuer. Dies hat im Schrifttum zu konträrer Auseinandersetzung mit dieser Folge geführt.[7] In dem sich hieran anschließenden Revisionsverfahren konnte sich der BFH auf die Feststellung beschränken, dass die Steuerbefreiung für eine innergemeinschaftliche Anschlusslieferung grundsätzlich nur dann in Anspruch genommen werden kann, wenn die Identität des Erwerbers im Erwerbsmitgliedstaat feststeht. Die Beweislast für das Vorliegen der Voraussetzungen einer innergemeinschaftlichen Anschlusslieferung trägt dabei derjenige, der sich auf die Steuerbefreiung beruft.[8] Im Übrigen ist daran festzuhalten, dass nur der vollmachtlose Vertreter, nicht aber der (mangels Vollmacht nicht) Vertretene, Schuldner der Einfuhrumsatzsteuer wird. 61.5

Gemäß Art. 77 Abs. 3 UZK schuldet der **indirekte Zollvertreter** nur die unionsrechtlichen Einfuhrabgaben (Zoll) und nicht auch die Einfuhrmehrwertsteuer für diese Waren. Die Einfuhrmehrwertsteuer gehört nicht zu den „Einfuhrabgaben" i.S.v. Art. 5 Nr. 20 UZK. Dies erfordert eine nationale Vorschrift, in der ausdrücklich und eindeutig der Schuldner für die Steuer bestimmt und anerkannt ist.[9] Das ist in Deutschland mit dem Verweis in § 21 Abs. 2 UStG der Fall. 61.6

Die Zollverwaltung prüft grundsätzlich vor der Annahme einer Zollanmeldung, ob die deutsche USt-IdNr. des Schuldners der EUSt gültig ist und ob zwischen dem Schuldner der EUSt und dem Inhaber der deutschen USt-IdNr. Identität besteht, ob die ausländische USt-IdNr. des Erwerbers im anderen Mitgliedstaat gültig ist und ob Identität zwischen dem Erwerber und dem Inhaber der ausländischen USt-IdNr. besteht.[10] Ergibt die **Überprüfung der USt-IdNrn.** Beanstandungen und wird die Zollanmeldung nicht angenommen und innerhalb der vorübergehenden Verwahrung auch keine ordnungsgemäße Zollanmeldung abgegeben, ist die EUSt zu erheben und eine Kontrollmitteilung auf Vordruck 0488 an das für den Schuldner der EUSt zuständige Finanzamt weiterzuleiten. Die Kontrollmitteilung 62

1 So auch *Bender* in Offerhaus/Söhn/Lange, § 21 UStG, Rz. 411 (Stand: Februar 2023).
2 BFH, Urt. v. 29.1.2015 – V R 5/14, BStBl. II 2015, 567 = UR 2015, 466; Anm. *Wäger*, BFH/PR 2015, 245.
3 BFH, Urt. v. 21.3.2007 – V R 32/05, BStBl. II 2008, 153 = UR 2007, 768; vertiefend *Möller*, AW-Prax 2007, 515.
4 Vertiefend *Bender* in Offerhaus/Söhn/Lange, § 21 UStG Rz. 415 (Stand: Februar 2023). Zum Vorsteuerabzugsrecht des Dienstleisters auch FG Hamburg, Urt. v. 18.12.2020 – 5 K 175/18; *Burghardt*, MwStR 2017, 308; *Möller*, AW-Prax 2012, 309; *Harksen/Pichler*, UStB 2015, 360.
5 BFH, Urt. v. 20.7.2023 – V R 13/21, BStBl. II 2023, 1068 = UR 2023, 848.
6 FG Hamburg, Gerichtsbesch. v. 25.1.2021 – 4 K 47/18, ZfZ 2021, 121.
7 *Henke*, AW-Prax 2021, 543; *Schrömbges*, MwStR 2021, 668; *Kühl*, MwStR 2022, 270; *Bender*, RdTW 2021, 113; *Salder*, UR 2021, 288; *Schrömbges*, ZfZ 2022, 203; *Bender*, ZfZ 2022, 226.
8 BFH, Urt. v. 1.11. 2023 - VII R 10/21, BFHE nn = UR 2024, 345 m. Anm. *Bender*.
9 EuGH, Urt. v. 12.5.2022 – C-714/20, ECLI:EU:C:2022:374 – U. I., UR 2022, 469; *Möller*, jurisPR-SteuerR 39/2022, Anm. 5.
10 Abs. 65 DV Einfuhrumsatzsteuerrecht VSF Z 8101.

wird auch gefertigt, wenn nach zunächst abgelehnter Annahme eine Zollanmeldung mit abweichendem Erwerb und gültiger USt-IdNr. vorgelegt wird.[1]

63 Wird die Befreiung von der EUSt zu Unrecht angemeldet und von der Zollverwaltung gewährt, wird die EUSt im Sinne von § 370 Abs. 1 AO verkürzt.[2]

V. Lieferung mit Einlagerung in ein Umsatzsteuerlager (Absatz 1 Nr. 4)

64 Steuerfrei ist gemäß § 5 Abs. 1 Nr. 4 UStG die Einfuhr der in der Anlage 1 bezeichneten Gegenstände, die im Anschluss an die Einfuhr zur Ausführung von steuerfreien Umsätzen gemäß § 4 Nr. 4a Satz 1 Buchst. a Satz 1 UStG verwendet werden sollen. Steuerfrei ist damit die Einfuhr von Gegenständen, die unmittelbar im Anschluss an die Einfuhr in ein **Umsatzsteuerlager** eingelagert werden sollen. Die Steuerfreiheit setzt Art. 157 Abs. 1 Buchst. a MwStSystRL um.

65 Die in der **Anlage 1** bezeichneten Gegenstände sind Waren der Landwirtschaft und Rohstoffe entsprechend den in der Anlage 1 genannten Voraussetzungen. Die Steuerfreiheit ist auf diese Gegenstände beschränkt.

66 Die **Voraussetzungen** für diese Steuerbefreiung hat der Schuldner der EUSt **nachzuweisen**. Kann der Schuldner der EUSt das Vorliegen der Voraussetzungen des § 5 Abs. 1 Nr. 4 UStG nicht nachweisen oder nicht glaubhaft machen, ist die EUSt zu erheben.

67 So hat der Schuldner der EUSt in der Zollanmeldung den Namen oder die Firma und die Anschrift des Lagerhalters, die Bewilligungsnummer des Umsatzsteuerlagers sowie das bewilligende Finanzamt anzugeben. Der Zollanmeldung sind ferner eine Kopie der Bewilligung des Umsatzsteuerlagers durch das Finanzamt oder eine schriftliche Bestätigung des Lagerhalters, dass diesem das Umsatzsteuerlager bewilligt worden ist, beizufügen, aus der Name oder Firma, Anschrift, Steuernummer und/oder die USt-IdNr. des Lagerhalters hervorgehen.

68 In **Ausnahmefällen** genügt das **Glaubhaftmachen**, dass die eingeführten Gegenstände in ein Umsatzsteuerlager eingelagert werden, aber noch nicht feststeht, in welches Lager die Einlagerung erfolgen soll.[3]

VI. Auslagerung aus dem Umsatzsteuerlager (Absatz 1 Nr. 5)

69 Steuerfrei ist gemäß § 5 Abs. 1 Nr. 5 UStG die Einfuhr der in der Anlage 1 genannten Gegenstände, wenn die Einfuhr im Zusammenhang mit einer Lieferung steht, die zu einer **Auslagerung** i.S.d. § 4 Nr. 4a Satz 1 Buchst. a Satz 2 UStG führt und der Lieferer oder sein Beauftragter Schuldner der EUSt ist. Die Steuerbefreiung setzt Art. 154 ff. MwStSystRL um.

Der Schuldner der EUSt hat das Vorliegen der Voraussetzungen der Steuerbefreiung nachzuweisen.

VII. Erdgas, Elektrizität, Wärme und Kälte (Absatz 1 Nr. 6)

70 Steuerfrei ist gemäß § 5 Abs. 1 Nr. 6 UStG die Einfuhr von **Gas** über das Erdgasnetz oder Erdgas, das von einem Gastanker aus in das Erdgasnetz oder ein vorgelagertes Gasleitungsnetz eingespeist wird sowie von **Elektrizität** oder von **Wärme** oder **Kälte** über Wärme- oder Kältenetze. Nicht steuerfrei ist die Einfuhr von Gas aus anderen Quellen oder Batterien, die Elektrizität enthalten.

Die Steuerbefreiung setzt Art. 143 Abs. 1 Buchst. l MwStSystRL um.

---

1 Abs. 71 DV Einfuhrumsatzsteuerrecht VSF Z 8101.

2 Wegen einer Verkürzung von insgesamt 1,6 Mio. DM EUSt wegen nicht vorliegender nachfolgender innergemeinschaftlicher Lieferung mangels rechtlicher und wirtschaftlicher Verfügungsmacht für eine solche und Verurteilung wegen Steuerhinterziehung BGH, Urt. v. 18.8.1998 – 5 StR 550/97, wistra 1998, 345.

3 Abs. 90 DV Einfuhrumsatzsteuerrecht VSF Z 8101.

VIII. Vermeidung der Doppelbesteuerung (Absatz 1 Nr. 7)

Durch die Anfügung der Nr. 7 mit Wirkung zum 1.7.2021 ist Art. 2 Nr. 9 RL (EU) 2017/2455 des Rates vom 5.12.2017 zur Änderung der MwStSystRL und der RL 2009/132/EG in Bezug auf bestimmte mehrwertsteuerrechtliche Pflichten für die Erbringung von Dienstleistungen und Fernverkäufe von Gegenständen umgesetzt worden, mit dem Art. 143 Abs. 1 Buchst. c MwStSystRL neu eingefügt wurde. 71

Zur Vermeidung der Doppelbesteuerung wurde eine **Befreiung von der EUSt** für Gegenstände eingeführt, für die die Steuer im besonderen Besteuerungsverfahren nach § 18k UStG zu erklären ist (sog. Import-One-Stop-Shop [**IOSS**]; § 18k Rz. 1 ff.). Bei Angabe der individuellen Identifikationsnummer des Lieferers nach Art. 369q Abs. 1 MwStSystRL oder die dem in seinem Auftrag handelnden Vertreter für diesen Lieferer erteilte individuelle Identifikationsnummer nach Art. 369q Abs. 3 MwStSystRL in der Zollanmeldung und der Feststellung deren Gültigkeit durch die Zollstelle werden Fernverkäufe von eingeführten Gegenständen in Sendungen mit einem Sachwert von höchstens 150 Euro von der EUSt befreit. 71.1

Die Teilnahme an dem **IOSS** können Unternehmen auf elektronischem Weg dem BZSt anzeigen. Für die Fälle, in denen der IOSS nicht genutzt wird, wurde mit Wirkung zum 1.7.2021 eine (optionale) Sonderregelung (sog. Special Arrangement; § 21a UStG) eingeführt. Bei dieser kann die EUSt für die Einfuhren eines Monats durch die Beförderer (Post- bzw. Expresskurierdienstleister) von den Sendungsempfängern vereinnahmt und im Folgemonat gesammelt an die Zollverwaltung entrichtet werden.[1] 71.2

Die Befreiung von der EUSt gemäß § 5 Abs. 1 Nr. 7 UStG ist lediglich von den dort aufgeführten Voraussetzungen abhängig. Dies sind neben dem Sachwert von höchstens **150 Euro**, die Steuerklärung im Rahmen des besonderen Besteuerungsverfahrens gemäß § 18k UStG (sog. **Import-One-Stop-Shop [IOSS]**) und die entsprechende Angabe der erteilten individuellen Identifikationsnummer. Die Eigenschaft als zollrechtlicher Anmelder (Art. 170 UZK) oder einer Zollvertretung des zollrechtlichen Anmelders (Art. 18 UZK) hat für die Befreiung von der EUSt gemäß § 5 Abs. 1 Nr. 7 keine Bedeutung. 71.3

Das BMF hat wegen der Umsetzung der zweiten Stufe des Mehrwertsteuer-Digitalpakets zum 1.4.2021 bzw. 1.7.2021 am 1.4.2021 ein Schreiben herausgegeben.[2] Die Regelungen dieses Schreibens sind in den UStAE eingearbeitet worden. Diese behandeln u.a. die Einführung einer Sonderregelung zur Entrichtung der Einfuhrumsatzsteuer, d.h. das besondere Besteuerungsverfahren für **Fernverkäufe** von aus dem Drittlandsgebiet eingeführten Gegenständen in Sendungen mit einem Sachwert von höchstens **150 Euro**. Diese Sendungen erfordern Sonderregelungen (z.B. § 3 Abs. 3a, § 3 Abs. 6c, § 3c UStG). 71.4

Neben dem Besteuerungsverfahren für **Fernverkäufe**, d.h. die Umsatzsteuerschuld und die Abgabe der Umsatzsteuerklärung steht nach dem Verbringen von Nichtsunionswaren aus Drittländern in das Zollgebiet der EU die Zollanmeldung für die Einfuhrwaren. In der Regel wird beim Fernverkauf ein Vertreter die Zollanmeldung (Beförderer der Waren, also der zuständige Post- bzw. Kurierdienst) für den Erwerber vornehmen. Für die Serviceleistung (Zollanmeldung, Zahlung der Einfuhrabgabe bei der Zollverwaltung) verlangt der Post- bzw. Kurierdienst meist eine Servicepauschale, die in der Regel den Allgemeinen Geschäftsbedingungen zu entnehmen ist. Die IOSS-Registrierung muss in der Zollanmeldung enthalten sein. 71.5

IX. Befristete Befreiungen (Absatz 1 Nr. 8)

Mit dieser Regelung werden Art. 143 Absatz 1 Buchstabe fb und Absatz 3 der MwStSystRL[3] umgesetzt.[4] Diese Regelungen zur Steuerbefreiung von Einfuhren für den **dienstlichen Bedarf begünstigter Einrichtungen** hat der deutsche Gesetzgeber mit dem Interesse an Rechtsklarheit begründet. 72

1 Einführend *Wäger*, UStB 2021, 76; wegen des Versandhandels aus Drittländern *Thoma/Pleuß*, UStB 2021, 191.
2 BMF, Schr. v. 1.4.2021 – III C 3-S 7340/19/10003 :022, BStBl. I 2021, 629 = UR 2021, 368.
3 I.d.F. von Art. 1 RL (EU) 2021/1159 v. 13.7.2021, ABl. EU 2021 Nr. L 250, 1 zur Änderung der RL 2006/112/EG in Bezug auf befristete Befreiungen von Einfuhren.
4 BGBl. I 2021, 5250; BT-Drucks. 20/12, 8.

72.1 Die Umsetzung erfolgte im Wege einer Steuerbefreiung, da in Einfuhrfällen die Anwendung eines Vergütungsverfahrens unionsrechtlich nicht zulässig ist. Die Wirkung der Steuerbefreiung bei der Einfuhr entspricht der Wirkung der Steuervergütung nach § 4c UStG.

72.2 Die Befreiung ist auf Beschaffungen für den Dienstgebrauch der genannten **supranationalen Organisationen** beschränkt, um auf die COVID-19-Pandemie zu regieren.

X. Bestimmte Lieferungen als Reaktion auf die COVID-19-Pandemie (Absatz 1 Nr. 9)

72.3 Mit der Einführung des Absatz 1 Nr. 9 wurde Art. 151 Abs. 1 Buchst. ab und Absatz 3 MwStSystRL[1] umgesetzt.[2]

72.4 Wie bei Abs. 1 Nr. 8 erfolgte die Umsetzung im Wege einer Steuerbefreiung, da in Einfuhrfällen die Anwendung eines Vergütungsverfahren unionsrechtlich nicht zulässig ist. Die Wirkung der Steuerbefreiung bei der Einfuhr entspricht der Wirkung der Steuervergütung nach § 4c UStG.

72.5 Befreit sind **Lieferungen von Gegenständen und Dienstleistungen an die Kommission oder an eine nach dem Unionsrecht geschaffene Agentur oder Einrichtung**, sofern die Kommission oder eine solche Agentur oder Einrichtung diese Gegenstände oder Dienstleistungen in Wahrnehmung der ihr durch das Unionsrecht übertragenen Aufgaben erwirbt, um auf die COVID-19-Pandemie zu reagieren. Es sei denn, die erworbenen Gegenstände und Dienstleistungen werden entweder unmittelbar oder zu einem späteren Zeitpunkt von der Kommission oder einer solchen Agentur oder Einrichtung für die Zwecke der entgeltlichen Weiterlieferungen verwendet.

72.6 Für die Einfuhr dringend benötigter **medizinischer Geräte und Materialien als Hilfsgüter**, die zur Eindämmung der **COVID-19-Pandemie** geeignet sind, insbes. Atemschutzmasken, Schutzbekleidung, Medikamente, Beatmungsgeräte und Desinfektionsmittel[3] besteht auch die zollrechtliche Möglichkeit zur einfuhrabgabenbefreiten Überführung in den zoll- und einfuhrumsatzsteuerrechtlich freien Verkehr.[4] Dieser und seine für die zeitliche Befristung jeweils verlängernden Folgebeschlüsse[5] sehen entsprechende Voraussetzungen vor, die für die Einfuhrabgabenbefreiung erfüllt sein müssen. Die Einfuhrabgabenbefreiung muss mit einem EU-Code C26 in der Einfuhrzollanmeldung angemeldet werden. Die Waren werden in den zoll- und einfuhrumsatzsteuerrechtlich freien Verkehr zur Endverwendung, d.h. mit der Möglichkeit der nachträglichen Prüfung durch die Hauptzollämter, überführt.[6] Eine Einfuhrabgabenbefreiung beschränkt sich auf die Einfuhr durch bestimmte befugte Organisationen und Stellen (z.B. staatliche Einrichtungen).

XI. Verteidigungsanstrengungen im Rahmen der EU (Absatz 1 Nr. 10)

72.7 Abs. 1 Nr. 10 wurde mit Art. 15 Nr. 3 Buchst. b des Jahressteuergesetzes 2020 mit **Wirkung vom 1.7.2022** als Abs. 1 Nr. 8 neu eingefügt. Mit dem Gesetz zur Umsetzung unionsrechtlicher Vorgaben im Umsatzsteuerrecht ist Art. 15 Nr. 3 Buchst. b des Jahressteuergesetzes 2020 geändert und die Angabe 8 durch die Angabe 10 ersetzt worden, da mit dem Gesetz zur Umsetzung unionsrechtlicher Vorgaben im Umsatzsteuerrecht neue Nrn. 8 und 9 an die Nr. 7 angefügt wurden.

72.8 Durch die neue Einfügung wurde die Einfuhr von Gegenständen durch die **Streitkräfte** anderer Mitgliedstaaten für den eigenen Gebrauch oder Verbrauch oder für den ihres zivilen Begleitpersonals oder für die Versorgung ihres Kasinos oder Kantinen, wenn diese Streitkräfte an einer Verteidigungsan-

1 I.d.F. von Art. 1 RL (EU) 2021/1159 v. 13.7.2021, ABl. EU 2021 Nr. L 250, 1 zur Änderung der RL 2006/112/EG in Bezug auf befristete Befreiungen von Einfuhren.

2 BGBl. I 2021, 5250; BT-Drucks. 20/12, 8.

3 Wegen der abgabenbegünstigten COVID-19-Materialien vgl. die Indikativliste der Europäischen Kommission, Beschluss (EU) 2020/491 der Kommission v. 3.4.2020.

4 Aufgrund der Art. 74–80 der Zollbefreiung und dem Beschluss (EU) 2020/491 der Kommission v. 3.4.2020.

5 Zuletzt der Beschluss (EU) 2021/660 der Kommission v. 19.4.2021 mit einer Verlängerung bis zum 31.12.2021.

6 Vgl. hierzu auch abgeleitete Steuerbefreiungen gemäß Abs. 2 Nr. 73 ff.

strengung teilnehmen, die zur Durchführung einer Tätigkeit der EU im Rahmen der **gemeinsamen Sicherheits- und Verteidigungspolitik** unternommen wird, von der EUSt befreit.

Die neue Einfügung beruht auf Rechtsgrundlagen der MwStSystRL oder der RL über das allgemeine Verbrauchsteuersystem in Bezug auf Verteidigungsanstrengungen im Rahmen der EU.[1] 72.9

C. Abgeleitete Steuerbefreiungen (Absatz 2)

I. Allgemeines

§ 5 Abs. 2 UStG ermächtigt das BMF durch Rechtsverordnung Steuerfreiheit oder Steuerermäßigung anzuordnen, um den Warenverkehr über die Grenze zu erleichtern und die Verwaltung zu vereinfachen. In den Ziffern 1–8 des § 5 Abs. 2 UStG werden für Gegenstände bestimmte Fälle aufgeführt, die dem Zweck der Warenverkehrserleichterung und der Verwaltungsvereinfachung entsprechen sollen. Nach seiner Überschrift behandelt § 5 UStG Steuerbefreiungen; in § 5 Abs. 2 UStG werden dagegen die Termini Steuerfreiheit und Steuerermäßigung verwendet. 73

Gesetzestechnisch hätte auch die sinngemäße Anwendung der zollrechtlich geregelten Zollbefreiungen zu einer Einfuhrumsatzsteuerbefreiung in den dort geregelten Fällen führen können. Diese sinngemäße Anwendung hätte auch in § 5 Abs. 2 UStG erfolgen oder § 5 Abs. 2 UStG Ermächtigungsgrundlage für Vorschriften zur sinngemäßen Anwendung der Zollbefreiungen sein können. 74

Tatsächlich enthält § 5 Abs. 2 UStG eine Vielzahl von Ermächtigungen für verschiedenste Fälle, die nicht direkt einer Systematik folgen. Diese Ermächtigungen können zwar als Ermächtigungsgrundlage für die **Einfuhrumsatzsteuer-Befreiungsverordnung** (EUStBV) dienen, lassen aber vor dem Hintergrund der Rechtmäßigkeit (Zuordnung der Verordnungsregelung und der Ermächtigungsgrundlage) zumindest Detailfragen offen. 75

Neben der EUStBV gibt es als weitere Rechtsverordnungen des BMF die **Einreise-Freimengen-Verordnung** (EF-VO) und die **Kleinsendungs-Einfuhrfreimengen-Verordnung** (KF-VO). In Verbindung mit § 5 Abs. 2 UStG setzen diese Rechtsverordnungen das folgende **europäische Recht** um: 76

- Richtlinie 2009/132/EG des Rates vom 19.10.2009 zur Festlegung des Anwendungsbereichs von Artikel 143 Buchstaben b und c der Richtlinie 2006/112/EG hinsichtlich der Mehrwertsteuerbefreiung bestimmter endgültiger Einfuhren von Gegenständen[2]
- Richtlinie 2007/74/EG des Rates vom 20.12.2007 über die Befreiung der von aus Drittländern kommenden Reisenden eingeführten Waren von der Mehrwertsteuer und den Verbrauchsteuern[3]
- Richtlinie 2006/79/EG des Rates vom 5.10.2006 über die Steuerbefreiungen bei der Einfuhr von Waren in Kleinsendungen nichtkommerzieller Art mit Herkunft aus Drittländern[4]
- Verordnung (EG) Nr. 1186/2009 des Rates vom 16.11.2009 über das gemeinschaftliche System der Zollbefreiungen (ZollbefreiungsVO)[5]

Wegen des seit dem 1.5.2016 geltenden UZK gibt es einen Einführungserlass zur Anwendung des neuen Unionsrechts im Zollbereich des BMF[6] und eine Verfügung zur Umsetzung des UZK der Generalzolldirektion[7], die Regelungen wegen der EUSt enthalten. 77

Die nach § 5 Abs. 2 UStG ergangenen Rechtsverordnungen gelten auch für den Fall, dass für die Einfuhrware die Einfuhrabgabe Zoll nicht erhoben wird, wenn diese bereits nach dem Gemeinsamen Zolltarif (Zollsatz „frei") aufgrund einer Präferenzregelung (Zollsatz „frei") zollfrei ist oder bereits in einem anderen Mitgliedstaat in den zollrechtlich freien Verkehr übergeführt wurde. 78

1 ABl. EU 2019 Nr. L 336, 10.
2 ABl. EU 2009 Nr. L 292, 2.
3 ABl. EU 2007 Nr. L 346, 6.
4 ABl. EU 2006 Nr. L 286, 15.
5 ABl. EU 2009 Nr. L 324, 23.
6 VSF-N 2016/11.
7 VSF-N 2016/15.

79 § 1 Abs. 1 EUStBV verweist aktuell immer noch auf die ZollbefreiungsVO Nr. 918/83, die bereits mit Wirkung zum 1.1.2010 durch die ZollbefreiungsVO Nr. 1186/2009 aufgehoben worden ist. Mit dem Jahressteuergesetz 2020 sind zum 1.7.2021 in § 1 Abs. 1 EUStBV lediglich zwei Zitate für Fundstellen in den nachfolgenden Vorschriften geändert worden.

80 Wie z.B. bei der Verweisung in § 14 EUStBV wegen Erstattung und Erlass und den hierfür zugrundeliegenden europäischen Vorschriften gibt es wegen des Wegfalls einer Vorschrift eine Art. 286 UZK vergleichbare Regelung. Gemäß Art. 286 UZK gelten Bezugnahmen auf den aufgehobenen ZK als Bezugnahmen auf entsprechende Vorschriften des UZK.

81 Nach Art. 133 ZollbefreiungsVO Nr. 1186/2009 gelten Bezugnahmen auf die aufgehobene ZollbefreiungsVO Nr. 918/83 als Bezugnahmen auf die ZollbefreiungsVO Nr. 1186/2009.

82 Die Steuerfreiheiten für Einfuhren werden wegen des Verweises auf die ZollbefreiungsVO gesetzestechnisch wiederum zu Einfuhrumsatzsteuerbefreiungen.

83 Die Regelung des § 1 Abs. 1a EUStBV hat insoweit nur eine deklaratorische Bedeutung für den Zeitraum bis zur Aufhebung des ZK.

84 Der Verweis auf das als europäische Verordnung unmittelbar geltende europäische Zollrecht in einer nationalen Norm muss wegen der Einfuhrumsatzsteuerfreiheit dennoch richtlinienkonform sein, denn die Steuerbefreiung bei der Einfuhr hat ihre Basis in der durch die MwStSystRL geregelten Befreiungen.

85 Rechtlichen Fehlvorstellungen wegen der Kompliziertheit der Rechtslage könnte steuerrechtlich gegebenenfalls durch eine **Billigkeitsentscheidung** abgeholfen werden.

86 Wegen der Strafbarkeit gemäß § 370 AO für zu Unrecht in Anspruch genommene Einfuhrumsatzsteuerbefreiungen[1] kommt der Frage und **Einordnung eines Irrtums** eine besondere Bedeutung zu. Die strafrechtliche Irrtumslehre, d.h. das Auseinanderfallen von Vorstellung und Wirklichkeit, ist insbesondere im Steuerrecht kompliziert. Mit dem „Irrtum" wird das Auseinanderfallen von subjektivem Vorstellungsbild des Handelnden und objektivem Erscheinungsbild der Wirklichkeit bezeichnet. Vorstellung und Wirklichkeit fallen dabei nicht erst dann auseinander, wenn der Handelnde sich positiv (falsche) Vorstellungen macht; von einem „Irrtum" ist auch dort zu sprechen, wo dem Handelnden (negativ) ein für die strafrechtliche Beurteilung seines Verhaltens wesentliches Moment unbekannt bleibt – sein Vorstellungsbild insofern einen bestimmten Ausschnitt der Wirklichkeit überhaupt nicht erfasst. Entscheidend ist, zwischen dem Irrtum aufgrund fehlerhaften Wissens und dem Irrtum aufgrund fehlenden Wissens (Nichtwissen) zu differenzieren. Dabei ist die Kenntnis über die Rechtslage, d.h. des materiellen Steuerrechts zur Ausfüllung der Blankettstrafnorm des § 370 AO, entscheidend. So hat der BGH in seinem Urteil vom 24.1.2018[2] angekündigt, einen Irrtum des Täters wahrscheinlich als einen Tatumstandsirrtum zu werten. Bei einem Tatumstandsirrtum ist der Vorsatz ausgeschlossen, so dass diese Rechtsprechung der Verteidigung dienen könnte.

87 Wo kein Vorsatz ist, kann auch keine Strafbarkeit bestehen. Zum **Vorsatz der Steuerhinterziehung** gehört, dass der Täter den Steueranspruch dem Grunde und der Höhe nach kennt oder zumindest für möglich hält und ihn auch verkürzen will. Ein Irrtum darüber, dass ein Steueranspruch nicht entstanden ist bzw. ein Irrtum über die Reichweite steuerlicher Normen, liegt nicht vor, wenn der Erklärungspflichtige hinsichtlich der Verkürzung eines Steueranspruchs mit Eventualvorsatz handelt. Ob ein Angeklagter das Bestehen eines Steueranspruchs für möglich gehalten hat, muss vom Tatgericht im Rahmen der Beweiswürdigung geklärt werden. Dabei hat das Gericht bei Kaufleuten deren Umgang mit den in ihrem Gewerbe bestehenden Erkundigungspflichten in die Würdigung einzubeziehen.

88 Neben der Verweisung in § 1 Abs. 1 EUStBV auf die ZollbefreiungsVO für Einfuhrumsatzsteuerbefreiungen enthalten die anderen Vorschriften der EUStBV weitere von der ZollbefreiungsVO unabhängige Befreiungstatbestände.

89 Im Ergebnis gibt es über § 5 Abs. 2 UStG Steuerfreiheiten nach der EUStBV, EF-VO und KF-VO.

1 Bzgl. des Intelligenzschmuggels bei den Zollbefreiungen vgl. *Bender/Möller/Retemeyer*, Steuerstrafrecht – Mit Schwerpunkt Zoll- und Verbrauchsteuerstrafrecht, Kap. C V, Rz. 1061; wegen des Risikopotentials im Zoll-, Umsatzsteuer- und Verbrauchsteuerrecht *Scheller/Brill/Hildebrandt*, UR 2021, 256.

2 BGH, Urt. 24.1.2018 – 1 StR 331/17, NStZ 2019, 146.

II. Steuerfreiheiten aufgrund Verweisung auf die ZollbefreiungsVO

Die Steuerfreiheiten sind nicht direkt im UStG geregelt, sondern in speziellen Rechtsverordnungen. Den größten praktischen Anwendungsbereich hat die **Einfuhrumsatzsteuer-Befreiungsverordnung**, die für eine Vielzahl von Steuerfreiheiten auf die sog. **ZollbefreiungsVO** verweist. 90

§ 1 Abs. 1 Einfuhrumsatzsteuer-Befreiungsverordnung verweist hierzu auf die VO (EWG) Nr. 918/83 des Rates vom 28.3.1983 über das gemeinschaftliche System der Zollbefreiungen.[1] An die Stelle dieser ZollbefreiungsVO ist die seit dem 1.1.2010 geltende VO (EG) Nr. 1186/2009 des Rates über das gemeinschaftliche System der Zollbefreiungen getreten.[2] Diese ist im Wesentlichen mit der Vorgängerverordnung inhaltsgleich. 91

Vom Gesetzeswortlaut ausgehend haben die Steuerfreiheiten gemäß § 5 Abs. 2 UStG gemeinsam, dass sie der Erleichterung des Warenverkehrs und der Verwaltungsvereinfachung dienen. Insoweit enthält die Aufzählung in Absatz 2 verschiedene Grundlagen, um diese Ziele mit einer entsprechenden Rechtsverordnung verfolgen zu können. 92

Die mehrwertsteuerlichen Steuerfreiheiten sind i.d.R. durch Vorschriften des Unionsrechts, insbesondere die MwStSystRL, zwingend vorgegeben. 93

Die **Zoll- und Einfuhrumsatzsteueranmeldung** kann auch **mündlich oder schlüssig** und nicht nur im IT-Fachverfahren ATLAS abgegeben werden. Gemäß Art. 1 ZollbefreiungsVO prüft die Zollverwaltung zwar von Amts wegen, ob ein Befreiungstatbestand vorliegt, dennoch werden diese im Regelfall im IT-Fachverfahren codiert angemeldet. 94

Im Rahmen seiner **Mitwirkungspflicht** gemäß Art. 126 ZollbefreiungsVO i.V.m. Art. 15 UZK hat der Anmelder wegen des Vorliegens der Voraussetzungen die erforderlichen Auskünfte zu erteilen oder Beweisunterlagen beizubringen (z.B. bei der Überführung von Übersiedlungsgut in den zoll- und steuerrechtlich freien Verkehr wegen des Nachweises, dass der Anmelder seinen gewöhnlichen Wohnsitz mindestens zwölf aufeinanderfolgende Monate außerhalb der EU gehabt hat).[3] Dies entspricht dem steuerrechtlichen Grundsatz, dass derjenige, der sich auf eine Steuerbefreiung beruft, auch die dafür vorliegenden Voraussetzungen nachweisen muss. 95

Aufgrund der Verweisung in § 1 Abs. 1 EUStBV auf die unionsrechtlichen Zollbefreiungen kommt für verschiedene Einfuhren eine Steuerfreiheit in Betracht, wie sie nach dem Zollrecht wegen der Einfuhrabgaben gilt.[4] Diese materiellen Zollbefreiungstatbestände folgen keiner Systematik, sondern umfassen eine Vielzahl besonderer Umstände bei denen eine Befreiung von den europäischen Einfuhrabgaben oder den Ausfuhrabgaben gewährt wird. Das **Motiv der Zollbefreiung** ist hauptsächlich humanitär, kulturell, wegen der Verwaltungsvereinfachung oder in ähnlichen Umständen begründet.[5] 96

Der Ware selbst ist nicht immer der zur Zollbefreiung führende Umstand anzusehen, sondern regelmäßig sind für die außertarifliche Zollbefreiung nach der ZollbefreiungsVO die maßgeblichen Umstände des Umgangs mit der Ware entscheidend und durch den Anmelder anzumelden. Hängt die Einfuhrumsatzsteuerfreiheit eingeführter Gegenstände vom Vorliegen bestimmter Voraussetzungen ab, so hat der Anmelder daher in der für die Zollanmeldung vorgeschriebenen Form zu erklären, ob diese Voraussetzungen erfüllt sind.[6] 97

So werden beispielhaft **folgende Einfuhren** wie für die Zölle auch von der EUSt **befreit**: 98

- Übersiedlungs-, Heirats- und Erbschaftsgut (Art. 3 ff., 12 ff. und 17 ff. ZollbefreiungsVO);
- Ausstattung, Ausbildungsmaterial und Haushaltsgegenstände von Schülern und Studenten (Art. 21 ZollbefreiungsVO);
- Therapeutische Stoffe menschlichen Ursprungs sowie Reagenzien zur Bestimmung der Blut- und Gewebegruppen (Art. 54 ZollbefreiungsVO);

1 Verordnung (EWG) Nr. 918/83, ABl. EG 1983 Nr. L 105, 1.
2 Verordnung (EG) Nr. 1186/2009, ABl. EU 2009 Nr. L 324, 23.
3 So auch Abs. 100 DV Einfuhrumsatzsteuerrecht VSF Z 8101.
4 Zu den unionsrechtlichen Zollbefreiungen z.B. *Möller* in Dorsch, Zollrecht, A 3 VO Zollbefreiungen.
5 *Möller* in Dorsch, Zollrecht, A 3 VO Zollbefreiungen, Einführung, Rz. 33.
6 Abs. 100 DV Einfuhrumsatzsteuerrecht VSF Z 8101.

- Vergleichssubstanzen für die Arzneimittelkontrolle (Art. 59 ZollbefreiungsVO);
- Pharmazeutische Erzeugnisse zur Verwendung bei internationalen Sportveranstaltungen (Art. 60 ZollbefreiungsVO);
- Auszeichnungen und Ehrengaben (Art. 81 ZollbefreiungsVO);
- Geschenke im Rahmen zwischenstaatlicher Beziehungen (Art 82 ZollbefreiungsVO);
- Waren, die zum persönlichen Gebrauch von Staatsoberhäuptern bestimmt sind (Art. 85 ZollbefreiungsVO);
- Waren zur Absatzförderung (Art. 86 ff. ZollbefreiungsVO);
- Waren, die zu Prüfungs-, Analyse- oder Versuchszwecken eingeführt werden (Art. 95 ff. ZollbefreiungsVO);
- Sendungen an die für Urheberrechtsschutz oder gewerblichen Rechtsschutz zuständigen Stellen (Art. 102 ZollbefreiungsVO);
- Werbematerial für den Fremdenverkehr (Art. 103 ZollbefreiungsVO).

99 § 1 Abs. 1 EUStBV enthält den das Verhältnis von Zollrecht und Einfuhrumsatzsteuerrecht prägenden Wortlaut „[…] in entsprechender Anwendung dieser Vorschriften sowie der Durchführungsvorschriften dazu".

100 Bestimmte Artikel der ZollbefreiungsVO sind aber von der entsprechenden Anwendung der Zollbefreiungen für die **Einfuhrumsatzsteuerbefreiung ausgenommen** (§ 1 Abs. 1 letzter Halbsatz EUStBV):

- Sendungen von Privatpersonen an Privatpersonen (Art. 25–27 ZollbefreiungsVO);
- Waren im persönlichen Gepäck von Reisenden (Art. 41 ZollbefreiungsVO);
- Wissenschaftliche Instrumente und Apparate (Art. 44–52 ZollbefreiungsVO);
- Instrumente und Apparate zur medizinischen Forschung, Diagnose und Behandlung (Art. 57 und 58 ZollbefreiungsVO).

101 Für nachfolgende zollrechtlich geregelte Befreiungen enthalten die Vorschriften der EUStBV für die Steuerfreiheit der Einfuhr zusätzliche Regelungen:

- Investitionsgüter und andere Ausrüstungsgegenstände (§ 2 EUStBV i.V.m. Art. 28–34 ZollbefreiungsVO)
- Landwirtschaftliche Erzeugnisse (§ 3 EUStBV i.V.m. Art. 35–38 ZollbefreiungsVO)
- Gegenstände erzieherischen, wissenschaftlichen und kulturellen Charakters (§ 4 EUStBV i.V.m. Art. 42–52 ZollbefreiungsVO)
- Tiere für Laborzwecke (§ 5 EUStBV i.V.m. Art. 53 ZollbefreiungsVO)
- Gegenstände für Organisationen der Wohlfahrtspflege (§ 6 EUStBV i.V.m. Art. 61–80 ZollbefreiungsVO)
- Werbedrucke (§ 7 EUStBV i.V.m. Art. 86–94 ZollbefreiungsVO)
- Werbemittel für den Fremdenverkehr (§ 8 EUStBV i.V.m. Art. 103 ZollbefreiungsVO)
- Amtliche Veröffentlichungen, Wahlmaterialien (§ 9 EUStBV i.V.m. Art. 104 ZollbefreiungsVO)
- Behältnisse und Verpackungen (§ 10 EUStBV i.V.m. Art. 105 ZollbefreiungsVO)

101.1 Die Steuerfreiheit für Sendungen mit geringem Wert (22 Euro) gemäß § 1a EUStBV i.V.m. Art. 23 und 24 ZollbefreiungsVO ist durch das Jahressteuergesetz 2020 ersatzlos gestrichen und der § 1a EUStBV aufgehoben worden.[1] Durch die Streichung von Titel IV der MwStSystRL sieht das EU-Recht keine Befreiung von der EUSt für Sendungen mit geringem Wert mehr vor. Die Vorschriften über die Zollbefreiung für Sendungen von geringem Wert dürfen daher nicht mehr entsprechend angewendet werden. Sie sind aus dem Anwendungsbereich der EUStBV ausgenommen worden. Insoweit bestand auch kein Bedarf mehr für die konkretisierende Sonderregelung des § 1a EUStBV. Der Wortlaut des § 1

1 Zum Motiv der Änderung *Möller*, AW-Prax 2019, 359; *de Weerth*, ZfZ 2021, 202; *Thoma/Pleuß*, UStB 2021, 191.

Abs. 1 EUStBV ist deswegen ebenfalls zum 1.7.2021 entsprechend angepasst worden. Die erstmalige Besteuerung von Warensendungen aus Drittstaaten wegen des Wegfalls der Steuerfreiheit für Sendungen unter 22 Euro könnte zu jährlichen Mehreinnahmen i.H.v. 90 Mio. Euro führen.[1] Die Europäische Kommission erwartet durch die gerechtere Besteuerung des E-Commerce einen Anstieg der öffentlichen Einnahmen von 7 Mrd. Euro.[2]

Diese **umsatzsteuerrechtlichen Regelungen** enthalten für die Steuerfreiheit **zusätzliche Bedingungen**. 102
Diese gehen dabei teilweise über die für Zollbefreiungen bereits zu erfüllenden Bedingungen hinaus (z.B. müssen die Tiere für Laborzwecke gemäß § 5 EUStBV unentgeltlich eingeführt werden) oder beschränken die Zollbefreiung (z.B. darf der Wert von Sendungen mit geringem Wert für die Einfuhrumsatzsteuerfreiheit 22 Euro je Sendung nicht übersteigen).

Das erste **Zollverfahren** gemäß Art. 5 Nr. 16 Buchst. a UZK ist die Überlassung zum zollrechtlich frei- 103
en Verkehr. Gemäß Art. 201 Abs. 3 UZK erhält eine Nichtunionsware damit den Status der Unionsware. Wegen eines besonderen Zwecks können Waren in der Endverwendung gemäß Art. 254 UZK zum zollrechtlich freien Verkehr überlassen werden. Mit dem UZK ist hierfür das selbständige Verfahren der Endverwendung geschaffen worden. Die Endverwendung kommt i.d.R. für die Zollbefreiungen in Betracht, soweit für die Zollbefreiung eine festgelegte Verwendung Voraussetzung ist (z.B. darf Übersiedlungsgut gemäß Art. 7 ZollbefreiungsVO nicht vor Ablauf einer Frist von zwölf Monaten ohne vorherige Unterrichtung des HZA verliehen, verpfändet, vermietet, veräußert oder überlassen werden). Deswegen besteht für Waren in der Endverwendung auch nach der Überlassung in den zoll- und steuerrechtlich freien Verkehr die zollamtliche Überwachung fort (Art. 5. Nr. 27 UZK). Die Pflicht zur vorherigen Unterrichtung erfolgt auch aus § 153 Abs. 3 AO.

Die zollrechtliche Systematik der Zollbefreiungen führt auch zu Fragen des **Zollschuldrechts**. Gemäß 104
Art. 1 ZollbefreiungsVO wird die jeweilige Befreiung von Einfuhrabgaben (Art. 5 Nr. 20 UZK) gewährt. Damit entsteht nach dem UZK keine Einfuhrzollschuld. Die Zollbefreiung wird i.d.R. angemeldet, ist aber von Amts wegen zu prüfen. Wird irrtümlich Zoll erhoben, obwohl die Voraussetzungen für eine Zollbefreiung vorlagen, wird der Zoll erstattet (Art. 117 UZK).

Wird eine Ware entgegen den Bedingungen verwendet bzw. über sie verfügt entsteht die Einfuhrzoll- 105
schuld im Zeitpunkt des Verstoßes gemäß Art. 79 Abs. 1 Buchst. b UZK. Typisch ist, dass Waren in der Endverwendung nicht innerhalb des begünstigten Zeitraums zweckgerecht verwendet werden oder zweckwidrig verwendet, gebraucht oder verbraucht werden. Fehlende Voraussetzungen bei Überführung in den zollrechtlich freien Verkehr zur Endverwendung lassen die Einfuhrzollschuld gemäß Art. 79 Abs. 1 Buchst. c UZK entstehen.

Der Verweis in § 1 Abs. 1 EUStBV über die „entsprechende Anwendung“ der Vorschriften der Zoll- 106
befreiungsVO führt auch für die Einfuhrumsatzsteuerbefreiung zur zollamtlichen Überwachung und gegebenenfalls steuerschuldrechtlichen Folgen.

Die Überführung in den zoll- und steuerrechtlich freien Verkehr zur Endverwendung ist auch einfuhr- 107
umsatzsteuerrechtlich eine Überführung zur Endverwendung.

Das BMF hat die Zollverwaltung angewiesen, die Vorschriften der ZollbefreiungsVO für die Befreiung 108
der betreffenden Gegenstände von der EUSt anzuwenden, jedoch die besonderen Regelungen in den §§ 2–12 EUStBV zu beachten.[3]

Ist die Einfuhrumsatzsteuerbefreiung irrtümlich nicht gewährt worden, wird die EUSt gemäß § 14 109
EUStBV in sinngemäßer Anwendung der Vorschriften für die Zölle erstattet oder erlassen.[4]

---

1 Vgl. Finanztableau zum Jahressteuergesetz 2020 (BT-Drucks. 19/22850 v. 25.9.2020) sowie Antwort der Bundesregierung auf eine kleine Anfrage von Abgeordneten und der Fraktion Bündnis 90/Die Grünen, BT-Drucks. 19/29598 v. 11.5.2021.

2 Amt für Veröffentlichungen der Europäischen Union, Neue zukunftsfähige Mehrwertsteuerbestimmungen – E-Commerce leicht gemacht, 2021.

3 Abs. 99 DV Einfuhrumsatzsteuerrecht VSF Z 8101.

4 Abs. 141 DV Einfuhrumsatzsteuerrecht VSF Z 8101.

110 Bei der zur Zollschuld führenden zollrechtlichen Verfehlung entsteht umsatzsteuerrechtlich gemäß § 21 Abs. 4 UStG eine **weitere Einfuhrumsatzsteuer.**[1]

III. Andere Steuerfreiheiten aufgrund Verweisung auf andere Zollvorschriften

1. Regelungsgegenstand

111 Neben den Verweisungen auf die ZollbefreiungsVO für Steuerfreiheiten gibt es in der EUStBV weitere Verweisungen auf andere Zollvorschriften für Steuerfreiheiten.

112 Für andere Steuerfreiheiten wird auf verschiedene Zollvorschriften, insbesondere auf den nicht mehr gültigen ZK, verwiesen. Gemäß Art. 286 UZK gelten Bezugnahmen auf den aufgehobenen ZK als Bezugnahmen auf entsprechende Vorschriften des UZK. Insoweit kann diese europäische Regelung für Verweisungen auch für die umsatzsteuerrechtlich geregelten Verweisungen bei den Steuerfreiheiten gelten.[2]

2. Steuerfreiheiten mit Verweisung auf andere Zollvorschriften

a) Befreiungen bei vorübergehender Einfuhr (§ 5 Abs. 2 Nr. 5 UStG i.V.m. § 1 Abs. 2 Nr. 1 und Nr. 2 EUStBV)

113 Das BMF ist gemäß § 5 Abs. 2 Nr. 5 UStG zur Einführung einer Steuerfreiheit für Gegenstände ermächtigt, die nur **vorübergehend eingeführt** und danach unter zollamtlicher Überwachung wieder ausgeführt werden. Konkretisiert wird die Ermächtigung durch die Regelung in der dazu ergangenen EUStBV und hier in § 1 Abs. 2 Nr. 1 EUStBV.

114 § 1 Abs. 2 Nr. 1 EUStBV verweist aktuell immer noch auf die Art. 137–144 ZK, die bereits mit Wirkung zum 1.5.2016 durch den UZK aufgehoben worden sind. Die Art. 137 bis 144 ZK regelten bis zum 30.4.2016 zollrechtlich das Zollverfahren der **vorübergehenden Verwendung**. Nunmehr entsprechen diesen Vorschriften des ZK die Art. 250–253 UZK über das besondere Verfahren der vorübergehenden Verwendung. Gemäß Art. 286 UZK gelten Bezugnahmen auf den aufgehobenen ZK als Bezugnahmen auf entsprechende Vorschriften des UZK. Insoweit kann diese europäische Regelung für Verweisungen auch für die umsatzsteuerrechtlich geregelten Verweisungen bei den Steuerfreiheiten gelten.

115 Die Spezialität des Einfuhrumsatzsteuerrechts und die Problematik des Begriffs der umsatzsteuerrechtlichen Einfuhr treten auch hier wieder zu Tage. Nimmt man an, dass nur dann eine umsatzsteuerrechtliche Einfuhr vorliegt, wenn es zur Entstehung der EUSt kommt, läge diese bei der vorübergehenden Einfuhr nicht vor und § 1 Abs. 2 Nr. 1 EUStBV hätte gar keinen Anwendungsbereich.[3] Der **BFH** sah im Fall der vorübergehenden Verwendung eine umsatzsteuerrechtliche Einfuhr, wenn das Zollverfahren der vorübergehenden Verwendung im Geltungsbereich des UStG endet.[4]

115.1 Die Frage zu dem Ort der mehrwertsteuerrechtlichen Einfuhr hat wegen der Entscheidungen des EuGH zu dem für eine mehrwertsteuerrechtliche Einfuhr erforderlichen Eingang der Ware in den Wirtschaftskreislauf der EU neue Bedeutung erhalten. Der EuGH hat auf Vorlage des FG Düsseldorf[5] entschieden, dass die EUSt für zollpflichtige Gegenstände in dem Mitgliedstaat entsteht, in dem ein

1 Anders das BMF in Abs. 51 DV Einfuhrumsatzsteuerrecht VSF Z 8101, welches im Fall der misslungenen steuerbefreiten Anschlusslieferung die Steuerentstehung gemäß § 21 Abs. 2 UStG i.V.m. Art. 77 Abs. 1 UZK annimmt.

2 **A.A.** bzgl. der statischen Verweisungen in den nationalen Verbrauchsteuergesetzen und des Einstimmigkeitsprinzips gemäß Art. 113 AEUV für verbrauchsteuerrechtliche Regelungen *Henke* in Witte, Zollkodex der Union^{8}, Art. 285 UZK Rz. 5.

3 So mit ausführlicher und nachvollziehbarer Begründung wegen der gesetzlichen Ermächtigung, sinngemäßen Geltung des Zollrechts und Vereinbarkeit mit Unionsrecht *Wäger* in Reiß/Kraeusel/Langer, § 5 UStG Rz. 470 ff. (Stand: Juni 2021).

4 BFH, Urt. v. 25.10.2006 – VII R 64/05, BFH/NV 2007, 527.

5 FG Düsseldorf, Vorlagebeschl. v. 11.12.2019 – 4 K 473/19 Z EU, UR 2020, 310.

Verstoß gegen eine Verpflichtung aus unionsrechtlichen Vorschriften festgestellt wurde, sofern die fraglichen Waren in diesem Mitgliedstaat in den Wirtschaftskreislauf der EU eingetreten sind, auch wenn sie körperlich in einem anderen Mitgliedstaat in das Zollgebiet der EU gelangt sind.[1] In seinem Urteil hat der EuGH die eigentlich vom FG Düsseldorf gestellte Frage wegen der analogen Anwendung des Art. 87 Abs. 4 UZK unbeantwortet gelassen, weil die Entscheidung zu dem Sachverhalt dies nicht erforderte. Das FG Hamburg hatte das Problem der mehrwertsteuerrechtlichen Einfuhr und der entsprechenden Anwendung von Art. 87 Abs. 4 UZK auf die Einfuhrumsatzsteuer dem EuGH vorgelegt.[2] Das Urteil des EuGH[3] wurde im Schrifttum als bahnbrechend bezeichnet,[4] wegen der fehlenden eindeutigen Antwort auf die vom FG Hamburg gestellten Fragen auch kritisiert.[5] In Folge des Urteils hat das FG Hamburg entschieden, dass die Entstehung der Einfuhrumsatzsteuerschuld nicht von der Entstehung der Zollschuld im selben Mitgliedstaat abhängig ist.[6]
Das FG Hamburg hatte in einem weiteren Streit erneut Gelegenheit eine Vorlagefrage zu stellen, um durch eine Antwort des EuGH sein Verständnis des mehrwertsteuerrechtlichen „Eingangs in den Wirtschaftskreislauf“ konkreter beantwortet zu bekommen.[7] Der EuGH urteilte, dass wegen des Grundsatzes der steuerlichen Territorialität nicht der Ort der Feststellung der Entstehung, sondern der Ort des Endverbrauchs relevant ist. Demnach ist der Verbrauch in dem jeweiligen Mitgliedstaat entscheidend, was insbesondere unter Berücksichtigung der Menge der vorschriftwidrig in die EU eingeführten Waren und der Art und Weise, in der sie erworben und anschließend weitergegeben wurden, zu prüfen ist.[8] Ob die Bestimmung zum Verbrauch und sein Ort tatsächlich festzustellen sind (z.B. bei Durchfuhren), ist m.E. schwierig. Feststellungen zu der einem anderen Mitgliedstaat zustehenden Einfuhrmehrwertsteuer wären im Wege der Zusammenarbeit einem anderen Mitgliedstaat mitzuteilen, und dies ohne Aufforderung des anderen Mitgliedstaats.

Der **Verordnungsgeber** ordnet die sinngemäße Anwendung der Zollvorschriften über die vorübergehende Verwendung an und modifiziert die Steuerfreiheit in Abhängigkeit der zollrechtlichen Varianten zur vollständigen oder teilweisen Befreiung von den Einfuhrabgaben bei der zollrechtlichen vorübergehenden Verwendung. Damit verfolgt er auch in diesem Fall die einheitliche Anwendung der Zollvorschriften für den Umsatzsteuerzweck und die einheitliche Verwaltung. 116

§ 1 Abs. 2 EUStBV schließt die vorübergehende Verwendung bei nur teilweiser Befreiung von den Einfuhrabgaben i.S.d. Art. 4 Nr. 10 ZK, jetzt in Folge der Verweisungsregelung Art. 5 Nr. 20 UZK, ausdrücklich aus. Für diese zollrechtliche Variante kommt die Steuerfreiheit daher nicht Betracht. 117

§ 1 Abs. 2 EUStBV steht unter dem Vorbehalt des § 11 EUStBV. § 11 EUStBV trifft ergänzende Regelungen für die vorübergehende Verwendung, die die zollrechtliche vorübergehende Verwendung für die Steuerfreiheit der Einfuhr einschränken bzw. modifizieren. Der Verordnungsgeber verwendet hier nicht mehr den Terminus der vorübergehenden Einfuhr mit dem Verweis auf die Zollvorschriften zur vorübergehenden Verwendung, sondern verwendet auch den Ausdruck der vorübergehenden Verwendung. 118

Auch die Steuerfreiheit gemäß § 1 Abs. 2 Nr. 2 EUStBV für gelegentliche und ohne gewerbliche Absicht eingeführte Gegenstände stellt auf eine Verwendung ab. Allerdings ist diese Steuerfreiheit nicht an Zollvorschriften geknüpft. Der nicht mehr gültige Art. 578 ZK-DVO kannte die vorübergehende Verwendung mit vollständiger Befreiung für gelegentliche Verwendungen oder Verwendungen in besonderen Situationen ohne wirtschaftliche Auswirkungen. Im UZK entspricht dies der Regelung in 119

1 EuGH, Urt. v. 3.3.2021 – C-7/20, ECLI:EU:C:2021:161 – Hauptzollamt Münster, UR 2021, 323 m. Anm. *Bender*; *Schrömges*, MwStR 2021, 319; *Bender*, AW-Prax 2021, 241; *Bieber/Summersberger*, SWK Steuern, 748; *Nieskens*, EU-UStB 2021, 47.

2 FG Hamburg, Vorlagebeschl. v. 2.6.2021 – 4 K 130/20, UR 2021, 560.

3 EuGH, Urt. v. 8.9.2022 – C-368/21, ECLI:EU:C:2022:647 – Hauptzollamt Hamburg, UR 2022, 743 m. Anm. *Ojak*.

4 *Schrömbges*, MwStR 2022, 874.

5 *Vobbe*, MwStR 2022, 770; *Ojak*, UR 2022, 746; Koefler, ZfZ 2023, 213.

6 FG Hamburg, Urt. v. 25.10.2022 – 4 K 130/20, UR 2023, 112.

7 FG Hamburg, Vorlagebeschl. v. 6.12.2022 – 4 K 1/18, UR 2023, 118 m. Anm. *Bender*.

8 EuGH, Urt. v. 18.1.2024 – C-791/22, ECLI:EU:C:2024:59 – Hauptzollamt Braunschweig, UR 2024, 137; s. zu diesem Urteil auch *Bender*, UR 2024, 128.

Art. 236 UZK-DelVO. Insoweit ist der Anwendungsbereich für derartige Einfuhren bereits über § 1 Abs. 2 Nr. 2 EUStBV abgedeckt und bedarf keiner weiteren speziellen umsatzsteuerrechtlichen Regelung.

120 Die Bewilligung der vorübergehenden Verwendung richtet sich nach den Zollvorschriften und den dazu ergangenen Dienstvorschriften (VSF Z 1901, Z 1903), auch wenn die eingeführten Gegenstände nur der EUSt unterliegen.[1]

b) Befreiungen für Rückwaren (§ 5 Abs. 2 Nr. 3 UStG i.V.m. § 1 Abs. 2a EUStBV)

121 Unter Verweis auf die Art. 185–187 ZK befreit § 1 Abs. 2a EUStBV sog. **Rückwaren**. Auch hier gilt für die Verweisung das oben aufgeführte, dass nunmehr der Art. 203 UZK i.V.m. Art. 158 UZK-DVO und Art. 253–256 UZK-DelVO Anwendung finden.

122 Zollrechtlich sind Rückwaren **Nicht-Unionswaren**, die ursprünglich als Unionswaren aus dem Zollgebiet der EU ausgeführt wurden und innerhalb von drei Jahren wieder in das Zollgebiet der EU eingeführt und dort zum zollrechtlich freien Verkehr angemeldet werden. Auf Antrag des Anmelders werden diese von den Einfuhrabgaben i.S.d. Art. 5 Nr. 20 UZK befreit. Der europäische Gesetzgeber sieht unter diesen Voraussetzungen eine weiter bestehende wirtschaftliche Bindung an das Zollgebiet der EU. Die gesetzlichen Voraussetzungen, insbesondere der Nachweis der Nämlichkeit (z.B. durch die Vorlage eines Auskunftsblatts INF 3 oder eines Carnet ATA), sind vom Anmelder nachzuweisen. Hierauf kann wegen der Steuerfreiheit bei Berechtigung zum vollen Vorsteuerabzug verzichtet werden.[2] Bestehen Zweifel an der Richtigkeit der Erklärung und fehlender Vorsteuerabzugsberechtigung des Anmelders, erhebt das HZA die Einfuhrumsatzsteuer.

123 Auch der deutsche Gesetzgeber hat sich wegen der umsatzsteuerlichen Behandlung von Rückwaren bei seiner Ermächtigung für die Steuerfreiheit an der Zugehörigkeit oder den engen Beziehungen der Rückwaren zur inländischen Wirtschaft orientiert (§ 5 Abs. 2 Nr. 3 UStG).

124 Umsatzsteuerrechtlich handelt es sich um **vorausgegangene Ausfuhren** aus dem Inland oder den österreichischen Gebieten Jungholz und Mittelberg. Gemäß Abs. 109 DV Z 8101 setzt die Einfuhrumsatzsteuerfreiheit in sinngemäßer Anwendung der Art. 203 ff. UZK sowie der Vorschriften der Art. 158 ff. UHK-DA voraus, dass die Waren aus dem Inland oder den österreichischen Gebieten Jungholz und Mittelberg ausgeführt worden sind. Zollrechtlich ist es unerheblich, ob die Ware zuvor aus Deutschland oder einem anderen Mitgliedstaat der EU ausgeführt worden ist. Eine territoriale Beschränkung auf die in Abs. 109 DV Z 8101 genannten Gebiete kann mit der Anführung der zollrechtlichen Grundlagen gerade nicht begründet werden. Die Meinung des BMF in der DV ist insoweit unzutreffend.

125 Die Steuerfreiheit steht unter dem **Vorbehalt** des § 12 EUStBV. Dieser schließt die Steuerfreiheit in bestimmten Fällen aus. Dies sind die Fälle der Lieferung vor der Einfuhr (§ 12 Nr. 1 EUStBV), der vorausgegangenen steuerfreien Ausfuhr des Gegenstands gemäß § 4 Nr. 1 UStG von einem zum vollen Vorsteuerabzug Berechtigten (§ 12 Nr. 2 EUStBV) und die Entlastung von der Umsatzsteuer im Rahmen des § 4a UStG (§ 12 Satz 1 Nr. 3 EUStBV).[3]

126 **Vor der Einfuhr geliefert** i.S.d. § 12 EUStBV ist ein Gegenstand, wenn der Ausführer im Rahmen einer Lieferung im umsatzsteuerlichen Ausland bzw. – falls der Gegenstand einem besonderen Verfahren unterliegt – auch im Inland, die Verfügungsmacht an dem Gegenstand einer weiteren Person überträgt. Hierbei ist es unerheblich, ob der Abnehmer dieser Lieferung im umsatzsteuerlichen Ausland oder im Inland ansässig ist.[4]

127 Mit der in § 12 Nr. 2 EUStBV getroffenen Regelung soll verhindert werden, dass eine **andere Person als der Ausführer die Einfuhrwaren steuerfrei erhält**. Im Rahmen einer steuerfreien Lieferung gemäß § 4 Nr. 1 UStG ist ein Gegenstand ausgeführt worden, wenn bei einer Ausfuhr die Voraussetzun-

1 Abs. 106 DV Einfuhrumsatzsteuerrecht VSF Z 8101.
2 Abs. 109 DV Einfuhrumsatzsteuerrecht VSF Z 8101.
3 Abs. 110 ff. DV Einfuhrumsatzsteuerrecht VSF Z 8101.
4 So auch Abs. 111 DV Einfuhrumsatzsteuerrecht VSF Z 8101.

gen einer steuerfreien Ausfuhrlieferung gemäß § 6 UStG, einer Lohnveredelung an Gegenständen der Ausfuhr gemäß § 7 UStG oder einer innergemeinschaftlichen Lieferung gemäß § 6a UStG vorlagen.

Die Gewährung einer **Vergütung** gemäß § 4a UStG **schließt** gemäß § 12 Nr. 3 EUStBV die **Steuerfreiheit als Rückware aus.** Die Körperschaft oder die juristische Person des öffentlichen Rechts muss deshalb erklären, ob die Rückwaren im Ausland zu humanitären, karitativen oder erzieherischen Zwecken verwendet und im Rahmen der Steuervergütung von der Umsatzsteuer (einschließlich Einfuhrumsatzsteuer) entlastet worden sind.[1] 128

Die in der Dienstvorschrift für die Zollverwaltung vorgenommene Regelung zu dem Ausfuhrgebiet ist kritisch zu sehen. Sie schränkt das Ausfuhrgebiet auf das Inland oder die österreichischen Gebiete Jungholz und Mittelberg ein.[2] Diese territoriale Einschränkung dürfte mit der sinngemäßen Anwendung der Zollvorschriften nicht vereinbar sein.[3] 129

Die Steuerfreiheit setzt Art. 143 Abs. 1 Buchst. e MwStSystRL um. Allerdings ist der Wortlaut von **Art. 143 Abs. 1 Buchst. e MwStSystRL** wohl **enger gefasst als** in der umgesetzten **nationalen Regelung**. Gemäß Art. 143 Abs. 1 Buchst. e MwStSystRL ist die Wiedereinfuhr von unter eine Zollbefreiung fallenden Gegenständen durch denjenigen, der sie ausgeführt hat und in dem Zustand, in dem sie ausgeführt wurden, steuerfrei. Die Regelungen des § 1 Abs. 2a Satz 1 und § 12 Satz 1 Nr. 3 EUStBV gewähren weitergehende Steuerfreiheiten. So wird auch für die nach Art. 185 Abs. 2 Buchst. b ZK, nunmehr Art. 204 UZK, zollrechtlich von der Zollbefreiung ausgeschlossenen Rückwaren trotzdem national Steuerfreiheit eingeräumt. Die sinngemäße Anwendung der Zollvorschriften kann nicht über die sich eindeutig aus dem Wortlaut ergebende Regelung der Zollvorschrift für Umsatzsteuerzwecke hinausgehen. 130

c) Befreiungen durch sinngemäße Anwendung der §§ 12, 14–22 Zollverordnung (§ 5 Abs. 2 UStG i.V.m. § 1 Abs. 3 EUStBV)

Steuerfreiheit wird gemäß § 1 Abs. 3 EUStBV i.V.m. den §§ 12, 14–22 Zollverordnung (ZollV) in sinngemäßer Anwendung dieser Zollvorschriften gewährt. Der Befreiungstatbestand des § 12 ZollV ist mit Wirkung zum 1.1.2008, der des § 13 ZollV mit Wirkung zum 10.1.2004 und der des § 22 ZollV mit Wirkung zum 27.8.2005 entfallen. 131

Seit dem Inkrafttreten des UZK werden Waren im Rahmen der vorgenannten Befreiungen nun in den zollrechtlich freien Verkehr zur Endverwendung übergeführt (§ 11 Abs. 1 ZollV i.V.m. Art. 254 UZK). Begünstigte Waren, die ohne Zoll- und Steueraussetzungsverfahren direkt aus einem anderen Mitgliedstaat in das Inland verbracht werden, gelten mit dem Verbringen als in den zollrechtlich freien Verkehr zur Endverwendung übergeführt bzw. zum zollrechtlich freien Verkehr überlassen (§ 11 Abs. 2 ZollV). 132

Werden die Waren **zweckwidrig verwendet**, entsteht die Einfuhrzollschuld gemäß Art. 79 Abs. 1 Buchst. b UZK. 133

Die Befreiungen erfassen aktuell: 134

- Mund-Schiffsvorrat (§ 14 Abs. 1 ZollV)
- Speisewagenvorräte (§ 15 Abs. 1 ZollV)
- Bordvorräte der Luftfahrzeuge (§ 16 Abs. 1 ZollV)
- Diplomaten- und Konsulargut (§ 17 Abs. 1 ZollV)
- Ausstattung drittländischer Dienststellen (§ 18 Abs. 1 ZollV)
- Betriebsstoffe für Schienenfahrzeuge (§ 19 ZollV)
- Betriebsstoffe für Schiffe (§ 20 Abs. 1 ZollV)
- Betriebsstoffe für Luftfahrzeuge (§ 21 Abs. 1 ZollV)

---

1 Abs. 113 DV Einfuhrumsatzsteuerrecht VSF Z 8101.
2 Abs. 109 DV Einfuhrumsatzsteuerrecht VSF Z 8101.
3 Ebenso *Wäger* in Reiß/Kraeusel/Langer, § 5 UStG Rz. 490 f. (Stand: Juni 2021).

IV. Andere Steuerfreiheiten nach der EUStBV

1. Freihafenlagerung (§ 12a EUStBV)

135 Steuerfreiheit wird für die Einfuhr von Gegenständen, die als Unionswaren ausgeführt und vorübergehend in einem Freihafen (Freizone) gelagert worden sind, gewährt.

136 Die Lagerung der Gegenstände bedarf einer besonderen Zulassung durch das HZA.[1]

2. Freihafenveredelung (§ 12b EUStBV)

137 Steuerfreiheit wird für die Einfuhr von Gegenständen, die in einem Freihafen (Freizone) veredelt worden sind, sofern die bei der Veredelung verwendeten Gegenstände als Unionswaren ausgeführt worden sind, gewährt.

138 Die Freihafenveredelung bedarf einer Bewilligung durch das HZA.[2]

3. Fänge deutscher Fischer (§ 13 EUStBV)

139 Steuerfreiheit wird für die Einfuhr von Fängen von Fischern, die in der Bundesrepublik Deutschland wohnen und von deutschen Schiffen aus auf See fischen sowie für die aus diesen Fängen auf deutschen Schiffen hergestellten Erzeugnisse gewährt.

140 Die Steuerfreiheit ist ausgeschlossen, wenn die Gegenstände vor der Einfuhr geliefert worden sind (§ 13 Abs. 2 EUStBV).

141 Das Vorliegen der Voraussetzungen hat der Anmelder in der für die Zollanmeldung vorgeschriebenen Form zu erklären. Bei Zweifeln die nicht ausgeräumt werden können erhebt das HZA die Einfuhrumsatzsteuer.

142 An der Strandlinie gefangene Fische werden bei ihrer Anmeldung ohne weitere Erklärung steuerfrei in den freien Verkehr überlassen.

V. Steuerfreiheiten nach Sondervorschriften

143 Steuerfreiheiten sind auch national nach Sondervorschriften für ausländische Streitkräfte nach dem **Truppenzollgesetz**[3] sowie für internationale Organisationen und andere Einrichtungen (§ 21 Abs. 2 UStG i.V.m. Zollvorschriften) oder auch wegen gutnachbarlicher Beziehungen geregelt.

144 Befreiungen für Truppengut ergeben sich aus dem NATO-Truppenstatut, dem Truppenzollgesetz (TrZollG) i.V.m. der Truppenzollordnung. Art. 131 ZollbefreiungsVO überlässt es bis zum Erlass unionsrechtlicher Bestimmungen den Mitgliedstaaten, Streitkräften, die nicht ihrer Hoheit unterstehen und aufgrund internationaler Abkommen in ihrem Gebiet stationiert sind, Zollbefreiungen zu gewähren.

145 Gemäß § 2 Abs. 3 TrZollG ist die **Truppenverwendung** ein nationales Zollverfahren, welches als Zollverfahren i.S.d. UZK gilt. Insoweit finden auch die europäischen Zollvorschriften Anwendung. Die steuerfrei an die Truppe gelieferten Unionswaren sind nach § 9 Abs. 1 TrZollG Nichtunionswaren, die der zollamtlichen Überwachung unterliegen. Bei zweckwidriger Verwendung entsteht die EUSt nach Meinung des BFH gemäß Art. 79 Abs. 1 Buchst. a UZK.[4] § 19 TrZollG regelt die Entstehung der Abgabenschuld und den Abgabenschuldner spezialgesetzlich. Bei ordnungsgemäßer Beendigung der Truppenverwendung durch Überführung in den zoll- und umsatzsteuerrechtlich freien Verkehr entsteht die Abgabenschuld nach den Zollvorschriften gemäß Art. 77 UZK i.V.m. § 21 Abs. 2 UStG für

1 Wegen der Zulassung ausführlich Abs. 121 DV Einfuhrumsatzsteuerrecht VSF Z 8101.
2 Wegen der Bewilligung ausführlich Abs. 132 DV Einfuhrumsatzsteuerrecht VSF Z 8101.
3 BGBl. I 2009, 1090.
4 Zur Einfuhr beim Entziehen aus der Truppenzollgutverwendung: BFH, Urt. v. 14.11.2012 – VII R 21/11, BFH/NV 2013, 425.

die Einfuhrumsatzsteuer. Bei zweckwidriger Verwendung (§ 17 TrZollG) entsteht die Einfuhrabgabenschuld dagegen gemäß § 19 Abs. 2 TrZollG als selbstständiger Entstehungstatbestand. Die Steuerbefreiung setzt Art. 143 Abs. 1 Buchst. h MwStSystRL um.

Art. 128 Abs. 1 Buchst. a–e ZollbefreiungsVO ermächtigt die Gewährung zollrechtlicher Befreiungen aufgrund üblicher Vorrechte (bilaterale Abkommen). Aufgrund der bilateralen Abkommen werden z.B. Organe der EU, Eurocontrol, die Europäische Patentorganisation, das Europäische Weltraumoperationszentrum oder in Deutschland gelegene Einrichtungen der Vereinten Nationen von Einfuhrabgaben, einschließlich der Einfuhrumsatzsteuer, befreit.[1] Die Steuerbefreiung setzt Art. 143 Abs. 1 Buchst. g MwStSystRL bzw. Art. 93 Buchst. a und b der Richtlinie 2009/132/EG um. 146

Art. 128 Abs. 1 Buchst. f ZollbefreiungsVO ermächtigt zu Steuerfreiheiten für gutnachbarliche Beziehungen der Bundesrepublik Deutschland mit angrenzenden Drittstaaten auf Basis der Gegenseitigkeit (z.B. das Deutsch-Schweizerische Abkommen über den Grenz- und Durchgangsverkehr)[2]. Praktische Bedeutung haben derartige Abkommen nur noch, wenn ihre Befreiungen über die der ZollbefreiungsVO und dem Unionszollrecht hinausgehen. Es mangelt hierfür zwar an einer speziellen Grundlage in der MwStSystRL, aber Art. 396 MwStSystRL ermöglicht dem Rat auf Vorschlag der Kommission die Erteilung einer Einzelermächtigung für einen Mitgliedstaat. 147

D. Erstattung und Erlass der Einfuhrumsatzsteuer (Absatz 3)

§ 5 Abs. 3 UStG ermächtigt das BMF die **Erstattung** und den **Erlass** der EUSt unter den sinngemäß anzuwendenden Voraussetzungen von **Rechtsakten des Rates der EU** oder der **Europäischen Kommission** über die Erstattung oder den Erlass von Einfuhrabgaben anzuordnen. Die Anordnung findet sich in der EUStBV wieder. 148

Die Ermächtigung ist die Grundlage für § 14 EUStBV, der Erstattung oder Erlass regelt. Danach wird die EUSt in den in den Art. 235–242 ZK bezeichneten Fällen in sinngemäßer Anwendung dieser Vorschriften und der Durchführungsvorschriften dazu erstattet oder erlassen. Gemäß § 14 Abs. 2 UStG wird die Einfuhrumsatzsteuer, außer in den Fällen des Art. 236 ZK, nicht erstattet oder erlassen, wenn der Antragsteller hinsichtlich der Gegenstände vorsteuerabzugsberechtigt ist. 149

Der ZK ist zum 1.5.2016 außer Kraft getreten und es gilt seitdem der UZK. Dennoch verweist die Vorschrift des § 14 EUStBV immer noch unverändert auf altes aufgehobenes europäisches Zollrecht. 150

Es entspricht grundsätzlich deutscher Rechtsetzungstechnik, dass durch die Verweisung Texte, auf die Bezug genommen wird (Bezugsnorm) zu einem Bestandteil der verweisenden Regelung (Ausgangsnorm) werden. Es handelt sich in § 14 EUStBV um eine normgenaue Verweisung, denn § 14 EUStBV nimmt nicht generell auf europäische Vorschriften über Erstattung und Erlass Bezug. § 14 EUStBV verweist auf eine bestimmte Fassung von Zollvorschriften über Erstattung und Erlass (statische Verweisung). Die Entwicklung zum UZK und seinen Vorschriften über Erstattung und Erlass und einen Verweis auf aktuelle Fassungen (dynamische Verweisung) hat der Verordnungsgeber nicht im Blick gehabt. Wer eine Vorschrift formuliert und dabei andere Texte durch Verweisung übernimmt, ist für den dadurch geschaffenen Zusammenhang und für den dadurch entstehenden Regelungsinhalt verantwortlich. Wegen des Bestimmtheitsgebots müssen Verweisungen klar und eindeutig sein. Jede Änderung einer Vorschrift muss mit einer Kontrolle verbunden werden, ob und inwieweit sie sich auf andere Vorschriften auswirkt (Verweisungskontrolle). 151

Das Manko kann das BMF als Verordnungsgeber auch nicht durch eine Verwaltungsanweisung ausgleichen. So hat es in Absätzen 141 ff. Dienstvorschrift Einfuhrumsatzsteuerrecht (VSF Z 8101) wegen der Erstattung und des Erlasses von EUSt nach § 14 EUStBV für seinen Geschäftsbereich Regelungen getroffen, die auf die aktuell geltenden Vorschriften des UZK wegen der Erstattung und des Erlasses von EUSt Bezug nehmen. 152

1 Wegen der wichtigsten Fälle Abs. 91 bis 97 DV Einfuhrumsatzsteuerrecht VSF Z 8101.
2 I.d.F. des Schriftwechsels v. 7./23.11.1959, BGBl. II 1960, 2162, mit Zustimmungsgesetz v. 18.8.1960, BGBl. II 1960, 2161.

153 Allerdings regeln Art. 286 Abs. 2 und 3 UZK als höherrangiges europäisches Recht und dem nationalen Recht vorgehendes Recht, dass der ZK ab dem 1.5.2016 aufgehoben wurde und Bezugnahmen auf die aufgehobene Verordnung als Bezugnahmen auf den UZK gelten. So gilt dies entgegen deutscher Rechtstradition auch für die Verweisungen im nationalen Recht. Insoweit nimmt die Verwaltungsanweisung zu Recht die neuen Vorschriften auf.

154 Art. 235 ZK regelt Begriffsbestimmungen wegen der Erstattung oder dem Erlass der zollrechtlichen Abgaben. Art. 236–Art. 239 ZK regeln vier Fallgruppen von Erstattung und Erlass. Praktische Bedeutung hat Art. 236 ZK für die Korrektur von Rechtsfehlern, Art. 237 ZK bei unbeabsichtigter Anmeldung zum freien Verkehr, Art. 238 ZK bei der Einfuhr schadhafter Waren und letztendlich Art. 239 ZK wegen des Billigkeitsgedankens. Im nunmehr seit dem 1.5.2016 geltenden Unionszollrecht sind diese Regelungen in den Art. 116–123 UZK, Art. 98–102 UZK-DelVO und Art. 173–180 UZK-DVO geregelt.

155 Diese Vorschriften werden gemäß § 14 Abs. 1 EUStBV sinngemäß angewandt. D.h., auch ein zum vollen Vorsteuerabzug Berechtigter kann den Erlass von EUSt für den Fall des Art. 236 ZK beantragen. Wird z.B. versehentlich das 100-fache der gesetzlich geschuldeten EUSt buchmäßig erfasst und mitgeteilt, kann von dem Anmelder nicht die Zahlung und der spätere Vorsteuerabzug des gezahlten Betrags gefordert werden. Die Zahlung des Anmelders bei dem HZA würde u.U. erst wesentlich später zur Erstattung durch das Finanzamt führen, was den Anmelder wirtschaftlich in für ihn existenzielle Liquiditätsprobleme führen kann. Auch hier wird die Kompliziertheit des Verhältnisses von Zollrecht und Einfuhrumsatzsteuerrecht deutlich.

156 Im Fall der Korrektur nach Art. 236 ZK und Vorsteuerabzugsberechtigung fertigt das HZA für das für den Antragsteller zuständige Finanzamt eine **Kontrollmitteilung** nach Vordruck 0486. Damit soll vermieden werden, dass der Anmelder von der Zollverwaltung EUSt erstattet bekommt und den Betrag auch im Rahmen der Voranmeldung zum Vorsteuerabzug gebracht hat.

157 Wurden Waren irrtümlich zum Verfahren 40 statt zum Verfahren 42/63 angemeldet, kommt eine Erstattung der EUSt regelmäßig nicht in Betracht, da zum Zeitpunkt der Einfuhr die in § 5 Abs. 1 Nr. 3 UStG genannten Voraussetzungen nicht erbracht wurden. Auch eine Erstattung gemäß Art. 119 UZK i.V.m. Art. 174 Abs. 2 UZK i.V.m. Art. 148 UZK-DelVO ist in diesen Fällen nicht möglich, da es sich hierbei nicht um die irrtümliche Überführung in ein anderes Zollverfahren handelt. Es handelt sich bei den Verfahren 40 sowie 42/63 jeweils um die Anmeldung zur Überlassung in den zollrechtlich freien Verkehr gemäß Art. 5 Nr. 16 Buchst. a UZK.[1] Die Steuerbefreiung gemäß § 5 Abs. 1 Nr. 3 UStG wegen einer Anschlusslieferung erfordert einen Antrag, über den das Zollamt im Rahmen der Zollabfertigung entscheidet. Art. 119 UZK regelt die Erstattung und den Erlass bei einem Irrtum der Zollbehörde, wenn die Zollbehörde zu niedrig festgesetzte Abgaben nacherheben möchte. Aus Gründen der Rechtssicherheit und des Vertrauensschutzes erstreckt sich dies zwar auch auf eine nicht angewandte Zollfreiheit, obwohl zum Zeitpunkt der Zollanmeldung die erforderlichen Angaben ordnungsgemäß gemacht und die erforderlichen Unterlagen vorgelegt worden waren. Die Regelung des Art. 119 UZK erfasst aber gerade nicht die Fälle, bei denen der Anmelder sich irrt und einen Antrag für eine Steuerbefreiung gemäß § 5 Abs. 1 Nr. 3 UStG nachholen möchte. Die wegen der Steuerbefreiung gemäß § 5 Abs. 1 Nr. 3 UStG angestrebte Änderung könnte in sinngemäßer Anwendung der Zollvorschriften für die EUSt allenfalls mit einer Änderung der Zollanmeldung gemäß Art. 173 UZK oder einer Ungültigerklärung der Zollanmeldung gemäß Art. 174 UZK verfolgt werden. Im Fall des Art. 174 UZK hätte dies mit der Ungültigerklärung das Erlöschen der Zollschuld mit der Erstattung gemäß Art. 116 Abs. 1 Unterabs. 2 UZK zur Folge.

1 Abs. 142 Unterabs. 2 DV Einfuhrumsatzsteuerrecht, VSF Z 8101.

§ 6 Ausfuhrlieferung

(1) [1]Eine Ausfuhrlieferung (§ 4 Nr. 1 Buchstabe a) liegt vor, wenn bei einer Lieferung

1. der Unternehmer den Gegenstand der Lieferung in das Drittlandsgebiet, ausgenommen Gebiete nach § 1 Abs. 3, befördert oder versendet hat oder

2. der Abnehmer den Gegenstand der Lieferung in das Drittlandsgebiet, ausgenommen Gebiete nach § 1 Abs. 3, befördert oder versendet hat und ein ausländischer Abnehmer ist oder

3. der Unternehmer oder der Abnehmer den Gegenstand der Lieferung in die in § 1 Abs. 3 bezeichneten Gebiete befördert oder versendet hat und der Abnehmer

a) ein Unternehmer ist, der den Gegenstand für sein Unternehmen erworben hat und dieser nicht ausschließlich oder nicht zum Teil für eine nach § 4 Nummer 8 bis 27 und 29 steuerfreie Tätigkeit verwendet werden soll, oder

b) ein ausländischer Abnehmer, aber kein Unternehmer ist und der Gegenstand in das übrige Drittlandsgebiet gelangt.

[2]Der Gegenstand der Lieferung kann durch Beauftragte vor der Ausfuhr bearbeitet oder verarbeitet worden sein.

(2) [1]Ausländischer Abnehmer im Sinne des Absatzes 1 Satz 1 Nr. 2 und 3 ist

1. ein Abnehmer, der seinen Wohnort oder Sitz im Ausland, ausgenommen die in § 1 Abs. 3 bezeichneten Gebiete, hat, oder

2. eine Zweigniederlassung eines im Inland oder in den in § 1 Abs. 3 bezeichneten Gebieten ansässigen Unternehmers, die ihren Sitz im Ausland, ausgenommen die bezeichneten Gebiete, hat, wenn sie das Umsatzgeschäft im eigenen Namen abgeschlossen hat.

[2]Eine Zweigniederlassung im Inland oder in den in § 1 Abs. 3 bezeichneten Gebieten ist kein ausländischer Abnehmer.

(3) Ist in den Fällen des Absatzes 1 Satz 1 Nr. 2 und 3 der Gegenstand der Lieferung zur Ausrüstung oder Versorgung eines Beförderungsmittels bestimmt, so liegt eine Ausfuhrlieferung nur vor, wenn

1. der Abnehmer ein ausländischer Unternehmer ist und

2. das Beförderungsmittel den Zwecken des Unternehmens des Abnehmers dient.

(3a) [1]Wird in den Fällen des Absatzes 1 Satz 1 Nr. 2 und 3 der Gegenstand der Lieferung nicht für unternehmerische Zwecke erworben und durch den Abnehmer im persönlichen Reisegepäck ausgeführt, liegt eine Ausfuhrlieferung nur vor, wenn

1. der Abnehmer seinen Wohnort oder Sitz im Drittlandsgebiet, ausgenommen Gebiete nach § 1 Abs. 3, hat,

2. der Gegenstand der Lieferung vor Ablauf des dritten Kalendermonats, der auf den Monat der Lieferung folgt, ausgeführt wird und

3. der Gesamtwert der Lieferung einschließlich Umsatzsteuer 50 Euro übersteigt.

[2]Nummer 3 tritt zum Ende des Jahres außer Kraft, in dem die Ausfuhr- und Abnehmernachweise in Deutschland erstmals elektronisch erteilt werden.

(4) [1]Die Voraussetzungen der Absätze 1, 3 und 3a sowie die Bearbeitung oder Verarbeitung im Sinne des Absatzes 1 Satz 2 müssen vom Unternehmer nachgewiesen sein. [2]Das Bundesministerium der Finanzen kann mit Zustimmung des Bundesrates durch Rechtsverordnung bestimmen, wie der Unternehmer die Nachweise zu führen hat.

(5) Die Absätze 1 bis 4 gelten nicht für die Lieferungen im Sinne des § 3 Abs. 1b.

Schrifttum: S. zu älterer Literatur auch die Vorauflagen.

Höink/Lüger, Umsatzsteuerrecht ist nicht allgemeines Sanktionsrecht, MwStR 2020, 913; *Huschens*, Anwendung der sog. Missbrauchsrechtsprechung des EuGH auf Ausfuhrlieferungen, UVR 2020, 307; *Möller*, Steuerbefreiung für Ausfuhrlieferungen trotz Steuerhinterziehung?, AW-Prax 2021, 281; *Pflaum*, Die Zuschreibung der Beförderung beim Reihengeschäft ab 1.1.2020, UR 2020, 455; *Radtke*, Umsatzsteuerliche Reihengeschäfte mit Drittlandsbezug, USt direkt digital 12/2023, 16; *Scheller*, Reisegepäck und Mehrwertsteuerbefreiung für Waren, die von Reisenden ausgeführt werden, MwStR 2021, 297; *Wäger*, Steuerhinterziehung bei Ausfuhrlieferung, BFH/PR 2020, 339; *Wagenblast/Rudsile*, Bexit und USt: Probleme bei Exportlieferungen mit dem Incoterm „ DDP“ in B2B-Fällen, DB 2021, 534; *Widmann*, Steuerhinterziehung bei Ausfuhrlieferung, UR 2020, 723; *Weymüller*, Steuerhinterziehung bei Ausfuhrlieferung, jurisPR-SteuerR 50/2020 Anm. 5; *Weymüller*, Steuerfreiheit einer Ausfuhrlieferung, wenn gewerbliche Ware im nichtkommerziellen Reiseverkehr ausgeführt worden ist, jurisPR-SteuerR 10/2021, Anm. 5.

A. Grundaussagen

I. Regelungsgegenstand und Bedeutung

1 Für die Umsatzsteuer gilt das **Bestimmungs-/Verbrauchslandprinzip**. Als Folge ist es konsequent neben der Besteuerung von Einfuhren in das Inland, Ausfuhren in das umsatzsteuerliche Ausland von der Umsatzsteuer zu befreien. Dadurch kann der grenzüberschreitende Leistungsaustausch steuerlich wettbewerbsneutral erfolgen.

2 § 6 UStG definiert die **Ausfuhrlieferungen**, d.h. andere als die innergemeinschaftlichen Lieferungen gemäß § 6a UStG, für Lieferungen in das übrige Gemeinschaftsgebiet.

3 § 6 UStG enthält die Tatbestandsvoraussetzungen für den im Umsatzsteuerrecht geltenden Begriff der Ausfuhrlieferung (**Anwendungsvorschrift**).

4 Die Rechtsgrundlage für die Steuerbefreiung von Lieferungen und sonstigen Leistungen in das Ausland und damit auch die Ausfuhrlieferung enthält § 4 Nr. 1 Buchst. a UStG (**Rechtsfolgevorschrift**; s. § 4 Nr. 1 Rz. 20 ff.).

5 § 6 UStG steht damit sachlich im Zusammenhang mit der Steuerbefreiung gemäß § 4 Nr. 1 Buchst. a UStG für die Ausfuhrlieferung. Die beiden Vorschriften bilden eine untrennbare Einheit für den Fall der Steuerbefreiung einer Ausfuhrlieferung.

6 Die Steuerbefreiung ist neben der Erfüllung der im UStG geregelten Tatbestandsvoraussetzungen von gesetzlich geregelten **Nachweispflichten** abhängig (§ 6 Abs. 4 UStG i.V.m. §§ 8–11, 13 und 17 UStDV). Sie sollen den Missbrauch der Steuerbefreiung bei der Ausfuhr verhindern. Die Vorschriften über den Nachweis waren bis zum Jahr 2009 materiell-rechtliche Voraussetzung für die Steuerbefreiung und

nicht nur bloße Ordnungsvorschrift. Dies war von Rechtsprechung, FinVerw. und Literatur so vertreten worden. Nach der aktuellen Meinung wird in § 6 Abs. 4 UStG i.V.m. §§ 8 ff. UStDV bestimmt, wie der Unternehmer die Nachweise zu erbringen hat. Kommt der Unternehmer diesen Nachweispflichten nicht nach, kann die Steuerbefreiung einer Ausfuhrlieferung nicht gewährt werden. Etwas anderes gilt für den Fall, wenn trotz der Nichterfüllung der formellen Nachweispflichten aufgrund der objektiven Beweislage feststeht, dass die materiellen Voraussetzungen des § 6 Abs. 1–3a UStG vorliegen.[1] In diesem Fall ist die Steuerbefreiung zu gewähren, auch wenn der Unternehmer die nach § 6 Abs. 4 UStG erforderlichen Nachweise nicht erbracht hat.

Die umsatzsteuerrechtlichen **Nachweispflichten** sind auch die Berührungspunkte zum europäischen Zollrecht. Allerdings bilden diese Nachweispflichten als Berührungspunkte zum europäischen Zollrecht in der Praxis auch die Schwerpunkte auftauchender Probleme bei der steuerrechtlichen Würdigung. So knüpft das Umsatzsteuerrecht an formelles Zollrecht an, um dieses für die umsatzsteuerrechtlichen Belange zu nutzen. 7

II. Unionsrechtliche Grundlagen

Art. 131, 146 und 147 MwStSystRL sind die unionsrechtlichen Grundlagen für die Befreiung der Lieferung von Gegenständen, die durch den Verkäufer oder durch den nicht im Inland ansässigen Abnehmer in das umsatzsteuerliche Ausland befördert oder versendet werden. Bis zum Inkrafttreten der MwStSystRL war dies Art. 15 Nr. 1 und Nr. 2 der 6. EG-Richtlinie. 8

Art. 147 MwStSystRL regelt speziell die Steuerbefreiung von Ausfuhrlieferungen im **nichtkommerziellen Reiseverkehr**. 9

Die MwStSystRL enthält keine konkreten Vorschriften über die **Nachweispflichten** für Ausfuhrlieferungen. Nach Art. 131 MwStSystRL haben die Mitgliedsstaaten die Möglichkeit, die Bedingungen selbst festzulegen, die sie zur Gewährung einer korrekten und einfachen Anwendung der Steuerbefreiung für Ausfuhrlieferungen sowie zur Verhütung von Steuerhinterziehung, Steuerumgehungen und von Missbrauch für erforderlich halten. Außerdem hat jeder Steuerpflichtige gemäß Art. 242 MwStSystRL Aufzeichnungen zu führen, die so ausführlich sind, dass sie die Anwendung der Mehrwertsteuer und ihre Kontrolle ermöglichen. Der deutsche Gesetzgeber macht die Steuerbefreiung daher gemäß § 6 Abs. 4 UStG von einem beleg- und buchmäßigen Nachweis abhängig. Die beiden Nachweise stehen gleichrangig nebeneinander und ergänzen sich. Aufgrund der dort verankerten Ermächtigung hat das zuständige BMF in den §§ 8 bis 17 UStDV entsprechende Voraussetzungen festgelegt. 10

Durch die nationalen Regelungen darf nach der ständigen Rechtsprechung des EuGH aber nicht die **Neutralität** der Mehrwertsteuer infrage gestellt werden.[2] 11

III. Verhältnis zu anderen Vorschriften und Rechtsentwicklung

1. Verhältnis zu § 4 Nr. 1 UStG

§ 6 UStG bildet mit § 4 Nr. 1 Buchst. a UStG eine untrennbare Einheit. 12

Die Steuerbefreiung für **Ausfuhrlieferungen**, d.h. Lieferungen in das umsatzsteuerliche Ausland, ist das Pendant zur EUSt, die Einfuhren aus diesen Gebieten der Umsatzsteuer unterwirft. Es handelt sich im Ergebnis um den Warenverkehr, der kein innergemeinschaftlicher Warenverkehr ist. Dieser ist im UStG mit dem innergemeinschaftlichen Erwerb und der steuerbefreiten innergemeinschaftlichen Lieferung gesondert geregelt. 13

---

1 So in Abkehr der bisherigen Meinung BFH, Urt. v. 28.5.2009 – V R 23/08, BStBl. II 2010, 517 = UR 2009, 714.

2 EuGH, Urt. v. 8.11.2018 – C-495/17, ECLI:EU:C:2018:887 – Cartrans Spedition, UR 2018, 908; s. Anm. *Kampf*, AW-Prax 2019, 246.

2. Verhältnis zu § 25f UStG

14 Bei der ungerechtfertigten Inanspruchnahme der Steuerbefreiung für Ausfuhrlieferungen durch falsche umsatzsteuerliche Erklärungen in den Fällen fehlender Nachweise stellt sich auch die Frage der steuerstrafrechtlichen Bedeutung einer solchen Handlung (§ 25f Rz. 1 ff.). In Folge der geänderten Rechtsprechung des BFH wegen der Nachweispflichten hat auch der BGH im Jahr 2009 seine bisherige Rechtsprechung[1] geändert und die Verurteilung des Angeklagten wegen **Umsatzsteuerhinterziehung** durch nicht eindeutige und leicht nachprüfbare Lieferungen wegen Verschleierungshandlungen in der Revision freigesprochen, da die Einhaltung der Nachweispflichten keine materiell-rechtliche Voraussetzung der Umsatzsteuerbefreiung sei.[2]

15 Vor dem Hintergrund der **Missbrauchsregelung** und der hierzu ergangenen Rechtsprechung des EuGH[3] kann jedoch die missbräuchliche Geltendmachung der Steuerbefreiung die Steuerbefreiung entfallen lassen und steuerstrafrechtliche Konsequenzen haben. So hat der BGH das Vorliegen einer Steuerhinterziehung in den Fällen Fall bejaht, dass der inländische Unternehmer mit dem tatsächlichen Abnehmer kollusiv zusammenwirkt und die innergemeinschaftliche Lieferung an einen Zwischenhändler vortäuscht, um dem Abnehmer die Hinterziehung der Umsatzsteuer[4] zu ermöglichen. Dies gilt auch für den Fall, dass bei einer innergemeinschaftlichen Lieferung die Identität des wahren Erwerbers verschleiert wird, um diesem die Hinterziehung der im Bestimmungsland für den Erwerb geschuldeten Umsatzsteuer zu ermöglichen.[5]

16 Die Verhinderung von **Steuerhinterziehung**, Steuerumgehung oder Missbrauch i.S.d. Art. 131 MwStSystRL bezieht sich im Fall der Ausfuhrlieferung aber nicht auf Abgaben, die von außerhalb des Anwendungsbereichs der MwStSystRL stehenden Drittländern erhoben werden. Ob und in welcher Höhe eine Besteuerung im Bestimmungsland tatsächlich erfolgt, ist unbeachtlich und nicht mit dem anders geregelten innergemeinschaftlichen Umsatz (innergemeinschaftliche Lieferung/innergemeinschaftlicher Erwerb) identisch.

17 Damit steht das deutsche **Steuerstrafrecht** im Spannungsfeld zwischen steuerrechtlicher und Missbrauchsrechtsprechung des EuGH, denn die steuerstrafrechtliche Wertung wird direkt in die Blankettvorschrift des § 370 AO übertragen.[6]

18 Die Bekämpfung von **Steuerhinterziehungen**, Steuerumgehungen und etwaigen Missbräuchen ist auch ein Ziel, welches von der MwStSystRL anerkannt und gefördert wird. Die vom EuGH entwickelten Grundsätze wegen der Steuerhinterziehung sind für innergemeinschaftliche Lieferungen entwickelt worden. Fraglich ist, ob die vom EuGH entwickelten Grundsätze sich wegen einer Vergleichbarkeit auf die Ausfuhrlieferungen übertragen lassen.[7] In zwei teilweise inhaltsgleichen Urteilen hat der BFH am 12.3.2020 wegen der Steuerhinterziehung bei Ausfuhrlieferungen entschieden, dass das Ausstellen einer unterfakturierten Zweitrechnung oder einer gesplitteten Rechnung nicht dazu führt, dass die Steuerbefreiung für die Ausfuhrlieferung entfällt.[8] Damit hat der BFH die innergemeinschaftliche Lieferung und die Ausfuhrlieferung systematisch unterschieden und deutliche Abgrenzungen vorgenommen.[9] Wegen der Übertragbarkeit der zur MwStSystRL entwickelten Missbrauchsrechtspre-

1 BGH, Urt. v. 8.2.1983 – 1 StR 765/82, BGHSt 31, 248 = ZfZ 1983, 179.
2 BGH, Beschl. v. 19.8.2009 – 1 StR 206/09, BGHSt 54, 133 = NJW 2009, 3383.
3 Z.B. EuGH, Urt. v. 7.12.2010 – C-285/09, ECLI:EU:C:2010:742 – R., BStBl. II 2011, 846 = UR 2011, 15 m. Anm. *Sterzinger*; nachfolgend wegen der Missbrauchsrechtsprechung des EuGH bei Ausfuhrlieferungen FG Köln, Urt. v. 19.2.2019 – 8 K 2906/16, EFG 2019, 1236.
4 BGH, Beschl. v. 20.11.2008 – 1 StR 354/08, UR 2009, 192; hier hatte der BGH im Rahmen seiner Entscheidungsgründe steuerliche Folgen dargestellt, die zu diesem Zeitpunkt so noch nicht von der Finanzgerichtsbarkeit entschieden worden waren.
5 BGH, Beschl. v. 20.10.2011 – 1 StR 41/09, BGHSt 57, 32 = NJW 2011, 3797.
6 Grundlegend auch zum Grundsatz „nullum crimen sine lege“ *Bülte*, BB 2010, 1759.
7 Ausführlich zu grenzüberschreitenden Lieferungen *Harksen/Möller*, AW-Prax 2010, 145.
8 BFH, Urt. v. 12.3.2020 – V R 20/19, BStBl. II 2020, 608 = UR 2020, 718; BFH Urt. v. 12.3.2020 – V R 24/19, BFH/NV 2020, 1098.
9 *Möller*, AW-Prax 2021, 281.

chung bei der Mehrwertsteuer fehlt es nach Meinung des BFH bei der Ausfuhrlieferung an dem Betrug am gemeinsamen Mehrwertsteuersystem.[1]

In der Diskussion wegen der Mehrwertsteuer bei Warenlieferungen mit Drittlandsbezug muss aber auch beachtet werden, dass zu den Einnahmen der EU auch ein Abrufsatz von 0,3 % auf den Gesamtbetrag der auf alle steuerpflichtigen Lieferungen erhobenen Mehrwertsteuern gehört (sog. Mehrwertsteuer-Eigenmittel).[2] Die Steuerbefreiung im Umfeld einer Steuerhinterziehung (§ 370 Abs. 6 i.V.m. § 370 Abs. 1 AO) könnte den Europäischen Rechnungshof bzw. das Europäische Parlament wegen der Haushaltskontrolle interessieren. 19

Die Versagung der Steuerbefreiung für innergemeinschaftliche Lieferungen wegen Mehrwertsteuerbetrug kann man zumindest als eine wirtschaftliche Sanktion einordnen.[3]

3. Verwaltungsvorschriften

Die **Nachweise** für die Steuerbefreiung der Ausfuhrlieferung sind auch nach einer Änderung der betreffenden Vorschriften immer wieder Gegenstand finanzgerichtlicher Streitigkeiten.[4] 20

Das BMF hat in Abschn. 6.1. UStAE als Verwaltungsvorschrift Regelungen zu den Ausfuhrlieferungen getroffen; die mit Abschn. 7.1. UStAE zu Lohnveredelung an Gegenständen der Ausfuhr ergänzt werden. 21

Zudem hat das BMF eine Dienstvorschrift über die **Mitwirkung der Zolldienststellen** bei dem Ausfuhrnachweis für Umsatzsteuerzwecke verkündet.[5] 22

4. Rechtsentwicklung

Die Voraussetzungen und Bedingungen für die Steuerbefreiung der **Ausfuhrlieferungen** bestehen seit der Einführung des geltenden Mehrwertsteuersystems zum 1.1.1968. Die Regelungen sind seitdem bereits mehrfach geändert, aber nicht grundlegend verändert worden. 23

Wegen der Einführung des Europäischen Binnenmarkts zum 1.1.1993 war für die umsatzsteuerliche Behandlung des innergemeinschaftlichen Warenverkehrs aufgrund des Wegfalls der systematischen Zollkontrollen an den Binnengrenzen der EU eine grundsätzliche neue Regelung erforderlich. Dies ist in Deutschland mit dem **Umsatzsteuer-Binnenmarktgesetz** vom 25.8.1992 erfolgt.[6] 24

Für den innergemeinschaftlichen Warenverkehr wurden im Rahmen einer **Übergangsregelung**, die eigentlich nur bis zum 31.12.1996 gelten sollte, neue Steuerentstehungs- und Steuerbefreiungstatbestände geschaffen. Abweichend von dem im privaten Bereich grundsätzlich geltenden Ursprungslandprinzip wurden für den unternehmerischen Bereich Regelungen geschaffen, um dem Bestimmungslandprinzip genügen zu können. Bis zum 31.12.1992 waren alle Lieferungen aus dem Inland Ausfuhrlieferungen, die steuerbefreit werden konnten. Seit dem 1.1.1993 werden die Lieferungen aus dem Inland in andere Mitgliedstaaten (übriges Gemeinschaftsgebiet) gesondert behandelt und werden als innergemeinschaftliche Lieferung steuerbefreit. Wegen der Abgrenzung zu den innergemeinschaftlichen Lieferungen gibt es für die Ausfuhrlieferungen bei der Lieferung in das Drittlandsgebiet eine 25

1 Ausführlich zur Unterscheidung wegen der Mehrwertsteuer und dem Zoll *Höink/Lüger*, MwStR 2020, 913.

2 Art. 2 Abs. 1 b Beschluss (EU, Euratom) 2020/2053 des Rates v. 14.12.2020, ABl. EU 2020 Nr. L 424, 1.

3 *Möller*, AW-Prax 2011, 242.

4 So wegen des Formalbeweises bei Postdienstleistern FG Berlin-Brandenburg, Urt. v. 11.1.2017 – 7 K 7104/15, DStRE 2017, 1445; wegen der Ausstellung zusätzlicher Scheinrechnungen mit niedrigerem Wert bei Lieferungen in die Türkei FG Köln, Urt. v. 19.2.2019 – 8 K 2906/16, EFG 2019, 1236; wegen der Übertragung der Verfügungsmacht bei einem Reihengeschäft nach Peru FG Düsseldorf, Urt. v. 4.5.2018 – 1 K 2413/16 U, EFG 2018, 1306; wegen der Darlegung der der Ausfuhr zugrunde liegenden Leistungsbeziehung, FG Hamburg, Urt. v. 23.9.2011 – 5 K 310/09, juris; wegen eines Vertrauensschutzes bei Ausfuhrlieferungen BFH, Beschl. v. 29.3.2016 – XI B 77/15, BFH/NV 2016, 1181; BFH, Beschl. v. 11.1.2012 – V B 88/11, BFH/NV 2012, 714; wegen der Anforderungen an den Buchnachweis, BFH, Urt. v. 28.8.2014 – V R 16/14, BStBl. II 2015, 46 = UR 2014, 893.

5 Dienstvorschrift über die Mitwirkung der Zolldienststellen bei dem Ausfuhrnachweis für Umsatzsteuerzwecke, VSF A 0693-3.

6 Umsatzsteuer-Binnenmarktgesetz v. 25.8.1992, BGBl. I 1992, 1548.

eigene Definition. Der Austritt des Vereinigten Königreichs (sog. Brexit) hat für die Lieferungen zwischen der EU und dem Vereinigten Königreich umsatzsteuerrechtliche Folgen, da seit dem 1.1.2021 das Zollregime (Anmeldungen beim Zoll etc.) gilt und nicht die Regelung für Lieferungen im Gemeinschaftsgebiet.

26 In der Folgezeit sind im Wesentlichen partielle Änderungen wegen der Vermeidung ungerechtfertigter Steuerbefreiungen für bestimmte Konstellationen erfolgt. Die Vorschrift des § 6 UStG ist mit der Bekanntmachung des neugefassten UStG vom 21.2.2005 neu gefasst und letztmalig mit Wirkung zum 25.12.2008 geändert worden.[1]

26.1 Die Verwaltung sah in dem auf der Basis von § 6 Abs. 4 UStG geregelten Nachweis für die Voraussetzungen des § 6 Abs. 1, 3 und 3a UStG eine **materiell-rechtliche Voraussetzung** für die Steuerbefreiung und hatte dies auch in den entsprechenden Verwaltungsvorschriften geregelt. Dieser Auslegung ist der BFH im Jahr 2009 entgegengetreten. Er stellte unter anderem fest, dass die Anforderungen an den nach § 6 Abs. 4 UStG i.V.m. §§ 8 ff. UStDV beizubringenden Belegnachweis nicht durch die FinVerw. um weitere Voraussetzungen, wie z.B. das Erfordernis, die Bevollmächtigung eines für den Abnehmer handelnden Beauftragten belegmäßig nachzuweisen, verschärft werden können.[2] Dabei berücksichtigte der BFH die aktuell ergangenen Entscheidungen des EuGH zu den Nachweispflichten des Unternehmers für die Steuerbefreiung von Ausfuhrlieferungen und innergemeinschaftlichen Lieferungen. Den Nachweispflichten fehlt nach Meinung des EuGH der materiell-rechtliche Charakter, denn die innergemeinschaftlichen Lieferungen und die Ausfuhrlieferungen sind trotz Nichterfüllung der Nachweispflichten grundsätzlich steuerfrei, wenn aufgrund der objektiven Beweislage feststeht, dass die Voraussetzungen vorliegen.[3]

B. Ausfuhrlieferung (Absatz 1)

I. Regelungsgegenstand

27 § 6 Abs. 1 Satz 1 UStG legt die drei begünstigten **Ausfuhrtatbestände** fest, die i.S.d. § 4 Nr. 1 Buchst. a UStG steuerbereit werden können. Demnach führt nicht jegliches Befördern oder Versenden eines Gegenstands zwingend zu einer Steuerbefreiung. Vielmehr müssen die gesetzlichen Voraussetzungen und vor allem die Eigenschaft der Lieferung als Ausfuhrlieferung i.S.d. § 6 Abs. 1 Satz 1 Nr. 1–3 UStG erfüllt sein.

28 Die drei begünstigten Ausfuhrtatbestände stehen selbstständig nebeneinander.

29 Die Rechtsfolge der Steuerbefreiung für diese begünstigten Ausfuhrtatbestände ergibt sich aus § 4 Nr. 1 Buchst. a UStG (§ 4 Nr. 1 Rz. 20 ff.).

30 Die drei begünstigten Ausfuhrtatbestände haben gemeinsam, dass ein *Gegenstand geliefert wird*, dieser *in das Drittlandsgebiet gelangt* und der *Ort der Lieferung im Inland* liegt.

31 Eine steuerfreie Ausfuhrlieferung kann nach dem einleitenden Satz zu § 4 UStG nur für steuerbare Lieferungen i.S.d. § 1 Abs. 1 Nr. 1 UStG in Betracht kommen, d.h. es müssen Lieferungen (§ 3 Abs. 1 UStG) vorliegen, die ein Unternehmer (§ 2 UStG) im Inland (§ 1 Abs. 2 Satz 1 UStG) gegen Entgelt (§ 10 Abs. 1 Satz 2 UStG) im Rahmen seines Unternehmens bewirkt.

32 Nicht **steuerbare Umsätze** erfordern keine Steuerbefreiung.

33 Lieferungen eines Unternehmers sind Leistungen, durch die er oder in seinem Auftrag ein Dritter den Abnehmer oder dieser in dessen Auftrag einen Dritten befähigt, im eigenen Namen über einen Gegenstand zu verfügen (**Verschaffung der Verfügungsmacht** gemäß § 3 Abs. 1 UStG). Sonstige Leistungen (§ 3 Abs. 9 UStG) können keine steuerfreien Ausfuhrlieferungen sein.[4]

1 Neufassung des UStG v. 21.2.2005, BGBl. I 2005 Nr. 13, 386; JStG 2009 v. 19.12.2008, BGBl. I 2008, 2794.
2 BFH, Urt. v. 23.4.2009 – V R 84/07, BStBl. II 2010, 509 = UR 2009, 717.
3 EuGH, Urt. v. 27.9.2007 – C-409/04, ECLI:EU:C:2007:548 – Teleos, BStBl. II 2009, 70 = UR 2007, 774; EuGH, Urt. v. 27.9.2007 – C-146/05, ECLI:EU:C:2007:549 – Collée, BStBl. II 2009, 78 = UR 2007, 813 m. Anm. *Maunz*.
4 Zur Abgrenzung von Lieferungen und sonstigen Leistungen vgl. Abschn. 3.1 und 3.5 UStAE.

Zusätzlich muss bei den Ausfuhrtatbeständen gemäß § 6 Abs. 1 Satz 1 Nr. 2 und Nr. 3 Buchst. b UStG zusätzlich erfüllt sein, dass der Abnehmer ein ausländischer Abnehmer ist. 34

II. Ausfuhrlieferung (Absatz 1 Satz 1)

1. Voraussetzungen (Absatz 1 Satz 1 Nr. 1)

a) Unternehmer

Nur Unternehmer gemäß § 2 UStG (§ 2 Rz. 10 ff.) können steuerfreie Ausfuhrlieferungen im Rahmen ihres Unternehmens bewirken. Ausfuhren durch **Nichtunternehmer** (insbesondere Privatpersonen), Ausfuhren für nichtunternehmerische Zwecke und unentgeltliche Lieferungen können keine steuerfreien Ausfuhrlieferungen sein, da sie nicht die tatbestandsmäßigen Voraussetzungen einer Ausfuhrlieferung gemäß § 6 UStG erfüllen. 35

b) Drittlandsgebiet

Die Steuerbefreiung für Ausfuhrlieferungen setzt die Lieferung in das **Drittlandsgebiet** (Ausfuhr) voraus. Das Drittlandsgebiet im Sinne des Umsatzsteuerrechts ergibt sich aus der Legaldefinition des § 1 Abs. 2a Satz 3 UStG, d.h. Drittlandsgebiet im Sinne des UStG ist das Gebiet, das nicht Gemeinschaftsgebiet ist. 36

Der Umfang des umsatzsteuerrechtlichen Drittlandsgebiets erschließt sich i.V.m. mit den der Abgrenzung dienenden Begriffen „Inland" gemäß § 1 Abs. 2 UStG und „übriges Gemeinschaftsgebiet" gemäß § 1 Abs. 2a Satz 1 und 2 UStG (§ 1 Rz. 312 ff.). 37

Das umsatzsteuerrechtliche Drittlandsgebiet ist nicht mit dem zollrechtlichen Drittlandsgebiet identisch. 38

Gemäß Art. 5 Nr. 4 MwStSystRL ist „Drittland" jeder Staat oder jedes Gebiet, auf den/das der Vertrag keine Anwendung findet. „Vertrag" ist nach Art. 5 Nr. 2 MwStSystRL der Vertrag zur Gründung der Europäischen Gemeinschaft. 39

Ausgenommen von der Anwendung der Richtlinie – und damit einem Drittland gleichgestellt – sind die „Drittgebiete", die in Art. 6 MwStSystRL aufgeführt sind. Das sind nach Art. 6 Abs. 1 MwStSystRL die Gebiete, die zwar zum Zollgebiet, nicht aber zum Anwendungsbereich der MwStSystRL gehören, nämlich der Berg Athos, die Kanarischen Inseln, die französischen Gebiete, die in Art. 349 und Art. 355 Abs. 1 AEUV genannt sind, die finnischen Aland-Inseln und die Kanalinseln, außerdem nach Art. 6 Abs. 2 MwStSystRL die Gebiete, die nicht Teil des Zollgebiets sind, nämlich die Insel Helgoland, das Gebiet Büsingen, Ceuta, Melilla, Livigno, Campione d`Italia und der zum italienischen Gebiet gehörende Teil des Luganer Sees. Kanarische Inseln sind u.a. Teneriffa, Fuerteventura, Gran Canaria, Gomera, Lanzarote, La Palma. 40

Die Balearen (Spanien), die Azoren und Madeira (Portugal) gehören zum Anwendungsbereich der MwStSystRL und damit zum **umsatzsteuerrechtlichen Gemeinschaftsgebiet** gemäß § 1 Abs. 2a Satz 1 UStG (§ 1 Rz. 312 ff.). 41

Die Drittgebiete sind im Sinne des deutschen Umsatzsteuerrechts Drittlandsgebiete ebenso wie die nicht zum Anwendungsbereich des EU-Vertrages zählenden Gebiete z.B. die Schweiz, das Fürstentum Liechtenstein, das Königreich Norwegen, die Faröer und Grönland, die Republik San Marino, der Vatikanstaat, das Fürstentum Andorra, die im Anhang II des EG-Vertrags genannten überseeischen Länder und Gebiete der Französischen Republik, des Königreichs der Niederlande und des Vereinigten Königreichs Großbritanniens und Nordirlands.[1] 42

Die Lieferung von Gegenständen in diese Gebiete ist steuerfrei, wenn auch die übrigen Voraussetzungen für die Ausfuhrlieferung gemäß § 6 UStG erfüllt sind. 43

---

1 Zur Begriffsbestimmung des Drittlandsgebiets vgl. Abs. 111 ff. Dienstvorschrift über die Mitwirkung der Zolldienststellen, VSF A 0693-3.

44 Die im Transitbereich deutscher Flughäfen ausgeführten Umsätze werden im Inland ausgeführt und sind kein steuerbefreiter Umsatz.[1]

45 Bei Ausfuhren im **nichtkommerziellen Reiseverkehr** befördert der liefernde Unternehmer den Gegenstand der Lieferung nicht in das Drittlandsgebiet, so dass für diesen Fall keine Steuerbefreiung in Betracht kommt.

c) Beförderung oder Versendung

46 § 6 Abs. 1 Satz 1 Nr. 1 UStG regelt die Lieferung durch den Unternehmer (§ 2 UStG) selbst. Der Unternehmer muss den Gegenstand der Lieferung in das Drittlandsgebiet, ausgenommen Gebiete nach § 1 Abs. 3 UStG, befördern oder versenden.

47 Zollrechtlich wird für das Verbringen von Waren in das Zollgebiet der EU oder aus dem Zollgebiet der EU keine **Beförderung** oder **Versendung** unterschieden. Hier ist allein der Realakt des körperlichen Verbringens ausschlaggebend.

48 Befördern ist umsatzsteuerrechtlich jede Fortbewegung eines Gegenstandes (§ 3 Abs. 6 Satz 2 UStG; s. § 3 Rz. 348 f.). Eine Beförderungslieferung liegt vor, wenn der Gegenstand durch den Unternehmer selbst, den Abnehmer oder durch unselbstständige Beauftragte (insbesondere Arbeitnehmer des Unternehmers) in das Drittlandsgebiet verbracht wird.

49 Versenden liegt umsatzsteuerrechtlich vor, wenn jemand die Beförderung durch einen selbstständigen Beauftragten (z.B. Spediteur, Verfrachter oder Frachtführer) ausführen oder besorgen lässt (§ 3 Abs. 6 Satz 3 UStG).

50 Schließt sich an eine Beförderung durch den Unternehmer eine Versendung an, bei der der liefernde Unternehmer den Gegenstand einem selbstständigen Beauftragten zur Weiterleitung an den bereits zu Beginn der Beförderung feststehenden Abnehmer übergibt, so liegt eine einheitliche Lieferung vor, die bei der Beförderung durch den liefernden Unternehmer beginnt und deshalb steuerbar ist (§ 3 Abs. 6 Satz 1 UStG), jedoch als Ausfuhrlieferung des Unternehmers steuerbefreit ist, wenn die Lieferung im Drittlandsgebiet endet.

51 Der Ort der Ausfuhrlieferung muss im Inland gelegen sein, weil anderenfalls kein steuerbarer Umsatz vorliegt und deshalb keine Steuerbefreiung erforderlich ist.

52 Bei **Reihengeschäften** ist die Beförderung oder Versendung des Gegenstandes nur einer der Lieferungen zuzuordnen.[2] Da die Beförderung oder Versendung nur einer Lieferung zugeordnet werden kann, kommt nur für diese die Steuerbefreiung für Ausfuhrlieferungen in Betracht. Bei allen anderen Lieferungen in der Reihe finden keine Beförderungs- oder Versendungslieferungen statt.[3] Sie sind sog. ruhende Lieferungen.[4] Eine Ausfuhrlieferung kann nur diejenige Lieferung darstellen, welche als befördert gilt, aber nicht eine sog. ruhende Lieferung.

52.1 Für die Frage, wem gem. § 3 Abs. 6a Satz 6 UStG die sog. **bewegte Lieferung zuzuordnen** ist, kommt es darauf an, ob die tatsächliche Verfügungsmacht, d.h. die Befähigung, wie ein Eigentümer über den Gegenstand zu verfügen, an den Liefergegenständen bereits vor dem Weitertransport noch im Herkunftsland auf den Letzterwerber übergegangen ist. Ist dies der Fall, wird ausnahmsweise die Lieferung des Zwischenerwerbers an den Letzterwerber als die sog. bewegte Lieferung angesehen.[5] Für eine Zuordnung kommt es seit dem 1.1.2020 darauf an, dass der Zwischenerwerber unter einer Steuernummer oder USt-IdNr. des Abgangsmitgliedstaat handelt.[6]

---

1 BFH, Urt. v. 3.11.2005 – V R 63/02, BStBl. II 2006, 337 = UR 2006, 274.
2 Zum Begriff des Reihengeschäfts vgl. Abschn. 3.14 UStAE.
3 FG Münster, Urt. v. 16.1.2014 – 5 K 3930/10 U, EFG 2014, 682.
4 Vgl. Abschn. 3.14 Abs. 2 Satz 4 UStAE. Zu Beispielen für Reihengeschäfte bei Warenbewegungen im Verhältnis zum Drittland vgl. Abschn. 3.14 Abs. 14 und 15 UStAE.
5 EuGH, Urt. v. 27.9.2012 – C-587/10, ECLI:EU:C:2012:592 – VSTR, UR 2012, 832 m. Anm. *Burgmaier*; EuGH, Urt. v. 21.2.2018 – C-628/16, ECLI:EU:C:2018:84 – Kreuzmayr, UR 2018, 282 m. Anm. *Heinrichshofen*; BFH, Urt. v. 11.3.2020 – XI R 18/18, BStBl. II 2023, 525 = UR 2020, 792.
6 Näher zum Ort der Lieferung bei dem Reihengeschäft, insbesondere auch zum Ausfuhrreihengeschäft § 3 Rz. 429 f.

In der Regel kann zur umfassenden Würdigung aller besonderen Umstände des Einzelfalles wegen der Frage des Übergangs der Verfügungsmacht aus den internationalen Handelsklauseln (**Incoterms**) geschlossen werden, wo und wann die Befähigung übertragen wurde, wie ein Eigentümer über den Gegenstand zu verfügen. Die umsatzsteuerrechtliche Zuordnung der Warenbewegung ist von den zoll- und verbrauchsteuerrechtlichen Gegebenheiten und der Frage, wer zollrechtlich Ausführer ist, unabhängig.[1] 52.2

Es ist bei der Ausfuhrtatbestandsvariante gemäß § 6 Abs. 1 Nr. 1 UStG unbeachtlich, ob der Abnehmer Unternehmer ist oder Privatperson. 53

2. Abholfall (Absatz 1 Satz 1 Nr. 2)

§ 6 Abs. 1 Nr. 2 UStG regelt den sog. **Abholfall**, d.h. ein Abnehmer oder ein von ihm beauftragter Dritter holt den Gegenstand bei dem Unternehmer ab und befördert oder versendet diesen in das Drittlandsgebiet. 54

Diese Ausfuhrtatbestandsvariante unterscheidet sich von § 6 Abs. 1 Satz 1 Nr. 1 UStG dadurch, dass nicht der liefernde Unternehmer den Gegenstand befördert oder versendet, sondern der Abnehmer die Beförderung oder Versendung veranlasst. 55

Zusätzlich kommt hinzu, dass der Abnehmer ein **ausländischer Abnehmer** ist. Die Eigenschaft als ausländischer Abnehmer wird durch § 6 Abs. 2 UStG definiert. Ausländische Abnehmer sind danach Personen mit Wohnort oder Sitz im Ausland, ausgenommen die in § 1 Abs. 3 UStG bezeichneten Gebiete (insbesondere die Freihäfen Bremen, Bremerhaven, Cuxhaven und Hamburg; s. § 1 Rz. 320 ff.). Ausland ist das Gebiet, welches nicht Inland gemäß § 1 Abs. 2 Satz 2 UStG ist (§ 1 Rz. 308 f.). Umsatzsteuerrechtliches Ausland ist auch Helgoland oder die Gemeinde Büsingen, so dass dort wohnhafte oder ansässige Personen ausländische Abnehmer sind. 56

Der Begriff des **Wohnorts** gemäß § 6 Abs. 2 Nr. 1 UStG ist nicht mit den in Art. 12 und 13 MwStVO und den in § 8 und 9 AO legal definierten Begriffen „Wohnsitz" und „gewöhnlicher Aufenthalt" identisch. Der Begriff des Wohnorts gemäß § 6 Abs. 2 Nr. 1 UStG ist enger gefasst und erfasst den Ort, an dem der Abnehmer für längere Zeit seine Wohnung genommen hat und der nicht nur aufgrund subjektiver Willensentscheidung, sondern auch bei objektiver Betrachtung als der örtliche Mittelpunkt seines Lebens anzusehen ist.[2] 57

Dagegen knüpft § 6 Abs. 2 Satz 1 Nr. 1 UStG wegen des Begriffs des „Sitzes" an § 11 AO an. 58

Auch der Begriff der **Zweigniederlassung** in § 6 Abs. 2 Satz 1 Nr. 2 UStG knüpft an eine Regelung der AO (§ 12 Satz 2 Nr. 2 AO) an und ermöglicht die Steuerbefreiung für die im Ausland ansässigen Zweigniederlassungen eines inländischen Unternehmens, wenn sie das Umsatzgeschäft im eigenen Namen mit einem fremden Dritten abschließen. 59

Beispiel: 60

Eine in Oslo ansässige Zweigniederlassung eines im Inland ansässigen Unternehmers bestellt in eigenem Namen bei einem Unternehmer in Osnabrück einen Bagger, der in das Drittlandsgebiet befördert wird. Es handelt sich um eine Ausfuhrlieferung an einen ausländischen Abnehmer.

Die Eigenschaft als ausländischer Abnehmer knüpft nicht an eine ausländische Staatsangehörigkeit an. 61

Der Ausfuhrtatbestand erfordert keine Unternehmereigenschaft des Abnehmers, so dass auch Lieferungen an private Unternehmer grundsätzlich Ausfuhrlieferungen sein können. Wenn Abnehmer die Gegenstände für nichtkommerzielle (nichtunternehmerische) Zwecke und im persönlichen Reisegepäck in Drittlandsgebiete ausführen, kann der inländische Unternehmer die Steuerbefreiung in Anspruch nehmen, wenn die speziellen Bedingungen gemäß § 6 Abs. 3 a UStG eingehalten werden. 62

1 Z.B. FG Berlin-Brandenburg, Urt. v. 14.8.2019 – 7 K 7161/15, EFG 2019, 1851.
2 BFH, Urt. v. 31.7.1975 – V R 52/74, BStBl. II 1976, 80.

3. Beförderung oder Versendung in die in § 1 Abs. 3 UStG genannten Gebiete (Absatz 1 Satz 1 Nr. 3)

63 Die Ausfuhrtatbestandsvariante gemäß § 6 Abs. 1 Satz 1 Nr. 3 UStG enthält zwei Alternativen für die Beförderung oder die Versendung durch den Unternehmer oder den Abnehmer in die in § 1 Abs. 3 UStG bezeichneten Gebiete (§ 1 Rz. 320 ff.).

64 Entweder handelt es sich bei dem Abnehmer um einen Unternehmer, der den Gegenstand für sein Unternehmen erworben hat und nicht ausschließlich oder nicht zum Teil für eine nach § 4 Nr. 8–27 und 29 UStG steuerfreie Tätigkeit verwendet werden soll, die den Vorsteuerabzug ausschließt. Damit wird ein Steuervorteil vermieden und eine Gleichbehandlung mit den Lieferungen von Gegenständen an Abnehmer in den Gebieten gemäß § 1 Abs. 3 UStG, die mit Umsatzsteuer belastet werden, erreicht.

65 **Beispiel:**
Ein in einem Freihafen ansässiger Unternehmer führt nur steuerfreie Umsätze aus, die den Vorsteuerabzug im Inland ausschließen. Der Unternehmer kauft in Osnabrück eine Maschine, die vom liefernden Unternehmer von Osnabrück in den Freihafen versendet wird.

Ort der Lieferung ist Osnabrück. Die Lieferung an den Unternehmer im Freihafen ist nicht als Ausfuhrlieferung steuerfrei, sondern steuerpflichtig, da die Maschine von dem Unternehmer im Freihafen für steuerfreie Umsätze verwendet wird (§ 6 Abs. 1 Satz 1 Nr. 3 Buchst. a UStG).

66 Oder der ausländische Abnehmer ist kein Unternehmer und der Gegenstand gelangt in das übrige Drittlandsgebiet.

67 **Beispiel:**
Ein in Osnabrück ansässiger Unternehmer liefert eine Modellbaudrohne an einen Touristen aus den USA, der kein Unternehmer ist. Der Osnabrücker Unternehmer versendet die Modellbaudrohne in den Freihafen von Hamburg und von dort aus wird die Modellbaudrohne in die USA verbracht.

Die Lieferung der Modellbaudrohne ist für den Osnabrücker Unternehmer eine Ausfuhrlieferung gemäß § 6 Abs. 1 Satz 1 Nr. 3 Buchst. b UStG.

III. Bearbeitung oder Verarbeitung vor der Ausfuhr (Absatz 1 Satz 2)

68 Der Gegenstand der Lieferung kann vor der Ausfuhr durch Beauftragte be- oder verarbeitet worden sein. Dies stellt die Steuerbefreiung auch für den Fall sicher, dass der ausgeführte Gegenstand nach der **Be- oder Verarbeitung** nicht mehr mit dem Liefergegenstand identisch ist.

69 Die Be- oder Verarbeitung kann im Inland oder in einem anderen Mitgliedstaat erfolgen. Dies sind insbesondere Werkleistungen an dem Gegenstand (z.B. Inspektion an einem Kraftfahrzeug). Die Be- oder Verarbeitung kann aber auch in einer Werklieferung bestehen (z.B. Einbau eines Tuningchips in ein Kraftfahrzeug), dabei verwendet der Unternehmer, der die Be- oder Verarbeitung übernommen hat einen von einem anderen Unternehmer gelieferten Gegenstand. In diesem Fall wird für den eingebauten Tuningchip auch eine Ausfuhrlieferung verwirklicht.

70 Wenn der liefernde Unternehmer den Auftrag zur Be- oder Verarbeitung vor der Ausfuhr erteilt, ist diese ein der Ausfuhrlieferung vorausgehender selbstständiger steuerbarer Umsatz. Dann wird in der Folge der be- oder verarbeitete Gegenstand, Gegenstand der Ausfuhrlieferung.

71 Bei dem **Beauftragten** i.S.d. § 6 Abs. 1 Satz 2 UStG handelt es sich um einen Beauftragten, der von dem Abnehmer oder einem folgenden Abnehmer beauftragt wurde.[1] Der Abnehmer muss kein ausländischer Abnehmer i.S.d. § 6 Abs. 2 UStG sein. Es kommt bei dem Beauftragten und auch beim Abnehmer nicht darauf an, ob sie ihren Wohnort oder ihren Sitz im Inland oder im Ausland haben.

72 Die Vorschrift setzt Art. 146 Abs. 1 Buchst. e MwStSystRL um. Diese beschränkt die Steuerbefreiung vom Wortlaut nicht auf bestimmte Personen.[2]

---

1 Vgl. Abschn. 6.1. Abs. 5 UStAE.

2 Einschränkend fordert der EuGH wegen der Dienstleistungen den unmittelbaren Zusammenhang mit der Ausfuhr und schränkt damit den Personenkreis ein, EuGH, Urt. v. 29.6.2017 – C-288/16, ECLI:EU:C:2017:502 – L.Č., UR 2017, 599.

C. Ausländischer Abnehmer (Absatz 2)

I. Ausländischer Abnehmer (Absatz 2 Satz 1)

1. Abnehmer (Absatz 2 Satz 1 Nr. 1)

Die Eigenschaft als **ausländischer Abnehmer** wird durch § 6 Abs. 2 UStG definiert. Ausländische Abnehmer sind danach Personen mit Wohnort oder Sitz im Ausland, ausgenommen die in § 1 Abs. 3 UStG bezeichneten Gebiete (insbesondere die Freihäfen Bremen, Bremerhaven, Cuxhaven und Hamburg). Ausland ist das Gebiet, welches nicht Inland gemäß § 1 Abs. 2 Satz 2 UStG ist. Umsatzsteuerrechtliches Ausland ist auch Helgoland oder die Gemeinde Büsingen, so dass dort wohnhafte oder ansässige Personen ausländischer Abnehmer sind.[1] 73

Der Begriff des Wohnorts gemäß § 6 Abs. 2 Nr. 1 UStG ist nicht mit den in Art. 12 und 13 der Durchführungsverordnung (EU) Nr. 282/2011 vom 15.3.2011[2] und den in § 8 und § 9 AO legal definierten Begriffen „Wohnsitz“ und „gewöhnlicher Aufenthalt“ identisch. Der Begriff des Wohnorts gemäß § 6 Abs. 2 Nr. 1 UStG ist enger gefasst und erfasst den Ort, an dem der Abnehmer für längere Zeit seine Wohnung genommen hat und der nicht nur auf Grund subjektiver Willensentscheidung, sondern auch bei objektiver Betrachtung als der örtliche Mittelpunkt seines Lebens anzusehen ist. 74

Dagegen knüpft § 6 Abs. 2 Satz 1 Nr. 1 UStG wegen des Begriffs des „Sitzes“ an § 11 AO an. 75

Die Eigenschaft als ausländischer Abnehmer knüpft nicht an eine ausländische Staatsangehörigkeit an. 76

2. Zweigniederlassung (Absatz 2 Satz 1 Nr. 2)

Ausländischer Abnehmer i.S.d. § 6 Abs. 1 Nr. 2 UStG ist auch eine Zweigniederlassung eines im Inland oder in den in § 1 Abs. 3 UStG bezeichneten Gebieten ansässigen Unternehmers, die ihren Sitz im Ausland, ausgenommen den bezeichneten Gebieten, hat, wenn sie das Umsatzgeschäft im eigenen Namen abgeschlossen hat. 77

II. Zweigniederlassung in Gebiet gemäß § 1 Abs. 3 UStG (Absatz 2 Satz 2)

Die Eigenschaft als ausländischer Abnehmer erfüllt eine Zweigniederlassung im Inland oder in den in § 1 Abs. 3 UStG bezeichneten Gebieten nicht. 78

Der Begriff der Zweigniederlassung in § 6 Abs. 2 Satz 1 Nr. 2 UStG knüpft an die Regelung in der AO (§ 12 Satz 2 Nr. 2 AO) an und ermöglicht die Steuerbefreiung für die im Ausland ansässigen Zweigniederlassungen eines inländischen Unternehmens, wenn sie das Umsatzgeschäft im eigenen Namen mit einem fremden Dritten abschließen. 79

Beispiel: 80
Eine in Oslo ansässige Zweigniederlassung eines im Inland ansässigen Unternehmers bestellt in eigenem Namen bei einem Unternehmer in Osnabrück einen Bagger, der in das Drittlandsgebiet befördert wird. Es handelt sich um eine Ausfuhrlieferung an einen ausländischen Abnehmer.

Ein wichtiges Indiz für das Bestehen einer Zweigniederlassung ist die Eintragung im Handelsregister. Haupt- und Zweigniederlassung bilden eine rechtliche und wirtschaftliche Einheit. Die Zweigniederlassung hat keine eigene Rechtspersönlichkeit. Eine Zweigniederlassung ist so eingerichtet, dass sie im Fall einer Veräußerung als selbstständiges Unternehmen geführt werden könnte. 81

1 Ausführlich zum Begriff des ausländischen Abnehmers Abschn. 6.3. UStAE.
2 ABl. EU 2011 Nr. L 77,1.

D. Beschränkung für Liefergegenstände, die zur Ausrüstung oder Versorgung von Beförderungsmitteln bestimmt sind (Absatz 3)

82 Bei der Lieferung des Gegenstands zur **Ausrüstung oder Versorgung von Beförderungsmitteln** wird der begünstigte Ausfuhrtatbestand von zusätzlichen Voraussetzungen abhängig gemacht. Eine Ausfuhrlieferung liegt in diesen Fällen nur vor, wenn der Abnehmer ein ausländischer Unternehmer ist und das Beförderungsmittel, für das die Gegenstände bestimmt sind, den unternehmerischen Zwecken des Abnehmers dient.[1]

83 § 6 Abs. 3 UStG umfasst nicht die Ausfuhrlieferung gemäß § 6 Abs. 1 Nr. 1 UStG, sondern die Ausfuhrlieferungen gemäß § 6 Abs. 1 Nr. 2 und Nr. 3 UStG.

84 **Beispiel:**
Ein Osnabrücker Unternehmer liefert ein Autoradio zur Ausrüstung des privaten Kraftfahrzeugs des in Moskau wohnenden Abnehmers nach Russland.

Es liegt eine Ausfuhrlieferung gemäß § 6 Abs. 1 Nr. 1 UStG vor. Die zusätzlichen Voraussetzungen des § 6 Abs. 3 UStG müssen in dem Beispielsfall nicht erfüllt werden.

85 Anders ausgedrückt liegt wegen der zusätzlichen Voraussetzungen des § 6 Abs. 3 UStG keine Ausfuhrlieferung mit der Möglichkeit der Steuerbefreiung vor, wenn der Abnehmer entweder kein ausländischer Unternehmer ist oder das Beförderungsmittel privaten Zwecken dient.

86 Gegenstände zur Ausrüstung sind insbesondere Teile, Ersatzteile und Zubehörteile.[2] Gegenstände zur Versorgung dienen dem Verbrauch in den Beförderungsmitteln (z.B. Treib-, Schmierstoffe, Flüssigkeiten).[3] Das FG Hannover sah in der Lieferung von Designermöbeln für eine Yacht keine Ausrüstung oder Versorgung, sondern nur in beweglichen Schiffsausrüstungsgegenständen.[4]

87 § 6 Abs. 3 UStG ist nicht einschlägig, wenn die Gegenstände von dem liefernden Unternehmer unmittelbar im Inland in das Beförderungsmittel des Abnehmers eingebaut werden.

88 Der Begriff des **Beförderungsmittels** ist im UStG nicht legal definiert. Nicht nur in § 1 Abs. 3 Nr. 1 UStG wegen der steuerbaren Umsätze wird von Beförderungsmitteln gesprochen (§ 1 Rz. 321 ff.). § 1b UStG erfasst Fahrzeuge, die in § 1b Abs. 2 UStG als Land-, Wasser- und Luftfahrzeuge auch definiert werden (§ 1b Rz. 33 ff.). Der umsatzsteuerrechtliche Begriff des Beförderungsmittels wird insbesondere die Fahrzeuge erfassen, die Personen oder Güter zu Land, Wasser oder in der Luft befördern. Arbeitsgeräte (z.B. Krane, Bagger, Schwimmbagger) werden von dem Begriff des Beförderungsmittels nicht erfasst.

89 Neben der Eigenschaft als ausländischer Abnehmer i.S.d. § 6 Abs. 2 UStG muss dieser gemäß § 6 Abs. 3 Nr. 1 UStG auch Unternehmer sein. Unternehmerischen Zwecken dieses ausländischen Abnehmers gemäß § 6 Abs. 3 Nr. 2 UStG dient der Gegenstand, wenn er das Beförderungsmittel seinem Unternehmen zugeordnet hat und für unternehmerische Zwecke verwendet.

90 Die zusätzlichen Voraussetzungen des § 6 Abs. 3 UStG erfassen nicht die Lieferung von Ausrüstungs- oder Versorgungsgegenständen, die ein Unternehmer für andere als eigene Beförderungsmittel einsetzt (z.B. Reparaturen an Beförderungsmitteln von Kunden).

E. Abnehmer führt im persönlichen Reisegepäck aus (Absatz 3a)

I. Allgemeines

91 Eine Ausfuhrlieferung im **persönlichen Reisegepäck** wird nur unter weiteren Voraussetzungen von der Steuer befreit. Diese Voraussetzungen beziehen sich auf die Ausfuhrtatbestände nach § 6 Abs. 1

1 Ausführlich Abschn. 6.4 UStAE.
2 Vgl. Abschn. 6.4. Abs. 1 Satz 2 UStAE.
3 Vgl. Abschn. 6.4. Abs. 1 Satz 5 UStAE.
4 FG Hannover, Urt. v. 23.8.2012 – 5 K 470/09, juris.

Satz 1 Nr. 2 UStG und § 6 Abs. 1 Satz 1 Nr. 3 Buchst. b UStG. § 6 Abs. 3a UStG ist Spezialvorschrift zu § 6 Abs. 3 UStG.

Die Ausfuhr zur Ausrüstung oder Versorgung eines privaten Beförderungsmittels im persönlichen Reisegepäck ist wegen der Spezialregelung des § 6 Abs. 3 UStG von der Steuerbefreiung ausgeschlossen. 92

Bei der Ausfuhr im persönlichen Gepäck wird die Steuerbefreiung dem inländischen liefernden Unternehmer gewährt, wenn 93

- der Abnehmer seinen Wohnort oder Sitz im Drittlandsgebiet (ausgenommen die in § 1 Abs. 3 UStG bezeichneten Gebiete) hat,
- der gelieferte Gegenstand nicht für unternehmerische Zwecke erworben wird,
- der gelieferte Gegenstand vom Abnehmer im persönlichen Reisegepäck in das Drittlandsgebiet verbracht wird,
- der gelieferte Gegenstand vor Ablauf des dritten Kalendermonats, der auf den Monat der Lieferung folgt, ausgeführt wird. Und
- die Voraussetzungen der Ausfuhrlieferung vom Unternehmer nachgewiesen werden.

Wie der Vertrag für die Lieferung zustande gekommen ist (z.B. als Online-Kauf B2C) ist unbeachtlich. 94

Reiseverkehr liegt zollrechtlich vor, wenn Warenbewegungen grenzüberschreitend von Personen veranlasst und vorgenommen werden, die sich vorübergehend im Zollgebiet der EU oder außerhalb desselben aufhalten. Dabei ist der Charakter der Reise unerheblich. Sowohl der Urlauber als auch der geschäftlich Reisende kann Waren im Reiseverkehr über die Grenze des Zollgebiets der EU bringen.[1] Wegen der zollrechtlichen Anmeldung gibt es im Reiseverkehr Erleichterungen, insbesondere gibt es für Einfuhren Reisefreimengen und beim Überschreiten dieser eine vereinfachte Abgabenberechnung (pauschalierte Abgabensätze). 95

Umsatzsteuerrechtlich wird begrifflich auf die Ausfuhr im persönlichen Reisegepäck abgestellt, ohne dies im Gesetz zu definieren. Abschn. 6.11 UStAE regelt die Verwaltungsauffassung zu Ausfuhrlieferungen im **nichtkommerziellen Reiseverkehr** (§ 6 Abs. 3a UStG); d.h. begrifflich über den gesetzlichen Wortlaut hinausgehend. Der Ausfuhrnachweis (grds. ein Beleg mit einem gültigen Stempelabdruck der Ausgangszollstelle) bestätigt das tatsächliche Verbringen des Gegenstands aus dem Zollgebiet der EU. Dieser bestätigt aber nicht die übrigen Tatbestandsvoraussetzungen wegen einer Ausfuhrlieferung i.S.d. § 6 Abs. 3a UStG. 96

Nach einer Vorlage zur Vorabentscheidung aus Ungarn hat der EuGH am 17.12.2020 wegen des Begriffs des „persönlichen Gepäcks" i.S.d. MwStSystRL geurteilt.[2] Danach ist die in Art. 147 Abs. 1 MwStSystRL vorgesehene Steuerbefreiung für „Gegenstände zur Mitführung im persönlichen Gepäck von Reisenden", dahin auszulegen, dass darunter keine Gegenstände fallen, die eine Privatperson, die nicht in der EU ansässig ist, zu gewerblichen Zwecken nach Orten außerhalb der EU mit sich führt, um sie in einem Drittstaat weiterzuverkaufen. Er entschied, dass der Begriff „persönliches Gepäck" i.S.d. der MwStSystRL mit dem in anderen Rechtsvorschriften vorkommenden Begriff des Gepäcks nicht gleichgesetzt werden kann. Eine Grundbestimmung für „Gepäck" ist z.B. in Art. 1 Nr. 5 DelVO enthalten. Zudem führte der EuGH in seinen Gründen seine Meinung wegen der Steuerbefreiung für Ausfuhrlieferungen nach den Grundsätzen der steuerlichen Neutralität und der Verhältnismäßigkeit bei der europäischen Mehrwertsteuerregelung fort. Die deutsche Rechtslage und Verwaltungsauffassung wird durch das Urteil des EuGH bestätigt.[3] 96.1

Zwingende Voraussetzung ist die Ausfuhr der Gegenstände durch den Reisenden. Dies schließt eine Versendung durch den Reisenden (z.B. durch Aufgabe bei der Post) aus. 97

Zum persönlichen Gepäck gehören diejenigen Gegenstände, die ein Reisender bei dem Überschreiten der Grenze mit sich führt (z.B. Handgepäck, am Körper getragene Gegenstände). Auch Gegenstände 98

1 Vgl. z.B. *Witte* in Witte, Zollkodex der Union[8], Art. 5 UZK Rz. 5.
2 EuGH, Urt. v. 17.12.2020 – C-656/19, ECLI:EU:C:2020:1045 – Bakati Plus, UR 2021, 598; *Scheller*, MwStR 2021, 297; *Weymüller*, jurisPR-SteuerR 10/2021 Anm. 5.
3 *Huschens*, EU-UStB 2021, 18.

die sich in einem benutzten Kraftfahrzeug befinden sind persönliches Gepäck, aber nicht das Kraftfahrzeug, seine Bestandteile und sein Zubehör.

99 Arbeitet der Lieferer mit einem Serviceunternehmen zusammen (z.B. Firma Taxback GmbH) erwirbt der Abnehmer den Gegenstand im Reihengeschäft von der Firma Taxback GmbH und nicht von dem liefernden Unternehmer. Diese kann dann eine entsprechende steuerfreie Ausfuhrlieferung erklären.

100 Wegen der Umsatzsteuerbefreiung für Ausfuhrlieferungen im nichtkommerziellen Reiseverkehr hat das BMF ein Merkblatt mit nützlichen Informationen für Unternehmer und ausländische Käufer herausgegeben.[1]

101 Für den Ausfuhrnachweis soll ein Beleg nach dem vom BMF herausgegebenen Muster verwendet werden. Alternativ kann auch eine Rechnung oder ein sonstiger Beleg verwendet werden. Für die Erteilung des Ausfuhrnachweises vergleicht die Zollstelle stichprobenweise die Angaben zu Art und Menge der Ware im vorgelegten Beleg mit der auszuführenden Ware.

102 Von der Möglichkeit zur Beschränkung der Steuerbefreiung auf einen Mindestwert von 175 Euro gemäß Art. 147 Abs. 1 Satz 1 Buchst. c und Satz 2 MwStSystRL hatte Deutschland bis zum 31.12.2019 keinen Gebrauch gemacht. Frankreich (175 Euro), Italien (154 Euro) und Österreich (75 Euro) hatten bereits vor dem 1.1.2020 entsprechende Wertgrenzen.

103 Wegen der Mitwirkung der Zollverwaltung bei der Umsatzsteuerbefreiung von Ausfuhren im nichtkommerziellen Reiseverkehr an der Schweizer Grenze hatte auch der Bundesrechnungshof geprüft und wegen der Situation die umgehende Einführung einer Wertgrenze vorgeschlagen.[2]

II. Wohnort oder Sitz im Drittlandsgebiet (Absatz 3a Satz 1 Nr. 1)

104 Eine Ausfuhrlieferung im „nicht kommerziellen Reiseverkehr" wird nur unter weiteren Voraussetzungen von der Steuer befreit. Diese Voraussetzungen beziehen sich auf die Ausfuhrtatbestände nach § 6 Abs. 1 Satz 1 Nr. 2 UStG und § 6 Abs. 1 Satz 1 Nr. 3 Buchst. b UStG. § 6 Abs. 3a UStG ist Spezialvorschrift zu § 6 Abs. 3 UStG.

105 Arbeitet der Lieferer mit der Firma Taxback GmbH zusammen, erwirbt der Abnehmer den Gegenstand im Reihengeschäft von der Firma Taxback GmbH und nicht von dem liefernden Unternehmer. Diese kann dann eine entsprechende steuerfreie Ausfuhrlieferung erklären.

106 Gemäß § 6 Abs. 3a Nr. 1 UStG muss der Abnehmer seinen Wohnort oder Sitz im Drittlandsgebiet, ausgenommen Gebiete nach § 1 Abs. 3 UStG, haben. Im Gegensatz zum „ausländischen Abnehmer" i.S.d. § 6 Abs. 2 UStG, der seinen Wohnort oder Sitz im Ausland – ausgenommen den in § 1 Abs. 3 UStG bezeichneten Gebieten – hat, verlangt § 6 Abs. 3a Nr. 1 UStG einen „drittländischen" Abnehmer. Der Unterschied zwischen beiden Begriffen liegt darin, dass ein Abnehmer mit Wohnort oder Sitz im übrigen Unionsgebiet zwar ausländischer Abnehmer, aber nicht Abnehmer i.S.d. § 6 Abs. 3a Nr. 1 UStG ist. Drittlandsgebiet ist nach § 1 Abs. 2a Satz 3 UStG das Gebiet, das nicht Unionsgebiet ist.

107 Bei der Beurteilung des **Wohnortes** ist auf die **objektive Betrachtung** abzustellen. Die Wohnortregelung gilt für natürliche Personen, denn nur diese Personen können Gegenstände in ihrem persönlichen Reisegepäck ausführen. Ein Abnehmer kann nur einen einzigen Wohnort i.S.d. § 6 Abs. 3a Nr. 1 UStG haben.

108 Für die Erteilung des Ausfuhrnachweises prüft die Zollstelle stichprobenweise die Angaben zu dem Abnehmer (Abnehmernachweis).

1 BMF, Merkblatt v. 12.8.2014 – IV D 3-S 7133/14/10001, BStBl. I 2014, 1202; auch Absätze 300 ff. Dienstvorschrift über die Mitwirkung der Zolldienststellen bei dem Ausfuhrnachweis für Umsatzsteuerzwecke, VSF A 0693-3.

2 BRH, Bericht an den Rechnungsprüfungsausschuss des Haushaltsausschusses des Deutschen Bundestages nach § 88 Abs. 2 BHO über die Mitwirkung der Zollverwaltung bei der Umsatzsteuerbefreiung von Ausfuhren im nichtkommerziellen Reiseverkehr vom 12.5.2017 – VIII 5-2016-0591.

III. Ausfuhrfrist (Absatz 3a Satz 1 Nr. 2)

Gemäß § 6 Abs. 3a Nr. 2 UStG muss der Gegenstand der Lieferung vor Ablauf des dritten Kalendermonats, der auf den Monat der Lieferung folgt, ausgeführt werden. 109

Eine Härtefallregelung ist nicht vorgesehen. Fristverlängerung oder Wiedereinsetzung in den vorigen Stand ist nicht zulässig. Ist die Ausfuhrfrist verstrichen, kann der Abnehmer den Gegenstand immer noch ins Drittlandsgebiet versenden. Für die nicht von § 6 Abs. 3a UStG erfassten Ausfuhren besteht eine Ausfuhrfrist nicht. 110

Die Vorschrift setzt Art. 147 Abs. 1 Buchst. b MwStSystRL um. 111

IV. Wertgrenze bei Ausfuhren im persönlichen Reisegepäck (Absatz 3a Satz 1 Nr. 3 und Satz 2)

Durch die Einfügung des § 6 Abs. 3a Satz 1 Nr. 3 UStG ist mit Wirkung vom 1.1.2020 eine weitere Voraussetzung für das Vorliegen einer Ausfuhrlieferung bei Ausfuhren im **persönlichen Reisegepäck** aufgenommen worden.[1] Seitdem muss der Gesamtwert der Lieferung einschließlich Umsatzsteuer **50 Euro** übersteigen. Diese Voraussetzung tritt zum Ende des Jahres außer Kraft, in dem die Ausfuhr- und Abnehmernachweise in Deutschland erstmals elektronisch erteilt werden. 112

Damit hat der Gesetzgeber für Ausfuhrlieferungen im nichtkommerziellen Reiseverkehr eine Wertgrenze von 50 Euro eingeführt. Für einen Übergangszeitraum sind die Dienststellen der Zollverwaltung angewiesen worden, auf Wunsch der Reisenden alle ihnen vorgelegten Belege (wertunabhängig) abzustempeln. Die Entscheidung über die Steuerbefreiung treffen als zuständige Verwaltungsbehörde die Landesfinanzbehörden, d.h. die Finanzämter. 113

Die Änderung hat dazu geführt, dass **bis zu der Wertgrenze** von 50 Euro rechtlich gar **keine Ausfuhrlieferung** vorliegt, so dass sich mangels Vorliegen einer Ausfuhrlieferung auch nicht die Befreiung einer solchen von der Umsatzsteuer stellt. Das BMF spricht aber selbst davon, dass Ausfuhrlieferungen im nichtkommerziellen Reiseverkehr mit Wirkung zum 1.1.2020 erst ab einem Gesamtwert der Lieferung einschließlich Umsatzsteuer von 50 Euro von der Umsatzsteuer befreit werden und verkennt damit, dass es unterhalb der Wertgrenze gar keine Ausfuhrlieferung sein kann.[2] Der Anwendungserlass ist wegen der Änderung in den Abschn. 6.3, 6.10 und 6.11 UStAE entsprechend neu gefasst worden. 114

Unionsrechtlich ist eine **Wertgrenze** von 0 Euro **bis zu 175 Euro** möglich, oberhalb derer die Ausfuhrlieferung im nichtkommerziellen Reiseverkehr umsatzsteuerfrei ist (Art. 147 Abs. 1 MwStSystRL). Ausfuhrlieferungen im nichtkommerziellen Reiseverkehr, deren Gesamtwert einschließlich Umsatzsteuer 175 Euro übersteigt, sind zwingend von der Umsatzsteuer zu befreien. Anders als Deutschland bis zum 31.12.2019, wenden andere Mitgliedstaaten eine Wertgrenze an. 115

Die Zollverwaltung prüft, ob der Reisende im Drittland ansässig ist (**Abnehmernachweis**) und stichprobenweise, ob der Reisende die im Ausfuhrkassenzettel aufgeführten Waren tatsächlich mit sich führt und ausführt (**Ausfuhrnachweis**). Der Gesetzgeber verfolgt mit der Änderung zum 1.1.2020 eine Entlastung der Zollverwaltung und eine **Besserung der Verkehrssituation**, insbesondere im **Grenzgebiet zur Schweiz.** Die Wertgrenze hat eine wirtschaftliche Auswirkung, insbesondere auf den Einzelhandel in der Grenzregion zur Schweiz, so dass die Wertgrenze in Höhe von 50 Euro nach der Begründung für die Gesetzänderung befristet wurde.[3] Die Befristung knüpft bei dem gesetzlichen Wortlaut an die elektronische Erteilung der Ausfuhr- und Abnehmernachweise in Deutschland an. 116

1 Art. 12 des sog. JStG 2019 v. 12.12.2019, BGBl. I 2019, 2451.

2 BMF, Schr. v. 10.1.2020 – III C 3-S 7133/19/10002 :004 – DOK 2019/1141457, BStBl. I 2020, 184 = UR 2020, 161.

3 BT-Drucks. 19/13436, 153.

F. Beleg- und Buchnachweis (Absatz 4)

I. Nachweis (Absatz 4 Satz 1)

1. Allgemeines

a) Grundsätze

117 § 6 Abs. 4 Satz 1 UStG regelt die **Nachweispflicht** für die Steuerbefreiung gemäß § 6 Abs. 1, 3 und § 3a UStG. Vom gesetzlichen Wortlaut ist die Pflicht eine Muss-Pflicht („[…] müssen vom Unternehmer nachgewiesen sein").[1]

118 Die Nachweispflicht betrifft den inländischen Unternehmer (§ 6 Abs. 4 Satz 1 UStG).

119 Die §§ 8–11, 13 und 17 der UStDV regeln auf der Grundlage der Ermächtigungsvorschrift des § 6 Abs. 4 Satz 2 UStG, wie der Nachweis von dem inländischen Unternehmer zu führen ist.

120 Die §§ 8–11 UStDV regeln den belegmäßigen Nachweis (Ausfuhrnachweis) und § 13 UStDV den buchmäßigen Nachweis (**Doppelnachweis**). Die Nachweise sind gleichrangig.[2]

121 § 8 UStDV und § 13 Abs. 1 UStDV sind zwar traditionell „Mussvorschriften", §§ 9–11 UStDV und § 13 Abs. 2–5 UStDV waren „Sollvorschriften" und sind erst durch eine gesetzliche Neuregelung seit 1.1.2012 (bzw. 1.4.2012 durch Verwaltungsanweisung)[3] auch „Mussvorschriften". Dennoch sind diese Vorschriften aufgrund der Rechtsprechung nur ein Anscheinsbeweis für das Vorliegen der Voraussetzungen für die Steuerbefreiung einer Ausfuhrlieferung.

122 Der Unternehmer kann den Ausfuhrnachweis nur in besonders begründeten Einzelfällen abweichend von diesen Vorschriften führen, wenn sich aus der Gesamtheit der Belege die Ausfuhr eindeutig und leicht nachprüfbar ergibt (§ 8 Abs. 1 Satz 2 UStDV) und die buchmäßig nachzuweisenden Voraussetzungen eindeutig und leicht nachprüfbar aus der Buchführung ersichtlich sind (§ 13 Abs. 1 Satz 2 UStDV). Ein solch begründeter Einzelfall kann z.B. der Ausfall des IT-Fachverfahrens ATLAS der Zollverwaltung sein.[4]

123 Beim Belegnachweis müssen sich die Voraussetzungen der Ausfuhrlieferung eindeutig und leicht nachprüfbar aus den Belegen ergeben (§ 8 Abs. 1 Satz 2 UStDV). Beim buchmäßigen Nachweis müssen die Voraussetzungen eindeutig und leicht nachprüfbar aus der Buchführung zu ersehen sein (§ 13 Abs. 1 Satz 2 UStDV). Die gesetzliche Regelung zu den Nachweisvorschriften führt aktuell immer wieder zu Streitigkeiten.[5]

124 Auch die ähnlich ausgestalteten Nachweispflichten für die Steuerbefreiung innergemeinschaftlicher Lieferungen haben wegen der Anforderungen an die erforderlichen Nachweise zu Streitigkeiten geführt. Mit dem Urteil in der Rechtssache *Collee*[6] hat der EuGH auf Vorlage des BFH zur Versagung der Steuerbefreiung wegen eines verspätet erbrachten Nachweises bei einer innergemeinschaftlichen Lieferung die bis dato bestehende deutsche Praxis aufgrund des Richtlinienrechts nicht gänzlich bestätigt. Die deutschen Nachweispflichten sind danach mit dem Gemeinschaftsrecht vereinbar, sie sind aber nicht materielle Voraussetzung. Kommt der Unternehmer den Nachweispflichten nicht nach, ist die Voraussetzung für die Steuerbefreiung grundsätzlich nicht erfüllt. Die Steuerbefreiung kann aber dennoch gewährt werden, wenn aufgrund der objektiven Beweislage die Voraussetzungen einer innergemeinschaftlichen Lieferung erfüllt sind.[7] Die Nachweispflichten sind als solches auch mit dem Richt-

1 Ausführlich zum Ausfuhrnachweis Abschn. 6.5. UStAE.
2 BFH, Urt. v. 28.2.1980 – V R 118/76, BStBl. II 1980, 415 = UR 1980, 160 m. Anm. *Weiß*.
3 BStBl. I 2011, 1287.
4 Vgl. auch Abschn. 6.5. Abs. 1 UStAE.
5 Vgl. z.B. *Höink/Lüger*, AW-Prax 2016, 387; auch wegen einer strafrechtlichen Bedeutung der Nachweisproblematik *Harksen/Möller*, AW-Prax 2010, 145.
6 EuGH, Urt. v. 27.9.2007 – C-146/05, ECLI:EU:C:2007:549 – Collée, BStBl. II 2009, 78 = UR 2007, 813 m. Anm. *Maunz*.
7 So in dem grundlegenden Urteil EuGH, Urt. v. 27.9.2007 – C-146/05, ECLI:EU:C:2007:549 – Collée, BStBl. II 2009, 78 = UR 2007, 813 m. Anm. *Maunz*; nachgehend BFH, Urt. v. 6.12.2007 – V R 59/03, BStBl. II 2009, 57 = UR 2008, 186.

linienrecht vereinbar. Art. 131 MwStSystRL erlaubt es den Mitgliedstaaten, Bedingungen festzulegen, „die zur Gewährleistung einer korrekten und einfachen Anwendung der nachstehenden Befreiungen sowie zur Verhinderung von Steuerhinterziehung, Steuerumgehung und Missbrauch" erforderlich sind. So hat der BFH dann auch die Vereinbarkeit der deutschen Nachweispflichten mit dem Richtlinienrecht festgestellt.[1] Praktisch unerfüllbare Anforderungen an diese Nachweispflichten sind aber rechtswidrig.[2]

So ist nach Meinung des EuGH die Steuerbefreiung zu gewähren, wenn die materiellen Anforderun- 125
gen erfüllt sind, selbst wenn der Steuerpflichtige bestimmten formellen Anforderungen nicht genügt hat. Diese Rechtsprechung ist zwar zu der innergemeinschaftlichen Lieferung ergangen, hat aber wegen der rechtssystematischen Gemeinsamkeiten zwischen der innergemeinschaftlichen Lieferung und der Ausfuhrlieferung auch Bedeutung für die Ausfuhrlieferung. Der BFH hat sich der Meinung des EuGH zu den Anwendungsbedingungen angeschlossen und diese wegen der Nachweispflichten gemäß § 6 Abs. 4 UStG auch für die Ausfuhrlieferung grundsätzlich bestätigt.[3]

Damit ist dem **Buch- und Belegnachweis** zwar der materiell-rechtliche Charakter abgesprochen wor- 126
den, dennoch haben die Nachweisvorschriften des § 6 Abs. 4 UStG und die der §§ 8 ff. und § 17 UStDV weiter eine große praktische Bedeutung für die Steuerbefreiung, da sie gesetzlich als Mussvorschriften ausgestaltet sind. Durch die Verwaltung dürfen diese gesetzlichen Voraussetzungen jedoch nicht erweitert werden.[4] Sie darf bzw. muss ggfs. die Richtigkeit der Nachweise prüfen, da diese eine Voraussetzung für die Steuerbefreiung ist.[5]

Der **Belegnachweis** kann, ausgenommen bei einer Ausschlussfrist durch das Finanzgericht, bis zum 127
Schluss der letzten mündlichen Verhandlung vor dem Finanzgericht erbracht werden.[6]

Die Aufbewahrungsfrist für die Belege beträgt gemäß § 147 Abs. 3 Satz 1 AO zehn Jahre. Dies hat in 128
den Fällen der Steuerhinterziehung Bedeutung für die Steuerfestsetzung.

Wegen der rechtssystematischen Gemeinsamkeiten zwischen der innergemeinschaftlichen Lieferung 129
und der Ausfuhrlieferung stellt sich auch die Frage der **Anwendung der Missbrauchsrechtsprechung des EuGH** in den Fällen der Ausfuhrlieferung, in denen der Unternehmer, der eine Steuerbefreiung geltend macht, sich selbst an einer Steuerhinterziehung im Bestimmungsland beteiligt hat. Eine ausdrückliche Übertragung der Rechtsprechung zu derartigen Fällen bei einer innergemeinschaftlichen Lieferung auf die Ausfuhrlieferung war bis zu den Urteilen des BFH vom 12.3.2020[7] weder durch den EuGH noch durch den BFH erfolgt. Revisionen beim BFH erfolgt nach einem Urteil des FG Köln, bei dem das Finanzamt die Steuerbefreiung für Ausfuhrlieferungen nicht gewährte, weil sich der Unternehmer an einem Betrugsmodell beteiligte und die Begehung einer Steuerverkürzung im Empfangsstaat durch gefälschte Belegnachweise ermöglichte und nach einem Urteil des FG Rheinland-Pfalz, weil der Unternehmer seine Rechnungen auf Verkauf und Provision splittete, um im Bestimmungsland des Abnehmers Einfuhrabgaben zu verkürzen.[8] Die Umsatzsteuer-Referatsleiter des Bundes und der Länder beschlossen bereits im Jahr 2015, dass eine Steuerfreiheit der Ausfuhrlieferungen zu versagen sei, sofern ein betrügerisches Verhalten hinsichtlich der EUSt im Drittstaat ermöglicht worden sei.[9]

---

1 BFH, Urt. v. 6.12.2007 – V R 59/03, BStBl. II 2009, 57 = UR 2008, 186.
2 BFH, Urt. v. 12.5.2009 – V R 65/06, BStBl II 2010, 511 = UR 2009, 719; BFH, Urt. v. 28.5.2009 – V R 23/08, BStBl. II 2010, 517 = UR 2009, 714.
3 BFH, Urt. v. 28.5.2009 – V R 23/08, BStBl. II 2010, 517 = UR 2009, 714.
4 BFH, Urt. v. 23.4.2009 – V R 84/07, BStBl. II 2010, 509 = UR 2009, 717.
5 BFH, Urt. v. 31.7.2008 – V R 21/06, BStBl. II 2014, 344 = UR 2009, 27.
6 BFH, Urt. v. 28.2.1980 – V R 118/76, BStBl. II 1980, 415 = UR 1980, 160 m. Anm. *Weiß*.
7 BFH, Urt. v. 12.3.2020 – V R 20/19, BStBl. II 2020, 608 = UR 2020, 718 = AW-Prax 2021, 281; *Möller*, AW-Prax 2021, 281; *Wäger*, BFH/PR 2020, 339; *Heuermann*, DStR 2020, 1729; *Höink/Lüger*, MwStR 2020, 913; *Widmann*, UR 2020, 723; *Huschens*, UVR 2020, 307; *Pelz*, ZWH 2021, 177; teilweise inhaltsgleich BFH, Urt. v. 12.3.2020 – V R 24/19, BFH/NV 2020, 1098.
8 FG Köln, Urt. v. 19.2.2019 – 8 K 2906/16, EFG 2019, 1236; FG Rheinland-Pfalz – 3 K 1391/17, EFG 2019, 1634.
9 Vgl. Niederschrift v. 19.10.2015 über die Sitzung der USt IV/15 der Umsatzsteuer-Referatsleiter vom 22.-24.9.2015, Bl. 44, Rz. 52 des Urt. des FG Rheinland-Pfalz v. 28.5.2019 – 3 K 1391/17, EFG 2019, 1634.

129.1 Der BFH urteilte, dass die Steuerfreiheit für eine **innergemeinschaftliche Lieferung** voraussetzt, dass diese Lieferung korrespondierend beim Erwerber die Verpflichtung zur Vornahme der Erwerbsbesteuerung begründet. Demgegenüber besteht bei Ausfuhrlieferungen keine aus dem Tatbestand der Steuerfreiheit ableitbare Korrespondenz zwischen der Steuerfreiheit der Ausfuhrlieferung und der Besteuerung im Drittstaat. Von einem Vorabentscheidungsersuchen an den EuGH hat der BFH abgesehen, da er mit Blick auf das EuGH-Urteil *Unitel*[1] keine Zweifel an seiner zutreffenden Auslegung des Unionsrechts hatte.[2] Da die EU eine Zollunion mit der Türkei habe, bestehe auch keine Grundlage dafür, **zollrechtliche Verstöße** zwingend mit steuerrechtlichen Sanktionen bewehren zu müssen. In seinem Urt. zur Vorabentscheidung hatte der EuGH festgehalten, dass die Steuerbefreiung einer Ausfuhrlieferung nach objektiven Kriterien zu beurteilen ist, dass die fehlende Identität des Erwerbers das Vorliegen einer Ausfuhrlieferung nicht per se ausschließt und zwei Fälle für den Verlust der Steuerbefreiung einer Ausfuhrlieferung aufgezeigt hat. Zum einen, wenn der sichere Nachweis bei Verstoß gegen formelle Anforderungen verhindert ist und zum anderen, wenn ein Steuerpflichtiger sich vorsätzlich an einer das Funktionieren des gemeinsamen Mehrwertsteuersystems gefährdenden Steuerhinterziehung beteiligt hat.

129.2 Das BMF hatte bereits mit Schreiben vom 25.6.2020[3] Abschn. 6.5 Abs. 1 UStAE um die Sätze 8 bis 10 erweitert und Ausführungen zu dem **Grundsatz der Steuerneutralität** und der Verhältnismäßigkeit und Entscheidungen des EuGH zitiert. U.a. kann sich der Unternehmer danach nicht auf diese Grundsätze berufen, wenn „(…) sich der liefernde Unternehmer vorsätzlich an einer das Funktionieren des gemeinsamen Mehrwertsteuersystems gefährdenden Steuerhinterziehung beteiligt hat bzw. davon Kenntnis hatte oder nach der Sorgfalt eines ordentlichen Kaufmanns hätte wissen müssen (…)“. Nach den Urteilen des BFH hat das BMF diese mit Schreiben v. 15.12.2020[4] in Abschn. 6.5 Abs. 1 UStAE entsprechend um das Urteil vom 12.3.2020[5], ergänzt. Den Satz 10 Nr. 1 hat es wegen der Verknüpfung mit einer **Steuerhinterziehung** des Erwerbers um „zu Lasten eines Mitgliedstaats“ ergänzt.

129.3 Die **Missbrauchsrechtsprechung** des EuGH fokussiert sich auf das Funktionieren des gemeinsamen Mehrwertsteuersystems. Ist die Verbringung von Gegenständen aus dem Zollgebiet der EU nachgewiesen, wird für eine solche Lieferung keine Mehrwertsteuer geschuldet, da grundsätzlich auch keine Gefahr eines Steuerbetrugs oder finanziellen Verlusts mehr besteht, der die Besteuerung des Umsatzes rechtfertigen könnte. Folgerichtig hat der BFH z.B. ausgeführt, dass dann das Ausstellen einer unterfakturierten Zweitrechnung für eine Ausfuhrlieferung nicht zu einer das Funktionieren des gemeinsamen Mehrwertsteuersystems gefährdenden Steuerhinterziehung führe.[6] Unabhängig von der in solchen Fällen zu gewährenden Steuerbefreiung, wenn die materiell-rechtlichen Voraussetzungen grundsätzlich vorliegen, kann die vorsätzlich oder leichtfertige Ausstellung einer Rechnung für eine Ausfuhrlieferung den Tatbestand einer Steuerhinterziehung (§ 370 Abs. 1 i.V.m. Abs. 6 AO) oder Steuergefährdung (§ 379 Abs. 1 Satz 1 Nr. 1 AO) erfüllen und zu einer Sanktion führen. Eine solche soll aber im Lichte des EuGH nicht durch die Versagung einer Steuerbefreiung erfolgen.[7]

b) Vertrauensschutz

130 Anders als § 6 UStG enthält § 6a Abs. 4 UStG für die innergemeinschaftliche Lieferung eine **Vertrauensschutzregelung**. Bei der innergemeinschaftlichen Lieferung ist der liefernde Unternehmer systembedingt auf Angaben des ausländischen Abnehmers angewiesen (z.B. die USt-IdNr.). Liegen die gesetzlichen Voraussetzungen (§ 6a Abs. 1 UStG) für eine Steuerbefreiung der innergemeinschaftlichen Lieferung nicht vor, wird die Lieferung gleichwohl als steuerfrei angesehen, wenn die Inanspruchnah-

1 EuGH, Urt. v. 17.10.2019 – C-653/18, ECLI:EU:C:2020:1045 – Unitel, UR 2019, 849.
2 BFH, Urt. v. 12.3.2020 – V R 20/19, BStBl. II 2020, 608 = UR 2020, 718 = AW-Prax 2021, 281; BFH, Urt. v. 12.3.2020 – V R 24/19, BFH/NV 2020, 1098.
3 BMF, Schr. v. 25.6.2020 – III C 3-S 7134/19/10003 :001 – DOK 2020/0626512, BStBl. I 2020, 582 = UR 2020, 696.
4 BMF, Schr. v. 15.12.2020 – III C 3-S 7015/19/10006 :001 – DOK 2020/1238675, BStBl. 2020, 1374 = UR 2021, 532.
5 BFH, Urt. v. 12.3.2020 – V R 20/19, BStBl. II 2020, 608 = UR 2020, 718 = AW-Prax 2021, 281.
6 BFH, Urt. v. 12.3.2020 – V R 20/19, BStBl. II 2020, 608 = UR 2020, 718 = AW-Prax 2021, 281, Rz. 22.
7 *Möller*, AW-Prax 2021, 281.

me der Steuerbefreiung auf unrichtigen Angaben des Abnehmers beruht und der Unternehmer die Unrichtigkeit dieser Angaben auch bei Beachtung der Sorgfalt eines ordentlichen Kaufmanns nicht erkennen konnte (§ 6a Abs. 4 Satz 1 UStG).

Die deutsche Vertrauensschutzregelung für die innergemeinschaftliche Lieferung gemäß § 6a Abs. 4 UStG ist mit dem europäischen Recht vereinbar, denn sie entspricht den allgemeinen Grundsätzen des Mehrwertsteuerrechts (Grundsätze der Rechtssicherheit, der Verhältnismäßigkeit, der Neutralität der Mehrwertsteuer und des freien Warenverkehrs).[1] 131

§ 6 UStG enthält **keine** dem § 6a Abs. 4 UStG vergleichbare gesetzliche **Vertrauensschutzregelung** für den gutgläubigen Unternehmer. Dem Ziel einer Steuerbefreiung entsprechend und eine Begründung suchend, stellt sich die Frage, ob dies nicht eine Regelungslücke ist. Der BFH hat zu dieser Sichtweise beschlossen, dass eine Lücke des Gesetzes nur vorliegt, wo das Gesetz ergänzungsbedürftig ist und eine Ergänzung nicht etwa einer von dem Gesetz gewollten Beschränkung auf bestimmte Tatbestände widerspricht. Für eine Analogie fehle es daher an der planwidrigen Unvollständigkeit des positiven Rechts.[2] 132

Die Regelungen zu dem innergemeinschaftlichen Erwerb und den innergemeinschaftlichen Lieferungen sind erst wegen der Vollendung des Europäischen Binnenmarkts in das UStG aufgenommen worden. Die Regelungen zur Steuerbefreiung von Ausfuhrlieferungen bestanden bereits zuvor. Der Gesetzgeber hätte jederzeit Gelegenheit gehabt, die Rechtslage zum gewollten Schutz von Unternehmern bei Ausfuhrlieferungen entsprechend anzupassen. 133

Zu § 6a Abs. 4 UStG hat der BFH entschieden, dass sich die Frage des Vertrauensschutzes erst stellt, wenn der Unternehmer seinen Nachweispflichten gemäß §§ 17a ff. UStDV vollständig nachgekommen ist.[3] Maßgeblich ist hierfür die formelle Vollständigkeit, nicht aber die inhaltliche Richtigkeit der Beleg- und Buchangaben.[4] So sieht es der BFH auch für einen **Vertrauensschutz bei Ausfuhrlieferungen**.[5] 134

Der BFH hatte bereits im Jahr 2006 die Frage zur Vorabentscheidung vorgelegt, ob auch bei Ausfuhrlieferungen ein Vertrauensschutz im Billigkeitswege gewährt werden kann.[6] Der EuGH hatte die ihm gestellte Frage bejaht, d.h. wenn die Voraussetzungen für eine Befreiung nicht vorliegen, der Steuerpflichtige dies aber auch bei Beachtung der **Sorgfalt eines ordentlichen Kaufmanns** infolge der Fälschung des vom Abnehmer vorgelegten Nachweises der Ausfuhr nicht erkennen konnte.[7] In Abänderung seiner bisherigen Rechtsprechung urteilte der BFH nachgehend, dass die Steuerfreiheit einer Ausfuhrlieferung nicht versagt werden darf, wenn der liefernde Unternehmer die Fälschung des Ausfuhrnachweises, den der Abnehmer ihm vorlegt, auch bei Beachtung der Sorgfalt eines ordentlichen Kaufmanns nicht hat erkennen können.[8] 135

Der BFH hat festgehalten, dass die Prüfung wegen einer in einem solchen Fall zu gewährenden Steuerbefreiung nach den Grundsätzen des Vertrauensschutzes im Billigkeitsverfahren zu entscheiden ist. Eine analoge Anwendung der Vertrauensschutzregelung für innergemeinschaftliche Lieferungen gemäß § 6a Abs. 4 UStG kommt für Ausfuhrlieferungen nicht in Betracht.[9] 136

Für Ausfuhrlieferungen kann der Unternehmer Vertrauensschutz geltend machen, der zu einer Prüfung der Steuerbefreiung durch das Finanzamt im **Billigkeitswege** führt.[10] Eine Steuerbefreiung im 137

1 EuGH, Urt. v. 27.9.2007 – C-409/04, ECLI:EU:C:2007:548 – Teleos, BStBl. II 2009, 70 = UR 2007, 774.
2 BFH, Beschl. v. 6.5.2004 – V B 101/03, BStBl. II 2004, 748 = UR 2004, 531 m. Anm. *Dietlein*; zu diesem Zeitpunkt noch *Möller*, AW-Prax 2004, 440.
3 Z.B m.w.N. BFH, Urt. v. 14.11.2012 – XI R 17/12, BStBl. II 2013, 407 = UR 2013, 456.
4 BFH, Urt. v. 14.11.2012 – XI R 17/12, BStBl II 2013, 407 = UR 2013, 456.
5 BFH, Beschl. v. 29.3.2016 – XI B 77/15, BFH/NV 2016, 1181.
6 BFH, Vorlagebeschl. v. 2.3.2006 – V R 7/03, BStBl II 2006, 672 = UR 2006, 474.
7 EuGH, Urt. v. 21.2.2008 – C-271/06, ECLI:EU:C:2008:105 – Netto Supermarkt, UR 2008, 508.
8 BFH, Urt. v. 30.7.2008 – V R 7/03, BStBl. II 2010, 1075 = UR 2009, 161.
9 BFH, Urt. v. 30.7.2008 – V R 7/03, BStBl. II 2010, 1075 = UR 2009, 161.
10 BFH, Urt. v. 30.7.2008 – V R 7/03, BStBl. II 2010, 1075 = UR 2009, 161; BFH, Beschl. v. 26.3.2009 – V B 179/07, BFH/NV 2009, 1477; BFH, Urt. v. 19.11.2009 – V R 8/09, BFH/NV 2010, 1141 = UR 2010, 416; BFH, Urt. v. 11.1.2012 – V B 88/11, BFH/NV 2012, 714.

Festsetzungsverfahren im Rahmen einer Vertrauensschutzregelung kommt mangels Rechtsgrundlage nicht in Betracht.

2. Inhalt des Ausfuhrnachweises

138 Zum wesentlichen Inhalt des Ausfuhrnachweises gehört der Nachweis, dass der Unternehmer oder der Abnehmer den Gegenstand der Lieferung in das Drittlandsgebiet befördert oder versendet hat (§ 8 Abs. 1 Satz 1 UStDV).

139 Seit dem 1.7.2009 besteht in der EU grundsätzlich die Pflicht zur Teilnahme an einem elektronischen Ausfuhrverfahren (Art. 326 UZK-DVO). In Deutschland steht hierfür das IT-Fachverfahren ATLAS zur Verfügung. In der Regel werden die elektronisch angemeldeten Waren dazu bei der Ausfuhrzollstelle (Binnenzollstelle) in das Ausfuhrverfahren überführt und eine Ausfuhranmeldung mit einer Registriernummer (MRN) erzeugt. Der Ausgangszollstelle (Grenzzollstelle) werden die Angaben zum Ausfuhrvorgang vorab übermittelt. Die Ausgangszollstelle kann den Ausfuhrvorgang aufrufen, gegebenenfalls eine zollamtliche Prüfung vornehmen und nach Überwachung des körperlichen Ausgangs der Waren der Ausfuhrzollstelle die „Ausgangsbestätigung/Kontrollergebnis" übersenden. Aufgrund dieser Nachricht erledigt die Ausfuhrzollstelle den Ausfuhrvorgang und übermittelt dem Anmelder elektronisch den **Ausgangsvermerk** gemäß Art. 334 UZK-DVO als PDF-Dokument.[1]

140 Der belegmäßige Nachweis der Ausfuhr wird zollrechtlich in allen Fällen durch den „Ausgangsvermerk" erbracht. Von der elektronischen Anmeldung und Erledigung des Ausfuhrverfahrens sind nur die Fälle ausgenommen, in denen das IT-Fachverfahren ATLAS ausfällt oder das Ausfuhrverfahren in den gesetzlich vorgesehenen Fällen mündlich oder konkludent angemeldet wird. Nur in diesen Ausnahmefällen wird die Ausfuhr z.B. mit Dienststempelabdruck auf der Rückseite einer vorgelegten schriftlichen Ausfuhranmeldung bescheinigt.

141 Bleibt die „Ausgangsbestätigung/Kontrollergebnis"-Nachricht der Ausgangszollstelle aus, erfolgt eine Überprüfung des Ausfuhrvorgangs durch die Ausfuhrzollstelle (Art. 334 und 335 UZK-DVO). Aufgrund der Überprüfung wird entweder der Ausgang mit dem „**Ausgangsvermerk**" bestätigt oder nach Vorlage eines Alternativnachweises durch den Anmelder von der Ausfuhrzollstelle per EDIFACT-Nachricht ein „**Alternativ-Ausgangsvermerk**" übermittelt.[2]

142 Zollrechtlich wird nicht zwischen einem Beförderungsfall oder einem Versendungsfall unterschieden. Es gibt nur eine Beförderung von Waren, die das Zollgebiet der EU verlassen. Umsatzsteuerrechtlich werden dagegen ein Beförderungsfall und ein Versendungsfall unterschieden. Für den Ausfuhrnachweis gilt bei Ausfuhrlieferungen in Beförderungsfällen § 9 UStDV, bei Ausfuhrlieferungen in Versendungsfällen gilt § 10 UStDV.

143 Ein Beförderungsfall liegt umsatzsteuerrechtlich vor, wenn der liefernde Unternehmer oder der Abnehmer (oder ein unselbstständiger Erfüllungsgehilfe des liefernden Unternehmers oder des Abnehmers) den Gegenstand der Lieferung selbst (z.B. mit eigenem LKW) befördert (§ 9 Abs. 1 Satz 1 UStDV). Eine Beförderung liegt auch dann vor, wenn der Gegenstand der Lieferung mit eigener Kraft fortbewegt wird (z.B. bei Kraftfahrzeugen auf eigener Achse).[3] § 9 UStDV bestimmt die Einzelheiten zu dem Ausfuhrnachweis bei Ausfuhrlieferungen in Beförderungsfällen.

144 In den Beförderungsfällen wird der Ausfuhrnachweis in der Regel wegen der zollrechtlichen Pflichten in dem IT-Verfahren ATLAS (ATLAS-Ausfuhr) durch den an den Anmelder/Ausführer per EDIFACT-Nachricht übermittelten PDF-Dokument „Ausgangsvermerk" erbracht.[4]

145 Bei einem Ausfall des IT-Verfahrens ATLAS wird im Rahmen eines Ausfall- und Sicherheitskonzepts von der Zollverwaltung das Exemplar Nr. 3 der Ausfuhranmeldung als Nachweis der Beendigung des zollrechtlichen Ausfuhrverfahrens verwendet. Dieser Beleg wird umsatzsteuerrechtlich als Ausfuhrnachweis anerkannt, wenn die Ausfuhrbestätigung durch einen Vermerk auf der Rückseite des Exem-

1 Siehe Anlage 1 zum BMF, Schr. v. 3.5.2010, BStBl. I 2010, 499 und Abschn. 6.7a UStAE.
2 Siehe Anlage 2 zum BMF, Schr. v. 3.5.2010, BStBl. I 2010, 499.
3 Abschn. 3.12 Abs. 2 UStAE.
4 Abschn. 6.6. Abs. 1 Nr. 1 UStAE.

plars Nr. 3 der Ausfuhranmeldung angebracht ist. Bei mündlicher oder konkludenter Anmeldung kann der Vermerk auch auf handelsüblichen Belegen angebracht werden.

Bei der Ausfuhr im gemeinsamen Versandverfahren, Unionsversandverfahren oder Versandverfahren mit Carnet TIR gibt es Sondervorschriften, da in diesen Fällen ein Ausgangsvermerk erst nach ordnungsgemäßer Beendigung dieser Versandverfahren erfolgen kann. Diese Versandverfahren werden auch im IT-Verfahren ATLAS (ATLAS-Versand) elektronisch abgewickelt. 146

Bei der Ausfuhr von Fahrzeugen gelten besondere Regelungen (§ 9 Abs. 2 UStDV). 147

Über die gesetzliche Regelung hinaus hat das BMF in seiner Verwaltungsanweisung ausführliche Regelungen zum Ausfuhrnachweis in Beförderungsfällen getroffen.[1] 148

Ein Versendungsfall liegt umsatzsteuerrechtlich vor, wenn der Gegenstand an den Abnehmer oder in dessen Auftrag an einen Dritten „versendet" wird, d.h. die Beförderung durch einen selbstständigen Beauftragten, z.B. selbstständigen Frachtführer, Verfrachter oder Spediteur, ausgeführt oder besorgt wird. Für diese Fälle bestimmt § 10 UStDV die Einzelheiten für den Ausfuhrnachweis bei Ausfuhrlieferungen in Versendungsfällen. Auch hier gibt es bei der Ausfuhr von Fahrzeugen eine Sonderregelung (§ 10 Abs. 2 UStDV). Nach Auffassung des BMF muss der Ausfuhrnachweis, sofern die Ausfuhranmeldung im EDV-gestützten Ausfuhrverfahren auf elektronischem Weg erfolgt, durch den „Ausgangsvermerk" bzw. „Alternativ-Ausgangsvermerk" geführt werden.[2] 149

Der in § 10 Abs. 1 Nr. 1 UStDV genannte Ausgangsvermerk und das oben dargestellte Verfahren im Rahmen des IT-Verfahrens ATLAS stellen nunmehr auch für den umsatzsteuerrechtlichen Versendungsfall den Regelfall für den Nachweis der Ausfuhr dar. 150

Bei allen anderen Ausfuhranmeldungen muss der Ausfuhrnachweis durch Versendungsbelege oder durch sonstige handelsübliche Belege geführt werden.[3] Ist ein Spediteur, Frachtführer oder Verfrachter mit der Beförderung oder Versendung des Gegenstands in das Drittlandsgebiet beauftragt worden, soll der Unternehmer die Ausfuhr durch eine Ausfuhrbescheinigung des Spediteurs, Frachtführers oder Verfrachters nach vorgeschriebenem Muster nachweisen. Ist dieser im Drittlandsgebiet und kann deswegen die vorgesehene Versicherung über die Nachprüfbarkeit seiner Angaben im Gemeinschaftsgebiet nicht abgeben, so kann der Unternehmer die Ausfuhr wie in den Beförderungsfällen nach § 9 Abs. 1 Satz 1 Nr. 2 UStDV nachweisen, d.h. mit einem Beleg, der die gesetzlich vorgeschriebenen Angaben enthält. 151

Über die gesetzliche Regelung hinaus hat das BMF in seiner Verwaltungsanweisung ausführliche Regelungen zum Ausfuhrnachweis in Versendungsfällen getroffen.[4] 152

In den Bearbeitungs- und Verarbeitungsfällen muss der Beleg über den Ausfuhrnachweis die in § 11 Abs. 1 UStDV aufgeführten zusätzlichen Angaben enthalten. Über die gesetzliche Regelung hinaus hat das BMF in seiner Verwaltungsanweisung ausführliche Regelungen zum Ausfuhrnachweis in Bearbeitungs- und Verarbeitungsfällen getroffen.[5] 153

Im Rahmen der Ausfuhrlieferungen im **nichtkommerziellen Reiseverkehr** sind besondere Voraussetzungen zu beachten (§ 17 UStDV). Auch hier hat das BMF für den Ausfuhrnachweis in seiner Verwaltungsregelung ausführliche Regelungen getroffen.[6] 154

Für Lieferungen im Freihafen, Versendungen nach Grenzbahnhöfen oder Güterabfertigungsstellen, Postsendungen, Kurierdienste, Druckerzeugnisse, Ausfuhranmeldungen im Rahmen der einzigen Bewilligung oder bei der Abgabe der Ausfuhranmeldung in einem anderen Mitgliedstaat bestehen besondere Regelungen. Auch hier hat das BMF über die gesetzliche Regelung hinaus in seiner Verwaltungsanweisung ausführliche Regelungen zum Ausfuhrnachweis getroffen.[7] 155

1 Abschn. 6.6. UStAE.
2 Abschn. 6.7. Abs. 1 UStAE.
3 Abschn. 6.1. Abs. 1a UStAE.
4 Abschn. 6.7. UStAE.
5 Abschn. 6.8. UStAE.
6 Abschn. 6.11. UStAE.
7 Abschn. 6.9. UStAE.

3. Buchmäßiger Nachweis

156 Neben dem Ausfuhrnachweis muss der Unternehmer gleichwertig einen buchmäßigen Nachweis führen („**Mussvorschriften**"). § 13 UStDV enthält die Regelungen zu dem buchmäßigen Nachweis bei Ausfuhrlieferungen und den Lohnveredelungen an Gegenständen der Ausfuhr.

157 Der Nachweis kann mit Zustimmung der Steuerverwaltung, d.h. entsprechender Bewilligung, auch im Ausland geführt werden.

158 Wie bei dem Ausfuhrnachweis müssen die Voraussetzungen eindeutig und leicht nachprüfbar aus der Buchführung zu ersehen sein (§ 13 Abs. 1 UStDV). Der Unternehmer muss den buchmäßigen Nachweis der steuerfreien Ausfuhrlieferung bis zu dem Zeitpunkt führen, zu dem er die Umsatzsteuer-Voranmeldung für die Ausfuhrlieferung zu übermitteln hat.[1] Auch der rechtzeitig erbrachte buchmäßige Nachweis kann von dem Unternehmer bis zum Schluss der letzten mündlichen Verhandlung vor dem Finanzgericht ergänzt oder berichtigt werden.[2]

159 Die Ausfuhrlieferung kann auch steuerfrei sein, wenn auf Grund der objektiven Beweislage feststeht, dass die Voraussetzungen des § 6 Abs. 1–3a UStG vorliegen. Dies unterliegt der tatrichterlichen Würdigung und Überzeugungsbildung.[3] So ist dem Unternehmer in besonders begründeten Einzelfällen der buchmäßige Nachweis auch in anderer Weise möglich; er muss aber die Grundsätze des § 13 Abs. 1 UStDV beachten.

160 Erfüllt der Unternehmer die gemäß § 6 Abs. 4 i.V.m. §§ 8–17 UStDV bestehenden Nachweispflichten, ist er berechtigt, die Lieferung als steuerfrei zu behandeln. Die durch den Unternehmer beigebrachten Belege und Aufzeichnungen unterliegen aber der Nachprüfung durch die FinVerw., ohne dass den Nachweispflichten dabei materiell-rechtliche Bedeutung für die Steuerfreiheit zukommt.[4]

161 Für die Ausfuhrlieferung im nichtkommerziellen Reiseverkehr bestehen für den Ausfuhrnachweis und auch für den buchmäßigen Nachweis Sondervorschriften.[5]

162 Das BMF hat auch für den buchmäßigen Nachweis bei Ausfuhrlieferungen durch Verwaltungsanweisung Regelungen getroffen.[6]

II. Ermächtigung (Absatz 4 Satz 2)

163 § 6 Abs. 4 Satz 1 UStG regelt die Nachweispflicht für die Steuerbefreiung gemäß § 6 Abs. 1, 3 und § 3a UStG. Vom gesetzlichen Wortlaut ist die Pflicht eine Muss-Pflicht („[…] müssen vom Unternehmer nachgewiesen sein"). § 6 Abs. 4 Satz 2 UStG ist die Ermächtigungsvorschrift für das „wie" der Unternehmer den Nachweis führen „muss" („[…] wie der Unternehmer die Nachweise zu führen hat").

164 Von der Ermächtigung für das „wie" der Unternehmer den Nachweis führen muss, hat das zuständige Fachministerium des BMF mit den §§ 8–11, 13 und 17 der UStDV Gebrauch gemacht. Sie sind zu dem Ausfuhrnachweis und buchmäßigen Nachweis bei Ausfuhrlieferungen und Lohnveredelungen an Gegenständen der Ausfuhr erlassen worden.

165 Gemäß § 8 Satz 1 UStDV muss der Unternehmer bei Ausfuhrlieferungen im Geltungsbereich des Gesetzes durch Belege nachweisen, dass er oder der Abnehmer den Gegenstand der Lieferung in das Drittlandsgebiet befördert oder versendet hat (Ausfuhrnachweis). Die Voraussetzung muss sich aus den Belegen eindeutig und leicht nachprüfbar ergeben. Die §§ 9–11 UStDV enthalten für die verschiedenen Ausfuhrfälle spezielle Regelungen. § 13 UStDV enthält Regelungen zum Buchnachweis.

166 § 17 UStDV behandelt den Ausfuhrnachweis im Fall der Ausfuhr im nichtkommerziellen Reiseverkehr gemäß § 6 Abs. 3a UStG.

---

1 BFH, Urt. v. 28.8.2014 – V R 16/14, BStBl. II 2015, 46 = UR 2014, 893.
2 BFH, Urt. v. 28.5.2009 – V R 23/08, BStBl. II 2010, 517 = UR 2009, 714.
3 BFH, Urt. v. 28.5.2009 – V R 23/08, BStBl. II 2010, 517 = UR 2009, 714.
4 BFH, Urt. v. 28.8.2014 – V R 16/14, BStBl. II 2015, 46 = UR 2014, 893.
5 Abschn. 6.11. UStAE.
6 Abschn. 6.10. UStAE.

Abschn. 6.1. UStAE trifft interpretierend Regelungen zu den Ausfuhrlieferungen, die mit Abschn. 7.1. UStAE zur Lohnveredelung an Gegenständen der Ausfuhr ergänzt werden. Zudem hat das BMF eine Dienstvorschrift über die Mitwirkung der Zolldienststellen bei dem Ausfuhrnachweis für Umsatzsteuerzwecke verkündet. Der UStAE ist eine norminterpretierende Verwaltungsvorschrift, die die Gerichte nicht bindet. Insbesondere können die Regelungen nicht dazu führen, dass grundsätzlich die darin genannten zusätzlichen Nachweise zu erbringen sind.[1] 167

Beleg- und Buchnachweis haben nur den Charakter eines Anscheinsbeweises. Liegen sie vor und bestehen keine konkreten Anhaltspunkte für deren Unrichtigkeit, darf die Steuerbefreiung beansprucht werden. Das Finanzamt darf deren Richtigkeit jedoch prüfen. Bestehen konkrete Anhaltspunkte für die Unrichtigkeit, obliegt es dem Unternehmer, deren Richtigkeit mit den zulässigen Beweismitteln nachzuweisen. Ergibt sich bei einer Prüfung der Buch- und Belegangaben nach den allgemeinen Beweisregeln und -grundsätzen deren Unrichtigkeit, ist die Lieferung trotz eines formal geführten Nachweises vorbehaltlich besonderer Umstände grundsätzlich steuerpflichtig.[2] 168

Bei der Prüfung der Nachweise kommt der Zusammenarbeit von Zollverwaltung und Steuerverwaltung eine besondere Bedeutung zu. Die Zollverwaltung ist sachlich für das zollrechtliche Ausfuhrverfahren zuständig, mit dem Gegenstände in das Drittland geliefert werden. Die umsatzsteuerrechtliche Würdigung wegen der Steuerbefreiung obliegt dagegen der Steuerverwaltung. Die Zollverwaltung kann z.B. im Wege der Amtshilfe für die Steuerverwaltung Zollstempel wegen der Fälschung von Ausfuhrbelegen begutachten. 169

Für innergemeinschaftliche Lieferungen gibt es mit § 6a Abs. 4 UStG eine Vertrauensschutzregelung. Diese greift aber erst dann, wenn der Unternehmer seinen Nachweispflichten gemäß §§ 17a ff. UStDV vollständig nachgekommen ist.[3] 170

Auch für Ausfuhrlieferungen wird eine Vertrauensschutzregelung thematisiert. Bereits in seinem Beschluss vom 6.5.2004 hat der BFH jedoch festgestellt, dass die für innergemeinschaftliche Lieferungen geltende Vertrauensschutzregelung in § 6a UStG nicht auf Ausfuhrlieferungen in Drittländer anwendbar ist. Das gelte auch, wenn sich gefälschte Zollstempel auf Belegen für einen Ausfuhrnachweis befänden.[4] Auch für Ausfuhrlieferungen hat der BFH bestätigt, dass die formell vollständige Führung des Buch- und Belegnachweises zu den Pflichten des Unternehmers bei Ausfuhrlieferungen gehört. 171

Der BFH lehnt eine analoge Rechtsprechung des § 6a Abs. 4 UStG auf Ausfuhrlieferungen ab. Denn dort geht es um Vertrauensschutz im Festsetzungsverfahren. Soweit der Gesetzgeber die Berücksichtigung des Vertrauensschutzes und deren Voraussetzungen nicht ausdrücklich im materiellen Recht regelt, eröffnen die Regelungen in § 163 und § 227 AO verfahrensrechtlich die Berücksichtigung im Einzelfall. 172

Hat der Steuerpflichtige alle ihm zu Gebote stehenden zumutbaren Maßnahmen ergriffen, um sicherzustellen, dass die von ihm getätigten Umsätze nicht zu einer Beteiligung an einer Steuerhinterziehung führen, so ist das Verwaltungsermessen hinsichtlich der Gewährung einer Billigkeitsmaßnahme auf Null reduziert.[5] 173

Der Unternehmer kann sich bei Ausfuhrlieferungen nur dann auf Vertrauensschutz berufen, wenn er seinen Nachweispflichten vollständig nachgekommen ist. Maßgeblich ist hierfür die formelle Vollständigkeit, nicht aber die inhaltliche Richtigkeit der Beleg- und Buchangaben.[6] 174

1 BFH, Urt. v. 31.7.2008 – V R 21/06, BStBl. II 2014, 344 = UR 2009, 27.
2 BFH, Urt. v. 23.4.2009 – V R 84/07, BStBl. II 2010, 509 = UR 2009, 717.
3 Zuletzt BFH, Urt. v. 14.11.2012 – XI R 17/12, BStBl II 2013, 407 = UR 2013, 456.
4 BFH, Beschl. v. 6.5.2004 – V B 101/03, BStBl. II 2004, 748 = UR 2004, 531 m. Anm. *Dietlein*; *Möller*, AW-Prax 2004, 440.
5 BFH, Urt. v. 30.7.2008 – V R 7/03, BStBl. II 2010, 1075 = UR 2009, 161.
6 BFH, Beschl. v. 29.3.2016 – XI B 77/15, BFH/NV 2016, 1181; zu den in dem Beschluss aufgestellten Anforderungen an den CMR-Frachtbrief *Höing/Lüger*, AW-Prax 2016, 387.

G. Unentgeltliche Wertabgaben (Absatz 5)

175 Die einer entgeltlichen Lieferung i.S.d. § 1 Abs. 1 Nr. 1 UStG gleichgestellten unentgeltlichen Wertabgaben gemäß § 3 Abs. 1b UStG (§ 3 Rz. 73 ff.) sind gemäß § 6 Abs. 5 UStG von der Möglichkeit als Ausfuhrlieferung steuerfrei belassen zu werden ausgenommen.

176 Entnimmt der Unternehmer einen Gegenstand aus seinem Unternehmen und verbringt er diesen in das Drittlandsgebiet, ist diese einer Lieferung gleichgestellte Entnahme im Inland steuerbar. Die anschließende Ausfuhr erfüllt keinen Ausfuhrtatbestand und ist deshalb auch nicht steuerfrei.[1]

§ 6a Innergemeinschaftliche Lieferung

(1) [1]Eine innergemeinschaftliche Lieferung (§ 4 Nummer 1 Buchstabe b) liegt vor, wenn bei einer Lieferung die folgenden Voraussetzungen erfüllt sind:

1. der Unternehmer oder der Abnehmer hat den Gegenstand der Lieferung in das übrige Gemeinschaftsgebiet befördert oder versendet;

2. der Abnehmer ist

a) ein in einem anderen Mitgliedstaat für Zwecke der Umsatzsteuer erfasster Unternehmer, der den Gegenstand der Lieferung für sein Unternehmen erworben hat,

b) eine in einem anderen Mitgliedstaat für Zwecke der Umsatzsteuer erfasste juristische Person, die nicht Unternehmer ist oder die den Gegenstand der Lieferung nicht für ihr Unternehmen erworben hat, oder

c) bei der Lieferung eines neuen Fahrzeugs auch jeder andere Erwerber,

3. der Erwerb des Gegenstands der Lieferung unterliegt beim Abnehmer in einem anderen Mitgliedstaat den Vorschriften der Umsatzbesteuerung und

4. der Abnehmer im Sinne der Nummer 2 Buchstabe a oder b hat gegenüber dem Unternehmer eine ihm von einem anderen Mitgliedstaat erteilte gültige Umsatzsteuer-Identifikationsnummer verwendet.

[2]Der Gegenstand der Lieferung kann durch Beauftragte vor der Beförderung oder Versendung in das übrige Gemeinschaftsgebiet bearbeitet oder verarbeitet worden sein.

(2) Als innergemeinschaftliche Lieferung gilt auch das einer Lieferung gleichgestellte Verbringen eines Gegenstands (§ 3 Abs. 1a).

(3) [1]Die Voraussetzungen der Absätze 1 und 2 müssen vom Unternehmer nachgewiesen sein. [2]Das Bundesministerium der Finanzen kann mit Zustimmung des Bundesrates durch Rechtsverordnung bestimmen, wie der Unternehmer den Nachweis zu führen hat.

(4) [1]Hat der Unternehmer eine Lieferung als steuerfrei behandelt, obwohl die Voraussetzungen nach Absatz 1 nicht vorliegen, so ist die Lieferung gleichwohl als steuerfrei anzusehen, wenn die Inanspruchnahme der Steuerbefreiung auf unrichtigen Angaben des Abnehmers beruht und der Unternehmer die Unrichtigkeit dieser Angaben auch bei Beachtung der Sorgfalt eines ordentlichen Kaufmanns nicht erkennen konnte. [2]In diesem Fall schuldet der Abnehmer die entgangene Steuer.

1 Wegen der nicht als Ausfuhrlieferung steuerfreien Entnahme eines Personenkraftwagens durch einen Unternehmer aus seinem Unternehmen in den nichtunternehmerisch (privaten) Bereich mit späterer Ausfuhr in ein Drittland BFH, Urt. v. 19.2.2014 – XI R 9/13, BStBl. II 2014, 597 = UR 2014, 523.

Schrifttum: *Burgmaier*, Anmerkung zum EuGH-Urteil v. 27.9.2012, C-587/10, UR 2012, 832; *Burgmaier*, Anmerkung zum EuGH-Urteil vom 3.12.2009, C-433/08, UR 2010, 146; *Burgmaier*, Anmerkung zum EuGH-Urteil vom 26.1.2012, C-218/10, UR 2012, 175; *Huschens*, Das endgültige MwSt-System für den europäischen Binnenhandel nach den Vorschlägen der EU-Kommission, UVR 2018, 364; *Küffner*, Anmerkung zum BFH-Urteil vom 18.2.2016, V R 53/14, UR 2016, 436; *Maunz*, Anmerkung zum EuGH-Urteil v. 27.9.2007, C-146/05, UR 2007, 813; *Maunz*, Anmerkung zum EuGH-Urteil vom 6.9.2012, C-273, 11, UR 2012, 796; *Maunz/Luther*, Anmerkung zum EuGH-Urteil vom 2.10.2014, C-446/13, UR 2014, 928; *Meyer-Burow/Connemann*, JStG 2019: Die Verwendung der USt-IdNr. und die Abgabe der ZM als verschärfte Voraussetzungen der Steuerbefreiung für innergemeinschaftliche Lieferungen – Kritische Betrachtung und Lösungsvorschläge, MwStR 2020, 106; *Nieskens*, Anmerkung zum EuGH-Urteil vom 19.12.2018, C-414/17, UR 2019, 101; *Sterzinger*, Anmerkung zum EuGH-Urteil vom 26.1.2012, C-218/10, UR 2012, 175; *Sterzinger*, Anmerkung zum BFH-Urteil vom 25.2.2015, XI R 15/14, UR 2015, 391; *Wäger*, Anmerkung zum EuGH-Urteil vom 21.2.2006, C-255/02, UR 2006, 232; *Wäger*, Innergemeinschaftliche Lieferung bei fehlendem Belegnachweis, BFH/PR 2020, 68.

A. Grundaussagen

I. Regelungsgegenstand und Bedeutung

1 § 6a Abs. 1 UStG regelt die Tatbestandsvoraussetzungen für eine innergemeinschaftliche Lieferung. Diese sind mit Wirkung zum 1.1.2020 geändert worden. Absatz 2 stellt das innergemeinschaftliche Verbringen (§ 3 Abs. 1a UStG) der innergemeinschaftlichen Lieferung gleich. Die Nachweispflicht für die Tatbestandsvoraussetzungen sind in Absatz 3 normiert und Absatz 4 enthält eine Vertrauensschutzregelung für den nachweispflichtigen Unternehmer.

2 Die Steuerbefreiung selbst hingegen regelt ausdrücklich § 4 Nr. 1 Buchst. b UStG.

3 Eine **innergemeinschaftliche Lieferung** knüpft grundsätzlich an den Transport der Ware von einem Mitgliedstaat in einen anderen Mitgliedstaat an.

4 Die Besteuerung grenzüberschreitender Lieferungen kann grundsätzlich nach zwei Prinzipien erfolgen.

5 Eine Möglichkeit besteht darin, die Lieferung im Ursprungsland von der Steuer zu befreien und mit der Mehrwertsteuer des Bestimmungslandes zu belasten. Es stellt sich die Steuerbelastung des Bestimmungslandes ein, weshalb dieses System auch Bestimmungslandprinzip genannt wird. Auch bei Anzahlungen für innergemeinschaftliche Warenlieferungen entsteht die Steuer im Bestimmungsland erst bei der Lieferung.[1]

6 Alternativ dazu können die grenzüberschreitenden Lieferungen der Mehrwertsteuer des Ursprungslandes unterworfen werden, während die Erwerbe im Bestimmungsland steuerfrei bleiben. Bei diesem System – dem Ursprungslandprinzip – ist der Steuersatz des Abgangslandes maßgebend.

7 Art. 402 MwStSystRL sieht vor, dass die Übergangsregelungen von einer endgültigen Regelung für die Besteuerung des Handelsverkehrs zwischen den Mitgliedstaaten abgelöst werden. Danach sollen die gelieferten Gegenstände und die erbrachten Dienstleistungen im Ursprungsmitgliedstaat zu besteuern sein.

8 Nach dem bisherigen System der Besteuerung in der EU wird die Lieferung vom Lieferanten im Ursprungsland (Land, in dem die Warenbewegung beginnt) befreit und die Besteuerung im Bestimmungsland (Land am Ende der Warenbewegung) durch den Erwerber vorgenommen. Dies wird über die Besteuerung des innergemeinschaftlichen Erwerbs als Umsatz im Bestimmungsland sichergestellt (§ 1a Rz. 1 ff.). Dieser Mechanismus erlaubt die Verlagerung der Steuereinnahmen auf den Mitgliedstaat, in dem der Endverbrauch der gelieferten Gegenstände erfolgt.[2]

9 Dieses System ist zwar für eine Übergangszeit eingeführt worden, ist aber nun erprobt und hat sich über all die Jahre seit der Einführung des EU-Binnenmarktes im Jahr 1993 an sich bewährt. Es entspricht auch der Systematik bei allen anderen grenzüberschreitenden Lieferungen, bei denen die Ausfuhrlieferung (Export) befreit wird und die Besteuerung im Bestimmungsland über die Erhebung der EUSt erfolgt.

10 Seit geraumer Zeit wird jedoch immer wieder von der Kommission vorgetragen, dieses System sei betrugsanfällig und funktioniere wie ein Zollsystem, verfüge jedoch nicht über die entsprechenden Kontrollen, so dass es eine Ursache für den grenzüberschreitenden Betrug darstelle.[3] Die Europäische Kommission arbeitet daher schon seit längerer Zeit an einem Vorschlag, die Steuerbefreiung im Ursprungsland und die Besteuerung im Bestimmungsland über den innergemeinschaftlichen Erwerb durch die Besteuerung der innergemeinschaftlichen Lieferung mit dem Steuersatz des jeweiligen Bestimmungslandes in bestimmten Fällen zu ersetzen.[4]

1 Vgl. BT-Drucks. 12/2463.
2 EuGH, Urt. v. 6.4.2006 – C-245/04, ECLI:EU:C:2006:232 – EMAG Handel Eder, UR 2006, 342, Rz. 31.
3 Vgl. z.B. Mitteilung der Kommission v. 7.4.2016 über einen Aktionsplan im Bereich der Mehrwertsteuer, COM (2016) 148 final, Rz. 4.
4 Vorschlag der Kommission v. 4.10.2017, COM(2017) 569 final, Rz. 3.1.: „Nach angemessener Konsultation aller Interessenträger und einer ausführlichen Analyse der verschiedenen Optionen zur Umsetzung des Bestimmungslandprinzips hat die Kommission Steuervorschriften gewählt, denen zufolge bei der grenzüberschreiten-

Diese Auffassung greift nach meiner Auffassung zu kurz. Auch sind die kolportierten Zahlen des „Umsatzsteuerbetruges" im Detail nur schwer nachvollziehbar. So heißt es auf der Homepage der europäischen Kommission zur Mehrwertsteuerlücke: „Die Mehrwertsteuerlücke, d.h. die Differenz zwischen den erwarteten und den tatsächlichen MwSt-Einnahmen, entspricht einer Schätzung der Einnahmeverluste aufgrund von Steuerbetrug, Steuerhinterziehung und Steuerumgehung sowie aufgrund von Insolvenz, Zahlungsunfähigkeit und Fehlberechnungen."[1] Auch aus den „FAQ" hierzu geht nur hervor, dass es sich um Schätzungen handelt und Mindereinnahmen auf Steuerbetrug, -hinterziehung und -umgehung sowie auf Insolvenzen, Zahlungsunfähigkeit und fehlerhaften Berechnungen beruhen.[2] Die letzten drei Arten von Mindereinnahmen (Insolvenzen, Zahlungsunfähigkeit und fehlerhafte Berechnungen) haben aber grundsätzlich mit dem „Umsatzsteuerbetrug" nichts zu tun, sondern sind systemimmanent. Auch ist der Anteil dieser Mindereinnahmen am Gesamtvolumen nicht dargelegt. Im dazugehörigen Factsheet der Kommission wird Steuerbetrug und -vermeidung „Fraud and tax evasion" dann auch nur als eine von fünf Ursachen aufgeführt. 11

Gerade der „letzte" Lösungsansatz der Kommission, das Übergangssystem durch eine endgültige Regelung und zwar durch die Besteuerung im Ursprungsland – dann aber mit dem Steuersatz des Bestimmungslandes – zu ersetzen, wird nach meiner Auffassung am Umsatzsteuerbetrug nichts ändern. Im Gegenteil: Gerade beim Ausweis der Mehrwertsteuer durch den leistenden Unternehmer einerseits und dem Vorsteuerabzug des Leistungsempfängers im anderen Mitgliedstaat anderseits besteht die Gefahr, dass die ausgewiesene Umsatzteuer nicht korrekt abgeführt, aber vom Leistungsempfänger bereits als Vorsteuer in Abzug gebracht wird. 12

So war der offene Ausweis der Steuer und die fraktionierte Zahlung sogar der Grund dafür, warum der Übergang der Steuerschuldnerschaft ohne Ausweis der Umsatzsteuer „flächendeckend" eingeführt werden sollte.[3] Damit sollte die Gefahr des Betruges durch den unrichtigen bzw. unberechtigten Ausweis der Mehrwertsteuer in Kombination mit dem schnellen Vorsteuerabzug des Leistungsempfängers vermieden werden. Auch die Übergangsregelung verbunden mit der Befreiung der innergemeinschaftlichen Lieferung einerseits und die Besteuerung des innergemeinschaftlichen Erwerbs durch den Erwerber ggfs. mit dem entsprechenden Recht zum vollen Vorsteuerabzug andererseits trägt dem Rechnung, da in beiden Fällen im Ergebnis der Anmelder der Steuer auch selbst zum Vorsteuerabzug berechtigt ist, soweit die Voraussetzungen für den Vorsteuerabzug vorliegen. 13

Daher wird aus meiner Sicht der Ausweis der Steuer bei innergemeinschaftlichen Lieferungen gerade das Gegenteil bewirken und zu einem erhöhten Steuerbetrug führen. Ganz abgesehen von der Gefahr des Betruges durch den Ausweis der Steuer, besteht bei diesem Lösungsvorschlag auch ein ungeahntes Potential von möglichen Fehlerquellen. Solange die Steuersätze innerhalb der EU nicht harmonisiert sind, dürfen derartige Überlegungen eigentlich nicht angestellt werden. Hinzu kommt, dass in vielen Mitgliedstaaten auch noch bis zu zwei (ermäßigte) Steuersätze anwendbar sind und sogar noch zusätzliche Sondersteuersätze. Die Details zu den Steuersätzen können auch der Publikation zu den Mehrwertsteuersätzen in der EU entnommen werden, die im Jahr 2019 immerhin 129 Seiten aufweist.[4] Da sind auch bei viel gutem Willen Fehler in der Anwendung vorprogrammiert. 14

Kritik an der bestehenden Übergangsregelung kann man daher eher im Hinblick auf den Grundsatz der Neutralität der Mehrwertsteuer üben.[5] Denn wenn die Steuerbefreiung – aufgrund der bisherigen 15

---

den Lieferung von Gegenständen innerhalb der Union der Lieferer dem Erwerber die Mehrwertsteuer zu dem Satz des Mitgliedstaates in Rechnung stellt, in dem die Gegenstände ankommen. Die Mehrwertsteuer würde bei einer einzigen Anlaufstelle („One-stop-shop") in dem Mitgliedstaat angemeldet und abgeführt, in dem der Lieferer ansässig ist." Vgl. hierzu ausführlich *Huschens*, UVR 2018, 364 (365 ff.).

1 https://ec.europa.eu/taxation_customs/business/tax-cooperation-control/vat-gap_de (abgerufen am 24.1.2024).

2 Mehrwertsteuerlücke: Häufig gestellte Fragen, Brüssel, 5.9.2019, Was ist die Mehrwertsteuerlücke (MwSt-Lücke)?, https://ec.europa.eu/commission/presscorner/detail/de/qanda_19_5513 (abgerufen am 24.1.2024); vgl. auch Europäische Kommission, Pressemitteilung v. 5.9.2019, IP/19/5511, https://ec.europa.eu/commission/presscorner/detail/de/ip_19_5511 (abgerufen am 24.1.2024).

3 Vgl. hierzu auch PSP Peters Schönberger GmbH, Planspiel zur systembezogenen Änderung bei der Umsatzsteuer – „Reverse-Charge-Verfahren" im Auftrag des Bundesministeriums der Finanzen, November 2005.

4 Vgl. VAT rates, Taxud.c.1(2019) – EN.

5 Vgl. EuGH, Urt. v. 27.9.2007 – C-409/04, ECLI:EU:C:2007:548 – Teleos, BStBl. II 2009, 70 = UR 2007, 774, Rz. 46 m.w.N.

restriktiven Handhabung durch die FinVerw. und die Finanzgerichte – für den leistenden Unternehmer versagt, der Erwerb im Bestimmungsland aber besteuert wird, kommt es vielmehr zu einer Doppelbesteuerung. Der leistende Unternehmer würde zudem im Fall der versagten Steuerbefreiung die Umsatzsteuer nicht auf den Erwerber abwälzen können und bliebe dann mit der Umsatzsteuer im Ursprungland belastet. Diese Probleme hat auch der EuGH bereits erkannt und daher darauf hingewiesen, dass die innergemeinschaftliche Lieferung noch immer das Kernstück des europäischen Binnenmarktes bildet.[1] Maßnahmen, die die Mitgliedstaaten erlassen können, um eine genaue Erhebung der Steuer sicherzustellen und Steuerhinterziehungen zu verhindern, dürfen nach Auffassung des EuGH nicht so eingesetzt werden, dass sie die Neutralität der Mehrwertsteuer in Frage stellen.[2] Durch die gesetzliche Neuregelung könnte sich dieser Zustand verschärfen, insbesondere dann, wenn die umsatzsteuerrechtliche Erfassung des Leistungsempfängers längere Zeit in Anspruch nimmt.

16 Auch der Mehrwertsteuerausschuss hat dieses Problem erkannt und in seiner Sitzung vom 15.5.2019 einen Entwurf für Leitlinien hinsichtlich der Frage des Vorsteuerabzugs bzw. einer Rechnungskorrektur in den Fällen, in denen der Lieferer aufgrund der gesetzlichen Neuregelung zum 1.1.2020 verpflichtet ist, Umsatzsteuer in seiner Rechnung auszuweisen, angekündigt.[3]

17 Noch zur alten Rechtslage hatte das Bundesministerium für Finanzen in seinem Schreiben vom 16.2.2016[4] zu diesem Thema Stellung genommen und darauf verwiesen, dass dann kein Vorsteuerabzugsrecht besteht, wenn die Voraussetzungen vorliegen, und daher in Abschn. 18.11 UStAE nach Absatz 1 einen neuen Absatz 1a eingefügt. Nach dieser Regelung werden Vorsteuerbeträge nicht vergütet, die in Rechnungen über Ausfuhrlieferungen oder innergemeinschaftliche Lieferungen gesondert ausgewiesen werden, wenn feststeht, dass die Voraussetzungen des § 6 Abs. 1–3a UStG bzw. § 6a Abs. 1 und 2 UStG vorliegen. In diesen Fällen handelt es sich für die Beurteilung des Vergütungsanspruchs im Vorsteuer-Vergütungsverfahren um eine unrichtig ausgewiesene Steuer nach § 14c Abs. 1 UStG, die vom Leistungsempfänger nicht als Vorsteuer abgezogen werden kann. Die umsatzsteuerrechtliche Beurteilung der Lieferung des leistenden Unternehmers bleibt aber unberührt.

18 Auch wenn die Thematik identisch ist, kommen die unterschiedlichen Ansätze klar zum Ausdruck. Während der Mehrwertsteuerausschuss den Vorsteuerabzug des Leistungsempfängers sicherstellen bzw. eine Rechnungskorrektur gewähren will, wenn der leistende Unternehmer aufgrund der gesetzlichen Neuregelung die Mehrwertsteuer ausweisen muss, da die Tatbestandsvoraussetzungen für die Steuerbefreiung nicht vorliegen, gibt das BMF klar zu erkennen, dass es den Vorsteuerabzug verweigert, wenn die Tatbestandsvoraussetzungen für die Steuerbefreiung vorliegen. In der Praxis wird dies dazu führen, dass dem Leistungsempfänger erstmal der Vorsteuerabzug versagt wird und er dann nachweisen muss, dass die Tatbestandsvoraussetzungen für die Steuerbefreiungen doch nicht vorlagen. Allerdings beruhte das BMF-Schreiben noch auf der alten Rechtslage, sodass dem Leistungsempfänger der „Entlastungsbeweis" nach der Rechtslage ab 1.1.2020 eigentlich leichter gelingen sollte.

19 Aber auch diese Regelung der FinVerw. demonstriert wieder eindrucksvoll, dass es im Umsatzsteuerrecht offensichtlich nicht um Steuergerechtigkeit und Neutralität geht.[5] Die Tatsache, dass die meisten Unternehmer dabei lediglich als „Steuereintreiber" des Staates fungieren, im Gegenzug dafür auch noch mit verschärften materiellen Anforderungen und Nachweisen überzogen werden, wird offensichtlich außer Acht gelassen. Es klingt dann in diesem Zusammenhang wie blanker Hohn, wenn die

1 EuGH, Urt. v. 27.9.2007 – C-409/04, ECLI:EU:C:2007:548 – Teleos, BStBl. II 2009, 70 = UR 2007, 774, Rz. 25; EuGH, Urt. v. 27.9.2007 – C-146/05, ECLI:EU:C:2007:549 – Collée, BStBl. II 2009, 78 = UR 2007, 813 m. Anm. *Maunz*, Rz. 23; EuGH, Urt. v. 27.9.2012 – C-587/10, ECLI:EU:C:2012:592 – VSTR, UR 2012, 832 m. Anm. *Burgmaier*, Rz. 27.

2 EuGH, Urt. v. 27.9.2007 – C-409/04, ECLI:EU:C:2007:548 – Teleos, BStBl. II 2009, 70 = UR 2007, 774, Rz. 46, unter Hinweis auf EuGH, Urt. v. 21.3.2000 – C-110/98, ECLI:EU:C:2000:145 – Gabalfrisa, Rz. 52 und EuGH, Urt. v. 19.9.2000 – C-454/98, ECLI:EU:C:2000:469 – Schmeink & Cofreth und Strobel, Rz. 59 sowie EuGH, Urt. v. 21.2.2006 – C-255/02, ECLI:EU:C:2006:121 – Halifax, UR 2006, 232 m. Anm. *Wäger*, Rz. 92.

3 Vgl. MwSt-Ausschuss, working paper, taxud.c.1(2019)3533969 – EN, Rz. 3.3.1.

4 BMF, Schr. v. 16.2.2016 – III C 3-S 7359/10/10003, DOK 2016/0112341, BStBl. I 2016, 239 = UR 2016, 252.

5 Jedenfalls dann nicht, wenn der Fiskus, wie so oft, der Profiteur des Systems ist und eine „Schattensteuer" erhebt, für die es keine gesetzliche Grundlage gibt (z.B. auch bei der Versagung des Vorsteuerabzugs trotz Erhalts des vollen Steuerbetrages, vgl. hierzu auch eindrucksvoll *Heinrichshofen*, UStB 2020, 138 f.).

Kommission feststellt, das derzeitige System sei betrugsanfällig und funktioniere wie ein Zollsystem, verfüge jedoch nicht über die entsprechenden Kontrollen.[1] Die Zollgrenzen wurden ja nicht von den Unternehmen beseitigt. Im Gegenteil, viele Unternehmen wünschen sich genau diese wieder zurück, da die Rechtssicherheit in Bezug auf die Steuerbefreiung und den Nachweis bei Ausfuhrlieferungen deutlich höher ist als dies bei den innergemeinschaftlichen Lieferungen der Fall ist. Im Grenzgebiet zur Schweiz ist man mittlerweile schon versucht, Waren trotz der zeitlichen und finanziellen Nachteile zunächst in die Schweiz auszuführen, um einen entsprechenden „Ausgangsvermerk" als Nachweis zu erhalten. Es bleibt daher nur zu hoffen, dass der Binnenmarkt nicht überreguliert wird und die Wirtschaftsteilnehmer, wie die Kommission im Urteil *Teleos* noch festgestellt hat, nicht schlechter gestellt werden als vor der Abschaffung der Kontrollen an den Grenzen zwischen den Mitgliedstaaten, weil dies dem Zweck des Binnenmarkts, der den Handel zwischen den Mitgliedstaaten erleichtern soll, zuwiderliefe.[2]

II. Unionsrechtliche Grundlagen

Die korrespondierende materiell-rechtliche Regelung in der MwStSystRL ist die Regelung zur Steuerbefreiung in Art. 138 und Art. 139 MwStSystRL. 20

Insbesondere die Steuerbefreiung für innergemeinschaftliche Lieferung (jetzt gemäß **Art. 138 MwStSystRL**) war bereits mehrfach Gegenstand der Rechtsprechung des EuGH.[3] 21

Bis zum 31.12.2019 forderte die Regelung in Art. 138 MwStSystRL für die Steuerbefreiung neben dem Transport der Waren in das übrige Gemeinschaftsgebiet nur, dass die Lieferung an einen anderen Steuerpflichtigen oder an eine nichtsteuerpflichtige juristische Person bewirkt wurde, der/die als solche/r in einem anderen Mitgliedstaat als dem des Beginns der Versendung oder Beförderung der Gegenstände handelte. 22

Seit dem 1.1.2020 muss der Empfänger der Lieferung in Art. 138 Abs. 1 Buchs. b MwStSystRL hingegen für Mehrwertsteuerzwecke in einem anderen Mitgliedstaat als dem Mitgliedstaat **registriert sein**, in dem die Versendung oder Beförderung der Gegenstände beginnt, **und** dem Lieferer **diese MwSt-IdNr. mitgeteilt haben.**[4] 23

Zudem gilt die Befreiung gemäß Art. 138 Abs. 1 MwStSystRL nicht, wenn der Lieferer der Verpflichtung zur Abgabe einer ZM nach den Art. 262 und 263 MwStSystRL nicht nachgekommen ist oder die ZM nicht die gemäß Art. 264 MwStSystRL erforderlichen korrekten Angaben zur Lieferung enthält, es sei denn, der Lieferer kann sein Versäumnis zur Zufriedenheit der zuständigen Behörden ordnungsgemäß begründen. Diese Regelung wurde in § 4 Nr. 1 Buchst. b UStG aufgenommen (§ 4 Nr. 1 Rz. 27 ff.). 24

Vergleicht man den Wortlaut dieser (neuen) unionsrechtlichen Regelung in Art. 138 MwStSystRL mit dem des deutschen Umsatzsteuergesetzes, lässt sich erkennen, dass sich beide Regelungen unterscheiden. Dies führt zwangsläufig zu Auslegungsproblemen bzw. zu der Frage, ob die **deutsche Rechtslage** mit **EU-Recht vereinbar** ist (Rz. 91 ff.). 25

Art. 138 Abs. 2 Buchst. c MwStSystRL bildet die unionsrechtliche Grundlage für die Regelung in § 6a Abs. 2 UStG. 26

Weitere Grundlagen hierzu finden sich insbesondere in den Art. 139, 131 und 17 MwStSystRL. 27

Hinzu kommt die Neuregelung in Art. 45 a MwStVO zum **Nachweis der Steuerbefreiung** mit Wirkung zum 1.1.2020. Denn die Frage, wie der Nachweis für die Steuerbefreiung der innergemeinschaft- 28

1 BMF, Schr. v. 16.2.2016 – III C 3-S 7359/10/10003, DOK 2016/0112341, UR 2016, 252; Mitteilung der Kommission v. 7.4.2016 über einen Aktionsplan im Bereich der Mehrwertsteuer, COM(2016) 148 final.

2 Vgl. EuGH, Urt. v. 27.9.2007 – C-409/04, ECLI:EU:C:2007:548 – Teleos, BStBl. II 2009, 70 = UR 2007, 774 Rz. 62.

3 Vgl. EuGH, Urt. v. 27.9.2007 – C-409/04, ECLI:EU:C:2007:548 – Teleos, BStBl. II 2009, 70 = UR 2007, 774.

4 Vgl. grundlegend hierzu EuGH, Urt. v. 27.9.2012 – C-587/10, ECLI:EU:C:2012:592 – VSTR, UR 2012, 832 m. Anm. *Burgmaier*, Rz. 58.

lichen Lieferung in der EU zu führen ist, war bisher in der EU gar nicht geregelt. Der EuGH hat in seinen bisherigen Entscheidungen hierzu ausgeführt, dass die Mitgliedstaaten die Bedingungen für die Befreiung innergemeinschaftlicher Lieferungen von Gegenständen festlegen und sie für die Frage zuständig sind, welche Beweise die Steuerpflichtigen vorlegen können, um die Steuerbefreiung in Anspruch zu nehmen.[1]

III. Verhältnis zu anderen Vorschriften und Rechtsentwicklung

29 Die Regelung des § 6a UStG steht zunächst im Kontext mit der **Grundregel zur Steuerbefreiung** in **§ 4 Nr. 1 Buchst. b** UStG (§ 4 Nr. 1 Rz. 27 ff.) sowie den Regelungen der §§ 17 a–d UStDV. § 6a Abs. 1 UStG regelt die Tatbestandsvoraussetzungen – also wann eine innergemeinschaftliche Lieferung vorliegt – und den Grundsatz der Nachweispflicht für den Unternehmer hieraus. In diesem Zusammenhang ist besonders auf die gesetzliche Verpflichtung zur Abgabe der Zusammenfassenden Meldung (§ 18a UStG) hinzuweisen. Die Steuerbefreiung gilt nicht bei Nichtabgabe, unrichtiger oder unvollständiger Abgabe der ZM (§ 4 Nr. 1 Rz. 35 ff.). In diesen Fällen liegen die materiellen Voraussetzungen der Steuerbefreiung für innergemeinschaftliche Lieferung nicht vor.[2] Zudem liegen damit auch unrichtige Angaben gemäß § 370 Abs. 1 Nr. 1 AO vor. Die steuerrechtliche Wirkung einer Nachmeldung bzw. Korrektur schlägt aber nicht auf das Steuerstrafrecht durch, kann aber eine Selbstanzeige darstellen.[3]

29.1 § 25f Abs. 1 Nr. 1 UStG stellt nochmals den allgemeinen Grundsatz dar, dass die Steuerbefreiung nach § 4 Nr. 1 Buchst. b UStG in Verbindung mit § 6a UStG für die innergemeinschaftliche Lieferung keine Anwendung findet, wenn der Unternehmer wusste oder hätte wissen müssen, dass er oder ein anderer Beteiligter innerhalb der Leistungskette in einer Steuerhinterziehung, Steuerumgehung oder einem Missbrauch einbezogen war (§ 25f Rz. 5 ff.).[4]

30 Die Details und der Umfang der Nachweispflicht werden durch § 6a Abs. 3 Satz 2 UStG und die Vorschriften der §§ 17 a–d UStDV normiert.

31 Bei Lieferungen von **Elektrizität, Erdgas, Wärme oder Kälte** gilt die Sonderregelung in **§ 3g UStG.**

32 § 6a UStG steht zudem im besonderen Zusammenhang mit § 27a UStG, da der Abnehmer seit 1.1.2020 grundsätzlich (Ausnahme § 6a Abs. 1 Nr. 2 Buchst. c UStG) eine USt-IdNr. verwenden muss. Führt der Unternehmer eine innergemeinschaftliche Lieferung aus, ist er ferner nach § 14a Abs. 3 UStG zur Ausstellung einer Rechnung bis zum fünfzehnten Tag des Monats, der auf den Monat folgt, in dem der Umsatz ausgeführt worden ist, verpflichtet. In der Rechnung sind auch die USt-IdNr. des Unternehmers und die des Leistungsempfängers anzugeben (§ 14a Rz. 7 ff.). Die Angaben der USt-IdNr. des Unternehmers und die des Leistungsempfängers in der Rechnung stellen allerdings keine materiell-rechtliche Voraussetzung für das Vorliegen einer innergemeinschaftlichen Lieferung nach § 6a UStG und damit für das Vorliegen der Steuerbefreiung dar. Gleiches gilt für den Hinweis auf die Steuerfreiheit gem. § 14 Abs. 4 Nr. 8 UStG (siehe hierzu auch Rz. 168). Der weiteren Kontrolle dienen die gesonderte Erklärung der innergemeinschaftlichen Lieferung (§ 18b UStG), die Meldepflicht bei der Lieferung neuer Fahrzeuge (§ 18c UStG), die Vorlage von Urkunden (§ 18d UStG) und das **Bestätigungsverfahren** beim BZSt (§ 18e UStG).

33 Eine rechtliche Beziehung besteht auch zu § 25b UStG hinsichtlich **Dreiecksgeschäften**. Die erste Lieferung vom Erstlieferanten (U1) an den ersten Abnehmer (U2) ist in diesen Fällen unter den Voraussetzungen des § 6a UStG steuerfrei, da der innergemeinschaftliche Erwerb des ersten Abnehmers (U2) unter den Voraussetzungen des § 25b Abs. 3 UStG als besteuert gilt.

---

1 EuGH, Urt. v. 27.9.2007 – C-146/05, ECLI:EU:C:2007:549 – Collée, BStBl. II 2009, 78 = UR 2007, 813 m. Anm. *Maunz*, Rz. 24; EuGH, Urt. v. 27.9.2012 – C-587/10, ECLI:EU:C:2012:592 – VSTR, UR 2012, 832 m. Anm. *Burgmaier*, Rz. 42.

2 Insoweit basiert die deutsche Gesetzesregelung in **§ 4 Nr. 1 Buchst. b** UStG auf Art. 138 Abs. 1 a MwStSystRL.

3 *Grommes*, UR 2021, 461 ff. (464). Die derzeitige Regelung in § 371 Abs. 2 a AO ist m.E. (bei Abgabe von monatlichen bzw. quartalsweisen Voranmeldungen) auch für diese Fälle ausreichend, da die Verkürzung der Umsatzsteuer insoweit ja nur durch die (unrichtige) steuerfreie innergemeinschaftliche Lieferung erfolgen kann.

4 BFH, Beschl. v. 2.7.2021 – XI R 40/19, BFH/NV 2022, 140.

B. Innergemeinschaftliche Lieferung (Absatz 1)

I. Regelungsgegenstand

§ 6a Abs. 1 UStG regelt die einzelnen Tatbestandsvoraussetzungen, unter denen steuerbefreite innergemeinschaftliche Lieferungen vorliegen. Zudem wird nochmals wiederholt, dass die Regelung nur für Leistungen in Form einer Lieferung Anwendung finden kann („wenn bei einer Lieferung die folgenden Voraussetzungen erfüllt sind"). Dienstleistungen (auch innergemeinschaftliche Dienstleistungen) können daher nicht in den Anwendungsbereich dieser Norm fallen. 34

II. Tatbestandsvoraussetzungen (Absatz 1 Satz 1)

1. Allgemeines

a) Lieferung

Für die Voraussetzungen der innergemeinschaftlichen Lieferung verweist Absatz 1 Satz 1 auf § 4 Nr. 1 Buchst. b UStG. Hier ist die Steuerbefreiung für die innergemeinschaftliche Lieferung ausdrücklich angewiesen (§ 4 Nr. 1 Rz. 27 ff.). 35

Durch den Verweis in § 4 UStG auf § 1 Abs. 1 Nr. 1 UStG ist klargestellt, dass § 6a Abs. 1 UStG grundsätzlich **Lieferungen** voraussetzt, die ein **Unternehmer** im **Inland** gegen **Entgelt** im Rahmen seines Unternehmens ausführt. 36

Der **Begriff der Lieferung** wird in § 3 Abs. 1 UStG definiert. Danach sind Lieferungen eines Unternehmers Leistungen, durch die der Lieferer oder in seinem Auftrag ein Dritter den Abnehmer oder in dessen Auftrag einen Dritten befähigt, im eigenen Namen über einen Gegenstand zu verfügen. Art. 14 MwStSystRL präzisiert dies dahingehend, dass als „Lieferung von Gegenständen" die Übertragung der Befähigung, wie ein Eigentümer über einen „körperlichen" Gegenstand zu verfügen, gilt. Die Verschaffung der Verfügungsmacht ist grundsätzlich von der zivilrechtlichen Eigentumsverschaffung zu unterscheiden (§ 3 Rz. 17 f.). Denn nach ständiger Rechtsprechung des EuGH bezieht sich der Begriff „Lieferung von Gegenständen" nicht auf die Eigentumsübertragung in den im anwendbaren nationalen Recht vorgesehenen Formen, sondern umfasst jede Übertragung eines körperlichen Gegenstands durch eine Partei, die die andere Partei ermächtigt, über diesen Gegenstand faktisch so zu verfügen, als wäre sie sein Eigentümer.[1] 37

Die Verschaffung der Verfügungsmacht als Tatbestandsmerkmal für die Lieferung ist aber gerade bei grenzüberschreitenden Lieferungen stets zu beachten. In **Drittländern** kann der Lieferbegriff von dem in der EU erheblich abweichen, soweit überhaupt ein vergleichbares Besteuerungssystem besteht. So hat z.B. die Schweiz einen viel weiteren Lieferbegriff, denn als Lieferungen gelten dort auch die Überlassung eines Gegenstandes zum Gebrauch oder zur Nutzung sowie das Arbeiten an einem Gegenstand (Art. 3 Buchst. d Ziff. 2 und 3 MWStG). 38

Im Geltungsbereich des deutschen Umsatzsteuergesetzes ist für die Steuerbefreiung einer innergemeinschaftlichen Lieferung aber stets der (engere) **Lieferbegriff des Umsatzsteuergesetzes maßgebend**. Dies gilt insbesondere auch für Reihengeschäfte.[2] 39

Zu den Lieferungen gehören nach § 3 Abs. 4 UStG grundsätzlich auch die **Werklieferungen** (§ 3 Rz. 297 ff.). Werklieferungen können befördert oder versendet werden, wenn nicht die Fertigstellung (Montage) erst im Bestimmungsland erfolgt. Der Transport der Waren in das übrige Gemeinschaftsgebiet ist dann kein Verbringen (Art. 17 Abs. 2 MwStSystRL). 40

Als Lieferung gegen Entgelt gilt nach § 3 Abs. 1a UStG zudem das **Verbringen** eines Gegenstands des Unternehmens aus dem Inland in das übrige Gemeinschaftsgebiet (§ 3 Rz. 58 ff.). Dieses gilt als innergemeinschaftliche Lieferung nach § 6a Abs. 2 UStG (Rz. 109 ff.). 41

---

1 EuGH, Urt. v. 15.5.2019 – C-235/18, Rs. C-235/18, ECLI:EU:C:2019:412 – Vega International Car Transport and Logistic, UR 2019, 461, Rz. 27.

2 Vgl. hierzu aber BFH, Urt. v. 9.9.2015 – XI R 21/13, BFH/NV 2016, 597.

42 Die **Entnahme** bzw. Zuwendung eines Gegenstandes wird unter den Voraussetzungen des § 3 Abs. 1b Nr. 1–3 UStG einer Lieferung gegen Entgelt gleichgestellt (§ 3 Rz. 110 ff.).

43 Auch die **Veräußerung eines Miteigentumsanteils** an einer Sache kann Gegenstand einer innergemeinschaftlichen Lieferung sein (§ 3 Rz. 512).[1]

b) Inland

44 Der Begriff des Inlandes wird in § 1 Abs. 2 Satz 1 UStG geregelt. **Inland im Sinne des UStG** ist daher das Gebiet der Bundesrepublik Deutschland mit Ausnahme des Gebiets von Büsingen, der Insel Helgoland, der Freizonen des Kontrolltyps I nach § 1 Abs. 1 Satz 1 des Zollverwaltungsgesetzes (Freihäfen), der Gewässer und Watten zwischen der Hoheitsgrenze und der jeweiligen Strandlinie sowie der deutschen Schiffe und der deutschen Luftfahrzeuge in Gebieten, die zu keinem Zollgebiet gehören (§ 1 Rz. 297 ff.). Liegt der Besteuerungsort nach all dem im Inland, kann die Befreiung für eine innergemeinschaftliche Lieferung in Betracht kommen.

44.1 Gelangt eine Nichtgemeinschaftsware bei der Beförderung oder Versendung aus dem Drittlandsgebiet in das Inland, **gilt** der Ort der Lieferung dieses Gegenstands ebenfalls als **im Inland** gelegen, wenn der Lieferer oder sein Beauftragter Schuldner der EUSt ist (§ 3 Abs. 8 UStG, § 3 Rz. 488 ff.). Daher kann eine innergemeinschaftliche Lieferung auch in Betracht kommen, wenn die Warenbewegung zunächst im Drittland beginnt, aber vom Inland in das übrige Gemeinschaftsgebiet befördert oder versendet wird. In diesem Fall ist die Einfuhr der Gegenstände ins Inland auch von der EUSt befreit (§ 5 Abs. 1 Nr. 3 UStG, § 5 Rz. 38 ff.).

45 Liegt der Besteuerungsort für eine derartige Lieferung hingegen in einem **anderen Mitgliedstaat**, greift nicht die Steuerbefreiung gemäß § 6a UStG, sondern die entsprechende Norm in dem jeweiligen Mitgliedstaat. In diesem Staat sind dann auch die entsprechenden Nachweise zu erbringen bzw. die Meldepflichten zu erfüllen.

c) Grenzüberschreitende Reihengeschäfte

46 Der Besteuerungsort im Inland ist insbesondere auch bei den sog. innergemeinschaftlichen Reihengeschäften zu beachten, da die Steuerbefreiung für eine innergemeinschaftliche Lieferung nach ständiger Rechtsprechung von EuGH und BFH nur für eine (die sog. **warenbewegte) Lieferung** in der Kette gilt.[2] Seit **1.1.2020** werden in Art. 36a Abs. 1 und 2 MwStSystRL erstmals in der EU einheitliche Regelungen für die Zuordnung der warenbewegten Lieferung im Rahmen eines **Reihengeschäftes** eingeführt (§ 3 Rz. 377 ff.), soweit der mittlere Unternehmer die Waren befördert. Durch die gesetzliche Neuregelung in § 3 Abs. 6a Satz 4 UStG bzw. Art. 36a Abs. 1 MwStSystRL gibt es zum ersten Mal in Europa auch beim Transport durch einen sog. „Zwischenhändler" einheitliche Vorschriften für die Zuordnung der warenbewegten Lieferung, die klar und einfach anzuwenden sind[3].

47 Im Ergebnis gelten daher seit 1.1.2020 im Hinblick auf die **Beförderung oder Versendung** beim Reihengeschäft folgende **Zuordnungsregeln**:

1. **Durch den Erstlieferanten**
   Befördert oder versendet der Erstlieferant dieselbe Ware direkt von sich an den letzten Abnehmer, wird die Warenbewegung nach § 3 Abs. 6a Satz 2 UStG und der Rechtsprechung des EuGH[4] der Lieferung vom Erstlieferanten an den ersten Abnehmer (mittlerer Unternehmer) zugeordnet (U1 an U2).

1 BFH, Urt. v. 18.2.2016 – V R 53/14, BStBl. II 2019, 333 = UR 2016, 436 m. Anm. *Küffner*, Rz. 27 und 30.

2 Vgl. grundlegend hierzu EuGH, Urt. v. 6.4.2006 – C-245/04, ECLI:EU:C:2006:232 – EMAG Handel Eder, UR 2006, 342 und BFH, Urt. v. 25.2.2015 – XI R 15/14, BStBl. II 2023, 514 = UR 2015, 391 m. Anm. *Sterzinger*; so auch § 3 Abs. 6a Satz 1 UStG.

3 Es bleibt zu hoffen, dass diese klaren Regelungen nicht durch weitere Vorlagefragen wieder verkompliziert werden (vgl. aber noch zur alten Rechtslage, EuGH, Urt. v. 23.4.2020 – C-401/18, ECLI:EU:C:2020:295 – Herst, UR 2020, 386 m. Anm. *Nieskens*).

4 EuGH, Urt. v. 19.4.2018 – C-580/16, ECLI:EU:C:2018:261 – Firma Hans Bühler, UR 2018, 404 m. Anm. *Nieskens*.

2. **Durch den ersten Abnehmer (mittlerer Unternehmer)**

Befördert oder versendet der erste Abnehmer (mittlerer Unternehmer) dieselbe Ware direkt vom Erstlieferanten an den letzten Abnehmer, wird die Warenbewegung nach § 3 Abs. 6a Satz 4 UStG der Lieferung vom Erstlieferanten an den ersten Abnehmer (mittlerer Unternehmer) zugeordnet (U1 an U2), wenn er nicht die USt-IdNr. des Ursprungslandes verwendet. Verwendet er aber die USt-IdNr. des Ursprungslandes, wird die Warenbewegung nach § 3 Abs. 6a Satz 4 Alt. 2 UStG der Lieferung vom ersten Abnehmer (mittlerer Unternehmer) an den letzten Abnehmer (U2 an U3) zugeordnet.

3. **Durch den letzten Abnehmer**

Befördert oder versendet der letzte Abnehmer dieselbe Ware direkt vom Erstlieferanten an sich, wird die Warenbewegung nach § 3 Abs. 6a Satz 3 UStG und der Rechtsprechung des EuGH[1] der Lieferung vom ersten Abnehmer (mittlerer Unternehmer) an den letzten Abnehmer zugeordnet (U2 an U3).

2. Die weiteren Voraussetzungen seit 1.1.2020 im Einzelnen

a) Überblick

Die Steuerbefreiung einer danach im Inland (Deutschland) gelegenen Lieferung ist sodann an verschiedene Voraussetzungen geknüpft. 48

Seit dem **1.1.2020** sind die Tatbestandsvoraussetzungen der innergemeinschaftlichen Lieferung in Absatz 1 Satz 1 Nr. 4 durch das sog. JStG 2019[2] verschärft worden: 49

Danach muss der Abnehmer nunmehr gegenüber dem liefernden Unternehmer zudem eine ihm von einem anderen Mitgliedstaat erteilte **gültige** USt-IdNr. **verwendet** haben. 50

Im Einzelnen: 51

b) Transport in das übrige Gemeinschaftsgebiet durch Unternehmer oder Abnehmer (Absatz 1 Satz 1 Nr. 1)

aa) Unternehmer oder Abnehmer

Liegt eine Lieferung vor, muss für die Steuerbefreiung einer innergemeinschaftlichen Lieferung zunächst der **Unternehmer** oder der **Abnehmer** den Gegenstand der Lieferung **befördert oder versendet** haben. Bei innergemeinschaftlichen Lieferungen sind daher grundsätzlich zwei Unternehmen beteiligt. Der Unternehmer, der die Lieferung erbringt (Verkäufer), sowie der Käufer, an den die umsatzsteuerrechtliche Lieferung ausgeführt wird (Leistungsempfänger). 52

Für die Frage, wer **Leistender** und wer **Abnehmer** ist, kann auf die zivilrechtlichen Vereinbarungen zurückgegriffen werden.[3] 53

Sind mehrere Unternehmen beteiligt, kann es sich um ein Reihengeschäft (nachfolgende Lieferungen, s. § 3 Rz. 367 ff.) oder um den Sonderfall eines Dreiecksgeschäftes handeln (§ 25b Rz. 1 ff.). 54

Stets ist hierbei aber zu beachten, dass auch im Fall eines Reihen- oder Dreiecksgeschäftes immer nur **eine innergemeinschaftliche Lieferung** vorliegen kann, für die die Steuerbefreiung für das Gelangen der Ware vom Inland in das übrige Gemeinschaftsgebiet gilt. 55

Beispiel 1:

Der Unternehmer D mit Sitz in Deutschland verkauft Ware an den Unternehmer A mit Sitz in Österreich, der wiederum die Ware an Unternehmer I mit Sitz in Italien verkauft hat. D beauftragt hierzu vereinbarungsgemäß einen Spediteur mit dem Transport der Ware unmittelbar von Deutschland nach Italien. Es liegt nur eine innergemeinschaftliche Lieferung von Unternehmer D an Unternehmer A vor. Der Lieferort der Lieferung von A an I

1 EuGH, Urt. v. 21.2.2018 – C-628/16, ECLI:EU:C:2018:84 – Kreuzmayr, UR 2018, 282 m. Anm. *Heinrichshofen*.

2 Gesetz zur weiteren steuerlichen Förderung der Elektromobilität und zur Änderung weiterer steuerlicher Vorschriften (sog. JStG 2019), BGBl. I 2019, 2451.

3 BFH, Urt. v. 23.9.2009 – XI R 14/08, BStBl. II 2010, 243 = UR 2010, 115 m. Anm. *Widmann*.

liegt in Italien und erfordert entweder die Deklaration durch A in Italien oder die Steuerschuld für diese Lieferung kann von A auf I übergehen.

56 Leistender kann auch ein **Strohmann** sein. Tritt jemand im Rechtsverkehr (als sog. „Strohmann") im eigenen Namen, aber für Rechnung eines anderen auf, ist zivilrechtlich grundsätzlich nur der „Strohmann" aus dem Rechtsgeschäft berechtigt und verpflichtet. Dementsprechend sind dem „Strohmann" Leistungen zuzurechnen, die der „Hintermann" berechtigterweise im Namen des Strohmanns tatsächlich ausgeführt hat.[1]

bb) Nicht erfasste Unternehmer und erfasste Nichtunternehmer

57 Für **Kleinunternehmer** findet § 6a UStG keine Anwendung (§ 19 Abs. 1 Satz 4 UStG, § 19 Rz. 19 f.). Sie können daher als **leistender Unternehmer** keine steuerfreien innergemeinschaftlichen Lieferungen ausführen. Entsprechendes gilt für **land- und forstwirtschaftliche Betriebe** (§ 24 Abs. 1 Satz 2 UStG, § 24 Rz. 44 ff.) und **Unternehmer**, die der **Differenzbesteuerung** unterliegen (§ 25a Abs. 5 Satz 2, Abs. 7 Nr. 3 UStG, § 25a Rz. 47 f.).

58 Bei der „innergemeinschaftlichen Lieferung" **neuer Fahrzeuge** in das übrige Gemeinschaftsgebiet wird sogar ein **Nichtunternehmer** wie ein Unternehmer behandelt (§ 2a Satz 1 UStG, § 2a Rz. 21 ff.). Dasselbe gilt, wenn ein Unternehmer diese Lieferung nicht im Rahmen des Unternehmens ausführt (§ 2a Satz 2 UStG, § 2a Rz. 31 ff.).

cc) Übriges Gemeinschaftsgebiet

59 Wie der Wortlaut der innergemeinschaftlichen Warenlieferung zudem schon nahelegt, muss der Gegenstand der Lieferung für die Inanspruchnahme der Steuerbefreiung in das **übrige Gemeinschaftsgebiet** (vgl. § 1 Abs. 2a Satz 1 und 2 UStG, § 1 Rz. 312 ff., vgl. hierzu auch Art. 5 ff. MwStSystRL) befördert oder versendet (transportiert) werden. Das **übrige Gemeinschaftsgebiet** ist danach das Gemeinschaftsgebiet ohne das Inland. Die Warenbewegung muss daher im Anwendungsbereich dieses Gesetzes von Deutschland aus in das übrige Gemeinschaftsgebiet erfolgen (§ 1 Abs. 2a Satz 1 UStG).

Beispiel 2:
Der Unternehmer D mit Sitz in Deutschland verkauft Ware an den Unternehmer I mit Sitz in Italien. I will die Ware auf sein Warenlager in Italien geliefert bekommen. D beauftragt hierzu vereinbarungsgemäß einen Spediteur mit dem Transport der Ware von Deutschland nach Italien. Es liegt dem Grunde nach eine innergemeinschaftliche Lieferung von Deutschland (Inland) nach Italien (übriges Gemeinschaftsgebiet) vor.

60 Durch die Verwendung des Tatbestandsmerkmales „in das übrige Gemeinschaftsgebiet" wird verdeutlicht, dass der Gegenstand grundsätzlich von einem Mitgliedstaat in einen anderen Mitgliedstaat **transportiert** werden muss. Für eine innergemeinschaftliche Lieferung i.S.d. Absatzes 1 Satz 1 Nr. 1 müssen also Beginn und Ende des Transportes in zwei verschiedenen Mitgliedstaaten liegen. Die Befreiung der innergemeinschaftlichen Lieferung setzt daher voraus, dass der Gegenstand in einen anderen Mitgliedstaat versandt oder befördert worden ist und aufgrund dieses Versands oder dieser Beförderung den Liefermitgliedstaat **physisch verlassen** hat.[2]

61 Es reicht daher grundsätzlich nicht aus, wenn die Lieferung das Inland nicht verlässt oder wieder unmittelbar dort endet (z.B. bei Transit durch einen Mitgliedstaat).

62 Ebenso liegt keine innergemeinschaftliche Lieferung vor, wenn der Gegenstand endgültig von einem Mitgliedstaat in ein **Drittland** befördert wird. In diesem Fall liegt aber eine Ausfuhrlieferung vor, für die ebenfalls eine Steuerbefreiung (dann gemäß § 6 i.V.m. § 4 Nr. 1 Buchst. a UStG) in Betracht kommen kann (§ 6 Rz. 1 ff.). Für Lieferungen im Inland bleiben allenfalls die Steuerbefreiungen nach § 4 Nr. 2 ff. UStG. Falls aber der leistende Unternehmer von einer Beförderung in das übrige Gemein-

1 Ständige Rechtsprechung: BFH, Urt. v. 15.10.2019 – V R 29/19 (V R 44/16), BStBl. II 2021, 646 = UR 2020, 238; BFH, Urt. v. 26.6.2003 – V R 22/02, BFH/NV 2004, 233, unter II.1. b aa; BFH, Urt. v. 12.8.2009 – XI R 48/07, BFH/NV 2010, 259 = UR 2010, 423, Rz. 32 m.w.N.; BFH, Urt. v. 12.5.2011 – V R 25/10, BFH/NV 2011, 1541, Rz. 20 m.w.N.

2 EuGH, Urt. v. 27.9.2007 – C-409/04, ECLI:EU:C:2007:548 – Teleos, BStBl. II 2009, 70 = UR 2007, 774, Rz. 33 ff.

schaftsgebiet ausgehen konnte, kann unter den Voraussetzungen des Absatzes 4 (Rz. 243 ff.) eine Steuerbefreiung ausnahmsweise auch dann angenommen werden, wenn die Waren im Inland verbleiben.

dd) Transportverantwortung

Ob für den **Transport** nun der Unternehmer oder der Abnehmer **verantwortlich** ist, ist hingegen für den Tatbestand der innergemeinschaftlichen Lieferung unerheblich. Bei der Frage, welche **Nachweise** zu erbringen sind, ist dies aber zu berücksichtigen (Rz. 114 ff.). 63

ee) Befördern oder Versenden

Befördern ist nach der Legaldefinition in § 3 Abs. 6 Satz 2 UStG dabei jede Fortbewegung eines Gegenstands. Dies wäre zum Beispiel der Fall, wenn im obigen Beispiel Unternehmer D mit seinem eigenen LKW die Ware zu I in Italien fährt (§ 3 Rz. 349 f.). 64

Ein **Versenden** liegt demgegenüber nach § 3 Abs. 6 Satz 3 UStG vor, wenn jemand die Beförderung durch einen selbständigen Beauftragten ausführen oder besorgen lässt (§ 3 Rz. 351 ff.). 65

ff) Kein Fristerfordernis

Damit eine Einstufung als innergemeinschaftliche Lieferung vorgenommen und der Ort des Erwerbs bestimmt werden kann, ist ein zeitlicher und sachlicher Zusammenhang zwischen der Lieferung des Gegenstands und seiner Beförderung festzustellen. Die Einstufung eines Umsatzes als innergemeinschaftliche Lieferung unterliegt aber **keiner** Einhaltung einer **Frist**, innerhalb derer die Beförderung des Gegenstands vom Liefermitgliedstaat in den Bestimmungsmitgliedstaat begonnen oder abgeschlossen sein muss. Es reicht vielmehr aus, dass ein zeitlicher und sachlicher Zusammenhang zwischen der Lieferung eines Gegenstands und seiner Beförderung sowie ein kontinuierlicher Ablauf des Vorgangs gegeben sind.[1] 66

gg) Sonderfall Konsignationslager

Eine Sonderregelung gilt seit 1.1.2020 für sog. Konsignationslagerfälle (§ 6b UStG, Art. 17a MwStSystRL, § 6b Rz. 1 ff.). In diesen Fällen liegt die innergemeinschaftliche Lieferung nach § 6b Abs. 2 UStG erst vor, wenn die Lieferung aus dem Konsignationslager innerhalb der 12-Monatsfrist des § 6b Abs. 3 UStG erfolgt. Für das innergemeinschaftliche Verbringen s. Abs. 2, Rz. 109 ff. 67

c) Qualifizierte Abnehmer (Absatz 1 Satz 1 Nr. 2)

aa) Für Zwecke der Umsatzsteuer erfasst (Absatz 1 Satz 1 Nr. 2 Buchst. a)

Musste der Abnehmer früher nur ein „Unternehmer" sein, muss er durch die **Neuregelung** seit dem 1.1.2020 nunmehr ein in einem **anderen Mitgliedstaat** für Zwecke der Umsatzsteuer **„erfasster Unternehmer"** sein, der den Gegenstand der Lieferung für sein Unternehmen erworben hat. 68

Diese **Verschärfung** des **Gesetzeswortlautes** geht auf zahlreiche Urteile des EuGH zurück. Nach bisheriger Auffassung des Gerichtshofs verlangt die in der Richtlinie aufgestellte Bedingung (in der alten Fassung), dass der Erwerber ein „Steuerpflichtiger" ist, „der […] als solcher […] in einem anderen Mitgliedstaat […] handelt", für sich genommen nicht, dass der Erwerber unter einer USt-IdNr. tätig wird.[2] Und weiter führt der EuGH in seinen Entscheidungen aus, dass es daher über das, was erforderlich ist, um eine genaue Erhebung der Steuer sicherzustellen, hinausgehen würde, wenn das Recht auf Mehrwertsteuerbefreiung einer innergemeinschaftlichen Lieferung im Wesentlichen von der Einhaltung **formeller Pflichten** abhängig gemacht werden würde, ohne die materiellen Anforderungen zu berücksichtigen und insbesondere ohne in Betracht zu ziehen, ob diese erfüllt sind. 69

---

1 EuGH, Urt. v. 18.11.2010 – C-84/09, ECLI:EU:C:2010:693 – X, UR 2011, 103, Rz. 29 ff.

2 Vgl. z.B. EuGH, Urt. v. 27.9.2012 – C-587/10, ECLI:EU:C:2012:592 – VSTR, UR 2012, 832 m. Anm. *Burgmaier*, Rz. 40.

70 Die gesetzliche Neuregelung erfordert nunmehr aber gerade, dass der abnehmende Unternehmer in einem anderen Mitgliedstaat bereits für Umsatzsteuerzwecke erfasst sein muss, und macht damit die formelle Pflicht zu einer **materiellen Anforderung.**[1] Ob die einfache Änderung des Richtlinienwortlautes den EuGH bei nochmaliger Vorlage überzeugen kann, bleibt abzuwarten, denn auch, wenn die deutsche Neuregelung in § 6a UStG auf den Vorgaben der Richtlinie basiert, müssen die **übergeordneten Grundsätze gewahrt bleiben.**[2] Nach ständiger Rechtsprechung des EuGH verlangt der Grundsatz der Verhältnismäßigkeit, dass die Handlungen der Unionsorgane zur Erreichung der mit der betreffenden Regelung verfolgten legitimen Ziele geeignet sind und nicht über die Grenzen dessen hinausgehen, was zur Erreichung dieser Ziele erforderlich ist, wobei, wenn mehrere geeignete Maßnahmen zur Auswahl stehen, die am wenigsten belastende zu wählen ist und die dadurch bedingten Nachteile in angemessenem Verhältnis zu den angestrebten Zielen stehen müssen.[3]

71 Die zusätzliche materielle Anforderung wird zukünftig ein großes **Streitpotential** eröffnen. Denn wie der EuGH im Urteil *VSTR*[4] nochmals ausführlich dargelegt hat, gilt als Steuerpflichtiger bereits, wer eine wirtschaftliche Tätigkeit selbständig und unabhängig von ihrem Ort ausübt, gleichgültig zu welchem Zweck und mit welchem Ergebnis, ohne dass dies insoweit davon abhinge, ob der Betreffende eine USt-IdNr. besitzt. Zudem ergibt sich aus der Rechtsprechung, dass ein Steuerpflichtiger in dieser Eigenschaft handelt, wenn er im Rahmen seiner steuerbaren Tätigkeit Umsätze tätigt.[5] Darüber hinaus führt der EuGH im Urteil *VSTR*[6] aber auch aus, dass es der FinVerw. eines Mitgliedstaats nicht verwehrt sei, die Steuerbefreiung einer innergemeinschaftlichen Lieferung davon abhängig zu machen, dass der Lieferer die USt-IdNr. des Erwerbers mitteile.

72 Durch die Neuregelung muss der Abnehmer, will er die materiellen Voraussetzungen einer innergemeinschaftlichen Lieferung erfüllen, zwingend bereits als Steuerpflichtiger für Zwecke der Umsatzsteuer eingetragen sein. Damit hängt die Erfüllung der materiellen Tatbestandsmerkmale durch den leistenden Unternehmer von **Umständen** ab, **die weder der Leistende noch der Empfänger alleine beeinflussen** können. Denn während die umsatzsteuerrechtliche Registrierung in manchen Ländern, wie z.B. Österreich oder auch Italien, online in sehr kurzer Zeit beantragt werden kann, kann dieses Prozedere in anderen Ländern auch mehrere Wochen dauern. Auch in Deutschland ist eine generelle online-Registrierung für Zwecke der Umsatzsteuer nicht möglich. Für die Erfassung von ausländischen Unternehmen sind in Deutschland zudem völlig unterschiedliche Finanzämter in verschiedenen Bundesländern örtlich zuständig,[7] die dementsprechend völlig unterschiedliche Anforderungen an die Unternehmen für die umsatzsteuerrechtliche Erfassung stellen.[8] In Einzelfällen musste der Unternehmer sogar auf die Erteilung einer USt-IdNr. klagen.[9] Darüber hinaus gilt es in einigen Ländern, neben der Zustellung von zahlreichen Dokumenten im Original mit beglaubigten Übersetzungen und Apostillen weitere extrem hohe formelle Hürden zu überwinden. Besser wäre es daher, alle Mitgliedstaaten zu verpflichten, die Erteilung der USt-IdNr. spätestens innerhalb einer Frist von z.B. drei Tagen zu erteilen. Die Erteilung der USt-IdNr. durch das BZSt in Form eines Verwaltungsaktes mit der Anforderung

---

1 Dies hatte Abschn. 6a.1. Abs. 12 UStAE schon vor der gesetzlichen Neuregelung verlangt. „Von der Unternehmereigenschaft des Abnehmers kann regelmäßig ausgegangen werden, wenn dieser gegenüber dem liefernden Unternehmer mit einer ihm von einem anderen Mitgliedstaat erteilten, im Zeitpunkt der Lieferung gültigen USt-IdNr. auftritt. Nicht ausreichend ist es, wenn die USt-IdNr. im Zeitpunkt des Umsatzes vom Abnehmer lediglich beantragt wurde. Die USt-IdNr. muss vielmehr im Zeitpunkt des Umsatzes gültig sein."

2 Z.B. mit dem Grundsatz der Verhältnismäßigkeit, vgl. EuGH, Urt. v. 13.5.1997 – C-233/94, ECLI:EU:C:1997:231 – Deutschland/Parlament und Rat, Rz. 54 ff.

3 Vgl. z.B. EuGH, Urt. v. 4.5.2016 – C-547/14, ECLI:EU:C:2016:325 – Philip Morris Brands u.a., Rz. 165.

4 EuGH, Urt. v. 27.9.2012 – C-587/10, ECLI:EU:C:2012:592 – VSTR, UR 2012, 832 m. Anm. *Burgmaier*, Rz. 49.

5 So bereits EuGH, Urt. v. 12.1.2006 – C-354/03, C-355/03 und C-484/03, ECLI:EU:C:2006:16 – Optigen u.a., UR 2006, 157, Rz. 42.

6 EuGH, Urt. v. 27.9.2012 – C-587/10, ECLI:EU:C:2012:592 – VSTR, UR 2012, 832 m. Anm. *Burgmaier*, Rz. 58.

7 Vgl. § 1 Abs. 1 Nr. 1–34 UStZustV.

8 Mit BMF, Schr. v. 24.8.2021 – III C 3-S 7532/19/10002 :003 – DOK 2021/0929157, BStBl. I 2021, 1527 = UR 2021, 804 hat die Verwaltung einen einheitlichen Fragebogen zur umsatzsteuerlichen Erfassung von im Ausland ansässigen Unternehmen in Deutschland erstellt. Ob diese Maßnahme allein zu einer schnelleren umsatzsteuerrechtlichen Erfassung führt, bleibt abzuwarten.

9 Vgl. z.B. FG München, Urt. v. 19.2.2009–14 K 4531/06, juris.

eines Zustellungsbevollmächtigten im Inland (§ 27a Rz. 23) ist in diesem Zusammenhang kontraproduktiv.

Der Grundsatz der **Neutralität der Mehrwertsteuer**[1] wird m.E. dadurch **durchbrochen**, dass ein Unternehmen (z.B. im Fall der Neugründung oder als ausländisches Unternehmen) keinen steuerfreien Einkauf mehr innerhalb der Gemeinschaft tätigen kann, wenn es (noch) über keine umsatzsteuerrechtliche Erfassung in der EU verfügt und diese auch nicht kurzfristig erhalten kann.[2] 72.1

Der **Mehrwertsteuerausschuss** hat dieses **Problem** – wie bereits oben ausgeführt (Rz. 16) – wohl teilweise **erkannt** und in seiner Sitzung vom 15.5.2019 einen Entwurf für Leitlinien hinsichtlich der Frage des Vorsteuerabzugs in den Fällen, in denen der Lieferer aufgrund der gesetzlichen Neuregelung zum 1.1.2020 verpflichtet ist, Umsatzsteuer in seiner Rechnung auszuweisen, angekündigt.[3] 73

Die **Details** hierzu sind allerdings völlig **unklar**. Wenn ein Unternehmen aus einem Drittland oder ein neugegründetes Unternehmen noch über gar keine umsatzsteuerrechtliche Erfassung verfügt, kann es dem liefernden Unternehmer keine USt-IdNr. mitteilen. In diesem Fall liegen die materiellen Voraussetzungen für eine (steuerfreie) innergemeinschaftliche Lieferung nicht vor. Wird das ausländische Unternehmen daher aufgrund der Neuregelung mit deutscher Umsatzsteuer belastet, bleibt dem ausländischen Unternehmen nur die Möglichkeit, im Rahmen der Vorsteuervergütung die Erstattung der Umsatzsteuer beim BZSt zu beantragen. Es wird sehr schwierig werden, dem BZSt diesen Sachverhalt zu erläutern. Noch schwieriger wird es, den Antrag zur Übermittlung vorzubereiten, wenn der Unternehmer zum Zeitpunkt der Lieferung eben noch nicht als Unternehmer eingetragen war. Die Erstattung dürfte daher nur möglich sein, wenn der entsprechende Mitgliedstaat die Unternehmereigenschaft rückwirkend anerkennt. Dann wird wohl aber argumentiert werden, dass die zur Vergütung beantragte Umsatzsteuer nicht gesetzlich geschuldet sei.[4] Dies wäre dann aber mit dem Grundsatz der Neutralität der Mehrwertsteuer nicht zu vereinbaren.[5] 74

Die ordnungsgemäße **Erfüllung von Steuererklärungspflichten** ist aber **kein Tatbestandsmerkmal** der **Unternehmereigenschaft** des Leistungsempfängers.[6] Die Tatbestandvoraussetzungen der innergemeinschaftlichen Lieferung sind nach Auffassung des BFH daher auch dann erfüllt, wenn der Erwerber seine Erklärungspflichten im Bestimmungsland nicht erfüllt. 75

Daher reicht das Argument, eine Person habe die bezogenen Lieferungen im Bestimmungsland nicht versteuert und sei daher nicht der Vertragspartner („missing trader"), sondern eine andere Person der eigentliche Empfänger der Lieferung, gemäß Urteil des BFH für sich alleine nicht, den **„missing** 76

---

1 In EuGH, Urt. v. 27.9.2012 – C-587/10, ECLI:EU:C:2012:592 – VSTR, UR 2012, 832 m. Anm. *Burgmaier*, Rz. 46 betont der EuGH: „Der Grundsatz der steuerlichen Neutralität erfordert nämlich, dass die Mehrwertsteuerbefreiung gewährt wird, wenn die materiellen Anforderungen erfüllt sind, selbst wenn der Steuerpflichtige bestimmten formellen Anforderungen nicht genügt hat". Hierzu gehört m.E. aber auch, dass er die materiellen Voraussetzungen tatsächlich erfüllen kann.

2 Vgl. hierzu auch sehr ausführlich *Wäger* in Birkenfeld/Wäger, Umsatzsteuer-Handbuch, § 6a UStG Rz. 83 ff. (Rz. 86) (Stand: November 2020), der allerdings bei verspäteter Registrierung z.B. in Neugründungsfällen aufgrund des Verhältnismäßigkeitsgrundsatzes die Rückwirkung der Steuerbefreiung annimmt (nicht aufgrund des Neutralitätsgrundsatzes).

3 Vgl. MwSt-Ausschuss, working paper, taxud.c.1(2019)3533969 – EN, Rz. 3.3.1.

4 Zwar meint die Kommission, dass die Umsatzsteuer, die für eine innergemeinschaftliche Lieferung wegen fehlender USt-IdNr. berechnet wurde, im Vergütungsverfahren erstattet werden kann. Art. 4 der Richtlinie 2008/9/EU, ABl. EU 2008 Nr. L 44, 23, soll in diesen Fällen nicht greifen, da er nur die Erstattung der Vorsteuer für Lieferungen ausschließt, die nach Art. 138 MwStSystRL befreit wären, vgl. MwSt-Ausschuss, working paper, taxud.c.1(2019)3533969 – EN, Rz. 3.3.1.; zur Bindungswirkung dieser Rechtsauffassung des Mehrwertsteuerausschusses siehe aber Rz. 73.

5 Vgl. auch EuGH, Urt. v. 14.5.2020 – C-446/18, ECLI:EU:C:2020:369 – AGROBET CZ, Rz. 35; EuGH v. 26.1.2012 – C-218/10, ECLI:EU:C:2012:35 – ADV Allround, UR 2012, 175 m. Anm. *Burgmaier* und *Sterzinger*, Rz. 43 ff.

6 Grundlegend BFH, Urt. v. 8.11.2007 – V R 72/05, BStBl. II 2009, 55 = UR 2008, 340, Rz. 32; BFH, Beschl. v. 5.2.2004 – V B 180/03, BFH/NV 2004, 988; BFH, Beschl. v. 5.12.2005 – V B 44/04, BFH/NV 2006, 625.

trader" nicht als Vertragspartner anzusehen.[1] Bei einem **Scheingeschäft** ist aber das verdeckte Rechtsgeschäft der Besteuerung zugrunde zu legen.[2]

77 Auch ein Unternehmer mit **Briefkastenanschrift** kann ein erfasster Unternehmer sein.[3]

78 Wer bei einem Umsatz als Leistungsempfänger anzusehen ist, ergibt sich regelmäßig aus den **zivilrechtlichen Vereinbarungen**; dies gilt allerdings nicht, wenn nach den konkreten Umständen des Einzelfalls für den Steuerpflichtigen erkennbar eine andere Person als sein „Vertragspartner" unter dessen Namen auftritt.[4] Handelt ein **Strohmann** im eigenen Namen, wird er selbst Abnehmer.

bb) Juristische Person, die nicht Unternehmer ist oder die den Gegenstand der Lieferung nicht für ihr Unternehmen erworben hat (Absatz 1 Satz 1 Nr. 2 Buchst. b)

79 Abnehmer einer innergemeinschaftlichen Lieferung kann aber auch eine in einem anderen Mitgliedstaat für Zwecke der Umsatzsteuer erfasste juristische Person, die nicht Unternehmer ist oder die den Gegenstand der Lieferung nicht für ihr Unternehmen erworben hat, sein.

80 Die Regelung in § 6 Abs. 1 Satz 1 Nr. 2 Buchst. b ist i.V.m. § 27a Abs. 1 Satz 2 UStG (§ 27a Rz. 41 ff.) zu sehen. Danach **erteilt** das **BZSt** auch juristischen Personen, die nicht Unternehmer sind oder die Gegenstände nicht für ihr Unternehmen erwerben, eine **USt-IdNr.**, wenn sie diese für innergemeinschaftliche Erwerbe benötigen.

81 Die juristische Person kann **im Ausland** (z.B. eine ausländische Gebietskörperschaft, Anstalt oder Stiftung des öffentlichen Rechts oder ein ausländischer gemeinnütziger Verein) **oder im Inland ansässig** sein. Von der Eigenschaft der juristischen Person als zur Erwerbsbesteuerung verpflichteter Abnehmer kann aber nur dann ausgegangen werden, wenn sie gegenüber dem liefernden Unternehmer mit einer ihr von einem anderen Mitgliedstaat erteilten USt-IdNr. auftritt.

cc) Lieferung eines neuen Fahrzeugs (Absatz 1 Satz 1 Nr. 2 Buchst. c)

82 Bei der Lieferung eines neuen Fahrzeugs kann der Abnehmer auch ein Nichtunternehmer sein. Diese Regelung soll es auch Privatpersonen (**Nichtunternehmern**, Rz. 58) ermöglichen, PKW aus dem übrigen Gemeinschaftsgebiet zu erwerben und ist im Zusammenhang mit § 2a und § 1b Abs. 1 UStG zu sehen. § 1b Abs. 3 UStG definiert den Begriff „neue Fahrzeuge".[5] Hintergrund ist das **unterschiedliche Preisniveau** für Fahrzeuge der Hersteller in den jeweiligen Mitgliedstaaten (aufgrund unterschiedlicher Steuersätze und zusätzlicher Abgaben beim Verkauf von Neufahrzeugen), die dann auch noch mit der Steuerbelastung des Bestimmungslandes zu erheblichen Einsparungen beim Nichtunternehmer führen können. Die Hersteller versuchen dies mit speziellen **Ländercodes** zu reduzieren.

d) Erwerbsbesteuerung (Absatz 1 Satz 1 Nr. 3)

83 Eine weitere Tatbestandsvoraussetzung für die Steuerbefreiung der innergemeinschaftlichen Lieferung ist, dass der Erwerb des Gegenstands der Lieferung beim Abnehmer **in einem anderen Mitgliedstaat** den Vorschriften der **Umsatzbesteuerung unterliegt** (Rz. 233).

84 Nach Auffassung des EuGH sind die innergemeinschaftliche Lieferung eines Gegenstands und sein innergemeinschaftlicher Erwerb dabei in Wirklichkeit ein und derselbe wirtschaftliche Vorgang, obwohl dieser sowohl für die an dem Geschäft Beteiligten als auch für die Finanzbehörden der betreffenden Mitgliedstaaten unterschiedliche Rechte und Pflichten begründet. Folglich können durch die Befreiung einer innergemeinschaftlichen Lieferung, die mit einem innergemeinschaftlichen Erwerb ein-

1 BFH, Beschl. v. 5.12.2005 – V B 44/04, BFH/NV 2006, 625.
2 BFH, Urt. v. 26.9.2019 – V R 38/18, BStBl. II 2020, 112 = UR 2020, 71, Rz. 30 ff.; vgl. auch *Wäger*, BFH/PR 2020, 68.
3 So ausdrücklich BFH, Urt. v. 26.9.2019 – V R 38/18, BStBl. II 2020, 112 = UR 2020, 71, Rz. 26.
4 BFH, Beschl. v. 5.12.2005 – V B 44/04, BFH/NV 2006, 625, Rz. 16.
5 Vgl. auch BFH, Urt. v. 27.2.2014 – V R 21/11, BStBl. 2014, 501 = UR 2014, 429.

hergeht, die **Doppelbesteuerung** und damit die Verletzung des dem gemeinsamen Mehrwertsteuersystem innewohnenden Grundsatzes der steuerlichen Neutralität **vermieden** werden.[1]

Von der Besteuerung des innergemeinschaftlichen Erwerbs kann der leistende Unternehmer nach Auffassung des BFH in jedem Fall ausgehen, wenn im maßgeblichen Zeitpunkt der Lieferung eine **gültige USt-IdNr.** des Abnehmers aus dem übrigen Gemeinschaftsgebiet vorliegt.[2] 85

Die ordnungsgemäße Erfüllung von Steuererklärungspflichten ist aber kein Tatbestandsmerkmal der **Unternehmereigenschaft** des Leistungsempfängers.[3] Es ist daher nicht erforderlich, dass der innergemeinschaftliche Erwerb durch den Leistungsempfänger tatsächlich besteuert worden ist.[4] Wer bei einem Umsatz als Leistungsempfänger anzusehen ist, ergibt sich regelmäßig aus den zivilrechtlichen Vereinbarungen. 86

Allein das Argument, eine Person habe die bezogenen Lieferungen im Bestimmungsland nicht versteuert und sei daher nicht der Vertragspartner („missing trader"), sondern eine andere Person der eigentliche Empfänger der Lieferung, reicht für sich nicht, den **„missing trader"** nicht als Vertragspartner anzusehen.[5] 87

Etwas anders gilt aber dann, wenn anhand objektiver Umstände nachgewiesen ist, dass der leistende Unternehmer wusste oder hätte wissen müssen, dass er sich durch den Umsatz, auf den er sich zur Begründung des betreffenden Rechts beruft, an einer im Rahmen einer Lieferkette begangenen **Mehrwertsteuerhinterziehung** beteiligt hat (§ 25f Rz. 6 ff.).[6] 88

Wenn daher die Gegenstände einer Lieferung vom Inland – **ohne Ausfuhranmeldung** im Inland – in ein Zolllager an die vorbezeichneten Abnehmer im übrigen Gemeinschaftsgebiet transportiert werden, unterliegen sie dort der Erwerbsbesteuerung. Dies gilt auch dann, wenn dort im Einzelfall eine § 4b UStG vergleichbare Steuerbefreiung zur Anwendung kommt.[7] 89

Ist bereits eine **Ausfuhrzollanmeldung** im Inland erfolgt, kann unter den dortigen Voraussetzungen die Steuerbefreiung für Ausfuhrlieferungen in Anspruch genommen werden (§ 4 Nr. 1 Buchst. a, § 6 UStG). 90

e) Verwendung einer gültigen Umsatzsteuer-Identifikationsnummer (Absatz 1 Satz 1 Nr. 4)

aa) Neuregelung

Mit dem sog. JStG 2019 hat der Gesetzgeber eine neue Nummer 4 in § 6a Abs. 1 Satz 1 UStG eingefügt.[8] 91

Diese Neuregelung fordert, dass der Abnehmer i.S.d. Nummer 2 Buchst. a oder b gegenüber dem Unternehmer eine ihm von einem anderen Mitgliedstaat erteilte **„gültige"** USt-IdNr. **verwendet** hat. 92

bb) „Gültige" USt-IdNr.

In der Gesetzesbegründung heißt es hierzu: 93

„Weiterhin wird durch die Anfügung der Nummer 4 in § 6a Absatz 1 Satz 1 UStG das Vorliegen einer innergemeinschaftlichen Lieferung ausdrücklich davon abhängig gemacht, dass der Abnehmer der innergemeinschaftlichen Lieferung, soweit er ein Unternehmer ist oder eine juristische Person, die nicht Unternehmer ist oder die den Gegen-

1 EuGH, Urt. v. 27.9.2007 – C-409/04, ECLI:EU:C:2007:548 – Teleos, BStBl. II 2009, 70 = UR 2007, 774, Rz. 23, 24.
2 BFH, Urt. v. 8.11.2007 – V R 72/05, BStBl. II 2009, 55 = UR 2008, 340, Rz. 32 und 33.
3 Grundlegend BFH, Urt. v. 8.11.2007 – V R 72/05, BStBl. II 2009, 55 = UR 2008, 340; BFH, Beschl. v. 5.2.2004 – V B 180/03, BFH/NV 2004, 988; BFH, Beschl. v. 5.12.2005 – V B 44/04, BFH/NV 2006, 625.
4 EuGH, Urt. v. 27.9.2007 – C-409/04, ECLI:EU:C:2007:548 – Teleos, BStBl. II 2009, 70 = UR 2007, 774, Rz. 69 ff.; BFH, Urt. v. 8.11.2007 – V R 72/05, BStBl. II 2009, 55 = UR 2008, 340, Rz. 30.
5 BFH, Beschl. v. 5.12.2005 – V B 44/04, BFH/NV 2006, 625.
6 EuGH, Urt. v. 18.12.2014 – C-131/13, C-163/13 und C-164/13, ECLI:EU:C:2014:2455 – Italmoda, UR 2015, 106.
7 S. Art. 140 ff. MwStSystRL.
8 JStG 2019, BGBl. I 2019, 2451.

stand der Lieferung nicht für ihr Unternehmen erworben hat, gegenüber dem liefernden Unternehmer eine ihm von einem anderen Mitgliedstaat erteilte gültige Umsatzsteuer-Identifikationsnummer verwendet hat. Die Verwendung einer ihm erteilten **gültigen** Umsatzsteuer-Identifikationsnummer durch den Abnehmer wird somit eine zusätzliche materiell-rechtliche Voraussetzung für das Vorliegen einer innergemeinschaftlichen Lieferung."

94 Die Gesetzesbegründung verdeutlicht daher nochmals, dass die Verwendung einer **gültigen USt-IdNr.** durch den Abnehmer eine zusätzliche **materiell-rechtliche Voraussetzung** für das Vorliegen einer innergemeinschaftlichen Lieferung darstellt. Diese gesetzliche Neuregelung soll nach der Gesetzesbegründung auf Art. 138 Abs. 1 Buchst. b MwStSystRL beruhen. Art. 138 Abs. 1 Buchst. b MwStSystRL erfordert aber nach dem klaren Wortlaut nur, dass der Steuerpflichtige oder die nichtsteuerpflichtige juristische Person, für den bzw. die die Lieferung erfolgt ist, für Mehrwertsteuerzwecke in einem anderen Mitgliedstaat als dem Mitgliedstaat registriert ist, in dem die Versendung oder Beförderung der Gegenstände beginnt, und dem Lieferer diese USt-IdNr. mitgeteilt hat.

95 Die „**Gültigkeit**" der USt-IdNr. ist nach dem Wortlaut der Richtlinie keine materielle Voraussetzung für den Tatbestand der Steuerbefreiung. Es reicht daher aus, dass der Empfänger der Lieferung nach der Neuregelung dem Verkäufer die USt-IdNr. **mitteilt**, mit der er im übrigen Gemeinschaftsgebiet erfasst ist.

96 Große Unterschiede werden aus dieser **Abweichung im deutschen Umsatzsteuergesetz** in der Praxis nicht folgen,[1] soweit der deutsche Gesetzgeber nicht meint, durch die Neuregelung in § 6a Abs. 1 Nr. 4 UStG sei der leistende Unternehmer nunmehr materiell-rechtlich verpflichtet, sich die Gültigkeit der USt-IdNr. des Abnehmers auf Anfrage vor jeder Lieferung bestätigen zu lassen (§ 18e UStG).[2] Damit würde er die im Buchnachweis (§ 6a Abs. 3 Satz 2 i.V.m. § 17d UStDV) verankerte Aufzeichnungspflicht der USt-IdNr. in Verbindung mit Angaben zum Namen und der Anschrift des Abnehmers und die Anfragemöglichkeit des § 18e UStG ohne jegliche unionsrechtliche Legitimation zu einer materiell-rechtlichen Prüfungspflicht der USt-IdNr. des Abnehmers umgestalten.[3]

Dies könnte sonst für alle Unternehmer automatisch steuerstrafrechtliche Folgen haben, die im Zeitpunkt der innergemeinschaftlichen Lieferung keine Validierung der entsprechenden USt-IdNr. vorgenommen haben und diese Umsätze dann trotzdem in der Voranmeldung als innergemeinschaftlichen Lieferungen deklarieren.[4]

Beispiel:
Unternehmer U1 mit Sitz in Deutschland liefert im Juli 2020 insgesamt 100 Mal in das übrige Gemeinschaftsgebiet. U1 stellt 99 Anfragen gemäß § 18e UStG an das BZSt.[5] Die 99 Bestätigungen des BZSt hierzu erhält er per Post.

Am 10.8. reicht U1 seine Voranmeldung für den Juli über elsteronline ein und deklariert alle 100 Lieferungen als steuerfreie innergemeinschaftliche Lieferungen. Am 25.8. reicht er die ZM ebenfalls elektronisch ein.

---

1 Es stellt sich aber die Frage, warum der Gesetzgeber nicht in der Lage ist, den Richtlinientext wortgenau abzuschreiben und damit im Ergebnis dem deutschen Gesetzestext einen Wortlaut gibt, der tendenziell eine Verschärfung suggeriert, für die es keine unionsrechtliche Legitimation gibt. Dies auch deshalb, weil der Wortlaut der Richtlinie insoweit hinreichend konkret ist und den Mitgliedstaaten daher keinen Handlungsspielraum eröffnet. Erklärungen hierzu finden sich leider auch nicht im Abschn. 6a.1. Abs. 19 Sätze 1 und 3 UStAE i.d.F. des BMF-Schreibens v. 9.10.2020.

2 Vgl. auch *Meyer-Burow/Connemann*, MwStR 2020, 106 (109).

3 § 17d Abs. 1 Satz 1 UStDV n.F. fordert aber noch immer den buchmäßigen Nachweis der USt-IdNr. des Abnehmers. Daher bringt der Gesetzgeber zum Ausdruck, dass er am formellen Nachweis der Aufzeichnung einer USt-IdNr. des Abnehmers festhalten will.

4 Vgl. hierzu auch *Meyer-Burow/Connemann*, MwStR 2020, 106 (109). *Grommes* geht aber genau von einer Steuerverkürzung gemäß § 370 Abs. 1 Nr. 1 AO aus, wenn der leistende Unternehmer keine gültige USt-IdNr. des Erwerbers hat, ohne aber auf den Wortlaut von Art. 138 MwStSystRL einzugehen, UR 2021, 461 ff. (462).

5 Nicht eingegangen wird an dieser Stelle darauf, ob die Anfrage auch an die Europäische Kommission unter https://ec.europa.eu/taxation_customs/vies/ gestellt werden könnte oder nach § 18e UStG durch das BZSt bestätigt werden müsste. Immerhin scheint man nun auch in Deutschland endgültig im digitalen Zeitalter angekommen zu sein. Denn endlich ist im Online-Bestätigungsverfahren der Nachweis durch die Aufbewahrung des Ausdrucks oder die Übernahme des vom BZSt übermittelten Ergebnisses in einem allgemeinüblichen Format oder als Screenshot in das System des Unternehmens zu führen (vgl. Abschn. 18e.1. Abs. 2 Satz 3 UStAE i.d.F. des BMF-Schreibens v. 28.10.2020). Die Druckfunktion (mit der Zustellung der schriftlichen Bestätigung der Abfrage per Post) steht seit dem 1.1.2021 nicht mehr zur Verfügung.

Durch die Einreichung der Voranmeldung am 10.8. hätte U1 den objektiven Tatbestand der Steuerhinterziehung in einem Fall im Hinblick auf die fehlende Anfrage erfüllt.

Diese Ansicht würde aber **nicht** der ständigen **Rechtsprechung** des **EuGH entsprechen**. Im Gegenteil, denn bisher gehörte weder die Tatsache, dass der Erwerber eine USt-IdNr. für innergemeinschaftliche Umsätze mitgeteilt hat, noch dass diese „gültig" sein müsse, zu den materiellen Tatbestandsvoraussetzungen der Mehrwertsteuerbefreiung einer innergemeinschaftlichen Lieferung. Der EuGH sah die Angabe einer USt-IdNr. bisher immer nur als ein formelles Erfordernis an, das den Anspruch des Verkäufers auf Mehrwertsteuerbefreiung nicht in Frage stellen konnte, sofern die materiellen Voraussetzungen einer innergemeinschaftlichen Lieferung vorlagen.[1] Soweit man davon ausgeht, dass die unionsrechtlich nunmehr geregelte materielle Anforderung an die Mitteilung der USt-IdNr. mit dem Grundsatz der Verhältnismäßigkeit zu vereinbaren ist,[2] muss man festhalten, dass dies aber in keinem Fall auch für die zusätzliche Prüfung der **Gültigkeit** der USt-IdNr. im MIAS-System der Europäischen Union (Validierung) bzw. im Rahmen der Bestätigungsanfrage (§ 18e UStG) beim BZSt gelten kann.[3] 97

Zudem spricht auch der **vorrangige Wortlaut der Richtlinie** bewusst nur von der Mitteilung der USt-IdNr.[4], der jede Form der Mitteilung erlaubt. Dabei ist auch der Begriff einer Vorschrift des Gemeinschaftsrechts, soweit für die Ermittlung seines Sinns und seiner Tragweite nicht ausdrücklich auf das Recht der Mitgliedstaaten verwiesen wird, unter Berücksichtigung des Kontextes der Vorschrift und des mit der fraglichen Regelung verfolgten Ziels einheitlich auszulegen.[5] Wie aus den Erwägungsgründen 7 und 8 der Richtlinie 2018/1910[6] hervorgeht, soll mit der USt-IdNr. des Empfängers (Käufers) der Ankunftsmitgliedstaat über das Vorhandensein eines Gegenstandes in seinem Hoheitsgebiet informiert werden und nach dem Grundsatz der Verhältnismäßigkeit geht diese Richtlinie nicht über das für die Verwirklichung dieser Ziele erforderliche Maß hinaus. Danach wird dieses Ziel durch die Abgabe einer ZM mit der vom Empfänger mitgeteilten USt-IdNr. erreicht. Ist diese ungültig, kann der Verkäufer diese entsprechend korrigieren. Das ist für das Ziel völlig ausreichend und verhältnismäßig. 98

Allerdings konnte der leistende Unternehmer nach **Auffassung des BFH** schon bisher von der Unternehmereigenschaft des Leistungsempfängers ausgehen, wenn im maßgeblichen Zeitpunkt der Lieferung eine **gültige USt-IdNr.** des Abnehmers aus dem übrigen Gemeinschaftsgebiet vorlag.[7] Daran sollten sich die Unternehmer orientieren, um Diskussionen über die Wirksamkeit der Steuerbefreiung für innergemeinschaftliche Lieferungen im Ansatz zu vermeiden und selbst Schaden vom Unternehmen abzuwenden, wenn ggf. die Umsatzsteuer nicht mehr auf den Abnehmer überwälzt werden kann. Die nachträgliche Verwendung einer im Zeitpunkt der Lieferung gültigen USt-IdNr. durch den Abnehmer entfaltet für Zwecke der Steuerbefreiung Rückwirkung.[8] 99

Die USt-IdNr. des Steuerpflichtigen oder der nicht nichtsteuerpflichtigen juristischen Person, an den bzw. die die Lieferung erfolgt, muss nicht zwingend eine USt-IdNr. sein, die von dem Mitgliedstaat erteilt wurde, in den die Gegenstände befördert werden; es reicht aus, wenn dies eine USt-IdNr. ist, die 100

---

1 Vgl. EuGH, Urt. v. 9.2.2017 – C-21/16, ECLI:EU:C:2017:106 – Euro Tyre, UR 2017, 271; EuGH, Urt. v. 6.9.2012 – C-273/11, ECLI:EU:C:2012:547 – Mecsek-Gabona, UR 2012, 796 m. Anm. *Maunz*, Rz. 60; EuGH, Urt. v. 27.9.2012 – C-587/10, ECLI:EU:C:2012:592 – VSTR, UR 2012, 832 m. Anm. *Burgmaier*, Rz. 51; EuGH, Urt. v. 20.10.2016 – C-24/15, ECLI:EU:C:2016:791 – Plöckl, UR 2016, 882, Rz. 40; so auch BFH, Beschl. v. 2.11.2016 – V B 72/16, juris, Rz. 9.

2 Vgl. hierzu EuGH, Urt. v. 27.9.2007 – C-409/04, ECLI:EU:C:2007:548 – Teleos, BStBl. II 2009, 70 = UR 2007, 774, Rz. 46 unter Hinweis auf EuGH, Urt. v. 21.3.2000 – C-110/98, ECLI:EU:C:2000:145 – Gabalfrisa, Rz. 52 und EuGH, Urt. v. 19.9.2000 – C-454/98, ECLI:EU:C:2000:469 – Schmeink & Cofreth und Strobel, Rz. 59 sowie EuGH, Urt. v. 21.2.2006 – C-255/02, ECLI:EU:C:2006:121 – Halifax, UR 2006, 232 m. Anm. *Wäger*, Rz. 92.

3 Auf Art. 131 MwStSystRL lässt sich diese zusätzliche „nationale" Verpflichtung in Form einer materiell-rechtlichen Tatbestandsverschärfung nicht stützen, vgl. EuGH, Urt. v. 14.6.2017 – C-26/16, ECLI:EU:C:2017:453 – Santogal M-Comércio e Reparação de Automóveis, UR 2017, 539, Rz. 49, 50, 51.

4 In Anlehnung an die Rechtsprechung des EuGH, Urt. v. 27.9.2012 – C-587/10, ECLI:EU:C:2012:592 – VSTR, UR 2012, 832 m. Anm. *Burgmaier*, Rz. 58.

5 EuGH, Urt. v. 3.12.2009 – C-433/08, ECLI:EU:C:2009:750 – Yaesu Europe, UR 2010, 146 m. Anm. *Burgmaier*, Rz. 18 ff.

6 ABl. EU 2018 Nr. L 311, 3.

7 BFH, Urt. v. 8.11.2007 – V R 72/05, BStBl. II 2009, 55 = UR 2008, 340, Rz. 33.

8 So nunmehr Abschn. 6a.1 Abs. 19 Satz 3 UStAE.

von einem anderen als dem Mitgliedstaat, in dem die Versendung oder Beförderung beginnt, zugewiesen wurde.[1] In diesem Fall unterliegt dann aber der Erwerb neben der **Erwerbsbesteuerung im Bestimmungsland** (§ 3d Satz 1 UStG, s. § 3d Rz. 10 ff.) grundsätzlich **auch der Besteuerung nach § 3d Satz 2 UStG.**[2]

cc) „Verwendung" einer USt-IdNr.

101 Ferner setzt der Wortlaut der **Richtlinie** nur voraus, dass die USt-IdNr. **mitgeteilt**[3], nicht aber **„verwendet"** wird. Auch insoweit hält sich der deutsche Gesetzgeber nicht an die unionsrechtlichen Vorgaben. Dies sorgt für **Rechtsunsicherheit** (Rz. 93 ff.).

Beispiel:

Unternehmer U1 mit Sitz in Deutschland liefert im Jahr 2020 insgesamt 100 Mal einen Gegenstand an U2 (Sitz in Österreich). U2 teilt dem U1 vor der ersten Lieferung im Jahr 2020 seine österreichische USt-IdNr. im Bestellschreiben extra mit, die U1 qualifiziert gemäß § 18e UStG überprüft. Die Bestätigung des BZSt hierzu druckt er als Screenshot aus. Im Anschluss übersendet U2 weitere 99 Bestellformulare an U1, in denen sich nur noch die bereits vorgedruckte österreichische USt-IdNr. des U2 befindet. Auf den Rechnungen an U2 vermerkt U1 diese USt-IdNr. des U2. U1 meldet diese 99 Lieferungen als steuerfreie innergemeinschaftliche Lieferungen in der Steueranmeldung an und gibt die entsprechenden ZM fristgerecht ab. Im Jahr 2021 liefert U1 nur einmal an U2 und fragt diesen, ob er noch immer seine österreichische USt-IdNr. verwenden möchte. U2 bejaht dies schriftlich. Die Gültigkeit der USt-IdNr. wird dem U1 auf Anfrage über die Homepage des BZSt bestätigt.

Im Rahmen einer Umsatzsteuersonderprüfung für die Jahre 2020 und 2021 stellt der Prüfer fest, dass U1 im Jahr 2020 mindestens in 99 Fällen keinen Nachweis für die „Verwendung" der österreichischen USt-IdNr. des U2 hat.[4] Entsprechend verweigert er die Steuerbefreiung gemäß § 6a UStG, da der U2 in 99 Fällen die österreichische USt-IdNr. nicht verwendet hat. Das FA setzt sodann die Steuer auf Basis der 99 Lieferungen an U2 nachträglich fest.

102 Eine **gesetzliche Definition** des Begriffs „Verwenden" im Rahmen der gesetzlichen Neuregelung gibt es **nicht**. Bisher geht die FinVerw. aber davon aus, dass der Begriff „Verwenden" ein aktives Tun voraussetzt.[5] Legt man diese Definition auch im vorliegenden Fall zugrunde, müsste U2 im vorgenannten Beispiel auch bei jeder der 99 weiteren Lieferungen seine österreichische USt-IdNr. **aktiv verwenden** bzw. eine Erklärung abgeben, dass diese USt-IdNr. bei allen künftigen – unternehmerischen – Einzelaufträgen verwendet werden soll. Im Gegensatz hierzu könnte man annehmen, dass durch die erste Mitteilung im Jahr 2020 diese für alle weiteren Lieferungen fortwirkt oder jedenfalls die Verwendung des Briefkopfes mit der vorgedruckten USt-IdNr. erfolgt ist.[6] Es bleibt zu hoffen, dass sich diese Sichtweise auch in Deutschland durchsetzt.

103 Falls nicht, kann sich der Steuerpflichtige auf den vorrangigen Wortlaut der **Richtlinie**, der jede Form der Mitteilung erlaubt, **berufen.** Dabei ist auch der Begriff einer Vorschrift des Gemeinschaftsrechts,

1 So nunmehr auch Abschn. 6a.1 Abs. 19 Satz 4 UStAE.

2 Bzw. der entsprechenden nationalen Vorschrift auf Basis von Art. 41 MwStSystRL.

3 Siehe auch *Frye* in Rau/Dürrwächter, § 6a UStG Rz. 413.3 (Stand: September 2022).

4 Nach Abschn. 3 a.2 Abs. 10 Satz 5 UStAE reicht eine im Briefkopf eingedruckte USt-IdNr. allein nicht aus, um die Unternehmereigenschaft und den unternehmerischen Bezug der zu erbringenden Leistung zu dokumentieren.

5 In Abschn. 3a.2 Abs. 10 Satz 2 UStAE wird der Begriff der „Verwendung" wie folgt definiert: „Der Begriff ‚Verwendung' einer USt-IdNr. setzt ein positives Tun des Leistungsempfängers, in der Regel bereits bei Vertragsabschluss, voraus." Abschn. 6a.1 Abs. 19 Satz 2 UStAE verweist nun ausdrücklich auf Abschn. 3a.2 Abs. 10 Sätze 2 bis 10 UStAE.

6 In diese Richtung zielen auch die Erläuterungen der Kommission zu den Quick Fixes 2020: Erläuterungen „Quick Fixes 2020" v. 20.12.2019, DG TAXUD, Rz. 3.6.11., URL: https://ec.europa.eu/taxation_customs/system/files/2021-08/explanatory_notes_2020_quick_fixes_de.pdf (abgerufen am 24.1.2024), wenn auch im konkreten Fall nur zur Mitteilung der USt-IdNr. durch den Zwischenhändler. Dort heißt es: „Die Mitteilung der Mehrwertsteuer-Identifikationsnummer muss nach keiner besonderen Formalität stattfinden. Sie kann mit jedem Mittel erfolgen, das den Nachweis des Eingangs der Mitteilung beim Lieferer ermöglicht. Ein Austausch von E-Mails könnte in dieser Hinsicht ausreichen. Die Vertragsparteien können frei vereinbaren, wie diese Mitteilung erfolgen soll. Sie muss nicht für jeden Umsatz einzeln erfolgen. Es besteht die Möglichkeit, dass der Zwischenhändler seinem Lieferer nur einmal die Mehrwertsteuer-Identifikationsnummer mitteilt, die für alle Lieferungen in einen bestimmten Mitgliedstaat benutzt werden soll."

soweit für die Ermittlung seines Sinns und seiner Tragweite nicht ausdrücklich auf das Recht der Mitgliedstaaten verwiesen wird, unter Berücksichtigung des Kontextes der Vorschrift und des mit der fraglichen Regelung verfolgten Ziels einheitlich auszulegen.[1] Wie aus dem Erwägungsgrund 7 der Richtlinie 2018/1910[2] hervorgeht, soll mit der USt-IdNr. des Empfängers (Käufers) der Ankunftsmitgliedstaat über das Vorhandensein eines Gegenstandes in seinem Hoheitsgebiet informiert werden. Dieses Ziel wird durch die Abgabe einer ZM mit der vom Empfänger (Käufer) mitgeteilten USt-IdNr. erreicht. Es ist hierfür völlig irrelevant, ob der Verkäufer von dieser USt-IdNr. durch „aktives Tun" des Käufers oder durch Übersendung des Briefkopfes mit der vorgedruckten USt-IdNr. des Käufers Kenntnis erlangt hat.

§ 6a Abs. 1 Nr. 4 UStG fordert nach all dem bei richtlinienkonformer Auslegung nur, dass der Empfänger der Lieferung dem Verkäufer die USt-IdNr. **mitteilt.**[3]

III. Bearbeitungs- oder Verarbeitungsfälle (Absatz 1 Satz 2)

Absatz 1 Satz 2 stellt klar, dass der Gegenstand der Lieferung durch Beauftragte vor der Beförderung 104
oder Versendung in das übrige Gemeinschaftsgebiet **bearbeitet oder verarbeitet** worden sein kann.

Beauftragte in diesem Sinne sind **Dritte**, die nicht Verkäufer oder Käufer sind. Allerdings wird nicht 105
ausgeführt, wer diesen „Beauftragten" den Auftrag erteilt haben muss. Da der Gegenstand der Lieferung be- oder verarbeitet werden kann, kann man folgern, dass der Gegenstand von einem Beauftragten des Käufers be- oder verarbeitet werden kann. Denn der Verkäufer wird kein Interesse mehr haben, den fertigen Gegenstand der Lieferung nochmals durch einen Dritten bearbeiten zu lassen. Gegenstand der Lieferung des Verkäufers wäre in diesem Fall der bearbeitete oder verarbeitete Gegenstand und nicht der Gegenstand vor seiner Bearbeitung oder Verarbeitung. Die Ausführung dieses Auftrags wäre dann ein der innergemeinschaftlichen Lieferung des Unternehmers vorgelagerter Umsatz. Auf die Frage, wer die Bearbeitung des Gegenstandes beauftragt, kommt es im Ergebnis gar nicht an.[4]

Nach Auffassung der FinVerw.[5] kann sich der Ort, an dem die Be- oder Verarbeitung erbracht wird, 106
im Inland, im Drittland oder in einem anderen Mitgliedstaat mit Ausnahme des Bestimmungsmitgliedstaats befinden. Dem kann so nicht gefolgt werden, denn das Gesetz verlangt, dass die **Be- oder Verarbeitung vor** der **Beförderung oder Versendung** in das **übrige Gemeinschaftsgebiet** stattfinden muss. Das Gesetz stellt damit klar, dass der Leistungsempfänger den Gegenstand durch andere Unternehmer im Ursprungsland bearbeiten lassen kann, ohne dass der Lieferant die Steuerbefreiung für seine Lieferung verliert.

Allein dieser Fall stößt in der **Praxis** auf erhebliche Probleme, da der Verkäufer aus Angst vor einer 107
Versagung der Steuerbefreiung (Wer liefert welchen Belegnachweis?) eher deutsche Umsatzsteuer für eine Inlandslieferung an den Käufer in Rechnung stellen wird.

Wird die Bearbeitung aber in einem anderen Land vorgenommen und gelangt die Ware nicht wieder 108
in den Ausgangsmitgliedstaat zurück,[6] hat m.E. die **Beförderung oder Versendung** in das übrige Gemeinschaftsgebiet bereits **begonnen**. Entsprechend werden die anderen Mitgliedstaaten auf die Besteuerung des innergemeinschaftlichen Erwerbs nach Art. 40 MwStSystRL bestehen, denn die Beförderung des unverarbeiteten Gegenstandes ist dort erstmal beendet und der Käufer hat die Verfügungs-

1 EuGH, Urt. v. 3.12.2009 – C-433/08, ECLI:EU:C:2009:750 – Yaesu Europe, UR 2010, 146 m. Anm. *Burgmaier*, Rz. 18 ff.

2 Richtlinie (EU) 2018/1910 v. 4.12.2018 zur Änderung der Richtlinie 2006/112/EG in Bezug auf die Harmonisierung und Vereinfachung bestimmter Regelungen des Mehrwertsteuersystems zur Besteuerung des Handels zwischen Mitgliedstaaten, ABl. EU 2018 Nr. L 311, 3.

3 Siehe auch *Frye* in Rau/Dürrwächter, § 6a UStG Rz. 413.3 (Stand: September 2022).

4 Dem steht auch EuGH, Urt. v. 2.10.2014 – C-446/13, ECLI:EU:C:2014:2252 – Fonderie 2A, UR 2014, 928 m. Anm. *Maunz/Luther*, Rz. 27 f. nicht entgegen. Der Verkäufer muss dann aber die Lieferung in dem Land der Besteuerung unterwerfen, in dem die Ware endbearbeitet wurde.

5 Abschn. 6a.1. Abs. 19 Satz 2 UStAE.

6 EuGH, Urt. v. 6.3.2014 – C-366/12, ECLI:EU:C:2014:125 – Dresser-Rand SA, UR 2014, 933.

macht erhalten. Sollte hingegen der Verkäufer die Bearbeitung in einem anderen Mitgliedstaat beauftragen, liegt zunächst ein innergemeinschaftliches Verbringen vor (Absatz 2). Daher müsste sich der Verkäufer dann dort ebenfalls umsatzsteuerrechtlich erfassen lassen und einen innergemeinschaftlichen Erwerb anmelden (s. Abs. 2, Rz. 109 ff.).

C. Innergemeinschaftliches Verbringen (Absatz 2)

109 Als innergemeinschaftliche Lieferung gilt auch das einer Lieferung gleichgestellte Verbringen eines Gegenstands (§ 3 Abs. 1a UStG). § 3 Abs. 1a UStG stellt ja bereits klar, dass als Lieferung gegen Entgelt das Verbringen eines Gegenstands des Unternehmens aus dem Inland in das übrige Gemeinschaftsgebiet durch einen Unternehmer zu seiner Verfügung, ausgenommen zu einer nur vorübergehenden Verwendung, auch wenn der Unternehmer den Gegenstand in das Inland eingeführt hat, gilt. Der Unternehmer wird als Lieferer fingiert (§ 3 Rz. 65 ff.).

110 Da im Fall des Verbringens keine Lieferung, also keine Verschaffung der Verfügungsmacht an einem Gegenstand stattfindet, muss die Lieferung fingiert werden. Die erneute Erwähnung im Rahmen der innergemeinschaftlichen Lieferung in § 6a Abs. 2 UStG hat daher eher deklaratorischen Charakter. Allerdings verweist § 17b Abs. 1 Satz 1 UStDV hinsichtlich der Nachweispflicht ausdrücklich nur auf § 6a Abs. 1 UStG. Damit muss im Fall des innergemeinschaftlichen Verbringens der Unternehmer keinen Belegnachweis und auch keine Nachweise für die Vermutungsregelung erbringen.[1] Entsprechend der Lieferung wird auch der innergemeinschaftliche Erwerb als entgeltlich fingiert und daher das Verbringen eines Gegenstands des Unternehmens aus dem übrigen Gemeinschaftsgebiet in das Inland durch einen Unternehmer zu seiner Verfügung, ausgenommen zu einer nur vorübergehenden Verwendung, besteuert. Der Unternehmer gilt als Erwerber (§ 1a Abs. 2 UStG).

111 Damit ist im Fall des innergemeinschaftlichen Verbringens derselbe Unternehmer Lieferer und Erwerber in Personalunion. Dies setzt grundsätzlich die **umsatzsteuerrechtliche Erfassung** in zwei Mitgliedstaaten voraus. Anders als bei der Lieferung (Rz. 35 ff.) muss der Unternehmer im Fall des innergemeinschaftlichen Verbringens nur den **Buchnachweis** (§ 17d Abs. 1 UStDV) und nicht den Belegnachweis erbringen. § 17d Abs. 1 UStDV verweist ausdrücklich auf innergemeinschaftliche Lieferungen nach § 6a Abs. 1 und 2 UStG. Ferner sollte nach Auffassung der FinVerw. eine sog. pro-forma-Rechnung ausgestellt werden, wenn zwei Unternehmensteile bestehen.[2] Daher müsste der Unternehmer, der nur Waren in das übrige Gemeinschaft verbringt, gar keine Rechnung ausstellen.[3] Da der Buchnachweis aber erbracht werden muss, kann eine pro-forma-Rechnung als Nachweis nicht schädlich sein.

112 Ausgenommen hiervon sind die Fälle, in denen nur eine **vorübergehende Verwendung** vorliegt (§ 3 Abs. 1a UStG). Art. 17 Abs. 2 MwStSystRL zählt die Fälle, in denen kein Verbringen vorliegt, auf. Hierzu zählen insbesondere der Transport der Waren im Rahmen einer Werklieferung (Montagelieferung) sowie der Versand von Waren in einen anderen Mitgliedstaat zur Begutachtung oder Bearbeitung, wenn er wieder in den Ausgangsmitgliedstaat zurückgelangt (Art. 17 Abs. 2b und f MwStSystRL).[4]

113 Eine weitere Sonderregelung stellen seit 1.1.2020 die sog. **Konsignationslagerfälle** (§ 6b UStG, Art. 17a MwStSystRL) dar. Gelangen die Waren im Rahmen einer Konsignationslagerregelung vom Inland in das übrige Gemeinschaftsgebiet, liegt nur eine innergemeinschaftliche Lieferung vom Inland nach § 6b Abs. 2 UStG und kein innergemeinschaftliches Verbringen vor, wenn die Lieferung aus dem Konsignationslager innerhalb der 12-Monatsfrist des § 6b Abs. 3 UStG an den Erwerber bewirkt wird, obwohl die Verschaffung der Verfügungsmacht (Lieferung) erst in dem Zeitpunkt erfolgt, in dem sich die Ware bereits im übrigen Gemeinschaftsgebiet befindet. Zu den weiteren Einzelheiten siehe § 6b UStG.

1 So der Wortlaut des § 17b Abs. 1 Satz 1 UStDV: „Besteht keine Vermutung nach § 17a Absatz 1, […]".
2 Abschn. 14a.1 Abs. 5 Satz 2 UStAE.
3 Vgl. auch Abschn. 14a.1 Abs. 5 Satz 1 UStAE.
4 Siehe hierzu auch EuGH, Urt. v. 6.3.2014 – C-366/12, ECLI:EU:C:2014:125 – Dresser-Rand SA, UR 2014, 933.

D. Nachweise (Absatz 3)

I. Grundsätzliches

Absatz 3 ordnet an, dass die Voraussetzungen der Absätze 1 und 2 vom Unternehmer nachgewiesen werden müssen und ferner, dass das BMF mit Zustimmung des Bundesrates durch Rechtsverordnung bestimmen kann, wie der Unternehmer den Nachweis zu führen hat. 114

Die Nachweispflichten nach Absatz 3 i.V.m. §§ 17a ff. UStDV (Rz. 146 ff.) gehören nicht mehr zu den materiell-rechtlichen Voraussetzungen für die Steuerbefreiung.[1] Kommt der Unternehmer seinen Nachweispflichten nicht nach, ist grundsätzlich davon auszugehen, dass die Voraussetzungen einer innergemeinschaftlichen Lieferung nicht erfüllt sind. Etwas anderes gilt ausnahmsweise dann, wenn zweifelsfrei feststeht, dass die Voraussetzungen der Steuerfreiheit erfüllt sind.[2] 115

Wie der EuGH in der Rechtsache *Teleos* erkannt hat, ist es Sache der Mitgliedstaaten, die Voraussetzungen für die Befreiung einer innergemeinschaftlichen Lieferung festzulegen. Bei der Ausübung ihrer Befugnisse müssen die Mitgliedstaaten jedoch die allgemeinen Rechtsgrundsätze, die Teil der Gemeinschaftsrechtsordnung sind und zu denen u.a. die Grundsätze der Rechtssicherheit und der Verhältnismäßigkeit gehören, beachten.[3] 116

Ferner dürften die Maßnahmen, die die Mitgliedstaaten erlassen, um eine genaue Erhebung der Steuer sicherzustellen und Steuerhinterziehungen zu verhindern, nicht so eingesetzt werden, dass die Neutralität der Mehrwertsteuer in Frage gestellt wird.[4] 117

Die Befreiung der innergemeinschaftlichen Lieferung setzt nach dieser Rechtsprechung, wie bereits oben dargelegt, voraus, dass der Gegenstand in einen anderen Mitgliedstaat versandt oder befördert worden ist und aufgrund dieses Versands oder dieser Beförderung den Liefermitgliedstaat **physisch verlassen** hat.[5] Erforderlich wäre daher nach dieser Rechtsprechung des EuGH ein „**Verlassensnachweis**" bzw. eine „**Verlassensbestätigung**". 118

Deutschland hat sich aber auf Basis der vorgenannten EuGH-Rechtsprechung veranlasst gesehen, eine sog. **Gelangensbestätigung** mit Wirkung zum 1.1.2012 als einzige Nachweismöglichkeit einzuführen[6]. Nach erheblichen Protesten aus der Literatur und der Industrie wurden zum 1.10.2013 neben der Gelangensbestätigung zahlreiche (gleichwertige) Alternativnachweise sowie u.a. die Möglichkeit der elektronischen Übermittlung aufgenommen.[7] Damit hat es Deutschland geschafft aus der Not eine Tugend zu machen und den Unternehmen viele Nachweismöglichkeiten für die unterschiedlichsten Fälle der innergemeinschaftlichen Lieferung an die Hand zu geben, um die Rechtsicherheit zu erhöhen ohne dabei aus meiner Sicht im Ergebnis die Verhältnismäßigkeit außer Acht zu lassen. 119

Seit dem 1.1.2020 gibt es zudem erstmals eine unionsweite Regelung in Art. 45a MwStVO im Hinblick auf Nachweise für innergemeinschaftliche Lieferungen nach Art. 138 MwStSystRL. Hierbei handelt es sich aber nicht um einen Nachweis, sondern um eine Vermutungsregelung.[8] 120

1 BFH, Urt. v. 8.11.2007 – V R 72/05, BStBl. II 2009, 55 = UR 2008, 340, Rz. 43, 44.
2 BFH, Urt. v. 22.7.2015 – V R 23/14, BStBl. II 2015, 914 = UR 2015, 796.
3 EuGH, Urt. v. 27.9.2007 – C-409/04, ECLI:EU:C:2007:548 – Teleos, BStBl. II 2009, 70 = UR 2007, 774, Rz. 45, unter Hinweis auf EuGH, Urt. v. 18.12.1997 – C-286/94, ECLI:EU:C:1997:623 – Garage Molenheide u.a./Belgische Staat, UR 1998, 470, Rz. 48, sowie EuGH, Urt. v. 11.5.2006 – C-384/04, ECLI:EU:C:2006:309 – Federation of Technological Industries u.a., UR 2006, 419 m. Anm. *Hahne*, Rz. 29, 30.
4 EuGH, Urt. v. 27.9.2007 – C-409/04, ECLI:EU:C:2007:548 – Teleos, BStBl. II 2009, 70 = UR 2007, 774, Rz. 46 mit Hinweis auf EuGH, Urt. v. 21.3.2000 – C-110/98, ECLI:EU:C:2000:145 – Gabalfrisa, Rz. 52 und EuGH, Urt. v. 19.9.2000 – C-454/98, ECLI:EU:C:2000:469 – Schmeink & Cofreth und Strobel, Rz. 59 sowie EuGH, Urt. v. 21.2.2006 – C-255/02, ECLI:EU:C:2006:121 – Halifax, UR 2006, 232 m. Anm. *Wäger*, Rz. 92.
5 EuGH, Urt. v. 27.9.2007 – C-409/04, ECLI:EU:C:2007:548 – Teleos, BStBl. II 2009, 70 = UR 2007, 774, Rz. 33 ff.
6 Vgl. auch *Weymüller* in Weymüller[2], § 6a UStG Rz. 164.
7 Elfte Verordnung zur Änderung der Umsatzsteuer-Durchführungsverordnung v. 25.3.2013, BGBl. I 2013, 602, BStBl. I 2013, 515.
8 Nach Erwägungsgrund 5 der Durchführungsverordnung (EU) 2018/1912 v. 4.12.2018 zur Änderung der Durchführungsverordnung (EU) Nr. 282/2011, ABl. EU 2018 Nr. L 311, 10, soll damit eine praktische Lösung für die Unternehmen und gleichzeitig Sicherheit für die Steuerverwaltungen geschaffen werden.

121 Damit gibt es nunmehr seit 1.1.2020 neben den Beleg- (§§ 17b und 17c UStDV) und Buchnachweisen (§ 17d UStDV) noch eine Vermutungsregelung (§ 17a UStDV, Art. 45a MwStVO).

II. Nachweispflicht (Absatz 3 Satz 1)

1. Feststellungslast des Unternehmers

122 Die Voraussetzungen der Absätze 1 und 2 müssen **vom Unternehmer** nachgewiesen sein.[1] Daher trägt grundsätzlich allein der Unternehmer die Feststellungslast für das Vorliegen der Voraussetzungen der Steuerbefreiung nach § 6a UStG. Die FinVerw. ist nicht an seiner Stelle verpflichtet, die Voraussetzungen der Steuerbefreiung nachzuweisen.[2] Insbesondere ist die FinVerw. nicht verpflichtet, auf Verlangen des Unternehmers ein Auskunftsersuchen an die FinVerw. im Zuständigkeitsbereich des vermeintlichen Abnehmers der innergemeinschaftlichen Lieferung zu stellen.

123 Hat der Unternehmer die **Vermutungsregel nicht** erfüllt und kann der Unternehmer **auch den beleg- und buchmäßigen Nachweis nicht**, nicht vollständig oder nicht zeitnah führen, ist deshalb grundsätzlich davon auszugehen, dass die Voraussetzungen der Steuerbefreiung einer innergemeinschaftlichen Lieferung (§ 6a Abs. 1 und 2 UStG) nicht erfüllt sind.

124 Etwas anderes gilt ausnahmsweise dann, wenn – trotz der Nichterfüllung, der nicht vollständigen oder der nicht zeitnahen Erfüllung des Buchnachweises – aufgrund der vorliegenden Belege und der sich daraus ergebenden tatsächlichen Umstände objektiv feststeht, dass die Voraussetzungen des § 6a Abs. 1 und 2 UStG vorliegen. Damit kann ein zweifelsfreier Belegnachweis Mängel beim Buchnachweis heilen.[3]

2. Vermutungsregelung (Art. 45a MwStVO)

a) Neuregelung mit zwei Fallvarianten

125 Nach der zum 1.1.2020 eingeführten Regelung in Art. 45a MwStVO wird **vermutet**, dass Gegenstände von einem Mitgliedstaat an einen Bestimmungsort außerhalb seines Gebiets, jedoch innerhalb der Gemeinschaft versandt oder befördert wurden, wenn bestimmte Unterlagen vorgelegt werden. Die zuständige Steuerbehörde kann diese Vermutungsregelung aus Absatz 1 widerlegen (Art. 45a Abs. 2 MwStVO). Die Vermutung ist widerlegt, wenn das Finanzamt (z.B. anhand vorliegender Unterlagen oder Belege) feststellt, dass die Gegenstände bspw. nicht in das übrige Gemeinschaftsgebiet gelangt sind, sodass keine innergemeinschaftliche Lieferung vorliegt. Kann das Finanzamt nachweisen, dass Belege unzutreffende Angaben enthalten oder gefälscht sind, steht es dem Unternehmer frei, durch andere Belege das Gelangen in das übrige Gemeinschaftsgebiet zu belegen.[4]

126 Im Rahmen dieser Vermutungsregelung werden zwei Fälle unterschieden, je nachdem, wer für die **Versendung oder Beförderung** der Gegenstände (Transport) **verantwortlich** ist.

b) Der Verkäufer ist für den Transport verantwortlich

127 In diesem Fall muss der Verkäufer angeben, dass die Gegenstände von ihm oder auf seine Rechnung von einem Dritten versandt oder befördert wurden.

128 Zudem muss er im Besitz von **mindestens zwei einander nicht widersprechenden Unterlagen** wie bspw. eines CMR-Frachtbriefes, eines Konnossements, einer Luftfracht-Rechnung oder einer Rechnung des Beförderers der Gegenstände sein.

---

1 EuGH, Urt. v. 27.9.2007 – C-184/05, ECLI:EU:C:2007:550 – Twoh International, BStBl. II 2009, 83 = UR 2007, 787, Rz. 266; s. hierzu zuletzt EuGH, Urt. v. 29.2.2024 – C-676/22, ECLI:EU:C:2024:186 – B2 Energy, UR 2024, 205, Rz. 31 ff.

2 Abschn. 6a.2 Abs. 3 Satz 2 und 3 UStAE.

3 Abschn. 6a.2 Abs. 3 Satz 6 UStAE.

4 Abschn. 6a.3a Abs. 3 Satz 2 UStAE.

Beide Unterlagen müssen von zwei **verschiedenen Parteien** ausgestellt werden, die voneinander und vom Verkäufer und vom Erwerber **unabhängig** sind. Dies kann sich schwierig gestalten, wenn z.B. gemäß § 516 HGB das Konnossement vom Verfrachter ausgestellt wird und dieser dann auch die Rechnung für die Beförderung der Gegenstände an den Verkäufer ausstellt. Im Beförderungsfall (Transport mit eigenem Beförderungsmittel), der ausdrücklich in der Vermutungsregelung angesprochen wird, kann diese nicht greifen, da der Verkäufer aufgrund der fehlenden „Unabhängigkeit" kein einziges Dokument ausstellen kann.[1] Ohnehin wird die Frage, was „unabhängige Personen" sind, nicht definiert.[2] 129

Alternativ muss der Verkäufer im Besitz eines CMR-Frachtbriefes, eines Konnossements, einer Luftfracht-Rechnung oder einer Rechnung des Beförderers der Gegenstände sein **und** einem nicht widersprechenden Nachweisdokument in Form einer Versicherungspolice, Bankunterlagen (z.B. Kontoauszug) o.ä., die den entsprechenden Versand oder die Beförderung belegen. Denkbar wäre auch ein Dokument einer öffentlichen Stelle oder eines Lagerinhabers über die Ankunft im Bestimmungsland. 130

Auch hier müssen beide „Nachweise" von zwei verschiedenen Parteien ausgestellt werden, die voneinander und vom Verkäufer und vom Erwerber unabhängig sind. Die obigen Ausführungen gelten daher entsprechend. 131

Wenn der Verkäufer z.B. im Besitz einer Rechnung des Beförderers ist und zudem Bankunterlagen, die die Bezahlung des Versands oder der Beförderung der Gegenstände belegen, vorliegen (Art. 45a Abs. 1 Buchst. a i.V.m. Abs. 3 Buchst. a und b Ziffer i MwStVO), wird vermutet, dass Gegenstände von einem Mitgliedstaat an einen Bestimmungsort außerhalb seines Gebiets, jedoch innerhalb der Gemeinschaft versandt oder befördert wurden. Die Aussteller der Belege – Rechnung des Frachtführers einerseits und Bankunterlagen andererseits – sind verschieden und vom Käufer und Verkäufer unabhängig. 132

c) Der Käufer ist für den Transport verantwortlich

Hier muss der Verkäufer neben den oben (Rz. 128) bezeichneten zwei Unterlagen **zudem** im Besitz einer **schriftlichen Erklärung** des **Erwerbers** sein, aus der hervorgeht, dass die Gegenstände vom Erwerber oder auf Rechnung des Erwerbers von einem Dritten versandt oder befördert wurden **und** in der der Bestimmungsmitgliedstaat der Gegenstände angegeben ist. 133

Außerdem müssen darin das Ausstellungsdatum, Name und Anschrift des Erwerbers, Menge und Art der Gegenstände, Ankunftsdatum und -ort der Gegenstände (bei Lieferung von Fahrzeugen die Identifikationsnummer des Fahrzeugs) und die Identifikation der Person, die die Gegenstände auf Rechnung des Erwerbers entgegennimmt, enthalten sein. 134

Der Erwerber muss dabei dem Verkäufer die schriftliche Erklärung **spätestens** am **zehnten Tag** des auf die Lieferung folgenden Monats vorlegen. 135

Auch hier kann die Vermutungsregelung nicht für den Beförderungsfall (Abholung durch Käufer selbst) gelten. 136

---

1 Dies hat auch die Kommission anerkannt, Erläuterungen „Quick Fixes 2020" v. 20.12.2019, DG TAXUD, Rz. 5.3.5. URL: https://ec.europa.eu/taxation_customs/system/files/2021-08/explanatory_notes_2020_quick_fixes_de.pdf (abgerufen am 24.1.2024).

2 Der MwSt-Ausschuss meint aber, dass die beiden Beteiligten nicht als „unabhängig" gelten, wenn sie die gleiche Rechtspersönlichkeit haben. Zudem sollten „die in Artikel 80 der MwSt-Richtlinie aufgeführten Kriterien angewendet werden, sodass Beteiligte, bei denen ‚familiäre oder andere enge persönliche Bindungen, Bindungen aufgrund von Leitungsfunktionen oder Mitgliedschaften sowie eigentumsrechtliche, finanzielle oder rechtliche Bindungen' bestehen, nicht als voneinander unabhängig betrachtet werden könnten", Erläuterungen „Quick Fixes 2020" v. 20.12.2019, DG TAXUD, Rz. 5.3.1. URL: https://ec.europa.eu/taxation_customs/system/files/2021-08/explanatory_notes_2020_quick_fixes_de.pdf (abgerufen am 24.1.2024) mit Hinweis auf Dokument D – taxud.c.1 (2019)7901898 – Arbeitsunterlage Nr. 979.

d) Stellungnahme

137 Die Vermutungsregelung greift, wie oben dargelegt, nicht für den Beförderungsfall. Für die Unternehmen besonders interessant dürften aber die folgenden Alternativen für die Vermutungsregel sein, in denen der Verkäufer den Transport der Gegenstände beauftragt (Versendung):

- Der Verkäufer hat dann die **Rechnung des Beförderers** der Gegenstände **und** den Zahlungsnachweis durch die **entsprechenden Bankunterlagen** (z.B. Kontoauszug), die die Bezahlung des Versands oder der Beförderung der Gegenstände belegen, vorliegen (Art. 45a Abs. 1 Buchst. a i. V. m. Abs. 3 Buchst. a und b Ziffer i MwStVO) oder
- der Verkäufer hat einen **unterzeichneten CMR-Frachtbrief** und die **entsprechenden Bankunterlagen** (z.B. Kontoauszug), die die Bezahlung des Versands oder der Beförderung der Gegenstände belegen, vorliegen (Art. 45a Abs. 1 Buchst. a i.V.m. Abs. 3 Buchst. a und b Ziffer i MwStVO).

138 Diese Unterlagen sollten in den Buchhaltungen der Unternehmen (Verkäufer) ohnehin verfügbar sein bzw. sind wie der CMR-Frachtbrief sehr weit verbreitet und müssen nicht extra angefordert werden. Zudem erlauben sie es den Unternehmen auch, einheitliche Nachweisregeln in allen Mitgliedsländern zu implementieren.

139 Die anderen Nachweismöglichkeiten sind teilweise etwas praxisfern. So dürften insbesondere die Vorlage von notariellen Unterlagen (Art. 45a Abs. 3 Buchst. b Ziffer ii MwStVO), die die Ankunft der Gegenstände im Bestimmungsmitgliedstaat bestätigen, nicht massentauglich sein. In besonderen Einzelfällen (z.B. bei einer Lieferung mit einer hohen Bemessungsgrundlage) könnte dies aber eine Option sein.

140 Gerade die Fälle, in denen der Erwerber (Leistungsempfänger) für den Transport der Ware verantwortlich ist, sind aber völlig überreguliert. Hier muss der Verkäufer (leistende Unternehmer) neben den vorgenannten Unterlagen zusätzlich darauf achten, dass der Erwerber dem Verkäufer die schriftliche Erklärung gemäß Art. 45a Abs. 1 Buchst. b Ziffer i MwStVO **spätestens am zehnten Tag** des auf die Lieferung folgenden Monats vorlegt.

141 Dies bedeutet, dass die Erklärung des Erwerbers binnen einer **Ausschlussfrist**[1] („spätestens“) beim Verkäufer vorliegen muss (Zugang). Zwar vertritt die Kommission in ihren Erläuterungen zu den sog. Quick Fixes die Auffassung,[2] der Zweck der Zehntagesfrist bestehe darin, dem Erwerber einen genauen Zeitrahmen für die Vorlage der schriftlichen Erklärung beim Verkäufer zu setzen, statt den Verkäufer zu benachteiligen und ihn der Möglichkeit zu berauben, in den Genuss der Vermutung zu kommen, wenn der Erwerber die schriftliche Erklärung nicht fristgerecht einreiche. Aus diesem Grund habe der Verkäufer die Möglichkeit, sich auch dann auf die Vermutung zu berufen, wenn ihm der Erwerber die schriftliche Erklärung **nach** dem Ablauf der Frist vorlege, sofern alle anderen maßgeblichen Voraussetzungen aus Art. 45a MwStVO erfüllt seien. Die Erläuterungen der Kommission haben aber keinerlei Bindungswirkung und stellen daher lediglich eine Meinungsäußerung dar.[3]

---

1 Vgl. EuGH, Urt. v. 2.5.2019 – C-133/18, ECLI:EU:C:2019:354 – Sea Chefs Cruise Services, UR 2019, 507, Rz. 39, 40; EuGH, Urt. v. 21.6.2012 – C-294/11, ECLI:EU:C:2012:382 – Elsacom, BStBl. II 2012, 942 = UR 2012, 649, Rz. 24 ff.; a.A. *Suabedissen* in Sölch/Ringleb, § 6a Rz. 120. Dem kann leider nicht zugestimmt werden, da gerade im Urteil des EuGH, Urt. v. 2.5.2019 – C-133/18, E-CLI:EU:C:2019:354 – Sea Chefs Cruise Services, UR 2019, 507, der Gerichtshof in Rz. 40 und 41 ausdrücklich betont, dass in dem dort zur Prüfung vorliegenden Art. 20 Abs. 2 MwStSystRL das Wort „spätestens“ nicht enthalten ist und dies daher ein Hinweis sei, dass der Unionsgesetzgeber dort keine Ausschlussfrist festlegen wollte.

2 Erläuterungen „Quick Fixes 2020“ v. 20.12.2019, DG TAXUD, Rz. 5.3.8. URL: https://ec.europa.eu/taxation_customs/sites/taxation/files/explanatory_notes_2020_quick_fixes_de.pdf; in dem „draft“ hierzu v. 9.9.2019 hatte sie unter Rz. 5.3.7. noch genau das Gegenteil vertreten: „What happens if the acquirer does not provide the vendor with the written statement referred to in Article 45a(1)(b)(i) IR by the tenth day of the month following the supply? If the acquirer does not comply with its obligation to provide the vendor with the written statement by the tenth day of the month following the month of the supply this implies that the condition for being in the case set out under point (b) of paragraph 1 of Article 45a IR is **not fulfilled** and the **vendor therefore cannot benefit from the presumption.**“

3 Darauf weist die Kommission in den Erläuterungen „Quick Fixes 2020“ v. 20.12.2019, DG TAXUD, 1 URL: https://ec.europa.eu/taxation_customs/system/files/2021-08/explanatory_notes_2020_quick_fixes_de.pdf (abgerufen am 24.1.2024), selbst mehrfach hin. „Haftungsausschluss: Diese Erläuterungen sind nicht rechtsverbindlich

Der klare Wortlaut der Verordnung und die oben erwähnte EuGH-Rechtsprechung (Rz. 107) geben m.E. eine weite Auslegung nicht her. Es besteht daher in diesen Fällen für alle Verkäufer in der EU ein erhebliches Risiko, wenn man sich in Abholfällen auf die Aussagen der Kommission zur Nachreichung der „EU-Gelangensbestätigung“ verlassen will und die Steuerbefreiung dann von den jeweiligen Steuerbehörden versagt wird. Auch die **Form der Nachweise** und die Zugangskontrolle sind in der Verordnung nicht geregelt. Hier muss dringend der Wortlaut der Verordnung nachgebessert werden. 142

Diese Unklarheit ist ärgerlich, da durch die neue Zuordnungsregelung in Art. 36a MwStSystRL für nachfolgende Lieferungen (**Reihengeschäfte**) der Bedarf für eine einheitliche Regelung sehr hoch ist. Denn wenn der Zwischenhändler die Waren befördert oder versendet, ist er im Regelfall als Erwerber (Leistungsempfänger) der innergemeinschaftlichen Lieferung anzusehen. Nur wenn der Zwischenhändler seine USt-IdNr. des Abgangsmitgliedstaates (Ursprungsland) dem Verkäufer mitteilt, wird ihm selbst die innergemeinschaftliche Lieferung zugerechnet. 143

3. Zeugenbeweis

Nach bisheriger gefestigter Rechtsprechung des BFH konnte der Nachweis, dass die materiellen Voraussetzungen für die innergemeinschaftlichen Lieferungen erfüllt sind, nicht durch Zeugenbeweis geführt werden.[1] 144

Diese Sichtweise hat der BFH aber in der Zwischenzeit unter Beachtung des Grundsatzes der Verhältnismäßigkeit eingeschränkt, wenn der Formalbeweis ausnahmsweise nicht oder nicht zumutbar geführt werden kann.[2] In der täglichen Praxis eines Unternehmers sollte der Zeuge als Beweismittel für die Steuerbefreiung einer innergemeinschaftlichen Lieferung in der Tat auf Ausnahmefälle beschränkt werden. Falls allerdings ein als glaubhaft erachteter Zeuge im Verfahren bestätigt, dass die gelieferten Gegenstände an einen Bestimmungsort in das übrige Gemeinschaftsgebiet befördert oder versendet wurden, muss das Finanzgericht diese Aussage auch dem Urteil zugrunde legen.[3] 145

III. Die einzelnen Nachweismöglichkeiten (Absatz 3 Satz 2)

1. Verordnungsermächtigung

Das BMF hat mit Zustimmung des Bundesrates durch Rechtsverordnung bestimmt, wie der Unternehmer den Nachweis zu führen hat. Die unionsrechtliche Ermächtigung für derartige nationale Maßnahmen bietet hierfür Art. 131 MwStSystRL. 146

2. Gelangensvermutung (§ 17a UStDV, Art. 45a MwStVO)

a) Parallelregelung in MwStVO und UStDV

Trotz des grundsätzlichen Verbotes der sog. Parallelgesetzgebung (auch Normwiederholungsverbot genannt) hat die Bundesrepublik Deutschland die Vermutungsregelung aus Art. 45a MwStVO nochmals in § 17a UStDV übernommen und damit neben der unmittelbar geltenden Verordnung eine deutsche Rechtsgrundlage geschaffen. Das aus Art. 4 Abs. 3 und Art. 19 Abs. 1 Satz 2 EUV abzuleitende sog. Normwiederholungsverbot kann auch inhaltsgleichen nationalen Regelungen entgegenstehen.[4] § 17a UStDV ist aber keine inhaltsgleiche Wiederholung zu Art. 45a MwStVO. In der deutschen „Version“ fehlt z.B. die Nachweismöglichkeit in Form einer Rechnung des Beförderers der Gegenstände in § 17a Abs. 2 Nr. 1 UStDV, die in Art. 45a Abs. 3 Buchst. a MwStVO ausdrücklich als ein Nachweisbeleg für den Versand aufgeführt ist. Zudem weist der dortige Wortlaut der EU-Verordnungsregelung durch die 147

und dienen ausschließlich als praktischer und informeller Leitfaden, der erläutert, wie die Rechtsvorschriften der EU nach Ansicht der Generaldirektion Steuern und Zollunion der Kommission anzuwenden sind.“

1 Vgl. BFH, Urt. v. 19.3.2015 – V R 14/14, BStBl. II 2015, 912 = UR 2015, 719; Rz. 87 ff.

2 BFH, Beschl. v. 31.1.2019 – V B 99/16, juris; offengelassen in BFH, Beschl. v. 3.2.2016 – XI B 53/15, juris.

3 BFH, Urt. v. 26.9.2019 – V R 38/18, BStBl. II 2020, 112 = UR 2020, 71; *Wäger*, BFH/PR 2020, 68.

4 EuGH, Urt. v. 10.10.1973 – 34/73, ECLI:EU:C:1973:101 – Fratelli Variola Spa/Amministrazione delle finanze dello Stato, Rz. 9 ff.

Verwendung des Begriffes „beispielsweise" darauf hin, dass die Aufzählung nicht abschließend ist. Dies lässt sich aus der „Parallelregelung" in § 17a Abs. 2 Nr. 1 UStDV ebenfalls nicht folgern. Dort heißt es lediglich: „Belege im Sinne des Absatzes 1 Nummer 1 und 2 sind: Beförderungsbelege (§ 17b Absatz 3 Satz 1 Nummer 3) oder Versendungsbelege (§ 17b Absatz 3 Satz 1 Nummer 1 Buchstabe a)." Damit ist die **Aufzählung abschließend.**[1]

148 Da die Regelung des Art. 45a MwStVO nicht einmal inhaltsgleich in § 17a UStDV übernommen wurde, könnte diese „Parallelregelung" nämlich genau dazu führen, dass der Rechtsanwender im Unklaren ist,[2] ob nur die Beförderungsbelege (§ 17b Abs. 3 Satz 1 Nr. 3 UStDV) oder Versendungsbelege (§ 17b Abs. 3 Satz 1 Nr. 1 Buchst. a UStDV) zulässig sind, oder eben auch die **Rechnung des Beförderers der Gegenstände** (zusammen mit entsprechenden **Bankunterlagen** über die Bezahlung gemäß Art. 45a Abs. 3 Buchst. a und b Ziffer i MwStVO). In der Gesetzesbegründung zu § 17a UStDV hierzu heißt es, dass eine materiell-rechtliche Änderung gegenüber der Regelung in Art. 45a MwStVO damit aber nicht verbunden sei.[3]

149 Geht man davon aus, muss man die Regelung in § 17a UStDV nicht besonders beachten. Die MwStVO gilt als Durchführungsverordnung direkt und unmittelbar in allen Mitgliedstaaten und muss – anders als eine Richtlinie – auch nicht mehr in nationales Recht umgesetzt werden.[4] Es wäre folglich besser gewesen, den Wortlaut der EU-Verordnung allenfalls inhaltsgleich im nationalen Recht zu wiederholen oder eben nur auf Art. 45a MwStVO zu verweisen.

150 Die Vorschrift des § 17a UStDV ist daher aus meiner Sicht in dieser Form nicht mit EU-Recht vereinbar. Der Hinweis auf die unmittelbare Geltung der EU-Verordnung in der Gesetzesbegründung ändert daran nichts, da der Rechtsanwender allein aus der Tatsache, dass es zwei Regelungen zu dieser Thematik mit unterschiedlichen Inhalten gibt, zwangsläufig irritiert wird. Auch die Finanzbehörden könnten bei dieser Konstellation falsche Entscheidungen treffen.

151 Darüber hinaus bietet die Neuregelung in § 17a–d UStDV dem Rechtsanwender in Deutschland aber auch eine gewisse Rechtsicherheit. Dies verwundert zunächst, ist aber dem Umstand geschuldet, dass die Regelung in Art. 45a MwStVO tatsächlich keinen großen Wurf darstellt. Der Wortlaut ist sehr komplex und nur schwer zu verstehen und bietet den Steuerpflichtigen im Ergebnis nur wenige Nachweisoptionen (Rz. 125 ff.).

152 Zudem war völlig unklar, ob neben den Vermutungsregeln der EU-Verordnung noch die nationalen Nachweisregeln Anwendung finden können. Diese Unsicherheit wurde durch die Regelung in § 17b UStDV für Deutschland beseitigt. Auch in der Gesetzesbegründung[5] wird auf die Fortgeltung der bisherigen Nachweise hingewiesen. Da die Verordnung nur die Vermutungsregelung enthält, bleiben die Nachweismöglichkeiten nach §§ 17b ff. UStDV unberührt und sind daher nicht vom Normwiederholungsverbot betroffen. Im Ergebnis sollte aber der Wortlaut der MwStVO angepasst werden, um damit die Unklarheiten bei der Rechtsanwendung schnellstmöglich zu beseitigen. Einzelstaatliche Regelungen oder Erläuterungen der Kommission sind in diesem Fall keine tauglichen Mittel.

---

1 Dies steht so auch im Entwurf eines Gesetzes zur weiteren steuerlichen Förderung der Elektromobilität und zur Änderung weiterer steuerlicher Vorschriften, Drucks. 19/13436 zu Nummer 2, § 17a UStDV: „Die hierfür notwendigen Belege werden abschließend in § 17 a Absatz 2 UStDV n. F. aufgezählt."

2 EuGH, Urt. v. 7.2.1973 – C-39/72, ECLI:EU:C:1973:13 – Kommission/Italien. Der EuGH hat hierzu in Rz. 17 ausgeführt: „Deshalb sind Vollzugsmodalitäten, die zur Folge haben können, daß der unmittelbaren Geltung der Gemeinschaftsverordnungen Hindernisse im Wege stehen, wodurch deren gleichzeitige und einheitliche Anwendung in der gesamten Gemeinschaft aufs Spiel gesetzt wird, mit dem Vertrag nicht vereinbar."

3 Vgl. Entwurf eines Gesetzes zur weiteren steuerlichen Förderung der Elektromobilität und zur Änderung weiterer steuerlicher Vorschriften, BT-Drucks. 19/13436 zu Nummer 2, § 17a UStDV: „Diese Nachweisregelung ergibt sich (als in den Mitgliedstaaten ab 1.1.2020 unmittelbar geltendes Recht) bereits aus Artikel 45 a der Durchführungsverordnung (EU) 282/2011 in der Fassung von Artikel 1 der Durchführungsverordnung (EU) 2018/1912 des Rates vom 4.12.2018 (ABl. EU Nr. L 311, 10). Zum Zweck einer besseren Verständlichkeit dieser Bestimmung und zum Zweck einer besseren Rechtsanwendung wurde die Regelung des Artikels 45 a der Durchführungsverordnung (EU) 282/2011 in die Umsatzsteuer-Durchführungsverordnung aufgenommen. Materiell-rechtliche Änderungen gegenüber den diesbezüglichen Regelungen des Unionsrechts sind damit nicht verbunden".

4 So ausdrücklich Art. 65 MwStVO.

5 Entwurf eines Gesetzes zur weiteren steuerlichen Förderung der Elektromobilität und zur Änderung weiterer steuerlicher Vorschriften, BT-Drucks. 19/13436 zu Nummer 3 b, § 17b UStDV.

b) Vermutungsregel im Einzelnen

Einen für Unternehmen besonders interessanten Nachweisfall enthält § 17a UStDV nicht. Art. 45a Abs. 1 Buchst. a i.V.m. Abs. 3 Buchst. a und b Ziffer i MwStVO ermöglicht es aber dem transportverantwortlichen Verkäufer, den Nachweis des Transportes durch den **Besitz** einer **Rechnung des Beförderers** der Gegenstände **und** die entsprechenden **Bankunterlagen** (z.B. Kontoauszug), die die Bezahlung des Versands oder der Beförderung der Gegenstände belegen, zu führen. 153

Im Übrigen erfordert die Vermutungsregelung in § 17a UStDV, dass der Verkäufer immer mindestens zwei verschiedene (von unabhängigen Personen ausgestellte) Nachweisdokumente im Besitz hat. 154

Also entweder **zwei** Beförderungsbelege (§ 17b Abs. 3 Satz 1 Nr. 3 UStDV) oder Versendungsbelege (§ 17b Abs. 3 Satz 1 Nr. 1 Buchst. a UStDV) **oder einen** Beförderungsbeleg (§ 17b Abs. 3 Satz 1 Nr. 3 UStDV) **oder** Versendungsbelege (§ 17b Abs. 3 Satz 1 Nr. 1 Buchst. a UStDV) **und ein Dokument in Form einer** Versicherungspolice bzw. Bankunterlage (z.B. Kontoauszug), das den entsprechenden Versand oder die Beförderung belegt. Denkbar wäre auch ein Dokument einer öffentlichen Stelle oder eines Lagerinhabers über die Ankunft im Bestimmungsland. 155

Wenn der Käufer die Waren selbst oder durch einen Beauftragten abholt, muss er **zudem** im Besitz einer **Gelangensbestätigung** (§ 17b Abs. 2 Satz 1 Nr. 2 UStDV), die der Abnehmer dem liefernden Unternehmer spätestens am zehnten Tag des auf die Lieferung folgenden Monats vorlegt, sein. 156

Im Übrigen wird auf die Ausführungen zu Art. 45a MwStVO (Rz. 125 ff.), da mit der Aufnahme der Regelung des Art. 45a MwStVO in die UStDV keine materiell-rechtliche Änderungen gegenüber den diesbezüglichen Regelungen des Unionsrechts verbunden sind. 157

3. Belegnachweise (§ 17b UStDV)

a) Zwingende Generalklausel (§ 17b Abs. 1 UStDV)

§ 17b Abs. 1 UStDV bestimmt in Form einer Generalklausel (Mussvorschrift), dass der Unternehmer im Geltungsbereich des UStG durch **Belege** nachzuweisen hat, dass er oder der Abnehmer den Liefergegenstand in das übrige Gemeinschaftsgebiet befördert oder versendet hat. Dies muss sich aus den **Belegen leicht und eindeutig nachprüfbar** ergeben. 158

Der Unternehmer ist in der Wahl des Belegnachweises für eine innergemeinschaftliche Lieferung frei. Er kann diesen mit einer Gelangensbestätigung nach § 17b Abs. 2 Nr. 2 UStDV oder mit den in § 17b Abs. 3 UStDV aufgeführten **weiteren Nachweismöglichkeiten** führen. 159

Die Gelangensbestätigung ist daher nur **eine mögliche Form des Belegnachweises**, mit der die Voraussetzungen der Steuerbefreiung für die FinVerw. eindeutig und leicht nachprüfbar sind. 160

Gleiches gilt auch für die in § 17b Abs. 3 UStDV aufgeführten Belege, mit denen der Unternehmer anstelle der Gelangensbestätigung die Steuerbefreiung nachweisen kann. Dem Unternehmer steht es frei, den Belegnachweis mit allen geeigneten Belegen und Beweismitteln zu führen, aus denen sich das Gelangen des Liefergegenstands in das übrige Gemeinschaftsgebiet an den umsatzsteuerrechtlichen Abnehmer in der Gesamtschau nachvollziehbar und glaubhaft ergibt. 161

Der Unternehmer kann den Belegnachweis nach § 17b UStDV erforderlichenfalls **bis zum Schluss der mündlichen Verhandlung** vor dem Finanzgericht nachholen. In Fällen der innergemeinschaftlichen Lieferung eines Fahrzeugs i.S.d. § 1b Abs. 2 UStG müssen die Belege nach § 17b Abs. 2 Nr. 2 UStDV bzw. nach § 17b Abs. 3 Satz 1 UStDV zusätzlich die Fahrzeug-Id.-Nr. des Fahrzeugs enthalten. 162

b) Rechnungsdoppel (§ 17b Abs. 2 Satz 1 Nr. 1 UStDV)

Nach § 17b Abs. 2 Satz 1 UStDV gilt in den Fällen, in denen der Unternehmer oder der Abnehmer den Gegenstand der Lieferung in das übrige Gemeinschaftsgebiet befördert oder versendet hat, insb. ein Nachweis, den der Unternehmer hierüber wie folgt führt, als eindeutig und leicht nachprüfbar: 163

Erstens durch das **Doppel der Rechnung** (§§ 14, 14a UStG) **und** durch eine **Bestätigung des Abnehmers**, dass der Gegenstand der Lieferung in das übrige Gemeinschaftsgebiet gelangt ist (Gelangensbestätigung) oder jeden anderen Beleg (Rz. 184 ff.). 164

165 Das **Doppel der Rechnung** ist als Nachweis in **allen Fällen** erforderlich. Alternativ zur **Gelangensbestätigung** (Rz. 169 ff.) kann aber neben dem Doppel der Rechnung auch je ein weiterer Alternativbeleg (Rz. 184 ff.) verwendet werden.

166 Nach Auffassung des BFH dient das Rechnungsdoppel i.S.d. § 17a Abs. 2 Nr. 1 UStDV a.F. dem Nachweis der Voraussetzungen des § 6a Abs. 1 UStG, weil sich aus ihm ergeben soll, dass es sich bei der Lieferung um eine innergemeinschaftliche Lieferung handelt, die zusammen mit dem innergemeinschaftlichen Erwerb zu einem innergemeinschaftlichen Umsatz gehört.[1]

167 Dazu ist die Angabe von Art und Menge der gelieferten Gegenstände unverzichtbar, um die FinVerw. in die Lage zu versetzen, die behauptete steuerfreie innergemeinschaftliche Lieferung überprüfen zu können und die Erwerbsbesteuerung im Bestimmungsland zu kontrollieren. Damit dient diese Angabe der Wahrung der Korrespondenz von innergemeinschaftlicher Lieferung und innergemeinschaftlichem Erwerb[2] und zur Vermeidung von Steuerhinterziehung.[3]

168 Daneben ist der Hinweis auf die Steuerfreiheit (§ 14 Abs. 4 Nr. 8 UStG) und die USt-IdNr. des Verkäufers und Käufers (§ 14a Abs. 3 Satz 2 UStG) anzugeben. Soweit keine Rechnung mit dem erforderlichen Hinweis auf die Steuerfreiheit der innergemeinschaftlichen Lieferung vorliegt, kann gemäß Urteil des BFH der Belegnachweis nach § 17a Abs. 2 Nr. 1 UStDV a.F. nicht geführt werden.[4] Der 2. Senats des FG Nürnberg[5] hatte den Hinweis auf die Steuerbefreiung im Rechnungsdoppel unter Verweis auf einen Beschluss des BFH[6] noch als materiell-rechtliche Voraussetzung für den Nachweis der Steuerbefreiung gesehen. Der BFH hat die Entscheidung des FG Nürnberg erst aufgehoben und später seine Rechtsprechung ausdrücklich geändert und darauf hingewiesen, dass die Regelungen des § 6a Abs. 3 UStG und §§ 17a, 17c UStDV a.F. nur regeln, dass und wie der Unternehmer die Nachweise zu erbringen hat[7]. Seit der Einführung von Art. 45a MwStVO mit Wirkung zum 1.1.2020 kann der Unternehmer nunmehr ohnehin den Nachweis ohne ein Rechnungsdoppel über die ig Lieferung führen (siehe Rz. 177 ff.). Dies werden die Finanzgerichte zu berücksichtigen haben, wenn der Belegnachweis nicht nach § 6a Abs. 3 i.V.m. § 17b Abs. 2 Satz 1 Nr. 1 UStDV gelingen sollte.

c) Gelangensbestätigung (§ 17b Abs. 2 Satz 1 Nr. 2 UStDV)

aa) Erforderliche Angaben

169 Die **Gelangensbestätigung** hat folgende Angaben zu enthalten: den Namen und die Anschrift des Abnehmers; die Menge des Gegenstands der Lieferung und die handelsübliche Bezeichnung einschließlich der Fahrzeug-Identifikationsnummer bei Fahrzeugen i.S.d. § 1b Abs. 2 UStG; im Fall der Beförderung oder Versendung durch den Unternehmer oder im Fall der Versendung durch den Abnehmer den Ort und den Monat des Erhalts des Gegenstands im übrigen Gemeinschaftsgebiet und im Fall der Beförderung des Gegenstands durch den Abnehmer den Ort und den Monat des Endes der Beförderung des Gegenstands im übrigen Gemeinschaftsgebiet; das Ausstellungsdatum der Bestätigung sowie die Unterschrift des Abnehmers oder eines von ihm zur Abnahme Beauftragten.

bb) Unterschrift

170 Die Gelangensbestätigung muss u.a. die Unterschrift des **Abnehmers** enthalten. Die Unterschrift des Abnehmers kann auch von einem von dem Abnehmer zur Abnahme des Liefergegenstands Beauftrag-

---

1 BFH, Urt. v. 12.5.2011 – V R 46/10, BStBl. II 2011, 957 = UR 2011, 824, Rz. 23; BFH, Beschl. v. 9.9.2015 – V B 166/14, BFH/NV 2015, 1706, Rz. 4.

2 EuGH, Urt. v. 19.12.2018 – C-414/17, ECLI:EU:C:2018:1027 – AREX CZ, UR 2019, 101, Rz. 44 f. m.w.N.

3 BFH, Urt. v. 11.8.2011 – V R 50/09, BStBl. II 2012, 151 = UR 2011, 916, Rz. 22 f.; BFH, Urt. v. 13.6.2018 – XI R 20/14, BStBl. II 2018, 800 = UR 2018, 800, Rz. 75 f.

4 BFH, Urt. v. 15.2.2012 – XI R 42/10, BFH/NV 2012, 1188.

5 FG Nürnberg, Urt. v. 22.7.2003 – II 491/2001, EFG 2004, 530, Rz. 29, aufgehoben durch BFH, Urt. v. 30.3.2006 – V R 47/03, BStBl. II 2006, 634 = UR 2006, 397.

6 BFH, Beschl. v. 2.4.1997 – V B 159/96, BFH/NV 1997, 629.

7 BFH, Urt. v. 6.12.2007 – V R 59/03, BStBl. II 2009, 57 = UR 2008, 186, Rz. 42, 43.

ten oder von einem zur Vertretung des Abnehmers Berechtigten geleistet werden. Dies kann z.B. ein Arbeitnehmer des Abnehmers sein, ein selbständiger Lagerhalter, der für den Abnehmer die Ware entgegennimmt, ein anderer Unternehmer, der mit der Warenannahme beauftragt wurde, oder in einem **Reihengeschäft** der tatsächliche (letzte) Abnehmer am Ende der Lieferkette.

Sofern an der Vertretungsberechtigung für das Leisten der Unterschrift des Abnehmers im konkreten Einzelfall Zweifel bestehen, ist der Nachweis der Vertretungsberechtigung zu führen. 171

Dieser Nachweis kann sich aus der Gesamtschau mit **anderen Unterlagen**, die dem liefernden Unternehmer vorliegen, ergeben (unter anderem Lieferauftrag, Bestellvorgang, Firmenstempel des Abnehmers auf der Gelangensbestätigung). 172

Ein mit dem Warentransport beauftragter selbständiger Dritter kann für Zwecke der Gelangensbestätigung nicht zur Abnahme der Ware beauftragt sein. 173

cc) Elektronische Übermittlung

Für die Gelangensbestätigung (elektronische Übermittlung) ist eine **Unterschrift** nach Absatz 2 **nicht erforderlich**, sofern erkennbar ist, dass die elektronische Übermittlung im Verfügungsbereich des Abnehmers oder des Beauftragten begonnen hat (§ 17b Abs. 2 Nr. 2 Buchst. e Satz 2 UStDV). 174

Von der Erkennbarkeit des Beginns der elektronischen Übermittlung im Verfügungsbereich des Abnehmers ist insbesondere auszugehen, wenn bei der elektronischen Übermittlung der Gelangensbestätigung keine begründeten Zweifel daran bestehen, dass die Angaben dem Abnehmer zugerechnet werden können (z.B. Absenderangabe und Datum der Erstellung der E-Mail in dem sog. Header-Abschnitt der E-Mail, Nutzung einer im Zusammenhang mit dem Abschluss oder der Durchführung des Liefervertrags bekannt gewordenen E-Mail-Adresse, Verwendung eines zuvor zwischen dem Unternehmer und dem Abnehmer vereinbarten elektronischen Verfahrens).[1] 175

Eine bei der Übermittlung der Gelangensbestätigung verwendete E-Mail-Adresse muss dem liefernden Unternehmer nicht bereits vorher bekannt gewesen sein. Für die Erkennbarkeit des Übermittlungsbeginns im Verfügungsbereich des Abnehmers ist es unschädlich, wenn die E-Mail-Adresse eine Domain enthält, die nicht auf den Ansässigkeitsmitgliedstaat des Abnehmers oder auf den Bestimmungsmitgliedstaat der Lieferung hinweist. 176

dd) Sammelbestätigung

Die Gelangensbestätigung kann als Sammelbestätigung ausgestellt werden. In dieser können **Umsätze** aus **bis zu einem Quartal zusammengefasst** werden (§ 17b Abs. 2 Nr. 2 Sätze 2 und 3 UStDV). Es ist somit nicht erforderlich, die Gelangensbestätigung für jeden einzelnen Liefergegenstand auszustellen. Bei Lieferungen, die mehrere Gegenstände umfassen, oder bei Rechnungen, in denen einem Abnehmer gegenüber über mehrere Lieferungen abgerechnet wird, ist es regelmäßig ausreichend, wenn sich die Gelangensbestätigung auf die jeweilige Gesamtlieferung bzw. auf die Sammelrechnung bezieht. Die Sammelbestätigung nach einem Quartal ist auch bei der Pflicht zur monatlichen Übermittlung von Umsatzsteuer-Voranmeldungen zulässig. 177

ee) Form

Die Gelangensbestätigung kann in **jeder** die erforderlichen Angaben enthaltenen **Form** erbracht werden; sie kann auch aus mehreren Dokumenten bestehen, aus denen sich die geforderten Angaben insgesamt ergeben (§ 17b Abs. 2 Satz 4 UStDV); eine gegenseitige Bezugnahme in den entsprechenden Dokumenten ist dabei nicht erforderlich. Die Bestätigung muss sich also keineswegs zwingend aus einem einzigen Beleg ergeben. 178

Sie kann z.B. auch aus einer **Kombination des Lieferscheins** mit einer entsprechenden **Bestätigung über den Erhalt** des Liefergegenstands bestehen. Sie kann auch aus einer Kopie der Rechnung über die innergemeinschaftliche Lieferung, ergänzt um die weiteren erforderlichen Angaben, bestehen. 179

1 Abschn. 6a.4 Abs. 3 Satz 2 UStAE.

180 In den Fällen der Versendung des Gegenstands der innergemeinschaftlichen Lieferung durch den Unternehmer oder durch den Abnehmer können die Angaben der Gelangensbestätigung auch auf einem Versendungsbeleg enthalten sein.

181 Eine dem Muster der FinVerw. inhaltlich entsprechende Gelangensbestätigung ist als Beleg i.S.d. § 17b Abs. 2 Satz 1 Nr. 2 UStDV anzuerkennen. Auch die Verwendung des Musters einer Gelangensbestätigung bedeutet nicht, dass die Gelangensbestätigung zwingend ein einziger Beleg sein muss. Das Muster soll lediglich verdeutlichen, welche Angaben für eine Gelangensbestätigung erforderlich sind.

182 Die Gelangensbestätigung oder die die Gelangensbestätigung bildenden Dokumente können danach auch in englischer oder französischer Sprache abgefasst werden; entsprechende Nachweise in anderen Sprachfassungen bedürfen einer amtlich beglaubigten Übersetzung. Dies ist erfreulich, ist die Amtssprache doch im Übrigen lediglich deutsch. Die Gelangensbestätigung kann auf elektronischem Weg, z.B. per E-Mail, ggf. mit PDF- oder Textdateianhang, per Computer-Telefax oder Fax-Server, per Web-Download oder im Wege des elektronischen Datenaustauschs (EDI) übermittelt werden; eine wirksame elektronische Übermittlung ist auch dann möglich, wenn der Ort der elektronischen Übermittlung nicht mit dem Ort des Gelangens des Liefergegenstands im übrigen Gemeinschaftsgebiet übereinstimmt.[1]

ff) Archivierung

183 Eine auf elektronischem Weg erhaltene Gelangensbestätigung kann für umsatzsteuerliche Zwecke auch in **ausgedruckter Form** aufbewahrt werden. Wird die **Gelangensbestätigung per E-Mail** übersandt, soll, um den Nachweis der Herkunft des Dokuments vollständig führen zu können, auch die E-Mail archiviert werden, die für umsatzsteuerliche Zwecke ebenfalls in ausgedruckter Form aufbewahrt werden kann.

d) Alternativnachweise

aa) Frachtbrief, Konnossement

184 Nach § 17b Abs. 3 Satz 1 Nr. 1 Buchst. a UStDV kann der Unternehmer in den Fällen, in denen er oder der Abnehmer den Gegenstand der Lieferung in das übrige Gemeinschaftsgebiet versendet hat, den Nachweis der innergemeinschaftlichen Lieferung wie folgt führen: durch einen Versendungsbeleg, insbesondere durch einen handelsrechtlichen Frachtbrief, der vom Auftraggeber des Frachtführers unterzeichnet ist und die Unterschrift des Empfängers als Bestätigung des Erhalts des Gegenstands der Lieferung enthält, durch ein Konnossement oder durch Doppelstücke des Frachtbriefs oder des Konnossements. Abschn. 6a.4 Abs. 5 Satz 1 UStAE ist entsprechend anzuwenden.

185 Die Unterschrift eines zur Besorgung des Warentransports eingeschalteten Dritten (z.B. eines Spediteurs) ist nicht erforderlich. Ist der Versendungsbeleg ein Frachtbrief (z.B. CMR-Frachtbrief), muss dieser vom Absender als Auftraggeber des Frachtführers, also dem Versender des Liefergegenstands, unterzeichnet sein (beim CMR-Frachtbrief in Feld 22). Der Auftraggeber kann hierbei von einem Dritten vertreten werden (z.B. Lagerhalter); es reicht aus, dass die Berechtigung des Dritten, den Frachtbrief zu unterschreiben, glaubhaft gemacht wird (z.B. durch Vorliegen eines Lagervertrages). Beim internationalen Eisenbahnfrachtbrief (CIM-Frachtbrief) wird die Unterschrift regelmäßig durch einen Stempelaufdruck oder einen maschinellen Bestätigungsvermerk ersetzt; dies ist grundsätzlich ausreichend.[2]

186 Hinsichtlich der Unterschrift des Empfängers (z.B. beim CMR-Frachtbrief in Feld 24) gelten die Ausführungen zur Gelangensbestätigung entsprechend. Daher kann neben dem Empfänger selbst auch ein Arbeitnehmer des Abnehmers, ein selbständiger Lagerhalter, der für den Abnehmer die Ware entgegennimmt, ein anderer Unternehmer, der mit der Warenannahme beauftragt wurde, oder in einem Reihengeschäft der tatsächliche (letzte) Abnehmer am Ende der Lieferkette unterschreiben. Sofern an der Vertretungsberechtigung für das Leisten der Unterschrift des Abnehmers im konkreten Einzelfall

1 Abschn. 6a.4 Abs. 6 Satz 1 UStAE.
2 Abschn. 6a.5 Abs. 2 Satz 4 UStAE.

Zweifel bestehen, ist der Nachweis der Vertretungsberechtigung zu führen. Bei Frachtbriefen in Form des Seawaybill oder Airwaybill kann von einer Unterschrift des Auftraggebers des Frachtführers abgesehen werden. Hinsichtlich der Ausstellung des Versendungsbelegs als Sammelbestätigung und der Form der Ausstellung sind die Ausführungen zur Gelangensbestätigung entsprechend anzuwenden. Bei der Lieferung eines Fahrzeugs i.S.d. § 1b Abs. 2 UStG muss der Versendungsbeleg zusätzlich die Fahrzeug-Identifikationsnummer enthalten.

bb) Spediteurbescheinigung

Nach § 17b Abs. 3 Satz 1 Nr. 1 Buchst. b UStDV kann der Unternehmer in den Fällen, in denen er oder der Abnehmer den Gegenstand der Lieferung in das übrige Gemeinschaftsgebiet versendet hat, den Nachweis der innergemeinschaftlichen Lieferung wie folgt führen: durch einen anderen handelsüblichen Beleg als einen Versendungsbeleg nach den Absätzen 1 und 2, insbesondere mit einer Bescheinigung des beauftragten Spediteurs (**Spediteurbescheinigung**). 187

Diese Bescheinigung hat folgende **Angaben** zu enthalten: 188

- den Namen und die Anschrift des mit der Beförderung beauftragten Unternehmers sowie das Ausstellungsdatum;
- den Namen und die Anschrift des liefernden Unternehmers sowie des Auftraggebers der Versendung;
- die Menge des Gegenstands der Lieferung und dessen handelsübliche Bezeichnung;
- den Empfänger des Gegenstands der Lieferung und den Bestimmungsort im übrigen Gemeinschaftsgebiet;
- den Monat, in dem die Beförderung des Gegenstands der Lieferung im übrigen Gemeinschaftsgebiet geendet hat;
- eine Versicherung des mit der Beförderung beauftragten Unternehmers, dass die Angaben in dem Beleg aufgrund von Geschäftsunterlagen gemacht wurden, die im Gemeinschaftsgebiet nachprüfbar sind, sowie
- die Unterschrift des mit der Beförderung beauftragten Unternehmers.

Eine vollständig und richtig ausgefüllte Spediteurbescheinigung ist als Beleg i.S.d. § 17b Abs. 3 Satz 1 Nr. 1 Buchst. b UStDV anzuerkennen. Die Spediteurbescheinigung kann (wie die Gelangensbestätigung) in jeder die erforderlichen Angaben enthaltenen Form erbracht werden und aus mehreren Dokumenten bestehen, aus denen sich die geforderten Angaben insgesamt ergeben.[1] 189

Bei einer elektronischen Übermittlung des Belegs an den liefernden Unternehmer ist eine Unterschrift des mit der Beförderung beauftragten Unternehmers nicht erforderlich, sofern erkennbar ist, dass die elektronische Übermittlung im Verfügungsbereich des mit der Beförderung beauftragten Unternehmers begonnen hat. Auch hier ist eine Sammelbescheinigung bis zu einem Quartal möglich. 190

cc) Kurierbelege

Nach § 17b Abs. 3 Satz 1 Nr. 1 Buchst. c UStDV kann der Unternehmer in den Fällen, in denen er oder der Abnehmer den Gegenstand der Lieferung in das übrige Gemeinschaftsgebiet **versendet** hat, den Nachweis der innergemeinschaftlichen Lieferung wie folgt führen: 191

- Durch eine schriftliche oder elektronische Auftragserteilung und
- ein von dem mit der Beförderung Beauftragten (z.B. Kurierdienstleister) erstelltes Protokoll, das den Transport lückenlos bis zur Ablieferung beim Empfänger nachweist.

Hinsichtlich der Ausstellung des Versendungsprotokolls als Sammelbestätigung und der Form der Ausstellung sind die Regelungen zur Gelangensbestätigung (Rz. 169 ff.) entsprechend anzuwenden. 192

1 Abschn. 6a.5 Abs. 4 Satz 4 UStAE.

193 Abweichend hiervon kann der Unternehmer aus Vereinfachungsgründen bei der Versendung eines oder mehrerer Gegenstände, deren Wert insgesamt **500 Euro** nicht übersteigt, den Nachweis der innergemeinschaftlichen Lieferung wie folgt führen:

- Durch eine schriftliche oder elektronische Auftragserteilung *und*
- durch einen Nachweis über die Entrichtung der Gegenleistung für die Lieferung des Gegenstands oder der Gegenstände.

194 Für eine **schriftliche oder elektronische Auftragserteilung** sind inhaltlich die folgenden Angaben ausreichend:

- Name und Anschrift des Ausstellers des Belegs;
- Name und Anschrift des Absenders;
- Name und Anschrift des Empfängers;
- handelsübliche Bezeichnung und Menge der beförderten Gegenstände;
- Tag der Abholung bzw. Übernahme der beförderten Gegenstände durch den mit der Beförderung beauftragten Unternehmer.

195 Aus **Vereinfachungsgründen** kann bezüglich der Angaben zur handelsüblichen Bezeichnung und Menge der beförderten Gegenstände auf die Rechnung über die Lieferung durch Angabe der **Rechnungsnummer verwiesen** werden, wenn auf dieser die Nummer des Versendungsbelegs angegeben ist.

196 Eine **schriftliche oder elektronische Auftragserteilung** kann darin bestehen, dass der liefernde Unternehmer mit dem mit der Beförderung beauftragten Unternehmer eine **schriftliche Rahmenvereinbarung** über periodisch zu erbringende Warentransporte abgeschlossen hat oder schriftliche Bestätigungen des mit der Beförderung beauftragten Unternehmers über den Beförderungsauftrag vorliegen, wie z.B. Einlieferungslisten oder Versandquittungen.[1]

197 Aus dem, von dem mit der Beförderung beauftragten Unternehmer, erstellten Protokoll, das den Warentransport nachvollziehbar bis zu Ablieferung beim Empfänger nachweist (sog. **Tracking-and-tracing-Protokoll**) muss sich der **Monat** und der **Ort** des Endes der Beförderung im übrigen Gemeinschaftsgebiet ergeben.[2]

198 Ein Nachweis der **Bestätigung des Empfängers**, die Ware erhalten zu haben (z.B. Nachweis der Unterschrift des Empfängers gegenüber dem örtlichen Frachtführer), **ist nicht erforderlich**. Der liefernde Unternehmer kann das Protokoll über den Warentransport, wenn es ihm in elektronischer Form zur Verfügung gestellt wird, elektronisch oder in Form eines Ausdrucks aufbewahren. Dabei ist darauf zu achten, dass die Kuriere die Unterlagen regelmäßig nur eine bestimmte Frist (z.B. 6 Monate) aufbewahren. Der Unternehmer sollte daher dringend selbst für die Aufbewahrung sorgen.

dd) Postbelege

199 Nach § 17b Abs. 3 Satz 1 Nr. 1 Buchst. d UStDV kann der Unternehmer in den Fällen von Postsendungen, in denen er oder der Abnehmer den Gegenstand der Lieferung in das übrige Gemeinschaftsgebiet versendet hat und in denen eine Belegnachweisführung nach § 17b Abs. 3 Satz 1 Nr. 1 Buchst. c UStDV (Kurierbeleg, s. Rz. 191 ff.) nicht möglich ist, den Nachweis wie folgt führen:

- Durch eine Empfangsbescheinigung eines Postdienstleisters über die Entgegennahme der an den Abnehmer adressierten Postsendung und
- den Nachweis über die Bezahlung der Lieferung. Abschn. 6a.4 Abs. 5 Satz 1 UStAE ist entsprechend anzuwenden.

200 Eine Belegnachweisführung nach § 17b Abs. 3 Satz 1 Nr. 1 Buchst. c UStDV gilt auch dann als möglich, wenn der mit der Beförderung Beauftragte (z.B. ein Kurierdienstleister) kein nachvollziehbares Protokoll, das den Transport bis zur Ablieferung beim Empfänger nachweist, sondern z.B. nur ein Protokoll bis zur Übergabe der Waren an den letzten Unterfrachtführer zur Verfügung stellt; in diesen

1 Abschn. 6a.5 Abs. 6 Satz 3 UStAE.
2 Abschn. 6a.5 Abs. 6 Satz 4 UStAE.

Fällen kann der Belegnachweis damit nicht mit einer Empfangsbescheinigung eines Postdienstleisters nach § 17b Abs. 3 Satz 1 Nr. 1 Buchst. d UStDV geführt werden.[1]

Für eine **Empfangsbescheinigung** des Postdienstleisters über die Entgegennahme der Postsendung an den Abnehmer sind die folgenden Angaben ausreichend: 201

- Name und Anschrift des Ausstellers des Belegs;
- Name und Anschrift des Absenders;
- Name und Anschrift des Empfängers;
- handelsübliche Bezeichnung und Menge der beförderten Gegenstände;
- Tag der Abholung bzw. Übernahme der beförderten Gegenstände durch den mit der Beförderung beauftragten Postdienstleister.

Die Angaben in der Empfangsbescheinigung über den Empfänger und die gelieferten Gegenstände 202
können durch einen entsprechenden Verweis auf die Rechnung, einen Lieferschein oder entsprechende andere Dokumente über die Lieferung ersetzt werden. Der Zusammenhang zwischen der Empfangsbescheinigung des Postdienstleisters und der jeweiligen Rechnung über die innergemeinschaftliche Lieferung muss – ggf. durch ein gegenseitiges Verweissystem – leicht nachprüfbar sein. Der **Nachweis der Bezahlung** des Liefergegenstands ist grundsätzlich mit Hilfe des entsprechenden Kontoauszugs oder im Fall einer Barzahlung mit einem Doppel der Zahlungsquittierung zu führen.

Als Bezahlung des Liefergegenstands gilt bei verbundenen Unternehmen auch die Verrechnung über 203
ein internes Abrechnungssystem (sog. inter company clearing). In diesen Fällen ist der Nachweis in entsprechender Form zu führen.[2]

ee) Bescheinigung des Spediteurs in Versendungsfällen im Auftrag des Abnehmers (Spediteurversicherung)

Im Fall der Versendung des Gegenstands der Lieferung durch einen Beauftragten des Abnehmers 204
kann der Unternehmer den Nachweis der innergemeinschaftlichen Lieferung nach § 17b Abs. 3 Satz 1 Nr. 2 UStDV wie folgt führen:

- durch einen Nachweis über die Entrichtung der Gegenleistung für die Lieferung des Gegenstands von einem Bankkonto des Abnehmers sowie
- durch eine Bescheinigung des beauftragten Spediteurs (Spediteurversicherung).

Diese **Bescheinigung** muss die folgenden Angaben enthalten: 205

- den Namen und die Anschrift des mit der Beförderung beauftragten Unternehmers sowie das Ausstellungsdatum;
- den Namen und die Anschrift des liefernden Unternehmers sowie des Auftraggebers der Versendung;
- die Menge des Gegenstands der Lieferung und die handelsübliche Bezeichnung;
- den Empfänger des Gegenstands der Lieferung und den Bestimmungsort im übrigen Gemeinschaftsgebiet;
- eine Versicherung des mit der Beförderung beauftragten Unternehmers, den Gegenstand der Lieferung an den Bestimmungsort im übrigen Gemeinschaftsgebiet zu befördern, sowie
- die Unterschrift des mit der Beförderung beauftragten Unternehmers.

Die Bescheinigung muss vom Spediteur **nicht** eigenhändig unterschrieben worden sein, wenn die für 206
den Spediteur zuständige Landesfinanzbehörde die Verwendung des Unterschriftsstempels (Faksimile) oder einen Ausdruck des Namens der verantwortlichen Person genehmigt hat und auf der Bescheinigung auf die Genehmigungsverfügung der Landesfinanzbehörde unter Angabe von Datum und Aktenzeichen hingewiesen wird. Eine elektronische Übermittlung des Belegs ohne Unterschrift des mit der Beförderung beauftragten Unternehmers sollte ebenfalls möglich sein, sofern erkennbar ist, dass

1 Vgl. Abschn. 6a.5 Abs. 7 Satz 1 UStAE.
2 Abschn. 6a.5 Abs. 8 Satz 5 UStAE.

die elektronische Übermittlung im Verfügungsbereich des mit der Beförderung beauftragten Unternehmers begonnen hat.

207 Der Nachweis der Bezahlung des Liefergegenstands muss von einem Bankkonto des Abnehmers ausgeführt werden. Das Bankkonto des Abnehmers kann ein ausländisches oder inländisches Konto (z.B. auch ein inländisches Konzernverrechnungskonto) sein; als Bezahlung des Liefergegenstands gilt bei verbundenen Unternehmen auch die Verrechnung über ein internes Abrechnungssystem (sog. inter company clearing).[1] Neben dem Nachweis über die Bezahlung des Liefergegenstands hat der liefernde Unternehmer den Nachweis in Form der Spediteurversicherung zu führen.

ff) Unionsversandverfahren

208 Nach § 17b Abs. 3 Satz 1 Nr. 3 UStDV kann der Unternehmer bei der Beförderung des Gegenstands der Lieferung im Unionsversandverfahren in das übrige Gemeinschaftsgebiet den Nachweis der innergemeinschaftlichen Lieferung wie folgt führen:

- Durch eine Bestätigung der Abgangsstelle über die innergemeinschaftliche Lieferung, die nach Eingang des Beendigungsnachweises für das Versandverfahren erteilt wird, sofern sich daraus die Lieferung in das übrige Gemeinschaftsgebiet ergibt. Diese Nachweismöglichkeit ist auch in den Fällen der Versendung des Gegenstands der Lieferung zulässig.[2]

gg) EMCS-Eingangsmeldung (verbrauchsteuerpflichtige Waren)

209 Nach § 17b Abs. 3 Satz 1 Nr. 4 Buchst. a UStDV kann der Unternehmer bei der Beförderung **verbrauchsteuerpflichtiger Waren** unter Steueraussetzung und Verwendung des IT-Verfahrens EMCS (Excise Movement and Control System – EDV-gestütztes Beförderungs- und Kontrollsystem für verbrauchsteuerpflichtige Waren) den Nachweis der innergemeinschaftlichen Lieferung wie folgt führen:

- Durch die von der zuständigen Behörde des anderen Mitgliedstaats (Bestimmungsmitgliedstaates) validierte EMCS-Eingangsmeldung.

210 Diese Nachweismöglichkeit ist auch in den Fällen der Versendung verbrauchsteuerpflichtiger Waren zulässig. Als Nachweis der innergemeinschaftlichen Lieferung nach Absatz 12 ist eine nach den Anforderungen der Tabelle 6 in Anhang I der Verordnung (EG) Nr. 684/2009 der Kommission vom 24.7.2009 zur Durchführung der Richtlinie 2008/118/EG des Rates in Bezug auf die EDV-gestützten Verfahren für die Beförderung verbrauchsteuerpflichtiger Waren unter Steueraussetzung vollständig und richtig ausgefüllte Eingangsmeldung anzuerkennen.[3]

hh) Begleitdokumente bei Lieferung verbrauchsteuerpflichtiger Waren

211 Nach § 17b Abs. 3 Satz 1 Nr. 4 Buchst. b UStDV kann der Unternehmer bei der Beförderung **verbrauchsteuerpflichtiger Waren** des steuerrechtlich freien Verkehrs den Nachweis der innergemeinschaftlichen Lieferung wie folgt führen:

- Durch die dritte Ausfertigung des vereinfachten Begleitdokuments, das dem zuständigen Hauptzollamt für Zwecke der Verbrauchsteuerentlastung vorzulegen ist.

212 Diese Nachweismöglichkeit ist auch in den Fällen der Versendung verbrauchsteuerpflichtiger Waren zulässig. Eine nach dem Muster des im Anhang zu der Verordnung (EWG) Nr. 3649/92 der Kommission vom 17.12.1992 über ein vereinfachtes Begleitdokument für die Beförderung von verbrauchsteuerpflichtigen Waren, die sich bereits im steuerrechtlich freien Verkehr des Abgangsmitgliedstaats befinden,[4] enthaltenen Begleitdokuments vollständig und richtig ausgefüllte dritte Ausfertigung ist als Beleg i.S.d. Absatz 14 anzuerkennen.

1 Abschn. 6a.5 Abs. 10 Satz 2 UStAE.
2 Abschn. 6a.5 Abs. 11 Satz 1, 2 UStAE.
3 ABl. EU 2009 Nr. L 197, 24.
4 ABl. EG 1992 Nr. L 369, 17.

ii) Zulassung des Fahrzeugs

Nach § 17a Abs. 3 Satz 1 Nr. 5 UStDV kann der Unternehmer bei der innergemeinschaftlichen Lieferung von Fahrzeugen, die durch den Abnehmer befördert werden und für die eine Zulassung für den Straßenverkehr erforderlich ist, den Nachweis der innergemeinschaftlichen Lieferung wie folgt führen: 213

- Durch einen Nachweis über die Zulassung des Fahrzeugs auf den **Erwerber im Bestimmungsmitgliedstaat** der Lieferung; dabei ist eine einfache Kopie der Zulassung ausreichend.

Der Nachweis der Zulassung muss die **Fahrzeug-Identifikationsnummer** enthalten (§ 17a Abs. 3 Satz 2 UStDV). Ein **Nachweis** der **Zulassung** des Fahrzeugs im übrigen Gemeinschaftsgebiet auf eine **andere Person** als den Erwerber, d.h. den Abnehmer der Lieferung, ist kein ausreichender Nachweis. 214

4. Nachweise in Be- oder Verarbeitungsfällen (§ 17c UStDV)

In Be- oder Verarbeitungsfällen im Zusammenhang mit innergemeinschaftlichen Lieferungen hat der liefernde Unternehmer den Belegnachweis durch Belege nach § 17b UStDV zu führen, die zusätzlich die in § 11 Abs. 1 Nr. 1–4 UStDV bezeichneten Angaben enthalten (§ 17c Satz 2 UStDV). 215

Wenn der Gegenstand der Lieferung vor der Ausfuhr durch einen Beauftragten des Abnehmers bearbeitet oder verarbeitet worden ist,[1] muss der Beleg auch die in § 11 Abs. 1 UStDV aufgeführten zusätzlichen Angaben enthalten, also: 216

- den Namen und die Anschrift des Beauftragten;
- die Menge und die handelsübliche Bezeichnung des Gegenstands, der an den Beauftragten übergeben oder versendet wurde;
- den Ort und den Tag der Entgegennahme des Gegenstands durch den Beauftragten sowie
- die Bezeichnung des Auftrags sowie die Bezeichnung der Bearbeitung oder Verarbeitung, die vom Beauftragten vorgenommen wurde.

Ist der Gegenstand der Lieferung nacheinander durch mehrere Beauftragte des Abnehmers und/oder eines nachfolgenden Abnehmers bearbeitet oder verarbeitet worden, muss aus den Belegen des Unternehmers die von jedem Beauftragten vorgenommene Bearbeitung oder Verarbeitung ersichtlich sein. Der Unternehmer kann sich aber auch die verschiedenen Bearbeitungen oder Verarbeitungen durch gesonderte Bescheinigung der einzelnen Beauftragten bestätigen lassen. Die Belege können auch auf elektronischem Weg übermittelt werden. In diesem Fall ist eine Unterschrift nicht erforderlich, sofern erkennbar ist, dass die elektronische Übermittlung im Verfügungsbereich des Ausstellers begonnen hat. 217

5. Buchnachweis (§ 17d UStDV)

Gemäß § 17d Abs. 1 Satz 1 UStDV hat der Unternehmer die Voraussetzungen der Steuerbefreiung der innergemeinschaftlichen Lieferung **einschließlich der USt-IdNr. des Abnehmers** buchmäßig nachzuweisen; die Voraussetzungen müssen eindeutig und leicht nachprüfbar aus der Buchführung zu ersehen sein (sog. Buchnachweis, § 17d Abs. 1 Satz 2 UStDV).[2] 218

Der **Inhalt und der Umfang** des buchmäßigen Nachweises sind in Form von Mussvorschriften geregelt (§ 17d Abs. 2–4 UStDV). Der Unternehmer kann den Nachweis aber auch in anderer Weise führen. Er muss jedoch in jedem Fall die Grundsätze des § 17d Abs. 1 UStDV beachten. 219

Der Unternehmer hat nach (§ 17d Abs. 2 UStDV) zudem das Folgende aufzuzeichnen: 220

- den Namen und die Anschrift des Abnehmers;
- den Namen und die Anschrift des Beauftragten des Abnehmers bei einer Lieferung, die im Einzelhandel oder in einer für den Einzelhandel gebräuchlichen Art und Weise erfolgt;
- den Gewerbezweig oder Beruf des Abnehmers;

1 Vgl. Abschn. 6.1 Abs. 5 UStAE.
2 BFH, Urt. v. 26.9.2019 – V R 38/18, BStBl. II 2020, 112 = UR 2020, 71, Rz. 21.

- die Menge des Gegenstands der Lieferung und dessen handelsübliche Bezeichnung einschließlich der Fahrzeug-Identifikationsnummer bei Fahrzeugen i.S.d. § 1b Abs. 2 UStG;
- den Tag der Lieferung;
- das vereinbarte Entgelt oder bei der Besteuerung nach vereinnahmten Entgelten das vereinnahmte Entgelt und den Tag der Vereinnahmung;
- die Art und den Umfang einer Bearbeitung oder Verarbeitung vor der Beförderung oder der Versendung in das übrige Gemeinschaftsgebiet (§ 6a Abs. 1 Satz 2 UStG);
- die Beförderung oder Versendung in das übrige Gemeinschaftsgebiet sowie
- den Bestimmungsort im übrigen Gemeinschaftsgebiet.

221 In den einer Lieferung gleichgestellten **Verbringungsfällen** (§ 6a Abs. 2 UStG) hat der Unternehmer Folgendes aufzuzeichnen:

- die Menge des verbrachten Gegenstands und seine handelsübliche Bezeichnung einschließlich der Fahrzeug-Identifikationsnummer bei Fahrzeugen i.S.d. § 1b Abs. 2 UStG;
- die Anschrift und die USt-IdNr. des im anderen Mitgliedstaat belegenen Unternehmensteils;
- den Tag des Verbringens sowie
- die Bemessungsgrundlage nach § 10 Abs. 4 Satz 1 Nr. 1 UStG.

222 Die Bezeichnung „im anderen Mitgliedstaat belegenen Unternehmensteils" ist ungenau, da der Unternehmer über keinen Unternehmensteil im übrigen Gemeinschaftsgebiet verfügen muss, wenn er dort einen innergemeinschaftlichen Erwerb erklären muss.

223 Der buchmäßige Nachweis muss grundsätzlich im Geltungsbereich des UStG geführt werden. Steuerlich zuverlässigen Unternehmern kann jedoch gestattet werden, die Aufzeichnungen über den buchmäßigen Nachweis im Ausland vorzunehmen und dort aufzubewahren. Voraussetzung ist hierfür, dass andernfalls der buchmäßige Nachweis in unverhältnismäßiger Weise erschwert werden würde und dass die erforderlichen Unterlagen den deutschen Finanzbehörden jederzeit auf Verlangen im Geltungsbereich des UStG vorgelegt werden. Der Bewilligungsbescheid ist unter einer entsprechenden Auflage und unter dem Vorbehalt jederzeitigen Widerrufs zu erteilen. Die zuständige Finanzbehörde kann unter den Voraussetzungen des § 146 Abs. 2a und 2b AO auf schriftlichen Antrag des Unternehmers bewilligen, dass die elektronischen Aufzeichnungen über den buchmäßigen Nachweis im Ausland geführt und aufbewahrt werden.

224 Aus dem Grundsatz, dass die buchmäßig nachzuweisenden Voraussetzungen eindeutig und leicht nachprüfbar aus der Buchführung zu ersehen sein müssen (§ 17d Abs. 1 UStDV), ergibt sich, dass die erforderlichen Aufzeichnungen grundsätzlich laufend und unmittelbar nach Ausführung des jeweiligen Umsatzes vorgenommen werden sollen.

225 Der buchmäßige Nachweis darf um den gegebenenfalls später eingegangenen Belegnachweis vervollständigt werden. Der Unternehmer muss den buchmäßigen Nachweis der steuerfreien innergemeinschaftlichen Lieferung bis zu dem Zeitpunkt führen, zu dem er die Umsatzsteuer-Voranmeldung für die innergemeinschaftliche Lieferung zu übermitteln hat.

226 Zur Führung des Buchnachweises muss der liefernde Unternehmer die **ausländische USt-IdNr. des Abnehmers aufzeichnen** (§ 17d Abs. 1 UStDV).

227 Darüber hinaus muss er den **Namen und die Anschrift** des Abnehmers aufzeichnen (§ 17d Abs. 2 Nr. 1 UStDV).

228 Zu den erforderlichen Voraussetzungen der Steuerbefreiung gehört auch die **Unternehmereigenschaft** des Abnehmers. Diese muss der liefernde Unternehmer nachweisen (§ 17d Abs. 1 UStDV i.V.m. § 6a Abs. 1 Satz 1 Nr. 2 Buchst. a UStG).

229 Die Aufzeichnung der ausländischen USt-IdNr. **allein** reicht hierfür nicht aus, weil sich aus ihr nicht ergibt, wer der tatsächliche Leistungsempfänger ist. Dafür ist auch bei der innergemeinschaftlichen Lie-

ferung die bloße Annahme einer Briefkastenanschrift zur Widerlegung des sich aus der USt-IdNr. ergebenden Nachweises der Unternehmerstellung des Abnehmers nicht geeignet.[1]

Die Beteiligten eines Leistungsaustausches – und somit auch der Abnehmer – ergeben sich regelmäßig aus den zivilrechtlichen Vereinbarungen. Handelt jemand im fremden Namen, kommt es darauf an, ob er hierzu Vertretungsmacht hat. Der Unternehmer muss daher die Identität des Abnehmers (bzw. dessen Vertretungsberechtigten), z.B. durch Vorlage des Kaufvertrags, nachweisen. Handelt ein Dritter im Namen des Abnehmers, muss der Unternehmer auch die Vollmacht des Vertretungsberechtigten nachweisen, weil beim Handeln im fremden Namen die Wirksamkeit der Vertretung davon abhängt, ob der Vertretungsberechtigte Vertretungsmacht hat.[2] 230

Die USt-IdNr. des Abnehmers (§ 17c Abs. 1 Satz 1 UStDV a.F.) ist Teil des vom Unternehmer zu führenden Buchnachweises. Aufzuzeichnen ist die richtige USt-IdNr. des wirklichen Abnehmers; diese muss im Zeitpunkt der Lieferung noch **gültig** sein.[3] Da aber seit 1.1.2020 jedenfalls die Mitteilung der USt-IdNr. des Empfängers (Käufers) materiell-rechtliche Voraussetzung für die Steuerbefreiung ist, sollte der Verkäufer die USt-IdNr. in jedem Fall aufgezeichnet haben oder aufzeichnen können. 231

§ 17d Abs. 1 Satz 1 UStDV n.F. fordert noch immer den buchmäßigen Nachweis der USt-IdNr. des Abnehmers. Daher bringt der Gesetzgeber zum Ausdruck, dass er am formellen Nachweis der Aufzeichnung einer USt-IdNr. des Abnehmers festhält. Daran kann auch die Neuregelung in § 6a Abs. 1 Nr. 4 UStG nichts ändern. Ob die Nummer gültig ist, kann der Unternehmer – wie bisher – im Rahmen des Buchnachweises prüfen. 232

Wenn der liefernde Unternehmer die gültige USt-IdNr. des Abnehmers nicht aufzeichnen bzw. im Bestätigungsverfahren beim BZSt nicht erfragen kann, weil ihm eine unrichtige USt-IdNr. genannt worden ist, steht nicht objektiv fest, an welchen Abnehmer die Lieferung bewirkt wurde. Im Übrigen steht nicht entsprechend § 6a Abs. 1 Satz 1 Nr. 3 UStG fest, dass der Erwerb des Gegenstands in dem anderen Mitgliedstaat der Erwerbsbesteuerung unterliegt. In einem solchen Fall liegen die Voraussetzungen für die Inanspruchnahme der Steuerbefreiung für eine innergemeinschaftliche Lieferung somit grundsätzlich nicht vor. 233

Dieser Mangel kann geheilt werden, wenn aufgrund der objektiven Beweislage feststeht, dass es sich um einen Abnehmer i.S.d. § 6a Abs. 1 Satz 1 Nr. 2 UStG handelt und der erforderliche Buchnachweis – ggf. spätestens bis zum Schluss der mündlichen Verhandlung vor dem Finanzgericht – **nachgeholt** wird. 234

Bisher waren nach der Rechtsprechung des EuGH und der ständigen Rechtsprechung des BFH die **Nachweispflichten keine materiellen Voraussetzungen** für die Befreiung als innergemeinschaftliche Lieferung. 235

Trotz Nichtvorliegens der formellen Nachweispflichten ist eine Lieferung steuerfrei, wenn die Voraussetzungen einer innergemeinschaftlichen Lieferung unbestreitbar feststehen.[4] 236

Hat der Unternehmer eine im Zeitpunkt der Lieferung gültige ausländische USt-IdNr. des Abnehmers i.S.d. Abschn. 6a.1 Abs. 10 UStAE aufgezeichnet, kann 237

- die Feststellung, dass der Adressat einer Lieferung den Gegenstand nicht zur Ausführung entgeltlicher Umsätze verwendet hat,
- die Feststellung, der Empfänger der Lieferung habe die mit Hilfe der bezogenen Lieferungen ausgeführten Umsätze nicht versteuert, oder

1 BFH, Urt. v. 26.9.2019 – V R 38/18, BStBl. II 2020, 112 = UR 2020, 71, Rz. 23 ff.

2 Vgl. Abschn. 3.14 Abs. 10 a UStAE.

3 BFH, Beschl. v. 2.11.2016 – V B 72/16, BFH/NV 2017, 329, Rz. 10; BFH, Beschl. v. 2.4.1997 – V B 159/96, UR 1997, 224.

4 EuGH, Urt. v. 27.9.2007 – C-146/05, ECLI:EU:C:2007:549 – Collée, BStBl. II 2009, 78 = UR 2007, 813 m. Anm. *Maunz*, Rz. 31 und 33; BFH, Urt. v. 19.3.2015 – V R 14/14, BStBl. II 2015, 912 = UR 2015, 719; BFH, Urt. v. 8.11.2007 – V R 72/05, BStBl. II 2009, 55 = UR 2008, 340; BFH, Urt. v. 24.7.2014 – V R 44/13, BStBl. II 2014, 955 = UR 2014, 818; BFH, Urt. v. 21.5.2014 – V R 34/13, BStBl. II 2014, 914 = UR 2014, 774; BFH, Urt. v. 14.11.2012 – XI R 17/12, BStBl. II 2013, 407 = UR 2013, 456; BFH, Urt. v. 12.5.2011 – V R 46/10, BStBl. II 2011, 957 = UR 2011, 824.

- die Mitteilung eines anderen Mitgliedstaates, bei dem Abnehmer handele es sich um einen „missing trader",

für sich genommen nicht zu dem Schluss führen, nicht der Vertragspartner, sondern eine andere Person sei Empfänger der Lieferung gewesen.

238 Für die Unternehmereigenschaft des Abnehmers ist es auch unerheblich, ob dieser im Bestimmungsmitgliedstaat des Gegenstands der Lieferung seine umsatzsteuerlichen Pflichten erfüllt.

239 Bei der Aufzeichnung der Menge und der handelsüblichen Bezeichnung des Gegenstands der Lieferung sind Sammelbezeichnungen, z.B. Lebensmittel oder Textilien, in der Regel nicht ausreichend.[1] Die Aufzeichnung der **Fahrzeug-Identifikationsnummer** bei der Lieferung eines Fahrzeugs i.S.d. § 1b Abs. 2 UStG nach § 17d Abs. 2 Nr. 4 UStDV ist unerlässlich.

240 Aus der Aufzeichnung der Art und des Umfangs einer etwaigen **Bearbeitung oder Verarbeitung** vor der Beförderung oder Versendung in das übrige Gemeinschaftsgebiet sollen auch der Name und die Anschrift des mit der Bearbeitung oder Verarbeitung Beauftragten, die Bezeichnung des betreffenden Auftrags sowie die Menge und handelsübliche Bezeichnung des gelieferten Gegenstands hervorgehen.

241 Als Grundlage dieser Aufzeichnungen können die Belege dienen, die der Unternehmer über die Bearbeitung oder Verarbeitung erhalten hat.

242 Die Frage des Gutglaubensschutzes stellt sich hingegen immer nur dann, wenn der Unternehmer seinen Nachweispflichten nachgekommen ist. Maßgeblich ist hierfür die formelle Vollständigkeit, nicht aber die inhaltliche Richtigkeit der Beleg- und Buchangaben, da § 6a Abs. 4 Satz 1 UStG das Vertrauen auf unrichtige Abnehmerangaben schütz.[2] Zu einer etwaigen Gewährung von Vertrauensschutz in diesen Fällen s. Rz. 243 ff.

E. Guter Glaube (Absatz 4)

I. Unionsrechtmäßige Regelung

243 Der EuGH[3] hat die Regelung über den Gutglaubensschutz unionsrechtlich bestätigt. § 6a Abs. 4 UStG steht daher in Einklang mit dem Unionsrecht[4] und ist Ausfluss des Verhältnismäßigkeitsgrundsatzes.

II. Voraussetzungen (Absatz 4 Satz 1)

244 Hat der Unternehmer daher eine Lieferung als steuerfrei behandelt, obwohl die materiellen Voraussetzungen nach § 6a Abs. 1 UStG nicht vorliegen, ist die Lieferung gemäß § 6a Abs. 4 Satz 1 UStG gleichwohl steuerfrei, wenn die Inanspruchnahme der Steuerbefreiung auf unrichtigen Angaben des Abnehmers beruht und der Unternehmer die Unrichtigkeit dieser Angaben auch bei Beachtung der Sorgfalt eines ordentlichen Kaufmanns nicht erkennen konnte.[5] Es kann sich dabei um unrichtige Angaben zum Bestimmungsort der Ware oder zur Unternehmereigenschaft des Abnehmers handeln. Bei der Würdigung, ob der Unternehmer mit der erforderlichen Sorgfalt gehandelt hat, sind vor allem die Umstände der Geschäftsanbahnung und -abwicklung zu berücksichtigen. Der BFH geht davon aus, dass bestimmte Methoden der Geschäftsanbahnung und -abwicklung sorgfältig handelnde Kaufleute zu Nachfragen veranlassen müssen. Unklare Angaben der als Abnehmer handelnden Person zu ihrer Identität sind nunmehr durch die materielle Pflicht zur Mitteilung der USt-IdNr. weitgehend ausgeschlossen (Rz. 68 ff.).

1 Vgl. Abschn. 14.5 Abs. 15 UStAE.
2 BFH, Urt. v. 15.2.2012 – XI R 42/10, BFH/NV 2012, 1188, Rz. 39.
3 EuGH, Urt. v. 27.9.2007 – C-409/04, ECLI:EU:C:2007:548 – Teleos, BStBl. II 2009, 70 = UR 2007, 774, Rz. 48 ff.
4 Vgl. BFH, Urt. v. 8.11.2007 – V R 26/05, BFH/NV 2008, 1067.
5 BFH, Urt. v. 19.3.2015 – V R 14/14, BStBl. II 2015, 912 = UR 2015, 719, Rz. 21; BFH, Urt. v. 12.5.2011 – V R 46/10, BStBl. II 2011, 957 = UR 2011, 824, Rz. 29.

Die Frage, ob der Unternehmer die Unrichtigkeit der Angaben des Abnehmers auch bei Sorgfalt eines ordentlichen Kaufmanns nicht erkennen konnte, stellt sich erst dann, wenn der Unternehmer den Nachweispflichten nach § 6a Abs. 3 UStG i.V.m. §§ 17a ff. UStDV ihrer Art nach nachkommt[1] oder zweifelsfrei aufgrund der objektiven Beweislage feststeht, dass der streitige Umsatz eine innergemeinschaftliche Lieferung und demnach steuerfrei ist. Nur im letzten Fall kommt es nicht darauf an, ob der leistende Unternehmer die Nachweise gemäß § 6a Abs. 3 UStG erbracht hat.[2] 245

Für die Inanspruchnahme des Vertrauensschutzes nach § 6a Abs. 4 Satz 1 UStG muss der Lieferer in **gutem Glauben** handeln und alle Maßnahmen ergreifen, die vernünftigerweise verlangt werden können, um sicherzustellen, dass der von ihm getätigte Umsatz nicht zu seiner Beteiligung an einer Steuerhinterziehung führt. Danach kann sich die zur Steuerpflicht führende Bösgläubigkeit auch aus Umständen ergeben, die nicht mit den Beleg- und Buchangaben zusammenhängen.[3] Ausgeschlossen ist die Steuerbefreiung gemäß § 25f Abs. 1 Nr. 1 UStG aber, wenn der Unternehmer wusste oder hätte wissen müssen, dass er oder ein anderer Beteiligter innerhalb der Leistungskette in eine Steuerhinterziehung, Steuerumgehung oder einen Missbrauch einbezogen war (§ 25f Rz. 42 ff.). In diesem Fall kommt auch kein Vertrauensschutz nach § 6a Abs. 4 UStG in Betracht.[4] 246

III. Entgangene Steuer (Absatz 4 Satz 2)

Nach Absatz 4 Satz 2 schuldet der Abnehmer die entgangene Steuer, wenn der Verkäufer (leistende Unternehmer) eine Lieferung nach Absatz 1 als steuerfrei behandelt hat. 247

„Abnehmer" i.S.d. § 6a Abs. 4 Satz 2 UStG ist derjenige, der den Unternehmer durch falsche Angaben getäuscht hat, d.h. derjenige, der gegenüber dem Unternehmer als (vermeintlicher) Erwerber aufgetreten ist. Dieser schuldet die entgangene Steuer und die Steuer ist gegen ihn festzusetzen und ggf. zu vollstrecken (regelmäßig im Wege der Amtshilfe, wenn der Betroffene nicht im Inland ansässig ist). 248

Für die Gewährung des Vertrauensschutzes kommt es nicht darauf an, dass der Steueranspruch nach § 6a Abs. 4 Satz 2 UStG durchsetzbar ist.[5] 249

§ 6b Konsignationslagerregelung

(1) Für die Beförderung oder Versendung eines Gegenstandes aus dem Gebiet eines Mitgliedstaates in das Gebiet eines anderen Mitgliedstaates für Zwecke einer Lieferung des Gegenstandes nach dem Ende dieser Beförderung oder Versendung an einen Erwerber gilt eine Besteuerung nach Maßgabe der nachfolgenden Vorschriften, wenn folgende Voraussetzungen erfüllt sind:

1. **Der Unternehmer oder ein vom Unternehmer beauftragter Dritter befördert oder versendet einen Gegenstand des Unternehmens aus dem Gebiet eines Mitgliedstaates (Abgangsmitgliedstaat) in das Gebiet eines anderen Mitgliedstaates (Bestimmungsmitgliedstaat) zu dem Zweck, dass nach dem Ende dieser Beförderung oder Versendung die Lieferung (§ 3 Absatz 1) gemäß einer bestehenden Vereinbarung an einen Erwerber bewirkt werden soll, dessen vollständiger Name und dessen vollständige Anschrift dem Unternehmer zum Zeitpunkt des Beginns der Beförderung oder Versendung des Gegenstands bekannt ist und der Gegenstand im Bestimmungsland verbleibt.**
2. **Der Unternehmer hat in dem Bestimmungsmitgliedstaat weder seinen Sitz noch seine Geschäftsleitung oder eine Betriebsstätte oder in Ermangelung eines Sitzes, einer Geschäftsleitung oder einer Betriebsstätte seinen Wohnsitz oder gewöhnlichen Aufenthalt.**

1 BFH, Urt. v. 12.5.2011 – V R 46/10, BStBl. II 2011, 957 = UR 2011, 824; BFH, Urt. v. 8.11.2007 – V R 72/05, BStBl. II 2009, 55 = UR 2008, 340, Rz. 45.
2 BFH, Urt. v. 8.11.2007 – V R 72/05, BStBl. II 2009, 55 = UR 2008, 340, Rz. 45, 46.
3 BFH, Urt. v. 25.4.2013 – V R 28/11, BStBl. II 2013, 656 = UR 2013, 764.
4 Vgl. auch BFH, Beschl. v. 2.7.2021 – XI R 40/19, BFH/NV 2022, 140.
5 BMF, Schr. v. 5.5.2010 – IV D 3-S 7141/08/10001, BStBl. I 2010, 508 = UR 2010, 429, Rz. 51.

3. Der Erwerber im Sinne der Nummer 1, an den die Lieferung bewirkt werden soll, hat gegenüber dem Unternehmer bis zum Beginn der Beförderung oder Versendung die ihm vom Bestimmungsmitgliedstaat erteilte Umsatzsteuer- Identifikationsnummer verwendet.

4. Der Unternehmer zeichnet die Beförderung oder Versendung des Gegenstandes im Sinne der Nummer 1 nach Maßgabe des § 22 Absatz 4f gesondert auf und kommt seiner Pflicht nach § 18a Absatz 1 in Verbindung mit Absatz 6 Nummer 3 und Absatz 7 Nummer 2a rechtzeitig, richtig und vollständig nach.

(2) Wenn die Voraussetzungen nach Absatz 1 erfüllt sind, gilt zum Zeitpunkt der Lieferung des Gegenstandes an den Erwerber, sofern diese Lieferung innerhalb der Frist nach Absatz 3 bewirkt wird, Folgendes:

1. Die Lieferung an den Erwerber wird einer im Abgangsmitgliedstaat steuerbaren und steuerfreien innergemeinschaftlichen Lieferung (§ 6a) gleichgestellt.

2. Die Lieferung an den Erwerber wird einem im Bestimmungsmitgliedstaat steuerbaren innergemeinschaftlichen Erwerb (§ 1a Absatz 1) gleichgestellt.

(3) Wird die Lieferung an den Erwerber nicht innerhalb von zwölf Monaten nach dem Ende der Beförderung oder Versendung des Gegenstandes im Sinne des Absatzes 1 Nummer 1 bewirkt und ist keine der Voraussetzungen des Absatzes 6 erfüllt, so gilt am Tag nach Ablauf des Zeitraums von zwölf Monaten die Beförderung oder Versendung des Gegenstandes als das einer innergemeinschaftlichen Lieferung gleichgestellte Verbringen (§ 6a Absatz 2 in Verbindung mit § 3 Absatz 1a).

(4) Absatz 3 ist nicht anzuwenden, wenn folgende Voraussetzungen vorliegen:

1. Die nach Absatz 1 Nummer 1 beabsichtigte Lieferung wird nicht bewirkt und der Gegenstand gelangt innerhalb von zwölf Monaten nach dem Ende der Beförderung oder Versendung aus dem Bestimmungsmitgliedstaat in den Abgangsmitgliedstaat zurück.

2. Der Unternehmer zeichnet das Zurückgelangen des Gegenstandes nach Maßgabe des § 22 Absatz 4f gesondert auf.

(5) Tritt innerhalb von zwölf Monaten nach dem Ende der Beförderung oder Versendung des Gegenstandes im Sinne des Absatzes 1 Nummer 1 und vor dem Zeitpunkt der Lieferung ein anderer Unternehmer an die Stelle des Erwerbers im Sinne des Absatzes 1 Nummer 1, gilt in dem Zeitpunkt, in dem der andere Unternehmer an die Stelle des Erwerbers tritt, Absatz 4 sinngemäß, wenn folgende Voraussetzungen vorliegen:

1. Der andere Unternehmer hat gegenüber dem Unternehmer die ihm vom Bestimmungsmitgliedstaat erteilte Umsatzsteuer-Identifikationsnummer verwendet.

2. Der vollständige Name und die vollständige Anschrift des anderen Unternehmers sind dem Unternehmer bekannt.

3. Der Unternehmer zeichnet den Erwerberwechsel nach Maßgabe des § 22 Absatz 4f gesondert auf.

(6) [1]Fällt eine der Voraussetzungen nach den Absätzen 1 und 5 innerhalb von zwölf Monaten nach dem Ende der Beförderung oder Versendung des Gegenstandes im Sinne des Absatzes 1 Nummer 1 und vor dem Zeitpunkt der Lieferung weg, so gilt am Tag des Wegfalls der Voraussetzung die Beförderung oder Versendung des Gegenstandes als das einer innergemeinschaftlichen Lieferung gleichgestellte Verbringen (§ 6a Absatz 2 in Verbindung mit § 3 Absatz 1a). [2]Wird die Lieferung an einen anderen Erwerber als einen Erwerber nach Absatz 1 Nummer 1 oder Absatz 5 bewirkt, gelten die Voraussetzungen nach den Absätzen 1 und 5 an dem Tag vor der Lieferung als nicht mehr erfüllt. [3]Satz 2 gilt sinngemäß, wenn der Gegenstand vor der Lieferung oder bei der Lieferung in einen anderen Mitgliedstaat als den Abgangsmitgliedstaat oder in das Drittlandsgebiet befördert oder versendet wird. [4]Im Fall der Zerstörung, des Verlustes oder des Diebstahls des Gegenstandes nach dem Ende der Beförderung oder Versendung des Gegenstandes im Sinne des Absatzes 1 Nummer 1 und vor dem Zeitpunkt der Lieferung gelten die Voraussetzungen nach den Absätzen 1 und 5 an dem Tag, an dem die Zerstörung, der Verlust oder der Diebstahl festgestellt wird, als nicht mehr erfüllt.

Schrifttum: *Becker*, Bericht aus Brüssel – Erläuterungen der Kommission zu den sog. Quick Fixes, MwStR 2019, 812; *Heuermann*, Einige Bemerkungen zum Reihengeschäft und zu seinen Rechtsgrundlagen, UR 2017, 853; *Höink*, Die Beschlüsse zu den „quick fixes" – Eine erste Einordnung der Beschlüsse des Rates der EU zu den Änderungen der MwStSystRL vom 4.12.2018, BB 2019, 23; *Hoss/Klein*, Warenlieferungen über ein Konsignationslager, UR 2019, 615; *Körner*, Die erstmalige gesetzliche Regelung der Konsignationslager im Inland in einen neuen § 6b UStG, UR 2019, 873; *Monfort*, Ort der Lieferung bei Versendung über ein Konsignationslager – Anmerkung zu BFH v. 20.10.2016, V R 31/15, UR 2017, 188; *Neeser*, Vorsicht bei Anwendung der Vereinfachungsregelung des § 6b UStG – auch das BMF-Schreiben vom 10.12.2021 kann die grundlegenden Probleme der Konsignationslagerregelung nicht beseitigen, UVR 2022, 208; *Peter*, Vorsicht, Falle! Warum der neue § 6b UStG bei grenzüberschreitenden Reihengeschäften ins Leere läuft, MwStR 2020, 116; *Prätzler*, Umsatzsteuerliche Änderungen durch das Gesetz zur weiteren Förderung der Elektromobilität mit Fokus auf international tätige Unternehmen, UStB 2019, 205; *Sterzinger*, Änderungen des UStG und der UStDV durch das sog. JStG 2019 und das BEG III, UR 2020, 1; *Szabó/Tausch*, Harmonisierte Mehrwertsteuerregelungen für Konsignationslager ab 1.1.2020, UVR 2019, 76; *Trejo*, Die neue Konsignationslageregelung – jedenfalls keine „Vereinfachungsregelung", MwStR 2020, 8; *Widmann*, Jahressteuergesetz 2019: Die Änderungen bei der Umsatzsteuer, MwStR 2019, 976; *Zaumseil*, Gestaltungserwägungen beim Konsignationslager, UVR 2019, 29.

A. Grundaussagen

I. Regelungsgegenstand und Bedeutung

1 **Steuersystematisch** ist die Regelung im Zweiten Abschnitt des UStG „Steuerbefreiungen und Steuervergütungen" fehl am Platze.[1] Es geht bei der Regelung nicht darum, eine Steuerbefreiung zu normieren, sondern es handelt sich um eine solche zur Steuerbarkeit. Dementsprechend findet sich die unionsrechtliche Grundlage des Art. 17a MwStSystRL[2] mit Wirkung zum 1.1.2020 im Titel IV „Steuerbarer Umsatz" der MwStSystRL. Die Regelung hätte daher in § 1a Abs. 2a UStG ihren Platz finden müssen, auf welchen § 3 Abs. 1a Satz 3 UStG dann hätte Bezug nehmen können.[3]

2 **Ziel** der Vorschrift ist es, eine Vereinfachungsregelung zu normieren, vermittels derer in den konkret definierten Liefersituationen (Rz. 23 f.) eine Registrierung des Lieferanten als Unternehmer im Inland nicht erforderlich ist.[4] Zudem soll die Vereinfachungsregelung eine unionsweit einheitliche Behandlung von derartigen Liefersituationen erreichen, um die erheblichen Unstimmigkeiten im innergemeinschaftlichen Kontrollverfahren MIAS aufgrund von Inkongruenzen hinsichtlich von Liefer- und Erwerbszeitpunkten sowie der Person des Erwerbers zu verringern und damit den FinVerw. wieder effiziente Prüfmöglichkeiten zu verschaffen.[5]

3 Die mit Wirkung zum 1.1.2020 in Kraft tretende Regelung stellt vor allem eine zusätzliche **Ausnahme**[6] **von der Steuerbarkeit des innergemeinschaftlichen Erwerbs aufgrund Verbringens** von Gegenständen aus dem übrigen Gemeinschaftsgebiet in das Inland nach § 1a Abs. 2 UStG dar (§ 1a Rz. 81 ff.), indem sie die Nichtsteuerbarkeit eines innergemeinschaftlichen Erwerbes im Inland regelt, § 1a Abs. 2a UStG.[7] Gleichzeitig regelt § 6b UStG in seinen Absätzen 3 und 6 Rückausnahmen von der Ausnahme des innergemeinschaftlichen Erwerbs nach § 1a Abs. 2 UStG (Rz. 65 ff., 89 ff.).

4 Das hat zum einen zur Folge, dass abweichend von § 1a Abs. 2 UStG der **Abnehmer** anstelle des liefernden Unternehmers den Erwerb bewirkt.

5 Zum anderen wird der **Zeitpunkt** des innergemeinschaftlichen Erwerbs im Inland auf die Entnahme aus dem Lager verschoben.[8] Ohne die Regelung des § 6b UStG läge der Besteuerungszeitpunkt des innergemeinschaftlichen Erwerbs im Inland spätestens im Zeitpunkt des Ablaufs des dem Erwerb folgenden Kalendermonats, § 13 Abs. 1 Nr. 6 UStG (§ 13 Rz. 16). Dafür wäre der Zeitpunkt des Gelangens in einen anderen Mitgliedstaat bei einer Lieferung – bzw. einem gleichgestellten Verbringen – entscheidend, § 1a Abs. 1 Nr. 1 UStG, mithin also der Zeitpunkt der Lagerbeschickung.[9] Davon abweichend wird jedoch durch die Regelung des § 6b Abs. 2 Nr. 2 UStG der Zeitpunkt der Besteuerung des innergemeinschaftlichen Erwerbs nach § 13 Abs. 1 Nr. 6 UStG durch den Zeitpunkt der Entnahme bestimmt.

6 § 6b UStG regelt aufgrund des Verweises in § 3 Abs. 1a Satz 3 UStG[10] gleichermaßen die Voraussetzungen der **Ausnahme von der Steuerbarkeit eines innergemeinschaftlichen Verbringens als Lieferung.**

---

1 *Heuermann* in Sölch/Ringleb, § 6b UStG Rz. 20 (Stand: März 2022); *Sterzinger*, UR 2020, 1 (21); *Körner*, UR 2019, 873.

2 Richtlinie 2006/112/EG, ABl. EU 2006 Nr. L 347,1 in der Fassung der Richtlinie (EU) 2018/1910 des Rates v. 4.12.2018, ABl.EU 2018 Nr. L 311, 3.

3 In Österreich hat die Konsignationslagerregelung systemgerecht in Art. 1a Anhang (Binnenmarkt) zum Umsatzsteuergesetz 1994 ihren Platz gefunden, auf welche in Art. 3 Abs. 2 Anhang (Binnenmarkt) zum Umsatzsteuergesetz 1994 verwiesen wird, StRefG 2020, BGBl. I Nr. 103/2019 v. 29.10.2019.

4 Erwägungsgrund 5 Richtlinie (EU) 2018/1910, ABl. EU 2018 Nr. L 311, 3; *Ismer*, UR 2019, 606 (608); *Huschens* in Reiß/Kraeusel/Langer, § 6b UStG Rz. 4 (Stand: Juli 2020).

5 BR-Drucks. 356/19, 176.

6 *Monfort* in Birkenfeld/Wäger, Umsatzsteuer-Handbuch, Abschn. II, Kapitel 6F Rz. 10 (Stand: November 2020).

7 I.d.F. des Gesetzes zur weiteren steuerlichen Förderung der Elektromobilität und zur Änderung weiterer steuerlicher Vorschriften v. 12.12.2019 (sog. JStG 2019), BGBl. I 2019, 2451.

8 *Huschens* in Reiß/Kraeusel/Langer, § 6b UStG Rz. 45 (Stand: Juli 2020).

9 *Zaumseil*, UVR 2019, 29 (31).

10 I.d.F. des Gesetzes zur weiteren steuerlichen Förderung der Elektromobilität und zur Änderung weiterer steuerlicher Vorschriften v. 12.12.2019 (sog. JStG 2019), BGBl. I 2019, 2451.

Aufgrund der Regelung des § 6b Abs. 2 Nr. 1 UStG wird der **Zeitpunkt** der innergemeinschaftlichen Lieferung auf den Zeitpunkt der Entnahme aus diesem verschoben. Der Zeitpunkt des Beginns der Beförderung oder Versendung aus dem Inland hat dagegen – von der Regelung der erstmaligen Anwendung (Rz. 24) abgesehen – unter der Ägide der Absätze 1 und 2 keine Bedeutung mehr. 7

Bis zum 31.12.2019 waren Liefersituationen, in denen der oder die Abnehmer bei Beginn der Versendung oder Beförderung aus dem Abgangsmitgliedstaat zwar bekannt waren, die Verfügungsmacht an den versendeten/beförderten Gegenständen jedoch erst zu einem späteren Zeitpunkt auf den Erwerber oder die Erwerber im Bestimmungsmitgliedstaat übergehen sollten, rein national bzw. teilweise gar nicht geregelt.[1] 8

Im Inland lag in **richterlicher Rechtsfortbildung** ein innergemeinschaftlicher Erwerb des Abnehmers dann vor, wenn dieser bereits bei Beginn der Beförderung/des Versendens aus dem anderen Mitgliedstaat als Abnehmer der Lieferung feststand.[2] Die Einlagerung der Ware in ein inländisches Lager war dabei unschädlich, wenn sie nur für kurze Zeit erfolgte, um den produktionsbedingt beim Abnehmer für die nächsten Tage und Wochen benötigten Warenbedarf zu decken (§ 1a Rz. 46).[3] Die Rechtsprechung betraf das Vorliegen einer innergemeinschaftlichen Lieferung im Rahmen eines zeitlichen und sachlichen Zusammenhangs zwischen der Lieferung des Gegenstandes und seiner Beförderung sowie eines kontinuierlichen Ablaufs des Vorgangs[4] und setzte lediglich die diesbezügliche Rechtsprechung des EuGH[5] um. Sie betraf daher aber gerade nicht die Anwendung einer Vereinfachungsregelung[6] wie die durch Art. 17a MwStSystRL eingeführte Konsignationslageregelung. 9

Diese Rechtsprechung wird daher nicht durch das Inkrafttreten einer nunmehr harmonisierten unionsweiten Vereinfachungsregelung am 1.1.2020 außer Kraft gesetzt.[7] Liegt nach den Grundsätzen dieser Rechtsprechung eine innergemeinschaftliche Lieferung sowie ein entsprechender Erwerb durch den Abnehmer vor, kommt kein Verbringenstatbestand nach § 1a Abs. 2 Satz 1 UStG (§ 1a Rz. 82 ff.) bzw. nach § 3 Abs. 1a Satz 1 UStG (§ 3 Rz. 71) zum Tragen. Damit kommen auch die Verweisungsnormen des § 1a Abs. 2a UStG (§ 1a Rz. 111 ff.) bzw. § 3 Abs. 1a Satz 3 UStG (§ 3 Rz. 64) auf § 6b UStG nicht mehr zur Anwendung.[8] Die **Abgrenzung zur bisherigen Rechtsprechung** des BFH zur innergemeinschaftlichen Lieferung mit kurzzeitiger Zwischenlagerung ist somit weiterhin erforderlich.[9] § 6b UStG kann erst dann zur Anwendung kommen, wenn nach den Grundsätzen dieser Rechtsprechung keine innergemeinschaftliche Lieferung an den Abnehmer vorliegt.[10] Für die Abgrenzung ist der Grad an Bestimmtheit entscheidend, mit dem bei Beginn der Beförderung bzw. Verwendung in einen anderen Mitgliedstaat feststeht, dass die Verfügungsmacht an dem Gegenstand, wie er grenzüberschreitend befördert bzw. versendet wird, ohne Unterbrechung des kontinuierlichen Ablaufs an den Abnehmer übergehen wird (Rz. 26 ff.). 10

Im **übrigen Gemeinschaftsgebiet** bestanden in 19 Mitgliedstaaten Vereinfachungsregelungen,[11] teilweise auf gesetzlicher Grundlage, teilweise auf verwaltungsrechtlicher Grundlage, die zudem in Bezug 11

---

1 *Monfort* in Birkenfeld/Wäger, Umsatzsteuer-Handbuch, Abschn. II, Kapitel 6F Rz. 4 (Stand: November 2020).
2 Vgl. BFH, Urt. v. 20.10.2016 – V R 31/15, BStBl. II 2017, 1076 = UR 2017, 185 m. Anm. *Monfort*.
3 Vgl. BFH, Urt. v. 20.10.2016 – V R 31/15, BStBl. II 2017, 1076 = UR 2017, 185 m. Anm. *Monfort.*, Rz. 19; *Heuermann* in Sölch/Ringleb, § 1a UStG Rz. 26 (Stand: Juni 2022).
4 Vgl. BFH, Urt. v. 20.10.2016 – V R 31/15, BStBl. II 2017, 1076 = UR 2017, 185 m. Anm. *Monfort*, Rz. 18 und 22.
5 Vgl. EuGH, Urt. v. 18.11.2010 – C-84/09, ECLI:EU:C:2010:693 – X, UR 2011, 103, Rz. 33.
6 *Prätzler*, UStB 2019, 205 (207); *Trejo*, MwStR 2020, 8 (12).
7 *Trejo*, MwStR 2020, 8 (12).
8 **A.A.** *Weymüller* in Weymüller, BeckOK, § 6b UStG Rz. 6 (Stand: September 2023): Wahlrecht des Steuerpflichtigen.
9 *Huschens* in Reiß/Kraeusel/Langer, § 6b UStG Rz. 6 (Stand: Juli 2020); *Heuermann* in Sölch/Ringleb, § 6b UStG Rz. 27 (Stand: März 2022); *Prätzler*, UStB 2019, 205 (207); *Trejo*, MwStR 2020, 8 (12); *Sterzinger*, UR 2020, 1 (13); **a.A.** *Szabó/Tausch*, UVR 2019, 76 (83).
10 *Sterzinger*, UR 2020, 1 (13).
11 IBFD, EU VAT Compass 2018/2019, 677 ff.; *Höink*, BB 2019, 23 (25).

auf den Zeitpunkt der innergemeinschaftlichen Lieferung und des innergemeinschaftlichen Erwerbs zwei Modelle verfolgten.[1]

12 Die von der Vereinfachungsregelung umfassten Liefersituationen können dabei unter den unterschiedlichsten Bezeichnungen in Erscheinung treten.[2] Im mehrwertsteuerlichen Kontext wird der **Begriff „Konsignationslager"** fachspezifisch verwendet. Der Ausdruck „Konsignationslager" ist aber kein feststehender gesetzlicher Begriff.[3] Er stellt einen Oberbegriff für mehrere Lagerarten dar, der zum einen Abruflager („call-off stocks") umfasst, bei denen der eine Abnehmer bei Lagerbeschickung feststeht.[4] Zum anderen umfasst er aber auch andere Arten von Konsignationslagern, bei denen dies nicht der Fall ist, die Ware sich aber im Besitz von jemanden befindet, der keine rechtliche Verfügungsmacht über die Ware hat.[5] Das Lager kann vom Lieferer, aber auch vom Abnehmer unterhalten werden.[6]

13 Gemeinsam ist diesen „Konsignationslagern" im mehrwertsteuerlichen Sinne, dass sie sich in Mitgliedstaaten befinden, in welchen der liefernde Unternehmer nicht ansässig ist. Unabhängig von einer Definition des Begriffes „Konsignationslager" kommt es letztendlich darauf an, ob die **Ausgestaltung der Vertragsbeziehungen** zwischen lieferndem Unternehmer und Abnehmer den Tatbestandsvoraussetzungen des Art. 17a Abs. 2 MwStSystRL (Rz. 16) sowie den Aufzeichnungspflichten des Art. 54a MwStVO (Rz. 18) genügt.

II. Unionsrechtliche Grundlagen

14 § 6b UStG in seiner Gänze setzt **Art. 17a Absätze 2 bis 7 MwStSystRL**[7] um. Dabei entspricht:
- Absatz 1 der Regelung in Art. 17a Abs. 2 MwStSystRL,
- Absatz 2 der Regelung in Art. 17a Abs. 3 MwStSystRL,
- Absatz 3 der Regelung in Art. 17a Abs. 4 MwStSystRL,
- Absatz 4 der Regelung in Art. 17a Abs. 5 MwStSystRL,
- Absatz 5 der Regelung in Art. 17a Abs. 6 MwStSystRL sowie
- Absatz 6 der Regelung in Art. 17a Abs. 7 MwStSystRL.

III. Verhältnis zu anderen Vorschriften und Rechtsentwicklung

15 § 6b UStG regelt die tatbestandlichen Voraussetzungen der **Ausnahme** von der Steuerbarkeit aufgrund **innergemeinschaftlichen Verbringens**[8] und der damit verbundenen innergemeinschaftlichen Erwerbe sowie in seinen Absätzen 3 und 6 die Rückausnahmen, die wiederum zu einer Steuerbarkeit innergemeinschaftlichen Verbringens führen. Dies hat im Rahmen der innergemeinschaftlichen Erwerbe im Inland Bedeutung, § 1a Abs. 2a UStG, aber auch für Verbringenstatbestände in das übrige Gemeinschaftsgebiet, § 3 Abs. 1a Satz 3 UStG.

1 VAT Expert Group, Document VEG N 028 v. 9.1.2014, 7th Meeting 6.2.2014, URL: https://circabc.europa.eu/sd/a/fba6ebdd-b3ea-4744-ac3c-e0867e4582b9/VEG%20028 %20-%201 %20Option%201B%20-%20Sub-Groups%20report%20-%20Consignment%20stock%20-%20including%20Annex%20A.pdf, abgerufen am 24.7.2023.

2 Zum generellen Hintergund: *Monfort* in Birkenfeld/Wäger, Abschn. II, Kapitel 6F Rz. 3 (Stand: November 2020).

3 *Heuermann* in Sölch/Ringleb, § 6b UStG Rz. 58 (Stand: März 2022).

4 *Neeser*, UVR 2022, 208 (213).

5 *Monfort*, UR 2017, 188 (189); VAT Expert Group, Document VEG N 028 v. 9.1.2014, 7th Meeting 6.2.2014, URL: https://circabc.europa.eu/sd/a/fba6ebdd-b3ea-4744-ac3c-e0867e4582b9/VEG%20028 %20-%201 %20Option%201B%20-%20Sub-Groups%20report%20-%20Consignment%20stock%20-%20including%20Annex%20A.pdf, abgerufen am 29.12.2023.

6 *Huschens* in Reiß/Kraeusel/Langer, § 6b UStG Rz. 27 (Stand: Juli 2020); *Heuermann*in Sölch/Ringleb, § 6b UStG, Rz. 59 (Stand: März 2022).

7 Neu eingefügt mit Wirkung zum 1.1.2020 durch Richtlinie (EU) 2018/1910, ABl. EU 2018 Nr. L 311, 3.

8 *Heuermann* in Sölch/Ringleb, § 6b UStG Rz. 26 (Stand: März 2022).

16 Ist über Art. 17a Abs. 1 MwStSystRL bzw. § 1a Abs. 2a UStG der Anwendungsbereich der Konsignationslagerregelung nach Art. 17a Abs. 2–7 MwStSystRL bzw. § 6b UStG eröffnet, ist fraglich, ob bei einer Nichterfüllung der Tatbestandsvoraussetzungen dieser Regelung auf die **allgemeineren Regelungen innergemeinschaftlichen Verbringens** nach Art. 17 MwStSystRL bzw. § 1a Abs. 2 Satz 1 sowie § 3 Abs. 1a Satz 1 UStG, insbesondere auf die dort normierten Ausnahmen aufgrund einer nur vorübergehenden Verwendung im Inland (§ 1a Rz. 82 ff.; § 3 Rz. 58 ff.) zurückgegriffen werden kann. Dies hat insbesondere dann Bedeutung, wenn der Lieferer nach Ablauf der Zwölf-Monats-Frist des Absatzes 3 (Rz. 65 ff.) die Ware in den Abgangsmitgliedstaat zurückbefördert oder versendet.

16.1 Nach Ansicht der Kommission soll dies aufgrund des Wortlauts des Art. 17a Abs. 7 Satz 1 MwStSystRL: „*[…] so gilt eine Verbringung von Gegenständen gemäß Artikel 17 als […] erfolgt […]*“ nicht möglich sein.[1] Der Wortlaut des Art. 17a Abs. 4 MwStSystRL formuliert gleichermaßen: „[…] so gilt eine Verbringung im Sinne des Artikels 17 als […] erfolgt“. Die nationalen Umsetzungen in § 6b Abs. 3 und Abs. 6 Satz 1 UStG normieren ähnlich: „[…] so gilt […] die Beförderung oder Versendung als das einer innergemeinschaftlichen Lieferung gleichgestellte Verbringen […]“. Die Konsignationslagerregelung wäre insofern zwar eine **Spezialregelung** gegenüber den allgemeineren Regelungen innergemeinschaftlichen Verbringens,[2] allerdings eine **mit eigenständigen Rechtsfolgenfiktionen** im Falle des Wegfalls ihrer Tatbestandsvoraussetzungen, die einen Rückgriff auf die allgemeineren Regeln im Ergebnis versperren.[3]

17 Dagegen streitet aber die **systematische Stellung** des Art. 17a MwStSystRL als Vereinfachungs-[4] und damit **Ausnahmeregelung**[5], bei deren tatbestandlicher Nichterfüllung eben die Grundregel – hier die des innergemeinschaftlichen Verbringens nach Art. 17 MwStSystRL – eingreift.

17.1 Aufgrund der bestehenden Rechtsunsicherheiten (Rz. 48, 71 und 100 f.) empfiehlt es sich zum gegenwärtigen Zeitpunkt, bei Inanspruchnahme der Vereinfachungsregelung Vorsicht walten zu lassen[6] und im Zweifelsfall durch das Nichterfüllen der materiellen Tatbestandsmaßnahmen (Rz. 63) den Anwendungsbereich der Vereinfachungsregelung nicht zu eröffnen oder vertraglich einen Übergang der Verfügungsmacht erst bei Entnahme aus dem Konsignationslager zu vereinbaren.[7]

18 Der **Lieferer** hat die **Aufzeichnungspflichten** nach der Regelung des Art. 54a Abs. 1 MwStVO[8], auf welchen Art. 243 Abs. 3 MwStSystRL verweist, zu erfüllen. Dabei werden die Aufzeichnungspflichten sowohl für die Steuerbehörden des Abgangsmitgliedstaates als auch des Bestimmungsmitgliedstaats, d.h. des Mitgliedstaates des Konsignationslagers, erfüllt. Art. 243 Abs. 3 Unterabs. 1 MwStSystRL verweist ausdrücklich auf eine Mehrzahl von Steuerbehörden. Werden die Gegenstände in ein Konsignationslager im Inland oder aus dem Inland in ein Konsignationslager im übrigen Gemeinschaftsgebiet befördert oder versendet, muss der Lieferer den Aufzeichnungspflichten nach § 22 Abs. 4f UStG nachkommen (§ 22 Rz. 91 ff.). Die Doppelnormierung[9] in § 22 Abs. 4f UStG neben dem ohnehin unmittelbar geltenden Art. 54a Abs. 1 MwStVO ist umso mehr verwirrend, als der Wortlaut des § 22 Abs. 4f UStG von dem des Art. 54a Abs. 1 MwStVO an einigen Stellen signifikant abweicht (Rz. 54, 79). Der Lieferer kann durch den abweichenden Wortlaut des § 22 Abs. 4f UStG jedoch nicht gezwungen werden, zwei unterschiedliche Aufzeichnungen zu führen, eine für die inländischen Steuerbehörden nach § 22 Abs. 4f UStG und eine für die Steuerbehörden im übrigen Gemeinschaftsgebiet nach Art. 54a Abs. 1 MwStVO. Entscheidend ist allein, dass die eine Aufzeichnung den Anforderungen des Art. 54a

---

1 Erläuterungen „Quick Fixes 2020“ v. 20.12.2019, DG TAXUD, Tz. 2.5.3., URL: https://ec.europa.eu/taxation_customs/system/files/2021-08/explanatory_notes_2020_quick_fixes_de.pdf, abgerufen am 29.12.2023; ebenso *Monfort* in Birkenfeld/Wäger, Umsatzsteuer-Handbuch, Abschn. II, Kapitel 6F Rz. 99 f. (Stand: November 2020).

2 *Weymüller* in Weymüller, BeckOK, § 6b UStG Rz. 7 (Stand: September 2023) geht von einer Parallelregelung aus.

3 *Huschens* in Reiß/Kraeusel/Langer, § 6b UStG Rz. 48 (Stand: Juli 2020); *Monfort* in Birkenfeld/Wäger, Umsatzsteuer-Handbuch, Abschn. II, Kapitel 6F Rz. 99 f. (Stand: November 2020).

4 Erwägungsgrund 5 Richtlinie (EU) 2018/1910, ABl. EU 2018 Nr. L 311, 3.

5 *Heuermann* in Sölch/Ringleb, § 6b UStG Rz. 26 (Stand: März 2022); *Körner*, UR 2019, 873; *Trejo*, MwStR 2020, 8 (12).

6 Zu weiteren „Fallen“ des § 6b: *Peter*, MwStR 2020, 116.

7 *Weymüller* in Weymüller, BeckOK, § 6b UStG Rz. 6 (Stand: September 2023).

8 I.d.F. der Durchführungsverordnung (EU) 2018/1912, ABl. EU 2018 Nr. L 311, 10.

9 *Widmann*, MwStR 2019, 976 (983).

Abs. 1 MwStVO genügt.[1] Die Regelungen des § 22 Abs. 4f UStG haben insofern einen deklaratorischen Charakter.[2]

19 Der oder die **Abnehmer** haben Aufzeichnungen nach Art. 54a Abs. 2 Unterabs. 1 MwStVO zu führen, allerdings nur im Bestimmungsmitgliedstaat. Liegt das Konsignationslager im Inland, sind die Aufzeichnungen entsprechend § 22 Abs. 4g Satz 1 UStG zu führen (§ 22 Rz. 97 ff.).

20 Sind der oder die Abnehmer nicht Inhaber des Lagers, unterliegt zudem der **Lagerinhaber** den Aufzeichnungspflichten nach Art. 54a Abs. 2 Unterabs. 2 MwStVO bzw. § 22 Abs. 4g Satz 2 UStG. In diesen Fällen werden der oder die Abnehmer von den Aufzeichnungspflichten nach Art. 54a Abs. 2 Unterabs. 1 Buchst. c, e und f MwStVO bzw. § 22 Abs. 4g Satz 2 Nr. 3, 6 und 7 UStG entbunden (§ 22 Rz. 99 ff.).

21 Der Lieferer hat beim Versenden im **Abgangsmitgliedstaat die Meldepflichten zur dortigen ZM** nach Art. 262 Abs. 2 MwStSystRL zu erfüllen (Rz. 57). Bei Lieferung aus dem Konsignationslager heraus hat der Lieferer erneut Meldepflichten zur ZM nach Art. 262 Abs. 1 Buchst. a MwStSystRL im Abgangsmitgliedstaat zu erfüllen (Rz. 60). Bei Beförderungen bzw. Versendung von Gegenständen aus dem Inland in das übrige Gemeinschaftsgebiet unter der Konsignationslagerregelung muss der Lieferer die MwSt-IdNr. des oder der Abnehmer gemäß § 18a Abs. 6 Nr. 3, § 18a Abs. 7 Nr. 2a UStG in die ZM aufnehmen (Rz. 58), desgleichen die Substitution eines Abnehmers (Rz. 58). Bei Beförderungen oder Versendungen aus anderen Mitgliedstaaten kann es erforderlich sein, auch die Retouren der unter der Konsignationslagerregelung versendeten Gegenstände in die dortige ZM aufzunehmen. Korrekturen verspäteter oder unzutreffender Meldungen zur ZM sind mit Rückwirkung nachholbar (Rz. 58).[3]

22 § 6b UStG wurde mit **Wirkung zum 1.1.2020** durch das Gesetz vom 12.12.2019[4] eingeführt. Mit Wirkung ab 29.12.2020 wurden im JStG 2020[5] die Verweise auf § 6a in Abs. 3 und Abs. 6 Satz 1 UStG redaktionell angepasst.

22.1 Im Rahmen der „Mehrwertsteuer im Digitalen Zeitalter"-Initiative hat die Kommission am 8.12.2022 einen Entwurf zur Änderung der Mehrwertsteuersystemrichtlinie 2006/112/EG[6] (nachfolgend: MwSt-SystRL-E) vorgelegt. Nach Art. 17a Abs. 2 Buchst. a MwStSystRL-E soll die Vereinfachungsregelung nur noch anwendbar sein, wenn die Beförderung oder Versendung der Gegenstände in das Konsignationslager in einem anderen Mitgliedstaat spätestens am 31.12.2024 beginnt. Nach Art. 17a Abs. 8 MwStSystRL-E wird Art. 17a letztmalig am 31.12.2025 anwendbar sein. Die Regelung wird als nicht mehr notwendig angesehen, da ab dem 1.1.2025 eine sog. „Einzige Anlaufstelle für innergemeinschaftliches Verbringen" die Vereinfachungsregelung des Art. 17a MwStSystRL ersetzen soll.[7]

B. Tatbestandsvoraussetzungen (Absatz 1)

I. Regelungsgegenstand

23 Absatz 1 regelt die **Tatbestandsvoraussetzungen**, unter denen eine Ausnahme von der Steuerbarkeit des innergemeinschaftlichen Erwerbs im Inland, § 1a Abs. 2a UStG (§ 1a Rz. 111 ff.), bzw. eine Änderung in Bezug auf Zeitpunkt und Person des Erwerbers einer innergemeinschaftlichen Lieferung in das übrige Gemeinschaftsgebiet, § 3 Abs. 1a Satz 3 UStG, angenommen werden kann. Um beiden

1 *Heuermann* in Sölch/Ringleb, § 6b UStG Rz. 74 (Stand: März 2022).

2 *Huschens* in Reiß/Kraeusel/Langer, § 6b UStG, Rz. 18 (Stand: Juli 2020).

3 *Heuermann* in Sölch/Ringleb, § 6b UStG Rz. 79 (Stand: März 2022); *Huschens* in Reiß/Kraeusel/Langer, § 6b UStG Rz. 42 (Stand: Juli 2020).

4 Gesetz zur weiteren steuerlichen Förderung der Elektromobilität und zur Änderung weiterer steuerlicher Vorschriften (sog. JStG 2019), BGBl. I 2019, 2451.

5 Jahressteuergesetz 2020 v. 21.12.2020, BGBl. I 2020, 3096.

6 Dokument COM(2022) 701 final, URL: eur-lex.europa.eu/legal-content/DE/TXT/PDF/?uri=CELEX:52022PC0701, abgerufen am 29.12.2023.

7 Einzelheiten dazu bei *Körner*, MwStR 2023, 159 (160 f.).

Regelungsfällen gerecht zu werden, verwendet die Regelung die Begriffe des Abgangs- und Bestimmungsmitgliedstaates.

Da keine spezifischen Regelungen zur **erstmaligen Anwendung** des Art. 17a MwStSystRL bzw. des § 6b UStG bestehen, ist auf den Beginn der Beförderungen oder Versendungen der betroffenen Gegenstände im Angangsmitgliedstaat abzustellen. Die Tatbestandsvoraussetzungen des § 6b Abs. 1 UStG sind daher erstmals für die Lieferungen von Gegenständen anzuwenden, deren Beförderung oder Versendung nach dem 31.12.2019 im Abgangsmitgliedstaat begonnen hat.[1] 24

Für **vertretbare Sachen i.S.d. § 91 BGB** ist es jedoch bei der späteren Lieferung aus dem Konsignationslager ggf. schwer feststellbar, ob die konkret gelieferten Gegenstände vor dem 1.1.2020 oder nach dem 31.12.2019 aus dem Abgangsmitgliedstaat befördert oder versendet wurden. Hier ist es möglich, eine Inventur auf den 31.12.2019 vorzunehmen und die neue Regelung des § 6b UStG erstmals auf die Lieferungen anzuwenden, die erfolgen, nachdem der Inventurbestand zum 31.12.2019 quantitativ nach Zahl, Maß oder Gewicht verbraucht wurde.[2] Dieser Ansatz entspricht der für die Bestimmung der Zwölf-Monats-Frist des Absatzes 3 als zulässig angesehenen First in – first out (FIFO) Methode[3] (Rz. 66). 25

Gegenstände, deren Beförderung/Versendung **aus dem Vereinigten Königreich mit der Ausnahme Nord-Irlands in das Inland** noch vor dem 1.1.2021 begonnen hat, unterliegen den Regelungen des innergemeinschaftlichen Erwerbs.[4] Wegen weiterer Einzelheiten wird auf Rz. 25.1 der Vorauflage verwiesen. 25.1

Gegenstände, deren Beförderung/Versendung **aus dem Inland in ein Konsignationslager in das Vereinigte Königreich mit der Ausnahme Nord-Irland**s noch vor dem 1.1.2021 begonnen hat, unterliegen noch der Regelung des § 6b UStG,[5] auch wenn ihre Entnahme erst nach dem 1.1.2021 erfolgt. Die Retour in das Gemeinschaftsgebiet nach dem 31.12.2020 stellt eine Wiedereinfuhr dar, die unter den Voraussetzungen des Art. 143 Abs. 1 Buchst. e MwStSystRL (entsprechend § 12 EUStBV) von der Einfuhrbesteuerung befreit werden kann.[6] Die Rechtsfolgen im Vereinigten Königreich mit Ausnahme Nord-Irlands richten sich nach dem dortigen Mehrwertsteuerrecht, dies jedoch ohne Rückwirkung ins Inland. Wegen weiterer Einzelheiten wird auf Rz. 25.2 der Vorauflage verwiesen. 25.2

II. Gelangen eines Gegenstandes aus dem Abgangsmitgliedstaat in den Bestimmungsmitgliedstaat unter Vereinbarung eines späteren Erwerbs (Absatz 1 Nr. 1)

1. Beförderung oder Versendung aus dem Abgangsmitgliedstaat in den Bestimmungsmitgliedstaat im Auftrag des Lieferers

Die Beförderung oder Versendung in den Bestimmungsmitgliedstaat muss nach dem Wortlaut der Regelungen **im Auftrag des Lieferers** bzw. auf dessen Rechnung erfolgen. Diese Voraussetzung dient der Abgrenzung zu einer innergemeinschaftlichen Lieferung. Der Lieferer soll die Verfügungsmacht an den Gegenständen zum Zeitpunkt des Endes des Warentransportes noch innehaben.[7] 26

---

1 Erläuterungen „Quick Fixes 2020" v. 20.12.2019, DG TAXUD, Tz. 2.5.24., URL: https://ec.europa.eu/taxation_customs/system/files/2021-08/explanatory_notes_2020_quick_fixes_de.pdf, abgerufen am 29.12.2023.

2 *Körner*, UR 2019, 873 (874); *Sterzinger*, UR 2020, 1 (15).

3 Erläuterungen „Quick Fixes 2020" v. 20.12.2019, DG TAXUD, Tz. 2.5.17., URL: https://ec.europa.eu/taxation_customs/system/files/2021-08/explanatory_notes_2020_quick_fixes_de.pdf, abgerufen am 29.12.2023.

4 Abschn. 6b.1 Abs. 24 Satz 4 UStAE i.d.F. BMF, Schr. v. 10.12.2021 – III C 3-S 7146/20/10001 :005, DOK 2021/1234313, BStBl. I 2021, 2492 = UR 2022, 148 ff.

5 Abschn. 6b.1 Abs. 24 Satz 4 UStAE; Leitlinien des MwSt-Komitees, 117. Sitzung v. 16.11.2020, Dokument A – taxud.c.1(2021)1757771 – 1006, Punkt 5.1 Nr. 3, S. 270 (rechtlich nicht bindend), URL: https://ec.europa.eu/taxation_customs/vat-committee_de, abgerufen am 29.12.2023.

6 Leitlinien des MwSt-Komitees, 117. Sitzung v. 16.11.2020, Dokument A – taxud.c.1(2021)1757771 – 1006, Punkt 5.1 Nr. 4, S. 270 (rechtlich nicht bindend) URL: https://ec.europa.eu/taxation_customs/vat-committee_de, abgerufen am 29.12.2023.

7 BR-Drucks. 356/19, 177.

27 Da mit der Versendung der Gegenstände **jeder Dritte** beauftragt werden kann, darf nicht ausgeschlossen werden, dass **auch ein späterer Erwerber** den Transport in den Bestimmungsmitgliedstaat durchführt.[1] Entscheidend ist jedoch, dass der Transport durch den späteren Erwerber für den Lieferer erfolgt, so dass noch keine Übertragung der Verfügungsmacht stattfindet.[2] Das kann bspw. der Fall sein, wenn der Lieferer während des Transports durch den späteren Erwerber das Risiko des Untergangs oder Verlustes der Gegenstände der Lieferung trägt.[3] Entscheidend ist, dass der spätere Erwerber noch keine Möglichkeit hat, Entscheidungen zu treffen, die sich auf die rechtliche Situation der Gegenstände auswirken,[4] bspw. die Umverfügung des Transports in das Lager eines anderen Abnehmers. Nach Ansicht der FinVerw. muss in diesen Fällen der Transport durch den späteren Erwerber ausdrücklich und erkennbar im Namen des liefernden Unternehmers erfolgen.[5] Teilweise wird verlangt, dass dafür der Erwerber „auf Rechnung" des Lieferers befördert.[6] Letztere Einschränkung ist aber nicht notwendig, um eine Übertragung der Verfügungsmacht bereits beim Transport in das Lager auszuschließen.

28 Die Konsignationslagerregelung ist nur anwendbar, wenn die Gegenstände aus einem Mitgliedstaat in einen anderen verbracht werden. Somit kann die Regelung **nicht für Drittlandsbezüge** angewendet werden.[7] Im Fall von Drittlandsware muss diese zunächst in einem anderen Mitgliedstaat zum freien Verkehr abgefertigt werden[8] und kann anschließend aus diesem Mitgliedstaat in den Bestimmungsmitgliedstaat unter der Konsignationslagerregelung verbracht werden. In dieser Konstellation ist die Nutzung des Zoll-Verfahrens 42, d.h. einer Einfuhrumsatzsteuerbefreiung nach Art. 143 Abs. 1 Buchst. d MwStSystRL bzw. § 5 Abs. 1 Nr. 3 UStG nicht möglich, da in diesem Zeitpunkt das Erfolgen einer steuerbefreiten innergemeinschaftlichen Lieferung noch nicht feststeht und es damit an der erforderlichen Unmittelbarkeit fehlt.[9]

2. Bestehende Vereinbarung eines späteren Erwerbs und Bestimmtheit des Abnehmers

a) Vereinbarung mit mindestens einem beabsichtigten Erwerber

29 **Bereits bei Beginn der Beförderung oder Versendung** der Gegenstände des Unternehmens im Abgangsmitgliedstaat muss eine Vereinbarung mit mindestens einem der beabsichtigten späteren Erwerber vorliegen, in welcher geregelt wird, dass dieser nicht bei Beendigung der Beförderung oder Versendung in den Bestimmungsmitgliedstaat die Verfügungsmacht an den Gegenständen erhält, sondern zu einem späteren Zeitpunkt. Wegen der Ersetzungsbefugnis des Absatzes 5 (Rz. 80 ff.) muss dies aber nicht der spätere tatsächliche Erwerber sein. Ist jedoch zu Beginn der Beförderung oder Versendung ein künftiger Erwerber noch nicht bekannt, ist die Konsignationslagerregelung nicht anwendbar.[10]

30 Soweit der ursprüngliche Erwerber gemäß Absatz 5 durch einen anderen Erwerber ersetzt wird, muss die **Vereinbarung mit dem neuen Erwerber** bereits vor Lieferung aus dem Konsignationslager wirksam geschlossen sein, da andernfalls die Rechtsfolge des Absatzes 6 Satz 2 eintritt (Rz. 95 ff.). Falls der

1 Erläuterungen „Quick Fixes 2020" v. 20.12.2019, DG TAXUD, Tz. 2.5.9., URL: https://ec.europa.eu/taxation_customs/system/files/2021-08/explanatory_notes_2020_quick_fixes_de.pdf, abgerufen am 29.12.2023.

2 *Huschens* in Reiß/Kraeusel/Langer, § 6b UStG Rz. 23 (Stand: Juli 2020); Erläuterungen „Quick Fixes 2020" v. 20.12.2019, DG TAXUD, Tz. 2.5.9., URL: https://ec.europa.eu/taxation_customs/system/files/2021-08/explanatory_notes_2020_quick_fixes_de.pdf, abgerufen am 29.12.2021.

3 *Huschens* in Reiß/Kraeusel/Langer, § 6b UStG Rz. 25 (Stand: Juli 2020); *Heuermann* in Sölch/Ringleb, § 6b UStG Rz. 32 (Stand: März 2022).

4 Vgl. EuGH, Urt. v. 23.4.2020 – C-401/18, ECLI:EU:C:2020:295 – Herst, UR 2020, 386 m. Anm. *Nieskens*, Rz. 40.

5 Abschn. 6b.1 Abs. 7 Satz 2 UStAE.

6 *Grünwald* in Hartmann/Metzenmacher, § 6b UStG Rz. 49 (Stand: Juni 2023).

7 *Szabó/Tausch*, UVR 2019, 76 (77); *Trejo*, MwStR 2020, 8 (16).

8 *Huschens* in Reiß/Kraeusel/Langer, § 6b UStG Rz. 24 (Stand: Juli 2020).

9 *Weymüller* in Weymüller, BeckOK, § 6b UStG Rz. 11.2 (Stand: September 2023); *Huschens* in Reiß/Kraeusel/Langer, § 6b UStG Rz. 34 (Stand: Juli 2020); *Heuermann* in Sölch/Ringleb, § 6b UStG Rz. 36 (Stand: März 2022); Abschn. 6b.1 Abs. 12 UStAE; Erläuterungen „Quick Fixes 2020" v. 20.12.2019, DG TAXUD, Rz. 2.5.25., URL: https://ec.europa.eu/taxation_customs/system/files/2021-08/explanatory_notes_2020_quick_fixes_de.pdf, abgerufen am 29.12.2023.

10 Erläuterungen „Quick Fixes 2020" v. 20.12.2019, DG TAXUD, Tz. 2.5.26., URL: https://ec.europa.eu/taxation_customs/system/files/2021-08/explanatory_notes_2020_quick_fixes_de.pdf, abgerufen am 29.12.2023.

Vertrag mit dem ursprünglichen Erwerber bspw. durch gegenseitige Aufhebung oder Kündigung erlischt, muss zudem bereits am Tag der Wirksamkeit eines solchen Erlöschens der Vertrag mit dem neuen Erwerber wirksam abgeschlossen sein, da andernfalls eine der Voraussetzungen der Konsignationslagerregelung nicht mehr vorliegt und die Rechtsfolge des Absatzes 6 Satz 1 eintritt.[1]

b) Vereinbarung mit mehreren beabsichtigten Erwerbern

Es ist möglich, entsprechende Vereinbarungen mit **mehreren Erwerbern** zu treffen. Allerdings muss in diesen Fällen wegen der Aufzeichnungspflichten nach Art. 54a Abs. 1 Buchst. b sowie Art. 54a Abs. 2 Buchst. b MwStVO[2], entsprechend § 22 Abs. 4f Satz 2 Nr. 9, § 22 Abs. 4g Satz 2 Nr. 2 UStG sichergestellt werden, dass identifizierbar ist, welche Gegenstände für welchen Erwerber bestimmt sind.[3] 31

Bei **vertretbaren Sachen i.S.d. § 91 BGB** ist es deshalb bei mehreren Erwerbern ratsam, dass die physische Trennung bereits ab Beginn der Beförderung oder Versendung der Gegenstände sichergestellt wird.[4] Die physische Trennung muss jedoch nicht über das hinausgehen, was zur Erfüllung der Aufzeichnungspflichten nach Art. 54a Abs. 1 Buchst. b sowie Art. 54a Abs. 2 Buchst. b MwStVO entsprechend § 22 Abs. 4f Nr. 9, § 22 Abs. 4g Nr. 2 UStG erforderlich ist.[5] So können nach Erwerbern gekennzeichnete Gitterboxen oder ähnliche getrennte Transportbehälter ausreichend sein.[6] Bei Gasen oder Flüssigkeiten, die für mehrere Erwerber bestimmt sind, jedoch in einem Tank aufbewahrt werden, genügt dafür die Trennung in der Lagerbuchführung, wie das Beispiel der Kommission zur Bestimmung der Zwölf-Monats-Frist zeigt,[7] eine physische Trennung innerhalb des Tanks ist nicht notwendig. 32

c) Vereinbarung mit dem Kommissionär bei Verkaufskommissionen

Bei beabsichtigten späteren Lieferungen im Rahmen von Verkaufskommissionen muss die **Vereinbarung mit dem Kommissionär** geschlossen werden, da dieser bei Entnahme aus dem Konsignationslager und Lieferung an die Kunden abweichend vom Zivilrecht Erwerber wird, § 3 Abs. 3 UStG, Art. 14 Abs. 2 Buchst. c MwStSystRL.[8] 33

d) Keine Form- oder Typgebundenheit der Vereinbarung

Eine **Form** der Vereinbarung ist **nicht vorgeschrieben**, es sollte jedoch aus Gründen der Beweisvorsorge eine textliche Fixierung zwischen den Parteien erfolgen.[9] 34

Es ist ebenfalls **nicht erforderlich**, dass inhaltlich ein **Verkaufsvertrag** zwischen den Parteien abgeschlossen wird.[10] Entscheidend ist lediglich die Vereinbarung der Berechtigung des Erwerbers, die Verfügungsmacht an den Gegenständen in dem Konsignationslager erwerben zu können.[11] Da die Ver- 35

---

1 *Huschens* in Reiß/Kraeusel/Langer, § 6b UStG Rz. 58 (Stand: Juli 2020); Abschn. 6b.1 Abs. 6 Satz 2 UStAE; Erläuterungen „Quick Fixes 2020" v. 20.12.2019, DG TAXUD, Rz. 2.5.12., URL: https://ec.europa.eu/taxation_customs/system/files/2021-08/explanatory_notes_2020_quick_fixes_de.pdf, abgerufen am 29.12.2023.

2 I.d.f. der Durchführungsverordnung (EU) 2018/1912, ABl. EU 2018 Nr. L 311, 10.

3 *Huschens* in Reiß/Kraeusel/Langer, § 6b UStG Rz. 32 (Stand: Juli 2020); Abschn. 6b.1 Abs. 3 Sätze 5 und 6 UStAE; Erläuterungen „Quick Fixes 2020" v. 20.12.2019, DG TAXUD, Rz. 2.5.11., URL: https://ec.europa.eu/taxation_customs/system/files/2021-08/explanatory_notes_2020_quick_fixes_de.pdf, abgerufen am 29.12.2023.

4 *Huschens* in Reiß/Kraeusel/Langer, § 6b UStG Rz. 32 (Stand: Juli 2020).

5 So auch *Robisch* in Bunjes[22], § 6b UStG Rz. 14.

6 *Grünwald* in Hartmann/Metzenmacher, § 6b UStG Rz. 66 (Stand: Juni 2023) verlangt allgemein eine Kennzeichnung.

7 Erläuterungen „Quick Fixes 2020" v. 20.12.2019, DG TAXUD, Rz. 2.5.17., URL: https://ec.europa.eu/taxation_customs/system/files/2021-08/explanatory_notes_2020_quick_fixes_de.pdf, abgerufen am 29.12.2023.

8 *Heuermann* in Sölch/Ringleb, § 6b UStG Rz. 44 (Stand März 2022); Abschn. 6b.1 Abs. 5 Satz 2 UStAE; Erläuterungen „Quick Fixes 2020" v. 20.12.2019, DG TAXUD, Rz. 2.5.10., URL: https://ec.europa.eu/taxation_customs/system/files/2021-08/explanatory_notes_2020_quick_fixes_de.pdf, abgerufen am 24.8.2023.

9 *Heuermann* in Sölch/Ringleb, § 6b UStG Rz. 41 (Stand: März 2022).

10 So auch *Trejo*, MwStR 2020, 8 (13).

11 *Huschens* in Reiß/Kraeusel/Langer, § 6b UStG Rz. 31 (Stand: Juli 2020); *Heuermann* in Sölch/Ringleb, § 6b UStG Rz. 40 (Stand: März 2022); Abschn. 6b.1 Abs. 3 Satz 2 UStAE; Erläuterungen „Quick Fixes 2020" v.

schaffung der Verfügungsmacht als Tatbestandsmerkmal einer Lieferung nach Art. 14 MwStSystRL keine Gegenleistung verlangt, ist die Vereinbarung eines Entgelts nicht zwingend,[1] genauso wenig wie die Zahlung des Entgeltes als Bedingung eines Eigentumserwerbs umsatzsteuerliche Relevanz hat.[2]

e) Keine verbindliche Abnahmeverpflichtung

36 Liegt bereits bei Beginn der Beförderung oder Versendung der Gegenstände im Abgangsmitgliedstaat eine **verbindliche Bestellung des Erwerbers** vor, so kommt es für die Abgrenzung zu einer innergemeinschaftlichen Lieferung mit kurzfristiger Zwischenlagerung nach der bisherigen Rechtsprechung des BFH[3] (§ 1a Rz. 113 sowie Rz. 10) darauf an, ob der Erwerber unmittelbar bei Beendigung der Beförderung oder Versendung die Verfügungsmacht an dem Gegenstand erhalten soll und die kurzzeitige Lagerung die Beförderung oder Versendung nicht abbricht, oder aber diese erst zu einem späteren Zeitpunkt bei Entnahme aus dem Konsignationslager übergehen soll.[4] Nach Ansicht der FinVerw. kann selbst bei einer verbindlichen Bestellung des Erwerbers die Vereinfachungsregelung Anwendung finden, wenn Lieferer und Erwerber deren Anwendung vereinbaren, z.B. in einem Rahmenvertrag.[5]

37 Entscheidend dafür sind die **Zugriffsmöglichkeiten des Erwerbers** im Zeitpunkt der Beendigung der Beförderung oder Versendung, insbesondere seine Ausschlussmöglichkeiten hinsichtlich des Lieferers. Indizien für einen engen zeitlichen und sachlichen Zusammenhang zwischen der Beförderung bzw. Versendung der Gegenstände und ihrer Lieferung in einem kontinuierlichen Ablauf[6] sind bspw. die Beförderung bzw. Versendung durch den Abnehmer[7] oder aber die Einlagerung in ein von dem Abnehmer betriebenes Lager. Kann jedoch der Lieferer trotz verbindlicher Bestellung des Erwerbers die Gegenstände noch umverfügen, mithin den Erwerber nach Absatz 5 (Rz. 80 ff.) ohne Zustimmungserfordernis des bisherigen geplanten Erwerbers ersetzen, spricht dies gegen einen solchen engen zeitlichen und sachlichen Zusammenhang. In diesem Falle bedarf es tatsächlich eines weiteren Schritts, um die Verfügungsmacht übergehen zu lassen[8] und die Konsignationslagerregelung ist daher anwendbar.

38 Bei der Vereinbarung von **Mindestabnahmemengen** muss analog auf die Zugriffsmöglichkeiten des Erwerbers im Zeitpunkt der Beendigung der Beförderung oder Versendung abgestellt werden. Ist nach der Vereinbarung der Parteien gewollt, dass die Mindestabnahmemengen bei Eintreten der Bedingung für diese (z.B. Monatsende) auf den Erwerber übergehen, ohne dass der Lieferer diese noch umverfügen kann, liegt nach den Grundsätzen der Rechtsprechung eine unmittelbare innergemeinschaftliche Lieferung vor. Bestimmt die Mindestabnahmemenge dagegen lediglich den Umfang eines ggf. zu leistenden Schadenersatzes des Erwerbers, ist die Konsignationslagerregelung anwendbar.

39 Keine verbindliche Bestellung in diesem Sinne ist die Verabredung, dass der Lieferer eine bestimmte **Lagerreichweite** vorhalten muss (z.B. 60 Tage auf Basis einer rollierenden Vorhersage), wenn sich daraus keine verbindliche Abnahmepflicht des Erwerbers ergibt.

20.12.2019, DG TAXUD, Rz. 2.5.26 und 2.5.2027., URL: https://ec.europa.eu/taxation_customs/system/files/2021-08/explanatory_notes_2020_quick_fixes_de.pdf, abgerufen am 24.8.2023.

1 Erläuterungen „Quick Fixes 2020" v. 20.12.2019, DG TAXUD, Rz. 2.5.10., URL: https://ec.europa.eu/taxation_customs/system/files/2021-08/explanatory_notes_2020_quick_fixes_de.pdf, abgerufen am 24.8.2023.

2 **A.A.** Kommission in: Erläuterungen „Quick Fixes 2020" v. 20.12.2019, DG TAXUD, Rz. 2.5.27., URL: https://ec.europa.eu/taxation_customs/system/files/2021-08/explanatory_notes_2020_quick_fixes_de.pdf, abgerufen am 29.12.2023.

3 Vgl. BFH, Urt. v. 20.10.2016 – V R 31/15, BStBl. II 2017, 1076 = UR 2017, 185 m. Anm. *Monfort*; BFH, Urt. v. 16.11.2016 – V R 1/16, BStBl. II 2017, 1079 = UR 2017, 354.

4 *Huschens* in Reiß/Kraeusel/Langer, § 6b UStG Rz. 8 (Stand: Juli 2020); Abschn. 1a.2 Abs. 6 Sätze 5 und 6 sowie Abschn. 3.12 Abs. 3 Sätze 5 und 8 UStAE; generell für die Annahme einer Lieferung in diesen Fällen: *Heuermann* in Sölch/Ringleb, § 6b UStG Rz. 48 (Stand: März 2022); *Grünwald* in Hartmann/Metzenmacher, § 6b UStG Rz. 61 (Stand: Juni 2023).

5 Abschn. 6b.1 Abs. 3 Satz 3 UStAE.

6 Vgl. BFH, Urt. v. 20.10.2016 – V R 31/15, BStBl. II 2017, 1076 = UR 2017, 185 m. Anm. *Monfort*, Rz. 20.

7 Erläuterungen „Quick Fixes 2020" v. 20.12.2019, DG TAXUD, Rz. 2.5.9., URL: https://ec.europa.eu/taxation_customs/system/files/2021-08/explanatory_notes_2020_quick_fixes_de.pdf, abgerufen am 29.12.2023.

8 Vgl. EuGH, Urt. v. 23.4.2020 – C-401/18, ECLI:EU:C:2020:295 – Herst, UR 2020, 386 m. Anm. *Nieskens*, Rz. 40.

Umgekehrt ist es für die Anwendbarkeit des § 6b UStG jedoch **nicht erforderlich**, dass bei Beginn der Beförderung oder Versendung der Gegenstände im Abgangsmitgliedstaat eine **verbindliche Bestellung** des Erwerbers vorliegt.[1] 40

3. Beförderung oder Versendung in den Bestimmungsmitgliedstaat zum Zwecke der späteren Lieferung gemäß der Vereinbarung

Bei der **bezweckten späteren Lieferung** muss es sich um eine Lieferung i.S.d. Art. 14 Abs. 1 MwStSystRL (entsprechend § 3 Abs. 1 UStG) handeln, da nur diesen Lieferungen ein innergemeinschaftliches Verbringen gleichgestellt ist, Art. 17 Abs. 1 MwStSystRL. 41

Der **Gegenstand** der späteren Lieferung muss mit dem Gegenstand, der in den Bestimmungsmitgliedstaat befördert oder versendet wird, **identisch** sein.[2] Eine Bearbeitung des Gegenstandes im Bestimmungsmitgliedstaat vor Übertragung der Verfügungsmacht an den Erwerber schließt daher die Anwendung der Konsignationslagerregelung des § 6b UStG aus.[3] Unschädlich ist dagegen die bloße Umverpackung oder die Etikettierung der Gegenstände im Lager, da dadurch die Identität der Gegenstände nicht betroffen wird.[4] 42

Die Konsignationslagerreglung ist ebenfalls **nicht** für den Fall des Verbringens von Gegenständen in einen anderen Mitgliedstaat zur Ausführung einer **Werklieferung** anwendbar.[5] 43

Der Ort, an den die Gegenstände der Lieferung gelangen, muss nicht zwingend ein Lager im Sinne eines Gebäudes sein,[6] die Gegenstände können an **jedem räumlich bestimmbaren Ort** zwischengelagert werden, wie bspw. in Eisenbahnwaggons,[7] Containern, Trailern oder Binnenschiffen.[8] Die Anforderungen an den Ort der Zwischenlagerung ergeben sich aus den Aufzeichnungsverpflichtungen nach Art. 54a Abs. 1 Buchst. c und d MwStVO[9]: der Ort muss eine Anschrift haben, einen Inhaber und die ankommenden Gegenstände müssen nach Beschreibung und Menge identifizierbar sein. 44

Bei **vertretbaren Sachen i.S.d. § 91 BGB**, die für mehrere Abnehmer zusammen gelagert werden, erfordert die Identifizierbarkeit nicht zwangsläufig, dass diese in mehreren Räumen physisch abgesondert werden müssen (Rz. 32). Vielmehr können bspw. Gase oder Flüssigkeiten in einem Tank aufbewahrt werden. Entscheidend ist, dass Lieferer und Erwerber jederzeit identifizieren können, wo sich die Gegenstände befinden, um der FinVerw. eine Kontrolle der Konsignationslagerregelung zu ermöglichen.[10] 45

Der Ort der Lagerung kann auf **Initiative des liefernden Unternehmers** (zur Problematik der festen Niederlassung in diesem Fall Rz. 47 ff.), des **späteren Erwerbers oder eines Dritten** (als selbständiger Lagerhalter) eingerichtet sein.[11] 46

---

1 *Grünwald* in Hartmann/Metzenmacher, § 6b UStG Rz. 61 (Stand: Juni 2023); *Szabó/Tausch*, UVR 2019, 76 (83).
2 BR-Drucks. 356/19, 177; *Widmann*, MwStR 2019, 976 (982); Abschn. 6b.1 Abs. 8 Satz 1 UStAE.
3 *Trejo*, MwStR 2020, 8 (15); vgl. EuGH, Urt. v. 2.10.2014 – C-446/13, ECLI:EU:C:2014:2552 – Fonderie 2A, UR 2014, 928 m. Anm. *Maunz/Luther*.
4 So auch *Robisch* in Bunjes[22], § 6b UStG Rz. 15.
5 *Heuermann* in Sölch/Ringleb, § 6b UStG Rz. 47 (Stand: März 2022); *Weymüller* in Weymüller, BeckOK, § 6b UStG Rz. 13 (Stand: September 2023); *Grünwald* in Hartmann/Metzenmacher, § 6b UStG Rz. 53 (Stand: Juni 2023); *Widmann*, MwStR 2019, 976 (982); Abschn. 6b.1 Abs. 8 Satz 2 UStAE.
6 *Huschens* in Reiß/Kraeusel/Langer, § 6b UStG Rz. 27 (Stand: Juli 2020); *Heuermann* in Sölch/Ringleb, § 6b UStG Rz. 58 (Stand: März 2022); Abschn. 6b.1 Abs. 4 Satz 2 UStAE; Erläuterungen „Quick Fixes 2020" v. 20.12.2019, DG TAXUD, Rz. 2.5.29., URL: https://ec.europa.eu/taxation_customs/system/files/2021-08/explanatory_notes_2020_quick_fixes_de.pdf, abgerufen am 29.12.2023.
7 BR-Drucks. 356/19, 177.
8 Abschn. 6b.1 Abs. 4 Satz 5 UStAE.
9 *Huschens* in Reiß/Kraeusel/Langer, § 6b UStG Rz. 27 (Stand: Juli 2020) unter Abstellen auf § 22 Abs. 4f Nr. 6 UStG.
10 Abschn. 6b.1 Abs. 4 Satz 3 UStAE; Erläuterungen „Quick Fixes 2020" v. 20.12.2019, DG TAXUD, Rz. 2.5.29., URL: https://ec.europa.eu/taxation_customs/system/files/2021-08/explanatory_notes_2020_quick_fixes_de.pdf, abgerufen am 29.12.2023.
11 *Heuermann* in Sölch/Ringleb, § 6b UStG Rz. 59 (Stand: März 2022); BR-Drucks. 356/19, 177.

III. Keine Ansässigkeit oder feste Niederlassung des Lieferers im Inland (Absatz 1 Nr. 2)

47 Der liefernde Unternehmer darf im Bestimmungsmitgliedstaat weder ansässig sein noch eine feste Niederlassung in diesem haben. Dies gilt unabhängig davon, ob die Hauptniederlassung oder die feste Niederlassung im Bestimmungsmitgliedstaat an der Lieferung beteiligt ist[1] – Art. 192a MwStSystRL bzw. § 13b Abs. 7 Satz 3 UStG ist im Rahmen der Vereinfachungsregelung nicht anwendbar.[2]

47.1 Eine **bloße Registrierung als Steuerpflichtiger** – etwa aufgrund anderweitiger Lieferstrukturen – ist dagegen **unschädlich.**[3] Zwar ist Ziel der Regelung, eine Registrierung als Steuerpflichtiger im Bestimmungsmitgliedstaat zu vermeiden,[4] der Wortlaut des Art. 17a Abs. 2 Buchst. b MwStSystRL sieht aber ausschließlich den Sitz der wirtschaftlichen Tätigkeit oder eine feste Niederlassung als Ausschlussgründe von der Konsignationslagerregelung vor. Aus der Tatsache, dass dem liefernden Unternehmen im Bestimmungsmitgliedstaat eine MwSt-IdNr. erteilt wurde, kann nicht auf das Vorhandensein einer festen Niederlassung geschlossen werden, Art. 11 Abs. 3 MwStVO. Allerdings ist es wenig zweckmäßig für den Lieferer, von der Vereinfachungsregelung Gebrauch zu machen, wenn er bereits im Bestimmungsmitgliedstaat als Steuerpflichtiger registriert ist.[5]

48 Der Begriff der **festen Niederlassung** richtet sich, da Lieferungen betroffen sind, nicht unmittelbar nach der Legaldefinition des Art. 11 Abs. 2 MwStVO. Somit müssen für die Beurteilung des Vorhandenseins einer die Anwendung der Konsignationslagerregelung ausschließenden festen Niederlassung die von der Rechtsprechung entwickelten Kriterien herangezogen werden.[6] Kritisch sind dabei vor allem die Fallgruppen, in welchen das Lager selbst im Eigentum des liefernden Unternehmers steht oder dieser das Lager von einem Dritten anmietet oder pachtet.[7] Dies wird jedoch von den Mitgliedstaaten nicht einheitlich beurteilt.[8] Hierbei kommt es darauf an, ob der Lieferer das Lager mit seinen eigenen Mitteln betreibt.[9] Das ist dann der Fall, wenn der Lieferer das Lager wie eine Betriebstätte betreibt und aus dem Lager heraus Gegenstände liefert, die nicht der Konsignationslagerregelung unterfallen.[10] Die Lieferungen unter der Konsignationslagerregelung selbst sind jedoch nicht in diese Prüfung einzubeziehen, da andernfalls der Charakter der Vereinfachungsregelung konterkariert wird.[11]

1 Abschn. 6b.1 Abs. 2 Satz 2 UStAE.

2 Leitlinien des MwSt-Komitees, 113. Sitzung v. 3.6.2019, Dokument C – taxud.c.1(2019)7898957 – 974, Punkt 3.1 Nr. 2, S. 255 (rechtlich nicht bindend), URL: https://ec.europa.eu/taxation_customs/vat-committee_de, abgerufen am 29.12.2023.

3 *Huschens* in Reiß/Kraeusel/Langer, § 6b UStG Rz. 35 (Stand: Juli 2020); *Monfort* in Birkenfeld/Wäger, Umsatzsteuer-Handbuch, Abschn. II, Kapitel 6F Rz. 41 (Stand: November 2020); Abschn. 6b.1 Abs. 2 Satz 4 UStAE; Erläuterungen „Quick Fixes 2020" v. 20.12.2019, DG TAXUD, Rz. 2.5.7., URL: https://ec.europa.eu/taxation_customs/system/files/2021-08/explanatory_notes_2020_quick_fixes_de.pdf, abgerufen am 29.12.2023.

4 Erwägungsgrund 5 Richtlinie (EU) 2018/1910, ABl. EU 2018 Nr. L 311,3.

5 *Grünwald* in Hartmann/Metzenmacher, § 6b UStG Rz. 73 (Stand: Juni 2023); *Robisch* in Bunjes[22], § 6b UStG Rz. 22.

6 Vgl. zuletzt EuGH, Urt. v. 29.6.2023 – C-232/22, ECLI:EU:C:2023:530 – Cabot Plastics Belgium, UR 2023, 609 m. Anm. *Monfort*.

7 Abschn. 6b.1 Abs. 2 Satz 3 UStAE; Erläuterungen „Quick Fixes 2020" v. 20.12.2019, DG TAXUD, Rz. 2.5.1., URL: https://ec.europa.eu/taxation_customs/system/files/2021-08/explanatory_notes_2020_quick_fixes_de.pdf, abgerufen am 29.12.2023.

8 Protokoll 113. Treffen des MwSt-Komitees am 3.6.2019, Dokument taxud.c.1(2019)6187445 – EN v. 3.9.2019, 4, URL: https://circabc.europa.eu/sd/a/c43a0fb6-d52c-4133-8fbe-69aa058bb036/WP%20971 %20Minutes%20113th%20VATCOM%20meeting%2003-06-2019.pdf, abgerufen am 29.12.2023.

9 *Huschens* in Reiß/Kraeusel/Langer, § 6b UStG Rz. 36 (Stand: Juli 2020); Abschn. 6b.1 Abs. 2 Satz 3 UStAE.

10 *Heuermann* in Sölch/Ringleb, § 6b UStG Rz. 63 (Stand: März 2022); *Weymüller* in Weymüller, BeckOK, § 6b UStG Rz. 14.1 (Stand: September 2023).

11 *Weymüller* in Weymüller, BeckOK, § 6b UStG Rz. 14 (Stand: September 2023); **a.A.** *Huschens* in Reiß/Kraeusel/Langer, § 6b UStG Rz. 37 (Stand: Juli 2020).

Unproblematisch sind die Fälle, in denen das **Lager von einem Dritten** betrieben wird, der es aber nicht an den liefernden Unternehmer vermietet,[1] sondern eine bloße logistische Dienstleistung an diesen erbringt, die es ausschließt, dass der liefernde Unternehmer jederzeitigen Zugriff auf einen konkreten Lagerort hat. 49

Befindet sich das **Lager im Eigentum des späteren Erwerbers** und wird es von diesem betrieben, ist dies unter dem Gesichtspunkt einer festen Niederlassung des liefernden Unternehmers zwar unkritisch. In diesem Fall müssen aber Beschränkungen des Zugriffs des späteren Erwerbers auf die Waren vereinbart werden, da dieser andernfalls bereits mit Einlagerung die Verfügungsmacht an den Waren erhält und die Konsignationslagerregelung somit nicht anwendbar ist. 50

IV. Verwendung der Umsatzsteuer-Identifikationsnummer des späteren Erwerbers (Absatz 1 Nr. 3)

Der spätere Erwerber muss **bis zum Beginn der Beförderung oder Versendung** der Gegenstände des Unternehmens gegenüber dem liefernden Unternehmer seine MwSt-IdNr. des Bestimmungsmitgliedstaats verwendet haben. Die unionsrechtliche Grundlage des Art. 17a Abs. 2 Buchst. c MwStSystRL verlangt jedoch lediglich, dass die MwSt-IdNr. dem liefernden Unternehmer bekannt ist. 51

Der Begriff der „Verwendung" soll dabei ein „positives Tun" des Erwerbers bei der Vereinbarung mit dem Unternehmer über den späteren Erwerb der Ware voraussetzen.[2] Da im Rahmen der Konsignationslagerregung **nur die MwSt-IdNr. des Bestimmungsmitgliedstaats** verwendet werden kann, ist eine Doppelbesteuerung des Erwerbers nach Art. 41 Abs. 1 MwStSystRL, § 3d Satz 2 UStG ausgeschlossen (§ 3d Rz. 15 ff.). Somit bedarf es keiner erhöhten Anforderung an das Verwenden der MwSt-IdNr. zum Schutz des Erwerbers. Von daher reicht es aus, dass der liefernde Unternehmer Kenntnis dieser MwSt-IdNr. des späteren Abnehmers hat.[3] Ob § 6b Abs. 1 Nr. 3 UStG im Einklang mit seiner unionsrechtlichen Grundlage in Art. 17a Abs. 2 Buchst. c MwStSystRL steht, ist daher anzuzweifeln.[4] Der Konflikt kann dadurch aufgelöst werden, dass ein „Verwenden" im Sinne der nationalen Vorschrift gegeben ist, wenn der Abnehmer den Lieferer von seiner MwSt-IdNr. in Kenntnis gesetzt hat, bspw. auf Grundlage ihrer vertraglichen Beziehung.[5] Das „Verwenden" der MwSt-IdNr. ist zudem nach Ansicht der Finanzverwaltung nachholbar, Abschn. 6b.1 Abs. 5 Satz 5 i. V. m. Abschn. 3a.2 Abs. 10 Satz 7 UStAE.[6] 52

V. Aufzeichnungs- und Meldepflichten des liefernden Unternehmers (Absatz 1 Nr. 4)

Der liefernde Unternehmer muss seinen **Aufzeichnungspflichten nach Art. 243 Abs. 3 MwStSystRL, Art. 54a Abs. 1 MwStVO** nachkommen. 53

Die **Aufzeichnungspflichten im Inland** umfassen zunächst die in § 22 Abs. 4f Satz 2 Nr. 1–12 UStG aufgeführten Einzelpunkte (§ 22 Rz. 94 ff.). Dabei wurden die Regelungen des § 22 Abs. 4f UStG nur der „besseren Verständlichkeit" halber ins Gesetz aufgenommen und bewirken keine materiell-rechtlichen Änderungen gegenüber der unionsrechtlichen Grundlage; die in § 22 Abs. 4f UStG geregelten 54

---

1 *Huschens* in Reiß/Kraeusel/Langer, § 6b UStG Rz. 36 (Stand: Juli 2020); Erläuterungen „Quick Fixes 2020" v. 20.12.2019, DG TAXUD, Rz. 2.5.1., URL: https://ec.europa.eu/taxation_customs/system/files/2021-08/explanatory_notes_2020_quick_fixes_de.pdf, abgerufen am 29.12.2023.

2 BR-Drucks. 356/19, 177; *Sterzinger*, UR 2020, 1 (14).

3 Erläuterungen „Quick Fixes 2020" v. 20.12.2019, DG TAXUD, Rz. 2.5.23., URL: https://ec.europa.eu/taxation_customs/system/files/2021-08/explanatory_notes_2020_quick_fixes_de.pdf, abgerufen am 29.12.2023; ebenfalls zweifeln: *Huschens* in Reiß/Kraeusel/Langer, § 6b UStG Rz. 39 (Stand: Juli 2020).

4 *Monfort* in Birkenfeld/Wäger, Umsatzsteuer-Handbuch, Abschn. II, Kapitel 6F Rz. 49 f. (Stand: November 2020); *Robisch* in Bunjes[22], § 6b UStG Rz. 24.

5 *Heuermann* in Sölch/Ringleb, § 6b UStG Rz. 71 (Stand: März 2022).

6 *Neeser*, UVR 2022, 208 (213).

Aufzeichnungspflichten müssen stets im Lichte des Art. 54a MwStVO interpretiert werden.[1] Soweit § 22 Abs. 4f Satz 2 Nr. 9 UStG die Aufzeichnung der Bemessungsgrundlage nach § 10 Abs. 4 Satz 1 Nr. 1 UStG verlangt, ist dies unzutreffend, da es eine solche nicht gibt. Richtigerweise ist nach Art. 54a Abs. 1 Buchst. d MwStVO[2] der „Wert" der Gegenstände aufzuzeichnen. Dies ist der Wert, den der liefernde Unternehmer in seinem Warenwirtschaftssystem der Bewertung der Waren bei der Umlagerung beimisst.[3]

55 An die Führung der Aufzeichnungen nach Art. 54a Abs. 1 MwStVO sind **keine formellen Voraussetzungen** geknüpft, insbesondere müssen diese weder in Papierform noch gesondert geführt werden.[4] Die Einzelheiten legen die Mitgliedstaaten fest. Der liefernde Unternehmer kann die Aufzeichnungspflichten daher im Rahmen seines Warenwirtschaftssystems führen,[5] er kann auch eine gemeinsame Cloud-Lösung mit dem Abnehmer zur Aufzeichnung nutzen.[6]

56 Zwar unterliegt **auch der spätere Erwerber bzw. sein Lagerhalter den Aufzeichnungspflichten** nach Art. 54a Abs. 2 MwStVO bzw. § 22 Abs. 4g UStG, diese sind aber **keine materielle Voraussetzung** für die Anwendung der Konsignationslagerregelung.[7] Führen die Aufzeichnungen des späteren Erwerbers oder seines Lagerhalters im Vergleich zu denen des liefernden Unternehmers zu Differenzen – diese werden in der Regel im Rahmen von Inventuren aufgedeckt – führt dies nicht zu einer Rechtsfolge nach § 6b Abs. 6 Satz 1 UStG (Rz. 90 ff.). Dies insbesondere deshalb, da aufgrund von Inventurdifferenzen nicht zwingend darauf geschlossen werden kann, dass die Waren im Lager zerstört, gestohlen oder verlustig i.S.d. § 6b Abs. 6 Satz 4 UStG (Rz. 101 ff.) gegangen sind. Es ist vielmehr denkbar, dass entweder weniger Ware als in den Aufzeichnungen erfasst in den Bestimmungsmitgliedstaat gelangt ist – in diesem Fall wäre mangels Gelangen der Ware ins Inland weder § 6b Abs. 1 i.V.m. § 1a Abs. 2a UStG noch § 1a Abs. 2 UStG anwendbar – oder aber der Erwerber mehr Ware aus dem Lager entnommen hat, als er selbst aufgezeichnet hat – in diesem Falle umfasst die Aufzeichnung des liefernden Unternehmers jedenfalls alle Lieferungen nach § 6b Abs. 2 UStG i.S.d. § 22 Abs. 4f Satz 2 Nr. 11 UStG. Falls solche Inventurdifferenzen bestehen, ist es sachgerecht, die zivilrechtlichen Regelungen der Vereinbarung nach Absatz 1 Nr. 1 (Rz. 26 ff.) zwischen lieferndem Unternehmer und späterem Erwerber, zu wessen Lasten Inventurdifferenzen gehen sollen, heranzuziehen.

57 Der **liefernde Unternehmer** muss für Beförderung oder Versendung in ein Konsignationslager im Inland seinen **Meldepflichten zur ZM** nach Art. 262 Abs. 2 MwStSystRL **im Abgangsmitgliedstaat** nachkommen.

58 Für den Fall der Beförderung oder Versendung **aus dem Inland** in ein Konsignationslager im übrigen Gemeinschaftsgebiet muss der liefernde Unternehmer seiner Meldepflicht nach § 18a Abs. 1, § 18a Abs. 6 Nr. 3 und § 18 a Abs. 7 Satz 1 Nr. 2a UStG nachkommen. In beiden Fällen müssen für jeden Meldezeitraum des Beginns der Versendung oder Beförderung von Gegenständen in ein Konsignationslager die USt-IdNr. i.S.d. § 27a UStG bzw. die MwSt-IdNr. des oder der Abnehmer gemeldet werden, jedoch ohne eine Bemessungsgrundlage. Dazu wird aus organisatorischen Gründen für eine noch nicht näher bestimmte Übergangszeit eine **gesonderte Meldung über Beförderungen oder Versendungen nach § 6b Abs. 1 UStG** als Ersatz für die ZM eingeführt (§ 18a Rz. 37, 41);[8] für die Meldepflichten im Falle der Rücksendung nach Absatz 4 (Rz. 73 ff.), im Falle der Substitution des Erwerbers nach Absatz 5 (Rz. 90).

1 *Heuermann* in Sölch/Ringleb, § 6b UStG Rz. 74 (Stand: März 2022).

2 *Widmann*, MwStR 2019, 976 (983) zu den Problemen der doppelten Normierung in Art. 54a MwStVO und § 22 Abs. 4g UStG.

3 Für die Bewertung mit Anschaffungskosten: *Heuermann* in Sölch/Ringleb, § 6b UStG Rz. 75 (Stand: März 2022).

4 *Monfort* in Birkenfeld/Wäger, Umsatzsteuer-Handbuch, Abschn. II, Kapitel 6F Rz. 59 (Stand: November 2020); Erläuterungen „Quick Fixes 2020" v. 20.12.2019, DG TAXUD, Rz. 2.5.18., URL: https://ec.europa.eu/taxation_customs/system/files/2021-08/explanatory_notes_2020_quick_fixes_de.pdf, abgerufen am 29.12.2023.

5 *Heuermann* in Sölch/Ringleb, § 6b UStG Rz. 76 (Stand: März 2022).

6 *Weymüller* in Weymüller, BeckOK, § 6b UStG Rz. 16 (Stand: September 2023).

7 *Huschens* in Reiß/Kraeusel/Langer, § 6b UStG Rz. 40 (Stand: Juli 2020).

8 *Weymüller* in Weymüller, BeckOK, § 6b UStG Rz. 16.1 ff. (Stand: September 2023); BMF, Schr. v. 28.1.2020 – III C 5-S 7427-b/19/10001 – DOK 2020/0077618; Anleitung des BZASt v. 23.12.2021, URL: https://www.bzst.de/SharedDocs/Downloads/DE/ZM/konsignationslagerregelung.html, abgerufen am 29.12.2023.

Die **Meldepflichten in die ZM** sind **mit Rückwirkung nachholbar**; die Anforderung einer „rechtzeitigen" Meldung in § 6b Abs. 1 Nr. 4 UStG ist ohne unionsrechtliche Grundlage in Art. 17a Abs. 2 Buchst. d MwStSystRL.[1] Art. 17a Abs. 2 Buchst. d MwStSystRL verweist vielmehr ausschließlich auf die Erklärungspflicht nach Art. 262 Abs. 2 MwStSystRL und – anders als Art. 138 Abs. 1a MwStSystRL – nicht auf die in Art. 263 MwStSystRL normierte Abgabefrist.[2] In Ermangelung einer unionsrechtlichen ausdrücklichen Frist kann der Lieferer daher die Konsignationslagerregelung auch nachträglich in Anspruch nehmen.[3] Die Rechtslage ist dabei vergleichbar mit der Vereinfachungsregelung des sog. „innergemeinschaftlichen Dreiecksgeschäfts", bei dem der EuGH die Nachholung der ZM zugelassen hat[4] (§ 3d Rz. 39). 58.1

C. Rechtsfolge: Gleichstellung der Lieferung an den Erwerber mit einer innergemeinschaftlichen Lieferung sowie mit einem innergemeinschaftlichen Erwerb (Absatz 2)

I. Rechtsfolgen

Der **Übergang der Verfügungsmacht** an den Erwerber erfolgt in der Regel **durch** eine **Entnahme** der Gegenstände aus dem Konsignationslager durch den Erwerber oder auf Veranlassung des Erwerbers durch einen Dritten, wie bspw. einen weiteren Erwerber im Fall von Kommissionsgeschäften. Die Verfügungsmacht kann aber auch durch eine Übernahme des gesamten Konsignationslagers (z.B. des Eisenbahnwaggons – Rz. 44) durch den Erwerber an diesen übertragen werden. Sind im Zeitraum vom Beginn der Beförderung bzw. Versendung im Abgangsmitgliedstaat bis zur Entnahme aus dem Konsignationslager die Voraussetzungen des Absatzes 1 erfüllt, wird der Übergang der Verfügungsmacht auf den Erwerber im Abgangsmitgliedstaat einer innergemeinschaftlichen Lieferung (Nr. 1) und im Bestimmungsmitgliedstaat einem innergemeinschaftlichen Erwerb (Nr. 2) gleichgestellt. Darüber hinaus kann für die so gelieferten Gegenstände kein innergemeinschaftliches Verbringen mehr eintreten,[5] § 1a Abs. 2a UStG bzw. § 3 Abs. 1a Satz 3 UStG. 59

Der liefernde Unternehmer **muss für den Zeitraum der Entnahme** eine innergemeinschaftliche Lieferung an den Erwerber mit deren Bemessungsgrundlage in seine ZM aufnehmen, Art. 262 Abs. 1 Buchst. a MwStSystRL bzw. § 18a Abs. 1, § 18a Abs. 6 Nr. 1 und § 18a Abs. 7 Satz 1 Nr. 1 UStG, selbst wenn der Beginn der Beförderung oder Versendung des Gegenstands im Abgangsmitgliedstaat bis zu zwölf Monate zurückliegt. 60

Da es sich bei der Rechtsfolgenanordnung des Absatzes 2 um eine doppelte gesetzliche Fiktion handelt[6] – im Abgangsmitgliedstaat steuerbare und steuerfreie innergemeinschaftliche Lieferung, im Bestimmungsmitgliedstaat steuerbarer Erwerb – sind neben den in Absatz 1 als Tatbestandsvoraussetzungen geforderten Aufzeichnungs- und Meldepflichten im Zeitpunkt des Eintritts der Fiktion keine weiteren Nachweise zu führen, um die Steuerbefreiung der innergemeinschaftlichen Lieferung anwenden zu können.[7] Auf den Zeitpunkt einer Rechnungs- oder Gutschrifterstellung kommt es daher ebenfalls nicht an.[8] 60.1

---

1 *Fietz/Lehner*, MwStR 2021, 454 (457).

2 *Huschens* in Reiß/Kraeusel/Langer, § 6b UStG Rz. 41 (Stand: Juli 2020); *Heuermann* in Sölch/Ringleb, § 6b UStG Rz. 79 (Stand: März 2022); *Monfort* in Birkenfeld/Wäger, Umsatzsteuer-Handbuch, Abschn. II, Kapitel 6F Rz. 68 (Stand: November 2020).

3 *Huschens* in Reiß/Kraeusel/Langer, § 6b UStG Rz. 42 (Stand: Juli 2020); *Monfort* in Birkenfeld/Wäger, Umsatzsteuer-Handbuch, Abschn. II, Kapitel 6F Rz. 68 (Stand: November 2020).

4 *Monfort* in Birkenfeld/Wäger, Umsatzsteuer-Handbuch, Abschn. II, Kapitel 6F Rz. 188 (Stand: November 2020); *Fietz/Lehner*, MwStR 2021, 454 (458).

5 *Heuermann* in Sölch/Ringleb, § 6b UStG Rz. 90 (Stand: März 2022).

6 *Huschens* in Reiß/Kraeusel/Langer, § 6b UStG Rz. 43 (Stand: Juli 2020); *Heuermann* in Sölch/Ringleb, § 6b UStG Rz. 90 (Stand: März 2022).

7 *Huschens* in Reiß/Kraeusel/Langer, § 6b UStG Rz. 44 (Stand: Juli 2020); *Heuermann* in Sölch/Ringleb, § 6b UStG Rz. 90 (Stand: März 2022); *Stößel* in Weymüller, BeckOK, § 6b UStG Rz. 17 (Stand: Juni 2023); BR-Drucks. 356/19, 178.

8 *Huschens* in Reiß/Kraeusel/Langer, § 6b UStG Rz. 44 (Stand: Juli 2020).

61 Bei **Weiterlieferungen an einen Kommissionär** wird der Besteuerungszeitpunkt entsprechend auf den Zeitpunkt der tatsächlichen Weiterlieferung an den Dritten verlagert (§ 3 Rz. 163 f.).

II. Abdingbarkeit der Rechtsfolgen nur durch Nichterfüllung der Tatbestandsvoraussetzungen

62 Zwar handelt es sich bei den Regelungen des Art. 17a MwStSystRL, § 6b UStG um eine Vereinfachungsvorschrift. Dennoch treten deren **Rechtsfolgen** bei Vorliegen der Tatbestandsvoraussetzungen **zwingend** ein,[1] da es Ziel der Vorschrift ist, die erheblichen Unstimmigkeiten im innergemeinschaftlichen Kontrollverfahren MIAS zu verringern (Rz. 2).

63 Möchte der liefernde Unternehmer trotz Vorhandenseins einer Absatz 1 Nr. 1 entsprechenden Vereinbarung nicht von der Konsignationslagerregelung Gebrauch machen, muss er gezielt eine der anderen **Tatbestandsvoraussetzungen nicht erfüllen**,[2] sich also bspw. keine USt-IdNr. bzw. MwSt-IdNr. des Erwerbers mitteilen lassen. Eine solche Vorgehensweise ist nicht *per se* missbräuchlich.[3]

64 Zwar wurde die **vormalige Vereinfachungsregelung des sog. „Pommes-Erlass"** durch Streichung des Abschn. 1a.2 Abs. 14 UStAE durch BMF-Schreiben vom 23.4.2018[4] aufgehoben. Vereinbart jedoch der liefernde Unternehmer mit seinen Abnehmern eine Vorgehensweise, bei der aus einem im Inland gelegenen Lager erst zu einem späteren Zeitpunkt geliefert werden soll und haben die Abnehmer in Abgrenzung zur bisherigen Rechtsprechung des BFH bei Beginn der Beförderung oder Versendung im Abgangsmitgliedstaat noch keine verbindliche Bestellung abgegeben, sondern erst, nachdem die Ware ins Inland gelangt ist, kann der Lieferant zu gleichen Rechtsfolgen gelangen wie unter dem vormaligen „Pommes-Erlass".

D. Rückausnahme: Zwölf-Monats-Frist (Absatz 3)

65 Absatz 3 normiert eine **Rückausnahme**[5] von der Rechtsfolge des Absatzes 2, nach anderer Ansicht eine eigenständige gesetzliche Fiktion,[6] dass die Beförderung oder Versendung der Gegenstände als ein der innergemeinschaftlichen Lieferung gleichgestelltes Verbringen[7] nach § 1a Abs. 2 Satz 1 (§ 1a Rz. 82 ff.) bzw. § 3 Abs. 1a Satz 1 UStG (§ 3 Rz. 58 ff.) gilt, wenn die Gegenstände nicht innerhalb von zwölf Monaten *nach dem Ende (!)* der Beförderung oder Versendung an den Erwerber geliefert werden, für den sie nach Absatz 1 Nr. 1 bestimmt waren bzw. an den Erwerber, der nach Absatz 5 an die Stelle des Erwerbers getreten ist (Rz. 80 ff.). Da das Ende der Beförderung oder Versendung entscheidend ist,[8] ist es unbeachtlich, wann die Beförderung oder Versendung im Abgangsmitgliedstaat begann. Entscheidend ist die Ankunft im Konsignationslager, da auch nur die Ankunft der Gegenstände

---

1 *Weymüller* in Weymüller, BeckOK, § 6b UStG Rz. 18 (Stand: September 2023).

2 *Huschens* in Reiß/Kraeusel/Langer, § 6b UStG Rz. 10 (Stand: Juli 2020); *Grünwald* in Hartmann/Metzenmacher, § 6b UStG Rz. 100 (Stand: Juni 2023); *Monfort* in Birkenfeld/Wäger, Umsatzsteuer-Handbuch, Abschn. II, Kapitel 6F Rz. 151 (Stand: November 2020); Abschn. 6b.1 Abs. 19 Satz 2 UStAE; Erläuterungen „Quick Fixes 2020" v. 20.12.2019, DG TAXUD, Rz. 2.5.2., URL: https://ec.europa.eu/taxation_customs/system/files/2021-08/explanatory_notes_2020_quick_fixes_de.pdf, abgerufen am 29.12.2023.

3 Auffassung der Kommission, s. Protokoll 23. Sitzung der MwSt-Expertengruppe (VEG) v. 18.10.2019, Dokument VEG N 085, URL: https://circabc.europa.eu/sd/a/a939c747-3de0-4cdb-be34-2cb02728ab50/VEG%20085 %20-%20Minutes%2023rd%20VEG%20meeting%2019-09-2019.pdf, abgerufen am 29.12.2023.

4 BMF, Schr. v. 23.4.2018 – III C 3-S 7103-a/17/10001 – DOK 2018/0248550, BStBl. I 2018, 638; *Meurer*, UStB 2019, 80.

5 *Heuermann* in Sölch/Ringleb, § 6b UStG Rz. 92 (Stand: März 2022).

6 *Huschens* in Reiß/Kraeusel/Langer, § 6b UStG Rz. 48 (Stand: Juli 2020).

7 BR-Drucks. 356/19, 178.

8 *Heuermann* in Sölch/Ringleb, § 6b UStG Rz. 94 (Stand: März 2022); *Huschens* in Reiß/Kraeusel/Langer, § 6b UStG Rz. 47 (Stand: Juli 2020); Abschn. 6b.1 Abs. 15 Satz 2 UStAE.

in diesem nach Art. 54a Abs. 1 Buchst. d MwStVO bzw. § 22 Abs. 4f Satz 2 Nr. 7 UStG (§ 22 Rz. 94 ff.) aufzeichnungspflichtig ist.[1]

Die neue Rechtslage regelt nicht, welche **Verbrauchsfolge** bei der Berechnung der Zwölf-Monats-Frist bei der Lagerung vertretbarer Sachen i.S.d. § 91 BGB anzuwenden ist.[2] § 6 Abs. 1 Nr. 2a EStG ist als rein nationale Norm, die zudem keine verbrauchsteuerlichen Zwecke verfolgt, nicht zur Auslegung heranziehbar. Der liefernde Unternehmer kann für die Anwendung der Zwölf-Monats-Frist die Methode wählen, nach der die zuerst eingelagerten Gegenstände auch als zuerst entnommen gelten (sog. **Fifo-Methode**).[3] Die Fifo-Methode ist auch auf Gegenstände anwendbar, die keine Massengüter sind, sofern diesen Gegenstände identisch sind, selbst wenn sie einzeln erfasst und identifiziert werden können. Stammen diese identischen Gegenstände jedoch von verschiedenen Lieferern, ist die Fifo-Methode separat jeweils für den Bestand des entsprechenden Lieferers anzuwenden.[4] 66

Bei gemeinsamer Lagerung von Schütt- oder Massengütern, Flüssigkeiten oder Gasen in einem Tank, Silo o.ä., die für mehrere Erwerber bestimmt sind, ist die Zwölf-Monats-Frist **für jeden beabsichtigen Erwerber**, ggf. unter Anwendung der Fifo-Methode, **einzeln zu bestimmen**.[5] 66.1

Zur **Berechnung** der Länge **der Zwölf-Monats-Frist** kann nicht auf die nationalen Regelungen des § 108 Abs. 1 AO i.V.m. §§ 187–193 BGB zurückgegriffen werden,[6] da auch insofern die Inkongruenzen nationaler Regelungen vermieden werden müssen. Gesetzliche Grundlage zur Bestimmung von Fristen von Rechtsakten des Rates – hier der Richtlinie (EU) 2018/1910 v. 4.12.2018, welche Art. 17a MwStSystRL einführt – ist die Verordnung (EWG, EURATOM) 1182/71 v. 3.6.1971.[7] Fristbeginn ist gemäß Art. 3 Abs. 1 Unterabs. 2 VO 1182/71 der Folgetag des Ereigniseintritts, hier also der Tag nach der Ankunft der Gegenstände im Konsignationslager. Fristende ist nach Art. 3 Abs. 2 Buchst. c VO 1182/71 der Ablauf des Tages, der nach Bezeichnung und Zahl *dem Tag des Fristbeginns* entspricht.[8] Die Frist ist also einen Tag länger, als sie nach § 108 Abs. 1 AO i.V.m. § 188 Abs. 2 BGB zu berechnen wäre, der für das Fristende bei ansonsten gleichem Wortlaut auf den Ereignistag abstellt und nicht auf den Tag des Fristbeginns.[9] Fällt der Tag des Fristendes auf einen Feiertag, Sonntag oder Sonnabend, endet die Frist mit Ablauf des folgenden Arbeitstages, Art. 3 Abs. 4 Unterabs. 1 VO 1182/71. Als Feiertage gelten aber nur die nationalen Feiertage, die im Amtsblatt der Europäischen Union veröffentlicht sind, Art. 2 Abs. 1 Unterabs. 2 VO 1182/71. 67

Zur Fristberechnung wird auf das Beispiel in Abschn. 6b.1 Abs. 15 UStAE verwiesen. 68

Die **Rechtsfolge tritt am Tag nach dem Fristende** ein. An diesem Tag gilt die Beförderung oder Versendung des Gegenstandes als innergemeinschaftliches Verbringen. Das redaktionelle Versehen, dass Absatz 3 ausschließlich auf § 6a Abs. 2 i.V.m. § 3 Abs. 1a UStG verweist, ist trotz redaktioneller Anpas- 69

---

1 S. auch Erläuterungen „Quick Fixes 2020“ v. 20.12.2019, DG TAXUD, Rz. 2.5.16., URL: https://ec.europa.eu/taxation_customs/system/files/2021-08/explanatory_notes_2020_quick_fixes_de.pdf, abgerufen am 29.12.2023.

2 Erläuterungen „Quick Fixes 2020“ v. 20.12.2019, DG TAXUD, Rz. 2.5.17., URL: https://ec.europa.eu/taxation_customs/system/files/2021-08/explanatory_notes_2020_quick_fixes_de.pdf, abgerufen am 29.12.2023; *Höink*, BB 2019, 23 (26).

3 Abschn. 6b.1 Abs. 16 Satz 1 UStAE; Erläuterungen „Quick Fixes 2020“ v. 20.12.2019, DG TAXUD, Rz. 2.5.17., URL: https://ec.europa.eu/taxation_customs/system/files/2021-08/explanatory_notes_2020_quick_fixes_de.pdf, abgerufen am 29.12.2023.

4 Abschn. 6b.1 Abs. 16 Sätze 2 und 3 UStAE; Leitlinien des MwSt-Komitees, 118. Sitzung v. 19.4.2021, Dokument A – taxud.c.1(2021)8178888 – 1015 REV, Punkt 6.1 Nr. 3, S. 267, URL: https://ec.europa.eu/taxation_customs/vat-committee_de, abgerufen am 29.12.2023.

5 *Huschens* in Reiß/Kraeusel/Langer, § 6b UStG Rz. 53 (Stand: Juli 2020); sehr detaillierte Berechnung am Beispiel von Öl in den Erläuterungen „Quick Fixes 2020“ v. 20.12.2019, DG TAXUD, Rz. 2.5.17, URL: https://ec.europa.eu/taxation_customs/system/files/2021-08/explanatory_notes_2020_quick_fixes_de.pdf, abgerufen am 29.12.2023.

6 Abschn. 6b.1 Abs. 15 Satz 3 UStAE.

7 ABl. EG 1971 Nr. L 124, 1, EURLEX: https://eur-lex.europa.eu/legal-content/DE/TXT/PDF/?uri=CELEX:31971R1182&qid=1571421917866&from=DE, abgerufen am 29.12.2023.

8 S. auch Erläuterungen „Quick Fixes 2020“ v. 20.12.2019, DG TAXUD, Rz. 2.5.16., URL: https://ec.europa.eu/taxation_customs/system/files/2021-08/explanatory_notes_2020_quick_fixes_de.pdf, abgerufen am 29.12.2023.

9 *Heuermann* in Sölch/Ringleb, § 6b UStG Rz. 98 (Stand: März 2022); **a.A.** *Becker*, MwStR 2019, 812 (814).

sung im JStG 2020 (Rz. 22) noch nicht behoben worden. Die Rechtsfolge des Absatzes 3 wird im Inland jedoch gerade für den innergemeinschaftlichen Erwerb nach § 1a Abs. 2 UStG eintreten.[1]

70 Der liefernde Unternehmer muss sich dann **als Unternehmer im Lagermitgliedstaat registrieren** und sich vor allem schnellstmöglich um die **Erteilung einer MwSt-IdNr.** bemühen.[2] Das am Tag nach dem Fristende fingierte innergemeinschaftliche Verbringen soll zwar neben den Aufzeichnungs- und Meldepflichten keiner Nachweispflicht unterliegen.[3] Allerdings setzt die Steuerbefreiung des innergemeinschaftlichen Verbringens im Abgangsmitgliedstaat die „Mitteilung", beim Verbringen also zumindest das Vorhandensein, einer MwSt-IdNr. eines anderen Mitgliedstaates voraus, Art. 138 Abs. 1 Buchst. b MwStSystRL, § 4 Nr. 1 Buchst. b, § 6a Abs. 1 Satz 1 Nr. 4 UStG n.F. Diese Wechselwirkung ist problematisch (Rz. 104 f.).[4]

71 Ob die Möglichkeit besteht, sich bei einer **Rücksendung** in den Abgangsmitgliedstaat **nach Ablauf der Zwölf-Monats-Frist** auf eine vorübergehende Verwendung nach Art. 17 Abs. 2 MwStSystRL zu berufen[5] und somit ggf. noch den Eintritt der Rechtsfolge des Absatzes 3 zu heilen, ist umstritten (Rz. 17). Wird die Betonung auf die eigenständige Fiktion eines Verbringens in Art. 17a Abs. 4 MwStSystRL bzw. § 6b Abs. 3 UStG gelegt, ist ein Rückgriff auf eine vorübergehende Verwendung nach Art. 17 Abs. 2 MwStSystRL ausgeschlossen.[6] Wird dagegen auf die systematische Stellung des Art. 17a Abs. 4 MwStSystRL bzw. § 6b Abs. 3 UStG als Rückausnahme von der Ausnahme eines innergemeinschaftlichen Verbringens des Art. 17a Abs. 1 MwStSystRL bzw. des § 1a Abs. 2a, 3 Abs. 1a Satz 3 UStG abgestellt, so ist der Anwendungsbereich der allgemeineren Normen des innergemeinschaftlichen Verbringens eröffnet und insofern auch der einer vorübergehenden Verwendung.

72 **Absatz 3 ist nicht anwendbar,** wenn innerhalb der Zwölf-Monats-Frist einer der Tatbestände des Absatzes 6 eintritt (Rz. 89 ff.), da er hinter diesen zurücktritt.[7]

E. Zurückgelangen in den Abgangsmitgliedstaat als Rückausnahme von der Zwölf-Monats-Frist (Absatz 4)

I. Regelungsgegenstand

73 Absatz 4 soll eine **Rückausnahme** vom Ausschluss der Konsignationslagerregelung nach **Absatz 3** normieren,[8] wenn die Voraussetzungen des Absatzes 4 Nr. 1 und 2 gegeben sind. In seiner Wirkung verhindert Absatz 4 jedoch, dass die Rechtsfolgen des Absatzes 3 überhaupt eintreten können.

74 **Während des gesamten Zeitraums des Verbleibens** der Gegenstände des Unternehmens in dem Konsignationslager müssen die Voraussetzungen des Absatzes 1 erfüllt sein, da andernfalls die Rechtsfolgen des Absatzes 6 vorrangig eingreifen (Rz. 89 ff.).

75 Darüber hinaus verlangt Art. 262 Abs. 2 MwStSystRL, dass **auch jede Änderung der gemeldeten Angaben** im Rahmen der Konsignationslagerregelung nach Art. 17a MwStSystRL **in der ZM im Abgangsmitgliedstaat** zu melden ist. Dementsprechend ist auch die Rückbeförderung bzw. -sendung in

1 *Heuermann* in Sölch/Ringleb, § 6b UStG Rz. 99 (Stand: März 2022).

2 *Huschens* in Reiß/Kraeusel/Langer, § 6b UStG Rz. 49 (Stand: Juli 2020); Abschn. 6b.1 Abs. 17 Satz 2 UStAE.

3 BR-Drucks. 356/19, 178.

4 *Prätzler*, UStB 2019, 205 (207); *Sterzinger*, UStB 2020, 387 (390); *Connemann/Meyer-Burow*, MwStR 2021, 517 (521).

5 **A.A.** Kommission in: Erläuterungen „Quick Fixes 2020" v. 20.12.2019, DG TAXUD, Rz. 2.5.3., URL: https://ec.europa.eu/taxation_customs/system/files/2021-08/explanatory_notes_2020_quick_fixes_de.pdf, abgerufen am 29.12.2023.

6 *Huschens* in Reiß/Kraeusel/Langer, § 6b UStG Rz. 49 (Stand: Juli 2020); Kommission in: Erläuterungen „Quick Fixes 2020" v. 20.12.2019, DG TAXUD, Rz. 2.5.3., URL: https://ec.europa.eu/taxation_customs/system/files/2021-08/explanatory_notes_2020_quick_fixes_de.pdf, abgerufen am 29.12.2023; ähnlich *Monfort* in Birkenfeld/Wäger, Umsatzsteuer-Handbuch, Abschn. II, Kapitel 6F Rz. 99 (Stand: November 2020) unter Abstellen auf den Charakter als Spezialnorm.

7 *Heuermann* in Sölch/Ringleb, § 6b UStG Rz. 92 (Stand: März 2022).

8 BR-Drucks. 356/19, 178; *Huschens* in Reiß/Kraeusel/Langer, § 6b UStG Rz. 55 (Stand: Juli 2020).

die ZM aufzunehmen. Für Fälle der Lagerbeschickung aus dem Inland ist dies in § 18a Abs. 7 Satz 1 Nr. 2a Buchst. b UStG geregelt.[1]

frei 76–77

II. Zurückgelangen in den Abgangsmitgliedstaat innerhalb der Zwölf-Monats-Frist (Absatz 4 Nr. 1)

Die Gegenstände des Unternehmens müssen innerhalb der Zwölf-Monats-Frist des Absatzes 3 (zur Berechnung Rz. 67 f.) **in den Abgangsmitgliedstaat zurückgelangen**. Es gibt divergierende Ansichten, ob dabei der Tag der Ankunft im ursprünglichen Abgangsmitgliedstaat entscheidend ist,[2] oder ob es auf den Tag des Beginns der Rückbeförderung oder Versendung ankommt.[3] Eine Beförderung oder Versendung in einen anderen Mitgliedstaat oder in das Drittlandsgebiet löst unmittelbar und daher vor Ablauf der Zwölf-Monats-Frist die Rechtsfolge nach Absatz 6 Satz 1 aus, § 6b Abs. 6 Satz 3 UStG (Rz. 98 ff.). 78

III. Aufzeichnung des Zurückgelangens (Absatz 4 Nr. 2)

Das Zurückgelangen der Gegenstände des Unternehmens in den Abgangsmitgliedstaat **muss gemäß § 22 Abs. 4f Nr. 14 UStG** einschließlich des Tages des Beginns[4] der Rückbeförderung bzw. -versendung aufgezeichnet werden. Da es keine „Bemessungsgrundlage" i.S.d. § 10 Abs. 4 Satz 1 Nr. 1 UStG geben kann, ist richtigerweise stattdessen der Wert der Gegenstände i.S.d. Art. 54a Abs. 1 Buchst. h MwStVO aufzuzeichnen, wie er sich aus den unternehmensinternen Aufzeichnungen ergibt.[5] 79

F. Ersetzung des Erwerbers (Absatz 5)

I. Regelungsgegenstand

Innerhalb der Zwölf-Monats-Frist des Absatzes 3 kann der Erwerber durch einen anderen Erwerber ersetzt werden. 80

Wie im Falle der Regelung des Absatzes 4, auf den Absatz 5 rekurriert, müssen während des gesamten Zeitraums des Verbleibens der Gegenstände des Unternehmens in dem Konsignationslager die Voraussetzungen des Absatzes 1 erfüllt sein, da andernfalls die Rechtsfolgen des Absatzes 6 vorrangig eingreifen (Rz. 89 ff.). Das bedeutet insbesondere, dass **stets eine Konsignationslagervereinbarung mit einem Erwerber** bestehen muss.[6] Im Falle der Ersetzung eines vormaligen Erwerbers durch einen neuen Erwerber ist es also erforderlich, dass die Vereinbarung mit dem neuen Erwerber in Kraft tritt, bevor die Vereinbarung mit dem vormaligen Erwerber erlischt.[7] Es ist allerdings möglich, angesichts 81

1 Hinweis auf die Anleitung des BZSt v. 23.12.2021, URL: https://www.bzst.de/SharedDocs/Downloads/DE/ZM/konsignationslagerregelung.html, abgerufen am 29.12.2023.

2 So die Leitlinien des MwSt-Komitees, 118. Sitzung v. 19.4.2021, Dokument A – taxud.c.1(2021)8178888 – 1015 REV, Punkt 6.1 Nr. 1, S. 273(rechtlich nicht bindend), URL: https://ec.europa.eu/taxation_customs/vat-committee_de, abgerufen am 29.12.2023.

3 In diesem Sinne Abschn. 6b.1 Abs. 18 Satz 1 UStAE, mit Verweis auf die Aufzeichnungspflicht nach § 22 Abs. 4f Nr. 14 UStG.

4 **A.A.** Leitlinien des MwSt-Komitees, 118. Sitzung v. 19.4.2021, Dokument A – taxud.c.1(2021)8178888 – 1015 REV, Punkt 6.1 Nr. 2, S. 273 (rechtlich nicht bindend), die auf den Tag der Ankunft im ursprünglichen Abgangsmitgliedstaat abstellen, URL: https://ec.europa.eu/taxation_customs/vat-committee_de, abgerufen am 29.12.2023.

5 *Heuermann* in Sölch/Ringleb, § 6b UStG Rz. 112 (Stand: März 2022).

6 *Huschens* in Reiß/Kraeusel/Langer, § 6b UStG Rz. 58 (Stand: Juli 2020).

7 Erläuterungen „Quick Fixes 2020" v. 20.12.2019, DG TAXUD, Rz. 2.5.12., URL: https://ec.europa.eu/taxation_customs/system/files/2021-08/explanatory_notes_2020_quick_fixes_de.pdf, abgerufen am 29.12.2023.

des Erwerberwechsels die Gegenstände in ein anderes Lager innerhalb desselben Bestimmungsmitgliedstaates umzulagern.[1]

82 Eine **Teilersetzung** ist möglich, bei der der neue Erwerber lediglich in Bezug auf einen Teil der sich in dem Konsignationslager befindlichen Gegenstände eine entsprechende Vereinbarung abschließt.[2] Wegen der Aufzeichnungspflichten nach Art. 54a Abs. 1 Buchst. b sowie Art. 54a Abs. 2 Buchst. b MwStVO[3], entsprechend § 22 Abs. 4f Satz 2 Nr. 9, § 22 Abs. 4g Satz 2 Nr. 2 UStG, muss jedoch sichergestellt werden, dass identifizierbar ist, welche Gegenstände für welchen Erwerber bestimmt sind (Rz. 31). Bei vertretbaren Sachen i.S.d. § 91 BGB sollte deshalb eine physische Absonderung der Gegenstände erfolgen, die für den neuen Erwerber bestimmt sind. Für Gase oder Flüssigkeiten in einem Tank, welcher das Konsignationslager darstellt, ist – wie das Beispiel der Kommission zur Bestimmung der Zwölf-Monats-Frist zeigt[4] – die buchhalterische Absonderung in den Aufzeichnungen nach Art. 54a Abs. 1 Buchst. d und e MwStVO bzw. § 6b Abs. 5 Nr. 3 i.V.m. § 22 Abs. 4f UStG.

83 Die Ersetzung des Erwerbers führt zu keiner Lieferung der Gegenstände an diesen. So die Voraussetzungen des Absatzes 1 auch weiterhin vorliegen, erfolgt eine Lieferung an den neuen Erwerber gemäß Absatz 2 erst bei Entnahme aus dem Konsignationslager. Die Ersetzung des Erwerbers hat **keinen Einfluss auf die Zwölf-Monats-Frist des Absatzes 3**,[5] die in jedem Fall mit dem Ende der Beförderung oder Versendung folgenden Tag beginnt.

84 Die Ersetzung des Erwerbers muss gemäß Art. 262 Abs. 2 MwStSystRL gesondert **in die ZM im Abgangsmitgliedstaat** aufgenommen werden.

85 Für den Fall der Beförderung oder Versendung **aus dem Inland** in ein Konsignationslager im übrigen Gemeinschaftsgebiet muss die Ersetzung des Erwerbers gemäß § 18a Abs. 6 Nr. 3 i.V.m. § 18a Abs. 7 Satz 1 Nr. 2a UStG (§ 18a Rz. 37 ff.) in die ZM in Form der **gesonderten Meldung über Beförderungen oder Versendungen nach § 6b Abs. 1 UStG** aufgenommen und mit der entsprechenden Ziffer gekennzeichnet werden.[6]

II. Verwendung der Umsatzsteuer-Identifikationsnummer des neuen Erwerbers (Absatz 5 Nr. 1)

86 Der neue Erwerber muss gegenüber dem liefernden Unternehmer seine **MwSt-IdNr. des Bestimmungsmitgliedstaats** verwenden, im Falle eines inländischen Konsignationslagers also seine USt-IdNr. i.S.d. § 27a UStG. Zum Begriff der Verwendung (Rz. 52). Es empfiehlt sich, die MwSt-IdNr. bzw. USt-IdNr. des neuen Erwerbers in die Vereinbarung mit diesem aufzunehmen. Der neue Erwerber muss allerdings auch erst im Zeitpunkt der Ersetzung mehrwertsteuerlich im Konsignationslagermitgliedstaat registriert sein. Dagegen bedarf es einer solche Registrierung des neuen Erwerbers im Zeitpunkt der Beförderung/Versendung in das Lager im Falle der Ersetzung noch nicht.[7]

1 *Grünwald* in Hartmann/Metzenmacher, § 6b UStG Rz. 131 (Stand: Juni 2023).
2 *Grünwald* in Hartmann/Metzenmacher, § 6b UStG Rz. 137 (Stand: Juni 2023); Erläuterungen „Quick Fixes 2020" v. 20.12.2019, DG TAXUD, Rz. 2.5.13., URL: https://ec.europa.eu/taxation_customs/system/files/2021-08/explanatory_notes_2020_quick_fixes_de.pdf, abgerufen am 29.12.2023.
3 I.d.F. der Durchführungsverordnung (EU) 2018/1912, ABl. EU 2018 Nr. L 311, 10.
4 Erläuterungen „Quick Fixes 2020" v. 20.12.2019, DG TAXUD, Rz. 2.5.17., URL: https://ec.europa.eu/taxation_customs/system/files/2021-08/explanatory_notes_2020_quick_fixes_de.pdf, abgerufen am 29.12.2021.
5 *Grünwald* in Hartmann/Metzenmacher, § 6b UStG Rz. 132 (Stand: Juni 2023); Erläuterungen „Quick Fixes 2020" v. 20.12.2019, DG TAXUD, Rz. 2.5.14., URL: https://ec.europa.eu/taxation_customs/system/files/2021-08/explanatory_notes_2020_quick_fixes_de.pdf, abgerufen am 29.12.2023.
6 S. auch Anleitung des BZSt v. 23.12.2021, URL: https://www.bzst.de/SharedDocs/Downloads/DE/ZM/konsignationslagerregelung.html, abgerufen am 29.12.2023.
7 *Huschens* in Reiß/Kraeusel/Langer, § 6b UStG Rz. 60 (Stand: Juli 2020).

III. Bestimmtheit des Abnehmers (Absatz 5 Nr. 2)

Der liefernde Unternehmer muss wegen der Aufzeichnungspflichten nach § 22f Abs. 4f Satz 2 Nr. 1 UStG über den **vollständigen Namen und die vollständige Anschrift des neuen Erwerbers** informiert sein. 87

IV. Gesonderte Aufzeichnung des Ersetzens des Erwerbers (Absatz 5 Nr. 3)

Der Erwerberwechsel ist **gesondert aufzuzeichnen**, Art. 54a Abs. 1 Buchst. e MwStVO, im Inland auch insbesondere die nach § 22f Abs. 4f Satz 2 Nr. 1 UStG erforderlichen Angaben über den neuen Erwerber. 88

G. Wegfall der Voraussetzungen der Konsignationslagerregelung (Absatz 6)

I. Regelungsgegenstand

Absatz 6 regelt den **Zeitpunkt des Eintritts** von Rechtsfolgen, wenn innerhalb der Zwölf-Monats-Frist des Absatzes 3 die Tatbestandsvoraussetzungen der Konsignationslagerregelung wegfallen. Die Problematik, ob es sich im Absatz 6 um eigenständige Fiktionen eines Verbringens handelt oder um das Wegfallen der Voraussetzung der Ausnahmeregelung von den allgemeineren Regeln des innergemeinschaftlichen Verbringens (Rz. 71) führt in diesen Fällen zu keinen unterschiedlichen Rechtsfolgen. Obwohl Art. 17 Abs. 3 MwStSystRL im Inland nicht umgesetzt wurde (§ 1a Rz. 108) treten die Rechtsfolgen zum selben Zeitpunkt ein; dies jedoch mit Ausnahme der Fälle des Satzes 2, bei denen die Rechtsfolge eines innergemeinschaftlichen Verbringens einen Tag vorverlegt wird (Rz. 96). 89

II. Wegfall einer Voraussetzung nach den Absätzen 1 und 5 (Absatz 6 Satz 1)

Die **Voraussetzungen** des Absatzes 1 müssen vom Zeitpunkt der Ankunft der Ware im Konsignationslager bis zu deren Lieferung an den Erwerber **zeitlich lückenlos** gegeben sein. Dies gilt insbesondere auch für den Fall der Substitution des Erwerbers.[1] Hier muss der Wechsel auf einen neuen Erwerber unter den Bedingungen des Absatzes 5 stattfinden, bevor die Voraussetzungen des Absatzes 1 hinsichtlich des vormaligen Erwerbers nicht mehr vorliegen. Der missglückte Erwerberwechsel unterfällt der Rechtsfolge des Satzes 1, wenn noch keine Lieferung an den neuen Erwerber erfolgt ist, da andernfalls bereits einen Tag früher die Rechtsfolge des Satzes 2 eintritt. 90

Der Rechtsfolge des Satzes 1 unterfällt ebenfalls, dass der liefernde Unternehmer innerhalb der Zwölf-Monats-Frist **im Mitgliedstaat des Konsignationslagers ansässig wird**,[2] oder in diesem eine feste Niederlassung begründet. 91

Die Rechtsfolge tritt **bezogen auf den Gegenstand**[3] des Unternehmens ein, der in das Konsignationslager gelangt ist. Nimmt der Unternehmer bspw. für einen Monat die Beförderungen oder Versendungen von Gegenständen in das Konsignationslager nicht in die ZM nach Art. 262 Abs. 2 MwStSystRL bzw. nach § 18a Abs. 1, § 18a Abs. 6 Nr. 3 und § 18a Abs. 7 Satz 1 Nr. 2a UStG auf, so kann die Rechtsfolge des Satzes 1 nur hinsichtlich der in diesem Meldezeitraum beförderten oder versendeten Gegenstände des Unternehmens eintreten. Die in anderen Meldezeiträumen in das Konsignationslager beförderten oder versendeten Gegenstände des Unternehmens bleiben davon unberührt. 92

Eine nach Wegfall der Voraussetzungen nach Absatz 1 und Absatz 5 erfolgende **Rückbeförderung** oder -versendung der Gegenstände kann die eingetretenen Rechtsfolgen des Satzes 1 nicht mehr nach 93

1 *Huschens* in Reiß/Kraeusel/Langer, § 6b UStG Rz. 58 (Stand: Juli 2020).
2 BR-Drucks. 356/19, 179.
3 Abschn. 6b.1 Abs. 19 Satz 3 UStAE.

Absatz 4 aufheben.[1] Unter den Voraussetzungen des Absatzes 4 bleibt lediglich Absatz 3 unangewendet (d.h. die Zwölf-Monats-Frist läuft nicht ab), der nach seinem Wortlaut hinter den Voraussetzungen des Absatzes 6 zurücktritt.

94 Der ausschließliche **Verweis auf § 6a Abs. 2 i.V.m. § 3 Abs. 1a UStG** geht insofern fehl, als die Rechtsfolge im Inland gerade für den innergemeinschaftlichen Erwerb nach § 1a Abs. 2 UStG eintreten wird (Rz. 69).

III. Lieferung an einen anderen Erwerber (Absatz 6 Satz 2)

95 Erfasst sind Fälle, in denen **an einen anderen Erwerber** als den nach Absatz 1 gemeldeten und aufgezeichneten Erwerber geliefert wird oder aber an einen neuen Erwerber geliefert wird, bevor die Voraussetzungen nach Absatz 5 – insbesondere vor Aufzeichnung und Meldung des Erwerberwechsels – vorliegen.

96 Die **Rechtsfolgen** des Satzes 2 treten **bereits am Tag vor dieser Lieferung** ein, so dass es zunächst zu einem innergemeinschaftlichen Verbringen in den Mitgliedstaat des Konsignationslagers, verbunden mit einem innergemeinschaftlichen Erwerb in diesem durch den liefernden Unternehmer kommt, bevor die Ware am nächsten Tag – dann bereits mit Lieferort im Mitgliedstaat des Konsignationslagers – geliefert wird. Die Regelung des Satzes 2 schließt somit aus, dass es in den von ihr erfassten Situationen zu einer innergemeinschaftlichen Lieferung an den anderen Erwerber kommen kann.

97 Satz 2 ist aufgrund seiner gegenüber Satz 1 enger gefassten Tatbestandsvoraussetzungen als ***lex specialis*** zu diesem anzusehen.

IV. Beförderung oder Versendung in einen anderen Mitgliedstaat oder in das Drittlandsgebiet (Absatz 6 Satz 3)

98 Eine Beförderung oder Versendung der Gegenstände **ohne gleichzeitig erfolgende Lieferung aus dem Konsignationslager** in einen anderen als den Abgangsmitgliedstaat oder in das Drittlandsgebiet löst nach Absatz 6 Satz 3 ebenfalls die Rechtsfolge des Satzes 2 aus. Das gilt selbst dann, wenn die Gegenstände in ein weiteres Konsignationslager in einen anderen Mitgliedstaat befördert oder versendet werden.[2] Möchte der liefernde Unternehmer einem anderen Konsignationslager seines Unternehmens in einem weiteren Mitgliedstaat aushelfen, muss er daher die Gegenstände zunächst gemäß Absatz 4 in den Abgangsmitgliedstaat retournieren[3] und anschließend von dort neu befördern oder versenden.

99 Soweit die Aufzeichnungspflichten nach Art. 54a MwStVO bzw. § 22 Abs. 4f UStG erfüllt werden, ist es dagegen **unschädlich, im selben Mitgliedstaat die Gegenstände in ein anderes Konsignationslager umzulagern.**[4] Dadurch kann es aber nicht zum erneuten Anlaufen der Zwölf-Monats-Frist des Absatzes 3 kommen.[5]

100 Die Gegenstände dürfen nach dem Wortlaut des Satzes 3 auch nicht vor oder bei der Lieferung aus dem Konsignationslager **in einen anderen Mitgliedstaat oder in das Drittlandsgebiet** befördert oder versendet werden. Soweit Satz 3 auf die Versendung oder Beförderung **bei der Lieferung** abstellt, steht er im Widerspruch zu Art. 17a Abs. 7 Satz 3 MwStSystRL,[6] der ausschließlich auf eine Beförderung oder Versendung in diese Gebiete abstellt und nur eine solche durch den liefernden Unternehmer zur

---

1 *Heuermann* in Sölch/Ringleb, § 6b UStG Rz. 127 (Stand: März 2022); *Weymüller* in Weymüller, BeckOK, § 6b UStG Rz. 22 (Stand: September 2023).

2 Erläuterungen „Quick Fixes 2020" v. 20.12.2019, DG TAXUD, Rz. 2.3.6., URL: https://ec.europa.eu/taxation_customs/system/files/2021-08/explanatory_notes_2020_quick_fixes_de.pdf, abgerufen am 29.12.2023.

3 Abschn. 6b.1 Abs. 13 Satz 4 UStAE.

4 Abschn. 6b.1 Abs. 13 Satz 3 sowie Abs. 22 Satz 3 UStAE.

5 *Heuermann* in Sölch/Ringleb, § 6b UStG Rz. 137 (Stand: März 2022).

6 *Monfort* in Birkenfeld/Wäger, Umsatzsteuer-Handbuch, Abschn. II, Kapitel 6F Rz. 140, 167 (Stand: November 2020).

eigenen Verfügung meint.[1] Art. 17a Abs. 7 Satz 3 MwStSystRL normiert demgemäß nur den Zeitpunkt des Eintritts der Besteuerung in Fällen in denen abweichend von Art. 17a Abs. 5 MwStSystRL keine Rückbeförderung oder -versendung in den Ursprungsmitgliedstaat, sondern vielmehr in einen anderen Staat erfolgt, hat aber über diese zeitliche Festlegung hinaus keine weitergehende Wirkung – die Fiktion des innergemeinschaftlichen Verbringens ist ja bereits im Art. 17a Abs. 7 Satz 1 MwStSystRL angelegt.

Vielmehr sind mit der Übertragung der Verfügungsmacht an den Erwerber die Rechtsfolgen des Ab- 100.1
satzes 2 eingetreten und der Anwendungsbereich der Konsignationslagerregelung ist somit zeitlich beendet.[2] Entscheidend ist daher, dass **keine Beförderung oder Versendung vor der Übertragung der Verfügungsmacht an den Erwerber** stattfindet. Eine nach Entnahme aus dem Konsignationslager nachfolgende Lieferung des Erwerbers über die Grenze des Bestimmungsmitgliedstaats hinaus ist für die Anwendung des § 6b UStG unschädlich.[3] Die Übertragung der Verfügungsmacht an den Erwerber bei Entnahme aus dem Konsignationslager ist nach allgemeinen Grundsätzen eine ruhende Lieferung. Die Rechtsfolgen des Absatz 2 fingieren lediglich eine innergemeinschaftliche Lieferung und einen innergemeinschaftlichen Erwerb bei der Lieferung an den Erwerber. Daher kommt es im Falle der Beförderung oder Versendung in einen anderen Mitgliedstaat nach der Übertragung der Verfügungsmacht nicht zu einer innergemeinschaftlichen Lieferung des Konsignanten aus dem Konsignationslagerstaat, sondern vielmehr zu einer weiteren innergemeinschaftlichen Lieferung oder einem Verbringen des Erwerbers. Im Falle der Beförderung oder Versendung in ein Drittland liegt ggf. bei Übertragung der Verfügungsmacht durch den Erwerber an einen weiteren Erwerber eine Exportlieferung vor, andernfalls ein nicht steuerbares Verbringen in das Drittland.[4]

V. Zerstörung, Verlust oder Diebstahl (Absatz 6 Satz 4)

Selbst kleinste **Verluste von Gegenständen** des Unternehmers während sie sich unter Anwendung der 101
Konsignationslagerregelung befinden, sollen nach Satz 4 am Tag der Feststellung des Verlustes zu einem innergemeinschaftlichen Verbringen und damit ggf. zu einer mehrwertsteuerlichen Registrierungspflicht des Unternehmers im Mitgliedstaat des Konsignationslagers führen. Dies kann jedoch im Widerspruch zum unionsrechtlichen Verhältnismäßigkeitsgrundsatz stehen.[5]

Soweit es sich um **geringe Mengen** an Verlusten handelt, die sich entweder aus der **Natur der Produk-** 102
te (Schwund bei Alkoholen), ihrer Verderblichkeit (z.B. Tomaten für Suppenproduktion) oder aufgrund von **unvorhersehbaren Umständen oder Anordnungen von Behörden** ergeben, soll daher die Rechtsfolge eines innergemeinschaftlichen Verbringens nicht ausgelöst werden.[6]

Für **Lager im Inland** hat dies die FinVerw. in Abschn. 6b.1 Abs. 22 Sätze 3 ff. UStAE geregelt. Als 103
„kleine Verluste" im Sinne dieser Toleranzgrenze werden gewöhnliche, branchenübliche, sich aus den Erfahrungen der letzten Lagerungsjahre ergebende Mengenverluste von Gegenständen angesehen, die aufgrund ihrer Beschaffenheit oder infolge unvorhersehbarer Umstände nach dem Ende der Beförderung oder Versendung und vor dem Zeitpunkt der Lieferung entstanden sind.[7] Von solchen „kleinen Verlusten" ist dabei im Regelfall auszugehen, wenn diese wert- oder mengenmäßig **weniger**

1 Erläuterungen „Quick Fixes 2020" v. 20.12.2019, DG TAXUD, Rz. 2.3.6. und 2.3.7. URL: https://ec.europa.eu/taxation_customs/system/files/2021-08/explanatory_notes_2020_quick_fixes_de.pdf, abgerufen am 29.12.2023.

2 *Monfort* in Birkenfeld/Wäger, Umsatzsteuer-Handbuch, Abschn. II, Kapitel 6F Rz. 170 f. (Stand: November 2020).

3 *Grünwald* in Hartmann/Metzenmacher, § 6b UStG Rz. 68 f. (Stand: Juni 2023); Abschn. 6b.1 Abs. 13 Satz 2 UStAE; **a.A.** *Heuermann* in Sölch/Ringleb, § 6b UStG Rz. 136 (Stand: März 2022).

4 Wie hier: *Monfort* in Birkenfeld/Wäger, Umsatzsteuer-Handbuch, Abschn. II, Kapitel 6F Rz. 173 ff. (Stand: November 2020).

5 *Heuermann* in Sölch/Ringleb, § 6b UStG Rz. 142 (Stand: März 2022).

6 Leitlinien des MwSt-Komitees (rechtlich unverbindlich), dargestellt in: Erläuterungen „Quick Fixes 2020" v. 20.12.2019, DG TAXUD, Rz. 2.5.1. URL: https://ec.europa.eu/taxation_customs/system/files/2021-08/explanatory_notes_2020_quick_fixes_de.pdf, abgerufen am 29.12.2023; *Huschens* in Reiß/Kraeusel/Langer, § 6b UStG Rz. 64 (Stand: Juli 2020); *Robisch* in Bunjes[22], § 6b UStG Rz. 50.

7 Abschn. 6b.1 Abs. 22 Satz 3 UStAE.

als fünf Prozent des Gesamtbestandes (Freigrenze) der identischen Gegenstände betragen, der an dem Tag der Zerstörung, des Verlustes oder des Diebstahls oder, falls ein solcher Tag nicht bestimmt werden kann, an dem Tag, an dem die Zerstörung oder das Fehlen der Gegenstände erkannt worden ist, festgestellt wurde.[1] Diese Freigrenze ist für jeden Verlustfall gesondert zu ermitteln.[2]

Für **Lager im übrigen Gemeinschaftsgebiet** muss nach den dort anwendbaren Gesetzen oder Verwaltungsvorschriften ermittelt werden, ob der betreffende Mitgliedstaat eine Toleranzgrenze anwendet.[3]

VI. Wechselwirkung mit der Steuerbefreiung des innergemeinschaftlichen Verbringens im Abgangsmitgliedstaat

104 Die **ungeplante Beendigung** der Konsignationslagerregelung aus den in Absatz 6 normierten Gründen, vor allem Verluste oberhalb der Toleranzgrenze oder aus anderen Gründen als der Natur der Gegenstände, unvorhersehbare Umstände oder Anordnungen der Behörden nach Satz 4, führt zu einer Besteuerung eines innergemeinschaftlichen Verbringens im Mitgliedstaat des Konsignationslagers. Damit tritt eine problematische Wechselwirkung mit dem ab dem 1.1.2020 erforderlichen Vorhandensein einer MwSt-IdNr. eines anderen Mitgliedstaates als materielle Voraussetzung der Steuerbefreiung im Abgangsmitgliedstaat nach Art. 238 Abs. 1 Buchst. b MwStSystRL[4] ein. Der Lieferer wird gerade deswegen die Konsignationslagerregelung in Anspruch genommen haben, weil er keine mehrwertsteuerliche Registrierung im Mitgliedstaat des Konsignationslagers hat.[5] Damit wird die Anwendung der Konsignationslagerregelung zum unkalkulierbaren Risiko für den Lieferer im Abgangsmitgliedstaat.[6]

105 Die Besteuerung des innergemeinschaftlichen Verbringens im Abgangsmitgliedstaat führte jedoch zu einer **ausfuhrzollgleichen Abgabe** und verstieße damit gegen Art. 30 AEUV. Wäre bspw. der Verlust in einem aus Sicht des Abgangsmitgliedstaats in dessen Inland gelegenen Konsignationslager entstanden, hätte dieser keine mehrwertsteuerlichen Konsequenzen. Der bloße Fakt, dass das Konsignationslager in einem anderen Mitgliedstaat gelegen ist, führt dagegen in den oben dargestellten Situationen zu einer Besteuerung im Abgangsmitgliedstaat.[7] Um einen Verstoß gegen Primärrecht zu vermeiden, muss im Abgangsmitgliedstaat daher Art. 138 Abs. 1 Buchst. b MwStSystRL in Situationen der ungeplanten Beendigung der Konsignationslagerregelung unangewendet bleiben oder zumindest die nachträgliche Verwendung der MwSt-IdNr. nach erfolgter mehrwertsteuerlicher Registrierung des Konsignanten im Konsignationslagermitgliedstaat für Zwecke der Steuerfreiheit im Abgangsmitgliedstaat anerkannt werden.[8]

§ 7 Lohnveredelung an Gegenständen der Ausfuhr

(1) [1]Eine Lohnveredelung an einem Gegenstand der Ausfuhr (§ 4 Nr. 1 Buchstabe a) liegt vor, wenn bei einer Bearbeitung oder Verarbeitung eines Gegenstands der Auftraggeber den Gegenstand zum Zweck der Bearbeitung oder Verarbeitung in das Gemeinschaftsgebiet eingeführt oder zu diesem Zweck in diesem Gebiet erworben hat und

1 Abschn. 6b.1 Abs. 22 Satz 4 UStAE.

2 S. Beispiel nach Abschn. 6b.1 Abs. 22 Satz 4 UStAE.

3 Bspw. in Orientierung an den Leitlinien des MwSt-Komitees, dargestellt in: Erläuterungen „Quick Fixes 2020" v. 20.12.2019, DG TAXUD, Rz. 2.5.1. URL: https://ec.europa.eu/taxation_customs/system/files/2021-08/explanatory_notes_2020_quick_fixes_de.pdf, abgerufen am 29.12.2023.

4 I.d.F. der Richtlinie (EU) 2018/1910 v. 4.12.2018, ABl. EU 2018 Nr. L 311, 3.

5 Erwägungsgrund 5 Richtlinie (EU) 2018/1910, ABl. EU 2018 Nr. L 311, 3.

6 *Robisch* in Bunjes[22], § 6b UStG Rz. 47; *Weymüller* in Weymüller, BeckOK, § 6b UStG Rz. 25 (Stand: September 2023); *Prätzler*, UStB 2019, 205 (207); *Sterzinger*, UStB 2021, 387 (390); *Connemann/Meyer-Burow*, MwStR 2021, 517 (521).

7 Einzelheiten bei *Körner*, MwStR 2021, 57 (62).

8 *Weymüller* in Weymüller, BeckOK, § 6b UStG Rz. 25 (Stand: September 2023); nach *Haase/Müller*, UR 2023, 747 (750) sollte die Steuerfreiheit zumindest im Billigkeitswege zugestanden werden.

1. **der Unternehmer den bearbeiteten oder verarbeiteten Gegenstand in das Drittlandsgebiet, ausgenommen Gebiete nach § 1 Abs. 3, befördert oder versendet hat oder**
2. **der Auftraggeber den bearbeiteten oder verarbeiteten Gegenstand in das Drittlandsgebiet befördert oder versendet hat und ein ausländischer Auftraggeber ist oder**
3. **der Unternehmer den bearbeiteten oder verarbeiteten Gegenstand in die in § 1 Abs. 3 bezeichneten Gebiete befördert oder versendet hat und der Auftraggeber**
   a) **ein ausländischer Auftraggeber ist oder**
   b) **ein Unternehmer ist, der im Inland oder in den bezeichneten Gebieten ansässig ist und den bearbeiteten oder verarbeiteten Gegenstand für Zwecke seines Unternehmens verwendet.**

[2]Der bearbeitete oder verarbeitete Gegenstand kann durch weitere Beauftragte vor der Ausfuhr bearbeitet oder verarbeitet worden sein.

(2) Ausländischer Auftraggeber im Sinne des Absatzes 1 Satz 1 Nr. 2 und 3 ist ein Auftraggeber, der die für den ausländischen Abnehmer geforderten Voraussetzungen (§ 6 Abs. 2) erfüllt.

(3) Bei Werkleistungen im Sinne des § 3 Abs. 10 gilt Absatz 1 entsprechend.

(4) [1]Die Voraussetzungen des Absatzes 1 sowie die Bearbeitung oder Verarbeitung im Sinne des Absatzes 1 Satz 2 müssen vom Unternehmer nachgewiesen sein. [2]Das Bundesministerium der Finanzen kann mit Zustimmung des Bundesrates durch Rechtsverordnung bestimmen, wie der Unternehmer die Nachweise zu führen hat.

(5) Die Absätze 1 bis 4 gelten nicht für die sonstigen Leistungen im Sinne des § 3 Abs. 9a Nr. 2.

Schrifttum: *Dreher*, Ratsprotokollerklärungen, nationale und europäische Publizität und die Umsetzung von EG-Richtlinien, EuZW 1994, 743; *Grabitz/Hilf/Nettesheim*, Das Recht der Europäischen Union: EUV/AEUV, Loseblatt, München; *Harksen/Möller*, Nachweispflichten im grenzüberschreitenden Warenverkehr, UStB 2008, 78; *Huschens*, Beleg- und Buchnachweispflichten bei Ausfuhrlieferungen ab 1.1.2012, UVR 2012, 77; *Lange*, Europarechtliche Bedenken gegen den räumlichen Anwendungsbereich des deutschen Umsatzsteuerrechtes, DStZ 1996, 133; *Scheller/Zaczek*, Lohnveredelung im Zoll- und Umsatzsteuerrecht, UR 2015, 459.

A. Grundaussagen

I. Regelungsgegenstand und Bedeutung

§ 7 UStG regelt die Steuerbefreiung für Dienstleistungen, die von einem Unternehmer im Rahmen einer **Lohnveredelung** an einem Ausfuhrgegenstand im Inland erbracht werden. 1

Während § 7 Abs. 1 UStG die Voraussetzungen, die an die Steuerbefreiung gestellt werden, normiert, stellt § 7 Abs. 3 UStG klar, dass eine entsprechende Anwendung auf Werkleistungen i.S.d. § 3 Abs. 10 UStG möglich ist. § 7 Abs. 4 UStG bestimmt die Nachweispflichten des Unternehmers, Absatz 5 indes die Unanwendbarkeit des § 7 Abs. 1 UStG bei unentgeltlichen Wertabgaben i.S.d. § 3 Abs. 9a Nr. 2 UStG. § 7 UStG bildet eine Einheit mit § 4 Nr. 1 Buchst. a UStG, indem § 7 UStG den Tatbestand ausfüllt und § 4 Nr. 1 Buchst. a UStG die Rechtsfolge der Steuerbefreiung anordnet. Erfüllt eine sons- 2 tige Leistung demnach die Voraussetzungen des § 7 Abs. 1 UStG, qualifiziert § 4 Nr. 1 Buchst. a UStG die entsprechende Leistung als steuerfrei. Bei § 4 Nr. 1 Buchst. a UStG handelt es sich um eine **echte Steuerbefreiung**, da trotz Steuerbefreiung der Ausgangsleistung der Vorsteuerabzug für entsprechende Eingangsleistungen nicht ausgeschlossen ist.[1]

3 Sinn und Zweck von § 4 Nr. 1 Buchst. a i.V.m. § 7 UStG ist es, nur solche Gegenstände mit Umsatzsteuer zu belasten, die auch zum späteren Verbrauch im Inland bestimmt sind.[2] Die Steuerbefreiung ist also nach dem **unionsrechtlichen Bestimmungslandprinzip** (Verbrauchslandprinzip) ausgestaltet. Sind Waren für die Ausfuhr aus dem Unionsgebiet bestimmt, ist es nach den Grundsätzen der MwStSystRL erforderlich, dass nicht nur die ausgeführten Gegenstände von der Umsatzsteuer befreit werden, sondern auch die im Zusammenhang mit der Ausfuhr stehenden etwaigen sonstigen Leistungen (wie Güterbeförderungen, § 4 Nr. 3 Buchst. a Doppelbuchst. bb UStG oder Lohnveredelungsvorgänge, § 4 Nr. 1 Buchst. a UStG).[3] Bei der Lohnveredelung handelt es sich um eine sonstige Leistung i.S.d. § 3 Abs. 9 UStG, die in der Be- oder Verarbeitung von Gegenständen besteht, die der Auftraggeber zu diesem Zwecke in das Unionsgebiet eingeführt oder dort erworben hat und die anschließend in das Drittlandsgebiet gelangen. Das Bestimmungsland- bzw. Verbrauchslandprinzip ist als Grundprinzip des internationalen Handelsverkehrs auch Bestandteil des Allgemeinen Zoll- und Handelsabkommens GATT[4], aus dem 1994 die WTO[5] gegründet wurde.[6]

4 Dementsprechend decken sich insoweit grundsätzlich Zoll- und Umsatzsteuerrecht (Rz. 13 ff.).

5 Nicht von § 7 UStG erfasst wird dagegen eine Veredelung im Auftrag des (inländischen) Lieferanten.[7] Insoweit käme jedoch regelmäßig unmittelbar eine (insgesamt) steuerfreie Ausfuhr des veredelten Gegenstands in Betracht;[8] die vollständige Entlastung wird in einem solchen Fall über den trotz der Steuerfreiheit der Ausfuhrlieferung bestehenden Vorsteuerabzug nach § 15 Abs. 3 Nr. 1 Buchst. a UStG gesichert.

II. Unionsrechtliche Grundlagen

6 Die Vorschrift des § 7 UStG ist entsprechend dem Wesensgehalt des Art. 146 Abs. 1 Buchst. d MwStSystRL ausgestaltet, auch wenn auf eine wörtliche Konformität mit der unionsrechtlichen Vorlage verzichtet wurde. Nach Unionsrecht sind die Mitgliedsstaaten verpflichtet, „Dienstleistungen in Form von Arbeiten an beweglichen körperlichen Gegenständen" zu befreien, „die zwecks Durchführung dieser Arbeiten in der Gemeinschaft erworben oder eingeführt worden sind und die vom Dienstleistungserbringer oder dem nicht in ihrem jeweiligen Gebiet ansässigen Dienstleistungsempfänger oder für deren Rechnung nach Orten außerhalb der Gemeinschaft versandt oder befördert werden". In der nationalen Regelung wurde dabei der Begriff des Dienstleistungsempfängers durch den des Auftraggebers und der des Dienstleistungserbringers durch den des Unternehmers ersetzt, was aber keinen Verstoß gegen die Pflicht zur richtlinienkonformen Umsetzung darstellt.

7 Die Regelungen des Absatzes 4, welcher Bestimmungen zu den **Nachweispflichten** trifft, stützen sich auf Art. 131 MwStSystRL. Dieser räumt den Mitgliedsstaaten bei der entsprechenden nationalen Ausgestaltung des Unionsrechts einen gesetzgeberischen Spielraum hinsichtlich der Vorgaben an die Nachweise ein, die „zur Gewährleistung einer korrekten und einfachen Anwendung dieser Befreiungen und zur Verhinderung von Steuerhinterziehung, Steuerumgehung oder Missbrauch" erforderlich sind. Im Rahmen dieser Ermächtigung werden die Nachweispflichten in den §§ 8–13 und 17 UStDV konkretisiert.

1 Vgl. § 15 Abs. 3 Nr. 1 Buchst. a UStG.
2 Vgl. BT-Drucks. 8/1779, 37.
3 Vgl. *Langer* in Reiß/Kraeusel/Langer, § 7 UStG Rz. 6 (Stand: Dezember 2016).
4 Akronym für „General Agreement on Tariffs and Trade".
5 Akronym für „World Trade Organization".
6 Vgl. *Seiler* in Grabitz/Hilf/Nettesheim, Das Recht der Europäischen Union: EUV/AEUV, Art. 113 AEUV Rz. 35 (Stand: Juli 2016); s. auch *Jatzke* in Sölch/Ringleb, § 7 UStG Rz. 15 (Stand: März 2023).
7 Vgl. Abschn. 7.1 Abs. 7 Satz 2 UStAE und Abschn. 6.1 Abs. 5 Satz 2 UStAE.
8 Vgl. Abschn. 6.1 Abs. 5 Satz 4 UStAE.

8 Nicht gänzlich unstreitig ist hingegen, inwieweit sich eine Ermächtigung zur Beschränkung der nationalen Steuerbefreiungsvorschrift hinsichtlich der in § 1 Abs. 3 UStG bezeichneten Gebiete, der Freihäfen (Freizonen des Kontrolltyps I) sowie den Gewässern und Watten zwischen der Hoheitsgrenze und der jeweiligen Strandlinie, aus Art. 5 und Art. 156–Art. 158 MwStSystRL ableiten lässt.[1] Die Befugnis, nach der die Mitgliedsstaaten die betreffenden Gebiete aus dem Anwendungsbereich der Umsatzsteuer hinausnehmen können, soll sich auf eine Protokollerklärung zu Art. 16 der 6. EG-Richtlinie zurückführen lassen.[2] Auch wenn eine Anwendung dieser Erklärung auf die Art. 154–166 MwStSystRL seit dem 1.1.2007 möglich wäre,[3] ist es zweifelhaft, ob die nationale Beschränkung **unionsrechtskonform** ist. Die Protokollerklärungen entfalten nämlich unmittelbar keine Rechtswirkung, sondern dienen primär lediglich als Interpretationshilfe zur Auslegung der Richtlinien.[4]

III. Verhältnis zu anderen Vorschriften und Rechtsentwicklung

9 § 7 UStG bildet im Verbund mit der Steuerbefreiung für Ausfuhren (§ 6 UStG) und der Bemessungsgrundlage für Einfuhren nach passiver Veredelung (§ 11 Abs. 2 UStG) die aus dem **Zollrecht** entstammenden Regelungen der **Veredelungsverkehre** nach. Gegenüber § 6 UStG stellt § 7 UStG keine vorrangige Spezialnorm dar, sondern ist eine bloß ergänzende Vorschrift in Bezug auf die Ausfuhrlieferungen.[5] Die Norm ist dergestalt strukturiert, dass sie lediglich die Tatbestandsmerkmale für die Steuerbefreiung nennt, während § 4 Nr. 1 Buchst. a UStG, der auch die Ausfuhr des bearbeiteten Gegenstands befreit, die zugehörige Rechtsfolgenvorschrift ist. Abzugrenzen ist die Lohnveredelung als Werkleistung und somit sonstige Leistung i.S.d. § 3 Abs. 9 UStG von der Werklieferung gemäß § 3 Abs. 4 Satz 1 UStG. Abgrenzungsschwierigkeiten können sich hier speziell bei Reparaturen ergeben.[6] Bei der Werklieferung hat der Unternehmer, der die Be- oder Verarbeitung eines Gegenstandes übernommen hat, hierfür ausschließlich selbstbeschaffte Stoffe verwendet, die nicht nur als Zutaten oder sonstige Nebensachen, sondern als Hauptstoffe anzusehen sind.[7] Die Leistung wird in diesem Fall qua Gesetz als Lieferung qualifiziert. Eine Werklieferung, bei der ein Verbringen des Leistungsgegenstandes in das Drittland Teil der vertraglich geschuldeten Leistung ist, stellt eine steuerfreie Ausfuhrlieferung nach § 4 Nr. 1 Buchst. a i.V.m. § 6 UStG dar. Die Abgrenzung zwischen der Werklieferung und der Werkleistung bzw. Lohnveredelung erfolgt dabei originär nach § 3 Abs. 4 UStG (§ 3 Rz. 297 ff.) und den Grundsätzen der Rechtsprechung.[8] Im Ergebnis schließen sich die beiden Befreiungen gegenseitig aus. Von Bedeutung ist dies insoweit, als die Befreiung für die Ausfuhr einer Werklieferung unabhängig vom Zweck der Einfuhr oder des Erwerbs der bearbeiteten Gegenstände Anwendung findet.[9]

10 Die zollrechtliche Bewilligung bei aktiven Veredelungsverkehren für Nicht-Unionswaren[10] erfolgt nach Art. 211 Abs. 4–6 i.V.m. Art. 256 Abs. 1 UZK. Art. 5 Nr. 37 UZK nennt dabei enumerativ alle Veredelungsvorgänge. Die zollrechtliche Bewilligung eines Veredelungsverkehrs schließt dabei grundsätzlich auch die EUSt mit ein, da die Vorschriften für Zölle nach § 21 Abs. 2 UStG insoweit sinngemäß Anwendung finden. Eine Bewilligung für den Veredelungsprozess ist hingegen hinfällig, wenn es sich um

1 *Langer* in Reiß/Kraeusel/Langer, § 7 UStG Rz. 6.3 (Stand: Dezember 2016); kritisch *Jatzke* in Sölch/Ringleb, § 7 UStG Rz. 12 (Stand: März 2023).
2 Vgl. *Lange*, DStZ 1996, 133 (134).
3 Vgl. BMF, Schr. v. 11.1.2007 – IV A 2-S 7056-6/07, BeckVerw 088960 Anl. 2 sowie Erwägungsgrund 3 der MwStSystRL, wonach Protokollerklärungen zur 6. EG-Richtlinie grundsätzlich weiterhin Gültigkeit haben.
4 Vgl. *Dreher*, EuZW 1994, 743 (744).
5 Vgl. *Weymüller* in Weymüller, § 7 UStG Rz. 5 (Stand: September 2023); **a.A.** und für ein Exklusivverhältnis von Werklieferung und Werkleistung in Form der Lohnveredelung wohl *Jatzke* in Sölch/Ringleb, § 7 UStG Rz. 16 (Stand: Juni 2021).
6 Abschn. 7.4 Satz 2 UStAE; zur Verwaltungsvereinfachung bei Reparaturen vgl. Abschn. 3.8 Abs. 6 Satz 6 UStAE.
7 Vgl. 3.8 Abs. 1 Satz 1 UStAE.
8 Vgl. *Weymüller* in Weymüller, § 7 UStG Rz. 24 (Stand: September 2023).
9 Abschn. 7.4 Satz 1 UStAE.
10 Zur Definition vgl. Art. 5 Nr. 24 UZK.

solche Waren handelt, die lediglich der EUSt unterliegen und für die der Veredler einen korrespondierenden Anspruch auf Vorsteuerabzug nach § 15 Abs. 1 Satz 1 Nr. 2 UStG besitzt.[1]

11 Es erfolgt jedoch keine zwingend einheitliche Behandlung der zollrechtlichen Handhabung der Lohnveredelungsverkehre und der Anwendung des § 7 UStG. Eine solche lässt sich auch nicht daraus ableiten, dass beiden rechtlichen Würdigungen der identische Sachverhalt zugrunde liegt.[2] Sofern die Zollbehörden den aktiven Lohnveredelungsverkehr nach Art. 211 Abs. 1 Buchst. a und Abs. 3 UZK auf Antrag bewilligt haben, kann diese Tatsache jedoch als widerlegbarer Beweis für die Annahme einer Werkleistung angesehen werden.[3]

11.1 Im Falle einer Kollision des § 7 UStG mit einer unechten Steuerbefreiung dürfte die unechte Steuerbefreiung vorgehen. Hierfür spricht die gleichsame Behandlung einer solchen Kollisionslage im Zusammenhang mit steuerfreien Ausfuhrlieferungen nach § 6 UStG.[4]

12 Die Vorschrift des § 7 UStG hat seit der Neufassung vom 21.2.2005 keine Änderung erfahren.[5]

B. Lohnveredelung an Gegenständen der Ausfuhr (Absatz 1)

I. Voraussetzungen der Steuerbefreiung (Absatz 1 Satz 1)

1. Lohnveredelung eines Gegenstands

a) Be- oder Verarbeitung

13 Unter Lohnveredelung ist grundsätzlich die **Be- oder Verarbeitung** eines körperlichen Gegenstandes zu verstehen. Der Begriff der „Lohnveredelung" ist historisch bedingt und zollrechtlich geprägt, da er dort in mehrfacher Hinsicht von Bedeutung ist. Zum einen ist in den Art. 210 ff. UZK das besondere Zollverfahren der „Veredelung" geregelt, welches die aktive und passive Veredelung umfasst, und zum anderen sind in den Begriffsbestimmungen des Art. 5 Nr. 37 UZK die fünf Veredelungsvorgänge des Zollrechts legaldefiniert. Folglich kann aus gesetzessystematischen Gründen bei der steuerrechtlichen Auslegung des Begriffs auf die **zollrechtlichen Bestimmungen** zurückgegriffen werden. Veredelungsvorgänge nach Art. 5 Nr. 37 UZK sind die Bearbeitung einschließlich Montage, Zusammensetzung und Anbringung an andere Waren,[6] die Verarbeitung und die Ausbesserung einschließlich der Instandsetzung und Regulierung von Waren[7] sowie die Verwendung von Produktionshilfsmitteln, die selbst nicht in das Veredelungserzeugnis eingehen, sondern die Herstellung der Veredelungserzeugnisse zumindest erleichtern.[8]

14 Der (Produktions-)Vorgang der Lohnveredelung stellt eine Dienstleistung vom Veredler an den Auftraggeber gegen Entgelt („Lohn") dar.[9] Unerheblich ist, ob der Veredler bzw. Werkunternehmer seinen Sitz im Unionsgebiet oder im Ausland hat; es kann sich zudem um einen Kleinunternehmer oder pauschal besteuernden Land- oder Forstwirt handeln.[10] Der Leistungsort dieser sonstigen Leistung bestimmt sich vorbehaltlich der Regelungen des § 3a Abs. 3–8 UStG und §§ 3b, 3e UStG bei unternehmerischen Empfängern nach dem Empfängersitzprinzip des § 3a Abs. 2 UStG. Bei ausländischen Unternehmern als Auftraggeber sind die Leistungen folglich nicht steuerbar.

15 Für die Qualifizierung der Tätigkeit als Be- oder Verarbeitung spielt es nach der Rechtsprechung keine Rolle, ob diese in einem bestimmten Umfang erfolgt oder ein bestimmter Erfolg erreicht wird.[11] Dem-

1 Vgl. Abschn. 7.1 Abs. 3 Satz 1 Nr. 2 UStAE.
2 Vgl. zur Lohnveredelung im Zoll- und Umsatzsteuerrecht *Scheller/Zaczek*, UR 2015, 459 ff.
3 Vgl. *Jatzke* in Sölch/Ringleb, § 7 UStG Rz. 16 (Stand: März 2023).
4 Vgl. Abschn. 4.19.1 Abs. 4 UStAE; *Becker* in Küffner/Zugmaier, § 7 UStG Rz. 19 (Stand: März 2022).
5 Neufassung des Umsatzsteuergesetzes v. 21.2.2005, BGBl. I 2005, 386.
6 Art. 5 Nr. 37 Buchst. a UZK.
7 Art. 5 Nr. 37 Buchst. b und d UZK.
8 Art. 5 Nr. 37 Buchst. d UZK.
9 *Langer* in Reiß/Kraeusel/Langer, § 7 UStG Rz. 13 (Stand: Dezember 2016).
10 *Jatzke* in Sölch/Ringleb, § 7 UStG Rz. 22 (Stand: März 2023).
11 Vgl. BFH, Urt. v. 30.9.1999 – V R 77/98, BStBl. II 2000, 14 = UR 2000, 24.

nach können selbst Kommissionierungsleistungen, wie das Sortieren, Beschriften, Etikettieren oder Zusammenstellen von Gegenständen grundsätzlich eine Lohnveredelung darstellen.[1] Notwendig ist allerdings, dass es sich um einen planvollen Umgang mit einer Ware handelt, der dem Ziel dient, ein vorher bestimmtes Veredelungserzeugnis zu gewinnen und der dementsprechend auch einen konkreten Handlungswillen voraussetzt. Ungewollte Veränderungen oder zufällige Vermischungen, die vom vorgefassten Plan des Veredlers abweichen, genügen für die Annahme eines steuerbegünstigten Vorgangs nicht.[2]

Sonderfälle der Bearbeitung sind auch die Ausbesserung von Gegenständen oder die Montage, also der Zusammenbau einzelner vorgefertigter Teile zu einer funktionsfähigen Maschine, sowie die Inspektion, Reinigung und Wartungsarbeit von Anlagen, Maschinen und Fahrzeugen.[3] Die bloße Begutachtung reicht hingegen nicht aus.[4] Tiere werden aus umsatzsteuerrechtlicher Sicht als Gegenstände qualifiziert,[5] so dass auch sie grundsätzlich Teil einer Veredelung sein können. Körperliche Eingriffe in bewegliche Gegenstände, die hingegen wissenschaftlicher oder intellektueller Natur sind (z.B. eine veterinärärztliche Heilbehandlung), können nicht Gegenstand einer steuerbegünstigten Bearbeitung sein.[6] 16

Erfasst sind des Weiteren nur **bewegliche körperliche Gegenstände**, d.h. keine Elektrizität oder Gase.[7] 17

Um eine Verarbeitung handelt es sich, wenn die Ausgangsgegenstände einer Umgestaltung unterzogen werden, so dass die Ursprungsprodukte in ihrem Wesen nicht erhalten bleiben. 18

Die Verwendung von Produktionshilfsmitteln, wie z.B. Katalysatoren, Beschleunigern oder Verzögerern chemischer Reaktionen, steht der Annahme einer Veredelung nicht entgegen, was sich auch aus der zollrechtlichen Vorschrift des Art. 5 Nr. 37 Buchst. e UZK ergibt. 19

b) Lohnveredelung im Inland

Für die Anwendung der Steuerbefreiungsvorschrift ist nicht relevant, ob der Lohnveredler seinen Sitz im Inland oder im Ausland hat. Auch wird beim Auftraggeber die Unternehmereigenschaft nicht vorausgesetzt, weshalb Empfänger der Dienstleistung eine Privatperson sein kann. 20

Die sonstige Leistung muss im Inland steuerbar sein, also ist insbesondere notwendig, dass der Leistungsort im Inland belegen ist. Wenn der Empfänger der Werkleistung kein Unternehmer ist, für dessen Unternehmen die Leistung ausgeführt wird und auch keine nicht unternehmerisch tätige Person ist, der eine USt-IdNr. erteilt worden ist, bestimmt sich der Leistungsort nach dem **Tätigkeitsort**.[8] Demnach werden Arbeiten an beweglichen körperlichen Gegenständen dort ausgeführt, wo sie vom leistenden Unternehmer auch tatsächlich erbracht worden sind. 21

Ist Auftraggeber hingegen ein Unternehmer, der die Leistung für sein Unternehmen bezieht, gilt gemäß § 3a Abs. 2 UStG die Leistung nach dem sog. **Empfängersitzprinzip** als an dem Ort ausgeführt, von dem aus der Leistungsempfänger sein Unternehmen betreibt. Damit sind entsprechende Leistungen an im Ausland ansässige Unternehmer seit dem 1.1.2010[9] im Inland nicht steuerbar. 22

---

1 *Langer* in Reiß/Kraeusel/Langer, § 7 UStG Rz. 12 (Stand: Dezember 2016); **a.A.** *Jatzke* in Sölch/Ringleb, § 7 UStG Rz. 25 (Stand: März 2023).
2 Vgl. BFH, Urt. v. 4.5.2004 – VII R 6/03, BFHE 206, 475 = ZfZ 2004, 419.
3 Vgl. Abschn. 7.3 Abs. 3 Satz 1 UStAE.
4 *Robisch* in Bunjes[22], § 7 UStG Rz. 3.
5 Vgl. EuGH, Urt. v. 1.4.2004 – C-320/02, ECLI:EU:C:2004:213 – Stenholmen, UR 2004, 253.
6 Vgl. FG Baden-Württemberg, Urt. v. 24.10.2012 – 14 K 3006/11, EFG 2013, 336.
7 Hierzu *Jatzke* in Sölch/Ringleb, § 7 UStG Rz. 24 (Stand: März 2023), der zurecht darauf hinweist, dass der Gegenstandsbegriff des Art. 146 Abs. 1 Buchst. d MwStSystRL enger sei als der des Art. 15 Abs. 1 MwStSystRL und daher nur bewegliche körperliche Gegenstände erfasse. Insoweit ist eine richtlinienkonforme Auslegung des § 7 UStG geboten.
8 § 3a Abs. 3 Buchst. c UStG.
9 Nach § 3a Abs. 2 Nr. 3 Buchst. c UStG (2009) galt bis zum 31.12.2009 grundsätzlich das Tätigkeitsortprinzip.

2. Einfuhr oder Erwerb durch den Auftraggeber

23 Zwingende Voraussetzung für die Inanspruchnahme der Steuerbefreiung ist, dass der Gegenstand der Ausfuhr vor seiner Be- oder Verarbeitung entweder in das Gemeinschaftsgebiet eingeführt oder in diesem erworben worden ist.

24 **Einfuhr** i.S.d. § 7 UStG setzt indes nicht die Verwirklichung des Einfuhrtatbestands nach § 1 Abs. 1 Nr. 4 UStG (§ 1 Rz. 216 ff.) voraus, d.h. eine Überführung in den freien Verkehr muss nicht erfolgen.[1] Vielmehr wird lediglich verlangt, dass der Gegenstand der Be- oder Verarbeitung aus dem Drittlandsgebiet tatsächlich in das Gemeinschaftsgebiet gelangt ist. Es bedarf somit keines Statuswechsels von **Nicht-Unionswaren** zu Unionswaren (vgl. Art. 201 Abs. 3 UZK) und die Gegenstände der Lohnveredelung können „Drittlandsware" bleiben.

25 Unerheblich ist zudem, in welchem EU-Mitgliedsstaat die Einfuhr erfolgt ist. Nach § 2 Abs. 2a UStG besteht das Unionsgebiet aus dem Inland i.S.d. § 2 Abs. 2 Satz 1 UStG und den Gebieten der übrigen Mitgliedstaaten der Europäischen Union, die nach Unionsrecht als Inland dieser Mitgliedstaaten gelten.

26 Dem Einfuhrtatbestand steht es nicht entgegen, wenn der Auftraggeber den Gegenstand der Ausfuhr von dem anderen Unternehmer im Drittland abholen lässt.[2]

27 Im Falle des Erwerbs hat sich der Gegenstand zuvor bereits im Unionsgebiet befunden, muss aber nicht zwingend dort seine ursprüngliche Herkunft haben. Dem Erwerb kann auch eine **unentgeltliche Überlassung** zu Grunde liegen, da der Wortlaut des § 7 Abs. 1 UStG keine Entgeltlichkeit voraussetzt.[3] Entscheidend ist allein die **Verfügungsbefugnis** des Auftraggebers, kraft dessen er dazu berechtigt ist, die Be- oder Verarbeitung des Gegenstandes zu veranlassen und ihn anschließend aus dem Unionsgebiet auszuführen.

28 Die Einfuhr oder der Erwerb müssen zu dem Zwecke erfolgt sein, den Gegenstand vor der Ausfuhr im Unionsgebiet zu bearbeiten oder verarbeiten. Erforderlich ist nicht, dass die Be- oder Verarbeitung ausschließlicher Zweck ist.[4] Allerdings muss diese Absicht bereits im Zeitpunkt der Einfuhr oder des Erwerbs bestanden haben und darf nicht auf einer nachgelagerten Willensbildung beruhen.[5]

29 Eine beispielhafte Aufzählung, wann die FinVerw. eine Einfuhr oder einen Erwerb im Gemeinschaftsgebiet zum Zwecke der Be- oder Verarbeitung annimmt, findet sich in Abschn. 7.1 Abs. 3 Nr. 1 ff. bzw. Abschn. 7.1 Abs. 5 Nr. 1 f. UStAE. An der erforderlichen Zwecksetzung fehlt es dagegen regelmäßig, wenn ein Gegenstand, der in das Inland gelangt ist, dort wider Erwarten reparaturbedürftig wird und deshalb von einem Dienstleistungsunternehmen entsprechend „bearbeitet" werden muss.[6]

3. Ausfuhr des veredelten Gegenstands in das Drittlandsgebiet

30 Im Anschluss an die Lohnveredelung muss der Gegenstand aus dem Unionsgebiet wieder in das Drittlandsgebiet **ausgeführt** werden. Entscheidend ist dafür allein, dass das Produkt in ein Drittland verbracht worden ist, wobei unerheblich ist, ob dies im Wege der Versendung oder Beförderung geschehen ist. Der lohnveredelte Gegenstand kann entweder unmittelbar oder mittelbar, d.h. über das Gebiet eines oder mehrerer Mitgliedsstaaten, ausgeführt worden sein. Das Verbringen kann entweder durch/für den Lohnveredler ausgeführt werden[7] oder durch/für den Auftraggeber.

1 *Tehler* in Rau/Dürrwächter, § 7 UStG Rz. 253 ff. (Stand: September 2019); *Monfort* in Birkenfeld/Wäger, Umsatzsteuer-Handbuch, Abschn. II Kap. 6 G-§ 7 UStG Rz. 34 (Stand: Oktober 2019); *Langer* in Reiß/Krauesel/Langer, § 7 UStG Rz. 26 (Stand: Dezember 2016); Abschn. 7.1 Abs. 3 Nr. 1 UStAE; **a.A.** *Jatzke* in Sölch/Ringleb, § 7 UStG Rz. 30 (Stand: März 2023).

2 Vgl. Abschn. 7.1 Abs. 2 Satz 4 UStAE.

3 *Jatzke* in Sölch/Ringleb, § 7 UStG Rz. 32 (Stand: März 2023).

4 Vgl. Abschn. 7.1 Abs. 2 Satz 2 UStAE.

5 Vgl. Abschn. 7.1 Abs. 2 Satz 3 UStAE.

6 Vgl. Abschn. 7.1 Abs. 6 Satz 1 UStAE.

7 Vgl. § 7 Abs. 1 Satz 1 Halbs. 2 Nr. 1 UStG.

Mit dem Austritt des Vereinigten Königreichs aus der EU am 31.1.2020 und Beendigung des Übergangszeitraums mit Ablauf des 31.12.2020 ist zu beachten, dass das Vereinigte Königreich als Drittlandsgebiet zu behandeln ist, wobei dies hinsichtlich des Warenverkehrs nicht für Nordirland gilt.[1]

Eine Ausfuhr durch den Auftraggeber ist allerdings nur möglich, wenn es sich um einen **ausländischen Auftraggeber** handelt.[2] Wer ausländischer Auftraggeber ist, bestimmt sich nach § 7 Abs. 2 UStG, welcher diesbezüglich auf § 6 Abs. 2 UStG verweist. Voraussetzung ist demnach, dass der Auftraggeber seinen Wohnort oder Sitz im Ausland, ausgenommen der in § 1 Abs. 3 UStG bezeichneten Gebiete, hat.[3] Außerdem kann ausländischer Auftraggeber eine im Ausland (ausgenommen die in § 1 Abs. 3 UStG bezeichneten Gebiete) ansässige Zweigniederlassung eines im Inland oder in den in § 1 Abs. 3 UStG bezeichneten Gebieten ansässigen Unternehmers sein, wenn sie den Lohnveredelungsumsatz im eigenen Namen abgeschlossen hat.[4] Soweit das Empfängersitzprinzip nach § 3a Abs. 2 UStG zum Tragen kommt, liegt bereits kein steuerbarer Umsatz im Inland vor. Folglich kann die Regelung nur dann zur Anwendung kommen, wenn der ausländische Auftraggeber kein Unternehmer ist oder die Leistung nicht im Rahmen seines Unternehmens bezieht. 31

II. Weitere Be- oder Verarbeitung (Absatz 1 Satz 2)

§ 7 Abs. 1 Satz 2 UStG stellt heraus, dass sich die Steuerbefreiung für die Lohnveredelung nicht in der Be- oder Verarbeitung eines einzelnen Unternehmers erschöpft. Wenn die Ware vor der Ausfuhr mehrmals Gegenstand einer steuerbaren Werkleistung ist – unabhängig davon, ob dies durch einen oder **unterschiedliche Beauftragte** geschieht –, so kann die Steuerbegünstigung für jeden dieser Umsätze in Anspruch genommen werden. Da eine zeitliche Abfolge durch die Vorschrift nicht festgeschrieben wird, ist auch eine zeitgleiche Be- oder Verarbeitung durch unterschiedliche Unternehmer möglich. Soweit ein im Inland ansässiger Lohnveredler sich zur Ausführung seiner Leistungen anteilig eines Subunternehmers bedient, welcher die veredelte Ware im Anschluss nicht auch selbst ausführt, ist die Vorschrift im Verhältnis zum Subunternehmer nicht anwendbar, da es bei diesem an der Ausfuhr durch den ausländischen Auftraggeber mangelt. 32

C. Werkleistung i.S.d. § 3 Abs. 10 UStG (Absatz 3)

§ 7 Abs. 3 UStG legt fest, dass die Steuerbefreiung ebenfalls Anwendung findet, wenn der Sonderfall der Lieferung von **Ersatzwaren/äquivalenter Waren**[5] vorliegt, also die Lohnveredelung in einer Werkleistung i.S.d. § 3 Abs. 10 UStG besteht. Dies ist dann der Fall, wenn ein Unternehmer einem Auftraggeber, der ihm einen Stoff zur Herstellung eines Gegenstands gegeben hat, an Stelle des herzustellenden Gegenstands einen gleichartigen Gegenstand, wie er ihn in seinem Unternehmen aus solchem Stoff herzustellen pflegt, überlässt. Das Entgelt für diese Leistung muss dabei nach der Art eines Werklohns berechnet worden sein. Darunter versteht das Gesetz, dass das Entgelt für die Werkleistung unabhängig vom Unterschied zwischen dem Marktpreis des empfangenen Stoffs und dem des überlassenen Gegenstands ermittelt wurde. 33

Durch diese Regelung wird den praktischen Bedürfnissen der Wirtschaft Rechnung getragen. 34

Dies deckt sich ebenfalls mit dem Zollrecht, da auch das Zollverfahren der aktiven Veredelung entweder als **Nämlichkeitsverkehr**[6] oder als **Äquivalenzverkehr**[7] ausgestaltet sein kann. Nämlichkeit ist dann gegeben, wenn das Ausgangsprodukt und der Gegenstand der Ausfuhr stoffgleich bzw. identisch sind. Der Äquivalenzverkehr hingegen erlaubt es, dass anstatt der Ware, die der Auftraggeber zum 35

1 Vgl. BMF, Schr. v. 10.12.2020 – III C 1-S 7050/19/10001 :002, BStBl. I 2020, 1370 = UR 2021, 126.
2 Vgl. § 7 Abs. 1 Satz 1 Halbs. 2 Nr. 2 UStG.
3 Vgl. § 6 Abs. 2 Nr. 1 UStG.
4 Vgl. § 6 Abs. 2 Nr. 2 UStG.
5 Vgl. *Jatzke* in Sölch/Ringleb, § 7 UStG Rz. 46 (Stand: März 2023).
6 Art. 256 Abs. 2 Unterabs. 1 UZK.
7 Art. 256 Abs. 2 Unterabs. 2 i.V.m. Art. 223 UZK.

Zwecke der Veredelung zur Verfügung gestellt hat, Ersatzwaren, d.h. gleichartige (äquivalente) Gegenstände ausgeführt werden.

D. Beleg- (Absatz 4 i.V.m. § 12 UStDV) und Buchnachweise (§ 13 UStDV)

36 § 7 Abs. 4 Satz 1 UStG normiert für den Unternehmer, der die Steuerbefreiung in Anspruch nehmen will, eine **Nachweis- und Aufzeichnungspflicht** im Hinblick auf die Voraussetzungen des § 7 Abs. 1 UStG sowie die Be- oder Verarbeitung i.S.d. § 7 Abs. 1 Satz 2 UStG. Die nähere Ausgestaltung der Nachweisführung wird durch Satz 2 im Wege einer Verordnungsermächtigung dem Bundesministerium der Finanzen überlassen. Von dieser hat das BMF in Gestalt von §§ 12 und 13 UStDV Gebrauch gemacht. Die Nachweispflichten sind auch von Kleinunternehmern zu erfüllen, da § 7 UStG in § 19 Abs. 1 Satz 4 UStG nicht aufgeführt ist.[1]

37 § 12 UStDV verweist bezüglich des Ausfuhrnachweises auf die entsprechenden Nachweisregelungen für die Ausfuhrlieferungen nach § 6 UStG. Diese sind in den §§ 8–11 UStDV geregelt und gelten entsprechend für die Lohnveredelung an Gegenständen der Ausfuhr. Dementsprechend sind auch die Verwaltungsauffassungen und Anweisungen des BMF zur Ausfuhrlieferung in Abschn. 6.5 ff. UStAE auf die Lohnveredelung übertragbar.[2] Nach § 13 Abs. 1 UStDV hat der Unternehmer die Voraussetzungen einer Steuerbefreiung buchmäßig nachzuweisen. Wie weit der Umfang dieser Aufzeichnungspflichten reicht, wird in § 13 Abs. 2–7 UStDV festgelegt. Die unionsrechtliche Ermächtigung zur freien Ausgestaltung der nationalen Nachweisvorschriften findet sich in Art. 131 MwStSystRL, wonach die Mitgliedsstaaten die näheren Bedingungen selbst festlegen können, unter denen sie die Steuerbefreiungen gewähren. Die Regelungen müssen eine korrekte und einfache Anwendung der Steuerbefreiungen gewährleisten und zur Verhinderung von Steuerhinterziehung, Steuerumgehung und Missbrauch dienen. Die Nachweisverpflichtung stellt dabei **keine materiell-rechtliche Voraussetzung** für die Steuerbefreiung dar, wie die Rechtsprechung im Hinblick auf den Grundsatz der Neutralität der Mehrwertsteuer entschieden hat.[3]

38 Der Buchnachweis muss grundsätzlich bis zu dem Zeitpunkt vorliegen, zu dem der Unternehmer die Voranmeldung für den **Voranmeldungszeitraum** der Ausfuhrlieferung abzugeben hat.[4] Nach dem Zeitpunkt für die Abgabe der Umsatzsteuer-Voranmeldung kann der Unternehmer die buchmäßigen Aufzeichnungen nicht mehr erstmals erstellen, sondern nur noch berichtigen oder ergänzen.[5] Eine derartige Berichtigung oder Ergänzung ist indes bis zum Ende der letzten mündlichen Verhandlung vor dem FG möglich.[6]

39 Der Zeitpunkt, bis zu dem die Belegnachweise vorliegen müssen, ist weder im materiellen noch im formellen Steuerrecht geregelt. Die Verwaltung behandelt den Ausfuhrnachweis als Bestandteil der Buchführung, weshalb er noch bis zur **letzten mündlichen Verhandlung** vor dem Finanzgericht über eine Klage gegen die erstmalige endgültige Steuerfestsetzung oder den Berichtigungsbescheid geführt

---

1 *Jatzke* in Sölch/Ringleb, § 7 UStG Rz. 22 (Stand: März 2023).

2 Vgl. Abschn. 7.1 Abs. 1 Satz 1 UStAE.

3 Vgl. zur innergemeinschaftlichen Lieferung EuGH, Urt. v. 27.9.2007 – C-409/04, ECLI:EU:C:2007:548 – Teleos, BStBl. II 2009, 70 = UR 2007, 774 und BFH, Urt. v. 6.12.2007 – V R 59/03, BStBl. II 2009, 57 = UR 2008, 186. Im Einzelnen folgt insoweit aus dem unionsrechtlichen Neutralitätsgrundsatz, dass eine materiell-rechtlich bestehende Umsatzsteuerbefreiung nicht allein von der Einhaltung der Formalia abhängig gemacht werden darf, ohne die materiell-rechtlichen Voraussetzungen zu berücksichtigen. Vgl. dazu auch EuGH, Urt. v. 17.10.2019 – C-653/18, ECLI:EU:C:2019:876 – Unitel, UR 2019, 849; EuGH, Urt. v. 8.11.2018 – C-495/17, ECLI:EU:C:2018:887 – Cartrans Spedition, UR 2018, 908 und EuGH, Urt. v. 28.3.2019 – C-275/18, ECLI:EU:C:2019:265 – Vinš, UR 2019, 550.

4 BFH, Urt. v. 28.5.2009 – V R 23/08, BStBl. II 2010, 517 = UR 2009, 714 (unter II. 3. a); *Janzen* in Lippross/Seibel, § 6a UStG Rz. 140 (Stand: Oktober 2022).

5 BFH, Urt. v. 28.5.2009 – V R 23/08, BStBl. II 2010, 517 = UR 2009, 714 (unter II. 3. a); BFH, Urt. v. 28.8.2014 – V R 16/14, BStBl. II 2015, 46 = UR 2014, 893, Rz. 10.

6 BFH, Urt. v. 28.5.2009 – V R 23/08, BStBl. II 2010, 517 = UR 2009, 714 (unter II. 3.); BFH, Urt. v. 28.8.2014 – V R 16/14, BStBl. II 2015, 46 = UR 2014, 893, Rz. 10.

werden kann.[1] Etwas anderes gilt hingegen, wenn das FG für die Vorlage des Ausfuhrnachweises eine Ausschlussfrist gesetzt hat.

E. Ausschluss bei unentgeltlichen Wertabgaben (Absatz 5)

§ 7 Abs. 5 UStG schließt die Inanspruchnahme der Steuerbefreiung aus, soweit es sich bei der Lohnveredelung um eine **unentgeltliche Wertabgabe** i.S.d. § 3 Abs. 9a Nr. 2 UStG handelt. Dies entspricht der vorherigen Besteuerungspraxis beim sog. Leistungseigenverbrauch, da der Unternehmer im Ergebnis hier wie eine Privatperson behandelt wird, die entsprechend den Grundsätzen des Umsatzsteuersystems als Endverbraucher ohne entsprechenden Vorsteuerabzug mit der Umsatzsteuer tatsächlich belastet wird. 40

§ 8 Umsätze für die Seeschifffahrt und für die Luftfahrt

(1) Umsätze für die Seeschifffahrt (§ 4 Nr. 2) sind:

1. die Lieferungen, Umbauten, Instandsetzungen, Wartungen, Vercharterungen und Vermietungen von Wasserfahrzeugen für die Seeschifffahrt, die dem Erwerb durch die Seeschifffahrt oder der Rettung Schiffbrüchiger zu dienen bestimmt sind (aus Positionen 8901 und 8902 00, aus Unterposition 8903 92 10, aus Position 8904 00 und aus Unterposition 8906 90 10 des Zolltarifs);

2. die Lieferungen, Instandsetzungen, Wartungen und Vermietungen von Gegenständen, die zur Ausrüstung der in Nummer 1 bezeichneten Wasserfahrzeuge bestimmt sind;

3. die Lieferungen von Gegenständen, die zur Versorgung der in Nummer 1 bezeichneten Wasserfahrzeuge bestimmt sind. [2]Nicht befreit sind die Lieferungen von Bordproviant zur Versorgung von Wasserfahrzeugen der Küstenfischerei;

4. die Lieferungen von Gegenständen, die zur Versorgung von Kriegsschiffen (Unterposition 8906 10 00 des Zolltarifs) auf Fahrten bestimmt sind, bei denen ein Hafen oder ein Ankerplatz im Ausland und außerhalb des Küstengebiets im Sinne des Zollrechts angelaufen werden soll;

5. andere als die in den Nummern 1 und 2 bezeichneten sonstigen Leistungen, die für den unmittelbaren Bedarf der in Nummer 1 bezeichneten Wasserfahrzeuge, einschließlich ihrer Ausrüstungsgegenstände und ihrer Ladungen, bestimmt sind.

(2) Umsätze für die Luftfahrt (§ 4 Nr. 2) sind:

1. die Lieferungen, Umbauten, Instandsetzungen, Wartungen, Vercharterungen und Vermietungen von Luftfahrzeugen, die zur Verwendung durch Unternehmer bestimmt sind, die im entgeltlichen Luftverkehr überwiegend grenzüberschreitende Beförderungen oder Beförderungen auf ausschließlich im Ausland gelegenen Strecken und nur in unbedeutendem Umfang nach § 4 Nummer 17 Buchstabe b steuerfreie, auf das Inland beschränkte Beförderungen durchführen;

2. die Lieferungen, Instandsetzungen, Wartungen und Vermietungen von Gegenständen, die zur Ausrüstung der in Nummer 1 bezeichneten Luftfahrzeuge bestimmt sind;

3. die Lieferungen von Gegenständen, die zur Versorgung der in Nummer 1 bezeichneten Luftfahrzeuge bestimmt sind;

4. andere als die in den Nummern 1 und 2 bezeichneten sonstigen Leistungen, die für den unmittelbaren Bedarf der in Nummer 1 bezeichneten Luftfahrzeuge, einschließlich ihrer Ausrüstungsgegenstände und ihrer Ladungen, bestimmt sind.

1 Vgl. Abschn. 6.5 Abs. 3 Satz 1 UStAE.

(3) [1]Die in den Absätzen 1 und 2 bezeichneten Voraussetzungen müssen vom Unternehmer nachgewiesen sein. [2]Das Bundesministerium der Finanzen kann mit Zustimmung des Bundesrates durch Rechtsverordnung bestimmen, wie der Unternehmer den Nachweis zu führen hat.

Schrifttum: *Dißars/Kahl-Hinsch*, Umsatzsteuerrechtliche Aspekte des Betriebs von Handelsschiffen, NWB 2016, 3021; *Duyfjes*, Umsätze für die Seeschifffahrt – Be- und Entladen, EU-UStB 2017, 36; *Grambeck*, Umsatzsteuerbefreiung für Leistungen für die Seeschifffahrt, NWB 2021, 2113; *Huschens*, Steuerbefreiung der Vorsteuerumsätze in der Seeschifffahrt und Luftfahrt – Mögliche offene Fragen für die Besteuerungspraxis nach Ergehen des BMF-Schreibens vom 6.10.2017, UVR 2018, 154; *Klink*, Wann sind Vorstufenumsätze für die Luftfahrt umsatzsteuerfrei?, MwStR 2019, 577; *Kraeusel*, Steuerbefreiung für Lieferungen von Gegenständen zur Versorgung von Schiffen, UVR 2021, 165; *L'habitant*, Kritische Anmerkungen zur Änderung des UStAE, UStB 2021, 162; *Radeisen*, Keine Begünstigung einer mittelbaren Leistung im Zusammenhang mit der Seeschifffahrt oder Luftfahrt, UR 2008, 137; *Raudszus/Wagner*, Umsätze für die Seeschifffahrt und die Luftfahrt und Neues zum Freihafen – Hinweise zur umsatzsteuerlichen Beurteilung entsprechender Sachverhalte für den Praktiker, UStB 2008, 172; *Weber*, Steuerbefreiung der Umsätze für die Seeschifffahrt, UVR 2017, 338; *Wohlfahrt*, Umsatzsteuerliche Behandlung der Leistungen durch Lotsen, UStB 2021, 160.

A. Grundaussagen

I. Regelungsgegenstand und Bedeutung

1 § 8 UStG enthält die **Anwendungsvoraussetzungen** der in § 4 Nr. 2 UStG angeordneten Steuerbefreiung für Umsätze für die Seeschiff- (Absatz 1) und für die Luftfahrt (Absatz 2). In § 8 Abs. 3 UStG sind die Nachweispflichten des Unternehmers geregelt. Zweck des § 8 UStG ist es damit, die in § 4 Nr. 2 UStG benannten steuerfreien Umsätze zu definieren und zu begrenzen. Durch die sog. Vorstufenbefreiung wird bei Unternehmen der Seeschifffahrt und der internationalen Luftfahrt die laufende Erstattung hoher Vorsteuerbeträge vermieden.[1] Die Befreiung dient insbesondere dem Erhalt der Wettbewerbsfähigkeit inländischer Unternehmen der Seeschiff- und Luftfahrt sowie der verfahrenstechnischen Vereinfachung (§ 4 Nr. 2 Rz. 1).

2 § 4 Nr. 2 i.V.m. § 8 UStG stellt eine **echte Steuerbefreiung**[2] dar, d.h. die Inanspruchnahme schließt den Vorsteuerabzug nicht aus.[3]

1 So auch *Radeisen*, UR 2008, 137 (138).
2 BFH, Urt. v. 9.4.2014 – VII R 7/13, BFH/NV 2014, 1244.
3 Vgl. § 15 Abs. 3 Nr. 1 und 2 UStG, jeweils Buchst. a UStG.

II. Unionsrechtliche Grundlagen

Die Vorstufenbefreiungen beruhen auf Art. 148 MwStSystRL (vormals Art. 15 6. EG-Richtlinie).[1] Während die Regelungen in § 8 Abs. 1 Nr. 2–5 sowie in § 8 Abs. 2 UStG dem Unionsrecht weitestgehend entsprechen, weicht der Wortlaut hinsichtlich der Festlegung des Kreises der begünstigten Schiffe nach Art. 148 Buchst. a MwStSystRL von § 8 Abs. 1 Nr. 1 UStG leicht ab. Nach § 8 Abs. 1 Nr. 1 UStG zählen zu den begünstigten Schiffen „Wasserfahrzeuge für die Seeschifffahrt, die dem Erwerb durch die Seeschifffahrt (…) zu dienen bestimmt sind". Das Unionsrecht stellt in Art. 148 Buchst. a MwStSystRL darauf ab, dass die Schiffe auf hoher See im entgeltlichen Passagierverkehr, zur Ausübung einer Handelstätigkeit, für gewerbliche Zwecke etc. eingesetzt werden. Diesbezüglich ist die deutsche Regelung im Ergebnis noch **restriktiver** als die unionsrechtliche und damit trotz des abweichenden Wortlauts mit dieser in Einklang zu bringen.[2] Demgegenüber sah der EuGH hinsichtlich des Art. 148 Buchst. a MwStSystRL eine Vertragsverletzung Frankreichs als gegeben an, da Frankreich die Befreiung nicht vom Erfordernis des Einsatzes auf hoher See abhängig machte.[3] 3

Die **Nachweisvorschriften** des § 8 Abs. 3 UStG, die § 18 UStDV i.V.m. § 13 Abs. 1 und 2 Nr. 1–4 UStDV konkretisiert, fußen auf Art. 131 MwStSystRL. Dieser lässt zu, dass Mitgliedstaaten die Bedingungen festlegen, die „zur Gewährleistung einer korrekten und einfachen Anwendung der Befreiungen und zur Verhinderung von Steuerhinterziehung, Steuerumgehung oder Missbrauch" erforderlich sind. 4

III. Verhältnis zu anderen Vorschriften und Rechtsentwicklung

§ 8 UStG definiert und begrenzt den **Umfang der Steuerbefreiung** aus § 4 Nr. 2 UStG. Diese Trennung von Anwendungs- und Rechtsfolgenvorschrift ist eine besondere Art der Gesetzestechnik, die der Gesetzgeber u.a. auch bei Ausfuhren[4] und innergemeinschaftlichen Lieferungen[5] gewählt hat. Im Ergebnis stellt § 8 UStG damit lediglich eine begriffliche Bestimmung der befreiten Umsätze dar. 5

Erstmalig wurde im Jahr 1928 eine Umsatzsteuerbefreiung für den Umschlagverkehr in Seehäfen eingeführt. Entfernt vergleichbar mit dem heutigen Zweck hatte diese Maßnahme zum Ziel, deutsche Seehäfen konkurrenzfähig zu machen. Mit dem Umsatzsteuergesetz von 1967[6] bzw. dem ÄnderungsG vom 18.10.1967[7] wurden bestimmte Leistungen an ausländische Auftraggeber, ebenso wie die Lieferung von Gegenständen der Schiffsausrüstung für Seeschiffe, von der Umsatzsteuer befreit. Mit dem StÄndG 1973[8] wurde die Befreiung auf gewisse Leistungen für Seenotrettungsschiffe ausgedehnt. Die letzte weitgehende Änderung erfuhr diese Befreiungsregel durch das UStG 1980[9]. Mit diesem wurde die Steuerbefreiung erstmals auf Umsätze für die Luftfahrt ausgedehnt. Ebenfalls sind seitdem Lieferungen von Gegenständen, die zur Versorgung von Kriegsschiffen bestimmt sind und in ausländischen Gebieten verbraucht werden, befreit. Seit dieser letzten großen Änderung 1980 ergaben sich lediglich Korrekturen redaktioneller Art, die durch Änderungen der zollrechtlichen Tarifierung notwendig wurden. Letztmalig wurde § 8 Abs. 2 Nr. 1 UStG im Jahr 2013[10] dahingehend geändert, dass die Vorstufenbefreiung im Ergebnis nunmehr auch von Unternehmen in Anspruch genommen werden kann, die in unwesentlichem Maße inländische Ambulanzflüge durchführen. 6

1 Art. 148 Buchst. a–d MwStSystRL betrifft dabei Steuerbefreiung für die Seeschifffahrt, Art. 148 Buchst. e–g MwStSystRL die Luftfahrt.
2 **A.A.** *L'habitant*, UStB 2021, 162.
3 EuGH, Urt. v. 21.3.2013 – C-197/12, ECLI:EU:C:2013:202 – Kommission/Frankreich, DB 2013, 2009.
4 Vgl. § 4 Abs. 1 Nr. 1 Buchst. a i.V.m. § 6 UStG; zur bezweckten Gleichstellung mit Ausfuhrlieferungen *Raudszus* in Schwarz/Widmann/Radeisen, § 8 UStG Rz. 13 m.w.N. (Stand: September 2023).
5 Vgl. § 4 Abs. 1 Nr. 1 Buchst. b i.V.m. § 6a UStG.
6 BGBl. I 1967, 545.
7 BGBl. I 1967, 991.
8 BGBl. I 1973, 676.
9 BGBl. I 1979, 1953.
10 BGBl. I 2013, 1809.

B. Umsätze für die Seeschifffahrt (Absatz 1)

I. Regelungsgegenstand

7 Umsätze für die Seeschifffahrt werden in § 8 Abs. 1 UStG **abschließend** definiert. Allen Befreiungstatbeständen (mit Ausnahme der Nr. 4 „Kriegsschiffe") ist gemein, dass sich der Umsatz auf Wasserfahrzeuge für die Seeschifffahrt beziehen muss, die dem Erwerb durch die Seeschifffahrt oder der Rettung Schiffbrüchiger zu dienen bestimmt sind.

II. Unmittelbarkeitserfordernis

8 Die Leistungen müssen dabei *unmittelbar* an Unternehmer der Seeschifffahrt oder an die Gesellschaft zur Rettung Schiffbrüchiger bewirkt werden.[1] Hintergrund ist, dass Steuerbefreiungen als Ausnahme zur grundsätzlichen Steuerpflicht eines steuerbaren Umsatzes restriktiv auszulegen sind.[2] Eine Befreiung nach § 4 Nr. 2 i.V.m. § 8 Abs. 1 UStG kommt nur in Betracht, wenn der **unmittelbare Vertragspartner** auch der faktisch begünstigte Unternehmer ist; nicht ausreichend ist hingegen die Leistung an eine Mittelsperson. Solche Umsätze kämen nach Auffassung des EuGH schon ihrer Art nach der Seeschifffahrt nur mittelbar zugute und würden die Einrichtung neuer Kontroll- und Überwachungsmechanismen erfordern.[3] Ein derartiges Erfordernis liefe jedoch dem Sinn der Vereinfachungsregelung zuwider. Eine Befreiung kann jedoch ausnahmsweise in Betracht kommen, wenn der begünstigte Unternehmer zwar nicht der unmittelbare Vertragspartner, die Zweckbestimmung des Umsatzes jedoch sichergestellt ist.[4] Zu Gunsten einer solchen Ausnahme entschied der EuGH in der Rs. *Fast Bunkering Klaipėda*.[5] Bei Einfüllen von Schiffsöl in den Schiffstank eines begünstigten Unternehmers finde die Befreiung auch dann Anwendung, wenn direkt an den Begünstigten geliefert, aber über einen Zwischenhändler abgerechnet werde.[6] Der EuGH begründete dies damit, dass das Eigentum an den Zwischenhändler frühestens mit Verschaffung der Verfügungsmacht an den Begünstigten übertragen werde.[7]

9 – Die **deutsche FinVerw.** ging bis April 2014 grundsätzlich davon aus, dass der Unmittelbarkeitszusammenhang nur gewahrt sei, soweit der unmittelbare Vertragspartner des Leistenden begünstigter Unternehmer sei und eine Befreiung auf vorangehenden Umsatzstufen per se ausscheide.[8] Diese Auffassung der FinVerw. fußte vornehmlich auf der Rechtsprechung des EuGH in der Rs. *Elmeka* aus dem Jahr 2006,[9] welche die Verwaltung bis April 2014 jedoch – im Lichte der unionsrechtlichen Regelung bzw. deren Auslegung durch den EuGH – über den entschiedenen Einzelfall hinaus zu restriktiv auslegte, in dem jeglicher Umsatz auf einer Vorstufe von der Befreiung ausgeschlossen war. Ursprünglich galt die Steuerbefreiung nach der EuGH-Rspr. aus den Jahren 1990 und 2006 nur für solche Umsätze, die unmittelbar an einen Betreiber von Seeschiffen bewirkt werden, der diese Gegenstände zur Versorgung der Schiffe verwendet und nicht für Lieferungen dieser Gegenstände, die auf einer vorgehenden Handelsstufe erfolgen.[10] Die restriktive Auslegung der Befreiungsvorschrift in Sachen *Elmeka* rührte jedoch daher, dass es sich aufgrund des Transports von

1 Abschn. 8.1 Abs. 1 Satz 1 UStAE.

2 Statt vieler FG Hamburg, Urt. v. 13.2.2013 – 5 K 20/11, EFG 2013, 1274, Rz. 49; EuGH, Urt. v. 19.7.2012 – C-33/11, ECLI:EU:C:2012:482 – A Oy, UR 2012, 873, Rz. 49.

3 Vgl. EuGH, Urt. v. 3.9.2015 – C-526/13, ECLI:EU:C:2015:536 – Fast Bunkering Klaipėda, UR 2015, 785, Rz. 28.

4 Vgl. EuGH, Urt. v. 19.7.2012 – C-33/11, ECLI:EU:C:2012:482 – A Oy, UR 2012, 873 zur Lieferung eines Luftfahrzeugs an eine Chartergesellschaft.

5 EuGH, Urt. v. 3.9.2015 – C-526/13, ECLI:EU:C:2015:536 – Fast Bunkering Klaipėda, UR 2015, 785.

6 EuGH, Urt. v. 3.9.2015 – C-526/13, ECLI:EU:C:2015:536 – Fast Bunkering Klaipėda, UR 2015, 785, Rz. 52.

7 EuGH, Urt. v. 3.9.2015 – C-526/13, ECLI:EU:C:2015:536 – Fast Bunkering Klaipėda, UR 2015, 785, Rz. 48.

8 Vgl. Abschn. 8.1 Abs. 1 Satz 2 UStAE bis einschließlich 3.4.2014; Änderung durch BMF, Schr. v. 4.4.2014 – IV D 3-S 7155-a/07/10002, BStBl. I 2014, 801 = UR 2014, 415.

9 EuGH, Urt. v. 14.9.2006 – C-181/04 bis C-183/04, ECLI:EU:C:2006:563 – Elmeka, UR 2007, 268.

10 Vgl. EuGH, Urt. v. 26.6.1990 – C-185/89, ECLI:EU:C:1990:262 – Velker, UR 1991, 352 und EuGH, Urt. v. 14.9.2006 – C-181/04 bis C-183/04, ECLI:EU:C:2006:563 – Elmeka, UR 2007, 268.

Kraftstoff um einen besonders gelagerten Fall handelte. Zur Verhinderung von Steuerhinterziehung, -umgehung oder Missbrauch muss die Steuerbefreiung auf die letzte Handelsstufe beschränkt werden, da die Verwendung der Transportdienstleistung für steuerfreie Zwecke erst mit Lieferung des Kraftstoffes an die tatsächlichen Betreiber der Schiffe feststeht.[1]

- Im Jahre 2012 entschied der EuGH, dass die Vorstufenbefreiung auch für Lieferungen an einen Wirtschaftsteilnehmer gilt, der selbst nicht zu den „Luftfahrtgesellschaften […], die hauptsächlich im entgeltlichen internationalen Verkehr tätig sind", gehört, sondern das betreffende Luftfahrzeug zum Zweck der ausschließlichen Nutzung durch eine solche Gesellschaft (Vercharterung) erwirbt.[2]
- Auch das Erbringen einer Dienstleistung im Zusammenhang mit einem Schiff (Be- und Entladen) durch einen Unterauftragnehmer, der seine Leistung dem Auftraggeber und nicht unmittelbar dem Reedereibetrieb in Rechnung stellt, also nicht solche Umsätze auf der letzten Handelsstufe, ist mehrwertsteuerfrei.[3]

Entsprechend wurden die **Verwaltungsregeln** sukzessive aufgeweicht und jeweils an die EuGH-Rechtsprechung **angepasst.**[4] So wurde die Vorstufenbefreiung in Folge der EuGH Rechtsprechung *A Oy*[5] im April 2014 auf die Lieferung eines Wasser-/Luftfahrzeugs an Charter- oder Leasinggesellschaften, die das Fahrzeug an den Betreiber überlassen, ausgedehnt.[6] Die Steuerbefreiung kann sich in Ausnahmefällen – auch nach Verwaltungsauffassung – auf Umsätze vorangehender Stufen erstrecken, sofern im Leistungszeitpunkt deren endgültige Zweckbestimmung (Verwendung für den Bedarf eines Seeschiffs) bereits aufgrund der Befolgung steuerlicher Nachweis- und Aufbewahrungspflichten feststeht.[7] Voraussetzung für die Annahme eines derartigen Ausnahmefalls ist eine Wahrung der Nämlichkeit der erbrachten Leistungen.[8] 10

Im Fall der **Anschaffung** durch eine **Leasing- oder Chartergesellschaft** besteht regelmäßig mit der Schiffsregistrierung bereits ein solches Überwachungssystem für die Nutzung durch ein Seeschifffahrtsunternehmen, das internationalen Standards folgt. 10.1

Die Steuerbefreiung des § 4 Nr. 2 i.V.m. § 8 Abs. 1 UStG kann somit insbesondere auch in **Reihengeschäftskonstellationen** Anwendung finden, da hier die Lieferung unmittelbar vom ersten Lieferer an den Schifffahrtsunternehmer ausgeführt wird.[9] Dies muss zumindest gelten, soweit der erste Lieferer oder der Abnehmer befördert oder versendet. Eine solche Konstellation wird jedoch regelmäßig vorliegen, wenn der Zwischenhändler eine eher vermittelnde Funktion einnimmt und faktisch keine Verfügungsmacht erlangt. 11

III. Lieferungen, Umbauten, Instandsetzungen, Wartungen, Vercharterungen und Vermietungen von Wasserfahrzeugen für die Seeschifffahrt (Absatz 1 Nr. 1)

1. Wasserfahrzeuge für die Seeschifffahrt

Der **Begriff der Seeschifffahrt** ist nach den Vorschriften des Seerechts zu bestimmen. „Seeschifffahrt" i.S.d. § 8 Abs. 1 UStG meint daher die Schifffahrt seewärts der in § 1 der Flaggenrechtsverordnung festgelegten Grenzen.[10] Insbesondere die Binnenschifffahrt fällt somit nicht darunter. 12

---

1 Vgl. *Duyfjes*, EU-UStB 2017, 36 (37).
2 Vgl. EuGH, Urt. v. 19.7.2012 – C-33/11, ECLI:EU:C:2012:482 – A Oy, UR 2012, 873.
3 EuGH, Urt. v. 4.5.2017 – C-33/16, ECLI:EU:C:2017:339 – A Oy, BStBl. II 2017, 1027 = UR 2017, 468.
4 Im Einzelnen siehe hierzu die jeweiligen Befreiungstatbestände in den folgenden Rz. und allgemein *Radeisen*, UR 2008, 137.
5 EuGH, Urt. v. 19.7.2012 – C-33/11, ECLI:EU:C:2012:482 – A Oy, UR 2012, 873.
6 BMF, Schr. v. 4.4.2014 – IV D 3-S 7155-a/07/10002, BStBl. I 2014, 801 = UR 2014, 415.
7 Abschn. 8.1 Abs. 1 Sätze 3 und 4 UStAE; vgl. auch *Langer* in Reiß/Kraeusel/Langer, § 8 UStG Rz. 8.1 (Stand: April 2020).
8 Niedersächsisches FG, Urt. v. 2.2.2023 – 5 K 168/19, EFG 2023, 1028, Rz. 62.
9 Dies kann auch den Ausführungen in Abschn. 8.3 Abs. 3 UStAE entnommen werden.
10 BFH, Urt. v. 2.9.1971 – V R 8/67, BStBl. II 1972, 45.

13 Hinsichtlich der Begriffsbestimmung der Seeschiffe knüpft § 8 Abs. 1 Nr. 1 UStG – anders als das Unionsrecht – an den Zolltarif[1] an. Seeschiffe sind damit u.a. Fahrgast-, Kreuzfahrt- und Fährschiffe. **Voraussetzung** ist grundsätzlich, dass die Schiffe ihrer Beschaffenheit nach seetüchtig sind. Nicht dazu gehören Fahrzeuge, deren Nutzen nicht vordergründig in der Fortbewegung zu sehen ist, sondern bei denen ein anderer Zweck im Vordergrund steht (z.B. Schwimmbagger, Schwimmdocks, Bohrinseln). Insoweit deckt sich der materielle Begriff der „Seeschiffe" i.S.d. § 8 Abs. 1 UStG mit den unionsrechtlichen Vorgaben im Sinne der jüngsten EuGH-Rechtsprechung[2]. Hiernach erfüllt etwa eine Bohrplattform die Beschaffenheitsanforderung nicht, da ihre Hauptfunktion in der Förderung von Rohstoffen in stationärer Position liegt.[3]

2. Zweckbestimmung der Schiffe: Erwerb durch die Seeschifffahrt oder für die Rettung Schiffbrüchiger

14 Die Seeschiffe müssen dem Erwerb durch die Seeschifffahrt oder der Rettung Schiffbrüchiger zu dienen bestimmt sein. Hierzu müssen sie ihrer Bauart nach geeignet sein und darüber hinaus auch ausschließlich oder überwiegend zur Erreichung dieser Zwecke **tatsächlich eingesetzt** werden.[4] Insoweit ist Absatz 1 enger als Absatz 2, der Lieferungen an begünstigte Luftfahrtgesellschaften (Rz. 28 ff.) ausreichen lässt.

15 Dem Erwerb durch die Seeschifffahrt dienen insbesondere Schiffe, die **Personen** oder **Güter** gegen Entgelt **über See befördern** (z.B. Kreuzfahrtschiffe)[5] oder dort ihrer Bestimmung nach Schlepper- oder Bugsierdienste leisten.[6] Des Weiteren müssen diese Schiffe auf See eingesetzt werden, um Einnahmen daraus zu erzielen. Nicht unter die Befreiung fallen demgegenüber Nichterwerbsschiffe, die hoheitlichen Aufgaben, wissenschaftlichen Zwecken (z.B. Forschungs- und Vermessungsschiffe)[7], der seemännischen Ausbildung oder primär der Vergnügung (Sportboote, Luxusjachten etc.) zu dienen bestimmt sind.[8]

16 Für die **Rettung Schiffbrüchiger** eingesetzte Schiffe müssen dazu geeignet sein, Rettungen auf hoher See durchzuführen und tatsächlich als Rettungsfahrzeug genutzt werden.[9] Nicht damit gleichzusetzen sind Bergungsschiffe, die nicht überwiegend dazu dienen, Menschenleben zu retten.[10]

17 Die deutsche FinVerw. vertrat auch insoweit lange Zeit die Auffassung, dass es einer unmittelbaren Leistungsbeziehung zum Reeder bedürfe. Diese Einschränkung wurde erst im Nachgang zur EuGH-Entscheidung *A Oy I*[11] gelockert.[12] Nach Auffassung des EuGH können danach auch Schiffe, die **nicht unmittelbar** an den Reeder geliefert, aber für die Seeschifffahrt (z.B. als Charterschiffe) eingesetzt werden, unter die Befreiungsregelung fallen.[13]

18 Für das Erfüllen der Zweckbestimmung ist nach Auffassung der Verwaltung entscheidend, ob das Schiff tatsächlich ausschließlich oder überwiegend für die **Erwerbsschifffahrt** oder die Rettung Schiff-

1 Kombinierte Nomenklatur (KN).
2 EuGH, Urt. v. 20.6.2019 – C-291/18, ECLI:EU:C:2019:521 – Grup Servicii Petroliere, UR 2019, 547.
3 EuGH, Urt. v. 20.6.2019 – C-291/18, ECLI:EU:C:2019:521 – Grup Servicii Petroliere, UR 2019, 547.
4 Abschn. 8.1 Abs. 2 Satz 5 UStAE.
5 FG Hamburg, Urt. v. 13.2.2013 – 5 K 20/11, EFG 2013, 1274, Rz. 35.
6 Abschn. 8.1 Abs. 2 Satz 3 UStAE.
7 FG Bremen, Urt. v. 5.1.2016 – 2 K 62/13 (2), juris, Rz. 74.
8 BFH, Urt. v. 13.2.1992 – V R 141/90, BStBl. II 1992, 576; für eine beispielhafte Aufzählung s. *Radeisen* in Hartmann/Metzenmacher, § 8 UStG Rz. 82 (Stand: Februar 2015).
9 Abschn. 8.1 Abs. 2 Satz 5 UStAE; krit. *L'habitant/Weymüller* in Weymüller, § 8 UStG Rz. 26.2 (Stand: September 2023), die lediglich auf die objektive Eignung abstellen.
10 BFH, Urt. v. 12.4.1995 – V B 92/94, BFH/NV 1995, 1105.
11 EuGH, Urt. v. 19.7.2012 – C-33/11, ECLI:EU:C:2012:482 – A Oy, UR 2012, 873.
12 BMF, Schr. v. 5.9.2018 – III C 3-S 7155/16/10002, BStBl. 2018 I, 1012; Abschn. 8.1 Abs. 1 Sätze 2 und 3 UStAE ab 5.9.2018.
13 Vgl. EuGH, Urt. v. 19.7.2012 – C-33/11, ECLI:EU:C:2012:482 – A Oy, UR 2012, 873, Rz. 57.

brüchiger eingesetzt wird.[1] Eine Steuerbefreiung nach § 4 Nr. 2 i.V.m. § 8 Abs. 1 UStG kann nur in Anspruch nehmen, wer bei Erwerb des Wasserfahrzeugs nachweist, dass dieses Wasserfahrzeug (1) für die Seefahrt oder zur Rettung Schiffbrüchiger (objektiv) geeignet ist und es (2) insoweit auch tatsächlich verwendet wird. Letzteres folgt aus einer richtlinienkonformen Auslegung am Maßstab des Art. 148 Buchst. a MwStSystRL, der seinem Wortlaut nach nicht auf die Zweckbestimmung, sondern den tatsächlichen Einsatz abstellt.[2] Weil beide Voraussetzungen kumulativ erfüllt (und nachgewiesen) sein müssen, fiele die Lieferung eines Wasserfahrzeugs, das zur Erwerbsseeschifffahrt/Rettung Schiffbrüchiger nicht geeignet ist, aber tatsächlich verwendet wird, nicht in den Anwendungsbereich des § 8 Abs. 1 UStG. Unschädlich ist jedoch die spätere Änderung der tatsächlichen Verwendung. Wird ein geeignetes Wasserfahrzeug zunächst für begünstigte Zwecke, später aber für nicht-begünstigte Zwecke eingesetzt, entfällt die Steuerbefreiung nicht rückwirkend.[3] Etwas anderes gilt, wenn dieses weite Verständnis der Zweckbestimmung rechtsmissbräuchlich umgangen werden soll.[4]

3. Begünstigte Umsätze

a) Lieferung von Wasserfahrzeugen

Bei den begünstigten Schiffen muss es sich um bereits vorhandene Wasserfahrzeuge handeln. Nicht erfasst und damit steuerpflichtig ist die Lieferung von Material zur Herstellung des Schiffes.[5] 19

Die Schiffe müssen hingegen nicht neu sein, vielmehr ist auch die Lieferung **gebrauchter Schiffe** erfasst, die etwa generalüberholt oder umgebaut sind.[6] Entscheidend ist jeweils, dass es sich um Seeschiffe (Rz. 12 ff.) handelt und diese die o.g. Zweckbestimmung erfüllen.[7] 20

b) Umbauten, Instandsetzungen und Wartungen

Als Umbauten werden bauliche Veränderungen eines Schiffes angesehen, die **nicht** nur der **bloßen Instandhaltung** dienen.[8] Eine Abgrenzung ist insoweit vorzunehmen, als ein Umbau stets den Charakter des Schiffes verändert, während eine Instandhaltung den ursprünglichen Charakter gerade erhalten soll.[9] Unter „Umbauten“ können z.B. Verlängerungen, Verbreiterungen und Aufstockungen zu verstehen sein. Maßgebend ist die künftige Verwendung der Umbauten, so dass § 8 Abs. 1 UStG nur anwendbar ist, wenn das Schiff nach dem Umbau noch ein „Seeschiff“ im Sinne der Norm ist.[10] Die Abgrenzung von Instandsetzungen und Wartungen ist im Einzelnen nicht eindeutig geklärt, jedoch kommt der Unterscheidung keine wesentliche Bedeutung zu, da beide Umsatzarten steuerfrei sind.[11] 21

c) Vercharterungen und Vermietungen

Bei Vercharterungen wird regelmäßig eine Beförderungsleistung mit dem Schiff geschuldet, bei der Vermietung hingegen die Nutzungsüberlassung des Schiffs. Während der Vercharterer somit **Besitzer** seines Seeschiffs bleibt, wird der Mieter auch Besitzer des Seeschiffes.[12] Eine Vercharterung kann jedoch auch die zeitweise Nutzungsüberlassung des Schiffs samt Besatzung umfassen (sog. Zeitchar- 22

---

1 Abschn. 8.1 Abs. 2 Satz 5 UStAE; bis 31.12.2020 reichte es, wenn die Schiffe diesen Zwecken „zu dienen bestimmt sind“, vgl. 8.1 Abs. 2 Satz 5 UStAE a.F. und BMF, Schr. v. 15.6.2020 – III C 3-S 7155/19/10003 :001, BStBl. I 2020, 580 = UR 2020, 698.

2 *Schuhmann* in Rau/Dürrwächter, § 8 UStG Rz. 31.1 (Stand: Januar 2017); *Radeisen* in Hartmann/Metzenmacher, § 8 UStG Rz. 73 a.E. (Stand: Februar 2015).

3 Ebenso *Radeisen* in Hartmann/Metzenmacher, § 8 UStG Rz. 76 (Stand: Februar 2015).

4 So auch *Schuhmann* in Rau/Dürrwächter, § 8 UStG Rz. 31.3 (Stand: Januar 2017).

5 *Langer* in Reiß/Kraeusel/Langer, § 8 UStG Rz. 29 (Stand: April 2020).

6 Vgl. *Heidner* in Bunjes[22], § 8 UStG Rz. 6.

7 Vgl. hierzu auch *Schuhmann* in Rau/Dürrwächter, § 8 UStG Rz. 37 (Stand: Januar 2017).

8 *Jatzke* in Sölch/Ringleb, § 8 UStG Rz. 27 (Stand: Juni 2023).

9 *Schöppner* in Offerhaus/Söhn/Lange, § 8 UStG Rz. 47 (Stand: Oktober 2020).

10 *Heidner* in Bunjes[22], § 8 UStG Rz. 6.

11 So auch *Jatzke* in Sölch/Ringleb, § 8 UStG Rz. 28 (Stand: Juni 2023); *Heidner* in Bunjes[22], § 8 UStG Rz. 6.

12 Zur Abgrenzung *Schöppner* in Offerhaus/Söhn/Lange, § 8 UStG Rz. 58 u. 62 (Stand: Oktober 2020).

ter).[1] Eine genaue Abgrenzung von Vercharterungen und Vermietungen bedarf es ebenfalls nicht, da beide Leistungsarten zu den begünstigten Umsätzen i.S.d. Nr. 1 zählen.[2]

IV. Ausrüstungsgegenstände der Seeschiffe (Absatz 1 Nr. 2)

23 Bei Gegenständen der Schiffsausrüstung handelt es sich insbesondere um zum Gebrauch am Schiff mitgeführte Gegenstände[3] sowie um Schiffszubehör wie Rettungsboote, Möbel, Seekarten oder Handbücher. Ebenfalls erfasst sind Teile von Schiffen, die in ein bestimmtes Schiff eingebaut werden sollen. Dieses Schiff muss jedoch bereits vorhanden sein. **„Vorhanden"** ist es spätestens mit dem Stapellauf bzw. dem Aufschwimmen im Trockendock.[4] Mithin sind Ausrüstungsgegenstände für den Bau von neuen Seeschiffen nicht nach Nr. 2 von der Umsatzsteuer befreit.[5]

V. Versorgungsumsätze für Seeschiffe (Absatz 1 Nr. 3)

24 Gegenstände zur Versorgung von Seeschiffen sind technische Verbrauchsgegenstände (z.B. Treibstoffe) sowie die zum **Verbrauch durch Besatzung und Fahrgäste** bestimmten Gegenstände wie Proviant oder Genussmittel.[6] Nach heutiger Ansicht der FinVerw. sind hierunter auch Gegenstände zu fassen, die in Schiffsapotheken, Bordläden und Bordkantinen von Ausflugsschiffen verkauft werden. Dies gilt seit dem 1.4.2021 jedoch nur noch, wenn diese üblicherweise für den Gebrauch oder Verbrauch durch die Besatzungsmitglieder oder die Fahrgäste an Bord bestimmt sind, wohingegen bis zum 31.3.2021 unerheblich war, ob diese Gegenstände zum Ge- bzw. Verbrauch an Bord oder zur Wiedereinfuhr in das Inland bestimmt waren.[7] Zwischenzeitlich, von Juni 2020 bis März 2021, sah der UStAE explizit eine Einschränkung insbesondere bei der Begünstigung von Non-Food-Artikeln vor, als diese geringpreisig und generell für den Grundbedarf der Besatzungsmitglieder und Fahrgäste bestimmt sein mussten.[8] Faktisch kam diese Einschränkung der Begünstigung aufgrund einer Nichtbeanstandungsregelung jedoch nie zwingend zur Anwendung. Die an Bord abgegebenen Gegenstände müssen nunmehr zum Ge- oder Verbrauch an Bord und nicht zur Wiedereinfuhr in das Inland bestimmt sein.[9]

Folglich sind Waren ausgenommen, bei denen ein Ge- oder Verbrauch an Bord ausscheidet, die also ihrer Art nach (typischerweise) erst nach Verlassen des Schiffs in Gebrauch genommen werden.[10] Dadurch kann sich, insbesondere für die Ausflugschifffahrt in Küstennähe, ein vorübergehender Liquiditätsnachteil im Hinblick auf den Vorsteuerabzug ergeben.[11]

Als Bordproviant werden ausschließlich die zum Verbrauch an Bord durch die Besatzung und Passagiere bestimmten Waren (sog. Mundvorrat) befreit.[12]

25 Ausdrücklich von Satz 2 nicht erfasst ist der Bordproviant für die **Küstenfischerei**. Dies ist die Fischerei, die nicht auf Hoher See, sondern in dem Gebiet der zum Uferstaat gehörenden Territorialgewässer

1 *Schöppner* in Offerhaus/Söhn/Lange, § 8 UStG Rz. 60 (Stand: Oktober 2020).
2 Ebenso *Jatzke* in Sölch/Ringleb, § 8 UStG Rz. 29 (Stand: Juni 2023).
3 Z.B. optische und nautische Geräte, Drahtseile, Werkzeug, Ankerketten; vgl. Abschn. 8.1 Abs. 3 Nr. 1 UStAE.
4 *Langer* in Reiß/Kraeusel/Langer, § 8 UStG Rz. 38 (Stand: April 2020); *Jatzke* in Sölch/Ringleb, § 8 UStG Rz. 33 (Stand: Juni 2023).
5 *Langer* in Reiß/Kraeusel/Langer, § 8 UStG Rz. 39 (Stand: April 2020); *Jatzke* in Sölch/Ringleb, § 8 UStG Rz. 36 (Stand: Juni 2023).
6 Vgl. FG Hamburg, Urt. v. 13.2.2013 – 5 K 20/11, DStRE 2014, 157 (160), Rz. 47 f.
7 Vgl. BMF, Schr. v. 26.3.2021 – III C 3-S 7155/19/10003 :001, – DOK 2021/0342556, BStBl. I 2021, 385 = UR 2021, 412.
8 Eingefügt mit BMF, Schr. v. 15.6.2020 – III C 3-S 7155/19/10003 :001 – DOK 2020/0582983, BStBl. I 2020, 580 = UR 2020, 698; dazu *Grambeck*, USt direkt digital 16/2020, 13; aufgehoben durch BMF, Schr. v. 26.3.2021 – III C 3-S 7155/19/10004 :001 – DOK 2021/0342556, BStBl. I 2021, 385 = UR 2021, 412.
9 BMF, Schr. v. 26.3.2021 – III C 3-S 7155/19/10004 :001 – DOK 2021/0342556, BStBl. I 2021, 385 = UR 2021, 412; dazu *Kraeusel*, UVR 2021, 165.
10 Vgl. hierzu die Beispielsfälle von *Grambeck*, NWB 2021, 2113 (2116).
11 *Kraeusel*, UVR 2021, 165.
12 Abschn. 8.1 Abs. 5 Satz 2 UStAE.

i.S.d. Seerechtsübereinkommens der Vereinten Nationen vom 10.12.1982 („12-Meilen-Zone")[1] betrieben wird.[2]

VI. Kriegsschiffe (Absatz 1 Nr. 4)

Der Logik zur Befreiung von Ausfuhren folgend, werden auch Lieferungen zur Versorgung von Kriegsschiffen befreit, soweit diese einen Hafen oder Ankerplatz im Ausland und außerhalb des zollrechtlichen Küstengebiets[3] anlaufen sollen. Hinsichtlich der Definition der Gegenstände zur Versorgung gelten die Ausführungen zu Nr. 3 entsprechend. 26

VII. Sonstige Leistungen (Absatz 1 Nr. 5)

Vom **Auffangtatbestand** des § 8 Abs. 1 Nr. 5 UStG als sonstige Leistungen, die für den unmittelbaren Bedarf der Wasserfahrzeuge und ihrer Ladungen bestimmt sind, erfasst sind u.a. etwa Leistungen von Lotsen[4], des Hafenbetriebs oder das Be- und Entladen[5] der Schiffe. Auch insoweit gilt der dargestellte Unmittelbarkeitszusammenhang (Rz. 8 ff.). Diesen sah der EuGH jedoch auch bei Zwischenschaltung eines weiteren Unternehmers in eine Be- und Entladeleistung als erfüllt an, da die Zweckbestimmung der Leistung ihrem Wesen nach bereits feststand.[6] 27

C. Umsätze für die Luftfahrt (Absatz 2)

Die Steuerbefreiung umfasst neben Umsätzen für die Seeschifffahrt (Absatz 1) auch Umsätze für die Luftfahrt (Absatz 2). Welche Umsätze im Einzelnen befreit sind, führt § 8 Abs. 2 UStG abschließend auf. Gesetzestechnisch fällt auf, dass die Struktur des § 8 Abs. 2 UStG an jene des Absatzes 1 angelehnt ist. Beide Absätze beinhalten **Legaldefinitionen** der Umsätze für die Seeschifffahrt bzw. für die Luftfahrt. Auf diese Weise füllt § 8 UStG den Tatbestand der Steuerbefreiungsvorschrift § 4 Nr. 2 UStG aus. 28

§ 8 Abs. 2 UStG setzt Art. 148 Buchst. e, f und g MwStSystRL[7] in nationales Recht um. 29

Auch für die Befreiung nach Absatz 2 bedarf es einer **unmittelbaren Erbringung** für die Luftfahrt, entsprechend der o.a. Darstellung (Rz. 8 ff.). 30

I. Anwendungsbereich

1. Begriff des Luftfahrzeugs

Weder im UStG noch in der MwStSystRL findet sich eine Definition des Begriffs „Luftfahrzeug". In Anlehnung an die bisherige Kasuistik kommt es insbesondere darauf an, dass das Gerät für die Benutzung des Luftraums sowie die **Güter- und Personenbeförderung** im entgeltlichen Luftverkehr bestimmt ist.[8] 31

1 Vgl. Art. 3, 16 des Seerechtsübereinkommens der Vereinten Nationen v. 10.12.1982, BGBl. II 1994, 1798 und die Bekanntmachung der Proklamation der BReg über die Ausweitung des deutschen Küstenmeeres v. 11.11.1994 (BGBl. I 1994, 3428).
2 Abschn. 8.1 Abs. 5 Satz 1 i.V.m. Abs. 2 Satz 6 UStAE.
3 Anlage 1 ZollV.
4 Vgl. zur umsatzsteuerlichen Behandlung FM Schleswig-Holstein, Erlass v. 10.3.2021 – VI 358-S 7155-8986/2020, UR 2021, 529; Anm. *Wohlfahrt*, UStB 2021, 160.
5 EuGH, Urt. v. 4.5.2017 – C-33/16, ECLI:EU:C:2017:339 – A Oy, BStBl. II 2017, 1027 = UR 2017, 468, Rz. 24 f.
6 EuGH, Urt. v. 4.5.2017 – C-33/16, ECLI:EU:C:2017:339 – A Oy, BStBl. II 2017, 1027 = UR 2017, 468, Rz. 35.
7 Vormals: Art. 15 Nr. 6–9 der 6. EG-Richtlinie.
8 So auch *Schuhmann* in Rau/Dürrwächter, § 8 UStG Rz. 111.3 (Stand: Januar 2017).

32 Im Sinne einer einheitlichen **Begriffsauslegung** innerhalb der deutschen Rechtsordnung liegt eine Orientierung an **§ 1 Abs. 2 LuftVG** nahe. Entsprechend fallen Flugzeuge, Hubschrauber,[1] Luftschiffe, Segelflugzeuge, Motorsegler und Frei- oder Fesselballons unter den Begriff des „Luftfahrzeugs" i.S.d. Absatzes 2.[2] Eine Motorisierung ist nicht entscheidend. Insbesondere ist die Frage, ob ein „Luftfahrzeug" vorliegt, zu trennen von der Frage, ob die Leistung im Hinblick auf das Luftfahrzeug von einem Unternehmer verwendet wird, der überwiegend grenzüberschreitende Beförderungen durchführt.

2. Abgrenzung zu § 4 Nr. 17 Buchst. b UStG

33 Der Anwendungsbereich von § 4 Nr. 2 i.V.m. § 8 Abs. 2 UStG wird durch § 4 Nr. 17 Buchst. b UStG **eingeschränkt.**[3] Beide Normen stehen nicht nebeneinander, da sie Leistungen auf unterschiedlichen Ebenen betreffen: § 4 Nr. 2 i.V.m. § 8 Abs. 2 UStG erfasst die Leistung eines Unternehmers an ein Luftfahrtunternehmen, § 4 Nr. 17 Buchst. b UStG hingegen (Ausgangs-)Leistungen dieses Luftfahrunternehmens an Dritte. Die Vorstufenbefreiung kommt nicht in Betracht, soweit die Ausgangsleistungen des Luftfahrtunternehmens in der Beförderung kranker und verletzter Personen bestehen und gemäß § 4 Nr. 17 Buchst. b UStG steuerfrei sind.

34 Zu beachten ist jedoch, dass **Krankentransporte** in unbedeutendem Umfang unschädlich sind. Auf diese Weise soll verhindert werden, dass Leistungen an Luftfahrtunternehmen, die nur wenige Krankentransporte durchführen, von der Befreiung ausgeschlossen sind. „Unbedeutend" ist der Umfang durchgeführter inländischer Beförderungen, wenn die diesbezüglichen Entgelte im vorangegangenen Kalenderjahr nicht mehr als 1 % der Entgelte der – im gleichen Zeitraum – ausgeführten Personenbeförderungen im Binnenluftverkehr und im internationalen Luftverkehr betragen oder diese Beförderungen im vorangegangenen Kalenderjahr nicht mehr als 1 % der Gesamtzahl der ausgeführten Flüge im Personenverkehr betragen haben.[4]

3. Abgrenzung zum Binnenluftverkehr

35 § 8 Abs. 2 UStG erfasst nur Beförderungen im internationalen Luftverkehr, jedoch einschließlich internationaler Charterflüge.[5] Davon abzugrenzen ist der Binnenluftverkehr, d.h. Beförderungen, die nur im **inländischen Luftraum** stattfinden. Sollten Beförderungen sowohl national als auch international durchgeführt werden, ist für die Inanspruchnahme der Befreiung entscheidend, welcher Beförderungsweg überwiegt.[6] Maßstab für die Ermittlung des Verhältnisses ist die Höhe der Entgelte für die Personen- und Güterbeförderung auf dem Luftweg.

36 Ein **„Überwiegen"** der Beförderungen im internationalen Luftverkehr liegt bereits dann vor, wenn das für diese Personen- und Güterbeförderungen vereinbarte oder vereinnahmte Entgelt höher ist als jenes im Binnenluftverkehr. In diesem Falle ist die Steuerbefreiung für die Lieferungen usw. von Luftfahrzeugen, die zum Einsatz bei diesem Unternehmer bestimmt sind, grundsätzlich zu gewähren. Von der Umsatzsteuer befreit ist dann die ganze Lieferung; eine Aufteilung findet nicht statt. Bei der Ermittlung der überwiegenden Entgelte handelt es sich somit gewissermaßen um eine Freigrenze.

37 Nach Finanzverwaltungsauffassung kann bei Luftverkehrsunternehmen mit **Sitz im Ausland** vermutet werden, dass diese im Rahmen ihrer entgeltlichen Beförderungen überwiegend im internationalen Luftverkehr tätig sind. Für inländische Luftverkehrsunternehmen gilt entsprechendes, wenn sie in der für den Besteuerungszeitraum maßgeblichen Liste[7] aufgeführt sind, die jährlich im Bundessteuerblatt veröffentlicht wird.[8]

1 Hierzu Niedersächsisches FG, Urt. v. 26.6.2006 – 16 K 525/03, EFG 2006, 1791.
2 Vgl. auch die Aufzählung von *Radeisen* in Hartmann/Metzenmacher, § 8 UStG Rz. 254 (Stand: Februar 2015).
3 *Schöppner* in Offerhaus/Söhn/Lange, § 8 UStG Rz. 99 f. (Stand: Oktober 2020).
4 Abschn. 8.2 Abs. 2 Satz 2 UStAE.
5 EuGH, Urt. v. 19.7.2012 – C-33/11, ECLI:EU:C:2012:482 – A Oy, UR 2012, 873, Rz. 28 ff.
6 Vgl. Art. 148 Buchst. e MwStSystRL „hauptsächlich".
7 Für 2020: BMF, Schr. v. 4.12.2020 – III C 3-S 7155-a/19/10001:002 – DOK 2020/1260866, BStBl. I 2020, 1340 = UR 2021, 132.
8 Vgl. Abschn. 8.2 Abs. 3 Sätze 5–7 UStAE; vgl. auch *Jatzke* in Sölch/Ringleb, § 8 UStG Rz. 63 ff. (Stand: Juni 2023).

II. Die Tatbestandsvarianten (Absatz 2 Nr. 1 bis 4 UStG)

Die tatbestandliche Struktur des Absatzes 2 und damit auch die Auslegung der jeweiligen Tatbestandsmerkmale **entspricht** im Wesentlichen Absatz 1. Lediglich eine Befreiung entsprechend der Befreiung für die Versorgung von Kriegsschiffen existiert für die Luftfahrt nicht. Insofern ist auf eine sinngemäße Anwendung für Luftfahrzeuge zu verweisen. Abweichungen ergeben sich vor allem bei Nr. 1. Während § 8 Abs. 1 Nr. 1 UStG u.a. die tatsächliche Verwendung des Wasserfahrzeugs für den Erwerb durch die Seeschifffahrt fordert (Rz. 18), ist die Lieferung eines Luftfahrzeugs gemäß § 8 Abs. 2 Nr. 1 UStG selbst dann steuerfrei, wenn der Empfänger das (einzelne) Luftfahrzeug tatsächlich nicht im grenzüberschreitenden Luftverkehr einsetzt.[1] 38

Unter **sonstigen Leistungen** i.S.d. § 8 Abs. 2 Nr. 4 UStG sind solche zu verstehen, die Luftfahrzeugen, einschließlich ihrer Ausrüstungsgegenstände und Ladungen, unmittelbar dienen. Erfasst ist z.B. die Reinigung eines Luftfahrzeugs, die Duldung der Flughafenbenutzung, die Leistung der Havariekommissare und neuerdings die Leistungen für Zwecke der Fluggast- und Gepäckkontrolle an eine Luftsicherheitsbehörde oder zur Aufgabenwahrnehmung Beliehene[2], die bisher nicht steuerbefreit waren, da sie nur mittelbar dem Bedarf von Luftfahrzeugen dienten.[3] Dies umfasst nunmehr auch die Anschaffung von Sicherheitseinrichtungen zur Fluggast- und Gepäckkontrolle sowie den Einkauf von Security-Leistungen.[4] Insoweit sieht die FinVerw. eine Nichtbeanstandungsregelung für derartige Umsätze vor, die vor dem 1.10.2021 ausgeführt werden. Nicht von Nr. 4 erfasst, sind etwa Vermittlungen (§ 4 Nr. 5 UStG bleibt jedoch unberührt), die Vermietung von Hallen auf Flughäfen, die Leistungen zu Kontrollzwecken des Flughafen- und Bodenpersonals und sonstige Bodendienstleistungen, wie die Flughafenreinigung,[5] Anfahrten des Bordpersonals zum Flughafen oder dessen Beherbergung und Beköstigung sowie die Zugangsberechtigung zu Warteräumen (Lounges) in Flughäfen[6]. Diese beispielhafte Aufzählung der FinVerw. ist nicht abschließend.[7] 39

D. Aufzeichnungspflichten (Absatz 3)

§ 8 Abs. 3 UStG sieht in Satz 1 eine Nachweispflicht des Unternehmers im Hinblick auf die Voraussetzungen des § 8 Abs. 1 und 2 UStG vor. Die nähere Ausgestaltung der Nachweisführung wird durch Satz 2 im Wege einer Verordnungsermächtigung dem Bundesministerium der Finanzen überlassen. Von dieser hat das BMF in Gestalt von § 18 UStDV Gebrauch gemacht. § 18 UStDV sieht eine entsprechende Anwendung des **Buchnachweises** für Ausfuhren i.S.d. § 13 Abs. 1 und 2 Nr. 1–4 UStDV vor. Zusätzlich soll der Unternehmer aufzeichnen, für welchen Zweck der Gegenstand der Lieferung oder die sonstige Leistung bestimmt ist. 40

Vereinfachungen sieht der UStAE für **Reihengeschäfte** unter Einbindung ausländischer Unternehmer vor.[8] 41

---

1 Dass es auf die tatsächliche Verwendung des *einzelnen* Luftfahrzeugs nicht ankommen kann, folgt schon aus dem Gesetzeswortlaut, der von „überwiegend" spricht; so auch die FinVerw., vgl. Abschn. 8.2 Abs. 3 Satz 4 UStAE.

2 § 5 LuftSiG i.V.m. § 29 LuftVG, § 16a LuftSiG; BMF, Schr. v. 22.7.2021 – III C 3-S 7155-a/20/10002:003, DOK 2021/0821089, BStBl. I 2021, 1023 = UR 2021, 727; Abschn. 8. 2 Abs. 7 Nr. 7 Satz 1 n.F.

3 Vgl. Abschn. 8.2 Abs. 7 Satz 2 Nr. 3 UStAE a.F.

4 Abschn. 8.2 Abs. 7 Nr. 7 Satz 2 UStAE i.d.F. von BMF, Schr. v. 22.7.2021 – III C 3-S 7155-a/20/10002 :003 – DOK 2021/0821089, BStBl. I 2021, 1023 = UR 2021, 727.

5 Abschn. 8.2 Abs. 8 Nr. 3 UStAE n.F.; eingefügt durch BMF, Schr. v. 22.7.2021 – III C 3-S 7155-a/20/10002 :003 – DOK 2021/0821089, BStBl. I 2021, 1023 = UR 2021, 727.

6 BMF, Schr. v. 26.4.2022 – III C 3-S 7117-a/20/10002 :003 – DOK 2022/0442171, BStBl. I 2022, 655 = UR 2022, 478.

7 Vgl. Abschn. 8.2 Abs. 8 UStAE „insbesondere".

8 Abschn. 8.3 Abs. 3 UStAE.

§ 9 Verzicht auf Steuerbefreiungen

(1) Der Unternehmer kann einen Umsatz, der nach § 4 Nr. 8 Buchstabe a bis g, Nr. 9 Buchstabe a, Nr. 12, 13 oder 19 steuerfrei ist, als steuerpflichtig behandeln, wenn der Umsatz an einen anderen Unternehmer für dessen Unternehmen ausgeführt wird.

(2) [1]Der Verzicht auf Steuerbefreiung nach Absatz 1 ist bei der Bestellung und Übertragung von Erbbaurechten (§ 4 Nr. 9 Buchstabe a), bei der Vermietung oder Verpachtung von Grundstücken (§ 4 Nr. 12 Satz 1 Buchstabe a) und bei den in § 4 Nr. 12 Satz 1 Buchstabe b und c bezeichneten Umsätzen nur zulässig, soweit der Leistungsempfänger das Grundstück ausschließlich für Umsätze verwendet oder zu verwenden beabsichtigt, die den Vorsteuerabzug nicht ausschließen. [2]Der Unternehmer hat die Voraussetzungen nachzuweisen.

(3) [1]Der Verzicht auf Steuerbefreiung nach Absatz 1 ist bei Lieferungen von Grundstücken (§ 4 Nr. 9 Buchstabe a) im Zwangsversteigerungsverfahren durch den Vollstreckungsschuldner an den Ersteher bis zur Aufforderung zur Abgabe von Geboten im Versteigerungstermin zulässig. [2]Bei anderen Umsätzen im Sinne von § 4 Nummer 9 Buchstabe a kann der Verzicht auf Steuerbefreiung nach Absatz 1 nur in dem gemäß § 311b Absatz 1 des Bürgerlichen Gesetzbuchs notariell zu beurkundenden Vertrag erklärt werden.

Schrifttum: *Bittermann*, Vorsteuerrisiken durch eine zeitliche Beschränkung der Optionsausübung bei Immobilientransaktionen im Wege des Forward Deals, UR 2017, 908; *Ehrmann/Dombrowsky*, Neue Beschränkungen bei der Option zur Umsatzsteuer im Grundstückskaufvertrag, ZfIR 2016, 333; *Erdbrügger*, Muss die Kautelarpraxis bei Grundstückskaufverträgen auf die nachträgliche Umsatzsteuer-Option verzichten?, BB 2016, 734; *Full*, Anmerkung zum BFH-Urteil vom 21.10.2015, XI R 40/13, MwStR 2016, 277; *Grebe*, Neue Entwicklungen bei der Option nach § 9 UStG bei Grundstücksumsätzen – Teil II (§ 9 UStG), UStB 2016, 376; *Grünwald*, Anmerkung zum BFH-Urteil vom 21.10.2015, XI R 40/13, DStR 2016, 55; *Kraeusel*, Verzicht auf die Steuerbefreiung von Grundstücksumsätzen und sein Widerruf, UVR 2021, 27; *Meyer-Burow/Connemann*, Zeitliche Grenzen der Option zur Steuerpflicht bei Grundstücksumsätzen – zugleich Anmerkungen zum Urteil des BFH v. 21.10.2015 – XI R 40/13, MwStR 2016, 831; *Prätzler*, Aktuelle Bestandsaufnahme zur Option zur Umsatzsteuerpflicht – Zugleich Besprechung des BMF Schreibens v. 2.8.2017, MwStR 2017, 740; *Sterzinger*, Der Verzicht auf die Umsatzsteuerbefreiung für eine Grundstückslieferung – Zugleich Anmerkung zum BFH-Urteil XI R 40/13 v. 21.10.2015, DStR 2016, 1303; *Wäger*, Rechtsprechungsauslese 2015, UR 2016, 125; *Wäger*, Sein und Nichtsein bei fehlender Rechtsfähigkeit: Bruchteilsgemeinschaft und Mehrwertsteuergruppe, UR 2020, 627; *Winkelhog/Krüsmann*, Anmerkung zu BFH, Urt. v. 21.10.2015 – XI R 40/13 – Zeitliche Grenze für die Erklärung des Verzichts auf die Umsatzsteuerbefreiung einer Grundstückslieferung, ZfIR 2016, 359.

A. Grundaussagen

I. Regelungsgegenstand und Bedeutung

Der Unternehmer ist nach § 9 UStG **berechtigt**, auf die **Steuerfreiheit** seiner Leistung **zu verzichten**. 1
Dieser Verzicht ist für den Unternehmer von Bedeutung, wenn bei der Leistungserbringung **vorsteuerbelastete Kosten** anfallen, für die er aufgrund einer Steuerfreiheit seiner Leistung das Recht auf Vorsteuerabzug nicht ausüben kann. Der nicht-abzugsfähige Vorsteuerbetrag erhöht die Kosten der steuerfreien Leistungserbringung und belastet durch die – als Entgeltbestandteil – verdeckte Weiterbelastung nichtabziehbarer Vorsteuerbeträge auch den unternehmerisch tätigen Leistungsempfänger. Dies widerspricht einer Besteuerung, die nur den **Endverbrauch** belasten soll.

Daher ermöglicht der Verzicht auf die Steuerfreiheit nach § 9 UStG dem Leistenden einen kosten- und 2
damit (grundsätzlich) entgeltmindernden Vorsteuerabzug um den Preis eines hinzu tretenden Steuerausweises, der den seinerseits zum Vorsteuerabzug berechtigten Leistungsempfänger nicht belastet.[1] Der Verzicht, den der leistende Unternehmer bereits beim Leistungsbezug beabsichtigt (Rz. 116 ff.), ermöglicht es ihm, für seine dann steuerpflichtige Leistung den Vorsteuerabzug in Anspruch zu nehmen und so seine Leistung – ohne eigene Vorsteuerbelastung – zu einem geringeren Entgelt, aber unter Entstehung der zum Entgelt hinzutretenden Steuerpflicht, anzubieten, was den Leistungsbezug für den Vorsteuerabzug berechtigten Unternehmer verbilligt. Der Verzicht beeinflusst so die **Preisbildung**.

Dabei ist zu beachten, dass die **Preisvereinbarung** zivilrechtlich ohne gesonderte Vereinbarung den 3
Steuerbetrag einschließt (§ 10 Rz. 4), so dass der Verzicht die für die Leistung geschuldete Gegenleistung nicht automatisch erhöht. Ein Verzicht ohne Änderung des zivilrechtlich vereinbarten Preises hat somit zur Folge, dass der bislang ausschließlich als Entgelt für eine steuerfreie Leistung zu behandelnde Betrag zu einer **Gegenleistung** wird, aus der die Umsatzsteuer herauszurechnen ist. Der steuerrechtlich grundsätzlich einseitig vom Unternehmer erklärbare Verzicht bedarf daher im Hinblick auf die Preisgestaltung letztlich doch einer mit dem Leistungsempfänger zu treffenden Vereinbarung.

Davon zu unterscheiden sind die Fälle, in denen der Verzicht zu einer **Steuerschuld des Leistungs-** 4
empfängers nach § 13b UStG führt. Hier kann der Verzicht bereits nach allgemeinen Rechtsgrundsätzen nicht einseitig vom Leistenden zu Lasten des Leistungsempfängers erklärt werden, wie § 9 Abs. 3

1 Vgl. BFH, Urt. v. 6.5.2004 – V R 73/03, BStBl. II 2004, 856 = UR 2004, 628.

Satz 2 UStG verdeutlicht. Eine unmittelbare Preisauswirkung hat der Verzicht im Hinblick auf die Versteuerung beim Leistungsempfänger daher nicht. Aber auch hier kann der Verzicht die Höhe des Entgelts beeinflussen, da der – vom Leistenden von Anfang an beabsichtigte – Verzicht durch den Vorsteuerabzug wiederum die Kosten der Leistungserbringung senkt.

5 § 9 Abs. 1 UStG enthält die allgemeinen Voraussetzungen für den Verzicht (Rz. 44 ff.), aus § 9 Abs. 2 UStG ergeben sich Zusatzvoraussetzungen für die dort genannte Grundstücksüberlassung (Rz. 76 ff.), während § 9 Abs. 3 UStG besondere Bedingungen für die Erklärung des Verzichts bei Grundstücksübertragungen enthält (Rz. 99 ff.).

II. Unionsrechtliche Grundlagen

6 § 9 UStG beruht unionsrechtlich auf **Art. 137 MwStSystRL.** Im Hinblick auf die dort genannten Leistungen, für die die Mitgliedstaaten einen Verzicht auf die Steuerfreiheit anordnen dürfen, könnte § 9 Abs. 1 UStG um die Steuerfreiheit nach § 4 Nr. 8 Buchst. h UStG erweitert werden. Eine unionsrechtliche Grundlage für den Verzicht auf die Steuerfreiheit nach § 4 Nr. 13 und § 4 Nr. 19 UStG ist nicht erkennbar.

7 Bei der Ausgestaltung des Verzichts besteht für die Mitgliedstaaten nach **Art. 137 Abs. 2 MwStSystRL** ein weitgehendes **Regelungsermessen.** Dieses ermöglicht es den Mitgliedstaaten, dem Steuerpflichtigen die Möglichkeit zu eröffnen, selbst für eine Besteuerung zu optieren, wenn sie das für vorteilhaft halten. Dabei ist es Sache jedes Mitgliedstaats, in seinem innerstaatlichen Recht den Umfang und die Inanspruchnahme des **Optionsrechts** zu präzisieren. Die Mitgliedstaaten müssen dabei den Grundsatz der steuerlichen Neutralität und das Erfordernis einer korrekten, einfachen und einheitlichen Anwendung der Steuerbefreiungen beachten. Befugnisse zur Einschränkung von Befreiungstatbeständen ergeben sich hieraus nicht.[1]

8 Der EuGH hat die Abhängigkeit des Verzichts bei der Vermietung von einer Vorsteuerabzugsberechtigung des Mieters nicht beanstandet.[2] Danach steht es dem nationalen Gesetzgeber de lege ferenda frei, auch den Verzicht nach § 9 Abs. 1 UStG von dem in § 9 Abs. 2 UStG genannten Kriterium abhängig zu machen. Der **BFH** sieht § 9 UStG als **richtlinienkonform** an.[3]

III. Verhältnis zu anderen Vorschriften und Rechtsentwicklung

1. Verhältnis zu anderen Vorschriften

9 Die Frage des Verzichts auf eine Steuerfreiheit stellt sich nur für **steuerbare Leistungen**, die der Unternehmer nach § 1 Abs. 1 Nr. 1 UStG im Inland steuerbar erbringt. § 9 Abs. 1 UStG zählt die Steuerbefreiungen, auf die der Unternehmer verzichten kann, **abschließend** auf. Für die in § 9 UStG verwendeten Begriffe, wie z.B. den der **Unternehmereigenschaft** (§ 2 Rz. 10 ff.), gelten die allgemeinen Definitionen wie etwa § 2 UStG. Der Verzicht kann den leistenden Unternehmer zum Vorsteuerabzug nach § 15 UStG berechtigen (Rz. 116 ff.). Beim Verzicht hat er die **Aufzeichnungspflicht** nach § 22 Abs. 2 Nr. 1 Satz 4 UStG zu beachten (§ 22 Rz. 26 f.). Diese ist für den Verzicht keine Wirksamkeitsvoraussetzung.

2. Rechtsentwicklung

a) UStG 1967

10 Bereits das UStG 1967 enthielt in § 9 eine Regelung zum Verzicht auf die Steuerfreiheit bestimmter Leistungen, die der Unternehmer an andere Unternehmer für deren Unternehmer ausführte. Dabei

1 EuGH, Urt. v. 12.1.2006 – C-246/04, ECLI:EU:C:2006:22 – Turn- und Sportunion Waldburg, UR 2006, 224.
2 EuGH, Urt. v. 9.9.2004 – C-269/03, ECLI:EU:C:2004:512 – Vermietungsgesellschaft Objekt Kirchberg, UR 2004, 533.
3 BFH, Urt. v. 24.4.2014 – V R 27/13, BStBl. II 2014, 732 = UR 2014, 698.

handelte es sich um einen sog. **Globalverzicht**, der zwar nicht alle der damals genannten Steuerbefreiungen erfassen musste, sich aber zumindest auf alle unter eine Befreiungsvorschrift fallenden Umsätze zu beziehen hatte. Zulässig war danach z.B. nur der Verzicht auf die Steuerfreiheit aller Grundstücksvermietungen, nicht aber ein Verzicht auf die Steuerfreiheit nur einzelner Grundstücksvermietungen. Zudem war der Verzicht auf die Steuerfreiheit einzelner oder aller Umsatzkategorien gegenüber dem Finanzamt zu erklären.

b) UStG 1980

Durch das UStG 1980 erhielt § 9 Abs. 1 UStG mit der dem Unternehmer eingeräumten Möglichkeit, 11
sich bei jedem Umsatz einzeln für oder gegen einen Verzicht auf die Steuerfreiheit zu entscheiden, seine bis **heute geltende Fassung**.

c) Folgeänderungen

In der Folgezeit wurde die Vorschrift mehrfach zur Verhinderung als **missbräuchlich empfundener** 12
Gestaltungen geändert, wobei zunächst die Nutzung als Wohnraum im Vordergrund stand. Zunächst wurde ein Satz 2 eingefügt, wonach der Verzicht bei der **Vermietung oder Verpachtung eines Grundstücks** den Nachweis erforderte, dass das Grundstück nicht Wohnzwecken dient oder zu dienen bestimmt war.[1] Dies wurde dann als eigenständiger Absatz 2 für die bis heute dort genannten Steuerbefreiungen vom Nachweis abhängig gemacht, dass das Grundstück weder Wohnzwecken noch anderen nichtunternehmerischen Zwecken dient oder zu dienen bestimmt ist.[2]

Mit Wirkung ab 1.1.1994 (zur Anwendungsregelung Rz. 77) erhielt § 9 Abs. 2 UStG seine bis heute 13
gültige Fassung, nach der ein Verzicht nur insoweit zulässig ist, als der Leistungsempfänger das **Grundstück ausschließlich** für **Umsätze** verwendet oder zu verwenden beabsichtigt, die den **Vorsteuerabzug nicht ausschließen.**[3] Erst mit dieser Änderung hat der Gesetzgeber sein bereits bei den vorherigen Änderungen angestrebtes Ziel, als Missbrauch bewerteten Gestaltungen die Grundlage zu entziehen, erreicht.

§ 9 Abs. 3 Satz 1 UStG[4] wurde mit Wirkung ab 1.1.2002 und § 9 Abs. 3 Satz 2 UStG[5] im Zusammen- 14
hang mit der Einführung des § 13b UStG ab 1.1.2004 in das Gesetz eingefügt.

B. Verzicht (Absatz 1)

I. Ausübung

1. Erklärungsinhalt

a) Behandlung als steuerpflichtig

aa) Rechtsprechung zum UStG 1967

Zur Rechtslage nach dem UStG 1967 hat der BFH im damaligen **Globalverzicht** (Rz. 19 f.) eine **ein-** 15
seitige empfangsbedürftige Willenserklärung des Unternehmers gesehen, die – letztlich wie der auch heute vorgesehene Verzicht auf die Kleinunternehmereigenschaft nach § 19 Abs. 2 UStG – rechtsgestaltend auf das Umsatzsteuerrechtsverhältnis einwirkt. Der Umfang des Globalverzichts in Bezug auf alle oder nur einzelne der damals in § 9 UStG genannten Befreiungstatbestände war nach den Gesamtumständen unter Berücksichtigung des Grundsatzes von Treu und Glauben zu bestimmen.[6]

---

1 Art. 36 Nr. 2 des Zweiten Haushaltsstrukturgesetzes v. 22.12.1981, BGBl. I 1981, 1523 m.W.v. 1.1.1982.
2 Art. 17 Nr. 5 des Steuerbereinigungsgesetzes 1985 v. 14.12.1984, BGBl. I 1984, 1493 m.W.v. 1.1.1985.
3 Art. 20 Nr. 9 des StMBG v. 21.12.1993, BGBl. I 1993, 2310 m.W.v. 1.1.1994.
4 Art. 18 Nr. 3 des StÄndG v. 20.12.2001, BGBl. I 2001, 3794 m.W.v. 1.1.2002.
5 Art. 14 Nr. 1 des HBeglG 2004 v. 29.12.2003, BGBl. I 2004, 3076 m.W.v. 1.1.2004.
6 BFH, Urt. v. 25.1.1979 – V R 53/72, BStBl. II 1979, 394.

bb) Rechtsprechung zum UStG 1980

16 Seit der Neuregelung durch das UStG 1980 erfolgt der Verzicht im Allgemeinen durch Erteilung einer **Rechnung** mit **Steuerausweis.**[1] Dem steht die widerspruchslose Entgegennahme einer Gutschrift i.S.v. § 14 Abs. 2 Satz 2 UStG gleich, die zu einem Verzicht des Leistenden als Gutschriftempfänger führt[2], was dann aber auch die von dieser Vorschrift geforderte vorherige Vereinbarung (§ 14 a.F. Rz. 56) voraussetzt.

17 Allerdings hat der BFH auf der Grundlage seiner früheren Rechtsprechung für den Einzelverzicht daran festgehalten, dass der Unternehmer den Verzicht auch durch **schlüssiges Verhalten** erklären kann, soweit aus seinen Erklärungen der Wille zum Verzicht eindeutig hervorgeht.[3]

18 Eine **Vertragsklausel**, nach der sich Entgelte zuzüglich gesetzlicher Mehrwertsteuer verstehen, reicht hierfür allerdings nicht aus.[4] Ebenso ist es, wenn der Unternehmer seine Leistung (aufgrund eines **Rechtsirrtums**) als ohnehin steuerpflichtig ansieht, so dass dann auch in einer Rechnungserteilung mit Steuerausweis ausnahmsweise kein Verzicht zu sehen ist.[5] Der Verzicht ist auf dieser Grundlage – vorbehaltlich des § 9 Abs. 3 Satz 2 UStG (Rz. 103 ff.) – an **keine bestimmte Form** gebunden,[6] ein nur mündlich erklärter Verzicht reicht aber nicht aus.

cc) Bewertung

19 Die vorstehende Rechtsprechung hat sich mit den Folgen, die sich aus dem **Übergang vom Global- zum Einzelverzicht** ergeben, nie (vertieft) beschäftigt. Im Gegensatz zum Globalverzicht wird der Einzelverzicht maßgeblich durch die auf die jeweilige Leistung bezogene Preiskalkulation geprägt, bei der es der Verzicht ermöglicht, die eigene Leistung – aufgrund der für diese dann entstehenden Steuer mit Vorsteuerabzug – zu einem niedrigeren Entgelt anbieten zu können, wenn die dann zum Entgelt hinzutretende Steuerentstehung für den Leistungsempfänger aufgrund eines für ihn bestehenden Vorsteuerabzugs nicht zu einer zusätzlichen Kostenbelastung führt. Daher liegt der **Vorteil** des **Einzelverzichts** darin, z.B. nicht alle Grundstücksvermietungen an Unternehmer gleich behandeln zu müssen, sondern den Verzicht auch nur in den Fällen erklären zu können, in denen der Mieter aufgrund seines Vorsteuerabzugsrechts mit einer im Hinblick auf die Steuerpflicht der Vermietung geänderten Preisvereinbarung einverstanden ist.

20 Der Übergang von der Global- zur Einzelbetrachtung erfordert es, den Verzicht **einzelleistungsbezogen** zu erklären. Auf der Grundlage der bisherigen Rechtsprechung handelt es sich entsprechend dem Wortlaut des § 9 Abs. 1 UStG um eine einseitige (empfangsbedürftige) Erklärung des leistenden Unternehmers[7], soweit er auch der Steuerschuldner ist (Rz. 22). Einfach wie auch rechtssicher wird der Verzicht im Fall der für den Leistenden bestehenden Steuerpflicht durch den Steuerausweis in der für die Leistung zu erteilenden Rechnung ausgeübt. Daher geht die Rechtsprechung zutreffend davon aus, dass der Verzicht jedenfalls im Regelfall dadurch erfolgt, dass der Unternehmer dem Leistungsempfänger für die steuerfreie Leistung eine **Rechnung** mit **gesondertem Ausweis** der Umsatzsteuer erteilt.[8] Die Rechnung kann sich dabei auch aus einem Vertrag ergeben (§ 14 Rz. 13 f.). Ein Verzicht kann auch auf einem Steuerausweis in einer **Gutschrift** beruhen, dem der Leistende als Empfänger der Gut-

1 BFH, Urt. v. 1.12.1994 – V R 126/92, BStBl. II 1995, 426 = UR 1995, 400 m. Anm. *Widmann* und Abschn. 9.1 Abs. 3 Satz 7 UStAE.

2 BFH, Beschl. v. 26.2.2003 – V B 178/02, BFH/NV 2003, 951. Aus dem BFH, Urt. v. 12.7.2023 – XI R 41/20, BFHE 282, 10 = UR 2024, 24 ergibt sich für diese Frage im Hinblick auf dessen Rz. 34 wohl nichts.

3 BFH, Urt. v. 16.7.1997 – XI R 94/96, BStBl. II 1997, 670 = UR 1997, 479 und Abschn. 9.1 Abs. 3 Satz 8 UStAE.

4 BFH, Urt. v. 6.5.2010 – V R 29/09, BStBl. II 2010, 885 = UR 2010, 746; ebenso: FG Münster, Urt. v. 29.9.2020 – 15 K 2680/18 U, EFG 2021, 73.

5 BFH, Urt. v. 29.10.2008 – XI R 74/07, BStBl. II 2009, 256 = UR 2009, 47.

6 Abschn. 9.1 Abs. 3 Satz 5 UStAE.

7 Ebenso z.B. *Heinrichshofen* in Birkenfeld/Wäger, Umsatzsteuer-Handbuch, § 9 Abs. 1 UStG (Abschn. II Kap. 7 A Rz. 3); *Heidner* in Bunjes[22], § 9 UStG Rz. 21; *Kraeusel* in Reiß/Kraeusel/Langer, UStG, § 9 Rz. 42 f.; a.M. u.U. *Stadie* in Rau/Dürrwächter, UStG, § 15 Rz. 1632, wonach „faktisch" eine „Zustimmung des Leistungsempfängers hinzukommen" muss.

8 BFH, Urt. v. 1.12.1994 – V R 126/92, BStBl. II 1995, 426 = UR 1995, 400 m. Anm. *Widmann* und Abschn. 9.1 Abs. 3 Satz 7 UStAE.

schrift nicht widerspricht. Ob es daneben auch andere praxisrelevante Formen von Verzichtserklärungen gibt, erscheint fraglich.

Dem Unternehmer steht es dabei frei, in den für die Verzichtserklärung bestehenden **zeitlichen Grenzen** (Rz. 33 ff.) einen zunächst noch nicht erklärten **Verzicht nachzuholen**. Dies kann durch die Erteilung einer geänderten Rechnung durch Aufteilung des bisherigen Rechnungsbetrags in Entgelt und Steueranteil oder bei einer entsprechenden Vertragsgrundlage durch eine Nachforderung im Umfang des sich aufgrund des Verzichts ergebenden Steueranteils erfolgen. Im Hinblick auf diese Nachholbarkeit besteht **keine Notwendigkeit**, weiterhin von einem Verzicht auch durch **schlüssiges Verhalten** (Rz. 17) auszugehen. 21

Fraglich ist, wie es zum Verzicht kommt, wenn dieser zu einer **Steuerschuldnerschaft** für den **Leistungsempfänger nach § 13b UStG** führt. § 9 Abs. 3 Satz 2 UStG regelt dies ausdrücklich für die Grundstückslieferung und verlangt dabei einen Verzicht in dem notariell zu beurkundenden Grundstückskaufvertrag (Rz. 103 ff.). Die Frage kann sich auch in anderen Fällen stellen. Ist z.B. davon auszugehen, dass die Vermietung eines Grundstücks an einen Unternehmer durch einen im Ausland ansässigen Vermieter, der für die Vermietung kein eigenes Personal einsetzt, nach der EuGH-Rechtsprechung zur Anwendung von § 13b Abs. 2 Nr. 1 und Abs. 5 Satz 1 UStG führt (§ 13b Rz. 84 ff.), erscheint es zweifelhaft, dass der Vermieter als Leistender durch seine Erklärung eine Steuerschuld des Mieters begründen kann. Entsprechend den Maßstäben des § 9 Abs. 3 Satz 2 UStG dürfte auch hier auf eine gemeinsame Erklärung, die jedenfalls eine Mitwirkung des Leistungsempfängers beinhaltet, abzustellen sein.[1] 22

b) Bedingte Erklärung

Der Unternehmer kann den Verzicht von einer Bedingung abhängig machen, wenn der **Bedingungseintritt** eindeutig **feststellbar** ist. Für den Fall der Steuerentstehung beim Leistenden ist dies weitgehend ohne Bedeutung, zumal ein bedingter Steuerausweis in einer Rechnung befremdlich anmutet. 23

Praxisrelevant ist der bedingte Verzicht aber für die **Abgrenzung** von **steuerfreier Lieferung** und **Geschäftsveräußerung im Grundstücksbereich** (§ 4 Nr. 9 Buchst. a Rz. 13 ff.), in dem es durch den Verzicht zu einer Steuerschuld des Leistungsempfängers nach § 13b Abs. 2 Nr. 3 und § 13b Abs. 5 Satz 1 UStG kommt (§ 13b Rz. 120 ff.). Dabei ist in die Rechnung kein Steuerausweis aufzunehmen. 24

Hier lässt es die FinVerw.[2] zutreffend ausreichen, dass die Parteien eines **notariellen Kaufvertrags** in diesem übereinstimmend erklären, dass sie von einer Geschäftsveräußerung im Ganzen ausgehen und lediglich für den Fall, dass sich ihre rechtliche Beurteilung als unzutreffend herausstellt, eine Option zur Steuerpflicht vorsorglich und im Übrigen unbedingt im notariellen Kaufvertrag aufnehmen. 25

Ungenügend ist es demgegenüber, wenn ein Unternehmer in einem Rechtsstreit, der den Vorsteuerabzug früherer Jahre betrifft, **„hilfsweise"** auf die **Steuerfreiheit** des Grundstücksumsatzes **verzichtet**.[3] Dies erklärt sich aus den damit verbundenen Unsicherheiten. 26

c) Gegenstand des Verzichts

aa) Grundsatz

Anders als beim früheren Globalverzicht (Rz. 19 f.) bezieht sich die Behandlung als steuerpflichtig nach § 9 Abs. 1 UStG auf **„einen Umsatz"**. Der Unternehmer kann daher für jeden Umsatz über die Ausübung des Verzichts gesondert entscheiden. Der Verzicht für den einzelnen Umsatz erfasst die Leistung und das für sie geschuldete Entgelt. Hat der Vermieter einer Gewerbeimmobilie zur Steuerpflicht optiert und vereinbaren die Parteien, dass die monatliche Grundmiete zuzüglich der jeweils gültigen Umsatzsteuer zu leisten ist, erstreckt sich die Steuerpflicht auch auf die umlagefähigen Neben- 27

---

1 Ähnlich *Stadie* in Rau/Dürrwächter, UStG, § 15 Rz. 1646; **a.M.** *Schüler-Täsch* in Sölch/Ringleb, UStG, § 9 Rz. 78.

2 Abschn. 9.1. Abs. 3 Satz 3 UStAE.

3 BFH, Urt. v. 1.12.1994 – V R 126/92, BStBl. II 1995, 426 = UR 1995, 400 m. Anm. *Widmann*.

kosten.[1] Dabei kommt es nicht auf die Frage an, ob Nebenkosten als Entgelt für Nebenleistungen zur Vermietung anzusehen sind, was in vielfältiger Hinsicht streitig sein kann (§ 3 Rz. 547), da bei der Verneinung einer Nebenleistung eine originäre Steuerpflicht besteht.

28 Ob die Möglichkeit einer unterschiedlichen Verzichtsausübung bei einzelnen **Teilleistungen** i.S.d. § 13 Abs. 1 Nr. 1 Buchst. a Sätze 2 und 3 UStG besteht, erscheint bereits im Hinblick auf die sich hieraus ergebende Entgeltauswirkung fraglich.

bb) Besonderheiten bei der Aufhebung von Mietverträgen

29 Der BFH geht davon aus, dass die Option zur Steuerpflicht der Vermietung auch eine Aufhebungsvereinbarung hierzu erfasst. Dies beruht darauf, dass die Steuerfreiheit der Vermietung grundsätzlich auch zur Steuerfreiheit einer gegen Entgelt geschlossenen Aufhebungsleistung durch Zustimmung zu einer vorzeitigen Vermietungsbeendigung führt, da hierin eine **Rückvermietung** über die dann nicht mehr durchgeführte Restlaufzeit des Vertrages gesehen wird. Zudem soll sich der Verzicht des Vermieters auf die Steuerfreiheit der Vermietung auch auf die Steuerfreiheit seiner Aufhebungsleistung beziehen. Schließlich soll der Verzicht des Vermieters auch die Aufhebungsleistung des Mieters erfassen.[2]

30 Die Dogmatik dieser Rechtsprechung liegt im Dunkeln, wobei allerdings eine vertiefte Befassung wenig ergiebig ist, da der aus der Vermietung abgeleitete Verzicht nach dem heute geltenden § 9 Abs. 2 UStG das Recht auf Vorsteuerabzug voraussetzt, so dass die rechtzeitig erkannte Steuerpflicht bei **keinem** der **Beteiligten** zu **Steuer- oder Zinsnachteilen** führt.

31 Denn auf der vorstehenden Grundlage würde z.B. ein Verzicht auf die Steuerfreiheit einer durch den Mieter erbrachten **Aufhebungsleistung** voraussetzen, dass der Vermieter die Aufhebungsleistung für Umsätze verwendet, die ihn zum Vorsteuerabzug berechtigen. Die Verwendung der vom Mieter bezogenen Aufhebungsleistung entscheidet dann bereits über das Vorliegen einer gesetzlich entstandenen Steuer.[3]

32 Zweifelhaft erscheint zudem, ob bei einer Vertragsaufhebung der Verzicht eines Unternehmers (Vermieters) für die Leistung eines anderen Unternehmers (Mieters) wirken kann. § 9 Abs. 1 UStG setzt einen **Verzicht durch den jeweils leistenden Unternehmer** voraus. Dass hier der Leistungsempfänger (Vermieter) für den Leistenden (Mieter) den Verzicht ausübt, ist in Bezug auf eine beim Leistenden eintretende Steuerschuld unzutreffend, wie sich mittelbar auch aus § 9 Abs. 3 Satz 2 UStG ergibt (Rz. 103 ff.). Der Verzicht kann sich aber auch hier aus einer Rechnungserteilung durch den Mieter ergeben.

2. Zeitliche Voraussetzungen

33 Der Verzicht wirkt stets für den **Besteuerungszeitraum** der **Leistungserbringung**. Der Unternehmer kann den Verzicht sowohl vor als auch nach der Leistungserbringung oder dem Zeitpunkt der Steuerentstehung erklären. Der erst **nachträglich erklärte Verzicht** wirkt nach der BFH-Rechtsprechung daher auf den Besteuerungszeitraum der Leistungserbringung zurück.[4] Dies erklärt sich daraus, da eine in einem Jahr steuerfrei erbrachte Leistung aufgrund eines im Folgejahr erklärten Verzichts ansonsten erst für das Folgejahr als steuerpflichtig behandelt werden könnte. Ein derartiger Verzicht wäre aber weitgehend funktionslos, wenn sich hierdurch an der ursprünglichen Steuerfreiheit im Erstjahr nichts ändert, so dass sich für dieses Jahr für Vorsteuerabzug, Vorsteueraufteilung oder Vorsteuerberichtigung (Rz. 121) keine Änderungen ergeben.

1 BGH, Urt. v. 30.9.2020 – XII ZR 6/20, MDR 2021, 25.

2 BFH, Beschl. v. 22.5.2019 – XI R 20/17, BFH/NV 2019, 1256 = UR 2019, 764 zur Zustimmung zur vorzeitigen Vertragsbeendigung durch den Vermieter; zur Zustimmung zur vorzeitigen Vertragsbeendigung durch den Mieter (Pächter) könnte sich dies mittelbar aus BFH, Urt. v. 13.12.2017 – XI R 3/16, BStBl. II 2018, 727 = UR 2018, 445 ergeben.

3 Fraglich daher BFH, Urt. v. 13.12.2017 – XI R 3/16, BStBl. II 2018, 727 = UR 2018, 445.

4 BFH, Urt. v. 25.1.1996 – V R 42/95, BStBl. II 1996, 338 = UR 1997, 106.

Aus der Rückwirkung auf den Besteuerungszeitraum der Leistungserbringung ergibt sich eine **zeitliche Grenze** für die **nachträgliche** Erklärung des Verzichts. Der Unternehmer kann den Verzicht nur solange erklären, wie die **Steuerfestsetzung** für den Besteuerungszeitraum der Leistungserbringung noch **änderbar** ist, da der Verzicht ansonsten bereits aus verfahrensrechtlichen Gründen keine Berücksichtigung finden kann. Der BFH hat seine früher insoweit nicht ganz eindeutige Rechtsprechung dahingehend vereinheitlicht, dass die Steuerfestsetzung im Zeitpunkt des Verzichts entweder noch anfechtbar oder aufgrund eines Vorbehalts der Nachprüfung gemäß § 164 AO noch änderbar sein muss.[1] Die FinVerw. hat sich dem unter Aufgabe ihrer zuvor gegenteiligen Auffassung angeschlossen.[2] 34

Einem erst **später erklärten Verzicht** kommt danach keine Bedeutung zu. Der BFH sieht hierin auch **kein rückwirkendes Ereignis**, das über § 175 Abs. 1 Satz 1 Nr. 1 AO zu berücksichtigen wäre, da ansonsten eine Hemmung der Festsetzungsfrist bis zur Verjährung eines Rechnungserteilungsanspruchs zu befürchten wäre und es zu einer jahrzehntelangen Rechtsunsicherheit über die Steuerpflicht kommen könnte.[3] 35

Davon zu trennen sind die **Folgen** des vom Unternehmer noch während der Änderbarkeit seiner Steuerfestsetzung erklärten Verzichts **für den Leistungsempfänger**. Für den Fall der noch rechtzeitigen Verzichtserklärung durch den Leistenden wird beim Leistungsempfänger ein rückwirkendes Ereignis nach § 175 AO zu Wahrung des Gleichgewichts von Steuer und Vorsteuer bejaht (Rz. 124). 36

Kommt es durch den Verzicht zu einer **Steuerschuld des Leistungsempfängers** nach § 13b UStG, ist die Anfechtbarkeit oder Änderbarkeit der Steuerfestsetzung des Leistungsempfängers maßgeblich.[4] 37

II. Widerruf

1. Grundsatz

Der Unternehmer kann den Verzicht grundsätzlich in der gleichen Weise und in den gleichen zeitlichen Grenzen wie bei seiner Erklärung auch widerrufen. Es kommt somit auch hier auf die **Anfechtbarkeit** oder **Änderbarkeit** nach § 164 AO an.[5] Besonderheiten bestehen bei § 9 Abs. 3 Satz 1 UStG (Rz. 99 ff.) und § 9 Abs. 3 Satz 2 UStG (Rz. 103 ff.). 38

Hatte der Unternehmer auf die Steuerfreiheit des Umsatzes dadurch verzichtet, dass er für die Leistung eine Rechnung mit Steuerausweis erteilt hatte, kann er den so begründeten Verzicht nur durch eine **Rechnungsberichtigung** rückgängig machen.[6] Ob dies auch dann gilt, wenn neben der Rechnungserteilung eine gesonderte Verzichtserklärung vorliegt[7], ist unklar. Eine Bezugnahme auf die Rechnung reicht aus. Der BFH lässt bei einer sich aus einem Vertrag ergebenden Rechnung die Rechnungsberichtigung sogar durch **einseitige Erklärung** zu (Rz. 41). Ein Widerruf wurde z.B. auch in einer beim FG eingereichten Klageschrift gesehen.[8] Da im Fall einer Ausgliederung gemäß § 123 Abs. 3 Nr. 1 UmwG das der Leistung zugrunde liegende Vertragsverhältnis auf den ausgegliederten Rechtsträger übergeht, soll die Berichtigung einer vor der Ausgliederung erteilten Rechnung nur noch durch den neuen Rechtsträger möglich sein, so dass im Fall einer vor der Ausgliederung durch den übertragenden Rechtsträ- 39

1 BFH, Urt. v. 19.12.2013 – V R 6/12, BStBl. II 2017, 837 = UR 2014, 572 m. Anm. *Wüst*; ebenso BFH, Urt. v. 21.10.2015 – XI R 40/13, BStBl. II 2017, 852 = UR 2016, 107, unter II.5.

2 Abschn. 9.1 Abs. 3 Satz 1 UStAE.

3 BFH, Urt. v. 2.4.1998 – V R 34/97, BStBl. II 1998, 695 = UR 1998, 349 m. Anm. *Stadie*.

4 BFH, Beschl. v. 2.7.2021 – XI R 22/19, BFHE 274, 170 = UR 2021, 899.

5 BFH, Urt. v. 19.12.2013 – V R 6/12, BStBl. II 2017, 837 = UR 2014, 572 m. Anm. *Wüst* und BFH, Urt. v. 19.12.2013 – V R 7/12, BStBl. II 2017, 841 = UR 2014, 579; ebenso BFH, Urt. v. 21.10.2015 – XI R 40/13, BStBl. II 2017, 852 = UR 2016, 107, unter II.5 und Abschn. 9.1 Abs. 4 Satz 1 UStAE.

6 BFH, Urt. v. 1.2.2001 – V R 23/00, BStBl. II 2003, 673 = UR 2001, 253; nicht völlig klar BFH, Urt. v. 6.10.2005 – V R 8/04, BFH/NV 2006, 835; für das Erfordernis einer Rechnungsberichtigung auch Abschn. 9.1 Abs. 4 Satz 2 UStAE.

7 So möglicherweise BFH, Urt. v. 12.7.2023 – XI R 41/20, BFHE 282, 10 = UR 2024, 24, Rz. 34 und 54.

8 BFH, Urt. v. 25.1.1979 – V R 53/72, BStBl. II 1979, 394.

ger erteilten Gutschrift (§ 14 Abs. 2 Satz 2 UStG) der Widerspruch (§ 14 Abs. 2 Satz 3 UStG) gegenüber dem neuen Rechtsträger zu erklären sein soll.[1]

40 Die **Rücknahme** des **Verzichts** wirkt ebenso wie eine nachträgliche Verzichtserklärung (Rz. 120 ff.) auf den Besteuerungszeitraum der Leistungserbringung zurück. Der in den vorstehenden zeitlichen Grenzen rechtzeitig erklärte Widerruf führt damit beim Leistungsempfänger zu einem rückwirkenden Ereignis nach § 175 AO und dabei zu einem rückwirkenden Entfallen des Vorsteuerabzugs, da es dann an einer gesetzlich geschuldeten Steuer fehlt.

2. Zustimmungserfordernis

a) Beurteilung nach h.M.

41 Im Rahmen der Änderbarkeit der Steuerfestsetzung für die Leistung besteht nach h.M. **keine Bindung** an einen zuvor erklärten Verzicht. Danach hängt der Widerruf insbesondere **nicht** von einer **Zustimmung** des **Leistungsempfängers** ab, da eine schuldrechtliche Vereinbarung über die Behandlung des Umsatzes als steuerpflichtig nur die Vertragsparteien binden soll, ohne sich auf das „Steuerschuldverhältnis" auszuwirken.[2] Die freie Widerrufbarkeit des Einzelverzichts begründete der BFH zudem damit, dass das Besteuerungsverhältnis nicht mit zwischen dem Leistenden und dem Leistungsempfänger bestehenden zivilrechtlichen Fragen belastet werden soll und damit letztlich mit einer vermuteten Arbeitserleichterung für das Besteuerungsverfahren.

b) Bewertung

42 Die freie Widerrufbarkeit des Verzichts ist mit seinem **Zweck**, einen verdeckten Steuerausweis im Entgelt einer steuerfreien Leistung – aufgrund der fehlenden Vorsteuerabzugsberechtigung des Leistenden – für den Fall zu vermeiden, dass der Leistungsempfänger zum Vorsteuerabzug berechtigt ist (Rz. 122), **nicht vereinbar**. Diesen Umstand konnte der BFH bei seiner gegenteiligen Rechtsprechung als bedeutungslos ansehen, da er seinerzeit davon ausging, dass auch die in einer Rechnung für eine steuerfreie Leistung ausgewiesene Steuer zum Vorsteuerabzug berechtigt und es somit zum Entfallen des Vorsteuerabzugs erst für den Besteuerungszeitraum der Rechnungsberichtigung kam.[3] Führt der Widerruf demgegenüber nunmehr zu einem rückwirkenden Entfallen des Vorsteuerabzugs, entspricht eine von einer Zustimmung des Leistungsempfängers unabhängige Wirksamkeit des Widerrufs bereits im Hinblick auf die sich dann ergebende **Rückabwicklungsproblematik** nicht den aus Sicht des EuGH einzuhaltenden Anforderungen an eine einfache und korrekte Rechtsanwendung (Rz. 7).

43 Selbst wenn der hier vertretenen Auffassung für § 9 Abs. 1 UStG nicht zu folgen wäre, ist die **Vorsteuerabzugsberechtigung** jedenfalls im Anwendungsbereich des **§ 9 Abs. 2 UStG** in seiner seit 1994 geltenden Fassung **zwingende Voraussetzung** und damit **Geschäftsgrundlage des Verzichts**. Eine freie Widerrufbarkeit mit der Folge eines rückwirkenden Entfallens des Vorsteuerabzugs beeinträchtigt die Ausübung dieses Rechts durch den Leistungsempfänger. Dass das geltende Recht auch den Leistungsempfänger schützt, ergibt sich bei einer Steuerschuldentstehung bei diesem aus § 9 Abs. 3 Satz 2 UStG, was sich mittelbar auch auf den Schutz des Vorsteuerabzugs auswirkt. BFH-Rechtsprechung zu einem einseitigen Widerruf des Verzichts ohne Zustimmung des Leistungsempfängers unter Berücksichtigung der sich aus § 9 Abs. 2 und Abs. 3 Satz 2 UStG ergebenden Besonderheiten liegt nicht vor.

---

1 BFH, Urt. v. 12.7.2023 – XI R 41/20, BFHE 282, 10 = UR 2024, 24, Rz. 46.

2 BFH, Urt. v. 25.2.1993 – V R 78/88, BStBl. II 1993, 777 = UR 1993, 415 m. Anm. *Weiß*; BFH, Urt. v. 11.8.1994 – XI R 57/93, UR 1995, 273; BFH, Urt. v. 11.10.2007 – V R 27/05, BStBl. II 2008, 438 = UR 2008, 466 m. Anm. *Englisch*; ebenso zum Verzicht nach § 25c Abs. 3 UStG BFH, Urt. v. 10.12.2009 – XI R 7/08, BFH/NV 2010, 1497 = UR 2010, 690 und allgemein Abschn. 9.1 Abs. 4 Satz 3 UStAE, ablehnend hierzu bereits *Weiß*, UR 1993, 415 (416) und *Völkel*, UR 1993, 407 – der BFH hat sich mit dieser Kritik nie auseinandergesetzt; gegen die h.M. auch *Tehler/Tehler*, UR 2016, 576 und *Heinrichshofen* in Birkenfeld/Wäger, Umsatzsteuer-Handbuch, Abschn. II, Kap. 7 Rz. 89.

3 Vgl. hierzu die Aufgabe dieser Rechtsprechung durch BFH, Urt. v. 2.4.1998 – V R 34/97, BStBl. II 1998, 695 = UR 1998, 349 m. Anm. *Stadie*.

C. Grundvoraussetzungen (Absatz 1)

I. Unternehmer

1. Allgemeine Unternehmerdefinition

Der Unternehmer kann die Leistungen, die den in § 9 Abs. 1 UStG bezeichneten Steuerbefreiungen unterliegen, als steuerpflichtig behandeln. Die **Unternehmereigenschaft** richtet sich nach § 2 UStG und wird bei **juristischen Personen des öffentlichen Rechts** durch § 2b UStG begrenzt. Ein Scheitern bei der Aufnahme einer wirtschaftlichen Tätigkeit steht der Unternehmereigenschaft nicht entgegen.[1] 44

Keine Besonderheiten bestehen im Rahmen einer **Organschaft** nach § 2 Abs. 2 Nr. 2 UStG. Der durch die Organgesellschaft wirksam erklärte Verzicht bindet den Organträger. 45

2. Gesetzliche Sonderregelungen

Bei **Kleinunternehmern** schließt § 19 Abs. 1 Satz 4 UStG den Verzicht auf die Steuerfreiheit aus (§ 19 Rz. 21 ff.). Für **Pauschallandwirte** und Pauschalforstwirte folgt aus § 24 Abs. 1 Satz 3 UStG der Ausschluss der Anwendung von § 9 UStG (§ 24 Rz. 37, 53). Im Rahmen der **Margenbesteuerung** nach § 25 UStG und der **Differenzbesteuerung** gemäß § 25a UStG fehlt es an steuerfreien Umsätzen, bei denen ein Verzicht auf die in § 9 UStG genannten Steuerbefreiungen in Betracht kommt. 46

3. Leistungserbringung durch Unternehmer

Der Unternehmer kann nur für die von ihm erbrachten Leistungen auf die Steuerfreiheit verzichten. Ob er Leistender ist, richtet sich nach dem der Leistung **zugrunde liegenden Rechtsverhältnis**.[2] Da nur die Fähigkeit, Partei eines Rechtsverhältnisses zu sein, die Rechtsfähigkeit voraussetzt, ist dies auch bei der Bestimmung des leistenden Unternehmers zu beachten. 47

Bei dem die Leistung erbringenden Unternehmer kann es sich daher um eine **natürliche Person** oder wie bei einer GmbH oder einer Gemeinde um eine **juristische Person** (des öffentlichen Rechts) mit eigener Persönlichkeit oder wie bei einer OHG, KG oder GbR um eine **rechtsfähige Personengesellschaft** handeln. 48

Nach der geänderten BFH-Rechtsprechung, die von der FinVerw. allerdings nicht akzeptiert wird, kommt der nicht rechtsfähigen **Gemeinschaft nach Bruchteilen** keine Unternehmereigenschaft zu.[3] Hier besteht das der Leistung zugrundeliegende Rechtsverhältnis zu den Teilhabern und damit zu den Miteigentümern des z.B. von ihnen vermieteten Gegenstandes. Entsprechend dem der Leistung zugrundeliegenden Rechtsverhältnis geht der BFH hier davon aus, dass eine Leistung durch mehrere Vermieter vorliegt, die diese anteilig erbringen.[4] Dasselbe gilt für die Eingangsleistungen, die ebenso von den Gemeinschaftern und nicht von der Gemeinschaft bezogen werden. Für die Eingangsseite hat die FinVerw. dies für den Fall der **„nicht selbst unternehmerisch tätigen Bruchteilsgemeinschaft"** akzeptiert, wobei sie dem die „Vermietung eines Ladenlokals an eine nichtunternehmerische Ehegattengemeinschaft" zur Nutzung durch den unternehmerisch tätigen Ehegatten gleichstellt (Rz. 62). Sieht man in der **Empfänger- und Unternehmereigenschaft** zwei eigenständige Kriterien, ist eine Differenzierung nach einer „eigenunternehmerischen Tätigkeit" der Bruchteilsgemeinschaft kaum zu begründen, da die Unternehmer- nicht die Empfängereigenschaft determiniert. Danach ist nicht nur der Gemeinschafter einer „nicht selbst unternehmerisch tätigen Bruchteilsgemeinschaft", sondern auch der Gemeinschafter einer „selbst unternehmerisch tätigen Bruchteilsgemeinschaft" als Leistungsempfänger anzusehen. Auf dieser Grundlage ist dann der Gemeinschafter (und nicht die Gemeinschaft) Leistender in Bezug auf die Lizensierung oder Vermietung des im Bruchteilseigentum stehenden Gegenstandes, um einen sachlich nicht zu rechtfertigenden **Bruch in der Unternehmerkette** beim Vorsteuer- 49

1 Vgl. z.B. Abschn. 9.1 Abs. 5 Satz 1 UStAE.
2 Vgl. z.B. BFH, Urt. v. 15.5.2012 – XI R 16/10, BStBl. II 2013, 49 = UR 2013, 27; BFH, Urt. v. 4.2.2015 – XI R 14/14, BStBl. II 2015, 908 = UR 2015, 624.
3 *Wäger*, UR 2020, 627 ff.
4 BFH, Urt. v. 22.11.2018 – V R 65/17, BFHE 263, 90 = UR 2019, 179 m. Anm. *Heinrichshofen.*

abzug zu vermeiden, der sich dann ergäbe, wenn der Gemeinschafter die Leistung bezieht, aber die Gemeinschaft diese für Ausgangsumsätze nutzt. Die Berechtigung zum Vorsteuerabzug würde dann beim Gemeinschafter am fehlenden Ausgangsumsatz und bei der Gemeinschaft am fehlenden Leistungsbezug scheitern. Abhilfe könnte hier u.U. die EuGH-Rechtsprechung zum Vorsteuerabzug bei der Sacheinlage[1], die sich aber nicht auf eine bloße Nutzungsüberlassung[2] beschränken darf, bringen. Vorzugswürdig ist demgegenüber die sich nach der geänderten BFH-Rechtsprechung ergebende Unternehmerstellung des Gemeinschafters, die derartige Fragestellungen von vornherein vermeidet. Abweichendes ergibt sich möglicherweise auch nicht aus einer Ergänzung des § 2 Abs. 1 UStG (§ 2 Rz. 13), mit der eine Korrektur dieser Rechtsprechung angestrebt wird.[3]

50 Bei der Frage des Verzichts durch die **Teilhaber einer Bruchteilsgemeinschaft** ist zu berücksichtigen, dass der Verzicht bei der Grundstücksvermietung nach § 9 Abs. 2 UStG die Vorsteuerabzugsberechtigung des Mieters voraussetzt und diese beim Vermieter begründet, so dass der Verzicht zwangsläufig die Entgeltvereinbarung beeinflusst (Rz. 78 ff.). Daher werden die Teilhaber (Vermieter) zur Frage des Verzichts im Ergebnis stets eine **einheitliche Entscheidung** in dem der Vermietung zugrundeliegenden Rechtsverhältnis treffen.

II. Umsatz

1. Leistungen gegen Entgelt

51 Umsatz i.S.d. § 9 Abs. 1 UStG sind nur die in § 1 Abs. 1 Nr. 1 UStG genannten Leistungen gegen Entgelt (§ 1 Rz. 54 ff.). Zwar könnte in diesem Umsatzbegriff eine Verweisung auf alle Umsätze des § 1 Abs. 1 UStG gesehen werden, jedoch ergibt sich die **Einschränkung auf die in § 1 Abs. 1 Nr. 1 UStG genannten Leistungen** daraus, dass der in § 9 Abs. 1 UStG genannte Umsatz an einen anderen Unternehmer ausgeführt werden muss. Zudem unterliegen nur die Umsätze nach § 1 Abs. 1 Nr. 1 UStG den in § 9 Abs. 1 UStG genannten Steuerbefreiungen.

2. Unentgeltliche Leistungen

52 Unentgeltliche Leistungen sind bereits **dem Grunde nach nicht steuerbar**, so dass sie auch keinen Steuerbefreiungen unterliegen, auf die nach § 9 UStG verzichtet werden könnte.

53 Unentgeltliche Leistungen, die demgegenüber als sog. **Wertabgabe** gemäß § 3 Abs. 1b oder Abs. 9a UStG steuerbar sind, können auch steuerfrei sein, so dass ein **Verzicht** auf diese Umsatztatbestände **in Betracht kommt**. Soweit diese Tatbestände allerdings ein Handeln für den privaten Bedarf des Unternehmers oder seines Personals voraussetzen (§ 3 Rz. 110 ff.), fehlt es in Bezug auf diese Umsatztatbestände an der für den Verzicht erforderlichen Leistungserbringung an einen anderen Unternehmer für dessen Unternehmen.[4]

54 Damit bleibt die Frage nach einem Verzicht auf die **unentgeltliche Wertabgabe im Fall des § 3 Abs. 1b Satz 1 Nr. 3 UStG**, die auch bei einer Zuwendung an einen anderen Unternehmer für dessen Unternehmen vorliegen kann. Dies kann z.B. auf eine Personengesellschaft zutreffen, die ein bebautes Grundstück auf ihren Gesellschafter für dessen unternehmerische Nutzung überträgt, ohne dass eine Geschäftsveräußerung nach § 1 Abs. 1a UStG vorliegt. Auch die FinVerw. bejaht für derartige Fallgestaltungen die Möglichkeit zum Verzicht auf die Steuerfreiheit nach § 4 Nr. 9 Buchst. a UStG gemäß § 9 Abs. 1 UStG,[5] verneint aber anscheinend das Recht auf Rechnungserteilung mit Steuerausweis mit Vorsteuerabzug.[6] Dem ist nicht zu folgen, da eine entstandene Steuer unter den Voraussetzungen des § 15 UStG zum Vorsteuerabzug berechtigt. Dies gilt auch bei einer Steuerentstehung für eine unent-

1 EuGH, Urt. v. 1.3.2012 – C-280/10, ECLI:EU:C:2012:107 – Polski Trawertyn, UR 2012, 366.
2 EuGH, Urt. v. 13.3.2014 – C-204/13, ECLI:EU:C:2014:147 – Malburg, UR 2014, 353.
3 BFH, Beschl. v. 28.8.2023 – V B 44/22, BFHE 282, 67 = UR 2023, 870.
4 BFH, Urt. v. 2.10.1986 – V R 91/78, BStBl. II 1987, 44 = UR 1987, 14 m. Anm. *Weiß*; ebenso Abschn. 9.1. Abs. 2 Satz 3 UStAE.
5 Vgl. Abschn. 3.2 Abs. 2 Satz 4 UStAE.
6 Vgl. Abschn. 3.2 Abs. 2 Sätze 5 und 6 UStAE.

geltlich erbrachte Leistung. Gibt der Empfänger den für ihn so entstehenden Vorteil an den Leistenden weiter, liegt ein nachträgliches Entgelt vor.[1] Zwar verlangt § 14 Abs. 4 Satz 2 Nr. 7 UStG die Angabe eines Entgelts, an dem es hier fehlt. Nach Art. 226 Nr. 8 MwStSystRL genügt demgegenüber die Angabe der Steuerbemessungsgrundlage, die auch in den Fällen des § 10 Abs. 4 UStG vorliegt. Gleiches kann für die unentgeltliche Übertragung eines bebauten Grundstücks durch einen Einzelunternehmer auf ein das Grundstück unternehmerisch nutzendes Familienmitglied gelten, wenn die Empfängerverwendung eine private Motivation der Übertragung überlagert.

3. Leistungen im In- und Ausland

Einen Umsatz im Inland i.S.d. § 1 Abs. 1 Nr. 1 UStG kann auch ein im Ausland ansässiger Unternehmer ausführen. So ist es z.B. bei einer ausländischen Bank, die nach § 4 Nr. 8 Buchst. a–g UStG steuerfreie Leistungen an Unternehmenskunden im Inland erbringt. Die dann nach § 13b Abs. 1 oder Abs. 2 Nr. 1 i.V.m. Abs. 5 Satz 1 UStG für den Leistungsempfänger begründete Steuerschuld steht der Erklärung des Verzichts dem Grunde nach nicht entgegen, wenn die dann einzuhaltenden Ausübungsmodalitäten erfüllt sind (Rz. 113). 55

Im Umkehrfall erbringt der im Inland ansässige Unternehmer im Ausland Leistungen, die im Inland mit Verzichtsmöglichkeit steuerfrei wären. Für derartige Leistungen kann der Unternehmer im Inland den Vorsteuerabzug in Anspruch nehmen, wenn er z.B. eine Grundstücksvermietung im Ausland tatsächlich als steuerpflichtig behandelt und die Voraussetzungen des § 9 UStG für den Verzicht auf die Steuerbefreiung einer Grundstücksvermietung vorliegen.[2] Die sich hieraus ergebende Voraussetzung einer fiktiven „doppelten Steuerpflicht" im Staat des Leistungsbezugs und im Staat der Leistungserbringung hat der EuGH bestätigt.[3] 56

III. Empfängerbezogene Voraussetzungen

1. Leistungsempfänger

a) Unternehmereigenschaft

Der Unternehmer muss den Umsatz an einen anderen Unternehmer ausführen. Dieser andere Unternehmer unterliegt spiegelbildlich **denselben Anforderungen wie der leistende Unternehmer**. Die Unternehmereigenschaft bestimmt sich auch hier nach § 2 UStG, wobei bei juristischen Personen des öffentlichen Rechts die sich aus § 2b UStG ergebenden Beschränkungen zu beachten sind (Rz. 44). 57

b) Bestimmung des Leistungsempfängers

aa) Maßgeblichkeit des Rechtsverhältnisses

Der Unternehmer, gegenüber dem der Verzicht erklärt wird, muss der Leistungsempfänger sein. Dabei bestimmt sich die Person des Leistungsempfängers nach **dem der Leistung zugrundeliegenden Rechtsverhältnis** (Schuldverhältnis). Leistungsempfänger bei einer Vermietung ist danach der Mieter.[4] 58

Dies entspricht den **unionsrechtlichen Vorgaben**, nach denen für eine entgeltliche Leistungserbringung ein Rechtsverhältnis zugrunde liegen muss, das einen unmittelbaren Zusammenhang zwischen Leistung und Entgelt begründet und nach dem sich die Person des Leistenden und des Leistungsempfängers bestimmt.[5] 59

---

1 Zur nachträglichen Entgeltvereinbarung vgl. BFH, Urt. v. 19.11.2009 – V R 41/08, BFHE 227, 521 = UR 2010, 265.

2 BFH, Urt. v. 6.5.2004 – V R 73/03, BStBl. II 2004, 856 = UR 2004, 628.

3 EuGH, Urt. v. 24.1.2019 – C-165/17, ECLI:EU:C:2019:58 – Morgan Stanley, UR 2019, 232.

4 BFH, Urt. v. 7.11.2000 – V R 49/99, BStBl. II 2008, 493 = UR 2001, 118 und BFH, Urt. v. 1.2.2001 – V R 79/99, BStBl. II 2008, 495 = UR 2001, 251.

5 Vgl. z.B. BFH, Urt. v. 18.2.2009 – V R 82/07, BStBl. II 2009, 876 = UR 2009, 596; BFH, Urt. v. 25.4.2013 – V R 28/11, BStBl. II 2013, 656 = UR 2013, 764.

60 Natürliche Personen, juristische Personen mit eigener Rechtspersönlichkeit oder rechtsfähige Personengesellschaften wie z.B. OHG, KG oder GbR können Leistungsempfänger sein. Hier gilt dasselbe wie bei der Bestimmung des leistenden Unternehmers (Rz. 48).

bb) Nichtrechtsfähige Personenmehrheiten

61 Die Maßgeblichkeit des der Leistung zugrundeliegenden Rechtsverhältnisses bei der Bestimmung des Leistungsempfängers zeigt sich auch bei Leistungen an nichtrechtsfähige Personenmehrheiten. Nicht diese, sondern **die einzelnen Personen** eines derartigen Zusammenschlusses sind als **Leistungsempfänger** anzusehen. Ist bei einer Anmietung durch Ehegatten nur einer Unternehmer, geht der **BFH** von einer **Betrachtung nach Kopfteilen** aus, so dass der Verzicht nur zur Hälfte wirksam ist. Bei der sich hieraus ergebenden **Teilwirksamkeit des Verzichts** bleibt es auch, wenn der unternehmerisch tätige **Ehegatte** das gesamte Mietobjekt für sein Unternehmen nutzt.[1] Nach dieser Rechtsprechung ist eine Mieterstellung beider Ehegatten zugunsten einer bloßen Mithaftung oder durch die Anmietung über eine GbR, die aber nicht konkludent anzunehmen ist, zu vermeiden.

62 Dem hat sich nunmehr auch die **FinVerw.** angeschlossen. Zwar ging sie **bislang** davon aus, dass dem Begriff der **Ehegattengemeinschaft eigenständige Bedeutung** zukommt und hieraus ableitet, dass „die Gemeinschaft das umsatzsteuerrechtlich relevante Gebilde und damit der Leistungsempfänger der Vermietungsleistung [sei], wenn sie einem Gemeinschafter das angemietete Lokal unentgeltlich zur unternehmerischen Verwendung überlässt." Da die Gemeinschaft keine unternehmerische Tätigkeit entfalte, sei eine Option des Vermieters nicht zulässig.[2] Diese Betrachtung hat die FinVerw. nunmehr **aufgegeben**. Sind bei der Vermietung an mehrere Personen die einzelnen Gemeinschafter „einer nicht selbst unternehmerisch tätigen Bruchteilsgemeinschaft" als Leistungsempfänger anzusehen, kann nach der geänderten Verwaltungsauffassung der Vermieter (nur) insoweit optieren, als der Vermietungsumsatz an einen unternehmerisch tätigen Gemeinschafter ausgeführt wird, da nunmehr die einzelnen Gemeinschafter als Leistungsempfänger angesehen werden.[3] Dies bezieht sich z.B. auf die Vermietung eines Ladenlokals an eine nichtunternehmerische Ehegattengemeinschaft, bei der ein Ehegatte das Ladenlokal für sein Unternehmer verwendet. Damit ist entsprechend der BFH-Rechtsprechung (Rz. 61) ein anteiliger Vorsteuerabzug dieses Gemeinschafters verbunden. Mit dem Begriff der „nicht selbst unternehmerisch tätigen Bruchteilsgemeinschaft" grenzt sich die FinVerw. im Übrigen von der von ihr weiterhin nicht akzeptierten BFH-Rechtsprechung zur Unternehmerstellung der Gemeinschafter (anstelle der Gemeinschaft) bei der Lizensierung oder Vermietung eines im Bruchteilseigentum stehenden Gegenstandes ab (Rz. 49). Ob die FinVerw. diese Ablehnung im Anschluss an den hier vorliegenden Betrachtungswechsel beibehalten kann, erscheint fraglich (Rz. 49).

63 Dem ist nicht zu folgen, da die **Ehegattengemeinschaft** außerhalb einer gesondert gegründeten GbR über **keinerlei Rechtsfähigkeit** verfügt und daher auch nicht als Gemeinschaft nach Bruchteilen eigenständiger Mieter sein kann. Es geht hier um dieselbe Problematik wie bei der Bruchteilsgemeinschaft auf der Vermieterseite (Rz. 50).

64 Wie der BFH geht auch der **EuGH** davon aus, dass eine von Eheleuten gebildete Gemeinschaft weder in Gestalt einer zivilrechtlichen Gesellschaft mit eigener Rechtspersönlichkeit noch in Gestalt einer sonstigen mit eigenständiger Handlungsbefugnis ausgestatteten Einrichtung wirtschaftlich tätig ist, wenn die Eheleute beim Erwerb eines Grundstücks und bei der Errichtung eines Gebäudes lediglich gemeinsam auftreten. Die Gemeinschaft greift mehrwertsteuerlich nicht in die Vorgänge ein und ist nicht Steuerpflichtiger, so dass die **Eheleute als Miteigentümer die Leistungsempfänger** sind. Unterliegt die von den Ehegatten gebildete Gemeinschaft nicht der Steuer und kann keine Vorsteuer abziehen, steht das Abzugsrecht unter Berücksichtigung des Neutralitätsgrundsatzes den Ehegatten einzeln

---

1 BFH, Urt. v. 7.11.2000 – V R 49/99, BStBl. II 2008, 493 = UR 2001, 118 und BFH, Urt. v. 1.2.2001 – V R 79/99, BStBl. II 2008, 495 = UR 2001, 251.

2 BMF, Schr. v. 9.5.2008 – IV A 5-S 7300/07/0017, BStBl. I 2008, 675.

3 Abschn. 9.1. Abs. 6 Satz 5 UStAE i.V.m. Abschn. 15.2b Abs. 1 Satz 7 UStAE i.d.F. des BMF, Schr. v. 27.10.2021, BStBl. I 2021, 2137 = UR 2021, 958.

zu, sofern sie die Eigenschaft als Steuerpflichtige haben.[1] Dies bestätigt im Übrigen auch die BFH-Rechtsprechung, die die Bruchteilsgemeinschaft nicht als leistenden Unternehmer ansieht (Rz. 49).

2. Leistungsverwendung

a) Grundsatz

Die entgeltliche Leistung ist für das Unternehmen des Leistungsempfängers zu erbringen. Damit verwendet § 9 Abs. 1 denselben Begriff wie § 15 Abs. 1 Satz 1 UStG. § 9 Abs 1 UStG ist insoweit **korrespondierend mit § 15 Abs. 1 UStG auszulegen.**[2] Damit verweist der BFH aber letztlich nur auf die **Kriterien des § 2 UStG.** Maßgeblich ist eine Leistungsverwendung für eine unternehmerische (wirtschaftliche) Tätigkeit im Sinne eines nachhaltigen Ausführens entgeltlicher Leistungen. Erbringt der Unternehmer seine Leistung z.B. an eine **Holding**, die nur in einem Teilbereich Unternehmer ist und die die Leistung für die nichtunternehmerische Beteiligungsverwaltung bezieht (§ 2 Rz. 25), kommt daher ein Verzicht nicht in Betracht. 65

b) Gemischte Verwendung

aa) Teilwirksamkeit

Liegt die verwendungsbezogene Voraussetzung nur teilweise vor, erlangt die Verzichtserklärung auch nur insoweit Wirksamkeit. Ihre Wirksamkeit kann sich z.B. auf **Einzelräume** beschränken.[3] Verpachtet ein Grundstückseigentümer ein Gaststättengebäude mit Pächterwohnung und verzichtet er auf die Steuerfreiheit nach § 4 Nr. 12 Buchst. a UStG, erfasst der Verzicht somit nicht die vom Pächter zu nichtunternehmerischen Zwecken genutzte Wohnung.[4] Dies gilt ebenso für die Verpachtung eines Appartementgebäudes.[5] 66

bb) Teilverzicht

Kann der Verzicht nur teilweise wirksam sein, ist der Unternehmer auch berechtigt, einen bloßen Teilverzicht zu erklären.[6] Dies gilt nicht nur für die Vermietung,[7] sondern auch für die Lieferung[8] von Grundstücken. 67

Erforderlich ist dabei jeweils eine **Beschränkung auf abgrenzbare Grundstücksteile** wie z.B. einzelne Stockwerke eines Gebäudes. Die zivilrechtliche Grundstückseinheit steht dem nicht entgegen.[9] Dabei müssen die Teilflächen eindeutig bestimmbar sein, ohne dass es aber weitergehend auf abgrenzbare Funktionsbereiche ankommt. Möglich ist eine Abgrenzung nach baulichen Merkmalen wie etwa nach den Räumen eines Mietobjekts. Teilflächen innerhalb eines Raums sind demgegenüber im Regelfall – wie z.B. bei der Vermietung eines Büros – nicht hinreichend abgrenzbar.[10] Die FinVerw.[11] äußert sich im Zusammenhang mit § 9 Abs. 2 UStG zutreffend zu den Fragen der räumlichen Abgrenzbarkeit, 68

---

1 EuGH, Urt. v. 21.4.2005 – C-25/03, ECLI:EU:C:2005:241 – HE, BStBl. II 2007, 24 = UR 2005, 324 m. Anm. *Widmann*, Rz. 54 ff.
2 BFH, Urt. v. 20.7.1988 – X R 6/80, BStBl. II 1988, 915 = UR 1989, 54; BFH, Urt. v. 28.2.1996 – XI R 67/90, BFH/NV 1996, 648; BFH, Urt. v. 28.2.1996 – XI R 95/92, BFH/NV 1996, 856; BFH, Urt. v. 28.2.1996 – XI R 70/90, BStBl. II 1996, 459 = UR 1996, 307.
3 BFH, Urt. v. 20.7.1988 – X R 6/80, BStBl. II 1988, 915 = UR 1989, 54.
4 BFH, Urt. v. 28.2.1996 – XI R 70/90, BStBl. II 1996, 459 = UR 1996, 307.
5 BFH, Urt. v. 28.2.1996 – XI R 95/92, BFH/NV 1996, 856; BFH, Urt. v. 28.2.1996 – XI R 67/90, BFH/NV 1996, 648; vgl. auch BFH, Urt. v. 29.4.1993 – V R 46/89, BFH/NV 1994, 507 = UR 1995, 71.
6 Abschn. 9.1 Abs. 6 Satz 1 UStAE.
7 BFH, Urt. v. 20.7.1988 – X R 6/80, BStBl. II 1988, 915 = UR 1989, 54 zur Rechtslage vor Schaffung von § 9 Abs. 2 UStG.
8 BFH, Urt. v. 26.6.1996 – XI R 43/90, BStBl. II 1997, 98 = UR 1996, 425 m. Anm. *Widmann.*
9 BFH, Urt. v. 20.7.1988 – X R 6/80, BStBl. II 1988, 915 = UR 1989, 54 zur Rechtslage vor Schaffung von § 9 Abs. 2 UStG.
10 BFH, Urt. v. 24.4.2014 – V R 27/13, BStBl. II 2014, 732 = UR 2014, 698.
11 Abschn. 9.2 Abs. 1 UStAE.

was insoweit ebenso bei § 9 Abs. 1 UStG zu beachten ist. Der Teilverzicht kann sich bei der Grundstückslieferung im Hinblick auf den **Vorsteuerabzug** des Erwerbers als problematisch erweisen.[1]

69 Die Aufteilung nach räumlichen Gesichtspunkten steht nicht im Widerspruch zur **EuGH-Rechtsprechung**, die von einer Aufteilung nach **Nutzungsanteilen** ausgeht.[2] Diese sog. **quotale Aufteilung** bezieht sich auf die Abgrenzung unternehmerischer und privater Nutzungsanteile bei der Lieferung eines zuvor in dieser Weise gemischt genutzten Gegenstandes. Soweit der EuGH hier die Regelungsbefugnisse des nationalen Gesetzgebers bei der Ausgestaltung des Verzichts einengend auslegt, bezieht sich dies darauf, dass über die Vorschriften zum Verzicht nicht eine Steuerbarkeit und Steuerpflicht der Lieferung auch im Umfang des vorherigen privaten Nutzungsanteils festgelegt werden darf. Mit der Teiloption und der dabei vorzunehmenden Aufteilung bei einer steuerfreien und steuerpflichtigen Verwendung im Unternehmen hat dies nichts zu tun.[3]

70 Eine **Teiloption** in der Weise, dass bei einem bebauten Grundstück das Gebäude steuerpflichtig und Grund und Boden steuerfrei geliefert werden, ist nicht möglich.[4]

c) Vollunternehmerische Verwendung aufgrund Zuordnung

aa) Zuordnungswahlrecht

71 Nach der EuGH-Rechtsprechung[5] soll das Zuordnungswahlrecht verhindern, dass es beim Erwerb eines von Anfang an gemischt unternehmerisch und privat genutzten Gegenstandes durch die spätere Erhöhung des unternehmerischen Nutzungsanteils zu einem Steuernachteil für den Erwerber kommt. Diesen sieht der EuGH darin, dass ohne Zuordnung beim Erwerb ein nur anteiliges Recht auf Vorsteuerabzug besteht, wobei der **EuGH** aber **übersieht**, dass die Erhöhung des unternehmerischen Nutzungsanteils auch **ohne derartige Zuordnung** zu einer **Vorsteuerberichtigung** führen kann. Diese Vorsteuerberichtigung ignorierend, meint der EuGH dem Erwerber ein Zuordnungswahlrecht mit vollem Vorsteuerabzug zubilligen zu müssen, das zur Besteuerung einer Privatverwendung führt, die sich durch die spätere Erhöhung des unternehmerischen Verwendungsanteils mindert.[6]

bb) Grundstückserwerb

72 Die Zuordnungsrechtsprechung erfasst insbesondere den Erwerb bebauter Grundstücke, so dass der Lieferer aufgrund einer vollumfänglichen Unternehmenszuordnung durch den Erwerber auch im vollen Umfang auf die Steuerfreiheit nach § 9 Abs. 1 UStG verzichten kann. Dem Verzicht muss aber eine nach bislang h.M. in **bestimmter Frist zu dokumentierende Zuordnungsentscheidung** innerhalb einer Dokumentationsfrist (§ 15 Rz. 103 ff.)[7] vorausgehen.

73 Allerdings kommt im Hinblick auf die Einschränkung des Vorsteuerabzugs durch § 15 Abs. 1b UStG ein vollumfänglicher Verzicht nicht mehr in Betracht. Dies ist für den Grundstückserwerber dann nachteilig, wenn sich im Anschluss an eine weiterhin denkbare **Teiloption**, die wegen § 15 Abs. 1b UStG vereinbart wurde, später der Anteil einer unternehmerischen Nutzung mit Vorsteuerabzug erhöht.

---

1 Vgl. *Wäger*, UR 2018, 743 (747).

2 EuGH, Urt. v. 4.10.1995 – C-291/92, ECLI:EU:C:1995:304 – Armbrecht, BStBl. II 1996, 392 = UR 1995, 485, Rz. 50.

3 Ebenso im Ergebnis Abschn. 9.1 Abs. 6 Satz 3 UStAE.

4 EuGH, Urt. v. 8.6.2000 – C-400/98, ECLI:EU:C:2000:304 – Breitsohl, BStBl. II 2003, 452 = UR 2000, 329 m. Anm. *Widmann* und Abschn. 9.1 Abs. 6 Satz 4 UStAE.

5 EuGH, Urt. v. 23.4.2009 – C-460/07, ECLI:EU:C:2009:254 – Puffer, UR 2009, 410.

6 Zur Kritik hieran vgl. z.B. *Wäger* in Birkenfeld/Wäger, Umsatzsteuer-Handbuch, Abschn. I Kap. 3 A. – § 2 UStG; Rz. 375 ff.

7 Hierüber hat nunmehr der BFH in den Revisionsverfahren XI R 29/21 (XI R 7/19) und XI R 30/21 (XI R 37/18) im Anschluss an das auf Vorlage durch den BFH ergangene Urteil des EuGH v. 14.10.2021 – C-45 und C-46/20, ECLI:EU:C:2021:852 – Finanzamt N u. G, UR 2021, 867 m. Anm. *Lohse* zu entscheiden.

cc) Grundstücksmiete

Das beim Grundstückserwerb bestehende **Zuordnungswahlrecht verneint der BFH**[1] bei der Grundstücksanmietung. Danach kann der vom EuGH angeführte Zweck des Zuordnungswahlrechts, einen Steuernachteil bei einer später erhöhten Unternehmensverwendung zu vermeiden (Rz. 71), hier nicht eingreifen. Der BFH begründet dies damit, dass es zu einem derartigen Nachteil bei Leistungsbezügen im Rahmen eines Dauerschuldverhältnisses nicht kommen kann, da für den Vorsteuerabzug auf die monatlichen (Teil-)Leistungsabschnitte abzustellen ist. 74

Diese Rechtsprechung läuft darauf hinaus, dass bei einer **Minderung des privaten Nutzungsanteils** während der Mietzeit zugunsten einer erhöhten unternehmerischen Verwendung mit Vorsteuerabzugsberechtigung eine Änderung von Verzichtserklärung und Preisvereinbarung und damit ein neuer Vertragsschluss erforderlich ist, um im Umfang der Nutzungsänderung eine Steuerentstehung auf der Grundlage eines verminderten Entgelts (Rz. 69 und 71) mit eventuellem Vorsteuerabzug zu begründen. 75

D. Sondervoraussetzungen (Absatz 2)

I. Sachliche und zeitliche Anwendung

Die Besonderheiten des § 9 Abs. 2 Satz 1 UStG gelten für die steuerfreie **Nutzungsüberlassung von Grundstücken**. Es handelt sich um die Steuerbefreiungen für die Bestellung und Übertragung von Erbbaurechten (§ 4 Nr. 9 Buchst. a UStG), die Vermietung oder Verpachtung von Grundstücken (§ 4 Nr. 12 Satz 1 Buchst. a UStG) und für die in § 4 Nr. 12 Satz 1 Buchst. b und c UStG bezeichneten Umsätze. 76

Bei einer Bebauung ist die Vorschrift in ihrer gegenwärtig seit 1.1.1994 geltenden Fassung nur unter den **Voraussetzungen des § 27 Abs. 2 UStG** anzuwenden. Danach erfasst § 9 Abs. 2 UStG in seiner heute geltenden Fassung zwar die seit 1.1.1994 erbrachten Vermietungsleistungen. Dies gilt aber nicht für Gebäude, die vor dem 1.1.1998 fertiggestellt wurden, wenn mit der Errichtung vor dem 11.11.1993 begonnen wurde. Anbau und Aufstockung sind eigenständig zu betrachten. Liegen die Voraussetzungen für einen Altbau vor, richtet sich der Verzicht nach § 9 Abs. 2 UStG a.F. Die Errichtung bleibt auch bei einer erst später erfolgten Veräußerung maßgeblich. Die Einzelheiten ergeben sich aus § 27 Abs. 2 UStG (§ 27 Rz. 9 ff.).[2] 77

II. Voraussetzungen (Absatz 2 Satz 1)

1. Gesetzeszweck

Nach § 9 Abs. 2 UStG setzt der Verzicht eine Verwendung der Leistung durch den Empfänger für **Umsätze** voraus, die den **Vorsteuerabzug nicht ausschließen**. Nach der zuvor bestehenden Rechtslage kam es nur darauf an, dass keine Nutzung für Wohnzwecke oder andere nichtunternehmerische Zwecke beim Leistungsempfänger vorlagen. Damit bestand nach der alten Rechtslage die Möglichkeit, im Rahmen von sog. **Vorschaltmodellen** (§ 24 Rz. 52 f.) den Vorsteuerabzug aus einer Anschaffung oder Herstellung mit einer nachfolgend steuerpflichtigen Vermietung an Unternehmer mit steuerfreien Umsätzen in Anspruch zu nehmen, während bei einer unmittelbaren Anschaffung oder Herstellung keinerlei Recht auf Vorsteuerabzug aus Anschaffung oder Herstellung bestanden hätte. Nach ihrer amtlichen Gesetzesbegründung soll die Neuregelung „Vorschaltmodelle zur Grundstücksvermietung an Banken und Sparkassen, Ärzte sowie Träger von privaten Schulen, Bildungseinrichtungen, Krankenhäusern, Altenheimen und Kindergärten" verhindern.[3] 78

1 BFH, Urt. v. 14.10.2015 – V R 10/14, BStBl. II 2016, 717 = UR 2016, 35.
2 Vgl. auch Abschn. 9.2 Abs. 5–7 UStAE.
3 BT-Drucks 12/5630, 87.

79 Ob bei derartigen Vorschaltmodellen, bei denen der Unternehmer mit steuerfreien Umsätzen und ohne Recht auf Vorsteuerabzug Gebäude nicht selbst errichtet, sondern z.B. über Tochtergesellschaften oder Familienangehörige errichten lässt, die er dann steuerpflichtig von diesen anmietet, ein **Gestaltungsmissbrauch** vorliegt, **war** nach alter Rechtslage **streitig**.[1]

80 Zudem ist die Möglichkeit des Vorsteuerabzugs aus der Errichtung von steuerfrei vermieteten Wohnungen endgültig entfallen, wenn der Eigentümer nicht selbst, sondern über einen Zwischenvermieter vermietet, so dass es zu einer **Vermietungskette** kommt. Für die Vermietung an den unternehmerisch tätigen Zwischenvermieter konnte der Eigentümer nach § 9 Abs. 1 UStG a.F. den Verzicht erklären. Der BFH trat dem unter dem Gesichtspunkt eines ausgelagerten Umsatzes entgegen.[2]

2. Umsätze des Leistungsempfängers

81 § 9 Abs. 1 und Abs. 2 Satz 1 UStG entsprechen dem **Systemverständnis des § 15 UStG**, der den Vorsteuerabzug nach Absatz 1 zunächst allgemein bei einer unternehmerischen Verwendung zubilligt, diesen in Absatz 2 bei einer Verwendung für steuerfreie Umsätze aber ausschließt, wenn nicht der Sonderfall des Vorsteuerabzugs bei steuerfreien grenzüberschreitenden Leistungen nach Absatz 3 vorliegt (§ 15 Rz. 246 ff.).

82 Das **Unionsrecht** fasst demgegenüber die Tatbestände des § 15 Abs. 1 und 2 UStG zusammen und gewährt den Vorsteuerabzug von vornherein nur bei einer Verwendung für steuerpflichtige Umsätze i.S.d. Art. 168 MwStSystRL sowie für steuerfreie grenzüberschreitende Leistungen nach Art. 169 MwStSystRL. Beide Betrachtungen führen im **Regelfall zu demselben Ergebnis**. In Zweifelsfällen orientiert sich der BFH an den Vorgaben der Richtlinie und fasst § 15 Abs. 1 und 2 UStG im Sinne der unionsrechtlichen Vorgaben zu einem Tatbestand zusammen.[3]

83 Für § 9 Abs. 2 Satz 1 UStG folgt daraus, dass es letztlich darauf ankommt, dass beim Leistungsempfänger eine **Verwendung für Umsätze** vorliegt, die zum **Vorsteuerabzug berechtigen**. Dies ist bei einer Verwendung für steuerpflichtige Umsätze und für die in § 15 Abs. 3 UStG genannten steuerfreien grenzüberschreitenden Leistungen zu bejahen. Die FinVerw. hat hierzu zahlreiche Beispielsfälle gebildet.[4] Maßgeblich ist die eine Betrachtung für den jeweiligen Verwendungszeitraum, nicht aber für nachfolgende Zeiträume.[5] Dabei dürfte auf die jeweiligen Voranmeldungszeiträume abzustellen sein.

84 Eine Steuerfreiheit, die dem Verzicht entgegensteht, kann sich auch daraus ergeben, dass der Unternehmer für seine nach nationalem Recht steuerpflichtigen Umsätze eine nach dem Unionsrecht bestehende Steuerfreiheit geltend macht.[6]

85 Im Rahmen eines **Bagatellvorbehalts** sieht die FinVerw. eine geringfügige Verwendung für Umsätze ohne Recht auf Vorsteuerabzug durch den Leistungsempfänger als unschädlich an.[7]

86 Ob der Leistungsempfänger das Recht auf Vorsteuerabzug **tatsächlich ausüben kann** oder dieser z.B. an den rechnungsmäßig zu stellenden Voraussetzungen scheitert, spielt keine Rolle. Gesondert zu betrachten sind Fehlbeurteilungen (Rz. 118).

3. Besonderheiten

a) Unentgeltliche Umsätze

87 Kein Recht auf Vorsteuerabzug besteht nach der BFH-Rechtsprechung bei einer ausschließlichen Verwendung für **entgeltliche Wertabgaben** i.S.d. § 3 Abs. 9a UStG. Mietet der Unternehmer z.B. ein Ge-

1 Vgl. BFH, Urt. v. 9.11.2006 – V R 43/04, BStBl. II 2007, 344 = UR 2007, 111; BFH, Urt. v. 18.12.1996 – XI R 12/96, BStBl. II 1997, 374 = UR 1998, 18 m. Anm. *Stadie* und BFH, Urt. v. 29.1.1997 – XI R 27/95, BFH/NV 1997, 816.

2 Vgl. z.B. BFH, Urt. v. 16.3.2000 – V R 9/99, BFH/NV 2000, 1254 = UR 2000, 388.

3 Vgl. z.B. BFH, Urt. v. 9.2.2012 – V R 40/10, BStBl. II 2012, 844 = UR 2012, 394.

4 Abschn. 9.2 Abs. 1 UStAE.

5 Vgl. FG Münster, Urt. v. 14.5.2020 – 5 K 3624/19 U, juris, 734, rkr.

6 BFH, Urt. v. 23.10.2019 – V R 46/17, BStBl. II 2022, 779 = UR 2020, 193.

7 Abschn. 9.2 Abs. 3 UStAE.

bäude an, um dieses unter Überschreitung der Aufmerksamkeitsgrenze über einen längeren Zeitraum für Betriebsausflüge zu verwenden, ist er nicht zum Vorsteuerabzug berechtigt.[1] Dann ist bereits der Verzicht nach § 9 Abs. 2 Satz 1 UStG nicht zulässig.

b) Außerunternehmerische Verwendung

Nach der Zuordnungsrechtsprechung des EuGH kann der Unternehmer Gegenstände bei einer pri- 88
vaten Mitverwendung dem Unternehmen vollumfänglich zuordnen (Rz. 69). Der **BFH verneint diese Zuordnungsmöglichkeit** beim Bezug sonstiger Leistungen im Rahmen von **Dauerschuldverhältnissen** wie etwa bei einer Vermietung (Rz. 74 f.), so dass im Umfang der Privatverwendung bei einer Anmietung bereits keine Unternehmenszuordnung möglich ist und sich daher die Frage nach einer Anwendung von § 9 Abs. 2 Satz 1 UStG nicht stellt. Selbst wenn man dies anders sähe, wäre ein Verzicht auch bei Anwendung von § 9 Abs. 2 Satz 1 UStG im Hinblick auf den Vorsteuerausschluss nach § 15 Abs. 1b UStG, der auch sonstige Leistungen erfasst, im Umfang der Privatverwendung nicht zulässig.

c) Verwendung für Tätigkeiten mit Abzugsverbot

Scheitert der Vorsteuerabzug an einem der Abzugsverbote nach § 15 Abs. 1a UStG, wie etwa bei einer 89
Vermietung zur Nutzung als Gästehaus i.S.d. § 4 Abs. 5 Satz 2 Nr. 3 EStG durch den Empfänger, führt dies **nicht** dazu, dass der **Verzicht** nach § 9 Abs. 2 Satz 1 UStG **unzulässig** wird. Auch das Gästehaus eines Industriekonzerns wird für Umsätze verwendet, die den Vorsteuerabzug nicht ausschließen. § 15 Abs. 1a UStG ändert hieran im Gegensatz zu § 15 Abs. 1b UStG nichts.

d) Verwendung für Umsätze mit Sonderregelungen

Der BFH verneint die Zulässigkeit eines Verzicht nach § 9 Abs. 2 Satz 1 UStG bei einer **Grundstücks-** 90
verpachtung an einen **Landwirt**, der seine Umsätze gemäß § 24 Abs. 1 UStG nach Durchschnittssätzen versteuert.[2] Der BFH begründet dies damit, dass ein Pauschallandwirt mit Umsätzen nach § 24 Abs. 1 UStG aufgrund des Abzugsverbots nach § 24 Abs. 1 Satz 4 UStG nicht zum Vorsteuerabzug aus den von ihm bezogenen Leistungen berechtigt ist. Im Hinblick auf den zu § 15 UStG bestehenden Verwendungszusammenhang (Rz. 116) ist eine leistungsbezogene, nicht aber eine unternehmerbezogene, die Vorsteuerpauschalierung gemäß § 24 Abs. 1 Satz 3 UStG berücksichtigende Beurteilung maßgeblich. Dem hat sich die FinVerw. nunmehr angeschlossen.[3] Die Verwerfung der früheren Verwaltungssicht durch den BFH kann Änderungsschutz gemäß § 176 Abs. 2 AO begründen. Aufgrund des hieraus folgenden Fortbestehens der Steuerpflicht scheidet dann die Annahme einer Vorsteuerberichtigung nach § 15a UStG aus. Zu dieser kommt es danach erst für Folgezeiträume mit steuerfreier Leistungserbringung.

Danach ist § 9 Abs. 2 Satz 1 UStG auch nicht anzuwenden bei einer Vermietung an **Unternehmer**, die 91
den **§§ 23, 23a UStG unterliegen.** Nicht betroffen ist demgegenüber der Verzicht bei einer Vermietung an einen Unternehmer, der die **Margenbesteuerung** nach § 25 UStG oder die **Differenzbesteuerung** nach § 25a anwendet. § 25 Abs. 4 UStG verbietet den Vorsteuerabzug nur in Bezug auf Reisevorleistungen, § 25a Abs. 5 Satz 3 UStG nur den Vorsteuerabzug aus dem Gegenstandserwerb. In beiden Fällen bleibt der diese Sonderregelungen anwendende Unternehmer aus seinen allgemeinen Unternehmenskosten und damit auch für die Anmietung von Geschäftslokalen zum Vorsteuerabzug berechtigt (§ 25 Rz. 64 ff. und § 25a Rz. 49 ff.).

1 Vgl. BFH, Urt. v. 9.12.2010 – V R 17/10, BStBl. II 2012, 53 = UR 2011, 313.
2 BFH, Urt. v. 1.3.2018 – V R 35/17, BStBl. II 2020, 749 = UR 2018, 514. S. hierzu auch § 24 Rz. 53.
3 Abschn. 9.2 Abs. 2 Satz 2 UStAE i.d.F. des BMF, Schr. v. 6.11.2020 – III C 3-S 7198/20/10002: 003 – DOK 2020/1099298, BStBl. I 2020, 1202 = UR 2021, 40 mit einer Übergangsregelung für vor dem 1.1.2020 ausgeführte Umsätze.

e) Rechtliche Fehlbeurteilung

92 Ob der Leistungsempfänger das Grundstück ausschließlich für Umsätze verwendet, die den Vorsteuerabzug nicht ausschließen, richtet sich nach der zutreffenden umsatzsteuerrechtlichen Beurteilung (Rz. 78), **nicht** aber nach einer hiervon abweichenden (und daher rechtswidrigen) **Steuerfestsetzung** gegenüber dem Leistungsempfänger. Dies gilt auch dann, wenn der Mieter seine Umsätze aufgrund einer gesetzlichen Billigkeitsregelung, die wie § 27 Abs. 6 UStG nicht dem materiellen Recht entspricht, als steuerfrei behandelt.[1]

93 Auf dieser Grundlage kann das Recht auf Verzicht auch aufgrund nachträglicher, aber mit Rückwirkung eintretender Umstände entfallen. So ist es z.B. bei Mietern, denen mit Rückwirkung eine Bescheinigung nach § 4 Nr. 20 Buchst a. UStG oder § 4 Nr. 21 Buchst. a Doppelbuchst. bb UStG erteilt wird. Die FinVerw.[2] wendet in derartigen Fällen vereinzelt **Billigkeitsregelungen** an, die sich aber nicht auf die Beurteilung von § 9 Abs. 2 UStG im Festsetzungsverfahren auswirken.

f) Fehlmaßnahmen

94 Eine zum Vorsteuerabzug berechtigende Verwendung beim Leistungsempfänger liegt auch bei Fehlmaßnahmen vor. Erfolgt die Vermietung von Räumlichkeiten für den Betrieb einer Gaststätte aufgrund eines Verzichts steuerpflichtig, bleibt der Mieter auch nach Einstellung des Gaststättenbetriebs zum Vorsteuerabzug berechtigt,[3] so dass der Verzicht auch für die Restlaufzeit des Vertrages wirksam bleibt.

g) Teilverzicht

95 Der Verzicht gemäß § 9 Abs. 2 Satz 1 UStG kann auch teilweise für einzelne **Flächen eines Mietobjekts** wirksam sein, wenn diese Teilflächen **eindeutig bestimmbar** sind. Insoweit bestehen für den Verzicht nach § 9 Abs. 2 UStG keine Besonderheiten gegenüber § 9 Abs. 1 UStG (Rz. 67 ff.).

h) Verwendungsketten

96 Im heute bestehenden Anwendungsbereich von § 9 Abs. 2 UStG kommt es bei einer Vermietungskette A-B-C für den Verzicht durch den Erstvermieter A darauf an, ob der Zweitvermieter B wirksam verzichtet hat. Ist die Zweitvermietung steuerfrei, entfällt damit die Möglichkeit zum Verzicht bei der Erstvermietung. Ein **Teilverzicht** (Rz. 95) kommt auch in der Vermietungskette in Betracht, wenn die jeweiligen Teilflächen bei beiden Vermietungen eindeutig bestimmbar sind.

97 **Fehlmaßnahmen** stehen einem Verzicht nicht entgegen (Rz. 94). Hat z.B. in einer Vermietungskette A-B-C der Vermieter A auf die Steuerfreiheit verzichtet, ändert sich hieran bei einem Leerstand bei B, da C das Mietverhältnis beendet, nichts, wenn sich B erfolglos um eine anderweitige steuerpflichtige Vermietung bemüht. Denn B bleibt in einem derartigen Fall auch für die Dauer des Leerstands zum Vorsteuerabzug berechtigt,[4] so dass die Verzichtsvoraussetzungen für A weiter vorliegen. War eine Fläche vor dem Leerstand gewerblich genutzt, indiziert dies wegen der auf diese Verwendung zugeschnittenen Bauweise und Ausstattung im Regelfall die weitere Verwendungsabsicht.[5]

III. Nachweis (Absatz 2 Satz 2)

98 Der Unternehmer hat die Voraussetzungen gemäß § 9 Abs. 2 Satz 2 UStG nachzuweisen. Eine **besondere Form** ist hierfür **nicht** einzuhalten.[6]

---

1 BFH, Urt. v. 11.3.2009 – XI R 71/07, BStBl. II 2010, 209 = UR 2010, 143.
2 BMF, Schr. v. 2.4.2012 – IV D 3-S 7179/07/10006, BStBl. I 2012, 484.
3 BFH, Urt. v. 15.4.2015 – V R 46/13, BStBl. II 2015, 947 = UR 2015, 762 – auch zu § 14c Abs. 1 UStG, wenn das Mietentgelt nicht nach Flächen, sondern nach Umsätzen aufgeteilt wird.
4 EuGH, Urt. v. 28.2.2018 – C-672/16, ECLI:EU:C:2018:134 – Investimentos Imobiliáros, UR 2018, 440.
5 BFH, Urt. v. 15.4.2015 – V R 46/13, BStBl. II 2015, 947 = UR 2015, 762.
6 Zutreffend Abschn. 9.2 Abs. 4 UStAE.

E. Besondere Erklärungsform (Absatz 3)

I. Zwangsversteigerung (Absatz 3 Satz 1)

Die Zwangsversteigerung eines Grundstücks führt zu einer unmittelbaren Lieferung des Grundstückseigentümers an den Ersteher, **nicht** aber zu einer **Doppellieferung** unter Zwischenschaltung des Bundeslandes, dem die Vollstreckungsorgane angehören.[1] 99

Der Verzicht auf die Steuerbefreiung nach § 9 Abs. 1 UStG ist gemäß § 9 Abs. 3 Satz 1 UStG bei Lieferungen von Grundstücken i.S.d. § 4 Nr. 9 Buchst. a UStG im Zwangsversteigerungsverfahren durch den Vollstreckungsschuldner an den Ersteher nur bis zur Aufforderung zur Abgabe von Geboten im Versteigerungstermin zulässig. Die Vorschrift **ergänzt § 9 Abs. 1 UStG.** Der Verzicht nach § 9 Abs. 3 Satz 1 UStG muss zunächst die in § 9 Abs. 1 UStG genannten Voraussetzungen erfüllen. 100

Bei einem Verzicht auf die Steuerfreiheit dieser Lieferung kommt es ohne Steuerschuld des Erwerbers oder dessen sonstige Verantwortlichkeit zwangsläufig zu **Steuerausfällen**, wenn der Erwerber an einen insolvenzbedrohten Grundstückslieferer zahlt. Die Rechtsprechung musste sich zur früher bestehenden Rechtslage zu der früher aufgrund eines Verzichts beim Lieferer entstehenden Steuerschuld häufig mit Fragen eines **Gestaltungsmissbrauchs**[2] und Haftungstatbeständen[3] befassen. 101

Dies hat sich aufgrund der durch § 13b Abs. 2 Nr. 3 und Abs. 5 Satz 1 UStG angeordneten **Steuerschuld des Erwerbers erübrigt**. Im Zusammenhang mit der aufgrund des Erwerbs in seiner Person entstehenden Steuerschuld muss dem Erwerber aber vor der Abgabe seines Gebots bekannt sein, ob der Erwerb steuerpflichtig ist. Daher ordnet § 9 Abs. 3 Satz 1 UStG an, dass der Grundstückslieferer den zur Steuerpflicht führenden Verzicht bis zur Aufforderung zur Abgabe von Geboten im Versteigerungstermin erklären muss. 102

II. Grundstückskaufvertrag (Absatz 3 Satz 2)

1. Formbedürftigkeit des Verzichts

Bei Umsätzen i.S.d. § 4 Nr. 9 Buchst. a UStG außerhalb eines Zwangsversteigerungsverfahrens kann gemäß § 9 Abs. 3 Satz 2 UStG der Verzicht auf Steuerbefreiung nach § 9 Abs. 1 UStG nur in dem gemäß § 311b Abs. 1 BGB notariell zu beurkundenden Vertrag erklärt werden. Die Vorschrift **ergänzt § 9 Abs. 1 UStG**. Auch der Verzicht nach § 9 Abs. 3 Satz 2 UStG setzt voraus, dass die Bedingungen des § 9 Abs. 1 UStG vorliegen. 103

Die Vorschrift soll sicherstellen, dass es zu der aufgrund des Verzichts beim Erwerber nach § 13b Abs. 2 Nr. 3 und Abs. 5 Satz 1 UStG entstehenden Steuerschuld nur unter seiner Mitwirkung kommt. Sie verdeutlicht daher, dass eine **einseitige Erklärung des Lieferers keine beim Erwerber entstehende Steuerschuld begründen** kann. Die Einbeziehung der somit von den Vertragsparteien gemeinsam abzugebenden Erklärung in den zivilrechtlich bestehenden Formzwang ist dabei nicht zu beanstanden, da es sich bei der Verzichtsabrede jedenfalls für den Fall eines nur eingeschränkten Vorsteuerabzugs um einen für den Vertrag wesentlichen Bestandteil handelt. 104

Zu beachten ist, dass inländische Grundstücke auch nach **ausländischem Recht** und dabei ohne notarielle Form übertragen werden können.[4] § 9 Abs. 3 Satz 2 UStG ist für derartige Fälle **kein Verzichtsverbot** zu entnehmen. Der notariell beurkundete Vertrag ist dann durch die entsprechende Vereinbarung nach ausländischem Recht zu ersetzen, die die erforderliche Mitwirkung des Käufers bei der Begründung der bei ihm entstehenden Steuerschuld sicherstellt. Lässt man einen **Widerruf** des Ver- 105

---

1 BFH, Urt. v. 19.12.1985 – V R 139/76, BStBl. II 1986, 500 = UR 1986, 201 m. Anm. *Weiß*; BFH, Urt. v. 21.3.2002 – V R 62/01, BStBl. II 2002, 559 = UR 2002, 425.

2 BFH, Urt. v. 16.3.1993 – V R 54/92, BStBl. II 1993, 736 = UR 1994, 189; BFH, Urt. v. 23.9.1993 – V R 3/93, BFH/NV 1994, 745 = UR 1994, 191.

3 BFH, Urt. v. 28.11.2002 – VII R 41/01, BStBl. II 2003, 337 = UR 2003, 190; BFH, Urt. v. 16.12.2003 – VII R 77/00, BStBl. II 2005, 249 = UR 2004, 238.

4 Vgl. z.B. *Ruhwinkel* in MünchKomm.BGB[8], § 311b BGB, Rz. 11.

zichts im Zeitraum der Änderbarkeit der Steuerfestsetzung beim Leistungsempfänger zu (Rz. 111), stellt sich die Frage, ob das Fehlen einer zivilrechtlichen Beurkundungspflicht, die mit Auflassung und Grundbucheintragung entfällt, einen Widerruf durch bloßen Vertrag ohne notarielle Beurkundung ermöglicht, da nachträgliche Vereinbarungen jedenfalls ab Auflassung und Eintragung keiner Beurkundungspflicht mehr unterliegen.[1] Dies kann zu bejahen sein, da § 9 Abs. 3 Satz 2 UStG an die zivilrechtlich begründete (und hier nicht bestehende) Beurkundungspflicht anknüpft.

106 Bei der Veräußerung eines **Gebäudes auf fremdem Grund und Boden** an den Eigentümer des betreffenden Grundstücks kommt nach Verwaltungssicht eine notarielle Beurkundung grundsätzlich nicht in Betracht. In diesen Fällen sieht sie aus sachlichen **Billigkeitsgründen** eine Option auch ohne notariellen Vertrag als zulässig an.[2]

2. Zeitliche Ausübungsmöglichkeit

107 Fraglich ist, ob dem gesetzlich durch § 9 Abs. 3 Satz 2 UStG angeordneten Formzwang auch eine zeitliche Komponente zukommt. Der **BFH** ist insoweit in einem **Einzelfall** davon ausgegangen, dass der Verzicht auf die Steuerfreiheit der Grundstückslieferung nur in dem zugrundeliegenden notariell zu beurkundenden Vertrag erklärt werden kann und daher der **Verzicht** in einer **nachfolgenden notariell beurkundeten Neufassung des Vertrages ausgeschlossen** ist.

108 Der BFH hat dies damit **begründet**, dass § 9 Abs. 3 Satz 2 UStG den Verzicht „nur in dem" und nicht „nur in einem" der Grundstückslieferung zugrundeliegenden notariell zu beurkundenden Vertrag ermögliche, sich die zeitliche Einschränkung aus dem systematischen Zusammenhang mit § 9 Abs. 3 Satz 1 UStG ergebe, nach der Gesetzesbegründung der Zeitpunkt, zu dem der notarielle Kaufvertrag abgeschlossen wird, letztmöglicher Zeitpunkt für die Verzichtserklärung sein solle und die Gefahr von Steuerausfällen besteht, wenn der Verzicht erklärt werde, obwohl die beim Leistungsempfänger nach § 13b UStG entstehende Steuer mangels änderbarer Steuerfestsetzung bei diesem nicht mehr erhoben werden könne, wofür § 9 Abs. 3 Satz 2 UStG keine Regelung enthalte.[3]

109 Ohne Bedeutung ist dies möglicherweise für **Vertragsänderungen**, die – anders als im entschiedenen Streitfall – vor der Lieferung durchgeführt werden oder auf einer bereits im ursprünglichen Vertrag vereinbarten Änderungsklausel beruhen.[4]

110 Die **FinVerw.** hat sich diesem **BFH-Urteil angeschlossen.**[5] Demgegenüber **lehnt** das **Schrifttum** dieses Urteil einhellig **ab.**[6] Entsprechend der Kritik im Schrifttum sind Sachgründe für ein Erfordernis, den Verzicht nur beim Vertragsschluss ohne spätere Änderungsmöglichkeit ausüben zu können, nicht erkennbar. So bezieht sich die spätere Vertragsänderung auf den zu beurkundenden Vertrag und ist kein „anderer" Vertrag, enthält § 9 Abs. 3 Satz 2 UStG anders als § 9 Abs. 3 Satz 1 UStG keine zeitliche Einschränkung, bedarf das Abstellen auf eine Änderbarkeit der Steuerfestsetzung beim Steuerschuldner und damit bei § 9 Abs. 3 Satz 2 UStG beim Leistungsempfänger ebenso wenig einer eigenständigen gesetzlichen Regelung wie bei § 9 Abs. 1 UStG (Rz. 33 ff.) und erweist sich die Gesetzesbegründung über die Frage der Schutzbedürftigkeit des Käufers hinaus als unergiebig.

111 Nicht zuletzt unter dem Eindruck der vorstehenden Kritik lehnt es der BFH ab, § 9 Abs. 3 Satz 2 UStG auch auf den **Widerruf des Verzichts** anzuwenden.[7] Damit kommt es hier auf die Änderbarkeit der Steuerfestsetzung beim Grundstückserwerber an (Rz. 37). Im Übrigen hat der BFH aber seine Sicht zur Erklärung des Verzichts (Rz. 107) nicht aufgegeben, so dass an der bereits bisherigen Kritik weiter festzuhalten ist. Ob es hier zu einer Neupositionierung der Rechtsprechung kommen kann, bleibt ab-

1 Vgl. hierzu. *Ruhwinkel* in MünchKomm.BGB[8], § 311b BGB, Rz. 67.
2 OFD Hannover, Vfg. v. 27.6.2006 – S 7162-25-StO 173, UR 2007, 201.
3 BFH, Urt. v. 21.10.2015 – XI R 40/13, BStBl. II 2017, 852 = UR 2016, 107, unter II.3.
4 *Bettermann*, UR 2017, 908.
5 Abschn. 9.2 Abs. 9 UStAE.
6 *Bettermann*, UR 2017, 908; *Ehrmann/Dombrowsky*, ZfIR 2016, 333 (338); *Erdbrügger*, BB 2016, 734; *Full*, MwStR 2016, 277; *Grebe*, UStB 2016, 376 (378 f.); *Grünwald*, DStR 2016, 55; *Meyer-Burow/Connemann*, MwStR 2016, 831 (834); *Prätzler*, MwStR 2017, 740 (741); *Sterzinger*, DStR 2016, 1303; *Wäger*, UR 2016, 125 (148 f.); *Winkelhog/Krüsmann*, ZfIR 2016, 359 (360).
7 BFH, Beschl. v. 2.7.2021 – XI R 22/19, BFHE 274, 170 = UR 2021, 899.

zuwarten. Möglicherweise könnte danach zu unterscheiden sein, ob eine Verzichtserklärung (anders als in dem vom BFH entschiedenen Fall) bis zum Zeitpunkt der Steuerentstehung nach § 13 Abs. 1 Nr. 1 Buchst. a und b UStG oder bis zur formellen Bestandskraft der Umsatzsteuerjahresfestsetzung, in der die Grundstückslieferung zu erfassen ist, vorliegt.

F. Rechtsfolgen

I. Person des Steuerschuldners

Der Verzicht führt für den Besteuerungszeitraum der Leistungserbringung (Rz. 120) im Regelfall zu einer **Steuerschuld des Leistenden** nach § 13a Abs. 1 Nr. 1 Fall 1 UStG. Der Verzicht ist aber auch im Anwendungsbereich des § 13b UStG möglich, wie das Beispiel der Grundstückslieferung nach § 4 Nr. 9 Buchst. a i.V.m. § 9 Abs. 3 UStG mit § 13b Abs. 2 Nr. 3 UStG und § 13 Abs. 5 Satz 1 Halbsatz 1 UStG zeigt (Rz. 24). 112

Auf dieser Grundlage kann der Verzicht auch für andere Leistungen erklärt werden, die § 13b UStG unterliegen. Dies kommt insbesondere für die nach § 4 Nr. 8 Buchst. a-g UStG steuerfreien **Bank- und Finanzdienstleistungen** in Betracht, die im Ausland ansässige Unternehmer nach § 3a Abs. 2 UStG an im Inland steuerpflichtige Unternehmer erbringen. Der nach der hier vertretenen Auffassung mögliche Verzicht führt zu einer im Inland steuerpflichtigen Leistung, für die nach § 13b Abs. 1 und Abs. 2 Nr. 1 i.V.m. Abs. 5 Satz 1 Halbsatz 1 UStG der Leistungsempfänger Steuerschuldner ist (Rz. 55). 113

Davon zu trennen ist die Frage, welche **Anforderungen an den Verzicht** zu stellen sind. Wie bei § 9 Abs. 3 Satz 2 UStG erfordert der Verzicht eine – hier aber grundsätzlich nicht formbedürftige – Vereinbarung zwischen dem Leistenden und dem Leistungsempfänger. Auf eine einseitige Erklärung des Leistenden ist nicht abzustellen, da er sonst ohne Beteiligung des Leistungsempfängers eine für diesen entstehende Steuerschuldnerschaft begründen könnte. 114

Der **ausländische Unternehmer** erlangt damit das **Recht auf Vorsteuerabzug** für hierfür im Inland bezogene Leistungen. Ob er auch im Mitgliedstaat seiner Ansässigkeit zum Vorsteuerabzug berechtigt ist, richtet sich nach dem Ansässigkeitsstaat. 115

II. Vorsteuerabzug des leistenden Unternehmers

Ob der Unternehmer den mit dem Verzicht erhofften Vorsteuerabzug erlangt, bestimmt sich nach der hierfür maßgeblichen **Verwendungsabsicht** im Zeitpunkt des Leistungsbezugs (§ 15 Rz. 246 ff.). Bei einer ohne Verzicht steuerfreien Leistung muss der Unternehmer daher bereits beim Leistungsbezug beabsichtigen, auf die Steuerfreiheit seiner Leistung zu verzichten.[1] 116

Bei der Prüfung, ob der Unternehmer beim Leistungsbezug von einem Verzicht auf die Steuerfreiheit bei seiner später erbrachten Leistung ausgehen kann, sind auch **Gesetzesänderungen** zu berücksichtigen, die zwar erst bei der Leistungserbringung in Kraft treten, für die aber bereits beim Leistungsbezug die „Verkündung (Veröffentlichung) des Gesetzesbeschlusses" vorlag; die bloße Veröffentlichung eines Gesetzesentwurfs, der die Möglichkeit des Verzichts einschränkt, ist ohne Bedeutung.[2] 117

Maßgeblich ist die **objektive Rechtslage**, so dass rechtliche Fehlvorstellungen des Unternehmers ohne Bedeutung sind. Übt er eine unternehmerische Tätigkeit aus, die zum Vorsteuerabzug berechtigt, die er aber aufgrund einer Fehlbeurteilung als nichtunternehmerisch ansieht, kann er trotz ursprünglicher Fehlbeurteilung später geltend machen, zum Vorsteuerabzug berechtigt zu sein.[3] Auch bei § 9 Abs. 2 UStG ist auf die tatsächlich bestehende Rechtslage und nicht auf rechtliche Fehlvorstellungen abzustellen (Rz. 92 f.). 118

---

1 BFH, Urt. v. 17.5.2001 – V R 38/00, BStBl. II 2003, 434 = UR 2001, 550.
2 BFH, Urt. v. 22.2.2001 – V R 77/96, BStBl. II 2003, 426 = UR 2001, 260; BFH, Urt. v. 11.7.2012 – XI R 17/09, BFH/NV 2013, 266.
3 BFH, Urt. v. 10.11.2011 – V R 41/10, BStBl. II 2017, 869 = UR 2012, 272 m. Anm. *Küffner*.

119 Die **zeitnahe** – aufgrund eines Verzichts – **steuerpflichtige Verwendung** eines Leistungsbezugs ist ein Indiz für eine entsprechende Verwendungsabsicht bereits beim Leistungsbezug.[1] Zu berücksichtigen ist auch, ob der Unternehmer für die Erbringung seiner Leistung Vertragsverhandlungen mit Interessenten führte, denen gegenüber ein Verzicht überhaupt erklärt werden kann.[2]

III. Nachträgliche Änderungen

1. Nachträglich erklärter Verzicht

a) Folgen der Steuerpflicht

120 Liegen die Voraussetzungen für eine nachträgliche Erklärung des Verzichts vor (Rz. 33 f.), wirkt der Verzicht auf den Besteuerungszeitraum der (zunächst steuerfreien) Leistungserbringung zurück und begründet damit eine **nachträgliche Steuerpflicht**. Da der BFH ein rückwirkendes Ereignis beim Leistenden verneint (Rz. 35), kommt es zu einer Vollverzinsung ohne Anwendung von § 233a Abs. 2a AO,[3] wobei auch der Anspruch auf Billigkeitserlass verneint wird.[4]

b) Vorsteuerabzug und Vorsteuerberichtigung

121 Ist für den Vorsteuerabzug die beim Leistungsbezug bestehende Verwendungsabsicht maßgeblich (§ 15 Rz. 246 ff.), wirken für Zwecke des Vorsteuerabzugs Absichtsänderungen, wie sie sich bei einem erst nachträglich beabsichtigten Verzicht ergeben, nicht zurück und begründen nach **bislang h.M. keinen nachträglichen Vorsteuerabzug**,[5] so dass die Rückwirkung des Verzichts lediglich eine Vorsteuerberichtigung nach § 15a UStG ermöglicht.[6]

122 Hieran dürfte auf der Grundlage **neuerer EuGH-Rechtsprechung** nicht mehr festzuhalten sein.[7] Danach kommt es nunmehr in Betracht, dass es bei einer im Zeitpunkt des Leistungsbezugs auf steuerfreie Vermietung gerichteten Absicht gleichwohl zum Vorsteuerabzug kommt, wenn entgegen dieser Absicht später (ggf. auch mit Rückwirkung) zur Steuerpflicht nach § 9 UStG optiert wird.[8]

2. Widerruf (Rückgängigmachung) des Verzichts

a) Rechtsfolgen beim Leistenden

123 Wie beim nachträglichen Verzicht **wirkt** auch der Widerruf des Verzichts auf den Zeitpunkt der Leistungserbringung **zurück**.[9] Dabei ändert auch hier nach **bislang h.M.** der Widerruf nichts an der ursprünglichen Verwendungsabsicht, so dass der Vorsteuerabzug beim Leistenden trotz seines Widerrufs erhalten bleibt. Durch den Widerruf kommt es danach wie bei der nachträglichen Verzichtserklärung somit zu einer Vorsteuerberichtigung nach § 15a UStG, die hier zu Lasten des Unternehmers wirkt. Dies ist aber ebenso wie beim nachträglich erklärten Verzicht (Rz. 121) **nunmehr zweifelhaft** geworden, so dass hier die **Gefahr eines Verlusts des Vorsteuerabzugs** besteht. Unabhängig hiervon bleibt die in Rechnungen ausgewiesene Umsatzsteuer bis zu einer Rechnungsberichtigung, der keine Rückwirkung zukommt (§ 14c Rz. 51), bestehen.[10] Insoweit wirkt der Widerruf für den Besteuerungszeit-

1 BFH, Urt. v. 26.1.2006 – V R 74/03, BFH/NV 2006, 1164.
2 BFH, Urt. v. 6.6.2002 – V R 27/00, BFH/NV 2002, 1621 = UR 2002, 603.
3 BFH, Urt. v. 28.11.2002 – V R 54/00, BStBl. II 2003, 175 = UR 2003, 195.
4 BFH, Urt. v. 23.10.2003 – V R 2/02, BStBl. II 2004, 39 = UR 2004, 201.
5 BFH, Urt. v. 25.11.2004 – V R 38/03, BStBl. II 2005, 414 = UR 2005, 164 – anders wäre es nur, wenn der Unternehmer z.B. bei einer Errichtung den Verzicht beabsichtigt hatte, diesen dann aber (aus unerklärlichen Gründen) nicht erklärt hat.
6 BFH, Urt. v. 16.5.2002 – V R 56/00, BStBl. II 2006, 725 = UR 2002, 470.
7 EuGH, Urt. v. 12.11.2020 – C-42/19, ECLI:EU:C:2020:913 – Sonaecom, UR 2020, 967 m. Anm. *Heinrichshofen*.
8 *Wäger*, UR 2021, 889.
9 BFH, Urt. v. 1.2.2001 – V R 23/00, BStBl. II 2003, 673 = UR 2001, 253.
10 BFH, Urt. v. 1.2.2001 – V R 23/00, BStBl. II 2003, 673 = UR 2001, 253.

raum der – dann steuerfreien – Leistungserbringung im Umfang der Vorsteuerberichtigung steuererhöhend.

b) Rechtsfolgen beim Leistungsempfänger

124 Davon zu trennen ist die Beurteilung beim Empfänger der Leistung, die aufgrund des Widerrufs **rückwirkend steuerfrei** wird. Bei ihm kommt es aufgrund der dann fehlenden gesetzlichen Steuer zu einem rückwirkenden Verlust des bisher für den Besteuerungszeitraum des Leistungsbezugs (mit Inrechnungstellung) in Anspruch genommenen Vorsteuerabzugs.[1] Dabei geht der BFH für die Besteuerung beim Leistungsempfänger sogar von einem rückwirkenden Ereignis i.S.d. § 175 Abs. 1 Nr. 2 AO aus.[2]

1 BFH, Urt. v. 1.2.2001 – V R 23/00, BStBl. II 2003, 673 = UR 2001, 253; BFH, Urt. v. 6.10.2005 – V R 8/04, BFH/NV 2006, 835 und BFH, Urt. v. 18.9.2008 – V R 21/07, BStBl. II 2009, 254 = UR 2009, 15.

2 BFH, Urt. v. 1.2.2001 – V R 23/00, BStBl. II 2003, 673 = UR 2001, 253 und zum Verzicht nach § 25c Abs. 3 UStG BFH, Urt. v. 10.12.2009 – XI R 7/08, BFH/NV 2010, 1497 = UR 2010, 690.

Dritter Abschnitt
Bemessungsgrundlagen (§§ 10–11)

§ 10 Bemessungsgrundlage für Lieferungen, sonstige Leistungen und innergemeinschaftliche Erwerbe

(1) [1]Der Umsatz wird bei Lieferungen und sonstigen Leistungen (§ 1 Abs. 1 Nr. 1 Satz 1) und bei dem innergemeinschaftlichen Erwerb (§ 1 Abs. 1 Nr. 5) nach dem Entgelt bemessen. [2]Entgelt ist alles, was den Wert der Gegenleistung bildet, die der leistende Unternehmer vom Leistungsempfänger oder von einem anderen als dem Leistungsempfänger für die Leistung erhält oder erhalten soll, einschließlich der unmittelbar mit dem Preis dieser Umsätze zusammenhängenden Subventionen, jedoch abzüglich der für diese Leistung gesetzlich geschuldeten Umsatzsteuer. [3]Bei dem innergemeinschaftlichen Erwerb sind Verbrauchsteuern, die vom Erwerber geschuldet oder entrichtet werden, in die Bemessungsgrundlage einzubeziehen. [4]Bei Lieferungen und dem innergemeinschaftlichen Erwerb im Sinne des § 4 Nr. 4a Satz 1 Buchstabe a Satz 2 sind die Kosten für die Leistungen im Sinne des § 4 Nr. 4a Satz 1 Buchstabe b und die vom Auslagerer geschuldeten oder entrichteten Verbrauchsteuern in die Bemessungsgrundlage einzubeziehen. [5]Die Beträge, die der Unternehmer im Namen und für Rechnung eines anderen vereinnahmt und verausgabt (durchlaufende Posten), gehören nicht zum Entgelt. [6]Liegen bei der Entgegennahme eines Mehrzweck-Gutscheins (§ 3 Absatz 15) keine Angaben über die Höhe der für den Gutschein erhaltenen Gegenleistung nach Satz 2 vor, so wird das Entgelt nach dem Gutscheinwert selbst oder nach dem in den damit zusammenhängenden Unterlagen angegebenen Geldwert bemessen, abzüglich der Umsatzsteuer, die danach auf die gelieferten Gegenstände oder die erbrachten Dienstleistungen entfällt.

(2) [1]Werden Rechte übertragen, die mit dem Besitz eines Pfandscheins verbunden sind, so gilt als vereinbartes Entgelt der Preis des Pfandscheins zuzüglich der Pfandsumme. [2]Beim Tausch (§ 3 Abs. 12 Satz 1), bei tauschähnlichen Umsätzen (§ 3 Abs. 12 Satz 2) und bei Hingabe an Zahlungs statt gilt der Wert jedes Umsatzes als Entgelt für den anderen Umsatz. [3]Die Umsatzsteuer gehört nicht zum Entgelt.

(3) (weggefallen)

(4) [1]Der Umsatz wird bemessen

1. **bei dem Verbringen eines Gegenstands im Sinne des § 1a Abs. 2 und des § 3 Abs. 1a sowie bei Lieferungen im Sinne des § 3 Abs. 1b nach dem Einkaufspreis zuzüglich der Nebenkosten für den Gegenstand oder für einen gleichartigen Gegenstand oder mangels eines Einkaufspreises nach den Selbstkosten, jeweils zum Zeitpunkt des Umsatzes;**
2. **bei sonstigen Leistungen im Sinne des § 3 Abs. 9a Nr. 1 nach den bei der Ausführung dieser Umsätze entstandenen Ausgaben, soweit sie zum vollen oder teilweisen Vorsteuerabzug berechtigt haben. [2]Zu diesen Ausgaben gehören auch die Anschaffungs- oder Herstellungskosten eines Wirtschaftsguts, soweit das Wirtschaftsgut dem Unternehmen zugeordnet ist und für die Erbringung der sonstigen Leistung verwendet wird. [3]Betragen die Anschaffungs- oder Herstellungskosten mindestens 500 Euro, sind sie gleichmäßig auf einen Zeitraum zu verteilen, der dem für das Wirtschaftsgut maßgeblichen Berichtigungszeitraum nach § 15a entspricht;**
3. **bei sonstigen Leistungen im Sinne des § 3 Abs. 9a Nr. 2 nach den bei der Ausführung dieser Umsätze entstandenen Ausgaben. [2]Satz 1 Nr. 2 Sätze 2 und 3 gilt entsprechend.**

[2]Die Umsatzsteuer gehört nicht zur Bemessungsgrundlage.

(5) [1]Absatz 4 gilt entsprechend für

1. **Lieferungen und sonstige Leistungen, die Körperschaften und Personenvereinigungen im Sinne des § 1 Abs. 1 Nr. 1 bis 5 des Körperschaftsteuergesetzes, nichtrechtsfähige Personenvereinigungen sowie Gemeinschaften im Rahmen ihres Unternehmens an ihre Anteilseigner, Gesellschafter, Mitglieder, Teilhaber oder diesen nahe stehende Personen sowie Einzelunternehmer an ihnen nahe stehende Personen ausführen;**
2. **Lieferungen und sonstige Leistungen, die ein Unternehmer an sein Personal oder dessen Angehörige auf Grund des Dienstverhältnisses ausführt,**

wenn die Bemessungsgrundlage nach Absatz 4 das Entgelt nach Absatz 1 übersteigt; der Umsatz ist jedoch höchstens nach dem marktüblichen Entgelt zu bemessen. [2]Übersteigt das Entgelt nach Absatz 1 das marktübliche Entgelt, gilt Absatz 1.

(6) [1]Bei Beförderungen von Personen im Gelegenheitsverkehr mit Kraftomnibussen, die nicht im Inland zugelassen sind, tritt in den Fällen der Beförderungseinzelbesteuerung (§ 16 Abs. 5) an die Stelle des vereinbarten Entgelts ein Durchschnittsbeförderungsentgelt. [2]Das Durchschnittsbeförderungsentgelt ist nach der Zahl der beförderten Personen und der Zahl der Kilometer der Beförderungsstrecke im Inland (Personenkilometer) zu berechnen. [3]Das Bundesministerium der Finanzen kann mit Zustimmung des Bundesrates durch Rechtsverordnung das Durchschnittsbeförderungsentgelt je Personenkilometer festsetzen. [4]Das Durchschnittsbeförderungsentgelt muss zu einer Steuer führen, die nicht wesentlich von dem Betrag abweicht, der sich nach diesem Gesetz ohne Anwendung des Durchschnittsbeförderungsentgelts ergeben würde.

Schrifttum: *Neeser*, Umsatzsteuerliche Behandlung des leasingtypischen Minderwertausgleichs – Entwicklungen und Lösung, BB 2013, 2455; *Reiß*, Der „subjektive Wert der Gegenleistung" als Bemessungsgrundlage für den eigenen Umsatz? – Anmerkung zu der verfehlten Gesetzesauslegung des BFH bei Tauschumsätzen im Kfz-Handel, UR 2018, 822; *Schettler*, Umsatzsteuerrichtlinien 1988 und Verwaltungspraxis, UR 1988, 29; *Slapio*, Anwendungsbereich der Mindestbemessungsgrundlage (§ 10 Abs. 5 i.V.m. Abs. 4 UStG) – Überlegungen zur richtlinienkonformen Anwendung und zu einer notwendigen Änderung des Gesetzes, UR 2012, 429; *Wäger*, Rechtsprechungsauslese 2012, UR 2013, 81; *Zöllinger*, Sind Ausgleichszahlungen der öffentlichen Hand an Personenbeförderungsunternehmen für Beförderungen im Linienverkehr ab dem 1.1.1996 nicht mehr umsatzsteuerbar?, UR 1998, 45.

A. Grundaussagen

I. Regelungsgegenstand und Bedeutung

1 § 10 UStG regelt die Bemessungsgrundlage für die Steuertatbestände der entgeltlichen Leistung nach § 1 Abs. 1 Nr. 1 UStG und des innergemeinschaftlichen Erwerbs gegen Entgelt nach § 1 Abs. 1 Nr. 5 UStG. Bemessungsgrundlage ist dabei das Entgelt. Dem Entgelt kommt damit eine **Doppelfunktion** zu.[1] Es muss zum einen für die Steuerbarkeit nach § 1 Abs. 1 Nr. 1 und Nr. 5 UStG dem Grunde nach vorliegen. Zum anderen bestimmt es nach § 10 UStG betragsmäßig den Wert dieser Umsätze, der im Fall der Steuerpflicht zur Besteuerung heranzuziehen ist. Dem liegt dabei in beiden Regelungsbereichen derselbe Entgeltbegriff, der nach denselben Grundsätzen zu ermitteln ist, zugrunde.

2 **§ 10 Abs. 1 UStG** definiert das Entgelt. **Satz 1** ordnet an, welche Umsätze nach dem Entgelt zu bemessen sind. **Satz 2** definiert das Entgelt. Die **Sätze 3 und 4** enthalten Sonderregelungen zur Einbeziehung von Verbrauchsteuern beim innergemeinschaftlichen Erwerb sowie zum Entgelt im Zusammenhang mit einem Umsatzsteuerlager. **Satz 5** ordnet an, dass durchlaufende Posten nicht zum Entgelt gehören. **Satz 6** ist eine Sonderregelung zum Entgelt bei Mehrzweckgutscheinen.

3 **§ 10 Abs. 2 UStG** bestimmt das Entgelt beim Tausch und beim tauschähnlichen Umsatz sowie bei ähnlichen Fallgestaltungen. **§ 10 Abs. 4 UStG** regelt die Bemessungsgrundlage bei Umsätzen ohne Entgelt wie etwa bei Entnahmen. **§ 10 Abs. 5 UStG** ist eine Sonderregelung, die bestimmten Entgeltvereinbarungen die Anerkennung versagt und zur Anwendung einer sog. Mindestbemessungsgrundlage führt.

---

1 Ebenso *Stapperfend* in Rau/Dürrwächter, UStG, § 10 UStG Rz. 60 (Stand: Oktober 2020).

4 Zentrales Merkmal der Vorschrift ist die Entgeltdefinition in § 10 Abs. 1 Satz 2 UStG und dabei die Anordnung der Entgeltbemessung nach der Gegenleistung abzüglich der für die Leistung entstehenden Umsatzsteuer. Die **Gegenleistung**, die sich aus der Preisvereinbarung des Rechtsverhältnisses ergibt, das der Leistungserbringung zugrunde liegt, ist daher **in Entgelt und Steuerbetrag aufzuteilen**. Dementsprechend ist die zivilrechtliche Preisvereinbarung im Regelfall als sog. Bruttopreis einschließlich Umsatzsteuer zu verstehen (Rz. 13 ff.).

5 Das sich aus § 10 Abs. 1 UStG ergebende Prinzip der Besteuerung nach der Höhe des **subjektiv** von den Parteien vereinbarten Entgelts **anstelle** einer **objektiven Wertbemessung** stellt nur darauf ab, dass überhaupt ein Entgelt vorliegt. An einem Entgelt fehlt es z.B. bei einer nur symbolischen Preisvereinbarung (§ 3 Rz. 561).

6 Das (subjektiv) vereinbarte Entgelt ist auch dann maßgeblich, wenn es nach den objektiven Gegebenheiten als zu niedrig oder zu hoch anzusehen ist. Umsatzsteuerrechtlich gibt es **kein Teilentgelt**, das zu einer Aufteilung in eine teilweise entgeltlich und zugleich teilweise unentgeltlich erbrachte Leistung führen würde.

7 Demgegenüber kann eine **nicht ernsthaft gewollte Vereinbarung** nicht Grundlage der Entgeltermittlung sein. Ist die Entgeltvereinbarung als Scheingeschäft anzusehen, das entsprechend § 116 BGB die tatsächliche Entgeltvereinbarung verdecken soll, ist die tatsächlich gewollte Vereinbarung maßgeblich.

8 Fehlt es an einem Entgelt und liegen zugleich die Voraussetzungen für die Besteuerung als **unentgeltliche Leistung** vor, bestimmt sich die Umsatzbemessung nach den in § 10 Abs. 4 UStG genannten Preisen und Ausgaben. Unterschreitet ein vereinbartes Entgelt die für die Leistung nach § 10 Abs. 4 UStG entstehenden Preise und Ausgaben und liegen die weiteren Voraussetzungen der Mindestbemessungsgrundlage gemäß § 10 Abs. 5 UStG vor, ist wie bei den unentgeltlichen Leistungen zu bemessen.

II. Unionsrechtliche Grundlagen

9 Die in § 10 UStG getroffenen Anordnungen verteilen sich in der Richtlinie auf eine Vielzahl von Bestimmungen der **Art. 72 ff. MwStSystRL**, auf die bei den einzelnen Regelungen des § 10 UStG einzugehen ist. Dabei sieht der nationale Gesetzgeber einzelne Bestimmungen als nicht umsetzungspflichtig an. Dies gilt insbesondere für Art. 72, Art. 78 Buchst. a oder Art. 79 Buchst. a und b MwStSystRL. Der Regelungsinhalt dieser Bestimmungen ist gleichwohl bei der Auslegung des nationalen Rechts zu beachten.

III. Verhältnis zu anderen Vorschriften und Rechtsentwicklung

1. Verhältnis zu anderen Vorschriften

a) Umsatzsteuerrecht

10 § 10 UStG gilt für die in § 1 Abs. 1 Nr. 1 und Nr. 5 UStG genannten Tatbestände. Die **Einfuhr** i.S.d. § 1 Abs. 1 Nr. 4 UStG bemisst sich nach § 11 UStG (§ 11 Rz. 1 ff.). Sonderregelungen zur Bemessungsgrundlage enthalten § 25 Abs. 3 UStG für **Reiseleistungen** (§ 25 Rz. 60 ff.), § 25a Abs. 3 und 4 UStG bei der **Differenzbesteuerung** (§ 25a Rz. 29 ff.) und § 25b Abs. 4 UStG bei der Vereinfachungsregelung für innergemeinschaftliche **Dreiecksgeschäfte** (§ 25b Rz. 55 f.).

11 Die Entgeltdefinition des § 10 UStG gilt auch in den Fällen der **Steuerschuldnerschaft des Leistungsempfängers** nach § 13b UStG.[1] Allerdings sind hier Gegenleistung und Entgelt identisch (§ 13b Rz. 41). Zu beachten sind die nach § 22 Abs. 2 Nr. 1 UStG bestehenden **Aufzeichnungspflichten** (§ 22 Rz. 20 ff.).

12 Die Umsatzbemessung nach dem Entgelt kann **nachträglichen Änderungen** unter den Voraussetzungen des § 17 UStG unterliegen (§ 17 Rz. 1 ff.).

1 Ebenso *Stapperfend* in Rau/Dürrwächter, UStG, § 10 UStG Rz. 60 (Stand: Oktober 2020).

b) Zivilrecht

aa) Grundsatz

Die zivilrechtliche Preisvereinbarung bezieht sich auf die **Gegenleistung, die in Entgelt und Steuerbetrag aufzuteilen** ist. So gilt der für eine Leistung vereinbarte Preis grundsätzlich auch die Aufwendung für die von dem Leistenden zu entrichtende Umsatzsteuer ab. Die Abgeltung der Aufwendung ist unselbständiger Teil eines sog. „**Bruttopreises.** Hiervon ist auch bei Leistungen an einen zum Vorsteuerabzug berechtigten Unternehmer auszugehen. Etwas anderes gilt, wenn die Parteien einen sog. „**Nettopreis**" vereinbart haben, wofür auch ein Handelsbrauch oder eine Verkehrssitte maßgeblich sein kann.[1] 13

Dies gilt grundsätzlich auch für Abrechnungen aufgrund einer **Gebührenordnung.**[2] Allerdings können diese auch vorsehen, dass die Umsatzsteuer zum Gebührentatbestand hinzutritt.[3] 14

bb) Fehlbeurteilung

Vereinbaren die an einem Leistungsaustausch Beteiligten **rechtsirrtümlich** die Gegenleistung **ohne Umsatzsteuer**, ist der vereinbarte Betrag in Entgelt und darauf entfallende Umsatzsteuer aufzuteilen.[4] Ob es sich bei der dem zugrunde liegenden Preisvereinbarung um einen sog. Bruttopreis einschließlich Umsatzsteuer oder eine sog. Nettopreisvereinbarung zuzüglich gesetzlicher Umsatzsteuer handelt, ist unbeachtlich. In beiden Fällen hat der Unternehmer die zunächst erlangte Gegenleistung, die irrtümlich mit dem Entgelt gleichgesetzt wurde, in Entgelt und Steuer aufzuteilen, so dass es erst mit einer späteren Erlangung eines Nachforderungsbetrags, der dann auch wieder in Entgelt und Steuerbetrag aufzuteilen ist, zu einer Berichtigung nach § 17 Abs. 1 UStG kommt. 15

Ob dem Leistenden ein Nachforderungsanspruch zusteht, beurteilt sich nach dem der Leistung zugrundeliegenden Rechtsverhältnis und im Regelfall nach dem Zivilrecht. Der BGH verneint für den Regelfall einen derartigen Anspruch. Anders ist es, wenn im Rahmen ergänzender Vertragsauslegung davon auszugehen ist, dass eine übereinstimmende Fehlbeurteilung durch die Vertragsparteien vorliegt und diese in Kenntnis der tatsächlich bestehenden Rechtslage eine andere Preisvereinbarung getroffen hätten.[5] 16

cc) Sonderfälle

Bei der Steuerschuldnerschaft des Leistungsempfängers nach § 13b UStG ist die Gegenleistung mit dem Entgelt identisch.[6] Gehen die an der Leistung Beteiligten **irrtümlich** von einer **Steuerfreiheit** oder einer **Steuerschuldnerschaft des Empfängers** nach § 13b UStG aus, so dass sie die Gegenleistung und Entgelt zu Unrecht als identisch angesehen haben, ist die Gegenleistung auch hier entsprechend der tatsächlich bestehenden Rechtslage in Entgelt und Steuerbetrag aufzuteilen. Dies gilt auch dann, wenn dem Leistenden eindeutig ein Nachforderungsanspruch im Umfang des Steuerbetrags zusteht und der Leistende der Besteuerung nach vereinbarten Entgelten gemäß § 13 Abs. 1 Nr. 1 Buchst. a UStG (Sollbesteuerung) unterliegt. Dies wird mittelbar durch § 27 Abs. 19 UStG bestätigt. Ob dem Leistenden ein Nachforderungsanspruch zusteht, beurteilt sich nach dem der Leistung zugrundeliegenden Rechtsverhältnis und im Regelfall nach dem Zivilrecht. Damit kommt es wiederum auf eine ergänzender Vertragsauslegung an.[7] 17

Die ständige BGH-Rechtsprechung nach der eine Bruttopreisabrede vorliegt, wenn die die Vertragsparteien keinen „Nettopreis" vereinbart haben und auch kein abweichender Handelsbrauch oder Ver- 18

---

1 Ständige BGH-Rechtsprechung, vgl. z.B. BGH, Urt. v. 28.2.2002 – I ZR 318/99, NJW 2002, 2312.

2 EuGH, Urt. v. 10.4.2019 – C-214/18, ECLI:EU:C:2019:301 – PSM „K", UR 2019, 452, Rz. 48 ff.

3 Vgl. z.B. § 9 Abs. 6 BGebG oder Nr. 7008 der Anlage 1 zum RVG.

4 BFH, Urt. v. 16.11.2016 – V R 1/16, BStBl. II 2017, 1079 = UR 2017, 354; ebenso BFH, Urt. v. 22.4.2015 – XI R 43/11, BStBl. II 2015, 755 = UR 2015, 586.

5 Ständige BGH-Rechtsprechung, vgl. z.B. BGH, Urt. v. 28.2.2002 – I ZR 318/99, NJW 2002, 2312.

6 Ebenso *Stapperfend* in Rau/Dürrwächter, UStG, § 10 UStG Rz. 80 (Stand: Oktober 2020).

7 Vgl. z.B. BGH, Urt. v. 17.5.2018 – VII ZR 157/17, UR 2018, 674.

kehrssitte besteht, erfasst auch den Fall, dass die Parteien **zu Unrecht von einer Umsatzsteuerpflicht** ausgehen. Die Preisvereinbarung ist dann im Wege ergänzender Vertragsauslegung zu korrigieren, da dann von einer planwidrigen Regelungslücke auszugehen ist, wenn die Vertragsparteien weder ausdrücklich noch konkludent bestimmt haben, wie ihre Preisabrede vor dem Hintergrund der ihnen nicht bekannten, zum Zeitpunkt des Vertragsschlusses von ihnen fehlerhaft beurteilten umsatzsteuerlichen Rechtslage sowie der daran anknüpfenden rechtstatsächlichen Entwicklungen ausgestaltet sein soll. Es entsteht dann ein Erstattungsanspruch in Höhe der Differenz zwischen dem tatsächlich entrichteten und dem hypothetisch zwischen den Vertragsparteien vereinbarten Preis. Diese Differenz entspricht der durch den Versicherungsnehmer der Klägerin auf die gestellten Rechnungen geleisteten Umsatzsteuer abzüglich des Vorsteuerabzugs, den der Leistende aufgrund der Steuerfreiheit zu Unrecht in Anspruch genommen hat.[1]

19 Dasselbe gilt im Fall der **Steuerhinterziehung.** Haben steuerpflichtige Personen der Steuerverwaltung aufgrund eines Steuerbetrugs weder mitgeteilt, dass es den Umsatz gibt, noch eine Rechnung ausgestellt oder die bei diesem Umsatz erzielten Einkünfte in einer direkte Steuern betreffenden Erklärung angegeben, **stellen die** von der Steuerverwaltung im Rahmen der Überprüfung einer solchen Erklärung durchgeführte Rekonstruktion der bei dem fraglichen Umsatz gezahlten und erhaltenen **Beträge einen die Mehrwertsteuer bereits enthaltenden Preis dar, es sei denn,** für die Steuerpflichtigen besteht nach nationalem Recht die **Möglichkeit, die in Rede stehende MwSt trotz des Betrugs nachträglich abzuwälzen** und in Abzug zu bringen.[2]

2. Rechtsentwicklung

20 Die Umsatzbemessung nach dem Entgelt sah bereits das UStG 1967 vor. Bereits damals bestanden Regelungen zur Nichteinbeziehung durchlaufender Posten, zum Tausch und zum tauschähnlichen Umsatz, zu den Entnahmen und zur Beförderungseinzelbesteuerung.

21 Hervorzuheben sind die Änderungen durch das Gesetz zur Vermeidung von Umsatzsteuerausfällen beim Handel mit Waren im Internet und zur Änderung weiterer steuerlicher Vorschriften.[3]

21.1 Hierdurch kam es zu einer **Umgestaltung des Entgeltbegriffs**, die aber nur klarstellenden Charakter hat.[4] Der Entgeltbegriff sah bis dahin im Anschluss an § 10 Abs. 1 Satz 1 UStG, der die Maßgeblichkeit des Entgelts für die Bemessung von Lieferung und innergemeinschaftlichem Erwerb nach dem Entgelt anordnete, vor, dass Entgelt alles ist, was der Leistungsempfänger aufwendet, um die Leistung zu erhalten, jedoch abzüglich der Umsatzsteuer (Satz 2) und dass zum Entgelt auch gehört, was ein anderer als der Leistungsempfänger dem Unternehmer für die Leistung gewährt (Satz 3).

21.2 Diese dem Grunde nach in der Form bereits seit dem UStG 1967 bestehenden Regelungen standen seit der unionsrechtlichen Harmonisierung in einem gewissen **Spannungsverhältnis zum Unionsrecht**, das in Art. 73 MwStSystRL nicht auf die Aufwendungen des Leistungsempfängers, sondern darauf abstellt, was der Leistende vom Leistungsempfänger oder einem Dritten erhält oder erhalten soll. Zuwendungen des Leistungsempfängers, die der Leistende z.B. aufgrund von Übermittlungsfehlern nicht erhält, wären somit nur nach nationalem Recht, nicht aber auch nach der Richtlinie Entgelt gewesen.

21.3 Gleichwohl ließen sich die unterschiedlichen Blickrichtungen des nationalen Rechts (Aufwendungen) und der Richtlinie (Erhalt) im Regelfall zu einem **übereinstimmenden Besteuerungsergebnis** zusammenführen. Der BFH umschrieb dies im Sinne einer richtlinienkonformen Auslegung dahingehend, dass trotz der Formulierungsunterschiede zwischen dem nationalen Recht und der Richtlinie beide Regelungen zum selben Ergebnis führen, da weder das nationale Recht die Berücksichtigung der Sicht des Leistenden verbot noch die Richtlinie eine Berücksichtigung der Aufwendungen des Leistungs-

1 BGH, Urt. v. 20.2.2019 – VIII ZR 7/18, BGHZ 221, 145 = HFR 2019, 523.
2 EuGH, Urt. v. 1.7.2021 – C-521/19, ECLI:EU:C:2021:527 – CB, UR 2021, 753.
3 Art. 9 Nr. 4 des Gesetzes zur Vermeidung von Umsatzsteuerausfällen beim Handel mit Waren im Internet und zur Änderung weiterer steuerlicher Vorschriften v. 11.12.2018 (BGBl. I 2018, 2338).
4 Vgl. hierzu die amtliche Gesetzesbegründung in BT-Drucks. 19/4455, 59.

empfängers ausschloss.[1] Danach ging der BFH bereits für die alte Rechtslage im Wesentlichen von einer Begriffsidentität aus.

22 Aufgrund der seit 1.1.2019 geltenden Neuregelung sind die bisherigen Unterschiede zur Richtlinie entfallen. Die bisher eigenständigen Regelungen zum Entgelt des Leistungsempfängers und des Dritten wurden in dem neuen Satz 2 zusammengefasst. Dieser stellt nunmehr wie die Richtlinie auf den Wert der Gegenleistung ab, die der leistende Unternehmer für die Leistung erhält oder erhalten soll. Zudem ordnet die Regelung wie die Richtlinie jetzt auch an, dass die Gegenleistung die unmittelbar mit dem Preis zusammenhängenden Subventionen einschließt. Wie bereits zuvor gehört die für die Leistung gesetzlich geschuldete Umsatzsteuer nicht zum Wert der Gegenleistung.

23 Die Streichung des bisherigen Satzes 3 beeinflusst die **Satznummerierung** im Absatz 1. So findet sich die Regelung zu den durchlaufenden Posten nicht mehr in § 10 Abs. 1 Satz 6 UStG, sondern in § 10 Abs. 1 Satz 5 UStG.

B. Entgelt (Absatz 1)

I. Definition des Entgelts (Absatz 1 Satz 2)

1. Entgelt, Umsatzsteuer und Gegenleistung

24 Entgelt ist nach § 10 Abs. 1 Satz 2 UStG alles, was den Wert der Gegenleistung bildet, jedoch abzüglich der für diese Leistung gesetzlich geschuldeten Umsatzsteuer. Die Gegenleistung besteht daher aus Entgelt und Umsatzsteuer, beim Entgelt handelt es sich um den um die Umsatzsteuer verminderten Betrag der Gegenleistung. Dementsprechend ist die Gegenleistung in Entgelt und Steuerbetrag aufzuteilen.[2]

25 Eine dem nationalen Recht vergleichbare Regelung enthält die **Richtlinie** nur insoweit als sich die aus Art. 78 Buchst. a MwStSystRL ergebende Anordnung der Einbeziehung in die Steuerbemessungsgrundlage nicht auf die Mehrwertsteuer bezieht. Im Übrigen kommt der EuGH aber zum gleichen Ergebnis, da die Berücksichtigung des Gesamtpreises ohne Abzug der Mehrwertsteuer als Grundlage für die Erhebung der Mehrwertsteuer zur Folge hätte, dass die Mehrwertsteuer den Leistenden belasten würde, und somit gegen den Grundsatz verstieße, dass es sich bei der Mehrwertsteuer um eine Verbrauchsteuer handelt, die vom Endverbraucher zu tragen ist. Zudem würde die Steuerverwaltung als Mehrwertsteuer einen Betrag erheben, der den dem Steuerpflichtigen gezahlten Betrag übersteigt. Im Falle eines Irrtums über die Steuerpflicht kommt es daher darauf an, ob der Leistende nach nationalem Recht die Möglichkeit hat, zum vereinbarten Preis einen Zuschlag entsprechend der auf den Umsatz zu erhebenden Steuer vom Leistungsempfänger einzufordern.[3]

26 Regelungen zur **Auf- und Abrundung** bei der Aufteilung der Gegenleistung in Entgelt und Steuer enthält die Richtlinie nicht.[4]

2. Wert der Gegenleistung

a) Einzelbetrachtung

aa) Grundsatz

27 Grundsätzlich ist jede entgeltliche Leistung für sich zu betrachten. Dies gilt auch dann, wenn der Unternehmer **gleichartige Leistungen** gegenüber denselben oder verschiedenen Leistungsempfänger erbringt. So betont der EuGH bei der Bestimmung des Leistungsgegenstandes, dass nach Art. 1 Abs. 2

1 BFH, Urt. v. 19.10.2001 – V R 48/00, BStBl. II 2003, 210 = UR 2002, 25; BFH, Urt. v. 6.5.2010 – V R 15/09, BStBl. II 2011, 142 = UR 2010, 741; BFH, Urt. v. 11.2.2010 – V R 2/09, BStBl. II 2010, 765 = UR 2010, 458.

2 BFH, Urt. v. 12.5.2022 – V R 19/20, BStBl. II 2023, 885 = UR 2022, 881 m. Anm. *Grebe*.

3 EuGH, Urt. v. 7.11.2013 – C-249/12 und C-250/12, ECLI:EU:C:2013:722 – Tulică und Plavoşin, Rz. 35 ff.

4 EuGH, Urt. v. 10.7.2008 – C-484/06, ECLI:EU:C:2008:394 – Koninklijke Ahold, UR 2008, 660; EuGH, Urt. v. 5.3.2009 – C-302/07, ECLI:EU:C:2009:125 – J D Wetherspoon, UR 2009, 279.

Unterabs. 2 MwStSystRL jede Leistung in der Regel als eigene und selbständige Leistung zu betrachten ist.[1]

28 Aus dem Grundsatz der Einzelerfassung folgt auch, dass eine Zahlung nicht das Entgelt für mehrere Leistungen sein kann. Ist eine Zahlung daher ein Entgelt für die Teilnahme an einer **Auktion** und das Recht dabei Gebote abgeben zu können, kann die Zahlung beim erfolgreichen Bieter nicht zusätzliches Entgelt für die Lieferung des ersteigerten Gegenstandes sein.[2]

bb) Ausnahmen

(1) Glücksspielumsätze

29 Allerdings gilt dies nicht ausnahmslos. In Einzelfällen bejaht die Rechtsprechung eine **Gesamtbetrachtung**, wenn eine anderweitige Entgeltbestimmung nicht möglich ist. So gehört nach dem EuGH-Urteil *Glawe* bei Geldspielautomatenumsätzen, die eine Gewinnmöglichkeit einräumen, der gesetzlich zwingend festgelegte Teil der Gesamtheit der Spieleinsätze, der den an die Spieler ausgezahlten Gewinnen entspricht, nicht zur Besteuerungsgrundlage.[3] Dem liegt eine von Einzelumsätzen losgelöste Betrachtungsweise zugrunde. Der EuGH erklärt dies in Abgrenzung zu anderen Fallgestaltungen damit, dass der Mindestprozentsatz der Spieleinsätze, der als Gewinn an die Spieler auszuschütten ist, technisch und gegenständlich von den Einsätzen getrennt ist, die der Betreiber für sich verbuchen kann.[4] Dementsprechend umfasst die Besteuerungsgrundlage beim Verkauf von Bingocoupons nicht den im Vorhinein gesetzlich festgelegten Teil des Verkaufspreises, der für die Auszahlung der Gewinne an die Spieler bestimmt ist, da der Veranstalter über diesen Teil des Verkaufspreises nicht effektiv selbst verfügen kann.[5]

30 Damit nicht vergleichbar ist z.B. die Veranstaltung eines Wettbewerbs, bei dem die Teilnahmegebühren das Entgelt für die den Teilnehmern erbrachte Dienstleistung sind, ohne dass diese um die bei dem Wettbewerb ausgeschütteten Preise zu mindern sind, da der Veranstalter über die Teilnahmegebühren frei verfügen kann.[6]

31 Der EuGH zieht aus seiner Rechtsprechung zu Glücksspielumsätzen **keine allgemeinen Schlussfolgerungen** für die Besteuerung „gewöhnlicher" Umsätze, da sich die Glücksspielumsätze „schlecht für die Anwendung der Mehrwertsteuer eignen".[7]

(2) Devisengeschäfte

32 Bei Devisengeschäften, bei denen weder Gebühren noch Provisionen berechnet werden, stellt der **Bruttoertrag** der vom Dienstleistenden während eines bestimmten Zeitraums getätigten Geschäfte die Besteuerungsgrundlage dar. Hier soll es nicht erforderlich sein, dass der Leistende und der Leistungsempfänger den genauen Betrag der Gegenleistung kennen, der als Besteuerungsgrundlage dient.[8]

b) Zuordnung der Gegenleistung zu einer Leistung

33 Der Wert der Gegenleistung bestimmt sich nach dem, was der Leistende für die Leistung vom Leistungsempfänger oder von einem Dritten erhält oder erhalten soll. Maßgeblich ist hierfür das der Leistungserbringung **zugrundeliegende Rechtsverhältnis**. Dieses Rechtsverhältnis begründet nicht nur den für die Steuerbarkeit erforderlichen unmittelbaren Zusammenhang zwischen Leistung und Entgelt, sondern bestimmt auch den Wert der Gegenleistung. Die Höhe des Entgelts ergibt sich danach

1 EuGH, Urt. v. 8.12.2016 – C-208/15, ECLI:EU:C:2016:936 – Stock'94, UR 2017, 28, Rz. 26.
2 EuGH, Urt. v. 5.7.2018 – C-544/16, ECLI:EU:C:2018:540 – Marcandi, UR 2018, 706.
3 EuGH, Urt. v. 5.5.1994 – C-38/93, ECLI:EU:C:1994:188 – Glawe, BStBl. II 1994, 548 = UR 1994, 308.
4 EuGH, Urt. v. 17.9.2002 – C-498/99, ECLI:EU:C:2002:494 – Town & County Factors, UR 2002, 510.
5 EuGH, Urt. v. 19.7.2012 – C-377/11, ECLI:EU:C:2012:503 – International Bingo Technology, UR 2012, 803.
6 EuGH, Urt. v. 17.9.2002 – C-498/99, ECLI:EU:C:2002:494 – Town & County Factors, UR 2002, 510; ebenso BFH, Urt. v. 18.8.2005 – V R 42/02, = BStBl. II 2007, 137 = UR 2006, 30.
7 EuGH, Urt. v. 29.5.2001 – C-86/99, ECLI:EU:C:2001:291 – Freemans, UR 2001, 349.
8 EuGH, Urt. v. 14.7.1998 – C-172/96, ECLI:EU:C:1998:354 – Commissioners of Customs & Excise/First National Bank of Chicago, UR 1998, 456 m. Anm. *Philipowski*.

aus dem zwischen Leistendem und Leistungsempfänger bestehenden Rechtsverhältnis, das den für die Steuerbarkeit der Leistung maßgeblichen unmittelbaren Zusammenhang zwischen der Leistung und der Gegenleistung begründet.[1] Ohne Leistung fehlt es daher an einem Entgelt. Daher ist nach der BFH-Rechtsprechung[2] z.B. die Vergütung, die der Unternehmer nach Kündigung oder vertraglicher Auflösung eines Werklieferungsvertrages vereinnahmt, ohne an den Besteller die bereitgestellten Werkstoffe oder das teilweise vollendete Werk geliefert zu haben, kein Entgelt.

Die sich aus der Maßgeblichkeit des der Leistung zugrundeliegenden Rechtsverhältnisses ergebenden Folgen werden in der Rechtsprechung nicht immer zutreffend erkannt. So geht der BFH davon aus, dass **irrtümliche oder versehentliche Doppel- oder Überzahlungen** zum Entgelt gehören, da „an die tatsächlich erhaltene Gegenleistung" anzuknüpfen sei, so dass es erst mit der Rückzahlung zu einer Berichtigung nach § 17 Abs. 1 UStG komme.[3] Demgegenüber ist eine **Zahlung**, für die es **keinen Rechtsgrund** gibt und die daher zurückzugewähren ist, auf der Grundlage des maßgeblichen Rechtsverhältnisses kein Entgelt.[4] 34

Ähnlich ist es bei der Zuwendung von **Incentive-Reisen** an den Unternehmer. Nach der BFH-Rechtsprechung erhöht sich das Entgelt für die Vermittlungsleistung, die ein **Tankstellenpächter** an den Verpächter erbringt, durch den Gewinn einer vom Verpächter im Rahmen eines Verkaufswettbewerbs ausgelobten Erlebnisreise.[5] Demgegenüber erlangt der Unternehmer die Reise im Rahmen eines gegenüber dem Vermittlungsverhältnis eigenständigen Rechtsverhältnisses, so dass eine Entgelterhöhung abzulehnen ist. 35

Beträge, die der Unternehmer seinem Vertragspartner nach dem Vertrag hätte in Rechnung stellen können, aber **nicht in Rechnung gestellt** hat, gehören nicht zum Wert der Gegenleistung.[6] Ebenso können Vergütungsansprüche, denen nicht nur die Fälligkeit fehlt, sondern deren Bestehen weitergehend aufgrund der Abhängigkeit von einem ungewissen Ereignis dem Grunde nach unsicher ist, erst dann zu einem Entgelt im Sinne einer Entgelterhöhung nach § 17 Abs. 1 Satz 1 UStG führen, wenn das Vorliegen der Bedingung feststeht (§ 13 Rz. 29). 36

Gewährt der Unternehmer einem Endverbraucher anlässlich einer ersten Lieferung für eine an ihn erbrachte Leistung eine **Aufwandsentschädigung**, die der Endverbraucher zum verbilligten Bezug einer Ware vom Unternehmer im Rahmen einer zweiten Lieferung verwendet, setzt sich die Bemessungsgrundlage für die zweite Lieferung aus der (um die Aufwandsentschädigung verminderten) Zahlung und dem Betrag der Aufwandsentschädigung zusammen.[7] 36.1

c) Aufteilung eines Gesamtentgelts

Wird ein einheitliches Entgelt für mehrere Leistungen vereinbart, ist es jedenfalls dann aufzuteilen, wenn diese Leistungen unterschiedlichen Steuersätzen unterliegen. Es ist dann nach der „einfachstmöglichen" Methode aufzuteilen, wie der BFH zu „Spar-Menüs" eines Schnellrestaurantbetreibers als Zusammenfassung einer ermäßigt zu besteuernden Speisenlieferung und der regelsatzbesteuerten Getränkelieferung entschieden hat.[8] Liefert der Unternehmer die im Rahmen eines Gesamtkaufpreises gelieferten Gegenstände auch einzeln, ist der Gesamtkaufpreis aus Sicht des BFH grundsätzlich nach Maßgabe der Einzelverkaufspreise aufzuteilen. Demgegenüber soll es auch in Betracht kommen, nach Einkaufspreisen aufzuteilen.[9] 37

1 BFH, Urt. v. 6.5.2010 – V R 15/09, BStBl. II 2011, 142 = UR 2010, 741; ebenso BFH, Urt. v. 19.10.2001 – V R 48/00, BStBl. II 2003, 210 = UR 2002, 25.
2 BFH, Urt. v. 26.8.2021 – V R 13/19, BStBl. II 2022, 197 = UR 2022, 50.
3 BFH, Urt. v. 19.7.2007 – V R 11/05, BStBl. II 2007, 966 = UR 2007, 901; ebenso zuvor BFH, Urt. v. 13.12.1995 – XI R 16/95BStBl. II 1996, 208 = UR 1996, 159.
4 Ebenso *Treiber* in Sölch/Ringleb, UStG, § 10 UStG Rz. 165 (Stand: Oktober 2022).
5 BFH, Urt. v. 28.7.1994 – V R 16/92, BStBl. II 1995, 274 = UR 1995, 59 m. Anm. *Husmann*; ebenso BFH, Urt. v. 24.8.1995 – V R 125/92, BFH/NV 1996, 272.
6 EuGH, Beschl. v. 9.12.2011 – C-69/11, ECLI:EU:C:2011:825 – Connoisseur Belgium.
7 BFH, Urt. v. 18.11.2021 – V R 4/21 (V R 41/17), BStBl. II 2022, 350 = UR 2022, 263.
8 BFH, Beschl. v. 3.4.2013 – V B 125/12, BStBl. II 2013, 973 = UR 2013, 429.
9 FG Baden-Württemberg, Urt. v. 9.11.2022 – 12 K 3098/19, juris – Rev. eingelegt: Az. des BFH: XI R 19/23.

d) Nebenkosten

38 Zum Wert der Gegenleistung und damit zum Entgelt, wie sie sich nach dem der Leistung zugrunde liegenden Rechtsverhältnis ergibt, gehören neben der eigentlichen Leistungsvergütung auch die Gegenleistung erhöhende Nebenkosten, die der Leistungsempfänger zu tragen hat, wenn insoweit **kein anderer Zuwendungsgrund** als das Leistungsverhältnis zwischen Leistendem und Leistungsempfänger ersichtlich ist.[1] Unionsrechtlich ergibt sich dies ausdrücklich aus der Einbeziehung von Nebenkosten nach Art. 79 Buchst. b MwStSystRL. Diese können auch Gegenstand einer gesonderten Vereinbarung sein. Dementsprechend erhöhen z.B. **Umbuchungsgebühren bei Flugreisen** den Wert der Gegenleistung und damit das Entgelt.[2] Davon zu unterscheiden sind Stornierungskosten (§ 1 Rz. 119).

39 **Preisaufschläge** in Form von Bedienungszuschlägen, die in dem einem Kunden in Rechnung gestellten Gesamtpreis enthalten sind und gewöhnlich vom Kunden als Entgelt für die Bedienung entrichtet werden, gehören aus Sicht des EuGH zum Wert der Gegenleistung und damit zum Entgelt.[3] Dies bezieht sich aber nicht auf Belohnungen oder freiwillige Trinkgelder, die der Kunde den Beschäftigen zusätzlich zu einem derartigen Zuschlag spontan und direkt zahlt, um seiner Zufriedenheit Ausdruck zu verleihen. Gleichwohl sieht der BFH auch an den Unternehmer selbst gezahlte Trinkgelder als entgelterhöhend an.[4] Dies erscheint zumindest nicht zwingend. Freiwillige Zuwendungen an das Personal in Restaurants erhöhen das Entgelt des Unternehmers jedenfalls nicht.[5]

40 **Mahngebühren** erhöhen das Entgelt nicht.[6] Überlässt der Unternehmer aber die Mahngebühren der von ihm beauftragten Inkassostelle, liegt ein zusätzliches Entgelt für deren Leistung vor.[7] Berechnet der Unternehmer für die Erbringung seiner Leistung ein **Zusatzentgelt**, wenn der Kunde die Leistung nicht im Lastschriftverfahren oder durch Überweisung, sondern z.B. per Kredit- oder Debitkarte, per Scheck oder in bar am Schalter einer Bank bezahlt, handelt sich nicht um eine Gegenleistung für eine eigenständige, von der in der Erbringung der Hauptleistung unabhängige Leistung, sondern um eine hierzu akzessorische Leistung.[8] Damit liegt ein zusätzliches Entgelt für die Hauptleistung vor. In diesem Sinne dürfte Art. 42 MwStVO zu verstehen sein.

41 Das Entgelt mindert sich nicht dadurch, dass der Abnehmer den Preis mit Hilfe einer Kreditkarte entrichtet und dem Lieferanten vom **Kreditkarteninstitut** unter Einbehaltung eines Prozentsatzes als **Provision** für die Erbringung einer gesonderten Dienstleistung an den Lieferanten der Ware durch das Institut bezahlt wird.[9] Das ergibt sich nunmehr auch aus **Art. 42 MwStVO**.

42 Ist der Unternehmer damit einverstanden, dass der Leistungsempfänger die **Zahlung** des Preises **gegen Verzinsung** bis zur Leistungserbringung **aufschiebt**, sind die Zinsen Teil des Gesamtwerts der Gegenleistung, da keine gesonderte Kreditgewährung vorliegt.[10]

43 Das Entgelt mindert sich auch nicht dadurch, dass ein Einzelhandelsverkäufer den Warenerwerb auf Wunsch des Käufers mit Hilfe eines für diesen **zinslosen Kredits** finanziert, der von einem Dritten, einer Finanzierungsgesellschaft, zur Verfügung gestellt wird, wobei sich die Finanzierungsgesellschaft gegenüber dem Käufer verpflichtet, für ihn den Kaufpreis zu zahlen, in Wirklichkeit aber entsprechend den Vereinbarungen zwischen Finanzierungsgesellschaft und Verkäufer diesem nur einen niedrigeren Betrag zahlt, während der Käufer der Finanzierungsgesellschaft den voll Betrag zurückzahlt. Es liegt für den Kunden ein zinsloser Kredit vor, den der Einzelhändler aufgrund des mit der Finanzierungs-

---

1 BFH, Urt. v. 1.9.2010 – V R 32/09, BStBl. II 2011, 300 = UR 2011, 180 zum sog. Tronc (Trinkgeldbetrag).
2 BFH, Urt. v. 16.3.2000 – V R 16/99, BStBl. II 2000, 360 = UR 2000, 292 m. Anm. *Widmann*.
3 EuGH, Urt. v. 29.3.2001 – C-404/99, ECLI:EU:C:2001:192 – Kommission/Frankreich, UR 2001, 206.
4 BFH, Urt. v. 17.2.1972 – V R 118/71, BStBl. II 1972, 405.
5 Ebenso *Stapperfend* in Rau/Dürrwächter, UStG, § 10 UStG Rz. 127 (Stand: Oktober 2020).
6 Abschn. 1.3 Abs. 6 Satz 2 UStAE.
7 BFH, Urt. v. 11.5.1995 – V R 86/93, BStBl. II 1995, 613 = UR 1996, 17; vgl. auch FG Düsseldorf, Urt. v. 26.4.2021 – 5 K 382/19 U, EFG 2021, 1763.
8 EuGH, Urt. v. 2.12.2010 – C-276/09, ECLI:EU:C:2010:730 – Everything Everywhere, UR 2011, 261, Rz. 30 ff.
9 EuGH, Urt. v. 25.5.1993 – C-18/92, ECLI:EU:C:1993:212 – Bally/Belgischer Staat, UR 1994, 72.
10 EuGH, Urt. v. 27.10.1993 – C-281/91, ECLI:EU:C:1993:855 – Muys' en De Winter's, UR 1994, 73.

gesellschaft vereinbarten Abschlags bezahlt, so dass insoweit für die Besteuerung der Lieferung unbeachtliche Geschäftsunkosten des Lieferers vorliegen.[1]

Dies gilt ebenso für Lieferungen mit einer Warenlieferung mit einer „**0 %-Finanzierung**". Dabei trägt der Unternehmer die Kosten der Finanzierung des Kaufpreises durch einen Dritten (Kreditinstitut) in der Weise, dass das Kreditinstitut bei der Auszahlung an den Unternehmer vom Darlehensbetrag die Zinsen einbehält und der Kunde in Raten den Kaufpreis an das Kreditinstitut zahlt. Die **einbehaltenen Zinsen mindern das Entgelt der Warenlieferung des Unternehmers an den Kunden** auch dann **nicht**, wenn der Unternehmer in der Rechnung gegenüber dem Kunden angibt, er gewähre ihm einen Nachlass in Höhe der Zinsen.[2] 43.1

e) Abgrenzung zum Schadensersatz

Entschädigungen oder Schadensersatzzahlungen sind grundsätzlich kein Entgelt, da die Zahlung nicht für eine Leistung an den Zahlenden erfolgt, sondern weil der Zahlende nach **Gesetz** oder **Vertrag** für einen Schaden und seine Folgen **einzustehen hat**.[3] 44

Das **erhöhte Fahrgeld/Beförderungsentgelt**, das der Personenbeförderungsunternehmer von sog. Schwarzfahrern als Vertragsstrafe nach § 339 BGB erhebt, ist kein Entgelt für die Beförderungsleistung oder eine andere steuerbare Leistung des Beförderungsunternehmers.[4] Der reguläre Tarifpreis kann dabei als Gegenleistung für die in Anspruch genommene Beförderung herauszurechnen sein. 45

Ebenso ist es nach Auffassung des BFH im Umkehrfall der vom Leistenden zu zahlenden **Vertragsstrafe**. Danach soll die Zahlung einer Vertragsstrafe wegen nicht rechtzeitiger Erfüllung des vertraglichen Leistungsversprechens das Entgelt des Unternehmers nicht mindern. Der BFH leitet dies aus dem zivilrechtlichen Charakter als Nebenverbindlichkeit ab.[5] Ob dem zu folgen ist, wird im Schrifttum unterschiedlich beurteilt.[6] 46

Der **Minderwertausgleich**, den ein Leasingnehmer für am Leasingfahrzeug durch eine nicht vertragsgemäße Nutzung eingetretene Schäden nachträglich zu zahlen hat, gehört nach der Auffassung des BFH nicht zum Entgelt sondern ist Schadensersatz.[7] Wie im Schrifttum hierzu angemerkt wurde, dürfte dies „in der Praxis dazu führen, dass die Vertragsparteien die vertraglich zulässige Fahrleistung herabsetzen, um so einen möglichst großen Vertragsanteil dem Bereich des nicht steuerbaren Schadensersatzes zuzuschlagen. Diese einfache Möglichkeit, aus einem steuerbaren Leistungsaustausch einen nicht steuerbaren Schadensersatz zu kreieren, ist dem Umsatzsteuerrecht fremd und kann im Ergebnis nicht richtig sein."[8] 47

3. Drittbeteiligung (Absatz 1 Satz 3 a.F.)

a) Zuwendungen an den Leistenden durch Dritte

aa) Bedeutung

Bis zum 31.12.2018 ordnete § 10 Abs. 1 Satz 3 UStG a.F. an, dass zum Entgelt auch gehört, was ein anderer als der Leistungsempfänger dem Unternehmer für die Leistung gewährt. Der Vorschrift kam die Bedeutung zu, neben den Aufwendungen des Leistungsempfängers auch Aufwendungen Dritter als Entgelt erfassen zu können. 48

1 EuGH, Urt. v. 15.5.2001 – C-34/99, ECLI:EU:C:2002:271 – Primback, UR 2001, 308.
2 BFH, Urt. v. 24.2.2021 – XI R 15/19, BStBl. II 2021, 729 = UR 2021, 645.
3 BFH, Urt. v. 16.1.2003 – V R 36/01, BFH/NV 2003, 667 = UR 2003, 497.
4 BFH, Urt. v. 25.11.1986 – V R 109/78, BStBl. II 1987, 228 = UR 1987, 131 m. Anm. *Weiß*.
5 BFH, Urt. v. 4.5.1994 – XI R 58/93, BStBl. II 1994, 589 = UR 1994, 403.
6 Ablehnend *Nieskens* in Rau/Dürrwächter, § 1 UStG Rz. 866 (Stand: April 2020) und zustimmend *Stadie* in Rau/Dürrwächter, § 17 UStG Rz. 195 (Stand: Januar 2021).
7 BFH, Urt. v. 20.3.2013 – XI R 6/11, BStBl. II 2014, 206 = UR 2014, 188.
8 *Neeser*, BB 2013, 2455.

49 Ob eine Zahlung als Entgelt anzusehen ist, ergab sich bei § 10 Abs. 1 Satz 3 UStG a.F. nach denselben Maßstäben wie bei § 10 Abs. 1 Satz 2 UStG a.F.[1]

50 Die **Zusammenfassung** von § 10 Abs. 1 Sätze 2 und 3 UStG a.F. in § 10 Abs. 1 Satz 2 UStG hat daher zu keiner materiellen Änderung geführt, so dass für die Beurteilung von Drittentgelten auf die bisherige Rechtsprechung weiter zurückgegriffen werden kann.[2] Maßgeblich sind weiterhin die allgemeinen Grundsätze zur Entgeltbestimmung (Rz. 24 ff.). Das Drittentgelt kommt in der Regel nur dann zum Zuge, wenn ein unmittelbarer Leistungsaustausch zwischen dem Zahlungsempfänger und dem Zahlenden zu verneinen ist.[3] Es setzt keine Schuldübernahme i.S.d. § 414 BGB voraus.[4] Ein Drittentgelt kann auch im Zusammenhang mit Zahlungen aus öffentlichen Kassen vorliegen (Rz. 57 ff.).

50.1 Es ist mit Art. 90 Abs. 1 MwStSystRL (§ 17 Abs. 1 Satz 1 UStG) vereinbar, dass ein Kreditversicherungsunternehmen den daraus ergebenden Steuerminderungsanspruch für einen Umsatz seines Versicherungsnehmers, dessen Zahlungsanspruch ausfällt, nicht in Anspruch nehmen kann.[5] Diese eigentliche banale Aussage begründet der EuGH unzutreffender Weise damit, dass die Zahlung des Kreditversicherers als Drittentgelt anzusehen sei. Dies käme aber in Bezug auf den Vorsteuerabzug des (säumigen) Leistungsempfängers allenfalls dann in Betracht, wenn der Kreditversicherer den Leistungsempfänger mit an Sicherheit grenzender Wahrscheinlichkeit in Regress nehmen kann, woran es aber regelmäßig fehlen dürfte. Dem völlig verfehlten Begründungsweg des EuGH, der in der Folge einer Berichtigung des Vorsteuerabzugs aufgrund ausbleibender Zahlung entgegensteht, ist jedenfalls bei der Auslegung des nationalen Rechts nicht zu folgen. Maßgeblich ist hier die von der Richtlinie zwar nicht vorgesehene, aber optional erlaubte und durch § 17 UStG verwirklichte Verknüpfung von Steuer- und Vorsteuerberichtigung. Diese Besonderheit ermöglicht es, dem Kreditversicherer die Steuerberichtigung zu versagen, ohne dass dafür auf die (unzutreffende) Annahme eines Drittentgelts abzustellen ist. Die FinVerw. sieht in der Ersatzleistung auf Grund einer Warenkreditversicherung daher zutreffend keine Gegenleistung für eine Lieferung oder sonstige Leistung, sondern Schadensersatz (Rz. 44 ff.).[6]

bb) Bejahung eines Drittentgelts

51 Ein Drittentgelt liegt z.B. vor

- bei Zahlungen eines Landes, einer Fachhochschule und eines Studierendenwerks für die **Abgabe von Mahlzeiten an Studierende**;[7]
- bei dem vom **Mobilfunkanbieter** an den Vermittler als **Gerätebonus** gezahlten Aufschlag auf die Vermittlungsprovision für die „kostenlose" Lieferung von Mobilfunktelefonen oder sonstigen Elektronikartikeln durch den Vermittler von Mobilfunkverträgen an den Kunden bei Abschluss eines Mobilfunkvertrages;[8]
- bei Zahlungen eines **Grundstückseigentümers** im unmittelbaren Zusammenhang mit der Erschließung an einen Unternehmer, der entsprechend einer gegenüber der Gemeinde und zusätzlich auch gegenüber dem Grundstückseigentümer gegen Entgelt eingegangenen Verpflichtung Erschließungsanlagen auf öffentlichen Flächen einer Gemeinde herstellt;[9]

---

1 BFH, Urt. v. 19.10.2001 – V R 48/00, BStBl. II 2003, 210 = UR 2002, 25; BFH, Urt. v. 31.5.2017 – XI R 2/14, BStBl. II 2017, 1024 = UR 2017, 754; ebenso BFH, Urt. v. 16.10.2013 – XI R 39/12, BStBl. II 2014, 1024 = UR 2013, 962.

2 Ebenso *Stapperfend* in Rau/Dürrwächter, UStG, § 10 UStG Rz. 150 (Stand: Oktober 2020).

3 BFH, Urt. v. 20.2.1992 – V R 107/87, BStBl. II 1992, 705 = UR 1992, 277.

4 BFH, Urt. v. 28.8.2013 – XI R 4/11, BStBl. II 2014, 282 = UR 2014, 22.

5 EuGH, Urt. v. 9.2.2023 – C-482/21, ECLI:EU:C:2023:83 – Euler Hermes, UR 2023, 579.

6 Abschn. 1.3 Abs. 7 UStAE.

7 BFH, Urt. v. 18.2.2016 – V R 46/14, UR 2016, 584.

8 BFH, Urt. v. 16.10.2013 – XI R 39/12, BStBl. II 2014, 1024 = UR 2013, 962, vgl. auch Abschn. 10.2 Abs. 5 Satz 7 bis 9 UStAE i.d.F. des BMF, Schr. v. 23.1.2024 – III C 2-S 7200/19/10003 :019 – DOK 2023/1237710, BStBl. I 2024, 212 = UR 2024, 148,.

9 BFH, Urt. v. 22.7.2010 – V R 14/09, BStBl. II 2012, 428 = UR 2011, 57 m. Anm. *Gold*; ebenso BFH, Urt. v. 22.2.2017 – XI R 17/15, BStBl. II 2017, 812 = UR 2017, 389.

- bei Zahlungen eines Vereins zu **Milchleistungsprüfungen** nach dem Tierzuchtgesetz;[1]
- bei **Zahlungen einer Bank**, wenn das Entgelt für eine Leistung des Unternehmers wegen des **Konkurses des Leistungsempfängers** uneinbringlich geworden ist und die Bank, die zu dem Leistungsempfänger Geschäftsbeziehungen unterhalten hat, an den Unternehmer gegen Abtretung der Konkursforderung einen Betrag zahlt, der sich – unter Berücksichtigung von Gewährleistungsansprüchen – an der Höhe des noch nicht bezahlten Entgelts orientiert[2] oder bei
- einer **reichweitenabhängigen Zusatzvergütung**, die ein Drehbuchautor nicht von der Produktionsgesellschaft, der er die Rechte am Drehbuch überlassen hat, sondern auf der Grundlage von § 32a Abs. 2 UrhG von dem TV-Sender erhält, der das Drehbuch verfilmen und den Film ausstrahlen lässt.[3]

cc) Verneinung eines Drittentgelts

Kein Drittentgelt ist z.B. 52

- der sog. **KWK-Bonus** nach § 8 Abs. 3 EEG 2004, den der Betreiber einer Biogasanlage mit Blockheizkraftwerk von seinem Stromnetzbetreiber (zusätzlich) erhält. Er ist kein Entgelt des Stromnetzbetreibers für die (kostenlose) Lieferung von Wärme des Stromerzeugers an Dritte, sondern Entgelt für die Lieferung von Strom an den Stromnetzbetreiber;[4]
- der Zuschuss, der nicht für die Lieferung von Wasser an die Wasserkunden gezahlt wird, sondern für die „Übernahme der **Aufgabe der Wasserversorgung** (Versorgung der Wasserkunden sowie Planung, Finanzierung, Bau und Betrieb von Neuanlagen und Sanierung und Unterhaltung der vorhandenen Wasseranlagen) vom Zweckverband" gezahlt wird;[5]
- entgegen der Verwaltungsauffassung[6] der vom Arbeitgeber in pauschalierter Form gezahlte Betrag für die **Abgabe der Speisen** durch einen **Caterer** an die Arbeitnehmer, wenn der Arbeitgeber und der Betreiber von dessen Kantine (Caterer) vereinbaren, dass der Caterer die Preise für die Verpflegung mit dem Arbeitgeber abzustimmen hat und der Arbeitgeber dem Caterer einen jährlichen (pauschalen) Zuschuss (Arbeitgeberzuschuss) zahlt. Der Zuschuss soll stattdessen Entgelt für eine vom Unternehmer bezogene Kantinenbewirtschaftungsleistung sein;[7]
- **Druckkostenzuschuss** z.B. eines Autors, da es sich nicht um Zahlungen zugunsten der Buchkäufer handelt[8] oder
- das Preisgeld des Bayerischen **Filmpreises** für künstlerische Einzelleistungen eines Filmregisseurs in Bezug auf dessen Leistungen gegenüber dem Filmproduzenten.[9]

b) Zuwendungen durch den Leistungsempfänger an Dritte

aa) Steuern und Abgaben

Nicht zum Entgelt nach § 10 UStG gehören öffentlich-rechtliche Abgaben, die der Leistungsempfänger 53
aufgrund einer ihn treffenden Verpflichtung schuldet, auch wenn sie durch die bezogene Leistung veranlasst sind. So gehört z.B. die **Grunderwerbsteuer** bei einer nach § 4 Nr. 9 Buchst. a i.V.m. § 9 UStG umsatzsteuerpflichtigen Grundstückslieferung nicht zum Entgelt. Zwar sind Veräußerer und Erwerber des Grundstücks Schuldner der Grunderwerbsteuer nach § 13 Nr. 1 GrEStG. Die den Erwerber treffende Steuerschuld führt umsatzsteuerrechtlich jedoch nicht zur Erhöhung des Entgelts. Dies gilt so-

1 BFH, Urt. v. 9.10.2003 – V R 51/02, BStBl. II 2004, 322 = UR 2004, 151.
2 BFH, Urt. v. 19.10.2001 – V R 48/00, BStBl. II 2003, 210 = UR 2002, 25.
3 FG Düsseldorf, Urt. v. 26.5.2020 – 5 K 2892/17 U, EFG 2020, 1883 – Rev. eingelegt, Az. des BFH: XI R 16/20.
4 BFH, Urt. v. 31.5.2017 – XI R 2/14, BStBl. II 2017, 1024 = UR 2017, 754.
5 BFH, Urt. v. 10.8.2016 – XI R 41/14, BStBl. II 2017, 590 = UR 2017, 119.
6 Abschn. 1.8. Abs. 12 Nr. 3 Beispiel 3 UStAE.
7 BFH, Urt. v. 29.1.2014 – XI R 4/12, BFHE 244, 131 = UR 2014, 392.
8 BFH, Urt. v. 28.7.1994 – V R 27/92, BFH/NV 1995, 550 = UR 1995, 68.
9 BFH, Urt. v. 20.2.1992 – V R 26/87, BFH/NV 1992, 701 = UR 1992, 178.

wohl für den Teil der Grunderwerbsteuer, den der Erwerber als Gesamtschuldner zu tragen hat[1] als auch für den Teil der Grunderwerbsteuer, den der Erwerber für den Veräußerer übernimmt.[2] Dass die Zahlung der Grunderwerbsteuer durch den Erwerber den Grundstückslieferer von seiner Grunderwerbsteuerschuld befreit, ist insoweit ohne Bedeutung.[3]

54 Dementsprechend erhöhen auch andere öffentlich-rechtliche Abgaben, die der Leistungsempfänger aufgrund einer ihn treffenden Verpflichtung zu entrichten hat (wie nach dem **AFG** und dem **SGB VI** für den Arbeitgeber von Gesetzes wegen bestehenden Beitragspflichten) nicht das Entgelt. Dies gilt auch dann, wenn der Beschäftigte aufgrund der Beitragszahlung des Arbeitgebers sozialversicherungsrechtliche Leistungsansprüche erwirbt.[4] Ebenso sind nach § 257 Abs. 2 SGB V oder § 61 Abs. 2 SGB XI geschuldete **Beitragszuschüsse** zur **privaten Kranken- oder Pflegeversicherung** kein Entgelt. Maßgeblich ist, dass der Leistungsempfänger mit den gesetzlich geschuldeten Sozialversicherungsbeiträgen eine eigene Verbindlichkeit tilgt.[5]

bb) Abtretung

55 Tritt ein Unternehmer eine Forderung aus einem Umsatzgeschäft gegen einen unter dem Nennwert der Forderung liegenden Forderungskaufpreis ab, mindert sich hierdurch nicht die Bemessungsgrundlage für die an den Schuldner des Entgelts ausgeführte Leistung. Das Entgelt bestimmt sich dann nach den Zahlungen der Kunden des Unternehmers an den Forderungserwerber. Maßgeblich ist hierfür, dass sich die Höhe des Entgelts nach dem zwischen Leistendem und Leistungsempfänger bestehenden Rechtsverhältnis bestimmt, aus dem sich der für die Steuerbarkeit der Leistung maßgebliche unmittelbare Zusammenhang zwischen der Leistung und dem erhaltenen Gegenwert ergibt, so dass die Abtretung und die aus der Abtretung erlangte Vergütung ohne Bedeutung ist.[6] Damit wird gewährleistet, dass der Leistende auch das versteuert, was den Leistungsempfänger zum Vorsteuerabzug berechtigt.

c) Zuwendungen durch den Leistenden an Dritte

56 Fraglich ist, ob ein Entgelt entfällt, wenn der Leistende zur Herausgabe des Entgelts verpflichtet ist. So ist es z.B. dann, wenn Gegenstand der Leistung eine strafbare Handlung ist, die allerdings die Steuerbarkeit nicht entfallen lässt, und der Unternehmer die Gegenleistung nicht behalten darf. Erbringt der Unternehmer z.B. Bevorzugungsleistungen, für die er durch **Bestechungsgelder** vergütet wird, ist die vom Unternehmer erbrachte Leistung strafbar, aber auch steuerbar. Kommt es im Rahmen einer strafrechtlichen Verurteilung zu einer **Vermögensabschöpfung** nach §§ 73, 73c StGB stellt sich die Frage, ob der Unternehmer gleichwohl seine Leistung in vollem Umfang zu versteuern hat oder ob im Umfang der Abschöpfung das Entgelt im Sinne von § 10 Abs. 1 UStG entfallen ist oder es zumindest zu einer Berichtigung nach § 17 Abs. 1 Satz 1 oder Abs. 2 UStG kommt. Die finanzgerichtliche Rechtsprechung[7] verneint dies, was allerdings unter Berücksichtigung der (wirtschaftlichen) Realität als zweifelhaft angesehen werden könnte.

4. Subventionen und Zuschüsse (Absatz 1 Satz 2)

a) Unmittelbarer Zusammenhang zur Leistung

57 **Seit 1.1.2019** ordnet § 10 Abs. 1 Satz 2 UStG entsprechend Art. 73 MwStSystRL ausdrücklich an, dass die unmittelbar mit dem Preis des Umsatzes zusammenhängenden Subventionen zum Wert der Gegenleistung gehören und damit das Entgelt erhöhen.

---

1 BFH, Urt. v. 10.7.1980 – V R 23/77, BStBl. II 1980, 620 = UR 1980, 251.
2 BFH, Urt. v. 20.12.2005 – V R 14/04, BStBl. II 2012, 424 = UR 2006, 337 m. Anm. *Stadie*.
3 BFH, Urt. v. 25.6.2009 – V R 37/08, BStBl. II 2009, 873 = UR 2009, 881.
4 BFH, Urt. v. 25.6.2009 – V R 37/08, BStBl. II 2009, 873 = UR 2009, 881.
5 BFH, Urt. v. 19.5.2010 – XI R 35/08, BStBl. II 2010, 1082 = UR 2010, 912.
6 BFH, Urt. v. 6.5.2010 – V R 15/09, BStBl. II 2011, 142 = UR 2010, 741.
7 FG Berlin-Brandenburg, Urt. v. 7.3.2023 – 2 K 2150/21, EFG 2023, 1033.

58 Davon zu trennen ist die nach § 1 Abs. 1 Nr. 1 UStG zu beantwortende Frage, ob eine derartige **Subvention das Entgelt** für eine Leistung des Subventionsempfängers an den Subventionsgeber ist. Ist das zu verneinen, handelt es sich um einen sog. echten Zuschuss (Rz. 60 ff. und § 1 Rz. 109), andernfalls handelt es sich um einen sog. unechten Zuschuss (Rz. 64 und § 1 Rz. 110).

59 Der Begriff der unmittelbar mit dem Preis des Umsatzes zusammenhängenden Subvention in § 10 Abs. 1 Satz 2 UStG betrifft demgegenüber die Frage, ob in einem **Dreipersonenverhältnis**, die vom Leistenden an den Empfänger erbrachte Leistung durch eine von einem Dritten gewährte Subvention in der Weise vergütet wird, dass sich der Wert der Gegenleistung und damit das Entgelt erhöht. Damit geht es um die gleiche Fallkonstellation, wie sie auch beim Drittentgelt vorliegt (Rz. 48 ff.). Die ausdrückliche Nennung der Subvention hat daher gegenüber dem Drittentgelt in erster Linie klarstellende Bedeutung in dem Sinne, dass auch die Subventionsgewährung aus öffentlichen Kassen zu einem Drittentgelt führen kann. Wie beim Drittentgelt ist die Gesetzesanordnung aber insoweit konstitutiv, als sich das Entgelt für die Leistung nicht nur nach dem Rechtsverhältnis zwischen Leistendem und Leistungsempfänger, sondern zusätzlich auch nach einem Drittverhältnis bestimmen kann. Hierfür muss nach der gesetzlichen Definition ein unmittelbarer Zusammenhang zum Preis des Umsatzes und damit zur Höhe der vom Leistungsempfängers geschuldeten Gegenleistung bestehen.

b) Vorfrage echter oder unechter Zuschuss

aa) Echter Zuschuss

60 Nach ständiger BFH-Rechtsprechung liegt ein echter Zuschuss ohne Entgeltcharakter vor, wenn Zahlungen aus öffentlichen Kassen lediglich eine aus **strukturpolitischen, volkswirtschaftlichen oder allgemeinpolitischen Gründen** erwünschte Tätigkeit des Zahlungsempfängers fördern.[1] Entscheidend ist, dass die Zahlung zur Förderung des leistenden Unternehmers und nicht im überwiegenden Interesse eines Leistungsempfängers erfolgt.[2] Gegen die Annahme eines echten Zuschusses spricht die Zuwendungsgewährung im Rahmen eines gegenseitigen Vertrages.[3]

61 Ohne Bedeutung ist die **haushaltsrechtliche Einordnung.**[4] So begründet einerseits der Umstand, dass Zuschüsse aus haushaltsrechtlichen Gründen an die Erfüllung der Auflage einer zweckentsprechenden Verwendung oder einer Erfolgskontrolle (Zweckbestimmung) geknüpft werden, keinen Gegenleistungscharakter.[5] Andererseits ist aber die Verausgabung auf der Grundlage eines Haushaltsbeschlusses einer juristischen Person des öffentlichen Rechts nicht geeignet, die Annahme einer Gegenleistung zu widerlegen.[6] Differenzierungskriterien sind auch nicht die Verausgabung aufgrund eines Bewilligungsbescheids[7] oder auf der Grundlage von Vergaberichtlinien (Bewilligungsbedingungen)[8], da diese gleichermaßen bei einem echten wie auch bei einem unechten Zuschuss (dort zur Begründung des erforderlichen Rechtsverhältnisses) vorliegen können. Ebenso ist die bloß technische Anknüpfung von Förderungsmaßnahmen an Leistungen eines Unternehmers unerheblich, wenn das Förderungsziel die Subvention des leistenden Unternehmers, nicht aber die Preissubvention zugunsten der Abnehmer ist.[9]

---

1 Vgl. z.B. BFH, Urt. v. 9.10.1975 – V R 88/74, BStBl. II 1976, 105 oder BFH, Urt. v. 20.3.2014 – V R 4/13, UR 2014, 732.
2 BFH, Urt. v. 18.12.2008 – V R 38/06BStBl. II 2009, 749 = UR 2009, 525; ebenso bereits BFH, Urt. v. 9.10.1975 – V R 88/74, BStBl. II 1976, 105.
3 BFH, Urt. v. 18.12.2008 – V R 38/06, BStBl. II 2009, 749 = UR 2009, 525.
4 Ebenso *Stapperfend* in Rau/Dürrwächter, UStG, § 10 UStG Rz. 156 (Stand: Oktober 2020).
5 BFH, Urt. v. 18.12.2008 – V R 38/06, BStBl. II 2009, 749 = UR 2009, 525.
6 BFH, Urt. v. 27.11.2008 – V R 8/07, BStBl. II 2009, 397 = UR 2009, 231; ebenso Abschn. 10.2 Abs. 8 Satz 1 UStAE.
7 BFH, Urt. v. 27.11.2008 – V R 8/07, BStBl. II 2009, 397 = UR 2009, 231; ebenso Abschn. 10.2 Abs. 8 Satz 1 UStAE.
8 BFH, Urt. v. 28.7.1994 – V R 19/92, BStBl. II 1995, 86 = UR 1995, 93.
9 BFH, Urt. v. 8.3.1990 – V R 67/89, BStBl. II 1990, 708 = UR 1990, 309.

62 Die Rechtsprechung bejaht echte Zuschüsse eher selten. Der Entgeltcharakter fehlt

- bei Zahlungen für die **Brachlegung von Ackerflächen** aus öffentlichen Gründen.[1] Dies beruht maßgeblich auf der EuGH-Rechtsprechung, nach der eine aus einem öffentlichen Haushalt gezahlte Prämie für die Stilllegung einer landwirtschaftlichen Fläche kein Entgelt für eine Dienstleistung ist, da eine Flächenstilllegung keinen Verbrauch bewirkt;[2]
- bei **Ausfuhrerstattungen** nach der VO Nr. 1255/1999. Es handelt sich um einen echten Zuschuss, nicht aber ein Drittentgelt, da sie der Stützung der inländischen Landwirte und der Sicherung eines ausreichenden Mindestbestandes an Milchprodukten und damit allgemeinen strukturpolitischen und volkswirtschaftlichen Marktregelungszwecken dienen. Sie sollen daher nicht in erster Linie den Abnehmern von Milchprodukten in Drittländern zugutekommen. Zudem knüpft der erstattungsrechtliche Ausfuhrbegriff nicht an eine der Ausfuhr zugrundeliegende Rechtsbeziehung an, die Voraussetzung für die steuerbare Lieferung oder sonstige Leistung i.S.d. § 1 Abs. 1 Nr. 1 UStG ist.[3] Dies entspricht der Rechtsprechung des EuGH, nach der Trockenfutterbeihilfen keine entgelterhöhenden Subventionen sind, da Dritten nur ermöglicht wird, sich in der Gemeinschaft zu einem dem Weltmarktpreis entsprechenden Preis zu versorgen, zu dem sie sich zudem außerhalb der Gemeinschaft versorgen könnten, wenn ohne Beihilfe innerhalb der Gemeinschaft kein oder kein ausreichendes Angebot vorhanden wäre;
- beim sog. **Staatsdrittel** nach § 13 Abs. 1 EKrG, wonach z.B. bei der Beseitigung von Kreuzungen mit einem Schienenweg der Deutschen Bundesbahn der Bund, in allen sonstigen Fällen das Land, das letzte Drittel der Kosten trägt;[4]
- bei Zuwendungen einer Stadt für die Leistungen eines **Verkehrsvereins**, der die Aufgaben eines städtischen Verkehrsamts übernimmt, wenn die Zuschüsse jährlich unter Berücksichtigung der Haushaltssituation der Stadt und der Einnahmen und Ausgaben des Vereins festgesetzt werden, wobei der Verein nach seiner Zweckbestimmung nicht nur im Interesse und im Auftrag der Stadt, sondern auch im Interesse seiner zahlreichen Mitglieder und des von ihnen verfolgten Gemeinwohls nachkam;[5]
- bei **Frachthilfen** nach dem Zonenrandförderungsgesetz, da es sich um eine lediglich technische Anknüpfung einer Förderungsmaßnahme an Leistungen eines Unternehmers handelt;[6]
- bei **Forschungszuschüssen**, mit denen der Zahlungsempfänger nur unterstützt wird, damit er seine Forschungstätigkeit ausüben kann. Dem stehen Erfolgskontrollen oder Auflagen nicht entgegen.[7] Maßgeblich ist, ob der Zahlende die Eigenforschung des Zuwendungsempfängers fördert oder ob die Zahlung auf den „Erhalt" eines Forschungsergebnisses gerichtet ist.[8] Es kommt nicht darauf an, ob ein rechtlich durchsetzbarer Anspruch auf Durchführung eines Forschungsvorhabens besteht[9] oder
- bei **Zuschüssen**, die eine Gemeinde für die **Errichtung einer Anlegebrücke** auf Grundlage des Gemeindeverkehrsfinanzierungsgesetzes erhält.[10]

1 BFH, Urt. v. 30.1.1997 – V R 133/93, BStBl. II 1997, 335 = UR 1997, 309.

2 EuGH, Urt. v. 29.2.1996 – C-215/94, ECLI:EU:C:1996:72 – Mohr/Finanzamt Bad Segeberg, UR 1996, 119 m. Anm. *Widmann*, Rz. 20; EuGH, Urt. v. 18.12.1997 – C 384/95, ECLI:EU:C:1997:627 – Landboden-Agrardienste, UR 1998, 102 m. Anm. *Stapperfend*, Rz. 23.

3 BFH, Urt. v. 26.9.2012 – V R 22/11, BStBl. II 2020, 126 = UR 2013, 342.

4 BFH, Urt. v. 16.12.2010 – V R 16/10, BFH/NV 2011, 1028.

5 BFH, Urt. v. 22.7.1999 – V R 74/98, BFH/NV 2000, 240; ebenso zu Zahlungen an eine Marktbeobachtungs-GmbH: BFH, Urt. v. 20.4.1988 – X R 3/82, UR 1988, 324 m. Anm. *Widmann*, und zu Zahlungen an eine Fremdenverkehrsförderungs-GmbH: BFH, Urt. v. 26.10.2000 – V R 12/00, BFH/NV 2001, 494.

6 BFH, Urt. v. 8.3.1990 – V R 67/89, BStBl. II 1990, 708 = UR 1990, 309.

7 BFH, Urt. v. 28.7.1994 – V R 19/92, BStBl. II 1995, 86 = UR 1995, 93 im zweiten Rechtsgang; vgl. auch BFH, Urt. v. 9.12.1987 – X R 39/81, BStBl. II 1988, 471 = UR 1988, 322, im ersten Rechtsgang; zur Vergabe von Zuschüssen durch eine Durchlaufstation eines Ministeriums vgl. auch BFH, Urt. v. 25.1.1996 – V R 61/94, BFH/NV 1996, 715 = UR 1997, 432.

8 BFH, Urt. v. 9.12.1987 – X R 39/81, BStBl. II 1988, 471 = UR 1988, 322.

9 BFH, Urt. v. 23.2.1989 – V R 141/84, BStBl. II 1989, 638 = UR 1989, 277.

10 FG Schleswig-Holstein, Urt. v. 24.11.2020 – 4 K 32/18, EFG 2021, 1240 – Rev. eingelegt, Az. des BFH: XI R 13/21.

Die FinVerw. orientiert sich am **Haushaltsrecht**. Unterliegt die Zahlung aus öffentlichen Kassen lediglich allgemeinen Nebenbestimmungen, soll die Zuwendung nicht als eine Gegenleistung für eine Leistung des Zuwendungsempfängers anzusehen sein, sondern lediglich seiner Förderung dienen.[1] Ebenso soll es sein, wenn die Zuwendung besonderen Nebenbestimmungen zur Projektförderung oder zur institutionellen Förderung unterliegt; demgegenüber kommt die Annahme einer Gegenleistung auch aus Sicht der FinVerw. bei Zuwendungen zur Erfüllung von Ressortaufgaben des Zuwendungsgebers mit einem Vorbehalt von Verwertungsrechten oder einer fachlichen Detailsteuerung in Betracht.[2] 63

bb) Zuschuss als Entgelt des Leistungsempfängers

Der BFH sieht in seiner Rechtsprechung als Zuschuss bezeichnete Zahlungen häufig als Entgelt für eine an den Zuschussgeber erbrachte Leistung an. So ist es z.B. bei 64

- Leistungen eines **Fremdenverkehrsvereins** an eine Stadt und einen Regionalverband gegen einen „Sachkostenzuschuss", „Mietkostenzuschuss" und „allgemeinen Zuschuss", auch wenn die Allgemeinheit Vorteile aus den streitgegenständlichen Leistungen ziehen soll;[3]
- der **Übertragung von Schwimmbädern** durch die öffentliche Hand auf einen Privaten, dem sie aufgrund eines gegenseitigen Vertrages Betriebskostenzuschüsse für die Aufrechterhaltung des öffentlichen Badebetriebes zahlt;[4]
- **Ausgleichszahlungen** zur Verlustübernahme zugunsten des Unternehmers, der für eine Stadt den Betrieb verschiedener Einrichtungen (Tierpark, Schwimmbad und Sportplatz) übernimmt;[5]
- der **Ausrichtung eines Stadtfestes** als konkreter Aufgabe, die mit einer Vielzahl logistischer und organisatorischer Aufgabenstellungen einhergeht;[6]
- der Übernahme **journalistischer Medienarbeit** (Herstellung, Erwerb, Verbreitung und Vertrieb von Rundfunkprogrammen);[7]
- der Übernahme der einer Gemeinde obliegenden Verpflichtung zur **Abwasserbeseitigung** einschließlich der Errichtung der dafür benötigten Bauwerke gegen Zuwendung eines vertraglichen Anspruchs auf die Förderungsmittel, die der Gemeinde zustehen. Der Unternehmer übernimmt die einer Gemeinde nach Landesrecht obliegende Verpflichtung zur Abwasserbeseitigung einschließlich der Errichtung der dafür benötigten Bauwerke und erlangt dafür u.a. einen vertraglichen Anspruch auf die Förderungsmittel, die der Gemeinde zustehen, so dass er eine steuerbare Leistung an die Gemeinde erbringt;[8]
- der Schaffung von **öffentlichem Parkraum** (Zurverfügungstellung von Stellplätzen für die Allgemeinheit) durch den Bau einer Tiefgarage über die gesetzliche Stellplatzverpflichtung hinaus[9] und
- der Übernahme der **Luftaufsicht**, für die dem Betreiber eines Flugplatzes, der dem allgemeinen Luftverkehr dient und mit einer öffentlichen Luftaufsichtsstelle ausgestattet ist, nach §§ 29 und § 29a LuftVG eine pauschale Vergütung die unter Berücksichtigung des Verkehrsaufkommens des Vorjahres gewährt wird.[10]

---

1 Abschn. 10.2 Abs. 8 Sätze 2–5 UStAE.
2 Zu den Einzelheiten aus Verwaltungssicht vgl. Abschn. 10.2 Abs. 9 UStAE.
3 BFH, Beschl. v. 18.12.2019 – XI R 31/17, BFH/NV 2020, 565; ebenso zu Zahlungen der Träger der überörtlichen Sozialhilfe für Betreuungsleistungen, Beköstigungsleistungen und Beförderungsleistungen sowie Ausbildungsleistungen im sog. Eingangsbereich und Trainingsbereich an eine GmbH, die eine Werkstatt für Behinderte betreibt BFH, Urt. v. 6.10.1988 – V R 101/85, BFH/NV 1989, 327 = UR 1989, 234.
4 BFH, Urt. v. 19.11.2009 – V R 29/08, BFH/NV 2010, 701 = UR 2010, 336, mit Ausführungen zum anzuwendenden Steuersatz.
5 BFH, Urt. v. 18.6.2009 – V R 4/08, BStBl. II 2010, 310 = UR 2009, 793.
6 BFH, Urt. v. 18.12.2008 – V R 38/06, BStBl. II 2009, 749 = UR 2009, 525; vgl. auch BFH, Urt. v. 15.7.1987 – X R 13/80, BFH/NV 1988, 56.
7 BFH, Urt. v. 27.11.2008 – V R 8/07, BStBl. II 2009, 397 = UR 2009, 231.
8 BFH, Urt. v. 20.12.2001 – V R 81/99, BStBl. II 2003, 213 = UR 2002, 370.
9 BFH, Urt. v. 13.11.1997 – V R 11/97, BStBl. II 1998, 169 = UR 1998, 105.
10 BFH, Urt. v. 25.3.1993 – V R 84/89, BFH/NV 1994, 59 = UR 1993, 357.

c) Subvention als Drittentgelt

aa) Anforderungen nach der Richtlinie

65 Der Begriff der unmittelbar mit dem Preis des Umsatzes zusammenhängenden Subvention, der nicht nur Art. 73 MwStSystRL, sondern jetzt auch § 10 Abs. 1 Satz 2 UStG zugrunde liegt, bezieht sich auf **Dreipersonenverhältnisse** mit einer Behörde, die die Subvention gewährt, einer Einrichtung, die die Subvention erhält, und dem Empfänger der von der subventionierten Einrichtung erbrachten Leistung. Der Umsatz, mit dem die Subvention unmittelbar zusammenhängt, ist daher nicht ein Umsatz, der an die die Subvention gewährende Stelle bewirkt wird.[1]

bb) EuGH-Rechtsprechung

66 Der **unmittelbare Zusammenhang** der Subvention mit dem Preis des Umsatzes setzt voraus, dass die Subvention an die subventionierte Einrichtung für eine bestimmte Leistung gezahlt wird.[2] Hierfür muss mit der Verpflichtung der Subventionsstelle zur Subventionszahlung das Recht des Begünstigten auf Auszahlung der Subvention einhergehen, wenn er einen steuerbaren Umsatz bewirkt hat.[3]

67 Weiter muss die Subvention dem **Leistungsempfänger zugute kommen**, da der vom Leistungsempfänger zu zahlende Preis so festgesetzt wird, dass er sich entsprechend der dem Leistenden gewährten Subvention ermäßigt, die damit in die Preiskalkulation für die Leistung einfließt. Maßgeblich ist, ob die Subvention es dem Leistenden ermöglicht, die Leistung zu einem niedrigeren Preis als ohne Subvention zu erbringen.[4]

68 Die Subvention muss sich somit auf den **Preis einer bestimmten Leistung auswirken** und nicht nur allgemein zur Deckung der betrieblichen Kosten dienen.[5] Dabei ist nicht erforderlich, dass die Höhe des Zuschusses genau dem Betrag entspricht, um den sich der Preis für die Leistung ermäßigt hat. Vielmehr genügt es, dass das Verhältnis zwischen der Ermäßigung und dem Zuschuss (Subvention), der pauschal festgelegt sein kann, signifikant (erkennbar) ist.[6] Wird der Preis für die Leistung um genau den Betrag der Subvention gemindert, ist unzweifelhaft von einer Subvention auszugehen.[7]

cc) BFH-Rechtsprechung

69 Dem hat sich der **BFH angeschlossen.**[8] Zahlungen der öffentlichen Hand an einen Unternehmer, der Leistungen an Dritte erbringt, sind danach – unabhängig von der Bezeichnung als „Zuschuss" – Drittentgelt, wenn

- der Zuschuss dem Leistungsempfänger zugute kommt,
- der Zuschuss gerade für die Leistung gezahlt wird und

---

1 EuGH, Urt. v. 20.11.2001 – C-184/00, ECLI:EU:C:2001:629 – Office des produits wallons, UR 2002, 177, Rz. 10; EuGH, Urt. v. 13.6.2002 – C-353/00, ECLI:EU:C:2002:369 – Keeping Newcastle Warm, UR 2002, 333, Rz. 23; EuGH, Urt. v. 15.7.2004 – C-144/02, ECLI:EU:C:2004:444 – Kommission/Deutschland, UR 2004, 625, Rz. 31.

2 EuGH, Urt. v. 20.11.2001 – C-184/00, ECLI:EU:C:2001:629 – Office des produits wallons, UR 2002, 177, Rz. 12; EuGH, Urt. v. 15.7.2004 – C-144/02, ECLI:EU:C:2004:444 – Kommission/Deutschland, UR 2004, 625, Rz. 28; EuGH, Urt. v. 9.10.2019 – C-573/18 und C-574/18, ECLI:EU:C:2019:847 – C, UR 2019, 844, Rz. 31.

3 EuGH, Urt. v. 20.11.2001 – C-184/00, ECLI:EU:C:2001:629 – Office des produits wallons, UR 2002, 177, Rz. 13; EuGH, Urt. v. 15.7.2004 – C-144/02, ECLI:EU:C:2004:444 – Kommission/Deutschland, UR 2004, 625, Rz. 28.

4 EuGH, Urt. v. 20.11.2001 – C-184/00, ECLI:EU:C:2001:629 – Office des produits wallons, UR 2002, 177, Rz. 14; EuGH, Urt. v. 15.7.2004 – C-144/02, ECLI:EU:C:2004:444 – Kommission/Deutschland, UR 2004, 625, Rz. 29; EuGH, Urt. v. 9.10.2019 – C-573/18 und C-574/18, ECLI:EU:C:2019:847 – C, UR 2019, Rz. 32.

5 EuGH, Urt. v. 20.11.2001 – C-184/00, ECLI:EU:C:2001:629 – Office des produits wallons, UR 2002, 177, Rz. 15.

6 EuGH, Urt. v. 20.11.2001 – C-184/00, ECLI:EU:C:2001:629 – Office des produits wallons, UR 2002, 177, Rz. 17; EuGH, Urt. v. 15.7.2004 – C-144/02, ECLI:EU:C:2004:444 – Kommission/Deutschland, UR 2004, 625, Rz. 30.

7 EuGH, Urt. v. 9.10.2019 – C-573/18 und C-574/18, ECLI:EU:C:2019:847 – C, UR 2019, Rz. 37.

8 BFH, Urt. v. 9.10.2003 – V R 51/02, BStBl. II 2004, 322 = UR 2004, 151 zum Zuschuss eines Vereins zu Milchleistungsprüfungen nach dem Tierzuchtgesetz; BFH, Urt. v. 26.9.2012 – V R 22/11, BStBl. II 2020, 126 = UR 2013, 342 zu Ausfuhrerstattungen.

- mit der Verpflichtung der den Zuschuss gewährenden Stelle zur Zuschusszahlung das Recht des Zahlungsempfängers (Unternehmers) auf Auszahlung des Zuschusses einhergeht, wenn er einen steuerbaren Umsatz bewirkt hat.

Danach sind z.B. auch Zuschüsse der öffentlichen Hand an die **Betriebshelfereinrichtung**, die im Interesse der Landwirte (Leistungsempfänger) gewährt werden, Drittentgelt.[1] 70

d) Beispiel öffentlicher Nahverkehr

aa) BFH-Rechtsprechung

Der BFH hatte bereits 1986 entschieden, dass Beihilfen einer Landesregierung an Personenbeförderungs- 71 unternehmer zum Ausgleich von Mindereinnahmen aus der verbilligten Beförderung von Schülern, Studenten und Lehrlingen eine zusätzliche Entgeltzahlung eines Dritten für die **Beförderungsleistungen im Ausbildungsverkehr** sind.[2]

Der BFH begründete dies damit, dass die infolge einer öffentlich-rechtlichen Sozialbindung behördlich 72 reduzierten Beförderungsentgelte im Ausbildungsverkehr, die der Auszubildende (vorbehaltlich der Erstattung z.B. durch den Schulträger) selbst aufzubringen hat, nachträglich wieder durch die öffentliche Hand im Wege der Beihilfe pauschal auf den Stand der allgemeinen Tarife aufgefüllt werden. Zwar diene dies auch dem strukturpolitischen Zweck, die wirtschaftliche Leistungskraft der Unternehmen des öffentlichen Personennahverkehrs durch die Auflage, Sozialtarife zu gewähren, nicht zu schmälern. Vorrangiger Zweck sei jedoch die Begünstigung der Auszubildenden im Personennahverkehr. Die Beihilfe diene nicht dem Ausgleich der durch die Tarifermäßigung entstehenden Verluste und werde nicht allein im Interesse der Beförderungsunternehmer gewährt. Die der Zuwendung zugrundeliegenden Richtlinien stellten ausdrücklich auf den Ausgleich der Mindereinnahmen aufgrund der gegenüber den allgemeinen Zeitkarten vorgeschriebenen Ermäßigungen der Ausbildungszeitkarten ab. Daher sei nicht zu entscheiden, ob die Ausgleichsregelung des § 45a PBefG, da sie auf eine bestimmte Differenz der Erträge aus dem Ausbildungsverkehr zu den durchschnittlichen Kosten der in diesem Verkehr geleisteten Personen-Kilometern abstellt, bei dem gleichen Ziel, den Ausbildungsverkehr zu begünstigen, zu einer anderen umsatzsteuerrechtlichen Beurteilung führen müsse.

bb) Bewertung

An dem Urteil des BFH ist aus heutiger Sicht **weiter festzuhalten**. Denn klarer als in den damaligen 73 Entscheidungsgründen lässt sich ein Zusammenhang zwischen einem Verhalten, das von einem Unternehmer zugunsten seiner Kunden verlangt wird, und dem Ausgleich der sich daraus ergebenden Nachteile kaum umschreiben. Dieser Nachteilsausgleich entspricht den Vorgaben, die der EuGH später an die unmittelbar mit dem Preis des Umsatzes zusammenhängende Subvention gestellt hat.

Die Beihilfe zur verbilligten Personenbeförderung wird dem Unternehmer für Beförderungsleistungen 74 im Ausbildungsverkehr und damit für eine **bestimmte Leistung** gezahlt. Mit der Verpflichtung zur Subventionszahlung geht das Recht des Begünstigten auf Auszahlung der Subvention einher, wenn er im Ausbildungsverkehr entsprechend der Sozialbindung tätig ist. Die Subventionen kommen den Schülern und Auszubildenden zugute, da der von ihnen zu zahlende Preis so festgesetzt wird, dass er sich entsprechend der dem Leistenden gewährten Subvention ermäßigt, die damit in die Preiskalkulation für die Leistung einfließt und es so dem Beförderungsunternehmer möglich ist, die Leistung zu einem niedrigeren Preis zu erbringen. Sie dient damit nicht nur allgemein zur Deckung betrieblicher Kosten.

Damit kommt es zu der aus heutiger Sicht entscheidenden Frage, ob es erforderlich ist, dass die Höhe 75 der Subvention genau dem Betrag entspricht, um den sich der Preis der Beförderungsleistung ermäßigt hat. Dies verneint der EuGH bekanntlich (Rz. 68). Auf dieser Grundlage dürfte die BFH-Rechtsprechung auch für § 45a PBefG von Bedeutung sein.

---

1 BFH, Urt. v. 27.6.1996 – V R 35/95, BFH/NV 1997, 155 = UR 1997, 307.

2 BFH, Urt. v. 25.11.1986 – V R 109/78, BStBl. II 1987, 228 = UR 1987, 131 m. Anm. *Weiß*.

cc) Verwaltungsauffassung

(1) Ausbildungsverkehr

76 Die BFH-Rechtsprechung zu Subventionierung des Personennahverkehrs hat in der FinVerw. einen eher **zurückhaltenden Anklang** gefunden, das dem allgemeinen Interesse von Zuwendungsgebern entspricht, dem Zuwendungsempfänger Subventionen aus öffentlichen Kassen ungeschmälert und unbelastet durch steuerliche Nachteile zugute kommen zu lassen.

77 So ging die FinVerw. bereits im unmittelbaren Abschluss an das BFH-Urteil davon aus, dass dieses nur den Fall erfasse, dass Zuwendungen zum Ausgleich von Mindereinnahmen aus der verbilligten Beförderung von Schülern aufgrund eines **Preis-Preis-Vergleichs** berechnet und gezahlt werden. Nach § 45a PBefG werde jedoch der aufgrund eines **Preis-Kosten-Vergleichs** ermittelte Verlust ausgeglichen, so dass kein unmittelbarer Zusammenhang mit den Leistungen des Verkehrsträgers bestehe und Beihilfen daher deshalb als echte, nicht steuerbare Zuschüsse anzusehen seien.[1] Diese Differenzierung, an der die FinVerw.[2] bis heute festhält, erscheint im Hinblick auf die sich aus der Richtlinie ergebenden Vorgaben in ihrer Auslegung durch den EuGH (Rz. 68) zumindest fragwürdig.

(2) Dienstleistungsaufträge

78 Die Frage, ob der Abgrenzung zwischen echten und unechten Zuschüssen das **Differenzierungskriterium** eines Preis-Preis- und eines Preis-Kosten-Vergleichs zugrunde gelegt werden kann, hat weitergehende Bedeutung und betrifft insbesondere sog. öffentliche Dienstleistungsaufträge, die Verkehrsunternehmen z.B. mit Landkreisen, Städten und Gemeinden als sog. Aufgabenträgern abschließen, denen der öffentliche Personennahverkehr als Selbstverwaltungsaufgabe obliegt. Diese öffentlichen Dienstleistungsaufträge regeln insbesondere die Höhe des finanziellen Ausgleichs, der für die Erfüllung gemeinwirtschaftlicher Verpflichtungen zu gewähren ist. Dabei handelt es sich um die Sicherstellung von im allgemeinen Interesse liegenden öffentlichen Personenverkehrsdiensten, die der Betreiber (das Verkehrsunternehmen) unter Berücksichtigung seines eigenen wirtschaftlichen Interesses nicht oder nicht im gleichen Umfang oder nicht zu den gleichen Bedingungen ohne Gegenleistung übernommen hätte.[3]

79 Die **FinVerw.** sieht die Zahlungen der für die öffentliche Nahverkehrsbedienung zuständigen Aufgabenträger an die Verkehrsunternehmen als **echte nicht steuerbare Zuschüsse** an, wenn sie dazu bestimmt sind, allgemein eine ausreichende Bedienung der Bevölkerung mit Verkehrsleistungen im Öffentlichen Personennahverkehr zu gewährleisten. Dabei werden Zahlungen für fahrplanmäßig festgelegte Verkehrsangebote zur Bedienung der Allgemeinheit im Öffentlichen Personennahverkehr nicht als Gegenstand einer konkreten Bestellung einzelner Nahverkehrsleistungen und damit nicht als Entgelt angesehen. Die Zahlungen sollen auch keine preisauffüllenden Entgelte von dritter Seite zu den Fahrgeldeinnahmen darstellen, wenn durch die Zahlungen lediglich nicht gedeckte Kosten oder Verluste ausgeglichen werden sollen. Die Bemessung der Zahlungen erfolge regelmäßig im Rahmen eines Preis-Kosten-Vergleichs und nicht in einem für eine Preisauffüllung sprechenden Preis-Preis-Vergleich.[4]

80 Auch diese Beurteilung erscheint zumindest **fragwürdig.**[5] Die insoweit bestehenden Zweifel werden zudem durch den EuGH verstärkt.[6]

---

1 Bayer. Staatsministerium der Finanzen, Erlass v. 26.8.1987 – 36 S 7200-57/30-24 816, UR 1987, 308; vgl. hierzu auch *Schettler*, UR 1988, 29 (30).

2 Vgl. z.B. OFD Niedersachsen, Vfg. v. 16.1.2017 – S 7200-174-St 172, UR 2017, 287.

3 Art. 2 Buchst. e der Verordnung (EG) Nr. 1370/2007 z.B. i.V.m Art. 9 Nr. 4 des Gesetzes über den öffentlichen Personennahverkehr in Hessen.

4 OFD Frankfurt a.M., Vfg. v. 24.2.2016 – S 7104 A-083-St 110, UR 2016, 374; ebenso OFD Niedersachsen, Vfg. v. 31.3.2015 – S 7200-283-St 171, UR 2015, 487.

5 So bereits *Zöllinger*, UR 1998, 45; vgl. zu anderen Fallgestaltungen auch FG Baden-Württemberg, Urt. v. 25.9.1996 – 12 K 244/94, EFG 1996, 1244; FG Schleswig-Holstein, Urt. v. 29.8.2011 – 4 K 51/10, juris.

6 EuGH, Urt. v. 9.10.2019 – C-573/18 und C-574/18, ECLI:EU:C:2019:847 – C, UR 2019, Rz. 35 und 39.

(3) Unentgeltliche Beförderung

Der BFH hat auch entschieden, dass Erstattungen nach dem Gesetz über die unentgeltliche **Beförderung von Kriegs- und Wehrdienstbeschädigten sowie von anderen Behinderten im Nahverkehr** für die hierdurch entstehenden Fahrgeldausfälle Entgelte für die Leistungen der Unternehmen gegenüber den begünstigten Personen sind.[1] Dem folgt die FinVerw. und sieht Erstattungen der öffentlichen Hand gemäß §§ 142 und 148 SGB IX an die Verkehrsunternehmen für die durch unentgeltliche Beförderungen schwerbehinderter Menschen entstandenen Fahrgeldausfälle als Entgelte von dritter Seite für die Leistungen der Verkehrsunternehmen VU an die begünstigten Personen an.[2] 81

5. Preisnachlässe, Rabatte und Rückvergütungen

In die Steuerbemessungsgrundlage sind nach **Art. 79 Buchst. a MwStSystRL** keine Preisnachlässe durch Skonto für Vorauszahlungen und nach **Art. 79 Buchst. b MwStSystRL** keine Rabatte und Rückvergütungen auf den Preis einzubeziehen, die dem Leistungsempfänger eingeräumt werden und die er zu dem Zeitpunkt erhält, zu dem der Umsatz bewirkt wird. 82

Das **nationale Recht** hat diese Bestimmung nicht eigenständig umgesetzt und sieht die Regelungsanordnungen im Hinblick auf die allgemeine Entgeltdefinition als lediglich deklaratorisch an. 83

Für Art. 79 Buchst. b MwStSystRL reicht es aus, dass ein Einzelhändler vom Kunden einen **Gutschein** annimmt, den er diesem bei einem früheren Kauf zum gewöhnlichen Einzelhandelspreis (zusätzlich und ohne weiteres Entgelt) ausgehändigt hat.[3] Demgegenüber ist die Bestimmung nicht anzuwenden, wenn der Leistungsempfänger beim Kauf einen bloßen **Rückvergütungsanspruch** erhält. Macht der Kunde diesen später nicht geltend, erhielte der Unternehmer ansonsten einen Teilbetrag der Gegenleistung, ohne dass dieser zur Besteuerungsgrundlage gehört. Es kann sich daher nur um eine nachträgliche Änderung gem. § 17 UStG (Art. 90 MwStSystRL) handeln.[4] Hierfür ist keine nachträgliche Änderung der vertraglichen Beziehungen erforderlich. Vielmehr reicht es aus, dass der Steuerpflichtige nach Bewirkung des Umsatzes die gesamte Gegenleistung oder einen Teil davon nicht erhält. Für die nachträgliche Änderung genügt die bloße Gutschrift zugunsten des Kunden nicht. Der Kunde muss über diese vielmehr auch verfügen.[5] 84

Fraglich ist, ob eine Rückvergütung i.S.v. **Art. 79 Buchst. b MwStSystRL**, die der Leistungsempfänger zu dem Zeitpunkt erhält, zu dem der Umsatz bewirkt wird, auch dann vorliegt, wenn sie der Leistungserbringung vorausgeht. Mit dem Wortlaut der Bestimmung kann es als vereinbar angesehen werden, eine derartige Rückvergütung auch dann zu bejahen, wenn sie der Leistungserbringung vorausgeht. Dies kann für einen Investitionskostenzuschuss[6] oder Pre-Opening-Zahlung[7] eines Vermieters an den Mieter zu bejahen sein (§ 4 Nr. 12 Rz. 34), wenn keine gesonderte Leistung des Mieters im Sinne einer Bereitschaft zum Vertragsabschluss durch einen Prestigemieter[8] oder einer Lieferung von Mietereinbauten gegen Zahlung des Vermieters[9] vorliegt. Liegt danach eine der Leistung vorausgehende Rückvergütung vor, ist sie im Zusammenhang mit einer Vermietung als negative Mietzahlung mit den späteren Mietzahlungen zu verrechnen. Folge dieser Betrachtung ist, dass über den Investitionskostenzuschuss keine Rechnung mit gesondertem Steuerausweis erteilt werden sollte und auch die weiteren Rechnungsfolgen bei steuerpflichtigen Vermietungen aufgrund einer derartigen Verrechnung zu bedenken sind.[10] 85

---

1 BFH, Urt. v. 26.6.1986 – V R 93/77, BStBl. II 1986, 723 = UR 1986, 260.
2 OFD Niedersachsen, Vfg. v. 16.1.2017 – S 7200-174-St 172, UR 2017, 287.
3 EuGH, Urt. v. 27.3.1990 – C-126/88, ECLI:EU:C:1990:136 – Boots/Commissioners of Customs and Excise, UR 1991, 204 m. Anm. *Weiß*.
4 Ebenso *Stapperfend* in Rau/Dürrwächter, UStG, § 10 UStG Rz. 113 (Stand: Oktober 2020).
5 EuGH, Urt. v. 29.5.2001 – C-86/99, ECLI:EU:C:2001:291 – Freemans, UR 2001, 349.
6 FG Saarland, Urt. v. 14.6.2023 – 1 K 1264/19, EFG 2023, 1263.
7 FG Saarland, Beschl. v. 26.7.2001 – 1 V 154/01, juris.
8 EuGH, Urt. v. 9.10.2001 – C-409/98, ECLI:EU:C:2001:524 – Mirror Group, UR 2001, 490, Rz. 27.
9 BFH, Urt. v. 13.11.2019 – V R 5/18, BStBl. II 2020, 136 = UR 2020, 156.
10 Vgl. zur Problematik auch *Prätzler/Müller-Adams*, UStB 2021, 16.

II. Sonderfälle

1. Innergemeinschaftlicher Erwerb und Umsatzsteuerlager (Absatz 1 Sätze 3 und 4)

86 Beim innergemeinschaftlichen Erwerb sind gemäß **§ 10 Abs. 1 Satz 3 UStG** Verbrauchsteuern, die vom Erwerber geschuldet oder entrichtet werden, in die Bemessungsgrundlage einzubeziehen.

87 Ebenso sind bei Lieferungen und dem innergemeinschaftlichen Erwerb i.S.d. § 4 Nr. 4a Satz 1 Buchst. a Satz 2 gemäß **§ 10 Abs. 1 Satz 4 UStG** die vom Auslagerer geschuldeten oder entrichteten Verbrauchsteuern in die Bemessungsgrundlage einzubeziehen. Dies gilt auch für die Kosten der Leistungen i.S.d. § 4 Nr. 4a Satz 1 Buchst. b UStG (§ 4 Nr. 4a Rz. 27 f.).

2. Durchlaufende Posten (Absatz 1 Satz 5)

a) Rechtsentwicklung

88 **Nicht zum Entgelt** gehören nach § 10 Abs. 1 Satz 5 UStG durchlaufende Posten. Es handelt sich um Beträge, die der Unternehmer im Namen und für Rechnung eines anderen vereinnahmt und verausgabt.

89 Unionsrechtlich enthält **Art. 79 Buchst. c MwStSystRL** eine Regelung zu „Auslagen", die als durchlaufende Posten nicht in die Steuerbemessungsgrundlage einzubeziehen sind. Es handelt sich dabei um Beträge, die ein Steuerpflichtiger von seinem Leistungsempfänger als Erstattung der in seinem Namen und für seine Rechnung verauslagten Beträge erhält und die in seiner Buchführung als durchlaufende Posten behandelt sind. Der Steuerpflichtige muss den tatsächlichen Betrag dieser Auslagen nachweisen und darf die Mehrwertsteuer, die auf diese Auslagen gegebenenfalls erhoben worden ist, nicht als Vorsteuer abziehen.

90 Bei einer Betrachtung der Leistungsbeziehungen nach Maßgabe der den **Leistungen zugrundeliegenden Rechtsverhältnisse** sind § 10 Abs. 1 Satz 5 UStG und Art. 79 Buchst. c MwStSystRL als lediglich deklaratorische Regelungen anzusehen.[1] Denn entscheiden diese Rechtsverhältnisse auch über die Person des Leistenden und des Leistungsempfängers, kommt es darauf an, ob die hieran Beteiligten bei der Begründung dieser Rechtsverhältnisse im eigenen oder im fremden Namen handeln. Einen Betrag, den der Unternehmer (Steuerpflichtige) im Namen seines Leistungsempfängers bei einem Dritten verauslagt, ist daher bereits nach allgemeinen Grundsätzen als Entgelt für die Leistung des Dritten an den Leistungsempfänger anzusehen, an den auch der Unternehmer seine Leistung erbringt. Dementsprechend kommt auch ein Vorsteuerabzug des Unternehmers aus der Leistung, die durch den verauslagten Betrag vergütet wird, nicht in Betracht, wie Art. 79 MwStSystRL ebenso deklaratorisch anordnet.

91 Die eigentliche Bedeutung von § 10 Abs. 1 Satz 5 UStG und Art. 79 Buchst. c MwStSystRL besteht daher in der **Verauslagung von Beträgen**, die für nichtsteuerbare Vorgänge anfallen, und die damit insbesondere die Verauslagung von Gebühren betreffen. Hierdurch wird klargestellt, dass diese Gebühren – als Vergütung für nichtsteuerbare Vorgänge – nicht aufgrund der bloßen Verauslagung durch einen Unternehmer im Zusammenhang mit seiner (steuerpflichtig) erbrachten Leistung zum Entgeltbestandteil einer anderen Leistung werden und dadurch steuerlich belastet werden.

92 Die – letztlich auch hier deklaratorische – **Sonderstellung** durchlaufender Posten rechtfertigt sich insbesondere aus der Endverbrauchsbesteuerung als dem maßgeblichen Belastungsgrund der Steuer. Die steuerrechtliche Belastung des Endverbrauchs verlangt es nicht, einen Vorgang, den der Leistungsempfänger des Unternehmers bei einer unmittelbaren Zahlung ohne Steuerbelastung empfängt, aufgrund einer bloßen Verauslagung durch den Unternehmer mit Umsatzsteuer zu belasten. Daher ist an das für den durchlaufenden Posten maßgebliche Handeln im fremden Namen kein allzu strenger Maßstab anzulegen. Zudem steht eine Gesamtschuldnerstellung von Unternehmer und Leistungsempfänger dem Handeln in fremden Namen bei einer Weiterbelastungsbefugnis des Unternehmers an seinen Leistungsempfänger nicht entgegen. Dass die FinVerw., der durch die Bejahung des durchlaufenden Postens Steueraufkommen entgeht, dem kritisch gegenübersteht, überrascht nicht.[2] Ist demgegenüber

---

1 Ebenso *Stapperfend* in Rau/Dürrwächter, UStG, § 10 UStG Rz. 190 und 192 (Stand: Oktober 2020).
2 Abschn. 10.4 Abs. 4 UStAE.

nur der Unternehmer und nicht der Leistungsempfänger Schuldner, kommt die Annahme eines durchlaufenden Postens nicht in Betracht.[1]

Demgegenüber kommt der Verauslagung durch den Unternehmer auf fremde Rechnung im Hinblick auf die ohnehin erforderliche Weiterbelastungsberechtigung keine allzu große Bedeutung zu. 93

Letztlich ohne eigenständige Bedeutung sind auch die Verpflichtungen zur entsprechenden buchhalterischen Behandlung und zum Nachweis. Ohne diese kommt bereits rein faktisch eine Behandlung als durchlaufender Posten nicht in Betracht. Ob man dies zu einem Wahlrecht überhöhen muss, sei dahingestellt. 94

b) Einzelfälle

Die Wirkungsweise des durchlaufenden Postens zeigt sich exemplarisch bei einer **Zulassungsabgabe**, die der Unternehmer (Händler) aufgrund der vertraglichen Verpflichtung, dem Käufer ein auf seinen Namen zugelassenes Fahrzeug zu liefern, entrichtet. Ohne Annahme eines durchlaufenden Postens würde aus einer nichtsteuerbelasteten Gebühr ein zusätzlicher Bestandteil für eine steuerpflichtige Lieferung. Der EuGH bejaht den durchlaufenden Posten, da der Vertriebshändler, der im Rahmen eines Kaufvertrags vor der Lieferung des Fahrzeugs die Zulassungsabgabe entrichtet, dies nicht im eigenen Interesse, sondern im Interesse des Käufers tut, der in den Besitz eines auf seinen Namen zugelassenen neuen Fahrzeugs kommen möchte, das rechtmäßig auf öffentlichen Straßen benutzt werden kann. Dem steht nicht entgegen, dass der Vertriebshändler gegenüber der Steuerbehörde für die Entrichtung der Zulassungsabgabe verantwortlich ist, da Schuldner dieser Abgabe der Käufer des Fahrzeugs ist, was durch die Überwälzung des Abgabenbetrags auf den Käufer belegt wird.[2] 95

Die Rechtsprechung bejaht unter Berücksichtigung der Gesamtumstände seit jeher ein Handeln im fremden Namen z.B. bei Rechtsanwälten, die Kosten (**Gebühren und Auslagen**) für ihre Auftraggeber als durchlaufende Posten – ohne ausdrückliche Benennung des Auftraggebers – auslegen, wenn diese Kosten nach verbindlichen Kosten- oder **Gebührenordnungen** berechnet werden, die den Auftraggeber als Kostenschuldner bestimmen.[3] 96

Auch bei **Deponiegebühren** liegt ein durchlaufender Posten vor. Dies gilt auch dann, wenn der Unternehmer, der die Abfälle seiner einzelnen Kunden (in Containern) bei Mülldeponien anliefert, zwar nach der Abfallsatzung Gebührenschuldner der Deponiegebühren ist, aber dem Betreiber der Deponie der jeweilige Auftraggeber (als deponierungsberechtigter Abfallerzeuger) z.B. aufgrund eines vom Anlieferer abgegebenen Ursprungszeugnisses/Deponieauftrags bekannt ist.[4] 97

Weitergehend hat der BFH auch in der Gebühr für eine bei einer **Feuerbestattung** erforderliche zweite Leichenschau einen durchlaufenden Posten bei einem Krematorium gesehen, die die Gebühr im Namen und für Rechnung des Auftraggebers, bei dem es sich um den Bestatter oder einen bestattungspflichtigen Erben handeln kann, verauslagt. Dabei steht es dem durchlaufenden Posten entgegen der Verwaltungsauffassung[5] nicht entgegen, dass der Unternehmer den verauslagten Betrag gesamtschuldnerisch mit dem Empfänger seiner Leistung schuldet. Der BFH begründet dies insbesondere damit, dass der Unternehmer die in fremdem Namen und für fremde Rechnung vereinnahmten Beträge entsprechend Art. 79 Buchst. c MwStSystRL in seiner **Buchführung als durchlaufende Posten behandelt haben muss.**[6] Damit ist § 10 Abs. 1 Satz 6 UStG in dieser Weise richtlinienkonform auszulegen. Die FinVerw. wendet sich hiergegen mit einem **Nichtanwendungserlass** und verweist hierzu auf Art. 373 98

---

1 EuGH, Urt. v. 22.12.2010 – C-433/09, ECLI:EU:C:2010:817 – Kommission/Österreich, UR 2011, 946, Rz. 48; ebenso EuGH, Urt. v. 5.12.2013 – C-618/11, C-637/11 und C-659/11, ECLI:EU:C:2013:789 – TVI, Rz. 45 und EuGH, Urt. v. 11.6.2015 – C-256/14, ECLI:EU:C:2015:387 – Lisboagás GDL – Sociedade Distribuidora de Gás Natural de Lisboa SA, UR 2015, 510 m. Anm. *Klenk*, Rz. 35.

2 EuGH, Urt. v. 1.6.2006 – C-98/05, ECLI:EU:C:2006:363 – De Danske Bilimportører, UR 2007, 272.

3 BFH, Urt. v. 11.2.1999 – V R 46/98, BStBl. II 2000, 100 = UR 1999, 330; ebenso bereits BFH, Urt. v. 24.8.1967 – V 239/64, BStBl. III 1967, 719.

4 BFH, Urt. v. 11.2.1999 – V R 46/98, BStBl. II 2000, 100 = UR 1999, 330; vgl. aber auch früher BMF, Schr. v. 11.2.2000, BStBl. I 2000, 360 und Abschn. 10.4 Abs. 2 Satz 6 UStAE.

5 Abschn. 10.4 Abs. 4 UStAE.

6 BFH, Urt. v. 3.7.2014 – V R 1/14, BStBl. II 2023, 89 = UR 2014, 948.

MwStSystRL, wonach Mitgliedstaaten, die am 1.1.1978 Bestimmungen angewandt haben, die von Art. 79 Abs. 1 Buchst. c MwStSystRL abweichen, diese weiterhin anwenden können.[1] Allerdings bestand eine dem heutigen § 10 Abs. 1 Satz 6 UStG entsprechende Vorschrift bereits wortlautidentisch mit § 10 Abs. 1 Satz 3 UStG 1967. Damit stellt sich die Frage, ob eine Vorschrift des nationalen Rechts, die entsprechend Art. 79 Buchst. c MwStSystRL richtlinienkonform auslegbar ist, deshalb nicht in dieser Weise ausgelegt werden sollte, weil die FinVerw. dieser Vorschrift – früher und auch heute noch – ein abweichendes Verständnis zugrunde legt. Dies dürfte zu verneinen sein. Anders wäre es nur, wenn § 10 Abs. 1 Satz 3 UStG 1967 ausdrücklich angeordnet hätte, dass durchlaufende Posten auch dann vorliegen, wenn sie – entgegen Art. 79 Abs. 1 Buchst. c MwStSystRL – nicht in der Buchhaltung als solche behandelt wurden.

99 Für den **Glücksspielbereich** hat die Rechtsprechung die Annahme durchlaufender Posten für vielfältige Fallgestaltungen abgelehnt. So ist beim Spielautomatenbetreiber eine kommunale Vergnügungsteuer kein durchlaufender Posten, da der Gemeinde der Name des jeweiligen Spielers nicht bekannt ist.[2] Bei einer konzessionierten Spielbank, die Glücksspielautomaten betreibt und dabei für den Spieler entstehende Gewinne nicht in voller Höhe an diesen ausbezahlt, sondern einen automatischen Tronc (Trinkgeldbetrag) einbehält, liegt kein durchlaufender Posten vor, wenn es trotz einer landesrechtlichen Verpflichtung zur Troncverwendung für das Personal an einer unmittelbaren Rechtsbeziehung zwischen dem Spieler und den bei der Spielbank Beschäftigten ebenso fehlt wie an einer originären eigenen Berechtigung des Spielbankpersonals am Tronc-Aufkommen.[3] Spieleinsätze, die ein Lottospielvermittler zusammen mit Servicegebühren in einem Betrag einzieht, sind keine durchlaufenden Posten, wenn er weder den erforderlichen Nachweis, als Zwischenperson im fremden Namen tätig zu werden, erbringt, noch den Spieleinsatzanteil in unveränderter Höhe wie ein Bote an die Lotteriegesellschaft weiterleitet.[4]

3. Mehrzweck-Gutscheine (Absatz 1 Satz 6)

100 Liegen bei der Entgegennahme eines Mehrzweck-Gutscheins i.S.d. § 3 Abs. 15 UStG keine Angaben über die Höhe der für den Gutschein erhaltenen Gegenleistung vor, ist das Entgelt gemäß § 10 Abs. 1 Satz 6 UStG nach dem Gutscheinwert selbst oder nach dem in den damit zusammenhängenden Unterlagen angegebenen Geldwert, abzüglich der Umsatzsteuer auf die erbrachte Leistung zu bemessen (§ 3 Rz. 707 ff.).

C. Pfandscheine, Tausch und tauschähnlicher Umsatz (Absatz 2)

I. Pfandscheine (Absatz 2 Satz 1)

101 Werden Rechte übertragen, die mit dem Besitz eines Pfandscheins verbunden sind, gilt gemäß § 10 Abs. 2 Satz 1 UStG der Preis des Pfandscheins zuzüglich der Pfandsumme als vereinbartes Entgelt. Für diese Regelung, die bereits das UStG 1967 als § 10 Abs. 3 Satz 1 UStG enthielt, besteht keine eigenständige Grundlage im Unionsrecht. Sie ist daher im Sinne des Entgeltbegriffs des § 10 Abs. 1 UStG auszulegen. Die Umsatzsteuer gehört auch hier gemäß § 10 Abs. 2 Satz 3 UStG nicht zum Entgelt.

II. Tausch und tauschähnlicher Umsatz (Absatz 2 Satz 2)

1. Grundaussagen

102 § 10 Abs. 2 Satz 2 UStG bestimmt die Bemessungsgrundlagen in den Fällen des Tausches und des tauschähnlichen Umsatzes i.S.d. § 3 Abs. 12 UStG. Danach gilt der Wert jedes Umsatzes als Entgelt für den anderen Umsatz. Vergleichbare Bestimmungen enthält das Unionsrecht nicht. Nicht nur § 3

1 BMF v. 11.1.2023, BStBl. I 2023, 179 = UR 2023, 175.
2 BFH, Urt. v. 22.4.2010 – V R 26/08, BStBl. II 2010, 883 = UR 2010, 586.
3 BFH, Urt. v. 1.9.2010 – V R 32/09, BStBl. II 2011, 300 = UR 2011, 180.
4 BFH, Urt. v. 4.5.2011 – XI R 4/09, BFH/NV 2011, 1736.

Abs. 12 UStG (§ 3 Rz. 644 f.), sondern auch § 10 Abs. 2 Satz 2 UStG hat daher eine deklaratorische Wirkung.[1] Der Regelungsgehalt von § 10 Abs. 2 Satz 2 UStG ergibt sich eigentlich bereits aus § 10 Abs. 1 UStG. Dementsprechend besteht auch keine eigenständige unionsrechtliche Grundlage.

Die Steuerbarkeit von Tausch und tauschähnlichem Umsatz dient der Vermeidung von Steuerumgehungen. Die Steuerbarkeit soll nicht entfallen, wenn eine Lieferung oder eine sonstige Leistung nicht durch eine Entgeltzahlung, sondern durch eine vom Leistungsempfänger seinerseits erbrachte Lieferung oder sonstige Leistung vergütet wird. 103

Dieser Normzweck ist auch bei der Bestimmung der Bemessungsgrundlage zu berücksichtigen. Bei der durch Entgeltzahlung vergüteten Lieferung bestimmt sich die Bemessungsgrundlage nicht nach dem objektiven Wert der Lieferung, sondern nach dem subjektiven Wert, zu dem Lieferer und Abnehmer bereit sind, die Lieferung auszuführen und in Empfang zu nehmen. Dem liegt eine von den – an der Leistung beteiligten – Parteien getroffene Gleichwertigkeitsannahme zugrunde, nach der die Lieferung die Gegenleistung wert ist. Trifft dies aufgrund eines Sachmangels des gelieferten Gegenstandes, der ein Preisanpassungsverlangen rechtfertigt, nicht zu, mindert sich das Entgelt. Unerheblich sind demgegenüber sonstige Wertannahmen, die sich als unzutreffend herausstellen, ohne dass sie ein Recht auf Preisanpassung begründen, wie etwa der Kauf zu einem im Hinblick auf den objektiven Wert überhöhten oder zu geringen Kaufpreis. 104

Für die Bestimmung der Bemessungsgrundlage bei Tausch und tauschähnlichem Umsatz folgt hieraus, dass es auch hier auf die Wertbestimmung durch die Parteien ankommt. 105

Die Vorschrift bestand bereits im UStG 1967 als § 10 Abs. 3 Satz 2 UStG. 106

2. Fallgruppen

a) Tausch und tauschähnlicher Umsatz mit Zuzahlung

aa) Sachlicher Zusammenhang zwischen Leistungen

Die Entgeltbestimmung erweist sich als vergleichsweise unproblematisch, wenn Tausch oder tauschähnlicher Umsatz mit einer Geldzahlung verbunden sind. Ob es sich bei der durch eine Geldzahlung verbundenen Leistung um eine Dienstleistung oder eine Lieferung handelt, ist dabei unerheblich. Entscheidend ist für den EuGH stattdessen, in welcher Höhe der Unternehmer, der die durch Geldzahlung vergütete Leistung erbringt, den Preis seiner Leistung aufgrund der vom Zahlenden zusätzlich erbrachten Leistung mindert. 107

Der EuGH geht dabei davon aus, dass sich aus dieser Preisminderung ergibt, welchen Wert der Zahlende der von ihm bezogenen Leistung beimisst. Handelt es sich daher bei der gegen Entgeltzahlung erbrachten Leistung um eine Abbruchdienstleistung, bei der dem Abbruchabfall ein Materialwert zukommt, den der Abbruchdienstleister verkaufen darf und bei der der Abbruchdienstleister im Hinblick hierauf den Preis für seine Dienstleistung mindert, ergibt sich aus dieser Preisminderung das Entgelt für die Lieferung des Abbruchsabfalls an den Abbruchdienstleister. Ebenso ist es, wenn der Erwerber einen erst noch zu demontierenden Gegenstand kauft, die Demontage übernimmt und den Kaufpreis um den Wert der Demontagearbeiten mindert.[2] 108

Dieser Rechtsprechung ist unter der Prämisse zu folgen, dass ein Empfänger der Abbruchleistung über den Wert des Abbruchabfalls frei verfügen und daher auch selbst verwerten kann. Nutzt er ihn anstelle einer Lieferung an Dritte zur Erlangung eines geminderten Preises für die Abbruchleistung, ist hierin eine Lieferung an den Abbruchdienstleister mit der Folge eines tauschähnlichen Umsatzes zu sehen. Gleiches gilt für die Lieferung des noch zu demontierenden Gegenstandes, bei dem ein Preis nach Demontage um die Kosten der dann nicht von einem Dritten, sondern vom Käufer vorzunehmenden Demontage gemindert wird. 109

Fragwürdig erscheint demgegenüber, dass der EuGH einseitig auf die Preisminderung durch den Abbruchdienstleister für seine Leistung (im Wert des gelieferten Abbruchabfalls) oder durch den Abneh- 110

1 Ebenso *Stapperfend* in Rau/Dürrwächter, UStG, § 10 UStG Rz. 310 (Stand: Oktober 2020).
2 EuGH, Urt. v. 10.1.2019 – C-410/17, ECLI:EU:C:2019:12 – A, UR 2019, 222.

mer für die Lieferung (im Wert der Abbruchdienstleistung) abstellt. Nach allgemeinen Grundsätzen kommt es auf das der Leistung zugrunde liegende Rechtsverhältnis und dabei auf die gemeinsam getroffene Preisvereinbarung an. Ein nur von einer Partei kalkulierter Abschlag kann bei einer Leistungserbringung zwischen Unternehmern nur dort maßgebend sein, wo wie in dem vom EuGH entschiedenen Fall, die Leistung, die zur Preisminderung führt (und damit die Lieferung des Abbruchabfalls für den Preis der Abbruchdienstleistung und die Demontagedienstleistung für den Preis der Lieferung des erst noch zu demontierenden Gegenstandes) im Wege des Reverse Charge entsprechend § 13b UStG zu einer Steuerschuld des Leistungsempfängers führt, so dass beide Leistungen im Rahmen des tauschähnlichen Verhältnisses von derselben Partei zu versteuern sind.

111 Ansonsten bedarf es einer zweiseitigen Übereinkunft über die Höhe der Preisminderung schon deshalb, da sonst dem Unternehmer, der den Abbruchabfall oder den erst noch zu demontierenden Gegenstand liefert, eine eigene Versteuerung nicht möglich ist.

bb) Inzahlungnahme

112 Schwierigkeiten bereitet immer wieder die Inzahlungnahme beim Neuwagenverkauf. Beträgt z.B. der Kaufpreis für das Neufahrzeug 50.000 Euro, kann der Fahrzeughändler ein Altfahrzeug des Käufers in Zahlung nehmen. Bei dem dann vorliegenden Tausch mit Zuzahlung durch den Neuwagenkäufer bestimmt sich der Preis des Altfahrzeugs entsprechend der hier vertretenen Auffassung nach dem Wert, den die Parteien dem Altfahrzeug beimessen. Dabei können sich die Parteien einen von einem Dritten ermittelten Wert zu eigen machen.[1] Ermittelt dieser einen Wert von z.B. 15.000 Euro, kann dieser Wert in die Preisvereinbarung zwischen den Parteien als Inzahlungnahmepreis eingehen, so dass eine Zuzahlung von 35.000 Euro erfolgt.

113 Demgegenüber sieht die FinVerw.[2] einen gemeinen Wert als maßgebend an, in dem ein objektiver Wert zu sehen ist. Die Unterschiede, die sich hieraus ergeben, zeigen sich bei der Fehlbeurteilung über den Wert des Altfahrzeugs. So will die FinVerw. den Fahrzeughändler für den Fall, dass sich später herausstellt, dass dem Altfahrzeug ein höherer Wert zukommt, verpflichten, den höheren Wert für die Versteuerung seiner Lieferung zugrunde zu legen.[3] Dies ist im Hinblick auf die Entgeltbemessung nach dem subjektiven Wert und damit nach der Parteivereinbarung (Rz. 33 ff.) abzulehnen.

114 Daher ist es entgegen der Verwaltungsauffassung[4] nicht allgemein, sondern nur aufgrund einer entsprechenden Parteivereinbarung möglich, den Wert des Altfahrzeugs für die Entgeltbestimmung der Lieferung des Neufahrzeugs nach dem Preis einer späteren Veräußerung des Altfahrzeugs zu bestimmen.

115 Zutreffend lässt aber auch die FinVerw. Verluste im sog. **Streckengeschäft** außer Betracht.[5] Hierbei handelt es sich um Verluste, die sich daraus ergeben, dass das Altfahrzeug gegen Inzahlungnahme eines zweiten Altfahrzeugs geliefert wird und eine spätere Lieferung dieses zweiten Altfahrzeugs nur zu einem Preis unter dem Inzahlungnahmepreis des ersten Altfahrzeugs bei der Lieferung des Neufahrzeugs erfolgen kann. Auf der Grundlage einer subjektiven Wertbemessung nach den Umständen bei der Lieferung des Neufahrzeugs kommt eine Verlustberücksichtigung von vornherein nicht in Betracht. Anders wäre es nur, wenn die Parteien bei der Lieferung des Neufahrzeugs die Höhe der Inzahlungnahme von derartigen Folgegeschäften abhängig machen, was aber gerade nicht zutrifft.

116 Der BFH[6] hat in einem Einzelfall zu erkennen gegeben, dass er bei der Lieferung eines Neufahrzeugs durch einen Fahrzeughändler gegen Inzahlungnahme eines Altfahrzeugs mit Zuzahlung davon ausgeht, dass sich die Bemessungsgrundlage nach den Aufwendungen des Fahrzeughändlers für dem diesen Tausch vorausgehenden Eigenerwerb des Neufahrzeugs bestimmt. Dies wird im Schrifttum[7] mit beachtlichen Argumenten abgelehnt, da es sonst bei einer Lieferung an den Endverbraucher nicht auf

1 Zutreffend Abschn. 10.5 Abs. 4 Satz 6 Nr. 1 UStAE zum Schätzpreis eines Kraftfahrzeugsachverständigen.
2 Abschn. 10.5 Abs. 4 UStAE.
3 Abschn. 10.5 Abs. 4 Satz 7 UStAE.
4 Zutreffend Abschn. 10.5 Abs. 4 Satz 6 Nr. 2 und 3 UStAE.
5 Abschn. 10.5 Abs. 4 Satz 8 UStAE.
6 BFH, Urt. v. 25.4.2018 – XI R 21/16, BStBl. II 2018, 505 = UR 2018, 556.
7 *Reiß*, UR 2018, 822.

dessen Aufwendungen, sondern auf die unterschiedliche Höhe der Erwerbsaufwendungen des Fahrzeughändlers ankäme.

b) Tausch und tauschähnlicher Umsatz ohne Zuzahlung

aa) EuGH-Rechtsprechung

In Anwendung der allgemeinen Entgeltdefinition geht der EuGH davon aus, dass 117

- der Steuerpflichtige, der einem Einzelhändler einen Gegenstand zu einem ermäßigten Preis liefert, um von diesem eine Gegenleistung zu erhalten, seine Lieferung nach der Summe aus der Gegenleistung in Geld und dem Wert der Dienstleistung des Einzelhändlers zu versteuern hat, wobei der Wert der Dienstleistung dem Preisnachlass entspricht,[1] dass
- der Steuerpflichtige, der eine von ihm bezogene Dienstleistung durch eine Lieferung vergütet, seine Lieferung im Sinne eines subjektiven Werts nach dem Wert zu versteuern hat, den er der Dienstleistung beimisst. Dieser Wert entspricht dem Betrag, den er aufzuwenden bereit ist und entspricht damit dem Kaufpreis, den der Lieferer beim Erwerb des von ihm gelieferten Gegenstandes gezahlt hat[2] und dass
- der Steuerpflichtige, der eine „Sachprämie" liefert, um damit eine von ihm bezogene Vermittlungsleistung zu vergüten, als subjektiven Wert den Wert zu versteuern hat, den er als Empfänger der Dienstleistung dieser beimisst, wobei dieser Wert dem Betrag entspricht, den er aufzuwenden bereit ist, so dass der Wert der Dienstleistung alle Ausgaben umfasst, die der Steuerpflichtige als Empfänger der Dienstleistung aufwendet, wozu als Kosten einer Nebenleistung auch die Versandkosten für die Lieferung gehören.[3]

Gemeinsames Merkmal dieser Rechtsprechung ist, dass es bei den in einem Leistungsaustausch erbrachten Leistungen für die an den Steuerpflichtigen erbrachte Dienstleistung keinen Marktpreis gibt, sondern ein Bewertungsproblem vorliegt, das der EuGH dadurch löst, dass er für die Wertbestimmung der Dienstleistung, die als Entgelt für die Lieferung des Steuerpflichtigen gilt, auf die eigenen Aufwendungen des Steuerpflichtigen abstellt. Zu entscheiden hat der EuGH, ob die Gegenleistung i.S.v. Art. 73 MwStSystRL für eine Sacheinlage, die durch die Gewährung von Aktien vergütet wird, der Nennwert der Aktien oder der von den Beteiligten bestimmte Ausgabewert ist.[4] 118

bb) BFH-Rechtsprechung

Dieser Rechtsprechung hat sich der BFH für eine Reihe gleichartiger Fälle angeschlossen, bei denen gleichfalls für die an den Unternehmer erbrachte Leistung kein Marktpreis vorliegt. 119

Ein tauschähnlicher Umsatz ist zwischen der Fahrzeugüberlassung an einen Arbeitnehmer des Steuerpflichtigen zu privaten Zwecken und der (teilweisen) Arbeitsleistung auch dann zu bejahen, wenn die Fahrzeugüberlassung individuell arbeitsvertraglich vereinbart ist und tatsächlich in Anspruch genommen wird (§ 3 Rz. 656).[5] Bei dieser Pkw-Überlassung an das Personal, die von diesem durch einen Teil ihrer Arbeitsleistung vergütet wird, geht der BFH zudem davon aus, dass sich aus dem Wert der eigenen Leistung (Pkw-Überlassung) Hinweise für die Ermittlung des Werts der Gegenleistung (Arbeitsleistung) ergeben und sich der Wert der eigenen Leistung sich dabei danach bemisst, was der Leistende für die Gegenleistung aufzuwenden bereit ist, so dass es auf die Gesamtkosten der Nutzungsüberlassung ankommt.[6] 120

---

1 EuGH, Urt. v. 23.11.1988 – C-230/87, ECLI:EU:C:1988:508 – Naturally Yours Cosmetics, Rz. 18.

2 EuGH, Urt. v. 2.6.1994 – C-33/93, ECLI:EU:C:1994:225 – Empire Stores/Commissioners of Customs and Excise, UR 1995, 64 m. Anm. *Rothenberger*, Rz. 18 f.

3 EuGH, Urt. v. 3.7.2001 – C-380/99, ECLI:EU:C:2001:372 – Bertelsmann, UR 2001, 346, Rz. 23 f.

4 Rechtssache C-241/23, Dyrektor Izby Ad-ministracji Skarbowej w Warszawie.

5 BFH, Urt. v. 30.6.2022 – V R 25/21, BFHE 276, 435 = UR 2022, 846 m. Anm. *Monfort*; zustimmend *von Streit*, UStB 2023, 42.

6 BFH, Urt. v. 10.6.1999 – V R 87/98, BStBl. II 1999, 580 = UR 1999, 407 m. Anm. *Nieskens*.

121 So hat der BFH zur Lieferung eines mit Werbeaufdrucken versehenen Kfz (Werbemobil) durch eine Werbeagentur gegen eine vom Abnehmer (Gemeinde) zu erbringende Werbeleistung entschieden, dass das Entgelt für die Lieferung des Kfz im Wert der Gegenleistung (Werbeleistung) nicht im „Gebrauchswert" des Kfz besteht. Als subjektiver Wert ist der Wert maßgeblich, den der Empfänger (Werbeagentur) der Dienstleistung beimisst, die er sich verschaffen will und deren Wert dem Betrag entspricht, den er zu diesem Zweck aufzuwenden bereit ist. Unerheblich ist daher der Preis, der im gewöhnlichen Geschäftsverkehr für die (Werbe-)Leistung zu erzielen wäre. Somit bestimmt sich der als Entgelt anzusetzende subjektive Wert für die Werbeleistung der Gemeinde nach dem Betrag, den die Werbeagentur tatsächlich hierfür aufgewendet hat und damit nach den Anschaffungskosten des Fahrzeugs.

122 Beauftragt eine Ärztekammer als Herausgeber einen Verlag mit der Herstellung und dem Versand eines Ärzteblatts (Kammerzeitschrift) für ihre Mitglieder und überlässt sie dabei dem Verlag das Recht, im eigenen Namen und für eigene Rechnung in dem Ärzteblatt Werbeanzeigen zu platzieren, liegt ein tauschähnlicher Umsatz vor. Bemessungsgrundlage für die Überlassung des Anzeigenplatzierungsrechts durch die Ärztekammer sind die gesamten Kosten, die der Verlag für die Herstellung (einschließlich des Anzeigenteils) und den Versand der Ärzteblätter getragen hat.[1]

III. Hingabe an Zahlungs statt (Absatz 2 Satz 2)

123 § 10 Abs. 2 Satz 2 UStG behandelt die Hingabe an Zahlungs statt wie einen Tausch. Die deklaratorisch wirkende Vorschrift, für die es keine eigenständige Grundlage in der Richtlinie gibt, erfasst den Fall, dass der Leistungsempfänger die Leistung nicht wie zunächst vereinbart durch eine Zahlung als Entgelt vergütet, sondern aufgrund einer späteren Vereinbarung an Zahlungs statt seinerseits eine Lieferung oder sonstige Leistung erbringen darf. Ob diese Leistung steuerbar ist, spielt keine Rolle.

D. Umsätze ohne Entgelt (Absatz 4)

I. Grundaussagen

1. Regelungsgegenstand

124 Dem UStG unterliegen auch bestimmte unentgeltliche Umsätze. Mangels Entgelts kommt eine Anwendung von § 10 Abs. 1 UStG nicht in Betracht, so dass hier auf die **Ersatzbemessungsgrundlagen** des § 10 Abs. 4 UStG abzustellen ist.

125 Dabei handelt es sich im Bereich des innergemeinschaftlichen Handels um das sog. **unternehmensinterne Verbringen**, das im Abgangsmitgliedstaat zu einem innergemeinschaftlichen Verbringen nach § 3 Abs 1a UStG (§ 3 Rz. 58 ff.) und im Bestimmungsmitgliedstaat zu einem innergemeinschaftlichen Erwerb gemäß § 1a Abs. 2 UStG (§ 1a Rz. 81 ff.) führt. Die Bemessungsgrundlage ergibt sich hier aus § 10 Abs. 4 Satz 1 Nr. 1 UStG.

126 Zum anderen geht es um den in der Besteuerungspraxis wichtigeren Bereich der **Entnahmen** nach § 10 Abs. 4 UStG. Dabei unterscheidet § 10 Abs. 4 Satz 1 UStG zwischen der Gegenstandsentnahme gemäß § 3 Abs. 1b UStG (§ 3 Rz. 73 ff.), der Verwendungsentnahme nach § 3 Abs. 9a Nr. 1 UStG (§ 3 Rz. 574 ff.) und der Dienstleistungsentnahme gemäß § 3 Abs. 9a Nr. 2 UStG (§ 3 Rz. 593 ff.).

127 Für die **Gegenstandsentnahme** i.S.d. § 3 Abs. 1b UStG (§ 3 Rz. 73 ff.) stellt § 10 Abs. 4 Satz 1 Nr. 1 UStG auf den Einkaufspreis zuzüglich Nebenkosten für den Gegenstand oder einen gleichartigen Gegenstand oder mangels Einkaufspreises auf den Selbstkostenpreis ab.

128 Bei den unentgeltlichen sonstigen Leistungen differenziert § 10 Abs. 4 Satz 1 Nr. 2 und Nr. 3 UStG nach den Tatbeständen der **Verwendungs- und der Dienstleistungsentnahme** in § 3 Abs. 9a Nr. 1 und Nr. 2 UStG (§ 3 Rz. 574 ff. und Rz. 593 ff.) und stellt auf die dabei entstandenen Ausgaben ab. Die Wertbemessung entsprechend den beiden Entnahmetatbeständen dient dazu, entgegen der Richtlinie

---

1 BFH, Urt. v. 11.7.2012 – XI R 11/11, BStBl. II 2018, 146 = UR 2013, 330.

die Abhängigkeit der Verwendungsentnahme von der Vorsteuerabzugsberechtigung auch für Zwecke der Wertbestimmung zu wiederholen (Rz. 132). Zudem ordnet die Vorschrift eine Ausgabenbestimmung auf der Grundlage von Anschaffungs- und Herstellungskosten an, die nach den Berichtigungszeiträumen des § 15a UStG Berücksichtigung finden.

In allen Fällen des § 10 Abs. 4 Satz 1 Nr. 1–3 UStG gehört die Umsatzsteuer gemäß § 10 Abs. 4 Satz 1 UStG nicht zur Bemessungsgrundlage. Dies entspricht § 10 Abs. 1 Satz 1 UStG (Rz. 24 ff.). 129

2. Unionsrechtliche Grundlagen

a) Unentgeltliche Lieferungen

§ 10 Abs. 4 Satz 1 Nr. 1 UStG hat mehrere unionsrechtliche Grundlagen. So beruht die Regelung in Bezug auf das innergemeinschaftliche Verbringen auf **Art. 76 MwStSystRL** und **Art. 86 Satz 3 MwStSystRL**. Grundlage für die Wertbemessung bei der Gegenstandsentnahme ist **Art. 74 MwStSystRL**. Diese Regelungen stellen übereinstimmend auf den Einkaufspreis hilfsweise die Selbstkosten ab. 130

Dass das **nationale Recht** den Begriff des **Selbstkostenpreises** verwendet, führt zu keinem Auslegungsunterschied. Fraglich ist demgegenüber die Erhöhung des Einkaufspreises um **Nebenkosten** durch § 10 Abs. 4 Satz 1 Nr. 1 UStG.[1] Dies sieht Art. 74 MwStSystRL nicht vor. Insoweit erscheint es zwar denkbar, die in Art. 78 Buchst. a MwStSystRL genannten Steuern gleichwohl als Teil des Einkaufspreises anzusehen. Im Hinblick auf die Nebenkosten, die der Lieferer vom Erwerber i.S.v. Art. 78 Buchst. b MwStSystRL fordert, erscheint dies aber fraglich. Im Übrigen ist zu beachten, dass das nationale Recht seinem Wortlaut nach eine Erhöhung der Selbstkosten um Nebenkosten nicht fordert, da dies vom nationalen Gesetzgeber als im Begriff der Selbstkosten enthalten angesehen wurde.[2] 131

b) Unentgeltliche sonstige Leistungen

Problematisch ist die § 3 Abs. 9a Nr. 1 und 2 UStG nachgebildete **Unterscheidung zwischen Verwendungsentnahme und Dienstleistungsentnahme** durch § 10 Abs. 4 Satz 1 Nr. 2 und 3 UStG, die **Art. 75 MwStSystRL** nicht zu entnehmen ist. Der nationale Gesetzgeber meint hier das für den Tatbestand der Verwendungsentnahme bestehende Erfordernis der Vorsteuerabzugsberechtigung bei der Bestimmung der Bemessungsgrundlage wiederholen zu müssen, obwohl dies im Unionsrecht so nicht vorgesehen ist. Dies dürfte auf einer Fehlvorstellung zum Verwendungsbegriff beruhen (Rz. 154 ff.). 132

Das Abstellen auf **Ausgaben** in § 10 Abs. 4 Satz 1 Nr. 2 und 3 UStG entspricht Art. 75 MwStSystRL. Die unionsrechtlich gewählte Begriffsbildung der Ausgaben für die Erbringung der Dienstleistung erscheint dabei präziser als das nationale Recht, das auf die bei der Umsatzausführung entstandenen Ausgaben abstellt. Während dem nationalen Recht eine bloße Kausalität reicht, deutet die Richtlinie auf ein weitergehendes Finalitätserfordernis hin. 133

Keine ausdrückliche Grundlage besteht schließlich für die Verteilung von **Anschaffungs- und Herstellungskosten** verwendeter Gegenstände entsprechend den Berichtigungszeiträumen des § 15a UStG durch § 10 Abs. 4 Nr. 2 Satz 3 und Nr. 3 Satz 2 UStG. Der EuGH hat diese in der Richtlinie nicht vorgesehenen Regelungen unionsrechtlich gebilligt (Rz. 169). 134

3. Verhältnis zu anderen Vorschriften und Rechtsentwicklung

a) Verhältnis zu anderen Vorschriften

§ 10 Abs. 4 UStG setzt das Vorliegen der dort bezeichneten unentgeltlichen Tatbestände voraus. Hieran kann es insbesondere im Hinblick auf § 15 Abs. 1b UStG und § 3 Nr. 9a Nr. 1 letzter Halbsatz (§ 3 Rz. 554 und 585 f.) fehlen. Insoweit stellt sich mangels Verwendungsentnahme die Frage nach deren Wertbemessung im Immobilienbereich weitgehend nicht mehr. 135

1 BFH, Urt. v. 21.5.2014 – V R 20/13, BStBl. II 2014, 1029, Rz. 24 lässt sich hierzu über eine Wortlautwiedergabe hinaus nichts entnehmen.
2 BT-Drucks. 11/5970, 45.

136 Durch die Verweisung auf die Entnahmetatbestände in § 3 Abs. 1b und Abs. 9a Nr. 1 UStG besteht eine tatbestandliche Anknüpfung an einen vorherigen Vorsteuerabzug. Diese wirkt aber nur eingeschränkt. So unterliegt die Entnahme bei einer zwischenzeitlichen Steuersatzänderung dem neuen Steuersatz.

b) Rechtsentwicklung

137 Das UStG 1967 enthielt die Regelungen zu den Eigenverbrauchstatbeständen des früheren Rechts (§ 3 Rz. 95) zunächst in § 10 Abs. 5 UStG und seit dem UStG 1980 in § 10 Abs. 4 UStG, die bis 1989 vorrangig auf den einkommensteuerrechtlichen Teilwert abstellten. Erst ab 1990 erfolgte eine Umstellung auf Einkaufspreis (Selbstkosten) bei unentgeltlichen Lieferungen und Kosten im Übrigen. Mit dem Inkrafttreten des Binnenmarkts zum 1.1.1993 wurde die Regelung in § 10 Abs. 4 Satz 1 Nr. 1 durch die Bezugnahme auf das unentgeltliche Verbringen in § 1a Abs. 2 UStG ergänzt. Entsprechend dem zum 1.4.1999 vollzogenen Übergang von der Eigenverbrauchs- zur Entnahmebesteuerung (§ 3 Rz. 95) wurde § 10 Abs. 4 UStG neu gefasst. Seitdem wird im Bereich der unentgeltlichen sonstigen Leistung mit Satz 2 Nr. 2 und 3 zwischen der Verwendungsentnahme, für die es auf eine Vorsteuerabzugsberechtigung ankommt, und einer anderen sonstigen Leistung, für die dies ohne Bedeutung ist, differenziert.

138 **§ 10 Abs. 4 Satz 1 Nr. 1 UStG** gilt in seiner heutigen Fassung seit 1.4.1999. **§ 10 Abs. 4 Satz 1 Nr. 2 UStG** in seiner heutigen Fassung beruht auf Art. 5 Nr. 7 Buchst. a EURLUmsG.[1] Dabei wurde das Wort „Kosten“ durch das Wort „Ausgaben“ ersetzt sowie die Sätze 2 und 3 zur Ausgabenbestimmung nach den auf die Berichtigungszeiträume des § 15a UStG zu verteilenden Anschaffungs- und Herstellungskosten angefügt. Die Regelung trat nach Art. 22 Abs. 3 EURLUmsG mit Rückwirkung zum 1.7.2004 in Kraft. Der BFH verneint eine verfassungsrechtlich unzulässige Rückwirkung, da auf den Rückwirkungszeitpunkt die Auffassung der FinVerw. zu einer Streitfrage kodifiziert worden sei.[2] **§ 10 Abs. 4 Satz 1 Nr. 3 UStG** in seiner heutigen Fassung beruht auf Art. 5 Nr. 7 Buchst. b EURLUmsG.[3] Dabei wurde das Wort „Kosten“ durch das Wort „Ausgaben“ ersetzt und der Satz 2 angefügt. Die Regelung trat nach Art. 22 Abs. 3 EURLUmsG mit Rückwirkung zum 1.7.2004 in Kraft. Wie bei § 10 Abs. 4 Satz 1 Nr. 2 UStG ist eine verfassungsrechtlich unzulässige Rückwirkung zu verneinen, da es sich auch hier auf den Rückwirkungszeitpunkt um eine Kodifizierung der Verwaltungsauffassung zu einer Streitfrage handelt.

II. Lieferungen (Verbringen und Gegenstandsentnahme; Absatz 4 Satz 1 Nr. 1)

1. Vorsteuerbelastung

a) Grundsatz

139 § 10 Abs. 4 Satz 1 Nr. 1 UStG bezieht sich insbesondere auf die Lieferungen i.S.d. **§ 3 Abs. 1b UStG**. Dabei ist die dort durch Satz 2 angeordnete Einschränkung zu beachten, dass der Gegenstand oder seine Bestandteile zum Vorsteuerabzug berechtigt haben. Ist dies zu bejahen, steht es der Wertbemessung der Entnahme nicht entgegen, dass für den Gegenstand der Berichtigungszeitraum nach § 15a UStG bereits abgelaufen ist (§ 3 Rz. 82). Davon zu trennen ist die Frage, ob ein Wertverlust im Zeitraum zwischen Erwerb und Entnahme entsprechend § 15a UStG zu bestimmen ist (Rz. 150).

b) Besonderheiten bei Bestandteilen

aa) Bewegliche Gegenstände

140 Liegt eine Vorsteuerabzugsberechtigung z.B. nur in Bezug auf einzelne Bestandteile, nicht aber auch für den Gegenstand selbst vor, **beschränkt sich die Entnahme** auf diese **Bestandteile.**

---

1 Gesetz zur Umsetzung von EU-Richtlinien in nationales Steuerrecht und zur Änderung weiterer Vorschriften (Richtlinien-Umsetzungsgesetz – EURLUmsG) v. 9.12.2004, BGBl. I 2004, 3310.

2 BFH, Urt. v. 12.8.2015 – XI R 6/13, BStBl. II 2015, 1063 = UR 2015, 958.

3 Gesetz zur Umsetzung von EU-Richtlinien in nationales Steuerrecht und zur Änderung weiterer Vorschriften (Richtlinien-Umsetzungsgesetz – EURLUmsG) v. 9.12.2004, BGBl. I 2004, 3310.

141 Die Eigenschaft als Bestandteil ist bei einem **nachträglichen Einbau** an zwei Voraussetzungen geknüpft. Zum einen muss der Gegenstand mit dem Einbau seine körperliche und wirtschaftliche Eigenart endgültig verlieren, da er leicht wieder getrennt werden kann. Daran fehlt es z.B. beim Einbau eines Radios in einen Pkw. Zum anderen muss der Einbau zu einer dauerhaften, im Zeitpunkt der Entnahme nicht vollständig verbrauchten **Werterhöhung des Gegenstands** führen und nicht lediglich zur Werterhaltung des Gegenstandes beitragen. Bei einem Pkw trifft dies auf den Einbau eines leistungsfähigeren Motors zu, dem im Zeitpunkt der Entnahme des PKW noch ein Restwert nach Maßgabe „anerkannter Marktübersichten" für den Wert gebrauchter PKW („Schwacke-Liste" etc.) zukommt, nicht aber auch auf den Ersatz von Scheibenwischern oder Autobatterien. Zudem muss ein Einbau im Rahmen einer Lieferung und nicht nur als sonstige Leistung erfolgen, so dass z.B. Lackierarbeiten keine Bestandteileigenschaft der dabei verwendeten Farbe begründet. Bei derartigen Dienstleistungen ist aufgrund der Entnahme dann über eine Vorsteuerberichtigung nach § 15a UStG zu entscheiden.[1]

bb) Unbewegliche Gegenstände

142 Dies gilt auch für den **Grundstücksbereich.** Erwirbt ein Bauunternehmer ein Grundstück allein zur Verwendung für private Zwecke, auf dem er im Rahmen seiner beruflichen Tätigkeit ein Wohnhaus für sich selbst errichtet, entnimmt er nur das Haus, nicht aber das Grundstück für den privaten Bedarf, so dass zur Besteuerungsgrundlage nur der Wert des errichteten Gebäudes, nicht aber der Wert des Grundstücks gehört.[2]

143 Bei der **Privatnutzung** eines Gebäudes gehören zu den Ausgaben auch die vorsteuerbelasteten Kosten des Grundstückserwerbs.[3]

2. Wertbemessung

a) Verhältnis des Einkaufs- zum Selbstkostenpreis

144 Nationales Recht wie Richtlinie ordnen eine Wertbemessung nach dem Einkaufspreis für den Gegenstand oder für einen gleichartigen Gegenstand und hilfsweise nach den hierauf bezogenen Selbstkosten an. Auf die Selbstkosten ist danach nur abzustellen, wenn es keinen Einkaufspreis gibt, wobei der Vorrang des Einkaufspreises auch dann gilt, wenn der Unternehmer den entnommenen Gegenstand selbst hergestellt hat.[4] Insoweit besteht **kein Wahlrecht** zugunsten des Unternehmers.[5] Entscheidend ist vielmehr die Frage, unter welchen Voraussetzungen ein Einkaufspreis für einen zumindest gleichartigen Gegenstand vorliegt. Bei der Gebäudeerrichtung stellt der EuGH daher auf den Einkaufspreis eines gleichartigen Gebäudes ab, wenn es am Markt vorhanden und nach Lage, Größe und sonstigen wesentlichen Merkmalen vergleichbar ist.[6]

145 Dementsprechend **lehnt** der **BFH** eine Abgrenzung nach der konkreten Erwerbsart, nach dem bei der **Entnahme erworbener Gegenstände** auf den **Einkaufspreis** und bei der **Entnahme selbst hergestellter Gegenstände** auf die **Selbstkosten** abzustellen wäre, **ab.** Stattdessen ist auch bei der Entnahme selbst hergestellter Gegenstände vorrangig der Einkaufspreis maßgeblich. Allerdings stellt der BFH hohe Anforderungen an die Gleichartigkeit und berücksichtigt sogar Beförderungsmöglichkeiten. So

1 BFH, Urt. v. 18.10.2001 – V R 106/98, BStBl. II 2002, 551 = UR 2002, 123 im Nachgang zu EuGH, Urt. v. 17.5.2001 – C-322/99 und C-323/99, ECLI:EU:C:2001:280 – Fischer und Brandenstein, UR 2001, 293.

2 EuGH, Urt. v. 6.5.1992 – C-20/91, ECLI:EU:C:1992:192 – De Jong/Staatssecretaris van Financiën, UR 1992, 271.

3 EuGH, Urt. v. 14.9.2006 – C-72/05, ECLI:EU:C:2006:573 – Wollny, BStBl. II 2007, 32 = UR 2006, 638 m. Anm. *Widmann* und Anm. *Stadie*.

4 EuGH, Urt. v. 23.4.2015 – C-16/14, ECLI:EU:C:2015:265 – Property Development Company, UR 2015, 265, Rz. 37 f.

5 Ebenso *Stapperfend* in Rau/Dürrwächter, UStG, § 10 UStG Rz. 465 (Stand: Oktober 2020).

6 EuGH, Urt. v. 23.4.2015 – C-16/14, ECLI:EU:C:2015:265 – Property Development Company, UR 2015, 265, Rz. 36 ff.; ebenso zuvor EuGH, Urt. v. 8.12.2011 – C-299/11, ECLI:EU:C:2012:698 – Gemeente Vlaardingen, UR 2013, 58, Rz. 30.

sieht der BFH selbst erzeugte **Wärme ohne Fernwärmeanschluss** nicht als gleichartig mit der von einem Fernwärmeversorger produzierten und angebotenen Fernwärme an.[1] Unter dem Gesichtspunkt der Gleichartigkeit könnte bei der Abgabe **selbst hergestellter Tageszeitungen** an das Personal auf der Einkaufs- und damit Großhandelspreis vergleichbarer Zeitungen maßgeblich sein.[2] Die FinVerw. stellt bei selbst hergestellten Gegenständen allgemein auf den Einkaufspreis ab, wenn ein solcher für den konkreten Gegenstand ermittelbar ist.[3]

146 § 10 Abs. 4 Satz 1 Nr. 1 UStG verlangt neben dem Einkaufspreis eine Einbeziehung von **Nebenkosten**. Dies erscheint fraglich (Rz. 131).

b) Einkaufspreis

147 Der somit vorrangige Einkaufspreis zum Zeitpunkt der Entnahme ergibt sich aus dem im Zeitpunkt der Entnahme für den Erwerb zu zahlenden Wiederbeschaffungspreis.[4]

148 Diesen Einkaufspreis zum Zeitpunkt der Entnahme bezeichnet der EuGH auch als **Restwert**, was auf eine Maßgeblichkeit eines ursprünglich tatsächlich gezahlten Einkaufspreises gemindert um zwischenzeitliche Abnutzungen (oder Wertverluste) hindeutet.[5] Dementsprechend ist bei der Entnahme eines **erfolglos selbst hergestellten Prototyps** auf den tatsächlichen Restwert abzustellen.[6] Ob in anderen Fälle die zwischenzeitliche Abnutzung durch den bestimmungsgemäßen Verbrauch nach den Maßstäben für die Vorsteuerberichtigung nach § 15a UStG bemessen werden kann, erscheint fraglich.[7]

148.1 Bei **Sachspenden ansonsten zu entsorgender Ware** (§ 3 Rz. 126 ff.) differenziert die FinVerw. nunmehr zwischen **fehlender, eingeschränkter und nicht eingeschränkter Verkehrsfähigkeit**. Die **fehlende Verkehrsfähigkeit wertloser Ware** (Lebensmittel und Non-Food-Artikel kurz vor Ablauf des Mindesthaltbarkeitsdatums oder auch bei Frischware ohne Verkaufsfähigkeit) kann zu einem Ansatz von 0 € führen. Von einer **eingeschränkten Verkehrsfähigkeit** geht die FinVerw. bei Waren mit erheblichen Material- oder Verpackungsfehlern (Befüllungsfehler, Falschetikettierung, beschädigte Retouren) oder bei Ware mit fehlender Marktgängigkeit (Vorjahresware oder saisonale Ware wie Weihnachts- oder Osterartikel), die nicht mehr oder nur noch schwer verkäuflich sind, aus. Hier soll eine Minderung im Umfang der Einschränkung vorgenommen werden. Ist die **Verkehrsfähigkeit nicht eingeschränkt** (unbeschädigte Neuware, die aber aus wirtschaftlichen oder logistischen Gründen wie etwa bei beschädigten Verpackungen oder bei z.B. durch Anproben verschmutzen Waren), soll ein fiktiver Einkaufspreis anhand objektiver Schätzungsunterlagen ermittelt werden. Damit stellt sich die Frage, ob es einen Markt für derartige Gegenstände gibt (Rz. 144).[8]

149 Fraglich ist, ob es über § 10 Abs. 4 Satz 1 Nr. 1 UStG entsprechend seinem Wortlaut im Fall geänderter Marktpreise von Handelsgütern oder bei einer Wertsteigerung zwischen Erwerb und Entnahme zu einer dann überschießenden Korrektur kommen kann oder ob der Entnahmebesteuerung im Hinblick auf die Verbindung zur Vorsteuerabzugsberechtigung als Obergrenze der ursprüngliche Einkaufspreis zugrunde zu legen ist, wofür die Restwertbetrachtung des EuGH sprechen könnte.

---

1 BFH, Urt. v. 12.12.2012 – XI R 3/10, BStBl. II 2014, 809 = UR 2013, 460.

2 Demgegenüber stellt BFH, Urt. v. 19.6.2011 – XI R 8/09, BStBl. II 2016, 185 = UR 2012, 60 hier auf die Selbstkosten ab. Der Frage der Gleichartigkeit wird hier nicht nachgegangen.

3 Abschn. 10.6 Abs. 1 Sätze 3 und 4 UStAE.

4 BFH, Urt. v. 12.12.2012 – XI R 3/10, BStBl. II 2014, 809 = UR 2013, 460 und Abschn. 10.6 Abs. 1 Satz 2 UStAE.

5 EuGH, Urt. v. 17.5.2001 – C-322/99 und C-323/99, ECLI:EU:C:2001:280 – Fischer und Brandenstein, UR 2001, 293, Rz. 80.; ebenso nachfolgend EuGH, Urt. v. 8.5.2013 – C-142/12, ECLI:EU:C:2013:292 – Marinov, UR 2013, 503, Rz. 32 f. und EuGH, Urt. v. 28.4.2016 – C-128/14, ECLI:EU:C:2016:306 – Het Oudeland Beheer BV, UR 2016, 667, Rz. 55.

6 BFH, Urt. v. 21.5.2014 – V R 20/13, BStBl. II 2014, 1029 = UR 2014, 769.

7 Verneinend *Probst* in Hartmann/Metzenmacher, UStG, § 10 UStG, Rz. 338 (Stand: Juni 2019).

8 Abschn. 10.6 Abs. 1a UStAE i.d.F. v. BMF, Schr. v. 18.3.2021, BStBl. I 2021, 384.

c) Selbstkosten

Für die Bestimmung der Selbstkosten stellt der BFH auf die **unternehmerische Kostenrechnung** ab.[1] Ein **Unternehmerlohn** (Gewinnzuschlag) gehört nicht hierzu.[2] Ebenso kann die Einbeziehung eigener **Arbeitskosten** zu verneinen sein.[3] 150

Zur Bestimmung der Selbstkosten im Zeitpunkt der Entnahme kann auf die **ursprünglichen Herstellungskosten** unter Berücksichtigung einer zwischenzeitlichen Wertminderung entsprechend der **betriebsgewöhnlichen Nutzungsdauer** abzustellen sein.[4] Dass die FinVerw. aus Vereinfachungsgründen bei **Entnahmen zugunsten des Personals** in einer Vielzahl von Fällen auf sog. **Sachbezugswerte** abstellt,[5] lässt sich nicht als Schätzung von Selbstkosten verstehen, sondern dürfte als Vereinfachung contra legem anzusehen sein. 151

Wird eine Anlage **unternehmerisch wie auch privat verwendet**, sind die sich aus dem Erwerb und dem Betrieb der Anlage ergebenden Kosten aufzuteilen, um die Selbstkosten zu ermitteln. Hierfür kommt eine entsprechende Anwendung von § 15 Abs. 4 UStG in Betracht. Für die Ermittlung eines Umsatzschlüssels ist dann in Bezug auf die Privatverwendung auf ein fiktives Entgelt abzustellen.[6] 152

Auf dieser Grundlage ergibt sich nach der BFH-Rechtsprechung[7] für **KWK-Anlagen**, mit denen der Unternehmer Strom und Wärme erzeugt, wobei er den Strom steuerpflichtig liefert und die Wärme einer Entnahme nach § 3 Abs. 1b UStG (§ 3 Rz. 130), z.B. durch unentgeltliche Zuwendung an Dritte, zuführt Folgendes: 152.1

- Ob für die Wärmeentnahme ein Einkaufspreis oder Selbstkosten anzusetzen ist, richtet sich danach, ob für den Unternehmer ein Anschluss an ein Fern- oder ein dem gleichzustellendes Nahwärmenetz besteht (Rz. 145).
- Kommt es danach auf die Selbstkosten der Anlage und ihres Betriebs an, sind diese entsprechend § 15 Abs. 4 UStG aufzuteilen.
- Diese Aufteilung erfolgt nach Marktwerten, die in Bezug auf die Stromlieferungen tatsächlich vorliegen und in Bezug auf die Wärmeentnahme nach einem fiktiven Verkaufsumsatz zu ermitteln ist. Daher kommt es entgegen Abschn. 2.5 Abs. 22 Satz 6 UStAE nicht zu einer energetischen Aufteilung nach dem Verhältnis der erzeugten Menge an elektrischer und thermischer Energie (in kWh) an.

Die FinVerw. verlangt eine Einbeziehung auch der **Kosten, die nicht vorsteuerbelastetet** sind.[8] Dies erscheint zweifelhaft.[9] Daher soll der EuGH auf Vorlage durch den BFH entscheiden, ob der Tatbestand der Entnahme in Art. 16 MwStSystRL den Selbstkostenpreis i.S. des Art. 74 MwStSystRL in der Weise einschränkt, dass bei seiner Berechnung nur vorsteuerbelastete Kosten einzubeziehen sind.[10] Eine Erfassung von nicht vorsteuerbelasteten Kosten, die nicht unmittelbar mit dem Herstellungsvorgang zusammenhängen, wie z.B. von Finanzierungskosten, erscheint einerseits im Hinblick auf die tatbestandliche Eingrenzung durch § 3 Abs. 1b Satz 2 UStG nicht zutreffend. Andererseits ist eine derartige Einschränkung dem vorrangig anzuwendenden Einkaufspreis fremd. Weiter soll der EuGH auch entscheiden, ob zum Selbstkostenpreis nur die unmittelbaren Herstellungs- oder Erzeugungskosten oder auch nur mittelbar zurechenbare Kosten wie z.B. Finanzierungsaufwendungen gehören. 153

1 BFH, Urt. v. 19.6.2011 – XI R 8/09, BStBl. II 2016, 185 = UR 2012, 60.
2 BFH, Urt. v. 10.3.1994 – V R 91/91, BFH/NV 1995, 451.
3 *Probst* in Hartmann/Metzenmacher, UStG, § 10 UStG Rz. 347 (Stand: Juni 2019).
4 Vgl. Abschn. 10.6 Abs. 1 Satz 6 UStAE.
5 Abschn. 1.8 Abs. 8 ff. UStAE.
6 BFH, Urt. v. 16.11.2016 – V R 1/15, BStBl. II 2022, 777 = UR 2017, 153.
7 BFH, Urt. v. 15.3.2022 – V R 34/20, BFHE 276, 369 = UR 2022, 659; BFH, Urt. v. 9.11.2022 – XI R 31/19, BFHE 279, 227 = UR 2023, 375 und BFH, Urt. v. 9.11.2022 – XI R 38/20, BFH/NV 2023, 389.
8 Abschn. 10.6 Abs. 1 Satz 5 UStAE.
9 Ebenso *Stapperfend* in Rau/Dürrwächter, UStG, § 10, Rz. 467 (Stand: Oktober 2020) und *Treiber* in Sölch/Ringleb, UStG, § 10, Rz. 447 (Stand: Oktober 2022).

III. Gegenstandsverwendung (Absatz 4 Satz 1 Nr. 2)

1. Verwendungsbegriff und Wertbemessung

154 Bemessungsgrundlage für die Verwendungsentnahme sind gemäß § 10 Abs. 4 Satz 1 Nr. 2 i.V.m. § 3 Abs. 9a Nr. 1 UStG die bei der Verwendung des Gegenstandes, der zum Vorsteuerabzug berechtigt hat, entstandenen Ausgaben, soweit sie zum Vorsteuerabzug berechtigt haben. Dem liegt eine weit gefasste **Kostenzurechnung** zur Verwendung zugrunde, die nur durch die Vorsteuerbelastung der zuzurechnenden Kosten eingeschränkt wird. Erfasst werden damit nach h.M. z.B. die Kosten einer steuerpflichtig angemieteten Garage in der ein steuerpflichtig erworbener und privat mitgenutzter Pkw untergestellt ist.[1]

155 Demgegenüber ist das Unionsrecht nach der hier vertretenen Auffassung dahingehend zu verstehen, dass der Verwendungsentnahme nicht nur ein eng auszulegender Verwendungsbegriff zugrunde liegt, aus dem für die Wertbemessung der Entnahme zudem folgt, dass nur die auf den Gegenstand entfallenden Kosten, nicht aber auch **Nebenkosten der Verwendung** zu berücksichtigen sind (§ 3 Rz. 576 ff.).

156 Welcher Betrachtungsweise der Vorzug zu geben ist, entscheidet sich nach dem Verständnis des **EuGH-Urteils** ***Mohsche***. Der BFH hatte hier dem EuGH die Frage vorgelegt, ob bei der Privatverwendung eines mit Vorsteuerabzug erworbenen Unternehmensgegenstandes der Tatbestand der Verwendungsentnahme „ein Verbot der Besteuerung [enthält], soweit diese Verwendung auch Dienstleistungen umfasst, die der Steuerpflichtige von Dritten zur Erhaltung oder zum Gebrauch des Gegenstands ohne Vorsteuerabzugsmöglichkeit in Anspruch genommen hat".[2] Der EuGH antwortete hierauf, dass der Tatbestand der Verwendungsentnahme „die Besteuerung der privaten Verwendung eines dem Unternehmen zugeordneten Gegenstands, bei dessen Lieferung der Steuerpflichtige die Mehrwertsteuer abziehen konnte, ausschließt, soweit diese Verwendung Dienstleistungen umfasst, die der Steuerpflichtige von Dritten zur Erhaltung oder zum Gebrauch des Gegenstands ohne die Möglichkeit zum Vorsteuerabzug in Anspruch genommen hat". Die schlichte Bejahung der dem EuGH gestellten Frage durch den EuGH führte zu der heute nach § 10 Abs. 1 Satz 1 Nr. 2 i.V.m. § 3 Abs. 9a Nr. 1 UStG bestehenden Rechtslage.

157 Dabei blieb allerdings die Entscheidungsgrundlage des EuGH außer Betracht. So begründete der EuGH sein Urteil damit, dass die Verwendungsentnahme **nur die Verwendung des Gegenstands selbst, nicht aber auch Nebenleistungen** im Zusammenhang mit dieser Verwendung **umfasst.**[3] Letzteres bezog sich entsprechend den Fallumständen der Rechtssache auf für die Wartung oder Nutzung eines Fahrzeugs entstandene Kosten wie Garagenmiete, Kraftfahrzeugsteuer, Versicherung und Parkgebühren, für die keine Vorsteuer angefallen war und spricht dafür, dass diese Kosten unabhängig von ihrer Vorsteuerbelastung nicht in die Bemessungsgrundlage für die Verwendungsentnahme einzubeziehen sind. Auf dieser Grundlage ist entgegen der FinVerw. die steuerpflichtige Garagenmiete in die Wertbemessung nicht einzubeziehen.

2. Folgen für die Pkw-Nutzung

a) Anwendung der 1 %-Regelung durch die Finanzverwaltung

158 Einkommensteuerrechtlich dient die sog. 1 %-Regelung gemäß § 6 Abs. 1 Nr. 4 Satz 2 EStG zur Erfassung von Entnahmen beim Unternehmer und nach § 8 Abs. 2 Satz 2 EStG zur Einnahmeerfassung bei seinen Arbeitnehmern. Nach der Ausgestaltung der gesetzlichen Tatbestände kommt alternativ eine Besteuerung auf der Grundlage eines Fahrtenbuchs in Betracht.

159 Umsatzsteuerrechtlich ermöglicht es die FinVerw. dem Unternehmer bei seinen Kraftfahrzeugen, die eigene Privatnutzung wie auch die des Personals auf der Grundlage der 1 %-Regelung zu versteuern. Dabei ist zu beachten, dass nur die Privatverwendung beim Unternehmer der Entnahmebesteuerung

1 BFH, Urt. v. 24.8.2000 – V R 9/00, BStBl. II 2001, 76 = UR 2001, 23 und BMF, Schr. v. 28.9.1993 – IV A 2-S 7102-11/93, BStBl. I 1993, 912.

2 BFH, Beschl. v. 18.4.1991 – V R 122/89 = UR 1991, 253.

3 EuGH, Urt. v. 25.5.1993 – C-193/91, ECLI:EU:C:1993:203 – Finanzamt München III/Mohsche, BStBl. II 1993, 812 = UR 1993, 309 m. Anm. *Widmann*, Rz. 14 f.

unterliegt, da sich die Überlassung zur Privatnutzung an das Personal im Rahmen eines tauschähnlichen Umsatzes (Rz. 120) und damit entgeltlich vollzieht.

Daher kann sich nur bei der Privatverwendung durch den Unternehmer, nicht aber auch beim tauschähnlichen Umsatz die Frage nach einer **Vorsteuerabzugsberechtigung** stellen, die aus Sicht der FinVerw. nur im ersten Fall zu einem Abschlag auf die zu berücksichtigenden Kosten führt. 160

b) Rechtsprechung

Der BFH sieht die 1 %-Regelung zur umsatzsteuerrechtlichen Erfassung von Entnahmen bereits dem Grunde nach als unzutreffend an, da es für die Bemessung von Entnahmen auf die dabei entstandenen Ausgaben ankommt. Eine Entnahmebesteuerung auf der Grundlage allgemeiner Listenpreise von Kraftfahrzeugen wie sie in § 6 Abs. 1 Nr. 4 Satz 2 EStG, aber nicht in § 10 Abs. 4 UStG angeordnet ist, entspricht dem nicht. Zudem bleibt der tatsächliche Umfang der Privatnutzung unberücksichtigt.[1] 161

Damit entspricht die 1 %-Regelung auch nicht den Anforderungen des EuGH für die Bestimmung des Ausgabenbetrages. Der EuGH billigt insoweit den Mitgliedstaaten einen gewissen Ermessensspielraum bei der Bestimmung des Betrags zu, so dass in einem gewissen Umfang auch pauschalierende Berechnungsmethoden zulässig sind. Dabei muss aber sichergestellt sein, dass eine etwaige Pauschalierung in einem angemessenen Verhältnis zum Umfang der privaten Verwendung des Gegenstands steht.[2] 162

Trotz dieser Ungeeignetheit beanstandet es die Rechtsprechung nicht, dass der Unternehmer seine Privatnutzung für Zwecke der Umsatzsteuer (freiwillig) nach der 1 %-Regelung versteuert. Er ist dann aber an diese gebunden und kann keine Anwendung nur in Teilbereichen mit einem von der FinVerw. abweichenden Begriffsverständnis verlangen.[3] 163

Dasselbe gilt für den tauschähnlichen Umsatz des Unternehmers mit seinem Personal. Die Rechtsprechung geht hier von einer Besteuerung auf der Grundlage eigener Aufwendungen, nicht aber nach den fiktiven Listenpreisen der 1 %-Regelung aus. Auch hier kann der Unternehmer sich (freiwillig) an die Vorgaben der FinVerw. halten. 164

c) Eigene Auffassung

Neben der von Rechtsprechung bereits aufgezeigten Ungeeignetheit der Umsatzbesteuerung nach der 1 %-Regelung ist zu berücksichtigen, dass sich diese Vereinfachungsregelung nicht auf die bloße Überlassung eines (vom Unternehmer funktionstüchtig gehaltenen) Gegenstandes, sondern weitergehend auch auf den Betrieb dieses Gegenstandes bezieht. So erfasst die 1 %-Regelung nicht nur das Zurverfügungstellen des Fahrzeugs selbst, sondern die Übernahme sämtlicher damit verbundener Kosten wie Steuern, Versicherungsprämien, Reparatur- und Wartungskosten sowie der Treibstoffkosten.[4] Die Regelung erstreckt sich daher auf **alle mit dem Kfz verbundenen Kosten**, so dass die Übernahme der Kraftstoffkosten durch den Arbeitnehmer den geldwerten Vorteil aus der Kfz-Überlassung nach der 1 %-Regelung mindert.[5] 165

Die 1 %-Regelung geht sowohl nach der **Reichweite ihrer Kostenübernahme** wie auch hinsichtlich der völlig nutzungsunabhängigen Berechnungsweise über sehr lange Zeiträume über den Vergleichsfall einer bloßen Gebrauchsüberlassung im Rahmen einer Fahrzeugvermietung hinaus und ähnelt mehr einer Mobilitätsdienstleistung. Damit überschreitet ihr Leistungsspektrum den vom EuGH bei der Verwendungsentnahme gezogenen Rahmen, nach dem der Begriff der Gegenstandsverwendung eng auszulegen ist und keine „Nebenleistungen im Zusammenhang mit dieser Verwendung" einbe- 166

1 BFH, Urt. v. 11.3.1999 – V R 78/98, = UR 1999, 281 m. Anm. *Widmann*; BFH, Urt. v. 4.11.1999 – V R 35/99, BFH/NV 2000, 759 = UR 2000, 206; vgl. auch BFH, Urt. v. 19.5.2010 – XI R 32/08, BStBl. II 2010, 1079 = UR 2010, 772; BFH, Urt. v. 5.6.2014 – XI R 2/12, BStBl. II 2015, 785 = UR 2014, 981.
2 EuGH, Urt. v. 16.2.2012 – C-594/10, ECLI:EU:C:2012:92 – van Laarhoven, UR 2012, 681, Rz. 33.
3 Vgl. z.B. BFH, Urt. v. 5.6.2014 – XI R 2/12, BStBl. II 2015, 785 = UR 2014, 981.
4 BFH, Urt. v. 13.12.2012 – VI R 51/11, BStBl. II 2013, 385 = FR 2013, 670.
5 BFH, Urt. v. 30.11.2016 – VI R 2/15, BStBl. II 2017, 1014 = FR 2017, 786 m. Anm. *Bergkemper*.

zieht (Rz. 155 ff.).[1] Zudem sieht der EuGH z.B. bei der Vermietung einer Immobilie in der Lieferung von Wasser, Elektrizität und Wärme sowie der Abfallentsorgung durch den Vermieter keine Nebenleistungen des Vermieters, sondern eigenständige Leistungen.[2] Überträgt man dies auf die Lieferung von Kraftstoff für den Betrieb eines Kraftfahrzeugs erscheint es wenig wahrscheinlich, dass der EuGH das durch die 1 %-Regelung abgedeckte Leistungsspektrum als Verwendungsentnahme i.S.d. Art. 26 Abs. 1 Buchst. a MwStSystRL (§ 3 Abs. 9a Nr. 1 UStG) ansieht. Vielmehr dürfte er von einer Dienstleistungsentnahme gemäß Art. 26 Abs. 1 Buchst. b MwStSystRL (§ 3 Abs. 9a Nr. 2 UStG) ausgehen, bei der es bereits tatbestandlich nicht auf eine Vorsteuerabzugsberechtigung in Bezug auf die bei der Leistungserbringung angefallen Ausgaben ankommt. Damit entfällt bei Anwendung der 1 %-Regelung die nach Maßgabe der wirtschaftlichen Realität schwer verständliche Differenzierung der h.M. nach der Vorsteuerbelastung von Kosten, die bei der Privatverwendung durch den Unternehmer, nicht aber auch bei der Privatnutzung durch das Personal im Rahmen eines tauschähnlichen Verhältnisses zu einem Abschlag führt (Rz. 159 f.).

167 **Nicht zutreffend** erscheint es im Übrigen, den nach der 1 %-Regelung ermittelten Betrag beim Unternehmer als **Nettowert** zu behandeln, zu dem die Umsatzsteuer hinzutritt, während beim Arbeitnehmer aus dem nach der 1 %-Regelung ermittelten lohnsteuerrechtlichen Wert die Umsatzsteuer herauszurechnen sein soll.[3] Dies beruht wohl auf der einkommensteuerrechtlichen Überlegung, dass die Privatverwendung eines betrieblichen Pkw durch den Unternehmer als eine (Umsatzsteuer begründende) Entnahme i.S.d. § 6 Abs. 1 Nr. 4 Satz 2 EStG zu sehen ist, während es bei Arbeitnehmern um den Ansatz eines geldwerten Vorteils nach § 8 Abs. 2 Satz 2 EStG geht. Diese Unterscheidung ist im Hinblick auf die übereinstimmenden Regelungen in § 10 Abs. 1 Satz 2 und Abs. 4 Satz 2 UStG, wonach die Umsatzsteuer sowohl bei entgeltlichen wie auch bei unentgeltlichen Leistungen nicht zur Bemessungsgrundlage gehört, umsatzsteuerrechtlich ohne Bedeutung.

3. Besonderheiten bei Wirtschaftsgütern

168 § 10 Abs. 4 Nr. 2 Sätze 2 und 3 UStG enthalten eine Sonderregelung, nach der zu den Ausgaben auch die Anschaffungs- oder Herstellungskosten eines Wirtschaftsguts gehören, soweit das **Wirtschaftsgut dem Unternehmen zugeordnet** ist und für die Erbringung der sonstigen Leistung verwendet wird. Betragen die Anschaffungs- oder Herstellungskosten mindestens 500 Euro, sind sie gleichmäßig auf einen Zeitraum zu verteilen, der dem für das Wirtschaftsgut maßgeblichen Berichtigungszeitraum nach § 15a UStG entspricht.

169 Das **Unionsrecht** enthält keine § 10 Abs. 4 Nr. 2 Sätze 2 und 3 UStG entsprechende Regelung. Der EuGH sieht die in diesen Vorschriften angeordneten Rechtsfolgen aber als unionsrechtskonform an, da den Mitgliedstaaten bei der „Ermittlung des […] Ausgabenbetrages" ein Ermessen zustehe, das dahingehend ausgeübt werden könne, für Zwecke der Bestimmung der Besteuerungsgrundlage bei der privaten Nutzung eines Unternehmensgegenstands die Anwendung der Regeln über die Berichtigung der Vorsteuerabzüge vorzusehen.[4]

IV. Dienstleistungsentnahme (Absatz 4 Satz 1 Nr. 3)

170 § 10 Abs. 4 Satz 1 Nr. 3 UStG regelt die Bemessungsgrundlage bei den anderen sonstigen Leistungen ohne Entgelt i.S.d. § 3 Abs. 9a Nr. 2 UStG und damit bei der Dienstleistungsentnahme (§ 3 Rz. 593 ff.). Hier kommt es auf die bei der Ausführung dieser Umsätze entstandenen Ausgaben an. Die Sonderregelung zu Wirtschaftsgütern bei der Verwendungsentnahme (Rz. 168 f.) ist entsprechend anzuwenden.

1 EuGH, Urt. v. 25.5.1993 – C-193/91, ECLI:EU:C:1993:203 – Finanzamt München III/Mohsche, BStBl. II 1993, 812 = UR 1993, 309 m. Anm. *Widmann*, Rz. 14.

2 EuGH, Urt. v. 16.4.2015 – C-42/14, ECLI:EU:C:2015:229 – Wojskowa Agencja Mieszkaniowa w Warszawie, UR 2015, 427 m. Anm. *Widmann*.

3 Abschn. 15.23 Abs. 5 Nr. 1 Buchst. a Satz 5 und Abs. 11 Nr. 1 Satz 4 UStAE.

4 EuGH, Urt. v. 14.9.2006 – C-72/05, ECLI:EU:C:2006:573 – Wollny, BStBl. II 2007, 32 = UR 2006, 638 m. Anm. *Widmann* und *Stadie*.

Der **Ausgabenbegriff** ist dem Grunde nach wie bei § 10 Abs. 4 Satz 1 Nr. 2 UStG zu verstehen. Die unionsrechtswidrige Einschränkung auf vorsteuerbelastete Kosten sieht das UStG hier nicht vor. 171

Nach der hier vertretenen Auffassung lässt die Anwendung der 1 %-Regelung – wenn überhaupt – nur über § 10 Abs. 4 Satz 1 Nr. 3 UStG rechtfertigen. 172

Zu den Anwendungsfällen gehört der **Einsatz eigenen Personals** für private Zwecke des Unternehmers. Setzt der Einzelunternehmer seine Arbeitskraft ein, führt dies nicht zu Ausgaben i.S.d. § 10 Abs. 4 Satz 1 Nr. 3 UStG. 173

V. Bedeutung der Umsatzsteuer (Absatz 4 Satz 2)

Die Umsatzsteuer gehört wie bei § 10 Abs. 1 Satz 2 UStG gemäß § 10 Abs. 4 Satz 2 UStG nicht zur Bemessungsgrundlage. 174

E. Mindestbemessungsgrundlage (Absatz 5)

I. Grundaussagen

1. Regelungsgegenstand und Bedeutung

§ 10 Abs. 5 UStG ordnet nicht für alle, sondern nur für bestimmte entgeltliche Leistungen die Anwendung der sog. Mindestbemessungsgrundlage an. Ziel ist der Ausschluss eines „unbesteuerten Verbrauchs“, wobei diese Umsätze auf der Rechtsfolgenseite ebenso besteuert werden sollen wie entsprechende unentgeltliche Leistungen nach § 10 Abs. 4 UStG.[1] Voraussetzung ist damit, dass der Unternehmer seine Leistung an eine Person erbringt, zu der aufgrund einer besonderen Verbundenheit ein sog. **Näheverhältnis** besteht, das auch im Verhältnis von Arbeitgeber und Arbeitnehmer anzunehmen ist. 175

Fraglich ist, ob über den Wortlaut der Regelung hinaus **weitergehende Anforderungen** für die Anwendung von § 10 Abs. 5 UStG bestehen. Sieht man in der Vorschrift entsprechend den Überlegungen des nationalen Gesetzgebers zur unionsrechtlichen Rechtfertigung (Rz. 178 ff.) eine Regelung, die einer **Steuerumgehung** entgegenwirken soll, ist zu klären, worauf sich dies bezieht. Dies wird im Schrifttum unterschiedlich beurteilt. Teils wird darauf abgestellt, dass § 10 Abs. 5 UStG eine Umgehung des **§ 1 Abs. 1 Nr. 1 UStG** verhindern soll,[2] andere gehen davon aus, dass es sich um eine Ergänzungsvorschrift zur Besteuerung der unentgeltlichen Wertabgaben handelt,[3] so dass sich die Umgehungsverhinderung auf **§ 3 Abs. 1b und Abs. 9a UStG** bezieht. 176

Letzteres lässt sich jedenfalls nicht aus Art. 80 MwStSystRL ableiten, der auch für die Auslegung des nationalen Rechts zu berücksichtigen ist (Rz. 185). Unabhängig hiervon geht es um Leistungen an Personen, bei denen die Möglichkeit besteht, dass die Entgelthöhe durch ein Näheverhältnis beeinflusst wird. Im Hinblick hierauf ist § 10 Abs. 5 UStG nur anzuwenden, wenn der sich aus der Entgeltvereinbarung **gegenüber dem Entnahmewert ergebende Preisvorteil auf dem Näheverhältnis beruht**. Daher unterliegen Leistungen, die der Unternehmer zu einem den Entnahmewert unterschreitenden Entgelt der Allgemeinheit und z.B. seinem Gesellschafter anbietet, nicht der Mindestbemessungsgrundlage, da sich das Näheverhältnis nicht auf die Preisgestaltung ausgewirkt hat. Ebenso ist es, wenn sich die Differenz zwischen dem vereinbarten Entgelt und dem Entnahmewert aus einem besonderen Unternehmensinteresse erklärt. So ist es z.B., wenn ein Einzelunternehmer an seine wirtschaftlich existenzgefährdete Gesellschaft entgeltliche Leistungen verbilligt erbringt, damit sie als Abnehmer nicht ausfällt. Dies kann auch auf Leistungen an das Personal zutreffen (Rz. 193 f.). 177

1 BT-Drucks. 8/1779, S. 38.
2 *Probst* in Hartmann/Metzenmacher, UStG, § 10 UStG Rz. 411 (Stand: Juni 2019).
3 *Englisch* in Tipke/Lang, Steuerrecht[24], Rz. 17.258.

2. Unionsrechtliche Grundlagen

178 Unionsrechtliche Grundlage für § 10 Abs. 5 UStG war ursprünglich eine dem nationalen Gesetzgeber nach Art. 27 der 6. EG-Richtlinie erteilte **Einzelermächtigung** zur Abweichung von der Richtlinie, da diese bei ihrem Inkrafttreten damals keine Regelung zur Korrektur eines ungewöhnlich niedrigen Entgelts enthielt. Allerdings ist ein konkreter Gegenstand dieser Einzelermächtigung selbst unter Berücksichtigung des Verfahrens zu ihrer Erteilung kaum feststellbar. Es wurde von der Bundesregierung mit Schreiben vom 12.5.1978 dadurch in Gang gesetzt, dass sie die Kommission über die beabsichtigte Einführung der Sondermaßnahme in Kenntnis setzte und dabei darauf hinwies, dass bei der Vereinbarung eines unangemessen niedrigen Entgelts zur Verhütung von Steuerhinterziehungen oder Steuerumgehungen der Ansatz einer höheren Bemessungsgrundlage zulässig sei, wodurch ein unbesteuerter Endverbrauch ausgeschlossen werde. Hierzu unterrichtete die Kommission die Bundesregierung dann mit Schreiben vom 15.9.1978, dass sie das Verfahren mit Schreiben vom 12.6.1978 in Gang gesetzt habe, dass weder die Kommission noch ein Mitgliedstaat beantragt habe, die Angelegenheit im Rat zu erörtern, so dass durch Fristablauf der Beschluss zur Ermächtigung als gefasst gelte.[1] Für die so „stillschweigend"[2] erteilte Einzelermächtigung ist kein weitergehender Entscheidungsinhalt feststellbar, als dass sie zur Verhütung von Steuerhinterziehungen oder -umgehungen die Erhöhung der Bemessungsgrundlage für entgeltliche Leistungen zwischen bestimmten Personen auf Entnahmewerte anordnet, ohne dies von weiteren Voraussetzungen abhängig zu machen. Gleichwohl sind die Einzelermächtigung wie auch die nationale Umsetzungsmaßnahme **auslegungsfähig**, soweit dies nicht im Widerspruch zum Wortlaut des § 10 Abs. 5 UStG steht. So war eng auszulegen und durfte von der Richtlinie nur insoweit abgewichen werden, als dies für die Erreichung des Zieles Verhütung von Steuerhinterziehungen oder -umgehungen unbedingt erforderlich ist. Dies führt auf der Rechtsfolgenseite dazu, dass es zur Bemessung nach einem Entnahmewert nur insoweit kommt, als dieser den marktüblichen Preis nicht übersteigt.[3] Der BFH berücksichtigt dies bereits im Rahmen der richtlinienkonformen Auslegung des nationalen Rechts,[4] so dass bereits vor Schaffung von § 10 Abs. 5 Satz 2 UStG (Rz. 188) keine Berufung auf eine unmittelbare Wirkung der Richtlinie erforderlich war.

179 Eine Regelung zur Entgeltberichtigung wurde erst durch Art. 11 Teil A Abs. 6 der 6. EG-Richtlinie in der Fassung durch Art. 1 Nr. 3 der Richtlinie 2006/69/EG v. 24.7.2006, die am 13.8.2006 in Kraft trat[5], mit Wirkung ab 1.1.2008 eingeführt, die dann durch **Art. 80 MwStSystRL**[6] fortgeführt wurde. Diese Bestimmung ermächtigt die Mitgliedstaaten, in drei Fällen eine besondere Bemessungsgrundlage anzuwenden. Voraussetzung ist bei einem zu „niedrigen" Preis, dass nach **Art. 80 Abs. 1 Buchst. a MwStSystRL** der Leistungsempfänger nicht zum vollen Vorsteuerabzug berechtigt ist oder dass nach **Art. 80 Abs. 1 Buchst. b MwStSystRL** der Leistende nicht zum vollen Vorsteuerabzug berechtigt ist, wenn der Umsatz zudem bestimmten Steuerbefreiungen ohne Abzugsrecht unterliegt. Die Möglichkeit einer Preiskorrektur besteht nach **Art. 80 Abs. 1 Buchst. c MwStSystRL** schließlich für den Fall eines überhöhten Preises, wenn der Leistende nicht zum vollen Vorsteuerabzug berechtigt ist. Art. 80 Abs. 1 und 2 MwStSystRL enthalten darüber hinaus Regelungen zu den Anforderungen, die an ein **Näheverhältnis** zu stellen sind, damit die besondere Bemessungsgrundlage angewendet werden kann.

180 Rechtsfolge ist jeweils eine Umsatzbemessung nach dem sog. **Normalwert**. Normalwert ist gemäß Art. 72 MwStSystRL der **Betrag**, den ein Leistungsempfänger auf derselben Absatzstufe, auf der die Leistung erfolgt, **an einen selbständigen Leistenden** im Mitgliedstaat des steuerpflichtigen Umsatzes **zahlen müsste**, um die Leistung zu diesem Zeitpunkt unter den Bedingungen des freien Wettbewerbs zu erhalten. Dies lässt sich auch als **marktüblicher Preis** umschreiben. Erst wenn keine vergleichbare Leistung ermittelt wird, bestimmt sich der Normalwert bei Lieferungen nach einem Betrag nicht unter dem **Einkaufspreis** (hilfsweise nicht unter dem **Selbstkostenpreis**) zum Umsatzzeitpunkt und bei ei-

1 Vgl. hierzu BFH, Vorlagebeschl. v. 13.12.1995 – XI R 8/86, BFHE 179, 457 = UR 1996, 155 sowie mit teilweise abweichenden Datumsangaben zuvor BFH, Urt. v. 24.6.1992 – V R 151/84, BFHE 168, 477 = UR 1992, 298.

2 BFH, Urt. v. 24.6.1992 – V R 151/84, BFHE 168, 477 = UR 1992, 298.

3 EuGH, Urt. v. 29.5.1997 – C-63/96, ECLI:EU:C:1997:263 – Skripalle, BStBl. II 1997, 841 = UR 1997, 301 m. Anm. *Widmann*; BFH, Urt. v. 8.10.1997 – XI R 8/86, BStBl. II 1997, 840 = UR 1998, 147.

4 BFH, Urt. v. 7.10.2010 – V R 4/10, BStBl. II 2016, 181 = UR 2011, 626.

5 Vgl. Art. 4 der Richtlinie und ihre Veröffentlichung im ABl. EU 2006 Nr. L 221, 9.

6 Zur zeitlichen Anwendung der MwStSystRL vgl. Art. 411 Abs. 1 MwStSystRL und Art. 413 MwStSystRL.

ner Dienstleistung nach einem Betrag nicht unter den **Ausgaben** des Steuerpflichtigen für deren Erbringung.

Von den Regelungen der Richtlinie ist für das nationale Recht eigentlich nur **Art. 80 Abs. 1 Buchst. a MwStSystRL** von Bedeutung, da die nach Art. 80 Abs. 1 Buchst. b MwStSystRL mögliche Entgelterhöhung zur Verhinderung einer Beeinflussung der Vorsteueraufteilung durch zu „niedrige" Preisvereinbarung für steuerfreie Leistungen ohne Abzugsrecht bislang keine allzu große Rolle spielte. Unbeachtlich für das nationale Recht ist Art. 80 Abs. 1 Buchst. c MwStSystRL, da diese Bestimmung den Fall einer überhöhten Preisvereinbarung betrifft. 181

Hierzu hat der EuGH[1] entschieden, dass nationale Rechtsvorschriften nicht vorsehen können, dass die Steuerbemessungsgrundlage in anderen als den in Art. 80 MwStSystRL aufgezählten Fällen der Normalwert des Umsatzes zwischen verbundenen Personen ist, insbesondere wenn der Steuerpflichtige zum vollen Vorsteuerabzug berechtigt ist. 182

3. Folgen für das nationale Recht

Art. 80 Abs. 1 Buchst. a und b MwStSystRL sind bereits im Hinblick auf die Rechtsfolgenanordnung **keine Grundlage** für § 10 Abs. 5 UStG. Maßgeblich ist, dass Art. 80 Abs. 1 Buchst. a MwStSystRL durch die Bezugnahme auf Art. 72 MwStSystRL die Besteuerung nach einem **Normalwert** vorsieht, der im Sinne eines **marktüblichen Preises** zu verstehen ist und **nur ergänzend** auf **Einkaufs-, Selbstkostenpreis oder Ausgaben** abstellt (Rz. 180), während § 10 Abs. 5 UStG durch die Verweisung auf § 10 Abs. 4 UStG von vornherein auf eine Bemessung nach **Einkaufspreis, Selbstkosten** oder **Ausgaben** abstellt, während das **marktübliche Entgelt nur ergänzend** als Obergrenze Berücksichtigung findet. Die Regelung der Richtlinie führt z.B. dazu, dass der Arbeitgeber seinen Beschäftigten **keinen Personalrabatt** mit der Folge einer verminderten Bemessungsgrundlage gewähren kann. Nach dem nationalen Recht mindert der Personalrabatt demgegenüber die Bemessungsgrundlage, soweit der verbleibende (vom Arbeitnehmer zu zahlende) Preis die Entnahmewerte nicht unterschreitet, wovon häufig auszugehen ist.[2] 183

Im Hinblick auf diese Regelungsunterschiede beruht das nationale Recht im Ausgangspunkt unionsrechtlich nur auf der ursprünglich erteilten Einzelermächtigung (Rz. 178), zumal es durch die Schaffung von Art. 11 Teil A Abs. 6 der 6. EG-Richtlinie im Rahmen der Richtlinie 2006/69/EG (Rz. 179) **nicht** zu einer **Aufhebung der allerdings nur fiktiv erteilt geltenden Einzelermächtigung** gekommen, wie sich aus Art. 2 dieser Richtlinie und ihrem Anhang II ergibt. Bestätigt wird dies dadurch, dass der ursprüngliche Vorschlag der Kommission für diese Richtlinie eine Aufhebung der Einzelermächtigung vorsah.[3] Gleichwohl kann Art. 80 MwStSystRL für die Auslegung des nationalen Rechts von Bedeutung sein.[4] 184

Hiervon geht nunmehr auch der BFH aus. Der BFH hatte zwar die bloße Tatsache des Bestehens dieser Bestimmung im Hinblick auf die Abweichungsermächtigung (Rz. 178) zunächst außer Betracht gelassen. Geändert hat sich dies aber für **Voranmeldungs- und Besteuerungszeiträume ab Änderung von § 10 Abs. 5 UStG durch das KroatienAnpG**[5]. Der BFH leitet aus dieser Änderung ab, dass im Rah- 185

1 EuGH, Urt. v. 26.4.2012 – C-621/10 und C-129/11, ECLI:EU:C:2012:248 – Balkan and Sea Properties und Provadinvest, UR 2012, 435; vgl. hierzu *Slapio*, UR 2012, 429 und *Wäger*, UR 2013, 81 (97).

2 Vgl. z.B. zum Jahreswagen Abschn. 1.8 Abs. 6 Satz 4 UStAE.

3 Vorschlag der Kommission v. 16.3.2005, KOM(2005) 89 endgültig, 2005/0019 (CNS) S. 11 im Anhang I zur „Unveröffentlichte Entscheidung des Rates aus dem Jahre 1979 betreffend die Steuerbemessungsgrundlage bei Lieferungen von Gegenständen und bei Dienstleistungen, die von bestimmten verbundenen Personen getätigt werden (Bundesrepublik Deutschland)".

4 Im Ergebnis ähnlich *Probst* in Hartmann/Metzenmacher, UStG, § 10 UStG Rz. 393 (Stand: Juni 2019), der allerdings Art. 80 MwStSystRL als unionsrechtliche Grundlage für das nationale Recht ansieht; gegen eine richtlinienkonforme Auslegung von § 10 Abs. 5 UStG entsprechend Art. 80 MwStSystRL aber *Stapperfend* in Rau/Dürrwächter, UStG, § 10 UStG Rz. 556 (Stand: Oktober 2020) und *Treiber* in Sölch/Ringleb, UStG, § 10 Rz. 604 (Stand: Oktober 2022).

5 Art. 7 Nr. 2 Buchst. a und b i.V.m. Art. 28 Abs. 1 des Gesetzes zur Anpassung des nationalen Steuerrechts an den Beitritt Kroatiens zur EU und zur Änderung weiterer steuerlicher Vorschriften (KroatienAnpG) v. 25.7.2014, BGBl. I 2014, 1266.

men einer unionsrechtskonformen Auslegung des nationalen Rechts nunmehr auch Art. 80 MwStSystRL zu berücksichtigen ist. Hieraus folgt, dass aus der stillschweigend als erteilt geltenden Einzelermächtigung (Rz. 178) im Auslegungswege keine weitergehenden Anforderungen abgeleitet werden können, als sie sich aus den – aus der Sicht des Unionsgesetzgebers als abschließend anzusehenden – Voraussetzungen des Art. 80 MwStSystRL ergeben. Daher kommt es insbesondere nicht in Betracht, § 10 Abs. 5 Satz 1 Nr. 1 UStG unter Vorbehalt einer Entnahmebesteuerung für den Fall einer unentgeltlichen Erbringung derselben Leistung zu stellen (zu § 10 Abs. 5 Satz 1 Nr. 2 UStG s. Rz. 194).[1]

186 Von Bedeutung ist dies auch für die Frage, ob § 10 Abs. 5 Satz 1 Nr. 1 UStG auch auf Leistungen an zum Vorsteuerabzug berechtigte Empfänger anzuwenden ist. Der BFH hat dies bereits in der Vergangenheit jedenfalls für die Leistungen verneint, die beim Empfänger zu keiner Vorsteuerberichtigung nach § 15a UStG führen können.[2] Eine derartige Einschränkung ist Art. 80 Abs. 1 Buchst. a MwStSystRL, der auf eine Leistungserbringung an nicht oder nur eingeschränkt zum Vorsteuerabzug berechtigte Personen abstellt, jedenfalls nach seinem Wortlaut nicht zu entnehmen. Ist diese Bestimmung jedenfalls seit den Änderungen durch das **KroatienAnpG** auch für die Auslegung des nationalen Rechts zu beachten, kommt eine die Fortführung der an die Vorsteuerberichtigung anknüpfenden Unterscheidung ohne weitergehende unionsrechtliche Klärung wohl nicht in Betracht.

4. Verhältnis zu anderen Vorschriften und Rechtsentwicklung

187 § 10 Abs. 5 UStG bestimmt ein dem Grunde nach vorliegendes Entgelt abweichend von § 10 Abs. 1 UStG, wenn die Bemessungsgrundlage nach § 10 Abs. 4 UStG die nach § 10 Abs. 1 UStG übersteigt. Ob ein Entgelt vorliegt, kann bei einer im Vergleich zu einem fremdüblichen Entgelt nur sehr geringen Preisvereinbarung fraglich sein. Ein nur **„symbolischer Betrag"** führt noch nicht zu einer Entgeltvereinbarung.[3] Beläuft sich eine Zahlung auf 8,5 v.H. der Kosten, ist eine nur symbolische Preisvereinbarung (in Abhängigkeit von den weiteren Umständen) zu verneinen.[4]

188 Die Vorschrift wurde mit dem UStG 1980 eingefügt. Mit Wirkung ab 1.7.2014 enthält das nationale Recht eine Einschränkung auf der Rechtsfolgenseite.[5] Danach ist die Bemessungsgrundlage höchstens nach dem marktüblichen Entgelt zu bemessen. Diese Einschränkung gilt allerdings gemäß dem neuen § 10 Abs. 5 Satz 2 UStG nicht, wenn das vereinbarte Entgelt das marktübliche Entgelt übersteigt. Es ist dann nach dem marktüblichen Entgelt zu versteuern.

II. Voraussetzungen

1. Leistungen an nahestehende Personen (Absatz 5 Satz 1 Nr. 1)

189 § 10 Abs. 5 Satz 1 Nr. 1 UStG ordnet die entsprechende Anwendung von § 10 Abs. 4 UStG auf die Leistungen von Unternehmern an, die diese an ihre Anteilseigner, Gesellschafter, Mitglieder, Teilhaber oder diesen nahestehenden Personen erbringen. Dabei handelt es sich um Körperschaften und Personenvereinigungen i.S.d. § 1 Abs. 1 Nr. 1–5 KStG, nichtrechtsfähige Personenvereinigungen sowie um Gemeinschaften. Juristische Personen des öffentlichen Rechts (§ 1 Abs. 1 Nr. 6 KStG) mit Unternehmereigenschaft nach §§ 2, 2b UStG gehören nicht hierzu,[6] da es bei ihnen keine Anteilseigner gibt. Der Begriff der nichtrechtsfähigen Personenvereinigungen erklärt sich aus dem früheren Rechtsverständnis zur Personengesellschaft bei der Schaffung der Vorschrift. Dieses hat sich heute dahingehend gewandelt, dass auch Personenhandelsgesellschaften und die GbR als rechtsfähig (wenn auch ohne ei-

---

1 BFH, Urteil vom 12.10.2023 – V R 11/21, BStBl. II 2024, 276 = UR 2024, 85 m. Anm. *Widmann*, Rz. 23 ff.; anders zur Rechtslage vor der Änderung durch das KroatienAnpG BFH, Urt. v. 10.6.2020 – XI R 25/18, BFHE 270, 181 = UR 2020, 830, Rz. 64.

2 BFH, Urt. v. 24.1.2008 – V R 39/06, BStBl. II 2009, 786 = UR 2008, 512, unter II.2.b und BFH, Urt. v. 5.6.2014 – XI R 44/12, BStBl. II 2016, 187 = UR 2014, 700, Rz. 29, 36 und 37.

3 EuGH, Urt. v. 20.1.2005 – C-412/03, ECLI:EU:C:2005:47 – Hotel Scandic Gåsabäck, UR 2005, 98, Rz. 26.

4 BFH, Urt. v. 15.11.2007 – V R 15/06, BStBl. II 2009, 423 = UR 2008, 556.

5 Gesetz zur Anpassung des nationalen Steuerrechts an den Beitritt Kroatiens zur EU und zur Änderung weiterer steuerlicher Vorschriften v. 25.7.2014, BGBl. I 2014, 1266.

6 BFH, Urt. v. 28.6.2017 – XI R 12/15, UR 2017, 758 m. Anm. *Sterzinger* und Anm. *Rust*.

gene Rechtspersönlichkeit) anerkannt sind. Die Nennung der Gemeinschaft erklärt sich daraus, dass diese früher als Unternehmerin angesehen wurde, was der BFH aber nunmehr verneint.[1]

Für den Begriff der nahestehenden Person stellt die FinVerw. insbesondere auf § 15 AO ab.[2] Zudem sind die Wertungen des Art. 80 Abs. 1 MwStSystRL zu berücksichtigen. 190

Erfasst werden auch Einzelunternehmer, die Leistungen an ihnen nahestehende Personen erbringen. Dabei kann z.B. eine Personenhandelsgesellschaft erfasst sein, an der der Einzelunternehmer beteiligt ist.[3] Dies kann z.B. der Arbeitgeber sein, an den der Arbeitnehmer als Einzelunternehmer vermietet[4] und bezieht sich z.B. auch auf Leistungen durch Anteilseigner oder Gesellschafter als Einzelunternehmer an ihre Gesellschaft, die als nahestehende Person anzusehen ist. Die Vorschrift erstreckt sich nach ihrem Wortlaut demgegenüber nicht auf Personengesellschaften, die Leistungen an ihre Tochtergesellschaften erbringen. Eine analoge Anwendung der Vorschrift wird vom BFH abgelehnt.[5] 191

Die Leistung der Körperschaft etc. muss im Rahmen ihres Unternehmens erfolgen. Damit wiederholt § 10 Abs. 5 Satz 1 Nr. 1 UStG unnötigerweise ein sich bereits aus der Steuerbarkeit nach § 1 Abs. 1 Nr. 1 UStG ergebendes Kriterium. Es kommt für die Anwendung von § 10 Abs. 5 Satz 1 Nr. 1 UStG jedenfalls aufgrund der Änderung durch das **KroatienAnpG** (Rz. 185) nicht darauf an, dass die Leistung im Fall ihrer unentgeltlichen Erbringung zu einer Entnahmebesteuerung führt. Eine Vorsteuerabzugsberechtigung des Leistungsempfängers steht der Anwendung der Vorschrift entgegen (Rz. 186). 192

2. Leistungen des Unternehmers an sein Personal (Absatz 5 Satz 1 Nr. 2)

§ 10 Abs. 5 Satz 1 Nr. 2 UStG ordnet die entsprechende Anwendung von § 10 Abs. 4 UStG auf die Leistungen aller Unternehmer an ihr Personal einschließlich der Angehörigen des Personals an. Der Unternehmer muss die Leistung aufgrund des Dienstverhältnisses ausführen. Damit verwendet § 10 Abs. 5 Satz 1 Nr. 2 UStG weiterhin denselben Begriff wie § 1 Abs. 1 Nr. 1 Buchst. b UStG a.F., der zusammen mit § 1 Abs. 2 Nr. 2 Buchst. a und b UStG a.F. mit Wirkung zum 1.4.1999 durch § 3 Abs. 1b und Abs. 9a UStG ersetzt wurde. Nach § 1 Abs. 1 Nr. 1 Buchst. b UStG entfiel die Steuerbarkeit nicht, wenn „ein Unternehmer Lieferungen oder sonstige Leistungen an seine Arbeitnehmer oder deren Angehörige auf Grund des Dienstverhältnisses ausführt, für die die Empfänger der Lieferung oder sonstigen Leistung (Leistungsempfänger) kein besonders berechnetes Entgelt aufwenden", wobei dies „nicht für Aufmerksamkeiten" galt. 193

Nach der Rechtsprechung des BFH entsprach der Begriff „aufgrund des Dienstverhältnisses" in § 10 Abs. 5 Satz 1 Nr. 2 UStG dem in § 1 Abs. 1 Nr. 1 Buchst. b UStG a.F. und ist nunmehr entsprechend der Nachfolgetatbestände durch § 3 Abs. 1b und Abs. 9a UStG auszulegen. Daher ist die Mindestbemessungsgrundlage nach § 10 Abs. 5 Satz 1 Nr. 2 UStG nur auf Leistungen anzuwenden, die bei einer unentgeltlichen Leistungserbringung nach § 3 Abs. 1b Satz 1 Nr. 2 und Abs. 9a i.V.m. § 10 Abs. 4 UStG steuerbar sind.[6] Hieran hat sich aufgrund der Änderungen durch das **KroatienAnpG** (Rz. 185) nichts geändert.[7] Die Mindestbemessungsgrundlage ist daher weiterhin auf die Sammelbeförderung von Arbeitnehmern zum Arbeitsort aufgrund betrieblicher Erfordernisse oder die Überlassung von Arbeitskleidung gegen ein den Entnahmewert unterschreitendes Entgelt nicht anzuwenden. Dem gleichzustellen ist die verbilligte Parkplatzüberlassung am Arbeitsort an Arbeitnehmer, die häufig aushäusige Termine wahrzunehmen haben.[8] 194

frei 195–197

1 BFH, Urt. v. 22.11.2018 – V R 65/17, BFHE 263, 90 = UR 2019, 179 m. Anm. *Heinrichshofen*.
2 Abschn. 10.7. Abs. 1 Satz 2 UStAE.
3 BFH, Urt. v. 9.11.2022 – XI R 31/19, BFHE 279, 227 = UR 2023, 375, Rz. 30.
4 BFH, Urt. v. 11.10.2007 – V R 77/05, BStBl. II 2008, 443 = UR 2008, 378.
5 BFH, Urt. v. 28.6.2017 – XI R 12/15, BFHE 258, 532 = UR 2017, 758 m. Anm. *Sterzinger* und Anm. *Rust*.
6 BFH, Urt. v. 15.11.2007 – V R 15/06, BStBl. II 2009, 423 = UR 2008, 556; ebenso BFH, Urt. v. 27.2.2008 – XI R 50/07, BStBl. II 2009, 426 = UR 2008, 558.
7 BFH, Urt. v. 12.10.2023 – V R 11/21, BStBl. II 2024, 276 = UR 2024, 85 m. Anm. *Widmann*, Rz. 26.
8 Vgl. zur entgeltlichen Leistungserbringung bei dieser Fallgestaltung BFH, Urt. v. 14.1.2016 – V R 63/14, BStBl. II 2016, 360 = UR 2016, 279 – nicht zu entscheiden war dort allerdings über die Frage, ob über das vereinbarte Entgelt hinaus auch § 10 Abs. 5 Satz 1 Nr. 2 UStG anwendbar gewesen wäre.

III. Rechtsfolgen

1. Entgeltvergleich

198 § 10 Abs. 5 UStG erfordert einen Entgeltvergleich. Aufgrund der Neuregelung in § 10 Abs. 4 Nr. 2 Satz 3 UStG wird die dort vorgesehene Verteilung von Anschaffungs- und Herstellungskosten auf die Berichtigungszeiträume nach § 15a UStG (Rz. 168 f.) zu höheren Ausgaben als bei einer Vermietung führen. Damit ist die Möglichkeit entfallen, entsprechend der früheren Rechtslage für eine Vergleichskostenberechnung auf die ertragsteuerrechtliche AfA abzustellen.[1] Eine Korrektur des sich nach § 10 Abs. 5 und Abs. 4 Nr. 2 Satz 3 UStG ergebenden Werts erfolgt aber über die Marktüblichkeit.

2. Obergrenze Marktüblichkeit

199 Die Obergrenze des sich nach § 10 Abs. 5 UStG ergebenden Entgelts ist das marktübliche Entgelt. Betrachtet man diesen Begriff entsprechend Art. 72 Abs. 1 MwStSystRL, handelt es sich um einen Preis, der entsprechend den Bedingungen des freien Wettbewerbs im Mitgliedstaat, in dem der Umsatz steuerpflichtig ist, auf derselben Absatzstufe zu zahlen ist. Die BFH-Rechtsprechung deutet darauf hin, dass für die Prüfung der Marktüblichkeit nicht nur auf Vergleichsleistungen in derselben Gemeinde, sondern auch auf Leistungen in Vergleichsregionen abzustellen ist.[2]

3. Auswirkungen der Vorschrift auf die zivilrechtliche Preisvereinbarung

200 Der Unternehmer wird durch das UStG nicht gezwungen, für Leistungen an die in § 10 Abs. 5 Satz 1 UStG genannten Personen ein der Mindestbemessungsgrundlage entsprechendes Entgelt zu vereinbaren und einzufordern. Er kann vielmehr ein nach § 10 Abs. 5 UStG zu geringes Entgelt vereinbaren und zugleich auf der Grundlage von § 10 Abs. 5 UStG versteuern.[3]

201 Damit ist nunmehr zwischen vier Fällen zu unterscheiden:

- Ist das vereinbarte Entgelt (100) höher als das Marktentgelt (80), aber niedriger als der Entnahmewert (120), ist nach der Entgeltvereinbarung zu versteuern.[4] Dies ergibt sich aus § 10 Abs. 5 Satz 2 UStG.
- Ist der Entnahmewert (140) höher als das Marktentgelt (120), der das vereinbarte Entgelt (100) übersteigt (oder diesem entspricht), ist nach dem Marktentgelt zu versteuern.[5] Dies folgt aus § 10 Abs. 5 Satz 1 erster HS UStG.
- Ist das Marktentgelt (140) höher als der Entnahmewert (120), der das vereinbarte Entgelt (100) übersteigt, ist nach dem nationalen Recht der Entnahmewert maßgeblich.[6] Dies ergibt sich § 10 Abs. 5 Satz 1 erster HS UStG. Nach dem Unionsrecht wäre demgegenüber das (festgestellte) Marktentgelt maßgeblich. Dies würde im Hinblick auf den ausdrücklichen Wortlaut des nationalen Rechts aber zu einer Auslegung contra legem führen und kommt daher nicht in Betracht.
- Praxiswichtig ist auch ein vierter Fall, in dem das vereinbarte Entgelt (100) zwar den Entnahmewert (80) übersteigt, aber hinter dem Marktentgelt (120) zurückbleibt. Es ist dann nach der Entgeltvereinbarung zu versteuern.[7]

4. Bedeutung der Umsatzsteuer (Absatz 5 Satz 2)

202 Die Umsatzsteuer gehört wie bei § 10 Abs. 1 Satz 2 UStG über § 10 Abs. 4 Satz 2 UStG nicht zur Bemessungsgrundlage.

---

1 Vgl. BFH, Urt. v. 18.12.1996 – XI R 12/96, BStBl. II 1997, 374 = UR 1998, 18 m. Anm. *Stadie*, zur früher bestehenden Rechtslage.
2 BFH, Urt. v. 24.8.2023 – V R 49/20, BFHE 281, 270 = UR 2023, 906, Rz. 29.
3 BFH, Urt. v. 7.10.2010 – V R 4/10, BStBl. II 2016, 181 = UR 2011, 626.
4 Ebenso Abschn. 10.7 Abs. 1 Beispiel 1 Fall 2 und Beispiel 2 Buchst. b UStAE.
5 Ebenso Abschn. 10.7 Abs. 1 Beispiel 1 Fälle 3 und 4 und Beispiel 2 Buchst. c UStAE.
6 Ebenso Abschn. 10.7 Abs. 1 Beispiel 1 Fall 1 und Beispiel 2 Buchst. a UStAE.
7 Vgl. z.B. zum Jahreswagen Abschn. 1.8 Abs. 6 Satz 4 UStAE.

F. Beförderungseinzelbesteuerung (Absatz 6)

Die Bemessungsgrundlage für die Beförderungseinzelbesteuerung nach § 16 Abs. 5 UStG (§ 16 Rz. 30 ff.) ergibt sich aus § 10 Abs. 6 UStG. Dabei tritt ein Durchschnittsbeförderungsentgelt an die Stelle des Entgelts nach § 10 Abs. 1 UStG. Das Durchschnittsbeförderungsentgelt beträgt nach § 10 Abs. 6 Satz 3 UStG i.V.m. § 25 UStDV 4,43 Cent je Personenkilometer. Der Personenkilometer berechnet sich nach der Zahl der beförderten Personen und der Zahl der Kilometer der Beförderungsstrecke im Inland. Das Durchschnittsbeförderungsentgelt muss zu einer Steuer führen, die nicht wesentlich von dem Betrag abweicht, der sich nach diesem Gesetz ohne Anwendung des Durchschnittsbeförderungsentgelts ergeben würde. 203

§ 11 Bemessungsgrundlage für die Einfuhr

(1) Der Umsatz wird bei der Einfuhr (§ 1 Abs. 1 Nr. 4) nach dem Wert des eingeführten Gegenstands nach den jeweiligen Vorschriften über den Zollwert bemessen.

(2) [1]Ist ein Gegenstand ausgeführt, in einem Drittlandsgebiet für Rechnung des Ausführers veredelt und von diesem oder für ihn wieder eingeführt worden, so wird abweichend von Absatz 1 der Umsatz bei der Einfuhr nach dem für die Veredelung zu zahlenden Entgelt oder, falls ein solches Entgelt nicht gezahlt wird, nach der durch die Veredelung eingetretenen Wertsteigerung bemessen. [2]Das gilt auch, wenn die Veredelung in einer Ausbesserung besteht und an Stelle eines ausgebesserten Gegenstands ein Gegenstand eingeführt wird, der ihm nach Menge und Beschaffenheit nachweislich entspricht. [3]Ist der eingeführte Gegenstand vor der Einfuhr geliefert worden und hat diese Lieferung nicht der Umsatzsteuer unterlegen, so gilt Absatz 1.

(3) Dem Betrag nach Absatz 1 oder 2 sind hinzuzurechnen, soweit sie darin nicht enthalten sind:

1. **die im Ausland für den eingeführten Gegenstand geschuldeten Beträge an Einfuhrabgaben, Steuern und sonstigen Abgaben;**
2. **die auf Grund der Einfuhr im Zeitpunkt des Entstehens der Einfuhrumsatzsteuer auf den Gegenstand entfallenden Beträge an Einfuhrabgaben und an Verbrauchsteuern außer der Einfuhrumsatzsteuer, soweit die Steuern unbedingt entstanden sind;**
3. **die auf den Gegenstand entfallenden Kosten für die Vermittlung der Lieferung und die Kosten der Beförderung sowie für andere sonstige Leistungen bis zum ersten Bestimmungsort im Gemeinschaftsgebiet;**
4. **die in Nummer 3 bezeichneten Kosten bis zu einem weiteren Bestimmungsort im Gemeinschaftsgebiet, sofern dieser im Zeitpunkt des Entstehens der Einfuhrumsatzsteuer bereits feststeht.**

(4) Zur Bemessungsgrundlage gehören nicht Preisermäßigungen und Vergütungen, die sich auf den eingeführten Gegenstand beziehen und die im Zeitpunkt des Entstehens der Einfuhrumsatzsteuer feststehen.

(5) Für die Umrechnung von Werten in fremder Währung gelten die entsprechenden Vorschriften über den Zollwert der Waren, die in Rechtsakten des Rates der Europäischen Union oder der Europäischen Kommission festgelegt sind.

Schrifttum: S. zu älterer Literatur auch die Vorauflagen.

Henke, Wo Zoll und Umsatzsteuer sich berühren – Eine Geschichte von Distanz und Nähe, in *Summersberger/Merz/Jatzke/Achatz* (Hrsg.), Außenwirtschaft, Verbrauchsteuern und Zoll im 21. Jahrhundert, Festschrift für Hans-Michael Wolffgang, Köln 2018, S. 645 ff.; *Vonderbank*, Zollwert – Von der Theorie zur Praxis, 2. Aufl., *Witten* 2018; *Vonderbank*, Zollwert für Praktiker, 1. Aufl., Köln 2021.

A. Grundaussagen

I. Regelungsgegenstand und Bedeutung

1 § 11 UStG regelt die **Bemessungsgrundlage für die Einfuhr**, d.h. den Steuertatbestand der Einfuhr gemäß § 1 Abs. 1 Nr. 4 UStG. Voraussetzung ist damit die Einfuhr gemäß § 1 Abs. 4 UStG und das Verneinen einer Steuerbefreiung gemäß § 5 UStG.

2 In den Fällen der Berechtigung des Einführers zum vollen Vorsteuerabzug kommt der Einfuhrumsatzsteuer keine wirtschaftliche Bedeutung zu. Für Vorsteuerabzugsberechtigte bestehen daher Erleichterungen.[1]

3 Mit der Einfuhrumsatzsteuer werden eingeführte Gegenstände im Hinblick auf die Umsatzsteuer mit den inländischen Gegenständen, die mit Umsatzsteuer belastet sind, gleichgestellt. In § 1 Nr. 3 UStG 1951 war deswegen noch von der Ausgleichssteuer die Rede.

4 Anders als bei den als Einfuhrabgaben nach dem UZK erhobenen Zöllen, werden mit der Einfuhrumsatzsteuer als Einfuhrabgabe nach dem ZollVG eine Wettbewerbsneutralität herbeigeführt und eine Diskriminierung vermieden (Art. III GATT, Art. 110 Vertrag über die Arbeitsweise der EU). Das Motiv für die Erhebung von Zöllen und die Arten der Zölle sind verschieden, aber die Wettbewerbsneutralität wird mit der Erhebung eines Zolls generell nicht verfolgt. Die Zölle der EU werden nach dem UZK schlicht als Abgabe auf Einfuhren erhoben.

5 Bemessungsgrundlage der vormals für Einfuhren erhobenen **Umsatzausgleichsteuer** war der Erwerbspreis des Einführers (§ 6 Abs. 1 UStG 1932 i.V.m. § 8 AStO). Dieser Erwerbspreis entsprach dem heutigen Entgelt gemäß § 10 Abs. 1 UStG. Bis 1951 fehlte es für eine Wertverzollung an Zollvorschriften; so dass anders als heute die Umsatzsteuervorschriften über die Bewertung für die Wertverzollung maßgeblich waren (§ 53 ZG 1939 i.V.m. § 4 AStO 1939). Heute verweist das UStG dagegen für die Bemessungsgrundlage für die Einfuhr im Wesentlichen auf die Zollvorschriften über die Ermittlung des Zollwerts.

II. Unionsrechtliche Grundlagen

6 Die Vorschrift setzt Art. 85–88 und Art. 91 MwStSystRL in das deutsche Recht um.

III. Verhältnis zu anderen Vorschriften und Rechtsentwicklung

7 § 11 UStG ist zu § 21 Abs. 2 UStG eine Spezialvorschrift für die Bemessungsgrundlage für die Einfuhr und hat Anwendungsvorrang.

1 Z.B. wegen der Prüfung des angemeldeten Zollwerts oder Verzichts auf die Rechnung gemäß Abs. 27 DV Einfuhrumsatzsteuer Z 8100.

Neben den unionsrechtlichen Zollwertvorschriften gibt es noch nationale Regelungen in § 10 ZollV bzgl. der Unterlagen für die Zollwertanmeldung. 8

Der Unternehmer hat gemäß § 17 Abs. 3 UStG in den Fällen der Änderung der Bemessungsgrundlage wegen Herabsetzung, Erlass oder Erstattung nach dem Vorsteuerabzug diesen zu berichtigen. 9

Für die Einfuhrumsatzsteuer besteht VSF Z 8100 und für das Zollwertrecht VSF Z 5101 als Verwaltungsvorschrift. Diese Verwaltungsvorschriften haben wegen der Selbstbindung der Zollverwaltung Bedeutung. Das Unionsrecht darf den Verwaltungsvorschriften aber nicht entgegenstehen. Schreiben der Abteilung III des BMF bzw. der Generalzolldirektion (z.B. Einführungserlass zur Anwendung neuen Unionsrechts im Zollbereich ab 1.5.2016) werden i.d.R. in den E-VSF-Nachrichten veröffentlicht. 10

Für die Auslegung der unionsrechtlichen Vorschriften über den Zollwert gibt es als Erkenntnismittel Kommentare und Schlussfolgerungen des gemäß Art. 285 UZK eingesetzten Ausschusses für den Zollkodex (Customs Expert Group, Customs Valuation Section). Auch der Technische Zollwertausschuss der **Weltzollorganisation** gibt einschlägige Dokumente zur Ermittlung des Zollwerts heraus. Nach Meinung des EuGH sind dies wertvolle Erkenntnismittel für die Auslegung der Zollwertvorschriften.[1] 11

Gegen die zollamtliche Feststellung der Bemessungsgrundlage für die Einfuhrumsatzsteuer ist nicht selbstständig ein Rechtsbehelf möglich. Der Rechtsbehelf des Einspruchs ist vielmehr gegen die Mitteilung der Einfuhrabgaben (Steuerverwaltungsakt) einzulegen. 12

Gemäß Art. 44 UZK kann gegen die Entscheidungen der Zollbehörde ein **Rechtsbehelf** eingelegt werden. Wegen der Einzelheiten verweist Art. 44 Abs. 4 UZK auf das nationale Recht, so dass der Einspruch gemäß § 347 AO möglich ist. Mangels aufschiebender Wirkung des Einspruchs, wird die Vollziehung der Entscheidung gemäß Art. 45 Abs. 2 UZK bei begründeten Zweifeln an der Rechtmäßigkeit der angefochtenen Entscheidung oder wenn dem Beteiligten ein unersetzbarer Schaden droht ganz oder teilweise ausgesetzt. In der Regel ist für die Aussetzung der Vollziehung eine Sicherheit zu leisten. 13

B. Zollwert als Bemessungsgrundlage (Absatz 1)

I. Regelungsgegenstand

Gemäß § 11 Abs. 1 UStG wird für den Umsatz bei der Einfuhr gemäß § 1 Abs. 1 Nr. 4 UStG auf den Wert des eingeführten Gegenstands Bezug genommen. Dieser Einfuhrwert wird nach den jeweiligen Vorschriften über den **Zollwert** bemessen. 14

Die Vorschriften über den Zollwert ergeben sich aus dem Unionszollrecht. Im Einzelnen sind dies die Art. 69–76 UZK i.V.m. Art. 127–146 UZK-DVO und Art. 6 UZK-TDA. Es handelt sich bei der Verweisung um eine dynamische Verweisung, da auf die „nach den jeweiligen **Vorschriften über den Zollwert**" geltenden Vorschriften Bezug genommen wird. So haben die Vorschriften über den Zollwert des ZK für nach dem 1.5.2016 entstehende Einfuhrumsatzsteuer keine praktische Bedeutung mehr. Auch nicht mehr geltende Regelungen (z.B. wegen eines Vorerwerberpreises als Basis der Zollwertermittlung) haben keine praktische Bedeutung mehr. 15

Der Zollwert ist gemäß Art. 69 UZK für die **Anwendung des Gemeinsamen Zolltarifs** und nichttarifärer Maßnahmen, die in Unionsvorschriften zu bestimmten Bereichen des Warenverkehrs geregelt sind, zu ermitteln. Die zollrechtlichen Vorschriften finden auf die in das und aus dem Zollgebiet der EU verbrachten Waren Anwendung. 16

Das Zollgebiet der EU und das **Steuergebiet der EU** sind nicht deckungsgleich. So kann ein steuerrechtlicher Einfuhrtatbestand verwirklicht werden, ohne dass zugleich zollrechtlich ein Verbringen in das Zollgebiet der EU vorliegt. Dies ist z.B. bei der Einfuhr von den Kanarischen Inseln der Fall, die zwar zum Zollgebiet der EU, aber nicht zum Steuergebiet der EU gehören. Für die Gegenstände, die aus einem umsatzsteuerrechtlichen Drittgebiet in das Inland verbracht werden, sind gemäß Art. 114 UZK-DA die zollrechtlichen Vorschriften des Titels IV Kap. 2 UZK-DA sowie die Art. 133–152 UZK 17

1 EuGH, Urt. v. 9.3.2017 – C-173/15, ECLI:EU:C:2017:195 – GE Healthcare, ZfZ 2017, 209.

anzuwenden. Wegen dieser Spezialregelung bedarf es keiner sinngemäßen Anwendung der Zollwertvorschriften.

II. Zollwert

1. Allgemeines

18 Gemäß § 11 Abs. 1 UStG wird der Umsatz bei der Einfuhr nach dem Wert des eingeführten Gegenstands nach den jeweiligen Vorschriften über den Zollwert bemessen. Die Bemessungsgrundlage für die Einfuhr ist in § 11 UStG abweichend zu der Bemessungsgrundlage für Lieferungen, sonstige Leistungen und innergemeinschaftliche Erwerbe des § 10 UStG geregelt.

19 § 10 UStG bemisst die Grundlage nach dem **Entgelt**. § 11 Abs. 1 UStG verweist für die Bemessung dynamisch auf den Zollwert. Damit sind aktuell die europäischen Zollwertvorschriften der Art. 69–76 UZK, der Art. 127–146 UZK-DVO für die Ermittlung der Bemessungsgrundlage für die Einfuhr maßgeblich. Sollten sich diese aufgrund der Aktivität des europäischen Gesetzgebers ändern, hätte der deutsche Gesetzgeber hierauf keinen Einfluss.

20 Anders als in § 21 Abs. 2 UStG wonach die Vorschriften für Zölle für die Einfuhrumsatzsteuer „sinngemäß gelten" sind die **Zollwertvorschriften** wegen des Verweises gemäß § 11 Abs. 1 UStG unmittelbar anzuwenden. Damit wird das Unionszollrecht Bestandteil des nationalen Umsatzsteuerrechts. Dennoch hat der deutsche Gesetzgeber den Wortlaut der MwStSystRL „der durch die geltenden Gemeinschaftsvorschriften als Zollwert bestimmt ist" nicht wörtlich übernommen. Der fehlende Verweis auf die Gemeinschaftsvorschriften (jetzt Unionsvorschriften) ist unbeachtlich, weil die Zollwertvorschriften ausschließlich unionsrechtliche sind.

21 Für die Bemessungsgrundlage der Einfuhr sind die europäischen Zollwertvorschriften auch dann maßgeblich, wenn keine Einfuhrabgabe i.S.d. Art. 5 Nr. 20 UZK erhoben wird (tarifliche oder außertarifliche Zollbefreiung bzw. bei einem spezifischen Zollsatz).

22 Die Einfuhrumsatzsteuer wird als **nationale Einfuhrabgabe** i.S.d. § 1 Abs. 1 Satz 3 ZollVG erhoben und fällt in die Zuständigkeit der Zollverwaltung (Art. 108 Abs. 1 GG). Mit § 21 Abs. 2 UStG und auch durch Verweise in den Spezialvorschriften des UStG für Einfuhren bzw. Ausfuhren auf die Vorschriften für Zölle wird gesetzestechnisch eine enge Verknüpfung der Einfuhrumsatzsteuer mit dem Zollrecht herbeigeführt.[1] Diese rechtliche Verknüpfung wird von der Verwaltung gesichert, in dem nur ein einziges Verwaltungsverfahren notwendig ist. Die Zoll-/Einfuhrumsatzsteueranmeldung wird gemeinsam mit der Mitteilung der Einfuhrgaben (Steuerbescheid der Zollverwaltung) gemeldet. Die mitgeteilte Einfuhrumsatzsteuer kann von der Zollverwaltung nachträglich geprüft werden. In die Zuständigkeit der Steuerverwaltung der Länder fällt die Prüfung der als Vorsteuer abgezogenen Einfuhrumsatzsteuer im Rahmen ihrer Zuständigkeit für das umsatzsteuerliche Besteuerungsverfahren.

23 Der Zollwert der Waren wird gemäß Art. 69 UZK für die Anwendung des Gemeinsamen Zolltarifs und nichttarifärer Maßnahmen, die in Unionsvorschriften zu bestimmten Bereichen des Warenverkehrs geregelt sind, ermittelt.

2. Zollwertmethoden

24 Die vorrangige Grundlage für den Zollwert von Waren ist der Transaktionswert (**Transaktionswertmethode** gemäß Art. 70 UZK). Der Transaktionswert ist der für die Waren bei einem Verkauf zur Ausfuhr in das Zollgebiet der EU tatsächlich gezahlte oder zu zahlende Preis, der erforderlichenfalls anzupassen ist. Die Anpassungen erfolgen gemäß Art. 71 UZK als Hinzurechnungen bzw. gemäß Art. 72 UZK als Abzugsposten. Kann der Zollwert nicht nach der Transaktionswertmethode ermittelt werden, werden gemäß Art. 74 UZK nachrangige Methoden nacheinander geprüft. Kann der Zollwert nicht nach den vier weiteren Methoden (Art. 74 Abs. 2 Buchst. a-d UZK) ermittelt werden, wird er im Rahmen der Schlussmethode gemäß Art. 74 Abs. 3 UZK ermittelt.

1 BFH, Urt. v. 23.9.2009 – VII R 44/08, BStBl. II 2010, 334 = UR 2010, 120.

Mit der Transaktionswertmethode, den vier Folgemethoden und der Schlussmethode kennt der UZK sechs Methoden, um den Zollwert eingeführter Waren zu ermitteln: 25

1. Transaktionswert eingeführter Waren
2. Transaktionswert gleicher Waren
3. Transaktionswert ähnlicher Waren
4. Deduktive Methode (auch retrogarde Methode sowie Weiterverkaufswert- oder Subtraktionsmethode)
5. Methode des errechneten Werts (auch Additive Methode oder ermittelter Zollwert)
6. Schlussmethode

Gemäß Art. 74 Abs. 1 Unterabs. 2 UZK kann der Anmelder die Reihenfolge der anzuwendenden Zollwert-Ermittlungsmethoden der Deduktiven Methode und Additiven Methode ändern. 26

Bei den zur Verfügung stehenden Methoden zur Zollwertermittlung ist es zwingend vorgesehen, mit der Transaktionswertmethode zu beginnen. Die Anwendung der **Folgemethoden** oder der **Schlussmethode** kommt nur in Betracht, wenn bestimmte Tatbestände des Art. 70 UZK zum Ausschluss der Transaktionswertmethode führen oder wenn die Zollbehörde begründete Zweifel an der Richtigkeit des angemeldeten Wertes hat. Kommt die Transaktionswertmethode nicht zur Anwendung, so ist der Zollwert in feststehender Reihenfolge zu ermitteln. Der Zollwertanmelder hat kein Wahlrecht. Auf seinen Antrag kann lediglich die Reihenfolge der Deduktiven Methode und der Additiven Methode umgekehrt werden. Erklärt der Anmelder, dass er die erforderlichen Unterlagen für eine Bewertungsmethode nicht vorlegen kann, ist der Übergang zu der jeweils nächsten Bewertungsmethode zulässig. 27

Trotz zahlreicher Voraussetzungen der **Transaktionswertmethode** scheidet ihre Anwendung in der Praxis nur in seltenen Fällen aus. Dies entspricht auch der Intention des GATT-Zollwert-Kodex 1994, dass der Transaktionswert so weit wie möglich die Grundlage für die Bewertung von Waren für Zollzwecke sein soll. Dagegen kann sie z.B. in den Fällen kostenloser Lieferungen oder Lieferungen zwischen rechtlich unselbstständigen Teilen eines Unternehmens (unternehmensinternes Verbringen) nicht angewendet werden. Bei einer Beeinflussung des Kaufpreises können auch Konzernlieferungen wegen einer Verbundenheit der Konzernunternehmen die Anwendung der Transaktionswertmethode ausschließen.[1] 28

Der Zollwert wird nicht nach mehreren Methoden ermittelt, denn dies würde im Ergebnis zu verschiedenen Zollwerten führen. Stufe für Stufe werden die Zollwertmethoden geprüft und die Methode, die zuerst zu einem Ergebnis führt, ermittelt den Zollwert. Das Vorliegen der Voraussetzungen einer vorhergehenden Methode schließt die Anwendung der nachfolgenden Methoden aus. Die zu bewertende Ware hat nur einen Zollwert. 29

3. Transaktionswertmethode

Der Transaktionswert ist in Art. 70 Abs. 1 UZK definiert als der für die Waren bei einem Verkauf zur Ausfuhr in die EU tatsächlich gezahlte oder zu zahlende Preis. Entsprechend den Art. 71 und 72 UZK muss gegebenenfalls eine Berichtigung vorgenommen werden (**Transaktionswertmethode**). Dies entspricht der Regelung in Art. 1 Abs. 1 GATT-Zollwert-Kodex 1994 und Art. 8 GATT-Zollwert-Kodex 1994, der notwendige Berichtigungen enthält. Nach der allgemeinen Einleitung des GATT-Zollwert-Kodex 1994 ist der Transaktionswert in erster Linie die Grundlage für den Zollwert. Der UZK enthält zwar keine derartige explizite Aussage, dennoch soll die Zollwertermittlung auf der Grundlage des Transaktionswertes die Regel sein. 30

Der i.S.d. Art. 70 Abs. 1 UZK **tatsächlich gezahlte oder zu zahlende Preis** ist gemäß Art. 70 Abs. 2 UZK die vollständige Zahlung, die der Käufer an den Verkäufer oder zu dessen Gunsten für die eingeführten Waren entrichtet oder zu entrichten hat. Der Preis schließt alle Zahlungen ein, die als Bedingung für das Kaufgeschäft über die eingeführten Waren vom Käufer an den Verkäufer oder vom Käufer an einen Dritten zur Erfüllung einer Verpflichtung des Verkäufers tatsächlich entrichtet werden oder zu entrichten sind. 31

---

1 Ausführlich *Möller*, Verrechnungspreis und Zollwert, Bochum 2004.

32 Anknüpfungspunkt für den **Transaktionswert** ist mithin der individuell vereinbarte Preis, nicht ein üblicher oder normaler Preis. Der Transaktionswert ist – mit anderen Worten – der gegebenenfalls schon entrichtete individuell vereinbarte Kaufpreis einschließlich aller Nebenleistungen für den Erwerb der eingeführten Waren. Der Transaktionswert ist Ausfluss des Grundsatzes der Vertragsfreiheit. Grundlage ist der zwischen den Vertragsparteien, im konkret zu betrachtenden Einfuhrfall, tatsächlich ausgehandelte Preis im Rahmen eines Kaufgeschäftes. Art. 70 UZK gilt als die zentrale Vorschrift der Zollwertermittlung. Eine Zollwertermittlung kommt mit den Folgemethoden oder nach der Schlussmethode nur in Betracht, wenn der Zollwert nach der Transaktionswertmethode nicht ermittelt werden kann (Priorität des Transaktionswerts).

33 Als Norm hat Art. 70 UZK verschiedene Funktionen. Er regelt in Absatz 1, dass der Transaktionswert der Zollwert und nicht ein Bestandteil des Zollwerts ist und definiert ihn näher, wobei er diese Definition in Absatz 2 ergänzt. In Absatz 3 führt er die Tatbestände auf, die zum Ausschluss des Transaktionswertes führen. Von den Tatbestandsmerkmalen des Art. 70 Abs. 1 UZK ausgehend, hat der Transaktionswert des UZK mehrere Elemente. Wertbestimmend sind davon der tatsächlich gezahlte oder zu zahlende Preis und die Berichtigung. Das Merkmal „**tatsächlich gezahlter oder zu zahlender Preis**" wird in Art. 70 Abs. 2 UZK definiert. Es handelt sich um die „vollständige" Zahlung, die der Käufer an den Verkäufer oder zu dessen Gunsten für die eingeführten Waren entrichtet oder zu entrichten hat. Sie schließt Zahlungen ein, die als Bedingung für das Kaufgeschäft über die eingeführten Waren vom Käufer an den Verkäufer oder vom Käufer an einen Dritten zur Erfüllung einer Verpflichtung des Verkäufers tatsächlich entrichtet werden oder zu entrichten sind. Zur vollständigen Zahlung gehören alle vom Käufer an den Verkäufer im Rahmen des Kaufgeschäfts zu erbringenden Leistungen. Die Regelung stellt sicher, dass der aufgrund des Kaufgeschäfts zu zahlende, d.h. vertraglich geschuldete vollständige Kaufpreis, der Bewertung zugrunde zu legen ist. Neben dem Rechnungspreis können nach dem Kaufgeschäft vom Käufer noch weitere Leistungen zu erbringen sein.

34 Ausgangspunkt für die Ermittlung des gezahlten oder zu zahlenden Preises ist der Rechnungsendbetrag, d.h. der Rechnungspreis abzüglich Preisermäßigungen (z.B. Muster- oder Mengenrabatt) und Skonto. Die Zahlungen sind in der Regel im Rechnungspreis enthalten. Setzt sich der gezahlte oder zu zahlende Kaufpreis aus mehreren Bestandteilen zusammen (**aufgespaltener Kaufpreis**), ist die Summe aller Zahlungen oder Leistungen maßgebend. Zahlungen müssen nicht notwendigerweise in Form einer Geldübertragung vorgenommen werden; sie können auch durch Kreditbriefe oder verkehrsfähige Wertpapiere erfolgen. Zahlungen können unmittelbar oder mittelbar durchgeführt werden. Es liegt eine Zahlung zu Gunsten des Verkäufers vor, wenn der Käufer eine Schuld des Verkäufers gegenüber einem Dritten begleicht (mittelbare Zahlung).

35 Ermäßigungen oder Erhöhungen des Kaufpreises, die sich aus Vertragsänderungen nach der Annahme der Zollanmeldung ergeben, bleiben zollwertrechtlich außer Betracht. Entsprechend ihrer Grundkonzeption knüpft die Transaktionswertmethode an den Preis an, der im Rahmen eines Kaufgeschäftes zwischen den Vertragsparteien vereinbart wurde.

36 Die Eignung dieses Kaufpreises als Maßstab für die Ermittlung des Transaktionswertes kann in Frage gestellt werden, wenn besondere Konstellationen vorliegen, die zu einer schädlichen Preisbeeinflussung führen. Dies ist z.B. die **Verbundenheit von Verkäufer und Käufer** im zollrechtlichen Sinn. In der Praxis sind dies die als Verrechnungspreis (transfer price) bezeichneten Preise, die auf eine solche Verbundenheit hinweisen. Diese Verbundenheit ist dann zollwertrechtlich unbeachtlich, wenn sie den Kaufpreis nicht beeinflusst hat. Im Konzern ist die Verbundenheit von Verkäufer und Käufer allein kein Grund, den Verrechnungspreis als unannehmbar anzusehen.

37 Zweifelt die Zollverwaltung, ob der Verrechnungspreis durch die Verbundenheit beeinflusst wurde, ist ein Verfahren zu seiner Anerkennung erforderlich. Dieses **Anerkennungsverfahren** basiert auf dem Grundsatz des Fremdvergleichs. Es umfasst ein Prüfverfahren oder auf Antrag des Zollanmelders ein Vergleichsverfahren. Die Ermittlungen der Zollverwaltung werden dabei auf die Beseitigung der Zweifel beschränkt. Bei dem Prüfverfahren werden die Umstände des Kaufgeschäfts von der Zollverwaltung genauer untersucht. Der Verrechnungspreis wird als Transaktionswert anerkannt, wenn aufgezeigt wird, dass Käufer und Verkäufer trotz der Verbundenheit voneinander kaufen oder einander verkaufen, als wenn sie nicht verbunden wären. Zielsetzung ist die Ermittlung eines Fremdvergleichspreises. Der Zollanmelder muss dafür konkrete und nachprüfbare Angaben machen. Das Vergleichsverfahren gibt dem Zollanmelder die Möglichkeit nachzuweisen, dass der Verrechnungspreis einem bereits von

einer Zollverwaltung der Mitgliedstaaten anerkannten Zollwert (**Vergleichswert**) sehr nahe kommt und daher als Transaktionswert anerkannt werden kann. Der Nachweis ist auch erbracht, wenn die Zollverwaltung die erforderlichen Informationen bereits hat. Wird der Verrechnungspreis von der Zollverwaltung als Transaktionswert anerkannt, kann der Zollwert nach der Transaktionswertmethode ermittelt werden. Andernfalls werden die Folgemethoden bzw. die Schlussmethode in gesetzlicher Reihenfolge geprüft.[1]

Gemäß Art. 71 Abs. 1 UZK sind dem für die eingeführten Waren tatsächlich gezahlten oder zu zahlenden Preis Kosten hinzuzurechnen, soweit diese dem Käufer entstehen, aber nicht in dem für die Waren tatsächlich gezahlten oder zu zahlenden Preis enthalten sind: 38

- Provisionen und Maklerlöhne, ausgenommen Einkaufsprovisionen,
- Kosten von Umschließungen, die für Zollzwecke als Einheit mit den betreffenden Waren angesehen werden, und
- Verpackungskosten, und zwar sowohl Material- als auch Arbeitskosten.

Auch der entsprechend aufgeteilte Wert folgender Gegenstände und Leistungen, die unmittelbar oder mittelbar vom Käufer unentgeltlich oder zu ermäßigten Preisen zur Verwendung im Zusammenhang mit der Herstellung und dem Verkauf zur Ausfuhr der zu bewertenden Waren geliefert oder erbracht worden sind, sind hinzuzurechnen, soweit dieser Wert nicht in dem tatsächlich gezahlten oder zu zahlenden Preis enthalten ist: 39

- der in den eingeführten Waren enthaltenen Materialien, Bestandteile, Teile und dergleichen,
- der bei der Herstellung der eingeführten Waren verwendeten Werkzeuge, Matrizen, Gussformen und dergleichen,
- der bei der Herstellung der eingeführten Waren verbrauchten Materialien, und
- der für die Herstellung der eingeführten Waren notwendigen Techniken, Entwicklungen, Entwürfe, Pläne und Skizzen, die außerhalb der Union erarbeitet worden sind.

Eine große praktische Bedeutung haben die Hinzurechnung von Lizenzgebühren für die zu bewertenden Waren, die der Käufer entweder unmittelbar oder mittelbar nach den Bedingungen des Kaufgeschäfts für die zu bewertenden Waren zu zahlen hat, soweit diese Lizenzgebühren nicht im tatsächlich gezahlten oder zu zahlenden Preis enthalten sind oder **Beförderungs- und Versicherungskosten** für die eingeführten Waren bis zum Ort des Verbringens in das Zollgebiet der EU und Ladekosten sowie Kosten für die Behandlung der eingeführten Waren, die mit ihrer Beförderung zusammenhängen. 40

Gemäß Art. 72 UZK können bestimmte Posten für die Ermittlung des Zollwerts abgezogen werden. Dies sind z.B.: 41

- Beförderungskosten für die eingeführten Waren nach deren Eingang in das Zollgebiet der EU,
- Zahlungen für den Bau, die Errichtung, die Montage, die Instandhaltung oder die technische Unterstützung, sofern diese Tätigkeiten an den eingeführten Waren, wie Industrieanlagen, Maschinen oder Ausrüstungen, nach dem Eingang in das Zollgebiet der Union vorgenommen werden,
- Kosten für das Recht auf Vervielfältigung der eingeführten Waren in der Union,
- Einkaufsprovisionen oder
- Einfuhrabgaben und andere in der Union aufgrund der Einfuhr oder des Verkaufs der Waren zu zahlende Abgaben.

Im Ergebnis soll der Zollwert die Zahlungen bis zum Ort des Verbringens, d.h. der Grenze des Zollgebiets der EU abbilden. 42

In 95 % aller Fälle kann der Zollwert nach der Transaktionswertmethode ermittelt werden. 43

4. Folgemethoden und Schlussmethode

Fehlt es an den gesetzlichen Voraussetzungen zur Anwendung der Transaktionswertmethode, stehen vor der Anwendung der **Schlussmethode** die Bewertungsmethoden des Art. 74 Abs. 2 UZK zur Ver- 44

1 Ausführlich *Möller*, Verrechnungspreis und Zollwert, Bochum 2004, 207.

fügung. Dies sind die Methoden über den Transaktionswert gleicher Waren (Art. 74 Abs. 2 Buchst. a UZK), den Transaktionswert ähnlicher Waren (Art. 74 Abs. 2 Buchst. b UZK), die Deduktive Methode (Art. 74 Abs. 2 Buchst. c UZK) und die Methode des errechneten Werts (Art. 74 Abs. 2 Buchst. d UZK).[1]

45 In der Praxis fehlt es häufig entweder an den gesetzlichen Voraussetzungen oder an den erforderlichen Daten dieser **Folgemethoden**. Einzelheiten zu den Voraussetzungen enthalten die Art. 141 ff. UZK-DVO.

46 Können die Folgemethoden nicht angewendet werden, wird der Wert des Gegenstands der Einfuhr letztendlich nach der **Schlussmethode** zur Zollwertermittlung bemessen (Art. 74 Abs. 3 UZK i.V.m. Art. 144 UZK-DVO). Diese unionsrechtliche Regelung einer Schlussmethode zur Zollwertermittlung geht einer Schätzung der Besteuerungsgrundlagen gemäß § 163 AO vor und ist auch keine Schätzung im Sinne dieser Regelung. Vielmehr werden die Grundsätze der anderen Zollwertmethoden unter Einsatz sinnvoller Hilfsmittel entsprechend den Grundsätzen und allgemeinen Bestimmungen der völkerrechtlichen Vorgaben und des UZK ermittelt.

C. Bemessungsgrundlage bei Wiedereinfuhr nach Veredelung im Drittland (Absatz 2)

I. Wiedereinfuhr nach passiver Veredelung (Absatz 2 Satz 1)

47 Zollrechtlich gibt es das Zollverfahren der **passiven Veredelung**, bei dem Waren der vorübergehenden Ausfuhr außerhalb des Zollgebiets der EU Veredelungsvorgängen unterworfen werden und das daraus entstandene Veredelungserzeugnis wieder in das Zollgebiet der EU eingeführt wird.

48 Gemäß § 21 Abs. 2 UStG ist das Verfahren der passiven Veredelung von der sinngemäßen Anwendung der Zollvorschriften für die Einfuhrumsatzsteuer ausgenommen.

49 Für die Einfuhrumsatzsteuer gilt für die passive Veredelung § 11 Abs. 2 UStG. Die Veredelung i.S.d. § 11 Abs. 2 UStG stimmt materiell mit der zollrechtlich passiven Veredelung gemäß Art. 5 Nr. 37 UZK überein, so dass die Regelung des § 11 Abs. 2 UStG entsprechend ausgelegt werden kann.

50 Sofern § 11 Abs. 2 UStG anwendbar ist, wird die Bemessungsgrundlage in diesem Fall abweichend von § 11 Abs. 1 UStG ermittelt. Anders als bei der Ermittlung der Bemessungsgrundlage gemäß § 11 Abs. 1 UStG bleiben bei der Ermittlung der Bemessungsgrundlage bei Veredelung in einem Drittlandsgebiet die von dem Auftraggeber zur Verfügung gestellten Materialien, Produktionshilfsmittel und sonstigen Leistungen (Art. 71 Abs. 1 Buchst. i UZK) außer Betracht, denn es wird auf das **Veredelungsentgelt** abgestellt.

51 Anders als nach § 11 Abs. 1 UStG mit der Bezugnahme auf den Zollwert bemisst sich die Bemessungsgrundlage für die Veredelungserzeugnisse die wieder eingeführt werden umsatzsteuerrechtlich nach dem für die Veredelung zu zahlenden Entgelt oder, falls ein solches Entgelt nicht gezahlt wird, nach der durch die Veredelung eingetretenen **Wertsteigerung**.

52 Nach der Rechtsänderung durch den UZK für die Regelungen zur passiven Veredelung können die aus den Waren der vorübergehenden Ausfuhr entstandenen Veredelungserzeugnisse unter vollständiger oder teilweiser Befreiung von den Einfuhrabgaben in den zollrechtlich freien Verkehr übergeführt werden. Gemäß Art. 85 Abs. 5 UZK wird der Einfuhrabgabenbetrag für im Verfahren der passiven Veredelung entstandene Veredelungserzeugnisse auf der Grundlage der Kosten für den außerhalb des Zollgebiets der EU vorgenommenen Veredelungsvorgang bemessen (sog. **Mehrwertverzollung**). Die bis zum 30.4.2016 nach dem ZK mögliche sog. Differenzverzollung ist ersatzlos weggefallen. Diese aktuell geltende zollrechtliche Begünstigung entspricht materiell der umsatzsteuerrechtlichen Regelung. Denn auch hier wird für die Bemessungsgrundlage für die Einfuhr veredelter Gegenstände auf das Veredelungsentgelt abgestellt.

---

1 Ausführlich *Vonderbank*, Zollwert, 33; *Krüger* in Dorsch, Zollrecht, Art. 74 Rz. 1 (Stand: Juli 2018); *Rinnert* in Witte[8], Art. 74 UZK Rz. 1.

Veredelungsentgelt ist der Veredelungslohn zzgl. des Werts von Zutaten sowie die Kosten der Umschließungen und des Verpackens. Die Kosten der Umschließungen gehören jedoch nicht zum Veredelungsentgelt, wenn die Umschließungen nachweislich vom Ausführer zur Verfügung gestellt worden sind.[1] 53

Ohne Entgeltzahlung wird auf die durch die Veredelung eingetretene Wertsteigerung abgestellt. 54

Das gilt auch für Fälle des vorschriftswidrigen Verbringens veredelter Gegenstände (§ 13 Abs. 2 und § 21 Abs. 2 UStG i.V.m. Art. 79 UZK), sofern der Schuldner in der Lage ist, die entsprechenden Nachweise zu führen.[2] 55

Liegen die Voraussetzungen für die Anwendung der Regelung des § 11 Abs. 2 UStG nicht vor, so ist die Bemessungsgrundlage gemäß § 11 Abs. 1 UStG zu ermitteln. 56

Für die Regelung des § 11 Abs. 2 UStG bedarf es grundsätzlich – anders als bei der zollrechtlichen passiven Veredelung – keiner Bewilligung und des folgenden Abfertigungsverfahrens. Der Anmelder muss lediglich das Vorliegen der Voraussetzungen des § 11 Abs. 2 UStG erklären und die Richtigkeit auf Verlangen nachweisen.[3] Für den Nachweis sind neben den zollrechtlich erforderlichen Unterlagen für eine Sicherung der Nämlichkeit auf Antrag auch einfachere Formen (z.B. ein Lieferschein mit entsprechendem zollamtlichem Vermerk) ausreichend.[4] 57

Dem Veredelungsentgelt oder dem Betrag der Wertsteigerung sind die in § 11 Abs. 3 UStG aufgeführten Kosten noch hinzuzurechnen. Praktische Relevanz haben insbesondere ein zu zahlender Zoll oder die Beförderungskosten bis zum Bestimmungsort im Unionsgebiet. 58

Für unveredelt wieder eingeführte Gegenstände kommt eine Zoll-/Einfuhrumsatzsteuerbefreiung als **Rückware** in Betracht (Art. 203 UZK i.V.m. § 1 Abs. 2a EUStBV). Die Einfuhrumsatzsteuerfreiheit hängt aber von den besonderen Voraussetzungen gemäß § 12 EUStBV ab. 59

II. Ausbesserungsfall (Absatz 2 Satz 2)

Zollrechtlich können Waren ausgebessert werden oder im Standardaustausch ein eingeführtes Erzeugnis (**Ersatzerzeugnis**) an die Stelle eines Veredelungserzeugnisses treten. Die zollrechtliche Ausbesserung umfasst auch die Instandsetzung und Regulierung. Wenn der Veredelungsvorgang zollrechtlich in einer Ausbesserung besteht, kann die Zollbehörde das Verfahren des Standardaustauschs bewilligen, indem die zollrechtliche Abgabenvergünstigung dann für Ersatzerzeugnisse gewährt werden kann (Art. 261 UZK). 60

Die Regelung des § 11 Abs. 2 Satz 2 UStG erfasst die Ersatzerzeugnisse – das sind Gegenstände gleicher Menge und Beschaffenheit – und gewährt diesen die Abgabenvergünstigung in Abweichung von dem Grundsatz der Nämlichkeit der vormals ausgeführten und wiedereingeführten Gegenstände. 61

Werden kostenlos ausgebesserte Gegenstände in den steuerrechtlich freien Verkehr angemeldet, die bereits im Zeitpunkt ihrer ersten Überlassung in den zoll- und steuerrechtlich freien Verkehr schadhaft waren und ist dieser **Sachmangel** damals nicht berücksichtigt worden, bleibt es bei der ursprünglichen Abgabenerhebung und es wird keine Einfuhrumsatzsteuer erhoben. Dies gilt auch für den Fall, dass der Sachmangel nach der ersten Überführung in den zoll- und steuerrechtlich freien Verkehr auftritt und die Gegenstände deswegen aufgrund einer Gewährleistung kostenlos ausgebessert wurden.[5] 62

1 Abs. 43 DV Einfuhrumsatzsteuer Z 8101.
2 Abs. 39 DV Einfuhrumsatzsteuer Z 8101.
3 Abs. 42 DV Einfuhrumsatzsteuer Z 8101.
4 Abs. 40 DV Einfuhrumsatzsteuer Z 8101.
5 Abs. 45 DV Einfuhrumsatzsteuer Z 8101.

III. Lieferung vor der Einfuhr (Absatz 2 Satz 3)

63 Eine Lieferung vor der Einfuhr i.S.d. § 11 Abs. 2. Satz 3 UStG liegt grundsätzlich vor, wenn die **Verfügungsmacht** über den veredelten Gegenstand im Rahmen einer Lieferung im umsatzsteuerlichen Ausland an einen Dritten übertragen wird. D.h. ist der Empfänger in der Ausfuhranmeldung (der drittländische Veredeler) nicht mit dem Versender/Ausführer in der Einfuhranmeldung oder der Versender/Ausführer in der Ausfuhranmeldung (der Eigentümer der Ware oder der in ähnlicher Weise Verfügungsberechtigte i.S.d. Art. 1 Nr. 19 UZK-DelVO) nicht mit dem Empfänger in der Einfuhranmeldung identisch, liegt grundsätzlich eine Lieferung vor der Einfuhr vor.[1]

D. Hinzurechnungen (Absatz 3)

I. Ausländische Abgaben und Steuern (Absatz 3 Nr. 1)

64 In der Regel werden ausländische Waren bei ihrer Ausfuhr aus dem Ausland von Abgaben und Steuern entlastet bzw. sind solche gegebenenfalls im Kaufpreis enthalten, so dass regelmäßig eine **Hinzurechnung** gemäß § 11 Abs. 3 Nr. 1 UStG zu dem Zollwert nicht in Betracht kommt.

65 Die **Hinzurechnung** gemäß § 11 Abs. 3 Nr. 1 UStG kommt für den Fall der Ermittlung der Bemessungsgrundlage gemäß § 11 Abs. 1 UStG und § 11 Abs. 2 UStG in Betracht.

II. Einfuhrabgaben der EU (Absatz 3 Nr. 2)

66 Gemäß § 11 Abs. 3 Nr. 2 UStG werden dem Zollwert – soweit in diesem nicht enthalten – die aufgrund der Einfuhr im Zeitpunkt des Entstehens der Einfuhrumsatzsteuer auf den Gegenstand entfallenden Beträge an **Einfuhrabgaben** und an Verbrauchsteuern außer der Einfuhrumsatzsteuer, soweit die Steuern unbedingt entstanden sind, hinzugerechnet.

67 Im Wortlaut des § 11 Abs. 3 Nr. 2 UStG sind mit dem Jahressteuergesetz 2020[2] die Wörter „im Sinne des Art. 4 Nr. 10 …" ersatzlos gestrichen worden. Damit ist § 11 Abs. 3 Nr. 2 UStG redaktionell an das geltende Unionszollrecht angepasst worden. Der Verweis in § 11 Abs. 3 Nr. 2 UStG a.F. auf Art. 4 Nr. 10 Zollkodex war seit Inkrafttreten des UZK nicht mehr erforderlich. Einfuhrabgaben nach dem UZK sind, ohne ausdrückliche Bezeichnung vom Wortlaut „Einfuhrabgaben" gemäß Art. 5 Nr. 20 UZK „die für die Einfuhr von Waren zu entrichtenden Abgaben". Es sind die für die Einfuhr von Waren zu entrichtenden Abgaben, welche wegen des Anwendungsbereichs des Unionszollkodex die europäischen Abgaben (**Zölle**) sind.

68 **Verbrauchsteuern** sind die nationalen besonderen Verbrauchsteuern (z.B. Tabaksteuer, Alkoholsteuer, Kaffeesteuer etc.).

69 Die Hinzurechnung stellt darauf ab, dass diese Abgaben im Zeitpunkt des Entstehens der Einfuhrumsatzsteuer für die eingeführten Gegenstände entstanden sind. Werden verbrauchsteuerpflichtige Einfuhrwaren z.B. im Verfahren der Steueraussetzung zur Aufnahme in ein Steuerlager nach der Überführung in den zoll- und einfuhrumsatzsteuerrechtlich freien Verkehr befördert, ist die besondere Verbrauchsteuer für die Einfuhrwaren noch nicht entstanden, da die Einfuhrwaren verbrauchsteuerrechtlich noch nicht eingeführt sind.

Der Zusatz „soweit die Steuern unbedingt entstanden sind;" ist irreführend. Die bedingte Steuerschuld gemäß § 50 AO hat für Verbrauchsteuern, die bei der Einfuhr entstehen keine praktische Bedeutung mehr, da das materielle Recht für die Verbrauchsteuern anders ausgestaltet ist (z.B. Verfahren der Steueraussetzung). Anderenfalls teilt die Verbrauchsteuer das zollrechtliche Schicksal.

70 Die **Hinzurechnung** gemäß § 11 Abs. 3 Nr. 2 UStG kommt für den Fall der Ermittlung der Bemessungsgrundlage gemäß § 11 Abs. 1 UStG und § 11 Abs. 2 UStG in Betracht.

---

1 Abs. 41 DV Einfuhrumsatzsteuer Z 8101.
2 JStG 2020 v. 21.12.2020, BGBl. 2020, 3096.

III. Vermittlungs- und Beförderungskosten sowie andere sonstige Leistungen (Absatz 3 Nr. 3)

Die Vorschrift erfasst Kosten sowie andere sonstige Leistungen, die für die Vermittlung der grenzüberschreitenden Güterbeförderung entstanden sind. 71

Zollwertrechtlich werden gemäß Art. 71 Abs. 1 Buchst. e UZK für den Zollwert **Beförderungs- und Versicherungskosten** bis zum Ort des Verbringens in das Zollgebiet der EU hinzugerechnet, wenn diese im Kaufpreis nicht enthalten sind. § 11 Abs. 3 Nr. 3 UStG erfasst Vermittlungs- und Beförderungskosten bis zum ersten Bestimmungsort im Gemeinschaftsgebiet. 72

Die Regelung verhindert, dass Vermittlungskosten und Beförderungskosten bei Nichtunternehmern unversteuert bleiben. Im unternehmerischen Bereich vermeidet die Steuerbefreiung gemäß § 4 Nr. 3 Buchst. a Doppelbuchst. bb UStG eine Doppelbesteuerung. Denn die Steuerbefreiung befreit diese Leistungen, wenn sie in der Bemessungsgrundlage für die Einfuhr enthalten sind. 73

Bei Einfuhren von Gegenständen zu nichtkommerziellen Zwecken (Art. 1 Nr. 21 UZK-DelVO) im **Reiseverkehr** wird von einer Einbeziehung von Kosten gemäß § 11 Abs. 3 Nr. 3 UStG in die Bemessungsgrundlage abgesehen. Bei Einfuhren von Gegenständen im **Postverkehr** sind die Kosten gemäß § 11 Abs. 3 UStG nicht bei der Ermittlung der Bemessungsgrundlage hinzuzurechnen, wenn sie bereits im Zollwert enthalten sind.[1] 74

Der Begriff der Beförderungskosten gemäß § 11 Abs. 3 Nr. 3 UStG ist entsprechend Abs. 68 Z 5101 auszulegen.[2] 75

Bestimmungsort im Gemeinschaftsgebiet ist der Ort, an dem die grenzüberschreitende Beförderung endet. Im Regelfall ist es der aus den Frachtunterlagen zu entnehmende Ort des Empfängers (**erster Bestimmungsort**). Ist im Zeitpunkt der Einfuhr ein weiterer Lieferort bekannt, ist dies der weitere Bestimmungsort.[3] 76

Als Kosten für andere sonstige Leistungen i.S.d. § 11 Abs. 3 Nr. 3 UStG kommen insbesondere in Betracht die Kosten 77

- für den Umschlag und die Lagerung eingeführter Gegenstände und handelsübliche Nebenleistungen,
- die bei Güterbeförderungen vom Ausland in das Inland oder bei den vorbezeichneten Leistungen vorkommen (z.B. Wiegen, Messen, Entnahmen von Proben, Verzollung),
- für die Besorgung der vorbezeichneten Leistungen,
- für die Vermittlungsleistungen, die nicht nach § 4 Nr. 5 UStG umsatzsteuerfrei sind (z.B. Vermittlung von steuerpflichtigen Leistungen, die von einem Importlager im Inland ausgeführt werden).[4]

Die Hinzurechnung gemäß § 11 Abs. 3 Nr. 3 UStG kommt für den Fall der Ermittlung der Bemessungsgrundlage gemäß § 11 Abs. 1 und § 11 Abs. 2 UStG in Betracht. 78

IV. Weitere Beförderungskosten (Absatz 3 Nr. 4)

Gemäß § 11 Abs. 3 Nr. 4 UStG sind dem Zollwert die **Vermittlungs- und Beförderungskosten** sowie die anderen sonstigen Leistungen bis zu einem weiteren Bestimmungsort im Gemeinschaftsgebiet hinzuzurechnen, sofern dieser im Zeitpunkt des Entstehens der Einfuhrumsatzsteuer bereits feststeht. 79

Ein **weiterer Bestimmungsort** ist der, der im Zeitpunkt der Einfuhr über den Ort, an dem die grenzüberschreitende Beförderung endet, bekannt ist.[5] 80

1 Abs. 34 DV Einfuhrumsatzsteuer Z 8101.
2 Abs. 35 DV Einfuhrumsatzsteuer Z 8101.
3 Abs. 37 DV Einfuhrumsatzsteuer Z 8101.
4 Abs. 38 DV Einfuhrumsatzsteuer Z 8101.
5 Abs. 37 Satz 2 DV Einfuhrumsatzsteuer Z 8101.

81 Die Hinzurechnung gemäß § 11 Abs. 3 Nr. 4 UStG kommt für den Fall der Ermittlung der Bemessungsgrundlage gemäß § 11 Abs. 1 und § 11 Abs. 2 UStG in Betracht.

E. Preisermäßigungen und Vergütungen (Absatz 4)

82 Zur Bemessungsgrundlage für die Einfuhr gehören nicht **Preisermäßigungen und Vergütungen**, die sich auf den eingeführten Gegenstand beziehen und die im Zeitpunkt des Entstehens der Einfuhrumsatzsteuer feststehen.

83 Diese Regelung ergibt sich bereits aus den Zollwertvorschriften selbst, denn zum Zollwert gehören Preisermäßigungen und Vergütungen nicht. Der im Rahmen der Transaktionsmethode gezahlte oder zu zahlende Preis ist der Preis nach Abzug von Preisermäßigungen und Vergütungen. Diese Systematik gilt auch für die Folgemethoden, einschließlich der Schlussmethode.

84 Zollwertrechtlich werden bereits gewährte und in der Rechnung ausgewiesene **Preisnachlässe**, die sich auf die zu bewertende Ware beziehen, ohne Rücksicht darauf, warum sie gewährt werden, anerkannt. Nachträglich gewährte oder vereinbarte Rabatte (z.B. Umsatzboni), auf die im maßgebenden Zeitpunkt noch kein Anspruch bestand, werden dagegen nicht anerkannt. Auch Preisermäßigungen bei späteren Einfuhren für frühere Einfuhren können zollwertrechtlich bei der Ermittlung des Zollwerts für die später eingeführte Ware nicht berücksichtigt werden.

F. Umrechnung von Werten in fremder Währung (Absatz 5)

85 Gemäß § 11 Abs. 5 UStG gelten für die **Umrechnung** von Werten in fremder Währung die Zollwertvorschriften des Unionszollrechts (Art. 53 UZK, Art. 146 UZK-DVO).

86 Insoweit wird für die Bemessungsgrundlage für die Einfuhr von der regelmäßigen Regelung des § 16 Abs. 6 UStG abgewichen.

Vierter Abschnitt
Steuer und Vorsteuer (§§ 12–15a)

§ 12 Abs. 1 [Regelsteuersatz]

(1) Die Steuer beträgt für jeden steuerpflichtigen Umsatz 19 Prozent der Bemessungsgrundlage (§§ 10, 11, 25 Abs. 3 und § 25a Abs. 3 und 4).

…

A. Grundaussagen

I. Regelungsgegenstand und Bedeutung

§ 12 Abs. 1 UStG legt den allgemeinen Steuersatz (Regelsteuersatz) für alle nach § 1 Abs. 1 UStG steuerbaren Umsätze fest (Lieferungen und sonstige Leistungen des § 1 Abs. 1 Nr. 1 UStG, Einfuhrumsätze des § 1 Abs. 1 Nr. 4 UStG und innergemeinschaftliche Erwerbe des § 1 Abs. 1 Nr. 5 UStG). Dieser beträgt aktuell 19 %, wurde jedoch aufgrund des Zweiten Corona-Steuerhilfegesetzes[1] temporär im Zeitraum vom 1.7.2020 bis 31.12.2020 auf 16 % herabgesetzt (§ 28 Abs. 1 UStG). Die unterschiedliche Erhebungsbehörde für Einfuhrumsätze nach § 1 Abs. 1 Nr. 4 UStG (Zollbehörden) führt nicht zu einem gesonderten Steuersatz. Im Zusammenhang mit der Bemessungsgrundlage (§§ 10, 11, 25 Abs. 3 und § 25a Abs. 3 und 4 UStG) bestimmt § 12 Abs. 1 UStG die Höhe der Umsatzsteuer bei Anwendung des Regelsteuersatzes. § 12 Abs. 2 Satz 1 UStG legt den ermäßigten Steuersatz fest. Dieser beträgt 7 % und ist während der temporären Steuersatzsenkung auf 5 % reduziert worden (§ 28 Abs. 2 UStG). Nach § 12 Abs. 3 UStG gibt es seit 1.1.2023 darüber hinaus einen Nullsteuersatz für PV-Anlagen (§ 12 Abs. 3 Rz. 1 ff.). 1

II. Unionsrechtliche Grundlagen

Art. 96 MwStSystRL regelt, dass die Mitgliedstaaten einen Mehrwertsteuer-Normalsatz als Prozentsatz in Abhängigkeit zur Bemessungsgrundlage festlegen. Dieser beträgt nach Art. 97 MwStSystRL **mindestens 15 %.** Einen unionsrechtlich festgelegten **Höchstsatz gibt es nicht**. Der Mindestsatz gilt (anders als ursprünglich) mittlerweile ohne Befristung.[2] Durch Art. 94 MwStSystRL ist sichergestellt, dass der Regelsteuersatz für alle Leistungen, auch den innergemeinschaftlichen Erwerb und die Einfuhr, gleich ist. Durch das Zweite Corona-Steuerhilfegesetz wurde der unionsrechtliche Rahmen fast voll ausgeschöpft. 2

Die Gleichbehandlung von inländischen Leistungen und Leistungen aus der Union ist notwendig für die Sicherstellung der **Wettbewerbsneutralität** der Umsatzsteuer. Bei konsequenter Anwendung des Bestimmungslandprinzips und einer vollständigen Entlastung von Unternehmern durch den Vorsteu- 3

1 BGBl. I 2020, 1512.
2 ABl. EU 2018 Nr. L 162, 1.

erabzug sind keine harmonisierten Umsatzsteuersätze notwendig. Das Ursprungslandprinzip lässt sich hingegen nur mit einheitlichen Steuersätzen wettbewerbsneutral umsetzen.

III. Verhältnis zu anderen Vorschriften und Rechtsentwicklung

1. Historische Entwicklung des Regelsteuersatzes

4 Derzeit beträgt der Steuersatz gemäß § 12 Abs. 1 UStG 19 %. Die Einführung dieses Steuersatzes erfolgte zum 1.1.2007 durch das Haushaltsbegleitgesetz 2006[1] (Anhebung von 16 % auf 19 %).

Um die Folgen der **Corona-Pandemie** abzufedern hatte sich der Gesetzgeber zu einer temporären Senkung des Regelsteuersatzes und des ermäßigten Steuersatzes auf 16 % bzw. 5 % entschlossen. Diese temporäre Senkung ist nicht in § 12 UStG, sondern in § 28 UStG geregelt. Sie galt für alle Umsätze, die nach dem 30.6.2020 und vor dem 1.1.2021 bewirkt wurden.[2]

5 § 12 Abs. 1 UStG besteht seit der Einführung des Allphasen-Nettoumsatzsteuersystems mit dem UStG 1967.[3] Seit Einführung des Allphasen-Nettoumsatzsteuersystems zum 1.1.1968 hat sich der allgemeine Steuersatz wie folgt entwickelt:[4]

Zeitraum	Regelsteuersatz nach § 12 Abs. 1 UStG
1.1.1968–30.6.1968	10 %
1.7.1968–31.12.1977	11 %
1.1.1978–30.6.1979	12 %
1.7.1979–30.6.1983	13 %
1.7.1983–31.12.1992	14 %
1.1.1993–31.3.1998	15 %
1.4.1998–31.12.2006	16 %
1.1.2007–30.6.2020	19 %
1.7.2020–31.12.2020	16 %[5]
seit 1.1.2021	19 %

6 Auch der **Klammerzusatz** mit dem Bezug zur maßgeblichen Bemessungsgrundlage **wurde mehrfach geändert.**[6]

7 Neben dem Regelsteuersatz gab es seit dem UStG 1967 stets auch einen **ermäßigten Steuersatz**. Die **Sinnhaftigkeit** des ermäßigten Steuersatzes und die Konsistenz der Liste der ermäßigt besteuerten Waren und Dienstleistungen sind heftig **umstritten.**[7] Der Gesetzgeber ist bezüglich der **temporären Steuersatzsenkung** zur Milderung der Folgen der Corona-Pandemie von einer Entlastungswirkung von ca. 20 Mrd. Euro ausgegangen.[8] Nach ersten Auswertungen hat die temporäre Steuersatzsenkung den Konsum wie erhofft angeregt. Insbesondere langlebige Konsumgüter wie Möbel und Fahrzeuge profitierten davon.[9] Der ermäßigte Steuersatz wurde 2022 auch eingesetzt, um Energiepreiserhöhungen infolge des völkerrechtswidrigen russischen Angriffskriegs gegen die Ukraine entgegenzuwirken.[10]

1 HBeglG v. 29.6.2006, BGBl. I 2006, 1402 (1403).
2 Dazu näher *Erdbrügger*, UR 2020, 485.
3 UStG v. 29.5.1967, BGBl. I 1967, 545 = BStBl. I 1967, 224.
4 Abschn. 12.1 Abs. 1 UStAE.
5 Umsetzung nicht im Rahmen des § 12 Abs. 1 UStG, sondern in § 28 Abs. 1 UStG.
6 Ausführlich hierzu *Nieskens* in Rau/Dürrwächter, § 12 Abs. 1 UStG Rz. 2 (Stand: Januar 2023).
7 Z.B. *Kirchhof*, Reformvorschlag eines Umsatzsteuergesetzbuches, Heidelberg 2008; BRH v. 28.6.2010, BT-Drucks. 17/2290; für die Steuerermäßigung bei Lebensmitteln *Leipold*, UR 2009, 584.
8 Dazu *Erdbrügger*, UR 2020, 485.
9 Statistische Bundesamt, WISTA 3/2021.
10 Zu den Hintergründen BT-Drucks. 20/3530.

Für den ermäßigten Steuersatz wird in erster Linie angeführt, dass Güter des lebensnotwendigen Bedarfs vergünstigt werden sollen. Dieser Ansatz lässt sich wiederum darauf zurückführen, dass die Umsatzsteuer in gleicher Höhe indirekt von allen Verbrauchern zu tragen ist, ohne dass die individuelle Leistungsfähigkeit berücksichtigt wird (Rz. 19 f.). Der Begünstigungseffekt soll im Jahr 2008 ca. 24,2 Mrd. Euro betragen haben, wovon der größte Teil auf die Steuersatzermäßigung für Lebensmittel entfiel.[1] Durch die temporäre Senkung des ermäßigten Steuersatzes von 7 % auf 5 % im zweiten Halbjahr 2020 wurde dieser Effekt noch verstärkt. 8

Die **Einwände gegen den ermäßigten Steuersatz** sind mannigfaltig. Abgesehen von den Abgrenzungsschwierigkeiten bei der Durchführung der Besteuerung[2] wird vor allem geltend gemacht, dass der Katalog der ermäßigt besteuerten Waren und Dienstleistungen nicht stringent ist[3] und in wirtschaftlicher Hinsicht keineswegs gewährleistet ist, dass der Steuervorteil vom leistenden Unternehmen überhaupt an den Letztverbraucher weitergegeben wird.[4] Überdies bestehen Zweifel an der Unionsrechtskonformität mancher Steuersatzermäßigung.[5] Andererseits wurden die Möglichkeiten zur Einführung ermäßigter Steuersätze erst 2022 erheblich ausgeweitet und sogar erstmals ein Nullsteuersatz allgemein ermöglicht.[6] Bezüglich der **temporären Absenkung des Regelsteuersatzes** von 19 % auf 16 % greifen diese Einwände dem Grunde nach ebenfalls. Auch hier bestehen erhebliche Abgrenzungsschwierigkeiten – bezüglich der Bestimmung des relevanten Leistungszeitpunkts. Ebenso ist fraglich, ob der Vorteil an die Verbraucher weitergegeben bzw. der angestrebte konjunkturelle Effekt tatsächlich erreicht wurde.[7] Nach Angaben der Bundesregierung wurde der Vorteil zumindest von Supermärkten tatsächlich fast vollständig an die Verbraucher weitergegeben. Die Bundesregierung sieht die volkswirtschaftlichen Effekte der vergangenen temporären Senkung der Umsatzsteuersätze daher positiv.[8] 9

Zum 1.1.2023 wurde auf Basis der 2022 durch die EU geschaffenen Möglichkeit erstmals in Deutschland ein **Nullsteuersatz** eingeführt. Nach § 12 Abs. 3 UStG sind die Lieferung und Installation von PV-Anlagen nullbesteuert. Nach der Gesetzesbegründung war damit jedoch keine steuerliche Subvention angestrebt – diese war nicht notwendig, da die Betreiber von Solaranlagen mit der Einspeisung von Strom in öffentliche Netze (Klein-)Unternehmer sind und bei einem Verzicht auf die Kleinunternehmerregelung zum Vorsteuerabzug berechtigt sind. Vielmehr wollte der Gesetzgeber bürokratische Erleichterungen gewähren – der Verzicht auf die Kleinunternehmerreglung erfordert die Abgabe von Steuererklärungen (§ 12 Abs. 3 Rz. 3). Nach Art. 98 Abs. 2 UAbs. 2 MwStSystRL kann der Nullsteuersatz für die Leistungen gemäß Nr. 1–6 und Nr. 10c Anhang III zu Art. 98 MwStSystRL eingeführt werden. Dies sind Lebensmittel/Futtermittel, Wasser, Arzneimittel, medizinische Geräte, Personenbeförderung sowie Bücher/Zeitungen. 9.1

M.E. lässt sich der Regelsteuersatz vor dem Hintergrund der notwendigen Berücksichtigung der Leistungsfähigkeit nur rechtfertigen, wenn mit dem ermäßigten Steuersatz (oder auch dem Nullsteuersatz) ein soziales Ventil besteht. Ungeachtet dessen trifft die Einschätzung des Bundesrechnungshofs zu, dass die zahlreichen Ungereimtheiten und Abgrenzungsprobleme im Rahmen einer umfassenden Revision des § 12 Abs. 2 UStG einer Lösung zugeführt bzw. wenigstens gemildert werden sollten.[9] Insbesondere die Verweisung auf Zolltarifierungen in § 12 Abs. 2 Nr. 1 UStG führt oftmals dazu, dass soziale Gesichtspunkte nicht hinreichend berücksichtigt werden können, und sollte daher nicht fortgeführt werden. Nachdem die EU die Einführung ermäßigter Steuersätze nicht völlig freigegeben hat, bestehen hierfür jedoch nach wie vor Beschränkungen. Auch bezüglich der **temporären Steuersatz-** 10

1 BRH v. 28.6.2010, BT-Drucks. 17/2290.

2 Z.B. getrocknete Schweineohren, die vor dem Trocknen noch für den menschlichen Verzehr geeignet waren, BFH, Urt. v. 10.2.2009 – VII R 16/08, BFH/NV 2009, 979. Das BMF-Schreiben zum ermäßigten Steuersatz hat eine beträchtliche Länge von weit über 100 Seiten, BMF, Schr. v. 5.8.2004 – IV B 7-S 7220-46/04, BStBl. I 2004, 638.

3 Z.B. die unterschiedliche Besteuerung von Kartoffeln und Süßkartoffeln.

4 Überblick bei BRH v. 28.6.2010, BT-Drucks. 17/2290.

5 So etwa beim ermäßigten Steuersatz für Leistungen steuerbegünstigter Körperschaften gemäß §§ 51 ff. AO (§ 12 Abs. 2 Nr. 8 Buchst. a UStG), zuletzt BFH, Urt. v. 26.8.2021 – V R 5/19, BFHE 274, 284 = UR 2022, 53.

6 Richtlinie 2022/542, ABl. EU 2022 Nr. L 107, 1.

7 Dazu *Erdbrügger*, UR 2020, 485.

8 BT-Drucks. 19/26842, 2.

9 BRH v. 28.6.2010, BT-Drucks. 17/2290.

senkung spricht viel für die Notwendigkeit der Maßnahmen. Denn diese dienen nicht nur der Anreizsetzung für die Konjunktur, sondern auch der Entlastung der sozial Schwächeren.[1]

11 Der ermäßigte Steuersatz und der Nullsteuersatz entfalten wie die **temporäre Steuersatzsenkung** ihre **Wirkung nur auf der letzten Handelsstufe**. Aufgrund der Systematik der Allphasen-Nettoumsatzsteuer mit Vorsteuerabzug (§ 1 Rz. 5 ff.) wirkt sich eine ermäßigte Besteuerung auf Zwischenhandelsebenen nicht aus, wenn die Leistung an den Letztverbraucher dem Regelsteuersatz unterliegt. Gerade bei der temporären Steuersatzsenkung wurde aus Kreisen der Wirtschaft scharf kritisiert, dass die gesamte deutsche Wirtschaft von der Umstellung betroffen wurde, obwohl sich der Effekt nur auf der letzten Handelsstufe einstellt. Teilweise wurde eine Nichtanwendung der Maßnahme auf Umsätze zwischen Unternehmern (B2B) gefordert. Doch wäre dies nicht mit dem Prinzip einer All-Phasen-Nettoumsatzsteuer (§ 1 Rz. 6) vereinbar gewesen und hätte seinerseits zu erheblichen Praxisproblemen geführt (z.B. Identifikation von unternehmerischen Kunden im Einzelhandel, Fehlgehen der Maßnahme bei nicht vorsteuerberechtigten Unternehmern wie Sozialeinrichtungen oder dem Finanz- und Immobiliensektor).[2]

12 Für gemeinnützige Einrichtungen sowie Land- und Forstwirte ist eine besondere Besteuerung nach Durchschnittssätzen (§§ 23a, 24 UStG) möglich (zu § 24 UStG vgl. auch § 28 Abs. 3 UStG).

2. Verhältnis zu anderen Vorschriften

13 Die Anwendung des Regelsteuersatzes setzt zunächst voraus, dass ein nach **§ 1 UStG** im Inland steuerbarer Umsatz vorliegt (§ 1 Rz. 54 ff.). Dieser steuerbare Umsatz muss auch steuerpflichtig sein, also keiner Steuerbefreiung unterliegen (ggf. nach Verzicht auf die Befreiung, §§ 4, 5, 9 UStG).

14 Viele **Abgrenzungsprobleme beim ermäßigten Steuersatz** nach § 12 Abs. 2 UStG bestehen im Zusammenhang mit der Qualifizierung von Leistungen. Für die Anwendung des ermäßigten Steuersatzes kommt es darauf an, ob eine Leistung als Lieferung oder sonstige Leistung einzustufen ist und wie eine aus mehreren Komponenten bestehende Leistung gewürdigt wird (z.B. einheitliche oder getrennte Leistung, Haupt- oder Nebenleistung, Schwerpunkt der Leistung, s. § 3 Rz. 500 ff.). Auch beim 2023 eingeführten Nullsteuersatz stellen sich diese Probleme (§ 12 Abs. 3 Rz. 18 ff.).

15 Ein wesentlicher Zusammenhang besteht mit der **Bemessungsgrundlage**, da sich die geschuldete Steuer aus der Anwendung des Steuersatzes aus der Bemessungsgrundlage ergibt. Dieser Zusammenhang wird dadurch verdeutlicht, dass die Vorschrift wegen der Bemessungsgrundlage im Klammerzusatz explizit auf die dafür einschlägigen Vorschriften der §§ 10, 11, 25 Abs. 3 und § 25a Abs. 3 und 4 UStG verweist (§ 10 Rz. 1 ff., § 11 Rz. 1 ff., § 25 Rz. 60 ff. und § 25a Rz. 29 ff., 40 ff.).

16 Die **Entstehung der Steuer** ist in § 13 UStG geregelt. Zudem ist § 21 Abs. 2 UStG i.V.m. Entstehungstatbeständen des Unionsrechts (Art. 77–80 UZK) bei der Einfuhrumsatzsteuer zu beachten (§ 13 Abs. 2 UStG). Bei der Umkehr der Steuerschuldnerschaft gelten die Entstehungszeitpunkte gemäß § 13b Abs. 1 und 2 UStG (§ 13 Rz. 1 ff., § 13b Rz. 9, § 21 Rz. 46 ff.). Im Rahmen der **temporären Steuersatzsenkung** spielt der Leistungszeitpunkt eine erhebliche Rolle (§ 13 Rz. 15 ff.). **§ 29 UStG regelt zivilrechtliche Ansprüche auf Ausgleich der umsatzsteuerlichen Mehr- bzw. Minderbelastung durch eine Steuersatzänderung**. Im Rahmen der temporären Steuersatzsenkung kommt es allerdings zu Anwendungsschwierigkeiten (§ 29 Rz. 25 ff.).

17 Insbesondere bei Steuersatzänderungen und Änderungen bei den Befreiungen und Ermäßigungen ist jeweils zu klären, wann die Änderungen zum Tragen kommen. In diesem Zusammenhang spielen auch die **Übergangsvorschriften** in § 27 UStG eine wichtige Rolle (Rz. 28 ff.).

18 Wenn ein Unternehmer Umsätze ausführt, die unterschiedlichen Steuersätzen unterliegen, muss eine getrennte Aufzeichnung nach § 22 Abs. 2 Nr. 1 und 2 UStG erfolgen. Daraus muss ersichtlich sein, wie sich die Entgelte auf die einzelnen Steuersätze verteilen. Erleichterungen sind auf Antrag durch das Finanzamt möglich (§ 63 Abs. 4 UStDV). Bei den Einfuhrumsätzen ist der Aufzeichnungspflicht nach

1 So wie vom Gesetzgeber geltend gemacht, BT-Drucks. 19/20058, 27.
2 Dazu auch *Erdbrügger*, UR 2020, 485.

§ 22 Abs. 2 Nr. 6 UStG genügt, wenn die entstandene Einfuhrumsatzsteuer durch einen zollamtlichen Beleg aufgezeichnet wird.

IV. Verhältnis zu anderen Steuerarten

Seit jeher wird die Umsatzsteuer als eher unsoziale Steuer charakterisiert, da sie arme und reiche Bevölkerungsschichten gleichermaßen besteuert und insbesondere das **Existenzminimum** nicht wahrt.[1] Dies führt dazu, dass bei jeder Steuersatzerhöhung die Frage zu klären ist, ob das Gesamtmaß der Besteuerung noch mit der Leistungsfähigkeit im Einklang steht. Die letzte mit 3 Prozentpunkten erhebliche Steuersatzerhöhung wurde vom Bundesverfassungsgericht mit Verweis auf die EU-Rechtsharmonisierung, die Ausgleichsmechanismen innerhalb des Umsatzsteuerrechts (Steuerbefreiungen, ermäßigter Steuersatz) sowie das Zusammenspiel mit dem ertragsteuerlichen Existenzminimum als **mit dem GG vereinbar** angesehen.[2] Diese Sicht wird auch im Schrifttum überwiegend geteilt.[3] Teilweise wird eine Neutralisierung durch Gewährung einer Steuerrückvergütung in Höhe der Umsatzsteuerbelastung im Rahmen eines durchschnittlichen Warenkorbs erwogen.[4] 19

Im **internationalen Vergleich** bestehen indes noch Handlungsspielräume, wie die nachfolgende Übersicht über die internationalen Mehrwertsteuersätze zeigt. 20

Staaten	Steuersätze in %		
	Regelsatz	Ermäßigte Sätze	Zwischensatz
Europäische Union[5]			
Belgien	21	6/12	12
Bulgarien	20	9	–
Dänemark	25	–	–
Deutschland	19	7	–
Estland	22[6]	9	–
Finnland	24	10/14	–
Frankreich	20	2,1/5,5/10	–
Griechenland	24	6/13	–
Irland	23	4,8/9/13,5	13,5
Italien	22	4/5/10	–
Kroatien	25	5/13	–
Lettland	21	5/12	–
Litauen	21	5/9	–
Luxemburg	17	3/8	14
Malta	18	5/7	–
Niederlande	21	9	–
Österreich	20	10/13	13
Polen	23	5/8	–

1 *Tipke*, Die Steuerrechtsordnung², Band 2, Köln 2003, S. 1000 ff. mit Verweis auf Popitz.
2 BVerfG, Urt. v. 6.12.2007 – 1 BvR 2129/07, UR 2008, 159, Rz. 10, 11.
3 *Kirchhof*, UR 2002, 541; *Nieskens* in Rau/Dürrwächter, § 1 UStG Rz. 151 ff. (Stand: August 2023).
4 *Tipke*, Die Steuerrechtsordnung², Band 2, Köln 2003, S. 1000 ff.
5 https://europa.eu/youreurope/business/taxation/vat/vat-rules-rates/index_de.htm#shortcut-6. (abgerufen am 28.12.2023).
6 Bis 31.12.2023: 20 %.

Staaten	Steuersätze in %		
	Regelsatz	Ermäßigte Sätze	Zwischensatz
Portugal	23	6/13	13
Rumänien	19	5/9	
Schweden	25	6/12	–
Slowakische Republik	20	10	–
Slowenien	22	9,5	–
Spanien	21	4/10	–
Tschechische Republik	21	10/15	–
Ungarn	27	5/18	–
Zypern	19	5/9	–
Ausgewählte Drittstaaten			
China	13	6/9	
Japan (Mehrwertsteuer)	10	8	–
Kanada Federal	5	–	–
Kanada Provinzen/Territorien (Einzelhandelsumsatzsteuer zusätzlich zur Federal Umsatzsteuer)	0–10	–	–
Norwegen	25	15	12
Schweiz	7,7	2,5/3,7	–
Türkei	18	1/8	–
Vereinigte Arabische Emirate	5	–	–
Vereinigte Staaten von Amerika[1]	0–10,25		
Vereinigtes Königreich von Großbritannien und Nordirland	20	5	

B. Allgemeiner Steuersatz (Absatz 1)

I. Anwendungsbereich des allgemeinen Steuersatzes

21 Nach § 12 Abs. 1 UStG ist der Regelsteuersatz **auf jeden steuerpflichtigen Umsatz anzuwenden**. D.h. es muss ein steuerbarer Umsatz (§ 1 Abs. 1 Nr. 1, 4 und 5 UStG) vorliegen, der nicht unter eine Befreiungsvorschrift (§§ 4, 5, 5a UStG) fällt (Ausnahme: Option zur Steuerpflicht nach § 9 UStG), für den nicht der ermäßigte Steuersatz (§ 12 Abs. 2 UStG) Anwendung findet, der nicht unter die Kleinunternehmerregelung (§ 19 Abs. 1 UStG) fällt und für den keine Besteuerung nach den Durchschnittssätzen (§§ 23a, 24 UStG) zur Anwendung kommt.

22 Unter der Annahme einer vollständigen Entlastung des Unternehmers durch den Vorsteuerabzug ist somit der **Steuersatz auf der letzten Stufe für die Belastung des Verbrauches entscheidend**. Es ist der Steuersatz entscheidend, der zum Zeitpunkt der Bewirkung des Umsatzes Anwendung findet.

1 Sowohl der Regelsteuersatz als auch der ermäßigte Steuersatz variiert abhängig vom Bundesstaat. Auch die Definitionen für Waren, die dem ermäßigten Steuersatz unterliegen könnten, ist in den verschiedenen Bundesstaaten nicht einheitlich. Eine Übersicht der einzelnen (lokalen) Regelsteuersätze kann hier entnommen werden: https://www.salestaxinstitute.com/resources/rates (aufgerufen am 28.12.2023). Informationen zu Gütern, die dem ermäßigten Steuersatz unterliegen, können hier abgerufen werden: https://www.streamlinedsalestax.org/ (aufgerufen am 28.12.2023).

II. Besteuerung mit dem allgemeinen Steuersatz

1. Berechnung der Steuer

Die Steuer wird durch eine **Multiplikation** des Steuersatzes mit der Bemessungsgrundlage (§§ 10, 11, 25 Abs. 3 UStG oder § 25a Abs. 3 und 4 UStG) berechnet. Die Umsatzsteuer selbst gehört nicht zur Bemessungsgrundlage (§ 10 Abs. 1, § 11 Abs. 3 Nr. 2 UStG). 23

Falls nur der Bruttowert bekannt ist, ist zur Ermittlung der (Netto-)Bemessungsgrundlage der Bruttowert durch 1,19 zu dividieren (**Divisormethode**).[1] Die Umsatzsteuer kann direkt ermittelt werden durch eine Multiplikation des Bruttowerts mit dem Steuersatz und der Division durch 1,19. Darüber hinaus kann der Steuerbetrag (vereinfachend) auch mittels des Faktors 15,97/100 (= 19/119) ermittelt werden.[2] Der Faktor ist auf das Bruttoentgelt anzuwenden. Dieses Vorgehen kann zu Rundungsdifferenzen führen. 24

2. Anwendung des falschen Steuersatzes

Wurde durch den Unternehmer fälschlicherweise eine höhere als die geschuldete Steuer ausgewiesen (z.B. 19 % statt 7 %), greift **§ 14c Abs. 1 UStG**. Bei Ausweis einer zu niedrigen Steuer (z.B. 7 % statt 19 %) wird trotzdem die gesetzlich vorgeschriebene Steuer geschuldet (§ 14c Rz. 45 f.). 25

Die **Einfuhrumsatzsteuer** (§ 1 Abs. 1 Nr. 4 UStG) kann bei Anwendung eines falschen Steuersatzes nach Art. 101 ff. UZK i.V.m. § 21 Abs. 2 UStG nachgefordert oder nach Art. 116 UZK i.V.m. § 21 Abs. 2 UStG korrigiert werden. 26

Wird fälschlicherweise in einer Rechnung ein falscher Steuersatz angewendet, dann ist (bis zur Rechnungsberichtigung) der **Bruttopreis die Ausgangsgröße für die Berechnung des Steuerbetrags**. Darauf ist dann der richtige Steuersatz anzuwenden. Es erfolgt also keine einfache Korrektur um die Steuersatzdifferenz.[3] Das gilt wiederum nicht, wenn der Leistungsempfänger das Entgelt entsprechend des richtigen Steuersatzes anpasst.[4] 27

III. Änderungen des Steuersatzes

Von Interesse ist der Zeitpunkt der Leistung vor allem bei einer Änderung des Steuersatzes, der Einführung oder Aufhebung von Steuerbefreiungen sowie der Einführung oder Aufhebung von Fällen des ermäßigten Steuersatzes.[5] 28

Maßgeblicher Steuersatz ist der Steuersatz, der im **Zeitpunkt, in dem der Umsatz als ausgeführt gilt**, anzuwenden ist. (§ 27 Rz. 1). Der Zeitpunkt der Vereinnahmung des Entgelts und der Zeitpunkt der Rechnungserstellung sind somit nicht relevant. Entscheidend ist ausschließlich, wann der Umsatz bewirkt wird und auch nicht wann die Steuer nach § 13 Abs. 1 Nr. 1 UStG entsteht.[6] Daher gilt die zeitliche Abgrenzung nach der Leistungserbringung nach dem BMF-Schreiben vom 30.6.2020[7] auch in Fällen der **Istversteuerung** (Rz. 6 des BMF-Schreibens v. 30.6.2020). Werden allerdings statt einer Gesamtleistung selbstständige **Teilleistungen** vereinbart, kommt es auf den Zeitpunkt der Teilleistung an (Rz. 2 des BMF-Schreibens v. 30.6.2020). Dies gilt auch bei der **Einfuhrumsatzsteuer** (Rz. 5 des BMF-Schreibens v. 30.6.2020). 29

Eine Besonderheit stellen **Einzweckgutscheine** dar. Diese werden bereits im Zeitpunkt der Abgabe besteuert, ohne dass es auf den Zeitpunkt der tatsächlichen Leistung ankommt (Rz. 30 des BMF-Schrei- 29.1

---

1 Abschn. 15.4 Abs. 2 Nr. 2 UStAE.
2 Abschn. 15.4 Abs. 2 Nr. 1 UStAE.
3 Für ein Rechenbeispiel vgl. ausführlich *Nieskens* in Rau/Dürrwächter, § 12 Allg. Rz. 411 ff. (Stand: Januar 2023).
4 *Nieskens* in Rau/Dürrwächter, § 12 Allg. Rz. 411 ff. (Stand: Januar 2023).
5 Abschn. 12.1 Abs. 2 UStAE.
6 Abschn. 12.1 Abs. 3 Satz 4 UStAE.
7 BMF, Schr. v. 30.6.2020 – III C 2-S 7030/20/10009 :004, 2020/0610691, BStBl. I 2020, 584 = UR 2020, 568.

bens v. 30.6.2020). Daher dürften erhebliche Vorteile entstanden sein, wenn solche Gutscheine bis zum 31.12.2020 ausgegeben worden sind.

29.2 Um missbräuchlichen Handlungen im Zusammenhang mit Bestellungen von **individualisierten, oftmals hochwertigen Konsumgütern** entgegenzuwirken, sieht das BMF-Schreiben vom 4.11.2020[1] diesbezüglich eine zweistufige Vorgehensweise vor. Bei Zahlung vor dem 1.1.2021 ist die Umsatzsteuer mit einem Steuersatz von 16 % bzw. 5 % zu berechnen. Wird der Gegenstand nach dem 31.12.2020 geliefert, hat anschließend im Zeitpunkt der Leistungsausführung eine Berichtigung auf 19 % bzw. 7 % zu erfolgen. In Fällen, in denen bereits bei der Anzahlung der Leistung feststeht, dass die Lieferung erst nach dem 31.12.2020 stattfinden wird, ist aus Vereinfachungsgründen die Versteuerung der Anzahlung mit 19 % zulässig (Rz. 2 des BMF-Schreibens v. 4.11.2020). Es bleibt abzuwarten, ob sich das BMF mit dieser Rechtsauffassung durchsetzen wird.[2]

29.3 Für **Restaurant- und Verpflegungsdienstleistungen** wurde mit § 12 Abs. 2 Nr. 15 UStG eine befristete Anwendung des Steuersatzes eingefügt, wonach für erbrachte Restaurant- und Verpflegungsleistungen (ausgenommen die Abgabe von Getränken) der ermäßigte Steuersatz gilt, soweit die Leistungen nach dem 30.6.2020 und vor dem 1.1.2024 erbracht werden. Gutscheine, die diesbezüglich in diesem Zeitraum ausgegeben wurden, werden grundsätzlich als Mehrzweck-Gutscheine behandelt. Damit erfolgt die Versteuerung im Zeitpunkt der tatsächlichen Leistungserbringung auf Grundlage des dann jeweils gültigen Steuersatzes (Rz. 6 des BMF-Schreibens v. 4.11.2020). Sie werden nur dann als Einzweck-Gutscheine behandelt, wenn diese explizit auf den Bezug von Speisen oder Getränken beschränkt werden. Werden die Gutscheine für Restaurant- und Verpflegungsleistungen für einen Zeitraum ab dem 1.1.2023 ausgestellt, gelten sie dann ebenfalls wieder als Einzweck-Gutschein (Rz. 6 des BMF-Schreibens v. 4.11.2020).[3]

29.4 Versäumten Leistungserbringer den **Ausweis des verminderten Steuersatzes** im Zeitraum vom 1.7.2020 bis 31.12.2020, so ist **§ 14c Abs. 1 UStG** anzuwenden. Demnach sind sie verpflichtet, den ausgewiesenen und nicht den geschuldeten Betrag abzuführen. Der Vorsteuerabzug beim Leistungsempfänger ist jedoch nur in Höhe der geschuldeten 16 % bzw. 5 % möglich (Rz. 18 des BMF-Schreibens v. 30.6.2020).[4] Im Rahmen der Einführung der **Steuersatzermäßigung für Leistungen im Bahnbeförderungsverkehr** wurde aus Praktikabilitätsgründen die Rechnungsberichtigungspflicht für vor der Steuersenkung verkaufte Tickets, aber nach der Steuersenkung erbrachte Leistung abgemildert.[5] Dies wurde im Rahmen der **temporären Steuersatzsenkung** jedoch **nur für Umsätze im Juli 2020** übernommen (Rz. 46 des BMF-Schreibens v. 30.6.2020).

30 Die Änderung ist auch anzuwenden, wenn bereits eine **Anzahlung** erfolgt ist (§ 27 Abs. 1 Satz 2 UStG). Die Berichtigung muss in dem Voranmeldungszeitraum erfolgen, in dem die Leistung bewirkt wird (§ 27 Abs. 1 Satz 3 UStG; (Rz. 3 des BMF-Schreibens v. 30.6.2020). Demnach bleibt der ursprüngliche Steuerausweis zutreffend und ist nicht zu berichtigen. Vielmehr ist im Rahmen einer Endrechnung der dann gültige Steuersatz anzugeben (Rz. 8, 12 des BMF-Schreibens v. 30.6.2020). Im Zuge der temporären Steuersatzsenkung ließ die FinVerw. es jedoch zu, dass in Rechnungen, die vor dem 1.7.2020 über Teilzahlungen ausgestellt wurden, bereits der Steuersatz von 16 % (bzw. 5 %) angegeben wurde. Dadurch wurde eine Endrechnung i.S.d. § 27 Abs. 1 Satz 3 UStG vermieden (Rz. 9 des BMF-Schreibens v. 30.6.2020). Wegen der Kurzfristigkeit der Änderung dürfte sich dies jedoch nur in wenigen Fällen ausgewirkt haben. Eine größere Bedeutung dürfte sich indessen beim Wechsel zurück zu den alten Steuersätzen ab 1.1.2021 ergeben haben (Rz. 51 a.E. des BMF-Schreibens v. 30.6.2020).

30.1 Voraus- und Anzahlungsrechnungen, die nach dem 30.6.2020 und vor dem 1.1.2021 gestellt und das Entgelt in diesem Zeitraum vereinnahmt wurde, erfolgte die Berechnung der Steuer mit einem Steuersatz in Höhe von 16 % bzw. 5 %. Seitens der FinVerw. wurde die Anwendung des Steuersatzes in Höhe von 19 % bzw. 5 % nicht beanstandet, soweit feststeht, dass die Erbringung der jeweiligen Leistung erst

---

1 BMF, Schr. v. 4.11.2020 – III C 2-S 7030/20/10009 :016, 2020/1074476, BStBl. I 2020, 1129 = UR 2020, 977.

2 Kritisch zur Finanzverwaltungsauffassung *Nieskens* in Rau/Dürrwächter, UStG, § 3 UStG, Rz. 4743 (Stand März 2021); *Prätzler*, StuB 2021, 107 (109).

3 S. auch *Schreiner/Bruß/Metz* in Steuerberater Branchenhandbuch, Hotel/Übernachtungsgewerbe, Rz. 214 (Stand: Juni 2021).

4 Abschn. 15.2a Abs. 6 Satz 12 UStAE.

5 BMF, Schr. v. 21.1.2020 – III C 2-S 7244/19/10002 :009, BStBl. I 2020, 197 = UR 2020, 204.

nach dem 31.12.2020 erfolgt. Die Geltendmachung des auf einer solchen Rechnung ausgewiesenen Steuerbetrages als Vorsteuer ist dem Rechnungsempfänger unter den übrigen Voraussetzungen möglich (Rz. 1 des BMF-Schreibens v. 4.11.2020).

Bei **Vorausrechnungen** für Leistungen nach dem 30.6.2020 ohne eine Vereinnahmung des Entgelts vor dem 1.7.2020 sind nach Auffassung der FinVerw. zur Umsetzung der temporären Steuersatzsenkung die neuen Steuersätze von 16 % bzw. 5 % anzugeben (Rz. 10 des BMF-Schreibens v. 30.6.2020). Aus Vereinfachungsgründen kann auch bei einer Vereinnahmung vor dem 1.7.2020 bereits von den 16 % bzw. 5 % ausgegangen werden, obwohl nach § 27 UStG zunächst 19 % bzw. 7 % auszuweisen und abzuführen wären (Rz. 11 des BMF-Schreibens v. 30.6.2020). Auch hier dürfte es wegen der Kurzfristigkeit der Änderung nicht besonders viele Anwendungsbereiche gegeben haben. Anders ist es jedoch beim Wechsel zurück zu den alten Steuersätzen, wobei die Vereinfachung dort nur für nach dem 31.12.2020 vereinnahmte Entgelte gilt (Rz. 52 des BMF-Schreibens v. 30.6.2020 [verweist nur auf Rz. 10]). 30.2

Eine Versteuerung mit einem Steuersatz von 19 % bzw. 7 % hat zu erfolgen, auch wenn bei Voraus- oder Anzahlungsrechnungen, welche vor dem 1.1.2021 gestellt und das entsprechende Entgelt nach dem 31.12.2020 vereinnahmt wird, die Rechnung einen geringeren Steuersatz ausweist. Dem Leistungsempfänger steht unter den übrigen Voraussetzungen ein Vorsteuerabzug nur in Höhe der ausgewiesenen Steuer zu (Rz. 1 des BMF-Schreibens v. 4.11.2020). 30.3

Die Berichtigung einer Steuerberechnung findet in Fällen von kumulierten Voraus- und Anzahlungsrechnungen, in welchen in einer bereits gestellten Rechnung die Steuerberechnung nach einem zu diesem Zeitpunkt zutreffenden Steuersatz erfolgte, erst in dem Voranmeldungszeitraum statt, in dem es zur Ausführung der Lieferung oder sonstigen Leistung kommt (§ 27 Abs. 1 Satz 3 UStG; Rz. 31 des BMF-Schreibens v. 4.11.2020). 30.4

Der Leistende schuldet die Mehrsteuer nach § 14c Abs. 1 UStG, wenn hinsichtlich einer Voraus- und Anzahlungsrechnung vor dem 1.7.2020 die Berechnung der Steuer mit einem Steuersatz in Höhe von 19 % bzw. 7 % erfolgt ist, die Vereinnahmung des Entgelts aber erst nach dem 30.6.2020 stattfand. Da es sich um keine gesetzlich geschuldete Steuer handelt, ist der Leistungsempfänger grundsätzlich nicht zum Vorsteuerabzug berechtigt. Ein Vorbehalt gilt gleichwohl vor dem Hintergrund der Nichtbeanstandungsregel in Rz. 46 des BMF-Schreibens vom 30.6.2020 (Rz. 21 des BMF-Schreibens v. 4.11.2020). Danach wird aus Vereinfachungsgründen eine nicht erfolgte Berichtigung der auf den Rechnungen ausgewiesenen Umsatzsteuer nicht beanstandet, wenn zuvor der leistende Unternehmer an einen anderen Unternehmer nach dem 30.6.2020 und vor dem 1.8.2020 eine Leistung erbracht und dabei in der Rechnung den Steuersatz ausgewiesen hat, der vor dem 1.7.2020 galt (19 % anstelle von 16 % bzw. 7 % anstelle von 5 %) und diesen Steuerbetrag auch abgeführt hat. Ist der Leistungsempfänger zum Vorsteuerabzug berechtigt, wird ihm aus derartigen Rechnungen, welche unrichtig i.S.d. § 14c Abs. 1 UStG sind, das Recht auf Vorsteuerabzug auf Grundlage des ausgewiesenen Steuersatzes auch für die nach dem 30.6.2020 und vor dem 1.8.2020 seitens des Unternehmers erbrachten Leistungen gewährt. Dies gilt entsprechend für die vom Leistungsempfänger berechnete Steuer in den Fällen, in denen der Leistungsempfänger die Steuer nah § 13b UStG schuldet (Rz. 46 des BMF-Schreibens v. 30.6.2020). 30.5

Bei **Änderungen der Bemessungsgrundlage**, die zu einer Korrektur nach § 17 Abs. 1 UStG führen, ist der Steuersatz anzuwenden, der zum Zeitpunkt der Ausführung des Umsatzes gegolten hat.[1] Soweit sich Änderungen auf verschieden besteuerte Umsätze beziehen, ist grundsätzlich der einzelne Umsatz zu ermitteln. Aus Vereinfachungsgründen lässt die FinVerw. jedoch eine **vereinfachte Berechnung** nach Umsatzanteilen zu (Rz. 28 des BMF-Schreibens v. 30.6.2020). Ähnliches gilt bei **Preisnachlassgutscheinen** (Rz. 29 des BMF-Schreibens v. 30.6.2020 mit einer speziellen Vereinfachungsregelung) sowie bei **Jahresboni und -rückvergütungen** (Rz. 32 des BMF-Schreibens v. 30.6.2020 sowie Rz. 4 des BMF-Schreibens v. 4.11.2020 mit weiteren Ausführungen). 31

Führt ein Unternehmer Umsätze aus, die sowohl dem allgemeinen als auch dem ermäßigten Steuersatz unterliegen, so beanstandet es die FinVerw. nicht, wenn dieser die Steuerberichtigung nach § 17 Abs. 1 Satz 1 UStG auf Grundlage des Verhältnisses der nach dem allgemeinen zu den nach dem ermäßigten 31.1

1 *Nieskens* in Rau/Dürrwächter, § 12 Allg. Rz. 276 (Stand: Januar 2023).

Steuersatz zu versteuernden Umsätzen vornimmt und dabei von einem Steuersatz von jeweils 7 % bzw. 19 % für das gesamte Kalenderjahr ausgeht (Rz. 8 des BMF-Schreibens v. 4.11.2020).

31.2 Zudem beanstandet es die FinVerw. nicht, wenn ein Unternehmer hinsichtlich der gemeinsamen Entgeltminderung von einer Aufteilung absieht und dieser ausnahmslos den Steuersatz von 19 % bei der Steuerberichtigung nach § 17 Abs. 1 Satz 1 UStG zugrunde legt (Rz. 33 des BMF-Schreibens v. 30.6.2020). Auf Umsätze, die dem ermäßigten Steuersatz unterliegen, ist diese Regelung entsprechend anzuwenden (Rz. 9 des BMF-Schreibens v. 4.11.2020). Dem Unternehmer wird es folglich nicht beanstandet, wenn dieser dann von einer Aufteilung der gemeinsamen Entgeltminderung absieht und ausnahmslos den ermäßigten Steuersatz von 7 % bei der Steuerberichtigung nach § 17 Abs. 1 Satz 1 UStG zugrunde legt (Rz. 9 des BMF-Schreibens v. 4.11.2020).

32 Werden Leistungen in wirtschaftlich abgrenzbaren Teilen bewirkt (**Teilleistungen**), dann können bei einer Steuersatzänderung unterschiedliche Steuersätze in Betracht kommen.[1] Wird eine Teilleistung vor der Steuersatzänderung bewirkt, gilt der alte Steuersatz, wird eine Teilleistung nach der Steuersatzänderung bewirkt, gilt der neue Steuersatz. Bei **Werklieferungen und Werkleistungen** ist es möglich selbstständige Teilleistungen anzunehmen, wenn es sich um einen wirtschaftlich abgrenzbaren Teil handelt, die Teilleistungen vor der Steuersatzänderung abgenommen oder vollendet sind und sie vor der Steuersatzänderung vereinbart und gesondert abgerechnet werden (Rz. 22 des BMF-Schreibens v. 30.6.2020).

32.1 **Dauerleistungen** werden in dem Zeitpunkt versteuert, in dem sie vollendet sind. Die Behandlung von Nebenleistungen (z.B. Betriebskosten bei Vermietungen) richtet sich nach der Hauptleistung (Rz. 8, 24 des BMF-Schreibens v. 30.6.2020). Im Zuge der **temporären Steuersatzsenkung** wird verlangt, dass Dauerrechnungen (z.B. Verträge) entsprechend angepasst werden, wobei ergänzende Unterlagen genügen (Rz. 24 des BMF-Schreibens v. 30.6.2020). Werden Dauerleistungen in kürzeren Intervallen als dem Leistungszeitraum abgerechnet, wird von Teilleistungen ausgegangen (Rz. 25 des BMF-Schreibens v. 30.6.2020).[2] Als Dauerleistung i.S.d. BMF-Schreibens vom 30.6.2020 werden wiederkehrende Leistungen dann nicht verstanden, wenn diese zeitpunktezogen in regelmäßigen Abständen mehrfach oder einmal jährlich erbracht werden. Hier erfolgt die Ausführung der Leistung am Tag der jeweiligen Leistungserbringung (Rz. 21 des BMF-Schreibens v. 4.11.2020).

33 Im Zuge der kurzfristigen Einführung der **temporären Steuersatzsenkung** im Jahr 2020 hat die FinVerw. in dem BMF-Schreiben vom 30.6.2020 zahlreiche Vereinfachungsregelungen vorgesehen. Auch bei früheren Steuersatzänderungen gab es besondere Übergangsregelungen und **Vereinfachungen**.[3]

34 Unter anderem wird auf eine Anpassung der **Steuererklärungsvordrucke** verzichtet, so dass sämtliche Umsätze zu 16 % bzw. 5 % unter den anderen Steuersätzen einzutragen sind (Rz. 4 des BMF-Schreibens v. 30.6.2020). Dies führt dazu, dass die Steuerpflichtigen eine Art Nebenrechnung führen müssen, mit der die Zusammensetzung des angegebenen Betrags nachzuvollziehen ist.

35 Für **Pfandgelder** ist zur temporären Steuersatzsenkung eine Vereinfachungsregelung vorgesehen (Rz. 31, 50 des BMF-Schreibens v. 30.6.2020). Diese wird durch eine weitere Vereinfachung ergänzt.[4] Zur Erstattung von Pfandbeträgen sieht das BMF-Schreiben vom 4.11.2020 in Rz. 7 weitere Vereinfachungsregelungen vor.

36 Ebenso gibt es bezüglich der temporären Steuersatzsenkung Vereinfachungen für **Telekommunikationsleistungen** sowie **Strom-, Gas-, Wasser-, Kältelieferungen sowie Abfallbeseitigung, Sonder- und Ausgleichszahlungen bei Miet- oder Leasingverträgen, Herstellerrabatten bei der Abgabe pharmazeutischer Produkte, Gesamtmargenbildung, der Differenzbesteuerung, Zeitungs- und Zeitschriftenabonnements, Leistungen eines Insolvenzverwalters, Leistungen des Gerüstbauerhandwerks, Leistungen im Gastgewerbe** und **Personenbeförderungen**.[5]

---

1 Abschn. 12.1 Abs. 4 UStAE.

2 BMF, Schr. v. 30.6.2020 – III C 2-S 7030/20/10009 :004, 2020/0610691, BStBl. I 2020, 584 = UR 2020, 568, Rz. 25.

3 BMF, Schr. v. 11.8.2006 – IV A 5-S 7210-23/06, BStBl. I 2006, 477 = UR 2006, 540.

4 BMF, Schr. v. 2.7.2020 – III C 2-S 7030/20/10009:005, 2020/0665043, n.v.

5 BMF, Schr. v. 30.6.2020 – III C 2-S 7030/20/10009 :004, 2020/0610691, BStBl. I 2020, 584 = UR 2020, 568, Rz. 34–41; BMF, Schr. v. 4.11.2020 – III C 2-S 7030/20/10009 :016, 2020/1074476, BStBl. I 2020, 1129, Rz. 10–22.

§ 12 Abs. 2 Nr. 1 [Lieferung etc. der in Anl. 2 bezeichneten Gegenstände]

…

(2) Die Steuer ermäßigt sich auf 7 Prozent für die folgenden Umsätze:

1. die Lieferungen, die Einfuhr und der innergemeinschaftliche Erwerb der in Anlage 2 bezeichneten Gegenstände mit Ausnahme der in der Nummer 49 Buchstabe f, den Nummern 53 und 54 bezeichneten Gegenstände;

…

A. Grundaussagen

I. Regelungsgegenstand und Bedeutung

1 § 12 Abs. 2 Nr. 1 UStG benennt bestimmte Umsätze mit bestimmten Gegenständen, die vom ermäßigten Steuersatz i.H.v. 7 % profitieren. Die Steuerermäßigung erfasst drei Umsatztypen: die **Lieferung**, die **Einfuhr** und den **innergemeinschaftlichen Erwerb** (Rz. 13 ff.). Objekt eines solchen Umsatzes muss ein Gegenstand sein, der in der als „Liste der dem ermäßigten Steuersatz unterliegenden Gegenstände" bezeichneten **Anl. 2** enthalten ist (Anl. 2 Rz. 1 ff.).

II. Unionsrechtliche Grundlagen

2 § 12 Abs. 2 Nr. 1 UStG bewegt sich in dem von **Art. 98 Abs. 1** und **Abs. 2 MwStSystRL** vorgegebenen Rahmen. Dieser erlaubt es den Mitgliedstaaten, drei ermäßigte Steuersätze oder eine Steuerbefreiung mit dem Recht auf Vorsteuerabzug anzuwenden. Deutschland hat sich in § 12 Abs. 2 UStG für einen ermäßigten Steuersatz entschieden, der seit dem 1.7.1983 7 % beträgt.[1]

3 **Art. 98 Abs. 1 und Abs. 2 MwStSystRL** legen fest, dass die ermäßigten Steuersätze nur auf die Lieferungen von Gegenständen und die Dienstleistungen der in **Anhang III genannten Kategorien** anwendbar sind. Die Vorschrift beschränkt den mitgliedstaatlichen Handlungsspielraum hinsichtlich der Art und des Gegenstandes des Umsatzes, durch die abschließende Aufzählung in Anhang III MwStSystRL (Anl. 2 Rz. 11.2).

4 Da Art. 98 Abs. 1 und Abs. 2 MwStSystRL nur für die Lieferung und die Erbringung von Dienstleistungen gilt, bedurfte es weiterer Vorschriften, die die Anwendung des ermäßigten Steuersatzes auf **den innergemeinschaftlichen Erwerb** und die **Einfuhr** regeln. Diese finden sich in **Art. 94 Abs. 1** und **Abs. 2 MwStSystRL**. Sie bestimmen, dass beim innergemeinschaftlichen Erwerb bzw. der Einfuhr von Gegenständen der gleiche Steuersatz anzuwenden ist wie der für die Lieferung geltende (zu den Sonderregeln für Kunstgegenstände s. § 12 Abs. 2 Nr. 12 Rz. 2.1).

1 Zur Entwicklung des ermäßigten Steuersatzes s. Abschn. 12.1 Satz 1 UStAE.

III. Verhältnis zu anderen Vorschriften und Rechtsentwicklung

1. Verhältnis zu anderen Vorschriften

5 § 12 Abs. 2 Nr. 1 UStG steht im engen Bezug zu **§ 12 Abs. 2 Nr. 2** und **Nr. 12–14** UStG. Alle Tatbestände beziehen sich auf unterschiedliche Teilmengen von Gegenständen der Anl. 2 (Anl. 2 Rz. 1 ff.) und unterscheiden sich hinsichtlich der Arten der begünstigten Umsätze.

6 Während § 12 Abs. 2 **Nr. 1** UStG die **Lieferung**, die **Einfuhr** und den **innergemeinschaftlichen Erwerb** privilegiert, regelt § 12 Abs. 2 **Nr. 2** UStG die **Vermietung**. Beide Tatbestände erfassen den Großteil der Gegenstände von Anl. 2. Die von diesen Tatbeständen ausgeklammerten Gegenstände – **Kunstgegenstände** (Nr. 53) sowie **Sammlungsstücke** (Nr. 49 Buchst. f, Nr. 54) – werden von § 12 Abs. 2 **Nr. 12** UStG **(Einfuhr)** und § 12 Abs. 2 **Nr. 13** UStG (**Lieferung und innergemeinschaftlicher Erwerb**) behandelt (§ 12 Abs. 2 Nr. 12 Rz. 6 ff.; § 12 Abs. 2 Nr. 13 Rz. 7 ff.).

6.1 **§ 12 Abs. 2 Nr. 14 UStG** betrifft einen Teilbereich der auch von § 12 Abs. 2 Nr. 1 und 2 UStG erfassten Gegenstände. Hinsichtlich der Erbringungsmodalitäten geht er über diese beiden Tatbestände hinaus, indem er die **elektronische Überlassung von E-Books, Hörbüchern** etc. privilegiert.

2. Rechtsentwicklung

7 § 12 Abs. 2 Nr. 1 UStG hat sich seit Einführung der Mehrwertsteuer zum 1.1.1968 kaum verändert. § 12 Abs. 2 Nr. 1 Satz 1 UStG 1967[1] erfasste ursprünglich neben der heute noch privilegierten Lieferung und der Einfuhr auch den Eigenverbrauch. Zeitgleich mit der Schaffung des EG-Binnenmarktes zum 1.1.1993 wurde die Erbringungsmodalität des **innergemeinschaftlichen Erwerbs** eingefügt.[2] Zum 1.4.1999 wurde § 12 Abs. 2 Nr. 1 UStG an den Wegfall der Eigenverbrauchsbesteuerung[3] angepasst und diese Erbringungsmodalität gestrichen.[4]

8 § 12 Abs. 2 Nr. 1 Satz 2 UStG 1967 nahm „die **Lieferungen von Speisen und Getränken zum Verzehr an Ort und Stelle**" von der Steuerbegünstigung aus. Die ursprünglich in § 29 UStDV 1980[5] enthaltene Erläuterung dieses Ausschlusstatbestandes wurde zum 1.1.1985 als Satz 3 in § 12 Abs. 2 Nr. 1 UStG eingefügt.[6] Mit Wirkung vom 27.6.1998 wurden die Sätze 2 und 3 des § 12 Abs. 2 Nr. 1 UStG vollständig gestrichen.[7] Auf sie werden seitdem die allgemeinen Kriterien für die Abgrenzung von Lieferungen und sonstigen Leistungen (Rz. 17 ff.) angewendet. **Redaktionelle Änderungen** gab es im Hinblick auf die Bezeichnung der heutigen Anl. 2, auf die § 12 Abs. 2 Nr. 1 UStG verweist (Anl. 2 Rz. 28).

9 § 12 Abs. 2 Nr. 1 UStG in der **heutigen Fassung** gilt seit dem **1.1.2014**.[8] Mit dieser Gesetzesänderung wurden Sammlerbriefmarken (Anl. 2 Nr. 49 Buchst. f), Kunstgegenstände (Anl. 2 Nr. 53) und Sammlungsstücke (Anl. 2 Nr. 54) ausdrücklich vom Anwendungsbereich dieser Norm ausgenommen. Sie werden von § 12 Abs. 2 Nr. 12 und Nr. 13 UStG erfasst (Rz. 6).

---

1 Umsatzsteuergesetz (Mehrwertsteuer) v. 29.5.1967, BGBl. I 1967, 545 (551).
2 Art. 1 Nr. 16, Art. 12 Abs. 1 Umsatzsteuer-Binnenmarktgesetz v. 25.8.1992, BGBl. I 1992, 1548 (1554, 1563).
3 Hierzu *Rondorf* in Schwarz/Widmann/Radeisen, § 12 Abs. 2 Nr. 1 UStG Rz. 51 (Stand: Juli 2023).
4 Art. 7 Nr. 8, Art. 18 Abs. 2 Steuerentlastungsgesetz 1999/2000/2002 v. 24.3.1999, BGBl. I 1999, 402 (488, 496).
5 BGBl. I 1979, 2359; BGBl. I 1984, 1265.
6 Art. 17 Nr. 7, Art. 18, Art. 32 Steuerbereinigungsgesetz 1985 v. 14.12.1984, BGBl. I 1984, 1493 (1506, 1507, 1513).
7 Art. 4 Nr. 4, Art. 9 Abs. 1 Gesetz zur Datenübermittlung für den Verteilungsschlüssel des Gemeindeanteils am Umsatzsteueraufkommen und zur Änderung steuerlicher Vorschriften v. 23.6.1998, BGBl. I 1998,1496 (1498).
8 Art. 10 Nr. 5 Buchst. a, Art. 31 Abs. 7 Amtshilferichtlinie-Umsetzungsgesetz v. 26.6.2013, BGBl. I 2013, 1809 (1831, 1843).

B. Begünstigte Umsätze (Nr. 1)

I. Erbringungsmodalitäten

1. Überblick

§ 12 Abs. 2 Nr. 1 UStG begünstigt nur bestimmte Arten eines Umsatzes, namentlich 10
- die Lieferung,
- die Einfuhr und
- den innergemeinschaftlichen Erwerb

der meisten der in der Anl. 2 genannten Gegenstände.

Die Steuerbegünstigung knüpft ausschließlich an die **Art des Umsatzes** an. Es ist also grundsätzlich unerheblich, wer den Umsatz ausführt. Es kommt nicht auf die Rechtsform des Unternehmens an oder die Handelsstufe, auf der der Umsatz getätigt wird. 11

Keine Anwendung findet § 12 Abs. 2 Nr. 1 UStG auf **Land- und Forstwirte**, die die Durchschnittsatzbesteuerung nach § 24 UStG anwenden.[1] 12

2. Lieferung

a) Begriff

Der Begriff der Lieferung ist in **§ 3 Abs. 1 UStG** definiert als eine Leistung, durch die ein Unternehmer oder in seinem Auftrag ein Dritter den Abnehmer oder in dessen Auftrag einen Dritten befähigt, im eigenen Namen über einen Gegenstand zu verfügen (Verschaffung der Verfügungsmacht; § 3 Rz. 15 ff.). 13

Auch die **Werklieferung**, bei der der Unternehmer selbstbeschaffte Stoffe be- oder verarbeitet, ist eine Lieferung, wenn die Stoffe nicht nur Zutaten oder sonstige Nebensachen sind (§ 3 Abs. 4 Satz 1 UStG; zur Abgrenzung zur Werkleistung s. Rz. 16). Steuerermäßigt ist die Werklieferung jedoch nur, wenn das fertige Werk in der Anl. 2 genannt ist.[2] Nicht ausreichend ist, wenn der Werkunternehmer einen Anl. 2-Gegenstand verarbeitet (Bsp.: Anlage eines Landschaftsgartens mit Gegenständen nach Nr. 6–9 Anl. 2).[3] 14

Der **EuGH** hat mitunter ein sehr weites Verständnis des Begriffs der Lieferung. So hat er das Legen eines Hausanschlusses als **„Lieferung von Wasser"** i.S.v. Anhang H Kategorie 2 6. EG-Richtlinie (jetzt Anhang III Nr. 2 MwStSystRL) bezeichnet, weil es für die Wasserversorgung der Allgemeinheit unentbehrlich sei.[4] Für die Abgrenzung der Begriffe Lieferung und sonstige Leistung gibt die Entscheidung allerdings nichts her, weil der EuGH direkt unter den Begriff „Lieferung von Wasser" subsumiert hat. 15

b) Abgrenzung zur sonstigen Leistung

aa) Allgemeines

Maßgeblich für die Inanspruchnahme der Steuerbegünstigung ist damit die **Abgrenzung** einer **Lieferung** zu einer **sonstigen Leistung** (§ 3 Abs. 9 und 10 UStG). Die sonstige Leistung ist negativ definiert als eine Leistung, die keine Lieferung ist (§ 3 Rz. 500 ff.). 16

---

1 BMF, Schr. v. 13.7.2004 – IV B 7-S 7220-38/04, BStBl. I 2004, 638, Rz. 1.
2 BMF, Schr. v. 13.7.2004 – IV B 7-S 7220-38/04, BStBl. I 2004, 638, Rz. 1.
3 BFH, Urt. v. 14.2.2019 – V R 22/17, BFHE 264, 83 = UR 2019, 789.
4 EuGH, Urt. v. 3.4.2008 – C-442/05, ECLI:EU:C:2008:184 – Zweckverband zur Trinkwasserversorgung und Abwasserbeseitigung Torgau-Westelbien, UR 2008, 432, Rz. 40; BFH, Urt. v. 8.10.2008 – V R 61/03, BStBl. II 2009, 321 = UR 2009, 56.

bb) Mehr- oder Einheit von Leistungen?

17 Werden **mehrere zusammenhängende (Einzel-)Leistungen** erbracht, muss zunächst geklärt werden, ob diese als mehrere selbständige Leistungen oder als eine einheitliche Leistung zu behandeln sind. Jeder Umsatz ist in der Regel als selbständige Leistung zu betrachten; allerdings darf eine wirtschaftlich einheitliche Leistung nicht künstlich aufgespalten werden. Eine **komplexe einheitliche Leistung** liegt vor, wenn aus Sicht des Durchschnittsverbrauchers die einzelnen Elemente der Leistung ihre Eigenständigkeit verlieren und einen einzigen untrennbaren wirtschaftlichen Vorgang bilden, dessen Aufspaltung wirklichkeitsfremd wäre. Eine Haupt- und eine Nebenleistung sind eine einheitliche Leistung, wenn die **Nebenleistung keinen eigenen Zweck** hat (ausführlich § 3 Rz. 533 ff.). Sofern für Nebenleistungen zollrechtliche Vorschriften bestehen (bspw. für Verpackung und Behältnisse, Anl. 2 Rz. 84 ff.), sind diese anzuwenden.

18 Wenn unter Anwendung dieser Grundsätze **selbstständige Leistungen** gegeben sind, wird jede Leistung umsatzsteuerrechtlich für sich gewürdigt. In der Rechtsprechung wurde das Bestehen einer einheitlichen Leistung zwischen einer **Zeitschriftenlieferung** und einer hierfür gewährten **Sachprämie** sowie zwischen der Lieferung einer Fernsehzeitschrift und einer **DVD mit einem Spielfilm** als Beigabe abgelehnt.[1] Wenn jedoch den zahlenden Abonnenten der **Druckausgabe einer Tageszeitung** kostenlos dieselbe Zeitung als **E-Paper** zur Verfügung gestellt wird, sei dies als selbständige Leistung zu bewerten.[2]

cc) Schwerpunkt

19 Wurde eine selbständig zu bewertende Leistung identifiziert, muss für diese geklärt werden, ob sie **schwerpunktmäßig** als **Lieferung** oder **sonstige Leistung** einzuordnen ist (ausführlich § 3 Rz. 507 ff.). Der gesamte Umsatz ist nach dem so ermittelten Schwerpunkt zu behandeln. Eine teilweise Berücksichtigung als Lieferung oder sonstige Leistung kommt nicht in Betracht. Zuletzt wurde über die Abgrenzung der **Lieferung von zubereitetem Futter** und **Futtermanagement-Dienstleistungen**[3] und der **Lieferung von Lebensmitteln** und der Erbringung von **Werbedienstleistungen**[4] entschieden.

dd) Abgabe verzehrfertig zubereiteter Speisen

20 Die Abgabe verzehrfertig zubereiteter Speisen enthält regelmäßig Elemente einer Dienstleistung und einer Lieferung. Ihre Einordnung ist daher besonders praxisrelevant und im Einzelfall schwierig. Sie kann eine Lieferung von Speisen darstellen, die steuerbegünstigt ist, wenn die Speise (oder das Getränk) unter die Anl. 2 fällt, oder eine sonstige Leistung gemäß § 3 Abs. 9 UStG in Form einer Restaurationsdienstleistung, die dem allgemeinen Steuersatz unterliegt. Die praktische Bedeutung dieser Unterscheidung ist jedoch abgeschwächt, solange auf Restaurant- und Verpflegungsdienstleistungen, mit Ausnahme der Abgabe von Getränken, der ermäßigte Steuersatz nach **§ 12 Abs. 2 Nr. 15 UStG** gilt (§ 12 Abs. 2 Nr. 15 Rz. 33 ff.). Nachdem die Sondervorschriften in § 12 Abs. 2 Nr. 1 Sätze 2 und 3 UStG (Rz. 7) und § 3 Abs. 9 Sätze 4 und 5 UStG aufgehoben worden sind, richtet sich die Abgrenzung zwischen Lieferung und sonstiger (Restaurantdienst-)Leistung nach den **allgemeinen Grundsätzen** (ausführlich § 3 Rz. 514 ff.).[5]

3. Einfuhr

21 Auch die Einfuhr kann ein steuerbegünstigter Umsatz sein. Bei der Einfuhr entsteht die Umsatzsteuer in Form der **EUSt (§ 1 Abs. 1 Nr. 4 UStG)**. Der Begriff der Einfuhr wird im UStG nicht definiert, sondern von § 1 Abs. 1 Nr. 4 UStG vorausgesetzt. § 1 Abs. 2 UStG umschreibt lediglich das Inland.

1 FG Hamburg, Urt. v. 19.1.2022 – 6 K 16/20, EFG 2022, 890, Rz. 67 ff., 92 ff.
2 FG Saarl., Gerichtsb. v. 22.8.2023 – 1 K 1270/21, EFG 2023, 1663, Rz. 36 ff. (Rev. BFH XI R 29/23).
3 FG Münster, Urt. v. 25.2.2021 – 5 K 3446/18 U, EFG 2021, 886 (rkr.).
4 FG Berlin-Brandenburg, Urt. v. 29.9.2021 – 2 K 2211/20, EFG 2022, 446, Rz. 17 ff. (insoweit nicht beanstandet von BFH, Urt. v. 23.2.2023 – V R 38/21, BStBl. II 2023, 797 = UR 2023, 479, Rz. 10).
5 Ausführlich *Rondorf* in Schwarz/Widmann/Radeisen, § 12 Abs. 2 Nr. 1 UStG Rz. 61 ff. (Stand: Juli 2023).

Art. 30 MwStSystRL definiert die Einfuhr als Verbringung eines Gegenstands, der sich nicht im freien Verkehr i.S.d. Art. 29 AEUV befindet, in die EU. Eine Einfuhr in diesem Sinne liegt nach den gemäß § 21 Abs. 2 UStG sinngemäß anwendbaren Zollvorschriften vor, wenn eine Ware **zum zollrechtlich freien Verkehr** überlassen worden ist.[1] In diesem Fall entsteht eine EUSt (Art. 201 Abs. 2 Buchst. a, Art. 77 Abs. 1 Buchst. a UZK mutatis mutandis). Wird die Ware außerhalb eines zollrechtlichen Verfahrens, etwa beim Einfuhrschmuggel, in die EU verbracht oder entsteht wegen einer Pflichtverletzung eine Zollschuld, liegt eine mehrwertsteuerrechtliche Einfuhr nur vor, wenn die Ware **in den Wirtschaftskreislauf eingegangen** ist (§ 1 Rz. 216 ff.; § 21 Rz. 14).[2]

4. Innergemeinschaftlicher Erwerb

Neben der Einfuhr kann auch der innergemeinschaftliche Erwerb (§ 1 Abs. 1 Nr. 5 UStG) – der mittlerweile innerunionaler Erwerb heißen müsste – steuerbegünstigt sein. Der innergemeinschaftliche Erwerb ersetzt im Binnenmarkt die Einfuhr. Der Begriff des innergemeinschaftlichen Erwerbs, die Voraussetzungen und die Rechtsfolgen sind in den §§ 1a-1c UStG geregelt (§ 1a Rz. 1 ff.). 22

II. Begünstigte Gegenstände

§ 12 Abs. 2 Nr. 1 UStG verweist hinsichtlich der begünstigten Gegenstände (Anl. 2 Rz. 29 ff.) auf den weit überwiegenden Teil von Anl. 2. Ausgenommen sind nur Kunstgegenstände (Nr. 53) sowie Sammlungsstücke (Nr. 49 Buchst. f, Nr. 54). Sie werden von § 12 Abs. 2 Nr. 12 und 13 UStG erfasst (Rz. 6). 23

Werden Produkte, die aus mehreren Komponenten bestehen (bspw. Warenzusammenstellungen), zollrechtlich wie eine einheitliche Ware behandelt (Anl. 2 Rz. 78 ff.), sind sie ein einheitlicher Gegenstand i.S.d. § 12 Abs. 2 Nr. 1 UStG. 24

§ 12 Abs. 2 Nr. 2 [Vermietung der in Anl. 2 bezeichneten Gegenstände]

...

(2) Die Steuer ermäßigt sich auf 7 Prozent für die folgenden Umsätze:

...

2. die Vermietung der in Anlage 2 bezeichneten Gegenstände mit Ausnahme der in der Nummer 49 Buchstabe f, den Nummern 53 und 54 bezeichneten Gegenstände;

...

Schrifttum: S. Anl. 2.

1 *Bender* in Offerhaus/Söhn/Lange, § 21 UStG Rz. 206 m.w.N. (Stand: Februar 2023).
2 Hierzu ausführlich *Bender* in Offerhaus/Söhn/Lange, § 21 UStG Rz. 285 ff. (Stand: Februar 2023).

A. Grundaussagen

I. Regelungsgegenstand und Bedeutung

1 § 12 Abs. 2 Nr. 2 UStG erweitert die Steuerbegünstigung über die in der Nr. 1 genannten Erbringungsmodalitäten auf die sonstige Leistung in Form der **Vermietung**. Im Übrigen sind beide Tatbestände identisch.

II. Unionsrechtliche Grundlagen

2 Eine unionsrechtliche Grundlage für § 12 Abs. 2 Nr. 2 UStG besteht nur teilweise. **Art. 98 Abs. 1** und **Abs. 2 MwStSystRL** legen fest, dass die ermäßigten Steuersätze auf die Lieferung von Gegenständen und auf **Dienstleistungen** der in **Anhang III genannten Kategorien** anwendbar sind. Von diesen Kategorien sind die Steuerbegünstigungen für die Vermietung gemäß § 12 Abs. 2 Nr. 2 UStG i.V.m. Anl. 2 nur teilweise erfasst. In Anhang III MwStSystRL findet sich der Begriff „Vermietung" (Rz. 11 ff.) in Nr. 12 (Vermietung von Campingplätzen und Wohnwagenstellplätzen) und seit der umfangreichen Änderung durch die Richtlinie (EU) 2022/542 (Anl. 2 Rz. 11) in Nr. 4 (Vermietung medizinischer Geräte), Nr. 10 (Vermietung von Grundstücken zu Wohnzwecken) und Nr. 25 (Vermietung von Fahrrädern). Nr. 6 nennt den „Verleih durch Büchereien". Damit muss etwas anderes gemeint sein als die Vermietung, da die MwStSystRL auch an anderen Stellen[1] die Vermietung von anderen Leistungsformen abgrenzt.[2] Andere Einträge in Anhang III MwStSystRL sind so offen formuliert, dass sie auch die Vermietung erfassen. So erlaubt der „Empfang" von Rundfunk- und Fernsehprogrammen (Nr. 8 Anhang III) die mietweise Überlassung eines Receivers. „Dienstleistungen im Zusammenhang mit lebenden Equiden" (Nr. 11a Anhang III) beinhaltet auch die Vermietung von Pferden. Die Beherbergung in Hotels und ähnlichen Einrichtungen (Nr. 12 Anhang III) kann genauso mietweise erfolgen wie die „Überlassung" von Sportanlagen (Nr. 13 Anhang III).

3 Da der Begriff der Dienstleistung jeden Umsatz inkludiert, der keine Lieferung ist (Art. 24 Abs. 1 MwStSystRL), ist auch die Vermietung vom unionsrechtlichen Dienstleistungsbegriff erfasst.[3] Die Kategorien des Anhang III MwStSystRL, die sich auf Dienstleistungen beziehen, erlauben daher – soweit dies technisch möglich ist – die Gewährung des ermäßigten Steuersatzes auf die Vermietung der dort genannten Gegenstände (Nr. 9, 11, 12a, 15, 16, 18–21 Anhang III MwStSystRL).

4 Darüber hinaus erfasst § 12 Abs. 2 Nr. 2 UStG die Vermietung solcher Kategorien von Anhang III MwStSystRL, die die Erbringungsmodalität des Umsatzes nicht einschränken.[4] Dieser Anhang bezeichnet sich nämlich selbst als das Verzeichnis der „Lieferungen von Gegenständen und **Dienstleistungen**". Soweit in den einzelnen Kategorien nicht bestimmte Modalitäten genannt sind, erfasst jede Kategorie Umsätze sowohl in der Form der Lieferung als auch in Form von Dienstleistungen, die – wie dargelegt (Rz. 3) – auch die Vermietung enthalten.

5 Für die Begünstigung der Vermietung gem. § 12 Abs. 2 Nr. 2 UStG der **übrigen** im Anhang III MwStSystRL genannten Kategorien gibt es **keine unionsrechtliche Grundlage**. Dies heißt jedoch nicht, dass sich der Einzelne nicht auf die Steuerbegünstigung berufen kann. **Die richtlinienkonforme Auslegung zulasten** des Steuerbürgers findet ihre Grenze nämlich im Wortlaut der Vorschrift (Anl. 2 Rz. 124). Da der Wortlaut von § 12 Abs. 2 Nr. 2 UStG eindeutig ist, können die unionsrechtswidrigen Komponenten der Norm nur durch ein Vertragsverletzungsverfahren (Art. 258 AEUV) beseitigt werden.

---

1 Art. 135 Abs. 1 Buchst. l, Art. 137 Abs. 1 Buchst. d MwStSystRL: Vermietung und Verpachtung von Grundstücken; Art. 148 Buchst. c, Anhang X Teil B. Nr. 11, 12 MwStSystRL: Vermietung und Vercharterung von Schiffen und Flugzeugen; Anhang III Nr. 4 MwStSystRL: Vermietung und Leasing medizinischer Geräte.

2 **A.A.** *Huschens* in Schwarz/Widmann/Radeisen, § 12 Abs. 2 Nr. 2 UStG Rz. 12 (Stand: August 2020).

3 Vgl. *Kokott*, Das Steuerrecht der Europäischen Union, § 8 Rz. 182.

4 **A.A.** offenbar *Huschens* in Schwarz/Widmann/Radeisen, § 12 Abs. 2 Nr. 2 UStG Rz. 10 (Stand: August 2020), der nur Nr. 6 und 11 Anhang III MwStSystRL für einschlägig hält.

III. Verhältnis zu anderen Vorschriften und Rechtsentwicklung

1. Verhältnis zu anderen Vorschriften

§ 12 Abs. 2 Nr. 2 UStG steht in engem Bezug zu **§ 12 Abs. 2 Nr. 1 UStG**. Beide Tatbestände beziehen sich auf den Großteil der Gegenstände nach Anl. 2 (Anl. 2 Rz. 1 ff.). Während § 12 Abs. 2 Nr. 1 UStG die Lieferung, die Einfuhr und den innergemeinschaftlichen Erwerb privilegiert, erfasst § 12 Abs. 2 Nr. 2 UStG die Vermietung. 6

frei 7–8

2. Rechtsentwicklung

Der Entwurf des UStG von 1963 sah keine Steuerermäßigung für die Vermietung vor.[1] Er wurde erstmals im Entwurf des Finanzausschusses vom 17.3.1967[2] erwähnt und unverändert vom Bundestag beschlossen.[3] Der Finanzausschuss begründete die erweiterte Fassung der ermäßigten Steuersätze mit den anderenfalls verursachten „nicht vertretbaren Gewinnschmälerung[en] der Unternehmen".[4] 9

§ 12 Abs. 2 Nr. 2 UStG ist inhaltlich **seit dem UStG 1967**[5] **unverändert geblieben**. Der Tatbestand erstreckt die Steuerbegünstigung der in der heutigen Anl. 2 genannten Gegenstände auf deren Vermietung. Änderungen ergaben sich lediglich in der in Bezug genommenen Anl. 2. Praktisch relevant für § 12 Abs. 2 Nr. 2 UStG ist die Streichung der **Pferde** (Nr. 1 Buchst. a Anl. 2) zum 1.7.2012 (Anl. 2 Rz. 27). Die sozialpolitisch verfehlte Steuerbegünstigung für die Vermietung von (Reit-)Pferden ist damit weggefallen. Es bleibt zu hoffen, dass trotz der fragwürdigen Aufnahme einer Begünstigungsermächtigung durch die Richtlinie (EU) 2022/542 (Anl. 2 Rz. 11.3) für „Lebende Equiden und Dienstleistungen im Zusammenhang mit lebenden Equiden" (Nr. 11a Anhang III MwStSystRL) der Reitsport umsatzsteuerrechtlich nicht wieder privilegiert wird.[6] Durch die Aufnahme von **Hörbüchern** in Nr. 50 Anl. 2 (Anl. 2 Rz. 27) ist seit dem 1.1.2015 auch deren Vermietung steuerbegünstigt möglich. 10

B. Begünstigte Umsätze (Nr. 2)

I. Vermietung

Die einzige Erbringungsmodalität von § 12 Abs. 2 Nr. 2 UStG ist die Vermietung. Dieser Begriff ist nach **bürgerlichem Recht** (§§ 535 ff. BGB) zu beurteilen.[7] Die Verpachtung ist nicht erfasst. Dies ergibt sich aus Folgendem: Das **Unionsrecht** spricht – soweit es überhaupt die Steuerbegünstigung nach § 12 Abs. 2 Nr. 2 UStG deckt (Rz. 2 ff.) – für ein enges Verständnis der Vermietung, das die Verpachtung, Vercharterung oder Leihe ausschließt. Die MwStSystRL unterscheidet an verschiedenen Stellen zwischen Vermietung und Verpachtung bzw. Vermietung und Vercharterung und verwendet in Nr. 12 Anhang III MwStSystRL ausdrücklich den Begriff Vermietung während sie in Nr. 6 Anhang III von „Leihe" spricht (Rz. 2). 11

Selbst wenn sich aus dem Unionsrecht ergeben würde, dass der Begriff „Vermietung" extensiv ausgelegt werden müsste, folgt daraus nicht zwingend, dass dies auch für § 12 Abs. 2 Nr. 2 UStG gelten würde. Es bestünde nämlich die Möglichkeit, dass das UStG nur selektiv (Anl. 2 Rz. 18) von der Mög- 12

1 § 11 Abs. 2 UStG-E, BT-Drucks. IV/1590, 8 und BT-Drucks. V/48, 8.
2 § 11 Abs. 2 Nr. 2 UStG-E, BT-Drucks. V/1581, 8.
3 S. die Zusammenstellung der Änderungen in BT-Drucks. V/1632.
4 BT-Drucks. zu V/1581, 3 (4.c).
5 Umsatzsteuergesetz (Mehrwertsteuer) v. 29.5.1967, BGBl. I 1967, 545 (551).
6 Kritisch auch *Ismer*, MwStR 2022, 53 (58).
7 So i.E. auch *Husmann* in Rau/Dürrwächter, § 12 Abs. 2 Nr. 1 und 2 UStG Rz. 211 f. (Stand: April 2014); *Huschens* in Schwarz/Widmann/Radeisen, § 12 Abs. 2 Nr. 2 UStG Rz. 23 (Stand: August 2020); *Waza* in Offerhaus/Söhn/Lange, § 12 Abs. 2 Nr. 2 UStG Rz. 10 (Stand: September 2022); *Heidner* in Bunjes[22], § 12 UStG Rz. 53; **A.A.** *Schüler-Täsch* in Sölch/Ringleb, § 12 UStG Rz. 254 (Stand: Oktober 2020); *Schmölz* in Weymüller[2], § 12 Abs. 2 Nr. 1 UStG Rz. 10.1: Jede vorübergehende entgeltliche Gebrauchsüberlassung.

lichkeit der Steuerbefreiung für eine weit verstandene „Vermietung" dergestalt Gebrauch gemacht hat, dass der bürgerlich-rechtliche Begriff der Vermietung gemeint ist. Für ein solches Verständnis von „Vermietung" spricht, dass der Begriff erstmals im Entwurf des Finanzausschusses vom 17.3.1967 (Rz. 9) erscheint. Zu diesem Zeitpunkt waren die ersten beiden Umsatzsteuer-Harmonisierungsrichtlinien vom 11.4.1967[1] noch nicht in Kraft. Letztlich hat der Streit nur eine relativ geringe praktische Bedeutung, da von den Gegenständen der Anl. 2 nur die Verpachtung von landwirtschaftlichen Nutztieren möglich sein dürfte.

13 Eine Erstreckung der Steuerbegünstigung über die Vermietung hinaus ergibt sich aus § 3 Abs. 9a UStG für **unentgeltliche Wertabgaben** (§ 3 Rz. 452 ff.).[2]

II. Begünstigte Gegenstände

14 § 12 Abs. 2 Nr. 2 UStG verweist hinsichtlich der begünstigten Gegenstände (zu diesem Begriff s. Anl. 2 Rz. 29 ff.) auf den weit überwiegenden Teil von Anl. 2. Ausgenommen sind nur Kunstgegenstände (Nr. 53) sowie Sammlungsstücke (Nr. 49 Buchst. f, Nr. 54). Sie werden von § 12 Abs. 2 Nr. 12 und 13 UStG erfasst (§ 12 Abs. 2 Nr. 12 Rz. 1 ff.; § 12 Abs. 2 Nr. 13 Rz. 1 ff.).

15 Praktisch ist die Vermietung der meisten in der Anl. 2 genannten Gegenstände ausgeschlossen, weil es sich dabei um Verbrauchsgüter handelt (Lebensmittel, Düngemittel, Holz). Einen Markt gibt es für die Vermietung von lebenden Tieren (Nr. 1 Anl. 2), Blumen und Blattwerk (Nr. 8, 9 Anl. 2), Büchern und Hörbüchern (Nr. 49, 50 Anl. 2) sowie Fahrzeugen für Behinderte (Nr. 51 Anl. 2) und orthopädischen Vorrichtungen (Nr. 52 Anl. 2). Da elektronische Bücher (**E-Books**) keine Bücher i.S.d. Nr. 49 Anl. 2 sind (§ 12 Abs. 2 Nr. 14 Rz. 10.2), konnten sie nicht steuerermäßigt verliehen werden.[3] Die hierdurch entstandene Lücke wurde mittlerweile durch § 12 Abs. 2 Nr. 14 UStG geschlossen (§ 12 Abs. 2 Nr. 14 Rz. 8 ff.).

§ 12 Abs. 2 Nr. 3 [Vieh und Pflanzenzucht]

…

(2) Die Steuer ermäßigt sich auf 7 Prozent für die folgenden Umsätze:

…

3. die Aufzucht und das Halten von Vieh, die Anzucht von Pflanzen und die Teilnahme an Leistungsprüfungen für Tiere;

…

Schrifttum: *Nieskens*, Sensorgesteuerte Flüssigfutterlieferung in der Schweinemast als Restaurationsumsatz?, UR 2016, 49.

1 ABl. EG 1967 Nr. L 71, 1301 und 1303.
2 Weiterführend *Huschens* in Schwarz/Widmann/Radeisen, § 12 Abs. 2 Nr. 2 UStG Rz. 25 f. (Stand: August 2020).
3 BFH, Urt. v. 3.12.2015 – V R 43/13, BStBl. II 2016, 858 = UR 2016, 241, Rz. 16.

A. Grundaussagen

I. Regelungsgegenstand und Bedeutung

§ 12 Abs. 2 Nr. 3 UStG ermäßigt die Steuer für bestimmte **Dienstleistungen, die Landwirte typischerweise sowohl erbringen als auch in Anspruch nehmen**. Nach überwiegender Auffassung[1] soll die Steuerermäßigung Wettbewerbsverzerrungen zwischen regelbesteuerten und durchschnittssatzbesteuerten (§ 24 UStG) Landwirten vermeiden. Dieser Auffassung neigte auch der BFH zu, hielt den Zweck der Vorschrift gleichwohl für nicht eindeutig.[2] Dagegen spricht aber, dass der Entwurf des UStG 1967 eine Begünstigung durchschnittssatzbesteuerter Landwirte bewusst in Kauf nahm.[3] 1

M.E. dient die Ermäßigung vorrangig der **Entlastung landwirtschaftlicher Leistungsempfänger.**[4] Durchschnittssatzbesteuerte Landwirte können nicht die tatsächlich angefallene Vorsteuer abziehen (§ 24 Abs. 1 Satz 4 UStG). Für sie ist die Vorsteuer auf Eingangsleistungen eine Definitivbelastung (§ 24 Rz. 46), die durch die Ermäßigung gemildert wird. 2

II. Unionsrechtliche Grundlagen

Die Steuerermäßigung nach § 12 Abs. 2 Nr. 3 UStG beruht unionsrechtlich auf Art. 98 Abs. 2 Unterabs. 1 MwStSystRL i.V.m. Nr. 11 des Anhang III zur MwStSystRL (Art. 12 Abs. 3 Buchst. a i.V.m. Anhang H Kategorie 10 der 6. EG-Richtlinie). Danach können die Mitgliedstaaten Dienstleistungen, die in der Regel für den Einsatz in der **landwirtschaftlichen Erzeugung** bestimmt sind, einem ermäßigten Steuersatz unterwerfen. Sie sind dazu aber nicht verpflichtet.[5] 3

III. Verhältnis zu anderen Vorschriften und Rechtsentwicklung

§ 12 Abs. 2 Nr. 3 UStG wurde durch das UStG 1967[6] eingeführt und seitdem nicht verändert. Für Leistungen von Unternehmern, die selbst Landwirte sind, gilt er nur, wenn die Unternehmer auf die Durchschnittssatzbesteuerung verzichten (§ 24 Abs. 4 UStG).[7] 4

B. Einzelne Leistungen (Nr. 3)

I. Aufzucht und Halten von Vieh

Vieh ist dem Wortsinn nach nicht auf die in Nr. 1 der Anl. 2 zum UStG genannten Tiere und Pferde[8] beschränkt. Aus dem Unionsrecht (Rz. 3) folgt nur die Beschränkung auf **landwirtschaftliche Nutztiere**. Daher sind m.E. auch andere Tiere Vieh i.S.d. § 12 Abs. 2 Nr. 3 UStG, soweit sie der landwirtschaftlichen Erzeugung (z. B. Fischzucht, Froschzucht) dienen. 5

---

1 *Frye* in Rau/Dürrwächter, § 12 Abs. 2 Nr. 3 UStG Rz. 3 (Stand: Oktober 2023); *Schüler-Täsch* in Sölch/Ringleb, § 12 UStG Rz. 267 (Stand: Oktober 2020); *Waza* in Offerhaus/Söhn/Lange, § 12 Abs. 2 Nr. 3 UStG Rz. 4 (Stand: August 2023).
2 BFH, Urt. v. 22.1.2004 – V R 41/02, BStBl. II 2004, 757 = UR 2004, 248, unter II.1.a.
3 BT-Drucks. 5/1581, 3.
4 So auch *Langer* in Hartmann/Metzenmacher, § 12 Abs. 2 Nr. 3 UStG Rz. 3 (Stand: Juni 2018); siehe auch *Frye* in Rau/Dürrwächter, § 12 UStG Rz. 4 (Stand: Oktober 2023).
5 BFH, Urt. v. 16.1.2014 – V R 26/13, BStBl. II 2014, 350 = UR 2014, 772, Rz. 20 f.
6 BGBl. I 1967, 545.
7 Vgl. Abschn. 12.2. Abs. 1 Satz 3 UStAE.
8 Abschn. 12.2. Abs. 2 Satz 1 UStAE.

6 Wegen der Beschränkung auf Tiere, die der landwirtschaftlichen Erzeugung dienen, gilt § 12 Abs. 2 Nr. 3 UStG insbesondere nicht für die **Pensionshaltung von Freizeit- oder Sportpferden.**[1] Dabei kommt es nicht darauf an, ob die Tiere vom Halter erzeugtes oder zugekauftes Futter erhalten.[2]

7 Auf die **Abgrenzung von Aufzucht und Haltung** kommt es im Ergebnis nicht an, da § 12 Abs. 2 Nr. 3 UStG beides gleichermaßen erfasst. Haltung ist die Gesamtheit der Maßnahmen, die den Bedarf des Viehs decken. Davon zu unterscheiden sind Einzelmaßnahmen wie Klauenpflege[3] oder Fütterung.[4] Auch Verbesserungen einzelner Haltungsbedingungen im Rahmen der Initiative Tierwohl[5] sind deswegen m.E. schon kein Halten von Vieh.

II. Anzucht von Pflanzen

8 Anzucht ist die Übernahme junger Pflanzen, das Einpflanzen, die Pflege und auf Abruf die Rückgabe an den ursprünglichen Züchter. Da die Übernahme auf Rückgabe angelegt ist, liegen insoweit **keine Lieferungen** vor.[6]

III. Leistungsprüfungen für Tiere

9 Leistungsprüfungen sind **im TierZG legal definiert** (§ 2 Nr. 1 TierZG). Für ein abweichendes umsatzsteuerrechtliches Verständnis gibt es im nationalen Recht keine Anhaltspunkte (§ 12 Abs. 2 Nr. 4 Rz. 11). Bei unionsrechtskonformer Auslegung (Rz. 3) ist Leistungsprüfung eine Prüfung, mit der die Eignung als Zuchttier nachgewiesen werden soll.

10 Als Leistungsprüfung kommen daher auch **Pferderennen** in Betracht,[7] soweit die Leistungsprüfung als Turniersportprüfung abgelegt werden kann,[8] unabhängig davon, ob sie auch auf andere Weise abgelegt werden könnte. Die Zugehörigkeit der Tierzucht zur landwirtschaftlichen Erzeugung hängt weder nach dem UStG noch nach der MwStSystRL davon ab, wozu die gezüchteten Tiere verwendet werden, zumal der Züchter dies häufig nicht einmal sicher wissen wird.

11 Eine entgeltliche Leistung liegt bei der Teilnahme an Leistungsprüfungen aber nur vor, wenn der Teilnehmer ein **erfolgsunabhängiges Entgelt** erhält.[9] Rittleistungen eines Jockeys[10] sind m.E. schon deswegen nicht von § 12 Abs. 2 Nr. 3 UStG erfasst, weil eine Leistungsprüfung nur dem Tier gilt.

1 St. Rspr., z.B. BFH, Urt. v. 22.1.2004 – V R 41/02, BStBl. II 2004, 757 = UR 2004, 248, unter II.1.b.; BFH, Urt. v. 10.9.2014 – XI R 33/13, BStBl. II 2015, 720 = UR 2015, 318, Rz. 40 f.

2 BFH, Beschl. v. 23.2.2010 – V B 93/09, BFH/NV 2010, 963 = UR 2010, 342.

3 BFH, Urt. v. 16.1.2014 – V R 26/13, BStBl. II 2014, 350 = UR 2014, 772, Rz. 9.

4 FG Münster, Urt. v. 25.2.2021 – 5 K 3446/18 U, EFG 2021, 886 m. Anm. *Kossack*, Rz. 36; Rev. eingelegt, Az., des BFH XI R 9/21; *Nieskens*, UR 2016, 49 (51).

5 Vgl. *Schüler-Täsch* in Sölch/Ringleb, § 12 UStG Rz. 271 (Stand: Oktober 2020).

6 Abschn. 12.2. Abs. 4 UStAE.

7 Abschn. 12.2. Abs. 5 UStAE; **a.A.** FG Münster, Urt. v. 12.2.2015 – 5 K 1383/13 U, EFG 2015, 1038.

8 Vgl. z.B. www.hengstleistungspruefung.de, Übersicht HLP-System, abgerufen am 28.8.2021.

9 EuGH, Urt. v. 10.11.2016 – C-432/15, ECLI:EU:C:2016:855 – Baštová, UR 2016, 913; BFH, Urt. v. 30.8.2017 – XI R 37/14, BStBl. II 2019, 336 = UR 2017, 956, Rz. 21 ff.; BFH, Urt. v. 2.8.2018 – V R 21/16, BStBl. II 2019, 339 = UR 2019, 17, Rz. 23.

10 Vgl. FG Münster, Urt. v. 12.2.2015 – 5 K 1383/13 U, EFG 2015, 1038.

§ 12 Abs. 2 Nr. 4 [Förderung der Tierzucht usw.]

…

(2) Die Steuer ermäßigt sich auf 7 Prozent für die folgenden Umsätze:

…

4. die Leistungen, die unmittelbar der Vatertierhaltung, der Förderung der Tierzucht, der künstlichen Tierbesamung oder der Leistungs- und Qualitätsprüfung in der Tierzucht und in der Milchwirtschaft dienen;

…

A. Grundaussagen

I. Regelungsgegenstand und Bedeutung

In Ergänzung von § 12 Abs. 2 Nr. 3 UStG (§ 12 Abs. 2 Nr. 3 Rz. 1 ff.) bestimmt § 12 Abs. 2 Nr. 4 UStG für weitere **Leistungen im Umfeld der Landwirtschaft** den ermäßigten Steuersatz. Zweck der Regelung ist m.E. abermals eine Entlastung der durchschnittssatzbesteuerten Landwirte. 1

II. Unionsrechtliche Grundlagen

Ebenso wie § 12 Abs. 2 Nr. 3 UStG (§ 12 Abs. 2 Nr. 3 Rz. 3) beruht § 12 Abs. 2 Nr. 4 UStG unionsrechtlich auf Art. 98 MwStSystRL i.V.m. Nr. 11 des Anhang III zur MwStSystRL (Art. 12 Abs. 3 Buchst. a i.V.m. Anhang H Kategorie 10 der 6. EG-Richtlinie). Daher sind auch nach § 12 Abs. 2 Nr. 4 UStG nur Leistungen, die regelmäßig der **landwirtschaftlichen Erzeugung** dienen, ermäßigt besteuert.[1] 2

III. Verhältnis zu anderen Vorschriften und Rechtsentwicklung

Die Steuerermäßigung nach § 12 Abs. 2 Nr. 4 UStG gilt unverändert seit Inkrafttreten des UStG 1967[2]. Zuvor waren nach § 4 Nr. 21 UStG 1951[3] die Umsätze von Vereinigungen, deren **satzungsmäßiger Zweck** die Vatertierhaltung usw. war, von der Steuer befreit, soweit sie unmittelbar diesen Zwecken dienten. Für von Landwirten erbrachte Leistungen gilt § 12 Abs. 2 Nr. 4 UStG nur, sofern die Landwirte auf die Durchschnittssatzbesteuerung verzichteten (§ 24 Abs. 4 UStG). 3

1 Abschn. 12.3. Abs. 1 Satz 1 UStAE.
2 BGBl. I 1967, 545.
3 BGBl. I 1956, 882; dazu BT-Plenarprot. 2/166, 9167; BFH, Urt. v. 17.11.1966 – V 20/65, BStBl. III 1967, 164.

B. Einzelne Leistungen (Nr. 4)

I. Unmittelbar dienen

4 Dem ermäßigten Steuersatz nach § 12 Abs. 2 Nr. 4 UStG unterliegen nur Leistungen, die einem der namentlich genannten Zwecke unmittelbar dienen. Dafür muss die Leistung selbst einen dieser Zwecke verwirklichen oder fördern. Eine nur mittelbare Förderung, etwa durch **Vorbereitung** einer unmittelbar förderlichen Maßnahme (z.B. Klauenpflege vor einer Leistungsschau), **reicht nicht** aus.[1] Nicht unmittelbar dienende Leistungen fallen nur unter § 12 Abs. 2 Nr. 4 UStG, wenn sie als Nebenleistung zu einer unmittelbar dienenden Hauptleistung erbracht werden.[2]

II. Vatertierhaltung

5 Vatertierhaltung ist kein Sonderfall der Viehhaltung (§ 12 Abs. 2 Nr. 3 Rz. 7), sondern eine herkömmliche Umschreibung für die Überlassung von Vatertieren zur **Deckung von Muttertieren.**[3] Auch der historische Zusammenhang mit § 4 Nr. 21 UStG 1951 (Rz. 3) legt nahe, dass § 12 Abs. 2 Nr. 4 UStG nicht Leistungen an den Vatertierhalter,[4] sondern Leistungen des Vatertierhalters betrifft.

6 Vor diesem Hintergrund ist namentlich die Bedeckungsleistung selbst ermäßigt besteuert, unabhängig davon, ob der Vatertierhalter das Entgelt pro Deckvorgang oder als allgemeine Umlage, ggf. auch als Zuschuss von Dritten, erhält.[5] Nimmt ein Vatertierhalter ein Muttertier für die Bedeckung auf, geht die FinVerw. bei kurzfristiger Aufnahme von einer einheitlichen ermäßigt besteuerten Bedeckungsleistung aus, bei langfristiger Aufnahme von einer Bedeckungs- und einer eigenständigen, dem allgemeinen Steuersatz unterliegenden Pensionsleistung.[6] Wer ein **fremdes Vatertier** in seinen Stall aufnimmt und versorgt (z.B. ein Bauer ein gemeindeeigenes Vatertier)[7], hält Vieh i.S.v. § 12 Abs. 2 Nr. 3 UStG.

III. Förderung der Tierzucht

1. Tierzucht

7 Die Rechtsprechung und die Finanzverwaltung gehen für den Begriff der Tierzucht von der Legaldefinition des **Zuchttiers** (früher § 2 Nr. 1 TierZG, nach Änderungen[8] nunmehr Art. 2 Nr. 3 VO (EU) Nr. 2016/1012) aus[9], die allerdings unmittelbar nur für ausgewählte Tierarten gilt. Nach Auffassung der FinVerw. können Zuchttiere nur Tiere der in Nr. 1 der Anl. 2 des UStG aufgeführten Nutztierarten sowie Pferde einschließlich Renn- und Reitpferde sein[10].

8 M.E. kommen als Tiere i.S.v. § 12 Abs. 2 Nr. 4 UStG ähnlich wie bei § 12 Abs. 2 Nr. 3 UStG nur landwirtschaftliche Nutztiere in Betracht, aber ohne Beschränkung auf bestimmte Arten (Rz. 2, § 12 Abs. 2 Nr. 3 Rz. 5 ff.). Zucht bedeutet nicht (nur) das reine Halten (vgl. § 12 Abs. 2 Nr. 3 UStG) und Vermehren eines Bestandes[11], sondern eine **Selektion zur Erreichung eines bestimmten Zuchtziels** (vgl. Art. 8 Abs. 3 VO (EU) Nr. 2016/1012, § 2 Nr. 12 TierZG).

---

1 BFH, Urt. v. 18.12.1996 – XI R 19/96, BStBl. II 1997, 334 = UR 1997, 228, unter II.1.; BFH, Urt. v. 16.1.2014 – V R 26/13, BStBl. II 2014, 350, Rz. 15 f.
2 UStAE Abschn. 12.3. Abs. 6.
3 Vgl. BFH, Urt. v. 9.2.1953 – V 84/52 U, BStBl. III 1953, 86.
4 Vgl. *Frye* in Rau/Dürrwächter, § 12 Abs. 2 Nr. 4 Rz. 43 (Stand: Oktober 2023).
5 Abschn. 12.3. Abs. 1 Satz 1 UStAE.
6 Abschn. 12.3. Abs. 1 Sätze 2–6 UStAE.
7 Vgl. BFH, Urt. v. 9.2.1953 – V 84/52 U, BStBl. III 1953, 86.
8 BGBl. I 2006, 3294; BGBl. I 2019, 18.
9 BFH, Urt. v. 18.12.1996 – XI R 19/96, BStBl. II 1997, 334 = UR 1997, 228; siehe auch Abschn. 12.3. Abs. 3 Satz 6 UStAE; siehe auch FG Münster, Urt. v. 16.12.2010 – 5 K 3133/08 U, EFG 2011, 1107.
10 Abschn. 12.3. Abs. 3 Sätze 2 ff. UStAE.
11 A. A. FG Münster, Urt. v. 23.5.2022 – 5 K 714/20 U, EFG 2022, 1317 Rz. 52, Rev. eingelegt, Az. des BFH XI R 21/22.

2. Förderung

Der UStAE enthält zahlreiche Beispiele („insbesondere") für Leistungen, die unmittelbar der Förderung der Tierzucht dienen.[1] Eine solche beispielhafte Aufzählung schließt die Anwendung des ermäßigten Steuersatzes auf andere, mit der Tierzucht ähnlich eng verbundene Leistungen nicht aus. 9

IV. Künstliche Tierbesamung

Die künstliche Tierbesamung erfüllt die gleiche Funktion wie die Haltung von Vatertieren (Rz. 5). Insofern ist es folgerichtig, sie steuerlich gleich zu behandeln. Dem entspricht die Auffassung der FinVerw., wonach nur die **Besamungsleistung** (d.h. das Einführen des Samens in das Muttertier) und die **Tiersamenlieferung** unmittelbar der künstlichen Tierbesamung dienen.[2] Nicht erfasst sind demgegenüber beispielsweise Voruntersuchungen des Samens oder die Lieferung von Besamungswerkzeug. 10

V. Leistungs- und Qualitätsprüfung

Der Begriff der Leistungsprüfung entspricht § 12 Abs. 2 Nr. 3 UStG (§ 12 Abs. 2 Nr. 3 Rz. 9). Der UStAE nennt beispielhaft verschiedene Arten von Leistungsprüfungen.[3] Aus der Rechtsentwicklung (Rz. 3) ergibt sich, dass § 12 Abs. 2 Nr. 4 UStG die **Leistungen der Veranstalter** betrifft. Die Teilnahme fällt unter § 12 Abs. 2 Nr. 3 UStG. 11

§ 12 Abs. 2 Nr. 6 [Zahnprothetikumsätze]

...

(2) Die Steuer ermäßigt sich auf 7 Prozent für die folgenden Umsätze:

...

6. **die Leistungen aus der Tätigkeit als Zahntechniker sowie die in § 4 Nr. 14 Buchstabe a Satz 2 bezeichneten Leistungen der Zahnärzte;**

...

A. Grundaussagen

I. Regelungsgegenstand und Bedeutung

Nach § 12 Abs. 2 Nr. 6 UStG gilt der **ermäßigte Steuersatz für Prothetikumsätze** in Form der Umsätze aus der Tätigkeit als Zahntechniker (Rz. 12 ff.) sowie der in § 4 Nr. 14 Buchst. a Satz 2 UStG bezeichneten Leistungen der Zahnärzte (Rz. 19). 1

---

1 Abschn. 12.3. Abs. 3 Satz 1 UStAE; zur Förderung durch Verkaufsveranstaltungen FG Köln, Urt. v. 20.1.1999 – 1 K 2073/97, EFG 1999, 355.

2 Abschn. 12.3. Abs. 4 UStAE.

3 Abschn. 12.3. Abs. 5 UStAE.

2 Die ermäßigte Besteuerung der Prothetikumsätze dient lt. Gesetzesbegründung[1] der **Kostendämpfung im Gesundheitswesen.**

3 Die Berücksichtigung der nach § 4 Nr. 14 Buchst. a Satz 2 UStG von der Steuerbefreiung für Heilbehandlungsleistungen ausgeschlossenen Umsätze aus der Lieferung und Wiederherstellung von im Unternehmen des Zahnarztes hergestellten bzw. wiederhergestellten Zahnprothesen und kieferorthopädischen Apparaten im Rahmen der Steuerermäßigung dient der **Vermeidung von Wettbewerbsverzerrungen** gegenüber entsprechenden steuerpflichtigen Leistungen der Zahntechniker.[2]

II. Unionsrechtliche Grundlagen

4 **Grundsätzlich** besteht nach **Art. 132 Abs. 1 Buchst. e MwStSystRL** (Art. 13 Teil A Abs. 1 Buchst. e 6. EG-Richtlinie) für „Dienstleistungen, die Zahntechniker im Rahmen ihrer Berufsausübung erbringen, sowie Lieferungen von Zahnersatz durch Zahnärzte und Zahntechniker" eine verpflichtende **Steuerbefreiung**.

5 Nach **Art. 370 MwStSystRL** (Art. 28 Abs. 3 Buchst. a 6. EG-Richtlinie) dürfen jedoch Mitgliedstaaten, die am 1.1.1978 bestimmte Umsätze besteuert haben, diese im Wege einer **Übergangsregelung** auch weiterhin besteuern. Hierzu zählen nach Anhang X Teil A Nr. 1 der MwStSystRL (Anhang E Nr. 2 der 6. EG-Richtlinie) die „Dienstleistungen, die von Zahntechnikern im Rahmen ihrer beruflichen Tätigkeit erbracht werden, sowie Lieferungen von Zahnersatz durch Zahnärzte und Zahntechniker".

6 Bei einer Besteuerung dieser Umsätze besteht die Möglichkeit, hierauf nach Art. 98 Abs. 2 Unterabs. 1 i.V.m. Anhang III Nr. 17 MwStSystRL (Art. 12 Abs. 3 Buchst. a Unterabs. 3 Satz 2 i.V.m. Anhang H Abs. 2 Nr. 16), die u.a. „medizinische Versorgungsleistungen" umfasst, einen ermäßigten Steuersatz anzuwenden. Hiervon hat Deutschland mit § 12 Abs. 2 Nr. 6 UStG Gebrauch gemacht.

III. Verhältnis zu anderen Vorschriften und Rechtsentwicklung

1. Verhältnis zu anderen Vorschriften

7 Die nach **§ 4 Nr. 14 Buchst. a Satz 2 UStG** von der Steuerbefreiung ausgeschlossenen **Prothetikumsätze der Zahnärzte** (§ 4 Nr. 14 Rz. 128 ff.) unterliegen nach § 12 Abs. 2 Nr. 6 UStG dem ermäßigten Steuersatz.

2. Rechtsentwicklung

8 Eine **erstmalige Gleichstellung** der Umsätze der Zahntechniker mit den prothetischen Leistungen der Zahnärzte beim Steuersatz erfolgte durch das **UStG 1980**[3] mit der Einführung eines **§ 12 Abs. 2 Nr. 6 Buchst. b UStG**. Die entsprechenden Umsätze der Zahnärzte unterlagen seinerzeit dem ermäßigten Steuersatz für freiberufliche Tätigkeiten nach § 12 Abs. 2 Nr. 5 UStG.

9 Mit dem **Haushaltsstrukturgesetz v. 22.12.1981**[4] wurde **mit Wirkung zum 1.1.1982** der § 12 Abs. 2 Nr. 5 UStG aufgehoben und mit ihm der bis dahin geltende § 12 Abs. 2 Nr. 6 Buchst. a UStG, der einen Ermäßigungstatbestand für der Art nach freiberufliche Leistungen enthielt, die durch Unternehmer erbracht wurden, die nicht selbst angehörige eines freien Berufs waren (z.B. Kapitalgesellschaften). In diesem Zusammenhang wurde der bisherige § 12 Abs. 2 Nr. 6 Buchst. b UStG zu dem **inhaltlich bis heute geltenden § 12 Abs. 2 Nr. 6 UStG**. In die Regelung mit aufgenommen wurden die bei Zahn-

---

1 BT-Drucks. 9/842, 74 (Gesetzentwurf der Bundesregierung für das 2. Haushaltsstrukturgesetz).

2 Vgl. BT-Drucks. V/1581, 5; BFH, Urt. v. 28.11.1996 – V R 23/95, BStBl. II 1999, 251 = UR 1997, 182, Rz. 17 sowie den Bericht der BReg. über die Wettbewerbssituation zwischen praxiseigenen zahntechnischen Labors und gewerblichen zahntechnischen Labors, BT-Drucks. 9/811.

3 UStG 1980, BGBl. I 1979, 1953.

4 Art. 36 Nr. 3 des Zweiten Gesetzes zur Verbesserung der Haushaltsstruktur (2. Haushaltsstrukturgesetz) v. 22.12.1981, BGBl. I 1982, 1523 (1553).

ärzten nach § 4 Nr. 14 Satz 4 Buchst. b UStG (jetzt § 4 Nr. 14 Buchst. a Satz 2 UStG) von der Steuerbefreiung ausgeschlossenen Prothetikumsätze (§ 4 Nr. 14 Rz. 128 ff.).

Durch das **Steuerentlastungsgesetz 1999/2000/2002**[1] erfolgte **mit Wirkung zum 1.4.1999** eine Streichung des in § 12 Abs. 2 Nr. 6 UStG erwähnten Eigenverbrauchs aufgrund der Umstellung von den bisherigen Eigenverbrauchstatbeständen auf die unentgeltlichen Wertabgaben. 10

Mit dem **JStG 2009**[2] wurde im Zusammenhang mit der Neufassung des § 4 Nr. 14 UStG **mit Wirkung zum 1.1.2009** der Verweis auf die nunmehr nach § 4 Nr. 14 Buchst. a Satz 2 UStG von der Steuerbefreiung ausgeschlossenen Prothetikumsätze der Zahnärzte angepasst. 11

B. Leistungen der Zahntechniker und Prothetikleistungen der Zahnärzte (Nr. 6)

I. Leistungen aus der Tätigkeit als Zahntechniker

1. Zahntechniker

Der Begriff Zahntechniker umfasst alle Personen, die den **Zahntechnikerberuf**[3] ausüben. Aus umsatzsteuerlicher Sicht ist die Ablegung der Meisterprüfung nicht erforderlich, vielmehr genügt bereits eine abgeschlossene Berufsausbildung (Gesellenprüfung).[4] 12

Die **Rechtsform** der Berufsausübung (Einzelunternehmen, Personen- oder Kapitalgesellschaft) ist **unerheblich**.[5] 13

Im Hinblick auf die lt. BFH erforderliche unionsrechtskonforme Auslegung des § 12 Abs. 2 Nr. 6 UStG (Rz. 4 ff.) unterliegt nach der EuGH-Rechtsprechung[6] zu Art. 132 Abs. 1 Buchst. e MwStSystRL (Art. 13 Teil A Abs. 1 Buchst. e 6. EG-Richtlinie) die Lieferung von Zahnersatz durch einen **Zwischenhändler**, der kein Zahntechniker (oder Zahnarzt) ist, dem Regelsteuersatz. 14

2. Begünstigte Leistungen

Trotz des weiter gefassten Anwendungsbereichs der unionsrechtlichen Ermäßigungsvorschrift (Rz. 4 ff.) ist § 12 Abs. 2 Nr. 6 UStG lt. BFH **richtlinienkonform** dahingehend **auszulegen**, dass er entsprechend dem Regelungsinhalt von Art. 132 Abs. 1 Buchst. e MwStSystRL (Art. 13 Teil A Abs. 1 Buchst. e 6. EG-Richtlinie) nur sonstige Leistungen, die Zahntechniker im Rahmen ihrer Berufsausübung erbringen, sowie die Lieferung von Zahnersatz umfasst. Die Lieferung anderer Gegenstände fällt nicht unter diese Vorschrift.[7] 15

Die Steuerermäßigung ist damit auf die **berufstypischen Leistungen der Zahntechniker** beschränkt. Hierzu zählt die Herstellung und Bearbeitung von Zahn- und Kiefersatzteilen im Auftrag von Heilkundigen (Zahnärzten)[8] wie z.B. von festsitzendem oder herausnehmbarem Zahnersatz, von kieferorthopädischen Apparaten oder Implantaten[9], einschließlich der Lieferungen von halbfertigen Teilen von Zahnprothesen[10]. 16

1 Art. 7 Nr. 8 Buchst. b des Steuerentlastungsgesetzes 1999/2000/2002 v. 24.3.1999, BGBl. I 1999, 402 (486).
2 Art. 7 Nr. 6 des JStG 2009 v. 19.12.2008, BGBl. I 2008, 2794 (2822).
3 Vgl. VO über die Berufsausbildung zum Zahntechniker und zur Zahntechnikerin v. 23.3.2022, BGBl. I 2022, 589.
4 BFH, Urt. v. 19.10.1972 – V R 54/72, BStBl. II 1973, 71 Rz. 4.
5 Abschn. 12.4 Abs. 1 Satz 3 f. UStAE.
6 EuGH, Urt. v. 14.12.2006 – C-401/05, ECLI:EU:C:2006:792 – VDP Dental Laboratory, UR 2007, 104.
7 BFH, Urt. v. 24.10.2013 – V R 14/12, BStBl. II 2014, 286, Rz. 12; Abschn. 12.4 Abs. 1 Satz 1 UStAE. Kritisch hierzu *Nieskens* in Rau/Dürrwächter, § 12 Abs. 2 Nr. 6 UStG Rz. 36 (Stand: April 2021).
8 BFH, Urt. v. 19.10.1965 – I 415/62 U, BStBl. III 1965, 692, Rz. 7.
9 Vgl. im Einzelnen *Nieskens* in Rau/Dürrwächter, § 12 Abs. 2 Nr. 6 UStG Rz. 40 (Stand: April 2021).
10 Abschn. 12.4 Abs. 1 Satz 2 UStAE.

17 Unter den Ermäßigungstatbestand fallen auch **unentgeltliche Wertabgaben.**[1]

18 Nicht begünstigt sind **Hilfsgeschäfte**[2], zu denen z.B. auch der Verkauf von **Zahngold** zählt.

II. Prothetikleistungen der Zahnärzte

19 Dem ermäßigten Steuersatz nach § 12 Abs. 2 Nr. 6 UStG unterfallen bei Zahnärzten diejenigen **Leistungen**, die nach **§ 4 Nr. 14 Buchst. a Satz 2 UStG** von der Steuerbefreiung ausgeschlossen sind (§ 4 Nr. 14 Rz. 128 ff.).[3]

§ 12 Abs. 2 Nr. 7 Buchst. a [Kulturelle Dienstleistungen]

…

(2) Die Steuer ermäßigt sich auf 7 Prozent für die folgenden Umsätze:

…

7. a) die Eintrittsberechtigung für Theater, Konzerte und Museen sowie die den Theatervorführungen und Konzerten vergleichbaren Darbietungen ausübender Künstler,

…

Schrifttum: *Baldauf*, Anwendung des ermäßigten Umsatzsteuersatzes bei bestimmten künstlerischen Leistungen, DStZ, 2022, 202; *Farruggia-Weber*, Umsatzsteuerliche Behandlung von Tänzern der sog. „Streetdance"-Branche und sog. „Battles" im Lichte der BFH-Rechtsprechung und neuerer Änderungen im UStAE, UStB 2021, 120; *Hättich/Renz*, Handel mit Eintrittskarten für kulturelle Veranstaltungen, NWB 2010, 601; *Hättich/Renz*, Umsatz-

1 Abschn. 12.4 Abs. 1 Satz 1 UStAE.
2 Abschn. 12.4 Abs. 4 UStAE.
3 Abschn. 12.4 Abs. 2 UStAE.

besteuerung von beschränkt einkommensteuerpflichtigen Künstlern, IStR 2010, 13; *Hidien*, E-Commerce: Gilt für digitale Dienstleistungen ein medienneutraler und gleichheitsgerechter Mehrwertsteuersatz?, UR 2021, 649; *Liebgott*, Das Corona-Steuerhilfegesetz – Umsatzsteuerrechtliche Aspekte, UR 2020, 405; *Michow*, Auf Gastspielverträge im Veranstaltungsgeschäft ist der Regelsteuersatz anwendbar, NWB 2011, 965; *Michow*, Umsatzbesteuerung im Konzertgeschäft bleibt weiterhin ein Problem, NWB 2011, 2274; *Moldan*, Umsatzsteuer bei Künstlern, Künstleragenturen und Veranstaltern (Teil 1), UStB 2013, 74; *Moldan*, Umsatzsteuer bei Künstlern, Künstleragenturen und Veranstaltern (Teil 2), UStB 2013, 148; *Moldan*, Umsatzsteuer beim Zwischenhandel mit Eintrittsberechtigungen zu künstlerischen Veranstaltungen, UStB 2013, 238; *Moldan*, Steuerfreie Besorgungsleistung bei Beschaffung von Opern-Eintrittskarten, UStB 2018, 253; *Moldan*, Umsatzbesteuerung der Kulturbranche – aktuelle Entwicklungen, UStB 2021, 46; *Moldan*, Unterliegt das Live-Streaming von kulturellen Dienstleistungen dem ermäßigten Steuersatz?, UR 2022, 754; *van Lück*, Ermäßigter Steuersatz für die Veranstaltung von Techno- und House-Konzerten, USt direkt digital vom 26.11.2020; *Rapp/Bongers*, Digitale Kunstausstellungen als umsatzsteuerliche Herausforderung, DB 2022, 156; *Rapp/Engelhardt/Bongers*, Zur Abgrenzung des umsatzsteuerlichen Museumsbegriffs in § 12 Abs. 2 Nr. 7 Buchst. a UStG von jenem in § 4 Nr. 20 Buchst. a UStG, NWB 2021, 2248; *Wagner*, Umsatzsteuerliche Behandlung von „Dinner-Shows", UR 2016, 333.

A. Grundaussagen

I. Regelungsgegenstand und Bedeutung

Die Vorschrift des § 12 Abs. 2 Nr. 7 Buchst. a UStG begünstigt kulturelle Dienstleistungen durch die Anwendung des ermäßigten Steuersatzes für Eintrittsberechtigungen zu Theatern, Konzerten und Museen sowie die den Theatervorführungen und Konzerten vergleichbaren Darbietungen ausübender Künstler. 1

Der Grund für die Begünstigung, die seit Einführung des Nettoumsatzsteuersystems zum 1.1.1968 existiert, war das **gesetzgeberische Ziel**, mit der Einführung der Umsatzsteuer verbundene unvertretbare **Preissteigerungen** bzw. Gewinnschmälerungen **im Kultur- und Unterhaltungsbereich zu vermeiden.**[1] 2

II. Unionsrechtliche Grundlagen

Die **Vorschrift beruht auf** Art. 98 Abs. 2 i.V.m. Anhang III Nr. 7 und 9 MwStSystRL (bis 31.12.2006: Art. 12 Abs. 3 Buchst. a i.V.m. Anhang H Kat. 7 der 6. EG-Richtlinie). Danach sind die **Mitgliedsstaaten ermächtigt**, auf **Eintrittsberechtigungen für u.a. Theater, Konzerte, Museen sowie ähnliche kulturelle Ereignisse und Einrichtungen** (Nr. 7) und ebenso auf **Dienstleistungen von ausübenden Künstlern sowie diesen geschuldete urheberrechtliche Vergütungen** (Nr. 9) einen **ermäßigten Steuersatz zu erheben**. Vor diesem Hintergrund ist § 12 Abs. 2 Nr. 7 Buchst. a UStG **unionsrechtlich gedeckt**. Die sehr selektive Inanspruchnahme von Anhang III Nr. 7 und 9 MwStSystRL durch den deutschen Gesetzgeber ist nicht zu beanstanden, soweit von ihm der Neutralitätsgrundsatz beachtet wird.[2] 3

Nach Ansicht des EuGH[3] erfasst die in Art. 98 Abs. 2 i.V.m. Anhang III Nr. 9 MwStSystRL verwendete Begrifflichkeit **„ausübende Künstler"** wegen des Neutralitätsgrundsatzes die gegenüber einem Veranstalter erbrachten (Auftritts-)Leistungen von Solokünstlern wie auch die von Zusammenschlüssen an Künstlern, d.h. die **Anzahl der auf der Bühne anwesenden Personen** ist **irrelevant**. 4

1 BFH, Urt. v. 26.4.1995 – XI R 20/94, BStBl. II 1995, 519 = UR 1995, 343; BFH, Urt. v. 9.10.2003 – V R 86/01, BFH/NV 2004, 984.

2 BFH, Urt. v. 17.11.2009 – XI B 2/09, BFH/NV 2010, 480; BFH, Urt. v. 9.2.2006 – V R 49/04, BStBl. II 2006, 694 = UR 2006, 403 m. Anm. *Friedrich*; der BFH hat auf die bisherige EuGH-Rechtsprechung Bezug genommen, insbes. EuGH, Urt. v. 3.5.2001 – C-481/98, ECLI:EU:C:2001:237 – Kommission/Frankreich, UR 2001, 352; EuGH, Urt. v. 8.5.2003 – C-384/01, ECLI:EU:C:2003:264 – Kommission/Frankreich, UR 2003, 408.

3 EuGH, Urt. v. 23.10.2003 – C-109/02, ECLI:EU:C:2003:586 – Kommission/Deutschland, BStBl. II 2004, 337 = UR 2004, 34 m. Anm. *Nieskens*.

III. Verhältnis zu anderen Vorschriften und Rechtsentwicklung

1. Verhältnis zu anderen Vorschriften

5 Sowohl die Ermäßigungsvorschrift des § 12 Abs. 2 Nr. 7 Buchst. a UStG als auch die Befreiungsvorschrift des § 4 Nr. 20 UStG betreffen **weitgehend** die **gleichen kulturellen Dienstleistungen.**[1] Sie unterscheiden sich lediglich in Bezug auf ihre unternehmerbezogenen Kriterien. Erfüllt ein Unternehmer die „strengeren" Kriterien des § 4 Nr. 20 UStG nicht, sind seine kulturellen Dienstleistungen steuerpflichtig. Dann kommt die Anwendung des ermäßigten Steuersatzes nach § 12 Abs. 2 Nr. 7 Buchst. a UStG in Betracht.[2] Der **ermäßigte Steuersatz** ist somit im Verhältnis zu § 4 Nr. 20 UStG **nur subsidiär,** d.h. sind die Kriterien von § 4 Nr. 20 UStG als auch die von § 12 Abs. 2 Nr. 7 Buchst. a UStG erfüllt, geht die Befreiungs- der Ermäßigungsvorschrift vor. Ein **Wahlrecht** – insbesondere im Hinblick auf den Vorsteuerabzug – **besteht nicht**, da dies einer Option zur Steuerpflicht nach § 9 UStG gleich käme, die dort für nach § 4 Nr. 20 UStG befreite Umsätze aber nicht vorgesehen ist (§ 4 Nr. 20 Rz. 11).

6 Da § 12 Abs. 2 Nr. 7 Buchst. a UStG das Vorliegen eines steuerbaren und steuerpflichtigen Umsatzes nach § 1 Abs. 1 Satz 1 Nr. 1 UStG voraussetzt, hat die Frage der Ermäßigung **für Nichtunternehmer keine Bedeutung. Das Gleiche gilt für Kleinunternehmer** i.S.d. § 19 UStG, obwohl diese steuerbare und steuerpflichtige Umsätze nach § 1 Abs. 1 Satz 1 Nr. 1 UStG ausführen, die anfallende Steuer aber aufgrund der Anwendung der Vereinfachungsreglung nach § 19 UStG nicht erhoben wird.[3] **Auf unentgeltliche Wertabgaben** i.S.d. § 3 Abs. 9a UStG (§ 3 Rz. 552 ff.) findet § 12 Abs. 2 Nr. 7 Buchst. a UStG hingegen **Anwendung.**

2. Rechtsentwicklung

7 „Die Leistungen der Theater, Orchester und Museen sowie die Veranstaltung von Theatervorführungen und Konzerten durch andere Unternehmer" wurden **seit Inkrafttreten des UStG 1967** nach § 12 Abs. 2 Nr. 7 Buchst. b UStG ermäßigt besteuert. Diese Regelung hat das **UStG 1980**[4] identisch als Buchstabe a übernommen und – wie bei der Befreiung nach § 4 Nr. 20 UStG – um die Leistungen der Kammermusikensembles und Chöre erweitert. **Vom 1.1.1980 bis 15.12.2004** blieb die Vorschrift **unverändert** und sah „die Leistungen der Theater, Orchester, Kammermusikensembles, Chöre und Museen sowie die Veranstaltung von Theatervorführungen und Konzerten durch andere Unternehmer" als begünstigt an. **Mit Wirkung vom 16.12.2004** wurde § 12 Abs. 2 Nr. 7 Buchst. a UStG durch das Richtlinien-Umsetzungsgesetz (EURLUmsG)[5] **neu gefasst**. Die Neufassung führte zur Erweiterung der Begünstigung auf vergleichbare Darbietungen ausübender Künstler und hatte ihren Grund im Urteil des EuGH[6] im Vertragsverletzungsverfahren der Kommission gegen die Bundesrepublik Deutschland. Darin hatte der EuGH die Ungleichbehandlung zwischen (Auftritts-)Leistungen von Solisten, die für einen Veranstalter tätig sind, gegenüber Solisten, die ihre (Auftritts-)Leistungen direkt an das Publikum erbringen (d.h. selbst als Veranstalter agieren) bzw. Ensembles, die für einen Veranstalter tätig werden, beanstandet. Die **Neufassung bewirkte**, dass auch für **(Auftritts-)Leistungen von Solisten an Veranstalter** – wie für Ensembles – der **ermäßigte Steuersatz** gewährt wurde (Rz. 4). **Seit 16.12.2004** gilt die Ermäßigungsvorschrift **unverändert** fort.

1 Abschn. 12.5 Abs. 1 Satz 2 UStAE.
2 Abschn. 12.5 Abs. 1 Satz 1 UStAE.
3 *Schüler-Täsch* in Sölch/Ringleb, § 19 UStG Rz. 1 (Stand: Juni 2023).
4 V. 26.11.1979, BGBl. I 1979, 1953.
5 V. 9.12.2004, BGBl. I 2004, 3310.
6 EuGH, Urt. v. 23.10.2003 – C-109/02, ECLI:EU:C:2003:586 – Kommission/Deutschland, BStBl. II 2004, 337 = UR 2004, 34 m. Anm. *Nieskens*.

B. Steuerermäßigte Umsätze von bestimmten kulturellen Einrichtungen (Nr. 7 Buchst. a)

I. Tatbestände

Die FinVerw. war in der Vergangenheit der Ansicht, dass sich das Tatbestandsmerkmal „Eintrittsberechtigung" sowohl auf den ersten Halbsatz („Theater, Konzerte und Museen") wie auch den zweiten Halbsatz („Theatervorführungen und Konzerten vergleichbare Darbietungen ausübender Künstler") von § 12 Abs. 2 Nr. 7 Buchst. a UStG bezieht, mit der Folge, dass die Steuersatzbegünstigung für (Auftritts-)Leistungen ausübender Künstler (gegenüber z.B. Veranstaltern oder anderen Künstlern) nach § 12 Abs. 2 Nr. 7 Buchst. a Halbs. 2 UStG voraussetzt, dass von den Zuschauern oder Zuhörern eine „Eintrittsberechtigung" verlangt wird. 8

Nach der **BFH-Rechtsprechung**[1] bezieht sich das Tatbestandsmerkmal „Eintrittsberechtigung" nur auf den ersten Halbsatz („Theater, Konzerte und Museen"), nicht jedoch auf den zweiten Halbsatz („Theatervorführungen und Konzerten vergleichbare Darbietungen ausübender Künstler"). Folglich gilt die Steuersatzbegünstigung für (Auftritts-)Leistungen ausübender Künstler (gegenüber z.B. Veranstaltern oder anderen Künstlern) nach § 12 Abs. 2 Nr. 7 Buchst. a Halbs. 2 UStG, ohne dies von einer (von Zuschauern oder Zuhörern verlangten) Eintrittsberechtigung abhängig zu machen. Die **FinVerw.** hat sich dem angeschlossen.[2] 9

Damit enthält die Ermäßigungsvorschrift des § 12 Abs. 2 Nr. 7 Buchst. a UStG (in abschließender Aufzählung) **zwei sehr unterschiedliche Tatbestände**, nämlich:

- Die Eintrittsberechtigung für Theater, Konzerte und Museen (Rz. 10–46) und
- Die den Theatervorführungen und Konzerten vergleichbaren Darbietungen (d.h. (Auftritts-)Leistungen) ausübender Künstler (Rz. 47–60)

II. Eintrittsberechtigung für Theater, Konzerte und Museen (Nr. 7 Buchst. a Halbs. 1)

1. Eintrittsberechtigung

Was unter dem Begriff „Eintrittsberechtigung" zu verstehen ist, ergibt sich nicht aus Halbsatz 1 des § 12 Abs. 2 Nr. 7 Buchst. a UStG. Hierzu ist auf Art. 32 MwStVO zurückzugreifen: „Leistungen, deren wesentliche Merkmale darin bestehen, gegen eine Eintrittskarte oder eine Vergütung, auch in Form eines Abonnements, einer Zeitkarte oder einer regelmäßigen Gebühr, das Recht auf Eintritt zu einer Veranstaltung zu gewähren." (Rz. 77, **Beispiele 1 bis 5**). Die mit der Eintrittsberechtigung „zusammenhängenden Leistungen" sind nach Art. 33 MwStVO solche, die mit der Eintrittsberechtigung zu diesen Veranstaltungen in Verbindung stehen und an die Person, die einer Veranstaltung beiwohnt, gegen eine Gegenleistung gesondert erbracht werden, z.B. die Nutzung von Garderoben und sanitären Einrichtungen. 10

a) Einräumung durch Veranstalter

Bei Theatervorführungen und Konzerten werden Eintrittskarten in der Regel – i.S.d. bis 15.12.2004 gültigen Version des § 12 Abs. 2 Nr. 7 Buchst. a UStG (Rz. 7) – vom **Veranstalter**, bei Museen vom **Betreiber** verkauft. 11

Veranstalter i.S.d. § 12 Abs. 2 Nr. 7 Buchst. a UStG ist derjenige, der **gegenüber dem Publikum im eigenen Namen auftritt**, das **volle wirtschaftliche Risiko** der Veranstaltung **trägt** und die **organisato-** 12

1 BFH, Urt. v. 3.12.2015 – V R 61/14, BStBl. II 2020, 797 = UR 2016, 285.
2 OFD Frankfurt, Vfg. v. 26.8.2022 – S 7240 A-024-St 16, UR 2022, 783.

rischen Maßnahmen dafür **trifft**, dass die Veranstaltung abgehalten werden kann, wobei er die Umstände, den Ort und die Zeit seiner Darbietungen selbst bestimmt (Rz. 77, **Beispiele 1 bis 5**).[1]

13 Die Steuerermäßigung setzt nicht voraus, dass der **Veranstalter** und der **Darbietende verschiedene Personen** sind (Rz. 77, **Beispiel 5**).[2]

14 Werden bei sog. Tournee-Veranstaltungen **mehrere Veranstalter** – nämlich der **lokale Veranstalter** und der **Tournee-Veranstalter**, der die von ihm organisierte Veranstaltung (in Form einer Theatervorführung bzw. eines Konzerts) nicht an das Publikum, sondern gegen ein vereinbartes Festhonorar, eine Umsatzbeteiligung oder eine Garantie zuzüglich Beteiligung an den lokalen Veranstalter verkauft – tätig, handelt es sich grundsätzlich um eine Zusammenarbeit, die sich in ihrer Gestaltung nicht vom typischen Gastspielgeschäft unterscheidet.[3] Aus diesem Grund ist es folgerichtig, dass die FinVerw. mit BMF-Schreiben vom 21.3.2012[4] (mit Nichtbeanstandungsregelung für vor dem 1.1.2013 ausgeführte Leistungen) ihre bis dato vertretene Auffassung zur Behandlung von sog. Tournee-Veranstaltungen dahingehend an die Behandlung von Gastspielgeschäften in Abschn. 12.5 Abs. 5 UStAE angepasst hat (Rz. 59 f.), dass **ab 1.1.2013 nur noch** der Veranstalter die Ermäßigung nach § 12 Abs. 2 Nr. 7 Buchst. a Halbs. 1 UStG in Anspruch nehmen darf, der gegenüber dem Publikum im eigenen Namen auftritt und diesem die Eintrittskarten verkauft.[5] Dies ist in der Regel der **lokale Veranstalter** (Rz. 77, **Beispiele 3 und 4**).[6] Für den Tournee-Veranstalter kommt m.E. aber die Ermäßigung nach § 12 Abs. 2 Nr. 7 Buchst. a Halbs. 2 UStG in Betracht, wenn er in der Leistungskette als Dienstleistungskommissionär agiert (Rz. 59). Sofern der Tournee-Veranstalter neben dem lokalen Veranstalter Eintrittskarten selbst verkauft, kann er insoweit ebenfalls den ermäßigten Steuersatz nach § 12 Abs. 2 Nr. 7 Buchst. a Halbs. 1 UStG in Anspruch nehmen.[7]

b) Einräumung durch Dritte

15 Seit der mit Wirkung ab 16.12.2004 erfolgten Neufassung von § 12 Abs. 2 Nr. 7 Buchst. a UStG (Rz. 7) begünstigt der erste Halbsatz der Vorschrift die Einräumung von Eintrittsberechtigungen für Theater, Konzerte und Museen. Seit diesem Zeitpunkt lässt sich somit weder aus dem **Wortlaut des nationalen Rechts** – im Gegensatz zum unverändert gebliebenen § 4 Nr. 20 UStG[8] – **noch des Unionsrechts** (Rz. 3) eine **Einschränkung** dahingehend entnehmen, dass die Einräumung der Eintrittsberechtigungen, d.h. der Verkauf der Eintrittskarten, zwingend durch den Veranstalter der Theatervorführung oder des Konzerts bzw. den Betreiber des Museums erfolgen muss. Diese Gleichbehandlung der verschiedenen Verkäufer von Eintrittskarten entspricht auch dem Neutralitätsgrundsatz.[9]

16 Daher ist es folgerichtig, dass die FinVerw. ihre lange Zeit – über den 16.12.2004 hinaus – aufrecht erhaltene Auffassung, dass der **Ticketeigenhandel**, d.h. die Einräumung von Eintrittsberechtigungen im eigenen Namen und auf eigene Rechnung durch „Nicht-Veranstalter", nicht steuerbegünstigt ist, mittlerweile aufgegeben und mit BMF-Schreiben vom 10.6.2011[10] in Abschn. 12.5 Abs. 4 UStAE folgenden Satz 3 eingefügt hat: „Dem ermäßigten Steuersatz unterliegen auch die Umsätze von Ticketeigenhändlern aus dem Verkauf von Eintrittsberechtigungen."

17 Da § 12 Abs. 2 Nr. 7 Buchst. a Halbs. 1 UStG auf alle im eigenen Namen agierenden Verkäufer von Eintrittskarten für Theater, Konzerte und Museen Anwendung findet, gilt die Ermäßigungsvorschrift auch für die im Rahmen eines **Kommissionsgeschäfts** i.S.d. § 3 Abs. 11 UStG durchgeführten Verkäu-

1 BFH, Urt. v. 14.12.1995 – V R 13/95, BStBl. II 1996, 386 = UR 1996, 302; BFH, Urt. v. 26.4.1995 – XI R 20/94, BStBl. II 1995, 519 = UR 1995, 343; BFH, Urt. v. 18.1.1995 – V R 60/93, BStBl. II 1995, 348 = UR 1995, 194.
2 Abschn. 12.5 Abs. 2 Satz 2 UStAE.
3 *Michow*, NWB 2011, 2274.
4 BMF, Schr. v. 21.3.2012 – IV D 3-S 7185/09/10001-02, BStBl. I 2012, 344.
5 Abschn. 12.5 Abs. 4 Satz 1 UStAE.
6 Abschn. 12.5 Abs. 4 Satz 2 UStAE.
7 FinMin. Schleswig-Holstein, Erlass v. 18.1.2013 – VI 358-S 7238-012, UR 2013, 474.
8 *Schüler-Täsch* in Sölch/Ringleb, § 12 Abs. 2 Nr. 7a UStG Rz. 388 (Stand: Juni 2023), *Hättich/Renz*, NWB 2010, 601.
9 *Kraeusel* in Reiß/Kraeusel/Langer, § 12 UStG Rz. 204 (Stand: Februar 2021).
10 BMF, Schr. v. 10.6.2011 – IV D 3-S 7117/11/10001, BStBl. I 2011, 583.

fe von ermäßigt zu besteuernden Eintrittskarten, da diese durch den Dienstleistungskommissionär zwar auf fremde Rechnung, aber im eigenen Namen ausgeführt werden.[1]

Nicht begünstigt von der Vorschrift sind hingegen **Vermittlungsleistungen**, bei denen der Verkauf von Eintrittskarten im fremden Namen und auf fremde Rechnung erfolgt (Rz. 77, **Beispiel 5**).[2] 18

c) Einräumung durch Ausgabe und Übertragung von Einzweck-Gutscheinen

Nach der **gesetzlichen Fiktion** in § 3 Abs. 14 Satz 2 UStG gilt die **Ausgabe** und auch **jede Weiterübertragung** eines **Einzweck-Gutscheins**[3] im eigenen Namen als **Ausführung des zugrunde liegenden Umsatzes** (Einräumung von Eintrittsberechtigungen). Demnach muss die Ermäßigungsvorschrift des § 12 Abs. 2 Nr. 7 Buchst. a Halbs. 1 UStG sowohl Anwendung finden auf die Gutscheinausgabe durch Unternehmer, welche die durch den Einzweck-Gutschein verkörperte kulturelle Dienstleistung erbringen (wie z.B. Konzertveranstalter), als auch jede Weiterübertragung in der Vertriebskette durch andere Unternehmer im eigenen Namen (wie z.B. Ticketeigenhändler). Die Weiterübertragung eines Einzweck-Gutscheins im eigenen Namen in der Vertriebskette ist damit – wie der (Weiter-)Verkauf von Eintrittskarten durch Ticketeigenhändler (Rz. 16) oder Dienstleistungskommissionäre (Rz. 17) – aufgrund der gesetzlichen Fiktion begünstigt. 19

Wenn **Unternehmer** (wie z.B. Ticketeigenhändler) **Einzweck-Gutscheine** im eigenen Namen ausgeben, **obwohl** die **darin verkörperte kulturelle Dienstleistung von anderen Unternehmern** (wie z.B. Konzertveranstaltern) **erbracht wird**, fingiert § 3 Abs. 14 Satz 4 UStG eine Leistungskette (wie bei Kommissionsgeschäften i.S.d. § 3 Abs. 11 UStG) vom Leistungserbringer an den Gutscheinaussteller und von diesem an den Gutscheinkäufer. Damit findet die Ermäßigungsvorschrift des § 12 Abs. 2 Nr. 7 Buchst. a Halbs. 1 UStG auf beide Leistungsbeziehungen Anwendung. 20

d) Nebenleistungen

Unter die **Ermäßigung** des § 12 Abs. 2 Nr. 7 Buchst. a Halbs. 1 UStG **fallen** – wie bei § 4 Nr. 20 UStG – die üblicherweise mit der Einräumung von Eintrittsberechtigungen verbundenen **unselbstständigen Nebenleistungen**, wie z.B. die Garderobenaufbewahrung, der Programmverkauf und die Vermietung von Operngläsern.[4] Das gilt auch für Museen. 21

Sind in Eintrittskarten neben der Zutrittserlaubnis zu Theatervorführungen, Konzerten oder Museen weitere Leistungen enthalten, wie z.B. die Nutzung von öffentlichen Verkehrsmitteln zur An- und Abreise oder von Parkplätzen, liegen **mehrere eigenständige Leistungen** vor, die gesondert zu beurteilen sind.[5] Danach kann die Nutzung von öffentlichen Verkehrsmitteln dem ermäßigten Steuersatz gemäß § 12 Abs. 2 Nr. 10 UStG unterliegen, wenn es sich um genehmigten Linienverkehr handelt,[6] ansonsten kommt der Regelsteuersatz zur Anwendung. Die Überlassung von Parkplätzen unterliegt stets dem Regelsteuersatz. Wird ein Gesamtticketpreis vereinbart, so ist dieser durch Schätzung auf die jeweiligen selbstständigen Leistungen aufzuteilen. 22

Die Abgabe von Speisen, Getränken und Süßwaren ist keine unselbstständige Nebenleistung zur Einräumung von Eintrittsberechtigungen für Theater, Konzerte und Museen und unterliegt damit nicht der Ermäßigung nach § 12 Abs. 2 Nr. 7 Buchst. a Halbs. 1 UStG.[7] Insoweit kommt jedoch der ermäßigte Steuersatz nach § 12 Abs. 2 Nr. 1 UStG in Betracht; wegen der Abgrenzung der ermäßigten Lieferung von der nichtermäßigten Restaurationsleistung vgl. § 12 Abs. 2 Nr. 15 Rz. 33 ff. 23

---

1 *Lippross*, Umsatzsteuer[25], 873.
2 BFH, Urt. v. 3.11.2011 – V R 16/09, BStBl. II 2012, 378 = UR 2012, 315; Abschn. 12.5 Abs. 4 Satz 4 UStAE.
3 Vgl. § 3 Abs. 14 Satz 1 UStG.
4 Abschn. 4.20.1 Abs. 3 Satz 3 UStAE.
5 FinSen Hamburg, Vfg. v. 14.3.2014 – 51 S 7238-002/12, juris; LSF Sachsen, Vfg. v. 30.8.2013 – S 7238-16/5-213, ZKF 2013, 255.
6 Abschn. 12.13 Abs. 4 und 5 UStAE.
7 BFH, Urt. v. 14.5.1998 – V R 85/97, BStBl. II 1999, 145 = UR 1998, 422; BFH, Urt. v. 18.8.2005 – V R 20/03, BStBl. II 2005, 910 = UR 2006, 24; BFH, Urt. v. 21.4.2005 – V R 6/03, BStBl. II 2005, 899 = UR 2005, 611.

24 Der **Verkauf von Bild- und Tonträgern** mit Aufzeichnungen von Theatervorführungen bzw. Konzerten ist ebenfalls keine unselbstständige Nebenleistung zur Einräumung von Eintrittsberechtigungen für Theater, Konzerte und Museen, mit der Folge, dass der **ermäßigte Steuersatz** nach § 12 Abs. 2 Nr. 7 Buchst. a Halbs. 1 UStG **nicht in Anspruch** genommen werden kann.[1]

e) Vorverkauf

25 Überträgt der Veranstalter von Theatervorführungen oder Konzerten den Verkauf der Eintrittskarten einer für ihn als Vermittlerin tätigen Vorverkaufsstelle, so ist die **Vorverkaufsgebühr** Teil des vom Kartenerwerber (dem Veranstalter) für die Eintrittskarten geschuldeten Entgelts und unterliegt dem **ermäßigten Steuersatz** nach § 12 Abs. 2 Nr. 7 Buchst. a Halbs. 1 UStG. Die **„Refundierung"** eines Teils der von der Vorverkaufsstelle für den Veranstalter vereinnahmten Vorverkaufsgebühr berührt nicht die Bemessungsgrundlage für den Verkauf der Eintrittskarten (durch den Veranstalter), sondern **mindert** stattdessen **die Bemessungsgrundlage** der vom Veranstalter der Vorverkaufsstelle geschuldeten **Vermittlungsprovision.**[2]

2. Theater

26 Der gesetzlich nicht definierte **Theaterbegriff** ist im Rahmen des § 12 Abs. 2 Nr. 7 Buchst. a Halbs. 1 UStG grundsätzlich nach den gleichen Merkmalen abzugrenzen, die für die Steuerbefreiung nach § 4 Nr. 20 Buchst. a UStG maßgebend sind.[3] Danach sind Theater Einrichtungen, die **Theatervorführungen** präsentieren. Theatervorführungen sind Inszenierungen jeglicher Art, deren Darsteller durch Kommunikationsmittel wie Sprache, Körper oder Musik den direkten Bezug zum Publikum herstellen. Auf das kulturelle Niveau der Inszenierungen kommt es nicht an, es ist nur erforderlich, dass es sich um persönlich-geistige Schöpfungen in der für den Urheberrechtsschutz geforderten Höhe handelt.

27 Die bei § 4 Nr. 20 UStG durch das BMF-Schreiben vom 12.11.2020[4] endlich beseitigte **Rechtsunsicherheit**, ob neben den Theatervorführungen im engeren Sinne (d.h. des klassischen Theaters) auch Theatervorführungen im weiteren Sinne (d.h. der Kleinkunst) steuerbefreite Theatervorführungen sind (§ 4 Nr. 20 Rz. 20), **existierte** bei § 12 Abs. 2 Nr. 7 Buchst. a Halbs. 1 UStG **nicht**. Denn zum einen fallen nach allgemeinem Sprachgebrauch sowohl klassisches Theater als auch Kleinkunst unter den Sammelbegriff „Theater";[5] zum anderen begünstigt § 12 Abs. 2 Nr. 7 Buchst. a Halbs. 2 UStG die „Theatervorführungen vergleichbaren Darbietungen ausübender Künstler", woraus sich m.E. gleichsam für den ersten Halbsatz der Vorschrift ableiten lässt, dass der dort verwendete **Begriff „Theater"** nicht eng, sondern weit zu verstehen ist und folglich **Theatervorführungen der Kleinkunst** ebenfalls **umfasst**. Eine solch **weite Auslegung entspricht** m.E. auch dem **Unionsrecht**, das den Mitgliedstaaten die Möglichkeit gibt, „die Eintrittsberechtigung für Theater sowie ähnliche kulturelle Ereignisse und Einrichtungen zu begünstigen" (Rz. 3).

28 Entsprechend sind Theatervorführungen i.S.d. § 12 Abs. 2 Nr. 7 Buchst. a Halbs. 1 UStG – neben den Theatervorführungen im engeren Sinne (d.h. des klassischen Theaters) – auch die Aufführungen der Pantomime und Tanzkunst, der Kleinkunst, des Varietés (u.a. Zauberei, Artistik und Bauchrednerei), der Eisrevuen sowie Mischformen von Sprech-, Musik- und Tanzdarbietungen.[6] Ebenso kann eine Kampf-Kunst-Show[7], Stripshow[8] sowie Feuerwerksveranstaltung mit Farb- und Klangelementen[9] eine **Theatervorführung** sein. Das Gleiche gilt für eine kabarettistisch geprägte Autorenlesung, die über

1 OFD Frankfurt, Vfg. v. 17.10.2008 – S 7177 A-28-St 112 = UR 2009, 287.
2 BFH, Urt. v. 3.11.2011 – V R 16/09, BStBl. II 2012, 378 = UR 2012, 315.
3 Abschn. 12.5 Abs. 1 Satz 2 UStAE; § 4 Nr. 20 Rz. 19–22.
4 BMF, Schr. v. 12.11.2020 – III C 3-S 7177/17/10001, BStBl. I 2020, 1265 = UR 2021, 38.
5 *Kossack* in Offerhaus/Söhn/Lange, § 4 Nr. 20 UStG Rz. 12 (Stand: Mai 2018).
6 Abschn. 12.5 Abs. 2 Satz 4 UStAE.
7 BFH, Urt. v. 9.10.2003 – V R 86/01, BFH/NV 2004, 984.
8 BFH, Urt. v. 19.10.2011 – XI R 40/09, BFH/NV 2012, 798.
9 BFH, Urt. v. 30.4.2014 – XI R 34/12, BStBl. II 2015, 166 = UR 2014, 738.

das reine Vorlesen hinausgeht und durch die Veränderung von Stimme, Mimik, Körperhaltung sowie Bewegung beim Publikum Emotionen und Gedanken hervorruft.[1]

Werden in der Veranstaltung neben der Theatervorführung noch Leistungen anderer Art erbracht, müssen diese von so untergeordneter Bedeutung sein, dass die **Theatervorführung Hauptbestandteil** der einheitlichen Gesamtleistung bleibt.[2] Entsprechend ist eine Karnevalsveranstaltung aufgrund ihres geselligen Charakters **keine Theatervorführung**.[3] Tanzbelustigungen, Filmvorführungen, Sportwettkämpfe und Wahlkundgebungen, die z.B. einzelne kabarettistische oder varietéähnliche Showeinlagen enthalten, stellen ebenfalls keine Theatervorführung dar (Rz. 77, **Beispiel 3**).[4] 29

Bei einer sog. **Dinner-Show** handelt es sich aufgrund der für den Durchschnittsverbraucher untrennbaren Kombination aus kulinarischen und künstlerischen Elementen um **keine Theatervorführung**, sondern um eine eigenständige komplexe Dienstleistung, die nicht aufteilbar ist, mit der Folge, dass sie gänzlich dem Regelsteuersatz unterliegt.[5] 30

Daran dürfte m.E. jedoch aufgrund der Senkung der Umsatzsteuer für Restaurationsleistungen im Zeitraum vom 1.7.2020 bis 31.12.2023 durch die Corona-Steuerhilfegesetze nicht festzuhalten sein, zumindest dann nicht, wenn neben den künstlerischen Darbietungen auch die Restaurationsleistungen dem ermäßigten Steuersatz unterliegen und darüber hinaus Getränke, die weiterhin dem Regelsteuersatz unterliegen, nicht im Gesamtpreis enthalten sind (§ 12 Abs. 2 Nr. 15 Rz. 48 ff.).[6] Dabei spielt es eine entscheidende Rolle, dass der Gesetzgeber bei den beiden in Betracht kommenden Elementen den ermäßigten Steuersatz vorgesehen hat und diese Elemente, wenn sie getrennt angeboten werden, begünstigen will. Dass sich an dieser Einordnung des Gesetzgebers nichts ändern kann, wenn die beiden Elemente im Wirtschaftsverkehr gemeinsam angeboten werden, liegt auf der Hand.[7]

Im – soweit ersichtlich – ersten finanzgerichtlichen Verfahren zu dieser Thematik kam das FG Sachsen[8] zu dem Ergebnis, dass eine sog. Dinner-Show mit den gleichwertigen Bestandteilen Unterhaltung durch Artisten und Musiker und mehrgängigem Menü – entsprechend der BFH-Rechtsprechung – als einheitliche, komplexe Leistung nicht dem ermäßigten Steuersatz unterliegt; vorliegend ist im Zeitraum 1.7.2020 bis 31.12.2023 jedoch der ermäßigte Steuersatz in der Zusammenschau der Vorschriften in § 12 Abs. 2 Nr. 7 Buchst. a UStG bzw. § 12 Abs. 2 Nr. 15 UStG durch erweiternde Auslegung aufgrund einer planwidrigen Regelungslücke anzuwenden.

Ähnlich lautet die ablehnende Begründung des FG Niedersachsen[9] zur Anwendung des ermäßigten Steuersatzes für eine **Stadtführung**, bei der Führung und künstlerische Elemente gleichrangig nebeneinander stehen und dadurch letztlich auf unterhaltsame Weise Wissen über die Stadtgeschichte und das Leben im Mittelalter vermittelt wird. 31

Keine begünstigte Theatervorführung sieht das FG Münster[10] auch in **(Online-)Klavierkursen**, da Theatervorführungen gemein ist, dass der ausübende Künstler vor einem aus mehreren Personen bestehenden Publikum auftritt und dieses Publikum, welches kulturelle Dienstleistungen konsumieren möchte, unterhält. Der Künstler erbringt jedoch mit seinen Leistungen keine unterhaltenden, kulturel- 32

---

1 BFH, Urt. v. 25.2.2015 – XI R 35/12, BStBl. II 2015, 677 = UR 2015, 590; Umkehrschluss aus Abschn. 4.20.1 Abs. 2 Satz 4 UStAE.

2 BFH, Urt. v. 26.4.1995 – XI R 20/94, BStBl. II 1995, 519 = UR 1995, 343; BFH, Urt. v. 10.1.2013 – V R 31/10, BStBl. II 2013, 352 = UR 2013, 385; Abschn. 12.5 Abs. 2 Sätze 3 und 10 UStAE.

3 BFH, Urt. v. 28.12.2010 – XI B 60/10, BFH/NV 2011, 660.

4 Abschn. 12.5 Abs. 2 Satz 11 UStAE.

5 BFH, Urt. v. 10.12.2020 – V R 39/18, BFH/NV 2021, 947; BFH, Urt. v. 13.6.2018 – XI R 2/16, BStBl. II 2018, 678 = UR 2018, 797; BFH, Urt. v. 10.1.2013 – V R 31/10, BStBl. II 2013, 35 = UR 2013, 385; Abschn. 12.5 Abs. 2 Satz 10 UStAE.

6 *Liebgott*, UR 2020, 405 (407).

7 *Weymüller*, jurisPR-SteuerR 29/2023, Anm. 5.

8 FG Sachsen, Urt. v. 6.12.2022 – 1 K 281/22, EFG 2023, 804, NZB eingelegt, Az. BFH: XI B 3/23; a.A. *Schrader*, MwStR 2023, 548; ebenso *Prätzler*, jurisPR-SteuerR 51/2023 Anm. 6 vor dem Hintergrund des EuGH, Urt. v. 5.10.2023 – C-146/22, ECLI:EU:C:2023:739 – Dyrektor Krajowej Informacji Skarbowej (TVA pour boissons chaudes lactées), UR 2023, 912.

9 FG Niedersachsen, Urt. 17.6.2009 – 5 K 232/08, juris.

10 FG Münster, Urt. 17.6.2021 – 5 K 3185/19 U, juris.

len Darbietungen vor einem solchen Publikum. Auch wenn die Leistungen des Künstlers darbietende Elemente wie Klaviervorspiele selbst komponierter Stücke enthalten, steht doch nicht der unterhaltende, kulturelle Konsum, sondern der unterrichtende Charakter im Vordergrund. Den Kunden bzw. Schülern geht es bei den eingekauften Leistungen um ihren Unterrichtserfolg, weniger aber um die künstlerische Form der Darbietung, welche für eine Theatervorführung elementar ist.

3. Konzerte

33 Konzerte sind Aufführungen von Musikstücken, bei denen Instrumente und/oder die menschliche Stimme eingesetzt werden.[1]

34 Dazu gehören neben den **klassischen Konzertformen** (wie z.B. Kammerkonzerte, Orgelkonzerte, Liederabende etc.) ebenso die **Konzerte der Unterhaltungsmusik** (wie z.B. Rock-, Pop- und Jazz-Konzerte), bei denen die Besucher die Möglichkeit haben, zur Musik zu tanzen, sofern dadurch der Konzertcharakter der Veranstaltung nicht gestört wird.[2] Art, Inhalt und Qualität der Musik sind ohne Belang (Rz. 77, **Beispiele 2 und 5**).

35 Gleiches gilt für die Anzahl der mitwirkenden Künstler, so dass **Veranstaltungen mit Solokünstlern** ebenfalls **Konzerte** darstellen (Rz. 77, **Beispiele 2 und 5**).[3]

36 Begünstigt ist auch die **Veranstaltung von Mischformen** zwischen Konzert und Theatervorführung.[4]

37 Werden in der Veranstaltung jedoch neben dem Konzert noch Leistungen anderer Art, d.h. andere als eine Theatervorführung, erbracht, müssen diese von so untergeordneter Bedeutung sein, dass das **Konzert** der **Hauptbestandteil** der einheitlichen Gesamtleistung bleibt.[5] Dementsprechend sind Tanzbelustigungen, Filmvorführungen, Sportwettkämpfe und Wahlkundgebungen, die einzelne konzertähnliche Einlagen enthalten, **keine Konzerte** (Rz. 77, **Beispiel 1**).[6]

38 Ist der **Veranstaltungszweck** durch den vorab angekündigten **Live-Auftritt einer Rock- und Popgruppe**, wegen der die Gäste die Veranstaltung besuchen, geprägt, so ist die Veranstaltung als **Konzert** einzustufen.[7]

39 Gleiches gilt für eine **„Techno"-Veranstaltung**, bei der die musikalische **Darbietung** des **Disc-Jockeys im Vordergrund** steht. Unerheblich ist dabei, dass keine konventionellen Musikinstrumente eingesetzt werden, sondern der Disc-Jockey die Musik durch Verfremden und Mischen bereits bestehender Musik komponiert. Plattenteller, Mischpulte und CD-Player, die zum Vortrag der Musik genutzt werden, stellen dann die erforderlichen **Instrumente** dar.[8] Vor diesem Kontext hat der BFH[9] auch Urteil des FG Brandenburg[10] bestätigt, das die Frage bejaht hatte, ob die regelmäßige Veranstaltung von **Club-Nächten** durch einen Techno-Club, bei denen mehrere dem Publikum vorher mit Namen und Auftrittszeit angekündigte Disc-Jockeys unter Begleitung einer Licht-Show verfremdete und neu gemischte Musik abspielen, ein **Konzert** ist, obwohl es für die Veranstaltung keinen Kartenvorverkauf gibt, der Veranstaltungszugang im Belieben der Türsteher steht und eine ständige Fluktuation der Gäste gegeben ist. Entsprechend hat der BFH[11] außerdem ein hierzu in Widerspruch stehendes Urteil des FG Sachsen verworfen.[12]

40 Das bloße Abspielen eines Tonträgers im Rahmen einer Disco-Party ist kein Konzert.[13]

1 BFH, Urt. v. 26.4.1995 – XI R 20/94, BStBl. II 1995, 519 = UR 1995, 343.
2 BFH, Urt. v. 26.4.1995 – XI R 20/94, BStBl. II 1995, 519 = UR 1995, 343; Abschn. 12.5 Abs. 2 Satz 8 UStAE.
3 EuGH, Urt. v. 3.4.2003 – C-144/00, ECLI:EU:C:2003:192 – Hoffmann, BStBl. II 2003, 679 = UR 2003, 286 m. Anm. *Nieskens*.
4 BFH, Urt. v. 30.4.2014 – XI R 34/12, BStBl. II 2015, 166 = UR 2014, 738; Abschn. 12.5 Abs. 2 Satz 9 UStAE.
5 BFH, Urt. v. 26.4.1995 – XI R 20/94, BStBl. II 1995, 519 = UR 1995, 343; BFH, Urt. v. 10.1.2013 – V R 31/10, BStBl. II 2013, 352 = UR 2013, 385; Abschn. 12.5 Abs. 2 Sätze 3 und 10 UStAE.
6 Abschn. 12.5 Abs. 2 Satz 11 UStAE.
7 FG Rheinland-Pfalz, Urt. v. 22.5.2003 – 6 K 1712/01, juris.
8 BFH, Urt. v. 18.8.2005 – V R 50/04, BStBl. II 2006, 101 = UR 2006, 479; Abschn. 12.5 Abs. 2 Satz 7 UStAE.
9 BFH, Urt. v. 23.7.2020 – V R 17/17, BStBl II 2021, 406 = UR 2021, 26; Abschn. 12.5 Abs. 2 Satz 7 UStAE.
10 FG Brandenburg-Berlin, Urt. 6.9.2016 – 5 K 5089/14, juris.
11 BFH, Urt. v. 10.6.2020 – V R 16/17, BStBl II 2021, 887 = UR 2021, 22.
12 FG Sachsen, Urt. v. 6.6.2016 – 5 K 1811/12, juris. Ausführlich hierzu *Moldan*, UStB 2021, 46.
13 BFH, Urt. v. 12.1.2006 – V R 67/03, BFH/NV 2006, 1360; Abschn. 12.5 Abs. 2 Satz 6 UStAE.

4. Museen

Die Ermäßigungsvorschrift des § 12 Abs. 2 Nr. 7 Buchst. a Halbs. 1 UStG definiert den Begriff Museum nicht. Bei der Auslegung des Begriffs ist daher nach Abschn. 12.5 Abs. 1 Satz 3 i.V.m. Abs. 6 Satz 1 UStAE auf die **Begriffsdefinition** in § 4 Nr. 20 Buchst. a Satz 4 UStG zurückzugreifen. 41

§ 4 Nr. 20 Buchst. a UStG definiert in Satz 4 Museen als „**wissenschaftliche Sammlungen und Kunstsammlungen**". Die Steuersatzermäßigung in § 12 Abs. 2 Nr. 7 Buchst. a UStG erfasst jedoch **nur die Eintrittsberechtigung** für die in § 4 Nr. 20 Buchst. a Satz 4 UStG genannten wissenschaftlichen Sammlungen und Kunstsammlungen, sofern das Museum die Voraussetzungen des § 4 Nr. 20 Buchst. a Sätze 1 und 2 UStG nicht erfüllt.[1] 42

Als **wissenschaftliche Sammlungen** und somit als Museen kommen naturkundliche, technische, geschichtliche, volkskundliche oder heimatkundliche Sammlungen in Betracht. Ob eine Sammlung wissenschaftlich ist, richtet sich nach dem Gesamtbild der Umstände, wie z.B. danach, ob die Sammlung nach wissenschaftlichen Gesichtspunkten zusammengestellt ist, und ob sie entsprechend durch Beschriftungen und/oder Kataloge erläutert[2] und dadurch ein bestimmter Qualitätsmaßstab der Sammlung sichergestellt wird.[3] So kann eine Ausstellung, in der Gebrauchs- und Kulturgegenstände aus der Region Melanesien ausgestellt werden, aufgrund der Wertigkeit der Exponate und aufgrund der Art ihrer Zusammenstellung und Ordnung als wissenschaftliche Sammlung und somit als Museum anzusehen sein.[4] Gleiches gilt für ein ausrangiertes U-Boot der sowjetischen Kriegsmarine, auf dem bzw. in dessen Inneren Besucher mit Hilfe von zahlreichen Hinweis- und Erläuterungstafeln sowohl das Boot selbst wie auch weitere militärische Gegenstände aus früheren Epochen besichtigen können.[5] 43

Als Museen kommen auch **Kunstsammlungen** in Betracht. Kunstsammlungen sind Sammlungen der bildenden Künste, wie z.B. Gemälde-, Skulpturen- oder Bildhauersammlungen. Es muss sich um Kunstsammlungen handeln, die der Öffentlichkeit zum Betrachten und den damit verbundenen kulturellen und bildenden Zwecken zugänglich gemacht werden.[6] Es kann sich dabei auch um die Kunstsammlung einer anderen Person handeln.[7] Die Sammlung kann auch eigens für die Ausstellung zusammengestellt sein.[8] Es kommt nicht darauf an, ob Sonderausstellungen entweder komplett aus den Sammlungsbeständen anderer Einrichtungen oder privater Leihgeber zusammengestellt sind oder aber nur zu einem geringen Anteil aus der eigenen Sammlung bestückt werden.[9] 44

Eine temporäre, **nicht dauerhafte Kunstsammlung** erfüllt die gesetzlichen Anforderungen an ein Museum i.S.d. Satzes 4 **ebenfalls**, d.h. aus dem Begriff der Sammlung folgt kein Erfordernis der Dauerhaftigkeit.[10] Entsprechend können auch sog. Wanderausstellungen sowie Sammlungen mit vergänglichen Gegenständen (wie z.B. Eis- oder Sandskulpturen) begünstigt sein, sofern es sich bei den ausgestellten Objekten um Kunstwerke handelt.[11]

Ob **digitale Kunstsammlungen** unter den Museumsbegriff fallen, ist ungeklärt. Teilweise wird dazu die Ansicht vertreten, dass auf das Erfordernis einer räumlichen „Einrichtung" verzichtet werden könne, d.h. eine institutionsbezogene Sichtweise wird abgelehnt. Stütze man sich auf eine umsatzbezogene Betrachtungsweise, spräche bei entsprechender Ausrichtung der Kunstsammlung trotz mangelnder „Einrichtung" nichts gegen die Subsumierung unter den Museumsbegriff nach § 12 Abs. 2 Nr. 7 Buchst. a Halbs. 1 UStG (weiterführend Rz. 61–70).[12]

1 BFH, Urt. v. 22.11.2018 – V R 29/17, BStBl. II 2021, 495 = UR 2019, 189; Abschn. 12.5 Abs. 6 Satz 2 UStAE.
2 BFH, Urt. v. 19.5.1993 – V R 110/88, BStBl. II 1993, 779 = UR 1994, 124; Abschn. 4.20.3 Abs. 1 Satz 3 und 4 UStAE.
3 BVerwG, Urt. v. 11.10.2006 – 10 C 7/05, UR 2007, 307.
4 BayVGH, Urt. v. 10.1.2011 – 21 ZB 10.578, juris.
5 FG Mecklenburg-Vorpommern, Urt. 26.5.2021 – 3 K 283/17, juris.
6 Abschn. 4.20.3 Abs. 2 Satz 2 UStAE.
7 Abschn. 4.20.3 Abs. 2 Satz 3 UStAE.
8 Abschn. 4.20.3 Abs. 2 Satz 4 UStAE.
9 Abschn. 4.20.3 Abs. 2 Satz 5 UStAE.
10 BFH, Urt. v. 22.11.2018 – V R 29/17, BStBl. II 2021, 495 = UR 2019, 189; Abschn. 4.20.3 Abs. 2 Satz 6 UStAE.
11 Abschn. 4.20.3 Abs. 2 Satz 7 UStAE.
12 *Rapp/Bongers*, DB, 2022, 156.

45 **Nicht vereinbar mit** dem **Museumsbegriff** ist bei § 4 Nr. 20 Buchst. a Satz 4 UStG und somit bei § 12 Abs. 2 Nr. 7 Buchst. a Halbs. 1 UStG aber eine Begünstigung von **Ausstellungen**, die statt kulturellen und bildenden Zwecken **bloßen Verkaufszwecken dienen.**[1] Dasselbe gilt für Ausstellungen, wenn darin **ausschließlich Repliken** und keine Originale ausgestellt werden.[2]

46 Zu den begünstigten Museen gehören **nicht Denkmäler der Bau- und Gartenkunst**, da diese zwar in § 4 Nr. 20 Buchst. a UStG, nicht aber in § 12 Abs. 2 Nr. 7 Buchst. a Halbs. 1 UStG genannt sind.

III. Theatervorführungen und Konzerten vergleichbare Darbietungen ausübender Künstler (Nr. 7 Buchst. a Halbs. 2)

1. Allgemeines

47 Während der erste Halbsatz von § 12 Abs. 2 Nr. 7 Buchst. a UStG die Einräumung von Eintrittsberechtigungen für Theater, Konzerte und Museen betrifft (Rz. 10–46), **begünstigt** der **zweite Halbsatz** die Theatervorführungen und Konzerten vergleichbaren Darbietungen ausübender Künstler, die sie z.B. an Veranstalter, Künstleragenturen/Gastspieldirektionen, andere Künstler oder auch Privatpersonen erbringen.

2. Ausübender Künstler

48 Der **gesetzlich nicht definierte Begriff** des ausübenden Künstlers soll dem **Urheberrecht** entstammen.[3] Nach § 73 UrhG ist ausübender Künstler, wer ein Werk oder eine Ausdrucksform der Volkskunst aufführt, singt, spielt oder in anderer Weise darbietet oder an einer solchen Darbietung künstlerisch mitwirkt (§ 12 Abs. 2 Nr. 7 Buchst. c Rz. 23–30). Erforderlich ist eine eigenschöpferische Tätigkeit, die eine „bestimmte künstlerische Gestaltungshöhe“ erreicht und so letztlich die individuelle Persönlichkeit des Künstlers ausdrückt.

49 Unter Berücksichtigung der EuGH-Rechtsprechung[4] umfasst der Begriff sowohl **Solokünstler**, wie z.B. Musiker, Kabarettisten, als auch **Zusammenschlüsse von Künstlern**, wie z.B. Orchester, Chöre, Ensembles (Rz. 4).

3. Theatervorführungen und Konzerten vergleichbare Darbietungen

a) Darbietungen

50 Der **nationale Gesetzgeber beschränkt** die **Ermäßigung** des § 12 Abs. 2 Nr. 7 Buchst. a Halbs. 2 UStG **auf die Darbietungen ausübender Künstler**, obwohl nach Anhang III Nr. 9 MwStSystRL umfassender die Dienstleistungen ausübender Künstler begünstigt werden könnten (Rz. 3).

51 Infolgedessen erfasst der Wortlaut von § 12 Abs. 2 Nr. 7 Buchst. a Halbs. 2 UStG nur die unter die 1. Alternative des § 73 UrhG fallenden **Künstler, die direkt vor dem Publikum ihre Leistungen erbringen** im Sinne von **darbieten** wie z.B. Musiker oder Dirigenten, nicht jedoch die unter die 2. Alternative der Vorschrift zu subsumierenden Künstler, die vor dem Publikum nicht in Erscheinung treten und lediglich im Hintergrund mitwirken. Entsprechend unterliegen die Leistungen von z.B. Bühnenbildnern, Regisseuren, Choreographen, Dramaturgen, Intendanten, Maskenbildnern oder Tontechnikern nicht dem ermäßigten Steuersatz, sondern dem Regelsteuersatz.[5] Diese **selektive Inanspruchnahme** von Anhang III Nr. 9 MwStSystRL durch den deutschen Gesetzgeber in Bezug auf die Wendung „Dienstleistungen ausübender Künstler“ ist **unionsrechtlich zulässig**, da die Leistungen der im

1 BFH, Urt. v. 22.11.2018 – V R 29/17, BFH/NV 2019, 250 = UR 2019, 189.
2 FG Baden-Württemberg, Urt. v. 29.1.2014 – 14 K 3485/12, juris.
3 BFH, Urt. v. 3.12.2015 – V R 61/14, BStBl. II 2020, 797 = UR 2016, 285; BFH, Urt. 4.5.2011 – XI R 44/08, BStBl. II 2014, 200 = UR 2011, 859.
4 EuGH, Urt. v. 3.4.2003 – C-144/00, ECLI:EU:C:2003:192 – Hoffmann, BStBl. II 2003, 679 = UR 2003, 286 m. Anm. *Nieskens*; Abschn. 12.5 Abs. 1 Satz 4 UStAE.
5 BFH, Urt. 4.5.2011 – XI R 44/08, BStBl. II 2014, 200 = UR 2011, 859; Abschn. 12.5 Abs. 1 Satz 5 UStAE.

Hintergrund wirkenden Künstler anderen, nach § 12 Abs. 2 Nr. 7 Buchst. a Halbs. 2 UStG ermäßigt besteuerten Leistungen nicht gleichartig sind, weil es sich nicht um eigene Darbietungen auf der Bühne vor dem Publikum handelt, so dass insoweit der Neutralitätsgrundsatz nicht verletzt ist.[1] Im Einzelfall kommt bei den im Hintergrund wirkenden Künstlern aber die ermäßigte Übertragung von Urheberrechten nach § 12 Abs. 2 Nr. 7 Buchst. c UStG in Betracht. Die Leistungen von Bühnenregisseuren und Bühnenchoreographen sind seit dem 1.7.2013 unter den Voraussetzungen des § 4 Nr. 20 Buchst. a Satz 3 UStG steuerfrei (§ 4 Nr. 20 Rz. 76–80).

Nicht begünstigt sind **andersartige Leistungen** ausübender Künstler, wie z.B. Entgelte für Autogrammstunden, die Teilnahme an Diskussionsrunden oder Talksendungen, Interviews, Vorträge, Autorenhonorare, gutachterliche Leistungen und Prüfungsvergütungen.[2] Für den **Verkauf von Bild- und Tonträgern** mit Aufzeichnungen der Darbietungen ausübender Künstler kann der **ermäßigte Steuersatz** nach § 12 Abs. 2 Nr. 7 Buchst. a Halbs. 2 UStG ebenfalls **nicht in Anspruch** genommen werden.[3] 52

b) Vergleichbar mit Theatervorführungen und Konzerten

Theatervorführungen und Konzerten vergleichbare Darbietungen sind musikalische Darbietungen, künstlerische Auftritte im Rahmen von Theatervorführungen und auch theaterähnliche (Auftritts-) Leistungen (Rz. 77, **Beispiele 1 bis 4**).[4] 53

Als **theaterähnliche (Auftritts-)Leistung** hat der BFH[5] z.B. die **Reden eines Tauf-, Hochzeits- sowie Trauerredners** eingeordnet, zumindest wenn diese eine gewisse „schöpferische Gestaltungshöhe" erlangen und sich die Redetätigkeit nicht auf die schablonenartige Wiederholung des Redegerüsts beschränkt. Diese Leitentscheidung des BFH lässt den Finanzgerichten als Tatsachengerichten einen weitgehenden Beurteilungsspielraum, was angesichts der Vielgestaltigkeit künstlerischer Ausdrucksformen auch sachgerecht erscheint.[6] Das FG Schleswig-Holstein[7] hat vor dem Hintergrund dieses Spielraums entschieden, dass die Umsätze eines Trauerredners nicht ermäßigt zu besteuern sind, da Trauerreden als „Gebrauchsreden" zu qualifizieren sind, die sich aufgrund der hohen Anzahl an gehaltenen Reden, ihrem Aufbau und dem verwendeten Vokabular ähneln, und daher die erforderliche individuelle schöpferische Gestaltungshöhe fehlt. 54

Als theaterähnliche (Auftritts-)Leistungen hat der BFH[8] die **Lesungen eines Buchautors** beurteilt, wenn sich seine Leistung nicht in reinen Vorlesungen erschöpft, sondern kabarettistisch geprägt ist und durch die Veränderung von Stimme, Mimik, Körperhaltung sowie Bewegung beim Publikum Emotionen und Gedanken hervorruft. 54.1

Hinsichtlich einer **Show**, die aus den **Komponenten Dia-Vortrag, Erzählung und Gesang** besteht und bei der die einzelnen Komponenten durch ein Drehbuch aufeinander abgestimmt sind und in zeitlicher Hinsicht ineinander greifen, hat der BFH[9] zuletzt das FG Berlin-Brandenburg[10] bestätigt. Dieses hatte die Show als künstlerisches Gesamtwerk (d.h. als einheitliche theater- und konzertähnliche (Auftritts-)Leistung) gewürdigt, in dem die bloße (nicht begünstigte) Vorführung von Bildern aufgegangen ist. 54.2

1 BFH, Urt. 4.5.2011 – XI R 44/08, BStBl. II 2014, 200 = UR 2011, 859.
2 BFH, Urt. v. 25.2.2015 – XI R 35/12, BStBl. II 2015, 677 = UR 2015, 590.
3 OFD Frankfurt, Vfg. v. 17.10.2008 – S 7177 A-28-St 112, UR 2009, 287.
4 *Lippross*, Umsatzsteuer[25], 872 f.
5 BFH, Urt. v. 3.12.2015 – V R 61/14, BStBl. II 2020, 797 = UR 2016, 285; Abschn. 12.5 Abs. 1 Sätze 6 bis 9 UStAE; OFD Frankfurt, Vfg. v. 26.8.2022 – S 7240 A-024-St 16, UR 2022, 783.
6 *Engellandt*, EFG 2022, 1333.
7 FG Schleswig-Holstein, Urt. v. 17.5.2022 – 4 K 153/20, die ursprünglich eingelegte Revision, Az. BFH: V R 11/22, wurde zurückgenommen; OFD Frankfurt, Vfg. v. 26.8.2022 – S 7240 A-024-St 16, UR 2022, 783.
8 BFH, Urt. v. 25.2.2015 – XI R 35/12, BStBl. II 2015, 677 = UR 2015, 590; Umkehrschluss aus Abschn. 4.20.1 Abs. 2 Satz 4 UStAE.
9 BFH, Urt. v. 28.9.2022 – XI R 5/22, BFH/NV 2023, 271.
10 FG Berlin-Brandenburg, Urt. 10.12.2021 – 5 K 5039/20, EFG 2022, 1646.

55 Mit dem BMF-Schreiben vom 12.11.2020[1] wurden Abschn. 12.5 Abs. 1 sowie Abschn. 4.20.1 Abs. 2 UStAE von der FinVerw. dahingehend geändert und ergänzt, dass nunmehr auch die Aufführungen von Zauberern, Artisten usw. von dem weiten Begriff der Theatervorführungen umfasst und als theaterähnliche (Auftritts-)Leistungen anerkannt werden.[2]

56 Die Leistungen eines Musikers, der mit einem Veranstalter einen Vertrag abschließt, wonach er den **Konzertauftritt eines Ensembles** schuldet, und der zur Erfüllung dieses Vertrags weitere Solisten engagiert, ist als Orchesterleistung ermäßigt zu besteuern. Die Leistungen der einzelnen Solisten an den Musiker sind in diesem Fall als einem Orchester-vergleichbare Leistungen anzusehen und unterliegen ebenso dem ermäßigten Steuersatz.[3]

57 Die Ermäßigung nach § 12 Abs. 2 Nr. 7 Buchst. a Halbs. 2 UStG **scheitert nicht an der fehlenden Eintrittsberechtigung**, da sich das Tatbestandsmerkmal „Eintrittsberechtigung" ausschließlich auf den ersten Halbsatz der Vorschrift bezieht (Rz. 9). Zudem ergibt sich aus der EuGH-Rechtsprechung[4], dass es nach dem Neutralitätsgrundsatz **genügt**, wenn der ausübende Künstler für seine Darbietungen das **Entgelt vom Veranstalter** (und nicht vom Publikum) erhält (Rz. 77, **Beispiele 1 bis 4**).[5]

58 Des Weiteren hat die FinVerw.[6] klargestellt, dass die Steuerermäßigung nach § 12 Abs. 2 Nr. 7 Buchst. a Halbs. 2 UStG **nicht davon abhängt**, dass der **ausübende Künstler** seine **Darbietungen im Rahmen einer** nach § 12 Abs. 2 Nr. 7 Buchst. a Halbs. 1 UStG **begünstigten Veranstaltung erbringt**, sofern er nicht selbst der Veranstalter ist. Entsprechend kommt die Steuerermäßigung für die Darbietungen eines ausübenden Künstlers auch dann zur Anwendung, wenn er diese im Rahmen einer nicht-begünstigten Veranstaltung ausführt, wie z.B. einer Tanzbelustigung, Sportveranstaltung, Betriebs- oder Geburtstagsfeier sowie anderen Familienfeiern wie Taufe, Firmung, Kommunion, Hochzeit (Rz. 77, **Beispiele 1 und 3**).

4. Zwischenhandel mit Künstlerdarbietungen

a) Dienstleistungskommission

59 Vor dem Hintergrund der BFH-Rechtsauffassung, dass die Befreiungsvorschrift des § 4 Nr. 20 Buchst. a UStG bei einem Kommissionsgeschäft dem Fiktionsgrundsatz unterliegt,[7] stellt sich die Frage, ob dies auch für § 12 Abs. 2 Nr. 7 Buchst. a UStG gilt, mit der Konsequenz, dass der im eigenen Namen, aber auf fremde Rechnung erfolgende **Weiterverkauf** von nach § 12 Abs. 2 Nr. 7 Buchst. a Halbs. Satz 2 UStG **ermäßigten Künstlerdarbietungen** durch Künstleragenturen/Gastspieldirektionen (Tournee-Veranstalter) an den (lokalen) Veranstalter ebenfalls ermäßigt zu besteuern ist. Die FinVerw.[8] verneint die Anwendung des Fiktionsgrundsatzes bisher und sieht für alle im eigenen Namen stattfindenden Weiterverkäufe von ermäßigten Künstlerdarbietungen den Regelsteuersatz vor. Diese ablehnende Verwaltungsauffassung dürfte nach dem o.g. BFH-Urteil m.E. nicht länger gerechtfertigt sein, zumindest dann nicht, wenn der Weiterverkauf von ermäßigten Künstlerdarbietungen im Rahmen eines Kommissionsgeschäfts i.S.d. § 3 Abs. 11 UStG erfolgt. Es spricht m.E. argumentativ nichts dagegen, die **Ermäßigungsvorschrift** des § 12 Abs. 2 Nr. 7 Buchst. a Halbs. 2 UStG **in der** (fingierten) **Leistungskette zu übertragen**, selbst wenn sie das personenbezogene Merkmal des „ausübenden Künstlers" ent-

---

1 BMF, Schr. v. 12.11.2020 – III C 3-S 7177/17/10001, UR 2021, 38.

2 Siehe hierzu auch FG Münster, Urt. v. 26.11.2020 – 5 K 2414/19 U, UStB 2021, 72: Bei Tätigkeiten als Zauberer (auf Privatfeiern wie z.B. Geburtstagen und Hochzeiten) und auf dem Gebiet der Ballonmodellage – i.S.d. BMF-Schreibens v. 12.11.2020 – wurde der ermäßigte Steuersatz nach § 12 Abs. 2 Nr. 7 Buchst. a Halbs. 2 UStG zuerkannt, da die Tätigkeiten Darbietungen mit einer bestimmten künstlerischen Gestaltungshöhe sind, und folglich begünstigte theaterähnliche (Auftritts-)Leistungen vorliegen.

3 OFD Niedersachsen, Vfg. v. 20.6.2017 – S 7238-18-St 183, UR 2017, 725.

4 EuGH, Urt. v. 23.10.2003 – C-109/02, ECLI:EU:C:2003:586 – Kommission/Deutschland, BStBl. II 2004, 337 = UR 2004, 34 m. Anm. *Nieskens*.

5 BFH, Urt. v. 3.12.2015 – V R 61/14, BStBl. II 2020, 797 = UR 2016, 285.

6 BFH, Urt. v. 3.12.2015 – V R 61/14, BStBl. II 2020, 797 = UR 2016, 285; Abschn. 12.5 Abs. 3 Sätze 1 und 2 UStAE.

7 BFH, Urt. v. 25.4.2018 – XI R 16/16, BStBl. II 2021, 457 = UR 2018, 794.

8 Abschn. 12.5 Abs. 5 UStAE.

hält, das von den Künstleragenturen/Gastspieldirektionen (Tournee-Veranstaltern) nicht erfüllt wird (Rz. 77, **Beispiel 3**). Denn dies ist bei der Befreiungsvorschrift des § 4 Nr. 20 UStG nicht anders und – wie der BFH betont – vor dem Hintergrund, dass die Regelung über Kommissionsgeschäfte in Art. 28 MwStSystRL allgemein und ohne Beschränkungen in Bezug auf ihren Anwendungsbereich oder ihre Tragweite gefasst ist,[1] ohne Belang.

b) Eigenhandel

Erfolgt der **Weiterverkauf** von nach § 12 Abs. 2 Nr. 7 Buchst. a Halbs. Satz 2 UStG **ermäßigten Künstlerdarbietungen** an den (lokalen) Veranstalter durch Künstleragenturen/Gastspieldirektionen (Tournee-Veranstalter) im eigenen Namen und auf eigene Rechnung (sog. Eigenhandel), erbringen diese mit der Zurverfügungstellung der Künstlerdarbietungen eigene (künstlerische) Leistungen.[2] Dafür kommt – entsprechend der Auffassung der FinVerw.[3] – mangels Erfüllung des in § 12 Abs. 2 Nr. 7 Buchst. a Halbs. Satz 2 UStG genannten personenbezogenen Merkmals, d.h. die Künstleragenturen/Gastspieldirektionen (Tournee-Veranstalter) sind keine „ausübenden Künstler", weiterhin **keine Steuerermäßigung** in Betracht (Rz. 77, **Beispiele 3 und 4**). 60

IV. Online in Echtzeit zur Verfügung gestellte kulturelle Veranstaltungen

1. Allgemeines

Spätestens vor dem Hintergrund der Corona-Pandemie und dem in dieser Zeit teilweise bestehenden behördlichen Verbot kultureller Veranstaltungen mit tatsächlich anwesendem Publikum stellt sich die Frage, ob die Steuersatzermäßigung nach § 12 Abs. 2 Nr. 7 Buchst. a UStG auch dann Anwendung finden kann, wenn kulturelle Veranstaltungen (wie z.B. Konzerte und Theatervorführungen) online in Echtzeit (z.B. per Live-Stream) zur Verfügung gestellt werden. 61

2. Elektronische Dienstleistungen

Nach Art. 98 Abs. 2 Unterabs. 2 MwStSystRL sind ermäßigte Steuersätze nicht auf elektronische Dienstleistungen anwendbar. Einzige Ausnahme bilden seit 2018 die unter Anhang III Nr. 6 fallenden Dienstleistungen der dort genannten digitalen Medien (nationale Umsetzung durch § 12 Abs. 2 Nr. 14 UStG). Entsprechend können online in Echtzeit zur Verfügung gestellte kulturelle Veranstaltungen nur dann nach dem auf Art. 98 Abs. 2 i.V.m. Anhang III Nr. 7 und 9 MwStSystRL beruhenden § 12 Abs. 2 Nr. 7 Buchst. a UStG begünstigt sein, wenn es sich bei ihnen nicht um elektronische Dienstleistungen handelt. Die auf dem pauschalen Argument „elektronische Dienstleistung" beruhende Negierung der Steuersatzermäßigung für in Echtzeit zur Verfügung gestellte kulturelle Veranstaltungen, die ansonsten die Tatbestände des § 12 Abs. 2 Nr. 7 Buchst. a UStG erfüllen (Rz. 65–76), dürfte jedoch gegen den unionsrechtlichen Gleichbehandlungsgrundsatz verstoßen.[4] 62

Die MwStSystRL verwendet die Begriffe „elektronische Dienstleistungen" und „elektronisch erbrachte Dienstleistungen". An einer Legaldefinition fehlt es dort aber ebenso wie im nationalen UStG. Merkmale dieser Leistungsart ergeben sich einzig aus Art. 7 MwStVO.[5] „Elektronische Dienstleistungen" umfassen gem. Art. 7 Abs. 1 MwStVO solche Dienstleistungen, die über das Internet oder ein ähnliches elektronisches Netz erbracht werden, deren Erbringung aufgrund ihrer Art im Wesentlichen automatisiert und nur mit minimaler menschlicher Beteiligung erfolgt und ohne Informationstechnologie nicht möglich wäre. Neben dieser Definition enthält Art. 7 MwStVO in Abs. 2 eine nicht abschließende Aufzählung von unter die Definition fallenden Dienstleistungen sowie in Abs. 3 eine ebenfalls 63

1 EuGH, Urt. v. 14.7.2011 – C-464/10, ECLI:EU:C:2011:489 – Henfling, EU-UStB 2011, 55.
2 BFH, Urt. v. 1.3.2018 – V R 25/17, BStBl. II 2018, 555 = UR 2018, 608.
3 Abschn. 12.5 Abs. 5 UStAE.
4 *Hidien*, UR 2021, 649.
5 *Stößel/Vetter*, UR 2021, 700.

nicht abschließende Aufzählung von nicht unter die Definition fallenden Dienstleistungen.[1] Insgesamt ergibt sich daraus für die Praxis folgende Prüfreihenfolge:[2] Zunächst ist zu prüfen, ob die zu beurteilende Dienstleistung in Art. 7 Abs. 2 MwStVO (oder in Anhang II der MwStSystRL) als unter die Definition fallend genannt ist. Wenn dies nicht der Fall ist, muss geprüft werden, ob die zu beurteilende Dienstleistung in Art. 7 Abs. 3 MwStVO als nicht unter die Definition fallend genannt ist. Wenn auch dies nicht der Fall ist, ist abschließend zu prüfen, ob die zu beurteilende Dienstleistung den in Art. 7 Abs. 1 MwStVO aufgezählten Definitionskriterien einer elektronischen Dienstleistung entspricht oder nicht.

64 Da kulturelle Dienstleistungen (d.h. Theatervorführungen, Konzerte sowie vergleichbare Darbietungen ausübender Künstler), die **online in Echtzeit per Live-Stream** zur Verfügung gestellt werden, weder in der Positivliste (des Art. 7 Abs. 2 MwStVO) noch der Negativliste (des Art. 7 Abs. 3 MwStVO) zu finden sind, muss die Qualifikation dieser Dienstleistungen unter Zuhilfenahme der Definitionskriterien (des Art. 7 Abs. 1 MwStVO) erfolgen.

64.1 Dabei dürfte vor allem das Kriterium **„minimale menschliche Beteiligung"** entscheidend sein, nach dem es für die Abgrenzung von elektronischen Dienstleistungen zu anderen Dienstleistungsarten maßgeblich ist, ob beim eigentlichen Leistungsvorgang eine mehr als minimale menschliche Betätigung von Seiten des Leistenden erfolgt.[3] Die Schwelle des minimalen menschlichen Eingreifens ist dabei überschritten, wenn der Leistungsempfänger eine individualisierte Dienstleistung erwirbt oder die Dienstleistung gerade in einer individuellen Weise im Netz erbracht wird. War das verkaufte Produkt im Zeitpunkt der Bestellung ohnehin schon vorhanden, liegt dagegen eine elektronische Dienstleistung vor.[4] Vor diesem Hintergrund sollten kulturelle Dienstleistungen (d.h. Theatervorführungen, Konzerte sowie vergleichbare Darbietungen ausübender Künstler), die **online in Echtzeit per Live-Stream** zur Verfügung gestellt werden, m.E. **nicht als elektronische Dienstleistungen** zu qualifizieren sein, da es sich bei ihnen um individualisierte Dienstleistungen – ggf. sogar mit Interaktivität – handelt, die im Kern (wie bei Vor-Ort-Veranstaltungen) eine unmittelbare menschliche Beteiligung des Leistenden voraussetzen, ohne die die kulturellen Dienstleistungen überhaupt nicht stattfinden bzw. ihre Wertigkeit entfalten könnten.[5] Höchstrichterliche Rechtsprechung zu dieser Abgrenzungsfrage bei kulturellen Dienstleistungen steht jedoch noch aus.[6] Position bezogen hat aber mittlerweile die deutsche Finanzverwaltung in Form des sächsischen Finanzministeriums[7]. Dieses vertritt – nach intensiven Bund-Länder-Erörterungen – in seinem Schreiben mit dem Titel „Umsatzsteuerliche Behandlung von (Live-) Streamingdiensten kultureller Einrichtungen im Sinne des § 4 Nr. 20 UStG" (ebenfalls) die Auffassung, dass die Dienstleistungen von Theatern und Orchestern im Rahmen eines Live-Streaming, bei dem die Vorstellung anstelle oder parallel zu einer Vor-Ort-Veranstaltung ausschließlich in Echtzeit angeboten wird, kulturelle und keine elektronischen Dienstleistungen sind, da die Leistungen nicht nur mit minimaler menschlicher Beteiligung erbracht werden.

64.2 Unterstützung findet diese – elektronische Dienstleistungen verneinende – Rechtsauffassung m.E. zudem in der Negativliste des Art. 7 Abs. 3 MwStVO; denn dort werden unter Buchst. j Unterrichtsleistungen, bei denen der Lehrer den Unterricht über das Internet oder ein elektronisches Netz, d.h. über

---

1 Die Finanzverwaltung hat die Regelungen der MwStVO in Abschn. 3a.12 UStAE nahezu wortgleich übernommen.

2 *Hidien*, beck.digitax 2021, 150; vgl. auch Mehrwertsteuerausschuss, Sitzung v. 30.3.2015, 195.

3 Siehe insbesondere zum Kriterium der minimalen menschlichen Beteiligung BFH, Urt. v. 1.6.2016 – XI R 29/14, BStBl. II 2016, 905 = UR 2016, 789 m. Anm. *Luther* (übernommen in Abschn. 3a.12 Abs. 1 und Abs. 3 Nr. 5 UStAE).

4 *Hidien*, beck.digitax 2021, 150.

5 Ebenso *L'habitant*, UR 2022, 924; *Heuermann* in Sölch/Ringleb, § 3 UStG, Rz. 540 (Stand: März 2023); a. A. FG Düsseldorf, Urt. v. 4.3.2022 – 1 K 2812/19 U, juris.

6 Der EuGH musste in seinem Urt. v. 8.5.2019 – C-568/17, ECLI:EU:C:2019:388 – Geelen, UR 2019, 456 zu interaktiven erotischen Live-Webcam-Shows hinsichtlich der Rechtsfrage, ob diese Live-Shows elektronische Dienstleistungen darstellen, keine Stellung nehmen. *Radeisen*, MwStR 2019, 362 und *Nieskens*, EU-UStB 2019, 58 verneinen in ihren weiterführenden Kommentierungen des Urteils das Vorliegen von elektronischen Dienstleistungen mit dem Hinweis, dass für die Live-Shows eine mehr als minimale menschliche Beteiligung der Models erforderlich gewesen ist.

7 FinMin. Sachsen, Schr. v. 13.1.2022 – 35-S 7177/196/2-2022/2724, UR 2022, 783.

einen Remote-Link, (live) erteilt, aufgezählt.[1] Bei diesen Unterrichtsleistungen handelt es sich – wie bei kulturellen Dienstleistungen (d.h. Theatervorführungen, Konzerte sowie vergleichbare Darbietungen ausübender Künstler), die online in Echtzeit per Live-Stream zur Verfügung gestellt werden – um kundenspezifische, individualisierte Dienstleistungen, die im Kern (wie Vor-Ort-Veranstaltungen) eine unmittelbare menschliche Beteiligung des Leistenden voraussetzen und damit keine elektronischen Dienstleistungen sind.

Entsprechend sind m.E. auch Museumsführungen mit menschlicher Beteiligung, die online in Echtzeit per Live-Stream zur Verfügung gestellt werden, keine elektronischen Dienstleistungen. 64.3

Um **elektronische Dienstleistungen** handelt es sich daher m.E. lediglich bei online auf Abruf zur Verfügung gestellten (unterrichtenden bzw.) kulturellen Dienstleistungen, die vollautomatisiert reproduzierbar sind und wiederholt abgerufen werden können (sog. **On-Demand-Streaming**).[2] 64.4

Ist ein **Museum** (bzw. seine Ausstellung) **online in Echtzeit per Live-Stream** zugänglich, ohne dass zugleich eine Museumsführung mit menschlicher Beteiligung stattfindet, handelt es sich insoweit m.E. ebenfalls um elektronische Dienstleistungen.[3]

3. Anwendbarkeit von § 12 Abs. 2 Nr. 7 Buchst. a UStG

a) Allgemeines

Entsprechend der hier vertretenen Auffassung, dass es sich bei online in Echtzeit zur Verfügung gestellten kulturellen Veranstaltungen nicht um elektronische Dienstleistungen handelt, da eine mehr als minimale menschliche Beteiligung durch die beteiligten darbietenden Künstler (Rz. 64, 64.1 und 64.2) vorliegt, ist im Hinblick auf eine mögliche Steuersatzermäßigung zu klären, ob die Leistungen unter einen der beiden Tatbestände des § 12 Abs. 2 Nr. 7 Buchst. a UStG subsumiert werden können (Rz. 9). 65

b) Eintrittsberechtigungen (Nr. 7 Buchst. a Halbs. 1)

Der EuGH[4] hat im Fall von Filmdarbietungen in Einzelkabinen eines Erotic-Centers entschieden, dass die Wendung „Eintrittsberechtigungen für Kinos“ in Art. 98 Abs. 2 i.V.m. Anhang III Nr. 7 MwStSystRL nur solche Einrichtungen erfasst, die der Öffentlichkeit gegen Entgelt gewähren gemeinsam einen Film zu betrachten (§ 12 Abs. 2 Nr. 7 Buchst. b Rz. 5). Zur Begründung führt der EuGH aus, dass die in Anhang III Nr. 7 MwStSystRL genannten kulturellen Ereignisse und Einrichtungen insbesondere gemeinsam haben, dass sie der Öffentlichkeit aufgrund vorhergehender Bezahlung eine Eintrittsberechtigung gewähren, die alle zahlenden Personen berechtigt, gemeinsam (im Sinne gemeinsamer körperlicher Anwesenheit) die diesen Ereignissen und Einrichtungen eigenen kulturellen Leistungen wie auch die ihnen eigene Unterhaltung in Anspruch zu nehmen. Unter Eintrittsberechtigung versteht die Generalanwältin *Sharpston*[5] das Recht auf Zugang (einer bestimmten Anzahl von Personen) zu dem Raum, in dem die Veranstaltung stattfindet. Als Veranstaltung definiert sie eine Versammlung von Personen, die über einen gewissen Zeitraum an einer Tätigkeit teilnehmen oder diese beobachten im Sinne einer körperlichen Anwesenheit. Ihre Schlussfolgerung, dass die körperliche Anwesenheit der teilnehmenden Personen erforderlich ist, sieht die Generalanwältin durch den Wortlaut von Art. 33 MwStVO bestätigt, der sich auf „die Person, die einer Veranstaltung beiwohnt“ bezieht. Vor dem Hintergrund dieser Argumentationslinie dürften online in Echtzeit zur Verfügung gestellte kulturelle Veranstaltungen (Konzerte und Theatervorführungen) nicht unter § 12 Abs. 2 Nr. 7 Buchst. a Halbs. 1 UStG fallen, da das Publikum dabei die angebotenen kulturellen Leistungen nicht gemeinsam im Sinne von gemeinsamer körperlicher Anwesenheit in einem Raum (oder unter freiem Himmel) in Anspruch nehmen kann. 66

1 *Luther/Sailer*, UR 2016, 83; *Grambeck*, NWB 2021, 1032; *Stößel/Vetter*, UR 2021, 700; *Hidien*, beck.digitax 2021, 226.

2 *Stößel/Vetter*, UR 2021, 700.

3 *Frye* in Rau/Dürrwächter, § 12 Abs. 2 Nr. 7a UStG Rz. 27 und 69 (Stand: August 2023).

4 EuGH, Urt. v. 18.3.2010 – C-3/09, ECLI:EU:C:2010:149 – Erotic Center, UR 2010, 315.

5 Schlussantrag v. 10.1.2019 – C-647/17, ECLI:EU:C:2019:13.

66.1 Bestätigt wird diese „enge" unionsrechtliche Auslegung m.E. durch die am 5.4.2022 vom Rat der Europäischen Union beschlossene Richtlinie (EU) 2022/542.[1] Denn darin wird den Mitgliedstaaten ab 1.1.2025 die Möglichkeit eingeräumt, Nr. 7 in Anhang III der MwStSystRL dahingehend zu erweitern, dass Eintrittsberechtigungen für kulturelle Veranstaltungen dem ermäßigten Steuersatz unterliegen, wenn sie sich auf den Zugang zum Live-Streaming beziehen. Die Erweiterungsmöglichkeit bedeutet im Umkehrschluss aber nichts anderes, als dass in der Vergangenheit eine ermäßigte Besteuerung des Zugangs zum Live-Streaming von kulturellen Dienstleistungen unionsrechtlich nicht möglich war (und auch bis 31.12.2024 nicht ist).

67 Diese bisherige unionsrechtliche Auslegung überzeugt mich allerdings nicht, da sich m.E. aus dem von der Generalanwältin herangezogenen Art. 33 MwStVO nicht zwingend ergibt, dass der darin verwendete Begriff „beiwohnen" (Synonyme:[2] dabei sein, mitbekommen, miterleben) die körperliche Anwesenheit der an der Veranstaltung teilnehmenden Personen im Veranstaltungsraum voraussetzt. Die körperliche Anwesenheit der teilnehmenden Personen im Veranstaltungsraum mag zwar früher ein Charakteristikum, insbesondere für unterrichtende und kulturelle Veranstaltungen, gewesen sein, dürfte aufgrund der fortschreitenden technischen Entwicklung, die Teilnehmern durch „Übertragungsmedien" ein „dabei sein, miterleben, mitbekommen" auch ohne körperliche Anwesenheit im Veranstaltungsraum ermöglicht, aber immer mehr an Bedeutung verlieren, und somit für die Sicht des maßgebenden Durchschnittsverbrauchers kein besonderes Unterscheidungskriterium mehr sein. Hierauf lässt die allgemeine Umschreibung des Begriffs „Veranstaltung" schließen, nach der es sich um „ein organisiertes, zweckbestimmtes, zeitlich begrenztes Ereignis, an dem eine Gruppe von Menschen vor Ort und/oder über Medien teilnimmt" handelt.[3] Durch diese definitorische Gleichsetzung von körperlicher und virtueller Anwesenheit bei Veranstaltungen wird zugleich diffizilen Abgrenzungsfragen vorgebeugt, die sich anderenfalls bei der Beurteilung der immer beliebter werdenden hybriden Veranstaltungen, die sowohl persönlich als auch virtuell stattfinden können und bei denen die Teilnehmer die Möglichkeit haben, zu entscheiden, wie sie an der Veranstaltung teilnehmen möchten, stellen würden. Das entscheidende Kriterium hat m.E. also keine „räumliche" Dimension, sondern ist vielmehr „zeitlicher" Natur, d.h. das erforderliche „einer Veranstaltung beiwohnen" ist immer dann gegeben, wenn es sich um online in Echtzeit zur Verfügung gestellte Veranstaltungen handelt. Entsprechend der hier vertretenen Auffassung sind daher online in Echtzeit zur Verfügung gestellte kulturelle Veranstaltungen (Konzerte und Theatervorführungen, aber auch Museumsführungen) unter § 12 Abs. 2 Nr. 7 Buchst. a Halbs. 1 UStG subsumierbar und vom Veranstalter, der nicht mit den darbietenden ausübenden Künstlern identisch sein muss (Rz. 13), ermäßigt zu besteuern.

68 Sind Veranstalter und darbietende ausübende Künstler nicht identisch, unterliegt die Leistung des Veranstalters, d.h. der Verkauf von Eintrittsberechtigungen, § 12 Abs. 2 Nr. 7 Buchst. a Halbs. 1 UStG. Im Gegensatz dazu ist die Leistung der ausübenden Künstler an den Veranstalter nicht nach § 12 Abs. 2 Nr. 7 Buchst. a Halbs. 1 UStG, sondern nach Halbsatz 2 („Theatervorführungen und Konzerten vergleichbaren Darbietungen ausübender Künstler") ermäßigt zu besteuern (Rz. 47–58). Die Ermäßigung nach § 12 Abs. 2 Nr. 7 Buchst. a Halbs. 2 UStG dürfte vorliegend allerdings von § 12 Abs. 2 Nr. 7 Buchst. c UStG verdrängt werden, da davon auszugehen ist, dass die von den ausübenden Künstlern zu erbringende Gesamtleistung – bestehend aus künstlerischer Leistung und Abtretung von urheberrechtlich geschützten audiovisuellen Nutzungsrechten – vorliegend von der Rechteabtretung an den Veranstalter geprägt wird (§ 12 Abs. 2 Nr. 7 Buchst. c Rz. 140). Sollte in die Leistungserbringung von ausübenden Künstlern an Veranstalter noch eine Künstleragentur/Gastspieldirektion eingeschaltet sein, die die nach § 12 Abs. 2 Nr. 7 Buchst. c UStG begünstigte Künstlerleistung im eigenen Namen weiter verkauft, ist auch der Weiterverkauf – unabhängig ob die Künstleragentur/Gastspieldirektion dabei als Dienstleistungskommissionär oder Eigenhändler agiert – ebenfalls nach § 12 Abs. 2 Nr. 7 Buchst. c UStG steuersatzermäßigt.

69 Bei online auf Abruf zur Verfügung gestellten Veranstaltungen, die vollautomatisiert reproduzierbar sind und wiederholt abgerufen werden können (sog. On-Demand-Streaming), kommt die Steuersatzermäßigung nach § 12 Abs. 2 Nr. 7 Buchst. a Halbs. 1 UStG hingegen nicht zur Anwendung, da die

1 ABl. EU 2022 Nr. L 107, 1.
2 https://www.duden.de/rechtschreibung/beiwohnen.
3 https://wirtschaftslexikon.gabler.de/definition/event-34760.

erforderliche „zeitliche" Dimension des Beiwohnens nicht erfüllt ist. Zudem können derart zur Verfügung gestellte Veranstaltungen bereits deshalb nicht steuersatzbegünstigt sein, da es sich insoweit um elektronische Dienstleistungen i.S.v. § 7 Abs. 1 MwStVO handelt, die nach Art. 98 Abs. 2 Unterabs. 2 MwStSystRL von der Steuersatzermäßigung ausgeschlossen sind (Rz. 62).[1]

Wird die Anwendung von § 12 Abs. 2 Nr. 7 Buchst. a Halbs. 1 UStG – entsprechend der bisherigen unionsrechtlichen Auslegung – auch für online in Echtzeit zur Verfügung gestellte kulturelle Veranstaltungen (Konzerte und Theatervorführungen, aber auch Museumsführungen) verneint, da das Publikum dabei die angebotenen kulturellen Leistungen nicht gemeinsam im Sinne von gemeinsamer körperlicher Anwesenheit in einem Raum (oder unter freiem Himmel) in Anspruch nehmen kann (Rz. 66), stellt sich für mich die Frage, ob nicht ausnahmsweise eine alternative, vergleichbare Inanspruchnahme der kulturellen Veranstaltungen (nämlich z.B. per Live-Stream) steuersatzbegünstigt sein kann bzw. muss, wenn die geforderte gemeinsame Inanspruchnahme – wie zeitweise in der Corona-Pandemie – behördlich untersagt ist. Denn der bisherigen unionsrechtlichen Auslegung liegt die im Allgemeinen und in der Vergangenheit auch zutreffende Erwartung zugrunde, dass kulturelle Veranstaltungen gemeinsam in Räumen in Anspruch genommen werden dürfen. Trifft dies nicht zu, kann m.E. aus Art. 33 MwStVO und dem darin verwendeten Begriff „beiwohnen" nicht abgeleitet werden, dass es keine steuerbegünstigten kulturellen Veranstaltungen gibt. Es ist dann vielmehr darauf abzustellen, ob alternative, vergleichbare Möglichkeiten für die Inanspruchnahme von kulturellen Veranstaltungen existieren, die der untersagten steuerbegünstigten Inanspruchnahme von kulturellen Veranstaltungen vor Ort entsprechen. Diese vergleichbare und damit nach § 12 Abs. 2 Nr. 7 Buchst. a Halbs. 1 UStG zu begünstigende Alternative ist m.E. die Inanspruchnahme von online in Echtzeit zur Verfügung gestellten kulturellen Veranstaltungen. 70

An dieser Stelle ist noch darauf hinzuweisen, dass sich die Finanzverwaltung[2] dazu durchgerungen hat, **Live-Streamingdienste** von kulturellen Einrichtungen (Theater/Orchester) – bei Vorliegen der weiteren Voraussetzungen – nach § 4 Nr. 20 Buchst. a sowie Buchst. b UStG **steuerfrei zu stellen** (§ 4 Nr. 20 Rz. 23.2, 29 und 93.1). Eine entsprechende Klarstellung von Seiten der Finanzverwaltung auch für die Anwendung von § 12 Abs. 2 Nr. 7 Buchst. a Halbs. 1 UStG wäre daher wünschenswert. Zum 1.1.2025 hat der Gesetzgeber die Möglichkeit, § 12 Abs. 2 Nr. 7 Buchst. a Halbs. 1 UStG so an Nr. 7 in Anhang III der MwStSystRL anzupassen, dass der Zugang zum Live-Streaming von kulturellen Veranstaltungen mit den ermäßigt besteuerten Eintrittsberechtigungen zu Vor-Ort-Veranstaltungen gleichgestellt wird. 70.1

c) Darbietungen ausübender Künstler (Nr. 7 Buchst. a Halbs. 2)

aa) Allgemeines

Für den Fall, dass der Tatbestand des § 12 Abs. 2 Nr. 7 Buchst. a Halbs. 1 UStG – entsprechend der unionsrechtlichen Auslegung – nicht erfüllt ist (Rz. 66), muss im nächsten Schritt geprüft werden, ob online in Echtzeit zur Verfügung gestellte kulturelle Veranstaltungen den Tatbestand des § 12 Abs. 2 Nr. 7 Buchst. a Halbs. 2 UStG („die den Theatervorführungen und Konzerten vergleichbaren Darbietungen (d.h. (Auftritts-)Leistungen) ausübender Künstler") erfüllen. Hierfür ist m.E. zwischen der Konstellation zu unterscheiden, in der ausübende Künstler ihre Darbietungen online in Echtzeit im eigenen Namen direkt dem Publikum verkaufen, und der Konstellation, in der andere Unternehmer die Darbietungen, die sie von ausübenden Künstlern im eigenen Namen einkaufen, anschließend online in Echtzeit im eigenen Namen an das Publikum weiter verkaufen. 71

bb) Ausübende Künstler mit Live-Stream im eigenen Namen

Der Wortlaut von § 12 Abs. 2 Nr. 7 Buchst. a Halbs. 2 UStG („Darbietungen ausübender Künstler") erfasst nur die unter die erste Alternative des § 73 UrhG fallenden ausübenden Künstler, die direkt vor Publikum ihre Leistungen erbringen im Sinne von darbieten (Rz. 51). Stellen diese ihre Darbietungen dem Publikum im eigenen Namen online in Echtzeit zur Verfügung, kann es insoweit nicht schädlich 72

1 *Stößel/Vetter*, UR 2021, 700.
2 FinMin. Sachsen, Schr. v. 13.1.2022 – 35 – S 7177/196/2 – 2022/2724, UR 2022, 783.

sein, dass die Leistungen lediglich „zeitlich", nicht aber „räumlich" direkt dem Publikum dargeboten werden, da sich diese Voraussetzung m.E. weder aus dem Wortlaut des § 12 Abs. 2 Nr. 7 Buchst. a Halbs. 2 UStG[1] noch der ersten Alternative des § 73 UrhG entnehmen lässt.

73 Es kommt bei diesen Darbietungen auch nicht auf den jeweiligen Leistungsempfänger (z.B. Veranstalter, Künstleragentur/Gastspieldirektion, anderer Künstler oder Privatpersonen) an (Rz. 57). Darüber hinaus ist m.E. die Anzahl der Leistungsempfänger unerheblich, so dass z.B. auch mehrere Privatpersonen zugleich – wie z.B. bei einem Live-Stream – Leistungsempfänger der Darbietungen sein können.

74 Es sind jedoch nicht alle ausführenden Künstler, die Darbietungen dem Publikum im eigenen Namen online in Echtzeit zur Verfügung stellen, nach § 12 Abs. 2 Nr. 7 Buchst. a Halbs. 2 UStG ermäßigt zu besteuern, sondern nur diejenigen, die „Theatervorführungen und Konzerten vergleichbare Darbietungen zur Verfügung stellen". Dies trifft zu auf musikalische Darbietungen, künstlerische Auftritte im Rahmen von Theatervorführungen und theaterähnliche (Auftritts-)Leistungen (Rz. 53). All diese Leistungen sind somit nach § 12 Abs. 2 Nr. 7 Buchst. a Halbs. 2 UStG begünstigt, wenn sie online in Echtzeit vom ausführenden Künstler dem Publikum im eigenen Namen zur Verfügung gestellt werden.

74.1 Dieses Ergebnis ergibt sich m.E. – zumindest im Umkehrschluss – auch aus der am 5.4.2022 vom Rat der Europäischen Union beschlossenen Richtlinie (EU) 2022/542 zur Änderung der MwStSystRL und der RL (EU) 2020/285 in Bezug auf die MwSt-Sätze (ABl. EU 2022 Nr. L 107, 1). Danach ist der Wortlaut von Nr. 7 in Anhang III der MwStSystRL – als Grundlage von § 12 Abs. 2 Nr. 7 Buchst. a Halbs. 1 UStG – dahingehend erweitert worden, dass Eintrittsberechtigungen für kulturelle Veranstaltungen ab 1.1.2025 ermäßigungsfähig sind, wenn sie sich auf den Zugang zum Live-Streaming beziehen (Rz. 66). Gänzlich unverändert geblieben ist hingegen der Wortlaut von Nr. 9 in Anhang III der MwStSystRL („Dienstleistungen von Schriftstellern, Komponisten und ausübenden Künstlern sowie diesen geschuldete urheberrechtliche Vergütungen."), der Grundlage von § 12 Abs. 2 Nr. 7 Buchst. a Halbs. 2 UStG ist. Dieser Wortlaut hätte m.E. jedoch bei den im Kontext der Digitalisierung[2] vorgenommenen Änderungen der Steuersatztatbestände ebenso um den Zugang zum Live-Streaming erweitert werden müssen, wenn er diesen Zugang nicht bereits zuvor in der Begrifflichkeit „Dienstleistungen ausübender Künstler" (national eingeschränkt auf die Begrifflichkeit „Darbietungen ausübender Künstler") beinhaltet hätte.

cc) Andere Unternehmer mit Live-Stream im eigenen Namen

75 Verkaufen andere Unternehmer Theatervorführungen und Konzerten vergleichbare Darbietungen, die sie von ausübenden Künstlern im eigenen Namen einkaufen, anschließend online in Echtzeit im eigenen Namen an das Publikum weiter, kann dieser Weiterverkauf nur nach § 12 Abs. 2 Nr. 7 Buchst. a Halbs. 2 UStG ermäßigt zu besteuern sein, wenn der andere Unternehmer im eigenen Namen und auf fremde Rechnung (d.h. als Dienstleistungskommissionär[3]) handelt. Agiert der andere Unternehmer jedoch im eigenen Namen und auf eigene Rechnung (d.h. als Eigenhändler), kommt der ermäßigte Steuersatz nach § 12 Abs. 2 Nr. 7 Buchst. a Halbs. 2 UStG nicht zur Anwendung, da der andere Unternehmer „kein ausübender Künstler" ist und damit das personenbezogene Merkmal der Begünstigungsvorschrift nicht erfüllt (Rz. 60). Es verbleibt für den anderen Unternehmer (als Veranstalter) insoweit nur die Ermäßigungsvorschrift des § 12 Abs. 2 Nr. 7 Buchst. a Halbs. 1 UStG (Rz. 66–70.1)

1 In diesem Zusammenhang ist darauf hinzuweisen, dass der BFH in seinem Urt. v. 3.12.2015 – V R 61/14, BStBl. II 2020, 797 = UR 2016, 285 bereits entschieden hat, dass § 12 Abs. 2 Nr. 7 Buchst. a Halbs. 2 UStG anzuwenden ist, ohne dass dies von einer (von Zuschauern oder Zuhörern verlangten) Eintrittsberechtigung – als Ausdruck der räumlichen Dimension – abhängig gemacht werden darf.

2 *Ismer*, MwStR 2022, 53.

3 Neben der Dienstleistungskommission nach § 3 Abs. 11 UStG gilt es an dieser Stelle insbesondere die Dienstleistungskommission nach § 3 Abs. 11a UStG zu beachten, bei der Unternehmer ihre sonstigen Leistungen über das Telekommunikationsnetz, eine Schnittstelle oder ein Portal eines anderen Unternehmers erbringen. Dabei kann es sich nach § 3 Abs. 11a UStG – entgegen Art. 9a Abs. 1 Unterabs. 1 MwStVO, der nur elektronisch erbrachte Dienstleistungen umfasst – um beliebige sonstige Leistungen handeln (§ 3 Rz. 633).

Die kulturelle Dienstleistung der ausübenden Künstler an den anderen Unternehmer ist nach § 12 Abs. 2 Nr. 7 Buchst. a Halbs. 2 UStG ermäßigt (Rz. 47–58). Die Ermäßigung nach § 12 Abs. 2 Nr. 7 Buchst. a Halbs. 2 UStG dürfte dabei allerdings von § 12 Abs. 2 Nr. 7 Buchst. c UStG verdrängt werden, da davon auszugehen ist, dass die von den ausübenden Künstlern zu erbringende Gesamtleistung – bestehend aus künstlerischer Leistung und Abtretung von urheberrechtlich geschützten audiovisuellen Nutzungsrechten – vorliegend von der Rechteabtretung an den anderen Unternehmer geprägt wird (§ 12 Abs. 2 Nr. 7 Buchst. c Rz. 140). Sollte in die Leistungserbringung von ausübenden Künstlern an den anderen Unternehmer zudem noch eine Künstleragentur/Gastspieldirektion eingeschaltet sein, die die nach § 12 Abs. 2 Nr. 7 Buchst. c UStG begünstigte Künstlerleistung im eigenen Namen an den anderen Unternehmer verkauft, so ist auch dieser Weiterverkauf – unabhängig davon ob die Künstleragentur/Gastspieldirektion dabei als Dienstleistungskommissionär oder Eigenhändler handelt – ebenfalls nach § 12 Abs. 2 Nr. 7 Buchst. c UStG steuersatzermäßigt. 76

V. Zusammenfassende Beispiele

Mit Hilfe der nachfolgenden Beispiele sollen die Ausführungen der Rz. 1–76 veranschaulicht werden: 77

Beispiel 1:
Der inländische Sportverein S räumt dem Publikum Eintrittsberechtigungen für den Festkommers ein, den S anlässlich seines 100-jährigen Bestehens veranstaltet. Der Festkommers wird inhaltlich geprägt von Grußworten, Ehrungen, Chronikberichten, einem Festessen sowie zu später Stunde auch von Tanzaktivitäten zur Musik eines vereinsinternen DJs. Zudem hat S als Überraschungsgast das bekannte italienische Pop-Duo P für einen Auftritt von fünf Liedern verpflichtet. P legt S keine Gleichstellungsbescheinigung i.S.d. § 4 Nr. 20 Buchst. a UStG vor, mit der Folge, dass P an S eine musikalische Darbietung (Auftrittsleistung) erbringt, die nicht gemäß § 4 Nr. 20 Buchst. a Satz 2 UStG steuerfrei ist, allerdings nach § 12 Abs. 2 Nr. 7 Buchst. a Halbs. 2 UStG dem ermäßigten Steuersatz unterliegt. Die Einräumung der Eintrittsberechtigungen durch S an das Publikum ist mangels Anwendbarkeit von § 4 Nr. 20 Buchst. b UStG ebenfalls steuerpflichtig. Die Umsätze von S aus dem Verkauf der Eintrittskarten zum Festkommers unterliegen dem Regelsteuersatz nach § 12 Abs. 1 UStG und nicht dem ermäßigten Steuersatz nach § 12 Abs. 2 Nr. 7 Buchst. a Halbs. 1 UStG, da die Veranstaltung selbst nicht den Charakter eines Konzerts hat, d.h. nicht die musikalische Darbietung von P macht den eigentlichen Zweck des Festkommers aus, sondern das übrige Programm bestehend aus Feiern, Essen und Tanzen sowie Ehrungen.

Beispiel 2:
V räumt dem Publikum Eintrittsberechtigungen für das von ihm im Berliner Olympiastadion veranstaltete Konzert des deutschen Schlagerstars S ein. S legt V keine Gleichstellungsbescheinigung i.S.d. § 4 Nr. 20 Buchst. a UStG vor, mit der Folge, dass S an V eine musikalische Darbietung (Auftrittsleistung) erbringt, die nicht gemäß § 4 Nr. 20 Buchst. a Satz 2 UStG steuerfrei ist, allerdings nach § 12 Abs. 2 Nr. 7 Buchst. a Halbs. 2 UStG dem ermäßigten Steuersatz unterliegt. Die Einräumung der Eintrittsberechtigungen durch V an das Publikum ist mangels Anwendbarkeit von § 4 Nr. 20 Buchst. b UStG ebenfalls steuerpflichtig. Die Umsätze von V aus dem Verkauf der Eintrittskarten unterliegen jedoch nach § 12 Abs. 2 Nr. 7 Buchst. a Halbs. 1 UStG dem ermäßigten Steuersatz, da die Veranstaltung den Charakter eines Konzerts hat, d.h. die musikalische Darbietung von S macht den eigentlichen Zweck der Veranstaltung aus.

Beispiel 3:
Der inländische Unternehmerverband U räumt dem Publikum Eintrittsberechtigungen für den von ihm in der Alten Oper in Frankfurt veranstalteten „Ball der Wirtschaft" ein". Der Ball besteht aus Festreden, Gala-Dinner sowie Tanzmusik. Als Special-Guest hat U darüber hinaus den deutschen Comedy-Star C für einen halbstündigen Auftritt verpflichtet. Die Verpflichtung von C erfolgt über die inländische Künstleragentur K, die C im eigenen Namen verpflichtet und dessen theaterähnliche Darbietung (Auftrittsleistung) anschließend mit gesondertem Vertrag an U (weiter-)verkauft. C legt K keine Gleichstellungsbescheinigung i.S.d. § 4 Nr. 20 Buchst. a UStG vor, so dass C an K eine theaterähnliche Darbietung (Auftrittsleistung) erbringt, die nicht gemäß § 4 Nr. 20 Buchst. a Satz 2 UStG steuerfrei ist, aber nach § 12 Abs. 2 Nr. 7 Buchst. a Halbs. 2 UStG dem ermäßigten Steuersatz unterliegt. Die Steuerpflicht auf der Leistungsebene zwischen C und K hat zur Konsequenz, dass die Befreiungsvorschrift des § 4 Nr. 20 Buchst. b UStG auf der nachfolgenden Leistungsebene zwischen K und U, d. h. beim (Weiter-)Verkauf der von C erbrachten theaterähnlichen Darbietung (Auftrittsleistung) von K an U, nicht anzuwenden ist. Der (Weiter-)Verkauf der von C erbrachten theaterähnlichen Darbietung (Auftrittsleistung) unterliegt bei K auch nicht dem ermäßigten Steuersatz nach § 12 Abs. 2 Nr. 7 Buchst. a UStG, da K dem U weder Eintrittsberechtigungen einräumt

(Halbsatz 1) noch K ausübender Künstler ist (Halbsatz 2). Vor dem Hintergrund der Rechtsprechung des BFH[1] sollte diese Würdigung jedoch dann nicht (mehr) gelten, wenn der (Weiter-)Verkauf der von C erbrachten theaterähnlichen Darbietung (Auftrittsleistung) durch K im Rahmen einer Dienstleistungskommission nach § 3 Abs. 11 UStG, d.h. im eigenen Namen, aber auf fremde Rechnung, erfolgt, da insoweit die Anwendung des ermäßigten Steuersatzes (§ 12 Abs. 2 Nr. 7 Buchst. a Halbs. 2 UStG) in der Leistungskette für die Leistungsbeziehung zwischen K und U fingiert wird. Die Einräumung der Eintrittsberechtigungen durch U an die Ballbesucher ist – mangels Anwendbarkeit von § 4 Nr. 20 Buchst. b UStG – ebenso steuerpflichtig. Die Umsätze des U aus dem Verkauf der Eintrittskarten unterliegen dabei nicht dem ermäßigten Steuersatz nach § 12 Abs. 2 Nr. 7 Buchst. a Halbs. 1 UStG, sondern dem Regelsteuersatz nach § 12 Abs. 1 UStG, da die Veranstaltung nicht den Charakter einer Theatervorführung hat, d. h. die theaterähnliche Darbietung (Auftrittsleistung) von C gibt dem Ball nicht das Gepräge.

Beispiel 4:
V räumt dem Publikum Eintrittsberechtigungen für ein von ihm im Deutschen Theater in München veranstaltetes Musical ein. Die Verpflichtung sämtlicher Musicaldarsteller und der im Hintergrund an der Darbietung mitwirkenden Künstler (wie z.B. Bühnenbildner etc.) erfolgt über die inländische Künstleragentur K, die alle Darsteller bzw. Künstler im eigenen Namen und auf eigene Rechnung verpflichtet und das Gesamt-Musical anschließend mit gesondertem Vertrag an V (weiter-)verkauft. Kein Musicaldarsteller legt K eine Gleichstellungsbescheinigung i.S.d. § 4 Nr. 20 Buchst. a UStG vor, so dass jeder Darsteller an K eine theaterähnliche Darbietung (Auftrittsleistung) erbringt, die nicht gemäß § 4 Nr. 20 Buchst. a Satz 2 UStG steuerfrei ist, aber nach § 12 Abs. 2 Nr. 7 Buchst. a Halbs. 2 UStG dem ermäßigten Steuersatz unterliegt. Auf die an K erbrachten Leistungen der im Hintergrund an der Darbietung mitwirkenden Künstler (wie z.B. Bühnenbildner etc.) findet dagegen der Regelsteuersatz nach § 12 Abs. 1 UStG Anwendung. Die Steuerpflicht auf der Leistungsebene zwischen den Darstellern/Künstlern und K hat zur Konsequenz, dass die Befreiungsvorschrift des § 4 Nr. 20 Buchst. b UStG auf der nachfolgenden Leistungsebene zwischen K und V, d.h. beim (Weiter-)Verkauf des Gesamt-Musicals von K an V, nicht anzuwenden ist. Der (Weiter-)Verkauf des Gesamt-Musicals unterliegt bei K auch nicht dem ermäßigten Steuersatz nach § 12 Abs. 2 Nr. 7 Buchst. a UStG, da K dem V weder Eintrittsberechtigungen einräumt (Halbsatz 1) noch K ausübender Künstler ist (Halbsatz 2). Die Einräumung der Eintrittsberechtigungen durch V an das Publikum ist – mangels Anwendbarkeit von § 4 Nr. 20 Buchst. b UStG – ebenfalls steuerpflichtig, allerdings nach § 12 Abs. 2 Nr. 7 Buchst. a Halbs. 1 UStG ermäßigt zu besteuern, da die Veranstaltung den Charakter einer Theatervorführung hat, d. h. die Musical-Darbietung macht den eigentlichen Zweck der Veranstaltung aus.

Beispiel 5:
Der als Solist auftretende deutsche Star-Geiger G erbringt im Rahmen eines Konzerts Instrumentaldarbietungen. Mit der Hallenanmietung, Organisation, Werbung, Kartenverkauf und ähnlichen Leistungen im Zusammenhang mit dieser Veranstaltung beauftragt G andere Unternehmer (z.B. eine Konzertagentur), die eindeutig nach außen hin in seinem Namen und für seine Rechnung auftreten. Die Einnahmen werden von diesen Unternehmern nach der Veranstaltung mit G abgerechnet. Als Veranstalter tritt nur G in Erscheinung. Die Leistungen des G sind nach § 12 Abs. 2 Nr. 7 Buchst. a Halbs. 1 UStG ermäßigt zu besteuern. Denn G hat das Konzert selbst veranstaltet, da er gegenüber den Konzertbesuchern als Veranstalter aufgetreten ist und Ort und Zeit seiner Darbietung selbst bestimmt hat. Die mit der Organisation beauftragten anderen Unternehmer sind lediglich als selbstständige Vertreter oder Subunternehmer tätig. G hat die organisatorischen Maßnahmen im eigenen Namen für eigene Rechnung getroffen. Er wurde nicht von der Konzertagentur verpflichtet, sondern hat diese vielmehr selbst mit der Organisation beauftragt. Die Leistungen der anderen Unternehmer an G unterliegen dem Regelsteuersatz nach § 12 Abs. 1 UStG.

§ 12 Abs. 2 Nr. 7 Buchst. b [Überlassung von Filmen usw.]

…

(2) Die Steuer ermäßigt sich auf 7 Prozent für die folgenden Umsätze:

…

7. b) die Überlassung von Filmen zur Auswertung und Vorführung sowie die Filmvorführungen, soweit die Filme nach § 6 Abs. 3 Nr. 1 bis 5 des Gesetzes zum Schutze der Jugend in der Öffentlichkeit oder nach § 14 Abs. 2 Nr. 1 bis 5 des Jugendschutzgesetzes vom 23. Juli 2002 (BGBl. I S. 2730, 2003 I S. 476) in der jeweils geltenden Fassung gekennzeichnet sind oder vor dem 1. Januar 1970 erstaufgeführt wurden,

…

1 BFH, Urt. v. 25.4.2018 – XI R 16/16, BStBl. II 2021, 457 = UR 2018, 794.

A. Grundaussagen

I. Regelungsgegenstand und Bedeutung

Die Ermäßigungsvorschrift des § 12 Abs. 2 Nr. 7 Buchst. b UStG gilt für die Überlassung von Filmen zur Auswertung und Vorführung sowie Filmvorführungen, soweit die Filme aus Jungendschutzgründen gekennzeichnet sind oder vor dem 1.1.1970 erstaufgeführt wurden. 1

Damit begünstigt § 12 Abs. 2 Nr. 7 Buchst. b UStG, der seit Einführung des Nettoumsatzsteuersystems zum 1.1.1968 existiert, alle Zweige der Filmwirtschaft, was neben **kulturpolitischen Gründen**[1] seinen Hintergrund im **Wettbewerb der Filmwirtschaft mit den Rundfunk- und Fernsehanstalten** hat, deren im hoheitlichen Bereich ausgeführte Umsätze nicht steuerbar sind.[2] 2

Die „Überlassung von Filmen zur Auswertung und Vorführung" sind **Vorstufenumsätze**, die typischerweise von Filmproduzenten und -verleihern ausgeführt werden, während es sich bei „Filmvorführungen" um **Endstufenumsätze** handelt, die typischerweise von Vorführern (z.B. Kinos) an die Zuschauer erbracht werden. Es wäre daher ausreichend gewesen, die Steuerermäßigung auf die Endstufe – die Filmvorführungen – zu beschränken. Davon hat der Gesetzgeber jedoch abgesehen, da er aus steuerpsychologischen und steuertechnischen Gründen vermeiden wollte, dass die Besteuerung der Vorstufenumsätze mit dem Regelsteuersatz bei den vielzähligen Vorführern (insbesondere also den Kinobetreibern) zu ständigen Vorsteuererstattungen führt.[3] 3

II. Unionsrechtliche Grundlagen

Die **Vorschrift** des § 12 Abs. 2 Nr. 7 Buchst. b UStG **findet** – zumindest hinsichtlich des Ermäßigungstatbestands „Filmvorführungen" – **ihre Ermächtigung** in Art. 98 Abs. 2 i.V.m. Anhang III Nr. 7 MwStSystRL (bis 31.12.2006: Art. 12 Abs. 3 Buchst. a i.V.m. Anhang H Kat. 7 der 6. EG-Richtlinie). Danach können die Mitgliedstaaten u.a. „**Eintrittsberechtigungen für Kinos**" begünstigen. Entsprechend ist § 12 Abs. 2 Nr. 7 Buchst. b UStG insoweit **unionsrechtlich gedeckt**. Fraglich ist jedoch, ob dies auch für die Ermäßigungstatbestände „Überlassung von Filmen zur Vorführung und Auswertung" gilt. Die Vorschrift des § 12 Abs. 2 Nr. 7 Buchst. b UStG reicht diesbezüglich weiter als das Unionsrecht. 4

Der EuGH[4] vertritt die Auffassung, dass die Wendung **„Eintrittsberechtigungen für Kinos"** in Art. 98 Abs. 2 i.V.m. Anhang III Nr. 7 MwStSystRL nur solche Einrichtungen erfasst, die der Öffentlichkeit, d.h. **mehreren Personen gleichzeitig**, gegen Entgelt gewähren, **gemeinsam** einen Film oder Filmaus- 5

---

1 Bericht des Finanzausschusses, BT-Drucks. V/1581, unter Nr. 4c.
2 *Huschens* in Schwarz/Widmann/Radeisen, § 12 Abs. 2 Nr. 7b UStG Rz. 1 (Stand: Januar 2021).
3 *Waza* in Offerhaus/Söhn/Lange, § 12 Abs. 2 Nr. 7b UStG Rz. 11 (Stand: September 2022).
4 EuGH, Urt. v. 18.3.2010 – C-3/09, ECLI:EU:C:2010:149 – Erotic Center BVBA, UR 2010, 315.

schnitte zu betrachten. An dieser öffentlichen Wahrnehmung fehlt es jedoch bei der Darbietung eines Films oder von Filmausschnitten in einem Raum, der einer Person zur alleinigen Nutzung überlassen wird (wie z.B. einer Videokabine eines Erotic-Centers).

III. Verhältnis zu anderen Vorschriften und Rechtsentwicklung

1. Verhältnis zu anderen Vorschriften

6 Den **Ermäßigungstatbeständen** „Überlassung von Filmen zur Vorführung und Auswertung" kommt als Vorstufenumsätze innerhalb von § 12 Abs. 2 Nr. 7 Buchst. b UStG **keine eigenständige Bedeutung** zu, da beide Tatbestände zugleich nach § 12 Abs. 2 Nr. 7 Buchst. c UStG (Einräumung, Übertragung und Wahrnehmung von Rechten, die sich aus dem Urheberrechtsgesetz ergeben) begünstigt sind.[1]

7 Da § 12 Abs. 2 Nr. 7 Buchst. b UStG das Vorliegen eines steuerbaren und steuerpflichtigen Umsatzes nach § 1 Abs. 1 Satz 1 Nr. 1 UStG voraussetzt, hat die Frage der Ermäßigung **für Nichtunternehmer keine Bedeutung. Das Gleiche gilt für Kleinunternehmer** i.S.d. § 19 UStG, obwohl diese steuerbare und steuerpflichtige Umsätze nach § 1 Abs. 1 Satz 1 Nr. 1 UStG ausführen, die anfallende Steuer aber aufgrund der Anwendung der Vereinfachungsreglung nach § 19 UStG nicht erhoben wird.[2] **Auf unentgeltliche Wertabgaben** i.S.d. § 3 Abs. 9a UStG ist § 12 Abs. 2 Nr. 7 Buchst. b UStG dagegen **anzuwenden.**

2. Rechtsentwicklung

8 Die Vorschrift des § 12 Abs. 2 Nr. 7 Buchst. b UStG ermäßigte **seit Inkrafttreten des UStG 1967** (vor Inkrafttreten des **UStG 1980**: § 12 Abs. 2 Nr. 7 Buchst. d UStG) „die Überlassung von Filmen zur Auswertung und Vorführung sowie die Filmvorführungen". Die Begünstigung ohne Einschränkung galt **unverändert bis zum 31.12.1993.** Durch das Gesetz zur Änderung des Umsatzsteuergesetzes und anderer Gesetze[3] wurde § 12 Abs. 2 Nr. 7 Buchst. b UStG aus Jugendschutzgründen **mit (Rück-)Wirkung vom 1.1.1994** wie folgt **um eine Kennzeichnungspflicht für Filme ergänzt**: „Die Überlassung von Filmen zur Auswertung und Vorführung sowie die Filmvorführungen, soweit die Filme nach § 6 Abs. 3 Satz 1 Nr. 1 bis 5 des Gesetzes zum Schutz der Jugend in der Öffentlichkeit (JÖSchG) gekennzeichnet sind oder vor dem 1. Januar 1970 erstaufgeführt wurden." Eine **weitere Ergänzung** aus identischen Gründen erfolgte **mit (Rück-)Wirkung vom 1.4.2003** durch das Steueränderungsgesetz 2003[4]. Danach hatte § 12 Abs. 2 Nr. 7 Buchst. b UStG folgenden Wortlaut: „Die Überlassung von Filmen zur Auswertung und Vorführung sowie die Filmvorführungen, soweit die Filme nach § 6 Abs. 3 Satz 1 Nr. 1 bis 5 des Gesetzes zum Schutz der Jugend in der Öffentlichkeit (JÖSchG) oder nach § 14 Abs. 2 Nr. 1 bis 5 des Jugendschutzgesetzes (JuSchG) gekennzeichnet sind oder vor dem 1. Januar 1970 erstaufgeführt wurden." Grund für die erneute Ergänzung hinsichtlich der Kennzeichnungspflicht für Filme war die Ablösung des JÖSchG mit Wirkung vom 1.4.2003 durch das JuSchG. **Seit 1.4.2003** gilt die Ermäßigungsvorschrift **unverändert** fort.

B. Steuerermäßigte Umsätze der Filmwirtschaft (Nr. 7 Buchst. b)

I. Tatbestände

9 Die Ermäßigungsvorschrift enthält (in abschließender Aufzählung) **drei unterschiedliche Tatbestände** von Umsätzen der Filmwirtschaft, nämlich:
- die Überlassung von Filmen zur Auswertung (Rz. 14–17),
- die Überlassung von Filmen zur Vorführung (Rz. 18–21),
- die Filmvorführungen (Rz. 22–47).

1 Abschn. 12.6 Abs. 2 Satz 1 UStAE.
2 *Schüler-Täsch* in Sölch/Ringleb, § 19 UStG Rz. 1 (Stand: Juni 2023).
3 V. 9.8.1994, BGBl. I 1994, 2058.
4 V. 15.12.2003, BGBl. I 2003, 2645.

II. Filmbegriff

Eine **gesetzliche Definition des Begriffs** fehlt. Daher soll sich die umsatzsteuerliche Begriffsbestimmung **an die des UrhG anlehnen.**[1] Dieses verwendet den Filmbegriff als Oberbegriff für jede bewegte Bildfolge oder bewegte Bild- und Tonfolge, die durch Aneinanderreihung vieler, in kurzer Zeitfolge nacheinander aufgenommener Einzelbilder entstanden ist. **Wesentliches Kennzeichen eines Films** ist damit die **Darstellung von Bewegungsabläufen.**[2] Dabei ist irrelevant, ob es sich um schutzwürdige Filmwerke i.S.d. § 2 Abs. 1 Nr. 6 und der §§ 88–94 UrhG oder um sog. Laufbilder (§ 95 UrhG) handelt, die im Gegensatz zu Filmwerken keine persönlichen geistigen Schöpfungen sind. 10

Unter die Definition fallen **Filme aller Art**, wie z.B. Spielfilme, Kurzfilme, Wochenschauen, Trickfilme, Lehrfilme, Dokumentarfilme, wissenschaftliche ebenso wie pornografische Filme, Industriefilme oder Werbefilme (wegen der Vorführung von Werbefilmen vgl. aber Rz. 24). 11

Es spielt **keine Rolle**, auf welche Art und Weise und **auf welchem technischen Weg** der **Filminhalt festgehalten** wird, so dass Bildfolgen oder Bild- und Tonfolgen auf **Videokassetten, DVDs** und **Blue-ray Discs** als **Filme** i.S.d. § 12 Abs. 2 Nr. 7 Buchst. b UStG anzusehen sind.[3] Dasselbe gilt für **Fernsehaufzeichnungen**, selbst wenn sie live gesendet werden. 12

Keine Filme i.S.d. § 12 Abs. 2 Nr. 7 Buchst. b UStG sind **Dia-Vorträge**, bei denen eine **Folge feststehender Bilder** gezeigt wird, und sog. **Dia-Multivisions-Shows**, bei denen nicht begünstigte einheitliche Leistungen (bestehend aus Filmsequenzen, Dias und begleitenden Vorträgen) ausgeführt werden.[4] 13

III. Überlassung von Filmen zur Auswertung

Unter den Ermäßigungstatbestand „Überlassung von Filmen zur Auswertung" fallen ausschließlich sonstige Leistungen, deren wesentlicher Inhalt die **Überlassung des Rechts zur Auswertung** ist und die typischerweise von Filmproduzenten gegenüber Filmverleihern auf der (ersten) Vorstufe ausgeführt werden. Da es sich hierbei um ein urheberrechtlich geschütztes Recht handelt, liegt insoweit eine Überschneidung mit § 12 Abs. 2 Nr. 7 Buchst. c UStG vor, der die Einräumung und Übertragung von Rechten, die sich aus dem Urheberrechtsgesetz ergeben, begünstigt (Rz. 6). Damit kommt diesem Ermäßigungstatbestand **keine eigenständige Bedeutung** zu. 14

Das urheberrechtlich geschützte **Recht zur Auswertung** erfasst das Vervielfältigungsrecht und das Verbreitungsrecht. Das **Vervielfältigungsrecht** (§ 16 UrhG) räumt das Recht ein, Kopien des Filmwerks zu ziehen, unabhängig in welchem Verfahren und in welcher Anzahl. Das **Verbreitungsrecht** (§ 17 UrhG) gibt das Recht, das Original oder Kopien des Filmwerks zum Zwecke der Aufführung an Dritte (typischerweise Filmvorführer auf der zweiten Vorstufe) weiterzugeben. 15

Da bei der Überlassung des Rechts zur Auswertung stets auch das Filmmaterial (in körperlicher Gestalt des Negativfilms) überlassen wird, ist vor dem Hintergrund, dass die **(Werk-)Lieferung** eines Films **nicht** unter § 12 Abs. 2 Nr. 7 Buchst. b (oder c) UStG fällt,[5] das Umsatzgeschäft dahingehend zu prüfen, ob es einheitlich als (Werk-)Lieferung oder (Werk-)Leistung zu qualifizieren ist. Ist es als (Werk-)Leistung zu beurteilen, da die Überlassung des Rechts zur Auswertung im Vordergrund steht, stellt die (Werk-)Lieferung des Filmmaterials eine unselbstständige Nebenleistung dar. Das Umsatzgeschäft ist in diesem Fall einheitlich nach § 12 Abs. 2 Nr. 7 Buchst. b (oder c) UStG ermäßigt zu besteuern. Gibt jedoch die Überlassung des Filmmaterials dem Umsatzgeschäft das Gepräge, so unter- 16

1 BFH, Urt. v. 29.11.1984 – V R 96/84, BStBl. II 1985, 271 = UR 1985, 31 m. Anm. *Weiß*.
2 BFH, Urt. v. 10.12.1997 – XI R 73/96, BStBl. II 1998, 222 = UR 1998, 158.
3 BFH, Urt. v. 29.11.1984 – V R 96/84, BStBl. II 1985, 271 = UR 1985, 31 m. Anm. *Weiß*; Abschn. 12.6 Abs. 4 Satz 1 UStAE.
4 BFH, Urt. v. 10.12.1997 – XI R 73/96, BStBl. II 1998, 222 = UR 1998, 158; FG München, Urt. v. 24.4.2008 – 14 K 1579/07, juris; Abschn. 12.6 Abs. 3 Satz 4 UStAE.
5 BFH, Urt. v. 19.2.1976 – V R 92/74, BStBl. II 1976, 515; BFH, Urt. v. 25.11.1976 – V R 71/72, BStBl. II 1977, 270; BFH, Urt. v. 7.10.1987 – X R 21/80, BFH/NV 1989, 608.

liegt es einheitlich dem Regelsteuersatz. Entscheidungserheblich ist insoweit, worin nach dem nach außen bekundeten und tatsächlich vollzogenen Willen der Vertragspartner zufolge der Schwerpunkt des umsatzsteuerlichen Vorgangs zu sehen ist.[1]

17 Die Überlassung von mit Filmen bespielten Videokassetten, DVDs und Blue-ray Discs durch **Filmproduzenten** an **Videovertriebsunternehmen** zur physischen Weitervermietung (im Geschäftsbereich der sog. Home-Video-Nutzung) stellt ebenso eine **begünstigte Überlassung** von Filmen zur Auswertung dar.[2]

IV. Überlassung von Filmen zur Vorführung

18 Auch unter den Ermäßigungstatbestand „Überlassung von Filmen zur Vorführung" fallen ausschließlich sonstige Leistungen. Sie beinhalten im Wesentlichen die Einräumung und Übertragung des urheberrechtlich geschützten **Vorführungsrechts** und werden typischerweise von Filmverleihern auf der (zweiten) Vorstufe an Filmvorführer ausgeführt. Da das Vorführungsrecht – wie Verbreitungs- und Vervielfältigungsrecht – urheberrechtlich geschützt ist, deckt sich der Tatbestand insoweit ebenfalls mit § 12 Abs. 2 Nr. 7 Buchst. c UStG, der die Einräumung und Übertragung von Rechten, die sich aus dem Urheberrechtsgesetz ergeben, ermäßigt (Rz. 6). Dementsprechend hat auch dieser Ermäßigungstatbestand **keine eigenständige Bedeutung**.

19 Mit dem **Vorführungsrecht** wird leistungsempfangenden Filmvorführern (typischerweise von Filmverleihern) das **Recht** übertragen, ein **Filmwerk öffentlich wahrnehmbar zu machen** (§ 19 Abs. 4 UrhG). Hierfür ist Voraussetzung, dass das Filmwerk für eine Mehrzahl von Personen bestimmt ist, es sei denn, dass der Kreis dieser Personen bestimmt begrenzt ist und sie durch gegenseitige Beziehungen oder durch Beziehungen zum Veranstalter persönlich untereinander verbunden sind (§ 15 Abs. 3 UrhG).

20 Die Überlassung von mit Filmen bespielten Videokassetten, DVDs und Blue-ray Discs durch Filmproduzenten oder **Videovertriebsunternehmen** an **Videotheken** zur Weitervermietung (im Geschäftsbereich der sog. Home-Video-Nutzung) ist auch **begünstigt**.[3]

21 Nicht nach § 12 Abs. 2 Nr. 7 Buchst. b UStG begünstigt sind jedoch die Endstufenumsätze von **Videotheken**, die **privaten Abnehmern** mit Filmen bespielte Videokassetten, DVDs und Blue-ray Discs unter vertraglichem Ausschluss der öffentlichen Vorführung oder anderweitiger gewerblicher Verwendung überlassen, da den Leistungsempfängern in diesem Fall nicht das Recht zur Vorführung im urheberrechtlichen Sinne übertragen wird.[4]

V. Filmvorführungen

1. Allgemeines

22 Im Gegensatz zu den beiden Ermäßigungstatbeständen „Überlassung von Filmen zur Auswertung" (Rz. 14–17) und „Überlassung von Filmen zur Vorführung" (Rz. 18–21) auf den Vorstufen kommt dem **Tatbestand** „Filmvorführungen" innerhalb von § 12 Abs. 2 Nr. 7 Buchst. b UStG **eigenständige Bedeutung** zu, da Filmvorführungen als Endstufenumsätze zwischen Filmvorführern und Zuschauern Vorgänge sind, die **nicht unter** das **UrhG fallen**.[5] Daher ist eine gleichzeitige Ermäßigung nach § 12 Abs. 2 Nr. 7 Buchst. c UStG nicht möglich, so dass die Voraussetzungen des § 12 Abs. 2 Nr. 7 Buchst. b UStG bei Filmvorführern auf jeden Fall vorliegen müssen.

1 BFH, Urt. v. 7.10.1987 – X R 21/80, BFH/NV 1989, 608.
2 Abschn. 12.6 Abs. 4 Satz 2 UStAE.
3 Abschn. 12.6 Abs. 4 Satz 2 UStAE.
4 BFH, Urt. v. 29.11.1984 – V R 96/84, BStBl. II 1985, 271 = UR 1985, 31 m. Anm. *Weiß*.
5 BFH, Urt. v. 29.11.1984 – V R 96/84, BStBl. II 1985, 271 = UR 1985, 31 m. Anm. *Weiß*.

Unter Anknüpfung an den Begriff der Filmvorführung in § 19 Abs. 4 Satz 1 UrhG liegt eine **Filmvorführung** i.S.d. § 12 Abs. 2 Nr. 7 Buchst. b UStG dann vor, wenn **ein Filmwerk durch technische Einrichtungen öffentlich wahrgenommen werden kann.**[1] 23

Keine Filmvorführung i.S.d. § 12 Abs. 2 Nr. 7 Buchst. b UStG ist die Ausstrahlung eines Fernsehprogramms durch private Fernsehunternehmen im Rahmen des **Pay-TV** (Abruf-Fernsehen), da die öffentliche Wiedergabe durch Funk – wie Ton- und Fernsehrundfunk, Satellitenrundfunk, Kabelfunk – oder ähnliche technische Einrichtungen **nicht vom Vorführungsrecht** (§ 15 Abs. 2 Nr. 1 und § 19 Abs. 4 UrhG), **sondern vom Senderecht** (§ 15 Abs. 2 Nr. 3 und § 20 UrhG) **erfasst** wird.[2] Im Rahmen des Pay-TV werden Fernsehprogramme nicht (ermäßigt) vorgeführt, sondern (regelbesteuert) gesendet. 24

Keine Filmvorführung i.S.d. § 12 Abs. 2 Nr. 7 Buchst. b UStG ist auch die öffentliche Zugänglichmachung eines **Films** über **digitale Computernetzwerke**, insbesondere das Internet (§ 19a UrhG). Zudem liegen insoweit elektronische Dienstleistungen vor, für die die Anwendung der ermäßigten Steuersätze nach Art. 98 Abs. 3 MwStSystRL ausgeschlossen ist.[3] 24.1

Ebenfalls **keine Filmvorführungen** i.S.d. § 12 Abs. 2 Nr. 7 Buchst. b UStG sind **Werbefilme,** die im Auftrag von Herstellungs-, Dienstleistungs- oder Handelsunternehmen oder von Werbeagenturen vorgeführt werden. Mit der Vorführung eines Werbefilms erbringt der leistende Unternehmer vielmehr eine Werbeleistung als Leistung besonderer Art, die dem Regelsteuersatz nach § 12 Abs. 1 UStG unterliegt.[4] Diese Einschränkung entspricht allerdings nicht dem Gesetzeswortlaut.[5] 24.2

2. Öffentlichkeitserfordernis

a) Gemeinsame Räumlichkeit für Zuschauerkreis

Eine **Filmwiedergabe** ist **öffentlich, wenn** sie **für eine Mehrzahl von Personen bestimmt** ist, es sei denn, dass der Kreis dieser Personen bestimmt begrenzt ist und sie durch gegenseitige Beziehungen oder durch Beziehungen zum Veranstalter persönlich untereinander verbunden sind (§ 15 Abs. 3 UrhG).[6] 25

Das Erfordernis der Bestimmung für eine Mehrzahl von Personen hat der BFH[7] bei der Vorführung von Videofilmen in allgemein zugänglichen Einzelkabinen einer Erotikeinrichtung als erfüllt angesehen, weil es nicht entscheidend ist, dass die Zuschauer gemeinsam in einem Raum anwesend sind. Der EuGH[8] sieht – im Gegensatz zum BFH – das Öffentlichkeitserfordernis bei nahezu identischem Sachverhalt dagegen nicht als erfüllt an. Denn nach Auffassung des EuGH erfasst die Wendung „Eintrittsberechtigungen für Kinos“ in Art. 98 Abs. 2 i.V.m. Anhang. III Nr. 7 MwStSystRL nur solche Einrichtungen, die mehreren Personen gleichzeitig gegen Entgelt gewähren, gemeinsam einen Film oder Filmausschnitte zu betrachten (Rz. 5). Dieser Auffassung des EuGH hat sich die FinVerw. angeschlossen.[9] Entsprechend ist das **Öffentlichkeitserfordernis** bei **richtlinienkonformer Auslegung nur** dann **erfüllt**, wenn die Filmvorführung für **mehrere Personen** bestimmt ist, und diese Personen **den Film** oder die Filmausschnitte außerdem **gemeinsam in einem Raum** (oder unter freiem Himmel) **betrachten** können. 26

1 BFH, Urt. v. 29.11.1984 – V R 96/84, BStBl. II 1985, 271 = UR 1985, 31 m. Anm. *Weiß*; BFH, Urt. v. 18.6.1993 – V R 19/89, BFH/NV 1994, 587 = UR 1994, 436 m. Anm. *Weiß*.

2 BFH, Urt. v. 26.1.2006 – V R 70/03, BStBl. II 2006, 387 = UR 2006, 634; Abschn. 12.6 Abs. 2 Satz 2 UStAE.

3 *Frye* in Rau/Dürrwächter, § 12 Abs. 2 Nr. 7b UStG Rz. 102 (Stand: Oktober 2023).

4 Abschn. 12.6 Abs. 3 Satz 4 UStAE.

5 *Ehrt* in BeckOK, § 12 Abs. 2 Nr. 7b UStG Rz. 24.1 (Stand: Juni 2023).

6 BFH, Urt. v. 29.11.1984 – V R 96/84, BStBl. II 1985, 271 = UR 1985, 31 m. Anm. *Weiß*; BFH, Urt. v. 18.6.1993 – V R 19/89, BFH/NV 1994, 587 = UR 1994, 436 m. Anm. *Weiß*.

7 BFH, Urt. v. 18.6.1993 – V R 19/89, BFH/NV 1994, 587 = UR 1994, 436 m. Anm. *Weiß*.

8 EuGH, Urt. v. 18.3.2010 – C-3/09, ECLI:EU:C:2010:149 – Erotic Center BVBA, BFH/NV 2010, 1068 = UR 2010, 315.

9 Abschn. 12.6 Abs. 2 Satz 3 UStAE.

27 Vor diesem Hintergrund ist das unionsrechtliche **Öffentlichkeitserfordernis nicht erfüllt**, wenn **Videofilme** im Rahmen von sog. Hotel-Video-Systemen gegen gesondertes Entgelt **auf den Bildschirm eines Fernsehgeräts** in einem **Hotelzimmer** zur Unterhaltung des Hotelgasts **übertragen** werden.[1] Es handelt sich insoweit zwar um eine Filmvorführung und keinen Fall des nicht begünstigten Senderechts (Rz. 24), da nur hausinterne Leitungen zum Transport des Videofilms genutzt werden und der Videofilm auch für mehrere Personen, d.h. Hotelgäste in unterschiedlichen Zimmern, bestimmt ist, allerdings stellt das Hotel als Vorführer keinen gemeinsamen Raum für die Betrachtung des Films zur Verfügung.

b) Keine persönliche Verbundenheit des Zuschauerkreises bei bestimmter Begrenzung

28 Nach § 15 Abs. 3 UrhG ist für die **Erfüllung des Öffentlichkeitserfordernisses** zudem **Voraussetzung**, dass der **Personenkreis**, für den die Filmvorführung bestimmt ist, **nicht** durch gegenseitige Beziehungen oder durch Beziehungen zum Veranstalter **persönlich untereinander verbunden ist, sofern eine bestimmte Begrenzung des Personenkreises gegeben ist**.

29 Die nationale **Rechtsprechung** hat bislang in Bezug auf **hinreichend persönliche Beziehungen** angenommen, dass es sich nicht notwendig um familiäre oder freundschaftliche Beziehungen handeln muss.[2] Vielmehr nahm sie hinreichend persönliche Beziehungen immer dann an, wenn unter **sämtlichen Beteiligten ein enger gegenseitiger Kontakt** besteht, der bei allen das Bewusstsein hervorruft, persönlich miteinander verbunden zu sein.[3] Es muss also eine **gemeinsame private Sphäre aller Beteiligten** vorhanden sein. Die **Teilnahme Außenstehender**, die nur mit einigen Beteiligten persönlich verbunden sind, **schließt** die **persönliche Verbundenheit** aller **aus**.[4]

30 **Nicht ausreichend** ist die **Zugehörigkeit aller Beteiligten** zu einem **bestimmten Kreis**. So liegen keine persönlichen Beziehungen aller Beteiligten in Wohnheimen,[5] in Gefängnissen[6] und in größeren Betrieben[7] vor. Das Gleiche gilt bei zehntägigen berufsbildenden Seminaren trotz internatsmäßiger Unterbringung aller Teilnehmer.[8]

Bei Schulen dürfte insoweit zu differenzieren sein: Im Klassenverband sollte persönliche Verbundenheit vorliegen, außerhalb nicht.[9]

30.1 Anders beurteilt dies hingegen das AG Stuttgart[10], das die Wendung „durch persönliche Beziehungen verbunden" in § 15 Abs. 3 UrhG aufgrund richtlinienkonformer Auslegung nunmehr dahin auslegt, dass eine solche Verbundenheit dann anzunehmen ist, wenn es sich bei dem möglichen Empfängerkreis nicht mehr um „Personen allgemein" im Sinne der Rechtsprechung des EuGH[11] handelt. Personen allgemein und damit eine Öffentlichkeit liegen dann vor, wenn sich die Wiedergabe an einen unbestimmten Kreis möglicher Empfänger wendet. Ein solcher unbestimmter Kreis ist dann anzunehmen, wenn der Werkzugang auf einer persönlichen Entscheidung des einzelnen Zuschauers beruht und lediglich durch die vorhandenen Kapazitäten der technischen Einrichtungen bzw. der Räumlichkeiten begrenzt wird. Entsprechend ist die Wiedergabe von Musik auf einem Abiball trotz ca. 500 Besuchern nicht öffentlich, da die Besucher eines Abiballs ein bestimmt abgegrenzter Personenkreis sind.

31 Da es für den Begriff der Vorführung **nicht erheblich** ist, ob die Vorführung gegenüber mehreren Personen (Zuschauern) oder **gegenüber nur einem Auftraggeber** erbracht wird, dürfte die Vorführung eines **(Lehr-)Films vor Schulkindern** im Auftrag eines Schulamts das **Öffentlichkeitserfordernis** von

1 *Schüler-Täsch* in Sölch/Ringleb, § 12 Abs. 2 Nr. 7b UStG Rz. 502 (Stand: Juni 2023).
2 BGH, Urt. v. 12.7.1974 – I ZR 68/73, MDR 1975, 36.
3 BGH, Urt. v. 7.6.1984 – I ZR 57/82, MDR 1985, 121.
4 BGH, Urt. v. 8.1.1960 – I ZR 128/58, MDR 1960, 281.
5 BGH, Urt. v. 12.7.1974 – I ZR 68/73, MDR 1975, 36.
6 BGH, Urt. v. 7.6.1984 – I ZR 57/82, MDR 1985, 121.
7 BGH, Urt. v. 24.6.1955 – I ZR 178/53, BGHZ 17, 376.
8 BGH, Urt. v. 17.3.1983 – I ZR 186/80, MDR 1983, 730.
9 *Heerma* in Wandtke/Bullinger, § 15 UrhG, 6. Auflage 2022, Rz. 28.
10 AG Stuttgart, Urt. v. 5.2.2019 – 4 C 4895/18.
11 EuGH, Urt. v. 15.3.2012 – C-162/10, ECLI:EU:C:2012:141 – Phonographic Performance (Ireland).

§ 12 Abs. 2 Nr. 7 Buchst. b UStG **erfüllen.**[1] Dies sollte – nach früherem Verständnis des BGH (Rz. 29 und 30) – zumindest dann gelten, wenn es sich nicht um eine Vorführung vor einem einzelnen Klassenverband handelt. Das Öffentlichkeitserfordernis von § 12 Abs. 2 Nr. 7 Buchst. b UStG sollte – nach früherem Verständnis des BGH (Rz. 29 und 30) – auch in dem Fall erfüllt sein, in dem ein Spielfilm im Auftrag eines Reiseveranstalters ausschließlich dessen Reisegruppe vorgeführt wird. Das FG Hessen[2] hingegen hat das Öffentlichkeitserfordernis bei der Vorführung eines Lehrfilms im Auftrag eines Arbeitgebers für dessen Personal bereits im Jahr 2005 als nicht erfüllt angesehen, da der Teilnehmerkreis nur aus zu schulendem „Personal" bestand (vgl. Rz. 30.1).

3. Jugendschutzerfordernis

Öffentliche Filmvorführungen unterliegen aber lediglich dann dem ermäßigten Steuersatz nach § 12 Abs. 2 Nr. 7 Buchst. b UStG, wenn die vorgeführten Filme **nicht jugendgefährdend** sind. Dies ist **der Fall, wenn** sie nach § 6 Abs. 3 Nr. 1–5 des JÖSchG oder § 14 Abs. 2 Nr. 1–5 JuSchG in der jeweils geltenden Fassung **von der obersten Landesbehörde gekennzeichnet** sind oder **vor dem 1.1.1970 erstaufgeführt** wurden, da diese Filme nach heutigem Maßstab regelmäßig als nicht jugendgefährdend eingestuft werden.[3] 32

Die für die Ermäßigung **erforderlichen Kennzeichnungen** lauten wie folgt: 33
- Nr. 1: „Freigegeben ohne Altersbeschränkung"
- Nr. 2: „Freigegeben ab sechs Jahren"
- Nr. 3: „Freigegeben ab zwölf Jahren"
- Nr. 4: „Freigegeben ab sechzehn Jahren"
- Nr. 5: „Nicht freigegeben unter achtzehn Jahren" (im bis zum 31.3.2003 gültigen JÖSchG) bzw. „Keine Jugendfreigabe" (im nach dem 1.4.2003 gültigen JuSchG)

Das UStG ist somit im Laufe der Jahre dahingehend ergänzt worden (Rz. 8), dass diejenigen Filme, die bis zum 31.3.2003 nach den Regelungen des JÖSchG gekennzeichnet wurden, genauso wie diejenigen Filme, die nach dem 1.4.2003 nach den Regelungen des JuSchG gekennzeichnet wurden, der Ermäßigungsvorschrift des § 12 Abs. 2 Nr. 7 Buchst. b UStG unterliegen. 34

Nach den Prüfgrundsätzen der freiwilligen Selbstkontrolle der Filmwirtschaft (FSK) setzt die Kennzeichnung nach Nr. 5, die die beschränkte öffentliche Vorführung erlaubt, voraus, dass die **Filme weder pornographische noch gewaltverherrlichende Inhalte haben.** Der BFH sieht bei Filmen pornographischen oder gewaltverherrlichenden Inhalts ebenso keinen Raum für die Anwendung von § 12 Abs. 2 Nr. 7 Buchst. b UStG.[4] 35

Die **Beschränkung** der Steuerermäßigung **auf nicht jugendgefährdende** (bzw. in Bezug auf Nr. 5 nicht erwachsenengefährdende) **Filme** ist mit Unionsrecht (Art. 98 Abs. 2 i.V.m. Anhang III Nr. 7 MwStSystRL) **vereinbar.**[5] 36

Die **Beschränkung** hat im Übrigen **ausschließlich Auswirkung auf** den **Ermäßigungstatbestand „Filmvorführungen"** (Rz. 22–47), weil die anderen beiden Tatbestände des § 12 Abs. 2 Nr. 7 Buchst. b UStG, die „Überlassung von Filmen zur Auswertung" (Rz. 14–17) und „Überlassung von Filmen zur Vorführung" (Rz. 18–21), zugleich nach § 12 Abs. 2 Nr. 7 Buchst. c UStG begünstigt sind (Rz. 6). Die Überlassung jugendgefährdender (bzw. in Bezug auf Nr. 5 erwachsenengefährdender) Filme zur Vorführung und Auswertung ist damit auf jeden Fall nach § 12 Abs. 2 Nr. 7 Buchst. c UStG ermäßigt.[6] 37

---

1 *Huschens* in Schwarz/Widmann/Radeisen, § 12 Abs. 2 Nr. 7b UStG Rz. 29 (Stand: Januar 2018).
2 FG Hessen, Urt. v. 4.5.2005 – 6 K 1595/03, juris.
3 BT-Drucks. 12/7981.
4 BFH, Urt. v. 17.11.2009 – XI B 2/09, BFH/NV 2010, 480.
5 BFH, Urt. v. 17.11.2009 – XI B 2/09, BFH/NV 2010, 480.
6 A.A. *Frye* in Rau/Dürrwächter, § 12 Abs. 2 Nr. 7b UStG Rz. 29 (Stand: Oktober 2023), der § 12 Abs. 2 Nr. 7 Buchst. b UStG gegenüber § 12 Abs. 2 Nr. 7 Buchst. c UStG als vorrangige (abschließende) Spezialreglung sieht, mit der Folge, dass die Überlassung jugendgefährdender (bzw. erwachsenengefährdender) Filme zur Vorführung und Auswertung keiner Begünstigung unterliegen kann.

38 **Zusammenfassend** lässt sich festhalten, dass öffentliche Filmvorführungen auf der Endstufe **nur dann von der Steuerermäßigung** nach § 12 Abs. 2 Nr. 7 Buchst. b UStG **ausgeschlossen** sind, **wenn** die vorgeführten Filme (infolge pornographischen oder gewaltverherrlichenden Inhalts) überhaupt keine Kennzeichnung tragen und nach dem 31.12.1969 erstaufgeführt wurden.

4. Begünstigte Leistungen – Eintrittsberechtigungen

a) Einräumung durch den Filmvorführer

39 Unter den Ermäßigungstatbestand „Filmvorführungen" fällt – in richtlinienkonformer Einschränkung (Eintrittsberechtigung nach Art. 98 i.V.m. Anhang III Nr. 7 MwStSystRL) – die Einräumung von Eintrittsberechtigungen zu öffentlichen Vorführungen gekennzeichneter Filme, d.h. der **Verkauf von Eintrittskarten zu öffentlichen Vorführungen gekennzeichneter Filme** durch Filmvorführer.[1] Dies sind in der Regel **Kinobetreiber**. Es kann sich aber auch um andere Unternehmer, wie z.B. Volkshochschulen, Filmclubs oder Museen handeln.

b) Einräumung durch Dritte

40 Da weder dem Wortlaut des nationalen Rechts noch des Unionsrechts (Rz. 4) eine Einschränkung dahingehend zu entnehmen ist, dass die Einräumung von Eintrittsberechtigungen zu öffentlichen Vorführungen gekennzeichneter Filme durch die Filmvorführer erfolgen muss, können auch die Umsätze von **Ticketeigenhändlern**, die entsprechend begünstigte Eintrittskarten im eigenen Namen und auf eigene Rechnung verkaufen, der Ermäßigung nach § 12 Abs. 2 Nr. 7 Buchst. b UStG unterliegen.

41 Das Gleiche gilt für die Umsätze von **Kommissionären** i.S.d. § 3 Abs. 11 UStG, die entsprechend begünstigte Eintrittskarten im eigenen Namen, aber auf fremde Rechnung verkaufen.

c) Einräumung durch Ausgabe und Übertragung von Einzweck-Gutscheinen

42 Nach der **gesetzlichen Fiktion** in § 3 Abs. 14 Satz 2 UStG gilt die **Ausgabe** und auch **jede Weiterübertragung** eines **Einzweck-Gutscheins**[2] im eigenen Namen als **Ausführung des zugrunde liegenden Umsatzes** (Einräumung von Eintrittsberechtigungen). Demnach muss die Ermäßigungsvorschrift des § 12 Abs. 2 Nr. 7 Buchst. b UStG sowohl Anwendung finden auf die Gutscheinausgabe durch Unternehmer, welche die durch den Einzweck-Gutschein verkörperte öffentliche Vorführung gekennzeichneter Filme erbringen, d.h. Filmvorführer (wie z.B. Kinobetreiber), als auch jede Weiterübertragung in der Vertriebskette durch andere Unternehmer im eigenen Namen (wie z.B. Ticketeigenhändler). Die Weiterübertragung eines Einzweck-Gutscheins im eigenen Namen in der Vertriebskette ist folglich – wie der (Weiter-)Verkauf von Eintrittskarten durch Ticketeigenhändler (Rz. 40) oder Dienstleistungskommissionäre (Rz. 41) – aufgrund der gesetzlichen Fiktion begünstigt.

43 Wenn **Unternehmer** (wie z.B. Ticketeigenhändler) **Einzweck-Gutscheine** im eigenen Namen ausgeben, **obwohl** die **darin verkörperte öffentliche Vorführung gekennzeichneter Filme von anderen Unternehmern**, d.h. Filmvorführern (wie z.B. Kinobetreibern), **erbracht wird**, fingiert § 3 Abs. 14 Satz 4 UStG eine Leistungskette (wie bei Kommissionsgeschäften i.S.d. § 3 Abs. 11 UStG) vom Vorführer als Leistungserbringer an den Gutscheinaussteller und von diesem an den Gutscheinkäufer. Damit findet die Ermäßigungsvorschrift des § 12 Abs. 2 Nr. 7 Buchst. b UStG auf beide Leistungsbeziehungen Anwendung.

d) Nebenleistungen

44 Die **Steuerermäßigung** des § 12 Abs. 2 Nr. 7 Buchst. b UStG **umfasst** auch die mit der Einräumung von Eintrittsberechtigungen verbundenen **unselbstständigen Nebenleistungen**, wie z.B. die Gardero-

1 Abschn. 12.6 Abs. 3 Satz 1 UStAE.
2 Vgl. § 3 Abs. 14 Satz 1 UStG (§ 3 Rz. 679).

benaufbewahrung und den Programmverkauf.[1] Als Nebenleistung dürfte auch die Überlassung von 3D-Brillen zum Betrachten von 3D-Filmen anzusehen sein.[2]

5. Nicht begünstigte Leistungen

Die **Abgabe von Speisen, Getränken und Süßwaren** in einem Kino (nicht nur in einem sog. Verzehr- 45 kino) ist keine unselbständige Nebenleistung zur Einräumung von Eintrittsberechtigungen zu öffentlichen Filmvorführungen. Es handelt sich um eine eigenständige Leistung, **die nicht der Ermäßigung nach § 12 Abs. 2 Nr. 7 Buchst. b UStG unterliegt.**[3] Für sie kommt jedoch der ermäßigte Steuersatz nach § 12 Abs. 2 Nr. 1 UStG in Betracht; wegen der Abgrenzung der ermäßigten Lieferung von der nichtermäßigten Restaurationsleistung vgl. § 12 Abs. 2 Nr. 15 Rz. 33 ff.

Keine unselbstständigen Nebenleistungen, sondern **eigenständige Leistungen**, die nicht nach § 12 46 Abs. 2 Nr. 7 Buchst. b UStG ermäßigt sind, stellen zudem die Vermietung von Vorführräumlichkeiten (z.B. an Industrieunternehmer, Reisebüros, usw.), die Vermietung von Ausstellungsvitrinen zu Werbezwecken und andere Hilfsgeschäfte (wie z.B. der Verkauf von Einrichtungsgegenständen, Apparaten usw.) durch Vorführer dar.[4]

Leistungen, die ein **Filmvorführer** (wie z.B. ein Kinobetreiber) **als Erfüllungsgehilfe** im Rahmen von 47 fremdveranstalteten Vorführungen gekennzeichneter Filme an einen anderen Unternehmer, der diese Vorführungen anschließend nach außen im eigenen Namen darbietet, **erbringt** (Rz. 31), sind ebenfalls eigenständig und dürften bei richtlinienkonformer Auslegung des § 12 Abs. 2 Nr. 7 Buchst. b UStG nicht ermäßigt sein. Denn ein Filmvorführer, der als derartiger Erfüllungsgehilfe auftritt, verschafft keine Eintrittsberechtigungen, so dass es zweifelhaft erscheint, ob der Tatbestand des Art. 98 i.V.m. Anhang III Nr. 7 MwStSystRL („Eintrittsberechtigungen zu Kinos") erfüllt ist. Gleichwohl sollte – aufgrund der Rechtsprechung des BFH[5] zu § 12 Abs. 2 Nr. 7 Buchst. c UStG (§ 12 Abs. 2 Nr. 7 Buchst. c Rz. 5) – eine Versagung des ermäßigten Steuersatzes aufgrund der engeren Fassung des Anhang III Nr. 7 MwStSystRL („Eintrittsberechtigungen für Kinos") im Vergleich zur nationalen Regelung in § 12 Abs. 2 Nr. 7 Buchst. b UStG („Filmvorführungen") nicht möglich sein, da sich Filmvorführer insoweit **auf das günstigere nationale Recht berufen können**, da ihre Leistungserbringung an den anderen Unternehmer m.E. als Filmvorführung i.S.d. UStG anzusehen ist. Aus der o.g. Rechtsprechung des BFH – zugunsten der Berufungsmöglichkeit auf das günstigere nationale Recht in Form des § 12 Abs. 2 Nr. 7 Buchst. c UStG – ergibt sich m.E. jedoch ein gewisser Spannungsbogen zur Rechtsprechung des BFH[6] hinsichtlich der Steuerfreiheit nach § 4 Nr. 20 Buchst. a UStG von Restaurationsleistungen bei Theatervorstellungen; denn hierzu geht der BFH davon aus, dass die in § 4 Nr. 20 Buchst. a UStG nicht näher beschriebenen Umsätze der Theater bei richtlinienkonformer Auslegung, d.h. Einschränkung, nur die typischen Theaterleistungen einschließlich der eng verbundenen Nebenleistungen umfassen, und der Steuerpflichtige sich an dieser Stelle nicht auf das für ihn günstigere nationale Recht berufen darf. An dieser Stelle abschließend der Hinweis, dass der BFH mit seinem Urteil vom 3.12.2015[7] mittlerweile auch die Berufsmöglichkeit auf das günstigere nationale Recht in Form des § 12 Abs. 2 Nr. 7 Buchst. c UStG hinsichtlich elektronischer Dienstleistungen richtlinienkonform eingeschränkt hat (§ 12 Abs. 2 Nr. 7 Buchst. c Rz. 5).

1 Abschn. 12.6 Abs. 3 Satz 2 UStAE.

2 *Huschens* in Schwarz/Widmann/Radeisen, § 12 Abs. 2 Nr. 7b UStG Rz. 42 (Stand: Januar 2021).

3 BFH, Urt. v. 7.3.1995 – XI R 46/93, BStBl. II 1995, 429 = UR 1995, 263 m. Anm. *Weiß*; BFH, Urt. v. 1.6.1995 – V R 90/93, BStBl. II 1995, 914 = UR 1996, 63; BFH, Urt. v. 9.5.1996 – V R 30/95, BFH/NV 1997, 70 = UR 1997, 102 m. Anm. *Weiß*; BFH, Beschl. v. 7.1.2011 – V B 55/10, BFH/NV 2011, 660; Abschn. 12.6 Abs. 3 Satz 3 UStAE.

4 *Huschens* in Schwarz/Widmann/Radeisen, § 12 Abs. 2 Nr. 7b UStG Rz. 39 (Stand: Januar 2018).

5 BFH, Urt. v. 18.8.2005 – V R 42/03, BStBl. II 2006, 44 = UR 2006, 26; BFH, Urt. v. 25.11.2004 – V R 25/04, V R 26/04, BStBl. II 2005, 419 = UR 2005, 557 m.w.N.

6 BFH, Urt. v. 18.8.2005 – V R 20/03, BStBl. II 2005, 910 = UR 2006, 24; BFH, Urt. v. 14.5.1998 – V R 85/97, BStBl. II 1999, 145 = UR 1998, 422.

7 BFH, Urt. v. 3.12.2015 – V R 43/13, BStBl. II 2016, 858 = UR 2016, 613.

§ 12 Abs. 2 Nr. 7 Buchst. c [Einräumung etc. von Urheberrechten]

…

(2) Die Steuer ermäßigt sich auf 7 Prozent für die folgenden Umsätze:

…

7. c) die Einräumung, Übertragung und Wahrnehmung von Rechten, die sich aus dem Urheberrechtsgesetz ergeben,

…

Schrifttum: *Beer/Finken*, Umsatzsteuerliche Behandlung der Ausschüttung des „Verlegeranteils" durch Verwertungsgesellschaften, MwStR 2022, 464; *Brill/Eisenreich*, Umsatzsteuerfragen im Zusammenhang mit der Erbringung von Online-Seminaren, UStB 2022, 356; *Dörre*, Besteuerung der Umsätze aus Softwareprojekten, DB 2012, 1409; *Esskandari/Bick*, Steuersatz bei Überlassung digitaler oder elektronischer Sprachwerke im Sinne des Urheberrechtsgesetzes, UStB 2016, 68; *Finken*, Nutzung von Urheberrechten unter Einschaltung einer Verwertungsgesellschaft als Dienstleistungskommission, MwStR 2021, 414; *Hidien*, E-Commerce: Gilt für digitale Dienstleistungen ein medienneutraler und gleichheitsgerechter Mehrwertsteuersatz?, UR 2021, 649; *Lange*, Umsatzbesteuerung der Einräumung, Übertragung und Wahrnehmung von Patenten, Urheberrechten, Markenrechten und ähnlichen Rechten, UR 2002, 489; *Liegmann/Farruggia-Weber*, Umsatzsteuerliche Herausforderungen bei der Herausgabe von NFT-Kollektionen (Collectible-NFT Projekte), UR 2022, 441; *Rapp/Bongers*, Zur umsatzsteuerrechtlichen Behandlung von NFT, UR 2023, 666; *Stelzer*, Abmahnungen im Fokus der Umsatzsteuer, UR 2021, 812; *Stelzer*, Verlegeranteil an den Einnahmen aus gesetzlichen Vergütungsansprüchen und aus urheberrechtlichen Nutzungsrechten, MwStR 2021, 927; *Stöbener/Gach*, Vom Polariod zum Megapixel – Werklieferung oder Rechteübertragung nach dem Urheberrechtsgesetz?, UR 2013, 445; *Treiber*, Vereinbarkeit des § 12 Abs. 2 Nr. 7 Buchst. c UStG mit Art. 12 Abs. 3 Buchst. a Unterabs. 3 i.V.m. Anhang H Nr. 8 der 6. EG-Richtlinie, HFR 2005, 582.

A. Grundaussagen

I. Regelungsgegenstand und Bedeutung

1 Die Vorschrift des § 12 Abs. 2 Nr. 7 Buchst. c UStG regelt die Steuerermäßigung für Leistungen, die in der Einräumung, Übertragung und Wahrnehmung von **Rechten nach dem Urheberrechtsgesetz**[1] (UrhG) bestehen.

2 Hintergrund für den Einbezug von Leistungen auf dem Gebiet des Urheberrechtes in den ermäßigten Steuersatz ist das **gesetzgeberische Ziel, Nutzungsrechte urheberrechtlicher Art zu begünstigen**, die Musik- und Theaterverlage an steuerfreie Orchester und Theater erbringen.[2]

3 Bis zum 31.12.1981 überschnitt sich die Ermäßigung nach § 12 Abs. 2 Nr. 7 Buchst. c UStG vor allem mit der Begünstigung für die Umsätze aus freiberuflicher Tätigkeit (§ 12 Abs. 2 Nr. 5 UStG 1980) und der Art nach freiberuflicher Tätigkeit (§ 12 Abs. 2 Nr. 6 Buchst. a UStG 1980). Durch die Streichung dieser beiden Begünstigungen mit Wirkung zum 1.1.1982 hat die Vorschrift des § 12 Abs. 2 Nr. 7 Buchst. c UStG **verstärkt an Bedeutung gewonnen**.[3]

II. Unionsrechtliche Grundlagen

4 § 12 Abs. 2 Nr. 7 Buchst. c UStG beruht auf Art. 98 Abs. 2 i.V.m. Anhang III Nr. 9 MwStSystRL (bis 31.12.2006: Art. 12 Abs. 3 Buchst. a i.V.m. Anhang H Kat. 8 der 6. EG-Richtlinie). Danach können die Mitgliedsstaaten „Dienstleistungen von Schriftstellern, Komponisten und ausübenden Künstlern sowie diesen geschuldete urheberrechtliche Vergütungen" ermäßigt besteuern. Aufgrund der Beschränkung von Art. 98 Abs. 2 i.V.m. Anhang III Nr. 9 MwStSystRL auf urheberrechtliche Leistungen von Schriftstellern, Komponisten und ausübenden Künstlern scheint **fraglich**, ob der **Anwendungsbereich** des § 12 Abs. 2 Nr. 7 Buchst. c UStG, der nach seinem Wortlaut eine Begünstigung sämtlicher urheberrechtlicher Leistungen vorsieht, **umfassend unionsrechtlich gedeckt ist**. Die Deckung ist m.E. nur insoweit gegeben, wie Werke bzw. Darbietungen von Schriftstellern, Komponisten und ausübenden Künstlern begünstigt werden.[4]

5 Eine Versagung des ermäßigten Steuersatzes aufgrund einer engeren Fassung des Art. 98 Abs. 2 i.V.m. Anhang III Nr. 9 MwStSystRL im Vergleich zu § 12 Abs. 2 Nr. 7 Buchst. c UStG kann Steuerpflichtigen

---

1 Gesetz über Urheberrecht und verwandte Schutzrechte – Urheberrechtsgesetz v. 9.9.1965, BGBl. I 1965, 1273, zuletzt geändert durch Art. 1 des Gesetzes v. 20.12.2016, BGBl. I 2016, 3037.

2 *Huschens* in Schwarz/Widmann/Radeisen, § 12 Abs. 2 Nr. 7c UStG Rz. 2 (Stand: September 2023).

3 *Huschens* in Schwarz/Widmann/Radeisen, § 12 Abs. 2 Nr. 7c UStG Rz. 3 (Stand: September 2023).

4 *Schüler-Täsch* in Sölch/Ringleb, § 12 UStG Rz. 519 (Stand: Juni 2023); *Huschens* in Schwarz/Widmann/Radeisen, § 12 Abs. 2 Nr. 7c UStG Rz. 4 (Stand: September 2023); **a.A.** *Treiber*, HFR 2005, 582 mit Bezug auf BFH, Urt. v. 25.11.2004 – V R 4/04, BStBl. II 2005, 415 = UR 2005, 553.

aber nicht entgegengehalten werden, da sie sich **auf das günstigere nationale Recht berufen können.** Dies gilt nicht für die Gesamtheit ihrer Leistungen, sondern nur soweit sie urheberrechtliche Leistungen erbringen.[1] Diese „ältere" Rechtsprechung des BFH – zugunsten der uneingeschränkten Berufungsmöglichkeit auf das günstigere nationale Recht in Form des § 12 Abs. 2 Nr. 7 Buchst. c UStG – hat der BFH[2] nach Inkrafttreten von Art. 98 Abs. 2 Unterabs. 2 MwStSystRL aber teilweise aufgegeben, indem er entschieden hat, dass § 12 Abs. 2 Nr. 7 Buchst. c UStG nur solche Rechte des Urheberrechts umfasst, die im Rahmen des harmonisierten Unionsrechts umsatzsteuerlich überhaupt unter die Ermäßigungsvorschrift fallen können, was bei elektronischen Dienstleistungen nicht der Fall ist, da die ermäßigten Steuersätze nach Art. 98 Abs. 2 Unterabs. 2 MwStSystRL hierauf keine Anwendung finden. Die Finanzverwaltung ist dieser richtlinienkonformen einschränkenden Auslegung in Bezug auf elektronische Dienstleistungen gefolgt (Rz. 45).[3] In der Literatur wird dieser Auslegung zum Teil zugestimmt[4], zum Teil wird sie – m.E. zu Recht – aber auch abgelehnt[5].

5.1 Ob die **richtlinienkonforme einschränkende Auslegung** von § 12 Abs. 2 Nr. 7 Buchst. c UStG hinsichtlich elektronischer Dienstleistungen nunmehr hinsichtlich des erfassten Personenkreises ebenso zu gelten hat, ist vom BFH noch nicht geklärt. Nach Auffassung der Finanzverwaltung[6] hat eine richtlinienkonforme einschränkende Auslegung von § 12 Abs. 2 Nr. 7 Buchst. c UStG hinsichtlich des erfassten Personenkreises bisher – m.E. zu Recht – nicht zu erfolgen, so dass sich der Steuerpflichtige (z.B. ein Fotograf) auf das für ihn günstigere nationale Recht berufen kann.[7]

III. Verhältnis zu anderen Vorschriften und Rechtsentwicklung

1. Verhältnis zu anderen Vorschriften

6 Die Ermäßigung nach § 12 Abs. 2 Nr. 7 Buchst. c UStG bezieht sich auf den Inhalt der **jeweils gültigen Fassung des UrhG**.

7 Den beiden in § 12 Abs. 2 Nr. 7 Buchst. b UStG enthaltenen **Ermäßigungstatbeständen** „Überlassung von Filmen zur Auswertung" (§ 12 Abs. 2 Nr. 7 Buchst. b Rz. 14–17) und „Überlassung von Filmen zur Vorführung" (§ 12 Abs. 2 Nr. 7 Buchst. b Rz. 18–21) kommt **keine eigenständige Bedeutung** zu, weil sie gleichzeitig von der umfassenden Begünstigung urheberrechtlicher Leistungen nach § 12 Abs. 2 Nr. 7 Buchst. c UStG (Einräumung, Übertragung und Wahrnehmung von Rechten, die sich aus dem UrhG ergeben) erfasst werden.[8]

8 Da § 12 Abs. 2 Nr. 7 Buchst. c UStG das Vorliegen eines steuerbaren sowie steuerpflichtigen Umsatzes nach § 1 Abs. 1 Satz 1 Nr. 1 UStG voraussetzt, ist die Frage der Steuerermäßigung **für Nichtunternehmer ohne Bedeutung. Das Gleiche gilt für Kleinunternehmer** i.S.d. § 19 UStG, obwohl diese steuerbare und steuerpflichtige Umsätze nach § 1 Abs. 1 Satz 1 Nr. 1 UStG ausführen, die anfallende Steuer aber aufgrund der Anwendung der Vereinfachungsreglung nach § 19 UStG nicht erhoben wird.[9] **Auf unentgeltliche Wertabgaben** i.S.d. § 3 Abs. 9a UStG findet § 12 Abs. 2 Nr. 7 Buchst. c UStG hingegen **Anwendung.**

1 BFH, Urt. v. 18.8.2005 – V R 42/03, BStBl. II 2006, 44 = UR 2006, 26; BFH, Urt. v. 25.11.2004 – V R 25/04, 26/04, BStBl. II 2005, 419 = UR 2005, 557 m.w.N.

2 BFH, Urt. v. 3.12.2015 – V R 43/13, BStBl. II 2016, 858 = UR 2016, 613.

3 Abschn. 12.7 Abs. 1 Satz 15 UStAE.

4 *Stapperfend* in Rau/Dürrwächter, § 12 Abs. 2 Nr. 7c UStG Rz. 17 und 18 (Stand: März 2022).

5 *Frey/Eggerath*, MMR 2016, 347, die darauf hinweisen, dass die richtlinienkonforme einschränkende Auslegung nicht contra legem möglich ist. Diese Maßgabe habe der BFH in seinem Urteil vom 3.12.2015 (V R 43/13) aber nicht beachtet, da § 12 Abs. 2 Nr. 7 Buchst. c UStG nach seinem Wortlaut konkret und abschließend alle im UrhG definierten Rechteinräumungen umfasse und daher keiner Auslegung zugänglich sei.

6 Abschn. 12.7 UStAE.

7 Zustimmend *Huschens* in Schwarz/Widmann/Radeisen, § 12 Abs. 2 Nr. 7c UStG Rz. 4 (Stand: September 2023); ablehnend *Stapperfend* in Rau/Dürrwächter, § 12 Abs. 2 Nr. 7c UStG Rz. 19 (Stand: März 2022).

8 Abschn. 12.6 Abs. 2 Satz 1 UStAE; a.A. *Stapperfend* in Rau/Dürrwächter, § 12 Abs. 2 Nr. 7c UStG Rz. 25 (Stand: März 2022), der § 12 Abs. 2 Nr. 7 Buchst. b UStG gegenüber § 12 Abs. 2 Nr. 7 Buchst. c UStG als abschließende (vorrangige) Spezialregelung sieht.

9 *Schüler-Täsch* in Sölch/Ringleb, § 19 UStG Rz. 1 (Stand: Juni 2023).

2. Rechtsentwicklung

§ 12 Abs. 2 Nr. 7 Buchst. c UStG **gilt seit Inkrafttreten des UStG 1967** (vor Inkrafttreten des **UStG 1980**: § 12 Abs. 2 Nr. 7 Buchst. d UStG) **in unveränderter Fassung.** 9

B. Steuerermäßigte Leistungen nach dem Urheberrechtsgesetz (Nr. 7 Buchst. c)

I. Tatbestände

Die Vorschrift des § 12 Abs. 2 Nr. 7 Buchst. c UStG begünstigt (in abschließender Aufzählung) **drei unterschiedliche Tatbestände**, nämlich 10

- die Einräumung (Rz. 31–47),
- die Übertragung (Rz. 31–47) und
- die Wahrnehmung (Rz. 48–55)

von Rechten, die sich aus dem UrhG ergeben.

II. Rechte aus dem UrhG

1. Allgemeines

Die Steuerermäßigung nach § 12 Abs. 2 Nr. 7 Buchst. c UStG bezieht sich ausschließlich auf **Rechte aus dem UrhG**. Hierzu zählen nicht nur die **Urheberschutzrechte** aus dem ersten Teil des UrhG (§§ 1–69 UrhG), sondern auch die **verwandten Schutzrechte**, die sog. Leistungsschutzrechte (§§ 70–95 UrhG). Urheberrechtlich geschützt sind danach z.B. auch die Darbietungen ausübender Künstler und die Hersteller von Tonträgern. Darüber hinaus erfasst die Begünstigung die Umsätze der **Verwertungsgesellschaften**, die nach dem Verwertungsgesellschaftengesetz (VGG) Nutzungsrechte, Einwilligungsrechte oder Vergütungsansprüche wahrnehmen. 11

Keine Rechte aus dem UrhG sind **alle Rechte**, die sich **aus anderen Gesetzen** ergeben, wie z.B. dem Patentgesetz, Markenrechtsreformgesetz, Gesetz über das Verlagsrecht oder Gebrauchsmustergesetz. Entsprechend kommt eine Anwendung des § 12 Abs. 2 Nr. 7 Buchst. c UStG insoweit nicht in Betracht. Die **Beschränkung** der Steuerermäßigung auf die Rechte aus dem UrhG liegt **darin begründet**, dass die Rechte aus anderen Gesetzen üblicherweise gewerblich genutzt werden, während die Rechte aus dem UrhG kulturelle Werke im weiteren Sinne betreffen.[1] 12

2. Urheberschutzrechte

a) Werke der Literatur, Wissenschaft und Kunst

Urheber ist der Schöpfer des Werkes (§ 7 UrhG). Das Urheberrecht schützt den Schöpfer in seinen geistigen und persönlichen Beziehungen zum Werk und in der Nutzung des Werkes (§ 11 UrhG).[2] 13

Werke im urheberrechtlichen Sinne sind **nur geistige persönliche Schöpfungen** (§ 2 Abs. 2 UrhG). Diese liegen vor, wenn ein Werk in seiner konkreten Gestalt der sinnlichen Wahrnehmung zugänglich ist und einen geistigen Gehalt besitzt. Darüber hinaus muss es eine individuelle schöpferische Eigentümlichkeit gegenüber vorbestehenden Gestaltungen aufweisen und die für einen Urheberrechtsschutz hinreichende Gestaltungshöhe erreichen. Es muss sich eindeutig von einem routinemäßigen, handwerksmäßigen Schaffen und einer mechanisch-technischen Aneinanderreihung oder Zusammenfügung des Materials abheben. In Abhängigkeit von der Art des Werks gibt es allerdings unterschiedliche Anforderungen an die urheberrechtsfähige Schutzfähigkeit im Hinblick auf das deutliche Überragen der Durchschnittsgestaltung. 14

---

1 FG Sachsen, Urt. v. 23.7.2015 – 6 K 1157/12, juris.
2 Ausführlich dazu *Stapperfend* in Rau/Dürrwächter, § 12 Abs. 2 Nr. 7c UStG Rz. 35–83 (Stand: März 2022).

15 Zu den urheberrechtlich geschützten Werken gehören nach § 2 Abs. 1 UrhG insbesondere:
- Sprach- und Schriftwerke (Nr. 1),[1]
- Werke der Musik (Nr. 2),[2]
- Pantomimische Werke einschließlich der Werke der Tanzkunst (Nr. 3),
- Werke der bildenden Künste einschließlich der Werke der Baukunst und der angewandten Kunst und Entwürfe solcher Werke (Nr. 4),[3]
- Lichtbildwerke einschließlich der Werke, die ähnlich wie Lichtbildwerke geschaffen werden (Nr. 5),[4]
- Filmwerke einschließlich der Werke, die ähnlich wie Filmwerke geschaffen werden (Nr. 6),
- Darstellungen wissenschaftlicher oder technischer Art, wie Zeichnungen, Pläne, Karten, Skizzen, Tabellen und plastische Darstellungen (Nr. 7).

15.1 **Urheberrechte** können auch **an Teilen** eines Sammelwerkes (wie z.B. Lexikon, Kommentar), **Miturheberrechte** an einem von mehreren gemeinsam geschaffenen Werk bestehen.

15.2 Da das Urheberrecht bisher lediglich menschlich-geistige Schöpfungen abdeckt (Rz. 14), sieht es z.B. für Schrift- und Lichtbildwerke, die ausschließlich durch **„Künstliche Intelligenz"** (KI) erstellt werden, keine Schutzfähigkeit vor. Ein Urheberrecht durch menschliche Schöpfung könnte jedoch entstehen, wenn der Einsatz der KI nur als technisches Hilfsmittel für das Ergebnis dient und die eigentliche kreative Leistung von einem Menschen – z.B. dem Nutzer eines Chatbots „ChatGPT" – stammt.[5]

b) Verwertungsrechte

16 Der **Urheber** besitzt nach dem UrhG das **ausschließliche Verwertungsrecht** (am Werk). Es wird zwischen der Verwertung in körperlicher Form und der öffentlichen Wiedergabe in unkörperlicher Form differenziert.[6]

17 Das Recht auf **Verwertung in körperlicher Form** umfasst nach § 15 Abs. 1 UrhG in erster Linie
- das Vervielfältigungsrecht (§ 16 UrhG),
- das Verbreitungsrecht (§ 17 UrhG) und
- das Ausstellungsrecht (§ 18 UrhG).

18 Zum Recht der **öffentlichen Wiedergabe in unkörperlicher Form** zählen nach § 15 Abs. 2 UrhG vor allem
- das Vortrags-, Aufführungs- und Vorführungsrecht (§ 19 UrhG),
- das Recht der öffentlichen Zugänglichmachung (§ 19a UrhG),
- das Senderecht (§ 20 UrhG),
- das Recht der Wiedergabe durch Bild- und Tonträger (§ 21 UrhG) und
- das Recht der Wiedergabe von Funksendungen und von öffentlicher Zugänglichmachung (§ 22 UrhG).

19 **Keine Urheberschutzrechte** liegen vor, wenn es sich **nicht um Rechte zur Verwertung** eines Werkes der Literatur, Wissenschaft und Kunst in körperlicher Form oder zur öffentlichen Wiedergabe in unkörperlicher Form handelt, **sondern** nur **um Rechte**, die **dazu dienen, einem Einzelnen die bestimmungsgemäße Nutzung des Werkes zu gestatten**, wie z.B. ein Schriftwerk zu lesen, Musikwerk zu hören oder Filmwerk zu sehen.[7]

---

1 Abschn. 12.7 Abs. 1 und 6–14 UStAE.
2 Abschn. 12.7 Abs. 15 UStAE.
3 Abschn. 12.7 Abs. 16 und 17 UStAE; BMF, Schr. v. 27.1.2015 – IV D 2-S 7240/14/10001, BStBl. I 2015, 164 = UR 2015, 283.
4 Abschn. 12.7 Abs. 18 UStAE.
5 *Arconada Valbuena/Rennar*, MwStR 2023, 570.
6 Abschn. 12.7 Abs. 4 UStAE.
7 FG Berlin-Brandenburg, Urt. v. 30.8.2011 – 7 V 7182/11, juris.

3. Leistungsschutzrechte

a) Werkvermittler

Unter dem Begriff „**Leistungsschutz**" sind im Urheberrecht **verwandte Schutzrechte** zu verstehen.[1] 20
Sie dienen dem Schutz von künstlerischen und wissenschaftlichen Leistungen, welche die Anforderungen des Urheberrechtsschutzes nicht erfüllen (wie z.B. wissenschaftliche Ausgaben und nachgelassene Werke). Zudem schützen sie die Rechte der Personen und Unternehmen, die an der Vermittlung eines urheberrechtlich geschützten Werkes an die Öffentlichkeit beteiligt sind, sog. **„Werkvermittler"**.

Werkvermittler sind z.B. im Bereich der Musik Sänger und Tonträgerhersteller. **Sänger** erwerben ein 21
Leistungsschutzrecht als ausübende Künstler, wenn sie **Musik** im Tonstudio **aufnehmen**. Derjenige, der diese Aufnahmen organisiert und finanziert, erwirbt als **Tonträgerhersteller** ein Leistungsschutzrecht an dem Masterband für seine Investition. Des Weiteren existiert auch ein Leistungsschutzrecht für **Veranstalter von Konzerten.**

Das **UrhG** sieht folgende abschließende Aufzählung von **Leistungsschutzrechten** vor: 22

- Schutz der wissenschaftlichen Ausgaben und nachgelassenen Werke (§§ 70 und 71 UrhG),
- Schutz der Lichtbilder (§ 72 UrhG),
- Schutz des ausübenden Künstlers (§§ 73 ff. UrhG), vgl. ausführlich Rz. 23–30,
- Schutz des Veranstalters (§ 81 UrhG),
- Schutz des Tonträgerherstellers (§ 85 f. UrhG),
- Schutz des Sendeunternehmens (§ 87 UrhG),
- Schutz des Datenbankherstellers (§ 87a–e UrhG),
- Schutz des Presseverlegers (§ 87f–h UrhG),
- Besondere Bestimmungen für Filme, insbesondere des Filmherstellers (§§ 88–94 UrhG),
- Schutz der Laufbilder (§ 95 UrhG).

b) Schutz der ausübenden Künstler

aa) Ausübende Künstler

Ausübender Künstler ist, wer ein Werk vorträgt, aufführt oder dabei künstlerisch mitwirkt (§ 73 23
UrhG). Werke, deren Darbietung einen ausübenden Künstler ausmachen, können alle Werke i.S.d. § 2 UrhG sein, insbesondere jedoch die Werke des § 2 Nr. 1–3 UrhG, also Sprachwerke, Werke der Musik, pantomimische Werke einschließlich Werke der Tanzkunst.[2]

Den Schutz der §§ 73 ff. UrhG genießen aufgrund der interpretierenden Darbietung eines Werkes als 24
unmittelbar **ausübende Künstler** insbesondere **Sänger, Musiker, Schauspieler, Tänzer und** alle sonstigen Werkinterpreten sowie Interpreten von Ausdrucksformen der Volkskunst; dies können auch Synchronsprecher fremdartiger Filme oder Quizmaster sein.[3] **Nicht** zu den unmittelbar ausübenden Künstlern gehört dagegen mangels künstlerischer Interpretation eines Werkes oder einer Ausdrucksform der Volkskunst, wer ein Werk oder eine Ausdrucksform der Volkskunst ausnahmsweise ohne jede künstlerische Interpretation mitteilt, was gerade bei Nachrichtensprechern der Fall ist, die einen Text, der an sich Werkcharakter hat, nur vorlesen.[4]

Von den §§ 73 ff. UrhG sind allerdings nicht nur diejenigen als unmittelbar ausübende Künstler ge- 25
schützt, die ein Werk oder eine Ausdrucksform der Volkskunst selbst darbieten. **Geschützt** sind **auch diejenigen**, die **bei einer solchen Darbietung mitwirken**, sofern ihre Mitwirkung **auf künstlerischem Gebiet** liegt und nicht nur in einer kaufmännischen, technischen oder organisatorischen Leistung besteht. In der Praxis sind dies diejenigen, die wie z.B. Choreographen und Bühnenregisseure auf die künstlerische Werkwiedergabe erheblichen Einfluss ausüben. Diese künstlerische Einflussnahme auf

1 Ausführlich dazu *Stapperfend* in Rau/Dürrwächter, § 12 Abs. 2 Nr. 7c UStG Rz. 88–95 (Stand: März 2022).
2 *Dreier/Schulze*, Urheberrechtsgesetz[7], § 73 UrhG Rz. 8.
3 *Dreier/Schulze*, Urheberrechtsgesetz[7], § 73 UrhG Rz. 11.
4 *Dreier/Schulze*, Urheberrechtsgesetz[7], § 73 UrhG Rz. 12.

die Werkdarbietung oder Darbietung einer Ausdrucksform der Volkskunst muss nicht – wie etwa bei einem Interpretenduo – **zeitgleich** erfolgen, sondern kann wie z.B. diejenige des Bühnenregisseurs der Darbietung auch **vorausgehen.**[1]

26 Dagegen sind diejenigen, die im Zuge der Darbietung nur technische Leistungen erbringen, **keine ausübenden Künstler**, da sie nicht bei der künstlerischen Leistung selbst mitwirken. Das gilt z.B. in der Regel für Tonmeister. Wirkt sich deren Beitrag hingegen auf das Live-Erlebnis und nicht lediglich auf das Klangerlebnis des Tonträgers aus, können Tonregisseure durchaus in den Genuss des Leistungsschutzes ausübender Künstler gelangen. Bloß **technische Leistungen** sind auch diejenigen der Masken-, Bühnen- sowie Kostümbildner, Bildmischer, Beleuchter und Cutter. Ebenfalls keine ausübenden Künstler sind alle weiteren Personen, die **Unterstützungsleistungen in kaufmännischer und organisatorischer Hinsicht** erbringen, wie Intendanten, Aufnahmeleiter und Produzenten.

27 Eine lediglich technische, organisatorische oder kaufmännische Mitwirkung an der Darbietung eines ausübenden Künstlers schließt aber nicht aus, dass **derart Beteiligte**, soweit sie – wie z.B. Masken- Bühnen- sowie Kostümbildner (Rz. 145–147) – selbst im Sinne von § 2 Abs. 2 UrhG **schöpferisch tätig werden**, ein **eigenes Urheberrecht am Ergebnis ihrer Tätigkeit erwerben.**

bb) Rechte auf audiovisuelle Nutzung der künstlerischen Leistung

28 Die **Schutzrechte** ausübender Künstler an ihren künstlerischen Leistungen sind in den §§ 74 ff. UrhG abschließend aufgeführt. **Nicht geschützt** ist dabei jedoch die **künstlerische Leistung selbst**, weil § 78 UrhG nicht die Darbietung des Werkes auf der Bühne regelt, wie sich aus dem Verweis auf § 19a UrhG ergibt.[2] Urheberrechtlich **geschützt** sind **ausschließlich die Rechte auf audiovisuelle Nutzung der künstlerischen Leistung**, also die Rechte an der Bildschirm- und Lautsprecherübertragung, der Vervielfältigung und Verbreitung, der Funksendung und der öffentlichen Wiedergabe.[3]

29 **Urheberrechtsschutz und Leistungsschutz** ausübender Künstler sind, da sie mit einem Werk und einer künstlerischen Leistung verschiedene Schutzgegenstände schützen, grundsätzlich **voneinander unabhängig**. Daher können einer Person bei einem Vortrag bzw. einer Aufführung durchaus zugleich Urheber- und Leistungsschutzrechte zustehen, z.B. wenn ein Sänger ein von ihm komponiertes und getextetes Lied selbst vorträgt.[4]

30 **Anders** ist es ausnahmsweise dann, wenn der Leistungsschutz im Ergebnis alleine für die schöpferische Mitwirkung an der urheberrechtlich geschützten Gestaltung beansprucht wird. Fallen z.B. die schöpferische Filmgestaltung durch einen Regisseur und die künstlerische mitwirkende Regieleistung als einheitliche Leistung untrennbar zusammen, besteht **neben dem Urheberrechtsschutz kein Raum** für einen Leistungsschutz derselben Leistung (sog. Absorptionsregel).[5]

III. Einräumung und Übertragung von Rechten aus dem UrhG

1. Allgemeines

31 Die Einräumung und Übertragung von Rechten aus dem UrhG erfolgt in der Regel **im Rahmen eines Lizenzvertrages durch** den **Urheber**, den **ausübenden Künstler** (stellvertretend für die Werkvermittler) oder einen **anderen** an Dritte.[6]

---

1 *Dreier/Schulze*, Urheberrechtsgesetz[7], § 73 UrhG Rz. 13.

2 FG Berlin-Brandenburg, Urt. v. 22.6.2016 – 7 K 7343/14, juris mit Verweis auf *Büscher* in Wandtke/Bullinger, UrhR[4], § 78 UrhG Rz. 3 und *Bullinger* in Wandtke/Bullinger, UrhR[4], § 19a UrhG Rz. 2.

3 FG Berlin-Brandenburg, Urt. v. 22.6.2016 – 7 K 7343/14, juris; FG Hamburg, Urt. 21.10.2002 – I 214/98.

4 *Dreier/Schulze*, Urheberrechtsgesetz[7], § 73 UrhG Rz. 15.

5 *Dreier/Schulze*, Urheberrechtsgesetz[7], § 73 UrhG Rz. 15.

6 BFH, Urt. v. 21.10.2009 – V R 8/08, BFH/NV 2010, 476.

2. Urheberschutzrechte

Das **Urheberrecht** als solches ist grundsätzlich **nicht übertragbar** (§ 29 Satz 1 UrhG). Es ist allerdings vererblich und kann daher im Rahmen einer Erbregelung übertragen werden (§§ 28, 29 UrhG). Insoweit findet umsatzsteuerrechtlich aber kein Leistungsaustausch statt. 32

Da der Urheber oftmals nicht imstande ist, sein Urheberrecht selbst zu verwerten, eröffnet ihm das UrhG die **Möglichkeit**, **anderen** Rechte **einzuräumen** (§ 31 UrhG) oder **zu übertragen** (§ 34 UrhG), die vom Urheberrecht abgeleitet sind (Rz. 16–19). Die in § 12 Abs. 2 Nr. 7 Buchst. c UStG verwendeten Begriffe „Einräumung" und „Übertragung" bezeichnen diese Rechtsakte nach dem UrhG.[1] 33

Der **Urheber** kann anderen das Recht einräumen, das Werk auf einzelne oder alle Nutzungsarten zu nutzen. Das Nutzungsrecht kann dabei als einfaches oder ausschließliches Recht eingeräumt werden (§ 31 Abs. 1 UrhG). Das **einfache Nutzungsrecht** berechtigt den Inhaber, das Werk – neben Urheber oder anderen Berechtigten – auf die ihm erlaubte Art zu nutzen (§ 31 Abs. 2 UrhG). Im Gegensatz dazu berechtigt das **ausschließliche Nutzungsrecht** den Inhaber, das Werk unter Ausschluss aller anderen Personen einschließlich des Urhebers auf die ihm erlaubte Art zu nutzen und selbst einfache Nutzungsrechte einzuräumen (§ 31 Abs. 3 UrhG). 34

In der jüngsten Vergangenheit wird im Schrifttum[2] vermehrt beleuchtet, ob ein „Non-Fungible Token" (NFT) bzw. ein mit dem NFT geschützter Inhalt (z.B. digitales Bild) als ein vom UrhG geschütztes Werk nach § 2 UrhG betrachtet werden kann (Rz. 13–15), und ob – bei Bejahung dieser Fragestellung – die NFT-Übertragung als Einräumung von Nutzungsrechten nach § 31 UrhG angesehen werden kann, mit der Folge, dass die Steuerermäßigung nach § 12 Abs. 2 Nr. 7 Buchst. c UStG Anwendung findet.

Von § 12 Abs. 2 Nr. 7 Buchst. c UStG wird allerdings **nicht nur** die Einräumung und Übertragung von Rechten **durch den Urheber, sondern auch durch andere** begünstigt. Dies kann in der Form der Übertragung von Nutzungsrechten (§ 34 UrhG) oder der Einräumung von einfachen Nutzungsrechten durch den Inhaber eines ausschließlichen Nutzungsrechts mit Zustimmung des Urhebers (§ 35 UrhG) geschehen. 35

3. Leistungsschutzrechte

Das UrhG eröffnet auch den **Werkvermittlern** die **Möglichkeit, anderen Rechte** an ihren Leistungen **einzuräumen oder zu übertragen**. Im Gegensatz zu den Urheberschutzrechten ist bei den Leistungsschutzrechten (Rz. 22) eine Übertragung möglich. 36

So kann der **ausübende Künstler** die ihm durch die §§ 77 und 78 UrhG gewährten **audiovisuellen Nutzungsrechte** an seinen künstlerischen Leistungen, also die Rechte der Bildschirm- und Lautsprecherübertragung, der Vervielfältigung und Verbreitung, der Funksendung und der öffentlichen Wiedergabe, nach § 79 UrhG **anderen übertragen** (Rz. 28–30).[3] 37

Die Herausgeber nachgelassener Werke (§ 71 UrhG), die Hersteller von Tonträgern (§ 85 UrhG), die Sendeunternehmen (§ 87 UrhG) und die Hersteller von Filmen (§ 94 UrhG) können ihre **Leistungsschutzrechte** ebenfalls anderen **übertragen.** Dagegen können die Verfasser von wissenschaftlichen Ausgaben (§ 70 UrhG) sowie die Lichtbildner (§ 72 UrhG) ihre Leistungsschutzrechte nicht übertragen; sie können aber wie ein Urheber Nutzungsrechte an diesen **einräumen**. 38

Wie bei den Urheberschutzrechten (Rz. 35), wird von § 12 Abs. 2 Nr. 7 Buchst. c UStG **nicht nur** die Einräumung und die Übertragung von Leistungsschutzrechten **durch den Werkvermittler** selbst, sondern auch **durch andere** begünstigt. 39

1 BFH, Urt. v. 29.4.1987 – X R 31/80, BStBl. II 1987, 648 = UR 1987, 298.
2 *Liegmann/Farruggia-Weber*, UR 2022, 441; *Kirch/Stumm*, UVR 2022, 244; *Rapp/Bongers*, UR 2023, 666; *Müller/Schmidt*, DStR 2023, 177.
3 Abschn. 12.7 Abs. 20 Satz 1 UStAE.

4. Abgrenzung von Lieferung und elektronischer Dienstleistung bei sog. Leistungsbündeln

40 Liegt ein Werk nach dem UrhG oder die Leistung eines Werkvermittlers vor und werden daran tatsächlich Urheberschutz- oder Leistungsschutzrechte eingeräumt oder übertragen, setzt die **Steuerermäßigung** nach § 12 Abs. 2 Nr. 7 Buchst. c UStG als **zusätzliche Bedingung** voraus, dass die **Einräumung oder Übertragung** der **Rechte** den **wesentlichen Inhalt der Leistung** ausmacht. Mit dieser Bedingung geht zugleich einher, dass es sich bei dieser Leistung umsatzsteuerrechtlich zwingend um eine **sonstige Leistung** i.S.d. § 3 Abs. 9 UStG handeln muss.[1]

41 Für die Anwendung von § 12 Abs. 2 Nr. 7 Buchst. c UStG ist es also nicht ausreichend, wenn solche Rechte **im Rahmen eines Leistungsbündels** eingeräumt oder übertragen werden, die einheitliche Gesamtleistung nach ihrem wirtschaftlichen Gehalt aber als Lieferung anzusehen ist.[2] Die **Einräumung oder Übertragung** von Urheberschutz- oder Leistungsschutzrechten muss **Hauptbestandteil der einheitlichen Gesamtleistung** sein.[3]

42 Ob Hauptbestandteil der einheitlichen Gesamtleistung die Einräumung oder die Übertragung von Urheberschutz- oder Leistungsschutzrechten ist, und somit § 12 Abs. 2 Nr. 7 Buchst. c UStG Anwendung findet, kann **nur durch Beurteilung jeder einzelnen einheitlichen Gesamtleistung festgestellt werden**. Die Tatsache, dass z.B. ein Urheber in der Regel geschützte Werke herstellt, reicht für sich gesehen dazu nicht aus.[4] Es muss vielmehr nach den allgemeinen umsatzsteuerrechtlichen Kriterien aus Sicht eines Durchschnittsverbrauchers für jeden Einzelfall bestimmt werden, ob es dem **Leistungsempfänger** bei Bezug der Gesamtleistung **gerade und vor allem** auf die Einräumung oder die Übertragung von Urheberschutz- oder Leistungsschutzrechten **ankommt**.[5]

43 Ob dies der Fall ist, bestimmt sich nach dem **erzielten wirtschaftlichen Ergebnis**, das sich im Zweifel aus den **vertraglichen Vereinbarungen** ergibt.[6] Nicht maßgeblich sind die Abrechnungsmodalitäten, wie die Leistungsbezeichnung, z.B. „Übertragung von Nutzungsrechten" oder „künstlerische Tätigkeit".[7] Wird anhand der getroffenen Vereinbarungen festgestellt, dass die Voraussetzungen für die Steuerermäßigung nicht erfüllt sind, kann daran auch durch Aufsplittung des Rechnungsbetrags nichts geändert werden.

43.1 **Ergänzend** ist bei der Beurteilung der einheitlichen Gesamtleistung auf **objektive Beweisanzeichen** (wie z.B. Tätigkeit des Leistungsempfängers, bei ihm vorhandene Vertriebsstrukturen usw.) **abzustellen**.[8]

44 Entsprechend sind sich Rechtsprechung[9] und Verwaltung[10] auch einig, dass in den Fällen, in denen die Herstellung eines urheberrechtlich geschützten Werkes (z.B. Sprachwerkes) vom Leistungsempfänger **typischerweise nur durch Ausnutzung von Rechten** an diesem Werk **bestimmungsgemäß verwendet werden kann**, die Einräumung oder Übertragung urheberrechtlicher Nutzungsrechte den **wesentlichen Leistungsinhalt des Herstellers** bildet. Die Herstellung des Werkes selbst geht als Vorstufe für die eigentliche Leistung in dieser auf, selbst dann, wenn das Werkoriginal dem Auftraggeber vom Hersteller überlassen wird.

In diesem Sinne sind auch die **Beispiele in Abschn. 12.7 Abs. 22 UStAE** zu verstehen.

---

1 BFH, Urt. v. 7.10.1987 – X R 21/80, BFH/NV 89, 608; Abschn. 12.7 Abs. 1 Satz 1 UStAE.

2 Abschn. 12.7 Abs. 1 Satz 15 UStAE.

3 BFH, Urt. v. 14.2.1974 – V R 129/70, BStBl. II 1974, 261; BFH, Urt. v. 27.9.2001 – V R 14/01, BStBl. II 2001, 114 = UR 2002, 136; BFH, Urt. v. 25.11.2004 – V R 4/04, BStBl. II 2005, 415 = UR 2005, 553; BFH, Urt. v. 21.10.2009 – V R 8/08, BFH/NV 2010, 476; Abschn. 12.7 Abs. 1 Satz 1 UStAE.

4 FG Sachsen, Urt. v. 23.7.2015 – 6 K 1157/12, juris.

5 FG Köln, Urt. v. 18.10.2006 – 4 K 3006/04, juris; FG Hessen, Urt. v. 10.8.2018 – 6 V 313/1.

6 BFH, Urt. 14.2.1974 – V R 129/70, BStBl. II 1974, 261; BFH, Urt. v. 25.11.2004 – V R 4/04, BStBl. II 2005, 415 = UR 2005, 553; Abschn. 12.7 Abs. 1 Satz 2 UStAE.

7 FG Schleswig-Holstein, Urt. v. 18.7.2017 – 4 K 64/16, juris; Abschn. 12.7 Abs. 1 Satz 4 UStAE.

8 BFH, Urt. v. 25.11.2004 – V R 4/04, BStBl. II 2005, 415 = UR 2005, 553; BFH, Urt. v. 25.11.2004 – V R 25/04, 26/04, BStBl. II 2005, 419 = UR 2005, 557; Abschn. 12.7 Abs. 1 Satz 12 UStAE.

9 FG Hamburg, Urt. v. 21.10.2002 – I 214/98; FG Sachsen, Urt. v. 23.7.2015 – 6 K 1157/12, juris.

10 Abschn. 12.7 Abs. 22 Sätze 1 und 2 UStAE.

Überträgt man die Überlegungen des Abschn. 12.7 Abs. 22 UStAE auf Konstellationen, in denen es um die Frage geht, ob die elektronische (anstelle der physischen) Überlassung des Werkes oder die Übertragung urheberrechtlicher Nutzungsrechte daran der wesentliche Leistungsinhalt der einheitlichen Gesamtleistung ist, müsste man eigentlich im Fall eines Unternehmers, der Nutzern gegen Entgelt ermöglicht, aus dem internen Bereich seiner Website Skripte/Materialien für Unterrichtszwecke zur Vervielfältigung herunterzuladen, zu dem Ergebnis kommen, dass wesentlicher Leistungsinhalt der Gesamtleistung die Übertragung urheberrechtlicher Nutzungsrechte (zur Vervielfältigung) ist, und somit § 12 Abs. 2 Nr. 7 Buchst. c UStG Anwendung findet. 45

Diese Auffassung teilt das **FG Münster**[1] nicht. Es geht davon aus, dass der Unternehmer zwar eine sonstige Leistung, allerdings eine elektronische Dienstleistung erbringt, da das Herunterladen der Skripte/Materialien rein elektronisch und ohne menschliche Beteiligung i.S.v. Art. 7 MwStVO erfolgt, sofern der Nutzer selbst die für ihn interessanten Materialien auf der Website finden kann. Dass der Unternehmer zuvor die Materialien entwickelt, erstellt und in den internen Bereich der Website hochgeladen hat, dient dabei nur der Vorbereitung und Sicherung der elektronischen Dienstleistung. Nach Inkrafttreten von Art. 98 Abs. 2 Unterabs. 2 MwStSystRL sind die ermäßigten Steuersätze nicht auf elektronische Dienstleistungen anwendbar (Rz. 5). Die im Leistungsbündel enthaltene Leistungskomponente „Einräumung urheberrechtlich relevanter Nutzungsrechte (zur Vervielfältigung)" ist – selbst bei prägender Natur für die Gesamtleistung – unbeachtlich, da sie von der unionsrechtlichen Sperrwirkung der Leistungskomponente „elektronischen Dienstleistung" verdrängt wird, mit der Folge, dass eine Ermäßigung nach § 12 Abs. 2 Nr. 7 Buchst. c UStG nicht möglich ist. Seine Entscheidung stützt das FG Münster dabei auf EuGH[2] und BFH[3], die in zwei einander ähnlichen Fällen, in denen von Unternehmern elektronische Sprachwerke (eBooks und ePaper) an Bibliotheken für die Online-Ausleihe an Kunden überlassen wurden, die Anwendung der urheberrechtlichen Steuerermäßigung – wegen des kategorischen unionsrechtlichen Verbots einer Steuerermäßigung für digitale Dienstleistungen – versagt haben (Rz. 66). Die FinVerw. hat diese Rechtsauffassung anschließend durch Einfügung der Worte „oder elektronische Dienstleistungen" in Satz 15 von Abschn. 12.7 Abs. 1 UStAE übernommen, der nun wie folgt lautet: „Die Steuerermäßigung gilt auch nicht für Leistungen, mit denen zwar derartige Rechtsübertragungen verbunden sind, die jedoch nach ihrem wirtschaftlichen Gehalt als Lieferungen oder elektronische Dienstleistungen anzusehen sind." 45.1

Entsprechend dürfte auch die auf elektronischem Weg erfolgte Überlassung von urheberrechtlich geschützter Individual-Software – selbst wenn das Recht auf Vervielfältigung und Verbreitung nach den Bestimmungen des § 69c Nr. 1–4 UrhG Hauptbestandteil der Gesamtleistung ist – nicht mehr dem ermäßigten Steuersatz nach § 12 Abs. 2 Nr. 7 Buchst. c UStG unterliegen.[4] Die Ermäßigung für diese Konstellation ergibt sich m.E. zwar weiterhin aus Abschn. 12.7 Abs. 1 Sätze 8 bis 10 UStAE und der Verfügung der OFD Niedersachsen v. 30.10.2015[5], sollte insoweit aber von Abschn. 12.7 Abs. 1 Satz 15 UStAE verdrängt werden (Rz. 95–97). Die Aussagen in Abschn. 12.7 Abs. 1 Sätze 8 bis 10 UStAE und in der Verfügung der OFD Niedersachsen haben damit faktisch nur noch für alle übrigen Konstellationen der Softwareüberlassung, d.h. für jegliche Überlassung von Standard-Software und für die nicht auf elektronischem Weg erfolgte Überlassung von urheberrechtlich geschützter Individual-Software, Gültigkeit (Rz. 88–98). 46

Damit kommt es nunmehr zur Anwendung verschiedener Steuersätze auf Gesamtleistungen, die in identischer Weise von der Einräumung urheberrechtlich relevanter Nutzungsrechte geprägt sind und sich nur in der Art ihrer Erbringung (elektronisch oder auf andere Weise) unterscheiden. Insoweit ist den Ausführungen von *Hidien*[6] beizupflichten, dass hierin ein Verstoß gegen den allgemeinen Gleichheitsgrundsatz liegt. Gleichsam ist ihm zuzustimmen, dass es aufgrund der Rechtsprechung des 46.1

1 FG Münster, Urt. v. 28.1.2020 – 15 K 2629/17 U, UStB 2020, 151.
2 EuGH, Urt. v. 5.3.2015 – C-502/13, ECLI:EU:C:2015:143 – Kommission/Luxemburg, UR 2015, 60.
3 BFH, Urt. v. 3.12.2015 – V R 43/13, BStBl. II 2016, 858 = UR 2016, 241.
4 A.A. *Stapperfend* in Rau/Dürrwächter, § 12 Abs. 2 Nr. 7c UStG Rz. 172 (Stand: März 2022), der insoweit keine elektronische Dienstleistung i.S.v. Art. 7 MwStVO sieht.
5 OFD Niedersachsen, Vfg. v. 30.10.2015 – S 7240-37-St 187 VD, UR 2016, 122.
6 *Hidien*, UR 2021, 649.

EuGH[1] in vergleichbaren Konstellationen – bis zum Erlass der erforderlichen Neuregelung durch den EU-Gesetzgeber im Sinne des allgemeinen Gleichheitsgrundsatzes – *möglich sein muss, die Begünstigungsnorm* auch auf den ausgeschlossenen Gegenstandsbereich zu übertragen.

5. Prüfreihenfolge

47 Für die umsatzsteuerrechtliche **Einordnung aller Leistungen,** für die § 12 Abs. 2 Nr. 7 Buchst. c UStG durch „Einräumung und Übertragung" von Rechten aus dem UrhG in Betracht kommt, ergibt sich somit eine **fünfstufige Prüfreihenfolge**:

1. Ist die maßgebliche Leistung als **„sonstige Leistung"** i.S.d. § 3 Abs. 9 UStG einzustufen?
2. Wenn ja, steht diese im Zusammenhang mit einem **„Werk"** (oder einer **„Werkvermittlung"**), das seinen (oder die ihren) **Rechtsschutz aus dem UrhG** herleitet?
3. Wenn ja, werden im Rahmen der zu beurteilenden Leistungsbeziehung **tatsächlich** sich **aus dem UrhG ergebende Rechte eingeräumt** oder **übertragen?**
4. Wenn ja, stellen diese bei der Gesamtbeurteilung der Leistungsbeziehung die im Vordergrund stehende **charakterbestimmende Leistungskomponente** dar?
5. Wenn ja, liegt auch keine Leistungskomponente „elektronische Dienstleistung" vor, die Sperrwirkung entfaltet?

IV. Wahrnehmung von Rechten aus dem UrhG

1. Allgemeines

48 Neben der Einräumung und Überlassung von Rechten aus dem UrhG durch Urheber und ausübende Künstler als Stellvertreter für alle sonstigen Werkvermittler (Rz. 31–47) fällt auch die Wahrnehmung von Urheberrechten oder verwandten Schutzrechten unter die Steuerermäßigung nach § 12 Abs. 2 Nr. 7 Buchst. c UStG. Was unter der Wahrnehmung von Urheberrechten oder verwandten Schutzrechten zu verstehen ist, ergibt sich weder aus dem UStG noch dem Unionsrecht. Der BFH versteht unter einer Wahrnehmung, dass ein Unternehmer für Rechnung des Urhebers oder des Inhabers von Urheberrechten zur Wahrung von dessen Rechten tätig wird.[2] Der Leistungsgehalt besteht insoweit in der Rechtsverwirklichung durch Rechtsausübung und Rechtsverfolgung.[3] Entsprechend unterliegen idealtypisch die **Umsätze von Verwertungsgesellschaften,** die Nutzungsrechte, Einwilligungsrechte oder Vergütungsansprüche aus dem UrhG kollektiv wahrnehmen[4], dem ermäßigten Steuersatz nach § 12 Abs. 2 Nr. 7 Buchst. c UStG.[5] Nach Auffassung des FG Hessen wird aber auch die individuelle, gelegentliche Wahrnehmung fremder Urheberrechte von § 12 Abs. 2 Nr. 7 Buchst. c UStG erfasst.[6]

48.1 Urheberrechtliche Abmahnungen durch den Rechteinhaber unterliegen hingegen nicht dem ermäßigten Steuersatz nach § 12 Abs. 2 Nr. 7 Buchst. c UStG,[7] da es insoweit an der erforderlichen Fremdnützigkeit der Leistung mangelt und auch unionsrechtliche Wertungen gegen eine Wahrnehmungsleistung i.S.v. § 12 Abs. 2 Nr. 7 Buchst. c UStG sprechen.[8]

1 EuGH, Urt. v. 9.3.2017 – C-406/15, ECLI:EU:C:2017:198 – Milkova, Rz. 70.

2 BFH, Urt. v. 29.4.1987 – X R 31/80, BStBl. II 1987, 648 = UR 1987, 298; BFH, Urt. v. 13.3.1997 – V R 13/96, BStBl. II 1997, 372 = UR 1997, 229.

3 BFH, Urt. v. 29.4.1987 – X R 31/80, BStBl. II 1987, 648 = UR 1987, 298; *Huschens* in Schwarz/Widmann/Radeisen, § 12 Abs. 2 Nr. 7c UStG Rz. 114 (Stand: September 2023).

4 Vgl. Gesetz über die Wahrnehmung von Urheberrechten durch Verwertungsgesellschaften (VGG) v. 24.5.2016, BGBl. I 2016, 1190.

5 Abschn. 12.7 Abs. 2 Satz 3 UStAE; *Kraeusel* in Reiß/Kraeusel/Langer, § 12 UStG Rz. 235 (Stand: September 2023); *Huschens* in Schwarz/Widmann/Radeisen, § 12 Abs. 2 Nr. 7c UStG Rz. 121 (Stand: September 2023).

6 FG Hessen, Urt. v. 28.9.2016 – 6 K 1911/14, EFG 2016, 2085.

7 BMF, Schr. v. 1.10.2021 – III C 2-S 7100/19/10001 :006 – DOK 2021/0998752, BStBl. I 2021, 1859 = UR 2021, 840; *Vobbe/Stelzer*, UStB 2021, 365.

8 *Stelzer*, UR 2021, 812.

2. Verwertungsgesellschaften

Nach § 2 VGG ist eine Verwertungsgesellschaft eine **Organisation**, die gesetzlich oder aufgrund Vereinbarung **berechtigt ist** und deren ausschließlicher oder **hauptsächlicher Zweck es ist**, für Rechnung mehrerer Rechteinhaber **Urheberrechte** oder verwandte **Schutzrechte** zu deren kollektiven Nutzen **wahrzunehmen**, egal, ob in eigenem oder in fremdem Namen. 49

Hierfür übertragen die Rechteinhaber in einem **Wahrnehmungsvertrag** ihre urheberrechtlichen Nutzungsrechte, Einwilligungsrechte und Vergütungsansprüche auf eine für den jeweiligen Tätigkeitsbereich spezialisierte Verwertungsgesellschaft. Diese wiederum erteilt fremden Nutzern („Jedermann") Lizenzen und zieht dafür Vergütungen ein. Die Vergütungen teilt sie anschließend nach festen Regeln, dem sog. **Verteilungsplan**, auf und schüttet sie an die Rechteinhaber aus. 50

Zu den vom Patent- und Markenamt (DPMA) zugelassenen **Verwertungsgesellschaften** gehören vor allem die Gesellschaft für musikalische Aufführungs- und mechanische Vervielfältigungsrechte **(GEMA)**, die Gesellschaft zur Verwertung von Leistungsschutzrechten **(GVL)**, die Verwertungsgesellschaft Wort **(VG Wort)**, die Verwertungsgesellschaft Bild-Kunst **(VG Bild-Kunst)**, die Verwertungsgesellschaft der Film- und Fernsehproduzenten **(VFF)**, die Verwertungsgesellschaft Musikedition **(VG Musikedition)** sowie die Gesellschaft zur Übernahme und Wahrnehmung von Filmaufführungen mbH **(GÜFA)**. 51

3. Rechtewahrnehmung durch Verwertungsgesellschaften

a) Allgemeines

In Deutschland hatte sich lange Zeit die Ansicht verfestigt, dass Rechteinhaber steuerpflichtige Umsätze tätigen, wenn sie **urheberrechtliche Vergütungen** von den **Verwertungsgesellschaften ausgeschüttet** bekommen. Nach Auffassung des BFH soll eine Duldungsleistung des Rechteinhabers i.S.d. § 3 Abs. 9 Satz 2 UStG vorliegen.[1] Nach dem – mit Wirkung zum 1.1.1993 eingeführten – § 3 Abs. 9 Satz 3 UStG führen nicht nur die Rechteinhaber, sondern auch die Verwertungsgesellschaften in den Fällen der §§ 27 und 54 UrhG (d.h. in den Fällen gesetzlicher Vergütungsansprüche) sonstige Leistungen i.S.d. § 3 Abs. 9 UStG aus. Nach der Gesetzesbegründung sollte § 3 Abs. 9 Satz 3 UStG „klarstellen", dass – im Sinne einer Dienstleistungskommission (§ 3 Abs. 11 UStG) – sowohl im Verhältnis der Rechteinhaber zu den Verwertungsgesellschaften als auch im Verhältnis der Verwertungsgesellschaften zu den jeweils Zahlungsverpflichteten ein steuerbarer (und steuerpflichtiger) Leistungsaustausch vorliegt. Auf **beide Leistungsbeziehungen** findet die **Ermäßigung** nach § 12 Abs. 2 Nr. 7 Buchst. c UStG **Anwendung**.[2] 52

b) Gesetzliche Vergütungsansprüche

Diese **deutsche Rechtsauffassung** kam in 2017 durch die **EuGH-Rechtsprechung**[3] in einem ähnlich gelagerten polnischen Sachverhalt (d.h. in einem Sachverhalt, in dem es ebenfalls um gesetzliche Vergütungsansprüche ging) **ins Wanken**. Denn darin stellte der EuGH klar, dass für ihn **kein Rechtsverhältnis** ersichtlich ist, in dessen Rahmen gegenseitige Leistungen einerseits zwischen den Rechteinhabern oder gegebenenfalls der Verwertungsgesellschaft und andererseits den Zahlungsverpflichteten ausgetauscht werden. Der von den Zahlungsverpflichteten zu leistende Ausgleich stellt nach Auffassung des EuGH nicht den unmittelbaren Gegenwert für irgendeine Dienstleistung dar, sondern steht im Zusammenhang mit dem Schaden, der sich für die Rechteinhaber aus der ohne ihre Genehmigung erfolgenden Nutzung ihrer geschützten Werke ergibt. Aus dem Urteil leitete die überwiegende Literaturmeinung[4] für Deutschland ab, dass weder – wie vom EuGH explizit entschieden – im Verhältnis zwischen der Verwertungsgesellschaft und den Zahlungsverpflichteten noch – was nicht ausdrücklich 53

---

1 BFH, Urt. v. 12.2.2015 – V R 38/13, BStBl. II. 2017, 31 = DB 2015, 1141.

2 *Prätzler*, jurisPR-SteuerR 17/2017 Anm. 6.

3 EuGH, Urt. v. 18.1.2017 – C-37/16, ECLI:EU:C:2017:22 – SAWP, UR 2017, 230.

4 *Tehler*, EU-UStB 2017, 10; *Möller*, DStRK 2017, 107; *Klenk*, HFR 2017 Nr. 3, 264; *Prätzler*, jurisPR-SteuerR 17/2017 Anm. 6; **a.A.** *Grube*, MwStR 2017, 163.

vom EuGH entschieden wurde – im Verhältnis zwischen Rechteinhaber und Verwertungsgesellschaft ein steuerbarer Leistungsaustausch vorliegt, und dass der nationale Gesetzgeber daher aufgrund der Unionsrechtswidrigkeit zur Neuregelung von § 3 Abs. 9 Satz 3 UStG aufgefordert ist.

54 Dieser Aufforderung kam der nationale Gesetzgeber nach und hat **§ 3 Abs. 9 Satz 3 UStG mit Wirkung zum 1.1.2019 aufgehoben**. Seitdem liegt weder im Verhältnis der Rechteinhaber zu den Verwertungsgesellschaften noch im Verhältnis der Verwertungsgesellschaften zu den Zahlungsverpflichteten ein steuerbarer Leistungsaustausch vor,[1] mit der **Konsequenz**, dass die **Steuerermäßigung nach § 12 Abs. 2 Nr. 7 Buchst. c UStG** („Wahrnehmung von Rechten aus dem UrhG") seit 1.1.2019 in den Fällen der §§ 27 und 54 UrhG (d.h. in den Fällen gesetzlicher Vergütungsansprüche) **ins Leere läuft**. Dies gilt allerdings nicht für die sich auf gesetzliche Vergütungsansprüche beziehende Inkasso- und Organisationsleistung der Verwertungsgesellschaft im Innenverhältnis zum Rechteinhaber; hier ist die Tatbestandsvariante der „Wahrnehmung von Rechten aus dem UrhG" i.S.v. § 12 Abs. 2 Nr. 7 Buchst. c UStG erfüllt und die Steuersatzermäßigung kommt zur Anwendung.[2]

c) Urheberrechtliche Nutzungsrechte

55 Demnach verbleibt für die Tatbestandsvariante der „Wahrnehmung von Rechten aus dem UrhG" i.S.v. § 12 Abs. 2 Nr. 7 Buchst. c UStG im Rahmen einer Dienstleistungskommission (§ 3 Abs. 11 UStG) nur dann ein Anwendungsbereich, wenn urheberrechtliche Nutzungsrechte gegen Entgelt eingeräumt werden.[3] Hierzu gehört nach Auffassung der FinVerw. auch die Zahlung gesetzlicher Vergütungsansprüche nach §§ 32a, 46 Abs. 1 Satz 1, 60h Abs. 1 Satz 2 sowie 45a UrhG, da es sich bei diesen Vergütungsansprüchen ebenfalls um urheberrechtliche Nutzungsrechte handelt, bei denen die Vergütung einen Gegenwert bildet und daher Entgeltcharakter hat.[4] Die Schlussfolgerung über den verbliebenen Anwendungsbereich wird aus dem Urteil des EuGH in der rumänischen Rechtssache „UCMR-ADA" abgeleitet.[5] Denn darin hat der EuGH seine Erwägungen aus dem im Jahr 2017 ergangenen Urteil „SWAP" nicht auf die Zahlung von Vergütungsansprüchen aus urheberrechtlichen Nutzungsrechten übertragen, sondern entschieden, dass Lizenzen für urheberrechtliche Nutzungen im Einzelfall erteilt werden und somit einen Leistungsaustausch begründen. Wird ein Unternehmer (Verwertungsgesellschaft) in einen solchen Leistungsaustausch (zwischen Rechteinhaber und Zahlungsverpflichteten) eingeschaltet und handelt er hierbei im Außenverhältnis im eigenen Namen, jedoch für fremde Rechnung, gilt die Leistung als an ihn und von ihm erbracht. § 3 Abs. 11 UStG fingiert eine Leistungskette. Die Leistungen innerhalb der Leistungskette werden bezüglich ihres Leistungsinhalts gleich behandelt. Eine derartige Leistungskette hat der EuGH im Fall „UCMR-ADA" bejaht, in dem eine Verwertungsgesellschaft im Außenverhältnis im eigenen Namen, aber für fremde Rechnung, Vergütungen für die öffentliche Wiedergabe von Musikstücken berechnet und einzieht. Der Rechteinhaber erbringt eine steuerbare und steuerpflichtige Dienstleistung an die Verwertungsgesellschaft, und die Verwertungsgesellschaft erbringt ihrerseits ebenfalls eine steuerbare und steuerpflichtige Dienstleistung an den Zahlungsverpflichteten. Die Organisations- und Inkassoleistung der Verwertungsgesellschaft im Innenverhältnis zum Rechteinhaber geht in der fingierten Leistungskette auf. Somit muss der Rechteinhaber gegenüber der Verwertungsgesellschaft und die Verwertungsgesellschaft muss gegenüber dem Zahlungsverpflichteten abrechnen. Auf beide Leistungsbeziehungen findet § 12 Abs. 2 Nr. 7 Buchst. c UStG Anwendung.

55.1 Hinsichtlich der Anwendung des ermäßigten Steuersatzes nach § 12 Abs. 2 Nr. 7 Buchst. c UStG auf die Leistung(en) eines Verlegers an die Verwertungsgesellschaft bzw. auf die Organisations- und Inkas-

---

1 BMF, Schr. v. 14.10.2021 – III C 2-S 7100/19/10001 :003, BStBl. I 2021, 2133 = UR 2021, 920.

2 *Stelzer*, MwStR 2021, 927; **a.A.** *Beer/Finken*, MwStR 2022, 464.

3 BMF, Schr. v. 14.10.2021 – III C 2-S 7100/19/10001 :003, BStBl. I 2021, 2133 = UR 2021, 920, bejaht Dienstleistungskommission, jedoch ohne Aussage zum anzuwendenden Steuersatz; *Prätzler*, jurisPR-SteuerR 20/2021 Anm. 5; *Finken*, MwStR 2021, 414; *Stelzer*, MwStR 2021, 927.

4 FM Mecklenburg-Vorpommern v. 23.12.2019 – S 7110-00000-2015/001; *Sterzinger*, MwStR 2021, 238; kritisch *Stelzer*, MwStR 2021, 927.

5 EuGH, Urt. v. 21.1.2021 – C-501/19, ECLI:EU:C:2021:50 – UCMR – ADA, UR 2021, 739.

soleistung der Verwertungsgesellschaft an den Verleger wird auf die Erläuterungen von *Stelzer*[1] und *Beer/Finken*[2] verwiesen.

V. Einzelfälle

1. Sprach- und Schriftwerke (§ 2 Abs. 1 Nr. 1 UrhG)

a) Allgemeines

Sprach- und Schriftwerke i.S.d. § 2 Abs. 1 Nr. 1 UrhG sind alle Schöpfungen, die durch Sprache und Schrift **Gedankengänge äußerlich erkennbar machen.** 56

Hierzu **gehören insbesondere** Romane, Epen, Sagen, Gedichte, Novellen, Kurzgeschichten, Bühnenwerke aller Art, Hörspiele, Drehbücher, wissenschaftliche Bücher, Abhandlungen und Vorträge, Denkschriften, Forschungsberichte, Kommentare zu politischen und kulturellen Ereignissen sowie Reden und Predigten.[3] 57

Auch **Computerprogramme** sind in der Regel nach § 2 Abs. 1 Nr. 1 UrhG geschützt. 58

b) Schriftsteller, Bibliotheken (eLibrarys)

aa) Schriftsteller

Schriftsteller können die Ermäßigung nach § 12 Abs. 2 Nr. 7 Buchst. c UStG dann beanspruchen, wenn sie anderen **Nutzungsrechte an** ihren urheberrechtlich geschützten **Sprachwerken einräumen**. Der Verlagsvertrag ist dabei der älteste und in der Praxis bedeutsamste Vertrag unter den Urheberrechtsverträgen, mit dem Nutzungsrechte eingeräumt werden. Er verpflichtet den Schriftsteller als Urheber, das Verlagsrecht, d.h. das ausschließliche Recht zur Vervielfältigung und Verbreitung des Sprachwerkes, zu verschaffen.[4] 59

Mit der **Veräußerung des Originals** des Sprachwerkes, z.B. Buchmanuskript, wird nach § 44 Abs. 1 UrhG dem Erwerber im Zweifel kein urheberrechtliches Nutzungsrecht eingeräumt. Daher unterliegt die reine Lieferung eines Manuskripts grundsätzlich dem Regelsteuersatz nach § 12 Abs. 1 UStG. Eine nach § 12 Abs. 2 Nr. 7 Buchst. c UStG begünstigte sonstige Leistung ist nur anzunehmen, wenn mit der Veräußerung des Werkoriginals dem Erwerber aufgrund besonderer Vereinbarung urheberrechtliche Nutzungsrechte an dem Werk eingeräumt werden.[5] Vor diesem Hintergrund ist für die Anwendung des ermäßigten Steuersatzes die **zivilrechtliche Gestaltung** des zugrunde liegenden Vertrages entscheidend. 60

Bei der **Lieferung eines Buches** durch den Verlag an den Händler und durch den Händler an den Leser wird kein urheberrechtliches Nutzungsrecht eingeräumt, so dass eine Begünstigung nach § 12 Abs. 2 Nr. 7 Buchst. c UStG nicht in Frage kommt; insoweit findet jedoch die Ermäßigungsvorschrift des § 12 Abs. 2 Nr. 1 i.V.m. Nr. 49 der Anlage 2 zum UStG Anwendung.[6] Auf die **Lieferung eines Buches in elektronischer Form** ist nach § 12 Abs. 2 Nr. 14 UStG ab dem Tag der Verkündung des Gesetzes zur weiteren steuerlichen Förderung der Elektromobilität und zur Änderung weiterer steuerlicher Vorschriften (d.h. ab 18.12.2019) ebenso der ermäßigte Steuersatz anzuwenden, sofern es sich nicht um ein jugendgefährdendes Erzeugnis nach § 15 Abs. 1–3 und 6 des Jungendschutzgesetzes sowie eine Veröffentlichung, die überwiegend Werbezwecken (einschließlich Reisewerbung) dient, handelt (§ 12 Abs. 2 Nr. 14 UStG Rz. 32). 61

Schriftsteller, die im Rahmen einer Veranstaltung ihre **Werkausgaben signieren** oder **Autogramme geben** und dafür vom Veranstalter (wie z.B. Verleger, Buchhändler) ein Entgelt erhalten, erbringen 62

1 *Stelzer*, MwStR 2021, 927.
2 *Beer/Finken*, MwStR 2022, 464.
3 Abschn. 12.7 Abs. 6 Satz 2 UStAE.
4 *Waza* in Offerhaus/Söhn/Lange, § 12 Abs. 2 Nr. 7c UStG Rz. 150 (Stand: Dezember 2022).
5 Abschn. 12.7 Abs. 7 UStAE.
6 BFH, Urt. v. 13.3.1997 – V R 13/96, BStBl. II 1997, 372 = UR 1997, 229.

eine sonstige Leistung, die dem **Regelsteuersatz** nach § 12 Abs. 1 UStG unterliegt. Dasselbe gilt für **Lesungen** oder **Gespräche** bzw. Diskussionen z.B. mit Lesern, Politikern und anderen Schriftstellern.[1]

63 Wird die **Lesung**, das **Gespräch** bzw. die Diskussion von einer Rundfunk- oder Fernsehanstalt veranstaltet und gesendet, besteht die sonstige Leistung des Schriftstellers im Wesentlichen in der Einräumung von urheberrechtlichen Nutzungsrechten **(Senderecht)**, auf die die Ermäßigung nach § 12 Abs. 2 Nr. 7 Buchst. c UStG anzuwenden ist. Dabei ist unerheblich, ob die Aufnahme live oder später gesendet wird. Ebenfalls unerheblich ist, ob die Aufnahme nur in Ausschnitten gesendet wird oder die Sendung sogar gänzlich unterbleibt.[2]

64 Bezüglich der den Urhebern von Schriftwerken zufließenden **Anteile am Reinertrag der Verwertungsgesellschaft** (VG Wort) vgl. Rz. 52–55.

bb) Bibliotheken (eLibrarys)

65 Mittlerweile ist die Online-Ausleihe in vielen Bibliotheken Deutschlands zu finden. Sie basiert auf einer elektronischen Bibliothek, sog. **eLibrary**, die den Bibliotheken über eine spezielle webbasierte Software von Unternehmen (wie z.B. Verlagen) zur Verfügung gestellt wird. Dem Kunden der Bibliothek bietet sich dadurch die Möglichkeit, neben herkömmlichen Büchern in Papier auch eBooks und ePaper auszuleihen.

66 Ein **Unternehmer** (wie z.B. Verlag), der es **gegenüber einer Bibliothek** – im Rahmen einer sog. eLibrary – übernimmt, eine Online-Ausleihe einzurichten und gleichsam der Bibliothek digitalisierte Werke und die dazu gehörigen Lizenzen zu verschaffen, damit der Bibliothekskunde per Internet auf die Werke zugreifen kann, **erbringt** der Bibliothek gegenüber eine **sonstige Leistung**. Der Bibliothekskunde leiht sich ein Sprachwerk (als Oberbegriff von „Buch" bzw. „digitalem Buch") über den Unternehmensserver aus. Unstreitig muss der Unternehmer bei Erbringung der sonstigen Leistung gewisse Rechte aus dem UrhG an die Bibliothek zur Nutzung der eLibrary übertragen, damit die Bibliothek die digitalen Medien der eLibrary entsprechend nutzen kann. Die in der sonstigen Leistung enthaltene Komponente „Übertragung und Einräumung urheberrechtlich relevanter Nutzungsrechte" ist – selbst bei prägender Natur für die Gesamtleistung – jedoch unbeachtlich, da sie von der auf Art. 98 Abs. 2 Unterabs. 2 MwStSystRL beruhenden Sperrwirkung der Leistungskomponente „elektronische Dienstleistung" verdrängt wird (Rz. 46). Die **sonstige Leistung** des Unternehmers gegenüber der Bibliothek ist deshalb nicht als Übertragung und Einräumung von Rechten aus dem UrhG zu qualifizieren, sondern als **elektronische Dienstleistung**, die unionsrechtlich **nicht ermäßigt** besteuert werden darf. Entsprechend kommt national § 12 Abs. 2 Nr. 7 Buchst. c UStG nicht zur Anwendung.[3] Ab dem Tag der Verkündung des Gesetzes zur weiteren steuerlichen Förderung der Elektromobilität und zur Änderung weiterer steuerlicher Vorschriften (d.h. ab 18.12.2019) greift aber die Ermäßigung nach § 12 Abs. 2 Nr. 14 UStG (§ 12 Abs. 2 Nr. 14 Rz. 16 ff.).[4]

67 Die **entgeltliche Nutzungsüberlassung** von **digitalen Informationsquellen** (z.B. Datenbanken und elektronische Zeitschriften, Büchern und Nachschlagewerken) **durch eine Bibliothek** an ihre Kunden steht nicht der Einräumung, Übertragung und Wahrnehmung von Rechten aus dem UrhG gleich. Es handelt sich dabei um eine **Leistung** der Bibliothek an ihre Kunden, die nicht dem ermäßigten Steuersatz nach § 12 Abs. 2 Nr. 7 Buchst. c UStG **unterliegt.**[5] Allerdings findet auf die **Bereitstellung des Zugangs zu Datenbanken**, die eine Vielzahl von elektronischen Büchern, Zeitungen oder Zeitschriften oder Teile davon enthalten, ab dem Tag der Verkündung des Gesetzes zur weiteren steuerlichen Förderung der Elektromobilität und zur Änderung weiterer steuerlicher Vorschriften (d.h. ab 18.12.2019) die Ermäßigung nach § 12 Abs. 2 Nr. 14 UStG Anwendung (§ 12 Abs. 2 Nr. 14 Rz. 16 ff.).[6] M.E. sollte die Frage, welcher Steuersatz für die Nutzungsüberlassung von Informationsquellen durch Bibliothe-

1 Abschn. 12.7 Abs. 8 Sätze 1 und 2 UStAE.
2 Abschn. 12.7 Abs. 8 Sätze 3 ff. UStAE.
3 BFH, Urt. v. 3.12.2015 – V R 43/13, BStBl. II 2016, 858 = UR 2016, 241; Abschn. 12.7 Abs. 1 Satz 15 UStAE; LSt Nds., Vfg. v. 6.10.2020 – S 7221-145-St 173, UR 2021, 330.
4 LSt Nds., Vfg. v. 6.10.2020 – S 7221-145-St 173, UR 2021, 330.
5 Abschn. 12.7 Abs. 1 Satz 14 UStAE.
6 LSt Nds., Vfg. v. 6.10.2020 – S 7221-145-St 173, UR 2021, 330.

ken anzuwenden ist, aber in der Regel irrelevant sein, da Bibliotheken mit ihren typischen Umsätzen, also insbesondere der Nutzungsüberlassung von Informationsquellen – wozu in heutiger Zeit auch die Nutzungsüberlassung in elektronischer Form gehört – steuerfrei sind (§ 4 Nr. 20 Rz. 51 f.).

c) Journalisten und Presseagenturen

aa) Journalisten

Steuerermäßigte Leistungen i.S.d. § 12 Abs. 2 Nr. 7 Buchst. c UStG können auch von **Journalisten** erbracht werden. Zu den **begünstigten Leistungen** gehören u.a. Kommentare zu politischen, kulturellen, wissenschaftlichen, wirtschaftlichen, technischen und religiösen Ereignissen und Entwicklungen, Kunstkritiken inkl. der Buch-, Theater-, Musik-, Schallplatten- und Filmkritiken sowie Reportagen, die über den bloßen Bericht hinaus eine kritische Würdigung vornehmen.[1] 68

Nicht urheberrechtlich geschützt und somit nicht § 12 Abs. 2 Nr. 7 Buchst. c UStG unterliegend sind dagegen Tatsachennachrichten und Tagesneuigkeiten. Hiervon ausgenommen sind Nachrichten, die durch ihre individuelle Formgebung Werkcharakter erlangt haben.[2] 69

Da sich bei der Abgrenzung von urheberrechtlich geschützten Beiträgen von bloßen Tatsachennachrichten und Tagesneuigkeiten ohne Werkcharakter in der Praxis oft Schwierigkeiten ergeben, lässt die FinVerw. aus **Vereinfachungsgründen** zu, dass **Journalisten grundsätzlich** auf ihre Leistungen insgesamt den **ermäßigten Steuersatz** anwenden dürfen.[3] 70

Nur diejenigen Journalisten, die lediglich **Daten sammeln** und ohne redaktionelle Bearbeitung weiterleiten (wie z.B. Kurs- und Preisnotierungen, Börsennotizen, Wettervorhersagen, Rennergebnisse, Fußball- und andere Sportergebnisse, Theater-, Opern- und Kinospielpläne sowie Ausstellungs- und Tagungspläne), haben ihre Leistungen dem **Regelsteuersatz** nach § 12 Abs. 1 UStG zu unterwerfen.[4] 71

bb) Presseagenturen

In Bezug auf die Leistungen der Pressedienste und Presseagenturen, die **im Wesentlichen Verwertungsrechte** – z.B. Vervielfältigungsrecht, Verbreitungsrecht, Senderecht – an dem in den sog. Pressediensten enthaltenen Material **einräumen und übertragen**, ist nach Abschn. 12.7 Abs. 11 UStAE Folgendes zu beachten: 72

Bilderdienste sind nach § 2 Abs. 1 Nr. 5 und § 72 UrhG **geschützt**, so dass die Einräumung oder Übertragung von Verwertungsrechten an dem Bildmaterial stets dem ermäßigten Steuersatz nach § 12 Abs. 2 Nr. 7 Buchst. c UStG unterliegt. Bei **sonstigen Pressediensten** – insbesondere Namensberichten, Aufsätzen sowie redaktionell besonders aufgemachten Nachrichten – kann der Anteil der urheberrechtlich geschützten Beiträge **unterschiedlich** sein. Daher gilt die **Vereinfachungsregelung** für Journalisten (Rz. 70) entsprechend. 73

d) Übersetzungen und andere Bearbeitungen

Die Leistungen der **Übersetzer fremdsprachiger Werke** (wie z.B. Romane, Gedichte, Schauspiele) unterliegen dem **ermäßigten Steuersatz** nach § 12 Abs. 2 Nr. 7 Buchst. c UStG, denn Übersetzer **räumen urheberrechtliche Nutzungsrechte** ein, wenn die Werke in der Übersetzung z.B. veröffentlicht oder aufgeführt werden. Hierbei ist unerheblich, ob ein Werk einzeln, z.B. als Buch, oder in Sammlungen, z.B. in Zeitungen, veröffentlicht wird.[5] 74

Die Übertragung von Senderechten an **Übersetzungen** von Nachrichtensendungen **in die deutsche Gebärdensprache** unterliegt ebenfalls dem **ermäßigten Steuersatz** nach § 12 Abs. 2 Nr. 7 Buchst. c UStG.[6] 75

---

1 Abschn. 12.7 Abs. 9 Satz 1 UStAE.
2 Abschn. 12.7 Abs. 9 Satz 2 UStAE.
3 Abschn. 12.7 Abs. 10 Satz 1 UStAE.
4 Abschn. 12.7 Abs. 10 Satz 2 UStAE.
5 Abschn. 12.7 Abs. 12 Sätze 1 und 2 UStAE.
6 BFH, Urt. v. 18.8.2005 – V R 42/03, BStBl. II 2006, 44 = UR 2006, 26; Abschn. 12.7 Abs. 12 Satz 4 UStAE.

76 **Entsprechendes gilt** für **andere Bearbeitungen** urheberrechtlich geschützter Werke, sofern sie **persönliche geistige Schöpfungen** des Bearbeiters sind, **wie z.B.** die Dramatisierung eines Romans oder einer Novelle, die Episierung eines Bühnenstücks oder eines Gedichts, die Umwandlung eines Schauspiels oder eines Romans in ein Musical, die Verwendung einer literarischen Vorlage für Comics wie auch das Schreiben eines Filmdrehbuchs nach einer Vorlage und die Verfilmung.[1]

77 **Bereitet** ein **Unternehmen** für einen Radiosender im Rahmen der Betreuung von dessen Online-Angebot **Hörfunkbeiträge** durch Überschriften, Teaser und kurze Einführungstexte **auf**, so ist diese Tätigkeit nach Auffassung des FG Köln[2] als **Bearbeitung** eines urheberrechtlich geschützten Werkes (dem Hörfunkbeitrag) wie ein selbständiges Werk **nach den** §§ 3, 2 Abs. 1 Nr. 1 UrhG **geschützt**. Da sich aus den vertraglichen Vereinbarungen auch ergibt, dass das Unternehmen die urheberrechtlichen Nutzungsrechte an der Bearbeitung dem Radiosender einräumt, und der Radiosender zudem die Bearbeitung nur durch die Einräumung der Rechte betrieblich nutzen kann, unterliegt die **Gesamtleistung** des Unternehmers der **Ermäßigung** nach § 12 Abs. 2 Nr. 7 Buchst. c UStG.

e) Vorträge, Reden, Gutachten und technische Darstellungen

aa) Vorträge und Reden

78 Vorträge und Reden sind zwar urheberrechtlich geschützte Sprachwerke. Allerdings **räumt derjenige**, der einen **Vortrag** oder eine **Rede hält**, damit einem anderen **keine urheberrechtlichen Nutzungsrechte ein**. Dasselbe gilt für Vorlesungen, das Abhalten von Seminaren, die Erteilung von Unterricht sowie die Beteiligung an Aussprachen.[3]

79 Räumt der Redenschreiber dem Leistungsempfänger aber ein urheberrechtliches Nutzungsrecht an der Rede ein und wird der wesentliche Inhalt der Gesamtleistung von dieser Einräumung bestimmt, so kommt die Ermäßigung nach § 12 Abs. 2 Nr. 7 Buchst. c UStG zur Anwendung. Danach liegt z.B. eine **steuerermäßigte Einräumung** von urheberrechtlichen Nutzungsrechten vor, wenn ein **Vortrag** oder eine **Rede** in einer Fachzeitschrift **veröffentlicht** wird. Das Gleiche gilt, wenn Vorträge oder Unterrichtsveranstaltungen von Rundfunk- und Fernsehanstalten **gesendet** werden.[4]

79.1 Zur Frage, ob die Ermäßigung nach § 12 Abs. 2 Nr. 7 Buchst. c UStG bei der Erbringung von Online-Seminaren Anwendung findet, haben *Brill/Eisenreich*[5] ausführlich Stellung genommen.

80 Die **Tätigkeit eines Hochzeits- oder Trauerredners** ist nicht darauf beschränkt, dem Leistungsempfänger urheberrechtliche Nutzungsrechte an seinem Redemanuskript einzuräumen, sondern er erarbeitet mit ihm gemeinsam die Grundlagen für die Rede, trägt diese als zentralen Punkt der Veranstaltung vor und wird dabei moderierend und unterhaltend tätig. Wesentlicher und prägender Teil der erbrachten Leistung ist also der Vortrag einer auf den Leistungsempfänger zugeschnittenen Rede mit moderierender Begleitung des Publikums bei der Veranstaltung. Dabei gewährleistet der Hochzeits- oder Trauerredner eine von den Zuhörern als passend und gekonnt empfundene Leistung. Damit verlässt die Leistung eindeutig den begrenzten Bereich der Einräumung eines dem Urhebergesetz unterliegenden Rechtes. Diesem Leistungsbestandteil (der Überlassung des Manuskripts) kommt auch kein eigenständiger Leistungscharakter zu, sondern er ist lediglich Begleiterscheinung der vom Redner erbrachten Hauptleistung, dem Vortrag einer zum Anlass passenden Rede. Deshalb **kommt** die Anwendung der **Steuerermäßigung** nach § 12 Abs. 2 Nr. 7 Buchst. c UStG **nicht in Betracht**.[6] Darüber hinaus werden nach Abschn. 12.7 Abs. 13 Satz 4 UStAE „sowieso" keine urheberrechtlichen Nutzungsrechte eingeräumt, wenn z.B. der Inhalt oder der Text eines Vortrags oder einer Rede in schriftlicher Wiedergabe dem Veranstalter oder den Teilnehmern übergeben wird. In diesem Sinne auch Abschn. 12.7 Abs. 7 UStAE, nach dem bei der Veräußerung des Originals eines Werkes nach § 44 Abs. 1 UrhG dem Erwerber im

---

1 Abschn. 12.7 Abs. 12 Satz 3 UStAE.
2 FG Köln, Urt. v. 30.10.2014 – 15 K 3326/11, juris.
3 Abschn. 12.7 Abs. 13 Sätze 1 – 3 UStAE.
4 Abschn. 12.7 Abs. 13 Sätze 5 und 6 UStAE.
5 *Brill/Eisenreich*, UStB 2022, 356.
6 BFH, Urt. v. 3.12.2015 – V R 61/14, BStBl. II 2020, 797 = UR 2016, 285; BFH, Urt. v. 21.10.2009 – V R 8/08, BFH/NV 10, 476; OFD Frankfurt, Vfg. v. 26.8.2022 – S 7240A-024-St 16.

Zweifel keine urheberrechtlichen Nutzungsrechte eingeräumt werden, sodass die bloße Lieferung eines Manuskripts dem Regelsteuersatz nach § 12 Abs. 1 UStG unterliegt (Rz. 60). Die Tätigkeiten von Hochzeits- oder Trauerrednern können jedoch als Darbietungen „ausübender Künstler" nach § 12 Abs. 2 Nr. 7 Buchst. a UStG begünstigt sein (§ 12 Abs. 2 Nr. 7 Buchst. a Rz. 54).

Ein **Rundfunkmoderator**, der eine Sendung vorbereitet, diese mit charakteristischer Sprechweise moderiert und dem Sender die urheberrechtlichen Nutzungsrechte an den selbst geschaffenen Sprachwerken i.S.d. § 2 Abs. 1 Nr. 1 UrhG einräumt, erbringt eine nach § 12 Abs. 2 Nr. 7 Buchst. c UStG **begünstigte Gesamtleistung**, da es dem Sender – als maßgeblichem Leistungsempfänger – im Wesentlichen darauf ankommt, die selbst geschaffenen Sprachwerke des Moderators ausstrahlen zu können.[1] 81

bb) Gutachten und technische Darstellungen

Die **Übergabe** eines **Gutachtens** oder einer **Studie** ist **nicht** nach § 12 Abs. 2 Nr. 7 Bucht. c UStG **steuerermäßigt**, da diese Leistung regelmäßig nicht mit der Einräumung urheberrechtlicher Nutzungsrechte verbunden ist, auch wenn das Werk urheberrechtlichen Schutz genießt.[2] Dies gilt auch, wenn sich der Auftraggeber vorsorglich das Recht der alleinigen Nutzung und Verwertung einräumen lässt.[3] Werden im Zusammenhang mit der Erstellung eines Gutachtens oder der Studie ausnahmsweise auch Urheberrechte zur Vervielfältigung und Verbreitung des Gutachtens oder der Studie übertragen, findet auf diese Gesamtleistung dennoch der **Regelsteuersatz** nach § 12 Abs. 1 UStG Anwendung, wenn der Schwerpunkt der Gesamtleistung nicht in der Übertragung der Urheberrechte liegt, sondern in der Erstellung des Gutachtens oder der Studie im eigenständigen Interesse des Auftraggebers.[4] Es ist also maßgeblich, ob Gutachten oder Studien von vornherein zur Veröffentlichung bestimmt sind, und ob sie demgemäß entsprechend den vertraglichen Vereinbarungen auch tatsächlich vervielfältigt und verbreitet werden; lediglich dann ist als wesentlicher Inhalt der Gesamtleistung des Gutachters oder Studienverfassers die Einräumung urheberrechtlicher Nutzungsrechte anzunehmen.[5] Entsprechend unterliegt die **Anfertigung von Gutachten zur Biotop- und Standortkartierung** durch einen Diplom-Biologen **nicht dem ermäßigten Steuersatz** nach § 12 Abs. 2 Nr. 7 Buchst. c UStG, wenn die Einräumung urheberrechtlicher Nutzungsrechte aus Sicht der beauftragenden Naturschutzbehörde allenfalls Nebenzweck der von ihm aufgrund sog. Werkverträge zu erbringenden Leistung ist, weil für die Einräumung urheberrechtlicher Nutzungsrechte kein gesondertes Entgelt vereinbart und bezahlt wird.[6] 82

Leistungen auf dem **Gebiet** der Werbe-, Sozial-, Wirtschafts-, Markt-, Verbraucher- und Meinungs**forschung** unterliegen **ebenfalls nicht** der **Begünstigung** nach § 12 Abs. 2 Nr. 7 Buchst. c UStG, sondern dem Regelsteuersatz nach § 12 Abs. 1 UStG, da der Hauptinhalt dieser Leistungen nicht in einer Rechteübertragung, sondern in der Ausführung und Auswertung von demoskopischen Erhebungen besteht.[7] 83

Das Gleiche gilt auch für **Leistungen** aufgrund von **Forschungs- und Entwicklungsaufträgen**, sofern sie nicht im Rahmen eines Zweckbetriebs (§§ 65, 68 Nr. 9 AO) erbracht werden, da die Durchführung des Forschungs- bzw. Entwicklungsvorhabens Gegenstand der Leistung ist und die Einräumung urheberrechtlicher Nutzungsrechte lediglich eine unselbständige Nebenleistung darstellt, selbst wenn die Forschungs- und Entwicklungsergebnisse in Form von Berichten, Dokumentationen usw. tatsächlich veröffentlicht werden.[8] 84

Sprachwerke, in die nur handwerkliche, technische sowie wissenschaftliche Kenntnisse und Erfahrungen eingeflossen sind, wie z.B. **Gebrauchsanweisungen u.ä.**, können hingegen urheberrechtlich **geschützte Werke** i.S.d. § 2 Abs. 1 Nr. 1 UrhG sein. Voraussetzung hierfür ist, dass es sich um persönli- 85

1 FG Köln, Urt. v. 18.10.2006 – 4 K 3006/04, juris.
2 Abschn. 12.7 Abs. 14 Satz 1 UStAE.
3 FG Baden-Württemberg, Urt. v. 5.6.2003 – 14 K 216/98, juris; Abschn. 12.7 Abs. 14 Satz 2 UStAE.
4 Abschn. 12.7 Abs. 14 Satz 3 UStAE.
5 *Kraeusel* in Reiß/Kraeusel/Langer, § 12 UStG Rz. 252 (Stand: September 2023).
6 BFH, Urt. 19.11.1998 – V R 19/98, BFH/NV 1999, 836.
7 Abschn. 12.7 Abs. 1 Satz 6 UStAE.
8 FG Nürnberg, Urt. v. 26.1.1993 – II 142/90, juris; Abschn. 12.7 Abs. 14 Sätze 4–6 UStAE.

che geistige Schöpfungen handelt, die eine individuelle Eigenart aufweisen. Es genügt dabei, dass sich die individuelle Prägung in der Form und Gestaltung des Werkes ausdrückt.[1]

86 Erstellt ein **Unternehmen** für einen Radiosender im Rahmen der Betreuung von dessen Online-Angebot **Beiträge** zu technischen **Fragen der Website-Nutzung**, stellen diese Beiträge nach Ansicht des FG Köln[2] **Sprachwerke** i.S.d. § 2 Abs. 1 Nr. 1 UrhG dar. Die erforderliche Schöpfungshöhe können auch Artikel über die technische Benutzung einer Website erreichen, da der Verfasser verstehen muss, technisch komplexe Vorgänge einer breiten, nicht immer technisch versierten Lesergemeinde möglichst verständlich darzustellen. Da sich aus den vertraglichen Vereinbarungen ergibt, dass das Unternehmen die urheberrechtlichen Nutzungsrechte an den Beiträgen dem Radiosender einräumt, und der Radiosender darüber hinaus die Beiträge auch nur durch die Einräumung der Rechte betrieblich nutzen kann, unterliegt die Gesamtleistung des Unternehmers dem **ermäßigten Steuersatz** nach § 12 Abs. 2 Nr. 7 Buchst. c UStG.

87 Gesetze, Verordnungen, amtliche Erlasse und entsprechende Bekanntmachungen, Gerichtsentscheidungen und dazu amtlich verfasste Leitsätze genießen dagegen keinen urheberrechtlichen Schutz (§ 5 Abs. 1 UrhG), mit der Folge, dass die **Steuerermäßigung** nach § 12 Abs. 2 Nr. 7 Buchst. c UStG insoweit **nicht in Betracht kommt.**

f) Computerprogramme (Software)

aa) Urheberrechtlicher Schutz

88 Seit Inkrafttreten des Zweiten Gesetzes zur Änderung des UrhG[3] mit Wirkung zum 24.6.1993 sind Computerprogramme nach § 2 Abs. 1 Nr. 1 UrhG als Sprachwerke urheberrechtlich geschützt, zumindest dann, wenn sie eine persönlich geistige Schöpfung aufweisen, wovon regelmäßig ausgegangen werden kann. Demnach ist der für die Anwendung von § 12 Abs. 2 Nr. 7 Buchst. c UStG **erforderliche „Werkcharakter"** bei Computerprogrammen **in der Regel gegeben.**

bb) Überlassung von Software

89 Für die **Frage, ob die Steuerermäßigung** nach § 12 Abs. 2 Nr. 7 Buchst. c UStG bei der wirtschaftlichen Verwertung von Computerprogrammen **tatsächlich zur Anwendung kommt, gilt** in Abhängigkeit davon, ob es sich um Standard-Software oder Individual-Software handelt, im Einzelnen **Folgendes:**

(1) Überlassung von Standard-Software und sog. Updates

90 Standard-Software sind **serienmäßig hergestellte Gegenstände**, die von jedem beliebigen Käufer erworben und nach ihrem Aufbau und begrenzter Ausbildung in Standardform verwendet werden können, **um gleiche Anwendungen oder Aufgaben auszuführen.** Sie bestehen aus einer kohärenten und unabhängigen Serie von Programmen und Datenträgermaterial und schließen oft die Dienstleistungen des Aufbaus, der Ausbildung sowie der Wartung mit ein. Dazu gehört **Software für Heimcomputer und Computerspiele.** Ferner gehören hierzu **Standardpakete**, die **auf Wunsch so angepasst sind**, dass sie Sicherheits- oder ähnliche Vorrichtungen enthalten. Standard-Software liegt auch dann vor, wenn die Software auf einen bestimmten Anwender-/Benutzerkreis **zugeschnitten** ist.[4]

91 Beim **Verkauf** von **Standard-Software auf Datenträgern** handelt es sich umsatzsteuerrechtlich nicht um eine sonstige Leistung, sondern eine **Lieferung.**[5] Die mit dem Verkauf von Standard-Software einhergehende Veräußerung eines zugehörigen Handbuchs stellt dabei eine unselbständige Nebenleistung zur Verschaffung der Software dar. Bereits **mangels Vorliegens** einer **sonstigen Leistung** kommt somit

---

1 Abschn. 12.7 Abs. 14 Sätze 7–9 UStAE.
2 FG Köln, Urt. v. 30.10.2014 – 15 K 3326/11, juris.
3 BGBl. I 1993, 910.
4 OFD Niedersachsen, Vfg. v. 30.10.2015 – S 7240-37-St 187 VD, UR 2016, 122.
5 Abschn. 3.5 Abs. 2 Nr. 1 UStAE; *a.A. Stapperfend* in Rau/Dürrwächter, § 12 Abs. 2 Nr. 7c UStG Rz. 168 (Stand: März 2022), der eine sonstige Leistung annimmt.

die Anwendung des **ermäßigten Steuersatzes** nach § 12 Abs. 2 Nr. 7 Buchst. c UStG für den Verkauf von Standard-Software auf Datenträgern **nicht in Betracht.**[1]

Beim **Verkauf** von **Standard-Software auf elektronischem Wege** (z.B. über das Internet) handelt es sich umsatzsteuerrechtlich hingegen um eine **sonstige Leistung.**[2] Die **Anwendung der Ermäßigung** nach § 12 Abs. 2 Nr. 7 Buchst. c UStG **scheidet** allerdings **ebenfalls aus**, denn der wesentliche Inhalt der sonstigen Leistung besteht nach gefestigter Rechtsprechung des BFH bei der Überlassung von Standard-Software nicht in der Einräumung von Rechten aus dem UrhG.[3] Nach BFH-Auffassung unterscheidet sich der Verkauf von Standard-Software nämlich nicht erheblich vom Verkauf eines Buches durch einen Buchhändler oder einer Schallplatte durch einen Musikalienhändler. Der Erwerber des Buches oder der Schallplatte kann mit der Sache nach Belieben verfahren und andere von jeder Einwirkung ausschließen, soweit nicht das Gesetz oder Rechte Dritter entgegenstehen (§ 903 BGB). Er erhält aber kein Urheberrecht an dem Buch oder der Schallplatte. 92

Entsprechend unterliegt die **Überlassung von Standard-Software** und sog. Updates – unabhängig davon, ob die Überlassung auf Datenträgern oder auf elektronischem Weg erfolgt – stets dem **Regelsteuersatz** nach § 12 Abs. 1 UStG. 93

(2) Überlassung von Individual-Software

Individual-Software ist **nicht standardisierte Software**, die speziell **nach den Anforderungen des Anwenders erstellt wird** oder die eine vorhandene Software den Bedürfnissen des Anwenders **individuell anpasst**. Sie ist umsatzsteuerrechtlich als **sonstige Leistung** zu beurteilen. Dies gilt auch, soweit die Leistung auf elektronischem Weg erbracht wird.[4] 94

Der **Verkauf** von urheberrechtlich geschützter **Individual-Software** unterliegt nach § 12 Abs. 2 Nr. 7 Buchst. c UStG dem **ermäßigten Steuersatz, wenn** der Rechteinhaber (d.h. der Urheber oder der Nutzungsberechtigte) dem Leistungsempfänger nicht nur die bestimmungsgemäße Nutzung des Programms i.S.d. § 69d UrhG gestattet, sondern auch das **Recht auf Vervielfältigung und Verbreitung** nach den Bestimmungen des § 69c Nr. 1–4 UrhG **einräumt**, wobei die Einräumung **nicht bloße Nebenfolge** sein darf.[5] Die Einräumung des Rechts auf Vervielfältigung und Verbreitung muss **Hauptbestandteil der einheitlichen Gesamtleistung** (bestehend aus Entwicklung und Überlassung des Programms zur Benutzung und Verbreitung) sein. 95

Bei der entsprechenden **Prüfung**, ob die in § 69c Nr. 1–4 UrhG bezeichneten Rechte auf Vervielfältigung und Verbreitung nicht nur als bloße Nebenfolge eingeräumt worden sind, ist nach der Rechtsprechung des BFH[6] auf die **vertraglichen Vereinbarungen** und die **tatsächlichen Leistungen** abzustellen. **Ergänzend** sind **objektive Beweisanzeichen** zu beachten, wie z.B. die Tätigkeit des Leistungsempfängers, bei ihm vorhandene Vertriebsvorbereitungen und -wege, die wirkliche Durchführung der Vervielfältigung und Verbreitung. Letztlich stellt der BFH also entscheidend auf das **Nutzungs- und Verwertungsverhalten des Leistungsempfängers** ab.[7] Für das Merkmal der „Verbreitung" ist es ausreichend, wenn das Computerprogramm an rechtlich selbständige Konzernunternehmen und an Kooperationspartner weiter vertrieben wird.[8] 96

1 OFD Niedersachsen, Vfg. v. 30.10.2015 – S 7240-37-St 187 VD, UR 2016, 122.

2 Abschn. 3.5 Abs. 3 Nr. 8 Satz 2 UStAE.

3 BFH, Urt. v. 27.9.2001 – V R 14/01, BStBl. II 2002, 114 = UR 2002, 136; BFH, Urt. v. 16.8.2001 – V R 42/99, BFHE 196, 335, UR 2002, 133; BFH, Urt. v. 4.9.1997 – V R 23/97, BFH/NV, 230; BFH, Urt. v. 13.3.1997 – V R 13/96, BStBl. II 1997, 372 = UR 1997, 229; Abschn. 12.7 Abs. 1 Satz 7 UStAE; OFD Niedersachsen, Vfg. v. 30.10.2015 – S 7240-37-St 187 VD, UR 2016, 122.

4 Abschn. 3.5 Abs. 3 Nr. 8 UStAE.

5 BFH, Urt. v. 25.11.2004 – V R 4/04, BStBl. II 2005 II, 415 = UR 2005, 553; BFH, Urt. v. 25.11.2004 – V R 25/04, 26/04, BStBl. II 2005, 419 = UR 2005, 557; BFH, Urt. v. 27.9.2001 – V R 14/01, BStBl. II 2002, 114 = UR 2002, 136; Abschn. 12.7 Abs. 1 Sätze 8–10 UStAE.

6 BFH, Urt. v. 25.11.2004 – V R 25/04, 26/04, BStBl. II 2005, 419 = UR 2005, 557; BFH, Urt. v. 27.9.2001 – V R 14/01, BStBl. II 2002, 114 = UR 2002, 136.

7 Kritisch hierzu: *Dörre*, DB 2012, 1409.

8 BFH, Urt. v. 25.11.2004 – V R 25/04, 26/04, BStBl. II 2005, 419 = UR 2005, 557.

97 Entsprechend der vom BFH eingeschlagenen Argumentationslinie geht die Verwaltung[1] davon aus, dass (nur) eine **Auftragsvergabe zur ausschließlichen Verwertung** durch eine entgeltliche Lizenzvergabe bzw. Veräußerung des Programms durch den Auftraggeber darauf schließen lässt, dass der wesentliche Inhalt der Gesamtleistung in der Einräumung des urheberrechtlich geschützten Verwertungsrechts liegt und es dem Auftraggeber nicht primär auf die Programminhalte zur Nutzung des Know-hows, sondern auf die Marktfähigkeit des Programms ankommt; dies muss sich allerdings aus dem Vertrag zwischen Auftraggeber und Programmhersteller ergeben. Eine derartige Leistung unterliegt, wenn sie entsprechend den vertraglichen Vereinbarungen auch tatsächlich durchgeführt wird, dem ermäßigten Steuersatz nach § 12 Abs. 2 Nr. 7 Buchst. c UStG. Dies gilt nach Abschn. 12.7 Abs. 1 Satz 15 UStAE, der insoweit seine eigenen Aussagen in den Sätzen 8 bis 10 und die Aussagen der Verfügung der OFD Niedersachsen vom 30.10.2015 einschränkt, aber nur, sofern die Leistung nicht auf elektronischem Weg, sondern auf andere Art erbracht wird. Wird die Leistung dagegen auf elektronischem Weg erbracht, scheidet die Ermäßigung nach § 12 Abs. 2 Nr. 7 Buchst. c UStG aus (Rz. 46).[2]

98 Bei sog. **Mischfällen**, bei denen die Programmerstellung sowohl den eigenen Zwecken dient als auch zur entgeltlichen Vermarktung von vornherein vorgesehen ist, ist nach Ansicht der Verwaltung[3] **auf den Werkvertrag abzustellen**. Dabei genügt eine nur allgemein gehaltene Formel, dass das Verwertungsrecht auf den Auftraggeber übergeht, und es beabsichtigt ist, das Programm auch durch Lizenzen o.ä. entgeltlich weiterzugeben, nicht. Hier **muss** ergänzend der **Betrag genannt sein, der zur Einräumung des Verwertungsrechts aufzuwenden ist**. Nur dieser Betrag ist mit dem ermäßigten Steuersatz zu besteuern. In einem solchen Fall erbringt der Programmhersteller gegenüber dem Auftraggeber zwei selbständige Hauptleistungen, welche unterschiedlichen Steuersätzen unterliegen (die dem allgemeinen Steuersatz unterliegende Überlassung von Software zur Benutzung und die dem ermäßigten Steuersatz nach § 12 Abs. 2 Nr. 7 Buchst. c UStG unterliegende Einräumung des Verwertungsrechts zur entgeltlichen Vermarktung des Programms). In der Regel wird aber bei Auftragsvergabe nur die Verwendung zu eigenen Zwecken feststehen; eine zusätzliche Vermarktungsmöglichkeit wird sich erst nachträglich einstellen und wirkt sich daher auf den Steuersatz nicht mehr aus.

(3) Audiovisuelle Führungssysteme

99 **Bei** audiovisuellen Führungssystemen (sog. Audioguides), die der Auftragnehmer dem Auftraggeber (z.B. einem Museum) überlässt, ist **zwischen** der nach § 12 Abs. 2 Nr. 7 Buchst. c UStG **ermäßigten Softwareüberlassung**, bei der die Übertragung urheberrechtlicher Nutzungsrechte im Vordergrund steht, und dem **nicht begünstigten Verkauf** (bzw. der nicht begünstigten Vermietung) der **Hardware zu unterscheiden.**[4] Auch hier ist m.E. zu prüfen, ob die Softwareüberlassung auf elektronischem Weg erfolgt, weil dann die Steuerermäßigung nach § 12 Abs. 2 Nr. 7 Buchst. c UStG ausgeschlossen ist, selbst wenn die Übertragung urheberrechtlicher Nutzungsrechte im Vordergrund steht (Rz. 46).

2. Werke der Musik (§ 2 Abs. 1 Nr. 2 UrhG)

100 **Werke der Musik** i.S.d. § 2 Abs. 1 Nr. 2 UrhG werden durch **Töne** ausgedrückt. Beispiele für Werke der Musik sind Opern, Operetten, Symphonien, Kammermusik, Lieder, Jazz, Popmusik, Schlager, Filmmusik oder freie Improvisationen. Der Schutz eines Musikwerkes entsteht mit der Äußerung der Schöpfung. Diese kann in der **Niederlegung des Musikstückes in Noten** oder auf einem Tonträger liegen. Urheberrechtlichen Schutz genießt auch elektronische Musik.[5]

101 **Urheber von Werken der Musik**, wie z.B. Komponisten, erbringen mit der Einräumung von urheberrechtlichen Nutzungsrechten an ihren Werken nach § 12 Abs. 2 Nr. 7 Buchst. c UStG **steuerbegünstigte Leistungen.**[6]

---

1 OFD Niedersachsen, Vfg. v. 30.10.2015 – S 7240-37-St 187 VD, UR 2016, 122.

2 A.A. *Stapperfend* in Rau/Dürrwächter, § 12 Abs. 2 Nr. 7c UStG Rz. 172 (Stand: März 2022), der insoweit keine elektronische Dienstleistung i.S.v. Art. 7 MwStVO sieht.

3 OFD Niedersachsen, Vfg. v. 30.10.2015 – S 7240-37-St 187 VD, UR 2016, 122.

4 LFD Thüringen, Vfg. v. 19.3.2013 – S 7244 A-05-A, UR 2013, 814.

5 Abschn. 12.7 Abs. 15 Satz 2 UStAE.

6 Abschn. 12.7 Abs. 15 Satz 1 UStAE.

Bezüglich der den Urhebern von Werken der Musik zufließenden **Anteile am Reinertrag der Verwertungsgesellschaft** (GEMA) vgl. Rz. 52–55. 102

Die von der Verwertungsgesellschaft (GEMA) **ausgeschütteten Verlegeranteile** sind **nicht** nach § 12 Abs. 2 Nr. 7 Buchst. c UStG **begünstigt**, soweit sie nicht auf die von den Verlegern übertragenen urheberrechtlichen Nutzungsrechte, wie z.B. Altrechte, Subverlagsrechte, entfallen.[1] 103

Die **Umsätze** aus dem **Betrieb einer Musikplattform im Internet** unterliegen nach Auffassung des FG Baden-Württemberg[2] dem **Regelsteuersatz** nach § 12 Abs. 1 UStG. Die Zurverfügungstellung der Datenbank an die Nutzer der Musikplattform stellt keine eigenständige Hauptleistung, sondern eine unselbständige Nebenleistung zur Hauptleistung „Nutzung von Musiktiteln für einen bestimmten Zeitraum (z.B. Monat)" dar. Auf diese Hauptleistung findet jedoch die Ermäßigung nach § 12 Abs. 2 Nr. 7 Buchst. c UStG keine Anwendung, da der Plattformbetreiber die von ihm nutzbar gemachten Musiktitel nicht geschaffen hat und er auch keine Verwertungsgesellschaft i.S.d. UrhG ist. Aber selbst, wenn die Zurverfügungstellung der Datenbank an die Nutzer der Musikplattform eine eigenständige (Haupt-)Leistung wäre, ist § 12 Abs. 2 Nr. 7 Buchst. c UStG nicht anzuwenden, da der Plattformbetreiber seinen Kunden letztlich nur die bloße Benutzung der Datenbank (als Werk i.S.d. § 4 UrhG), nicht aber deren Vervielfältigung oder weitere Verbreitung gestattet, so dass es an einer Einräumung von urheberrechtlich geschützten Rechten fehlt. 104

Mit der Überlassung von Online-Klavierkursen, Online-Tastentrainings und Klaviervideos wird nach Ansicht des FG Münster[3] gegenüber den Kunden keine Leistung erbracht, deren Schwerpunkt in einer (nach § 12 Abs. 2 Nr. 7 Buchst. c UStG ermäßigt zu besteuernden) Übertragung von Nutzungsrechten liegt. Der Schwerpunkt liegt vielmehr in der bestimmungsgemäßen Verwendung der Produkte zum Erlernen und Verbessern des eigenen Klavierspiels. Die Vervielfältigung und Verbreitung durch die Kunden ist objektiv nicht erstrebt. 105

3. Pantomimische Werke einschließlich der Werke der Tanzkunst (§ 2 Abs. 1 Nr. 3 UrhG)

Das Ausdrucksmittel eines **pantomimischen Werkes** nach § 2 Abs. 1 Nr. 3 UrhG ist die **Körpersprache.** Urheberrechtlichen Schutz genießt insoweit eine bestimmte Abfolge von Bewegungen, Gebärden oder Mimik, welche Ausdruck einer persönlichen geistigen Schöpfung ist. Die Bestimmung erfasst weiter die **Tanzkunst**, deren Wesen choreografische Werke mit und ohne Musik darstellen. **Choreografische Werke** sind nicht nur auf Bewegung, Schritte, Technik und Gebärden zu reduzieren, sondern sie sind tänzerische Kompositionen, die als Raum- und Bewegungschoreografien rhythmisch, metrisch und tempogebend gestaltet und für das Auge objektiv wahrnehmbar sind. Unabhängig von der künstlerischen Qualität und vom Genre, Stil oder Umfang gilt dies für sämtliche Arten von choreografischen Werken. Liegt das Element eigenständiger künstlerischer Prägung in einer gestalterischen Originalität vor, so kann man von einer **individuell-schöpferischen Gestaltung der Tanzkomposition** ausgehen.[4] 106

Das **Sächsische FG**[5] **bewertet** das Wirken einer Choreographin, die ihr Honorar unabhängig vom Trainingsaufwand von der Auftrag gebenden Bühne für **die persönliche Erstellung einer eigenen Choreographie** sowie deren Einstudierung mit den Künstlern und die Anwesenheit bei sämtlichen Proben, der Generalprobe und der Premiere erhalten hat, aufgrund der schöpferischen Leistung **als Werk der Tanzkunst** i.S.d. § 2 Abs. 1 Nr. 3 UrhG, vgl. Rz. 142. 107

4. Werke der bildenden Künste einschließlich der Werke der Baukunst und der angewandten Kunst und Entwürfe solcher Werke (§ 2 Abs. 1 Nr. 4 UrhG)

Werke der bildenden Kunst i.S.d. § 2 Abs. 1 Nr. 4 UrhG sind **alle zwei- oder dreidimensionalen Gestaltungen**, die mittels Farben, Linien, Flächen, Raumformen und Oberflächen **ausgedrückt** wer- 108

---

1 BFH, Urt. v. 29.4.1987 – X R 31/80, BStBl. II 1987, 648 = UR 1987, 298; Abschn. 12.7 Abs. 15 Satz 4 UStAE.
2 FG Baden-Württemberg, Urt. v. 20.7.2009 – 9 K 4510/08, juris.
3 FG Münster, Urt. v. 17.6.2021 – 5 K 3185/19 U, juris.
4 *Bullinger* in Wandtke/Bullinger, UrhR[6], § 2 UrhG Rz. 74.
5 FG Sachsen, Urt. v. 23.7.2015 – 6 K 1157/12, juris.

den können. Zu den Werken der bildenden Kunst zählen dabei nicht nur die klassischen Kunstwerke im herkömmlichen Sinne, sondern auch die Werke der Baukunst, die Werke der angewandten Kunst sowie Entwürfe solcher Werke.[1] Unter angewandte Kunst fallen weite Teile des Industrie- und Mode-Designs.[2] Urheberrechtlichen Schutz genießen auch die Werke von **Karikaturisten, Cartoonisten** und **Pressezeichnern.**[3]

109 Mit der vertraglichen Vereinbarung über die Vervielfältigung und Verbreitung von Werken der bildenden Kunst in bzw. auf Druckerzeugnissen (wie z.B. in Büchern und Zeitschriften, auf Kalendern, Postkarten und Kunstblättern) oder mit Diapositiven werden urheberrechtliche Nutzungsrechte eingeräumt. Dementsprechend erbringt der **Grafiker**, der einem Galeristen oder einem Verleger das Recht einräumt, Originalgrafiken zu drucken und zu vertreiben, eine **ermäßigte Leistung** nach § 12 Abs. 2 Nr. 7 Buchst. c UStG.[4] **Begünstigt** ist z.B. auch die Einräumung des Rechts zur Herstellung und zum Vertrieb **künstlerischer Siebdrucke** (Serigraphien), die vom Künstler signiert und nummeriert werden.[5] Die **Überlassung von Matern, Klischees und Abzügen** kann ebenfalls als eine Übertragung von urheberrechtlichen Rechten anzusehen sein, so dass der **ermäßigte Steuersatz** nach § 12 Abs. 2 Nr. 7 Buchst. c UStG Anwendung findet.[6]

110 Liegt die Leistung eines **Grafikdesigners** darin, ausgehend von den thematischen Vorgaben der Auftraggeber, wie z.B. Museen oder anderen Kulturinstitutionen, **Ausstellungen zu konzipieren** und dem Auftraggeber darauf Zugriff zu verschaffen, liegt der Schwerpunkt der Leistung in der Gestaltung der Ausstellung nach den Vorgaben der Auftraggeber. Demgegenüber stellt sich das nach § 44 Abs. 2 UrhG mit dem Eigentum regelmäßig verbundene Ausstellungsrecht nur als Nebenleistung dar. Die Situation ist **vergleichbar** mit **Architekten**, die dem Bauherrn Baupläne überlassen; denn auch Architekten können Urheberrechte an den geschaffenen Bauwerken erwerben. Gleichwohl erbringen Architekten im Rahmen der Bauplanung **keine** nach § 12 Abs. 2 Nr. 7 Buchst. c UStG **begünstigten Leistungen. Demgegenüber** sind die Gestaltungen von Entwürfen für Kataloge, Broschüren, Plakate oder Einladungen zu diesen Ausstellungen, die im Urteilsfall vertraglich separat vereinbart worden sind, als eigenständig zu beurteilende Leistungen anzusehen, bei denen die konkludente Einräumung von urheberrechtlichen Nutzungsrechten den wesentlichen Gegenstand der Leistungsbeziehung ausmacht, so dass diese Leistungen nach § 12 Abs. 2 Nr. 7 Buchst. c UStG **ermäßigt** zu besteuern sind.[7]

111 In Bezug auf das teilweise „ablehnende" Urteil des FG Berlin-Brandenburg ist anzumerken, dass die Verwaltung[8] mittlerweile Leistungen von **Gebrauchsgrafikern** und **Grafikdesignern** aus **Vereinfachungsgründen** als **begünstigt** ansieht, wenn die Vertragsparteien einvernehmlich von der Einräumung urheberrechtlicher Nutzungsrechte an einem Muster oder Entwurf ausgehen und dies nicht offensichtlich zu unzutreffenden steuerlichen Ergebnissen führt.

112 **Tätowierungsleistungen** sind **nicht** nach § 12 Abs. 2 Nr. 7 Buchst. c UStG **begünstigt**, da selbst bei vertraglicher Vereinbarung mit dem Leistungsempfänger über die Übertragung urheberrechtlicher Nutzungsrechte in einer derartigen Rechteinräumung allenfalls eine unselbständige Nebenleistung zu den Tätowierungsleistungen gesehen werden kann, die keinen Einfluss auf den Steuersatz der Hauptleistung hat. Da Tätowierungsleistungen auch als Hauptleistungen nicht nach § 12 Abs. 2 Nr. 1 i.V.m. Nr. 53 Buchst. a der Anlage 2 zum UStG ermäßigt sind, gilt für sie der **Regelsteuersatz** nach § 12 Abs. 1 UStG.[9]

113 Die **Lieferung** von handgefertigten **Tattoo-Vorlagen** unterliegt ebenfalls dem **Regelsteuersatz.**[10]

---

1 *Dreier/Schulze*, Urheberrechtsgesetz[7], § 2 UrhG Rz. 149.
2 *Dreier/Schulze*, Urheberrechtsgesetz[7], § 2 UrhG Rz. 158.
3 Abschn. 12.7 Abs. 16 Satz 4 UStAE.
4 FG Berlin-Brandenburg, Urt. v. 30.8.2011 – 7 V 7182/11, juris; Abschn. 12.7 Abs. 16 Sätze 1 und 2 UStAE.
5 Abschn. 12.7 Abs. 16 Satz 3 UStAE.
6 BFH, Urt. v. 14.2.1974 – V R 129/70, BStBl. II 1974, 261.
7 FG Berlin-Brandenburg, Urt. v. 30.8.2011 – 7 V 7182/11, juris.
8 Abschn. 12.7 Abs. 17 Sätze 1 und 2 UStAE i.d.F. des BMF, Schr. v. 27.1.2015 – IV D 2-S 7240/14/10001, BStBl. I 2015, 164 = UR 2015, 283.
9 BFH, Urt. v. 23.7.1998 – V R 87/97, BStBl. II 1998, 641 = UR 1999, 71; Abschn. 12.7 Abs. 17 Satz 3 UStAE.
10 BFH, Urt. v. 20.6.2011 – VII B 258/10, BFH/NV 2011, 2141.

Gestaltet ein **Unternehmen** für einen Radiosender im Rahmen der Betreuung seines Online-Angebots **die Sender-Website** und kann dabei individuell und kreativ (d.h. mit ausreichend Gestaltungsspielraum bei Schrift-, Farb- und Layout-Auswahl) handeln, **entsteht** nach Ansicht des FG Köln[1] **ein Werk der bildenden Kunst** i.S.d. § 2 Abs. 1 Nr. 4 UrhG. Da sich aus den Vereinbarungen ergibt, dass das Unternehmen die urheberrechtlichen Nutzungsrechte an dem Werk dem Radiosender einräumt, und selbst dann, wenn diese Vereinbarungen nicht getroffen worden wären, der Sender das Werk nur durch Einräumung der Nutzungsrechte hätte betrieblich nutzen können, ist auf die Gesamtleistung des Unternehmers der **ermäßigte Steuersatz** nach § 12 Abs. 2 Nr. 7 Buchst. c UStG anzuwenden. 114

Erstellt dagegen ein **Unternehmen digitale Bewerberprofile** für Arbeitssuchende (sog. Job-Profile), die diesen für Online-Bewerbungen zur Verfügung stehen und über eine Website abrufbar sind, ist nach Auffassung des FG Hessen[2] in der Einräumung urheberrechtlicher **Nutzungsrechte** zur Verwendung des Profils bei Bewerbungen **nicht** die **Hauptleistung** zu sehen. Die Einräumung der Rechte hat für die Arbeitssuchenden keinen eigenen Zweck, sondern stellt nur das Mittel dar, um die Hauptleistung des Unternehmens (Erstellung eines digitalen Bewerberprofils) unter optimalen Bedingungen in Anspruch zu nehmen. Deshalb ist die **Steuerermäßigung** nach § 12 Abs. 2 Nr. 7 Buchst. c UStG **nicht anzuwenden.** 115

Zu Skizzen und Entwürfen von Bühnen- und Kostümbildnern, die auch Werke der bildenden Kunst i.S.d. § 2 Abs. 1 Nr. 4 UrhG sein können, vgl. Rz. 145–147. 116

5. Lichtbildwerke einschließlich der Werke, die ähnlich wie Lichtbildwerke geschaffen werden (§ 2 Abs. 1 Nr. 5 UrhG)

Lichtbildwerke i.S.d. § 2 Abs. 1 Nr. 5 UrhG sind Fotoaufnahmen (Bilder) mit schöpferischer Gestaltungshöhe. Hingegen sind **Lichtbilder**, die ähnlich wie Lichtbildwerke geschaffen sind, keine Werke i.S.d. § 2 Abs. 1 Nr. 5 UrhG, da es sich um Fotoaufnahmen (Bilder) ohne schöpferische Gestaltungshöhe handelt, wie z.B. Schnappschüsse oder Zufallsbilder. Lichtbilder sind nach § 72 UrhG jedoch den Lichtbildwerken **urheberrechtlich praktisch gleichgestellt**, mit der Folge, dass bei Lichtbildern Urheberpersönlichkeitsrechte, Verwertungsrechte sowie Nutzungsrechte entsprechend Anwendung finden.[3] 117

Der **Unternehmer, der** anderen (wie z.B. einem Verlag, einem Fernsehsender) Positive bzw. Bilddateien seiner Lichtbildwerke oder Lichtbilder zur Veröffentlichung oder Vervielfältigung übergibt, erbringt eine Leistung, die **der Steuerermäßigung** nach § 12 Abs. 2 Nr. 7 Buchst. c UStG **unterliegt**, da wesentlicher Inhalt seiner Leistung die Einräumung urheberrechtlicher Nutzungsrechte ist.[4] Deshalb sind insbesondere die Leistungen von Bildjournalisten, Bildberichterstattern, Bildagenturen (Rz. 73), Kameramännern und Fotodesignern begünstigt.[5] 118

Keine begünstigte Rechteübertragung, sondern eine vom **Regelsteuersatz** nach § 12 Abs. 1 UStG erfasste **Lieferung** liegt hingegen vor, wenn ein **Unternehmer**, d.h. ein Fotograf, seinem Auftraggeber lediglich die bestellten **Positive bzw. Bilddateien** – z.B. Passbilder, Familien- oder Gruppenfotos – übergibt, da insoweit die Rechteübertragung in der Lieferung aufgeht.[6] 119

Dies gilt ebenso im Bereich der **Portrait- und Hochzeitsfotografie**, da es dem Auftraggeber auch hier in erster Linie darum geht, vom Fotograf „ins rechte Licht gesetzt zu werden" und die Positive bzw. Bilddateien übergeben zu bekommen. Die damit zwangsläufig verbundene Einräumung urheberrechtlicher Nutzungsrechte ist zwar Bestandteil der einheitlichen wirtschaftlichen **Gesamtleistung**, deren **Schwerpunkt** besteht allerdings nicht in der Einräumung urheberrechtlicher Nutzungsrechte, sondern in der **Überlassung der Bilder** (Substanzwert der Bilder), die dem Regelsteuersatz nach § 12 Abs. 1 UStG unterliegt. Daran kann weder die Leistungsbezeichnung in der Rechnung des Fotografen, wie z.B. „Übertragung von Nutzungsrechten", noch sein Hinweis, er sei künstlerisch und nicht hand- 120

1 FG Köln, Urt. v. 30.10.2014 – 15 K 3326/11, juris.
2 FG Hessen, Urt. v. 10.8.2018 – 6 V 313/18, juris.
3 Abschn. 12.7 Abs. 18 Sätze 1 und 2 UStAE.
4 Umfassend hierzu *Stöbener/Gach*, UR 2013, 445.
5 Abschn. 12.7 Abs. 18 Satz 3 UStAE.
6 Abschn. 12.7 Abs. 18 Satz 4 UStAE; in diesem Sinne FG Münster, Urt. v. 25.2.2021 – 5 K 268/20 U, AO.

werklich tätig, etwas ändern.[1] Die **Erstellung eines Fotobuchs** unterliegt **ebenfalls** dem **Regelsteuersatz** nach § 12 Abs. 1 UStG, da der ermäßigte Steuersatz – weder nach § 12 Abs. 2 Nr. 7 Buchst. c UStG noch nach § 12 Abs. 2 Nr. 1 i.V.m. Nr. 49 der Anlage 2 zum USG – zur Anwendung kommt. Im Vordergrund der Gesamtleistung steht die sonstige Leistung der Erstellung/Zusammenstellung des Fotobuchs und nicht die sich anschließende Lieferung bzw. Einräumung urheberrechtlicher Nutzungsrechte daran.[2] Es wird insoweit aber – auch für Zwecke des Vorsteuerabzugs beim Auftraggeber – **nicht beanstandet**, wenn der Fotograf vor dem 1.1.2017 ausgeführte Lieferungen und innergemeinschaftliche Erwerbe dem ermäßigten Steuersatz unterwirft.[3]

121 **Auch** die Lieferung von großformatigen Fotos, Fotopostkarten, Bildersets und T-Shirts mit Farbdrucken kann **nicht** als begünstigte Rechteübertragung **mit dem ermäßigten Steuersatz** nach § 12 Abs. 2 Nr. 7 Buchst. c UStG **erfasst werden.**[4]

122 **Entsprechendes gilt für Unternehmen**, die **Luftbildaufnahmen** für planerische Zwecke – z.B. Landesplanung, Natur- und Umweltschutz oder Erfassung und Bilanzierung der Flächennutzung –, für Zwecke der Geodäsie – z.B. fotografische Messbilder nach dem Verfahren der Fotogrammetrie – oder für bestimmte wissenschaftliche Zwecke – z.B. auf dem Gebiet der Archäologie –, **herstellen und überlassen**, selbst wenn damit auch urheberrechtliche Nutzungsrechte übertragen werden.[5]

123 Die **Verbreitung von pornografischen Bildern über das Internet** unterliegt ebenfalls **nicht dem ermäßigten Steuersatz**, da das bloße Betrachten eines Lichtbildwerkes oder Lichtbildes kein urheberrechtlich relevanter Vorgang i.S.d. § 12 Abs. 2 Nr. 7 Buchst. c UStG ist.[6]

6. Filmwerke einschließlich der Werke, die ähnlich wie Filmwerke geschaffen werden (§ 2 Abs. 1 Nr. 6 UrhG)

a) Allgemeines

124 **Film** ist jede bewegte Bildfolge oder bewegte Bild- und Tonfolge, die durch Aneinanderreihung vieler, in kurzer Zeitfolge nacheinander aufgenommener Einzelbilder entstanden ist. Wesentliches Kennzeichnen eines Films ist somit die **Darstellung von Bewegungsabläufen.**[7]

125 Dabei ist **irrelevant, ob** es sich um schutzwürdige Filmwerke i.S.d. § 2 Abs. 1 Nr. 6 und der §§ 88–94 UrhG oder um Laufbilder (§ 95 UrhG) handelt, die anders als schutzwürdige Filmwerke i.S.d. § 2 Abs. 1 Nr. 6 UrhG keine persönlichen geistigen Schöpfungen sind. **Auf die Aufnahmetechnik kommt es nicht an**, so dass nicht nur Zelluloidfilme, sondern auch elektromagnetische, digitale oder sonstige neuartige Aufzeichnungen bewegter Bilder Filme sind. **Gleichgültig ist ferner, in welchem Format**, ob Schmalfilm, Breitwandfilm etc. oder **in welcher körperlichen Form** (Kinofilm, Fernsehfilm, Videokassette, DVD, CD-ROM etc.) der Film besteht. Er muss nicht einmal körperlich oder dauerhaft fixiert sein, sondern ist **auch in Form von Live-Sendungen** des Fernsehens geschützt, da dort die Bilder ebenso unter Benutzung strahlender Energie erzeugt werden. Unter die Definition fallen **Filme aller Art**, wie z.B. Spielfilme, Kurzfilme, Wochenschauen, Trickfilme, Lehrfilme, Dokumentarfilme, wissenschaftliche und auch pornografische Filme, Industriefilme oder Werbefilme.[8]

b) Filmwirtschaft und Videokassetten

126 **Urheber** eines Filmwerks ist derjenige, der bei der Produktion schöpferisch mitwirkt (§ 89 Abs. 1 UrhG). Zu dem nicht abgrenzbaren Kreis der Beteiligten, die als Miturheber in Betracht kommen,

---

1 FG Berlin-Brandenburg, Urt. v. 23.2.2017 – 5 K 5052/15, juris; FG Schleswig-Holstein, Urt. v. 18.7.2017 – 4 K 64/16, juris; OFD Niedersachsen, Vfg. v. 25.4.2016 – S 7240-56-St 187, UR 2016, 811.
2 OFD Niedersachsen, Vfg. v. 25.4.2016 – S 7240-56-St 187, UR 2016, 811.
3 BMF, Schr. v. 20.4.2016 – IV C 1-S 2404/10/10005, BStBl. I 2016, 475.
4 FG Nürnberg, Urt. v. 21.9.2010 – 2 K 921/2008, juris.
5 Abschn. 12.7 Abs. 18 Satz 5 UStAE.
6 FG Berlin-Brandenburg, Urt. v. 6.5.2010 – 7 K 2083/06 B, juris; nachfolgend BFH, Urt. v. 15.5.2012 – XI R 16/10, BStBl. II 2013, 49 = UR 2013, 27.
7 BFH, Urt. v. 10.12.1997 – XI R 73/96, BStBl. II 1998, 222 = UR 1998, 158.
8 *Dreier/Schulze*, Urheberrechtsgesetz[7], § 2 UrhG Rz. 204–207.

zählen u.a. der Drehbuchautor, Regisseur, Kameramann, Filmmusikkomponist, Cutter etc. Der Filmproduzent selbst ist in der Regel kein Miturheber. **Filmproduzent** i.S.d. §§ 89, 91 und 94 UrhG ist derjenige, der durch persönlichen Einsatz und Übernahme eines zumindest gewissen wirtschaftlichen Risikos den Film in eigener künstlerischer und organisatorischer Verantwortung hinsichtlich der Gestaltung und der Dreharbeiten fertig gestellt hat.[1]

Dem Filmproduzenten werden durch die §§ 88 ff. UrhG zur Verwertung des Films alle infrage kommenden Nutzungs- und Schutzrechte **von den Mitwirkenden**, auch von den Filmschauspielern als ausübenden Künstlern, **eingeräumt**. Diese Einräumung der urheberrechtlichen Rechte durch die Mitwirkenden ist als **sonstige Leistung** nach § 12 Abs. 2 Nr. 7 Buchst. c UStG **begünstigt.**[2] 127

Der **Filmproduzent** wird den Film meist in der Weise verwerten, dass er einem **Filmverleiher** durch einen urheberrechtlichen Nutzungsvertrag die **Auswertungsrechte**, insbesondere das Vorführungsrecht, **überträgt** und ihm das benötigte Material überlässt. Hierbei handelt es sich regelmäßig um eine nach § 12 Abs. 2 Nr. 7 Buchst. c UStG (und ebenso nach § 12 Abs. 2 Nr. 7 Buchst. b UStG, vgl. § 12 Abs. 2 Nr. 7 Buchst. b Rz. 14–17) **ermäßigte Leistung** des Filmproduzenten. Entsprechendes gilt im Übrigen für die Produktion und Überlassung von sendefertigen Filmen an eine Fernsehanstalt durch einen Filmproduzenten (**Auftragsproduktion**), d.h. auch diese Gesamtleistung unterliegt der **Steuerermäßigung** nach § 12 Abs. 2 Nr. 7 Buchst. c UStG.[3] 128

Der **Filmverleiher** verwertet den Film in der Regel dadurch, dass er dem **Filmvorführer** das **Vorführungsrecht überträgt**. Da dieses – wie Verbreitungs- und Vervielfältigungsrecht – urheberrechtlich geschützt ist, kommt § 12 Abs. 2 Nr. 7 Buchst. c UStG (ebenso wie § 12 Abs. 2 Nr. 7 Buchst. b USG, vgl. § 12 Abs. 2 Nr. 7b Rz. 18) zur Anwendung, so dass der **Filmverleiher** insoweit eine **begünstigte Leistung erbringt**. 129

Die Überlassung von mit Filmen bespielten Videokassetten, DVDs und Blue-ray Discs durch **Filmproduzenten** oder **Videovertriebsunternehmen an Videotheken** zur Weitervermietung (im Geschäftsbereich der sog. Home-Video-Nutzung) ist nicht nach § 12 Abs. 2 Nr. 7 Buchst. c UStG, **aber nach** § 12 Abs. 7 Buchst. b UStG **begünstigt** (§ 12 Abs. 2 Nr. 7 Buchst. b Rz. 20).[4] 130

Die **Endstufenumsätze von Videotheken**, welche **privaten Kunden** mit Filmen bespielte Videokassetten, DVDs und Blue-ray Discs unter vertraglichem Ausschluss der öffentlichen Vorführung oder anderweitiger gewerblicher Verwendung überlassen, sind **weder nach** § 12 Abs. 2 Nr. 7 Buchst. b UStG (§ 12 Abs. 2 Nr. 7 Buchst. b Rz. 21) **noch nach** § 12 Abs. 2 Nr. 7 Buchst. c UStG **begünstigt**, da den Leistungsempfängern insoweit nicht das Recht zur Vorführung im urheberrechtlichen Sinne übertragen wird.[5] 131

Gleiches gilt für die **Bereitstellung von Videos und Video-Clips im Internet zum Download**, da die den Kunden eingeräumte Möglichkeit, sich das Filmwerk oder ähnlich geschaffene Werk anzuschauen, kein urheberrechtlich relevanter Vorgang i.S.d. § 12 Abs. 2 Nr. 7 Buchst. c UStG ist und damit auch die Steuerermäßigung nach § 12 Abs. 2 Nr. 7 Buchst. b UStG keine Anwendung findet.[6] 132

c) Elektronische Berichterstattung (sog. EB-Teams)

Rundfunkanstalten beziehen Video- bzw. Filmaufnahmen, die durch sog. **EB-Teams** (EB = elektronische Berichterstattung) erstellt werden. Diese EB-Teams stellen der Rundfunkanstalt ein Kamerateam (meist bestehend aus einem Kameramann und einem Tontechniker) zur Verfügung, das auf Weisung eines sog. Realisators der Rundfunkanstalt **Filmaufnahmen** in vertraglich festgelegter technischer Qualität **erstellt**. Die technische Leitung und Verantwortung während des Dreheinsatzes obliegt dem Kamerateam. Die Vergütung erfolgt aufgrund vereinbarter Stunden- bzw. Tagessätze. Individuelle, aufgeschlüsselte Vergütungen für Material, für einzelne Rechte oder Ähnliches finden nicht statt. 133

1 *Stapperfend* in Rau/Dürrwächter, § 12 Abs. 2 Nr. 7c UStG Rz. 100 (Stand: März 2022).
2 *Waza* in Offerhaus/Söhn/Lange, § 12 Abs. 2 Nr. 7c UStG Rz. 91 (Stand: Dezember 2022).
3 BFH, Urt. v. 19.2.1976 – V R 92/74, BStBl. II 1976, 515.
4 Abschn. 12.6 Abs. 4 Satz 2 UStAE.
5 BFH, Urt. v. 29.11.1984 – V R 96/84, BStBl. II 1985, 271 = UR 1985, 31 m. Anm. *Weiß*.
6 FG Köln, Urt. v. 22.11.2007 – 15 K 3601/04, juris.

134 Bestandteil der erbrachten Leistungen ist die zeitlich und räumlich unbegrenzte Einräumung der ausschließlichen Auswertungsrechte an den geschaffenen Werken an die Rundfunkanstalt. Die EB-Teams tragen ein wirtschaftliches Risiko bei der Erstellung des Filmmaterials und müssen organisatorisch tätig werden. Hierdurch erlangen sie urheberrechtlichen Schutz nach § 95 i.V.m. § 94 UrhG (sog. **echte Auftragsproduktion**)[1]. Die **Übertragung** der Urheberrechte auf die Rundfunkanstalt ist **wesentlicher Gehalt** der von den EB-Teams **erbrachten Leistungen**, da die Rundfunkanstalt das Filmmaterial nur auf diese Weise nutzen kann. Die Leistungen unterliegen daher dem **ermäßigten Steuersatz** nach § 12 Abs. 2 Nr. 7 Buchst. c UStG.[2]

d) Überlassung von Fernsehübertragungsrechten durch Sportveranstalter

135 Aufgrund der fehlenden Gestaltungshöhe handelt es sich bei Sportveranstaltungen weder um Filmwerke i.S.d. § 2 Abs. 1 Nr. 6 UrhG noch um Laufbilder nach § 95 UrhG und damit um keine Werke oder verwandten Schutzrechte i.S.d. UrhG. Die **Gestattung der Herstellung von Aufnahmen von Sportereignissen** durch den Veranstalter ist deshalb **keine** nach § 12 Abs. 2 Nr. 7 Buchst. c UStG **steuerermäßigte Übertragung von Rechten aus dem UrhG.** Der Veranstalter willigt dadurch vielmehr in Eingriffe ein, die er aufgrund anderer – außerhalb des Urheberrechts bestehender – Rechte verbieten könnte (wie z.B. durch die Ausübung seines Hausrechts). **Etwas anderes gilt** jedoch, wenn der **Veranstalter** das Sportereignis **selbst aufzeichnet und** die daran bestehenden **Rechte anschließend verwertet**, da dem Veranstalter in diesem Fall ein urheberrechtlich geschütztes Recht an Laufbildern i.S.d. § 2 Abs. 1 Nr. 6 UrhG zusteht, mit der Folge, dass insoweit der **ermäßigte Steuersatz** nach § 12 Abs. 2 Nr. 7 Buchst. c UStG **zur Anwendung kommt.**[3]

7. Ausübende Künstler sowie Masken-, Bühnen- und Kostümbildner

a) Ausübende Künstler

aa) Allgemeines

136 Die Leistungen ausübender Künstler fallen nur dann und soweit unter die Steuerermäßigung nach § 12 Abs. 2 Nr. 7 Buchst. c UStG, als die Künstler die **Leistungsschutzrechte** daran, d.h. die audiovisuellen Nutzungsrechte, abtreten (Rz. 37), und diese **Abtretung den wesentlichen Inhalt der einheitlichen Gesamtleistung** ausmacht (Rz. 40–46). Zu **Beispielen**, wann dies nach Ansicht der FinVerw. insbesondere der Fall ist, siehe Abschn. 12.7. Abs. 20 UStAE.

137 Mit den Leistungen ausübender Künstler ist aber nicht in jedem Fall die Abtretung von urheberrechtlich geschützten audiovisuellen Nutzungsrechten verbunden. Eine Abtretung liegt dann nicht vor, wenn künstlerische Leistungen zur Dokumentation, für Archivzwecke oder zum wissenschaftlichen Gebrauch mitgeschnitten werden.[4] Besteht der Umsatz nur oder im Wesentlichen aus der bloßen künstlerischen Leistung, so scheidet eine Ermäßigung nach § 12 Abs. 2 Nr. 7 Buchst. c UStG aus, wie z.B. bei Mitwirkung eines Orchestermusikers an einer Theatervorführung.[5] Für die Darbietungen von unmittelbar ausübenden Künstlern (Rz. 24), die weder von Rundfunk- und Fernsehanstalten aufgezeichnet und gesendet noch auf Bild- und Tonträger aufgenommen und vervielfältigt werden, kommt aber die Ermäßigung nach § 12 Abs. 2 Nr. 7 Buchst. a UStG in Betracht.[6]

138 Haben ausübende Künstler **unterschiedliche Vertragspartner**, können sie mit ihren Leistungen unterschiedliche Leistungen erbringen, die bloße künstlerische Leistung und die Abtretung von urheberrechtlich geschützten audiovisuellen Nutzungsrechten daran, die unterschiedlich zu besteuern sind.[7] Tritt z.B. ein Musiker bei einem Konzert eines Konzertveranstalters auf, und überträgt er zugleich einer Rundfunk- und Fernsehanstalt das Recht, den Konzertauftritt aufzuzeichnen und zu senden, so ist die

1 BFH, Urt. v. 20.9.1995 – X R 225/93, BStBl. II 1997, 320 = FR 1996, 20.
2 OFD Niedersachen, Vfg. v. 6.2.2018 – S 7240-53-St 184, UR 2018, 373.
3 Abschn. 12.7 Abs. 23 UStAE.
4 Abschn. 12.7 Abs. 21 Satz 2 UStAE; *Hättich/Renz*, IStR 2010, 13.
5 BFH, Urt. v. 5.11.1996 – V B 1/96, BFH/NV 1997, 716.
6 Abschn. 12.7 Abs. 21 Satz 4 UStAE.
7 *Kraeusel* in Reiß/Kraeusel/Langer, § 12 UStG Rz. 267 (Stand: September 2023).

Darbietung gegenüber dem Konzertveranstalter nach § 12 Abs. 2 Nr. 7 Buchst. a UStG und die Abtretung der urheberrechtlich geschützten audiovisuellen Nutzungsrechte daran gegenüber der Rundfunk- und Fernsehanstalt nach § 12 Abs. 2 Nr. 7 Buchst. c UStG begünstigt.

Entsprechend ist es, wenn ausübende Künstler die urheberrechtlich geschützten audiovisuellen **Nutzungsrechte** an ihren künstlerischen Leistungen **an eine Agentur abtreten**. Will in diesem Fall eine Rundfunk- und Fernsehanstalt das Recht erwerben, die künstlerischen Leistungen aufzuzeichnen und zu senden, muss sie einen Vertrag mit der Agentur schließen, ohne ein Vertragsverhältnis mit dem ausübenden Künstler zu begründen. Die Ermäßigung des § 12 Abs. 2 Nr. 7 Buchst. c UStG erstreckt sich dabei auch auf die Leistung der Agentur (gegenüber der Rundfunk- und Fernsehanstalt), da wesentlicher Inhalt der Leistung der Agentur die Abtretung von urheberrechtlich geschützten audiovisuellen Nutzungsrechten ist.[1] 139

In den Fällen, in denen ausübende Künstler **einem einzigen Vertragspartner** die künstlerische Leistung und die Abtretung von urheberrechtlich geschützten audiovisuellen Nutzungsrechte daran schulden, kann zur Bestimmung des Steuersatzes nur einzelfallbezogen eine Beurteilung des Umsatzes nach den allgemeinen Grundsätzen zur Einheitlichkeit der Leistung dahingehend erfolgen, welcher der beiden Leistungsbestandteile den wesentlichen Inhalt der einheitlichen Gesamtleistung ausmacht. Im Ergebnis ist diese Beurteilung in der Praxis jedoch immer dann irrelevant, wenn unmittelbar ausübende Künstler an dem Umsatz beteiligt sind, die ihre Darbietungen vor Publikum aufführen (wie z.B. Sänger, Musiker, Tänzer) und somit unter die erste Alternative des § 73 UrhG zu subsumieren sind. Denn diese Künstler fallen mit ihren Darbietungen unter den Anwendungsbereich von § 12 Abs. 2 Nr. 7 Buchst. a UStG (§ 12 Abs. 2 Nr. 7 Buchst. a Rz. 50–58), mit der Folge, dass ihre einheitliche Gesamtleistung auf jeden Fall dem ermäßigten Steuersatz – entweder nach Buchstabe a oder Buchstabe c von § 12 Abs. 2 Nr. 7 UStG – unterliegt. Anders verhält es sich hingegen bei ausübenden Künstlern, die unter die zweite Alternative des § 73 UrhG zu subsumieren sind, da sie mit ihren künstlerischen Leistungen nicht selbst vor dem Publikum in Erscheinung treten, sondern nur an den Darbietungen von anderen im Hintergrund künstlerisch mitwirken wie z.B. Choreographen und Regisseure. Diese Künstler unterliegen mit ihren künstlerischen Leistungen nicht der Ermäßigung nach § 12 Abs. 2 Nr. 7 Buchst. a UStG (§ 12 Abs. 2 Nr. 7 Buchst. a Rz. 51). Daher ist bei ihnen zwingend eine Beurteilung des Umsatzes dahingehend vorzunehmen, ob die Abtretung von urheberrechtlich geschützten audiovisuellen Nutzungsrechten wesentlicher Inhalt der einheitlichen Gesamtleistung ist, um entscheiden zu können, ob auf die Gesamtleistung der ermäßigte Steuersatz nach § 12 Abs. 2 Nr. 7 Buchst. c UStG oder der Regelsteuersatz nach § 12 Abs. 1 UStG Anwendung findet. Die gleiche Beurteilung ist im Übrigen bei Künstlern vorzunehmen, die unter die zweite Alternative von § 73 UrhG zu subsumieren sind, keine urheberrechtlich geschützten audio-visuellen Nutzungsrechte eingeräumt, aber durch schöpferische Leistungen Werke i.S.d. § 2 UrhG oder Bearbeitungen i.S.d. § 3 UrhG geschaffen haben und aus diesem Grund dem Urheberrechtsschutz unterliegen (Rz. 142–143). 140

bb) Choreographen

Das **FG Düsseldorf**[2] hat im Fall eines Choreografen, der eine Kampfkunstshow betreut hatte, entschieden, dass ihm als ausübendem Künstler die Steuerermäßigung nach § 12 Abs. 2 Nr. 7 Buchst. c UStG nicht zusteht, da die Übertragung und Einräumung von urheberrechtlich geschützten audiovisuellen Nutzungsrechten an seinen Leistungen **nicht Hauptbestandteil der einheitlichen Gesamtleistung** gewesen ist. Das FG Düsseldorf hat dabei darauf abgestellt, dass zum einen das Honorar des Choreographen alleine an seinem Trainingsaufwand bemessen und zum anderen **im Fall der Veröffentlichung der Aufführung** als Film oder im Hörfunk und Fernsehen die **Verhandlung und Vereinbarung eines gesonderten Entgelts vorgesehen war**. 141

Das **Sächsische FG**[3] hat hingegen im Fall einer Choreographin, die ihr Honorar unabhängig vom Trainingsaufwand von der den Auftrag gebenden Bühne für die persönliche Erstellung einer eigenen Choreographie sowie deren Einstudierung mit den Künstlern und die Anwesenheit bei sämtlichen 142

1 Abschn. 12.7 Abs. 21 Satz 3 UStAE.
2 FG Düsseldorf, Urt. v. 27.1.2010 – 5 K 1072/08 U, juris.
3 FG Sachsen, Urt. v. 23.7.2015 – 6 K 1157/12, juris.

Proben, der Generalprobe und der Premiere, erhalten hatte, geurteilt, dass deren **choreographisches Wirken** aufgrund der schöpferischen Leistung **als Werk der Tanzkunst** i.S.d. § 2 Abs. 1 Nr. 3 UrhG **anzusehen ist**. Zudem geht das FG davon aus, dass die Übertragung und Einräumung von urheberrechtlichen Nutzungsrechten in Form des Aufführungsrechtes nach § 19 UrhG den wesentlichen Inhalt der Vertragsbeziehungen ausmacht, wenn die Choreographie (als urheberrechtlich geschütztes Werk) eigens durch die Bühne beauftragt wird, das Werk vom Auftraggeber nur durch die Ausnutzung von Rechten daran bestimmungsgemäß verwendet werden kann und dem Auftraggeber deswegen die entsprechenden urheberrechtlichen Nutzungsrechte übertragen und eingeräumt werden. Die Herstellung des Werks geht somit als Vorstufe der eigentlichen Leistung in dieser auf, und zwar auch dann, wenn das Werkoriginal dem Auftraggeber überlassen wird. Vor diesem Hintergrund macht die **Übertragung und Einräumung** der urheberrechtlichen **Nutzungsrechte** vorliegend den **wesentlichen Inhalt der Vertragsbeziehungen** aus und ist nicht bloße Nebenfolge der Choreographie-Leistungen, sondern wesentlicher Bestandteil selbiger, mit der Konsequenz, dass die **einheitliche Gesamtleistung** der Choreographin der **Steuerermäßigung** nach § 12 Abs. 2 Nr. 7 Buchst. c UStG **unterliegt**.

cc) Regisseure

143 Nach einer Entscheidung des **FG Berlin-Brandenburg**[1] hat ein (nicht nach § 4 Nr. 20 Buchst. a Satz 3 UStG steuerbefreiter) **Regisseur**, der als ausübender Künstler für ein Theater Bühneninszenierungen vorgenommen hatte, ohne dass dabei zwischen ihm und dem Theater audiovisuelle Verwertungshandlungen i.S.d. §§ 73 ff. UrhG vereinbart worden waren, wegen seiner schöpferischen Leistungen – zumindest teilweise – **Werke/Bearbeitungen** i.S.d. §§ 2 oder 3 UrhG **geschaffen**, was auch in den Vertragsvereinbarungen zum Ausdruck kam. Nach Auffassung des FG ist in der Regel davon auszugehen, dass die Übertragung und Einräumung von urheberrechtlichen Nutzungsrechten in Form des Aufführungsrechtes nach § 19 UrhG wesentlicher Inhalt der Vertragsbeziehungen ist, wenn die Bühneninszenierung (als urheberrechtlich geschütztes Werk) eigens durch das Theater beauftragt wird, das Werk vom Auftraggeber nur durch die Ausnutzung von Rechten daran bestimmungsgemäß verwendet werden kann und ihm deswegen die entsprechenden urheberrechtlichen Nutzungsrechte übertragen und eingeräumt werden. Die Herstellung des Werkes geht danach als Vorstufe der eigentlichen Leistung in dieser auf, und zwar auch dann, wenn das Werkoriginal dem Auftraggeber überlassen wird. Dementsprechend macht die **Übertragung und Einräumung** urheberrechtlicher **Nutzungsrechte** vorliegend den **wesentlichen Inhalt der Vertragsbeziehungen** aus und ist nicht bloße Nebenfolge der Regie-Leistungen, sondern wesentlicher Bestandteil selbiger, so dass auf die **einheitliche Gesamtleistung** des Regisseurs die **Ermäßigung** nach § 12 Abs. 2 Nr. 7 Buchst. c UStG **Anwendung findet**. **Demgegenüber** hat das FG Berlin-Brandenburg in den Fällen keine **steuerermäßigte Leistung** angenommen, in denen der Regisseur nur Rechte als Mitwirkender nach den §§ 73 ff. UrhG erworben hat, da dann zur Nutzung der Regie-Leistung keine Übertragung eines Aufführungsrechtes erforderlich ist.

dd) Synchronsprecher

144 Das **FG Hamburg**[2] hat hinsichtlich eines Synchronsprechers entschieden, dass ihm als ausübendem Künstler die **Steuerermäßigung** nach § 12 Abs. 2 Nr. 7 Buchst. c UStG zusteht, da die **Übertragung und Einräumung** von urheberrechtlich geschützten audiovisuellen **Nutzungsrechten** an seinen künstlerischen Leistungen **Hauptbestandteil der einheitlichen Gesamtleistung** gewesen ist. Das FG Hamburg hat seine Entscheidung zum einen damit begründet, dass sich die Rechteinräumung als Schwerpunkt der Gesamtleistung eindeutig aus den vertraglichen Vereinbarungen ergibt, und zum anderen damit, dass in denjenigen Fällen, in denen keine Vertragswerke vorgelegen haben, die Herstellung von synchronisierten Ton- oder Filmwerken vom Auftraggeber typischerweise ausschließlich durch Ausnutzung von Rechten an diesen Werken bestimmungsgemäß verwendet werden konnte. Demnach bildet die Einräumung und Übertragung urheberrechtlicher Nutzungsrechte auch in den zweitgenannten Fällen den wesentlichen Inhalt der Leistungen des Synchronsprechers.

---

1 FG Berlin-Brandenburg, Urt. v. 22.6.2016 – 7 K 7343/14, juris.
2 FG Hamburg, Urt. v. 21.10.2002 – I 214/98.

b) Masken-, Bühnen- und Kostümbildner

aa) Maskenbildner

Die **Leistungen** von Maskenbildnern, die – im Gegensatz zu Choreographen und Regisseuren – keine ausübenden Künstler sind, **sind** in der Regel auch **keine** geschützten **Werke bildender Künste** i.S.d. § 2 Abs. 1 Nr. 4 UrhG, da Maskenbildner vor allem ein Handwerk ausüben, das nicht über die bloße zweckmäßige Anordnung von Versatzstücken und Requisiten hinausreicht. Dementsprechend **scheidet** die **Steuerermäßigung** nach § 12 Abs. 2 Nr. 7 Buchst. c UStG von vornherein **aus.**[1] 145

bb) Bühnen- und Kostümbildner

Skizzen und **Entwürfe** von Bühnenbildern, die – anders als Choreographen und Regisseure – ebenfalls keine ausübenden Künstler sind, **können** bei schöpferischer Leistung geschützte **Werke bildender Künste** i.S.d. § 2 Abs. 1 Nr. 4 UrhG **sein**. Diese Voraussetzungen hat das **FG Münster**[2] im Fall eines Bühnenbildners als erfüllt angesehen und geurteilt, dass dessen Umsätze nach § 12 Abs. 2 Nr. 7 Buchst. c UStG **ermäßigt** sind. Nach den tatsächlichen Feststellungen des FG war die **Einräumung** von urheberrechtlichen **Nutzungsrechten wesentlicher Inhalt der Gesamtleistung** des Bühnenbildners. Dabei hat das FG in erster Linie darauf abgestellt, dass der **Bühnenbildner lediglich Skizzen und Entwürfe gefertigt** hatte, während die Bühnenbilder auf Grundlage dieser Entwürfe vom Theater selbst hergestellt worden waren. 146

Die **Verwaltung**[3] geht davon aus, dass sich selbständige Bühnen- und Kostümbildner grundsätzlich gegenüber der Bühne verpflichten, eine Konzeption für das Bühnenbild bzw. die Kostüme zu erstellen und aufführungsreife Entwürfe mit den für die Realisierung notwendigen Details abzuliefern. Für die Anwendung der **Steuerermäßigung** nach § 12 Abs. 2 Nr. 7 Buchst. c UStG müssen die Übertragung und Einräumung von urheberrechtlichen Nutzungsrechten den wesentlichen Inhalt der Vertragsbeziehungen ausmachen. **Davon kann in der Regel ausgegangen werden, wenn** für die Aufführung eines bestimmten Bühnenwerkes eigens ein Bühnen- oder Kostümbildner mit dem Entwurf des Bühnenbilds oder der Kostüme beauftragt wird. In diesen Fällen kommt es der Auftrag gebenden Bühne regelmäßig gerade auf die schöpferische Leistung des beauftragten Bühnen- oder Kostümbildners an, mit der Konsequenz, dass ohne Übertragung von urheberrechtlichen Nutzungsrechten die Aufführung bzw. Inszenierung des Bühnenstücks in der beabsichtigten Form, nämlich im Rahmen eines eigens hierfür geschaffenen Bühnenbildes bzw. unter Verwendung der speziell hierfür angefertigten Kostüme rechtlich nicht möglich ist. In diesen Fällen ist die Übertragung von urheberrechtlichen Nutzungsrechten als wesentlicher Inhalt der Vertragsbeziehungen anzusehen, so dass der ermäßigte Steuersatz auf die einheitliche Gesamtleistung anzuwenden ist. Erschöpft sich die Tätigkeit des Bühnen- oder Kostümbildners **hingegen** in der handwerklichen Umsetzung vorgegebener Gestaltungsformen, ist wesentlicher Bestandteil der einheitlichen Gesamtleistung die Herstellung und Lieferung des Bühnenbildes oder der Kostüme, mit der Folge, dass die **Steuerermäßigung nicht in Betracht** kommt. 147

§ 12 Abs. 2 Nr. 7 Buchst. d [Zirkusvorführungen usw.]

…

(2) Die Steuer ermäßigt sich auf 7 Prozent für die folgenden Umsätze:

…

7. d) die Zirkusvorführungen, die Leistungen aus der Tätigkeit als Schausteller sowie die unmittelbar mit dem Betrieb der zoologischen Gärten verbundenen Umsätze;

…

1 FG Hamburg, Urt. v. 23.10.2008 – 5 K 150/07, juris.
2 FG Münster, Urt. v. 10.9.1991 – 15 K 6737/89 U, juris.
3 BMF, Schr. v. 7.2.2014 – IV D 2-S 7240/11/10002, BStBl. I 2014, 273 = UR 2014, 211.

A. Grundaussagen

I. Regelungsgegenstand und Bedeutung

1 Die Vorschrift des § 12 Abs. 2 Nr. 7 Buchst. d UStG begünstigt kulturelle Dienstleistungen durch die Anwendung des ermäßigten Steuersatzes für Zirkusvorführungen, Leistungen aus der Tätigkeit als Schausteller und die unmittelbar mit dem Betrieb der zoologischen Gärten verbundenen Umsätze.

2 Die Begünstigung existiert seit Einführung des Nettoumsatzsteuersystems zum 1.1.1968 und hat ihren Ursprung im **gesetzgeberischen Ziel**, mit der Einführung der Umsatzsteuer verbundene unvertretbare **Preissteigerungen** bzw. Gewinnschmälerungen **im Kultur- und Unterhaltungsbereich zu vermeiden.**[1]

II. Unionsrechtliche Grundlagen

3 Die **Vorschrift** des § 12 Abs. 2 Nr. 7 Buchst. d UStG **beruht** auf Art. 98 Abs. 2 i.V.m. Anhang III Nr. 7 MwStSystRL (bis 31.12.2006: Art. 12 Abs. 3 Buchst. a i.V.m. Anhang H Kat. 7 der 6. EG-Richtlinie). Danach können die Mitgliedsstaaten u.a. „Eintrittsberechtigungen für Zirkus, Jahrmärkte, Vergnügungsparks, Tierparks und ähnliche kulturelle Ereignisse und Einrichtungen" ermäßigt besteuern. Aufgrund dieser Beschränkung von Anhang III Nr. 7 MwStSystRL auf Eintrittsberechtigungen für die genannten Ereignisse und Einrichtungen scheint **fraglich**, ob der Anwendungsbereich des § 12 Abs. 2 Nr. 7 Buchst. d UStG, der nach seinem Wortlaut – anders als der erste Ermäßigungstatbestand des § 12 Abs. 2 Nr. 7 Buchst. a UStG (§ 12 Abs. 2 Nr. 7 Buchst. a Rz. 10–46) – nicht nur Eintrittsberechtigungen begünstigt, umfassend **unionsrechtlich gedeckt ist**. Die **unionsrechtliche Deckung** liegt m.E. **nur insoweit** vor, wie Eintrittsberechtigungen für Zirkusvorführungen, Schaustellerleistungen und zoologische Gärten begünstigt werden.[2]

3.1 Der EuGH[3] hat entschieden, dass Art. 98 Abs. 2 i.V.m. Anhang III Nr. 7 MwStSystRL dahin auszulegen ist, dass er einer nationalen Regelung nicht entgegen steht, nach der die Leistungen von ortsungebun-

1 *Huschens* in Schwarz/Widmann/Radeisen, § 12 Abs. 2 Nr. 7d UStG Rz. 3 (Stand: Januar 2021).
2 *Schüler-Täsch* in Sölch/Ringleb, § 12 UStG Rz. 577 (Stand: Juni 2023); *Huschens* in Schwarz/Widmann/Radeisen, § 12 Abs. 2 Nr. 7d UStG Rz. 13 (Stand: Januar 2021).
3 EuGH, Urt. v. 9.9.2021 – C-406/20, ECLI:EU:C:2021:720 – Phantasialand, UR 2021, 758. Ausführlich hierzu *Moldan*, UStB 2021, 362.

denen Schaustellern (z.B. auf Jahrmärkten) dem ermäßigten Steuersatz unterliegen, während die Leistungen von ortsgebundenen Schaustellern (z.B. in Freizeitparks) dem Regelsteuersatz zu unterwerfen sind.

III. Verhältnis zu anderen Vorschriften und Rechtsentwicklung

1. Verhältnis zu anderen Vorschriften

Die Ermäßigungsvorschrift des § 12 Abs. 2 Nr. 7 Buchst. d UStG wie auch die Befreiungsvorschrift des § 4 Nr. 20 UStG betreffen **Umsätze von zoologischen Gärten**. Die Vorschriften unterscheiden sich lediglich in Bezug auf ihre unternehmerbezogenen Kriterien. Werden die „strengeren" Kriterien des § 4 Nr. 20 UStG nicht erfüllt, sind die Umsätze von zoologischen Gärten steuerpflichtig. In diesem Fall kommt die Anwendung des ermäßigten Steuersatzes nach § 12 Abs. 2 Nr. 7 Buchst. d UStG in Betracht.[1] Der **ermäßigte Steuersatz** ist somit im Verhältnis zu § 4 Nr. 20 UStG **nur subsidiär**, d.h. sind sowohl die Kriterien von § 4 Nr. 20 UStG als auch die von § 12 Abs. 2 Nr. 7 Buchst. d UStG erfüllt, geht die Befreiungs- der Ermäßigungsvorschrift vor. Ein **Wahlrecht** – insbesondere im Hinblick auf den Vorsteuerabzug – **existiert nicht**, da dies einer Option zur Steuerpflicht nach § 9 UStG gleich käme, die dort für nach § 4 Nr. 20 UStG befreite Umsätze jedoch nicht vorgesehen ist. Die **Steuerermäßigung** in Bezug auf zoologische Gärten **gilt letztlich** im Wesentlichen **für die Unternehmer, die** keine öffentliche Einrichtung verkörpern und keine Bescheinigung besitzen, in der die zuständige Landesbehörde anerkennt, dass sie die gleichen kulturellen Aufgaben wie die öffentlichen Einrichtungen erfüllen. 4

Da § 12 Abs. 2 Nr. 7 Buchst. d UStG das Vorliegen eines steuerbaren und steuerpflichtigen Umsatzes nach § 1 Abs. 1 Satz 1 Nr. 1 UStG voraussetzt, hat die Frage der Ermäßigung **für Nichtunternehmer keine Bedeutung. Dasselbe gilt für Kleinunternehmer** i.S.d. § 19 UStG, obwohl diese steuerbare und steuerpflichtige Umsätze nach § 1 Abs. 1 Satz 1 Nr. 1 UStG ausführen, die anfallende Steuer aber aufgrund der Anwendung der Vereinfachungsreglung nach § 19 UStG nicht erhoben wird.[2] **Auf unentgeltliche Wertabgaben** i.S.d. § 3 Abs. 1b und Abs. 9a UStG findet § 12 Abs. 2 Nr. 7 Buchst. d UStG hingegen **Anwendung.** 5

2. Rechtsentwicklung

Die Vorschrift des § 12 Abs. 2 Nr. 7 Buchst. d UStG begünstigt **seit Inkrafttreten des UStG 1967** (vor Inkrafttreten des **UStG 1980**: § 12 Abs. 2 Nr. 7 Buchst. e UStG) **unverändert** „die Zirkusvorführungen, die Leistungen aus der Tätigkeit als Schausteller sowie die unmittelbar mit dem Betrieb von zoologischen Gärten verbundenen Umsätze". 6

B. Steuerermäßigte Umsätze von Zirkusunternehmen, Schaustellern und zoologischen Gärten (Nr. 7 Buchst. d)

I. Tatbestände

Die Ermäßigungsvorschrift des § 12 Abs. 2 Nr. 7 Buchst. d UStG enthält (in abschließender Aufzählung) **drei unterschiedliche Tatbestände**, nämlich: 7

- Zirkusvorführungen (Rz. 8–22),
- Leistungen aus der Tätigkeit als Schausteller (Rz. 23–40),
- die unmittelbar mit dem Betrieb der zoologischen Gärten verbundenen Umsätze (Rz. 41–52).

1 Abschn. 12.8 Abs. 3 Satz 1 UStAE.
2 *Schüler-Täsch* in Sölch/Ringleb, § 19 UStG Rz. 1 (Stand: Juni 2023).

II. Zirkusvorführungen

1. Begriff der Zirkusvorführungen

8 Eine gesetzliche Definition des Begriffs **„Zirkusvorführungen“** existiert nicht. Der **BFH** versteht darunter – ausgehend vom herkömmlichen Bild[1] – die **Darbietung von** Reitkunst, Tierdressur (besonders bei Pferden, Elefanten und Raubtieren) sowie Artistik **im Rahmen eines zirzensischen Gesamtprogramms.**[2]

9 Nach Auffassung der FinVerw. stellen **auch** die von Zirkusunternehmen veranstalteten **Tierschauen** Zirkusvorführungen dar.[3]

10 **Keine Zirkusvorführungen** sind folgende Darbietungen:

- Die Leistungen von **Zauberkünstlern** und **Artisten** (wie z.B. Akrobaten und Jongleuren) fallen nicht unter den Begriff der Zirkusvorführungen. Sie können aber u.U. dem ermäßigten Steuersatz nach § 12 Abs. 2 Nr. 7 Buchst. a UStG unterliegen (§ 12 Abs. 2 Nr. 7 Buchst. a Rz. 28). Wenn sie die Tätigkeit eines Schaustellers ausüben, können ihre Leistungen auch nach dem zweiten Ermäßigungstatbestand des § 12 Abs. 2 Nr. 7 Buchst. d UStG begünstigt sein (Rz. 23–40).
- Eine **Veranstaltung**, die zwar einzelne varietéähnliche Showeinlagen enthält, deren **dominierendes Element** jedoch der **Sport** ist, kann nicht als Theater- und auch nicht als Zirkusvorführung angesehen werden. Eine Ermäßigung ist deshalb weder nach Buchstabe a (§ 12 Abs. 2 Nr. 7 Buchst. a Rz. 29) noch nach Buchstabe d des § 12 Abs. 2 Nr. 7 UStG möglich.[4]
- Die Leistungen eines **Delphinariums**, in dem lediglich dressierte Delphine und Seelöwen vorgeführt werden, sind ebenfalls nicht als Zirkusvorführungen zu beurteilen.[5]

11 Zirkusvorführungen werden in der Regel in einem **transportablen Zelt** dargeboten, können jedoch auch in einem **ortsfesten Gebäude** oder **im Freien** stattfinden.

12 Als **rein tätigkeitsbezogene** (und nicht personenbezogene) **Vorschrift** erfasst § 12 Abs. 2 Nr. 7 Buchst. d UStG mit seinem zweiten Ermäßigungstatbestand („Leistungen aus der Tätigkeit als Schausteller“) nur ambulante, d.h. ortsungebunden ausgeführte Leistungen (Rz. 24–26). Gleiches muss nach *Huschens*[6] für den ersten Ermäßigungstatbestand der Vorschrift („Zirkusvorführungen“) gelten, der ebenfalls rein tätigkeitsbezogen – ohne jeglichen Personenbezug – formuliert ist. Entsprechend muss der Umsatz seiner Auffassung nach auf einem ambulanten, d.h. **ortsungebundenen zirzensischen Gesamtprogramm** beruhen. Diese Beschränkung auf ortsungebunden ausgeführte Zirkusvorführungen ist definitorisch m.E. aber nicht zwingend, da der klassische in Europa bekannte Zirkus zwar der Wanderzirkus ist, es aber gleichwohl vereinzelt auch Zirkusse mit festen Gebäuden gibt, die ein ganzjähriges Zirkusprogramm beherbergen. Daher muss die Vorschrift des § 12 Abs. 2 Nr. 7 Buchst. d UStG mit ihrem ersten Ermäßigungstatbestand „Zirkusvorführungen“ m.E. ihrem Wortlaut nach zwingend auch solche Zirkusvorführungen umfassen, die auf einem stationären, d.h. ortsgebundenen zirzensischen Gesamtprogramm basieren.[7]

13 Wegen des fehlenden Personenbezugs im ersten Ermäßigungstatbestand des § 12 Abs. 2 Nr. 7 Buchst. d UStG („Zirkusvorführungen“) kann es **nicht darauf ankommen**, dass der **Leistende** einen **eigenen Zirkus betreibt.**[8] Deshalb müssen neben von Zirkusbetreibern eigenveranstalteten Zirkusvorführungen zugleich fremdveranstaltete Zirkusvorführungen begünstigt sein, bei denen ein anderer (Zirkus-) Unternehmer die Zirkusvorführung vom Zirkusbetreiber, der insoweit als Subunternehmer agiert, einkauft und anschließend im eigenen Namen gegenüber den Besuchern darbietet.

---

1 BFH, Urt. v. 25.11.1993 – V R 59/91, BStBl. II 1994, 336 = UR 1994, 194.
2 BFH, Urt. v. 20.4.1988 – X R 20/82, BStBl. II 1988, 796 = UR 1988, 385 m. w. N.
3 Abschn. 12.8 Abs. 1 Satz 1 UStAE.
4 FG Bremen, Urt. 30.8.1988 – II 78/84 K, UR 1990, 189.
5 BFH, Urt. v. 20.4.1988 – X R 20/82, BStBl. II 1988, 796 = UR 1988, 385.
6 *Huschens* in Schwarz/Widmann/Radeisen, § 12 Abs. 2 Nr. 7d UStG Rz. 17 (Stand: Januar 2021).
7 Ebenso *Frye* in Rau/Dürrwächter, § 12 Abs. 2 Nr. 7d UStG Rz. 22 (Stand: April 2021).
8 *Kraeusel* in Reiß/Kraeusel/Langer, § 12 UStG Rz. 274 (Stand: Februar 2021); *Waza* in Offerhaus/Söhn/Lange, § 12 Nr. 7d UStG Rz. 14 (Stand: Dezember 2022); BFH, Urt. v. 5.11.2014 – XI R 42/12, BStBl. II 2017, 849 = UR 2015, 185 für Schaustellerleistungen.

2. Begünstigte Leistungen – Eintrittsberechtigungen

a) Einräumung von Eintrittsberechtigungen durch Zirkusunternehmen

14 Unter den Ermäßigungstatbestand „Zirkusvorführungen" fällt – in richtlinienkonformer Einschränkung (Eintrittsberechtigung nach Art. 98 i.V.m. Anhang III Nr. 7 MwStSystRL) – die **Einräumung von Eintrittsberechtigungen zu Zirkusvorführungen** (Rz. 3), d.h. der Verkauf von Eintrittskarten zu Zirkusvorführungen durch den Zirkusunternehmer selbst. Dies ist bei Eigenveranstaltungen der Zirkusbetreiber, bei Fremdveranstaltungen der andere (Zirkus-)Unternehmer (Rz. 13).

b) Einräumung durch Dritte

15 Da weder dem Wortlaut des nationalen Rechts noch des Unionsrechts (Rz. 3) eine Einschränkung dahingehend zu entnehmen ist, dass die Einräumung von Eintrittsberechtigungen zu Zirkusvorführungen durch den Zirkusunternehmer selbst erfolgen muss, können auch die Umsätze von **Ticketeigenhändlern**, die entsprechend begünstigte Eintrittskarten im eigenen Namen und auf eigene Rechnung verkaufen, der Steuersatzermäßigung nach § 12 Abs. 2 Nr. 7 Buchst. d UStG unterliegen.

16 Das Gleiche gilt für die Umsätze von **Kommissionären** i.S.d. § 3 Abs. 11 UStG, die entsprechend begünstigte Eintrittskarten im eigenen Namen, aber auf fremde Rechnung verkaufen.

c) Nebenleistungen

17 Die **Steuerermäßigung** des § 12 Abs. 2 Nr. 7 Buchst. d UStG **umfasst** auch die mit der Einräumung von Eintrittsberechtigungen verbundenen **unselbständigen Nebenleistungen**, wie z.B. die Garderobenaufbewahrung und den Programmverkauf.[1]

3. Nicht-begünstigte Leistungen

18 Keine Nebenleistung ist – wie beim ersten Ermäßigungstatbestand des § 12 Abs. 2 Nr. 7 Buchst. a UStG (§ 12 Abs. 2 Nr. 7 Buchst. a Rz. 24) – der **Verkauf von Bild- und Tonträgern** mit Aufzeichnungen der Zirkusvorführungen.[2] Es handelt sich um eine eigenständige, nicht unter § 12 Abs. 2 Nr. 7 Buchst. d UStG fallende Leistung.

19 Gleiches gilt für die **Abgabe von Speisen, Getränken und Süßwaren** anlässlich einer Zirkusvorführung. Sie ist ebenfalls eine eigenständige Leistung, die nicht der Ermäßigung nach § 12 Abs. 2 Nr. 7 Buchst. d UStG unterliegt.[3] Insoweit kommt jedoch der ermäßigte Steuersatz nach § 12 Abs. 2 Nr. 1 UStG in Betracht; zur Abgrenzung der ermäßigten Lieferung von der nichtermäßigten Restaurationsleistung (§ 12 Abs. 2 Nr. 15 Rz. 33 ff.).

20 Nicht nach § 12 Abs. 2 Nr. 7 Buchst. d UStG begünstigt sind außerdem **Hilfsgeschäfte** von Zirkusbetreibern wie die Veräußerung von Anlagevermögen (wie z.B. von Tieren, Einrichtungsgegenständen, Wohnwagen usw.).[4] Hierzu gehören auch die Vermietung von Zirkuszelten oder Zirkusgebäuden und der Verleih von Arbeitskräften (wie z.B. die Gestellung von Clowns, Dompteuren oder Artisten für Film- bzw. Fernsehaufnahmen).[5] Soweit Tiere veräußert oder vermietet werden, die in Nr. 1 der Anlage 2 zum UStG genannt sind, unterliegen diese Leistungen jedoch nach § 12 Abs. 1 Nr. 1 oder 2 UStG dem ermäßigten Steuersatz (Anl. 2 Rz. 1 ff.).

21 Bei **Fernsehaufzeichnungen** und -übertragungen **von Zirkusvorführungen** sind die Leistungen des Zirkusunternehmers sowohl nach Buchstabe c als auch nach Buchstabe d des § 12 Abs. 2 Nr. 7 UStG **begünstigt**.[6] Da es bei richtlinienkonformer Auslegung des § 12 Abs. 2 Nr. 7 Buchst. d UStG allerdings darauf ankommt, dass der Unternehmer, der diese Vorschrift in Anspruch nimmt, Eintrittsberechti-

---

1 Abschn. 12.8 Abs. 1 Satz 2 UStAE.
2 *Huschens* in Schwarz/Widmann/Radeisen, § 12 Abs. 2 Nr. 7d UStG Rz. 19 (Stand: Januar 2021).
3 *Schüler-Täsch* in Sölch/Ringleb, § 12 UStG Rz. 575 (Stand: Juni 2023).
4 Abschn. 12.8 Abs. 1 Satz 4 UStAE.
5 *Huschens* in Schwarz/Widmann/Radeisen, § 12 Abs. 2 Nr. 7d UStG Rz. 23, 26 (Stand: Januar 2021).
6 Abschn. 12.8 Abs. 1 Satz 3 UStAE.

gungen verschafft (Rz. 3), erscheint es zweifelhaft, ob der Zirkusunternehmer insoweit den Tatbestand des Art. 98 i.V.m. Anhang III Nr. 7 MwStSystRL („Eintrittsberechtigungen zu Zirkusvorführungen“) erfüllt, d.h. die Verwaltungsauffassung, dass der erste Ermäßigungstatbestand des § 12 Abs. 2 Nr. 7 Buchst. d UStG auf Fernsehaufzeichnungen und Fernsehübertragungen von Zirkusvorführungen ebenfalls anzuwenden ist, dürfte unionsrechtlich nicht gedeckt sein.

22 Entsprechendes gilt für **Leistungen**, die ein **Zirkusbetreiber als Erfüllungsgehilfe** (d.h. Subunternehmer) im Rahmen von fremdveranstalteten Zirkusvorführungen an einen anderen (Zirkus-)Unternehmer, der diese Vorführungen anschließend nach außen im eigenen Namen darbietet, **erbringt** (Rz. 13). Denn ein Zirkusbetreiber, der als Erfüllungsgehilfe (d.h. Subunternehmer) auftritt, verschafft keine Eintrittsberechtigungen, so dass es auch hier zweifelhaft erscheint, ob der Tatbestand des Art. 98 i.V.m. Anhang III Nr. 7 MwStSystRL („Eintrittsberechtigungen zu Zirkusvorführungen“) erfüllt ist. Gleichwohl sollte – aufgrund der Rechtsprechung des BFH[1] zu § 12 Abs. 2 Nr. 7 Buchst. c UStG – eine Versagung des ermäßigten Steuersatzes aufgrund der engeren Fassung des Anhang III Nr. 7 MwStSystRL („Eintrittsberechtigungen für Zirkus“) im Vergleich zur nationalen Regelung in § 12 Abs. 2 Nr. 7 Buchst. d UStG („Zirkusvorführungen“) nicht möglich sein, da sich Zirkusbetreiber insoweit **auf das günstigere nationale Recht berufen können**, da ihre Leistungserbringung an den anderen (Zirkus-) Unternehmer m.E. als Zirkusvorführung i.S.d. UStG anzusehen ist. Aus der o.g. Rechtsprechung des BFH – zugunsten der Berufungsmöglichkeit auf das günstigere nationale Recht in Form des § 12 Abs. 2 Nr. 7 Buchst. c UStG – ergibt sich m.E. jedoch ein gewisser Spannungsbogen zur Rechtsprechung des BFH[2] hinsichtlich der Steuerfreiheit nach § 4 Nr. 20 Buchst. a UStG von Restaurationsleistungen bei Theatervorstellungen; denn hierzu vertritt der BFH die Rechtsauffassung, dass die in § 4 Nr. 20 Buchst. a UStG nicht näher beschriebenen Umsätze der Theater bei richtlinienkonformer Auslegung, d.h. Einschränkung, nur die typischen Theaterleistungen einschließlich der eng verbundenen Nebenleistungen umfassen, und der Steuerpflichtige sich an dieser Stelle nicht auf das für ihn günstigere nationale Recht berufen darf. An dieser Stelle abschließend der Hinweis, dass der BFH mit seinem Urteil vom 3.12.2015[3] mittlerweile auch die Berufsmöglichkeit auf das günstigere nationale Recht in Form des § 12 Abs. 2 Nr. 7 Buchst. c UStG hinsichtlich elektronischer Dienstleistungen richtlinienkonform eingeschränkt hat (§ 12 Abs. 2 Nr. 7 Buchst. c Rz. 5).

III. Leistungen aus der Tätigkeit als Schausteller

1. Begriff des Schaustellers

23 Der Begriff des **„Schaustellers“** ist gesetzlich nicht definiert. Als Leistungen aus der Tätigkeit als Schausteller gelten nach **§ 30 UStDV** Schaustellungen, Musikaufführungen, unterhaltende Vorführungen oder sonstige Lustbarkeiten auf nur tage- oder wochenweise stattfindenden Jahrmärkten, Volksfesten, Schützenfesten oder ähnlichen Veranstaltungen (wie z.B. Kirchweihfesten oder Festen mit langer Tradition). Darauf aufbauend definiert der **BFH**[4] in ständiger Rechtsprechung „Schausteller“ im Sinne dieser Bestimmungen als **Personen, die mit ihren der Unterhaltung dienenden Unternehmen** gewerbsmäßig Jahrmärkte, Volksfeste, Schützenfeste und ähnliche Veranstaltungen beschicken, also **von Ort zu Ort ziehen**, um dort einen Schießstand, ein Fahrgeschäft (wie z.B. Achterbahn, Schiffsschaukel, Geisterbahn usw.) oder eine Ausspielung (wie z.B. den Verkauf von Losen mit der Chance des Gewinns von Spielzeug, Stofftieren usw.) zu betreiben, etwas zu zeigen oder etwas vorzuführen (wie z.B. Tierschauen, Puppen- oder Marionettenspiele, Kleintheater, musikalische Darbietungen usw.). Diese Auffassung wird von der FinVerw. geteilt.[5]

1 BFH, Urt. v. 18.8.2005 – V R 42/03, BStBl. II 2006, 44 = UR 2006, 26; BFH, Urt. v. 25.11.2004 – V R 25/04, 26/04, BStBl. II 2005, 419 = UR 2005, 557 m.w.N.

2 BFH, Urt. v. 18.8.2005 – V R 20/03, BStBl. II 2005, 910 = UR 2006, 24; BFH, Urt. v. 14.5.1998 – V R 85/97, BStBl. II 1999, 145 = UR 1998, 422.

3 BFH, Urt. v. 3.12.2015 – V R 43/13, BStBl. II 2016, 858 = UR 2016, 613.

4 BFH, Urt. v. 5.11.2014 – XI R 42/12, BStBl. II 2017, 849 = UR 2015, 185; BFH, Urt. v. 25.11.1993 – V R 59/91, BStBl. II 1994 = UR 1994, 194, 336; BFH, Urt. v. 22.6.1972 – V R 36/71, BStBl. II 1972, 684; BFH, Urt. v. 22.10.1970 – V R 67/70, BStBl. II 1971, 37.

5 Abschn. 12.8 Abs. 2 Sätze 2, 6 und 7 UStAE.

Seine ständige Rechtsprechung, dass nur mobile, **nicht aber ortsgebundene Schaustellerunternehmen** mit Dauerveranstaltungen (wie z.B. Märchenwaldunternehmen, Freizeit- bzw. Vergnügungsparks) als „Schausteller" im Sinne dieser Bestimmungen zu werten sind, hat der BFH[1] im Jahr 2018 erneut bestätigt und entschieden, dass die **Beschränkung** der Ermäßigung **nicht dem unionsrechtlichen Neutralitätsgrundsatz widerspricht**. Als Begründung führt der BFH an, dass mobile – anders als ortsgebundene – Schaustellerunternehmen neben Reise- und Beförderungskosten einen erhöhten Aufwand für Ab- und Aufbau sowie schnelleren Anlagenverschleiß zu tragen haben, und entscheidender, dass der Kontext eines zeitlich beschränkten Volksfests oder Jahrmarkts aus Sicht des entscheidungsrelevanten Durchschnittsverbrauchers ein anderer ist, als der bei ortsgebundenen Schaustellerunternehmen mit Dauerveranstaltungen. 24

Diese ständige BFH-Rechtsprechung hat das FG Köln[2] in Frage gestellt und den EuGH angerufen, um von ihm klären zu lassen, ob die unterschiedliche umsatzsteuerrechtliche Behandlung von ortsgebundenen und ortsungebundenen Schaustellern tatsächlich nicht dem unionsrechtlichen Neutralitätsgrundsatz widerspricht. Mit Urteil vom 9.9.2021 hat der EuGH[3] entschieden, dass ein Mitgliedstaat einen ermäßigten Steuersatz auf die Leistungen von ortsungebundenen Schaustellern (z.B. auf Jahrmärkten) anwenden kann, während er die Leistungen von ortsgebundenen Schaustellern (z.B. in Freizeitparks) dem Regelsteuersatz unterwirft. Vor dem Hintergrund dieses Urteils wurde das Verfahren vor dem FG Köln vom Kläger nicht fortgesetzt. Zudem konnte der BFH aufgrund dieses Urteils an seiner ständigen Rechtsprechung festhalten und in einem weiteren, bei ihm anhängigen Verfahren[4] entscheiden, dass der Verkauf von Eintrittsberechtigungen zu einem ortsgebundenen Freizeitpark nicht ermäßigt zu besteuern ist. 25

Die **Schaustellereigenschaft** im Sinne dieser Bestimmungen ist auf jeden Fall **zu bejahen**, wenn Schaustellerunternehmen ihre Tätigkeit zwar **immer am gleichen Ort** ausüben, dies **jedoch nur einmal im Jahr** (wie z.B. im Rahmen eines jährlich für wenige Tage stattfindenden Dorffests).[5] Denn der nicht-dauerhafte Betrieb am gleichen Ort und die damit verbundenen Auf- und Abbauerfordernisse sprechen für das Vorliegen der Merkmale eines mobilen, ortsungebundenen Schaustellerunternehmens.[6] Fraglich bleibt insoweit nur die durch den Erlassgeber vorgenommene Beschränkung auf eine Tätigkeitsausübung pro Jahr. Diese Beschränkung dürfte m.E. aufgrund der vom FG Berlin-Brandenburg angeführten Begründung, dass entscheidend auf die mit nicht-dauerhaft betriebenen Tätigkeiten verbundenen Auf- und Abbauerfordernisse abzustellen ist, nicht haltbar zu sein. Vielmehr sollte die Schaustellereigenschaft bei jeder nur periodisch ausgeübten Schaustellertätigkeit zu bejahen sein. 26

In der Regel sind Schaustellerunternehmen im Sinne dieser Bestimmungen **auf fremdorganisierten Veranstaltungen** – wie Jahrmärkten, Volksfesten, Schützenfesten und ähnlichen Veranstaltungen – **im eigenen Namen gegenüber den Besuchern tätig**.[7] 27

Ähnliche Veranstaltungen nach § 30 UStDV sind aber auch durch Schaustellerunternehmen im Sinne dieser Bestimmungen selbst organisierte und unter eigener Regie durchgeführte Veranstaltungen (d.h. **Eigenveranstaltungen**), sofern sie – wie Jahrmärkte, Volksfeste, Schützenfeste usw. – dem allgemeinen Volksvergnügen dienen. Entsprechend hat der BFH[8] einen Unternehmer, der bei ständigem Ortswechsel eine Schau für Auto- und Motorradakrobatik in Eigenveranstaltungen nach außen betreibt, als Schausteller i.S.d. § 12 Abs. 2 Nr. 7 Buchst. d UStG eingestuft. 28

---

1 BFH, Urt. v. 2.8.2018 – V R 6/16, BStBl. II 2019, 293 = UR 2018, 915.
2 FG Köln, Vorlagebeschl. v. 25.8.2020 – 8 K 1092/17, UR 2021, 32.
3 EuGH, Urt. v. 9.9.2021 – C-406/20, ECLI:EU:C:2021:720 – Phantasialand, UR 2021, 758. Ausführlich hierzu *Moldan*, UStB 2021, 362.
4 BFH, Urt. v. 17.3.2022 – XI R 23/21 (XI R 4/21), BStBl II 2022, 818 = UR 2022, 663.
5 BFH, Urt. v. 5.11.2014 – XI R 42/12, BStBl. II 2017, 849 = UR 2015, 185; FG Berlin-Brandenburg, Urt. v. 13.4.2010 – 5 K 7215/06 B, juris; Abschn. 12.8 Abs. 2 Satz 4 UStAE.
6 FG Berlin-Brandenburg, Urt. v. 13.4.2010 – 5 K 7215/06 B, juris.
7 BFH, Urt. v. 25.11.1993 – V R 59/91, BStBl. II 1994, 336 = UR 1994, 194.
8 BFH, Urt. v. 25.11.1993 – V R 59/91, BStBl. II 1994, 336 = UR 1994, 194.

29 Da der zweite Ermäßigungstatbestand des § 12 Abs. 2 Nr. 7 Buchst. d UStG „Leistungen aus der Tätigkeit als Schausteller“ eine tätigkeits- und keine personenbezogene Leistung voraussetzt,[1] ist nicht maßgeblich, ob der leistende Unternehmer selbst Schaustellerunternehmer im Sinne dieser Bestimmungen ist, so dass **auch Fremdveranstaltungen begünstigt** sind, bei denen andere Unternehmen die Leistungen von Schaustellerunternehmen im Sinne dieser Bestimmungen einkaufen und anschließend im eigenen Namen gegenüber den Besuchern anbieten. Vor diesem Hintergrund hat der BFH[2] auch einen Unternehmer, der an wechselnden Orten mittelalterliche Märkte und Reitturniere mit Hilfe seiner Arbeitnehmer und selbständiger, von ihm (als Subunternehmer) engagierter Schaustellergruppen im eigenen Namen gegenüber den Besuchern durchführt, als Schausteller i.S.d. § 12 Abs. 2 Nr. 7 Buchst. d UStG bewertet. Das Gleiche gilt für einen Unternehmer, der ein jährliches, immer am selben Ort stattfindendes Dorffest ausschließlich mit Hilfe selbständiger, von ihm (als Subunternehmer) engagierter Schaustellergruppen im eigenen Namen gegenüber den Besuchern veranstaltet.[3]

30 **Unternehmen**, die dem Volksvergnügen dienende Veranstaltungen **lediglich organisieren**, ohne dabei gegenüber den Besuchern im eigenen Namen aufzutreten, **erfüllen** hingegen **nicht die Schaustellereigenschaft** des § 12 Abs. 2 Nr. 7 Buchst. d UStG.[4]

31 Gleiches gilt nach Ansicht des FG Münster[5] für Unternehmen, die Geldspielgeräte über einen längeren Zeitraum z.B. in einer Spielhalle aufstellen; denn sie sind durch das Aufstellen der Geräte nicht als ortsungebundene Schausteller i.S.v. § 12 Abs. 2 Nr. 7 Buchst. d UStG i.V.m. § 30 UStDV anzusehen. Wie das FG Münster m.E. korrekt erkannt hat, wird durch die Anwendung des Regelsteuersatzes auf den Betrieb von ortgebundenen Geldspielgeräten der Neutralitätsgrundsatz nicht verletzt, da Reisegewerbetreibende beim Betrieb von Geldspielgeräten ebenso nicht dem ermäßigten Steuersatz unterliegen, da das Aufstellen von Geldspielgeräten auf Volksfesten, Schützenfesten oder ähnlichen Veranstaltungen, Jahrmärkten oder Spezialmärkten nach § 1 Abs. 2 SpielV unzulässig ist.

2. Begünstigte Leistungen – Eintrittsberechtigungen

a) Einräumung von Eintrittsberechtigungen durch Schausteller

32 Unter den Ermäßigungstatbestand „Leistungen aus der Tätigkeit als Schausteller“ fällt – in richtlinienkonformer Einschränkung (Eintrittsberechtigung nach Art. 98 i.V.m. Anhang III Nr. 7 MwStSystRL) – die **Einräumung von Eintrittsberechtigungen** zu Schaustellerleistungen (Rz. 3), d.h. der Verkauf von Eintrittskarten zu dem allgemeinen Volksvergnügen dienenden Leistungen auf Jahrmärkten, Volksfesten, Schützenfesten und ähnlichen Veranstaltungen durch den **Schausteller selbst**. Dies ist bei fremdorganisierten Veranstaltungen (Rz. 27) sowie Eigenveranstaltungen (Rz. 28) der Schausteller im Sinne dieser Bestimmungen, bei Fremdveranstaltungen der andere Unternehmer (Rz. 29).

b) Einräumung durch Dritte

33 Da weder dem Wortlaut des nationalen Rechts (Rz. 29) noch des Unionsrechts (Rz. 3) eine Einschränkung dahingehend zu entnehmen ist, dass die Einräumung von Eintrittsberechtigungen zu Schaustellerleistungen durch den Schausteller im Sinne dieser Bestimmungen selbst erfolgen muss, unterliegen die Umsätze von **Ticketeigenhändlern**, die entsprechend begünstigte Eintrittskarten im eigenen Namen und auf eigene Rechnung verkaufen, ebenfalls der Steuersatzermäßigung nach § 12 Abs. 2 Nr. 7 Buchst. d UStG.

34 Dasselbe gilt für die Umsätze von **Kommissionären** i.S.d. § 3 Abs. 11 UStG, die entsprechend begünstigte Eintrittskarten im eigenen Namen, aber auf fremde Rechnung verkaufen.

---

1 BFH, Urt. v. 25.11.1993 – V R 46/91, juris.
2 BFH, Urt. v. 18.7.2002 – V R 89/01, BStBl. II 2004, 88 = UR 2003, 25; Abschn. 12.8 Abs. 2 Satz 3 UStAE.
3 BFH, Urt. v. 5.11.2014 – XI R 42/12, BStBl. II 2017, 849 = UR 2015, 185; Abschn. 12.8 Abs. 2 Satz 4 UStAE.
4 FG Münster, Urt. v. 5.10.2010 – 15 K 3961/07 U, juris.
5 FG Münster, Urt. v. 24.9.2020 – 5 K 344/17 U, EFG 2021, 64; ebenso bereits der BFH, Urt. v. 25.11.1993 – V R 46/91 zu einem Unternehmer mit dauerhaft in einem Freizeitpark aufgestellten Warenspielgeräten.

c) Nebenleistungen

Typische Nebenleistungen, die auch dem ermäßigten Steuersatz unterliegen würden, dürften bei diesem Gewerbe **kaum vorkommen.**[1] 35

3. Nicht-begünstigte Leistungen

Da nach dem Wortlaut der Vorschrift nicht allgemein die Leistungen eines Schaustellers begünstigt sind, sondern nur die „Leistungen aus der Tätigkeit als Schausteller", unterliegen **Warenlieferungen** von Schaustellern im Sinne dieser Bestimmungen nicht dem ermäßigten Steuersatz (wie z.B. der Verkauf von Kinderspielzeug an entsprechenden Ständen); soweit es sich allerdings um Waren aus der Anlage 2 zum UStG handelt (wie z.B. Blumen, Speisen), kommt eine Ermäßigung nach § 12 Abs. 2 Nr. 1 UStG in Betracht.[2] Zur Abgrenzung der ermäßigten Lieferung von Speisen und der nichtermäßigten Restaurationsleistung vgl. § 12 Abs. 2 Nr. 15 Rz. 33 ff. 36

Ebenfalls nicht vom zweiten Ermäßigungstatbestand des § 12 Abs. 2 Nr. 7 Buchst. d UStG begünstigt sind **Hilfsgeschäfte** von Schaustellern im Sinne dieser Bestimmungen wie die Veräußerung von Anlagevermögen (z.B. von LKWs, Wohnwägen usw.).[3] 37

Gleiches gilt für den **Betrieb von Toilettenwagen** auf Jahrmärkten, Schützenfesten, Volksfesten und ähnlichen Veranstaltungen.[4] 38

Schaustellerleistungen, die ein **Schaustellerunternehmen** im Sinne dieser Bestimmungen **als Erfüllungsgehilfe** (d.h. Subunternehmer) im Rahmen von Fremdveranstaltungen **an einen anderen** (Schaustellungs-)**Unternehmer**, der diese Leistungen anschließend nach außen im eigenen Namen darbietet, **erbringt** (Rz. 29), dürften bei richtlinienkonformer Auslegung des zweiten Ermäßigungstatbestands des § 12 Abs. 2 Nr. 7 Buchst. d UStG ebenfalls **nicht begünstigt** sein. Denn ein Schaustellerunternehmen, das als Erfüllungsgehilfe (d.h. Subunternehmer) auftritt, verschafft keine Eintrittsberechtigungen, so dass es insoweit zweifelhaft erscheint, ob der Tatbestand des Art. 98 i.V.m. Anhang III Nr. 7 MwStSystRL („Eintrittsberechtigungen für Jahrmärkte") erfüllt ist.[5] Gleichwohl sollte – aufgrund der Rechtsprechung des BFH[6] zu § 12 Abs. 2 Nr. 7 Buchst. c UStG – eine Versagung des ermäßigten Steuersatzes aufgrund der engeren Fassung des Anhang III Nr. 7 MwStSystRL („Eintrittsberechtigungen für Jahrmärkte") im Vergleich zur nationalen Regelung in § 12 Abs. 2 Nr. 7 Buchst. d UStG („Leistungen aus der Tätigkeit als Schausteller") nicht möglich sein, da sich Schaustellerunternehmer insoweit **auf das günstigere nationale Recht berufen können,** da ihre Leistungserbringung an den anderen (Schausteller-)Unternehmer m.E. als Schaustellerleistung i.S.d. UStG anzusehen ist. Aus der o.g. Rechtsprechung des BFH – zugunsten der Berufungsmöglichkeit auf das günstigere nationale Recht in Form des § 12 Abs. 2 Nr. 7 Buchst. c UStG – ergibt sich m.E. jedoch ein gewisser Spannungsbogen zur Rechtsprechung des BFH[7] hinsichtlich der Steuerfreiheit nach § 4 Nr. 20 Buchst. a UStG von Restaurationsleistungen bei Theatervorstellungen; denn hierzu vertritt der BFH die Rechtsauffassung, dass die in § 4 Nr. 20 Buchst. a UStG nicht näher beschriebenen Umsätze der Theater bei richtlinienkonformer Auslegung, d.h. Einschränkung, nur die typischen Theaterleistungen einschließlich der eng verbundenen Nebenleistungen umfassen, und der Steuerpflichtige sich an dieser Stelle nicht auf das für ihn günstigere nationale Recht berufen darf. An dieser Stelle abschließend der Hinweis, dass der BFH mit seinem Urteil vom 3.12.2015[8] mittlerweile auch die Berufsmöglichkeit auf das günstigere nationale Recht in Form des § 12 Abs. 2 Nr. 7 Buchst. c UStG hinsichtlich elektronischer Dienstleistungen richtlinienkonform eingeschränkt hat (§ 12 Abs. 2 Nr. 7 Buchst. c Rz. 5). 39

---

1 *Kraeusel* in Reiß/Kraeusel/Langer, § 12 UStG Rz. 280 (Stand: Februar 2021).
2 Abschn. 12.8 Abs. 2 Satz 8 UStAE.
3 Abschn. 12.8 Abs. 2 Satz 8 UStAE.
4 FG Hannover, Urt. v. 28.8.1970 – V 44/70, juris.
5 *Schüler-Täsch* in Sölch/Ringleb, § 12 UStG Rz. 577 (Stand: Juni 2023).
6 BFH, Urt. v. 18.8.2005 – V R 42/03, BStBl. II 2006, 44 = UR 2006, 26; BFH, Urt. v. 25.11.2004 – V R 25/04, 26/04, BStBl. II 2005, 419 = UR 2005, 557 m.w.N.
7 BFH, Urt. v. 18.8.2005 – V R 20/03, BStBl. II 2005, 910 = UR 2006, 24; BFH, Urt. v. 14.5.1998 – V R 85/97, BStBl. II 1999, 145 = UR 1998, 422.
8 BFH, Urt. v. 3.12.2015 – V R 43/13, BStBl. II 2016, 858 = UR 2016, 613.

40 Das FG Münster[1] lehnt die Einstufung von Unternehmen, die Geldspielgeräte über einen längeren Zeitraum z.B. in einer Spielhalle aufstellen, als begünstigte ortsungebundene Schausteller i.S.v. § 12 Abs. 2 Nr. 7 Buchst. d UStG i.V.m. § 30 UStDV ab (Rz. 31). Darüber hinaus kommt eine Begünstigung solcher Unternehmen nach Auffassung des FG Münster deshalb nicht in Betracht, weil ihnen das streitgegenständliche Entgelt nicht für den Eintritt in die Räumlichkeiten, in denen die Geräte stehen, gezahlt wird, sondern für die Teilnahme am Gewinnspiel des jeweiligen Geräts. Diese Begründung widerspricht m.E. aber sowohl dem nationalen Gesetzestext, der im Gegensatz zum Unionsrecht keine Einräumung von Eintrittsberechtigungen voraussetzt (Rz. 3) und auf den sich der Steuerpflichtige insoweit berufen kann (Rz. 39), wie auch der Auffassung der FinVerw. in Abschn. 12.8 Abs. 2 Satz 7 UStAE, nach der Ausspielungen (wie z.B. der Verkauf von Losen mit der Chance des Gewinns von Spielzeug, Stofftieren usw.) zu den begünstigten Schaustellerleistungen nach § 30 UStDV gehören (Rz. 23); auch hier wird das Entgelt nicht für den Eintritt in die Räumlichkeiten gezahlt, sondern für die Teilnahme an der Ausspielung des jeweiligen Schaustellers.

IV. Unmittelbar mit dem Betrieb von zoologischen Gärten verbundene Umsätze

1. Begriff der zoologischen Gärten

41 Der Begriff der „**Zoologischen Gärten**“ wird vom Gesetzgeber nicht definiert. Er deckt sich insoweit mit der Verwendung im Rahmen der Steuerbefreiung nach § 4 Nr. 20 UStG.

42 Danach sind **zoologische Gärten** Einrichtungen, in denen lebende Tiere aller Art nach wissenschaftlichen Methoden gehalten, für Wissenschafts- und Forschungszwecke gepflegt und gezüchtet sowie zur Schau gestellt werden. **Kennzeichen** von zoologischen Gärten ist, dass dort **möglichst viele Tierarten in wenigen Exemplaren** beherbergt werden. Zu den zoologischen Gärten gehören auch **Aquarien** und **Terrarien**.[2]

43 Nach dem Wortlaut des dritten Ermäßigungstatbestands von § 12 Abs. 2 Nr. 7 Buchst. d UStG sind **Tierparks** und **botanische Gärten** – anders als bei der Steuerbefreiung nach § 4 Nr. 20 UStG – **nicht begünstigt**.[3] In Tierparks werden – im Gegensatz zu zoologischen Gärten – wenige Tierarten, dafür jedoch in Herden oder Zuchtgruppen auf großer Fläche und in freier Natur gehalten.[4] Hierzu gehören auch Wildfreigehege, in denen lediglich relativ wenige und meist heimische Tierarten (wie z.B. Hirsche und Wildschweine) gehalten werden, sowie Nationalparks.[5] Die ebenso nicht begünstigten botanischen Gärten sind Einrichtungen, in denen Pflanzen aller Art nach wissenschaftlichen Methoden gepflanzt, für Wissenschafts- und Forschungszwecke gepflegt und gezogen sowie zur Schau gestellt werden.

44 Bei einem **Delphinarium** mit nur zwei Tierarten, in dem vor allem Dressurakte vorgeführt werden, handelt es sich um **keinen zoologischen Garten**. Dies gilt auch dann, wenn das Delphinarium auf dem Gelände eines zoologischen Gartens von anderen Unternehmern in eigener Regie betrieben wird.[6]

---

1 FG Münster, Urt. v. 24.9.2020 – 5 K 344/17 U, EFG 2021, 64; ebenso bereits der BFH, Urt. v. 25.11.1993 – V R 46/91 zu einem Unternehmer mit dauerhaft in einem Freizeitpark aufgestellten Warenspielgeräten.

2 Abschn. 12.8 Abs. 3 Satz 2 UStAE.

3 Abschn. 12.8 Abs. 3 Satz 3 UStAE; a.A. *Frye* in Rau/Dürrwächter, § 12 Abs. 2 Nr. 7d UStG Rz. 55 (Stand: April 2021), der unter zoologischen Tierparks i.S. d. § 12 Abs. 2 Nr. 7 Buchst. d UStG auch Tierparks versteht, da es weniger auf die lexikalische Unterscheidung als den allgemeinen Sprachgebrauch und die Sicht des Durchschnittsverbrauchers ankommt.

4 Abschn. 12.8 Abs. 3 Satz 4 UStAE.

5 *Schüler-Täsch* in Sölch/Ringleb, § 12 UStG Rz. 595 (Stand: Juni 2023).

6 BFH, Urt. v. 20.4.1988 – X R 20/82, BStBl. II 1988, 796 = UR 1988, 385; Abschn. 12.8 Abs. 3 Satz 2 UStAE.

2. Begünstigte Leistungen – Eintrittsberechtigungen

a) Einräumung von Eintrittsberechtigungen durch zoologische Gärten

Während § 4 Nr. 20 UStG bei Vorliegen der übrigen Voraussetzungen die Umsätze von zoologischen Gärten befreit, begünstigt § 12 Abs. 2 Nr. 7 Buchst. d UStG nur die unmittelbar mit dem Betrieb der zoologischen Gärten verbundenen Umsätze, d.h. die Leistungen, auf die der Betrieb eines zoologischen Gartens im eigentlichen Sinn gerichtet ist.[1] Hierunter fällt – in richtlinienkonformer Einschränkung (Eintrittsberechtigungen nach Art. 98 i.V.m. Anhang III Nr. 7 MwStSystRL) – die **Einräumung von Eintrittsberechtigungen zu zoologischen Gärten**, d.h. der Verkauf von Eintrittskarten durch Betreiber solcher Einrichtungen für die Zurschaustellung von Tieren.[2] 45

b) Einräumung durch Dritte

Da § 12 Abs. 2 Nr. 7 Buchst. d UStG in seinem **dritten Ermäßigungstatbestand** von „unmittelbar mit dem Betrieb von zoologischen Gärten verbundenen Umsätzen" spricht, handelt es sich m.E. – anders als bei den ersten beiden Ermäßigungstatbeständen – um keine rein tätigkeitsbezogene Begünstigung. Es liegt vielmehr ein eindeutiger **Personenbezug** zu den **Betreibern** solcher Einrichtungen vor, der m.E. zur Folge hat, dass nach **nationaler Rechtslage** ausschließlich der Verkauf von Eintrittskarten durch Betreiber zoologischer Gärten ermäßigt ist. 46

Diese nationale Einschränkung widerspricht m.E. allerdings Art. 98 i.V.m. Anhang III Nr. 7 MwStSystRL, der ohne jeglichen Personenbezug die Einräumung von „Eintrittsberechtigungen zu Tierparks und ähnlichen kulturellen Ereignissen und Einrichtungen" begünstigt (Rz. 3). Daher sollten nach Unionsrecht auch die Umsätze von **Ticketeigenhändlern**, die entsprechend begünstigte Eintrittskarten im eigenen Namen und auf eigene Rechnung verkaufen, ermäßigt zu besteuern sein, obwohl sie die personenbezogene Voraussetzung des § 12 Abs. 2 Nr. 7 Buchst. d UStG („Betreibereigenschaft") nicht erfüllen. Eine unmittelbare Berufung auf Art. 98 MwStSystRL kommt aber grundsätzlich nicht in Betracht, da das Unionsrecht die Mitgliedsstaaten nicht verpflichtet, sondern nur ermächtigt, für die im Anhang III der MwStSystRL genannten Kategorien ermäßigte Steuersätze vorzusehen. Die selektive Anwendung des ermäßigten Steuersatzes ist hiernach nicht ausgeschlossen, sofern sie keine Gefahr der Wettbewerbsverzerrung nach sich zieht.[3] Vorliegend ist die Gefahr einer solchen Wettbewerbsverzerrung m.E. aber gegeben, da es für den Durchschnittsverbraucher keine Rolle spielen dürfte, ob er Eintrittskarten zu einem zoologischen Garten bei dem Betreiber selbst oder bei einem Ticketeigenhändler erwirbt, und somit beide Leistungserbringer im Wettbewerb zueinander stehen. Dementsprechend sollte m.E. eine unmittelbare Berufung auf Art 98 i.V.m. Anhang III Nr. 7 MwStSystRL für den Ticketeigenhändler möglich sein. 47

Dasselbe gilt für die Umsätze von **Kommissionären** i.S.d. § 3 Abs. 11 UStG, die entsprechend begünstigte Eintrittskarten im eigenen Namen, aber auf fremde Rechnung verkaufen. Deren Ermäßigung sollte sich m.E. zudem aus der Übertragung der BFH-Argumentation[4] zum steuerfreien Weiterverkauf von nach § 4 Nr. 20 UStG steuerbefreiten Operneintrittskarten durch Kommissionäre ergeben. Danach ist die Regelung über Kommissionsgeschäfte in Art. 28 MwStSystRL allgemein und ohne Beschränkungen in Bezug auf ihren Anwendungsbereich oder ihre Tragweite gefasst, so dass sie auch auf Befreiungsvorschriften mit personenbezogenen Voraussetzungen – selbst bei deren Nicht-Erfüllung durch den Kommissionär – Anwendung findet, mit der Folge, dass die Begünstigung in der (fingierten) Leistungskette übertragen wird. Demnach ist auch § 12 Abs. 2 Nr. 7 Buchst. d UStG in der (fingierten) Leistungskette zu übertragen. 48

1 BFH, Urt. v. 4.12.1980 – V R 60/79, BStBl. II 1981, 231 = UR 1981, 174 m. Anm. *Quack*; Abschn. 12.8 Abs. 4 Satz 1 UStAE.

2 Abschn. 12.8 Abs. 4 Satz 2 UStAE.

3 BFH, Urt. v. 4.5.2011 – XI R 44/08, BStBl. II 2014, 200 = UR 2011, 859.

4 BFH, Urt. v. 25.4.2018 – XI R 16/16, BStBl. II 2021, 457 = UR 2018, 794.

c) Nebenleistungen

49 Die **Steuerermäßigung** des § 12 Abs. 2 Nr. 7 Buchst. d UStG **umfasst** auch die mit der Einräumung von Eintrittsberechtigungen verbundenen **unselbständigen Nebenleistungen**, wie z.B. die Abgabe von Wegweisern und Lageplänen.[1] Hierzu gehört auch der Verleih von Bollerwagen an Zoo-Besucher mit Kindern, der Verkauf von Führern (mit Bildern und Tierbeschreibungen), die die im zoologischen Garten gehaltenen Tiere betreffen, von Ansichtskarten mit Zoomotiven und von Tierfutter an die Besucher zum Füttern der Tiere, da diese Leistungen die Zurschaustellung der Tiere ergänzen, abrunden und verbessern.[2] Ebenso verhält es sich bei der Überlassung von Tieren (Ponys, Eseln) an Kinder zum Reiten und Führungen durch den zoologischen Garten.[3]

3. Nicht-begünstigte Leistungen

50 Nicht unter die Nebenleistungen fällt die **Abgabe von Speisen, Getränken und Süßwaren**. Sie ist eine eigenständige Leistung, die nicht der Ermäßigung nach § 12 Abs. 2 Nr. 7 Buchst. d UStG unterliegt.[4] Insoweit kommt jedoch der ermäßigte Steuersatz nach § 12 Abs. 2 Nr. 1 UStG in Betracht; zur Abgrenzung der ermäßigten Lieferung von der nichtermäßigten Restaurationsleistung vgl. § 12 Abs. 2 Nr. 15 Rz. 33 ff.

51 Nicht nach § 12 Abs. 2 Nr. 7 Buchst. d UStG begünstigt sind darüber hinaus **Hilfsgeschäfte** von zoologischen Gärten wie die Veräußerung bzw. die Vermietung von Anlagevermögen (wie z.B. Tieren, Fahrzeugen usw.), der Verkauf von Filmen, Andenken und Zeitungen sowie die entgeltliche Überlassung von Parkplätzen an Zoobesucher.[5] Soweit Tiere veräußert oder vermietet werden, die in Nr. 1 der Anlage 2 zum UStG genannt sind, unterliegen die Leistungen jedoch nach § 12 Abs. 1 Nr. 1 oder 2 UStG dem ermäßigten Steuersatz.

52 Zudem dürften die **Leistungen eines Unternehmers**, der als **Erfüllungsgehilfe** gegen Entgelt den Betrieb eines zoologischen Gartens für einen anderen Unternehmer übernimmt, der die Eintrittsberechtigungen zu dem zoologischen Garten nach außen im eigenen Namen verkauft, bei richtlinienkonformer Auslegung des dritten Ermäßigungstatbestands des § 12 Abs. 2 Nr. 7 Buchst. d UStG **nicht begünstigt** sein (Rz. 3). Denn ein Unternehmer, der lediglich als Erfüllungsgehilfe auftritt, verschafft keine Eintrittsberechtigungen, so dass es auch hier zweifelhaft erscheint, ob der Tatbestand des Art. 98 i.V.m. Anhang III Nr. 7 MwStSystRL („Eintrittsberechtigungen zu Tierparks und ähnlichen kulturellen Ereignissen und Einrichtungen") erfüllt ist. Gleichwohl sollte – aufgrund der Rechtsprechung des BFH[6] zu § 12 Abs. 2 Nr. 7 Buchst. c UStG – eine Versagung des ermäßigten Steuersatzes aufgrund der engeren Fassung des Anhang III Nr. 7 MwStSystRL („Eintrittsberechtigungen zu Tierparks und ähnlichen kulturellen Ereignissen und Einrichtungen") im Vergleich zur nationalen Regelung in § 12 Abs. 2 Nr. 7 Buchst. d UStG („unmittelbar mit dem Betrieb der zoologischen Gärten verbundene Umsätze") nicht möglich sein, da sich als Erfüllungsgehilfen agierende Unternehmer insoweit **auf das günstigere nationale Recht berufen können**, da ihre Umsätze als unmittelbar mit dem Betrieb eines zoologischen Gartens verbunden anzusehen sind. In diesem Sinne hat der BFH[7] auch in einem Sachverhalt, in dem ein (kommunales) Unternehmen den defizitären städtischen Zoo gegen Verlustausgleichszahlungen betrieben hat, entschieden, dass das (kommunale) Unternehmen eine nach § 12 Abs. 2 Nr. 7 Buchst. d UStG begünstigte Betriebsführungsleistung an die Stadt erbringen kann, wenn es sich bei den Verlustausgleichzahlungen der Stadt nicht um Entgelte von dritter Seite für die gegenüber den Besuchern des Zoos erbrachten Leistungen handelt. Aus der o.g. Rechtsprechung des BFH – zugunsten der Berufungsmöglichkeit auf das günstigere nationale Recht in Form des § 12 Abs. 2 Nr. 7

1 Abschn. 12.8 Abs. 4 Satz 2 UStAE.
2 *Huschens* in Schwarz/Widmann/Radeisen, § 12 Abs. 2 Nr. 7d UStG Rz. 53 (Stand: Januar 2021).
3 *Schüler-Täsch* in Sölch/Ringleb, § 12 UStG Rz. 596 (Stand: Juni 2023).
4 *Huschens* in Schwarz/Widmann/Radeisen, § 12 Abs. 2 Nr. 7d UStG Rz. 55 (Stand: Januar 2021).
5 BFH, Urt. v. 4.12.1980 – V R 60/79, BStBl. II 1981, 231 = UR 1981, 174 m. Anm. *Quack*; Abschn. 12.8 Abs. 4 Satz 3 UStAE.
6 BFH, Urt. v. 18.8.2005 – V R 42/03, BStBl. II 2006, 44 = UR 2006, 26; BFH, Urt. v. 25.11.2004 – V R 25/04, 26/04, BStBl. II 2005, 419 = UR 2005, 557 m.w.N.
7 BFH, Urt. v. 18.6.2009 – V R 4/08, BStBl. II 2010, 310 = UR 2009, 793.

Buchst. c UStG – ergibt sich m.E. jedoch ein gewisser Spannungsbogen zur Rechtsprechung des BFH[1] hinsichtlich der Steuerfreiheit nach § 4 Nr. 20 Buchst. a UStG von Restaurationsleistungen bei Theatervorstellungen; denn hierzu vertritt der BFH die Rechtsauffassung, dass die in § 4 Nr. 20 Buchst. a UStG nicht näher beschriebenen Umsätze der Theater bei richtlinienkonformer Auslegung, d.h. Einschränkung, nur die typischen Theaterleistungen einschließlich der eng verbundenen Nebenleistungen umfassen, und der Steuerpflichtige sich an dieser Stelle nicht auf das für ihn günstigere nationale Recht berufen darf. Auch hier der abschließende Hinweis, dass der BFH mit seinem Urteil vom 3.12.2015[2] mittlerweile auch die Berufsmöglichkeit auf das günstigere nationale Recht in Form des § 12 Abs. 2 Nr. 7 Buchst. c UStG hinsichtlich elektronischer Dienstleistungen richtlinienkonform eingeschränkt hat (§ 12 Abs. 2 Nr. 7 Buchst. c Rz. 5).

V. Einzweck-Gutscheine

Nach der **gesetzlichen Fiktion** in § 3 Abs. 14 Satz 2 UStG gilt die **Ausgabe** und auch **jede Weiterübertragung** eines **Einzweck-Gutscheins**[3] im eigenen Namen als **Ausführung des zugrunde liegenden Umsatzes** (Einräumung von Eintrittsberechtigungen). Demnach muss die Vorschrift des § 12 Abs. 2 Nr. 7 Buchst. d UStG (hinsichtlich aller drei Ermäßigungstatbestände) sowohl Anwendung finden auf die Gutscheinausgabe durch Unternehmer, die die durch den Einzweck-Gutschein verkörperten Umsätze erbringen (Zirkusunternehmer, Schausteller und zoologische Gärten) als auch auf jede Weiterübertragung in der Vertriebskette durch andere Unternehmer im eigenen Namen (wie z.B. Ticketeigenhändler). Die Weiterübertragung eines Einzweck-Gutscheins im eigenen Namen in der Vertriebskette ist demnach – wie der (Weiter-)Verkauf von Eintrittskarten durch Ticketeigenhändler oder Dienstleistungskommissionäre – aufgrund der gesetzlichen Fiktion begünstigt. 53

Wenn **Unternehmer** (wie z.B. Ticketeigenhändler) **Einzweck-Gutscheine** im eigenen Namen ausgeben, **obwohl** die **darin verkörperten Umsätze von anderen Unternehmern** (Zirkusunternehmern, Schaustellern und zoologischen Gärten) **erbracht werden**, fingiert § 3 Abs. 14 Satz 4 UStG eine Leistungskette (wie bei Kommissionsgeschäften i.S.d. § 3 Abs. 11 UStG) vom leistenden Unternehmer (Zirkusunternehmer, Schausteller und zoologischen Garten) an den Gutscheinaussteller und von diesem an den Gutscheinkäufer. Entsprechend findet die Ermäßigungsvorschrift des § 12 Abs. 2 Nr. 7 Buchst. d UStG (hinsichtlich aller drei Ermäßigungstatbestände) auf beide Leistungsbeziehungen Anwendung. 54

§ 12 Abs. 2 Nr. 8 [Leistungen gemeinnütziger Körperschaften]

(2) Die Steuer ermäßigt sich auf 7 Prozent für die folgenden Umsätze:

...

8. a) die Leistungen der Körperschaften, die ausschließlich und unmittelbar gemeinnützige, mildtätige oder kirchliche Zwecke verfolgen (§§ 51 bis 68 der Abgabenordnung). ²Das gilt nicht für Leistungen, die im Rahmen eines wirtschaftlichen Geschäftsbetriebs ausgeführt werden. ³Für Leistungen, die im Rahmen eines in den §§ 66 bis 68 der Abgabenordnung bezeichneten Zweckbetriebs ausgeführt werden, gilt Satz 1 nur, wenn der Zweckbetrieb nicht in erster Linie der Erzielung zusätzlicher Einnahmen durch die Ausführung von Umsätzen dient, die in unmittelbarem Wettbewerb mit dem allgemeinen Steuersatz unterliegenden Leistungen anderer Unternehmer ausgeführt werden, oder wenn die Körperschaft mit diesen Leistungen ihrer in den §§ 66 bis 68 der Abgabenordnung bezeichneten

1 BFH, Urt. v. 18.8.2005 – V R 20/03, BStBl. II 2005, 910 = UR 2006, 24; BFH, Urt. v. 14.5.1998 – V R 85/97, BStBl. II 1999, 145 = UR 1998, 422.

2 BFH, Urt. v. 3.12.2015 – V R 43/13, BStBl. II 2016, 858 = UR 2016, 613.

3 Vgl. § 3 Abs. 14 Satz 1 UStG (§ 3 Rz. 679 ff.).

Zweckbetriebe ihre steuerbegünstigten satzungsgemäßen Zwecke selbst verwirklicht. [4]Körperschaften verwirklichen mit ihren in den §§ 66 bis 68 der Abgabenordnung bezeichneten Zweckbetrieben ihre steuerbegünstigten satzungsgemäßen Zwecke selbst, wenn die Leistungsempfänger oder an der Leistungserbringung beteiligte Personen vom steuerbegünstigten Zweck der Einrichtung erfasst werden,

b) die Leistungen der nichtrechtsfähigen Personenvereinigungen und Gemeinschaften der in Buchstabe a Satz 1 bezeichneten Körperschaften, wenn diese Leistungen, falls die Körperschaften sie anteilig selbst ausführten, insgesamt nach Buchstabe a ermäßigt besteuert würden;

...

Schrifttum: *Berg/Schnabelrauch*, Heiligt der Zweck die Mittel? – Die Anwendung des ermäßigten Umsatzsteuersatzes auf Leistungen von Integrationsbetrieben im Widerstreit mit nationalem und europäischem Recht, UR 2017, 213; *Berg/Schnabelrauch*, Die ermäßigte Umsatzbesteuerung von Inklusionsbetrieben im Widerstreit mit dem Gebot der Wettbewerbsneutralität, UR 2018, 225; *Berg/Szymczak*, Umsatzsteuerrechtliche Vergünstigungen für gemeinnützige Unternehmen – unionsrechtswidrige Beihilfen?, UR 2018, 853; *Erdbrügger*, BFH schränkt Anwendung des ermäßigten Steuersatzes bei Zweckbetrieben abermals ein – Eine Richtlinienänderung der EU dürfte dieser Rechtsprechung jedoch ab 2022 den Boden entziehen, Wpg 2022, 605; *Förster*, Grenzüberschreitende Gemeinnützigkeit – Spenden schwer gemacht?, BB 2011, 663; *Fritsch*, Ermäßigter Umsatzsteuersatz für Forschungsleistungen – neues gemeinschaftsrechtliches Konfliktpotential, UVR 2005, 69; *Gersch*, Steuerbegünstigte Zwecke: Satzung und Satzungszwecke, AO-StB 2010, 213; *Heuermann*, Ein Pferd, die Umsatzsteuer und das Unionsrecht – Umsatzsteuerrechtliche Behandlung von Sportvereinen zwischen mitgliedstaatlichem und europäischem Recht, UR 2014, 877; *Hüttemann*, Zur Anwendung des ermäßigten Steuersatzes auf Leistungen gemeinnütziger Beschäftigungsgesellschaften, MwStR 2014, 115; *Hüttemann*, Anmerkung zu BFH, Urteil v. 17.11.2022 – V R 33/21 (V R 26/18), UR 2023, 200; *Hummel*, Zur Unionsrechtskonformität des ermäßigten Steuersatzes nach § 12 Abs. 2 Nr. 8 Buchst. a UStG, UR 2023, 345; *Kirchhain*, Ermäßigter Umsatzsteuersatz nur auf originär gemeinnützige Leistungen? Wider die These eines eigenständigen umsatzsteuerlichen Zweckbetriebsbegriffs, npoR 2012, 123; *Martini*, Der Gemeinnützigkeitsstatus beschränkt steuerpflichtiger Körperschaften, ISR 2015, 97; *Michel*, Unionsrechtswidrige Steuersatzermäßigungen, DB 2012, 2007; *Schauhoff/Kirchhain*, Zur Anwendung des ermäßigten Umsatzsteuersatzes bei gemeinnützigen Integrationsprojekten, UR 2017, 729; *Seer/Klemke*, Abgrenzung des Betriebs gewerblicher Art vom Hoheitsbetrieb, BB 2010, 2015; *Sterzinger*, Ermäßigter Steuersatz für Integrationsprojekte und Werkstätten für behinderte Menschen, UR 2014, 381; *Wäger*, Sportvereine in der Umsatzsteuer: Steuerbare, steuerfreie und steuerermäßigte Umsätze, DStR 2014, 1517; *Wäger*, Steuerbegünstigte Zweckverfolgung im Umsatzsteuerrecht, in Lüdicke/Mellinghoff/Rödder (Hrsg.), Nationale und internationale Unternehmensbesteuerung in der Rechtsordnung, FS für Dietmar Gosch, München 2016, S. 427.

A. Grundaussagen

I. Regelungsgegenstand und Bedeutung

Die auf Art. 98 Abs. 2 MwStSystRL i.V.m. Nr. 15 des Anhang III zur MwStSystRL beruhende (Rz. 3 ff.) Vorschrift des § 12 Abs. 2 Nr. 8 Buchst. a UStG enthält – neben den auf einzelne Bereiche gerichteten Vergünstigungen wie etwa § 4 Nr. 16 und § 4 Nr. 18 UStG – die grundlegende umsatzsteuerliche Privilegierung gemeinnützig tätiger Körperschaften. Leistungen von **gemeinnützigen Körperschaften** (Rz. 11 ff.), welche die Anforderungen der §§ 51–68 AO erfüllen (Rz. 14 ff.), unterliegen dem ermäßigten Steuersatz von 7 %, was wirtschaftlich sowohl unmittelbar den Leistungsempfängern als auch – mittelbar in Form einer höheren Nachfrage aufgrund niedrigerer Bruttopreise[1] – grundsätzlich der Körperschaft als Leistender zu Gute kommt. Die Begünstigung der Körperschaft besteht – im Rahmen einer Ausnahme[2] – jedoch nur insoweit, als die Leistungen nicht von einem wirtschaftlichen Geschäftsbetrieb ausgeführt werden (§ 12 Abs. 2 Nr. 8 Buchst. a Satz 2 UStG, Rz. 28). Für die Rückausnahme der wirtschaftlichen Geschäftsbetriebe, die als Zweckbetriebe i.S.d. §§ 65–68 AO weiterhin begünstigt sind, enthält § 12 Abs. 2 Nr. 8 Buchst. a Satz 3 UStG besondere, über die allgemeinen abgabenrechtlichen Voraussetzungen hinausgehende Anforderungen (Rz. 29 ff.). 1

§ 12 Abs. 2 Nr. 8 Buchst. b UStG dehnt die Steuerermäßigung auf die Leistungen von **nichtrechtsfähigen Personenvereinigungen und Gemeinschaften** (Rz. 40 ff.) aus, die zwar eigenständige umsatzsteuerliche Unternehmer, jedoch nach der allgemeinen Regelung des § 51 Abs. 1 Satz 2 AO nicht gemeinnützigkeitsfähig sind (Rz. 16). Diese Steuerbegünstigung gilt allerdings nicht unbeschränkt, sondern nur, wenn an dem Gebilde ausschließlich Körperschaften i.S.d. § 12 Abs. 2 Nr. 8 Buchst. a Satz 1 UStG beteiligt sind (Rz. 11 ff.) und die Leistungen auch dann insgesamt ermäßigt besteuert würden, wenn die Körperschaften sie anteilig selbst ausführten (s. Rz. 43 f.). 2

II. Unionsrechtliche Grundlagen

§ 12 Abs. 2 Nr. 8 UStG beruht auf der grundlegenden Ermächtigung zur Anwendung ermäßigter Steuersätze in Art. 98 Abs. 1 MwStSystRL. Der nach **Art. 98 Abs. 2 MwStSystRL** maßgebliche Anhang III zur MwStSystRL[3] lässt in seiner Nr. 15 die ermäßigte Besteuerung der Lieferung von Gegenständen und Erbringung von Dienstleistungen durch gemeinnützige Organisationen zu, die sich für wohltätige Zwecke und im Bereich der sozialen Sicherheit wie von den Mitgliedstaaten definiert einsetzen und die von den Mitgliedstaaten als Einrichtungen mit sozialem Charakter anerkannt werden, soweit sie nicht gemäß Art. 132 MwStSystRL (Steuerbefreiungen dem Gemeinwohl dienender Umsätze), Art. 135 MwStSystRL (Steuerbefreiungen für Finanz-, Glücksspiel- und Grundstücksumsätze) und Art. 136 MwStSystRL (Steuerbefreiung für Lieferungen vom Vorsteuerabzug ausgeschlossener Gegenstände) von der Steuer befreit sind. Vor diesem Hintergrund dürfen die Mitgliedstaaten nicht auf alle gemeinnützigen Leistungen einen ermäßigten Mehrwertsteuersatz anwenden, sondern nur auf diejenigen, die von Einrichtungen erbracht werden, die sich für wohltätige Zwecke und im Bereich der sozialen Sicherheit einsetzen.[4] Dies gilt auch, soweit in der bis zum 31.12.2024 umzusetzenden[5] Nr. 15 Anhang III MwStSystRL nunmehr auf eine „Definition" der Zwecke durch die Mitgliedsstaaten und nicht – wie bisher – ausschließlich auf eine „Anerkennung" der Einrichtungen abgestellt wird.[6] Denn – zum einen 3

1 Vgl. auch *Hummel* in Rau/Dürrwächter, § 12 Abs. 2 Nr. 8 UStG Rz. 62 f. (Stand: März 2023).

2 Letztlich handelt es sich um eine Rückausnahme von dem lediglich in Ausnahmefällen gewährten ermäßigten Steuersatz des § 12 Abs. 2 UStG.

3 Zuletzt geändert durch Richtlinie (EU) 2022/542 v. 5.4.2022, Abl. EU Nr. L 107, 1.

4 So für die a.F. der Nr. 15 Anhang III MwStSystRL EuGH, Urt. v. 17.6.2010 – C-492/08, ECLI:EU:C:2010:348 – Kommission/Frankreich, UR 2010, 662, Rz. 43; ebenso BFH, Urt. v. 10.12.2020 – V R 5/20, BFHE 271, 288 = UR 2021, 268; BFH, Urt. v. 27.2.2020 – V R 10/18, BFH/NV 2020, 1246; BFH, Urt. v. 26.9.2019 – V R 16/18, BFHE 266, 22 = UR 2020, 31; BFH, Urt. v. 23.7.2019 – XI R 2/17, BFHE 266, 91 = UR 2019, 936; BFH, Urt. v. 10.8.2016 – V R 11/15, BStBl II 2018, 113 = UR 2017, 31.

5 Art. 3 Abs. 1 Richtlinie (EU) 2022/542 v. 5.4.2022, Abl. EU Nr. L 107, 1.

6 Für eine Ausweitung des Anwendungsbereichs aber *Erdbrügger* in Schauhoff/Kirchhain, Handbuch der Gemeinnützigkeit, 4. Aufl., § 13 Rz. 326 ff.; *Erdbrügger*, Wpg 2022, 605; *Hummel*, UR 2023, 345, *Hummel* in Rau/Dürr-

– würde sich bei einer ausschließlichen Bestimmung durch die Mitgliedsstaaten die sekundärrechtliche Zweckbegrenzung erübrigen. Zum anderen muss sich auch ein – ggf. – den Mitgliedsstaaten durch die Neufassung eingeräumter Spielraum[1] innerhalb des Wortlauts der Richtlinie – und damit innerhalb ihrer Zweckbegrenzung – bewegen.[2] Unabhängig hiervon kommt der Neufassung keinesfalls Bedeutung für vor dem Inkrafttreten der Änderung[3] liegende Zeiträume zu.[4] Auch soweit es sich insoweit um eine „Präzisierung" zur „Rechtssicherheit" handeln soll,[5] ist – was jedoch bei einer materiell-rechtlichen Änderung erforderlich gewesen wäre – keine gesonderte zeitliche Anwendungsregelung getroffen worden.

4 Da – anders als in Art. 132 Abs. 1 MwStSystRL – ein unionsrechtlich vorgegebener Katalog der begünstigten Umsätze fehlt und Nr. 15 Anhang III MwStSystRL ausdrücklich auf die Definition durch die einzelnen Mitgliedsstaaten abstellt, liegt die Entscheidung über die konkret begünstigten wohltätigen Zwecke **ausschließlich bei den Mitgliedsstaaten**. Auch scheidet insoweit ein Vorabentscheidungsersuchen an den EuGH aus.[6] Etwas anderes gilt jedoch für die – auch unter Berücksichtigung der den Mitgliedsstaaten eingeräumten Definitionsbefugnis erforderliche (Rz. 3) – vorgelagerte Entscheidung, ob die mitgliedsstaatliche Begünstigung innerhalb des von Art. 98 Abs. 2 MwStSystRL i.V.m. Nr. 15 Anhang III MwStSystRL gewährten Umsetzungsspielraums liegt. D.h., die originär unionsrechtliche Frage, ob die nach mitgliedsstaatlichem Recht begünstigten Zwecke auch wohltätige Zwecke darstellen oder[7] im Bereich der sozialen Sicherheit liegen, ist – ggf. im Rahmen des Art. 267 AEUV durch den EuGH – vollumfänglich unionsrechtlich überprüfbar.[8]

5 Vor diesem Hintergrund geht § 12 Abs. 2 Nr. 8 UStG über die unionsrechtliche Ermächtigung hinaus. Aufgrund der Verweisung auf die §§ 51 ff. AO erstreckt sich die Steuerermäßigung auf alle Leistungen gemeinnütziger Körperschaften, ohne dass dabei eine Einschränkung auf die Leistungen vorzunehmen ist, die Körperschaften erbringen, um sich – wie nach Nr. 15 Anhang III MwStSystRL erforderlich – für wohltätige Zwecke und im Bereich der sozialen Sicherheit einzusetzen.[9] Da aufgrund des eindeutigen Verweises auf die Vorschriften der AO in dem Klammerzusatz insoweit eine – einschränkende – **richtlinienkonforme Auslegung** grundsätzlich ausscheidet,[10] bleibt es in Fällen, in denen das deutsche Gemeinnützigkeitsrecht – insbesondere in seinem Katalog des § 52 Abs. 2 AO und den begünstigten Zweckbetrieben[11] – über die Ermächtigung des sekundären Unionsrechts hinausgeht, bei der Anwendung des für den Leistenden günstigeren nationalen Rechts.[12] Auch wenn sich in diesem Be-

wächter, § 12 Abs. 2 Nr. 8 UStG Rz. 43 (Stand: März 2023); offen gelassen in BFH, Urt. v. 5.4.2023 – V R 14/22, BFHE 280, 348 = UR 2023, 678 m. Anm. *Hummel*; vgl. auch *Hüttemann*, UR 2023, 200.

1 Mit diesem Verständnis *Hummel*, UR 2023, 345.

2 Vgl. BFH, Urt. v. 5.4.2023 – V R 14/22, BFHE 280, 348 = UR 2023, 678 m. Anm. *Hummel*.

3 6.4.2022; vgl. Art. 5 Richtlinie (EU) 2022/542 v. 5.4.2022, Abl. EU Nr. L 107, 1.

4 BFH, Urt. v. 5.4.2023 – V R 14/22, BFHE 280, 348 = UR 2023, 678; anders jedoch *Hummel*, UR 2023, 345.

5 19. Erwägungsgrund zur Richtlinie (EU) 2022/542 v. 5.4.2022, Abl. EU Nr. L 107, 1.

6 Vgl. für § 5 Abs. 1 Nr. 9 KStG: BFH, Urt. v. 9.2.2017 – V R 69/14, BStBl. II 2017, 1221.

7 Das „und" in Nr. 15 Anhang III MwStSystRL muss wohl – da andernfalls kaum ein praktischer Anwendungsbereich bestehen dürfte – als „oder" zu lesen sein; ebenso *Hummel* in Rau/Dürrwächter, § 12 Abs. 2 Nr. 8 UStG Rz. 40 f. (Stand: März 2023).

8 Vgl. zu Nr. 15 Anhang III MwStSystRL a.F. EuGH, Urt. v. 17.6.2010 – C-492/08, ECLI:EU:C:2010:348 – Kommission/Frankreich, UR 2010, 662, Rz. 47.

9 BFH, Urt. v. 8.3.2012 – V R 14/11, BStBl. II 2012, 630 = UR 2012, 560; BFH, Urt. v. 23.7.2019 – XI R 2/17, BFHE 266, 91 = UR 2019, 936; anders *Hummel* in Rau/Dürrwächter, § 12 Abs. 2 Nr. 8 UStG Rz. 40 (Stand: März 2023).

10 BFH, Urt. v. 23.7.2019 – XI R 2/17, BFHE 266, 91 = UR 2019, 936; BFH, Urt. v. 8.3.2012 – V R 14/11, BStBl. II 2012, 630 = UR 2012, 560; anders für § 68 Nr. 9 AO FG Münster, Urt. v. 10.4.2014 – 5 K 2409/10 U, EFG 2014, 1521 (rkr.): Versagung der Steuerbefreiung.

11 S. näher *Hummel* in Rau/Dürrwächter, § 12 Abs. 2 Nr. 8 UStG Rz. 44 f. m.w.N. (Stand: März 2023); s. auch etwa für Forschungsleistungen *Fritsch*, UVR 2005, 69.

12 BFH, Urt. v. 8.3.2012 – V R 14/11, BStBl. II 2012, 630 = UR 2012, 560; BFH, Urt. v. 26.9.2019 – V R 16/18, BFHE 266, 22 = UR 2020, 5; ebenso *Hummel* in Rau/Dürrwächter, § 12 Abs. 2 Nr. 8 UStG Rz. 45 m.w.N. (Stand: März 2023); offen gelassen in BFH, Urt. v. 10.12.2020 – V R 39/18, BFH/NV 2021, 947; BFH, Urt. v. 24.6.2020 – V R 47/19 (V R 33/17), BStBl. 2020, 853 = UR 2020, 801; BFH, Urt. v. 26.8.2021 – V R 5/19, UR 2022, 53 m. Anm. *Martini*; s. auch umfassend *Michel*, DB 2012, 2007. Für den Vorsteuerabzug s. BFH, Urt. v. 24.10.2013 – V R 17/13, BStBl. II 2015, 513 = UR 2014, 147; hierzu auch eingehend *Heuermann*, UR 2014,

reich der **überschießenden Umsetzung** im Einzelfall Auslegungsspielräume ergeben, ist das sekundäre Unionsrecht grundsätzlich nicht als Auslegungsmaßstab heranzuziehen.[1] Die Vorgaben der MwStSystRL sind jedoch insoweit beachtlich, als die Rückausnahmen des § 12 Nr. 8 Satz 2 und 3 UStG weit auszulegen sind (Rz. 28);[2] nur hierdurch kann dem Unionsrecht, das in diesen Fällen gerade keine Steuerbegünstigung vorsieht, in dem erforderlichem Umfang Geltung verschafft werden. Zudem können der überschießenden Steuerbegünstigung – insbesondere in Fällen der Zweckbetriebe – das Beihilfenverbot des Art. 107 Abs. 1 AEUV und – mangels Notifizierung – das Durchführungsverbot des Art. 108 Abs. 3 Satz 3 AEUV entgegen stehen.[3]

Eine nationale Regelung, die sekundärrechtlich zwingend vorgegeben und damit Teil eines auf Ebene 6
der EU abschließend harmonisierten Rechtsbereichs ist, ist ausschließlich anhand der fraglichen Harmonisierungsmaßnahme und nicht anhand des Primärrechts – und damit auch nicht im Hinblick auf die **Grundfreiheiten** – zu beurteilen.[4] Hingegen werden durch § 12 Abs. 2 Nr. 8 UStG keine zwingenden Vorgaben der MwStSystRL in nationales Recht umgesetzt. Vielmehr beruht die Vorschrift auf der Regelungserlaubnis des Art. 98 Abs. 1 MwStSystRL. Zugleich verzichtet Nr. 15 Anhang III MwStSystRL auf eine nähere Definition der wohltätigen Zwecke und stellt auf die „Definition und Anerkennung durch die Mitgliedsstaaten" ab; es fehlt damit insoweit an einer abschließenden Harmonisierung. Für solche Bereiche erlaubt das Unionsrecht jedoch eine nationale Rechtsvorschrift auch dann im Hinblick auf das Primärrecht und die Grundfreiheiten zu beurteilen, wenn diese Rechtsvorschrift erlassen wurde, um die sekundärrechtliche Regelungserlaubnis in nationales Recht umzusetzen.[5]

Die Vorschrift des § 12 Abs. 2 Nr. 8 UStG und die durch sie vermittelten Vorschriften der §§ 51–68 7
AO sind damit – da anerkannte Rechtfertigungsgründe nicht greifen[6] – grundsätzlich **diskriminierungsfrei** auf nicht im Inland ansässige Unternehmer anzuwenden. Wenn ein nichtansässiger Unternehmer die nach nationalem Recht anerkannten Interessen der Allgemeinheit fördert, darf er nicht allein wegen der fehlenden Ansässigkeit schlechter behandelt werden als ansässige gemeinnützig tätige Unternehmer.[7] Dabei ist jedoch der Inlandsbezug des § 51 Abs. 2 AO, wonach die Steuerbegünstigung

881 (883 ff.). Demgegenüber stützt der BFH, Beschl. v. 2.2.2007 – V B 90/05, BFH/NV 2007, 986 = UR 2007, 383 die Versagung der Steuerbegünstigung des § 12 Abs. 2 Nr. 8 UStG für Entnahmeleistungen (auch) auf die Anwendung der Nr. 14 des Anhangs zur 6. EG-Richtlinie (nunmehr Nr. 15 Anhang III MwStSystRL).

1 Anders für § 68 Nr. 9 FGO FG Münster, Urt. v. 10.4.2014 – 5 K 2409/10 U, EFG 2014, 1521 (rkr.).

2 BFH, Urt. v. 26.9.2019 – V R 16/18, BFHE 266, 22 = UR 2020, 31; BFH, Urt. v. 23.7.2019 – XI R 2/17, BFHE 266, 91 = UR 2019, 936; BFH, Urt. v. 10.8.2016 – V R 11/15, BStBl II 2018, 113 = UR 2017, 31; BFH, Urt. v. 20.3.2014 – V R 4/13, BFHE 245, 397 = UR 2014, 732; BFH, Urt. v. 8.3.2012 – V R 14/11, BStBl. II 2012, 630 = UR 2012, 560.

3 Ebenso *Heuermann* in Sölch/Ringleb, § 12 UStG Rz. 610 (Stand: Oktober 2022); *Berg/Szymczak*, UR 2018, 853; s. zur Eigenschaft gemeinnütziger Einrichtungen als Unternehmen i.S.d. Art. 107 Abs. 1 AEUV: EuGH, Urt. v. 10.1.2006 – C-222/04, ECLI:EU:C:2006:8 – Cassa di Risparmio di Firenze, Rz. 122 f.; EuGH, Urt. v. 1.7.2008 – C-49/07, ECLI:EU:C:2008:376 – MOTOE, Rz. 27 f.; s. auch BFH, Urt. v. 25.10.2016 – I R 54/14, BStBl. II 2017, 1216 = FR 2017, 797.

4 Ständige Rechtsprechung des EuGH seit – soweit ersichtlich – EuGH, Urt. v. 5.10.1977 – 5/77, ECLI:EU:C:1977:144 – Tedeschi, Rz. 35; s. auch aus der jüngeren Rechtsprechung EuGH, Urt. v. 8.3.2017 – C-14/16, ECLI:EU:C:2017:177 – Euro Park Service, ISR 2017, 157 m. Anm. *Eisendle*, Rz. 19 zur Fusions-Richtlinie; ebenso EuGH, Urt. v. 18.9.2019 – C-222/18, ECLI:EU:C:2019:751 – VIPA Kereskedelmi és Szolgáltató Kft., Rz. 52; EuGH, Urt. v. 12.11.2015 – C-198/14, ECLI:EU:C:2015:751 – Visnapuu, Rz. 40; EuGH, Urt. v. 16.7.2015 – C-95/14, ECLI:EU:C:2015:492 – UNIC und Uni.co.pel, Rz. 33; EuGH, Urt. v. 1.7.2014 – C-573/12, ECLI:EU:C:2014:2037 – Ålands Vindkraft, Rz. 57, jeweils m.w.N.; s. auch EuGH, Urt. v. 30.9.2003 – C-167/01, ECLI:EU:C:2003:512 – Inspire Art, GmbHR 2003, 1260, Rz. 58.

5 EuGH, Urt. v. 8.3.2017 – C-14/16, ECLI:EU:C:2017:177 – Euro Park Service, ISR 2017, 157 m. Anm. *Eisendle*, Rz. 18 ff.

6 Vgl. EuGH, Urt. v. 14.9.2006 – C-386/04, ECLI:EU:C:2006:568 – Centro di Musicologia Walter Stauffer, FR 2007, 242, Rz. 47 ff.; EuGH, Urt. v. 27.1.2009 – C-318/07, ECLI:EU:C:2009:33 – Persche, FR 2009, 230, Rz. 51 ff.

7 Vgl. EuGH, Urt. v. 14.9.2006 – C-386/04, ECLI:EU:C:2006:568 – Centro di Musicologia Walter Stauffer, FR 2007, 242, Rz. 40 zu § 5 Abs. 1 Nr. 9 KStG; EuGH, Urt. v. 27.1.2009 – C-318/07, ECLI:EU:C:2009:33 – Persche, FR 2009, 230, Rz. 38 f. zu § 10d EStG. Zur persönlichen Grundfreiheitsberechtigung gemeinnützig tätiger Einrichtungen siehe BFH, Urt. v. 25.10.2016 – I R 54/14, BStBl. II 2017, 1216 = FR 2017, 797.

bei im Ausland verwirklichten steuerbegünstigten Zwecken voraussetzt, dass im Inland ansässige natürliche Personen gefördert werden oder die Tätigkeit der Körperschaft auch zum Ansehen der Bundesrepublik Deutschland im Ausland beitragen kann,[1] unionsrechtlich unbedenklich.[2] Den Mitgliedsstaaten steht – mangels abschließender Harmonisierung – die grundsätzliche Entscheidung frei, welche Interessen der Allgemeinheit sie dadurch fördern wollen, dass sie Steuersubjekten, die selbstlos mit diesen Interessen zusammenhängende Ziele verfolgen, Vergünstigungen gewähren. Somit darf das nationale Gemeinnützigkeitsrecht auch deren territorialen Zuschnitt bestimmen; es darf sich auf Interessen der Allgemeinheit beschränken, die sich auf das entsprechende Staatsgebiet beziehen.[3]

III. Verhältnis zu anderen Vorschriften und Rechtsentwicklung

8 Sind Leistungen nicht steuerbar oder nicht steuerpflichtig, ist § 12 Abs. 2 Nr. 8 UStG nicht anwendbar.[4] Auch wenn dessen Anforderungen erfüllt sind, besteht in diesen Fällen kein Wahlrecht, den ermäßigten Steuersatz anzuwenden. Zwar ist die Gewinnerzielungsabsicht kein Merkmal des § 2 Abs. 1 Satz 2 UStG. Jedoch bedarf es stets der Prüfung, ob die Körperschaft als Unternehmerin i.S.d. **§ 2 Abs. 1 Satz 1 UStG** handelt. Auch wenn jPdöR Körperschaften i.S.d. § 12 Abs. 2 Nr. 8 Buchst. a UStG sein können, soweit sie einen BgA unterhalten (Rz. 15), beschränkt **§ 2b Abs. 1 Satz 1 UStG** aufgrund des Gleichlaufs mit der Ausnahme für Hoheitsbetriebe in § 4 Abs. 5 KStG den Anwendungsbereich des § 12 Abs. 2 Nr. 8 Buchst. a UStG allenfalls in Randbereichen (Rz. 15).[5] Der ermäßigte Steuersatz kommt ebenfalls nicht zur Anwendung, wenn die Leistung bereits etwa nach **§ 4 Nr. 16 UStG** (Einrichtungen zur Betreuung oder Pflege körperlich, geistig oder seelisch hilfsbedürftiger Personen) oder **§ 4 Nr. 18 UStG** (Wohlfahrtspflege) steuerfrei ist.

9 § 12 Abs. 2 Nr. 8 UStG ist unabhängig von **Steuerbegünstigungen für gemeinnützige Tätigkeiten in anderen Steuergesetzen** (z.B. § 5 Abs. 1 Nr. 9 KStG, § 3 Nr. 6 GewStG, § 44a Abs. 7 Satz 1 Nr. 1 EStG, § 3 Abs. 1 Nr. 3 Buchst. b GrStG) anzuwenden. Wenn jedoch bereits für Zwecke anderer Steuern (insbesondere § 5 Abs. 1 Nr. 9 KStG) über die Gemeinnützigkeit einer Körperschaft entschieden wurde, hat dies – soweit ebenfalls ohne spezialgesetzliche Abweichungen auf die §§ 51–68 AO zurückgegriffen wird – für die Anwendung des § 12 Abs. 2 Nr. 8 UStG Indizwirkung.[6] Für Leistungen von Zweckbetrieben gelten hingegen in jedem Fall die besonderen Anforderungen des § 12 Abs. 2 Nr. 8 Buchst. a Satz 3 UStG (Rz. 29 ff.).

10 Die Regelung des § 12 Abs. 2 Nr. 8 Buchst. a UStG war – ihrem wesentlichen Regelungsgehalt nach – bereits in § 12 Abs. 2 Nr. 8 **UStG 1967**[7] enthalten. Durch das EGAO 1977[8] wurde die bisherige Inbezugnahme von Körperschaften, Personenvereinigungen und Vermögensmassen an den Überbegriff der Körperschaften in § 51 Abs. 1 Satz 1 AO angeglichen. Zugleich wurde der Verweis auf §§ 17–19

---

1 S. zu den Anforderungen im Einzelnen BFH, Urt. v. 22.3.2018 – X R 5/16, BStBl. II 2018, 651 = FR 2019, 828.

2 *Martini* in Geibel/Jachmann-Michel/Winheller, Gesamtes Gemeinnützigkeitsrecht³, § 51 AO Rz. 62; *Martini*, ISR 2015, 97 (99 f.); für eine unionsrechtskonforme Auslegung FG Köln, Urt. v. 20.1.2016 – 9 K 3177/14, EFG 2016, 653 (nrkr.), BFH, Urt. v. 22.3.2018 – X R 5/16, BStBl. II 2018, 651 = FR 2019, 828: Aufhebung und Zurückverweisung; die Entscheidung im zweiten Rechtsgang (FG Köln, Urt. v. 8.5.2019 – 9 K 1652/18, EFG 2019, 1445, rkr.) enthält zu § 51 Abs. 2 AO keine Aussage; ebenso für eine unionsrechtskonforme Auslegung *Förster*, BB 2011, 663 (665 ff.); *Jachmann/Unger* in Gosch, § 51 AO Rz. 88 (Stand: Juni 2009); offen gelassen in BFH, Urt. v. 25.10.2016 – I R 54/14, BStBl. II 2017, 1216; vgl. auch BFH, Beschl. v. 24.3.2021 – V R 35/18, BStBl. II 2021, 657.

3 Vgl. EuGH, Urt. v. 14.9.2006 – C-386/04 – Centro di Musicologia Walter Stauffer, ECLI:EU:C:2006:568, FR 2007, 242, Rz. 37 ff.; vgl. auch EuGH, Urt. v. 9.2.2006 – C-415/04, ECLI:EU:C:2006:95 – Stichting Kinderopvang Enschede, UR 2006, 470, Rz. 23.

4 Vgl. BFH, Urt. v. 19.2.2004 – V R 39/02, BStBl. II 2004, 672 = UR 2004, 358; BFH, Urt. v. 16.10.2013 – XI R 34/11, BFHE 243, 435 = UR 2014, 481.

5 S. auch *Seer/Klemke*, BB 2010, 2015.

6 *Heuermann* in Sölch/Ringleb, § 12 UStG Rz. 624 (Stand: Oktober 2022).

7 Umsatzsteuergesetz (Mehrwertsteuer) v. 29.5.1967, BGBl. I 1967, 545.

8 Einführungsgesetz zur Abgabenordnung v. 14.12.1976, BGBl. I 1976, 3341.

StAnpG durch die §§ 51–68 AO ersetzt. Durch das Vereinsförderungsgesetz[1] wurde § 12 Abs. 2 Nr. 8 Buchst. b UStG angefügt. Mit dem JStG 2007[2] wurde § 12 Abs. 1 Nr. 8 Buchst. a Satz 3 UStG eingefügt.[3] Durch das WachsChG[4] wurde die Inbezugnahme von Zweckbetrieben in § 12 Abs. 2 Nr. 8 Buchst. a Satz 3 UStG auf solche i.S.d. §§ 66 bis 68 AO verengt und zugleich in § 12 Abs. 2 Nr. 8 Buchst. a Satz 4 UStG die Anforderungen an die Verwirklichung der satzungsmäßigen Zwecke durch Zweckbetriebe gesetzlich geregelt.

B. Leistungen gemeinnütziger, mildtätiger und kirchlicher Körperschaften (Nr. 8 Buchst. a)

I. Regelungsgegenstand

Nach der Grundregel des § 12 Abs. 2 Nr. 8 Buchst. a UStG ermäßigt sich die Steuer auf 7 % für Leistungen von **Körperschaften, die ausschließlich und unmittelbar gemeinnützige, mildtätige oder kirchliche Zwecke** verfolgen. Dabei werden – anders als in Nr. 15 Anhang III MwStSystRL (Rz. 3 ff.) – insoweit keine eigenständigen umsatzsteuerlichen Anforderungen für die Steuerbegünstigung aufgestellt. Vielmehr werden durch den Verweis auf die §§ 51–68 AO in Form des Klammerzusatzes die maßgeblichen Vorschriften der AO für Zwecke des Umsatzsteuerrechts in Bezug genommen. Dabei legt § 51 Abs. 1 Satz 1 AO als Grundnorm der steuerlichen Gemeinnützigkeit die wesentlichen Tatbestandsmerkmale einheitlich fest, die in den folgenden Normen spezifiziert und aufgefächert werden. 11

Eine Steuervergünstigung setzt stets voraus, dass eine 12

- Körperschaft (§ 51 Abs. 1 Satz 2 AO, Rz. 14 ff.)
- ausschließlich (§ 56 AO, Rz. 17) und unmittelbar (§ 57 AO, Rz. 18)
- gemeinnützige (§ 52 AO, Rz. 20 f.), mildtätige (§ 53 AO, Rz. 22) oder kirchliche Zwecke (§ 54 AO, Rz. 23)

verfolgt.

§ 12 Abs. 2 Nr. 8 Buchst. a Satz 2 UStG enthält – wie auch bei sonstigen gemeinnützigkeitsrechtlichen Privilegierungen (etwa § 5 Abs. 1 Nr. 9 Satz 2 KStG) üblich – eine Ausnahme von der Steuerbegünstigung für **wirtschaftliche Geschäftsbetriebe** (Rz. 28). Wird ein wirtschaftlicher Geschäftsbetrieb in der – wiederum grundsätzlich privilegierten – Form des **Zweckbetriebs** unterhalten, gelten nach § 12 Abs. 2 Nr. 8 Buchst. a Satz 3 UStG spezifisch umsatzsteuerliche Sonderregelungen (Rz. 29 ff.). 13

II. Gemeinnützigkeitsrechtliche Anforderungen (Nr. 8 Buchst. a Satz 1)

1. Körperschaft (§ 51 Abs. 1 Satz 2 AO)

Für den Begriff der Körperschaft ist aufgrund des Klammerzusatzes in § 12 Abs. 2 Nr. 8 Buchst. a UStG die Definition des § 51 Abs. 1 Satz 2 AO maßgeblich. Diese ist nicht auf Körperschaften im engeren Sinn, d.h. auf Gebilde mit Rechtspersönlichkeit, beschränkt. Vielmehr sind unter dem – insoweit ungenauen – gemeinnützigkeitsrechtlichen Begriff der Körperschaften die **Körperschaften, Personenvereinigungen und Vermögensmassen** i.S.d. KStG zu verstehen. 14

Durch die Verwendung der Oberbegriffe des § 1 KStG wird auf **sämtliche Körperschaftsteuersubjekte** verwiesen. Erfasst werden insbesondere Kapitalgesellschaften (§ 1 Abs. 1 Nr. 1 KStG: SE, AG, KGaA, GmbH) und die sonstigen juristischen Personen des privaten Rechts (§ 1 Abs. 1 Nr. 4 KStG: insbesondere eingetragene Vereine und rechtsfähige Stiftungen). Erfasst sind aber auch die BgA von jPdöR (§ 1 15

1 Gesetz zur Verbesserung und Vereinfachung der Vereinsbesteuerung v. 18.12.1989, BGBl. I 1989, 2212.
2 JStG 2007 v. 13.12.2006, BGBl. I 2007, 2878.
3 Zu den Einzelheiten des Gesetzgebungsverfahrens s. *Heuermann* in Sölch/Ringleb, § 12 UStG Rz. 603 (Stand: Oktober 2022).
4 Gesetz zur Stärkung von Wachstumschancen, Investitionen und Innovation sowie Steuervereinfachung und Steuerfairness (Wachstumschancengesetz) v. 27.3.2024, BGBl. I 2024, Nr. 108.

Abs. 1 Nr. 6 KStG). Da § 4 Abs. 5 KStG Hoheitsbetriebe ausdrücklich vom Anwendungsbereich des BgA ausnimmt, dürfte insoweit ein Gleichlauf mit der Behandlung von jPdöR mit Tätigkeiten im Rahmen der öffentlichen Gewalt als Nichtumsatzsteuerpflichtige in § 2b Abs. 1 Satz 1 UStG bestehen. Jedoch ist das Bestehen einer Unternehmereigenschaft der Frage nach dem anzuwendenden Steuersatz vorgelagert, sodass systematisch zunächst § 2b Abs. 1 Satz 1 UStG anzuwenden ist.[1] Lediglich in Fällen, in denen die Begriffsbestimmungen des § 2b Abs. 1 Satz 1 UStG enger sind als die des § 4 Abs. 5 KStG, sind aufgrund des Verweises auf § 51 Abs. 1 Satz 2 AO – zunächst nach nationalem Recht – die Voraussetzungen der körperschaftsteuerrechtlichen Vorschriften zu Hoheitsbetrieben zu prüfen. Sofern es sich danach nicht um eine Körperschaft im gemeinnützigkeitsrechtlichen Sinn handelt, fehlt es auch unionsrechtlich an einer „Anerkennung" i.S.d. Nr. 15 Anhang III MwStSystRL.[2]

16 Körperschaften i.S.d. § 51 Abs. 1 Satz 2 AO sind aber auch die **nichtrechtsfähigen Personenvereinigungen** (insbesondere nichtrechtsfähige Vereine) und die **nichtrechtsfähigen Vermögensmassen** (insbesondere nichtrechtsfähige Stiftungen) i.S.d. § 1 Abs. 1 Nr. 5 KStG. Diese müssen jedoch zusätzlich die Voraussetzungen des § 3 Abs. 1 KStG erfüllen. Allein auf § 3 Abs. 1 KStG können hingegen die (Körperschaftsteuer-)Steuersubjektfähigkeit und damit auch die Gemeinnützigkeitsfähigkeit nicht gestützt werden.[3] Ist eine nichtrechtsfähige Personenvereinigung oder Gemeinschaft – wie insbesondere im Fall der Personengesellschaften (einschließlich GmbH & Co. KG) – nicht als Körperschaftsteuersubjekt einzustufen, kommt eine umsatzsteuerliche Begünstigung jedoch nach § 12 Abs. 2 Nr. 8 Buchst. b UStG in Betracht (Rz. 39 ff.).

2. Ausschließlichkeit (§ 56 AO) und Unmittelbarkeit (§ 57 AO)

17 **Ausschließlichkeit** liegt nach § 56 AO vor, wenn eine Körperschaft nur ihre steuerbegünstigten satzungsmäßigen Zwecke verfolgt. Dient eine Körperschaft hingegen gleichzeitig begünstigten und nichtbegünstigten Zwecken, ist die Steuervergünstigung insgesamt zu versagen (keine Aufteilung).[4] Es ist jedoch unschädlich, wenn mehrere verschiedene steuerbegünstigte Zwecke nebeneinander verfolgt werden.[5]

18 Eine Körperschaft verfolgt **unmittelbar** ihre steuerbegünstigten satzungsmäßigen Zwecke, wenn sie selbst diese Zwecke verwirklicht (§ 57 Abs. 1 Satz 1 AO). Das kann gemäß § 57 Abs. 1 Satz 2 AO grundsätzlich auch durch Hilfspersonen geschehen, wenn nach den Umständen des Einzelfalls das Wirken der Hilfsperson wie eigenes Wirken der Körperschaft anzusehen ist. Eine Körperschaft, in der steuerbegünstigte Körperschaften zusammengefasst sind, wird nach § 57 Abs. 2 AO einer Körperschaft, die unmittelbar steuerbegünstigte Zwecke verfolgt, gleichgestellt. Damit wird die Unmittelbarkeit bei sog. Dach- oder Spitzenverbänden, die ihre gemeinnützigen Mitgliedskörperschaften fördern oder betreuen, fingiert.[6] Nach der **Fiktion**[7] des **§ 57 Abs. 3 Satz 1 AO** gilt auch eine Tätigkeit i.R. eines gemeinnützigen Verbunds als unmittelbare Zweckverwirklichung: Eine Körperschaft verfolgt ihre steuerbegünstigten Zwecke auch dann unmittelbar, wenn sie satzungsgemäß durch planmäßiges Zusammenwirken mit mindestens einer weiteren Körperschaft, die im Übrigen die Voraussetzungen der §§ 51–68 AO erfüllt, einen steuerbegünstigten Zweck verwirklicht. Damit ist es für den Gemeinnützigkeitsstatus insbesondere unschädlich, wenn **Servicefunktionen** aus steuerbegünstigten Körperschaften

1 *Heuermann* in Sölch/Ringleb, § 12 UStG Rz. 622 (Stand: Oktober 2022).

2 Für eine unionsrechtliche Überformung des gemeinnützigkeitsrechtlichen Begriffs der Körperschaft hingegen *Heuermann* in Sölch/Ringleb, § 12 UStG Rz. 622 (Stand: Oktober 2022).

3 BFH, Urt. v. 14.12.1965 – I 196/63, HFR 1966, 211; BFH, Urt. v. 29.1.2003 – I R 6/99, BStBl. II 2004, 1043 = FR 2003, 912; vgl. auch BFH, Beschl. v. 18.12.2019 – I R 33/17, BFHE 269, 225; anders jedoch ohne weitere Begründung BFH, Beschl. v. 25.7.1984 – GrS 4/82, BStBl. II 1984, 751; BFH, Urt. v. 1.7.1992 – I R 6/92, BStBl. II 1993, 222, 223; in diese Richtung auch BFH, Urt. v. 17.7.1968 – I 121/64, BStBl. II 1968, 695; FG Köln, Urt. v. 15.8.2000 – 13 K 7617/96, DStRE 2001, 136, 137 (nrkr.).

4 BFH, Urt. v. 20.12.1978 – I R 21/76, BStBl. II 1979, 496.

5 BFH, Urt. v. 2.12.1955 – III 99/55 U, BStBl. III 1956, 22; Nr. 2 Satz 1 AEAO zu § 56.

6 BFH, Urt. v. 15.10.1997 – II R 94/94, BFH/NV 1998, 150.

7 Für eine Konkretisierung des Unmittelbarkeitsbegriffs des § 57 Abs. 1 Satz 1 AO hingegen *Hüttemann*, Gemeinnützigkeitsrecht und Spendenrecht[5], Rz. 4.71.

auf eigenständige Körperschaften ausgegliedert wurden.[1] Weitere Ausnahmen von dem Grundsatz der Unmittelbarkeit enthält der Katalog der unschädlichen Betätigungen in § 58 AO.

Ebenso wie im Rahmen des § 4 Nr. 18 UStG[2] ist das Merkmal der Unmittelbarkeit auch für Zwecke des § 12 Abs. 2 Nr. 8 Buchst. a UStG **leistungsbezogen** auszulegen.[3] Es kommt darauf an, dass es sich um Leistungen handelt, die unmittelbar den steuerbegünstigten Zwecken zugutekommen, und nicht darauf, wer Vertragspartner ist. Die Leistungen müssen ohne Zwischenschaltung Dritter – tatsächlich – für die in der Satzung enthaltenen steuerbegünstigten Zwecksetzungen erbracht werden.[4] Insbesondere können auch Leistungen der „Hilfsperson" steuerbegünstigt sein, wenn sie mit der Hilfstätigkeit zugleich eigene steuerbegünstigte Zwecke verfolgt und soweit sie ihren Beitrag selbständig und eigenverantwortlich erbringt und die übrigen Voraussetzungen erfüllt sind.[5] Bedeutung hat dies vor allem für die Mildtätigkeit i.S.d. § 53 AO: Die Leistungen der „Hilfsperson" müssen zumindest faktisch unmittelbar gegenüber den Hilfsbedürftigen erbracht werden und dürfen nicht als Dienstleistung gegenüber dem „eigentlichen" Leistungserbringer anzusehen sein.[6] 19

3. Gemeinnützige Zwecke (§ 52 AO)

Nach der allgemeinen Begriffsbestimmung des § 52 Abs. 1 Satz 1 AO verfolgt eine Körperschaft gemeinnützige Zwecke, wenn ihre Tätigkeit darauf gerichtet ist, **die Allgemeinheit** auf materiellem, geistigem oder sittlichem Gebiet selbstlos **zu fördern**. Eine Förderung der Allgemeinheit ist nicht gegeben, wenn der Kreis der Personen, dem die Förderung zugutekommt, fest abgeschlossen ist (z.B. Zugehörigkeit zu einer Familie oder zur Belegschaft eines Unternehmens) oder infolge seiner Abgrenzung, insbesondere nach räumlichen oder beruflichen Merkmalen, dauernd nur klein sein kann. Die Förderung auf materiellem, geistigem oder sittlichem Gebiet wird durch den – grundsätzlich abschließenden[7] – Katalog des § 52 Abs. 2 Satz 1 AO ausgefüllt. 20

Eine Förderung oder Unterstützung geschieht **selbstlos**, wenn dadurch nicht in erster Linie eigenwirtschaftliche Zwecke – z.B. gewerbliche Zwecke oder sonstige Erwerbszwecke – verfolgt werden (§ 55 Abs. 1 AO). Daran fehlt es insbesondere, wenn die Körperschaft in erster Linie eigenwirtschaftliche Zwecke ihrer Mitglieder fördert.[8] Zudem hat – unter näher definierten Voraussetzungen – die Mittelverwendung nur für die satzungsmäßigen Zwecke (§ 55 Abs. 1 Nr. 1 AO) sowie zeitnah (§ 55 Abs. 1 Nr. 5 AO) zu erfolgen. Auch dürfen keine Zuwendungen an Mitglieder bei deren Ausscheiden erfolgen (§ 55 Abs. 1 Nr. 2 AO) und keine Person durch Ausgaben, die dem Zweck der Körperschaft fremd sind, oder durch unverhältnismäßig hohe Vergütungen begünstigt werden (§ 55 Abs. 2 Nr. 3 AO). Ferner besteht bei Auflösung oder Aufhebung der Körperschaft oder bei Wegfall ihres bisherigen Zwecks eine Vermögensbindung zu Gunsten steuerbegünstigter Zwecke (§ 55 Abs. 1 Nr. 4 AO). 21

4. Mildtätige Zwecke (§ 53 AO)

Anders als bei der Verfolgung gemeinnütziger Zwecke i.S.d. § 52 AO (Rz. 20 f.) ist für die Mildtätigkeit keine Förderung der Allgemeinheit erforderlich. Vielmehr verfolgt eine Körperschaft **mildtätige Zwe-** 22

---

1 Vgl. im Einzelnen *Hüttemann*, Gemeinnützigkeitsrecht und Spendenrecht[5], Rz. 4.70 f.; zur früheren Rechtslage vgl. BFH, Urt. v. 6.2.2013 – I R 59/11, BStBl. II 2013, 603.

2 BFH, Urt. v. 7.11.1996 – V R 34/96, BStBl. II 1997, 366 = UR 1997, 184; BFH, Urt. v. 23.7.2009 – V R 93/07, BStBl. II 2015, 735 = UR 2009, 848; BFH, Urt. v. 15.9.2011 – V R 16/11, BFHE 235, 521 = UR 2012, 112; BFH, Urt. v. 14.1.2016 – V R 56/14, BFH/NV 2016, 792 = UR 2016, 359, jeweils m.w.N.

3 Ebenso *Hummel* in Rau/Dürrwächter, § 12 Abs. 2 Nr. 8 UStG Rz. 142 (Stand: März 2023); vgl. auch BFH, Urt. v. 8.3.2012 – V R 14/11, BStBl. II 2012, 630 = UR 2012, 560.

4 Vgl. BFH, Urt. v. 15.9.2011 – V R 16/11, BFHE 235, 521 = UR 2012, 112.

5 Vgl. BFH, Urt. v. 17.2.2010 – I R 2/08, BStBl. II 2010, 1006 = FR 2010, 1038 zu § 5 Abs. 1 Nr. 9 KStG; BFH, Urt. v. 27.11.2013 – I R 17/12, BStBl. II 2016, 68 = FR 2014, 846 zu § 66 AO.

6 Vgl. BFH, Urt. v. 6.2.2013 – I R 59/11, BStBl. II 2013, 603 zu § 5 Abs. 1 Nr. 9 KStG.

7 BFH, Beschl. v. 26.5.2021 – V R 31/19, BStBl. II 2021, 835; BFH, Urt. v. 9.2.2017 – V R 69/14, BStBl. II 2017, 1221.

8 BFH, Urt. v. 13.12.1978 – I R 39/78, BStBl. II 1979, 482; BFH, Urt. v. 26.4.1989 – I R 209/85, BStBl. II 1989, 670; BFH, Urt. v. 6.10.2009 – I R 55/08, BStBl. II 2010, 335 = FR 2010, 344; BFH, Urt. v. 12.3.2020 – V R 5/17, BStBl. II 2021, 55; BFH, Urt. v. 12.5.2022 – V R 37/20, BStBl. II 2022, 603.

cke, wenn ihre Tätigkeit darauf gerichtet ist, Personen zu unterstützen, die infolge ihres körperlichen, geistigen oder seelischen Zustands auf die Hilfe anderer angewiesen sind (§ 53 Nr. 1 AO) oder aufgrund ihrer – in § 53 Nr. 2 AO näher definierten – Einkommens- und Vermögenssituation der Hilfe bedürfen. Zudem fordert das Gesetz ausdrücklich auch bei der Verfolgung mildtätiger Zwecke die Selbstlosigkeit; es sind damit die Anforderungen des § 55 AO zu erfüllen (Rz. 21).

5. Kirchliche Zwecke (§ 54 AO)

23 Auch bei kirchlichen Zwecksetzungen ist – im Gegensatz zu der Verfolgung gemeinnütziger Zwecke i.S.d. § 52 AO (Rz. 20 f.) – keine Förderung der Allgemeinheit erforderlich. Vielmehr verfolgt eine Körperschaft nach § 54 Abs. 1 AO kirchliche Zwecke, wenn ihre Tätigkeit darauf gerichtet ist, eine Religionsgemeinschaft, die Körperschaft des öffentlichen Rechts ist, zu fördern. Da die Förderung ausdrücklich selbstlos erfolgen muss, sind auch hier die Voraussetzungen des § 55 AO zu erfüllen (Rz. 21). Religionsgemeinschaften, die nicht als Körperschaft des – nicht notwendigerweise inländischen[1] – öffentlichen Rechts organisiert sind, können im Rahmen der gemeinnützigen Förderung als Förderung der Religion (§ 52 Abs. 2 Nr. 2 AO) unterstützt werden.

6. Satzungsanforderungen und tatsächliche Geschäftsführung

24 Eine Steuerbegünstigung – und damit auch der ermäßigte Steuersatz des § 12 Abs. 2 Nr. 8 UStG – wird nach § 59 Halbs. 1 AO nur gewährt, wenn sich aus der Satzung, dem Stiftungsgeschäft oder der sonstigen Verfassung ergibt, welchen Zweck die Körperschaft verfolgt, dass dieser Zweck den Anforderungen der §§ 52–55 AO entspricht und dass er ausschließlich und unmittelbar verfolgt wird. Dazu müssen die Satzungszwecke und die Art ihrer Verwirklichung so genau bestimmt sein, dass aufgrund der Satzung geprüft werden kann, ob die satzungsmäßigen Voraussetzungen für die Steuervergünstigung gegeben sind (§ 60 Abs. 1 Satz 1 AO; **sog. formelle Satzungsmäßigkeit**).[2] Der Satzungszweck und die Art seiner Verwirklichung sind – jedenfalls, soweit ihnen kein jedermann bekanntes, begrifflich fest umrissenes gedankliches Konzept zugrunde liegt – so weit wie möglich zu konkretisieren.[3] Es empfiehlt sich daher, die einschlägigen Zwecksetzungen aus dem Katalog des § 52 Abs. 2 AO oder die Verfolgung mildtätiger oder kirchlicher Zwecke ausdrücklich in die Satzung aufzunehmen.

25 Nach § 60 Abs. 1 Satz 2 AO, der gemäß Art. 97 § 1f Abs. 2 EGAO auf Körperschaften anzuwenden ist, die nach dem 31.12.2008 gegründet werden, sowie auf Satzungsänderungen, die nach dem 31.12.2008 wirksam werden,[4] muss die Satzung die Festlegungen der **Mustersatzung** (Anl. 1 zu § 60) enthalten.[5] Ungeachtet des Umstandes, dass der Wortlaut des § 60 Abs. 1 Satz 2 AO eine wortgetreue Verwendung der Mustersatzung nicht erfordert,[6] ist bei neuen Satzungen oder Änderungen bestehender Satzungen zu empfehlen, sich so eng wie möglich an der Mustersatzung zu orientieren.[7]

26 Die Einhaltung der satzungsmäßigen Voraussetzungen, zu denen auch die § 51 AO (dort insbesondere § 51 Abs. 3 AO: keine Förderung extremistischer Bestrebungen) und § 61 AO (satzungsmäßige Ver-

1 BFH, Urt. v. 22.3.2018 – X R 5/16, BStBl. II 2018, 651; ebenso *Gersch* in Klein[17], § 54 AO Rz. 2; für eine Beschränkung auf juristische Personen des deutschen öffentlichen Rechts hingegen FG Köln, Urt. v. 15.1.2014 – 13 K 3735/10, EFG 2014, 667 (rkr.); s. auch BFH, Urt. v. 30.6.2010 – II R 12/09, BStBl. II 2011, 48 zu §§ 3 Abs. 1 Satz 1 Nr. 4, 4 Nr. 1 GrStG unter Bezugnahme auf Art. 140 GG i.V.m. Art. 137 Abs. 5 WRV.

2 Vgl. BFH, Urt. v. 31.10.1984 – I R 21/81, BStBl. II 1985, 162.

3 BFH, Urt. v. 9.7.1986 – I R 14/82, BFH/NV 1987, 632; BFH, Beschl. v. 3.9.1999 – I B 75/98, BFH/NV 2000, 301; s. zur Möglichkeit der Auslegung BFH, Urt. v. 13.12.1978 – I R 39/78, BStBl. II 1979, 482; BFH, Urt. v. 29.8.1984 – I R 203/81, BStBl. II 1984, 844; BFH, Urt. v. 13.8.1997 – I R 19/96, BStBl. II 1997, 794 = FR 1997, 860; BFH, Urt. v. 10.11.1998 – I R 95/97, BFH/NV 1999, 739; BFH, Urt. v. 21.7.1999 – I R 2/98, BFH/NV 2000, 297; BFH, Urt. v. 1.2.2022 – V R 1/20, BStBl. II 2022, 629.

4 Offen gelassen in BFH, Urt. v. 26.8.2021 – V R 11/20, BStBl. II 2022, 202.

5 Für die Unbeachtlichkeit der früher im Erlassweg (Anlage zum AEAO) geregelten Mustersatzung s. BFH, Urt. v. 15.11.2017 – I R 39/15, BFH/NV 2018, 611; BFH, Beschl. v. 30.4.1997 – I B 21/96, BFH/NV 1997, 732; BFH, Urt. v. 29.8.1984 – I R 203/81, BStBl. II 1984, 844.

6 S. näher *Seer* in Tipke/Kruse, § 60 AO Rz. 4 (Stand: April 2020); offen gelassen in BFH, Urt. v. 18.8.2022 – V R 15/20, BStBl. II 2023, 302.

7 S. näher *Gersch*, AO-StB 2010, 213.

mögensbindung) gehören, wird nach § 60a Abs. 1 Satz 1 AO **gesondert festgestellt.** Diese Feststellung hat sowohl für die Besteuerung der Körperschaft – und damit auch für die Anwendung des § 12 Abs. 2 Nr. 8 UStG – als auch für die Steuerpflichtigen, die Spenden oder Mitgliedsbeiträge an die Körperschaft erbringen, bindende Wirkung (§ 60a Abs. 1 Satz 2 AO). Sie beschränkt sich jedoch auf den formalen Gemeinnützigkeitsstatus und enthält keine Aussage darüber, ob die tatsächliche Tätigkeit der Körperschaft ihren Satzungsbestimmungen entspricht.[1]

Die **tatsächliche Geschäftsführung** der Körperschaft muss nach § 63 AO auf die ausschließliche und 27
unmittelbare Erfüllung der steuerbegünstigten Zwecke gerichtet sein und den Bestimmungen entsprechen, die die Satzung über die Voraussetzungen für Steuervergünstigungen enthält (materielle Satzungsmäßigkeit).[2] Es ist nicht ausreichend, wenn die tatsächliche Geschäftsführung auf die ausschließliche und unmittelbare Erfüllung anderer steuerbegünstigter Zwecke, als sie in der Satzung festgelegt sind, gerichtet ist.[3] Soll ein anderer oder weiterer steuerbegünstigter Zweck verfolgt werden, macht dies eine entsprechende Satzungsänderung erforderlich.[4]

III. Reichweite der Steuersatzermäßigung

1. Wirtschaftliche Geschäftsbetriebe (Nr. 8 Buchst. a Satz 2)

Der ermäßigte Steuersatz wird nicht für sämtliche Leistungen der gemeinnützigen Körperschaft ge- 28
währt. § 12 Abs. 2 Nr. 8 Buchst. a Satz 2 UStG schließt die Steuerbegünstigung für Leistungen aus, die im Rahmen eines **wirtschaftlichen Geschäftsbetriebs** erbracht werden. Maßgeblich ist die allgemeine Definition des § 14 AO, wonach wirtschaftlicher Geschäftsbetrieb eine selbständige nachhaltige Tätigkeit ist, durch die Einnahmen oder andere wirtschaftliche Vorteile erzielt werden und die über den Rahmen einer Vermögensverwaltung hinausgeht. Diese ist als Rückausnahme, welche die Geltung des Regelsteuersatzes (wieder) anordnet, – jedenfalls soweit der deutsche Gesetzgeber über Nr. 15 Anhang III MwStSystRL hinausgegangen ist (Rz. 3 ff.) – weit auszulegen.[5] Eine vom Begriff des wirtschaftlichen Geschäftsbetriebs nicht erfasste Vermögensverwaltung liegt demnach nur bei nichtunternehmerischen (nichtwirtschaftlichen) Tätigkeiten vor,[6] wie z.B. dem bloßen Halten von Gesellschaftsanteilen[7]. Im Ergebnis können damit entgeltliche Leistungen nur dann begünstigt sein, wenn sie im Rahmen eines Zweckbetriebs (Rz. 29 ff.) erbracht werden.[8]

2. Zweckbetriebe (Nr. 8 Buchst. a Satz 3)

a) Allgemeine Anforderungen an Zweckbetriebe (§ 65 AO)

Die Ausnahme des § 12 Abs. 2 Nr. 8 Buchst. a Satz 2 UStG für Leistungen, die im Rahmen eines wirt- 29
schaftlichen Geschäftsbetriebs erbracht werden, gilt nach der allgemeinen Regelung des § 64 Abs. 1 AO nur, soweit der wirtschaftliche Geschäftsbetrieb kein **Zweckbetrieb** ist. Es handelt sich letztlich – auch wenn textlich als Tatbestandsmerkmal angelegt – um eine **Rückausnahme** von § 12 Abs. 2 Nr. 8 Buchst. a Satz 2 UStG, welche die Steuerermäßigung trotz Vorliegens der Voraussetzungen eines wirt-

---

1 FG Baden-Württemberg, Urt. v. 5.3.2018 – 10 K 3622/16 (rkr.).
2 S. umfassend *Seer* in Tipke/Kruse, § 63 AO Rz. 1 ff. (Stand: April 2020).
3 S. etwa FG Hamburg, Urt. v. 29.8.2007 – 5 K 145/05, EFG 2008, 100 (rkr.).
4 *Seer* in Tipke/Kruse, § 63 AO Rz. 2 (Stand: April 2020).
5 BFH, Urt. v. 8.3.2012 – V R 14/11, BStBl. II 2012, 630 = UR 2012, 560; BFH, Urt. v. 20.3.2014 – V R 4/13, BFHE 245, 397 = BFH/NV 2014, 1470 = UR 2014, 732; BFH, Urt. v. 10.8.2016 – V R 11/15, BStBl II 2018, 113 = UR 2017, 31; BFH, Urt. v. 23.7.2019 – XI R 2/17, BFHE 266, 91 = UR 2019, 936; BFH, Urt. v. 26.9.2019 – V R 16/18, BFHE 266, 22 = UR 2020, 31; krit. *Hummel* in Rau/Dürrwächter, § 12 Abs. 2 Nr. 8 UStG Rz. 301 (Stand: März 2023).
6 BFH, Urt. v. 20.3.2014 – V R 4/13, BFHE 245, 397 = UR 2014, 732.
7 Vgl. hierzu EuGH, Urt. v. 6.9.2012 – C-496/11, ECLI:EU:C:2012:557 – Portugal Telecom, UR 2012, 762, Rz. 32; BFH, Urt. v. 15.1.1987 – V R 3/77, BStBl. II 1987, 512; BFH, Beschl. v. 13.11.2019 – V R 30/18, BStBl II 2021, 248 = UR 2020, 140.
8 *Heuermann* in Sölch/Ringleb, § 12 UStG Rz. 630 (Stand: Oktober 2022); vgl. auch BFH, Urt. v. 20.3.2014 – V R 4/13, BFHE 245, 397 = UR 2014, 732.

schaftlichen Geschäftsbetriebs aufrechterhält. Soweit diese – wie wohl im Regelfall bei Katalogzweckbetrieben (Rz. 32) – über Nr. 15 Anhang III MwStSystRL hinausgeht (Rz. 3 ff.) und damit eine Steuersatzermäßigung außerhalb des unionsrechtlich zulässigen Rahmens ermöglicht, ist sie – soweit es der Wortlaut des nationalen Rechts ermöglicht (zur Anwendung des für den Leistenden günstigeren nationalen Rechts s. Rz. 5) – richtlinienkonform und damit einschränkend auszulegen.[1]

30 Ein Zweckbetrieb ist nach der **allgemeinen Begriffsbestimmung des § 65 AO** gegeben, wenn der wirtschaftliche Geschäftsbetrieb in seiner Gesamtrichtung dazu dient, die steuerbegünstigten satzungsmäßigen Zwecke der Körperschaft zu verwirklichen (§ 65 Nr. 1 AO), die Zwecke nur durch einen solchen Geschäftsbetrieb erreicht werden können (§ 65 Nr. 2 AO) und der wirtschaftliche Geschäftsbetrieb zu nicht begünstigten Betrieben derselben oder ähnlicher Art nicht in größerem Umfang in Wettbewerb tritt als es bei Erfüllung der steuerbegünstigten Zwecke unvermeidbar ist (§ 65 Nr. 3 AO).

31 Dies setzt voraus, dass es sich um einen für die Zwecke der gemeinnützigen Körperschaft **„unentbehrlichen Hilfsbetrieb“** handelt.[2] Die Tätigkeit muss in ihrer Gesamtheit selbst der Zweckerreichung und nicht – wie etwa Altmaterialsammlungen, Basare, öffentliche Festveranstaltungen oder Werbung – lediglich zur Mittelbeschaffung dienen. Dies bedarf nach der Rspr. einer Gesamtwürdigung unter Berücksichtigung zum einen der Art der Tätigkeit und zum anderen der Beziehung zum konkreten Satzungszweck. Ein Zweckbetrieb liegt nicht vor, wenn eine wirtschaftliche Tätigkeit nach ihrem gesamten Inhalt keine solche Qualität hat, dass es gerechtfertigt wäre, die Körperschaft gegenüber anderen Unternehmern zu begünstigen,[3] was letztlich nur unter Würdigung des jeweiligen Einzelfalls entschieden werden kann.

32 Die §§ 66–68 AO enthalten sog. **Katalogzweckbetriebe**, welche die allgemeinen Anforderungen des § 65 AO nicht zwingend erfüllen müssen.[4] Dies betrifft – unter näher bestimmten – Voraussetzungen insbesondere Einrichtungen der Wohlfahrtspflege (§ 66 AO), Krankenhäuser (§ 67 AO) und sportliche Veranstaltungen (§ 67a AO).[5] Daneben werden von dem Katalog des § 68 AO verschiedene andere wirtschaftliche Betätigungen als Zweckbetriebe eingeordnet. Soweit die Tatbestandsmerkmale des Katalogzweckbetriebs über Nr. 15 Anhang III MwStSystRL (Rz. 3 ff.) hinausgehen, d.h. Einrichtungen begünstigt werden, die sich nicht (ausschließlich) für wohltätige Zwecke und im Bereich der sozialen Sicherheit einsetzen, ist eine richtlinienkonforme und damit einschränkende Auslegung geboten.[6]

b) Besondere umsatzsteuerliche Anforderungen

aa) Überblick

33 § 12 Abs. 2 Nr. 8 Buchst. a Satz 3 UStG stellt **über das allgemeine Abgabenrecht hinausgehende Anforderungen** für die Inanspruchnahme im Rahmen des ermäßigten Umsatzsteuersatzes und ist als Rückausnahme, welche die Geltung des Regelsteuersatzes (wieder) anordnet, – jedenfalls soweit der nationale Gesetzgeber über Nr. 15 des Anhang III zur MwStSystRL hinausgegangen ist (Rz. 3 ff.) – weit auszulegen.[7] Nach dieser Vorschrift wird die Steuerermäßigung für im Rahmen eines in den §§ 66

1 BFH, Urt. v. 10.12.2020 – V R 5/20, BFHE 271, 288 = UR 2021, 268; vgl. auch BFH, Urt. v. 27.2.2020 – V R 10/18, BFH/NV 2020, 1246.

2 St. Rspr., s. z.B. BFH, Urt. v. 23.7.2009 – V R 93/07, BStBl. II 2015, 735 = UR 2009, 848; BFH, Urt. v. 22.4.2009 – I R 15/07, BFHE 224, 405 = FR 2009, 903; BFH, Urt. v. 16.12.2009 – I R 49/08, BFHE 228, 53; BFH, Urt. v. 12.6.2008 – V R 33/05, BStBl. II 2009, 221 = UR 2008, 706; BFH, Urt. v. 18.3.2004 – V R 101/01, BStBl. II 2004, 798 = UR 2004, 428; BFH, Urt. v. 9.7.2003 – V R 29/02, BStBl. II 2003, 904 = UR 2003, 601; BFH, Urt. v. 30.11.2016 – V R 53/15, BStBl. II 2017, 1224 = UR 2017, 235.

3 BFH, Urt. v. 5.8.2010 – V R 54/09, BStBl. II 2011, 191 = UR 2011, 353.

4 BFH, Urt. v. 18.1.1995 – V R 139-142/92, BStBl. II 1995, 446 = UR 1995, 481; BFH, Urt. v. 25.7.1996 – V R 7/95, BStBl. II 1997, 154 = UR 1997, 186.

5 S. aber für die Steuerbefreiung des § 4 Nr. 22 Buchst. b UStG: *Wäger*, DStR 2014, 1517.

6 Vgl. BFH, Urt. v. 27.2.2020 – V R 10/18, BFH/NV 2020, 1246.

7 BFH, Urt. v. 8.3.2012 – V R 14/11, BStBl. II 2012, 630 = UR 2012, 560; BFH, Urt. v. 20.3.2014 – V R 4/13, BFHE 245, 397 = BFH/NV 2014, 1470 = UR 2014, 732; BFH, Urt. v. 10.8.2016 – V R 11/15, BStBl. II 2018, 113 = UR 2017, 31; BFH, Urt. v. 23.7.2019 – XI R 2/17, BFHE 266, 91 = UR 2019, 936; BFH, Urt. v. 26.9.2019 – V R 16/18, BFHE 266, 22 = UR 2020, 31; krit. *Hummel* in Rau/Dürrwächter, § 12 Abs. 2 Nr. 8 UStG Rz. 301 (Stand: März 2023).

bis 68 der Abgabenordnung bezeichneten Zweckbetriebs ausgeführte Leistungen nur gewährt, wenn der Zweckbetrieb nicht in erster Linie der Erzielung zusätzlicher Einnahmen durch die Ausführung von Umsätzen dient, die in unmittelbarem Wettbewerb mit dem allgemeinen Steuersatz unterliegenden Leistungen anderer Unternehmer ausgeführt werden, oder wenn die Körperschaft mit diesen Leistungen ihrer in den §§ 66–68 AO bezeichneten Zweckbetriebe ihre steuerbegünstigten satzungsgemäßen Zwecke selbst verwirklicht.

bb) Kein Zweckbetrieb zur Erzielung zusätzlicher Einnahmen (§ 12 Abs. 2 Nr. 8 Buchst. a Satz 3 Alt. 1)

(1) Anwendung auf Katalogzweckbetriebe

Zwar decken sich die allgemeinen Merkmale des § 65 AO – zu einem gewissen Grad – mit **§ 12 Abs. 2 Nr. 8 Buchst. a Satz 3 Alt. 1 UStG.** Gleichwohl entschied der BFH, dass die besonderen umsatzsteuerlichen Anforderungen von **sämtlichen Zweckbetrieben** und nicht lediglich von sog. Katalogzweckbetrieben i.S.d. § 66–68 AO (Rz. 32) zu erfüllen sind.[1] Denn obwohl bei Zweckbetrieben, welche die Anforderungen des § 65 AO (Rz. 30) erfüllen, in aller Regel – insbesondere mit Blick auf die wettbewerbsbezogene Voraussetzung des § 65 Nr. 3 AO – auch die Merkmale § 12 Abs. 2 Nr. 8 Buchst. a Satz 3 Alt. 1 UStG erfüllt sein werden, sind auch deren Leistungen für die Inanspruchnahme des ermäßigten Steuersatzes nach dem insoweit – anders als in § 12 Abs. 2 Nr. 8 Satz 3 Alt. 2 AO – unbeschränkten Wortlaut an den besonderen umsatzsteuerlichen Anforderungen zu messen. Allein aus dem partiellen Gleichlauf von Tatbestandsmerkmalen kann nicht auf eine Beschränkung des Anwendungsbereichs geschlossen werden. Durch das WachsChG (Rz. 10) hat der Gesetzgeber hingegen – rechtsprechungsbrechend und in Übereinstimmung mit der bisherigen Verwaltungsauffassung[2] – mit Wirkung vom 28.3.2024 den Wortlaut des § 12 Abs. 2 Nr. 8 Buchst. a Satz 3 Alt. 1 UStG ausdrücklich auf Katalogzweckbetriebe i.S.d. § 66–68 AO verengt. Die Anwendung des § 12 Abs. 2 Nr. 8 Satz 1 UStG setzt nunmehr bei (allgemeinen) Zweckbetrieben i.S.d. § 65 AO keine Prüfung der Wettbewerbsrelevanz mehr voraus.[3] Dies gilt jedoch nach der eindeutigen Inbezugnahme von §§ 66–68 AO in § 12 Abs. 2 Nr. 8 Buchst. a Satz 3 Alt. 1 UStG nicht, wenn der Zweckbetrieb sowohl die allgemeinen Anforderungen des § 65 AO erfüllt als auch ein Katalogzweckbetrieb ist. 34

(2) Voraussetzungen

Für die Frage, ob **zusätzliche Einnahmen** erzielt werden, sind nicht abgabenrechtliche, sondern allein umsatzsteuerrechtliche Maßstäbe anzulegen;[4] maßgeblich ist eine auf die einzelne Leistung gerichtete Perspektive. Damit liegen zusätzliche Einnahmen bereits dann vor, wenn die Körperschaft diese im Zusammenhang mit Leistungen erzielt, die für die Verwirklichung ihres steuerbegünstigten satzungsmäßigen Zwecks nicht unerlässlich sind.[5] Es kommt dabei weder darauf an, dass die Körperschaft aus den zusätzlichen Einnahmen Gewinne erzielt, noch, dass Einnahmen der Körperschaft verbleiben.[6] Es 35

1 BFH, Urt. v. 5.4.2023 – V R 14/22, BFHE 280, 348 = UR 2023, 678 m. Anm. *Hummel*; BFH, Urt. v. 17.11.2022 – V R 12/20, BStBl. II 2023, 367 = UR 2023, 205 m. Anm. *Hummel*; BFH, Urt. v. 26.8.2021 – V R 5/19, UR 2022, 53 m. Anm. *Martini*; BFH, Urt. v. 21.6.2017 – V R 34/16, BStBl. II 2018, 55 = UR 2017, 963; BFH, Urt. v. 8.3.2012 – V R 14/11, BStBl. II 2012, 630 = UR 2012, 560; *Heuermann* in Sölch/Ringleb, § 12 UStG Rz. 630 (Stand: Oktober 2022); für eine Beschränkung auf sog. Katalogzweckbetriebe hingegen FG Hamburg, Urt. v. 15.11.2017 – 1 K 2/16, EFG 2018, 792 (nrkr., aus anderen Gründen aufgehoben durch BFH, Urt. v. 13.12.2018 – V R 4/18, BStBl. II 2024, 234 = UR 2019, 303); *Hüttemann*, MwStR 2014, 115 (116 f.); *Kirchhain*, npoR 2012, 123 (126); *Hummel* in Rau/Dürrwächter, § 12 Abs. 2 Nr. 8 UStG Rz. 298 (Stand: März 2023); *Kraeusel* in Reiß/Kraeusel/Langer, § 12 UStG Rz. 331.1 (Stand: November 2023); *Huschens* in Schwarz/Widmann/Radeisen, § 12 Abs. 2 Nr. 8 UStG Rz. 168 (Stand: August 2020); *Schauhoff/Danz*, DStR 2019, 23; s. auch BT-Drucks. 16/2712, 75.

2 Abschn. 12.9 Abs. 9 Satz 2 UStAE.

3 Zum Verhältnis zu § 57 Abs. 3 AO *Sterzinger*, UR 2024, 117 (118).

4 BFH, Urt. v. 26.8.2021 – V R 5/19, UR 2022, 53 m. Anm. *Martini*.

5 BFH, Urt. v. 5.4.2023 – V R 14/22, BFHE 280, 348 = UR 2023, 678 m. Anm. *Hummel*; BFH, Urt. v. 24.6.2020 – V R 47/19 (V R 33/17), BStBl. 2020, 853 = UR 2020, 801; BFH, Urt. v. 8.3.2012 – V R 14/11, BStBl. II 2012, 630 = UR 2012, 560.

6 BFH, Urt. v. 8.3.2012 – V R 14/11, BStBl. II 2012, 630 = UR 2012, 560.

ist damit unerheblich, ob die Lieferungen oder sonstigen Leistungen für dasselbe Entgelt erbracht werden, für das sie von der gemeinnützigen Körperschaft bezogen werden.[1] Ein Zweckbetrieb dient jedenfalls dann in erster Linie der Erzielung zusätzlicher Einnahmen, wenn dies sein einziger Zweck ist (z.B. Beherbergung und Verköstigung bei Seminaren zur Förderung der Volks- und Berufsbildung i.S.d. § 52 Abs. 2 Satz 1 Nr. 7 UStG). Soweit die FinVerw. auf eine starre Grenze von 50 % der gesamten steuerpflichtigen Umsätze[2] und eine *de-minimis*-Ausnahme in Höhe von 35.000 €[3] abstellt, können diese Werte – mangels ausdrücklicher gesetzlicher Regelung[4] – allenfalls als Richtgrößen dienen. Da nicht die Formulierung „überwiegend“ gewählt wurde, dürfte ein Zweckbetrieb erst dann „in erster Linie“ der Erzielung zusätzlicher Einnahmen dienen, wenn die für die Verwirklichung des steuerbegünstigten satzungsmäßigen Zwecks unerlässlichen Leistungen daneben nicht ins Gewicht fallen.

36 Leistungen sind bereits nach dem Wortlaut des § 12 Abs. 2 Nr. 8 Buchst. a Satz 3 UStG dann nicht **wettbewerbsrelevant**, wenn sie auch bei Unternehmern, welche die Voraussetzungen des § 12 Abs. 2 Nr. 8 UStG nicht erfüllen, nach einer anderen Vorschrift dem ermäßigten Steuersatz unterliegen.[5] Anders als in § 65 Nr. 3 AO, nach dem es unschädlich ist, wenn der wirtschaftliche Geschäftsbetrieb zu nicht begünstigten Betrieben nicht in größerem Umfang in Wettbewerb tritt, als es bei Erfüllung der steuerbegünstigten Zwecke unvermeidbar ist, stellt das Umsatzsteuerrecht – insoweit die Begünstigung verengend – auf das Bestehen eines unmittelbaren Wettbewerbs – nicht aber auf dessen Erforderlichkeit für die Zweckerfüllung – ab. Dies trägt – jedenfalls soweit § 12 Abs. 2 Nr. 8 UStG in Umsetzung von Art. 98 Abs. 2 MwStSystRL ergangen ist (Rz. 3 ff.) – auch dem allgemeinen Ziel des Unionsgesetzgebers Rechnung, dass der ermäßigte Steuersatz nur insoweit anzuwenden ist, als er – was jedoch im Falle eines zur Erfüllung der steuerbegünstigten Zwecke unvermeidbaren Wettbewerbs zu befürchten ist – zu keiner oder einer nur geringen Gefahr einer Wettbewerbsverzerrung führt.[6] Es kann damit zu Situationen kommen, in denen Zweckbetriebe zwar die Anforderungen des § 65 Nr. 3 AO erfüllen, die Steuerbegünstigung des § 12 Abs. 2 Nr. 8 Buchst. a UStG für ihre Leistungen jedoch nicht in Anspruch nehmen können.

cc) Verwirklichung der steuerbegünstigten satzungsgemäßen Zwecke durch die Körperschaft selbst (§ 12 Abs. 2 Nr. 8 Satz 3 Alt. 2)

37 **§ 12 Abs. 2 Nr. 8 Satz 3 Alt. 2 UStG** deckt sich weitgehend mit § 65 Nr. 1 AO, wonach der wirtschaftliche Geschäftsbetrieb in seiner Gesamtrichtung dazu dienen muss, die steuerbegünstigten satzungsmäßigen Zwecke der Körperschaft zu verwirklichen. Er ist daher – nach seiner ausdrücklichen Formulierung (vgl. für § 12 Abs. 2 Nr. 8 Satz 3 Alt. 1 UStG Rz. 34 ff.) – lediglich auf Zweckbetriebe i.S.d. §§ 66–68 AO anwendbar. Im Rahmen des § 12 Abs. 2 Nr. 8 Satz 3 Alt. 2 UStG ist unbeachtlich, wenn der Zweckbetrieb wettbewerbsrelevante Umsätze i.S.d. § 12 Abs. 2 Nr. 8 Satz 3 Alt. 1 UStG erbringt („oder“). Umsätze von Zweckbetrieben, die außerhalb der Satzungszwecke der Körperschaft liegen, sind – auch wenn die Anforderungen der §§ 66–68 AO erfüllt sind – nicht begünstigt. Erforderlich ist, dass die Zielsetzung des Zweckbetriebs in Bezug auf die einzelne Leistung der Zwecksetzung der Körperschaft i.S.d. § 52 Abs. 2 sowie §§ 53 f. AO entspricht.[7] Daher war es nach der bisherigen Rechtsprechung des BFH grundsätzlich nicht ausreichend, wenn die Leistungen diesen Zwecken lediglich dien-

1 BFH, Urt. v. 23.7.2019 – XI R 2/17, BFHE 266, 91 = UR 2019, 936.

2 Abschn. 12.9 Abs. 11 Satz 3 UStAE; ebenso ohne weitere Begründung *Kraeusel* in Reiß/Kraeusel/Langer, § 12 UStG Rz. 331.3 (Stand: November 2023).

3 Abschn. 12.9 Abs. 11 Satz 6 UStAE; ebenso *Huschens* in Schwarz/Widmann/Radeisen, § 12 UStG Rz. 182 (Stand: August 2020).

4 Die Wertgrenze des § 64 Abs. 3 AO findet ausschließlich Anwendung auf die Körperschaftsteuer und Gewerbesteuer.

5 Abschn. 12.9 Abs. 11 Satz 4 UStAE; ebenso *Kraeusel* in Reiß/Kraeusel/Langer, § 12 UStG Rz. 331.3 (Stand: November 2023).

6 Vgl. BFH, Urt. v. 21.6.2017 – V R 34/16, BStBl. II 2018, 55 = UR 2017, 963; EuGH, Urt. v. 3.3.2011 – C-41/09, ECLI:EU:C:2011:108 – Kommission/Königreich Niederlande, UR 2012, 114, Rz. 52.

7 BFH, Urt. v. 5.4.2023 – V R 14/22, BFHE 280, 348 = UR 2023, 678 m. Anm. *Hummel*; demgegenüber stellt die FinVerw. teils auf den „steuerbegünstigten Zweck eines Zweckbetriebs“ ab; vgl. etwa Abschn. 12.9 Abs. 10 Satz 1 Nr. 1 Satz 2 und Nr. 4 Satz 2, Abs. 14 Satz 1 UStAE; s. für die besondere Problematik bei Inklusionsbetrieben *Berg/Schnabelrauch*, UR 2017, 213; *Schauhoff/Kirchhain*, UR 2017, 729; *Berg/Schnabelrauch*, UR 2018, 225.

ten, dabei jedoch – wie etwa die Gastronomieleistungen in einem von behinderten Menschen betriebenen Restaurant – nicht an Personen erbracht wurden, die von der gemeinnützigen Zwecksetzung umfasst wurden;[1] i.R.d. gebotenen engen Auslegung (Rz. 33) wurden die satzungsmäßigen Zwecke in solchen Fällen nicht „selbst" verwirklicht. Erfasst wurden damit insbesondere[2] Krankenhäuser i.S.d. § 67 AO (§ 54 AO: Mildtätigkeit), sportliche Veranstaltungen eines Sportvereins i.S.d. § 67a AO (§ 52 Abs. 2 Nr. 21 AO: Förderung des Sports), Alten-, Altenwohn- und Pflegeheime, Erholungsheime, Mahlzeitendienste i.S.d. § 68 Abs. 1 Nr. 1 Buchst. a AO (§ 54 AO: Mildtätigkeit; § 52 Abs. 2 Nr. 4 AO: Förderung der Altenhilfe)[3], Kindergärten, Kinder-, Jugend- und Studentenheime, Schullandheime und Jugendherbergen i.S.d. § 68 Abs. 1 Nr. 1 Buchst. b AO (§ 52 Abs. 2 Satz 1 Nr. 4 AO: Förderung der Jugendhilfe), kulturelle Einrichtungen und Veranstaltungen i.S.d. § 68 Nr. 7 AO (§ 52 Abs. 2 Satz 1 Nr. 5 AO: Förderung von Kunst und Kultur) sowie Volkshochschulen und ähnliche Einrichtungen i.S.d. § 68 Nr. 8 AO (§ 52 Abs. 1 Satz 1 Nr. 7 AO: Förderung der Volks- und Berufsbildung).[4] Jedoch hat der Gesetzgeber – rechtsprechungsbrechend – durch das WachsChG in § 12 Abs. 2 Nr. 8 Satz 4 UStG angeordnet, dass Körperschaften mit Katalogzweckbetrieben ihre steuerbegünstigten satzungsgemäßen Zwecke selbst verwirklichen, wenn die Leistungsempfänger oder – wie etwa bei Inklusionsbetrieben – an der Leistungserbringung beteiligte Personen vom steuerbegünstigten Zweck der Einrichtung erfasst werden. In welcher Form, welchem Umfang und mit welcher Leistungsnähe die an der Leistungserbringung beteiligten Personen tätig werden müssen, ist jedoch unklar.[5]

IV. Umfang der Steuerermäßigung

Der ermäßigte Steuersatz findet – sofern die Anforderungen des § 12 Abs. 2 Nr. 8 Buchst. a UStG und der §§ 51–68 AO erfüllt sind – grundsätzlich **auf sämtliche Leistungen der Körperschaft** Anwendung,[6] d.h. auf Leistungen im Rahmen des ideellen Bereichs, der Vermögensverwaltung und von Zweckbetrieben (s. zu den besonderen Anforderungen des § 12 Abs. 2 Nr. 8 Buchst. a Satz 3 UStG Rz. 29 ff.). Es kommt nicht darauf an, ob die einzelne Leistung die Anforderungen der Nr. 15 des Anhang III zur MwStSystRL erfüllt, d.h., ob sie für wohltätige Zwecke oder im Bereich der sozialen Sicherheit erbracht wird (Rz. 5). In der Folge können auch unentgeltliche Wertabgaben i.S.d. § 3 Abs. 9a UStG – sofern die allgemeinen Anforderungen des Gemeinnützigkeitsrechts weiterhin erfüllt sind – dem ermäßigten Steuersatz des § 12 Abs. 2 UStG unterfallen; auch sie stellen aufgrund der ausdrücklichen gesetzlichen Gleichstellung Leistungen i.S.d. § 12 Abs. 2 Nr. 8 Buchst. a UStG dar.[7] Dieses Ergebnis entspricht zwar in aller Regel nicht Nr. 15 des Anhang III zur MwStSystRL, da die unentgeltlichen Wertabgaben nur in Ausnahmefällen für wohltätige Zwecke oder im Bereich der sozialen Sicherheit erbracht werden dürften. Eine Berufung auf sekundäres Unionsrecht zu Lasten der Steuerpflichtigen ist den Mitgliedsstaaten jedoch verwehrt (Rz. 5 f.). 38

C. Leistungen nichtrechtsfähiger Personenvereinigungen und Gemeinschaften (Nr. 8 Buchst. b)

I. Regelungsgegenstand

Der ermäßigte Steuersatz findet nach § 12 Abs. 2 Nr. 8 Buchst. b UStG auch auf die Leistungen der **nichtrechtsfähigen Personenvereinigungen und Gemeinschaften** Anwendung. Damit können Gebil- 39

1 Vgl. BFH, Urt. v. 23.7.2019 – XI R 2/17, BFHE 266, 91 = UR 2019, 936.
2 S. auch die Auflistung in Abschn. 12.9 Abs. 10 Satz 1 UStAE.
3 S. auch näher Abschn. 12.9 Abs. 10 Satz 3 UStAE; *Sterzinger*, UR 2014, 381.
4 Für Auftragsforschung i.S.d. § 68 Nr. 9 Satz 2 AO s. *Wäger* in FS Gosch, 427.
5 *Sterzinger*, UR 2024, 117 (118).
6 BFH, Urt. v. 8.3.2012 – V R 14/11, BStBl. II 2012, 630 = UR 2012, 560.
7 Ebenso Abschn. 12.9 Abs. 1 Satz 6 UStAE; *Küffner*, DStR 2004, 119 (122). Anders BFH, Beschl. v. 2.2.2007 – V B 90/05, BFH/NV 2007, 986 = UR 2007, 383 unter Berufung auf Nr. 14 des Anhangs zur 6. EG-Richtlinie (nunmehr Nr. 15 Anhang III MwStSystRL) zu Lasten des Steuerpflichtigen. Für eine Versagung der Steuerermäßigung auch *Heuermann* in Sölch/Ringleb, § 12 UStG Rz. 626 (Stand: Oktober 2022).

de, die zwar Unternehmer i.S.d. § 2 Abs. 1 Satz 1 UStG sein können, jedoch keine – allein gemeinnützigkeitsfähigen – Körperschaften i.S.d. § 12 Abs. 2 Nr. 8 Buchst. a UStG i.V.m. § 51 Abs. 1 Satz 2 AO sind (Rz. 14 ff.), ebenfalls die Steuerermäßigung des § 12 Abs. 2 Nr. 8 UStG in Anspruch nehmen.[1] Dies gilt allerdings nicht unbeschränkt, sondern nur, wenn an dem Gebilde ausschließlich Körperschaften i.S.d. § 12 Abs. 2 Nr. 8 Buchst. a Satz 1 UStG beteiligt sind und die Leistungen insgesamt nach § 12 Abs. 2 Nr. 8 Buchst. a UStG ermäßigt besteuert würden, wenn die Körperschaften sie anteilig selbst ausführten (Rz. 43 f.).

II. Nichtrechtsfähige Personenvereinigungen und Gemeinschaften

40 Ungeachtet der Frage, ob Personengesellschaften zivilrechtlich (Teil-)Rechtsfähigkeit zukommt (vgl. § 14 Abs. 2 BGB),[2] ist die fehlende Rechtsfähigkeit originär nach steuerrechtlichen Kriterien zu bestimmen.[3] Hierfür ist ausschließlich die Abgrenzung zu den Körperschaften i.S.d. § 12 Abs. 2 Nr. 8 Buchst. a UStG i.V.m. § 51 Abs. 1 Satz 2 AO maßgeblich. **Nichtrechtsfähige Personenvereinigungen** i.S.d. § 12 Abs. 2 Nr. 8 Buchst. b UStG sind demnach sämtliche Personenvereinigungen, denen nicht die Eigenschaft als Körperschaftsteuersubjekt i.S.d. § 1 Abs. 1 KStG (ggf. i.V.m. § 3 Abs. 1 KStG) zukommt. Hierzu zählen primär die Mitunternehmerschaften i.S.d. § 15 Abs. 1 Satz 1 Nr. 2 EStG – und damit insbesondere die Personenhandelsgesellschaften (oHG, KG) – sowie die (Außen-)GbR. Handelt es sich hingegen um eine reine Innengesellschaft, fehlt es – auch unter Berücksichtigung von § 2 Abs. 1 Satz 1 UStG, wonach die Rechtsfähigkeit nach anderen Vorschriften unerheblich sein soll[4] – schon an einer Unternehmereigenschaft. Die Leistungen werden unmittelbar von den beteiligten Körperschaften erbracht und sind bereits nach § 12 Abs. 2 Nr. 8 Buchst. a UStG begünstigt.[5]

41 Der Begriff der **Gemeinschaft** ist originär umsatzsteuerrechtlich auszulegen.[6] Hierunter fallen – mangels Unternehmereigenschaft[7] – nicht die Bruchteilsgemeinschaften i.S.d. § 741 BGB; die Neufassung des § 2 Abs. 1 Satz 1 UStG durch das JStG 2022, wonach die Rechtsfähigkeit nach anderen Vorschriften unerheblich sein soll, ändert hieran nichts.[8] Zugleich wird im Fall einer unternehmerischen Tätigkeit einer sonstigen Gemeinschaft in aller Regel eine Gesellschaft – und damit eine nichtrechtsfähige Personenvereinigung – vorliegen. In Frage kommt damit allenfalls die Anwendung auf unternehmerisch tätige Wohnungseigentümergemeinschaften.[9]

42 Zudem dürfen an der nichtrechtsfähigen Personenvereinigung oder Gemeinschaft **ausschließlich Körperschaften**, die ausschließlich und unmittelbar gemeinnützige, mildtätige oder kirchliche Zwecke verfolgen, **beteiligt sein**[10] („nichtrechtsfähige Personenvereinigungen und Gemeinschaften *der* in § 12 Abs. 2 Buchst. a Satz 1 UStG bezeichneten Körperschaften"). Erfüllt auch nur eine der beteiligten Körperschaften die Anforderungen des § 12 Abs. 2 Buchst. a Satz 1 UStG nicht, kann die Personenvereinigung oder Gemeinschaft den ermäßigten Steuersatz insgesamt nicht in Anspruch nehmen. Auch bei doppelstöckigen Strukturen ist – da die zwischengeschaltete Personenvereinigung eigenständige Unternehmerin ist – eine Anwendung des § 12 Abs. 2 Nr. 8 UStG auf Leistungen der Unterpersonengesellschaft ausgeschlossen.

---

1 Vgl. Beschlussempfehlung und Bericht des Finanzausschusses. v. 7.11.1989, BT-Drucks. 11/5582, 33.
2 Vgl. BGH, Urt. v. 29.1.2001 – II ZR 331/00, BGHZ 146, 341 = NJW 2001, 1056.
3 Für eine teleologische Extension *Heuermann* in Sölch/Ringleb, § 12 UStG Rz. 719 (Stand: Oktober 2022); *Hummel* in Rau/Dürrwächter, § 12 Abs. 2 Nr. 8 UStG Rz. 361 (Stand: März 2023).
4 *Hummel* in Rau/Dürrwächter, § 12 Abs. 2 Nr. 8 UStG Rz. 367 (Stand: März 2023).
5 *Hummel* in Rau/Dürrwächter, § 12 Abs. 2 Nr. 8 UStG Rz. 359 (Stand: März 2023).
6 Vgl. BFH, Urt. v. 22.11.2018 – V R 65/17, BFHE 263, 90 = UR 2019, 179 zu § 4 Nr. 14 und § 10 Abs. 5 UStG.
7 BFH, Urt. v. 22.11.2018 – V R 65/17, BFHE 263, 90 = UR 2019, 179.
8 *Hummel* in Rau/Dürrwächter, § 12 Abs. 2 Nr. 8 UStG Rz. 369 ff. (Stand: März 2023).
9 *Hummel* in Rau/Dürrwächter, § 12 Abs. 2 Nr. 8 UStG Rz. 371 (Stand: März 2023).
10 *Hummel* in Rau/Dürrwächter, § 12 Abs. 2 Nr. 8 UStG Rz. 371 (Stand: März 2023).

III. Umfang der Steuerermäßigung

Der ermäßigte Steuersatz wird nur gewährt, wenn die Leistungen der nichtrechtsfähigen Personenvereinigung oder Gemeinschaft, falls sie **von den beteiligten Körperschaften anteilig selbst ausgeführt** worden wären, insgesamt nach § 12 Abs. 2 Nr. 8 Buchst. a UStG besteuert werden würden, d.h., es dürfen bei gedachter unmittelbarer Leistungsausführung durch die Körperschaften keine dem Regelsteuersatz des § 12 Abs. 1 UStG unterliegenden Leistungen vorliegen. Die Steuerermäßigung ist damit für sämtliche Leistungen der Personenvereinigung oder Gemeinschaft ausgeschlossen, wenn sie Leistungen durch einen wirtschaftlichen Geschäftsbetrieb, der kein Zweckbetrieb ist, oder einen Zweckbetrieb, der die Anforderungen des § 12 Abs. 2 Nr. 8 Buchst. a Satz 3 UStG nicht erfüllt, erbringt.[1] Dabei ist es bereits schädlich, wenn für eine der beteiligten Körperschaften ein nicht begünstigter wirtschaftlicher Geschäftsbetrieb vorliegt; bereits in diesem Fall liegen keine „insgesamt" ermäßigt besteuerten Leistungen mehr vor.[2] 43

Diese fehlende Differenzierung nach den einzelnen Leistungen ist nicht unbillig, sind doch im Rahmen der Beurteilung der fiktiven Leistungen der Körperschaften deren übrige – dem Regelsteuersatz oder dem ermäßigten Satz unterfallenden – Tätigkeiten ohne Belang. Insbesondere kann für nicht als Zweckbetriebe begünstigte wirtschaftliche Geschäftsbetriebe (jeweils) eine **gesonderte Personenvereinigung oder Gemeinschaft** gegründet werden.[3] In diesem Fall verlangt die FinVerw. eine getrennte Führung der für Umsatzsteuerzwecke erforderlichen Aufzeichnungen.[4] 44

§ 12 Abs. 2 Nr. 9 [Schwimm-, Heilbäder und Kureinrichtungen]

…

(2) Die Steuer ermäßigt sich auf 7 Prozent für die folgenden Umsätze:

…

9. die unmittelbar mit dem Betrieb der Schwimmbäder verbundenen Umsätze sowie die Verabreichung von Heilbädern. [2]Das Gleiche gilt für die Bereitstellung von Kureinrichtungen, soweit als Entgelt eine Kurtaxe zu entrichten ist;

…

Schrifttum: *Boos/Baldauf*, Klarstellungen bei der Umsatzbesteuerung von Kurortgemeinden, DStZ 2022, 114; *Burret*, Unternehmerisches Handeln der Gemeinden im Rahmen der Kurbetriebe, UR 2022, 121; *Eichhorn*, Geänderte

1 Beschlussempfehlung und Bericht des Finanzausschusses v. 7.11.1989, BT-Drucks. 11/5582, 34.
2 *Hummel* in Rau/Dürrwächter, § 12 Abs. 2 Nr. 8 UStG Rz. 377 (Stand: März 2023).
3 Abschn. 12.10 Satz 3 UStAE; vgl. auch Beschlussempfehlung und Bericht des Finanzausschusses. v. 7.11.1989, BT-Drucks. 11/5582, 33.
4 Abschn. 12.10 Satz 4 UStAE.

umsatzsteuerliche Behandlung von Saunaleistungen im Gastgewerbe, UR 2016, 306; *Hidien/Menebröcker*, Vorsteuerabzug abgabenfinanzierter öffentlicher Einrichtungen und Sachen am Beispiel eines kommunalen Kurbetriebs, UR 2021, 96; *von Streit*, Leistungen an Besucher von Sportanlagen können steuerfrei sein, EU-UStB 2013, 37.

A. Grundaussagen

I. Regelungsgegenstand und Bedeutung

1 Satz 1 der Vorschrift begünstigt Umsätze aus dem **Betrieb von Schwimmbädern** sowie der **Verabreichung von Heilbädern.**

2 Satz 1 bezweckt die **Kostensenkung**, um den Zugang für Endverbraucher zu erleichtern, insbesondere zum **Schutz der menschlichen Gesundheit.**[1]

3 Satz 2 der Vorschrift (**Bereitstellen von Kureinrichtungen**) ist nach der Gesetzesbegründung **eine Vereinfachungsregelung** für ein entsprechendes Leistungsbündel.[2] Diese Vorschrift hat aber im Anschluss an das EuGH-Urteil vom 13.7.2023[3] und die Nachfolgeentscheidungen des BFH[4] nach der Rechtsprechung nur noch einen **eingeschränkten Anwendungsbereich** (Rz. 26 ff.).

II. Unionsrechtliche Grundlagen

4 Satz 1 beruht auf **Art. 98 Anhang III MwStSystRL (Art. 12 Abs. 3 Buchst. a Unterabs. 3 Anhang H 6. EG-Richtlinie)**, wonach die Mitgliedstaaten das Überlassen von **Sportanlagen** (Nr. 13)[5] bzw. **medizinische Versorgungsleistungen** und zahnärztliche Leistungen sowie **Thermalbehandlungen**, soweit sie nicht nach Art. 132 Abs. 1 Buchst. b-e MwStSystRL steuerbefreit sind (Nr. 17)[6], ermäßigt besteuern können.

5 Satz 2 (**Bereitstellen von Kureinrichtungen**) hat **keine** unionsrechtliche Grundlage (Rz. 26 ff.).[7]

III. Verhältnis zu anderen Vorschriften und Rechtsentwicklung

6 Von dem Ermessen, den Zugang zu einem Schwimmbad für Zwecke der Ausübung sportlicher Betätigungen auch außerhalb von sportlichen Veranstaltungen gemäß **Art. 132 Abs. 1 Buchst. m MwStSystRL** von der Steuer zu befreien,[8] hat der nationale Gesetzgeber unionsrechtskonform keinen Gebrauch gemacht; seit der jüngsten Rechtsprechungsänderung kann nur noch im Rahmen von Teilnehmergebühren zu sportlichen Veranstaltungen von begünstigungsfähigen Einrichtungen (**§ 4 Nr. 22 Buchst. b UStG**) ein steuerfreier Zugang gewährt werden; für die Vergangenheit[9] kann Vertrauensschutz bestehen (§ 4 Nr. 22 Rz. 8 ff.).

---

1 Vgl. *Schuhmann* in Rau/Dürrwächter, § 12 Nr. 2 Nr. 9 UStG Rz. 4 (Stand: Okt. 2006); EuGH, Urt. v. 22.9.2022 – C-330/21, ECLI:EU:C:2022:719 – The Escape Center, UR 2022, 774.

2 BT-Drucks. 8/1779, S. 40.

3 EuGH, Urt. v. 13.7.2023 – C-344/22, ECLI:EU:C:2023:580 – Gemeinde A, UR 2023, 648 m. Anm. *Küffner.* Siehe nunmehr die Nachfolgeentscheidung BFH, Urt. v. 18.10.2023 – XI R 21/23 (XI R 30/19), UR 2024, 306. Vgl. zudem zu kommunalen Kureinrichtungen nunmehr auch BFH, Urt. v. 6.12.2023 – XI R 33/21, UR 2024, 296 m. Anm. *Küffner* und m. Anm. *Sterzinger.*

4 BFH, Urt. v. 18.10.2023 – XI R 21/23 (XI R 30/19), UR 2024, 306; BFH, Urt. v. 6.12.2023 – XI R 33/21, UR 2024, 296 m. Anm. *Küffner* und m. Anm. *Sterzinger.*

5 I.d.F. der Richtlinie (EU) 2022/542 vom 5.4.2022, ABl.EU 2022 Nr. L 107, 1; ehemals Anhang III Nr. 14 MwStSystRL bzw. Anhang H Kategorie 13 der 6. EG-Richtlinie.

6 Anhang H Kategorie 16 der 6. EG-Richtlinie.

7 Vgl. FG Rheinland-Pfalz, Urt. v. 27.8.2013 – 3 K 1056/12, EFG 2014, 392.

8 Vgl. EuGH, Urt. v. 21.2.2013 – C-18/12, ECLI:EU:C:2013:95 – Žamberk, UR 2013, 338.

9 Vgl. zur überholten Rechtslage: *von Streit*, EU-UStB 2013, 37 (37 ff.).

Schwimmunterricht (Rz. 14.3) kann nach **§ 4 Nr. 21 Buchst. a und b UStG** (§ 4 Nr. 21 Rz. 38, 86.2), nach **§ 4 Nr. 22 Buchst. a und b UStG** (§ 4 Nr. 22 Rz. 27 ff.) oder durch Privatlehrer nach **Art. 132 Abs. 1 Buchst. j MwStSystRL** (§ 4 Nr. 21 Rz. 146 ff.) steuerfrei sein. 6.1

Die Verabreichung von Saunabädern und medizinischen Bädern kann nach **§ 4 Nr. 14 UStG** steuerfrei sein, wenn der Unternehmer einen Heilberuf ausübt. 7

Einzelleistungen, für die (neben der Kurtaxe) ein besonderes Entgelt zu zahlen ist, können ggf. nach **§ 4 Nr. 20 UStG** steuerfrei sein. 8

Die Steuerermäßigung gilt **seit dem 1.1.1980** in **unveränderter** Fassung. 9

B. Betrieb der Schwimmbäder (Nr. 9 Satz 1 Alt. 1)

I. Schwimmbad

Der Begriff „*Schwimmbad*" ist **richtlinienkonform** dahin auszulegen, dass es sich um eine **Sportanlage** handeln muss,[1] d.h. eine Anlage, die dem Sport und der Körperertüchtigung dient.[2] 10

Schwimmbäder sind danach alle Einrichtungen, die Gelegenheit zum **Schwimmen**, **Schwimmsport** oder **Wassersportarten** bieten, wie (künstliche oder natürliche) Freibäder, Hallenbäder, Strandbäder und Lehrschwimmbäder. Anzeichen für eine Sportanlage sind Unterteilung in Schwimmbahnen, Startblöcke, angemessene Tiefe/Ausmaß des Schwimmbeckens.[3] Eine Einrichtung, in der nur ein **Erholungsbad** ohne körperliche Ertüchtigungsmöglichkeit genommen werden kann, ist **kein Schwimmbad** in diesem Sinne.[4] 11

II. Begünstigte Leistung

Nach **richtlinienkonformer Auslegung** sind Umsätze, die i.S.d. § 12 Abs. 2 Nr. 9 Satz 1 Alt. 1 UStG begünstigt unmittelbar mit dem Betrieb des Schwimmbads verbunden sind, Leistungen aus der Überlassung der Sportanlage i.S.d. Art. 98 Anhang III Nr. 13 MwStSystRL.[5] Nach dem EuGH ist dieser Begriff „*Überlassung von Sportanlagen*" dahin zu verstehen, dass er das Recht auf Nutzung von Anlagen betrifft, die dem Sport und der Körperertüchtigung dienen, sowie ihre Überlassung zu diesem Zweck.[6] Begünstigt sind somit Leistungen, die sich auf eine **Nutzungsüberlassung** des Schwimmbads beziehen.[7] 12

Die Reichweite der danach begünstigten Haupt- und Nebenleistungen ist im Anschluss an die jüngste EuGH-Rechtsprechung ins Wanken geraten und noch nicht abschließend geklärt:[8]

Begünstigt sind danach weiterhin als **Hauptleistungen** die Leistungen, die **typischerweise** zum Betrieb eines Schwimmbads gehören, also die Gewährung der **Eintrittsberechtigung** zwecks Benutzung des Schwimmbads durch Einzelbesucher, Gruppen oder Vereine sowie die Umsätze aus der **Vermietung** von Schwimmbädern.[9] Begünstigt sind auch **Betriebsführungsleistungen** zwecks Aufrechterhaltung und Durchführung des Betriebes des Schwimmbads für die Öffentlichkeit,[10] nicht aber Errichtung und Betrieb des Schwimmbads.[11] 13

---

1 BFH, Urt. v. 5.6.2014 – V R 19/13, BFH/NV 2014, 1687 = UR 2014, 735.

2 EuGH, Urt. v. 10.11.2016 – C-432/15, EU:C:2016:855 – Baštová, UR 2016, 913.; EuGH, Urt. v. 22.9.2022 – C-330/21, ECLI:EU:C:2022:719 – The Escape Center, UR 2022, 774.

3 Abschn. 12.11. Abs. 1 Satz 3 UStAE.

4 BFH, Beschl. v. 17.8.2021 – XI B 29/21, BFH/NV 2022, 47; BFH, Urt. v. 28.8.2014 – V R 24/13, BStBl. II 2015, 194 = UR 2015, 19; Abschn. 12.11 Abs. 1 UStAE.

5 BFH, Urt. v. 5.6.2014 – V R 19/13, BFH/NV 2014, 1687 = UR 2014, 735.

6 EuGH, Urt. v. 10.11.2016 – C-432/15, EU:C:2016:855 – Baštová, UR 2016, 913; EuGH, Urt. v. 22.9.2022 – C-330/21, ECLI:EU:C:2022:719 – The Escape Center, UR 2022, 774.

7 BFH, Urt. v. 5.6.2014 – V R 19/13, BFH/NV 2014, 1687 = UR 2014, 735.

8 So auch *Wäger* in Birkenfeld/Wäger, Aktuell Berichtszeitraum III. Quartal 2022 Rz. 64.

9 Abschn. 12.11 Abs. 1 Satz 1 Nr. 1 UStAE.

10 BFH, Urt. v. 19.11.2009 – V R 29/08, BFH/NV 2010, 701= UR 2010, 336.

11 BFH, Urt. v. 11.2.2010 – V R 30/08, BFH/NV 2010,2125.

Die Vermietung des Schwimmbads unterfällt nicht der Steuerbefreiung nach **§ 4 Nr. 12 Buchst. a UStG.**[1]

13.1 Die Anwendung der Steuerermäßigung scheidet jedoch aus, wenn die Überlassung/Vermietung des Schwimmbads lediglich eine unselbständige Nebenleistung zu einer anderen Hauptleistung oder eine Leistung besonderer Art darstellt, z.B. im Rahmen von **steuerfreien Sportkursen**[2] oder eines **zum Regelsteuersatz steuerpflichtigen Sport- und Freizeitzentrums**[3].

13.2 Allein **weitere Möglichkeiten für sportliche Betätigungen**, wie z.B. Tischtennisplatten, Fußballwiese, Beachvolleyballfeld, die **im Rahmen eines Schwimmbads** angeboten werden, genügen jedoch nicht, um den Charakter eines begünstigungsfähigen Schwimmbads zu beeinträchtigen.[4]

14 **Begünstigt** sind ferner die mit Überlassung/Vermietung des Schwimmbads als Hauptleistung verbundenen **Nebenleistungen**, z.B. Gebühren für **Zeitüberschreitungen** und Benutzung von **Einzelkabinen**, sowie unmittelbar notwendige Hilfsleistungen, z.B. Vermietung von **Schwimmhilfen, Handtüchern** und Badekleidung, Aufbewahrung der **Garderobe**, Einnahmen aus **Haartrocknern**.[5]

14.1 **Nicht begünstigte** Nebenleistungen sind zwar nach bisherigem Verständnis z.B. die Abgabe von **Reinigungsbädern**, Lieferungen von **Seife** und **Shampoo**, Vermietung von **Liegestühlen** und **Strandkörben**, Zurverfügungstellung von Unterhaltungseinrichtungen, Vermietung oder Verpachtung einzelner Betriebsteile (**Parkplatz, Sauna**) sowie Umsätze aus Kiosken, Milchbars und sonstigen Wirtschaftsbetrieben.[6]

14.2 U.E. können diese Leistungen im Einzelfall begünstigte Nebenleistungen zum Betrieb eines Schwimmbads sein, weil auch bei der Überlassung von Sportanlagen der Vorrang der allgemeinen **Grundsätze der Einheitlichkeit der Leistung** zu beachten ist.[7] Solange die Nutzungsüberlassung des Schwimmbads danach das Gepräge der einheitlichen Leistung ausmacht, sind alle damit verbundenen Nebenleistungen ermäßigt zu besteuern. Insoweit sind u.E. die Grundsätze aus dem EuGH-Urteil vom 4.5.2023[8] und die hierzu in Kürze zu erwartende Folgerechtsprechung des BFH[9] in Bezug auf andere Steuerbegünstigungen zu beachten.

14.3 Nach dem **EuGH** ist eine **Einzel- oder Gruppenanleitung** im Rahmen der Überlassung einer Sportanlage dem ermäßigten Mehrwertsteuersatz zu unterwerfen, wenn diese Anleitung mit der Nutzung dieser Anlagen verbunden und für die Sportausübung und die Körperertüchtigung erforderlich ist oder wenn es sich bei der Anleitung um eine Nebenleistung zur Überlassung dieser Sportanlagen oder ihrer tatsächlichen Nutzung handelt.

Die Ansicht der **FinVerw.** steht damit u.E., sofern keine Steuerbefreiung greift (Rz. 6.1), in Einklang, wonach die **Erteilung von Schwimmunterricht** durch den Betreiber eines Schwimmbads (Rz. 17) nach § 12 Abs 2 Nr. 9 Satz 1 Alt. 1 UStG ermäßigt zu besteuern ist.[10] Der **BFH** schließt hingegen eine ermäßigte Besteuerung (bisher) aus.[11]

15 Werden in einem Schwimmbad neben der Gelegenheit zum Schwimmen weitere Leistungen (z.B. **Saunanutzung**) angeboten, die nicht im Verhältnis von Haupt- und Nebenleistung stehen, sondern selbständige Leistungen darstellen, ist ein **einheitliches Gesamtentgelt** regelmäßig **aufzuteilen**; dies richtet sich nach der Preisgestaltung.[12]

---

1 BFH, Urt. v. 31.5.2001 – V R 97/98, BStBl. II 2001, 658 = UR 2001, 396.
2 EuGH, Urt. v. 22.9.2022 – C-330/21, ECLI:EU:C:2022:719 – The Escape Center, UR 2022, 774.
3 Abschn. 12.11 Abs. 1 Satz 5 UStAE; BFH, Urt. v. 8.9.1994 – V R 88/92, BStBl. II 1994, 959.
4 BMF, Schr. v. 18.12.2019 – III C 2-S 7243/19/10001, BStBl. I 2019, 1396 = UR 2020, 163.
5 Abschn. 12.11 Abs. 1 Satz 1 Nr. 2 und 4 UStAE.
6 Abschn. 12.11 UStAE.
7 Vgl. EuGH, Urt. v. 22.9.2022 – C-330/21, ECLI:EU:C:2022:719 – The Escape Center, UR 2022, 774.
8 EuGH, Urt. v. 4.5.2023 – C-516/21, ECLI:EU:C:2023:372 – Finanzamt X, UR 2023, 441, m. Anm. *Nieskens*.
9 Vgl. z.B. Rev. BFH XI R 22/21 und XI R 34/20.
10 Abschn. 12.11 Abs. 1 Satz 1 Nr. 3 UStG.
11 BFH, Urt. v. 5.6.2014 – V R 19/13, BFH/NV 2014, 1687 = UR 2014, 735.
12 Vgl. im Einzelnen BMF, Schr. v. 18.12.2019 – III C 2-S 7243/19/10001, BStBl. I 2019, 1396 = UR 2020, 163.

Der **Zuschuss einer Gemeinde** an den Pächter eines Schwimmbads kann ein echter (nicht steuerbarer) Zuschuss[1] oder ein unechter (steuerbarer) Zuschuss sein, der nach § 12 Abs. 2 Nr. 9 Satz 1 Alt. 1 UStG ermäßigt zu besteuern ist.[2] 16

III. Begünstigter Unternehmer

Begünstigt sind Leistungen **aller Betreiber** eines Schwimmbads, unabhängig von ihrer Rechtsform. 17

IV. Leistungsempfänger

Empfänger der begünstigten Leistungen sind Schwimmbadbesucher (Personen, Gruppen, Vereine) sowie – zugunsten dieser Besucher – die Pächter/Mieter eines Schwimmbads oder der Auftraggeber im Rahmen einer Betriebsführungsleistung (s. Rz. 13). 18

C. Verabreichen von Heilbädern (Nr. 9 Satz 1 Alt. 2)

I. Heilbad

Der Begriff „**Heilbad**" ist **richtlinienkonform** i.S. einer „**Thermalbehandlung**" (Art. 98 Anhang III Nr. 17 MwStSystRL) auszulegen. Es soll Heilzwecken, d.h. der **Behandlung einer Krankheit oder Gesundheitsstörung** dienen.[3] Heil-"**bad**" erfordert zudem jedenfalls eine äußerliche Anwendung auf den Körper.[4] Damit gehören z.B. Heilquellen, Heilbäder, Fangopackungen[5], Trinkkuren, Heilmassagen und Heilgymnastik[6] dazu, nicht jedoch sog. Taping[7]. 19

Nach dem **30.6.2015** ausgeführte Umsätze sind nur dann begünstigt, wenn die Verabreichung des Heilbads **als Heilmittel selbständig verordnungsfähig** ist, unabhängig vom Vorliegen einer ärztlichen Verordnung.[8] Die Verordnungsfähigkeit ergibt sich aus der Heilmittel-Richtlinie i.V.m. dem sog. Heilmittelkatalog.[9] 20

Die Förderung des **Wohlbefindens** oder der **Erholung** (z.B. **Massage**- und **Sauna**leistungen,[10] Starksolebad zu Erholungszwecken, Floating[11]) **reicht nicht**. Auch Leistungen, die nur **kosmetischen Zwecken** dienen und bei denen Heilzwecke ausgeschlossen sind (z.B. **Solarien**)[12], sind **nicht begünstigt**. 21

II. Begünstigte Leistung

Begünstigt ist das „**Verabreichen**" von **Heilbädern**. Erforderlich ist die **unmittelbare Erbringung** der Leistung **an den Leistungsempfänger** (Kurgast); sie fehlt, wenn der Umsatz an einen Zwischenlieferanten (Sozialversicherungsträger, Apotheke, Lebensmittelhandel) bewirkt wird.[13] 22

---

1 Vgl. BFH, Beschl. v. 22.6.2022 – XI R 35/19, UR 2022, 892.
2 Vgl. BFH, Urt. v. 19.11.2009 – V R 29/0, UR 2010, 336.
3 BFH, Urt. v. 12.5.2005 – V R 54/02, BStBl. II 2007, 283 = UR 2005, 561; BFH, Urt. v. 28.8.2014 – V R 24/13, BStBl. 2015, 194 = UR 2015, 19.
4 BFH, Urt. v. 11.2.2011 – V B 64/09, BFH/NV 2011, 868.
5 **A.A.** FG Düsseldorf, Urt. v. 16.4.2021 – 1 K 2249/17 U, EFG 2021, 1755.
6 Ausführlich Abschn. 12.11 Abs. 3 Satz 2 ff. UStAE.
7 FG Düsseldorf, Urt. v. 16.4.2021 – 1 K 2249/17 U, EFG 2021, 1755.
8 Abschn. 12.11 Abs. 3 Satz 2 UStAE, **a.A.** FG Düsseldorf, Urt. v. 16.4.2021 – 1 K 2249/17 U, EFG 2021, 1755: therapeutischer Zweck der Leistung ist jeweils gesondert festzustellen.
9 Vgl. Abschn. 12.11 Abs. 3 Satz 2 ff. UStAE.
10 BFH, Urt. v. 12.5.2005 – V R 54/02, BStBl. II 2007, 283 = UR 2005, 561; seit 1.7.2015 auch Abschn. 12.11. Abs. 3 Satz 5 Nr. 2 UStAE.
11 BFH, Urt. v. 28.8.2014 – V R 24/13, BStBl. II 2015, 194 = UR 2015, 19.
12 BFH, Urt. v. 18.6.1993 – V R 1/89, BStBl. II 1993, 853 = UR 1994, 159.
13 Abschn. 12.11. Abs. 4 Sätze 2 und 3 UStAE.

23 **Schädlich** ist, wenn die Verabreichung des Heilbads eine **unselbständige Nebenleistung** (von untergeordneter Bedeutung) zu einer nicht begünstigten Hauptleistung ist;[1] für **weitere nicht begünstigte** Leistungen gelten im Übrigen die Kriterien zur Abgrenzung beim Betrieb von Schwimmbädern (Rz. 12 ff.).[2]

III. Begünstigter Unternehmer

24 Begünstigt sind **alle Personen**, die ein Heilbad verabreichen. Eine besondere Qualifikation ist nicht erforderlich.[3]

IV. Leistungsempfänger

25 Empfänger der begünstigten Leistung sind Kurgäste, Patienten und sonstige Personen, denen ein Heilbad verabreicht wird.

D. Bereitstellen von Kureinrichtungen (Nr. 9 Satz 2)

I. Rechtsprechungswandel

26 **BFH**[4] und **Finanzgerichte**[5] gingen bisher in ständiger Rechtsprechung davon aus, dass das Bereitstellen von Kureinrichtungen gegen Entrichtung einer Kurtaxe nach Maßgabe des § 12 Abs. 2 Nr. 9 Satz 2 UStG (Rz. 27 ff.) – dem Grunde nach – stets im Rahmen eines Leistungsaustauschs erfolgt, ebenso die bis jüngst ganz herrschende Meinung im **Schrifttum**[6] und die weiterhin gültigen Verlautbarungen der **FinVerw.**[7] Das FG Baden-Württemberg[8] sah das anders, der BFH bekam Zweifel und legte dies dem EuGH vor.[9]

26.1 Der **EuGH** hat nun entschieden:[10] Es liegt **kein Leistungsaustausch** i.S.d. Art. 2 Abs. 1 Buchst. c MwStSystRL vor zwischen einer Gemeinde, die aufgrund einer kommunalen Satzung bei Besuchern, die sich in ihrem Gebiet aufhalten, eine Kurtaxe in Höhe eines bestimmten Betrags pro Aufenthaltstag erhebt, und diesen Besuchern, die das Recht haben, die von dieser Gemeinde bereitgestellten Kureinrichtungen zu nutzen, die für jedermann, auch für nicht kurtaxepflichtige Personen, **frei und unentgeltlich zugänglich** sind.

26.2 Die **Folgeentscheidung des BFH** liegt nunmehr vor:[11] Der BFH folgt dem „nur" für die vom EuGH entschiedene Konstellation. D.h. der BFH geht ausweislich einer weiteren jüngsten Entscheidung davon aus, dass die Bereitstellung von Kureinrichtungen gegen Kurtaxe weiterhin dann ein steuerbarer Umsatz gegen Entgelt ist, wenn die Kureinrichtungen nicht für jedermann frei und unentgeltlich zugänglich sind; wird demnach die Kurtaxe als Beitrag zu Sondervorteilen für Kurgäste gestaltet, liegt nach dem BFH weiterhin ein Leistungsaustausch vor, und zwar auch dann, wenn die Kurtaxe satzungsgemäß pro Aufenthaltstag erhoben wird und Einwohner von der Kurabgabepflicht befreit werden.[12]

---

1 BFH, Urt. v. 29.4.1999 – V R 72/98, BFH/NV 1999, 1523.
2 Abschn. 12.11. Abs. 4 Satz 4 UStAE.
3 BFH, Urt. v. 28.8.2014 – V R 24/13, BStBl. II 2015, 194 = UR 2015, 19.
4 BFH, Urt. v. 1.10.1981 – V R 34/76, UR 1982, 32; BFH, Urt. v. 18.8.1988 – V R 18/83, BStBl. II 1988, 971; BFH, Urt. 3.8.2017 – V R 62/16, BStBl. II 2021, 109 = UR 2018, 170 m. Anm. *Dziadkowski*.
5 Vgl. z.B. FG Schleswig-Holstein, Urt. v. 29.9.2021 – 4 K 118/18, EFG 2021, 2088 (Rev. BFH XI R 33/21).
6 *Stadie* in Rau/Dürrwächter, § 2b Rz. 271 (Stand: März 2022); *Boos/Baldauf*, DStZ 2022, 114 (114 ff.); *Burret*, UR 2022, 121 (121 ff.); *Hidien/Menebröcker*, UR 2021, 96 (96 ff.), jeweils m.w.N.
7 Abschn. 2.11 Abs. 13 UStAE; Abschn. 12.11 Abs. 5 UStAE; BMF, Schr. v. 18.1.2021 – III C 2-S 7300/19/10002 :002, BStBl. I 2021, 121 = UR 2021, 249 i.d.F. des BMF, Schr. v. 25.5.2022 – III C 2-S 7300/19/10002 :002 – DOK 2022/0546989, BStBl. I 2022, 843 = UR 2022, 518.
8 FG Baden-Württemberg, Urt. v. 18.10.2018 – 1 K 1458/18, DStRK 2019, 104.
9 BFH, Beschl. v. 15.12.2021 – XI R 30/19, BStBl. II 2022, 577 = UR 2022, 503 m. Anm. *Küffner*.
10 EuGH, Urt. v. 13.7.2023 – C-344/22, ECLI:EU:C:2023:580 – Gemeinde A, UR 2023, 648 m. Anm. *Küffner*.
11 BFH, Urt. v. 18.10.2023 – XI R 21/23 (XI R 30/19), UR 2024, 306.
12 Vgl. BFH, Urt. v. 6.12.2023 – XI R 33/21, UR 2024, 296 m. Anm. *Küffner* und m. Anm. *Sterzinger*.

Zutreffend ist zwar, dass § 12 Abs. 2 Nr. 9 Satz 2 UStG einen steuerbaren Leistungsaustausch systematisch voraussetzt. Gleichwohl ist u.E. nach **nationalem Recht** auch für die vom EuGH entschiedene Fallkonstellation weiterhin ein **steuerbarer Leistungsaustausch** zu bejahen, weil § 12 Abs. 2 Nr. 9 Satz 2 UStG eine **konstitutive Wirkung** hat, d.h. nach dieser Vorschrift besteht **kraft Gesetzes** ein steuerbarer Leistungsaustausch.[1] 26.3

Dies ergibt sich u.E. aus dem eindeutigen Gesetzeswortlaut und aus dem aus der Gesetzeshistorie abzuleitenden Willen des nationalen Gesetzgebers.[2] Dies ist zwar – für die vom EuGH entschiedene Konstellation – unionsrechtswidrig, so dass sich betroffene Steuerpflichtige in Bezug auf einen fehlenden Leistungsaustausch in der vom EuGH entschiedenen Konstellation zu ihren Gunsten auf das günstigere Unionsrecht **(Art. 2 Abs. 1 Buchst. c MwStSystRL) berufen** können. Eine richtlinienkonforme (einschränkende) Auslegung des § 12 Abs. 2 Nr. 9 Satz 2 UStG *„contra legem"* des nationalen Rechts scheidet aus.[3] Bis zu einer nationalen Gesetzesänderung bleibt danach u.E. der Anwendungsbereich des § 12 Abs. 2 Nr. 9 Satz 2 UStG weiterhin unverändert bestehen (Rz. 27 ff.). Der BFH sieht dies jedoch anders und schränkt den Anwendungsbereich infolge der o.a. EuGH-Rechtsprechung ein (Rz. 26.1 f.).

Im **Schrifttum** wird infolge des o.a. EuGH-Entscheidung ebenfalls wohl überwiegend vertreten, dass ein Leistungsaustausch zur „Kurtaxe" nur noch dann (weiterhin) anzunehmen ist, wenn die Kureinrichtungen **nicht frei zugänglich** sind, sondern nur gegen Zahlung eines (Sonder-)Entgelts (für dann konkrete „Vorteile").[4] Es ist jedoch unklar, ob und inwieweit diese Konstellation dann noch von § 12 Abs. 2 Nr. 9 Satz 2 UStG erfasst wird, insbesondere, weil ein Leistungsbündel eine einheitliche Gesamtleistung oder getrennt aufteilbare Einzelleistungen sein kann und Einzelleistungen nicht nach § 12 Abs. 2 Nr. 9 Satz 2 UStG begünstigungsfähig sind (Rz. 28 ff.). U.E. kann – in Anknüpfung an das BFH-Urteil vom 1.10.1981[5] – auch bei einem solchen Zugang nur gegen Entgeltzahlung für Sondervorteile eine einheitliche, ermäßigt zu besteuernde Gesamtleistung vorliegen. Hierfür spricht insbesondere der Vereinfachungszweck der Norm (Rz. 3). Der **BFH** scheint ebenfalls weiterhin davon auszugehen.[6] Die **FinVerw.** geht offenbar ebenfalls hiervon aus,[7] sollte dies jedoch klarstellen. Denn es gibt auch kritische Stimmen,[8] sogar solche, die keinen Anwendungsbereich mehr für § 12 Abs. 2 Nr. 9 Satz 2 UStG sehen.[9] 26.4

Für Zeiträume bis zur Rechtsprechungsänderung des BFH (Rz. 26.2) kann jedenfalls **Vertrauensschutz** (§ 176 AO) bereits auf Ebene der Steuerfestsetzung bestehen. Ferner können **Billigkeitsmaßnahmen** (§§ 163, 227 AO) erwogen werden. 26.5

II. Kureinrichtung

Kureinrichtungen wie Kurbäder und Kurparks befinden sich nur in Gemeinden, die als **Kur-, Erholungs- oder Küstenbadeort staatlich anerkannt** sind.[10] Andere (Fremdenverkehrs-)Gemeinden, die für die Vorhaltung eines Ferienparks eine Gästeabgabe erheben, erbringen eine nicht begünstigte Leistung.[11] 27

---

1 In diesem Sinne wohl auch *Stadie* in Rau/Dürrwächter, § 2b UStG Rz. 271 (Stand: März 2022); **a.A.:** *Liebgott* in Birkenfeld/Wäger, Abschn. IV Kap. 1 K § 12 Abs. 2 Nr. 2 UStG Rz. 67 (Stand: Sept. 2020); FG Baden-Württemberg, Urt. v. 18.10.2018 – 1 K 1458/18, DStRK 2019, 104 (Rev. BFH XI R 21/23 (XI R 30/19).

2 Vgl. Gesetzesbegründung: BT-Drucks. 8/1779, S. 40.

3 Vgl. EuGH, Urt. v. 21.9.2017 – C-326/15, ECLI:EU:C:2017:719 – DNB Bank, UR 2017, 80; BVerfG, Beschluss v. 26.9.2011 – 2 BvR 2216/06 und 2 BvR 469/07, NJW 2012, 669.

4 *Wäger* in Birkenfeld/Wäger Aktuell Berichtszeitraum III Quartal 2023 Rz. 33; *Küffner*, UR 2023, 650 (651); in diesem Sinne bereits vor Ergehen des o.a. EuGH-Urteils *Treiber*, DStR 2022, 1112 (1112), und *Boos/Baldauf*, DStZ 2022, 114 (131 ff.); einschränkend: *Neeser*, UVR 2023, 307 (312).

5 BFH, Urt. v. 1.10.1981 – V R 34/76, UR 1982, 32.

6 Vgl. BFH, Urt. v. 6.12.2023 – XI R 33/21, UR 2024, 296, Rz. 36, m. Anm. *Küffner* und m. Anm. *Sterzinger.*

7 Vgl. Abschn. 12.11 Abs. 5 Satz 1 und 2 UStAE.

8 Vgl. *Boos/Baldauf*, DStZ 2022, 114 (120 ff.).

9 *Liebgott* in Birkenfeld/Wäger, Abschn. IV Kap. 1 K § 12 Abs. 2 Nr. 2 UStG Rz. 67 (Stand: Sept. 2020).

10 Abschn. 12.11 Abs. 5 Satz 4 UStAE; *Birkenfeld* in Birkenfeld/Wäger, § 147 Rz. 50 (Stand: August 2002).

11 FG Rheinland-Pfalz, Urt. v. 27.8.2013 – 3 K 1056/12, EFG 2014, 392.

III. Begünstigte Leistung

28 Unter „**Bereitstellung** von Kureinrichtungen“ sind unterschiedliche Einzelleistungen zu verstehen, wie z.B. Überlassung von Kurbädern, Kurparks und Kuranlagen, Gewährung von Trinkkuren oder Veranstaltung von Kurkonzerten, die als **einheitliche Gesamtleistung** beurteilt werden.[1]

29 **Unerheblich** ist, ob und in welchem Umfang der Kurgast davon Gebrauch macht.[2]

30 **Einzelleistungen** hingegen, wie z.B. die Gebrauchsüberlassung einzelner Kureinrichtungen oder -anlagen und die Veranstaltung von Konzerten, Theatervorführungen oder Festen, für die neben der Kurtaxe ein **besonderes Entgelt** zu zahlen ist, werden **nicht ermäßigt** besteuert.[3]

31 Bei **Pauschalkuren** (mit Unterbringung, Verpflegung, ärztlicher Betreuung und Heilkur) kann das auf die Heilkur entfallende Entgelt **herausgerechnet** und ermäßigt besteuert werden.[4]

IV. Überlassung gegen Kurtaxe

32 **Begünstigt** ist die einheitliche sonstige Leistung („**Bereitstellen**“), soweit als **einheitliches Entgelt** eine **Kurtaxe** (oder Kurbeiträge, Fremdenverkehrsbeiträge oder Kurabgaben) aufgrund besonderer gesetzlicher oder vertraglicher Grundlage zu entrichten ist. Gemeinden erheben **Kurtaxe** von den (ortsfremden) Kurgästen als **Entgelt für die Möglichkeit**, Leistungen ihrer Kureinrichtungen in Anspruch zu nehmen.[5]

33 Steuerlich unerheblich ist, ob die Kurtaxe **durch die Gemeinde selbst** oder einen **Dritten** im Namen und für Rechnung der Gemeinde eingezogen wird.[6]

V. Leistungsempfänger

34 Empfänger der begünstigten Leistungen sind die Kurgäste, die die Kurtaxe zahlen.

§ 12 Abs. 2 Nr. 10 [Personenbeförderungsleistungen]

…

(2) Die Steuer ermäßigt sich auf 7 Prozent für die folgenden Umsätze:

…

10. die Beförderungen von Personen

a) im Schienenbahnverkehr,

b) im Verkehr mit Oberleitungsomnibussen, im genehmigten Linienverkehr mit Kraftfahrzeugen, im Verkehr mit Taxen, mit Drahtseilbahnen und sonstigen mechanischen Aufstiegshilfen aller Art und im genehmigten Linienverkehr mit Schiffen sowie die Beförderungen im Fährverkehr

aa) innerhalb einer Gemeinde oder

bb) wenn die Beförderungsstrecke nicht mehr als 50 Kilometer beträgt;

…

1 Abschn. 12.11 Abs. 5 Satz 1 UStAE.

2 BFH, Urt. v. 1.10.1981 – V R 34/76, UR 1982, 32.

3 Abschn. 12.11 Abs. 5 Satz 5 UStAE; BT-Drs. 8/1779, S. 40; BFH, Urt. v. 1.10.1981 – V R 34/76, UR 1982, 32; *Liebgott* in Birkenfeld/Wäger Abschn. IV Kap. 1 K § 12 Abs. 2 Nr. 2 UStG Rz. 51 ff., 69 (Sept. 2020).

4 RFH, Urt. v. 2.11.1934 – V A 695/33, RStBl. 1935, 623.

5 BFH, Urt. v. 1.10.1981 – V R 34/76, UR 1982, 32; *Boos/Baldauf*, DStZ 2022, 114 (117 f.).

6 OFD Frankfurt/M, Vfg. v. 11.7.2014 – S 2706 A-38-St 54, MwStR 2014, 671.

Schrifttum: *Frye*, Nachteilige Nebenwirkungen für den Fährverkehr durch Steuersenkung für Bahnfahrten im Fernverkehr, UR 2020, 169; *Fuchs/Horlemann*, BahnCards und Änderungen der Umsatzsteuersätze: Regelungen für nicht vorsteuerabzugsberechtigte Bahnkunden, MwStR 2021, 107; *Hidien*, Mehr Grundrechtsschutz im Mehrwertsteuerrecht, UR 2020, 249; *Illing*, Ermäßigter Steuersatz für Stadtrundfahrten im Umsatzsteuerrecht, UR 2011, 845; *Kube*, Der Grundsatz der steuerlichen Neutralität in der Umsatzsteuer – Tragende Strukturen und ein aktueller Fall, UR 2020, 590; *Küffner/Zugmaier*, Darf der deutsche Gesetzgeber den Umsatzsteuersatz für Bahntickets auf 7% senken?, DStR 2019, 2609; *Prätzler*, USt 2020 bei Leistungen im Bahnverkehr – ein kurzer Überblick, DB 2020, 468; *Tepfer*, Umsatzsteuerliche Gestaltungen bei ergänzendem ÖPNV und Mobilitätsmodellen, KommunalPraxis spezial 2015, 188; *Widmann*, Ermäßigter Steuersatz: Nur für den Schienenfernverkehr?, UR 2020, 24.

A. Grundaussagen

I. Regelungsgegenstand und Bedeutung

1 Die Vorschrift ist durch das **„Gesetz zur Umsetzung des Klimaschutzprogramms 2030 im Steuerrecht“**[1] grundlegend umgestaltet worden. Erklärtes Ziel des Gesetzgebers ist es, die Personenbeförderung im Schienenbahnverkehr grundsätzlich, d.h. ungeachtet der Fahrdistanz, steuerlich zu begünstigen.[2]

2 Die Steuerermäßigung betrifft zuvorderst **Personenbeförderungsleistungen**, § 12 Abs. 2 Nr. 10 Halbs. 1 UStG, nicht aber die Güterbeförderung. Etwas anderes gilt – trotz der seit dem 1.1.2020 misslungenen Normstruktur – nur im **Fährverkehr**, § 12 Abs. 2 Nr. 10 Buchst. b UStG a.E. Durch die Struktur der Norm wird zudem deutlich, dass der Gesetzgeber jenseits der umfassenden Begünstigung des Schienenbahnverkehrs allein eine Begünstigung des Personennahverkehrs im Blick hat. Allein hieraus kann aber nicht weitergehend abgeleitet werden, dass die Begünstigung insoweit sozialen Zwecken diene und entsprechend auszulegen sei (Rz. 16).

3 Der Gesetzgeber hat sich dafür entschieden, die begünstigten Verkehrsmittel – abschließend – aufzuzählen; ein Analogieschluss kommt damit nicht in Betracht (Rz. 17). Die Einschränkung auf bestimmte Verkehrsmittel überzeugt **rechtspolitisch** nicht. Eine Ausgrenzung nicht begünstigungswürdiger Leistungen hätte auch ohne über die weiteren einschränkenden Merkmale ohne Einschränkung des Verkehrsmittelkataloges erreicht werden können. So nimmt der Gesetzgeber allerdings in Kauf, rechtspolitisch begünstigungswürdige Leistungen von der Vorschrift auszunehmen (Rz. 18).[3]

4 Die Steuerermäßigung gilt nicht nur für die Personenbeförderung als solche, sondern auch für alle mit ihr im Zusammenhang stehenden **Nebenleistungen**. Eine Aufteilung der Leistung in Durchbrechung des Grundsatzes der Einheitlichkeit der Leistung ist durch § 12 Abs. 2 Nr. 10 UStG nicht veranlasst. Die Steuerermäßigung gilt aber dann nicht mehr, wenn die Personenbeförderung durch weitere eigenständig zu behandelnde Leistungen begleitet wird, selbst wenn das hierauf entfallende Entgelt zu schätzen ist.[4]

1 BGBl. I 2019, 2886.
2 BT-Drucks. 19/14338, 28.
3 Zur „Korrektur“ dieser Anknüpfung im Wege einer typologischen Betrachtung des Verkehrsmittelkataloges siehe BFH, Urt. v. 13.11.2019 – V R 9/18, BStBl. II 2021, 540 = UR 2020, 154.
4 Abschn. 12.13 Abs. 11, Abs. 10a Satz 6 UStAE; BFH, Urt. v. 30.6.2011 – V R 44/10, BStBl. II 2011, 1003 = UR 2011, 863. Zur Abgrenzung betreffend zahlreiche Kombinationsangebote im Verkehrswesen *Frye* in Rau/Dürrwächter, § 12 Abs. 2 Nr. 10 UStG Rz. 41 ff. (Stand: Januar 2021); *Püschner* in Hartmann/Metzenmacher, § 12 Abs. 2 Nr. 10 UStG Rz. 22 ff. (Stand: Juni 2020) sowie insbesondere *Tepfer*, KommunalPraxis spezial 2015, 188.

II. Unionsrechtliche Grundlagen

5 Die Steuerermäßigung beruht auf Art. 98 MwStSystRL, Anhang III Nr. 5, zuvor Art. 12 Abs. 3 Buchst. a 6. EG-Richtlinie, Anhang H Nr. 5. Unionsrechtlich ist eine Steuerermäßigung für die „Beförderung von Personen und des mitgeführten Gepäcks" vorgesehen. Eine Ermächtigung, die eine weitergehende Steuerermäßigung erlauben würde, ist nicht ersichtlich.[1]

6 Die ausdrückliche Nennung der Mitführung des Gepäcks in der unionsrechtlichen Vorschrift erlaubt nicht den Schluss, dass andere **Nebenleistungen** nicht der Steuerermäßigung unterliegen und eine Aufteilung geboten ist. Der Nennung der Mitführung des Gepäcks ist vielmehr eine klarstellende Bedeutung beizumessen; für eine Durchbrechung des das Mehrwertsteuerrecht prägenden Grundsatzes der Einheitlichkeit der Leistung hätte es einer ausdrücklicheren Regelung bedurft, zumal eine solche Aufteilung regelmäßig lebensfremd wäre (§ 3 Rz. 533 ff.).

7 Die **nationale Steuerermäßigung** bleibt teils hinter der unionsrechtlichen Regelung zurück und reicht teils hierüber hinaus. Soweit die nationale Regelung hinter der unionsrechtlichen Grundlage durch die Beschränkung auf bestimmte Verkehrsmittel sowie die grundsätzliche Beschränkung auf den Nahverkehr zurückbleibt, ist dies dem Grunde nach möglich. Nach der Rechtsprechung des Europäischen Gerichtshofs sind die Mitgliedstaaten nicht gezwungen, **Wahlrechte** der MwStSystRL vollständig auszuüben.[2] Vielmehr bleibt es den Mitgliedstaaten unbenommen, das Wahlrecht nur teilweise wahrzunehmen, d.h. eine unionsrechtliche Steuerermäßigung umzusetzen, im Anwendungsbereich aber hinter der unionsrechtlich möglichen Reichweite zurückzubleiben. Hierin liegt keine Unionsrechtswidrigkeit und entsprechend können sich die Steuerpflichtigen nicht unmittelbar auf die Richtlinie berufen und ihre Anwendung verlangen. Voraussetzung einer solchen partiellen Umsetzung der Richtlinie ist jedoch, dass der Mitgliedstaat die Grundprinzipien des Richtlinienrechts beachtet. Denn die Frage, in welcher Form eine partielle Umsetzung der Richtlinie möglich ist, ist auch eine Frage des Unionsrechts. Demgemäß sind die Mitgliedstaaten insbesondere an **den Grundsatz der mehrwertsteuerlichen Neutralität** gebunden.[3] Zugleich führt der nationale Umsetzungsspielraum zu einer Eröffnung des Anwendungsbereiches der **nationalen Grundrechte**, die ebenso zu beachten sind.[4] Ob hiernach die distanzunabhängige Begünstigung allein der Personenbeförderung im **Schienenbahnverkehr**, nicht aber bspw. des **Fernbusverkehrs**, zulässig ist, ist ungeklärt.[5]

8 Richtlinienwidrig ist hingegen die Erstreckung der Steuerermäßigung auf die **Beförderung von Gütern** im Fährverkehr. Auch mit Blick auf den seit dem 1.1.2020 geltenden Wortlaut der Norm ist eine richtlinienkonforme Rechtsfortbildung weiterhin nicht möglich (Rz. 14).[6]

III. Verhältnis zu anderen Vorschriften und Rechtsentwicklung

9 Die Vorschrift steht in engem Zusammenhang mit **§ 3b Abs. 1 Sätze 1, 2 UStG**, die den Leistungsort für Personenbeförderungsleistungen festlegt. Diese Vorschrift bestimmt auch den Umfang, in dem

---

1 Vgl. die Liste der Ausnahmeregelungen, VAT Derogations Schedule, 5.8.2019, Ares(2019)5085883.

2 Bspw. EuGH, Urt. v. 27.2.2014 – C-454/12, ECLI:EU:C:2014:111 – Pro Med Logistik und Pongratz, BStBl. II 2015, 437 = UR 2014, 490.

3 EuGH, Urt. v. 27.2.2014 – C-454/12, ECLI:EU:C:2014:111 – Pro Med Logistik und Pongratz, BStBl. II 2015, 437 = UR 2014, 490, Rz. 44 f.

4 Siehe BVerfG, Beschl. v. 6.11.2019 – 1 BvR 16/43, NJW 2020, 300; EuGH, Urt. v. 26.2.2013 – C-617/10, ECLI:EU:C:2013:105 – Åkerberg Fransson, UR 2014, 27; *Hidien*, UR 2020, 249.

5 Zur Begünstigung des Verkehrs mit Taxen bereits BVerfG, Beschl. v. 11.2.1992 – 1 BvL 29/87, BVerfGE 85, 238. Zur Beschränkung auf den Nahverkehr siehe BFH, Urt. v. 19.7.2007 – V R 68/05, BStBl. II 2008, 208 = UR 2007, 903. Zur Frage einer unzulässigen Ungleichbehandlung zwischen dem Schienenbahnfernverkehr und dem Fernverkehr mit Bussen siehe einerseits BT-Drucks. 19/14338, 28 f.; *Küffner/Zugmaier*, DStR 2019, 2609; *Waza* in Offerhaus/Söhn/Lange, § 12 Abs. 2 Nr. 10 UStG Rz. 13 (Stand: Dezember 2022), andererseits *Kube*, UR 2020, 590; *Widmann*, UR 2020, 24.

6 *Frye* in Rau/Dürrwächter, § 12 Abs. 2 Nr. 10 UStG Rz. 27 (Stand: Januar 2021); *Huschens* in Schwarz/Widmann/Radeisen, § 12 Abs. 2 Nr. 10 UStG Rz. 99 (Stand: Juli 2023). Von einer Unionsrechtskonformität geht hingegen *Waza* in Offerhaus/Söhn/Lange, § 12 Abs. 2 Nr. 10 UStG Rz. 11 (Stand: Dezember 2022) aus.

überhaupt eine Reduktion des Steuersatzes in Betracht kommt, da aufgrund der § 3b Abs. 1 Satz 2 UStG immanenten Aufteilung der Personenbeförderung auf mehrere Staaten der ermäßigte Steuersatz nur für die im Inland steuerbaren Streckenanteile eingreifen kann. Daneben wird vereinzelt auch die Verlagerung der Steuerschuldnerschaft nach **§ 13b Abs. 2 Nr. 1 Var. 2 UStG** bedeutsam.

Regelmäßig **keine Überschneidung** besteht mit dem Anwendungsbereich der Steuerbefreiungen. Die von § 4 Nr. 2, 8 UStG erfassten Leistungen stellen keine Personenbeförderungsleistungen dar. Keine Überschneidung besteht zudem mit § 26 Abs. 3 UStG, der den grenzüberschreitenden Flugverkehr zur Beförderung von Personen betrifft. 10

Die Ermäßigung des Steuersatzes gilt nur für **Beförderungsleistungen.** Nicht erfasst werden die Vermittlung einer Beförderungsleistung, § 3a Abs. 2, Abs. 3 Nr. 4 UStG, oder die Vermietung eines Beförderungsmittels, § 3a Abs. 3 Nr. 2 UStG, die weder § 3b Abs. 1 Satz 1 UStG noch § 12 Abs. 2 Nr. 10 UStG unterliegt. 11

Der Anwendungsbereich der Vorschrift hat sich im Zeitablauf mehrfach verändert.[1] Hinzugetreten ist mit Wirkung vom 1.1.2008 die zuvor ausdrücklich ausgenommene Ermäßigung des Steuersatzes für die Beförderungsleistungen der Seilbahnen sowie sonstigen Bergbahnen. Nicht mehr begünstigt ist seit dem 1.1.2012 die Personenbeförderung mit Schiffen (§ 28 Abs. 4 UStG). Mit dem „**Gesetz zur Umsetzung des Klimaschutzprogramms 2030 im Steuerrecht**"[2] ist die Vorschrift grundlegend umstrukturiert worden. Ab dem 1.1.2020 ist die Personenbeförderung im Schienenbahnverkehr sowohl im Nah- als auch im Fernverkehr steuerbegünstigt.[3] 12

B. Beförderungsleistungen (Nr. 10 Buchst. a und Buchst. b)

§ 12 Abs. 2 Nr. 10 UStG begrenzt einleitend den Kreis der erfassten sonstigen Leistungen – grundsätzlich (Rz. 14) – auf **Personenbeförderungen** i.S.d. § 3b Abs. 1 Satz 1 UStG. Erfasst sind danach nur solche sonstigen Leistungen, deren Hauptcharakteristikum im räumlichen Verbringen einer Person besteht. Nach Ansicht der FinVerw. sollen auch die **BahnCard-Rabattkarten** in vollem Umfang als Beförderungsleistungen anzusehen sein.[4] Auszugrenzen sind dagegen Güterbeförderungen sowie die Überlassung von Beförderungsmitteln im Rahmen einer Vermietungsleistung, weitergehend unterliegen der Vorschrift aber auch solche sonstigen Leistungen nicht, bei denen die Beförderung nicht prägend wirkt. Zu den Einzelheiten siehe die Ausführungen bei § 3b Rz. 1 ff. 13

Etwas anderes gilt allerdings im Fall des **Fährverkehrs** nach § 12 Abs. 2 Nr. 10 Buchst. b a.E. UStG. Insoweit betrifft die Steuerermäßigung jede Beförderungsleistung, mithin **auch Güterbeförderungen** (§ 3b Rz. 12). Dies gilt nach hiesiger Ansicht auch nach der – misslungenen – Neufassung der Norm durch das „**Gesetz zur Umsetzung des Klimaschutzprogramms 2030 im Steuerrecht**"[5], mit dem das Merkmal „Beförderung von Personen" der Nummerierung den Buchstaben a und b vorangestellt wurde. Denn der Gesetzgeber hat eine Änderung des Norminhaltes nicht beabsichtigt und die nachfolgende Wortverwendung „[…] die Beförderungen im […]" in § 12 Abs. 2 Nr. 10 Buchst. b a.E. UStG wäre im Falle einer anderslautenden Auslegung überflüssig.[6] Demgemäß ist auch eine entsprechende unionsrechtskonforme Rechtsfortbildung weiterhin nicht zulässig.[7] 14

---

1 Zur Entstehungsgeschichte umfassend *Frye* in Rau/Dürrwächter, § 12 Abs. 2 Nr. 10 UStG Rz. 8 ff. (Stand: Januar 2021).

2 BGBl. I 2019, 2886.

3 Zur Anwendung auf bereits im Jahre 2019 erworbene, aber erst im Jahre 2020 genutzte Fahrkarten siehe BMF, Schr. v. 21.1.2020 – III C 2-S 7244/19/10002:009 – DOK 2020/0024002, BStBl. I 2020, 197 = UR 2020, 204 sowie betreffend BahnCard-Rabattkarten LSF Sachsen, Vfg. v. 27.1.2020 – 213-S 7244/1/1-2020/5180, UR 2020, 282; *Fuchs/Horlemann*, MwStR 2021, 107; *Prätzler*, DB 2020, 468.

4 LSF Sachsen, Vfg. v. 27.1.2020 – 213-S 7244/1/1-2020/5180, UR 2020, 282; *Prätzler*, DB 2020, 468.

5 BGBl. I 2019, 2886.

6 *Müller* in Weymüller, § 12 Abs. 2 Nr. 10 UStG Rz. 231.1 (Stand: August 2021); **a.A.** Abschn. 12.13 Abs. 11 Satz 5 UStAE; *Liebgott* in Birkenfeld/Wäger, § 12 Abs. 2 Nr. 10 UStG Rz. 98 (Stand: September 2020); *Frye*, UR 2020, 169.

7 **A.A.** *Frye*, UR 2020, 169 (171).

15 § 12 Abs. 2 Nr. 10 UStG beinhaltet keine Durchbrechung des Grundsatzes der Einheitlichkeit der Leistung. Die Steuerermäßigung erfasst daher auch **Nebenleistungen** zur Personenbeförderung, selbst wenn für diese ein gesondertes Entgelt ermittelt werden kann (Rz. 4).

16 Sowohl nach Ansicht der FinVerw. als auch nach Ansicht der Rechtsprechung ist weder eine **„soziale Auslegung“** der Begrifflichkeiten noch ein Ausschluss von zu touristischen Zwecken genutzten Beförderungsleistungen angezeigt, denn derartige Überlegungen über die Fundierung der ermäßigten Steuersätze haben keinen Ausdruck im Normtext gefunden.[1]

17 Der Katalog der Verkehrsmittel ist schließlich mangels eines schlüssigen Gesamtkonzeptes zur Entlastung des gesamten (öffentlichen) Personen(nah)verkehrs unabhängig der Form des Verkehrsmittels einem **Analogieschluss** nicht zugänglich.

C. Beförderung mit bestimmten Verkehrsmitteln (Nr. 10 Buchst. a und Buchst. b)

I. Anknüpfung an Begriffe des Verkehrsrechts

18 Abweichend von der unionsrechtlichen Grundlage erfasst § 12 Abs. 2 Nr. 10 UStG nur bestimmte enumerativ genannte Verkehrsmittel, namentlich den Schienenbahnverkehr, den Verkehr mit Oberleitungsomnibussen, den genehmigten Linienverkehr mit Kraftfahrzeugen und Schiffen, den Verkehr mit Taxen und Drahtseilbahnen sowie sonstigen mechanischen Aufstiegshilfen. Hiermit verwendet der Gesetzgeber zumeist **Begrifflichkeiten des Verkehrsrechts**, die nach Ansicht der FinVerw. nach Maßgabe der dort vorzufindenden Begriffsverwendung auszulegen sind.[2] Nach der – neueren – Rechtsprechung soll es sich mangels ausdrücklicher Inbezugnahme dieser Vorgaben lediglich um eine **typisierende Anknüpfung** handeln.[3] Hieraus folgert die Rechtsprechung nicht nur, dass Fälle der Steuerermäßigung unterliegen, in denen zwar die Bedingungen des Verkehrsrechts nicht erfüllt sind, aber idente Vorprägungen bestehen, in deren Folge unter dem Gesichtspunkt der wirtschaftlichen Neutralität idente Leistungen vorliegen. Darüber hinaus soll in Fällen, in denen die Begünstigung bei Anwendung der entsprechenden Vorgaben in einzelnen Gemeinden aufgrund ordnungsrechtlicher Vorgaben leerlaufen würde, ein typologischer Vergleich vorzunehmen und hierdurch bedingt eine erweiternde Auslegung der Steuerbegünstigung zulässig sein, in deren Folge jedenfalls ein Taxiverkehr mit Pferdefuhrwerken steuerbegünstigt ist.[4]

II. Schienenbahnverkehr (Nr. 10 Buchst. a)

19 Der Begriff des Schienenbahnverkehrs findet sich u.a. in Art. 74 Abs. 1 Nr. 23 GG, § 1 Abs. 2, § 2a AEG, § 1 Abs. 1 HaftPflG und wird übereinstimmend dahin verstanden, dass der Verkehr mit allen Formen schienengebundener Fahrzeuge einschließlich (Magnet-)Schwebebahnen erfasst wird.[5] Auf die früher bedeutsame Abgrenzung der Schienenbahn von einer **Bergbahn**[6] kommt es heutzutage nicht mehr an, da letztere nicht mehr von der Steuerermäßigung ausgenommen ist.[7] Auch einer entsprechenden Abgrenzung zu Oberleitungsomnibussen (Rz. 20) bedarf es im Ergebnis nicht.

---

1 Siehe zu diesen BT-Drucks. 8/1779, 63. Vgl. BFH, Urt. v. 6.12.2012 – V R 36/11, BFH/NV 2013, 994; BFH, Urt. v. 30.6.2011 – V R 44/10, BStBl. II 2011, 1003 = HFR 2011, 598 m. Anm. *Nieuwenhuis* = UR 2011, 863; Abschn. 12.13 Abs. 2 Satz 3 UStAE; *Müller* in Weymüller, § 12 Abs. 2 Nr. 10 UStG Rz. 46.1 (Stand: August 2021); *Frye* in Rau/Dürrwächter, § 12 Abs. 2 Nr. 10 UStG Rz. 43 (Stand: Januar 2021). **A.A.** FG Thüringen, Urt. v. 22.10.2019 – 3 K 490/19, EFG 2020, 348; FG Hamburg, Beschl. v. 30.10.2012 – 2 V 240/12, EFG 2013, 253; *Illing*, UR 2011, 845.

2 Abschn. 12.13. Abs. 1 UStAE.

3 BFH, Beschl. v. 24.6.2020 – V R 2/19, BFH/NV 2020, 1291; BFH, Urt. v. 13.11.2019 – V R 9/18, BStBl. II 2021, 540 = UR 2020, 154; BFH, Urt. v. 28.8.2019 – XI R 27/17, BFH/NV 2020, 108 = UR 2020, 394 = HFR 2020, 280 m. Anm. *Suabedissen*.

4 BFH, Urt. v. 13.11.2019 – V R 9/18, BStBl. II 2021, 540 = UR 2020, 154.

5 Abschn. 12.13 Abs. 2 UStAE.

6 Siehe noch heute Abschn. 12.13 Abs. 2 Satz 3 UStAE a.E.

7 Ebenso *Heidner* in Bunjes[22], § 12 UStG Rz. 218.

III. Sonstige Verkehrsmittel (Nr. 10 Buchst. b)

20 **Oberleitungsomnibusse** sind nach der Legaldefinition des § 4 Abs. 3 PBefG, dort verkürzt OBusse genannt, nicht schienengebundene Straßenfahrzeuge, die ihre Antriebsenergie der Fahrleitung entnehmen.

21 **Kraftfahrzeuge** sind entsprechend § 4 Abs. 4 PBefG Straßenfahrzeuge, die durch eigene Maschinenkraft bewegt werden, ohne schienen- oder fahrleitungsgebunden zu sein. § 4 Abs. 4 PBefG versteht hierunter enumerativ Personenkraftwagen, Kraftomnibusse und Lastkraftwagen. Diese Fahrzeuge sind aber nur erfasst, wenn sie im **genehmigten Linienverkehr** i.S.d. §§ 42 ff. PBefG oder der Verordnung (EG) Nr. 1073/2009 eingesetzt werden, wobei der entsprechenden Genehmigung – oder Freistellung nach der Freistellungsverordnung zum PBefG – eine **Bindungswirkung für das Besteuerungsverfahren** zukommt.[1] § 42 Satz 1 PBefG und Art. 2 Nr. 2 der Verordnung definieren den Linienverkehr als eine zwischen bestimmten Ausgangs- und Endpunkten eingerichtete regelmäßige Verkehrsverbindung, auf der Fahrgäste an bestimmten Haltestellen ein- und aussteigen können. Gemäß § 42 Satz 2 PBefG ist allerdings das Einrichten von Zwischenhalten oder ein zeitgebundener Fahrplan nicht erforderlich. Entsprechend sind die häufig vorzufindenden **Rufsammeltaxi-Angebote** anstelle eines Nachtbusverkehres regelmäßig bereits als Linienverkehr in diesem Sinne anzusehen. § 43 PBefG und Art. 2 Nr. 3 der Verordnung bestimmen schließlich, dass der Personenkreis der Fahrgäste abgeschlossen sein kann. Nach diesen besonderen Kriterien werden aber insbesondere die Angebote der **Sharing-Economy**, wie bspw. Uber, nicht als Linienverkehr qualifiziert. Dies gilt auch für Angebote wie Car-Sharing-Angebote, bei der Verkehrsmittel an bestimmten festen Punkten bereitgehalten werden, denn in diesen Fällen ist der Nutzer zumeist kein Fahrgast, sondern fährt selbst.

22 Mit dem **Verkehr mit Taxen** benennt der Gesetzgeber eine genehmigungspflichtige Form des Gelegenheitsverkehrs mit Kraftfahrzeugen, § 46 Abs. 1, 2 Nr. 1, § 47 PBefG. Nach der Legaldefinition des § 46 Abs. 1 PBefG ist unter dem Begriff des Gelegenheitsverkehrs jede Beförderung von Personen mit Kraftfahrzeugen außerhalb des Linienverkehrs zu verstehen. § 47 Abs. 1 PBefG definiert den Verkehr mit Taxen als Beförderung mit Personenkraftwagen, die der Unternehmer an den zugelassenen Stellen bereithält und mit denen er Fahrten zu einem individuell bestimmten Ziel ausführt. Jenseits dieses Kerns ist aber ausdrücklich auch die Aufnahme von Fahrgästen außerhalb dieser besonderen Stellen zulässig, § 47 Abs. 1 Satz 2 PBefG. Obwohl es an einer ausdrücklichen Benennung dieses Merkmals fehlt, liegt ein Verkehr mit Taxen in Abgrenzung zu sonstigen Formen der Beförderung nur vor, wenn eine **Genehmigung** für diese besondere Verkehrsform vorliegt, die **Bindungswirkung** entfaltet (Rz. 21). Denn § 2 Abs. 1 Nr. 4 PBefG statuiert für diesen Verkehr eine Genehmigungspflicht und verbindet diese mit besonderen Beförderungsentgelten und -bedingungen nach § 51 PBefG.[2] Demgegenüber ist nicht erforderlich, dass die Genehmigung in der Person des Leistenden vorliegt; dieser kann sich Subunternehmern bedienen.[3] Aufgrund dieser besonderen Erfordernisse sind dagegen insbesondere die Überlassung von **Mietwagen**[4] und der durch die Firma **Uber** vermittelte Verkehr nicht steuerbegünstigt. Eine Anwendung der Steuerermäßigung ist allerdings durch den **Grundsatz der mehrwertsteuerlichen Neutralität** gefordert, wenn Leistungen aufgrund von Sondervereinbarungen durch Personenkreise in eben solcher Form erbracht werden, wie es sonst bei Taxiunternehmen der Fall ist. Denn wenn sich die Leistung der Taxiunternehmer nicht von denen anderer Anbieter unterscheidet, ist eine unterschiedslose Behandlung gefordert.[5] Entsprechendes hat die Rechtsprechung in Erweite-

1 BFH, Urt. v. 18.11.2015 – XI R 32/14, BFH/NV 2016, 789 = UR 2016, 361; BFH, Urt. v. 30.6.2011 – V R 44/10, BStBl. II 2011, 1003 = UR 2011, 863.

2 Abschn. 12.13 Abs. 7 Satz 5 UStAE.

3 BFH, Urt. v. 23.9.2015 – V R 4/15, BStBl. II 2016, 494 = UR 2016, 244; Abschn. 12.13 Abs. 7 Satz 7 UStAE.

4 EuGH, Urt. v. 27.2.2014 – C-454/12, ECLI:EU:C:2014:111 – Pro Med Logistik und Pongratz, BStBl. II 2015, 437 = UR 2014, 490; BFH, Urt. v. 2.7.2014 – XI R 39/10, BStBl. II 2015, 421 = UR 2015, 28; Abschn. 12.13 Abs. 7 Satz 2 UStAE; *Püschner* in Hartmann/Metzenmacher, § 12 Abs. 2 Nr. 10 UStG Rz. 23 (Stand: Juni 2020); *Frye* in Rau/Dürrwächter, § 12 Abs. 2 Nr. 10 UStG Rz. 100 ff. (Stand: Januar 2021).

5 EuGH, Urt. v. 27.2.2014 – C-454/12, ECLI:EU:C:2014:111 – Pro Med Logistik und Pongratz, BStBl. II 2015, 437 = UR 2014, 490; BFH, Urt. v. 2.7.2014 – XI R 39/10, BStBl. II 2015, 421 = UR 2015, 28; Abschn. 12.13 Abs. 7 Satz 3 UStAE.

rung dieser Linie in dem Fall gefolgert, in dem aus ordnungsrechtlichen Vorgaben in der Gemeinde ein Verkehr mit Taxen nicht durch Kraftfahrzeuge aber mit Pferdefuhrwerken besteht.[1]

23 **Drahtseilbahnen und sonstige mechanische Aufstiegshilfen** werden gleichermaßen von § 12 Abs. 1 Nr. 10 UStG erfasst. Der Begriff der Aufstiegshilfe findet insbesondere in naturschutzrechtlichen Zusammenhängen Verwendung, so bspw. in Art. 10 Abs. 1 BayNatSchG, § 14 Abs. 1 Nr. 5 NatSchG-BW. Hier wie dort sind unter dem Begriff der **Aufstiegshilfen** mechanische Vorrichtungen zu sehen, die der Erleichterung der Überwindung eines Höhenunterschiedes dienen. Ob der Höhenunterschied durch die natürliche Orographie oder künstliche (bauliche) Anlagen bedingt ist, kann dem Begriff der Aufstiegshilfe nicht entnommen werden, sodass es hierauf nicht ankommt. Erfasst wird daher jedes Verkehrsmittel, mit dem mechanisch Höhenunterschiede überwunden werden.[2] Allerdings bedarf es in diesen Fällen einer besonders sorgsamen Abgrenzung nach dem Leistungsinhalt, d.h. der Feststellung, ob tatsächlich eine Personenbeförderung vorliegt (§ 3b Rz. 12 f.).[3] Demgegenüber kommt es beim Begriff der **Drahtseilbahn** auf diese Eigenart, einen Höhenunterschied zu überwinden, nicht an. Wenngleich Drahtseilbahnen wohl zuvorderst hierzu genutzt wurden und werden, ist dies dem Begriff einer an ein Drahtseil gebundenen Bahn[4] nicht immanent und kann auch dem Begriffspaar „Drahtseilbahnen und sonstige mechanische Aufstiegshilfen" nicht entnommen werden. Dieser Wortlaut impliziert nicht zwingend, dass die Drahtseilbahn durch den Oberbegriff der mechanischen Aufstiegshilfe definiert ist.[5] Näher liegt es, hierin eine Gleichordnung und Nebeneinanderstellung aufgrund der zahlreichen Überschneidungen dieser Begrifflichkeiten im tatsächlichen Anwendungsbereich zu sehen. Damit wären auch Drahtseilbahnen erfasst, die in Städten zur Überwindung einer horizontalen Entfernung anstelle eines Höhenunterschiedes errichtet und betrieben werden.

24 Weiterhin erfasst § 12 Abs. 2 Nr. 10 UStG den **genehmigten Linienverkehr mit Schiffen**. Der Begriff des Linienverkehrs kann hier in Anlehnung an § 42 PBefG verstanden werden, also dahingehend, dass eine an bestimmten Ausgangs- und Endpunkten eingerichtete regelmäßige Verkehrsverbindung besteht, auf der Fahrgäste an bestimmten Haltestellen ein- und aussteigen können.[6] Als problematisch erweist sich allerdings, dass eine dem PBefG entsprechende Statuierung einer **Genehmigungspflicht** für den Linienverkehr – soweit ersichtlich – **bundesweit fehlt**.[7] Zwar setzen das BWStG sowie teils landesrechtliche und schifffahrtspolizeirechtliche Vorgaben eine Anzeige der Fahrgastschifffahrt oder Genehmigungen voraus. Diese weisen jedoch keinen Bezug zur entgeltlichen Personenbeförderung im Linienverkehr auf.[8] Die FinVerw. will deshalb den ermäßigten Steuersatz im Wege der Annahme einer stillschweigenden Genehmigung auch dann anwenden, wenn eine Genehmigungspflicht nicht statuiert ist.[9] Dem hat sich jedenfalls der XI. Senat des Bundesfinanzhofes angeschlossen.[10] Diesen Ansichten ist trotz der ausdrücklichen Anknüpfung des § 12 Abs. 2 Nr. 10 UStG an eine Genehmigung und der Entstehungsgeschichte zuzustimmen, denn in der fehlenden Statuierung einer Genehmigungspflicht kann die Aussage gesehen werden, dass es einer solchen nicht bedarf, weil keine der tatsächlich durch-

1 BFH, Urt. v. 13.11.2019 – V R 9/18, BStBl. II 2021, 540 = UR 2020, 154.

2 Vgl. *Huschens* in Schwarz/Widmann/Radeisen, § 12 Abs. 2 Nr. 10 UStG Rz. 94 ff. (Stand: Juli 2023). Einschränkend einerseits *Frye* in Rau/Dürrwächter, § 12 Abs. 2 Nr. 10 UStG Rz. 110, 114 (Stand: Januar 2021), der in teleologischer Reduktion Aufzüge in Hochhäusern vom Begriff der Aufstiegshilfe ausnehmen will, andererseits *Püschner* in Hartmann/Metzenmacher, § 12 Abs. 2 Nr. 10 UStG Rz. 94 (Stand: Juni 2020), der zwischen Aufstiegs- und Abstiegshilfen begrifflich differenziert.

3 So auch *Liebgott* in Birkenfeld/Wäger, § 12 Abs. 2 Nr. 10 UStG Rz. 85 (Stand: September 2020).

4 Abschn. 12.13 Abs. 9 Satz 1 UStAE.

5 **A.A.** *Frye* in Rau/Dürrwächter, § 12 Abs. 2 Nr. 10 UStG Rz. 110 (Stand: Januar 2021); wohl auch *Müller* in Weymüller, § 12 Abs. 2 Nr. 10 UStG Rz. 191 (Stand: August 2021).

6 BFH, Beschl. v. 24.6.2020 – V R 2/19, BFH/NV 2020, 1291; BFH, Urt. v. 28.8.2019 – XI R 27/17, BFH/NV 2020, 108 = UR 2020, 394; Abschn. 12.13 Abs. 10a Satz 1, Abs. 4 UStAE.

7 Zu diesem Befund kommt auch *Püschner* in Hartmann/Metzenmacher, § 12 Abs. 2 Nr. 10 UStG Rz. 102 (Stand: Juni 2020) und einschränkend für die Freie und Hansestadt Hamburg *Huschens* in Schwarz/Widmann/Radeisen, § 12 Abs. 2 Nr. 10 UStG Rz. 102 (Stand: Juli 2023). Siehe auch *Liebgott* in Birkenfeld/Wäger, § 12 Abs. 2 Nr. 10 UStG Rz. 91 (Stand: September 2020).

8 BFH, Beschl. v. 24.6.2020 – V R 2/19, BFH/NV 2020, 1291.

9 Abschn. 12.13 Abs. 10a Satz 5 UStAE.

10 BFH, Urt. v. 28.8.2019 – XI R 27/17, BFH/NV 2020, 108 = UR 2020, 394. Mangels Entscheidungserheblichkeit offen gelassen von BFH, Urt. v. 24.6.2020 – V R 2/19, BFH/NV 2020, 1291.

geführten Linienverkehre nicht zu genehmigen und zu unterbinden wäre. Es wäre aber widersinnig dennoch die Statuierung einer Genehmigungspflicht zu fordern, wenn sodann sämtliche vorgefundenen Formen des Linienverkehrs mit Schiffen genehmigt werden. Es sollte daher keinen Unterschied machen, wenn der Gesetzgeber in diesen Fällen von einer allein dem Formalismus dienenden Genehmigungspflicht absieht. Entsprechend vermag eine Heranziehung der Maßgaben für den genehmigten Linienverkehr mit Kraftfahrzeugen nach dem PBefG nicht zu überzeugen.[1] Soweit § 12 Abs. 2 Nr. 10 Buchst. a UStG in der bis zum 31.12.2011 geltenden Fassung den Verkehr mit Schiffen unabhängig von einer Genehmigung erfasste, kann aus der Beschränkung nichts Gegenteiliges abgeleitet werden. Denn das Auslaufen dieser Übergangsregelung beruht auf anderen Erwägungen (§ 28 Rz. 2 f.) und durch die nunmehrige Fassung des § 12 Abs. 2 Nr. 10 UStG sollte der Schiffsverkehr in die übliche Systematik der Steuerermäßigung, d.h. die Beschränkung auf den Nahverkehr, überführt werden.[2]

Schließlich wird der **Fährverkehr** begünstigt. Zum Begriff des Fährverkehrs siehe § 4 Nr. 6 Rz. 20. 25
Vom Fährverkehr unterscheidet sich der Linienverkehr, der nur im Falle einer Personenbeförderung (Rz. 21 f.) begünstigt ist (Rz. 14), dadurch, dass der Schiffsverkehr nicht der Überquerung eines Gewässers dienen muss. Der Linienverkehr kann daher auch an der gleichen Fluss- oder Küstenlinienseite eingerichtet sein. Während der Fährverkehr generell begünstigt ist, gilt dies im Linienverkehr mit Schiffen nur für den genehmigten Linienverkehr.

D. Beschränkung auf den Nahverkehr (Nr. 10 Buchst. b)

§ 12 Abs. 2 Nr. 10 Buchst. b UStG beschränkt die Steuerermäßigung auf Fälle der Beförderung inner- 26
halb einer Gemeinde oder Fälle, bei denen die Beförderungsstrecke nicht mehr als 50 Kilometer beträgt. Die alternative Einschränkung ist unter dem Gesichtspunkt der **Beschränkung auf den Nahverkehr** nicht zu beanstanden und insbesondere mit dem Prinzip der mehrwertsteuerlichen Neutralität zu vereinbaren. Denn soweit innerhalb einer Gemeinde Beförderungsstrecken über 50 Kilometer Gesamtlänge zurückgelegt werden, kann aufgrund des gemeindlichen Bezuges weiterhin von einer typischen Nahverkehrsleistung ausgegangen werden.[3]

Die nach Doppelbuchst. bb maßgebende Länge der Beförderungsstrecke ist nach zutreffender Ansicht 27
von Verwaltung und Rechtsprechung unter Zugrundelegung der **Gesamtfahrstrecke** zu ermitteln.[4] Denn nach dem eindeutigen Wortlaut ist nicht die Entfernung maßgebend, sondern die Beförderungsstrecke der erbrachten Beförderungsleistung. Im Rahmen einer einheitlichen Leistung erbrachte **Hin- und Rückwege** sind daher zusammenzurechnen.[5] Entsprechend ist im Rahmen von **tarifbezogenen Fahrkarten** zu verfahren, bei denen die zu leistende Beförderungsstrecke tarifiert angegeben und damit nicht im Einzelfall ermittelt wird. In diesen Fällen ist die längste zulässige Beförderungsstrecke maßgebend.[6] Vergleichbares gilt, wenn eine einheitliche Beförderungsleistung erbracht wird und die beförderten Personen unterschiedliche Wegstrecken zurücklegen. Maßgebend ist in diesen Fällen bspw. der Beförderung von Schülern zu einer oder verschiedenen Schulen die längste denkbare Beförderungsstrecke.[7] Soweit nach den Tarifbedingungen das Ticket zu einer Hin- und Rückfahrt berechtigt, ist unter Anwendung der üblichen Kriterien zu entscheiden, ob eine oder mehrere Beförderungsleistungen vorliegen. Liegen mehrere Beförderungsleistungen vor, ist die Beförderungsstrecke getrennt zu betrachten, andernfalls ist eine Zusammenrechnung vorzunehmen. Nach diesem Maßstab ist im Falle einer **Wartefahrt** zutreffend eine Addition vorzunehmen, da eine einheitliche Beförderung vor-

1 So aber FG Nürnberg, Urt. v. 11.12.2018 – 2 K 524/18, EFG 2019, 299 m. Anm. *Pflaum*, als Vorinstanz zu BFH, Beschl. v. 24.6.2020 – V R 2/19, BFH/NV 2020, 1291.
2 *Frye* in Rau/Dürrwächter, § 12 Abs. 2 Nr. 10 UStG Rz. 12 ff. (Stand: Januar 2021).
3 *Frye* in Rau/Dürrwächter, § 12 Abs. 2 Nr. 10 UStG Rz. 139 (Stand: Januar 2021); *Liebgott* in Birkenfeld/Wäger, § 12 Abs. 2 Nr. 10 UStG Rz. 113 (Stand: September 2020).
4 Abschn. 12.14 Abs. 2, 5 UStAE; BFH, Urt. v. 31.5.2007 – V R 18/05, BStBl. II 2008, 206 = UR 2007, 691.
5 Abschn. 12.14 Abs. 5 UStAE. Anders für den Fall der Ausgabe eines Fahrausweises: Abschn. 12.14 Abs. 3 Satz 6 UStAE.
6 Abschn. 12.14 Abs. 3 UStAE.
7 Abschn. 12.14 Abs. 2 Satz 5 UStAE; BFH, Urt. v. 19.4.2012 – V R 35/11, BFH/NV 2012, 1834.

liegt.[1] Anders ist dies bei einer **Doppelfahrt**, bei der letztlich allein ein einheitliches Entgelt für mehrere Beförderungen vorliegt.[2]

28 Soweit Unternehmer zu einem **Verkehrsverbund** zusammengeschlossen sind, geht die FinVerw. von getrennten Beförderungsleistungen der jeweiligen Verkehrsunternehmen aus, wenn nach den Tarifbedingungen der Beförderungsvertrag mit dem jeweiligen Unternehmen geschlossen wird.[3] Für diese Sichtweise, über die in der Rechtsprechung bisher noch nicht befunden wurde, spricht, dass in einem solchen Fall das Verbundunternehmen einen Fahrausweis für ein anderes Verbundunternehmen verkauft. Nicht überzeugen würde eine unterschiedliche Behandlung der Beförderungsleistung danach, ob der Fahrgast im Zuge der Beförderung an einem Wechselpunkt getrennte Fahrscheine erwirbt oder von Beginn an diese getrennten Fahrscheine an einer gemeinsamen Verkaufsstelle erworben werden. Bedeutsam muss dann aber sein, ob sich das Fahrtentgelt durch die Weiterbeförderung durch ein anderes Verbundunternehmen erhöht. Denn andernfalls stellt sich aus Sicht des Durchschnittsverbrauchs die Beförderungsleistung als einheitliche Leistung dar und der Übertritt in das Gebiet eines anderen Verbundunternehmens wird für diesen nicht mehr erkennbar. Aus seiner Sicht besteht dann kein Unterschied zu einer Fahrt innerhalb eines einzelnen Verbundunternehmens, die als einheitliche Beförderungsleistung zu werten wäre.[4]

29 Im Falle einer **grenzüberschreitenden Beförderungsleistung** will die FinVerw. nur die Länge des inländischen Streckenteiles heranziehen.[5] Demgemäß wären auch Beförderungen von einem grenznahen Ort erfasst, die ins Ausland führen und deutlich länger als 50 Kilometer sind. Eine solche Auslegung überzeugt nicht, denn § 12 Abs. 2 Nr. 10 Buchst. b UStG stellt nicht auf die inländische Beförderungsstrecke, sondern die Beförderungsstrecke allgemein ab. Unerheblich ist deshalb auch, dass gemäß § 3b Abs. 1 Satz 2 UStG nur der inländische Teil steuerbar ist. Eine solche restriktive Anwendung ist zudem nicht vom Sinn und Zweck gefordert, ganz im Gegenteil gelangt hierin und in systematischer Auslegung mit dem gleichgestellten Buchst. a die Beschränkung auf Nahverkehrsstrecken zum Ausdruck. Zwar umfassen Gemeinden per definitionem allein ein Teilgebiet des Inlandsgebietes. Es wird aber nicht ersichtlich, warum grenzüberschreitende Beförderungen per se Nahverkehrsstrecken sein sollen, wie dies innerhalb von Gemeinden anzunehmen ist.[6]

30 Eine weitergehende Beschränkung auf den **öffentlichen Personennahverkehr** kann § 12 Abs. 2 Nr. 10 Buchst. b UStG nicht entnommen werden. Ein solches Merkmal hat im Normtext keinen Ausdruck gefunden (Rz. 17).[7]

§ 12 Abs. 2 Nr. 11 [Kurzfristige Beherbergungsleistungen]

…

(2) Die Steuer ermäßigt sich auf 7 Prozent für die folgenden Umsätze:

…

11. die Vermietung von Wohn- und Schlafräumen, die ein Unternehmer zur kurzfristigen Beherbergung von Fremden bereithält, sowie die kurzfristige Vermietung von Campingflächen.

1 Abschn. 12.14 Abs. 5 Satz 1 UStAE; BFH, Urt. v. 19.7.2007 – V R 68/05, BStBl. II 2008, 208 = UR 2007, 903.
2 Abschn. 12.14 Abs. 5 Satz 2 UStAE.
3 Abschn. 12.14 Abs. 4 UStAE.
4 Vgl. in diesem Sinne auch *Frye* in Rau/Dürrwächter, § 12 Abs. 2 Nr. 10 UStG Rz. 153 (Stand: Januar 2021).
5 Abschn. 12.14 Abs. 3 Satz 2 UStAE.
6 Ebenso *Frye* in Rau/Dürrwächter, § 12 Abs. 2 Nr. 10 UStG Rz. 157 (Stand: Januar 2021).
7 Vgl. BFH, Urt. v. 6.12.2012 – V R 36/11, BFH/NV 2013, 994; BFH, Urt. v. 30.6.2011 – V R 44/10, BStBl. II 2011, 1003 = HFR 2011, 598 m. Anm. *Nieuwenhuis* = UR 2011, 863; Abschn. 12.13 Abs. 2 Satz 3 UStAE; *Frye* in Rau/Dürrwächter, § 12 Abs. 2 Nr. 10 UStG Rz. 44 (Stand: Oktober 2017). Anders wohl noch BFH, Urt. v. 19.7.2007 – V R 68/05, BStBl. II 2008, 208 = UR 2007, 903, das von „öffentlichem Nahverkehr" spricht, obgleich der BFH im vorgenannten Urteil vom 30.6.2011, in dem allein von „Nahverkehr" gesprochen wird, auf diese Entscheidung Bezug genommen hat. **A.A.** FG Hamburg, Beschl. v. 30.10.2012 – 2 V 240/12, EFG 2013, 253; *Illing*, UR 2011, 845.

[2]Satz 1 gilt nicht für Leistungen, die nicht unmittelbar der Vermietung dienen, auch wenn diese Leistungen mit dem Entgelt für die Vermietung abgegolten sind;

…

Schrifttum: *Dudde/Zielinski*, Abgrenzungsprobleme bei der ermäßigten Umsatzbesteuerung von Beherbergungsleistungen, BB 2010, 603; *Eichhorn*, Geänderte umsatzsteuerrechtliche Behandlung von Saunaleistungen im Gastgewerbe, UR 2016, 306; *Huschens*, Ermäßigter Umsatzsteuersatz bei kurzfristiger Beherbergung, NWB 2010, 100; *Möser*, Das Verhältnis des Grundsatzes der Einheitlichkeit der Leistung zu gesetzlichen Aufteilungsgeboten am Beispiel von § 12 Abs. 2 Nr. 11 UStG, MwStR 2018, 505; *Neufang/Beißwenger/Treiber*, Beherbergungsumsätze – ernüchternde Folgen der Anwendung des reduzierten Steuersatzes seit 1.1.2010, BB 2010, 740; *von Streit*, Besteuerung einheitlicher wirtschaftlicher Vorgänge mit unterschiedlichen Steuersätzen, UStB 2016, 242.

A. Grundaussagen

I. Regelungsgegenstand und Bedeutung

1. Regelungsgegenstand

§ 12 Abs. 2 Nr. 11 Satz 1 UStG enthält eine **Steuerermäßigung** für Umsätze **zur kurzfristigen Beherbergung** von Fremden sowie zur **kurzfristigen Vermietung von Campingflächen**, die gemäß § 4 Nr. 12 Satz 2 UStG von der Steuerbefreiung ausgenommen sind.[1] 1

Ausdrücklich nicht begünstigt sind gemäß § 12 Abs. 2 Nr. 11 Satz 2 UStG Leistungen, die **nicht unmittelbar diesen Vermietungen** dienen, auch wenn diese Leistungen mit dem Entgelt für die Vermietung abgegolten sind.[2] 2

1 Abschn. 12.16 Abs. 1–7 UStAE.

2 Abschn. 12.16 Abs. 8 UStAE.

2. Bedeutung der Vorschrift

3 Die allgemeine Bedeutung der Vorschrift ist in der unionsrechtlichen Grundlage des Art. 98 Abs. 1 und 2 i.V.m. Anhang III Nr. 12 MwStSystRL (Rz. 6 ff.) angelegt.

4 Laut dem Bericht des Finanzausschusses[1] soll diese aus wettbewerbspolitischen Gründen eine Schlechterstellung des deutschen Hotel- und Gaststättengewerbes bzw. auch der Pensionen gegenüber den ausländischen Konkurrenten beseitigen. Denn der ermäßigte Mehrwertsteuersatz gelte in 22 der 27 Mitgliedstaaten für Hotels und in 11 Mitgliedstaaten für Gaststätten.

5 Es wären zwar keine spürbar niedrigeren Preise für Gaststätten- und Hotelgäste zu erwarten, aber Impulse für die Frage „reguläre Arbeitsplätze versus Grauarbeit und versus Selbstausbeutung bzw. Ausbeutung von Familienangehörigen" für den dringend zu beseitigenden Investitionsstau im bayerischen Gastgewerbe und für Wettbewerbsgleichheit im grenznahen Raum (v.a. zu Österreich) sowie in Metropolen.

II. Unionsrecht

1. Grundlagen

6 § 12 Abs. 2 Nr. 11 UStG beruht auf der Option in **Art. 98 Abs. 1 und 2 i.V.m. Anhang III Nr. 12 MwStSystRL**. Danach können die Mitgliedstaaten ermäßigte Mehrwertsteuersätze anwenden auf die „Beherbergung in Hotels und ähnlichen Einrichtungen, einschließlich der Beherbergung in Ferienunterkünften, und Vermietung von Campingplätzen und Plätzen für das Abstellen von Wohnwagen".

7 Die **Unionskonformität** der Vorschrift des § 12 Abs. 2 Nr. 11 UStG ist insoweit fraglich, als dass diese **nur kurzfristige** Leistungen umfasst, während in Anhang III Nr. 12 MwStSystRL nicht zwischen langfristig und kurzfristig unterschieden wird; diese hat der BFH[2] allerdings unter Hinweis auf die einschlägige EuGH-Rechtsprechung[3] bejaht. Auch den Ausschluss der Steuerermäßigung für nicht unmittelbar der Vermietung dienende Leistungen kennt das Unionsrecht nicht.

8 Von der Option, die in Anhang III Nr. 12a MwStSystRL bezeichneten Restaurant- und Verpflegungsdienstleistungen, mit der Möglichkeit, die Abgabe von (alkoholischen und/oder alkoholfreien) Getränken auszuklammern, hat Deutschland zunächst keinen Gebrauch gemacht.

8.1 Im Zuge der Corona-Pandemie ist mit Wirkung vom 1.7.2020 der ermäßigte Umsatzsteuersatz für Restaurant- und Verpflegungsdienstleistungen zeitlich befristet auf ein Jahr eingeführt und mittlerweile bis zum 31.12.2023 verlängert worden (§ 12 Abs. 2 Nr. 15 Rz. 1).

2. Auslegungsgrundsätze

9 Steuerermäßigungen sind nach ständiger EuGH-Rechtsprechung analog wie Steuerbefreiungen **eng auszulegen**, weil diese letztlich Ausnahmen von den grundsätzlich regelbesteuerten Umsätzen darstellen.[4]

10 Es war schon im Rahmen des Gesetzgebungsverfahrens deutlich, dass es durch die Beschränkung der Ermäßigung auf Beherbergungsleistungen immense **Abgrenzungsschwierigkeiten** geben wird (d.h. des **Vorrangs des gesetzlichen Aufteilungsgebots gegenüber den allgemeinen Grundsätzen der Abgrenzung von Haupt- und Nebenleistung**) im Hinblick auf die Fragen, welche Leistungen Nebenleistungen zur Hauptleistung „Beherbergung" darstellen und welche Leistungen nicht unmittelbar der Vermietung dienen, bzw. dass dies in der Anwendung zu erheblichen Bürokratiekosten und zur Not-

1 BT-Drucks. 17/147.

2 BFH, Urt. v. 13.2.2008 – XI R 51/06, BStBl. II 2009, 63 = UR 2008,781 und BFH, Urt. v. 15.1.2009 – V R 91/07, BStBl. II 2009, 615 = UR 2009, 315.

3 EuGH, Urt. v. 12.2.1998 – C-346/95, ECLI:EU:C:1998:51 – Blasi, UR 1998, 189, Rz. 21–23.

4 EuGH, Urt. v. 6.5.2010 – C-94/09, ECLI:EU:C:2010:253 – Kommission/Frankreich, UR 2010, 454, Rz. 29.

wendigkeit diverser Schreiben des Bundesministeriums der Finanzen führen wird.[1] „Solide Gesetzgebung sieht anders aus".[2]

Insbesondere nach dem EuGH-Urteil *Stadion Amsterdam* vom 18.1.2018[3] und v.a. nach dem EuGH-Urteil *Finanzamt X* vom 4.5.2023[4] ist die Diskussion neu entflammt, inwieweit das **gesetzliche Aufteilungsgebot des § 12 Abs. 2 Nr. 11 UStG** hinsichtlich Beherbergungsleistungen gegen den Grundsatz der Einheitlichkeit verstößt oder aus anderen Gründen **unionsrechtswidrig** ist,[5] da eine einheitliche Leistung, die aus einem Haupt- und einem Nebenteil besteht – für die bei getrennter Erbringung unterschiedliche Steuersätze gelten – nur zu einem einheitlichen Steuersatz besteuert werden kann, der sich nach dem Hauptbestandteil richtet.[6] 11

Nachdem der V. Senat des BFH[7] den EuGH um Vorabentscheidung dazu ersucht hat, ob das nationale Aufteilungsgebot des § 4 Nr. 12 Satz 2 UStG mit Unionsrecht vereinbar ist, hat der XI. Senat des BFH mit Beschluss vom 7.3.2022 die Aussetzung der Vollziehung gewährt, weil nach dem EuGH-Urteil *Stadion Amsterdam* nicht klar ist, ob bei einheitlicher Leistung am Aufteilungsgebot des § 12 Abs. 2 Nr. 11 UStG festgehalten werden kann.[8] 11.1

Vor dem Hintergrund des EuGH-Urteils *Finanzamt X* vom 4.5.2023 lässt sich einschränkend sagen, dass der EuGH und der BFH im Folgebeschluss[9] in der Vorschrift des § 4 Nr. 12 Satz 2 UStG kein gesetzliches Aufteilungsgebot gesehen hat, sondern diese nur der Umsetzung von Art. 135 Abs. 2 Satz 1 MwStSystRL dient, nicht aber zur Ausübung der durch Art. 135 Abs. 2 Satz 2 MwStSystRL eingeräumten Ermächtigung. Im Gegensatz zu § 4 Nr. 12 Satz 2 UStG soll § 12 Abs. 2 Nr. 11 UStG nach expliziter Auffassung des BFH in eindeutiger Weise ein (nationales) Aufteilungsgebot begründen.[10] 11.2

Fraglich erscheint insoweit,[11] ob sich daraus tatsächlich **Folgen für gesetzliche Aufteilungsgebote** ergeben, wie u.a. für den Beherbergungsbereich in § 12 Abs. 2 Nr. 11 Satz 2 UStG. 12

Denn einerseits hat der BFH die Unionskonformität des Aufteilungsgebots schon explizit für Frühstücksleistungen[12] sowie auch für eine Einräumung von Parkmöglichkeiten auf dem hoteleigenen Parkplatz an Hotelgäste bejaht unter dem Hinweis auf die Berechtigung der Mitgliedstaaten, konkrete und 13

1 BT-Drucks. 17/147.

2 *Oldiges*, UR 2016, 596 (597).

3 EuGH, Urt. v. 18.1.2018 – C-463/16, ECLI:EU:C:2018:22 – Stadion Amsterdam, UR 2018, 200.

4 EuGH, Urt. v. 4.5.2023 – C-516/21, ECLI:EU:C:2023:372 – Finanzamt X, UR 2023, 441 m. Anm. *Nieskens*, der dem Grundsatz der Einheitlichkeit immer Vorrang vor einem Aufteilungsgebot einräumt sowie *von Streit/Streit*, UStB 2023, 351 (352) und im Ergebnis wohl auch *Huschens*, eKommentar UStG § 12, Rz. 503 (Stand: Juli 2023) und *Weymüller*, BeckOK UStG, § 12 Abs. 2 Nr. 11, Rz. 4, 23, 33.1 (Stand: Januar 2024). A.A. u.a. *Widmann* in Schwarz/Widmann/Radeisen, UStG § 12 Abs. 2 Nr. 11, Rz. 31 (Stand: September 2022) sowie dezidiert *Neeser*, UVR 2022, 344 ff.

5 Zweifelnd FG München, Beschl. v. 12.11.2012 – 2 V 2192/12, EFG 2013, 145.

6 Jedenfalls hat der BFH für Freizeitparks eine partielle Steuersatzermäßigung verneint: BFH, Urt. v. 2.8.2018 – V R 6/16, BStBl. II 2019, 293 = UR 2018, 915.

7 BFH, Beschl. v. 26.5.2021 – V R 22/20, BFH/NV 2021, 1316 = UR 2021, 707 m. Anm. *Kirchinger/Fehrmann*.

8 BFH, Beschl. v. 7.3.2022 – XI B 2/21, BStBl. II 2023, 198 = UR 2022, 463 m. Anm. *Nieskens* = DStR 2022, 984 m. Anm. *Treiber*, der eine Selbstvorlage zu § 12 Abs. 2 Nr. 11 UStG gegenüber einem Abwarten auf den Ausgang des Verfahrens zu § 4 Nr. 12 Satz 2 UStG präferiert hätte.

9 BFH, Beschl. v. 17.8.2023 – V R 7/23, BFH/NV 2023, 1386 = UR 2023, 805 m. Anm. *Widmann*, Rz. 19.

10 Ablehnend *Grünwald*, Wpg 2024, (Quelle in Vorbereitung), weil in § 12 Abs. 2 Nr. 11 Satz 2 UStG von Leistungen gesprochen wird und nicht von Bestandteilen einer solchen Leistung, unselbständigen Nebenleistungen oder unselbständigen Komponenten einer komplexen Leistung.

11 Eher verneinend *Wäger*, UR 2019, 41 (49) sowie *Treiber*, DStR 2018, 1922 und *Sterzinger*, UStB 2019, 98 (99), der auf den Unterschied zwischen der Beurteilung einer einheitlichen Leistung und eines gesetzlichen Aufteilungsgebots hinweist, sowie *Korf*, MwStR 2018, 266; dagegen klar bejahend *Nieskens*, UR 2018, 181 (186) und mittlerweile auch *Nieskens* in Rau/Dürrwächter, § 12 Abs. 2 Nr. 11 UStG Rz. 68 ff. (Stand: Januar 2023) sowie *von Streit*, UStB 2018, 106 (110) bzw. *Oldiges*, UR 2016, 596 (597-598) und DB 2018, 541 (544).

12 BFH, Urt. v. 24.4.2013 – XI R 3/11, BStBl. II 2014, 86 = UR 2014, 229.

spezifische Aspekte einer Kategorie von Dienstleistungen i.S.d. Anhang III der MwStSystRL mit ermäßigten Steuersätzen zu belegen,[1] falls der Grundsatz der steuerlichen Neutralität gewahrt bleibt.[2]

14 Andererseits hat der EuGH bereits früher entschieden,[3] dass bei Ausübung dieser Befugnis das Vorliegen einheitlicher Leistungen ohne Bedeutung ist, und der EuGH in der Entscheidung *Stadion Amsterdam* ebenso ausdrücklich darauf Bezug nimmt.[4]

15 Unabhängig von den bereits entschiedenen Frühstücksleistungen als nicht zu den unmittelbar der Beherbergung dienenden Leistungen bleibt nichtsdestotrotz offen,[5] inwieweit die „unmittelbar" im Gegensatz zu den „nicht unmittelbar" der Beherbergung dienenden Leistungen **konkret und spezifisch genug** im UStG definiert sind.

- Der BFH hat zwar die Unionskonformität der Vorschrift bejaht, aber im Hinblick auf die Bestimmtheit keine zufriedenstellenden Antworten gegeben, sondern lediglich darauf hingewiesen, dass die Abgrenzung im Einzelnen schwierig sein kann und teilweise umstritten ist.[6]
- Nach den Vorgaben des EuGH müssen die ausgeschlossenen Leistungen jedoch konkret und spezifisch genug sein, damit der Steuerpflichtige den ermäßigten Steuersatz korrekt anwenden kann.[7]

16 Vor diesem Hintergrund mag dies für Frühstücks-[8] und andere Verpflegungsleistungen (wie z.B. Minibar) geklärt sein sowie auch für die vom gesetzgeberischen Willen umfassten, im Verhältnis zu einer Beherbergung separaten Leistungen wie z.B. die Überlassung von Tagungsräumen oder „pay per view" oder Wellnessangebote i.S.v. körperlichen Anwendungen. Diese Frage ist aber noch ungeklärt im Hinblick auf Leistungen wie z.B. die **Nutzungsmöglichkeit** von Schwimmbädern, Saunen, Fitnessgeräten und Kommunikationsnetzen (u.a. WLAN) oder Leseräumen. Wenig überzeugend sind jedenfalls die Argumente des BFH in Bezug auf die Einräumung von nicht separat von Hotelgästen zu vergütenden Parkmöglichkeiten (Rz. 51 f.).[9]

16.1 Aus vorgenannten Gründen dürfte einerseits zwar das Aufteilungsgebot des § 12 Abs. 2 Nr. 11 UStG im Ausgangspunkt unionskonform sein; andererseits dürfte dessen Umsetzung im Speziellen jedoch gegen die Vorgaben des Unionsrechts (mit Blick auf das Kriterium „konkret und spezifisch genug") verstoßen.

17 Eine Antwort auf diese Fragen wird allerdings erst möglich sein, nachdem jede Einzelfrage dem EuGH vorgelegt worden ist, und dieser auch eine hinreichend klare Antwort gegeben hat; denn zu den Abgrenzungsfragen zwischen Nebenleistungen und selbständigen Leistungen im Rahmen von Vermietungen hatte der EuGH mehrfach Gelegenheit zur zufriedenstellenden Klärung, was alles in allem jedoch nicht gelungen ist; es bleibt nach wie vor nebulös (Rz. 48 ff.).

1 Ebenso ist diese Berechtigung im Zusammenhang mit dem Ausschluss ortsgebundener Vergnügungsparks von der Steuersatzermäßigung des § 12 Abs. 2 Nr. 7 Buchst. d UStG vom BFH bejaht worden im Urt. v. 2.8.2018 – V R 6/16, BStBl. II 2019, 293 = UR 2018, 915.

2 BFH, Urt. v. 1.3.2016 – XI R 11/14, BStBl. II 2016, 753 = UR 2016, 593 m. Anm. *Oldiges.*

3 EuGH, Urt. v. 6.5.2010 – C-94/09, ECLI:EU:C:2010:253 – Kommission/Frankreich, UR 2010, 454, Rz. 33 f., wonach nicht entscheidend sei, ob die erbrachten Dienstleistungen von der Erwartung des Durchschnittsverbrauchers aus gesehen als einheitlicher Umsatz zu betrachten sind, sondern vielmehr ob der selektive Aspekt der Leistung einen konkreten und spezifischen Aspekt der in Rede stehenden Leistungskategorie darstellt.

4 EuGH, Urt. v. 18.1.2018 – C-463/16, ECLI:EU:C:2018:22 – Stadion Amsterdam, UR 2018, 200, Rz. 34 f.; erstaunlicherweise aber nicht im EuGH, Urt. v. 4.5.2023 – C-516/21, ECLI:EU:C:2023:372 – Finanzamt X, UR 2023, 441 m. Anm. *Nieskens.*

5 Siehe hierzu ausführlich *Möser*, MwStR 2018, 505.

6 BFH, Urt. v. 24.4.2013 – XI R 3/11, BStBl. II 2014, 86 = UR 2014, 229, Rz. 54.

7 EuGH, Urt. v. 6.5.2010 – C-94/09, ECLI:EU:C:2010:253 – Kommission/Frankreich, UR 2010, 454, Rz. 28–30.

8 BFH, Urt. v. 24.4.2013 – XI R 3/11, BStBl. II 2014, 86 = UR 2014, 229; a.A. *Nieskens* in Rau/Dürrwächter, UStG § 12 Abs. 2 Nr. 11 Rz. 50–53 (Stand: Januar 2023).

9 BFH, Urt. v. 1.3.2016 – XI R 11/14, BStBl. II 2016, 753 = UR 2016, 593 m. Anm. *Oldiges.*

III. Verhältnis zu anderen Vorschriften und Rechtsentwicklung

1. Verhältnis zu anderen Vorschriften

Die Steuersatzermäßigung des § 12 Abs. 2 Nr. 11 UStG steht in einem **unmittelbaren Zusammenhang mit der Steuerbefreiung des § 4 Nr. 12 Satz 2 UStG**, wonach die Vermietung von Wohn- und Schlafräumen, die ein Unternehmer zur kurzfristigen Beherbergung von Fremden bereithält, sowie die kurzfristige Vermietung auf Campingplätzen explizit nicht von der Umsatzsteuer befreit sind. 18

Nicht in den Regelungsbereich fallen Einrichtungen i.S.d. § 4 Nr. 23 Buchst. c UStG, die Beherbergungsleistungen gegenüber Kindern, Studierenden und Schülern erbringen, sowie Jugendherbergen i.S.d. § 4 Nr. 24 UStG. 18.1

Eine nach § 12 Abs. 2 Nr. 11 UStG steuerermäßigte Vermietung setzt wie eine nach § 4 Nr. 12 UStG steuerbefreite Vermietung zunächst voraus, dass der Vermieter Unternehmer (§ 2 Abs. 1 UStG) und das Grundstück dem Unternehmen zugeordnet ist, was grundsätzlich durch entgeltliches Vermieten bzw. dessen Absicht gegeben ist. 19

Weiterhin muss die Steuerbarkeit in Deutschland vorliegen, die sich bei allen Vermietungen und ähnlichen Leistungen nach dem **Belegenheitsort** gemäß § 3a Abs. 3 Nr. 1 Buchst. a UStG bestimmt. 20

2. Rechtsentwicklung

Die Vorschrift ist durch Art. 5 Nr. 1 des Wachstumsbeschleunigungsgesetzes[1] mit Wirkung ab dem 1.1.2010 – d.h. für Umsätze, die nach dem 31.12.2009 ausgeführt wurden – eingefügt worden und seither unverändert. 21

B. Begünstigung kurzfristiger Vermietungsleistungen (Nr. 11 Satz 1)

I. Von der Steuerbefreiung des § 4 Nr. 12 Satz 2 UStG ausgenommene Leistungen

Die in § 12 Abs. 2 Nr. 11 Satz 1 UStG bezeichneten Umsätze der Vermietung von Campingflächen sowie von Wohn- und Schlafräumen gehören zu den nach § 4 Nr. 12 Satz 2 UStG von der Steuerbefreiung ausgenommenen Umsätzen; die Anwendung des ermäßigten Steuersatzes setzt dabei die Kurzfristigkeit voraus bzw. dass die Umsätze der Vermietung von Wohn- und Schlafräumen unmittelbar der Beherbergung dienen. 22

II. Kurzfristigkeit

Hinsichtlich des Merkmals der Kurzfristigkeit gelten wegen des **Zusammenhangs der Vorschriften des § 12 Abs. 2 Nr. 11 UStG und des § 4 Nr. 12 UStG** die in der Kommentierung zu § 4 Nr. 12 Satz 2 UStG dargestellten Grundsätze (§ 4 Nr. 12 Rz. 54 ff.). 23

Als kurzfristig wird danach i.d.R. eine **Dauer von weniger als 6 Monaten** angesehen.[2] Entscheidend ist dabei aber grundsätzlich nicht die tatsächliche Dauer, sondern die **Absicht** des Unternehmers, die **Räume bzw. Flächen** nicht auf Dauer und damit nicht für einen dauernden Aufenthalt i.S.d. §§ 8 und 9 AO zur Verfügung zu stellen;[3] abzustellen ist auf die objektiv erkennbaren äußeren Gesamtumstände des Einzelfalls.[4] 24

---

1 BGBl. I 2009, 3950.

2 BFH, Urt. v. 27.10.1993 – XI R 69/90, BFH/NV 1994, 744 = UR 1995, 20 und BFH, Urt. v. 6.8.1998 – V R 26/98, BFH/NV 1999, 84.

3 BFH, Beschl. v. 18.1.1973 – V B 47/72, BStBl. II 1972, 426 und BFH, Urt. v. 25.1.1996 – V R 6/95, BFH/NV 1996, 583 = UR 1997, 181.

4 BFH, Beschl. v. 11.1.1990 – V B 109/89, BFH/NV 1990, 607 und BFH, Urt. v. 27.10.1993 – XI R 69/90, BFH/NV 1994, 744 = UR 1995, 20.

25 Nach Auffassung der FinVerw. ist hingegen eine **kurzfristige Vermietung von Campingplätzen** gegeben, wenn die **tatsächliche Gebrauchsüberlassung** weniger als 6 Monate beträgt.[1]

26 Warum die Auslegung der Kurzfristigkeit innerhalb derselben Vorschrift unterschiedlich erfolgt, ist schlechterdings nicht nachvollziehbar und sollte daher vereinheitlicht werden, d.h. entweder anhand der beabsichtigten oder der tatsächlichen Gebrauchsüberlassung, wobei die praktischen Auswirkungen letztlich eher gering sein sollten.

III. Vermietung von Wohn- und Schlafräumen zur Beherbergung von Fremden

1. Definition der Wohn- bzw. Schlafräume zur Beherbergung

27 Die nach § 4 Nr. 12 Satz 2 bzw. § 12 Abs. 2 Nr. 11 Satz 1 UStG ermäßigt zu besteuernde Vermietung von Wohn- und Schlafräumen, die ein Unternehmer zur **kurzfristigen Beherbergung von Fremden** bereithält, setzt kein gaststättenähnliches Verhältnis voraus.

28 **Wohn- und Schlafräume** sind Räumlichkeiten, die so eingerichtet sind, dass darin gewohnt und geschlafen werden kann; sie müssen der Aufnahme von Personen zur Gewährung von Unterkunft dienen. Liegt der Schwerpunkt der Leistung nicht in der Überlassung von Wohn- oder Schlafmöglichkeiten, sondern stehen bei der Raumüberlassung **andere Nutzungsmöglichkeiten** im Vordergrund (z.B. wie in einem Bordellbetrieb), sind die Voraussetzungen des § 12 Abs. 2 Nr. 11 UStG nicht erfüllt.[2]

29 Die Steuerermäßigung für Beherbergungsleistungen umfasst sowohl die Umsätze des klassischen Hotelgewerbes als auch kurzfristige Beherbergungen in Pensionen, Fremdenzimmern, Ferienwohnungen und vergleichbaren Einrichtungen. Für die Inanspruchnahme der Steuerermäßigung ist es jedoch nicht Voraussetzung, dass der Unternehmer einen hotelartigen Betrieb führt oder Eigentümer der überlassenen Räumlichkeiten ist.

- Begünstigt ist daher beispielsweise auch die Unterbringung von **Begleitpersonen in Krankenhäusern**, sofern diese Leistung nicht nach § 4 Nr. 14 Buchst. b UStG (z.B. bei Aufnahme einer Begleitperson zu therapeutischen Zwecken) steuerfrei ist.[3]
- Es muss sich nicht um Wohn- und Schlafräume in einem Gebäude handeln, sodass die kurzfristige Vermietung von Wohncontainern auch umfasst sein sollte.[4]
- Die **Weiterveräußerung von eingekauften Zimmerkontingenten** im eigenen Namen und für eigene Rechnung an andere Unternehmer (z.B. Reiseveranstalter) unterliegt nicht mehr der Steuerermäßigung.[5]

30 Die Räume dürfen nur **nicht zur Ausübung gewerblicher Tätigkeiten** verwendet werden,

- wie z.B. Leistungen des **Prostitutionsgewerbes**; vor diesem Hintergrund kommt dann auch der ermäßigte Steuersatz gemäß § 12 Abs. 2 Nr. 11 Satz 1 UStG für derartige **sonstige Leistungen eigener Art** nicht in Betracht, die Überlassung ist vielmehr steuerfrei nach § 4 Nr. 12 Buchst. a UStG, falls nicht nach § 9 UStG optiert wird oder aufgrund besonderer Begleitumstände eine einheitliche Leistung „sui generis" vorliegt;[6] auch das halbstündige oder stundenweise Überlassen von Zimmern in einem **„Stundenhotel"** ist keine Beherbergung i.S.d. § 12 Abs. 2 Nr. 11 Satz 1 UStG;[7]

---

1 Abschn. 4.12.3 Abs. 2 UStAE.

2 FG Niedersachsen, Urt. v. 24.4.2014 – 5 K 358/13, EFG 2014, 1440.

3 Abschn. 12.16 Abs. 3 Satz 6 UStAE.

4 So FG Baden-Württemberg, Gerichtsbescheid v. 7.4.2020 – 1 K 2819/19, EFG 2020, 1877 und bestätigt durch BFH, Urt. v. 29.11.2022 – XI R 13/20, BStBl. II 2023, 938 = UR 2023, 418 sowie angepasst in Abschn. 12.16 Abs. 1 Satz 3–5 UStAE durch BMF, Schr. v. 6.10.2023 – III C 2-S 7245/19/10001 :004, BStBl. I 2023, 1704 = UR 2023, 887.

5 Gestrichen in Abschn. 12.16 Abs. 3 Satz 7 UStAE u.a. aufgrund EuGH, Urt. v. 29.6.2023 – C-108/22, ECLI:EU:C:2023:522 – Dyrektor Krajowej Informacji Skarbowej, UR 2023, 770 = UStB 2023, 244 m. Anm. *Sterzinger*. So schon immer *Nieskens*, in Rau/Dürrwächter, § 12 Abs. 2 Nr. 11 UStG (Stand: Januar 2023) Rz. 144.

6 BFH, Urt. v. 24.2.2021 – XI R 4/19, BFH/NV 2021, 1374.

7 BFH, Urt. v. 22.8.2013 – V R 18/12, BStBl. II 2013, 1058 = UR 2014, 21 und BFH, Urt. v. 24.9.2015 – V R 30/14, BStBl. II 2017, 132 = UR 2015, 950 m. Anm. *Filtzinger* sowie weiter ausführend *Widmann* in Schwarz/Widmann/Radeisen, § 12 Abs. 2 Nr. 11 UStG Rz. 10–10c (Stand: September 2022).

- nicht begünstigt ist insofern die „Beherbergung" in einem **Schlafwagen** (z.B. der Deutschen Bahn AG) oder auf einem Kreuzfahrtschiff, die als einheitliche Beförderungsleistungen grundsätzlich mit dem Regelsteuersatz besteuert werden;[1]
- soweit **Reiseleistungen** der Margenbesteuerung nach § 25 UStG unterliegen, gelten sie nach § 25 Abs. 1 Satz 3 UStG als eine einheitliche sonstige Leistung; eine Reiseleistung unterliegt als **sonstige Leistung eigener Art** auch hinsichtlich ihres Beherbergungsanteils nicht der Steuerermäßigung nach § 12 Abs. 2 Nr. 11 Satz 1 UStG;[2] das gilt nach Auffassung des EuGH analog,[3] wenn die Reiseleistung nur aus einer Übernachtungsleistung besteht.

2. Unmittelbar der Beherbergung dienende Leistungen

Die erbrachte Leistung muss unmittelbar der Beherbergung dienen; diese Voraussetzung ist v.a. hinsichtlich der folgenden Leistungen erfüllt, auch wenn die Leistungen **gegen gesondertes Entgelt** erbracht werden (wie z.B. oftmals Endreinigungen von Ferienwohnungen):[4] 31

- Überlassung von möblierten und mit anderen Einrichtungsgegenständen (z.B. Fernsehgerät, Radio, Telefon, Zimmersafe) ausgestatteten Räumen sowie von Bettwäsche, Handtüchern und Bademänteln;
- Bereitstellung von Körperpflegeutensilien, Schuhputz- und Nähzeug;
- Reinigung der gemieteten Räume;
- Stromanschluss;
- Mitunterbringung von Tieren in den überlassenen Wohn- und Schlafräumen;[5]
- Weckdienst;
- Bereitstellung eines Schuhputzautomaten.

3. Nicht der Beherbergung dienende Leistungen

Insbesondere folgende Leistungen stellen keine Beherbergungsleistungen i.S.d. § 12 Abs. 2 Nr. 11 UStG dar und sind infolgedessen nicht begünstigt:[6] 32

- Überlassung von Tagungsräumen;
- gesondert vereinbarte Überlassung von Plätzen zum Abstellen von Fahrzeugen (zur gegensätzlichen Beurteilung im Rahmen des Campens siehe Rz. 40);
- Vermittlung von Beherbergungsleistungen;
- Umsätze von Tierpensionen;
- unentgeltliche Wertabgaben (z.B. Selbstnutzung von Ferienwohnungen); denn der Wortlaut des § 12 Abs. 2 Nr. 11 UStG begünstigt nur die Vermietung, die nach dem EuGH-Urteil *Seeling* nicht mit einer Selbstnutzung gleichgesetzt werden kann,[7] obwohl aus Gleichbehandlungsgründen eine ermäßigte Besteuerung sachgerecht erscheint.

Stornierungskosten unterliegen mangels einer Leistungserbringung als nicht steuerbarer Schadensersatz grundsätzlich nicht der Besteuerung.[8] 33

1 Abschn. 12.16 Abs. 5 UStAE.
2 Abschn. 12.16 Abs. 9 UStAE.
3 EuGH, Urt. v. 19.12.2018 – C-552/17, ECLI:EU:C:2018:1032 – Alpenchalets Resorts, UR 2019, 72, nach deutscher Vorlage des BFH, Beschl. v. 3.8.2017 – V R 60/16, BStBl. II 2018, 37 = UR 2017, 893 m. Anm. *Dobratz*; siehe hierzu auch die Nachfolgeentscheidung des BFH, Urt. v. 27.3.2019 – V R 10/19, BFH/NV 2019, 791.
4 Abschn. 12.16 Abs. 4 UStAE.
5 Kritisch hierzu *Nieskens* in Rau/Dürrwächter, § 12 Abs. 2 Nr. 11 UStG, Rz. 187 (Stand: Januar 2023).
6 Abschn. 12.16 Abs. 5 UStAE.
7 EuGH, Urt. v. 8.5.2003 – C-269/00, ECLI:EU:C:2003:254 – Seeling, BStBl. II 2004, 378 = UR 2003, 288 m. Anm. *Burgmaier*.
8 Abschn. 12.16 Abs. 6 UStAE unter Verweis auf EuGH, Urt. v. 18.7.2007 – C-277/05, ECLI:EU:C:2007:440 – Société thermale d'Eugénie-Les-Bains, UR 2007, 643 = IStR 2007, 667 m. Anm. *Korf*.

34 Analog wie bei den Reiseleistungen dürfte hierfür allerdings Voraussetzung sein,[1] dass der Reisende vor Reisebeginn vom Reisevertrag zurücktritt und er für diesen Fall eine in dem Reisevertrag vorab vereinbarte Entschädigung zu entrichten hat (Stornogebühr) und mithin, dass zivilrechtlich überhaupt ein Rücktrittsrecht besteht.

35 Folglich dürfte ein um ersparte Aufwendungen zu zahlender Beherbergungspreis mangels Rücktrittsrechts oder im Falle des Nichtantritts („no show") mit dem ermäßigten Steuersatz nach § 12 Abs. 2 Nr. 11 UStG zu besteuern sein.[2]

4. Fremde

36 Das Wort „Fremde" ist wie im Rahmen des § 4 Nr. 12 Satz 2 UStG weit auszulegen und schließt u.a. auch eigenes Personal ein;[3] es dient lediglich der Abgrenzung von Logierbesuchen durch Verwandte sowie durch Freunde und hat in der Praxis wenig Bedeutung (§ 4 Nr. 12 Rz. 58).

IV. Kurzfristige Vermietung von Campingflächen

1. Umfang der Steuerermäßigung

37 Die **kurzfristige** Vermietung von Campingflächen betrifft Flächen zum Aufstellen von Zelten sowie Flächen zum Abstellen von Wohnmobilen und Wohnwagen.

38 Ebenso ist die kurzfristige Vermietung von **ortsfesten** Wohnmobilen, Wohncaravans und Wohnanhängern **begünstigt** sowie auch von Zelten, die auf Campingplätzen aufgestellt sind und jeweils als Unterkünfte dienen (Art. 43 MwStVO).[4]

39 **Nicht begünstigt** ist hingegen die Überlassung von **nicht ortsfesten** Wohnmobilen, Caravans, Wohnanhängern, Hausbooten und Yachten.

40 Für die Steuerermäßigung ist es in diesem Rahmen unschädlich, wenn auf der überlassenen Fläche auch das zum Transport des Zelts bzw. zum Ziehen des Wohnwagens verwendete **Fahrzeug abgestellt werden kann**. Vor dem Hintergrund, dass im Gegensatz dazu die **Einräumung von Parkmöglichkeiten im Rahmen einer Beherbergung** unter das Aufteilungsgebot fällt und demzufolge nicht der Steuerermäßigung unterliegen soll, ist dies weder konsequent noch nachvollziehbar, wobei hier insgesamt die besseren Argumente für einen Einbezug in die Steuerbegünstigung sprechen.

2. Kurzfristigkeit der Überlassung

41 Die Leistungen der Campingplatzunternehmer sind nur dann als Grundstücksvermietungen i.S.d. § 4 Nr. 12 Satz 1 UStG anzusehen, die bei Kurzfristigkeit der ermäßigten Besteuerung nach § 12 Abs. 2 Nr. 11 UStG unterliegen, wenn sie darauf gerichtet sind, dem Benutzer des Campingplatzes den Gebrauch einer bestimmten, nur ihm zur Verfügung stehenden Campingfläche zu gewähren.

42 Es ist **lediglich die kurzfristige Vermietung von Campingflächen** begünstigt, weil der Gesetzgeber offenbar der Auffassung war, er dürfe die langfristige Vermietung von Campingplätzen und Plätzen für das Abstellen von Wohnwagen steuerfrei lassen.[5]

3. Begriff der Campingfläche

43 Der Gesetzgeber hat die Steuerermäßigung in § 12 Abs. 2 Nr. 11 UStG aber nicht auf Campingplätze beschränkt, sondern – obwohl er in § 4 Nr. 12 Satz 2 UStG eine Regelung über die kurzfristige Vermietung auf **Campingplätzen** vorsieht – auf die kurzfristige Vermietung von **Campingflächen** erwei-

---

1 Abschn. 25.1 Abs. 14 UStAE.
2 BFH, Urt. v. 15.9.2011 – V R 36/09, BStBl. II 2012, 365 = UR 2012, 264.
3 *Huschens*, NWB 2010, 100 (101).
4 Abschn. 12.16 Abs. 7 UStAE.
5 Siehe hierzu *Klenk*, UR 2010, 727.

tert; als Folge eröffnet der Gesetzgeber die Möglichkeit, auch andere Flächen in die Steuerermäßigung einzubeziehen.

Fraglich war insoweit, ob die Vermietung von **Bootsliegeplätzen im Hafenbereich** mit dem ermäßigten Steuersatz steuerpflichtig ist, was der EuGH in seiner Entscheidung vom 19.12.2019[1] nach einem Vorabentscheidungsersuchen des BFH[2] abgelehnt hat mit der Begründung, dass die Vermietung von Bootsliegeplätzen zum einen bei der gebotenen engen Auslegung nicht unter den Wortlaut der Vorschrift fällt und zum anderen nicht dem Begriff der Beherbergung immanent ist (zumindest überwiegend nicht im Hinblick auf Segel- und Motorboote).[3] 44

4. Begünstigte Nebenleistungen

Die vom Campingplatzunternehmer durch die Überlassung von üblichen Gemeinschaftseinrichtungen gewährten Leistungen sind gegenüber der Vermietung der Campingfläche von untergeordneter Bedeutung; sie sind als **Nebenleistungen** anzusehen, die den Charakter der Hauptleistung als Grundstücksvermietung nicht beeinträchtigen.[4] 45

- Zu den üblichen Gemeinschaftseinrichtungen gehören insbesondere Wasch- und Duschräume, Toiletten, Wasserzapfstellen, elektrische Anschlüsse, Vorrichtungen zur Müllbeseitigung, Kinderspielplätze. Die Nebenleistungen fallen unter die Steuerbefreiung für die Grundstücksvermietung; dies gilt auch dann, wenn für sie ein besonderes Entgelt berechnet wird.
- Die Lieferungen von Strom, Wärme und Wasser durch den Campingplatzunternehmer sind entsprechend den allgemeinen Regelungen als Nebenleistungen anzusehen und mithin auch ermäßigt zu besteuern.[5]

5. Nicht begünstigte Nebenleistungen

Leistungen, die nicht durch die Überlassung von üblichen Gemeinschaftseinrichtungen erbracht werden, sind **nicht als Nebenleistungen** anzusehen und fallen mithin nicht unter die Steuerermäßigung, sondern sind gesondert zu beurteilen bzw. der Regelbesteuerung zu unterwerfen.[6] 46

- Es handelt sich hier i.d.R. um Leistungen, die darin bestehen, dass den Benutzern der Campingplätze besondere Sportgeräte, Sportanlagen[7] usw. zur Verfügung gestellt werden wie z.B. Segelboote, Wasserski, Reitpferde, Tennisplätze, Minigolfplätze, Hallenbäder, Saunabäder.
- Die vom Campingplatzunternehmer durch die Überlassung von Wasserzapfstellen, Abwasseranschlüssen und elektrischen Anschlüssen erbrachten Leistungen sind in den Fällen nicht als Nebenleistungen steuerfrei (bzw. steuerermäßigt), in denen die Einrichtungen nicht für alle Benutzer gemeinschaftlich, sondern gesondert für einzelne Benutzer bereitgestellt werden und es sich um Betriebsvorrichtungen i.S.d. § 4 Nr. 12 Satz 2 UStG handelt.

Wird für die bezeichneten Leistungen und für die Vermietung der Campingfläche ein Gesamtentgelt berechnet, ist dieses Entgelt im Schätzungswege aufzuteilen (Rz. 63 ff.). 47

1 EuGH, Urt. v. 19.12.2019 – C-715/18, ECLI:EU:C:2019:1138 – Segler-Vereinigung Cuxhaven, UR 2020 117 m. Anm. *Hidien* sowie Nachfolgeentscheidung des BFH, Urt. v. 24.6.2020 – V R 47/19 (V R 33/17), BStBl. II 2020, 853 = UR 2020, 801.
2 BFH, Beschl. v. 2.8.2018 – V R 33/17, BFH/NV 2019, 91 = UR 2018, 956.
3 Abschn. 12.16 Abs. 7 Satz 5 UStAE.
4 Abschn. 4.12.3 Abs. 3 UStAE.
5 Abschn. 12.16 Abs. 7 Satz 4 UStAE.
6 Abschn. 4.12.3 Abs. 4 UStAE.
7 BFH, Urt. v. 31.5.2001 – V R 97/98, BStBl. II 2001, 658 = UR 2001, 396.

C. Nichtbegünstigung der nicht unmittelbar der Vermietung dienenden Leistungen (Nr. 11 Satz 2)

I. Abgrenzung der nicht unmittelbar der Vermietung dienenden Leistungen zu Nebenleistungen

48 Nach § 12 Abs. 2 Nr. 11 Satz 2 UStG soll die Steuerermäßigung nicht gelten für Leistungen, die nicht unmittelbar der Vermietung dienen, auch wenn es sich um Nebenleistungen zur Beherbergung handelt und diese Leistungen mit dem Entgelt für die Vermietung abgegolten sind (Aufteilungsgebot). Der **Grundsatz**, dass eine (unselbständige) **Nebenleistung das Schicksal der Hauptleistung** teilt, soll **von diesem Aufteilungsgebot verdrängt** sein. Das in § 12 Abs. 2 Nr. 11 Satz 2 UStG gesetzlich normierte Aufteilungsgebot für einheitliche Leistungen soll den allgemeinen Grundsätzen zur Abgrenzung von Haupt- und Nebenleistung vorgehen.[1]

49 Im Rahmen des § 12 Abs. 2 Nr. 11 UStG kommt es für die Abgrenzung der begünstigten Leistungen von den nicht begünstigten Leistungen **nicht mehr auf die herkömmlichen Unterscheidungen** zwischen selbständiger Hauptleistung und dazugehörigen unselbständigen Nebenleistungen an, sondern auf die Frage, welche Leistungen unmittelbar der Vermietung dienen oder nicht – und zwar **unabhängig davon**, ob für die Leistungen ein **gesondertes Entgelt** zu entrichten ist, oder ob die Leistungen mit dem **einheitlichen Entgelt** für die Vermietung abgegolten sind, bzw. ob die Leistungen auch tatsächlich in Anspruch genommen werden. Diese Frage stellt sich jedenfalls dann nicht, falls neben der Vermietung weitere selbständige Leistungen vorliegen.

49.1 Während die Finanzgerichte noch Stellung beziehen, ob Frühstück oder Parkmöglichkeit eigenständige Leistungen[2] oder Nebenleistungen[3] darstellen,[4] ist in der BFH-Rechtsprechung die Tendenz zu beobachten, dass die Frage nach selbständigen Leistungen vs. Nebenleistungen offen gelassen und auf die lediglich Mittelbarkeit der Leistungen zur Vermietung hingewiesen wird.[5]

Nach Ergehen des EuGH-Urteils „Finanzamt X" wurden die vorstehend genannten, in der Revision befindlichen Finanzgerichtsverfahren, die zwischenzeitlich entweder ruhten oder ausgesetzt waren, unter Vergabe neuer Aktenzeichen wieder aufgenommen.[6]

49.2 Man muss sich in der Tat die Frage stellen, ob ein Frühstück, Mittag- und auch Abendessen als Nebenleistungen zur Übernachtung einzuordnen sind.[7] Zwar hat der BFH[8] im Zusammenhang mit der Besteuerung von Reiseleistungen gemäß § 25 UStG zu Recht geurteilt, dass die Verpflegungsleistungen zu den Bestandteilen einer Reiseleistung gehören. Dies ist allerdings eine andere Fragestellung, denn die Reiseleistung besteht definitionsgemäß aus mehreren Leistungen, die zu einer einheitlichen Reiseleistung zusammengefasst werden. Die in diesem Urteil als Begründung herangezogene EuGH-Ent-

1 Abschn. 12.16 Abs. 8 UStAE unter Hinweis auf BFH, Urt. v. 24.4.2013 – XI R 3/11, BStBl. II 2014, 86 = UR 2014, 229.

2 FG Hessen, Urt. v. 16.9.2020 – 1 K 772/19, juris (Az. des BFH XI R 7/21) und ebenso auch *Huschens*, NWB 2010, 100 (102) für Frühstücksleistungen sowie FG Sachsen, Urt. v. 23.9.2020 – 2 K 352/20, EFG 2021, 244 (Az. des BFH XI R 34/20) für Frühstücksleistungen und Parkmöglichkeit.

3 FG Berlin-Brandenburg, Urt. v. 28.11.2018 – 7 K 7314/16, EFG 2019, 294 sowie FG Rheinland-Pfalz, Urt. v. 24.9.2020 – 6 K 2273/17, EFG 2020, 1887 (Az. des BFH XI R 35/20).

4 Ausdrücklich offen gelassen auch FG Niedersachsen, Urt. v. 19.8.2021 – 5 K 174/19, EFG 2022, 140 m. Anm. *Kessens* (Az. des BFH XI R 22/21).

5 BFH, Urt. v. 24.4.2013 – XI R 3/11, BStBl. II 2014, 86 = UR 2014, 229 und BFH, Urt. v. 1.3.2016 – XI R 11/14, BStBl. II 2016, 753 = UR 2016, 593 m. Anm. *Oldiges* sowie auch FG Nürnberg, Beschl. v. 18.12.2020 – 2 V 1159/20, EFG 2021, 422.

6 XI R 11/23 (bisher XI R 34/20), XI R 12/23 (bisher XI R 35/20), XI R 13/23 (bisher XI R 7/21), XI R 14/23 (bisher XI R 22/21).

7 Verneinend das BMF, Schr. v. 4.5.2010 – IV D 2-S 7100/08/10011, BStBl. I 2010, 490 als Nichtanwendungserlass des nachstehend zitierten BFH, Urt. v. 15.1.2009, das mit BMF, Schr. v. 9.12.2014 – IV D 2-S 7100/08/10011 :009, BStBl. I 2014, 1620 aufgehoben worden ist vor dem Hintergrund des Vorrangs des gesetzlichen Aufteilungsgebots vor den Grundsätzen zur Abgrenzung von Haupt- und Nebenleistung.

8 BFH, Urt. v. 15.1.2009 – V R 9/06, BStBl. II 2010, 433 = UR 2009, 319 und dem ohne weitere Begründungen entsprechend folgend BFH, Urt. v. 20.3.2014 – V R 25/11, BStBl. II 2020, 821 = UR 2014, 710.

scheidung[1] betrifft im Kern allerdings nur Fragen nach den Anwendungsvoraussetzungen der Margenbesteuerung sowie dem Umfang von Reiseleistungen und im Übrigen lediglich die Frage, inwieweit Busbeförderungen zwischen Hotel und weiter entfernten Orten sowie eine örtliche Busbesichtigungstour zu den Nebenleistungen eines Hotelbetriebs gehören, nicht aber ob Verpflegungsleistungen als unselbständige Nebenleistungen zu Übernachtungsleistungen einzuordnen sind (was auch mit keiner Silbe in dem EuGH-Urteil erwähnt wird).

II. Lediglich kasuistische Aufzählung nicht begünstigter Leistungen

Vor dem Hintergrund, dass dem Gesetzgeber die immensen Abgrenzungsschwierigkeiten bewusst waren,[2] wurden im Rahmen des Gesetzgebungsverfahrens – ohne erkennbare Systematik bzw. erkennbare Abgrenzungskriterien der Tatbestandsmerkmale – einige Leistungen genannt, die nicht begünstigt sein sollen; diese sind dann so unter einigen **einzelfallbezogenen Erweiterungen** von der FinVerw. übernommen worden.[3] 50

Abgesehen von der Problematik, dass es sicherlich nicht leicht ist, die nicht unmittelbar der Vermietung dienenden Leistungen von den unmittelbar zusammenhängenden Leistungen systematisch zu unterscheiden, ist es schlechterdings nicht nachvollziehbar bzw. fast willkürlich, warum ein Stellplatz innerhalb eines Campingplatzes von der Steuerermäßigung erfasst sein soll (wie auch z.B. die Parkmöglichkeit bei einem Schwimmbadbesuch oder beim Skifahren) und – im Gegensatz dazu – der BFH dies für die Einräumung einer Parkmöglichkeit im Rahmen einer Beherbergung verneint – und zwar unabhängig davon, ob der Gast einen Parkplatz tatsächlich nutzt bzw. aufgrund begrenzter Kapazitäten überhaupt nutzen kann.[4] 51

Das Argument des BFH, dass Fahrzeuge zum Transport der Übernachtungsmöglichkeit (Wohnwagen oder Zelt) beim Campingurlaub in der Regel erforderlich sind (anders als beim Hotelzimmer), überzeugt u.a. mit Blick auf die zahlreich wachsenden Wohnmobile bzw. Bungalows auf den Campingplätzen nicht. 52

Das vom BFH herangezogene Merkmal des „räumlichen Bezugs zu der Nutzung des Zimmers" für die Auslegung der unmittelbar der Beherbergung dienenden Leistungen ist sicherlich nicht sachgerecht.[5] 53

III. Sinnvolle Auslegungskriterien

Ausgehend von der politischen Entscheidung des Gesetzgebers, allein die Beherbergung ohne sämtliche Nebenleistungen durch die Steuerermäßigung zu entlasten, sollte zur Auslegung des Leistungsinhalts bzw. der Einheitlichkeit der Leistung – wie sonst im Umsatzsteuerrecht auch – zum einen die **Sicht des Durchschnittsverbrauchers** mit Blick auf die **Trennbarkeit der Leistungen** herangezogen[6] sowie zum anderen der **Aspekt einer möglichen Wettbewerbsverzerrung** stärker berücksichtigt werden, d.h. ob mit den einzelnen Leistungen ein Wettbewerb zu anderen Steuerpflichtigen überhaupt besteht. Maßgeblich ist dabei eine **Gesamtbetrachtung aller Umstände**, unter denen der Umsatz erfolgt; im Rahmen dessen sind nicht nur die quantitative Bedeutung der einzelnen Elemente, sondern auch deren qualitative Bedeutung zu bestimmen und darüber hinaus die **Interessenlage der Beteilig-** 54

1 EuGH, Urt. v. 22.10.1998 – C-308/96 und C-94/97, ECLI:EU:C:1998:496 – Madgett und Baldwin, UR 1999, 38, Rz. 16.

2 Nach *Dudde/Zielinski*, BB 2010, 603 (605), vermeiden viele Mitgliedstaaten (wie z.B. Österreich) die Probleme, indem das Frühstück ausdrücklich in die Steuerermäßigung einbezogen worden ist.

3 Abschn. 12.16 Abs. 4 und Abs. 5 UStAE.

4 BFH, Urt. v. 1.3.2016 – XI R 11/14, BStBl. II 2016, 753 = UR 2016, 593 m. Anm. *Oldiges*; die Vorinstanz FG Niedersachsen hat hingegen im Urt. v. 16.1.2014 – 5 K 273/13, DStRE 2015, 1383, insoweit noch eine einheitliche, der Beherbergung unmittelbar dienende Leistung gesehen und deswegen auch keinen fiktiven Betrag für die Parkplatznutzung dem Regelsteuersatz unterworfen.

5 Statt vieler *Oldiges*, UR 2016, 596 (597) und *von Streit*, UStB 2016, 242 (245).

6 So *von Streit*, UStB 2016, 242 (245) bzw. im Ergebnis auch *Dudde/Zielinski*, BB 2010, 603 (605), die zwischen „de minimis Leistungen", „Abrundungsleistungen" und „buchungsrelevanten Leistungen" unterscheiden.

ten unter **Berücksichtigung der wirtschaftlichen Realität.**[1] Mangels abstrakter Tatbestandsmerkmale wird es nichtsdestotrotz weiterhin bei **bloßer Kasuistik** bleiben.

55 In diesem Zusammenhang sei zunächst beispielhaft darauf hingewiesen, dass die Nutzung von Internet über WLAN in allen Bereichen (z.B. auf Bahnhöfen und Flughäfen oder öffentlichen Gebäuden) mehr oder minder derart einen Standard darstellt, dass es aus Sicht eines Durchschnittsverbrauchers realitätsfremd erscheint,[2] diese Leistungen separat zu besteuern.

56 Was eine Parkplatznutzung anbelangt, ist es sehr wahrscheinlich und deswegen naheliegend, dass ein gesondertes Entgelt verlangt wird, wenn es die Nachfrage und der Wettbewerb hergibt (z.B. in Metropolen und Städten), und im Gegensatz dazu nicht, wenn der Hotelgast in ländlichen Gegenden ebenso an jeder Straße um die Ecke parken kann.

57 Da es sehr verbreitet ist, Beherbergungsleistungen auch ohne Frühstück anzubieten oder umgekehrt zu nutzen, bzw. das Frühstück separat zu bepreisen, ist die vom BFH vertretene Ansicht – unter der Annahme der Rechtmäßigkeit des Aufteilungsgebots – nachvollziehbar, die Frühstücksleistungen als nicht unmittelbar der Vermietung dienend einzuordnen und mithin nicht ermäßigt zu besteuern; v.a. aus Wettbewerbsgesichtspunkten und mit Blick auf die Gleichbehandlung mit Unternehmern, die gleichartige Frühstücksleistungen ohne Übernachtung anbieten.[3]

58 Die von der FinVerw. angewandten **Vorgehensweisen** zur Aufteilung der Leistungen sowie auch **zur Aufteilung des einheitlichen Entgelts widersprechen** sicherlich den **Vorgaben des EuGH**, wonach die ausgeschlossenen Leistungen hinreichend konkret und spezifisch sein müssen, damit der Steuerpflichtige den ermäßigten Steuersatz korrekt anwenden kann.[4]

59 Dies zeigt sich u.a. auch daran, dass die FinVerw. anfangs die Nutzung von SPA-Angeboten, wie z.B. Schwimmbad und Sauna, als unentgeltlich angesehen hat,[5] während diese wenig später als entgeltlich eingestuft worden ist.[6] In diesem Zusammenhang ist zu bedenken, dass eine tatsächliche Nutzung jedes einzelnen Hotelgasts nicht nur der Interessenlage der Beteiligten, sondern auch der wirtschaftlichen Realität widerspricht, wenn man sich vor Augen führt, dass ein durchschnittlicher SPA-Bereich eines Hotels für maximal 10 % der Hotelgäste überhaupt einen Besuch ermöglichen kann.

IV. Aufzuteilende Leistungen

60 Unter das Aufteilungsgebot sollen nach dem Willen des Gesetzgebers und der FinVerw. v.a. fallen:[7]

- Verpflegungsleistungen (z.B. Frühstück, Halb- oder Vollpension, „All inclusive“);[8]
- Getränkeversorgung aus der Minibar;
- Nutzung von Kommunikationsnetzen (insbesondere Telefon und Internet);
- Nutzung von Fernsehprogrammen außerhalb des allgemein und ohne gesondertes Entgelt zugänglichen Programms („pay per view“);

---

1 BFH, Urt. v. 3.8.2017 – V R 15/17, BFH/NV 2017, 1572 = UR 2017, 787 m. Anm. *Korff/Süß*, Rz. 15, 22 und 26.

2 So *auch Kessens*, EFG 2022, 140 (144).

3 FG Berlin-Brandenburg, Urt. v. 28.11.2018 – 7 K 7314/16, EFG 2019, 294 m. Anm. *Schumann* = MwStR 2019, 378 m. Anm. *Schrader*.

4 EuGH, Urt. v. 6.5.2010 – C-94/09, ECLI:EU:C:2010:253 – Kommission/Frankreich, UR 2010, 454, Rz. 28–30.

5 OFD Karlsruhe, Vfg. v. 20.1.2010 – S 3825/2-St 341, DB 2010, 308 und bezugnehmend *Neufang/Beißwenger/Treiber*, BB 2010, 740 (743 f.) zu resultierenden Sonderproblemen wie Vertrauensschutz.

6 BMF, Schr. v. 5.3.2010 – IV D 2-S 7210/07/10003, BStBl. I 2010, 263 = UR 2010, 279.

7 Abschn. 12.16 Abs. 8 UStAE. Siehe hierzu im Vergleich die österreichischen Umsatzsteuerrichtlinien, die insb. in Bezug auf Parkplätze, Sportgeräte, Ausflüge, Wellnessangebote etc. von mit der Beherbergung verbundenen Nebenleistungen ausgehen, wenn dafür kein gesondertes Entgelt verrechnet wird, wobei das Frühstück schon nach dem Gesetz als Nebenleistung anzusehen ist.

8 Im Zeitraum vom 1.7.2020 bis 30.6.2021 bzw. letztlich bis 31.12.2023 ist aufgrund der Steuersatzermäßigung des § 12 Abs. 2 Nr. 15 UStG eine Aufteilung in Bezug auf Speisen nicht notwendig; die insoweit dargereichten Getränke unterliegen allerdings dem Regelsteuersatz.

- Leistungen, die das körperliche, geistige und seelische Wohlbefinden steigern („Wellnessangebote"); die Überlassung von Schwimmbädern[1] oder die Verabreichung von Heilbädern im Zusammenhang mit einer begünstigten Beherbergungsleistung kann dagegen nach § 12 Abs. 2 Nr. 9 Satz 1 UStG dem ermäßigten Steuersatz unterliegen;[2]
- Überlassung von Fahrberechtigungen für den Nahverkehr, die aber nach § 12 Abs. 2 Nr. 10 UStG dem ermäßigten Steuersatz unterliegen können;
- Überlassung von Eintrittsberechtigungen für Veranstaltungen, die jedoch nach § 4 Nr. 20 UStG steuerfrei sein oder nach § 12 Abs. 2 Nr. 7 Buchst. a oder d UStG dem ermäßigten Steuersatz unterliegen können;
- Transport von Gepäck außerhalb des Beherbergungsbetriebs;
- Überlassung von Sportgeräten und -anlagen;[3]
- Ausflüge;
- Reinigung und Bügeln von Kleidung sowie Schuhputzservice;
- Transport zwischen Bahnhof/Flughafen und Unterkunft;
- Einräumung von Parkmöglichkeiten, auch wenn diese nicht gesondert vereinbart und vergütet werden.[4]

V. Aufteilung des einheitlichen Entgelts

1. Vorrang gesonderter Entgeltvereinbarungen

Um zu vermeiden, dass die Gäste teilweise regelbesteuert werden, ohne dass Leistungen tatsächlich in Anspruch genommen werden, bzw. dass die FinVerw. irgendwelche Schätzpreise zur Regelbesteuerung heranzieht, können die Beherbergungsanbieter im ersten Schritt **separate Preise** für die nicht unmittelbar der Beherbergung dienenden Leistungen **festsetzen**, die dann nur im Falle der tatsächlichen Inanspruchnahme abgerechnet und der Regelbesteuerung zugrunde gelegt werden. 61

Denn soweit zivilrechtlich die Preise der einzelnen Leistungsbestandteile vereinbart werden, liegt kein Pauschalpreis vor, sodass sich die Aufteilung – in den Grenzen des § 42 AO – an der **zivilrechtlichen Vereinbarung** über diese Einzelpreise zu orientieren hat (z.B. wenn ein Preis für das Frühstück von 5 Euro für die Gäste von vornherein erkennbar ist und dieser nur bei tatsächlicher Inanspruchnahme auch abgerechnet wird).[5] Wegen des Grundsatzes der freien Preisgestaltung sollte es dem Unternehmer unbenommen bleiben, für die Übernachtungsgäste einen niedrigeren Preis anzubieten als für die reinen Frühstücksgäste. 62

1 Vor dem Hintergrund des BFH, Beschl. v. 17.8.2021 – XI B 29/21, BFH/NV 2022, 47, stellt sich die Frage, inwieweit ein Hotelschwimmbad überhaupt noch die Kriterien eines Schwimmbads i.S.d. § 12 Abs. 2 Nr. 9 Satz 1 UStG erfüllen kann, weil danach – unter Verweis auf das EuGH, Urt. v. 21.2.2013 – C-18/12, ECLI:EU:C:2013:95, Rz. 34, UR 2013, 338 = DStR 2013, 407 (m. Anm. *Küffner*) – ein Schwimmbad i.S.e. Sportanlage zur Ausübung einer sportlichen Betätigung geeignet und bestimmt sein muss, wofür Anzeichen z.B. die Unterteilung in Schwimmbahnen, die Ausstattung mit Startblöcken, eine angemessene Tiefe oder ein angemessenes Ausmaß des Schwimmbeckens sind. Jedenfalls ist breiten Diskussionen nunmehr der Raum geöffnet.

2 Insoweit differenziert das FG Nürnberg im Beschl. v. 18.12.2020 – 2 V 1159/20, EFG 2021, 422, nicht sachgerecht zwischen Wellnessangeboten und Schwimmbadzugang, weil es auch den Schwimmbadzugang unzulässigerweise dem Regelsteuersatz unterwirft.

3 In diesem Zusammenhang sei noch auf das BMF, Schr. v. 18.12.2019 – III C 2-S 7243/19/10001 :002 – DOK 2019/1083705, BStBl. I 2019, 1396 = UR 2020, 163, verwiesen, wonach weitere Möglichkeiten für sportliche Betätigungen wie z.B. Tischtennisplatten, Fußballwiese, Beachvolleyballfeld, den Charakter eines begünstigungsfähigen „Schwimmbads" nicht beeinträchtigen, sodass zum einen ein kleiner Fitnessraum mit einigen Geräten sowie zum anderen eine kleine Saunakabine oder Dampfgrotte dem begünstigt besteuerten Schwimmbadbereich zugeordnet werden können.

4 BFH, Urt. v. 1.3.2016 – XI R 11/14, BStBl. II 2016, 753 = UR 2016, 593 m. Anm. *Oldiges*.

5 FG Schleswig-Holstein, Urt. v. 21.9.2016 – 4 K 59/14, DStRE 2017, 605.

2. Schätzung der auf die verschiedenen Leistungen entfallenden Entgeltanteile

63 Wird für Leistungen, die nicht von der Steuerermäßigung nach § 12 Abs. 2 Nr. 11 Satz 1 UStG erfasst werden, **kein gesondertes Entgelt** berechnet, ist deren Entgeltanteil zu schätzen.

64 In diesem Zusammenhang ist zunächst fraglich, wie es überhaupt zu einer Regelbesteuerung kommen kann, wenn der Übernachtungsgast einzelne **Leistungen**, z.B. die Sauna, **tatsächlich nicht in Anspruch nimmt**; ein Ausnahmefall der Leistungsbereitschaft (z.B. Tickets) ist hier nicht ersichtlich.[1]

65 Jedenfalls schließt die FinVerw. **unentgeltliche, nicht zu besteuernde Leistungen** grundsätzlich aus, woraus sich neben der schwierigen Abgrenzung und Einordnung der diversen Leistungen eine weitere komplexe „Spielwiese" ergibt.

a) Sachgerechte Schätzmethode bei pauschalen Entgeltvereinbarungen

66 Erbringt ein Unternehmer im Rahmen eines Gesamtverkaufspreises zwei oder mehrere unterschiedlich zu besteuernde Lieferungen oder sonstige Leistungen, ist der einheitliche Preis sachgerecht auf die einzelnen Leistungen aufzuteilen. Dabei hat der Unternehmer grundsätzlich die **einfachstmögliche sachgerechte Aufteilungsmethode** zu wählen.[2] Bestehen mehrere sachgerechte, gleich einfache Aufteilungsmethoden, kann der Unternehmer zwischen diesen Methoden frei wählen.

67 Bietet der Unternehmer die im Rahmen des Gesamtverkaufspreises erbrachten Leistungen auch einzeln an, ist der Gesamtverkaufspreis – nach Auffassung der FinVerw. – grundsätzlich nach dem **Verhältnis der Einzelverkaufspreise** aufzuteilen. Daneben sind auch andere Aufteilungsmethoden wie das Verhältnis des Wareneinsatzes zulässig, sofern diese gleich einfach sind und zu sachgerechten Ergebnissen führen.

68 Die **Aufteilung nach den betrieblichen Kosten** ist keine gleich einfache Aufteilungsmethode und danach **nicht zulässig**. Nach diesen Grundsätzen ist auch zu verfahren, wenn das Entgelt für eine einheitliche Leistung für Zwecke der Umsatzsteuer auf unterschiedlich besteuerte Leistungsbestandteile aufzuteilen ist.

69 An dieser Stelle muss darauf hingewiesen werden, dass diese Vorgaben der FinVerw.[3] keinesfalls konform gehen mit der Rechtsprechung,[4] sondern diese mehr oder minder umkehren:

70 Zunächst hat der EuGH in dem einschlägigen Urteil zur Entgeltaufteilung lediglich darauf hingewiesen,[5] dass „von einem Wirtschaftsteilnehmer nicht verlangt werden kann, dass er den Teil des Pauschalpreises, der der Eigenleistung entspricht, nach dem Grundsatz der tatsächlichen Kosten errechnet, wenn es möglich ist, diesen Teil des Pauschalpreises nach dem Marktpreis der Leistungen zu errechnen, die den im pauschalen Leistungspaket enthaltenen entsprechen."

71 Der BFH hat dazu zum einen im Urteil vom 7.10.2010 die Kostenmethode präferiert und ausgeführt,[6] die Aufteilung „hat ggf. durch eine Schätzung nach § 162 AO zu erfolgen […] Dies kann es rechtfertigen, den Anteil des Entgelts […] in Höhe der […] entstandenen Kosten im Verhältnis zu den Gesamtkosten zu schätzen."

72 In dem Beschluss vom 3.4.2013 hat der BFH dann zugunsten des Steuerpflichtigen **ausdrücklich offen** gelassen,[7] „ob die danach erforderliche Entgeltaufteilung nach der „einfachstmöglichen Berechnungs- oder Bewertungsmethode" jegliches Ermessen des Unternehmers hinsichtlich der Aufteilung aus-

---

1 So *Eichhorn*, UR 2016, 306 (307 f.).

2 BFH, Beschl. v. 3.4.2013 – V B 125/12, BStBl. II 2013, 973 = UR 2013, 429 und BFH, Urt. v. 30.6.2011 – V R 44/10, BStBl. II 2011, 1003 = UR 2011, 863.

3 Abschn. 10.1 Abs. 11 UStAE.

4 Siehe hierzu FG Stuttgart, Urt. v. 9.11.2022 – 12 K 3098/19, juris = UStB 2023, 342 m. Anm. *Grebe* (Rev. anhängig BFH Az. XI R 19/23 sowie zu vergleichbarem Fall Az. XI R 22/22).

5 EuGH, Urt. v. 22.10.1998 – C-308/96, ECLI:EU:C:1998:496 – Madgett und Baldwin, UR 1999, 38 m. Anm. *Vellen*, Rz. 46.

6 BFH, Urt. v. 7.10.2010 – V R 12/10, BStBl. II 2011, 303 = UR 2011, 154, Rz. 33b.

7 BFH, Beschl. v. 3.4.2013 – V B 125/12, BStBl. II 2013, 973 = UR 2013, 429, Rz. 18.

schließt, oder ob für den Unternehmer entsprechend dem Rechtsgedanken des § 15 Abs. 4 UStG die Befugnis zu einer sachgerechten Schätzung besteht."

Was die Aufteilung eines pauschalen Gesamtentgelts für Beherbergungsleistungen zusammen mit nicht von der Steuerermäßigung nach § 12 Abs. 2 Nr. 11 Satz 1 UStG erfassten Leistungen anbelangt, verweist die FinVerw. jedenfalls **explizit**[1] auf Abschnitt 12.16 Abs. 11 und 12 UStAE. 73

Schätzungsmaßstab kann danach beispielsweise der **kalkulatorische Kostenanteil zuzüglich eines angemessenen Gewinnaufschlags** sein.[2] 74

Es ist evident, dass jedwede Kalkulation auf ihre Schlüssigkeit bzw. Korrektheit angegriffen werden kann, weil es insbesondere im Hinblick auf die Zurechnung der verschiedenen Gemeinkosten in der Theorie schon unterschiedliche Ansätze gibt. 75

b) Unsachgerechte Ansätze

Dass eine derartige **Kalkulation vorab** erstellt sein muss – wie das FG Berlin-Brandenburg dies im Urteil vom 28.11.2018 fordert[3] – bzw. eine ex post Kalkulation anhand der tatsächlichen Kosten umsatzsteuerlichen Grundsätzen nicht gerecht wird und mithin unzulässig sein soll, weil der vom Leistungsempfänger zu zahlende Preis von den tatsächlich anfallenden Kosten nicht mehr beeinflusst wird, lässt sich weder aus dem Gesetz oder aus irgendeinem Finanzverwaltungserlass noch aus der bisher im Zusammenhang mit dem Aufteilungsgebot ergangenen Rechtsprechung des BFH ableiten.[4] 76

Insoweit wird vielmehr verkannt, dass die Aufteilung eines echten Pauschalentgeltes eine Frage der Rechtsanwendung und nicht der zivilrechtlichen Preisvereinbarung ist; der Unternehmer kann ohne Weiteres seine Preisbestimmungsautonomie durch die Bildung des von ihm gewählten Gesamtpreises ausüben, lediglich eine weitergehende **Preisaufteilungsautonomie** über die hieraus entstehenden steuerrechtlichen Folgen steht ihm nicht zu.[5] 77

Eine ex ante Kalkulation wäre im Hinblick auf die SPA-Leistungen (Schwimmbad und/oder Sauna bzw. Fitnessraum) faktisch gar nicht möglich gewesen vor dem Hintergrund, dass die FinVerw. diese unmittelbar nach dem Inkrafttreten der Vorschrift des § 12 Abs. 2 Nr. 11 UStG zunächst als unentgeltlich eingestuft[6] und erst nach deren Anwendung später als von der Steuerbegünstigung ausgenommen angesehen hat.[7] 78

Eine **Schätzung anhand der Einzelverkaufspreise** ist in der Praxis **auch nicht sachgerecht**, weil die Leistungen meist nicht einzeln angeboten werden;[8] zwar oft noch die Übernachtung mit oder ohne Frühstück bzw. mit oder ohne Parkmöglichkeit, aber nicht die Übernachtung mit oder ohne SPA-Benutzung bzw. mit oder ohne WLAN-Nutzung. 79

Eine wie auch immer geartete Schätzung dürfte nur dann zulässig sein, wenn die tatsächlichen Kosten nicht festgestellt worden sind oder nicht feststellbar sind, sodass der Entgeltanteil auf deren Basis nicht bestimmt werden kann.[9]

1 Abschn. 10.1 Abs. 11 Satz 8 tir. 5 UStAE.
2 Abschn. 12.16 Abs. 11 UStAE.
3 FG Berlin-Brandenburg, Urt. v. 28.11.2018 – 7 K 7314/16, EFG 2019, 294 m. Anm. *Schumann* = MwStR 2019, 378 m. Anm. *Schrader*, wobei eigentlich das Postulat der „ex ante Kalkulation" vom beklagten Finanzamt stammt.
4 BFH, Urt. v. 24.4.2013 – XI R 3/11, BStBl. II 2014, 86 = UR 2014, 229 sowie BFH, Urt. v. 1.3.2016 – XI R 11/14, BStBl. II 2016, 753 = UR 2016, 593 m. Anm. *Oldiges*, in dem der BFH in der Zurückverweisung an das FG die Überprüfung der ex post Schätzung des Finanzamts anordnete; siehe hierzu auch BFH, Beschl. v. 3.4.2013 – V B 125/12, BStBl. II 2013, 973 = UR 2013, 429, zur Aufteilung bei den „Sparmenüs" und FG Niedersachsen, Urt. v. 16.1.2014 – 5 K 273/13, DStRE 2015, 1383 zur Zulassung der ex post Schätzung.
5 FG Schleswig-Holstein, Urt. v. 21.9.2016 – 4 K 59/14, DStRE 2017, 605.
6 OFD Karlsruhe, Vfg. v. 20.1.2010 – S 3825/2-St 341, DB 2010, 308.
7 BMF, Schr. v. 5.3.2010 – IV D 2-S 7210/07/10003, BStBl. I 2010, 263 = UR 2010, 279.
8 FG Berlin-Brandenburg, Urt. v. 28.11.2018 – 7 K 7314/16, EFG 2019, 294, Rz. 58.
9 FG Sachsen, Urt. v. 23.9.2020 – 2 K 352/20, EFG 2021, 244 (Az. des BFH XI R 34/20).

80 Eine Aufteilung nach den Einzelverkaufspreisen ist selbst dann nicht möglich, wenn es solche Einzelverkaufspreise zwar z.B. für Frühstücksleistungen oder SPA-Leistungen für **Nicht-Übernachtungsgäste** gibt,[1] nicht aber für Übernachtungsleistungen, welche meist nur zusammen mit Frühstücksleistungen oder SPA-Leistungen angeboten werden.

81 Der Einzelverkaufspreis für die Übernachtungsleistungen kann auch nicht im **Wege der Subtraktion** des Einzelverkaufspreises für ein Frühstück oder einen SPA-Zutritt vom Gesamtpreis für die jeweilige Übernachtung mit Frühstück ermittelt werden,[2] weil dies zu Verzerrungen führen würde, die umso größer wären, je niedriger der Gesamtpreis im Einzelnen wäre; Rabatte würden bei dieser Methode allein zu Lasten des Übernachtungspreises gehen.

82 Ebenso wenig dürfen die Finanzämter einen „Marktpreis" anhand eines **Durchschnittswerts von verschiedenen anderen Unternehmen** nehmen, weil diese Methode nicht vergleichbar einfach ist. Denn dabei wäre neben der Vergleichbarkeit der verschiedenen Leistungen auch die Vergleichbarkeit der verschiedenen Anbieter zu prüfen, was einen unverhältnismäßig hohen Aufwand darstellen würde.[3]

83 Zu guter Letzt ist noch zu bedenken, dass z.B. mit der unkontrollierten Einräumung von Parkmöglichkeiten oder Nutzung von SPA-Bereichen oder von WLAN eine Regelbesteuerung stattfindet, ohne dass eine Vielzahl von Gästen davon einen Gebrauch macht oder mangels ausreichender Ressourcen machen kann (Grundsatz der wirtschaftlichen Realität).[4] Vor dem Hintergrund der **Besteuerung von Nutzungsmöglichkeiten** erscheint es **umso sachgerechter**, nicht irgendwelche Marktpreise einer tatsächlichen Nutzung der Besteuerung zugrunde zu legen, sondern – wie vom BMF vorgesehen – eine Schätzung der diesbezüglichen kalkulatorischen Kosten.

c) Vereinfachte pauschale Schätzung der Finanzverwaltung

84 Es wird von der FinVerw. als **Vereinfachungsmaßnahme** nicht beanstandet, wenn der auf die nicht unmittelbar der Beherbergung dienenden Leistungen entfallende Entgeltanteil mit 20 % des Pauschalpreises angesetzt wird.[5]

Da nach der Einführung des § 12 Abs. 2 Nr. 15 UStG die Pauschale mit Blick auf die temporär (vom 1.7.2020 bis zum 30.6.2021 bzw. letztlich bis zum 31.12.2023) ermäßigt besteuerten Frühstücksleistungen nicht mehr angemessen im Sinne von zu hoch geraten ist,[6] hat die FinVerw. den pauschalen Prozentsatz von 20 % auf 15 % reduziert.[7]

D. Abrechnung

85 Der Unternehmer ist nach § 14 Abs. 2 Satz 1 Nr. 1 UStG grundsätzlich verpflichtet, innerhalb von 6 Monaten nach Ausführung der Leistungen eine Rechnung mit den in § 14 Abs. 4 UStG genannten Angaben auszustellen. Für Umsätze aus der Vermietung von Wohn- und Schlafräumen zur kurzfristigen Beherbergung von Fremden sowie aus der kurzfristigen Vermietung von Campingflächen besteht

1 *Eichhorn*, UR 2016, 306 (308) weist darauf hin, dass Saunaleistungen an einen Nicht-Übernachtungsgast einen höheren Gewinnzuschlag auslösen als an einen Übernachtungsgast; vor dem Hintergrund, dass die SPA-Preise in Hotels oftmals das Dreifache betragen wie in der allgemeinen Öffentlichkeit zugänglichen Bädern, handelt es sich mehr oder minder um „Prohibitivpreise" (schon allein mit Blick auf die begrenzten Kapazitäten).

2 FG Berlin-Brandenburg, Urt. v. 28.11.2018 – 7 K 7314/16, EFG 2019, 294, Rz. 58, wobei das Subtraktionsverbot sich in vielen Bereichen des Steuerrechts findet.

3 FG Schleswig-Holstein, Urt. v. 21.9.2016 – 4 K 59/14, DStRE 2017, 605.

4 BFH, Urt. v. 3.8.2017 – V R 15/17, BStBl. II 2021, 403 = UR 2017, 787 m. Anm. *Korff/Süß*, Rz. 22.

5 Abschn. 12.16 Abs. 12 Satz 2 UStAE.

6 *Bachmann/Ertl/Gebhardt/Seifer*, DStR 2020, 1168 (1171).

7 BMF, Schr. v. 2.7.2020 – III C 2-S 7030/20/10006 :006, BStBl. I 2020, 610 = UR 2020, 699 zur Neufassung des Absatzes 12 Satz 2 in Abschn. 12.16 UStAE bzw. BMF, Schr. v. 3.6.2021 – III C 2-S 7030/20/10006 :006, BStBl. I 2021, 777 = UR 2021, 571 zur Verlängerung des zeitlichen Anwendungsbereichs bis zum 31.12.2022 bzw. BMF, Schr. v. 21.11.2022 – III C 2-S 7030/20/10006 :006, BStBl. I 2022, 1595 = UR 2022, 950 bis zum 31.12.2023.

eine Rechnungserteilungspflicht jedoch nicht,[1] wenn die Leistung weder an einen anderen Unternehmer für dessen Unternehmen noch an eine juristische Person erbracht wird.[2]

Aus **Vereinfachungsgründen** wird es – auch für Zwecke des Vorsteuerabzugs des Leistungsempfängers – nicht beanstandet,[3] wenn folgende in einem Pauschalangebot enthaltenen nicht begünstigten Leistungen in der Rechnung mit Blick auf die Leistungsbeschreibung zu einem **Sammelposten** (z.B. „Business-Package", „Servicepauschale") zusammengefasst und der darauf entfallende Entgeltanteil – der grundsätzlich mit 20 % bzw. im Zeitraum vom 1.7.2020 bis zum 30.6.2021 bzw. nunmehr bis zum 31.12.2023 wegen der Steuersatzermäßigung des § 12 Abs. 2 Nr. 15 UStG für Restaurant- und Verpflegungsdienstleistungen ohne Getränke lediglich mit 15 %[4] des Pauschalpreises angesetzt werden kann, was für Kleinbetragsrechnungen (§ 33 UStDV) für den in der Rechnung anzugebenden Steuerbetrag entsprechend gilt – in einem Betrag ausgewiesen werden: 86

- Abgabe eines Frühstücks (was wegen der vom 1.7.2020 bis 30.6.2021 bzw. letztlich bis 31.12.2023 zeitlich befristeten Steuersatzermäßigung des § 12 Abs. 2 Nr. 15 UStG nur für den Getränkeanteil gelten kann);
- Nutzung von Kommunikationsnetzen;
- Reinigung und Bügeln von Kleidung, Schuhputzservice;
- Transport zwischen Bahnhof/Flughafen und Unterkunft;
- Transport von Gepäck außerhalb des Beherbergungsbetriebs;
- Nutzung von Saunaeinrichtungen;
- Überlassung von Fitnessgeräten;
- Überlassung von Plätzen zum Abstellen von Fahrzeugen.

Ein derartiges Business-Package oder eine derartige Service-Pauschale wird gegenüber allen Gästen abgerechnet, auch wenn diese Leistungen gar nicht in Anspruch genommen werden, was höchst fragwürdig ist. 87

Diese Vereinfachungsregelung gilt allerdings nicht für Leistungen, für die ein gesondertes Entgelt vereinbart wird. 88

Soweit in Verbindung mit der Beherbergung Leistungen erbracht werden, die ebenfalls dem ermäßigten Steuersatz unterliegen (z.B. Schwimmbad) und für die kein Entgelt berechnet wird, kann der auf die Beherbergung und diese Leistungen entfallende Entgeltanteil in der Rechnung in einem Betrag ausgewiesen werden; eine Kalkulation ist insoweit nicht erforderlich.[5] 89

---

1 Abschn. 14.1 Abs. 3 Satz 5 UStAE.

2 Abschn. 12.16 Abs. 10 UStAE.

3 Abschn. 12.16 Abs. 12 UStAE. Das BMF weist im Schr. v. 5.3.2010 – IV D 2 – S-7210/07/10003 IV C 5-S 2353/09/10008, BStBl. I 2010, 259 = UR 2010, 279 auf die lohnsteuerlichen Folgen des Sammelpostens hin, die u.a. erläutert werden von *Liebgott* in Birkenfeld/Wäger, Umsatzsteuerhandbuch, § 12 Abs. 2 Nr. 11 UStG Rz. 135 ff.

4 BMF, Schr. v. 2.7.2020 – III C 2-S 7030/20/10006 :006, BStBl. I 2020, 610 = UR 2020, 699 zur Neufassung des Absatzes 12 Satz 2 in Abschn. 12.16 UStAE bzw. BMF, Schr. v. 3.6.2021 – III C 2-S 7030/20/10006 :006, BStBl. I 2021, 777 = UR 2021, 571 zur Verlängerung des zeitlichen Anwendungsbereichs bis zum 31.12.2022 bzw. BMF, Schr. v. 21.11.2022 – III C 2-S 7030/20/10006 :006, BStBl. I 2022, 1595 = UR 2022, 950 bis zum 31.12.2023.

5 FinMin Sachsen-Anhalt, Erlass v. 12.5.2016 – 42-S 7220-18, UR 2016, 692 sowie schon OFD Magdeburg, Vfg. v. 15.9.2010 – S 7220-13-St 243, UR 2011, 77.

§ 12 Abs. 2 Nr. 12 [Einfuhr von Sammlungsstücken und Kunstgegenständen]

…

(2) Die Steuer ermäßigt sich auf 7 Prozent für die folgenden Umsätze:

…

12. die Einfuhr der in Nummer 49 Buchstabe f, den Nummern 53 und 54 der Anlage 2 bezeichneten Gegenstände;

…

Schrifttum: S. Anl. 2 und § 12 Abs. 2 Nr. 13.

A. Grundaussagen

I. Regelungsgegenstand und Bedeutung

1 § 12 Abs. 2 Nr. 12 UStG gewährt den ermäßigten Steuersatz auf die von § 12 Abs. 2 Nr. 1 und Nr. 2 UStG ausgenommenen **Sammlungsstücke und Kunstgegenstände**, dies allerdings beschränkt auf den Umsatz der **Einfuhr**. Die **Lieferung** und den **innergemeinschaftlichen Erwerb** von **Kunstgegenständen** – nicht dagegen von Sammlungsstücken – regelt § 12 Abs. 2 **Nr. 13** UStG (Rz. 3).

II. Unionsrechtliche Grundlagen

2 Die von § 12 Abs. 2 Nr. 12 UStG erfassten Gegenstände waren bis zu den Änderungen der MwStSystRL durch die **Richtlinie (EU) 2022/542** (Anl. 2 Rz. 11) nicht im Anhang III MwStSystRL enthalten. Die unionsrechtliche Grundlage für diese Norm fand sich in der Sonderregelung des **Art. 103 Abs. 1 MwStSystRL**. Danach durften die Mitgliedstaaten den ermäßigten Steuersatz lediglich auf die **Einfuhr** von bestimmten **Kunstgegenständen, Sammlungsstücken und Antiquitäten**, die in Art. 311 Abs. 1 Nr. 2, 3 und 4 i.V.m. Anhang IX Teile A–C MwStSystRL definiert wurden, anwenden. In § 12 Abs. 2 Nr. 12 UStG hat Deutschland von dieser Möglichkeit nur für Kunstgegenstände und Sammlungsstücke, nicht jedoch für Antiquitäten Gebrauch gemacht.

2.1 Die Richtlinie (EU) 2022/542 hat **Art. 103 Abs. 1 MwStSystRL gestrichen.**[1] Die Einfuhr der von dieser Vorschrift erfassten Gegenstände wird nunmehr durch das Zusammenspiel von Anhang III Nr. 26 und Art. 94 Abs. 3 MwStSystRL geregelt. Die vormals in Art. 103 Abs. 1 MwStSystRL genannten Gegenstände wurden in den **Anhang III Nr. 26 MwStSystRL** aufgenommen, wonach nunmehr deren **Lieferung** dem **ermäßigten Steuersatz** unterliegen darf (§ 12 Abs. 2 Nr. 13 Rz. 2.1). Der neugefasste **Art. 94 Abs. 3 MwStSystRL**[2] schlägt die Brücke zur **Einfuhr.** Er erlaubt es den Mitgliedstaaten – in Ausnahme von Art. 94 Abs. 2 MwStSystRL (§ 12 Abs. 2 Nr. 1 Rz. 4) –, den ermäßigten Steuersatz auf die **Einfuhr** von Kunstgegenständen, Sammlungsstücken und Antiquitäten i.S.v. Anhang IX Teile A–C

1 Art. 1 Nr. 12 RL (EU) 2022/542.
2 Art. 1 Nr. 5 RL (EU) 2022/542.

auch dann anzuwenden, wenn sie für die Lieferung den Normalsatz anwenden. Diese Ausnahme vom Gleichlauf der Anwendung des ermäßigten Steuersatzes für Lieferung und Einfuhr ermöglicht es den Mitgliedstaaten, statt des ermäßigten Steuersatzes die Differenzbesteuerung auf diese Gegenstände anzuwenden (§ 12 Abs. 2 Nr. 13 Rz. 3), gleichwohl deren Einfuhr dem ermäßigten Steuersatz zu unterwerfen.

Die in Anhang III Nr. 26 und Art. 94 Abs. 3 MwStSystRL bezeichneten Gegenstände werden in **Anhang IX** Teile A–C MwStSystRL definiert. **Teil A** MwStSystRL nennt **sieben Kategorien von Kunstgegenständen**, nämlich einerseits Gemälde, Originalstiche-, -schnitte und -steindrucke sowie Originalerzeugnisse der Bildhauerkunst (Nr. 1–3) und andererseits Tapisserien und textile Wandbekleidung, Keramikwaren, Emaillekunst und Fotografien (Nr. 4–7).[1] 2.2

Anhang IX **Teil B** MwStSystRL definiert **Sammlungsstücke** als Briefmarken, Stempelmarken, Steuerzeichen, Ersttagsbriefe, Ganzsachen und dergleichen, entwertet oder nicht entwertet, jedoch weder gültig noch zum Umlauf vorgesehen (Unterposition 9704 0000 KN) (Nr. 1) sowie zoologische, botanische, mineralogische oder anatomische Sammlungsstücke und Sammlungen; Sammlungsstücke von geschichtlichem, archäologischem, paläontologischem, völkerkundlichem oder münzkundlichem Wert (Unterposition 9705 0000 KN). 2.3

Anhang IX **Teil C** MwStSystRL bildet die **Auffangkategorie** der **Antiquitäten** und beschreibt sie als mehr als 100-jährige, andere Gegenstände als Kunstgegenstände und Sammlungsstücke (Unterposition 9706 00 00 KN). 2.4

III. Verhältnis zu anderen Vorschriften und Rechtsentwicklung

1. Verhältnis zu anderen Vorschriften

§ 12 Abs. 2 Nr. 12 UStG steht in engem Bezug zu § 12 Abs. 2 Nr. 1, 2 und 13 UStG. Alle Tatbestände beziehen sich auf Gegenstände nach Anl. 2 (Anl. 2 Rz. 1 ff.). Die von § 12 Abs. 2 Nr. 1 und Nr. 2 UStG ausgeklammerten Kunstgegenstände (Nr. 53) sowie Sammlungsstücke (Nr. 49 Buchst. f, Nr. 54) werden von **§ 12 Abs. 2 Nr. 12** UStG hinsichtlich der **Einfuhr** erfasst. § 12 Abs. 2 **Nr. 13** UStG privilegiert die **Lieferung** und den **innergemeinschaftlichen Erwerb** von Sammlungsstücken. 3

2. Rechtsentwicklung

Kunstgegenstände (Nr. 53 Anl. 2) und Sammlungsstücke (Nr. 49 Buchst. f, Nr. 54 Anl. 2) waren bereits im Entwurf des UStG 1967 enthalten.[2] Bis zur Schaffung von § 12 Abs. 2 Nr. 12 und 13 UStG waren sie von § 12 Abs. 2 Nr. 1 UStG erfasst, der die Lieferung und den innergemeinschaftlichen Erwerb ohne weitere Voraussetzungen privilegiert. Da die Steuerbegünstigung für Kunstgegenstände und Sammlungsstücke nach dem mittlerweile aufgehobenen Art. 103 Abs. 1 MwStSystRL (Rz. 2.1) nur hinsichtlich der Einfuhr (Rz. 2) und gemäß Art. 103 Abs. 2 MwStSystRL für die Lieferung nur unter bestimmten Voraussetzungen zulässig war (§ 12 Abs. 2 Nr. 13 Rz. 2), leitete die EU ein Vertragsverletzungsverfahren ein, soweit § 12 Abs. 2 Nr. 1 UStG a.F. darüber hinausging. Die Unionsrechtswidrigkeit betraf insbes. den gewerblichen Kunsthandel sowie die Vermietung von Kunstgegenständen und Sammlungsstücken.[3] Um einer EuGH-Entscheidung zuvorzukommen, wurden Kunstgegenstände und Sammlungsstücke aus dem Anwendungsbereich von § 12 Abs. 2 Nr. 1 UStG herausgenommen und in die zum **1.1.2014**[4] **geschaffenen § 12 Abs. 2 Nr. 12 und 13 UStG** überführt.[5] 4

1 EuGH, Urt. v. 5.9.2019 – C-145/18, ECLI:EU:C:2019:668 – Regards Photographiques, UR 2019, 779, Rz. 26 ff.
2 Nr. 46 der seinerzeitigen Anl. 1, BT-Drucks. V/1581, 18.
3 BT-Drucks. 17/12375, 44.
4 Art. 10 Nr. 5 Buchst. d, Art. 31 Abs. 7 Amtshilferichtlinie-Umsetzungsgesetz v. 26.6.2013, BGBl. I 2013, 1809 (1831, 1843).
5 Zur Gesetzgebungsgeschichte *Rondorf* in Schwarz/Widmann/Radeisen, § 12 Abs. 2 Nr. 12 UStG Rz. 3 ff. (Stand: April 2020).

4.1 Durch die mit der Richtlinie (EU) 2022/542 erfolgten Änderungen (Rz. 2.1) hat sich im Ergebnis für die Einfuhr nichts geändert und für **§ 12 Abs. 2 Nr. 12 UStG** besteht **kein Änderungsbedarf.**[1] Sollte allerdings § 12 Abs. 2 Nr. 13 UStG aufgehoben und die Steuerbegünstigung in § 12 Abs. 2 Nr. 1 integriert werden (§ 12 Abs. 2 Nr. 13 Rz. 5.1), könnte mit § 12 Abs. 2 Nr. 12 UStG ebenso verfahren werden.

B. Begünstigte Umsätze (Nr. 12)

I. Einfuhr

5 Wie § 12 Abs. 2 Nr. 1 UStG begünstigt § 12 Abs. 2 Nr. 12 UStG die Einfuhr (zu diesem Begriff s. § 12 Abs. 2 Nr. 1 Rz. 21) der in Bezug genommenen Gegenstände.

II. Begünstigte Gegenstände

1. Überblick

6 § 12 Abs. 2 Nr. 12 UStG verweist genau auf die **Gegenstände der Anl. 2, die von § 12 Abs. 2 Nr. 1 und 2 UStG ausgeklammert werden**. Für die Auslegung der einzelnen Begriffe sind die bei der Anl. 2 dargestellten Auslegungshilfen zu berücksichtigen (Anl. 2 Rz. 56 ff.).

2. Sammlungsstücke (Nr. 49 Buchst. f, Nr. 54 Anl. 2)

7 Nach der Rechtsprechung des EuGH sind Sammlungsstücke i.S.d. Unterposition 9705 0000 KN, auf die **Nr. 54 Anl. 2** verweist, zur Aufnahme in eine Sammlung geeignete Gegenstände, die verhältnismäßig selten sind, normalerweise nicht ihrem ursprünglichen Verwendungszweck gemäß benutzt werden, Gegenstand eines Spezialhandels außerhalb des üblichen Handels mit ähnlichen Gebrauchsgegenständen sind und einen hohen Wert haben.[2] Sie sind grundsätzlich von **Antiquitäten** (Unterposition 9706 0000 KN) **abzugrenzen,** die von § 12 Abs 2 Nr. 12 nicht erfasst sind (Rz. 2). Die Eigenschaft eines Gegenstands als Sammlungsstück muss für jedes Einzelstück einer Sammlung erbracht werden.[3]

8 Versteckt in der Kategorie der Erzeugnisse des grafischen Gewerbes (Nr. 49 Anl. 2) werden außerdem **Briefmarken** „und dergleichen" genannt, sofern sie als Sammlungsstücke anzusehen sind **(Nr. 49 Buchst. f Anl. 2)**. Durch die nur teilweise Bezugnahme auf die Unterpositionen 4907 00 und 9704 0000 KN wird deutlich, dass Stempelmarken und Steuerzeichen nicht erfasst sind. Die Briefmarken können frankaturgültig („postfrisch") oder entwertet („gestempelt") sein.

8.1 Die **Steuerbegünstigung frankaturgültiger Briefmarken**, die durch den Verweis in Nr. 49 Buchst. f Anl. 2 auf die Unterposition 4907 00 KN erfolgt, ist **unionsrechtswidrig**, weil Anhang IX Teil B Nr. 1 MwStSystRL nur die Unterposition 9704 0000 KN in Bezug nimmt und damit frankaturgültige Briefmarken gerade nicht einschließt.[4] Steuerpflichtige können sich gleichwohl darauf berufen, weil Nr. 49 Buchst. f Anl. 2 eindeutig auch für frankaturgültige Briefmarken gilt und damit nicht einschränkend ausgelegt werden kann (Anl. 2 Rz. 124). Dass auch frankaturgültige Briefmarken von der Steuerbegünstigung erfasst werden, ist im Übrigen sachgerecht, weil typischerweise die laufend herausgegebenen – und damit frankaturgültigen – Briefmarken Teil eines (geografisch oder thematisch bestimmten) philatelistischen Sammelgebiets sind. Konflikte mit der Steuerfreiheit für die Einfuhr frankatur-

1 So auch *Huschens*, AVR 2022, 238 (239).

2 EuGH, Urt. v. 10.10.1985 – 200/84, ECLI:EU:C:1985:403 – Daiber, Rz. 25; EuGH, Urt. v. 3.12.1998 – C-259/97, ECLI:EU:C:1998:587 – Clees, Rz. 10; BFH, Urt. v. 24.8.2010 – VII R 10/10, BFH/NV 2011, 322, Rz. 8.

3 BFH, Urt. v. 24.8.2010 – VII R 10/10, BFH/NV 2011, 322, Rz. 10.

4 *Hummel* in Rau/Dürrwächter, § 12 Abs. 2 Nr. 12 UStG Rz. 23 (Stand: Sept. 2022); etwas zurückhaltender *Schüler-Täsch* in Sölch/Ringleb, § 12 UStG Rz. 914 (Stand: Juni 2022).

gültiger Briefmarken kann es nur hinsichtlich der amtlichen deutschen Briefmarken geben, da nur diese „im Inland gültig sind" (§§ 5 Abs. 1 Nr. 2, 4 Nr. 8 Buchst. i UStG).

Als Beispiele für Sammlungstücke, die mit Briefmarken vergleichbar sind, werden **Ersttagsbriefe** und **Ganzsachen** genannt. Ganzsachen sind im Voraus bezahlte philatelistische Belege mit Wertzeicheneindruck (z.B. Umschläge, Streifbänder, Postkarten, Postanweisungen). Ersttagsbriefe sind Postbelege mit einer entwerteten Briefmarke, wobei der Stempel das Datum des Erstausgabetages der Briefmarke trägt. 9

In **Nr. 54 Anl. 2** werden bestimmte **naturwissenschaftliche, geschichtliche, völkerkundliche und numismatische Sammlungsstücke** aufgeführt. Neben Sammlungsstücken und ganzen Sammlungen von zoologischer, botanischer, mineralogischer oder anatomischer Art (Nr. 54 Buchst. a Anl. 2) werden Sammlungsstücke von geschichtlichem, archäologischem, paläontologischem oder völkerkundlichem Wert aufgeführt (Nr. 54 Buchst. b Anl. 2). Die Bezugnahme in Spalte 3 der Anl. 2 auf die Position 9705 0000 KN ist nicht weiterführend, weil sie lediglich den Wortlaut der Nr. 54 Buchst. a und b Anl. 2 zusammenfasst. 10

Mit den Briefmarken (Rz. 8) verwandt sind die Sammlungsstücke von **münzkundlichem Wert** (Nr. 54 Buchst. c Anl. 2). Die Bezugnahme auf die Unterposition 9705 0000 KN trägt nicht zur Begriffsklärung bei, da dort nur der Wortlaut von Nr. 54 Buchst. c Anl. 2 („Sammlungsstücke von […] münzkundlichem Wert") wiederholt wird. Im Einzelnen werden kursungültige **Banknoten** (einschließlich Briefmarken- und Papiernotgeld) (Buchst. aa), **Münzen** aus unedlen Metallen (Buchst. bb) sowie **Münzen und Medaillen aus Edelmetallen** (Buchst. cc) genannt. Von der zuletzt genannten Kategorie sind nur solche erfasst, bei denen die Bemessungsgrundlage für die Umsätze mehr als 250 % des Metallwerts (ohne Umsatzsteuer) beträgt, wobei der Metallwert nach dem Feingewicht berechnet wird. Das **BMF** gibt jährlich die **Berechnungsgrundlagen** bekannt.[1] 11

3. Kunstgegenstände (Nr. 53 Anl. 2)

Als zweite Kategorie begünstigter Objekte nennt § 12 Abs. 2 Nr. 12 UStG Kunstgegenstände (Nr. 53 Anl. 2). Im Einzelnen handelt es sich um 12

a) Gemälde und Zeichnungen, vollständig mit der Hand geschaffen, sowie Collagen und ähnliche dekorative Bildwerke i.S.d. Position 9701 KN;

b) Originalstiche, -schnitte und -steindrucke i.S.d. Unterposition 9702 0000 KN;

c) Originalerzeugnisse der Bildhauerkunst, aus Stoffen aller Art i.S.d. Unterposition 9703 0000 KN.

Damit wurden nur die Kunstgegenstände nach Anhang IX Teil A Nr. 1–3 MwStSystRL in deutsches Recht umgesetzt. Die übrigen dort genannten Kategorien (Rz. 2.2) werden nicht begünstigt. 13

Die FinVerw. hat jüngst klargestellt, dass es für die **Abgrenzung von Kunst- und Gebrauchsgegenständen**, insbes. im Bereich der Gebrauchsplastiken, nicht auf die künstlerische Wertung des Schöpfers oder die Anerkennung seiner künstlerischen Tätigkeit i.S.v. § 18 Abs. 1 Nr. 1 Satz 2 EStG ankommt, sondern in Anwendung der **zollrechtlichen Einreihungskriterien** (Anl. 2 Rz. 71) allein auf die objektiven Wareneigenschaften, wobei maßgeblich ist, ob der künstlerische Eindruck oder der Gebrauchswert prägend ist.[2] 14

1 Zuletzt BMF, Schr. v. 1.12.2023 – III C 2-S 7246/19/10002:001 – DOK 2023/1135686, BStBl. I 2023, 2088 = UR 2024, 79 für den Veranlagungszeitraum 2024.

2 OFD Karlsruhe, Vfg. v. 14.4.2023 – USt-Kartei S 7229 – Karte 1, UR 2023, 703, betr. Kunstgegenstände i.S.d. Nr. 53 Anl. 2 zu § 12 UStG. Hierzu *Kraeusel*, UVR 2023, 317.

§ 12 Abs. 2 Nr. 13 [Lieferung und ig. Erwerb von Kunstgegenständen]

…

(2) Die Steuer ermäßigt sich auf 7 Prozent für die folgenden Umsätze:

…

13. die Lieferungen und der innergemeinschaftliche Erwerb der in Nummer 53 der Anlage 2 bezeichneten Gegenstände, wenn die Lieferungen
a) vom Urheber der Gegenstände oder dessen Rechtsnachfolger bewirkt werden oder
b) von einem Unternehmer bewirkt werden, der kein Wiederverkäufer (§ 25a Absatz 1 Nummer 1 Satz 2) ist, und die Gegenstände
aa) vom Unternehmer in das Gemeinschaftsgebiet eingeführt wurden,
bb) von ihrem Urheber oder dessen Rechtsnachfolger an den Unternehmer geliefert wurden oder
cc) den Unternehmer zum vollen Vorsteuerabzug berechtigt haben;

…

Schrifttum: *Kraeusel,* Kunstgegenstände oder Gebrauchsgegenstände? – Abgrenzungsfragen, UVR 2023, 317; *Unverdorben,* Der deutsche Kunsthandel entdeckt die Differenzbesteuerung – Über die Folgen des Wegfalls des ermäßigten Umsatzsteuersatzes, MwStR 2014, 191; *Widmann,* Die durch das Amtshilferichtlinie-Umsetzungsgesetz angeordneten Änderungen des Umsatzsteuergesetzes, MwStR 2013, 321.

A. Grundaussagen

I. Regelungsgegenstand und Bedeutung

1 § 12 Abs. 2 Nr. 13 UStG behandelt die Steuerbegünstigung für die von § 12 Abs. 2 Nr. 1 UStG ausgeklammerten **Kunstgegenstände** (Nr. 53 Anl. 2), soweit die **Lieferung** und der **innergemeinschaftliche Erwerb** betroffen sind. Die Norm berücksichtigt die Besonderheiten des Kunstmarkts, der in einen Primär- und einen Sekundärmarkt unterteilt wird. Der Primärmarkt besteht aus dem erstmaligen Verkauf „atelierfrischer" Kunstwerke. Bei den hierbei üblichen Kommissionsgeschäften (§ 3 Abs. 3 UStG) erfolgt eine umsatzsteuerliche Lieferung des Künstlers (Kommittent) an seine Galerie (Kommissionär) und eine weitere von der Galerie an den Käufer. Auf dem Sekundärmarkt werden bereits einmal verkaufte Kunstwerke gehandelt.[1] § 12 Abs. 2 Nr. 13 UStG privilegiert die erste Lieferung des Künstlers auf den Primärmarkt und unter bestimmten Umständen Transaktionen des Sekundärmarkts.[2]

1 Diese Marktbedingungen erläutert *Unverdorben,* MwStR 2014, 191 (191).
2 Zu den Besonderheiten der Umsatzbesteuerung von Kunstgegenständen instruktiv EuGH, Schlussanträge des Generalanwalts *Szpunar* v. 23.3.2023 – C-180/22, ECLI:EU:C:2023:242 – Mensing II, Rz. 22 ff.

II. Unionsrechtliche Grundlagen

Die von § 12 Abs. 2 Nr. 13 UStG erfassten Umsätze waren bis zu den Änderungen der MwStSystRL durch die **Richtlinie (EU) 2022/542** (Anl. 2 Rz. 11) nicht vom Anhang III MwStSystRL erfasst. Seine unionsrechtliche Grundlage fand sich in der Sonderregel des **Art. 103 Abs. 2 MwStSystRL**. Danach durften die Mitgliedstaaten, sofern sie auf die Einfuhr von Kunstgegenständen, Sammlungsstücken und Antiquitäten den ermäßigten Steuersatz anwenden – wie es Deutschland durch § 12 Abs. 2 Nr. 12 UStG für Kunstgegenstände der Fall ist –, diesen unter bestimmten weiteren Umständen auch auf die (sich an die Einfuhr anschließende) **Lieferung** dieser Gegenstände anwenden, sofern bestimmte weitere, in der Person des Lieferers begründete Voraussetzungen erfüllt sind. Die Umsetzung dieser Regelung führt zur unterschiedlichen Besteuerung derselben Gegenstände in Abhängigkeit davon, von wem sie geliefert werden und wurde daher mit Recht kritisiert.[1] 2

Die Richtlinie (EU) 2022/542 hat **Art. 103 Abs. 2 MwStSystRL gestrichen.**[2] Stattdessen wurden die – über den Verweis auf Art. 103 Abs. 1 MwStSystRL (§ 12 Abs. 2 Nr. 12 Rz. 2, 2.2 ff.) – von Art. 103 Abs. 2 MwStSystRL erfassten Kunstgegenstände, Sammlungsstücke und Antiquitäten in den **Anhang III Nr. 26 MwStSystRL** aufgenommen[3], so dass nunmehr die **Lieferung** dieser Gegenstände – **ohne weitere, insbes. ohne persönliche Voraussetzungen** – dem ermäßigten Steuersatz unterworfen werden darf. 2.1

Gleichzeitig wurde durch die **Einfügung von Art. 98a MwStSystRL**[4] die **Exklusivität** der Anwendung des **ermäßigten Steuersatzes** und der **Differenzbesteuerung** (Rz. 3) festgelegt. Danach sind die in Art. 98 Abs. 1 und Abs. 2 i.V.m. Anhang III MwStSystRL genannten ermäßigten Steuersätze nicht auf **Lieferungen** von Kunstgegenständen, Sammlungsstücken und Antiquitäten anwendbar, für die die Art. 311 ff. MwStSystRL gelten. 2.2

Änderungen des mitgliedstaatlichen Rechts, die sich insbes. aus der Streichung von Art. 103 MwStSystRL und der Einfügung von Art. 98a MwStSystRL ergeben, müssen bis zum **1.1.2025** erfolgen.[5] 2.3

III. Verhältnis zu anderen Vorschriften und Rechtsentwicklung

1. Verhältnis zu anderen Vorschriften

Zusammen mit der Schaffung von § 12 Abs. 2 Nr. 13 UStG und der spiegelbildlichen Einschränkung von § 12 Abs. 2 Nr. 1 UStG wurden in den Vorschriften über die **Differenzbesteuerung** bei **§ 25a Abs. 3 UStG** ein neuer Satz 2 und Satz 3 eingefügt (§ 25a Rz. 33 ff.). Sie sehen eine Pauschalmarge von 30 % des Verkaufspreises vor, wenn sich der Einkaufspreis des Kunstwerks nicht ermitteln lässt oder wenn er unbedeutend ist. Dies kommt beim **Ankauf kompletter Sammlungen** oder von **Nachlässen** ohne Einzelpreisfestlegung für die verschiedenen Gegenstände in Betracht.[6] Durch diese Begünstigung bei der Differenzbesteuerung sollen die Nachteile ausgeglichen werden, die dem gewerblichen Kunsthandel durch den Wegfall des ermäßigten Steuersatzes auf die Lieferung von Kunstgegenständen entstanden sind.[7] 3

2. Rechtsentwicklung

§ 12 Abs. 2 Nr. 13 UStG wurde gemeinsam mit § 12 Abs. 2 Nr. 12 UStG zum **1.1.2014** eingeführt (§ 12 Abs. 2 Nr. 12 Rz. 4), um eine Regelung zu schaffen, die mit Art. 103 Abs. 2 MwStSystRL in Ein- 4

---

1 *Widmann*, MwStR 2013, 321 (324) und *Unverdorben*, MwStR 2014, 191 (192).
2 Art. 1 Nr. 12 RL (EU) 2022/542.
3 Art. 1 Nr. 23 i.V.m. Anhang Nr. 11 Richtlinie (EU) 2022/542.
4 Art. 1 Nr. 7 RL (EU) 2022/542.
5 Art. 3 Abs. 1 RL (EU) 2022/542.
6 Ausführlich *Unverdorben*, MwStR 2014, 191 (192 ff.); *Widmann*, MwStR 2013, 321 (324) mit einer Beispielsrechnung.
7 BT-Drucks. 17/12375, 47.

klang steht. Gleichzeitig wurde die Bezugnahme auf Kunstgegenstände aus § 12 Abs. 2 Nr. 1 UStG entfernt. Durch das JStG 2019[1] erfolgte eine redaktionelle Änderung von § 12 Abs. 2 Nr. 13 UStG.

5 § 12 Abs. 2 Nr. 13 UStG stimmt nicht vollständig mit Art. 103 Abs. 2 MwStSystRL überein, weil er auch den **innergemeinschaftlichen Erwerb** umfasst, der in Art. 103 Abs. 2 MwStSystRL nicht genannt ist. Dies ist jedoch deshalb sachgerecht, weil der innergemeinschaftliche Erwerb im Binnenmarkt das Gegenstück zur Einfuhr aus Drittstaaten ist.[2]

5.1 Durch die mit der Richtlinie (EU) 2022/542 erfolgten Änderungen der MwStSystRL (Rz. 2.1 ff.) kann der vor 2014 geltende Rechtszustand (§ 12 Abs. 2 Nr. 12 Rz. 4) wieder hergestellt werden und ab dem **1.1.2025 im gewerblichen Kunsthandel der ermäßigte Umsatzsteuersatz zur Anwendung kommen**. Hierfür hatte sich die Bundesregierung in den Verhandlungen zur Richtlinie (EU) 2022/542 eingesetzt.[3] Es ist daher zu erwarten, dass **§ 12 Abs. 2 Nr. 13 UStG abgeschafft** und die Lieferung der hiervon erfassten Gegenstände ohne weitere Voraussetzungen wieder in § 12 Abs. 2 Nr. 1 UStG integriert wird. Soweit dies geschehen sollte, dürfte jedoch die Differenzbesteuerung nicht angewandt werden (Rz. 2.2), so dass u.U. auch Anpassungen an § 25a Abs. 3 UStG (Rz. 3) erforderlich würden.

B. Begünstigte Umsätze (Nr. 13)

I. Lieferung/innergemeinschaftlicher Erwerb

6 Wie § 12 Abs. 2 Nr. 1 UStG begünstigt § 12 Abs. 2 Nr. 13 UStG die **Lieferung** und den **innergemeinschaftlichen Erwerb** (zu diesen Begriffen s. § 12 Abs. 2 Nr. 1 Rz. 13 ff., 22) der in Bezug genommenen Gegenstände (Rz. 7), soweit sie von dem **begünstigten Personenkreis** (Rz. 8 ff.) durchgeführt werden.

II. Kunstgegenstände (Nr. 53 Anl. 2)

7 § 12 Abs. 2 Nr. 13 UStG verweist genau wie § 12 Abs. 2 Nr. 12 UStG auf Kunstgegenstände (Nr. 53 Anl. 2). Es handelt sich insbes. um Gemälde und Zeichnungen, Stiche und Bildhauerwerke (§ 12 Abs. 2 Nr. 12 Rz. 12 ff.).

III. Persönliche Voraussetzungen

1. Überblick

8 § 12 Abs. 2 Nr. 13 UStG stellt eine Besonderheit dar, weil er die Steuerbegünstigung von der Erfüllung subjektiver Voraussetzungen abhängig macht. Die Begünstigung wird nur gewährt, wenn der Umsatz entweder vom **Künstler** selbst (oder dessen Rechtsnachfolgern) oder – unter weiteren Umständen – von **Gelegenheitsverkäufern** getätigt wird. Der **gewerbliche Kunsthandel** durch Galerien und sonstige Wiederverkäufer ist damit **von § 12 Abs. 2 Nr. 13 UStG ausgeschlossen**. Für ihn gilt jedoch die Begünstigung des § 25a Abs. 3 Satz 2 und 3 UStG bei der Differenzbesteuerung (Rz. 3).

2. Urheber oder Rechtsnachfolger (Nr. 13 Buchst. a)

9 Nach § 12 Abs. 2 Nr. 13 Buchst. a UStG muss der Umsatz vom Urheber der Gegenstände, dem Künstler oder dessen Rechtsnachfolger bewirkt werden. Dies bemisst sich nach dem **Urheberrechtsgesetz** (UrhG).[4] Dort wird zwischen dem **Urheber**, dem **Miturheber** und dem bloßen **Gehilfen** unterschie-

---

1 Art. 11 Nr. 7 Buchst. a Gesetz zur weiteren steuerlichen Förderung der Elektromobilität und zur Änderung weiterer steuerlicher Vorschriften (JStG 2019) v. 12.12.2019, BGBl. I 2019, 2451 (2468).

2 Hierzu ausführlich *Hummel* in Rau/Dürrwächter, § 12 Abs. 2 Nr. 13 UStG Rz. 121 ff. (Stand: Oktober 2023).

3 BT-Drucks. 20/2833 v. 15.7.2022, S. 8. Siehe auch *Rondorf* in Schwarz/Widmann/Radeisen, § 12 UStG Rz. 111 (Stand: März 2023).

4 BMF, Schr. v. 18.12.2014 – IV D 2-S 7246/14/10001 IV D 2-S 7421/13/10001, BStBl. I 2015 I, 44, Rz. 9; *Rondorf* in Schwarz/Widmann/Radeisen, § 12 Abs. 2 Nr. 13 UStG Rz. 14 (Stand: Dezember 2022); für ein weitergehendes

den. Urheber ist der Schöpfer des Werkes (§ 7 UrhG), hier also der Maler, Zeichner oder der bildende Künstler. Haben mehrere ein Werk gemeinsam geschaffen, ohne dass sich ihre Anteile gesondert verwerten lassen, so sind sie Miturheber des Werkes (§ 8 UrhG). Bloßer Gehilfe – und nicht Miturheber – ist, wer zwar an der Fertigstellung des Werks beteiligt war, aber keinen eigenen schöpferischen Gestaltungsspielraum hatte (z.B. ein Metallgießer oder Drucker).[1]

Eine **GbR** bestehend aus einem **Künstler** und einer **Galerie-GmbH**, deren Geschäftszweck die Herstellung und Vermarktung eines Kunstwerks ist, ist kein (Mit)Urheber.[2] 9.1

Das Urheberrecht ist **vererblich** (§ 28 Abs. 1 UrhG). Eine **rechtsgeschäftliche Übertragung** ist nur möglich durch Vermächtnis oder im Wege der Erbauseinandersetzung an Miterben (§ 29 Abs. 1 UrhG).[3] Kein Rechtsnachfolger ist, wem nur Nutzungsrechte oder andere Befugnisse gem. § 29 Abs. 2 UrhG eingeräumt werden.[4] 9.2

3. Qualifizierter Gelegenheitsverkäufer (Nr. 13 Buchst. b)

Die zweite Personengruppe, die von der Steuerbegünstigung für Kunstgegenstände profitiert, kann als **Gelegenheitsverkäufer** umschrieben werden. § 12 Abs. 2 Nr. 13 Buchst. b UStG definiert ihn negativ als Unternehmer, der **kein Wiederverkäufer** i.S.d. § 25a Abs. 1 Nr. 1 Satz 2 UStG ist. Danach ist Wiederverkäufer, wer gewerbsmäßig mit beweglichen körperlichen Gegenständen handelt oder solche im eigenen Namen öffentlich versteigert (§ 25a Rz. 9 ff.), also z.B. **Galeristen** und **Kunsthändler**. Eine **GbR** bestehend aus einem **Künstler** und einer **Galerie-GmbH** (Rz. 9.1) ist kein Gelegenheitsverkäufer.[5] 10

Von einem Gelegenheitsverkäufer bewirkte Lieferungen und innergemeinschaftliche Erwerbe von Kunstgegenständen sind jedoch nur dann steuerbegünstigt, wenn **weitere Voraussetzungen** erfüllt sind, die mit den **Umständen des Vorerwerbs** zu tun haben. Die drei alternativen Konstellationen sind in § 12 Abs. 2 Nr. 13 Buchst. b Doppelbuchst. aa–cc UStG niedergelegt. 11

Eine Voraussetzung für die Begünstigung besteht darin, dass der Gelegenheitsverkäufer die Kunstgegenstände selbst ins Unionsgebiet **eingeführt** hat (§ 12 Abs. 2 Nr. 13 Buchst. b **Doppelbuchst. aa** UStG). Typischerweise erfolgt dies mit der Überlassung zum zollrechtlich freien Verkehr (§ 12 Abs. 2 Nr. 1 Rz. 21). In diesem Fall unterliegt seine nachfolgende Lieferung dem ermäßigten Steuersatz. 12

Neben der Einfuhr kommt als Begünstigungsvoraussetzung in Betracht, dass der Kunstgegenstand vom Urheber (oder dessen Rechtsnachfolger) an den Gelegenheitsverkäufer **geliefert** worden ist (§ 12 Abs. 2 Nr. 13 Buchst. b **Doppelbuchst. bb** UStG). 13

Schließlich sind Lieferung und innergemeinschaftlicher Erwerb eines Gelegenheitsverkäufers steuerbegünstigt, wenn dieser selbst beim **Vorerwerb zum Vorsteuerabzug** berechtigt gewesen ist (§ 12 Abs. 2 Nr. 13 Buchst. b **Doppelbuchst. cc** UStG).[6] 14

Verständnis: *Hummel* in Rau/Dürrwächter, § 12 Abs. 2 Nr. 13 UStG Rz. 171 ff. (Stand: Oktober 2023); zu einer autonomen oder unionsrechtlichen Auslegung des Urheberbegriffs s. FG Düsseldorf, Gerichtsbesch. v. 4.5.2020 – 5 K 2912/17 U, EFG 2020, 1635, Rz. 44 f. (Rev. BFH XI R 15/20) m. Anm. *Wendt*.

1 Weiterführend FG Düsseldorf, Gerichtsbesch. v. 4.5.2020 – 5 K 2912/17 U, EFG 2020, 1635, Rz. 41 (Rev. BFH XI R 15/20) m. Anm. *Wendt*.

2 FG Düsseldorf, Gerichtsbesch. v. 4.5.2020 – 5 K 2912/17 U, EFG 2020, 1635, Rz. 38 ff. (Rev. BFH XI R 15/20) m. Anm. *Wendt*.

3 Nach *Kraeusel* in Reiß/Kraeusel/Langer, § 12 UStG Rz. 389.60 (Stand: September 2023); *Langer* in Hartmann/Metzenmacher, § 12 Abs. 2 Nr. 13 UStG Rz. 13 (Stand: Juni 2018) kommt als Rechtsnachfolge i.S.d. § 12 Abs. 2 Nr. 13 UStG nur die Gesamtrechtsnachfolge in Betracht.

4 FG Düsseldorf, Gerichtsbesch. v. 4.5.2020 – 5 K 2912/17 U, EFG 2020, 1635, Rz. 46 (Rev. BFH XI R 15/20) m. Anm. Wendt.

5 FG Düsseldorf, Gerichtsbesch. v. 4.5.2020 – 5 K 2912/17 U, EFG 2020, 1635, Rz. 49 ff. (Rev. BFH XI R 15/20) m. Anm. Wendt.

6 Hierzu ausführlich *Hummel* in Rau/Dürrwächter, § 12 Abs. 2 Nr. 13 UStG Rz. 201 ff. (Stand: Oktober 2023).

§ 12 Abs. 2 Nr. 14 [E-Books, Hörbücher usw.]

…

(2) Die Steuer ermäßigt sich auf 7 Prozent für die folgenden Umsätze:

…

14. [1]die Überlassung der in Nummer 49 Buchstabe a bis e und Nummer 50 der Anlage 2 bezeichneten Erzeugnisse in elektronischer Form, unabhängig davon, ob das Erzeugnis auch auf einem physischen Träger angeboten wird, mit Ausnahme der Veröffentlichungen, die vollständig oder im Wesentlichen aus Videoinhalten oder hörbarer Musik bestehen. [2]Ebenfalls ausgenommen sind Erzeugnisse, für die Beschränkungen als jugendgefährdende Trägermedien oder Hinweispflichten nach § 15 Absatz 1 bis 3 und 6 des Jugendschutzgesetzes in der jeweils geltenden Fassung bestehen, sowie Veröffentlichungen, die vollständig oder im Wesentlichen Werbezwecken, einschließlich Reisewerbung, dienen. [3]Begünstigt ist auch die Bereitstellung eines Zugangs zu Datenbanken, die eine Vielzahl von elektronischen Büchern, Zeitungen oder Zeitschriften oder Teile von diesen enthalten;

…

Schrifttum: *Graef*, Recht der E-Books und Electronic Publishing, München 2016; *Grambeck*, Referentenentwurf eines Gesetzes zur weiteren steuerlichen Förderung der Elektromobilität und zur Änderung weiterer steuerlicher Vorschriften, MwStR 2019, 438; *Hechtner*, Die Änderung des Umsatzsteuer-Anwendungserlasses zu § 12 Abs. 2 Nr. 14 UStG für digitale Medien, beck.digitax 2022, 357; *Hidien*, E-Commerce: Gilt für digitale Dienstleistungen ein medienneutraler und gleichheitsgerechter Mehrwertsteuersatz?, UR 2021, 649; *Hidien/Versin*, Ermäßigter Mehrwertsteuersatz für digitale Medienerzeugnisse, NJW 2020, 721; *Homuth*, Ermäßigter Steuersatz für digitale Medien nach § 12 Abs. 2 Nr. 14 UStG, UStDD 2/2022, 10; *Huschens*, Geplante Änderungen des Umsatzsteuergesetzes durch das „JStG 2019", NWB 2019, 1893; *Slotty-Harms*, Umsatzsteuer bei sog. Bundle-Angeboten im Verlagswesen, UVR 2014, 343; *Sterzinger*, Änderungen des UStG und der UStDV durch das sog. JStG 2019 und das BEG III, UR 2020, 1; *Widmann*, Jahressteuergesetz 2019: Die Änderungen bei der Umsatzsteuer, MwStR 2019, 976.

A. Grundaussagen

I. Regelungsgegenstand und Bedeutung

1 E-Books und Hörbücher erfreuen sich immer größerer Beliebtheit. Im ersten Halbjahr 2023 wurden 22,1 Mio. E-Books verkauft, was einem Anteil aller Umsätze am Publikumsbuchmarkt von 7,9 % ent-

spricht.[1] Mit Hörbüchern wurden 2021 280,2 Mio. € umgesetzt.[2] Neben der Bereitstellung auf physischen Datenträgern (CD, CD-ROM, Datenstick) werden die elektronischen Inhalte zunehmend als Download oder als Stream angeboten.[3] Um dieser Entwicklung Rechnung zu tragen, dehnt § 12 Abs. 2 Nr. 14 UStG die Steuerermäßigung auf **die elektronische Bereitstellung** bestimmter Erzeugnisse des grafischen Gewerbes, insbes. Bücher und Zeitungen, sowie Hörbücher aus. Damit wird eine Ungleichbehandlung gegenüber der Lieferung derselben Inhalte in gedruckter Form beseitigt, die nach § 12 Abs. 2 Nr. 1 UStG steuerermäßigt ist. Vereinfacht werden damit zugleich **multimodale Angebote**, die dem Kunden sowohl den elektronischen als auch den papiergestützten Zugang zu redaktionellen Inhalten bieten[4] (z.B. Tageszeitungen, juristische Fachliteratur).

II. Unionsrechtliche Grundlagen

1. Überblick

Die unionsrechtlichen Grundlagen für die elektronische Überlassung von Büchern etc. und für den Zugang zu Datenbanken gemäß § 12 Abs. 2 Nr. 14 UStG sind **Art. 98 Abs. 1–3** i.V.m. **Anhang III Nr. 6 MwStSystRL**, die die Lieferungen von Gegenständen und Dienstleistungen, auf die der ermäßigte Steuersatz anwendbar ist, enthalten. 2

2. Anhang III Nr. 6 MwStSystRL

Ursprünglich war nur die „Lieferung von Büchern" in Anhang III Nr. 6 MwStSystRL genannt. 2009 wurde dies auf die Lieferung von Büchern **„auf jeglichen physischen Trägern"** ausgedehnt,[5] so dass neben Druckwerken auch die Lieferung von Buchinhalten auf Datenträgern eingeschlossen waren. Damit blieb es den Mitgliedstaaten weiterhin verwehrt, die Bereitstellung von Buchinhalten über das Internet (insbes. Download und Streaming) mehrwertsteuerlich zu begünstigen.[6] Der EuGH sah hierin zwar eine **Ungleichbehandlung** gegenüber Lieferungen von Büchern auf physischen Trägern, hielt diese jedoch für **gerechtfertigt**.[7] 2.1

Gleichwohl wurde in Reaktion auf dieses Urteil **Anhang III Nr. 6 MwStSystRL** durch die Richtlinie (EU) 2018/1713 **erweitert** auf die **„Lieferung** von Büchern, Zeitungen und Zeitschriften **auf physischen Trägern, auf elektronischem Weg oder beidem"**. In einem Klammerzusatz werden die erfassten Gegenstände wie folgt präzisiert: „einschließlich Broschüren, Prospekte und ähnlicher Drucksachen, Bilder-, Zeichen- oder Malbücher für Kinder, Notenhefte oder Manuskripte, Landkarten und hydrografischer oder sonstiger Karten." Ausgenommen werden „Veröffentlichungen, die vollständig oder im Wesentlichen Werbezwecken dienen" und „Veröffentlichungen, die vollständig oder im Wesentlichen aus Videoinhalten oder hörbarer Musik bestehen".[8] Ziel dieser Änderung war die **Angleichung der Wettbewerbsbedingungen** zwischen der elektronischen und der physischen Veröffentlichung von Büchern, Zeitungen und Zeitschriften.[9] 2.2

1 *Börsenverein des Deutschen Buchhandels*, Das E-Book in Deutschland – 1. Halbjahr 2023, www.boersenverein.de/markt-daten/marktforschung/e-books/ (Stand: 3.1.2024).

2 S. www.boersenblatt.net/news/boersenverein/umfassende-umsatzzahlen-zum-deutschen-hoerbuchmarkt-258341 (Stand: 3.1.2024).

3 2021 wurden 78 % aller Hörbücher gestreamt oder als Download zur Verfügung gestellt, s. www.boersenblatt.net/news/boersenverein/umfassende-umsatzzahlen-zum-deutschen-hoerbuchmarkt-258341 (Stand: 3.1.2024).

4 Hierzu *Sterzinger*, UR 2020, 1 (16 f.).

5 Art. 1 Nr. 13 i.V.m. Anhang Nr. 1 Richtlinie 2009/47/EG des Rates v. 5.5.2009 zur Änderung der Richtlinie 2006/112/EG in Bezug auf ermäßigte Mehrwertsteuersätze, ABl. EU 2009 Nr. L 116, 18.

6 EuGH, Urt. v. 5.3.2015 – C-502/13, ECLI:EU:C:2015:143 – Kommission/Luxemburg, UR 2015, 308, Rz. 47; BFH, Urt. v. 3.12.2015 – V R 43/13, BStBl. II 2016, 858 = UR 2016, 241, Rz. 16; zusammenfassend *Kokott*, Das Steuerrecht der Europäischen Union, § 8 Rz. 485 f.

7 EuGH, Urt. v. 7.3.2017 – C-390/15, ECLI:EU:C:2017:174 – RPO, UR 2017, 393 m. Anm. Dobratz, Rz. 41 ff.; s.a. FG Saarl., Gerichtsb. v. 22.8.2023 – 1 K 1270/21, EFG 2023, 1663, Rz. 56 (Rev. BFH XI R 29/23).

8 Art. 1 Nr. 3 Richtlinie (EU) 2018/1713 v. 6.11.2018 zur Änderung der Richtlinie 2006/112/EG des Rates in Bezug auf die Mehrwertsteuersätze für Bücher, Zeitungen und Zeitschriften, ABl. EU 2019 Nr. L 286, 20.

9 5. Erwägungsgrund Richtlinie (EU) 2018/1713. *Hechtner*, beck.digitax 2022, 357 (357).

2.3 Die Auslegung der sprachlich verfehlten Beschreibung der begünstigten Umsätze ergibt, dass sowohl **Lieferungen** als auch **Dienstleistungen** privilegiert werden können.[1] Mit der „Lieferung von Büchern […] auf physischen Trägern" sind offensichtlich Lieferungen i.S.v. Art. 14 Abs. 1 MwStSystRL gemeint. Dies beinhaltet die Verschaffung der Verfügungsmacht an gedruckten Büchern etc. oder an portablen Datenträgern. Soweit Anhang III Nr. 6 MwStSystRL zusätzlich die „Lieferung von Büchern […] auf elektronischem Weg" nennt, ist dies untechnisch zu verstehen, was sich schon daran zeigt, dass bereits in der ursprünglichen Fassung der Richtlinie der Verleih – eine Dienstleistung i.S.v. Art. 24 Abs. 1 MwStSystRL – als Beispiel für die „Lieferung von Büchern" genannt wird. Aus der Zusammenschau mit Art. 98 Abs. 3 MwStSystRL (Rz. 3.1, 3.4), der u.a. auf die in Anhang III Nr. 6 MwStSystRL genannten elektronisch erbrachten Dienstleistungen verweist, wird deutlich, dass Anhang III Nr. 6 MwStSystRL auch Dienstleistungen erfassen muss.

3. Art. 98 MwStSystRL

3 **Art. 98 Abs. 1 und Abs. 2 MwStSystRL** erlauben den Mitgliedstaaten, die ermäßigten Steuersätze auf die Lieferungen von Gegenständen und die Dienstleistungen der in **Anhang III genannten Kategorien** anzuwenden (§ 12 Abs. 2 Nr. 1 Rz. 3).

3.1 Art. 98 Abs. 2 Unterabs. 2 MwStSystRL a.F. (jetzt: Art. 98 Abs. 3, Rz. 3.4) schloss in seiner ursprünglichen Fassung die **Steuerbegünstigung für elektronisch erbrachte** Dienstleistungen **generell aus.**[2] Gleichzeitig mit der Erweiterung von Anhang III Nr. 6 MwStSystRL (Rz. 2.2) wurde dieses Verbot mit einer Ausnahme für „die unter Anhang III Nr. 6 MwStSystRL fallenden Dienstleistungen" versehen.[3] **Elektronisch erbrachte Dienstleistungen** werden in **Art. 7 Abs. 1 MwStVO** definiert als Dienstleistungen, die über das **Internet** oder ein ähnliches elektronisches Netz erbracht werden, deren Erbringung aufgrund ihrer Art im Wesentlichen automatisiert und nur mit minimaler menschlicher Beteiligung erfolgt und ohne Informationstechnologie nicht möglich wäre.

4. Richtlinie (EU) 2022/542

3.2 Die **Richtlinie (EU) 2022/542** (Anl. 2 Rz. 11) hat die Möglichkeiten der Mitgliedstaaten, den ermäßigten Steuersatz auf **elektronisch erbrachte Dienstleistungen** anzuwenden, deutlich **erweitert.**[4] Bei mehreren Kategorien des Anhang III MwStSystRL wurde erstmals die elektronische Erbringung berücksichtigt, so dass nunmehr die Anwendung des ermäßigten Steuersatzes auf den Zugang zum **Live-Streaming** von **Kulturveranstaltungen** (Anhang III Nr. 7 MwStSystRL), **Sportveranstaltungen** und **Sport- oder Bewegungskursen** (Anhang III Nr. 13 MwStSystRL) sowie das **Webcasting von Rundfunk- und Fernsehprogrammen** (Anhang III Nr. 8 MwStSystRL) möglich ist.[5]

3.3 Außerdem wurde in **Anhang III Nr. 6 MwStSystRL** (Rz. 2.1) ein Zusatz angefügt, nachdem auch die „**Herstellung von Veröffentlichungen von gemeinnützigen Organisationen** und Dienstleistungen im Zusammenhang mit dieser Herstellung" begünstigt werden dürfen. Damit wird dieser Tatbestand, der bisher nur die Vermarktung eines fertigen Werks erfasste, auf die Produktion desselben ausgedehnt.

3.4 Als redaktionelle Folgeänderung zur Einführung weiterer ermäßigter Steuersätze (Anl. 2 Rz. 11) wurde aus Art. 98 Abs. 2 Unterabs. 2 ein neuer **Art. 98 Abs. 3 MwStSystRL**, der um die Bezugnahmen auf Anhang III Nr. 7, 8 und 13 MwStSystRL erweitert wurde.[6]

---

1 So auch *Frye* in Rau/Dürrwächter, § 12 Abs. 2 Nr. 14 UStG Rz. 22 (Stand: Oktober 2020); *Widmann*, MwStR 2019, 976 (978).

2 Art. 98 Abs. 2 Unterabs. 2 Richtlinie 2006/112/EG über das gemeinsame Mehrwertsteuersystem, ABl. EU 2006 Nr. L 347, 1. Die Streichung der Bezugnahme auf Art. 56 Abs. 1 Buchst. k MwStSystRL durch Art. 2 Nr. 2 Richtlinie 2008/8/EG v. 12.2.2008 zur Änderung der Richtlinie 2006/112/EG bezüglich des Ortes der Dienstleistung (ABl. EU 2008 Nr. L 44, 11) hatte nur redaktionellen Charakter. Zur Vorgeschichte s. *Hidien*, UR 2021, 649 (650 f.).

3 Art. 1 Nr. 1 Richtlinie (EU) 2018/1713.

4 Kritisch zur Beschränkung von Art. 98 Abs. 2 Unterabs. 2 MwStSystRL a.F. bereits *Hidien*, UR 2021, 649 (652 ff.).

5 Art. 1 Nr. 23 i.V.m. Anhang Nr. 1 und Nr. 6 Richtlinie (EU) 2022/542.

6 Art. 1 Nr. 6 Richtlinie (EU) 2022/542.

III. Verhältnis zu anderen Vorschriften und Rechtsentwicklung

1. Verhältnis zu anderen Vorschriften

§ 12 Abs. 2 Nr. 14 UStG steht in engem Bezug zu **§ 12 Abs. 2 Nr. 1 und 2 UStG**. Die letztgenannten Vorschriften sehen i.V.m. Nr. 49 und 50 Anl. 2 die Anwendung des ermäßigten Umsatzsteuersatzes für bestimmte Erzeugnisse des grafischen Gewerbes sowie Hörbücher vor. Diese Begünstigung gilt jedoch nur für Umsätze mit den dort genannten körperlichen Gegenständen. § 12 Abs. 2 Nr. 14 UStG erweitert die Steuerbegünstigung auf elektronisch erbrachte Dienstleistungen. 4

2. Rechtsentwicklung

§ 12 Abs. 2 Nr. 14 UStG wurde durch das JStG 2019[1] mit Wirkung vom **1.1.2020** geschaffen. Dabei wollte der Gesetzgeber den **EU-rechtlich vorgegebenen Handlungsspielraum vollständig ausnutzen**[2] und von der durch die Richtlinie (EU) 2018/1713 (Rz. 2.2) geschaffenen Möglichkeit, die Steuerermäßigung für die Lieferung von Büchern auf physischen Trägern auf die rein elektronische Bereitstellung von Buch- und Zeitungsinhalten auszudehnen, Gebrauch machen. Die Einführung des ermäßigten Umsatzsteuersatzes auf E-Books dient außerdem der Umsetzung einer umweltfreundlichen Mobilität.[3] 5

Im laufenden Gesetzgebungsverfahren[4] wurden der Anwendungsbereich der Vorschrift auf den Zugang zu **Datenbanken** erweitert (Rz. 16 ff.) und Ausnahmetatbestände umformuliert. Videoinhalte, hörbare Musik und Werbebotschaften schließen die Steuerbegünstigung aus, wenn die Erzeugnisse im Wesentlichen diese Inhalte haben. Im Entwurf wurde noch das Adjektiv „überwiegend"[5] verwendet (Rz. 25 ff.). 6

Der **UStAE** wurde mit BMF-Schreiben v. **17.12.2021** um den **Abschnitt 12.17. „Digitale Medien** (§ 12 Abs. 2 Nr. 14 UStG)" erweitert.[6] Die Ergänzung ist auf alle nicht rechtskräftigen Fälle anzuwenden.[7] Dies ist deshalb von Bedeutung, weil der UStAE den Anwendungsbereich von § 14 Abs. 2 Nr. 14 Satz 3 UStG zugunsten der Steuerpflichtigen erweiternd auslegt (Rz. 23.1 f.). Außerdem enthält das BMF-Schreiben eine **großzügige Nichtbeanstandungsregelung** für bis **Ende 2020** ausgeführte Leistungen.[8] Sowohl ein irrtümlich zu hoher als auch ein zu niedriger Steuersatz werden akzeptiert, solange die Steuer angemeldet und gezahlt wird. 7

Die durch die Richtlinie (EU) 2022/542 geschaffene Möglichkeit, den ermäßigten Steuersatz auf das Live-Streaming von **Kultur- oder Sportveranstaltungen** sowie **Sport- oder Bewegungskursen und** das **Webcasting von Rundfunk- und Fernsehprogrammen** anzuwenden (Rz. 3.2), dürfte § 12 Abs. 2 Nr. 14 UStG nicht betreffen, sondern allenfalls Änderungsbedarf bei § 12 Abs. 2 Nr. 7 oder Nr. 9 UStG auslösen. Die in Anhang III Nr. 6 aufgenommene Herstellung bestimmter Publikationen (Rz. 3.3) begünstigt eine andere Produktionsstufe als die von § 12 Abs. 2 Nr. 14 UStG erfasste Überlassung und Bereitstellung. 7.1

---

1 Art. 11 Nr. 7 Buchst. b, Art. 39 Abs. 2 Gesetz zur weiteren steuerlichen Förderung der Elektromobilität und zur Änderung weiterer steuerlicher Vorschriften (JStG 2019), BGBl. I 2019, 2451 (2468, 2490); redaktionelle Änderung durch Art. 1 Nr. 1 Corona-Steuerhilfegesetz, BGBl. I 2020, 1385 (1385).

2 BR-Drucks. 356/19, 157.

3 BT-Drucks. 19/14873, 3 f.

4 Beschlüsse des Finanzausschusses, BT-Drucks. 19/14873, 70. Zum Gesetzentwurf s. *Huschens*, NWB 2019, 1893; *Grambeck*, MwStR 2019, 438.

5 BR-Drucks. 356/19, 27.

6 BMF, Schr. v. 17.12.2021 – III C 2-S 7225/19/10001 :005, BStBl. I 2021, 2502 = UR 2022, 118. Dazu *Homuth*, UStDD 2/2022, 10; *Hechtner*, beck.digitax 2022, 357.

7 BMF, Schr. v. 17.12.2021 – III C 2-S 7225/19/10001 :005, BStBl. I 2021, 2502 = UR 2022, 118 unter III.

8 BMF, Schr. v. 17.12.2021 – III C 2-S 7225/19/10001 :005, BStBl. I 2021, 2502 = UR 2022, 118 unter III.

B. Begünstigte Umsätze (Nr. 14)

I. Überlassung in elektronischer Form/Bereitstellung

1. Überblick

8 Der begünstigte Umsatz wird für die in § 12 Abs. 2 Nr. 14 Satz 1 UStG genannten Erzeugnisse des grafischen Gewerbes und für Hörbücher als **Überlassung in elektronischer Form** bezeichnet. Für die Datenbanken i.S.v. § 12 Abs. 2 Nr. 14 Satz 3 UStG ist es die „**Bereitstellung**" eines Zugangs.

2. Überlassung in elektronischer Form

a) Überlassung ohne physischen Datenträger

9 Der Begriff der Überlassung ist im UStG nicht definiert. Eine ähnliche Formulierung findet sich u.a. in § 12 Abs. 2 Nr. 7 Buchst. b UStG („Überlassung von Filmen"). Da es bei § 12 Abs. 2 Nr. 14 UStG ebenfalls um urheberrechtlich geschützte Gegenstände geht, muss sich die Auslegung des Begriffes – wie bei § 12 Abs. 2 Nr. 7 Buchst. b UStG[1] – an urheberrechtlichen Grundsätzen orientieren. Die Überlassung der in Nr. 14 genannten Gegenstände umfasst damit die **dauerhafte oder vorübergehende**[2] **Einräumung des Nutzungsrechts** (§§ 31 ff. UrhG) an den elektronisch bereitgestellten Inhalten. Der genaue Umfang des Nutzungsrechts ergibt sich aus dem Vertrag, der der Überlassung zugrunde liegt. Solange die elektronische Überlassung des Nutzungsrechts nicht mit der Verschaffung der Verfügungsmacht an einem Datenträger einhergeht (dazu Rz. 10.1 ff.) und z.B. als Download oder Streaming erfolgt, handelt es sich – wie bei § 12 Abs. 2 Nr. 7 Buchst. b UStG[3] – um eine **sonstige Leistung** (§ 3 Abs. 9 UStG).

10 Die begünstigten Gegenstände können auf verschiedene Weise überlassen werden. Möglich sind auch – wie von der MwStSystRL erlaubt (Rz. 2.1) – **ausschließlich elektronisch vertriebene** Angebote (z.B. Online-Publikationen).[4] **Beispielhaft** nennt die Gesetzesbegründung[5] die Zugänglichmachung über Websites, Apps oder andere Anwendungen, mit oder ohne Downloadmöglichkeiten, auch als Einzelabruf aus einer Datenbank.

b) Überlassung mittels Datenträger

10.1 Auch wenn dieser Vertriebskanal an Bedeutung verliert (Rz. 1), stellt sich die Frage, ob auch die elektronische Zurverfügungstellung von Medien auf **physischen Datenträgern** eine „Überlassung […] in elektronischer Form" darstellt. Dies ist deshalb problematisch, weil die Übertragung der Verfügungsmacht an einem Gegenstand eine Lieferung und keine – von § 12 Abs. 2 Nr. 14 UStG unzweifelhaft erfasste (Rz. 9) – Dienstleistung ist.

10.2 Praktisch relevant wird diese Rechtsfrage bei der **Überlassung von Druckwerken** i.S.d. Nr. 49 Buchst. a–e Anl. 2 **auf einem Datenträger**. Während eine CD-ROM oder ein USB-Stick, auf denen ein Hörbuch gespeichert ist, ein „Aufzeichnungsträger" i.S.v. Nr. 50 Anl. 2 ist und damit seine Überlassung als Lieferung eines Gegenstands gemäß Anl. 2 unter § 12 Abs. 2 Nr. 1 UStG fällt, ist ein Speichermedium mit dem Inhalt eines Buches kein Druckwerk i.S.d. Nr. 49 Buchst. a–e Anl. 2 und daher nicht nach § 12 Abs. 2 Nr. 1 UStG begünstigt. Eine erweiternde richtlinienkonforme Auslegung (Anl. 2 Rz. 124) von § 12 Abs. 2 Nr. 1 i.V.m. Nr. 49 Buchst. a–e Anl. 2 UStG im Lichte von Anhang III

1 BFH, Urt. v. 29.11.1984 – V R 96/84, BFHE 142, 319 (320) = BStBl. II 1985, 271.
2 So ausdrücklich die Gesetzesbegründung in BR-Drucks. 356/19, 157.
3 *Waza* in Offerhaus/Söhn/Lange, § 12 Abs. 2 Nr. 7b UStG Rz. 23, 29 (Stand: September 2022); *Frye* in Rau/Dürrwächter, § 12 Abs. 2 Nr. 7b UStG Rz. 60 (Stand: Oktober 2023); *Huschens* in Schwarz/Widmann/Radeisen, § 12 Abs. 2 Nr. 7b UStG Rz. 17 (Stand: August 2020).
4 Abschn. 12.17 Abs. 1 Satz 2 UStAE.
5 BR-Drucks. 356/19, 157.

Nr. 6 MwStSystRL ist nicht möglich, da die von Nr. 49 Anl. 2 in Bezug genommenen KN-Positionen elektronisch gespeicherte Inhalte von Büchern eindeutig nicht erfassen.[1]

Die von § 12 Abs. 1 Nr. 1 UStG gelassene Lücke für die Begünstigung der **Zurverfügungstellung von physischen Speichermedien mit den Inhalten der Nr. 49 Buchst. a–e Anl. 2** – eine Lieferung (§ 3 Abs. 1 UStG) – wird jedoch dadurch geschlossen, dass dieser Vorgang als **Überlassung in elektronischer Form i.S.v. § 12 Abs. 2 Nr. 14 Satz 1 UStG** zu qualifizieren ist.[2] Dies ergibt eine unionsrechtskonforme Auslegung des aus sich heraus nicht eindeutigen und damit auslegungsbedürftigen Begriffs „Überlassung in elektronischer Form" im Lichte von Anhang III Nr. 6 MwStSystRL, der ausdrücklich die „Lieferung von Büchern […] auf physischen Trägern" erfasst (Rz. 2.2). Auch der Neutralitätsgrundsatz (Anl. 2 Rz. 108 ff.) gebietet eine Gleichbehandlung der Lieferung von gedruckten und auf Datenträgern gespeicherten grafischen Erzeugnissen.[3] Da der Gesetzgeber deutlich gemacht hat, den unionsrechtlichen Handlungsspielraum voll ausschöpfen zu wollen (Rz. 5), kann ausgeschlossen werden, dass § 12 Abs. 2 Nr. 1 UStG eine abschließende Regelung für die Lieferung von Druckerzeugnissen sein sollte. Die Anwendbarkeit von § 12 Abs. 2 Nr. 14 UStG auf physische Datenträger wird in Abschn. 12.17 Abs. 2 Satz 2 UStAE (Rz. 7) für den Zugang zu Datenbanken ausdrücklich anerkannt. Da dies nur eine Spezialform der Überlassung in elektronischer Form ist (Rz. 11), kann für § 12 Abs. 2 Nr. 14 Satz 1 UStG nichts anderes gelten. Dass Art. 98 Abs. 3 MwStSystRL nur für Dienstleistungen gilt (Rz. 3.1) und damit nicht die Ermächtigungsgrundlage für die Gewährung des ermäßigten Steuersatzes auf eine Lieferung sein kann, ist unerheblich. Im Hinblick auf die Lieferung von Datenträgern i.S.d. Anhang III Nr. 6 MwStSystRL ergibt sich die Befugnis der Mitgliedstaaten für die Anwendung des ermäßigten Steuersatzes aus Art. 98 Abs. 1 und Abs. 2 MwStSystRL, die ebenfalls auf Anhang III Nr. 6 MwStSystRL verweisen (Rz. 3). Anders als bei § 12 Abs. 1 Nr. 1 UStG (Rz. 10.2) sind digitale Medien von § 12 Abs. 2 Nr. 14 Satz 1 UStG inkludiert (Rz. 13.1). 10.3

3. Bereitstellung eines Datenbankzugangs

Unglücklicherweise beschreibt § 12 Abs. 2 Nr. 14 Satz 3 UStG den begünstigten Umsatz nicht als Überlassung, sondern als „Bereitstellung" eines Zugangs zu einer Datenbank mit bestimmten Inhalten. Möglicherweise wurde hier der **Wortlaut von Anhang II Nr. 3 MwStSystRL** aufgegriffen, der von der „Bereitstellung von Datenbanken" spricht.[4] **Inhaltlich** kann es keinen Unterschied zum Begriff der **Überlassung** geben. 11

4. Kombi-Angebote (Bundles)

Werden verschiedene Produkte zu einem einheitlichen Entgelt angeboten (**Bundle**)[5], ist nach allgemeinen Grundsätzen (§ 3 Rz. 507 ff.) zu entscheiden, ob eine einheitliche Leistung vorliegt oder ob die einzelnen Komponenten umsatzsteuerrechtlich gesondert zu behandeln sind.[6] Der Zugang zu einer Datenbank soll stets als eine einheitliche Leistung betrachtet werden.[7] Liegt eine einheitliche Leistung vor, ist diese nur steuerbegünstigt, wenn ihr Inhalt insgesamt als steuerbegünstigt gilt. 11.1

Beispiel: 11.2
Zu einer Flatrate werden monatlich Hörspiele und Hörbücher angeboten. Betrachtet man dies als separate Leistungen, gilt nur für das Entgelt, das auf die Hörbücher entfällt, der ermäßigte Steuersatz (Rz. 14). Wird das Angebot einheitlich betrachtet, ist es nur steuerermäßigt, wenn der steuerbegünstigte Anteil an der Datenbank überwiegt (Rz. 23.5 f.).

1 Auf die vom BFH, Urt. v. 3.12.2015 – V R 43/13, BStBl. II 2016, 858 = UR 2016, 241, Rz. 17, vorgenommene einschränkende richtlinienkonforme Auslegung von Nr. 49 Anl. 2 kommt es daher nicht an.
2 *Kraeusel* in Reiß/Kraeusel/Langer, § 12 UStG Rz. 389.75 f. (Stand: September 2023).
3 *Kraeusel* in Reiß/Kraeusel/Langer, § 12 UStG Rz. 389.74 f. (Stand: September 2023).
4 So auch Abschn. 3a.12 Abs. 3 Nr. 5 Satz 1 UStAE.
5 Zu diesem Begriff *Slotty-Harms*, UVR 2014, 343 (343).
6 Ausführlich *Frye* in Rau/Dürrwächter, § 12 Abs. 2 Nr. 14 UStG Rz. 52 ff. (Stand: Oktober 2020).
7 Abschn. 12.17 Abs. 2 Satz 3 UStAE.

II. Begünstigte Erzeugnisse

1. Überblick

12 **§ 12 Abs. 2 Nr. 14 Satz 1 UStG** verwendet – anders als § 12 Abs. 2 Nr. 1, 2, 12 und 13 UStG und die Überschrift zu Anl. 2, die den Begriff „Gegenstände" verwenden – den Begriff **„Erzeugnisse"**. Dies dürfte darauf zurückzuführen sein, dass Nr. 49 und Nr. 50 Anl. 2 diesen Terminus enthalten.[1] Bei diesen Erzeugnissen handelt es sich um solche des grafischen Gewerbes (Nr. 49 Buchst. a–e Anl. 2) sowie Hörbücher (Nr. 50 Anl. 2). Sie werden durch die in Bezug genommenen KN-Positionen definiert. Da es sich hierbei um Expositionen handelt, ist im Einzelfall zu klären, inwieweit die Begriffe abweichend von der zollrechtlichen Begriffsbildung umsatzsteuerrechtlich auszulegen sind (Anl. 2 Rz. 55, 58). **§ 12 Abs. 2 Nr. 14 Satz 3** betrifft bestimmte **Datenbanken**.

2. Erzeugnisse des grafischen Gewerbes (Nr. 49 Buchst. a–e Anl. 2)

13 In Nr. 49 Anl. 2 werden verschiedene Erzeugnisse des grafischen Gewerbes unter Bezugnahme auf die Position 4901 KN (Bücher, Broschüren und ähnliche Drucke) und die Unterpositionen 9705 0000 und 9706 0000 KN (Sammlungen und Sammlungsstücke/Antiquitäten) aufgezählt. Im Einzelnen geht es um folgende Kategorien:

a) „Bücher, Broschüren und ähnliche Drucke". Ausgenommen sind solche, die „überwiegend Werbung enthalten". In elektronischer Form werden insbes. **E-Books** angeboten;
b) „Zeitungen und andere periodische Druckschriften", auch wenn sie Bilder oder Werbung enthalten. Ausgenommen sind Anzeigenblätter und Annoncenzeitungen, die überwiegend Werbung enthalten. In elektronischer Form werden insbes. Online-Ausgaben von Tageszeitungen (**E-Papers**) angeboten;
c) „Bilderalben, Bilderbücher und Zeichen- oder Malbücher, für Kinder";
d) Noten;
e) „kartografische Erzeugnisse aller Art" (z.B. Wandkarten).

13.1 Aus der Erbringungsform der elektronischen Überlassung (Rz. 8 ff.) folgt, dass diese **Erzeugnisse nicht in gedruckter Form** vorliegen müssen.[2] Insoweit wird der Verweis auf das Zollrecht durch die umsatzsteuerrechtliche Begriffsbildung von § 12 Abs. 2 Nr. 14 Satz 1 UStG verdrängt (Rz. 12).

3. Hörbücher (Nr. 50 Anl. 2)

14 Als zweite Kategorie der begünstigten Gegenstände bezieht sich § 12 Abs. 2 Nr. 14 UStG auf Nr. 50 Anl. 2. Er inkludiert Aufzeichnungsträger, die „ausschließlich die Tonaufzeichnung der Lesung eines Buches" (**Hörbuch**, auch Audiobuch) enthalten. Der rezitierte Text muss nicht gleichzeitig als gedrucktes Buch vorliegen. Der Vorschrift liegt vielmehr ein **funktionaler Buchbegriff** zugrunde. Es muss also ein Text vorgelesen werden, der nach herkömmlichem Verständnis als Buch verlegt werden könnte.[3] **Audioaufnahmen von Zeitungen und Zeitschriften** (E-Papers) sind Erzeugnisse i.S.v. Nr. 49 Buchst. b Anl. 2 (Rz. 13).

15 Nicht begünstigt sind **Hörspiele**, also akustische dramatisierte Inszenierungen von Geschichten mit verteilten Sprecherrollen, Geräuschen und Musik.[4] Die kulturpolitische Begründung für diese Ungleichbehandlung mit Hörbüchern bleibt im Dunkeln.

---

1 Anders noch die Vorauflage Rz. 12.
2 **A.A.** wohl *Hamster* in BeckOK, § 12 Abs. 2 Nr. 14 UStG Rz. 12 (Stand: 17.9.2023); *Gehm* in Hartmann/Metzenmacher, § 12 Abs. 2 Nr. 14 UStG Rz. 4 (Stand: August 2020).
3 So die Gesetzesbegründung, BT-Drucks. 18/1995, 121.
4 BT-Drucks. 18/1995, 121.

4. Datenbanken mit bestimmten Inhalten

a) Überblick

16 Im laufenden Gesetzgebungsverfahren (Rz. 6) hinzu kam die Bereitstellung eines Zugangs zu Datenbanken, die elektronische Bücher, Zeitungen oder Zeitschriften (oder Teile davon) enthalten (§ 12 Abs. 2 Nr. 14 Satz 3 UStG). Abgrenzungsschwierigkeiten bestehen hinsichtlich dessen, was die Datenbanken leisten dürfen (funktionale Äquivalenz, Rz. 21 f.), und der dargestellten Inhalte (Rz. 23 ff.).

b) Entstehungsgeschichte

17 Der **Entwurf** von § 12 Abs. 2 Nr. 14 Satz 3 UStG beschränkte die Steuerermäßigung noch auf elektronische Veröffentlichungen, die ihrem Wesen nach und funktional herkömmlichen Erzeugnissen i.S.d. Nr. 49 Buchst. a–e und Nr. 50 Anl. 2 entsprechen.[1] Mit diesem Erfordernis der **funktionalen Äquivalenz** zwischen dem digitalen Produkt und dem gedruckten Werk sollten elektronische Dienstleistungen, die in ihrer Funktionalität **deutlich** über „analoge" Bücher, Zeitungen und Zeitschriften etc. hinausgehen, ausgenommen werden.[2] Die Bundesregierung hatte Bedenken, dass die Ausdehnung der Steuerbegünstigung auf Datenbanken gegen den heutigen Art. 98 Abs. 3 MwStSystRL (Rz. 3.4, 3.1) verstoßen könnte.[3]

18 Die vom geltenden Recht ausdrücklich erfassten **Datenbanken** wären nach dem Wortlaut von § 12 Abs. 2 Nr. 14 Satz 3 UStG-E nicht steuerbegünstigt gewesen. Sie enthalten nämlich Recherchemöglichkeiten, die weit über die Funktionen eines Druckwerks hinausgehen (z.B. Suchfunktionen mit Filtermöglichkeit, die Verlinkung der Inhalte mit weiterführenden externen Texten oder Datensammlungen, die Erstellung von Exzerpten oder die Verwendung von Zusatzprogrammen). Die Nutzung einer solchen Datenbank gleicht der Zurverfügungstellung einer Bibliothek.[4]

19 Die **Europäische Kommission** sieht in Art. 98 i.V.m. Anhang III Nr. 6 MwStSystRL zwar ebenfalls den Grundsatz der funktionalen Äquivalenz verankert, meint jedoch, dass die Durchsuchbarkeit, Filtermöglichkeit und Verlinkung kein Ausschlusskriterium für die Anwendung des ermäßigten Steuersatzes darstellt.[5] Der **UStAE** hat diese Auffassung übernommen.[6] Dies überrascht, weil die genannten Funktionalitäten weit über die Nutzungsmöglichkeiten eines Druckwerkes hinausgehen.[7] Datenbanken sind gegenüber Druckwerken sozusagen **hypervalent.**

20 Es ist daher zu **bezweifeln**, ob die Einbeziehung von **Datenbanken** tatsächlich mit **Art. 98 Abs. 3 MwStSystRL im Einklang steht.** Dort wird der Grundsatz aufgestellt, dass auf elektronisch erbrachte Dienstleistungen die ermäßigten Steuersätze gerade nicht anwendbar sind. Eine Ausnahme hiervon, die im Zweifel eng auszulegen ist (Anl. 2 Rz. 129), soll nur für die elektronische „Lieferung von Büchern, Zeitungen und Zeitschriften" gelten. Wenn jetzt aber der „digitale Mehrwert"[8], den eine Datenbank gegenüber einem gedruckten Werk bringt, der Gleichbehandlung mit einem gedruckten Werk nicht entgegensteht, wird eine elektronisch erbrachte Dienstleistung steuerlich begünstigt, obwohl sie nicht funktionsäquivalent zu einem gedruckten Werk ist.

c) Funktional äquivalente Datenbanken

21 Aus der dargestellten Entstehungsgeschichte der Vorschrift ergibt sich, dass sie solche Datenbanken erfasst, die **funktional äquivalent** zu einem analogen Werk sind. Die Durchsuchbarkeit, Filtermöglichkeit und Verlinkung der Inhalte wird als funktional äquivalent fingiert (Rz. 19). Der UStAE de-

1 BR-Drucks. 356/19, 27.
2 BR-Drucks. 356/19, 157.
3 BR-Drucks. 356/19, 157.
4 So – zu Recht – die Einschätzung der Bundesregierung in BR-Drucks. 356/19, 157.
5 So wird die Rechtsauffassung der Kommission in BT-Drucks. 19/14909, 50 wiedergegeben.
6 Abschn. 12.17 Abs. 1 Satz 5, Abs. 2 Satz 10 UStAE.
7 **A.A.** *Grambeck*, MwStR 2019, 438 (442), nach dem es den Kunden nur darauf ankomme, elektronische Bücher und Zeitschriften zu lesen.
8 *Sterzinger*, UR 2020, 1 (16).

finiert Datenbanken als „eine Sammlung von Werken, Daten und anderen unabhängigen Elementen, die systematisch oder methodisch angeordnet und einzeln mit elektronischen Mitteln zugänglich sind".[1] Diese Definition ist sehr weit gefasst. Begrenzt werden kann sie für die Zwecke von § 12 Abs. 2 Nr. 14 Satz 3 UStG, wenn man den Begriff der **Zugänglichmachung** normativ auflädt. Die funktionale Äquivalenz ist nicht mehr gewahrt bei Komponenten einer Datenbank, die über die bloße Texterschließung hinausgehen. Dies ist der Fall bei interaktiven Elementen oder wenn ein Nutzer durch eine Anwendung neue Texte oder Datensätze entstehen lassen kann.

22 **Nicht der bloßen Texterschließung** dienen damit Internet-Foren[2] oder Chat-Funktionen zum Austausch zwischen Nutzern, Social Media-Plattformen[3], Berechnungs-Tools, Frage-und-Antwort-Funktionen (als Quiz oder Wissensprüfung) oder Lernmanagement-Funktionen.

d) Inhalt der Datenbanken

23 Die Bereitstellung einer Datenbank ist nach dem Wortlaut von § 12 Abs. 2 Nr. 14 Satz 3 UStG nur steuerbegünstigt, soweit sie **elektronische Bücher, Zeitungen oder Zeitschriften** (oder Teile davon) enthält. Einbezogen sind damit nicht alle oben genannten begünstigten Erzeugnisse (Rz. 12 ff.), sondern nur Bücher (Nr. 49 Buchst. a Anl. 2) und – da es auch Bücher sind – Hörbücher (Nr. 50 Anl. 2)[4] sowie Zeitungen und Zeitschriften (Nr. 49 Buchst. b Anl. 2). **Ausgeschlossen** sind somit die in Nr. 49 Buchst. c–e Anl. 2 genannten **Bilder- und Malbücher, Noten** und **Landkarten.**

23.1 Der **UStAE** dagegen hat ein **weitergehendes Verständnis** vom Anwendungsbereich des § 12 Abs. 2 Nr. 14 Satz 3 UStG. Danach sei es für die Begünstigung ausreichend, wenn die Datenbank „primär durch die Bereitstellung begünstigter Werke i.S.d. § 12 Abs. 2 Nr. 14 Satz 1 UStG geprägt" werde.[5] Als ausdrücklich unschädlich wird angesehen, „wenn die Datenbank **auch oder nur andere** der in [Nr. 49 Buchst. a-e und Nr. 50 Anl. 2] bezeichneten Erzeugnisse (z.B. Noten) in elektronischer Form"[6] enthalte. Mit anderen Worten sollen **alle Erzeugnisse, die nach § 12 Abs. 2 Nr. 14 Satz 1** UStG **steuerbegünstigt** überlassen werden können, also auch Noten und Landkarten, ebenfalls in Form einer Datenbank privilegiert sein.

23.2 Auch wenn diese Auslegung von der Ermächtigung in Anhang III Nr. 6 MwStSystRL (Rz. 2.2) gedeckt ist, verstößt sie gegen den klaren Wortlaut von § 12 Abs. 2 Nr. 14 Satz 3 UStG, der im Kontrast zu Satz 1 steht. Es erweckt den Anschein, als solle ein **Fehler im Gesetzgebungsverfahren** durch den UStAE geheilt werden. Dies kann jedoch nur durch eine Änderung des Gesetzes erfolgen.

23.3 Unabhängig davon, ob man von § 12 Abs. 2 Nr. 14 Satz 3 UStG alle in Satz 1 genannten Erzeugnisse erfasst ansieht, ist eine Datenbank, die **Nachrichtenseiten ohne eigene redaktionelle Inhalte** sowie sonstigen Sammlungen nicht redigierter Texte[7] enthält, nicht begünstigungsfähig, da solche Daten nicht unter § 12 Abs. 2 Nr. 14 Satz 1 UStG fallen. Ebenso wenig erfasst sind Darstellungen von **Daten, die sich in kurzen Abständen verändern**, wie etwa die Darstellung von Börsenkursen, der Verkehrslage, von Wetterdaten oder Sportergebnissen.[8] Ihnen fehlt die Beständigkeit papiergebundener Publikationen.

23.4 Durch die Bezugnahme auf bestimmte begünstigte Erzeugnisse gemäß § 12 Abs. 2 Nr. 14 Satz 1 UStG sind auch bei § 12 Abs. 2 Nr. 14 Satz 3 UStG die auf diese anwendbaren **begünstigungsschädlichen Inhalte** zu prüfen (Rz. 24 ff.).

---

1 Abschn. 12.17 Abs. 2 Satz 4 unter Verweis auf Abschn. 3a.12 Abs. 3 Nr. 5 Satz 2 UStAE.
2 Beispiel aus BR-Drucks. 356/19, 158.
3 Beispiel aus BR-Drucks. 356/19, 158.
4 So auch *Schüler-Täsch* in Sölch/Ringleb, § 12 Abs. 2 Nr. 14 UStG Rz. 998 (Stand: Juni 2023). **A.A.** *Frye* in Rau/Dürrwächter, § 12 Abs. 2 Nr. 14 UStG Rz. 48 (Stand: Oktober 2020).
5 Abschn. 12.17 Abs. 2 Satz 5 UStAE.
6 Abschn. 12.17 Abs. 2 Satz 5 UStAE (Hervorhebung hinzugefügt).
7 Beispiel aus BR-Drucks. 356/19, 158.
8 Beispiel aus BR-Drucks. 356/19, 158.

e) Kombi-Angebote

Abgrenzungsschwierigkeiten ergeben sich, wenn Datenbanken auch nicht begünstigte Funktionen oder Inhalte haben. Ob der Zugang zur gesamten Datenbank begünstigt ist, hängt davon ab, ob bei einer **qualitativen und quantitativen Gesamtbetrachtung** die begünstigten Elemente überwiegen.[1] 23.5

Beispiel: 23.6
Eine Datenbank (Office-Paket) enthält neben juristischen Texten (begünstigt) auch Formular-Vorlagen zum Ausfüllen, Steuer- oder Mindestlohnrechner, e-Trainings, Generatoren, Online-Live-Seminare (nicht begünstigt). Wenn bei den in der Datenbank enthaltenen Dateien und den abgerufenen Dokumenten die begünstigten Inhalte überwögen, sei die gesamte Datenbank begünstigt.[2]

5. Begünstigungsschädliche Inhalte

a) Überblick

§ 12 Abs. 2 Nr. 14 Satz 1 a.E. und Satz 2 UStG normieren inhaltliche Beschränkungen der Begünstigungsfähigkeit. Sie sind auf alle potentiell begünstigten Erzeugnisse anwendbar. 24

b) Audiovisuelle Inhalte (Nr. 14 Satz 1)

Die überlassenen Erzeugnisse dürfen nicht **im Wesentlichen** aus **Videoinhalten** oder **hörbarer Musik** bestehen (§ 12 Abs. 2 Nr. 14 Satz 1 UStG). Auch wenn diese inhaltliche Einschränkung für audiovisuelle Inhalte in Satz 1 der Vorschrift steht, gilt sie gleichermaßen für die in Satz 3 genannten Datenbanken, da deren Inhalt mit „Büchern, Zeitungen oder Zeitschriften" teilidentisch ist mit den von Satz 1 erfassten Erzeugnissen. 25

Während es selbsterklärend ist, was mit **Videoinhalten** gemeint ist, erschließt sich nicht sogleich, was **„hörbare Musik"** sein soll.[3] Auch ein Vergleich der Sprachfassungen der Richtlinie (EU) 2018/1713 (Rz. 2.2) führt nicht weiter. Die deutsche Fassung ist die wörtliche Übersetzung der Begriffe „audible music" und „musique audible". Vermutlich ist es kein Gegenbegriff zur nicht hörbaren Musik,[4] sondern es geht um die Unterscheidung zwischen der regelbesteuerten Aufnahme von Musikstücken und der **Begleitmusik** zu steuerbegünstigten redaktionellen Inhalten.[5] 26

Die der Regelbesteuerung unterliegenden audiovisuellen Inhalte dürfen nicht „vollständig oder **im Wesentlichen**" der Veröffentlichung das Gepräge geben. Im Gesetzentwurf hieß es noch, dass es begünstigungsschädlich sei, wenn die audiovisuellen Inhalte „überwiegend" (Rz. 6) vorhanden sind. Mit der Gesetz gewordenen Fassung übernahm der deutsche Gesetzgeber den Wortlaut von Anhang III Nr. 6 MwStSystRL. Während die alternative Nennung von zwei Stufen der Intensität begünstigungschädlicher Inhalte („vollständig oder im Wesentlichen") im Anhang III Nr. 6 MwStSystRL einen Sinn ergibt, weil dadurch den Mitgliedstaaten ein Wahlrecht eingeräumt wird, wie streng sie den Ausschlusstatbestand fassen möchten, ist sie in einem nationalen Umsetzungsakt redundant. Ein so formulierter **Ausschlusstatbestand ist nämlich bereits dann erfüllt**, wenn die Inhalte **bloß im Wesentlichen** aus Musik oder Video bestehen. Die nachfolgend dargestellte Gesamtbetrachtung wäre auch nicht nötig, wenn der Ausschluss nur gelten würde, wenn die in Rede stehenden Inhalte vollständig audiovisueller Natur wären. 27

Wie schwierig es ist, abstrakt zu bestimmen, wann die Wesentlichkeitsschwelle überschritten ist, zeigt die Gesetzesbegründung,[6] die eine **qualitative Gesamtbetrachtung** des Erzeugnisses fordert: 27.1

„Das Kriterium „vollständig oder im Wesentlichen" folgt dabei nicht einer schematischen quantitativen Grenze je Erzeugnis, sondern einer Gesamtwertung von Aufmachung, Inhalt und Herausgabezweck. „Vollständig oder im Wesentlichen" erfordert eine praktikable deutliche Unterscheidung der auszunehmenden audiovisuellen Erzeugnis- 28

1 Abschn. 12.17 Abs. 2 Satz 9 UStAE.
2 Abschn. 12.17 Abs. 2, Beispiel 2 UStAE.
3 Ratlos ist auch *Widmann*, MwStR 2019, 976 (978).
4 Etwa *John Cages* Komposition 4'33" (Four minutes, thirty-three seconds).
5 Zustimmend *Frye* in Rau/Dürrwächter, § 12 Abs. 2 Nr. 14 UStG Rz. 61 (Stand: Oktober 2020).
6 BT-Drucks. 19/14909, 50 (Hervorhebung hinzugefügt).

se von den begünstigten redaktionellen Erzeugnissen. Danach genügt es für die Erfüllung des Kriteriums „im Wesentlichen" nicht, dass die audiovisuellen Anteile einen bestimmten Anteil des Buches oder der Zeitung bzw. Zeitschrift ausmachen. Sie müssen vielmehr das **Erzeugnis im Ganzen so wesentlich prägen, dass der redaktionelle Textanteil nur Beiwerk ist.**"

29 Auf dieser Grundlage werden auch Veröffentlichungen mit anteiligen multimedialen und interaktiven Elementen („**enhanced E-Books**") zu den begünstigten Publikationen gezählt.[1] Bei einer Plattform, die neben Texten auch kurze Videos, eine Chatfunktion und einen interaktiven Abschlusstest vorsieht, sollen dagegen die begünstigten Inhalte nicht überwiegen.[2]

c) (Reise-)Werbung (Nr. 14 Satz 2)

30 Ferner sind gemäß § 12 Abs. 2 Nr. 14 Satz 2 UStG solche Erzeugnisse (Rz. 12 ff.) von der Steuerbegünstigung ausgenommen, die **im Wesentlichen Werbezwecken**, einschließlich Reisewerbung, dienen. Auch diesbezüglich wurde die aus Nr. 49 Anl. 2 stammende Formulierung „überwiegend" (Rz. 6) durch den Wortlaut von Anhang III Nr. 6 MwStSystRL ersetzt.

31 Für **Hörbücher** ist die **Einschränkung überflüssig**, da diese schon nach ihrer Definition in Nr. 50 Anl. 2 „ausschließlich" die Tonaufzeichnung der Lesung eines Buches enthalten dürfen (Rz. 14).

31.1 Im Übrigen greift der Ausschluss – genau wie bei audiovisuellen Inhalten (Rz. 27) – bereits dann, wenn die Veröffentlichungen bloß **im Wesentlichen werbenden Charakter haben**. Zwar besteht ein semantischer Unterschied zu der von § 12 Abs. 2 Nr. 14 Satz 1 UStG in Bezug genommenen Formulierung in Nr. 49 Anl. 2, nach der Veröffentlichungen, die „**überwiegend**" Werbezwecken dienen, von der Steuerprivilegierung ausgeschlossen sind.[3] Angesichts der erheblichen Bedeutungsüberlappung der Adjektive „wesentlich" und „überwiegend" ist jedoch nicht ersichtlich, welcher inhaltliche Unterschied damit verbunden sein soll. Die Übernahme des Wortlauts von Anhang III Nr. 6 MwStSystRL dürfte vielmehr dem Bestreben geschuldet sein, keinen Fehler bei der Umsetzung des Unionsrechts machen zu wollen. Wie bei den audiovisuellen Inhalten (Rz. 27.1) ist eine **qualitative Gesamtbetrachtung** vorzunehmen, ob die Werbeinhalte wesentlich für das Gesamtprodukt sind, oder die anderen Inhalte überwiegen.

d) Jugendgefährdende Inhalte (Nr. 14 Satz 2)

32 Der in § 12 Abs. 2 Nr. 14 Satz 2 UStG ausdrücklich genannte Ausschluss von der Steuerbegünstigung für Erzeugnisse des grafischen Gewerbes, für die Beschränkungen als jugendgefährdende Trägermedien bzw. Hinweispflichten nach § 15 Abs. 1-3 und 6 JSchG gelten, ist **überflüssig**. Damit wird nämlich lediglich – von einer minimalen redaktionellen Anpassung abgesehen – der jeweilige Wortlaut von Nr. 49 und 50 Anl. 2 wiedergegeben.

§ 12 Abs. 2 Nr. 15 [Restaurant- und Verpflegungsdienstleistungen]

…

(2) Die Steuer ermäßigt sich auf 7 Prozent für die folgenden Umsätze:

…

15. die nach dem 30. Juni 2020 und vor dem 1. Januar 2024 erbrachten Restaurant- und Verpflegungsdienstleistungen, mit Ausnahme der Abgabe von Getränken.

…

1 BT-Drucks. 19/14909, 50.

2 Abschn. 12.17 Abs. 2, Beispiel 3 UStAE.

3 Hierauf weist zu Recht *Frye* in Rau/Dürrwächter, § 12 Abs. 2 Nr. 14 UStG Rz. 69 (Stand: Oktober 2020) hin.

Schrifttum: *Bachmann/Ertl/Gebhardt/Seifer*, Steuerliche Hilfsmaßnahmen in Folge der Corona-Pandemie – Analyse der Umsatzsteuerermäßigung für die Gastronomie, DStR 2020, 1168; *Hess*, Das Gesetz zur Umsetzung steuerlicher Hilfsmaßnahmen zur Bewältigung der Corona-Krise (Corona-Steuerhilfegesetz) im Überblick, DStR 2020, 1153; *Liebgott*, Das Corona-Steuerhilfegesetz – Umsatzsteuerrechtliche Aspekte, UR 2020, 405; *Rondorf*, Befristete Anwendung des ermäßigten Umsatzsteuersatzes auf Restaurant- und Verpflegungsdienstleistungen, NWB 2020, 1838; *Rondorf*, Verlängerung der Anwendung des ermäßigten Umsatzsteuersatzes auf Restaurant- und Verpflegungsdienstleistungen, NWB 2021, 814.

A. Grundaussagen

I. Regelungsgegenstand und Bedeutung

1. Regelungsgegenstand

§ 12 Abs. 2 Nr. 15 UStG enthält eine zeitlich zunächst auf ein Jahr,[1] aber mittlerweile um zweieinhalb Jahre[2] verlängerte befristete **Steuerermäßigung** für mit **Restaurant- und Verpflegungsdienstleistungen** erbrachte Umsätze, die bisher dem Regelsteuersatz unterlegen haben, auf 7 %, die sich im Zeitraum vom 1.7.2020 bis zum 31.12.2020 nochmals ermäßigt auf 5 %.[3] 1

Ab dem 1.1.2024 unterliegen sämtliche Restaurant- und Verpflegungsdienstleistungen (und nicht nur die Getränke) wieder dem Regelsteuersatz von derzeit 19 %.

Die Abgabe von **Getränken** ist nach dem Gesetzeswortlaut ausdrücklich **nicht** begünstigt. 2

2. Bedeutung der Vorschrift

Die allgemeine Bedeutung der Vorschrift ist in der unionsrechtlichen Grundlage des Art. 98 Abs. 1 und 2 i.V.m. Anhang III Nr. 12a MwStSystRL (Rz. 9 ff.) angelegt. 3

1 Corona-Steuerhilfegesetz, BGBl. I 2020, 1385.
2 Drittes Corona-Steuerhilfegesetz, BGBl. I 2021, 330 bzw. Achtes Gesetz zur Änderung von Verbrauchsteuergesetzen, BGBl. I 2022, 1838.
3 Zweites Corona-Steuerhilfegesetz, BGBl. I 2020, 1512.

4 Die Änderung erfolgt zur **Abmilderung** der wirtschaftlichen Auswirkungen der **COVID19-Pandemie** auf die **Gastronomiebranche** und ist daher zeitlich begrenzt.[1] Hiervon sollen auch **andere Bereiche** profitieren, wie Cateringunternehmen, der Lebensmitteleinzelhandel, Bäckereien und Metzgereien, soweit sie mit der Abgabe verzehrfertig zubereiteter Speisen bislang Umsätze zum normalen Umsatzsteuersatz erbracht haben. Die Regelung gilt aber auch für Kantinen oder für Mensen von öffentlichen oder gemeinnützigen Einrichtungen.

5 Im Vergleich zu anderen Wirtschaftszweigen sind gastronomische Betriebe auf Grund der **strengen Hygiene- und Abstandsvorschriften** besonders schwer und langanhaltend von der COVID-19-Pandemie betroffen. Allerdings ging man davon aus, dass sich die Situation auch in diesem Bereich bis Mitte des Jahres 2021 wieder normalisiert hätte, sodass eine Befristung der Maßnahme angezeigt war. Der Gesetzgeber[2] erwartete durch die Absenkung des Umsatzsteuersatzes eine Stimulierung der Nachfrage und eine Belebung der Konjunktur. Er beobachtet, wie sich die Änderung auf die Umsätze und Abgabepreise auswirken wird.

5.1 Infolge der bestehenden Schließung der Betriebe konnten diese nicht wie erhofft von der Steuersatzsenkung profitieren. Um diesen Betrieben eine wirtschaftliche Perspektive auch über den 30.6.2021 hinaus zu eröffnen, wurde die Regelung befristet bis zum 31.12.2023 verlängert.[3]

6 Es ist davon auszugehen, dass die Steuerermäßigung **nicht** an die **Endverbraucher weitergegeben** wird, weil primär die Gastronomiebranche gestützt werden soll, sodass insoweit nicht vermeidbare Zielkonflikte vorliegen. Denn entweder will man die Unternehmer durch eine Erhöhung ihrer Marge fördern oder die Nachfrage bzw. die Verbraucher, in dem die Steuersatzermäßigung über den Preis weitergegeben wird; beides zusammen ist nicht möglich.[4]

7 **Beispiel:**
Eine Speise hat bis 30.6.2020 einen Bruttopreis von 119,00 Euro, sodass sich ab 1.7.2020 bzw. 1.1.2021 theoretisch folgende Szenarien ergeben können:
- wird die Steuersenkung an den Endverbraucher weitergegeben, würde der Preis 105,00 bzw. 107,00 Euro betragen (= 119,00 Euro/119 %*105 % bzw. 107 %) und die Marge unverändert 100,00 Euro;
- bei Beibehaltung des Preises von 119,00 Euro würde die Marge des Gastronomen um 13,33 bzw. 11,22 Euro erhöht werden (= 119,00 Euro/105 % bzw. 107 % – 100,00 Euro).

8 Neben dem ohnehin hohen Aufwand im Zusammenhang mit der ggf.[5] notwendigen technischen Umstellung der Kassensysteme müssten bei einer Weitergabe der Steuersenkung an die Verbraucher darüber hinaus auch noch die Speisekarten oder Preistafeln geändert werden bzw. nach Auslauf der Steuersatzsenkung die Preise entsprechend erhöht werden (was insbesondere die gemeinnützigen Organisationen treffen würde).

II. Unionsrecht

1. Grundlagen

9 § 12 Abs. 2 Nr. 15 UStG beruht auf der Option in **Art. 98 Abs. 1 und 2 i.V.m. Anhang III Nr. 12a MwStSystRL**. Danach können die Mitgliedstaaten ermäßigte Mehrwertsteuersätze anwenden auf „Res-

---

1 Zum eigentlichen Ziel einer Umsatzsteuerermäßigung der Begünstigung der Endverbraucher statt der hier intendierten Förderung der Gastronomiebranche als einzelne Unternehmensgruppe und daraus resultierenden Verfassungsfragen: siehe *Bachmann/Ertl/Gebhardt/Seifer*, DStR 2020, 1168 (1171).

2 Entwurf eines Gesetzes zur Umsetzung steuerlicher Hilfsmaßnahmen zur Bewältigung der Corona-Krise (Corona-Steuerhilfegesetz) – Gesetzentwurf der Fraktionen der CDU/CSU und SPD v. 12.5.2020, BT Drucks. 19/19150.

3 Der Bundesrat hat den Antrag des Freistaates Bayern auf Entfristung des bestehenden ermäßigten Umsatzsteuersatzes für Restaurant- und Verpflegungsdienstleistungen sowie auf Ausdehnung der ermäßigten Umsatzbesteuerung auf Getränke am 24.11.2023 abgelehnt: BR Drucks. 623/23. Grund waren u.a. die vom ZEW Mannheim auf gut 3 Milliarden Euro pro Jahr geschätzten Steuerausfälle.

4 So auch *Rondorf*, NWB 2020, 1838 (1840).

5 Betroffen sind lediglich die Gastronomen, die bisher keinen Außer-Haus-Verkauf getätigt haben bzw. nicht im Catering-Bereich tätig sind, BR Drucks. 221/20, 3 f.

taurant- und Verpflegungsdienstleistungen, mit der Möglichkeit, die Abgabe von (alkoholischen und/oder alkoholfreien) Getränken auszuklammern". Mit der Einführung des § 12 Abs. 2 Nr. 15 UStG wird diese unionsrechtliche Option in nationales Recht umgesetzt.[1]

Gemäß Art. 6 Abs. 1 MwStVO gelten als Restaurant- und Verpflegungsdienstleistungen die **Abgabe zubereiteter** oder **nicht zubereiteter Speisen** und/oder Getränke, zusammen mit ausreichenden **unterstützenden Dienstleistungen**, die deren sofortigen Verzehr ermöglichen. Die Abgabe von Speisen und/oder Getränken ist nur eine Komponente der gesamten Leistung, bei der der Dienstleistungsanteil überwiegt. 10

Restaurantdienstleistungen sind die Erbringung solcher Dienstleistungen in den Räumlichkeiten des Dienstleistungserbringers und **Verpflegungsdienstleistungen** sind die Erbringung solcher Dienstleistungen an einem anderen Ort als den Räumlichkeiten des Dienstleistungserbringers. 11

Nach Art. 6 Abs. 2 MwStVO gilt die Abgabe von zubereiteten oder nicht zubereiteten Speisen und/oder Getränken mit oder ohne Beförderung, jedoch **ohne** andere **unterstützende Dienstleistungen**, nicht als Restaurant- oder Verpflegungsdienstleistung i.S.d. Absatzes 1. 12

Während im Rahmen des § 3a Abs. 3 Nr. 1 Buchst. b UStG der Oberbegriff „Restaurationsleistung" verwendet wird, bezeichnet die Vorschrift des § 12 Abs. 2 Nr. 15 UStG ausdrücklich die hierzu zählenden „Restaurant- oder Verpflegungsdienstleistungen" in Übereinstimmung mit Art. 6 MwStVO, ohne dass hieraus materiell-rechtliche Unterschiede resultieren. 13

Bisher hat Deutschland lediglich mit § 12 Abs. 2 Nr. 11 UStG von der Möglichkeit in Anhang III **Nr. 12** MwStSystRL Gebrauch gemacht, die „Beherbergung in Hotels und ähnlichen Einrichtungen, einschließlich der Beherbergung in Ferienunterkünften, und Vermietung von Campingplätzen und Plätzen für das Abstellen von Wohnwagen" ermäßigt mit 7 % zu besteuern. 14

2. Auslegungsgrundsätze

Steuerermäßigungen sind nach ständiger EuGH-Rechtsprechung analog zu Steuerbefreiungen **eng auszulegen**, weil diese letztlich Ausnahmen von den grundsätzlich regelbesteuerten Umsätzen darstellen.[2] Die Auslegung der Ausnahmen hat insbesondere im Hinblick auf ihre Ziele zu erfolgen.[3] Dies darf insgesamt allerdings nicht dazu führen, dass der Ausnahme ihre praktische Wirksamkeit genommen wird.[4] 15

Es ist schon im Rahmen des Gesetzgebungsverfahrens deutlich gewesen,[5] dass es durch die Beschränkung der Ermäßigung auf Restaurantleistungen **Abgrenzungsschwierigkeiten** geben wird einerseits im Hinblick auf die Abgrenzung der Speisen von Getränken in Einzelfällen und vor allem im Hinblick auf die **Aufteilung von Pauschalpreisen** auf die ermäßigt besteuerten Speisen und die regelbesteuerten Getränke. 16

Fraglich ist insbesondere, ob nicht die Abgabe von Getränken in bestimmten Konstellationen eine Nebenleistung zur Hauptleistung „Restaurant- oder Verpflegungsdienstleistung" darstellt (z.B. ein Tee oder Kaffee im Rahmen eines Frühstücks zum Pauschalpreis) oder ob auch hier bzw. selbst bei Annahme zweier verbundener Hauptleistungen[6] der **Vorrang des gesetzlichen Aufteilungsgebots gegenüber den allgemeinen Grundsätzen der Abgrenzung von Haupt- und Nebenleistung** gilt.[7] 17

1 Ebenso wie schon zum 1.1.2020 in weiteren 17 Mitgliedstaaten, u.a. in Frankreich und in Österreich.

2 EuGH, Urt. v. 6.5.2010 – C-94/09, ECLI:EU:C:2010:253 – Kommission/Frankreich, UR 2010, 454, Rz. 29.

3 Siehe Sächsisches FG, Urt. v. 6.12.2022 – 1 K 281/22, EFG 2023, 804 (NZB BFH, Az. XI B 3/23) zur Anwendung des ermäßigten Steuersatzes im Wege der erweiternden Auslegung auf die komplexe Leistung „Dinner-Show".

4 EuGH, Urt. v. 5.9.2019 – C-145/18, ECLI:EU:C:2019:668 – Regards Photographiques, UR 2019, 779, Rz. 32.

5 Beschlussempfehlung und Bericht des Finanzausschusses (7. Ausschuss), BT-Drucks. 19/19601.

6 So *Kraeusel* in Reiß/Kraeusel/Langer, UStG, § 12 Abs. 2 Nr. 15 Rz. 389.90 (Stand: November 2023), aber für alle Fälle zweifelnd, sowie auch *Rondorf* in Schwarz/Widmann/Radeisen, UStG, § 12 Abs. 2 Nr. 15, Rz. 26 (Stand: Dezember 2022).

7 Siehe hierzu ausführlich *Nieskens* in Rau/Dürrwächter, § 12 Abs. 2 Nr. 15 UStG Rz. 115 ff., 121 m.w.N. (Stand: Januar 2023), der aus der EuGH-Entscheidung „Stadion Amsterdam" ein unionsrechtliches Verbot des Vorrangs

18 Das EuGH-Urteil *Stadion Amsterdam* vom 18.1.2018[1] und v.a. das EuGH-Urteil *Finanzamt X* vom 4.5.2023[2] lässt auch hier (wie zu § 12 Abs. 2 Nr. 11 UStG) die Diskussion zu, inwieweit das **gesetzliche Aufteilungsgebot des § 12 Abs. 2 Nr. 15 UStG** hinsichtlich Restaurant- und Verpflegungsdienstleistungen gegen den Grundsatz der Einheitlichkeit verstößt oder aus anderen Gründen **unionsrechtswidrig** ist, da eine einheitliche Leistung, die aus einem Haupt- und einem Nebenteil besteht, für die bei getrennter Erbringung unterschiedliche Steuersätze gelten, nur zu einem einheitlichen Steuersatz besteuert werden kann, der sich nach dem Hauptbestandteil richtet (§ 3 Rz. 533 ff.).

18.1 Vor dem Hintergrund des EuGH-Urteils *Finanzamt X* vom 4.5.2023 lässt sich einschränkend sagen, dass der EuGH und der BFH im Folgebeschluss[3] in der Vorschrift des § 4 Nr. 12 Satz 2 UStG kein gesetzliches Aufteilungsgebot gesehen hat, sondern diese nur der Umsetzung von Art. 135 Abs. 2 Satz 1 MwStSystRL dient, nicht aber zur Ausübung der durch Art. 135 Abs. 2 Satz 2 MwStSystRL eingeräumten Ermächtigung. Im Gegensatz zu § 4 Nr. 12 Satz 2 UStG begründet § 12 Abs. 2 Nr. 15 UStG m.E. in eindeutiger Weise ein nationales Aufteilungsgebot.

18.2 Im Rahmen der Prüfung, ob die selektive Anwendung eines ermäßigten Mehrwertsteuersatzes in Einklang mit der MwStSystRL steht, ist für den EuGH[4] nicht entscheidend für die Ausübung des den Mitgliedstaaten in Bezug auf die Anwendung des ermäßigten Mehrwertsteuersatzes nach der MwStSystRL belassenen Wertungsspielraums, ob ein Umsatz, der aus mehreren Bestandteilen besteht, als einheitliche Leistung anzusehen ist, sondern es ist vielmehr zu prüfen, ob der selektiv ermäßigt besteuerte Bestandteil einen konkreten und spezifischen Aspekt der Kategorie von Leistungen i.S.v. Anhang III Nr. 12a der MwStSystRL darstellt, und ggf. zu prüfen, ob die Anwendung dieses Mehrwertsteuersatzes gegen den Grundsatz der steuerlichen Neutralität verstößt. Einerseits sollte die Abgabe von Getränken hinreichend spezifisch sowie konkret sein und andererseits grundsätzlich keinen Verstoß gegen die Steuerneutralität darstellen.

19 Eine Antwort darauf wird allerdings erst dann möglich sein, nachdem dem EuGH diese Frage vorgelegt worden ist, und er auch eine hinreichend klare Antwort gegeben hat.

III. Verhältnis zu anderen Vorschriften und Rechtsentwicklung

1. Verhältnis zu anderen Vorschriften

20 Die Steuersatzermäßigung des § 12 Abs. 2 Nr. 15 UStG steht in einem **unmittelbaren Zusammenhang mit der Steuerermäßigung des § 12 Abs. 2 Nr. 1 i.V.m. Anl. 2 UStG**, wonach die **Lieferung** bestimmter Lebensmittel bzw. Speisen und Getränke (z.B. Milch) ermäßigt besteuert werden (Anl. 2 Rz. 5).

21 Vor dem Hintergrund, dass üblicherweise im Hotel-und Gaststättengewerbe sowie in Pensionen vor allem ein Frühstück als Restaurantleistung angeboten wird, ist **mittelbar auch das Aufteilungsgebot in § 12 Abs. 2 Nr. 11 UStG** betroffen und mithin die in diesem Kontext verwendete Aufteilungsmethode (§ 12 Abs. 2 Nr. 11 Rz. 66 ff.).

22 Eine nach § 12 Abs. 2 Nr. 15 UStG steuerermäßigte Restaurant- oder Verpflegungsdienstleistung setzt zunächst voraus, dass der Leistende Unternehmer ist (§ 2 Abs. 1 UStG) und die Dienstleistung im Rahmen des Unternehmens ausgeführt wird.

23 Weiterhin muss die Steuerbarkeit in Deutschland gegeben sein, die sich bei der Abgabe von Speisen und Getränken zum Verzehr an Ort und Stelle (Restaurationsleistung) nach dem **Ort der tatsächlichen Erbringung** gemäß § 3a Abs. 3 Nr. 3 Buchst. b UStG bestimmt (§ 3a Rz. 177 ff.).

---

eines nationalen Aufteilungsgebots liest und im Ergebnis wohl auch *Kraeusel* in Reiß/Kraeusel/Langer, UStG, § 12 Abs. 2 Nr. 15, Rz. 389.85 (Stand: November 2023).

1 EuGH, Urt. v. 18.1.2018 – C-463/16, ECLI:EU:C:2018:22 – Stadion Amsterdam, UR 2018, 200.

2 EuGH, Urt. v. 4.5.2023 – C-516/21, ECLI:EU:C:2023:372 – Finanzamt X, UR 2023, 441 m. Anm. *Nieskens*.

3 BFH, Beschl. v. 17.8.2023 – V R 7/23, UR 2023, 805 m. Anm. *Widmann*.

4 EuGH, Urt. v. 6.5.2010 – C-94/09, ECLI:EU:C:2010:253 – Kommission/Frankreich, UR 2010, 454, Rz. 33.

2. Rechtsentwicklung

Die Vorschrift ist durch Art. 1 Nr. 1 des Gesetzes zur Umsetzung steuerlicher Hilfsmaßnahmen zur Bewältigung der Corona-Krise[1] eingefügt worden und deren Anwendung durch Art. 3 des Dritten Gesetzes zur Umsetzung steuerlicher Hilfsmaßnahmen zur Bewältigung der Corona-Krise bzw. das Achte Gesetz zur Änderung von Verbrauchsteuergesetzen bis Ende 2023 verlängert worden[2]. 24

B. Zeitliche Anwendung vom 1.7.2020 bis zum 30.6.2021 bzw. mittlerweile bis zum 31.12.2023

Aufgrund der gesetzlichen Befristung der Steuerermäßigung auf den Zeitraum vom 1.7.2020 bis zum 30.6.2021 bzw. schließlich bis zum 31.12.2023 kommt es zu deren Anfang und deren Ende im Hinblick auf die Steuerentstehung auf den **Zeitpunkt der Leistungserbringung** an (§ 13 Abs. 1 Nr. 1 Buchst. a UStG).[3] 25

Dienstleistungen gelten grundsätzlich im Zeitpunkt ihrer Vollendung als ausgeführt:[4] 26

- dies sollte bei einer Restaurantleistung der Zeitpunkt sein, in dem der Gast die Rechnung anfordert;[5]
- bei einer Catering- oder Verpflegungsdienstleistung der Zeitpunkt, zu dem die Ausgabe der Speisen eingestellt bzw. das Catering abgebaut ist.

Vor diesem Hintergrund müssten die Gastronomen am Abend des 30.6.2020 eigentlich erst nach Mitternacht und am Abend des 31.12.2020 (noch 5 %) bzw. 31.12.2023 (noch 7 %) vor Mitternacht abrechnen. Allerdings sprechen die notwendige Umstellung der Kassensysteme und mithin Praktikabilitätsaspekte gegen eine derartige Strategie.[6] Vor diesem Hintergrund hat die FinVerw. eine Vereinfachung zugelassen, wonach die für den Zeitraum vom 1.7.2020 bis 31.12.2020 abgesenkten Steuersätze auch auf Leistungen in der Nacht vom 30.6.2020 auf den 1.7.2020 sowie in der Nacht vom 31.12.2020 auf den 1.1.2021 angewendet werden.[7] Es war zu erwarten, dass diese Vereinfachung dann auch noch für die Nacht auf den 1.1.2024 kommt.[8] 27

C. Restaurant- und Verpflegungsdienstleistungen

I. Bedeutung der Neuregelung

Durch die **zwischenzeitliche** Regelung hat sich im Ergebnis die in der Praxis bestehende Schwierigkeit erübrigt, bei der Abgabe zubereiteter oder nicht zubereiteter Speisen festzustellen, ob ausreichend unterstützende Dienstleistungen zum sofortigen Verzehr erbracht werden, die für die Bejahung einer „Restaurant- oder Verpflegungsdienstleistung" i.S.d. Art. 6 MwStVO zwingend notwendig sind. Denn der ermäßigte Steuersatz kommt unabhängig davon zur Anwendung, ob es sich bei der Abgabe der Speisen um eine „Restaurant-/Verpflegungsdienstleistung" oder um eine Lieferung handelt. Die An- 28

1 Corona-Steuerhilfegesetz v. 19.6.2020, BGBl. I 2020, 1385.

2 Drittes Corona-Steuerhilfegesetz v. 10.3.2021, BGBl. I 2021, 330 bzw. Achtes Gesetz zur Änderung von Verbrauchsteuergesetzen, BGBl. I 2022, 1838.

3 Zur Maßgeblichkeit der Leistungsausführung für eher seltene An- oder Vorauszahlungen im Gastronomiebereich siehe *Rondorf*, NWB 2020, 1838 (1842).

4 Abschn. 13.1 Abs. 3 Satz 1 UStAE.

5 **A.A.** z.B. *Kraeusel* in Reiß/Kraeusel/Langer, UStG, § 12 Abs. 2 Nr. 15, Rz. 389.86 (Stand: November 2023), wobei insoweit verkannt wird, dass u.a. auch das Abräumen etc. noch zur Leistung zählt.

6 Siehe hierzu *Liebgott*, UR 2020, 405 (407).

7 BMF, Schr. v. 4.11.2020 – III C 2-S 7030/20/10009 :016 – DOK 2020/1074476, BStBl. I 2020, 1129 = UR 2020, 977 ergänzend zur befristeten Absenkung des allgemeinen und ermäßigten Umsatzsteuersatzes zum 1.7.2020.

8 BMF, Schr. v. 21.12.2023 – III C 2-S 7220/22/10001 :009 – DOK 2023/1225280, BStBl. I 2024, 90 = UR 2024, 78.

wendung des ermäßigten Steuersatzes folgt entweder aus § 12 Abs. 2 Nr. 15 UStG für „Restaurant- oder Verpflegungsdienstleistungen" oder aus § 12 Abs. 2 Nr. 1 UStG i.V.m. Anl. 2 zum UStG für Lieferungen (§ 12 Abs. 2 Nr. 1 Rz. 21 ff.).

29 Für die allermeisten Konstellationen ist daher die unterschiedliche steuerliche Behandlung der **Vor-Ort-** (bisher regulärer Steuersatz) und der **Außer-Haus-Umsätze** (bereits bisher ermäßigter Steuersatz) **zwischenzeitlich** entfallen.

30 Für bestimmte Konstellationen, v.a. bei der Abgabe von **Milch** oder **Latte Macchiato**, war die allseits bekannte Frage, „Zum-hier-Essen oder zum Mitnehmen" aber weiterhin relevant, da die **Lieferung von Milch** nach § 12 Abs. 2 Nr. 1 UStG i.V.m. Anl. 2 Nr. 4 zum UStG dem ermäßigten Steuersatz unterliegt, die Abgabe von **Milch als Getränk** im Rahmen einer Restaurationsleistung hingegen nach der Neuregelung des § 12 Abs. 2 Nr. 15 UStG nicht begünstigt ist.[1]

31 Der **Verzehr von Spezialitäten** wie Kaviar, Langusten, Hummer, Austern und Schnecken im Rahmen einer „Restaurant- oder Verpflegungsdienstleistung" unterlag im Zeitraum vom 1.7.2020 bis zum 30.6.2021 bzw. schließlich bis zum 31.12.2023 wie die Abgabe aller anderen Speisen dem ermäßigten Steuersatz nach § 12 Abs. 2 Nr. 15 UStG. Die Lieferung dieser Spezialitäten hingegen unterliegt wie bisher dem regulären Steuersatz, da die Steuerermäßigung für die genannten Spezialitäten explizit nach § 12 Abs. 2 Nr. 1 UStG i.V.m. Anl. 2 Nr. 3 zum UStG ausgeschlossen ist. Dies kann zu eigenwillig anmutenden Auswirkungen auf den anzuwendenden Steuersatz führen.

32 **Beispiel:**
Ein Feinkosthändler stellt nach dem Inkrafttreten der Neuregelung in seinem Geschäft Tische mit Stühlen auf, die ausschließlich dazu bestimmt sind, seinen Kunden eine Verzehrmöglichkeit vor Ort anzubieten bzw. den Verzehr vor Ort zu erleichtern. Nach der Rechtsprechung des BFH[2] könnte dies als ausreichendes Dienstleistungselement für die Annahme einer „Restaurant- oder Verpflegungsdienstleistung" anzusehen sein. Das Ergebnis wäre, dass der Feinkosthändler seinen Kaviar, die Langusten, den Hummer, die Austern und die Schnecken nach der Neuregelung des § 12 Abs. 2 Nr. 15 UStG zum ermäßigten Steuersatz anbieten könnte, obwohl diese „Luxus-Lebensmittel" nach dem Willen des Gesetzgebers sicherlich nicht von der Steuersatzermäßigung profitieren sollen, wie sich eindeutig aus dem bisherigen Ausschluss der Ermäßigung in § 12 Abs. 2 Nr. 1 UStG i.V.m. Anl. 2 Nr. 3 zum UStG ergibt.

II. Abgrenzung von Lieferung und sonstiger Leistung bei der Abgabe von Speisen und Getränken

1. Ermäßigter und regulärer Steuersatz

33 Verzehrfertig zubereitete Speisen können sowohl im Rahmen einer Lieferung als auch im Rahmen einer sonstigen Leistung abgegeben werden. Während die **Lieferung von Speisen** grundsätzlich dem **ermäßigten Steuersatz** unterliegt, ist die **Abgabe von Speisen zum Verzehr an Ort und Stelle** eine mit dem **Regelsteuersatz** belegte Dienstleistung, die allerdings befristet vom 1.7.2020 bis zum 31.12.2023 ermäßigt besteuert wird.

34 Die Abgrenzung von Lieferungen und sonstigen Leistungen richtet sich dabei nach allgemeinen Grundsätzen.[3]

2. Lieferung von Speisen und Getränken

a) Abgabe von Speisen

35 Die Abgabe von zubereiteten oder nicht zubereiteten Speisen mit oder ohne Beförderung, jedoch ohne andere unterstützende Dienstleistungen, stellt stets eine Lieferung dar (Art. 6 Abs. 2 MwStVO). Die

1 Siehe hierzu *Liebgott*, UR 2020, 405 (406) sowie *Rondorf*, NWB 2020, 1838 (1842) und FinMin. Schleswig-Holstein, Kurzinformation v. 5.7.2020 – VI 358-S 7220-064, DStR 2020, 2026.
2 BFH, Urt. v. 3.8.2017 – V R 15/17, BStBl. II 2021, 403 = UR 2017, 787 m. Anm. *Korff/Süß*.
3 Abschn. 3.5 UStAE.

Sicherstellung der Verzehrfertigkeit während des Transports (z.B. durch Warmhalten in besonderen Behältnissen) sowie die Vereinbarung eines festen Zeitpunkts für die Übergabe der Speisen an die Kunden sind unselbständiger Teil der Beförderung und daher nicht gesondert zu berücksichtigen. Die Abgabe von Waren aus Verkaufsautomaten ist stets eine Lieferung.[1]

b) Unschädliche Abgrenzungskriterien einer Lieferung

Insbesondere **folgende Elemente** sind notwendig mit der Vermarktung verzehrfertiger Speisen verbunden und im Rahmen der vorzunehmenden Gesamtbetrachtung **nicht zu berücksichtigen**:[2] 36

- Darbietung von Waren in Regalen;
- Zubereitung der Speisen;[3]
- Transport der Speisen und Getränke zum Ort des Verzehrs einschließlich der damit in Zusammenhang stehenden Leistungen wie Kühlen oder Wärmen, der hierfür erforderlichen Nutzung von besonderen Behältnissen und Geräten sowie der Vereinbarung eines festen Lieferzeitpunkts;
- übliche Nebenleistungen (z.B. Verpacken, Beigabe von Einweggeschirr oder -besteck);
- Bereitstellung von Papierservietten;
- Abgabe von Senf, Ketchup, Mayonnaise, Apfelmus oder ähnlichen Beigaben;
- Bereitstellung von Abfalleimern an Kiosken, Verkaufsständen, Würstchenbuden usw.;
- Bereitstellung von Einrichtungen und Vorrichtungen, die in erster Linie dem Verkauf von Waren dienen (z.B. Verkaufstheken und -tresen sowie Ablagebretter an Kiosken, Verkaufsständen, Würstchenbuden usw.);
- bloße Erstellung von Leistungsbeschreibungen (z.B. Speisekarten oder -plänen);
- allgemeine Erläuterung des Leistungsangebots;
- Einzug des Entgelts für Schulverpflegung von den Konten der Erziehungsberechtigten.

c) Relevante Steuersätze bei der Lieferung von Speisen und Getränken

Eine Steuerermäßigung im Rahmen der Abgabe von Speisen und Getränken setzt zwei Tatbestandsmerkmale voraus (§ 12 Abs. 2 Nr. 1 UStG): Zum einen muss eine Lieferung vorliegen und zum anderen müssen die **Liefergegenstände** in der **Anl. 2** zum UStG genannt sein. 37

Danach unterliegen insbesondere folgende Lieferungen der Steuerermäßigung: 38

- verschiedene Lebensmittelzubereitungen;
- Zubereitungen von Gemüse, Früchten, Nüssen oder anderen Pflanzenteilen;
- Zubereitungen aus Getreide, Mehl, Stärke oder Milch sowie Backwaren und Zuckerwaren;
- Zubereitungen von Fleisch, Fischen oder von Krebstieren, Weichtieren und anderen wirbellosen Wassertieren;
- Milch und Milcherzeugnisse sowie Milchmischgetränke mit einem Anteil an Milch oder Milcherzeugnissen (z.B. Molke) von mindestens 75 % des Fertigerzeugnisses.

Explizit davon ausgenommen sind bspw. Frucht- und Gemüsesäfte sowie auch Kaviar, Langusten, Hummer, Austern und Schnecken (Rz. 31 und auch Anl. 2 Rz. 5). 39

1 Abschn. 3.6 Abs. 2 Sätze 2–4 UStAE.
2 Abschn. 3.6 Abs. 2 Satz 1 UStAE.
3 Sächsisches FG, Urt. v. 5.2.2020 – 5 K 1604/19, EFG 2021, 786 (erledigt durch BFH, Urt. v. 20.10.2021 – XI R 24/20, UR 2022, 456) sowie EuGH, Urt. v. 22.4.2021 – C-703/19, ECLI:EU:C:2021:314 – Dyrektor Izby Administracji Skarbowej w Katowicach, UR 2021, 902.

3. Dienstleistung im Rahmen der Abgabe von Speisen und Getränken

a) Überwiegen des Dienstleistungsanteils

40 Nach Art. 6 Abs. 1 MwStVO gilt die Abgabe zubereiteter oder nicht zubereiteter Speisen und/oder von Getränken zusammen mit ausreichenden unterstützenden Dienstleistungen, die deren sofortigen Verzehr ermöglichen, als sonstige Leistung. Die Abgabe von Speisen und/oder Getränken ist nur eine Komponente der gesamten Leistung, bei der der **Dienstleistungsanteil qualitativ überwiegt.**[1]

41 Ob der Dienstleistungsanteil qualitativ überwiegt, ist nach dem **Gesamtbild** der Verhältnisse des Umsatzes zu beurteilen. Bei dieser wertenden Gesamtbetrachtung aller Umstände des Einzelfalls sind nur solche Dienstleistungen zu berücksichtigen, die sich von denen unterscheiden, die notwendig mit der Vermarktung der Speisen verbunden sind. Dienstleistungselemente, die notwendig mit der Vermarktung von Lebensmitteln verbunden sind, bleiben bei der vorzunehmenden Prüfung unberücksichtigt.

b) Bedeutsame Abgrenzungskriterien einer Dienstleistung

42 Insbesondere die folgenden Elemente sind nicht notwendig mit der Vermarktung von Speisen verbunden und daher im Rahmen der **Gesamtbetrachtung** zu berücksichtigen:[2]

- Bereitstellung einer die Bewirtung fördernden Infrastruktur;[3]
- Servieren der Speisen und Getränke;
- Gestellung von Bedienungs-, Koch- oder Reinigungspersonal;
- Durchführung von Service-, Bedien- oder Spülleistungen im Rahmen einer die Bewirtung fördernden Infrastruktur oder in den Räumlichkeiten des Kunden;[4]
- Nutzungsüberlassung von Geschirr oder Besteck;
- Überlassung von Mobiliar (z.B. Tischen und Stühlen) zur Nutzung außerhalb der Geschäftsräume des Unternehmers;
- Reinigung bzw. Entsorgung von Gegenständen, wenn die Überlassung dieser Gegenstände ein berücksichtigungsfähiges Dienstleistungselement darstellt;
- individuelle Beratung bei der Auswahl der Speisen und Getränke;
- Beratung der Kunden hinsichtlich der Zusammenstellung und Menge von Mahlzeiten für einen bestimmten Anlass.

43 Erfüllen die überlassenen Gegenstände (Geschirr, Platten etc.) vornehmlich **Verpackungsfunktion**, stellt deren Überlassung kein berücksichtigungsfähiges Dienstleistungselement dar. In diesem Fall ist auch die anschließende Reinigung bzw. Entsorgung der überlassenen Gegenstände bei der Gesamtbetrachtung nicht zu berücksichtigen.

c) Relevante Unterscheidung zwischen Speisen und Getränken

44 Da Getränke – unionsrechtskonform – von der Steuerermäßigung ausgenommen worden sind, sind lediglich die Speisen von der Steuerermäßigung umfasst. Die **Abgrenzung zwischen Speisen und Getränken** sollte i.d.R. keinerlei Probleme bereiten; zu beachten ist bspw., dass ein **Ganzfruchtsaft** (z.B. Smoothie) als Speise gilt, während Frucht- und Gemüsesäfte natürlich Getränke sind.

1 Abschn. 3.6 Abs. 1 Sätze 3–4 UStAE.

2 Abschn. 3.6 Abs. 3 UStAE sowie EuGH, Urt. v. 22.4.2021 – C-703/19, ECLI:EU:C:2021:314 – Dyrektor Izby Administracji Skarbowej w Katowicach, UR 2021, 902 m.w.N.

3 BFH, Urt. v. 26.8.2021 – V R 42/20, BStBl. II 2022, 219 = UR 2022, 14 zur Nutzung eines Food-Courts in der Nähe; BFH, Beschl. v. 12.7.2023 – XI B 1/23, BFH/NV 2023, 1201 = UR 2023, 719 m. Anm. *Farruggia-Weber* zur Zurechnung der Verzehrvorrichtungen eines Biergartens sowie BFH, Beschl. v. 15.9.2021 – XI R 12/21 (XI R 25/19), BStBl. II 2022, 417 = UR 2022, 256 zum Verkauf in Vorkassenzonen eines Supermarkts.

4 BFH, Urt. v. 20.10.2021 – XI R 2/21, BFH/NV 2022, 353 zur Speisenabgabe in einer Betriebskantine.

D. Aufteilung der Entgelte

I. Notwendigkeit der Aufteilung

Vor dem Hintergrund, dass lediglich die Speisen von der Steuerermäßigung umfasst sind, sind abgerechnete Gesamtentgelte aufzuteilen in die nunmehr **ermäßigt besteuerten Speisen** und die **regelbesteuerten Getränke.** 45

Der Unternehmer ist nach § 22 Abs. 1 UStG verpflichtet, zur Feststellung der Steuer und der Grundlagen ihrer Berechnung **Aufzeichnungen** zu erstellen. Es ist gemäß § 22 Abs. 2 Nr. 1 Satz 2 UStG ersichtlich zu machen, wie sich die Entgelte auf die steuerpflichtigen Umsätze, getrennt nach Steuersätzen, verteilen. 46

II. Separate Preise für Speisen und Getränke

Im Regelfall werden Speise und Getränke separat bepreist (als Bruttopreis inklusive Umsatzsteuer), sodass für jede Speise und jedes Getränk die **jeweilige Bemessungsgrundlage** durch Herausrechnen der entsprechenden Umsatzsteuer ermittelt werden kann (§ 10 Abs. 1 Satz 2 UStG). 47

III. Gesamtpreise

1. Aufteilung durch Schätzung

Pauschalpreise oder Gesamtpreise für ein Menü sind aus der **Systemgastronomie** bekannt, aber auch in Cafés für diverse Frühstücksvarianten gang und gäbe. Wird für Getränke, die nicht von der Steuerermäßigung nach § 12 Abs. 2 Nr. 15 UStG erfasst werden, **kein gesondertes Entgelt** berechnet, ist deren Entgeltanteil zu schätzen.[1] 48

Erbringt ein Unternehmer im Rahmen eines Gesamtverkaufspreises zwei oder mehrere unterschiedlich zu besteuernde Lieferungen oder sonstige Leistungen, ist der **einheitliche Preis sachgerecht** auf die einzelnen Leistungen **aufzuteilen**. Dabei hat der Unternehmer grundsätzlich die **einfachst mögliche sachgerechte Aufteilungsmethode** zu wählen.[2] 49

Bestehen mehrere sachgerechte, gleich einfache Aufteilungsmethoden, kann der Unternehmer zwischen diesen Methoden frei wählen. 50

2. Aufteilung nach Einzelveräußerungspreisen

Relativ einfach gestaltet sich die Aufteilung von Gesamtpreisen, wenn für alle Komponenten **jeweils ein Einzelveräußerungspreis** existiert.[3] 51

Bietet der Unternehmer die im Rahmen des Gesamtverkaufspreises erbrachten Leistungen auch einzeln an, ist der Gesamtverkaufspreis – nach Auffassung der FinVerw. – grundsätzlich nach dem **Verhältnis der Einzelverkaufspreise** aufzuteilen. 52

Daneben sind auch andere Aufteilungsmethoden wie das Verhältnis des Wareneinsatzes zulässig[4], sofern diese gleich einfach sind und zu sachgerechten Ergebnissen führen. 53

---

1 Abschn. 10.1 Abs. 11 Sätze 1–3 UStAE.

2 BFH, Beschl. v. 3.4.2013 – V B 125/12, BStBl. II 2013, 973 = UR 2013, 429; BFH, Urt. v. 30.6.2011 – V R 44/10, BStBl. II 2011,1003 = UR 2011, 863.

3 Abschn. 10.1 Abs. 11 Sätze 4–5 UStAE.

4 So explizit FG Baden-Württemberg, Urt. v. 9.11.2022 – 12 K 3098/19, UStB 2023, 342 m. Anm. *Grebe* (Rev. anhängig BFH Az. XI R 19/23 sowie zu vergleichbarem Fall Az. XI R 22/22).

3. Andere Aufteilungsmethoden

54 Nach diesen Grundsätzen ist auch zu verfahren, wenn das **Entgelt für eine einheitliche Leistung** für Zwecke der Umsatzsteuer auf unterschiedlich besteuerte Leistungsbestandteile aufzuteilen ist. Die **Aufteilung nach den betrieblichen Kosten** sei jedenfalls keine gleich einfache Aufteilungsmethode und danach **nicht zulässig.**[1]

55 **Komplexer** ist die Aufteilung dann, wenn es keine Einzelverkaufspreise gibt. So werden bspw. bestimmte Frühstücksvarianten fast nie ohne Getränk angeboten, sondern immer unter Einschluss eines Kaffees oder Tees; bei Brunchbuffets gibt es darüber hinaus die Möglichkeit, sich Getränke kostenlos nachzuschenken („**Free Refill**“), für die ebenso kein Einzelpreis existiert.

56 Für solche Fälle bietet sich das **Verhältnis des Wareneinsatzes** als Aufteilungsmethode an oder besser noch die von der FinVerw.[2] – im Gegensatz zur Rechtsprechung[3] – nicht anerkannten betrieblichen Kosten, da ja die hausinterne Aufbereitung der Speisen i.d.R. vergleichsweise höhere Kosten verursacht als die trinkfertig gelieferten Getränke.[4]

57 Es ist evident, dass jedwede Kalkulation auf ihre Schlüssigkeit bzw. Korrektheit angegriffen werden kann, da es insbesondere im Hinblick auf die **Zurechnung** der verschiedenen **Gemeinkosten** in der Theorie schon unterschiedliche Ansätze gibt.

58 Jedenfalls kann der Einzelverkaufspreis für die Speisen eines Frühstücks **nicht im Wege der Subtraktion** des Einzelverkaufspreises für den Kaffee oder Tee ermittelt werden,[5] weil dies zu Verzerrungen führen würde, die umso größer wären, je niedriger der Gesamtpreis für das Frühstück im Einzelnen wäre; Rabatte würden bei dieser Methode allein zu Lasten der Speisen gehen.

59 **Ebenso wenig** dürfen die Finanzämter einen „Marktpreis“ anhand eines **Durchschnittswerts** von verschiedenen anderen Unternehmen nehmen, weil diese Methode nicht vergleichbar einfach ist. Denn dabei wäre neben der Vergleichbarkeit der verschiedenen Leistungen auch die Vergleichbarkeit der verschiedenen Anbieter zu prüfen, was einen unverhältnismäßig hohen Aufwand darstellen würde.[6]

60 Die FinVerw. beanstandet es als **Vereinfachungsmaßnahme** nicht,[7] wenn zur Aufteilung des Gesamtkaufpreises von sog. Kombiangeboten aus Speisen inklusive Getränken (z.B. Buffet, All-Inclusive-Angeboten) – ebenso wie in Österreich, nur dass hier der pauschale Prozentsatz nur 10 % beträgt[8] – der auf die Getränke entfallende Entgeltanteil mit 30 % des Pauschalpreises angesetzt wird (analog der Pauschale von 20 % für die nicht unmittelbar der Beherbergung dienenden Leistungen im Rahmen des § 12 Abs. 2 Nr. 11 UStG,[9] die mit Blick auf die temporär ermäßigt besteuerten Frühstücksleistungen nicht mehr angemessen im Sinne von zu hoch bemessen erscheint,[10] sodass die FinVerw. den pauschalen Prozentsatz zwischenzeitlich von 20 % auf 15 % reduziert hat).[11]

---

1 Abschn. 10.1 Abs. 11 Sätze 6–7 UStAE.
2 Abschn. 10.1 Abs. 11 Satz 6 UStAE.
3 BFH, Urt. v. 7.10.2010 – V R 12/10, BStBl. II 2011, 303 = UR 2011, 154, Rz. 33.
4 Abschn. 12.16 Abs. 11 UStAE.
5 FG Berlin-Brandenburg, Urt. v. 28.11.2018 – 7 K 7314/16, EFG 2019, 294, Rz. 58.
6 FG Schleswig-Holstein, Urt. v. 21.9.2016 – 4 K 59/14, DStRE 2017, 605.
7 BMF, Schr. v. 2.7.2020 – III C 2-S 7030/20/10006 :006 – DOK 2020/0662912, BStBl. I 2020, 610 = UR 2020, 699 zur Anfügung des Absatzes 12 in Abschn. 10.1 UStAE sowie zur Verlängerung des zeitlichen Anwendungsbereichs bis zum 31.12.2022 bzw. 31.12.2023: BMF, Schr. v. 3.6.2021 – III C 2-S 7030/20/10006 :006, BStBl. I 2021, 777 = UR 2021, 571 bzw. BMF, Schr. v. 21.11.2022 – III C 2-S 7030/20/10006 :006 – DOK 2022/1169183, BStBl. I 2022, 1595 = UR 2022, 950 und FinMin. Mecklenburg-Vorpommern, Erlass v. 19.7.2023 – S 7200-3/02-005, UR 2023, 740 zur Aufteilung von Sachbezugspauschalen.
8 öUStR 2000, Rz. 1171.
9 Abschn. 12.16 Abs. 12 Satz 2 UStAE.
10 *Bachmann/Ertl/Gebhardt/Seifer*, DStR 2020, 1168 (1171).
11 BMF, Schr. v. 2.7.2020 – III C 2-S 7030/20/10006 :006 – DOK 2020/0662912, BStBl. I 2020, 610 = UR 2020, 699 zur Neufassung des Absatzes 12 Satz 2 in Abschn. 12.16 UStAE sowie zur Verlängerung des zeitlichen Anwendungsbereichs bis zum 31.12.2022 BMF, Schr. v. 3.6.2021 – III C 2-S 7030/20/10006 :006, BStBl. I 2021, 777 = UR 2021, 571 bzw. bis zum 31.12.2023 BMF, Schr. v. 21.11.2022 – III C 2-S 7030/20/10006 :006 – DOK 2022/1169183, BStBl. I 2022, 1595 = UR 2022, 950.

E. Sonstiges

I. Gutscheinverkäufe

Aus der Gesetzesänderung ergeben sich auch Probleme in Bezug auf die umsatzsteuerliche Behandlung und Einordnung von Gutscheinen, die nach § 3 Abs. 13 UStG grundsätzlich in Einzweck- und Mehrzweckgutscheine unterschieden werden (§ 3 Rz. 679, 703). 61

Vor dem 1.7.2021 ausgestellte Restaurantgutscheine haben i.d.R. zu einer Besteuerung von 19 % geführt,[1] da sowohl der Ort der Leistung als auch die geschuldete Steuer (Regelsteuersatz für Restaurantdienstleistungen) feststehen. Die Umsatzsteuer entsteht grundsätzlich mit Ausgabe des Gutscheins; die spätere Einlösung des Essensgutscheins unterliegt nicht mehr der Besteuerung (§ 3 Abs. 14 UStG). 62

In diesem Zusammenhang stellt sich – analog wie bei einem Sortimentswechsel[2] – die Frage, ob eine **Korrektur** der **Umsatzsteuer** möglich ist, wenn die Einlösung im Zeitraum zwischen dem 1.7.2020 und dem 30.6.2021 bzw. 31.12.2023 erfolgt, was systemgerecht wäre. Allerdings lässt die FinVerw.[3] keine Berichtigung zu; soweit Gutscheine für Restaurationsleistungen vor dem 1.7.2020 ausgegeben wurden, bleibt es bei der Versteuerung als Einzweck-Gutschein mit 19 %, auch wenn die Einlösung im Zeitraum vom 1.7.2020 bis 30.6.2021 bzw. bis 31.12.2023 erfolgt. Für die Behandlung als Einzweck-Gutschein sei ausschließlich auf die Gesetzeslage im Zeitpunkt der Ausgabe abzustellen. 63

Denn die Umsatzsteuer für die durch den Einzweck-Gutschein geschuldete Leistung entstehe bei Besteuerung nach vereinbarten Entgelten im Zeitpunkt der Ausgabe des Gutscheins. Die spätere Gutscheineinlösung, also die tatsächliche Lieferung bzw. Leistungserbringung, ist für die umsatzsteuerliche Würdigung nicht mehr relevant, da diese nicht als unabhängiger Umsatz gilt. Sollte eine Zuzahlung durch den Gutscheininhaber bei Einlösung des Gutscheins erfolgen, so ist lediglich die bislang noch nicht versteuerte Differenz mit den maßgeblichen Steuersätzen im Leistungszeitpunkt zu versteuern.[4] 63.1

Umgekehrt liegt auf der Hand,[5] dass **nach dem 30.6.2020 und vor dem 1.7.2021 bzw. 1.1.2024 ausgestellte Restaurantgutscheine** als Mehrzweckgutscheine einzuordnen sind, weil die Höhe der Umsatzsteuer wegen der unterschiedlichen Steuersätze für Speisen und Getränke zum Zeitpunkt der Ausstellung nicht mehr feststeht, sondern erst mit der tatsächlichen Einlösung bestimmt werden kann (§ 3 Abs. 15 UStG). In der Zeit vom 1.7.2020 bis 30.6.2021 bzw. 31.12.2023 ausgegebene Gutscheine für Restaurationsleistungen können nur dann als Einzweck-Gutscheine behandelt werden, wenn die Gutscheine auf den Bezug von Speisen oder den Bezug von Getränken explizit beschränkt werden. Gutscheine für Restaurant- und Verpflegungsdienstleistungen einschließlich Getränke gelten erst wieder als Einzweck-Gutscheine, wenn sie für den Zeitraum ab dem 1.7.2021 bzw. 1.1.2024 ausgestellt werden. 64

II. Abrechnung

Der Unternehmer ist nach § 14 Abs. 2 Satz 1 Nr. 1 UStG grundsätzlich verpflichtet, innerhalb von 6 Monaten nach Ausführung der Leistungen eine Rechnung mit den in § 14 Abs. 4 UStG genannten Angaben auszustellen. 65

Unabhängig davon, ob der Rechnungsgesamtbetrag 250 Euro übersteigt, werden in der Gastronomie ohnehin meist Rechnungen in Form von Kleinbetragsrechnungen ausgestellt, wobei im Falle von vorsteuerabzugsberechtigten Unternehmern als Leistungsempfängern auch hier zumindest die Brutto- 66

1 Siehe *Weymüller* in Weymüller, BeckOK, § 3 UStG Rz. 789.2 (Stand: Januar 2024).

2 Siehe hierzu u.a. *Robisch/Greif*, NWB 2018, 2682 (2685).

3 BMF, Schr. v. 4.11.2020 – III C 2-S 7030/20/10009 :016 – DOK 2020/1074476, BStBl. I 2020, 1129 = UR 2020, 977 ergänzend zur befristeten Absenkung des allgemeinen und ermäßigten Umsatzsteuersatzes zum 1.7.2020.

4 BMF, Schr. v. 2.11.2020 – III C 2-S 7100/19/10001 :002 – DOK 2020/1051603, BStBl. I 2020, 1121 = UR 2020, 932 zur umsatzsteuerlichen Behandlung von Einzweck- und Mehrzweck-Gutscheinen.

5 BMF, Schr. v. 4.11.2020 – III C 2-S 7030/20/10009 :016 – DOK 2020/1074476, BStBl. I 2020, 1129 = UR 2020, 977 ergänzend zur befristeten Absenkung des allgemeinen und ermäßigten Umsatzsteuersatzes zum 1.7.2020.

beträge für die ermäßigt besteuerten Speisen sowie die regelbesteuerten Getränke getrennt anzugeben sind und die dazu gehörigen Steuersätze (§ 33 UStDV).

67 Für Umsätze aus Restaurationsleistungen besteht eine Rechnungserteilungspflicht jedoch nicht,[1] wenn die Leistung weder an einen anderen Unternehmer für dessen Unternehmen noch an eine juristische Person erbracht wird.[2] Jedenfalls ließe sich auf diesem Wege das Risiko von 14c-Abs. 1-Steuern vermeiden.

§ 12 Abs. 3 [Nullsteuersatz]

…

(3) Die Steuer ermäßigt sich auf 0 Prozent für die folgenden Umsätze:

1. die Lieferungen von Solarmodulen an den Betreiber einer Photovoltaikanlage, einschließlich der für den Betrieb einer Photovoltaikanlage wesentlichen Komponenten und der Speicher, die dazu dienen, den mit Solarmodulen erzeugten Strom zu speichern, wenn die Photovoltaikanlage auf oder in der Nähe von Privatwohnungen, Wohnungen sowie öffentlichen und anderen Gebäuden, die für dem Gemeinwohl dienende Tätigkeiten genutzt werden, installiert wird. [2]Die Voraussetzungen des Satzes 1 gelten als erfüllt, wenn die installierte Bruttoleistung der Photovoltaikanlage laut Marktstammdatenregister nicht mehr als 30 Kilowatt (peak) beträgt oder betragen wird;

2. den innergemeinschaftlichen Erwerb der in Nummer 1 bezeichneten Gegenstände, die die Voraussetzungen der Nummer 1 erfüllen;

3. die Einfuhr der in Nummer 1 bezeichneten Gegenstände, die die Voraussetzungen der Nummer 1 erfüllen;

4. die Installation von Photovoltaikanlagen sowie der Speicher, die dazu dienen, den mit Solarmodulen erzeugten Strom zu speichern, wenn die Lieferung der installierten Komponenten die Voraussetzungen der Nummer 1 erfüllt.

Schrifttum: *Widmann*, Jahressteuergesetz 2022: Die Änderungen bei der Umsatzsteuer, MwStR 2023, 3; *Zugmaier/Mateev*, JStG 2022-Entwurf: Null Prozent Umsatzsteuer für Photovoltaikanlagen – aber auch null Fragen?, DStR 2022, 2337.

1 Abschn. 14.1 Abs. 3 Satz 5 UStAE.
2 Abschn. 12.16 Abs. 10 UStAE.

A. Grundaussagen

I. Regelungsgegenstand und Bedeutung

Mit dem zum 1.1.2023 eingeführten § 12 Abs. 3 UStG[1] werden Lieferungen von Solarmodulen an die Betreiber von PV-Anlagen einem Nullsteuersatz unterworfen. Der Nullsteuersatz gilt auch für eine Reihe weiterer Lieferungen oder sonstiger Leistungen im Zusammenhang mit der Lieferung von Solarmodulen. Andererseits gilt der Nullsteuersatz nur für Lieferungen von Solarmodulen, also nicht für Gebrauchsüberlassungen in Form sonstiger Leistungen. 1

Die Vorschrift ist **rechtsystematisch** insoweit bedeutend, als dass es sich um den **ersten Nullsteuersatz** im deutschen Umsatzsteuerrecht handelt. Der Nullsteuersatz bedeutet, dass die begünstigten Lieferungen steuerbar und steuerpflichtig sind, jedoch ein Steuersatz von Null erhoben wird. Da kein Ausschlussgrund gemäß § 15 Abs. 2 UStG greift, ist dem liefernden Unternehmer der Vorsteuerabzug möglich. Auf Seiten der Empfänger von nullbesteuerten Lieferungen ergeben sich unterschiedliche Folgen, je nachdem ob der Empfänger ein vorsteuerabzugsberechtigter Unternehmer ist oder nicht. Bei vorsteuerabzugsberechtigten Empfängern von nullbesteuerten Lieferungen führt der Nullsteuersatz zu keiner materiellen steuerlichen Entlastung. Vorteile ergeben sich nur bezüglich der Liquidität, da keine in einer Rechnung ausgewiesene Umsatzsteuer an den leistenden Unternehmer gezahlt werden muss, die später als Vorsteuer erstattet wird. Ferner gibt es kein Risiko bezüglich nicht ordnungsgemäß ausgestellter Eingangsrechnungen (§ 15 Abs. 1 Satz 1 Nr. 1 UStG). Allerdings führt der Nullsteuersatz bei nicht zum Vorsteuerabzug berechtigten Empfängern von Lieferungen zu einer Begünstigung. Denn durch den Nullsteuersatz verzichtet der Fiskus nicht nur auf die Steuer bezüglich der Wertschöpfung des liefernden Unternehmers (wie bei unechten Steuerbefreiungen). Vielmehr verzichtet der Fiskus auf die gesamte Umsatzsteuer entlang der gesamten Wertschöpfungskette. Insoweit stellt der Nullsteuersatz eine erhebliche steuerliche Subvention dar. Wie bei den ermäßigten Steuersätzen gemäß § 12 Abs. 2 UStG stellt sich die Frage, ob diese Subvention letztlich auch beim Letztverbraucher ankommt (§ 12 Abs. 1 Rz. 9). 2

Die Einführung des Nullsteuersatzes soll nach der Gesetzesbegründung der Bundesregierung im Bereich der PV-Anlagen allerdings im Wesentlichen **keine Subvention, sondern eine Bürokratieentlastung** bringen.[2] Hintergrund ist, dass Betreiber von PV-Anlagen wegen der vergüteten Einspeisung des Stroms in das öffentliche Netz in der Regel Unternehmer mit steuerpflichtigen Umsätzen sind (eine Ausnahme stellt insbesondere dezentral verbrauchter Strom dar).[3] Der Umfang der Tätigkeit ist oftmals so gering, dass die Kleinunternehmergrenze (§ 19 Abs. 1 Satz 1 UStG) nicht überschritten wird. Bei Anwendung der Kleinunternehmerregelung wäre kein Vorsteuerabzug möglich. Daher haben viele PV-Anlagenbetreiber auf die Kleinunternehmerregelung verzichtet (§ 19 Abs. 2 Satz 1 UStG, dazu § 19 Rz. 31 ff.), um beim Erwerb der Anlagen den Vorsteuerabzug vornehmen zu können. Das führte dazu, dass diese Betreiber, bei denen es sich oftmals um Privatpersonen handelt, die eine PV-Anlage in ihrem Eigenheim betreiben, fortlaufend umsatzsteuerrechtlichen Erklärungspflichten unterlagen. Der Gesetzgeber strebt an, dass die PV-Anlagenbetreiber infolge des Nullsteuersatzes künftig nicht mehr auf die Kleinunternehmerregelung verzichten müssen.[4] Aus diesem Grund wurde der Nullsteuersatz auch auf Stromspeicher ausgeweitet. Der Gesetzgeber ging insoweit davon aus, dass Käufer von PV-Anlagen oftmals auch Stromspeicher erwürben (ohne dass dies für den Betrieb der PV-Anlage erforderlich sei) und die darauf entfallende Vorsteuer so hoch sei, dass sie allein einen Anreiz gesetzt hätte, auf die Kleinunternehmerregelung zu verzichten.[5] Die Begründung des Gesetzgebers ist nachvollziehbar, allerdings stellt sich die Frage, ob die Einführung eines völlig neuartigen Nullsteuersatzes mit zahlreichen Abgrenzungsfragen nicht vergleichbar viel Bürokratieaufwand mit sich brachte und ob die Umsatzsteuerdeklarationspflichten tatsächlich ein ernstzunehmendes Hindernis für die Bürger 3

1 Art. 16 Nr. 5, Art. 43 Abs. 6 JStG 2022, BGBl. I 2022, 2294.
2 BT-Drucks. 20/3879, 109.
3 BFH, Urt. v. 18.12.2008 – V R 80/07, BStBl. II 2011, 292 = UR 2009, 381; Abschn. 2.5 Abs. 1 Satz 1 UStAE.
4 BT-Drucks. 20/3879, 109.
5 BT-Drucks. 20/3879, 109.

waren. Zudem dürfte die Steuerbegünstigung auch nicht sozial ausgewogen sein, da sie in der Tendenz nur Eigenheimbesitzern vergünstigten Zugang zu erneuerbaren Energien gewährt.[1]

4 Besonders auffällig ist, dass der **Nullsteuersatz sehr kurzfristig eingeführt** wurde. Der Regierungsentwurf stammt vom 10.10.2022 und die Neuregelung ist bereits am 1.1.2023 in Kraft getreten. Dadurch konnten viele Fragen bei der Anwendung der neuen Vorschrift noch nicht von der FinVerw. erläutert werden, obwohl es sich angesichts der Vielzahl von PV-Anlagen um ein Massenverfahren unter Beteiligung von Privatpersonen handelt. Das BMF hat den Steuerpflichtigen auf seiner Internetseite sogenannte „FAQ" zur Verfügung gestellt, deren Bindungswirkung jedoch zweifelhaft ist.[2] Bereits am 27.2.2023 erfolgte allerdings eine umfassende Erläuterung der Vorschrift durch ein BMF-Schreiben, wobei auch eine Übergangsregelung aufgenommen wurde.[3] Dieses wurde durch ein weiteres BMF-Schreiben vom 30.11.2023 ergänzt.[4] Der Zeitraum für die Einführung liegt innerhalb des Dreimonatszeitraums gemäß § 29 UStG, sodass keine Kaufpreisanpassung zugunsten der Käufer greift, die bei Veröffentlichung des Regierungsentwurfs bereits eine Bestellung vorgenommen hatten, die erst im Jahr 2023 zu einer Lieferung führte.[5] Im Zusammenhang mit PV-Anlagen, die um den Jahreswechsel geliefert und installiert wurden, war auch unklar, wann genau bei der Installation einer PV-Anlage der Lieferzeitpunkt anzunehmen ist.[6] Der Grund für die Kurzfristigkeit und die damit in Kauf genommenen Nachteile dürfte darin liegen, dass der Gesetzgeber unterbinden wollte, dass es wegen steuerrechtlicher Unsicherheiten zu Einbrüchen bei der Bestellung von PV-Anlagen kommt.

II. Unionsrechtliche Grundlagen

5 Die unionsrechtliche Grundlage für den Nullsteuersatz wurde erst mit der RL 2022/542 vom 5.4.2022[7] geschaffen. Insoweit hat der Gesetzgeber die unionsrechtlichen Möglichkeiten innerhalb einer sehr kurzen Zeit ausgeschöpft. Nach den Erwägungsgründen der Richtlinie hielt es der europäische Normgeber für gerechtfertigt, Solarpaneele als eine der sieben Leistungen zu bestimmen, auf die der Nullsteuersatz angewendet werden kann. Dies führt der europäische Normgeber auf eine Verpflichtung der Union im Bereich der Dekarbonisierung sowie den sog. *Green Deal* der Union zurück. Zudem soll den Mitgliedstaaten die Möglichkeit eingeräumt werden, die Nutzung erneuerbarer Energien steuerlich zu fördern. Auch die Autarkie der Union im Energiebereich wurde als Grund angeführt.[8]

6 Nach Art. 98 Abs. 2 UAbs. 1 MwStSystRL ist es den Mitgliedstaaten erlaubt, auf bis zu sieben der in Anhang III zu Art. 98 MwStSystRL aufgelisteten Leistungen einen ermäßigten Steuersatz von unter 5 % oder eine Steuerbefreiung mit Vorsteuerabzug anzuwenden. Die sieben Leistungen müssen jedoch bestimmten Nummern des Anhang III zu Art. 98 MwStSystRL entsprechen. Anhang III Nr. 10 Buchst. c zu Art. 98 MwStSystRL ist für Solarpaneele einschlägig und in Art. 98 Abs. 2 UAbs. 2 Buchst. a aufgeführt.

7 In Anhang III Nr. 10 Buchst. c zu Art. 98 MwStSystRL ist vorgesehen, dass „die Lieferung und Installation von Solarpaneelen auf und in der Nähe von Privatwohnungen, Wohnungen sowie öffentlichen und anderen Gebäuden, die für dem Gemeinwohl dienende Tätigkeiten genutzt werden", begünstigt werden kann. Der deutsche Gesetzgeber verwendet den **Begriff Solarmodule statt Solarpaneele**. Warum ein abweichender Begriff verwendet wird, erschließt sich aus der Gesetzesbegründung nicht. Im Zweifel ist der deutsche Gesetzesbegriff unionsrechtskonform auszulegen. Inhaltlich dürfte es aber kaum Unterschiede geben, da die Begriffe soweit ersichtlich synonym verwendet werden (ebenso der

1 Dazu näher *Nieskens* in Rau/Dürrwächter, UStG, § 12 Abs. 3 UStG, Rz. 13 (Stand: März 2023); *Widmann*, MwStR 2023, 3 (6).
2 https://www.bundesfinanzministerium.de/Content/DE/FAQ/foerderung-photovoltaikanlagen.html.
3 BMF, Schr. v. 27.2.2023 – III C 2-S 7220/22/10002 :010 – DOK 2023/0197236, BStBl. I 2023, 351 = UR 2023, 298.
4 BMF, Schr. v. 30.11.2023 – III C 2-S 7220/22/10002 :013, DOK 2023/0981392, BStBl. I 2023, 2085 = UR 2023, 960.
5 Zur Kritik daran § 29 Rz. 29; zur Umstellungsthematik vertieft *Zugmaier/Mateev*, DStR 2022, 2337,unter Rz. 7.
6 Dafür kann auf die allgemeinen Grundsätze zurückgegriffen werden, § 13 Rz. 9 ff.
7 Richtlinie 2022/542, ABl. EU 2022 Nr. L 107, 1.
8 5. Erwägungsgrund der Richtlinie 2022/542, ABl. EU 2022 Nr. L 107, 1.

Begriff Photovoltaikmodul). Der deutsche Gesetzgeber hat entsprechend des Wortlauts nur die **Lieferung** begünstigt. Wie in der Richtlinie vorgesehen, ist auch die **Installation** im deutschen Recht begünstigt. Die im deutschen Recht vorgesehene Begünstigung für **wesentliche Komponenten einer PV-Anlage** sowie **Batteriespeicher** sucht man im Richtlinientext vergebens. Sofern es sich nicht um eine einheitliche Lieferung handelt,[1] handelt es sich m.E. um eine Überschreitung des Mitgliedstaatenwahlrechts handeln. Angesichts der Gesetzesbegründung dürfte dies dem Gesetzgeber bewusst gewesen sein. Der klare Wortlaut von § 12 Abs. 3 Nr. 1 UStG dürfte den Weg zu einer richtlinienkonformen Auslegung versperren, es ist allerdings abzuwarten, wie die Rechtsprechung damit umgeht. Die **Anforderungen an den Betreiber der PV-Anlage** entsprechen grds. den unionsrechtlichen Vorgaben, wobei diese nicht ausdrücklich verlangen, dass an den Betreiber der PV-Anlage geliefert wird. Die Vermutungsregelung bei Anlagen bis zu einer bestimmten Bruttoleistung ist im Unionsrecht zwar nicht vorgesehen, fällt aber m.E. noch in das Ermessen der Mitgliedstaaten.

Besonders signifikant ist, dass der **Nullsteuersatz nur für die Lieferung** von Solarpaneelen gilt, nicht 8
jedoch für Gebrauchsüberlassungen in Form der sonstigen Leistung. Dies entspricht dem Wortlaut der Nr. 10 Buchst. c Anhang III zu Art. 98 MwStSystRL. Da in Anhang III teilweise Lieferung und sonstige Leistungen ausdrücklich angesprochen werden (Nr. 15 Anhang III zu Art. 98 MwStSystRL), könnte dies dafür sprechen, dass es sich um eine bewusste Entscheidung handelt, wonach z.B. die Vermietung oder das Leasing von Solarpaneelen bewusst nicht begünstigt sein sollten. Sicher ist dies jedoch nicht, da der Katalog in Anhang III zu Art. 98 MwStSystRL oftmals konkrete Leistungen umschreibt (z.B. „Renovierung", „Reparaturdienstleistung") ohne Rekurs zu den Begriffen Lieferung oder Dienstleistung zu nehmen. Die Einschränkung macht mit Blick auf den vom Normgeber verfolgten Zweck m.E. keinen Sinn, denn die erneuerbaren Energien werden auch gefördert, wenn Solarpaneele vermietet oder geleast werden. Vor allem aber lässt der 14. Erwägungsgrund der RL 2022/542 daran zweifeln, dass wirklich nur Lieferungen gemeint sind. Dort wird erläutert, dass die Änderungen der Richtlinie allgemein auch dazu dienten die Gleichbehandlung bei der Vermietung oder Leasing und der Lieferung bestimmter Gegenstände sicherzustellen. Warum dies dann nicht auch für die neu eingeführten Solarpaneele gilt, erschließt sich nicht. Die Frage hat eine erhebliche praktische Relevanz, da vor Einführung des Nullsteuersatzes viele Anbieter Miet- und Leasingmodelle angeboten haben und nun erheblich im Wettbewerb beeinträchtigt sind, wenn Vermietungen und das Leasing weiter mit 19 % besteuert werden und die Lieferung dagegen mit 0 %. Soweit ersichtlich bestehen aufgrund des deutlichen Steuersatzgefälles kaum noch Miet- oder Leasingmodelle, so dass der neue Nullsteuersatz offenkundig erheblich in den Wettbewerb eingegriffen hat. Eine Wettbewerbsauswirkung kann jedoch bei der Einführung eines ermäßigten Steuersatzes erhebliche Folgen haben. Denn der Gesetzgeber hat bei der Ausübung von Mitgliedstaatenwahlrechten das unionsrechtliche Gebot der steuerrechtlichen (Wettbewerbs-)Neutralität zu beachten.[2] Daraus könnte allerdings nur hergeleitet werden, dass der Gesetzgeber den Nullsteuersatz für Lieferungen nicht hätte einführen dürfen. Hier ist zu berücksichtigen, dass bereits die MwStSystRL die sonstigen Leistungen (wohl) ausschließt. Insoweit könnte eine Ungleichbehandlung womöglich nur auf Art. 3 Abs. 1 GG bzw. das Beihilfeverbot gestützt werden.

III. Verhältnis zu anderen Vorschriften und Rechtsentwicklung

§ 12 Abs. 3 Nr. 1 UStG setzt voraus, dass die Lieferung der Solarmodule steuerbar und steuerpflichtig 9
ist. Maßgeblich ist insoweit zunächst, dass ein steuerbarer Umsatz vorliegt (§ 1 Abs. 1 Satz 1 Nr. 1 UStG). § 12 Abs. 3 Nr. 2 UStG spricht ergänzend die innergemeinschaftlichen Erwerbe an (§ 1 Abs. 1 Satz 1 Nr. 5, § 1a UStG) und § 12 Abs. 3 Nr. 3 UStG die Einfuhren (§ 1 Abs. 1 Satz 1 Nr. 4 UStG). Überdies darf der Umsatz nicht steuerbefreit sein (z.B. als Ausfuhrlieferung oder als innergemeinschaftliche Lieferung), woraus m.E. ein **systematischer Vorrang der Steuerbefreiungsvorschriften** folgt.

1 So jedenfalls BFH, Beschl. v. 7.2.2018 – V B 105/17, BFH/NV 2018, 536.

2 EuGH, Urt. v. 27.2.2014 – C-454/12 und C-455/12, ECLI:EU:C:2014:111 – Pro Med Logistik und Pongratz, UR 2014, 490.

10 Der Nullsteuersatz gilt nicht nur für entgeltliche Lieferungen (§ 3 Abs. 1 UStG), sondern auch für diesen gleichgestellte unentgeltliche Wertabgaben (§ 3 Abs. 1b). Die FinVerw. nimmt hierbei an, dass der Nullsteuersatz nicht nur für neue, sondern auch auf bereits installierte Solarmodule anzuwenden ist.[1] Das ist m.E. zutreffend, da dem Gesetz nicht die Anforderung entnommen werden kann, dass die Solarmodule neu sein müssen. Da der Nullsteuersatz jedoch nicht für sonstige Leistungen gilt, gilt er m.E. auch nicht für unentgeltliche Wertabgaben, die einer sonstigen Leistung geleichzustellen sind (§ 3 Abs. 9a Nr. 1 UStG).

11 Die FinVerw. geht m.E. zutreffend davon aus, dass bei Solarmodulen, die **nach dem 31.12.2022** erworben wurden, schon keine unentgeltliche Wertabgabe gemäß § 3 Abs. 1b Satz 1 Nr. 1 und Abs. 9a Nr. 1 UStG vorliegt, da beim Erwerb infolge des Nullsteuersatzes kein Vorsteuerabzug vorgenommen wurde.[2] Dementsprechend kommt es in diesen Fällen nicht auf den Nullsteuersatz an.

12 Ein besonderer Effekt kann sich bei unentgeltlichen Wertabgaben bezüglich einer **vor dem 1.1.2023** mit Vorsteuerabzug erworbenen PV-Anlage ergeben. Bei diesen kann eine unentgeltliche Wertabgabe gemäß § 3 Abs. 1b Satz 1 Nr. 1 UStG vorliegen.[3] Allerdings können diese PV-Anlagen nun zum Nullsteuersatz abgegeben werden.[4] Das eröffnet die Möglichkeit, eine mit Vorsteuerabzug erworbene Anlage ohne Umsatzsteuerbelastung in den nichtunternehmerischen Bereich zu überführen. Voraussetzung ist nach § 3 Abs. 1b Satz 1 Nr. 1 UStG, dass die PV-Anlage für Zwecke außerhalb des Unternehmens entnommen wird (eine bloße Willenserklärung reicht nicht aus). Soweit die unternehmerische Zuordnung aus der Einspeisung von Strom in die öffentlichen Netze zurückging, müsste diese also beendet (bzw. als nicht verzichtender Kleinunternehmer fortgesetzt) werden. Die FinVerw. geht indessen davon aus, dass eine unentgeltliche Wertabgabe aus dem Unternehmensvermögen gelingt, wenn der mit der PV-Anlage erzeugte Strom zu mindestens 90 % unternehmensfremd verbraucht wird.[5] Dies lässt sich umsetzen, wenn der Strom nicht mehr (entgeltlich) in die öffentlichen Netze eingespeist, sondern dezentral gespeichert und verbraucht wird. Als Beispiel nennt die FinVerw. die Speicherung in einer Batterie, das Aufladen eines nichtunternehmerischen Elektrofahrzeugs und den Betrieb einer Wärmepumpe.[6] Die FinVerw. gewährt die Möglichkeit, die Wertabgabe bis zum 11.1.2024 auch rückwirkend zum 1.1.2023 zu erklären.[7] Da dies nichts an der Bindungswirkung einer früheren Erklärung des Verzichts auf die Kleinunternehmerregelung ändert, werden Stromlieferungen allerdings weiter besteuert.[8]

13 Bei einem Verkauf oder einer unentgeltlichen Übertragung einer PV-Anlage, die ein Unternehmer **vor dem 1.1.2023** unter Verzicht auf die Kleinunternehmerregelung erworben hat, geht die FinVerw. von einer Geschäftsveräußerung im Ganzen (§ 1 Abs. 1a UStG) aus, die zu einer Vorsteuerberichtigung gemäß § 15a Abs. 7 UStG führt, wenn der Erwerber Kleinunternehmer ist.[9] M.E. kann von einer Geschäftsveräußerung im Ganzen jedoch nur ausgegangen werden, wenn der Erwerber weiterhin Strom (entgeltlich) in das öffentliche Stromnetz einspeist. Dies dürfte auch die FinVerw. vertreten, da sie auf

1 BMF, Schr. v. 27.2.2023 – III C 2-S 7220/22/10002 :010 – DOK 2023/0197236, BStBl. I 2023, 351 = UR 2023, 298, Rz. 6. Das BMF-Schreiben spricht m.E. unzutreffend von PV-Anlagen, dürfte aber Solarmodule meinen.

2 Abschn. 3.2 Abs. 3 Nr. 2 UStAE; erläuternd dazu BMF, Schr. v. 27.2.2023 – III C 2-S 7220/22/10002 :010 – DOK 2023/0197236, BStBl. I 2023, 351 = UR 2023, 298, Rz. 6.

3 BMF, Schr. v. 27.2.2023 – III C 2-S 7220/22/10002 :010 – DOK 2023/0197236, BStBl. I 2023, 351 = UR 2023, 298, Rz. 4; dazu näher *Valbuena/Rennar*, UR 2023, 473.

4 Abschn. 3.2 Abs. 3 Nr. 1 Satz 3 UStAE; BMF, Schr. v. 27.2.2023 – III C 2-S 7220/22/10002 :010 – DOK 2023/0197236, BStBl. I 2023, 351 = UR 2023, 298, Rz. 4 mit Hinweis darauf, dass dies nur für die PV-Anlage, nicht jedoch für dezentral verbrauchten Strom gilt.

5 Abschn. 3.2 Abs. 3 Nr. 1 Satz 2 UStAE; erläuternd dazu BMF, Schr. v. 27.2.2023 – III C 2-S 7220/22/10002 :010 – DOK 2023/0197236, BStBl. I 2023, 351 = UR 2023, 298, Rz. 5.

6 BMF, Schr. v. 30.11.2023 – III C 2-S 7220/22/10002 :013, DOK 2023/0981392, BStBl. I 2023, 2085 = UR 2023, 960, Rz. 3.

7 BMF, Schr. v. 30.11.2023 – III C 2-S 7220/22/10002 :013, DOK 2023/0981392, BStBl. I 2023, 2085 = UR 2023, 960, Rz. 4.

8 So auch BMF, Schr. v. 30.11.2023 – III C 2-S 7220/22/10002 :013, DOK 2023/0981392, BStBl. I 2023, 2085 = UR 2023, 960, Rz. 7.

9 Abschn. 1.5 Abs. 10 UStAE.

„die übrigen Voraussetzungen“ der Geschäftsveräußerung im Ganzen verweist, zu denen gehört, dass der Erwerber Unternehmer ist, der den Gegenstand der Lieferung für sein Unternehmen erwirbt.

Da die Lieferungen steuerbar und nicht steuerbefreit sind, kommt beim Lieferer kein Ausschluss des Vorsteuerabzugs zum Tragen (§ 15 Abs. 2 UStG). Die Lieferung zum Nullsteuersatz führt auch nicht zu einer Vorsteuerberichtigung gemäß § 15a UStG.[1] 14

Es fällt auf, dass die Nummerierung des neuen § 12 Abs. 3 UStG so angelegt ist, dass sich die Vorschrift nur auf Solarmodule bezieht. Daraus könnte geschlossen werden, dass der Gesetzgeber derzeit keine weiteren **Nullsteuersätze** in Erwägung zieht. **Mögliche weitere Anwendungsfelder** wären nach Art. 98 Abs. 2 UAbs. 2 Buchst. a MwStSystRL i.V.m. Nr. 1–6 Anhang III zur MwStSystRL Lebensmittel/Futtermittel, Wasser, Arzneimittel, medizinische Geräte, Personenbeförderung sowie Bücher/Zeitungen. 15

B. Nullsteuersatz (Absatz 3)

I. Lieferung von Solarmodulen (Absatz 3 Nr. 1)

1. Lieferung von Solarmodulen und wesentlichen Komponenten sowie Batteriespeicher an begünstigte Lieferempfänger (Absatz 3 Nr. 1 Satz 1)

a) Lieferung

Nur Lieferungen sind vom Nullsteuersatz begünstigt. Mit Lieferung sind Lieferungen i.S.d. § 3 Abs. 1 UStG gemeint. Sonstige Leistungen wie z.B. die **Vermietung sind nicht begünstigt.**[2] Dies schließt es m.E. nicht aus, dass bisherige Mietverträge auf Lieferverträge umgestellt werden und insoweit die Leistungsempfänger wenigstens pro rata temporis vom Nullsteuersatz profitieren. 16

Insbesondere bei **Mietkauf- oder Leasingverträgen** kommt der Abgrenzung von Lieferung und sonstiger Leistung eine entscheidende Bedeutung zu. Hierfür kann auf die allgemeinen Abgrenzungsgrundsätze für Leasingverträge und ähnliche Vereinbarungen zurückgegriffen werden.[3] 17

Für die Abgrenzung der **Einheitlichkeit von Leistungen** sowie von **Haupt- und Nebenleistungen** kann auf die allgemeinen Grundsätze zurückgegriffen werden.[4] Zu beachten ist, dass in der Praxis viele Abgrenzungsschwierigkeiten bezüglich der Installationsleistungen vermieden werden können, weil der Gesetzgeber bewusst auch die Installation begünstigt hat (§ 12 Abs. 3 Nr. 4 UStG; s. Rz. 52 f.).[5] 18

Aufgrund der Anforderungen der Rechtsanwender hat die **FinVerw.** hierzu in Abschn. 12.18 Abs. 1 UStAE detaillierte Erläuterungen und eine Vereinfachungsregelung vorgesehen. Auffällig an den Ausführungen der FinVerw. ist, dass nicht von Solarmodulen die Rede ist, sondern von PV-Anlagen. Es bleibt dabei unklar, ob diese Bezeichnung darauf zurückgeht, dass nach der Vorschrift nicht nur die Lieferung von Solarmodulen begünstigt ist, sondern auch die Lieferung wesentlicher Komponenten für den Betrieb einer PV-Anlage sowie von Batteriespeichern. Aus der Kommentierung des Begriffs der wesentlichen Komponenten durch das BMF ist m.E. zu schließen, dass dies nicht der Fall ist. Jedoch erschließt sich die begriffliche Gleichsetzung dann nicht. Als **Nebenleistung** zählen danach[6] 19

- Übernahme der Anmeldung in das Marktdatenstammregister (MaStR),
- Bereitstellung von Software zur Steuerung und Überwachung der Anlage,
- Montage der Solarmodule,
- Kabelinstallationen,
- Lieferung und der Anschluss des Wechselrichters oder des Zweirichtungszählers,

1 BMF, Schr. v. 27.2.2023 – III C 2-S 7220/22/10002 :010 – DOK 2023/0197236, BStBl. I 2023, 351 = UR 2023, 298, Rz. 2.
2 Abschn. 12.18 Abs. 1 Satz 7 UStAE.
3 Abschn. 12.18 Abs. 1 Satz 8, 9 UStAE; dazu näher § 3 Rz. 26 ff.
4 Abschn. 12.18 Abs. 1 Satz 3 UStAE.
5 BT-Drucks. 20/3879, 110.
6 Abschn. 12.18 Abs. 1 Satz 4 UStAE.

- Lieferung von Schrauben und Stromkabeln,
- Herstellung des AC-Anschlusses,
- Bereitstellung von Gerüsten,
- Lieferung von Befestigungsmaterial,
- Erneuerung des Zählerschranks, wenn diese vom Netzbetreiber verlangt wird bzw. auf Grund technischer Normen für den Betrieb der Photovoltaikanlage erforderlich ist,
- Erneuerung oder Ertüchtigung einer Unterkonstruktion für die PV-Anlage,
- Installation eines Taubenschutzes.

20 M.E. ist die Aufzählung im Ergebnis richtig, vermischt aber (wie in der Gesetzesbegründung angelegt) Nebenleistungen mit Installationsarbeiten, die nach § 12 Abs. 3 Nr. 4 UStG begünstigt sind (Anmeldung im MaStR, Montage der Solarmodule, Kabelinstallationen, Lieferung von Schrauben und Stromkabeln, Herstellung des AC-Anschlusses, Bereitstellung von Gerüsten und Lieferung von Befestigungsmaterial) sowie mit der Lieferung von wesentlichen Komponenten (Lieferung von Wechselrichtern und Zweirichtungszählern).

21 Nach Auffassung der FinVerw. sind folgende Leistungen **nicht als Nebenleistung** anzusehen[1]

- Wartungsarbeiten,
- Einholung von behördlichen Genehmigungen,
- Versicherung der Photovoltaikanlage mit einer Haftpflicht- und Vermögensschadens-Versicherung.

22 Der Ausschluss von Wartungsarbeiten führt m.E. zu Anwendungsschwierigkeiten, da diese nur schwer von den begünstigten Ersatzteillieferungen abzugrenzen sind. PV-Anlagen unterscheiden sich insoweit von den ohnehin schon kompliziert behandelten Garantieleistungen im Kfz-Gewerbe.[2] Diese Abgrenzung steht dem Gesetzeszweck der Entbürokratisierung diametral entgegen.

23 Soweit begünstigte und nicht begünstigte Leistungen für ein **einheitliches pauschales Entgelt** angeboten werden, muss das Entgelt aufgeteilt werden. Die **FinVerw.** geht davon aus, dass dies nach der einfachsten Methode erfolgen müsse bzw. bei Mietkauf- und Leasingverträgen nach der internen Kalkulation.[3] Es erschließt sich nicht, warum nicht auf Abschn. 10.1 Abs. 11 UStAE verwiesen wurde, der auch andere Aufteilungsmethoden zuließe.[4] Aus **Vereinfachungsgründen** lässt die FinVerw. indessen eine Aufteilung dergestalt zu, dass 10 % des Entgelts auf zusätzliche Leistungen allokiert werden können.[5]

24 Die Lieferung von PV-Anlagen durch **Bauträger** wird von der FinVerw. als eigenständige, dem Nullsteuersatz unterworfene Lieferung eingeordnet.[6] Bei PV-Anlagen auf Carports und Terrassendächern kommt aus Sicht der FinVerw. eine Aufteilung des Kaufpreises in Betracht, wenn die Anlage auch anderen Zwecken dient.[7]

25 Im Rahmen des **Übergangs vom alten zum neuen Recht am Jahreswechsel 2022/23** spielte die Bestimmung des **Lieferzeitpunkts** eine wesentliche Rolle. Hierfür kann auf die allgemeinen Grundsätze des § 13 Abs. 1 UStG zurückgegriffen werden.[8] Da die FinVerw. von einer Sachgesamtheit ausgeht, dürfte insoweit der Zeitpunkt der letzten Leistungshandlung maßgeblich sein.[9]

1 Abschn. 12.18 Abs. 1 Satz 11 UStAE.
2 Dazu BMF, Schr. v. 11.5.2021 – III C 3-S 7163/19/10001 :001; DOK 2021/0533686, BStBl. I 2021,781 = UR 2021, 527.
3 Abschn. 12.18 Abs. 1 Satz 12, 13 UStAE.
4 Im Zusammenhang mit Abschn. 10.1. Abs. 11 UStAE sind derzeit zwei Revisionsverfahren anhängig (BFH XI R 22/22 und XI R 19/23).
5 Abschn. 12.18 Abs. 1 Satz 14 UStAE.
6 Abschn. 12.18. Abs. 1 Satz 5, 6 UStAE.
7 Abschn. 12.18 Abs. 7 Satz 7, 8 UStAE.
8 Abschn. 12.18 Abs. 1 Satz 2 UStAE; Verweis auf § 13, Rz. 9 ff.
9 BMF, Schr. v. 30.11.2023 – III C 2-S 7220/22/10002 :013, DOK 2023/0981392, BStBl. I 2023, 2085 = UR 2023, 960, Rz. 6 (anders jedoch BFH, Beschl. v. 7.2.2018 – V B 105/17, BFH/NV 2018, 536).

b) Solarmodule

Der Begriff der **Solarmodule** ist nicht weiter definiert. Anders als bei § 12 Abs. 2 Nr. 1 und 2 UStG wird nicht auf eine zolltarifliche Einordnung verwiesen. Soweit ersichtlich, werden die Begriffe Photovoltaikmodul und Solarpaneel synonym verwendet, sodass dies der unionsrechtlichen Grundlage entspricht (dazu Rz. 7). Hierbei handelt es sich um ein technisches Gerät, mit dem das Licht der Sonne in elektrische Energie gewandelt wird. Unter Modul wird offenkundig die Zusammenfassung mehrerer Solarzellen verstanden. 26

c) Wesentliche Komponenten für den Betrieb einer PV-Anlage

Nach dem Gesetz ist nicht nur die Lieferung von Solarmodulen begünstigt, sondern auch die Lieferung von für den Betrieb einer PV-Anlage wesentlichen Komponenten. Die Regelung geht demnach davon aus, dass die Lieferung von solchen Wirtschaftsgütern nicht notwendig eine einheitliche Leistung mit den Solarmodulen bildet bzw. keine Nebenleistung dazu ist. Diese Komponenten können jedoch Teil einer einheitlichen Leistung sein.[1] Daher ist m.E. zunächst zu prüfen, ob die Lieferung der wesentlichen Komponenten Teil der Lieferung von Solarmodulen oder der Installation (§ 12 Abs. 3 Nr. 4 UStG) ist. Die FinVerw. geht davon aus, dass die Lieferung einer PV-Anlage und einer Batterie eine Sachgesamtheit ist.[2] 27

Die Erweiterung des Nullsteuersatzes auf wesentliche Komponenten für den Betrieb von PV-Anlagen findet keine Stütze im Wortlaut der MwStSystRL (dazu Rz. 7). 28

Angesichts der Bedürfnisse der Rechtsanwender hat die **FinVerw.** auch hier eine detaillierte Regelung getroffen. Entscheidend sei demnach, dass der jeweilige Verwendungszweck der Gegenstände „speziell im Betrieb oder der Installation" von PV-Anlagen liegt.[3] Nach dieser Auslegung zählten als **wesentliche Komponenten** einer PV-Anlage, wobei dies auch bei nachträglichen Lieferungen gelten soll[4] 29

- Wechselrichter,
- Dachhalterung,
- Energiemanagement-System,
- Solarkabel,
- Einspeisesteckdose (sog. Wieland-Steckdose),
- Funk-Rundsteuerungsempfänger,
- Backup Box und der Notstromversorgung dienende Einrichtungen,
- Zählerschrank im Zusammenhang mit dem Einbau einer PV-Anlage.

Keine wesentlichen Komponenten sollen dagegen sein[5] 30

- Schrauben, Nägel, Kabel,
- Stromverbraucher wie Wallbox, Wärmepumpe, Wasserstoffspeicher.

Der Ausschluss von Schrauben, Nägeln und Kabeln lässt sich m.E. nachvollziehen. Einerseits fehlt es an einem spezifischen Bezug zur PV-Anlage, wenn diese einzeln gekauft werden. Andererseits handelt es sich regelmäßig nicht um wesentliche Komponenten, sondern um Teile untergeordneter Bedeutung. Der Ausschluss von Stromverbrauchern lässt sich nachvollziehen, soweit diese tatsächlich nicht dem Betrieb der PV-Anlage selbst dienen. Denn der Gesetzgeber selbst hat einen vergleichbaren Fall, die Batteriespeicher, explizit aufgezählt, um den Nullsteuersatz zur Anwendung zu bringen. 31

---

1 So der zutreffende Hinweis in Abschn. 12.18 Abs. 9 Satz 2 a.E., Bsp. UStAE.

2 Abschn. 3.1 Abs. 1 Satz 4 UStAE; a.A. jedoch BFH, Beschl. v. 7.2.2018 – V B 105/17, BFH/NV 2018, 536.

3 Abschn. 12.18 Abs. 8 Satz 2 UStAE.

4 Abschn. 12.18 Abs. 8 Satz 3, 4 UStAE.

5 Abschn. 12.18 Abs. 9 Satz 1, 2 UStAE.

d) Batteriespeicher

32 Über die Solarmodule und die für den Betrieb einer Photovoltaikanlage wesentlichen Komponenten hinaus sind auch Batteriespeicher begünstigt, mit denen der von den Solarmodulen erzeugte Strom gespeichert werden kann.

33 Die Begünstigung der Batteriespeicher ist ungewöhnlich, handelt es sich doch offenkundig nicht um Solarmodule oder wesentliche Komponenten zum Betrieb einer PV-Anlage.[1] Vielmehr dient der Batteriespeicher dem dezentralen Verbrauch von Strom. Der Strom wird demnach nicht in das öffentliche Netz eingespeist und zurückerworben, sondern für den Eigenverbrauch zurückbehalten, was wirtschaftlich sinnvoll ist, wenn die Kosten des erworbenen Stroms über den Selbstkosten des selbst erzeugten Solarstroms liegen. Der Gesetzgeber hat den wohl nicht von der unionsrechtlichen Grundlage gedeckten Einbezug der Batteriespeicher damit begründet, dass viele Betreiber von PV-Anlagen sich für den gleichzeitigen Erwerb von Batteriespeichern entschieden. Wegen der Höhe des Speicherpreises wurde befürchtet, dass die Betreiber wie bisher auf die Kleinunternehmerregelung verzichten würden, sodass der Zweck der Bürokratieentlastung gefährdet wäre.[2] Das erscheint nicht ganz überzeugend, da der Batteriespeicher m.E. gerade erworben wird, um keinen Strom (unternehmerisch) in das öffentliche Netz einzuspeisen, sondern ihn (nichtunternehmerisch) selbst zu verbrauchen. Unter dieser Annahme wäre kein Vorsteuerabzug möglich, für den auf die Kleinunternehmerregelung verzichtet werden müsste.

34 Aufgrund des Wortlauts ist nicht jeder Batteriespeicher begünstigt, sondern nur Batteriespeicher, mit denen der von den Solarmodulen erzeugte Strom gespeichert werden kann. Damit dürften Batteriespeicher, die sich nur aus einer normalen Steckdose, also nicht aus der PV-Anlage speisen (z.B. Powerbanks) ausscheiden. Da es keine Anforderungen an einen Mindestspeicher gibt und auch nicht vorgeschrieben ist, dass der Batteriespeicher fest eingebaut sein muss, spricht m.E. viel dafür, dass auch portable Batteriespeicher begünstigt sein dürften, die an die PV-Anlage angeschlossen werden. Wegen der Vielzahl von Batteriespeichermodellen sind größere Abgrenzungsschwierigkeiten und damit Rechtsunsicherheiten zu erwarten. Angesichts der m.E. möglichen Unionsrechtswidrigkeit könnte die Rechtsprechung zu einer unionsrechtskonformen engen Auslegung gelangen. Die FinVerw. geht indes vereinfachend bei Batteriespeichern mit einer Kapazität von mehr als 5 kWh davon aus, dass der Speicher dazu bestimmt ist, den mit der PV-Anlage erzeugten Strom zu speichern.[3]

e) Begünstigte Lieferempfänger

35 Vom Nullsteuersatz profitieren nur Lieferungen von Solarmodulen an begünstigte Empfänger. Begünstigt sind nur die Lieferungen von Solarmodulen an die Betreiber von PV-Anlagen. Hierbei kommt es nicht darauf an, welche Rechtsform der Betreiber hat oder ob der Betreiber Unternehmer, Kleinunternehmer oder Nichtunternehmer ist.[4] Es kommt allein darauf an, dass er eine PV-Anlage betreibt oder betreiben wird. Dies ist typischerweise die Person, die nach dem Marktstammdatenregister registrierungspflichtig ist, wobei die Registrierungspflicht aus der Einspeisung in das öffentliche Stromnetz folgt.[5] Zwingend notwendig ist die Erfassung im Marktstammdatenregister nach dem Gesetzeswortlaut nicht.[6]

36 Als Nachweis lässt die FinVerw. die Erklärung des Käufers genügen, dass er der Betreiber sei, wobei dies auch in den AGB erklärt werden könne.[7]

37 Auch wenn die Nachweisanforderungen niedrig sind, entsteht für Händler die Notwendigkeit einer Differenzierung, da Zwischenhändler oder Vermieter von Solarmodulen mangels Betreibereigenschaft nicht begünstigt sind.

1 So auch BFH, Beschl. v. 7.2.2018 – V B 105/17, BFH/NV 2018, 536.
2 BT-Drucks. 20/3979, 109.
3 Abschn. 12.18 Abs. 7 Satz 10 UStAE.
4 So auch Abschn. 12.18 Abs. 2 Satz 3, 5 UStAE.
5 Abschn. 12.18. Abs. 2 Satz 3, 4 UStAE.
6 So auch ausdrücklich Abschn. 12.18 Abs. 2 Satz 6,8 UStAE.
7 Abschn. 12.18 Abs. 6 Satz 2, 3 UStAE.

f) Anforderungen an den Installationsort

Nach dem Gesetz ist nicht jedwede Lieferung von Solarmodulen an Betreiber begünstigt. Erforderlich ist zudem, dass die betreffende PV-Anlage **auf oder in der Nähe** von **Privatwohnungen, Wohnungen** sowie **öffentlichen und anderen Gebäuden, die für dem Gemeinwohl dienende Tätigkeiten genutzt werden**, installiert wird. Diese Formulierung entspricht exakt der unionsrechtlichen Vorgabe, sie ist jedoch nicht aus sich heraus verständlich, da die deutsche Fassung offenkundig unzureichend übersetzt wurde. 38

Im Vergleich der anderen sprachlichen Fassungen könnten Einfamilienhäuser und Wohnungen (in Mehrfamilienhäusern) gemeint sein. Die FinVerw. befasst sich mit den Defiziten der Übersetzung nicht und geht davon aus, dass jeder umschlossene Raum, der zum Wohnen und Schlafen genutzt wird, gemeint ist.[1] Dies schließt Gartenlauben sowie nicht regelmäßig bewegte Wohnwagen und Wohnschiffe ein.[2] 39

Der Begriff der dem Gemeinwohl dienenden Tätigkeiten könnte der Überschrift des Kapitel 2 des Titels IX der MwStSystRL entsprechen und damit auf Art. 132 MwStSystRL zielen, wobei eine genaue Bezugnahme in Anhang III zu Art. 98 MwStSystRL fehlt. So sieht es jedenfalls die FinVerw., die auf Umsätze nach § 4 Nr. 11b, 14 bis 18, 20 bis 25, 27 und 29 oder § 12 Abs. 2 Nr. 8 UStG rekurriert bzw. auf hoheitliche und ideelle Tätigkeiten.[3] In diesem Zusammenhang geht die FinVerw. davon aus, dass auch Container den Gebäudebegriff erfüllen. 40

Die FinVerw. vertritt zudem, dass eine Nähe zu einem begünstigten Gebäude anzunehmen ist, wenn die Anlage auf dem gleichen Grundstück oder einem anderen Grundstück mit räumlichem oder funktionellem Zusammenhang installiert ist.[4] Gemischt genutzte Gebäude sind unschädlich, solange die begünstigte Nutzung nicht „zu sehr" in den Hintergrund tritt.[5] 41

Für den Lieferanten der Solarmodule genügt nach Ansicht der FinVerw. als Nachweis die Erklärung des Betreibers, dass er die Anlage für einen begünstigten Installationsort erwirbt, wobei dies auch in den AGB erfolgen kann.[6] Die o.g. Kriterien der FinVerw. dürften somit nur eine Rolle spielen, wenn sich der Betreiber so unangemessen äußert, dass der Nullsteuersatz nicht in Betracht käme. 42

M.E. sind an den Installationsort nur sehr geringe Anforderungen zu stellen. Dieses Kriterium dürfte angesichts des Normwecks eher ungeeignet sein. Dem Gesetzgeber ging es offenkundig um die Förderung der Solarenergiegewinnung. Entscheidendes Motiv in diesem Zusammenhang war die Bürokratieentlastung. Insoweit dürfte viel entscheidender als der Installationsort sein, ob der Betreiber bereits aus anderen Gründen ein vorsteuerabzugsfähiger Unternehmer ist (dann kein Nullsteuersatz erforderlich) oder Kleinunternehmer bzw. Nichtunternehmer (dann Nullsteuersatz erforderlich). Insoweit sollte sich m.E. die Auslegung vorrangig hieran orientieren. 43

Die Frage des Installationsorts hat angesichts der Vermutungsregelung in Satz 2 allerdings eine eher überschaubare Relevanz (dazu sogleich). 44

2. Vermutungsregelung bezüglich der Begünstigung von Lieferempfängern (Absatz 3 Nr. 1 Satz 2)

Die Voraussetzungen des Satzes 1 gelten nach Satz 2 als erfüllt, wenn es sich um eine kleine PV-Anlage handelt, die laut Marktstammdatenregister nicht mehr als 30 kW (peak) Bruttoleistung hat oder haben wird. Nach § 16 Abs. 3 Nr. 7 MaStRV können die Finanzbehörden die Daten aus dem Marktstammdatenregister abrufen. Fehlt es an einer Eintragung im Marktstammdatenregister, kann die Vermutungsregelung nicht angewendet werden. 45

1 Abschn. 12.18 Abs. 3 Satz 2 UStAE.
2 Abschn. 12.18 Abs. 3 Satz 3,4 UStAE.
3 Abschn. 12.18 Abs. 3 Satz 5 UStAE.
4 Abschn. 12.18 Abs. 3 Satz 7, 8 UStAE.
5 Abschn. 12.18 Abs. 4 UStAE.
6 Abschn. 12.18 Abs. 6 UStAE.

46 Die FinVerw. geht m.E. zurecht davon aus, dass sich die Vereinfachung trotz des etwas unklaren Wortlauts nur auf den Installationsort, nicht jedoch auf die Betreibereigenschaft bezieht.[1]

47 Bei nachträglichen Erweiterungen einer Anlage über die 30 kW (peak) hinaus geht die FinVerw. davon aus, dass die Vermutungsregelung nicht eingreift.[2] Dies gilt auch bei Anlagen, die von vornherein über 30 kW (peak) Bruttoleistung haben. Gleichwohl können die Voraussetzungen für die Anwendung des Nullsteuersatzes vorliegen. Die Anforderungen an den Installationsort sind dann allerdings nachzuweisen.

II. Innergemeinschaftlicher Erwerb von Solarmodulen (Absatz 3 Nr. 2)

48 Der Nullsteuersatz gilt nicht nur für Inlandslieferungen, sondern auch für innergemeinschaftliche Erwerbe. Dies setzt allerdings voraus, dass überhaupt ein innergemeinschaftlicher Erwerb verwirklicht wird. Die Voraussetzungen dafür ergeben sich aus § 1a UStG (s. § 1a Rz. 24 ff.).

49 Bei Kleinunternehmern, die den erzeugten Strom in das öffentliche Netz einspeisen, ist der Schwellenwert von 12.500 Euro zu beachten. Nur bei deren Überschreiten (oder einem Verzicht) kommt es zum innergemeinschaftlichen Erwerb. Ein innergemeinschaftlicher Erwerb wäre zweifellos z.B. nicht bei einer nichtunternehmerisch handelnden natürlichen Person anzunehmen, die den erzeugten Strom nicht einspeist, sondern für sich verbraucht. Dann kommt es nicht auf den Betrag an.

50 Liegt kein innergemeinschaftlicher Erwerb vor, gilt grundsätzlich § 3c Abs. 1 UStG (s. § 3c Rz. 13 ff.), so dass es sich gleichwohl um einen Fall des § 12 Abs. 3 Nr. 1 UStG handelt.

III. Einfuhr von Solarmodulen (Absatz 3 Nr. 3)

51 Eine Einfuhr gemäß § 1 Abs. 1 Satz 1 Nr. 4 UStG (s. § 1 Rz. 216 ff.) kann anders als ein innergemeinschaftlicher Erwerb auch von Nichtunternehmern bewirkt werden. Dies ist bspw. dann der Fall, wenn der Käufer die Solarmodule unverzollt erwirbt und sich damit selbst um die Einfuhrformalitäten kümmern muss. In diesem Fall fällt wegen des Nullsteuersatzes keine Einfuhrumsatzsteuer an, wenn die Voraussetzungen des § 12 Abs. 3 Nr. 1 UStG sinngemäß erfüllt sind. Zu beachten ist allerdings, dass bei der Einfuhr je nach Ursprungsland Zölle anfallen können.

IV. Installation von PV-Anlagen (Absatz 3 Nr. 4)

52 Nach § 12 Abs. 3 Nr. 4 UStG wird auch die Installation von PV-Anlagen und Batteriespeichern dem Nullsteuersatz unterworfen. Voraussetzung ist, dass deren Lieferung nach Nr. 1 der Vorschrift begünstigt ist (Rz. 16 ff.). Der Gesetzgeber wollte mit der Vorschrift, die sich auf die unionsrechtliche Grundlage stützen kann, Abgrenzungsschwierigkeiten vermeiden, wenn eine PV-Anlage geliefert und installiert wird.[3]

53 Die FinVerw. verlangt, dass die Installationsarbeiten ausschließlich dazu dienen dürfen, die PV-Anlage zu betreiben.[4] Die Leistungen dürften zudem nur dem Betreiber zugutekommen, so dass Leistungen, die auch anderen zugutekommen, schädlich sind.[5]

1 Abschn. 12.18 Abs. 5 Satz 2, 3 UStAE.
2 Abschn. 12.18 Abs. 5 Satz 7 bis 9 UStAE.
3 BT-Drucks. 12/3879, 110.
4 Abschn. 12.18 Abs. 10 Satz 2 UStAE.
5 Abschn. 12.18 Abs. 10 Satz 3, 4 UStAE.

§ 13 Entstehung der Steuer

(1) Die Steuer entsteht

1. für Lieferungen und sonstige Leistungen

a) bei der Berechnung der Steuer nach vereinbarten Entgelten (§ 16 Abs. 1 Satz 1) mit Ablauf des Voranmeldungszeitraums, in dem die Leistungen ausgeführt worden sind. [2]Das gilt auch für Teilleistungen. [3]Sie liegen vor, wenn für bestimmte Teile einer wirtschaftlich teilbaren Leistung das Entgelt gesondert vereinbart wird. [4]Wird das Entgelt oder ein Teil des Entgelts vereinnahmt, bevor die Leistung oder die Teilleistung ausgeführt worden ist, so entsteht insoweit die Steuer mit Ablauf des Voranmeldungszeitraums, in dem das Entgelt oder das Teilentgelt vereinnahmt worden ist,

b) bei der Berechnung der Steuer nach vereinnahmten Entgelten (§ 20) mit Ablauf des Voranmeldungszeitraums, in dem die Entgelte vereinnahmt worden sind,

c) in den Fällen der Beförderungseinzelbesteuerung nach § 16 Abs. 5 in dem Zeitpunkt, in dem der Kraftomnibus in das Inland gelangt,

d) in den Fällen des § 18 Abs. 4c mit Ablauf des Besteuerungszeitraums nach § 16 Abs. 1a Satz 1, in dem die Leistungen ausgeführt worden sind,

e) in den Fällen des § 18 Absatz 4e mit Ablauf des Besteuerungszeitraums nach § 16 Absatz 1b Satz 1, in dem die Leistungen ausgeführt worden sind,

f) in den Fällen des § 18i mit Ablauf des Besteuerungszeitraums nach § 16 Absatz 1c Satz 1, in dem die Leistungen ausgeführt worden sind,

g) in den Fällen des § 18j vorbehaltlich des Buchstabens i mit Ablauf des Besteuerungszeitraums nach § 16 Absatz 1d Satz 1, in dem die Leistungen ausgeführt worden sind,

h) in den Fällen des § 18k mit Ablauf des Besteuerungszeitraums nach § 16 Absatz 1e Satz 1, in dem die Lieferungen ausgeführt worden sind; die Gegenstände gelten als zu dem Zeitpunkt geliefert, zu dem die Zahlung angenommen wurde,

i) in den Fällen des § 3 Absatz 3a zu dem Zeitpunkt, zu dem die Zahlung angenommen wurde;

2. für Leistungen im Sinne des § 3 Abs. 1b und 9a mit Ablauf des Voranmeldungszeitraums, in dem diese Leistungen ausgeführt worden sind;

3. in den Fällen des § 14c im Zeitpunkt der Ausgabe der Rechnung;

4. (aufgehoben)

5. im Fall des § 17 Abs. 1 Satz 6 mit Ablauf des Voranmeldungszeitraums, in dem die Änderung der Bemessungsgrundlage eingetreten ist;

6. für den innergemeinschaftlichen Erwerb im Sinne des § 1a mit Ausstellung der Rechnung, spätestens jedoch mit Ablauf des dem Erwerb folgenden Kalendermonats;

7. für den innergemeinschaftlichen Erwerb von neuen Fahrzeugen im Sinne des § 1b am Tag des Erwerbs;

8. im Fall des § 6a Abs. 4 Satz 2 in dem Zeitpunkt, in dem die Lieferung ausgeführt wird;

9. im Fall des § 4 Nr. 4a Satz 1 Buchstabe a Satz 2 mit Ablauf des Voranmeldungszeitraums, in dem der Gegenstand aus einem Umsatzsteuerlager ausgelagert wird.

(2) Für die Einfuhrumsatzsteuer gilt § 21 Abs. 2.

(3) (weggefallen)

A. Grundaussagen

I. Regelungsgegenstand und Bedeutung

1 § 13 UStG regelt die **Steuerentstehung** für die einzelnen Besteuerungstatbestände des UStG. Besondere Betrachtung verdient hier das **verfassungsrechtliche Rückwirkungsverbot.** Vorbehaltlich noch vom EuGH zum Unionsrecht zu erlangender Erkenntnisse ist dieses auch im Umsatzsteuerrecht zu beachten.[1] Dies führt insbesondere zu der Frage, ob die Bestimmung des anzuwendenden Steuersatzes von Umständen abhängen kann, die erst nach dem Steuerentstehungszeitpunkt vorliegen.[2]

2 Hervorzuheben ist die Unterscheidung zwischen der **Besteuerung nach vereinbarten Entgelten** gemäß § 13 Abs. 1 Nr. 1 Buchst. a UStG (Sollbesteuerung) und **nach vereinnahmten Entgelten** nach § 13 Abs. 1 Nr. 1 Buchst. b UStG (Istbesteuerung). Alle anderen Tatbestände des § 13 UStG haben lediglich ergänzenden Charakter. § 13 UStG enthält keine eigenständigen Regelungen für die Berichtigungstatbestände nach § 15a UStG und § 17 Abs. 1 Satz 1 und Abs. 2 UStG.

---

1 BFH, Urt. v. 12.8.2015 – XI R 6/13, BStBl. II 2015, 1063 = UR 2015, 958, unter II.4.
2 BFH, Urt. v. 10.12.2020 – V R 5/20, BFHE 271, 288 = UR 2021, 268, unter II.3.

II. Unionsrechtliche Grundlagen

Die unionsrechtlichen Grundlagen ergeben sich aus **Art. 62 ff. MwStSystRL**. Die Richtlinie unterscheidet anders als das nationale Recht zwischen dem Eintritt von Steuertatbestand und Steueranspruch. Grundlage für die Sollbesteuerung ist Art. 63 MwStSystRL. Die Istbesteuerung beruht auf der Ermächtigung in Art. 66 Abs. 1 Buchst. b MwStSystRL. Diese Ermächtigung könnte im Interesse der Verhinderung von Steuerausfällen bei Steuerhinterziehung und Insolvenzen wesentlich weitgehender als durch § 13 Abs. 1 Nr. 1 Buchst. b i.V.m. § 20 UStG erfolgt ausgeübt werden (Rz. 63 f.). Für eine Vielzahl der Regelungen in § 13 UStG (Absatz 1 Nr. 1 Buchst. c und d, Nr. 2–5 und Nr. 7–9) enthält die Richtlinie keine eigenständigen Regelungen. 3

§ 13 Abs. 1 Nr. 1 Buchst. a und b UStG stellen für die Steuerentstehung auf den Ablauf des VZ ab, in dem die Leistung erbracht oder das Entgelt vereinnahmt wird. Nach Art. 63 und Art. 66 Abs. 1 Buchst. b MwStSystRL kommt es demgegenüber auf diese Ergebnisse selbst an. Diese Diskrepanz ist insoweit unbeachtlich, als Art. 250 MwStSystRL zur Abgabe einer Steuererklärung mit den zur Festsetzung des geschuldeten Steuerbetrages erforderlichen Angaben verpflichtet, wobei der Steuerzeitraum gemäß Art. 252 MwStSystRL auf bis zu drei Monate festgelegt werden kann. Auch unionsrechtlich schuldet der Unternehmer eine Steuerzahlung an die FinVerw. erst aufgrund des Ablaufs des Erklärungszeitraums. Ob dabei während oder erst mit Ablauf des Erklärungszeitraum entstandene Ansprüche zu erfassen sind, ist unerheblich. 4

III. Verhältnis zu anderen Vorschriften und Rechtsentwicklung

Zu beachten sind die gesonderten Steuerentstehungszeitpunkte nach § 13b Abs. 1 und 2 UStG. 5

Die Steuerentstehung nach § 13 UStG ist die **Grundlage für die Steuerberechnung** nach § 16 Abs. 1 und 2 UStG. § 13 UStG befasst sich nur mit der Steuerentstehung, **nicht** aber auch mit der Entstehung des Anspruchs auf **Vorsteuerabzug** und enthält keine Art. 167 MwStSystRL entsprechende Regelung. 6

Die Trennung zwischen **Soll- und Istbesteuerung** bestand bereits nach dem **UStG 1967**. Die Sollbesteuerung war in Zeiten einer pünktlichen Schuldtilgung als Vereinfachungsmaßnahme gedacht. Der Umfang von Zahlungsausfällen und Zahlungsverzögerungen in den folgenden Jahrzehnten hat diesen Charakter zunehmend in Frage gestellt. Der EuGH lehnt eine Einschränkung der Sollbesteuerung ab (Rz. 12). 7

B. Besteuerung nach vereinbarten Entgelten (Absatz 1 Nr. 1 Buchst. a)

I. Überblick

Im Rahmen der Besteuerung nach vereinbarten Entgelten gemäß § 13 Abs. 1 Nr. 1 Buchst. a UStG bestehen **verschiedene Regelungen zur Steuerentstehung**. Vorrangig kommt es nach Satz 1 auf die Leistungsausführung an (Rz. 15 ff.). Gleiches gilt für Teilleistungen nach den Sätzen 2 und 3 (Rz. 21 ff.). Das Sollprinzip wird nach Satz 4 UStG durch eine Anzahlungsbesteuerung ergänzt (Rz. 38 ff.). Zu beachten sind auch Übergangsfragen beim Übergang zur und von der Besteuerung nach vereinnahmten Entgelten (Rz. 58 ff.). 8

II. Leistungsausführung (Absatz 1 Nr. 1 Buchst. a Satz 1)

1. Regelungsgegenstand, unionsrechtliche Grundlagen und Entwicklung der Vorschrift

a) Regelungsgegenstand

Im Rahmen der Besteuerung nach vereinbarten Entgelten (**Sollbesteuerung**) entsteht die Steuer gemäß § 13 Abs. 1 Nr. 1 Buchst. a Satz 1 UStG mit Ablauf des VZ der Leistungsausführung. Eine Entgeltentrichtung vor der Leistungsausführung ist nach Satz 4 (Rz. 38 ff.) zu berücksichtigen. Die Rechnungserteilung oder Erfassung in einer Steueranmeldung sind für die Steuerentstehung ohne Bedeu- 9 tung.[1] Die Sollbesteuerung ist auch anzuwenden, wenn dem Unternehmer die genaue Höhe seines Entgelts nicht bekannt ist.[2] Er ist dann zu einer Schätzung nach § 162 AO verpflichtet, bei der er sich an Erfahrungswerten der Vergangenheit orientieren kann.

10 Bei der Steuerentstehung aufgrund der Leistungsausführung kommt es unter Beachtung der unionsrechtlichen Grundlagen (Rz. 3 f.) **nicht** darauf an, ob die **Leistung gegen Entgelt** erbracht wird oder werden soll. Daher erfasst § 13 Abs. 1 Nr. 1 Buchst. a Satz 1 UStG entgegen seiner unzutreffenden Begriffsbildung auch die **Entnahmebesteuerung**, so dass es sich bei § 13 Abs. 1 Nr. 2 UStG um einen Tatbestand mit lediglich deklaratorischer Wirkung handelt (Rz. 77). § 13 Abs. 1 Nr. 1 Buchst. a Sätze 2–4 UStG setzen demgegenüber eine Entgeltvereinbarung voraus.

11 Die Sollbesteuerung ist als gesetzliche Regelung durch die MwStSystRL (Rz. 3 f.) zwingend vorgegeben und im Hinblick hierauf auch verfassungsgemäß.[3] Die sich aus der Sollbesteuerung ergebende Ungleichheit gegenüber der Istbesteuerung ist nach der BFH-Rechtsprechung im Rahmen der Auslegung von § 17 Abs. 1 und 2 Nr. 1 UStG auszugleichen (§ 17 Rz. 98).[4]

b) Unionsrechtliche Grundlagen

12 Unionsrechtliche Grundlage ist **Art. 63 MwStSystRL**, wonach Steuertatbestand und Steueranspruch mit der Leistungsbewirkung eintreten. Dabei verneint der EuGH eine Einschränkung der Steuerentstehung auf bereits fällige Entgeltansprüche. Danach schuldet der Unternehmer dem Fiskus die Mehrwertsteuer selbst dann, wenn er von seinem Kunden noch keine Zahlung für den bewirkten Umsatz erhalten hat und ist somit zur Vorfinanzierung der Umsatzsteuer verpflichtet, obwohl er doch auch als bloßer „Steuereinnehmer" charakterisiert wird.[5] Es dürfte nicht davon auszugehen sein, dass sich trotz der insoweit geübten Kritik[6] daran etwas ändert. Die Bestimmung erfasst auch die unentgeltlich erbrachten Entnahmen.

c) Verhältnis zu anderen Vorschriften und Rechtsentwicklung

13 Die Besteuerung nach vereinbarten Entgelten ist von der nach vereinnahmten Entgelten (Rz. 62 ff.) **abzugrenzen.**

14 Bereits das UStG 1967 ordnete die Besteuerung nach vereinbarten Entgelten als gesetzlichen Regelfall an.

2. Steuerentstehung mit Leistungsausführung

a) Lieferungen

aa) Grundtatbestand der Lieferung

15 Für die Steuerentstehung kommt es auf den **Zeitpunkt der Lieferung** und damit auf den Zeitpunkt an, zu dem der Unternehmer seinem Abnehmer die eigentümerähnliche Verfügungsmacht verschafft (§ 3 Rz. 15 ff.). Im Allgemeinen kann hierfür auf den Übergang von Besitz, Nutzen und Lasten abgestellt werden. Beim **Kauf unter Eigentumsvorbehalt** kommt es daher für die Lieferung auf die Übergabe (§ 3 Rz. 24), bei **Grundstücken** auf die Besitzeinweisung zur Eigentumsübertragung an. Daher wird Verfügungsmacht an einem Grundstück noch nicht verschafft, solange der Lieferer dieses aufgrund seines Eigentums wie zuvor noch als Vermieter verwendet[7] oder der Steuerpflichtige zwar das

1 Abschn. 13.1 Abs. 1 Sätze 2 und 3 UStAE.
2 BFH, Beschl. v. 27.5.1982 – V R 9/77, UR 1982, 211.
3 BFH, Urt. v. 22.7.2010 – V R 4/09, BStBl. II 2013, 590 = UR 2011, 69; bestätigt durch BVerfG, Beschl. v. 20.3.2013 – 1 BvR 3063/10, UR 2013, 468.
4 BFH, Urt. v. 24.10.2013 – V R 31/12, BStBl. II 2015, 674 = UR 2014, 238.
5 EuGH, Urt. v. 28.10.2021 – C-324/20, ECLI:EU:C:2021:880 – X-Beteiligungsgesellschaft (TVA – Paiements successifs), UR 2021, 908 m. Anm. *Rust*, Rz. 51–54.
6 *Stadie*, UR 2022, 1.
7 BFH, Urt. v. 18.11.1999 – V R 13/99, BStBl. II 2000, 153 = UR 2000, 156 m. Anm. *Husmann*; BFH, Urt. v. 20.7.1995 – V R 121/93, BFH/NV 1996, 270.

Eigentum überträgt, es aber aufgrund eines gleichzeitig vorbehaltenen Nießbrauchs wie bisher besitzt und den Ertrag durch Fortsetzung der bestehenden Mietverhältnisse zieht.[1] Bei **Sukzessivlieferungsverhältnissen** über Versorgungsleistungen kann auf den Abschluss des jeweiligen Ablesezeitraums abgestellt werden.[2] Bei der **Verkaufskommission** kommt es zur Lieferung erst mit dem Ausführungsgeschäft (§ 3 Rz. 163 ff.). Der **Kauf auf Probe** führt erst mit der Billigung zur Lieferung (§ 3 Rz. 358).[3] Gleiches gilt für sog. **Bedingtgeschäfte im Buchhandel**. Der **Abnahme von Werklieferungen** kommt eine Indizwirkung zu.[4]

bb) Bedeutung der Ortsbestimmung für Lieferungen

Entgegen der h.M. ergeben sich aus den Regelungen zur Ortsbestimmung von Lieferungen nach § 3 Abs. 5a ff. UStG keine Rechtsfolgen für das Vorliegen von Lieferungen und den Zeitpunkt, zu dem sie ausgeführt werden (§ 3 Rz. 319). 16

b) Sonstige Leistungen

Für die Leistungsausführung kommt es bei **zeitlich begrenzten Dauerleistungen** wie etwa Duldungs- oder Unterlassungsleistungen auf die **Beendigung** des zugrunde liegenden Rechtsverhältnisses an.[5] So ist es z.B. wenn die Leistung des Leasinggebers bei einem **sale-and-lease-back** als **Mitwirkung** an einer **bilanziellen Gestaltung** im Sinne einer zeitlich begrenzten Dauerleistung anzusehen ist. Die Leistung wird dann erst mit der Beendigung der dieser Leistung zugrunde liegenden Rechtsverhältnisse und daher mit Ablauf der vorgesehenen Vertragslaufzeit für das zivilrechtlich vereinbarte Leasing erbracht.[6] 17

Der **Insolvenzverwalter** hat seine Leistung erst mit der Aufhebung des Insolvenzverfahrens erbracht.[7] Beim **Aufsichtsratsmitglied** kommt es auf die Beendigung der Hauptversammlung i.S.v. § 102 Abs. 1 AktG an, wobei über die Erbringung von Teilleistungen gesondert zu entscheiden ist. 18

Besteht die Leistung in einer **Klagerücknahme**, erbringt sie der Unternehmer mit Abgabe der hierauf bezogenen prozessualen Erklärung.[8] 19

Verpflichtet sich der Unternehmer gegen Entgelt z.B. zu Errichtung und Betrieb eines Schwimmbads für 10 Jahre, erbringt er beim Fehlen von Teilleistungen seine Leistung nicht bereits durch Übernahme der Aufgabe, ein Schwimmbad zu errichten und zu betreiben, sondern erst mit der tatsächlichen Ausführung dieser Leistung und damit erst mit Ablauf des Betriebszeitraums.[9] 20

III. Teilleistungen (Absatz 1 Nr. 1 Buchst. a Sätze 2 und 3)

1. Regelungsgegenstand, unionsrechtliche Grundlagen und Entwicklung der Vorschrift

a) Regelungsgegenstand

§ 13 Abs. 1 Nr. 1 Buchst. a Satz 2 UStG ordnet die Steuerentstehung mit Leistungsausführung auch für **Teilleistungen** an. Teilleistungen liegen nach § 13 Abs. 1 Nr. 1 Buchst. a Satz 3 UStG vor, wenn für bestimmte Teile einer wirtschaftlich teilbaren Leistung das Entgelt gesondert vereinbart wird. 21

1 BFH, Urt. v. 13.11.1997 – V R 66/96, BFHE 184, 134 = UR 1998, 101.
2 Abschn. 13.1 Abs. 2 Sätze 3 und 4 UStAE.
3 BFH, Urt. v. 6.12.2007 – V R 24/05, BStBl. II 2009, 490 = UR 2008, 334.
4 EuGH, Urt. v. 2.5.2019 – C-224/18, ECLI:EU:C:2019:347 – Budimex, UR 2019, 538; vgl. auch Abschn. 13.2 Abs. 1 Nr. 1 Satz 3 ff. UStAE.
5 BFH, Urt. v. 27.11.2019 – V R 25/18, BStBl. II 2023, 596 = UR 2020, 232; Abschn. 13.1 Abs. 3 UStAE.
6 BFH, Urt. v. 27.11.2019 – V R 25/18, BStBl. II 2023, 596 = UR 2020, 232.
7 BFH, Urt. v. 2.12.2015 – V R 15/15, BStBl. II 2016, 486 = UR 2016, 403.
8 BFH, Urt. v. 22.8.2019 – V R 47/17, BStBl. II 2023, 274 = UR 2020, 34.
9 BFH, Urt. v. 11.2.2010 – V R 30/08, BFH/NV 2010, 2125.

22 Damit sind für den Teilleistungsbegriff zwei Voraussetzungen zu erfüllen. Es muss sich um eine **wirtschaftliche teilbare Leistung** handeln, **für deren Teile eine gesonderte Entgeltvereinbarung vorliegt**. Nicht erforderlich ist, dass sich die Entgeltvereinbarung auf alle Teile gleichermaßen bezieht. Ebenso ist nicht zwischen Lieferungen und sonstigen Leistungen zu differenzieren.

b) Unionsrechtliche Grundlagen

aa) Gesetzliche Regelung

23 Das Unionsrecht kennt den Begriff der Teilleistung nicht. Stattdessen ordnet **Art. 64 Abs. 1 MwStSystRL** an, dass die dort genannten Dienstleistungen und Lieferungen, die zu aufeinander folgenden Abrechnungen oder Zahlungen Anlass geben, als jeweils mit Ablauf des Zeitraums bewirkt gelten, auf den sich diese Abrechnungen oder Zahlungen beziehen.

24 Die Bestimmung ist auf alle **sonstigen Leistungen** (Dienstleistungen) anzuwenden. Sie gilt ebenso für **Lieferungen**, wobei aber die Anwendung der Bestimmung auf Lieferungen, bei denen es sich um einen Miet- oder Ratenkauf i.S.d. Art. 14 Abs. 2 Buchst. b MwStSystRL handelt, ausdrücklich ausgeschlossen ist.

bb) Anlassgeben zu aufeinander folgenden Abrechnungen oder Zahlungen

25 Entscheidendes Merkmal für die Anwendung von Art. 64 Abs. 1 MwStSystRL ist nach dem auf Vorlage durch den BFH[1] ergangenen EuGH-Urteil C-324/20[2] die **zu aufeinander folgenden Abrechnungen oder Zahlungen Anlass gebende** Leistung. Liegt eine derartige Leistung vor, gilt sie als jeweils mit Ablauf des Zeitraums bewirkt, auf den sich diese Abrechnungen oder Zahlungen beziehen. Der EuGH wendet die Bestimmung auf **Leistungen mit kontinuierlichem oder wiederkehrendem Charakter**, nicht aber auf eine nur „einmalige Leistung" an, selbst wenn diese durch Ratenzahlung vergütet wird.[3] Anwendungsfälle dieser Bestimmung sind aus Sicht des EuGH Dauerschuldverhältnisse insbesondere die Vermietung eines Fahrzeugs[4] oder die Erbringung von Rechts-, Wirtschafts- und Finanzberatung[5].

cc) Richtlinie und nationales Recht

26 Im Anschluss an ein Vorabentscheidungsersuchen und das nachfolgende EuGH-Urteil C-324/20[6] verneint der BFH mit seinem Urteil v. 1.2.2022[7] frühere Zweifel an der Richtlinienkonformität des nationales Recht und geht nunmehr von Folgendem aus:

- Die Vereinbarung einer Ratenzahlung begründet keine Uneinbringlichkeit i.S. von § 17 Abs. 2 Nr. 1 UStG.
- Die Steuerentstehung gemäß § 13 Abs. 1 Nr. 1 Buchst. a Satz 1 UStG ist nicht auf bereits fällige Entgeltansprüche beschränkt.
- Eine Teilleistung i.S. von § 13 Abs. 1 Nr. 1 Buchst. a Satz 3 UStG, bei der für bestimmte Teile einer wirtschaftlich teilbaren Leistung das Entgelt gesondert vereinbart wird, erfordert eine Leistung mit

---

1 BFH, Vorlagebeschl. v. 7.5.2020 – V R 16/19, BStBl. II 2021, 884 = UR 2020, 683.

2 EuGH, Urt. v. 28.10.2021 – C-324/20, ECLI:EU:C:2021:880 – X-Beteiligungsgesellschaft, UR 2021, 908 m. Anm. *Rust*.

3 EuGH, Urt. v. 28.10.2021 – C-324/20, ECLI:EU:C:2021:880 – X-Beteiligungsgesellschaft, UR 2021, 908 m. Anm. *Rust*, Rz. 45 und 48.

4 EuGH, Urt. v. 16.2.2012 – C-118/11, ECLI:EU:C:2012:97 – Eon Aset Menidjmunt, UR 2012, 230 m. Anm. *Wäger*.

5 EuGH, Urt. v. 3.9.2015 – C-463/14, ECLI:EU:C:2015:542 – Asparuhovo Lake Investment Company OOD, UR 2015, 781, und EuGH, Urt. v. 15.9.2016 – C-516/14, ECLI:EU:C:2016:690 – Barlis 06 – Investimentos Imobiliários e Turísticos, UR 2016, 795 m. Anm. *Maunz*.

6 EuGH, Urt. v. 28.10.2021 – C-324/20, ECLI:EU:C:2021:880 – X-Beteiligungsgesellschaft, UR 2021, 908 m. Anm. *Rust*.

7 BFH, Urt. v. 1.2.2022 – V R 37/21 (V R 16/19), BStBl. II 2022, 860 = UR 2022, 490 m. Anm. *Stadie* – so sieht es (wenig überraschend) auch die FinVerw. (BMF, Schr. v. 14.12.2022, BStBl. I 2022, 1688 = UR 2023, 133).

kontinuierlichem oder wiederkehrendem Charakter. Damit entfallen die zuvor vom BFH[1] geäußerten Zweifel, ob der nationale Teilleistungsbegriff als richtlinienkonform anzusehen ist.

Dem liegt ersichtlich die Annahme zugrunde, dass sich aufgrund des EuGH-Urteils C-324/20 (Rz. 25) jegliche Überlegungen dahingehend, bloße Ratenzahlungsvereinbarung als Voraussetzung für eine Teilleistung ausreichen zu lassen oder die Sollbesteuerung anderweitig einzuschränken, erübrigt haben. Dementsprechend hat der BFH die an der vorstehenden Rechtsprechung (Rz. 26) geäußerte Kritik[2], nach der derartige Einschränkungsüberlegungen weiter verfolgt werden sollten, als nicht durchgreifend angesehen.[3] Die auch hieran geübte Kritik[4] könnte als ebenso folgenlos anzusehen sein. 27

Die Auslegung des Teilleistungsbegriffs im Sinne einer wirtschaftlichen Teilbarkeit als Leistung mit kontinuierlichem oder wiederkehrendem Charakter versagt allerdings in Grenzfällen, wie das Beispiel der Vergütung einer Vermittlungsleistung nach der Dauerhaftigkeit des vermittelten Erfolgs zeigt.[5] Der EuGH sieht hierin im Sinne einer Vermittlung eines Spielers an einen Fußballverein und dessen dortigen Verbleib einen Anwendungsfall von Art. 64 Abs. 1 MwStSystRL (Rz. 25), wovon auch der BFH[6] ausgeht, der dabei aber eine Teilleistung im Sinne des nationalen Rechts verneint. 28

Diese Problematik lässt sich, wie der BFH andeutet[7], wohl nur durch eine Auslegung des Entgeltbegriffs in der Weise lösen, dass Vergütungsansprüche, denen nicht nur die Fälligkeit fehlt, sondern deren Bestehen weitergehend aufgrund der Abhängigkeit von einem ungewissen Ereignis dem Grunde nach unsicher ist, frühestens dann zu einem Entgelt und dabei zu einer Entgelterhöhung nach § 17 Abs. 1 Satz 1 UStG führen, wenn das Vorliegen der Bedingung feststeht (§ 10 Rz. 36). 29

dd) Berufung auf das Unionsrecht

Soweit die nationale Teilleistungsregelung trotz der nunmehr vorliegenden Klärung (Rz. 26) als hinter dem Anwendungsbereich des Art. 64 Abs. 1 MwStSystRL zurückbleibend anzusehen sein sollte, lässt der BFH[8] eine Berufung des Steuerpflichtigen auf die **günstigere** Bestimmung des Unionsrechts zu, die dann zu einer im Vergleich zum nationalen Recht nur nachgelagerten Besteuerung führen kann.[9] 30

c) Verhältnis zu anderen Vorschriften und Rechtsentwicklung

Teilleistungen begründen anders als Anzahlungen eine **Vorsteuerabzugsberechtigung ohne Entgeltentrichtung.**[10] 31

Der Besteuerung von Teilleistungen kommt anders als der Anzahlungsbesteuerung (Rz. 38 ff.) abschließender Charakter zu. Im Fall einer Steuersatzerhöhung zwischen dem Ausführen der Teilleistung und dem Ausführen der Gesamtleistung ist daher **keine Nachversteuerung** vorzunehmen (§ 27 Rz. 2). Unionsrechtlich erklärt sich dies daraus, dass Art. 64 Abs. 1 MwStSystRL anders als Art. 65 MwStSystRL den Eintritt von Steuertatbestand und Steueranspruch beeinflusst (Rz. 23 ff.). 32

Bereits das UStG 1967 enthielt mit § 13 Abs. 1 Nr. 1 Buchst. a Sätze 2 und 3 Regelungen zur Teilleistung. Diese lag damals vor, wenn für bestimmte Teile einer Leistung das Entgelt gesondert vereinbart wurde. Das Erfordernis einer gesonderten Entgeltvereinbarung für „bestimmte Teile einer wirtschaftlich teilbaren Leistung" besteht erst seit dem UStG 1980. 33

---

1 BFH, Vorlagebeschl. v. 7.5.2020 – V R 16/19, BStBl. II 2021, 884 = UR 2020, 683.
2 *Hummel*, MwStR 2022, 606 und *Stadie*, UR 2022, 490.
3 BFH, Beschl. v. 28.9.2022 – XI R 28/20, BStBl II 2023, 598 = UR 2023, 279 und BFH, Beschl. v. 28.9.2022 – XI R 27/20, NV.
4 *Stadie*, UR 2023, 285.
5 EuGH, Urt. v. 29.11.2018 – C-548/17, ECLI:EU:C:2018:970 – baumgarten sports & more, UR 2019, 70 m. Anm. *Stadie*.
6 BFH, Urt. v. 26.6.2019 – V R 8/19 (V R 51/16), BStBl II 2022, 854 = UR 2019, 660.
7 BFH, Urt. v. 1.2.2022 – V R 37/21 (V R 16/19), BStBl. II 2022, 860 = UR 2022, 490 m. Anm. *Stadie*, Rz. 27.
8 BFH, Urt. v. 26.6.2019 – V R 8/19 (V R 51/16), BStBl. II 2022, 854 = UR 2019, 660, Rz. 22.
9 Vgl. BFH, Urt. v. 22.8.2019 – V R 47/17, BStBl. II 2023, 274 = UR 2020, 34, Rz. 24.
10 BFH, Urt. v. 30.4.2009 – V R 1/06, BStBl. II 2010, 138 = UR 2009, 673.

2. Steuerentstehung

a) Wirtschaftliche Teilbarkeit

34 Die **wirtschaftliche Teilbarkeit der Leistung** (zum Unionsrecht s. Rz. 23 ff.) als erste der beiden Voraussetzungen von § 13 Abs. 1 Nr. 1 Buchst. a Satz 3 UStG kann in **zeitlicher oder sachlicher Hinsicht** bestehen.

- **Zeitlich teilbar** sind dabei Dauerleistungen wie eine Vermietung, bei der eine Nutzungsüberlassung für einen bestimmten Zeitraum erfolgt. Hier kann für die einzelnen Zeiträume der Vermietung eine gesonderte Entgeltvereinbarung und damit eine Teilleistung vorliegen. Dementsprechend liegen bei Mietverträgen über eine bestimmte Laufzeit, die in monatliche Zahlungs- und Leistungsabschnitte untergliedert sind, Teilleistungen vor.[1] Ebenso ist es bei einem Lizenzvertrag, bei dem die Vereinbarung einer Mindestlizenzgebühr zu Teilleistungen führt, wenn der Lizenzvertrag eine bestimmte Gesamtlaufzeit vorsieht, bei der für einzelne Zeiträume ein eigenständiges Entgelt zu entrichten ist.[2] Ebenso kann die Unterlassung der Milchproduktion eine wirtschaftlich teilbare Leistung sein, die sukzessive Jahr für Jahr erbracht wird.[3] Teilbarkeit kommt auch bei prozessführenden Rechtsanwälten nach Instanz in Betracht.
- **Sachlich teilbar** sind Leistungen, die in einer bestimmten Abfolge zu erbringen und daher teilbar sind. Auch hier kann eine gesonderte Entgeltvereinbarung mit der Folge einer Teilleistung vorliegen. Dementsprechend liegen z.B. bei der Errichtung eines Bauwerks Teilleistungen vor, wenn zunächst Maurer- und Betonarbeiten und später Innen- und Außenputz auszuführen sind und diese gesondert abgenommen und abgerechnet werden.[4] Bei der Errichtung einer Photovoltaikanlage hat der BFH in der Modulmontage, Wechselrichterinstallation und dem Probebetrieb Teilleistungen gesehen.[5] Allerdings kann sich hier auch die Frage stellen, ob nicht eher zwei gesondert erbrachte Leistungen vorliegen, die von den Beteiligten zusammengefasst betrachtet werden.
- Denkbar sind auch **Mischfälle** wie beim Fahrschulunterricht. Hier können die einzelnen Fahrstunden und die Vorstellung zur Prüfung – im Gegensatz zu den übrigen durch die Grundgebühr abgegoltenen Ausbildungsleistungen – als Teilleistungen erbracht werden.[6]

35 Keine besondere Teilbarkeit folgt aus dem **Insolvenzrecht.** Es ergeben sich insbesondere keine Besonderheiten aus **§ 103 InsO**, der den Insolvenzverwalter nur berechtigt, den Vertrag insgesamt zu erfüllen oder dessen (weitere) Erfüllung abzulehnen. Hieraus folgt weder das Recht, eine Leistung in Teilen zu erbringen noch eine gesonderte Entgeltvereinbarung für einzelne Teile der geschuldeten Leistung.[7]

b) Gesonderte Entgeltvereinbarung

36 An die gesonderte Entgeltvereinbarung sind keine besonderen Anforderungen zu stellen. Sie muss zu einer mehrfachen Zahlung für einzelne Teile der Leistung führen. Fehlt die gesonderte Entgeltvereinbarung, geht die Rechtsprechung in Einzelfällen wie z.B. bei Grabpflegeleistungen davon aus, dass mehrere eigenständig nacheinander erbrachte Leistungen vorliegen, die wie bei der Vereinbarung von Teilleistungen zu einer kontinuierlichen Besteuerung anstelle einer Steuerpflicht erst mit Vertragsbeendigung führen.[8]

---

1 BFH, Urt. v. 9.9.1993 – V R 42/91, BStBl. II 1994, 269 = UR 1994, 200; zum Vorliegen von Rechnungen in diesem Zusammenhang vgl. BFH, Urt. v. 28.5.2009 – V R 11/08, HFR 2010, 156.

2 BFH, Urt. v. 18.4.2013 – V R 19/12, BStBl. II 2013, 842 = UR 2014, 129.

3 BFH, Urt. v. 21.4.1993 – XI R 50/90, BStBl. II 1993, 696 = UR 1993, 390 – allerdings kann aufgrund nachfolgender Rechtsprechung bereits die Steuerbarkeit der Leistung fehlen: vgl. EuGH, Urt. v. 29.2.1996 – C-215/94, ECLI:EU:C:1996:72 – Mohr, UR 1996, 119 m. Anm. *Widmann.*

4 Abschn. 13.4 Satz 6 UStAE.

5 BFH, Beschl. v. 28.9.2022 – XI R 28/20, BStBl. II 2023, 598 = UR 2023, 279 m. Anm. *Stadie*, Rz. 21 ff.

6 BFH, Urt. v. 21.4.1994 – V R 59/92, BFH/NV 1995, 367 = UR 1995, 306.

7 BFH, Urt. v. 30.4.2009 – V R 1/06, BStBl. II 2010, 138 = UR 2009, 673.

8 BFH v. 21.6.2001 – V R 80/99, BStBl II 2003, 810 = UR 2001, 446, unter II.1.

c) Sonstiges

Auf Teilleistungen können auch **Vorauszahlungen** geleistet werden. So ist es z.B. bei „verlorenen Baukostenzuschüssen“ des Mieters bei Mietverträgen mit vereinbarter Mindestlaufzeit als vorausgezahltes Entgelt für die Vermietung. Nicht erforderlich soll sein, dass die Steuer für die jeweiligen Teile einer Leistung nur nach der Höhe des dafür „gesondert vereinbarten“ Entgelts entsteht. Vorauszahlungen für Dauerleistungen, die vereinbarungsgemäß in bestimmten Leistungsabschnitten erbracht werden, sind daher auf letztere zu verteilen.[1] 37

IV. Anzahlungen (Absatz 1 Nr. 1 Buchst. a Satz 4)

1. Regelungsgegenstand, unionsrechtliche Grundlagen und Entwicklung der Vorschrift

a) Regelungsgegenstand

§ 13 Abs. 1 Nr. 1 Buchst. a Satz 4 UStG regelt die Entgeltvereinnahmung vor der Leistungsausführung aufgrund **sog. An- oder Vorauszahlungen (Anzahlungen)**. Die Steuer entsteht hier mit Ablauf des VZ, in dem das Entgelt vereinnahmt wird. Dasselbe gilt in Bezug auf Teilentgelte, so dass nicht zwischen An- oder Vorauszahlungen zu unterscheiden ist. Zur vorgezogenen Steuerentstehung bei Anzahlungen kann es **auch im Zusammenhang mit Teilleistungen** kommen. 38

b) Unionsrechtliche Grundlage

Unionsrechtlich beruht die Regelung auf **Art. 65 MwStSystRL**. Werden Anzahlungen geleistet, bevor die Lieferung von Gegenständen bewirkt oder die Dienstleistung erbracht ist, entsteht der Steueranspruch danach zum Zeitpunkt der Vereinnahmung entsprechend dem vereinnahmten Betrag. Die Bestimmung beeinflusst demgegenüber nicht den Eintritt des Steuertatbestandes. 39

Auch im Unionsrecht ist nicht danach zu unterscheiden, ob das Entgelt nur teilweise oder im vollen Umfang vor der Leistungserbringung entrichtet wird.[2] 40

c) Verhältnis zu anderen Vorschriften und Rechtsentwicklung

Bleibt die für die Anzahlung versprochene Leistung aus, kommt es zur **Berichtigung** der für die Anzahlung entstandenen Steuer nach § 17 Abs. 2 Nr. 2 und Abs. 1 Satz 1 UStG. 41

Die Anzahlung berechtigt den zahlenden Unternehmer unter weiteren Voraussetzungen zum **Vorsteuerabzug** nach § 15 Abs. 1 Nr. 1 Satz 3 UStG. Bleibt die Leistungserbringung aus, ist der Vorsteuerabzug nach § 17 Abs. 2 Nr. 2 und Abs. 1 Satz 2 UStG zu berichtigen. 42

Die Berichtigung beim Ausbleiben der Leistung setzt sowohl in Bezug auf den vom Anzahlungsempfänger geschuldeten Steuerbetrag als auch auf den vom Anzahlenden in Anspruch genommenen Vorsteuerabzug die Rückzahlung der Anzahlung voraus (§ 17 Rz. 119 f.). 43

Die Anzahlungsbesteuerung hat anders als die Besteuerung von Teilleistungen (Rz. 21 ff.) keine abschließende Bedeutung. Im Fall einer Steuersatzerhöhung zwischen Anzahlung und Leistungserbringung kommt es daher zu einer **Nachversteuerung** (§ 27 Rz. 5). Unionsrechtlich erklärt sich dies daraus, dass die Anzahlung den Eintritt des Steuertatbestandes nicht beeinflusst (Rz. 39 f.). 44

Die Anzahlungsbesteuerung wurde erst durch das UStG 1980 eingeführt. Sie galt zunächst gemäß § 13 Abs. 1 Nr. 1 Buchst. a Satz 5 UStG a.F. als sog. Mindest-Istbesteuerung nicht, wenn das jeweils vereinnahmte Entgelt oder Teilentgelt weniger als 10.000 DM betrug und der Unternehmer keine Rechnung mit gesondertem Ausweis der Steuer erteilt hatte. Diese Sonderregelung wurde mit Wirkung ab 1.1.1994 gestrichen.[3] 45

---

1 BFH, Urt. v. 19.5.1988 – V R 102/83, BStBl. II 1988, 848 = UR 1988, 356.

2 EuGH, Urt. v. 23.12.2015 – C-250/14 und C-289/14, ECLI:EU:C:841 – Air France-KLM, ehemals Air France, und Hop“-Brit Air SAS, ehemals Brit Air, UR 2016, 93, Rz. 41.

3 StMBG v. 21.12.1993, BGBl. I 1993, 2310.

2. Steuerentstehung

a) Entgelt für eine bestimmte, erst noch zu erbringende Leistung

46 Der Umsatzsteuer unterliegt gemäß § 1 Abs. 1 Nr. 1 UStG die Leistungserbringung gegen Entgelt, nicht aber die Vereinnahmung von bloßen Zahlungen. Dies ist auch bei einer Besteuerung im Vorfeld der Leistungserbringung zu beachten. Damit eine vor der Leistungserbringung vereinnahmte Zahlung eine Besteuerung auslöst, muss es sich daher bei der Zahlung um ein **Entgelt für eine zu erbringende Leistung** handeln. Weitergehend muss das Entgelt **für eine bestimmte oder zumindest bestimmbare Leistung** entrichtet werden, da sonst offenbleibt, ob es sich um ein Entgelt für eine z.B. mangels inländischen Leistungsorts nicht steuerbare oder für eine steuerfreie Leistung oder eine ermäßigt zu besteuernde Leistung handelt.

47 Daher müssen die **maßgeblichen Elemente** des Steuertatbestands, der künftigen Lieferung oder Dienstleistung, bekannt und damit (insbesondere) der Gegenstand der noch zu erbringenden Lieferung oder Dienstleistung zum Zeitpunkt der Anzahlung **genau bestimmt** sein.[1] Hierfür kommt es auf die Merkmale und den Preis des Leistungsgegenstandes, nicht aber auch auf eine genaue Bestimmtheit hinsichtlich des Leistungszeitpunkts an.

48 Im Hinblick auf die **enge Auslegung des Anzahlungsbegriffs**[2] ist es z.B. nicht ausreichend, dass eine Vorauszahlung für Gegenstände geleistet wird, die nur gattungsmäßig in einer einvernehmlich änderbaren Liste aufgeführt werden, von der der Käufer Artikel auswählen und die er jederzeit einseitig mit der Folge einer Erstattung kündigen kann.[3] Ist die erforderliche Bestimmbarkeit zu bejahen, sind Steuerbefreiungen und Steuersatzermäßigungen auch im Rahmen der Anzahlungsbesteuerung anzuwenden.[4]

b) Einzelfälle

49 Der EuGH leitet aus dem **Erfordernis der Bestimmbarkeit** auch ab, dass der Steueranspruch nicht eintritt, wenn die Leistungsbewirkung zum Zeitpunkt der Anzahlung unsicher ist.[5] Dabei ist insbesondere in **Betrugsfällen** für die Beurteilung der Sicherheit auf den Zeitpunkt der Zahlung aus Sicht des Anzahlenden abzustellen, so dass dem Anzahlenden erst später bekannt werdende Umstände unerheblich sind. Der EuGH weist hierzu zutreffend darauf hin, dass nicht davon auszugehen ist, dass der Anzahlende die Absicht hat, die mit der Leistungsbewirkung verbundenen finanziellen Folgen auf sich zu nehmen, wenn er weiß oder vernünftigerweise wissen müsste, dass die Leistungsbewirkung ungewiss ist.[6] Dem hat sich der BFH angeschlossen und dahingehend ergänzt, dass der betrügerisch handelnde Anzahlungsempfänger, der eine spätere Leistungserbringung nur vortäuscht, danach die Steuer nach § 13 Abs. 1 Nr. 1 Buchst. a Satz 4 UStG, nicht aber nach § 14c Abs. 2 UStG schuldet.[7]

50 Die erforderliche Bestimmbarkeit liegt beim Erwerb von **Flugtickets** vor, wenn alle Elemente der künftigen Beförderungsleistung zum Zeitpunkt des Flugscheinerwerbs bereits bekannt und genau be-

1 BFH, Urt. v. 15.9.2011 – V R 36/09, BStBl. II 2012, 365 = UR 2012, 264; vgl. auch Abschn. 13.5 Abs. 3 UStAE.

2 EuGH, Urt. v. 21.2.2006 – C-419/02, ECLI:EU:C:2006:122 – BUPA Hospitals und Goldsborough Developments, UR 2006, 289; EuGH, Urt. v. 31.5.2018 – C-660/16 und C-661/16, ECLI:EU:C:2018:372 – Kollroß und Wirtl, UR 2018, 519 m. Anm. *Billig*, Rz. 39 f., 43 und 45.

3 EuGH, Urt. v. 21.2.2006 – C-419/02, ECLI:EU:C:2006:122 – BUPA Hospitals und Goldsborough Developments, UR 2006, 289.

4 Abschn. 13.5 Abs. 4 Sätze 1 und 2 UStAE.

5 EuGH, Urt. v. 13.3.2014 – C-107/13, ECLI:EU:C:2014:151 – FIRIN, UR 2014, 705, Rz. 39; EuGH, Urt. v. 31.5.2018 – C-660/16 und C-661/16, ECLI:EU:C:2018:372 – Kollroß und Wirtl, UR 2018, 519 m. Anm. *Billig*, Rz. 41.

6 EuGH, Urt. v. 31.5.2018 – C-660/16 und C-661/16, ECLI:EU:C:2018:372 – Kollroß und Wirtl, UR 2018, 519 m. Anm. *Billig*, Rz. 48 ff.

7 BFH, Urt. v. 5.12.2018 – XI R 44/14, BFHE 263, 359 = UR 2019, 255 und BFH, Urt. v. 17.7.2019 – V R 9/19 (V R 29/15), BFHE 265, 565 = UR 2019, 863.

stimmt sind.[1] Im Regelfall wird hier von einer Anzahlung auszugehen sein, die der Flugbeförderung vorausgeht.[2]

Anzahlungen liegen auch bei einem **Bestattungsvorsorgevertrag** vor, da die Ausführung der Bestattungsleistung als solche sicher ist und dem die Unbestimmtheit hinsichtlich des genauen Zeitpunkts ebenso wie eine Kündigungsmöglichkeit als bloße auflösende Bedingung nicht entgegensteht.[3] Auch bei **Grabpflegeleistungen** können Anzahlungen zu bejahen sein, wobei es der BFH aber auch als möglich ansieht, dass eine Darlehensvereinbarung zugunsten des Sachleistungsschuldners vorliegen kann.[4] 51

Bei der entgeltlichen Übertragung von **Multifunktionskarten** (Mehrzweckguthabenkarten) für die Inanspruchnahme unterschiedlicher Leistungen verschiedener Anbieter liegt weder beim Erwerb der Karte noch bei der Aufladung des erworbenen Guthabens eine Anzahlung vor, da es an einer bereits genau bestimmten, erst noch zu erbringenden Leistung eines bestimmten Anbieters fehlt.[5] 52

Die Frage der Bestimmtheit wird auch durch die Festlegung des Leistungsgegenstands beeinflusst. So kann bei der entgeltlichen Übertragung von sog. **Hotelchecks**, die im Hinblick auf die in Anspruch zu nehmende Hotelleistung unbestimmt sind, eine Anzahlung auf eine Vermittlungsleistung vorliegen.[6] 53

c) Vereinnahmung des Entgelts

Für die **Vereinnahmung des Entgelts** gilt grundsätzlich dasselbe wie bei der Besteuerung nach vereinnahmten Entgelten gemäß § 13 Abs. 1 Nr. 1 Buchst. b UStG (Rz. 62 ff.). Beim Tausch oder tauschähnlichem Umsatz kann das Entgelt auch durch die Entgegennahme einer Sachleistung vereinnahmt werden. 54

Tritt der Unternehmer den Vergütungsanspruch für die Leistung an einen Dritten im Wege eines Forderungsverkaufs ab, hat dies keinen Einfluss auf die Bestimmung des Entgelts. Das Entgelt bestimmt sich weiter nach dem Rechtsverhältnis, das zwischen dem Leistenden und dem Leistungsempfänger besteht, nicht aber nach dem Kaufpreis für die Forderungsübertragung (§ 10 Rz. 56). Dementsprechend kann der Verkauf des Vergütungsanspruchs für erst noch zu erbringende Leistungen keine Vereinnahmung vor der Leistungsausführung begründen. 55

d) Besonderheiten bei Organschaft

Fraglich ist die Anzahlungsbesteuerung bei der **Organschaft**. Der BFH sieht in der Steuerentstehung für vereinnahmte Anzahlungen nach § 13 Abs. 1 Nr. 1 Buchst. a Satz 4 UStG einen selbständigen und abschließenden Steuerentstehungstatbestand und folgert hieraus, dass vom Organträger versteuerte Anzahlungen für Leistungen, die erst nach Beendigung der Organschaft erbracht werden, bei der Steuerfestsetzung gegenüber der vormaligen Organgesellschaft steuermindernd zu berücksichtigen sind. Der BFH hat dies insbesondere mit der Absetzung vereinnahmter Teilentgelte in Schlussrechnungen und mit § 27 Abs. 1 Satz 2 UStG begründet.[7] 56

Dies erscheint bei richtlinienkonformer Betrachtung zumindest fragwürdig. Denn danach begründet die Anzahlung nur die Entstehung des Steueranspruchs, lässt aber den erst mit der Leistungserbringung eintretenden Steuertatbestand unberührt (Rz. 46 ff.). Gegen die bisherige Sichtweise spricht auch § 17 Abs. 2 Nr. 2 UStG, der unternehmerbezogen auszulegen sein dürfte. 57

1 EuGH, Urt. v. 23.12.2015 – C-250/14 und C-289/14, ECLI:EU:C:841 – Air France-KLM, ehemals Air France, und Hop"-Brit Air SAS, ehemals Brit Air, UR 2016, 93, Rz. 40.
2 BFH, Urt. v. 15.9.2011 – V R 36/09, BStBl. II 2012, 365 = UR 2012, 264.
3 BFH, Urt. v. 14.11.2018 – XI R 27/16, BFH/NV 2019, 423.
4 BFH, Urt. v. 21.6.2001 – V R 80/99, BStBl. II 2003, 810 = UR 2001, 446.
5 BFH, Urt. v. 10.4.2019 – XI R 4/17, BStBl. II 2019, 635 = UR 2019, 653.
6 BFH, Urt. v. 8.9.2011 – V R 42/10, BStBl. II 2012, 248 = UR 2012, 153.
7 BFH, Urt. v. 21.6.2001 – V R 68/00, BStBl. II 2002, 255 = UR 2002, 29.

V. Wechsel der Besteuerungsart

58 Der Unternehmer kann die **Art der Steuerberechnung wechseln**. Umsätze dürfen dann gemäß § 20 Satz 3 UStG **weder doppelt erfasst noch unversteuert** bleiben.

59 Wechselt der Unternehmer von der Besteuerung nach vereinnahmten Entgelten gemäß § 13 Abs. 1 Nr. 1 Buchst. b UStG zur Besteuerung nach vereinbarten Entgelten nach § 13 Abs. 1 Nr. 1 Buchst. a UStG, führt dies nicht dazu, dass **vor dem Wechsel erbrachte Leistungen**, für die bis zum Wechsel das Entgelt noch nicht vereinnahmt wurde, mit dem Wechsel als erbracht zu besteuern sind. Vielmehr sind nach dem Wechsel vereinnahmte Entgelte für zuvor erbrachte Leistungen weiterhin für den VZ der Vereinnahmung zu versteuern.[1]

60 Dies gilt ebenso in umgekehrter Richtung. Wechselt der Unternehmer mit Genehmigung des FA nach § 20 UStG von der Besteuerung nach vereinbarten Entgelten gemäß § 13 Abs. 1 Nr. 1 Buchst. a UStG zur Besteuerung nach vereinnahmten Entgelten nach § 13 Abs. 1 Nr. 1 Buchst. b UStG, äußert dies **Rechtsfolgen** nur für die ab dem Zeitpunkt des Wirksamwerdens des Wechsels erbrachten Leistungen. Für die zuvor erbrachten Leistungen bleibt es daher auch dann bei der Besteuerung für den VZ der Leistungserbringung, wenn das Entgelt bis zum Wechselzeitunkt nicht vereinnahmt wurde.[2] Durch den Wechsel kommt es zu **keiner Berichtigung nach § 17 UStG**, so dass eine spätere Entgeltvereinnahmung auch nicht zu einer Vereinnahmungsbesteuerung führt.

61 Die weiteren Einzelheiten ergeben sich aus § 20 UStG (§ 20 Rz. 25 ff.).

C. Vereinnahmte Entgelte und Sonderfälle

I. Besteuerung nach vereinnahmten Entgelten (Absatz 1 Nr. 1 Buchst. b)

1. Regelungsgegenstand, unionsrechtliche Grundlagen, Verhältnis zu anderen Vorschriften und Rechtsentwicklung

a) Regelungsgegenstand

62 Für die Besteuerung nach vereinnahmten Entgelten ordnet **§ 13 Abs. 1 Nr. 1 Buchst. b UStG** die Steuerentstehung mit Ablauf des VZ der Entgeltvereinnahmung an. Welche Unternehmer diese sog. **Istbesteuerung** in Anspruch nehmen können, ergibt sich aus **§ 20 UStG**.

b) Unionsrechtliche Grundlage

63 § 13 Abs. 1 Nr. 1 Buchst. b UStG beruht unionsrechtlich auf **Art. 66 Abs. 1 Buchst. b MwStSystRL**. Danach können die Mitgliedstaaten abweichend von Art. 63, 64 und 65 MwStSystRL anordnen, dass der **Steueranspruch** für bestimmte Umsätze oder Gruppen von Steuerpflichtigen spätestens bei der Vereinnahmung des Preises entsteht. Die Richtlinie stellt damit auf die aus Entgelt und Umsatzsteuer bestehende Gegenleistung ab, während sich das nationale Recht auf den bloßen Entgeltbetrag bezieht. Der Steuertatbestand tritt unverändert mit der Leistungserbringung gemäß Art. 63 MwStSystRL ein.

64 Das **Istprinzip** können die Mitgliedstaaten nach Art. 66 Abs. 1 Buchst. b MwStSystRL in den Grenzen bestimmter Umsätze oder Gruppen von Steuerpflichtigen verwirklichen. Der EuGH betont dabei, dass die Richtlinie den Mitgliedstaaten einen **erheblichen Regelungsspielraum** einräumt, nach dem sie die Istbesteuerung z.B. auf alle Dienstleistungen anwenden können.[3] Eine Anwendung auf alle Lieferungen und alle Dienstleistungen ist danach nicht möglich.

1 BFH, Urt. v. 30.1.2003 – V R 58/01, BStBl. II 2003, 817 = UR 2003, 354; Abschn. 13.6 Abs. 3 Satz 1 UStAE.
2 Abschn. 13.6 Abs. 6 Satz 4 UStAE.
3 EuGH, Urt. v. 26.10.1995 – C-144/94, ECLI:EU:C:1995:355 – Ufficio IVA di Trapani/Italittica, UR 1996, 19 m. Anm. *Huschens*.

c) Verhältnis zu anderen Vorschriften und Rechtsentwicklung

Der **Anwendungsbereich des Istprinzips** ergibt sich aus **§ 20 UStG**. Entgegen § 20 UStG in seiner heutigen Fassung ist es unionsrechtlich zulässig, das Istprinzip zum einen verpflichtend und zum anderen mit einer deutlich höheren Umsatzgrenze anzuwenden. 65

Dabei ist auch die Wechselwirkung zum **Vorsteuerabzug** zu beachten. Bis zu einem Betrag von 2 Mio. Euro kann gemäß Art. 167a MwStSystRL der Vorsteuerabzug auf das Istprinzip umgestellt werden. 66

Insoweit ist zu beachten, dass der EuGH davon ausgeht, dass Art. 167 MwStSystRL einer nationalen Regelung entgegensteht, nach der das Recht auf Vorsteuerabzug bereits im Zeitpunkt der Ausführung des Umsatzes entsteht, wenn der Steueranspruch gegen den Lieferer oder Dienstleistungserbringer nach einer nationalen Abweichung gemäß Art. 66 Abs. 1 Buchst. b MwStSystRL (Rz. 63) erst bei Vereinnahmung des Entgelts entsteht und dieses noch nicht gezahlt wurde.[1] 67

Die Besteuerung nach vereinnahmten Entgelten sah bereits das UStG 1967 vor. 68

2. Vereinnahmung

Nach § 13 Abs. 1 Nr. 1 Buchst. b UStG bestimmt sich die Steuerentstehung nach der Vereinnahmung des Entgeltes. Die Vereinnahmung erfolgt bei **Barzahlung** mit der Übergabe des Geldbetrages und bei Überweisung mit der **Kontogutschrift**.[2] Bei Überweisungen liegt eine Vereinnahmung des Entgelts im Sinne von § 13 Abs. 1 Nr. 1 Buchst. b UStG auch dann erst im Zeitpunkt der Gutschrift auf dem Girokonto des Zahlungsempfängers vor, wenn die Wertstellung (Valutierung) bereits zu einem früheren Zeitpunkt wirksam wird.[3] Die Hingabe eines gedeckten **Schecks** führt ebenso zur Vereinnahmung.[4] Beim **Wechsel** kommt es demgegenüber auf die Einlösung oder bei einer Weiterübertragung auf die Wertstellung an.[5] Die Aufrechnung führt im Zeitpunkt ihrer Erklärung ohne Rückwirkung zu einer Vereinnahmung.[6] Auch beim **Tausch und tauschähnlichen Umsatz** kommt es für die Steuerentstehung auf die Ausführung der jeweils anderen Leistung an, nicht aber darauf, zu welchem Zeitpunkt für diese Leistung die Steuer entsteht. Die **Bestellung von Sicherheiten** führt zu keiner Vereinnahmung. 69

Tritt der leistende Unternehmer seinen Vergütungsanspruch im Rahmen eines **Forderungsverkaufs ab**, ist dies für die Steuerentstehung ohne Bedeutung. Der Steueranspruch entsteht im Rahmen der Istbesteuerung erst mit der Entgeltentrichtung an den Zessionar, die sich der leistende Unternehmer aufgrund der **Abtretung** zurechnen lassen muss. Daher führt die Erlangung eines Forderungskaufpreises vom Zessionar für den leistenden Unternehmer nicht zu einer Vereinnahmung.[7] Davon zu trennen ist die **Entgeltentrichtung durch Abtretung**, bei der die FinVerw. bei werthaltigen Ansprüchen von einer Vereinnahmung mit Abtretung ausgeht.[8] 70

Bei einer **Novation** ist die Umwandlung der Forderung des leistenden Unternehmers in eine Darlehensforderung nicht mit einer Bezahlung und anschließender Darlehensgewährung an den Leistungsempfänger (Schuldner) gleichzusetzen, wenn dieser nicht in der Lage ist, das von ihm geschuldete Entgelt zu zahlen.[9] 71

1 EuGH, Urt. v. 10.2.2022 – C-9/20, ECLI:EU:C:2022:88 – Grundstücksgemeinschaft Kollaustraße 136, UR 2022, 224; vgl. hierzu auch BFH, Urt. v. 12.7.2023 – XI R 5/21, BFHE 282, 22 = UR 2024, 68, Rz. 41.
2 Abschn. 13.6 Abs. 1 Satz 3 UStAE.
3 BFH, Urt. v. 17.8.2023 – V R 12/22, BFHE 282, 49 = UR 2023, 917.
4 Abschn. 13.6 Abs. 1 Satz 9 UStAE.
5 Abschn. 13.6 Abs. 1 Satz 8 UStAE.
6 Abschn. 13.6 Abs. 1 Satz 12 UStAE.
7 BFH, Urt. v. 6.5.2010 – V R 15/09, BStBl. II 2011, 142 = UR 2010, 741; BFH, Urt. v. 12.2.2015 – V R 38/13, BStBl. II 2017, 31; vgl. auch Abschn. 13.1 Abs. 4 UStAE.
8 Vgl. Abschn. 13.6 Abs. 1 Sätze 10 und 11 UStAE.
9 BFH, Urt. v. 13.1.2005 – V R 21/04, BFH/NV 2005, 928.

II. Sonderfälle

1. Beförderungseinzelbesteuerung (Absatz 1 Nr. 1 Buchst. c)

72 Für die **Beförderungseinzelbesteuerung** i.S.d. § 16 Abs. 5 UStG ordnet **§ 13 Abs. 1 Nr. 1 Buchst. c UStG** die Steuerentstehung für den Zeitpunkt an, in dem der Kraftomnibus in das Inland gelangt. Die weiteren Einzelheiten ergeben sich aus § 16 Abs. 5 UStG (§ 16 Rz. 30 ff.).

2. Leistungen nach § 3 Abs. 5a UStG (Absatz 1 Nr. 1 Buchst. d und e)

73 § 13 Abs. 1 Nr. 1 Buchst. d und e UStG betreffen die in **§ 3a Abs. 5 UStG** bezeichneten Leistungen und sind gemäß § 27 Abs. 34 Satz 2 UStG letztmalig auf Umsätze anzuwenden, die vor dem 1.7.2021 ausgeführt wurden. Werden diese Leistungen von einem nicht im Gemeinschaftsgebiet ansässigen Unternehmer nach § 18 Abs. 4c UStG versteuert (§ 18 Rz. 86 ff.), ist gemäß § 16 Abs. 1a UStG das Kalendervierteljahr der Besteuerungszeitraum. **§ 13 Abs. 1 Nr. 1 Buchst. d UStG** ordnet hierzu die Steuerentstehung mit Ablauf des Besteuerungszeitraums an, in dem diese **Leistungen ausgeführt** wurden.

Macht ein im übrigen Gemeinschaftsgebiet ansässiger Unternehmer bei der Besteuerung dieser Leistungen von § 18 Abs. 4e UStG Gebrauch (§ 18 Rz. 104 ff.), ist auch gemäß § 16 Abs. 1b UStG das Kalendervierteljahr der Besteuerungszeitraum. **§ 13 Abs. 1 Nr. 1 Buchst. e UStG** ordnet auch hierzu die Steuerentstehung mit Ablauf des Besteuerungszeitraums an, in dem diese **Leistungen ausgeführt** wurden. In beiden Fällen kommt es nicht auf eine Entgeltvereinnahmung an.

3. Besondere Besteuerungsverfahren (Absatz 1 Nr. 1 Buchst. f, g, h und i)

74 Bei den im Rahmen des **Digitalpaketes II** geschaffenen besonderen Besteuerungsverfahren entsteht die Steuer gemäß § 13 Abs. 1 Nr. 1 Buchst. f und g UStG in den Fällen von §§ 18i, 18j UStG mit Ablauf des Besteuerungszeitraums, in dem die Leistungen ausgeführt wurden.

75 Eine ausdrückliche unionsrechtliche Grundlage besteht nur mit Art. 369n MwStSystRL für § 13 Ab. 1 Nr. 1 Buchst. h UStG i.V.m. § 18k UStG und mit Art. 66a MwStSystRL für § 13 Abs. 1 Nr. 1 Buchst. i UStG i.V.m. § 3 Abs. 3a UStG, so dass im Übrigen auf Art. 63 MwStSystRL abzustellen ist. § 13 Abs. 1 Nr. 1 Buchst. f und g UStG kommt daher im Wesentlichen die Funktion zu, die Anzahlungs- und Istbesteuerung nach § 13 Abs. 1 Nr. 1 Buchst. a Satz 4 UStG und § 13 Abs. 1 Nr. 1 Buchst. b UStG auszuschließen.

76 Nach § 13 Abs. 1 Nr. 1 Buchst. h UStG i.V.m. § 18k UStG und § 13 Abs. 1 Nr. 1 Buchst. i UStG i.V.m. § 3 Abs. 3a UStG kommt es auf den Zeitpunkt der Zahlungsannahme an.[1] Art. 41a MwStVO erläutert Art. 66a MwStSystRL dahingehend, dass als Zeitpunkt der Zahlungsannahme der Zeitpunkt anzusehen ist, zu dem als erstes entweder die Zahlung angenommen wird, die Zahlung bestätigt wird oder eine Zahlungsgenehmigungsmeldung oder Zahlungszusage eingeht.

4. Entnahmebesteuerung (Absatz 1 Nr. 2)

77 Für die **Entnahmen nach § 3 Abs. 1b und 9a UStG** ordnet **§ 13 Abs. 1 Nr. 2 UStG** die Steuerentstehung mit Ablauf des Voranmeldungszeitraums an, in dem diese Leistungen ausgeführt worden sind. Dies ergibt sich bereits aus § 13 Abs. 1 Nr. 1 Buchst. a UStG, da die Entnahmen durch § 3 Abs. 1b und 9a UStG **einer entgeltlichen Leistung gleichgestellt** werden. Mangels Entgelts kann es keine Vereinnahmung geben, so dass § 13 Abs. 1 Nr. 1 Buchst. b UStG keine Anwendung finden kann, was § 13 Abs. 1 Nr. 2 UStG lediglich deklaratorisch klarstellt. Ebenso sind mangels Entgelts § 13 Abs. 1 Nr. 1 Buchst. a Sätze 2–4 UStG nicht anwendbar.

1 Vgl. hierzu Abschn. 13.8 UStAE.

5. Steuerausweis in Rechnungen (Absatz 1 Nr. 3)

a) Grundlagen

aa) Inhalt und Bedeutung

Für die Fälle des **§ 14c UStG** ordnet **§ 13 Abs. 1 Nr. 3 UStG** die Steuerentstehung für den Zeitpunkt der Rechnungsausgabe an. Die Vorschrift soll wie § 14c UStG Steuerausfällen aufgrund eines unberechtigt in Anspruch genommenen Vorsteuerabzugs entgegenwirken (§ 14c Rz. 4). 78

bb) Unionsrechtliche Grundlage

In Bezug auf den überhöhten Steuerausweis in § 14c UStG besteht im Unionsrecht keine über **Art. 203 MwStSystRL** hinausgehende Grundlage. Danach wird die Mehrwertsteuer von jeder Person geschuldet, die diese Steuer in einer Rechnung ausweist, so dass die danach geschuldete Steuer durch den Steuerausweis in der Rechnung begründet wird. Für den Steuerentstehungszeitpunkt kann daher nur auf **Art. 66 Abs. 1 Buchst. b MwStSystRL** (Rz. 63 f.) zurückgegriffen werden.[1] 79

cc) Verhältnis zu anderen Vorschriften und Rechtsentwicklung

Steuerschuldner ist im Fall des § 14c Abs. 1 UStG gemäß § 13a Abs. 1 Nr. 1 UStG der Unternehmer (§ 13a Rz. 7) und bei § 14c Abs. 2 UStG gemäß § 13a Abs. 1 Nr. 4 UStG der Rechnungsaussteller (§ 13a Rz. 14). 80

§ 13 Abs. 1 Nr. 3 UStG in seiner heutigen Fassung gilt seit 6.11.2015.[2] Zuvor ergab sich die Steuerentstehung im Zeitpunkt der Ausgabe der Rechnung nach § 13 Abs. 1 Nr. 4 UStG a.F. nur für den Fall des § 14c Abs. 2 UStG, während § 13 Abs. 1 Nr. 3 UStG a.F. für den Fall des § 14c Abs. 1 UStG eine Steuerentstehung für den Zeitpunkt anordnete, in dem die Steuer für die Leistung nach § 13 Abs. 1 Nr. 1 UStG entsteht, spätestens jedoch für den Zeitpunkt der Rechnungsausgabe. Letzteres korrigierte der BFH aus Gründen des Unionsrechts dahingehend, dass auch hier für die Steuerschuld aufgrund des Steuerausweises in der Rechnung auf die **Ausstellung der Rechnung** abzustellen ist.[3] Dementsprechend konnten beide Fälle in der Neuregelung von § 13 Abs. 1 Nr. 3 UStG des § 14c Abs. 1 UStG zusammengefasst werden. 81

b) Ausgabe der Rechnung

Die Steuerschuldentstehung erfordert die **Ausgabe** der in § 14c UStG bezeichneten **Rechnung**. Für den Begriff der Ausgabe ist zu berücksichtigen, dass Rechnungen nach § 14 Abs. 1 Satz 7 UStG **auf Papier oder elektronisch** zu übermitteln sind. Eine z.B. mündliche Rechnungserteilung mit oder ohne schriftliche Eigenaufzeichnung durch den Rechnungsempfänger – ohne dass zusätzlich die Voraussetzungen einer Gutschrift (§ 14 Abs. 2 Satz 2 UStG) vorliegen – kommt nicht in Betracht. 82

Daher begründet nur die in den Formen des § 14 Abs. 1 Satz 7 UStG übermittelte Rechnung die Steuerentstehung nach § 13 Abs. 1 Nr. 3 UStG. Auf eine Zahlung auf die Rechnung kommt es nicht an. 83

6. Änderung der Bemessungsgrundlage (Absatz 1 Nr. 5)

Für den Fall der Steuerschuld nach § 17 Abs. 1 Satz 6 UStG aufgrund einer **unterbliebenen Berichtigung des Vorsteuerabzugs** ordnet **§ 13 Abs. 1 Nr. 5 UStG** die Steuerentstehung mit Ablauf des Voranmeldungszeitraums an, in dem die **Änderung der Bemessungsgrundlage** eingetreten ist. 84

Nach § 17 Abs. 1 Satz 6 UStG kann die Berichtigung des Vorsteuerabzugs unterbleiben, soweit ein dritter Unternehmer den auf die Minderung des Entgelts entfallenden Steuerbetrag an das FA entrichtet; in diesem Fall ist der dritte Unternehmer Schuldner der Steuer. 85

1 BFH, Urt. v. 8.9.2011 – V R 5/10, BStBl. II 2012, 620 = UR 2012, 227.
2 Art. 18 Abs. 1 StÄndG 2015, BGBl. I 2015, 1834.
3 BFH, Urt. v. 8.9.2011 – V R 5/10, BStBl. II 2012, 620 = UR 2012, 227.

86 Dies betrifft den Fall der **Zentralregulierung** (§ 17 Rz. 77 ff.). Beim Warenverkauf erfüllt der Zentralregulierer als Dritter die Kaufpreisforderung des Lieferers gegen den Abnehmer unter Inanspruchnahme von Minderungsansprüchen wie z.B. Skonti. Die sich hieraus ergebende Entgeltminderung führt eigentlich zu der in § 17 Abs. 1 Satz 6 UStG angesprochenen Berichtigung (Minderung) des Vorsteuerabzugs, die aber unterbleiben kann, wenn der Zentralregulierer als Dritter anstelle dieser Minderung einen dieser Minderung entsprechenden Steuerbetrag als Steuerschuldner an das FA entrichtet.

87 Für die Vorschrift besteht ebenso wie für § 17 Abs. 1 Satz 6 UStG **keine unmittelbare Grundlage im Unionsrecht** (§ 17 Rz. 78).

7. Innergemeinschaftlicher Erwerb im Regelfall (Absatz 1 Nr. 6)

a) Grundlagen

88 Für den **innergemeinschaftlichen Erwerb** i.S.d. § 1a UStG ordnet **§ 13 Abs. 1 Nr. 6 UStG** die Steuerentstehung mit Ausstellung der Rechnung, spätestens jedoch mit Ablauf des dem Erwerb folgenden Kalendermonats an.

89 Unionsrechtlich tritt der Steuertatbestand des innergemeinschaftlichen Erwerbs gemäß **Art. 68 MwStSystRL** zu dem Zeitpunkt ein, zu dem die Lieferung gleichartiger Gegenstände innerhalb des Mitgliedstaats als bewirkt gilt. Der Steueranspruch tritt gemäß **Art. 69 MwStSystRL** bei der Ausstellung der Rechnung oder bei Ablauf der Frist nach Art. 222 Abs. 1 MwStSystRL ein, wenn bis zu diesem Zeitpunkt keine Rechnung ausgestellt wurde. Bei der Frist handelt es sich um den 15. Tag des Monats, der auf den Monat folgt, in dem der Steuertatbestand eingetreten ist. Es besteht keine Pflicht zur Vorauszahlung der Mehrwertsteuer auf den innergemeinschaftlichen Erwerb vor der Steuerentstehung.[1]

90 **Steuerschuldner** ist nach § 13a Abs. 1 Nr. 2 UStG der Erwerber (§ 13a Rz. 10).

91 Die Vorschrift besteht seit dem Inkrafttreten des Binnenmarkts am 1.1.1993.

b) Anwendungsbereich

92 Die gesetzliche Regelung stellt **ausschließlich auf die Rechnungsausstellung**, hilfsweise auf den Ablauf des Folgemonats des Erwerbs ab. Dies gilt auch für Unternehmer, die ansonsten nach vereinnahmten Entgelten gemäß § 13 Abs. 1 Nr. 1 Buchst. b UStG versteuern. Anzahlungen führen nicht zu einer vorgezogenen Besteuerung wie sie in § 13 Abs. 1 Nr. 1 Buchst. a Satz 4 UStG vorgesehen ist.

c) Voraussetzungen für die Steuerentstehung

93 Nach dem Gesetzeswortlaut kommt es auf die **Rechnungsausstellung** an. Dies erfordert einen **Zugang** beim Rechnungsempfänger, der als Erwerber gemäß § 13a Abs. 2 Nr. 2 UStG Steuerschuldner ist.

94 Bei der Rechnung muss es sich um die Rechnung handeln, die gesetzlich im Abgangsmitgliedstaat für die dem Erwerb zugrundeliegende innergemeinschaftliche Lieferung zu erteilen ist. Im Fall des **innergemeinschaftlichen Verbringens** kommt es daher stets zur Steuerentstehung mit Ablauf des Folgemonats des Erwerbs.

95 Fraglich ist, ob die Rechnungserteilung auch dann zur Steuerentstehung führt, wenn **noch kein Erwerb** i.S.d. § 1a UStG erfolgt ist.

96 Dies dürfte wie bei § 13b Abs. 2 UStG (§ 13b Rz. 14 ff.) zu verneinen sein. Unionsrechtlich stellt Art. 69 MwStSystRL für die Entstehung des Steueranspruchs auf die Rechnungsausstellung ab, während es für den Eintritt des Steuertatbestandes nach Art. 68 MwStSystRL auf das Bewirken des innergemeinschaftlichen Erwerbs ankommt. Sachliche Gründe, die es rechtfertigen könnten, bei einer Rechnungserteilung ohne Steuerausweis vor dem Vorliegen des Erwerbstatbestandes eine Steuerschuld des Erwerbers zu begründen, sind nicht ersichtlich.

---

1 EuGH, Urt. v. 9.9.2021 – C-855/19, ECLI:EU:C:2021:714 – Dyrektor Izby Ad-ministracji Skar-bowej w Bydgoszczy, UR 2021, 931.

8. Innergemeinschaftlicher Erwerb neuer Fahrzeuge (Absatz 1 Nr. 7)

Für den **innergemeinschaftlichen Erwerb von neuen Fahrzeugen** i.S.d. § 1b UStG ordnet **§ 13 Abs. 1 Nr. 7 UStG** die Steuerentstehung für den Tag des Erwerbs an. 97

Unionsrechtlich gelten im Grundsatz auch hierfür **Art. 68 und Art. 69 MwStSystRL** (Rz. 89), von denen § 13 Abs. 1 Nr. 7 UStG aber abweicht. Allerdings ermächtigt **Art. 69 MwStSystRL** die Mitgliedstaaten, die Einzelheiten der Entrichtung der Mehrwertsteuer beim innergemeinschaftlichen Erwerb neuer Fahrzeuge festzulegen. 98

Steuerschuldner ist nach § 13a Abs. 1 Nr. 2 UStG der Erwerber (§ 13a Rz. 10). 99

9. Innergemeinschaftliche Lieferung (Absatz 1 Nr. 8)

Für die Steuerentstehung nach § 6a Abs. 4 Satz 2 UStG, bei dem der Abnehmer einer **innergemeinschaftlichen Lieferung** gegenüber dem **Lieferer unrichtige Angaben** macht, ordnet **§ 13 Abs. 1 Nr. 8 UStG** die Steuerentstehung für den Zeitpunkt der Lieferungsausführung an. 100

Für die Vorschrift besteht ebenso wie für § 6a Abs. 4 Satz 2 UStG **keine unmittelbare Grundlage im Unionsrecht** (§ 6a Rz. 247 ff.). 101

Steuerschuldner ist nach § 13a Abs. 1 Nr. 3 UStG der Abnehmer (§ 13a Rz. 11 ff.). 102

10. Umsatzsteuerlager (Absatz 1 Nr. 9)

§ 13 Abs. 1 Nr. 9 UStG betrifft den Steuertatbestand der **Auslagerung** aus einem **Umsatzsteuerlager** nach § 4 Nr. 4a Buchst. a Satz 2 UStG. Dieser Steuertatbestand korrespondiert mit der Steuerfreiheit der Lieferung,[1] des innergemeinschaftlichen Erwerbs[2] und der Einfuhr,[3] wenn der gelieferte, erworbene oder eingeführte Gegenstand in ein Umsatzsteuerlager eingelagert wurde. 103

Die Steuer entsteht mit Ablauf des VZ, in dem es zur Auslagerung kommt. Es handelt sich nicht um den Fall einer Einzelbesteuerung. 104

Steuerschuldner ist nach § 13 Abs. 1 Nr. 6 UStG der Auslagerer (§ 13a Rz. 16). 105

11. EUSt (Absatz 2)

§ 13 Abs. 2 UStG verweist für die Steuerentstehung bei der EUSt auf § 21 Abs. 2 UStG und die dort vorgesehene Bezugnahme auf das Zollrecht (§ 21 Rz. 46 ff.). 106

§ 13a Steuerschuldner

(1) Steuerschuldner ist in den Fällen

1. **des § 1 Abs. 1 Nr. 1 und des § 14c Abs. 1 der Unternehmer;**
2. **des § 1 Abs. 1 Nr. 5 der Erwerber;**
3. **des § 6a Abs. 4 der Abnehmer;**
4. **des § 14c Abs. 2 der Aussteller der Rechnung;**
5. **des § 25b Abs. 2 der letzte Abnehmer;**
6. **des § 4 Nr. 4a Satz 1 Buchstabe a Satz 2 der Unternehmer, dem die Auslagerung zuzurechnen ist (Auslagerer); daneben auch der Lagerhalter als Gesamtschuldner, wenn er entgegen § 22 Abs. 4c Satz 2 die inländische Umsatzsteuer-Identifikationsnummer des Auslagerers oder dessen Fiskalvertreters nicht oder nicht zutreffend aufzeichnet;**

---

1 § 4 Nr. 4a Buchst. a Satz 2 UStG.
2 § 4b Nr. 2 UStG.
3 § 5 Abs. 1 Nr. 4 UStG.

7. **des § 18k neben dem Unternehmer der im Gemeinschaftsgebiet ansässige Vertreter, sofern ein solcher vom Unternehmer vertraglich bestellt und dies der Finanzbehörde nach § 18k Absatz 1 Satz 2 angezeigt wurde. [2]Der Vertreter ist gleichzeitig Empfangsbevollmächtigter für den Unternehmer und dadurch ermächtigt, alle Verwaltungsakte und Mitteilungen der Finanzbehörde in Empfang zu nehmen, die mit dem Besteuerungsverfahren nach § 18k und einem außergerichtlichen Rechtsbehelfsverfahren nach dem Siebenten Teil der Abgabenordnung zusammenhängen. [3]Bei der Bekanntgabe an den Vertreter ist darauf hinzuweisen, dass sie auch mit Wirkung für und gegen den Unternehmer erfolgt. [4]Die Empfangsbevollmächtigung des Vertreters kann nur nach Beendigung des Vertragsverhältnisses und mit Wirkung für die Zukunft widerrufen werden. [5]Der Widerruf wird gegenüber der Finanzbehörde erst wirksam, wenn er ihr zugegangen ist.**

(2) Für die Einfuhrumsatzsteuer gilt § 21 Abs. 2.

A. Grundaussagen

I. Regelungsgegenstand und Bedeutung

1 § 13a UStG bestimmt die **Person des Steuerschuldners** im Sinne einer personellen Zuordnung der Steuerentstehungstatbestände des § 13 UStG.

2 **Konstitutive Bedeutung** haben nur die Regelungen in § 13a Abs. 1 Nr. 1 Fall 1, Nr. 2 und Nr. 6 UStG zur Bestimmung des Steuerschuldners bei entgeltlichen Leistungen, beim innergemeinschaftlichen Erwerb und bei der Auslagerung. Die übrigen Regelungen in § 13a Abs. 1 Nr. 1 Fall 2, Nr. 3 bis Nr. 5 und Abs. 2 UStG haben nur klarstellende Bedeutung.

3 Das UStG misst dem Begriff des Steuerschuldners nur eine sehr **eingeschränkte Bedeutung** zu. Dies zeigt sich z.B. daran, dass Voranmeldung und Jahreserklärung nach § 18 Abs. 1 bis 4 UStG vom Unternehmer, nicht aber vom Steuerschuldner abzugeben sind.

4 Die Regelung zur Steuerschuldnerschaft des leistenden Unternehmers nach § 13a Abs. 1 Nr. 1 Fall 1 UStG steht unter dem Vorbehalt, dass keine **Steuerschuldnerschaft des Leistungsempfängers** nach der vorrangigen Spezialregelung des § 13b UStG besteht.

II. Unionsrechtliche Grundlagen

5 § 13a Abs. 1 Nr. 1 Fall 1 UStG beruht unionsrechtlich auf **Art. 193 MwStSystRL**. Grundlage für § 13a Abs. 1 Nr. 2 UStG ist **Art. 200 MwStSystRL**. § 13a Abs. 1 Nr. 5 UStG setzt **Art. 197 MwStSystRL** um. Bei der Einfuhr ermächtigt **Art. 201 MwStSystRL** die Mitgliedstaaten, den Steuerschuldner nach eigenem Ermessen zu bestimmen. Ausdrückliche unionsrechtliche Grundlagen für § 13a Abs. 1 Nr. 1 Fall 2, Nr. 3, Nr. 4 und Nr. 6 UStG fehlen.

III. Rechtsentwicklung

6 Bereits das **UStG 1967** ordnete in § 13 Abs. 2 UStG a.F. an, dass der Unternehmer Steuerschuldner für entgeltliche Leistungen und den damaligen Eigenverbrauch war. Die Schaffung eines eigenständigen

§ 13a UStG erfolgte zum 1.1.2001.[1] Die Anordnungen in § 13a Abs. 2 Nr. 2 und 3 UStG zum innergemeinschaftlichen Erwerb und zur Abnehmerbesteuerung bei innergemeinschaftlichen Lieferungen bestanden aufgrund entsprechender Regelungen in § 13 Abs. 2 UStG a.F. seit Schaffung des Binnenmarkts ab 1.1.1993. Die Regelung zur Steuerschuldnerschaft des Rechnungsausstellers in dem heutigen § 13a Abs. 1 Nr. 4 UStG wurde ursprünglich durch das UStG 1980 geschaffen. § 13a Abs. 1 Nr. 5 UStG besteht seit Inkrafttreten von § 25b UStG zum 1.1.1997. Bereits das UStG 1967 verwies in § 13 Abs. 3 UStG a.F. zur Bestimmung des Schuldners der EUSt auf § 21 Abs. 2 UStG.

B. Steuerschuldner

I. Entgeltliche Leistungen (Absatz 1 Nr. 1)

Steuerschuldner der entgeltlichen Leistungen i.S. von **§ 1 Abs. 1 Nr. 1 UStG** und beim unrichtigen Steuerausweis i.S. von **§ 14c Abs. 1 UStG** ist gemäß **§ 13a Abs. 1 Nr. 1 UStG** der Unternehmer. Gemeint ist damit der **Unternehmer**, der die **Leistung erbracht** hat. 7

Die Unternehmereigenschaft bestimmt sich nach § 2 UStG (§ 2 Rz. 10 ff.) unter Beachtung der sich aus § 2b UStG ergebenden Grenzen. In Abgrenzung zur Anwendung von § 13b UStG ist fraglich, welche Anforderungen der leistende Unternehmer zu erfüllen hat, damit nicht von seiner, sondern von einer Steuerschuldnerschaft des Leistungsempfängers auszugehen ist (§ 13b Rz. 19). 8

Die Regelung zur Steuerschuldnerschaft für **Rechnungen** i.S. von § 14c Abs. 1 UStG zu Lasten des leistenden Unternehmers in § 13a Abs. 1 Nr. 1 Fall 2 UStG wirkt deklaratorisch, da sich die Steuerschuld des Unternehmers bereits aus § 14c Abs. 1 Satz 1 UStG ergibt (§ 14c Rz. 21). 9

II. Innergemeinschaftlicher Erwerb (Absatz 1 Nr. 2)

Steuerschuldner des innergemeinschaftlichen Erwerbs i.S. von **§ 1 Abs. 1 Nr. 5 UStG** ist gemäß **§ 13a Abs. 1 Nr. 2 UStG** der Erwerber. Die Person des Erwerbers ist identisch mit der des Abnehmers der Lieferung, die zum innergemeinschaftlichen Erwerb führt. Die Person des Erwerbers bestimmt sich somit nach dem dieser Lieferung zugrunde liegenden Rechtsverhältnis (§ 3 Rz. 50). 10

III. Innergemeinschaftliche Lieferung (Absatz 1 Nr. 3)

§ 13a Abs. 1 Nr. 3 UStG bezieht sich auf **§ 6 Abs. 4 UStG.** Nach Satz 1 dieser Vorschrift ist die innergemeinschaftliche Lieferung trotz fehlender Voraussetzungen steuerfrei, wenn dem Lieferer aufgrund **unrichtiger Abnehmerangaben** Vertrauensschutz zu gewähren ist (§ 6a Rz. 247 ff.). Nach Satz 2 schuldet der Abnehmer die so entgangene Steuer. 11

Steuerschuldner für innergemeinschaftliche Lieferungen, bei denen dem Lieferer aufgrund des Schutzes des guten Glaubens die Steuerfreiheit nach § 6a Abs. 4 UStG zu gewähren ist, ist gemäß § 13a Abs. 1 Nr. 3 der Abnehmer, der gegenüber dem Lieferer falsche Angaben gemacht hat. Die sich bereits aus § 6a Abs. 4 Satz 2 UStG ergebende Anordnung zur Steuerschuldnerschaft des Abnehmers wird letztlich durch § 13a Abs. 1 Nr. 3 UStG lediglich deklaratorisch wiederholt. 12

Die Person des Abnehmers, dessen unrichtige Angaben für ihn steuerschuldbegründend wirken, bestimmt sich hier – wie auch beim Erwerber (Rz. 10) – nach dem der Lieferung zugrunde liegenden Rechtsverhältnis. 13

---

1 Art. 18 Nr. 4 und Nr. 5 Steueränderungsgesetz 2001, BGBl. 2001, 3794 (3810).

IV. Unberechtigter Steuerausweis (Absatz 1 Nr. 4)

14 Steuerschuldner beim unberechtigten Steuerausweis i.S. von **§ 14c Abs. 2 UStG** ist nach **§ 13a Abs. 1 Nr. 4 UStG** der Aussteller der Rechnung. Auch diese Regelung wirkt rein deklaratorisch, da sich die Stellung als Steuerschuldner für den Aussteller bereits aus § 14c Abs. 2 Satz 1 UStG ergibt (§ 14c Rz. 65).

V. Vereinfachungsreglung für Dreiecksgeschäfte (Absatz 1 Nr. 5)

15 Im Rahmen der Vereinfachungsregelung für innergemeinschaftliche Dreiecksgeschäfte geht nach **§ 25b Abs. 2 UStG** die Steuerschuld für die zweite Lieferung auf den letzten (zweiten) Abnehmer über (§ 25b Rz. 40). **§ 13a Abs. 1 Nr. 5 UStG** wiederholt diese Gesetzesanordnung letztlich deklaratorisch. Die Person des Abnehmers bestimmt sich auch hier wie bei der des Erwerbers (Rz. 10) nach dem der Lieferung zugrunde liegenden Rechtsverhältnis.

VI. Umsatzsteuerlager (Absatz 1 Nr. 6)

16 Steuerschuldner für die Auslagerung i.S. von **§ 4 Nr. 4a Satz 1 Buchstabe a Satz 2 UStG** ist gemäß **§ 13a Abs. 1 Nr. 6 UStG** als sog. Auslagerer der Unternehmer, dem die Auslagerung zuzurechnen ist (§ 4 Nr. 4a Rz. 23 ff.). Zusätzlich besteht eine Gesamtschuldnerschaft des Lagerhalters (§ 4 Nr. 4a Rz. 14), wenn dieser entgegen § 22 Abs. 4c Satz 2 UStG (§ 22 Rz. 80) die inländische USt-IdNr. des Auslagerers oder dessen Fiskalvertreters nicht oder nicht zutreffend aufzeichnet.

VII. Besonderes Besteuerungsverfahren für die Einfuhr (Absatz 1 Nr. 7)

17 Nach § 13a Abs. 1 Nr. 7 UStG ist in den Fällen des **§ 18k UStG** neben dem Unternehmer auch der im Gemeinschaftsgebiet ansässige Vertreter, sofern ein solcher vom Unternehmer vertraglich bestellt und dies der Finanzbehörde nach § 18k Abs. 1 Satz 2 angezeigt wurde (§ 18k Rz. 20), Steuerschuldner. Er ist zudem Empfangsbevollmächtigter.

VIII. EUSt (Absatz 2)

18 **§ 13 Abs. 2 UStG** ordnet zur Bestimmung des Schuldners der EUSt durch die Verweisung auf **§ 21 Abs. 2 UStG** die entsprechende Anwendung der Zollvorschriften an (§ 21 Rz. 46 ff.).

§ 13b Leistungsempfänger als Steuerschuldner

(1) Für nach § 3a Absatz 2 im Inland steuerpflichtige sonstige Leistungen eines im übrigen Gemeinschaftsgebiet ansässigen Unternehmers entsteht die Steuer mit Ablauf des Voranmeldungszeitraums, in dem die Leistungen ausgeführt worden sind.

(2) Für folgende steuerpflichtige Umsätze entsteht die Steuer mit Ausstellung der Rechnung, spätestens jedoch mit Ablauf des der Ausführung der Leistung folgenden Kalendermonats:

1. **Werklieferungen und nicht unter Absatz 1 fallende sonstige Leistungen eines im Ausland ansässigen Unternehmers;**
2. **Lieferungen sicherungsübereigneter Gegenstände durch den Sicherungsgeber an den Sicherungsnehmer außerhalb des Insolvenzverfahrens;**
3. **Umsätze, die unter das Grunderwerbsteuergesetz fallen;**
4. **Bauleistungen, einschließlich Werklieferungen und sonstigen Leistungen im Zusammenhang mit Grundstücken, die der Herstellung, Instandsetzung, Instandhaltung, Änderung oder Be-**

seitigung von Bauwerken dienen, mit Ausnahme von Planungs- und Überwachungsleistungen. [2]Als Grundstücke gelten insbesondere auch Sachen, Ausstattungsgegenstände und Maschinen, die auf Dauer in einem Gebäude oder Bauwerk installiert sind und die nicht bewegt werden können, ohne das Gebäude oder Bauwerk zu zerstören oder zu verändern. [3]Nummer 1 bleibt unberührt;

5. Lieferungen
   a) der in § 3g Absatz 1 Satz 1 genannten Gegenstände eines im Ausland ansässigen Unternehmers unter den Bedingungen des § 3g und
   b) von Gas über das Erdgasnetz und von Elektrizität, die nicht unter Buchstabe a fallen;
6. Übertragung von Berechtigungen nach § 3 Nummer 3 des Treibhausgas-Emissionshandelsgesetzes, Emissionsreduktionseinheiten nach § 2 Nummer 20 des Projekt-Mechanismen-Gesetzes, zertifizierten Emissionsreduktionen nach § 2 Nummer 21 des Projekt-Mechanismen-Gesetzes, Emissionszertifikaten nach § 3 Nummer 2 des Brennstoffemissionshandelsgesetzes Emissionszertifikaten nach § 3 Nummer 2 des Brennstoffemissionshandelsgesetzes sowie von Gas- und Elektrizitätszertifikaten;
7. Lieferungen der in der Anlage 3 bezeichneten Gegenstände;
8. Reinigen von Gebäuden und Gebäudeteilen. [2]Nummer 1 bleibt unberührt;
9. Lieferungen von Gold mit einem Feingehalt von mindestens 325 Tausendstel, in Rohform oder als Halbzeug (aus Position 7108 des Zolltarifs) und von Goldplattierungen mit einem Goldfeingehalt von mindestens 325 Tausendstel (aus Position 7109);
10. Lieferungen von Mobilfunkgeräten, Tablet-Computern und Spielekonsolen sowie von integrierten Schaltkreisen vor Einbau in einen zur Lieferung auf der Einzelhandelsstufe geeigneten Gegenstand, wenn die Summe der für sie in Rechnung zu stellenden Entgelte im Rahmen eines wirtschaftlichen Vorgangs mindestens 5 000 Euro beträgt; nachträgliche Minderungen des Entgelts bleiben dabei unberücksichtigt;
11. Lieferungen der in der Anlage 4 bezeichneten Gegenstände, wenn die Summe der für sie in Rechnung zu stellenden Entgelte im Rahmen eines wirtschaftlichen Vorgangs mindestens 5 000 Euro beträgt; nachträgliche Minderungen des Entgelts bleiben dabei unberücksichtigt;
12. sonstige Leistungen auf dem Gebiet der Telekommunikation. [2]Nummer 1 bleibt unberührt.

(3) Abweichend von den Absatz 1 und 2 Nummer 1 entsteht die Steuer für sonstige Leistungen, die dauerhaft über einen Zeitraum von mehr als einem Jahr erbracht werden, spätestens mit Ablauf eines jeden Kalenderjahres, in dem sie tatsächlich erbracht werden.

(4) [1]Bei der Anwendung der Absätze 1 bis 3 gilt § 13 Absatz 1 Nummer 1 Buchstabe a Satz 2 und 3 entsprechend. [2]Wird in den in den Absätzen 1 bis 3 sowie in den in Satz 1 genannten Fällen das Entgelt oder ein Teil des Entgelts vereinnahmt, bevor die Leistung oder die Teilleistung ausgeführt worden ist, entsteht insoweit die Steuer mit Ablauf des Voranmeldungszeitraums, in dem das Entgelt oder das Teilentgelt vereinnahmt worden ist.

(5) [1]In den in den Absätzen 1 und 2 Nummer 1 bis 3 genannten Fällen schuldet der Leistungsempfänger die Steuer, wenn er ein Unternehmer oder eine juristische Person ist; in den in Absatz 2 Nummer 5 Buchstabe a, Nummer 6, 7, 9 bis 11 genannten Fällen schuldet der Leistungsempfänger die Steuer, wenn er ein Unternehmer ist. [2]In den in Absatz 2 Nummer 4 Satz 1 genannten Fällen schuldet der Leistungsempfänger die Steuer unabhängig davon, ob er sie für eine von ihm erbrachte Leistung im Sinne des Absatzes 2 Nummer 4 Satz 1 verwendet, wenn er ein Unternehmer ist, der nachhaltig entsprechende Leistungen erbringt; davon ist auszugehen, wenn ihm das zuständige Finanzamt eine im Zeitpunkt der Ausführung des Umsatzes gültige auf längstens drei Jahre befristete Bescheinigung, die nur mit Wirkung für die Zukunft widerrufen oder zurückgenommen werden kann, darüber erteilt hat, dass er ein Unternehmer ist, der entsprechende Leistungen erbringt. [3]Bei den in Absatz 2 Nummer 5 Buchstabe b genannten Lieferungen von Erdgas schuldet der Leistungsempfänger die Steuer, wenn er ein Wiederverkäufer von Erdgas im Sinne des § 3g ist. [4]Bei den in Absatz 2 Nummer 5 Buchstabe b genannten Lieferungen von Elektrizität schuldet der Leistungsempfänger in den Fällen die Steuer, in denen der liefernde Unternehmer und der Leistungsempfänger Wiederverkäufer von Elektrizität im Sinne des § 3g sind. [5]In den in Absatz 2 Nummer 8 Satz 1 genannten Fällen schuldet der Leistungsempfänger die Steuer un-

abhängig davon, ob er sie für eine von ihm erbrachte Leistung im Sinne des Absatzes 2 Nummer 8 Satz 1 verwendet, wenn er ein Unternehmer ist, der nachhaltig entsprechende Leistungen erbringt; davon ist auszugehen, wenn ihm das zuständige Finanzamt eine im Zeitpunkt der Ausführung des Umsatzes gültige auf längstens drei Jahre befristete Bescheinigung, die nur mit Wirkung für die Zukunft widerrufen oder zurückgenommen werden kann, darüber erteilt hat, dass er ein Unternehmer ist, der entsprechende Leistungen erbringt. [6]Bei den in Absatz 2 Nummer 12 Satz 1 genannten Leistungen schuldet der Leistungsempfänger die Steuer, wenn er ein Unternehmer ist, dessen Haupttätigkeit in Bezug auf den Erwerb dieser Leistungen in deren Erbringung besteht und dessen eigener Verbrauch dieser Leistungen von untergeordneter Bedeutung ist; davon ist auszugehen, wenn ihm das zuständige Finanzamt eine im Zeitpunkt der Ausführung des Umsatzes gültige auf längstens drei Jahre befristete Bescheinigung, die nur mit Wirkung für die Zukunft widerrufen oder zurückgenommen werden kann, darüber erteilt hat, dass er ein Unternehmer ist, der entsprechende Leistungen erbringt. [7]Die Sätze 1 bis 6 gelten vorbehaltlich des Satzes 10[1] auch, wenn die Leistung für den nichtunternehmerischen Bereich bezogen wird. [8]Sind Leistungsempfänger und leistender Unternehmer in Zweifelsfällen übereinstimmend vom Vorliegen der Voraussetzungen des Absatzes 2 Nummer 4, 5 Buchstabe b, Nummer 6 bis 12 ausgegangen, obwohl dies nach der Art der Umsätze unter Anlegung objektiver Kriterien nicht zutreffend war, gilt der Leistungsempfänger dennoch als Steuerschuldner, sofern dadurch keine Steuerausfälle entstehen. [9]Die Sätze 1 bis 7 gelten nicht, wenn bei dem Unternehmer, der die Umsätze ausführt, die Steuer nach § 19 Absatz 1 nicht erhoben wird. [10]Die Sätze 1 bis 9 gelten nicht, wenn ein in Absatz 2 Nummer 2, 7 oder 9 bis 11 genannter Gegenstand von dem Unternehmer, der die Lieferung bewirkt, unter den Voraussetzungen des § 25a geliefert wird. [11]In den in Absatz 2 Nummer 4, 5 Buchstabe b und Nummer 7 bis 12 genannten Fällen schulden juristische Personen des öffentlichen Rechts die Steuer nicht, wenn sie die Leistung für den nichtunternehmerischen Bereich beziehen.

(6) Die Absätze 1 bis 5 finden keine Anwendung, wenn die Leistung des im Ausland ansässigen Unternehmers besteht

1. **in einer Personenbeförderung, die der Beförderungseinzelbesteuerung (§ 16 Absatz 5) unterlegen hat,**
2. **in einer Personenbeförderung, die mit einem Fahrzeug im Sinne des § 1b Absatz 2 Satz 1 Nummer 1 durchgeführt worden ist,**
3. **in einer grenzüberschreitenden Personenbeförderung im Luftverkehr,**
4. **in der Einräumung der Eintrittsberechtigung für Messen, Ausstellungen und Kongresse im Inland,**
5. **in einer sonstigen Leistung einer Durchführungsgesellschaft an im Ausland ansässige Unternehmer, soweit diese Leistung im Zusammenhang mit der Veranstaltung von Messen und Ausstellungen im Inland steht, oder**
6. **in der Abgabe von Speisen und Getränken zum Verzehr an Ort und Stelle (Restaurationsleistung), wenn diese Abgabe an Bord eines Schiffs, in einem Luftfahrzeug oder in einer Eisenbahn erfolgt.**

(7) [1]Ein im Ausland ansässiger Unternehmer im Sinne des Absatzes 2 Nummer 1 und 5 ist ein Unternehmer, der im Inland, auf der Insel Helgoland und in einem der in § 1 Absatz 3 bezeichneten Gebiete weder einen Wohnsitz, seinen gewöhnlichen Aufenthalt, seinen Sitz, seine Geschäftsleitung noch eine Betriebsstätte hat; dies gilt auch, wenn der Unternehmer ausschließlich einen Wohnsitz oder einen gewöhnlichen Aufenthaltsort im Inland, aber seinen Sitz, den Ort der Geschäftsleitung oder eine Betriebsstätte im Ausland hat. [2]Ein im übrigen Gemeinschaftsgebiet ansässiger Unternehmer ist ein Unternehmer, der in den Gebieten der übrigen Mitgliedstaaten der Europäischen Union, die nach dem Gemeinschaftsrecht als Inland dieser Mitgliedstaaten gelten, einen Wohnsitz, seinen gewöhnlichen Aufenthalt, seinen Sitz, seine Geschäftsleitung oder eine Betriebsstätte hat; dies gilt nicht, wenn der Unternehmer ausschließlich einen Wohnsitz oder einen gewöhnlichen Aufenthaltsort in den Gebieten der übrigen Mitgliedstaaten der Europäischen Union, die nach dem Gemeinschaftsrecht als Inland dieser Mitgliedstaaten gelten, aber seinen Sitz,

1 Gemeint ist wohl 11 (Rz. 3).

den Ort der Geschäftsleitung oder eine Betriebsstätte im Drittlandsgebiet hat. [3]Hat der Unternehmer im Inland eine Betriebsstätte und führt er einen Umsatz nach Absatz 1 oder Absatz 2 Nummer 1 oder Nummer 5 aus, gilt er hinsichtlich dieses Umsatzes als im Ausland oder im übrigen Gemeinschaftsgebiet ansässig, wenn die Betriebsstätte an diesem Umsatz nicht beteiligt ist. [4]Maßgebend ist der Zeitpunkt, in dem die Leistung ausgeführt wird. [5]Ist es zweifelhaft, ob der Unternehmer diese Voraussetzungen erfüllt, schuldet der Leistungsempfänger die Steuer nur dann nicht, wenn ihm der Unternehmer durch eine Bescheinigung des nach den abgabenrechtlichen Vorschriften für die Besteuerung seiner Umsätze zuständigen Finanzamts nachweist, dass er kein Unternehmer im Sinne der Sätze 1 und 2 ist.

(8) Bei der Berechnung der Steuer sind die §§ 19 und 24 nicht anzuwenden.

(9) Das Bundesministerium der Finanzen kann mit Zustimmung des Bundesrates durch Rechtsverordnung bestimmen, unter welchen Voraussetzungen zur Vereinfachung des Besteuerungsverfahrens in den Fällen, in denen ein anderer als der Leistungsempfänger ein Entgelt gewährt (§ 10 Absatz 1 Satz 3), der andere an Stelle des Leistungsempfängers Steuerschuldner nach Absatz 5 ist.

(10) [1]Das Bundesministerium der Finanzen kann mit Zustimmung des Bundesrates durch Rechtsverordnung den Anwendungsbereich der Steuerschuldnerschaft des Leistungsempfängers nach den Absätzen 2 und 5 auf weitere Umsätze erweitern, wenn im Zusammenhang mit diesen Umsätzen in vielen Fällen der Verdacht auf Steuerhinterziehung in einem besonders schweren Fall aufgetreten ist, die voraussichtlich zu erheblichen und unwiederbringlichen Steuermindereinnahmen führen. [2]Voraussetzungen für eine solche Erweiterung sind, dass

1. **die Erweiterung frühestens zu dem Zeitpunkt in Kraft treten darf, zu dem die Europäische Kommission entsprechend Artikel 199b Absatz 3 der Richtlinie 2006/112/EG des Rates vom 28.11.2006 über das gemeinsame Mehrwertsteuersystem (ABl. L 347 vom 11.12.2006, S. 1) in der Fassung von Artikel 1 Nummer 1 der Richtlinie 2013/42/EU (ABl. L 201 vom 26.7.2013, S. 1) mitgeteilt hat, dass sie keine Einwände gegen die Erweiterung erhebt;**
2. **die Bundesregierung einen Antrag auf eine Ermächtigung durch den Rat entsprechend Artikel 395 der Richtlinie 2006/112/EG in der Fassung von Artikel 1 Nummer 2 der Richtlinie 2013/42/EG (ABl. L 201 vom 26.7.2013, S. 1) gestellt hat, durch die die Bundesrepublik Deutschland ermächtigt werden soll, in Abweichung von Artikel 193 der Richtlinie 2006/112/EG, die zuletzt durch die Richtlinie 2013/61/EU (ABl. L 353 vom 28.12.2013, S. 5) geändert worden ist, die Steuerschuldnerschaft des Leistungsempfängers für die von der Erweiterung nach Nummer 1 erfassten Umsätze zur Vermeidung von Steuerhinterziehungen einführen zu dürfen;**
3. **die Verordnung nach neun Monaten außer Kraft tritt, wenn die Ermächtigung nach Nummer 2 nicht erteilt worden ist; wurde die Ermächtigung nach Nummer 2 erteilt, tritt die Verordnung außer Kraft, sobald die gesetzliche Regelung, mit der die Ermächtigung in nationales Recht umgesetzt wird, in Kraft tritt.**

Schrifttum: *Jansen*, Steuerschuldumkehr auf Telekommunikationsleistungen, UStB 2021, 94; *Langer*, Steuerschuldübergang: Montagelieferungen sind keine Werklieferungen, MwStR 2014, 759; *Neumann-Tomm/Hammerl*, Reverse-Charge in der Organschaft?, MwStR 2021, 409; *von Maydell*, Reverse-Charge als Steuerfalle für gemeinnützige Körperschaften, npoR 2022, 190.

A. Grundaussagen

I. Entwicklung, Bedeutung und Gegenstand der Vorschrift

1. Entwicklung der Vorschrift

1 § 13b UStG wurde mit Wirkung ab 1.1.2002 eingeführt und ersetzte die zuvor geltende Regelung zum Abzugsverfahren mit Haftung des Leistungsempfängers für die Steuerschuld des leistenden Unternehmers nach §§ 51 ff. UStDV a.F.[1] Das Abzugsverfahren wurde durch die sog. Nullregelung des § 52 Abs. 2 UStDV a.F. geprägt, nach der der Leistungsempfänger nicht verpflichtet war, Steuer einzubehalten und abzuführen, wenn der leistende Unternehmer keine Rechnung mit gesondertem Ausweis der Steuer erteilt hatte und der Leistungsempfänger berechtigt war, bei einem gesondertem Steuerausweis den Vorsteuerabzug voll in Anspruch zu nehmen.[2]

2 Mit dem Übergang vom Abzugsverfahren zur Steuerschuldnerschaft des Leistungsempfängers nach § 13b UStG wurde die frühere Nullregelung weitgehend durch den Eintritt einer Nullsituation ersetzt, bei der sich die Steuerschuld des Leistungsempfängers nach § 13b UStG mit einem betrags- und zeitgleich entstehenden Vorsteueranspruch nach § 15 Abs. 1 Satz 1 Nr. 4 UStG vollständig saldiert. Erst durch den Einritt dieser Nullsituation wird das mit § 13b UStG angestrebte Ziel, Steuerausfälle zu vermeiden, vollständig erreicht (Rz. 24 ff.).

3 Es handelt sich um eine immer wieder um weitere Fallgruppen erweiterte Vorschrift[3] mit – je nach Zählweise mindestens -**13 Anwendungsfallgruppen** in zehn Absätzen (Rz. 47 ff.), die mit zahlreichen Querverweisungen Verständnisschwierigkeiten geradezu provoziert. Dabei verheddert sich selbst der Gesetzgeber in seinen Regelungen. So führte die Neuregelung zu den Telekommunikationsleistungen zu einem neu eingefügten § 13b Abs. 5 Satz 6 UStG, der die weitere Satzzählung dieses Absatzes beeinflusst, was durch Folgeänderungen in den § 13b Abs. 5 Sätze 8 ff. UStG zutreffend berücksichtigt wurde, wobei aber außer Betracht blieb, dass in § 13b Abs. 5 Satz 7 UStG nunmehr auf § 13b Abs. 5 Satz 11 UStG anstelle von § 13b Abs. 5 Satz 10 UStG zu verweisen ist.

2. Bedeutung der Vorschrift

4 Bei § 13b UStG geht es entsprechend seiner Gesetzesüberschrift im Kern um die Verlagerung der Steuerschuld auf den Leistungsempfänger. Demgegenüber beschäftigt sich die Vorschrift in ihren ersten vier Absätzen zunächst mit dem Zeitpunkt der Steuerentstehung und erst dann mit der Person des Steuerschuldners.

5 Dabei erweist sich bereits die Trennung zwischen Steuerentstehung einerseits und Verlagerung der Steuerschuld auf den Leistungsempfänger andererseits als grundsätzlicher Konstruktionsfehler der Vorschrift.

6 Soweit es sich um eine rein formale Trennung handelt, ist diese als überflüssig abzulehnen. So ist es bei § 13b Abs. 1 und Abs. 5 Satz 1 Halbs. 1 UStG. Hier führt die Bejahung von § 13b Abs. 1 UStG zur Steuerentstehung zwingend dazu, dass auch die Voraussetzungen von § 13b Abs. 5 Satz 1 Halbs. 1 UStG für die Verlagerung der Steuerschuld vorliegen (Rz. 62 ff.).

7 Soweit wie bei § 13b Abs. 2 und 5 UStG unterschiedliche Anwendungsbereiche für Entstehung und Verlagerung der Steuerschuld vorliegen, fehlt es an einem Sachgrund, der rechtfertigt, eine von § 13 Abs. 1 Nr. 1 Buchst. a UStG abweichende Regelung zur Steuerentstehung zu treffen, wenn nicht zugleich die Voraussetzungen für die Verlagerung der Steuerschuld vorliegen.

8 Die FinVerw. stellt dies in Abrede und geht davon aus, dass der Entstehungszeitpunkt nach § 13b Abs. 2 UStG nur unter der zusätzlichen Voraussetzung der Verlagerung der Steuerschuld anzuwenden

1 Art. 18 Nr. 5 i.V.m. Art. 34 StÄndG 2001, BGBl. I 2001, 3794.
2 Vgl. hierzu z.B. BFH, Urt. v. 17.6.2004 – V R 61/00, BStBl. II 2004, 970 = UR 2005, 39.
3 Vgl. hierzu die bloße Aufzählung der Übergangsregelungen in Abschn. 13b.18 UStAE.

ist.[1] Nach dem eindeutigen Gesetzeswortlaut, der auch nicht durch den Wortlaut der Sonderregelung in § 13b Abs. 6 UStG in Frage gestellt wird,[2] ist dies nicht zutreffend.

3. Gegenstand der Vorschrift

§ 13b UStG regelt im Einzelnen: 9

- in den Absätzen 1 und 2 den **Steuerentstehungszeitpunkt** für die dort genannten Leistungen (Rz. 47 ff.);
- in den Absätzen 3 und 4 **Detailfragen zum Steuerentstehungszeitpunkt**, ohne dabei den leistungsbezogenen Anwendungsbereich zu ändern (Rz. 227 ff.);
- in Absatz 5 die empfängerbezogenen Voraussetzungen für die zusätzliche **Verlagerung der Steuerschuld** auf den Leistungsempfänger (Rz. 233 ff.);
- in Absatz 6 **Ausnahmetatbestände** zu den der Regelung unterliegenden **Leistungen** (Rz. 91 ff.);
- in Absatz 7 die **Ansässigkeit** ausländischer Unternehmer (Rz. 65 ff.) und
- in den Absätzen 8–10 die **Steuerberechnung** sowie die Ausübung von **Verordnungsermächtigungen** durch das BMF (Rz. 239 ff.).

II. Steuerentstehung

1. Regelungserfordernis

In Bezug auf die Regelungen zur Steuerentstehung in § 13b Abs. 1 und 2 UStG stellt sich die Frage nach dem Erfordernis einer Regelung. Ohne Sonderregelung entstünde die Steuer für den Leistungsempfänger in allen Anwendungsfällen des § 13b UStG nach § 13 Abs. 1 Nr. 1 Buchst. a UStG. 10

§ 13 Abs. 1 Nr. 1 Buchst. a UStG erfasst nach seinem Wortlaut sowohl die Steuerentstehung beim Leistenden als auch die beim Leistungsempfänger. Er setzt keine Unternehmereigenschaft der nach anderen Vorschriften zum Steuerschuldner bestimmten Person voraus. 11

Im Anwendungsbereich des § 13b UStG erfasst er auch die Unternehmer, die ansonsten § 13 Abs. 1 Nr. 1 Buchst. b UStG anwenden. Denn zum einen setzt § 13 Abs. 1 Nr. 1 Buchst. b UStG eine Vereinnahmung beim Steuerschuldner voraus, während bei § 13b UStG nur eine Verausgabung durch den Steuerschuldner vorliegen kann. Zum anderen unterliegen Unternehmer außerhalb des Anwendungsbereichs von § 13 Abs. 1 Nr. 1 Buchst. b UStG automatisch der Regelung in § 13 Abs. 1 Nr. 1 Buchst. a UStG. 12

2. Regelungsausgestaltung

a) § 13b Abs. 1 UStG

Einem Gesetzgeber ist es unbenommen, auch überflüssige Regelungen zu schaffen, denen dann immerhin klarstellende Bedeutung zukommen kann. Dies trifft auf die § 13 Abs. 1 Nr. 1 Buchst. a UStG wiederholende Anordnung in § 13b Abs. 1 UStG zu, wonach die Steuer mit Ablauf des VZ der Leistungsausführung entsteht. 13

b) § 13b Abs. 2 UStG

Demgegenüber hat sich der Gesetzgeber entschieden, bei § 13b Abs. 2 UStG mit der Rechnungsausstellung, spätestens mit Ablauf des der Leistungsausführung folgenden Kalendermonats, auf einen von 14

1 Vgl. Abschn. 13b.12 Abs. 1 UStAE; ebenso *Stadie*, in Rau/Dürrwächter, § 13b UStG Rz. 16 und 705 (Stand: April 2021), der im Hinblick auf die Gesetzesüberschrift von § 13b UStG davon ausgeht, dass die Regelungen zur Steuerentstehung nur dann eingreifen, wenn es auch zur Verlagerung der Steuerschuld auf den Leistungsempfänger kommt.

2 So aber *Stadie* in Rau/Dürrwächter, § 13b UStG, Rz. 16 (Stand: April 2021).

§ 13 Abs. 1 Nr. 1 Buchst. a UStG abweichenden Steuerentstehungszeitpunkt abzustellen. Unionsrechtlich beruht dies auf Art. 66 Buchst. a und c MwStSystRL.

15 Die sachliche Rechtfertigung für die von der Leistungsausführung abweichende Sonderregelung erscheint zweifelhaft. Denn die Besteuerung beim Leistungsempfänger erfolgt nach dem Entgelt des § 10 Abs. 1 UStG und damit auf der Grundlage der vom Leistungsempfänger mit dem Leistenden geschlossenen Preisvereinbarung. Ist diese nicht betragsmäßig fixiert, ist ggf. zu schätzen. Zudem hilft auch § 13b Abs. 2 UStG in seiner heute bestehenden Fassung bei insoweit bestehenden Schwierigkeiten nur bedingt weiter, da die Rechnung des Leistenden u.U. auch nicht bis zum Ablauf des der Leistungsausführung folgenden Kalendermonats vorliegt.

16 Will man nicht auf den VZ der Leistungsausführung abstellen, erscheint es daher de lege ferenda sinnvoller, in Anlehnung an § 13 Abs. 1 Nr. 1 Buchst. b UStG für alle § 13b Abs. 2 UStG unterliegenden Leistungsempfänger auf eine Verausgabung des Entgelts abzustellen.

c) Zeitliche Anwendungsfragen bei § 13b Abs. 2 UStG

17 Für § 13b Abs. 2 UStG bestehen in zeitlicher Hinsicht folgende Anwendungsmöglichkeiten:

- **Rechnungsausstellung im Kalendermonat der Leistungsausführung**: Es treten dem Grunde nach dieselben Rechtsfolgen wie bei § 13b Abs. 1 UStG ein. Die Steuer entsteht für den VZ der Leistungsausführung. Der Leistungsempfänger kann bei entsprechender Verwendung den Vorsteuerabzug nach § 15 Abs. 1 Satz 1 Nr. 4 UStG in Anspruch nehmen.
- **Rechnungsausstellung vor dem Kalendermonat der Leistungsausführung**: Nach dem Gesetzeswortlaut kommt es zu einer Steuerentstehung bereits für den VZ der Rechnungsausstellung. Eine Rechnung ohne Steuerausweis würde dann für den Rechnungsempfänger eine Steuerschuld begründen.

  Dies ist unter Berücksichtigung des Unionsrechts abzulehnen. Nach Art. 66 Buchst. a MwStSystRL können die Mitgliedstaaten vorsehen, dass der Steueranspruch „spätestens bei der Ausstellung der Rechnung" entsteht. Diese Steueranspruchsentstehung erfasst nur die der Leistungserbringung nachfolgende Rechnungserteilung. Dasselbe gilt für die „Nichtausstellung oder verspätete(n) Ausstellung […] binnen einer bestimmten Frist […] nach Ablauf der […] Frist für die Ausstellung der Rechnung" i.S.d. Art. 66 Buchst. c MwStSystRL, da es eine bereits vor der Leistungserbringung verspätete Rechnungsausstellung nicht gibt.

  Daher ist § 13b Abs. 2 UStG entsprechend der Richtlinie einschränkend dahingehend auszulegen, dass die Rechnungsausstellung die Steuer für den Leistungsempfänger frühestens für den Kalendermonat der Leistungserbringung begründet.
- **Rechnungsausstellung nach dem Kalendermonat der Leistungsausführung**: Nach § 13b Abs. 2 UStG entsteht die Steuer spätestens mit Ablauf des der Ausführung der Leistung folgenden Kalendermonats. Unionsrechtlich ist dies nach Art. 66 Buchst. c MwStSystRL zulässig. Im Hinblick auf das Erfordernis der Steuerentstehung kann der Vorsteuerabzug nach § 15 Abs. 1 Satz 1 Nr. 4 UStG zeitgleich in Anspruch genommen werden.

III. Verlagerung der Steuerschuld

1. Verlagerung auf den Leistungsempfänger

a) Bestimmung des Leistungsempfängers

18 § 13b UStG ordnet vorrangig eine Steuerschuld des Leistungsempfängers an. Wer Leistungsempfänger ist, bestimmt sich **nach dem der Leistung zugrundeliegenden Rechtsverhältnis**. Damit ergeben sich bei § 13b UStG ähnliche Fragestellungen wie z.B. bei § 9 UStG (§ 9 Rz. 47 ff.). Ist neben dem Unternehmer oder der juristischen Person eine weitere Person Leistungsempfänger, ist § 13b Abs. 5 Satz 1 UStG anzuwenden, wenn der Unternehmer (oder die ihm gleichgestellte juristische Person) Schuldner

des vollen Entgeltbetrages ist und der weitere Leistungsempfänger nicht zum Kreis der in § 13b Abs. 5 Satz 1 UStG genannten Steuerschuldner gehört.[1]

18.1 Folgt man dem EuGH darin, dass eine Organschaft (Mehrwertsteuergruppe) zwischen einem Organträger und einer Organgesellschaft dazu führt, dass eine Auslandsbetriebsstätte der Organgesellschaft steuerbare Leistungen an den Organkreis erbringt (§ 2 Rz. 163 f.), kann hier § 13b UStG anzuwenden sein.[2]

b) Anforderungen an den Leistungsempfänger

19 Die Steuerschuldnerschaft des Leistungsempfängers richtet sich vorrangig an **Unternehmer**, wie § 13b Abs. 5 Satz 1 UStG zeigt. Die Unternehmereigenschaft bestimmt sich auch hier nach der allgemeinen Definition des § 2 UStG (§ 2 Rz. 178 ff.) unter Beachtung der sich aus § 2b UStG ergebenden Grenzen (§ 2b Rz. 1 ff.). Erbringt der im Ausland ansässige Unternehmer Leistungen im Inland, für die er nur Steuerschuldner ist, wenn für eine Steuerschuldnerschaft des Leistungsempfängers die in § 13b Abs. 5 UStG genannten Voraussetzungen fehlen, stellt sich die Frage, welche Anforderungen an den Leistenden zu stellen sind, damit nicht von seiner Steuerschuldnerschaft nach § 13a Abs. 1 Nr. 1 UStG, sondern von der des Leistungsempfängers gemäß § 13b UStG auszugehen ist. Eindeutig ist insoweit nur, dass es auf die materiell-rechtliche Unternehmereigenschaft des Leistungsempfängers, nicht aber auf die Verwendung oder Aufzeichnung einer USt-IdNr. des Leistungsempfängers ankommt, wie auch ein Umkehrschluss zu § 6a Abs. 1 Satz 1 Nr. 4 UStG zeigt. Anders als im Bereich der innergemeinschaftlichen Lieferungen besteht hier auch keine Verpflichtung zur Beibringung eines empfängerbezogenen Buchnachweises. Über die auf dieser Grundlage den Leistenden treffende Nachweispflicht hat der BFH in einem Revisionsverfahren kürzlich entschieden.[3]

20 Unternehmer im Rahmen einer **Organschaft** ist der Organträger i.S.d. § 2 Abs. 2 Nr. 2 UStG. Innerorganschaftliche Leistungen können als nichtsteuerbar auch nicht § 13b UStG unterliegen. Kommt es für die Anwendung von § 13b UStG auf eine bestimmte Leistungsverwendung durch Umsätze gegenüber Dritten an, sind die nichtsteuerbaren Innenleistungen außer Betracht zu lassen.[4]

21 Neben den Unternehmern können auch juristische Personen ohne Unternehmereigenschaft als Leistungsempfänger Steuerschuldner sein (Rz. 28). Mangels diesbezüglicher unionsrechtlicher Harmonisierung bestimmt sich das Vorliegen einer juristischen Person nach dem nationalen Recht. Unklar ist, ob der EuGH hierfür auf eine eigenständige Rechtspersönlichkeit abstellen würde. Personengesellschaften gehören nach allgemeiner Auffassung nicht zu den juristischen Personen. Auf die insoweit bestehenden Streitfragen bei der Organschaft (§ 2 Rz. 87 ff.) kommt es hier nicht an. Ein nichtrechtsfähiger Verein i.S.v. § 54 BGB ist aus Verwaltungssicht[5] keine juristische Person.

21.1 Im Zusammenhang mit der Neuregelung zu den Organisationseinheiten der Gebietskörperschaften Bund und Länder in § 18 Abs. 4f UStG sieht die FinVerw. die Voraussetzungen des § 13b Abs. 1 und 2 Nr. 1 bis 3, 5 Buchst. a, Nr. 6, 7, 9 bis 11 i.V.m. mit Abs. 5 Satz 1 UStG stets als erfüllt an, wobei dies nicht für § 13b Abs. 5 Satz 11 UStG gelten soll. Dagegen werden die Voraussetzungen des § 13b Abs. 2 Nr. 4, 5 Buchst. b, Nr. 8 und 12 i.V.m. Abs. 5 Sätze 2 bis 6 UStG stets als nicht gegeben angesehen.[6]

1 BFH, Urt. v. 10.12.2020 – V R 7/20, BStBl. II 2022, 528 = UR 2021, 520.
2 Vgl. hierzu z.B. *Neumann-Tomm/Hammerl*, MwStR 2021, 409.
3 BFH, Urt. v. 31.1.2024 – V R 20/21, BFHE nn = UR 2024, nn.
4 BFH, Urt. v. 23.7.2020 – V R 32/19, BStBl. II 2021, 793 = UR 2020, 925, ebenso Abschn. 13.b.3 Abs. 7 Satz 3 UStAE, Abschn. 13.3a Abs. 3 Satz 2 UStAE und Abschn. 13b.7b Abs. 5 Satz 2 UStAE i.d.F. von BMF, Schr. v. 27.9.2021 – III C 3-S 7279/19/10005 :003 – DOK 2021/1034302, BStBl. I 2021, 1856 = UR 2021, 887.
5 FinMin. Mecklenburg-Vorpommern v. 18.7.2022 – S 7279-00000-2022/002, UR 2022, 712.
6 Abschn. 13b.1 Abs. 3 UStAE.

2. Zweck der Verlagerung auf den Leistungsempfänger

a) Vermeidung von Steuerausfällen

22 Entsprechend seiner Gesetzesüberschrift liegt die eigentliche Bedeutung von § 13b UStG in der von § 13a Abs. 1 Nr. 1 UStG abweichenden Bestimmung des Steuerschuldners, durch die der Leistungsempfänger anstelle des Leistenden zum Steuerschuldner wird. Grund für diese „Umkehrung" (Verlagerung) der Steuerschuldnerschaft ist die Vermeidung von Steuerausfällen bei einer vom Gesetzgeber **vermuteten unzuverlässigen** oder **hinterziehungsanfälligen Erfüllung** steuerrechtlicher Pflichten durch den leistenden Unternehmer. Dabei kommt es entweder zu einer bloßen Verlagerung der Steuerschuld auf den Leistungsempfänger oder weitergehend zum Eintritt einer Nullsituation.

b) Fallgruppen

aa) Bloße Verlagerung

23 Bloße Verlagerungswirkung hat § 13b UStG in den Fällen, in denen es dem Gesetzgeber vorrangig darum geht, durch den Wechsel in der Person des Steuerschuldners der **FinVerw. erweiterte Zugriffsmöglichkeiten** zu verschaffen. So verpflichten **§ 13b Abs. 1 und Abs. 2 Nr. 1 UStG**, anstelle eines leistenden **Unternehmers mit Ansässigkeit im Ausland** einen im Inland ansässigen Leistungsempfänger als Steuerschuldner. Bei der bloßen Verlagerung im Interesse verbesserter Zugriffsmöglichkeiten der FinVerw. erfolgt dies unabhängig von einem Vorsteuerabzug des Leistungsempfängers. Die Verlagerung kann auch atypische Situationen wie etwa eine Leistungserbringung im Inland zwischen im Ausland ansässigen Unternehmern erfassen (Rz. 55 ff.).

bb) Schaffung einer Nullsituation

(1) Saldierung von Steuer und Vorsteuer in einer Person

24 Bei Leistungen **zwischen im Inland ansässigen Unternehmern** vergrößern sich die Zugriffsmöglichkeiten der FinVerw. durch die Verlagerung der Steuerschuld auf den Leistungsempfänger nicht. Durch das Anknüpfen an besondere, z.B. leistungsbezogene Merkmale besteht zudem eine erhöhte **Gefahr** von **Fehlbeurteilungen**, so dass die Verlagerung der Steuerschuld hier sogar das Steueraufkommen gefährden kann. Daher bewirkt die Verlagerung der Steuerschuld nur dann einen **effektiven Schutz** des **Steuergläubigers**, wenn sich die Verlagerung der Steuerschuld auf Leistungsempfänger beschränkt, die zum **Vorsteuerabzug berechtigt** sind, so dass es hierdurch zumindest typischerweise wie bei der früheren Nullregelung (Rz. 1) zum Eintritt einer Nullsituation kommt, in dem sich Steuerschuld und Vorsteuerabzug in einer Person betrags- und zeitgleich saldieren.

25 Damit entfällt für den Steuergläubiger jegliches **Aufkommensrisiko**, das sich ansonsten daraus ergibt, dass der Leistungsempfänger den Vorsteuerabzug auch dann geltend macht, wenn eine ordnungsgemäße Versteuerung beim Leistenden unterbleibt. Der Vorsteuerabzug muss dabei bereits für den Besteuerungszeitraum der Steuerentstehung ausgeübt werden können (Rz. 36).

(2) Verwirklichung durch § 13b UStG

26 Die Tatbestände des **§ 13b Abs. 2 Nr. 2–11 UStG** zielen auf die Herstellung der vorstehend beschriebenen Nullsituation ab.

27 So ist der Unternehmer als Leistungsempfänger bei **§ 13b Abs. 2 Nr. 2 und Nr. 3 UStG** aus seiner Steuerschuld zum Vorsteuerabzug berechtigt. Bei § 13 Abs. 2 Nr. 2 UStG ergibt sich dies aus der steuerpflichtigen Anschlussverwertung (Rz. 101), bei § 13b Abs. 2 Nr. 3 UStG daraus, dass sich hier die Steuerpflicht erst aus einem Verzicht nach § 9 Abs. 1 und 3 UStG ergibt, die der Leistungsempfänger nur im Umfang seines Abzugsrechts akzeptieren wird (Rz. 121 ff.).

28 Soweit es hier darüber hinaus zu einer Steuerschuldverlagerung auf **juristische Personen ohne Unternehmereigenschaft** kommen soll, ist dies bei § 13b Abs. 2 Nr. 2 UStG unionsrechtlich auf jPdöR zu beschränken (Rz. 104), die als besonders zuverlässige Steuerschuldner gelten können, so dass insoweit eine bloße Verlagerungswirkung (Rz. 23) gerechtfertigt ist. Bei § 13b Abs. 2 Nr. 3 UStG besteht für die

Steuerschuldnerschaft juristischer Personen ohne Unternehmereigenschaft kein Anwendungsbereich (Rz. 127).

Ebenso erfolgt die Verlagerung der Steuerschuld auf den Leistungsempfänger in den Fällen des **§ 13b Abs. 2 Nr. 4–11 UStG** nur auf Unternehmer, die aus den dort genannten Leistungsbezügen typischerweise zum Vorsteuerabzug berechtigt sind. In den Fällen des **§ 13b Abs. 2 Nr. 4, Nr. 5 Buchst. b und Nr. 8 UStG** ist dies auch die Folge besonderer Anforderungen an den unternehmerisch tätigen Leistungsempfänger (Rz. 129 ff.). 29

Für den Eintritt der Nullsituation kommt es auf den **typischen Normanwendungsfall**, nicht aber auf die Umstände des jeweiligen Einzelfalles an. Daher verlagert sich die Steuerschuld auch dann, wenn die Leistung gemäß § 13b Abs. 5 Satz 7 UStG ausnahmsweise für den nichtunternehmerischen Bereich, wie etwa für private Zwecke, bezogen wird. Ebenso ist es z.B. auch bei einem Zahnarzt, der für seine Berufstätigkeit Gold erwirbt und dabei auch dann § 13b Abs. 2 Nr. 9 UStG unterliegt, obwohl er aus der bezogenen Leistung nicht zum Vorsteuerabzug berechtigt ist (Rz. 199 ff.). 30

3. Unionsrechtliche Grundlagen

Für die Anwendungsfälle der Steuerschuldverlagerung bestehen zahlreiche Regelungen in der Richtlinie, wie die nachstehende Tabelle zeigt. 31

UStG	MwStSystRL
§ 13b Abs. 1, Abs. 5 Satz 1 Halbs. 1	Art. 196
§ 13b Abs. 2 Nr. 1, Abs. 5 Satz 1 Halbs. 1	Art. 194
§ 13b Abs. 2 Nr. 2, Abs. 5 Satz 1 Halbs. 1	Art. 199 Abs. 1 Buchst. e, Abs. 3 Buchst. b
§ 13b Abs. 2 Nr. 3, Abs. 5 Satz 1 Halbs. 1	Art. 199 Abs. 1 Buchst. c und g
§ 13b Abs. 2 Nr. 4, Abs. 5 Satz 2	Art. 199 Abs. 1 Buchst. a
§ 13b Abs. 2 Nr. 5 Buchst. a, Abs. 5 Satz 1 Halbs. 2	Art. 195
§ 13b Abs. 2 Nr. 5 Buchst. b, Abs. 5 Sätze 3, 4	Art. 199a Abs. 1 Buchst. e
§ 13b Abs. 2 Nr. 6, Abs. 5 Satz 1 Halbs. 2	Art. 199a Abs. 1 Buchst. a, b und f
§ 13b Abs. 2 Nr. 7, Abs. 5 Satz 1 Halbs. 2	Art. 199 Abs. 1 Buchst. d
§ 13b Abs. 2 Nr. 8, Abs. 5 Satz 5	Art. 199 Abs. 1 Buchst. a
§ 13b Abs. 2 Nr. 9, Abs. 5 Satz 1 Halbs. 1	Art. 198 Abs. 2
§ 13b Abs. 2 Nr. 10, Abs. 5 Satz 1 Halbs. 2	Art. 199 Abs. 1 Buchst. c, d und h
§ 13b Abs. 2 Nr. 11, Abs. 5 Satz 1 Halbs. 2	Art. 199a Abs. 1 Buchst. j
§ 13b Abs. 2 Nr. 12, Abs. 5 Satz 6	Art. 199a Abs. 1 Buchst. g

Unionsrechtlich problematisch sind § 13b Abs. 1 UStG, § 13b Abs. 2 Einleitungssatz UStG, § 13b Abs. 2 Nr. 1 UStG (Rz. 58 ff.), § 13b Abs. 3 UStG (Rz. 228), § 13b Abs. 4 Satz 1 UStG (Rz. 230), § 13b Abs. 2 Nr. 2 und 3 i.V.m. Abs. 5 Satz 1 Halbs. 1 UStG (Rz. 104) und § 13b Abs. 7 Satz 2 UStG (Rz. 66). 32

IV. Erfordernis einer Neuregelung

1. Änderungen im bestehenden System

§ 13b UStG ist ein Paradebeispiel dafür, wie ein Gesetzgeber einfache Lebenssachverhalte einer unnötig komplexen Regelung zuführen kann. Wollte man hieran etwas ändern, müsste zum einen die bisherige Ausgestaltung mit jeweils eigenständigen Voraussetzungen für die Steuerentstehung einerseits und für die Verlagerung der Steuerschuld andererseits (Rz. 10 ff.) aufgehoben werden. Zum anderen könnten die einzelnen Fallgruppen entsprechend den Voraussetzungen, die in der Person des Leistungsempfängers bestehen, geordnet werden. 33

34 Es ergäbe sich dann eine Steuerschuld des Leistungsempfängers mit der Eigenschaft als

- Unternehmer oder juristische Person (bislang § 13b Abs. 5 Satz 1 Halbs. 1 UStG) für alle in **§ 13b Abs. 1 sowie 2 Nr. 1 UStG** bezeichneten Werklieferungen und sonstigen Leistungen ausländischer Unternehmer;
- Unternehmer oder jPdöR (bislang § 13b Abs. 5 Satz 1 Halbs. 2 UStG) für die in **§ 13b Abs. 2 Nr. 2 UStG** bezeichnete Lieferung sicherungsübereigneter Gegenstände;[1]
- Unternehmer (bislang § 13b Abs. 5 Satz 1 Halbs. 2 UStG) für die in **§ 13b Abs. 2 Nr. 3,**[2] **Abs. 2 Nr. 5 Buchst. a, Nr. 6, 7, 9–11 UStG** bezeichneten Leistungen;
- Unternehmer, der mit entsprechender Bescheinigung nachhaltig (bislang § 13b Abs. 2 Sätze 2 und 5 UStG) eine entweder **§ 13b Abs. 2 Nr. 4 oder Nr. 8 UStG** unterliegende Leistung (jeweils unabhängig von der konkreten Leistungsverwendung) selbst erbringt sowie als
- Unternehmer, der für die jeweilige Warenkategorie Wiederverkäufer von Erdgas oder Elektrizität i.S.d. § 3g UStG ist (bislang § 13b Abs. 5 Sätze 3 und 4 UStG) und die in **§ 13b Abs. 2 Nr. 5 Buchst. b UStG**[3] bezeichneten Lieferungen ausführt.

35 Entsprechend § 13 Abs. 5 Satz 7 UStG kann an der Verlagerung auch bei Leistungsbezügen für den nichtunternehmerischen Bereich mit einer Ausnahmeregelung zugunsten der jPdöR in den in § 13b Abs. 5 Satz 11 UStG bezeichneten Fällen festgehalten werden. Möglich wäre auch eine Beibehaltung unterschiedlicher Steuerentstehungszeitpunkte (zur Kritik Rz. 60).

2. Allgemeiner Übergang zur Steuerschuld des Leistungsempfängers

36 Ein allgemeiner Übergang zu einer Steuerschuld des Leistungsempfängers anstelle des leistenden Unternehmers bei Leistungen zwischen Unternehmern ist **abzulehnen**. Zwar wäre dies unionsrechtlich unter den besonderen Bedingungen des Art. 199c MwStSystRL möglich. Allerdings ist zu erwarten, dass sich hierdurch die Probleme für die Sicherung des Steueraufkommens nur verlagern. Zwar entfiele die Problematik eines Vorsteuerabzugs trotz fehlender Versteuerung durch den Leistenden. An dessen Stelle träte dann aber die Steuerhinterziehung durch Leistungsbezüge ohne Steuerbelastung durch Leistungsempfänger, die eine Versteuerung in ihrer Person nur vorspiegeln und die so faktisch ohne Steuerbelastung erworbenen Waren und Dienstleistungen in Hinterziehungsabsicht an Endverbraucher abgegeben.

V. Fehlerfolgen bei unzutreffender Gesetzesanwendung

1. Fehlbeurteilung durch die Finanzverwaltung

37 Die Bedeutung der Nullsituation, die mit der Anwendung von § 13b UStG auf Leistungen zwischen im Inland ansässigen Unternehmern anzustreben ist, hat die FinVerw. nicht immer hinreichend bedacht. Sie neigt stattdessen dazu, die **Anwendung** der Vorschrift nicht nur in Ausnahmefällen, sondern **auch** grundsätzlich **auf Leistungsempfänger ohne Vorsteuerabzug** auszudehnen.

38 Dies hat bei der Erbringung von **Bauleistungen** an sog. Bauträger zu **hohen Steuerausfällen** geführt, die nur mühsam über eine gesetzliche Sonderregelung in § 27 Abs. 19 UStG begrenzt werden konnten. Denn hatte der Bauträger entsprechend einer früheren Weisungslage der FinVerw., aber entgegen der

1 Bei § 13 Abs. 2 Nr. 2 UStG darf unionsrechtlich keine Verlagerung der Steuerschuldnerschaft auf juristische Personen des Zivilrechts ohne Unternehmereigenschaft angeordnet werden. Dies ist nach Art. 199 Abs. 3 Buchst. b MwStSystRL nur bei jPdöR möglich (Rz. 102 ff.). Würde der nationale Gesetzgeber auf die Ausübung dieser Ermächtigung verzichten, könnte diese Fallgruppe auch der nachfolgenden zugeschlagen werden.

2 § 13 Abs. 2 Nr. 3 UStG ist hier einzuordnen, da eine Steuerschuldnerschaft für juristische Personen ohne Unternehmereigenschaft mangels steuerpflichtiger Leistung nicht in Betracht kommt (Rz. 127).

3 Hier könnte in den Nachfolgetatbestand von § 13b Abs. 2 Nr. 5 Buchst. b UStG auch die bislang systemwidrig (Rz. 170) enthaltene Voraussetzung aufgenommen werden, dass auch der Lieferer Wiederverkäufer von Elektrizität sein muss.

späteren BFH-Rechtsprechung, als Leistungsempfänger ohne Vorsteuerabzug versteuert,[1] kann er diese Versteuerung rückgängig machen, ohne dass dies als treuwidrig oder als unzulässige Rechtsausübung anzusehen wäre und ohne dass es darauf ankommt, dass der Leistungsempfänger einen gegen ihn gerichteten Nachforderungsanspruch des leistenden Unternehmers erfüllt oder für die FinVerw. eine Aufrechnungsmöglichkeit besteht.[2] Zugleich kann die FinVerw. im Hinblick auf den dem leistenden Unternehmer zu gewährenden Vertrauensschutz eine Nachversteuerung bei diesem nur auf der Sondergrundlage des § 27 Abs. 19 UStG geltend machen, wobei der BFH diese Vorschrift auch noch einschränkend auslegt (§ 27 Rz. 44). Schließlich hat die FinVerw. den Rückforderungsanspruch des Leistungsempfängers zu verzinsen, ohne Zinsen beim leistenden Unternehmer erheben zu können.[3]

2. Fehlbeurteilung durch die an der Leistung Beteiligten

a) Unzutreffende Anwendung von § 13b UStG

Bejahen die Beteiligten zu Unrecht die Anwendung von § 13b UStG, erfolgt die Korrektur dadurch, dass der Leistungsempfänger die (rechtswidrige) Nullsituation durch paralleles Entfallen von Steuerschuld und Vorsteuerabzug ohne weitere Folgen für ihn rückgängig macht. Der Fiskus hat dann allerdings die bislang **unterbliebene Versteuerung** beim Leistenden **nachträglich durchzusetzen**. Eine Sonderregelung hierzu enthält § 13b Abs. 5 Satz 8 UStG (Rz. 233). 39

b) Unzutreffend unterbliebene Anwendung von § 13b UStG

Verneinen die Beteiligten zu Unrecht die Voraussetzungen des § 13b UStG, ist dem Leistungsempfänger der **Vorsteuerabzug** aus der ihm mit Steuerausweis erteilten Rechnung ohne weitere Prüfung **zu versagen.**[4] Es kann dann ein Anspruch auf **Billigkeitserlass** der nach § 233a AO vorzunehmenden **Vollverzinsung** bestehen.[5] Der Leistende bleibt bis zu einer **Rechnungsberichtigung** Steuerschuldner nach § 14c UStG (§ 14c Rz. 12 ff.). 40

VI. § 13b UStG im Besteuerungsverfahren

1. Steuerberechnung

Bei Anwendung von § 13b Abs. 5 UStG sind **Gegenleistung und Entgelt identisch**, da im Hinblick auf die Steuerschuldnerschaft des Leistungsempfängers dessen Zahlung keinen Steueranteil enthält.[6] 41

2. Erklärungspflichten

Bei Anwendung von § 13b UStG zwischen im Inland ansässigen Unternehmern erfolgt die Besteuerung beim Leistungsempfänger ohne weitergehende Besonderheiten. 42

Zu beachten sind aber die Folgen, die sich für den Leistungsempfänger im Fall seiner **Auslandsansässigkeit** ergeben. So trifft die Pflicht zur Abgabe von Voranmeldungen und Umsatzsteuererklärung gemäß § 18 Abs. 4a Satz 1 UStG auch den Leistungsempfänger, der nur nach § 13b UStG Steuerschuldner ist (§ 18 Rz. 82).[7] Dies gilt auch zu Lasten der im Ausland ansässigen Unternehmer, die in den Fällen der § 13b Abs. 1 und 2 Nr. 1–11 UStG als Leistungsempfänger Steuerschuldner sind.[8] Der Vor- 43

---

1 BFH, Urt. v. 22.8.2013 – V R 37/10, BStBl. II 2014, 128 = UR 2014, 282.

2 BFH, Urt. v. 27.9.2018 – V R 49/17, BStBl. II 2019, 109 = UR 2018, 959.

3 BFH, Beschl. v. 8.10.2019 – V R 15/18, BFHE 266, 28 = UR 2020, 37.

4 EuGH, Urt. v. 11.4.2019 – C-691/17, ECLI:EU:C:2019:327 – PORR Építési, UR 2019, 502; ebenso EuGH, Urt. v. 6.2.2014 – C-424/12, ECLI:EU:C:2014:50 – Fatorie; EuGH, Urt. v. 26.4.2017 – C-564/15, ECLI:EU:C:2017:302 – Farkas, UR 2017, 438.

5 BFH, Urt. v. 26.9.2019 – V R 13/18, BFHE 266, 16 = UR 2020, 75 m. Anm. *Kemper*.

6 Vgl. Abschn. 13b.13 UStAE.

7 Vgl. Abschn. 13b.16 Abs. 1 UStAE.

8 Vgl. Abschn. 13b.16 Abs. 2 UStAE.

steuerabzug ist dann im Regelfahren geltend zu machen, wobei bereits erlassene Bescheide im Vorsteuervergütungsverfahren zu berücksichtigen sind.[1] Für den leistenden Unternehmer, der im Ausland ansässig ist, folgt aus der Anwendung von § 13b UStG auf seine Leistung, dass er seinen Vorsteuerabzug im Vergütungsverfahren geltend zu machen hat.[2]

3. Rechnungserteilung

44 Bei Anwendung von § 13b Abs. 2 Nr. 2–11 UStG ist der leistende Unternehmer gemäß § 14a Abs. 5 Satz 1 UStG zur Ausstellung einer **Rechnung ohne Steuerausweis** aber mit Hinweis auf die Steuerschuldnerschaft des Leistungsempfängers verpflichtet (§ 14a Rz. 11 f.).[3] Weist der leistende Unternehmer in einer Rechnung Umsatzsteuer offen aus, obwohl der Leistungsempfänger Steuerschuldner ist, schuldet der leistende Unternehmer diese Steuer nach § 14c Abs. 1 UStG.[4]

4. Vorsteuerabzug

45 Für den Vorsteuerabzug aus einer § 13b UStG unterliegenden Leistung bedarf es nach § 15 Abs. 1 Satz 1 Nr. 4 UStG keiner Rechnung (§ 15 Rz. 214 ff.) und damit auch keines Hinweises in einer Rechnung auf die Anwendung von § 13b UStG.[5] Ein der Berichtigung nach § 15a UStG unterliegender Vorsteuerabzug kann sich aus der Saldierung der Umsatzsteuer nach § 13b Abs. 2 Satz 1 UStG mit dem Vorsteuerabzug nach § 15 Abs. 1 Satz 1 Nr. 4 UStG ergeben.[6]

45.1 Davon zu unterscheiden ist die Frage, ob bei einer irrtümlichen Annahme von § 13b UStG einer Rechnungsberichtigung mit erstmaligem Steuerausweis Rückwirkung auf die ursprüngliche Rechnungserteilung zukommen kann. Dies verneint der BFH jedenfalls dann, wenn ein Unternehmer in der Annahme einer Leistungserbringung im Ausland eine Ausgangsrechnung ohne inländischen Steuerausweis erteilt. Diese kann er dann nicht in der Weise berichtigen, dass dem späteren Ausweis inländischer Umsatzsteuer Rückwirkung für den Vorsteuerabzug des Leistungsempfängers zukommt.[7] Ansonsten und damit bei im Inland erbrachten Leistungen bejaht die FinVerw. die Rückwirkung eines erstmaligen Steuerausweises in einer berichtigten Rechnung bei einer zuvor zu Unrecht angenommenen Anwendung von § 13b UStG.[8]

45.2 Zu beachten ist zudem, dass der EuGH auch hier seine Betrugsbekämpfungsrechtsprechung angewendet wissen will. So soll bei einem dem Reverse Charge unterliegenden Umsatz dem Leistungsempfänger der Vorsteuerabzug versagt werden, wenn er bewusst einen fiktiven Lieferer in einer Gutschrift für diesen Umsatz angegeben hat und unter Berücksichtigung der tatsächlichen Umstände und der von dem Steuerpflichtigen vorgelegten Informationen die für die Prüfung, ob der wahre Lieferer Steuerpflichtiger war, erforderlichen Angaben fehlen oder rechtlich hinreichend nachgewiesen ist, dass der Steuerpflichtige Mehrwertsteuer hinterzogen hat oder gewusst hat oder hätte wissen müssen, dass der zur Begründung des Abzugsrechts geltend gemachte Umsatz in eine solche Hinterziehung einbezogen war.[9] Ob dies auch bei Anwendung des nationalen Rechts gilt, erscheint fraglich, da die gemäß § 14a Abs. 1 und 5 UStG auszustellenden Rechnungen für den Vorsteuerabzug nach § 15 Abs. 1 Satz 1 Nr. 4 UStG auf der Grundlage von Art. 178 Buchst. f MwStSystRL ohne Bedeutung sind. Zu einer Abzugsversagung kann es dann nur unter den Voraussetzungen des § 25f Abs. 1 Nr. 4 UStG (§ 25f Rz. 49) kommen.

1 Vgl. Abschn. 13b.16 Abs. 3 und Abschn. 13b.15 Abs. 4 UStAE.
2 Vgl. Abschn. 13b.16 Abs. 4 UStAE.
3 Vgl. Abschn. 13b. 14 UStAE.
4 BFH, Urt. v. 12.10.2016 – XI R 43/14, BStBl II 2022, 566 = UR 2017, 237 m. Anm. *Nücken*.
5 Vgl. Abschn. 13b.15 Abs. 2 UStAE.
6 BFH, Urt. v. 1.2.2022 – V R 33/18, BStBl II 2022, 785 = UR 2022, 552.
7 BFH, Urt. v. 7.7.2022 – V R 33/20, BStBl II 2022, 821 = UR 2022, 895.
8 Vgl. BMF, Schr. v. 18.9.2020, BStBl. I 2020, 976 = UR 2020, 814, Rz. 23.
9 EuGH, Urt. v. 11.11.2021 – C-281/20, ECLI:EU:C:2021:910 – Ferimet, UR 2022, 65 m. Anm. *Pflaum*.

5. Aufzeichnungspflichten

Leistender wie auch Leistungsempfänger unterliegen den Aufzeichnungspflichten nach § 22 Abs. 2 Nr. 8 UStG, die als Leistungsempfänger gemäß § 22 Abs. 1 Satz 2 UStG auch die nicht unternehmerisch tätige juristische Person treffen (§ 22 Rz. 48 f.).[1] 46

B. Anwendungsfälle

I. Leistungen nicht im Inland ansässiger Unternehmer (Absätze 1 und 2 Nr. 1 sowie Absatz 5 Satz 1)

1. Regelungskonzeption der Richtlinie

a) Regelungsverpflichtung und -ermächtigung

Das Unionsrecht verpflichtet die Mitgliedstaaten in **Art. 196 MwStSystRL**, eine Steuerschuld des Leistungsempfängers für Dienstleistungen (sonstige Leistungen) anzuordnen, die dem Empfängerortprinzip des Art. 44 MwStSystRL (§ 3a Abs. 2 UStG) unterliegen, wenn der Leistende nicht im Mitgliedstaat der Leistungserbringung (Inland) ansässig und der Leistungsempfänger ein Steuerpflichtiger (Unternehmer) oder eine nicht steuerpflichtige juristische Person ist. 47

Zudem besteht für die Mitgliedstaaten die Möglichkeit, nach **Art. 194 MwStSystRL** eine Steuerschuld des Leistungsempfängers bei Leistungen durch einen nicht im Mitgliedstaat der Leistungserbringung (Inland) ansässigen Steuerpflichtigen anzuordnen. 48

Art. 196 MwStSystRL und Art. 194 MwStSystRL beziehen sich gleichermaßen auf Leistungen der **im Ausland ansässigen Unternehmer.** Keine der Bestimmungen unterscheidet dabei zwischen der Ansässigkeit des Leistenden im übrigen Gemeinschaftsgebiet und der im Drittlandsgebiet. 49

b) Bestimmung der Auslandsansässigkeit

Die Richtlinie enthält keine eigenständigen Regelungen zur Bestimmung der Auslandsansässigkeit für die Übertragung der Steuerschuld auf den Leistungsempfänger. Allerdings kann insoweit über Art. 170 f. MwStSystRL auf die Regelungen in den **Erstattungsrichtlinien** an nicht im Mitgliedstaat der Steuerentstehung ansässige Steuerpflichtige angeknüpft werden.[2] 50

Danach ist ein Steuerpflichtiger (Unternehmer) **nicht** im **Mitgliedstaat** der **Leistungserbringung** (Inland) **ansässig**, wenn er dort weder den Sitz seiner wirtschaftlichen Tätigkeit noch eine feste Niederlassung, von der aus die Umsätze bewirkt worden sind, noch – in Ermangelung eines solchen Sitzes oder einer festen Niederlassung – seinen Wohnsitz oder seinen gewöhnlichen Aufenthaltsort gehabt hat.[3] Diesem Regelungsprinzip folgen auch Art. 44 und Art. 45 MwStSystRL. 51

c) Anforderungen an den Leistungsempfänger

Im zwingenden Anwendungsbereich des Art. 196 MwStSystRL handelt es sich bei der als Steuerschuldner verpflichteten Person **zwingend** um den **Leistungsempfänger** nach Art. 44 MwStSystRL (§ 3a Abs. 2 UStG). 52

Bei Ausübung der Ermächtigung in Art. 194 MwStSystRL können die Mitgliedstaaten festlegen, welche Anforderungen an den als Steuerschuldner verpflichteten Leistungsempfänger zu stellen sind. Dabei wäre es vorzugswürdig, sich am Anwendungsbereich von Art. 196 i.V.m. Art. 44 MwStSystRL zu orientieren und nur **Unternehmer** und **juristische Personen ohne Unternehmereigenschaft aber mit MwSt-Nr.** als Verpflichtete anzusehen. 53

1 Vgl. Abschn. 13b.17 UStAE.
2 EuGH, Urt. v. 6.10.2011 – C-421/10, ECLI:EU:C:2011:640 – Stoppelkamp, UR 2012, 120.
3 Art. 3 Buchst. a der Richtlinie 2008/9/EG, ABl. EU 2008 Nr. L 44, 23; Art. 1 Nr. 1 der Richtlinie 86/560/EWG, ABl. EG 1986 Nr. L 326, 40.

54 Theoretisch möglich wäre dabei auch ein Übergang der Steuerschuld auf **Endverbraucher**, die Leistungen von im Ausland ansässigen Unternehmern beziehen. Dies würde allerdings die Gefahr von Steuerausfällen eher erhöhen und ist daher im geltenden Recht zutreffend **nicht vorgesehen**.

d) Bedeutung der Ansässigkeit

55 Bei Leistungen, die ein **im Ausland ansässiger Unternehmer** an einen anderen **gleichfalls im Ausland ansässigen Unternehmer** im Inland steuerpflichtig erbringt, bejaht die FinVerw. die Verlagerung der Steuerschuld.[1]

56 Fraglich ist, ob dies mit den Zielen, die mit der Verlagerung der Steuerschuld angestrebt werden und die auch bei der Ausübung der Befugnisse nach Art. 194 Abs. 2 MwStSystRL zu beachten sind, vereinbar ist. Dient das Verfahren der Verlagerung der Steuerschuld insbesondere dazu, die Steuerhinterziehung und -umgehung zu bekämpfen,[2] kann dieses Ziel durch die Übertragung der Steuerschuld bei einer steuerpflichtigen Inlandsleistung durch einen ausländischen an einen inländischen Unternehmer erreicht werden. **Zweifelhaft** erscheint demgegenüber, weshalb bei steuerpflichtigen Inlandsleistungen zwischen im Ausland ansässigen Unternehmern die Übertragung der Steuerschuld von einem im Ausland ansässigen Unternehmer auf einen ebenso im Ausland ansässigen Unternehmer dem ebenso dienen kann. Zu einer Übertragung auf eine Person, die, wie mit der Regelung erstrebt (Rz. 23), erweiterten Kontrollmöglichkeiten der FinVerw. unterliegt, kommt es dann jedenfalls nicht.

57 Daher erscheint eine Verpflichtung von im Ausland ansässigen Leistungsempfängern nur insoweit gerechtfertigt, als es im Hinblick auf eine zumindest dem Grunde nach allgemein zu vermutende Berechtigung zum Vorsteuerabzug zum Eintritt einer **Nullsituation** kommt. Die Abgabe von Voranmeldung und Steuererklärung durch den im Ausland ansässigen Leistungsempfänger kann dann aus sachlichen Gründen als vorzugswürdig gegenüber einer Steuererklärungspflicht des ausländischen Unternehmers mit Steuerausweis in der Rechnung und Durchführung eines Vergütungsverfahrens beim Leistungsempfänger angesehen werden.

2. Regelungskonzeption des nationalen Rechts

a) Trennung in zwei Tatbestände

58 Zur Umsetzung von Art. 196 MwStSystRL und zur Ausübung der nach Art. 194 MwStSystRL bestehenden Ermächtigung in Bezug auf sonstige Leistungen und Werklieferungen ausländischer Unternehmer hätte in § 13b UStG **ein Anwendungstatbestand ausgereicht**, nach dem die steuerpflichtige Erbringung dieser Leistungen im Inland an Unternehmer und juristische Personen zu einer Steuerschuld des Leistungsempfängers führt.

59 Stattdessen hat sich der nationale Gesetzgeber dafür entschieden, dies auf die **Tatbestände des § 13b Abs. 1 und 2 Nr. 1 UStG aufzuteilen** und in § 13b Abs. 1 UStG eine eigenständige Regelung für die in § 3a Abs. 2 UStG bezeichneten sonstigen Leistungen der übrigen im Gemeinschaftsgebiet ansässigen Unternehmer zu schaffen, während die übrigen Leistungen § 13b Abs. 2 Nr. 1 UStG unterliegen.

60 Nach der **amtlichen Gesetzesbegründung** beruht dies darauf, dass der leistende Unternehmer diese Umsätze in einer ZM (§ 18a Abs. 2 UStG, § 18a Rz. 20 ff.) in dem jeweiligen Meldezeitraum anmelden muss. Um das Ziel einer effektiveren Kontrolle des innergemeinschaftlichen Waren- und Dienstleistungsverkehrs zu erreichen, bedürfe es eines einheitlichen Entstehungszeitpunkts der Umsatzsteuer für diese Umsätze.[3] Danach beruht die Eigenständigkeit von § 13b Abs. 1 UStG gegenüber § 13b Abs. 2 Nr. 1 UStG darauf, dass der nationale Gesetzgeber die in § 13b Abs. 1 UStG genannten Umsätze einer eigenständigen Erklärungskategorie in den Voranmeldungen unterwerfen wollte.

---

1 Abschn. 13b.1 Abs. 1 Satz 2 UStAE.
2 EuGH, Urt. v. 26.5.2016 – C-550/14, ECLI:EU:C:2016:354 – Envirotec Denmark ApS, UR 2016, 464, Rz. 40.
3 BR-Drucks 4/10, 42.

b) Kritik

Entgegen der heute bestehenden Rechtslage ist eine **Zusammenfassung** von § 13b Abs. 1 und Abs. 2 Nr. 1 UStG in einem Tatbestand **vorzugswürdig**. 61

- Das mit der Eigenständigkeit von § 13b Abs. 1 UStG in seinem heute bestehenden Anwendungsbereich verfolgte Regelungsziel **verstößt** gegen den **Grundsatz**, dass das **Verfahrensrecht** dienenden Charakter zur **Durchsetzung des materiellen Rechts** hat. Damit nicht vereinbar ist die Schaffung gesonderter materiell-rechtlicher Tatbestände, um Anknüpfungspunkte für verfahrensrechtliche Erklärungspflichten in Voranmeldungen zu schaffen. Regelungsort hierfür ist nicht § 13b UStG, sondern z.B. § 18b UStG, der für den Umkehrfall bereits in seinem Absatz 1 Satz 1 Nr. 2 UStG eine entsprechende Erklärungspflicht anordnet (§ 18b Rz. 8).
- Bei einer Zusammenfassung **erübrigen sich** die ungelenk formulierten **Ansässigkeitsdefinitionen** des § 13b Abs. 7 Sätze 1 und 2 UStG, die durch eine unmittelbar dem Unionsrecht entsprechende Formulierung (Rz. 66) ersetzt werden könnten.
- Folgt man dem Regelungssystem des nationalen Rechts, muss § 13b Abs. 1 UStG auch die nach § 3a Abs. 2 UStG erbrachten **Leistungen drittländischer Unternehmer** erfassen, um Art. 196 i.V.m. Art. 66 Unterabs. 2 MwStSystRL zu entsprechen. Demgegenüber benachteiligt § 13b Abs. 1 UStG mit der gegenüber § 13b Abs. 2 UStG vorgezogenen Steuerentstehung Leistungsbezüge von Unternehmern aus dem übrigen Gemeinschaftsgebiet.

3. Leistungen durch Unternehmer aus dem übrigen Gemeinschaftsgebiet (Absatz 1 und Absatz 5 Satz 1)

a) Allgemeines

Das § 13b UStG zugrundeliegende Regelungsprinzip der **Trennung** zwischen **Steuerentstehung** und **Verlagerung der Steuerschuld versagt** bei § 13b Abs. 1 UStG, da sich hier die Voraussetzungen für die Steuerschuldverlagerung bereits aus dieser Vorschrift ergeben, so dass § 13b Abs. 5 Satz 1 UStG hier keinerlei Bedeutung zukommt. Die in § 13b Abs. 1 UStG in Bezug genommene Vorschrift des § 3a Abs. 2 UStG setzt eine Leistungserbringung an Unternehmer oder an juristische Personen mit USt-IdNr. voraus, wodurch die in § 13b Abs. 5 Satz 1 Halbs. 1 UStG für die Verlagerung der Steuerschuld genannten Voraussetzungen zwingend erfüllt werden. Dabei kann es auch nicht z.B. über § 13b Abs. 7 Satz 6 UStG zu einer über den Anwendungsbereich von § 3a Abs. 2 UStG hinausgehenden Steuerschuldverlagerung kommen. 62

Die Sonderregelung für die im übrigen Gemeinschaftsgebiet ansässigen Unternehmer besteht für Umsätze seit 1.7.2010. Hierdurch wurden die weiteren Tatbestände der Vorschrift in § 13b Abs. 2 UStG überführt.[1] 63

b) Voraussetzungen für die Steuerentstehung

aa) Sonstige Leistungen

§ 13b Abs. 1 UStG gilt nur für sonstige Leistungen. Diese bestimmen sich nach der allgemeinen **Definition in § 3 Abs. 9 UStG** (§ 3 Rz. 500 ff.). Zudem muss sich der inländische Ort der sonstigen Leistung aus § 3a Abs. 2 UStG ergeben.[2] Von den Ausnahmetatbeständen des § 13b Abs. 6 UStG ist in Bezug auf die § 3a Abs. 2 UStG unterliegenden Leistungen nur § 13b Abs. 6 Nr. 5 UStG von Bedeutung (Rz. 96). 64

1 Art. 6 Nr. 3 des Gesetzes v. 8.4.2010, BGBl. I 2010, 386.

2 Vgl. hierzu Abschn. 3a.2 Abs. 16 ff. UStAE.

bb) Unternehmerbezogene Voraussetzungen

(1) Nationales Recht

65 Die von § 13b Abs. 1 UStG vorausgesetzte Ansässigkeit des Leistenden im übrigen Gemeinschaftsgebiet definiert § 13b Abs. 7 Satz 2 UStG.

66 § 13b Abs. 7 Satz 2 Halbs. 1 UStG stellt zwar auf dieselben Kriterien wie das Unionsrecht ab, muss aber in § 13b Abs. 7 Satz 2 letzter Halbsatz UStG[1] eine Zusatzregelung schaffen, die durch die verfehlte Unterscheidung zwischen Unternehmern aus dem übrigen Gemeinschaftsgebiet und dem sonstigen Ausland (Drittlandsgebiet) schwerfällig wirkt.

(2) Begriffsdefinitionen

67 Lässt man den Sonderfall der Betriebsstätte (Rz. 71 ff.) außer Betracht, ist von einer **Ansässigkeit im übrigen Gemeinschaftsgebiet** auszugehen, wenn der Unternehmer dort den Sitz seiner wirtschaftlichen Tätigkeit unterhält.

68 Wie bei Art. 10 MwStVO ist auf den Ort zur Vornahme der Handlung zur **zentralen Unternehmensverwaltung** abzustellen. Der satzungsmäßige Sitz ist nur ein Hilfskriterium um diesen Ort festzustellen.

69 Bei unionsrechtlicher Auslegung von § 13b Abs. 7 Satz 2 Halbs. 1 UStG ist daher **vorrangig** auf den **Ort der Geschäftsleitung** und nur hilfsweise auf den daneben auch genannten Sitz abzustellen. Auf die weiteren Kriterien des Wohnsitzes oder des gewöhnlichen Aufenthalts kommt es nur in Ermangelung eines gesonderten Sitzes der wirtschaftlichen Tätigkeit an.

70 **Wohnsitz** und **gewöhnlicher Aufenthalt** sind entsprechend Art. 12 und Art. 13 MwStVO auszulegen. Danach kommt es für den Wohnsitz auf die Eintragung im Melderegister und für den gewöhnlichen Aufenthalt auf den Ort an, an dem eine natürliche Person aufgrund ihrer persönlichen und beruflichen Bindungen gewöhnlich lebt. Die §§ 8 ff. AO sind daher weitgehend ohne Bedeutung.

(3) Besonderheiten bei Betriebsstätten (festen Niederlassungen)

(a) Definition der Betriebsstätte

71 Besondere Ansässigkeitsfragen stellen sich bei Vorliegen einer Betriebsstätte. Der Betriebsstättenbegriff ist **richtlinienkonform** entsprechend dem der festen Niederlassung auszulegen und bestimmt sich somit nach Art. 11 Abs. 2 MwStVO (§ 3a Rz. 17 ff.), nicht aber nach § 12 AO.

72 **Mangels eigener Verfügungsbefugnis** begründet der Unternehmer in den **Räumlichkeiten seines Auftragsgebers** im Regelfall keine Betriebsstätte.[2] Ebenso unterhält der Unternehmer in den Räumlichkeiten seines **Subunternehmers** keine Betriebsstätte. Fraglich ist, ob die **Vermietung von Grundstücken** durch die Begründung einer Betriebsstätte ansässigkeitsbegründend ist. Die FinVerw. bejaht dies ohne weitere Differenzierung.[3] Demgegenüber verneint der EuGH, dass eine vermietete Immobilie eine feste Niederlassung ist, wenn der Eigentümer der Immobilie nicht über eigenes Personal für die Leistungsbewirkung im Zusammenhang mit der Vermietung verfügt.[4] Danach dürfte nunmehr entsprechend diesem Personalkriterium zu unterscheiden sein. Danach führt die steuerpflichtige Vermietung von Inlandsgrundstücken an Unternehmer nunmehr zur Anwendung des § 13b UStG und des Vorsteuervergütungsverfahrens.

---

1 Eingefügt mit Wirkung seit 30.6.2013 gemäß Art. 10 Nr. 6 Buchst. d des Gesetzes v. 26.6.2013, BGBl. I 2013, 1809.

2 BFH, Urt. v. 30.6.2011 – V R 37/09, BFH/NV 2011, 2129.

3 Abschn. 13b.11 Abs. 2 Satz 2 UStAE.

4 EuGH, Urt. v. 3.6.2021 – C-931/19, ECLI:EU:C:2021:446 – Titanium, UR 2021, 513 m. Anm. *Monfort*.

(b) Eingeschränkte Ansässigkeitswirkung der Betriebsstätte

§ 13b Abs. 7 Satz 3 UStG ordnet an, dass der Unternehmer, der im Inland eine Betriebsstätte hat und im Inland einen Umsatz ausführt, hinsichtlich dieses Umsatzes **als im übrigen Gemeinschaftsgebiet ansässig gilt**, wenn die **Betriebsstätte** an diesem **Umsatz nicht beteiligt** ist.[1] 73

Unionsrechtlich beruht dies auf **Art. 192a MwStSystRL**. Danach gilt ein Steuerpflichtiger als nicht im Mitgliedstaat der steuerpflichtigen Leistungserbringung ansässig, obwohl er dort über eine feste Niederlassung verfügt, wenn die Niederlassung an der Leistungserbringung nicht beteiligt ist. **Art. 53 Abs. 1 MwStVO** ergänzt dies dahingehend, dass es der festen Niederlassung nach Beständigkeit und Struktur „erlaubt" sein muss, die Leistung, an der sie beteiligt ist, auszuführen. Hierfür muss der Steuerpflichtige nach Art. 53 Abs. 2 MwStVO die technische und personelle Ausstattung der Niederlassung für die Leistungserbringung nutzen. Nur **unterstützende verwaltungstechnische Aufgaben** – wie etwa in den Bereichen Buchhaltung, Rechnungsstellung oder Forderungseinzug – **reichen nicht** aus. Aus einer Rechnungserteilung unter der MwStNr. des Mitgliedstaats der Leistungserbringung soll sich aber eine widerlegbare Vermutung für die Beteiligung der Niederlassung ergeben. 74

Art. 53 Abs. 1 MwStVO kann dahingehend zu verstehen sein, dass eine Beteiligung der Niederlassung nur dann als ansässigkeitsbegründend für die Leistung wirkt, wenn die Niederlassung in der Lage wäre, die gesamte Leistung zu erbringen. Diese Auslegung vermeidet Auslegungsprobleme, die sich bei einer gemeinsamen Leistungserbringung durch mehrere Niederlassungen eines Unternehmers stellen. 75

(c) Bedeutung im Verhältnis zum Sitz der wirtschaftlichen Tätigkeit

Darüber hinaus bestimmt **Art. 54 MwStVO**, dass die Nichtansässigkeitswirkung des Art. 192a MwStSystRL nicht auf Steuerpflichtige anzuwenden ist, die im **Mitgliedstaat** der **Steuerentstehung** den **Sitz** ihrer wirtschaftlichen Tätigkeit **unterhalten**. Danach ist Art. 192a MwStSystRL dahingehend auszulegen, dass ein Steuerpflichtiger als nicht im Mitgliedstaat der steuerpflichtigen Leistungserbringung ansässig gilt, wenn er dort nur über eine feste Niederlassung verfügt, die an der Leistungserbringung nicht beteiligt ist. 76

Erbringt daher z.B. ein Unternehmer mit Sitz in Finnland und fester Niederlassung im Inland eine Art. 44 MwStSystRL (§ 3a Abs. 2 UStG) unterliegende Leistung an einen deutschen Unternehmer von seinem Sitz aus ohne Beteiligung der festen Niederlassung, handelt es sich um die Leistung eines im übrigen Gemeinschaftsgebiet ansässigen Unternehmers. Wird dieselbe Leistung von der finnischen festen Niederlassung eines Unternehmers mit Sitz im Inland erbracht, handelt es sich demgegenüber auch dann um die Leistung eines im Inland ansässigen Unternehmers, wenn die Leistung ausschließlich mit Mitteln der finnischen festen Niederlassung erbracht wurde. 77

(4) Zeitpunkt und Zweifelsfälle

Für die Ansässigkeitsmerkmale ist nach § 13b Abs. 7 Satz 4 UStG auf den Zeitpunkt abzustellen, in dem die **Leistung ausgeführt** wird. 78

Ist zweifelhaft, ob der Unternehmer die Voraussetzungen einer Ansässigkeit im übrigen Gemeinschaftsgebiet erfüllt, schuldet der Leistungsempfänger die Steuer nach § 13b Abs. 7 Satz 5 UStG nur dann nicht, wenn ihm der Unternehmer durch eine **Bescheinigung** des nach den abgabenrechtlichen Vorschriften für die Besteuerung seiner Umsätze zuständigen Finanzamts **nachweist**, dass er **kein Unternehmer** i.S.d. § 13b Abs. 7 Satz 2 UStG ist.[2] Eine derartige Bescheinigung ist nur zu erteilen, wenn der im Ausland ansässige Unternehmer im Inland steuerpflichtige Leistungen erbringt.[3] 79

1 Eine Regelung zur Sonderstellung der Betriebsstätte bestand bereits seit 1.1.2010 nach Art. 7 Nr. 7 des Gesetzes v. 19.12.2008, BGBl. I 2008, 2794.
2 Vgl. hierzu Abschn. 13b.11 Abs. 3 und 4 UStAE.
3 BFH, Urt. v. 12.12.2019 – V R 20/18, BFH/NV 2020, 392.

c) Zusatzvoraussetzungen für die Steuerschuldnerschaft des Leistungsempfängers

aa) Gesetzliche Regelung

80 Nach § 13b Abs. 5 Satz 1 Halbs. 1 UStG schuldet der Leistungsempfänger die Steuer, wenn er ein Unternehmer oder eine juristische Person ist. Dies gilt auch dann, wenn neben dem Unternehmer eine weitere Person Empfänger der Leistung ist, der Unternehmer Schuldner des vollen Entgeltbetrages ist und der weitere Leistungsempfänger nicht zum Kreis der in § 13b Abs. 5 Satz 1 UStG genannten Steuerschuldner gehört.[1] Bei einem Leistungsbezug durch Unternehmer kommt es gemäß § 13b Abs. 5 Satz 7 UStG nicht darauf an, ob er die Leistung für **unternehmerische oder nichtunternehmerische Zwecke** verwendet. Allerdings kann es dann bereits an den Voraussetzungen für die Begründung eines inländischen Leistungsorts nach § 3a Abs. 2 UStG fehlen. Eine § 13b Abs. 5 Satz 11 UStG entsprechende Sonderregelung, dass eine jPdöR die Steuer nicht schuldet, wenn sie die Leistung für den nichtunternehmerischen Bereich bezieht, besteht nicht.

bb) Definitionen

81 Die Unternehmereigenschaft des Leistungsempfängers bestimmt sich nach §§ 2, 2b UStG. An einer **Definition** der **juristischen Person fehlt** es demgegenüber (Rz. 21). Unter Beachtung der unionsrechtlichen Grundlage für sonstige Leistungen in Art. 196 MwStSystRL, deren Leistungsort sich nach § 3a Abs. 2 UStG (Art. 44 MwStSystRL) bestimmt, kommt es auf eine nicht steuerpflichtige juristische Person mit MwSt-IdNr. an.

82 Der BFH geht im Zusammenhang mit der **Organschaft** davon aus, dass der auch dort verwendete Begriff der juristischen Person, der im Grundsatz über die bloße Rechtsfähigkeit hinaus auf eine eigene Rechtspersönlichkeit abstellt, nicht allgemein erweiterbar auf rechtsfähige Personengesellschaften auslegbar ist (§ 2 Rz. 87 ff.).

cc) Kein Ansässigkeitserfordernis

83 Zu beachten ist, dass § 13b Abs. 5 Satz 1 Halbs. 1 UStG keine Voraussetzungen an die Ansässigkeit des Leistungsempfängers stellt. Liegt eine im Inland steuerpflichtig erbrachte Leistung vor, geht die Steuerschuld daher auch auf einen im Ausland ansässigen Unternehmer oder eine im Ausland ansässige juristische Person über. Unionsrechtlich erscheint dies fragwürdig (Rz. 61).

4. Leistungen durch ausländische Unternehmer (Absatz 2 Nr. 1 und Absatz 5 Satz 1)

a) Einführung

aa) Regelungsgegenstand und Bedeutung

84 § 13b Abs. 2 Nr. 1 UStG ist auf Werklieferungen und nicht unter § 13b Abs. 1 UStG fallende sonstige Leistungen ausländischer Unternehmer anzuwenden (zu den unionsrechtlichen Grundlagen s. Rz. 47 ff.). Danach unterfallen folgende im Inland erbrachte Leistungen der Vorschrift:

- Werklieferungen durch Unternehmer aus dem übrigen Gemeinschaftsgebiet und aus dem Drittlandsgebiet;
- Sonstige Leistungen i.S.d. § 3 Abs. 2 UStG durch Unternehmer aus dem Drittlandsgebiet;
- Andere sonstige Leistungen durch Unternehmer aus dem übrigen Gemeinschaftsgebiet und aus dem Drittlandsgebiet.

85 Die Steuer entsteht nach dieser Vorschrift mit der Rechnungsausstellung, spätestens mit Ablauf des der Leistungsausführung folgenden Kalendermonats (Rz. 17). Unter den weiteren Voraussetzungen des § 13b Abs. 5 UStG besteht zudem die Steuerschuldnerschaft des Leistungsempfängers.

1 BFH, Urt. v. 10.12.2020 – V R 7/20, BFHE 272, 177 = UR 2021, 520.

bb) Rechtsentwicklung

Für Werklieferungen und sonstige Leistungen ausländischer Unternehmer galt die Vorschrift zunächst als § 13b Abs. 1 Satz 1 Nr. 1 UStG a.F. bereits für die seit 1.1.2002 ausgeführten Umsätze. 86

b) Voraussetzungen für die Steuerentstehung

aa) Leistungsbezogene Voraussetzungen

§ 13b Abs. 2 Nr. 1 UStG bezieht sich leistungsbezogen auf **zwei Fälle**. 87

Die Vorschrift gilt zum einen für **Werklieferungen**. Der Begriff der Werklieferung richtet sich nach der allgemeinen Definition in § 3 Abs. 4 UStG (§ 3 Rz. 307 ff.). Montagelieferungen sind nicht als Werklieferungen anzusehen.[1] 88

Zum anderen erfasst die Vorschrift **alle sonstigen Leistungen** i.S.d. § 3 Abs. 9 UStG, deren Ort sich im Inland befindet. Es kann sich auch um sonstige Leistungen nach § 3a Abs. 2 UStG eines im Drittlandsgebiet ansässigen Unternehmers handeln, obwohl dieser Fall aus Sicht der Richtlinie in § 13b Abs. 1 UStG einzubeziehen gewesen wäre (Rz. 34). 89

Der **inländische Leistungsort** des **ausländischen Unternehmers** kann sich z.B. aus § 3a Abs. 3 UStG, aus § 3a Abs. 5 UStG (für sonstige Leistungen an juristische Personen, die nicht die Merkmale des § 3a Abs. 5 Satz 1 Nr. 3 UStG aufweisen) oder § 3b UStG ergeben. 90

bb) Ausnahmetatbestände für sonstige Leistungen

(1) Grundlagen

Der Gesetzgeber sieht die **Steuerpflicht** des Leistungsempfängers in **Einzelfällen** als **unangemessen** an und belässt es aufgrund der nach § 13b Abs. 6 UStG bestehenden Sonderregelungen bei der sich aus § 13 Abs. 1 Nr. 1 UStG ergebenden Steuerschuldnerschaft. In der vom Gesetzgeber gewählten Regelungstechnik handelt es sich um eine Abweichung von den Steuerentstehungszeitpunkten des § 13b Abs. 1 und 2 UStG, die dann auch zu einem Entfallen der Verlagerung der Steuerschuld nach § 13b Abs. 5 UStG führen. Die Sonderregelungen nach § 13b Abs. 6 UStG beziehen sich im **Schwerpunkt** auf die **Personenbeförderung**, aber auch auf andere Leistungen. 91

(2) Personenbeförderung

Ausgeschlossen ist nach § 13b Abs. 6 Nr. 1 UStG die Personenbeförderung, die der Beförderungseinzelbesteuerung nach § 16 Abs. 5 UStG unterlegen hat. Dies galt nach § 13b Abs. 3 UStG a.F. bereits beim ersten Inkrafttreten von § 13b UStG ab 1.1.2002. 92

Ausgeschlossen ist nach § 13b Abs. 6 Nr. 2 UStG die Personenbeförderung, die mit einem Fahrzeug i.S.d. § 1b Abs. 2 Satz 1 Nr. 1 UStG durchgeführt worden ist. Eine vergleichbare Regelung für die Personenbeförderung mit Kraftdroschken bestand nach § 13b Abs. 3 Nr. 2 UStG a.F. bereits für Umsätze seit 1.1.2004.[2] Die Änderung von Kraftdroschke zu Taxi erfolgte mit Wirkung ab 19.12.2006.[3] Die Umstellung auf Fahrzeuge i.S.d. § 1b Abs. 2 Satz 1 Nr. 1 UStG erfolgte mit Wirkung ab 1.10.2013.[4] 93

Ausgeschlossen ist nach § 13b Abs. 6 Nr. 3 UStG die grenzüberschreitende Personenbeförderung im Luftverkehr. Dies gilt nach § 13b Abs. 3 Nr. 3 UStG a.F. bereits für Umsätze seit 1.1.2004.[5] 94

1 *Langer*, MwStR 2014, 759; so nunmehr auch Abschn. 3.8. Abs. 1 Satz 1 UStAE i.d.F. v. BMF, Schr. v. 1.10.2020 – III C 2-S 7112/19/10001 :001 – DOK 2020/0945668, BStBl. I 2020, 983 = UR 2020, 894.

2 Art. 5 Nr. 13 des Gesetzes v. 15.12.2003, BGBl. I 2003, 2645.

3 Art. 7 Nr. 6 Buchst. a des Gesetzes v. 13.12.2006, BGBl. I 2006, 2878.

4 Art. 10 Nr. 6 Buchst. c des Gesetzes v. 26.6.2013, BGBl. I 2013, 1809.

5 Art. 5 Nr. 13 des Gesetzes v. 15.12.2003, BGBl. I 2003, 2645.

(3) Andere sonstige Leistungen

95 Ausgeschlossen ist nach § 13b Abs. 6 Nr. 4 UStG die Einräumung der **Eintrittsberechtigung** für **Messen, Ausstellungen** und **Kongresse** im Inland. Die Regelung gilt als § 13b Abs. 3 Nr. 4 UStG a.F. für Umsätze seit 1.1.2007.[1]

96 Ausgeschlossen ist nach § 13b Abs. 6 Nr. 5 UStG die sonstige Leistung einer **Durchführungsgesellschaft** an im Ausland ansässige Unternehmer, soweit diese Leistung im Zusammenhang mit der Veranstaltung von **Messen** und **Ausstellungen** im Inland steht. Die Regelung galt als § 13b Abs. 3 Nr. 5 UStG a.F. für Umsätze seit 1.1.2007.[2]

97 Ausgeschlossen ist nach § 13b Abs. 6 Nr. 6 UStG die Abgabe von Speisen und Getränken zum Verzehr an Ort und Stelle (**Restaurationsleistung**), wenn diese Abgabe an Bord eines Schiffs, in einem Luftfahrzeug oder in einer Eisenbahn erfolgt. Die Vorschrift wurde für Umsätze seit 14.12.2010 eingeführt.[3]

cc) Unternehmerbezogene Voraussetzungen

98 § 13b Abs. 2 Nr. 1 UStG i.V.m. § 13b Abs. 7 Satz 1 UStG stellen in Übereinstimmung mit der Richtlinie auf das Fehlen von Ansässigkeitsmerkmalen im Inland ab. Diese sind wie bei § 13b Abs. 7 Satz 2 UStG (Rz. 65 f.) auszulegen.

c) Zusatzvoraussetzungen für die Steuerschuldnerschaft des Leistungsempfängers

99 Für die Entstehung der Steuerschuld beim Leistungsempfänger kommt es bei § 13b Abs. 2 Nr. 1 UStG ebenso wie bei § 13b Abs. 1 UStG auf die Regelungen in § 13b Abs. 5 Satz 1 Halbs. 1, Sätze 7 und 11 UStG an. Diese sind wie bei § 13b Abs. 1 UStG (Rz. 80 ff.) auszulegen.

II. Sicherungsübereignung (Absatz 2 Nr. 2 und Absatz 5 Satz 1)

1. Einführung

a) Regelungsgegenstand

100 § 13b Abs. 2 Nr. 2 UStG erfasst die Lieferung sicherungsübereigneter Gegenstände durch den Sicherungsgeber an den Sicherungsnehmer **außerhalb** des **Insolvenzverfahrens.**

101 Der Sicherungsnehmer ist im Hinblick auf die im Regelfall steuerpflichtige Anschlussverwertung aus der von ihm geschuldeten Steuer auch dann zum Vorsteuerabzug berechtigt, wenn das Grundgeschäft, das zur Sicherungsübereignung führte, wie bei einer Kreditvergabe durch eine Bank steuerfrei war. Zu beachten ist die Nichtanwendung gemäß § 13b Abs. 5 Satz 10 UStG (Rz. 237), wenn die Lieferung beim Sicherungsgeber § 25a UStG unterliegt.

b) Unionsrechtliche Grundlagen

102 Unionsrechtlich beruht die Regelung zur Steuerschuldnerschaft des Leistungsempfängers auf **Art. 199 Abs. 1 Buchst. e MwStSystRL.** Danach können die Mitgliedstaaten eine Steuerschuldnerschaft des Leistungsempfängers für die Lieferung sicherungsübereigneter Gegenstände durch einen steuerpflichtigen Sicherungsgeber an den ebenfalls steuerpflichtigen Sicherungsnehmer anordnen.

103 **Art. 199 Abs. 2 MwStSystRL** berechtigt die Mitgliedstaaten, Leistungen und Kategorien von Leistenden und Leistungsempfängern zu bestimmen. Nach **Art. 199 Abs. 3 Buchst. a MwStSystRL** können die Mitgliedstaaten vorsehen, dass ein Steuerpflichtiger, der auch Tätigkeiten ausführt oder Umsätze bewirkt, die nicht als steuerbare Leistung angesehen werden, in Bezug auf Leistungen, die er erhält, als

---

1 Art. 7 Nr. 6 Buchst. b des Gesetzes v. 13.12.2006, BGBl. I 2006, 2878.

2 Art. 7 Nr. 6 Buchst. b des Gesetzes v. 13.12.2006, BGBl. I 2006, 2878.

3 Art. 4 Nr. 8 Buchst. c Doppelbuchst. cc des Gesetzes v. 8.12.2010, BGBl. I 2010, 1768.

Steuerpflichtiger gilt. Zudem kann gemäß **Art. 199 Abs. 3 Buchst. b MwStSystRL** angeordnet werden, dass eine nicht steuerpflichtige Einrichtung des öffentlichen Rechts als Steuerpflichtiger gilt.

Das **nationale Recht entspricht im Wesentlichen** der **Richtlinie**. Allerdings ist die Einbeziehung juristischer Personen ohne Unternehmereigenschaft in die Verlagerung der Steuerschuldnerschaft nur insoweit mit der Richtlinie vereinbar, als es sich um Einrichtungen des öffentlichen Rechts und damit um jPdöR handelt. Art. 199 Abs. 1 Buchst. e MwStSystRL stellt auf eine Unternehmereigenschaft des Sicherungsnehmers ab. Die Ermächtigung zur Bestimmung von Kategorien von Leistungsempfängern in Art. 199 Abs. 2 MwStSystRL besteht nur in den Grenzen von Art. 199 Abs. 1 Buchst. e MwStSystRL. Zudem erfasst die durch Art. 199 Abs. 3 Buchst. b MwStSystRL eingeräumte Fiktion nur Einrichtungen des öffentlichen Rechts (jPdöR). 104

c) Rechtsentwicklung

Für die Lieferung sicherungsübereigneter Gegenstände galt die Vorschrift zunächst als § 13b Abs. 1 Satz 1 Nr. 2 UStG a.F. bereits für die seit 1.1.2002 ausgeführten Umsätze. 105

2. Voraussetzungen für die Steuerentstehung

a) Lieferung sicherungsübereigneter Gegenstände

Die Vereinbarung einer Sicherungsübereignung führt umsatzsteuerrechtlich noch nicht zu einer Lieferung. Zu einer Lieferung kommt es erst durch die **Verwertung** des Sicherungsguts. 106

Diese kann zum einen durch den Sicherungsnehmer erfolgen. Mit der Verwertung durch Lieferung an einen Erwerber kommt es dann zu einem sog. **Doppelumsatz**, bei dem der Sicherungsgeber an den Sicherungsnehmer und dieser im Rahmen einer Verwertungslieferung an einen dritten Erwerber liefert. 107

Für den Fall der Verwertung ab Verwertungsreife durch den Sicherungsgeber geht die h.M. (§ 3 Rz. 35) von einem sog. **Dreifachumsatz** aus, bei dem der Sicherungsgeber an den Sicherungsnehmer, dieser an den Sicherungsgeber und dieser schließlich an den dritten Erwerber liefert. Dem Dreifachumsatz liegt die – nach der hier vertretenen Auffassung unzutreffende – Annahme zugrunde, dass es auch durch die Verwertung durch den Sicherungsgeber zu einem Erstarken der Sicherungsübereignung zu einer Lieferung an den Sicherungsnehmer kommt. Vorzugswürdig ist demgegenüber die Annahme einer Einfachlieferung mit Sicherungsabtretung, die dann zur Anwendung von § 13c UStG führt (§ 3 Rz. 38). 108

Auf der Grundlage der h.M. ist § 13b Abs. 2 Nr. 2 UStG sowohl beim Doppel- als auch beim Dreifachumsatz auf die Lieferung des Sicherungsgebers an den Sicherungsnehmer anzuwenden. 109

b) Lieferung außerhalb eines Insolvenzverfahrens

aa) Bedeutung

Die Lieferung muss außerhalb eines Insolvenzverfahrens erfolgen. Diese Einschränkung ist im Hinblick auf Art. 199 Abs. 2 MwStSystRL unionsrechtlich zulässig und bezieht sich auf die Eröffnung eines Insolvenzverfahrens beim Sicherungsgeber. Liefert dieser innerhalb eines eröffneten Insolvenzverfahrens an den Sicherungsnehmer, entsteht die Umsatzsteuer für diese Lieferung als **Masseverbindlichkeit** nach § 55 Abs. 1 InsO beim Sicherungsgeber als Steuerschuldner gemäß § 13 Abs. 1 Nr. 1 UStG, so dass es zur Sicherung des Steueranspruchs keiner Verlagerung der Steuerschuld auf den Sicherungsnehmer bedarf. Insolvenzrechtlich hat der Sicherungsgeber, für den sein Insolvenzverwalter handelt, Anspruch auf Zahlung der für seine Lieferung geschuldeten Umsatzsteuer in die Masse.[1] 110

Eine Lieferung **innerhalb des Insolvenzverfahrens**, die die Anwendung von § 13b Abs. 2 Nr. 2 UStG ausschließt, liegt z.B. auch im Fall von Massearmut oder Masseunzulänglichkeit[2] vor. 111

---

1 § 171 Abs. 2 Satz 3 InsO.
2 §§ 207, 208 InsO.

112 Ob die Lieferung innerhalb des Insolvenzverfahrens erfolgt, richtet sich in zeitlicher Hinsicht nach dem **Zeitpunkt der Lieferung**. Sowohl beim Doppel- als auch beim Dreifachumsatz erfolgen die Lieferungen zeitgleich – getrennt nur durch juristische Sekunden – mit der Verwertungslieferung.

113 Von einer Lieferung durch den Sicherungsgeber an den Sicherungsnehmer innerhalb eines Insolvenzverfahrens ist auch dann auszugehen, wenn der Sicherungsnehmer den sicherungsübereigneten Gegenstand vor Insolvenzeröffnung an sich nimmt, aber erst nach Insolvenzeröffnung verwertet.[1]

bb) Besonderheiten beim Insolvenzeröffnungsverfahren

114 Die Lieferung während eines Insolvenzeröffnungsverfahrens beim Sicherungsgeber ist eine § 13b Abs. 2 Nr. 2 UStG unterliegende Lieferung außerhalb des Insolvenzverfahrens. Dies gilt auch dann, wenn die Lieferung unter Beteiligung eines vorläufigen Insolvenzverwalters des Sicherungsgebers erfolgt. Im Hinblick auf die Anwendung von § 13b Abs. 2 Nr. 2 und Abs. 5 Satz 1 Halbs. 1 UStG entsteht keine Steuerschuld beim Sicherungsgeber, die in einem später eröffneten Insolvenzverfahren Masseverbindlichkeit nach § 55 Abs. 4 InsO wäre.[2] Hierfür spricht bereits, dass über die Frage der **Steuerschuldnerschaft** nach den Verhältnissen im **Zeitpunkt der Lieferung** zu entscheiden ist, so dass es auf eine dem nur nachfolgende Insolvenzeröffnung nicht ankommt.

115 Hiervon abweichend soll bei einer Lieferung im Insolvenzeröffnungsverfahren unter Bestellung eines **vorläufigen starken Insolvenzverwalters**, der für das eröffnete Verfahren Masseverbindlichkeiten nach § 55 Abs. 2 InsO begründet, eine Lieferung innerhalb eines Insolvenzverfahrens vorliegen.[3] Dies ist nach der hier vertretenen Auffassung unzutreffend (Rz. 114).

3. Zusatzvoraussetzungen für die Steuerschuldnerschaft des Leistungsempfängers

116 Nach § 13b Abs. 5 Satz 1 Halbs. 1 UStG schuldet der Leistungsempfänger die Steuer, wenn er ein Unternehmer oder eine juristische Person ist.

117 Die im nationalen Recht angeordnete Steuerschuldnerschaft der juristischen Person des Zivilrechts ohne Unternehmereigenschaft ist richtlinienwidrig (Rz. 34).

118 Bei einem Leistungsbezug durch Unternehmer kommt es gemäß § 13b Abs. 5 Satz 7 UStG nicht darauf an, ob er die Leistung für unternehmerische oder nichtunternehmerische Zwecke verwendet. Dies beruht unionsrechtlich auf Art. 199 Abs. 3 Buchst. b MwStSystRL.

119 Eine § 13b Abs. 5 Satz 11 UStG entsprechende Sonderregelung, dass eine jPdöR die Steuer nicht schuldet, wenn sie die Leistung für den nichtunternehmerischen Bereich bezieht, besteht nicht. Danach kann die Vorschrift auch auf Finanzbehörden bei der Befriedigung von Steueransprüchen anzuwenden sein.

III. Grunderwerbsteuerbare Umsätze (Absatz 2 Nr. 3 und Absatz 5 Satz 1)

1. Einführung

120 § 13b Abs. 2 Nr. 3 UStG gilt für Umsätze, die unter das Grunderwerbsteuergesetz fallen.

121 Unionsrechtlich beruht die Regelung zur Steuerschuldnerschaft des Leistungsempfängers auf **Art. 199 Abs. 1 Buchst. c und g MwStSystRL**. Danach können die Mitgliedstaaten eine Steuerschuldnerschaft des steuerpflichtigen Empfängers für die steuerpflichtige Lieferung von Grundstücken anordnen. Sie können gemäß Art. 199 Abs. 3 Buchst. b MwStSystRL auch regeln, dass eine nicht steuerpflichtige Einrichtung des öffentlichen Rechts als Steuerpflichtiger gilt.

122 Die Vorschrift galt zunächst für Lieferungen von Grundstücken im Zwangsversteigerungsverfahren durch den Vollstreckungsschuldner an den Ersteher als § 13b Abs. 1 Satz 1 Nr. 3 UStG a.F. bereits für

---

1 BFH, Beschl. v. 19.7.2007 – V B 222/06, BStBl. II 2008, 163 = UR 2007, 820.
2 BMF, Schr. v. 20.5.2015 – IV A 3-S 0550/10/10020-05, BStBl. I 2015, 476 = UR 2015, 526, Rz. 23.
3 OFD Frankfurt, Vfg. v. 29.2.2012 – S 7279 A-5-St 113, UR 2012, 654.

die seit 1.1.2002 ausgeführten Umsätze. Die Umstellung auf grunderwerbsteuerbare Umsätze erfolgte mit Wirkung ab 1.4.2004.[1]

2. Voraussetzungen für die Steuerentstehung

Ob ein Umsatz unter das GrEStG fällt, bestimmt sich bei § 13b Abs. 2 Nr. 3 UStG in der gleichen Weise wie bei der Steuerfreiheit nach § 4 Nr. 9 Buchst. a UStG (§ 4 Nr. 9 Buchst. a Rz. 55 ff.). 123

Da § 13b UStG nur auf steuerpflichtige Umsätze anzuwenden ist, kommt es zusätzlich darauf an, dass die Voraussetzungen für den Verzicht auf die Steuerfreiheit nach § 9 UStG vorliegen. Daher muss gemäß § 9 Abs. 1 UStG eine Leistung an einen Unternehmer für dessen Unternehmer vorliegen (§ 9 Rz. 57 ff.). 124

3. Zusatzvoraussetzungen für die Steuerschuldnerschaft des Leistungsempfängers

Nach § 13b Abs. 5 Satz 1 Halbs. 1 UStG schuldet der Leistungsempfänger die Steuer, wenn er Unternehmer oder juristische Person ist. Wer Leistungsempfänger ist, richtet sich im Allgemeinen nach dem der Leistung zugrunde liegenden Rechtsverhältnis. Dies führt bei der Übertragung von hälftigem Miteigentum dazu, dass der jeweilige Miteigentümer Leistungsempfänger ist, so dass für den Fall eines Verzichts gemäß § 9 Abs. 1 und Abs. 3 UStG auf die nach § 4 Nr. 9 Buchst. a UStG bestehende Steuerfreiheit keine Steuerschuld einer von der FinVerw. häufig (zu Unrecht) angenommen GbR der Miteigentümer nach § 13b Abs. 2 Nr. 3 und Abs. 5 Satz 1 UStG besteht. Der BFH begründet dies mit der durch § 4 Nr. 9 Buchst. a UStG geprägten Bestimmung der Leistungsbeziehungen, die sich aus dem Erwerb von zwei Miteigentumsanteilen (durch dann auch zwei Erwerber) ergeben, wohingegen die Annahme einer stillschweigenden GbR-Gründung fiktiv erscheint.[2] 125

Die Anordnung einer Steuerschuldnerschaft für juristische Personen ohne Unternehmereigenschaft überschreitet den sich aus Art. 199 Abs. 1, 2 und Abs. 3 Buchst. b MwStSystRL ergebenden Ermächtigungsrahmen, da danach eine Steuerschuldnerschaft nur für die juristischen Personen ohne Unternehmereigenschaft angeordnet werden darf, die Personen des öffentlichen Rechts sind (Rz. 103 f.). 126

Letztlich kommt es hierauf aber nicht an. Denn für alle juristischen Personen ohne Unternehmereigenschaft läuft die Anordnung einer Steuerschuldnerschaft leer, da hier bereits im Hinblick auf § 9 Abs. 1 UStG **keine steuerpflichtige Leistung** vorliegen kann (Rz. 124). 127

Bei einem Leistungsbezug durch Unternehmer soll es gemäß § 13b Abs. 5 Satz 7 UStG nicht darauf ankommen, ob er die Leistung für **unternehmerische oder nichtunternehmerische Zwecke** verwendet. Auch dies ist wegen § 9 Abs. 1 UStG ohne Bedeutung, da ohne Verzicht keine steuerpflichtige Leistung vorliegt. Eine § 13b Abs. 5 Satz 11 UStG entsprechende Sonderregelung, dass eine jPdöR die Steuer nicht schuldet, wenn sie die Leistung für den nichtunternehmerischen Bereich bezieht, besteht nicht. 128

IV. Bauleistungen (§ 13b Absatz 2 Nr. 4 und Absatz 5 Satz 2)

1. Einführung

a) Regelungsgegenstand

§ 13b Abs. 2 Nr. 4 Satz 1 UStG gilt für Bauleistungen im Zusammenhang mit Grundstücken. Es kann sich um eine **Werklieferung** oder eine **sonstige Leistung** handeln. Die Leistung muss der Herstellung, Instandsetzung, Instandhaltung, Änderung oder Beseitigung von Bauwerken dienen. Ausgenommen sind Planungs- und Überwachungsleistungen. Als Grundstücke gelten auch Sachen, Ausstattungsgegenstände und Maschinen, die auf Dauer in einem Gebäude oder Bauwerk installiert sind und die nicht bewegt werden können, ohne das Gebäude oder Bauwerk zu zerstören oder zu verändern. Die Regelung für den Leistungsbezug von ausländischen Unternehmern bleibt hiervon unberührt. 129

1 Art. 14 Nr. 2 Buchst. a Doppelbuchst. aa des Gesetzes v. 29.12.2003, BGBl. I 2003, 3076.
2 BFH, Urt. v. 25.11.2021 – V R 44/20, BStBl. II 2023, 285 = UR 2022, 392.

b) Unionsrechtliche Grundlagen

130 Unionsrechtlich beruht die Regelung zur Steuerschuldnerschaft des Leistungsempfängers auf **Art. 199 Abs. 1 Buchst. a MwStSystRL.**

131 Danach können die Mitgliedstaaten eine Steuerschuldnerschaft des steuerpflichtigen Empfängers für

- Bauleistungen, einschließlich Reparatur-, Reinigungs-, Wartungs-, Umbau- und Abbruchleistungen
- im Zusammenhang mit Grundstücken

anordnen. Die dort zusätzlich eingeräumte **Ermächtigung** in Bezug auf die aufgrund des Art. 14 Abs. 3 MwStSystRL als Lieferung von Gegenständen zu betrachtete **Erbringung bestimmter Bauleistungen** hat der nationale Gesetzgeber **nicht ausgeübt**. Die Mitgliedstaaten können gemäß Art. 199 Abs. 2 MwStSystRL die Leistungen und die Kategorien von Leistenden und Leistungsempfängern, für die die Regelung gelten soll, bestimmen.

132 frei

133 Zudem ist Art. 13b MwStVO zu berücksichtigen (§ 4 Nr. 9 Buchst. a Rz. 6 f.). Danach gilt als „Grundstück"

- ein bestimmter über- oder unterirdischer Teil der **Erdoberfläche**, an dem Eigentum und Besitz begründet werden kann (Buchst. a);
- jedes mit oder in dem Boden über oder unter dem Meeresspiegel befestigte **Gebäude** oder jedes derartige **Bauwerk**, das nicht leicht abgebaut oder bewegt werden kann (Buchst. b);
- jede Sache, die einen **wesentlichen Bestandteil** eines Gebäudes oder eines Bauwerks bildet, ohne die das Gebäude oder das Bauwerk unvollständig ist, wie zum Beispiel Türen, Fenster, Dächer, Treppenhäuser und Aufzüge (Buchst. c) sowie
- **Sachen, Ausstattungsgegenstände oder Maschinen**, die auf Dauer in einem Gebäude oder einem Bauwerk installiert sind, und die nicht bewegt werden können, ohne das Gebäude oder das Bauwerk zu zerstören oder zu verändern (Buchst. d).

c) Rechtsentwicklung

134 Die Regelung wurde zunächst als § 13b Abs. 1 Satz 1 Nr. 4 UStG a.F. mit Wirkung ab 1.4.2004 für Werklieferungen und sonstige Leistungen, die der Herstellung, Instandsetzung, Instandhaltung, Änderung oder Beseitigung von Bauwerken dienen, mit Ausnahme von Planungs- und Überwachungsleistungen eingeführt.[1] Es kam dabei nach § 13b Abs. 2 Satz 2 UStG a.F. zudem darauf an, dass der Leistungsempfänger selbst ein Unternehmer war, der derartige Leistungen erbrachte. Die heutige Regelung zur Verlagerung der Steuerschuld besteht seit 1.10.2014.[2] Die Vorschrift wurde mit Wirkung ab 6.11.2015 neu gefasst.[3]

2. Voraussetzungen für die Steuerentstehung

a) Leistungsarten

135 Nach § 13b Abs. 2 Nr. 4 UStG kann es sich bei den Bauleistungen um Werklieferungen oder sonstige Leistungen handeln. Die Regelung erstreckt sich daher **nicht** auf die Lieferung von beweglichen Gegenständen (**Material**).[4] Gleiches gilt für die **Bebauung eigener Grundstücke** zum Zwecke des Verkaufs.[5]

1 Art. 14 Nr. 2 Buchst. a Doppelbuchst. bb des Gesetzes v. 29.12.2003, BGBl. I 2003, 3076.
2 Art. 8 Nr. 2 Buchst. b Doppelbuchst. bb des Gesetzes v. 25.7.2014, BGBl. I 2014, 1266.
3 Art. 11 Nr. 2 Buchst. a des Gesetzes v. 2.11.2015, BGBl. I 2015, 1834.
4 Abschn. 13b.2 Abs. 7 Nr. 1–4 UStAE.
5 Abschn. 13b.2 Abs. 7 Nr. 17 UStAE.

b) Bedeutung von Grundstück und Bauwerk

aa) Bauwerk als Grundstücksbestandteil

§ 13b Abs. 2 Nr. 4 UStG lässt mit der Umschreibung der Bauleistung im Zusammenhang mit einem Grundstück, die der Herstellung etc. eines Bauwerks dient, unklar, in welchem **Verhältnis Grundstück und Bauwerk** zueinanderstehen. Das Unionsrecht ist hier klarer, da nach Art. 13b Buchst. b MwStVO Bauwerke und Gebäude als Grundstücke gelten, wenn sie nicht leicht abgebaut oder bewegt werden können. 136

Unter Berücksichtigung der Richtlinie ergibt sich der Zusammenhang der Bauleistung zum Grundstück damit aus einem **Zusammenhang** der **Bauleistung** zum **Bauwerk** (oder Gebäude) als Grundstücksbestandteil. Die Bauleistung muss daher auf ein Bauwerk (oder Gebäude) in der Weise bezogen sein, dass die Bauleistung der Errichtung, Änderung oder Beseitigung des Bauwerks dient. Dieses **Dienen** umschreibt somit den erforderlichen Zusammenhang. 137

Wie sich aus Art. 13b Buchst. b MwStVO ergibt, spielt es keine Rolle, ob sich das Bauwerk auf oder unter der **Grundstücksoberfläche** oder dem gleichgestellt der **Meeresoberfläche** befindet. Bei dem Bauwerk kann es sich somit auch um einen unterirdischen Bunker oder einen auf oder unter dem Meeresboden verlaufenden Tunnel handeln. 138

bb) Umfang des Bauwerks oder Gebäudes

Was zum Bauwerk oder Gebäude gehört, ergibt sich aus Art. 13b Buchst. c und d MwStVO. Zum Bauwerk oder Gebäude gehört gemäß Art. 13b Buchst. c MwStVO jede Sache, die **einen wesentlichen Bestandteil** eines Gebäudes oder eines Bauwerks bildet, ohne die das Gebäude oder das Bauwerk unvollständig ist, wie zum Beispiel Türen, Fenster, Dächer, Treppenhäuser und Aufzüge.[1] Insoweit bestehen keine Abgrenzungsschwierigkeiten. 139

Bauwerks- oder gebäudezugehörig sind nach Art. 13b Buchst. d MwStVO auch Sachen, Ausstattungsgegenstände oder Maschinen, die **auf Dauer** in einem Gebäude oder einem Bauwerk **installiert** sind und die nicht bewegt werden können, ohne das Gebäude oder das Bauwerk zu zerstören oder zu verändern. Letzteres übernimmt § 13b Abs. 2 Nr. 4 Satz 2 UStG wörtlich. Danach können entgegen der bisherigen BFH-Rechtsprechung[2] auch sog. **Betriebsvorrichtungen** Grundstücksbestandteil sein. 140

Fraglich ist allerdings, welche Bedeutung dem **Kriterium** zukommt, dass die auf Dauer in dem Gebäude oder Bauwerk installierten Ausstattungsgegenstände oder Maschinen **nicht bewegt** werden können, **ohne** das Gebäude oder das Bauwerk zu **zerstören** oder zu **verändern**. Da der Ausbau von Betriebsvorrichtungen im Allgemeinen nicht zur Zerstörung des Gebäudes oder Bauwerks führt, bliebe es danach bei der bisherigen BFH-Rechtsprechung. Demgegenüber will die FinVerw. eine das Gebäude oder das Bauwerk zerstörende oder verändernde Bewegung von Ausstattungsgegenständen und Maschinen nur dann verneinen, wenn sich die Installation auf eine einfache Befestigung mit Dübeln oder Nägeln beschränkt.[3] Dies ist bereits mit dem Wortsinn des Gesetzes nicht vereinbar. Zutreffender erscheint es, auf die Nutzungsmöglichkeiten des Bauwerks oder Gebäudes nach dem Ausbau abzustellen. 141

In der Tendenz neigt die FinVerw. weiterhin zu einem eher **weit gefassten Begriff der Bauleistung** und zählt hierzu auch den Einbau mit dem Bauwerk fest verbundener EDV- und Telefonanlagen,[4] den Hausanschluss durch Versorgungsunternehmen,[5] den Anbau von Photovoltaikanlagen,[6] Erdarbeiten[7] oder auch oberflächenverändernde Reinigungsleistungen.[8] Im Hinblick auf die auch unter Berücksich- 142

1 Zutreffend somit Abschn. 13b.2 Abs. 5 Nr. 1 UStAE.
2 BFH, Urt. v. 28.8.2014 – V R 7/14, BStBl. II 2015, 682 = UR 2014, 951.
3 Abschn. 13b.2 Abs. 5 Nr. 2 Satz 2 i.V.m. Abschn. 3a.3 Abs. 2 Satz 3 tir. 4 Satz 2 UStAE.
4 Abschn. 13b.2 Abs. 5 Nr. 6 UStAE.
5 Abschn. 13b.2 Abs. 5 Nr. 8 UStAE.
6 Abschn. 13b.2 Abs. 5 Nr. 11 UStAE.
7 Abschn. 13b.2 Abs. 5 Nr. 5 UStAE.
8 Abschn. 13b.2 Abs. 5 Nr. 10 UStAE.

tigung von Art. 13b Buchst. d MwStVO unklare Abgrenzungslage kann dies im Einzelfall als zu weitgehend anzusehen sein.

143 Nach § 13b Abs. 2 Nr. 4 Satz 1 letzter Halbsatz UStG sind jedenfalls **Planungs- und Überwachungsleistungen** keine Bauleistungen. Dies gilt insbesondere für die Bauüberwachung.[1]

3. Zusatzvoraussetzungen für die Steuerschuldnerschaft des Leistungsempfängers

a) Gesetzliche Regelung

144 Der Leistungsempfänger muss nach § 13b Abs. 2 Satz 2 UStG ein Unternehmer sein, der **nachhaltig Bauleistungen** i.S.d. § 13b Abs. 2 Nr. 4 UStG **erbringt**. Dies ist nach der gesetzlichen Regelung zu **vermuten**, wenn ihm das zuständige Finanzamt eine im Zeitpunkt der Ausführung des Umsatzes gültige, auf längstens drei Jahre befristete **Bescheinigung**, die nur mit Wirkung für die Zukunft widerrufen oder zurückgenommen werden kann, darüber erteilt hat, dass er ein Unternehmer ist, der entsprechende Leistungen erbringt.

145 Liegen diese Voraussetzungen vor, kommt es nicht darauf an, ob der Unternehmer die von ihm bezogene Bauleistung i.S.d. § 13b Abs. 2 Nr. 4 UStG für die Erbringung einer derartigen Bauleistung verwendet.

b) Nachhaltiges Erbringen von Bauleistungen durch den Leistungsempfänger

146 Für das nachhaltige Erbringen von Bauleistungen stellt die FinVerw. nicht auf den Umfang der Bauleistungen, sondern auf das Verhältnis der Bauleistungen zu den sonstigen Ausgangsleistungen des Leistungsempfängers ab, wobei sie die Nachhaltigkeit bejaht, wenn der Anteil der **Bauleistungen 10 % des Weltumsatzes** übersteigt.[2]

147 Ob dieser **Verhältnisrechnung** zu folgen ist, erscheint **fraglich**, da die Frage der Nachhaltigkeit der vom Leistungsempfänger erbrachten Bauleistungen nichts mit seiner sonstigen Umsatztätigkeit zu tun hat. So kann auch ein warenproduzierender Industriekonzern, der daneben in einer Bausparte tätig ist, nachhaltig Bauleistungen erbringen, ohne dass es auf die Relation dieser Leistungen zu den sonstigen Aktivitäten ankommt.

c) Bedeutung der Bescheinigung

aa) Vermutungswirkung

148 Liegt die Bescheinigung vor, ist zu vermuten, dass der Leistungsempfänger nachhaltig Bauleistungen i.S.d. § 13b Abs. 2 Nr. 4 UStG erbringt.

149 Ob eine erteilte Bescheinigung in Bezug auf das Kriterium des nachhaltigen Erbringens von Bauleistungen rechtswidrig ist, spielt keine Rolle, solange **keine Nichtigkeitsgründe i.S.d. § 125 AO** vorliegen. Für die Wirkung der erteilten Bescheinigung kommt es nicht darauf an, dass der Leistungsempfänger diese dem Leistenden zur Kenntnis bringt.

150 Der erteilten Bescheinigung kommt nur eine **Vermutungs- nicht** aber eine weitergehende **Fiktionswirkung** zu. Es handelt sich daher nicht um einen für das Besteuerungsverfahren verbindlichen Grundlagenbescheid. Daher kann der Leistungsempfänger in seinem Besteuerungsverfahren geltend machen, dass er entgegen der erteilten Bescheinigung Bauleistungen nicht nachhaltig erbringe und er daher nicht Steuerschuldner sei. Insoweit trägt er die Feststellungslast. Daneben kann der Leistungsempfänger auch gegen die ihm erteilte Bescheinigung selbst mit einem Rechtsbehelf vorgehen. Die Anordnung, dass Widerruf und Rücknahme nur für die Zukunft wirken, gilt nicht für das Rechtsbehelfsverfahren.[3]

---

1 Abschn. 13b.2 Abs. 6 UStAE.
2 Abschn. 13b.3 Abs. 2 UStAE.
3 **A.M.** *Stadie* in Rau/Dürrwächter, UStG, § 13b UStG Rz. 448 und 452 (Stand: April 2021).

bb) Folgen von Fehlbeurteilungen für den Leistenden

Die erteilte Bescheinigung wirkt zugunsten des Leistenden. Dies gilt auch dann, wenn es dem Leistungsempfänger gelingt, die Vermutungswirkung der erteilten Bescheinigung zu widerlegen (Rz. 150). 151

Wird die Bescheinigung in einem Rechtsbehelfsverfahren des Leistungsempfängers mit Rückwirkung aufgehoben und kann der Leistende die nachhaltige Erbringung von Bauleistungen durch den Leistungsempfänger nicht nachweisen, ist die dann bei ihm entstandene Steuer aus sachlichen **Billigkeitsgründen** nach § 163 AO zu erlassen. Ihm ist dann ebenso wie nach der bis zum 1.10.2014 bestehenden Rechtslage (§ 27 Rz. 44 f.) **Vertrauensschutz** zu gewähren. 152

d) Sonderfälle

Bauträger sind ebenso wie nach der vor dem 1.10.2014 geltenden Rechtslage[1] keine Unternehmer, die nachhaltig Bauleistungen erbringen.[2] Zu einer Steuerschuld als Leistungsschuldner kann es beim Bauträger nur in Mischfällen kommen, in denen er selbst errichtete Wohnungen steuerfrei liefert und daneben auch steuerpflichtige Bauleistungen nachhaltig erbringt. Da es für die Steuerschuld beim Leistungsempfänger nach der gesetzlichen Neuregelung nicht auf die Verwendung der jeweils bezogenen Bauleistung ankommt, ist der Bauträger beim Vorliegen nachhaltig selbst erbrachter Bauleistungen Steuerschuldner auch für die von ihm bezogenen Bauleistungen, die er für steuerfreie Wohnungslieferungen verwendet. 153

Bei **Organschaften** betrachtet die FinVerw. für das nachhaltige Erbringen von Bauleistungen durch den Leistungsempfänger Organträger und Organgesellschaft gesondert.[3] Dies dürfte dem Grunde nach mit der Einheitsbetrachtung bei der Organschaft nicht vereinbar sein (Rz. 20 f.). 154

V. Gas, Elektrizität, Wärme und Kälte

1. Lieferung durch ausländische Unternehmer (Absatz 2 Nr. 5 Buchst. a und Absatz 5 Satz 1)

a) Einführung

§ 13b Abs. 2 Nr. 5 Buchst. a UStG erfasst die Lieferungen der in § 3g Abs. 1 Satz 1 UStG genannten Gegenstände durch einen im Ausland ansässigen Unternehmer unter den **Bedingungen des § 3g UStG** (§ 3g Rz. 11 ff.). 155

Unionsrechtlich beruht die Regelung zur Steuerschuldnerschaft des Leistungsempfängers auf **Art. 195 MwStSystRL**. Danach ist Steuerschuldner die Person, die im Mitgliedstaat der Steuerentstehung für Mehrwertsteuerzwecke erfasst ist und an die Gegenstände unter den Bedingungen der Art. 38 MwStSystRL (§ 3g Abs. 1 UStG) und Art. 39 MwStSystRL (§ 3g Abs. 2 UStG) geliefert werden, wenn die Lieferung von einem nicht in diesem Mitgliedstaat ansässigen Steuerpflichtigen bewirkt wird. 156

Die Regelung wurde als § 13b Abs. 1 Satz 1 Nr. 5 mit Wirkung ab 1.1.2005 eingeführt.[4] Für Umsätze ab 1.1.2011 erfolgte eine Umstellung auf die in § 3g Abs. 1 Satz 1 UStG genannten Gegenstände.[5] 157

b) Voraussetzungen für die Steuerentstehung

aa) Leistungs- und empfängerbezogene Voraussetzungen

§ 13b Abs. 2 Nr. 5 Buchst. a UStG ist auf die Lieferung der in § 3g UStG bezeichneten Gegenstände anzuwenden. Dabei handelt es sich um Gas, Elektrizität, Wärme und Kälte.[6] 158

1 BFH, Urt. v. 22.8.2013 – V R 37/10, BStBl. II 2014, 128 = UR 2014, 282.
2 Abschn. 13b.3 Abs. 8 UStAE.
3 Abschn. 13b.3 Abs. 7 UStAE.
4 Art. 5 Nr. 10 Buchst. a des Gesetzes v. 9.12.2004, BGBl. I 2004, 3310.
5 Art. 4 Nr. 8 Buchst. a Doppelbuchst. aa des Gesetzes v. 8.12.2010, BGBl. I 2010, 1768.
6 Vgl. auch Abschn. 13b.3a Abs. 4a, 5 und 6 UStAE.

159 **Fraglich** ist, was mit der **Verweisung** in Bezug auf die „Lieferungen […] unter den Bedingungen des § 3g" UStG gemeint ist. Eindeutig ist dabei, dass nur die Lieferungen erfasst werden, die über die in § 3g UStG bezeichneten Netze erfolgen. Zudem ist § 13b Abs. 2 Nr. 5 Buchst. a UStG sowohl auf die Lieferungen nach § 3g Abs. 1 UStG als auch auf die Lieferungen nach § 3g Abs. 2 UStG anzuwenden, wie sich auch aus der ausdrücklichen Bezugnahme in Art. 195 MwStSystRL auf Art. 38 und Art. 39 MwStSystRL ergibt.

160 Nicht eindeutig ist demgegenüber, ob sich die Verweisung auf die Bedingungen des § 3g UStG in den Fällen des § 3g Abs. 1 UStG neben der netzgebundenen Lieferungsart auch auf die dort weiter genannte Eigenschaft des **Abnehmers als Wiederverkäufer** hinsichtlich des Liefergegenstandes bezieht. Bei richtlinienkonformer Auslegung entsprechend Art. 195 MwStSystRL ist dies zu bejahen.

161 Wie sich die Wiederverkäufereigenschaft bei der **Organschaft** nach § 2 Abs. 2 Nr. 2 UStG bestimmt, ist streitig.[1]

bb) Unternehmerbezogene Voraussetzungen

162 Die Definition des im Ausland ansässigen Unternehmers richtet sich nach § 13b Abs. 7 Satz 1 UStG, so dass hier dasselbe wie bei § 13 Abs. 2 Nr. 1 UStG gilt (Rz. 98).

c) Zusatzvoraussetzungen für die Steuerschuld beim Leistungsempfänger

163 Nach § 13b Abs. 5 Satz 1 letzter Halbsatz UStG schuldet der Leistungsempfänger die Steuer, wenn er **Unternehmer** ist. Bei § 13b Abs. 2 Nr. 5 Buchst. a i.V.m. § 3g Abs. 1 UStG erweist sich dieses Kriterium als **überflüssig**. Es ist daher nur für § 13b Abs. 2 Nr. 5 Buchst. a i.V.m. § 3g Abs. 2 UStG von Bedeutung, da diese Regelung auch Lieferungen an Nichtunternehmer erfasst und somit die Regelung zur Steuerschuldnerschaft die zur Steuerentstehung einschränkt.

164 § 13b Abs. 5 Satz 1 letzter Halbsatz UStG **entspricht** insoweit **nicht** der **Richtlinie**, als diese darauf abstellt, dass es sich beim Abnehmer um eine im Mitgliedstaat der Steuerentstehung für Mehrwertsteuerzwecke erfasste Person handelt. Ein vergleichbares Merkmal ist dem nationalen Recht, das auch auf im Ausland ansässige Unternehmer ohne Steuerregistrierung im Inland anzuwenden ist, nicht zu entnehmen.

165 Im Übrigen kommt es gemäß § 13b Abs. 5 Satz 7 UStG nicht darauf an, ob der Unternehmer die Leistung für unternehmerische oder nichtunternehmerische Zwecke verwendet. Eine § 13b Abs. 5 Satz 11 UStG entsprechende Sonderregelung, dass eine **jPdöR** die Steuer nicht schuldet, wenn sie die Leistung für den nichtunternehmerischen Bereich bezieht, besteht nicht. Im Übrigen ist die Vorschrift nicht auf Leistungsbezüge durch juristische Personen ohne Unternehmereigenschaft anzuwenden.

2. Sonstige Lieferung von Gas und Elektrizität (Absatz 2 Nr. 5 Buchst. b sowie Absatz 5 Sätze 3 und 4)

a) Einführung

166 § 13b Abs. 2 Nr. 5 Buchst. b UStG gilt für die Lieferung von Gas über das Erdgasnetz und von Elektrizität, die nicht unter § 13b Abs. 2 Nr. 5 Buchst. a UStG fällt. Daher muss es sich hier um die Lieferung durch einen im Inland ansässigen Unternehmer handeln.

167 Unionsrechtlich beruht die Regelung zur Steuerschuldnerschaft des Leistungsempfängers auf **Art. 199a Abs. 1 Buchst. e MwStSystRL**. Danach können die Mitgliedstaaten eine Steuerschuldnerschaft für den steuerpflichtigen Empfänger (Unternehmer) bei der Lieferung von Gas und Elektrizität an einen steuerpflichtigen Wiederverkäufer schaffen.

1 Vgl. Abschn. 13b.3a Abs. 3 UStAE.

Die Vorschrift wurde mit Wirkung ab 1.9.2013 eingeführt.[1] Auf die Stellung als Wiederverkäufer bei der Verlagerung der Steuerschuld kommt es seit 31.12.2014 an.[2] 168

b) Zusatzvoraussetzungen für die Steuerschuldnerschaft des Leistungsempfängers

Für die Lieferung von Erdgas schuldet der Leistungsempfänger gemäß § 13b Abs. 5 Satz 3 UStG die Steuer, wenn er ein **Wiederverkäufer** von Erdgas gemäß § 3g UStG ist. 169

Bei der Lieferung von Elektrizität ist der Leistungsempfänger gemäß § 13b Abs. 5 Satz 4 UStG Steuerschuldner, wenn er und der liefernde Unternehmer Wiederverkäufer von Elektrizität i.S.d. § 3g UStG sind. Letzteres müsste nach der allgemeinen Systematik des § 13b UStG bereits Voraussetzung für die **Steuerentstehung** sein. Zudem ist diese Bedingung im Hinblick auf das Unionsrecht fraglich, da Art. 199a MwStSystRL auch in seinem Absatz 1a keine Art. 199 Abs. 2 MwStSystRL vergleichbare Regelung enthält, nach der die Mitgliedstaaten die Kategorien von leistenden Unternehmern bestimmen können, die der Sonderregelung unterliegen sollen. 170

Betreiber von **dezentralen Stromgewinnungsanlagen**, die ausschließlich selbst erzeugte Elektrizität liefern, sind keine Wiederverkäufer.[3] Für die Feststellung der Wiederverkäufereigenschaft hat die FinVerw. ein Bescheinigungsverfahren eingeführt.[4] 171

VI. Übertragung von Zertifikaten (Absatz 2 Nr. 6 und Absatz 5 Satz 1)

1. Einführung

a) Regelungsgegenstand

§ 13b Abs. 2 Nr. 6 UStG erfasst die Übertragung mehrerer Arten von Berechtigungen, die umsatzsteuerrechtlich in der Form **sonstiger Leistungen** i.S.d. § 3 Abs. 9 UStG erfolgen. Dabei handelt es sich um 172

- Berechtigungen nach § 3 Nr. 3 TEHG,
- Emissionsreduktionseinheiten und zertifizierte Emissionsreduktionen nach § 2 Nr. 20 und Nr. 21 ProMechG, Emissionszertifikaten nach § 3 Nr. 2 BEHG und um
- Gas- und Elektrizitätszertifikate.

b) Unionsrechtliche Grundlage

Unionsrechtlich beruht die Regelung zur Steuerschuldnerschaft des Leistungsempfängers auf **Art. 199a Abs. 1 Buchst. a, b und f MwStSystRL**. Danach können die Mitgliedstaaten eine Steuerschuldnerschaft des steuerpflichtigen Empfängers anordnen 173

- für die Übertragung von Treibhausgasemissionszertifikaten entsprechend der Definition in Art. 3 der Richtlinie 2003/87/EG über ein System für den Handel mit Treibhausgasemissionszertifikaten in der Gemeinschaft, die gemäß Art. 12 der Richtlinie übertragen werden können,
- für die Übertragung von anderen Einheiten, die von den Wirtschaftsbeteiligten genutzt werden können, um den Auflagen der Richtlinie nachzukommen und
- für die Übertragung von Gas- und Elektrizitätszertifikaten.

c) Rechtsentwicklung

Die Regelung wurde zunächst für Berechtigungen nach § 3 Abs. 4 TEHG, Emissionsreduktionseinheiten i.S.d. § 3 Abs. 5 TEHG und zertifizierte Emissionsreduktionen i.S.d. § 3 Abs. 6 TEHG mit Wirkung 174

---

1 Art. 10 Nr. 6 Buchst. a des Gesetzes v. 26.6.2013, BGBl. I 2013, 1809.
2 Art. 10 Nr. 2 des Gesetzes v. 22.12.2014, BGBl. I 2014, 2417.
3 Abschn. 13.3a Abs. 1 Satz 3 UStAE.
4 Abschn. 13b.3a Abs. 2 Sätze 5 ff. UStAE.

ab 1.7.2010 eingeführt.[1] Die Umstellung auf Emissionsreduktionseinheiten nach § 2 Nr. 20 PMG und zertifizierte Emissionsreduktionen nach § 2 Nr. 21 PMG erfolgte mit Wirkung ab 28.7.2011.[2] Die Vorschrift wurde ab 1.1.2020 auf Gas- und Elektrizitätszertifikate erweitert[3] und mit Wirkung ab 1.1.2023 auf Emissionszertifikate nach § 3 Nr. 2 BEHG ausgedehnt[4].

2. Voraussetzungen für die Steuerentstehung

a) Berechtigungen nach § 3 Nr. 3 TEHG

175 Bei der Berechtigung nach § 3 Nr. 3 TEHG handelt es sich um die Befugnis zur Emission von einer Tonne Kohlendioxidäquivalent in einem bestimmten Zeitraum.

176 Nach § 7 Abs. 3 TEHG sind diese Berechtigungen übertragbar, wobei dies durch Einigung und Eintragung auf dem Konto des Erwerbers im Emissionshandelsregister nach § 17 TEHG erfolgt. Zur Eintragung kommt es auf Anweisung des Veräußerers an die kontoführende Stelle, die Berechtigung von seinem Konto auf das Konto des Erwerbers zu übertragen. Umsatzsteuerrechtlich handelt es sich um eine **sonstige Leistung.**

b) Emissionsreduktionseinheiten, zertifizierte Emissionsreduktionen nach § 2 Nr. 20 und Nr. 21 ProMechG und Emissionszertifikate nach § 3 Nr. 2 BEHG

177 Die Emissionsreduktionseinheiten und die zertifizierte Emissionsreduktion i.S.d. § 2 Nr. 20 und Nr. 21 ProMechG entsprechen jeweils einer Tonne Kohlendioxidäquivalent. Sie definieren sich unter Bezugnahme auf das Protokoll von Kyoto zum Rahmenübereinkommen der Vereinten Nationen über Klimaänderungen vom 11.12.1997[5] und den hierzu ergangenen Beschlüssen der Konferenz der Vertragsparteien des Übereinkommens, wie sie sich aus dem Anhang zum ProMechG ergeben. Die Emissionsreduktionseinheit bezieht sich dabei auf Art. 6 des Protokolls und den Beschluss 16/CP.7, die zertifizierte Emissionsreduktion auf Art. 12 des Protokolls und den Beschluss 17/CP.7 dieser Konferenz.

177.1 Emissionszertifikate nach § 3 Nr. 2 BEHG sind Zertifikate, die zur Emission einer Tonne Treibhausgase in Tonnen Kohlendioxidäquivalent in einem bestimmten Zeitraum berechtigen. § 13b UStG kann auch auf Pensionsgeschäfte mit derartigen Zertifikaten anzuwenden sein, wenn diese nicht als bloße Kreditgewährung anzusehen sind.

c) Gas- und Elektrizitätszertifikate

178 Zu den Gas- und Elektrizitätszertifikaten zählt die FinVerw. Herkunftsnachweise nach § 79 EEG und Regionalnachweise nach § 79a EEG.[6]

3. Zusatzvoraussetzungen für die Steuerschuldnerschaft des Leistungsempfängers

179 Für die Übertragung der Steuerschuld muss der Leistungsempfänger gemäß § 13b Abs. 5 Satz 1 letzter Halbsatz UStG Unternehmer sein. Für seine Steuerschuld kommt es nach § 13b Abs. 5 Satz 7 UStG nicht darauf an, ob er die Leistung für unternehmerische oder nichtunternehmerische Zwecke verwendet. Eine § 13b Abs. 5 Satz 11 UStG entsprechende Sonderregelung, dass eine jPdöR die Steuer nicht schuldet, wenn sie die Leistung für den nichtunternehmerischen Bereich bezieht, besteht nicht.

---

1 Art. 6 Nr. 3 des Gesetzes v. 8.4.2010, BGBl. I 2010, 386.
2 Art. 13 des Gesetzes v. 21.7.2011, BGBl. I 2011, 1475.
3 Art. 12 Nr. 9 des Gesetzes v. 12.12.2019, BGBl. I 2019, 2451.
4 Art. 12 Nr. 2 i. V. m. Artikel 18 Abs. 4 des Achten Gesetzes zur Änderung von Verbrauchsteuergesetzen vom 24.10.2022 (BGBl. I 2022, 1838) – zu Übergangsregelungen s. BMF, Schr. v. 5.9.2023, BStBl. I 2023, 1655 = UR 2023, 774.
5 BGBl. II 2002, 967.
6 Abschn. 13b.1 Abs. 2 Satz 1 Nr. 8 Satz 2 UStAE.

VII. Industrieschrott, Altmetalle und Abfallstoffe im Sinne der Anlage 3 (Absatz 2 Nr. 7 und Absatz 5 Satz 1)

1. Einführung

§ 13b Abs. 2 Nr. 7 UStG gilt für die Lieferung der in der Anl. 3 bezeichneten Gegenstände. Dabei handelt es sich der Art nach um Industrieschrott, Altmetalle und sonstige Abfallstoffe (Anl. 3 Rz. 1 ff.). 180

Unionsrechtlich beruht die Regelung zur Steuerschuldnerschaft des Leistungsempfängers auf **Art. 199 Abs. 1 Buchst. d MwStSystRL.** Danach können die Mitgliedstaaten eine Steuerschuld des steuerpflichtigen Empfängers (Unternehmers) einführen für die Lieferung von Gebrauchtmaterial unabhängig von der Eignung zur Wiederverwendung, Schrott, von gewerblichen und nichtgewerblichen Abfallstoffen, recyclingfähigen Abfallstoffen und teilweise verarbeiteten Abfallstoffen sowie von den in Anhang VI aufgeführten Gegenständen und Dienstleistungen. 181

Die Vorschrift wurde für Umsätze ab 1.1.2011 eingeführt.[1] 182

2. Voraussetzungen für die Steuerentstehung

Die Regelung erfasst Lieferungen i.S.d. § 3 Abs. 1 UStG. Die FinVerw. wendet die Vorschrift auch auf **Tausch** und **tauschähnlichen Umsatz** (§ 3 Abs. 12 UStG) sowie die nur teilweise Lieferung der in der Anl. 3 bezeichneten Gegenstände an.[2] 183

Die Lieferung muss sich auf die in Anl. 3 genannten Gegenstände beziehen. Dabei handelt es sich um die dort bezeichneten Schlacken, Abfälle und Schrott (Anl. 3 Rz. 1 ff.). 184

3. Zusatzvoraussetzungen für die Steuerschuldnerschaft des Leistungsempfängers

Für die Übertragung der Steuerschuld muss der Leistungsempfänger gemäß § 13b Abs. 5 Satz 1 letzter Halbsatz UStG Unternehmer sein. Für seine Steuerschuld kommt es nach § 13b Abs. 5 Satz 7 UStG nicht darauf an, ob er die Leistung für unternehmerische oder nichtunternehmerische Zwecke verwendet. Demgegenüber unterbleibt bei Personen des öffentlichen Rechts gemäß § 13b Abs. 5 Satz 11 UStG die Steuerschuldverlagerung, wenn sie die Leistung für ihren nichtunternehmerischen Bereich bezieht. 185

VIII. Gebäudereinigung (Absatz 2 Nr. 8 und Absatz 5 Satz 5)

1. Einführung

§ 13b Abs. 2 Nr. 8 Satz 1 UStG erfasst das Reinigen von Gebäuden und Gebäudeteilen. Nach § 13b Abs. 2 Nr. 8 Satz 2 UStG bleibt dabei § 13b Abs. 2 Nr. 1 UStG unberührt. 186

Unionsrechtlich beruht die Regelung zur Steuerschuldnerschaft des Leistungsempfängers – wie bei den Bauleistungen (Rz. 130 ff.) – auf **Art. 199 Abs. 1 Buchst. a MwStSystRL**, der auch Reinigungsleistungen im Zusammenhang mit Grundstücken erfasst. Das nationale Recht hat diese Ermächtigung nur eingeschränkt in Bezug auf Gebäude und damit ohne Bauwerke ausgeübt, was nach Art. 199 Abs. 2 MwStSystRL möglich ist. 187

Die Vorschrift wurde für Umsätze ab 1.1.2011 eingeführt.[3] Die Regelung zur Verlagerung der Steuerschuld gilt in der heute bestehenden Form seit 1.10.2014.[4] 188

1 Art. 4 Nr. 8 Buchst. a Doppelbuchst. bb des Gesetzes v. 8.12.2010, BGBl. I 2010, 1768.
2 Abschn. 13.4 Abs. 2 UStAE.
3 Art. 4 Nr. 8 Buchst. a Doppelbuchst. bb des Gesetzes v. 8.12.2010, BGBl. I 2010, 1768.
4 Art. 8 Nr. 2 Buchst. b Doppelbuchst. cc des Gesetzes v. 25.7.2014, BGBl. I 2014, 1266.

2. Voraussetzungen für die Steuerentstehung

a) Gebäude oder Gebäudeteile

189 Die Leistung muss sich auf Gebäude oder Teile hiervon beziehen, so dass das Reinigen von **Grundstücksflächen** wie z.B. von Straßen **nicht erfasst** ist. Aus diesem Grund fällt auch nicht der sog. Winterdienst unter § 13b Abs. 2 Nr. 8 UStG.[1] Bei dem Gebäudeteil kann es sich auch um einzelne Räume eines Gebäudes handeln.

190 Nicht zu einem Gebäudeteil gehört das dort eingebrachte **Inventar**, so dass z.B. die Möbelreinigung nicht unter die Vorschrift fällt.[2] Erfasst eine Leistung neben der Gebäudereinigung auch die Inventarreinigung dürfte damit die Anwendung von § 13b Abs. 2 Nr. 8 UStG nicht mehr in Betracht kommen (Rz. 139 ff.).

191 Für den **Gebäudebegriff** stellt die FinVerw. auf eine feste und nicht nur vorübergehende Grundstücksverbindung ab. Nicht zu den Gebäuden gehören daher z.B. nicht Büro- oder Wohncontainer.[3]

b) Reinigen

192 Reinigen ist die **Wiederherstellung eines sauberen Zustands** nach Verschmutzung. Auf einen bestimmten Verschmutzungsgrad oder einen anlassbezogenen Reinigungsbedarf kommt es dabei nicht an. Es ist auch nicht danach zu unterscheiden, ob Reinigungsleistungen wie z.B. an Fenstern inner- oder außerhalb des Gebäudes erbracht werden.[4]

193 Wie auch sonst unterliegt die **Gestellung von Personal** zur Erbringung einer bestimmten Leistung nicht der für diese Leistung geltenden Regelung.[5]

194 Unklar ist, ob eine Leistung, die neben der Gebäudereinigung **weitere Leistungsbestandteile** umfasst, unter § 13b Abs. 2 Nr. 8 UStG fällt. Die FinVerw. bejaht dies z.B. für Hausmeisterdienste,[6] was auch im Hinblick auf eine nur teilweise Anwendung von § 13b Abs. 2 Nr. 8 UStG zweifelhaft erscheint.

195 In umgekehrter Richtung ebenso fraglich ist, auf welcher Grundlage die FinVerw. die **Schornsteinreinigung** und die **Schädlingsbekämpfung**[7] vom Anwendungsbereich der Vorschrift ausnimmt.

3. Zusatzvoraussetzungen für die Steuerschuldnerschaft des Leistungsempfängers

196 Die Steuerschuldnerschaft des Leistungsempfängers setzt gemäß § 13b Abs. 5 Satz 5 UStG voraus, dass er ein Unternehmer ist, der Reinigungsleistungen i.S.d. § 13b Abs. 2 Nr. 8 UStG erbringt. Davon ist nach der gesetzlichen Regelung auszugehen, wenn ihm das zuständige Finanzamt eine im Zeitpunkt der Ausführung des Umsatzes gültige, auf längstens drei Jahre befristete **Bescheinigung**, die nur mit Wirkung für die Zukunft widerrufen oder zurückgenommen werden kann, darüber erteilt hat, dass er ein Unternehmer ist, der entsprechende Leistungen erbringt

197 Ob der Leistungsempfänger die bezogene Leistung seinerseits für eine von ihm erbrachte Reinigungsleistung i.S.d. § 13b Abs. 2 Nr. 8 UStG verwendet, ist unerheblich.

198 Für die Auslegung von § 13b Abs. 5 Satz 5 UStG gilt dasselbe wie bei § 13b Abs. 5 Satz 2 UStG (Rz. 144 ff.).

1 Abschn. 13b.5 Abs. 3 Nr. 3 UStAE.
2 Abschn. 13b.5 Abs. 3 Nr. 4 UStAE.
3 Abschn. 13b.5 Abs. 1 UStAE.
4 Vgl. Abschn. 13b.5 Abs. 2 UStAE.
5 Abschn. 13.5 Abs. 3 Nr. 5 UStAE.
6 Abschn. 13b.5 Abs. 2 Nr. 7 UStAE.
7 Abschn. 13b.5 Abs. 3 Nr. 1 und 2 UStAE.

IX. Gold (Absatz 2 Nr. 9 und Absatz 5 Satz 1)

1. Einführung

§ 13b Abs. 2 Nr. 9 UStG erfasst die Lieferung i.S.d. § 3 Abs. 1 UStG von Gold mit dem dort festgelegten Feingehalt, in Rohform, als Halbzeug und als Goldplattierungen mit einem bestimmten Goldfeingehalt. 199

Unionsrechtlich beruht die Regelung zur Steuerschuldnerschaft des Leistungsempfängers auf **Art. 198 Abs. 2 MwStSystRL**. Danach können die Mitgliedstaaten für die Lieferung von Goldmaterial oder Halbfertigerzeugnissen mit einem Feingehalt von mindestens 325 Tausendsteln oder eine Lieferung von Anlagegold i.S.d. Art. 344 Abs. 1 MwStSystRL durch einen Steuerpflichtigen, der eine der in den Art. 348, 349 und 350 MwStSystRL vorgesehenen Wahlmöglichkeiten in Anspruch genommen hat, festlegen, dass die Steuer vom Erwerber geschuldet wird. 200

Die Vorschrift wurde mit Wirkung ab 1.1.2011 eingeführt.[1] 201

2. Voraussetzungen für die Steuerentstehung

Bei dem Liefergegenstand muss es sich um **Gold** mit einem **Feingehalt** von mindestens 325 Tausendstel in Rohform oder als Halbzeug oder um Goldplattierungen[2] mit einem Goldfeingehalt von mindestens 325 Tausendstel entsprechend den Positionen 7108 und 7109 des Zolltarifs handeln. 202

Der Regelung unterliegt auch die Lieferung von **Barren**, die in einer zufälligen groben Verschmelzung von Schrott und verschiedenen goldhaltigen Metallgegenständen sowie verschiedenen anderen Metallen, Stoffen und Substanzen bestehen und die je nach Barren einen Goldgehalt von ca. 500 oder 600 Tausendsteln haben.[3] 203

Die Steuerpflicht kann sich auch aus einer Option zur Steuerpflicht nach § 25c Abs. 3 UStG ergeben (§ 25c Rz. 12 f.). 204

3. Zusatzvoraussetzungen für die Steuerschuldnerschaft des Leistungsempfängers

a) Empfängerbezogene Voraussetzungen

Für die Übertragung der Steuerschuld muss der Leistungsempfänger gemäß § 13b Abs. 5 Satz 1 letzter Halbsatz UStG Unternehmer sein. Für seine Steuerschuld kommt es nach § 13b Abs. 5 Satz 7 UStG nicht darauf an, ob er die Leistung für unternehmerische oder nichtunternehmerische Zwecke verwendet. Demgegenüber unterbleibt bei jPdöR gemäß § 13b Abs. 5 Satz 11 UStG die Steuerschuldverlagerung, wenn sie die Lieferung für ihren nichtunternehmerischen Bereich beziehen. 205

b) Steuerschuldentstehung aufgrund Verzicht nach § 25c Abs. 3 UStG

Handelt es sich um einen Liefergegenstand i.S.d. § 13b Abs. 2 Nr. 9 UStG, soll es aus Sicht der FinVerw. auch dann zu einer Steuerschuld des Abnehmers kommen, wenn sich die Steuerpflicht der Lieferung aus einem Verzicht auf die Steuerfreiheit für die Lieferung von Anlagegold nach § 25c Abs. 3 UStG ergibt.[4] Danach käme es durch einen Verzicht des Lieferers zu einer Steuerschuld des Abnehmers, was abzulehnen ist (§ 9 Rz. 104). Die Wirksamkeit eines Verzichts setzt auch hier eine Beteiligung des Abnehmers und damit eine hierauf gerichtete **Vereinbarung** der Parteien des Liefergeschäfts voraus. 206

1 Art. 4 Nr. 8 Buchst. a Doppelbuchst. bb des Gesetzes v. 8.12.2010, BGBl. I 2010, 1768.
2 Zu diesem Begriff vgl. Abschn. 13.6 Abs. 1 Satz 3 UStAE.
3 EuGH, Urt. v. 26.5.2016 – C-550/14, ECLI:EU:C:2016:354 – Envirotec Denmark ApS, UR 2016, 464.
4 Abschn. 13b.6 Abs. 1 Satz 4 UStAE.

X. Mobilfunkgeräte, Tablet-PCs etc. (Absatz 2 Nr. 10 und Absatz 5 Satz 1)

1. Einführung

a) Regelungsgegenstand

207 § 13b Abs. 2 Nr. 10 UStG bezieht sich auf die Lieferung von Mobilfunkgeräten, Tablet-Computern und Spielekonsolen sowie von integrierten Schaltkreisen vor Einbau in einen zur Lieferung auf der Einzelhandelsstufe geeigneten Gegenstand, wenn die Summe der für sie in Rechnung zu stellenden Entgelte im Rahmen eines wirtschaftlichen Vorgangs mindestens **5.000 Euro** beträgt. Dabei bleiben nachträgliche Minderungen des Entgelts unberücksichtigt.

b) Unionsrechtliche Grundlagen

208 Unionsrechtlich beruht die Regelung zur Steuerschuldnerschaft des Leistungsempfängers auf **Art. 199a Abs. 1 Buchst. c, d und h MwStSystRL**. Danach können die Mitgliedstaaten eine Steuerschuldnerschaft des steuerpflichtigen Empfängers (Unternehmers) anordnen für die Lieferung von

- Mobilfunkgeräten (Geräten, die zum Gebrauch mittels eines zugelassenen Netzes und auf bestimmten Frequenzen hergestellt oder hergerichtet wurden) unabhängig von etwaigen weiteren Nutzungsmöglichkeiten;
- integrierten Schaltkreisen wie Mikroprozessoren und Zentraleinheiten vor dem Einbau in Endprodukte und von
- Spielkonsolen, Tablet-Computern und Laptops.

209 Die Ermächtigung zur Schaffung einer Steuerschuldnerschaft des Leistungsempfängers für die Lieferung von **Laptops** hat das nationale Recht nicht ausgeübt.

210 Bei der in § 13b Abs. 2 Nr. 10 UStG vorgesehene Betragsgrenze handelt es sich um eine Anwendungsbedingung i.S.d. Art. 199a Abs. 1a UStG.

c) Rechtsentwicklung

211 Die Vorschrift wurde zunächst für Mobilfunkgeräte und integrierte Schaltkreise mit Wirkung ab 1.7.2011 eingeführt.[1] Die Erweiterung um Tablet-Computer und Spielekonsolen erfolgt mit Wirkung ab 1.10.2014.[2]

2. Voraussetzungen für die Steuerentstehung

a) Lieferung

212 Die Vorschrift erfasst nur Lieferungen i.S.d. § 3 Abs. 1 UStG, nicht aber auch sonstige Leistungen nach § 3 Abs. 9 UStG.

213 Bei den **Mobilfunkgeräten** handelt es sich entsprechend der Richtlinie um Geräte, die zum Gebrauch mittels eines zugelassenen Netzes und auf bestimmten Frequenzen dienen. Die FinVerw. zählt hierzu insbesondere Geräte, mit denen Telekommunikationsleistungen in Form von Sprachübertragung über drahtlose Mobilfunk-Netzwerke in Anspruch genommen werden können wie z.B. Mobiltelefone und Satellitentelefone.[3]

214 Als **Tablet-Computer** sieht die FinVerw. tragbare, flache Computer in besonders leichter Ausführung an, die vollständig in einem Touchscreen-Gehäuse untergebracht sind und mit den Fingern oder einem Stift bedient werden können.[4]

1 Art. 6 Nr. 1 des Gesetzes v. 16.6.2011, BGBl. I 2011, 1090.
2 Art. 8 Nr. 2 Buchst. a Doppelbuchst. aa des Gesetzes v. 25.7.2014, BGBl. I 2014, 1266.
3 Abschn. 13b.7 Abs. 1 UStAE mit weiteren Einzelheiten.
4 Abschn. 13b.7 Abs. 1a UStAE.

Spielekonsolen sind aus Verwaltungssicht Computer oder computerähnliche Geräte, die in erster Linie für Videospiele entwickelt werden.[1] 215

Integrierte Schaltkreise sind elektronische Bauelemente mit Verdrahtung wie z.B. Mikroprozessoren und CPUs.[2] Sie unterliegen der Regelung nur bei einer Lieferung vor dem Einbau in einen zur Lieferung auf der Einzelhandelsstufe geeigneten Gegenstand. 216

b) Entgelt

Ob das Entgelt mindestens 5.000 Euro beträgt, bestimmt sich nach § 10 UStG. Ist den Beteiligten **unklar**, ob die maßgebliche **Betragsgrenze erreicht** wird, beanstandet es die FinVerw. nicht, wenn die Beteiligten von einer Steuerschuld des Leistungsempfängers ausgehen, auch wenn die Betragsgrenze unterschritten wird.[3] 217

Anhaltspunkte für das Vorliegen eines wirtschaftlichen Vorgangs ergeben sich aus dem der Lieferung zugrundeliegenden Rechtsverhältnis. Die FinVerw. stellt hierfür auf Bestellung, Auftrag und Verträge als Anhaltspunkte ab. Weitergehend soll auch das Erfüllungsgeschäft maßgeblich sein.[4] 218

Für die Nachträglichkeit einer **Entgeltminderung** kommt es auf den Zeitpunkt der Lieferung an. Minderungen, die bis zu diesem Zeitpunkt vereinbart werden, sind zu berücksichtigen. 219

3. Zusatzvoraussetzungen für die Steuerschuldnerschaft des Leistungsempfängers

Für die Übertragung der Steuerschuld muss der Leistungsempfänger gemäß § 13b Abs. 5 Satz 1 letzter Halbsatz UStG Unternehmer sein. Für seine Steuerschuld kommt es nach § 13b Abs. 5 Satz 7 UStG nicht darauf an, ob er die Leistung für unternehmerische oder nichtunternehmerische Zwecke verwendet. Demgegenüber unterbleibt bei einer Person des öffentlichen Rechts gemäß § 13b Abs. 5 Satz 11 UStG die Steuerschuldverlagerung, wenn sie die Leistung für ihren nichtunternehmerischen Bereich bezieht. 220

XI. Edelmetalle, unedle Metalle und Cermets im Sinne der Anlage 4 (Absatz 2 Nr. 11 und Absatz 5 Satz 1)

1. Einführung

§ 13b Abs. 2 Nr. 11 UStG gilt für die Lieferung der in der Anl. 4 bezeichneten Edelmetalle, unedlen Metallen und Cermets (Anl. 4 Rz. 1 ff.), wenn die Summe der für sie in Rechnung zu stellenden Entgelte im Rahmen eines wirtschaftlichen Vorgangs mindestens 5.000 Euro beträgt. 221

Unionsrechtlich beruht die Regelung zur Steuerschuldnerschaft des Leistungsempfängers auf **Art. 199a Abs. 1 Buchst. j MwStSystRL**. Danach sind die Mitgliedstaaten berechtigt, eine Steuerschuldnerschaft des steuerpflichtigen Empfängers (Unternehmers) für die Lieferung von Rohmetallen und Metallhalberzeugnissen einschließlich Edelmetallen anzuordnen. Voraussetzung ist auch, dass auf die Lieferungen nicht Art. 199 Abs. 1 Buchst. d MwStSystRL, die auf Gebrauchtgegenstände, Kunstgegenstände, Sammlungsstücke und Antiquitäten anwendbaren Sonderregelungen gemäß Art. 311–343 MwStSystRL oder die Sonderregelungen für Anlagegold gemäß Art. 344–356 MwStSystRL anzuwenden sind. 222

Die Vorschrift wurde mit Wirkung zum 1.10.2014 eingefügt.[5] Die Entgeltgrenze wurde mit Wirkung ab 1.1.2015 hinzugefügt.[6] 223

1 Abschn. 13b.7 Abs. 1b UStAE.
2 Abschn. 13b.7 Abs. 2 UStAE.
3 Abschn. 13b.7 Abs. 3 Satz 7 und 8 UStAE.
4 Abschn. 13b.7 Abs. 3 Satz 3 und 4 UStAE.
5 Art. 8 Nr. 2 Buchst. a Doppelbuchst. bb des Gesetzes v. 25.7.2014, BGBl. I 2014, 1266.
6 Art. 11 Nr. 1 des Gesetzes v. 22.12.2014, BGBl. I 2014, 2417.

2. Voraussetzungen für die Steuerentstehung

224 Die Vorschrift erfasst nur Lieferungen i.S.d. § 3 Abs. 1 UStG. Diese müssen sich auf die in der Anl. 4 zum UStG bezeichneten Gegenstände beziehen (Anl. 4 Rz. 1 ff.).[1] Für die Beurteilung des Entgelts, des einen wirtschaftlichen Vorgangs und der Nachträglichkeit einer Entgeltminderung gilt dasselbe wie bei § 13b Abs. 2 Nr. 10 UStG (Rz. 217 ff.).

3. Zusatzvoraussetzungen für die Steuerschuldnerschaft des Leistungsempfängers

225 Für die Übertragung der Steuerschuld muss der Leistungsempfänger gemäß § 13b Abs. 5 Satz 1 letzter Halbsatz UStG Unternehmer sein. Für seine Steuerschuld kommt es nach § 13b Abs. 5 Satz 7 UStG nicht darauf an, ob er die Leistung für unternehmerische oder nichtunternehmerische Zwecke verwendet. Demgegenüber unterbleibt bei einer Person des öffentlichen Rechts gemäß § 13b Abs. 5 Satz 11 UStG die Steuerschuldverlagerung, wenn sie die Leistung für ihren nichtunternehmerischen Bereich bezieht.

XII. Telekommunikationsleistungen (Abs. 2 Nr. 12 und Abs. 5 Satz 6)

1. Einführung

226 § 13b Abs. 2 Nr. 12 UStG erfasst seit 1.1.2021 sonstige Leistungen auf dem Gebiet der Telekommunikation.[2] Unionsrechtliche Grundlage ist (der derzeit nur noch bis zum 31.12.2026 anwendbare) Art. 199a Abs. 1 Buchst. g MwStSystRL. Diese Bestimmung ermöglicht die Einführung einer Steuerschuldnerschaft des Leistungsempfängers für Telekommunikationsdienstleistungen i.S.v. Art. 24 Abs. 2 MwStSystRL. Die Mitgliedstaaten sind gemäß Art. 199a Abs. 1a MwStSystRL zur Festlegung von Anwendungsbedingungen berechtigt.

2. Voraussetzungen für die Steuerentstehung

226.1 Es muss sich um sonstige Leistungen auf dem Gebiet der Telekommunikation handeln. Im Hinblick auf die unionsrechtliche Grundlage in Art. 199a Abs. 1 Buchst. g MwStSystRL i.V.m. Art. 24 Abs. 2 MwStSystRL kommt dem derselbe Anwendungsbereich wie bei § 3a Abs. 5 Satz 2 Nr. 1 UStG zu (§ 3a Rz. 283 ff.).[3]

3. Zusatzvoraussetzungen für die Steuerschuldnerschaft des Leistungsempfängers

226.2 Für die Verlagerung der Steuerschuld auf den Leistungsempfänger muss dieser ein sog. **Wiederverkäufer** sein. Nach § 13b Abs. 5 Satz 6 erster Hs. UStG handelt es sich um einen Unternehmer, dessen Haupttätigkeit in Bezug auf den Erwerb dieser Leistungen in deren Erbringung besteht und dessen eigener Verbrauch dieser Leistungen von untergeordneter Bedeutung ist. Die FinVerw. verneint dies für Wohnungseigentümergemeinschaften und Grundstücksvermieter.[4] Im Übrigen ist gemäß § 13b Abs. 5 Satz 6 zweiter Hs. UStG von der Wiederverkäufereigenschaft auszugehen, wenn das zuständige FA dem Leistungsempfänger eine im Zeitpunkt der Ausführung des Umsatzes gültige, auf längstens drei Jahre befristete **Bescheinigung**, die nur mit Wirkung für die Zukunft widerrufen oder zurückgenommen werden kann, erteilt hat, dass er ein Unternehmer ist, der entsprechende Leistungen erbringt.[5]

226.3 Für einen eigenen Verbrauch von untergeordneter Bedeutung i.S.v. § 13b Abs. 5 Satz 6 erster Hs. UStG stellt die FinVerw. im Grundsatz (aber mit vielfältigen Detailregelungen) darauf ab, dass der Un-

1 S. hierzu Abschn. 13.7a Abs. 1 UStAE.
2 Zur Neuregelung vgl. lesenswert *Jansen*, UStB 2021, 94.
3 Vgl. auch Abschn. 13b.7b Abs. 1 UStAE.
4 Abschn. 13b.7b Abs. 7 und 8 UStAE.
5 Vgl. hierzu Abschn. 13b.7b Abs. 3 und 4 UStAE.

ternehmer im vorangegangenen Kalenderjahr nicht mehr als 5 % der erworbenen Leistungen zu eigenen (unternehmerischen sowie nichtunternehmerischen) Zwecken verwendet hat.[1]

Auch hier sind § 13b Abs. 5 Sätze 7 und 11 UStG zu beachten (Rz. 225). 226.4

C. Ergänzende Regelungen

I. Einzelfragen der Steuerentstehung

1. Dauerleistungen (Absatz 3)

Nach **§ 13b Abs. 3 UStG** entsteht die Steuer abweichend von § 13b Abs. 1 und Abs. 2 Nr. 1 UStG für sonstige Leistungen, die dauerhaft über einen Zeitraum von **mehr als einem Jahr** erbracht werden, spätestens mit Ablauf eines jeden Kalenderjahres, in dem sie tatsächlich erbracht werden. 227

Im Anwendungsbereich von § 13b Abs. 1 UStG ergibt sich die unionsrechtliche Grundlage für § 13b Abs. 3 UStG aus **Art. 64 Abs. 2 Unterabs. 2 MwStSystRL**. Danach gelten Dienstleistungen, für die nach Art. 196 MwStSystRL der Leistungsempfänger die Steuer schuldet, die kontinuierlich über einen längeren Zeitraum als ein Jahr erbracht werden und die in diesem Zeitraum nicht zu Abrechnungen oder Zahlungen Anlass geben, als mit Ablauf eines jeden Kalenderjahres bewirkt, solange die Dienstleistung nicht eingestellt wird. In Bezug auf § 13b Abs. 2 UStG ergibt sich dasselbe aus Unterabsatz 3 der unionsrechtlichen Bestimmung. 228

Die Regelung wurde mit Wirkung ab 1.7.2010 eingeführt.[2] 229

2. Teilleistungen sowie An- und Vorauszahlungen (Absatz 4)

§ 13b Abs. 4 UStG ordnet die entsprechende Anwendung der Regelungen zu Teilleistungen sowie An- und Vorauszahlungen in § 13 Abs. 1 Nr. 1 Buchst. a Sätze 2 und 3 UStG an, wobei dies für die An- und Vorauszahlungen durch die Wiederholung des Gesetzestextes von § 13 Abs. 1 Nr. 1 Buchst. a Satz 4 UStG erfolgt. 230

Bei Vorauszahlungen lässt es die FinVerw. zu, auf die Verausgabung abzustellen.[3] 231

Diese Regelungen bestanden als § 13b Abs. 1 Sätze 2 und 3 UStG a.F. bereits beim ersten Inkrafttreten von § 13b UStG ab 1.1.2002. 232

II. Verlagerung der Steuerschuld (Absatz 5)

1. Fiktion der Steuerschuld des Leistungsempfängers bei Fehlen der hierfür erforderlichen Voraussetzungen

Sind Leistungsempfänger und leistender Unternehmer in Zweifelsfällen übereinstimmend vom Vorliegen der Voraussetzungen nach § 13b Abs. 2 Nr. 4, Nr. 5 Buchst. b, Nr. 7–11 UStG ausgegangen, obwohl dies nach der Art der Umsätze unter Anlegung objektiver Kriterien nicht zutreffend war, gilt der Leistungsempfänger gemäß **§ 13 Abs. 5 Satz 8 UStG** dennoch als Steuerschuldner, sofern dadurch keine Steuerausfälle entstehen. Die Regelung gilt nicht für den Umkehrfall, in dem die Beteiligten die Anwendung von § 13b UStG zu Unrecht verneinen. Durch das WachsChG[4] wurde diese Regelung auf die Umsätze nach § 13b Abs. 2 Nr. 6 UStG erweitert. 233

Es handelt sich um die **gesetzliche Kodifikation** einer zuvor vom BFH[5] verworfenen **Verwaltungsregelung**. Die Regelung besteht seit 1.10.2014.[6] 234

1 Abschn. 13.7b Abs. 2 Sätze 3 ff. UStAE.
2 Art. 6 Nr. 3 des Gesetzes v. 8.4.2010, BGBl. I 2010, 386.
3 Abschn. 13b.12 Abs. 3 Satz 2 UStAE.
4 BGBl. 2024 I, Nr. 108.
5 BFH, Urt. v. 22.8.2013 – V R 37/10, BStBl. II 2014, 128 = UR 2014, 282.
6 Art. 8 Nr. 2 Buchst. b Doppelbuchst. dd des Gesetzes v. 25.7.2014, BGBl. I 2014, 1266.

2. Keine Steuerschuld des Leistungsempfängers beim Leistungsbezug vom Kleinunternehmer

235 § 13b Abs. 5 Sätze 1–7 UStG gelten gemäß **§ 13 Abs. 5 Satz 9 UStG** nicht, wenn bei dem Unternehmer, der die Umsätze ausführt, die Steuer nach § 19 Abs. 1 UStG nicht erhoben wird. Danach kommt es nicht zur Steuerschuld des Leistungsempfängers, wenn der leistende Unternehmer Kleinunternehmer ist.[1] Davon zu unterscheiden ist die Anwendung des § 13b UStG trotz Kleinunternehmereigenschaft des Leistungsempfängers (Rz. 239).

236 Die Regelung bestand als § 13b Abs. 2 Satz 4 UStG bereits für Umsätze seit 16.12.2004.[2]

3. Keine Steuerschuld des Leistungsempfängers bei Differenzbesteuerung

237 § 13b Abs. 5 Sätze 1–9 UStG gelten gemäß **§ 13 Abs. 5 Satz 10 UStG** nicht, wenn ein in § 13b Abs. 2 Nr. 2, 7 oder Nr. 9–11 UStG genannter Gegenstand von dem Unternehmer, der die Lieferung bewirkt, unter den Voraussetzungen des § 25a UStG geliefert wird. Danach hat die Differenzbesteuerung beim Leistenden Vorrang gegenüber der Steuerschuldnerschaft des Leistungsempfängers.

238 Die Regelung besteht seit 1.10.2014.[3]

III. Steuerberechnung (Absatz 8)

239 Nach § 13b Abs. 8 UStG sind bei der Berechnung der Steuer die §§ 19 und 24 UStG nicht anzuwenden. Handelt es sich beim Leistungsempfänger um einen Kleinunternehmer, ist er daher trotz § 19 UStG Steuerschuldner für die von ihm bezogene Leistung.

240 Wendet der Leistungsempfänger die Pauschalregelung für Land- und Forstwirte an, hat diese für die Steuerberechnung als Leistungsempfänger außer Betracht zu bleiben, so dass die regulären Steuersätze des § 12 UStG anzuwenden sind.

241 Die Regelung bestand als § 13b Abs. 5 UStG a.F. bereits beim Inkrafttreten von § 13b UStG ab 1.1.2002.

IV. Unfreie Versendungen (Absatz 9 UStG i.V.m. § 30a UStDV)

242 Nach § 13b Abs. 9 UStG kann das BMF mit Zustimmung des Bundesrates durch Rechtsverordnung bestimmen, unter welchen Voraussetzungen zur Vereinfachung des Besteuerungsverfahrens in den Fällen, in denen ein anderer als der Leistungsempfänger ein Entgelt gewährt, der andere an Stelle des Leistungsempfängers Steuerschuldner nach § 13b Abs. 5 UStG ist. Es handelt sich um eine Vereinfachungsregelung auf der Grundlage der faktischen Entgeltentrichtung an Stelle einer rechtlichen Betrachtung. Der Zeitpunkt der Steuerentstehung wird hierdurch nicht beeinflusst.

243 Auf dieser Grundlage bestimmt § 30a UStDV, dass der Empfänger einer Frachtsendung an Stelle des Leistungsempfängers Steuerschuldner nach § 13b Abs. 5 UStG ist, wenn ein Absender einen Gegenstand durch einen im Ausland ansässigen Frachtführer oder Verfrachter unfrei zum Empfänger der Frachtsendung befördern oder eine solche Beförderung durch einen im Ausland ansässigen Spediteur unfrei besorgen lässt. Voraussetzung ist, dass der Empfänger der Frachtsendung ein Unternehmer oder eine jPdöR ist, er die Entrichtung des Entgelts für die Beförderung oder für ihre Besorgung übernommen hat und aus der Rechnung über die Beförderung oder ihre Besorgung auch die Entgeltübernahme zu ersehen ist. Dies gilt auch, wenn die Leistung für den nichtunternehmerischen Bereich bezogen wird.[4]

244 Die Vorschrift bestand als § 13b Abs. 6 UStG a.F. bereits beim Inkrafttreten von § 13b UStG.

1 Vgl. hierzu Abschn. 13b.8 UStAE.
2 Art. 5 Nr. 10 Buchst. b Doppelbuchst. bb des Gesetzes v. 9.12.2004, BGBl. I 2004, 3310.
3 Art. 8 Nr. 2 Buchst. b Doppelbuchst. ee des Gesetzes v. 25.7.2014, BGBl. I 2014, 1266.
4 Vgl. hierzu Abschn. 13b.9 UStAE.

V. Schnellreaktionsmechanismus (Absatz 10)

Nach § 13b Abs. 10 Satz 1 UStG kann das BMF mit Zustimmung des Bundesrates durch Rechtsverordnung unter den in Satz 2 Nr. 1–3 bezeichneten Voraussetzungen den Anwendungsbereich der Steuerschuldnerschaft des Leistungsempfängers nach § 13b Abs. 2 und 5 UStG auf weitere Umsätze erweitern, wenn im Zusammenhang mit diesen Umsätzen in vielen Fällen der Verdacht auf Steuerhinterziehung in einem besonders schweren Fall aufgetreten ist, die voraussichtlich zu erheblichen und unwiederbringlichen Steuermindereinnahmen führen. Unionsrechtliche Grundlage hierfür ist Art. 199b MwStSystRL. Das BMF hat die ihm eingeräumte Verordnungsermächtigung bislang nicht ausgeübt. 245

§ 13c Haftung bei Abtretung, Verpfändung oder Pfändung von Forderungen

(1) [1]Soweit der leistende Unternehmer den Anspruch auf die Gegenleistung für einen steuerpflichtigen Umsatz im Sinne des § 1 Abs. 1 Nr. 1 an einen anderen Unternehmer abgetreten und die festgesetzte Steuer, bei deren Berechnung dieser Umsatz berücksichtigt worden ist, bei Fälligkeit nicht oder nicht vollständig entrichtet hat, haftet der Abtretungsempfänger nach Maßgabe des Absatzes 2 für die in der Forderung enthaltene Umsatzsteuer, soweit sie im vereinnahmten Betrag enthalten ist. [2]Ist die Vollziehung der Steuerfestsetzung in Bezug auf die in der abgetretenen Forderung enthaltene Umsatzsteuer gegenüber dem leistenden Unternehmer ausgesetzt, gilt die Steuer insoweit als nicht fällig. [3]Soweit der Abtretungsempfänger die Forderung an einen Dritten abgetreten hat, gilt sie in voller Höhe als vereinnahmt. [4]Die Forderung gilt durch den Abtretungsempfänger nicht als vereinnahmt, soweit der leistende Unternehmer für die Abtretung der Forderung eine Gegenleistung in Geld vereinnahmt. [5]Voraussetzung ist, dass dieser Geldbetrag tatsächlich in den Verfügungsbereich des leistenden Unternehmers gelangt; davon ist nicht auszugehen, soweit dieser Geldbetrag auf ein Konto gezahlt wird, auf das der Abtretungsempfänger die Möglichkeit des Zugriffs hat.

(2) [1]Der Abtretungsempfänger ist ab dem Zeitpunkt in Anspruch zu nehmen, in dem die festgesetzte Steuer fällig wird, frühestens ab dem Zeitpunkt der Vereinnahmung der abgetretenen Forderung. [2]Bei der Inanspruchnahme nach Satz 1 besteht abweichend von § 191 der Abgabenordnung kein Ermessen. [3]Die Haftung ist der Höhe nach begrenzt auf die im Zeitpunkt der Fälligkeit nicht entrichtete Steuer. [4]Soweit der Abtretungsempfänger auf die nach Absatz 1 Satz 1 festgesetzte Steuer Zahlungen im Sinne des § 48 der Abgabenordnung geleistet hat, haftet er nicht.

(3) [1]Die Absätze 1 und 2 gelten bei der Verpfändung oder der Pfändung von Forderungen entsprechend. [2]An die Stelle des Abtretungsempfängers tritt im Fall der Verpfändung der Pfandgläubiger und im Fall der Pfändung der Vollstreckungsgläubiger.

Schrifttum: S. zu älterer Literatur auch die Vorauflagen.

Behrens/Seemaier, § 13c UStG: Hinweise zur Vertragsgestaltung bei der Abtretung von Forderungen, UVR 2020, 269; *Bork/Hölzle*, Handbuch Insolvenzrecht, 2. Aufl., Köln 2019; *de Weerth*, Die „neue Welt zur Umsatzsteuer bei Insolvenz und insbesondere Sicherungsgutverwertung, NZI 2015, 884; *Giehl/Vana*, ABS-Transaktionen – Haftung der Zweckgesellschaft nach § 13c UStG, UStB 2004, 357; *Hahne*, Der Haftungstatbestand nach § 13c UStG n.F., DStR 2004, 210; *Hahne*, Haftung für Umsatzsteuerschulden bei der Abtretung, Pfändung und Verpfändung von Forderungen, UR 2004, 633; *Jatzke*, Die umsatzsteuerliche Haftung nach § 13c UStG unter besonderer Berücksichtigung des Unionsrechts und der Rechtsprechung des BFH, DStR 2018, 2111; *Lippross*, Haftung des durch eine Globalzession abgesicherten Kreditinstituts nach § 13c UStG bei Forderungseingängen auf ein debitorisch geführtes Kontokorrentkonto, UR 2018, 901; *Nacke*, Zu den Haftungstatbeständen der §§ 13c und 25d UStG, UR 2017, 830; *Obermüller*, Insolvenzrecht in der Bankpraxis, 10. Aufl., Köln 2023; *Roth*, Insolvenzsteuerrecht, 2. Aufl., Köln 2016; *Schuska*, Probleme bei der Haftung des Abtretungsempfängers gemäß § 13c UStG, MwStR 2016, 183; *Siebert*, Der neue Haftungstatbestand des § 13c UStG, UStB 2004, 279; *Slotty-Harms/Jansen*, Auswirkungen des neuen Haftungstatbestandes in § 13c UStG n.F. bei Abtretung, Verpfändung und Pfändung von Forderungen, UR 2004, 221; *Uhlenbruck*, Insolvenzordnung, 15. Aufl., München 2019; *Wäger*, Insolvenz und Umsatzsteuer, DStR 2011, 1925; *Wäger*, Umsatzsteuer bei der Verwertung von Kreditsicherheiten und Krediten, WM 2012, 769; *Weitemeyer/Schauhoff/Achatz*, Umsatzsteuer für den Nonprofitsektor, Köln 2019.

A. Grundaussagen

I. Regelungsgegenstand und Bedeutung

1 § 13c UStG begründet in den Fällen der Abtretung, Verpfändung und Pfändung einer Forderung eine **verschuldensunabhängige Haftung**. Für diese Formen zivilrechtlicher Verfügungen über Forderungen sieht die Regelung vor, dass der Zessionar oder Pfandgläubiger (im Folgenden Zessionar) neben dem leistenden Unternehmer als ursprünglicher Gläubiger der Forderungen und Schuldner der Umsatzsteuer für die auf der Forderung lastende Umsatzsteuer einzustehen hat. Die Haftung ist der Höhe nach begrenzt auf den Betrag der Umsatzsteuerschuld, die im vom Zessionar realisierten Forderungsbetrag enthalten ist. Dem Zessionar wird auf diesem Wege das Bonitätsrisiko des Zedenten aufgebürdet, zugleich wird der Fiskus vom Bonitätsrisiko des eigentlichen Steuerschuldners entlastet.

2 Der Vorschrift kommt **erhebliche wirtschaftliche Bedeutung** zu. Denn aufgrund des Anknüpfens an das zivilrechtliche Verfügungsgeschäft (Rz. 12) ist – vorbehaltlich des § 13c Abs. 1 Sätze 4 und 5 UStG (Rz. 56 ff.) – unerheblich, in welchem wirtschaftlichen Zusammenhang die Abtretung erfolgt. Insbesondere im Insolvenzverfahren steht dem Fiskus mit dem Zessionar damit ein weiterer Schuldner zur Verfügung.

II. Unionsrechtliche Grundlagen

Die Vorschrift beruht auf **Art. 205 MwStSystRL**, vorgehend Art. 21 Abs. 3 der 6. EG-Richtlinie.[1] Der nationale Gesetzgeber bleibt allerdings hinter der möglichen Reichweite der Kann-Bestimmung erheblich zurück und greift nur einen Ausschnitt der unionsrechtlich zulässigen Erweiterung der Steuerschuldnerschaft nach Art. 205, 193, 203 MwStSystRL (vorgehend Art. 21 Abs. 3, Abs. 1 Buchst. a, d der 6. EG-Richtlinie) auf. 3

Systematisch scheint der nationale Gesetzgeber von den Vorgaben des Art. 205 MwStSystRL insoweit abzuweichen, als er nicht eine Erweiterung der Steuerschuldnerschaft anordnet, sondern **eine Haftungsnorm** bezogen auf die Umsatzsteuerschuld konzipiert hat.[2] Etwaige Unterschiede sind m.E. aber rein dogmatischer Natur,[3] denn selbst wenn die Richtlinie eine stringente Differenzierung zwischen dem Begriff der „Steuer" und dem „Steuerbetrag" enthalten würde, woran insbesondere mit Blick auf die zentrale Vorschrift des Art. 250 MwStSystRL Zweifel bestehen, könnte diese Abweichung allein bei der Frage der Berücksichtigung von Teilzahlungen auf eine Umsatzsteuerzahllast bedeutsam werden.[4] Insoweit lässt aber auch die Richtlinie durch die alleinige Anordnung einer Gesamtschuld eindeutige Vorgaben vermissen.[5] 4

Der EuGH hat im Zusammenhang mit Art. 205 MwStSystRL und der Vorgängerbestimmung wiederholt entschieden, dass die Mitgliedstaaten bei der Erreichung des Ziels, ihr Steueraufkommen zu schützen, an die **unionsrechtlichen Grundsätze der Rechtssicherheit und der Verhältnismäßigkeit** gebunden sind.[6] Hieraus folgt aus Sicht des EuGH, dass es den Mitgliedstaaten trotz der insoweit offenen Regelung verwehrt ist, eine unbedingte gesamtschuldnerische Haftung einzuführen. Die Gesamtschuld muss durch die tatsächlichen und/oder rechtlichen Verhältnisse zwischen den betroffenen Personen gerechtfertigt sein. 5

Der Bundesfinanzhof und ihm folgend die Finanzgerichte erachten die nationale Regelung des § 13c UStG vor diesem Hintergrund trotz der Anordnung einer verschuldensunabhängigen Haftung für **unionsrechtskonform**.[7] Dem ist zuzustimmen. Denn soweit der Haftungsschuldner abweichend vom leistenden Unternehmer den Anspruch auf die Gegenleistung realisiert, erhält dieser in Höhe des Umsatzsteueranteils dem Fiskus gebührende Beträge, die spiegelbildlich dem leistenden Unternehmer nicht mehr zufließen, weshalb er die Umsatzsteuerschuld insoweit aus seinen sonstigen Mitteln begleichen muss. Durch die Abtretung wird der Zessionar in Höhe der Umsatzsteuer **bereichert**,[8] zugleich tritt insoweit durch die Trennung der Steuerschuld von der Vereinnahmung der Forderung eine **Ge-** 6

1 BFH, Urt. v. 25.11.2015 – V R 65/14, BFH/NV 2016, 953 = UR 2016, 447; BFH, Urt. v. 21.11.2013 – V R 21/12, BStBl. II 2016, 74 = UR 2014, 436; BFH, Urt. v. 20.3.2013 – XI R 11/12, BStBl. II 2016, 107 = UR 2013, 910. **A.A.** *Jatzke*, DStR 2018, 2111 (2112). Kritisch *Brandl* in Bunjes[22], § 13c UStG Rz. 14; *Prätzler*, jurisPR-SteuerR 9/2023 Anm. 5.

2 *Nieskens*, UR 2004, 105 (127).

3 Im Ergebnis ebenso *Leipold* in Sölch/Ringleb, § 13c UStG Rz. 2 (Stand: Oktober 2021).

4 *Brandl* in Bunjes[22], § 13c UStG Rz. 12.

5 Vgl. auch *Roth* in Roth, Insolvenzsteuerrecht[2], Rz. 4.511.

6 EuGH, Urt. v. 13.10.2022 – C-1/21, ECLI:EU:C:2022:788 – Direktor na Direktsia „Obzhalvane i danachno-osiguritelna praktika", UR 2023, 450; EuGH, Urt. v. 20.5.2021 – -4/20, ECLI:EU:C:2021:397 – ALTI, UR 2021, 481; EuGH, Urt. v. 21.12.2011 – C-499/10, ECLI:EU:C:2011:871 – Vlaamse Oliemaatschappij, UR 2012, 160; EuGH, Urt. v. 11.5.2006 – C-384/04, ECLI:EU:C:2006:309 – Federation of Technological Industries, UR 2006, 410.

7 BFH, Urt. v. 16.12.2015 – XI R 28/13, BStBl. II 2018, 365 = UR 2016, 441; BFH, Urt. v. 21.11.2013 – V R 21/12, BStBl. II 2016, 74 = UR 2014, 436; BFH, Urt. v. 20.3.2013 – XI R 11/12, BStBl. II 2016, 107 = UR 2013, 910; FG Köln, Urt. v. 13.3.2019 – 9 K 2216/15, EFG 2020, 1026; FG Münster, Urt. v. 16.4.2015 – 5 K 815/12 U, juris; FG Düsseldorf, Urt. v. 1.3.2013 – 1 K 3492/11 H, U, EFG 2013, 1077. Ebenso *Höink* in Offerhaus/Söhn/Lange, § 13c UStG Rz. 9 (Stand: Juni 2021); *Stadie* in Rau/Dürrwächter, § 13c UStG Rz. 9 (Stand: Januar 2023); **a.A.** *Küffner* in Hartmann/Metzenmacher, § 13c UStG Rz. 21 (Stand: Juli 2007); *de Weerth*, DStR 2006, 1071 (1072). Kritisch hinsichtlich § 13c Abs. 1 Sätze 4 und 5 UStG: *Jatzke*, DStR 2018, 2111 (2112 ff.).

8 FG Düsseldorf, Urt. v. 1.3.2013 – 1 K 3492/11 H, U, EFG 2013, 1077; FG München, Urt. v. 22.6.2010 – 14 K 1707/07, EFG 2010, 1937; *Höink* in Offerhaus/Söhn/Lange, § 13c UStG Rz. 6 (Stand: Juni 2021).

fährdung des Umsatzsteueraufkommens ein, an der der haftende Unternehmer unmittelbar beteiligt ist.[1] Dies lässt die Haftungsinanspruchnahme des Zessionars als verhältnismäßig erscheinen.

III. Verhältnis zu anderen Vorschriften und Rechtsentwicklung

7 § 22 Abs. 4d und Abs. 4e UStG knüpfen an die Fälle des § 13c UStG weitergehende Aufzeichnungspflichten (§ 22 Rz. 81 ff., 87 ff.). § 13c UStG ergänzt die materiellen Haftungstatbestände der §§ 69 ff. AO und tritt selbständig neben diese. Verfahrensrechtlich ist § 191 AO zu beachten, der unter Berücksichtigung der Modifikation des § 13c Abs. 2 Satz 2 UStG die Haftungsinanspruchnahme verfahrensrechtlich regelt.

8 § 13c UStG ist am 1.1.2004 in Kraft getreten. Gemäß **§ 27 Abs. 7 UStG** ist die Regelung anwendbar, wenn die **Abtretung, Verpfändung oder Pfändung nach dem 7.11.2003**, dem Tag der Beschlussfassung im deutschen Bundestag,[2] erfolgt ist. Der BFH hat dies dahingehend konkretisiert, dass der Abschluss des Verfügungsgeschäftes maßgeblich ist, nicht aber dessen Wirksamkeit, die zeitlich nachfolgen kann und das Entstehen der Forderung voraussetzt.[3]

9 Die Vorschrift geht zurück auf einen **Bericht des Bundesrechnungshofes** vom 3.9.2003, der erhebliche Steuerausfälle bei Globalzessionen ermittelte.[4] Die Vorschrift sollte nach der Begründung des Gesetzgebers dem Umstand Rechnung tragen, dass der leistende Unternehmer im Falle einer Abtretung des Anspruches auf die Gegenleistung und Einziehung der Forderung durch den Zessionar häufig nicht in der Lage ist, die Umsatzsteuerschuld zu begleichen.[5] Mit Gesetz vom 30.3.2017 hat der Gesetzgeber den Anwendungsbereich des § 13c UStG durch die neugeschaffenen § 13c Abs. 1 Sätze 4 und 5 UStG mit rückwirkender Geltung zum 1.1.2017 eingeschränkt. Diese Einschränkung stellt ein **Nichtanwendungsgesetz** dar (Rz. 56 ff.).

B. Haftung bei Abtretung (Absatz 1)

I. Regelungsgegenstand des Absatzes 1

10 § 13c Abs. 1 UStG beinhaltet einerseits den **haftungsrechtlichen Grundtatbestand** der Vorschrift, geht andererseits aber mit zahlreichen Einzelvorgaben für Sonderfälle hierüber hinaus. So verbindet der Gesetzgeber in § 13c Abs. 1 UStG die positiven Merkmale des Haftungstatbestandes im Grundfall, § 13c Abs. 1 Satz 1 Halbs. 1, 2 und 4 UStG, die positiven Voraussetzungen für den Sonderfall einer Folgeabtretung seitens des Zessionars, § 13c Abs. 1 Satz 3 UStG, und negative Ausschlusstatbestände für Sonderfälle, § 13c Abs. 1 Sätze 2, 4 und 5 UStG. Hinzu kommt, dass sich in § 13c Abs. 2 Satz 4 UStG, der ausweislich des § 13c Abs. 1 Satz 1 Halbs. 3 UStG die Rechtsfolge näher ausgestalten soll, ein weiterer Ausschlusstatbestand der Haftung verbirgt, und § 13c Abs. 1 Satz 1 Halbs. 3 UStG in der Rechtsfolge ein weiteres Tatbestandsmerkmal versteckt.

11 Darüber hinaus verbindet die Vorschrift systematisch wenig gelungen die Voraussetzungen der **Haftung dem Grunde und der Höhe nach**. So betont der Gesetzgeber bei Benennung der Haftungsvoraussetzungen dem Grunde nach an verschiedenen Stellen, dass die Haftung nur besteht, „soweit" bestimmte Merkmale erfüllt sind, nämlich soweit die Forderung abgetreten, im Rahmen einer Festsetzung berücksichtigt, bei Fälligkeit nicht entrichtet, § 13c Abs. 1 Satz 1 Halbs. 1 UStG, und vereinnahmt

---

1 FG Köln, Urt. v. 29.10.2014 – 3 K 796/11, EFG 2015, 857; FG Baden-Württemberg, Urt. v. 20.3.2013 – 14 K 3142/10, juris; *Stadie* in Rau/Dürrwächter, § 13c UStG Rz. 5 ff. (Stand: Januar 2023); *Jatzke*, DStR 2018, 2111 (2116).

2 Plenarprotokoll des Bundestages 15/73, 6323 (D).

3 BFH, Urt. v. 3.6.2009 – XI R 57/07, BStBl. II 2010, 520 = UR 2009, 770; BFH, Urt. v. 20.3.2013 – XI R 11/12, BStBl. II 2016, 107 = UR 2013, 910; BFH, Beschl. v. 8.6.2004 – VII B 363/03, BFH/NV 2004, 1369.

4 BT-Drucks. 15/1495.

5 BT-Drucks. 15/1562, 46.

wurde, § 13c Abs. 1 Satz 1 Halbs. 4 UStG. Überzeugender wäre es angesichts dieser zahlreichen Beschränkungen gewesen, sie einer einheitlichen Regelung der Haftungshöhe zuzuführen, zumal der Gesetzgeber eine solche weitere Begrenzung in § 13c Abs. 2 Satz 3 UStG getroffen hat.

II. Voraussetzungen der Haftung dem Grunde und der Höhe nach im Grundfall (Absatz 1 Satz 1)

1. Abtretung der Gegenleistung (Absatz 1 Satz 1 Halbs. 1)

a) Vollständige oder teilweise Abtretung

Der haftungsrechtliche Grundtatbestand erfordert zunächst, dass der Anspruch auf die Gegenleistung abgetreten worden ist. Hiermit verweist § 13c Abs. 1 Satz 1 Halbs. 1 UStG auf das **zivilrechtliche Verfügungsgeschäft i.S.d. § 398 Satz 1 BGB**, den Forderungsübergang durch Rechtsgeschäft.[1] **Gesetzliche Forderungsübergänge**, § 412 BGB, lösen die Haftung nicht aus, es sei denn, sie beruhen auf einer Verpfändung oder Pfändung der Forderung, § 13c Abs. 3 UStG (Rz. 69). 12

Die Haftung tritt nur ein, „soweit" der Anspruch auf die Gegenleistung abgetreten worden ist. Ist die Forderung teilbar und **teilweise abgetreten** worden, so beschränkt sich die Haftung hierauf. Dem entspricht es, dass die teilweise Abtretung der Forderung eine Aufspaltung der Forderung in zwei zivilrechtlich selbständige Forderungen bewirkt, von denen ein Teil auf den Zessionar übergeht und der andere Teil beim Zedenten verbleibt.[2] 13

Die Möglichkeit, den Anspruch auf die Gegenleistung teilweise abzutreten und die Haftung auf diesen Teil zu beschränken, erlaubt es aber nicht, die Forderung in einen Umsatzsteuer- und einen Nettoanteil aufzuteilen. Der **Umsatzsteueranteil der Forderung** kann nicht durch eine rechtsgeschäftliche Verfügung herausgelöst werden und eine eigenständige, nicht abgetretene Forderung bilden.[3] 14

Unerheblich ist, auf welchem **Rechtsgrund** die Abtretung beruht.[4] Auf den Gegenstand des **schuldrechtlichen Verpflichtungsgeschäftes**, Vorgaben über die schuldrechtliche Risikoverteilung bei mangelnder Einziehbarkeit der Forderung und das Bestehen einer Gegenleistung (Rz. 16) kommt es nach dem eindeutigen Wortlaut der Norm nicht an. Ebenso wenig ist erheblich, inwieweit der Zessionar in der Sicherungszweckabrede – insbesondere fiduziarische – Bindungen unterworfen wird, dem Zedenten einer Einziehungsermächtigung erteilt oder eine Vielzahl von Forderungen zugleich abgetreten wird. Mithin ist unerheblich, ob es sich um eine **stille Zession**, eine **Sicherungsabtretung**, eine **Global-** oder **Mantelzession**, die Vereinbarung eines **verlängerten Eigentumsvorbehaltes**, eine **Inkasso-** 15

---

1 BFH, Urt. v. 20.3.2013 – XI R 11/12, BStBl. II 2016, 107 = UR 2013, 910; *Böllmann* in Weymüller, BeckOK, § 13c UStG Rz. 17; *Brandl* in Bunjes[22], § 13c UStG Rz. 17; *Stadie* in Rau/Dürrwächter, § 13c UStG Rz. 11 (Stand: Januar 2023); *Haunhorst* in Reiß/Kraeusel/Langer, § 13c UStG Rz. 10 (Stand: Februar 2022); *Leipold* in Sölch/Ringleb, § 13c UStG Rz. 19 (Stand: Oktober 2021); *Behrens/Seemaier*, UVR 2020, 269 ff.; *Jatzke*, DStR 2018, 2111 (2112).

2 BGH, Urt. v. 8.12.1966 – VII ZR 144/64, BGHZ 46, 242 = NJW 1967, 388.

3 BFH, Urt. v. 20.3.2013 – XI R 11/12, BStBl. II 2016, 107 = UR 2013, 910; Abschn. 13c.1. Abs. 3 Sätze 2, 3 UStAE; *Brandl* in Bunjes[22], § 13c UStG Rz. 20; *Stadie* in Rau/Dürrwächter, § 13c UStG Rz. 9, 18 (Stand: Januar 2023); *Haunhorst* in Reiß/Kraeusel/Langer, § 13c UStG Rz. 9 (Stand: Februar 2022); *Leipold* in Sölch/Ringleb, § 13c UStG Rz. 15 (Stand: Oktober 2021); *Hahne*, BB 2003, 2720 (2722). **A.A.** *Hahne*, DStR 2004, 210 (213); *Siebert*, UStB 2004, 279 (284).

4 BFH, Urt. v. 16.12.2015 – XI R 28/13, BStBl. II 2018, 365 = UR 2016, 441; BFH, Urt. v. 20.3.2013 – XI R 11/12, BStBl. II 2016, 107 = UR 2013, 910; FG Köln, Urt. v. 13.3.2019 – 9 K 2216/15, EFG 2020, 1026; FG Münster, Urt. v. 16.4.2015 – 5 K 815/12 U, juris; FG München, Urt. v. 22.6.2010 – 14 K 1707/07, EFG 2010, 1937; Abschn. 13c.1. Abs. 3 Satz 1 UStAE; *Brandl* in Bunjes[22], § 13c UStG Rz. 18; *Höink* in Offerhaus/Söhn/Lange, § 13c UStG Rz. 14 (Stand: Juni 2021); *Böllmann* in Weymüller, BeckOK, § 13c UStG Rz. 18; *Stadie* in Rau/Dürrwächter, § 13c UStG Rz. 11 (Stand: Januar 2023); *Haunhorst* in Reiß/Kraeusel/Langer, § 13c UStG Rz. 15 (Stand: Februar 2022); *Leipold* in Sölch/Ringleb, § 13c UStG Rz. 19 (Stand: Oktober 2021); *Jatzke*, DStR 2018, 2111 (2112); *Schuska*, MwStR 2016, 183 ff.; *Bruschke*, StB 2013, 199 (200).

zession[1] (Rz. 46), ein **unechtes**[2] oder **echtes Factoringgeschäft**, ein Finanzmarktprodukt wie ein **Asset-Backed-Security** oder die **Verwertung einer Kreditsicherheit** durch den Sicherungsgeber[3] handelt.

16 Soweit in der Literatur von Beginn an eine **teleologische Reduktion der Norm** auf solche Abtretungen gefordert wurde, bei denen der Zessionar den Bruttobetrag der Forderung erhält und dem Zedenten **keine Gegenleistung** für die Abtretung gewährt wird,[4] sind derartige Überlegungen seit Aufnahme des § 13c Abs. 1 Sätze 4 und 5 UStG allein eine Frage der Auslegung des Ausschlusstatbestandes (Rz. 56 ff.).[5]

17 Die Anknüpfung des § 13c UStG an das zivilrechtliche Verfügungsgeschäft hat nicht zur Folge, dass es aufgrund anderer Bestimmungen abweichend von § 41 Abs. 1 Satz 1 AO immer auf dessen **Wirksamkeit** ankäme. Ist die Abtretung nichtig, lassen die Beteiligten die wirtschaftliche Abtretung aber wie im Falle einer rechtswirksamen Abtretung bestehen, so bleibt § 13c UStG anwendbar.[6] Zum Fall der nicht zur Nichtigkeit, sondern allein zur Rückabwicklung führenden **Insolvenzanfechtung**[7] nach §§ 129 ff. InsO siehe Rz. 45.

b) Gegenstand der Abtretung: Anspruch auf die Gegenleistung für einen steuerpflichtigen Umsatz i.S.d. § 1 Abs. 1 Nr. 1 UStG

18 Gegenstand der Abtretung muss der Anspruch auf die Gegenleistung für einen steuerpflichtigen Umsatz i.S.d. § 1 Abs. 1 Nr. 1 UStG sein. Der Begriff der **Gegenleistung**, ein zentraler Begriff der MwStSystRL, ergibt sich im nationalen Recht nur mittelbar aus § 10 Abs. 1 Satz 2 UStG als Entgelt zuzüglich der gesetzlich geschuldeten Umsatzsteuer. Die Gegenleistung ist ein subjektiver Wert, der alles umfasst, was der Leistungserbringer für die Leistungserbringung erhält, ihm mithin in unmittelbarem Zusammenhang mit dieser zukommt. Teil dieser Gegenleistung ist auch das Drittentgelt, das von einem anderem als dem Leistungsempfänger in unmittelbarem Zusammenhang mit der Leistung erbracht wird (§ 10 Rz. 48 ff.). Die Gegenleistung kann in Geld oder Geldeswert bestehen (Rz. 56 ff., § 10 Rz. 24 ff.).

19 Wenngleich das Bestehen eines unmittelbaren Zusammenhanges ein Rechtsverhältnis voraussetzt, das dem Leistungsaustausch zugrunde liegt, so wohnt dem Merkmal **„Anspruch"** in § 13c Abs. 1 Satz 1 Halbs. 1 UStG eine wesentliche Einschränkung inne. Denn das den Leistungsaustausch konstituierende Rechtsverhältnis setzt keine zivilrechtlichen Ansprüche voraus, sondern dient allein der Festlegung von Leistung und Gegenleistung (§ 1 Rz. 108, § 10 Rz. 33 ff.).[8] Haftungsauslösend ist aber allein die Abtretung eines Anspruchs auf die Gegenleistung. Soweit der leistende Unternehmer daher ausnahmsweise eine Gegenleistung erhält, auf die er keinen zivilrechtlichen Anspruch hat und die daher auch nicht Gegenstand einer Abtretung sein kann, kommt eine Haftung nicht in Betracht.[9]

20 Soweit die Umsatzsteuer für einen steuerpflichtigen Umsatz in einer Rechnung nach **§ 14c Abs. 1 UStG** fehlerhaft ausgewiesen wird, erstreckt sich die Haftung auch auf den nach § 14c Abs. 1 UStG geschuldeten Betrag. Denn auch dieser zählt zur Gegenleistung, die abgetreten wird.[10] Nach *Stadie* soll

1 **A.A.** *Stadie* in Rau/Dürrwächter, § 13c UStG Rz. 21 (Stand: Januar 2023); *Hahne*, DStR 2004, 210 (214); *Siebert*, UStB 2004, 279 (281).
2 **A.A.** *Stadie* in Rau/Dürrwächter, § 13c UStG Rz. 22 (Stand: Januar 2023); *Küffner* in Hartmann/Metzenmacher, § 13c UStG Rz. 91 (Stand: Juli 2007).
3 Ausführlich *Wäger*, WM 2012, 769 ff.
4 *Hahne*, DStR 2004, 210 ff.; *Hahne*, BB 2003, 2720 ff.; *Reiß*, BB 2004, 1371 ff.; *Weber*, BB 2004, 1367 (1370).
5 *Stadie* in Rau/Dürrwächter, § 13c UStG Rz. 20 (Stand: Januar 2023).
6 *Stadie* in Rau/Dürrwächter, § 13c UStG Rz. 16, 23 (Stand: Januar 2023); *Haunhorst* in Reiß/Kraeusel/Langer, § 13c UStG Rz. 17 (Stand: Februar 2022). **A.A.** *Behrens/Seemaier*, UVR 2020, 269 ff.
7 Ausführlich mit weiteren Nachweisen *Borries/Hirte* in Uhlenbruck[15], § 129 InsO Rz. 4 ff. Aus der Rechtsprechung bspw. BGH, Urt. v. 21.9.2006 – IX ZR 235/04, NJW-RR 2007, 121.
8 EuGH, Urt. v. 17.9.2002 – C-498/99, ECLI:EU:C:2002:494 – Town & County Factors, UR 2002, 510; BFH, Urt. v. 18.3.2004 – V R 101/01, BStBl. II 2004, 798 = UR 2004, 428; *Heber* in Weitemeyer/Schauhoff/Achatz, Umsatzsteuerrecht für den Nonprofitsektor, 202 ff.
9 Hiervon zu unterscheiden ist das Fehlen einer Gegenleistung, vgl. § 10 Rz. 34.
10 *Stadie* in Rau/Dürrwächter, § 13c UStG Rz. 26 (Stand: Januar 2023); *Haunhorst* in Reiß/Kraeusel/Langer, § 13c UStG Rz. 8 (Stand: Februar 2022).

eine Haftung zudem dann möglich sein, wenn für einen nicht steuerbaren oder nicht steuerpflichtigen Umsatz die Umsatzsteuer nach § 14c Abs. 1 UStG unrichtig oder nach **§ 14c Abs. 2 UStG** (Rz. 21) unberechtigt ausgewiesen wird. „Steuerpflichtig" im Sinne des § 13c Abs. 1 Satz 1 UStG sei auch der nach § 14c Abs. 1 oder 2 UStG der Umsatzsteuer unterworfene Umsatz.[1] Dem ist nicht zuzustimmen.[2] Der Gesetzgeber knüpft an „einen steuerpflichtigen Umsatz im Sinne des § 1 Abs. 1 Nr. 1" an. Unter § 1 Abs. 1 Nr. 1 UStG fallen aber weder die nicht steuerbaren Umsätze noch die Fälle des unberechtigten Steuerausweises nach § 14c Abs. 2 UStG. Ausgehend hiervon verwendet der Gesetzgeber den Begriff „steuerpflichtig" gerade nicht in einem derart weiten Wortsinn, wie ihn *Stadie* annehmen will.

c) An der Abtretung beteiligte Personen

§ 13c Abs. 1 Satz 1 Halbs. 1 UStG setzt voraus, dass der Anspruch auf die Gegenleistung vom leistenden Unternehmer an einen anderen Unternehmer abgetreten wird. Dies schließt es aus, die Haftung im Falle des Ausweises einer Umsatzsteuersteuer durch einen **Nichtunternehmer**, die aufgrund eines unberechtigten Steuerausweises nach **§ 14c Abs. 2 UStG** von diesem geschuldet wird, anzuwenden (Rz. 20). 21

Ebenso scheidet hiernach eine Haftung des weiteren Zessionars im Falle der **Mehrfachabtretung** aus. Denn wird die Forderung mehrfach abgetreten, so tritt in der Kette nur im Falle der ersten Abtretung der leistende Unternehmer als Zedent auf. Im Übrigen erfolgen die Abtretungen durch eine andere Person als den leistenden Unternehmer. Eine solche Mehrfachabtretung löst mithin allein die Vereinnahmungsfiktion nach § 13c Abs. 1 Satz 3 UStG aus (Rz. 53 ff.).[3] 22

Als **Zessionar** muss ebenso ein **Unternehmer** auftreten. Dieser Voraussetzung kommt insbesondere mit Blick auf Asset-Backed-Securities-Transaktionen erhebliche Bedeutung zu.[4] Der Begriff des Unternehmers umfasst auch Kleinunternehmer nach § 19 UStG, bei denen einzig auf die Erhebung der Umsatzsteuer verzichtet wird. 23

Nach Ansicht der FinVerw. soll es nicht erforderlich sein, dass der Forderungserwerb seitens des Zessionars **im Zusammenhang mit seinem Unternehmen** steht. Demgemäß unterfiele auch der Forderungserwerb für den privaten Bereich durch eine Person, die auch ein Unternehmen betreibt, § 13c UStG.[5] Die Rechtsprechung hatte hierüber, soweit erkennbar, noch nicht zu befinden. Soweit eine **juristische Person des öffentlichen Rechts** eine Forderung erwirbt, soll dies aber nur gelten, soweit ein Betrieb gewerblicher Art unterhalten wird.[6] 24

2. Vollständige oder teilweise Nichtentrichtung der Umsatzsteuer durch den leistenden Unternehmer (Absatz 1 Satz 1 Halbs. 2)

a) Festsetzung einer Steuer, bei deren Berechnung der Umsatz berücksichtigt wurde

Die Haftung tritt nur ein, soweit Umsatzsteuer unter Berücksichtigung des abgetretenen Umsatzes **festgesetzt** wurde. Allein die materielle Entstehung der Steuerschuld genügt für die Erfüllung des Haftungstatbestandes nicht. Ob die festgesetzte Steuer der gesetzlich geschuldeten Steuer entspricht, ist 25

---

1 *Stadie* in Rau/Dürrwächter, § 13c UStG Rz. 27 (Stand: Januar 2023). Differenzierend *Behrens/Seemaier*, UVR 2020, 269 ff.

2 *Prätzler* in Birkenfeld/Wäger, Umsatzsteuer-Handbuch, § 13c UStG Rz. 18 (Stand: September 2020); *Haunhorst* in Reiß/Kraeusel/Langer, § 13c UStG Rz. 8 (Stand: Februar 2022).

3 *Höink* in Offerhaus/Söhn/Lange, § 13c UStG Rz. 23 (Stand: Juni 2021); *Haunhorst* in Reiß/Kraeusel/Langer, § 13c UStG Rz. 18 (Stand: Februar 2022); *Leipold* in Sölch/Ringleb, § 13c UStG Rz. 20 (Stand: Oktober 2021).

4 Siehe *Kaiser* in Eilers/Rödding/Schmalenbach, Unternehmensfinanzierung, E. Operative Finanzierungsformen Rz. 141; *Slotty-Harms*, UVR 2008, 115; *Giehl/Vana*, UStB 2004, 357 ff.; *Siebert*, UStB 2004, 279 (281); *Weber*, BB 2004, 1367 ff.

5 Abschn. 13c.1. Abs. 9 Sätze 3, 4 UStAE. Ebenso *Brandl* in Bunjes[22], § 13c UStG Rz. 25; *Höink* in Offerhaus/Söhn/Lange, § 13c UStG Rz. 24 f. (Stand: Juni 2021); *Böllmann* in Weymüller, BeckOK, § 13c UStG Rz. 28; *Stadie* in Rau/Dürrwächter, § 13c UStG Rz. 14 (Stand: Januar 2023); *Leipold* in Sölch/Ringleb, § 13c UStG Rz. 16 (Stand: Oktober 2021); *Bruschke*, StB 2013, 199 (201). **A.A.** *Siebert*, UStB 2004, 279 (280); *Slotty-Harms/Jansen*, UR 2004, 221 (226).

6 Abschn. 13c.1. Abs. 10 Satz 2 UStAE.

unerheblich.[1] Die Festsetzung unter Berücksichtigung des abgetretenen Umsatzes muss im Zeitpunkt der Haftungsinanspruchnahme Bestand haben. Dem kommt insbesondere im Falle einer **Insolvenz des Zedenten** Bedeutung zu (Rz. 31).

26 Die Festsetzung erfolgt regelmäßig in einem **Steuerbescheid**, der auch ein Änderungsbescheid sein kann, insbesondere entweder zeitlich vorhergehend durch die Abgabe einer **Umsatzsteuervoranmeldung**, § 18 Abs. 1 UStG, oder spätestens durch die Abgabe der **Steuererklärung für das Kalenderjahr**, § 18 Abs. 3 UStG, die nach § 168 AO jeweils als Steuerfestsetzung unter Vorbehalt der Nachprüfung zu qualifizieren sind.

27 § 13c Abs. 1 UStG regelt dem Wortlaut nach **keine Priorität** dahingehend, dass die Haftungsinanspruchnahme auf die erste Festsetzung, in deren Rahmen der abgetretene Umsatz berücksichtigt wurde, zu stützen ist. Damit ist es dem Wortlaut nach insbesondere zulässig, die Haftung an die **Nichtentrichtung eines Jahressteuer-Soll** zu knüpfen, selbst wenn der abgetretene Umsatz bereits in zutreffender Form Eingang in Voranmeldungen und demgemäß das Vorauszahlungs-Soll gefunden hat (Rz. 28, 34).

28 Soweit der abgetretene Anspruch bereits im Rahmen einer Umsatzsteuervoranmeldung Berücksichtigung gefunden hat, ist unerheblich, ob die **Voranmeldung** zum Zeitpunkt der Haftungsinanspruchnahme noch **verfahrensrechtliche Wirkungen entfaltet**. Nach der Rechtsprechung des BFH hat die verfahrensrechtliche Erledigung der Voranmeldungen durch die Jahressteuerfestsetzung auf sonstige Weise nach § 124 Abs. 2 a.E. AO nicht zur Folge, dass die Vorauszahlungen nach § 18 Abs. 1 UStG als materielle Ansprüche des Steuerschuldverhältnisses erloschen wären. Diese blieben vielmehr als Haftungsgrundlagen materiell bestehen, soweit sie in der Jahressteuererklärung bestätigt werden; ihre auflösende Bedingung i.S.d. § 47 a.E. AO tritt in diesem Umfange nicht ein.[2] Eine Haftungsinanspruchnahme ist allerdings auf die **Festsetzung im Jahresbescheid** zu stützen.[3]

29 Einer Festsetzung durch Steuerbescheid steht die widerspruchslose Eintragung der Umsatzsteuerforderung in die **Insolvenztabelle** nach § 178 Abs. 3, Abs. 1 Satz 1, § 201 Abs. 2 InsO gleich. Im Falle eines Widerspruches ist nach § 251 Abs. 2 AO, §§ 185, 183 InsO ein **Feststellungsbescheid** zu erlassen.[4]

b) Vollständige oder teilweise Nichtentrichtung der Steuer bei Fälligkeit

30 Die festgesetzte Steuer muss bei Fälligkeit (zulasten des Fiskus) nicht oder nicht vollständig entrichtet worden sein; anderweitige Steuerrückstände sind unerheblich.

31 Auf die **Kongruenz** zwischen der Festsetzung einer Steuer unter Berücksichtigung des abgetretenen Umsatzes und der Nichtentrichtung ebendieser Steuer ist im Falle der **Insolvenz des Zedenten** ein besonderes Augenmerk zu legen, soweit eine Forderung zur Sicherheit abgetreten wurde: Gemäß § 166 Abs. 2 InsO sowie im Falle einer Anordnung nach § 21 Abs. 2 Satz 1 Nr. 5 InsO liegt die Verfügungsbefugnis **zur Sicherung abgetretener Forderungen** ausschließlich beim (vorläufigen) Insolvenzverwalter. Insoweit tritt nach § 17 Abs. 2 Nr. 1 UStG Uneinbringlichkeit ein (§ 17 Rz. 91 ff.), sodass die ursprüngliche Umsatzsteuerfestsetzung zu korrigieren ist und die Umsatzsteuerschuld des Zedenten den abgetretenen Umsatz nicht umfasst. Im Fall der nachfolgenden Vereinnahmung der Forderung wird es auf Grund der insolvenzrechtlichen Vorgaben an einer Nichtentrichtung der als Masseverbindlichkeit entstehenden Umsatzsteuer und der Vereinnahmung der Umsatzsteuer durch den Zessionar fehlen (Rz. 39 ff.).

---

1 Zustimmend FG Münster, Urt. v. 15.6.2023 – 5 K 2814/20 U, EFG 2023, 1253 (m. Anm. *Wiesch*); **A.A.** *Küffner* in Hartmann/Metzenmacher, § 13c UStG Rz. 43 (Stand: Juli 2007).

2 BFH, Beschl. v. 13.3.2014 – V B 47/13, BFH/NV 2014, 827; BFH, Urt. v. 12.10.1999 – VII R 98/98, BStBl. II 2000, 486 = UR 2000, 163.

3 BFH, Urt. v. 23.7.2020 – V R 44/19, BFHE 270, 54 = UR 2020, 891; BFH, Urt. v. 21.11.2013 – V R 21/12, BStBl. II 2016, 74 = UR 2014, 436; *Leipold* in Sölch/Ringleb, § 13c UStG Rz. 27 (Stand: Oktober 2021). **A.A.** *Stadie* in Rau/Dürrwächter, § 13c UStG Rz. 40 (Stand: Januar 2023); *Haunhorst* in Reiß/Kraeusel/Langer, § 13c UStG Rz. 21 (Stand: Februar 2022).

4 BFH, Urt. v. 21.11.2013 – V R 21/12, BStBl. II 2016, 74 = UR 2014, 436.

Vorauszahlungen aufgrund einer **Voranmeldung** sind nach § 18 Abs. 1 Satz 3 UStG am 10. Tage nach Ablauf des Voranmeldungszeitraums, eine Zahllast aufgrund der Jahressteuererklärung ist nach § 18 Abs. 4 Satz 1 UStG einen Monat nach Eingang der Steueranmeldung **fällig**. Im Falle einer (abweichenden) Festsetzung der Steuer durch das Finanzamt wird die Zahllast der **Jahressteuer** einen Monat nach Bekanntgabe des Steuerbescheides fällig, § 18 Abs. 4 Satz 2 UStG. **§ 41 InsO** kommt – entgegen der Ansicht der FinVerw.[1] – im vorliegenden Zusammenhang keine Bedeutung zu, da sich dessen Rechtswirkungen auf Dritte nicht erstrecken.[2] Die FinVerw. wendet schließlich zugunsten des Zessionars die Schonfrist nach § 240 Abs. 3 Satz 1 AO an;[3] im Ergebnis kommt dem aber keine erhebliche praktische Bedeutung zu. 32

Die Steuer darf bei Fälligkeit nicht oder nicht vollständig entrichtet worden sein. Eine **vollständige Entrichtung** in diesem Sinne liegt nach der FinVerw. erst vor, wenn die gesamte Steuerschuld beglichen worden ist. **Teilleistungen** sind hiernach weder im Falle einer entsprechenden als Tilgungsbestimmung bezeichneten Anordnung des Zedenten[4] noch im Sinne einer Meistbegünstigung zuerst der auf der abgetretenen Forderung beruhenden Umsatzsteuer zuzurechnen[5] oder quotal[6] auf diese anzurechnen.[7] Dies trägt dem Umstand Rechnung, dass die Vorauszahlungs- oder Jahressteuerschuld wirtschaftlich nicht eineindeutig auf die abgetretene Forderung zurückgeführt werden kann und daher eine **abstrakte Betrachtungsweise** notwendig wird.[8] Auch das **Richtlinienrecht** enthält sich insoweit Vorgaben, die die Ausgestaltung der Gesamtschuld und die Frage der Auswirkungen teilweiser Leistungen des Zedenten auf seinen geschuldeten Steuerbetrag i.S.d. Art. 250 MwStSystRL beim Zessionar betreffen. 33

Konsequenz dieser weiten Betrachtungsweise sowohl beim Begriff der nicht vollständigen Entrichtung als auch der Festsetzung ist, dass der Zessionar auch dann haften würde, wenn der Zedent **zwar die Vorauszahlung**, in die der abgetretene Anspruch Eingang gefunden hat, zunächst **entrichtet** hat, dieser **aber** spätere Erhöhungen im Rahmen von Änderungsbescheiden oder die **Jahressteuerschuld nicht vollständig** begleicht. Dem tritt auch die FinVerw. teilweise entgegen. Sie sieht gänzlich davon ab, an eine nicht entrichtete Jahressteuer eine Haftungsinanspruchnahme zu knüpfen, wenn die Umsatzsteuervorauszahlung betreffend die Voranmeldung, in die der abgetretene Umsatz bereits Eingang gefunden hat, vollständig entrichtet wurde; unerheblich ist, ob die Entrichtung bei Fälligkeit erfolgte.[9] Dem Ansatz der FinVerw. ist mit Teilen der Literatur zu folgen, soweit die Änderung nicht gerade auf einer abweichenden umsatzsteuerlichen Bemessung des abgetretenen Umsatzes oder der Verringerung in der Voranmeldung enthaltener Vorsteuerbeträge beruht.[10] Denn unter dieser Voraussetzung realisiert sich in der nicht vollständigen Begleichung der Jahressteuerschuld nicht die durch die Abtretung 34

1 Abschn. 13c.1. Abs. 17 Satz 2 UStAE. Ebenso *Böllmann* in Weymüller, BeckOK, § 13c UStG Rz. 41; *Bruschke*, StB 2013, 199 (202).

2 BFH, Urt. v. 23.7.2020 – V R 44/19, BFHE 270, 54; *Brandl* in Bunjes[22], § 13c UStG Rz. 28; *Stadie* in Rau/Dürrwächter, § 13c UStG Rz. 37 (Stand: Januar 2023); *Haunhorst* in Reiß/Kraeusel/Langer, § 13c UStG Rz. 25 (Stand: Februar 2022). Zur insolvenzrechtlichen Beurteilung bspw. BGH, Urt. v. 8.2.2000 – XI ZR 313/98, NJW 2000, 1408; *Jungmann* in Weymüller, BeckOK, § 41 InsO Rz. 21 (Stand: Januar 2020); *Knof* in Uhlenbruck[15], § 41 InsO Rz. 17.

3 Abschn. 13c.1. Abs. 14 Satz 3 UStAE.

4 *Hahne*, DStR 2004, 210 (213); *Hahne*, UR 2004, 633 (639).

5 FG München, Urt. v. 22.6.2010 – 14 K 1707/07, EFG 2010, 1937.

6 *Siebert*, UStB 2004, 279 (282); *Slotty-Harms/Jansen*, UR 2004, 221 (223).

7 Abschn. 13c.1. Abs. 16 Satz 3 UStAE; *Höink* in Offerhaus/Söhn/Lange, § 13c UStG Rz. 36 (Stand: Juni 2021); *Stadie* in Rau/Dürrwächter, § 13c UStG Rz. 39 (Stand: Januar 2023); *Haunhorst* in Reiß/Kraeusel/Langer, § 13c UStG Rz. 27 f. (Stand: Februar 2022); *Leipold* in Sölch/Ringleb, § 13c UStG Rz. 35 (Stand: Oktober 2021); *Nieskens*, UR 2004, 105 (126).

8 FG Köln, Urt. v. 13.3.2019 – 9 K 2216/15, EFG 2020, 1026.

9 Abschn. 13c.1. Abs. 13 UStAE.

10 *Höink* in Offerhaus/Söhn/Lange, § 13c UStG Rz. 32 (Stand: Juni 2021); *Prätzler* in Birkenfeld/Wäger, Umsatzsteuer-Handbuch, § 13c UStG Rz. 47 (Stand: September 2020); *Stadie* in Rau/Dürrwächter, § 13c UStG Rz. 41 f. (Stand: Januar 2023). Weitergehend *Böllmann* in Weymüller, BeckOK, § 13c UStG Rz. 32; *Haunhorst* in Reiß/Kraeusel/Langer, § 13c UStG Rz. 29 (Stand: Februar 2022); *Giehl/Vana*, UStB 2004, 357 (358 f.); *Hahne*, DStR 2004, 210 (212); *Hahne*, UR 2004, 633 (638); *Wiese/Gradl*, DB 2004, 843 (845); **A.A.** *Brandl* in Bunjes[22], § 13c UStG Rz. 27; *Leipold* in Sölch/Ringleb, § 13c UStG Rz. 28 (Stand: Oktober 2021).

geschaffene Gefährdung des Umsatzsteueraufkommens. Insoweit ist die abstrakte Betrachtung, die die Vorschrift an sich prägt, zu durchbrechen, da eine eindeutige Zuordnung der Umsatzsteuerschuld möglich wird. Entsprechend ist m.E. bei Änderungsbescheiden zu verfahren, wenn die Änderung nicht auf dem abgetretenen Umsatz beruht.[1]

c) Der leistende Unternehmer

35 Nach dem Wortlaut der Vorschrift ist erforderlich, dass „der leistende Unternehmer […] abgetreten und die festgesetzte Steuer […] bei Fälligkeit nicht oder nicht vollständig entrichtet hat." Demgemäß scheidet die Anwendung des § 13c UStG in den Fällen aus, in denen die Steuerschuldnerschaft nicht beim leistenden Unternehmer liegt. Bestimmt § 13b UStG den **Leistungsempfänger zum Steuerschuldner**, so tritt eine Haftung nicht ein, wenn dieser die Umsatzsteuer nicht entrichtet, was angesichts des Sinn und Zwecks des § 13c UStG konsequent ist.[2]

3. In der Forderung enthaltene Umsatzsteuer (Absatz 1 Satz 1 Halbs. 3)

36 § 13c Abs. 1 Satz 1 Halbs. 3 UStG verbirgt anlässlich der Benennung der Rechtsfolge „haftet" dem Wortlaut nach eine weitere Voraussetzung der Haftungsinanspruchnahme. So wird gefordert, dass in der abgetretenen Forderung auch Umsatzsteuer enthalten sein muss, um die Rechtsfolge der Haftung auszulösen.

37 Diesem Merkmal kommt allerdings bei näherer Betrachtung **keinerlei eigenständige Bedeutung** zu. So fordert bereits § 13c Abs. 1 Satz 1 Halbs. 1 UStG, dass der Anspruch auf die Gegenleistung für einen steuerpflichtigen Umsatz nach § 1 Abs. 1 Nr. 1 UStG abgetreten wird. Da die Gegenleistung den geschuldeten Brutto-Betrag beschreibt und somit die Umsatzsteuer umfasst und zugleich die Umsatzsteuer ein unselbständiger, allein rechnerisch bestimmter Anteil der Forderung ist, der nicht im Wege einer teilweisen Abtretung herausgelöst werden kann, könnte dem Merkmal nur eigenständige Bedeutung zukommen, soweit die Steuerschuldnerschaft nicht beim leistenden Unternehmer liegt. In diesen Fällen der Verlagerung der Steuerschuldnerschaft auf den Leistungsempfänger (§ 13b UStG) fehlt es aber sowohl daran, dass der leistende Unternehmer (Rz. 35) die festgesetzte Steuer nicht oder nicht vollständig entrichtet hat, § 13c Abs. 1 Satz 1 Halbs. 2 UStG, (Rz. 25 ff.), als auch an einer fehlenden Vereinnahmung der Umsatzsteuer durch den Zessionar, § 13c Abs. 1 Satz 1 Halbs. 4 UStG, (Rz. 39 ff.).

38 Soweit einem **Drittentgelt** in Form eines Zuschusses keinerlei Umsatzsteueranteil innewohnen soll, ist dem nicht zu folgen; es ist nicht erkennbar, worauf eine derartige Differenzierung zwischen der seitens eines Dritten erbrachten Gegenleistung und der Gegenleistung des Leistungsempfängers beruhe sollte.[3]

4. Vereinnahmung (Absatz 1 Satz 1 Halbs. 4)

39 Nachgeschoben zur Benennung der Rechtsfolge benennt § 13c Abs. 1 Satz 1 Halbs. 4 UStG mit der Vereinnahmung des Betrages und der darin enthaltenen Umsatzsteuer drei weitere wesentliche Haftungsvoraussetzungen.

40 So ergibt sich zunächst aus § 13c Abs. 1 Satz 1 Halbs. 4 UStG, dass ein **Betrag vereinnahmt** werden muss, woran es beim Tausch und tauschähnlichen Umsatz fehlt (§ 3 Rz. 640 ff.). Denn in diesen Fällen besteht die Gegenleistung in einer Lieferung oder sonstigen Leistung, der zwar Geldeswert zukommt und die Gegenstand einer Abtretung sein kann, allerdings wird kein Betrag, sondern eine Leistung vereinnahmt.[4]

41 Darüber hinaus folgt aus § 13c Abs. 1 Satz 1 Halbs. 4 UStG, dass die Haftung an die **Vereinnahmung** geknüpft ist, ohne aber diesen Begriff zu definieren. Spiegelbildlich zur Vereinnahmung beim Zeden-

1 **A.A.** *Leipold* in Sölch/Ringleb, § 13c UStG Rz. 30 (Stand: Oktober 2021).

2 Im Ergebnis ebenso *Stadie* in Rau/Dürrwächter, § 13c UStG Rz. 12 (Stand: Januar 2023); *Haunhorst* in Reiß/Kraeusel/Langer, § 13c UStG Rz. 12 (Stand: Februar 2022).

3 So aber *Küffner* in Hartmann/Metzenmacher, § 13c UStG Rz. 31 (Stand: Juli 2007).

4 Im Ergebnis ebenso *Stadie* in Rau/Dürrwächter, § 13c UStG Rz. 28 (Stand: Januar 2023).

ten nach § 13c Abs. 1 Satz 5 UStG[1] (Rz. 58 ff.) sowie zum Begriff der Vereinnahmung im Rahmen der Ist-Besteuerung, § 20 UStG, (§ 20)[2] ist eine solche entsprechend der bereicherungsrechtlichen Rechtfertigung der Haftung jedenfalls nur unter der Voraussetzung anzunehmen, dass der Geldbetrag tatsächlich in den **Verfügungsbereich des Zessionars** gelangt ist, sei es, weil dieser die Forderung in Person einzieht, der Forderungsbetrag nach Einziehung an diesen weitergeleitet wird oder der Einzug zugunsten eines Kontokorrentkontos auch im Verfügungsbereich des Zessionars erfolgt.[3]

Weitergehend ist entsprechend § 13c Abs. 1 Satz 5 UStG (Rz. 58 ff.) erforderlich, dass der Zessionar 42 den **Zedenten vom Zugriff auf den Geldbetrag ausschließen** kann.[4] Die FinVerw. geht hiervon allerdings nur im Regelfall aus:[5] Sie hat den Begriff der Vereinnahmung für eine Vielzahl von Einzelfällen teils im vorgenannten Sinne, teils aber auch gegensätzlich konkretisiert.[6]

Der Wortlaut des § 13c Abs. 1 Satz 1 Halbs. 4 UStG erfordert schließlich, dass in dem vereinnahmten 43 Betrag **Umsatzsteuer enthalten** ist. Diese Voraussetzung ist zwar im Regelfall erfüllt, denn den Beteiligten obliegt es nicht, eine Tilgungsreihenfolge zwischen der Umsatzsteuer und dem Nettobetrag der Forderung festzulegen (Rz. 33).[7]

Etwas anderes kann aber im Falle einer **Sicherungszession** gelten, wenn über das Vermögen des Zeden- 44 ten das **Insolvenzverfahren** eröffnet wurde.[8] Mit Eröffnung des Insolvenzverfahrens erwirbt der Insolvenzverwalter nach § 166 Abs. 2 InsO das (ausschließliche) Recht, die zur Sicherheit abgetretene Forderung einzuziehen. Erfolgt die Einziehung, so erhält der Zessionär den um den nach § 171 InsO gekürzten Kostenbeitrag ausgekehrt, § 170 Abs. 1 Satz 2 InsO. In diesem Kostenbeitrag ist nach § 171 Abs. 2 Satz 3 InsO die Umsatzsteuer, die aufgrund des § 17 Abs. 2 Nr. 1 Satz 2 UStG eine Masseverbindlichkeit nach § 55 Abs. 1 Nr. 1 InsO bildet, einzubeziehen (§ 17 Rz. 109 ff.). Dann aber enthält – anders als es wohl die FinVerw. meint[9] – aufgrund der insolvenzrechtlichen Regelungen der ausgekehrte und vom Zessionar vereinnahmte Betrag (wohl aber noch die Forderung als solche) keinerlei Umsatzsteuer.[10] Entsprechendes gilt im **Eröffnungsverfahren**, wenn unter Auferlegung eines Verfügungsverbotes nach § 21 Abs. 2 Satz 1 Nr. 2 InsO ein vorläufiger Insolvenzverwalter bestellt und diesem die Verwertung zur

1 *Stadie* in Rau/Dürrwächter, § 13c UStG Rz. 48 (Stand: Januar 2023); *Jatzke*, DStR 2018, 2111 (2116). Vgl. auch Abschn. 13c.1. Abs. 27 Satz 4 UStAE.

2 BFH, Urt. v. 22.6.2021 – V R 16/20, BFHE 272, 563 = UR 2021, 864 m. Anm. *Nücken*; BFH, Urt. v. 20.3.2013 – XI R 11/12, BStBl. II 2016, 107 = UR 2013, 910; FG Münster, Urt. v. 16.4.2015 – 5 K 815/12 U, juris; FG Köln, Urt. v. 29.10.2014 – 3 K 796/11, EFG 2015, 857; *Leipold* in Sölch/Ringleb, § 13c UStG Rz. 38 (Stand: Oktober 2021); *Jatzke*, DStR 2018, 2111 (2115).

3 BFH, Urt. v. 29.11.2022 – XI R 2/22, BStBl. II 2023, 731 = UR 2023, 446; BFH, Urt. v. 25.11.2015 – V R 65/14, BFH/NV 2016, 953 = UR 2016, 447; Abschn. 13c.1 Abs. 18 ff. UStAE; *Höink* in Offerhaus/Söhn/Lange, § 13c UStG Rz. 45 (Stand: Juni 2021). **A.A.** *Haunhorst* in Reiß/Kraeusel/Langer, § 13c UStG Rz. 36 (Stand: Februar 2022); *Hahne*, UR 2006, 433 (435 ff.); *Hahne*, UR 2004, 633 (637).

4 BFH, Urt. v. 29.11.2022 – XI R 2/22, BStBl. II 2023, 731 = UR 2023, 446; BFH, Urt. v. 22.6.2021 – V R 16/20, BFHE 272, 563 = UR 2021, 864 m. Anm. *Nücken;* FG Münster, Urt. v. 23.4.2020 – 5 K 2400/17 U, EFG 2020, 946 (m. Anm. *Wackerbeck*); FG München, Urt. v. 22.6.2010 – 14 K 1707/07, EFG 2010, 1937 (rkr.); *Stadie* in Rau/Dürrwächter, § 13c UStG Rz. 48 (Stand: Januar 2023). A.A. noch FG Köln, Urt. v. 29.10.2014 – 3 K 796/11, EFG 2015, 857, aufgehoben aus anderen Gründen durch BFH, Urt. v. 25.11.2015 – V R 65/14, BFH/NV 2016, 953 = UR 2016, 447; auch *Schuska*, MwStR 2016, 183. Kritisch *Küffner* in Hartmann/Metzenmacher, § 13c UStG Rz. 74, 75 (Stand: Juli 2007). Siehe auch *Jatzke*, DStR 2018, 2111 (2115 f.); *Lippross*, UR 2018, 901 (902); *Piekenbrock*, WM 2007, 141 (143).

5 Abschn. 13c.1. Abs. 23 UStAE.

6 Abschn. 13c.1. Abs. 19–27 UStAE.

7 Zum unterlassenen Einbehalt einer vom (vorläufigen) Insolvenzverwalter eingezogenen Forderung FG Münster, Urt. v. 15.6.2023 – 5 K 2714/20 U, EFG 2023, 1253 (m. Anm. *Wiesch*).

8 Umfassend *Wäger* in Birkenfeld/Wäger, Umsatzsteuer-Handbuch, Sonderthema Kreditsicherheiten Rz. 11 ff. (Stand: August 2017); *Wäger*, DStR 2011, 1925 (1932 ff.). Vgl. auch *Obermüller* in Obermüller, Insolvenzrecht in der Bankpraxis[10], Rz. 6.1037 ff.

9 Unklar Abschn. 13c.1. Abs. 28 UStAE.

10 *Stadie* in Rau/Dürrwächter, § 13c UStG Rz. 51 (Stand: Januar 2023); *Wäger* in Birkenfeld/Wäger, Umsatzsteuer-Handbuch, Sonderthema Kreditsicherheiten Rz. 40 ff. (Stand: August 2017); *Roth* in Roth, Insolvenzsteuerrecht[2], Rz. 4.496; 4.512; *Mohlitz* in Bork/Hölzle, Handbuch Insolvenzrecht[2], Kap. 23 Rz. 144; *Wäger*, DStR 2011, 1925 (1933).

Sicherung abgetretener Forderungen nach § 21 Abs. 2 Satz 1 Nr. 5 InsO entsprechend §§ 166 ff. InsO gestattet wird.[1] Erfolgt dagegen die Einziehung durch einen vorläufigen Insolvenzverwalter, dem die Befugnis des § 21 Abs. 2 Satz 1 Nr. 5 InsO nicht zukommt, so scheidet eine Anwendung der §§ 166 ff. InsO aus[2] und der Zessionar vereinnahmt entsprechend einen Umsatzsteueranteil.[3]

45 Eine Vereinnahmung liegt nicht vor, wenn aufgrund einer wirksamen **Insolvenzanfechtung** nach §§ 129 ff. InsO, die einen Rückgewähranspruch nach § 143 Abs. 1 Satz 1 InsO begründet, die Forderung wieder an den Zedenten abgetreten und etwaige bereits vereinnahmte Beträge, die zum Erlöschen der Forderung nach § 362 Abs. 1 BGB geführt haben, nach § 143 Abs. 1 Satz 2 InsO, § 819 Abs. 1, § 818 Abs. 4, § 292 Abs. 1, § 989 BGB zur Insolvenzmasse zurückgereicht werden.[4]

46 Ob weitergehend immer dann, wenn eine **Rückzahlung an den Zedenten** erfolgt, ein Entfall der Haftung aufgrund einer beseitigten Vereinnahmung anzunehmen ist, ist offen.[5] Hierfür spricht, dass in diesen Fällen der Zessionar nach Auskehrung des Betrages nicht mehr bereichert ist und daher eine Inanspruchnahme kaum noch zu rechtfertigen erscheint. Ausgehend hiervon lehnt die FinVerw. eine Haftungsinanspruchnahme ab.[6] Auch die Rechtsprechung scheint in diese Richtung zu tendieren.[7] Andererseits ist im Zuge des sog. echten Factorings aufgrund des Verbleibens der Gegenleistung beim Zessionar darauf verwiesen worden, dass die Verwendung der Gegenleistung zur Tilgung der Steuerschuld nicht gesichert ist.[8] Dies gilt letztlich auch im Falle einer Rückzahlung an den Zedenten. Der Frage kommt insbesondere bei **Inkassozessionen** erhebliche praktische Bedeutung zu, denn in diesen Fällen zieht der Zessionar die Forderung ein, ist aber zur Auskehrung an den Zedenten vertraglich verpflichtet.[9] In der Praxis sollte darauf hingewirkt werden, im Zuge einer Inkassozession die Einziehung in einer Weise zu bewirken, dass der Tatbestand der Vereinnahmung zu keinem Zeitpunkt erfüllt wird, oder dem Zessionar jedenfalls die Möglichkeit verbleibt, die Entstehung oder Fälligkeit der Umsatzsteuer abzuwarten und nach § 48 AO i.V.m. § 13c Abs. 2 Satz 4 UStG (Rz. 65 ff.) oder § 44 AO (Rz. 67) zu verfahren. Ein solches Vorgehen ist auch jenseits der Fälle einer Inkassozession angezeigt, um die Haftung rechtssicher auszuschließen.

47 Das Merkmal der Vereinnahmung ist schließlich nicht teleologisch zu reduzieren auf die Fälle, in denen der Zedent keine Gegenleistung für die Abtretung erhält. Seit Aufnahme eines entsprechenden Ausschlusstatbestandes[10] in § 13c Abs. 1 Sätze 4 und 5 UStG handelt es sich hierbei allein um eine Frage der teleologischen Auslegung dieses Tatbestandes (Rz. 56 ff.).

---

1 *Wäger* in Birkenfeld/Wäger, Umsatzsteuer-Handbuch, Sonderthema Kreditsicherheiten Rz. 53. (Stand: August 2017). Zu den insolvenzrechtlichen Grundlagen BGH, Urt. v. 24.1.2019 – IX ZR 110/17, BGHZ 221, 10 = NJW 2019, 1940; BGH, Beschl. v. 7.2.2013 – IX ZB 286/11, NZI 2013, 393 = WM 2013, 472; *Windau* in Fridgen/Geiwitz/Göpfert, BeckOK, § 21 InsO Rz. 112; *de Weerth*, NZI 2015, 884 ff.

2 BGH, Urt. v. 24.1.2019 – IX ZR 110/17, BGHZ 221, 10 = NJW 2019, 1940; *Lütcke* in Fridgen/Geiwitz/Göpfert, BeckOK, § 166 InsO Rz. 35a.

3 BFH, Urt. v. 20.3.2013 – XI R 11/12, BStBl. II 2016, 107 = UR 2013, 910; *Stadie* in Rau/Dürrwächter, § 13c UStG Rz. 51 (Stand: Januar 2023); *Wäger* in Birkenfeld/Wäger, Umsatzsteuer-Handbuch, Sonderthema Kreditsicherheiten Rz. 11 ff. (Stand: August 2017); *Mohlitz* in Bork/Hölzle, Handbuch Insolvenzrecht², Kap. 23 Rz. 146.

4 BFH, Urt. v. 21.11.2013 – V R 21/12, BStBl. II 2016, 74 = UR 2014, 436; FG Düsseldorf, Urt. v. 6.6.2012 – 5 K 2914/11 H, U; *Stadie* in Rau/Dürrwächter, § 13c UStG Rz. 53 (Stand: Januar 2023). Zur zivilrechtlichen Wirkung siehe BGH, Urt. v. 21.9.2006 – IX ZR 235/04, NJW-RR 2007, 42.

5 Dafür *Höink* in Offerhaus/Söhn/Lange, § 13c UStG Rz. 17a (Stand: Juni 2021); *Stadie* in Rau/Dürrwächter, § 13c UStG Rz. 55 (Stand: Januar 2023); *Jatzke*, DStR 2018, 2111 (2115); *Hahne*, DStR 2004, 210 (213). Weiter differenzierend *Haunhorst* in Reiß/Kraeusel/Langer, § 13c UStG Rz. 40 (Stand: Februar 2022) zwischen dem Fall der Unwirksamkeit der Abtretung (= keine Vereinnahmung) und sonstigen Veranlassungen zur Rückzahlung (= Vereinnahmung).

6 Abschn. 13c.1. Abs. 29 UStAE.

7 BFH, Urt. v. 21.11.2013 – V R 21/12, BStBl. II 2016, 74 = UR 2014, 436; FG Düsseldorf, Urt. v. 6.6.2012 – 5 K 2914/11 H, U.

8 BFH, Urt. v. 16.12.2015 – XI R 28/13, BStBl. II 2018, 365 = UR 2016, 441. Siehe auch *Hahne*, UR 2016, 897 (902 f.).

9 Für eine Einschränkung zumindest in diesen Fällen auch *Küffner* in Hartmann/Metzenmacher, § 13c UStG Rz. 92 (Stand: Juli 2007).

10 Zuvor hatte der BFH eine entsprechende teleologische Reduktion ausdrücklich abgelehnt: BFH, Urt. v. 16.12.2015 – XI R 28/13, BStBl. II 2018, 365 = UR 2016, 441.

5. Höhe der Haftung: „Soweit" (Absatz 1 Satz 1 Halbs. 1 und 4)

Die Höhe der Haftung wird durch § 13c Abs. 1 Satz 1 UStG durch die Verwendung des Wortes „**soweit**" jeweils zu Beginn der Halbsätze 1 und 4 erheblich eingegrenzt. Die Haftung tritt hiernach nur ein, soweit 48

- die Abtretung reicht,
- Umsatzsteuer festgesetzt wird,
- die festgesetzte Umsatzsteuer bei Fälligkeit nicht entrichtet wird und
- die abgetretene Forderung vereinnahmt wird.

Praktisch erheblich wird hierbei regelmäßig das Merkmal der Vereinnahmung werden, soweit nicht ausnahmsweise die festgesetzte Umsatzsteuer durch erhebliche Vorsteuerbeträge gemindert wurde. 49

Eine **quotale Haftung** nach dem Anteil des abgetretenen Umsatzes an den gesamten Umsätzen findet im Gesetz keine Stütze.[1] 50

6. Rechtsfolge (Absatz 1 Satz 1 Halbs. 3)

Liegen die haftungsrechtlichen Voraussetzungen vor, so haftet der Zessionar nach § 13c Abs. 1 Satz 1 Halbs. 3 UStG für die Umsatzsteuer des Zedenten nach näherer Maßgabe des § 13c Abs. 2 UStG (Rz. 62 ff.). Die Erfüllung des Haftungstatbestandes führt zur Entstehung des **Gesamtschuldverhältnisses nach § 44 AO** (Rz. 67), auf die Haftungsinanspruchnahme kommt es nicht an.[2] 51

III. Mangelnde Fälligkeit bei Aussetzung der Vollziehung (Absatz 1 Satz 2)

§ 13c Abs. 1 Satz 2 UStG bestimmt, dass im Falle der **Aussetzung der Vollziehung** der Steuerfestsetzung durch die Finanzbehörde, § 361 AO, oder die Finanzgerichte, § 69 FGO, die Steuer als nicht fällig gilt. Hintergrund dieser Fiktion ist, dass nach herrschender Meinung die Aussetzung der Vollziehung die Fälligkeit der Steuerschuld nicht berührt.[3] 52

IV. Vereinnahmungsfiktion bei Mehrfachabtretung (Absatz 1 Satz 3)

§ 13c Abs. 1 Satz 3 UStG **fingiert**, dass im Falle der Mehrfachabtretung die Forderung in voller Höhe als vereinnahmt gilt. Auf die Frage, ob der Zessionar in diesen Fällen vom Schuldner tatsächlich einen Geldbetrag erhalten hat, kommt es dann nicht mehr an.[4] 53

Diese Fiktion greift allerdings nur ein, **soweit** die Mehrfachabtretung reicht. Denn ebenso wie der leistende Unternehmer die Forderung nur teilweise abtreten kann, kann der Zessionar, dann als Zedent agierend, die Forderung nur teilweise an einen Dritten abtreten. Tritt der Zessionar teilweise ab, so beschränkt sich die Fiktion der Vereinnahmung auf die abgetretene Forderung und erfasst nicht die beim Zessionar verbleibende Forderung (Rz. 13 f.). 54

1 *Küffner* in Hartmann/Metzenmacher, § 13c UStG Rz. 109 (Stand: Juli 2007). **A.A.** *Slotty-Harms/Jansen*, UR 2004, 221 (223).

2 BFH, Urt. v. 15.10.1996 – VII R 46/96, BStBl. II 1997, 171; BFH, Urt. v. 6.2.1990 – VII R 86/88, BStBl. II 1990, 523; *Ratschow* in Klein[14], § 38 AO Rz. 26; *Drüen* in Tipke/Kruse, § 38 AO Rz. 37 (Stand: Oktober 2020); *Schuster* in Hübschmann/Hepp/Spitaler, § 38 AO Rz. 80 (Stand: Juni 2005). **A.A.** Abschn. 13c.1. Abs. 39 UStAE.

3 BFH, Urt. v. 25.4.1989 – VII R 36/87, BStBl. II 1990, 352; BFH, Urt. v. 17.9.1987 – VII R 50-51/86, BStBl. II 1988, 366; *Loose* in Tipke/Kruse, § 220 AO Rz. 16 (Stand: Februar 2019); *Klein/Rüsken*, § 220 AO Rz. 22 (Stand: Februar 2019). Offen BFH, Urt. v. 31.8.1995 – VII R 58/94, BStBl. II 1996, 55.

4 Kritisch *Prätzler* in Birkenfeld/Wäger, Umsatzsteuer-Handbuch, § 13c UStG Rz. 85 (Stand: September 2020); *Stadie* in Rau/Dürrwächter, § 13c UStG Rz. 56 (Stand: Januar 2023). Vgl. auch *Haunhorst* in Reiß/Kraeusel/Langer, § 13c UStG Rz. 42 (Stand: Februar 2022), die in der Folge beim Forderungsausfall die Wirkungen der Umsatzsteuerberichtigung nach § 17 UStG auf die Haftung nach § 13c UStG durchschlagen lassen will.

55 Die Fiktion greift nicht ein, wenn die Beteiligten die Abtretung, insbesondere aufgrund einer **Insolvenzanfechtung** nach § 143 Abs. 1 Satz 1 InsO, rückabwickeln, indem der Zessionar die Forderung an den Zedenten abtritt, da dieser nicht „Dritter" i.S.d. § 13c Abs. 1 Satz 3 UStG ist.

V. Keine Vereinnahmung bei Abtretung gegen eine Gegenleistung (Absatz 1 Sätze 4 und 5)

1. Gegenleistung in Geld für die Abtretung

56 Nach dem nachträglich eingefügten Ausschlusstatbestand des § 13c Abs. 1 Sätze 4 und 5 UStG tritt die Haftung nicht ein, soweit der Zedent für die Abtretung eine **Gegenleistung erhält und diese tatsächlich vereinnahmt**. Die Vorschrift soll die bisherige Verwaltungsauffassung, nach der eine Vereinnahmung im Falle des echten Factorings und bei sog. **true-sale Asset-Backed-Securities-Transaktionen** nicht vorlag, gesetzlich festschreiben.[1] Mit dieser Regelung reagiert der Gesetzgeber durch ein **Nichtanwendungsgesetz** auf ein Urteil des BFH, der ebendiese Frage im gegenteiligen Sinne entschieden hatte. Für den Fall des **echten Factorings** hatte der BFH es abgelehnt, § 13c UStG teleologisch zu reduzieren und lediglich in den Fällen anzuwenden, in denen der Zedent keine Gegenleistung für die Abtretung erhält.[2]

57 Angesichts dieser Entstehungsgeschichte des Ausschlusstatbestandes als Nichtanwendungsgesetz ist der FinVerw. darin zu folgen, den Ausschlusstatbestand allein in Fällen des echten Factorings und bei **true-sale Asset-Backed-Securities-Transaktionen** anzuwenden,[3] bei denen die Abtretung gegen einen im Vermögen des Zedenten endgültig verbleibenden und im Einzelfall gezahlten Kaufpreis erfolgt.[4] Zwar steht bspw. auch beim Darlehensvertrag die Auskehrung der Darlehensvaluta schuldrechtlich im Gegenseitigkeitsverhältnis zur Sicherheitenbestellung, weshalb auch eine Sicherungszession grundsätzlich unter die Ausnahmevorschrift subsumiert werden könnte. Dergleichen könnte für Gelddarlehen sichernde Globalzessionen gelten, bei denen weitergehend Zweifel daran angebracht sind, ob diese Gegenleistung „für" die Abtretung erbracht wird. Im Rahmen einer solchen Lesart würde der Anwendungsbereich der Haftungsvorschrift im Ergebnis weitgehend eingeschränkt auf Fälle eines verlängerten Eigentumsvorbehaltes, in denen es an einer Gegenleistung in Geld auch angesichts der Kreditierung des Kaufpreises fehlen dürfte, oder an der Inkassozession (Rz. 46). Hierfür streitet, dass allein in diesen Fällen das Eintreten einer Umsatzsteuergefährdung außer Frage steht, weil der Zedent unmittelbar entreichert wird. Dagegen sprechen aber die – jedenfalls im Falle einer derart weiten Lesart des Begriffs der Gegenleistung – zutreffenden Erwägungen des BFH,[5] die zur Einführung des Ausschlusstatbestandes geführt haben und die durch den Gesetzgeber bei Erlass des Nichtanwendungsgesetzes jedenfalls nicht vollumfänglich zurückgewiesen wurden. Im Falle einer derart weiten Lesart wären nämlich Fälle umfasst, in denen der Zedent zur Rückzahlung des erhaltenen Betrages verpflichtet ist und er gerade nicht einen zur Vereinnahmung der abgetretenen Forderung wirtschaftlich kongruenten Betrag zur wirtschaftlich freien Verwendung erhält.

2. Vereinnahmung dieser Gegenleistung durch den Zedenten

58 Der Haftungsausschluss erfordert, dass der Zedent die Gegenleistung tatsächlich vereinnahmt. Dies ist folgerichtig, da nur in diesem Fall der Zedent durch die Abtretung nicht entreichert wird.

59 Nach § 13c Abs. 1 Satz 5 UStG setzt die **Vereinnahmung** voraus, dass die Gegenleistung tatsächlich in den Verfügungsbereich des Zedenten gelangt und zugleich jeder Zugriff seitens des Zessionars ausgeschlossen ist. Sie liegt auch im Falle einer Aufrechnung, §§ 389 ff. BGB, vor, da diese ein wirtschaftlich unsinniges Hin- und Herzahlen der Beträge vermeidet.[6] Demgegenüber ist die Vereinnahmung

1 Siehe BT-Drucks. 18/11778, 2.
2 BFH, Urt. v. 16.12.2015 – XI R 28/13, BStBl. II 2018, 365 = UR 2016, 441.
3 Abschn. 13c.1. Abs. 27 UStAE. Ebenso *Leipold* in Sölch/Ringleb, § 13c UStG Rz. 39 (Stand: Oktober 2021).
4 *Höink* in Offerhaus/Söhn/Lange, § 13c UStG Rz. 17a (Stand: Juni 2021).
5 BFH, Urt. v. 16.12.2015 – XI R 28/13, BStBl. II 2018, 365 = UR 2016, 441.
6 *Stadie* in Rau/Dürrwächter, § 13c UStG Rz. 52 (Stand: Januar 2023).

auf einem beiden Beteiligten offenstehenden Kontokorrentkonto nicht ausreichend. Dies ist in besonderem Maße zu beachten, wenn der Zessionar eine Bank ist und die Gutschrift auf ein bei dieser geführtes Kontokorrentkonto erfolgt.

Nicht geklärt ist, ob eine die Haftung des Zessionars ausschließende Vereinnahmung auch gegeben ist, 60
wenn der Zessionar die Gegenleistung auf ein Konto bewirkt, das sich im **Soll** befindet und auf das nach der Abrede zwischen dem Zedenten und der kontoführenden Bank der **Zedent keinen Zugriff** hat. Für ein Fortbestehen der Haftung spricht, dass nach dem Wortlaut des § 13c Abs. 1 Satz 5 UStG eine tatsächliche Verfügungsbefugnis des Zedenten erforderlich ist, die in diesen Fällen fehlt; sie liegt nunmehr bei der kontoführenden Bank, die den Betrag zugunsten des Zedenten freigeben kann, aber nicht muss. Damit verbliebe es trotz der fehlenden Bereicherung des Zessionars bei einer Haftung, obgleich die wirtschaftliche Lage des Zedenten allein hinsichtlich der eingeschränkten Verfügungsbefugnis über den Kontokorrent-Saldo eingeschränkt ist.

3. Umfang des Haftungsausschlusses

Spiegelbildlich zur Begründung der Haftung greift der Haftungsausschluss nur ein, **soweit** der Zedent 61
eine Gegenleistung für die Abtretung vereinnahmt hat. Dieser Einschränkung der Höhe nach kommt erhebliche wirtschaftliche Bedeutung zu. Denn im Falle des **echten Factorings** erhält der Zedent aufgrund der erbrachten Leistungen des Zessionars, der Übernahme des Ausfallsrisikos und der Vorfinanzierung der Forderung nicht den vollen Betrag der abgetretenen Forderung als Gegenleistung, sondern nur einen Anteil. Der Haftungsausschluss ist dann aber auf diesen Anteil beschränkt. Dass dem verbleibenden Forderungsanteil, für den der Zessionar haftet, zugleich ein Entgelt für eine vom Zessionar an den Zedenten erbrachte sonstige Leistung und eine Vorfinanzierung (Abgeltung des Realwertes unter Erhalt einer auf einen höheren Nominalbetrag lautenden Forderung, § 4 Nr. 8 Rz. 58 ff.) innewohnt, ist hiernach unerheblich. Die Erbringung einer sonstigen Leistung seitens des Zessionars an den Zedenten kann sich aber über den Vorsteuerabzug des Zedenten und eine entsprechend verringerte Steuerfestsetzung, die zugleich die Haftungshöhe begrenzt, auswirken; soweit diese Grenze nicht wirksam wird, ist dies letztlich Ausdruck der – hinzunehmenden – abstrakten Betrachtungsweise des § 13c Abs. 1 Satz 1 UStG (Rz. 33). Entsprechendes gilt im Rahmen einer true-sale Asset-Backed-Securities-Transaktion.

C. Rechtsfolge der Haftung (Absatz 1 Satz 1 Halbs. 3, Absatz 2)

I. Zeitpunkt der Haftung (Absatz 2 Satz 1)

§ 13c Abs. 2 Satz 1 UStG benennt in weiterer Ausformung der Rechtsfolge der Haftung nach § 13c 62
Abs. 1 Satz 1 Halbs. 3 UStG (Rz. 51) den Zeitpunkt der Haftungsinanspruchnahme. Die Vorschrift des § 13c Abs. 2 Satz 1 UStG ist wenig geglückt und erschöpft sich letztlich in einer **Klarstellung** des Offensichtlichen. So „ist" gemäß § 13c Abs. 2 Satz 1 Halbs. 1 UStG der Zessionar „ab" dem Zeitpunkt der Fälligkeit der festgesetzten Steuer in Anspruch zu nehmen; eine Aussage dahingehend, dass eine spätere Inanspruchnahme unzulässig ist, ist dem nicht zu entnehmen. Zugleich bestimmt § 13c Abs. 2 Satz 1 Halbs. 2 UStG, dass die Inanspruchnahme „frühestens" ab dem Zeitpunkt der Vereinnahmung erfolgen soll. Der hiermit beschriebene Zeitpunkt, ab dem eine Haftungsinanspruchnahme möglich ist, ist aber der Zeitpunkt der Verwirklichung des Haftungstatbestandes des § 13c Abs. 1 UStG, vor dessen Erfüllung eine Haftungsinanspruchnahme ohnehin ausscheidet.

II. Ermessensunabhängigkeit der Haftung (Absatz 2 Satz 2)

§ 13c Abs. 2 Satz 2 UStG verpflichtet die zuständige Finanzbehörde zu einer Haftungsinanspruchnah- 63
me. Abweichend von § 191 AO besteht **kein Entschließungsermessen**, sodass auch eine **teilweise In-**

anspruchnahme des Haftenden nicht zulässig ist.[1] Die Frage eines **Auswahlermessens** stellt sich im Rahmen des § 13c Abs. 1 UStG nicht unmittelbar, weil der Tatbestand des § 13c Abs. 1 UStG betreffend dieselbe Steuerschuld nur durch eine Person verwirklich werden kann. Allerdings kommt auf Seiten des leistenden Unternehmers die Verwirklichung anderer Haftungstatbestände, bspw. nach § 69 AO, in Betracht. Der sonst statthafte Einwand, dass die Finanzbehörde aber einen weiteren Haftungsschuldner übersehen und deshalb ihr Auswahlermessen fehlerhaft ausgeübt habe, der zur Aufhebung des Haftungsbescheides und zu einer erneuten Inanspruchnahme unter Einbezug weiterer Haftungsschuldner in das Gesamtschuldverhältnis nach § 44 AO führen kann, ist dem Zessionar hierdurch abgeschnitten.[2] Ebenso wenig kann sich der Zessionar auf eine nicht erfolgte Geltendmachung der Steuer im Insolvenzverfahren gegenüber dem Zedenten berufen.[3]

III. Weitere Begrenzung der Haftungshöhe (Absatz 2 Satz 3)

64 § 13c Abs. 2 Satz 3 UStG begrenzt die Haftung des Zessionars auf die im Zeitpunkt der Fälligkeit nicht entrichtete Steuer. Die Vorschrift betrifft den Fall, dass sich **nach Fälligkeit der Umfang der nichtentrichteten Steuer erhöht**. Hierbei kann es sich nur um Vorgänge im Erhebungsverfahren handeln, da im Falle eines die festgesetzte Steuer erhöhenden Änderungsbescheides hinsichtlich des Erhöhungsbetrages eine eigenständige Fälligkeit eintritt und somit kein Fall des § 13c Abs. 2 Satz 3 UStG vorliegt. In Betracht kommen daher insbesondere etwaige fehlerhafte Erstattungen seitens der Finanzbehörde, die sonst zu einem Ermessensfehler der Haftungsinanspruchnahme nach § 191 AO führen würden. Aufgrund dieser Nähe erklärt sich wohl auch die systematische Stellung der Vorschrift, die ihrem Inhalt nach eigentlich dem Haftungstatbestand zuzurechnen ist.

IV. Keine Haftung bei Drittleistungen nach § 48 AO (Absatz 2 Satz 4)

65 § 13c Abs. 2 Satz 4 UStG schließt die Haftung aus, soweit der Zessionar Zahlungen nach § 48 AO auf die festgesetzte Steuer i.S.d. § 13c Abs. 1 Satz 1 UStG geleistet hat.[4] Wenngleich die Regelung der Rechtsfolge zugewiesen ist, handelt es sich um einen **Haftungsausschluss** und damit eine im Tatbestand zu verortende Regelung.

66 Die Vorschrift **durchbricht die abstrakte Betrachtungsweise** des § 13c Abs. 1 Satz 1 UStG (Rz. 33) zugunsten des Zessionars. Entrichtet der Zessionar die in der abgetretenen Forderung enthaltene Umsatzsteuer, so führt dies zu einem **vollständigen Ausschluss der Haftung**; dies gilt selbst dann, wenn hierdurch die Umsatzsteuerschuld des Zedenten nicht vollständig getilgt wird.[5] Denn anderenfalls käme der Vorschrift keinerlei Bedeutung zu: Führte § 13c Abs. 2 Satz 4 UStG nicht zu einem Haftungsausschluss in dieser Höhe, so ginge er in § 13c Abs. 1 Satz 1 Halbs. 2 UStG auf. Soweit die Umsatzsteuerschuld aufgrund entsprechender Vorsteuerabzugsbeträge hinter der in der Forderung enthaltenen Umsatzsteuer zurückbleibt, wäre bereits der Haftungstatbestand nach § 13c Abs. 1 Satz 1 UStG nicht erfüllt. Soweit die Umsatzsteuerschuld diesen Betrag überstiege, würde eine Teilleistung des Zessionars ebenso wie eine Teilleistung des Zedenten den Zessionar weder nach § 13c Abs. 1 Satz 1 Halbs. 2 UStG noch nach § 13c Abs. 2 Satz 4 UStG entlasten. Dass der Gesetzgeber eine funktionslose Norm schafft, ist aber nicht anzunehmen, zumal es auch dem Sinn und Zweck entspricht, den Zessionar im Falle einer Abführung der vereinnahmten Umsatzsteuer zu entlasten. Auf bereicherungsrecht-

1 Ein entsprechender Haftungsbescheid wäre zwar rechtswidrig, verletzte den Zessionar aber nicht in seinen Rechten, § 100 Abs. 1 Satz 1 FGO.

2 Vgl. auch *Nacke*, UR 2017, 830 (831 f.); *Hahne*, BB 2003, 2720 (2722).

3 BFH, Urt. v. 21.11.2013 – V R 21/12, BStBl. II 2016, 74 = UR 2014, 436.

4 Zu den Zahlungsangaben siehe Abschn. 13c.1 Abs. 43 UStAE und zutreffend *Prätzler* in Birkenfeld/Wäger, Umsatzsteuer-Handbuch, § 13c UStG Rz. 114 ff. (Stand: September 2020).

5 BFH, Urt. v. 16.12.2015 – XI R 28/13, BStBl. II 2018, 365 = UR 2016, 441; *Stadie* in Rau/Dürrwächter, § 13c UStG Rz. 61 (Stand: Januar 2023); *Haunhorst* in Reiß/Kraeusel/Langer, § 13c UStG Rz. 54 (Stand: Februar 2022).

liche Erwägungen könnte sich eine derartige Haftung nicht mehr stützen, die aus der Abtretung folgende Gefährdung des Umsatzsteueraufkommens ist beseitigt (Rz. 6).

Ist der **Haftungstatbestand bereits verwirklicht** und das Gesamtschuldverhältnis nach § 44 AO materiell zur Entstehung gelangt, so ist im Einzelfall zu prüfen, ob der Zessionar tatsächlich nach § 48 AO auf die Steuerschuld des Zedenten oder in Erfüllung seiner eigenen, wenngleich noch nicht durch Verwaltungsakt konkretisierten, Haftungsschuld leistet. Leistet er auf die Steuerschuld, so richten sich die Rechtsfolgen nach § 13c Abs. 2 Satz 4 UStG, § 48 AO, leistet er auf die Haftungsschuld, so ist § 44 AO maßgeblich. Im erstgenannten Fall steht dem Erlass eines Haftungsbescheides § 13c Abs. 2 Satz 4 UStG entgegen, im letztgenannten Fall ergeht ein Haftungsbescheid, dessen festgestellte Schuld aber bereits erloschen ist. 67

Übersteigen die nach § 48 AO geleisteten Zahlungen wegen erheblicher Vorsteuerabzugsbeträge des Zedenten die Steuerschuld, so entsteht mit der Zahlung ein **Erstattungsanspruch in der Person des Zedenten.**[1] Der Zessionar sollte sich mithin vorab vergewissern, dass die Umsatzsteuerschuld des Zedenten die in der abgetretenen Forderung enthaltene Umsatzsteuer übersteigt oder die Haftungsinanspruchnahme abwarten. 68

V. Inanspruchnahme durch Haftungsbescheid

Der Haftungsschuldner ist durch Haftungsbescheid nach § 191 AO in Anspruch zu nehmen, der den Anforderungen an die Bestimmtheit nach § 119 AO und die Begründung nach § 121 AO genügen muss. Eine Zusammenfassung in einem Sammelbescheid ist möglich.[2] Für die Beurteilung der Rechtmäßigkeit des Haftungsbescheids kommt es auf den Zeitpunkt der letzten Behördenentscheidung an.[3] Dass es sich bei der Haftungsinanspruchnahme im Rahmen des § 13c UStG um eine gebundene Entscheidung handelt, zwingt insoweit zu keiner Verlagerung auf einen späteren Zeitpunkt. Denn es handelt sich weiterhin nicht um einen Dauerverwaltungsakt, dessen Regelung sich fortwährend aktualisiert und der deshalb im Zeitpunkt der letzten mündlichen Verhandlung rechtmäßig sein muss. Die Maßgeblichkeit des Zeitpunkts der letzten Behördenentscheidung bedeutet aber nicht zugleich, dass auch der Erkenntnishorizont der Sachaufklärung auf den Zeitpunkt der letzten Behördenentscheidung zu beziehen wäre. Ausgehend von allen zum Zeitpunkt der letzten mündlichen Verhandlung zur Verfügung stehenden Erkenntnismitteln sind die tatsächlichen Verhältnisse zum Zeitpunkt der letzten Behördenentscheidung unter Berücksichtigung der prozessrechtlichen Vorgaben festzustellen.[4] Nachträgliche Veränderungen der tatsächlichen Verhältnisse sind nach § 131 AO in einem eigenen Verfahren zu berücksichtigen.[5] 68.1

Für den Fall einer **Globalzession** geht die Finanzverwaltung davon aus, dass den Anforderungen an die Bestimmtheit und Begründung des Haftungsbescheides durch die Angabe des Haftungsbetrages und des zugrunde liegenden Bruttobetrages der Umsätze ohne nähere Aufschlüsselung der enthaltenen Einzelforderungen grundsätzlich genügt wird.[6] Demgegenüber hat die Rechtsprechung teilweise mit Teilen der Literatur eine vollständige Aufschlüsselung der von der Globalzession umfassten Einzel- 68.2

---

1 BFH, Urt. v. 28.7.2015 – VIII R 50/14, BStBl. II 2015, 894; FG Münster, Urt. v. 23.7.2015 – 6 K 208/13 AO, EFG 2015, 1882; Abschn. 13c.1. Abs. 43 Satz 5 UStAE; *Haunhorst* in Reiß/Kraeusel/Langer, § 13c UStG Rz. 54 (Stand: Februar 2022); *Leipold* in Sölch/Ringleb, § 13c UStG Rz. 51 (Stand: Oktober 2021). **A.A.**: Person des Zahlenden, *Stadie* in Rau/Dürrwächter, § 13c UStG Rz. 62 (Stand: Januar 2023).

2 Vgl. nur *Rüsken* in Klein[15], § 191 AO Rz. 69.

3 BFH, Urt. v. 21.11.2013 – V R 21/12, BStBl. II 2016, 74 = UR 2014, 436; Abschn. 13c.1 Abs. 40 Satz 1 UStAE; *Böllmann* in Weymüller, BeckOK, § 13c UStG Rz. 69, wohl auch *Brandl* in Bunjes[22], § 13c UStG Rz. 44, 46. A.A. FG Münster, Urt. v. 15.6.2023 – 5 K 2814/20 U, EFG 2023, 1248 (m. Anm. *Wiesch*); *Leipold* in Sölch/Ringleb, § 13c UStG Rz. 63 (Stand: Oktober 2021); *Haunhorst* in Reiß/Kraeusel/Langer, § 13c UStG Rz. 45 (Stand: Februar 2022); *Nacke*, UR 2017, 830 (832).

4 In diesem Sinne wohl auch *Brandl* in Bunjes[22], § 13c UStG Rz. 44, 46.

5 *Böllmann* in Weymüller, BeckOK, § 13c UStG Rz. 69. A.A. *Haunhorst* in Reiß/Kraeusel/Langer, § 13c UStG Rz. 45 (Stand: Februar 2022), die § 130 AO für einschlägig erachtet.

6 FG Köln, Urt. v. 13.3.2019 – 9 K 2216/15, EFG 2020, 1026.

forderungen verlangt.[1] M.E. ist eine Einzelaufschlüsselung dagegen nicht erforderlich. Zwar ist die Haftungsinanspruchnahme dem Grunde nach durch die in den abgetretenen Ansprüchen enthaltene Umsatzsteuer beschränkt. Für die Haftung der Höhe nach folgt das Gesetz jedoch einer abstrakten Betrachtungsweise (Rz. 33). Der Zessionar haftet – bis zur Höhe der in den abgetretenen Forderungen enthaltenen Umsatzsteuer – für die Vorauszahlungs- oder Jahressteuerschuld, in deren Berechnung die Forderung eingeflossen ist. Im einfachsten Fall, in dem das Abtretungsvolumen nur Umsätze zum Regelsteuersatz umfasst und nicht für einen Zeitraum gehaftet wird, in dem dieser Schwankungen unterlag (§ 12 Abs. 1 Rz. 4 ff.; § 28 Rz. 1, 4), würde damit die Angabe der Vorauszahlungs- oder Jahressteuerschuld und des Abtretungsvolumens genügen. Doch selbst wenn das Abtretungsvolumen nicht nur Umsätze zum Regelsteuersatz umfasst, genügt für die Bestimmung der Haftungshöhe die Feststellung, in welchem Umfang die Globalzession Gegenleistungsansprüche für nicht steuerbare, nicht steuerpflichtige, ermäßigt oder temporär abweichend vom Regelsteuersatz besteuerte Vorgänge umfasst. Denn nur insoweit bedarf es einer Korrektur, bei der das Volumen der Globalzession um die Gegenleistungsansprüche für nicht steuerbare oder nicht steuerpflichtige Vorgänge in voller Höhe und für ermäßigt oder temporär abweichend vom Regelsteuersatz besteuerte Vorgänge anteilig zu mindern ist. Angesichts dessen kann den Bestimmtheits- und Begründungsanforderungen aber durch hinreichend tragfähige Angaben zu diesem Korrekturbedarf genügt werden.[2] Insoweit mag eine Einzelaufschlüsselung der Übersicht halber sachdienlich sein; zwingend erforderlich wird sie gleichwohl nicht.

D. Entsprechende Geltung bei Verpfändung und Pfändung (Absatz 3)

69 § 13c Abs. 3 Satz 1 UStG ordnet eine entsprechende Anwendung der Haftung an, wenn eine Geldforderung nicht abgetreten, sondern nach **§ 1279 BGB verpfändet** oder **nach § 829 ZPO gepfändet** wird. Dies ist angesichts dessen, dass in beiden Fällen die Verwertung zum Übergang der Verfügungsbefugnis auf den Pfand-, § 1277 BGB i.V.m. §§ 829, 835, 836 ZPO, bzw. Vollstreckungsgläubiger, §§ 829, 835, 836 ZPO, führt, konsequent. Ob im Falle der Verpfändung dagegen eine **Vereinnahmung** i.S.d. § 13c Abs. 1 Satz 1 Halbs. 4 UStG bereits vorliegt, wenn der Schuldner gemäß §§ 1281, 1288 BGB leistet, erscheint fraglich, ist aber m.E. mangels Verfügungsbefugnis des Pfandgläubigers, der lediglich ein neues Pfandrecht erwirbt, zu verneinen. § 13c Abs. 3 Satz 2 UStG stellt sodann klar, dass an den Begriff des Abtretungsempfängers die entsprechenden Begriffe des Pfandgläubigers und des Vollstreckungsgläubigers treten.

§ 14 n.F. Ausstellung von Rechnungen

(1) [1]Rechnung ist jedes Dokument, mit dem über eine Lieferung oder sonstige Leistung abgerechnet wird, gleichgültig, wie dieses Dokument im Geschäftsverkehr bezeichnet wird. [2]Eine Rechnung kann als elektronische Rechnung oder vorbehaltlich des Absatzes 2 als sonstige Rechnung übermittelt werden. [3]Eine elektronische Rechnung ist eine Rechnung, die in einem strukturierten elektronischen Format ausgestellt, übermittelt und empfangen wird und eine elektronische Verarbeitung ermöglicht. [4]Eine sonstige Rechnung ist eine Rechnung, die in einem anderen elektronischen Format oder auf Papier übermittelt wird. [5]Die Übermittlung einer elektronischen Rechnung oder einer sonstigen Rechnung in einem elektronischen Format bedarf der Zustimmung des Empfängers, soweit keine Verpflichtung nach Absatz 2 Satz 2 Nummer 1 besteht. [6]Das strukturierte elektronische Format einer elektronischen Rechnung

1. **muss der europäischen Norm für die elektronische Rechnungsstellung und der Liste der entsprechenden Syntaxen gemäß der Richtlinie 2014/55/EU vom 16. April 2014 (ABl. L 133 vom 6. 5. 2014, S. 1) entsprechen oder**

1 FG Köln, Urt. v. 13.3.2019 – 9 K 2216/15, EFG 2020, 1026; *Stadie* in Rau/Dürrwächter, § 13c UStG Rz. 69.1 (Stand: Januar 2023).

2 In diesem Sinne auch *Behrens/Seemaier*, UVR 2020, 269 ff.

2. kann zwischen Rechnungsaussteller und Rechnungsempfänger vereinbart werden. Voraussetzung ist, dass das Format die richtige und vollständige Extraktion der nach diesem Gesetz erforderlichen Angaben aus der elektronischen Rechnung in ein Format ermöglicht, das der Norm nach Nummer 1 entspricht oder mit dieser interoperabel ist.

(2) [1]Führt der Unternehmer eine Lieferung oder eine sonstige Leistung nach § 1 Absatz 1 Nummer 1 aus, ist er berechtigt, eine Rechnung auszustellen. [2]In den folgenden Fällen ist er zur Ausstellung einer Rechnung innerhalb von sechs Monaten nach Ausführung der Leistung verpflichtet, wenn der Umsatz nicht nach § 4 Nummer 8 bis 29 steuerfrei ist:

1. für eine Leistung an einen anderen Unternehmer für dessen Unternehmen; die Rechnung ist als elektronische Rechnung nach Absatz 1 Satz 3 und 6 auszustellen, wenn der leistende Unternehmer und der Leistungsempfänger im Inland oder in einem der in § 1 Absatz 3 bezeichneten Gebiete ansässig sind;
2. für eine Leistung an eine juristische Person, die nicht Unternehmer ist;
3. für eine steuerpflichtige Werklieferung (§ 3 Absatz 4 Satz 1) oder sonstige Leistung im Zusammenhang mit einem Grundstück an einen anderen als in den Nummern 1 oder 2 genannten Empfänger.

[3]Ein im Inland oder in einem der in § 1 Absatz 3 bezeichneten Gebiete ansässiger Unternehmer ist ein Unternehmer, der in einem dieser Gebiete seinen Sitz, seine Geschäftsleitung, eine Betriebsstätte, die an dem Umsatz beteiligt ist, oder in Ermangelung eines Sitzes seinen Wohnsitz oder gewöhnlichen Aufenthalt hat. [4]§ 14a bleibt unberührt. [5]Unbeschadet der Verpflichtungen nach Satz 2 kann eine Rechnung von einem in Satz 2 Nummer 1 oder 2 bezeichneten Leistungsempfänger für eine Lieferung oder sonstige Leistung des Unternehmers ausgestellt werden, sofern dies vorher vereinbart wurde (Gutschrift). [6]Die Gutschrift verliert die Wirkung einer Rechnung, sobald der Empfänger der Gutschrift dem ihm übermittelten Dokument widerspricht. [7]Eine Rechnung kann im Namen und für Rechnung des Unternehmers oder eines in Satz 2 Nummer 1 oder 2 bezeichneten Leistungsempfängers von einem Dritten ausgestellt werden.

(3) [1]Die Echtheit der Herkunft der Rechnung, die Unversehrtheit ihres Inhalts und ihre Lesbarkeit müssen gewährleistet werden. [2]Echtheit der Herkunft bedeutet die Sicherheit der Identität des Rechnungsausstellers. [3]Unversehrtheit des Inhalts bedeutet, dass die nach diesem Gesetz erforderlichen Angaben nicht geändert wurden. [4]Jeder Unternehmer legt fest, in welcher Weise die Echtheit der Herkunft, die Unversehrtheit des Inhalts und die Lesbarkeit der Rechnung gewährleistet werden. [5]Dies kann durch jegliche innerbetriebliche Kontrollverfahren erreicht werden, die einen verlässlichen Prüfpfad zwischen Rechnung und Leistung schaffen können. [6]Unbeschadet anderer zulässiger Verfahren gelten bei einer elektronischen Rechnung die Echtheit der Herkunft und die Unversehrtheit des Inhalts als gewährleistet durch

1. eine qualifizierte elektronische Signatur oder
2. elektronischen Datenaustausch (EDI) nach Artikel 2 der Empfehlung 94/820/EG der Kommission vom 19. Oktober 1994 über die rechtlichen Aspekte des elektronischen Datenaustausches (ABl. L 338 vom 28.12.1994, S. 98), wenn in der Vereinbarung über diesen Datenaustausch der Einsatz von Verfahren vorgesehen ist, die die Echtheit der Herkunft und die Unversehrtheit der Daten gewährleisten.

(4) [1]Eine Rechnung muss folgende Angaben enthalten:

1. den vollständigen Namen und die vollständige Anschrift des leistenden Unternehmers und des Leistungsempfängers,
2. die dem leistenden Unternehmer vom Finanzamt erteilte Steuernummer oder die ihm vom Bundeszentralamt für Steuern erteilte Umsatzsteuer-Identifikationsnummer,
3. das Ausstellungsdatum,
4. eine fortlaufende Nummer mit einer oder mehreren Zahlenreihen, die zur Identifizierung der Rechnung vom Rechnungsaussteller einmalig vergeben wird (Rechnungsnummer),
5. die Menge und die Art (handelsübliche Bezeichnung) der gelieferten Gegenstände oder den Umfang und die Art der sonstigen Leistung,
6. den Zeitpunkt der Lieferung oder sonstigen Leistung; in den Fällen des Absatzes 5 Satz 1 den Zeitpunkt der Vereinnahmung des Entgelts oder eines Teils des Entgelts, sofern der Zeitpunkt

der Vereinnahmung feststeht und nicht mit dem Ausstellungsdatum der Rechnung übereinstimmt,

7. das nach Steuersätzen und einzelnen Steuerbefreiungen aufgeschlüsselte Entgelt für die Lieferung oder sonstige Leistung (§ 10) sowie jede im Voraus vereinbarte Minderung des Entgelts, sofern sie nicht bereits im Entgelt berücksichtigt ist,
8. den anzuwendenden Steuersatz sowie den auf das Entgelt entfallenden Steuerbetrag oder im Fall einer Steuerbefreiung einen Hinweis darauf, dass für die Lieferung oder sonstige Leistung eine Steuerbefreiung gilt,
9. in den Fällen des § 14b Abs. 1 Satz 5 einen Hinweis auf die Aufbewahrungspflicht des Leistungsempfängers und
10. in den Fällen der Ausstellung der Rechnung durch den Leistungsempfänger oder durch einen von ihm beauftragten Dritten gemäß Absatz 2 Satz 2 die Angabe „Gutschrift".

[2]In den Fällen des § 10 Abs. 5 sind die Nummern 7 und 8 mit der Maßgabe anzuwenden, dass die Bemessungsgrundlage für die Leistung (§ 10 Abs. 4) und der darauf entfallende Steuerbetrag anzugeben sind. [3]Unternehmer, die § 24 Abs. 1 bis 3 anwenden, sind jedoch auch in diesen Fällen nur zur Angabe des Entgelts und des darauf entfallenden Steuerbetrags berechtigt. [4]Die Berichtigung einer Rechnung um fehlende oder unzutreffende Angaben ist kein rückwirkendes Ereignis im Sinne von § 175 Absatz 1 Satz 1 Nummer 2 und § 233a Absatz 2a der Abgabenordnung.

(5) [1]Vereinnahmt der Unternehmer das Entgelt oder einen Teil des Entgelts für eine noch nicht ausgeführte Lieferung oder sonstige Leistung, gelten die Absätze 1 bis 4 sinngemäß. [2]Wird eine Endrechnung erteilt, sind in ihr die vor Ausführung der Lieferung oder sonstigen Leistung vereinnahmten Teilentgelte und die auf sie entfallenden Steuerbeträge abzusetzen, wenn über die Teilentgelte Rechnungen im Sinne der Absätze 1 bis 4 ausgestellt worden sind.

(6) [1]Das Bundesministerium der Finanzen kann mit Zustimmung des Bundesrates zur Vereinfachung des Besteuerungsverfahrens durch Rechtsverordnung bestimmen, in welchen Fällen und unter welchen Voraussetzungen

1. Dokumente als Rechnungen anerkannt werden können,
2. die nach Absatz 4 erforderlichen Angaben in mehreren Dokumenten enthalten sein können,
3. Rechnungen bestimmte Angaben nach Absatz 4 nicht enthalten müssen,
4. eine Verpflichtung des Unternehmers zur Ausstellung von Rechnungen mit gesondertem Steuerausweis (Absatz 4) entfällt oder
5. Rechnungen berichtigt werden können.

[2]Das Bundesministerium der Finanzen kann mit Zustimmung des Bundesrates zur Vereinfachung des Besteuerungsverfahrens durch Rechtsverordnung nähere Bestimmungen zur Ausgestaltung des strukturierten elektronischen Formats einer elektronischen Rechnung erlassen.

(7) [1]Führt der Unternehmer einen Umsatz im Inland aus, für den der Leistungsempfänger die Steuer nach § 13b schuldet, und hat der Unternehmer im Inland weder seinen Sitz noch seine Geschäftsleitung, eine Betriebsstätte, von der aus der Umsatz ausgeführt wird oder die an der Erbringung dieses Umsatzes beteiligt ist, oder in Ermangelung eines Sitzes seinen Wohnsitz oder gewöhnlichen Aufenthalt im Inland, so gelten abweichend von den Absätzen 1 bis 6 für die Rechnungserteilung die Vorschriften des Mitgliedstaats, in dem der Unternehmer seinen Sitz, seine Geschäftsleitung, eine Betriebsstätte, von der aus der Umsatz ausgeführt wird, oder in Ermangelung eines Sitzes seinen Wohnsitz oder gewöhnlichen Aufenthalt hat. [2]Satz 1 gilt nicht, wenn eine Gutschrift gemäß Absatz 2 Satz 2 vereinbart worden ist. [3]Nimmt der Unternehmer in einem anderen Mitgliedstaat an einem besonderen Besteuerungsverfahren entsprechend Titel XII Kapitel 6 der Richtlinie 2006/112/EG des Rates vom 28. November 2006 über das gemeinsame Mehrwertsteuersystem (ABl. L 347 vom 11.12.2006, S. 1) in der jeweils gültigen Fassung teil, so gelten für die in den besonderen Besteuerungsverfahren zu erklärenden Umsätze abweichend von den Absätzen 1 bis 6 für die Rechnungserteilung die Vorschriften des Mitgliedstaates, in dem der Unternehmer seine Teilnahme anzeigt.

Schrifttum: *Nieskens*, Die geplanten Mehrwertsteuervorschriften für das digitale Zeitalter (VAT in the Digital Age, ViDA) – Der Richtlinienentwurf v. 8.12.2022 m.W. von 2024/2025/2026/2028 und seine Auswirkungen auf das nationale Umsatzsteuerrecht, UR 2023, 385; *Nieskens*, Es wird ernst: Die verpflichtende elektronische Rechnung im B2B-Geschäftsverkehr kommt, UR 2023, 671; *Sterzinger*, Aktuelle Änderungen des UStG und der UStDV durch das Wachstumschancengesetz und andere Gesetze, UR 2024, 117.

A. Hintergrund und unionsrechtliche Grundlagen

1 Nach dem Koalitionsvertrag von SPD, Grünen und FDP soll ein bundesweites einheitliches Meldesystem zur Erstellung, Prüfung und Weiterleitung von Rechnungen eingeführt werden, welches nur den ersten Schritt hin zu der späteren Einführung eines entsprechenden transaktionsbezogenen Meldesystems darstellt.[1] Da eine Änderung des UStG auf Grundlage der insoweit verpflichtenden Regelungen der MwStSystRL nicht möglich war, hat die Bundesrepublik Deutschland für die Einführung der obligatorischen eRechnung einen Antrag auf Erteilung einer Ermächtigung nach Art. 395 MwStSystRL gestellt, die erteilt worden ist.[2] Unabhängig von diesem Ermächtigungsantrag wird auf unionsrechtlicher Ebene der von der Europäischen Kommission unterbreitete Rechtsetzungsvorschlag „VAT in the digital age" (**ViDA**) beraten, der auch harmonisierte Regelungen für die eRechnung und ein Meldesystem vorsieht. Der ViDA-Vorschlag sieht für innergemeinschaftliche B2B-Umsätze ein verpflichtendes, transaktionsbasiertes Reporting und gleichzeitig die Abschaffung der Zusammenfassenden Meldungen vor.[3] Die Einführung der nationalen elektronischen Rechnung ist also (nur) Teil einer europaweiten Regelung. Diese europaweite Einführung war zunächst für 2028 vorgesehen, wurde mittlerweile aber um mindestens ein Jahr auf 2029 (teilweise wird eine Einführung erst 2030 für realistisch gehalten) verschoben.[4] Ob die Einführung zu diesem Zeitpunkt erfolgt, erscheint ebenfalls fraglich. Trotzdem wurde der Einstieg in Deutschland mit einer Vorlaufzeit von nur 9 Monaten zum 1.1.2025 vorgenommen.

B. Verfahrensgang und Kritik des Bundesrates

2 Das Gesetz zur Stärkung von Wachstumschancen, Investitionen und Innovation sowie Steuervereinfachung und Steuerfairness (Wachstumschancengesetz) wurde vom Bundestag in seiner Sitzung am 17.11.2023[5] beschlossen. Der Bundesrat hat am 24.11.2023 den Beschluss gefasst, dem Gesetz nicht zuzustimmen, sondern die Einberufung des Vermittlungsausschusses zu verlangen mit dem Ziel, das Gesetz grundlegend zu überarbeiten.[6] Als Begründung wurde angeführt, dass der Bundesrat in seiner Stellungnahme zum Gesetzentwurf vom 20.10.2023[7] Änderungsvorschläge unterbreitet hat, die im weiteren Gesetzgebungsverfahren allenfalls punktuell übernommen worden sind. Zusätzlich sei die Vorlage durch eine Vielzahl von Umdrucken kurzfristig ergänzt worden. Ein Teil der Änderungsvor-

1 https://www.bundesregierung.de/breg-de/aktuelles/koalitionsvertrag-2021-1990800.
2 ABl. L 188 v. 27.7.2023, S. 42.
3 Zu Einzelheiten: *Nieskens*, UR 2023, 385.
4 Vgl. Ergebnisse der ECOFIN-Sitzung v. 8.12.2023, https://www.consilium.europa.eu/de/meetings/ecofin/2023/12/08/.
5 Plenarprotokoll 20/138, S. 17514D – Annahme in Ausschussfassung (BT-Drucks. 20/8628, 20/9341).
6 BR-Drucks. 588/23 (Beschluss).
7 BR-Drucks. 433/23 (Beschluss).

schläge betrifft auch die Einführung einer verpflichtenden elektronischen Rechnung. Die **Stellungnahme des Bundesrates** enthielt hierzu folgende Punkte:

1. Der Bundesrat **begrüßt die Einführung einer verpflichtenden elektronischen Rechnung**. Mit dieser Regelung wird der fortschreitenden Digitalisierung in der Wirtschaft Rechnung getragen. Zugleich stellt die elektronische Rechnung für die Steuerverwaltung die Grundlage für die Einführung eines transaktionsbasierten digitalen Meldesystems dar. Mit diesem System soll der Umsatzsteuerbetrug zukünftig effektiver bekämpft werden.
2. Der Bundesrat ist der Auffassung, dass der mit der Einführung der elektronischen Rechnung verbundene **Aufwand in einem angemessenen Verhältnis** zu den mit der elektronischen Rechnung verbundenen Zwecken stehen muss.
3. Der Bundesrat hält es vor diesem Hintergrund für erforderlich, die Vorgaben zur elektronischen Rechnung so auszugestalten, dass nicht nur die Funktionsfähigkeit des transaktionsbasierten digitalen Meldesystems gewährleistet ist, sondern zugleich bereits **etablierte elektronische Rechnungsformate** – eventuell mit Anpassungen – **weiterhin genutzt werden können**. Damit könnte der Bürokratieaufwand für die betroffenen Unternehmen spürbar verringert werden.
4. Der Bundesrat spricht sich dafür aus, die **Einführung der elektronischen Rechnung um zwei Jahre zu verschieben**. Er ist der Auffassung, dass auch der **Empfang von elektronischen Rechnungen erst ab dem 1.1.2027 verpflichtend sein sollte**. Damit bliebe zum einen genügend Zeit, um Anwendungsfragen im Zusammenhang mit der elektronischen Rechnung zu klären und branchenspezifische Besonderheiten bei der Ausgestaltung des strukturierten elektronischen Formats zu berücksichtigen. Zum anderen werden durch die Neuregelung zahlreiche Unternehmen ihre Geschäftsprozesse und IT-Systeme anpassen müssen. Ein zeitlicher Aufschub würde daher aus Sicht der deutschen Wirtschaft zu einer spürbaren Entzerrung führen.

3 Im Vermittlungsausschuss konnte zunächst keine Einigkeit erzielt werden. In seiner Sitzung vom 21.2.2024[1] wurde das Gesetz nur mit einfacher Mehrheit angenommen und musste deshalb nochmals von Bundestag und Bundesrat beschlossen werden. Das ist am 23.2.2024[2] und am 22.3.2024[3] geschehen. Im Vergleich zum vom Bundestag am 17.11.2023 beschlossenen Gesetz wurden im Hinblick auf die eRechnung keine Änderungen vorgenommen.

C. Änderungen des § 14 UStG n.F. gegenüber § 14 UStG a.F.

I. Inhaltliche Reichweite der Kommentierung

4 Die nachfolgenden Ausführungen betreffen lediglich die bei Einführung der eRechnung vorgenommenen Änderungen des § 14 UStG n.F. gegenüber § 14 UStG a.F. Zu den nicht geänderten Passagen s. die Kommentierung zu § 14 a.F. Rz. 1 ff.

II. Einführung der eRechnung

5 Nach § 14 Abs. 2 Satz 2 Nr. 1 i.V.m. § 14 Abs. 1 Sätze 3 und 6 UStG n.F. werden **im Inland ansässige Unternehmer** für ihre steuerbaren und steuerpflichtigen Umsätze **zur Ausstellung einer eRechnung verpflichtet**, wenn diese Umsätze **an andere im Inland ansässige Unternehmer** für deren Unternehmen erbracht werden. Umsätze an Unternehmer in anderen Mitgliedstaaten und an Endverbraucher sind damit von dieser Verpflichtung nicht betroffen. Das bedeutet aber auch, dass es insbesondere bei großen Unternehmen, die eine Vielzahl von Leistungsempfängern unterschiedlicher Natur haben, zu Abgrenzungsschwierigkeiten führen kann. Im Ergebnis kann ein Unternehmen also nicht pauschal eRechnungen im zwischenunternehmerischen Bereich ausstellen, sondern muss grundsätzlich zwei gesonderte Prozesse vorsehen (sonstige Rechnung neben der eRechnung). Daneben ist der Kunden-

1 BR-Drucks. 20/10410.
2 BR-Drucks. 87/24.
3 BR-Drucks. 87/24(B).

stamm regelmäßig auf das eRechnungszustimmungserfordernis zu überprüfen und eine entsprechende Dokumentation vorzuhalten.[1]

III. Änderungen in § 14 Abs. 1 UStG n.F.

Bislang war in § 14 Abs. 1 UStG a.F. durch die erforderliche Zustimmung des Empfängers bei Verwendung einer eRechnung ein Vorrang der Papierrechnung geregelt. Nunmehr wird in Absatz 1 die **elektronische Rechnung** neu **definiert**. Nur noch eine Rechnung, die in einem strukturierten elektronischen Format ausgestellt, übermittelt und empfangen wird, das ihre elektronische Verarbeitung ermöglicht, gilt als elektronische Rechnung. Ein strukturiertes Format zeichnet sich dabei dadurch aus, dass die Daten von Computersystemen automatisch verarbeitet werden und durch die präzise Festlegung von Syntax (Ordnung bzw. Reihenfolge von Zeichen) und Semantik (Bedeutung der Zahlen) eindeutig sind. Das dürften jedenfalls die XRechnung oder ZUGFeRD erfüllen.[2] Zunächst war geplant, dass nur solche eRechnungen akzeptiert werden, die den Vorgaben der Richtlinie 2014/55/EU des Europäischen Parlaments und des Rates vom 16.4.2014 über die elektronische Rechnungsstellung bei öffentlichen Aufträgen[3] entspricht. Wohl auch durch den Änderungsvorschlag Nr. 3 des Bundesrates wurde kurz vor der Verabschiedung des Gesetzes durch den Bundestag in § 14 Abs. 1 Satz 6 Nr. 2 UStG n.F. die Möglichkeit geschaffen, zwischen Rechnungsaussteller und Rechnungsempfänger ein anderes strukturiertes elektronisches Format zu vereinbaren, wenn das Format die richtige und vollständige Extraktion der nach diesem Gesetz erforderlichen Angaben aus der elektronischen Rechnung in ein Format ermöglicht, das den Angaben in der Richtlinie 2014/55/EU entspricht oder mit dieser interoperabel ist.[4] 6

Rechnungen, die in einem anderen elektronischen Format (z.B. PDF-Format) oder auf Papier übermittelt werden, werden nach § 14 Abs. 1 Satz 4 UStG n.F. unter dem neuen Begriff **„sonstige Rechnung"** zusammengefasst. Der Vorrang der Papierrechnung ist damit entfallen. 7

IV. Änderungen in § 14 Abs. 2 UStG n.F.

In Absatz 2 wurden die Fälle, in denen eine umsatzsteuerrechtliche **Verpflichtung zur Ausstellung einer Rechnung** besteht, neu gegliedert. Eine eRechnung ist nach § 14 Abs. 2 Nr. 1 UStG n.F. zu verwenden, wenn eine Leistung an einen anderen Unternehmer für dessen Unternehmen ausgeführt wird, die nicht nach § 4 Nr. 8 bis 29 UStG steuerfrei sind. Das gilt dann, wenn – wie bisher – der leistende Unternehmer als auch sein Leistungsempfänger im Inland oder in einem der in § 1 Abs. 3 UStG bezeichneten Gebiete ansässig sind. Die inländische Ansässigkeit definiert § 14 Abs. 2 Satz 2 Nr. 1 und Satz 3 UStG n.F. „mit umgekehrten Vorzeichen" entsprechend dem im Ausland ansässigen Unternehmer gem. § 13b Abs. 7 Satz 1 UStG.[5] Alleine eine feste Niederlassung dürfte keine Ansässigkeit des leistenden Unternehmers begründen. Das gilt erst recht, wenn die Niederlassung nicht in die Abwicklung des abgerechneten Umsatzes eingebunden ist und auch im Falle einer bloßen umsatzsteuerrechtlichen Registrierung ohne Ansässigkeit des leistenden Unternehmers im Inland.[6] 8

Für Leistungen an juristische Personen, die keine Unternehmer sind, und Werklieferungen bzw. Dienstleistungen im Zusammenhang mit einem Grundstück b2c bleibt es nach § 14 Abs. 2 Nr. 2 und 3 UStG n.F. bei einer Ausstellungspflicht einer (bloßen) sonstigen Rechnung, also ggf. einer Papierrechnung. Bei Ausstellung einer sonstigen Rechnung in einem elektronischen Format bedarf es hier 9

1 *Sterzinger*, UR 2024, 117 (123), der zudem zutreffend auch darauf verweist, dass es zu Problemen bei Einzelpersonen und bei Bestimmung der Ansässigkeit kommen kann und es insoweit keinen gesetzlich normierten Vertrauensschutz gibt.

2 *Nieskens*, UR 2023, 671 (673) m.w.N.; *Sterzinger*, UR 2024, 117 (121).

3 Richtlinie 2014/55/EU vom 16.4.2014 (ABl. L 133 v. 6.5.2014, S. 1; CEN-Format EN 16931).

4 Zur Kritik am ursprünglichen Gesetzentwurf vgl. auch *Nieskens*, UR 2023, 671 (674 f.) m.w.N., der auch die Frage nach der zulässigen Übermittlung aufwirft.

5 *Nieskens*, UR 2023, 671 (676), auch mit Kritik zum Abstellen auf die Ansässigkeit.

6 *Sterzinger*, UR 2024, 117 (122).

weiterhin der Zustimmung des Empfängers. Diese Zustimmung kann formlos und konkludent erfolgen.[1] Dadurch ergeben sich keine Änderungen zum alten Recht. Die Regelungen entsprechen denjenigen in § 14 Abs. 2 Satz 1 Nr. 1 und Nr. 2 UStG a.F. (im Hinblick auf juristische Personen).

10 Allerdings werden bei **Dauersachverhalten** wie umsatzsteuerpflichtigen Vermietungsleistungen in der Praxis vielfach keine gesonderten Rechnungen erstellt, da die Verträge als Rechnungen gelten (vgl. Abschn. 14.1. Abs. 2 UStAE). Die Einführung der verpflichtenden eRechnung hat hier zur Folge, dass ein Vertrag nur noch als Rechnung genutzt werden kann, wenn eine Leistung im B2B-Bereich von der Umsatzsteuer befreit ist.[2]

V. Änderungen in § 14 Abs. 3 UStG n.F.

11 In § 14 Abs. 3 UStG n.F. werden die Regelungen zur **Echtheit der Herkunft**, zur **Unversehrtheit des Inhalts** und der **Lesbarkeit** einer Rechnung zusammengefasst. Bislang waren diese in den Abs. 1 und 3 geregelt.

12 In dem neu angefügten § 14 Abs. 6 Satz 2 UStG n.F. wird eine Verordnungsermächtigung aufgenommen, um mögliche Änderungen der MwStSystRL hinsichtlich der Anforderungen an eine elektronische Rechnung und Anpassungen des CEN-Formats EN 16931 auch im Hinblick auf das zukünftige Meldesystem kurzfristig umsetzen zu können.

VI. Änderungen in der UStDV n.F.

13 Bislang war es den Beteiligten überlassen, welche Art von Rechnung sie für **Kleinbetragsrechnungen** i.S. d. § 33 UStDV verwenden. Durch die Einführung der obligatorischen Verwendung einer eRechnung im B2B-Bereich wäre auch bei derartigen Umsätzen zwingend eine eRechnung zu verwenden. Zur Vermeidung von unverhältnismäßigen Schwierigkeiten bei der Durchführung von Geschäften des täglichen Lebens ist geregelt, dass für Umsätze i.S.v. § 33 UStDV nach dem Wegfall des Vorrangs der Papierrechnung **weiterhin alle Arten von Rechnungen** verwendet werden können (§ 33 Satz 4 UStDV n.F.). **Gleiches** gilt nach § 34 Abs. 1 Satz 2 UStDV n.F. für **Fahrausweise.**[3]

VII. Änderungen in §§ 14a, § 14b, § 26a und § 27b UStG n.F.

14 Redaktionelle Folgeänderungen sind in § 14a Abs. 1 Sätze 1 und 4, § 14b Absatz 1 Sätze 2 und 5, § 26a Abs. 2 Nr. 1 und § 27b Abs. 2 Satz 3 UStG n.F. enthalten.

VIII. Übergangsregelungen in § 27 UStG n.F.

15 Besonders wichtig für die Praxis sind die Anwendungsregelungen:

16 In § 27 Abs. 38 Satz 1 Nr. 1 UStG n.F. wurde geregelt, dass abweichend von § 14 Abs. 1 und 2 UStG n.F. **für Leistungen bis zum 31.12.2026** eine **sonstige Rechnung** ausgestellt werden kann. Ursprünglich war hier vorgesehen, die Übergangsregelung nur bis Ende 2025 gelten zu lassen. Dieses Wahlrecht kann für jeden Umsatz gesondert ausgeübt werden. Aber **Achtung**: Diese **Erleichterung** gilt nur für die Seite des Rechnungsausstellers. Anders als der Bundesrat (in Nr. 4) gefordert hat, **gilt** dies **nicht** auch **für den Empfang von elektronischen Rechnungen**. Das bedeutet, dass jeder Unternehmer, sei er auch noch so klein, ab 1.1.2025 elektronische Rechnungen annehmen, lesen und damit auch verarbeiten können muss. Das bedeutet allerdings nicht, dass der **Vorsteuerabzug** die ordnungsgemäße Verarbeitung voraussetzt. So wie bei elektronischen Rechnungen bislang auch entsteht der Vorsteuer-

1 *Sterzinger*, UR 2024, 117 (122).
2 *Sterzinger*, UR 2024, 117 (123).
3 Kritisch hierzu *Nieskens*, UR 2023, 671 (678).

abzug mit Leistungsbezug; die Rechnung ist lediglich **formelle Voraussetzung** für den Vorsteuerabzug. Hat der Leistungsempfänger die eRechnung in dem strukturierten elektronischen Format (ggf. – wie bei ZUGFeRD – mit einer verbildlichten Variante als Visualisierungshilfe[1] ergänzt) empfangen, liegen die formellen Voraussetzungen vor, auch wenn er die Daten nicht verarbeiten kann.[2]

Durch § 27 Abs. 38 Satz 1 Nr. 2 UStG n.F. wurde die Übergangsregelung in § 27 Abs. 38 Satz 1 Nr. 1 17
UStG n.F. für Rechnungen, die von Unternehmern mit einem **Gesamtumsatz** im vorangegangenen Kalenderjahr **bis zu 800.000 Euro** ausgestellt werden, um ein weiteres Jahr **bis** zum **31.12.2027** erweitert (ursprünglich war hier der 31.12.2026 vorgesehen). Damit sollen ausweislich der Gesetzesbegründung die Belange **kleinerer Unternehmen** berücksichtigt werden.

Nach § 27 Abs. 38 Satz 1 Nr. 3 UStG n.F. kann bis zum 31.12.2027 statt einer eRechnung eine Rech- 18
nung auch mittels **EDI-Verfahren**[3] übermittelt werden. Dies bedarf der Zustimmung des Empfängers.

§ 14 a.F. Ausstellung von Rechnungen

(1) [1]Rechnung ist jedes Dokument, mit dem über eine Lieferung oder sonstige Leistung abgerechnet wird, gleichgültig, wie dieses Dokument im Geschäftsverkehr bezeichnet wird. [2]Die Echtheit der Herkunft der Rechnung, die Unversehrtheit ihres Inhalts und ihre Lesbarkeit müssen gewährleistet werden. [3]Echtheit der Herkunft bedeutet die Sicherheit der Identität des Rechnungsausstellers. [4]Unversehrtheit des Inhalts bedeutet, dass die nach diesem Gesetz erforderlichen Angaben nicht geändert wurden. [5]Jeder Unternehmer legt fest, in welcher Weise die Echtheit der Herkunft, die Unversehrtheit des Inhalts und die Lesbarkeit der Rechnung gewährleistet werden. [6]Dies kann durch jegliche innerbetriebliche Kontrollverfahren erreicht werden, die einen verlässlichen Prüfpfad zwischen Rechnung und Leistung schaffen können. [7]Rechnungen sind auf Papier oder vorbehaltlich der Zustimmung des Empfängers elektronisch zu übermitteln. [8]Eine elektronische Rechnung ist eine Rechnung, die in einem elektronischen Format ausgestellt und empfangen wird.

(2) [1]Führt der Unternehmer eine Lieferung oder eine sonstige Leistung nach § 1 Abs. 1 Nr. 1 aus, gilt Folgendes:

1. **führt der Unternehmer eine steuerpflichtige Werklieferung (§ 3 Abs. 4 Satz 1) oder sonstige Leistung im Zusammenhang mit einem Grundstück aus, ist er verpflichtet, innerhalb von sechs Monaten nach Ausführung der Leistung eine Rechnung auszustellen;**
2. **führt der Unternehmer eine andere als die in Nummer 1 genannte Leistung aus, ist er berechtigt, eine Rechnung auszustellen. [2]Soweit er einen Umsatz an einen anderen Unternehmer für dessen Unternehmen oder an eine juristische Person, die nicht Unternehmer ist, ausführt, ist er verpflichtet, innerhalb von sechs Monaten nach Ausführung der Leistung eine Rechnung auszustellen. [3]Eine Verpflichtung zur Ausstellung einer Rechnung besteht nicht, wenn der Umsatz nach § 4 Nummer 8 bis 29 steuerfrei ist. [4]§ 14a bleibt unberührt.**

[2]Unbeschadet der Verpflichtungen nach Satz 1 Nr. 1 und 2 Satz 2 kann eine Rechnung von einem in Satz 1 Nr. 2 bezeichneten Leistungsempfänger für eine Lieferung oder sonstige Leistung des Unternehmers ausgestellt werden, sofern dies vorher vereinbart wurde (Gutschrift). [3]Die Gutschrift verliert die Wirkung einer Rechnung, sobald der Empfänger der Gutschrift dem ihm übermittelten Dokument widerspricht. [4]Eine Rechnung kann im Namen und für Rechnung des Unternehmers oder eines in Satz 1 Nr. 2 bezeichneten Leistungsempfängers von einem Dritten ausgestellt werden.

1 Die Visualisierungshilfe führt als identisches Mehrstück der eRechnung nicht zu einem Fall des § 14c Abs. 2 UStG (vgl. Abschn. 14c.1 Abs. 4 Satz 6 UStAE).

2 Wie hier: *Sterzinger*, UR 2024, 117 (123).

3 Art. 2 der Empfehlung 94/820/EG der Kommission v. 19.10.1994 über die rechtlichen Aspekte des elektronischen Datenaustausches (ABl. L 338 v. 28.12.1994, S. 98).

(3) Unbeschadet anderer nach Absatz 1 zulässiger Verfahren gelten bei einer elektronischen Rechnung die Echtheit der Herkunft und die Unversehrtheit des Inhalts als gewährleistet durch

1. **eine qualifizierte elektronische Signatur oder**
2. **elektronischen Datenaustausch (EDI) nach Artikel 2 der Empfehlung 94/820/EG der Kommission vom 19. Oktober 1994 über die rechtlichen Aspekte des elektronischen Datenaustauschs (ABl. L 338 vom 28.12.1994, S. 98), wenn in der Vereinbarung über diesen Datenaustausch der Einsatz von Verfahren vorgesehen ist, die die Echtheit der Herkunft und die Unversehrtheit der Daten gewährleisten.**

(4) [1]Eine Rechnung muss folgende Angaben enthalten:

1. **den vollständigen Namen und die vollständige Anschrift des leistenden Unternehmers und des Leistungsempfängers,**
2. **die dem leistenden Unternehmer vom Finanzamt erteilte Steuernummer oder die ihm vom Bundeszentralamt für Steuern erteilte Umsatzsteuer-Identifikationsnummer,**
3. **das Ausstellungsdatum,**
4. **eine fortlaufende Nummer mit einer oder mehreren Zahlenreihen, die zur Identifizierung der Rechnung vom Rechnungsaussteller einmalig vergeben wird (Rechnungsnummer),**
5. **die Menge und die Art (handelsübliche Bezeichnung) der gelieferten Gegenstände oder den Umfang und die Art der sonstigen Leistung,**
6. **den Zeitpunkt der Lieferung oder sonstigen Leistung; in den Fällen des Absatzes 5 Satz 1 den Zeitpunkt der Vereinnahmung des Entgelts oder eines Teils des Entgelts, sofern der Zeitpunkt der Vereinnahmung feststeht und nicht mit dem Ausstellungsdatum der Rechnung übereinstimmt,**
7. **das nach Steuersätzen und einzelnen Steuerbefreiungen aufgeschlüsselte Entgelt für die Lieferung oder sonstige Leistung (§ 10) sowie jede im Voraus vereinbarte Minderung des Entgelts, sofern sie nicht bereits im Entgelt berücksichtigt ist,**
8. **den anzuwendenden Steuersatz sowie den auf das Entgelt entfallenden Steuerbetrag oder im Fall einer Steuerbefreiung einen Hinweis darauf, dass für die Lieferung oder sonstige Leistung eine Steuerbefreiung gilt,**
9. **in den Fällen des § 14b Abs. 1 Satz 5 einen Hinweis auf die Aufbewahrungspflicht des Leistungsempfängers und**
10. **in den Fällen der Ausstellung der Rechnung durch den Leistungsempfänger oder durch einen von ihm beauftragten Dritten gemäß Absatz 2 Satz 2 die Angabe „Gutschrift“.**

[2]In den Fällen des § 10 Abs. 5 sind die Nummern 7 und 8 mit der Maßgabe anzuwenden, dass die Bemessungsgrundlage für die Leistung (§ 10 Abs. 4) und der darauf entfallende Steuerbetrag anzugeben sind. [3]Unternehmer, die § 24 Abs. 1 bis 3 anwenden, sind jedoch auch in diesen Fällen nur zur Angabe des Entgelts und des darauf entfallenden Steuerbetrags berechtigt. [4]Die Berichtigung einer Rechnung um fehlende oder unzutreffende Angaben ist kein rückwirkendes Ereignis im Sinne von § 175 Absatz 1 Satz 1 Nummer 2 und § 233a Absatz 2a der Abgabenordnung.

(5) [1]Vereinnahmt der Unternehmer das Entgelt oder einen Teil des Entgelts für eine noch nicht ausgeführte Lieferung oder sonstige Leistung, gelten die Absätze 1 bis 4 sinngemäß. [2]Wird eine Endrechnung erteilt, sind in ihr die vor Ausführung der Lieferung oder sonstigen Leistung vereinnahmten Teilentgelte und die auf sie entfallenden Steuerbeträge abzusetzen, wenn über die Teilentgelte Rechnungen im Sinne der Absätze 1 bis 4 ausgestellt worden sind.

(6) Das Bundesministerium der Finanzen kann mit Zustimmung des Bundesrates zur Vereinfachung des Besteuerungsverfahrens durch Rechtsverordnung bestimmen, in welchen Fällen und unter welchen Voraussetzungen

1. **Dokumente als Rechnungen anerkannt werden können,**
2. **die nach Absatz 4 erforderlichen Angaben in mehreren Dokumenten enthalten sein können,**
3. **Rechnungen bestimmte Angaben nach Absatz 4 nicht enthalten müssen,**

4. eine Verpflichtung des Unternehmers zur Ausstellung von Rechnungen mit gesondertem Steuerausweis (Absatz 4) entfällt oder

5. Rechnungen berichtigt werden können.

(7) [1]Führt der Unternehmer einen Umsatz im Inland aus, für den der Leistungsempfänger die Steuer nach § 13b schuldet, und hat der Unternehmer im Inland weder seinen Sitz noch seine Geschäftsleitung, eine Betriebsstätte, von der aus der Umsatz ausgeführt wird oder die an der Erbringung dieses Umsatzes beteiligt ist, oder in Ermangelung eines Sitzes seinen Wohnsitz oder gewöhnlichen Aufenthalt im Inland, so gelten abweichend von den Absätzen 1 bis 6 für die Rechnungserteilung die Vorschriften des Mitgliedstaats, in dem der Unternehmer seinen Sitz, seine Geschäftsleitung, eine Betriebsstätte, von der aus der Umsatz ausgeführt wird, oder in Ermangelung eines Sitzes seinen Wohnsitz oder gewöhnlichen Aufenthalt hat. [2]Satz 1 gilt nicht, wenn eine Gutschrift gemäß Absatz 2 Satz 2 vereinbart worden ist. [3]Nimmt der Unternehmer in einem anderen Mitgliedstaat an einem besonderen Besteuerungsverfahren entsprechend Titel XII Kapitel 6 der Richtlinie 2006/112/EG des Rates vom 28. November 2006 über das gemeinsame Mehrwertsteuersystem (ABl. L 347 vom 11.12.2006, S. 1) in der jeweils gültigen Fassung teil, so gelten für die in den besonderen Besteuerungsverfahren zu erklärenden Umsätze abweichend von den Absätzen 1 bis 6 für die Rechnungserteilung die Vorschriften des Mitgliedstaates, in dem der Unternehmer seine Teilnahme anzeigt.

Schrifttum: *Dodos*, Der Anspruch auf Ausstellung einer Rechnung und seine prozessuale Durchsetzung, MwStR 2015, 329; *Hummel*, Voraussetzungen und Rechtsfolgen eines Widerspruchs zu einer Gutschrift – Gebot einer verfassungskonformen teleologischen Reduktion des § 14 Abs. 2 Satz 3 UStG –, UR 2012, 497; *Huschens*, Ist für den Vorsteuerabzug zwingend eine Rechnung erforderlich? – Was ergibt sich aus dem EuGH-Urteil „Vădan" und der vorangehenden Rechtsprechung, UVR 2019, 45; *Neeser*, Nun also doch: Vorsteuerabzug aus Anzahlungen auch ohne Umsatz! Aber leider nicht in allen Fällen – Eine genaue Analyse der EuGH-Entscheidung Kollroß und Wirtl –, UVR 2018, 298; *Schumann*, Vorsteuerabzug nach der EuGH-Entscheidung in der Rs. Geissel/Butin, DStR 2017, 2719; *Wagner*, Der Widerspruch gegen eine Gutschrift nach § 14 Abs. 2 Satz 3 UStG – eine widersprüchliche Regelung?, MwStR 2013, 534.

A. Grundaussagen

I. Regelungsgegenstand und Bedeutung

1 § 14 UStG regelt zuvorderst die Mindestangaben, die Rechnungen enthalten müssen, um den Vorsteuerabzug nach § 15 UStG sicherzustellen (Absatz 4). Damit steht die Vorschrift im Zentrum der Befassung der Praxis mit der Umsatzsteuer. Sollte eine Rechnung nicht nur unwesentliche Rechtschreibfehler oder Lücken aufweisen, ist der Vorsteuerabzug ausgeschlossen, bei ganz gravierenden Fehlern/Lücken, kann der Mangel nicht einmal mit Rückwirkung durch eine Berichtigung geheilt werden. Der **Grundsatz der Neutralität der Umsatzsteuer** für Unternehmer wird verletzt. Dies führt dazu, dass immer wieder fraglich ist, ob es einen Vorsteuerabzug ohne eine Rechnung geben kann (s. hierzu die Ausführungen zu Absatz 6 Nr. 5 unter Rz. 174 ff. und die Ausführungen zu § 15 Rz. 133 ff.). Der BFH verlangt jedoch nach wie vor eine Rechnung für den Vorsteuerabzug.[1]

2 Die Vorschrift enthält über Absatz 6 auch die **Ermächtigung** zur Einordnung von Fehlern, deren Beseitigung und Erleichterungen der Rechnungstellung (§§ 31–34 UStDV; Rz. 154 ff.).

3 Daneben regelt die Vorschrift, **wer** Rechnungen auszustellen hat (Absatz 2 Satz 1; Rz. 33 ff.) und unter welchen Voraussetzungen Rechnungen elektronisch erstellt und übersandt werden können (Absätze 1 und 3; Rz. 63 ff.).

4 In der Praxis von besonderer Bedeutung ist auch die Möglichkeit, Rechnungen durch den Leistungsempfänger ausstellen zu lassen (**Gutschrift**; Rz. 52 ff.) sowie die Möglichkeit des Leistenden die Rechtsfolgen der Gutschrift wieder zu beseitigen (Absatz 2 Sätze 2 und 3; Rz. 58 ff.).

5 Schließlich wird die Rechnungstellung bei **Anzahlungen** (Absatz 5; Rz. 151 ff.), in Fällen der Steuerschuldumkehr und dem **OSS-Verfahren** geregelt (Absatz 7; Rz. 182 ff.).

II. Unionsrechtliche Grundlagen

6 In der **MwStSystRL** sind die Rechnungsangaben in Kapitel 3 des Titels XI (Art. 217–240 MwStSystRL) enthalten. Der deutsche Gesetzgeber hat die Vorgaben größtenteils zutreffend umgesetzt. Sollte es bei einzelnen Absätzen Abweichungen geben, sind diese dort dargestellt:

1 BFH, Urt. v. 20.10.2016 – V R 26/15, BStBl. II 2020, 593 = UR 2017, 60 m. Anm. *Sterzinger*, UR 2017, 125 m. Anm. *Jacobs/Zitzl*; s. auch die Ausführungen zu § 14 Abs. 6 Nr. 5 UStG, Rz. 174 ff.

Die Art. 217–219 MwStSystRL geben zunächst eine Begriffsdefinition der (auch elektronischen) Rechnungen, bevor in Art. 219a und 220 MwStSystRL die Fälle aufgezählt werden, in denen eine Rechnung ausgestellt werden muss; Ausnahmen hiervon enthält Art. 221 MwStSystRL, Fristen für die Rechnungsausstellung Art. 222 MwStSystRL. Art. 220a und 226b MwStSystRL enthalten die Regelungen über Kleinbetragsrechnungen; für Deutschland ist die Öffnungsklausel in Art. 238 MwStSystRL bedeutsam. Erleichterungen bei der Rechnungstellung sieht Art. 223 MwStSystRL vor. Art. 224 MwStSystRL regelt die Abrechnung mittels Gutschrift. Art. 226 MwStSystRL enthält sodann die einzelnen Rechnungspflichtangaben. Die Art. 232–237 MwStSystRL enthalten die besonderen Regelungen zur elektronischen Übermittlung von Rechnungen. 7

III. Verhältnis zu anderen Vorschriften und Rechtsentwicklung

§ 14 UStG steht besonders in **Beziehung** zu § 15 Abs. 1 Nr. 1 Satz 2 UStG, der die Geltendmachung des Vorsteuerabzugs vom Besitz einer ordnungsgemäß erteilten Rechnung abhängig macht (§ 15 Rz. 35 ff.). Diese Voraussetzung wird vom BFH geteilt.[1] 8

Mit Wirkung ab 29.12.2020[2] wurde § 14 Abs. 4 UStG um einen Satz 4 ergänzt, wonach die Berichtigung einer Rechnung um fehlende oder unzutreffende Angaben kein rückwirkendes Ereignis i.S.v. § 175 Abs. 1 Satz 1 Nr. 2 und § 233a Abs. 2a der AO darstellt. Die Regelung soll ausweislich der Gesetzesbegründung lediglich deklaratorischen Charakter haben. Eine Rechnungsberichtigung habe keine zeitlich unbegrenzte Änderungsmöglichkeit zur Folge. Denn das Recht auf Vorsteuerabzug entstehe gleichzeitig mit dem Steueranspruch. Lediglich dessen Ausübung setze nach § 15 Absatz 1 Satz 1 Nr. 1 Satz 2 UStG eine Rechnung voraus. Da danach das Recht auf Vorsteuerabzug unabhängig vom Vorliegen einer Rechnung entsteht, habe die Erteilung einer berichtigten Rechnung keine Auswirkung auf die Entstehung dieses Rechts (Rz. 141.1 ff.) 8.1

IV. Einführung einer verpflichtenden eRechnung

Das Gesetz zur Stärkung von Wachstumschancen, Investitionen und Innovation sowie Steuervereinfachung und Steuerfairness (Wachstumschancengesetz)[3] sieht die Einführung einer verpflichtenden eRechnung vor. Die durch die Einführung notwendigen Änderungen werden unter **§ 14 UStG n.F.** kommentiert (s. § 14 Rz. 1 ff.). 8.2

B. Rechnung (Absatz 1)

I. Definition (Absatz 1 Satz 1)

Nach § 14 Abs. 1 Satz 1 UStG i.V.m. § 31 Abs. 1 UStDV ist eine **Rechnung** jedes Dokument oder eine Mehrzahl von Dokumenten, mit denen über eine Lieferung oder sonstige Leistung abgerechnet wird. Unerheblich ist, wie das Dokument bezeichnet wird. Es reicht aus, wenn sich aus dem Inhalt des Dokuments oder der Dokumente ergibt, dass der Unternehmer über eine Leistung abrechnet. 9

Werden **mehrere Dokumente** verwendet, um über eine Leistung abzurechnen, müssen diese aufeinander bezogen sein; sie müssen Verweise enthalten. Ist dies der Fall, bildet die Gesamtheit der Dokumente die Rechnung.[4] 10

Aus § 14 Abs. 2 Satz 2 UStG folgt, dass die Rechnung auch **von einem Leistungsempfänger** ausgestellt werden kann. Eine solche Rechnung wird als Gutschrift bezeichnet (Rz. 52 ff.). 11

---

1 BFH, Urt. v. 20.10.2016 – V R 26/15, BStBl. II 2020, 593 = UR 2017, 60 m. Anm. *Sterzinger*, UR 2017, 125 m. Anm. *Jacobs/Zitzl*; s. auch die Ausführungen zu § 14 Abs. 6 Nr. 5 UStG, Rz. 174 ff.

2 JStG 2020, BGBl. I 2020, 3096.

3 BGBl. 2024 I, Nr. 108 v. 27.3.2024.

4 Vgl. auch Abschn. 14.5 Abs. 1 UStAE.

12 Der Rechtsprechung des BFH zu den **Mindestangaben** in einer Rechnung, die Grundvoraussetzung für eine rückwirkende Rechnungsberichtigung sind, kann entnommen werden, dass als Rechnung i.S.d. § 14 UStG nur ein Dokument (oder aufeinander bezogene Dokumente) angesehen werden kann, dass Angaben zum Rechnungsaussteller, zum Leistungsempfänger, zur Leistungsbeschreibung, zum Entgelt und zur gesondert ausgewiesenen Umsatzsteuer enthält.[1] Noch nicht abschließend geklärt ist hierbei, ob auch eine Nettorechnung mit Hinweis auf eine Steuerbefreiung oder eine Steuerschuldumkehr ausreichend ist. Das dürfte aber zu bejahen sein, weil kein Grund ersichtlich ist, weshalb eine solche Rechnung nicht berichtigungsfähig sein sollte. Allerdings hat der **BFH** entschieden, dass eine Nettorechnung jedenfalls dann nicht mit Rückwirkung berichtigungsfähig sein soll, wenn die Parteien übereinstimmend davon ausgegangen sind, dass sich der Leistungsort nicht im Inland befindet.[2] Dass er hierfür das **EuGH**-Urteil in der Rechtssache *Zipvit*[3] heranzieht, erscheint jedoch fehlerhaft, weil in diesem Fall die Parteien und auch die Finanzverwaltung (!) trotz fälschlich angenommener Steuerbefreiung von einer Nachforderung der Umsatzsteuer abgesehen haben, der Leistungsempfänger aber trotzdem Vorsteuer ziehen wollte. Dass in einem solchen Sonderfall, bei dem niemals Umsatzsteuer bezahlt worden ist und auch nicht bezahlt werden soll, keine Vorsteuer abgezogen werden kann, versteht sich von selbst. Deshalb lassen sich aus dieser Entscheidung m.E. keine allgemeinen Grundsätze ableiten.

12.1 In jedem Fall dürfen die **Angaben** aber **nicht in so hohem Maße unbestimmt**, unvollständig oder offensichtlich unzutreffend sein, dass sie fehlenden Angaben gleichstehen. Dabei genügt es z.B. mit Blick auf die Leistungsbeschreibung, dass die Rechnung unter dem Briefkopf eines Rechtsanwalts erteilt wird und auf einen nicht näher bezeichneten Beratervertrag Bezug nimmt oder dass sie über „allgemeine wirtschaftliche Beratung" oder „betriebswirtschaftliche Beratung" ausgestellt ist. Ergänzungen einer solchen sog. Rumpfrechnung sind bis zum Schluss der letzten mündlichen Verhandlungen möglich. Die FinVerw. darf sich bei der Prüfung des Vorsteuerabzugs dann aber auch nicht darauf berufen, dass die Ergänzungen unvollständig sind, wenn sie über sämtliche Daten verfügt, um zu prüfen, ob die für dieses Recht geltenden materiellen Voraussetzungen des Vorsteuerabzugs erfüllt sind und die **Annexe** vom Steuerpflichtigen beigebracht worden sind (zu Einzelheiten beim Vorsteuerabzug s. § 15 Rz. 161 ff.).[4]

13 Als Rechnung ist auch ein **Vertrag** anzusehen, der die in § 14 Abs. 4 UStG geforderten Angaben enthält (Abschn. 14.1 Abs. 1 Satz 4 UStAE). Im Vertrag fehlende Angaben müssen dann aber in anderen Unterlagen enthalten sein, auf die im Vertrag hinzuweisen ist (§ 31 Abs. 1 UStDV).

14 Der BFH[5] ist bei der **Anerkennung eines Vertrags** als (für Zwecke des Vorsteuerabzugs vollständiges) Abrechnungspapier bislang (wohl) zurückhaltend. Denn im Hinblick auf die besondere steuerrechtliche Verantwortung des Ausstellers müsse die Inrechnungstellung von Umsatzsteuer in solchen Fällen – wie auch sonst – eindeutig, klar und in jedem Falle unbedingt sein. Einerseits verschaffe der Abrechnende dem Empfänger der Abrechnung den Vorsteuerabzug, andererseits schulde er den ausgewiesenen Steuerbetrag. Maßgeblich sei deshalb, dass sich aus dem in dem entsprechenden Abrechnungspapier enthaltenen Angaben tatsächlicher Art – ggf. unter Heranziehung weiterer Erkenntnismittel – entnehmen lasse, welche konkret bestimmten Leistungen dem begehrten Anspruch auf Vorsteuerabzug zugrunde liegen. Auf der anderen Seite sieht der EuGH für den Steueranspruch des Staates (also für § 14c UStG) es als ausreichend an, wenn ein Dokument Mehrwertsteuer ausweist und zum anderen Rechnungsangaben enthält, die erforderlich sind, damit die Steuerverwaltung feststellen kann, ob die materiellen Voraussetzungen für das Recht auf Vorsteuerabzug erfüllt sind. Insoweit sei nicht von Belang, ob das fragliche Dokument objektiv den Willen der Vertragsparteien erkennen lässt, dass es sich um eine Rechnung handelt, die bei einer der Vertragsparteien möglicherweise die Überzeugung entstehen lässt, dass sie auf der Grundlage dieses Vertrags die Vorsteuer abziehen könne.[6] Im konkreten Fall war in einem Finanzierungsleasingvertrag fälschlich Umsatzsteuer ausgewiesen.

1 BFH, Urt. v. 20.10.2016 – V R 26/15, BStBl. II 2020, 593 = UR 2017, 60 m. Anm. *Sterzinger* m.w.N.
2 BFH, Urt. v. 7.7.2022 – V R 33/20, BStBl. II 2022, 821 = UR 2022, 895.
3 EuGH, Urt. v. 13.1.2022 – C-156/20, ECLI:EU:C:2022:2 – Zipvit, UR 2022, 104 m. Anm. *Heinrichshofen*.
4 EuGH, Urt. v. 15.9.2016 – C-516/14, ECLI:EU:C:2016:690 – Barlis 06 – Investimentos Imobiliários e Turísticos, UR 2016, 795 m. Anm. *Maunz*.
5 BFH, Beschl. v. 10.1.2013 – XI B 33/12, UR 2013, 588 m.w.N.
6 EuGH, Urt. v. 29.9.2022 – C-235/21, ECLI:EU:C:2022:739 – Raiffeisen Leasing, UR 2022, 799 m. Anm. *Ojak*.

15 Ist in einem Vertrag – z.B. in einem **Miet- oder Pachtvertrag, Wartungsvertrag oder Pauschalvertrag mit einem Steuerberater** – der Zeitraum, über den sich die jeweilige Leistung oder Teilleistung erstreckt, nicht angegeben, reicht es aus, wenn sich dieser aus den einzelnen Zahlungsbelegen, z.B. aus den Ausfertigungen der Überweisungsaufträge, ergibt (Abschn. 14.1. Abs. 2 Satz 3 UStAE). Der abgerechnete Leistungsgegenstand, nämlich die Vermietung für einen bestimmten Zeitraum (z.B. Monat als Teilleistung i.S.d. § 13 Abs. 1 Nr. 1 Buchst. a Sätze 2 und 3 UStG) wird erst durch die monatlichen Zahlungsaufforderungen oder -belege konkretisiert.[1] Im Übrigen muss der Vertrag aber die Rechnungspflichtangaben eindeutig, klar und unbedingt enthalten. An einem unbedingten gesonderten Steuerausweis fehlt es z.B., wenn in einem Vertrag in einem Absatz die Steuer gesondert ausgewiesen ist, in einem weiteren Absatz aber bestimmt wird, dass der Kaufpreis ein anderer ist, falls der Erwerbsvorgang nicht umsatzsteuerpflichtig sein sollte.[2]

16 **Keine Rechnungen** sind Schriftstücke, die nicht der Abrechnung einer Leistung dienen, sondern sich ausschließlich auf den Zahlungsverkehr beziehen (z.B. Mahnungen, Kontoauszüge), auch wenn sie alle in § 14 Abs. 4 UStG geforderten Angaben enthalten (Abschn. 14.1 Abs. 1 Satz 4 UStAE). Soweit jedoch ein Kreditinstitut mittels Kontoauszug über eine von ihm erbrachte Leistung abrechnet, kommt diesem Kontoauszug Abrechnungscharakter zu mit der Folge, dass er eine Rechnung i.S.d. § 14 Abs. 1 Satz 1 UStG darstellt (Abschn. 14.1 Abs. 1 Satz 5 UStAE).

17 Auch wenn für sog. **Innenumsätze**, z.B. zwischen Betriebsabteilungen desselben Unternehmens oder innerhalb eines Organkreises, Belege mit gesondertem Steuerausweis ausgestellt werden, handelt es sich umsatzsteuerrechtlich nicht um Rechnungen, da diese Belege den Unternehmenskreis nicht verlassen und damit keine Außenwirkung entfalten können. Es handelt sich lediglich um unternehmensinterne Buchungsbelege. Die darin ausgewiesene Steuer wird nicht nach § 14c Abs. 2 UStG geschuldet (Abschn. 14.1 Abs. 4 UStAE).[3]

II. Echtheit/Unversehrtheit/Lesbarkeit (Absatz 1 Satz 2)

18 § 14 Abs. 1 Satz 2 UStG stellt den Grundsatz auf, dass Papier- und elektronische Rechnungen nur dann ordnungsgemäß übermittelt werden, wenn die Echtheit der Herkunft, die Unversehrtheit des Inhalts und die Lesbarkeit der Rechnung gewährleistet sind. Durch das Steuervereinfachungsgesetzes 2011[4] wurden die umsatzsteuerrechtlichen Regelungen (speziell) für elektronische Rechnungen zum 1.7.2011 neu gefasst. Der Gesetzgeber hat hierdurch von der Option nach Art. 233 Abs. 1 Satz 2 MwStSystRL Gebrauch gemacht, die es den Mitgliedstaaten freistellt, alle Rechnungen anzuerkennen, die elektronisch übermittelt oder bereitgestellt werden. In Anlehnung an Art. 233 MwStSystRL in der ab dem 1.1.2013 geltenden Fassung sind Papier- und elektronische Rechnungen ab dem 1.7.2011 umsatzsteuerrechtlich gleich zu behandeln. Die Gleichstellung führt aber zu **keiner Erhöhung der Anforderungen an die Ordnungsmäßigkeit einer Papierrechnung**.

19 Bis zum 1.7.2011 wurden auf elektronischem Weg übermittelte Rechnungen umsatzsteuerlich nur anerkannt, wenn eine **qualifizierte elektronische Signatur** (§ 14 Abs. 3 Nr. 1 UStG a.F.) oder ein **EDI-Verfahren** (§ 14 Abs. 3 Nr. 2 UStG a.F.) verwendet wurden. Diese Verfahren sind weiterhin zulässig. Bei ihnen kann insbesondere die Echtheit der Herkunft und die Unversehrtheit des Inhalts unterstellt werden.[5]

20 Eine Rechnung gilt als **lesbar**, wenn sie für das menschliche Auge lesbar ist; Rechnungsdaten, die per EDI-Nachrichten, XML-Nachrichten oder anderen strukturierten elektronischen Nachrichtenformen übermittelt werden, sind in ihrem Originalformat nicht lesbar, sondern erst nach einer Konvertierung; das genügt (Abschn. 14.4 Abs. 3 Satz 4 UStAE).

1 BFH, Beschl. v. 10.1.2013 – XI B 33/12, UR 2013, 588 m.w.N.
2 BFH, Urt. v. 4.3.1982 – V R 55/80, BStBl. II 1982 II, 317 = UR 1982, 101 m. Anm. *Löwe*.
3 BFH, Urt. v. 29.10.2010 – V R 7/10, BStBl. II 2011, 391 = UR 2011, 256, Rz. 20 m. Anm. *von Streit/Duyfjes*.
4 BGBl. I 2011, 2131.
5 BMF, Schr. v. 2.7.2012 – IV D 2-S 7287 a/09/10004 :003, BStBl. I 2012, 726 = UR 2012, 615.

III. Echtheit der Herkunft (Absatz 1 Satz 3)

21 Die Echtheit der Herkunft einer Rechnung ist gewährleistet, wenn die **Identität des Rechnungsausstellers** sichergestellt ist. Das verlangt vom Rechnungsempfänger die Prüfung, dass er die abgerechnete Leistung beim Leistenden auch tatsächlich bestellt hat. Wird im Rahmen des Gutschriftverfahrens abgerechnet, soll den Leistenden die Pflicht treffen (Abschn. 14.4 Abs. 10 Satz 2 UStAE).

IV. Unversehrtheit des Inhalts (Absatz 1 Satz 4)

22 Mit „Unversehrtheit des Inhalts" ist gemeint, dass die Rechnung auf dem Übertragungswege **nicht geändert** worden ist. Das stimmt in gewisser Weise mit der Prüfung der in Auftrag gegebenen Leistung zu einem bestimmten Preis überein.

V. Innerbetriebliches Kontrollverfahren (Absatz 1 Sätze 5 und 6)

23 Sowohl bei Papier- als auch bei elektronischen Rechnungen müssen wie o.a. die Echtheit der Herkunft, die Unversehrtheit des Inhalts und die Lesbarkeit der Rechnung gewährleistet werden (§ 14 Abs. 1 Satz 2 UStG). Dies kann durch jegliche innerbetriebliche Kontrollverfahren erreicht werden, die einen verlässlichen **Prüfpfad zwischen Rechnung und Leistung** herstellen können (§ 14 Abs. 1 Satz 6 UStG). Unter innerbetrieblichen Kontrollverfahren in diesem Sinne sind Verfahren zu verstehen, die der Unternehmer zum Abgleich der Rechnung mit seinen Zahlungsverpflichtungen einsetzt. Der Unternehmer ist in der Wahl des Verfahrens frei. Er wird im eigenen Interesse insbesondere überprüfen, ob die Rechnung in der Substanz korrekt ist, d.h. ob die in Rechnung gestellte Leistung tatsächlich in dargestellter Qualität und Quantität erbracht wurde, der Rechnungsaussteller also tatsächlich den behaupteten Zahlungsanspruch hat, die vom Rechnungssteller angegebene Kontoverbindung korrekt ist und Ähnliches, um zu gewährleisten, dass er tatsächlich nur die Rechnungen begleicht, zu deren Begleichung er auch verpflichtet ist.

24 Wie von der Verwaltung anerkannt[1] dient das innerbetriebliche Kontrollverfahren nicht dazu, die materiell-rechtlichen Voraussetzungen des Vorsteuerabzugs nach § 15 UStG zu überprüfen. Es unterliegt auch keiner gesonderten Dokumentationspflicht. Zudem werden sich die Durchführung des Kontrollverfahrens und die Prüfung der Voraussetzungen des Vorsteuerabzugs in Teilen überschneiden. Ist der Nachweis erbracht, dass die Voraussetzungen des Vorsteuerabzugs nach § 15 UStG gegeben sind, kommt der Frage der Durchführung des innerbetrieblichen Kontrollverfahrens in dem konkreten Einzelfall **keine eigenständige Bedeutung** mehr zu und kann insbesondere nicht mehr zur Versagung des Vorsteuerabzugs führen. Und umgekehrt rechtfertigt eine inhaltlich richtige Rechnung (gemeint: richtige Leistung, richtiger Leistender, richtiges Entgelt, richtiger Zahlungsempfänger) die Annahme, dass bei der Übermittlung keine die Echtheit der Herkunft oder die Unversehrtheit des Inhalts beeinträchtigenden Fehler vorgekommen sind.

25 Allerdings sind bei Versendung und Empfang die **GoBD** (Grundsätze zur ordnungsmäßigen Führung und Aufbewahrung von Büchern, Aufzeichnungen und Unterlagen in elektronischer Form sowie zum Datenzugriff)[2] zu beachten. Hiernach sind aufzeichnungs- und aufbewahrungspflichtige Daten, Datensätze, elektronische Dokumente und elektronische Unterlagen, die im Unternehmen entstanden oder dort eingegangen sind, auch in dieser Form aufzubewahren und dürfen vor Ablauf der Aufbewahrungsfrist nicht gelöscht werden.[3] Sie dürfen daher nicht mehr ausschließlich in ausgedruckter Form aufbewahrt werden und müssen für die Dauer der Aufbewahrungsfrist unveränderbar erhalten bleiben. Das gilt besonders für per E-Mail eingegangene Rechnungen im PDF-Format oder eingescannte Papierbelege. Nur unter Zumutbarkeitsgesichtspunkten ist es nicht zu beanstanden, wenn der Steuerpflichtige elektronisch erstellte und in Papierform abgesandte Handels- und Geschäftsbriefe nur in Papierform aufbewahrt.

1 BMF, Schr. v. 2.7.2012 – IV D 2-S 7287 a/09/10004 :003, BStBl. I 2012, 726 = UR 2012, 615.
2 BMF, Schr. v. 14.11.2014 – IV A 4-S 0316/13/10003, BStBl. I 2014, 1450 = FR 2014, 1146.
3 Rz. 119 der GoBD.

Aber: **Verletzungen der GoBD** wirken sich (ebenfalls) nicht auf den ursprünglichen Vorsteuerabzug aus, sofern die Voraussetzungen für den Vorsteuerabzug nachgewiesen werden (Abschn. 14b.1 Abs. 10 UStAE). Allerdings sollten bei elektronisch eingegangenen Rechnungen die E-Mails, die an sich nur einem Briefumschlag vergleichbar sind, mit archiviert werden, weil damit der Tag des Zugangs und damit der Monat (für die Geltendmachung) des Vorsteueranspruchs nachgewiesen werden kann. 26

VI. Übermittlung der Rechnung (Absatz 1 Satz 7)

Rechnungen sind nach § 14 Abs. 1 Satz 7 UStG auf Papier oder vorbehaltlich der Zustimmung des Empfängers **elektronisch** zu übermitteln. 27

Eine elektronische Rechnung i.S.d. § 14 Abs. 1 Satz 8 UStG ist eine Rechnung, die in einem elektronischen Format ausgestellt und empfangen wird. Die elektronische Übermittlung bedarf der **Zustimmung des Empfängers.** Dabei gibt es aber keine Vorgaben, so dass auch eine stillschweigende Entgegennahme der Rechnung ausreicht (Abschn. 14.4 Abs. 1 Satz 5 UStAE). 28

Eine von Standard-**Telefax** an Standard-Telefax oder von Computer-Telefax/Fax-Server an Standard-Telefax übermittelte Rechnung gilt als **Papierrechnung.** 29

Ein besonderes Problem stellen **elektronisch doppelt versendete Rechnungen** dar (für ein und dieselbe Leistung werden mehrere PDF-Datei-Rechnungen versendet). Grundsätzlich gilt hier: Werden für dieselbe Leistung mehrere Rechnungen ausgestellt, ohne dass sie als Duplikat oder Kopie gekennzeichnet werden, schuldet der Unternehmer den hierin ausgewiesenen Steuerbetrag nach § 14c Abs. 1 UStG. Dies gilt jedoch nicht, wenn inhaltlich identische Mehrstücke derselben Rechnung übersandt werden. Und das ist bei einem versehentlichen Doppelversand derselben E-Mail der Fall (vgl. Abschn. 14c.1 Abs. 4 UStAE). 30

VII. Elektronische Rechnung (Absatz 1 Satz 8)

Eine elektronische Rechnung ist nach § 14 Abs. 1 Satz 8 UStG eine Rechnung, die **in einem elektronischen Format** ausgestellt und empfangen wird. Elektronische Rechnungen können z.B. per E-Mail (ggf. mit Bilddatei- oder Textdokumentanhang) oder De-Mail[1], per Computer-Fax oder Faxserver, per Web-Download oder per EDI übermittelt werden. 31

Der Rechnungsaussteller ist – vorbehaltlich der Zustimmung des Rechnungsempfängers – frei in seiner Entscheidung, in welcher Weise er elektronische Rechnungen übermittelt. Allerdings gibt es **für bestimmte Berufsgruppen** Einschränkungen (vgl. § 9 Abs. 1 StBVV und § 10 Abs. 1 RVG für Rechnungen von Steuerberatern und Rechtsanwälten). 32

C. Verpflichtung und Berechtigung zur Rechnungsausstellung (Absatz 2)

I. Verpflichtung zur Rechnungsausstellung (Absatz 2 Satz 1)

1. Überblick

§ 14 Abs. 2 Satz 1 UStG regelt, in welchen Fällen der Unternehmer **verpflichtet** ist, Rechnungen für seine Lieferungen oder sonstigen Leistungen auszustellen. Die Regelung setzt Art. 220 Abs. 1 Satz 1 MwStSystRL um. Hiernach stellt grundsätzlich jeder Steuerpflichtige Rechnungen aus, wenn Leistungen an einen anderen Steuerpflichtigen oder an eine nichtsteuerpflichtige juristische Person erbracht werden. Die Rechnungserteilungspflicht betrifft damit auch Kleinunternehmer i.S.d. § 19 Abs. 1 UStG und Land- und Forstwirte, die der Durchschnittssatzbesteuerung nach § 24 UStG unterliegen, obwohl die Rechnungserteilungspflicht an sich nur bei Unternehmern Sinn macht, die Umsatzsteuer gesondert ausweisen dürfen (wie insbesondere nicht bei Kleinunternehmern). 33

1 Vgl. De-Mail-Gesetz v. 28.4.2011, BGBl. I 2011, 666.

2. Grundstücksbezogene Leistungen (Absatz 2 Satz 1 Nr. 1)

34 Nach § 14 Abs. 2 Satz 1 Nr. 1 UStG ist der Unternehmer bei Ausführung einer steuerpflichtigen Werklieferung oder sonstigen Leistung im Zusammenhang mit einem Grundstück stets verpflichtet, innerhalb von sechs Monaten nach Ausführung der Leistung eine Rechnung auszustellen. Diese Verpflichtung gilt, wie sich im Umkehrschluss aus § 14 Abs. 2 Satz 1 Nr. 2 UStG ergibt, gerade auch dann, wenn es sich beim **Leistungsempfänger nicht** um einen **Unternehmer** handelt, der die Leistung für sein Unternehmen bezieht.

35 Ausweislich der **Gesetzesbegründung**[1] soll die Regelung Steuerhinterziehung bekämpfen, die im Bereich der Bauwirtschaft und im Bereich anderer Leistungen im Zusammenhang mit einem Grundstück durch „Ohne-Rechnung-Geschäfte" an Privatpersonen stattfindet. Durch die Beschränkung auf Werklieferungen und sonstige Leistungen sollen alltägliche Geschäfte durch einen schlichten Kaufvertrag, wie z.B. der Erwerb von Gegenständen durch einen Nichtunternehmer in einem Baumarkt, nicht der Rechnungserteilungspflicht unterliegen. Gleiches gelte auch für Lieferungen von Baumaterial auf eine Baustelle eines Nichtunternehmers oder eines Unternehmers für seinen nichtunternehmerischen Bereich.

36 Für die Rechnungserteilungspflicht muss die Werklieferung oder sonstige Leistung nach der Gesetzesbegründung in engem Zusammenhang mit dem Grundstück stehen. Ein **enger Zusammenhang** ist gegeben, wenn sich die Werklieferung oder sonstige Leistung nach den tatsächlichen Umständen überwiegend auf die Bebauung, Verwertung, Nutzung oder Unterhaltung des Grundstücks selbst bezieht.

37 Hierzu gehörten zunächst alle **Bauleistungen** (u.a. alle Werklieferungen oder sonstigen Leistungen, die der Herstellung, Instandsetzung, Instandhaltung, Änderung oder Beseitigung von Bauwerken dienen), also die Erstellung eines Rohbaus, die Installation von Strom-, Gas- und Wasserleitungen, der Einbau von Fenstern und Türen sowie Bodenbelägen, Aufzügen, Rolltreppen und Heizungsanlagen, aber auch von Einrichtungsgegenständen, wenn sie mit dem Gebäude fest verbunden sind, wie z.B. Ladeneinbauten, Schaufensteranlagen, Gaststätteneinrichtungen. Ebenfalls zu den Bauleistungen zählten die Installation einer Lichtwerbeanlage, Dachbegrünung eines Bauwerks oder Hausanschluss durch Energieversorgungsunternehmen sowie Renovierungsmaßnahmen (z.B. Malerarbeiten). Auch bei Erbringung u.a. folgender Leistungen bestehe eine Verpflichtung zur Rechnungserteilung: Zurverfügungstellung von Betonpumpen, Zurverfügungstellung von anderen Baugeräten, Aufstellen von Material- und Bürocontainern, mobilen Toilettenhäusern, Entsorgung von Baumaterialien (z.B. Schuttabfuhr durch Abfuhrunternehmer), Haushaltsauflösungen, Aufstellen von Messeständen, Gerüstbau und Anlegen von Bepflanzungen und deren Pflege (z.B. Bäume, Gehölze, Blumen, Rasen).

38 Zu den Leistungen im Zusammenhang mit einem Grundstück gehörten weiterhin die Lieferungen oder sonstigen Leistungen, die der **Erschließung von Grundstücken** oder der Vorbereitung von Bauleistungen dienen. Von der Verpflichtung zur Rechnungserteilung erfasst seien damit auch planerische Leistungen (z.B. von Statikern, Architekten, Garten- und Innenarchitekten, Vermessungs-, Prüf- und Bauingenieuren), Labordienstleistungen (z.B. chemische Analyse von Baustoffen), reine Leistungen zur Bauüberwachung, zur Prüfung von Bauabrechnungen und zur Durchführung von Ausschreibungen und Vergaben oder Leistungen der Bauträgergesellschaften, Sanierungsträger sowie der Unternehmer, die Abbruch- und Erdarbeiten ausführen.

39 Schließlich bestehe die Rechnungserteilungspflicht auch bei steuerpflichtigen **Dienstleistungen** im Zusammenhang mit einem Grundstück. Hierzu gehörten Reinigungsarbeiten an Räumlichkeiten oder Flächen, Leistungen im gärtnerischen Bereich, Instandhaltungsarbeiten in und an Gebäuden oder Wartungs- oder Reparaturarbeiten. Der Begriff der steuerpflichtigen Werklieferung oder sonstigen Leistung im Zusammenhang mit einem Grundstück i.S.d. § 14 Abs. 2 Satz 1 Nr. 1 UStG ist damit nicht deckungsgleich mit dem Begriff der Bauleistungen in § 13b Abs. 2 Nr. 4 UStG, sondern geht darüber hinaus.

40 Die **Verwaltung** hat sowohl Positiv- als auch Negativabgrenzungen vorgenommen und hierin die Ausführungen aus der Gesetzesbegründung übernommen (vgl. Abschn. 14.2 UStAE). Zusätzlich erachtet sie auch Instandhaltungs-, Reparatur-, Wartungs- oder Renovierungsarbeiten an Bauwerken oder Tei-

1 BT-Drucks. 15/2573, 33 f.

len von Bauwerken (z.B. Klempner- oder Malerarbeiten), Beurkundung von Grundstückskaufverträgen durch Notare und Vermittlungsleistungen der Makler bei Grundstücksveräußerungen oder Vermietungen als grundstücksbezogene Leistungen i.S.d. § 14 Abs. 2 Satz 1 Nr. 1 UStG. Keine grundstücksbezogenen Leistungen seien jedoch die Veröffentlichung von Immobilienanzeigen, z.B. durch Zeitungen, und die Leistungen der in § 4 Nr. 12 Satz 1 und 2 UStG bezeichneten Art an Nichtunternehmer, also die schlichte Wohnungsvermietung. Hinsichtlich der Rechts- und Steuerberatung in Grundstückssachen können diese nach Ansicht der Verwaltung neuerdings zwar Grundstücksleistungen sein (Abschn. 3a.3 Abs. 9 UStAE), eine Rechnungsausstellungspflicht besteht aber (wohl) trotzdem (weiterhin) nicht (vgl. Abschn. 14.2 Abs. 4 UStAE).

Die Rechnungsausstellungs**frist** beträgt sechs Monate. Wird das Entgelt oder ein Teil des Entgelts vereinnahmt bevor die Leistung ausgeführt wurde, ist die Rechnung nach Ansicht der Verwaltung innerhalb von sechs Monaten nach Vereinnahmung des Entgelts oder des Teilentgelts auszustellen (Abschn. 14.1 Abs. 3 Satz 2 UStAE). Dem ist zuzustimmen, weil andernfalls die Rechnungsausstellungspflicht durch Anzahlungen/Vorauszahlungen umgangen werden könnte. 41

Ist der Leistungsempfänger Unternehmer und rechnet er mittels **Gutschrift** ab, trifft die Rechnungsausstellungspflicht den Leistungsempfänger. 42

Ist der Leistungsempfänger kein Unternehmer oder bezieht er die Leistung für den nichtunternehmerischen Bereich, hat er die Rechnung, einen Zahlungsbeleg oder eine andere beweiskräftige Unterlage gemäß § 14b Abs. 1 Satz 5 UStG zwei Jahre **aufzubewahren.** 43

Ein **Verstoß** gegen die Rechnungsausstellungspflicht ist eine Ordnungswidrigkeit nach § 26a Abs. 1 Nr. 1 UStG und kann gemäß § 26a Abs. 2 Alt. 2 UStG mit einer Geldbuße bis zu 5.000 Euro geahndet werden. Wird die Rechnung vom Leistungsempfänger entgegen § 14b Abs. 1 Satz 5 UStG nicht zwei Jahre aufbewahrt, ist das ebenfalls eine Ordnungswidrigkeit (nach § 26a Abs. 1 Nr. 3 UStG), die jedoch gemäß § 26a Abs. 2 Alt. 1 UStG nur mit einer Geldbuße von 500 Euro geahndet werden kann. 44

3. Andere als die in Nummer 1 genannten Leistungen (Absatz 2 Satz 1 Nr. 2)

a) Berechtigung zur Rechnungsausstellung (Absatz 2 Satz 1 Nr. 2 Satz 1)

Führt der Unternehmer keine grundstücksbezogene Leistung aus, ist er bei **Leistungen an Nichtunternehmer** oder für den nichtunternehmerischen Bereich berechtigt, eine Rechnung auszustellen. Da sich aus einer solchen Rechnung kein Vorsteuerabzug ergeben kann, ist die Berechtigung für die Praxis von geringer Bedeutung. 45

b) Verpflichtung zur Rechnungsausstellung (Absatz 2 Satz 1 Nr. 2 Sätze 2–4)

Führt der Unternehmer einen steuerbaren Umsatz **an einen anderen Unternehmer für dessen Unternehmen** oder an eine juristische Person, die nicht Unternehmer ist, aus, ist er nach Satz 2 verpflichtet, innerhalb von sechs Monaten nach Ausführung der Leistung eine Rechnung auszustellen. Das gilt nach Satz 3 jedoch nicht, wenn der Umsatz nach § 4 Nr. 8–29 UStG steuerfrei ist. Die Pflichten nach § 14a UStG bleiben unberührt (Satz 4). 46

Der Anspruch auf Erteilung einer Rechnung (mit gesondert ausgewiesener Steuer) ist **aus umsatzsteuerlicher Sicht** erforderlich, um dem Leistungsempfänger die Geltendmachung der Vorsteuer zu ermöglichen. Er ist deshalb (zumindest im Wesentlichen) zivilrechtlicher Natur. Ob darüber hinaus auch ein öffentlich-rechtliches Interesse an der Rechnungsausstellung besteht, ist strittig.[1] 47

Zivilrechtlich handelt es sich um eine vertragliche Nebenpflicht, die dem Leistungsempfänger zusteht. Dieser Anspruch ist nach § 13 GVG vor den ordentlichen Gerichten geltend zu machen.[2] Verweigert der Leistende die Ausstellung einer Bruttorechnung, so muss ihn der Leistungsempfänger darauf verklagen. Die steuerrechtlichen Vorfragen (ob der Vorgang steuerbar und mit welchem Steuersatz steuerpflichtig ist) sind hierbei grundsätzlich von den Zivilgerichten selbstständig zu beantworten. Der Klage 48

1 Zustimmend *Lippross*, Umsatzsteuer[25], 1029 m.w.N.
2 BGH, Urt. v. 11.12.1974 – VIII ZR 186/73, NJW 1975, 310.

auf Rechnungserteilung ist dann entweder stattzugeben oder ihr ist vollständig der Erfolg zu versagen. Nur wenn eine endgültige Beurteilung der objektiven Steuerpflicht auf erhebliche Schwierigkeiten tatsächlicher oder rechtlicher Art stößt und damit ernsthaft die Gefahr besteht, dass die Finanzbehörden die Frage abweichend von der Einschätzung der Zivilgerichte beurteilen, dürfen sich diese, um die Sanktionswirkungen des § 14c UStG zu vermeiden, ausnahmsweise mit der Feststellung begnügen, die Steuerrechtslage sei zumindest ernstlich zweifelhaft.[1] Der Leistungsempfänger kann die Ausstellung einer Bruttorechnung dann nur verlangen, wenn der Vorgang vom Finanzamt bestandskräftig der Umsatzsteuer unterworfen wurde.[2] Hierfür kann der Leistungsempfänger ausnahmsweise Rechtsschutz über eine Feststellungsklage nach § 41 FGO vor den Finanzgerichten erhalten.[3] Ob aus der Entscheidung des BFH vom 30.3.2011[4] nach wie vor geschlussfolgert werden kann, dass eine Feststellungsklage bei der Frage, wer Steuerschuldner ist, ausgeschlossen ist, erscheint fraglich. Dies wäre jedenfalls abzulehnen.[5]

49 Diese zuvor genannten Grundsätze sind für den Leistungsempfänger letztlich **untragbar**, da es ihm in zweifelhaften Fällen nahezu unmöglich gemacht wird, seinen Anspruch auf Erteilung einer Rechnung auf einem Gerichtszweig erfolgreich zu betreiben.[6]

50 Der Anspruch auf Erteilung einer Rechnung **verjährt** in 3 Jahren. Die Verjährungsfrist beginnt nach § 199 Abs. 1 BGB mit dem Schluss des Jahres, in dem der Anspruch entstanden ist und der Gläubiger von den den Anspruch begründenden Umständen und der Person des Schuldners Kenntnis erlangt oder ohne grobe Fahrlässigkeit erlangen müsste. Sind die Beteiligten übereinstimmend von einer Steuerschuldumkehr nach § 13b UStG ausgegangen und findet § 13b Abs. 5 Satz 7 UStG keine Anwendung, erhält der Leistungsempfänger in aller Regel erst dann Kenntnis von seinem Anspruch auf Erhalt einer Bruttorechnung, wenn er davon erfährt, dass die Steuer gegenüber dem Leistenden durch Bescheid festgesetzt worden ist.[7]

51 Besonders bei fehlerhaften Rechnungen, aus denen kein Vorsteuerabzug vorgenommen werden kann, steht dem Leistungsempfänger ein **Zurückbehaltungsrecht** nach § 273 BGB zu. Dieses ist jedoch auf die Umsatzsteuer beschränkt.[8] Denn es ist schlicht nicht einzusehen, weshalb ein Leistender, der eine mangelfreie Leistung erbracht hat, nicht wenigstens den Nettobetrag vom Leistungsempfänger verlangen können sollte, wenn bei diesem lediglich der Vorsteuerabzug gefährdet ist.

II. Gutschrift (Absatz 2 Satz 2)

52 Rechnungen werden nach § 14 Abs. 2 Satz 1 UStG in der Regel vom Leistenden ausgestellt. Ausnahmsweise können die Parteien jedoch auch vereinbaren, dass die Rechnung vom Leistungsempfänger gefertigt wird, **wenn dieser ein Unternehmer ist** und die Leistung für sein Unternehmen bezogen hat oder wenn der Leistungsempfänger eine juristische Person ist (§ 14 Abs. 2 Satz 2 UStG). Hierbei wird der Leistungsempfänger jedoch nur ermächtigt die Rechnung für den Leistenden auszustellen. So ist in der Praxis die Abrechnung durch den Leistenden bzw. den Leistungsempfänger oftmals vor allem dadurch zu unterscheiden, dass im Fall der Abrechnung durch den Leistenden der Leistungsempfänger das Original der Rechnung erhält (und der Leistende die Kopie behält) und im Fall der Abrechnung durch den Leistungsempfänger dieser die Kopie für sich behält und der Leistende das Original bekommt. Daraus folgt auch, dass die **Anforderungen an die Rechnung und die Rechtsfolgen aus der Rechnung im Wesentlichen dieselben sind, als ob der Leistende die Rechnung ausgestellt hätte**:

---

1 BGH, Urt. v. 2.11.2001 – V ZR 224/00, UR 2002, 91.
2 BGH, Urt. v. 24.2.1988 – VIII ZR 64/87, UR 1988, 183.
3 BFH, Urt. v. 10.7.1997 – V R 94/96, BStBl. II 1997, 707 = UR 1997, 473 m. Anm. *Stadie*.
4 BFH, Urt. v. 30.3.2011 – XI R 12/08, BStBl. II 2011, 819 = UR 2011, 792.
5 Vgl. *Lippross*, Umsatzsteuer^{25}, 1029.
6 *Weymüller* in Weymüller^{2}, § 14 UStG Rz. 173.
7 Vgl. BGH, Urt. v. 15.11.2012 – IX ZR 184/09, ZIP 2013, 270.
8 **A.A.** wohl BGH, Urt. v. 26.6.2014 – VII ZR 247/13, BFH/NV 2014, 1711; *Lippross*, Umsatzsteuer^{25}, 1030; unentschieden *Weymüller* in Weymüller^{2}, § 14 UStG Rz. 166; wie hier *Stadie* in Rau/Dürrwächter, § 14 UStG Rz. 186 (Stand: Oktober 2020); *Dodos*, MwStR 2015, 329.

So muss die Rechnung alle Rechnungspflichtangaben beinhalten, die in § 14 Abs. 4 UStG genannt sind, also z.B. auch die Steuernummer oder USt-IdNr. des Leistenden. Lediglich die Rechnungsnummer vergibt der Leistungsempfänger und Gutschriftsaussteller selber. Einzige wesentliche Besonderheit bei den Rechnungspflichtangaben ist die Angabe „Gutschrift" gemäß § 14 Abs. 4 Nr. 10 UStG (Rz. 138 ff.). 53

Im Hinblick auf die Rechtsfolgen zeigt sich die Parallelität zur Ausstellung durch den Leistenden besonders darin, dass der Vorsteuerabzug des Leistungsempfängers nur aus einer (von ihm selbst erstellten) ordnungsgemäßen Abrechnung (der Gutschrift) geltend gemacht werden kann. Daran zeigt sich der große **Vorteil** einer Abrechnung über das Gutschriftsverfahren. Wo nämlich bei einer Abrechnung durch den Leistenden der Leistungsempfänger die erhaltene Rechnung stets auf Ordnungsmäßigkeit prüfen muss, um den Vorsteuerabzug sicherzustellen, hat der Leistungsempfänger es bei Abrechnung über das Gutschriftsverfahren in der Hand „sich selber eine ordnungsgemäße Rechnung auszustellen". Zudem trifft die Steuerschuld aus einem unrichtigen oder unberechtigten Steuerausweis nach § 14c UStG den Leistenden, obwohl er die Rechnung nicht gefertigt hat (Rz. 59).[1] Ob Letzteres allerdings auch gilt, wenn eine Gutschrift an einen Nichtunternehmer gesendet wird, ist noch nicht abschließend geklärt.[2] 54

Das Gesetz **definiert** die Gutschrift im umsatzsteuerlichen Sinn als Rechnung, die vom Leistungsempfänger ausgestellt wird. Genauer handelt es sich um jegliche Abrechnung durch den Leistungsempfänger über eine bezogene Leistung, gleich wie diese bezeichnet wird. So sind auch Begriffe wie „Self-billing" oder „Eigenfaktura" zulässig.[3] Keine Gutschrift in diesem Sinne ist die sog. handelsrechtliche Gutschrift, mit der eine zuvor ergangene Rechnung lediglich korrigiert wird.[4] Gleiches gilt für Mitteilungen über Boni, Skonti und Rabatte.[5] 55

Die Abrechnung mittels Gutschrift verlangt eine vorherige **Vereinbarung** der Parteien. Sie ist jedoch an keine besondere Form gebunden und kann auch mündlich getroffen werden. Allerdings reicht bloßes Schweigen hierfür nicht aus. Das gilt auch für den Fall, dass der Leistende die Gutschrift ohne Widerspruch (lediglich) entgegennimmt.[6] 56

Voraussetzung für die Rechtswirkung der Gutschrift (und auch für den Vorsteuerabzug des Leistungsempfängers) ist die **Übermittlung** der Gutschrift. Diese muss dem Leistenden also zugegangen sind. Das bedeutet, dass der Gutschriftsaussteller zum Nachweis der Möglichkeit, den Vorsteuerabzug geltend zu machen, ggf. auch den Zugang der Gutschrift beim Leistenden nachweisen muss.[7] 57

III. Widerspruch gegen Gutschrift (Absatz 2 Satz 3)

Die Gutschrift verliert nach § 14 Abs. 2 Satz 3 UStG die Wirkung einer Rechnung, sobald der Empfänger der Gutschrift dem ihm übermittelten Dokument widerspricht. Anders als nach früherem Recht, kann der Gutschrift nur in vollem Umfang widersprochen werden; ein **Teilwiderspruch** ist nicht möglich.[8] 58

Diese Möglichkeit der Beseitigung der Gutschriftswirkung durch einen Widerspruch ist dem Umstand geschuldet, dass den Leistenden ansonsten bei unrichtigem oder unberechtigtem Steuerausweis die Rechtsfolge des § 14c UStG treffen würde, ohne dass er dies verhindern könnte. Damit geht aber auch der große **Nachteil** einer Abrechnung mittels Gutschriftsverfahren einher. Denn wenn der Leistende der Gutschrift widerspricht und diese dadurch die Wirkung einer Rechnung verliert, verliert der Leis- 59

1 BFH, Urt. v. 16.3.2017 – V R 27/16, BFHE 257, 462 = UR 2017, 550.
2 Vgl. BFH, Urt. v. 16.3.2017 – V R 27/16, BFHE 257, 462 = UR 2017, 550; verneinend *Stadie* in Rau/Dürrwächter, § 14c UStG Rz. 101 (Stand: April 2021).
3 Abschn. 14.5 Abs. 24 UStAE.
4 Abschn. 14.3 Abs. 1 Satz 6 UStAE.
5 *Korn* in Bunjes[22], § 14 UStG Rz. 104.
6 *Weymüller* in Weymüller[2], § 14 UStG Rz. 204.1; **a.A.** *Lippross*, Umsatzsteuer[25], 1030 m.w.N.
7 FG München, Urt. v. 17.6.2004 – 14 K 5251/01, juris.
8 BFH, Urt. v. 23.1.2013 – XI R 25/11, BStBl. II 2013, 417 = UR 2013, 389; **a.A.** *Lippross*, Umsatzsteuer[25], 1030 m.w.N.

tungsempfänger damit automatisch (auch) die Möglichkeit, den Vorsteuerabzug geltend zu machen; denn er ist fortan nicht mehr in Besitz einer ordnungsgemäßen Rechnung. Aus diesem Grund ist spätestens seit dem BFH-Urteil vom 23.1.2013[1] hoch umstritten, ob ein Widerspruch auch dann die Wirkung der Gutschrift als Rechnung beseitigt, wenn die Gutschriftsabrechnung zuvor vereinbart war und die Abrechnung inhaltlich richtig ist. Der Streit dreht sich damit um die Frage, ob bei der Frage der Wirkung des Widerspruchs die Grundsätze von Treu und Glauben eine Rolle spielen können. Der BFH betont in dieser Entscheidung, dass der Widerspruch selbst dann zu beachten ist, wenn der Leistungsempfänger einen Anspruch gegen den Leistenden hat, eine Rechnung mit gleichem Inhalt auszustellen. Die h.M. in der Literatur scheint dem mit guten Gründen nicht zu folgen.[2]

59.1 Erforderlich ist ein Widerspruch im Sinne einer wirksamen Willenserklärung.[3] Das bedeutet, dass der Widerspruch, damit er als Willenserklärung wirksam ist, **gegenüber der Person zu erklären** ist, die Vertragspartei ist und die gegebenenfalls bei zivilrechtlichen Meinungsverschiedenheiten als Gläubigerin ihren auf einer vertraglichen Nebenpflicht beruhenden Anspruch auf Rechnungserteilung auf dem Zivilrechtsweg klären lassen kann. Ab der Eintragung einer **Ausgliederung** im Handelsregister muss der Widerspruch gegen eine Gutschrift, die auf einem von der Ausgliederung umfassten Vertrag beruht, daher dem übernehmenden Rechtsträger gegenüber erklärt werden.[4] Denn bei der Ausgliederung handelt es sich um eine besondere Übertragungsart, die es gestattet, die Summe von Vermögensgegenständen in einem Akt zu übertragen.[5] Es handelt sich zwar nicht um eine Gesamtrechtsnachfolge im Sinne des § 45 AO.[6] Mit der Eintragung im Handelsregister geht aber im Wege der Sonderrechtsnachfolge das von der Ausgliederung umfasste Vermögen des Unternehmens einschließlich der Verbindlichkeiten sowie bestehender Verträge uno actu im Wege der partiellen Gesamtrechtsnachfolge gemäß § 131 Abs. 1 Nr. 1 UmwG auf den übernehmenden Rechtsträger über.[7]

60 Der Widerspruch wirkt **zeitlich**, wenn er dem Gutschriftsaussteller zugeht. Die Gutschrift verliert ihre Wirkung damit ex nunc und nicht rückwirkend. Die Rechtsfolgen für die Steuerschuld und den Vorsteuerabzug sind dann ggf. in entsprechender Anwendung des § 17 Abs. 1 Sätze 1, 2 und 7 UStG vorzunehmen.[8]

61 Eine **Frist** für den Widerspruch sieht das Gesetz nicht vor. Zutreffend dürfte sein, diesen bis zur Bestandskraft der Steuerfestsetzung beim Leistungsempfängers zuzulassen, denn letztlich beseitigt der Widerspruch bei diesem die Möglichkeit der Geltendmachung des Vorsteuerabzugs.[9]

IV. Abrechnung durch Dritten (Absatz 2 Satz 4)

62 Die Rechnung kann für den Leistenden bzw. bei Abrechnung im Gutschriftsverfahren für den Leistungsempfänger auch von einem Dritten ausgestellt werden. In diesem Fall ist in der Praxis wichtig, zweifelsfrei zu **vermerken, wer Leistender und Leistungsempfänger ist** (wie z.B. durch einen Zusatz „Leistungsempfänger: …"). Nur dann berechtigt die Rechnung zum Vorsteuerabzug.[10] Der Beschluss eines Insolvenzgerichts gemäß § 64 InsO zur Festsetzung des Vergütungsanspruchs des Insolvenzverwalters ist jedoch keine Rechnung eines Dritten i.S.d. § 14 Abs. 2 Satz 4 UStG, die zum Vorsteuerabzug berechtigt.[11]

1 BFH, Urt. v. 23.1.2013 – XI R 25/11, BStBl. II 2013, 417 = UR 2013, 389; ebenso *Wagner*, MwStR 2013, 534.
2 *Stadie*, UR 2013, 365; *Hummel*, UR 2012, 497 ff.; *Weymüller* in Weymüller², § 14 UStG Rz. 217 ff. m.w.N.
3 BFH, Urt. v. 23.1.2013 – XI R 25/11, BStBl. II 2013, 417 = UR 2013, 389, Rz. 21.
4 BFH, Urt. v. 12.7.2023 – XI R 41/20, UR 2024, 24.
5 BFH, Urt. v. 7.8.2002 – I R 99/00, BStBl. II 2003, 835, Rz. 17.
6 BFH, Urt. v. 26.9.2006 – X R 21/04, BFH/NV 2007, 186, Rz. 29; BFH, Urt. v. 5.11.2009 – IV R 29/08, BFHE 226, 492, Rz. 19 f.
7 BGH, Urt. v. 2.7.2021 – V ZR 201/20, MDR 2021, 1384, Rz. 11 und 19; BAG, Urt. v. 16.5.2013 – 6 AZR 556/11, BAGE 145, 163, Rz. 18.
8 BFH, Urt. v. 19.5.1993 – R 110/88, BStBl. II 1993, 779 = UR 1994, 124.
9 Ebenso *Weymüller* in Weymüller², § 14 UStG Rz. 228.2; auf die zivilrechtlichen Verjährungsfristen nach § 195 BGB stellt ab: *Lippross*, Umsatzsteuer²⁵, 1031.
10 Vgl. BFH, Urt. v. 14.2.2019 – V R 47/16, BStBl. II 2020, 424 = UR 2019, 465.
11 BFH, Urt. v. 26.9.2012 – V R 9/11, BStBl. II 2013, 346 = UR 2013, 464.

D. EDI und qualifizierte Signatur (Absatz 3)

I. Qualifizierte elektronische Signatur (Absatz 3 Nr. 1)

Nach § 14 Abs. 2 UStG müssen bei einer elektronischen Rechnung die **Echtheit der Herkunft und die Unversehrtheit des Inhalts** einer Rechnung gewährleistet sein. Dies unterstellt das Gesetz, wenn bei der Übermittlung eine qualifizierte elektronische Signatur eingesetzt wurde oder die Übermittlung mittels elektronischen Datenaustausches (EDI) erfolgt ist. 63

Die **Anforderungen** an eine qualifizierte elektronische Signatur[1] sind im Signaturgesetz (SigG) und in der Signaturverordnung (SigV) geregelt. Eine elektronische Signatur ist dabei ein elektronischer Datensatz, der anderen elektronischen Daten beigefügt ist und zur Authentifizierung dient. Der Datensatz darf hierbei ausschließlich dem Signaturschlüssel-Inhaber zugeordnet und von diesem erzeugt worden sein, um seine Identifizierung zu ermöglichen, wobei eine nachträgliche Veränderung der Daten erkennbar sein muss (vgl. § 2 SigG). Das besondere an der „qualifizierten" Signatur ist, dass der Datensatz auf einem zum Zeitpunkt ihrer Erzeugung gültigen qualifizierten Zertifikat beruhen muss, das von einer sicheren Signaturerstellungseinheit erzeugt wurde. Im Verfahren zur Ausgabe und Anwendung qualifizierter elektronischer Signaturen ist neben Rechnungsaussteller und Rechnungsempfänger immer auch ein **Trust-Center** als neutrale Instanz beteiligt. Das Trust-Center gibt die nach SigG erforderlichen qualifizierten Signaturzertifikate sowie die privaten Signaturschlüssel heraus und verwaltet sie. Zur Verwaltung gehört z.B. auch, die Informationen der Signaturzertifikate für Abfragen der Rechnungsempfänger zur Verfügung zu halten. Die Einschaltung eines Trust-Centers erhöht den Schutz vor Fälschung und Missbrauch von elektronischen Signaturen. Hierbei ist die Bundesnetzagentur Aufsichtsstelle für den Bereich elektronische Signatur. Sie verleiht Anbietern den Status eines qualifizierten Vertrauensdiensteanbieters. Dadurch haben diese Dienste die Qualifikation für das Ausstellen der qualifizierten Zertifikate für elektronische Signaturen. Zu diesen Diensten zählen die Bundesnotarkammer, die Deutsche Post AG, die D-Trust GmbH, die Deutsche Telekom AG, die DGN Deutsches Gesundheitsnetz Service GmbH und die medisign GmbH. 64

Die Rechnungsübermittlung mittels qualifizierter elektronischer Signatur **läuft wie folgt ab**: Die zu übermittelnden Rechnungsdaten werden zunächst in eine relativ kurze Zeichenfolge (Hashwert) umgewandelt. Eine Signatursoftware erzeugt aus dem Hashwert und dem Signaturschlüssel eine einmalige, individuelle Zahlen- und Buchstabenkombination, die zusammen mit der Rechnungsdatei an den Rechnungsempfänger gesendet wird. Für die qualifizierte elektronische Signatur ist der Signaturschlüssel ausschließlich auf einer besonders gesicherten Chipkarte (Signaturkarte) gespeichert. Die Sicherheit bei der Übermittlung einer qualifiziert signierten Rechnungsdatei wird dadurch erreicht, dass der Rechnungsempfänger den Urheber der signierten Datei und ihre Unverfälschtheit überprüfen kann. Die hierfür notwendigen Informationen entnimmt er unter anderem dem Signaturzertifikat, das zu jeder qualifizierten Signatur dazugehört. 65

Um elektronische Rechnungen gesetzeskonform signieren zu können, benötigt der Rechnungsaussteller neben dem qualifizierten Signaturzertifikat eine sichere Signaturerstellungseinheit (§ 2 Nr. 3 SigG). Als sichere Signaturerstellungseinheit wird in der Regel eine **Chipkarte** verwendet. Eine qualifizierte elektronische Signatur gilt zudem nur dann als gesetzeskonform, wenn sie einer bestimmten natürlichen Person eindeutig zugeordnet ist. Auch diese Zuordnung muss in dem Signaturzertifikat dokumentiert sein. Im Rahmen des Registrierungsverfahrens überprüft das Trust-Center daher auch die Identität des **Signaturinhabers.** 66

Zur Signaturerzeugung benötigt man eine Chipkarte und ein **Kartenlesegerät** der Klasse 2, d.h., mit eigener Tastatur. Die Chipkarte speichert die geheime Zeichenkombination für die Signatur (Privater Schlüssel), den Prüfschlüssel zur Entschlüsselung der Signatur (Öffentlicher Schlüssel) sowie das Zertifikat des Trust-Centers für den jeweiligen Signaturanwender. 67

Zur Durchführung der Signatur ist schließlich eine **Signatur-Software** erforderlich. Die Software verbindet die im zugelassenen Lesegerät generierte Signatur mit dem elektronischen Dokument. 68

1 Vgl. hierzu: Arbeitsgemeinschaft für wirtschaftliche Verwaltung e.V., Der elektronische Rechnungsaustausch, 2006, 14 ff.

69 Die Signierung elektronischer Rechnungen ist auch im **Massenverfahren** für eine Vielzahl von Rechnungen möglich und zulässig. Hierzu kann der Signaturinhaber die qualifizierte Signatur für einen vordefinierten Zeitraum oder für eine vorher bestimmte Anzahl von Signaturvorgängen „freischalten". Allerdings muss der Anwender hierbei sicherstellen, dass die Signierung in einer sicheren Prozessumgebung abläuft.

70 Der Empfänger einer elektronischen Rechnung kann die Signatur nur **prüfen**, wenn er den öffentlichen Prüfschlüssel, die signierte Rechnung und das Signaturzertifikat des Rechnungsausstellers zur Verfügung hat. Den öffentlichen Prüfschlüssel kann der Rechnungsaussteller zusammen mit der Rechnung übersenden. Öffentlicher Prüfschlüssel und die übrigen im Signaturzertifikat niedergelegten Daten sind aber auch beim Trust-Center abrufbar.

71 Der Versand von elektronischen Rechnungen **per E-Mail** stellt grundsätzlich das einfachste Verfahren der elektronischen Übermittlung dar. Meist wird die Rechnung als Datei (z.B. im PDF-Format) im Anhang versendet. Das Verfahren bietet sich vor allem bei kleinerem Belegvolumen auf Empfängerseite an, bei denen eine weitere automatische Integration der Daten nicht wirtschaftlich ist.

72 Der leistende Unternehmer muss sein Verfahren zum Versand elektronischer Rechnungen **dokumentieren.** Die elektronische Ausgangsrechnung selbst ist zu kopieren und zusammen mit dem Signaturzertifikat elektronisch aufzubewahren. Der Rechnungsempfänger hat das Ergebnis der von ihm durchgeführten Signaturprüfung zu dokumentieren und Eingang sowie Verarbeitung der Rechnung zu protokollieren. Die Dokumentation ist zusammen mit der signierten elektronischen Rechnung selbst und mit dem öffentlichen Signaturprüfschlüssel während der gesetzlichen Fristen von zehn Jahren aufzubewahren (vgl. § 145 AO).

II. EDI (Absatz 3 Nr. 2)

73 EDI (Electronic Data Interchange) bezeichnet den elektronischen Austausch von strukturierten Daten zwischen Computersystemen mittels Datenfernübertragung mit einem Minimum an manuellen Eingriffen. **Strukturierte Daten** können von Computersystemen automatisch verarbeitet werden und sind durch eine präzise Festlegung von Syntax (Ordnung bzw. Reihenfolge der Zeichen) und Semantik (Bedeutung der Zeichen) eindeutig. Hierbei wird zwischen Klassischem EDI, WebEDI und EDI mittels Druck-Aufbereitung unterschieden.[1]

74 Wird das EDI-Verfahren nach Art. 2 der Empfehlung 94/820/EG[2] durchgeführt und hierbei in der Vereinbarung über diesen Datenaustausch der Einsatz von Verfahren vorgesehen, die die Echtheit der Herkunft und die Unversehrtheit der Daten gewährleisten, sieht der Gesetzgeber die Echtheit der Herkunft und die Unversehrtheit des Inhalts als gegeben an (§ 14 Abs. 3 Nr. 2 UStG).

E. Rechnungspflichtangaben (Absatz 4)

I. Vorbemerkung

75 Die Rechnungspflichtangaben ergeben sich neben § 14 Abs. 4 UStG auch aus § 14a UStG und den §§ 33 und 34 UStDV (Rz. 155 ff.). Die Vorschriften haben besondere Bedeutung für den Vorsteuerabzug des Leistungsempfängers, da nach § 15 Abs. 1 Satz 1 Nr. 1 Satz 2 UStG die Ausübung des Vorsteuerabzugs voraussetzt, dass der Unternehmer eine nach §§ 14, 14a UStG ausgestellte Rechnung besitzt. Damit geht die Frage einher, ob der Vorsteuerabzug auch ohne eine Rechnung zu gewähren ist[3]

1 Vgl. hierzu: Arbeitsgemeinschaft für wirtschaftliche Verwaltung e.V., Der elektronische Rechnungsaustausch, 2006, 20 ff.

2 Empfehlung 94/820/EG der Kommission vom 19.10.1994 über die rechtlichen Aspekte des elektronischen Datenaustausches (ABl. EG 1994 Nr. L 338, 98).

3 Vgl. EuGH, Urt. v. 21.11.2018 – C-664/16, ECLI:EU:C:2018:933 – Vădan, UR 2018, 962 m. Anm. *Nücken.*

und ob der Leistungsempfänger fehlende Angaben mit eigenen Unterlagen ergänzen kann.[1] Siehe zu beiden Fragen die Anmerkungen zu § 15 UStG (§ 15 Rz. 133 ff.).

Eine ordnungsgemäße **Rechnung** ist aber **nicht in jedem Fall Voraussetzung** für die Ausübung des Vorsteuerabzugs. Auch bei Leistungen an Unternehmer für deren Unternehmen bedarf es für den Vorsteuerabzug keiner ordnungsgemäßen Rechnung für den Abzug der Einfuhrumsatzsteuer nach § 1 Abs. 1 Nr. 4 UStG, der Steuer auf den innergemeinschaftlichen Erwerb nach § 1a UStG, der übergegangenen Steuerschuld nach § 13b UStG und der nach § 13a Abs. 1 Nr. 6 UStG geschuldeten Steuer. Für all diese Fälle hat der Gesetzgeber in § 15 Abs. 1 UStG gerade keine Rechnung als Voraussetzung zur Ausübung des Vorsteuerabzugs vorgesehen. 76

Sollte eine Rechnung nach Erhalt **verloren** gegangen oder **unleserlich** geworden sein, kann der Unternehmer den Vorsteuerabzug (auch nach Ansicht der FinVerw.)[2] zwar nicht (direkt) vornehmen, das Finanzamt kann den Vorsteuerabzug unter bestimmten Voraussetzungen aber (materiell richtig) schätzen oder aus Billigkeitsgründen anerkennen, sofern im Übrigen die Voraussetzungen für den Vorsteuerabzug vorliegen.[3] Denn die erfolgte Rechnungstellung wird durch den Verlust der Rechnungen nicht aufgehoben. Der fehlende Nachweis des Rechnungsbesitzes kann dagegen nicht durch eine Schätzung ersetzt werden.[4] 77

II. Erforderliche Angaben/Pflichtangaben (Absatz 4 Satz 1)

1. Name und Anschrift des Leistenden und des Leistungsempfängers (Absatz 4 Satz 1 Nr. 1)

Aus der Rechnung müssen sich der vollständige Name und die vollständige Anschrift des Leistenden und des Leistungsempfängers ergeben. **Rechnungsaussteller und leistender Unternehmer** müssen, sofern sich aus der Rechnung nichts anderes ergibt, daher identisch sein.[5] Nur dann sind die Steuerverwaltungen in der Lage, die Entrichtung der geschuldeten Steuer und das Bestehen des Vorsteuerabzugsrechts zu kontrollieren.[6] 78

Name und Anschrift von Leistendem und Leistungsempfänger sind nach Ansicht der Rechtsprechung **wesentliche Rechnungspflichtangaben**. Fehlt eine dieser Angaben oder sind diese Angaben so ungenau, dass sie fehlenden Angaben gleichstehen, führt auch eine Berichtigung nicht zur Rückwirkung.[7] Eine solche Berichtigung hat daher die Wirkung einer erstmaligen Rechnungsausstellung. 79

Die **UStDV** sieht hierbei **Erleichterungen** vor. Nach § 31 Abs. 2 UStDV ist es ausreichend, wenn sich auf Grund der in die Rechnung aufgenommenen Bezeichnungen der Name und die Anschrift sowohl des leistenden Unternehmers als auch des Leistungsempfängers eindeutig feststellen lassen. Hierbei können Abkürzungen, Buchstaben, Zahlen oder Symbole verwendet werden, wenn ihre Bedeutung in der Rechnung oder in anderen Unterlagen eindeutig festgelegt ist (§ 31 Abs. 3 Satz 1 UStDV). Die erforderlichen anderen Unterlagen müssen nach § 31 Abs. 3 Satz 2 UStDV dann aber sowohl beim Aussteller als auch beim Empfänger der Rechnung vorhanden sein. Aus diesem Grund können auch **Künstlernamen, Pseudonyme** und **Firmenbezeichnungen** ausreichend sein. Unter der Voraussetzung 80

---

1 Vgl. hierzu EuGH, Urt. v. 15.9.2016 – C-516/14, ECLI:EU:C:2016:690 – Barlis 06 – Investimentos Imobiliários e Turísticos, UR 2016, 795 m. Anm. *Maunz*.

2 Abschn. 15.11 Abs. 5–7 UStAE.

3 BFH, Urt. v. 23.10.2014 – V R 23/13, BStBl. II 2015, 313 = UR 2015, 188.

4 BFH, Urt. v. 12.6.1986 – V R 75/78, BStBl. II 1986, 721 = UR 1986, 232; BFH, Beschl. v. 26.11.1997 – V B 48/97, BFH/NV 1998, 563; BFH, Beschl. v. 28.12.2001 – V B 148/01, BFH/NV 2002, 682.

5 BFH, Urt. v. 14.2.2019 – V R 47/16, BStBl. II 2020, 424 = UR 2019, 465, Rz. 20; BFH, Urt. v 10.9.2015 – V R 17/14, BFH/NV 2016, 80; BFH, Urt. v. 30.4.2009 – V R 15/07, BStBl. II 2009, 744 = UR 2009, 816, unter II.1.b, m.w.N.; BFH, Urt. v. 28.1.1999 – V R 4/98, BStBl. II 1999, 628 = UR 1999, 283, unter II.1.b.

6 EuGH, Urt. v. 15.11.2017 – C-374/16 u. C-375/16, ECLI:EU:C:2017:867 – Geissel und Butin, UR 2017, 970 m. Anm. *Jacobs/Zitzl*, Rz. 41; EuGH, Urt. v. 15.9.2016 – C-516/14, ECLI:EU:C:2016:690 – Barlis 06 – Investimentos Imobiliários e Turísticos, UR 2016, 795 m. Anm. *Maunz*, Rz. 27; BFH, Urt. v. 14.2.2019 – V R 47/16, UR 2019, 465, Rz. 25.

7 BFH, Urt. v. 20.10.2016 – V R 26/15, BStBl. II 2020, 593 = UR 2017, 60 m. Anm. *Sterzinger*; BFH, Urt. v. 20.10.2016 – V R 54/14, BFH/NV 2017, 488; BFH, Urt. v. 20.10.2016 – V R 64/14, BFH/NV 2017, 490.

der eindeutigen Feststellbarkeit gilt das auch für die Verwendung eines **Aliasnamen**s nach dem ProstSchG, und zwar sowohl auf Seiten des Leistenden als auch auf Seiten des Leistungsempfängers.[1] Zweifelhaft erscheint aber, ob darunter auch der **frühere Name** (vor Eheschließung) subsumiert werden kann.[2] Gleiches gilt für die Bezeichnung des Rechtsvorgängers bei **Gesamtrechtsnachfolge**.[3] Besonderheiten sind bei **Gründung- und Vorgründungsgesellschaften** zu beachten (§ 15 Rz. 74 ff.).

81 Eine Rechnung kann nach § 14 Abs. 2 Satz 4 UStG auch von einer dritten Person ausgestellt werden.[4] In diesem Fall muss sich aber aus der Rechnung ergeben, wer **Leistender** ist. Das ist regelmäßig derjenige, der dem Leistungsempfänger gegenüber als Schuldner der Leistung auftritt. Dies folgt aus den abgeschlossenen zivilrechtlichen Vereinbarungen. Ob eine Leistung dem Handelnden oder einem anderen zuzurechnen ist, hängt davon ab, ob der Handelnde gegenüber Dritten im eigenen Namen oder berechtigterweise im Namen eines anderen bei Ausführung der Leistungen aufgetreten ist. Somit ist z.B. auch ein **Kommissionär**, **Treuhänder** oder sog. **Strohmann**, der im eigenen Namen Gegenstände verkauft und dem Abnehmer die Verfügungsmacht einräumt, umsatzsteuerrechtlich Leistender.[5] Ob derjenige auf eigene Rechnung handelt ist hierbei unerheblich. Entscheidend ist nur die Sicht des Leistungsempfängers. Wen dieser als seinen Vertragspartner ansieht, der ist der maßgebliche Leistende i.S.d. § 14 Abs. 4 Satz 1 Nr. 1 UStG.[6]

82 Für die Angabe des **Leistungsempfängers** ist maßgeblich, wer nach der zivilrechtlichen Vereinbarung als Anspruchsberechtigter anzusehen ist. Da auch hier die Erleichterungen des § 31 Abs. 2 UStDV greifen, sind Ungenauigkeiten unerheblich, es sei denn, die Person des Leistungsempfängers kann nicht mehr zweifelsfrei identifiziert werden; m.a.W.: **Verwechslungsgefahr** führt zur Fehlerhaftigkeit der Rechnung und damit zum Verlust des Vorsteuerabzugs. Bezieht eine Gesellschaft (z.B. eine GbR) eine Leistung, ist die Angabe eines Gesellschafters als Leistungsempfänger nicht ausreichend.[7]

82.1 Aus Vereinfachungsgründen lässt es die Verwaltung bei steuerpflichtigen **Güterbeförderungen**, steuerpflichtigen selbständigen Nebenleistungen hierzu und bei der steuerpflichtigen Vermittlung der vorgenannten Leistungen, bei denen sich der Leistungsort nach § 3a Abs. 2 UStG richtet, zu, dass als Leistungsempfänger der Rechnungsempfänger angesehen wird.[8] Ähnlich wird in der Praxis bei Dienstreisen von Arbeitnehmern verfahren. Wird hier die Hotel- oder Gaststättenrechnung auf den Namen des Dienstherrn ausgestellt, wird eine Leistung an den Dienstherrn unterstellt.

83 Nach neuer BFH-Rechtsprechung kann eine **Bruchteilsgemeinschaft** nicht Unternehmer sein. Es liegen vielmehr zivil- und umsatzsteuerrechtlich durch die Gemeinschafter als jeweiliger Unternehmer anteilig erbrachte bzw. bezogene Leistungen vor.[9] Folgt man dieser Rechtsprechung, ist bei Leistungsbezügen für das gemeinschaftliche Recht für die Bestimmung der Person des Leistungsempfängers nicht mehr danach zu differenzieren, bei wem es zu einer unternehmerischen Verwendung kommt, die zum Vorsteuerabzug berechtigt. Leistungsempfänger ist (anders als bei der GbR) stets der einzelne Gemeinschafter entsprechend seiner Beteiligung, wobei sich das Recht auf Vorsteuerabzug bei ihm gleichermaßen aus seiner eigenunternehmerischen Verwendung oder aus einem gemeinsamen Handeln der Gemeinschafter durch gemeinsame Nutzung des Rechts gegenüber Dritten ergeben kann. In beiden Fällen ist es der Gemeinschafter, der entsprechend seiner Beteiligungsquote den Vorsteuerabzug für sich als Unternehmer geltend machen kann.

1 Abschn. 14.5 Abs. 2 Satz 3 UStAE.
2 So aber *Korn* in Bunjes[22], § 14 Rz. 118.
3 Differenzierend hier *Korn* in Bunjes[22], § 14 Rz. 126.
4 Dritter in diesem Sinne kann jedoch nicht der Leistungsempfänger sein. Stellt dieser die Rechnung aus, sind die Vorschriften über das Gutschriftsverfahren anzuwenden (Abschn. 14.1 Abs. 3 Satz 11 UStAE).
5 BFH, Urt. v. 28.1.1999 – V R 4/98, BStBl. II 1998, 628 = UR 1999, 283; BFH, Beschl. v. 31.1.2002 – V B 108/01, BStBl. II 2004, 622 = UR 2002, 275; BFH, Urt. v. 18.2.2009 – V R 82/07, BStBl. II 2009, 876 = UR 2009, 596.
6 BFH, Urt. v. 12.5.2011 – V R 25/10, BFH/NV 2011, 1541.
7 BFH, Urt. v. 23.9.2009 – XI R 14/08, BStBl. II 2010 II, 243 = UR 2010, 115 m. Anm. *Widmann*.
8 Abschn. 3a.2 Abs. 2 Satz 2 UStAE.
9 BFH, Urt. v. 22.11.2018 – V R 65/17, BFHE 263, 90 = UR 2019, 179 m. Anm. *Heinrichshofen*; s. hierzu § 2 Rz. 13.

Die Rechtsprechung hat in der **Praxis** für große **Verunsicherung** geführt.[1] Die Verwaltung hat dieses Urteil bislang nicht im BStBl. veröffentlicht. In Abschn. 2.1 Abs. 2 Satz 2 UStAE wird nach wie vor ausgeführt: *Unternehmer kann auch eine Bruchteilsgemeinschaft sein.* Diese grundsätzliche Aussage der Verwaltung wird durch ein aktuelles BMF-Schreiben vom 27.10.2021[2] nicht verworfen. Das Schreiben enthält nur die längst überfällige Aufnahme der BFH-Urteile vom 28.8.2014 und vom 31.5.2017[3] in den UStAE. Die Urteile betrafen Bruchteilsgemeinschaften, die nicht unternehmerisch tätig waren und bei denen sich die Frage der Unternehmereigenschaft der Bruchteilsgemeinschaft auch nicht stellte. 83.1

Der **Name** des Leistenden bzw. Leistungsempfängers ist bei einem Einzelunternehmer der bürgerliche Name, bei im Handelsregister eingetragenen Unternehmen die im Geschäftsverkehr verwendete Bezeichnung. Auch hier gilt, dass **Schreibfehler** unbeachtlich sind, wenn eine eindeutige und unzweifelhafte Identifizierung der am Leistungsaustausch Beteiligten möglich ist.[4] 84

Im Fall der umsatzsteuerlichen **Organschaft** werden die Umsätze der Organgesellschaften dem Organträger zugerechnet. Da aber die Organschaft im Geschäftsverkehr nicht offengelegt werden muss,[5] kann hier der Name und die Anschrift der Organgesellschaft angegeben werden, wenn der leistende Unternehmer oder der Leistungsempfänger unter dem Namen und der Anschrift der Organgesellschaft die Leistung erbracht bzw. bezogen hat. 85

Bei der notwendigen **Anschrift** ist nicht auf die Privatanschrift des Einzelunternehmers, sondern auf die Unternehmensanschrift abzustellen. Sind beide identisch, ist den Rechnungsangaben alleine nicht zu entnehmen, ob die Leistung für den unternehmerischen oder privaten Bereich bezogen wurde. In diesem Fall müssen andere Kriterien, zu denen auch die Art der bezogenen Leistung zählen kann, herangezogen werden. 86

Nachdem der BFH kurzzeitig die Ansicht vertreten hat, dass eine taugliche Anschrift nur eine solche sei, an der geschäftliche Aktivitäten stattfinden,[6] akzeptiert er nach einer Vorlage an den EuGH und dessen Entscheidung[7] nun jegliche Anschrift, an der der Leistungsempfänger **postalisch erreichbar** ist.[8] Dies sieht mittlerweile auch die Verwaltung so. Verfügt der leistende Unternehmer bzw. der Leistungsempfänger über ein **Postfach**, über eine **Großkundenadresse** oder über eine **c/o-Adresse**, genügt die jeweilige Angabe in der Rechnung den Anforderungen des § 14 Abs. 4 Satz 1 Nr. 1 UStG an eine vollständige Anschrift.[9] Auch die Anschrift eines beauftragten **Büroservice** ist ausreichend.[10] Unter mehreren festen (jedenfalls inländischen) Betriebsstätten oder Betriebsteilen kann eine beliebige Anschrift ausgewählt werden.[11] Allerdings muss sich in allen Fällen der zutreffende Leistende bzw. Leistungsempfänger aus der Rechnung ergeben. Auch für die Anschrift gelten die **Erleichterungen** des § 31 Abs. 2 UStDV. Es ist ausreichend, wenn sich auf Grund der in die Rechnung aufgenommenen Bezeichnungen die Anschrift sowohl des leistenden Unternehmers als auch des Leistungsempfängers eindeutig feststellen lassen. Aus diesem Grund kann auch eine Angabe wie „Altes Rathaus" ausreichend sein.[12] 87

1 S. Stellungnahme der BStBK v. 24.6.2019 unter www.bstbk.de/de/presse/stellungnahmen/archiv/index.html.
2 BMF, Schr. v. 27.10.2021 – III C 2-S 7300/19/10002 :005 – DOK 2021/1122601, BStBl. I 2021, 2137 = UR 2021, 958.
3 BFH, Urt. v. 28.8.2014 – V R 49/13, BStBl. II 2021, 825 = UR 2014, 974 und BFH, Urt. v. 31.5.2017 – XI R 40/14, BStBl. II 2021, 828 = UR 2017, 718.
4 Vgl. Abschn. 15.2a Abs. 6 Satz 13 UStAE.
5 Vgl. BFH, Urt. v. 29.10.2010 – V R 7/10, BStBl. II 2011, 391 = UR 2011, 256 m. Anm. *von Streit/Duyfjes*.
6 BFH, Urt. v. 22.7.2015 – V R 23/14, BStBl. II 2015, 914 = UR 2015, 796.
7 EuGH, Urt. v. 15.11.2017 – C-374/16 u. C-375/16, ECLI:EU:C:2017:867 – Geissel und Butin, UR 2017, 970 m. Anm. *Jacobs/Zitzl*.
8 BFH, Urt. v. 13.6.2018 – XI R 20/14, BStBl. II 2018, 800 = UR 2018, 800; BFH, Urt. v. 21.6.2018 – V R 25/15, BStBl. II 2018, 809 = UR 2018, 716; BFH, Urt. v. 21.6.2018 – V R 28/16, BStBl. II 2018, 806 = UR 2018, 721.
9 Abschn. 14.5 Abs. 2 Sätze 3 ff. UStAE.
10 **A.A.** *Weymüller* in Weymüller², § 14 UStG Rz. 292.
11 Abschn. 14.5 Abs. 4 Satz 2 UStAE; kritisch *Weymüller* in Weymüller², § 14 UStG Rz. 292.1.
12 *Korn* in Bunjes²², § 14 Rz. 118.

88 Allerdings trägt nach der Rechtsprechung der Leistungsempfänger die **Feststellungslast** für die Erreichbarkeit.[1] Wie dies in der Praxis erfolgen soll, wurde von der Rechtsprechung jedoch nicht entschieden. In der Literatur wird zu Recht angenommen, dass den Leistungsempfänger diese Feststellungslast nur dann trifft, wenn das FA die Richtigkeit der Rechnungsangaben begründet erschüttert.[2]

89 Maßgeblicher **Zeitpunkt** bzgl. der tauglichen Anschrift ist derjenige der Rechnungsausstellung. Die Angaben in der Rechnung sollen es den Steuerverwaltungen ermöglichen, die Entrichtung der geschuldeten Steuer und gegebenenfalls das Bestehen des Vorsteuerabzugsrechts zu kontrollieren. Diese Kontrollmöglichkeit besteht für das FA erst mit der Erstellung der Rechnung sowie deren Kenntnisnahme und nicht im Zeitpunkt der Leistungserbringung.[3]

2. Steuernummer oder USt-IdNr. des Leistenden (Absatz 4 Satz 1 Nr. 2)

90 Nach § 14 Abs. 4 Satz 1 Nr. 2 UStG muss der leistende Unternehmer in der Rechnung entweder die ihm vom inländischen Finanzamt erteilte Steuernummer oder die vom BZSt erteilte USt-IdNr. angeben Die Steuernummer oder USt-IdNr. des Leistenden zählt nach Ansicht der Rechtsprechung **nicht zu den wesentlichen Rechnungspflichtangaben**. Fehlt eine dieser Angaben oder sind diese Angaben ungenau, so können sie mit Rückwirkung berichtigt werden.[4] Damit korrespondiert, dass ein Fehler (**Zahlendreher**) bei der Steuernummer nach Ansicht der Verwaltung nur dann zum Versagen des Vorsteuerabzugs führt, wenn der Leistungsempfänger den Fehler erkennen konnte.[5]

91 Als Steuernummer ist die dem Unternehmer erteilte, im Zeitpunkt der Leistung **gültige** Nummer gemeint. Wurde dem leistenden Unternehmer keine USt-IdNr. erteilt, ist zwingend die erteilte Steuernummer anzugeben. Wenn das Finanzamt eine gesonderte Steuernummer für Zwecke der Umsatzbesteuerung erteilt hat (z.B. bei von der Zuständigkeit nach dem Betriebssitz abweichender Zuständigkeit nach § 21 AO), ist diese anzugeben. Erteilt das Finanzamt dem leistenden Unternehmer eine neue Steuernummer (z.B. bei Verlagerung des Unternehmenssitzes), ist nur noch diese zu verwenden. Hat der Steuerpflichtige noch keine Steuernummer oder USt-IdNr. erhalten, kann er keine zum Vorsteuerabzug berechtigende Rechnung ausstellen. In diesem Fall genügt auch die Angabe einer Rechtsbehelfsnummer nicht.[6] Er kann in diesem Fall aber die unvollständige Rechnung nach Erteilung der Steuernummer mit Rückwirkung berichtigen (Rz. 90).

92 Es ist nicht erforderlich, dass der Unternehmer die vom Finanzamt erteilte Steuernummer um zusätzliche Angaben (z.B. Name oder Anschrift des Finanzamts, Finanzamtsnummer oder Länderschlüssel) **ergänzt**.[7]

93 Im Fall der **Gutschrift** ist die Steuernummer bzw. die USt-IdNr. des leistenden Unternehmers und nicht die des die Gutschrift erteilenden Leistungsempfängers anzugeben (Rz. 53). Aus diesem Grund hat der Gutschriftsaussteller (Leistungsempfänger) vor Ausstellung der Gutschrift vom Leistenden dessen Steuernummer bzw. USt-IdNr. einzuholen.

94 Rechnet der Unternehmer über einen **vermittelten Umsatz** ab (z.B. Tankstellenbetreiber, Reisebüro), hat er die Steuernummer oder USt-IdNr. des leistenden Unternehmers (z.B. Mineralölgesellschaft, Reiseunternehmen) anzugeben. Werden ein Eigengeschäft und der vermittelte Umsatz in einer Rechnung aufgeführt, wird von der Verwaltung nicht beanstandet, wenn der jeweilige Umsatz durch Kennziffern oder durch Symbole der jeweiligen Steuernummer oder USt-IdNr. zugeordnet wird. Diese sind dann aber in der Rechnung oder in anderen Dokumenten zu erläutern.[8]

---

1 BFH, Urt. v. 5.12.2018 – XI R 22/14, BStBl. II 2020, 418 = UR 2019, 194.
2 *Weymüller*, MwStR 2019, 284; *Korn* in Bunjes[22], § 14 Rz. 117.
3 BFH, Urt. v. 5.12.2018 – XI R 22/14, BStBl. II 2020, 418 = UR 2019, 194; *Weymüller* in Weymüller[2], § 14 UStG Rz. 291.3 f.; *Stadie* in Rau/Dürrwächter, § 14 UStG Rz. 306 (Oktober 2020); *Schumann*, DStR 2017, 2719 (2720); *Streit*, DStR 2017, 2548 (2549); **a.A.** *Jacobs/Zitzl*, UR 2017, 974 (976).
4 Vgl. BFH, Urt. v. 20.10.2016 – V R 26/15, BStBl. II 2020, 593 = UR 2017, 60 m. Anm. *Sterzinger*.
5 Abschn. 15.2a Abs. 6 Sätze 4 und 5 UStAE.
6 BFH, Urt. v. 2.9.2010 – V R 55/09, BStBl. II 2011 II, 235 = UR 2010, 946.
7 Abschn. 14.5 Abs. 5 Satz 5 UStAE.
8 Abschn. 14.5 Abs. 6 UStAE.

Im Fall der umsatzsteuerlichen **Organschaft** kann die Organgesellschaft nach Ansicht der Verwaltung die ihr oder dem Organträger erteilte USt-IdNr. oder die Steuernummer des Organträgers angeben.[1] Das dürfte jedenfalls bei reinen Inlandsfällen zutreffend sein.[2] 95

Zwar verlangt die Verwaltung die Angabe der Steuernummer oder USt-IdNr. auch, wenn der Leistende **Kleinunternehmer** ist, er ausschließlich über steuerfreie Umsätze abrechnet oder der Leistungsempfänger Steuerschuldner ist.[3] Da in diesen Fällen aber ein (wenn überhaupt bestehender) Vorsteuerabzug bei Fehlern in der Rechnung nicht gefährdet ist, ist ein Verstoß hiergegen (bis auf ein mögliches Bußgeld nach § 26 Abs. 1 Nr. 1 UStG) folgenlos. 96

Auch ein **Vertrag**, der ggf. zusammen mit anderen Unterlagen als Rechnung anzusehen ist, bedarf der Steuernummer oder USt-IdNr. des Leistenden. Das ist besonders bei Mietverträgen, bei denen zur Steuerpflicht optiert wurde, bedeutsam. Erteilt in solchen Fällen das Finanzamt dem leistenden Unternehmer eine neue Steuernummer (z.B. bei Verlagerung des Unternehmenssitzes), ist der Vertragspartner in geeigneter Weise darüber zu informieren. Denn die leichte Nachprüfbarkeit dieser Angabe muss beim Leistungsempfänger gewährleistet sein. 97

Die **Erteilung der Steuernummer** begründet für den Leistenden die Möglichkeit, Verträge mit Unternehmern zu schließen. Denn andernfalls ist dem Leistungsempfänger der Vorsteuerabzug versagt. Aus diesem Grund hat der Unternehmer i.S.d. § 2 UStG einen öffentlich-rechtlichen Anspruch auf Erteilung einer Steuernummer für umsatzsteuerliche Zwecke. Dieser ist zwar weder im Gemeinschaftsrecht noch im inländischen Recht ausdrücklich vorgesehen; das Bestehen eines solchen Anspruchs ergibt sich aber mittelbar aus § 14 Abs. 4 Satz 1 Nr. 2 UStG.[4] Der Anspruch besteht bereits dann, wenn der Antragsteller ernsthaft erklärt, ein selbstständiges gewerbliches oder berufliches Tätigwerden zu beabsichtigen. Lediglich in offensichtlichen Missbrauchsfällen kann die Erteilung der Steuernummer für Umsatzsteuerzwecke abgelehnt werden. Der Missbrauch muss sich dabei auf die Umsatzsteuer beziehen und kann insbesondere in dem offenkundig verfolgten Ziel bestehen, den Vorsteuerabzug für zu privaten Zwecken bezogene Lieferungen oder Leistungen zu Unrecht in Anspruch nehmen zu können.[5] 98

3. Ausstellungsdatum (Absatz 4 Satz 1 Nr. 3)

Nach § 14 Abs. 4 Satz 1 Nr. 3 UStG und Art. 226 Nr. 1 MwStSystRL muss in der Rechnung das Ausstellungsdatum, also das Rechnungsdatum enthalten sein. Der Monat genügt, anders als beim Leistungsdatum (Rz. 109 ff.), nicht.[6] Dies zählt nach Ansicht der Rechtsprechung nicht zu den wesentlichen Rechnungspflichtangaben. Fehlt es oder ist es unzutreffend, so kann es mit Rückwirkung ergänzt/berichtigt werden.[7] 99

4. Fortlaufende Nummer (Absatz 4 Satz 1 Nr. 4)

Nach § 14 Abs. 4 Satz 1 Nr. 4 UStG muss die Rechnung eine fortlaufende Nummer enthalten. Art. 226 Nr. 2 MwStSystRL ergänzt hierbei, dass sie aus einer oder mehreren Zahlenreihen bestehen muss, die zur Identifizierung der Rechnung **einmalig** vergeben werden. Diese Rechnungspflichtangabe ist nach Ansicht der Rechtsprechung **nicht wesentlich**. Fehlt sie oder ist sie unzutreffend, so kann sie mit Rückwirkung ergänzt/berichtigt werden.[8] Damit geht einher, dass ein Fehler bei der fortlaufenden Nummer nach Ansicht der Verwaltung nur dann zum Versagen des Vorsteuerabzugs führt, wenn der Leistungsempfänger den Fehler erkennen konnte.[9] 100

1 Abschn. 14.5 Abs. 7 UStAE.
2 S. aber *Weymüller* in Weymüller[2], § 14 UStG Rz. 329 und 329.1.
3 Abschn. 14.5 Abs. 8 UStAE.
4 BFH, Beschl. v. 26.2.2008 – II B 6/08, UR 2008, 620.
5 BFH, Urt. v. 23.9.2009 – II R 66/07, BStBl. II 2010, 712 = UR 2010, 138; BFH, Beschl. v. 17.7.2019 – V B 28/19, UR 2019, 685.
6 *Korn* in Bunjes[22], § 14 UStG Rz. 145.
7 Vgl. BFH, Urt. v. 20.10.2016 – V R 26/15, BStBl. II 2020, 593 = UR 2017, 60 m. Anm. *Sterzinger.*
8 Vgl. BFH, Urt. v. 20.10.2016 – V R 26/15, BStBl. II 2020, 593 = UR 2017, 60 m. Anm. *Sterzinger.*
9 Abschn. 15.2a Abs. 6 Sätze 4 und 5 UStAE.

101 Bei der **Erstellung** der Rechnungsnummer ist es zulässig, eine oder mehrere Zahlen- oder Buchstabenreihen, z.B. für Zeiträume (Monate, Wochen, Tage), Filialen, Betriebstätten oder Organgesellschaften zu verwenden, sofern gewährleistet ist, dass die jeweilige Rechnung leicht und eindeutig dem jeweiligen Nummernkreis zugeordnet werden kann und die Rechnungsnummer einmalig ist (z.B. durch Vergabe einer bestimmten Klassifizierung für einen Nummernkreis).[1] Auch eine Kombination von Ziffern mit Buchstaben ist möglich. Nach zutreffender Ansicht der FinVerw. bedarf es hierbei keiner lückenlosen Abfolge der ausgestellten Rechnungsnummern.[2] Gerade bei wenigen Umsätzen ist es daher, um dies nicht zu offenbaren, zulässig, nicht mit der laufenden Nummer „1" zu beginnen. Auch ist es zulässig, nur gerade oder nur ungerade Nummern zu verwenden oder im Rahmen eines weltweiten Abrechnungssystems verschiedener, in unterschiedlichen Ländern angesiedelter Konzerngesellschaften nur einen fortlaufenden Nummernkreis zu verwenden.[3]

102 Bei **Verträgen über Dauerleistungen** ist es ausreichend, wenn diese Verträge eine einmalige Nummer enthalten (z.B. Wohnungs- oder Objektnummer, Mieternummer). Die einzelnen Zahlungsbelege müssen keine gesonderte fortlaufende Nummer enthalten.

103 Im Fall der **Gutschrift** ist die fortlaufende Nummer durch den Gutschriftsaussteller zu vergeben.

5. Leistungsbeschreibung (Absatz 4 Satz 1 Nr. 5)

104 Nach § 14 Abs. 4 Satz 1 Nr. 5 UStG muss in einer Rechnung „die Menge und die Art (handelsübliche Bezeichnung) der gelieferten Gegenstände oder der Umfang und die Art der sonstigen Leistung" angegeben werden. Hierbei handelt es sich nach Ansicht des BFH um eine **wesentliche Rechnungspflichtangabe**. Fehlt sie oder ist sie in so hohem Maße unbestimmt, unvollständig oder offensichtlich unzutreffend, dass sie fehlenden Angaben gleichsteht, führt eine Ergänzung bzw. Berichtigung der Rechnung nicht zu einem rückwirkenden Vorsteuerabzug.[4]

105 Nach **§ 31 Abs. 3 UStDV** können für die Leistungsbeschreibung **Abkürzungen, Buchstaben, Zahlen oder Symbole** verwendet werden, wenn ihre Bedeutung in der Rechnung oder in anderen Unterlagen eindeutig festgelegt ist. Die erforderlichen anderen Unterlagen müssen sowohl beim Aussteller als auch beim Empfänger der Rechnung vorhanden sein.

106 Da jede Rechnung nach § 31 Abs. 1 UStDV aus mehreren Dokumenten bestehen kann, gilt gerade auch für die Leistungsbeschreibung, dass **auf andere Geschäftsunterlagen verwiesen** werden kann. Diese müssen der Rechnung dann nicht beigefügt werden.[5] Allerdings muss der Aufwand zur Identifizierung der Leistung dahingehend begrenzt sein, dass die Rechnungsangaben eine eindeutige und leicht nachprüfbare Feststellung der abgerechneten Leistung ermöglichen. Dies setzt bei einer Bezugnahme auf andere Unterlagen voraus, dass diese eindeutig gekennzeichnet sind.[6] Eine umgekehrte Bezugnahme in einem Vertrag auf eine zukünftig noch zu erstellende Rechnung macht den Vertrag noch nicht zur Abrechnung.[7]

107 § 14 Abs. 4 Satz 1 Nr. 5 UStG weicht von der Regelung in Art. 226 Nr. 6 MwStSystRL ab, der die Angabe von „Menge und Art der gelieferten Gegenstände" verlangt, wohingegen nach § 14 Abs. 4 Nr. 6 UStG die **„handelsübliche Bezeichnung"** erforderlich ist. Bei Waren im Niedrigpreissegment führt dies zum Vorrang des Unionsrechts (Rz. 108).

108 In der Praxis sorgt die geforderte Leistungsbeschreibung immer wieder für Unsicherheit. Die Verwaltung akzeptiert hier jede im Geschäftsverkehr für einen Gegenstand allgemein verwendete Bezeichnung, z.B. auch Markenartikelbezeichnungen.[8] Einzelheiten:

---

1 Abschn. 14.5 Abs. 10 Satz 2 und Abschn. 14.5 Abs. 11 UStAE.
2 Abschn. 14.5 Abs. 10 Satz 4 UStAE.
3 **A.A.** *Weymüller* in Weymüller², § 14 UStG Rz. 344 ff.
4 Vgl. BFH, Urt. v. 20.10.2016 – V R 26/15, BStBl. II 2020, 593 = UR 2017, 60 m. Anm. *Sterzinger.*
5 BFH, Urt. v. 16.1.2014 – V R 28/13, BStBl. II 2014, 867 = UR 2014, 526.
6 BFH, Urt. v. 24.9.1987 – V R 50/85, BStBl. II 1988, 688 = UR 1988, 214; BFH, Urt. v. 24.9.1987 – V R 125/86, BStBl. II 1988, 694 = UR 1988, 218; BFH, Urt. v. 10.11.1994 – V R 45/93, BStBl. II 1995, 395 = UR 1995, 346.
7 BFH, Beschl. v. 14.3.2012 – V B 111/10, BFH/NV 2012, 1196.
8 Abschn. 14.5 Abs. 15 Satz 2 UStAE; vgl. auch BFH, Urt. v. 19.4.2007 – V R 48/04, BStBl. II 2009, 315 = UR 2007, 693.

- Die Aufzeichnung einer **Seriennummer** ist nicht notwendig, auch wenn der Austausch – bspw. der IMEI-Nummer – zwischen den Geschäftspartnern allgemein im Handelsverkehr üblich ist. Allerdings meint die Verwaltung, dass die Nichtaufzeichnung einer üblicherweise – u.a. zur Identifizierung der Ware bei Rücklieferung und in Garantiefällen – in der Lieferkette weitergegebenen Seriennummer daran zweifeln lassen kann, dass tatsächlich eine Lieferung i.S.d. § 1 Abs. 1 Nr. 1 UStG an den Rechnungsempfänger ausgeführt wurde. Das könne ein Indiz für eine nicht ausgeführte Lieferung i.S.d. des § 1 Abs. 1 Nr. 1 UStG sein. Sie könne weiterhin Indiz dafür sein, dass der Unternehmer wusste oder wissen konnte oder hätte wissen müssen, dass er mit seinem Erwerb an einem Umsatz beteiligt war, der in einen Umsatzsteuerbetrug einbezogen war.[1]
- Bei **Waren im Niedrigpreissegment** war lange Zeit fraglich, ob die Gegenstände mit ihrer handelsüblichen Bezeichnung angegeben werden müssen oder ob insoweit die Angabe der Warengattung („Hosen", „Blusen", „Pulli", „Handyhülle", „Modeschmuck") ausreicht. Der BFH hatte hier beim Großhandel mit Textilien und Modeaccessoires mit Preisen pro Artikel im unteren und mittleren einstelligen Eurobereich (vereinzelt zwischen 10 und 12 Euro) im Hinblick auf Bezeichnungen wie „Tunika, Hosen, Blusen, Top, Kleider, T-Shirt, Pulli, Bolero" zunächst Aussetzung der Vollziehung gewährt, insbesondere weil nach Art. 226 Nr. 6 MwStSystRL die Angabe von „Menge und Art der gelieferten Gegenstande" ausreichend ist.[2] Er sieht mittlerweile aber den Begriff der „handelsüblichen Bezeichnung", d.h. einer im Geschäftsverkehr für einen Gegenstand allgemein bzw. üblicherweise verwendeten Bezeichnung[3] als eine Vereinfachung im geschäftlichen Verkehr an. Denn im Bereich des Vorsteuerabzugs können die Mitgliedstaaten nach Art. 273 MwStSystRL zwar weitere Verpflichtungen vorsehen, die sie für erforderlich erachten, um eine genaue Erhebung der Mehrwertsteuer sicherzustellen und um Steuerhinterziehung zu vermeiden. Diese Möglichkeit darf aber nicht dazu genutzt werden, zusätzlich zu den namentlich in Art. 226 MwStSystRL genannten Pflichten weitere Pflichten in Bezug auf die Rechnungsstellung festzulegen. Daraus folgt, dass der Klammerzusatz „handelsübliche Bezeichnung" in § 14 Abs. 4 Satz 1 Nr. 5 UStG dahingehend auszulegen ist, dass dies keine zusätzliche – verschärfende – Voraussetzung für den Vorsteuerabzug darstellt. Insofern **genügt jede Bezeichnung der Art der gelieferten Gegenstände den formellen Vorsteuerabzugsvoraussetzungen, die unter die unionsrechtliche Definition „Menge und Art der gelieferten Gegenstände" fällt**.[4] Der Klammerzusatz wirkt damit – wenn überhaupt – nur zu Gunsten des Steuerpflichtigen, wenn dieser sich auf die Regelung beruft. Dann ginge dies dem Unionsrecht vor.[5] Auch die **Verwaltung** hat sich dem angeschlossen.[6] Bei Lieferungen kann hiernach neben der Angabe der Menge die Angabe der Art der gelieferten Gegenstände in Form einer handelsüblichen Bezeichnung erfolgen. Handelsüblich sei hierbei jede im Geschäftsverkehr für die Gegenstände allgemein verwendete Bezeichnung, die den Erfordernissen von Kaufleuten i.S.d. HGB genügt und von Unternehmern in den entsprechenden Geschäftskreisen allgemein (d.h. nicht nur gelegentlich) verwendet wird. Ob eine Bezeichnung handelsüblich ist, sei unter Berücksichtigung von Handelsstufe, Art und Inhalt der Lieferungen und dem Wert der einzelnen Gegenstände im Einzelfall zu bestimmen.[7]
- Die Verwaltung **akzeptierte früher** nach Abschn. 14.5 Abs. 15 Sätze 3 bis 5 UStAE a.F. **handelsübliche Sammelbezeichnungen**, wenn sie die Bestimmung des anzuwendenden Steuersatzes eindeutig ermöglichten, wie z.B. Baubeschläge, Büromöbel, Kurzwaren, Schnittblumen, Spirituosen, Tabakwaren, Waschmittel. Das erschien als zu weitgehend und wurde nunmehr aufgegeben. Nicht

1 BMF, Schr. v. 1.4.2009 – IV B 8-S 7280-a/07/10004, 2009/0207101, BStBl. I 2009, 525.
2 BFH, Beschl. v. 14.3.2019 – V B 3/19, BStBl. II 2021, 948 = UR 2019, 393; BFH, Beschl. v. 16.5.2019 – XI B 13/19, BStBl. II 2021, 950 = UR 2019, 586 und BFH, Beschl. v. 16.5.2019 – XI R 14/19, BFH/NV 2019, 931.
3 FG Münster, Urt. v. 14.3.2019 – 5 K 3770/17 U, EFG 2019, 1137, Rz. 67.
4 BFH, Urt. v. 10.7.2019 – XI R 28/18, BStBl. II 2021, 961 = UR 2020, 306, Rz. 22.
5 BFH, Urt. v. 25.11.2004 – V R 4/04, BStBl. II 2005, 415 = UR 2005, 553, Rz. 37; BFH, Urt. v. 18.8.2005 – V R 42/03, BStBl. II 2006, 44 = UR 2006, 26, Rz. 41; BFH, Urt. v. 24.8.2017 – V R 25/16, BStBl. II 2023, 982 = UR 2017, 961, Rz. 14; BFH, Urt. v. 10.7.2019 – XI R 28/18, BStBl. II 2021, 961 = UR 2020, 306, Rz. 24.
6 BMF, Schr. v. 1.12.2021 – III C 2-S 7280-a/19/10002 :001, DOK 2021/1226715, BStBl. I 2021, 2486 = UR 2022, 78.
7 Vgl. BMF, Schr. v. 1.12.2021 – III C 2-S 7280-a/19/10002 :001, DOK 2021/1226715, BStBl. I 2021 2486 = UR 2022, 78.

ausreichend sind zudem nach wie vor Bezeichnungen allgemeiner Art, die Gruppen verschiedenartiger Gegenstände umfassen, wie z.B. Geschenkartikel.

- **Pauschale (nichtssagende) Beschreibungen** sind nicht ausreichend. Das gilt z.B. für die ohne weitere Erläuterung aufgeführten Beschreibungen „allgemeine wirtschaftliche Beratung" oder „betriebswirtschaftliche Beratung", auch wenn diese berichtigungsfähig sind,[1] oder für die Beschreibungen „juristische Dienstleistung"[2] „für technische Beratung und Kontrolle im Jahr 1996"[3] oder „Beratungsleistung"[4]. Gleiches gilt für Beschreibungen wie „Personalgestellung – Schreibarbeiten" sowie „andere Kosten: […] Büromaterial, Porto, EDV, Fachliteratur" oder „Trockenbauarbeiten", „Fliesenarbeiten", „Außenputzarbeiten" oder „zur Deckung Ihrer erhaltenen Vorauszahlungen".[5] Ebenfalls nicht ausreichend ist z.B. die schlichte Bezeichnung „Bauarbeiten"[6], „Werbungskosten lt. Absprache", „Akquisitions-Aufwand"[7] oder „Reinigungskosten"[8].
- Um die Beschreibung in der Praxis zu kontrollieren bietet sich vielfach die **Kontrollfrage** an, **ob** durch die Bezeichnung der Leistung **ausgeschlossen ist, dass über dieselbe Leistung ein zweites Mal abgerechnet wird.**[9] Wenn sich dann ergibt, dass sich die Leistungsbeschreibung nicht lediglich in einer Tätigkeitsangabe beschränkt, sondern konkrete Angaben zum Ort der Leistungserbringung enthält und damit der FinVerw. ermöglicht, die erbrachten Leistungen zu überprüfen, ist die Leistungsbeschreibung ausreichend. Das ist z.B. bei der Bezeichnung von „Trockenbauarbeiten" der Fall, wenn sie sich auf ein konkret bezeichnetes Bauvorhaben an einem bestimmten Ort bezieht.[10]
- Bei der Ausgabe von **Einzweck-Gutscheinen** wird nach § 3 Abs. 14 UStG fingiert, dass die im Gutschein bezeichnete Leistung bereits mit der Hingabe erbracht wird. Die Übertragung des Gutscheins „gilt […] als die Lieferung des Gegenstands oder die Erbringung der sonstigen Leistung, auf die sich der Gutschein bezieht." Damit stellt sich die Frage, ob auf der Rechnung, die für die Hingabe ausgestellt wird, die Leistung selber zu bezeichnen ist oder die Beschreibung „Hingabe eines Einzweck-Gutscheins" ausreicht. M.E. ist – wenn auch mittels einer kurzen Beschreibung – die Bezeichnung der hinter dem Gutschein stehenden Leistung erforderlich, sofern diese feststeht (z.B. „Gutschein über 10 Cappuccino"). Denn der Einzweck-Gutschein fingiert nur den Zeitpunkt der Leistung als mit der Ausgabe des Gutscheins erfolgt.[11] Andernfalls könnte in vielen Fällen anhand der Rechnung nicht ermittelt werden, ob die Ausgabe des Gutscheins steuerbar ist (es fehlt ein Bezug zum Ort) und welcher Steuersatz gilt.

6. Leistungszeitpunkt (Absatz 4 Satz 1 Nr. 6)

109 In der Rechnung muss nach § 14 Abs. 4 Nr. 6 UStG der Leistungszeitpunkt angegeben werden. Der deutsche Gesetzgeber verlangt „den Zeitpunkt der Lieferung oder sonstigen Leistung; in den Fällen des Absatzes 5 Satz 1 den Zeitpunkt der Vereinnahmung des Entgelts oder eines Teils des Entgelts, sofern der Zeitpunkt der Vereinnahmung feststeht und nicht mit dem Ausstellungsdatum der Rechnung übereinstimmt". Das **entspricht Art. 226 Nr. 7 MwStSystRL**, wonach eine Rechnung „das Datum, an dem die Gegenstände geliefert werden oder die Dienstleistung erbracht bzw. abgeschlossen wird, oder das Datum, an dem die Vorauszahlung im Sinne des Artikels 220 Nummern 4 und 5 geleistet wird, sofern dieses Datum feststeht und nicht mit dem Ausstellungsdatum der Rechnung identisch ist" enthalten muss.

110 Nach **§ 31** Abs. 4 **UStDV** kann als Zeitpunkt der Lieferung oder sonstigen Leistung der **Kalendermonat** angegeben werden, in dem die Leistung ausgeführt wird. Da nach § 31 Abs. 1 UStDV die Rech-

1 BFH, Urt. v. 20.10.2016 – V R 26/15, BStBl. II 2020, 593 = UR 2017, 60 m. Anm. *Sterzinger.*
2 Abschn. 15.2a Abs. 4 Satz 6 UStAE.
3 BFH, Urt. v. 8.10.2008 – V R 59/07, BStBl. II 2009, 218 = UR 2009, 196.
4 BFH, Beschl. v. 16.12.2008 – V B 228/07, juris.
5 BFH, Urt. v. 15.5.2012 – XI R 32/10, BFH/NV 2012, 1836 m.w.N.
6 BFH, Urt. v. 10.11.1994 – V R 45/93, BStBl. II 1995, 395.
7 Abschn. 15.2a Abs. 4 Satz 6 UStAE.
8 BFH, Urt. v. 1.3.2018 – V R 18/17, BStBl. II 2021, 644 = UR 2018, 516.
9 BFH, Beschl. v. 14.10.2002 – V B 9/02, BFH/NV 2003, 213.
10 BFH, Urt. v. 15.10.2019 – V R 29/19 (V R 44/16), BStBl. II 2021, 646 = UR 2020, 238, Rz. 42.
11 So auch *Korn* in Bunjes[22], § 14 UStG Rz. 158; Abschn. 14.5 Abs. 15 Satz 7 UStAE.

nung aus mehreren Dokumenten bestehen kann, kann sich das Leistungsdatum z.B. auch aus einem Lieferschein ergeben, auf den in der Rechnung verwiesen wird. Dann aber muss sich das Leistungsdatum auch zweifelsfrei aus dem Lieferschein ergeben.

Der Leistungszeitpunkt ist nach Ansicht der Rechtsprechung **keine wesentliche Rechnungspflichtangabe.** Fehlt sie oder ist sie unzutreffend, so kann sie mit Rückwirkung ergänzt/berichtigt werden.[1] Das ist unverständlich, da sich nur aus dem Leistungsdatum ergibt, für welchen Voranmeldungszeitraum/welches Jahr Umsatzsteuer geschuldet wird.[2] 111

Allerdings bedeutet auch die Rechtsprechung **nicht**, dass **auf das Leistungsdatum verzichtet werden könnte**. Es kann nur mit Rückwirkung ergänzt werden. Das entspricht auch der schwer verständlichen Entscheidung des BFH v. 1.3.2018.[3] Hier war in einem Fall im Gebrauchtwagenhandel zweifelsfrei, dass das Leistungsdatum dem Rechnungsdatum entsprach, auch wenn die Rechnung kein Leistungsdatum auswies. Beachtet man hier die Rechtsprechung des EuGH in der Rechtssache *Barlis 06*[4], wonach die FinVerw. bei der Prüfung des Vorsteuerabzugs auch die vom Steuerpflichtigen beigebrachten Unterlagen beachten muss, um zu prüfen, ob die für dieses Recht geltenden materiellen Voraussetzungen des Vorsteuerabzugs erfüllt sind, wird klar, dass sich wegen der (nach Ansicht der Rechtsprechung) unwesentlichen Rechnungspflichtangabe „Leistungsdatum" die Rechnungen in diesem speziellen Fall praktisch automatisch (ohne Zutun) mit Rückwirkung berichtigt haben. Oder etwas schwächer formuliert: Der Nachweis der materiellen Voraussetzungen des Vorsteuerabzugs wurde rückwirkend erbracht. Aus diesem Grund kann (wie der BFH es im Leitsatz formuliert hat) „die Angabe des Kalendermonats als Leistungszeitpunkt (§ 14 Abs. 4 Satz 1 Nr. 6 UStG i.V.m. § 31 Abs. 4 UStDV) […] sich unter Beachtung der unionsrechtlichen Vorgaben aus dem Ausstellungsdatum der Rechnung ergeben, wenn nach den Verhältnissen des jeweiligen Einzelfalls davon auszugehen ist, dass die Leistung in dem Monat bewirkt wurde, in dem die Rechnung ausgestellt wurde." Das hat der BFH für Trockenbau- und Gerüstbauarbeiten, für die die geschuldete Vergütung im Zeitpunkt der Abnahme fällig wird (§ 641 BGB) und die Rechnungserteilung im unmittelbaren Zusammenhang mit der Abnahme als branchenüblich anzusehen ist, bestätigt.[5] Auch die Verwaltung folgt im Wesentlichen der hier vertretenen Ansicht. Sie führt zwar aus, dass sich das Leistungsdatum ausnahmsweise aus dem Rechnungsdatum ergeben kann, aber nur, wenn keine Zweifel bestehen, dass die Leistung in dem Monat der Rechnungsstellung ausgeführt wurde. Und solche Zweifel bestünden insbesondere, wenn das Zusammenfallen von Rechnungs- und Leistungsdatum nicht branchenüblich sei, der Rechnungsaussteller eine zeitnahe Abrechnung nicht regelmäßig durchführe oder bei der konkreten Leistung sonstige Zweifel am Zusammenfallen der Daten bestünden.[6] 112

Ein Verweis auf andere Daten der Rechnung ist zulässig, wie die Gleichung **„Leistungsdatum entspricht Rechnungsdatum"**.[7] Damit ist auch der Hinweis möglich, dass das Leistungsdatum dem Lieferscheindatum entspricht. 113

Beim **Zeitpunkt der Lieferungen bzw. sonstigen Leistungen** gilt Folgendes: 114

Handelt es sich um eine **bewegte Lieferung** nach § 3 Abs. 6 UStG gilt die Lieferung nach § 3 Abs. 6 Satz 1 UStG dort als ausgeführt, wo die Beförderung oder Versendung an den Abnehmer oder in dessen Auftrag an einen Dritten beginnt. Damit korrespondiert nach h.M. auch der Zeitpunkt der Lieferung. Dieser ist der Tag des Beginns der Beförderung oder Versendung.[8] 115

Bei **ruhenden Lieferungen** nach § 3 Abs. 7 UStG ist Tag der Lieferung der Tag der Verschaffung der Verfügungsmacht.[9] 116

---

1 Vgl. BFH, Urt. v. 20.10.2016 – V R 26/15, BStBl. II 2020. 593 = UR 2017, 60 m. Anm. *Sterzinger.*

2 Ebenso: *Weymüller* in Weymüller[2], § 14 UStG Rz. 370.

3 BFH, Urt. v. 1.3.2018 – V R 18/17, BStBl. II 2021, 644 = UR 2018, 516.

4 EuGH, Urt. v. 15.9.2016 – C-516/14, ECLI:EU:C:2016:690 – Barlis 06 – Investimentos Imobiliários e Turísticos, UR 2016, 795 m. Anm. *Maunz.*

5 BFH, Urt. v. 15.10.2019 – V R 29/19 (V R 44/16), BStBl. II 2021, 646 = UR 2020, 238, Rz. 45.

6 Abschn. 15.2a Abs. 1a Sätze 8 und 9 UStAE.

7 Abschn. 14.5 Abs. 16 Satz 2 UStAE.

8 Abschn. 14.5 Abs. 16 Satz 5 Nr. 2 UStAE.

9 Abschn. 14.5 Abs. 16 Satz 5 Nr. 3 UStAE.

117 Bei **sonstigen Leistungen** ist der Zeitpunkt der Leistung der Tag ihrer Vollendung, es sei denn die Beteiligten hatten Teilleistungen vereinbart. Bei sonstigen Leistungen, die sich über mehrere Monate oder Jahre erstrecken, reicht die Angabe des gesamten Leistungszeitraums (z.B. „1.1.01 bis 31.12.01") aus.[1]

118 Ist in einem Vertrag – z.B. **Miet- oder Pachtvertrag, Wartungsvertrag oder Pauschalvertrag mit einem Steuerberater** – der Zeitraum, über den sich die jeweilige Leistung oder Teilleistung erstreckt, nicht angegeben, reicht es nach Ansicht der Verwaltung aus Vereinfachungsgründen aus, wenn sich dieser Zeitraum aus den einzelnen Zahlungsbelegen, z.B. aus den Überweisungsaufträgen oder den Kontoauszügen, ergibt. Soweit periodisch wiederkehrende Zahlungen im Rahmen eines Dauerschuldverhältnisses in der Höhe und zum Zeitpunkt der vertraglichen Fälligkeiten erfolgen und keine ausdrückliche Zahlungsbestimmung vorliegt, ergibt sich der Zeitpunkt der Leistung aus Vereinfachungsgründen durch die Zuordnung der Zahlung zu der Periode, in der sie geleistet wird. Dabei wird auch nicht beanstandet, wenn der Zahlungsbeleg vom Leistungsempfänger ausgestellt wird.[2]

119 Bei **Anzahlungen/Vorauszahlungen** kann das Leistungsdatum nicht angegeben werden. Es ist nach § 14 Abs. 4 Nr. 6 UStG deshalb der Tag des Zeitpunkts der Vereinnahmung des Entgelts oder des Teilentgelts anzugeben, aber auch nur dann, wenn der Zeitpunkt der Vereinnahmung bei der Rechnungsstellung feststeht und nicht mit dem Ausstellungsdatum der Rechnung übereinstimmt.[3]

7. Entgelt (Absatz 4 Satz 1 Nr. 7)

120 Nach § 14 Abs. 4 Satz 1 Nr. 7 UStG muss auf der Rechnung das nach Steuersätzen und einzelnen Steuerbefreiungen aufgeschlüsselte Entgelt für die Lieferung oder sonstige Leistung angegeben werden sowie jede im Voraus vereinbarte Minderung des Entgelts, sofern sie nicht bereits im Entgelt berücksichtigt ist. Das **entspricht Art. 226 Nr. 8 MwStSystRL**, wonach in der Rechnung anzugeben sind „die Steuerbemessungsgrundlage für die einzelnen Steuersätze beziehungsweise die Befreiung, der Preis je Einheit ohne Mehrwertsteuer sowie jede Preisminderung oder Rückerstattung, sofern sie nicht im Preis je Einheit enthalten sind". Eine Zusammenfassung einzelner Leistungen ist damit zulässig, sofern die Leistungen einem einheitlichen Steuersatz unterliegen oder für sie Steuerbefreiungen greifen.

121 Die Angabe des Entgelts zählt nach Ansicht des BFH zu den **wesentlichen Rechnungspflichtangaben**. Fehlt sie, führt auch eine Ergänzung in der Rechnung nicht zu einem rückwirkenden Vorsteuerabzug.[4]

122 **Entgelt** ist nach § 10 Abs. 1 Satz 2 UStG alles, was den Wert der Gegenleistung bildet, die der leistende Unternehmer vom Leistungsempfänger oder von einem anderen als dem Leistungsempfänger für die Leistung erhält oder erhalten soll, einschließlich der unmittelbar mit dem Preis dieser Umsätze zusammenhängenden Subventionen, jedoch abzüglich der für diese Leistung gesetzlich geschuldeten Umsatzsteuer. Das bedeutet kurzgefasst, dass Entgelt alles ist, was der Leistende für die Leistung erhält, jedoch abzüglich der Umsatzsteuer. Damit werden auch Zahlungen Dritter einbezogen: Erhält ein Unternehmer für seine Leistung von einem anderen als dem Leistungsempfänger ein zusätzliches Entgelt i.S.d. § 10 Abs. 1 Satz 3 UStG (Entgelt von dritter Seite), entspricht die Rechnung den Anforderungen des § 14 Abs. 4 Satz 1 Nr. 7 und 8 UStG, wenn in ihr das Gesamtentgelt – einschließlich der Zuzahlung – und der darauf entfallende Steuerbetrag angegeben sind. Gibt der Unternehmer in der Rechnung den vollen Steuerbetrag, nicht aber das Entgelt von dritter Seite an, ist die Rechnung nach Ansicht der FinVerw. für Zwecke des Vorsteuerabzugs durch den Leistungsempfänger ausreichend, wenn der angegebene Steuerbetrag die für den Umsatz geschuldete Steuer nicht übersteigt.[5]

123 Im Zweifel ist das Entgelt (auch bei B2B-Umsätzen) aus dem vereinbarten Preis herauszurechnen;[6] Nettopreisvereinbarungen sind jedoch möglich (§ 10 Rz. 24 ff.).[7]

1 Abschn. 14.5 Abs. 16 Satz 5 Nr. 4 UStAE.
2 BFH, Beschl. v. 3.2.2016 – V B 35/15, BFH/NV 2016, 794; BFH, Beschl. v. 10.1.2013 – XI B 33/12, UR 2013, 588; Abschn. 14.5 Abs. 17 UStAE.
3 Abschn. 14.5 Abs. 16 Satz 5 Nr. 5 UStAE.
4 Vgl. BFH, Urt. v. 20.10.2016 – V R 26/15, BStBl. II 2020, 593 = UR 2017, 60 m. Anm. *Sterzinger.*
5 Abschn. 14.10 Abs. 1 UStAE.
6 BGH, Urt. v. 11.5.2001 – V ZR 492/99, UR 2001, 538.
7 BGH, Urt. v. 28.2.2002 – I ZR 318/99, NJW 2002, 2312; BGH, Urt. v. 2.12.2010 – V ZB 52/10, HFR 2011, 698.

Im Voraus vereinbarte Minderungen des Entgelts sind anzugeben, sofern sie nicht schon im angegebenen Entgelt berücksichtigt sind. Das korrespondiert mit Art. 79 MwStSystRL. Hiernach gehören nicht zur Bemessungsgrundlage Preisnachlässe durch **Skonto** für Vorauszahlungen und **Rabatte** und **Rückvergütungen** auf den Preis, die dem Erwerber oder Dienstleistungsempfänger eingeräumt werden und die er zu dem Zeitpunkt erhält, zu dem der Umsatz bewirkt wird. Das bedeutet im Fall der Vereinbarung von Boni, Skonti und Rabatten, bei denen im Zeitpunkt der Rechnungserstellung die Höhe der Entgeltminderung nicht feststeht, dass in der Rechnung auf die entsprechende Vereinbarung hinzuweisen ist (§ 31 Abs. 1 UStDV). Die Verwaltung gewährt hier Erleichterungen. So genügt es bei Rabatt- und Bonusvereinbarungen, wenn auf die entsprechende Konditionsvereinbarung hingewiesen wird, wobei ausreichend ist, wenn die Dokumente über die Entgeltminderungsvereinbarung in Schriftform vorhanden sind und auf Nachfrage ohne Zeitverzögerung bezogen auf die jeweilige Rechnung vorgelegt werden können. Bei Skontovereinbarungen genügt eine Angabe wie z.B. „2% Skonto bei Zahlung bis" den Anforderungen des § 14 Abs. 4 Satz 1 Nr. 7 UStG. Das Skonto muss nicht betragsmäßig (weder mit dem Bruttobetrag noch mit dem Nettobetrag zzgl. USt) ausgewiesen werden. Wichtig: Ein Belegaustausch ist bei tatsächlicher Inanspruchnahme der im Voraus vereinbarten Entgeltminderung nicht erforderlich.[1] 124

8. Steuersatz, Steuerbetrag bzw. Hinweis auf Steuerbefreiung (Absatz 4 Satz 1 Nr. 8)

Nach § 14 Abs. 4 Satz 1 Nr. 8 UStG sind auf der Rechnung der Steuersatz sowie der auf das Entgelt entfallende Steuerbetrag anzugeben. Gemeint sind hierbei der richtige Steuersatz sowie der richtige Steuerbetrag. 125

§ 14 Abs. 4 Satz 1 Nr. 8 UStG findet damit auch Anwendung beim **Nullsteuersatz nach § 12 Abs. 3 UStG.** Deshalb ist in einer Rechnung über eine Lieferung oder Montage einer Photovoltaikanlage der Steuerbetrag von 0 Euro auszuweisen (§ 12 Abs. 3 Rz. 2).

Die Rechtsprechung zählt die gesondert ausgewiesene Umsatzsteuer, also den **Steuerbetrag**, zu den **wesentlichen Rechnungspflichtangaben**. Fehlt er, führt auch eine Ergänzung in der Rechnung nicht zu einem rückwirkenden Vorsteuerabzug.[2]

Die **Verwaltung** vertritt hier ebenfalls eine strenge Auslegung: Folgende Fälle, bei denen in einem Dokument fälschlicherweise kein Steuerbetrag ausgewiesen wurde, sollen nicht mit Rückwirkung berichtigungsfähig sein: 125.1

- fälschliche Annahme einer **Geschäftsveräußerung im Ganzen**,
- fälschliche Annahme einer **Steuerbefreiung**[3] und
- fälschliche Annahme einer **Organschaft** i.S.d. § 2 Abs. 2 Nr. 2 UStG, bei der über die vermeintlichen Innenumsätze Belege ohne Steuerausweis ausgetauscht worden sind.[4]

Der erstmalige Steuerausweis in einer berichtigten Rechnung sei insoweit mit dem erstmaligen Erstellen einer Rechnung gleichzusetzen und entfalte daher keine Rückwirkung. 125.2

Auch ein in der Rechnung zu niedrig ausgewiesener **Steuerbetrag** soll nicht mit Rückwirkung berichtigungsfähig sein.[5]

Aus Sicht der Verwaltung überraschend soll jedoch eine in einer Rechnung **fälschlich angenommene Steuerschuldumkehr nach § 13b Abs. 2 UStG** mit Rückwirkung berichtigungsfähig sein.[6] Dem ist zuzustimmen. Jedoch muss das konsequenterweise auch für eine fälschlich angenommene Steuer- 125.3

1 Abschn. 14.5 Abs. 19 UStAE.
2 Vgl. BFH, Urt. v. 20.10.2016 – V R 26/15, BStBl. II 2020, 593 = UR 2017, 60 m. Anm. *Sterzinger*.
3 BMF, Schr. v. 18.9.2020 – III C 2-S 7286-a/19/10001 :001 – DOK 2020/0920350, BStBl. I 2020, 976 = UR 2020, 814, Rz. 25.
4 BMF, Schr. v. 18.9.2020 – III C 2-S 7286-a/19/10001 :001 – DOK 2020/0920350, BStBl. I 2020, 976 = UR 2020, 814, Rz. 26.
5 BMF, Schr. v. 18.9.2020 – III C 2-S 7286-a/19/10001 :001 – DOK 2020/0920350, BStBl. I 2020, 976 = UR 2020, 814, Rz. 27.
6 BMF, Schr. v. 18.9.2020 – III C 2-S 7286-a/19/10001 :001 – DOK 2020/0920350, BStBl. I 2020, 976 = UR 2020, 814, Rz. 23.

schuldumkehr nach § 13b Abs. 1 i.V.m. Abs. 5 UStG gelten, was der BFH jedoch mangels Steuerausweises in der Rechnung – m.E. zu Unrecht – ablehnt.[1]

125.4 Ein besonderes Problem stellt die **Stornierung einer Rechnung** dar. In der Praxis werden in großem Umfang fehlerhafte Rechnungen storniert und sodann neue Rechnungen ausgestellt. Vorteil dieser Praxis soll sein, dass die Vorsteuer erst mit Erhalt der neuen (fehlerfreien) Rechnung gebucht wird und nicht alte Voranmeldungen berichtigt werden müssen. Dieses Verfahren wäre dann zulässig, wenn – wie in der Vorauflage vertreten – eine Stornierung keine rückwirkende Rechnungsberichtigung darstellt, sondern die Rechnung mit Rückwirkung beseitigt. Ob diese Sichtweise zutreffend ist, erscheint aber nunmehr fraglich:

125.5 Der BFH hat entschieden, dass eine Berichtigung dadurch erfolgen könne, dass der Rechnungsaussteller die ursprüngliche Rechnung storniert und eine Neuausstellung der Rechnung vornimmt. Aus dem Berichtigungsdokument müsse sich zumindest ein konkreter und eindeutiger Bezug zu der berichtigten Rechnung ergeben. Ein solcher Zusammenhang bestehe auch, wenn das Begleitdokument mit einer anliegenden neuen Rechnung als Berichtigungsdokument angesehen werden könne.[2] Die FinVerw. hat diese Aussagen des BFH ohne nähere Erläuterung übernommen und führt nur aus, dass eine Berichtigung der Rechnung dadurch erfolgen „könne", dass der Rechnungsaussteller die ursprüngliche Rechnung storniert und eine Neuausstellung der Rechnung vornimmt um später zu ergänzen, dass der Stornierung einer Rechnung und ihre Neuerteilung Rückwirkung entfalten „kann". Ansonsten könne das Recht auf Vorsteuerabzug erst für den Besteuerungszeitraum der Neuerteilung ausgeübt werden. Der Unternehmer sei dann nachweispflichtig dafür, dass aus der ursprünglichen Rechnung kein Vorsteuerabzug geltend bzw. ein solcher aufgrund des Stornos rückgängig gemacht worden ist. Die FinVerw. hat dies ohne nähere Erläuterung übernommen.[3]

125.6 Durch die Formulierung im Verwaltungserlass wird dem Steuerpflichtigen m.E. ein **Wahlrecht** eingeräumt, den Zeitpunkt des Vorsteuerabzugs bei mit Rückwirkung berichtigungsfähigen Rechnungsfehlern zu bestimmen:

- Storniert er die Rechnung und stellt sie neu aus, ohne dass ein Bezug zur ursprünglichen Rechnung vorgenommen wird, kann der Leistungsempfänger die Vorsteuer erst mit Erhalt der neuen Rechnung geltend machen.
- Berichtigt er die ursprüngliche Rechnung, ohne diese zu stornieren, kann der Leistungsempfänger den Vorsteuerabzug rückwirkend in Anspruch nehmen. Dasselbe gilt, wenn er die Rechnung storniert und eine neue ausstellt, in der sich ein eindeutiger Bezug auf die zu berichtigende Rechnung befindet.

125.7 Das durch die FinVerw. eingeräumte Wahlrecht ist auch notwendig, denn anderenfalls würden sich bei jedem Rechnungsstorno (aufgrund Nichtakzeptanz und Rücksendung durch den Rechnungsempfänger) Unsicherheiten im Hinblick auf den Zeitpunkt des Vorsteuerabzugs ergeben und die Rechnungsempfänger wären ohne Akzeptanz der Rechnung und Geltendmachung des Vorsteuerabzugs gezwungen, gleichwohl den Erhalt der fehlerhaften Rechnung zu dokumentieren.

125.8 Ob die hier vertretene Auslegung allerdings dem Unionsrecht entspricht, war (und bleibt) **offen**. Der EuGH musste sich in seiner Entscheidung vom 21.10.2021[4] zwar mit Stornorechnungen beschäftigen, hat dies aber nur für den Spezialfall des Vorsteuervergütungsverfahren getan. Hier kann die Ausschlussfrist nach Art. 15 Abs. 1 der Richtlinie 2008/9 (30. September des auf den Erstattungszeitraum folgenden Kalenderjahres) nicht durch eine Stornierung und Neuausstellung ausgehebelt werden.

126 Im Übrigen hat ein falscher Steuersatz oder ein falscher Steuerbetrag eine **Versagung des Vorsteuerabzugs** zur Folge. Das hat der EuGH (in der Rechtssache *Biosafe*)[5] bestätigt. Dort ging es um eine Frist

1 BFH, Urt. v. 7.7.2022 – V R 33/20, BStBl. II 2022, 821 = UR 2022, 895.
2 BFH, Urt. v. 22.1.2020 – XI R 10/17, BStBl. II 2020, 601 = UR 2020, 513.
3 BMF, Schr. v. 18.9.2020 – III C 2-S 7286-a/19/10001 :001 – DOK 2020/0920350, BStBl. I 2020, 976 = UR 2020, 814, Rz. 14 und 30.
4 EuGH, Urt. v. 21.10.2021 – C-80/20, ECLI:EU:C:2021:870 – Wilo Salmson, UR 2021, 876.
5 EuGH, Urt. v. 12.4.2018 – C-8/17, ECLI:EU:C:2018:249 – Biosafe Indústria Recicglagens, UR 2018, 399 m. Anm. *Heinrichshofen*.

für die Ausübung des Vorsteuerabzugs. Der EuGH hat hier geurteilt, dass bei einem zu niedrigen Steuerausweis in der Rechnung (5 % statt 21 %) die Frist nicht zu laufen begann.

Im Fall eines **zu hohen Steuerausweises** in einer Rechnung nach § 14c Abs. 1 UStG gestattet die Verwaltung jedoch einen Vorsteuerabzug in Höhe der für die bezogene Leistung geschuldeten Steuer.[1] 127

Und im Fall eines **zu niedrigen Steuerausweises** soll ebenfalls ein Vorsteuerabzug (in Höhe des ausgewiesenen Steuerbetrages) möglich sein.[2] 128

Wird in einer Rechnung über Lieferungen oder sonstige Leistungen, die verschiedenen Steuersätzen unterliegen, der Steuerbetrag durch Maschinen automatisch ermittelt und durch diese in der Rechnung angegeben, ist der **Ausweis des Steuerbetrags** nach § 32 UStDV **in einer Summe** zulässig, wenn für die einzelnen Posten der Rechnung der Steuersatz angegeben wird. Gleiches gilt für Umsätze, die nicht steuerbar oder steuerfrei sind. Soweit Kosten für Nebenleistungen, z.B. für Beförderung, Verpackung, Versicherung, besonders berechnet werden, sind sie den unterschiedlich besteuerten Hauptleistungen entsprechend zuzuordnen. Die Aufteilung ist nach geeigneten Merkmalen, z.B. nach dem Verhältnis der Werte oder Gewichte, vorzunehmen.[3] 129

Bei dem **Hinweis auf eine Steuerbefreiung** ist es nicht erforderlich, dass der Unternehmer die entsprechende Vorschrift des UStG oder der MwStSystRL nennt. Allerdings muss dann ein Hinweis auf den Grund der Steuerbefreiung enthalten sein, wenn auch in umgangssprachlicher Form (z.B. „Ausfuhr", „innergemeinschaftliche Lieferung"). Dies ist besonders für den Belegnachweis nach **§ 17b UStDV** von Bedeutung. Da hier in Absatz 2 Nr. 1 das (ordnungsgemäße) Doppel der Rechnung als Voraussetzung für den Nachweis des Grenzübertritts genannt ist, hat der BFH den Nachweis des Grenzübertritts verneint, wenn als Hinweis in der Rechnung die Formulierung **„vat@zero for export"** gewählt wurde.[4] Denn einer solchen Formulierung lasse sich nicht mit hinreichender Deutlichkeit entnehmen, dass es sich um eine innergemeinschaftliche Lieferung – und nicht etwa um eine Lieferung in ein Drittland – handelt. Das Rechnungsdoppel i.S.d. § 17b UStG diene aber dem Nachweis der Voraussetzungen des § 6a Abs. 1 UStG, weil sich aus ihm ergeben soll, dass es sich bei der Lieferung um eine innergemeinschaftliche Lieferung handelt, die zusammen mit dem innergemeinschaftlichen Erwerb zu einem innergemeinschaftlichen Umsatz gehört. Beides bezwecke, die „Steuereinnahmen auf den Mitgliedstaat zu verlagern, in dem der Endverbrauch der gelieferten Gegenstände erfolgt". Diese Rechtsprechung ist abzulehnen.[5] Sie unterstellt, dass der Abnehmer erst durch den Hinweis in der Rechnung daran erinnert werden muss, dass er im Bestimmungsland einen innergemeinschaftlichen Erwerb zu versteuern hat. Das ist realitätsfremd, zumal die ordnungsgemäße Rechnung keine Voraussetzung für den Vorsteuerabzug beim innergemeinschaftlichen Erwerb ist. Wenn sie dann aber bei Vorliegen der übrigen Voraussetzungen der Steuerbefreiung den Nachweis des Grenzübertritts verhindern würde, stünde dies in einem nicht zu rechtfertigenden Missverhältnis zum Vorsteuerabzug. 130

In Rechnungen für Umsätze, auf die die **Durchschnittssätze** des § 24 Abs. 1 UStG anzuwenden sind, ist außer dem Steuerbetrag der für den Umsatz maßgebliche Durchschnittssatz anzugeben (§ 24 Abs. 1 Satz 5 UStG). 131

9. Hinweis auf Aufbewahrungspflicht bei Grundstücksleistungen (Absatz 4 Satz 1 Nr. 9)

Nach § 14 Abs. 2 Satz 1 Nr. 1 UStG ist der Unternehmer bei Ausführung einer steuerpflichtigen Werklieferung oder sonstigen Leistung im Zusammenhang mit einem Grundstück auch bei B2C-Umsätzen verpflichtet, innerhalb von sechs Monaten nach Ausführung der Leistung eine Rechnung auszustellen. Die Regelung soll Steuerhinterziehung bekämpfen, die bei Leistungen im Zusammenhang mit einem Grundstück durch „Ohne-Rechnung-Geschäfte" an Privatpersonen stattfindet.[6] Der private Leistungs- 132

1 Abschn. 15.2a Abs. 6 Satz 12 UStAE.
2 Abschn. 14c.1 Abs. 9, Beispiel, Satz 2 UStAE.
3 Abschn. 14.5 Abs. 21 UStAE.
4 BFH, Urt. v. 14.11.2012 – XI R 8/11, BFH/NV 2013, 596.
5 Ebenso *Weymüller* in Weymüller[2], § 14 UStG Rz. 412.1.
6 BT-Drucks. 15/2573, 33 f.

empfänger hat die Rechnung gemäß § 14b Abs. 1 Satz 5 UStG zwei Jahre aufzubewahren. Auf diese Aufbewahrungsfrist ist nach § 14 Abs. 4 Satz 1 Nr. 9 UStG **hinzuweisen.**

133 Ob diese zusätzliche Rechnungspflichtangabe **mit Unionsrecht vereinbar ist, erscheint zweifelhaft.**[1] Art. 226 MwStSystRL sieht eine solche Angabe nicht vor. Zwar gestattet Art. 273 Abs. 1 MwStSystRL es den Mitgliedstaaten, für Steuerpflichtige besondere Pflichten vorzusehen, um Steuerhinterziehung zu vermeiden. Diese Pflichten dürfen aber nach Art. 273 Abs. 1 MwStSystRL nicht dazu genutzt werden, weitere Pflichten in Bezug auf die Rechnungsstellung festzulegen.

134 Als **Hinweis** ist ausreichend, wenn in der Rechnung z.B. ein allgemeiner Hinweis enthalten ist, dass ein nichtunternehmerischer Leistungsempfänger diese Rechnung zwei Jahre aufzubewahren hat.

135 **Keines Hinweises bedarf es, wenn** es sich bei der steuerpflichtigen Werklieferung oder sonstigen Leistung um eine Bauleistung i.S.d. § 13b Abs. 2 Nr. 4 UStG an einen anderen Unternehmer handelt, für die dieser im Rahmen der **Steuerschuldumkehr** nach § 13b Abs. 5 Satz 2 UStG die Umsatzsteuer schuldet.

136 Ebenfalls ist kein Hinweis erforderlich, wenn die Rechnung eine **Kleinbetragsrechnung** i.S.d. § 33 UStDV darstellt. Der Gesetzgeber hätte hierfür § 33 UStDV ändern müssen, was auch die Verwaltung anerkennt.[2]

137 Da es sich in Fällen des § 14 Abs. 4 Satz 1 Nr. 9 UStG um B2C-Umsätze handelt, hat ein fehlender Hinweis **keinen Einfluss auf einen Vorsteuerabzug** beim Leistungsempfänger.

10. Hinweis auf Gutschrift (Absatz 4 Satz 1 Nr. 10)

138 Vereinbaren die am Leistungsaustausch Beteiligten, dass der Leistungsempfänger über die bezeichnete Leistung mittels einer Gutschrift nach § 14 Abs. 2 Satz 2 UStG über die Leistung abrechnet, muss nach § 14 Abs. 4 Satz 1 Nr. 10 UStG in der Rechnung die Angabe „Gutschrift" enthalten sein. Dies **entspricht Art. 226 Nr. 10a MwStSystRL.**

139 Die Regelung ist in Deutschland zum 30.6.2013 in Kraft getreten.[3] Sie hat in der Praxis zu Unsicherheiten dahingehend geführt, ob fortan die in handelsrechtlichen Gutschriften verwendete Bezeichnung des Wortes „Gutschrift" zu einer Steuer nach § 14c UStG führen könnte. Diese Sorge hat die Verwaltung zerstreut und zutreffend ausgeführt, dass eine **kaufmännische Gutschrift**, mit der lediglich eine zuvor ergangene Rechnung korrigiert wird, keine Rechnung i.S.d. § 14 UStG darstellt.[4] Gleiches gilt für Storno- oder Rabattrechnungen (z.B. für Jahresboni). Solche handelsrechtlichen Gutschriften lösen keinen § 14c UStG aus.[5]

140 Neben dem Wort „Gutschrift" kommen nach Ansicht der Verwaltung alle Formulierungen in Betracht, die in anderen Amtssprachen für den Begriff „Gutschrift" in Art. 226 Nr. 10a MwStSystRL in der jeweiligen Sprachfassung verwendet werden (z.B. **„Self-billing"**).[6] Gleichwohl sei der Vorsteuerabzug des Leistungsempfängers nicht allein wegen begrifflicher Unschärfen zu versagen, wenn die gewählte Bezeichnung hinreichend eindeutig ist (z.B. Eigenfaktura), die Gutschrift im Übrigen ordnungsgemäß erteilt wurde und keine Zweifel an ihrer inhaltlichen Richtigkeit bestehen.[7]

141 Wird in einem Dokument sowohl über empfangene Leistungen (Gutschrift) als auch über ausgeführte Leistungen (Rechnung) zusammen abgerechnet, muss das Dokument die Rechnungsangabe „Gutschrift" so enthalten, dass zweifelsfrei ist, über welche Leistung als Leistungsempfänger bzw. leistender Unternehmer abgerechnet wird.

---

1 Ebenso *Weymüller* in Weymüller[2], § 14 UStG Rz. 421.
2 Abschn. 14.5 Abs. 23 Satz 3 UStDV.
3 Amtshilferichtlinie-Umsetzungsgesetz (AmtshilfeRLUmsG) v. 26.6.2013, BGBl. I 2013, 1809.
4 Abschn. 14.3 Abs. 1 Satz 6 und Abschn. 14.3 Abs. 2 Satz 5 UStAE.
5 Abschn. 14c.1 Abs. 3 Satz 3 UStAE.
6 Vgl. Teil II des BMF, Schr. v. 25.10.2013 – IV D 2-S 7280/12/10002, 2013/0956687, BStBl. I 2013, 1305.
7 Abschn. 14.5 Abs. 24 UStAE.

11. Rechnungsberichtigung ist kein rückwirkendes Ereignis (Absatz 4 Satz 4)

Nach § 14 Abs. 4 Satz 4 UStG stellt die Berichtigung einer Rechnung um fehlende oder unzutreffende Angaben kein rückwirkendes Ereignis i.S.v. § 175 Abs. 1 Satz 1 Nr. 2 und § 233a Abs. 2a AO dar. Diese mit Wirkung zum 29.12.2020 bestehende Beschränkung der Änderungsmöglichkeit begegnet Bedenken. Hintergrund sind die in Bezug genommenen Regelungen in der AO: 141.1

Nach **§ 175 Abs. 1 Satz 1 Nr. 2 AO** ist ein Steuerbescheid zu ändern, soweit ein Ereignis eintritt, das steuerliche Wirkung für die Vergangenheit hat (rückwirkendes Ereignis). Die Festsetzungsfrist beginnt in diesem Fall mit Ablauf des Kalenderjahres, in dem das Ereignis eintritt (§ 175 Abs. 1 Satz 2 AO). Die Korrekturvorschrift ist damit mit einer besonderen verjährungsrechtlichen Regelung verbunden, die dem materiellen Recht den Vorrang einräumt; eine mögliche Festsetzungsverjährung stünde der Änderung nicht entgegen. Würde diese Vorschrift eingreifen, könnte eine Rechnungsberichtigung ohne zeitliche Beschränkung erfolgen. 141.2

Ob die Rechnungsberichtigung ein rückwirkendes Ereignis darstellt, war lange Zeit umstritten:[1] 141.3

- Dagegen könnte eingewandt werden, dass der EuGH die Rechnung bloß als formelle und nicht als materielle Voraussetzung einstuft, das Ereignis nach § 175 Abs. 1 Satz 1 Nr. 2 AO aber auf das materielle Recht in der Vergangenheit wirken muss.[2] Außerdem ist es Sache der Mitgliedstaaten, ihr Verfahrensrecht autonom festzulegen.[3]
- Auf der anderen Seite hat der EuGH in der Entscheidung *Senatex*[4] ausgeführt, dass der Ausschluss des Vorsteuerabzugs als Sanktion für den Erhalt fehlerhafter Rechnungen gegen die MwStSystRL verstößt, weil hierfür andere Sanktionen möglich sind (wie etwa die Auferlegung einer Geldbuße), die in angemessenem Verhältnis zur Schwere des Verstoßes stehen.

  Auch der BFH scheint die verfahrensrechtliche Problematik hinter die Vorsteuerberechtigung zu stellen.[5]

Letztere Überlegung deckt sich mit dem Problem hinter der Regelung § 233a Abs. 7 Satz 2 Halbs. 2. i.V.m. Abs. 2a AO. Hiernach bleiben die Zinsen auf den ursprünglich mit der fehlerhaften Rechnung geltend gemachten Vorsteuerabzug im Fall eines rückwirkenden Ereignisses endgültig bestehen. Der EuGH hält aber in der Rechtssache *Senatex*[6] die deutsche Zinsregelung in § 233a AO für einen Verstoß gegen das dem Verhältnismäßigkeitsprinzip innewohnende Übermaßverbot, da sie mit ihrer verschuldensunabhängigen Anwendung weit über das zur Erreichung des Zieles einer ordnungsgemäßen Steuererhebung und der Verhinderung von Steuerhinterziehung hinausgeht. Die effektive Umsetzung des Unionsrechts steht daher der Anwendung des § 233a Abs. 7 Satz 2 Halbs. 2. i.V.m. Abs. 2a AO entgegen. Ein unionsrechtskonformes Ergebnis lässt sich daher nur erreichen, wenn § 233a Abs. 7 i.V.m. Abs. 2a AO so ausgelegt wird, dass er im Fall der rückwirkenden Korrektur einer Rechnung keine Anwendung findet.[7] Auch aus diesem Grund wird seit langem gefordert, die Umsatzsteuer aus dem Anwendungsbereich des § 233a AO herausnehmen.[8] 141.4

Die Regelung verstößt m.E. gegen Unionsrecht. Der BFH[9] geht davon aus, dass der Steuerpflichtige das Vorsteuerabzugsrecht mit einer fehlerhaften Rechnung nicht ausüben kann. Erst die Korrektur der fehlerhaften Rechnung heilt diesen Mangel rückwirkend und macht die Aberkennung des Vorsteuerabzuges nachträglich rechtswidrig. Die **Berichtigung entfaltet** damit trotz der Einordnung der Rechnung als formelle Voraussetzung danach **letztlich materielle Wirkung.** 141.5

1 Vgl. *Langer/Zugmaier*, DStR 2016, 2249 (2253).
2 BFH, Urt. v. 19.7.1993 – GrS 2/92, BStBl. II 1993, 897.
3 BFH, Urt. v. 22.7.2015 – V R 23/14, BStBl. II 2015, 914 = UR 2015, 796; BFH, Vorlagebeschl. v. 6.4.2016 – XI R 20/14, BFHE 254, 152 = UR 2016, 604.
4 EuGH, Urt. v. 15.9.2016 – C-518/14, ECLI:EU:C:2016:691 – Senatex, UR 2016, 800 m. Anm. *Maunz*.
5 Vgl. BFH, Urt. v 20.10.2016 – V R 26/15, BStBl. II 2020, 593 = UR 2017, 60 m. Anm. *Sterzinger*, Rz. 26.
6 EuGH, Urt. v. 15.9.2016 – C-518/14, ECLI:EU:C:2016:691 – Senatex, UR 2016, 800 m. Anm. *Maunz*.
7 Vgl. auch *Jacobs/Zitzl*, UR 2017, 125 (126).
8 Vgl. *Widmann*, UR 2017, 18 (21).
9 BFH, Urt. v. 15.10.2019 – V R 14/18, BStBl. II 2020, 596 = UR 2020, 234; HFR 2020, 399.

141.6 Eine andere Auslegung verstößt auch gegen die Rechtsprechung des EuGH in den Rechtssachen *Biosafe* und *Volkswagen*.[1] Der EuGH hat entschieden, dass es in Fällen, in denen der Leistungsempfänger eine ordnungsgemäße Rechnung erst später erhält und ihn kein Verschulden an einem verspäteten Vorsteuerabzug trifft, unionsrechtlich nötig sein kann, eine bereits abgelaufene Festsetzungsfrist zu durchbrechen. In den beiden Fällen des EuGH war dies jeweils eine 5 jährige Ausschlussfrist. Vor diesem Hintergrund erscheint es fraglich, ob die Regelung, die keine Ausnahmen vorsieht, den unionsrechtlichen Vorgaben entspricht.[2]

141.7 Folgt man dem nationalen Gesetzgeber, müsste der Leistungsempfänger versuchen, den Vorsteuerabzug über eine Billigkeitsentscheidung nach § 163 AO zu erhalten. Das schränkt die Rechte des Steuerpflichtigen m.E. aber in unzulässiger Weise ein.[3]

III. Mindestbemessungsgrundlage (Absatz 4 Sätze 2 und 3)

142 In einer Rechnung sind nach § 14 Abs. 4 Satz 1 Nr. 7 und 8 UStG das **Entgelt (und der darauf entfallende Umsatzsteuerbetrag)** anzugeben. Das gilt in den Fällen der Mindestbemessungsgrundlage nach § 10 Abs. 5 UStG jedoch **nicht**, denn dann könnte der Leistungsempfänger nur aus dem verbilligten (im Fremdvergleich zu niedrigen) Entgelt die Vorsteuer ziehen, obwohl der Leistende die Umsatzsteuer aus der erhöhten Bemessungsgrundlage abführen müsste. Es käme in der Unternehmerkette zu einer systemwidrigen definitiven Belastung mit Umsatzsteuer.

143 **Beispiel:**
Eine Gesellschaft (G) liefert an ihren unternehmerisch tätigen Gesellschafter (U) eine gebrauchte Maschine, deren Wiederbeschaffungskosten netto 50.000 Euro betragen, zu einem Kaufpreis von 30.000 Euro. Die Mindestbemessungsgrundlage beträgt 50.000 Euro, die Umsatzsteuer 9.500 Euro. U könnte als Vorsteuer nur (30.000 Euro * 19 % =) 5.700 Euro abziehen. § 14 Abs. 4 Satz 2 UStG regelt deshalb, dass in den Fällen der Mindestbemessungsgrundlage in der Rechnung die Bemessungsgrundlage für die Leistung nach § 10 Abs. 4 UStG und der darauf entfallende Steuerbetrag anzugeben sind. U kann dann unter den weiteren Voraussetzungen des § 15 UStG 9.500 Euro als Vorsteuer abziehen.[4]

144 Allerdings ist die Mindestbemessungsgrundlage bei Leistungen **an einen zum vollen Vorsteuerabzug berechtigten Unternehmer nicht anwendbar**, da sie voraussetzt, dass die Gefahr einer Steuerhinterziehung oder -umgehung besteht.[5] Das gilt jedenfalls dann, wenn der vom Leistungsempfänger in Anspruch genommene Vorsteuerabzug keiner Vorsteuerberichtigung nach § 15a UStG unterliegt.[6]

145 Für **Land- und Forstwirte**, die nach den Durchschnittssätzen des § 24 Abs. 1–3 UStG besteuert werden, gilt die Regelung nach § 14 Abs. 4 Satz 3 UStG nicht, da die Angabe der vollen Bemessungsgrundlage zu einer Subventionierung des Leistungsempfängers führen würde.[7]

F. Anzahlungen (Absatz 5)

I. Sinngemäße Anwendung der Rechnungsvorschriften (Absatz 5 Satz 1)

146 Wird das Entgelt oder ein Teil des Entgelts vereinnahmt, bevor die Leistung oder die **Teilleistung** ausgeführt worden ist, so entsteht insoweit die Steuer nach § 13 Abs. 1 Nr. 1 Buchst. a Satz 4 UStG mit Ablauf des Voranmeldungszeitraums, in dem das Entgelt oder das Teilentgelt vereinnahmt worden ist.

---

1 EuGH, Urt. v. 12.4.2018 – C-8/17, ECLI:EU:C:2018:249 – Biosafe Indústria Recicglagens, UR 2018, 399 m. Anm. *Heinrichshofen*; EuGH, Urt. v. 21.3.2018 – C-533/16, ECLI:EU:C:2018:204 – Volkswagen, UR 2018, 359 m. Anm. *Maunz*.
2 So auch die BStBK in ihrer Stellungnahme zum JStG 2020, zu finden über www.bstbk.de.
3 Wie hier: *Heinrichshofen*, UVR 2021, 90.
4 Abschn. 14.9 Abs. 1, Beispiel UStAE.
5 EuGH v. 29.5.1997 – C-63/96, ECLI:EU:C:1997:263 – Skripalle, BStBl. II 1997, 841 = UR 1997, 301 m. Anm. *Widmann*; BFH, Urt. v. 8.10.1997 – XI R 8/86, BStBl. II 1997, 840 = UR 1998, 147.
6 BFH, Urt. v. 5.6.2014 – XI R 44/12, BStBl. II 2016, 187 = UR 2014, 700.
7 *Stadie* in Rau/Dürrwächter, § 14 UStG Rz. 498 (Stand: Oktober 2020).

Handelt es sich beim Anzahlenden um einen Unternehmer, der die künftige Leistung für sein Unternehmen beziehen will, so kann er die Vorsteuer bereits für den Voranmeldungszeitraum abziehen, in dem die Rechnung vorliegt (§ 15 Abs. 1 Satz 1 Nr. 1 Satz 4 UStG). Für die hierfür notwendige Rechnung sind nach § 14 Abs. 5 Satz 1 UStG die Absätze 1–4 des § 14 UStG sinngemäß anzuwenden. Damit gelten die Erleichterungen des § 31 UStDV ebenfalls für eine Anzahlungsrechnung. Gleichgütig ist daneben, ob ein Fall der Ist- oder Sollbesteuerung (§§ 16 und 20 UStG) vorliegt[1] und ob der Leistende die Rechnung erstellt oder der Leistungsempfänger mittels Gutschrift nach § 14 Abs. 2 Sätze 2 und 3 UStG abrechnet.[2]

Inhaltlich kann mit der Rechnung über das gesamte Entgelt oder nur einen Teil des Entgelts abgerechnet werden. Dieses Entgelt und der darauf entfallende Steuerbetrag sind anzugeben. Wird über das gesamte Entgelt abgerechnet (sog. Vorausrechnung), bedarf es keiner Schlussrechnung mehr. Bei Anzahlungs- oder Vorausrechnungen steht allerdings regelmäßig der Leistungszeitraum noch nicht fest.[3] Es sollte sich dann aus der Rechnung ergeben, dass über eine Zahlung vor Ausführung der Leistung abgerechnet wird, z.B. durch Angabe des voraussichtlichen Zeitpunkts der Leistung.[4] Steht dieser noch nicht fest, sollte das angegeben werden.[5] 147

Rechnungen mit gesondertem Steuerausweis können schon erteilt werden, **bevor eine Voraus- oder Anzahlung vereinnahmt worden ist**. Ist das im Voraus vereinnahmte Entgelt oder Teilentgelt niedriger als in der Rechnung angegeben, entsteht die Umsatzsteuer nur insoweit, als sie auf das tatsächlich vereinnahmte Entgelt oder Teilentgelt entfällt. Einer Berichtigung der Rechnung bedarf es nach Ansicht der Verwaltung in diesem Falle nicht.[6] 148

Ein besonderes Problem ist die **Konkretisierung und Durchführung der Leistung** für die Besteuerung der Anzahlung und den daraus entstehenden Vorsteuerabzug. Voraussetzung ist, dass die Elemente der künftigen Lieferung oder künftigen Dienstleistung bereits bekannt sind, insbesondere die Gegenstände oder die Dienstleistungen zum Zeitpunkt der Anzahlung genau bestimmt sind und auch die Absicht der Lieferung bzw. Dienstleistung besteht. Weiß der Anzahlende zum Zeitpunkt der Zahlung, dass die Lieferung oder Dienstleistung voraussichtlich nicht bewirkt bzw. erbracht wird, steht ihm kein Vorsteuerabzug zu.[7] 149

Geht der Anzahlende hingegen bei Zahlung **gutgläubig** von einer Vertragserfüllung aus und stellt sich diese Annahme als unrichtig heraus, muss er nach dem Wortlaut des § 17 Abs. 2 Nr. 2 UStG die Vorsteuer berichtigen. Dies gilt jedoch dann nicht, wenn der „Leistende" die Umsatzsteuer (zunächst) an den Fiskus gezahlt hat, diese (nachdem feststeht, dass die Leistung nicht ausgeführt werden kann) dann aber (z.B. aufgrund Insolvenz) nicht mehr an den „Leistungsempfänger" zurückzahlen kann. Denn es wäre offenkundig unangemessen, den Anzahlenden zu verpflichten, die Vorsteuerabzüge zu berichtigen und anschließend von den Steuerbehörden die Erstattung der auf die fraglichen Anzahlungen entrichteten Mehrwertsteuer nach den Grundsätzen der EuGH-Entscheidung *Reemtsma*[8] einzuklagen.[9] Ob das aber auch dann gilt, wenn der „Leistende" die Umsatzsteuer (in einem Betrugsfall) nicht an den Fiskus abgeführt hat, ist trotz des EuGH-Urteils *Kollroß und Wirtl*[10] weiterhin offen.[11] 150

1 Abschn. 14.8 Abs. 1 Satz 3 UStAE.
2 Abschn. 14.8 Abs. 3 UStAE.
3 Vgl. BFH, Urt. v. 17.12.2008 – XI R 62/07, BStBl. II 2009, 432 = UR 2009, 247 m. Anm. *Widmann.*
4 Abschn. 14.8 Abs. 1 UStAE.
5 Abschn. 14.8 Abs. 4 Satz 5 UStAE.
6 Abschn. 14.8 Abs. 5 Satz 5 UStAE.
7 EuGH, Urt. v. 31.5.2018 – C-660/16 und C-661/16, ECLI:EU:C:2018:372 – Kollroß und Wirtl, UR 2018, 519.
8 EuGH, Urt. v. 15.3.2007 – C-35/05, ECLI:EU:C:2007:167 – Reemtsma Cigarettenfabriken, UR 2007, 343 m. Anm. *Burgmaier.*
9 BFH, Urt. v. 5.12.2018 – XI R 44/14, BFHE 263, 359 = UR 2019, 255 m. Anm. *Widmann.*
10 EuGH, Urt. v. 31.5.2018 – C-660/16 und C-661/16, ECLI:EU:C:2018:372 – Kollroß und Wirtl, UR 2018, 519.
11 *Neeser*, UVR 2018, 298.

II. Endrechnung bei Anzahlungen (Absatz 5 Satz 2)

151 Wurde (zunächst) eine Anzahlungsrechnung erstellt, müssen nach § 14 Abs. 5 Satz 2 UStG in der Schlussrechnung (Endrechnung), mit der der Unternehmer über die ausgeführte Leistung insgesamt abrechnet, die mit der Anzahlungsrechnung abgerechneten und vereinnahmten Entgelte oder Teilentgelte sowie die hierauf entfallenden **Steuerbeträge abgezogen** (abgesetzt) werden. Wird dies nicht getan, enthalten Anzahlungs- und Schlussrechnung zu viel ausgewiesene Umsatzsteuer, nämlich die in der Anzahlungsrechnung enthaltene Steuer doppelt. Der in der Schlussrechnung doppelt ausgewiesene Steuerbetrag wird in diesem Fall (zusätzlich) nach § 14c Abs. 1 UStG geschuldet; der Leistungsempfänger kann diesen Teil nicht als Vorsteuer abziehen. Allerdings entfällt die zusätzliche Steuer in entsprechender Anwendung des § 17 Abs. 1 UStG wieder, wenn der leistende Unternehmer dem Leistungsempfänger nachträglich eine berichtigte Endrechnung erteilt, die den Anforderungen des § 14 Abs. 5 Satz 2 UStG entspricht.

152 Kein Fall des § 14 Abs. 5 Satz 2 UStG liegt vor, wenn der Unternehmer eine sog. **Restrechnung** erteilt, in der nur über das restliche Entgelt und die darauf entfallenden Steuerbeträge abgerechnet wird und die im Voraus vereinnahmten Teilentgelte nicht angegeben werden. Nicht zu beanstanden ist in diesem Fall, wenn zusätzlich das Gesamtentgelt (ohne Steuer) angegeben wird und davon die im Voraus vereinnahmten Teilentgelte (ohne Steuer) abgesetzt werden.

153 Bei Anwendung des § 14 Abs. 5 Satz 2 UStG gelten nach Ansicht der Verwaltung folgende Grundsätze und **Erleichterungen**:[1] Wurden mehrere Anzahlungen getätigt, genügt es, wenn der Gesamtbetrag der vorausgezahlten Entgelte und die Summe der darauf entfallenden Steuerbeträge abgesetzt werden. Statt der vorausgezahlten Entgelte oder Teilentgelte und der Steuerbeträge können auch die Gesamtbeträge der Voraus- oder Anzahlungen abgesetzt und die darin enthaltenen Steuerbeträge zusätzlich angegeben werden. Wird in der Endrechnung der Gesamtbetrag der Steuer für die Leistung angegeben, braucht der auf das verbleibende restliche Entgelt entfallende Steuerbetrag nicht angegeben zu werden.[2]

G. Vereinfachungen und Rechnungsberichtigung (Absatz 6)

I. Vorbemerkung (Absatz 6 Nr. 1 und 2)

154 Nach § 14 Abs. 6 UStG kann das Bundesministerium der Finanzen mit Zustimmung des Bundesrates durch Rechtsverordnung Vereinfachungen des Besteuerungsverfahrens bestimmen. Von dieser Möglichkeit hat der Gesetzgeber in den **§§ 31–34 UStDV** Gebrauch gemacht. Die einzelnen „Vereinfachungen“ werden in den folgenden Abschnitten dargestellt. Allerdings wurden die in Nr. 1 (Regelung, in welchen Fällen und unter welchen Voraussetzungen Dokumente als Rechnungen anerkannt werden können) und Nr. 2 (Regelung, unter welchen Voraussetzungen die nach Absatz 4 erforderlichen Angaben in mehreren Dokumenten enthalten sein können) enthaltenen Vereinfachungen jeweils bei § 14 Abs. 1 und Abs. 2 UStG kommentiert.

II. Kleinbetragsrechnungen (Absatz 6 Nr. 3)

155 Nach § 14 Abs. 6 Nr. 3 UStG i.V.m. § 33 UStDV sind in Rechnungen, deren **Gesamtbetrag 250 Euro** (bis Ende 2016: 150 Euro) nicht übersteigt (Kleinbetragsrechnungen), abweichend von § 14 Abs. 4 UStG nur **folgende Angaben** erforderlich:
- der vollständige Name und die vollständige Anschrift des leistenden Unternehmers;
- das Ausstellungsdatum;
- die Menge und die Art der gelieferten Gegenstände oder der Umfang und die Art der sonstigen Leistung und

1 Vgl. Abschn. 14.8 Abs. 7–11 UStAE.
2 Zu von der Verwaltung akzeptierten Formulierungen s. Abschn. 14.8 Abs. 7 und 8 UStAE.

- das Entgelt und der darauf entfallende Steuerbetrag in einer Summe sowie
- der anzuwendende Steuersatz oder
- im Fall einer Steuerbefreiung ein Hinweis darauf, dass für die Lieferung oder sonstige Leistung eine Steuerbefreiung gilt.

Die entscheidende Rechnungspflichtangabe, die dadurch vom Leistenden **nicht** angegeben werden muss, ist damit der **Name und die Anschrift des Leistungsempfängers.** Jede andere Angabe kann im Wirtschaftsleben jegliches Kassensystem auf Rechnungen bzw. Kassenzetteln aufdrucken. Enthält die Rechnung jedoch den Namen des Leistungsempfängers, muss dieser zutreffend sein, um den Vorsteuerabzug zu ermöglichen. Denn § 33 UStDV sieht als Erleichterung nur eine Reduzierung der verpflichtenden Angaben vor. Wer freiwillig mehr angibt, muss dies richtig tun. Das ist besonders bei Rechnungen über Hotelübernachtungen im Rahmen von Reisekosten von Arbeitnehmern zu beachten. Hier ist nur der Arbeitgeber als Leistungsempfänger vorsteuerabzugsberechtigt. Ist in der Rechnung der Arbeitnehmer als vermeintlicher Leistungsempfänger genannt, kann der Arbeitgeber keine Vorsteuer geltend machen. 156

Wird in einer Rechnung über verschiedene Leistungen abgerechnet, die **verschiedenen Steuersätzen** unterliegen, sind für die verschiedenen Steuersätzen unterliegenden Leistungen die jeweiligen Summen anzugeben. 157

Enthält die Kleinbetragsrechnung zulässigerweise keinen Steuerbetrag, sondern nur das Entgelt und den darauf entfallenden Steuerbetrag in einer Summe sowie den anzuwendenden Steuersatz, obliegt es dem Rechnungsempfänger nach § 35 Abs. 1 UStDV, die Steuer **auszurechnen.** 158

Er kann dies (wie immer) nach folgender **Formel** tun: 159
Bruttopreis * 19/119 (bei Steuersatz 19 %) oder
Bruttopreis * 7/107 (bei Steuersatz 7 %).

Die **Verwaltung** gestattet darüber hinaus auch die Steuer (gerundet) wie folgt zu berechnen:[1] 160
Bruttopreis * 15,97/100 (bei Steuersatz 19 %) oder
Bruttopreis * 6,54/100.

Für die Berechnung des Steuerbetrags ist nach Verwaltungsansicht zulässig, dass der Rechnungsempfänger alle auf einen Voranmeldungszeitraum entfallenden **Rechnungen zusammenfasst**, soweit derselbe Steuersatz anzuwenden ist.[2] 161

Die Vereinfachungen für Kleinbetragsrechnungen **gelten nicht** für Rechnungen in den Fällen der Versandhandelsregelung nach § 3c UStG, für Rechnungen über innergemeinschaftliche Lieferungen nach § 6a UStG und in den Fällen der Steuerschuldumkehr nach § 13b UStG. 162

III. Fahrausweise (Absatz 6 Nr. 4)

§ 14 Abs. 6 Nr. 3 UStG i.V.m. § 34 UStDV regelt, welche Fahrausweise als Rechnungen i.S.d. § 14 UStG anerkannt werden. **Fahrausweise** i.S.d. § 34 UStDV sind Dokumente, die einen Anspruch auf Beförderung von Personen gewähren.[3] Dazu gehören auch Zuschlagkarten für zuschlagspflichtige Züge, Platzkarten, Bettkarten und Liegekarten. 163

Keine Fahrausweise sind dagegen Rechnungen über die Benutzung eines Taxis oder Mietwagens. 164

Fahrausweise müssen folgende Angaben enthalten: 165

- den vollständigen Namen und die vollständige Anschrift des Unternehmers, der die Beförderungsleistung ausführt; auch sind nach § 31 Abs. 2 UStDV alle Bezeichnungen zulässig, die eine eindeutige Feststellung des Leistenden zulassen (wie z.B. „DB" für DB Fernverkehr AG oder „VVS" für Verkehrs- und Tarifverbund Stuttgart GmbH).

1 Abschn. 15.4 Abs. 3 UStAE.
2 Abschn. 15.4 Abs. 1 UStAE.
3 Zu Zeitkarten s. Abschn. 14.7 Abs. 2 UStAE.

- das Ausstellungsdatum;
- das Entgelt und den darauf entfallenden Steuerbetrag in einer Summe;
- den anzuwendenden Steuersatz, wenn die Beförderungsleistung nicht dem ermäßigten Steuersatz nach § 12 Abs. 2 Nr. 10 UStG unterliegt, und
- im Fall der Anwendung des § 26 Abs. 3 UStG einen Hinweis auf die grenzüberschreitende Beförderung von Personen im Luftverkehr.

166 Auf Fahrausweisen der Eisenbahnen, die dem öffentlichen Verkehr dienen, kann nach § 34 Abs. 1 Satz 2 UStDV anstelle des Steuersatzes die Tarifentfernung angegeben werden, da sich aus dieser gemäß § 12 Abs. 2 Nr. 10 UStG der Steuersatz ergibt. Nach § 35 Abs. 2 UStDV obliegt es auch hier dem Rechnungsempfänger, die Steuer **auszurechnen**. Er hat den Regelsteuersatz anzuwenden, wenn dieser in der Rechnung angegeben wurde oder eine Tarifentfernung von mehr als 50 Kilometern vorliegt. Ansonsten ist nach § 35 Abs. 2 Satz 3 UStDV der ermäßigte Steuersatz nach § 12 Abs. 2 UStG anzuwenden. Bei Fahrausweisen im Luftverkehr kann der Vorsteuerabzug jedoch nach § 35 Abs. 2 Satz 4 UStDV nur in Anspruch genommen werden, wenn der Regelsteuersatz im Fahrausweis angegeben wurde.

167 Bei **Zuschlagkarten** ist für den Vorsteuerabzug der Steuersatz zugrunde zu legen, der nach § 35 Abs. 2 UStDV für den dazugehörigen Fahrausweis gilt. Bei Fahrausweisen mit **Umwegkarten** ist für den Vorsteuerabzug der Steuersatz maßgebend, der für die Summe der im Fahrausweis und in der Umwegkarte angegebenen Tarifentfernungen gilt.

168 Bei Fahrausweisen für eine **grenzüberschreitende Beförderung im Personenverkehr** und im internationalen Eisenbahn-Personenverkehr kann sich nach Ansicht der Verwaltung aus einer Bescheinigung des Beförderungsunternehmers oder seines Beauftragten ergeben, welcher Anteil des Beförderungspreises auf das Inland entfällt. In der Bescheinigung muss dann der Steuersatz angegeben werden, der auf den auf das Inland entfallenden Teil der Beförderungsleistung anzuwenden ist.[1]

169 Besondere Bedeutung haben **Fahrausweise, die Unternehmer ihren Arbeitnehmern** für die Fahrten zwischen Wohnung und regelmäßiger Arbeitsstätte zur Verfügung stellen. Sie sind nicht als Umsätze für das Unternehmen anzusehen. Die dafür vom Unternehmer beschafften Fahrausweise berechtigen ihn daher nicht zum Vorsteuerabzug.[2]

170 Bei Fahrausweisen mit **Umwegkarten**, die von Unternehmern für unternehmerische Zwecke verwendet werden, ist für den Vorsteuerabzug der Steuersatz maßgebend, der für die Summe der im Fahrausweis und in der Umwegkarte angegebenen Tarifentfernungen gilt.[3]

171 Eine Erleichterung besteht nach Ansicht der Verwaltung für **Fahrausweise im Wechselverkehr** zwischen den Eisenbahnen des Bundes und anderen Eisenbahnunternehmen, zwischen den anderen Eisenbahnunternehmen und bei gemeinsamen Fahrausweisen für Beförderungsleistungen auf Eisenbahn- und Schiffsstrecken.[4] Hier können auf dem gemeinsamen Fahrausweis die einzelnen Teilentfernungen angegeben werden (z.B. 400/75 km). In diesen Fällen ist für die Ermittlung der abziehbaren Vorsteuerbeträge der für die einzelnen Teilentfernungen maßgebliche Steuersatz zu Grunde zu legen. Betragen die angegebenen Teilentfernungen teils nicht mehr, teils jedoch mehr als 50 Kilometer, kann aus Vereinfachungsgründen der Gesamtfahrpreis für die Ermittlung der abziehbaren Vorsteuerbeträge nach dem Anteil der einzelnen Teilentfernungen, auf die unterschiedliche Steuersätze anzuwenden sind, aufgeteilt werden. Enthalten gemeinsame Fahrausweise für Beförderungsleistungen durch mehrere in einem Verkehrs- und Tarifverbund zusammengeschlossene Unternehmer keine Angaben über den Steuersatz und die Entfernung, ist für die Berechnung der abziehbaren Vorsteuerbeträge der ermäßigte Steuersatz zugrunde zu legen.

1 Abschn. 14.7 Abs. 3 Sätze 5 und 6 UStAE.
2 Abschn. 15.5 Abs. 1 UStAE.
3 Zu Fahrausweisen für Beförderungsleistungen auf ausländischen Strecken, die als Strecken im Inland gelten und umgekehrt vgl. Abschn. 15.5 Abs. 2 UStAE.
4 Abschn. 15.5 Abs. 3 und 4 UStAE.

IV. Berichtigung von Rechnungen (Absatz 6 Nr. 5)

1. Nationales Recht/Ansicht der Verwaltung

Nach § 14 Abs. 6 Nr. 5 UStG i.V.m. **§ 31 Abs. 5 UStDV** kann eine Rechnung berichtigt werden, wenn sie nicht alle Angaben nach § 14 Abs. 4 UStG oder § 14a UStG enthält oder Angaben in der Rechnung unzutreffend sind. Es müssen nur die fehlenden oder unzutreffenden Angaben durch ein Dokument, das spezifisch und eindeutig auf die Rechnung bezogen ist, übermittelt werden. Dabei gelten die gleichen Anforderungen an Form und Inhalt wie in § 14 UStG. 172

Die Verwaltung geht davon aus, dass die Berichtigung regelmäßig durch ein Dokument erfolgt, das mit **Hinweis auf die fortlaufende Nummer** der ursprünglichen Rechnung erfolgt; eine neue Rechnungsnummer sei für dieses Dokument nicht erforderlich.[1] Auch der BFH verlangt, dass die Rechnung, mit der die Berichtigung erfolgen soll, spezifisch und eindeutig auf die zu berichtigende Rechnung bezogen ist. Zumindest muss sich aus dem Berichtigungsdokument ein konkreter und eindeutiger Bezug zu der berichtigten Rechnung ergeben. Dieser kann auch aus einem Begleitdokument zur berichtigenden Rechnung folgen, so dass dieses Begleitdokument mit der anliegenden neuen Rechnung als Berichtigungsdokument angesehen werden kann.[2] Dem ist zuzustimmen, da nach Art. 219 MwStSystRL einer Rechnung jedes Dokument und jede Mitteilung gleichgestellt ist, das/die die ursprüngliche Rechnung ändert und spezifisch und eindeutig auf diese bezogen ist. An solch einem spezifischen und eindeutigen Bezug auf die zu berichtigende Rechnung fehlt es aber, wenn der einzige Hinweis auf die zu berichtigende Rechnung eine auslegungsbedürftige Nummer ist, die sich auch auf der zu berichtigenden Rechnung befindet. Denn eine solche Nummer ist weder spezifisch noch eindeutig.[3] 173

Für die Praxis besonders wichtig: Die **Rückgabe der ursprünglichen Rechnung** durch den Leistungsempfänger ist nicht erforderlich.[4] Zudem genügt für die Berichtigung einer Rechnung die einfache Schriftform auch dann, wenn in einem notariell beurkundeten Kaufvertrag mit Umsatzsteuerausweis abgerechnet worden ist.[5] Auch kann eine Papierrechnung durch eine elektronische Rechnung berichtigt werden.[6] 174

Die Berichtigung einer Rechnung kann nur **durch den Rechnungsaussteller** selbst vorgenommen werden,[7] im Fall der Anrechnung durch Gutschrift nach § 14 Abs. 2 Satz 2 UStG durch den Gutschriftsaussteller. Wurde die Rechnung im Auftrag des Leistenden durch einen Dritten ausgestellt (§ 14 Abs. 2 Satz 4 UStG), kann nur der Leistende die Rechnung berichtigen. Allerdings kann sich der Rechnungsaussteller eine Änderung durch den Rechnungsempfänger zu eigen machen; dann liegt rechtlich eine Änderung durch den Rechnungsaussteller vor.[8] Die Verwaltung gestattet darüber hinaus bei Fehlen der in § 14 Abs. 4 Satz 1 Nr. 5 und 6 UStG bezeichneten Angaben über die Menge der gelieferten Gegenstände oder den Zeitpunkt des Umsatzes dem Leistungsempfänger, diese Merkmale anhand der sonstigen Geschäftsunterlagen (z.B. des Lieferscheins) zu ergänzen oder nachzuweisen. 175

Da der Anspruch auf Erteilung einer ordnungsgemäßen Rechnung aus umsatzsteuerlicher Sicht erforderlich ist, um dem Leistungsempfänger die Geltendmachung der Vorsteuer zu ermöglichen, kann der Leistungsempfänger vom Rechnungsaussteller eine **Berichtigung verlangen**, wenn die Rechnung nicht den Anforderungen genügt und dadurch der Vorsteuerabzug beim Leistungsempfänger gefährdet würde. 176

1 Abschn. 14.11 Abs. 1 Satz 4 UStAE.
2 BFH Urt. v. 22.1.2020 – XI R 10/17, BStBl. II 2020, 601 = UR 2020, 513.
3 BFH, Urt. v. 5.9.2019 – V R 38/17, BStBl. II 2022, 696 = UR 2020, 79 = UStB 2020, 7 m. Anm. *Heinrichshofen*.
4 BFH, Urt. v. 25.2.1993 – V R 112/91, BStBl. II 1993, 643 = UR 1993, 419; BFH, Urt. v. 19.9.1996 – V R 41/94, BStBl. II 1999, 249 = UR 1997, 149.
5 BFH, Urt. v. 11.10.2007 – V R 27/05, BStBl. II 2008, 438 = UR 2008, 466.
6 Vgl. BMF, Schr. v. 2.7.2012 – IV D 2-S 7287-a/09/10004 :003 – DOK 2012/0449475, BStBl. I 2012, 726 = UR 2012, 615.
7 BFH, Urt. v. 27.9.1979 – V R 78/73, BStBl. II 1980, 228 = UR 1980, 33 m. Anm. *Weiß*.
8 BFH, Beschl. v. 17.4.1980 – V S 18/79, BStBl. II 1980, 540 = UR 1980, 156 m. Anm. *Weiß*.

177 Allerdings ist es, um die Wirkung des § 31 Abs. 5 UStDV auszulösen, **nicht in allen Fällen erforderlich, dass die ursprüngliche Rechnung falsche oder unvollständige Angaben enthält**, die einer Berichtigung zugänglich wären.[1] Die Rechtsprechung geht neuerdings davon aus, dass jedenfalls dann, wenn der offene Steuerausweis in der Rechnung später vom leistenden Unternehmer im Einvernehmen mit dem Leistungsempfänger geändert wird und der leistende Unternehmer im Rahmen der Änderung der Rechnung die vom Leistungsempfänger gezahlte, in der Rechnung offen ausgewiesene Umsatzsteuer an ihn zurückzahlt, eine mit der Berichtigung eines „unzutreffend" angegebenen Steuerbetrags (§ 31 Abs. 5 Satz 1 Buchst. b UStDV) vergleichbare Lage vorliegt, die eine Rückwirkung auf den Zeitpunkt der Ausstellung der ursprünglichen Rechnung rechtfertigt.[2] Dem ist über den vom BFH entschiedenen Fall hinaus zuzustimmen. Denn es ist letztlich Ausfluss der Vertragsfreiheit, dass Vertragsparteien die Rechtsfolgen aus ihren Absprachen in beiderseitigem Einvernehmen wieder beseitigen können müssen, was auch die Ausgestaltung von Rechnungen umfasst.

178 Zudem ist es für die Berichtigungswirkung unerheblich, ob diese **zum Vorteil oder zum Nachteil** des Leistungsempfängers wirkt. Wenn die Parteien einvernehmlich eine Rechnung stornieren und damit den Steuerausweis beseitigen, führt das zum Verlust des Vorsteuerabzugs des Leistungsempfängers, auch wenn die ursprüngliche Rechnung fehlerfrei war.[3]

179 Kein Fall des § 31 Abs. 5 UStDV sind **Änderungen der Bemessungsgrundlage**. Da § 17 UStG keinen Belegaustausch vorschreibt, müssen auch die erteilten Rechnungen nicht berichtigt werden.

2. Rechtsprechungsentwicklung zur Rückwirkung der Rechnungsberichtigung

180 Die Frage, ob eine Rechnungsberichtigung auf den Zeitpunkt der erstmaligen Rechnungsausstellung zurückwirkt, hat jahrelang die Rechtsprechung beschäftigt:

- Der EuGH hatte noch in seiner Entscheidung ***Terra Baubedarf-Handel***[4] aus dem Jahr 2004 festgestellt, dass der Vorsteuerabzug erst in dem Zeitpunkt vorgenommen werden kann, in dem der Leistungsempfänger eine ordnungsgemäße Rechnung erhalten hat.
- Nichts anderes ergab sich aus der Entscheidung ***Pannon Gép*** aus dem Jahr 2010. Der EuGH hatte hier zwar ausgeführt, dass der Vorsteuerabzug wegen fehlender Rechnungsangaben (falsches Leistungsdatum und fehlende fortlaufende Nummer) nicht versagt werden könne, wenn der Unternehmer der Finanzbehörde vor Erlass ihrer Entscheidung eine berichtigte Rechnung zugeleitet hat. Eine Entscheidung über die Rückwirkung der Rechnungsberichtigung auf den Zeitpunkt der erstmaligen Rechnungserteilung war damit aber nicht verbunden.[5]
- Und auch die Entscheidung des EuGH aus dem Jahr 2013 in der Rechtssache ***Petroma Transports***[6] brachte insoweit keine Klarheit.
- Soweit erkennbar hatte jedoch der **BFH** erstmals mit Urteil vom 20.7.2012[7] **Zweifel** daran geäußert, ob der Vorsteuerabzug aus einer zunächst fehlerhaften Rechnung auch dann versagt werden kann, wenn die Rechnung später berichtigt wird, sofern das zunächst erteilte Dokument die Mindestanforderungen an eine Rechnung erfüllt. Dafür seien Angaben zum Rechnungsaussteller, zum Leistungsempfänger, zur Leistungsbeschreibung, zum Entgelt und zur gesondert ausgewiesenen Umsatzsteuer erforderlich. Der BFH hält es hier durchaus für möglich, dass die Berichtigung der Rechnung bei Fehlern oder Unvollständigkeiten auf den Zeitpunkt der erstmaligen Rechnungserteilung zurückwirken kann.

---

1 So noch BFH, Urt. v. 19.6.2013 – XI R 41/10, BStBl. II 2014, 738; **a.A.** *Leipold* in Sölch/Ringleb, UStG, § 14 Rz. 825.

2 BFH, Urt. v 22.1.2020 – XI R 10/17, BStBl. II 2020, 601 = UR 2020, 513; vgl. auch *Stadie* in Rau/Dürrwächter, UStG, § 14 UStG Rz. 564 (Stand: Oktober 2020).

3 BFH, Urt. v. 22.1.2020 – XI R 10/17, BStBl. II 2020, 601 = UR 2020, 513.

4 EuGH, Urt. v. 29.4.2004 – C-152/02, ECLI:EU:C:2004:268 – Terra Baubedarf-Handel, UR 2004, 323.

5 EuGH, Urt. v. 15.7.2010 – C-368/09, ECLI:EU:C:2010:441 – Pannon Gép, UR 2010, 693.

6 EuGH, Urt. v. 8.5.2013 – C-271/12, ECLI:EU:C:2013:297 – Petroma Transports, UR 2013, 591.

7 BFH, Beschl. v. 20.7.2012 – V B 82/11, BStBl. II 2012, 809 = UR 2012, 754 m. Anm. *Marchal.*

– Auf Vorlage des FG Niedersachsen[1] hat sich der EuGH dann jedoch im Jahr 2016 den Zweifeln der deutschen Rechtsprechung angeschlossen und in seinem Urteil in der Rechtsache ***Senatex*** die Rückwirkung der Rechnungsberichtigung bejaht.[2] Er differenziert nach den formellen und materiellen Voraussetzungen für den Vorsteuerabzug. Die Rechnungspflichtangaben gehören lediglich zu den formellen Voraussetzungen. Der Vorsteuerabzug werde aber gewährt, wenn die materiellen Anforderungen erfüllt sind, selbst wenn der Steuerpflichtige bestimmten formellen Bedingungen nicht genügt hat. Damit ist die in Abschn. 15.2a Abs. 7 Satz 2 UStAE enthaltene Regelung, wonach der Vorsteuerabzug erst zu dem Zeitpunkt in Anspruch genommen werden kann, in dem der Rechnungsaussteller die Rechnung nach § 31 Abs. 5 UStDV berichtigt und die zu berichtigenden Angaben an den Rechnungsempfänger übermittelt hat, überholt.

Die Rückwirkung betrifft danach aber nur die Berichtigung und nicht die erstmalige Ausstellung einer Rechnung.[3] Deshalb ist für die Rückwirkung auch entscheidend, welche Dokumente als Rechnungen gelten und damit **berichtigungsfähig** sind. Hierbei muss zunächst beachtet werden, dass kleinere Schreibfehler oder Ungenauigkeiten insbesondere beim Namen und der Anschrift des Leistungsempfängers keinen zu beachtenden Fehler auslösen, sofern der Leistungsempfänger zweifelsfrei ermittelt werden kann. Bei schwerwiegenderen Fehlern hat der BFH in drei Entscheidungen vom 20.10.2016[4] entschieden, dass eine berichtigungsfähige Rechnung jedenfalls dann vorliegt, wenn sie **Angaben zum Rechnungsaussteller, zum Leistungsempfänger, zur Leistungsbeschreibung, zum Entgelt und zur gesondert ausgewiesenen Umsatzsteuer** enthält. Das gilt auch für das Vorsteuervergütungsverfahren.[5]

Weshalb der Leistungszeitpunkt, aus dem sich ergibt, in welchem Voranmeldungszeitraum die Umsatzsteuer (zumindest bei der Sollbesteuerung) entsteht, nicht dazu gehört, ist nicht nachzuvollziehen.[6] Im Übrigen ist unklar, ob für die „Angabe zum Entgelt" auch der Hinweis auf eine (fälschlich angenommene) Steuerbefreiung gehört. Das muss bejaht werden, weil nicht ersichtlich ist, weshalb eine solche Rechnung, die im Nachhinein mit dem zutreffenden Steuersatz und Steuerbetrag ergänzt wird, für den Leistungsempfänger nicht rückwirkend zum Vorsteuerabzug führen sollte.[7] Allerdings hat der **BFH** entschieden, dass eine Nettorechnung jedenfalls dann nicht mit Rückwirkung berichtigungsfähig sein soll, wenn die Parteien übereinstimmend davon ausgegangen sind, dass sich der Leistungsort nicht im Inland befindet.[8] Dass er hierfür das **EuGH**-Urteil *Zipvit*[9] heranzieht, erscheint jedoch fehlerhaft, weil in diesem Fall die Parteien und auch die Finanzverwaltung (!) trotz fälschlich angenommener Steuerbefreiung von einer Nachforderung der Umsatzsteuer abgesehen haben, der Leistungsempfänger aber trotzdem Vorsteuer ziehen wollte. Dass in einem solchen Sonderfall, bei dem niemals Umsatzsteuer bezahlt worden ist und auch nicht bezahlt werden soll, keine Vorsteuer abgezogen werden kann, versteht sich von selbst. Deshalb lassen sich aus dieser Entscheidung keine allgemeinen Grundsätze ableiten.

In der Praxis ist es aber vielfach einfacher zu handhaben, die Rechnung nicht mit Rückwirkung berichtigen zu lassen, insbesondere wenn die Fehlerhaftigkeit der Rechnung erkannt wurde und die Vorsteuer wegen dieses Fehlers noch nicht geltend gemacht worden ist. Die Buchung der Vorsteuer soll dann (erst) in dem Voranmeldungszeitraum erfolgen, in dem die „Berichtigung" erfolgt. Das führt zu der Frage, ob eine Rechnung **storniert** und neu ausgestellt werden kann. Dann könnte man annehmen, dass die ursprüngliche Rechnung nicht berichtigt worden ist und die Rückwirkung deshalb nicht eingreift. M.E. folgt aus § 31 Abs. 5 UStDV, dass eine Stornierung jedenfalls

---

1 FG Niedersachsen, Beschl. v. 3.7.2014 – 5 K 40/14, UR 2015, 61 m. Anm. *Widmann*.

2 EuGH, Urt. v. 15.9.2016 – C-518/14, ECLI:EU:C:2016:691 – Senatex, UR 2016, 800 m. Anm. *Maunz*, Rz. 39.

3 EuGH, Urt. v. 15.9.2016 – C-518/14, ECLI:EU:C:2016:691 – Senatex, UR 2016, 800 m. Anm. *Maunz*, Rz. 39.

4 BFH, Urt. v. 20.10.2016 – V R 26/15, BStBl. II 2020, 593 = UR 2017, 60 m. Anm. *Sterzinger* und Anm. *Jacobs/Zitzl*, UR 2017, 125; BFH, Urt. v. 20.10.2016 – V R 54/14, BFH/NV 2017, 488; BFH, Urt. v. 20.10.2016 – V R 64/14, BFH/NV 2017, 490.

5 BFH, Urt. v. 15.10.2019 – V R 19/18, BStBl. II 2020, 600, UR 2020, 122.

6 Ebenso *Weymüller* in Weymüller[2], § 14 Rz. 496.1.

7 Vgl. bei Fehlern zu einzelnen Rechnungsangaben (insbes. der Leistungsbeschreibung) die dort gemachten Ausführungen.

8 BFH, Urt. v. 7.7.2022 – V R 33/20, BStBl II 2022, 821 = UR 2022, 895.

9 EuGH, Urt. v. 13.1.2022 – C-156/20, ECLI:EU:C:2022:2 – Zipvit, UR 2022, 104 m. Anm. *Heinrichshofen*.

dann möglich sein muss, wenn die ursprüngliche Rechnung fehlerhaft war. Denn es ist kein Grund ersichtlich, weshalb es der Rechnungsaussteller nicht in der Hand haben sollte, eine fehlerhafte Rechnung zurückzuholen. Ob eine fehlerfreie Rechnung in jedem Fall storniert werden kann, ist aber noch nicht abschließend geklärt.[1] Jedenfalls dann, wenn eine Rechnung mit offenem Steuerausweis vom leistenden Unternehmer im Einvernehmen mit dem Leistungsempfänger wegen einer angenommenen (tatsächlich aber nicht vorliegenden) Steuerschuldumkehr storniert wird und der leistende Unternehmer die vom Leistungsempfänger gezahlte Umsatzsteuer an ihn zurückzahlt, ist die Stornierung wirksam, obwohl die ursprüngliche Rechnung fehlerfrei war.[2]

Die Rechnung kann **bis zum Schluss der letzten mündlichen Verhandlung vor dem Finanzgericht** berichtigt werden.[3]

Der **BFH hält aber** trotz der Entscheidung *Senatex*[4] **weiterhin an der Rechnung als (materiellrechtliche) Voraussetzung für die Geltendmachung des Vorsteuerabzugs fest.**[5] Er differenziert zwischen den Anspruchsvoraussetzungen zum Entstehen des Vorsteuerabzugsrechts und denjenigen der Ausübung des bereits entstandenen Rechts. Daraus muss gefolgert werden, dass der BFH die Ausübung des Rechts auf Vorsteuerabzug ohne Rechnung weiterhin nicht als zulässig erachtet. Das entspricht einer nachfolgenden Entscheidung des EuGH in der Entscheidung ***Geissel und Butin.***[6] Auch der EuGH nimmt an, dass nach Art. 178 Buchst. a MwStSystRL der Steuerpflichtige, um das Recht auf Vorsteuerabzug ausüben zu können, eine ordnungsgemäße Rechnung besitzen muss. Nichts anderes ergibt sich aus der Entscheidung des EuGH in der Rechtssache ***Vădan***[7]: Aus dem Urteil kann allenfalls geschlossen werden, dass in besonders gelagerten Einzelfällen, in denen der Unternehmer (aus von ihm nicht zu vertretenden Gründen) nicht (mehr) über eine Rechnung verfügt, er die materiellen Voraussetzungen des Vorsteuerabzugs auch mit anderen Objektivnachweisen belegen kann.[8] Dann muss der Leistungsempfänger aber auch nachweisen können, dass er die Umsatzsteuer tatsächlich an den Leistenden gezahlt hat.[9]

– Die Entscheidung des EuGH (ebenfalls) vom 15.9.2016 in der Rechtssache ***Barlis 06***[10] geht dagegen in eine andere Richtung: Sie betraf einen Sachverhalt, bei dem ein Hotel- und Restaurantbetreiber von seinem Rechtsanwalt juristische Dienstleistungen bezogen und hierüber unter anderem eine Rechnung mit folgendem Inhalt erhalten hatte „Vom 1. Dezember 2007 bis zum heutigen Tag erbrachte juristische Dienstleistungen". Der EuGH erläutert hier zunächst wenig überraschend, dass die Angabe „juristische Dienstleistungen" derart allgemein ist, dass sich ihr der Umfang der erbrachten Dienstleistungen nicht entnehmen lässt. Somit erfülle diese Angabe nicht die Voraussetzungen von Art. 226 Nr. 6 MwStSystRL, wonach in einer Rechnung (wie auch nach § 14 Abs. 4 Nr. 5 UStG) die Menge und Art der gelieferten Gegenstände beziehungsweise Umfang und Art der erbrachten Dienstleistungen genannt sein müssen.

Dann aber beschäftigt sich der EuGH mit den Rechtsfolgen eines solchen Verstoßes und führt aus, dass – da die Rechnung nur die formelle Voraussetzung für den Vorsteuerabzug darstelle – die Steuerverwaltung das Recht auf Vorsteuerabzug nicht allein deshalb verweigern dürfe, weil eine Rechnung nicht die in Art. 226 Nr. 6 und 7 MwStSystRL aufgestellten Voraussetzungen erfülle, wenn sie über sämtliche Daten verfügt, um zu prüfen, ob die für dieses Recht geltenden materiellen

1 So auch FG Rheinland-Pfalz, Urt. v. 25.11.2010 – 6 K 2114/08, EFG 2011, 746; **a.A.** (wohl) FG Hamburg, Beschl. v. 11.2.2014 – 3 V 247/13, juris; s. hierzu auch Rz. 125.8.

2 BFH, Urt. v. 22.1.2020 – XI R 10/17, BStBl. II 2020, 601 = UR 2020, 513.

3 BFH, Urt. v. 20.10.2016 – V R 26/15, BStBl. II 2020, 593 = UR 2017, 60 m. Anm. *Sterzinger.*

4 EuGH, Urt. v. 15.9.2016 – C-518/14, ECLI:EU:C:2016:691 – Senatex, UR 2016, 800 m. Anm. *Maunz*, Rz. 39.

5 BFH, Urt. v. 15.10.2019 – V R 14/18, BStBl. II 2020, 596 = UR 2020, 234 (s. zu diesem Urteil auch *von Streit/Streit*, UR 2020, 209 ff.), Rz. 40; BFH, Urt. v. 20.10.2016 – V R 26/15, BStBl. II 2020, 593 = UR 2017, 60 m. Anm. *Sterzinger* und Anm. *Jacobs/Zitzl*, UR 2017, 125.

6 EuGH, Urt. v. 15.11.2017 – C-374/16 und C-375/16, ECLI:EU:C:2017:867 – Geissel und Butin, UR 2017, 970 m. Anm. *Jacobs/Zitzl.*

7 EuGH, Urt. v. 21.11.2018 – C-664/16, ECLI:EU:C:2018:933 – Vădan, UR 2018, 962 m. Anm. *Nücken.*

8 BFH, Urt. v. 15.10.2019 – V R 14/18, BStBl. II 2020, 596 = UR 2020, 234, Rz. 38.

9 So auch *Huschens*, UVR 2019, 45.

10 EuGH, Urt. v. 15.9.2016 – C-516/14, ECLI:EU:C:2016:690 – Barlis 06 – Investimentos Imobiliários e Turísticos, UR 2016, 795 m. Anm. *Maunz.*

Voraussetzungen erfüllt sind. Dabei dürfe sich die **Steuerverwaltung** auch nicht auf die Prüfung der Rechnung selbst beschränken, sondern **müsse die vom Steuerpflichtigen beigebrachten zusätzlichen Informationen (Annexe) berücksichtigen.** Damit kann der Leistungsempfänger, sofern die Rechnung berichtigungsfähig ist, ungenaue Angaben in der Rechnung selber durch Annexe ergänzen. Einer Berichtigung der ursprünglichen Rechnung bedarf es dann gar nicht; § 31 Abs. 5 UStDV läuft leer.

3. (Bislang) keine Anpassung des nationalen Rechts

Der **Gesetzgeber** hat bislang das nationale Recht noch nicht an die Rechtsprechungsentwicklung angepasst. 181

Dagegen hat die **Verwaltung** den Anwendungserlass mit Schreiben vom 18.9.2020[1] geändert und hierbei insbesondere auf die EuGH-Urteile vom 15.9.2016 in den Rechtssachen *Senatex*[2] und *Barlis* 06[3], das EuGH-Urteil vom 12.4.2018 in der Rechtssache *Biosafe*[4], das EuGH-Urteil vom 21.11.2018 in den Rechtssache *Vădan*[5] und die BFH-Urteile vom 20.10.2016[6], vom 15.10.2019[7], vom 22.1.2020[8], und vom 12.3.2020[9] Bezug genommen. Steuerpflichtige konnten sich aber auch bereits vor Erlass dieses Schreibens auf die für sie günstigere Rechtsprechung berufen.[10] 181.1

Die Verwaltung erkennt in der Neufassung des UStAE insbesondere an, dass das Recht auf Vorsteuerabzug ausnahmsweise auch dann geltend gemacht werden kann, wenn der Unternehmer im Besitz einer Rechnung ist, die nicht alle formellen Voraussetzungen erfüllt und die auch nicht berichtigt wurde. Denn der Vorsteuerabzug könne auch dann gewährt werden, wenn die FinVerw. über sämtliche Angaben verfügt, um die materiellen Voraussetzungen zu überprüfen. Der Unternehmer müsse dann aber durch **objektive Nachweise** belegen, dass ihm andere Unternehmer auf einer vorausgehenden Umsatzstufe tatsächlich Gegenstände oder Dienstleistungen geliefert bzw. erbracht haben, die seinen der Mehrwertsteuer unterliegenden Umsätzen dienten und für die er die Umsatzsteuer tatsächlich entrichtet hat.[11] Die Verwaltung geht aber weiterhin davon aus, dass ein **Vorsteuerabzug gänzlich ohne Rechnung nicht** geltend gemacht werden kann.[12] 181.2

Auch im Hinblick auf die **Mindestangaben** in einer Rechnung folgt die Verwaltung der Rechtsprechung. Ein Dokument ist danach dann eine rückwirkend berichtigungsfähige Rechnung, wenn es Angaben zum Rechnungsaussteller, zum Leistungsempfänger, zur Leistungsbeschreibung, zum Entgelt und zur gesondert ausgewiesenen Umsatzsteuer enthält. Die Angaben dürften aber nicht in so hohem Maße unbestimmt, unvollständig oder offensichtlich unzutreffend sein, dass sie fehlenden Angaben gleichstehen.[13] 181.3

H. Rechnungserteilung bei Fällen der Steuerschuldumkehr (Absatz 7)

Nach Art. 219a Abs. 1 MwStSystRL unterliegt die Rechnungsstellung den Vorschriften des Mitgliedstaats, in dem die Lieferung oder Dienstleistung ausgeführt worden ist. Diese Regelung entspricht § 14 182

1 BMF, Schr. v. 18.9.2020 – III C 2-S 7286-a/19/10001 :001 – DOK 2020/0920350, BStBl. I 2020, 976 = UR 2020, 814.
2 EuGH, Urt. v. 15.9.2016 – C-518/14, ECLI:EU:C:2016:691 – Senatex, UR 2016, 800 m. Anm. *Maunz.*
3 EuGH, Urt. v. 15.9.2016 – C-516/14, ECLI:EU:C:2016:690 – Barlis 06, Rz. 28, UR 2016, 795.
4 EuGH, Urt. v. 12.4.2018 – C-8/17, ECLI:EU:C:2018:249 – Biosafe Indústria Recicglagens, UR 2018, 399 m. Anm. *Heinrichshofen.*
5 EuGH, Urt. v. 21.11.2018 – C-664/16, ECLI:EU:C:2018:933 – Vădan, UR 2018, 962 m. Anm. *Nücken.*
6 BFH, Urt. v. 20.10.2016 – V R 26/15, BStBl. II 2020, 593 = UR 2017, 60 m. Anm. *Sterzinger.*
7 BFH, Urt. v. 15.10.2019 – V R 14/18, BFH/NV 2020, 295.
8 BFH, Urt. v. 22.1.2020 – XI R 10/17, BStBl. II 2020, 601 = UR 2020, 513.
9 BFH, Urt. v. 12.3.2020 – V R 48/17, BStBl. II 2020, 604 = UR 2020, 726.
10 Zu Einzelheiten des BMF-Schreibens vgl. *Neeser,* UVR 2021, 14.
11 Abschn. 15.2a Abs. 1a Sätze 1 bis 3 UStAE.
12 Abschn. 15.2a Abs. 1a Satz 4 UStAE.
13 Abschn. 15.2a Abs. 7 Sätze 6 und 7 UStAE.

UStG. Hiernach gelten für Umsätze, die im Inland steuerbar sind, die deutschen Rechnungsstellungsvorschriften. Art. 219a Abs. 2 Buchst. a MwStSystRL nimmt von diesem Grundsatz den Fall aus, dass der **Unternehmer nicht in dem Mitgliedstaat ansässig ist, in dem der Umsatz ausgeführt wird**, sondern in einem anderen Mitgliedstaat und der Leistungsempfänger die Steuer schuldet. In diesem Fall unterliegt die Rechnungsstellung den Vorschriften des Mitgliedstaates, in dem der Unternehmer ansässig ist. Sofern kein Sitz oder feste Niederlassung vorhanden ist, gilt das Recht des Mitgliedstaates, in dem der Unternehmer seinen Wohnsitz oder gewöhnlichen Aufenthalt hat. Diese Regelung übernimmt § 14 Abs. 7 Satz 1 UStG. Sie führt dazu, dass sich der leistende Unternehmer nicht mit den Rechnungsstellungsvorschriften eines fremden Mitgliedstaates auseinandersetzen muss.

183 Der zuvor genannten Vereinfachung bedarf es nicht, wenn der Leistungsempfänger mittels **Gutschrift** nach § 14 Abs. 2 Satz 2 UStG abrechnet (§ 14 Abs. 7 Satz 2 UStG).

184 Für das **OSS-Verfahren** (§ 18i Rz. 1 ff.) gilt seit 2019 eine weitere Erleichterung (Abs. 7 Satz 3 UStG). Auch hier gelten die Rechnungsstellungsvorschriften, die im Mitgliedstaat der Identifizierung des Lieferers bzw. Leistungserbringers gelten, der an den besonderen Besteuerungsverfahren teilnimmt. Auch er muss sich damit nicht mit den Vorschriften eines für ihn fremden Staates beschäftigen.

§ 14a Zusätzliche Pflichten bei der Ausstellung von Rechnungen in besonderen Fällen

(1) [1]Hat der Unternehmer seinen Sitz, seine Geschäftsleitung, eine Betriebsstätte, von der aus der Umsatz ausgeführt wird, oder in Ermangelung eines Sitzes seinen Wohnsitz oder gewöhnlichen Aufenthalt im Inland und führt er einen Umsatz in einem anderen Mitgliedstaat aus, an dem eine Betriebsstätte in diesem Mitgliedstaat nicht beteiligt ist, so ist er zur Ausstellung einer Rechnung mit der Angabe „Steuerschuldnerschaft des Leistungsempfängers" verpflichtet, wenn die Steuer in dem anderen Mitgliedstaat von dem Leistungsempfänger geschuldet wird und keine Gutschrift gemäß § 14 Absatz 2 Satz 5 vereinbart worden ist. [2]Führt der Unternehmer eine sonstige Leistung im Sinne des § 3a Absatz 2 in einem anderen Mitgliedstaat aus, so ist die Rechnung bis zum fünfzehnten Tag des Monats, der auf den Monat folgt, in dem der Umsatz ausgeführt worden ist, auszustellen. [3]In dieser Rechnung sind die Umsatzsteuer-Identifikationsnummer des Unternehmers und die des Leistungsempfängers anzugeben. [4]Wird eine Abrechnung durch Gutschrift gemäß § 14 Absatz 2 Satz 5 über eine sonstige Leistung im Sinne des § 3a Absatz 2 vereinbart, die im Inland ausgeführt wird und für die der Leistungsempfänger die Steuer nach § 13b Absatz 1 und 5 schuldet, sind die Sätze 2 und 3 und Absatz 5 entsprechend anzuwenden.

(2) [1]Führt der Unternehmer eine Lieferung im Sinne des § 3c Absatz 1 im Inland aus, ist er zur Ausstellung einer Rechnung verpflichtet. [2]Satz 1 gilt nicht, wenn der Unternehmer an dem besonderen Besteuerungsverfahren nach § 18j teilnimmt.

(3) [1]Führt der Unternehmer eine innergemeinschaftliche Lieferung aus, ist er zur Ausstellung einer Rechnung bis zum fünfzehnten Tag des Monats, der auf den Monat folgt, in dem der Umsatz ausgeführt worden ist, verpflichtet. [2]In der Rechnung sind auch die Umsatzsteuer-Identifikationsnummer des Unternehmers und die des Leistungsempfängers anzugeben. [3]Satz 1 gilt auch für Fahrzeuglieferer (§ 2a). [4]Satz 2 gilt nicht in den Fällen der §§ 1b und 2a.

(4) [1]Eine Rechnung über die innergemeinschaftliche Lieferung eines neuen Fahrzeugs muss auch die in § 1b Abs. 2 und 3 bezeichneten Merkmale enthalten. [2]Das gilt auch in den Fällen des § 2a.

(5) [1]Führt der Unternehmer eine Leistung im Sinne des § 13b Absatz 2 aus, für die der Leistungsempfänger nach § 13b Absatz 5 die Steuer schuldet, ist er zur Ausstellung einer Rechnung mit der Angabe „Steuerschuldnerschaft des Leistungsempfängers" verpflichtet; Absatz 1 bleibt unberührt. [2]Die Vorschrift über den gesonderten Steuerausweis in einer Rechnung nach § 14 Absatz 4 Satz 1 Nummer 8 wird nicht angewendet.

(6) [1]In den Fällen der Besteuerung von Reiseleistungen nach § 25 hat die Rechnung die Angabe „Sonderregelung für Reisebüros" und in den Fällen der Differenzbesteuerung nach § 25a die Angabe „Gebrauchtgegenstände/Sonderregelung", „Kunstgegenstände/Sonderregelung" oder „Samm-

lungsstücke und Antiquitäten/Sonderregelung“ zu enthalten. [2]In den Fällen des § 25 Abs. 3 und des § 25a Abs. 3 und 4 findet die Vorschrift über den gesonderten Steuerausweis in einer Rechnung (§ 14 Abs. 4 Satz 1 Nr. 8) keine Anwendung.

(7) [1]Wird in einer Rechnung über eine Lieferung im Sinne des § 25b Abs. 2 abgerechnet, ist auch auf das Vorliegen eines innergemeinschaftlichen Dreiecksgeschäfts und die Steuerschuldnerschaft des letzten Abnehmers hinzuweisen. [2]Dabei sind die Umsatzsteuer-Identifikationsnummer des Unternehmers und die des Leistungsempfängers anzugeben. [3]Die Vorschrift über den gesonderten Steuerausweis in einer Rechnung (§ 14 Abs. 4 Satz 1 Nr. 8) findet keine Anwendung.

Schrifttum: Siehe die Literaturangaben zu § 14 UStG a.F.

A. Grundaussagen

I. Regelungsgegenstand und Bedeutung

§ 14a UStG regelt zusätzliche Pflichten bei der Ausstellung von Rechnungen in besonderen Fällen. Hierbei ergänzt § 14a UStG § 14 UStG. Die Pflichten nach § 14 UStG, insbesondere diejenigen nach § 14 Abs. 2 und 4 UStG, bleiben unberührt (Rz. 4). Zu den **besonderen Fällen**, die von § 14a UStG erfasst werden, gehören: 1

- Fälle der Steuerschuldnerschaft des Leistungsempfängers (§ 13b UStG; § 13b Rz. 1 ff.);
- Lieferungen im Sinne der Versandhandelsregelung nach § 3c UStG (§ 3c Rz. 1 ff.);
- innergemeinschaftliche Lieferungen nach § 6a UStG und innergemeinschaftliche Dreiecksgeschäfte nach § 25b UStG (§ 6a Rz. 1 ff. und § 25b Rz. 1 ff.);
- innergemeinschaftliche Lieferungen neuer Fahrzeuge durch Nichtunternehmer (§§ 2a UStG; § 2a Rz. 1 ff.);
- Reiseleistungen (§ 25 UStG; § 25 Rz. 1 ff.) und
- Differenzbesteuerung (§ 25a UStG; § 25a Rz. 1 ff.).

II. Unionsrechtliche Grundlagen

Die besonderen **Pflichten für Rechnungen** über 2

- Fälle der Steuerschuldumkehr nach § 14a Abs. 1 UStG beruhen auf Art. 220 Abs. 1 Nr. 1 und Art. 226 Nr. 4 MwStSystRL,
- Versandhandelslieferungen (§ 14a Abs. 2 UStG) auf Art. 220 Abs. 1 Nr. 2 MwStSystRL,
- innergemeinschaftliche Lieferungen (§ 14a Abs. 3 UStG) auf Art. 220 Abs. 1 Nr. 3 MwStSystRL,
- Lieferungen neuer Fahrzeuge (§ 14a Abs. 4 UStG) auf Art. 226 Nr. 12 MwStSystRL,
- sonstige Fälle der Steuerschuldumkehr (§ 14a Abs. 5 UStG) auf Art. 219a Abs. 2 Buchst. a und Art. 226 Nr. 11a MwStSystRL,

– Fälle der Differenzbesteuerung (§ 14a Abs. 6 UStG) auf Art. 226 Nr. 13 und 14 MwStSystRL und
– Dreiecksgeschäfte auf Art. 226 Nr. 11a MwStSystRL.

III. Verhältnis zu anderen Vorschriften und Rechtsentwicklung

3 § 14a UStG verdrängt nicht die **Pflichten nach § 14 UStG**. Letztere bleiben unberührt.

3.1 Durch das Jahressteuergesetz 2020 (JStG 2020) vom 21.12.2020[1] wurde § 14a Abs. 2 UStG an die Neuregelung zum Fernverkauf angepasst und um einen Satz 2 ergänzt. Die Regelung gilt gemäß § 27 Abs. 34 UStG ab dem 1.7.2021. Hiernach besteht keine Rechnungsausstellungspflicht, wenn der Lieferant am besonderen Besteuerungsverfahren nach § 18j UStG teilnimmt.

B. Besondere Rechnungsregelungen im Fall der Steuerschuldumkehr (Absatz 1)

4 § 14a Abs. 1 UStG enthält Regelungen zur Rechnungserteilung in den Fällen der **Steuerschuldumkehr**, in denen der Leistungsempfänger die Steuer in einem anderen Mitgliedstaat schuldet. Nach Satz 1 hat der Unternehmer in diesen Fällen auf die Steuerschuldumkehr hinzuweisen. Das gilt jedoch nicht, wenn eine eigene Betriebstätte im Ausland an der Ausführung dieses Umsatzes beteiligt ist; denn dann hat der Unternehmer den Umsatz (selber) im anderen Staat zu besteuern. Eine zweite Ausnahme von der Hinweispflicht betrifft den Fall der Rechnungserstellung mittels Gutschriftsverfahren nach § 14 Abs. 2 Satz UStG (§ 14 a.F. Rz. 52 ff.); denn in diesem Fall stellt nicht der Leistende, sondern der Leistungsempfänger die Rechnung aus.

5 (Weitere) besondere Pflichten sehen die Sätze 2–4 des § 14a Abs. 1 UStG für in der gesamten EU einheitlich geregelte sog. **innergemeinschaftliche sonstige Leistungen** vor, bei denen gemäß Art. 196 MwStSystRL der (aus Sicht des Leistenden) EU-ausländische Leistungsempfänger die Steuer im Bestimmungsland schuldet, das Reverse-Charge-Verfahren für alle Mitgliedstaaten also verpflichtend und nicht bloß optional ist. Satz 2 beinhaltet die in Art. 222 Abs. 1 MwStSystRL vorgesehene Rechnungsausstellungsfrist. Solche Rechnungen müssen bis zum fünfzehnten Tag nach Ablauf des Leistungsmonats, in dem die Reverse-Charge-Leistung erbracht wurde, ausgestellt werden. Im deutschen Recht handelt es sich um eine sonstige Leistung nach § 3a Abs. 2 UStG, für die der Leistungsempfänger die Steuer entsprechend § 13b Abs. 1 und 5 UStG im anderen Mitgliedstaat schuldet. In einer solchen Rechnung sind die USt-IdNr. des Leistenden und des Leistungsempfängers anzugeben (Satz 3). Das ist auch sachgerecht, weil der Leistende ohnehin verpflichtet ist, für diesen Umsatz gemäß § 18a Abs. 2 UStG eine ZM abzugeben, in der die USt-IdNr. des Leistungsempfängers angegeben werden muss. Die Rechnungsausstellungsfrist und die Pflicht zur Angabe der USt-IdNrn. gelten bei der Abrechnung über das Gutschriftsverfahren bei solchen innergemeinschaftlichen sonstigen Leistungen entsprechend (Satz 4).

C. Rechnungsausstellungspflicht beim Fernverkauf (Absatz 2)

6 Nach § 3c UStG verlagert sich der Ort von **an Nichtunternehmer versendeten Gegenständen** ins Inland, wenn mit diesem Umsatz die deutsche Lieferschwelle überschritten ist (§ 3c Rz. 49 ff.). Für diesen Fall regelt § 14a Abs. 2 Satz 1 UStG, dass der liefernde Unternehmer dem (zumeist inländischen) Verbraucher eine Rechnung ausstellen muss. Für Lieferungen von deutschen Unternehmern ins EU-Ausland im Rahmen des Versandhandels gilt nicht § 14c Abs. 2 UStG sondern die im Bestimmungsland gültigen Regelungen.

6.1 Durch das JStG 2020 wurde mit Wirkung ab dem 1.7.2021 die Lieferschwelle erheblich abgesenkt (§ 3c Rz. 53). Da dadurch wesentlich mehr Unternehmer Lieferungen mit Ort in einem anderen Mitgliedstaat durchführen, können sie diese Umsätze in Zukunft mittels des OSS-Verfahrens melden. Nehmen die Unternehmer am OSS-Verfahren teil, müssten sie nach § 14a Abs. 1 Satz 1 UStG grund-

1 BGBl. I 2020, 3096.

sätzlich Rechnungen ausstellen, für die die Regelungen des Bestimmungslandes anwendbar wären. Dies verhindert § 14a Abs. 2 Satz 2 UStG. Hiernach gilt die Rechnungsausstellungspflicht nicht, wenn der Unternehmer an dem besonderen Besteuerungsverfahren nach § 18j UStG teilnimmt.

D. Rechnungsausstellungspflicht bei innergemeinschaftlichen Lieferungen (Absatz 3)

§ 14a Abs. 3 Sätze 1 und 2 UStG haben einen ähnlichen Regelungsinhalt wie § 14a Abs. 1 Sätze 2 und 3 UStG (Rz. 5): Bei innergemeinschaftlichen Lieferungen hat der liefernde Unternehmer bis zum fünfzehnten Tag nach Ablauf des Liefermonats dem Erwerber eine Rechnung auszustellen, in der (auch) seine eigene **USt-IdNr.** und die des Erwerbers anzugeben ist.[1] Das ist auch hier sachgerecht, weil der Lieferant verpflichtet ist, für diesen Umsatz gemäß § 18a Abs. 1 UStG eine ZM abzugeben, in der die USt-IdNr. des Erwerbers angegeben werden muss (§ 18a Rz. 8 ff.). Die **Rechnungserteilungsfrist** basiert auch hier auf Art. 222 Abs. 1 MwStSystRL. Sie besteht nach Ansicht der Verwaltung auch, wenn die innergemeinschaftliche Lieferung an eine juristische Person (z.B. eingetragener Verein oder Körperschaft des öffentlichen Rechts) erfolgt, die entweder kein Unternehmer ist oder den Gegenstand der Lieferung für ihren nichtunternehmerischen Bereich erworben hat.[2] 7

Die fristgebundene Rechnungserteilungspflicht trifft nach § 14a Abs. 3 Satz 3 UStG auch **nichtunternehmerische Lieferer neuer Fahrzeuge** nach § 2a UStG (§ 2a Rz. 12). Allerdings können diese bei Lieferungen neuer Fahrzeuge an Verbraucher keine USt-IdNr. angeben, da Verbraucher nicht über eine USt-IdNr. verfügen (so § 14a Abs. 3 Satz 4 UStG). 8

Die Pflicht nach Absatz 3 betrifft jedoch **nicht** die Fälle des **innergemeinschaftlichen Verbringens**, weil dort keine Rechnungen ausgestellt werden. Nach Ansicht der Verwaltung hat der Unternehmer hier dennoch einen Beleg auszustellen, in dem die verbrachten Gegenstände aufgeführt sind und der die Bemessungsgrundlagen, die USt-IdNr. des inländischen Unternehmensteils und die USt-IdNr. des ausländischen Unternehmensteils enthält (sog. pro-forma-Rechnung).[3] 9

E. Rechnungsregelungen bei innergemeinschaftlicher Lieferung eines neuen Fahrzeugs (Absatz 4)

Nach § 14a Abs. 4 UStG muss eine Rechnung über die innergemeinschaftliche Lieferung eines neuen Fahrzeugs auch die in § 1b Abs. 2 und 3 UStG bezeichneten Merkmale enthalten. Bei den in § 1b Abs. 2 und 3 UStG bezeichneten Merkmalen handelt es sich um die **Kriterien eines neuen Fahrzeugs** (§ 1b Rz. 33 ff.). Absatz 4 betrifft damit die Rechnungserteilungspflicht bei Lieferungen an Privatpersonen, da über die Kriterien geprüft werden kann, ob die Lieferung wegen des Lieferobjekts „neues Fahrzeug" steuerfrei ist. Deshalb gilt die Pflicht nach Satz 2 unabhängig davon, ob es sich beim Lieferer um einen Unternehmer handelt, der im Rahmen seines Unternehmens handelt. Denn auch Nichtunternehmer können nach § 2b UStG steuerfreie innergemeinschaftliche Lieferungen neuer Fahrzeuge ausführen (§ 1b Rz. 27). 10

F. Rechnungsregelungen bei unter § 13b Abs. 2 und 5 UStG fallende Fälle der Steuerschuldumkehr (Absatz 5)

§ 14a Abs. 5 UStG enthält eine allgemeine Hinweispflicht für nicht unter § 13b Abs. 1 und 5 UStG, sondern § 13b Abs. 2 und 5 UStG fallende Fälle der Steuerschuldumkehr (§ 13b Rz. 18 ff.). In diesen Fällen muss in der Rechnung auf die Steuerschuldumkehr hingewiesen werden. Der Gesetzgeber verlangt die **Formulierung „Steuerschuldnerschaft des Leistungsempfängers"**. Zu Recht gestattet die Verwaltung alle Formulierungen, die in anderen Amtssprachen für den Begriff „Steuerschuldnerschaft 11

1 Aus § 14 Abs. 4 Nr. 8 UStG folgt daneben die Pflicht, auf die Steuerbefreiung hinzuweisen (§ 14 a.F. Rz. 130).
2 Abschn. 14a.1 Abs. 4 Satz 3 UStAE.
3 Abschn. 14a.1 Abs. 5 UStAE.

des Leistungsempfängers“ verwendet werden, wie z.B. „Reverse charge“.[1] Die Hinweispflicht ist jedoch lediglich ein Service für den Leistungsempfänger, der diesen daran erinnern soll, dass er die Steuer schuldet. Denn die Steuerschuldumkehr tritt unabhängig vom Hinweis ein. Zudem ist eine (ordnungsgemäße) Rechnung nach deutscher Ansicht keine Voraussetzung für den Vorsteuerabzug.

12 Wie in allen Fällen der Steuerschuldumkehr ist nach Satz 2 eine Nettorechnung auszustellen.

G. Rechnungsregelungen bei Reiseleistungen und Differenzbesteuerung (Absatz 6)

13 § 14a Abs. 6 UStG sieht Sonderregelungen für Rechnungen vor, für die die Sonderregelung für Reiseleistungen und die Differenzbesteuerung gelten. In solchen Rechnungen muss nach Satz 1 auf die „Sonderregelung für Reisebüros“ **hingewiesen** werden bzw. in den Fällen der Differenzbesteuerung auf „Gebrauchtgegenstände/Sonderregelung“, „Kunstgegenstände/Sonderregelung“ oder „Sammlungsstücke und Antiquitäten/Sonderregelung“. Nach zutreffender Ansicht der FinVerw. können anstelle der deutschen Begriffe auch Formulierungen verwendet werden, die in anderen Amtssprachen für die Rechnungsangaben nach Art. 226 Nr. 13 und 14 MwStSystRL der jeweiligen Sprachfassung verwendet werden (z.B. „Margin scheme – Travel agents“ für „Sonderregelung für Reisebüros“, „Margin scheme – Second-hand goods“ für „Gebrauchtgegenstände/Sonderregelung“, „Margin scheme – Works of art“ für „Kunstgegenstände/Sonderregelung“ oder „Margin scheme – Collectors’s items and antiques“ für „Sammlungsstücke und Antiquitäten/Sonderregelung“.[2]

14 Nach Satz 2 sind **Nettorechnungen** auszustellen. Das ist zwar nicht ausdrücklich in Art 226 Nr. 13 und 14 MwStSystRL geregelt, folgt aber indirekt aus Art. 310 und 323 MwStSystRL. Denn nach diesen Vorschriften ist der Leistungsempfänger von Reiseleistungen bzw. der Erwerber differenzbesteuerter Ware nicht zum Vorsteuerabzug berechtigt. Wenn dem aber so ist, erscheint sachgerecht, durch Anordnung einer Nettorechnung einen ungerechtfertigten Vorsteuerabzug zu verhindern.[3] Zudem wird dadurch erreicht, dass der Leistende seine Marge nicht offenlegen muss.

15 Da bei Leistungen an **Verbraucher** keine Rechnungsausstellungspflicht besteht, läuft die Vorschrift bei Reiseleistungen vielfach leer.

16 Der Hinweis auf die Differenzbesteuerung nach § 25a UStG ist für den die Rechnung erhaltenden Unternehmer deshalb von besonderer **Bedeutung**, weil dieser seinerseits die Differenzbesteuerung gemäß § 25a Abs. 1 Nr. 2 UStG nur dann anwenden darf, wenn er die Ware von einem Lieferanten erworben hat, der keiner Umsatzsteuerschuld unterliegt oder der selbst Differenzbesteuerer ist (§ 25a Rz. 14 ff.). Hat der Lieferant fälschlich auf die Differenzbesteuerung hingewiesen und den Erwerber damit zur Anwendung der Differenzbesteuerung „ermutigt“, dürfte dieser seinerseits die Differenzbesteuerung (an sich) nicht anwenden. Sofern der Erwerber jedoch gutgläubig den Rechnungsangaben vertraut hat, gewährt ihm der EuGH Vertrauensschutz und erlaubt damit die Anwendung der Differenzbesteuerung.[4] Umgekehrt ist jedoch der Hinweis in der Rechnung keine Voraussetzung für die Anwendung der Differenzbesteuerung.

H. Rechnungsregelungen bei innergemeinschaftlichen Dreiecksgeschäften (Absatz 7)

17 Wird in einer Rechnung über eine Lieferung abgerechnet, für die die Erleichterungen eines innergemeinschaftlichen Dreiecksgeschäfts nach § 25b Abs. 2 UStG angewendet werden (§ 25b Rz. 39 ff.), ist nach § 14a Abs. 7 Satz 1 UStG auch auf das Vorliegen eines innergemeinschaftlichen Dreiecksgeschäfts und die Steuerschuldnerschaft des letzten Abnehmers **hinzuweisen.** Dabei sind die **USt-IdNr.** des Leistenden und die des Leistungsempfängers anzugeben (Satz 2). Die Rechnung ist netto auszustellen (Satz 3).

1 Abschn. 14a.1 Abs. 6 UStAE.
2 Abschn. 14a.1 Abs. 10 UStAE.
3 *Buschmann* in Weymüller[2], Umsatzsteuergesetz, § 25a Rz. 69.
4 EuGH, Urt. v. 18.5.2017 – C-624/15, ECLI:EU:C:2017:389 – Litdana, UR 2017, 552.

§ 14b Aufbewahrung von Rechnungen

(1) [1]Der Unternehmer hat ein Doppel der Rechnung, die er selbst oder ein Dritter in seinem Namen und für seine Rechnung ausgestellt hat, sowie alle Rechnungen, die er erhalten oder die ein Leistungsempfänger oder in dessen Namen und für dessen Rechnung ein Dritter ausgestellt hat, zehn Jahre aufzubewahren. [2]Die Rechnungen müssen für den gesamten Zeitraum die Anforderungen des § 14 Absatz 3 Satz 1 erfüllen. [3]Die Aufbewahrungsfrist beginnt mit dem Schluss des Kalenderjahres, in dem die Rechnung ausgestellt worden ist; § 147 Abs. 3 der Abgabenordnung bleibt unberührt. [4]Die Sätze 1 bis 3 gelten auch

1. **für Fahrzeuglieferer (§ 2a);**
2. **in den Fällen, in denen der letzte Abnehmer die Steuer nach § 13a Abs. 1 Nr. 5 schuldet, für den letzten Abnehmer;**
3. **in den Fällen, in denen der Leistungsempfänger die Steuer nach § 13b Absatz 5 schuldet, für den Leistungsempfänger.**

[5]In den Fällen des § 14 Absatz 2 Satz 2 Nummer 3 hat der Leistungsempfänger die Rechnung, einen Zahlungsbeleg oder eine andere beweiskräftige Unterlage zwei Jahre gemäß den Sätzen 2 und 3 aufzubewahren, soweit er

1. **nicht Unternehmer ist oder**
2. **Unternehmer ist, aber die Leistung für seinen nichtunternehmerischen Bereich verwendet.**

(2) [1]Der im Inland oder in einem der in § 1 Abs. 3 bezeichneten Gebiete ansässige Unternehmer hat alle Rechnungen im Inland oder in einem der in § 1 Abs. 3 bezeichneten Gebiete aufzubewahren. [2]Handelt es sich um eine elektronische Aufbewahrung, die eine vollständige Fernabfrage (Online-Zugriff) der betreffenden Daten und deren Herunterladen und Verwendung gewährleistet, darf der Unternehmer die Rechnungen auch im übrigen Gemeinschaftsgebiet, in einem der in § 1 Abs. 3 bezeichneten Gebiete, im Gebiet von Büsingen oder auf der Insel Helgoland aufbewahren. [3]Der Unternehmer hat dem Finanzamt den Aufbewahrungsort mitzuteilen, wenn er die Rechnungen nicht im Inland oder in einem der in § 1 Abs. 3 bezeichneten Gebiete aufbewahrt. [4]Der nicht im Inland oder in einem der in § 1 Abs. 3 bezeichneten Gebiete ansässige Unternehmer hat den Aufbewahrungsort der nach Absatz 1 aufzubewahrenden Rechnungen im Gemeinschaftsgebiet, in den in § 1 Abs. 3 bezeichneten Gebieten, im Gebiet von Büsingen oder auf der Insel Helgoland zu bestimmen. [5]In diesem Fall ist er verpflichtet, dem Finanzamt auf dessen Verlangen alle aufzubewahrenden Rechnungen und Daten oder die an deren Stelle tretenden Bild- und Datenträger unverzüglich zur Verfügung zu stellen. [6]Kommt er dieser Verpflichtung nicht oder nicht rechtzeitig nach, kann das Finanzamt verlangen, dass er die Rechnungen im Inland oder in einem der in § 1 Abs. 3 bezeichneten Gebiete aufbewahrt.

(3) Ein im Inland oder in einem der in § 1 Abs. 3 bezeichneten Gebiete ansässiger Unternehmer ist ein Unternehmer, der in einem dieser Gebiete einen Wohnsitz, seinen Sitz, seine Geschäftsleitung oder eine Zweigniederlassung hat.

(4) [1]Bewahrt ein Unternehmer die Rechnungen im übrigen Gemeinschaftsgebiet elektronisch auf, können die zuständigen Finanzbehörden die Rechnungen für Zwecke der Umsatzsteuerkontrolle über Online-Zugriff einsehen, herunterladen und verwenden. [2]Es muss sichergestellt sein, dass die zuständigen Finanzbehörden die Rechnungen unverzüglich über Online-Zugriff einsehen, herunterladen und verwenden können.

(5) Will der Unternehmer die Rechnungen außerhalb des Gemeinschaftsgebiets elektronisch aufbewahren, gilt § 146 Absatz 2b der Abgabenordnung.

Schrifttum: *Burbaum/Schlüter*, Elektronische Rechnungen und ein Blick ins europäische Ausland, UR 2017, 222; *Hudasch/Höink*, Die elektronische Rechnung – angesagt und doch kaum umgesetzt. Der aktuelle Stand zur Rechnungserteilung auf elektronischem Wege, UStB 2013, 355; *L'habitant*, Cloudbasierte Dokumenten-Management-Systeme (Cloud Computing) unter verfahrensrechtlichen Aspekten, Ubg 2019, 690; *Matheis*, Praxis des elektronischen Rechnungsversands in zehn ausgewählten EU-Mitgliedstaaten, UVR 2016, 317; *Roderburg/Richter*, Verlagerung der elektronischen Buchführung ins Ausland, IStR 2016, 456; *Weimann*, Neues zur umsatzsteuerlichen Rechnungserteilung und -aufbewahrung ab August 2004, UVR 2004, 313.

A. Grundaussagen

I. Regelungsgegenstand und Bedeutung

1 § 14b UStG regelt die Aufbewahrungspflicht für Unternehmer, insbesondere im Hinblick auf Rechnungen, die ausgestellt oder erhalten werden. Die Norm stellt damit eine der wesentlichen umsatzsteuerlichen Pflichten dar. Neben dem **Grundsatz**, dass aufzubewahrende Unterlagen von inländischen Unternehmern **auch im Inland aufzubewahren** sind, gewährt das Gesetz im Hinblick auf die elektronische Aufbewahrung auch die Möglichkeit, dies **ausnahmsweise** im **übrigen Gemeinschaftsgebiet** (§ 14b Abs. 2 Satz 2 UStG) oder im **Drittland** durchzuführen. In diesen Fällen greifen jedoch verschärfte Anforderungen (§ 14b Abs. 4 und 5 UStG). Im Zusammenhang mit der Einführung (obligatorischer) elektronischer Rechnungen (§ 14 Rz. 1 ff.) gewinnt die Vorschrift weiter an Bedeutung.

II. Unionsrechtliche Grundlagen

2 Unionsrechtliche Grundlage des § 14b UStG sind die **Art. 244–248 MwStSystRL**, wobei mehrere Abweichungen bestehen. Dies macht zum Teil eine **unionsrechtskonforme Auslegung** des § 14b UStG erforderlich (Rz. 21, 33 ff.). § 14b Abs. 4 UStG, der den Online-Zugriff auf elektronisch aufbewahrte Rechnungen regelt, beruht auf **Art. 249 MwStSystRL**.

III. Verhältnis zu anderen Vorschriften und Rechtsentwicklung

3 § 14b UStG als Rechnungsaufbewahrungsvorschrift steht naturgemäß vor allem in einem engen Verhältnis zu den §§ 14, 14a UStG, die die Einzelheiten der aufzubewahrenden Rechnungen regeln (§ 14 a.F. Rz. 1 ff. und § 14a Rz. 1 ff.). Neben dieser Vorschrift gelten nach wie vor die allgemeinen

Aufbewahrungsvorschriften in den §§ 146, 147 und 200 AO sowie die damit zusammenhängenden Grundsätze ordnungsgemäßer Buchführung (GoB), die Grundsätze ordnungsgemäßer DV-gestützter Buchführungssysteme (GoBS) und die Grundsätze zum Datenzugriff und zur Prüfbarkeit digitaler Unterlagen (GDPdU).[1]

Die Verletzung der Aufbewahrungspflichten ist bußgeldbehaftet, § 26a Abs. 1 Nr. 2 UStG. 4

B. Aufbewahrungspflicht und Aufbewahrungsfrist (Absatz 1)

I. Aufbewahrungspflicht für Unternehmer (Absatz 1 Satz 1)

§ 14b Abs. 1 Satz 1 UStG formuliert die Kernaussagen der Aufbewahrungsvorschrift, nämlich die Verpflichtung jedes Unternehmers, Belege (insbesondere Rechnungen) für **zehn Jahre** aufzubewahren. 5

Da die Norm allgemein den Begriff des **Unternehmers** verwendet, fallen hierunter grundsätzlich **auch Kleinunternehmer** i.S.d. § 19 UStG, **Landwirte** i.S.d. § 24 UStG **sowie** die partiell als Unternehmer behandelten **Fahrzeuglieferer nach § 2a UStG.**[2] Nach Finanzverwaltungsauffassung trifft die Aufbewahrungspflicht auch denjenigen, der als letzter Abnehmer nach § 13a Abs. 1 Nr. 5 UStG die Umsatzsteuer schuldet und **bei Reverse-Charge** geschuldeter Umsatzsteuer **auch** den **Leistungsempfänger**, der nach § 13b Abs. 5 UStG die Leistungen für den nichtunternehmerischen Bereich bezieht (insbes. Rechnung nach § 14a Abs. 7 UStG). Nicht betroffen sind juristische Personen des öffentlichen Rechts, die Eingangsleistungen nach § 13b Abs. 5 Satz 10 UStG ausschließlich für ihren hoheitlichen Bereich beziehen (z.B. Bauleistungen und Werklieferungen im Zusammenhang mit Grundstücken nach § 13b Abs. 2 Nr. 4 UStG).[3] 6

Anders als der Wortlaut des § 14b Abs. 1 Satz 1 UStG, der nicht auf inländische Unternehmer beschränkt ist, gestattet **Art. 247 MwStSystRL** den Mitgliedstaaten eine Aufbewahrungsfrist **nur für Unternehmer**, die **im eigenen Hoheitsgebiet** ansässig sind, zu implementieren. Insoweit ist § 14b Abs. 1 Satz 1 UStG daher unionsrechtswidrig.[4] 7

Fraglich ist, ob die Aufbewahrungspflicht auch für **freiwillige Ausgangsrechnungen** greift, also solche Rechnungen, zu deren Stellung der Unternehmer nicht verpflichtet war. Dies kann z.B. Rechnungen für nach § 4 Nr. 8–29 UStG steuerfreie Umsätze (§ 14 Abs. 2 Satz 2 HS 2 UStG n.F.) oder Rechnungen an Nichtunternehmer (§ 14 Abs. 2 Satz 2 Nr. 2 UStG n.F.) betreffen, soweit sich keine spezielle Rechnungslegungsverpflichtung ergibt. Die Aufbewahrungspflicht für solche freiwillig ausgestellten Rechnungen ist umstritten.[5] Bis zu einer eindeutigen Klärung dieser Frage durch Rechtsprechung und FinVerw. **empfiehlt es sich, vorsichtshalber auch freiwillig ausgestellte Rechnungsbelege** aufzubewahren. 8

Offen ist, ob sich die Aufbewahrungspflicht grundsätzlich auch auf Rechnungen im Zusammenhang mit dem **nichtunternehmerischen Bereich** eines Unternehmers bezieht.[6] *Stadie* ist insoweit zuzustimmen, als dass ein Umkehrschluss aus der in § 14b Abs. 1 Satz 5 Nr. 2 UStG besonders angeordneten zweijährigen Aufbewahrungsfrist darauf hindeutet, dass es in diesem Bereich keine allgemeine Aufbewahrungspflicht geben dürfte. Gerade vor dem Hintergrund der oftmals komplexen und fehleranfäl- 9

---

1 *Burbaum/Schlüter*, UR 2017, 222 (223); *Hudasch/Höink*, UStB 2013, 355 (360); zu den GoBS siehe BMF, Schr. v. 7.11.1995 – IV A 8-S 0316-52/95, juris; zu den GDPdU siehe BMF, Schr. v. 16.7.2001 – IV D 2-S 0316-136/01, UR 2001, 457, zuletzt geändert durch BMF, Schr. v. 14.9.2012 – IV A 4-S 0316/12/10001, juris.

2 *Korn* in Bunjes[22], § 14b UStG Rz. 3; *Leipold* in Sölch/Ringleb, § 14b UStG Rz. 11 (Stand: Oktober 2023).

3 Abschn. 14b.1 Abs. 3 UStAE.

4 Vgl. *Stadie* in Rau/Dürrwächter, § 14b UStG Rz. 25 (Stand: Juni 2023); *Fleckenstein-Weiland* in Reiß/Kraeusel/Langer, § 14b UStG Rz. 17 (Stand: Februar 2020).

5 Eine Aufbewahrungspflicht bejahend: *Meurer* in Birkenfeld/Wäger, Umsatzsteuer-Handbuch, Abschn. IV, Kapitel 3 I – § 14b UStG, Rz. 25 (Stand: November 2020); gegen eine Aufbewahrungsverpflichtung *Stadie* in Rau/Dürrwächter, § 14b UStG Rz. 11 (Stand: Juni 2023).

6 Bejahend: *Weymüller* in Weymüller, BeckOK, § 14b UStG Rz. 36 (Stand: März 2023); a.A. *Stadie* in Rau/Dürrwächter, § 14b UStG Rz. 26 (Stand: Juni 2023).

ligen Abgrenzung zwischen unternehmerischem und nichtunternehmerischem Bereich erscheint es gleichwohl ratsam, Rechnungen in allen Zweifelsfällen aufzubewahren.

10 § 14b Abs. 1 Satz 1 UStG bezieht sich zum einen **ausgangsseitig** auf die vom Unternehmer oder von einem Dritten in seinem Namen **„ausgestellten" Rechnungen** und zum anderen **eingangsseitig** auf **„erhaltene" Rechnungen**. Die Aufbewahrungspflicht gilt **auch für Gutschriften** nach § 14 Abs. 2 Satz 5 UStG n.F., die insoweit einen Sonderfall darstellen, da sie vom Leistungsempfänger „ausgestellt" werden und insofern aus dessen Sicht als Ausgangsdokument und aus Sicht des Leistenden als Eingangsdokument aufbewahrt werden müssen.[1] Für den Leistenden ist es daher auch erforderlich, dass dieser die Gutschrift tatsächlich erhalten hat, um die Aufbewahrungspflicht zu begründen.[2] Die Aufbewahrungspflicht bezieht sich auch auf Rechnungen über im Ausland erbrachte Leistungen (z.B. § 14a UStG i.V.m. § 3a Abs. 2 UStG).[3]

11 **Auch Kleinbetragsrechnungen** i.S.d. § 33 UStDV sind aufzubewahren. Sofern diese jedoch mit elektronischen oder computergestützten Kassensystemen erstellt werden, ist es seit November 2021 nach Auffassung des BMF ausreichend, wenn ein Doppel der Ausgangsrechnung aus der unveränderbaren digitalen Aufzeichnung reproduziert werden kann, wobei dieses den GoBD, insbesondere dem Erfordernis der Vollständigkeit, Richtigkeit und Zeitgerechtigkeit der Erfassung genügen muss.[4]

12 Die Aufbewahrungspflicht greift **auch** für **korrigierte Rechnungen.**[5]

II. Rechnungsqualität (Absatz 1 Satz 2)

13 Mit § 14b Abs. 1 Satz 2 UStG wird klargestellt, dass die aufzubewahrenden Rechnungen **während** der **gesamten Aufbewahrungszeit** ununterbrochen die Anforderungen nach § 14 Abs. 3 Satz 1 UStG n.F. an die Rechnungsqualität erfüllen müssen. D.h. es müssen durchgehend die **Echtheit der Herkunft**, die **Unversehrtheit des Inhalts** und die **Lesbarkeit** gewährleistet sein (§ 14 a.F. Rz. 18 ff.). Das vom Unternehmer verwendete Archivierungssystem muss diesen Anforderungen gerecht werden.

III. Beginn und Ende der Aufbewahrungsfrist (Absatz 1 Satz 3)

14 § 14b Abs. 1 Satz 3 UStG regelt den **Beginn** der **Aufbewahrungsfrist** und legt diesen mit dem **Schluss** des **Kalenderjahres der Rechnungsausstellung** fest. Durch die im zweiten Halbsatz angeordnete Geltung des § 147 Abs. 3 AO wird insbesondere sichergestellt, dass der **Ablauf** der Aufbewahrungsfrist **nicht** eintritt, **soweit** und solange die Unterlagen noch **für nicht festsetzungsverjährte Zeiträume von Bedeutung** sind (§ 147 Abs. 3 Satz 5 AO).

15 Werden Rechnungen storniert und vollständig neu erstellt, so beginnt die Aufbewahrungspflicht für die neu erstellte Rechnung von neuem.[6]

1 So auch *Leipold* in Sölch/Ringleb, § 14b UStG Rz. 14 (Stand: Oktober 2023); *Fleckenstein-Weiland* in Reiß/Kraeusel/Langer, § 14b UStG Rz. 10 (Stand: Februar 2020).

2 Im Ergebnis ebenso, jedoch mit anderer Begründung: *Meurer* in Birkenfeld/Wäger, Umsatzsteuer-Handbuch, Abschn. IV, Kapitel 3 I – § 14b UStG, Rz. 29 (Stand: Februar 2020).

3 *Meurer* in Birkenfeld/Wäger, Umsatzsteuer-Handbuch, Abschn. IV, Kapitel 3 I – § 14b UStG, Rz. 30 (Stand: Februar 2020).

4 BMF, Schr. v. 16.11.2021 – III C 2-S 7295/19/10001 :001 – DOK 2021/1180899, BStBl. I 2021, 2329; Abschn. 14b Abs. 1 Satz 2 UStAE.

5 *Weymüller* in Weymüller, BeckOK, § 14b UStG Rz. 45 (Stand: März 2023).

6 *Weymüller* in Weymüller, BeckOK, § 14b UStG Rz. 45 (Stand: März 2023); *Stadie* in Rau/Dürrwächter, § 14b UStG Rz. 16 (Stand: Juni 2023).

IV. Entsprechende Geltung (Absatz 1 Satz 4)

1. Regelungsinhalt

§ 14b Abs. 1 Satz 4 UStG ordnet die zehnjährige Aufbewahrungsfrist für die in den Sätzen 1–3 bezeichneten Belege und der dort festgelegten Form für weitere Fälle an. 16

2. Fahrzeuglieferer nach § 2a UStG (Absatz 1 Satz 4 Nr. 1)

Unabhängig davon, dass der Fahrzeuglieferer nach § 2a UStG kein Unternehmer i.S.d. § 2 Abs. 2 UStG ist, wird er durch § 14b Abs. 1 Satz 4 Nr. 1 UStG gleichwohl ausdrücklich zur Aufbewahrung verpflichtet. 17

3. Letzter Abnehmer als Steuerschuldner nach § 13a Abs. 1 Nr. 5 UStG (Absatz 1 Satz 4 Nr. 2)

Die Aufbewahrungspflicht im Zusammenhang mit § 13a Abs. 1 Nr. 5 UStG bezieht sich auf Fälle innergemeinschaftlicher Dreiecksgeschäfte. Hier schuldet der letzte Abnehmer unter den Voraussetzungen des § 25b Abs. 2 UStG (§ 25b Rz. 39 ff.) die Steuer. Die Aufbewahrungspflicht bezieht sich auf die nach § 25b Abs. 2 Nr. 3 UStG i.V.m. § 14a Abs. 7 UStG an den letzten Abnehmer ausgestellte Rechnung. 18

4. Reverse-Charge Steuerschuldner nach § 13b Abs. 5 UStG (Absatz 1 Satz 4 Nr. 3)

Für Leistungsempfänger, die Steuer (Reverse-Charge) nach § 13b Abs. 5 UStG schulden, sieht § 14b Abs. 1 Satz 4 Nr. 3 UStG ausdrücklich die Geltung der Aufbewahrungspflicht vor. Damit müssen in diesen Fällen auch Rechnungen aufbewahrt werden, die als Nichtunternehmer oder im Rahmen des nichtunternehmerischen Bereichs bezogen werden. Dies gilt wegen der klaren gesetzlichen Anordnung unabhängig davon, ob man im Grundsatz eine Aufbewahrungspflicht nach § 14b Abs. 1 Satz 1 UStG auch für den nichtunternehmerischen Bereich bejaht (Rz. 9). 19

V. Aufbewahrungspflicht von Nichtunternehmern bei Werklieferungen und Lieferungen i.S.d. § 14 Abs. 2 Satz 2 Nr. 3 UStG n.F. (Absatz 1 Satz 5)

1. Regelungsgegenstand

§ 14b Abs. 1 Satz 5 UStG, der der **Bekämpfung der Schwarzarbeit** durch sog. „Ohne-Rechnung-Geschäfte" im Bereich der Bauwirtschaft dient,[1] regelt ausnahmsweise auch eine Aufbewahrungspflicht für Nichtunternehmer. Dies wird von Teilen der Literatur als dem UStG wesensfremd angesehen.[2] Die Aufbewahrungsfrist betrifft (alternativ) **Rechnungen**, **Zahlungsbelege oder andere beweiskräftige Unterlagen** und beträgt im Gegensatz zur allgemeinen zehnjährigen Aufbewahrungsfrist des § 14b Abs. 1 Satz 1 UStG lediglich **zwei Jahre**. Sie gilt für die in § 14 Abs. 2 Satz 2 Nr. 3 UStG n.F. bezeichneten „Fälle", also nur für **steuerpflichtige Werklieferungen** und **sonstige Leistungen im Zusammenhang mit einem Grundstück**. Zu dieser sachlichen Einschränkung kommt die persönliche Einschränkung auf Nichtunternehmer (Nr. 1) und Unternehmer, die die Leistungen für ihren nichtunternehmerischen Bereich verwenden (Nr. 2). 20

§ 14b Abs. 1 Satz 5 UStG sieht nach seinem Wortlaut die Möglichkeit vor, **alternativ** zu Rechnungen **Zahlungsbelege** (z.B. Kontobelege und Quittungen)[3] **oder andere beweiskräftige Belege** (z.B. Bauverträge, Abnahmeprotokolle nach VOB)[4] aufzubewahren. Soweit besteht eine **Abweichung von der uni-** 21

1 Vgl. Gegenäußerung der Bundesregierung zur Stellungnahme des Bundesrats zum Schwarzarbeitsbekämpfungsgesetz in BT-Drucks. 15/2573, 95; zur Entstehungsgeschichte siehe auch: *Weimann*, UVR 2004, 313 (317).

2 *Fleckenstein-Weiland* in Reiß/Kraeusel/Langer, § 14b UStG Rz. 30 (Stand: Februar 2020).

3 Abschn. 14b.1 Abs. 4 Satz 2 UStAE.

4 Abschn. 14b.1 Abs. 4 Satz 3 UStAE.

onsrechtlichen Grundlage des Art. 248 MwStSystRL **zugunsten** des **Steuerpflichtigen.**[1] Wegen des klaren Wortlauts des § 14b UStG dürfte hier eine unionsrechtskonforme Auslegung nicht möglich sein. Eine unmittelbare Anwendung des Unionsrechts durch das Finanzamt zu Lasten des Unternehmers dürfte ebenfalls nicht in Betracht kommen.[2] Gleichzeitig kann § 14b Abs. 1 Satz 5 UStG wegen der unionsrechtlichen Grundlage des Art. 247 Abs. 1 MwStSystRL, die sich lediglich auf die Aufbewahrungen von „Rechnungen" bezieht, nicht so verstanden werden, dass (zwingend) einer der genannten alternativen Belege aufbewahrt werden muss, wenn keine Rechnung erteilt wurde.[3] In diesen Fällen würde zudem nach dem Wortlaut des § 14b Abs. 1 Satz 3 UStG die Aufbewahrungsfrist mangels „Rechnungsausstellung" gar nicht zu laufen beginnen.[4]

22 Die FinVerw. geht aus Vereinfachungsgründen – entgegen dem Wortlaut von § 14b Abs. 1 Satz 5 UStG – davon aus, dass **Privatpersonen** im Zusammenhang mit **Mietverhältnissen** zu keinerlei Aufbewahrung verpflichtet sind.[5]

23 In Fällen des § 14b Abs. 1 Satz 5 UStG muss der Leistende grundsätzlich nach § 14 Abs. 4 Satz 1 Nr. 9 UStG (§ 14 a.F. Rz. 132 ff.) auf die Aufbewahrungspflicht hinweisen. Nach Auffassung der FinVerw. soll die Aufbewahrungspflicht jedoch selbst dann greifen, wenn dieser Hinweis fehlt.[6] Obgleich dies im Einklang mit dem Gesetzeswortlaut[7] steht, ist es in der Praxis mehr als unglücklich, da die Hinweispflicht gerade dazu dient, den Leistungsempfänger über die Aufbewahrungspflicht zu informieren.[8]

2. Nichtunternehmer (Absatz 1 Satz 5 Nr. 1)

24 Die Aufbewahrungspflicht nach § 14b Abs. 1 Satz 5 UStG greift für Leistungsempfänger, die nicht Unternehmer sind. Dies betrifft daher einen Personenkreis, der anderenfalls nach § 14b Abs. 1 UStG gar nicht zur Aufbewahrung verpflichtet wäre. Insoweit begründet § 14b Abs. 1 Satz 5 Nr. 1 UStG die Aufbewahrungspflicht.

3. Verwendung für nichtunternehmerischen Bereich (Absatz 1 Satz 5 Nr. 2)

25 Bei Unternehmern, die Leistungen für ihren nichtunternehmerischen Bereich verwenden (z.B. eine reine Finanzholding) führt § 14b Abs. 1 Satz 5 UStG zu einer Erleichterung. Die sich anderenfalls aus § 14b Abs. 1 ergebende Aufbewahrungspflicht wird in diesen Fällen insbesondere zeitlich (lediglich 2 Jahre) eingeschränkt und die Möglichkeit in sachlicher Hinsicht um die Möglichkeit Alternativbelege statt Rechnungen aufzubewahren ergänzt.

C. Aufbewahrungsort (Absatz 2)

I. Inland oder Gebiete i.S.d. § 1 Abs. 3 UStG (Absatz 2 Satz 1)

26 Für Unternehmer, die ihren Sitz im Inland oder in den in § 1 Abs. 3 UStG bezeichneten Gebieten haben, müssen grundsätzlich die nach § 14b Abs. 1 UStG aufzubewahrenden Dokumente **im Inland oder in den in § 1 Abs. 3 UStG bezeichneten Gebieten** aufbewahrt werden. Dem Wortlaut nach nicht erforderlich ist, dass der Unternehmer die Dokumente dort aufbewahrt, wo er selbst ansässig ist, so dass z.B. auch ein im Inland ansässiger Unternehmer seine Aufbewahrungspflicht in den Gebieten i.S.d. § 1 Abs. 3 UStG erfüllen kann und umgekehrt.

1 *Weymüller* in Weymüller, BeckOK, § 14b UStG Rz. 67.1 (Stand: März 2023).
2 Vgl. EuGH, Urt. v. 8.10.1987 – C-80/86, ECLI:EU:C:1987:431 – Kolpinghuis Nijmegen, HFR 1988, 594.
3 Vgl. auch *Korn* in Bunjes[22], § 14b UStG Rz. 8.
4 *Widmann* in Schwarz/Widmann/Radeisen, § 14b UStG Rz. 29 (Stand: März 2021); *Stadie* in Rau/Dürrwächter, § 14b UStG Rz. 73 (Stand: Oktober 2023).
5 Abschn. 14b.1 Abs. 4 Satz 5 UStAE.
6 Abschn. 14b.1 Abs. 4 Satz 4 UStAE.
7 *Stadie* in Rau/Dürrwächter, § 14b UStG Rz. 68 (Stand: Juni 2023).
8 Vgl. *Korn* in Bunjes[22], § 14b UStG Rz. 9.

Im Falle einer elektronischen Aufbewahrung bedeutet dies, dass die **physischen Server**, auf denen sich die Daten befinden, sich ebenfalls in dem bezeichneten Gebiet befinden müssen. D.h., dass z.B. die Inanspruchnahme eines elektronischen Archivs, dessen Server sich im Drittlandsgebiet befinden, grundsätzlich unzulässig ist (Rz. 29). 27

Im Zusammenhang mit sog. Shared-Service-Centern deutscher Unternehmer, die aus Gründen der Kostenoptimierung in der Regel außerhalb des Inlands und der in § 1 Abs. 3 UStG bezeichneten Gebiete betrieben werden, ergibt sich das Problem, dass die elektronischen Daten gerade nicht im Inland, sondern einheitlich in ausländischen Gebieten aufbewahrt werden. Hierfür bieten § 14b Abs. 2 Satz 2 UStG (für Shared Service Center in anderen Mitgliedstaaten) und § 14b Abs. 5 UStG im Zusammenspiel mit § 146 Abs. 2a AO (für Shared Service Center im Drittland) die Möglichkeit, Rechnungen ausnahmsweise auch außerhalb des Inlands und der in § 1 Abs. 3 UStG bezeichneten Gebiete elektronisch aufzubewahren (Rz. 29 und 38). 28

II. Cloud-Computing – Elektronische Aufbewahrung mit Online-Zugriff (Absatz 2 Satz 2)

§ 14b Abs. 2 Satz 2 UStG regelt eine Ausnahme von der in Satz 1 geregelten Beschränkung des zulässigen Aufbewahrungsorts für Fälle des sog. „**Cloud-Computings**". Wenn die elektronische Aufbewahrung von Unterlagen in der Form erfolgt, dass der Online-Zugriff auf diese Daten und der Download und Verwendung gewährleistet sind, dürfen die Server für diesen Cloud-Dienst **auch außerhalb des Inlands** i.S.d. § 1 Abs. 2 Satz 1 UStG aufbewahrt werden, soweit die Aufbewahrung im übrigen Gemeinschaftsgebiet, einem der in § 1 Abs. 3 UStG bezeichneten Gebiete oder dem Gebiet von Büsingen oder der Insel Helgoland erfolgt. D.h., auch in diesem Fall dürfen die Server, auf denen sich die Daten befinden, **jedoch nicht im Drittland** stehen. Dies ist nur unter den weiteren Voraussetzungen des § 14b Abs. 5 UStG zulässig (Rz. 38). Außerdem hat das **Finanzamt** in diesen Fällen das **Recht, selbst** auf die elektronisch aufbewahrten Rechnungen **zuzugreifen** (Rz. 36). 29

Rechnungen sind, unabhängig davon, ob sie erstmals elektronisch oder zunächst in Papierform ausgestellt worden sind, **in** ihrem **Originalzustand** vom Unternehmer **aufzubewahren**.[1] Die FinVerw. erlaubt aber ausdrücklich eine Vernichtung des Originals, sofern dies den Grundsätzen ordnungsgemäßer Buchführung entspricht.[2] In diesem Fall trifft den Unternehmer eine Nachweispflicht, dass er im Besitz der Originalrechnung war.[3] 30

III. Mitteilungspflicht (Absatz 2 Satz 3)

Für den Fall, dass ein inländischer Unternehmer die Möglichkeit des § 14b Abs. 2 Satz 2 UStG in Anspruch nimmt und die elektronische Aufbewahrung z.B. im übrigen Gemeinschaftsgebiet vornimmt, regelt § 14b Abs. 2 Satz 3 UStG eine Mitteilungspflicht gegenüber dem Finanzamt. Grundlage hierfür ist Art. 245 Abs. 2 MwStSystRL, eine Vorgabe, die nicht von allen EU-Mitgliedstaaten umgesetzt worden ist.[4] Mitzuteilen hat der Unternehmer in diesem Fall den **Aufbewahrungsort**. Wenn aufzubewahrende Dokumente im **Cloud-Computing** auf mehreren Servern in verschiedenen Ländern gespiegelt werden, was aufgrund der Datensicherheit nicht selten vorkommt, empfiehlt es sich **im Zweifel sämtliche Aufbewahrungsorte** mitzuteilen. 31

IV. Aufbewahrungsort für ausländische Unternehmer (Absatz 2 Satz 4)

§ 14b Abs. 2 Satz 4 UStG **verpflichtet** Unternehmer, die ihren Sitz weder im Inland noch in den in § 1 Abs. 3 UStG bezeichneten Gebieten haben (ausländische Unternehmer), dazu, den **Aufbewahrungsort** 32

1 Vgl. *Hudasch/Höink*, UStB 2013, 355 (360).
2 Vgl. Abschn. 22.1 Abs. 2 Satz 3 UStAE.
3 Hierzu im Detail *Roderburg/Richter*, IStR 2016, 456 (461 f.), die ebenso auf etwaige Probleme hinweisen.
4 Vgl. *Matheis*, UVR 2016, 317 (319).

in der EU zu bestimmen. Diese Regelung steht in einem gewissen **Widerspruch zum Unionsrecht**. Nach der Vorgabe des Art. 245 Abs. 2 Unterabs. 2 MwStSystRL ist es den Mitgliedstaaten lediglich gestattet, denjenigen Unternehmern eine Aufbewahrung im Inland aufzuerlegen, die ihren Sitz im Hoheitsgebiet des betreffenden Mitgliedstaats haben. Da § 14b Abs. 2 Satz 4 UStG nicht zur Aufbewahrung im Inland, sondern innerhalb der EU verpflichtet, wird er gleichwohl – auch von kritischen Literaturstimmen – jedenfalls insoweit für wirksam gehalten, als es um Unternehmer mit Sitz in der EU geht.[1]

V. Vorlageverlangen (Absatz 2 Satz 5)

33 § 14b Abs. 2 Satz 5 UStG **verpflichtet** den ausländischen Unternehmer (§ 14b Abs. 2 Satz 4 UStG) auf Verlangen des Finanzamts die aufzubewahrenden **Rechnungen bzw. Daten vorzulegen**. Dabei kann es sich **jedoch** im Hinblick auf Art. 245 Abs. 1 Unterabs. 2 MwStSystRL bei unionsrechtskonformer Auslegung **nur** um **Unterlagen** handeln, die Eingangs- und Ausgangsumsätze **mit Inlandsbezug**, also für die Besteuerung im Inland erforderliche Belege, enthalten.[2]

VI. Verschärfte örtliche Aufbewahrungspflicht (Absatz 2 Satz 6)

34 § 14b Abs. 2 Satz 6 UStG regelt eine **Sanktionsmöglichkeit** im Hinblick auf das Vorlageverlangen. Kommt der (ausländische) Unternehmer dem Vorlageverlangen des Finanzamts nach § 14b Abs. 2 Satz 5 UStG nicht nach, so darf das Finanzamt im Rahmen einer **Ermessensentscheidung** verlangen, dass er **zukünftig** die von ihm aufzubewahrenden **Belege im Inland oder den in § 1 Abs. 3 UStG bezeichneten Gebieten aufbewahrt**. Diese Möglichkeit kann sich bei unionsrechtskonformer Auslegung **ebenfalls nur** auf die **Belege mit Inlandsrelevanz** beziehen.

D. Inländischer Unternehmer (Absatz 3)

35 § 14b Abs. 3 UStG definiert den **inländischen Unternehmer**, der nach § 14b Abs. 2 Satz 1 UStG verpflichtet ist, die Rechnungen im Inland oder den in § 1 Abs. 3 UStG bezeichneten Gebieten aufzubewahren (Rz. 26 ff.). Seinem **Wortlaut** nach („ein Wohnsitz") würde **bereits jeder inländische Wohnsitz, also auch ein Zweitwohnsitz** genügen, um die verschärften örtlichen Regelungen zur Aufbewahrung zur Anwendung zu bringen. **Unionsrechtskonform** im Hinblick auf Art. 245 Abs. 2 i.V.m. Art. 43 MwStSystRL muss § 14b Abs. 3 UStG jedoch so ausgelegt werden, dass es auf den **Sitz der wirtschaftlichen Tätigkeit oder** einer **festen Niederlassung** des Unternehmers ankommen muss.[3] Insoweit kann nicht auf das alleinige Begriffsverständnis der § 8 ff. AO zurückgegriffen werden.[4]

E. Elektronische Aufbewahrung in anderen Mitgliedstaaten (Absatz 4)

I. Berechtigung zum Online-Zugriff (Absatz 4 Satz 1)

36 Wenn ein inländischer Unternehmer von der Möglichkeit nach § 14b Abs. 2 Satz 2 UStG Gebrauch macht und Rechnungen **im übrigen Gemeinschaftsgebiet** aufbewahrt, so gewährt § 14b Abs. 4 Satz 1 UStG den Finanzbehörden das Recht, selbst auf die Rechnungen zuzugreifen. Diese Berechtigung be-

---

1 Vgl. *Stadie* in Rau/Dürrwächter, § 14b UStG Rz. 41 f. (Stand: Juni 2023), der die Geltung der Norm für Unternehmer mit Sitz im Drittland verneint.

2 *Meurer* in Birkenfeld/Wäger, Umsatzsteuer-Handbuch, Abschn. IV, Kapitel 3 I – § 14b UStG, Rz. 68 (Stand: November 2020).

3 Vgl. *Scharpenberg* in Hartmann/Metzenmacher, § 14b UStG Rz. 44 (Stand: 8. EL2023); *Stadie* in Rau/Dürrwächter, § 14b UStG Rz. 48 (Stand: Juni 2023); *Leipold* in Sölch/Ringleb, § 14b UStG Rz. 53 (Stand: Oktober 2023).

4 So aber offenbar *Widmann* in Schwarz/Widmann/Radeisen, § 14b UStG Rz. 34 (Stand: März 2021) und *Korn* in Bunjes[22], § 14b UStG Rz. 15.

steht dem Wortlaut nach nicht für elektronische Aufbewahrungen in Büsingen oder im Gebiet der Insel Helgoland. Zwar ist auch die elektronische Aufbewahrung in diesen besonderen Gebieten erst durch § 14b Abs. 2 Satz 2 UStG möglich. Da § 14b Abs. 4 Satz 1 UStG jedoch weder Büsingen noch die Insel Helgoland nennt, besteht in diesen Fällen kein Recht der FinVerw. auf Online-Zugriff.

II. Sicherstellung des unverzüglichen Zugriffs (Absatz 4 Satz 2)

Die nach § 14b Abs. 4 Satz 1 UStG dem Finanzamt eingeräumte Zugriffsmöglichkeit muss beinhalten, dass die elektronisch gespeicherten Daten unverzüglich von der FinVerw. eingesehen und heruntergeladen werden können. Dies verhindert insbesondere, dass zwischen Beginn und Durchführung des Datenzugriffs die elektronisch gespeicherten Inhalte noch manipuliert werden könnten. 37

F. Elektronische Aufbewahrung außerhalb der Europäischen Union (Absatz 5)

Mit § 14b Abs. 5 UStG wird klargestellt, dass der Unternehmer (sowohl der inländische als auch der ausländische) die elektronische Aufbewahrung auch außerhalb des Gemeinschaftsgebiets vornehmen kann. Durch den Verweis auf **§ 146 Abs. 2a AO** ist dies allerdings **nur** dann möglich, **wenn** das zuständige **Finanzamt** dies auf einen schriftlichen Antrag des Unternehmers **bewilligt**. Letzteres erfordert grundsätzlich, dass der Unternehmer den genauen Standort der elektronischen Aufbewahrung (also die Serverstandorte) nennt, der Unternehmer seinen allgemeinen Mitwirkungs-, Auskunfts-, Vorlage-, Buchführungs- und Aufzeichnungspflichten nach den §§ 90, 93, 97, 140–147 und 200 Abs. 1 und 2 AO in der Vergangenheit ordnungsgemäß nachgekommen ist und zudem die Besteuerung durch die Verlagerung der elektronischen Aufbewahrung ins Drittland nicht beeinträchtigt wird.[1] 38

§ 14c Unrichtiger oder unberechtigter Steuerausweis

(1) [1]Hat der Unternehmer in einer Rechnung für eine Lieferung oder sonstige Leistung einen höheren Steuerbetrag, als er nach diesem Gesetz für den Umsatz schuldet, gesondert ausgewiesen (unrichtiger Steuerausweis), schuldet er auch den Mehrbetrag. [2]Berichtigt er den Steuerbetrag gegenüber dem Leistungsempfänger, ist § 17 Abs. 1 entsprechend anzuwenden. [3]In den Fällen des § 1 Abs. 1a und in den Fällen der Rückgängigmachung des Verzichts auf die Steuerbefreiung nach § 9 gilt Absatz 2 Satz 3 bis 5 entsprechend.

(2) [1]Wer in einer Rechnung einen Steuerbetrag gesondert ausweist, obwohl er zum gesonderten Ausweis der Steuer nicht berechtigt ist (unberechtigter Steuerausweis), schuldet den ausgewiesenen Betrag. [2]Das Gleiche gilt, wenn jemand wie ein leistender Unternehmer abrechnet und einen Steuerbetrag gesondert ausweist, obwohl er nicht Unternehmer ist oder eine Lieferung oder sonstige Leistung nicht ausführt. [3]Der nach den Sätzen 1 und 2 geschuldete Steuerbetrag kann berichtigt werden, soweit die Gefährdung des Steueraufkommens beseitigt worden ist. [4]Die Gefährdung des Steueraufkommens ist beseitigt, wenn ein Vorsteuerabzug beim Empfänger der Rechnung nicht durchgeführt oder die geltend gemachte Vorsteuer an die Finanzbehörde zurückgezahlt worden ist. [5]Die Berichtigung des geschuldeten Steuerbetrags ist beim Finanzamt gesondert schriftlich zu beantragen und nach dessen Zustimmung in entsprechender Anwendung des § 17 Abs. 1 für den Besteuerungszeitraum vorzunehmen, in dem die Voraussetzungen des Satzes 4 eingetreten sind.

---

1 Siehe hierzu auch *L'habitant*, Ubg 2019, 690.

A. Grundaussagen

I. Regelungsgegenstand und Bedeutung

1 Der Gesetzgeber regelt mit § 14c UStG die Folgen eines in einer Rechnung fälschlich ausgewiesenen Steuerbetrages. Er unterscheidet hierbei Fälle, in denen der Steuerausweis wegen eines Subsumtionsfehlers erfolgte, der zu hohe Steuerausweis also entschuldbar erfolgte, z.B. weil der Rechnungsaussteller irrig annahm, es sei der reguläre Steuersatz anzuwenden. Diese Fälle beschreibt Absatz 1 der Rechtsnorm als **unrichtigen Steuerausweis**. Der Rechnungsaussteller schuldet den Mehrbetrag, kann diese Schuld aber (relativ einfach) wieder loswerden, indem er dem Rechnungsempfänger eine berichtigte Rechnung ausstellt.

2 Daneben enthält § 14c Abs. 2 UStG die besonders missbilligten Fälle, in denen entweder ein Unternehmer über eine nicht ausgeführte Leistung abrechnet oder der Abrechnende gar kein Unternehmer ist, den **unberechtigten Steuerausweis**. Auch hier schuldet der Rechnungsaussteller die ausgewiesene Steuer. An die Berichtigung sind aber besonders hohe Anforderungen gestellt; die Gefährdung des Steueraufkommens muss hier beseitigt werden.

3 Beide Absätze enthalten eine **eigene Steuerbarkeitsvorschrift**, wie sich aus §§ 13 und 13a UStG ergibt: Die Steuer entsteht nach § 13 Abs. 1 Nr. 3 UStG im Zeitpunkt der Ausgabe der Rechnung (§ 13 Rz. 78 f.). Steuerschuldner ist nach § 13a Abs. 1 Nr. 1 und 4 UStG der Unternehmer bzw. der Aussteller der Rechnung (§ 13a Rz. 7, 14).

4 **Zweck** des § 14c UStG ist es, Steuerausfälle zu verhindern, die dadurch entstehen können, dass der Aussteller der Rechnung den ausgewiesenen Steuerbetrag nicht an das Finanzamt abführt, der Rechnungsempfänger aber trotzdem die Vorsteuer geltend macht. Dieser Gefahr wird dadurch begegnet, dass der Rechnungsaussteller den ausgewiesenen Steuerbetrag in jedem Fall schuldet, wohingegen aus dem zu Unrecht oder unberechtigt ausgewiesenen Steuerbetrag keine Vorsteuer gezogen werden kann. Denn bei diesem Steuerbetrag handelt es sich um keine „für Lieferungen oder sonstige Leistungen“

gesetzlich geschuldete Umsatzsteuer, wie es § 15 Abs. 1 Satz 1 Nr. 1 Satz 1 UStG verlangt (§ 15 Rz. 35 ff.).[1] Die FinVerw. gestattet lediglich bei einem zu hohen unrichtigen Steuerausweis den Vorsteuerabzug aus der gesetzlich geschuldeten Steuer.[2]

II. Unionsrechtliche Grundlagen

Nach **Art. 203 MwStSystRL** wird „die Mehrwertsteuer […] von **jeder Person** geschuldet, die diese Steuer in einer Rechnung ausweist.“ Eine Unterscheidung in einen unrichtigen und unberechtigten Steuerausweis sieht die Richtlinie nicht vor. Auch enthält diese keine Bestimmung über die Berichtigung zu Unrecht in Rechnung gestellter Mehrwertsteuer durch den Aussteller der Rechnung. In den Art. 184 ff. MwStSystRL ist lediglich geregelt, unter welchen Voraussetzungen der Vorsteuerabzug beim Empfänger der Lieferung oder Dienstleistung berichtigt werden kann. Es ist daher grundsätzlich Sache der Mitgliedstaaten, die Voraussetzungen festzulegen, unter denen zu Unrecht in Rechnung gestellte Mehrwertsteuer berichtigt werden kann.[3] Allerdings hat der EuGH entschieden, dass die Neutralität der Mehrwertsteuer verlangt, dass im nationalen Recht die Möglichkeit vorgesehen wird, dass jede zu Unrecht in Rechnung gestellte Steuer berichtigt werden kann, wenn der Aussteller der Rechnung seinen guten Glauben nachweist.[4] Hat der Aussteller der Rechnung die Gefährdung des Steueraufkommens rechtzeitig und vollständig beseitigt, so muss zu Unrecht in Rechnung gestellte Mehrwertsteuer sogar berichtigt werden können, ohne dass dies vom guten Glauben des Ausstellers der betreffenden Rechnung abhängig gemacht werden darf.[5] Ob sich daraus jedoch ergibt, dass eine Inanspruchnahme des Steuerpflichtigen aus § 14c Abs. 1 UStG (ohne Berichtigung der Rechnung) stets ausgeschlossen ist, wenn keine Gefährdung des Steueraufkommens (mehr) besteht,[6] ist zweifelhaft. 5

Nach Art. 203 MwStSystRL schuldet (nur) derjenige die Steuer, der diese ausgewiesen hat. Hat nicht der Unternehmer, sondern ein **Dritter** die Rechnung erstellt, schuldet der leistende Unternehmer die unrichtig ausgewiesene Steuer in aller Regel nicht, es sei denn, ihm kann das Handeln des Dritten, insbesondere bei Arbeitnehmerverhältnissen, zugerechnet werden. Das ist z.B. der Fall, wenn ein Arbeitgeber nicht die **zumutbare Sorgfalt** an den Tag gelegt hat, um das Handeln seines Arbeitnehmers zu überwachen und dadurch zu verhindern, dass dieser seine Mehrwertsteuer-Identifikationsdaten für die Ausstellung falscher Rechnungen zu betrügerischen Zwecken verwenden kann. In einem solchen Fall kann ihm das betrügerische Handeln seines Arbeitnehmers zugerechnet werden, so dass er als die Person anzusehen ist, die die Mehrwertsteuer in den streitigen Rechnungen im Sinne von Art. 203 MwStSystRL ausgewiesen hat.[7] 5.1

Auf der anderen Seite soll Art. 203 MwStSystRL der **Gefährdung des Steueraufkommens entgegenwirken**, die sich aus dem Recht zum Vorsteuerabzug ergeben kann. Selbst wenn dieses Abzugsrecht nur für diejenigen Steuern besteht, die mit einem mehrwertsteuerpflichtigen Umsatz in Zusammenhang stehen, ist nach Ansicht des EuGH die Gefährdung des Steueraufkommens grundsätzlich nicht vollständig beseitigt, solange der Adressat einer Rechnung, in der die Mehrwertsteuer zu Unrecht ausgewiesen ist, diese noch dazu nutzen kann, das Vorsteuerabzugsrecht auszuüben.[8] Etwas anderes ergibt sich auch nicht aus der EuGH-Entscheidung *Karageorgou*:[9] Der EuGH hatte hier einen Fall zu entscheiden, bei dem eine Person, die Dienstleistungen gegenüber dem Staat aufgrund eines Arbeitsverhältnisses als Nichtselbständiger erbringt, irrtümlich auf Weisung des Arbeitgebers Quittungen mit ausgewiesener Mehrwertsteuer ausstellt. Für diesen Sonderfall hat der EuGH eine Gefährdung des Steu- 6

1 Abschn. 15.2 Abs. 1 Satz 2 UStAE.
2 Abschn. 15.2a Abs. 6 Satz 12 UStAE.
3 EuGH, Urt. v. 19.9.2000 – C-454/98, ECLI:EU:C:2000:469 – Schmeink & Cofreth und Strobel, UR 2000, 470.
4 EuGH, Urt. v. 13.12.1989 – C-342/87, ECLI:EU:C:1989:635 – Genius Holding, UR 1991, 83 m. Anm. *Reiß*.
5 EuGH, Urt. v. 19.9.2000 – C-454/98, ECLI:EU:C:2000:469 – Schmeink & Cofreth und Strobel, UR 2000, 470.
6 So *Weymüller* in Weymüller², § 14c UStG Rz. 37.
7 EuGH, Urt. v. 30.1.2024 – C-442/22, ECLI:EU:C:2024:100 – Dyrektor Izby Administracji Skarbowej w Lublinie (Fraude d'un employé), UR 2024, 134.
8 EuGH, Urt. v. 18.6.2009 – C-566/07, ECLI:EU:C:2009:380 – Stadeco, UR 2009, 647.
9 EuGH, Urt. v. 6.11.2003 – C-78/02 bis C-80/02, C-78/02, C-79/02, C-80/02, ECLI:EU:C:2003:604 – Karageorgou u.a., UR 2003, 595.

eraufkommens verneint. Der EuGH hat in dieser Entscheidung aber ausdrücklich auf die Entscheidung Schmeink & Cofreth und Strobel[1] Bezug genommen, ohne deren Grundsätze zu relativieren.[2]

7 Daneben hat sich der **EuGH** auch (noch) in der **Entscheidung *Reemtsma***[3] mit Art. 203 MwStSystRL auseinandergesetzt: Der dem Urteil zugrunde liegende Sachverhalt zeichnete sich dadurch aus, dass der deutschen Gesellschaft Reemtsma (ohne ständige Niederlassung in Italien) für von einem italienischen Unternehmen bezogene Werbe- und Marketingleistungen fälschlich italienische Umsatzsteuer in Rechnung gestellt worden war. Schon damals befand sich für derartige Leistungen der Ort beim Leistungsempfänger in Deutschland (heute § 3a Abs. 2 UStG) und es griff die Steuerschuldumkehr (heute § 13b Abs. 1 UStG) ein. Reemtsma wollte die an das italienische Unternehmen gezahlte Umsatzsteuer von der Italienischen Republik erstattet bekommen, was im ersten Moment kurios anmutet, weil Reemtsma gegenüber dem italienischen Leistungsempfänger einen zivilrechtlichen Anspruch auf Rückzahlung der zu Unrecht gezahlten Umsatzsteuer hatte. Das sah auch der EuGH so, da sich das Recht auf Vorsteuerabzug nicht auf eine Steuer erstreckt, die ausschließlich deshalb geschuldet wird, weil sie fälschlich in der Rechnung ausgewiesen ist. Außerdem könne der Dienstleistungserbringer, der die Mehrwertsteuer irrtümlich an die Steuerbehörden entrichtet hat, deren Erstattung verlangen, und der Dienstleistungsempfänger eine zivilrechtliche Klage auf Rückzahlung einer nicht geschuldeten Steuer erheben. Damit sei den Grundsätzen der Neutralität und der Effektivität Genüge getan. Wenn aber die Rückzahlung der zu Unrecht an den Leistenden gezahlten Umsatzsteuer insbesondere im Fall der Zahlungsunfähigkeit des Dienstleistungserbringers unmöglich oder übermäßig erschwert werde, könnten es die Grundsätze der Neutralität und der Effektivität gebieten, dass der Dienstleistungsempfänger seinen Antrag auf Erstattung unmittelbar an die Steuerbehörden richten kann (sog. **Reemtsma-Anspruch**). Dafür müssten die Mitgliedstaaten die erforderlichen Mittel und Verfahrensmodalitäten vorsehen.

7.1 Beruft sich der Leistende gegenüber dem Leistungsempfänger auf die **Einrede der Verjährung**, steht dies der Zahlungsunfähigkeit des Leistenden gleich und der Leistungsempfänger kann vom Fiskus die Rückzahlung der an den Leistenden zu viel gezahlten Umsatzsteuer verlangen. Dabei besteht nach Ansicht des EuGH[4] keine Gefahr, dass der Fiskus durch den Leistenden auf Rückzahlung der zu viel an den Fiskus gezahlten Umsatzsteuer (und damit letztlich doppelt) in Anspruch genommen wird, denn mit einem solchen Begehren würde er sich missbräuchlich verhalten. Ein solcher Antrag hätte den alleinigen Zweck, einen Steuervorteil zu erlangen, der gegen den Grundsatz der steuerlichen Neutralität verstößt.[5] Der Reemtsma-Anspruch muss in diesem Fall sogar nach Ablauf einer angemessenen Frist, die allerdings erst mit der Geltendmachung beim Fiskus beginnen kann, **verzinst** werden.[6]

Weitere Einzelheiten des sog. Reemtsma-Anspruchs sind jedoch noch nicht abschließend höchstrichterlich geklärt. Dazu gehört insbesondere, ob der Direktanspruch gegen den Fiskus dann scheitert, wenn der Fiskus nicht mehr um die unberechtigt gezahlte Umsatzsteuer bereichert ist.[7] Der BFH wird in naher Zukunft Gelegenheit haben, sich hierzu zu äußern.[8]

III. Verhältnis zu anderen Vorschriften und Rechtsentwicklung

8 Von besonderer Bedeutung ist das Verhältnis des § 14c UStG zu **§ 17 UStG**. Beide Vorschriften schließen sich gegenseitig aus.[9] Das ist überraschend, folgt aber aus dem Wortlaut des § 17 UStG, der für

1 EuGH, Urt. v. 19.9.2000 – C-454/98, ECLI:EU:C:2000:469 – Schmeink & Cofreth und Strobel, UR 2000, 470.
2 BFH, Beschl. v. 20.10.2006 – V B 20/05, UR 2007, 311.
3 EuGH, Urt. v. 15.3.2007 – C-35/05, ECLI:EU:C:2007:167 – Reemtsma Cigarettenfabriken, UR 2007, 343 m. Anm. *Burgmaier.*
4 EuGH, Urt. v. 7.9.2023 – C-453/22, ECLI:EU:C:2023:639 – Schütte, UR 2023, 758 m. Anm. *Nieskens.*
5 EuGH, Urt. v. 7.9.2023 – C-453/22, ECLI:EU:C:2023:639 – Schütte, UR 2023, 758 m. Anm. *Nieskens* Rz. 33.
6 EuGH, Urt. v. 7.9.2023 – C-453/22, ECLI:EU:C:2023:639 – Schütte, UR 2023, 758 m. Anm. *Nieskens* Rz. 33; EuGH, Urt. v. 13.10.2022 – C-397/21, ECLI:EU:C:2022:790 – HUMDA, UR 2023, 290.
7 S. hierzu FG Düsseldorf, Urt. v. 4.12.2020 – 1 K 1510/18 AO, juris m.w.N.
8 Az des BFH: XI R 6/21.
9 *Stadie* in Rau/Dürrwächter, § 14c UStG Rz. 40 (Stand: April 2021); *Weymüller* in Weymüller², § 14c UStG Rz. 16.1.

eine Änderung der Bemessungsgrundlage keine Berichtigung der (dann unrichtigen) Rechnung vorsieht (§ 17 Rz. 17 f.).[1] So findet § 14c UStG keine Anwendung, wenn sich nach Ausführung der Leistung die Bemessungsgrundlage ändert, das Entgelt uneinbringlich wird, die Leistung rückgängig gemacht oder sie nach einer Anzahlungsrechnung (wider Erwarten) nicht ausgeführt wird. § 17 UStG betrifft damit stets Fälle, bei denen ein Ereignis nach Ausführung der Leistung eintritt. Soweit der BFH meint, dass von Uneinbringlichkeit i.S.d. § 17 Abs. 2 Nr. 1 UStG auch dann auszugehen ist, wenn das Entgelt für eine Leistung aus Gründen, die bereits bei Leistungserbringung vorliegen, für einen Zeitraum von zwei bis fünf Jahren nicht vereinnahmt werden kann,[2] führt dies zwar zum wünschenswerten Ergebnis, ist aber mit dem geltenden Recht nicht zu begründen. Zwar ist die Vorfinanzierung der Umsatzsteuer über mehrjährige Zeiträume im Verhältnis zur Besteuerung der Unternehmer, die der Istbesteuerung unterliegen, mit dem Gleichheitsgrundsatz ggf. nicht vereinbar. Die Auslegung des Begriffs „Uneinbringlichkeit" kann aber, anders als der BFH meint, nicht dazu genutzt werden, die Besteuerungsgleichheit zwischen den Besteuerungsformen der Soll- und Istbesteuerung zu gewährleisten. Dafür müsste der Gesetzgeber die Grundsätze der Sollbesteuerung ändern. Die Entscheidung des EuGH in der Rechtssache *Baumgarten*[3] hilft hier auch nicht weiter, denn der EuGH hat sich nicht auf die Argumentationslinie des BFH bzgl. der Sollbesteuerung eingelassen, sondern den Fall über die Definition der Teilleistungen gelöst.

Andererseits liegt ein Fall des § 14c Abs. 2 UStG vor, wenn der Rechnungsaussteller bei Ausstellung 9
einer Anzahlungsrechnung gar **nicht die Absicht hatte, die Leistung später auszuführen**. § 17 UStG ist dann nicht anwendbar.[4]

Nicht deckungsgleich ist der **Begriff der Rechnung** in § 14c UStG mit dem Begriff der Rechnung in 10
§ 14 Abs. 1 Satz 1 UStG. Eine Rechnung i.S.d. § 14c UStG liegt nur vor, wenn es sich um ein Dokument handelt, das den Rechnungsaussteller, den (vermeintlichen) Leistungsempfänger, eine Leistungsbeschreibung, sowie das Entgelt und die gesondert ausgewiesene Umsatzsteuer enthält.[5]

Eine Wechselwirkung besteht auch zu **§ 31 Abs. 5 UStDV**, der die Berichtigung von Rechnungen zum 11
Gegenstand hat. Die dort genannten Möglichkeiten der Berichtigung gelten auch für die Berichtigungen nach § 14c UStG. Diese führen jedoch nicht zu einem rückwirkenden Entfallen der Steuerschuld, wie sich aus dem Verweis auf § 17 UStG ergibt.[6]

B. Unrichtiger Steuerausweis (Absatz 1)

I. Regelungsgegenstand

§ 14c Abs. 1 UStG betrifft im Gegensatz zu § 14c Abs. 2 UStG, der den unberechtigten Steuerausweis 12
zum Gegenstand hat, den **unrichtigen Steuerausweis**. Dieser liegt vor, wenn ein Unternehmer für eine tatsächlich ausgeführte Lieferung oder sonstige Leistung in der Rechnung (vermeidbar, aber trotzdem entschuldbar) mehr Umsatzsteuer ausweist, als nach dem UStG geschuldet wird. § 14c Abs. 2 UStG betrifft dagegen die vom Gesetzgeber besonders missbilligten Fälle, in denen entweder ein Unternehmer über eine nicht ausgeführte Leistung abrechnet oder der Abrechnende gar kein Unternehmer ist; dann sind an die Berichtigung besonders hohe Anforderungen gestellt, die es in dieser Schärfe beim unrichtigen Steuerausweis nicht gibt. In allen Fällen schuldet der Leistende bzw. der Rechnungsaussteller den in der Rechnung ausgewiesenen (zu hohen) Betrag.

1 BFH, Urt. v. 30.11.1995 – V R 57/94, BStBl. II 1996, 206 = UR 1996, 232.
2 BFH, Urt. v. 24.10.2013 – V R 31/12, BStBl. II 2015, 674 = UR 2014, 238.
3 EuGH, Urt. v. 29.11.2018 – C-548/17, ECLI:EU:C:2018:970 – baumgarten sports & more, UR 2019, 70 m. Anm. *Stadie*; Nachfolgeentscheidung: BFH, Urt. v. 26.6.2019 – V R 8/19 (V R 51/16), UR 2019, 660.
4 EuGH, Urt. v. 13.3.2014 – C-107/13, ECLI:EU:C:2014:151 – FIRIN, UR 2014, 705.
5 BFH, Urt. v. 17.2.2011 – V R 39/09, BStBl. II 2011, 734 = UR 2011, 630 m. Anm. *Frye*; Abschn. 14c.1 Abs. 1 Satz 2 UStAE.
6 BFH, Urt. v. 12.10.2016 – XI R 43/14, UR 2017, 237 m. Anm. *Nücken*.

13 Die Steuer nach § 14c Abs. 1 UStG **entsteht** nach § 13 Abs. 1 Nr. 3 UStG im Zeitpunkt der Ausgabe der Rechnung (§ 13 Rz. 78 f.). **Steuerschuldner** ist nach § 13a Abs. 1 Nr. 1 UStG der Unternehmer (§ 13a Rz. 7).

II. Definition des unrichtigen Steuerausweises und Rechtsfolge (Absatz 1 Satz 1)

1. Legaldefinition

14 Hat der Unternehmer in einer Rechnung für eine Lieferung oder sonstige Leistung einen höheren Steuerbetrag, als er nach diesem Gesetz für den Umsatz schuldet, gesondert ausgewiesen, schuldet er nach § 14c Abs. 1 Satz 1 UStG auch den Mehrbetrag. Diese Fälle nennt der Gesetzgeber per **Legaldefinition** den unrichtigen Steuerausweis.

2. Unternehmer

15 Nach dem Wortlaut des § 14c Abs. 1 UStG fallen Unternehmer unter den Anwendungsbereich des Absatzes 1, die zu Unrecht Steuer in einer Rechnung ausweisen. Allerdings werden Unternehmer nach dem Gesetzeswortlaut des (weit strengeren) Absatz 2 in dessen Anwendungsbereich hereingenommen, wenn sie „nicht berechtigt" Umsatzsteuer ausweisen. Damit ist die in der Kommentarliteratur heftig diskutierte Frage aufgeworfen, welche Unternehmer unberechtigt Steuer ausweisen und bei welchem der Ausweis nur zu Unrecht erfolgt.[1] M.E. ist die ältere noch zu § 14 Abs. 2 UStG a.F. ergangene Rechtsprechung des BFH[2] nicht überholt,[3] denn der BFH stellt hier in den Mittelpunkt seiner Überlegung, welche Sanktionen aus dem unzutreffenden Steuerausweis erwachsen sollen. Und die schärferen Sanktionen des (heutigen) § 14c Abs. 2 UStG seien nur dann sachgerecht, wenn der Unternehmer persönlich (und nicht bloß sachlich) zum gesonderten Steuerausweis unberechtigt sei. Diese Argumentation gilt damals wie heute. Damit unterfallen m.E. nur diejenigen Fälle eines unzutreffenden Steuerausweises dem Anwendungsbereich des § 14c Abs. 2 UStG, bei denen der Rechnungsaussteller als solcher (**persönlich**) nicht zum Ausweis von Umsatzsteuer berechtigt ist. All die Fälle aber, in denen der Unternehmer aufgrund einer fehlerhaften rechtlichen Prüfung des konkreten Umsatzes fälschlich Steuer ausgewiesen hat, fallen unter § 14c Abs. 1 UStG.

16 Hierzu gehören Bruttorechnungen, die der Unternehmer

- trotz einer Steuerschuldumkehr,
- trotz einer Steuerbefreiung,
- trotz der Vereinfachung für Dreiecksgeschäfte oder
- der Differenzbesteuerung und
- trotz einer bereits erfolgten (identischen) Abrechnung über dieselbe Leistung

erteilt hat.

17 Diese **Auslegung deckt sich auch mit dem Wortlaut des § 14c UStG**, der danach differenziert, ob die Umsatzsteuer unrichtig oder unberechtigt ausgewiesen wurde. Zudem widerspricht die Auslegung auch nicht den Regelungen in § 14a Abs. 5–7 UStG. Hier wird für die Fälle der Steuerschuldumkehr, der Erleichterungen für das innergemeinschaftliche Dreiecksgeschäft, die Differenzbesteuerung und Reiseleistungen angeordnet, dass die Vorschrift über den gesonderten Steuerausweis in einer Rechnung nach § 14 Abs. 4 Satz 1 Nr. 8 UStG nicht angewendet wird. Auch hier stellt der Gesetzgeber erkennbar auf den konkreten Umsatz ab. Dass in § 19 Abs. 1 Satz 4 UStG beim Kleinunternehmer dieselbe Formulierung gebraucht wird („In den Fällen des Satzes 1 finden die Vorschriften über [...]

1 *Stadie* in Rau/Dürrwächter, § 14c UStG Rz. 50 (Stand: April 2021); *Korn* in Bunjes[22], § 14c UStG Rz. 25 und 58 ff.; *Weymüller* in Weymüller[2], § 14c UStG Rz. 51 ff.; *Lippross*, Umsatzsteuer[25], 1062 ff.

2 BFH, Urt. v. 7.5.1981 – V R 126/75, BStBl. II 1981, 547 = UR 1981, 151 m. Anm. *Weiß*; BFH, Urt. v. 14.12.1989 – V R 125/84, BStBl. II 1990, 401 = UR 1990, 181 m. Anm. *Philipowski*; BFH, Urt. v. 10.12.1992 – V R 73/90, BStBl. II 1993, 383 = UR 1993, 199; BFH, Urt. v. 19.9.1996 – V R 41/94, BStBl. II 1999, 249 = UR 1997, 149.

3 Offengelassen von *Weymüller* in Weymüller[2], § 14c UStG Rz. 53.1 ff.

den gesonderten Ausweis der Steuer in einer Rechnung (§ 14 Abs. 4) […] keine Anwendung") ändert hieran nichts.[1] Denn dort geht es erkennbar um alle Umsätze des Kleinunternehmers.

Aus diesem Grund wird der **Kleinunternehmer** i.S.d. § 19 Abs. 1 UStG **nicht von § 14c Abs. 1 UStG**, sondern von § 14c Abs. 2 UStG **erfasst**. Denn er ist als Kleinunternehmer für keinerlei Umsätze zum Umsatzsteuerausweis berechtigt.[2] 18

Die **FinVerw.** wendet zutreffend bei Bruttorechnungen trotz Steuerschuldnerschaft des Leistungsempfängers, trotz einer Steuerbefreiung, trotz einer nicht bestehenden Steuerbarkeit (unentgeltliche Leistungen, Leistungen im Ausland und Geschäftsveräußerungen i.S.d. § 1 Abs. 1a UStG) und wenn die Steuer für die Leistung wegen des Ablaufs der Festsetzungsfrist (§§ 169–171 AO) nicht mehr erhoben werden kann, § 14c Abs. 1 UStG an.[3] Auch behandelt sie zu Recht Bruttorechnungen entgegen der Sonderregelungen für Kleinunternehmer nach § 14c Abs. 2 UStG.[4] Weist der Unternehmer Umsatzsteuer in einer Rechnung aus, obwohl die Vereinfachungen bei innergemeinschaftlichen Dreiecksgeschäften Anwendung finden (könnten), führt dies nach Ansicht der Verwaltung dazu, dass die Steuerschuldumkehr nach § 25b Abs. 2 UStG keine Anwendung findet.[5] Folgt man dieser Auslegung, ist die Bruttorechnung ordnungsgemäß; § 14c UStG findet keine Anwendung. 19

Fälschlich sieht die Verwaltung jedoch bei Bruttorechnungen trotz einer Differenzbesteuerung § 14c Abs. 2 UStG als erfüllt an.[6] Ob das auch für Reiseleistungen gilt, ist nicht geregelt.[7] 20

3. Aussteller (der Rechnung)

Nach § 14c Abs. 1 Satz 1 UStG schuldet derjenige die Steuer, der diese fälschlich in der Rechnung ausgewiesen hat. Das ist **in der Regel der leistende Unternehmer**. Hat ein Dritter für den leistenden Unternehmer die Rechnung erstellt, schuldet deshalb trotzdem der leistende Unternehmer die unrichtig ausgewiesene Steuer. Gleiches gilt, wenn eine Organgesellschaft eine Rechnung ausstellt. Da im Falle einer bestehenden **Organschaft** die Organgesellschaft gemäß § 2 Abs. 2 Nr. 2 UStG ihre Selbständigkeit verliert und fortan lediglich als Betriebsstätte des Organträgers fungiert, schuldet der Organträger (als einzig verbleibender) Unternehmer die unrichtig ausgewiesene Steuer. Da es sich bei der Organgesellschaft und ihrer Firma um einen Unternehmensteil des Organträgers und damit um eine zusätzliche Firmenbezeichnung des Organträgers handelt, kann die Organgesellschaft Rechnungen auch in eigenem Namen ohne Hinweis auf den Organträger ausstellen. 21

4. Rechnungsbegriff

Eine Rechnung ist nach § 14 Abs. 1 Satz 1 UStG jedes Dokument, mit dem über eine Lieferung oder sonstige Leistung abgerechnet wird, gleichgültig, wie dieses Dokument im Geschäftsverkehr bezeichnet wird. Aus dem Umstand, dass der Gesetzgeber im Rahmen des § 14c UStG, anders als beim Vorsteuerabzug in § 15 Abs. 1 Satz 1 Nr. 1 Satz 2 UStG, nicht auf die Rechnungspflichtangaben in § 14 Abs. 4 UStG verwiesen hat, folgt, dass der **Rechnungsbegriff in § 14c UStG keine vollständige Rechnung verlangt**. Das entspricht der mittlerweile herrschenden Meinung[8] und ist sachgerecht, da § 14c UStG die Gefährdung des Steueraufkommens durch den Umlauf von unrichtigen und unberechtigt ausgestellten Rechnungen schützen will und es hierfür unerheblich ist, ob eine Rechnung nur den Schein erzeugt, zum Vorsteuerabzug berechtigt zu sein oder ob sie alle Rechnungspflichtangaben enthält. 22

1 *Weymüller* in Weymüller[2], § 14c UStG Rz. 56.
2 Ebenso: *Korn* in Bunjes[22], § 14c UStG Rz. 63; *Weymüller* in Weymüller[2], § 14c UStG Rz. 54; *Lippross*, Umsatzsteuer[25], 1063 f.
3 Abschn. 14c.1 Abs. 1 UStAE.
4 Abschn. 14c.2 Abs. 1 Satz 2 UStAE.
5 Abschn. 25b.1 Abs. 8 UStAE.
6 Abschn. 25a.1 Abs. 16 UStAE.
7 Für eine Anwendung des § 14c Abs. 2 UStAE: *Korn* in Bunjes[22], § 14c UStG Rz. 63.
8 *Weymüller* in Weymüller[2], § 14c UStG Rz. 80.2 m.w.N.

Der BFH ging bislang davon aus, dass § 14c Abs. 1 UStG auch dann anzuwenden ist, wenn eine **Rechnung** mit gesondertem Steuerausweis **an einen Nichtunternehmer** ausgestellt wird. Dass Rechnungen i.S.d. § 14c UStG dann nach den gesetzlichen Bedingungen des § 15 Abs. 1 UStG nicht zu einem Vorsteuerabzug führen können, stünde dem nicht entgegen, da auch hier aufgrund der Rechnungserteilung die Gefahr des Abzugs einer gesetzlich nicht geschuldeten Steuer (§ 15 Abs. 1 Satz 1 Nr. 1 UStG) bestehe. Diese Ansicht dürfte jedoch nach dem Urteil des EuGH v. 8.12.2022[1] überholt sein (s Rz. 43 f.).

Allerdings dürfte etwas anderes bei rechtlichen Zweifelsfragen in Bezug auf das Bestehen einer Unternehmereigenschaft des Rechnungsempfängers gelten, wie auch, wenn die Person, die im Hinblick auf ihre persönlichen Lebensumstände als „Verbraucher" handelt, gleichwohl aber in anderer Hinsicht, z.B. als Vermieter oder Betreiber einer Photovoltaikanlage oder als eBay-Verkäufer umsatzsteuerrechtlich Unternehmer sein kann, so dass sich auch hier eine Gefährdung des Steueraufkommens ergeben könnte.[2]

Der EuGH hat zudem klargestellt[3], dass auch ein **Vertrag** eine Rechnung i.S.v. § 14c UStG sein kann, wenn das Dokument Mehrwertsteuer ausweist und Rechnungsangaben enthält, die erforderlich sind, damit die Steuerverwaltung feststellen kann, ob die materiellen Voraussetzungen für das Recht auf Vorsteuerabzug erfüllt sind. Insoweit sei auch nicht von Belang, ob das fragliche Dokument objektiv den Willen der Vertragsparteien erkennen lässt, dass es sich um eine Rechnung handelt, die bei einer der Vertragsparteien möglicherweise die Überzeugung entstehen lässt, dass sie auf der Grundlage dieses Vertrags die Vorsteuer abziehen könne. Im konkreten Fall war in einem Finanzierungsleasingvertrag fälschlich Umsatzsteuer ausgewiesen.

23 Der BFH verlangt in Übereinstimmung mit der FinVerw.[4] als **Mindestangaben** in einer Rechnung für die Anwendung des § 14c Abs. 1 UStG jedoch, dass es sich um ein Dokument handelt, das den Rechnungsaussteller, den (vermeintlichen) Leistungsempfänger, eine Leistungsbeschreibung, sowie das Entgelt und die gesondert ausgewiesene Umsatzsteuer enthält.[5]

24 Eine Besonderheit besteht bei **Abrechnungen innerhalb eines Organkreises.** Denn bei Umsätzen zwischen Betriebsabteilungen desselben Unternehmens oder innerhalb eines Organkreises handelt es sich nicht um steuerbare Lieferungen oder sonstige Leistungen, sondern um innerbetriebliche Vorgänge (sog. Innenumsätze). Werden für sie Belege mit gesondertem Steuerausweis erteilt, sind diese Belege nicht als Rechnungen i.S.d. § 14c UStG, sondern als unternehmensinterne Buchungsbelege zu beurteilen. Die darin ausgewiesene Steuer wird nicht nach § 14c Abs. 1 oder Abs. 2 UStG geschuldet.[6]

25 Sind für ein und dieselbe Leistung mehrere Rechnungen ausgestellt worden, ohne dass sie als **Duplikat** oder Kopie gekennzeichnet wurden, schuldet der leistende Unternehmer den hierin gesondert ausgewiesenen Steuerbetrag.[7] Dies gilt nach Ansicht der Verwaltung jedoch nicht, wenn inhaltlich identische Mehrstücke derselben Rechnung übersandt werden. Dann liegt bei dem identischen Mehrstück keine (neue) Abrechnung über die Leistung vor und damit auch keine Rechnung i.S.d. § 14 Abs. 1 Satz 1 UStG.

26 Gemäß § 14 Abs. 2 Sätze 2 und 3 UStG kann eine Rechnung unter gewissen Voraussetzungen auch vom Leistungsempfänger ausgestellt werden, sofern dies vorher vereinbart wurde. Eine solche Rechnung nennt der Gesetzgeber **Gutschrift**. Sie verliert die Wirkung einer Rechnung, sobald der Empfänger der Gutschrift dem ihm übermittelten Dokument widerspricht. Die Gutschrift steht damit solange einer Rechnung des Leistenden gleich, bis der Gutschriftsempfänger (= Leistender) der Gutschrift widerspricht. Das bedeutet, dass im Falle eines unrichtigen Steuerausweises nicht der Gutschriftsaussteller-

1 EuGH, Urt. v. 8.12.2022 – C-378/21, ECLI:EU:C:2022:968 – Finanzamt Österreich, UR 2023, 158.
2 BFH, Urt. v. 13.12.2018 – V R 4/18, BStBl. II 2024, 234 = UR 2019, 303.
3 EuGH, Urt. v. 29.9.2022 – C-235/21, ECLI:EU:C:2022:739 – Raiffeisen Leasing, UR 2022, 799 m. Anm. *Ojak*.
4 Abschn. 14c.1 Abs. 1 Satz 2 UStAE.
5 BFH, Urt. v. 17.2.2011 – V R 39/09, BStBl. II 2011, 734 = UR 2011, 630 m. Anm. *Frye*.
6 BFH, Urt. v. 28.10.2010 – V R 7/10, BStBl. II 2011, 391 = UR 2011, 256 m. Anm. *von Streit/Duyfjes*; Abschn. 14c.2 Abs. 2a UStAE.
7 BFH, Urt. v. 27.4.1994 – XI R 54/93, BStBl. II 1994, 718 = UR 1995, 104.

ler, sondern der Leistende die Steuer schuldet.[1] Dieser ist jedoch wegen der Widerspruchsmöglichkeit ausreichend geschützt. Wird in einem Dokument der Begriff „Gutschrift" verwendet, obwohl keine Gutschrift im umsatzsteuerrechtlichen Sinne nach § 14 Abs. 2 Satz 2 UStG vorliegt (z.B. kaufmännische Gutschrift), führt allein die Bezeichnung als „Gutschrift" nach zutreffender Ansicht der FinVerw. nicht zur Anwendung des § 14c UStG.[2]

Rechnungen sind auch solche über **Kleinbeträge** (§ 33 UStDV) oder in **Fahrausweisen** (§ 34 UStDV). Wird in Rechnungen über Kleinbeträge ein zu hoher Steuersatz oder in Fahrausweisen ein zu hoher Steuersatz oder fälschlich eine Tarifentfernung von mehr als 50 Kilometern angegeben, liegt deshalb ebenfalls ein unrichtiger Steuerausweis vor.[3] 27

Keine Rechnungen liegen hingegen bei schlichten **Kassenbons**, die nicht als Mehrwertsteuerrechnungen zu qualifizieren sind, vor, wie unlängst zutreffend die Generalanwältin *Kokott*[4] ausgeführt hat.

5. Höherer Steuerbetrag als geschuldet

a) Lieferung oder sonstige Leistung

Nach § 14c Abs. 1 Satz 1 UStG tritt die Rechtsfolge des § 14c Abs. 1 UStG nur ein, wenn ein **höherer Steuerbetrag** in der Rechnung enthalten ist, als für die Lieferung oder sonstige Leistung geschuldet wird. 28

Die Rechnung muss eine **tatsächlich durchgeführte Lieferung oder sonstige Leistung** betreffen. Geht der Unternehmer z.B. nur irrig davon aus, dass es sich bei einem Sachverhalt um eine Lieferung handelt, wohingegen gar kein steuerbarer Lebenssachverhalt vorliegt, ist § 14c UStG nicht betroffen (so z.B., wenn der Unternehmer irrig von einer steuerbaren Einfuhr ausgeht und darüber eine Rechnung erstellt). 29

Dagegen ist § 14c UStG betroffen, wenn eine Lieferung oder sonstige Leistung vorliegt, der Unternehmer aber verkannt hat, dass diese **nicht steuerbar** ist (unentgeltliche Leistungen, Leistungen im Ausland und Geschäftsveräußerungen i.S.d. § 1 Abs. 1a UStG). 30

b) Höherer Steuerbetrag

Das Gesetz erfasst nur **zu hoch ausgewiesene deutsche Steuer.** Wurde in der Rechnung zu viel ausländische Steuer ausgewiesen, wird dies nicht von § 14c UStG erfasst, sondern allenfalls von der korrespondierenden ausländischen Vorschrift. 31

Mit „höherem Steuerbetrag" ist ein über den mit zutreffendem Steuersatz nach zutreffender Bemessungsgrundlage hinausgehend berechneter Steuerbetrag i.S.d. § 14 Abs. 4 Nr. 8 UStG gemeint. Ist nur die Bemessungsgrundlage und/oder der Steuersatz fehlerhaft, der Steuerbetrag aber richtig, oder fehlt der Steuerbetrag in der Rechnung, ist § 14c UStG nicht anzuwenden. **Hauptanwendungsfälle** des § 14c Abs. 1 UStG sind damit die (falsche) Berechnung des Steuerbetrags 32

- wegen Anwendung der Regelsteuersatzes (19 %) anstelle des ermäßigten Steuersatzes (7 %) oder eines Durchschnittssteuersatzes,[5]
- wegen eines Rechenfehlers,
- aufgrund der Missachtung einer Steuerbefreiung bzw. wenn eine Option nach § 9 UStG rückgängig gemacht wird,[6]

---

1 BFH, Beschl. v. 15.12.2021 – XI R 19/18, UR 2022, 496; *Lippross*, Umsatzsteuer[25], 1067; Abschn. 14c.1 Abs. 3 Satz 1 UStAE; *Leipold* in Sölch/Ringleb, § 14c UStG Rz. 31; *Korn* in Bunjes[22], § 14c UStG Rz. 9.

2 Abschn. 14c.1 Abs. 3 Satz 3 UStAE.

3 Abschn. 14c.1 Abs. 2 UStAE.

4 EuGH, Schlussanträge der Generalanwältin *Kokott* v. 16.11.2023 – C-606/22, ECLI:EU:C:2023:893 – Dyrektor Izby Administracji Skarbowej w Bydgoszczy (Possibilité de correction en cas de taux erroné), UR 2023, 949. S. hierzu nunmehr EuGH, Urt. v. 21.3.2024 – C-606/22, ECLI:EU:C:2024:255 – Dyrektor Izby Administracji Skarbowej w Bydgoszczy (Possibilité de correction en cas de taux erroné), UR 2024, 331.

5 Abschn. 14c.1 Abs. 1 Satz 5 Nr. 1 UStAE.

6 Abschn. 14c.1 Abs. 1 Satz 5 Nr. 3 UStAE; in diesem Sinne auch EuGH, Urt. v. 18.3.2021 – C-48/20, ECLI:EU:C:2021:215 – UAB „P.", UR 2021, 405.

- trotz einer Steuerschuldumkehr nach § 13b UStG,[1]
- trotz der Nichtsteuerbarkeit des Vorgangs (z.B. auf Grund einer Geschäftsveräußerung im Ganzen),[2]
- trotz des Eingreifens der Festsetzungsfrist[3] oder
- obwohl über dieselbe Leistung bereits (ggf. im Rahmen einer Voraus- oder Anzahlungsrechnung) abgerechnet worden ist.[4]

33 Einen Sonderfall hierbei stellen jedoch **Kleinbetragsrechnungen** und Rechnungen über **Fahrausweise** dar. Da bei diesen die Angabe des Steuerbetrages nicht zwingend ist, wird ein zu hoher Steuersatz oder eine fälschlich angegebene Tarifentfernung von mehr als 50 Kilometern hier (zu Recht) einem zu hohen Steuerbetrag gleichgestellt.[5]

34 **Ausfuhrlieferungen im persönlichen Reisegepäck** des Abnehmers sind unter den Voraussetzungen des § 6 Abs. 3a UStG zwar steuerfrei, allerdings kann der Unternehmer im Moment der Übergabe des Gegenstandes an den Abnehmer die Voraussetzungen der Steuerbefreiung (noch) nicht nachweisen, weil der Ausfuhrbeleg fehlt. Stellt er in diesem Fall (zur Absicherung) eine Bruttorechnung aus, schuldet er den darin ausgewiesenen Steuerbetrag nach § 14c Abs. 1 UStG, sobald die Voraussetzungen der Steuerbefreiung vorliegen. Die Steuerschuld entfällt zwar mit Rechnungsberichtigung, allerdings ex nunc und nicht rückwirkend. Aus Vereinfachungsgründen ist nach Ansicht der Verwaltung jedoch die Rechnungsberichtigung entbehrlich, wenn der ausländische Abnehmer die ursprüngliche Rechnung bzw. den ursprünglichen Kassenbon an den Unternehmer zurückgibt und dieser den zurückerhaltenen Beleg aufbewahrt.[6]

35 Kein Fall des § 14c UStG liegt vor, wenn der für eine Leistung geschuldete Kaufpreis aufgrund einer nachträglichen Vereinbarung (z.B. durch **Boni, Skonti oder Rabatte**) wirksam herabgesetzt wird.[7] Dies kann z.B. auch durch ein Minuszeichen vor oder hinter dem offen ausgewiesenen Betrag erfolgen;[8] es gilt naturgemäß aber nur dann, wenn hiermit nicht (unberechtigt) über eine (angeblich) erbrachte Leistung abgerechnet wird.[9] Ist fraglich, ob in einem Dokument über eine Leistung abgerechnet wird, kann der Inhalt weiterer Dokumente jedenfalls dann ergänzend herangezogen werden, wenn in der Abrechnung auf diese Dokumente verwiesen wird.[10]

Dass § 14c UStG bei einer Berichtigung der Bemessungsgrundlage keine Anwendung findet, folgt aus § 17 UStG, der keine Sanktion nach § 14c UStG vorsieht. Das gilt, obwohl die nicht berichtigte ursprüngliche Rechnung nach einer Entgeltsminderung einen zu hohen Steuerbetrag ausweist.[11]

6. Ausweis der Steuer

a) Zwei Voraussetzungen

36 Nach § 14c Abs. 1 Satz 1 UStG ist die dort genannte Rechtsfolge davon abhängig, dass der Unternehmer die Steuer in der Rechnung „ausgewiesen" hat. Das beinhaltet zweierlei: Zum einen muss die unrichtige Steuer in der Rechnung enthalten sein. Zum anderen muss diese in Verkehr gebracht werden. Denn bei rein innerbetrieblichen Abrechnungen besteht die für die Sanktion des § 14c UStG erforderliche Gefährdung des Steueraufkommens nicht.

---

1 Abschn. 14c.1 Abs. 1 Satz 5 Nr. 2 UStAE.
2 Abschn. 14c.1 Abs. 1 Satz 5 Nr. 4 UStAE.
3 Vgl. Abschn. 14c.1 Abs. 1 Satz 5 UStAE.
4 Abschn. 14.8 Abs. 10 UStAE.
5 BFH, Urt. v. 25.9.2013 – XI R 41/12, BStBl. II 2014, 135 = UR 2014, 198 m. Anm. *Sterzinger*; Abschn. 14c.1 Abs. 2 UStAE.
6 Abschn. 14c.1 Abs. 8 Satz 3 UStAE.
7 Abschn. 14c.1 Abs. 4 UStAE.
8 BFH, Urt. v. 26.6.2019 – XI R 5/18, BStBl. II 2023, 521 = UR 2019, 857.
9 Abschn. 14c.1 Abs. 4a und 14c.2 Abs. 2b UStAE.
10 BFH, Urt. v. 26.6.2019 – XI R 5/18, BStBl. II 2023, 521 = UR 2019, 857; Abschn. 14c.1 Abs. 4a und 14c.2 Abs. 2b UStAE.
11 BFH, Urt. v. 30.11.1995 – V R 57/94, BStBl. II 1996, 206 = UR 1996, 232.

b) Unrichtige Steuer in Rechnung enthalten

§ 14c UStG ist nur anwendbar, wenn in der Rechnung der Steuerbetrag zu hoch bzw. zu Unrecht ausgewiesen wurde. Die bloße Angabe des Netto- und/oder Bruttopreises genügt damit nicht.[1] 37

Bei **Kleinbetragsrechnungen** und **Rechnungen über Fahrausweise** ist der Ausweis eines zu hohen Steuersatzes oder eine fälschlich angegebene Tarifentfernung von mehr als 50 Kilometern einem zu hohen Steuerbetrag gleichgestellt.[2] Denn § 14 Abs. 6 Nr. 3 UStG i.V.m. § 33 Satz 1 Nr. 4 UStDV setzt aus Vereinfachungsgründen bei Kleinbetragsrechnungen die Angaben zur Berechnung des Steuerbetrags dem zu zahlenden Steuerbetrag gleich. Unternehmer, die zur Ausstellung von Rechnungen und zum gesonderten Steuerausweis berechtigt sind, dürfen bei Kleinbetragsrechnungen aus Vereinfachungsgründen von § 14 Abs. 4 Satz 1 Nr. 8 UStG abweichen, ohne dass dem Leistungsempfänger der Vorsteuerabzug verloren geht; denn gemäß § 15 Abs. 5 Nr. 1 UStG i.V.m. § 35 Abs. 1 UStDV darf der Unternehmer, der die Leistung empfangen hat, den Rechnungsbetrag in Entgelt und Steuerbetrag aufteilen. § 33 Satz 1 Nr. 4 UStDV verlagert mithin durch den Verzicht auf den gesonderten Ausweis von Entgelt und Steuerbetrag lediglich die Aufteilung auf den Leistungsempfänger. Entgelt und Steuerbetrag sind jedoch – durch die Angabe von Bruttobetrag und Steuersatz in der Rechnung – für den Leistungsempfänger zulässigerweise aufteilbar – enthalten.[3] 38

c) Inverkehrbringen der Rechnung

Nach § 13a Abs. 1 Nr. 1 UStG schuldet der Unternehmer die Steuer nach § 14c Abs. 1 UStG, in den Fällen des § 14c Abs. 2 UStG nach § 13a Abs. 1 Nr. 4 UStG der Aussteller der Rechnung. Beiden Varianten ist gemein, dass derjenige, der nach § 14c UStG in Anspruch genommen werden soll, **an der Erstellung mitgewirkt** haben muss.[4] § 14c UStG ist daher nicht anwendbar, wenn dem Aussteller die Rechnung gestohlen wurde und ohne seinen Willen in den Rechtsverkehr gelangt ist. 39

Bei der Voraussetzung der Mitwirkung sind die zivilrechtlichen Grundsätze der Zurechnung von Willenserklärungen zu beachten.[5] Dazu zählt auch das Recht der **Stellvertretung**.[6] 40

Auch die Grundsätze zur **Anscheins- oder Duldungsvollmacht** sind zu beachten. Eine Anscheinsvollmacht liegt vor, wenn der Vertretene das Handeln eines angeblichen Vertreters nicht kennt, aber bei pflichtgemäßer Sorgfalt hätte erkennen und verhindern können und der Geschäftsgegner nach Treu und Glauben annehmen durfte, der Vertretene dulde und billige das Handeln seines angeblichen Vertreters. Eine Duldungsvollmacht liegt vor, wenn der Vertretene es wissentlich geschehen lässt, dass ein anderer für ihn wie ein Vertreter auftritt und der Geschäftsgegner dieses Dulden nach Treu und Glauben dahin verstehen darf, dass der als Vertreter Handelnde bevollmächtigt ist.[7] Daher schuldet nach zutreffender Ansicht des BFH die offen ausgewiesene Umsatzsteuer nach § 14c Abs. 2 UStG, wer – ohne Unternehmer zu sein und Lieferungen oder sonstige Leistungen auszuführen – einem Dritten mit seiner Unterschrift und seinem Stempelaufdruck versehene Blankogeschäftsbriefbögen überlässt. Dies gilt selbst dann, wenn er zwar zum Ausdruck bringt, dass der Gebrauch der Briefbögen von seiner Zustimmung abhängig sein soll, gleichzeitig aber davon ausgehen muss, dass diesem Erfordernis nicht entsprochen werden wird.[8] Gleiches gilt, wenn jemand in seinem eigenen Namen ein Gewerbe im Interesse eines Dritten, der es tatsächlich betreibt, anmeldet.[9] 41

---

1 FG München, Urt. v. 16.7.2009 – 14 K 4469/06, DStRE 2010, 743; *Weymüller* in Weymüller², § 14c UStG Rz. 145.4.

2 BFH, Urt. v. 25.9.2013 – XI R 41/12, BStBl. II 2014, 135 = UR 2014, 198 m. Anm. *Sterzinger*; Abschn. 14c.1 Abs. 2 UStAE.

3 **A.A.** Hessisches FG, Urt. v. 25.6.2009 – 6 K 565/09, EFG 2009, 1789; FG Nürnberg, Urt. v. 16.10.2012 – 2 K 1217/10, EFG 2013, 1278; *Weymüller* in Weymüller², § 14c UStG Rz. 145.1 ff. m.w.N.

4 BFH, Urt. v. 16.3.1993 – XI R 103/90, BStBl. II 1993, 531 = UR 1993, 383.

5 BFH, Urt. v. 30.1.2003 – V R 98/01, BStBl. II 2003, 498 = UR 2003, 298.

6 Vgl. BFH, Urt. v. 28.1.1993 – V R 75/88, BStBl. II 1993, 357 = UR 1993, 200.

7 BFH, Urt. v. 28.10.2009 – I R 28/08, BFH/NV 2010, 432.

8 BFH, Urt. v. 27.10.1993 – XI R 47/90, BFH/NV 1994, 352 = UR 1994, 318; BFH, Beschl. v. 22.4.1996 – V B 125/95, BFH/NV 1996, 859.

9 BFH, Urt. v. 7.4.2011 – V R 44/09, BStBl. II 2011, 954 = UR 2011, 831.

42 Der Aussteller einer Rechnung schuldet die Umsatzsteuer nach § 14c UStG bis zur Berichtigung der Rechnung auch dann, wenn er bei Ausstellung der Rechnung **nicht geschäftsfähig** war. Rechtsfolge der Anwendbarkeit der Regeln über die Geschäftsfähigkeit ist zivilrechtlich zwar die Unwirksamkeit des Rechtsgeschäfts; steuerrechtlich ist nach § 41 AO die Unwirksamkeit eines Rechtsgeschäfts jedoch unbeachtlich, solange und soweit die Beteiligten das wirtschaftliche Ergebnis dieses Rechtsgeschäfts gleichwohl eintreten oder bestehen lassen. Für Erklärungen und Handlungen, für die zivilrechtlich die für Rechtsgeschäfte geltenden Vorschriften sinngemäß anwendbar sind, gilt dies in gleicher Weise jedenfalls dann, wenn deren wirtschaftliches Ergebnis rückgängig gemacht werden kann, sei es durch den gesetzlichen Vertreter (vgl. § 34 Abs. 1 AO) oder – bei nur vorübergehender Geschäftsunfähigkeit – ggf. nach (Wieder-)Erlangung der Geschäftsfähigkeit durch den Geschäftsfähigen selbst.[1]

7. Gefährdung des Steueraufkommens als ungeschriebenes Tatbestandsmerkmal?

43 Die Steuerschuld setzt nach dem Wortlaut des § 14c UStG weder voraus, dass aufgrund des Umsatzsteuerausweises in der Rechnung ein Vorsteuerabzug in Anspruch genommen wurde, noch, dass eine konkrete Gefährdung des Steueraufkommens vorliegt. Bislang wurde davon ausgegangen, dass das Unionsrecht einer solchen nationalen Regelung nicht entgegensteht.[2] § 14c UStG formuliere abstrakte Gefährdungstatbestände.[3]

44 Der **EuGH** hatte aber bereits 2009[4] entschieden, dass der Grundsatz der steuerlichen Neutralität es grundsätzlich nicht ausschließt, dass ein Mitgliedstaat die Berichtigung der Mehrwertsteuer, die in diesem Mitgliedstaat allein deshalb geschuldet wird, weil sie irrtümlich in der versandten Rechnung ausgewiesen wurde, davon abhängig macht, dass der Steuerpflichtige dem Empfänger der Dienstleistungen eine berichtigte Rechnung zugesandt hat, in der die Mehrwertsteuer nicht ausgewiesen ist, wenn dieser Steuerpflichtige die Gefährdung des Steueraufkommens nicht rechtzeitig und vollständig beseitigt hat. Teilweise wurde hieraus der Schluss gezogen, dass die Rechtsfolge des § 14c Abs. 1 UStG davon abhängt, dass eine Gefährdung des Steueraufkommens noch besteht. Die Gefährdung des Steueraufkommens sei damit, da eine richtlinienkonforme Auslegung des § 14c Abs. 1 UStG nicht möglich ist, als ungeschriebenes Tatbestandsmerkmal bei § 14c Abs. 1 UStG dergestalt zu berücksichtigen, dass sich der Unternehmer/Aussteller unmittelbar auf die MwStSystRL berufen und eine Rückzahlung des Steuerbetrages verlangen kann.[5] Der EuGH hat diese Ansicht nunmehr bestätigt[6] und ausgeführt, dass ein Steuerpflichtiger, der eine Leistung erbracht hat und in seiner Rechnung einen zu hohen Steuerbetrag ausgewiesen hat, den zu hohen Teil nicht schuldet, wenn keine Gefährdung des Steueraufkommens vorliegt, weil die Leistung ausschließlich an Endverbraucher erbracht wurde, die nicht zum Vorsteuerabzug berechtigt sind. Das hat die Finanzverwaltung mit Schreiben vom 27.2.2024[7] in Abschn. 14c.1 Abs. 1a UStAE übernommen. Damit wird die **Gefährdung des Steueraufkommens zu einem ungeschriebenen Tatbestandsmerkmal** des § 14c UStG.

Die FinVerw. will das Urteil des EuGH jedoch so verstanden wissen, dass es in anderen Fällen, insbesondere bei einem unberechtigten Steuerausweis durch einen Unternehmer außerhalb seines unternehmerischen Bereichs[8], durch einen Nichtunternehmer oder in Fällen ohne eine Leistungserbringung nicht zur Anwendung kommt. Das dürfte allerdings dann problematisch sein, wenn Leistungsempfän-

---

1 BFH, Urt. v. 30.1.2003 – V R 98/01, BStBl. II 2003, 498 = UR 2003, 298.

2 EuGH, Urt. v. 11.4.2013 – C-138/12, ECLI:EU:C:2013:233 – Rusedespred, UR 2013, 432.

3 BFH, Beschl. v. 31.5.2017 – V B 5/17, BFH/NV 2017, 1202; BFH, Urt. v. 16.10.2013 – XI R 39/12, BStBl. II 2014, 1024 = UR 2013, 962; BFH, Urt. v. 17.2.2011 – V R 39/09, BStBl. II 2011, 734 = UR 2011, 630 m. Anm. *Frye*; *Stadie*, UStG[3], § 14c UStG Rz. 4; so auch in der Vorauflage, § 14c Rz. 44.

4 EuGH, Urt. v. 18.6.2009 – C-566/07, ECLI:EU:C:2009:380 – Stadeco, UR 2009, 647.

5 *Weymüller* in Weymüller[2], § 14c UStG Rz. 156.

6 EuGH, Urt. v. 8.12.2022 – C-378/21, ECLI:EU:C:2022:968 – Finanzamt Österreich, UR 2023, 158.

7 BMF, Schr. v. 27.2.2024 – III C 2 - S 7282/19/10001 :002 – 2024/0129235, BStBl. I 2024, 361 = UR 2024, 227. S. zu dem BMF-Schreiben auch *von Streit/Streit*, UR 2024, 273.

8 Die Frage, ob das Urteil des EuGH v. 8.12.2022 – C-378/21, ECLI:EU:C:2022:968 – Finanzamt Österreich, UR 2023, 158, auch anwendbar ist, wenn Unternehmer die Leistung für den nichtunternehmerischen Bereich beziehen, wird der EuGH im Verfahren C-794/23, Finanzamt Österreich II, zu beantworten haben: Vorlagefrage 2. Das Verfahren behandelt den bereits im Verfahren C-378/21 zu Grunde liegenden Sachverhalt eines zu hoch ausgewiesenen Steuersatzes bei einem Indoor-Spielplatz.

ger in diesen Fällen Privatpersonen (ohne Vorsteuerabzug) sind. Denn eine Gefährdung des Steueraufkommens ist in diesen Fällen ebenfalls ausgeschlossen.

In der Praxis dürfte es nur schwerfallen, alle B2C-Umsätze von den B2B-Umsätzen zu trennen, weil oftmals nicht bekannt ist, ob die Leistung an Unternehmer oder Verbraucher erbracht worden ist. Ob in diesen Fällen das Verhältnis geschätzt werden kann oder bereits ein geringer Umfang von B2B-Umsätzen die Entscheidung des EuGH v. 8.12.2022 unanwendbar macht, ist durch die Rechtsprechung noch nicht geklärt.[1] Die FinVerw. will das nicht akzeptieren[2], wohl aber, wenn die Leistung ihrer Art nach mit hoher Wahrscheinlichkeit nicht für unternehmerische Zwecke, sondern für den privaten Gebrauch bestimmt ist.[3]

8. Rechtsfolge: Geschuldeter Mehrbetrag

Liegen die Voraussetzungen des § 14c Abs. 1 Satz 1 UStG vor, schuldet der Unternehmer „auch den Mehrbetrag". Damit ist der Betrag gemeint, um den der ausgewiesene Steuerbetrag den nach §§ 10 und 12 UStG nach dem UStG geschuldeten Steuerbetrag übersteigt. Dieser geschuldete Steuerbetrag ergibt sich aus dem von den Parteien **vereinbarten Preis** abzüglich der richtigen Umsatzsteuer, da Gegenstand der Umsatzsteuer nicht etwa der abgerechnete Betrag, sondern der vereinbarte ist, wie sich aus § 13 Abs. 1 Nr. 1 UStG ergibt. Denn die Umsatzsteuer entsteht bei der Sollbesteuerung bereits mit Ablauf des Voranmeldungszeitraums, in dem die Leistung ausgeführt worden ist, auch wenn zu diesem Zeitpunkt noch keine Rechnung vorliegt. Der geschuldete Steuerbetrag kann demnach nicht von der Rechnung, sondern nur von den zivilrechtlichen Vereinbarungen abhängen.[4] 45

Haben die Parteien Bruttopreise vereinbart, rechnet man den zutreffenden Steuerbetrag mit dem Bruch 19/119 oder 7/107 aus dem vereinbarten Preis heraus. Bei einer Nettopreisvereinbarung wird der Steuerbetrag mit * 19 % bzw. * 7 % ermittelt. Der geschuldete Mehrbetrag ist nun die Differenz aus dem so ermittelten zutreffenden Steuerbetrag und der auf der Rechnung ausgewiesenen Umsatzsteuer. Nur diese Differenz wird nach § 14c UStG geschuldet. 46

III. Berichtigung (Absatz 1 Satz 2)

1. Berichtigungserklärung

Nach § 14c Abs. 1 Satz 2 UStG ist § 17 Abs. 1 UStG entsprechend anzuwenden, wenn der Steuerbetrag gegenüber dem Leistungsempfänger berichtigt wird. 47

Die Berichtigung der zu hoch ausgewiesenen Umsatzsteuer i.S.d. § 14c Abs. 1 UStG erfolgt durch Berichtigungserklärung gegenüber dem Leistungsempfänger.[5] Dem Leistungsempfänger muss eine hinreichend bestimmte, schriftliche Berichtigung tatsächlich zugehen, wobei mehrere Berichtigungen in einer einzigen Korrekturmeldung zusammengefasst werden können, wenn sich daraus erkennen lässt, auf welche Umsatzsteuerbeträge im Einzelnen sich die Berichtigung beziehen soll.[6] Aus der Berichtigung muss – **notfalls durch Auslegung** – hervorgehen, dass der leistende Unternehmer über seine Leistung – statt, wie bisher, unter Ansatz des ursprünglich ausgewiesenen Steuerbetrags – nunmehr nur noch ohne Umsatzsteuer abrechnen will. Eine Stornobuchung des leistenden Unternehmers alleine reicht für die Berichtigung jedenfalls nicht aus.[7] 48

1 *Wäger*, UR 2023, 45 (64), erwägt in einem solchen Fall eine erneute Vorlage; der EuGH wird im Verfahren C-794/23 Gelegenheit zur Stellungnahme haben: Vorlagefragen 1 und 3; s. auch die vorhergehende Fn.
2 Abschn. 14c.1 Abs. 1a Satz 5 UStAE.
3 Abschn. 14c.1 Abs. 1a Sätze 6 und 7 i.V.m. Abschn. 3a.2 Abs. 11a UStAE.
4 Vgl. *Neeser*, UVR 2017, 300; **a.A.** *Weymüller* in Weymüller[2], § 14c UStG Rz. 150.1.
5 BFH, Urt. v. 10.12.1992 – V R 73/90, BStBl. II 1993, 383 = UR 1993, 199.
6 BFH, Urt. v. 25.2.1993 – V R 112/91, BStBl. II 1993, 643 = UR 1993, 419.
7 BFH, Urt. v. 30.3.2009 – XI B 96/08, juris.

49 Die **Rückgabe der ursprünglichen Rechnung** durch den Leistungsempfänger ist nicht erforderlich.[1] Das ist der Verhinderung der Gefährdung des Steueraufkommens abträglich,[2] aber nach dem Gesetzeswortlaut geboten und praxistauglich.

50 Eine bestimmte **Form** ist nicht erforderlich. Auch die zivilrechtliche **Befugnis** zur Rechnungsberichtigung ist umsatzsteuerrechtlich grundsätzlich nicht zu prüfen.[3]

2. Rechtsfolge

51 Die Berichtigung der Rechnung hat zur Folge, dass § 17 Abs. 1 UStG entsprechend anzuwenden ist. Der Unternehmer, der den Umsatz ausgeführt hat, hat den dafür geschuldeten Steuerbetrag zu berichtigen (Satz 1); ebenfalls ist der Vorsteuerabzug bei dem Unternehmer, an den dieser Umsatz ausgeführt wurde, zu berichtigen (Satz 2). Die Berichtigungen sind für den Besteuerungszeitraum vorzunehmen, in dem die Änderung der Bemessungsgrundlage, d.h. im Fall des § 14c UStG die Änderung der Rechnung, eingetreten ist. Wie sich aus der ausdrücklichen Verweisung in § 14c UStG auf § 17 Abs. 1 UStG ergibt, wirkt die Rechnungsberichtigung damit erst **für den Besteuerungszeitraum der Berichtigung** ohne Rückwirkung auf den Besteuerungszeitraum der Rechnungserteilung.[4]

51.1 Hinsichtlich der vom Rechnungsaussteller nach § 14c Abs. 1 UStG geschuldeten und an das Finanzamt auch geleisteten Zahlung ist nach einer Rechnungsberichtigung **der Rechnungsaussteller gegenüber dem Finanzamt rückforderungsberechtigt** und nicht der Leistungsempfänger/Rechnungsempfänger, der die in der ihm gestellten Rechnung zu Unrecht ausgewiesene Umsatzsteuer dem Rechnungsaussteller gezahlt hat.[5] Dies gilt auch für den Fall eines Steuerausweises in einer Rechnung für eine nach § 13b UStG unterliegende Leistung.[6]

51.2 Die Berichtigung des Steuerbetrags gegenüber dem Leistungsempfänger ist steuerrechtlich **in zeitlicher Sicht unbegrenzt** möglich. Da einer Rechnungsberichtigung i.S.d. § 14c Abs. 1 Satz 2 UStG keine Rückwirkung zukommt,[7] ist eine eventuell eintretende Festsetzungsverjährung für das Jahr der Entstehung der Steuerschuld nach § 14c UStG ohne Bedeutung.[8]

51.3 Die Berichtigung kann die **Verzinsung nach § 233a AO** auslösen, ist aber sachgerecht, denn es entspricht dem Regelungszweck des § 14c i.V.m. § 17 Abs. 1 UStG.

51.4 Zwar hat der XI. Senat des BFH in einer Entscheidung vom 22.1.2020 zur **Stornierung** einer Rechnung ausgeführt, dass jedenfalls dann, wenn der offene Steuerausweis in der Rechnung später vom leistenden Unternehmer im Einvernehmen mit dem Leistungsempfänger geändert wird und der leistende Unternehmer im Rahmen der Änderung der Rechnung die vom Leistungsempfänger gezahlte, in der Rechnung offen ausgewiesene Umsatzsteuer an ihn zurückzahlt, eine mit der Berichtigung eines „unzutreffend" angegebenen Steuerbetrags (§ 31 Abs. 5 Satz 1 Buchst. b UStDV) vergleichbare Lage vorliegt, die eine Rückwirkung auf den Zeitpunkt der Ausstellung der ursprünglichen Rechnung rechtfertigt.[9] Die Entscheidung betraf jedoch lediglich die Frage, ob der Vorsteuerabzug rückwirkend entfallen ist, enthielt darüber hinaus aber keine Aussage, ob in einem solchen Fall auch die Steuerschuld nach § 14c Abs. 1 UStG rückwirkend erlischt. Die Frage der Rückwirkung bei § 14c UStG stellte sich im vom BFH untersuchten Fall deshalb nicht, weil tatsächlich (wohl) ein Bruttoumsatz vorlag und die ursprüngliche Rechnung inhaltlich richtig war, es also auf § 14c UStG gar nicht ankam.

1 BFH, Urt. v. 25.2.1993 – V R 112/91, BStBl. II 1993, 643 = UR 1993, 419.
2 *Weymüller* in Weymüller[2], § 14c UStG Rz. 165.3.
3 BFH, Urt. v. 11.10.2007 – V R 27/05, BStBl. II 2008, 438 = UR 2008, 466 m. Anm. *Englisch*; BFH, Urt. v. 19.9.1996 – V R 41/94, BStBl. II 1999, 249 = UR 1997, 149; BFH, Urt. v. 10.12.1992 – V R 73/90, BStBl. II 1993, 383 = UR 1993, 199; BFH, Urt. v. 25.2.1993 – V R 112/91, BStBl. II 1993, 643 = UR 1993, 419.
4 BFH, Beschl. v. 19.5.2015 – V B 133/14, BFH/NV 2015, 1116.
5 BFH, Urt. v. 10.12.2020 – V R 7/20, BFHE 272, 177 = UR 2021, 520, Rz. 42.
6 BFH, Urt. v. 10.12.2020 – V R 7/20, BFHE 272, 177 = UR 2021, 520, Rz. 44.
7 BFH, Urt. v. 12.10.2016 – XI R 43/14, BStBl. II 2022, 566 = UR 2017, 237 m. Anm. *Nücken* Rz. 36.
8 FG München, Urt. v. 27.5.2020 – 3 K 654/18, EFG 2020, 1451; *Weymüller* in BeckOK, UStG, § 14c Rz. 168.
9 BFH, Urt. v. 22.1.2020 – XI R 10/17, BStBl. II 2020, 601 = UR 2020, 513; vgl. auch *Stadie* in Rau/Dürrwächter, UStG, § 14 UStG Rz. 564 (Stand: Oktober 2020).

3. Rückzahlung der Umsatzsteuer als ungeschriebenes Tatbestandsmerkmal für die Erstattung des Steuerbetrags durch die Finanzverwaltung

Die h.M. verlangt als ungeschriebenes Tatbestandsmerkmal für die Rückzahlung der zu Unrecht abgeführten Umsatzsteuer durch die FinVerw., dass der Leistende den zu viel erhaltenen Steuerbetrag an den Leistungsempfänger zurückzahlt.[1] Da der Leistende den berichtigten Steuerbetrag vom Leistungsempfänger im Regelfall bereits vereinnahmt hat, würde – so die **Argumentation des BFH** – eine Erstattung durch das FA allein aufgrund der Rechnungsberichtigung ohne Rückzahlung der Steuer den Leistenden zu Unrecht bereichern. Dieser würde doppelt begünstigt; denn einerseits habe er das Entgelt zzgl. Umsatzsteuer regelmäßig bereits vereinnahmt und andererseits könne er im Fall einer bedingungslosen Erstattung den berichtigten Steuerbetrag vom FA nochmals verlangen. Dies ginge allein zu Lasten des Leistungsempfängers. Dagegen werde der leistende Unternehmer, der den unrichtigen Steuerausweis in einer Rechnung gegenüber dem Leistungsempfänger berichtigt und diesem den vereinnahmten Steuerbetrag zurückzahlt, nicht belastet; denn die grundsätzlich erforderliche Rückzahlung an den Leistungsempfänger könne, um eine Vorfinanzierung des berichtigten Steuerbetrags durch den Rechnungsaussteller bis zur Erstattung zu vermeiden, auch im Wege der Abtretung und Verrechnung erfolgen. Nur die Rückzahlung des berichtigten Steuerbetrags an den Leistungsempfänger führe in der Regel zu einem gerechten Interessenausgleich im Dreiecksverhältnis zwischen FA und Leistendem bzw. Leistungsempfänger und gewährleiste so letztlich die Neutralität der Mehrwertsteuer. Außerdem verhindere eine in diesem Sinne bedingte Berichtigung des Steuerbetrags, dass das FA z.B. in Fällen der **Insolvenz** des Rechnungsausstellers oder nicht erkannter Steuerschuldnerschaft des Leistungsempfängers Steuern doppelt erstatten oder auf Steuer verzichten muss.[2] 52

Die **Entscheidung** ist mit Abstrichen **zu begrüßen**: Auch das Unionsrecht setzt zwar in Art. 203 MwStSystRL bei der Rechnungsberichtigung keine Rückzahlung des Umsatzsteuerbetrags an den Leistungsempfänger voraus. Einem Mitgliedstaat ist es unionsrechtlich jedoch nicht verwehrt, die Berichtigung der Mehrwertsteuer auch davon abhängig zu machen, dass der Aussteller der fraglichen Rechnung dem Empfänger der Dienstleistungen die zu Unrecht gezahlte Steuer erstattet.[3] Denn das Unionsrecht verbietet es nach ständiger Rechtsprechung des EuGH nicht, dass ein nationales Rechtssystem die Erstattung von zu Unrecht erhobenen Steuern u.U. ablehnt, die zu einer ungerechtfertigten Bereicherung der Anspruchsberechtigten führen würden.[4] 53

Allerdings ist **Voraussetzung** für die Rückzahlungspflicht, dass der Leistungsempfänger gegenüber dem Leistenden einen **Anspruch auf Rückzahlung** des zu hoch ausgewiesenen Steuerbetrages hat. Auch eine nicht gezahlte Umsatzsteuer muss für eine Berichtigung des Steuerbetrags nicht zurückgezahlt werden.[5] Damit kann die Rechtsprechung des BFH auch nicht eingreifen, wenn die Parteien eine **Bruttopreisvereinbarung** getroffen haben, weil in diesem Fall der Leistungsempfänger keinen Anspruch auf eine Mehrzahlung gegenüber dem Leistenden hat.[6] Das sieht auch die Verwaltung so.[7] 54

---

1 BFH, Urt. v. 16.5.2018 – XI R 28/16, BFHE 261, 451 = UR 2018, 678; *Weymüller* in Weymüller², § 14c UStG Rz. 179 ff. m.w.N.
2 Vgl. BFH, Beschl. v. 5.1.2021 – XI S 20/20 (PKH) (NV).
3 EuGH, Urt. v. 18.6.2009 – C-566/07, ECLI:EU:C:2009:380 – Stadeco, UR 2009, 647.
4 EuGH, Urt. v. 24.3.1988, – C-104/86, ECLI:EU:C:1988:171 – Kommission/Italien, NJW 1989, 1424; EuGH, Urt. v. 9.2.1999 – C-343/96, ECLI:EU:C:1999:59 – Dilexport, HFR 1999, 500; EuGH, Urt. v. 21.9.2000 – C-441/98 und C-442/98, ECLI:EU:C:2000:479 – Michaïlidis, HFR 2000, 904; EuGH, Urt. v. 10.4.2008 – C-309/06, ECLI:EU:C:2008:211 – Marks & Spencer, UR 2008, 592; EuGH, Urt. v. 20.10.2011 – C-94/10, ECLI:EU:C:2011:674 – Danfoss und Sauer-Danfoss, HFR 2011, 1393.
5 BFH, Beschl. v. 27.10.2020 – XI B 33/20, UR 2021, 232.
6 FG München, Urt. v. 27.5.2020 – 3 K 654/18, EFG 2020, 1451; *Lippross*, Umsatzsteuer²⁵, 1069; *Reiß*, MwStR 2018, 842; *Grambeck*, NWB 2017, 2174.
7 Abschn. 14c.1 Abs. 5, Beispiel, Sätze 4 und 5 UStAE.

IV. Besondere Voraussetzungen bei Geschäftsveräußerung und Rückgängigmachung der Option nach § 9 UStG (Absatz 1 Satz 3)

55 In den Fällen der Bruttorechnung trotz einer Geschäftsveräußerung im Ganzen nach § 1 Abs. 1a UStG und in den Fällen der Rückgängigmachung des Verzichts auf die Steuerbefreiung nach § 9 UStG gelten nach § 14c Abs. 1 Satz 3 UStG die Sätze 3–5 des § 14c Abs. 2 UStG entsprechend. Die Berichtigung des unrichtigen Steuerbetrages ist damit davon abhängig, dass die **Gefährdung des Steueraufkommens beseitigt** worden ist, also ein Vorsteuerabzug beim Empfänger der Rechnung nicht durchgeführt oder die geltend gemachte Vorsteuer an die Finanzbehörde zurückgezahlt worden ist. Diese Berichtigung muss zudem beim Finanzamt gesondert schriftlich beantragt werden und kann nach dessen Zustimmung in entsprechender Anwendung des § 17 Abs. 1 UStG erst für den Besteuerungszeitraum vorgenommen werden, in dem die zuvor genannten Voraussetzungen eingetreten sind. Grund für dieses verschärfte Berichtigungsverfahren waren insbesondere Fälle von betrügerisch ausgestellten Bruttorechnungen bei Geschäftsveräußerungen, die zu Vorsteuererstattungen geführt haben und deren Rückgängigmachung oftmals nicht realisiert werden konnten.

56 Für Einzelheiten zum verschärften Berichtigungsverfahren s. die Ausführungen zu § 14c Abs. 2 Sätze 3–5 UStG (Rz. 76 ff.).

C. Unberechtigter Steuerausweis (Absatz 2)

I. Regelungsgegenstand

57 § 14c Abs. 2 UStG enthält einen weiteren Gefährdungstatbestand, der das Steueraufkommen insoweit sichern soll, als er eine (Straf-)Steuer für die Fälle vorsieht, in denen der Leistende **unberechtigt** Steuer ausweist. Das sind insbesondere die Fälle, in denen der Rechnungsaussteller kein Unternehmer ist oder die abgerechnete Leistung nicht ausgeführt hat (Scheinrechnungen). Die Missbilligung dieser Fälle durch den Gesetzgeber zeigt sich besonders daran, dass zur Beseitigung der Steuer die Gefährdungslage beseitigt werden muss und das Finanzamt dies bestätigt (vgl. Sätze 3–5).

58 Die Steuer entsteht nach § 13 Abs. 1 Nr. 3 UStG im Zeitpunkt der Ausgabe der Rechnung (§ 13 Rz. 78 f.). Steuerschuldner ist nach § 13a Abs. 1 Nr. 4 UStG der Aussteller der Rechnung (§ 13a Rz. 7).

II. Unberechtigter Steuerausweis (Absatz 2 Satz 1)

1. Zwei Voraussetzungen

59 Nach § 14c Abs. 2 Satz 1 UStG schuldet (auch) derjenige den in einer Rechnung ausgewiesenen Steuerbetrag, der diesen, ohne hierzu berechtigt zu sein, ausgewiesen hat. Ein **Umsatz** ist, anders als bei § 14c Abs. 1 UStG **nicht erforderlich**. Damit enthält die Vorschrift zwei Voraussetzungen, die für die Sanktion vorliegen müssen: eine Rechnung und einen Steuerausweis, der unberechtigt erfolgt ist:

2. Rechnung

a) Begriff

60 Eine Rechnung ist nach § 14 Abs. 1 Satz 1 UStG jedes Dokument, mit dem über eine Lieferung oder sonstige Leistung abgerechnet wird, gleichgültig, wie dieses Dokument im Geschäftsverkehr bezeichnet wird. Das spricht dafür, jegliche unberechtigte Abrechnung dem Anwendungsbereich des § 14c Abs. 2 UStG zu unterweisen. Andererseits soll mit der Vorschrift letztlich aber ein Steuerausfall verhindert werden, der dadurch eintritt, dass der Rechnungsempfänger einen Vorsteuerabzug geltend macht, wohingegen der Rechnungsaussteller keine Umsatzsteuer abführt. Das könnte dafür sprechen, dass man nur solche Rechnungen dem Anwendungsbereich des § 14c Abs. 2 UStG zuordnet, die sämtliche Rechnungspflichtangaben beinhalten und damit einem Vorsteuerabzug zugänglich sind. Da aber besonders § 14c Abs. 2 UStG der „Gefährdung" des Steueraufkommens entgegentreten soll, ist es sachgerecht, die Rechtsfolgen **auch** dann eintreten zu lassen, **wenn** das **Abrechnungspapier nicht alle Rechnungs-**

pflichtangaben beinhaltet. Andernfalls könnte sich der Rechnungsaussteller durch Weglassen auch nur eines Merkmals des § 14 Abs. 4 UStG der Inanspruchnahme des § 14c UStG entziehen. Aus diesem Grund muss jedes Abrechnungspapier erfasst werden, das bei oberflächlicher Betrachtung den Schein erweckt, als könne aus ihm Vorsteuer gezogen werden. Andererseits darf wie bei den Voraussetzungen der Nichtigkeit der Abrechnung nicht die Fehlerhaftigkeit „auf der Stirn kleben".

Für die Anwendung des § 14c Abs. 2 UStG reicht es deshalb nach h.M.[1] aus, dass das Dokument als Abrechnung über eine (angebliche umsatzsteuerpflichtige) Leistung durch einen (angeblichen) Unternehmer wegen des Ausweises der Umsatzsteuer abstrakt die Gefahr begründet, vom Empfänger oder einem Dritten zur Inanspruchnahme des Vorsteuerabzugs gebraucht zu werden. Danach reicht es aus, wenn es sich um ein Dokument handelt, das den **Rechnungsaussteller**, den (vermeintlichen) **Leistungsempfänger**, eine **Leistungsbeschreibung**, sowie das **Entgelt** und die gesondert ausgewiesene **Umsatzsteuer** ausweist. Das Fehlen insbesondere des Leistungszeitpunkts schließt § 14c Abs. 2 UStG damit nicht aus. 61

b) Gesonderter Umsatzsteuerausweis

Die Umsatzsteuer ist bereits dann gesondert ausgewiesen, wenn die Steuer als Geldbetrag genannt und als Steuerbetrag gekennzeichnet ist. Der eindeutige, klare und unbedingte Ausweis der Umsatzsteuer genügt. An den Steuerausweis i.S.v. § 14c Abs. 2 UStG sind im Übrigen **keine bestimmten optischen Anforderungen** zu stellen. Die Steuer kann auch im Rahmen eines erläuternden Hinweises gesondert ausgewiesen werden.[2] 61.1

c) Gutschrift

Da nach § 14 Abs. 2 Satz 2 UStG eine Rechnung auch von einem Leistungsempfänger ausgestellt werden kann, kann auch eine sog. **Gutschrift** § 14c Abs. 2 UStG auslösen. Das muss im Übrigen auch gelten, wenn ein Nichtunternehmer die Gutschrift ausstellt, **nicht** aber, **wenn die Gutschrift an einen Nichtunternehmer** gerichtet wird.[3] Denn damit eine Gutschrift nach § 14 Abs. 2 Satz 2 UStG einer Rechnung gleichsteht und eine Steuerschuld des Gutschriftsempfängers nach § 14c Abs. 2 UStG begründen kann, muss sie über „eine Lieferung oder sonstige Leistung des Unternehmers ausgestellt werden". Dabei verweist § 14 Abs. 2 UStG auf den allgemeinen Unternehmerbegriff des § 2 UStG. Der BFH fügt in seiner hierzu ergangenen Grundsatzentscheidung noch folgende Aussage an: „Soweit die FinVerw. in Abschn. 14.3 Abs. 1 Satz 2 UStAE die Erteilung von Gutschriften durch juristische Personen, die nicht Unternehmer sind, als möglich ansieht, schließt sich der erkennende Senat dem nicht an."[4] Das ist unverständlich und scheint ein redaktioneller Fehler zu sein, denn ausgehend von der Entscheidung ist zwar folgerichtig, dass eine Abrechnung durch einen Leistungsempfänger an eine juristische Person, die kein Unternehmer ist, keine Gutschrift ist. Darum geht es aber in Abschn. 14.3 Abs. 1 Satz 2 UStAE gar nicht. Dort heißt es nur „Eine Gutschrift kann auch durch juristische Personen, die nicht Unternehmer sind, ausgestellt werden". Es geht hier also um den Leistungsempfänger und nicht um den Leistenden. Abschn. 14.3 Abs. 1 Satz 2 UStAE wiederholt damit nur § 14 Abs. 2 Satz 1 Nr. 2 Satz 2 UStG, der auf den § 14 Abs. 2 Satz 2 UStG verweist. 62

Wie auch im Fall einer normalen Rechnung ist auch bei der Gutschrift nicht erforderlich, dass diese alle **Rechnungspflichtangaben** beinhaltet. Auch hier genügen Angaben zum Rechnungsaussteller, zum (vermeintlichen) Leistungsempfänger, eine Leistungsbeschreibung, sowie das Entgelt und die gesondert ausgewiesene Umsatzsteuer. 63

---

1 BFH, Urt. v. 17.2.2011 – V R 39/09, BStBl. II 2011, 734 = UR 2011, 630 m. Anm. *Frye*; Abschn. 14c.2 Abs. 1 Satz 4 UStAE.

2 BFH, Urt. v. 21.9.2016 – XI R 4/15, BFH/NV 2017, 397 = UR 2017, 146; Abschn. 14c.2 Abs. 1 Sätze 5 bis 8 UStAE.

3 BFH, Urt. v. 27.11.2019 – V R 23/19 (V R 62/17), BStBl. II 2021, 542 = UR 2020, 190 m. Anm. *Küffner/Kirchinger*, Rz. 23; *Stadie* in Rau/Dürrwächter, § 14c UStG Rz. 101 (Stand: April 2021); noch offengelassen in BFH, Urt. v. 16.3.2017 – V R 27/16, BFHE 257, 462 = UR 2017, 550.

4 BFH, Urt. v. 27.11.2019 – V R 23/19 (V R 62/17), BStBl. II 2021, 542 = UR 2020, 190 m. Anm. *Küffner/Kirchinger*, Rz. 24.

64 Da die Gutschrift nach § 14 Abs. 2 Satz 3 UStG die Wirkung einer Rechnung verliert, sobald der Empfänger der Gutschrift dem ihm übermittelten Dokument widerspricht, steht der **Widerspruch** einer Berichtigung der Rechnung nach § 14c Abs. 2 Satz 3 gleich.[1] Allerdings muss hierbei zusätzlich die Gefährdung des Steueraufkommens beseitigt werden.[2] Der Widerspruch wirkt wegen des Verweises in § 14c Abs. 2 Satz 5 UStG auf § 17 Abs. 1 UStG jedoch nur ex nunc.

d) Inverkehrbringen der Rechnung

65 Wie bei § 14c Abs. 1 UStG muss derjenige, der nach § 14c Abs. 2 UStG in Anspruch genommen werden soll, an der Erstellung mitgewirkt haben (Rz. 39 ff.).

3. Zum gesonderten Ausweis der Steuer nicht berechtigt

66 Zum gesonderten Ausweis der Steuer nicht berechtigt sind **insbesondere Nichtunternehmer**. Dass diese in § 14c Abs. 2 Satz 2 UStG speziell aufgeführt sind und deshalb an sich aus dem Anwendungsbereich des Satzes 1 herausfallen[3] ist ein rein akademisches Problem, das sich wegen der identischen Rechtsfolge nicht auswirkt.

66.1 Wird die **falsche Person als leistender Unternehmer** aufgeführt, weist derjenige die Umsatzsteuer unberechtigt aus, der die Rechnung erstellt hat.[4] Das gilt auch dann, wenn eine Rechnung durch die Gesellschafter einer bereits aufgelösten Gesellschaft im Namen der Gesellschaft ausgestellt wurde. Steuerschuldner ist in diesem Fall die Gesellschaft.[5] Zwar tritt durch die Auflösung im Wege der Realteilung die zivilrechtliche Vollbeendigung der Gesellschaft ein. Jedoch erlöschen – was ebenfalls im Rahmen des § 14c Abs. 1 Satz 1 UStG zu beachten ist – Unternehmen und Unternehmereigenschaft erst, wenn der Unternehmer alle Rechtsbeziehungen abgewickelt hat, die mit dem aufgegebenen Betrieb zusammenhängen.[6] Das entspricht auch Art. 203 MwStSystRL, der auf den Begriff der „Person" abstellt und nicht auf den des „Steuerpflichtigen" i.S.d. Art. 9 Abs. 1 MwStSystRL. Zudem würde es dem Zweck des Art. 203 MwStSystRL entgegenstehen, die (ehemaligen) Gesellschafter einer vollbeendeten Gesellschaft zu Steuerschuldnern zu machen, da diese in der Regel nicht ohne Weiteres aus der Rechnung hervorgehen.

67 **Im Übrigen** ist der persönliche **Anwendungsbereich** des § 14c Abs. 2 Satz 1 UStG eher **gering**, weil Unternehmer, die Bruttorechnungen trotz einer Steuerschuldumkehr, trotz einer Steuerbefreiung, trotz der Vereinfachung für Dreiecksgeschäfte oder der Differenzbesteuerung und trotz einer bereits erfolgten (identischen) Abrechnung über dieselbe Leistung erteilt haben, nach der hier vertretenen Meinung nicht vom Anwendungsbereich des § 14c Abs. 2 UStG, sondern des § 14c Abs. 1 UStG erfasst werden. Denn nach der hier vertretenen Ansicht unterfallen nur diejenigen Fälle eines unzutreffenden Steuerausweises dem Anwendungsbereich des § 14c Abs. 2 UStG, bei denen der Rechnungsaussteller als solcher (persönlich) nicht zum Ausweis von Umsatzsteuer berechtigt ist. All die Fälle aber, in denen der Unternehmer aufgrund einer fehlerhaften rechtlichen Prüfung des konkreten Umsatzes fälschlich Steuer ausgewiesen hat, fallen unter § 14c Abs. 1 UStG. Aus diesem Grund wird der **Kleinunternehmer** von § 14c Abs. 2 UStG erfasst, denn er ist für keinerlei Umsätze zum Umsatzsteuerausweis berechtigt.[7]

---

1 Ebenso *Weymüller* in Weymüller[2], § 14c UStG Rz. 212 f.
2 Vgl. auch BMF, Schr. v. 19.8.2021 – III C 2-S 7283/19/10001 :002, UR 2021, 728.
3 Vgl. *Weymüller* in Weymüller[2], § 14c UStG Rz. 230.
4 *Korn* in Bunjes[22], § 14c Rz. 68.
5 BFH, Urt. v. 17.8.2023 – V R 3/21, UR 2024, 140 m. Anm. *Tehler.*
6 BFH, Urt. v. 19.11.2009 – V R 16/08, BStBl. II 2010, 319 = UR 2010, 184; BFH, Urt. v. 13.1.2010 – V R 24/07, BStBl. II 2011, 241 = UR 2010, 489; vgl. auch BFH, Urt. v. 21.4.1993 – XI R 50/90, BStBl. II 1993, 696 = UR 1993, 390; EuGH, Urt. v. 3.3.2005 – C-32/03, ECLI:EU:C:2005:128 – Fini H, UR 2005, 433.
7 Ebenso: *Korn* in Bunjes[22] § 14c UStG Rz. 63; *Weymüller* in Weymüller[2], § 14c UStG Rz. 54; *Lippross*, Umsatzsteuer[25], 1063 f.; Abschn. 14c.2 Abs. 2 Nr. 1 UStAE.

III. Gesonderter Steuerausweis durch Nichtunternehmer (Absatz 2 Satz 2 Alt. 1)

Nach § 14c Abs. 2 Satz 2 Alt. 1UStG schuldet auch derjenige den in einer Rechnung ausgewiesenen Steuerbetrag, der wie ein leistender Unternehmer abrechnet, obwohl er nicht Unternehmer ist. Die Regelung bezieht sich damit auf **Nichtunternehmer, hoheitlich (nichtunternehmerisch) handelnde Personen**[1] und **Unternehmer im privaten Bereich** (z.B. Verkauf eines Gegenstands des Privatvermögens).[2] Ob eine Leistung ausgeführt wurde, ist ohne Bedeutung. Solche Nichtunternehmer müssen nach § 18 Abs. 4b i.V.m. § 18 Abs. 4a UStG Voranmeldungen und Jahresssteuererklärungen abgeben. 68

Bei Umsätzen zwischen Betriebsabteilungen desselben Unternehmens oder **innerhalb eines Organkreises** handelt es sich nicht um steuerbare Lieferungen oder sonstige Leistungen, sondern um innerbetriebliche Vorgänge (sog. Innenumsätze). Werden für sie Belege mit gesondertem Steuerausweis erteilt, sind diese Belege nicht als Rechnungen i.S.d. § 14c UStG, sondern als unternehmensinterne Buchungsbelege zu beurteilen. Die darin ausgewiesene Steuer wird nicht nach § 14c Abs. 2 UStG geschuldet.[3] 69

IV. Gesonderter Steuerausweis trotz Nichtausführung einer Leistung (Absatz 2 Satz 2 Alt. 2)

Nach § 14c Abs. 2 Satz 2 Alt. 2 UStG schuldet der Rechnungsaussteller den in einer Rechnung ausgewiesenen Steuerbetrag, wenn die in der Rechnung ausgewiesene Leistung nicht ausgeführt worden ist, wie insbesondere bei **Schein- oder Gefälligkeitsrechnungen**.[4] Zudem greift die Sanktion auch ein, wenn in der Rechnung statt der tatsächlich ausgeführten Leistung eine andere genannt ist. So schuldet ein Unternehmer, der Rechnungen mit gesondertem Steuerausweis über die Lieferung von Gegenständen zum ermäßigten Steuersatz (z.B. Süßwaren) ausstellt, obwohl er tatsächlich nicht begünstigte Gegenstände (z.B. Getränke) geliefert hat, die gesondert ausgewiesene Steuer nach § 14c Abs. 2 UStG neben der Steuer für die tatsächlich ausgeführte Leistung.[5] Die Verwaltung nennt hier folgende Beispiele:[6] 70

a) Es wird eine Büromaschine aufgeführt, während tatsächlich ein Fernsehgerät geliefert worden ist.

b) Es werden Antriebsmotoren angegeben, während tatsächlich der Schrott solcher Motoren geliefert worden ist.[7]

c) Es wird hergestelltes Mauerwerk abgerechnet, während tatsächlich ein Kranführer überlassen worden ist.[8]

d) Es werden „Malerarbeiten in Büroräumen" in Rechnung gestellt, während die Malerarbeiten tatsächlich in der Wohnung des Leistungsempfängers ausgeführt worden sind.

Die Rechtsprechung geht davon aus, dass eine **Abmahnung** eine umsatzsteuerpflichtige Leistung vom Abmahnenden an den Abgemahnten darstellt.[9] Die Entscheidungen ergingen zum Bereich des UWG und des UrhG. Erfolgte die Abmahnung unberechtigterweise, da kein berechtigter Anspruch bestand, geht die Verwaltung davon aus, dass der Abmahnende die Umsatzsteuer nach § 14c Abs. 2 Satz 1 70.1

1 BFH, Urt. v. 21.9.2016 – XI R 4/15, BFH/NV 2017, 397 = UR 2017, 146; Abschn. 14c.2 Abs. 2 Nr. 5 UStAE.

2 Abschn. 14c.2 Abs. 2 Nr. 4 UStAE.

3 BFH, Urt. v. 28.10.2010 – V R 7/10, BStBl. II 2011, 391 = UR 2011, 256 m. Anm. *von Streit/Duyfjes*; Abschn. 14c.2 Abs. 2a UStAE und Abschn. 14.1 Abs. 4 UStAE.

4 BFH, Urt. v. 7.4.2011 – V R 44/09, BStBl. II 2011, 954 = UR 2011, 831; BFH, Urt. v. 16.9.2015 – XI R 47/13, BFH/NV 2016, 428.

5 BFH, Urt. v. 8.9.1994 – V R 70/91, BStBl. II 1995, 32 = UR 1995, 69 m. Anm. *Weiß*.

6 Abschn. 14c.2 Abs. 2 Nr. 3 UStAE.

7 Vgl. BFH, Beschl. v. 21.5.1987 – V R 129/78, BStBl. II 1987, 652 = UR 1987, 267.

8 Vgl. BFH, Beschl. v. 9.12.1987 – V B 54/85, BStBl. II 1988, 700.

9 BFH, Urt. v. 21.12.2016 – XI R 27/14, BStBl. II 2021, 779 = UR 2017, 459 m. Anm. *Döring-Pauckert* und BFH, Urt. v. 13.2.2019 – XI R 1/17, BStBl. II 2021, 785 = UR 2019, 413.

UStG schuldet, wenn er diese in der Rechnung an den Abgemahnten gesondert ausgewiesen hat.[1] Offen ist, ob diese Rechtsfolge auch außerhalb von Rechtsverletzungen nach dem UWG und UrhG gilt.

70.2 Kauft oder verkauft ein Unternehmer Gegenstände im Auftrag einer anderen Person, so erbringt der Beauftragte zivilrechtlich eine Auftragsleistung nach § 675 BGB, für die er eine Provision erhält. Der Verkauf bzw. Einkauf erfolgt aber rechtlich durch den Auftraggeber. Im Umsatzsteuerrecht wird hingegen gemäß § 3 Abs. 3 UStG, wenn der Beauftragte in eigenem Namen auftritt, (also beim **Kommissionsgeschäft**) eine Lieferkette fingiert,

- bei einem Verkauf – ein Verkauf vom Auftraggeber an den Beauftragten und von diesem an den Käufer,
- bei einem Einkauf – ein Verkauf vom Verkäufer an den Beauftragten und von diesem an den Auftraggeber (§ 3 Rz. 150).

70.3 Berechnet in diesem Fall der Kommissionär dem Kommittenten die Provision für seine Geschäftsbesorgung und weist dafür Umsatzsteuer aus, so liegt nach dem Gesetzeswortlaut ein Fall des § 14c Abs. 2 Satz 2 2. Alt. UStG vor, da der Kommissionär gegenüber dem Kommittenten umsatzsteuerrechtlich keine Leistung erbracht hat. Anders als teilweise angenommen,[2] ist in diesem Fall für Gutgläubigkeitsüberlegungen kein Raum, denn der Rechnungsaussteller ist durch die Möglichkeit der Berichtigung ausreichend geschützt.

70.4 Für die Dienstleistungskommission (§ 3 Abs. 11 und 11a UStG) und die Reihengeschäftsfiktion (§ 3 Abs. 3a UStG) gilt entsprechendes.

71 Unter § 14c UStG fallen auch Rechnungen über nicht durchgeführte Reparaturen nach vorgetäuschten Verkehrsunfällen.[3]

72 Die in Rechnungen mit **ungenauer Angabe der Leistungsbezeichnung** gesondert ausgewiesenen Steuerbeträge werden dagegen nicht nach § 14c Abs. 2 UStG geschuldet. Ungenaue Angaben liegen vor, wenn die Rechnungsangaben nicht so eingehend und eindeutig sind, dass sie ohne weiteres völlige Gewissheit über Art und Umfang des Leistungsgegenstands verschaffen. So liegt kein § 14c Abs. 2 UStG vor, wenn über ausgeführte Bauarbeiten lediglich durch Angabe einer Baustelle und „Arbeiten wie gesehen und besichtigt" abgerechnet wird.[4]

73 Einen Sonderfall stellen **Vorausrechnungen** dar. Sie fallen nicht unter § 14c Abs. 2 UStG, wenn sie als solche kenntlich gemacht sind. Das kann durch ihre Aufmachung (z.B. durch die Bezeichnung) oder ihren Inhalt (z.B. durch Hinweis auf einen erst in der Zukunft liegenden Zeitpunkt der Leistung) erfolgen.[5] Steht der Leistungszeitpunkt noch nicht fest, sollte dies aus der Rechnung oder aus anderen Unterlagen, auf die in der Rechnung hingewiesen wird, hervorgehen. Unterbleibt nach Erteilung einer Vorausrechnung mit Steuerausweis die zunächst beabsichtigte Leistung, z.B. bei Rückgängigmachung eines Kaufvertrags, wird dadurch § 14c Abs. 2 UStG nicht ausgelöst.[6]

74 Dagegen greift § 14c Abs. 2 UStG ein, wenn eine Vorausrechnung mit gesondertem Steuerausweis erteilt wird, obwohl der **Leistende weiß, dass er die darin aufgeführte Leistung nicht mehr ausführen wird**.[7] Das gilt jedoch nicht, wenn der Rechnungsempfänger gutgläubig an die Ausführung der Leistung geglaubt hat. Denn der EuGH hat in der Entscheidung *Kollroß und Wirtl*[8] entschieden, dass dem Rechnungsempfänger in diesem Fall der Vorsteuerabzug erhalten bleibt.[9] Dann aber kann sich die Steuerschuld nicht aus § 14c Abs. 2 UStG ergeben, weil diese nicht zum Vorsteuerabzug berechtigt.[10]

1 BMF, Schr. v. 1.10.2021 – III C 2-S 7100/19/10001 :006 – DOK 2021/0998752, BStBl. I 2021, 581 = UR 2021, 840. S. ausführlich zu dem BMF-Schreiben *Stelzer*, UR 2021, 812 ff.

2 *Stadie* in Rau/Dürrwächter, § 14c Rz. 278.2 (Stand: April 2021).

3 Vgl. BFH, Urt. v. 27.10.1993 – XI R 99/90, BStBl. II 1994, 277 = UR 1994, 127.

4 Vgl. BFH, Beschl. v. 4.12.1987 – V S 9/85, BStBl. 1988, 702.

5 Vgl. BFH, Urt. v. 20.3.1980 – V R 131/74, BStBl. II 1980, 287 = UR 1980, 138; BFH, Urt. v. 7.4.2011 – V R 44/09, BStBl. II 2011, 954 = UR 2011, 831; BFH, Urt. v. 6.4.2016 – V R 12/15, BStBl. II 2017, 188 = UR 2016, 643.

6 BFH, Urt. v. 21.2.1980 – V R 146/73, BStBl. II 1980, 283 = UR 1980, 135.

7 BFH, Urt. v. 5.2.1998 – V R 65/97, BStBl. II 1998, 415 = UR 1999, 175; Abschn. 14c.2 Abs. 2 Nr. 2 Satz 6 UStAE.

8 EuGH, Urt. v. 31.5.2018 – C-660/16, ECLI:EU:C:2018:372 – Kollroß und Wirtl, UR 2018, 519 m. Anm. *Billig*.

9 Nachfolgeentscheidung des BFH: BFH, Urt. v. 5.12.2018 – XI R 44/14, UR 2019, 255 m. Anm. *Widmann*.

10 Ebenso: *Weymüller* in Weymüller[2], § 14c UStG Rz. 253.3.

Wer eine Rechnung erkennbar als solche **entwertet**, schuldet keine Steuer nach § 14c Abs. 2 UStG. Das kann z.B. durch den Vermerk „keine Rechnung" oder den Hinweis „Pro-forma-Rechnung" erfolgen. 75

V. Berichtigung des Steuerbetrages (Absatz 2 Satz 3)

Nach § 14c Abs. 2 Satz 3 UStG kann der nach den Sätzen 1 und 2 geschuldete Steuerbetrag berichtigt werden. Damit ist gemeint, dass der Rechnungsaussteller seine Steuerschuld aus der Rechnung gegenüber dem Finanzamt **durch** eine (neue) **Steuererklärung** (Voranmeldung) beseitigen kann. Auf den guten Glauben des Ausstellers der betreffenden Rechnung kommt es nicht an.[1] 76

Voraussetzung hierfür ist jedoch nicht nur, dass die Gefährdung des Steueraufkommens beseitigt worden ist (Rz. 79 ff.), wie der Gesetzestext suggeriert, sondern **auch**, dass der Rechnungsaussteller die **Rechnung** gegenüber dem Empfänger **berichtigt.**[2] Denn solange die Rechnung mit dem unberechtigten Steuerausweis existiert, schuldet der Aussteller die ausgewiesene Steuer, wie sich aus Art. 203 MwStSystRL ergibt. Wie bei § 14c Abs. 1 UStG erfolgt dies durch Berichtigungserklärung gegenüber dem Leistungsempfänger (Rz. 47 ff.). Nach Ansicht der FinVerw. genügt es, dass der Aussteller der Rechnung den unberechtigten Steuerausweis gegenüber dem Belegempfänger für ungültig erklärt hat.[3] Im Rahmen eines Organschaftsverhältnisses soll die Organgesellschaft oder ein von ihr beauftragter Dritter berechtigt sein, eine von ihr ausgestellte Rechnung mit unberechtigtem Steuerausweis gegenüber dem Belegempfänger für ungültig zu erklären. 77

Da gemäß § 14c Abs. 2 Satz 5 UStG bei der Berichtigung des unberechtigten Steuerausweises § 17 Abs. 1 UStG entsprechend anzuwenden ist, wirkt die Berichtigung **ex nunc** und nicht zurück. 78

VI. Beseitigung der Gefährdung des Steueraufkommens (Absatz 2 Satz 4)

Nach § 14c Abs. 2 Satz 3 UStG kann der Rechnungsaussteller den Steuerbetrag berichtigen, wenn die Gefährdung des Steueraufkommens beseitigt ist. Wann dies der Fall ist, regelt § 14c Abs. 2 Satz 4 UStG. Hiernach ist die Gefährdung des Steueraufkommens beseitigt, wenn ein Vorsteuerabzug beim Empfänger der Rechnung nicht durchgeführt oder die geltend gemachte Vorsteuer an die Finanzbehörde zurückgezahlt worden ist. Dies ist in dem Sinne zu verstehen, dass **endgültig feststehen muss, dass jedwede Gefährdung des Steueraufkommens ausgeschlossen ist.**[4] Der Zeitpunkt, zu dem der Rechnungsaussteller den in § 14c Abs. 2 Satz 5 UStG genannten Antrag stellt, ist nicht maßgeblich.[5] 79

Eine über § 14c Abs. 2 Satz 4 UStG hinausgehende Möglichkeit, wie eine eingetretene Gefährdung des Steueraufkommens beseitigt werden kann, sieht das nationale Recht nicht vor. Damit kann die Gefährdung des Steueraufkommens auch nicht aufgrund anderer Umstände „entfallen" bzw. i.S.d. § 14c Abs. 2 Satz 3 UStG beseitigt werden. Insbesondere entfällt die Gefährdung **nicht, wenn das Finanzamt des Leistungsempfängers vom unberechtigten Steuerausweis erfährt**. Das liefe nämlich darauf hinaus, dass die Steuerfahndung stets alle beteiligten Finanzämter über noch nicht abgeschlossene Ermittlungen unterrichten müsste. Das ist abzulehnen.[6] 80

Die FinVerw. verlangt für die Berichtigung (anders als bei § 14c Abs. 1 UStG) nicht die **Rückzahlung des vereinnahmten Betrags** durch den Steuerschuldner an den Belegempfänger;[7] der BFH hat die Frage bislang offengelassen.[8] Wenn die Rückzahlung aber im Rahmen des vom Gesetzgeber weniger 81

---

1 BFH, Urt. v. 22.2.2001 – V R 5/99, BStBl. II 2004, 143 = UR 2001, 255; Abschn. 14c.2 Abs. 3 Satz 4 UStAE.
2 Offengelassen vom BFH, Urt. v. 27.7.2021 – V R 43/19, BStBl. II 2024, 237 = UR 2021, 934, Rz. 27.
3 Abschn. 14c.2 Abs. 3 Satz 1 UStAE.
4 BFH, Urt. v. 8.11.2016 – VII R 34/15, BStBl. II 2017, 496; Abschn. 14c.2 Abs. 3 Satz 6 UStAE.
5 BFH, Urt. v. 27.7.2021 – V R 43/19, BStBl. II 2024, 237 = UR 2021, 934, Rz. 22.
6 BFH, Urt. v. 16.9.2015 – XI R 47/13, BFH/NV 2016, 428.
7 Abschn. 14c.2 Abs. 3 Satz 7 UStAE.
8 BFH, Urt. v. 27.7.2021 – V R 43/19, BStBl. II 2024, 237 = UR 2021, 934, Rz. 27.

missbilligtem § 14c Abs. 1 UStG Voraussetzung für eine Berichtigung ist, dann muss dies auch beim weit schwerwiegenderem § 14c Abs. 2 UStG gelten. Das folgt auch aus dem Verweis auf § 17 Abs. 1 UStG, aus dem der BFH die Rückzahlungsverpflichtung hergeleitet hat (Rz. 52 ff.). Der Rechnungsempfänger würde – bei Aufdeckung des Sachverhaltes – durch sein Finanzamt zur Rückzahlung der Vorsteuer „gezwungen", was beim Rechnungsaussteller zur Beseitigung der Gefährdung des Steueraufkommens führen würde. Dieser wäre seine Steuerschuld „los", obwohl er im Einzelfall den Steuerbetrag noch nicht an den ggf. betrogenen Leistungsempfänger zurückgezahlt hat. Man denke an den Fall, dass ein Unternehmer seinen privaten Pkw an einen Gebrauchtwagenhändler verkauft und hierbei böswillig wie ein Unternehmer gegenüber dem gutgläubigen Leistungsempfänger auftritt. Die steuerliche Abwicklung dieses Falles ginge ohne Rückzahlungsverpflichtung auf Kosten des gutgläubigen Rechnungsempfängers. Dieser müsste den Zivilrechtsweg einschlagen, was ihm nicht zuzumuten ist.[1]

VII. Berichtigungsverfahren (Absatz 2 Satz 5)

82 Die Berichtigung des geschuldeten Steuerbetrags muss nach § 14c Abs. 2 Satz 7 UStG **beim Finanzamt gesondert schriftlich beantragt werden** und kann erst nach dessen Zustimmung in entsprechender Anwendung des § 17 Abs. 1 UStG für den Besteuerungszeitraum vorgenommen werden, in dem die Gefährdung des Steueraufkommens nach Satz 4 beseitigt worden ist. Dafür ist im Regelfall erforderlich, dass der Rechnungsaussteller sein Finanzamt darüber informiert, dass die Gefährdung (beim Leistungsempfänger) weggefallen ist. Dem Antrag müssen deshalb ausreichende Angaben über die Identität des Rechnungsempfängers beigefügt werden.[2] Das Finanzamt des Rechnungsausstellers hat sodann durch Einholung einer Auskunft beim Finanzamt des Rechnungsempfängers zu ermitteln, in welcher Höhe und wann ein unberechtigt in Anspruch genommener Vorsteuerabzug durch den Rechnungsempfänger zurückgezahlt wurde. Nach Einholung dieser Auskunft soll das Finanzamt des Rechnungsausstellers diesem (möglichst schriftlich) mitteilen, für welchen Besteuerungszeitraum und in welcher Höhe die Berichtigung des geschuldeten Steuerbetrags vorgenommen werden kann.[3] Offenbart das Finanzamt des Rechnungsempfängers die für die Beurteilung des Streitfalls erforderlichen Erkenntnisse aus dem Erhebungsverfahren dem Finanzamt des Rechnungsausstellers und damit auch diesem nicht, kann das daraus resultierende **Aufklärungsdefizit** allerdings nicht zu Lasten des Rechnungsaustellers gehen.[4] Das gebietet der Grundsatz der Neutralität der Umsatzsteuer.[5]

83 Die Berichtigung des geschuldeten Steuerbetrags ist in entsprechender Anwendung des § 17 Abs. 1 UStG für den Besteuerungszeitraum vorzunehmen, in dem die Gefährdung des Steueraufkommens beseitigt worden ist. **Hat der Rechnungsempfänger den Vorsteuerabzug geltend gemacht**, ist der aufgrund des unberechtigten Steuerausweises geschuldete Steuerbetrag für den **Zeitraum** zu berichtigen, in dem der Rechnungsempfänger die Vorsteuer an das Finanzamt zurückzahlt. Der Zeitpunkt, zu dem der Rechnungsaussteller den in § 14c Abs. 2 Satz 5 UStG genannten Antrag stellt, ist nicht maßgeblich. Dies entspricht, wie der BFH zu Recht ausgeführt hat,[6] dem eindeutigen Wortlaut der Vorschrift.

84 **Wurde beim Empfänger der Rechnung gar kein Vorsteuerabzug vorgenommen**, ist der wegen unberechtigten Steuerausweises geschuldete Betrag beim Aussteller der Rechnung für den Zeitraum zu berichtigen, in dem die Rechnung erteilt worden ist.[7] Damit kann es bei § 14c Abs. 2 UStG zu einer **rückwirkenden Berichtigung** kommen, was bei § 14c Abs. 1 UStG nicht möglich ist.

1 Ebenso: *Weymüller* in Weymüller², § 14c UStG Rz. 286 ff.
2 Abschn. 14c.2 Abs. 5 Satz 2 UStAE.
3 Abschn. 14c.2 Abs. 5 Sätze 3 und 4 UStAE.
4 Sächsisches FG, Urt. v. 29.7.2013 – 6 K 429/12, juris.
5 Ebenso: *Weymüller* in Weymüller², § 14c UStG Rz. 298.
6 BFH, Urt. v. 27.7.2021 – V R 43/19, BStBl. II 2024, 237 = UR 2021, 934, Rz. 22.
7 Abschn. 14c.2 Abs. 5 Satz 6 UStAE.

§ 15 Vorsteuerabzug

(1) [1]Der Unternehmer kann die folgenden Vorsteuerbeträge abziehen:

1. **die gesetzlich geschuldete Steuer für Lieferungen und sonstige Leistungen, die von einem anderen Unternehmer für sein Unternehmen ausgeführt worden sind. [2]Die Ausübung des Vorsteuerabzugs setzt voraus, dass der Unternehmer eine nach den §§ 14, 14a ausgestellte Rechnung besitzt. [3]Soweit der gesondert ausgewiesene Steuerbetrag auf eine Zahlung vor Ausführung dieser Umsätze entfällt, ist er bereits abziehbar, wenn die Rechnung vorliegt und die Zahlung geleistet worden ist;**
2. **die entstandene Einfuhrumsatzsteuer für Gegenstände, die für sein Unternehmen nach § 1 Absatz 1 Nummer 4 eingeführt worden sind;**
3. **die Steuer für den innergemeinschaftlichen Erwerb von Gegenständen für sein Unternehmen, wenn der innergemeinschaftliche Erwerb nach § 3d Satz 1 im Inland bewirkt wird;**
4. **die Steuer für Leistungen im Sinne des § 13b Absatz 1 und 2, die für sein Unternehmen ausgeführt worden sind. [2]Soweit die Steuer auf eine Zahlung vor Ausführung dieser Leistungen entfällt, ist sie abziehbar, wenn die Zahlung geleistet worden ist;**
5. **die nach § 13a Abs. 1 Nr. 6 geschuldete Steuer für Umsätze, die für sein Unternehmen ausgeführt worden sind.**

[2]Nicht als für das Unternehmen ausgeführt gilt die Lieferung, die Einfuhr oder der innergemeinschaftliche Erwerb eines Gegenstands, den der Unternehmer zu weniger als 10 Prozent für sein Unternehmen nutzt.

(1a) [1]Nicht abziehbar sind Vorsteuerbeträge, die auf Aufwendungen, für die das Abzugsverbot des § 4 Abs. 5 Satz 1 Nr. 1 bis 4, 7 oder des § 12 Nr. 1 des Einkommensteuergesetzes gilt, entfallen. [2]Dies gilt nicht für Bewirtungsaufwendungen, soweit § 4 Abs. 5 Satz 1 Nr. 2 des Einkommensteuergesetzes einen Abzug angemessener und nachgewiesener Aufwendungen ausschließt.

(1b) [1]Verwendet der Unternehmer ein Grundstück sowohl für Zwecke seines Unternehmens als auch für Zwecke, die außerhalb des Unternehmens liegen, oder für den privaten Bedarf seines Personals, ist die Steuer für die Lieferungen, die Einfuhr und den innergemeinschaftlichen Erwerb sowie für die sonstigen Leistungen im Zusammenhang mit diesem Grundstück vom Vorsteuerabzug ausgeschlossen, soweit sie nicht auf die Verwendung des Grundstücks für Zwecke des Unternehmens entfällt. [2]Bei Berechtigungen, für die die Vorschriften des bürgerlichen Rechts über Grundstücke gelten, und bei Gebäuden auf fremdem Grund und Boden ist Satz 1 entsprechend anzuwenden.

(2) [1]Vom Vorsteuerabzug ausgeschlossen ist die Steuer für die Lieferungen, die Einfuhr und den innergemeinschaftlichen Erwerb von Gegenständen sowie für die sonstigen Leistungen, die der Unternehmer zur Ausführung folgender Umsätze verwendet:

1. **steuerfreie Umsätze;**
2. **Umsätze im Ausland, die steuerfrei wären, wenn sie im Inland ausgeführt würden.**
3. **(aufgehoben)**

[2]Gegenstände oder sonstige Leistungen, die der Unternehmer zur Ausführung einer Einfuhr oder eines innergemeinschaftlichen Erwerbs verwendet, sind den Umsätzen zuzurechnen, für die der eingeführte oder innergemeinschaftlich erworbene Gegenstand verwendet wird.

(3) Der Ausschluss vom Vorsteuerabzug nach Absatz 2 tritt nicht ein, wenn die Umsätze

1. **in den Fällen des Absatzes 2 Satz 1 Nr. 1**
   a) **nach § 4 Nr. 1 bis 7, § 25 Abs. 2 oder nach den in § 26 Abs. 5 bezeichneten Vorschriften steuerfrei sind oder**
   b) **nach § 4 Nummer 8 Buchstabe a bis g, Nummer 10 oder Nummer 11 steuerfrei sind und sich unmittelbar auf Gegenstände beziehen, die in das Drittlandsgebiet ausgeführt werden;**

2. in den Fällen des Absatzes 2 Satz 1 Nr. 2

a) nach § 4 Nr. 1 bis 7, § 25 Abs. 2 oder nach den in § 26 Abs. 5 bezeichneten Vorschriften steuerfrei wären oder

b) nach § 4 Nummer 8 Buchstabe a bis g, Nummer 10 oder Nummer 11 steuerfrei wären und der Leistungsempfänger im Drittlandsgebiet ansässig ist oder diese Umsätze sich unmittelbar auf Gegenstände beziehen, die in das Drittlandsgebiet ausgeführt werden.

(4) [1]Verwendet der Unternehmer einen für sein Unternehmen gelieferten, eingeführten oder innergemeinschaftlich erworbenen Gegenstand oder eine von ihm in Anspruch genommene sonstige Leistung nur zum Teil zur Ausführung von Umsätzen, die den Vorsteuerabzug ausschließen, so ist der Teil der jeweiligen Vorsteuerbeträge nicht abziehbar, der den zum Ausschluss vom Vorsteuerabzug führenden Umsätzen wirtschaftlich zuzurechnen ist. [2]Der Unternehmer kann die nicht abziehbaren Teilbeträge im Wege einer sachgerechten Schätzung ermitteln. [3]Eine Ermittlung des nicht abziehbaren Teils der Vorsteuerbeträge nach dem Verhältnis der Umsätze, die den Vorsteuerabzug ausschließen, zu den Umsätzen, die zum Vorsteuerabzug berechtigen, ist nur zulässig, wenn keine andere wirtschaftliche Zurechnung möglich ist. [4]In den Fällen des Absatzes 1b gelten die Sätze 1 bis 3 entsprechend.

(4a) Für Fahrzeuglieferer (§ 2a) gelten folgende Einschränkungen des Vorsteuerabzugs:

1. Abziehbar ist nur die auf die Lieferung, die Einfuhr oder den innergemeinschaftlichen Erwerb des neuen Fahrzeugs entfallende Steuer.

2. Die Steuer kann nur bis zu dem Betrag abgezogen werden, der für die Lieferung des neuen Fahrzeugs geschuldet würde, wenn die Lieferung nicht steuerfrei wäre.

3. Die Steuer kann erst in dem Zeitpunkt abgezogen werden, in dem der Fahrzeuglieferer die innergemeinschaftliche Lieferung des neuen Fahrzeugs ausführt.

(4b) Für Unternehmer, die nicht im Gemeinschaftsgebiet ansässig sind und die nur Steuer nach § 13b Absatz 5, nur Steuer nach § 13b Absatz 5 und § 13a Absatz 1 Nummer 1 in Verbindung mit § 14c Absatz 1 oder nur Steuer nach § 13b Absatz 5 und § 13a Absatz 1 Nummer 4 schulden, gelten die Einschränkungen des § 18 Abs. 9 Satz 5 und 6 entsprechend.

(5) Das Bundesministerium der Finanzen kann mit Zustimmung des Bundesrates durch Rechtsverordnung nähere Bestimmungen darüber treffen,

1. in welchen Fällen und unter welchen Voraussetzungen zur Vereinfachung des Besteuerungsverfahrens für den Vorsteuerabzug auf eine Rechnung im Sinne des § 14 oder auf einzelne Angaben in der Rechnung verzichtet werden kann,

2. unter welchen Voraussetzungen, für welchen Besteuerungszeitraum und in welchem Umfang zur Vereinfachung oder zur Vermeidung von Härten in den Fällen, in denen ein anderer als der Leistungsempfänger ein Entgelt gewährt (§ 10 Abs. 1 Satz 3), der andere den Vorsteuerabzug in Anspruch nehmen kann, und

3. wann in Fällen von geringer steuerlicher Bedeutung zur Vereinfachung oder zur Vermeidung von Härten bei der Aufteilung der Vorsteuerbeträge (Absatz 4) Umsätze, die den Vorsteuerabzug ausschließen, unberücksichtigt bleiben können oder von der Zurechnung von Vorsteuerbeträgen zu diesen Umsätzen abgesehen werden kann.

Schrifttum: *Becker*, Update Rechnungsstellung, Aktuelle Entwicklungen zur ordnungsgemäßen Rechnung und zum Recht auf Vorsteuerabzug, BC 2023, 262; *Brinkmann/Walter-Yadegardjam*, Vorsteuerabzug bei Kapitalbeschaffungsmaßnahmen von Holdinggesellschaften, DStR 2016, 2190; *Drüen*, Zum Gutglaubensschutz im Umsatzsteuerrecht, DB 2010, 1847; *Englisch*, Vorsteuerabzug für Leistungen von Spielervermittlern, UR 2014, 461; *Filtzinger*, Neue Bedeutung des § 15a UStG für die Vorsteueraufteilung bei gemischter Verwendung von Eingangsleistungen, UR 2014, 293; *Fleckenstein-Weiland/von Sanden*, Update: Vorsteueraufteilung bei gemischt genutzten Gebäuden, UR 2022, 869; *Friedl*, Der Leistungsaustausch für fremde Rechnung im System der Mehrwertsteuer, UR 1987, 65; *Hartman*, Neues zum Vorsteuerabzug bei Holdinggesellschaften, NWB 2022, 2969; *Heidner*, Strohmanngeschäfte und Gutglaubensschutz im Umsatzsteuerrecht, UR 2002, 445; *Heinrichshofen*, Wann ist eine Steuer gesondert ausgewiesen, damit es nach Auffassung des BMF zu einem rückwirkenden Vorsteuerabzug kommt?, UVR 2021, 90; *Heuermann*, Probleme des Vorsteuerabzugsrechts, MwStR 2017, 729; *Heuermann*, Urteil des EuGH in der Rechtssache Vădan: Rechnungserfordernis für den Vorsteuerabzug, StBP 2019, 85; *Heuermann*, Vorsteuerabzug zwischen Verwendung und Verwendungsabsicht – Aporien zwischen nationale und unionale Recht?, UR 2021, 262; *Höink/Hudasch*, Vorsteuerabzug ohne Rechnung?!, BB 2019, 542; *Huschens*, Grundsätze des Vorsteuerabzugs bei Anschaffung hochpreisiger Pkw, DStR 2023, 747; *Lange*, Gewährung des Vorsteuerabzugs aufgrund von Vertrauensschutz nur im Billigkeitsverfahren?, UR 2020, 595; *Langer/Zugmaier*, Vorsteuerabzug trotz fehlerhafter oder unvollständiger Rechnung, DStR 2016, 2249; *Lippross*, Abschied von der „Absichtsbesteuerung" beim Vorsteuerabzug nach § 15 UStG, UR 2020, 918; *Lohse*, Zuordnung als Vorsteuerabzugsvoraussetzung – Quo vadis?, UR 2020, 333; *Nieskens*, Gutglaubensschutz bei nachträglich ungültiger Umsatzsteuer-Identifikationsnummer, UR 2008, 812; *Raab*, Zulässigkeit des Flächenschlüssels bei gemischt genutzten Gebäuden (Entscheidungsbesprechung), MwStR 2014, 70; *Schumann*, Entscheidung des EuGH in der Rs. Vădan und ihre Folgen: Vorsteuerabzug ohne Rechnung?, DStR 2019, 1191; *Stadie*, Der Mitunternehmer im Umsatzsteuerrecht, UR 1986, 137; *von Streit/Streit*, Anmerkung zum Rechtsprechungserfordernis beim Vorsteuerabzug unter Berücksichtigung der jüngsten Rechtsprechung, MwStR 2019, 13; *Wäger*, Aktuelles zum Vorsteuerabzug, UStB 2021, 267; *Wäger*, Abzug und Berichtigung von Vorsteuerbeträgen: Steinzeit oder Neuzeit?, UR 2021, 889.

A. Grundaussagen

I. Regelungsgegenstand und Bedeutung

1. Regelungsgegenstand

§ 15 UStG regelt die **materiell-rechtlichen Voraussetzungen** des Rechts auf **Vorsteuerabzug**, wobei sich die Ausübung nach den §§ 16 und 18 UStG richtet. Der Vorsteuerabzug nach § 15 Abs. 1 UStG steht lediglich Unternehmern (§ 2 UStG; Rz. 36 ff.) zu. Während Absatz 1 verschiedene Fälle der persönlichen und sachlichen Berechtigung des Vorsteuerabzugs enthält, finden sich in den Absätzen 1a, 1b, 2, 3, 4 und 4a des § 15 UStG Regelungen zum Ausschluss des Vorsteuerabzugs, sowie Rückausnahmen dazu. In Absatz 5 ist eine Verordnungsermächtigung des Bundesfinanzministeriums hinsichtlich des Verfahrens enthalten. 1

Gemäß § 15 Abs. 1 Satz 1 Nr. 1 UStG kann der Unternehmer die von anderen Unternehmern **ordnungsgemäß in Rechnung gestellte Umsatzsteuer** für Lieferungen oder sonstige Leistungen grundsätzlich als Vorsteuer abziehen. Die Ordnungsmäßigkeit der Rechnung richtet sich nach den §§ 14, 14a UStG. Erst mit der Rechnung kann der Unternehmer seinen Vorsteuerabzugsanspruch geltend machen. Ferner ist es erforderlich, dass der Unternehmer die Leistung für das Unternehmen bezogen hat, was eine Zuordnung zur wirtschaftlichen Tätigkeit des Unternehmers erfordert (Rz. 84 ff.). 2

Neben den Inlandsumsätzen nach § 15 Abs. 1 Satz 1 Nr. 1 UStG kann der Unternehmer nach § 15 Abs. 1 Satz 1 Nr. 2 UStG die entstandene **Einfuhrumsatzsteuer** für Gegenstände, die für sein Unternehmen nach § 1 Abs. 1 Nr. 4 UStG eingeführt worden sind, im Rahmen des Vorsteuerabzugs geltend machen (Rz. 193 ff.). 3

Nach § 15 Abs. 1 Satz 1 Nr. 3 UStG kann der Unternehmer die Umsatzsteuer auf den innergemeinschaftlichen Erwerb als Vorsteuer abziehen **(Erwerbsteuer)**. Eine Rechnung ist hierfür nicht erforderlich (Rz. 205 ff.). 4

Die Abzugsfähigkeit gilt nach § 15 Abs. 1 Satz 1 Nr. 4 UStG grundsätzlich auch für die vom Unternehmer als Leistungsempfänger nach § 13b UStG geschuldete Steuer (sog. **Reverse-Charge-Verfahren**; § 13b Rz. 18 ff.) für Leistungen, die für sein Unternehmen ausgeführt werden. Weitere Dokumente (z.B. eine Rechnung) sind nach dem Gesetzeswortlaut nicht erforderlich. 5

Die bei einer sog. Auslagerung aus einem **Umsatzsteuerlager** nach § 13a Abs. 1 Nr. 6 UStG geschuldete Steuer ist nach § 15 Abs. 1 Satz 1 Nr. 5 abzugsfähig (Rz. 217 f.). 6

Hinsichtlich aller Tatbestände für den Vorsteuerabzug ist die 10 %-Grenze des § 15 Abs. 1 Satz 2 UStG zu beachten. Hiernach gilt die Lieferung, der Erwerb oder die Einfuhr nicht als für das Unternehmen bezogen, wenn der Unternehmer den Gegenstand zu weniger als 10 % für sein Unternehmen nutzt. Liegt diese Voraussetzung nicht vor, kann der Unternehmer von seinem Vorsteuerabzugsrecht keinen 7

Gebrauch machen. Das Erfordernis der **Mindestnutzung** bezieht sich jedoch ausschließlich auf Gegenstände und erfasst keine Dienstleistungen (Rz. 219 ff.).

8 Dem Vorsteuerabzug liegt das **Prinzip des Sofortabzugs** zugrunde. Hinsichtlich der Berechtigung ist demnach der Zeitpunkt des Bezugs der Leistung maßgeblich. Lässt sich in diesem Zeitpunkt die tatsächliche Verwendung noch nicht feststellen, so kommt es auf die Verwendungsabsicht des Unternehmers an (Rz. 246 ff.; für neuere Entwicklung bei abweichender tatsächlicher Nutzung s. Rz. 248.1 ff.).

9 § 15 Abs. 1a UStG regelt ein Abzugsverbot für bestimmte Vorsteuerbeträge, die auf Aufwendungen entfallen, für die **einkommensteuerliche Abzugsverbote** (§ 4 Abs. 5 Satz 1 Nr. 1–4, 7 und § 12 EStG) bestehen. Grund für den Ausschluss des Vorsteuerabzugs ist eine gewisse Verflechtung zur privaten Sphäre des Unternehmers (Rz. 224 ff.).

10 Ein Ausschlussgrund besteht schließlich nach § 15 Abs. 1b UStG hinsichtlich des Vorsteuerabzugs von Aufwendungen für ein **Grundstück**, das der Unternehmer lediglich **teilunternehmerisch nutzt**. Durch diese Regelung reagierte der Gesetzgeber auf das sog. Seeling-Modell (Rz. 240 ff.).

11 In § 15 Abs. 2, 3 und 4 UStG sind die Berechtigung zum sowie der **Ausschluss des Vorsteuerabzugs bei steuerfreien bzw. nicht steuerbaren Umsätzen** geregelt. Die Absätze 2 und 3 sind im Zusammenhang zu sehen. Während § 15 Abs. 2 UStG den Vorsteuerabzug je nach Verwendungszweck ausschließt, macht § 15 Abs. 3 UStG hiervon für gewisse Umsätze Rückausnahmen (Rz. 246 ff.). § 15 Abs. 4 UStG stellt dagegen eine Aufteilungsregel dar, wenn ein Gegenstand nur zum Teil für die Ausführung von Umsätzen verwendet wird, die den Vorsteuerabzug ausschließen (Rz. 267 ff.).

12 In § 15 Abs. 4a UStG findet sich eine Einschränkung des Rechts auf Vorsteuerabzug für **Fahrzeuglieferer** i.S.d. § 2a UStG (Rz. 317 ff.), in § 15 Abs. 4b UStG für Unternehmer, die **nicht im Gemeinschaftsgebiet ansässig** sind (Rz. 323 ff.).

13 § 15 Abs. 5 UStG enthält eine **Ermächtigung** für das BMF zur Vereinfachung durch **Rechtsverordnungen**. Hiervon hat das BMF beim Vorsteuerabzug hinsichtlich Kleinstbeträgen und Fahrausweisen (§ 35 UStDV), beim Vorsteuerabzug für unfreie Versendungen (§ 40 UStDV) und hinsichtlich der Aufteilung der Vorsteuer bei bestimmten Umsätzen (§ 43 UStDV) Gebrauch gemacht (Rz. 343 ff.).

2. Bedeutung und Telos

14 Der Vorsteuerabzug gewährleistet als Kernstück der Mehrwertsteuer die **Neutralität der Umsatzsteuer**. Zweck des Vorsteuerabzugs ist nach ständiger Rechtsprechung des EuGH[1] die vollständige Entlastung des Unternehmers von der im Rahmen seiner wirtschaftlichen Tätigkeit geschuldeten oder entrichteten Mehrwertsteuer. Durch die **Netto-Allphasenbesteuerung** wird sichergestellt, dass der Steuerpflichtige nicht mit der Umsatzsteuer belastet wird, sondern nur der Endverbraucher die Mehrwertsteuer trägt. Durch den Vorsteuerabzug soll die **Wettbewerbsneutralität** gewährleistet werden.[2] Diese wäre insbesondere bei Warenlieferungen gefährdet, da sich die Umsatzsteuervorbelastung mit der Anzahl der Handelsstufen erhöhen würde. Dies würde zu erheblichen Wettbewerbsnachteilen führen und damit gegen den Neutralitätsgrundsatz verstoßen.

15 Die Umsatzsteuer soll durch den Vorsteuerabzug nicht zum Kostenfaktor für den Unternehmer werden. Dies setzt aber denknotwendig voraus, dass der Unternehmer tatsächlich mit der Steuer belastet ist oder sein wird. Die **tatsächliche Belastung** mit der Umsatzsteuer stellt demnach eine **ungeschriebene Tatbestandsvoraussetzung** dar. Der Anspruch auf Vorsteuerabzug entsteht bspw. nicht, wenn ein Leistungsempfänger von Beginn an die Entrichtung des in Rechnung gestellten Entgelts für an ihn erbrachte Bauleistungen u.a. wegen Baumängeln verweigert, da dann keine Belastung mit der Steuer gegeben ist.[3]

---

1 EuGH, Urt. v. 14.2.1985 – C-268/83, ECLI:EU:C:1985:74 – Rompelman, juris Rz. 19 = UR 1985, 201 m. Anm. *Weiß*; EuGH, Urt. v. 14.6.2017 – C-38/16, ECLI:EU:C:2017:454 – Compass Contract Services, UR 2017, 602, Rz. 34.

2 EuGH, Urt. v. 29.11.2012 – C-257/11, ECLI:EU:C2012:759 – Gran Via Moinesti, UR 2012, 224, Rz. 22.

3 BFH, Beschl. v. 9.4.2014 – XI B 10/14, BFH/NV 2014, 1099.

II. Unionsrechtliche Grundlage

1. Allgemeines

Bis zum 1.1.2006 beruhte die Regelung des Vorsteuerabzugs auf Art. 12 der 6. EG-Richtlinie. Diese Regelung wurde ohne inhaltliche Änderungen durch die **MwStSystRL** ersetzt, welche den Vorsteuerabzug in den Art. 167–183 MwStSystRL (Art. 17–19 der 6. EG-Richtlinie) regelt. Durch die Richtlinie 2009/162/EU wurde die MwStSystRL ab dem 1.1.2011 um Art. 168a MwStSystRL ergänzt. Die Normen des Umsatzsteuergesetzes lassen sich wie folgt den Normen der MwStSystRL zuordnen: 16

- § 15 Abs. 1 UStG beruht auf Art. 168 MwStSystRL (Art. 17 Abs. 2 der 6. EG-Richtlinie).
- § 15 Abs. 1a UStG basiert auf Art. 176 MwStSystRL (Art. 17 Abs. 6 der 6. EG-Richtlinie).
- § 15 Abs. 1b UStG ist Art. 168a MwStSystRL zuzuordnen.
- § 15 Abs. 2 und 3 haben ihre Grundlage in Art. 169 MwStSystRL (Art. 17 Abs. 3 der 6. EG-Richtlinie).
- § 15 Abs. 4a UStG beruht auf Art. 172 MwStSystRL (Art. 28a Abs. 4 Unterabs. 2 und 3 der 6. EG-Richtlinie).
- § 15 Abs. 4b UStG basiert auf Art. 171 Abs. 2, 171a MwStSystRL (Art. 17 Abs. 4 der 6. EG-Richtlinie).

2. Verhältnis zwischen nationaler und unionsrechtlicher Regelung

Methodisch lässt sich das Verhältnis der nationalen und der unionsrechtlichen Vorschriften mit dem Anwendungsvorrang des Unionsrechts erklären. Besteht ein Normenkonflikt einzelner nationaler Vorschriften mit den unionsrechtlichen Vorschriften, so ist dieser zunächst mit einer **unionsrechtskonformen Auslegung** zu lösen. Nach Art. 288 AEUV sind Richtlinien für jeden Mitgliedstaat, an den sie gerichtet sind, hinsichtlich des zu erreichenden Ziels verbindlich. Ferner ergibt sich die Notwendigkeit der unionsrechtskonformen Auslegung auch aus Art. 4 EUV, dem Prinzip der loyalen Zusammenarbeit, und dem *effet utile*. Lässt der Wortlaut einer nationalen Norm eine unionsrechtskonforme Auslegung nicht zu, dann muss eine unmittelbare Anwendung der Norm in Betracht gezogen werden. 17

Schließlich legt der EuGH die unionsrechtlichen Regelungen aus, so dass dessen Entscheidungen auch die Anwendung der nationalen Regelungen beeinflusst. Die Leitlinien des Mehrwertsteuerausschusses (vgl. Art. 398 MwStSystRL [Art. 29 der 6. EG-Richtlinie]) entfalten jedoch keine rechtliche Bindungswirkung.[1] 18

Die Regelungen zum Vorsteuerabzug im UStG weichen sowohl im Wortlaut als auch in der Systematik von der MwStSystRL ab. Aufgrund der **sprachlichen Divergenzen** zwischen dem nationalen Recht und der unionsrechtlichen Grundlage kommt es teilweise zu Verständnisproblemen.[2] Während bspw. der Unionsgesetzgeber in Art. 9 Abs. 1 MwStSystRL (Art. 4 Abs. 1 und 2 der 6. EG-Richtlinie) auf das Vorhandensein einer „wirtschaftlichen Tätigkeit" abstellt, stellt der deutsche Gesetzgeber in § 15 Abs. 1 und in § 2 Abs. 1 UStG auf eine unternehmerische Tätigkeit ab. Inhaltlich bestehen hierbei allerdings keine Unterschiede. Von diesem Grundsatz ist allerdings dann eine Ausnahme zu machen, wenn ein Unternehmer einer nicht-wirtschaftlichen Tätigkeit nachgeht (vgl. Rz. 112 ff. zu VNLTO). 19

Schließlich spricht man auch im deutschen Recht allgemein vom **Unternehmer** und nicht vom **Steuerpflichtigen**, wie dies in der MwStSystRL gehandhabt wird. 20

Nach dem **Anwendungsvorrang des Unionsrechts** gegenüber nationalen Normen sind die Normenkonflikte zwischen § 15 UStG und den Artikeln der MwStSystRL grundsätzlich durch die richtlinienkonforme Auslegung des § 15 UStG zu lösen. Soweit die Bestimmungen der MwStSystRL für den Unternehmer vorteilhafter sind, kann er sich im Einzelfall direkt auf die unionsrechtlichen Vorschriften berufen. Die Richtlinien binden grundsätzlich nur die Mitgliedstaaten und entfalten keine unmittelbare Wirkung für den Steuerpflichtigen. Dies ergibt sich im Bereich der Mehrwertsteuer ausdrücklich aus Art. 414 MwStSystRL (Art. 38 der 6. EG-Richtlinie). Nach ständiger Rechtsprechung des EuGH 21

1 BMF, Schr. v. 3.1.2014 – IV D 1-S 7072/13/10005 – DOK 2013/1164285, BStBl. I 2014, 67 = UR 2014, 146.
2 Vgl. *Heuermann*, MwStR 2017, 729 (730).

kann sich der Steuerpflichtige bei Vorteilhaftigkeit jedoch vor nationalen Gerichten direkt auf die Artikel der MwStSystRL berufen, die hinreichend klar und genau und nicht an Bedingungen geknüpft sind.[1]

III. Verhältnis zu anderen Vorschriften und Rechtsentwicklung

1. Verhältnis zu anderen Vorschriften

22 § 15 UStG ist eine der zentralen Normen im Umsatzsteuergesetz und ist deshalb im Zusammenhang mit zahlreichen anderen Vorschriften des UStG zu lesen.[2] An vielen Stellen verweist § 15 UStG direkt auf die entsprechende Vorschrift (bspw. in Absatz 1 Satz 1 Nr. 1 Satz 2 oder Absatz 4a), teilweise kann jedoch auch ohne einen ausdrücklichen Verweis auf **Definitionen** aus anderen umsatzsteuerlichen Vorschriften zurückgegriffen werden (insbes. hinsichtlich der Unternehmereigenschaft des Absatzes 1 kann auf § 2 UStG abgestellt werden).

23 Ergänzt wird § 15 UStG durch die in § 14 UStG erfassten Voraussetzungen einer **ordnungsgemäßen Rechnung** i.S.d. § 15 Abs. 1 Satz 1 Nr. 1 Satz 2 UStG sowie durch § 15a UStG, der die **Berichtigung des Vorsteuerabzugs** regelt. Die Geltendmachung des Anspruchs auf Vorsteuerabzug richtet sich nach § 18 Abs. 1 Satz 3 i.V.m. § 16 Abs. 2 UStG.

24 Zentrales Merkmal des Vorsteuerabzugs ist die **Unternehmereigenschaft**. Diesbezüglich kann auf die Ausführungen zu § 2 UStG zurückgegriffen werden (§ 2 Rz. 10 ff.).

25 § 15 Abs. 1 Satz 1 Nr. 1 UStG setzt für die Ausübung des Vorsteueranspruchs eine **ordnungsgemäße Rechnung** voraus. § 14 UStG regelt im Detail, was unter einer ordnungsgemäßen Rechnung zu verstehen ist und welche Angaben sie zu enthalten hat. § 14 Abs. 4 UStG nennt bspw. Anschrift und Namen des Leistenden und Leistungsempfängers, die Steuernummer oder USt-IdNr., eine Leistungsbeschreibung und das Ausstellungsdatum. Liegen einzelne Erfordernisse nicht vor, so stellt sich die Frage, ob die Rechnung rückwirkend berichtigt werden kann (§ 14 a.F. Rz. 180).

26 Die **Berichtigung des Vorsteuerabzugs** ist nicht in § 15 UStG geregelt. Weicht die tatsächliche von der ursprünglich beabsichtigten Verwendung sog. Berichtigungsobjekte ab (s. für neuere Entwicklung bei abweichender tatsächlicher Nutzung Rz. 248.1 ff.), so hat dies zwar keinen Einfluss auf den Vorsteuerabzug nach § 15 UStG. Es kann aber zu einer Vorsteuerberichtigung nach § 15a UStG kommen (§ 15a Rz. 1 ff.).

27 Nach § 17 UStG ist der Vorsteuerabzug ex nunc zu berichtigen, wenn sich die Bemessungsgrundlage geändert hat (§ 17 Rz. 4). Dies gilt sinngemäß, wenn z.B. das Entgelt uneinbringlich geworden ist oder ein Umsatz rückgängig gemacht wird.

28 Gemäß § 15 Abs. 2 Nr. 1 und Nr. 2 UStG ist der Vorsteuerabzug bei der Erbringung von steuerfreien Umsätzen bzw. bei Umsätzen im Ausland, die steuerfrei wären, wenn sie im Inland ausgeführt würden, ausgeschlossen. In diesem Zusammenhang ist § 9 UStG zu beachten (§ 9 Rz. 1 ff.). Danach kann der Unternehmer unter bestimmten Voraussetzungen auf die Anwendung einiger Steuerbefreiungsvorschriften verzichten, um dann doch in den Genuss des Vorsteuerabzugs zu kommen. Voraussetzung für den **Verzicht auf Vorsteuerabzug** ist z.B., dass der Leistungsempfänger Unternehmer ist. Bei dem Verzicht z.B. auf die Umsatzsteuerfreiheit von Vermietungsumsätzen ist zudem erforderlich, dass der Mieter die Mietsache ausschließlich zu vorsteuerunschädlichen Umsätzen verwendet bzw. zu verwenden beabsichtigt (s. für neuere Entwicklung bei abweichender tatsächlicher Nutzung Rz. 248.1 ff.). Übt der Unternehmer diesen Verzicht aus, so greift die Ausschlusswirkung des § 15 Abs. 2 UStG also nicht und der entsprechende Vorsteuerabzug kann geltend gemacht werden.

29 Daneben existieren auch außerhalb des § 15 UStG folgende **Vorsteuerabzugsverbote**: § 18 Abs. 9 Sätze 4–6 UStG i.V.m. § 59 UStDV, § 19 Abs. 1 Satz 4 UStG, § 23 UStG i.V.m. § 70 Abs. 1 Satz 2 UStDV, § 23a Abs. 1 Satz 2 UStG, § 24 Abs. 1 Satz 4 UStG, § 25 Abs. 4 Satz 1 UStG sowie § 25a Abs. 5 Satz 3 UStG. Siehe zu Einzelheiten die jeweiligen Kommentierungen.

1 EuGH, Urt. v. 6.7.1995 – C-62/93, ECLI:EU:C:1995:223 – Soupergaz, UR 1995, 404 m. Anm. *Lohse*.
2 Abschn. 15.2 Abs. 3 UStAE.

2. Rechtsentwicklung

30 Schon früh standen Bemühungen im Mittelpunkt der Entwicklung der Umsatzsteuer, die Nachteile des **Allphasenbruttosystems** zu reduzieren. So schlug bereits 1919 *Carl Friedrich v. Siemens* vor, das erst am 1.8.1918 in Kraft getretene UStG zu reformieren. *Siemens* schlug eine veredelte Umsatzsteuer vor – eine Nettoumsatzsteuer mit Vorumsatzabzug, welche jedoch vom Reichstag abgelehnt wurde.[1]

31 Der Gesetzgeber machte von der in § 14 UStG 1932 enthaltenen Ermächtigung keinen Gebrauch, wonach für bestimmte Gegenstände eine Phasenpauschalierung vorgesehen werden konnte, so dass vorangegangene oder folgende Umsätze nicht besteuert wurden. Allerdings nahm der Gesetzgeber eine Ausfuhrvergütung auf, um die Umsatzsteuervorbelastung bei Ausfuhrlieferungen auszugleichen. Hierbei handelte es sich von der Wirkung her um einen pauschalierten Vorsteuerabzug. Ein weiterer Ansatz zur Reduzierung der Kumulationswirkung war bspw. das Anrechnungsverfahren nach § 8 UStG 1934 i.V.m. § 56 UStDB 1934, § 60 UStDB 1951, welches im Prinzip den heutigen Vorsteuerabzug darstellte.[2]

32 Die Umstellung vom Allphasenbruttosystem auf ein **Allphasennettosystem** erfolgte schließlich durch das UStG 1967[3] mit Wirkung ab dem 1.1.1968. Bereits am 11.4.1967 verabschiedete der Rat der EWG die sog. erste und zweite Richtlinie zur Harmonisierung der Rechtsvorschriften der Mitgliedstaaten über die Umsatzsteuer[4] zur Einführung eines gemeinsamen Mehrwertsteuersystems mit Vorsteuerabzug, die durch das UStG 1967 umgesetzt wurden.

33 Ein großer Teil des heute gültigen § 15 UStG besteht in dieser Form seit dem 1.1.1980. Durch das UStG 1980[5] wurde die Norm an die 6. EG-Richtlinie von 1977 zum Vorsteuerabzug angepasst. Seitdem besteht das Recht auf Vorsteuerabzug unabhängig davon, ob der Unternehmer im Inland Umsätze ausgeführt hat oder im Inland einen Sitz oder eine Betriebsstätte hat. Für nicht ansässige Unternehmer wurde ein besonderes Vergütungsverfahren nach § 18 Abs. 9 UStG i.V.m. §§ 59–61 UStDV eingeführt (§ 18 Rz. 139 ff.). Das UStG 1980 führte weitere Gründe für den Ausschluss des Vorsteuerabzugs ein, wie bspw. den Ausschluss des Vorsteuerabzugs für Vorleistungen, die der Unternehmer für unentgeltliche Umsätze verwendet, die aber bei Entgeltlichkeit steuerfrei wären (§ 15 Abs. 2 Nr. 3 UStG). Eine bedeutsame Änderung stellt ferner die Aufteilung in abzugsfähige und nicht abzugsfähige Vorsteuerbeträge dar.

34 Folgende spätere Gesetzesänderungen sind besonders hervorzuheben:

- **StÄndG 2003** vom 15.12.2003[6], durch welches § 15 Abs. 1 Satz 1 Nr. 1 und Nr. 2 UStG seine heutige Fassung erhielten. Ergänzt wurde insbesondere, dass nur die gesetzlich geschuldete Steuer für Lieferungen und sonstige Leistungen zum Vorsteuerabzug berechtigen (Rz. 35 ff.). Ferner wurde § 15 Abs. 4 Satz 3 neu eingefügt, nach dem ein **Umsatzschlüssel** nur noch zulässig ist, wenn keine andere wirtschaftliche Zurechnung möglich ist (Rz. 279 f.).
- **JStG 2007** vom 13.12.2006,[7] in welchem § 15 Abs. 1a UStG neu gefasst und § 15 Abs. 2 Satz 1 Nr. 3 UStG gestrichen wurde. Der Gesetzgeber hat mit dem JStG 2007 das Urteil des BFH vom 10.2.2005 zum Vorsteuerabzug eines Unternehmers aus angemessenen **Bewirtungsaufwendungen** umgesetzt. Der BFH sah die Beschränkung des Vorsteuerabzugs durch § 15 Abs. 1a Nr. 1 UStG 1999 als nicht vereinbar mit Art. 17 Abs. 6 der 6. EG-Richtlinie an.[8] Seit der Neuregelung wird der Vorsteuerabzug aus Bewirtungsaufwendungen gewährt, wenn die Voraussetzungen des § 15 UStG gegeben sind und es sich um angemessene Aufwendungen handelt (Rz. 224 ff.).

---

1 *Carl Friedrich von Siemens*, Veredelte Umsatzsteuer, 2. Ausg. 1921, S. 3 ff.
2 *Stadie* in Rau/Dürrwächter, § 15 UStG Rz. 33 f. (Stand: Januar 2022).
3 UStG v. 29.5.1976, BGBl. I 1967, 545.
4 Richtlinie 67/227/EWG und Richtlinie 67/228/EWG.
5 Gesetz zur Neufassung des Umsatzsteuergesetzes und zur Änderung anderer Gesetze v. 26.11.2979, BGBl. I 1979, 1953.
6 StÄndG 2003 v. 15.12.2003, BGBl. I 2003, 2645 = BStBl. I 2003, 710.
7 JStG 2007 v. 13.12.2006, BGBl. I 2006, 2878 = BStBl. I 2007, 28.
8 BFH, Urt. v. 10.2.2005 – V R 76/03, BStBl. II 2005, 509 = UR 2005, 337 m. Anm. *Heidner*.

- Durch Art. 4 Nr. 9 Buchst. a des **JStG 2010** vom 8.12.2010[1] fand § 15 Abs. 1b UStG Einzug in das deutsche Umsatzsteuergesetz. Notwendig wurde diese Regelung durch die Einführung[2] des Art. 168a MwStSystRL. Die Regelung bewirkt, dass **Aufwendungen im Zusammenhang mit Grundstücken**, die teilweise für private Zwecke genutzt werden, nur insoweit einen Vorsteuerabzug zulassen, als das Grundstück unternehmerisch genutzt wird (Rz. 240 ff.). Im gleichen Zuge wurde § 15 Abs. 4 UStG um einen Satz 4 ergänzt, wonach die Aufteilungsvorschiften auch im Fall des § 15 Abs. 1b UStG greifen.
- **AmtshilfeRLUmsG** vom 26.6.2013,[3] wonach das Recht zum Vorsteuerabzug der Einfuhrumsatzsteuer bereits bei deren Entstehung, folglich unabhängig von der Entrichtung, entsteht. Durch die Änderung von § 15 Abs. 1 Satz 1 Nr. 2 UStG wurde das EuGH-Urteil *Société Véleclair*[4] umgesetzt, in welchem der EuGH entschieden hat, dass das Recht auf **Abzug der Einfuhrumsatzsteuer** nicht von der tatsächlichen Zahlung der Mehrwertsteuer abhängig gemacht werden kann (s. Rz. 193 ff.). Des Weiteren wurde § 15 Abs. 1 Satz 1 Nr. 3 UStG dahingehend geändert, dass der **Vorsteuerabzug aus dem innergemeinschaftlichen Erwerb** nur noch in Fällen, in denen der innergemeinschaftliche Erwerb nach § 3d Satz 1 UStG in Deutschland bewirkt wird, möglich ist (Rz. 205 ff.). Damit wurden die verbundenen EuGH-Urteile *X* und *Facet Trading BV*[5] umgesetzt.
- **JStG 2019** vom 12.12.2019,[6] wodurch § 15 Abs. 4b UStG erweitert wurde. Nach der Verwaltungsauffassung in Abschn. 18.15 Abs. 1 Satz 2 UStAE können im Ausland ansässige Unternehmer, die die Voraussetzungen des **Vorsteuer-Vergütungsverfahrens** erfüllen und Umsatzsteuer im allgemeinen Besteuerungsverfahren (z. B. nach § 14c Absatz 1 UStG) schulden, die Vergütung der Vorsteuerbeträge abweichend von § 16 Abs. 2 Satz 1 UStG nur im Vorsteuer-Vergütungsverfahren geltend machen. Der BFH hatte die Verwaltungsregelung in Abschn. 18.15 Abs. 1 Satz 2 UStAE nicht anerkannt.[7] Diese ist jedoch laut Gesetzesbegründung erforderlich, um Gestaltungsmissbräuche zu bekämpfen. Die Verwaltungsregelung wurde daher inhaltlich durch das JStG 2019 mit § 18 Abs. 9 Satz 3 UStG in das UStG übernommen. § 15 Abs. 4b UStG war als Folge ebenfalls anzupassen. Der Anwendungsbereich der Regelung wird entsprechend zur Vermeidung von Missbrauchsfällen erweitert. Diese können auftreten, wenn die Einschränkungen des Vorsteuer-Vergütungsverfahrens in Bezug auf die erforderliche Gegenseitigkeit und den Vorsteuerausschluss bei Kraftstoffen durch einen unrichtigen Steuerausweis nach § 14c Abs. 1 UStG und den Bezug einer unter § 13b UStG fallenden Leistung umgangen werden sollen.
- **JStG 2022** vom 16.12.2022,[8] wonach für Photovoltaikanlagen in § 12 Abs. 3 UStG erstmals ein 0 %-Steuersatz eingeführt worden ist, der für Leistungen im Zusammenhang mit kleineren Photovoltaikanlagen zur Anwendung kommt (§ 12 Abs. 3 Rz. 1 ff.). Der 0 % Steuersatz hat zwar wie bei einer Steuerbefreiung zur Folge, dass beim leistenden Unternehmer keine Umsatzsteuer entsteht, dieser kann aber – anders als bei der Steuerbefreiung (vgl. § 15 Abs. 2 Satz 1 Nr. 1 UStG) – für alle damit in Zusammenhang stehenden Eingangsleistungen den **vollen Vorsteuerabzug** geltend machen. Die Neuregelung gilt für alle Leistungen, die ab dem 1.1.2023 ausgeführt werden.

---

1 JStG 2010 v. 8.12.2010, BGBl. I 2010, 1768.
2 Basierend auf Richtlinie 2009/162/EU.
3 Amtshilferichtlinie-Umsetzungsgesetz v. 26.6.2013, BGBl. I 2013, 1809 = BStBl. I 2013, 802.
4 EuGH, Urt. v. 29.3.2012 – C-414/10, ECLI:EU:C:2012:183 – Véleclair SA, UR 2012, 692.
5 EuGH, Urt. v. 22.4.2010 – C-536/08 und C-539/08, ECLI:EU:C:2010:217 – X und Facet Trading BV, UR 2010, 418 m. Anm. *Maunz*.
6 Gesetz zur weiteren steuerlichen Förderung der Elektromobilität und zur Änderung weiterer steuerlicher Vorschriften (sog. JStG 2019) v. 12.12.2019, BGBl. I 2019, 2451.
7 BFH, Urt. v. 19.11.2014 – V R 41/13, BFH/NV 2015, 634 = UR 2015, 276.
8 JStG 2022 v. 16.12.2022, BGBl. I 2022, 2294.

B. Voraussetzungen des Vorsteuerabzugs (Absatz 1)

I. Voraussetzungen des Vorsteueranspruchs (Absatz 1 Satz 1)

1. Abziehbarkeit der in Rechnung gestellten Steuer (Absatz 1 Satz 1 Nummer 1)

a) Regelungsgegenstand

§ 15 Abs. 1 Satz 1 Nr. 1 UStG ermöglicht es dem Unternehmer, die gesetzlich geschuldete Steuer (§ 10 Rz. 24) für Lieferungen oder sonstige Leistungen eines anderen Unternehmers im Rahmen des **Vorsteuerabzugs** geltend zu machen, wenn eine Rechnung nach den §§ 14, 14a UStG vorliegt. 35

b) Der Unternehmer im Rahmen des Vorsteuerabzugs

aa) Unternehmerbegriff des § 2 UStG

Die **Unternehmereigenschaft** ist ein zentrales Element des § 15 Abs. 1 Satz 1 Nr. 1 UStG. Sowohl Leistender als auch Leistungsempfänger müssen diese Eigenschaft erfüllen. 36

Nur ein Unternehmer i.S.d. §§ 2 und 2a UStG ist im Rahmen seiner unternehmerischen Tätigkeit vorsteuerabzugsberechtigt, § 15 Abs. 1 Satz 1 UStG. Dies ist systemgerecht, da nur der Unternehmer nach dem Neutralitätsprinzip vollständig von der Steuerbelastung befreit werden soll.[1] Die Unternehmereigenschaft muss im Zeitpunkt des Leistungsbezuges vorliegen. Bei Fahrzeuglieferern gelten die in § 2a UStG dargestellten Besonderheiten hinsichtlich der Unternehmereigenschaft. Nach dieser Norm wird selbst eine Privatperson als Unternehmer behandelt, wenn diese neuen Fahrzeuge (vgl. hierzu § 1b Abs. 2, 3 UStG) in das Ausland verbringt (§ 2a Rz. 27). Wenn ein Fahrzeuglieferer nach § 2a UStG gegeben ist, macht § 15 Abs. 4a UStG sachliche, betragsmäßige und zeitliche Einschränkungen des Vorsteuerabzugsrechts (Rz. 317 ff.). Der Unternehmerbegriff des UStG ist in § 2 Abs. 1 Satz 1 UStG **legal definiert**, wonach Unternehmer ist, wer eine gewerbliche oder berufliche Tätigkeit selbstständig ausübt. § 2 Abs. 1 Satz 1 UStG ist nach dem BFH richtlinienkonform auszulegen, weshalb es sich um eine wirtschaftliche Tätigkeit i.S.d. Art. 9 Abs. 1 MwStSystRL (Art. 4 Abs. 1 und 2 der 6. EG-Richtlinie) handeln muss.[2] 37

Zentrale Elemente des nationalen Unternehmerbegriffs sind die **Nachhaltigkeit**, die **Selbständigkeit** und die **Rechtsformneutralität** (§ 2 Rz. 50 ff.). 38

Eine nachhaltige Tätigkeit besteht immer dann, wenn die Tätigkeit auf Dauer zur Erzielung von Entgelten ausgerichtet ist.[3] Dies ist nach dem Gesamtbild der Verhältnisse zu beurteilen.[4] Bei Berufspokerspielern oder Pferderennen ist zu beachten, dass nach Auffassung des BFH keine Leistung gegen ein Entgelt vorliegt, wenn das Preisgeld bzw. der Spielgewinn nur bei erfolgreicher Teilnahme gezahlt wird.[5] Veräußert ein Verkäufer auf jährlich mehreren hundert Auktionen Waren über die Internetplattform „ebay", liegt eine nachhaltige und damit unternehmerische Tätigkeit vor.[6] Für die Auslegung des Begriffs der Selbständigkeit gibt das Gesetz selbst Aufschluss, indem es negativ in § 2 Abs. 2 UStG abgrenzt, wann keine selbständige Tätigkeit vorliegt. Dies ist dann der Fall, wenn bei natürlichen Personen eine gewisse Weisungsgebundenheit vorliegt (§ 2 Abs. 2 Nr. 1 UStG) oder bei juristischen Personen eine Organschaft (§ 2 Abs. 2 Nr. 2 UStG) besteht. Als Ausfluss des Neutralitätsprinzips kommt es im Rahmen des Umsatzsteuerrechts schließlich nicht auf eine bestimmte Rechtsform an.[7] Der Steuerpflichtige ist demnach in seiner diesbezüglichen Entscheidung frei. 39

1 Vgl. Abschn. 15.1 Abs. 1 UStAE.
2 BFH, Urt. v. 28.10.2004 – V R 19/04, BFH/NV 2005, 725, Rz. 16.
3 BFH, Urt. v. 18.7.1991 – V R 86/87, BStBl. II 1991, 776 = UR 1991, 288.
4 BFH, Urt. v. 18.7.1991 – V R 86/87, BStBl. II 1991, 776 = UR 1991, 288.
5 BFH, Urt. v. 30.8.2017 – XI R 37/14, UR 2017, 956 m. Anm. *Egner/Geißler* (Berufspokerspieler); BFH, Urt. v. 2.8.2018 – V R 21/16, BStBl. II 2019, 339 = UR 2019, 17 (Pferderennen).
6 BFH, Urt. v. 12.5.2022 – V R 19/20, BStBl. II 2023, 885 = UR 2022, 881.
7 EuGH, Urt. v. 10.9.2002 – C-141/00, ECLI:EU:C:2002:473 – Kügler, UR 2002, 513; BFH, Urt. v. 14.5.2008 – XI R 70/07, BStBl. II 2008, 912 = UR 2008, 745.

bb) Unionsrechtliches und nationales Begriffsverständnis

40 Während im deutschen UStG der Begriff des Unternehmers gilt, kennt das Unionsrecht keinen umsatzsteuerrechtlichen Unternehmerbegriff. Art. 9 MwStSystRL (Art. 4 Abs. 1 der 6. EG-Richtlinie) spricht vom **Steuerpflichtigen**. Gemäß Art. 9 Abs. 1 MwStSystRL (Art. 4 Abs. 1 der 6. EG-Richtlinie) ist Steuerpflichtiger, wer eine der genannten wirtschaftlichen Tätigkeiten selbstständig und unabhängig von ihrem Ort ausübt, gleichgültig zu welchem Zweck und mit welchem Ergebnis.[1] Erfasst sind sowohl die Tätigkeiten eines Erzeugers, Händlers, Dienstleistenden, Urproduzenten, Landwirts sowie der freien Berufe. Schließlich hebt auch Art. 9 Abs. 1 MwStSystRL (Art. 4 Abs. 2 der 6. EG-Richtlinie) insbesondere die Nutzung von körperlichen oder nicht körperlichen Gegenständen zur nachhaltigen Erzielung von Einnahmen, als wirtschaftliche Tätigkeit hervor. Der EuGH hat diesbezüglich klargestellt, dass lediglich ein Steuerpflichtiger den Vorsteuerabzug geltend machen kann.[2] Hinsichtlich des Verhältnisses der nationalen und unionsrechtlichen Vorschriften, s. Rz. 17 ff.

cc) Allgemeine Besonderheiten hinsichtlich des Unternehmerbegriffs

(1) Unternehmensgründung

41 Wer seine Absicht, eine wirtschaftliche Tätigkeit, die zu steuerbaren Umsätzen führt, aufzunehmen, anhand von objektiven Anhaltspunkten belegen kann, gilt als zum Vorsteuerabzug berechtigter Unternehmer.[3] Bereits **Vorbereitungshandlungen** für eine geplante spätere unternehmerische Tätigkeit, begründen die Unternehmereigenschaft.[4] Andernfalls würde der Zweck des Vorsteuerabzugs – die Gewährleistung der Wettbewerbsneutralität – nicht erreicht.[5] Wenn es letztlich zu keinen Umsätzen im Rahmen des Unternehmens kommt, ist dennoch die Unternehmereigenschaft zu bejahen.

42 Mit Urteil vom 17.10.2018 entschied der EuGH[6] in der Rechtssache Ryanair, dass Art. 4 und 7 der MwStSystRL (Art. 28a Abs. 1, 1a und 2 und Art. 3 Abs. 4 der 6. EG-Richtlinie) so auszulegen sind, dass **Aufwendung für eine Beratungsleistung im Rahmen eines Anteilserwerbs**, der später jedoch (teilweise) aus wettbewerbsrechtlichen Gründen scheitert, dennoch im Rahmen des Vorsteuerabzugs geltend gemacht werden können. Hintergrund ist, dass bei einer bloßen Finanzholding, also einer Holding deren Tätigkeit sich lediglich auf den Erwerb, das Halten und Veräußern von Beteiligungen bezieht, kein Vorsteuerabzug möglich ist. Vielmehr müssen für die Holding bestimmte Einwirkungsrechte bestehen (Rz. 118 ff.). Vorliegend konnte Ryanair lediglich 29 % der Anteile erwerben, so dass wegen des geringeren Anteils der Beteiligung keine steuerpflichtigen Geschäftsführungsleistungen gegenüber der Zielgesellschaft erbracht werden konnten. Die Holding hatte bei Leistungsbezug jedoch beabsichtigt, entsprechende Leistungen zu erbringen. Der EuGH blieb mit dieser Entscheidung jedoch seinen ursprünglichen Grundsätzen treu und lässt es ausreichen, dass derartige Geschäftsführungsleistungen lediglich beabsichtigt sind.[7] Ryanair konnte demnach, da die restlichen Voraussetzungen auch gegeben waren, den Vorsteuerabzug in vollem Umfang geltend machen.

(2) Gesellschafter als mittelbare Unternehmer

43 Wenn ein Gesellschafter einer Personengesellschaft Aufwendungen im eigenen Namen, aber zugunsten der Gesellschaft tätigt, stellt sich die Frage des Vorsteuerabzugs. Nach dem Telos des § 15 UStG, wonach nur der Endkunde belastet werden soll, könnte man den Vorsteuerabzug in einem solchen Fall für möglich halten. In der Rechtsprechung ist dies allerdings höchst umstritten. Der V. Senat des BFH

---

1 Vgl. EuGH, Urt. v. 12.1.2006 – C-354/03, C-355/03 und C-484/03, ECLI:EU:C:2006:16 – Optigen u.a., UR 2006, 157.

2 EuGH Urt. v. 22.10.2015 – C-277/14, ECLI:EU:C:2015:719 – PPUH Stehcemp, UR 2015, 917.

3 EuGH, Urt. v. 29.2.1996 – C-110/94, ECLI:EU:C:1996:67 – Inzo, BStBl. II 1996, 655 = UR 1996, 116 m. Anm. *Widmann*; EuGH, Urt. v. 29.11.2012 – C-257/11, ECLI:EU:C:2012:759 – Gran Via Moinesti, UR 2013, 224.

4 Abschn. 2.6. Abs. 1 Satz 1 UStAE.

5 EuGH, Urt. v. 14.2.1985 – C-268/83, ECLI:EU:C:1985:74 – Rompelman, juris Rz. 19 = UR 1985, 201 m. Anm. *Weiß*.

6 EuGH, Urt. v. 17.10.2018 – C-249/17, ECLI:EU:C:2018:834 – Ryanair, UR 2018, 879 m. Anm. *Jacobs*.

7 EuGH, Urt. v. 17.10.2018 – C-249/17, ECLI:EU:C:2018:834 – Ryanair, UR 2018, 879 m. Anm. *Jacobs*.

lehnt einen Vorsteuerabzug beim Gesellschafter mit der Begründung ab, dass das **Umsatzsteuerrecht eine Mitunternehmerschaft nicht kenne.**[1] Die FinVerw. schließt sich dieser Ansicht an.[2] Die Literatur vertritt teilweise die abweichende Auffassung, dass der Vorsteuerabzug eines mittelbaren Unternehmers mit Blick auf das Neutralitätsprinzip zuzulassen ist.[3]

Diese Mindermeinung ist jedoch abzulehnen, da sie das gebotene **Trennungsprinzip** verkennt. Ein Vorsteuerabzug beim mittelbaren Unternehmer würde einer wirtschaftlichen Betrachtung gleichkommen, welche dem Vorsteuerabzug fremd ist. 44

c) Leistungen eines anderen Unternehmers

aa) Leistungsbeziehungen

Für die Frage des Vorsteuerabzugs sind zunächst die **Leistungsbeziehungen** zu definieren, d.h. es ist zu klären, wer Leistender und wer Leistungsempfänger einer bestimmten Lieferung oder Leistung ist. Dabei kann grds. auf das zugrundeliegende **zivilrechtliche Rechtsgeschäft** zurückgegriffen werden. Dabei ist entscheidend, wer die Leistung im eigenen Namen erbringt[4] bzw. bei Einschaltung Dritter, in wessen Namen die Leistung erfolgt.[5] Da es an dieser Stelle nicht auf sachenrechtliche Wertungen ankommt, kann bspw. auch ein Dieb einen Gegenstand leisten. 45

Ein **Abweichen** bei der Bestimmung des Leistenden von der zivilrechtlichen Vereinbarung ist jedoch **im Einzelfall geboten.**[6] Wird unter Missachtung des zivilrechtlichen Anspruchs die Leistung an einen Dritten erbracht, so kann der Dritte unabhängig von der zivilrechtlichen Beziehung Leistungsempfänger sein und dementsprechend auch einen Vorsteuerabzug geltend machen.[7] Eine zivilrechtliche Unwirksamkeit ist ferner nach Art. 41 Abs. 1 AO für die steuerliche Beurteilung unerheblich, solange am wirtschaftlichen Ergebnis festgehalten wird.[8] Auch wenn die vertragliche Gestaltung alleine den Zweck verfolgt, einen missbräuchlichen Steuervorteil zu erlangen und demnach nicht die wirtschaftliche und geschäftliche Realität widerspiegelt, kann der Leistungsempfänger abweichend von den vertraglichen Regelungen zu bestimmen sein.[9] 46

Um festzustellen, ob der Leistende die Unternehmereigenschaft erfüllt, ist es notwendig, dass dessen Identität feststeht.[10] Um dies zu erreichen, wird gefordert, dass der leistende Unternehmer und der Rechnungsaussteller **personenidentisch** sind.[11] 47

§ 15 Abs. 1 Satz 1 Nr. 1 UStG enthält keine eigenständige Definition, wann eine Leistung vorliegt. Es kann demnach auf § 3 UStG Bezug genommen werden (§ 3 Rz. 8 ff.). 48

Nach Ansicht des BFH kann ein **Strohmann**, der im eigenen Namen aber auf fremde Rechnung Gegenstände verkauft, umsatzsteuerrechtlich gesehen ein leistender Unternehmer sein.[12] Der Grund dafür, dass der Hintermann nicht in Erscheinung treten möchte, ist für die Beurteilung unbeachtlich.[13] Es kommt nach Ansicht des BFH vielmehr darauf an, ob die Beteiligten davon ausgingen, dass die Rechtswirkungen zwischen ihnen eintreten sollen oder im Verhältnis zu einem Dritten.[14] 49

1 BFH, Urt. v. 6.9.2007 – V R 16/06, BFH/NV 2008, 1710, Rz. 22; BFH, Beschl. v. 1.9.2010 – XI S 6/10, UR 2010, 905, Rz. 9.
2 Abschn. 15.20. Abs. 1 Satz 7 UStAE.
3 *Stadie*, UR 1986, 137 (139); *Englisch* in Tipke/Lang, Steuerrecht[24], Rz. 17.141.
4 Abschn. 2.1 Abs. 3 Sätze 1 – 3 UStAE.
5 Abschn. 2.1 Abs. 3 Satz 4 UStAE.
6 BFH, Urt. v. 9.9.2015 – XI R 21/13, BFH/NV 2016, 597.
7 BFH, Urt. v. 1.6.1989 – V R 72/84, BStBl. II 1989, 677 = UR 1990, 11 m. Anm. *Weiß*.
8 BFH, Urt. v. 21.11.2013 – V R 21/12, BStBl. II 2016, 74 = UR 2014, 436.
9 EuGH, Urt. v. 20.6.2013 – C-653/11, ECLI:EU:C:2013:409 – Newey, UR 2013, 628.
10 Vgl. BFH, Beschl. v. 6.4.2016 – XI R 20/14, BFHE 254, 152 = UR 2016, 604.
11 BFH, Urt. v. 10.9.2015 – V R 17/14, HFR 2015, 1169 (1170).
12 BFH, Urt. v. 12.8.2009 – XI R 48/07, BFH/NV 2010, 259 = UR 2010, 423.
13 BFH, Urt. v. 10.11.2010 – XI R 15/09, BFH/NV 2011, 867.
14 BFH. Urt. v. 20.10.2016 – V R 36/14, BFH/NV 2017, 327.

50 Anders ist dies jedoch zu beurteilen, wenn das Strohmanngeschäft lediglich vorgeschoben war. Dies ist dann gegeben, wenn die Vertragsparteien einverständlich oder stillschweigend davon ausgegangen sind, dass die Rechtswirkungen tatsächlich zwischen Leistungsempfänger und dem „Hintermann" eintreten sollen und dem Leistungsempfänger bekannt ist, dass der Strohmann keine Verpflichtungen übernehmen und auch keine Leistungen versteuern will.[1] Ein guter Glaube des Leistungsempfängers an die Vorsteuerabzugsvoraussetzungen ist dann nicht schutzwürdig, wenn dieser anhand der Gesamtumstände hätte erkennen müssen, dass es sich bei dem Lieferanten lediglich um einen vorgeschobenen Strohmann handelt.[2] Vgl. zur Versagung des Vorsteuerabzugs und der Steuerbefreiung bei Beteiligung an einer Steuerhinterziehung § 25f Rz. 1 ff.

bb) Anderer Unternehmer – Vertrauensschutz

51 Wenn der Leistende tatsächlich kein Unternehmer ist, der Leistungsempfänger hiervon jedoch **gutgläubig** ausgeht, ist fraglich, ob der Leistungsempfänger zum Vorsteuerabzug berechtigt ist. Der EuGH hatte in der **Rs. Netto Supermarkt** seine Rechtsprechung zum Vertrauensschutz bei innergemeinschaftlichen Lieferungen (**Rs. Teleos**) auf Ausfuhrlieferungen ausgeweitet.[3] Einige Literaturstimmen leiten hieraus ab, dass sich der Vertrauensschutz als generelles Prinzip über das gesamte Umsatzsteuerecht erstreckt.[4]

52 Nach Auffassung des BFH liegt es im **Risikobereich des Vertragspartners**, festzustellen, ob die andere Partei Unternehmer ist, so dass demnach die Vorschrift des § 15 Abs. 1 Satz 2 Nr. 1 UStG keinen Gutglaubensschutz vorsieht.[5] Denkbar ist jedoch im Einzelfall eine Billigkeitsmaßnahme nach §§ 163 Satz 1, 227 AO.[6] Für ein Billigkeitsverfahren spricht insbesondere, dass die Besonderheiten des Einzelfalls besser aufgegriffen werden können.[7] Hierdurch könnte den Interessen der Beteiligten flexibel Rechnung getragen werden und die einzelnen Gutglaubensgrade berücksichtigt werden.

53 Im Sinne des **Verhältnismäßigkeitsprinzips** könnte es allerdings geboten sein, dem Empfänger bereits im Festsetzungsverfahren Vertrauensschutz zu gewähren, so dass dieser den Vorsteuerabzug geltend machen könnte.[8] Es sei dem Leistungsempfänger nicht zuzumuten, ein derartiges Risiko zu tragen, da es Sache der Steuerbehörden ist, die erforderlichen Kontrollen durchzuführen.[9] Für eine Berücksichtigung im Festsetzungsverfahren könnte auch der **Effektivitätsgrundsatz** sprechen, weil der unionsrechtlich gebotene Vertrauensschutz des Unternehmers mit der bloßen Verweisung auf ein nationales Billigkeitsverfahren nicht effektiv umgesetzt sein könnte.[10]

54 Die letztgenannte Ansicht ist jedoch abzulehnen. Die Beachtung des Vertrauensschutzes ist innerhalb des Festsetzungsverfahrens fehl am Platz und widerspricht der Systematik der Allphasen-Netto-Umsatzsteuer, welche eine Entlastung der Vorsteuerbeträge nur im Rahmen einer Unternehmerkette vor-

---

1 BFH, Beschl. v. 31.1.2002 – V B 108/01, BStBl. II 2004, 622 = UR 2002, 275.

2 BFH, Beschl. v. 7.12.2016 – XI R 31/14, BFH/NV 2017, 487.

3 EuGH, Urt. v. 21.2.2008 – C-271/06, ECLI:EU:C:2008:105 – Netto Supermarkt, UR 2008, 508; vgl. EuGH, Urt. v. 27.9.2007 – C-409/04, ECLI:EU:C:2007:548, Teleos, BStBl. II 2009, 70 = UR 2007, 774; siehe zur Differenzbesteuerung EuGH, Urt. v. 18.5.2017 – C-624/15, ECLI:EU:C:2017:389, Litdana, UR 2017, 552.

4 *Drüen*, DB 2010, 1847 (1848); *Nieskens*, UR 2008, 812 (813); *Englisch*, UR 2009, 181 (185); *Stapperfend*, UR 2013, 321 (324); vgl. *von Sanden*, Der Vertrauensschutz des gutgläubigen Unternehmers im harmonisierten Umsatzsteuerrecht, 2021, S. 27.

5 BFH, Urt. v. 1.2.2001 – V R 6/00, HFR 2001, 776; BFH, Urt. v. 30.4.2009 – V R 15/07, BStBl. II, 2009, 744 = UR 2009, 816.

6 BFH, Urt. v. 2.9.2010 – V R 55/09, BStBl. II 2011, 235 = UR 2010, 946; BFH, Urt. v. 30.4.2009 – V R 15/07, BStBl. II 2009, 744 = UR 2009, 816.

7 *Heuermann*, in: StbJb. 2015/2016, S. 425 (438 f.); vgl. *Sterzinger*, DStR 2010, 2606.

8 So *Stadie* in Rau/Dürrwächter, § 15 UStG Rz. 310–315 (Stand: Januar 2022); ausf. *von Sanden*, Der Vertrauensschutz des gutgläubigen Unternehmers im harmonisierten Umsatzsteuerrecht, 2021, S. 240 ff. mwN; eher zurückhaltend *Heidner*, UR 2002, 445 (450 f.).

9 *Stadie* in Rau/Dürrwächter, § 15 UStG Rz. 310 ff. (Stand: Januar 2022).

10 Statt vieler *Lange*, UR 2020, 595 (598 ff.); *von Sanden*, Der Vertrauensschutz des gutgläubigen Unternehmers im harmonisierten Umsatzsteuerrecht, 2021, S. 247; vgl. *Stapperfend*, UR 2013, 321 (324 f.).

sieht.[1] Schließlich wird auch der Leistungsempfänger nicht unzumutbar belastet, da er ohnehin die Richtigkeit der Rechnung überprüfen muss. Nach vorzugswürdiger Auffassung ist demnach zu fordern, dass objektiv die Unternehmereigenschaft gegeben ist. Etwaige Vertrauensschutzaspekte können daneben über das Billigkeitsverfahren gemäß §§ 163 Satz 1, 227 AO berücksichtigt werden.

cc) Leistung – Vertrauensschutz

Die Frage des Vorsteuerabzugs stellt sich auch, wenn tatsächlich gar keine Leistung vorliegt, der Leistungsempfänger hiervon aber gutgläubig ausgeht. Mit der Argumentation, dass es sich beim Vertrauensschutz um ein generelles Prinzip handelt, könnte auch in diesem Fall das **Vertrauen des Leistungsempfängers** schutzwürdig sein. 55

Die höchstrichterliche Rechtsprechung lehnt dies allerdings ab.[2] Grundsätzlich ist das Vorliegen einer Lieferung oder sonstigen Leistung objektiv und nicht anhand subjektiver Vorstellungsbilder zu berücksichtigen.[3] Zudem wird der Unternehmer in den weit überwiegenden Fällen erkennen können, ob es sich um eine Leistung im umsatzsteuerrechtlichen Sinne handelt.[4] Hieran ändert sich auch nichts durch die Urteile Mahagebén *und* David[5] oder *Maks Pen*[6], da in diesen Fällen alle formellen und materiellen Voraussetzungen des Vorsteuerabzugs erfüllt waren und das Problem darin lag, dass die Umsätze aus einer Steuerhinterziehung bzw. aus einem Betrug stammten, hinsichtlich dieser der Leistungsempfänger in gutem Glauben war. Für die Gewährung des Vorsteuerabzuges ist es erforderlich, dass die entsprechende Leistung tatsächlich auch erbracht wurde. Andernfalls würde dem Steuerpflichtigen ein Recht gewährt, das ihm objektiv nicht zusteht. Ein Abstellen auf subjektive Umstände wird ferner auch nicht durch den Wortlaut des Art. 168 Buchst. a MwStSystRL (Art. 17 Abs. 2 Buchst. a der 6. EG-Richtlinie) nahegelegt.[7] 56

d) Leistungsempfänger

aa) Unternehmer

§ 15 Abs. 1 Satz 1 Nr. 1 UStG gewährt demjenigen den Vorsteuerabzug, für dessen Unternehmen die Leistung ausgeführt worden ist. Der **Leistungsempfänger** muss demnach ebenso **Unternehmer** sein. In zeitlicher Hinsicht ist zu beachten, dass hierbei auch Vorsteuerbeträge relevant werden können, die vor der Ausübung der Tätigkeit oder auch nach der Aufgabe des Unternehmens anfallen, sofern diese der unternehmerischen Tätigkeit zuzuordnen sind.[8] Für die zeitlichen Grenzen der Unternehmereigenschaft ist auf die Ausführungen zu § 2 UStG zu verweisen (§ 2 Rz. 204 ff.). 57

bb) Allgemeines zum Abzugsberechtigten

Der Leistungsempfänger wird nach den gleichen Gesichtspunkten bestimmt, wie der Leistende (Rz. 36 ff.). 58

Eine Lieferung oder sonstige Leistung wird grundsätzlich an diejenige Person ausgeführt, die aus dem schuldrechtlichen Vertragsverhältnis, das dem Leistungsaustausch zu Grunde liegt, berechtigt oder 59

1 BFH, Urt. v. 24.4.1986 – V R 110/76, BFH/NV 1987, 745 = UR 1988, 188 m. Anm. *Weiß*.
2 Vgl. BFH, Urt. v. 10.12.2008 – XI R 57/06, BFH/NV 2009, 1156.
3 EuGH, Urt. v. 27.6.2018 – C-459/17 und C-460/17, ECLI:EU:C:2018:501 – SGI und SNC, UR 2018, 684 Rz. 38; EuGH, Urt. v. 21.11.2013 – C-494/12, ECLI:EU:C:2013:758, Dixons Retail, HFR 2014, 84, Rz. 22.
4 *Hartman* in Musil/Weber-Grellet, Europäisches Steuerrecht², § 15 UStG, Rz. 30; vgl. *von Sanden*, Der Vertrauensschutz des gutgläubigen Unternehmers im harmonisierten Umsatzsteuerrecht, 2021, S. 102 ff.
5 EuGH, Urt. v. 21.6.2012 – C-80/11 und C-142/11, ECLI:EU:C:2012:373 – Mahagebén und David, UR 2012, 591.
6 EuGH, Urt. v. 13.2.2014 – C-18/13, ECLI:EU:C:2014:69 – Maks Pen, UR 2014, 861.
7 Vgl. EuGH, Urt. v. 27.6.2018 – C-459/17 und C-460/17, ECLI:EU:C:2018:501 – SGI und SNC, UR 2018, 684 Rz. 38.
8 Abschn. 15.1 Abs. 1 Satz 2 UStAE; BFH, Urt. v. 6.5.1993 – V R 45/88, BStBl. II 1993, 564 = UR 1993, 312.

verpflichtet ist.[1] Leistungsempfänger ist somit regelmäßig der **Auftraggeber** oder **Besteller** einer Leistung.[2]

60 Unbeachtlich für die Feststellung der Abzugsberechtigung ist grundsätzlich die wirtschaftliche Zuordnung der Leistung oder wer die Leistung bezahlt hat.[3] Der Umstand, dass jemand die Leistung bezahlt, führt also nicht dazu, dass er Leistungsempfänger wird.[4]

61 Wenn ein Profifußballverein Rechnungen eines Spielervermittlers zahlt, hat der BFH entschieden, dass der Verein lediglich dann die Vorsteuer aus den Rechnungen geltend machen kann, wenn er und nicht der Fußballspieler in den Rechnungen als Leistungsempfänger genannt wird.[5]

62 Ein **Abweichen** von der Bestimmung des Leistungsempfängers durch die zivilrechtlichen Vertragsverhältnisse kann jedoch geboten sein. Wird unter Missachtung des zivilrechtlichen Anspruchs die Leistung an einen Dritten erbracht, so kann der Dritte unabhängig von der zivilrechtlichen Beziehung Leistungsempfänger sein und dementsprechend auch einen Vorsteuerabzug geltend machen.[6] Eine zivilrechtliche Unwirksamkeit ist ferner nach § 41 Abs. 1 AO für die steuerliche Beurteilung unerheblich, solange am wirtschaftlichen Ergebnis festgehalten wird.[7]

63 Für **Unternehmen, die im Ausland ansässig sind**, ergibt sich die Besonderheit, dass diese die Vorsteuer auch dann beanspruchen können, wenn sie im Inland keine Leistung ausgeführt haben, solange die Leistung ihrem Unternehmen zuzurechnen ist und die sonstigen Voraussetzungen des § 15 UStG erfüllt sind (vgl. aber § 18 Abs. 9 Satz 4 und 5 UStG).[8] In einem derartigen Fall kann allerdings das besondere Erstattungsverfahren nach § 18 Abs. 9 Satz 1 UStG i.V.m. §§ 59 ff. UStDV einschlägig sein (§ 18 Rz. 141 ff.).

64 Im Rahmen der **Kleinunternehmerregelung** des § 19 Abs. 1 Satz 1 UStG ist der Vorsteuerabzug nach § 15 Abs. 1 Satz 1 Nr. 1 UStG nicht zulässig, vgl. § 19 Abs. 1 Satz 4 UStG. Der Kleinunternehmer kann jedoch nach § 19 Abs. 2 UStG auf die Sonderregelung verzichten und zur Regelbesteuerung optieren (§ 19 Rz. 31 ff.).

cc) Sonderfälle

(1) Erfolgloser Unternehmer

65 Es ist für die Unternehmerschaft ausreichend, wenn die **Absicht** durch objektive Anhaltspunkte nachgewiesen ist, **eine wirtschaftliche Tätigkeit aufzunehmen**, die zu steuerbaren Umsätzen führt.[9] Gelingt dieser Nachweis, so liegt bereits ein Unternehmen vor und der Unternehmer kann den Vorsteuerabzug geltend machen, auch wenn im Ergebnis keine Umsätze ausgeführt werden. Wenn eine Person also Vorbereitungshandlungen für eine unternehmerische Tätigkeit trifft, dies aber in der Folgezeit erfolglos bleibt und keine Umsätze getätigt werden, steht dieser Person dennoch der Vorsteuerabzug zu.

---

1 BFH, Urt. v. 18.2.2009 – V R 82/07, BStBl. II 2009, 876 = UR 2009, 596; BFH, Urt. v. 28.8.2013 – XI R 4/11, BStBl. II 2014, 282 = UR 2014, 22; EuGH, Urt. v. 20.6.2013 – C-653/11, ECLI:EU:C:2013:409 – Newey, UR 2013, 628.

2 Abschn. 15.2b Abs. 1 Satz 1 UStAE.

3 BFH, Beschl. v. 30.4.2014 – XI R 33/11, BFH/NV 2014, 1239; BFH, Urt. v. 20.10.1994 – V R 96/92, BFH/NV 1995, 459 = UR 1995, 445.

4 BFH, Urt. v. 30.4.2014 – XI R 33/11, BFH/NV 2014, 1239.

5 BFH, Urt. v. 28.8.2013 – XI R 4/11, BStBl. II 2014, 282 = UR 2014, 22.

6 BFH, Urt. v. 1.6.1989 – V R 72/84, BStBl. II 1989, 677 = UR 1990, 11 m. Anm. *Weiß*.

7 BFH, Urt. v. 21.11.2013 – V R 21/12, BStBl. II 2016, 74 = UR 2014, 436.

8 Abschn. 15.1 Abs. 2 Sätze 1 – 2 UStAE.

9 EuGH, Urt. v. 29.11.2012 – C-257/11, ECLI:EU:C:2012:759 – Gran Via Moinesti, UR 2013, 224; EuGH, Urt. v. 17.10.2018 – C-249/17, ECLI:EU:C:2018:834 – Ryanair, UR 2018, 879 m. Anm. *Jacobs*; BFH, Urt. v. 8.3.2001 – V R 24/98, BStBl. II 2003, 430 = UR 2001, 214.

(2) Gebäude auf fremdem Grund und Boden, Mietereinbauten

66 Im Rahmen der Errichtung von Gebäuden auf fremdem Grund und Boden oder bei Mietereinbauten ist der Vorsteuerabzugsberechtigte der **Auftraggeber** der entsprechenden Leistung.[1] Auf die Eigentumsverhältnisse, welche in der Regel nach §§ 946, 94 BGB zu beurteilen sind, kommt es nicht an.

(3) Organschaft

67 Bei Organschaften (§ 2 Abs. 2 Nr. 2 UStG; § 2 Rz. 79 ff.) steht dem **Organträger** der Vorsteuerabzug zu.[2] Die Organgesellschaft ist dagegen nach der nationalen Regelung kein Unternehmer, § 2 Abs. 2 Nr. 2 UStG. Sie kann demnach auch keinen Vorsteuerabzug geltend machen. Nach ständiger Rechtsprechung des BFH sind Leistungen innerhalb der Organschaft nicht steuerbar,[3] weshalb ein Vorsteuerabzug aus Steuerbeträgen, die für einen Innenumsatz (z.B. zwischen Betriebsabteilungen desselben Unternehmers oder innerhalb eines Organkreises) gesondert ausgewiesen werden, nicht zulässig ist.[4] Diese lange Zeit für selbstverständlich gehaltene **materielle Wirkung** der Organschaft ist seit Kurzem in der Literatur immer stärker hinterfragt worden.[5] Nachdem der EuGH zunächst bestätigt hatte, dass Deutschland innerhalb der Organschaft auch den Organträger (und nicht nur eine fiktive „Mehrwertsteuergruppe") als Steuerpflichtigen heranziehen darf,[6] blieb weitgehend unklar, ob der EuGH auch Innenumsätze für steuerbar erachtet.[7] Der V. Senat des BFH legte (erneut) im Jahr 2023 unter anderem die Frage vor, ob Innenumsätze zwischen der Organschaft der Steuerbarkeit unterliegen.[8] Wären diese steuerbar, würden von der Organschaft letztlich nur **formelle Wirkungen** (Abwicklung eines Massenverfahrens) ausgehen.[9] Der Ausgang dieses Vorabentscheidungsverfahrens ist offen (näher hierzu § 2 Rz. 148.3).

68 Bezieht die Organgesellschaft Leistungen, so ist lediglich der Organträger zur Geltendmachung des Vorsteuerabzugs berechtigt. Dies gilt, obwohl der Organträger weder an den schuldrechtlichen Beziehungen der Organgesellschaft mit dem anderen Unternehmer beteiligt noch in der Rechnung als Empfänger genannt ist.

69 Wenn zwischen Leistungsbezug und Erstellung der Rechnung der **Organträger wechselt**, ist es umstritten, ob der frühere oder spätere Organträger den Vorsteuerabzug geltend machen kann. Der BFH und Teile der Literatur vertreten die Ansicht, dass die Verhältnisse im Zeitpunkt des Leistungsbezugs durch die Organgesellschaft maßgeblich sind.[10] In der Literatur wird allerdings auch vertreten, dass es auf den Zeitpunkt der Rechnungstellung ankommt und damit der spätere Organträger den Vorsteuerabzug geltend machen kann.[11]

70 Der letztgenannten Mindermeinung ist nicht zu folgen. Im Rahmen des Vorsteuerabzugs ist das Abstellen auf den **Zeitpunkt des Leistungsbezugs** ein durchgängiges Prinzip. Auch wenn das Vorhandensein der Rechnung für den Vorsteuerabzug nach § 15 Abs. 1 Satz 1 Nr. 1 UStG eine notwendige Voraussetzung ist, könnte es zu willkürlichen Ergebnissen kommen, wenn man auf den Zeitpunkt des Erhalts der Rechnung abstellt. Die Berechtigung des Vorsteuerabzugs würde sich in diesem Fall danach richten, wann der Leistende eine Rechnung ausstellt.

---

1 BFH, Beschl. v. 13.9.1984 – V B 10/84, BStBl. II 1985, 21.

2 BFH, Urt. v. 19.10.1995 – V R 71/93, BFH/NV 1996, 273 = UR 1996, 266.

3 BFH, Urt. v. 16.12.2020 – XI R 13/19, BStBl II 2022, 389 = UR 2021, 471, Rz. 33 m.w.N.

4 Abschn. 15.2a Abs. 12 Satz 1 UStAE.

5 *Ismer/Endres-Reich*, MwStR 2022, 887; vgl. *Luther/von Cölln/Rathmann*, MwStR 2023, 76.

6 EuGH, Urt. v. 1.12.2022 – C-141/20, ECLI:EU:C:2022:943 – Norddeutsche Gesellschaft für Diakonie, UR 2023, 25 m. Anm. *Monfort*; EuGH, Urt. v. 1.12.2022 – C-269/20, ECLI:EU:C:2022:944 – Finanzamt T, UR 2023, 36 m. Anm. *Küffner*; Folgeentscheidung BFH, Urt. v. 18.1.2023 – XI R 29/22 (XI R 16/18), UR 2023, 334 m. Anm. *Zitzl*.

7 Vgl. *L'habitant*, UStB 2023, 157 (159).

8 BFH, Vorlagebeschl. v. 26.1.2023 – V R 20/22 (V R 40/19), BStBl. II 2023, 530 = UR 2023, 325 m. Anm. *Widmann* und m. Anm. *Zitzl* (Az. des EuGH C-184/23 – Finanzamt T II).

9 *Kirchinger*, UStB 2023, 19.

10 BFH, Urt. v. 13.5.2009 – XI R 84/07, BStBl. II 2009, 868 = UR 2009, 644; *Heidner* in Bunjes[22], § 15 UStG Rz. 75.

11 *Stadie* in Rau/Dürrwächter, § 2 UStG Rz. 1038 (Stand: Oktober 2023); *Flückiger* in Plückebaum/Malitzky, § 2 Abs. 2 UStG Rz. 336.

(4) Personenmehrheit

71 Besonderheiten ergeben sich auch, wenn die Leistung von mehreren Personen bezogen wird. Hierbei ist zu differenzieren, ob die Personenmehrheit als solche Leistungsempfängerin ist oder ob die einzelnen Personen selbständig zu behandeln sind. Dies richtet sich danach, ob die Personengemeinschaft eigene Rechtspersönlichkeit besitzt und ob sie unternehmerisch tätig ist.[1] Ist dies nicht gegeben, so ist jede einzelne Person für sich genommen nach ihrem Anteil Leistungsempfänger.[2]

72 Mit Urteil vom 22.11.2018 hat der BFH seine bisherige Rechtsprechung zur **Bruchteilsgemeinschaft** aufgegeben und entschieden, dass diese kein Unternehmer sein kann.[3] Die Rechtssprechungsänderung wurde damit begründet, dass sich die Bestimmung des Leistenden bzw. des Leistungsempfängers nach dem zugrundeliegenden zivilrechtlichen Rechtsverhältnis bestimmt. Mangels Rechtsfähigkeit kann eine Bruchteilsgemeinschaft jedoch keine Verpflichtungen eingehen oder Berechtigungen erwerben, so dass die einzelnen Gemeinschafter Vertragspartner werden. Die geänderte Rechtsprechung hat auch Einfluss auf das Vorsteuerabzugsrecht bei Bruchteilsgemeinschaften. Bei einem Leistungsbezug für das gemeinschaftliche Recht ist der einzelne Gemeinschafter entsprechend seiner Beteiligung Leistungsempfänger und kann auch in diesem Rahmen den Vorsteuerabzug geltend machen.[4] Eine Differenzierung danach, bei wem es zu einer unternehmerischen Verwendung kommt, findet nicht mehr statt. Es ist ferner nicht mehr nötig, dass der Gemeinschafter seinen Anteil zum Gegenstand einer entgeltlichen Überlassung an die Gemeinschaft macht.[5] Durch diese Rechtsprechungsänderung ergibt sich zudem die Folgefrage, welche Anforderungen an eine Eingangsrechnung bei einer Bruchteilsgemeinschaft hinsichtlich der Bezeichnung des Leistungsempfängers zu stellen sind.

73 Die vorgenannte Differenzierung gilt nicht für eine **Wohnungseigentümergemeinschaft**, welche nach § 10 Abs. 6 WEG selbst rechtsfähig ist.

(5) Vor(gründungs)gesellschaft

74 Besonderheiten im Rahmen des Vorsteuerabzugs sind zu beachten, wenn eine juristische Person im Stadium ihrer Gründung ist. In diesem Zusammenhang ist der eigentliche **Zeitpunkt des Beginns der Unternehmereigenschaft** fraglich. Gerade in der Gründungsphase muss der angehende Unternehmer einige Aufwendungen tätigen, so dass diese Frage durchaus praxisrelevant ist.

75 Bei Aufwendungen eines Einzelunternehmers kann auf die **allgemeinen Grundsätze** zurückgegriffen werden, so dass bereits dann die Möglichkeit des Vorsteueranspruchs besteht, wenn objektive Anhaltspunkte belegen, dass er beabsichtigt, Ausgangsumsätze zu tätigen.[6] Eine steuerliche Registrierung ist hierfür nicht nötig.[7]

76 Bei einer juristischen Person können jedoch **verschiedene Gründungsphasen** unterschieden werden. In der Regel erfolgt die Gründung dreistufig. In der Zeit vor Abschluss des Gesellschaftsvertrags besteht die sog. Vorgründungsgesellschaft. Diese kann als GbR betrachtet werden, wobei deren einziger Zweck grundsätzlich die Vorbereitung der Tätigkeit der Kapitalgesellschaft ist. Wurde der Vertrag anschließend notariell beurkundet, besteht die sog. Vorgesellschaft. Erst nach Eintragung der Gesellschaft (§§ 41 Abs. 1, 36 AktG, §§ 11, 7 GmbHG) entsteht die juristische Person als solche.

77 Zu beachten ist bei der **Vorgründungsgesellschaft**, dass sie selbst keine eigene wirtschaftliche Tätigkeit entfaltet und dadurch auch kein Vorsteuerabzugsrecht bestünde. Ferner ist sie insbesondere von der späteren juristischen Person zu trennen und als selbständig anzusehen.[8] Wenn die spätere Gesellschaft gegründet ist, ist es notwendig, dass die Vorgründungsgesellschaft die Wirtschaftsgüter im Rah-

1 BFH, Urt. v. 6.10.2015 – V R 40/01, BStBl. II 2007, 13.
2 BFH, Urt. v. 7.11.2000 – V R 49/99, BStBl. II 2008, 493 = UR 2001, 118.
3 BFH, Urt. v. 22.11.2018 – V R 65/17, BFHE 263, 90 = UR 2019, 179 m. Anm. *Heinrichshofen*.
4 BFH, Urt. v. 22.11.2018 – V R 65/17, BFHE 263, 90 = UR 2019, 179 m. Anm. *Heinrichshofen*.
5 So noch BFH, Urt. v. 27.6.1995 – V R 36/94, BStBl. II 1995, 915 = UR 1996, 123.
6 EuGH, Urt. v. 29.11.2012 – C-257/11, ECLI:EU:C:2012:759 – Gran Via Moinesti, UR 2013, 224; BFH, Urt. v. 8.3.2001 – V R 24/98, BStBl. II 2003, 430 = UR 2001, 214.
7 EuGH, Urt. v. 9.7.2015 – C-183/14, ECLI:EU:C:2015:454 – Salomie und Oltean, UR 2015, 594.
8 BGH, Urt. v. 7.10.1991 – II ZR 252/90, MDR 1991, 1207.

men einer Geschäftsveräußerung im Ganzen auf die spätere Kapitalgesellschaft überträgt. Die Vorgründungsgesellschaft übt demnach grundsätzlich keinen steuerbaren Umsatz aus.[1] Es ist allerdings im Sinne des Neutralitätsgrundsatzes geboten, dass auch in einem derartigen Fall ein Vorsteuerabzug der Vorgründungsgesellschaft möglich ist, wenn man darauf abstellt dass die steuerbaren Umsätze letztendlich durch die spätere Kapitalgesellschaft ausgeübt werden.[2] Mit Urteil vom 1.3.2012 entschied der EuGH, dass ein Vorsteuerabzug sogar von der späteren Kapitalgesellschaft geltend gemacht werden kann, wenn der Vorgründungsgesellschaft dieser Weg nicht offenstand.[3] Begründet wurde Letzteres (wieder) mit dem Neutralitätsgrundsatz.

Eine andere Beurteilung ergibt sich bei der **Vorgesellschaft**. Die Vorgesellschaft ist, jedenfalls wenn eine Eintragung in das Handelsregister letztendlich erfolgt, mit der später gegründeten Kapitalgesellschaft identisch.[4] Demnach kann die Kapitalgesellschaft später auch die Vorsteuerbeträge der Vorgesellschaft geltend machen. Erfolgt eine Eintragung in das Handelsregister nicht, so kann ein Vorsteuerabzug unter den Grundsätzen des „erfolglosen Unternehmers" erfolgen (Rz. 65). 78

(6) Zuzahlung eines Dritten

Wenn ein Dritter i.S.d. § 10 Abs. 1 Satz 3 UStG die Kosten für eine Leistung übernimmt (§ 10 Rz. 48 ff.), stellt sich die Frage, wer vorsteuerabzugsberechtigt ist. 79

Mangels einer wirtschaftlichen Bestimmung des Vorsteuerabzugsberechtigten im deutschen Umsatzsteuerrecht, ist dies grundsätzlich nicht der zahlende Dritte, sondern der eigentliche **Leistungsgläubiger.**[5] Ferner ergibt sich dies auch aus dem Wortlaut des § 10 Abs. 1 Satz 3 UStG, da dieser zwischen dem „Dritten" und dem „Leistungsempfänger" unterscheidet. 80

Jedoch könnte der Zweck des Vorsteuerabzugs, den Unternehmer in Höhe der gezahlten Umsatzsteuer zu entlasten, dazu führen, den Vorsteuerabzug beim zahlenden Dritten zuzulassen.[6] Schließlich könnte andernfalls gegen das unionsrechtliche Neutralitäts- und Verbrauchsteuerprinzip verstoßen werden.[7] 81

Zwar kann das Neutralitätsprinzip als tragendes Prinzip des Umsatzsteuerrechts durchaus als Argument überzeugen. Allerdings wäre es bei Zahlung durch einen Dritten damit verbunden, dass nicht klar ist, wer letztendlich Vorsteuerabzugsberechtigter ist. Eine klare Zuordnung – wie sie durch das Abstellen auf den Leistungsgläubiger erreicht wird – ist notwendig, da andernfalls die Gefahr der doppelten Inanspruchnahme des Vorsteuerabzugsrechts besteht. Um dies zu vermeiden, ist dem BFH zu folgen. 82

dd) Wirtschaftlicher Leistungsempfänger

Teilweise wird vertreten, den Leistungsempfänger in bestimmten Konstellationen wirtschaftlich zu bestimmen, indem man darauf abstellt, wer die Gegenleistung trägt.[8] Unter diesem Aspekt müsste folgerichtig auch die Strohmann-Problematik (Rz. 49 f.) gegenteilig entschieden werden. Der BFH hat sich jedoch ausdrücklich einer wirtschaftlichen Zuordnung der Leistung nicht angeschlossen und stellt weiterhin auf das zivilrechtliche Grundverhältnis ab.[9] Letztendlich würde ein derartiges Verständnis auch zu einem Auseinanderfallen der Leistungsempfänger i.S.d. § 14 UStG und i.S.d. § 15 UStG führen. 83

---

1 Vgl. hierzu Abschn. 15.2b. Abs. 3 Satz 8 UStAE.
2 EuGH, Urt. v. 29.4.2004 – C-137/02, ECLI:EU:C:2004:267 – Faxworld, UR 2004, 362; Abschn. 15.2b. Abs. 3 Sätze 8 f. UStAE.
3 EuGH, Urt. v. 1.3.2012 – C-280/10, ECLI:EU:C:2012:107 – Polski Trawertyn, UR 2012, 366.
4 BFH, Urt. v. 18.3.2010 – IV R 88/06, BStBl. II 2010, 991 = FR 2010, 946.
5 BFH, Urt. v. 16.10.2013 – XI R 39/12, BStBl. II 2014, 1024 = UR 2013, 962; BFH, Urt. v. 28.8.2013 – XI R 4/11, BStBl. II 2014, 282 (285 f.) = UR 2014, 22.
6 Vgl. *Stadie* in Rau/Dürrwächter, § 15 UStG Rz. 344 (Stand: Januar 2022).
7 *Englisch* in Tipke/Lang, Steuerrecht[24], Rz. 17.310, *Englisch*, UR 2014, 461 (468 ff.).
8 So *Stadie* in Rau/Dürrwächter, § 15 UStG Rz. 331 (Stand: Januar 2022); *Friedl*, UR 1987, 65 (69).
9 BFH, Urt. v. 20.10.1994 – V R 96/92, BFH/NV 1995, 459 = UR 1995, 445.

e) Leistung für das Unternehmen

aa) Abgrenzung unternehmerischer – nichtunternehmerischer Bereich

(1) Leistung für die wirtschaftliche Tätigkeit des Unternehmers

84 Die Lieferung bzw. Leistung muss für das Unternehmen des Abzugsberechtigten ausgeführt worden sein, § 15 Abs. 1 Satz 1 Nr. 1 UStG. Hierfür müsste die Leistung für die **wirtschaftliche Tätigkeit des Unternehmers** zur Erbringung entgeltlicher Leistungen bestimmt sein.[1] Wann eine wirtschaftliche Tätigkeit vorliegt, ist im Unionsrecht in Art. 9 MwStSystRL (Art. 4 Abs. 1 der 6. EG-Richtlinie) geregelt und in § 2 UStG in das nationale Recht umgesetzt. Der Unternehmer verfügt neben der unternehmerischen Sphäre auch über einen nichtunternehmerischen/privaten Bereich.[2]

85 Im Sinne des **Neutralitätsprinzips** dient der Vorsteuerabzug dazu, den Unternehmer von der Umsatzsteuerlast freizustellen, die letztendlich der Abnehmer der Leistung tragen soll.[3] Verwendet der Unternehmer die Leistung für private Zwecke, so gibt es keinen Grund für eine derartige Entlastung. Es kommt demnach darauf an, ob die Leistung dem unternehmerischen oder nichtunternehmerischen Bereich bzw. der Privatsphäre zuzuordnen ist.

86 Ob die Leistung dem unternehmerischen Bereich zuzuordnen ist, richtet sich nach dem Innenverhältnis.[4] Hierfür muss die Verwendung der Leistung für unternehmerische Zwecke objektiv möglich und durchgeführt sein.[5] Es ist allerdings auch für die Zuordnung nicht schädlich, dass der Gegenstand zunächst vorübergehend nichtunternehmerisch verwendet wird, solange der Gegenstand anschließend bestimmungsgemäß dem Unternehmen zugeführt wird.[6] Wird ein Gegenstand vermietet, der seiner Art nach sowohl für wirtschaftliche als auch für private Zwecke verwendet werden kann, sind dabei alle Umstände seiner Nutzung zu prüfen, um festzustellen, ob er tatsächlich zur nachhaltigen Erzielung von Einnahmen verwendet wird.[7] Dabei kann auch der Erwerb eines Pkw zur langfristigen Überlassung an den freiberuflich tätigen Ehegatten eine unternehmerische Tätigkeit begründen (**Ehegatten-Vorschaltmodell**).[8]

(2) Zurechenbarkeit zu einzelnen Ausgangsumsätzen

87 Eine **Leistungsverwendung für das Unternehmen** liegt dann vor, wenn die Leistung für die wirtschaftliche Tätigkeit (vgl. hierzu Art. 9 Abs. 1 MwStSystRL [Art. 4 Abs. 1 der 6. EG-Richtlinie]) zur Erbringung entgeltlicher Leistungen genutzt wird.[9] Es ist also grundsätzlich nicht streng auf das Unternehmen an sich abzustellen, sondern vielmehr kommt es auf eine tätigkeitsbezogene Verwendung an, Art. 168 MwStSystRL (Art. 17 Abs. 2 der 6. EG-Richtlinie). Hierbei ist zu beachten, dass zwischen Eingangs- und Ausgangsumsatz ein **direkter und unmittelbarer Zusammenhang** notwendig ist.[10] Eine präzise Ausgestaltung dieses Merkmals ist selbst nach Auffassung des EuGH schwierig.[11]

88 Es muss vielmehr jeder Einzelfall danach überprüft werden, ob die für den Eingangsumsatz getätigten **Aufwendungen** als **Kostenelemente der Ausgangsleistung** angesehen werden können.[12] Hierbei kommt es allerdings nicht darauf an, dass der Umsatz tatsächlich in die Kalkulation des Ausgangsumsatzes miteingeflossen ist.[13] Es ist vielmehr ausreichend, dass die Leistung ausschließlich der Aus-

---

1 EuGH, Urt. v. 13.3.2008 – C-437/06, ECLI:EU:C:2008:166 – Securenta, BStBl. II 2008, 727 = UR 2008, 344 m. Anm. *Eggers*.
2 BFH, Urt. v. 20.12.1984 – V R 25/76, BStBl. II 1985, 176 = UR 1985, 57.
3 EuGH, Urt. v. 22.2.2001 – C-408/98, ECLI:EU:C:2001:110 – Abbey National, UR 2001, 164 m. Anm. *Wäger*.
4 Abschn. 15.2b. Abs. 3 Satz 1 UStAE.
5 Abschn. 15.2b. Abs. 3 Satz 2 UStAE.
6 BFH, Urt. v. 20.7.1988 – X R 8/80, BStBl. II 1988, 1012 = UR 1989, 61 m. Anm. *Stadie*.
7 EuGH, Urt. v. 26.9.1996 – C-230/94, ECLI:EU:C:1996:352 – Enkler, UR 1996, 418 m. Anm. *Widmann* Rz. 27.
8 BFH, Urt. v. 29.9.2022 – V R 29/20, BStBl. II 2023, 986 = UR 2023, 243; vgl. dazu *Huschens*, DStR 2023, 747.
9 BFH, Urt. v. 27.1.2011 – V R 38/09, BStBl. II 2012, 68 = UR 2011, 307.
10 BFH, Urt. v. 13.1.2011 – V R 12/08, BStBl. II 2012, 61 = UR 2011, 295 m. Anm. *Filtzinger*.
11 EuGH, Urt. v. 21.2.2013 – C-104/12, ECLI:EU:C:2013:99 – *Becker*, UR 2013, 220.
12 BFH, Urt. v. 24.4.2013 – XI R 25/10, BStBl. II 2014, 346 = UR 2014, 64; Abschn. 15.2b Abs. 2 Satz 4 Nr. 1 Satz 2 UStAE.
13 BFH, Urt. v. 14.3.2012 – VI R 26/11, BFH/NV 2012, 1192 = FR 2012, 483.

gangsleistung zuzuordnen ist.[1] Maßgebend für den Vorsteuerabzug ist aber auch nicht nur die Verwendung der vom Steuerpflichtigen bezogenen Eingangsleistung, sondern auch der ausschließliche **Entstehungsgrund** des Eingangsumsatzes.[2] Der BFH bejahte aus diesem Grund den Vorsteuerabzug aus Reparaturarbeiten an einem auch privat genutzten Hausdach, die durch eine unsachgemäße Montage einer vollständig dem Unternehmen zugeordneten Photovoltaikanlage notwendig geworden waren.[3] Die weitere auch eigenen Wohnzwecken dienende Nutzung des Hausdachs ist für den Vorsteuerabzug unschädlich, wenn dem Unternehmer über die Schadensbehebung hinaus in seinem Privatvermögen kein verbrauchsfähiger Vorteil verschafft wird.[4]

Die Beurteilung der oben genannten Merkmale erfolgt nach dem **objektiven Inhalt des betreffenden Umsatzes**, wobei alle Umstände zu berücksichtigen sind, unter denen die betroffenen Umsätze ausgeführt wurden.[5] In zeitlicher Hinsicht kommt es auf den **Zeitpunkt des Umsatzes** an den Unternehmer an.[6] 89

Der BFH hat den Vorsteuerabzug zugunsten einer Gemeinde zugelassen, die eine **Hängeseilbrücke** gebaut und für die erwarteten Besucher einen gebührenpflichtigen Parkplatz hergestellt hatte.[7] Der BFH sah einen ausreichenden Zusammenhang zwischen der Vereinnahmung der Parkgebühren und der Bereitstellung der Hängeseilbrücke. Die Eingangsleistung muss damit nicht zwangsläufig als Vorleistung in eine bestimmte Ausgangsleistung eingehen, sondern es muss ein direkter und unmittelbarer Zusammenhang zwischen der Investition und dem Ausgangsumsatz bestehen.[8] 89.1

Auf Vorlage des BFH hat der EuGH im Verfahren „*Mitteldeutsche Hartstein Industrie*“[9] allerdings entschieden, dass unter bestimmten Voraussetzungen eine **„mittelbare“ Veranlassung** für den Vorsteuerabzug ausreichend sein kann. In dem zugrundeliegenden Fall bezog ein Unternehmer Leistungen, um diese an Dritte unentgeltlich weiter zu liefern und zugleich die eigene unternehmerische Tätigkeit zu ermöglichen. Dem Unternehmer steht nach Auffassung des BFH[10] in seiner Folgeentscheidung der Vorsteuerabzug unter drei Voraussetzungen zu: (1) die Eingangsleistung geht nicht über das hinaus, was erforderlich/unerlässlich war, um diesen Zweck zu erfüllen, (2) die Kosten der Eingangsleistung sind (kalkulatorisch) im Preis der Ausgangsumsätze enthalten und (3) der Vorteil des Dritten (im Urteilsfall: die Allgemeinheit) ist allenfalls nebensächlich. Das BMF hat die Rechtsprechung mit Schreiben vom 24.1.2024[11] in restriktiver Auslegung in Abschn. 15.2b Abs 2a UStAE übernommen. Der Bezug einer Leistung soll danach insbesondere dann erforderlich bzw. unerlässlich sein, wenn der Unternehmer seine wirtschaftliche Tätigkeit ohne Ausführung dieses Leistungsbezugs nicht ausüben oder fortführen könnte. Ein solcher Leistungsbezug sei nicht schon deswegen erforderlich bzw. unerlässlich, weil dieser sich allein aus der Erfüllung einer rechtlichen Verpflichtung (wie z. B. einer behördlichen Auflage) begründet. Gehe der Leistungsbezug über das hinaus, was erforderlich bzw. unerlässlich war, liege ein Leistungsbezug für das Unternehmen insoweit nicht vor und ein Vorsteuerabzug sei entsprechend ausgeschlossen.[12] 89.2

Zudem berechtigen Leistungen von **sog. Outplacement-Unternehmen**, mit denen unkündbar und unbefristet Beschäftigte individuell insbesondere durch sog. Bewerbungstrainings bei der Begründung neuer Beschäftigungsverhältnisse unterstützt werden sollen, zum vollen Vorsteuerabzug.[13] Die mit den 89.3

1 BFH, Urt. v. 6.5.2010 – V R 29/09, BStBl. II 2010, 885 = UR 2010, 746.
2 BFH, Urt. v. 7.12.2022 – XI R 16/21, BFHE 279, 314 = UR 2023, 482, Ls.1.
3 BFH, Urt. v. 7.12.2022 – XI R 16/21, BFHE 279, 314 = UR 2023, 482, Ls. 2.
4 BFH, Urt. v. 7.12.2022 – XI R 16/21, BFHE 279, 314 = UR 2023, 482, Ls. 3.
5 EuGH, Urt. v. 22.10.2015 – C-126/14, ECLI:EU:C:2015:712 – Sveda, UR 2015, 910 m. Anm. *Sterzinger*.
6 Abschn. 15.2b Abs. 3 Satz 2 UStAE.
7 BFH, Urt. v. 20.10.2021 – XI R 10/21, UR 2022, 300 m. Anm. *Küffner*.
8 *Fleckenstein-Weiland/Reingen*, BB 2022, 1431 (1438 f.).
9 EuGH, Urt. v. 16.9.2020 – C-528/19, ECLI:EU:C:2020:712 – Mitteldeutsche Hartstein Industrie, UR 2020, 840 m. Anm. *Küffner*; Folgeentscheidung BFH, Urt. v. 16.12.2020 – XI R 26/20 (XI R 28/17), BFHE 272, 240 = UR 2021, 465 m. Anm. *Küffner*.
10 BFH, Urt. v. 16.12.2020 – XI R 26/20 (XI R 28/17), BFHE 272, 240 = UR 2021, 465 m. Anm. *Küffner*.
11 BMF, Schr. v. 24.1.2024 – III C 2 - S 7109/19/10004 :001, BStBl. I 2024, 213 = UR 2024, 149 m. Anm. *Küffner*; *Nieskens*, UR 2024, 153 ff.
12 Abschn. 15.2b Abs. 2a Sätze 3 bis 5 UStAE.
13 BFH, Urt. v. 30.6.2022 – V R 32/20, BStBl. II 2023, 45 = UR 2022, 863 m. Anm. *Gomes*.

Outplacement-Leistungen einhergehenden persönlichen Vorteile der Mitarbeiter (wie z.B. Stärkung des Selbstbewusstseins) treten hinter den vorrangigen Unternehmerinteressen zurück.[1]

89.4 Der BFH hat entschieden, dass bei einem **symbolischen** Pachtentgelt in Höhe von 1 € neben erheblichen Aufwendungen auf den Pachtgegenstand die Entgeltverpflichtung derart in den Hintergrund rückt, dass der Zusammenhang zwischen Nutzungsüberlassung und Entgelt als gelöst anzusehen ist.[2] Dieses Urteil ist vor allem für Gemeinden relevant, die für eine bestimmte Einrichtung nach Investoren suchen.[3] Es besteht die Gefahr, dass durch ein symbolisches Entgelt keine wirtschaftliche Tätigkeit gegeben ist und ein Vorsteuerabzugsrecht ausscheidet. Es bietet sich aus diesem Grund an, in Grenzfällen eine verbindliche Auskunft von der Finanzbehörde einzuholen.

(3) Zurechenbarkeit zu Gemeinkosten

90 Abseits des Merkmals des direkten und unmittelbaren Zusammenhangs ist aber auch dann ein Vorsteuerabzug möglich, wenn die Eingangsumsätze den **Gemeinkosten** des Unternehmens zuzurechnen sind und sich im Ausgangsumsatz auf diese Weise als Preisbestandteil widerspiegeln.[4] Es liegt in diesem Fall demnach kein Zusammenhang zu einem speziellen Ausgangsumsatz vor, sondern vielmehr zur allgemeinen Geschäftstätigkeit des Unternehmens. Schließlich kommt es auch im Hinblick auf § 15 Abs. 2 UStG darauf an, ob die Ausgangsumsätze des Unternehmens steuerfrei oder steuerpflichtig sind, so dass bei einer gemischten Tätigkeit auch ein prozentualer Vorsteuerabzug zur Anwendung kommen kann, § 15 Abs. 4 Satz 1 UStG. An dieser Stelle ist jedoch bei teilunternehmerisch genutzten Gegenständen auch die 10 %-Grenze des § 15 Abs. 1 Satz 2 UStG zu beachten (Rz. 219 ff.). Eine Zurechenbarkeit zu den Gemeinkosten kann allerdings auch nur dann in Betracht kommen, wenn kein direkter und unmittelbarer Zusammenhang zu einem Ausgangsumsatz besteht.[5]

91 Im Gegensatz zur Zuordnung zu einzelnen Umsätzen ist es schließlich auch nicht von Belang, dass die Eingangsumsätze vor den Ausgangsumsätzen liegen.[6]

92 Auch bei einer **Geschäftsveräußerung im Ganzen**, welche nach § 1 Abs. 1a UStG nicht steuerbar ist (§ 1 Rz. 220 ff.), nimmt der EuGH an, dass die hierbei entstehenden Transaktionskosten den Gemeinkosten zuzurechnen sind.[7] Wenn das Unternehmen lediglich teilweise Umsätze erbringt, die einen Vorsteuerabzug legitimieren, so kann der Vorsteuerabzug aus den gesamten Kosten der Transaktion geltend gemacht werden, wenn diese dem klar abgrenzbaren veräußerten wirtschaftlichen Teil vollständig zuzurechnen sind.[8]

bb) Zuordnungsgebot und -verbot

93 Hinsichtlich der Zuordnung der Leistungen zum Unternehmen sind gewisse Grundsätze zu beachten. Wird eine Leistung ausschließlich für das Unternehmen verwendet, so ist diese auch dem Unternehmen zuzuordnen (Zuordnungsgebot).[9] Umgekehrt ist eine Zuordnung zum Unternehmen dann ausgeschlossen, wenn die Leistung ausschließlich für nichtunternehmerische Tätigkeiten genutzt wird (Zuordnungsverbot).[10]

---

1 BFH, Urt. v. 30.6.2022 – V R 32/20, BStBl. II 2023, 45 = UR 2022, 863 m. Anm. *Gomes* Rz. 24; vgl. *Fleckenstein-Weiland/Reingen*, BB 2023, 919 (926).
2 BFH, Beschl. v. 22.6.2022 – XI R 35/19, UR 2022, 892 m. Anm. *Küffner*.
3 *Küffner*, UR 2022, 894.
4 Abschn. 15.2b Abs. 2 Satz 4 Nr. 3 UStAE.
5 EuGH, Urt. v. 8.6.2000 – C-98/98, ECLI:EU:C:2000:300 – Midlandbank, UR 2000, 342.
6 BFH, Urt. v. 2.12.2015 – V R 15/15, BStBl. II 2016, 486 = UR 2016, 403.
7 EuGH, Urt. v. 22.2.2001 – C-408/98, ECLI:EU:C:2001:110 – Abbey National, UR 2001, 164 m. Anm. *Wäger*.
8 EuGH, Urt. v. 22.2.2001 – C-408/98, ECLI:EU:C:2001:110 – Abbey National, UR 2001, 164 m. Anm. *Wäger*.
9 Abschn. 15.2c. Abs. 1 Satz 1 UStAE.
10 EuGH, Urt. v. 19.7.2012 – C-334/10, ECLI:EU:C:2012:473 – X, UR 2012, 726; Abschn. 15.2c. Abs. 1 Satz 2 UStAE.

cc) Gemischt genutzte Leistungsbezüge (Zuordnungswahlrecht)

(1) Allgemeines

Es ist jedoch auch denkbar, dass der Unternehmer die Leistung sowohl für unternehmerische als auch für nichtunternehmerische Tätigkeiten bezieht. 94

Im Fall eines **gemischt genutzten Leistungsbezugs** muss der Steuerpflichtige gewisse Regeln hinsichtlich der Zuordnung des Gegenstands bzw. der sonstigen Leistung beachten. Diese richten sich grundsätzlich danach, ob ein Gegenstand oder eine sonstige Leistung vorliegt. Schließlich werden auch verschiedene Tätigkeitsbereiche unterschieden. 95

(2) Abgrenzung von unternehmensfremder zu nichtwirtschaftlicher Tätigkeit im engeren Sinne

Bei der nichtunternehmerischen Tätigkeit unterscheidet man zwischen nichtwirtschaftlicher Tätigkeit im engeren Sinne und unternehmensfremder Tätigkeit. Eine **unternehmensfremde Tätigkeit** ist bei Entnahmen für den privaten Bedarf des Unternehmers als natürliche Person, für den privaten Bedarf seines Personals oder für private Zwecke des Gesellschafters gegeben.[1] Eine **nichtwirtschaftliche Tätigkeit im engeren Sinn** umfasst dagegen jede nichtunternehmerische Tätigkeit, die keine unternehmensfremde bzw. private Tätigkeit darstellt.[2] Dies ist insbesondere das Erwerben, Halten und Veräußern von Beteiligungen, die ideelle Vereinstätigkeit und die hoheitliche Tätigkeit von jPdöR (Rz. 112). 96

Bei einer unternehmensfremden Verwendung ist zwischen vertretbaren Sachen und sonstigen Leistungen (Dienstleistungen) auf der einen und einheitlichen Gegenständen auf der anderen Seite zu differenzieren. 97

(3) Lieferung vertretbarer Sachen und sonstige Leistungen (Dienstleistungen)

Verwendet der Unternehmer Dienstleistungen teilweise für unternehmensfremde und teilweise für unternehmerische Zwecke, ist der Vorsteuerabzug gemäß § 15 Abs. 4 UStG aufzuteilen (Rz. 267 ff.).[3] Dem Unternehmer steht also kein Zuordnungswahlrecht zu.[4] Es ist nur der Anteil abzugsfähig, der unternehmerisch genutzt wird (**Aufteilungsgebot**). Eine Wesentlichkeitsgrenze ist nicht zu beachten. 98

Beispielsweise bei der Telefonnutzung ist nach Auffassung des BFH der (geschätzte) Anteil der Telefonnutzung für unternehmerische Zwecke abzugsfähig.[5] 99

Auch bei **vertretbaren Sachen** soll es kein Zuordnungswahlrecht geben.[6] Eine vertretbare Sache ist nach § 91 BGB eine bewegliche Sache, die im Verkehr nach Zahl, Maß oder Gewicht bestimmt zu werden pflegt. Die Sache ist demnach nicht nach individuellen Merkmalen bestimmt, sondern kann durch andere gleichartige Sachen ausgetauscht werden.[7] Beispiele sind Werkzeuge, Maschinen oder auch Naturerzeugnisse wie Lebensmittel. 100

Vertretbare Sachen einerseits und gemischt genutzte einheitliche Gegenstände, bei denen ein Zuordnungswahlrecht besteht (Rz. 94 ff.), andererseits unterscheiden sich dadurch, dass vertretbare Sachen ohne weitere Probleme getrennt werden können. Wenn ein Bäcker beispielsweise 50 kg Mehl einkauft und bei Leistungsbezug bereits beabsichtigt, einen gewissen Anteil privat zu nutzen, kann er nicht die komplette Menge an Mehl dem Unternehmen zuordnen. Dementsprechend kann er lediglich hinsichtlich des unternehmerisch genutzten Bereichs den Vorsteuerabzug geltend machen. 101

Bezieht der Unternehmer dagegen einen Gegenstand, den er sowohl privat als auch unternehmerisch nutzen möchte, der aber nicht getrennt bzw. aufgeteilt werden kann, (bspw. ein Hammer oder ein Auto), ist von einem **einheitlichen Gegenstand** auszugehen, für den ein Zuordnungswahlrecht besteht (Rz. 103 ff.). 102

1 BFH, Urt. v. 12.1.2011 – XI R 9/08, BStBl. II 2012, 58 = UR 2011, 357.
2 Abschn. 2.3. Abs. 1a Satz 4 UStAE.
3 Vgl. BFH, Urt. v. 14.10.2015 – V R 10/14, BStBl. II 2016, 717 = UR 2016, 35.
4 BFH, Urt. v. 14.10.2015 – V R 10/14, BStBl. II 2016, 717 = UR 2016, 35.
5 Abschn. 15.2c. Abs. 2 Satz 1 Nr. 1 Satz 2 UStAE.
6 Abschn. 15.2c. Abs. 2 Satz 1 Nr. 1 Satz 1 UStAE.
7 BGH, Urt. v. 29.9.1966 – VII ZR 160/64.

(4) Einheitliche Gegenstände

103 Besonderheiten sind zu beachten, wenn der Unternehmer einen einheitlichen Gegenstand sowohl für unternehmerische als auch für nichtunternehmerische Zwecke zu verwenden beabsichtigt. In diesem Fall hat der Unternehmer ein **Zuordnungswahlrecht**, welches er durch eine Zuordnungsentscheidung ausübt, sofern die unternehmerische Mindestnutzung von 10 % gegeben ist.[1]

104 Hierbei kann er die Leistung entweder vollständig seinem nicht unternehmerischen oder seinem unternehmerischen Bereich zuordnen, aber auch prozentual aufteilen. Die (vollständige oder teilweise) Zuordnung des Gegenstands zum Unternehmen erfordert nach Auffassung der FinVerw. eine **durch Beweisanzeichen gestützte Zuordnungsentscheidung** des Unternehmers.[2] Diese kann z.B. durch schriftliche Äußerung gegenüber der FinVerw. erfolgen. Als Indiz für die Zuordnungsentscheidung kann im Übrigen die Geltendmachung bzw. das Unterlassen des Vorsteuerabzugs angesehen werden. Bei der Beurteilung, ob eine Zuordnungsentscheidung getroffen wurde, sind alle Umstände des Sachverhalts zu beachten, insbesondere auch die Art des Gegenstands.[3] Weitere Anhaltspunkte können auch sein, ob der Unternehmer bei An- und Verkauf im eigenen Namen auftrat und ob der Unternehmer den Gegenstand betrieblich bzw. privat versichert hat.[4]

105 Gibt es jedoch keine Beweisanzeichen, die auf eine Zuordnung hindeuten, kann nicht unterstellt werden, dass die Leistung dem unternehmerischen Bereich zuzuordnen ist.[5] Die Ausübung des Wahlrechts sollte daher auch nach Auffassung der Rechtsprechung „zeitnah" nach Leistungsbezug erfolgen.[6] Dies ist auch nötig, um dem Prinzip des Sofortabzugs der Vorsteuer gerecht zu werden. Auch muss bei Leistungsbezug feststehen, ob der Gegenstand für steuerfreie oder steuerpflichtige Umsätze verwendet werden soll (s. für neuere Entwicklung bei abweichender tatsächlicher Nutzung Rz. 248.1 ff.).[7]

106 Eine **zeitnahe Zuordnung** soll dann gegeben sein, wenn sie spätestens mit Abgabe der Jahressteuererklärungsfrist des Folgejahres erfolgt, wobei eine Verlängerung der Abgabefrist der Steuererklärung nicht zu einer Verlängerung führt.[8]

107 Die bisher ergangenen Entscheidungen des BFH zur Frist der Zuordnungsentscheidung, bezogen sich auf den 31.5. als frühere Frist für die Abgabe der Jahressteuererklärung. Diese wurde inzwischen jedoch auf den 31.7. geändert, § 149 Abs. 2 Satz 1 AO. Die FinVerw. reagierte darauf und passte den UStAE in der Weise an, dass für die Zuordnungsentscheidung zum Unternehmen nun ebenfalls die gesetzliche Regelabgabefrist und damit der 31.7 des Folgejahres maßgeblich ist, vgl. Abschn. 15.2c. Abs. 16 Satz 5 UStAE.

107.1 Der BFH hat dem EuGH in zwei Vorabentscheidungsersuchen[9] die Frage vorgelegt, ob die nach der BFH-Rechtsprechung entwickelte **Dokumentationsfrist** für die Ausübung des umsatzsteuerlichen Zuordnungswahlrechts mit EU-Recht vereinbar ist und welche Rechtsfolgen mit einem etwaigen Fristversäumnis einhergehen. Mit Urteilen vom 14.10.2021 entschied der EuGH, dass die Annahme einer Zuordnungsfrist nicht unionsrechtswidrig ist, es sei denn, die besonderen rechtlichen Modalitäten für die Ausübung dieser Befugnis lassen erkennen, dass sie nicht mit dem Grundsatz der Verhältnismäßigkeit vereinbar ist. Es sei für den BFH wichtig zu prüfen, ob die fragliche Ausschlussfrist, die der Frist gemäß § 149 Abs. 2 AO entspreche, im Hinblick auf das Ziel der Wahrung des Grundsatzes der Rechtssicherheit verhältnismäßig sei.[10] Damit bestätigt der EuGH im Ergebnis die Möglichkeit einer Zuordnungsfrist. Der BFH entschied daraufhin, dass für die Dokumentation der Zuordnung keine frist-

---

1 Abschn. 15.2c. Abs. 2 Satz 1 Nr. 2 UStAE.
2 Abschn. 15.2c Abs. 14 Satz 2 UStAE.
3 Abschn. 15.2c. Abs. 17 Satz 4 UStAE.
4 Abschn. 15.2c. Abs. 17 Satz 5 UStAE.
5 BFH, Urt. v. 28.2.2002 – V R 25/96, BStBl. II 2003, 815 = UR 2002, 263; BFH, Urt. v. 7.7.2011 – V R 42/09, BStBl. II 2014, 76 = UR 2011, 870.
6 BFH, Urt. v. 11.4.2008 – V R 10/07, BStBl. II 2009, 741 = UR 2008, 750.
7 BFH, Urt. v. 28.11.2002 – V R 51/01, UR 2003, 197.
8 BFH, Urt. v. 7.7.2011 – V R 42/09, BStBl. II 2014, 76 = UR 2011, 870.
9 BFH, Vorlagebeschl. v. 18.9.2019 – XI R 3/19, BStBl. II 2021, 112 = UR 2020, 265; BFH, Vorlagebeschl. v. 18.8.2019 – XI R 7/19, BStBl. II 2021, 118 = UR 2020, 271; *Lohse*, UR 2020, 333.
10 EuGH v. 14.10.2021 – C-45/20 und C-46/20, ECLI:EU:C:2021:852 – Finanzamt N, UR 2021, 867 m. Anm. *Lohse*.

gebundene Mitteilung an die Finanzbehörde erforderlich ist, sondern, wenn innerhalb der Dokumentationsfrist nach außen hin erkennbare Anhaltspunkte für eine Zuordnung vorliegen, diese auch noch nach Ablauf der Frist mitgeteilt werden können.[1]

Eine Zuordnungsentscheidung ist in den Fällen, in denen ein Gegenstand denklogisch lediglich einem Bereich zugeordnet werden kann, nicht erforderlich. Gleiches gilt, wenn der Gegenstand ausschließlich im Unternehmen genutzt wird, z.B. wenn die Leistung ausschließlich zu umsatzsteuerfreien Umsätzen verwendet wird. 107.2

Erfolgt die Zuordnung verspätet, so kommt auch **keine Korrektur des Vorsteuerabzugs** nach § 15a UStG in Betracht. Bezüglich einer zeitnahen Zuordnung vgl. auch die Ausnahme bei jPdöR in Rz. 112 ff. 108

Das Zuordnungswahlrecht wird durch das Gesetz nicht vorgesehen, sondern basiert auf einer **richterlichen Rechtsfortbildung**[2]. Folgende Konstellationen sind zu unterscheiden: 109

Der gemischt-genutzte Gegenstand kann entweder dem unternehmerischen (Konstellation 1) oder unternehmensfremden Bereich (Konstellation 2) vollständig zugeordnet werden. Ferner ist es möglich, nur den unternehmerisch genutzten Bereich dem Unternehmen zuzuordnen (Konstellation 3). 110

Beispiele: 111
Konstellation 1

Ordnet der Steuerpflichtige einen gemischt genutzten Gegenstand vollständig durch nach Außen erkennbare Beweisanzeichen seinem unternehmerischen Bereich zu, so kann er in diesem Fall im Zeitpunkt des Erwerbs den vollen Vorsteuerabzug geltend machen, wenn er hiermit vorsteuerunschädliche Umsätze ausführt bzw. dies beabsichtigt.[3] Hierbei ist jedoch die 10 %-Grenze des § 15 Abs. 1 Satz 2 UStG zu beachten.[4] Als Ausgleich für die Gewährung des vollständigen Vorsteuerabzugs wird die private Nutzung des Gegenstands als **unentgeltliche Wertabgabe** (§ 3 Abs. 1b und 9a UStG) gewertet, die ihrerseits versteuert werden muss.

Als Beispiel ist denkbar, dass ein Unternehmer ein Fahrzeug sowohl unternehmerisch als auch privat nutzt. Ordnet er dieses Fahrzeug vollständig seinem Unternehmen zu, kann er den vollen Vorsteuerabzug geltend machen. Die privaten Fahrten hat er allerdings als unentgeltliche Wertabgabe nach § 3 Abs. 9a Nr. 1 UStG zu versteuern.

Führt der Unternehmer neben der nichtunternehmerischen Verwendung ausschließlich **steuerfreie Umsätze** mit dem Gegenstand aus, ist zwar kein Vorsteuerabzug zulässig. Mit Blick auf die Möglichkeit etwaiger künftiger Vorsteuerberichtigungen nach § 15a UStG ist aber u.U. dennoch die vollständige Zuordnung zum Unternehmen sinnvoll. Dies kann zum Beispiel durch eine schriftliche Mitteilung an das FA erfolgen.

Bei **gemischt genutzten Grundstücken** ist eine vollständige Zuordnung zum Unternehmen ebenfalls möglich. Allerdings ist die Möglichkeit des Vorsteuerabzugs für den nicht unternehmerisch verwendeten Teil in diesem Fall durch § 15 Abs. 1b Satz 1 UStG ausgeschlossen (Rz. 243).

Konstellation 2

Der Steuerpflichtige kann den Gegenstand auch mitsamt dem unternehmerisch genutzten Teil in seinem **Privatvermögen** belassen.[5] In diesem Fall ist der Gegenstand vollständig dem Mehrwertsteuersystem entzogen und auch die Vorsteuerbeträge, die auf den unternehmerischen Teil entfallen würden, können nicht abgezogen werden. Allerdings ist in diesem Fall die private Nutzung nicht zu versteuern und ferner auch nicht eine mögliche spätere Entnahme der Sache.

Ein Leistungsbezug, der zunächst nicht dem Unternehmen zugeordnet wurde, kann **nachträglich dem Unternehmen zugeordnet** werden. Diese Einlage in das Unternehmen führt aber damit nicht – auch nicht anteilig – zum Vorsteuerabzug für vor der Einlage angefallene Vorsteuerbeträge.[6] Daher ist auch eine Vorsteuerberichtigung nach § 15a UStG insoweit nicht möglich. Es bestehen jedoch keine Bedenken, einen Vorsteuerabzug für Leistungsbezüge vorzunehmen, die nach der Einlage anfallen. Wenn z.B. ein Gebäude errichtet und zunächst nicht dem Unternehmen zugeordnet war und später unternehmerisch genutzt wurde, besteht zwar kein Vorsteuerabzug aus den Her-

1 BFH, Urt. v. 4.5.2022 – XI R 29/21 (XI R 7/19), BFHE 276, 418 = UR 2022, 586.
2 EuGH, Urt. v. 23.4.2009 – C-460/07, ECLI:EU:C:2009:254 – Puffer, UR 2009, 410; EuGH, Urt. v. 4.10.1995 – C-291/92, ECLI:EU:C:1995:304 – Armbrecht, BStBl. II 1996, 392 = UR 1995, 485; BFH, Urt. v. 18.4.2012 – XI R 14/10, BFH/NV 2012, 1192.
3 EuGH, Urt. v. 11.7.1991 – C-97/90, ECLI:EU:C:1991:315 – Lennartz, UR 1991, 291 m. Anm. *Widmann*.
4 Die MwStSystRL sieht eine derartige Ausnahme eigentlich nicht vor. Sie stützt sich jedoch auf die Verordnungsermächtigung aus Art. 395 Abs. 2 MwStSystRL (Art. 27 Abs. 2 der 6. EG-Richtlinie).
5 So EuGH, Urt. v. 8.3.2001 – C-415/98, ECLI:EU:C:2001:136 – Bakcsi, UR 2001, 149.
6 Abschn. 15.2c. Abs. 4 Satz 4, Abschn. 15a.1. Abs. 6 UStAE.

stellungskosten. Es bestehen jedoch keine Bedenken gegen einen Vorsteuerabzug aus nachträglichen Herstellungskosten, die nach der Einlage angefallen sind.

Konstellation 3

Schließlich könnte der Unternehmer auch lediglich den unternehmerisch genutzten Umfang des gemischt genutzten Gegenstands seinem Unternehmen zuordnen. In diesem Fall kann der Vorsteuerabzug auch lediglich im Umfang des unternehmerisch genutzten Teils geltend gemacht werden.[1] Hinsichtlich der Höhe des Umfangs ist nicht auf den räumlichen Bereich abzustellen, sondern prozentual auf den Anteil der Nutzung.[2] Genauso muss der Wille den entsprechenden Teil des Gegenstands dem Unternehmen zuzuordnen auch nach außen erkennbar sein.[3] Auch hier ist hinsichtlich des privat genutzten Bereichs keine unentgeltliche Wertabgabe zu besteuern,[4] da der Gegenstand in diesem Umfang nie dem unternehmerischen Bereich zugeordnet war.

Reduziert sich später die unternehmerische Nutzung, muss eine nicht unternehmerische Verwendung als unentgeltliche Wertabgabe nach § 3 Abs. 1b UStG versteuert werden. Eine spätere Erhöhung der unternehmerischen Verwendung führt indes nicht zu einer Vorsteuerberichtigung nach § 15a UStG zu Gunsten des Unternehmers.

Die mit einer **anteiligen Zuordnung** zum Unternehmen verbundenen Folgen sollen an folgendem Beispiel verdeutlicht werden:

Unternehmer U, der vorsteuerunschädliche Umsätze tätigt, erwirbt ein bebautes Grundstück. Er plant bei Anschaffung, lediglich die Hälfte des Gebäudes für sein Unternehmen zu nutzen. Den anderen Teil möchte er zu privaten Wohnzwecken nutzen. Trifft U keine weitergehende Zuordnungsentscheidung, wird das Grundstück lediglich in Höhe des geltend gemachten Vorsteuerabzugs von 50 % seinem Unternehmen zugeordnet, da nur insoweit eine Zuordnungsentscheidung nach Außen erkennbar war.

Im Zusammenhang mit einem Grundstück ergibt sich aus § 15 Abs. 1b UStG (Rz. 240 ff.) die Besonderheit, dass ein Vorsteuerabzug immer nur in Höhe der unternehmerischen Verwendung möglich ist. Es ist demnach im Gegensatz zu den Fällen der Konstellation 1 nicht möglich, bei einer vollständigen Zuordnung zum Unternehmen auch den vollen Vorsteuerabzug geltend zu machen.

Eine vollständige Zuordnung zum Unternehmen kann jedoch bei Grundstücken dennoch zu empfehlen sein: Denn ergibt sich im Laufe der Zeit eine höhere unternehmerische Nutzung als bei Anschaffung beabsichtigt, kann U nur bei einer ursprünglichen vollständigen unternehmerischen Zuordnung Vorsteuerberichtigungen § 15a UStG zu seinen Gunsten durchführen. Wurde das Grundstück hingegen lediglich in Höhe der ursprünglich geplanten unternehmerischen Nutzungshöhe zugeordnet, sind spätere Vorsteuerberichtigungen zu seinen Gunsten ausgeschlossen. Eine vollständige Zuordnung zum Unternehmen kann der Unternehmer z.B. durch ein entsprechendes Schreiben an das FA innerhalb der Zuordnungsfrist erklären.

(5) EuGH-Urteil „*VNLTO*"/Nichtwirtschaftliche Tätigkeit i.e.S.

112 Im Rahmen der Nutzung eines Gegenstands für eine **nichtwirtschaftliche Tätigkeit im engeren Sinne** (Rz. 96 f.), hat der Unternehmer nach Auffassung der Verwaltung kein Wahlrecht hinsichtlich der Zuordnung.[5] Eine derartige nichtwirtschaftliche Tätigkeit im engeren Sinne wurde durch die Rechtsprechung in folgenden Fällen angenommen:

- hoheitliche Tätigkeiten jPdöR;[6]
- Erwerben, Halten und Veräußern von gesellschaftlichen Beteiligungen;[7]
- Ideelle Tätigkeit von Vereinen;[8]
- Leerstand eines Gebäudes verbunden mit dauerhafter Nichtnutzung.[9]

113 Da eine derartige Tätigkeit ihrem Grunde nach aus dem **Anwendungsbereich der Mehrwertsteuer** herausfällt, ist unter diesen Umständen ohnehin keine umsatzsteuerliche Zuordnung zum Unternehmen denkbar. Dementsprechend ist aber auch kein Vorsteuerabzugsrecht gegeben, solange kein un-

1 EuGH, Urt. v. 4.10.1995 – C-291/92, ECLI:EU:C:1995:304 – Armbrecht, BStBl. II 1996, 392 = UR 1995, 485.
2 EuGH, Urt. v. 4.10.1995 – C-291/92, ECLI:EU:C:1995:304 – Armbrecht, BStBl. II 1996, 392 = UR 1995, 485.
3 EuGH, Urt. v. 4.10.1995 – C-291/92, ECLI:EU:C:1995:304 – Armbrecht, BStBl. II 1996, 392 = UR 1995, 485.
4 Abschn. 15.2c. Abs. 4 Satz 6 UStAE.
5 Abschn. 15.2c. Abs. 2 Satz 1 Nr. 2 Buchst. a UStAE.
6 BFH, Urt. v. 3.3.2011 – V R 23/10, BStBl. II 2012, 74 = UR 2011, 617 m. Anm. *Küffner*.
7 EuGH, Urt. v. 13.3.2008 – C-437/06, ECLI:EU:C:2008:166 – Securenta, BStBl. II 2008, 727 = UR 2008, 344 m. Anm. *Eggers*.
8 BFH, Urt. v. 6.5.2010 – V R 29/09, BStBl. II 2010, 885 = UR 2010, 746.
9 BFH, Urt. v. 19.7.2011 – XI R 29/09, BStBl. II 2012, 430 = UR 2012, 238; Abschn. 2.3. Abs. 1a Satz 4 UStAE.

mittelbarer Bezug zur wirtschaftlichen Tätigkeit besteht.[1] Bezieht der Unternehmer die Leistung jedoch für den unternehmerischen und nichtunternehmerischen Bereich i.e.S., besteht ein **Aufteilungsgebot**, indem ein Vorsteuerabzug nur für den unternehmerisch genutzten Anteil möglich ist.[2] Hierbei findet § 15 Abs. 4 UStG analog Anwendung.[3] Für die zu nichtwirtschaftlichen Zwecken i.e.S. bezogenen Leistungen besteht hingegen ein **Zuordnungsverbot.**[4]

Nach Ansicht der FinVerw. ist es jedoch aus Billigkeitsgründen zulässig, dass ein Unternehmer einen Gegenstand vollständig im nichtunternehmerischen Bereich belässt.[5] 114

Mit Urteil vom 25.7.2018 entschied der EuGH in der Rs. *Gmina Ryjewo*[6], dass eine jPdöR eine **nachträgliche Zuordnungsentscheidung** hinsichtlich eines Gegenstands treffen kann, wenn der Gegenstand bei Leistungsbezug weder einer steuerlichen Tätigkeit ausdrücklich zugeordnet noch eine Zuordnung nicht ausgeschlossen wurde, dieser aber sowohl für eine besteuerte als auch nicht besteuerte Tätigkeit verwendet werden könnte. Ferner muss die jPdöR als Steuerpflichtige handeln. Dies sei jedoch weit zu verstehen und anhand verschiedener Indizien (Art des Gegenstands, Dauer des Zeitraums zwischen Erwerb und Beginn der Nutzung für wirtschaftliche Zwecke, steuerliche Registrierung oder „Betätigung wie eine Privatperson?") zu prüfen. 115

Dadurch soll es laut EuGH für die jPdöR möglich sein, den Vorsteuerabzug nachträglich geltend zu machen, obwohl der Gegenstand anfangs nur für nichtwirtschaftliche Tätigkeiten verwendet wurde, sich die Verwendung später allerdings änderte. Der Rechtsprechung des EuGH ist entgegenzuhalten, dass hierdurch die Voraussetzung des Handelns als Steuerpflichtiger bei Leistungsbezug durch das Abstellen auf verschiedene Indizien äußerst konturenlos wird. Ob das vorgenannte Urteil nicht nur auf jPdöR angewandt werden kann, sondern auch auf andere Steuerpflichtige, ist bislang unklar. 116

Folgende Grafik gibt einen Überblick über die verschiedenen Sphären und die damit verbundene Auswirkung auf den Vorsteuerabzug: 117

Unternehmerische Tätigkeit		**Nichtunternehmerische Tätigkeit**	
Steuerpflichtige Leistungen	Steuerfreie Leistungen	Nichtwirtschaftliche Tätigkeit i.e.S.	Unternehmensfremde Tätigkeit (Privatentnahme)
Vorsteuerabzug bei direkter Zuordnung?		**Vorsteuerabzug bei direkter Zuordnung?**	
Ja	Nein	Nein	
Gemischte Verwendung (steuerpflichtig/steuerfrei):		**Gemischte Verwendung (steuerpflichtig/nichtunternehmerisch)**	
Vorsteueraufteilung nach § 15 Abs. 4 UStG		anteiliger Vorsteuerabzug (VNLTO)	Bei Grundstücken: anteiliger VSt-Abzug (§ 15 Abs. 1b UStG)

dd) Sonderfälle

(1) Erwerb von Beteiligungen

Besonderheiten hinsichtlich der Zuordnung zum unternehmerischen Bereich ergeben sich hinsichtlich des **Beteiligungserwerbs durch Holding-Gesellschaften**. Dabei ist zwischen folgenden Holding-Formen zu differenzieren: Finanzholding, Führungsholding, Funktionsholding und gemischte Holding. 118

Eine Holding, die sich ausschließlich auf das Erwerben und Halten von Unternehmensanteilen beschränkt und keine weiteren Dienstleistungen gegen Entgelt erbringt (**Finanzholding**), ist keine Unternehmerin i.S.d. § 2 UStG[7] und ist demnach grundsätzlich auch nicht zum Vorsteuerabzug berech- 119

1 EuGH, Urt. v. 30.3.2006 – C-184/04, ECLI:EU:C:2006:214 – Uudenkaupungin kaupunki, UR 2006, 530.
2 BFH, Urt. v. 3.8.2017 – V R 62/16, BStBl. II 2021, 109 = UR 2018, 170 m. Anm. *Dziadkowski*.
3 BFH, Urt. v. 3.3.2011 – V R 23/10, BStBl. II 2012, 74 = UR 2011, 617 m. Anm. *Küffner*.
4 Abschn. 15.2c. Abs. 2 Satz 1 Nr. 2 Buchst. a UStAE.
5 Abschn. 15.2c. Abs. 2 Satz 1 Nr. 2 Buchst. a Satz 2 UStAE.
6 EuGH, Urt. v. 25.7.2018 – C-140/17, ECLI:EU:C:2018:595 – Gmina Ryjewo, UR 2018, 140.
7 Abschn. 2.3. Abs. 3 Satz 1 UStAE.

tigt.[1] Der Erwerb von Beteiligungen stellt nicht die Nutzung eines Gegenstands zur Erzielung von Einnahmen dar, da die hierdurch erzielten Dividenden lediglich Ausfluss des bloßen Innehabens des Gegenstands sind.[2] Die FinVerw. bezeichnet dies als nichtwirtschaftliche Tätigkeit i.e.S. (siehe oben).

120 Das Erwerben, Halten bzw. Veräußern kann jedoch dann eine wirtschaftliche Tätigkeit darstellen, wenn Anteile im Rahmen eines gewerblichen Wertpapierhandels[3] oder zur Förderung einer beabsichtigten oder bereits bestehenden Tätigkeit erworben werden.[4]

121 Hiervon ist die **Funktions**- bzw. **Führungsholding** zu unterscheiden. Wenn diese durch die Erbringung von Dienstleistungen, die ihrerseits gegen Entgelt ausgeführt werden und umsatzsteuerpflichtig sind, in die Geschäfte des Tochterunternehmens eingreift, ist die Holding unternehmerisch tätig.[5] Derartige geschäftsleitende entgeltliche Tätigkeiten können administrativer, finanzieller, kaufmännischer oder technischer Art sein. Eine derartige eingreifende Tätigkeit wurde durch die Rechtsprechung bereits dann angenommen, wenn eine Holdinggesellschaft Grundstücke an ihre Tochtergesellschaft vermietet.[6] Der Begriff „Eingriff einer Holding in die Verwaltung ihrer Tochtergesellschaft" ist dahin zu verstehen, dass er alle Umsätze umfasst, die eine wirtschaftliche Tätigkeit im Sinne der MwStSystRL darstellen und von der Holding für ihre Tochtergesellschaft erbracht werden.[7] Es bedarf daher keiner besonderen „Eingriffsqualität".[8] Die Kosten für Eingangsleistungen, die mit dem Erwerb der Beteiligung zusammenhängen, sind in diesem Fall Allgemeinkosten der Funktions- bzw. Führungsholding, die sie zum Vorsteuerabzug berechtigen.[9]

122 Wird der Tochtergesellschaft jedoch weder der Preis für die Dienstleistungen noch die Mehrwertsteuer in Rechnung gestellt, liegt keine wirtschaftliche Tätigkeit vor und folglich auch keine Möglichkeit des Vorsteuerabzugs.[10]

123 Wenn die Holding nur in die Geschäfte einiger Tochtergesellschaften eingreift, spricht man von einer sog. **„gemischten Holding"**. In diesem Fall ist zu differenzieren. Lediglich die Beteiligungen, bezüglich derer die Holding geschäftsleitend tätig wird, berechtigen zum Vorsteuerabzug. Falls eine direkte und unmittelbare Zuordnung der Eingangsleistung zum unternehmerischen bzw. nichtunternehmerischen Bereich nicht möglich ist und die Eingangsleistungen demnach den Allgemeinkosten zuzurechnen sind, hat eine Aufteilung analog § 15 Abs. 4 UStG zu erfolgen.[11]

123.1 Der EuGH hat entschieden, dass kein Recht auf Vorsteuerabzug bei einer Führungsholding besteht, soweit diese Leistungen von Dritten bezieht und diese als Gesellschafterbeitrag unentgeltlich an ihre nicht zum Vorsteuerabzug berechtigte Tochtergesellschaft weitergibt. Der BFH hat sich dem in seiner Folgeentscheidung angeschlossen.[12] Bisher sah man das Halten der Beteiligung an der Tochtergesellschaft als von den Eingriffsleistungen überlagert an, sodass Eingangsleistungen der Holdinggesellschaft für die insgesamt steuerbare und steuerpflichtige Beteiligungsverwaltung verwendet werden.[13] Der EuGH und dem folgend der BFH haben dieser Gestaltung einen Riegel vorgeschoben und entschieden, dass auch im Fall einer Führungsholding für die Frage der vorsteuerschädlichen Verwendung auf die tatsächliche Verwendung der Leistungen sowie auf den ausschließlichen Entstehungsgrund des fragli-

---

1 EuGH, Urt. v. 20.6.1991 – C-60/90, ECLI:EU:C:1991:268 – Polysar Investments Netherlands, UR 1993, 119 m. Anm. *Weiß*; EuGH, Urt. v. 22.6.1993 – C-333/91, ECLI:EU:C:1993:261 – Sofitam, UR 1994, 73.
2 EuGH, Urt. v. 22.6.1993 – C-333/91, ECLI:EU:C:1993:261 – Sofitam, UR 1994, 73.
3 EuGH, Urt. v. 29.4.2004 – C-77/01, ECLI:EU:C:2004:243 – EDM, UR 2004, 292.
4 EuGH, Urt. v. 11.7.1996 – C-306/94, ECLI:EU:C:1996:290 – Régie dauphinoise, UR 1996, 304.
5 EuGH, Urt. v. 27.9.2001 – C-16/00, ECLI:EU:C:2001:495 – Cibo Participations, UR 2001, 500 m. Anm. *Wäger.*
6 EuGH, Urt. v. 5.7.2018 – C-320/17, ECLI:EU:C:2018:537 – Marle Participations, UR 2018, 762.
7 EuGH, Urt. v. 5.7.2018 – C-320/17, ECLI:EU:C:2018:537 – Marle Participations, UR 2018, 762 Rz. 31.
8 BFH, Urt. v. 12.2.2020 – XI R 24/18, BStBl II 2022, 191 = UR 2020, 559 m. Anm. *Rust.*
9 EuGH, Urt. v. 16.7.2015 – C-108/14 und C-109/14, ECLI:EU:C:2015:496 – Larentia + Minerva, Marenave, BStBl. II 2017, 604 = UR 2015, 671 m. Anm. *Hummel*; Anm. *Heinrichshofen*, UR 2015, 722.
10 EuGH, Beschl. v. 12.1.2017 – C-28/16, ECLI:EU:C:2017:7 – MVM, DStR 2017, 2806.
11 BFH, Urt. v. 6.4.2016 – V R 6/14, BStBl. II 2017, 577 = UR 2016, 770; BFH, Urt. v. 9.2.2012 – V R 40/10, BStBl. II 2012, 844 = UR 2012, 394.
12 EuGH, Urt. v. 8.9.2022 – C-98/21, ECLI:EU:C:2022:645 – Finanzamt R (Déduction de TVA liée à une contribution d'associé), UR 2022, 736; vgl. *Hartman*, NWB 2022, 2969; Nachfolgeentscheidung des BFH, Urt. v. 15.2.2023 – XI R 24/22 (XI R 22/18), BStBl. II 2023, 940 = UR 2023, 651.
13 *Hartman*, NWB 2022, 2969.

chen Umsatzes abzustellen ist.[1] Der Vorsteuerabzug steht der Holdinggesellschaft damit nicht aus der durch Sacheinlage weitergereichten Eingangsleistung zu.

(2) Kapitalbeschaffungsmaßnahmen

Werden Leistungen im Zusammenhang mit einer **Kapitalerhöhung bzw. Kapitalbeschaffung** in Anspruch genommen, so erfolgen diese Leistungen für das Unternehmen und berechtigen zum Vorsteuerabzug, wenn das Unternehmen hiermit steuerpflichtige Umsätze ausführt.[2] Diese Kosten spiegeln sich in der Regel mittelbar in den Preisen seiner Produkte wider, so dass diese auch einen direkten und unmittelbaren Zusammenhang zur wirtschaftlichen Tätigkeit besitzen.[3] 124

Hinsichtlich der Kosten, die durch das Einwerben von Kapital zur Anschaffung einer gesellschaftsrechtlichen Beteiligung entstehen, besteht für den Unternehmer jedoch nach Auffassung der FinVerw.[4] und des BFH ausnahmsweise dann kein Recht auf Vorsteuerabzug, wenn das eingeworbene Kapital in keinem Verhältnis zum Beteiligungserwerb steht, da es einer Einwerbung in dieser Größenordnung nicht bedurft hätte.[5] Auch scheidet nach Ansicht des BFH und der FinVerw. der Anspruch auf Vorsteuerabzug bei der Einwerbung von Kapital aus, wenn die Umsätze, die dieses Recht begründen sollen, eine missbräuchliche Praxis darstellen.[6] Vgl. zur Versagung des Vorsteuerabzugs und der Steuerbefreiung bei Beteiligung an einer Steuerhinterziehung § 25f Rz. 1 ff. 125

Eine allgemeine betragsmäßige Angemessenheitsprüfung – die über Fälle des Missbrauchs hinausgeht – wird jedoch weder vom EuGH angenommen noch findet sich diese in der MwStSystRL, so dass eine solche Beschränkung auch im Hinblick auf das Neutralitätsprinzip problematisch wäre.[7] 126

(3) Betriebsfeiern

Wenn eine betrieblich veranlasste Maßnahme grundsätzlich die Befriedigung des privaten Bedarfs des Arbeitnehmers zur Folge hat, aber diese Folge durch betriebliche Zwecke (wie bspw. der Vermeidung von Arbeitsunterbrechungen) überlagert wird, liegt eine nicht steuerbare Leistung vor, die überwiegend durch das **betriebliche Interesse des Arbeitgebers** veranlasst ist.[8] 127

Überschreiten die Kosten einer Betriebsfeier – wie bei Leistungsbezug beabsichtigt – nicht 110 Euro (inkl. USt.) pro Arbeitnehmer und Feier, liegt eine nicht steuerbare Leistung vor.[9] In einem derartigen Fall bestimmt sich die Höhe des Vorsteuerabzugs nach der Gesamttätigkeit des Unternehmens. 128

Ist bei Leistungsbezug die Überschreitung dieser Grenze bereits beabsichtigt, ist der Vorsteuerabzug von vornherein ausgeschlossen.[10] Bei dem Betrag von 110 Euro handelt es sich um eine Freigrenze,[11] so dass bei Überschreiten dieser Grenze der komplette Vorsteuerabzug entfällt. War die Überschreitung nicht von Anfang an beabsichtigt, steht dem Unternehmer die Möglichkeit des Vorsteuerabzugs zu, wobei in diesem Fall eine unentgeltliche Wertabgabe versteuert werden muss. 129

Anders ist dies zu beurteilen, wenn die Feier zur Ehrung eines einzelnen Jubilars stattfindet: Die Steuerverwaltung geht dann davon aus, dass keine Betriebsveranstaltung i.S.d. Abschn. 1.8. Abs. 4 Satz 3 130

1 EuGH, Urt. v. 8.9.2022 – C-98/21, ECLI:EU:C:2022:645 – Finanzamt R (Déduction de TVA liée à une contribution d'associé), UR 2022, 736; vgl. *Hartman*, NWB 2022, 2969; Nachfolgeentscheidung des BFH, Urt. v. 15.2.2023 – XI R 24/22 (XI R 22/18), BStBl. II 2023, 940 = UR 2023, 651.
2 EuGH, Urt. v. 26.5.2005 – C-465/03, ECLI:EU:C:2005:320 – Kretztechnik, UR 2005, 382.
3 BFH, Urt. v. 6.5.2010 – V R 29/09, BStBl. II 2010, 885 = UR 2010, 746; EuGH, Urt. v. 27.9.2001 – C-16/00, ECLI:EU:C:2001:495 – Cibo Participations, UR 2001, 500 m. Anm. *Wäger*.
4 Abschn. 15.22. Abs. 1 Satz 4 UStAE.
5 BFH, Urt. v. 6.4.2016 – V R 6/14, BStBl. II 2017, 577 = UR 2016, 770.
6 BFH, Urt. v. 1.6.2016 – XI R 17/11, BStBl. II 2017, 581 = UR 2016, 673; Abschn. 15.22. Abs. 1 Satz 4 UStAE.
7 So auch *Brinkmann/Walter-Yadegardjam*, DStR 2016, 2190 (2195).
8 EuGH, Urt. v. 11.12.2008 – C-371/07, ECLI:EU:C:2008:711 – Danfoss und AstraZeneca, UR 2009, 60.
9 Abschn. 1.8. Abs. 4 Satz 3 Nr. 6 Satz 2 UStAE.
10 Abschn. 15.15. Abs. 2 Beispiel 3b UStAE.
11 Vgl. Abschn. 15.15. Abs. 2 Beispiel 3b Satz 3 UStAE, BFH, Urt. v. 10.5.2023 – V R 16/21, BStBl. II 2023, 1023 = UR 2023, 683 m. Anm. *Farruggia-Weber*.

Nr. 6 UStAE vorliegt und demnach auch nicht die oben genannte Freigrenze in Höhe von 110 Euro greift.[1] Ist bei Leistungsbezug beabsichtigt, die Aufmerksamkeitsgrenze in Höhe von 60 Euro zu überschreiten, ist der Vorsteuerabzug ausgeschlossen.[2] Bei einer von vornherein beabsichtigten Einhaltung dieser Wertgrenze für Aufmerksamkeiten (z.B. Blumen und Genussmittel) steht dem Unternehmer der Vorsteuerabzug zu.

(4) Erwerb von Freizeitgegenständen

131 Auch der Erwerb von Freizeitgegenständen wirft Probleme hinsichtlich der Zuordnung zur unternehmerischen Sphäre auf. Hiermit sind insbesondere Gegenstände gemeint, die in der Regel private Verwendung finden (bspw. Segelboote, Segelflugzeuge, Sportwagen und Wohnwagen). Diese sind nach Auffassung der Verwaltung dem nichtunternehmerischen Bereich zuzuordnen.[3] BFH und EuGH vertreten jedoch die Auffassung, dass eine Berechtigung zum Vorsteuerabzug besteht, wenn bereits bei Anschaffung die Absicht besteht, diesen Gegenstand zur nachhaltigen Erzielung von Einnahmen zu nutzen.[4] Der BFH nennt in seinem Urteil als Kriterien für die unternehmerische Verwendung die Dauer und Intensität des Tätigwerdens, die Beteiligung am Markt, die Zahl der ausgeführten Umsätze oder das Unterhalten eines Geschäftslokals.[5] Der Vorsteuerabzug aus dem gelegentlichen Erwerb eines Luxusfahrzeugs steht einem Unternehmer mit andersartiger Haupttätigkeit nur dann zu, wenn damit eine wirtschaftliche Tätigkeit begründet oder die wirtschaftliche Haupttätigkeit des Unternehmers unmittelbar, dauernd und notwendig erweitert wird.[6]

(5) Lotsenbrüderschaft

132 Bezieht eine Lotsenbrüderschaft (Körperschaft des öffentlichen Rechts) verschiedene Leistungen für die Errichtung eines Verwaltungsgebäudes, so kann der einzelne Seelotse, obwohl dieser als Unternehmer im Sinne des Umsatzsteuerrechts angesehen wird, den auf ihn fallenden Anteil der Vorsteuer nicht abziehen.[7] Die bezogenen Leistungen wurden nicht für den Seelotsen ausgeführt, sondern vielmehr für die Lotsenbrüderschaft. Letztere entfaltete ihre Tätigkeit jedoch auf öffentlich-rechtlicher Grundlage, so dass sie nach § 2 Abs. 3 Satz 1 UStG a.F. auch nicht unternehmerisch tätig wurde. Ferner waren die Rechnungen im vorliegenden Fall auf die Lotsenbrüderschaft ausgestellt und nicht auf die Seelotsen, so dass dies auch einem Vorsteuerabzug entgegenstand.

f) Besitz einer Rechnung nach §§ 14, 14a UStG

aa) Allgemeines

133 Die Vorschrift des § 15 Abs. 1 Satz 1 Nr. 1 Satz 2 UStG fordert ausdrücklich, dass der Unternehmer, der den Vorsteuerabzug geltend machen möchte, eine **Rechnung** nach §§ 14, 14a UStG besitzt (s. zu den einzelnen Rechnungsvoraussetzungen § 14 a.F. Rz. 75 ff.). Dies ist auch in Art. 178 Buchst. a MwStSystRL (Art. 18 Abs. 1 Bucht. a der 6. EG-Richtlinie) unionsrechtlich geregelt. Der Unternehmer soll schließlich nach Auffassung des BFH so lange keinen Vorsteuerabzug geltend machen können, bis er im Besitz einer ordnungsgemäßen Rechnung ist.[8] Eine Kopie der Rechnung ist nicht ausreichend; sie kann allerdings – falls das Original abhandengekommen ist – als Beweismittel für die ursprüngliche Existenz der Originalrechnung dienen.[9]

---

1 BMF, Schr. v. 18.5.2017 – III C 2-S 7109/15/10001 – DOK 2017/0442978, StEK UStG 1980 § 3 Abs. 9a Nr. 31.
2 BMF, Schr. v. 18.5.2017 – III C 2-S 7109/15/10001 – DOK 2017/0442978, StEK UStG 1980 § 3 Abs. 9a Nr. 31.
3 Abschn. 15.2b. Abs. 3 Satz 5 UStAE.
4 EuGH, Urt. v. 26.9.1996 – C-230/94, ECLI:EU:C:1996:352 – Enkler, UR 1996, 418; BFH, Urt. v. 12.12.1996 – V R 23/93, BStBl. II 1997, 368 = UR 1997, 172.
5 BFH, Urt. v. 12.12.1996 – V R 23/93, BStBl. II 1997, 368 = UR 1997, 172.
6 BFH, Urt. v. 8.9.2022 – V R 26/21, BStBl II 2023, 361 = UR 2023, 238 m. Anm. *Ulbrich*; BFH, Urt. v. 8.9.2022 – V R 27/21, BFH/NV 2023, 276; vgl. *Huschens*, DStR 2023, 747.
7 BFH, Urt. v. 31.5.2017 – XI R 40/14, BStBl. II 2021, 828 = UR 2017, 718.
8 BFH, Urt. v. 13.2.2014 – V R 8/13, BStBl. II 2014, 595 = UR 2014, 528.
9 BFH, Urt. v. 23.10.2014 – V R 23/13, BStBl. II 2015, 313 = UR 2015, 188; *Becker*, BC 2023, 262 (264).

Uneinigkeit besteht hinsichtlich der Frage, ob das Vorhandensein einer Rechnung eine formelle oder materielle Voraussetzung des Vorsteuerabzugs ist. Der **BFH** sieht das Erfordernis einer Rechnung mit Hinweis auf die Gesetzessystematik als **materielle Voraussetzung** an.[1] Der **EuGH** unterscheidet indes zwischen der Entstehung des Ausübungsrechts und der Ausübung dieses Rechts. Die Rechnung sei im Abschnitt über die Ausübung des Vorsteuerabzugsrechts geregelt und demnach eine **formelle Voraussetzung.**[2] 134

Im Hinblick auf diese Unterscheidung kann sich möglicherweise auch die nachfolgende Uneinigkeit erklären: Der BFH verlangte bislang mit stichhaltigen Argumenten den Besitz einer Rechnung.[3] Der EuGH stellte jedoch unter Hinweis auf das steuerliche Neutralitätsprinzip fest, dass auch ohne das Vorliegen einer Rechnung ein Vorsteuerabzug möglich ist, wenn der Steuerpflichtige anhand objektiver Nachweise belegen kann, dass die materiellen Voraussetzungen des Vorsteuerabzugs vorliegen.[4] 135

Die diesbezügliche Rechtsprechung des EuGH entwickelte sich durch verschiedene Urteile. Um sich einen Überblick über die bisher ergangene Rechtsprechung zu verschaffen, seien folgende Urteile erwähnt: 136

Mit dem Urteil *Terra-Baubedarf* vom 29.4.2004 entschied der EuGH[5], dass das Vorsteuerabzugsrecht erst in dem Zeitpunkt ausgeübt werden kann, in dem sowohl die Leistung bewirkt wurde als auch der Steuerpflichtige ein Dokument besitzt, das im jeweiligen Mitgliedstaat als Rechnung angesehen werden kann. Der EuGH setzte sich mit dieser Entscheidung also insbesondere mit der Frage auseinander, in welchem **Besteuerungszeitraum** der Vorsteuerabzug geltend gemacht werden kann. 137

Mit Urteil vom 15.9.2016 in der Rechtssache *Barlis*[6] befasste sich der EuGH erneut mit den Umständen des Rechnungserfordernisses im Rahmen des Vorsteuerabzugs. Der EuGH stellt dabei fest, dass die FinVerw. nicht lediglich die Rechnung alleine zu prüfen habe, um das Vorliegen der materiellen Voraussetzungen des Vorsteuerabzugsrechts festzustellen, sondern es geboten sei, alle vom Unternehmer vorgelegten Informationen miteinzubeziehen.[7] Eine Rechnung könne demnach im Einzelfall unvollständig sein, solange der Verwaltung die fehlenden Informationen bereits bekannt sind. Dadurch wird deutlich, dass selbst bei Fehlen einzelner formeller Voraussetzungen durch das Grundprinzip der Mehrwertsteuerneutralität ein Vorsteuerabzugsrecht geboten sein kann. Das Urteil bezog sich auf eine **unzulängliche Leistungsbeschreibung** im Rahmen der Rechnung. 138

Am selben Tag entschied der EuGH in der Rechtssache *Senatex*[8], dass bei einer Rechnungsberichtigung (§ 14 a.F. Rz. 180) das Vorsteuerabzugsrecht bereits rückwirkend in dem Zeitraum geltend gemacht werden kann, in dem die ursprüngliche (fehlerhafte) Rechnung ausgestellt wurde. 139

Im Urteil *Volkswagen*[9] vom 21.3.2018 äußerte sich der EuGH erneut zu der Frage, wann ein Vorsteuerabzug geltend gemacht werden kann. Ausgangspunkt war eine nationale zeitliche Ausschlussgrenze für die Geltendmachung des Vorsteuerabzugs. Eine derartige Regelung sei mit dem Unionsrecht grundsätzlich vereinbar. Wenn aber dem Leistungsempfänger kein Sorgfaltspflichtverstoß vorzuwerfen sei, dann greife ein derartiger Ausschluss nicht, da die Vorsteuererstattung erst geltend gemacht werden könne, wenn auch eine berichtigte Rechnung vorliege. Die Grundsätze dieses Urteils wurden durch den EuGH in der kurze Zeit später ergangenen Rechtssache *Biosafe*[10] im Wesentlichen wiederholt und bestätigt. 140

1 BFH, Urt. v. 20.10.2016 – V R 26/15, UR 2017, 125 m. Anm. *Jacobs/Zitzl.*
2 EuGH, Urt. v. 21.11.2018 – C-664/16, ECLI:EU:C:2018:933 – Vădan, UR 2018, 962 m. Anm. *Nücken.*
3 BFH, Urt. v. 31.5.2017 – XI R 40/14, BStBl. II 2021, 828 = UR 2017, 718.
4 EuGH, Urt. v. 21.11.2018 – C-664/16, ECLI:EU:C:2018:933 – Vădan, UR 2018, 962 m. Anm. *Nücken.*
5 EuGH, Urt. v. 29.4.2004 – C-152/02, ECLI:EU:C:2004:268 – Terra Baubedarf-Handel, UR 2004, 323.
6 EuGH, Urt. v. 15.9.2016 – C-516/14, ECLI:EU:C:2016:690 – Barlis 06 – Investimentos Imobiliários e Turísticos, UR 2016, 795 m. Anm. *Maunz.*
7 EuGH, Urt. v. 15.9.2016 – C-516/14, ECLI:EU:C:2016:690 – Barlis 06 – Investimentos Imobiliários e Turísticos, UR 2016, 795 m. Anm. *Maunz.*
8 EuGH, Urt. v. 15.9.2016 – C-518/14, ECLI:EU:C:2016:691 – Senatex, UR 2016, 800 m. Anm. *Maunz.*
9 EuGH, Urt. v. 21.3.2018 – C-533/16, ECLI:EU:C:2018:204 – Volkswagen, UR 2018, 359 m. Anm. *Maunz.*
10 EuGH, Urt. v. 12.4.2018 – C-8/17, ECLI:EU:C:2018:249 – Biosafe, UR 2018, 399.

141 Aufsehen in der Literatur erzeugte zudem das Urteil *Vădan*[1]: Nach Ansicht des EuGH ist es vor dem Hintergrund des Neutralitätsprinzips unverhältnismäßig, einen Vorsteueranspruch zu verweigern, obwohl es in dem zu Grunde liegenden Fall für die Verwaltung möglich gewesen wäre, zu prüfen, ob die materiellen Voraussetzungen eines Vorsteueranspruchs vorlagen.

142 Die Reichweite und die Aussagekraft des Urteils werden in der Literatur kontrovers diskutiert. Teilweise wird das Urteil so gedeutet, dass nun für den Vorsteuerabzug gar keine Rechnung mehr erforderlich sei, solange die materiellen Voraussetzungen anderweitig nachgewiesen werden können.[2]

143 Vereinzelt wird dies jedoch auch anders beurteilt: Es bleibe bei dem Grundsatz des *Terra*-Urteils[3], wonach der Vorsteuerabzug erst in dem Zeitraum geltend gemacht werden kann, in dem erstmals eine Rechnung vorliegt. Dies sei durch die Rs. *Vădan* nicht aufgegeben worden, so dass dieser Grundsatz auch weiterhin gelte.[4] Wenn man unter dieser Prämisse die beiden Fälle vergleicht, dass ein Steuerpflichtiger überhaupt keine Rechnung besitzt und ein Steuerpflichtiger erst in einem späteren Zeitraum eine Rechnung erhält, so kommt man zu dem unlogischen Ergebnis, dass der Steuerpflichtige, der überhaupt keine Rechnung besitzt, ggf. besser stehen würde als der andere Steuerpflichtige, da der erst genannte den Vorsteuerabzug sofort geltend machen könnte.[5] Aus der Entscheidung ist – wie sich auch aus dem Tenor ergibt – vielmehr hervorzuheben, dass ein Sachverständigengutachten alleine für einen Nachweis nicht ausreichend sein kann.[6]

144 Dass sich die Steuerverwaltung dieser weiten Ansicht des EuGH anschließen wird, ist in nächster Zeit eher zu bezweifeln. Zumal die EuGH-Rechtsprechung nicht immer klar zu deuten ist.

145 Das Fehlen bzw. Nichteinhalten formeller Voraussetzungen der Rechnung führt bzw. kann daher weiterhin zur Versagung des Vorsteuerabzugs führen.

146 Hinsichtlich der Voraussetzungen für eine ordnungsgemäße Rechnung kann grundsätzlich auf die Ausführungen zu den §§ 14, 14a UStG verwiesen werden (§ 14 a.F. Rz. 1 ff.; § 14a Rz. 1 ff.). In diesem Zusammenhang ist auch zu beachten, dass die Verletzung **einkommensteuerrechtlicher Aufzeichnungspflichten** nicht zu einem Vorsteuerabzugsverbot führt.[7]

bb) Ausweis der Steuer

147 In der Rechnung ist die Höhe der **Umsatzsteuer getrennt auszuweisen**, wobei es erforderlich ist, dass auch das Entgelt (§ 10 Abs. 1 Satz 2 UStG; § 10 Rz. 24 ff.) und der Steuersatz als Grundlage gesondert angegeben werden.[8] Bei Kleinstbetragsrechnungen (Gesamtbetrag bis 250 Euro) ist ein derartiger getrennter Ausweis nach § 33 UStDV nicht erforderlich. In diesem Fall genügt die Angabe der Summe von Entgelt und Steuerbetrag sowie der anzuwendende Steuersatz.

148 Eine Besonderheit gilt bei **Fahrausweisen**, die als Rechnung ausreichend sein können (§ 34 UStDV). § 34 Abs. 1 UStDV nennt hierfür bestimmte Mindestangaben, damit ein Fahrausweis als Rechnung gelten kann. Danach ist es ausreichend, wenn Beförderungsentgelt und der darauf entfallende Steuerbetrag in einer Summe genannt werden. Darüber hinaus sind folgende Mindestangaben zu nennen: der anzuwendende Steuersatz, wenn die Beförderung nicht dem ermäßigten Steuersatz nach § 12 Abs. 2 Nr. 10 UStG unterliegt; vollständiger Name und Anschrift des Beförderungsunternehmers; das Ausstellungsdatum und ggf. ein Hinweis auf eine grenzüberschreitende Beförderung (§ 12 Abs. 2 Nr. 10 Rz. 29).

---

1 EuGH, Urt. v. 21.11.2018 – C-664/16, ECLI:EU:C:2018:933 – Vădan, UR 2018, 962 m. Anm. *Nücken*.
2 So *Höink/Hudasch*, BB 2019, 542 ff.; *von Streit/Streit*, MwStR 2019, 13 ff.
3 EuGH, Urt. v. 29.4.2004 – C-152/02, ECLI:EU:C:2004:268 – Terra Baubedarf-Handel, UR 2004, 323; vgl. FG Berlin-Brandenburg, Urt. v. 4.5.2022 – 2 K 2193/21 (Rev. eingelegt, Az. BFH XI R 17/22), MwStR 2022, 781; FG Münster, Gerichtsbesch. v. 23.3.2022 – 5 K 2093/20 U (rkr.), MwStR 2022, 714.
4 *Schumann*, DStR 2019, 1191 (1192 f.); *Becker*, BC 2023, 262 (264).
5 *Schumann*, DStR 2019, 1191 (1192 f.).
6 *Heuermann*, StBP 2019, 85 (88).
7 BFH, Beschl. v. 2.7.2021 – V B 34/20, BFH/NV 2021, 1523.
8 Abschn. 15.2a. Abs. 1 Satz 3 Halbs. 1 und Abschn. 15.11. Abs. 4 Satz 1 UStAE.

cc) Leistender und Leistungsempfänger

Die Rechnung muss vom leistenden Unternehmer oder vom Leistungsempfänger (Gutschrift, vgl. § 14 Abs. 2 Satz 2 UStG) ausgestellt werden.[1] Aus § 14 Abs. 2 Satz 4 UStG ergibt sich, dass die Rechnungs- bzw. Gutschriftserteilung jedoch auf beiden Seiten auch durch einen beauftragten Dritten im Namen des Leistenden bzw. Leistungsempfängers erfolgen kann. 149

Die Rechnung muss die richtige **Firma und Adresse des Leistenden** nennen.[2] Die Feststellungslast, dass der leistende Unternehmer an einem bestimmten Ort bei Leistungserbringung einen Sitz besessen hat, liegt beim Unternehmer, der den Vorsteuerabzug geltend machen möchte.[3] Besonderheiten hinsichtlich der Beurteilung der Richtigkeit einer Rechnung sind zu beachten, wenn unter der angeführten Adresse lediglich ein „Scheinsitz" vorlag, der Sitz sich also tatsächlich nicht unter der angeführten Adresse fand. Wenn der Sitz tatsächlich nicht besteht, ist der Vorsteuerabzug grundsätzlich zu versagen.[4] 150

Bislang war ferner umstritten, ob an der genannten Adresse eine wirtschaftliche Betätigung erfolgen muss, oder ob auch ein Briefkastensitz ausreichend sein kann. 151

Die Rechtsprechung des BFH hat sich diesbezüglich mehrmals geändert.[5] Mit Urteil vom 13.6.2018 hat der BFH[6] entschieden, dass eine wirtschaftliche Betätigung an der genannten Adresse nicht notwendig ist. Dieses Urteil erging in Reaktion auf zwei EuGH Urteile[7], in denen sich der Gerichtshof im Vorabentscheidungsverfahren mit eben diesen Fragen beschäftigte und maßgeblich darauf abstellte, dass eine postalische Erreichbarkeit des Rechnungsstellers dem Zweck der Vorschrift genügt. Auch der V. Senat des BFH und die Verwaltung schlossen sich inzwischen dieser Rechtsprechung an.[8] 152

Nach § 31 Abs. 2 UStDV genügt grundsätzlich jede Bezeichnung der Adresse bzw. des Namens, solange die Identität des Leistenden eindeutig festgestellt werden kann. Hierdurch wird die Verwendung von Künstlernamen, Pseudonymen oder sonstigen gebräuchlichen Bezeichnungen ermöglicht. Es ist ferner ausreichend, wenn sich aus den sonstigen Umständen der Rechnungsstellung – wie bspw. aus sonstigen Angaben des Abrechnungspapiers – die wahre Identität des Leistenden einfach ergibt.[9] 153

dd) Beschreibung der Leistung

Schließlich muss in der Rechnung auch die Leistung, welche zum Vorsteuerabzug berechtigen soll, genau bezeichnet werden (§ 14 a.F. Rz. 9 ff.). 154

Gemäß § 14 Abs. 4 Satz 1 Nr. 5 UStG erfolgt die **Leistungsbeschreibung** durch die Verwendung der handelsüblichen Bezeichnung der Liefergegenstände. Die handelsübliche Bezeichnung ist jede im Geschäftsverkehr für einen Gegenstand allgemein verwendete Bezeichnung.[10] Wenn eine eindeutige Identifizierung möglich ist, so sind auch handelsübliche Sammelbezeichnungen wie Büromöbel, Spirituosen oder Schnittblumen möglich.[11] In Einzelfällen ist es möglich die Waren auch in Warengruppen zusammenzufassen.[12] Bei den sonstigen Leistungen muss eine genaue Beschreibung der Leistungs- 155

1 Abschn. 15.2a. Abs. 2 Satz 1 UStAE.
2 BFH, Urt. v. 6.12.2007 – V R 61/05, BStBl. II 2008, 695 = UR 2008, 436.
3 BFH, Urt. v. 6.12.2007 – V R 61/05, BStBl. II 2008, 695 = UR 2008, 436.
4 BFH, Urt. v. 19.10.1978 – V R 39/75, BStBl. II 1979, 345 = UR 1979, 86.
5 Vgl. BFH, Urt. v. 19.4.2007 – V R 48/04, BStBl. II 2009, 315 = UR 2007, 693 (Briefkastenadresse bei postalischer Erreichbarkeit ausreichend); BFH, Urt. v. 22.7.2015 – V R 23/14, BStBl. II 2015, 914 = UR 2015, 796 (wirtschaftliche Betätigung an genannter Adresse notwendig).
6 BFH, Urt. v. 13.6.2018 – XI R 20/14, BStBl. II 2018, 800 = UR 2018, 800.
7 EuGH, Urt. v. 15.11.2017 – C-374/16 u. C-375/16, ECLI:EU:C:2017:867 – Geissel und Butin, UR 2017, 970 m. Anm. *Jacobs/Zitzl*.
8 BFH, Urt. v. 21.6.2018 – V R 25/15, BStBl. II 2018, 809 = UR 2018, 718 m. Anm. *Zitzl*; BFH, Urt. v. 21.6.2018 – V R 28/16, BStBl. II 2018, 806 = UR 2018, 721; Abschn. 15.2a. Abs. 2 Satz 4 UStAE.
9 BFH, Urt. v. 7.10.1987 – X R 60/82, BStBl. II 1988, 34 = UR 1988, 85 m. Anm. *Weiß*.
10 Abschn. 14.5. Abs. 15 Satz 2 UStAE.
11 Abschn. 14.5. Abs. 15 Satz 3 UStAE.
12 Abschn. 15.2a. Abs. 4 Satz 3 UStAE.

handlung erfolgen. Wenn bei der Leistungsbeschreibung auf andere Geschäftsunterlagen Bezug genommen wird, müssen diese zwar eindeutig bezeichnet werden, jedoch nicht dieser beigefügt werden.[1]

156 Die Leistung muss demnach so beschrieben sein, dass eine eindeutige und leicht überprüfbare Feststellung im Rahmen des Einzelfalls möglich ist.[2] Das ist regelmäßig der Fall, wenn sich durch die Angaben ergibt, auf welchen gelieferten Gegenstand bzw. auf welchen eingetretenen Erfolg sich die Angaben beziehen.[3]

ee) Leistungszeitpunkt

157 Nach § 14 Abs. 4 Satz 1 Nr. 6 UStG ist es nötig, dass die Rechnung **Angaben über den Leistungszeitpunkt** enthält (§ 14 a.F. Rz. 109 ff.). Gemäß § 31 Abs. 4 UStDV ist es ausreichend, wenn der Kalendermonat, in dem die Leistung erfolgt, angegeben wird.

158 Enthält die Rechnung keine ausdrückliche Angabe über den Leistungszeitraum, so hat der BFH mit Urteil[4] vom 1.3.2018 entschieden, dass es im Einzelfall möglich ist, das **Rechnungsdatum als Leistungszeitpunkt** anzunehmen, wenn davon auszugehen ist, dass die Leistung im selben Monat erfolgt ist. Die Verwaltung hat sich dieser Entscheidung insoweit angeschlossen, als dass hieran keine Zweifel bestehen dürfen.[5] Solche Zweifel bestehen insbesondere dann, wenn das Zusammenfallen von Rechnungs- und Leistungsdatum nicht branchenüblich ist, der Rechnungsausteller eine zeitnahe Abrechnung nicht regelmäßig durchführt oder sonstige Zweifel am Zusammenfallen bestehen.[6]

ff) Überprüfungsobliegenheit des Rechnungsempfängers

159 Dem Leistungsempfänger obliegt es grundsätzlich, die Rechnung auf deren Richtigkeit zu überprüfen.[7] Dies gilt allerdings nur solange dies auch verhältnismäßig ist.[8] Eine Überprüfung der inländischen USt-IdNr. und der Rechnungsnummer ist dem Rechnungsempfänger regelmäßig nicht möglich, so dass ihm ein diesbezüglicher Fehler auch nicht angelastet werden kann, falls er nicht anderweitig erkennbar war.[9] Eine Ausnahme ist allerdings dann zu machen, wenn die USt-IdNr. offensichtlich unrichtig ist (bspw. anderes Format).[10]

160 Solange die Rechnung an relevanten Fehlern (Rechenfehler, unrichtige Angabe des Entgelts, des Steuersatzes oder Steuerbetrags) leidet, kann der Vorsteuerabzug nicht geltend gemacht werden.[11] Kleine Schreibfehler im Namen oder der Adresse, die eine Identifizierung trotzdem zulassen, stehen einem Vorsteuerabzug jedoch nicht im Wege.[12]

gg) Möglichkeit und Wirkung einer Rechnungsberichtigung

(1) Möglichkeit der Rechnungsberichtigung

161 Eine mangelhafte Rechnung kann sowohl für den Leistenden nach § 14c UStG als auch für den Leistungsempfänger im Hinblick auf § 15 UStG negative Folgen haben. Falls eine Rechnungstellung als unzureichend angemahnt wird, stellt sich demnach die Frage, ob die Rechnung berichtigt werden kann und wenn ja, welche zeitliche Wirkung eine derartige Berichtigung hat.

1 BFH, Urt. v. 16.1.2014 – V R 28/13, BStBl. II 2014, 867 = UR 2014, 526.
2 BFH, Urt. v. 8.10.2008 – V R 59/07, BStBl. II 2009, 218 = UR 2009, 196.
3 Abschn. 15.2a. Abs. 5 Satz 3 Nr. 2 Satz 2 UStAE.
4 BFH, Urt. v. 1.3.2018 – V R 18/17, BStBl. II 2021, 644 = UR 2018, 516.
5 Abschn. 15.2a Abs. 1a Satz 8 UStAE.
6 Abschn. 15.2a Abs. 1a Satz 9 UStAE.
7 BFH, Urt. v. 6.12.2007 – V R 61/05, BStBl. II 2008, 695 = UR 2008, 436.
8 Abschn. 15.2a. Abs. 6 Satz 2 UStAE.
9 Abschn. 15.2a. Abs. 6 Satz 4 UStAE.
10 BFH, Urt. v. 2.9.2010 – V R 55/09, BStBl. II 2011, 235 = UR 2010, 946.
11 Abschn. 15.2a. Abs. 6 Sätze 10 f. UStAE.
12 Abschn. 15.2a. Abs. 6 Satz 13 UStAE.

Das deutsche Umsatzsteuerrecht lässt eine Rechnungsberichtigung nach § 14 Abs. 6 Nr. 5 UStG i.V.m. § 31 Abs. 5 UStDV grundsätzlich zu (§ 14 a.F. Rz. 174 ff.). 162

Hierzu muss zunächst eine **berichtigungsfähige Rechnung** vorliegen. Dies ist nach Auffassung des BFH jedenfalls dann gegeben, wenn die Rechnung mindestens Angaben zum Rechnungsaussteller, Leistungsempfänger, Leistungsbeschreibung und Entgelt und zur ausgewiesenen Umsatzsteuer macht.[1] Diese Angaben dürfen nicht derart unbestimmt, unvollständig oder offensichtlich falsch sein, dass die Angaben fehlenden Angaben gleichstehen.[2] Liegt keine erstmalige Rechnung vor, so kann demnach auch keine Berichtigung in Betracht kommen. Von einer Berichtigung einer Rechnung ist die Neuausstellung abzugrenzen. Ändert der Berichtigungsberechtigte Inhalte wie den Leistungsempfänger oder den Leistungsgegenstand vollständig, so dürfte keine Berichtigung der Rechnung vorliegen, sondern vielmehr ein Aliud.[3] 163

(2) Berichtigungshandlung

Liegt eine berichtigungsfähige Rechnung vor, so hat der Leistungsempfänger einen **Anspruch** darauf, **dass die Rechnung durch den Leistenden berichtigt wird.**[4] Eine Inhaltsänderung bzw. -berichtigung durch den Leistungsempfänger selbst ist dagegen grundsätzlich nicht möglich.[5] Ausnahmsweise kann der Rechnungsempfänger eine Berichtigung wirksam vornehmen, wenn der Rechnungsaussteller sich die Änderung zu eigen macht und dies in der Berichtigung deutlich gemacht wird.[6] Die Berichtigung muss nach § 31 Abs. 5 UStDV auf die ursprüngliche Rechnung Bezug nehmen und die fehlenden bzw. unzureichenden Angaben nachholen. Eine Bezugnahme kann regelmäßig durch die Angabe der Rechnungsnummer erfolgen.[7] Dies ist aber nicht zwingend. Eine Bezugnahme ist aus dem Grund wichtig, da andernfalls das Risiko bestünde, dass zwei parallele Rechnungen entstehen und dadurch auch der Vorsteuerabzug doppelt geltend gemacht wird. 164

Nach Ansicht der **FinVerw.** ist die Bezugnahme dann regelmäßig erfüllt, wenn in dem berichtigten Dokument die fortlaufende Nummer der ursprünglichen Rechnung angegeben ist (Abschn. 14.11 Abs. 1 Satz 4 UStAE). Die FinVerw. stellt zugleich auch klar, dass eine neue Rechnungsnummer nicht erforderlich ist. Hieraus lässt sich schlussfolgern, dass die Verwendung einer neuen Rechnungsnummer zumindest nicht von vornherein schädlich sein dürfte. 165

Schließlich muss das (Änderungs-)Dokument auch den Anforderungen des § 14 UStG hinsichtlich Form und Inhalt genügen, § 31 Abs. 5 Satz 3 UStDV. Eine Rückgabe der Originalrechnung ist dagegen nicht nötig.[8] 166

Eine Berichtigung einer Rechnung ist nach Auffassung des BFH bis zum **Schluss der letzten mündlichen Verhandlung** vor dem Finanzgericht möglich.[9] 167

(3) Zeitliche Wirkung einer Berichtigung

Darüber hinaus stellt sich die Frage, ob die Korrektur **ex nunc** (ab Ausstellung der Berichtigung) oder aber **ex tunc** (ab Ausstellung der ursprünglichen Rechnung) wirkt. Dies hat für den Steuerpflichtigen Auswirkungen im Hinblick auf die Entstehung von Zinsen nach § 233a AO in der Zwischenzeit. 168

Im Rahmen eines Vorabentscheidungsverfahrens entschied der EuGH, dass eine **Rückwirkung der Rechnungsberichtigung** zum Zeitpunkt der Erstrechnung der Auslegung der MwStSystRL ent- 169

---

1 BFH, Beschl. v. 20.7.2012 – V B 82/11, BStBl. II 2012, 809 = UR 2012, 714; BFH, Urt. v. 7.7.2022 – V R 33/20, BStBl II 2022, 821 = UR 2022, 895; vgl. *Fleckenstein-Weiland/Reingen*, BB 2023, 919 (924 f.).
2 BFH, Urt. v. 20.10.2016 – V R 26/15, BStBl. II 2020, 593 = UR 2017, 60 m. Anm. *Sterzinger.*
3 *Heuermann*, MwStR 2017, 729 (738 f.).
4 BFH, Urt. v. 27.9.1979 – V R 78/73, BStBl. II 1980, 228 = UR 1980, 33 m. Anm. *Weiß*.
5 Abschn. 14.11. Abs. 2 Satz 3 UStAE.
6 Abschn. 14.11. Abs. 2 Satz 6 UStAE; BFH, Beschl. v. 17.4.1980 – V S 18/79, BStBl. II 1980, 540 = UR 1980, 156 m. Anm. *Weiß*.
7 Abschn. 14.11. Abs. 1 Satz 4 Halbs. 1 UStAE.
8 BFH, Urt. v. 19.9.1996 – V R 41/94, BStBl. II 1999, 249 = UR 1997, 149.
9 BFH, Urt. v. 20.10.2016 – V R 26/15, BStBl. II 2020, 593 = UR 2017, 60 m. Anm. *Sterzinger.*

spricht.[1] Mit dieser Entscheidung klärte der EuGH die Uneinigkeit, die bei den Finanzgerichten noch nach dem Urteil „*Pannon Gép*“[2] bestand, da nicht eindeutig war, ob sich der EuGH in diesem Urteil hierzu überhaupt äußern wollte. Hierbei deutete er auch an, dass eine Rechnung nicht alle Angaben des Art. 226 MwStSystRL (Art. 22 Abs. 3 Buchst. b der 6. EG-Richtlinie) enthalten muss, um eine derartige Rückwirkung auslösen zu können, sondern es ausreichend sei, wenn die Voraussetzungen für den Vorsteuerabzug nach Art. 168 Buchst. a MwStSystRL (Art. 17 Abs. 2 Buchst. a der 6. EG-Richtlinie) vorlägen. Eine Rückwirkung käme allerdings frühestens dann in Betracht, wenn der Leistungsempfänger erstmals eine Rechnung erhält.[3]

170 Der BFH schloss sich weitestgehend dieser Auffassung an, indem er entschied, dass eine **Wirkung ex tunc** dann in Betracht kommt, wenn ursprünglich eine berichtigungsfähige Rechnung (Rz. 161 ff.) vorlag.[4] Der BFH hat in dem Urteil vom 22.1.2020[5] entschieden, dass diese Rückwirkung unabhängig davon gilt, ob die Berichtigung zum Vorteil oder zum Nachteil des Steuerpflichtigen wirkt. Auch die FinVerw. vertritt nunmehr die Auffassung, dass eine Rechnungsberichtigung auf den Zeitpunkt zurückwirken kann, in dem die Rechnung erstmals ausgestellt wurde (15.24 Abs. 7 Satz 2 UStAE). Voraussetzung hierfür ist, dass es sich bei der neuen Rechnung um eine berichtigungsfähige Rechnung handelt (15.2a Abs. 7 Satz 6 UStAE). Sind diese Anforderungen erfüllt, entfaltet die Rechnungsberichtigung immer Rückwirkung (15.2a Abs. 7 Satz 8 UStAE).

171 Welche Voraussetzungen nötig sind, damit eine korrekturfähige Rechnung vorliegt, hat der EuGH in der oben genannten Entscheidung nicht geklärt. Ob er – wie der BFH – die fünf Merkmale (Rechnungsaussteller, Leistungsempfänger, Leistungsbeschreibung, Entgelt und ausgewiesene Umsatzsteuer) fordert, bleibt ungeklärt.

172 Diese Grundsätze hinsichtlich der Rückwirkung einer Rechnungsberichtigung werden jedoch in einem Fall des § 14c UStG nicht anerkannt.[6] Dies ergibt sich unter anderem aus der Verweisung des § 14c Abs. 1 Satz 2 UStG auf § 17 Abs. 1 UStG und lässt sich auch mit dem Normzweck des § 14c UStG, einer Gefährdung des Steueraufkommens durch einen unzutreffenden Steuerausweis in Rechnungen entgegenzuwirken, begründen.[7]

173 Eine rückwirkende Rechnungsberichtigung kann auch durch **Stornierung einer fehlerhaften Rechnung** und **Neuausstellung einer Rechnung** erfolgen.[8] Die Verwendung einer neuen Rechnungsnummer steht dem nicht entgegen. Voraussetzung hierfür ist nach Auffassung des BFH[9], dass sich aus dem Berichtigungsdokument ein Bezug auf die zu berichtigende Rechnung ergibt. Dieser kann sich auch aus einem Begleitdokument zur berichtigenden Rechnung ergeben.

(4) Berichtigung als rückwirkendes Ereignis i.S.d. § 175 AO

174 Ob eine **Rechnungsberichtigung** ein **rückwirkendes Ereignis** nach § 175 Abs. 1 Satz 1 Nr. 2 AO darstellt, war lange Zeit umstritten.[10]

175 Hintergrund des Meinungsstreits waren zum einen die verfahrensrechtlichen Folgen im Bereich der Festsetzungsverjährung, da nach § 175 Abs. 1 Satz 2 AO in den Fällen eines rückwirkenden Ereignisses die Festsetzungsfrist erst mit Ablauf des Kalenderjahres zu laufen beginnt, in dem das Ereignis eintritt (sog. Anlaufhemmung), als auch die Verzinsungspflicht gemäß § 233a Abs. 2a i.V.m § 175 Abs. 1 Satz 1 Nr. 2 AO, da hiernach in Fällen eines rückwirkenden Ereignisses der Zinslauf erst 15 Monate nach Ablauf des Kalenderjahres zu laufen beginnt, in dem das rückwirkende Ereignis eingetreten ist.

---

1 EuGH, Urt. v. 15.9.2016 – C-518/14, ECLI:EU:C:2016:691 – Senatex, UR 2016, 800 m. Anm. *Maunz*.
2 EuGH, Urt. v. 15.7.2010 – C-368/09, ECLI:EU:C:2010:441 – Pannon Gép, UR 2010, 693 m. Anm. *Nieskens* und Anm. *Sterzinger*.
3 EuGH, Urt. v. 29.4.2004 – C-152/02, ECLI:EU:C:2004:268 – Terra Baubedarf-Handel, UR 2004, 323.
4 BFH, Urt. v. 20.10.2016 – V R 26/15, BStBl. II 2020, 593 = UR 2017, 60 m. Anm. *Sterzinger*.
5 BFH, Urt. v. 22.1.2020 – XI R 10/17, BStBl. II 2020, 601 = UR 2020, 513.
6 BFH, Urt. v. 12.10.2016 – XI R 43/14, BStBl II 2022, 566 = UR 2017, 237 m. Anm. *Nücken*.
7 BFH, Urt. v. 31.5.2017 – V B 5/17, BFH/NV 2017, 1202.
8 EuGH, Urt. v. 15.7.2010 – C-368/09, ECLI:EU:C:2010:441 – Pannon Gép Centrum, UR 2010, 693.
9 BFH, Urt. v. 22.1.2020 – XI R 10/17, BStBl. II 2020, 601 = UR 2020, 513.
10 Vgl. *Langer/Zugmaier*, DStR 2016, 2249 ff.

Durch das **JStG 2020** hat der Gesetzgeber nunmehr durch die Neueinführung des § 14 Abs. 4 Satz 4 UStG klargestellt, dass eine Rechnungsberichtigung kein rückwirkendes Ereignis i.S.v. § 175 Abs. 1 Satz 1 Nr. 2 und § 233a Abs. 2a AO darstellt. Laut der Gesetzesbegründung hat die Neuregelung lediglich deklaratorischen Charakter. Sie stellt klar, dass eine Rechnungsberichtigung keine zeitlich unbegrenzte Änderungsmöglichkeit eines Steuerbescheids zur Folge hat. Das Recht auf Vorsteuerabzug entsteht gleichzeitig mit dem Steueranspruch. Lediglich dessen Ausübung setzt nach § 15 Abs. 1 Satz 1 Nr. 1 Satz 2 UStG voraus, dass der Leistungsempfänger eine Rechnung besitzt, die eine Steuerbelastung offen aufweist. Entsprechend ist für die Zinsfestsetzung nach § 233a AO in Fällen von geänderten Umsatzsteuerfestsetzungen aufgrund einer Rechnungsberichtigung kein abweichender Zinslauf nach § 233a Abs. 2a AO, sondern der reguläre Zinslauf maßgebend. 176

Es erscheint zweifelhaft, ob die **Neuregelung** mit **Unionsrecht vereinbar** ist. Der EuGH hat in seinen Urteilen vom 12.4.2018[1] in der Rechtssache *Biosafe* und vom 21.3.2018[2] in der Rechtssache *Volkswagen* entschieden, dass eine Regelung, die das Recht auf Vorsteuerabzug aus einer nachträglich korrigierten Rechnung mit der Begründung verweigert, die Festsetzungsfrist sei bereits abgelaufen, gegen EU-Recht verstoße (Rz. 140). Vor diesem Hintergrund erscheint es zweifelhaft, ob die Neuregelung, die keinerlei Ausnahmen enthält, mit EU-Recht und der Rechtsprechung des EuGH im Einklang steht. Dem Steuerpflichtigen bleibt demnach nur die Möglichkeit, in Fällen, in denen die Festsetzungsverjährung bereits abgelaufen ist, eine Billigkeitsentscheidung über § 263 AO zur erzielen. Diese schränkt die Rechte des Steuerpflichtigen aber in unzulässiger Weise ein.[3] 177

hh) Vorsteuerabzug bei Vorliegen einer Gutschrift

Nach § 14 Abs. 2 Satz 2 UStG kann auch der Leistungsempfänger in bestimmten Fällen eine Rechnung ausstellen, wenn dies zuvor vereinbart wurde. Man spricht in diesem Fall von einer **Gutschrift** (§ 14 a.F. Rz. 52 ff.). Eine derartige Gutschrift kann auch Grundlage des Vorsteuerabzugs sein, da § 15 Abs. 1 Satz 1 Nr. 1 UStG pauschal auf die Regelungen der §§ 14, 14a UStG verweist. Es ist ferner notwendig, dass die Gutschrift an den Leistenden übermittelt wurde, vgl. § 14 Abs. 2 Satz 3 UStG. Wenn der Gutschriftempfänger jedoch gar kein Unternehmer ist, d.h. gar keine Leistung erbracht hat, entfaltet eine Gutschrift nicht die Rechtsfolgen von § 14c UStG.[4] 178

Da es sich um einen **Spezialfall einer Rechnung** handelt, ist es notwendig, dass die Gutschrift alle Merkmale einer Rechnung nach § 14 Abs. 4 UStG enthält. Ferner ist es erforderlich, dass der Leistende selbst zum gesonderten Ausweis der Steuer in einer Rechnung berechtigt gewesen wäre, so dass der Vorsteuerabzug aus einer Gutschrift nicht möglich ist, wenn der leistende Unternehmer von der Kleinunternehmerregelung des § 19 Abs. 1 UStG Gebrauch macht.[5] Schließlich muss auch die in der Gutschrift ausgewiesene Leistung steuerpflichtig sein.[6] 179

Widerspricht der Leistende der Gutschrift, die ihm übermittelt wurde (vgl. § 14 Abs. 2 Satz 3 UStG), so muss der Vorsteuerabzug in dem Monat rückgängig gemacht werden, in dem der **Widerspruch** dem Gutschriftaussteller zugeht.[7] Ab der Eintragung einer Ausgliederung im Handelsregister muss der Widerspruch gegen eine Gutschrift, die auf einem von der Ausgliederung umfassten Vertrag beruht, dem übernehmenden Rechtsträger gegenüber erklärt werden.[8] 180

g) Kein Vorsteuerabzug bei Bösgläubigkeit hinsichtlich Missbrauchs oder Steuerhinterziehung

Der EuGH hat im Rahmen der Rechtsfortbildung ein ungeschriebenes (subjektives) Tatbestandsmerkmal für den Vorsteuerabzug geschaffen. Ein Vorsteueranspruch ist hiernach selbst bei Vorliegen aller 181

1 EuGH, Urt. v. 12.4.2018 – C-8/17, ECLI:EU:C:2018:249 – Biosafe, UR 2018, 399 m. Anm. *Heinrichshofen*.
2 EuGH, Urt. v. 21.3.2018 – C-533/16, ECLI:EU:C:2018:204 – Volkswagen, UR 2018, 359 m. Anm. *Maunz*.
3 *Heinrichshofen*, UVR 2021, 90 (91).
4 BFH, Urt. v. 27.11.2019 – V R 23/19 (V R 62/17), BStBl. II 2021, 542 = UR 2020, 190.
5 Abschn. 15.2a. Abs. 9 Satz 1 UStAE.
6 BFH, Urt. v. 31.1.1980 – V R 60/74, BStBl. II 1980, 369 = UR 1980, 139 m. Anm. *Weiß*.
7 Abschn. 15.2a. Abs. 11 Satz 2 UStAE; BFH, Urt. v. 19.5.1993 – V R 110/88, BStBl. II 1993, 779 = UR 1994, 124.
8 BFH, Urt. v. 12.7.2023 – XI R 41/20, UR 2024, 24.

formellen und materiellen Voraussetzungen dann ausgeschlossen, wenn der Leistungsempfänger selbst den Vorsteuerabzug betrügerisch oder in missbräuchlicher Weise geltend macht.[1] Ein **Missbrauch** liegt nach Auffassung des EuGH vor, wenn ein Steuervorteil trotz formaler Anwendung der Bedingungen der einschlägigen Bestimmungen entsteht, der dem mit den Bestimmungen verfolgten Zweck zuwiderläuft.[2]

182 Ein Vorsteuerabzug scheidet aber auch dann aus, wenn der Leistungsempfänger weiß oder hätte wissen müssen, dass er sich mit dem entsprechenden Umsatz an einer im Rahmen einer Lieferkette begangenen Mehrwertsteuerhinterziehung beteiligt hat.[3] Der Gesetzgeber hat diesen Versagungsgrund nunmehr explizit in **§ 25f UStG** aufgenommen (§ 25f Rz. 1 ff.). Es ist in diesem Fall nicht nötig, dass der Steuerpflichtige im Rahmen seiner Ausgangsumsätze einen Gewinn erzielt.[4] Ebenso wenig ist erforderlich, dass der Steuerpflichtige in irgendeiner Form aktiv an der Steuerhinterziehung beteiligt gewesen ist.[5] Der **Nachweis**, ob dem Leistungsempfänger Kenntnis oder fahrlässige Unkenntnis vorzuwerfen ist, **ist durch die FinVerw. zu führen.**[6] Den Gerichten obliegt es dann anschließend zu prüfen, ob das Vorliegen der objektiven Umstände durch die Behörde ausreichend nachgewiesen wurde.[7] Wann genau anzunehmen ist, dass der Unternehmer den Umstand „hätte wissen müssen", wird jedoch durch den EuGH in den genannten Urteilen und dem oben genannten Beschluss nicht geklärt. Der EuGH verdeutlicht vielmehr, dass er eine Eingrenzung seiner Rechtsprechung ablehnt.[8] Die Verwaltung hat dadurch einen weiten Spielraum, um im Einzelfall zu argumentieren.

183 Allein aus der Tatsache, dass ein Leistender nicht mehr für steuerrechtliche Zwecke registriert ist, kann nicht abgeleitet werden, dass eine Geltendmachung des Vorsteuerabzugs durch den Leistungsempfänger nicht möglich ist, solange die Rechnung alle vorgeschriebenen Angaben enthält.[9] Gleichzeitig ist das Recht zum Vorsteuerabzug auch nicht ausgeschlossen, wenn der Leistungsempfänger wusste oder hätte wissen müssen, dass sich der Leistende in finanziellen Schwierigkeiten befindet oder gar zahlungsunfähig war und dass dieser Umstand möglicherweise zur Folge hat, dass der Verkäufer die Umsatzsteuer nicht an den Fiskus abführt.[10]

184 Diese Einschränkungen des Vorsteuerabzugsrechts können im Hinblick auf die Einschränkung des Neutralitätsgrundsatzes damit gerechtfertigt werden, dass die Ziele der **Vermeidung von Steuerhinterziehungen bzw. -umgehungen** und sonstige Missbräuche auch durch die MwStSystRL anerkannt und gefördert werden.[11] Lange Zeit wurde kontrovers diskutiert, ob der Fiskus durch die Versagung des Rechts auf Vorsteuerabzug auf mehreren Ebenen in der Leistungskette eine **Überkompensation** des tatsächlich eingetretenen Schadens herbeiführen darf.[12] Nach aktueller Rechtsprechung des EuGH kommt jedoch eine anteilige Versagung des Vorsteuerabzugs zur Abwendung einer Überkompensation nicht in Frage, denn dem bösgläubigen Steuerpflichtigen ist der Vorsteuerabzug vollständig zu versagen.[13] Die Versagung des Vorsteuerabzugs kann deshalb auch pönalisierende Elemente entfalten.

---

1 EuGH, Urt. v. 18.12.2014 – C-131/13, C-163/13 und C-164/13, ECLI:EU:C:2014:2455 – Italmoda, UR 2015, 106.
2 EuGH, Urt. v. 21.2.2006 – C-255/02, ECLI:EU:C:2006:121 – Halifax, UR 2006, 232 m. Anm. *Wäger.*
3 EuGH, Urt. v. 18.12.2014 – C-131/13, C-163/13 und C-164/13, ECLI:EU:C:2014:2455 – Italmoda, UR 2015, 106; EuGH, Urt. v. 18.5.2017 – C-624/15, ECLI:EU:C:2017:389 – Litdana, UR 2017, 552.
4 EuGH, Urt. v. 21.6.2012 – C-80/11, C-142/11, ECLI:EU:C:2012:373 – Mahagében, UR 2012, 591.
5 EuGH, Beschl. v. 14.4.2021 – C-108/20, ECLI:EU:C:2021:266 – Finanzamt Wilmersdorf, UR 2021, 433 m. Anm. *Pflaum.*
6 EuGH, Urt. v. 28.7.2016 – C-332/15, ECLI:EU:C:2016:614 – Astone, UR 2016, 683; EuGH, Urt. v. 13.2.2014 – C-18/13, ECLI:EU:C:2014:69 – Maks Pen, UR 2014, 861.
7 EuGH, Urt. v. 6.12.2012 – C-285/11, ECLI:EU:C:2012:774 – Bonik, UR 2013, 195.
8 *Wäger*, UStB 2021, 267 (269).
9 EuGH, Urt. v. 22.12.2010 – C-438/09, ECLI:EU:C:2010:818 – Dankowski, UR 2011, 435.
10 EuGH, Urt. v. 15.9.2022 – C-227/21, ECLI:EU:C:2022:687 – HA.EN., UR 2022, 804 m. Anm. *Monfort.*
11 EuGH, Urt. v. 21.6.2012 – C-80/11, C-142/11, ECLI:EU:C:2012:373 – Mahagében, UR 2012, 591.
12 *Kokott*, Das Steuerrecht der Europäischen Union, § 8 Rz. 508; *Hummel*, UR 2014, 256 (257 ff.); *Pötters*, in frauen@fgs, Vielfalt in der steuerzentrierten Rechtsberatung, 2020, S. 141 ff.
13 EuGH, Urt. v. 24.11.2022 – C-596/21, ECLI:EU:C:2022:921 – Finanzamt M (Étendue du droit à déduction de la TVA), UR 2022, 942 m. Anm. *Monfort* Rz. 40.

Hat der Steuerpflichtige allerdings alle ihm zumutbaren Maßnahmen getroffen, um eine Beteiligung an einem Betrug hinsichtlich der Umsatzsteuer auszuschließen, so steht ihm gleichwohl der Vorsteuerabzug offen.[1] Wusste der Steuerpflichtige oder hatte er die Möglichkeit der Kenntnisnahme von einer Steuerhinterziehung des Leistenden, so steht ihm der Vorsteuerabzug nicht zu.[2] Welche Maßnahmen vom Unternehmer im konkreten Fall vernünftigerweise verlangt werden können, um sicherzustellen, dass seine Umsätze nicht in eine Steuerhinterziehung verwickelt sind, hängt von den Umständen des Einzelfalls ab.[3] Vgl. zur Versagung des Vorsteuerabzugs und der Steuerbefreiung bei Beteiligung an einer Steuerhinterziehung § 25f Rz. 1 ff. 185

h) Entstehung und Ausübung des Vorsteueranspruchs

aa) Zeitpunkt des Vorsteuerabzugs

In zeitlicher Hinsicht ist zwischen dem **Zeitpunkt der Entstehung des Vorsteueranspruchs** und dem **Zeitpunkt der Ausübung** zu trennen. Aus den Art. 167 und 63 MwStSystRL (Art. 17 Abs. 1 und Art. 10 Abs. 2 Unterabs. 1 Satz 1 der 6. EG-Richtlinie) ergibt sich, dass das Recht auf Vorsteuerabzug dann entsteht, wenn die Lieferung erfolgt oder die Dienstleistung erbracht wurde. 186

Für die Ausübung des Rechts auf Vorsteuerabzug wird allerdings eine ordnungsgemäße Rechnung benötigt (Rz. 133 ff.).[4] Der Anspruch ist schließlich im Besteuerungszeitraum geltend zu machen, in dem die Voraussetzungen der Ausübung des Anspruchs vorliegen und nicht in einem späteren Zeitraum.[5] Wird der Vorsteuerabzug dann letztendlich ausgeübt, führt dies bei Auseinanderfallen mit dem Besteuerungszeitraum der Entstehung zu keiner Rückwirkung.[6] 187

Der BFH[7] lässt es ausdrücklich offen, ob der Begriff „geschuldet" im Sinne des § 15 Abs. 1 Satz 1 Nr. 1 Satz 1 UStG im Lichte der EuGH-Urteils *Grundstücksgemeinschaft Kollaustraße 136*[8] eine zeitliche Komponente enthält und deshalb dahingehen zu verstehen ist, dass die Umsatzsteuer vom Leistenden schon geschuldet werden muss, um vom Leistungsempfänger als Vorsteuer abgezogen werden zu können und daher vom Leistungsempfänger noch nicht abgezogen werden darf, solange sie vom Leistenden noch nicht geschuldet wird. Dies ist im Fall der Istversteuerung nach § 20 UStG relevant, da die Umsatzsteuer nach § 13 Abs. 1 Buchst. b UStG erst mit Ablauf des Voranmeldungszeitraums entsteht, in dem die Entgelte vereinnahmt worden sind. 187.1

bb) Anzahlungen

Bei Anzahlungen kann nach § 15 Abs. 1 Satz 1 Nr. 1 Satz 3 UStG bei einer Vorauszahlung bereits dann das **Vorsteuerabzugsrecht** ausgeübt werden, wenn diesbezüglich eine **ordnungsgemäße Rechnung** vorliegt und die **Zahlung** auch **geleistet** wurde. Es ist demnach in diesem Fall nicht notwendig, dass die Lieferung oder die sonstige Dienstleistung bereits erbracht wurde. Auch ist es ohne Belang, ob der Unternehmer den vollen Betrag oder lediglich einen Anteil vorauszahlt, wobei bei Letzterem der Vorsteuerabzug nur in Höhe der Vorauszahlung möglich ist.[9] Dies korrespondiert damit, dass der Umsatzsteueranspruch bereits im Besteuerungszeitraum der Vereinnahmung der Anzahlung entsteht, 188

---

1 BFH, Urt. v. 19.4.2007 – V R 48/04, BStBl. II 2009, 315 = UR 2007, 693; EuGH, Urt. v. 6.7.2006 – C-439/04 und C-440/04, ECLI:EU:C:2006:446 – Kittel und Recolta Recycling, UR 2006, 594 m. Anm. *Wäger.*

2 BFH, Urt. v. 19.4.2007 – V R 48/04, BStBl. II 2009, 315 = UR 2007, 693.

3 EuGH, Urt. v. 22.10.2015 – C-277/14, ECLI:EU:C:2015:719 – PPUH Stehcemp, UR 2015, 917 Rz. 51; BFH, Beschl. v. 20.10.2021 – XI R 19/20, UR 2022, 420 m. Anm. *Grommes*; FG Hessen, Beschl. v. 7.2.2022 – 1 V 1585/21, BeckRS 2022, 30020 Rz. 56; siehe dazu *von Sanden*, Der Vertrauensschutz des gutgläubigen Unternehmers im harmonisierten Umsatzsteuerrecht, 2021, S. 205 ff.

4 BFH, Urt. v. 1.7.2004 – V R 33/01, BStBl. II 2004, 861 = UR 2004, 542.

5 BFH, Urt. v. 13.2.2014 – V R 8/13, BStBl. II 2014, 595 = UR 2014, 528; Abschn. 15.2. Abs. 2 Sätze 7 und 8 UStAE.

6 EuGH, Urt. v. 29.4.2004 – C-152/02, ECLI:EU:C:2004:268 – Terra Baubedarf-Handel, UR 2004, 323.

7 BFH, Urt. v. 12.7.2023 – XI R 5/21, UR 2024, 68.

8 EuGH, Urt. v. 10.2.2022 – C-9/20, ECLI:EU:C:2022:88 – Grundstücksgemeinschaft Kollaustraße 136, UR 2022, 224.

9 Abschn. 15.3. Abs. 3 UStAE.

vgl. § 13 Abs. 1 Nr. 1 Buchst. a Satz 4 UStG (§ 13 Rz. 38 ff.). Bei einer Endrechnung i.S.d. § 14 Abs. 5 Satz 1 UStG ist für den Vorsteuerabzug dann lediglich noch der Betrag maßgeblich, der sich nach Abzug der bereits geleisteten Teilzahlungen ergibt.[1] Andernfalls würde es zu einer doppelten Inanspruchnahme des Vorsteuerabzugs kommen.

189 **Beispiel:**
Der Unternehmer hat bereits im Januar eine Gesamtrechnung für einen im Juli zu liefernden Gegenstand über 100.000 Euro zuzüglich gesondert ausgewiesener Umsatzsteuer i.H.v. 19.000 Euro, insgesamt 119.000 Euro, erhalten. Er leistet in den Monaten März, April und Mai Anzahlungen von jeweils 23.800 Euro. Die Restzahlung i.H.v. 47.600 Euro überweist er einen Monat nach Empfang der Leistung.

Der Unternehmer kann für die Voranmeldungszeiträume März, April und Mai den in der jeweiligen Anzahlung enthaltenen Steuerbetrag von 3.800 Euro als Vorsteuer abziehen. Die in der Restzahlung von 47.600 Euro enthaltene Vorsteuer von 7.600 Euro kann für den Voranmeldungszeitraum Juli (zum Zeitpunkt der Umsatzausführung) abgezogen werden.

190 Sobald die Voraussetzungen (**Anzahlung und Rechnung**) erstmalig gemeinsam vorliegen, kann der Unternehmer den Anspruch in diesem Voranmeldungszeitraum geltend machen.[2] Es ist notwendig, dass in der Rechnung alle maßgeblichen Elemente der künftigen Leistung bekannt sind, so dass die Gegenstände der Lieferung im Zeitpunkt der Anzahlung genau bestimmt sind.[3] Ferner darf der Eintritt des Steuertatbestands im Zeitpunkt der Anzahlung nicht unsicher sein, was bspw. bei einem betrügerischen Verhalten der Fall wäre.[4] Wusste der Unternehmer oder hätte er wissen müssen, dass die Lieferung nicht bewirkt bzw. die Dienstleistung nicht erbracht würde, so wird ihm der Vorsteuerabzug versagt.[5]

191 Überschreitet ein **Kleinunternehmer** die Erhebungsgrenze des § 19 Abs. 1 UStG und wechselt zur allgemeinen Besteuerung, so kann der Unternehmer in der Voranmeldung, die auf den Zeitpunkt des Übergangs zur allgemeinen Besteuerung folgt, Vorsteuerbeträge aus Anzahlungen, die bereits vor Wechsel getätigt wurden aber erst danach erbracht wurden, geltend machen.[6]

192 Wird eine Leistung letztendlich doch nicht erbracht, muss der Leistungsempfänger seinen Vorsteuerabzug nach § 17 Abs. 2 Nr. 2 UStG korrigieren (§ 17 Rz. 112 ff.).

2. Abziehbarkeit der Einfuhrumsatzsteuer (Absatz 1 Satz 1 Nummer 2)

a) Regelungsgegenstand

193 Bei **Lieferungen aus einem Drittland** muss nach § 1 Abs. 1 Nr. 4 UStG die **Einfuhrumsatzsteuer** abgeführt werden (§ 1 Rz. 216 ff.). Die Lieferung muss in das Inland oder in die österreichischen Gebiete Jungholz oder Mittelberg eingeführt worden sein. Die entstandene Einfuhrumsatzsteuer kann der Unternehmer jedoch im Rahmen seines Vorsteuerabzugs nach § 15 Abs. 1 Satz 1 Nr. 2 UStG abziehen. Es wird demnach i.S.d. Neutralitätsprinzips eine Gleichstellung mit einer innergemeinschaftlichen Lieferung erreicht. Schließlich werden hierdurch auch gleiche Wettbewerbsbedingungen geschaffen.

b) Unionsrechtliche Grundlage

194 Unionsrechtlich basiert § 15 Abs. 1 Satz 1 Nr. 2 UStG auf Art. 168 Buchst. e MwStSystRL (Art. 17 Abs. 2 Buchst. b der 6. EG-Richtlinie). Hiernach kann der Betrag der Mehrwertsteuer abgezogen werden, der für die Einfuhr von Gegenständen „geschuldet wird oder entrichtet worden ist". Es kommt

1 BFH, Urt. v. 11.4.2002 – V R 26/01, BStBl. II 2004, 317 = UR 2002, 338.
2 Abschn. 15.3. Abs. 1 Satz 2 UStAE.
3 BFH, Urt. v. 24.8.2006 – V R 16/05, BStBl. II 2007, 340 = UR 2007, 63; EuGH, Urt. v. 21.2.2006 – C-419/02, ECLI:EU:C:2006:122 – BUPA Hospitals and Goldsborough Developments, UR 2006, 289.
4 EuGH, Urt. v. 13.3.2014 – C-107/13, ECLI:EU:C:2014:151 – FIRIN, UR 2014, 705.
5 EuGH, Urt. v. 31.5.2018 – C-660/16, 661/16, ECLI:EU:C:2018:372 – Kollroß und Wirtl, UR 2018, 519 m. Anm. *Billig*.
6 Abschn. 15.3. Abs. 2 UStAE.

demnach nicht darauf an, ob der Betrag tatsächlich abgeführt wurde. Dies wird auch durch die inzwischen geänderte[1] Formulierung im deutschen Umsatzsteuergesetz deutlich und wurde so auch durch den EuGH bestätigt.[2]

c) Personelle Abzugsberechtigung

Durch den Wortlaut „sein Unternehmen" wird deutlich, dass derjenige, der den Vorsteuerabzug aus § 15 Abs. 1 Satz 1 Nr. 2 UStG geltend macht, **Unternehmer** sein muss. Diesbezüglich kann auf die vorangegangenen Ausführungen zur Unternehmereigenschaft verwiesen werden (Rz. 36 ff.). Für die Entstehung der Einfuhrumsatzsteuer und damit auch für die Möglichkeit des Vorsteuerabzugs ist es allerdings nicht notwendig, dass der Gegenstand von einem anderen Unternehmer geliefert wurde. Es ist vielmehr auch ausreichend, wenn der Gegenstand durch einen Nichtunternehmer geliefert wurde. 195

Mangels Erfordernisses der tatsächlichen Entrichtung der Einfuhrumsatzsteuer, besteht eine Abzugsberechtigung auch in Fällen, in denen der Beauftragte (z.B. ein Spediteur) Schuldner der Einfuhrumsatzsteuer ist, solange sich der Unternehmer den betreffenden zollamtlichen Beleg oder einen zollamtlichen Ersatzbeleg aushändigen lässt.[3] 196

d) Einfuhr für das Unternehmen

Die Einfuhr muss schließlich auch für das Unternehmen des Vorsteuerabzugsberechtigten erfolgt sein. Für die Annahme einer Einfuhr muss der Unternehmer die **Verfügungsmacht an dem Gegenstand** erlangt haben.[4] Eine bloße Überlassung einer Nutzungsmöglichkeit durch einen ausländischen Unternehmer ist dagegen nicht ausreichend.[5] Die Auslegungsmerkmale der Verfügungsmacht wurden durch die Rechtsprechung in der Weise konkretisiert, dass darauf abzustellen ist, ob die Einfuhrumsatzsteuer Eingang in den Preis der Ausgangsumsätze oder in die Preise für die Lieferung von Gegenständen oder die Erbringung von Dienstleistungen durch den Steuerpflichtigen gefunden hat.[6] Wirkt eine Person lediglich an der Einfuhr des Gegenstands mit, ohne tatsächlich über den Gegenstand verfügen zu können (z.B. Spediteure oder Zolllagerbetreiber), ist diese selbst dann nicht zum Vorsteuerabzug berechtigt, wenn sie den Gegenstand nach Weisung des Auftraggebers in ihr Lager aufnimmt.[7] Ferner ist es für die Beurteilung der Vorsteuerabzugsberechtigung grundsätzlich nicht maßgeblich, wer Schuldner der entstandenen Einfuhrumsatzsteuer war oder wer diese letztendlich entrichtet hat.[8] 197

Hinsichtlich der Verfügungsmacht ist zu beachten, dass nach § 3 Abs. 8 UStG Einfuhrlieferungen im Inland als bewirkt angesehen werden, wenn der Lieferer oder dessen Beauftragter, Schuldner der Einfuhrumsatzsteuer ist (§ 3 Rz. 488 ff.). Daraus ergibt sich, dass dem Abnehmer die Verfügungsmacht erst im Inland verschafft wird und demnach bei der Abfertigung der Lieferer Verfügungsmacht besitzt und damit zum Abzug der Einfuhrumsatzsteuer berechtigt ist.[9] In Hinblick auf die Entrichtung der Einfuhrumsatzsteuer wird jedoch im Rahmen eines **Reihengeschäfts** nach Auffassung der Verwaltung eine Ausnahme gemacht und diese als maßgeblich erachtet (s. hierzu auch die kritische Auseinandersetzung in § 3 Rz. 324 ff.).[10] 198

Die Regelung des § 15 Abs. 1 Satz 1 Nr. 2 UStG lässt einen **Abzug der *entstandenen* Einfuhrumsatzsteuer** zu. Es ist somit notwendig, dass die Lieferung des Gegenstands in das Inland die Besteuerung 199

1 Vgl. Änderung durch das Amtshilferichtlinien-Umsetzungsgesetz v. 26.6.2013 (BGBl. I 2013, 1809, 1833).
2 EuGH, Urt. v. 29.3.2012 – C-414/10, ECLI:EU:C:2012:183 – Véleclair, UR 2012, 692.
3 Abschn. 15.8. Abs. 7 Sätze 2 f. UStAE.
4 BFH, Urt. v. 11.11.2015 – V R 68/14, BStBl. II 2016, 720 = UR 2016, 33.
5 BFH, Urt. v. 16.3.1993 – V R 65/89, BStBl. II 1993, 473 = UR 1993, 233.
6 EuGH, Urt. v. 25.6.2015 – C-187/14, ECLI:EU:C:2015:421 – DSV Road, UR 2015, 838 m. Anm. *Scheller*; BFH, Urt. v. 11.11.2015 – V R 68/14, BStBl. II 2016, 720 = UR 2016, 33.
7 EuGH, Urt. v. 25.6.2015 – C-187/14, ECLI:EU:C:2015:421 – DSV Road, UR 2015, 838 m. Anm. *Scheller*; Abschn. 15.8. Abs. 5 Satz 3 UStAE; siehe auch BFH, Beschl. v. 20.7.2023 – V R 13/21, BStBl. II 2023, 1068 = UR 2023, 848 m. Anm. *Monfort*.
8 Abschn. 15.8. Abs. 4 Satz 3 UStAE.
9 Abschn. 15.8. Abs. 6 Sätze 1 und 2 UStAE.
10 Abschn. 15.8. Abs. 6 Satz 3 UStAE.

mit der Einfuhrumsatzsteuer auslöst.[1] Eine bereits erfolgte Entrichtung der Einfuhrumsatzsteuer ist demnach keine Voraussetzung für die Geltendmachung des Vorsteuerabzugsrechts.[2] Ein derartiges Erfordernis befand sich allerdings bis zum 30.6.2013 im deutschen Umsatzsteuergesetz.[3] Befindet sich die Ware aus dem Drittland dagegen in einem zollrechtlichen Versandverfahren (§ 21 Rz. 54), ist keine Einfuhr im umsatzsteuerlichen Sinne gegeben und somit auch keine Möglichkeit des Vorsteuerabzugs.[4]

200 Überlässt ein ausländischer Unternehmer einen Gegenstand an einen inländischen Unternehmer, damit dieser am Gegenstand eine Werkleistung vornimmt (sog. **Lohnveredelung**; § 7 Rz. 13 ff.), kann der inländische Unternehmer die entstandene Einfuhrumsatzsteuer abziehen, sofern der Gegenstand wieder in das Drittland zurückgelangt oder der ausländische Auftraggeber im Inland weiterliefert und diese Lieferung nicht nach § 4 Nr. 8 ff. UStG steuerfrei ist.[5] Wird der Gegenstand nach Ausführung der Werkleistung vom ausländischen Unternehmer im Inland für eigene Zwecke genutzt, kann der inländische Unternehmer den Vorsteuerabzug nicht vornehmen.[6] Vermietet der inländische Unternehmer einen eingeführten Gegenstand weiter, so ist er zum Vorsteuerabzug hinsichtlich der Einfuhrumsatzsteuer berechtigt und nicht etwa der Mieter des Gegenstands.[7]

201 Wird eine Lieferung durch einen inländischen Abnehmer zurückgewiesen, so kommt es für die Möglichkeit des Abzugs der Einfuhrumsatzsteuer auf den **Zeitpunkt der Zurückweisung** an. Wird ein Gegenstand direkt bei der Lieferung durch den Abnehmer bspw. wegen offensichtlicher Mängel zurückgewiesen, so ist von vornherein keine Lieferung zustande gekommen und der Absender ist alleine zum Abzug der Einfuhrumsatzsteuer berechtigt.[8] Wird dagegen die Lieferung erst später zurückgewiesen, so steht der Abzug dem vorgesehenen Abnehmer zu.[9]

202 Die Möglichkeit des Vorsteuerabzugs hinsichtlich der Einfuhrumsatzsteuer besteht auch in den Fällen in denen ein Unternehmer in den in § 1 Abs. 3 UStG genannten Gebieten einen Gegenstand für die in § 1 Abs. 3 UStG bezeichneten Umsätze mittelbar oder unmittelbar verwendet.[10]

e) Zeitpunkt der Entstehung des Vorsteueranspruchs

203 Der Vorsteueranspruch ist in dem Zeitpunkt geltend zu machen, in dem der Anspruch auf die Einfuhrumsatzsteuer entstanden ist.[11] Dies ist gemäß Art. 70, 167 MwStSystRL (Art. 10 Abs. 3 Unterabs. 1 Satz 1 und Art. 17 Abs. 1 der 6. EG-Richtlinie) bereits bei **Einfuhr des Gegenstands** der Fall. Dies ist auch durch die deutsche Regelung in § 13 Abs. 2, § 21 Abs. 2 UStG i.V.m. Art. 77 ff. UZK geregelt (§ 21 Rz. 56).

f) Zollamtliche Belege

204 Für die Geltendmachung eines Vorsteuerabzugsanspruchs aus § 15 Abs. 1 Satz 1 Nr. 2 UStG ist es notwendig, dass die Einfuhr des Gegenstands durch **zollamtliche Belege** (bspw. Einfuhrabgabenbescheid) nachgewiesen wird.[12] Ist der Unternehmer nicht im Besitz eines zollamtlichen Belegs, kann er einen zollamtlichen Ersatzbeleg beantragen.[13] Die zollrechtliche Abwicklung von Einfuhren aus einem Drittland erfolgt inzwischen in der Regel über das IT-Verfahren **ATLAS** (Automatisiertes Tarif-

1 Abschn. 15.8. Abs. 2 Satz 2 UStAE.
2 EuGH, Urt. v. 29.3.2012 – C-414/10, ECLI:EU:C:2012:183 – Véleclair, UR 2012, 692.
3 Vgl. zu der Änderung das AmtshilfeRLUmsG v. 26.6.2013, BGBl. I 2013, 1809; BMF, Schr. v. 15.11.2013 – IV D 2-S 7300/12/10003, BStBl. I 2013, 1475 = UR 2013, 974.
4 Abschn. 15.8. Abs. 2 Satz 3 UStAE.
5 Abschn. 15.8. Abs. 8 Sätze 1 und 2 UStAE.
6 Abschn. 15.8. Abs. 8 Satz 4 UStAE.
7 BFH, Urt. v. 24.4.1980 – V R 52/73, BStBl. II 1980, 615 = UR 1980, 205.
8 Abschn. 15.8. Abs. 11 Satz 2 Nr. 1 Satz 2 Buchst. a UStAE.
9 Abschn. 15.8. Abs. 11 Satz 2 Nr. 1 Satz 2 Buchst. b UStAE.
10 Abschn. 15.9. Abs. 1 Sätze 1 und 2 UStAE.
11 BFH, Urt. v. 13.2.2014 – V R 8/13, BStBl. II 2014, 595 = UR 2014, 528.
12 BFH, Urt. v. 9.2.1995 – V R 57/93, BFHE 177, 513 = UR 1995, 456; Abschn. 15.11. Abs. 1 Satz 2 Nr. 2 UStAE.
13 VSF Z 8101 Abs. 22.

und lokales Zoll-Abwicklungs-System). In diesem Rahmen wird der entsprechende Beleg durch eine standardisierte Nachricht im EDIFACT-Format auf elektronischem Weg übersandt. Der Nachweis gegenüber der Finanzbehörde kann bei Bedarf durch einen Ausdruck dieses Dokuments und Übersendung an die FinVerw. erfolgen.

3. Abziehbarkeit der Steuer für den innergemeinschaftlichen Erwerb (Absatz 1 Satz 1 Nummer 3)

a) Regelungsgegenstand

Nach Wegfall der Erhebung von Einfuhrumsatzsteuer auf einen innergemeinschaftlichen Erwerb durch das Umsatzsteuerbinnenmarktgesetz vom 25.8.1992[1] findet eine gesonderte Besteuerung für einen derartigen Erwerb nach § 1 Abs. 1 Nr. 5, § 1a UStG statt (§ 1 Rz. 219). Die hierbei entstehende Steuerlast (sog. **Erwerbsteuer**) kann durch den Unternehmer im Rahmen des Vorsteuerabzugs nach § 15 Abs. 1 Satz 1 Nr. 3 UStG abgezogen werden. 205

b) Voraussetzungen

Aus § 15 Abs. 1 Satz 1 Nr. 3 UStG ergeben sich die Voraussetzungen, dass ein Unternehmer einen Gegenstand für sein Unternehmen erworben haben und der innergemeinschaftliche Erwerb im Inland nach § 3d Satz 1 UStG bewirkt worden sein muss. Ferner muss der Erwerb steuerpflichtig (also nicht steuerbefreit nach § 4b UStG) und die entsprechende Steuer nach § 13 Abs. 1 Nr. 7 UStG (§ 13 Rz. 97 ff.) entstanden sein. Zudem muss der Unternehmer die Absicht haben, den erworbenen Gegenstand für die Ausführung von Umsätzen zu verwenden, die einen Vorsteuerabzug nicht ausschließen. 206

Die Voraussetzungen für einen innergemeinschaftlichen Erwerb finden sich in § 1a UStG. Zusätzlich ist erforderlich, dass der Erwerb nach § 3d Satz 1 UStG **im Inland bewirkt** wird, vgl. § 15 Abs. 1 Satz 1 Nr. 3 UStG a.E. Nach § 3d Satz 1 UStG ist für den Ort des innergemeinschaftlichen Erwerbs grundsätzlich maßgeblich, an welchem Ort sich der Gegenstand am Ende der Lieferung bzw. Versendung befindet (§ 3d Rz. 10 ff.). 207

Nach dem EuGH-Urteil vom 22.4.2010[2] besteht bei einer **fiktiven Bestimmung des Leistungsorts** nach § 3d Satz 2 UStG **kein Recht auf Vorsteuerabzug** nach § 15 Abs. 1 Satz 1 Nr. 3 UStG. Ein Fall des § 3d Satz 2 UStG liegt dann vor, wenn die bei einem innergemeinschaftlichen Erwerb angegebene USt-IdNr. von einem Mitgliedsstaat stammt, in dem die Beförderung oder Versendung nicht endet. Ein Vorsteuerabzug war vor dieser Entscheidung von Unternehmern regelmäßig auch dann (erfolgreich) geltend gemacht worden, wenn die USt-IdNr. aus einem Mitgliedstaat stammte, in dem die Beförderung oder Versendung nicht endete. Der BFH schloss sich der ablehnenden Ansicht des EuGH mit Urteil vom 8.9.2010[3] an. Durch die Nichtanwendbarkeit folgt, dass ein Vorsteuerabzug dann nicht möglich ist, wenn trotz Nutzung einer deutschen USt-IdNr. die Warenbewegung nicht in Deutschland endet. Der Grund hierfür soll sein, dass in einem Fall des § 3d Satz 2 UStG die Steuer für einen innergemeinschaftlichen Erwerb doppelt entsteht, nämlich im Land des Endes der Versendung bzw. Beförderung und im Land der angeführten USt-IdNr. Ein weiterer Grund für einen Ausschluss des Vorsteuerabzugsrechts ist schließlich, dass andernfalls der Unternehmer dazu verleitet werden könnte, eine umsatzsteuerliche Registrierung zu unterlassen, wodurch dem Endverbrauchsmitgliedstaat die beabsichtigte Besteuerungsmöglichkeit entzogen würde.[4] Erst wenn der Erwerber nachweist, dass er im Land des Endes der Beförderung bzw. Versendung die fällige Steuer entrichtet hat, entfällt die Steuerschuld im Land der USt-IdNr. gemäß § 3d Satz 2 Halbs. 2 UStG. 208

1 BGBl. I 1992, 1548.

2 EuGH, Urt. v. 22.4.2010 – C-536/08 und C-539/08, ECLI:EU:C:2010:217 – X und Facet Trading BV, UR 2010, 418 Rz. 35 m. Anm. *Maunz.*

3 BFH, Urt. v. 8.9.2010 – XI R 40/08, BStBl. II 2011, 661 = UR 2011, 322; BFH, Urt. v. 16.12.2010 – V R 40/08, BFH/NV 2011, 1401.

4 EuGH, Urt. v. 22.4.2010 – C-536/08 und C-539/08, ECLI:EU:C:2010:217 – X und Facet Trading BV, UR 2010, 418 Rz. 35 m. Anm. *Maunz.*

209 Hinsichtlich der Voraussetzung des **Erwerbs *für* das Unternehmen** des Erwerbers kann auf die bereits zu § 15 Abs. 1 Satz 1 Nr. 1 UStG genannten Voraussetzungen verwiesen werden (Rz. 84 ff.).

210 Die diesbezügliche **Steuer** müsste auch **entstanden** sein. Dies ist nach § 13 Abs. 1 Nr. 6 UStG mit Ausstellung der Rechnung der Fall, spätestens jedoch mit Ablauf des Kalendermonats, der auf den Zeitpunkt des Erwerbs folgt.

211 Im Gegensatz zu § 15 Abs. 1 Satz 1 Nr. 1 UStG ist es **keine Voraussetzung** für den Vorsteuerabzug, dass eine **Rechnung** vorliegt. Insbesondere ist auf dieser Rechnung auch keine Steuer gesondert ausgewiesen, da die korrespondierende innergemeinschaftlich Lieferung nach §§ 4 Nr. 1b, 6a UStG steuerfrei erfolgt. Ein Verzicht auf das Vorhandensein einer Rechnung ist bei einer innergemeinschaftlichen Lieferung unionsrechtlich abgesichert. Zwar enthält Art. 178 Buchst. c MwStSystRL (Art. 18 Abs. 1 Buchst. e der 6. EG-Richtlinie) die Voraussetzung, dass der Steuerpflichtige eine Rechnung besitzt, jedoch erlaubt es Art. 181 MwStSystRL (Art. 18 Abs. 3a Halbs. 1 der 6. EG-Richtlinie) den Mitgliedsstaaten zu bestimmen, dass bei einem innergemeinschaftlichen Erwerb für die Ausübung eines Vorsteuerabzugsrechts das Vorhandensein einer ausgestellten Rechnung nicht erforderlich ist. Von dieser Möglichkeit hat Deutschland mit der Formulierung des § 15 Abs. 1 Satz 1 Nr. 3 UStG Gebrauch gemacht.

212 Ferner sind die **Ausschlussgründe** des § 15 Abs. 2 und 3 UStG zu beachten (Rz. 246 ff.).

c) Ausübung des Rechts auf Vorsteuerabzug

213 Der Steuerpflichtige kann den Vorsteuerabzug daher unabhängig vom Vorliegen einer Rechnung bereits in der Voranmeldung bzw. Umsatzsteuererklärung für das Kalenderjahr geltend machen, in der der gemeinschaftliche Erwerb zu versteuern ist.[1]

4. Abziehbarkeit der Steuer für Leistungen i.S.d. § 13b Abs. 1 und Abs. 2 (Absatz 1 Satz 1 Nummer 4)

214 Auch wenn im Rahmen des **Reverse-Charge-Verfahrens** die Steuerschuldnerschaft auf den Leistungsempfänger verlagert wird, kann der Unternehmer diese Steuer im Rahmen eines Vorsteuerabzugsanspruchs nach § 15 Abs. 1 Satz 1 Nr. 4 UStG geltend machen. Die hierbei einschlägigen Fälle sind in § 13b Abs. 1 und Abs. 2 UStG geregelt (§ 13b Rz. 18 ff.). Der Vorsteuerabzug kann nach § 15 Abs. 1 Satz 1 Nr. 4 Satz 2 UStG bei einer Vorauszahlung bereits in dem Voranmeldungszeitraum geltend gemacht werden, in dem die Zahlung geleistet wurde.

215 Für die Geltendmachung muss der Unternehmer eine Leistung nach § 13b Abs. 1 und Abs. 2 UStG von einem anderen Unternehmer für sein Unternehmen bezogen haben. Ferner sind die Ausschlussgründe des § 15 Abs. 2 und 3 UStG zu beachten (Rz. 246 ff.).

216 Unionsrechtlich stützt sich die Vorschrift auf Art. 168 Buchst. a und 178 Buchst. f MwStSystRL (Art. 17 Abs. 2 Buchst. a und Art. 18 Abs. 1 Buchst. d der 6. EG-Richtlinie). Hiernach können die Mitgliedstaaten frei über die einzelnen Formalitäten des Vorsteuerabzugs entscheiden. Eine Rechnung wird für die Ausübung nach dem Wortlaut der Vorschrift nicht benötigt. Ein derartiges Erfordernis verstieße auch gegen das Unionsrecht.[2] Wenn die übrigen Voraussetzungen des Vorsteuerabzugs nach § 15 Abs. 2 Satz 1 Nr. 4 UStG beachtet werden, ist es also nicht schädlich, wenn eine vorhandene Rechnung die nach § 14a Abs. 5 Satz 1 UStG geforderte Angabe „Steuerschuldnerschaft des Leistungsempfängers" nicht enthält.[3] Wenn dem Steuerpflichtigen keine Rechnung vorliegt, so hat er die Bemessungsgrundlagen gegebenenfalls zu schätzen.[4]

1 Abschn. 15.10. Abs. 3 Satz 2 UStAE.
2 So bereits EuGH, Urt. v. 1.4.2004 – C-90/02, ECLI:EU:C:2004:206 – *Bockemühl*, UR 2004, 367.
3 Abschn. 13b.15. Abs. 2 UStAE.
4 Abschn. 13b.15. Abs. 3 Satz 1 UStAE.

5. Abziehbarkeit der nach § 13a Abs. 1 Nr. 6 als Auslagerer geschuldeten Umsatzsteuer (Absatz 1 Satz 1 Nummer 5)

Ein besonderer Fall des Vorsteuerabzugs ist in § 15 Abs. 1 Satz 1 Nr. 5 UStG geregelt. Hiernach kann ein sog. **Auslagerer** die von ihm entrichtete Umsatzsteuer als Vorsteuer abziehen.[1] Nach § 4 Nr. 4a Buchst. a Satz 1 UStG ist die Einlagerung eines bestimmten Gegenstands (vgl. hierzu Anlage 1 zum UStG; Anl. 1 Rz. 1 ff.) in ein sog. Umsatzsteuerlager steuerbefreit. Erst die Auslagerung der Gegenstände aus dem Umsatzsteuerlager führt zu einer Besteuerung der Eingangsumsätze (§ 4 Nr. 4a Buchst. a Satz 2 UStG). Diese Steuer schuldet nach § 13a Abs. 1 Nr. 6 UStG der Auslagerer (§ 13a Rz. 16). 217

Die Steuer und ebenso der Vorsteueranspruch entstehen mit Ablauf des Veranlagungszeitraums, in dem die Entnahme der Ware aus dem Umsatzsteuerlager erfolgt, § 13 Abs. 1 Nr. 9 UStG. Das Vorliegen einer Rechnung ist in diesem Fall keine Voraussetzung für die Geltendmachung des Vorsteuerabzugs. Der Vorsteuerabzug kann jedoch lediglich durch einen Unternehmer geltend gemacht werden, wobei die Leistung für sein Unternehmen für steuerbare Umsätze verwendet worden sein muss. 218

II. Mindestumfang unternehmerischer Nutzung bei Gegenständen (Absatz 1 Satz 2)

1. Unionsrechtliche Grundlage

Ein Mindestmaß an Nutzung wird in Art. 168 Buchst. a MwStSystRL (Art. 17 Abs. 2 Buchst. a der 6. EG-Richtlinie) nicht gefordert und würde demnach grundsätzlich den Vorsteuerabzug in unzulässiger Weise einschränken. Allerdings besteht die Möglichkeit nach Art. 395 MwStSystRL (Art. 27 der 6. EG-Richtlinie), dass der Rat zur Vereinfachung der Steuererhebung oder zur Betrugsbekämpfung einzelne Mitgliedsstaaten ermächtigt, **Sondermaßnahmen** zu ergreifen. Eine derartige Ermächtigung wurde Deutschland zuletzt am 20.12.2018 erteilt.[2] Diese ist bis zum 31.12.2021 gültig und kann auf entsprechenden Antrag verlängert werden. Die Notwendigkeit einer derartigen Regelung wird damit begründet, dass sich der administrative Aufwand von Unternehmen und Verwaltung dadurch vermindert, dass eine Anschlussverwendung von Gegenständen oder Dienstleistungen, die zum Zeitpunkt des Erwerbs vom Vorsteuerabzug ausgeschlossen waren, nicht mehr überwacht werden muss.[3] Die durch den Rat erteilte Ermächtigung wurde allerdings durch Deutschland nicht komplett ausgeschöpft, indem sich die 10 %-Grenze lediglich auf Gegenstände und nicht auf sonstige Leistungen bezieht. Sollte Deutschland keine Verlängerung der Sondermaßnahme über den 31.12.2021 hinaus beantragen, würden die allgemeinen Zuordnungsregelungen ohne Berücksichtigung der 10 %-Grenze gelten (siehe zu den allgemeinen Zuordnungsgrundsätzen Rz. 103 ff.). 219

Nutzt der Unternehmer einen Gegenstand über 90 % in seinem – nicht von der Mehrwertsteuerregelung erfassten – nichtwirtschaftlichen Bereich, so konnte er bei Leistungen vor 2016 einen Vorsteuerabzug dennoch geltend machen, da die Ermächtigungsgrundlage diesen Fall nicht erfasst hat und der Steuerpflichtige sich dadurch unmittelbar auf das Unionsrecht berufen konnte.[4] Seit der Ermächtigungsverlängerung vom 10.12.2015[5] (Geltungszeitpunkt ab dem 1.1.2016) erstreckt sich § 15 Abs. 1 Satz 2 UStG aber auch auf Fälle, in denen ein Gegenstand zu über 90 % für nicht wirtschaftliche Tätigkeiten genutzt wird, so dass in diesem Fall der Vorsteuerabzug auszuschließen ist. 220

2. Regelungsinhalt

Wenn der Unternehmer einen **Gegenstand zu weniger als 10 % betrieblich nutzt**, wird fingiert, dass der Gegenstand nicht für das Unternehmen bezogen wurde. Es ist dadurch nicht mehr möglich, einen Vorsteuerabzug nach § 15 Abs. 1 Satz 1 Nr. 1–5 UStG geltend zu machen. Für die Auslegung des Be- 221

1 Vgl. hierzu für Einzelheiten und Beispiele BMF, Schr. v. 28.1.2004 – IV D 1-S 7157-1/04, BStBl. I 2004, 242.
2 Durchführungsbeschluss (EU) 2018/2060 v. 20.12.2018, ABl. EU 2018 Nr. L 329, 20.
3 Durchführungsbeschluss (EU) 2018/2060 v. 20.12.2018, ABl. EU 2018 Nr. L 329, 20 Ziff. 6.
4 EuGH, Urt. v. 15.9.2016 – C-400/15, ECLI:EU:C:2016:687 – Landkreis Potsdam-Mittelmark, UR 2016, 840 m. Anm. *Sterzinger*; BFH, Urt. v. 16.11.2016 – XI R 15/13, BStBl. II 2018, 237 = UR 2017, 150.
5 Durchführungsbeschluss (EU) 2015/2428 v. 10.12.2015, ABl. EU 2015 Nr. L 334, 12.

griffs „für sein Unternehmen" sind die gleichen Grundsätze zu beachten wie bei § 15 Abs. 1 Satz 1 Nr. 1 UStG, so dass es notwendig ist, dass der Gegenstand für wirtschaftliche Tätigkeiten zur Erbringung entgeltlicher Leistungen verwendet wird. Wurde der Gegenstand noch nicht verwendet, so kommt es auf die durch konkrete Anhaltspunkte ergründete beabsichtigte Verwendung an.[1] Der Gesetzgeber verfolgte bei Schaffung der Regelung das Ziel, dass unangemessene Steuervorteile bei der Anschaffung von PKW vermieden werden.[2] Die Regelung ist allerdings allgemein gefasst und erstreckt sich auf alle Gegenstände. Die Mindestnutzung bezieht sich lediglich auf den Gegenstand selbst, so dass Lieferungen und sonstige Leistungen im Zusammenhang mit der Verwendung des Gegenstands hiervon nicht erfasst sind und falls die entsprechenden Voraussetzungen gegeben sind, einen entsprechenden Vorsteuerabzug zulassen.

222 Ergibt sich entgegen der Prognose in den Folgejahren eine höhere unternehmerische Nutzung, die den Grenzwert von 10 % übersteigt, so steht dem Steuerpflichtigen keine Möglichkeit einer Vorsteuerberichtigung nach § 15a UStG zu.[3] Wird dagegen erst später die Grenze unterschritten, so führt dies nicht dazu, dass der Gegenstand dem Unternehmen entnommen werden muss, sondern es kommt (lediglich) zu einer Besteuerung nach § 3 Abs. 9a UStG (§ 3 Rz. 552 ff.).

223 Die Ermittlung des **maßgeblichen Prozentsatzes** erfolgt analog zu § 15 Abs. 4 UStG im Wege einer **sachgerechten Schätzung.**[4] Die FinVerw. vermutet eine geringfügige unternehmerische Nutzung (< 10 %) bei Zweit- oder Drittfahrzeugen von Einzelunternehmern oder bei Alleinfahrzeugen im Rahmen einer nebenberuflichen Unternehmertätigkeit.[5] Ansonsten ist bei der Beurteilung des Umfangs der Nutzung bei PKW auf das Verhältnis der Kilometer unternehmerischer Fahrten im Verhältnis zu den Jahreskilometern des Fahrzeugs abzustellen.[6]

C. Ausschluss bei bestimmten einkommensteuerrechtlichen Abzugsverboten (Absatz 1a)

I. Regelungsgegenstand

224 Durch § 15 Abs. 1a UStG wird der Vorsteuerabzug für sog. **Repräsentationsaufwendungen** ausgeschlossen. Das Gesetz verweist an dieser Stelle auf bestimmte Regelungen des Einkommensteuergesetzes, denen gemein ist, dass sie nicht spezifisch geschäftlich sind, sondern oft auch einen gewissen Bezug zu der Privatsphäre haben.

II. Unionsrechtliche Grundlage

225 Art. 176 Abs. 1 MwStSystRL (Art. 17 Abs. 6 Unterabs. 1 der 6. EG-Richtlinie) regelt, dass der Rat auf Vorschlag der Kommission einstimmig festlegt, welche Ausgaben kein Recht auf einen Vorsteuerabzug gewähren. An dieser Stelle ausdrücklich genannt sind Ausgaben, die keinen streng geschäftlichen Charakter haben, wie bspw. Luxusausgaben, Ausgaben für Vergnügungen oder Repräsentationsaufwendungen. Eine derartige Einigung des Rates fand bis jetzt noch nicht statt, so dass nach Art. 176 Abs. 2 MwStSystRL (Art. 17 Abs. 6 Unterabs. 2 der 6. EG-Richtlinie) die Mitgliedsstaaten die Ausschlüsse beibehalten können, die bereits am 1.1.1979 (Inkrafttreten der 6. EG-Richtlinie) in den nationalen Regelungen vorgesehen waren. Neue, darüberhinausgehende Regelungen können durch die Mitgliedsstaaten grundsätzlich nicht mehr erlassen werden,[7] solange keine Ermächtigung nach Art. 395 MwStSystRL (Art. 27 der 6. EG-Richtlinie) vorliegt. Die Regelungen des § 15 Abs. 1a UStG waren jedoch –

1 EuGH, Urt. v. 8.6.2000 – C-396/98, ECLI:EU:C:2000:303 – Schloßstraße, UR 2000, 336 m. Anm. *Widmann.*
2 BT-Drucks. 14/443, 37 ff.
3 BMF, Schr. v. 6.12.2005 – IV A 5-S 7316/25/05, BStBl. I 2005, 1068, Rz. 6.
4 BFH, Urt. v. 3.3.2011 – V R 23/10, BStBl. II 2012, 74 = UR 2011, 617 m. Anm. *Küffner.*
5 BMF, Schr. v. 29.5.2000 – IV D 1-S 7303b-4/00, BStBl. I 2000, 819, Rz. 2.
6 BMF, Schr. v. 29.5.2000 – IV D 1-S 7303b-4/00, BStBl. I 2000, 819, Rz. 2.
7 EuGH, Urt. v. 8.1.2002 – C-409/99, ECLI:EU:C:2002:2 – Metropol und Stadler, UR 2002, 220.

jedenfalls im Ergebnis – bereits bei Erlass der 6. EG-Richtlinie vorhanden, so dass sie unter diesem Aspekt mit dem Unionsrecht vereinbar sind.[1]

III. Aufwendung für Geschenke (§ 4 Abs. 5 Satz 1 Nr. 1 EStG)

§ 4 Abs. 5 Satz 1 Nr. 1 EStG statuiert ein **Abzugsverbot für Aufwendungen für Geschenke** an eine Person, die nicht Arbeitnehmer des Steuerpflichtigen ist, wenn der Gesamtwert der Herstellungs- bzw. Anschaffungskosten im Wirtschaftsjahr 35 Euro übersteigt. Ob die Grenze auf den Brutto- oder Netto-Preis Bezug nimmt, hängt davon ab, ob der Unternehmer zum Vorsteuerabzug berechtigt ist (dann der Netto-Preis) oder nicht.[2] Nicht nur Sachgeschenke sondern auch andere geldwerte Vorteile wie z.B. Eintrittskarten können Geschenke in diesem Sinn sein.[3] Für die genaue Berechnung des Wertes kann auf R 4.10 Abs. 3 i.V.m. R 9b Abs. 2 Satz 3 EStR zurückgegriffen werden.[4] Besteht demnach ein derartiges Abzugsverbot, kann auch ein Vorsteuerabzug wegen § 15 Abs. 1a UStG nicht geltend gemacht werden. Ferner entfällt aber auch folgerichtig eine Besteuerung der Zuwendung nach § 3 Abs. 1b Satz 2 UStG (§ 3 Rz. 136 ff.). 226

Stellt sich erst im Laufe des Kalenderjahres heraus, dass der Gesamtbetrag der Aufwendungen von mehreren Geschenken die Freigrenze überschreitet, aber bei einem Geschenk bereits der Vorsteuerabzug geltend gemacht wurde, findet am Ende des Jahres eine **nachträgliche Korrektur** der Vorsteuer nach § 17 Abs. 2 Nr. 5 UStG statt (§ 17 Rz. 149 ff.).[5] 227

Bezieht der Unternehmer einen Gegenstand für sein Unternehmen und ist dieser im Zeitpunkt des Leistungsbezugs nicht als Geschenk bestimmt, findet § 4 Abs. 5 Satz 1 Nr. 1 EStG keine Anwendung. Der Vorsteuerabzug kann also grundsätzlich bei Vorliegen der übrigen Voraussetzungen geltend gemacht werden. In einem derartigen Fall ist auch das Geschenk nach § 3 Abs. 1b Satz 1 Nr. 3 UStG zu versteuern 228

Beispiel:[6] 229

Ein Unternehmer schenkt einem Kunden einen Gegenstand aus dem Warenbestand, der ursprünglich für 25 Euro zzgl. 4,75 Euro Umsatzsteuer angeschafft wurde. Gegen Ende des Jahres erhält derselbe Kunde noch ein Weinpräsent im Wert von 35 Euro zzgl. 6,65 Euro Umsatzsteuer. Durch das zweite Geschenk wurde die Freigrenze überschritten, so dass das erste Geschenk nach § 4 Abs. 5 EStG nun auch nicht abziehbar ist. Es ist hierdurch eine Vorsteuerkorrektur nach § 17 Abs. 2 Nr. 5 UStG durchzuführen in Höhe von 4,75 Euro. Die Vorsteuern für das zweite Geschenk sind bereits nach § 15 Abs. 1a UStG nicht abziehbar.

IV. Aufwendungen für Bewirtungen (§ 4 Abs. 5 Satz 1 Nr. 2 EStG)

Sind die **Aufwendung für die Bewirtung von Personen** aus geschäftlichem Anlass angemessen und nachgewiesen, so kann der Steuerpflichtige einen Vorsteueranspruch geltend machen, § 15 Abs. 1a Satz 2 UStG. Dieser kann auch in voller Höhe geltend gemacht werden und beschränkt sich nicht auf die in § 4 Abs. 5 Satz 1 Nr. 2 EStG genannten 70 %. Sind jedoch die Aufwendungen als unangemessen anzusehen, so ist der Vorsteuerabzug nach § 15 Abs. 1a Satz 1 UStG i.V.m. § 4 Abs. 5 Satz 1 Nr. 2 EStG ausgeschlossen. Bis zu welcher Höhe die Bewirtungsaufwendungen als angemessen gelten, richtet sich nach der allgemeinen Verkehrsauffassung und den Umständen des Einzelfalls.[7] Hierbei ist darauf abzustellen, ob ein ordentlicher und gewissenhafter Unternehmer derartige Aufwendungen angesichts der zu erwartenden Vorteile getätigt hätte.[8] Eine Versagung des Vorsteuerabzugs bei ertragssteu- 230

1 BFH, Urt. v. 21.5.2014 – V R 34/13, BStBl. II 2014, 914 = UR 2014, 774.
2 Vgl. H 9b EStR.
3 Abschn. 15.6. Abs. 4 Satz 6 UStAE.
4 Abschn. 15.6. Abs. 4 Satz 2 UStAE.
5 Abschn. 15.6. Abs. 5 UStAE.
6 Nach Abschn. 15.6. Abs. 5 UStAE.
7 BFH, Urt. v. 16.2.1990 – III R 21/86, BStBl. II 1990, 575.
8 H 4.10 (5-9) i.V.m. H 4.10 (12) EStR.

erlich angemessenen Aufwendungen allein wegen Nichteinhaltung der formellen Formvorschrift der einzelnen und getrennten Aufzeichnung nach § 4 Abs. 7 EStG ist jedoch nicht zulässig.[1]

V. Aufwendung für Gästehäuser (§ 4 Abs. 5 Satz 1 Nr. 3 EStG)

231 Ein weiterer Ausschlussgrund besteht, wenn der Steuerpflichtige **Aufwendungen** für Einrichtungen außerhalb des Betriebs tätigt, soweit diese **der Bewirtung, Beherbergung oder Unterhaltung von Personen** dienen, die nicht Arbeitnehmer des Steuerpflichtigen sind (sog. Gästehäuser), § 15 Abs. 1a Satz 1 UStG i.V.m. § 4 Abs. 5 Satz 1 Nr. 3 EStG. Wird dagegen die Einrichtung den eigenen Arbeitnehmern zur Verfügung gestellt, so greift der Ausschluss nicht.

VI. Aufwendung für Jagd, Fischerei, Segel- oder Motorjachten (§ 4 Abs. 5 Satz 1 Nr. 4 EStG)

232 **Aufwendungen für die Jagd, Fischerei, Segel- oder Motorjachten oder für ähnliche Zwecke** schließen einen Vorsteuerabzug nach § 15 Abs. 1a Satz 1 UStG i.V.m. § 4 Abs. 5 Satz 1 Nr. 4 EStG aus. Die Vorschrift greift nach Auffassung des BFH allerdings nur, wenn die Aufwendungen der sportlichen Betätigung, der Unterhaltung von Geschäftsfreunden, der Freizeitgestaltung oder der Repräsentation dienen.[2] An dieser Stelle kann jedoch – um Abgrenzungsschwierigkeiten zu vermeiden – auf eine typisierende Betrachtungsweise zurückgegriffen werden.[3]

233 Für die Annahme einer ähnlichen Tätigkeit i.S.d. § 4 Abs. 5 Satz 1 Nr. 4 EStG muss eine mit den genannten vergleichbare Tätigkeit vorliegen, wobei die Tätigkeit einer überdurchschnittlichen Repräsentation, der Unterhaltung von Geschäftsfreunden, der Freizeitgestaltung oder der sportlichen Betätigung dienen muss.[4]

234 Sind die genannten Zwecke Gegenstand einer mit Gewinnerzielungsabsicht unternommenen Tätigkeit des Steuerpflichtigen (bspw. eine Jachtvermietung), so greift das Abzugsverbot nach § 4 Abs. 5 Satz 2 EStG nicht. In diesem Fall ist auch ein Vorsteuerabzug möglich,[5] soweit die entsprechenden Voraussetzungen gegeben sind.

VII. Die Lebensführung berührende unangemessene Aufwendungen (§ 4 Abs. 5 Satz 1 Nr. 7 EStG)

235 Bei sonstigen **Aufwendungen, die die private Lebensführung des Steuerpflichtigen betreffen**, besteht nach § 15 Abs. 1a Satz 2 UStG i.V.m. § 4 Abs. 5 Satz 1 Nr. 7 EStG ein Ausschluss des Vorsteuerabzugsrecht, wenn die entsprechenden Aufwendungen unangemessen sind. Hinsichtlich der Angemessenheit stellt sich auch hier die Frage, ob ein ordentlicher und gewissenhafter Geschäftsführer derartige Aufwendungen getätigt hätte.[6] An dieser Stelle sind insbesondere die Größe des Unternehmens, die Höhe des längerfristigen Umsatzes, die Üblichkeit in vergleichbaren Betrieben und die Bedeutung für den Geschäftserfolg zu beachten.[7]

236 In der Rechtsprechung wurden folgende Ausgaben im jeweiligen Einzelfall als unangemessen eingestuft: Erwerb eines Ferraris durch einen Zahnarzt,[8] Anschaffung eines Lamborghini Aventador

1 Abschn. 15.6. Abs. 2 Satz 5 UStAE.
2 BFH, Urt. v. 3.2.1992 – I R 18/92, BStBl. II 1993, 367 = FR 1993, 396.
3 BFH, Urt. v. 7.2.2007 – I R 27-29/05, BFHE 216, 536 = FR 2007, 888 m. Anm. *Pezzer*; BFH, Beschl. v. 15.12.2021 – XI R 19/18, BFHE 275, 401 = UR 2022, 496.
4 BFH, Urt. v. 2.7.2008 – XI R 66/06, BStBl. II 2009, 206 = UR 2008, 919.
5 Vgl. BFH, Urt. v. 21.5.2014 – V R 34/13, BStBl. II 2014, 914, UR 2014, 774.
6 BFH, Urt. v. 29.4.2014 – VIII R 20/12, BStBl. II 2014, 679 = FR 2014, 815.
7 FG Baden-Württemberg, Urt. v. 6.6.2016 – 1 K 3386/15, EFG 2016, 1833.
8 FG Baden-Württemberg, Urt. v. 6.6.2016 – 1 K 3386/15, EFG 2016, 1833.

durch ein Gebäudereinigungsunternehmen[1] oder die Nutzung eines Hubschraubers als Fortbewegungsmittel.[2]

VIII. Aufwendung der privaten Lebensführung (§ 12 Nr. 1 EStG)

Schließlich verweist § 15 Abs. 1a UStG auf § 12 Nr. 1 EStG. Hiernach sind die **Vorsteuerbeträge, die der privaten Lebensführung zuzuordnen sind**, nicht abziehbar. Dies sind insbesondere Aufwendungen für die Lebensführung, die die wirtschaftliche oder gesellschaftliche Stellung des Steuerpflichtigen mit sich bringt oder die beruflich oder gewerblich veranlasst sind, § 12 Nr. 1 Satz 2 EStG.[3] Die Vorschrift findet jedoch erst dann Anwendung, wenn für die Aufwendungen in § 10 Abs. 1 Nr. 2–5, 7, 9 sowie Absatz 1a Nr. 1 und §§ 10a, 10b, 33–33b EStG nichts anderes geregelt ist. 237

Teilweise wird der Verweis in § 15 Abs. 1a UStG auf § 12 Nr. 1 EStG als unionsrechtswidrig angesehen, da er erst nach Inkrafttreten der 6. EG-Richtlinie eingeführt wurde und davor weder unmittelbar noch mittelbar als Ausschlussgrund angelegt war.[4] Die sog. **Stillhalteklausel** in Art. 176 MwStSystRL (Art. 17 Abs. 6 Unterabs. 2 der 6. EG-Richtlinie) erlaubt lediglich alle bestehenden Ausschlussgründe der Mitgliedstaaten, solange diese bereits vor dem Inkrafttreten der 6. EG-Richtlinie vorgesehen waren. Ein späteres Einfügen von Ausschlussgründen ist jedoch im Hinblick auf den Neutralitätsgrundsatz nur möglich, wenn eine unionsrechtliche Ermächtigung eingeholt wurde. Eine solche wurde jedoch nicht eingeholt, so dass sich die Frage der Unionsrechtswidrigkeit danach beurteilt, ob der Ausschlussgrund bereits zuvor mittelbar angelegt war. 238

Es ist zu beachten, dass Aufwendungen im Zusammenhang mit Tätigkeiten, die ertragssteuerlich als **Liebhaberei** gewertet werden, nicht unter § 12 Nr. 1 EStG und damit auch nicht unter das Abzugsverbot des § 15 Abs. 1a UStG[5] fallen, da die Anwendung von § 12 Nr. 1 EStG erfordert, dass die Tätigkeit einer Einkunftsart nach § 2 Abs. Nr. 1–7 EStG zuzuordnen ist. Dies ist bei Liebhaberei aber nicht der Fall. Ein Vorsteuerabzug kommt aber grundsätzlich dennoch in Betracht, da für eine Unternehmereigenschaft keine Gewinnerzielungsabsicht erforderlich ist, sondern bereits eine nachhaltige Tätigkeit ausreicht. In einem derartigen Fall sind die Vorsteuerbeträge abzugsfähig, sofern eine Unternehmereigenschaft vorliegt. 239

D. Ausschluss bei privater Grundstücksverwendung (Absatz 1b)

I. Allgemeines

Ein weiterer Ausschlussgrund für den Vorsteueranspruch findet sich in § 15 Abs. 1b UStG. Er betrifft Grundstücke, die sowohl für Zwecke des Unternehmens als auch für nichtunternehmerische Zwecke oder für den privaten Bedarf des Personals genutzt werden. In diesem Fall kann der Vorsteueranspruch lediglich in der Höhe geltend gemacht werden, soweit er auf die **Verwendung des Grundstücks für das Unternehmen** entfällt. Der Ausschluss ist nach § 15 Abs. 1b Satz 2 UStG entsprechend auch auf Berechtigungen anzuwenden, für die die bürgerrechtlichen Vorschriften für Grundstücke gelten (z.B. Nießbrauch oder Erbpacht), und auf Gebäude auf fremden Grund und Boden. Unionsrechtliche Grundlage dieses Ausschlusses ist Art. 168a Abs. 1 MwStSystRL. Die Norm ist gemäß § 27 Abs. 16 UStG nicht auf Wirtschaftsgüter anwendbar, die aufgrund eines vor dem 1.1.2011 rechtswirksam abgeschlossenen obligatorischen Vertrags angeschafft worden sind oder deren Herstellung (Stellung des Bauantrags bzw. bei baugenehmigungsfreien Gebäuden die Einreichung der Bauunterlagen) vor dem 1.1.2011 begann. Ein Anbau kann hinsichtlich des Herstellungszeitpunkts dann als eigenständiges Ge- 240

1 FG Hamburg, Beschl. v. 12.4.2018 – 2 V 10/18.
2 BFH, Urt. v. 27.2.1985 – I R 20/82, BStBl. II 1985, 458.
3 Vgl. zur bürgerlichen Kleidung BFH, Urt. v. 24.8.2022 – XI R 3/22, BStBl. II 2023, 936 = UR 2023, 163 m. Anm. *Hoeveler*.
4 So *Oelmaier* in Sölch/Ringleb, § 15 UStG Rz. 639 (Stand: Juni 2018); FG München, Urt. v. 23.2.2006 – 14 K 3585, EFG 2006, 1018.
5 BMF, Schr. v. 14.7.2000 – IV D 1-S 7303 a – 5-00.

bäude betrachtet werden, wenn er vom ursprünglichen Gebäude abgrenzbar ist und in keinem Nutzungs- und Funktionszusammenhang steht.[1]

241 Die Einführung dieser Norm erfolgte als Antwort auf das sog. **Seeling-Modell**[2], bei dem ein bebautes Grundstück, welches teils unternehmerisch und teils nichtunternehmerisch genutzt wird, komplett dem Unternehmen zugeordnet wird und dadurch auch der volle Vorsteuerabzug möglich ist bzw. war. Die private Nutzung musste in diesem Fall als unentgeltliche Wertabgabe nach § 3 Abs. 9a Nr. 1 UStG versteuert werden (§ 3 Rz. 552 ff.). Auf diese Weise konnte sich der Unternehmer einen erheblichen Liquiditätsvorteil sichern, da er durch die Gewährung des Vorsteuerabzugs quasi ein zinsloses Darlehen über zehn Jahre erhalten hat.

242 Die Vorschrift stellt **kein Zuordnungsverbot** einer gemischt genutzten Sache dar, sondern bewirkt eine **Beschränkung des Vorsteuerabzugsrechts**. Das Grundstück kann demnach trotz dieser Vorschrift voll dem Unternehmen zugeordnet werden (was hinsichtlich einer späteren Änderung der Nutzungsverhältnisse wegen § 15a UStG auch zu empfehlen sein kann, s. § 15a Rz. 89 ff.). Eine Zuordnung muss rechtzeitig dem FA gegenüber erklärt werden (Rz. 104 ff.). Ist § 15 Abs. 1b UStG einschlägig, so findet keine Besteuerung als unentgeltliche Wertabgabe statt, § 3 Abs. 9a Nr. 1 Halbs. 2 UStG.

II. Reichweite

243 Für die Annahme einer teilweise unternehmensfremden Nutzung ist es notwendig, dass derartige Grundstücksverwendungen vorliegen, die eine unentgeltliche Wertabgabe nach § 3 Abs. 9a Nr. 1 UStG auslösen können.[3] Hierbei ist es nicht notwendig, dass die verschiedenen Nutzungen räumlich voneinander abgegrenzt sind, sondern es kann auch eine zeitliche Aufteilung stattfinden (wie bspw. bei einer Mehrzweckhalle oder bei einer Ferienwohnung).[4] Bei Vorliegen eines derartigen **gemischt genutzten Grundstücks** ist der Anspruch auf Vorsteuerabzug anteilmäßig ausgeschlossen. Die **Aufteilung in einen abziehbaren und nichtabziehbaren Anteil** erfolgt gemäß § 15 Abs. 4 Satz 4 UStG nach Maßgabe des § 15 Abs. 4 UStG. Inhaltlich werden sowohl die Kosten für die Lieferung, die Einfuhr und den innergemeinschaftlichen Erwerb als auch für die sonstigen Leistungen im Zusammenhang mit diesem Grundstück erfasst. Kosten die für Dienstleistungen entstehen, die nicht der Herstellung des Gebäudes dienen, sind bereits bei Leistungsbezug aufzuteilen, da es in diesem Fall kein Zuordnungswahlrecht gibt;[5] § 15 Abs. 1b UStG ist in diesem Fall nicht einschlägig. Auch keine Anwendung findet die Beschränkung auf Gegenstände, die ein selbständiges Zuordnungsobjekt i.S.d. § 15 Abs. 1 UStG sind, wie bspw. eine Photovoltaikanlage oder ein Blockheizkraftwerk.[6]

244 Die Reichweite des § 15 Abs. 1b UStG soll anhand eines Beispiels verdeutlicht werden:

245 **Beispiel:**
Unternehmer U errichtete zum 1.1.2014 ein Gebäude mit Herstellungskosten in Höhe von 400.000 Euro zzgl. 76.000 Euro Umsatzsteuer. Bereits bei Errichtung ist geplant, dass lediglich das Erdgeschoss des Hauses (50 % der Fläche des Hauses) für das Unternehmen genutzt werden sollte. Die restlichen 50 % (das Obergeschoss) soll als Wohnung des U dienen. Er ordnete das Grundstück mitsamt dem Haus jedoch vollständig durch eine Erklärung gegenüber dem FA dem Unternehmen zu. In der Umsatzsteuererklärung des Jahres 2014 kann U wegen § 15 Abs. 1b UStG jedoch lediglich 50 % der Vorsteuer, also 38.000 Euro, geltend machen. Eine Wertabgabenbesteuerung nach § 3 Abs. 9a Nr. 1 UStG findet nicht statt. Erhöht sich später der unternehmerisch genutzte Anteil, so kann eine Vorsteuerberichtigung nach § 15a UStG in entsprechender Höhe in Anspruch genommen werden.

Wurde dagegen das Grundstück bei Anschaffung lediglich in Höhe der unternehmerischen Nutzung dem Unternehmen zugeordnet, so liegt bereits kein Fall des § 15 Abs. 1b UStG vor, da ein Vorsteueranspruch in diesem Fall ohnehin nur in entsprechender Höhe der Zuordnung geltend gemacht werden kann. Würde sich allerdings später

1 BFH, Urt. v. 23.9.2009 – XI R 18/08, BStBl. II 2010, 313 = UR 2010, 237.
2 Vgl. hierzu EuGH, Urt. v. 8.5.2003 – C-269/00, ECLI:EU:C:2003:254 – Seeling, BStBl. II 2004, 378 = UR 2003, 288 m. Anm. *Burgmaier.*
3 Abschn. 15.6a. Abs. 2 Satz 2 UStAE.
4 Vgl. BFH, Urt. v. 3.3.2011 – V R 23/10, BStBl. II 2012, 74 = UR 2011, 617 m. Anm. *Küffner*; Abschn. 15.6a. Abs. 2 Satz 6 UStAE.
5 BFH, Urt. v. 14.10.2015 – V R 10/14, BStBl. II 2016, 717 = UR 2016, 35.
6 Abschn. 15.6a. Abs. 3 Satz 3 UStAE.

die unternehmerische Nutzung erhöhen, so kommt keine Berichtigung nach § 15a UStG in Betracht. Diese Unterschiede sind bei der steuerlichen Beratung zu beachten.

Tätigt U ferner im selben Jahr laufende Aufwendungen für das gesamte Grundstück in Höhe von 800 Euro zzgl. 152 Euro Umsatzsteuer, so kommt eine Zuordnung derartiger Aufwendungen zum Unternehmen nicht in Betracht. Es findet von vornherein eine Aufteilung statt. Es können demnach vorliegend nur 76 Euro diesbezüglich als Vorsteuer geltend gemacht werden.

E. Ausschluss für vorsteuerabzugsschädliche Umsätze (Absätze 2 und 3)

I. Regelungsgegenstand

246 Ein Ausschluss des Vorsteuerabzugsrechts kann auch dann bestehen, wenn der Unternehmer die Eingangsleistungen für Umsätze verwendet, die steuerfrei sind (Absatz 2 Satz 1 Nr. 1) oder für Umsätze im Ausland verwendet, die – wenn sie im Inland ausgeführt worden wären – steuerfrei wären (Absatz 2 Satz 1 Nr. 2). Auch aus Art. 168 MwStSystRL („*für* die Zwecke seiner besteuerten Umsätze", vormals in Art. 17 Abs. 2 der 6. EG-Richtlinie) ergibt sich, dass zwischen den Eingangsumsätzen und den steuerpflichtigen Ausgangsumsätzen ein gewisser Zusammenhang bestehen muss.

II. Systematik

247 Die **Einschränkung des Neutralitätsgrundsatzes** wird durch § 15 Abs. 3 UStG teilweise wieder aufgehoben, indem einige **Gegenausnahmen** zu Absatz 2 angeführt sind. Ist eine derartige Gegenausnahme gegeben, kann der Steuerpflichtige trotz Verwendung der Eingangsumsätze für steuerfreie Umsätze seinen Vorsteueranspruch geltend machen. Das Recht auf Vorsteuerabzug entsteht bereits bei Leistungsbezug, so dass oft nicht unmittelbar eine Leistung ausgeführt wird. Maßgeblich ist daher für das Vorliegen des Ausschlussgrundes nach § 15 Abs. 2 UStG die Verwendungsabsicht des Unternehmers im Zeitpunkt des Leistungsbezugs (s. für neuere Entwicklung bei abweichender tatsächlicher Nutzung Rz. 248.1 ff.).[1]

248 Von dem Ausschluss nach Absatz 2 ist der Fall zu unterscheiden, dass die Eingangsleistungen des Unternehmers für nicht steuerbare Leistungen verwendet werden. Ist dies der Fall, so scheitert ein Vorsteueranspruch mangels Verwendung für eine wirtschaftliche Tätigkeit bereits an den Voraussetzungen des § 15 Abs. 1 Satz 1 Nr. 1 UStG.

III. Ausschluss des Vorsteuerabzugs

1. Zeitpunkt- oder Zeitraumbetrachtung?

248.1 Das Recht auf Vorsteuerabzug entsteht bereits bei Leistungsbezug (Rz. 186).[2] Da oft nicht unmittelbar nach Leistungsbezug eine Leistung ausgeführt wird, ist für das Vorliegen des Ausschlussgrundes nach § 15 Abs. 2 UStG die Verwendungsabsicht des Unternehmers im Zeitpunkt des Leistungsbezugs maßgebend.[3] Weicht die tatsächliche Nutzung von der geplanten Nutzung ab, sieht das UStG eine Vorsteuerberichtigung explizit nur über § 15a UStG vor. Zugleich kann ein nicht beanspruchter Vorsteuerabzug nicht nachgeholt werden.[4]

1 BFH, Urt. v. 22.3.2001 – V R 46/00, BStBl. II 2003, 433 = UR 2001, 360; Abschn. 15.12. Abs. 1 Satz 7 UStAE.

2 Z.B. EuGH, Urt. v. 6.7.1995 – C-62/93, ECLI:EU:C:1995:223 – Soupergaz, UR 1995, 404 m. Anm. *Lohse*; EuGH, Urt. v. 15.12.2005 – C-63/04, ECLI:EU:C:2005:773 – Centralan Property, UR 2006, 418, Rz. 50.

3 BFH, Urt. v. 22.3.2001 – V R 46/00, BStBl. II 2003, 433 = UR 2001, 360; BFH, Urt. v. 10.8.2016 – XI R 31/09, BStBl. II 2022, 736 = UR 2016, 846; BFH, Urt. v. 26.4.2018 – V R 23/16, BStBl. II 2022, 743 = UR 2018, 807; BFH, Urt. v. 18.9.2019 – XI R 3/19, BStBl. II 2021, 112 = UR 2020, 265; BFH, Urt. v. 18.9.2019 – XI R 7/19, BStBl. II 2021, 118 = UR 2020, 271; Abschn. 15.12 Abs. 1 Sätze 6 und 7 UStAE; Abschn. 15a.2 Abs. 2 Satz 2 UStAE.

4 BFH, Urt. v. 25.11.2004 – V R 38/03, BStBl. II 2005, 414 = UR 2005, 164.

248.2 Dieser Standpunkt hat sich vor 20 Jahren herausgebildet, nachdem der BFH[1] seine Rechtsprechung im Anschluss an die EuGH-Urteile *Breitsohl*[2] und *Schloßstraße*[3] vom Vorsteuerabzug aufgrund der erstmaligen Verwendung hin zum Vorsteuerabzug basierend auf der Verwendungsabsicht angepasst hat. In beiden Fällen hatten die Steuerpflichtigen ursprünglich die Absicht, umsatzsteuerpflichtige Tätigkeiten auszuüben, davon abweichend aber in einem dem Leistungsbezug folgenden Besteuerungszeitraum umsatzsteuerfreie Umsätze erbracht (im Urteil *Breitsohl* umsatzsteuerfreier Grundstücksverkauf wegen einer gescheiterten Unternehmensgründung und im Urteil *Schloßstraße* umsatzsteuerfreie Vermietung wegen einer unerwarteten Gesetzesänderung). Der EuGH stellte maßgeblich auf die Absicht der Steuerpflichtigen ab und gewährte den Vorsteuerabzug. Im Anschluss an diese EuGH-Urteile wurde § 15a Abs. 1 Satz 1 UStG zum 1.1.2002 klarstellend angepasst. Wird eine bezogene Leistung in einem späteren Besteuerungszeitraum abweichend von der ursprünglichen Absicht des Unternehmers tatsächlich nicht zur Ausführung steuerpflichtiger Umsätze verwendet, fällt dies ebenfalls unter § 15a UStG (§ 15a Rz. 75 ff.). Zuvor waren Fälle der anfänglich abweichenden Verwendung nicht vom Wortlaut der nationalen Regelung umfasst.[4]

248.3 Die danach ergangene Rechtsprechung des BFH erscheint nicht ganz einheitlich. Teilweise soll für den Vorsteuerabzug allein die Verwendungsabsicht im Zeitpunkt des Leistungsbezugs[5] bzw. der Anzahlung[6] maßgebend sein. Nach anderen Entscheidungen soll dies nur bei erstmaliger Verwendung im Folgejahr des Leistungsbezugs gelten.[7] In einer weiteren Entscheidung stellt der BFH für den Vorsteuerabzug auf den Besteuerungszeitraum (also das Jahr) insgesamt und „die für diesen Zeitraum im Nachhinein festzustellenden Verhältnisse" ab.[8]

248.4 Aufgrund der jüngeren Entscheidungen des EuGH *Sonaecom SGPS*[9] und *Stichting Schoonzicht*[10] ist eine Diskussion entbrannt, ob eine Rückkehr zur alten Praxis bevorsteht, wonach an die Stelle der beabsichtigten wieder die tatsächliche Verwendung tritt.[11] Der EuGH entschied in der Rs. *Sonaecom SGPS*, dass die tatsächliche Verwendung der Gegenstände und Dienstleistungen Vorrang vor der ursprünglichen Absicht habe, da nach dem Wortlaut der MwStSystRL das Recht auf Vorsteuerabzug aufgrund der Verwendung bestehe. Die tatsächliche Verwendung sei zur Gewährleistung präziser Ergebnisse maßgeblich. Ein alleiniges Abstellen auf die Absicht gefährde aufgrund von Wettbewerbsverzerrungen das Funktionieren des Mehrwertsteuersystems. In dem zu Grunde liegenden Fall erfolgte die von der Absicht abweichende tatsächliche Verwendung noch im Jahr des Leistungsbezugs.

248.5 In der Rechtssache *Stichting Schoonzicht* bejahte der EuGH die Unionskonformität einer niederländischen Regelung, nach der eine Sofortberichtigung des geltend gemachten Vorsteuerabzugs vorzunehmen ist, wenn die erstmalige Verwendung von der ursprünglichen Verwendungsabsicht abweicht. Der EuGH bewertet die niederländische Regelung anhand der Art. 184 und 185 MwStSystRL. Auch wenn denn Entscheidung nicht ganz eindeutig ist, negiert der EuGH m.E. nicht rückwirkend den ursprünglich geltend gemachten Vorsteuerabzug, sondern gesteht den Mitgliedstaaten einen Wertungsspielraum bei den Art. 184 und Art. 185 MwStSystRL zu, der sogar eine Vollberichtigung des Vorsteu-

1 BFH, Urt. v. 22.2.2001 – V R 77/96, BStBl. II 2003, 426 = UR 2001, 260; BFH, Urt. v. 8.3.2001 – V R 24/98, BStBl. II 2003, 430 = UR 2001, 264.

2 EuGH, Urt. v. 8.6.2000 – C-400/98, ECLI:EU:C:2000:304 – Breitsohl, BStBl. II 2003, 452 = UR 2000, 329 m. Anm. *Widmann*.

3 EuGH, Urt. v. 8.6.2000 – C-396/98, ECLI:EU:C:2000:303 – Schloßstraße, BStBl. II 2003, 446 = UR 2000, 336 m. Anm. *Widmann*.

4 StÄndG 2001, Drucks. 14/6877, Gesetzesbegründung zu Nummer 7a (§ 15a Abs. 1 Satz 1 UStG).

5 BFH, Urt. v. 22.3.2001 – V R 46/00, BStBl. II 2003, 433 = UR 2001, 360.

6 Abschn. 15.12 Abs. 1 Satz 14 UStAE mit Hinweis auf BFH, Urt. v. 17.5.2001 – V R 38/00, BStBl. II 2003, 434 = UR 2001, 550.

7 BFH, Urt. v. 22.2.2001 – V R 77/96, BStBl. II 2003, 426 = UR 2001, 260; BFH, Urt. v. 8.3.2001 – V R 24/98, BStBl. II 2003, 430 = UR 2001, 264; BFH, Urt. v. 2.3.2006 – V R 49/05, BStBl. II 2006, 729 = UR 2006, 601; BFH, Urt. v. 7.7.2011 – V R 21/10, BStBl. II 2014, 81, = UR 2012, 449, Rz. 25 ff.

8 BFH, Urt. v. 24.4.2013 – XI R 25/10, BStBl. II 2014, 346, Rz. 34.

9 EuGH, Urt. v. 12.11.2020 – C-42/19, ECLI:EU:C:2020:913 – Sonaecom, UR 2020, 967 m. Anm. *Heinrichshofen*.

10 EuGH, Urt. v. 17.9.2020 – C-791/18, ECLI:EU:C:2020:731 – Stichting Schoonzicht, UR 2020, 927.

11 *Lippross*, UR 2020, 918 (920) mit Verweis auf u.a. *Lippross*, DStR 2006, 1028; *Lippross*, DStR 2003, 1593; *Englisch* in Tipke/Lang[24], Steuerrecht, Rz. 17.351; *Wäger*, UR 2021, 889 ff.

erabzugs im Zeitpunkt der erstmaligen Verwendung zulässt. Damit widerspricht der EuGH jedoch m.E. nicht unbedingt seinen früheren Urteilen *Breitsohl* und *Schloßstraße*. Denn die zulasten des Steuerpflichtigen vorzunehmende Berichtigung setzt zunächst eine vorherige Bejahung des Vorsteuerabzugs – anhand der Absicht – voraus. Der EuGH räumt vielmehr den Hauptkritikpunkt am Vorsteuerabzug nach geplanter Absicht aus dem Weg, der bei abweichender tatsächlicher Verwendung in einem zinslosen „Steuerkredit" durch den Staat besteht.[1]

Da dem nationalen Recht eine Vollberichtigung für den Fall der von der Absicht abweichende Erstverwendung fremd ist, stellt sich die Frage, ob das nationale Recht gemessen an den neueren Entscheidungen des EuGH unionsrechtskonform auszulegen ist. Hierbei wäre zu differenzieren, ob eine mögliche Sofortberichtigung zulasten (Absicht einer steuerpflichtigen Verwendung, tatsächlich aber Ausführung eines steuerfreien Umsatzes) oder zu zugunsten (Absicht einer steuerfeien Verwendung, tatsächlich aber Ausführung eines steuerpflichtigen Umsatzes) des Unternehmers erfolgen würde. Zulasten des Unternehmers dürfte dies im Grundsatz zu verneinen sein.[2] Der nationale Gesetzgeber hat mit § 15a Abs. 1 und Abs. 5 UStG eine eindeutige und nur zeitanteilige Berichtigungsmöglichkeit geschaffen. Diese ausdrückliche gesetzgeberische Wertung darf nicht über eine Bezugnahme auf § 17 Abs. 1 Satz 8 UStG, § 15 Abs. 2 UStG oder durch eine Analogie zu § 15a Abs. 2 UStG[3] umgangen werden (§ 15a Rz. 4.2 ff.).[4] Die Grenzen einer unionsrechtskonformen Auslegung sind aber dann erreicht, wenn sie für eine Auslegung contra legem des nationalen Rechts dienen. Daher ist m.E. eine Sofortberichtigung nach nationalem Recht nicht zulässig, wenn die tatsächliche von der ursprünglichen Verwendungsabsicht bei Erstverwendung abweicht; sei es im Jahr des Leistungsbezugs oder im Folgejahr. Teile der Literatur halten dementgegen eine Anpassung des Vorsteuerabzugs an die tatsächlich Verwendung zumindest bei von der Absicht abweichender Verwendung im Jahr des Leistungsbezugs für möglich und begründen dies im Wesentlichen mit einer gebotenen Jahresbetrachtung für den Vorsteuerabzug.[5] 248.6

Auch wenn die EuGH-Urteile *Sonaecom SGPS* und *Stichting Schoonzicht*[6] keine eindeutige Wertung zulassen, halte ich eine Berufung auf Art. 184 und Art. 185 MwStSystRL zugunsten des Steuerpflichtigen für durchaus denkbar. Beruft sich der Steuerpflichtige unter Berücksichtigung der genannten Urteile auf Art. 184 und Art. 185 MwStSystRL, könnte dies bei abweichender Verwendung im Jahr des Leistungsbezugs zu einer Gewährung des Vorsteuerabzugs und bei abweichender Verwendung im Folgejahr des Leistungsbezugs zu einer Vollberichtigung zu seinen Gunsten führen.[7] 248.7

Es ist nunmehr Aufgabe des nationalen Gesetzgebers und nicht der Gerichte, die Besteuerung in die unional richtige Struktur zu bringen.[8] Der nationale Gesetzgeber sollte sich veranlasst sehen, den Anwendungsbereich des § 15a UStG entsprechend den Vorgaben des EuGH auf Änderungen ab der Erstverwendung einzuschränken und eine zusätzliche Vollberichtigung einzuführen (§ 15a Rz. 4.3 ff.).[9] 248.8

2. Verwendung für steuerfreie Umsätze (§ 15 Abs. 2 Satz 1 Nr. 1 und Abs. 3 Nr. 1 UStG)

a) Regelungsgegenstand

Nach § 15 Abs. 2 Satz 1 Nr. 1 UStG sind **Vorsteuerbeträge, die mit steuerfreien Umsätzen wirtschaftlich zusammenhängen**, grds. vom Abzug ausgeschlossen. Umsatzsteuerliche Steuerbefreiungen finden sich in § 4 Nr. 1–29, § 25 Abs. 2 und § 26 Abs. 5 UStG. Die Steuerbefreiungen müssen jedoch immer im Zusammenhang mit § 15 Abs. 3 Nr. 1 UStG betrachtet werden, da hier einige Rückausnah- 249

1 *Wäger*, UR 2021, 889 (891).
2 *Wäger*, UR 2021, 889 (893).
3 *Stadie* in Rau/Dürrwächter, § 15 UStG Rz. 1734 (Stand: Januar 2022).
4 *Wäger*, UR 2021, 889 (893).
5 *Stadie* in Rau/Dürrwächter, § 15 UStG Rz. 1734 (Stand: Januar 2022); *Frye* in Rau/Dürrwächter, § 15a UStG, Rz. 171 ff. (Stand: Januar 2023).
6 EuGH, Urt. v. 17.9.2020 – C-791/18, ECLI:EU:C:2020:731 – Stichting Schoonzicht, UR 2020, 927.
7 *Wäger*, UR 2021, 889 (893); *Stadie* in Rau/Dürrwächter, § 15 UStG Rz. 1734 (Stand: Januar 2022).
8 *Heuermann*, UR 2021, 262 (268).
9 *Wäger*, UR 2021, 889 (893).

men vom Ausschluss des Vorsteuerabzugs geregelt sind und mithin doch ein Vorsteuerabzug möglich ist.

b) Ausschluss nach § 15 Abs. 2 Satz 1 Nr. 1 UStG

250 In der Gesamtschau von Absatz 2 Nr. 1 und Absatz 3 Nr. 1 Buchst. a UStG ist daher bei den folgenden Umsätzen ein Vorsteuerabzugsrecht ausgeschlossen:
§ 4 Nr. 8–29 UStG, also z.B. § 4 Nr. 8 UStG (Finanzumsätze) und § 4 Nr. 9a UStG (Umsätze, die unter das Grunderwerbsteuergesetz fallen), § 4 Nr. 9b (Umsätze, die unter das Rennwett- und Lotteriegesetz fallen); 4 Nr. 10 UStG (Versicherungsumsätze), § 4 Nr. 12a–c (u.a. Vermietung und Verpachtung), § 4 Nr. 14 (Heilbehandlungen), § 4 Nr. 16 (Pflegeumsätze), § 4 Nr. 29 (Kooperationsleistungen).

251 **Beispiel:**
Ein Unternehmer vermietet eine inländische Immobilie umsatzsteuerfrei nach § 4 Nr. 12 Buchst. a UStG. Ein Vorsteuerabzug aus mit der Vermietung zusammenhängenden Kosten (z.B. Renovierungskosten) ist nach § 15 Abs. 2 Nr. 1 UStG ausgeschlossen.

c) Rückausnahmen nach § 15 Abs. 3 Nr. 1 Buchst. a UStG

252 Bei den folgenden Umsätzen ist das Recht auf Vorsteuerabzug durch die Rückausnahme in § 15 Abs. 3 Nr. 1 Buchst. a UStG hingegen nicht ausgeschlossen, also doch möglich:
- § 4 Nr. 1–7 UStG (bspw. Ausfuhrlieferungen, innergemeinschaftliche Lieferungen);
- § 25 Abs. 2 UStG (steuerfreie Reiseleistungen);
- § 26 Abs. 5 UStG (steuerfreie Umsätze nach dem NATO-Zusatzabkommen).

253 **Beispiel:**
Unternehmer U veräußert eine Maschine an F in Frankreich. Er befördert die Maschine nach Frankreich. U hatte diese Maschine von einem anderen deutschen Unternehmer erworben und darüber eine Rechnung mit gesondert ausgewiesener Umsatzsteuer erhalten.
Der Unternehmer tätigt an F bei Vorliegen aller Voraussetzungen von § 4 Nr. 1 Buchst. b, § 6a UStG eine steuerfreie innergemeinschaftliche Lieferung. Die Vorsteuer aus dem Erwerb der Maschine kann U geltend machen. Ein Ausschluss vom Vorsteuerabzug (§ 15 Abs. 2 Satz 1 Nr. 1 UStG) tritt nach § 15 Abs. 3 Nr. 1 Buchst. a UStG nicht ein, da die Eingangsleistung für eine steuerfreie innergemeinschaftliche Lieferung verwendet worden ist.

d) Rückausnahmen nach § 15 Abs. 3 Nr. 1 Buchst. b UStG

254 Bei den folgenden Umsätzen kommt ein Vorsteuerabzug nach der Rückausnahme in § 15 Abs. 3 Nr. 1 Buchst. b UStG dann in Betracht, wenn sich die Umsätze unmittelbar auf Gegenstände beziehen, die in ein Drittland ausgeführt werden:
- § 4 Nr. 8 a–g UStG (steuerfreie Finanzumsätze);
- § 4 Nr. 10, 11 UStG (steuerfreie Versicherungsumsätze);

255 **Beispiel:**[1]
Ein Unternehmer versichert einen Gegenstand, den er in die Schweiz liefern will, gegen Transportschäden. Durch die Transportversicherung ist ein unmittelbarer Zusammenhang zwischen dem Gegenstand, der aus dem Gemeinschaftsgebiet ausgeführt werden soll, mit der Versicherungsleistung gegeben. Letztere ist nach 4 Nr. 10a UStG steuerfrei. Durch das Vorliegen der Voraussetzungen des § 15 Abs. 3 Nr. 1b UStG besteht das Recht auf Vorsteuerabzug.

256 Es kann sich allerdings auch die Konstellation ergeben, dass der Unternehmer den Leistungsbezug für einen Umsatz verwendet, der unter eine Befreiungsnorm des § 15 Abs. 3 UStG fällt und zugleich unter eine andere Steuerbefreiungsvorschrift. Der BFH[2] hatte den Fall zu entscheiden, dass ein Unternehmer **Blutplasma** in das übrige Gemeinschaftsgebiet liefert. Diese Lieferung fällt sowohl unter die in § 15 Abs. 3 UStG genannte Steuerbefreiung des § 4 Nr. 1 Buchst. b UStG als auch unter die hiervon nicht

1 Nach Abschn. 15.13. Abs. 3 UStAE.
2 BFH, Urt. v. 22.8.2013 – V R 30/12, BStBl. II 2014, 133 = UR 2013, 915.

erfasste Vorschrift des § 4 Nr. 17 UStG. Er schloss sich in seinem Urteil dem EuGH[1] an und vertrat die Auffassung, dass bei innergemeinschaftlichen Lieferungen von Gegenständen kein Recht auf Vorsteuerabzug besteht. Der EuGH begründet dies maßgeblich damit, dass, wenn die innergemeinschaftliche Lieferung im Abgangsstaat ein Recht auf Vorsteueranspruch begründe, obwohl eine Inlandslieferung steuerfrei ist, derartige Gegenstände innerhalb des Gemeinschaftsgebiets unter vollständiger Befreiung von der Umsatzsteuer geliefert werden könnten. Schließlich wird in der Entscheidung des EuGH maßgeblich darauf abgestellt, dass ein Vorrangverhältnis der spezifischen vor der allgemeinen Steuerbefreiung besteht.

3. Verwendung für Auslandsumsätze (§ 15 Abs. 2 Satz 1 Nr. 2 und Abs. 3 Nr. 2 UStG)

a) Ausschluss nach § 15 Abs. 2 Satz 1 Nr. 2 UStG

257 Auch dann, wenn Umsätze im Ausland ausgeführt werden, die im Inland steuerfrei wären, besteht ein Ausschluss des Vorsteuerabzugsrechts nach § 15 Abs. 2 Satz 1 Nr. 2 UStG. Die unionsrechtliche Grundlage hierfür ist Art. 168 MwStSystRL (Art. 17 Abs. 2 der 6. EG-Richtlinie).

258 Ob der Umsatz im Ausland als steuerpflichtig oder steuerfrei beurteilt wird, ist in diesem Zusammenhang ohne Belang, da es allein auf die **Beurteilung nach dem deutschen Umsatzsteuerrecht** ankommt.[2]

259 Auch von diesem Ausschluss werden nach § 15 Abs. 3 Nr. 2 UStG Ausnahmen gemacht. Die Rückausnahmen erfolgen hinsichtlich der Steuerbefreiungen parallel zu den Fällen von § 15 Abs. 2 Satz 1 Nr. 1, Abs. 3 Nr. 1 UStG.

b) Rückausnahmen nach § 15 Abs. 3 Nr. 2 Buchst. a UStG

260 Nach § 15 Abs. 3 Nr. 2 Buchst. a UStG tritt der Ausschluss vom Vorsteuerabzug nach § 15 Abs. 2 Satz 1 Nr. 2 UStG (Umsätze im Ausland, die steuerfrei wären, wenn sie im Inland ausgeführt würden) nicht ein, wenn es sich um folgende Umsätze handeln würde:
- § 4 Nr. 1–7 UStG (bspw. Ausfuhrlieferungen, innergemeinschaftliche Lieferungen);
- § 25 Abs. 2 UStG (steuerfreie Reiseleistungen);
- § 26 Abs. 5 UStG (steuerfreie Umsätze nach dem NATO-Zusatzabkommen).

261 **Beispiel:**
Ein deutscher Unternehmer besitzt in den Niederlanden eine Betriebsstätte. Von dort befördert er eine Maschine an einen Erwerber nach Frankreich. Im Zusammenhang mit der Veräußerung der Maschine sind deutsche Vorsteuerbeträge angefallen. Die Lieferung der Maschine wird in den Niederlanden steuerbar ausgeführt, § 3 Abs. 6 Satz 1 UStG. Die deutschen Vorsteuern sind abziehbar; ein Ausschluss vom Vorsteuerabzug (§ 15 Abs. 2 Nr. 2 UStG) tritt nach § 15 Abs. 3 Nr. 2 Buchst. a UStG nicht ein. Wäre die Lieferung im Inland ausgeführt worden, wäre sie als innergemeinschaftliche Lieferung nach § 4 Nr. 1 Buchst. b, § 6a UStG steuerfrei.

c) Rückausnahmen nach § 15 Abs. 3 Nr. 2 Buchst. b UStG

262 Nach § 15 Abs. 3 Nr. 2 Buchst. b UStG tritt der Ausschluss vom Vorsteuerabzug nach § 15 Abs. 2 Satz 1 Nr. 2 UStG (Umsätze im Ausland, die steuerfrei wären, wenn sie im Inland ausgeführt würden) nicht ein, wenn es sich um folgende Umsätze handeln würde:
- § 4 Nr. 8 a–g UStG (steuerfreie Finanzumsätze);
- § 4 Nr. 10, 11 UStG (steuerfreie Versicherungsumsätze)

263 **und** der Leistungsempfänger im Drittlandsgebiet ansässig ist. Für die Bestimmung der Ansässigkeit wird wie folgt differenziert: Ist der Leistungsempfänger Unternehmer, so kommt es auf den Sitz des Unternehmens an; ist er dagegen kein Unternehmer, so ist der Wohnsitz bzw. Sitz maßgeblich.[3]

---

1 EuGH, Urt. v. 7.12.2006 – C-240/05, ECLI:EU:C:2006:763 – Eurodental, UR 2007, 98.
2 Abschn. 15.14. Abs. 1 Satz 2 UStAE.
3 Abschn. 15.14. Abs. 3 Satz 2 UStAE.

264 **Beispiel:**
Tätigt eine Bank aus Frankfurt am Main Kreditgeschäfte mit einem Unternehmen mit Sitz in Zürich, befindet sich gemäß § 3a Abs. 2 UStG der Leistungsort in der Schweiz und ist demnach in Deutschland nicht steuerbar. Wenn sich der Leistungsort in Deutschland befinden würde, wäre dieser Umsatz nach § 4 Nr. 8 Buchst. a UStG steuerfrei. Es liegt also grundsätzlich ein Ausschluss vom Vorsteuerabzug nach § 15 Abs. 2 Satz 1 Nr. 2 UStG vor, wobei jedoch die Rückausnahme des § 15 Abs. 3 Nr. 2 Buchst. b UStG greift, so dass letztendlich doch ein Vorsteuerabzug durch die Bank geltend gemacht werden kann.

265 Bei der Möglichkeit einer **Option** vertritt der BFH die Ansicht, dass ein Vorsteuerabzugsrecht dann möglich ist, wenn der Unternehmer im Ausland zur Umsatzsteuer optiert hat und die entsprechenden Voraussetzungen für eine Option auch in Deutschland vorliegen.[1] Gibt es dagegen im Ausland keine Möglichkeit zu einer Option, so kann selbst bei theoretischem Vorliegen der Voraussetzungen in Deutschland kein Vorsteuerabzugsrecht geltend gemacht werden.

4. Leistungen zur Ausführung einer Einfuhr oder eines innergemeinschaftlichen Erwerbs (§ 15 Abs. 2 Satz 2 UStG)

266 Nach § 15 Abs. 2 Satz 2 UStG sind Leistungen, die der Einfuhr oder dem innergemeinschaftlichen Erwerb dienen, den Umsätzen zuzurechnen, für die die Leistung verwendet wird. Ziel dieser Vorschrift ist es, Verzerrungen zu vermeiden, die dadurch entstehen können, dass die Einfuhr bzw. der innergemeinschaftliche Erwerb anders besteuert wird als die Umsätze, für die die Einfuhr bzw. der innergemeinschaftliche Erwerb verwendet werden soll: Während die Einfuhr und der innergemeinschaftliche Erwerb nach § 1 Nr. 1 und 4 UStG grundsätzlich steuerpflichtig ist und einen Vorsteuerabzug demnach zulässt, können die Umsätze, für die die Leistung verwendet werden soll, durchaus steuerfrei sein und demnach einen Vorsteuerabzug grundsätzlich ausschließen.

F. Aufteilung von Vorsteuerbeträgen (Absatz 4)

I. Regelungsgegenstand

267 Vorsteuerbeträge können in die folgenden **drei Kategorien** eingeteilt werden:[2]

1. Die Vorsteuerbeträge können in voller Höhe abgezogen werden, da sie ausschließlich Ausgangsumsätzen zuzurechnen sind, die zum Vorsteuerabzug berechtigen. Hierunter fallen bspw. die Vorsteuerbeträge in einem Fertigungsbetrieb, welche bei der Anschaffung von Material oder Anlagegütern anfallen.[3]
2. Die Vorsteuerbeträge können nicht geltend gemacht werden, da sie ausschließlich mit Ausgangsumsätzen zusammenhängen, die einen Vorsteuerabzug ausschließen. Das sind z.B. die Vorsteuerbeträge für die Leistungen des Maklers und des Notars bei steuerfreien Grundstücksverkäufen.[4]
3. Die Vorsteuerbeträge stehen im wirtschaftlichen Zusammenhang sowohl mit Ausgangsumsätzen, die zum Vorsteuerabzug berechtigen, als auch mit Ausgangsumsätzen, die einen derartigen ausschließen (sog. **gemischte Verwendung**). Das sind z.B. die Vorsteuerbeträge, die mit dem Bau, der Einrichtung und der Unterhaltung eines Verwaltungsgebäudes in Verbindung stehen, welches auch der Ausführung steuerfreier Umsätze i.S.d. § 4 Nr. 12 UStG dient.[5] In einem solchen Fall müssen die Vorsteuerbeträge nach einem bestimmten Maßstab aufgeteilt werden.

268 Durch § 15 Abs. 4 UStG wird eine derartige Aufteilung von Vorsteuerbeträgen geregelt. Dabei legt die Vorschrift lediglich das Verfahren fest, wie aufgeteilt wird.[6] In den Fällen einer gemischten Verwendung erfolgt eine Aufteilung der Vorsteuerbeträge nach dem Prinzip der **wirtschaftlichen Zurech-**

1 BFH, Urt. v. 6.5.2004 – V R 73/03, BStBl. II 2004, 856 = UR 2004, 628; Abschn. 15.14. Abs. 1 Satz 5 UStAE.
2 Vgl. hierzu Abschn. 15.17. Abs. 1 Satz 2 UStAE.
3 Abschn. 15.17. Abs. 1 Nr. 1 Satz 2 UStAE.
4 Abschn. 15.17. Abs. 1 Nr. 2 Satz 2 UStAE.
5 Abschn. 15.17. Abs. 1 Nr. 3 Satz 3 UStAE.
6 *Birkenfeld* in Birkenfeld/Wäger, Umsatzsteuer-Handbuch, § 184 Rz. 252 (Stand: Juli 2009); **a.A.** *Stadie* in Rau/Dürrwächter, § 15 UStG Rz. 1765 (Stand: Januar 2022).

nung. Diese Methode bezweckt eine möglichst genaue Zuordnung der Vorsteuerbeträge zu den Umsätzen, mit denen sie wirtschaftlich zusammenhängen. Nach dem Wortlaut der Vorschrift gilt sie insbesondere für gelieferte, eingeführte oder innergemeinschaftlich erworbene Gegenstände, aber auch für in Anspruch genommene sonstige Leistungen. Relevant wird die Vorschrift insbesondere bei Immobilien, die teilweise umsatzsteuerpflichtig und teilweise umsatzsteuerfrei vermietet werden[1] (vgl. hierzu die Option in § 9 Abs. 2 UStG; § 9 Rz. 76 ff.) oder auch bei Leistungen, die in die Gemeinkosten einfließen.

Die verschiedenartige Nutzung kann parallel oder zeitlich nacheinander erfolgen. Unter den Anwen- 269
dungsbereich der Norm fällt bspw. der Fall, dass die Fläche eines Gebäudes teils für umsatzsteuerpflichtige Tätigkeiten und teils für umsatzsteuerfreie Tätigkeiten genutzt wird, aber auch, dass ein Gebäude lediglich zeitweise für steuerpflichtige Tätigkeiten genutzt wird (bspw. Nutzung als Ferienwohnung).

Eine gemischte Verwendung i.S.d. § 15 Abs. 4 UStG liegt auch vor, wenn ein Gegenstand zwar unmit- 270
telbar zur Erzielung von Einnahmen verwendet wird, die marktübliche Gegenleistung dabei aber unterschritten wird und die **Verbilligung** im ausschließlichen Interesse einer anderen Umsatzart erfolgt. So tritt etwa bei der Vermietung eines Hauses durch einen Bauunternehmer an einen privaten Mieter unter dem Vorbehalt, zur Förderung eigener steuerpflichtiger Umsätze das Haus bei Bedarf zu Besichtigungszwecken (als sog. Musterhaus) zu nutzen, neben die Verwendung zur Ausführung steuerfreier Vermietungsumsätze die Verwendung steuerpflichtiger Bauumsätze.[2]

Eine Aufteilung findet dagegen nicht statt, wenn Vorsteuerbeträge ausschließlich Umsätzen zuzurech- 271
nen sind, die zum Vorsteuerabzug berechtigen bzw. nicht berechtigen. Es ist demnach zunächst für jeden einzelnen Eingangsumsatz zu prüfen, welchen Ausgangsumsätzen er unmittelbar und wirtschaftlich zugeordnet werden kann (für Einzelheiten hinsichtlich der Zurechnung s. Rz. 276 ff.).[3] Erst wenn der Vorsteuerbetrag keinem Abzugs- oder Ausschlussumsatz direkt und ausschließlich zugeordnet werden kann, findet eine Aufteilung statt.

Liegen bereits die Voraussetzungen von § 15 Abs. 1 UStG nicht vor, so kommt eine Aufteilung der 272
Vorsteuerbeträge nach § 15 Abs. 4 UStG nicht in Betracht.

II. Unterschiedliche Zuordnung im Unionsrecht und im nationalen Recht

In der **Richtlinie** ist die Aufteilung von Vorsteuerbeträgen in den Art. 173 ff. MwStSystRL (Art. 17 273
Abs. 5 der 6. EG-Richtlinie) geregelt. Die Aufteilung erfolgt nach Art. 173 Abs. 1 MwStSystRL (Art. 17 Abs. 5 Unterabs. 1 der 6. EG-Richtlinie) nach einem **Pro-rata-Satz**. Die dazugehörige mathematische Definition des Pro-rata-Satzes findet sich in Art. 174 Abs. 1 MwStSystRL (Art. 19 Abs. 1 der 6. EG-Richtlinie). Hierbei wird ein Umsatzschlüssel aus den verschiedenen Tätigkeiten des Unternehmens gebildet, indem auf das Verhältnis der steuerpflichtigen zu den steuerfreien Umsatzentgelten im Jahr abgestellt wird. Art. 173 Abs. 2 MwStSystRL (Art. 17 Abs. 5 Unterabs. 3 der 6. EG-Richtlinie) erlaubt es allerdings den Mitgliedstaaten ausdrücklich, bestimmte andere Aufteilungsmöglichkeiten zu treffen.

Der deutsche Gesetzgeber hat sich dazu entschieden, von der Ausnahme des Art. 174 Abs. 2 Buchst. c 274
MwStSystRL (Art. 19 Abs. 2 Satz 2 der 6. EG-Richtlinie) Gebrauch zu machen und hat grundsätzlich einen anderen Aufteilungsmodus gewählt, der nicht umsatzgebunden ist. Eine Orientierung am Gesamtumsatzschlüssel nach § 15 Abs. 4 Satz 3 UStG ist nur dann vorzunehmen, falls eine wirtschaftliche Zuordnung nicht möglich ist. Im deutschen Umsatzsteuerrecht wird demnach die unionsrechtliche Grundregel nur subsidiär angewandt. Der EuGH entschied jedoch mit Urteil vom 8.11.2012 in der Rechtssache *BLC Baumarkt*, dass eine grundsätzliche Abweichung vom Umsatzschlüssel nicht möglich ist, sondern vielmehr nur dann in Betracht kommt, wenn ein anderer Bestimmungsschlüssel eine **präzisere Aufteilung** der Vorsteuerbeträge ermöglicht. Der BFH legte demnach als Folge zu die-

1 Siehe dazu BMF, Schr. v. 20.10.2022 – III C 2-S 7306/19/10001 :003 – DOK 2022/1029175, BStBl. I 2022, 1497 = UR 2022, 905; *Fleckenstein-Weiland/von Sanden*, UR 2022, 869.
2 Abschn. 15.12. Abs. 3 Satz 3 Beispiel 5 UStAE.
3 Abschn. 15.17. Abs. 2 Satz 2 UStAE.

sem Urteil die Vorschrift § 15 Abs. 4 UStG derart einschränkend aus, dass eine wirtschaftliche Zurechnung dann zu präziseren Ergebnissen führt und demnach anwendbar ist, wenn die Vorsteuerbeträge einer Korrektur nach § 15a UStG zugänglich sind.[1] Eine derartige Reduktion der Vorschrift stieß in der Literatur auf Kritik.[2] Seit der Entscheidung vom 7.5.2014 hält der BFH an dieser teleologischen Reduktion ausdrücklich nicht mehr fest und stellt inzwischen darauf ab, ob die Verwendung einer anderen Methode als dem Umsatzschlüssel zu *präziseren* Ergebnissen führt.[3] § 15 Abs. 4 Satz 3 letzter Halbs. UStG muss demnach gedanklich um das Wort „präziser" ergänzt werden. In der genannten Entscheidung stellte der BFH ebenso fest, dass bspw. bei Grundstücken ein Flächenschlüssel in Betracht kommt, sofern auch dieser zu einem präziseren Ergebnis führt. Weicht die Ausstattung des Gebäudes in den verschiedenen Bereichen erheblich voneinander ab, so ist in der Regel bspw. ein Umsatzschlüssel präziser als eine Aufteilung nach der Fläche.[4] Die FinVerw. hat sich dieser Auffassung angeschlossen und wendet den Gesamtumsatzschlüssel nur an, wenn kein präziserer Aufteilungsschlüssel in Betracht kommt.[5]

275 Hat sich der Unternehmer für eine Aufteilungsmethode entschieden und wurde die entsprechende Steuerfestsetzung formell bestandskräftig, so ist der Unternehmer auch in Zukunft an den gewählten sachgerechten Maßstab gebunden.[6]

III. Prinzip der wirtschaftlichen Zurechnung

1. Allgemeines

276 Was genau unter dem **Prinzip der wirtschaftlichen Zurechnung** zu verstehen ist, wird im Umsatzsteuergesetz nicht ausdrücklich geregelt. Aus § 15 Abs. 4 Satz 2 UStG ergibt sich lediglich, dass die Aufteilung **sachgerecht** erfolgen muss. Bei richtlinienkonformer Auslegung ist als „sachgerecht" i.S.d. § 15 Abs. 4 Satz 2 UStG ein den Vorgaben des Art. 173 MwStSystRL (Art. 17 Abs. 5 der 6. EG-Richtlinie) entsprechendes Aufteilungsverfahren anzuerkennen, welches – objektiv nachprüfbar – nach einheitlicher Methode die beiden „Nutzungsteile" eines gemischt verwendeten Gegenstandes oder einer sonstigen Leistung den damit ausgeführten steuerfreien und steuerpflichtigen Umsätzen zurechnet.[7] Eine Aufteilung anhand der Verhältnisse der Umsätze kommt nur dann in Betracht, wenn keine andere wirtschaftliche Zurechnung möglich ist, § 15 Abs. 4 Satz 3 UStG. Eine wirtschaftliche Zuordnung erfolgt nach Auffassung der Verwaltung und Rechtsprechung durch die sog. **gegenständliche Zuordnung oder nach Kostenrechnungsgesichtspunkten.**[8] Hierzu soll die betriebliche Kostenrechnung (Betriebsabrechnungsbogen, Kostenträgerrechnung) oder die Aufwands- und Ertragsrechnung als Anhaltspunkt dienen.[9] Je nach Gegenstand kann eine andere Methode anzuwenden sein.

277 Nach dem Grundsatz der gegenständlichen Zuordnung muss der Unternehmer bereits vor der Anwendung des § 15 Abs. 4 UStG zunächst die Vorsteuerbeträge den zum Vorsteuerabzug berechtigenden und den nicht zum Vorsteuerabzug berechtigenden Ausgangsumsätzen zuordnen.[10] Die Zuordnung erfordert einen direkten und unmittelbaren Zusammenhang der bezogenen Gegenstände oder Dienstleistungen mit einem oder mehreren Ausgangsumsätzen.[11] Ist eine unmittelbare und vollumfängliche Zurechnung der Vorsteuerbeträge weder zu den Abzugs- noch zu den Ausschlussumsätzen möglich, so ist eine Aufteilung nach den Vorgaben des § 15 Abs. 4 UStG vorzunehmen.

1 BFH, Urt. v. 22.8.2013 – V R 19/09, BStBl. II 2022, 726 = UR 2014, 68.
2 Vgl. hierzu *Filtzinger*, UR 2014, 293; *Raab*, MwStR 2014, 70.
3 BFH, Urt. v. 7.5.2014 – V R 1/10, BStBl. II 2022, 731 = UR 2014, 531 m. Anm. *von Streit*.
4 Vgl. *Fleckenstein-Weiland/von Sanden*, UR 2022, 869 (871).
5 BMF, Schr. v. 13.2.2024 – III C 2 - S 7306/22/10001 :001 – DOK 2024/0128292, UR 2024, 230; Abschn. 15.16 Abs. 3a UStAE.
6 BFH, Urt. v. 2.3.2006 – V R 49/05, BStBl. II 2006, 729 = UR 2006, 601.
7 BFH, Urt. v. 7.7.2011 – V R 36/10, BStBl. II 2012, 77 = UR 2012, 64.
8 BFH, Urt. v. 16.9.1993 – V R 82/91, BStBl. II 1994, 271 = UR 1994, 165; Abschn. 15.17. Abs. 2 Satz 6 UStAE.
9 Abschn. 15.17. Abs. 2 Satz 7 UStAE.
10 Abschn. 15.17. Abs. 2 Satz 2.
11 EuGH, Urt. v. 29.10.2009 – C-29/08, ECLI:EU:C:2009:665 – SKF, UR 2010, 107.

Aus § 15 Abs. 4 Satz 2 UStG ergibt sich ferner, dass die Aufteilung auch im Wege einer sachgerechten Schätzung der nicht abziehbaren Vorsteuerbeträge erfolgen kann. Durch die Schätzungsbefugnis wird der Grundsatz der gegenständlichen Zuordnung aufgelockert. 278

2. Denkbare Aufteilungsmethoden

a) Umsatzschlüssel

Bei einem Umsatzschlüssel werden die steuerpflichtigen Umsätze des Unternehmers zum Gesamtbetrag der steuerfreien und steuerpflichtigen Umsätze des Unternehmens in Verhältnis gesetzt. Dieser Anteil kann dann im Rahmen des Vorsteuerabzugs geltend gemacht werden. 279

Innerhalb der Methode des Umsatzschlüssels kann weiter nach einem Gesamtumsatzschlüssel oder einem Teilumsatzschlüssel, wie z.B. einem **objektbezogenen** oder **bereichsbezogenen Umsatzschlüssel** unterschieden werden. Unterschied zwischen diesen verschiedenen Möglichkeiten ist der Bezugspunkt der Bestimmung des Gesamtumsatzes.[1] Der Gesamtumsatzschlüssel stellt auf den kompletten Umsatz des Unternehmens ab, wobei bestimmte Umsätze zur Vermeidung von Verzerrungen unberücksichtigt bleiben, wie z.B. der Verkauf von bestimmtem Anlagevermögen, Hilfsumsätze oder Geschäftsveräußerungen nach § 1 Abs. 1a UStG.[2] Eine Aufteilung, die auf Umsatzzahlen nur eines Teils der Umsätze beruht (Teilumsatzschlüssel, z. B. ein objekt- oder abteilungsbezogener Umsatzschlüssel), stellt eine andere Methode der wirtschaftlichen Zuordnung dar und geht dem Gesamtumsatzschlüssel daher vor. Bei einem objektbezogenen Umsatzschlüssel wird etwa nur der einzelne Gegenstand betrachtet. Der bereichsbezogene Umsatzschlüssel stellt dagegen auf einen bestimmten Bereich des Unternehmens wie bspw. eine Filiale ab. Nur bei Anwendung des Gesamtumsatzschlüssels ist eine Aufrundung auf volle Prozentpunkte nach Art. 175 Abs. 1 MwStSystRL zulässig. Bei allen anderen Aufteilungsschlüsseln ist auf die zweite Nachkommastelle aufzurunden.[3] 280

b) Flächenschlüssel

Bei gemischt genutzten Gebäuden bietet sich in der Regel ein Flächenschlüssel an. Hierbei wird die Fläche des Gebäudes, die für steuerpflichtige Umsätze genutzt wird, zu der Gesamtfläche des Gebäudes in Verhältnis gesetzt. In der Höhe des sich hieraus ergebenden Anteils kann schließlich ein Vorsteuerabzug geltend gemacht werden. Für die Flächenberechnung sind grundsätzlich die Grundflächen aller Räume anzusetzen, unabhängig davon, ob es sich um Wohn- oder Gewerbeflächen handelt.[4] Dabei sind Wohn- und Verkaufsräume, als Lagerflächen genutzte Keller, Speicherräume oder Tiefgaragen in die Flächenberechnung miteinzubeziehen.[5] Unberücksichtigt bleiben hingegen Flächen zur Versorgung des Gebäudes und gemeinsam genutzte Flächen (insb. Technikräume, Treppenhäuser, Fahrradabstellräume und Waschküchen).[6] Die Feststellungslast, dass der Flächenschlüssel präziser ist als ein Umsatzschlüssel, liegt grundsätzlich beim Finanzamt.[7] Allerdings bestehen Mitwirkungspflichten des Steuerpflichtigen nach § 90 Abs. 1 AO.[8] 281

1 BMF, Schr. v. 13.2.2024 – III C 2 - S 7306/22/10001 :001 – DOK 2024/0128292, UR 2024, 230; Abschn. 15.16 Abs. 3 UStAE.

2 BMF, Schr. v. 13.2.2024 – III C 2 - S 7306/22/10001 :001 – DOK 2024/0128292, UR 2024, 230; Abschn. 15.16 Abs. 3 UStAE.

3 Abschn. 15.15 Abs. 3 Satz 5 UStAE; vgl. EuGH, Urt. v. 16.6.2016 – C-186/15, ECLI:EU:C:2016:452 – Kreissparkasse Wiedenbrück, BStBl. II 2024, 207 = UR 2016, 553.

4 BMF, Schr. v. 20.10.2022 – III C 2-S 7306/19/10001 :003 – DOK 2022/1029175, BStBl. I 2022, 1497 = UR 2022, 905, Rz. 16.

5 BMF, Schr. v. 20.10.2022 – III C 2-S 7306/19/10001 :003 – DOK 2022/1029175, BStBl. I 2022, 1497 = UR 2022, 905, Rz. 16.

6 BMF, Schr. v. 20.10.2022 – III C 2-S 7306/19/10001 :003 – DOK 2022/1029175, BStBl. I 2022, 1497 = UR 2022, 905, Rz. 16.

7 Vgl. BFH, Urt. v. 11.11.2020 – XI R 7/20, BStBl. II 2022, 746 = UR 2021, 271, Rz. 29.

8 BMF, Schr. v. 20.10.2022 – III C 2-S 7306/19/10001 :003 – DOK 2022/1029175, BStBl. I 2022, 1497 = UR 2022, 905, Rz. 18.

282 Für die genaue Berechnung des Verhältnisses der Flächen zueinander sei auf die Anmerkungen der OFD Karlsruhe verwiesen.[1]

c) Investitionsschlüssel

283 Schließlich könnte auch anhand eines Investitionsschlüssels danach aufgeteilt werden, wie hoch die Investition für steuerpflichtige Tätigkeiten im Verhältnis zu steuerfreien Tätigkeiten ist. Ein derartiger Schlüssel wird jedoch weder von Rechtsprechung[2] noch von der FinVerw.[3] gebilligt.

d) Weitere Aufteilungsmethoden

284 Als weitere sachgerechte Anhaltspunkte für die Aufteilung der Vorsteuerbeträge können bspw. auch
- die Laufleistung eines Fahrzeugs, welches für steuerpflichtige und für steuerfreie Umsätze verwendet wird,
- der Verschleiß einer Maschine, die für steuerfreie und steuerpflichtige Umsätze verwendet wird,
- die Nutzungszeiten, etwa eines Rechners, der für steuerpflichtige und steuerfreie Umsätze verwendet wird (vgl. hierbei für Gebäude Rz. 290 ff.),
- oder der umbaute Raum (bei einer erheblichen Abweichung der Geschosshöhe, aber ansonsten ohne erhebliche Unterschiede in der Ausstattung)[4]

herangezogen werden. Mit Schreiben vom 18.11.2022 hat das BMF zudem klargestellt, dass zum einen bei Strom und Wärme produzierenden KWK-Anlagen eine Aufteilung der Vorsteuern nach den produzierten Leistungen in kWh nicht sachgerecht sei und zum anderen die sog. ***Philipowski***-Methode (selektiver Personalschlüssel) nicht zu präziseren Ergebnissen führe.[5] Für eine Vorsteueraufteilung kommt zudem nur die gesetzlich geschuldete Steuer und nicht eine nach § 14c UStG geschuldete Steuer in Betracht.[6]

3. Aufteilung nach Schätzung, § 15 Abs. 4 Satz 2 UStG

285 Dem Steuerpflichtigen steht die Möglichkeit offen, die nichtabziehbaren Vorsteuerbeträge im Wege einer Schätzung aufzuteilen, § 15 Abs. 4 Satz 2 UStG. Die **Schätzungsbefugnis** dient der Vermeidung praktischer Schwierigkeiten bei der Vorsteueraufteilung, da es in vielen Fällen nicht oder nur mit unangemessenem Aufwand möglich ist, genau zu ermitteln, in welcher Höhe die Aufteilung der Vorsteuerbeträge auf Leistungsbezüge, die zur Ausführung von unterschiedlichen Umsätzen verwendet werden, erfolgen soll.[7]

286 Im Rahmen dieser Schätzung obliegt es dem Unternehmer zu entscheiden, welche Schätzungsmethode er wählt. Es muss auf die wirtschaftlichen Verhältnisse im Einzelfall abgestellt werden, wobei ferner systematisch von einem Maßstab der wirtschaftlichen Zuordnung auszugehen ist.[8]

287 Ob die Schätzung sachgerecht ist, kann vom **FA** und dem **Gericht nachgeprüft** werden.[9] Das FA kann nicht auf andere Methoden verweisen, die ebenso sachgerecht sind.[10] Hat der Steuerpflichtige mithin einen sachgerechten Aufteilungsschlüssel gewählt, kann dieser vom FA nicht nachträglich geändert werden.[11]

---

1 OFD Karlsruhe, Vfg. v. 15.8.2018 – S 7300, UR 2018, 888.
2 BFH, Urt. v. 18.11.2004 – V R 16/03, BStBl. II 2005, 203 = UR 2005, 340 m. Anm. *Eggers*.
3 Abschn. 15.17. Abs. 7 Satz 7 UStAE.
4 Vgl. BMF, Schr. v. 20.10.2022 – III C 2-S 7306/19/10001 :003 – DOK 2022/1029175, BStBl. I 2022, 1497 = UR 2022, 905, Rz. 24; *Fleckenstein-Weiland/von Sanden*, UR 2022, 869 (873).
5 BMF, Schr. v. 18.11.2022 – III C 2-S 7306/19/10002 :002 – DOK 2022/1107878, BStBl. I 2022, 1590 = UR 2022, 904.
6 BMF, Schr. v. 18.11.2022 – III C 2-S 7306/19/10002 :002 – DOK 2022/1107878, BStBl. I 2022, 1590 = UR 2022, 904.
7 BFH, Urt. v. 12.3.1992 – V R 70/87, BStBl. II 1992, 755 = UR 1993, 23.
8 Abschn. 15.17. Abs. 3 Sätze 1 und 2 UStAE.
9 BFH, Urt. v. 5.9.2013 – XI R 4/10, BStBl. II 2014, 95 = UR 2013, 917, vgl. BMF, Schr. v. 20.10.2022 – III C 2-S 7306/19/10001 :003 – DOK 2022/1029175, BStBl. I 2022, 1497 = UR 2022, 905, Rz. 13–14.
10 Vgl. BFH, Urt. v. 12.3.1998 – V R 50/97, BStBl. II 1998, 525 = UR 1998, 392 m. Anm. *Klenk*.
11 *Fleckenstein-Weiland/von Sanden*, UR 2022, 869 (871).

4. Sonderfälle

a) Blockheizkraftwerke

Eine Notwendigkeit der Vorsteueraufteilung kann bspw. dann bestehen, wenn sich ein Unternehmer ein Blockheizkraftwerk anschafft und er den Strom in das öffentliche Netz einspeist, wohingegen er die Wärme für seinen Betrieb nutzt. Wenn das Unternehmen ferner nach Durchschnittssätzen besteuert wird, ist der Vorsteuerabzug bereits dadurch abgegolten und der Vorsteuerabzug kann insoweit nicht geltend gemacht werden. 288

Bisher ging die Verwaltung in Abschn. 2.5. Abs. 20 Satz 1 UStAE i.V.m. Abschn. 2.5. Abs. 12 Satz 3 UStAE davon aus, dass bei einem Blockheizkraftwerk eine Aufteilung nach dem Verhältnis der betreffenden Strommengen zu der produzierten Wärmemenge anzuwenden ist. Mit der Entscheidung vom 16.11.2016 ging der BFH jedoch davon aus, dass eine derartige Aufteilung mangels Vergleichbarkeit der produzierten Produkte nicht sachgerecht ist.[1] Eine Aufteilung sei vielmehr nach dem Verhältnis des Marktpreises der produzierten Strom- bzw. Wärmemenge vorzunehmen. 289

b) Gemischt genutzte Gebäude

aa) Regelungsgegenstand

Häufiger Streitgegenstand im Rahmen der Vorsteueraufteilung und damit auch regelmäßiger Gegenstand finanzgerichtlicher Entscheidung ist die **Vorsteueraufteilung im Rahmen der gemischten Nutzung eines Gebäudes.** 290

Zunächst ist danach zu differenzieren, ob es sich bei den Umbaumaßnahmen um **Erhaltungsaufwand** am Gebäude handelt oder um **anschaffungsnahen Aufwand** zur Gebäudeanschaffung oder ob es sich insgesamt um eine **Herstellung eines neuen Gebäudes** handelt.[2] Während bei Eingangsleistungen, die sich auf die Anschaffung oder auf die Herstellung beziehen, die Verwendungsverhältnisse des gesamten Gebäudes zu berücksichtigen sind, kommt es bei Maßnahmen, die sich auf die Erhaltung, Nutzung oder Unterhaltung beziehen, lediglich auf den Gebäudeteil an, für den die Aufwendungen bezogen werden.[3] 291

Für die Abgrenzung, welche Art von Aufwand vorliegt, kann auf die **einkommensteuerlichen Grundsätze** zurückgegriffen werden.[4] Die Umqualifizierung von Erhaltungsaufwendung zu Herstellungsaufwendungen des § 6 Abs. 1 Nr. 1a Satz 1 EStG findet dagegen keine Anwendung.[5] 292

bb) Anschaffungs- und Herstellungskosten

Zunächst müsste auch hier nach dem **Prinzip der Einzelzuordnung** versucht werden, den Gegenstand bzw. die Dienstleistung einem Ausgangsumsatz zuzuordnen, wonach sich dann die Vorsteuerberechtigung beurteilen würde. Eine derartige Beurteilung ist allerdings bei einem gemischt genutzten Gebäude nur schwer zu bewerkstelligen, so dass der EuGH die Möglichkeit zugesteht, in diesen Fällen, von einer Einzelzuordnung abzusehen.[6] Der BFH schloss sich dem an und erklärte eine Einzelzuordnung in derartigen Fällen wegen der Vielzahl von Eingangsleistungen als zu komplex und nicht für die Praxis geeignet.[7] 293

Die Anschaffungs- bzw. Herstellungskosten beziehen sich im Hinblick auf die Verwendungsumsätze immer auf einen bestimmten Gegenstand und nicht auf bestimmte Gebäudeteile, wobei bei einem Ge- 294

---

1 BFH, Urt. v. 16.11.2016 – V R 1/15, BStBl. II 2022, 777 = UR 2017, 153.
2 Vgl. BFH, Urt. v. 28.9.2006 – V R 43/03, BStBl. II 2007, 417 = UR 2007, 27.
3 BFH, Urt. v. 10.8.2016 – XI R 31/09, BStBl. II 2022, 736 = UR 2016, 846 m. Anm. *Heinrichshofen.*
4 Abschn. 15.17. Abs. 6 Satz 1 UStAE.
5 Abschn. 15.17. Abs. 6 Satz 2 UStAE.
6 Vgl. EuGH, Urt. v. 9.6.2016 – C-332/14, ECLI:EU:C:2016:417 – Wolfgang und Dr. Wilfried Rey Grundstücksgemeinschaft GbR, UR 2016, 545.
7 BFH, Urt. v. 10.8.2016 – XI R 31/09, BStBl. II 2022, 736 = UR 2016, 846 m. Anm. *Heinrichshofen.*

bäude das einheitliche Gebäude der Gegenstand ist.[1] Wird tatsächlich nur ein bestimmter Gebäudeteil angeschafft bzw. hergestellt, dann ist dieser der maßgebliche Gegenstand.[2]

295 Für die Beurteilung des Verhältnisses der Nutzungsanteile kann auf den **objektbezogenen Flächenschlüssel** (Rz. 281 f.) zurückgegriffen werden, solange dieser zu einem präziseren Ergebnis führt.[3] Führt der objektbezogene Flächenschlüssel allerdings nicht zu präziseren Ergebnissen, so ist auf einen objektbezogenen Umsatzschlüssel zurückzugreifen. Dies ist unter anderem dann der Fall, wenn die Räumlichkeiten über verschiedene Ausstattungsmerkmale (bspw. Höhe der Räume, Dicke der Wände und Decken oder Innenausstattung) verfügen und folglich erhebliche Unterschiede aufweisen.[4] Dies hat der BFH[5] in seiner Entscheidung vom 11.11.2020 erneut bekräftigt und darüber hinaus klargestellt, dass die **Beweislast** bezüglich der Vergleichbarkeit der Flächen und der Frage des präziseren Schlüssels nicht beim Steuerpflichtigen, sondern beim Finanzamt liege. Das BMF hat mit Schreiben vom 22.10.2022 einige **(neuartige) Kriterien** aufgestellt, wann ein erheblicher Ausstattungsunterschied vorliegen soll.[6] Für die Begründung eines erheblichen Ausstattungsunterschieds komme es nach Ansicht des BMF darauf an, ob über die bloße unterschiedliche Nutzung hinaus ein deutlich unterschiedlicher Bauaufwand (ggf. mit erheblich voneinander abweichenden erzielbaren Mieteinnahmen) für nur einen Gebäudeteil vorliegt, dem im anderen Gebäudeteil kein entsprechender, funktions- und wertähnlicher Aufwand gegenübersteht.[7] Dies soll laut BMF in folgenden Fällen der Fall sein:

- Die einen Räume sind luxuriös, die anderen schlicht ausgebaut.
- Für einen Gebäudeteil fällt ein besonderer, aufwendiger Herstellungsaufwand an.
- Beim Einbau eines Schwimmbades, das im Zusammenhang mit keiner vergleichbaren Funktion nur durch den Mieter des Wohnbereichs genutzt wird.
- Bei einer erheblich unterschiedlichen Nutzung von Flächen innerhalb eines Gebäudes und Nutzflächen auf dessen Dach.

296 Mit Urteil vom 5.9.2013 entschied der BFH in einem weiteren Fall, dass eine flächenbezogene Aufteilung nicht in Betracht kommt, wenn ein Spielhallenbetreiber sowohl (umsatzsteuerfreie) Geldspielautomaten als auch (umsatzsteuerpflichtige) Unterhaltungsspielgeräte aufstellt, die räumlich nicht klar trennbar sind.[8] Vielmehr ist ein **Umsatzschlüssel** anzuwenden. Ferner scheidet eine flächenbezogene Aufteilung aus, wenn auf einem Dach eine Photovoltaikanlage errichtet wird.[9] In einem derartigen Fall soll nach Auffassung des Gerichts lediglich eine Aufteilung nach dem Verhältnis von fiktiven Vermietungsumsätzen in Betracht kommen.

297 Auch die Einbeziehung von Außenstellplätzen eines gemischt genutzten Gebäudes in dessen flächenbezogenen Aufteilungsschlüssel für das Gebäude ist nicht sachgerecht i.S.d. § 15 Abs. 4 Satz 2 UStG. Derartige Stellplätze weisen typischerweise sowohl Anschaffungs- bzw. Herstellungskosten als auch laufende Aufwendungen auf, die sich von den Anschaffungs- bzw. Herstellungskosten und den laufenden Aufwendungen eines geschlossenen Gebäudes gravierend unterscheiden.[10]

298 Ist eine zeitlich abwechselnde Nutzung desselben Gebäudes zu steuerfreien oder steuerpflichtigen Zwecken beabsichtigt, so ist die Aufteilung der Vorsteuern **nach den Nutzungszeiten** vorzunehmen. In den unterschiedlichen Nutzungszeiten drückt sich die Zuordnung des Gebäudes zu den mit ihm ausgeführten Umsätzen aus. Die Aufteilung der Vorsteuern nach Nutzungszeiten führt damit zu präzise-

1 Abschn. 15.17. Abs. 5 Satz 6 UStAE.
2 BFH, Urt. v. 22.11.2007 – V R 43/06, BStBl. II 2008, 770 = UR 2008, 664.
3 Abschn. 15.17. Abs. 7 Sätze 4 und 5 UStAE; BFH, Urt. v. 10.8.2016 – XI R 31/09, BStBl. II 2022, 736 = UR 2016, 846 m. Anm. *Heinrichshofen*.
4 Vgl. BFH, Urt. v. 7.5.2014 – V R 1/10, BStBl. II 2022, 731 = UR 2014, 531 m. Anm. *von Streit*.
5 BFH, Urt. v. 11.11.2020 – XI R 7/20, BStBl. II 2022, 746 = UR 2021, 271.
6 BMF, Schr. v. 20.10.2022 – III C 2-S 7306/19/10001 :003 – DOK 2022/1029175, BStBl. I 2022, 1497 = UR 2022, 905.
7 BMF, Schr. v. 20.10.2022 – III C 2-S 7306/19/10001 :003 – DOK 2022/1029175, BStBl. I 2022, 1497 = UR 2022, 905, Rz. 21–22; *Fleckenstein-Weiland/von Sanden*, UR 2022, 869 (872).
8 BFH, Urt. v. 5.9.2013 – XI R 4/10, BStBl. II 2014, 95 = UR 2013, 917.
9 BFH, Urt. v. 14.3.2012 – XI R 26/11, BFH/NV 2012, 1192.
10 Hessisches FG, Urt. v. 13.12.2016 – 6 K 460/16, juris.

ren Ergebnissen als der objektbezogene Flächenschlüssel. Für den Vorsteuerabzug während der Planungs- und Bauphase ist mangels tatsächlicher Verwendung auf die durch objektive Anhaltspunkte belegte Verwendungsabsicht zur Ausführung steuerpflichtiger Umsätze abzustellen (s. für neuere Entwicklung bei abweichender tatsächlicher Nutzung Rz. 248.1). Diese Prognose der zukünftigen Verwendung richtet sich bei wirtschaftlicher Betrachtungsweise nach den Nutzungszeiten, die nach dem gewöhnlichen Ablauf zu erwarten sind.[1]

Verfügt ein Unternehmen über ein ausschließliches Verwaltungsgebäude, so ist in einem derartigen Fall ein unternehmensbezogener Umsatzschlüssel hinsichtlich der Kosten des Gebäudes sachgerecht.[2] 299

Das BMF hat zudem mit Schreiben vom 20.10.2022 überzeugend klargestellt, dass es bei der Anschaffung eines Gebäudes im Rahmen einer **Teiloption** nicht zu einem vereinzelt in der Literatur[3] diskutierten Vorsteuerschaden kommt.[4] Diese würde elementar dem Neutralitätsgrundsatz und der Rechtsprechung des EuGH in der Sache *Wolfgang und Dr. Wilfried Reg Grundstücksgemeinschaft*[5] widersprechen.[6] Aufgrund einer Direktzuordnung zu den steuerpflichtigen Umsätzen kommt es für den Erwerber nicht zu einem Vorsteuerschaden. 299.1

cc) Nachträgliche Herstellungskosten

Bei nachträglichen Herstellungskosten findet ebenso wie bei den „ursprünglichen" Herstellungskosten eine **Aufteilung nach den jeweiligen (Nutzungs-)Verhältnissen** statt. Maßgeblich ist an dieser Stelle die beabsichtigte Verwendung des Gegenstands, welcher durch die nachträglichen Kosten entsteht.[7] 300

Beispiel:[8] 301

Im VZ 01 wurde ein Gebäude angeschafft, welches zu gleichen Teilen gemischt genutzt wurde. Das Dachgeschoss des Gebäudes ist noch nicht ausgebaut. Das gesamte Gebäude wurde dem Unternehmen zugeordnet.

Im darauffolgenden Jahr entschließt sich der Unternehmer dazu, das Dachgeschoss des Gebäudes nun doch auszubauen, wodurch drei separat zugängliche, gleich große Einheiten entstehen, von denen eine als Wohnung (umsatzsteuerfrei) und zwei als Büroräume (umsatzsteuerpflichtig) genutzt werden. Durch die Erweiterung erhöht sich die Nutzung des Gebäudes für steuerpflichtige Umsätze auf 60 %.

Die Einheiten, die durch den Ausbau des Dachgeschosses entstehen, sind getrennt vom übrigen Teil des Gebäudes zu betrachten. Ein Vorsteuerabzug kann in der Höhe von zwei Dritteln geltend gemacht werden.

Installiert der Unternehmen in diesem Jahr dagegen eine Alarmanlage, welche das komplette Gebäude schützen soll, so kommt es für die Aufteilung der Vorsteuerbeträge auf die Nutzung des gesamten Gebäudes an. Ein Vorsteuerabzug kann in Höhe von 60 % geltend gemacht werden.

dd) Kosten für Erhaltung, Nutzung oder Unterhaltung eines Gebäudes

Bei den Kosten für die Erhaltung, Nutzung oder Unterhaltung des Gebäudes kommt es darauf an, für welchen Teil des Gebäudes diese entstehen. Im Gegensatz zu den Anschaffungs- bzw. Herstellungskosten ist eine **Aufteilung** in diesem Fall **regelmäßig möglich**. Auch bei Erhaltungsaufwendungen können allerdings die Verwendungsverhältnisse des gesamten Gebäudes maßgeblich sein, wenn sich die Erhaltungsmaßnahme wie bspw. bei einem Fassadenanstrich oder bei einer Dachreparatur auf das gesamte Gebäude bezieht.[9] 302

1 BFH, Urt. v. 26.4.2018 – V R 23/16, BStBl. II 2022, 743 = UR 2018, 807.
2 Vgl. BFH, Urt. v. 7.5.2014 – V R 1/10, BStBl. II 2022, 731 = UR 2014, 531 m. Anm. *von Streit*.
3 Näher dazu *Becker*, MwStR 2016, 525 (529).
4 BMF, Schr. v. 20.10.2022 – III C 2-S 7306/19/10001 :003 – DOK 2022/1029175, BStBl. I 2022, 1497 = UR 2022, 905, Rz. 12; *Fleckenstein-Weiland/von Sanden*, UR 2022, 869 (871).
5 EuGH, Urt. v. 9.6.2016 – C-332/14, ECLI:EU:C:2016:417 – Wolfgang und Dr. Wilfried Rey Grundstücksgemeinschaft GbR, UR 2016, 545.
6 Vgl. *Fleckenstein-Weiland/von Sanden*, UR 2022, 869 (871) m.w.N.
7 Abschn. 15.17. Abs. 7 Satz 12 UStAE.
8 Nach Abschn. 15.17. Abs. 7 Beispiel 2 UStAE.
9 BFH, Urt. v. 12.3.2014 – XI B 136/13, BFH/NV 2014, 1095; früher BMF, Schr. v. 30.9.2008 – IV B 8-S 7306/08/10001, BStBl. I 2008 I, 896 und nunmehr BMF, Schr. v. 20.10.2022 – III C 2 - S 7306/19/10001 :003 – DOK 2022/1029175, BStBl. I 2022, 1497 = UR 2022, 905.

c) Vorsteueraufteilung bei Hauptniederlassung und Zweigniederlassungen

303 Mit Urteil vom 24.1.2019 hatte der EuGH[1] in der Rechtssache Morgan Stanley über die Vorsteueraufteilung zwischen einer Hauptniederlassung und Zweigniederlassungen zu entscheiden. Eine Bank mit Hauptniederlassung im vereinigten Königreich bezog vorsteuerbehaftete Eingangsleistungen. Die Leistung wurde sowohl für eine Zweigniederlassung in Frankreich, bei der sie für Umsätze, die aufgrund einer Option steuerpflichtig waren, verwendet, als auch für die Hauptniederlassung in UK, bei der diese für nichtsteuerbare Innenumsätze verwendet wurde. Der EuGH entschied, dass es für den Vorsteuerabzug auf die **Umsatztätigkeit gegenüber Dritten**, nicht aber auf die internen Leistungsbeziehungen zwischen Stammhaus und Zweigniederlassung ankommt. Der EuGH wendet sich damit zutreffend – in Abkehr von früheren Entscheidungen[2] – gegen eine umsatzsteuerrechtliche Verselbständigung von Betriebsstätten. Bei einer Leistungsverwendung für das Stammhaus ist auf die Umsätze des Stammhauses und bei einer Leistungsverwendung für Stammhaus und Zweigniederlassung ist auf deren Gesamtumsatz abzustellen. In beiden Fällen sind nach dem Urteil des EuGH Umsätze des Stammhauses nur dann als zum Vorsteuerabzug berechtigend anzusehen, wenn das Abzugsrecht nicht nur im Mitgliedstaat des Stammhauses besteht, sondern auch nach dem Recht des Mitgliedstaats der Zweigniederlassung bestünde. Letzteres kann sich auch aus einem dort bestehenden Recht auf Option zur Steuerpflicht ergeben.

IV. Erleichterung der Aufteilung

1. Allgemeines

304 In § 15 Abs. 5 Nr. 3 UStG findet sich eine **Verordnungsermächtigung** für Fälle, in denen von einer Aufteilung der Vorsteuerbeträge aus Gründen der geringen steuerlichen Bedeutung abgesehen werden kann. Von dieser Ermächtigung wurde mit § 43 UStDV Gebrauch gemacht. Unionsrechtlich ergibt sich eine derartige Möglichkeit der Regelung aus Art. 173 Abs. 2 Buchst. e MwStSystRL (Art. 17 Abs. 5 Unterabs. 3 Buchst. e der 6. EG-Richtlinie).

305 In § 43 UStDV ausdrücklich geregelt ist, dass Vorsteuerbeträge, die **ausschließlich** den in § 43 Nr. 1–3 UStDV genannten Umsätzen zuzurechnen sind, keinen Vorsteuerabzug zulassen. Daraus ergibt sich jedoch im Umkehrschluss, dass Vorsteuerbeträge, die lediglich teilweise einem derartigen Umsatz zuzurechnen sind, keine Aufteilung der Beträge mehr erfordern, sondern vielmehr komplett abgezogen werden können.

306 In § 43 Nr. 1 UStDV sind **Geldforderungen** (wie z.B. Wechselumsätze oder Forderungsabtretungen) geregelt, denen ein umsatzsteuerpflichtiger Umsatz zugrunde liegt. Abschn. 15.18. Abs. 3 UStAE nennt hierzu das Beispiel, dass ein Unternehmer eine Geldforderung, die ihm gegenüber einem Kunden wegen eines steuerpflichtigen Geschäfts zusteht, einem Dritten abtritt. Eine derartige Abtretung ist nach § 4 Nr. 8 Buchst. c UStG steuerfrei. Der Unternehmer muss in einem derartigen Fall die Vorsteuern, die der Abtretung nicht ausschließlich zuzuordnen sind, nicht aufteilen, sondern kann auch den vollständigen Betrag geltend machen.

307 § 43 Nr. 2 UStDV regelt dagegen bestimmte **Umsätze von Wechseln**. Eine derartige Konstellation könnte die folgende sein: ein Unternehmer übergibt einer Bank einen Wechsel, den dieser (der Unternehmer) wiederum von einem Leistungsempfänger erhalten hat, weil er den Leistenden als Bürge oder Garantiegeber befriedigt hat. Der Umsatz zwischen Leistendem und Leistungsempfänger muss schließlich auch umsatzsteuerpflichtig gewesen sein.

308 Schließlich greift die Erleichterung nach § 43 Nr. 3 UStDV auch in den Fällen einer sonstigen Leistung, die im **Austausch von gesetzlichen Zahlungsmitteln** besteht, bei einer Lieferung von gesetzlichen Wertzeichen oder bei Einlagen bei Kreditinstituten, solange diese Umsätze als Hilfsumsätze anzusehen

---

1 EuGH, Urt. v. 24.1.2019 – C-165/17, ECLI:EU:C:2019:58 – Morgan Stanley & Co International, UR 2019, 232.
2 EuGH v. 23.3.2006 – C-210/04, ECLI:EU:C:2006:196 – FCE Bank, UR 2006, 331 m. Anm. *Heinrichshofen*, Rz. 35 ff.

sind. Ein Hilfsumsatz ist immer dann anzunehmen, wenn der Umsatz zur unternehmerischen Tätigkeit gehört, aber nicht den eigentlichen Gegenstand des Unternehmens ausmacht.[1]

2. Gemeinkosten

In Abschn. 15.18. Abs. 6 UStAE ermöglicht es die FinVerw., die Vorsteuerbeträge, die sich auf **Verwaltungsgemeinkosten** (z.B. Beschaffung von Büromaterial) beziehen, nach einem einheitlichen Verhältnis ggf. schätzungsweise aufzuteilen, auch wenn bestimmte Vorsteuerbeträge dieses Bereichs einzelnen steuerfreien bzw. steuerpflichtigen Umsätzen ausschließlich zuzurechnen wären. 309

Bezieht ein Unternehmen diverses Büromaterial von einem Händler, so muss das Unternehmen nicht genau bestimmen, welches Material für welchen Umsatz verwendet wurde, sondern es kann pauschal ein entsprechender Anteil als Vorsteuer geltend gemacht werden. 310

V. Aufzeichnungspflichten und Zeitpunkt der Aufteilung

Aus § 22 UStG ergeben sich verschiedene **Aufzeichnungsplichten** im Rahmen des Vorsteuerabzugs (§ 22 Rz. 38 ff.). Die FinVerw. legt in Abschn. 22.4. UStAE folgende Aufzeichnungspflichten im Rahmen der Aufteilung des Vorsteuerabzugs fest: 311

1. Entgelte für die steuerpflichtigen Leistungen, die für diese Leistung in Rechnung gestellten Steuerbeträge und die als Vorsteuern abziehbaren Teilbeträge;
2. die Entgelte für die Leistungen, für die der Unternehmer die Steuer nach § 13b Abs. 5 UStG schuldet und die als Vorsteuern abziehbaren Teilbeträge;
3. die vorausgezahlten Entgelte und Teilentgelte für die steuerpflichtigen Leistungen an den Unternehmer, die dafür in Rechnung gestellten Steuerbeträge und die als Vorsteuer abziehbaren Teilbeträge;
4. die Einfuhrumsatzsteuerbeträge, die als Vorsteuer abziehbaren Teilbeträge sowie die Bemessungsgrundlagen für die Einfuhren oder Hinweise auf die entsprechenden zollamtlichen Belege;
5. die Bemessungsgrundlagen für den innergemeinschaftlichen Erwerb von Gegenständen und die als Vorsteuer abziehbaren Teilbeträge.

Auch müssen die Bemessungsgrundlagen für die Umsätze, die den Vorsteuerausschluss nach § 15 Abs. 2 UStG ausschließen, getrennt von den Bemessungsgrundlagen der übrigen Umsätze aufgezeichnet werden.[2] Hiervon ausdrücklich ausgenommen sind die Einfuhren, die innergemeinschaftlichen Erwerbe und die Leistungsbezüge, für die nach § 13b Abs. 5 UStG die Steuer geschuldet ist. 312

Eine Aufteilung der Vorsteuern muss bereits in den Umsatzsteuervoranmeldungen, in deren Zeitraum die Leistung bezogen wurde, erfolgen. Hierdurch wird auch an dieser Stelle das **Prinzip des Sofortabzugs** verwirklicht. Wird die bezogene Leistung erst später verwendet, so kommt es auf die beabsichtigte Verwendung an (s. für neuere Entwicklung bei abweichender tatsächlicher Nutzung Rz. 248.1 ff.). Dabei muss sich die beabsichtigte Verwendung anhand objektiver Anhaltspunkte überprüfen lassen können und der Unternehmer muss hinsichtlich des beabsichtigten Verwendungszwecks gutgläubig gewesen sein.[3] 313

Wird im Rahmen der Voranmeldung unter Bezugnahme auf die Umsätze des vergangenen Jahres ein Aufteilungsschlüssel nur vorläufig verwendet, so führt die endgültige Festsetzung des Aufteilungsschlüssels in der Jahreserklärung zur Berichtigung der ursprünglichen Vorsteuerabzüge.[4] 314

---

1 Abschn. 15.18. Abs. 5 Satz 2 UStAE; BFH, Urt. v. 19.1.2016 – XI R 38/12, BStBl. II 2017, 567 = UR 2016, 312 m. Anm. *Heinrichshofen* und Anm. *Sterzinger.*

2 Abschn. 22.4. Abs. 2 UStAE.

3 EuGH, Urt. v. 8.6.2000 – C-400/98, ECLI:EU:C:2000:304 – Breitsohl, BStBl. II 2003, 452 = UR 2000, 329 m. Anm. *Widmann.*

4 Abschn. 15.16. Abs. 2a Satz 2 UStAE.

VI. Anwendung bei § 15 Abs. 1b UStG

315 Durch den Verweis in § 15 Abs. 4 Satz 4 UStG sind die **Grundsätze der Aufteilung** auch in Fällen von § 15 Abs. 1b UStG anwendbar, d.h. wenn ein Unternehmer ein Grundstück sowohl für Zwecke seines Unternehmens als auch für Zwecke, die außerhalb des Unternehmens liegen oder für den privaten Bedarf seines Personals, verwendet.

VII. Entsprechende Anwendung bei nichtwirtschaftlicher Tätigkeit

316 Die Vorschrift des § 15 Abs. 4 UStG findet ferner auch dann (entsprechend) Anwendung, wenn Vorsteuerbeträge auf eine wirtschaftliche und nichtwirtschaftliche Tätigkeit aufgeteilt werden.[1] Das Unionsrecht selbst enthält hierzu keine Regelung, so dass sich eine Regelungslücke ergibt, welche durch die Mitgliedsstaaten unter Beachtung des gemeinsamen Mehrwertsteuersystems geschlossen werden muss.[2] Bei der Ausübung dieses Ermessens ist sicherzustellen, dass die Berechnungsweise objektiv widerspiegelt, welcher Teil der Eingangsaufwendungen jeder dieser beiden Tätigkeiten tatsächlich zuzurechnen sind.[3]

G. Beschränkung für Fahrzeuglieferer (Absatz 4a)

317 Eine Sonderregelung für Fahrzeuglieferer findet sich auch im Vorsteuerabzugsrecht. § 15 Abs. 4a UStG bewirkt eine **Beschränkung des Vorsteuerabzugsrechts für Fahrzeuglieferer** i.S.d. § 2a UStG. In unionsrechtlicher Hinsicht findet die Vorschrift ihren Ursprung in Art. 172 MwStSystRL (Art. 28a Abs. 4 Unterabs. 2 und 3 der 6. EG-Richtlinie). Nach § 2a Satz 1 UStG wird jemand, der im Inland ein neues Fahrzeug liefert, das während der Lieferung in das übrige Gemeinschaftsgebiet gelangt, wie ein Unternehmer behandelt, wenn er nicht bereits Unternehmer i.S.d. § 2 UStG ist (§ 2a Rz. 21 ff.). Durch diese Fiktion steht dieser Person, wenn auch die übrigen Voraussetzungen gegeben sind, ein Vorsteuerabzugsrecht nach § 15 Abs. 1 UStG zu. Von dieser grundsätzlichen Berechtigung sieht § 15 Abs. 4a UStG Modifizierungen vor hinsichtlich des Objekts des Vorsteuerabzugs (Nr. 1), des Betrags der Steuer (Nr. 2) und des Zeitpunkts (Nr. 3).

318 Hintergrund von § 2a UStG ist, dass ein neues Fahrzeug, das aus dem Inland in das übrige Gemeinschaftsgebiet gelangt, zur Verwirklichung des Bestimmungslandprinzips von der inländischen Umsatzsteuer entlastet und im Bestimmungsland mit dem dortigen Umsatzsteuersatz belastet werden soll. Die innergemeinschaftliche Lieferung ist nach § 4 Nr. 1 Buchst. b UStG i.V.m. § 6a Abs. 1 UStG steuerfrei, wobei der Erwerberden innergemeinschaftlichen Erwerb im Ausland zu versteuern hat.

319 In sachlicher Hinsicht beschränkt sich der Umfang des Vorsteuerabzugs des Fahrzeuglieferers nach § 15 Abs. 4a Nr. 1 UStG. Als Vorsteuer kann nur der Betrag geltend gemacht werden, den der Fahrzeuglieferer zuvor selbst als Steuer beim Einkauf auf die Lieferung, die Einfuhr oder den innergemeinschaftlichen Erwerb gezahlt hat. Er kann demnach keine Vorsteuern geltend machen, die ihm als Nebenkosten (bspw. Erwerbskosten oder Treibstoffkosten) entstanden sind.

320 Auch betragsmäßig ist der Vorsteueranspruch begrenzt. Der Fahrzeuglieferer kann Vorsteuern maximal in Höhe des Betrags geltend machen, der als Umsatzsteuer entstehen würde, wenn die Lieferung des neuen Fahrzeugs nicht steuerfrei wäre, § 15 Abs. 4a Nr. 2 UStG.

1 BFH, Urt. v. 6.4.2016 – V R 6/14, BStBl. II 2017, 577 = UR 2016, 770; BMF, Schr. v. 20.10.2022 – III C 2-S 7306/19/10001 :003 – DOK 2022/1029175, BStBl. I 2022, 1497 = UR 2022, 905, Rz. 25.

2 EuGH, Urt. v. 13.3.2008 – C-437/06, ECLI:EU:C:2008:166 – Securenta, BStBl. II 2008, 727 = UR 2008, 344 m. Anm. *Eggers*.

3 EuGH, Urt. v. 13.3.2008 – C-437/06, ECLI:EU:C:2008:166 – Securenta, BStBl. II 2008, 727 = UR 2008, 344 m. Anm. *Eggers*; EuGH, Urt. v. 16.7.2015 – C-108/14 und C-109/14, ECLI:EU:C:2015:496 – Larentia + Minerva, Marenave, BStBl. II 2017, 604 = UR 2015, 671 m. Anm. *Hummel*; Anm. *Heinrichshofen*, UR 2015, 722.

Beispiel: 321
Ein inländischer Privatmann erwirbt einen Neuwagen für 100.000 Euro (zzgl. 19.000 Euro Umsatzsteuer) und verkauft diesen nach Österreich für 90.000 Euro weiter. Er kann nicht die vollen 19.000 Euro Umsatzsteuer als Vorsteuer geltend machen, sondern nur einen Betrag von 17.100 Euro (19 % von 90.000 Euro). Verkauft er das Fahrzeug dagegen über dem Einkaufspreis, z.B. für 110.000 Euro, kann er lediglich einen Vorsteuerabzug in Höhe von 19.000 Euro geltend machen.

Eine **Ausnahme vom Prinzip des Sofortabzugs** stellt die Beschränkung in § 15 Abs. 4a Nr. 3 UStG 322
dar. Der Fahrzeuglieferer kann den Vorsteuerabzug (noch) nicht bei Erwerb des Fahrzeugs geltend machen, sondern erst zu dem Zeitpunkt, in dem das Fahrzeug innergemeinschaftlich veräußert wurde. § 18 Abs. 4a UStG statuiert in diesem Zusammenhang die Pflicht, dass im Kalendermonat der Lieferung eine Umsatzsteuervoranmeldung abgegeben werden muss (§ 18 Rz. 82 ff.).

H. Beschränkung für nicht im Unionsgebiet ansässige Unternehmen (Absatz 4b)

Eine weitere Beschränkung des Vorsteuerabzugsrechts findet sich in § 15 Abs. 4b UStG. Diese richtet 323
sich an Unternehmer, die nicht im Gemeinschaftsgebiet ansässig sind (sog. **Drittlandsunternehmer**) und die nur nach § 13b Abs. 5 UStG, nach § 13b Abs. 5 und § 13a Abs. 1 Nr. 1 i.V.m. § 14c Abs. 1 oder nach § 13b Abs. 5 und § 13a Abs. 1 Nr. 4 UStG die Steuer im sog. Reverse-Charge-Verfahren im Inland schulden (§ 13b Rz. 18 ff.). Die entsprechenden Umsatzsteuer- und Vorsteuerbeträge müssen dann im allgemeinen Besteuerungsverfahren erklärt und geltend gemacht werden.

Mit dem **JStG 2019** vom 12.12.2019[1] war § 15 Abs. 4b UStG um den Halbsatz „nach § 13b Absatz 5 324
und § 13a Absatz 1 Nummer 1 in Verbindung mit § 14c Absatz 1 oder nach § 13b Absatz 5 und § 13a Absatz 1 Nummer 4" erweitert worden. Hintergrund dessen ist, dass nach der Verwaltungsauffassung in Abschn. 18.15 Abs. 1 Satz 2 UStAE im Ausland ansässige Unternehmer, die die Voraussetzungen des Vorsteuer-Vergütungsverfahrens erfüllen und Umsatzsteuer im allgemeinen Besteuerungsverfahren (z.B. nach § 14c Abs. 1 UStG) schulden, die Vergütung der Vorsteuerbeträge abweichend von § 16 Abs. 2 Satz 1 UStG nur im Vorsteuer-Vergütungsverfahren geltend machen können. Der BFH hatte die Verwaltungsregelung in Abschn. 18.15 Abs. 1 Satz 2 UStAE nicht anerkannt.[2] Diese ist jedoch laut Gesetzesbegründung erforderlich, um Gestaltungsmissbräuche zu bekämpfen. Die Verwaltungsregelung wurde daher inhaltlich durch das JStG 2019 mit § 18 Abs. 9 Satz 3 UStG in das UStG übernommen. § 15 Abs. 4b UStG war als Folge ebenfalls anzupassen. Der Anwendungsbereich der Regelung wurde entsprechend zur **Vermeidung von Missbrauchsfällen** ebenfalls auf die Fälle erweitert, in denen der im Ausland ansässige Unternehmer die Vorsteuer nur wegen § 13b Abs. 5 UStG im allgemeinen Besteuerungsverfahren geltend macht, daneben aber auch Umsatzsteuer nach § 14c UStG schuldet.

Liegt ein Fall des § 15 Abs. 4b UStG vor, so finden die Regelungen des § 18 Abs. 9 Satz 5 und 6 UStG 325
Anwendung. Hierdurch sind die Vorschriften, die sonst nur im besonderen Vergütungsverfahren nach § 18 Abs. 9 UStG gelten, auch im allgemeinen Besteuerungsverfahren ausnahmsweise zu beachten. Die Vorsteuer wird also einerseits nur gewährt, wenn Gegenseitigkeit besteht (§ 18 Abs. 9 Satz 5 UStG). Andererseits ist für Drittländer der Vorsteuerabzug aus Kraftstoffbezug ausgeschlossen (§ 18 Abs. 9 Satz 6 UStG). Ziel der Vorschrift ist es, in derartigen Fällen eine Gleichstellung der Geltendmachung der Vorschriften im Vergütungsverfahren und im allgemeinen Besteuerungsverfahren zu erreichen.

Aus § 18 Abs. 9 Satz 5 UStG ergibt sich, dass eine Erstattung der Vorsteuer nur dann stattfindet, wenn 326
im Land, in dem der Unternehmer seinen Sitz hat, keine Umsatzsteuer oder ähnliche Steuern erhoben werden oder im Falle der Erhebung den in Deutschland Ansässigen vergütet werden. Dieses Prinzip wird auch als **Gegenseitigkeitsprinzip** bezeichnet.

Ferner sind auch nach § 18 Abs. 9 Satz 6 UStG die Vorsteuerbeträge für Kraftstoffe vom Abzug aus- 327
geschlossen.

1 Gesetz zur weiteren steuerlichen Förderung der Elektromobilität und zu Änderung weiterer steuerlicher Vorschriften (sog. JStG 2019) v. 12.12.2019, BGBl. I 2019, 2451.

2 BFH, Urt. v. 19.11.2014 – V R 41/13, BStBl II 2020, 129 = UR 2015, 276.

I. Besonderes Vorsteuerabzugsverfahren

I. Vorsteuerabzug im Vergütungsverfahren (§ 18 Abs. 9 UStG, §§ 59 ff. UStDV)

328 § 18 Abs. 9 UStG schreibt für bestimmte Konstellationen einen **Vorsteuerabzug im Rahmen eines Vergütungsverfahrens** vor. Ausgestaltet wird dieses Verfahren durch die §§ 59 ff. UStDV. Ein derartiges Verfahren findet regelmäßig bei im Ausland ansässigen Unternehmern statt. Wann ein derartiges Verfahren im Einzelnen anzuwenden ist, ist in § 59 Satz 1 UStDV geregelt.

329 Besonderheit dieses Verfahrens ist, dass nicht wie im allgemeinen Besteuerungsverfahren Voranmeldungen und Jahreserklärungen abgegeben werden müssen, sondern es ausreichend ist, dass der ausländische Unternehmer online beim BZSt über ein eigens eingerichtetes elektronisches Portal einen Antrag auf Erstattung der Vorsteuerbeträge einreicht. Auf diese Weise werden eine **Vereinfachung und Beschleunigung des Vorsteuerabzugsverfahrens** erreicht.

II. Beförderungseinzelbesteuerung (§ 16 Abs. 5 UStG)

330 Im Rahmen einer **Beförderungseinzelbesteuerung** sind Besonderheiten im Rahmen des Vorsteuerabzugsverfahrens zu beachten. Von einer Beförderungseinzelbesteuerung spricht man nach § 16 Abs. 5 UStG dann, wenn bei der Personenbeförderung im Gelegenheitsverkehr mit Kraftomnibussen, die nicht im Inland zugelassen sind, die Steuer für jeden steuerpflichtigen Umsatz durch die zuständige Zolldienststelle berechnet wird.

331 Vorsteuern, die in einer derartigen Situation entstehen, können im Rahmen des Vergütungsverfahrens erstattet werden, § 18 Abs. 9 UStG i.V.m. § 59 Satz 1 Nr. 2 Alt. 2 UStDV. Obwohl § 16 Abs. 5 Satz 4 UStG die Anwendung des § 16 Abs. 2 UStG ausschließt, welcher seinerseits den Ansatz der Vorsteuerbeträge zulässt, können bei der Beförderungseinzelbesteuerung dennoch Vorsteuerbeträge angesetzt werden, nur lediglich in einem anderen Verfahren.

III. Besteuerung nach Durchschnittssätzen (§§ 23, 23a, 24 UStG)

1. Allgemeines

332 Zur Vereinfachung lässt es das Umsatzsteuergesetz in § 23 UStG zu, dass das BMF mit Zustimmung des Bundesrates durch Rechtsverordnung für bestimmte Unternehmergruppen **Durchschnittssätze für die Vorsteuer** und die zu entrichtende Steuer festlegen kann. Von dieser Ermächtigung wurde hinsichtlich der Vorsteuerbeträge mit den §§ 69, 70 UStDV Gebrauch gemacht.

333 Weitere **Pauschalisierungsmöglichkeiten** sind direkt in § 23a UStG und § 24 UStG geregelt.

334 Für Einzelheiten zu den verschiedenen Durchschnittssätzen sei auf die Kommentierungen der entsprechenden Paragraphen verwiesen (§ 23a Rz. 5 ff.; § 24 Rz. 13 ff.).

2. Vorsteuerabzug bei allgemeinen Durchschnittssätzen (§ 23 UStG)

335 Hinsichtlich der **allgemeinen Durchschnittssätze** verweist § 69 UStDV auf die Anlage zur UStDV. In dieser ist nach Berufs- und Gewerbezweig aufgegliedert, wie viel Prozent des Umsatzes der Unternehmer als Vorsteuer geltend machen kann. Die Durchschnittssätze sind nach § 69 Abs. 3 UStDV allerdings nicht anwendbar, wenn der Jahresumsatz (nach § 69 Abs. 2 UStDV berechnet) im vorausgegangenen Kalenderjahr 61.356 Euro überstiegen hat.

336 Im Rahmen dieser Durchschnittsumsätze kann ferner danach unterschieden werden, inwieweit diese **abgeltende Wirkung** haben. Während die Durchschnittssätze, die in der Anlage im Abschnitt A genannt sind, einen weiteren Vorsteuerabzug komplett ausschließen (vgl. § 70 Abs. 1 UStDV), ist bei den Berufszweigen, die in Abschnitt B genannt werden, teilweise ein weiterer Vorsteuerabzug möglich (vgl. § 70 Abs. 2 UStDV).

Wendet ein Unternehmer berechtigterweise die Durchschnittssätze an, so ist er gemäß § 66 UStDV von den Aufzeichnungspflichten des § 22 Abs. 2 Nr. 5 und 6 UStG befreit. 337

3. Vorsteuerdurchschnittssätze (§ 23a UStG)

Das Umsatzsteuergesetz selbst sieht in § 23a UStG **Vorsteuerdurchschnittssätze für Körperschaften, Personenvereinigungen und Vermögensmassen i.S.d. § 5 Abs. 1 Nr. 9 KStG** vor. Hierfür ist nötig, dass das Subjekt ausschließlich und unmittelbar gemeinnützigen mildtätige oder kirchliche Zwecke (§§ 51–68 AO) verfolgt. Besteht ferner keine Buchführungspflicht und werden aufgrund jährlicher Bestandsaufnahmen regelmäßig Abschlüsse gemacht, so können 7 % des steuerpflichtigen Jahresumsatzes mit Ausnahme der Einfuhr und des innergemeinschaftlichen Erwerbs als Vorsteuerbetrag angesetzt werden, § 23a Abs. 1 Satz 1 UStG. 338

Die Inanspruchnahme des Durchschnittssatzes scheidet allerdings nach § 23a Abs. 2 UStG dann aus, wenn der Umsatz im vorangegangenen Kalenderjahr 35.000 Euro überstiegen hat. 339

Die Vorschrift ist schließlich im Zusammenhang mit dem ermäßigten Steuersatz des § 12 Abs. 2 Nr. 8 Buchst. a UStG zu sehen, so dass sich für eine derartige Körperschaft de facto keine Umsatzbesteuerung ergibt (§ 12 Abs. 2 Nr. 8 Rz. 1 ff.). 340

4. Durchschnittssatzbesteuerung für land- und forstwirtschaftliche Betriebe (§ 24 UStG)

Bei land- und forstwirtschaftlichen Betrieben besteht nach § 24 Abs. 1 Satz 3 UStG die Möglichkeit der Geltendmachung des Vorsteuerabzugs nach Durchschnittssätzen. Je nach Art der Leistung kann ein Vorsteuerabzug in Höhe von 5,5 % bzw. 10,7 % der Bemessungsgrundlage geltend gemacht werden. Die Höhe korrespondiert schließlich mit Ausnahme von § 24 Abs. 1 Satz 1 Nr. 2 UStG mit den in diesen Fällen maßgeblichen Steuersätzen in § 24 Abs. 1 Satz 1 UStG. Ein darüberhinausgehender Vorsteuerabzug ist nach § 24 Abs. 1 Satz 4 UStG ausgeschlossen. Bezieht der Unternehmer eine Eingangsleistung, ist der Vorsteuerabzug auch dann nach § 24 Abs. 1 Satz 4 UStG ausgeschlossen, wenn die Eingangsleistung für Umsätze im Folgejahr verwendet wird, in dem diese Tätigkeit kraft Gesetzes der Regelbesteuerung unterliegt.[1] Dann kommt jedoch eine Vorsteuerberichtigung nach § 15a Abs. 7 UStG in Betracht. Der Unternehmer kann gemäß § 24 Abs. 4 Satz 1 UStG erklären, dass er nach den allgemeinen Grundsätzen besteuert werden will und demnach auf die Anwendung der Durchschnittssätze verzichtet (§ 24 Rz. 106 ff.). 341

IV. Vorsteuer bei Reisevorleistungen (§ 25 Abs. 4 UStG)

Besonderheiten sind auch bei der Behandlung von Reisevorleistungen zu beachten. Im Rahmen der Besteuerung von Reiseleistungen findet eine sog. **Margenbesteuerung** statt. Bei dieser Besteuerung wird nach § 25 Abs. 3 UStG die Differenz des Betrags, den der Leistungsempfänger für den Erhalt der Leistung aufwendet, mit dem Betrag, den der Reiseunternehmer für die Reisevorleistungen aufgewendet hat, gebildet. Um eine doppelte Berücksichtigung der Reisevorleistungen zu vermeiden, kommt eine gesonderte Geltendmachung der Vorsteuern nicht in Betracht, § 25 Abs. 4 Satz 1 UStG (§ 25 Rz. 64 ff.). 342

J. Vereinfachungen beim Vorsteuerabzug

I. Verordnungsermächtigung für Regelungen zur Vereinfachung des Vorsteuerabzugs (§ 15 Abs. 5 UStG)

Durch § 15 Abs. 5 UStG wird das Bundesministerium für Finanzen dazu ermächtigt, Rechtsverordnungen mit Zustimmung des Bundesrates zu erlassen, die bestimmen können, in welchen Fällen 343

1 BFH v. 12.7.2023 – XI R 14/22, UR 2024, 37.

- auf eine Rechnung verzichtet werden kann (Nr. 1),
- wann eine andere Person als der Leistungsempfänger den Vorsteuerabzug geltend machen kann (Nr. 2)
- oder wann Ausschlussumsätze wegen einer geringen steuerlichen Bedeutung unberücksichtigt bleiben können (Nr. 3).

344 Die durch das Bundesministerium hierzu erlassenen Regelungen finden sich in den §§ 33, 34, 35, 40, 43 UStDV.

II. Vorsteuer bei Kleinbeträgen (§§ 33, 35 UStDV)

345 In den §§ 33, 35 UStDV finden sich **Erleichterungen für den Vorsteuerabzug bei Kleinbeträgen**, die sich hinsichtlich der Ermächtigungsgrundlage auf § 15 Abs. 5 Nr. 1 UStDV stützen können. Das Gesetz definiert in § 33 Abs. 1 UStDV Kleinbeträge als Rechnungen, deren Gesamtbetrag 250 Euro (bis zum 31.2.2016: 150 Euro)[1] nicht übersteigen. Eine derartige Rechnung bedarf nach § 33 Abs. 1 UStDV weniger Voraussetzungen als eine Rechnung i.S.d. § 14 Abs. 4 UStG. Es genügt, wenn die Rechnung folgende Angaben enthält:

- vollständiger Name und Anschrift des leistenden Unternehmers;
- das Ausstellungsdatum;
- Menge und Art der gelieferten Gegenstände oder den Umfang und die Art der sonstigen Leistung;
- Entgelt und den darauf entfallenden Steuerbetrag in einer Summe, sowie den anzuwenden Steuersatz bzw. einen Hinweis auf eine mögliche Steuerbefreiung.

346 Trotz dieser reduzierten Erfordernisse ist es jedoch nicht genügend, wenn auf einer Rechnung lediglich der Entgeltbetrag und der Steuersatz angegeben sind. Im Gegensatz zu einer regulären Rechnung gemäß § 14 Abs. 4 UStG muss eine Kleinbetragsrechnung keine Angaben über die Steuernummer bzw. USt-IdNr., die Rechnungsnummer und den Leistungszeitpunkt enthalten.

347 Für die Geltendmachung des Vorsteuerbetrags ist es nach § 35 Abs. 1 UStDV ausreichend, wenn der Unternehmer den Rechnungsbetrag in Entgelt und Steuerbetrag aufteilt. Bei dieser Aufteilung kann der Unternehmer Rechnungen, in denen derselbe Steuersatz angewendet wird, innerhalb eines Voranmeldungszeitraums zusammenfassen.[2]

III. Vorsteuer bei Fahrausweisen (§§ 34, 35 UStDV)

348 Bei Vorliegen bestimmter Mindestangaben kann auch ein **Fahrausweis**, der für die Beförderung von Personen ausgegeben wurde, als **Rechnung i.S.d. § 14 UStG** ausreichen. Die entsprechenden Regelungen basieren auf der Ermächtigungsgrundlage des § 15 Abs. 5 Nr. 1 UStG. Inhaltlich müssen nach § 34 Abs. 1 UStDV folgende Angaben auf dem Fahrausweis vermerkt sein, um als Rechnung gelten zu können:

- vollständiger Name und Anschrift des Unternehmers, der die Beförderungsleistung ausführt;
- Ausstellungsdatum;
- Entgelt und den darauf entfallenden Steuerbetrag in einer Summe;
- anzuwendender Steuersatz, wenn die Beförderungsleistung nicht dem ermäßigten Steuersatz nach § 12 Abs. 2 Nr. 10 UStG unterliegt;
- im Falle des § 26 Abs. 3 UStG einen Hinweis auf die grenzüberschreitende Beförderung von Personen im Luftverkehr.

349 § 35 Abs. 2 UStDV erklärt derartige Fahrausweise bzw. Rechnungen für die Geltendmachung des Vorsteuerabzugs grundsätzlich als ausreichend.

1 Änderung durch Zweites Bürokratieentlastungsgesetz v. 30.6.2017, BGBl. I 2017, 2143 (2144).
2 Abschn. 15.4. Abs. 1 UStAE.

Wenn der Regelsteuersatz von 19 % Anwendung findet, ist er in der Rechnung offen auszuweisen (§ 35 Abs. 2 Satz 2 UStDV). Bei fehlenden Angaben über den Steuersatz findet der ermäßigte Steuersatz Anwendung (§ 35 Abs. 2 Satz 3 UStDV). Für Beförderungsleistungen von Personen im Schienenbahnverkehr findet der ermäßigte Steuersatz von 7 % ab dem 1.1.2020 stets Anwendung (§ 12 Abs. 2 Nr. 10 Buchst. a UStG). Die bisherige Regelung des § 35 Abs. 2 Nr. 2 UStG, wonach der Regelsteuersatz bei einer Tarifentfernung von mehr als 50 km Anwendung findet, wurde daher mit Wirkung ab dem 1.1.2020 gestrichen. Bei anderen Formen der Personenbeförderung knüpft die Anwendung des ermäßigten Steuersatzes jedoch weiterhin an die Voraussetzung an, dass die Beförderungsstrecke nicht mehr als 50 km beträgt, z.B. bei der Beförderung mit Oberleitungsomnibussen, im genehmigten Linienverkehr mit Kraftfahrzeugen oder im Verkehr mit Taxen (§ 12 Abs. 2 Nr. 10 Buchst. b UStG). Erfolgt die Beförderung im Luftverkehr, muss nach § 35 Abs. 2 Satz 4 UStDV der Regelsteuersatz angegeben werden, um einen Vorsteuerabzug geltend zu machen. 350

IV. Vorsteuerabzug bei unfreien Versendungen (§ 40 UStDV)

Eine **Übertragung der Vorsteuerabzugsberechtigung** vom Leistungsempfänger auf einen Dritten kann in bestimmten Fällen **bei unfreien Versendungen** gegeben sein. Versendet ein Unternehmer einen Gegenstand unfrei an einen anderen Unternehmer oder lässt er die Beförderung unfrei durch einen Spediteur besorgen, so ist der Sendungsempfänger im Rahmen des Vorsteuerabzugs nach § 40 Abs. 1 Satz 1 UStDV als Auftraggeber der Frachtsendung anzusehen. An dieser Stelle wird demnach davon abgewichen, dass der Leistungsempfänger aus zivilrechtlicher Sicht bestimmt wird. Dies wäre schließlich auch in einem derartigen Fall nur schwierig zu bewerkstelligen, da lediglich dem Lieferungsempfänger (und nicht dem Auftraggeber der Lieferung) die entsprechende Rechnung übergeben wird. Für einen Vorsteuerabzugsanspruch des Sendungsempfängers müssen ferner nach § 40 Abs. 1 Satz 3 UStDV folgende Voraussetzungen vorliegen: 351

- der Frachtempfänger muss hinsichtlich der Beförderung bzw. hinsichtlich ihrer Besorgung im Übrigen berechtigt sein (§ 15 Abs. 1 Satz 1 Nr. 1 UStG) (§ 40 Abs. 1 Satz 3 Nr. 1 UStDV);
- er muss ferner das Entgelt zuzüglich der Steuer für die Beförderung bzw. für die Besorgung übernommen haben (§ 40 Abs. 1 Satz 3 Nr. 2 UStDV);
- die in § 40 Abs. 1 Satz 3 Nr. 2 UStDV genannten Voraussetzungen müssen aus der Rechnung ersichtlich sein und die Rechnung ist durch den Frachtempfänger aufzubewahren (§ 40 Abs. 1 Satz 3 Nr. 3 UStDV).

Die Geltendmachung der Vorsteuer durch den Absender ist in einem derartigen Fall nach § 40 Abs. 1 Satz 2 UStDV ausgeschlossen. 352

V. Erleichterung der Aufteilung (§ 43 UStDV)

Von der Ermächtigungsgrundlage in § 15 Abs. 5 Nr. 3 UStG wurde mit § 43 UStDV Gebrauch gemacht, indem die Vorsteueraufteilung bei bestimmten Umsätzen erleichtert wird. Für Einzelheiten siehe hierzu die Ausführungen bei § 15 Abs. 4 UStG (Rz. 267 ff.). 353

§ 15a Berichtigung des Vorsteuerabzugs

(1) [1]Ändern sich bei einem Wirtschaftsgut, das nicht nur einmalig zur Ausführung von Umsätzen verwendet wird, innerhalb von fünf Jahren ab dem Zeitpunkt der erstmaligen Verwendung die für den ursprünglichen Vorsteuerabzug maßgebenden Verhältnisse, ist für jedes Kalenderjahr der Änderung ein Ausgleich durch eine Berichtigung des Abzugs der auf die Anschaffungs- oder Herstellungskosten entfallenden Vorsteuerbeträge vorzunehmen. [2]Bei Grundstücken einschließlich ihrer wesentlichen Bestandteile, bei Berechtigungen, für die die Vorschriften des bürgerlichen Rechts

über Grundstücke gelten, und bei Gebäuden auf fremdem Grund und Boden tritt an die Stelle des Zeitraums von fünf Jahren ein Zeitraum von zehn Jahren.

(2) [1]Ändern sich bei einem Wirtschaftsgut, das nur einmalig zur Ausführung eines Umsatzes verwendet wird, die für den ursprünglichen Vorsteuerabzug maßgebenden Verhältnisse, ist eine Berichtigung des Vorsteuerabzugs vorzunehmen. [2]Die Berichtigung ist für den Besteuerungszeitraum vorzunehmen, in dem das Wirtschaftsgut verwendet wird.

(3) [1]Geht in ein Wirtschaftsgut nachträglich ein anderer Gegenstand ein und verliert dieser Gegenstand dabei seine körperliche und wirtschaftliche Eigenart endgültig oder wird an einem Wirtschaftsgut eine sonstige Leistung ausgeführt, gelten im Fall der Änderung der für den ursprünglichen Vorsteuerabzug maßgebenden Verhältnisse die Absätze 1 und 2 entsprechend. [2]Soweit im Rahmen einer Maßnahme in ein Wirtschaftsgut mehrere Gegenstände eingehen oder an einem Wirtschaftsgut mehrere sonstige Leistungen ausgeführt werden, sind diese zu einem Berichtigungsobjekt zusammenzufassen. [3]Eine Änderung der Verhältnisse liegt dabei auch vor, wenn das Wirtschaftsgut für Zwecke, die außerhalb des Unternehmens liegen, aus dem Unternehmen entnommen wird, ohne dass dabei nach § 3 Abs. 1b eine unentgeltliche Wertabgabe zu besteuern ist.

(4) [1]Die Absätze 1 und 2 sind auf sonstige Leistungen, die nicht unter Absatz 3 Satz 1 fallen, entsprechend anzuwenden. [2]Die Berichtigung ist auf solche sonstigen Leistungen zu beschränken, für die in der Steuerbilanz ein Aktivierungsgebot bestünde. [3]Dies gilt jedoch nicht, soweit es sich um sonstige Leistungen handelt, für die der Leistungsempfänger bereits für einen Zeitraum vor Ausführung der sonstigen Leistung den Vorsteuerabzug vornehmen konnte. [4]Unerheblich ist, ob der Unternehmer nach den §§ 140, 141 der Abgabenordnung tatsächlich zur Buchführung verpflichtet ist.

(5) [1]Bei der Berichtigung nach Absatz 1 ist für jedes Kalenderjahr der Änderung in den Fällen des Satzes 1 von einem Fünftel und in den Fällen des Satzes 2 von einem Zehntel der auf das Wirtschaftsgut entfallenden Vorsteuerbeträge auszugehen. [2]Eine kürzere Verwendungsdauer ist entsprechend zu berücksichtigen. [3]Die Verwendungsdauer wird nicht dadurch verkürzt, dass das Wirtschaftsgut in ein anderes einbezogen wird.

(6) Die Absätze 1 bis 5 sind auf Vorsteuerbeträge, die auf nachträgliche Anschaffungs- oder Herstellungskosten entfallen, sinngemäß anzuwenden.

(6a) Eine Änderung der Verhältnisse liegt auch bei einer Änderung der Verwendung im Sinne des § 15 Absatz 1b vor.

(7) Eine Änderung der Verhältnisse im Sinne der Absätze 1 bis 3 ist auch beim Übergang von der allgemeinen Besteuerung zur Nichterhebung der Steuer nach § 19 Abs. 1 und umgekehrt und beim Übergang von der allgemeinen Besteuerung zur Durchschnittssatzbesteuerung nach den §§ 23a oder 24 und umgekehrt gegeben.

(8) [1]Eine Änderung der Verhältnisse liegt auch vor, wenn das noch verwendungsfähige Wirtschaftsgut, das nicht nur einmalig zur Ausführung eines Umsatzes verwendet wird, vor Ablauf des nach den Absätzen 1 und 5 maßgeblichen Berichtigungszeitraums veräußert oder nach § 3 Abs. 1b geliefert wird und dieser Umsatz anders zu beurteilen ist als die für den ursprünglichen Vorsteuerabzug maßgebliche Verwendung. [2]Dies gilt auch für Wirtschaftsgüter, für die der Vorsteuerabzug nach § 15 Absatz 1b teilweise ausgeschlossen war.

(9) Die Berichtigung nach Absatz 8 ist so vorzunehmen, als wäre das Wirtschaftsgut in der Zeit von der Veräußerung oder Lieferung im Sinne des § 3 Abs. 1b bis zum Ablauf des maßgeblichen Berichtigungszeitraums unter entsprechend geänderten Verhältnissen weiterhin für das Unternehmen verwendet worden.

(10) [1]Bei einer Geschäftsveräußerung (§ 1 Abs. 1a) wird der nach den Absätzen 1 und 5 maßgebliche Berichtigungszeitraum nicht unterbrochen. [2]Der Veräußerer ist verpflichtet, dem Erwerber die für die Durchführung der Berichtigung erforderlichen Angaben zu machen.

(11) Das Bundesministerium der Finanzen kann mit Zustimmung des Bundesrates durch Rechtsverordnung nähere Bestimmungen darüber treffen,

1. **wie der Ausgleich nach den Absätzen 1 bis 9 durchzuführen ist und in welchen Fällen zur Vereinfachung des Besteuerungsverfahrens, zur Vermeidung von Härten oder nicht gerechtfertigten Steuervorteilen zu unterbleiben hat;**

2. **dass zur Vermeidung von Härten oder eines nicht gerechtfertigten Steuervorteils bei einer unentgeltlichen Veräußerung oder Überlassung eines Wirtschaftsguts**
   a) **eine Berichtigung des Vorsteuerabzugs in entsprechender Anwendung der Absätze 1 bis 9 auch dann durchzuführen ist, wenn eine Änderung der Verhältnisse nicht vorliegt,**
   b) **der Teil des Vorsteuerbetrags, der bei einer gleichmäßigen Verteilung auf den in Absatz 9 bezeichneten Restzeitraum entfällt, vom Unternehmer geschuldet wird,**
   c) **der Unternehmer den nach den Absätzen 1 bis 9 oder Buchstabe b geschuldeten Betrag dem Leistungsempfänger wie eine Steuer in Rechnung stellen und dieser den Betrag als Vorsteuer abziehen kann.**

Schrifttum: *Burgmaier*, Anmerkung zum EuGH-Urteil vom 8.5.2003, C-269/00, UR 2003, 288; *Dziadkowski*, Anmerkung zum BFH-Urteil vom 3.8.2017, V R 62/16, UR 2018, 170; *Forgách*, Nachdenkliches zum sofortigen Vorsteuerabzug oder Vorsteuerausschluss und zur Gewichtung der Verwendungsabsicht, UR 2004, 231; *Hahne*, Vorsteuerberichtigung gem. § 15a Abs. 3 und 4 UStG und ihre Vereinbarkeit mit den Vorgaben der MwStSystRL – Analyse der Vorgaben der MwStSystRL unter besonderer Berücksichtigung von Leistungsbezügen im Zusammenhang mit Software, BB 2008, 247; *Heinrichshofen*, Anmerkung zum BFH-Urteil vom 10.8.2016, XI R 31/09, UR 2016, 846; *Hidien*, Europäische Rechtsbegriffe und nationale Begriffspolitik im Mehrwertsteuerrecht, StuW 2005, 265; *Husmann*, Anmerkung zum BFH-Urteil vom 18.11.1999, V R 13/99, UR 2000, 156; *Küffner*, Anmerkung zum BFH-Urteil vom 3.3.2011, V R 23/10, UR 2011, 617; *Küffner/Kirchinger*, Anmerkung zum EuGH-Urteil vom 25.7.2018, C-140/17, UR 2018, 687; *Lippross*, Vorsteuerabzug nach Maßgabe der Verwendungsabsicht? – Eine Fehlentwicklung und Missdeutung der Rechtsprechung des EuGH, DStR 2003, 1593; *Lippross*, Maßgeblichkeit der Verwendungsabsicht für den Vorsteuerabzug nach § 15 UStG – Weiterentwicklung einer verfehlten Doktrin durch die Neuregelung des § 15a UStG i.d.F. des EuRLUmsG und das dazu ergangene BMF-Schreiben vom 6.12.2005, DStR 2006, 1028; *Nieskens*, Steueränderungsgesetz 2001 und Steuerverkürzungsbekämpfungsgesetz, UR 2002, 53; *Nieskens*, Änderungen des Umsatzsteuergesetzes durch das Richtlinien-Umsetzungsgesetz, UR 2005, 57; *Sterzinger*, Anmerkung zum EuGH-Urteil vom 25.7.2018, C-140/17, UR 2018, 687; *Wäger*, Abzug und Berichtigung von Vorsteuerbeträgen: Steinzeit oder Neuzeit?, UR 2021, 889; *Weiß*, Anmerkung zum BFH-Urteil vom 2.10.1986, V R 91/78, UR 1987, 14; *Weiß*, Anmerkung zum BFH-Urteil vom 16.9.1987, X R 51/81, UR 1988, 152; *Widmann*, Anmerkung zum EuGH-Urteil vom 8.6.2000, C-396/98, UR 2000, 336; *Widmann*, Anmerkung zum EuGH-Urteil vom 8.6.2000, C-400/98, UR 2000, 329.

A. Grundaussagen

I. Regelungsgegenstand und Bedeutung

1. Zweck der Norm

1 Der **Grundgedanke** des § 15a UStG liegt darin, den Vorsteuerabzug letztlich nach der tatsächlichen Verwendung einer Eingangsleistung zu bestimmen. Da der Vorsteuerabzug im Grundsatz jedoch sofort für den Voranmeldungszeitraum vorgenommen werden muss, in dem der Eingangsumsatz erfolgt (bzw. schon vorher, soweit Zahlungen vorher erfolgen, § 15 Rz. 188 ff.), ist nach h.M. für die Beurteilung der Vorsteuerabzugsverbote auf die **Verwendungsabsicht** zu diesem Zeitpunkt abzustellen. Erfolgt in den nachfolgenden Voranmeldungszeiträumen eine in Bezug auf Vorsteuerabzugsverbote andere Verwendung, ist deshalb grundsätzlich eine Vorsteuerberichtigung nach § 15a UStG vorzunehmen (bei Fehlen einer tatsächlichen Verwendung genügt ausnahmsweise die Verwendungsabsicht). Die Berichtigung kann sich hierbei sowohl zu Gunsten als auch zu Ungunsten des Steuerpflichtigen auswirken.

2. Rechtsentwicklung zur Verwendungsabsicht

2 Das Rechtsverständnis, dass es für den Vorsteuerabzug auf die beabsichtigte Verwendung zum Zeitpunkt des Leistungsbezugs ankommt und eine davon abweichende Verwendung zu einer Vorsteuerberichtigung nach § 15a UStG führt, **beruht auf** drei **Urteilen des EuGH** vom 8.6.2000[1] und wurde im zuvor beschriebenen Sinne vom BFH interpretiert.[2] Der Gesetzgeber hat dieses Verständnis mit Wirkung zum 1.1.2002 auch in § 15a Abs. 1 UStG integriert, indem er die Vorsteuerberichtigung anordnet, wenn sich „ab dem Zeitpunkt der erstmaligen Verwendung die für den ursprünglichen Vorsteuerabzug maßgebenden Verhältnisse" ändern. Dass hiermit gleichzeitig auf die Verwendungsabsicht im Zeitpunkt des Leistungsbezugs abgestellt werden soll, ergibt sich aus der Gesetzesbegründung zum StÄndG 2001.[3]

3 Diese Interpretation ist allerdings **nicht unumstritten.**[4] Teilweise wird darauf hingewiesen, dass die Urteile „Breitsohl" und „Schloßstraße" Ausnahmefälle betrafen, in denen eine vorsteuerunschädliche wirtschaftliche Tätigkeit beabsichtigt war und diese Tätigkeit aufgrund von Umständen, die vom Willen der Steuerpflichtigen unabhängig waren, nicht ausgeführt werden konnte. Aus Gründen des Vertrauensschutzes und im Interesse der Neutralität der Mehrwertsteuer sollte der Vorsteuerabzug nicht nachträglich wieder versagt werden. Mit dieser Rechtsprechung des EuGH sei unvereinbar, den Ausnahmefall zum Regelfall zu machen und beispielsweise einem Unternehmer, der im Zeitpunkt des Leistungsbezugs die Absicht zur vorsteuerunschädlichen Verwendung nicht nachweisen kann den Vorsteuerabzug endgültig zu versagen, wenn er den Eingangsbezug tatsächlich für vorsteuerunschädliche Zwecke verwendet. Ob man aus den Bedenken allerdings folgern muss, dass der Vorsteuerabzug nachträglich durch Änderung der entsprechenden Steuerfestsetzung, z.B. nach § 164 Abs. 2, § 165 Abs. 2 AO zu gewähren ist oder die bereits vorbehaltlose und endgültige Steuerfestsetzung nach § 175 Abs. 1 Satz 1 Nr. 2 AO geändert werden muss, erscheint zweifelhaft. Ebenso möglich erscheint, den zuvor in der Voranmeldung geltend gemachten Vorsteuerabzug nur dann im Jahresbescheid „glattzuziehen", wenn sich die Verhältnisse noch im Jahr des Leistungsbezugs ändern. Aber auch das widerspricht der nationalen Regelung des § 15a Abs. 1 UStG.

4 Neue Nahrung scheinen die Bedenken durch die **EuGH-Entscheidung Stichting Schoonzicht**[5] zu erhalten. Der EuGH führt hier in Rz. 48 aus, dass „die Festlegung von Detailregelungen zur Berichtigung des ursprünglichen Vorsteuerabzugs zum Zeitpunkt der erstmaligen Verwendung des betreffenden Investitionsguts, wenn sich herausstellt, dass der Abzug zu diesem Zeitpunkt höher war als der, zu dem der Steuerpflichtige unter Berücksichtigung der tatsächlichen Verwendung des Investitionsguts berechtigt war, nicht unter Art. 187 MwStSystRL (= § 15a UStG), … gehört (sondern) durchaus zu den Einzelheiten für die Anwendung der Art. 184 und 185 der Richtlinie (= § 15 UStG)".

4.1 In der Sache ging es darum, dass ein Investor im Jahre 2013 ein Gebäude mit sieben Wohnungen in der Absicht errichtet hatte, diese für steuerpflichtige Umsätze zu verwenden. Tatsächlich vermietete er erstmalig im Jahr 2014 vier der sieben Wohnungen steuerfrei, während drei Wohnungen zunächst leer standen. Nach dem Urteil des EuGH richtet sich der Vorsteuerabzug zwar zunächst nach der Verwendungsabsicht. Wenn sich allerdings zum Zeitpunkt der erstmaligen Verwendung herausstellt, dass der Unternehmer zu viel oder zu wenig Vorsteuer abgezogen hat, muss er die zu viel abgezogene Vorsteuer

---

1 EuGH, Urt. v. 8.6.2000 – C-400/98, ECLI:EU:C:2000:304 – Breitsohl, BStBl. II 2003, 452 = UR 2000, 329 m. Anm. *Widmann*; EuGH, Urt. v. 8.6.2000 – C-396/98, ECLI:EU:C:2000:303 – Schloßstraße, BStBl. II 2003, 446 = UR 2000, 336 m. Anm. *Widmann*; EuGH, Urt. v. 8.6.2000 – C-98/98, ECLI:EU:C:2000:300 – Midland Bank, UR 2000, 342.

2 BFH, Urt. v. 22.2.2001 – V R 77/96, BStBl. II 2003, 426 = UR 2001, 260; BFH, Urt. v. 8.3.2001 – V R 24/98, BStBl. II 2003, 430 = UR 2001, 214; BFH, Urt. v. 22.3.2001 – V R 46/00, BStBl. II 2003, 433 = UR 2001, 360; BFH, Urt. v. 17.5.2001 – V R 38/00, BStBl. II 2003, 434 = UR 2001, 550; BFH, Urt. v. 25.4.2002 – V R 58/00, BStBl. II 2002, 435 = UR 2002, 472; BFH, Urt. v. 16.5.2002 – V R 56/00, BStBl. II 2006, 725 = UR 2002, 470; BFH, Urt. v. 25.11.2004 – V R 38/03, BStBl. II 2005, 414 = UR 2005, 164 und BFH, Urt. v. 18.10.2007 – V B 36/06, BFH/NV 2008 254.

3 BT-Drucks. 14/6877, 62.

4 Vgl. *Lippross*, DStR 2003, 1593; *Lippross*, DStR 2006, 1028; *Forgách*, UR 2004, 231; *Stadie* in Rau/Dürrwächter § 15 Rz. 1729 ff. (Stand: Januar 2022); *Englisch* in Tipke/Lang[24], Rz. 17.351; *Hidien*, StuW 2005, 265.

5 EuGH, Urt. v. 17.9.2020 – C-791/18, ECLI:EU:C:2020:731 – Stichting Schoonzicht, UR 2020, 927.

erstatten oder ihm wird die zu wenig abgezogene Steuer nachträglich ausgezahlt. Dabei wird auf die Verhältnisse des Besteuerungszeitraums abgestellt, in dem die Verwendung der bezogenen Gegenstände oder Dienstleistungen begonnen hat. Unter Anwendung dieser Regeln musste die Klägerin die ursprünglich geltend gemachten Vorsteuern zurückzahlen, soweit sie auf die vier steuerfrei vermieteten Wohnungen entfielen. Die Klägerin konnte sich nicht auf § 15a UStG berufen und verlangen, dass der Vorsteuerabzug für Investitionsgüter nur in jährlichen Teilbeträgen innerhalb des Berichtigungszeitraums korrigiert werden dürfe.

4.2 In der Literatur wird aus der EuGH-Entscheidung geschlossen, dass dies für die Zukunft folgendes bedeuten könnte:[1]

Für den Vorsteuerabzug nach § 15 UStG seien grundsätzlich die tatsächlichen Verwendungsverhältnisse im Kalenderjahr der erstmaligen Verwendung „Erstjahr" maßgebend. Wurde die steuerbehaftete Eingangsleistung in einem vorausgehenden Jahr („Abzugsjahr") bezogen, sei über den Vorsteuerabzug zunächst (vorläufig) auf Grundlage der Verwendungsabsicht zu entscheiden. Die Steuerfestsetzung für dieses Jahr sei jedoch nach AO-Vorschriften zu ändern, wenn unter Berücksichtigung der Verwendungsverhältnisse im Kalenderjahr der erstmaligen Verwendung zu viel oder zu wenig Vorsteuer abgezogen wurde. Für § 15a UStG sei dann kein Raum.

4.3 Hintergrund der Problematik ist eine nur rudimentäre und im Detail ungenaue Bezeichnung in den Art. 184, 185 und 187 MwStSystRL. Der Richtliniengeber nennt hier im Kapitel 5 unter der Überschrift „Berichtigung des Vorsteuerabzugs" eine Vielzahl von Fällen rund um den Vorsteuerabzug „Berichtigung", obwohl sich diese Fälle wesentlich unterscheiden. So befasst sich Art. 184 MwStSystRL mit Fällen, in denen der Vorsteuerabzug von Anfang an zu Unrecht vorgenommen wurde und bei denen eine Korrektur des ursprünglichen Vorsteuerabzugs zu erfolgen hat. Art. 185 MwStSystRL dehnt diese Rechtsfolge auf Fälle aus, bei denen ein Kauf rückgängig gemacht worden ist bzw. bei erlangten Rabatten. Für Art. 184 und 185 MwStSystRL sieht Art. 186 MwStSystRL vor, dass die Mitgliedstaaten die Einzelheiten der Anwendung festlegen können. Erst in Art. 187 MwStSystRL kommt es zur hier maßgeblichen Fallkonstellation: Bei Investitionsgütern erfolgt die Berichtigung hiernach während eines Zeitraums von fünf Jahren einschließlich des Jahres, in dem diese Güter erworben oder hergestellt wurden. Die Mitgliedstaaten können jedoch für die Berichtigung einen Zeitraum von fünf vollen Jahren festlegen, der mit der erstmaligen Verwendung dieser Güter beginnt. Und bei Grundstücken, die als Investitionsgut erworben wurden, kann der Zeitraum für die Berichtigung bis auf 20 Jahre verlängert werden (in Deutschland sind es 10 Jahre). Die Berichtigung erfolgt entsprechend den Änderungen des Rechts auf Vorsteuerabzug, die in den folgenden Jahren gegenüber dem Recht „für das Jahr" eingetreten sind, in dem die Güter erworben, hergestellt oder gegebenenfalls erstmalig verwendet wurden (Abs. 2 Satz 2). Im deutschen Recht ist dies zielgenauer in unterschiedlichen Vorschriften, nämlich in den §§ 17, 15 und 15a UStG geregelt.

4.4 Für die Beantwortung der Frage, ob der ursprüngliche Vorsteuerabzug bei Abweichung der Verwendungsabsicht bei Leistungsbezug (genauer: bei Ablauf des Voranmeldungszeitraums des Leistungsbezugs) zur tatsächlichen erstmaligen Verwendung korrigiert werden muss oder eine Vorsteuerberichtigung nach § 15a UStG über den Berichtigungszeitraum zu erfolgen hat, helfen die Urteile des EuGH in den Rs. *Stichting Schoonzicht*[2] und *Sonaecom*[3] sowie der EuGH-Beschluss in der Rs. *Skellefteå Industrihus*[4] nur bedingt weiter.[5] Gründe sind die ungenügende Abgrenzung möglicher Einzelfälle in der MwStSystRL und den EuGH-Entscheidungen (§ 15 Rz. 248.3 ff.).

4.5 Versteht man die Art. 184, 185 und 187 MwStSystRL so, dass nur Art. 187 MwStSystRL für Investitionsgüter gilt (wenn sich die Verhältnisse ändern), so könnte sich aus dessen Abs. 2 Satz 2 ergeben, dass es nur dann zu einer Berichtigung über den Berichtigungszeitraum kommt, wenn sich die Änderungen bei Investitionsgütern nicht auf das Jahr des Leistungsbezugs selbst beziehen, sondern auf das Folgejahr. Im deutschen Recht wird hingegen auch die Änderung im Erstjahr von § 15a UStG erfasst.

1 Vgl. *Lippross*, UR 2020, 918 ff.
2 EuGH, Urt. v. 17.9.2020 – C-791/18, ECLI:EU:C:2020:731 – Stichting Schoonzicht, UR 2020, 927.
3 EuGH, Urt. v. 12.11.2020 – C-42/19, ECLI:EU:C:2020:913 – Sonaecom, UR 2020, 967 m. Anm. *Heinrichshofen*.
4 EuGH, Beschl. v. 18.5.2021 – C-248/20, ECLI:EU:C:2021:394 – Skellefteå Industrihus, UR 2021, 555 m. Anm. *Lippross*.
5 Vgl. auch *Wäger*, UR 2021, 889.

Dann aber stellt sich die Frage, ob sich ein Steuerpflichtiger ggf. auf eine Korrektur des ursprünglichen Vorsteuerabzugs berufen kann, wenn dies für ihn günstiger ist.[1] Das dürfte zu bejahen sein.

Weiter folgt aus Art. 187 Abs. 2 Satz 2 MwStSystRL, dass die Vorsteuerberichtigung über den Berichtigungszeitraum immer dann eingreift, wenn sich im Folgejahr Änderungen zu dem Zeitpunkt ergeben, in dem die Güter „erworben, hergestellt oder gegebenenfalls erstmalig verwendet wurden". Das dürfte bedeuten, dass eine Berichtigung über den Berichtigungszeitraum auch dann durchzuführen ist, wenn die tatsächliche erstmalige Verwendung im Folgejahr anders ist als die Absicht bei Erwerb bzw. Herstellung im Erstjahr. Denn Art. 187 Abs. 2 Satz 2 MwStSystRL erfasst ausdrücklich auch die im Vergleich zum Erwerb bzw. zur Herstellung anderweitige Verwendung im Folgejahr. Das wird in der Kommentarliteratur jedoch auch anders gesehen und eine Vollberichtigung bei erstmaliger Verwendung im Folgejahr angenommen,[2] was wiederum die Frage aufwirft, ob sich ein Unternehmer auf die Regelungen in der MwStSystRL berufen kann. 4.6

Weder der BFH noch die FinVerw. haben sich bislang zu den neuen EuGH-Entscheidungen geäußert. 4.7

3. Regelungsinhalt der einzelnen Absätze

§ 15a Abs. 1 UStG enthält die Grundregel für die Berichtigung des Vorsteuerabzugs bei Wirtschaftsgütern, die nicht nur einmalig zur Ausführung von Umsätzen verwendet werden. Ändern sich bei solchen Wirtschaftsgütern innerhalb von fünf Jahren ab dem Zeitpunkt der erstmaligen Verwendung die für den ursprünglichen Vorsteuerabzug maßgebenden Verhältnisse, ist für jedes Kalenderjahr eine Berichtigung der auf die Anschaffungs- oder Herstellungskosten entfallenden Vorsteuerbeträge vorzunehmen. Bei Grundstücken einschließlich ihrer wesentlichen Bestandteile, bei Berechtigungen, für die die Vorschriften des bürgerlichen Rechts über Grundstücke gelten, und bei Gebäuden auf fremdem Grund und Boden verlängert sich die Frist von 5 Jahren auf zehn Jahre. Diese Grundsätze werden in den übrigen Absätzen des § 15a UStG aufgegriffen und auf besondere Berichtigungssachverhalte übertragen (Rz. 75 ff.). 5

Eine Berichtigung des Vorsteuerabzugs ist nach **§ 15a Abs. 2 UStG** auch vorzunehmen, wenn sich bei einem Wirtschaftsgut, das nur einmalig zur Ausführung eines Umsatzes verwendet wird, die für den ursprünglichen Vorsteuerabzug maßgebenden Verhältnisse ändern. Die Berichtigung ist für den Besteuerungszeitraum vorzunehmen, in dem das Wirtschaftsgut verwendet wird (Rz. 99 ff.). 6

§ 15a Abs. 3 UStG enthält insgesamt **3 Berichtigungsfälle** für: 7

- Erhaltungsaufwendungen, bei denen Gegenstände in vorhandene Wirtschaftsgüter eingehen;
- Erhaltungsaufwendungen durch sonstige Leistungen an Wirtschaftsgütern;
- Entnahmen von Wirtschaftsgütern, die nicht nach § 3 Abs. 1b UStG besteuert werden (Rz. 104 ff.).

Nach **§ 15a Abs. 4** Satz 1 **UStG** gelten die Absätze 1 und 2 für sonstige Leistungen, die nicht unter § 15a Abs. 3 Satz 1 UStG fallen, entsprechend. (Rz. 137 ff.). 8

Bei der Berichtigung nach § 15a Abs. 1 UStG ist gem. **§ 15a Abs. 5 UStG** für jedes Kalenderjahr der Änderung grds. **von einem Fünftel** und bei Grundstücken (§ 15a Abs. 1 Satz 2 UStG) **von einem Zehntel** der auf das Wirtschaftsgut entfallenden Vorsteuerbeträge auszugehen (Rz. 143 ff.). 9

Nach **§ 15a Abs. 6 UStG** sind die Absätze 1 bis 5 auf Vorsteuerbeträge, die auf nachträgliche Anschaffungs- oder Herstellungskosten entfallen, sinngemäß anzuwenden (Rz. 156 ff.). 10

Eine Änderung der Verhältnisse liegt nach **§ 15a Abs. 6a UStG** auch bei einer Änderung der Verwendung i.S.d. § 15 Abs. 1b UStG vor (Rz. 164 ff.). 11

Nach **§ 15a Abs. 7 UStG** ist eine Änderung der Verhältnisse im Sinne der Absätze 1 bis 3 auch beim Übergang von der allgemeinen Besteuerung zur Nichterhebung der Steuer nach § 19 Abs. 1 UStG und umgekehrt und beim Übergang von der allgemeinen Besteuerung zur Durchschnittssatzbesteuerung nach den §§ 23a oder 24 UStG und umgekehrt gegeben (Rz. 171 ff.). 12

1 Für eine Berufungsmöglichkeit ebenfalls: *Wäger*, UR 2021, 889.
2 *Wäger*, UR 2021, 889.

13 Eine Änderung der Verhältnisse liegt nach **§ 15a Abs. 8 UStG** auch vor, wenn das noch verwendungsfähige Wirtschaftsgut, das mehrfach zur Ausführung von Umsätzen verwendet wird, vor Ablauf des Berichtigungszeitraums **veräußert** oder nach § 3 Abs. 1b UStG **entnommen** wird und diese Veräußerung oder Entnahme anders zu beurteilen ist als der Vorsteuerabzug bei Bezug der Leistung (Rz. 180 ff.).

14 **§ 15a Abs. 9 UStG** beschreibt die Durchführung der Berichtigung nach § 15a Abs. 8 UStG (Rz. 197 f.).

15 Nach **§ 15a Abs. 10 UStG** wird der nach den Absätzen 1 und 5 maßgebliche Berichtigungszeitraum bei einer Geschäftsveräußerung im Ganzen nach § 1 Abs. 1a UStG nicht unterbrochen. Der Veräußerer ist verpflichtet, dem Erwerber die für die Durchführung der Berichtigung erforderlichen Angaben zu machen (Rz. 199 ff.).

16 **§ 15a Abs. 11 UStG** enthält eine Verordnungsermächtigung, von der das Bundesministerium der Finanzen zulässigerweise in § 44 und 45 UStDV Gebrauch gemacht hat und die einzelnen Vereinfachungen zum Teil in Abhängigkeit von Betragsgrenzen zugelassen hat (Rz. 204 ff.).

4. Berichtigungszeitraum

17 Ändern sich bei einem Wirtschaftsgut, das nicht nur einmalig zur Ausführung von Umsätzen verwendet wird, innerhalb von fünf Jahren (bei Grundstücken: innerhalb von 10 Jahren) ab dem Zeitpunkt der erstmaligen Verwendung die für den ursprünglichen Vorsteuerabzug maßgebenden Verhältnisse, ist nach § 15a Abs. 1 UStG für jedes Kalenderjahr der Änderung eine Berichtigung der auf die Anschaffungs- oder Herstellungskosten entfallenden Vorsteuerbeträge vorzunehmen. Der Ausgleich des Vorsteuerabzugs ist grundsätzlich **bei der Steuerfestsetzung für den Voranmeldungszeitraum** vorzunehmen, **in dem sich die Verhältnisse** gegenüber den für den ursprünglichen Vorsteuerabzug maßgebenden Verhältnissen **geändert haben**.

18 Der Zeitraum, für den eine Berichtigung des Vorsteuerabzugs durchzuführen ist, wird **Berichtigungszeitraum** genannt. Er beträgt grundsätzlich volle fünf Jahre ab dem Beginn der erstmaligen tatsächlichen Verwendung (Rz. 80 ff.). Er verlängert sich bei Grundstücken auf volle zehn Jahre (§ 15a Abs. 1 Satz 2 UStG, Rz. 89 ff.). Steht ein Gebäude im Anschluss an seine erstmalige Verwendung für eine bestimmte Zeit ganz oder teilweise leer, ist bis zur tatsächlichen erneuten Verwendung des Wirtschaftsgutes anhand der Verwendungsabsicht zu entscheiden, ob sich die für den ursprünglichen Vorsteuerabzug maßgebenden Verhältnisse ändern. Keine Änderung der Verhältnisse liegt dabei vor, wenn im Anschluss an eine zum Vorsteuerabzug berechtigende Verwendung auch künftig zum Vorsteuerabzug berechtigende Umsätze ausgeführt werden sollen. Bei Wirtschaftsgütern mit einer **kürzeren Verwendungsdauer** ist der entsprechend kürzere Berichtigungszeitraum anzusetzen (§ 15a Abs. 5 Satz 2 UStG, Rz. 145). Das gilt auch, wenn ein Wirtschaftsgut vor Ablauf des Berichtigungszeitraums wegen Unbrauchbarkeit vom Unternehmer nicht mehr zur Ausführung von Umsätzen verwendet werden kann.

19 Bei der Berichtigung ist nach § 15a Abs. 5 UStG für jedes Kalenderjahr der Änderung in den Fällen von 1/5 bzw. 1/10 der auf das Wirtschaftsgut entfallenden Vorsteuerbeträge auszugehen. Eine **kürzere Verwendungsdauer** ist zu berücksichtigen.

20 Ändern sich bei einem Wirtschaftsgut, das nur einmalig zur Ausführung eines Umsatzes verwendet wird (= **Umlaufvermögen**), die für den ursprünglichen Vorsteuerabzug maßgebenden Verhältnisse, ist nach § 15a Abs. 2 UStG eine Berichtigung des Vorsteuerabzugs für den Besteuerungszeitraum vorzunehmen, in dem das Wirtschaftsgut verwendet wird (Rz. 101 ff.).

5. Bagatellgrenzen

21 **§ 44 UStDV** sieht **Erleichterungen** für die Vorsteuerberichtigung vor. Diese bestehen im Wesentlichen in Folgendem:

- Nach Abs. 1 entfällt eine Berichtigung des Vorsteuerabzugs für alle Jahre, wenn die Vorsteuer auf die Anschaffungs- oder Herstellungskosten eines Wirtschaftsguts maximal 1.000 Euro beträgt (Rz. 206 ff.).

- Eine Berichtigung für ein bestimmtes Kalenderjahr entfällt nach Abs. 2, wenn sich die für den ursprünglichen Vorsteuerabzug maßgebenden Verhältnisse um weniger als 10 Prozentpunkte geändert haben und der Betrag, um den der Vorsteuerabzug für dieses Kalenderjahr zu berichtigen wäre, 1.000 Euro nicht übersteigt (Rz. 211 ff.).
- Und die Berichtigung muss nach Abs. 3 Satz 1 nicht in den einzelnen Voranmeldungen erfolgen, sondern kann in der Jahresanmeldung durchgeführt werden, wenn der Betrag, um den der Vorsteuerabzug bei einem Wirtschaftsgut für das Kalenderjahr zu berichtigen ist, 6.000 Euro nicht übersteigt (Rz. 216 ff.).

Zudem enthält § **45 UStDV** eine Erleichterung dahingehend, dass der Berichtigungszeitraum nicht unterjährig beginnt. Hiernach gilt Folgendes: 22

- Wird das Wirtschaftsgut vor dem 16. eines Kalendermonats erstmalig verwendet, ist dieser Kalendermonat komplett zu berücksichtigen. Der Berichtigungszeitraum endet entsprechend früher. Dies ergibt sich durch Auslegung des § 45 UStDV (Rz. 220).
- Wird das Wirtschaftsgut nach dem 15. eines Kalendermonats erstmalig verwendet, bleibt dieser Kalendermonat komplett unberücksichtigt. Der Berichtigungszeitraum endet entsprechend später (Rz. 220).

II. Unionsrechtliche Grundlagen

Die Regelungen zur Berichtigung des Vorsteuerabzugs finden sich in der MwStSystRL in Art. 184 ff. MwStSystRL und in Art. 168a Abs. 1 MwStSystRL. Gerade die Art. 184 ff. MwStSystRL sind hierbei problematisch, weil sie in Kapitel 5 unter der Überschrift „Berichtigung des Vorsteuerabzugs" eine Vielzahl von Fällen rund um den Vorsteuerabzug zusammenfassen, obwohl sich diese Fälle wesentlich unterscheiden. Nach deutschem Verständnis handelt es hierbei nur zum Teil um Fälle der Berichtigung des Vorsteuerabzugs, wie er in § 15a UStG enthalten ist. Teile betreffen § 17 UStG, andere Teile wieder den von Anfang an zu Unrecht vorgenommen Vorsteuerabzug, bei dem eine Korrektur des ursprünglichen Vorsteuerabzugs zu erfolgen hat (Rz. 4.2 ff.). Im Einzelnen ist folgendes geregelt: 23

Nach **Art. 168a Abs. 1** Satz 1 **MwStSystRL** darf, soweit ein dem Unternehmen zugeordnetes Grundstück vom Steuerpflichtigen sowohl für unternehmerische Zwecke als auch für seinen privaten Bedarf oder den seines Personals oder allgemein für unternehmensfremde Zwecke verwendet wird, bei Ausgaben im Zusammenhang mit diesem Grundstück höchstens der Teil der Mehrwertsteuer abgezogen werden, der auf die Verwendung des Grundstücks für unternehmerische Zwecke des Steuerpflichtigen entfällt.[1] Das entspricht § 15 Abs. 1b UStG. Ändert sich der Verwendungsanteil eines solchen Grundstücks, so werden diese Änderungen nach Art. 168a Satz 2 UStG nach den in dem betreffenden Mitgliedstaat geltenden Vorschriften zur Vorsteuerberichtigung berücksichtigt. Das ist in **§ 15a Abs. 6a und Abs. 8 Satz 2 UStG** geregelt. 24

Art. 184 Abs. 1 MwStSystRL enthält die Grundregel, wonach der ursprüngliche Vorsteuerabzug berichtigt wird, wenn der Vorsteuerabzug höher oder niedriger ist als der, zu dessen Vornahme der Steuerpflichtige berechtigt war, wobei die Mitgliedstaaten nach **Art. 186 MwStSystRL** Einzelheiten hierzu festlegen können. Diese Regelung betrifft den Fall, dass der Vorsteuerabzug von Anfang an zu Unrecht vorgenommen wurde und deshalb eine Korrektur des ursprünglichen Vorsteuerabzugs zu erfolgen hat. Genau genommen handelt sich somit gar nicht um eine Regelung zur Vorsteuerberichtigung nach § 15a UStG. 25

Nach **Art. 185 MwStSystRL** erfolgt eine Berichtigung insbesondere dann, wenn sich die Faktoren, die bei der Bestimmung des Vorsteuerabzugsbetrags berücksichtigt werden, nach Abgabe der Mehrwertsteuererklärung geändert haben, z.B. bei rückgängig gemachten Käufen oder erlangten Rabatten. Auch diese Regelung betrifft nicht § 15a UStG sondern § 17 UStG. Allerdings findet in diesen Fällen nach **Art. 185 Abs. 2 MwStSystRL** keine Berichtigung statt, wenn keine oder eine nicht vollständige Zah-

1 Zwar können die Mitgliedstaaten diese Regelung nach Art. 168a Abs. 2 MwStSystRL auch für andere (bewegliche) Gegenstände anwenden. Der deutsche Gesetzgeber hat hiervon aber bislang keinen Gebrauch gemacht.

lung geleistet wurde und in ordnungsgemäß nachgewiesenen oder belegten Fällen von Zerstörung, Verlust oder Diebstahl sowie bei Entnahmen für Geschenke von geringem Wert und Warenmuster i.S.v. Art. 16 MwStSystRL. Hierzu hat der EuGH mehrfach entschieden, dass darunter auch die Aussonderung und Entsorgung eines nach Ansicht des Unternehmens im Rahmen seiner gewöhnlichen wirtschaftlichen Tätigkeiten unbrauchbar gewordenen Gegenstands bzw. die Zerstörung eines Gebäudes zwecks Modernisierung der Immobilie fällt.[1] In diesen Fällen findet also keine Vorsteuerberichtigung statt.

Bei Umsätzen, bei denen keine oder eine nicht vollständige Zahlung erfolgt, und bei Diebstahl können die Mitgliedstaaten jedoch eine Berichtigung verlangen.

26 Nach **Art. 187 Abs. 1 Sätze 1 und 2 MwStSystRL** erfolgt bei Investitionsgütern die Berichtigung während eines Zeitraums von fünf Jahren einschließlich des Jahres, in dem diese Güter erworben oder hergestellt wurden, wobei die Mitgliedstaaten jedoch für die Berichtigung einen Zeitraum von fünf vollen Jahren festlegen können, der mit der erstmaligen Verwendung dieser Güter beginnt. Das entspricht **§ 15a Abs. 1 Satz 1 UStG.**

27 Bei Grundstücken, die als Investitionsgut erworben wurden, kann nach **Art. 187 Abs. 1 Satz 3 MwStSystRL** der Zeitraum für die Berichtigung bis auf 20 Jahre verlängert werden. Der deutsche Gesetzgeber hat dies in **§ 15a Abs. 1 Satz 2 UStG** für Grundstücke aufgegriffen und einen Zeitraum von 10 Jahren festgelegt.

28 Die jährliche Berichtigung betrifft nach **Art. 187 Abs. 2 MwStSystRL** nur ein Fünftel beziehungsweise im Falle der Verlängerung des Berichtigungszeitraums den entsprechenden Bruchteil der Mehrwertsteuer, mit der diese Investitionsgüter belastet waren. Diese Berichtigung erfolgt entsprechend den Änderungen des Rechts auf Vorsteuerabzug, die in den folgenden Jahren gegenüber dem Recht für das Jahr eingetreten sind, in dem die Güter erworben, hergestellt oder gegebenenfalls erstmalig verwendet wurden. Beides wurde in **§ 15a Abs. 5 Satz 1 UStG** verankert.

29 **Art. 188 MwStSystRL** entspricht der Regelung des **§ 15a Abs. 8 Satz 1 und Abs. 9 UStG**. Nach Art. 188 MwStSystRL ist bei der Lieferung eines Investitionsgutes innerhalb des Berichtigungszeitraums dieses so zu behandeln, als ob es bis zum Ablauf des Berichtigungszeitraums weiterhin für eine wirtschaftliche Tätigkeit des Steuerpflichtigen verwendet worden wäre. Diese wirtschaftliche Tätigkeit gilt als in vollem Umfang steuerpflichtig, wenn die Lieferung des Investitionsgutes steuerpflichtig ist. Die wirtschaftliche Tätigkeit gilt als in vollem Umfang steuerfrei, wenn die Lieferung des Investitionsgutes steuerfrei ist. Die Berichtigung wird für den gesamten noch verbleibenden Berichtigungszeitraum auf einmal vorgenommen.

30 **Art. 189 und 191 MwStSystRL** enthalten Begriffsbestimmungen und Erleichterungen. Hiernach können die Mitgliedstaaten den Begriff „Investitionsgüter" definieren, den Betrag der Mehrwertsteuer festlegen, der bei der Berichtigung zu berücksichtigen ist, alle zweckdienlichen Vorkehrungen treffen, um zu gewährleisten, dass keine ungerechtfertigten Vorteile aus der Berichtigung entstehen und verwaltungsmäßige Vereinfachungen ermöglichen. Zudem kann der Mitgliedstaat nach Konsultation des Mehrwertsteuerausschusses auf die Vorsteuerberichtigung verzichten, vorausgesetzt die praktischen Auswirkungen der Vorsteuerberichtigung sind unwesentlich und führt nicht zu Wettbewerbsverzerrungen. Das hat der Gesetzgeber in **§ 44 und 45 UStDV** aufgegriffen.

31 Nach **Art. 190 MwStSystRL** können die Mitgliedstaaten Dienstleistungen, die Merkmale aufweisen, die den üblicherweise Investitionsgütern zugeschriebenen vergleichbar sind, wie Investitionsgüter behandeln. Das wurde in **§ 15a Abs. 4 UStG** aufgegriffen.

32 Geht der Steuerpflichtige von der normalen Mehrwertsteuerregelung auf eine Sonderregelung über oder umgekehrt, können die Mitgliedstaaten nach **Art. 192 MwStSystRL** die erforderlichen Vorkehrungen treffen, um zu vermeiden, dass dem Steuerpflichtigen ungerechtfertigte Vorteile oder Nachteile entstehen. Das wurde in **§ 15a Abs. 7 UStG** aufgegriffen.

1 EuGH, Urt. v. 4.5.2023 – C-127/22, ECLI:EU:C:2023:381 – Balgarska telekomunikatsionna kompania, UR 2023, 722; EuGH, Urt. v. 18.10.2012 -C-234/11, ECLI:EU:C:2012:644 – TETS Haskovo AD, UR 2012, 921.

Problematisch wird zu Recht die unionsrechtliche Grundlage des **§ 15a Abs. 3 UStG** gesehen.[1] Die von der Gesetzesbegründung bemühte Regelung des **Art. 185 MwStSystRL** eignet sich dafür jedenfalls nicht, da dort die Berichtigung bei rückgängig gemachten Leistungen, Rabatten etc. geregelt ist.[2] 33

III. Verhältnis zu anderen Vorschriften und Rechtsentwicklung

§ 15a UStG ist eine notwendige Ergänzung zu § 15 UStG. Gegenstand der Vorsteuerberichtigung nach § 15a UStG sind zwar die Vorsteuerbeträge, die für den Bezug eines Wirtschaftsgutes für das Unternehmen angefallen und abgezogen worden sind; § 15a UStG dient insoweit – im Ergebnis – der Korrektur des vom Unternehmer vorgenommenen Vorsteuerabzugs bei Wirtschaftsgütern, die langfristig im Unternehmen verwendet werden sollen. Rechtlich ist diese Vorschrift im Verhältnis zu § 15 Abs. 1 UStG jedoch selbständig ausgestaltet. Während § 15 Abs. 1 UStG den Vorsteuerabzug nach h.M. bei der erstmaligen Verwendung von Leistungsbezügen regelt (Rz. 2 ff.), betrifft § 15a UStG die Auswirkungen von Änderungen der Verwendungsart, nachdem die erstmalige Verwendung erfolgt ist. Erfasst werden demnach von § 15a UStG Änderungen der Verwendungsart in Besteuerungszeiträumen, die nach dem Besteuerungszeitraum liegen, in dem die erstmalige Verwendung erfolgt ist.[3] Bei der Vorsteuerberichtigung nach § 15a UStG handelt es sich daher **materiell-rechtlich** um einen gegenüber dem Vorsteuerabzug gem. § 15 UStG **eigenständigen Tatbestand**. Der Berichtigungstatbestand des § 15a UStG erschöpft sich nicht in der Rückgängigmachung des Vorsteuerabzugs.[4] 34

Von besonderer Bedeutung ist das Verhältnis der Vorsteuerberichtigung nach § 15a UStG zur Besteuerung der **unentgeltlichen Wertabgaben** nach § 3 Abs. 1b und Abs. 9a UStG. Wirtschaftlich führt beides bei erhöhter nichtunternehmerischer Nutzung zu einer Beseitigung des zunächst zu Recht erfolgten Vorsteuerabzugs. Ob diese „Korrektur" des Vorsteuerabzugs über eine Besteuerung des Entnahmevorgangs oder eine Berichtigung des ursprünglichen Vorsteuerabzugs (wenn auch erst im Zeitpunkt der Nutzungsänderung) erfolgt, ist letztlich nur Gesetzestechnik. Der Gesetzgeber verfährt hier uneinheitlich: 35

- Bei einer Erhöhung (oder Verminderung) der privaten Nutzung **beweglicher Wirtschaftsgüter** wird die Korrektur mittels der Entnahmebesteuerung nach § 3 Abs. 1b und Abs. 9a UStG durchgeführt (§ 3 Rz. 73 ff., 552 ff.).
- Bei der Erhöhung (oder Verminderung) der privaten Nutzung **unbeweglicher Wirtschaftsgüter (Grundstücken)** erfolgt die Korrektur gem. §§ 15a Abs. 6a, 15 Abs. 1b, 3 Abs. 9a Nr. 1 a.E. UStG mittels der Vorsteuerberichtigung nach § 15a UStG.
- Daneben bedarf es zudem einer Einordnung der Erhöhung (oder Verminderung) der sog. **nichtwirtschaftlichen Tätigkeit i.e.S.**, die richtiger Weise über eine entsprechende Anwendung des § 15a UStG zu lösen ist.[5]

Bedeutung hat die Abgrenzung im Hinblick auf die **Bemessungsgrundlage**, da bei einer Vorsteuerberichtigung nach § 15a UStG zwischenzeitliche Werterhöhungen oder -verminderungen keine Rolle spielen, die Entnahmebesteuerung aber gem. § 10 Abs. 4 UStG nach den Wiederbeschaffungskosten z.Z. der Entnahme bzw. den bei der privaten Nutzung des Wirtschaftsgutes entstandenen Ausgaben (wobei höhere Anschaffungskosten zeitanteilig eingerechnet werden) bemessen wird (§ 10 Rz. 149, 154). 36

Eine weitere Abgrenzung ist zu **§ 17 UStG** erforderlich, der bei einer Änderung der Bemessungsgrundlage eine Vorsteuerberichtigung vorschreibt. Diese ist gem. § 17 Abs. 1 Satz 7 UStG für den Besteuerungszeitraum vorzunehmen, in dem die Änderung der Bemessungsgrundlage eingetreten ist (§ 17 Rz. 85 ff.). Zudem erweitert § 17 Abs. 2 UStG die Vorsteuerberichtigung um Fälle, in denen das 37

1 *Meyer* in Weymüller[2], § 15a UStG Rz. 15.1; **a.A.** wohl *Heidner* in Bunjes[22], § 15a UStG Rz. 7 ff.
2 Vgl. dazu *Hahne*, BB 2008, 247.
3 BFH, Urt. v. 9.4.1987 – V R 23/80, BStBl. II 1987, 527 = UR 1987, 166.
4 BFH, Urt. v. 8.3.2012 – V R 24/11, BStBl. II 2012 II, 466 = UR 2012, 399.
5 **A.A.** die Verwaltung; zu Einzelheiten Rz. 2 ff.

vereinbarte Entgelt uneinbringlich geworden ist (Nr. 1),[1] das Entgelt entrichtet wurde, die Lieferung oder sonstige Leistung jedoch nicht ausgeführt worden ist (Nr. 2), der Umsatz rückgängig gemacht worden ist (Nr. 3) oder[2] in denen ein Gegenstand so genutzt worden ist, dass bei einer (solchen) beabsichtigten Nutzung schon im Zeitpunkt des Leistungsbezuges der Vorsteuerabzug nach § 15 Abs. 1a UStG ausgeschlossen gewesen wäre (Nr. 5) (§ 17 Rz. 90 ff.).[3]

38 **Ertragsteuerlich** zählt die Umsatzsteuer nach § 9b Abs. 1 EStG nicht zu Anschaffungs- und Herstellungskosten, wenn der Unternehmer die Vorsteuer abziehen kann. Daran ändert sich auch nichts, wenn der Vorsteuerabzug nachträglich nach § 15a UStG berichtigt wird. Allerdings führen zusätzliche Vorsteuerbeträge aus der Berichtigung zu Betriebseinnahmen bzw. steuerpflichtigen Einnahmen des Unternehmers und verminderte Vorsteuern (also Vorsteuerrückzahlungen) zu Betriebsausgaben oder Werbungskosten.

B. Ursprünglicher Vorsteuerabzug

38.1 Die Vorsteuerberichtigung nach § 15a Abs. 1 UStG setzt einen ursprünglichen Vorsteuerabzug voraus.[4] Ob ein derartiger Vorsteuerabzug vorliegt, richtet sich nach dem für das **Abzugsjahr vorliegenden Steuerbescheid**. Wesentliches Merkmal für diesen ist gemäß § 157 Abs. 1 Satz 2 AO die festgesetzte Steuer, während die dieser Steuer zugrunde liegenden Besteuerungsgrundlagen nach § 157 Abs. 2 AO nur einen nicht selbständig anfechtbaren Teil des Steuerbescheids bilden.

38.2 Auch wenn der Unternehmer Steuerschuldner gemäß § **13b** Abs. 1 oder 2 und Abs. 5 UStG und zugleich zum Vorsteuerabzug nach § 15 Abs. 1 Satz 1 Nr. 4 UStG berechtigt ist, liegt eine für § 15a UStG ausreichende abziehbare Vorsteuer vor, denn die Verrechnung von Umsatzsteuer und Vorsteuer ist bei § 13b UStG nur Technik und soll eine mögliche Vorsteuerberichtigung nicht ausschließen.[5] Das gilt selbst dann, wenn der Unternehmer den Umsatz in seiner Erklärung gar nicht erfasst hat. Denn im Hinblick hierauf hatte das Unterbleiben der Erfassung von Steuer und Vorsteuer keinen Einfluss auf die nach § 157 Abs. 1 Satz 2 AO festzusetzende Steuer.

C. Änderung der Verhältnisse

I. Maßgeblicher Zeitpunkt

39 Für die Frage, ob eine Änderung der Verhältnisse vorliegt, sind die Verhältnisse im Zeitpunkt der tatsächlichen Verwendung im Vergleich zum ursprünglichen Vorsteuerabzug entscheidend. Für den ursprünglichen Vorsteuerabzug ist nach h.M. die Verwendungsabsicht im Zeitpunkt des Leistungsbezugs entscheidend, im Fall der Anzahlung oder Vorauszahlung die im Zeitpunkt der Anzahlung oder Vorauszahlung gegebene Verwendungsabsicht (Rz. 2 ff.). Eine Änderung der Verhältnisse i.S.d. § 15a UStG liegt z.B. vor, wenn sich auf Grund der tatsächlichen Verwendung nach § 15 Abs. 2 und 3 UStG ein höherer oder niedrigerer Vorsteuerabzug im Vergleich zum ursprünglichen Vorsteuerabzug ergibt, z.B., weil

- der Unternehmer ein Berichtigungsobjekt innerhalb des Unternehmens für Ausgangsumsätze nutzt, welche den Vorsteuerabzug anders als ursprünglich vorgesehen ausschließen oder zulassen,

1 Wird das Entgelt nachträglich vereinnahmt, ist der Vorsteuerabzug (und der Steuerbetrag) erneut zu berichtigen.

2 Hinweis: § 17 Abs. 2 Nr. 4 UStG enthält keine Vorsteuerberichtigungsnorm, da der Erwerber gem. § 15 Abs. 1 Satz 1 Nr. 3 UStG in den Fällen des § 3d Satz 2 UStG ohnehin keinen Vorsteuerabzug geltend machen kann.

3 Der Vorsteuerabzug wird in diesem Fall (auf Null) berichtigt und damit auch die Entnahmebesteuerung gemäß § 3 Abs. 1b Satz 2 UStG ausgeschlossen. § 17 Abs. 2 Nr. 5 UStG ist damit lex specialis gegenüber § 3 Abs. 1b UStG und praktisch eine besondere Vorsteuerberichtigungsnorm, die besser in § 15a (Abs. 2) UStG verankert wäre.

4 EuGH, Urt. v. 18.7.2013 – C-78/12, ECLI:EU:C:2013:486 – „Evita-Ka" EOOD, UR 2014, 475, Rz. 59.

5 BFH, Urt. v. 1.2.2022 – V R 33/18, BStBl. II 2022, 785 = UR 2022, 552; Abschn. 15a.1 Abs. 4 Satz 2 UStAE.

- der Unternehmer einen ursprünglich ausgeübten Verzicht auf eine Steuerbefreiung (§ 9 UStG) später nicht fortführt, oder
- sich das prozentuale Verhältnis ändert, nach dem die abziehbaren Vorsteuern ursprünglich nach § 15 Abs. 4 UStG aufgeteilt worden sind.

Durch die Absätze 3 ff. des § 15a UStG findet eine **Erweiterung des Anwendungsbereichs** der Vorsteuerberichtigung statt auf 40

- in Wirtschaftsgüter eingehende Gegenstände und sonstige Leistungen (Abs. 3, Rz. 109 ff.),
- sonstige Leistungen, die nicht an Wirtschaftsgütern vorgenommen werden (Abs. 4, Rz. 137 ff.),
- teilweise privat genutzte Grundstücke (Abs. 6a, Rz. 164 ff.),
- den Übergang zur Kleinunternehmerregelung bzw. Durchschnittssatzbesteuerung nach §§ 23a oder 24 (Abs. 7, Rz. 176) und
- den Verkauf bzw. die Entnahme von Wirtschaftsgütern, wenn diese Fälle anders behandelt werden als der Eingangsumsatz (Abs. 8 und 9, Rz. 194).

Eine **Geschäftsveräußerung im Ganzen** nach § 1 Abs. 1a UStG stellt im Übrigen gem. § 15a Abs. 10 UStG keine Änderung der Verhältnisse dar (Rz. 199 f.). 41

II. Verwendung

1. Tatsächliche Nutzung des Berichtigungsobjekts

Verwendung i.S.d. § 15a UStG meint die tatsächliche Nutzung des Berichtigungsobjekts zur Erzielung von Umsätzen, z.B. die Vermietung. Als Verwendung sind damit auch die Veräußerung, die unentgeltliche Wertabgabe nach § 3 Abs. 1b und Abs. 9a UStG[1] und wegen § 15a Abs. 6a UStG die teilunternehmerische Nutzung eines Grundstücks i.S.d. § 15 Abs. 1b UStG anzusehen. Dazu gehört auch die Zwangsvollstreckung, wobei die reine Eröffnung eines Insolvenzverfahrens allein noch keine Änderung in der Verwendung darstellt.[2] 42

Bei der Frage, ob eine Änderung der Verhältnisse vorliegt, sind die Verhältnisse im Zeitpunkt der tatsächlichen Verwendung zur nach h.M. beabsichtigen (Rz. 2 ff.) Verwendung bei Leistungsbezug bzw. bei Anzahlung oder Vorauszahlung zu **vergleichen.**[3] 43

frei 44

2. Positiv-Beispiele

a) Tatsächliche Verwendung

Wenn sich auf Grund der tatsächlichen Verwendung nach § 15 Abs. 2 und 3 UStG ein **höherer oder niedrigerer Vorsteuerabzug** im Vergleich zum ursprünglichen Vorsteuerabzug ergibt, weil der Unternehmer ein Berichtigungsobjekt innerhalb des Unternehmens für Ausgangsumsätze nutzt, welche den Vorsteuerabzug anders als ursprünglich ausschließen oder zulassen,[4] ist eine Änderung der Verhältnisse gegeben. 45

b) Vorsteueraufteilung

Wenn sich das **prozentuale Verhältnis ändert**, nach dem die abziehbaren Vorsteuern ursprünglich nach § 15 Abs. 4 UStG aufgeteilt worden sind. 46

---

1 BFH, Urt. v. 2.10.1986 – V R 91/78, BStBl. II 1987, 44 = UR 1987, 14 m. Anm. *Weiß*.
2 BFH, Urt. v. 8.3.2012 – V R 24/11, BStBl. II 2012 II, 466 = UR 2012, 399.
3 BFH, Urt. v. 9.2.2011 – XI R 35/09, BStBl. II 2011, 1000 = UR 2011, 538.
4 BFH, Urt. v. 15.9.2011 – V R 8/11, BStBl. II 2012 II, 368 = UR 2012, 157; BFH, Urt. v. 19.10.2011 – XI R 16/09, BStBl. II 2012, 371 = UR 2012, 322.

47 Wichtig ist hierbei: Ein gewählter **sachgerechter Aufteilungsmaßstab** i.S.d. § 15 Abs. 4 UStG, der einem bestandskräftigen Umsatzsteuerbescheid für den entsprechenden Besteuerungszeitraum zu Grunde liegt, ist für eine mögliche Vorsteuerberichtigung nach § 15a UStG maßgebend, auch wenn ggf. noch andere sachgerechte Ermittlungsmethoden in Betracht kommen.[1]

c) Verzicht auf eine Steuerbefreiung

48 Wenn der Unternehmer einen ursprünglich nach § 9 UStG ausgeübten Verzicht auf eine Steuerbefreiung später nicht fortführt.

d) Rechtsänderung

49 Wenn sich eine Rechtsänderung nach dem Leistungsbezug auf die Beurteilung des Vorsteuerabzugs auswirkt, z.B. bei Wegfall oder Einführung einer den Vorsteuerabzug ausschließenden Steuerbefreiung.[2]

50 Das haben EuGH und BFH speziell für die Neuregelung der Aufteilungsmethode für den Vorsteuerabzug durch den am 1.1.2004 in Kraft getretenen § 15 Abs. 4 Satz 3 UStG bestätigt (§ 15 Rz. 34). Dies kann eine Änderung der für den ursprünglichen Vorsteuerabzug maßgebenden Verhältnisse i.S.d. § 15a Abs. 1 UStG bewirken. Einer entsprechenden Vorsteuerberichtigung stehen weder die allgemeinen unionsrechtlichen Grundsätze der Rechtssicherheit und des Vertrauensschutzes entgegen noch liegt darin eine verfassungsrechtlich unzulässige Rückwirkung in Vorjahre.[3]

e) Unzutreffender Vorsteuerabzug

51 Wenn sich die rechtliche Beurteilung des ursprünglichen Vorsteuerabzugs später als unzutreffend erweist, sofern die Steuerfestsetzung für das Jahr des Leistungsbezugs bestandskräftig und unabänderbar ist.

52 Das gilt aber **bei** einer unzutreffenden Beurteilung der Voraussetzungen für die **Abziehbarkeit der Vorsteuer** nach § 15 Abs. 1 UStG nur eingeschränkt. Denn eine solche falsche Beurteilung ist keine „Änderung der (Verwendungs-)Verhältnisse" im Besteuerungszeitraum der Aufdeckung der Fehlbeurteilung; sie kann deshalb nur durch Änderung der fehlerhaften Steuerfestsetzung selbst bei Vorliegen der Voraussetzungen einer Änderungsvorschrift korrigiert werden.[4] Einzig zu berichtigen ist nach der Rechtsprechung des BFH ein Vorsteuerabzug, der wegen verspäteter **Zuordnung** materiell-rechtlich unrichtig vorgenommen wurde und der verfahrensrechtlich im Abzugsjahr nicht mehr entzogen werden kann.[5] Diese Auslegung steht nach der Rechtsprechung des BFH auch im Einklang mit dem Unionsrecht. Wenn der EuGH die Vorsteuerberichtigung nur dann für anwendbar hält, wenn bei einem steuerbaren Umsatz ein ursprünglicher Vorsteuerabzug vorgenommen wurde, also in den Fällen, in denen der betreffende Steuerpflichtige berechtigt war, die Vorsteuer vorab abzuziehen,[6] so zielt diese Einschränkung nur auf die unzutreffende Beurteilung der Voraussetzungen für den Vorsteuerabzug. Demgegenüber hat sich nach der BFH-Rechtsprechung bei einer fehlenden Zuordnung die rechtliche Beurteilung der tatsächlich gleichbleibenden Verwendungsumsätze in einem der Folgejahre als unzutreffend erwiesen, während der Steuerpflichtige den Vorsteuerabzug zunächst in Anspruch genommen hat und ihm dieser Abzug verfahrensrechtlich nicht mehr entzogen werden kann.

---

1 BFH, Urt. v. 28.9.2006 – V R 43/03, BStBl. II 2007, 417 = UR 2007, 27.

2 BFH, Urt. v. 14.5.1992 – V R 79/87, BStBl. II 1992, 983 = UR 1992, 307.

3 EuGH, Urt. v. 9.6.2016 – C-332/14, ECLI:EU:C:2016:417 – Wolfgang und Dr. Wilfried Rey Grundstücksgemeinschaft GbR, UR 2016, 545; BFH, Urt. v. 10.8.2016 – XI R 31/09, BStBl. II 2022, 736 = UR 2016, 846 m. Anm. *Heinrichshofen*.

4 BFH, Urt. v. 6.12.2007 – V R 3/06, BStBl. II 2009, 203 = UR 2008, 588.

5 BFH, Urt. v. 23.10.2014 – V R 11/12, BStBl. II 2015, 973 = UR 2015, 271; BFH, Urt. v. 7.7.2011 – V R 42/09, BStBl. II 2014, 76 = UR 2011, 870; BFH, Urt. v. 7.7.2011 – V R 21/10, BStBl. II 2014, 81 = UR 2012, 449.

6 EuGH, Urt. v. 18.7.2013 – C-78/12, ECLI:EU:C:2013:486 – „Evita-Ka" EOOD, UR 2014, 475, Rz. 59.

Weitreichender sehen BFH und FinVerw. die Vorsteuerberichtigung bei einer fehlerhaften Beurteilung hinsichtlich der **Abzugsfähigkeit der Vorsteuer** nach § 15 Abs. 1b bis 4 UStG: War der ursprünglich vorgenommene Vorsteuerabzug diesbezüglich sachlich unrichtig, weil der Vorsteuerabzug ganz oder teilweise zu Unrecht vorgenommen wurde oder unterblieben ist, ist die unrichtige Steuerfestsetzung zwar grundsätzlich nach den Vorschriften der AO zu ändern. Ist eine Änderung der unrichtigen Steuerfestsetzung allerdings nicht mehr zulässig, bleibt die ihr zu Grunde liegende unzutreffende Beurteilung des Vorsteuerabzugs für alle Kalenderjahre maßgebend, auch und gerade in denen nach verfahrensrechtlichen Vorschriften eine Änderung der Festsetzung, in der über den Vorsteuerabzug entschieden wurde, noch möglich war. Führt die rechtlich richtige Würdigung des Verwendungsumsatzes in einem noch nicht bestandskräftigen Jahr des Berichtigungszeitraums – gemessen an der tatsächlichen und nicht mehr änderbaren Beurteilung des ursprünglichen Vorsteuerabzugs – nun zu einer anderen Beurteilung des Vorsteuerabzugs, liegt eine Änderung der Verhältnisse vor.[1] Der Vorsteuerabzug kann dann in allen noch änderbaren Steuerfestsetzungen für die Kalenderjahre des Berichtigungszeitraums, in denen eine Änderung der Steuerfestsetzung des Vorsteuerabzugs nach verfahrensrechtlichen Vorschriften nicht mehr möglich war, sowohl zugunsten als auch zuungunsten des Unternehmers nach § 15a UStG berichtigt werden. 53

Beispiel:[2]

Im Kalenderjahr 01 (Jahr des Leistungsbezugs) wurde der Vorsteuerabzug für ein gemischt genutztes Gebäude zu 100 % (= 100.000 Euro) gewährt, obwohl im Zeitpunkt des Leistungsbezugs beabsichtigt war, das Gebäude nach Fertigstellung zu 50 % zur Ausführung nicht zum Vorsteuerabzug berechtigender Umsätze zu verwenden und somit nur ein anteiliger Vorsteuerabzug von 50.000 Euro hätte gewährt werden dürfen. Die Steuerfestsetzung für das Kalenderjahr des Leistungsbezugs ist bereits zu Beginn des Kalenderjahres 03 abgabenrechtlich nicht mehr änderbar. In den Kalenderjahren 02 bis 11 wird das Gebäude zu 50 % zur Ausführung zum Vorsteuerabzug berechtigender Umsätze verwendet.

Obwohl sich die tatsächliche Verwendung des Gebäudes nicht von der im Zeitpunkt des Leistungsbezugs gegebenen Verwendungsabsicht unterscheidet, sind ab dem Kalenderjahr 03 jeweils 50 % von einem Zehntel des gewährten Vorsteuerabzugs von 100.000 Euro (= 5.000 Euro pro Jahr) zurückzuzahlen.

Abwandlung:

Die Steuerfestsetzung des Kalenderjahres 01 ist erst ab Beginn des Kalenderjahres 05 abgabenrechtlich nicht mehr änderbar.

Obwohl sich die tatsächliche Verwendung des Gebäudes nicht von der im Zeitpunkt des Leistungsbezugs gegebenen Verwendungsabsicht unterscheidet, sind ab dem Kalenderjahr 05 jeweils 50 % von einem Zehntel des zu Unrecht gewährten Vorsteuerabzugs von 100.000 Euro (= 5.000 Euro pro Jahr) zurückzuzahlen. Eine Berichtigung des zu Unrecht gewährten Vorsteuerabzugs für die Kalenderjahre 02 bis 04 unterbleibt.

Ob die Vorsteuerberichtigung allerdings bei fehlerhafter Beurteilung hinsichtlich der Abzugsfähigkeit der Vorsteuer mit **europäischem Recht** in Einklang steht, ist fraglich. Denn der EuGH hat im Urteil vom 11.4.2018[3] in Rz. 41 ausgeführt, dass die Vorschriften über die Vorsteuerberichtigung keine Anwendung finden, wenn von Anfang an kein Abzugsrecht bestand. Das könnte die Abziehbarkeit und die Abzugsfähigkeit betreffen. 54

f) Nicht umgesetzte Steuerbefreiung

Wenn sich der Steuerpflichtige nachträglich auf eine national nicht umgesetzte Steuerbefreiung beruft.[4] 55

g) Spezialfälle

Daneben gibt es eine Reihe weiterer Spezialfälle, die in § 15a Abs. 3 ff. UStG geregelt sind und dort behandelt werden. 56

1 BFH, Urt. v. 12.6.1997 – V R 36/95, BStBl. II 1997, 589 = UR 1997, 306; BFH, Urt. v. 13.11.1997 – V R 140/93, BStBl. II 1998, 36 = UR 1998, 196; BFH, Urt. v. 5.2.1998 – V R 66/94, BStBl. II 1998, 361 = UR 1998, 197.

2 Nach Abschn. 15a.4 Abs. 3 UStAE.

3 EuGH, Urt. v. 11.4.2018 – C-532/16, ECLI:EU:C:2018:228 – SEB bankas, UR 2018, 526.

4 BFH, Urt. v. 15.9.2011 – V R 8/11, BStBl. II 2012 II, 368 = UR 2012, 157.

57 Die Vorsteuerberichtigung findet auch dann statt, wenn eine Gesellschaft (mit vorsteuerunschädlichen Ausgangsumsätzen) für ein Wirtschaftsgut den vollen Vorsteuerabzug erhalten hat und später aufgrund der Einbindung als Organgesellschaft in eine **Organschaft** nach § 2 Abs. 2 Nr. 2 UStG ihre Selbstständigkeit zu Gunsten eines Organträgers mit nach § 15 Abs. 2 UStG steuerfreien Umsätzen verliert und ihr Unternehmen deshalb in dem Gesamtunternehmen des Organträgers (mit steuerpflichtigen und steuerfreien Umsätzen) aufgeht.[1] Allerdings gilt auch hier der **Grundsatz der Einzelzuordnung vor der Gesamtzuordnung**: Sofern das Wirtschaftsgut ausschließlich für steuerpflichtige Ausgangsumsätze genutzt wird, kommt es zu keiner Vorsteuerberichtigung.

3. Negativ-Beispiele

58 Keine Änderung der Verhältnisse liegt gem. § 15a Abs. 10 UStG bei einer **Geschäftsveräußerung im Ganzen** nach § 1 Abs. 1a UStG vor, weil der Erwerber nach § 1 Abs. 1a Satz 3 UStG an die Stelle des Veräußerers tritt (Rz. 199 ff.).[2] Gleiches gilt für die **Gesamtrechtsnachfolge**.

59 Auch die Eröffnung des **Insolvenzverfahrens** alleine führt zu keiner Änderung der Verhältnisse. Ein Vorsteuerberichtigungsanspruch des FA nach § 15a UStG, der dadurch entsteht, dass der Insolvenzverwalter im Rahmen des Insolvenzverfahrens ein Wirtschaftsgut abweichend von den für den ursprünglichen Vorsteuerabzug maßgebenden Verhältnissen verwendet, gehört zu den Masseverbindlichkeiten und kann durch Steuerbescheid gegenüber dem Insolvenzverwalter geltend gemacht werden.[3]

60 Ebenfalls keine (automatische) Änderung der Verhältnisse liegt vor, wenn ein Wirtschaftsgut nach der erstmaligen Verwendung **zeitweise nicht verwendet wird**. Dann muss bis zur tatsächlichen erneuten Verwendung anhand der Verwendungsabsicht entschieden werden, ob sich die für den ursprünglichen Vorsteuerabzug maßgebenden Verhältnisse geändert haben.[4] Gibt es keine konkrete Verwendungsabsicht, nachdem das Gebäude zunächst gemischt für steuerpflichtige und steuerfreie Umsätze genutzt wurde, führt das zu keiner Änderung der Verhältnisse.[5] Etwas anderes gilt hier jedoch, wenn bei einer zunächst gemischten Verwendung die eine Verwendungsart (definitiv) aufgegeben wird. Dann ist grundsätzlich von einer Änderung der Verhältnisse i.S.v. § 15a UStG auszugehen.[6]

61 Zu keiner Änderung führt ebenfalls die erst spätere erstmalige Nutzung des Wirtschaftsgutes. Eine **Nichtnutzung unmittelbar nach der Anschaffung** führt zu einem späteren Beginn des Berichtigungszeitraums.

III. Leistungsbezug für das Unternehmen

62 Eine Berichtigung des Vorsteuerabzugs ist nur möglich, wenn und soweit die bezogenen Leistungen im Zeitpunkt des Leistungsbezugs dem Unternehmen zugeordnet wurden und die Vorsteuer damit **abziehbar** war. § 15a UStG ist daher insbesondere nicht anzuwenden, wenn

- ein Nichtunternehmer Leistungen bezieht und diese später unternehmerisch verwendet (Rz. 63 ff.),
- der Unternehmer ein Wirtschaftsgut oder eine sonstige Leistung im Zeitpunkt des Leistungsbezugs seinem nichtunternehmerischen Bereich zuordnet und das Wirtschaftsgut oder die sonstige Leistung später für unternehmerische Zwecke verwendet (Rz. 67),
- nichtunternehmerisch genutzte Gebäudeteile als separater Gegenstand beim Leistungsbezug dem nichtunternehmerischen Bereich zugeordnet und später unternehmerisch genutzt werden (z.B. bei Umwandlung bisheriger Wohnräume in Büroräume, Rz. 128),

1 BFH, Beschl. v. 12.5.2003 – V B 211/02, V B 220/02, BStBl. II 2003, 784 = UR 2003, 453.
2 Vgl. BFH, Urt. v. 6.9.2007 – V R 41/05, BStBl. II 2008, 65 = UR 2007, 858; BFH, Urt. v. 30.4.2009 – V R 4/07, BStBl. II 2009, 863, UR 2009, 797.
3 BFH, Urt. v. 9.2.2011 – XI R 35/09, BStBl. II 2011, 1000 = UR 2011, 538.
4 BFH, Urt. v. 25.4.2002 – V R 58/00, BStBl. II 2003, 435 = UR 2002, 472.
5 BFH, Urt. v. 27.10.2020 – V R 20/20 (V R 61/17), BStBl. II 2022, 575 = UR 2021, 281.
6 Abschn. 15a.2 Abs. 8 Satz 4 UStAE.

- der Unternehmer einen bezogenen Gegenstand zunächst zu weniger als 10 % für sein Unternehmen nutzt und die Leistung deshalb nach § 15 Abs. 1 Satz 2 UStG als nicht für sein Unternehmen ausgeführt gilt und diese Grenze später überschritten wird (Rz. 149) oder
- der Unternehmer es versäumt hat, vor Ablauf der vom nationalen Recht vorgesehenen Ausschlussfrist das Recht auf Abzug der Vorsteuer für den Erwerb eines Gegenstands oder einer Dienstleistung auszuüben.[1]

IV. Besonderheiten bei Vereinen, juristischen Personen und beim Halten von Beteiligungen

Der **EuGH** hat im Jahr 2009[2] in der Rechtssache **VNLTO** entschieden, dass Eingangsleistungen nicht nur für die unternehmerische und die private Sphäre bezogen werden können, sondern dass es eine dritte nichtwirtschaftliche Sphäre gibt, für die der Vorsteuerabzug ausgeschlossen ist.[3] Bei dieser Sphäre ist kein Vorsteuerabzug mit anschließender Entnahmebesteuerung möglich. Das Wahlrecht, einen gemischt genutzten Gegenstand in vollem Umfang der wirtschaftlichen Tätigkeit zuzuordnen, den vollen Vorsteuerabzug geltend zu machen und die Verwendung für unternehmensfremde Zwecke gem. § 3 Abs. 9a Nr. 1 UStG zu versteuern, besteht seitdem nur noch bei einer Nutzung des Gegenstandes für private Zwecke.[4] Der Unternehmer ist daher für einen sowohl unternehmerisch als auch nichtwirtschaftlich verwendeten einheitlichen Gegenstand nach § 15 Abs. 1 UStG nur für den unternehmerisch genutzten Anteil zum Vorsteuerabzug berechtigt.[5] 63

Dieser neuen nichtwirtschaftlichen Sphäre, die von der Verwaltung als **nichtwirtschaftliche Tätigkeit im engeren Sinne** bezeichnet wird,[6] sind jedenfalls zuzuordnen 64

- die unentgeltliche Tätigkeit eines Vereins, die aus **ideellen Vereinszwecken** verfolgt wird,[7]
- die **hoheitliche Tätigkeit juristischer Personen des öffentlichen Rechts** (jPdöR),[8]
- das bloßes **Erwerben, Halten und Veräußern von gesellschaftsrechtlichen Beteiligungen.**

Der BFH hat zudem auch bei der Herstellung eines Holzschuppens, auf dem eine PV-Anlage installiert werden sollte, den vollen Vorsteuerabzug versagt, weil der Holzschuppen nicht in vollem Umfang unternehmerisch, sondern teilweise gar nicht genutzt wurde. Es liege eine teilweise nichtwirtschaftliche Nutzung des Schuppens vor. Diese ermögliche – anders als eine teilweise private Nutzung – keine volle Zuordnung des Schuppens zum Unternehmen.[9] Daraus muss wohl geschlossen werden, dass der BFH auch die **Nichtnutzung** eines Gegenstands als **nichtwirtschaftliche Verwendung** ansieht. 65

---

1 EuGH, Urt. v. 7.7.2022 – C-194/21, ECLI:EU:C:2022:535 – Staatssecretaris van Financiën (Forclusion du droit à déduction), UR 2022, 635.

2 EuGH, Urt. v. 12.2.2009 – C-515/07, ECLI:EU:C:2009:88 – VNLTO, UR 2009, 199.

3 Kritik: Diese Entwicklung in der Rechtsprechung, angefangen von der Entscheidung in der Rechtssache *Seeling*, EuGH, Urt. v. 8.5.2003 – C-269/00, ECLI:EU:C:2003:254 – Seeling, BStBl. II 2004, 378 = UR 2003, 288 m. Anm. *Burgmaier*, bis zur Rechtssache *VNLTO*, EuGH, Urt. v. 12.2.2009 – C-515/07, ECLI:EU:C:2009:88 – VNLTO, UR 2009, 199, mag rechtlich zutreffend sein, ist aber mit Blick auf die Praxis nicht vermittelbar und führt zu willkürlichen Ergebnissen: Wieso kann bei einer Leistung, die sowohl unternehmerisch als auch privat verwendet werden soll, die gesamte Vorsteuer abgezogen werden? Sachgerecht kann doch nur sein, dass die Vorsteuer nur im Umfang der geplanten unternehmerischen Nutzung abziehbar ist. Weshalb hat eine – wie auch immer geartete – Zuordnung darauf Einfluss? Warum gibt es neben der privaten auch noch eine nichtwirtschaftliche Tätigkeit? Ist die private Verwendung nicht auch „nicht"-wirtschaftlich? Worin besteht der Unterschied? Es drängt sich der Eindruck auf, dass der EuGH die „Geister" seiner *Seeling*-Rechtsprechung nicht mehr los wird und deshalb meinte, für juristische Personen einen dritten Bereich schaffen zu müssen. Damit macht er den Vorsteuerabzug und damit auch die Vorsteuerberichtigung unnötig kompliziert.

4 BFH, Urt. v. 10.11.2011 – V R 41/10, BStBl. II 2017, 869; BFH, Urt. v. 3.8.2017 – V R 62/16, BStBl. II 2021, 109 = UR 2018, 170 m. Anm. *Dziadkowski*.

5 Abschn. 15.2b Abs. 2 und Abschn. 15.2c Abs. 2 Satz 1 Nr. 2 Buchst. a UStAE.

6 Abschn. 2.3 Abs. 1a UStAE.

7 BFH, Urt. v. 6.5.2010 – V R 29/09, BStBl. II 2010, 885 = UR 2010, 746.

8 BFH, Urt. v. 3.3.2011 – V R 23/10, BStBl. II 2012, 74 = UR 2011, 617 m. Anm. *Küffner*.

9 BFH, Urt. v. 19.7.2011 – XI R 29/09, BStBl. II 2012,430 = UR 2012, 238; Abschn. 15.2c Abs. 8 UStAE.

66 Ob dies auch für Eingangsleistungen gilt, die auf nicht steuerbare **Schadensersatzansprüche** oder auf Investitionsvorhaben entfallen, die mit **echten Zuschüssen** finanziert werden, ist unklar.[1]

67 Das führt dann aber zu der **Folgefrage**, ob es eine Vorsteuerberichtigung geben kann, wenn sich bei einem gemischt genutzten Wirtschaftsgut nach der erstmaligen Verwendung das **Verhältnis zwischen wirtschaftlicher und nichtwirtschaftlicher Tätigkeit im engeren Sinne ändert**. Denn die Verwendung für nichtwirtschaftliche Tätigkeiten im engeren Sinne ist kein Fall der Abzugsfähigkeit der Vorsteuer und ist deshalb – an sich – auch keiner Vorsteuerberichtigung zugänglich.

68 **Erhöht sich die unternehmerische Nutzung** dieses Gegenstands innerhalb des Berichtigungszeitraums, akzeptiert die Verwaltung eine Vorsteuerberichtigung zugunsten des Unternehmers aus Billigkeitsgründen.

Beispiel:[2]
Der Verein V erwirbt zum 1.1.2001 einen Pkw für 30.000 Euro zzgl. 5.700 Euro Umsatzsteuer. Der Pkw wird entsprechend der von Anfang an beabsichtigten Verwendung zu 50 % für unternehmerische Tätigkeiten und zu 50 % für unentgeltliche Tätigkeiten für ideelle Vereinszwecke verwendet. Die Verwendung für unternehmerische Tätigkeiten erhöht sich ab dem 1.1.2003 um 20 % auf insgesamt 70 %. Zum 1.1.2004 wird der Pkw für einen vereinbarten Nettobetrag von 10.000 Euro veräußert.

V ist im Jahr 01 zum Vorsteuerabzug in Höhe von 2.850 Euro (50 % von 5.700 Euro) nach § 15 Abs. 1 UStG berechtigt. Der für unentgeltliche ideelle Tätigkeiten des Vereins verwendete Anteil des Pkw berechtigt nicht zum Vorsteuerabzug.

Im Jahr 03 findet eine Vorsteuerberichtigung zu Gunsten des V (aus Billigkeitsgründen) statt und zwar im Umfang von 20 % von 1/5 von 5.700 Euro = 228 Euro.

Die Veräußerung des Pkw im Jahr 04 ist in Höhe des für unternehmerische Tätigkeiten verwendeten Anteils im Zeitpunkt der Veräußerung steuerbar. Die Umsatzsteuer beträgt 1.330 Euro (70 % von 10.000 Euro × 19 %). Auch hier ist auf Grund der Veräußerung (aus Billigkeitsgründen) eine Vorsteuerberichtigung nach § 15a UStG vorzunehmen und zwar im Umfang von 20 % (70 % statt 50 %) pro Jahr, also wiederum 228 Euro. Diese Berichtigung des Vorsteuerabzugs in Höhe von 456 Euro zugunsten des V ist in der ersten Voranmeldung für das Kalenderjahr 04 vorzunehmen (§ 44 Abs. 3 Satz 2 UStDV).

69 Entsprechendes muss bei **Erhöhung der nichtwirtschaftlichen Tätigkeit im engeren Sinne** gelten. Dass die Verwaltung in diesem Fall eine unentgeltliche Wertabgabe nach § 3 Abs. 9a Nr. 1 UStG versteuern will, verkennt, dass es nach der Entscheidung des EuGH in der Rechtssache VNLTO[3] bei der nichtwirtschaftlichen Tätigkeit im engeren Sinne gerade nicht zu einer Entnahmebesteuerung kommt. Da sich aber die Bemessungsgrundlage des § 3 Abs. 9a UStG gem. § 10 Abs. 4 Satz 1 Nr. 2 UStG an den Werten des § 15a orientiert, ergeben sich hierdurch regelmäßig keine Auswirkungen.[4]

V. Sonderfall des Leistungsbezuges ausschließlich für den hoheitlichen Bereich

70 Im Verfahren des **EuGH** in der Rs. **Gmina Ryjewo**[5] stand die Berichtigung des Vorsteuerabzugs für eine von der polnischen Gemeinde Ryjewo als Investitionsgut erworbene, zunächst für eine nicht steuerbare und dann eine steuerpflichtige Tätigkeit verwendete Immobilie in Rede. Die Gemeinde war seit 2005 als Mehrwertsteuerpflichtige registriert. Sie ließ in den Jahren 2009 und 2010 ein Kulturhaus bauen. Im Zusammenhang damit wurden ihr Waren geliefert und Dienstleistungen an sie erbracht, für die sie Mehrwertsteuer zahlte. Nach Fertigstellung des Kulturhauses wurde es 2010 dem gemeindlichen Kulturzentrum unentgeltlich überlassen, ab 2014 jedoch zum Teil auch entgeltlich durch Vermietung zu kommerziellen Zwecken. Für diese entgeltliche Nutzung erklärte die Gemeinde ausdrücklich ihre Absicht, zur Umsatzsteuer zu optieren. Bis dahin hatte die Gemeinde noch keine Vorsteuer für

1 Ebenso *Meyer* in Weymüller², § 15a UStG Rz. 83.1.
2 Nach Abschn. 15a.1 Abs. 7 UStAE.
3 EuGH, Urt. v. 12.2.2009 – C-515/07, ECLI:EU:C:2009:88 – VNLTO, UR 2009, 199.
4 Wie hier *Meyer* in Weymüller², § 15a UStG Rz. 84.2.
5 EuGH, Urt. v. 25.7.2018 – C-140/17, ECLI:EU:C:2018:595 – Gmina Ryjewo, UR 2018, 687 m. Anm. *Küffner/Kirchinger* und Anm. *Sterzinger*.

den Bau abgezogen und auch ansonsten keine (Zuordnungs-)Entscheidung abgegeben. Die Gemeinde wollte nun den Vorsteuerabzug zu ihren Gunsten berichtigen und nun erstmalig anteilig Vorsteuer geltend machen. Die polnische FinVerw. lehnte dies ab, da die Gemeinde die fraglichen Waren und Dienstleistungen erworben habe, um das Gebäude dem gemeindlichen Kulturzentrum unentgeltlich zur Verfügung zu stellen, und den Gegenstand damit nicht für die Zwecke einer wirtschaftlichen Tätigkeit erworben hatte. Sie habe deshalb nicht als Mehrwertsteuerpflichtige gehandelt.

Der EuGH bestätigt zunächst, dass nur derjenige vorsteuerabzugsberechtigt sein kann, der Unternehmer ist und zum Zeitpunkt des Erwerbs eines Gegenstands als solcher gehandelt hat, den Eingangsumsatz also für besteuerte Ausgangsumsätze verwenden wollte. Handelt somit eine Einrichtung des öffentlichen Rechts (wie im vorliegenden Fall die Gemeinde) zum Zeitpunkt des Erwerbs des Investitionsguts im Rahmen der öffentlichen Gewalt i.S. von Art. 13 Abs. 1 MwStSystRL und demnach nicht als Steuerpflichtiger, so hat sie grundsätzlich kein Recht auf Berichtigung des Vorsteuerabzugs im Zusammenhang mit diesem Gegenstand, auch wenn dieser später einer besteuerten Tätigkeit zugeordnet wird. Allerdings sei die **Frage, ob ein Steuerpflichtiger zum Leistungszeitpunkt als ein solcher gehandelt hat**, d.h. für die Zwecke einer wirtschaftlichen Tätigkeit, unter Berücksichtigung aller Umstände des Sachverhalts, zu denen die Art des betreffenden Gegenstands und der zwischen seinem Erwerb und seiner unternehmerischen Verwendung liegende Zeitraum gehören, zu beurteilen. 71

In einer Situation wie der des Ausgangsverfahrens, in der beim Erwerb einer als Investitionsgut erworbenen Immobilie, die der Art nach sowohl für besteuerte als auch für nicht besteuerte Tätigkeiten verwendet werden kann, eine Einrichtung des öffentlichen Rechts, die bereits die Eigenschaft eines Steuerpflichtigen besitzt, nicht ausdrücklich die Absicht bekundet hat, diesen Gegenstand für eine besteuerte Tätigkeit nutzen zu wollen, aber auch nicht ausgeschlossen hat, dass dieser Gegenstand zu einem solchen Zweck genutzt werde, steht eine anfängliche Verwendung dieses Gegenstands für nicht besteuerte Tätigkeiten dem nicht entgegen, dass der Schluss gezogen wird, dass der Steuerpflichtige zu dem Zeitpunkt, zu dem er den fraglichen Gegenstand erworben hat, als Steuerpflichtiger gehandelt haben muss. Insoweit müsse die Prüfung, ob diese Voraussetzung erfüllt ist, in jedem Einzelfall anhand eines **weiten Verständnisses des Begriffs eines Erwerbs „als Steuerpflichtiger"** erfolgen (Rz. 54 des Urteils). 72

Folgen aus der Entscheidung: Für die **öffentliche Hand** wird man wohl feststellen müssen, dass ein nachträglicher Vorsteuerabzug nur dann ausgeschlossen werden kann, wenn bei Gegenständen, die einer gleichzeitigen Nutzung zu verschiedenen Zwecken zugänglich sind, eine klare anfängliche Zuordnungsentscheidung für den nichtwirtschaftlichen Bereich getroffen wird. Die **Empfehlung** könnte daher bei der Anschaffung von Gegenständen, die zunächst rein nichtwirtschaftlich genutzt werden und bei denen anfangs kein Vorsteuerabzug vorgenommen wird, lauten, besser keine ausdrückliche Zuordnungsentscheidung gegenüber der FinVerw. zu treffen. 73

Ob sich auch für Einzelunternehmer positive Aspekte aus der Entscheidung herleiten lassen, ist derzeit offen. Die FinVerw. verlangt hier, dass sie bei Anschaffung von Gegenständen, die einer gleichzeitigen Nutzung zu verschiedenen Zwecken zugänglich sind, eine zeitnahe dokumentierte Zuordnungsentscheidung bis zum 31. Juli des Folgejahres treffen müssen.[1] M.E. kann es keinen Unterschied machen, ob ein Einzelunternehmer oder eine Körperschaft des öffentlichen Rechts einen Gegenstand anschafft. Wenn bei der öffentlichen Hand nur eine negative Zuordnungsentscheidung schädlich ist, kann es beim Einzelunternehmer nicht auf eine zeitliche Frist ankommen. Dies fordert bereits das Gebot der Neutralität der Mehrwertsteuer. Das Urteil würde dann zu einer faktischen **Einlagen-Entsteuerung** führen. 74

Allerdings wird (derzeit) noch keiner Einlagen-Entsteuerung zugestimmt werden, wenn der Steuerpflichtige bei Leistungsbezug ausdrücklich die Absicht bekundet hat, das Gebäude zu einem bestimmten Prozentsatz für eine besteuerte Tätigkeit nutzen zu wollen.[2]

1 Abschn. 15.2c Abs. 16 UStAE.
2 BFH, Beschl. v. 10.2.2021 – XI B 24/20, juris.

D. Mehrfach verwendete Wirtschaftsgüter und Grundstücke (Absatz 1)

I. Mehrfach verwendete Wirtschaftsgüter (Absatz 1 Satz 1)

1. Berichtigungsobjekte

75 Satz 1 enthält den oben beim Regelungsgegenstand beschriebenen Berichtigungstatbestand bei Wirtschaftsgütern, die nicht nur einmalig zur Ausführung verwendet werden (Rz. 5).

76 Berichtigungsobjekte nach § 15a Abs. 1 UStG sind in der Regel die **Wirtschaftsgüter**, die ertragsteuerrechtlich **abnutzbares oder nicht abnutzbares** (z.B. Grund und Boden) **Anlagevermögen** darstellen oder – sofern sie nicht zu einem Betriebsvermögen gehören – als entsprechende Wirtschaftsgüter anzusehen sind. Dies sind vor allem körperliche Gegenstände (auch Sachgesamtheiten). Es können aber auch immaterielle Wirtschaftsgüter sein, die Gegenstand einer Lieferung sind (z.B. bestimmte Computerprogramme oder Mietereinbauten[1]). Die ertragsteuerliche Beurteilung als Anlagevermögen oder Umlaufvermögen ist umsatzsteuerrechtlich jedoch nicht entscheidend.[2]

77 Diese Auslegung deckt sich mit **Art. 187 Abs. 1 MwStSystRL**, in dem der Begriff **„Investitionsgut"** verwendet wird (Rz. 2 ff.). Investitionsgüter sind hierbei Güter, die – für Zwecke einer wirtschaftlichen Tätigkeit genutzt – durch ihre Langlebigkeit und ihren Wert gekennzeichnet sind und deren Anschaffungskosten daher in der Regel nicht als laufende Kosten verbucht, sondern über mehrere Jahre hinweg abgeschrieben werden.[3]

78 Die Mitgliedstaaten können allerdings gem. **Art. 189 Buchst. a MwStSystRL** den Begriff Investitionsgut definieren (Rz. 2 ff.). Das hat Deutschland zulässigerweise mit dem Begriff „Wirtschaftsgut" gemacht.[4] Deshalb richtet sich die Zugehörigkeit eines Gegenstandes des Anlagevermögens zum Unternehmensvermögen im umsatzsteuerrechtlichen Sinne grundsätzlich **nach der (umsatzsteuerlichen) Zuordnung** des Gegenstands zum Unternehmen. Zwar kann für die Frage, ob ein Unternehmer ein Wirtschaftsgut umsatzsteuerrechtlich seinem Unternehmen zugeordnet hat, auch die bilanzielle und ertragsteuerliche Behandlung dieses Wirtschaftsguts ein Indiz für die umsatzsteuerliche Behandlung sein.[5] So kann z.B. der Umstand, dass der Unternehmer gewillkürtes Betriebsvermögen nicht bilanziert, ein Indiz dafür sein, dass er es auch umsatzsteuerrechtlich nicht seinem Unternehmen zuordnet.[6] Eine ertragsteuerrechtliche Behandlung eines zuvor dem Unternehmen zugeordneten Wirtschaftsguts als Sonderbetriebsvermögen bedeutet aber nicht, dass diese umsatzsteuerrechtliche Zuordnung zum Unternehmen nun nicht mehr besteht.[7]

2. Mehrfach für Umsätze verwendet

79 Das Wirtschaftsgut muss für die Anwendung des § 15a Abs. 1 UStG ein solches sein, dass nicht nur einmalig, sondern **mehrfach zur Ausführung von Umsätzen verwendet** wird. Wirtschaftsgüter, die nur einmal für Umsätze verwendet werden, unterfallen § 15a Abs. 2 UStG. Zwar wird es sich bei einmalig verwendeten Wirtschaftsgütern in aller Regel auch einkommensteuerrechtlich um Wirtschaftsgüter des Umlaufvermögens handeln. Indes kommt es für die Frage, ob ein längerfristig nutzbares „Wirtschaftsgut" i.S.d.§ 15a Abs. 1 UStG vorliegt, nicht entscheidend darauf an, ob das Wirtschaftsgut auch ertragsteuerrechtlich als Umlaufvermögen zu qualifizieren ist. Bei der Unterscheidung zwischen Anlage- und Umlaufvermögen handelt es sich nur um Hilfsbegriffe, die umsatzsteuerrechtlich den Blick auf die entscheidende Zahl der Verwendungsumsätze nicht verstellen dürfen.[8] Entscheidend ist, dass das Wirtschaftsgut tatsächlich mehrfach für Umsätze verwendet wird.

---

1 Vgl. BMF, Schr. v. 15.1.1976 – IV B 2-S 2133 – 1/76, BStBl. I 1976, 66.
2 BFH, Urt. v. 24.9.2009 – V R 6/08, BStBl. II 2010, 315 = UR 2010, 179.
3 EuGH, Urt. v. 6.3.2008 – C-98/07, ECLI:EU:C:2008:144 – Nordania Finans und BG Factoring, UR 2008, 625.
4 *Meyer* in Weymüller[2], § 15a UStG Rz. 20.1.
5 Vgl. BFH, Urt. v. 7.7.2011 – V R 42/09, BStBl. II 2014, 76 = UR 2011, 870.
6 Vgl. BFH, Urt. v. 31.1.2002 – V R 61/96, BStBl. II 2003, 813 unter II.2.b cc; BFH, Urt. v. 28.2.2002 – V R 25/96, BStBl. II 2003, 815 = UR 2002, 263 unter II.2.a.
7 BFH, Urt. v. 18.1.2012 – XI R 13/10, BFH/NV 2012, 1012.
8 *Lippross*, UStG[25], 1214.

3. Berichtigungszeitraum

80 Der Berichtigungszeitraum beträgt grundsätzlich volle **fünf Jahre ab dem Beginn der erstmaligen tatsächlichen Verwendung**. Der Vorteil dieser Regelung liegt im einheitlichen Beginn des Berichtigungszeitraumes, auch wenn Leistungsbezüge bei komplexen Wirtschaftsgütern – wie etwa bei der Errichtung eines Gebäudes – zu unterschiedlichen Zeitpunkten erfolgt sein sollten.[1]

81 Der Berichtigungszeitraum verlängert sich bei Grundstücken einschließlich ihrer wesentlichen Bestandteile, bei Berechtigungen, für die die Vorschriften des bürgerlichen Rechts über Grundstücke gelten, und bei Gebäuden auf fremdem Grund und Boden auf volle zehn Jahre (§ 15a Abs. 1 Satz 2 UStG; Rz. 89 ff.).

82 Die Regelung ist **von der MwStSystRL gedeckt** (Rz. 2 ff.). Nach Art. 187 Abs. 1 MwStSystRL erfolgt bei Investitionsgütern die Berichtigung während eines Zeitraums von fünf Jahren einschließlich des Jahres, in dem diese Güter erworben oder hergestellt wurden, wobei die Mitgliedstaaten auch einen Zeitraum von fünf vollen Jahren festlegen können, der mit der erstmaligen Verwendung dieser Güter beginnt. Bei Grundstücken, die als Investitionsgut erworben wurden, kann der Zeitraum für die Berichtigung auf bis zu 20 Jahre verlängert werden.

83 Bei Wirtschaftsgütern mit einer **kürzeren Verwendungsdauer** ist der entsprechend kürzere Berichtigungszeitraum anzusetzen (§ 15a Abs. 5 Satz 2 UStG, Rz. 145). Ob von einer kürzeren Verwendungsdauer auszugehen ist, beurteilt sich nach Ansicht der Verwaltung nach der betriebsgewöhnlichen Nutzungsdauer, die nach ertragsteuerrechtlichen Grundsätzen für das Wirtschaftsgut anzusetzen ist.[2] Eine längere betriebsgewöhnliche Nutzungsdauer (z.B. von 6 Jahren) bleibt dagegen unberücksichtigt.

84 Kann ein Wirtschaftsgut vor Ablauf des Berichtigungszeitraums wegen **Unbrauchbarkeit** vom Unternehmer nicht mehr zur Ausführung von Umsätzen verwendet werden, endet damit ebenfalls der Berichtigungszeitraum. Eine Veräußerung des nicht mehr verwendungsfähigen Wirtschaftsguts als Altmaterial ändert nach Ansicht der Verwaltung hieran nichts.[3]

85 Wurde ein Wirtschaftsgut in der Absicht angeschafft, es für entgeltliche Ausgangsumsätze zu verwenden, nach der Anschaffung aber – entgegen der ursprünglichen Absicht – zunächst unentgeltlich überlassen, liegt darin eine einer Lieferung oder sonstigen Leistung entsprechende **unentgeltliche Wertabgabe** nach § 3 Abs. 1b bzw. Abs. 9a UStG. Deshalb beginnt in einem solchen Fall der Berichtigungszeitraum mit der unentgeltlichen Überlassung. Selbst wenn die Überlassung nicht steuerbar ist, beginnt der Berichtigungszeitraum mit der Übergabe, denn § 15a Abs. 1 UStG definiert den Beginn mit der erstmaligen tatsächlichen Verwendung, ohne dass es auf deren Steuerbarkeit ankäme.

86 Wird das Wirtschaftsgut vor Ablauf des Berichtigungszeitraums **veräußert oder entnommen** (nach § 3 Abs. 1b UStG geliefert), verkürzt sich hierdurch entsprechend § 15a Abs. 8 UStG der Berichtigungszeitraum nicht. Die Veräußerung bzw. Entnahme kann aber zu einer Vorsteuerberichtigung führen.

87 **§ 45 UStDV** ist zur Ermittlung des Endes des Berichtigungszeitraums und damit spiegelbildlich auch für dessen Beginn anzuwenden, denn die Dauer des Berichtigungszeitraums bleibt hiervon unberührt. Das bedeutet, dass bei erstmaliger Verwendung bis einschließlich zum 15. Tag eines Kalendermonats der Monat der erstmaligen Verwendung bei der Ermittlung des Berichtigungszeitraums voll berücksichtigt wird (und der Berichtigungszeitraum endet dann entsprechend früher) und dass bei erstmaliger Verwendung ab dem 16. Tag eines Kalendermonats der Monat der erstmaligen Verwendung bei der Ermittlung des Berichtigungszeitraums nicht berücksichtigt wird (und der Berichtigungszeitraum dann entsprechend später endet).

Beispiel:[4]
Unternehmer U hat am 10.1.2001 eine Maschine angeschafft, die er wie geplant ab diesem Zeitpunkt für entgeltliche Ausgangsumsätze nutzt.

---

1 *Heidner* in Bunjes[22], § 15a UStG Rz. 57.
2 Abschn. 15a.3 Abs. 1 Satz 5 UStAE.
3 Abschn. 15a.3 Abs. 7 Satz 3 UStAE.
4 Nach Abschn. 15a.3 Abs. 6 UStAE.

Dauer des Berichtigungszeitraums: 1.1.2001 bis 31.12.2005 (nach § 45 UStDV bleibt der Januar 06 für die Berichtigung unberücksichtigt, da der Berichtigungszeitraum vor dem 16.1.2006 endet; entsprechend beginnt der Berichtigungszeitraum dann mit dem 1.1.2001).

4. Durchführung der Berichtigung

88 Die materiell-rechtliche Durchführung der Berichtigung nach § 15a Abs. 1 UStG ist in § 15a Abs. 5 UStG (Rz. 143 ff.) geregelt und die verfahrensrechtliche Durchführung in §§ 18 und 16 Abs. 2 UStG.

II. Besonderheiten bei Grundstücken (Absatz 1 Satz 2)

89 Nach § 15a Abs. 1 Satz 2 UStG verlängert sich bei Grundstücken einschließlich ihrer wesentlichen Bestandteile, bei Berechtigungen, für die die Vorschriften des bürgerlichen Rechts über Grundstücke gelten, und bei Gebäuden auf fremdem Grund und Boden der **Berichtigungszeitraum** von 5 Jahren auf **10 Jahre**.

90 Die Regelung ist **von Art. 187 Abs. 1 MwStSystRL gedeckt**. Hiernach kann bei Grundstücken, die als Investitionsgut erworben wurden, der Zeitraum für die Berichtigung bis auf 20 Jahre verlängert werden (Rz. 27).

91 Ob die Sonderregelung für Grundstücke eingreift (insbesondere, ob von einem Grundstück auszugehen ist), ist im Zweifel nicht nach nationalen Vorschriften zu entscheiden, sondern muss **richtlinienkonform** bestimmt werden.[1] Der **Grundstücksbegriff** richtet sich insbesondere **nicht** nach dem **zivilrechtlichen Begriff** eines Grundstücks. Unter einem Grundstück ist zu verstehen (§ 4 Nr. 12 Rz. 17 ff.):[2]

- ein bestimmter über- oder unterirdischer Teil der Erdoberfläche, an dem Eigentum und Besitz begründet werden kann, auch Wohnungs- und Teileigentum nach dem WEG,
- jedes mit oder in dem Boden über oder unter dem Meeresspiegel befestigte Gebäude oder jedes derartige Bauwerk, das nicht leicht abgebaut oder bewegt werden kann,
- jede Sache, die einen wesentlichen Bestandteil eines Gebäudes oder eines Bauwerks bildet, ohne die das Gebäude oder das Bauwerk unvollständig ist, wie zum Beispiel Türen, Fenster, Dächer, Treppenhäuser und Aufzüge,
- Sachen, Ausstattungsgegenstände oder Maschinen, die auf Dauer in einem Gebäude oder einem Bauwerk installiert sind, und die nicht bewegt werden können, ohne das Gebäude oder das Bauwerk zu zerstören oder erheblich zu verändern. Die Veränderung ist immer dann unerheblich, wenn die betreffenden Sachen einfach an der Wand hängen und wenn sie mit Nägeln oder Schrauben so am Boden oder an der Wand befestigt sind, dass nach ihrer Entfernung lediglich Spuren oder Markierungen zurückbleiben (z.B. Dübellöcher), die leicht überdeckt oder ausgebessert werden können.

92 Zu den **Berechtigungen**, für die die Vorschriften des bürgerlichen Rechts über Grundstücke gelten, zählen insbesondere Nießbrauch, Erbbaurechte und Erbpachtrechte.

93 Bei bebauten und unbebauten Grundstücken kommt eine **Berichtigung insbesondere** in Betracht, wenn

- das Grundstück bislang nach Option gem. § 9 UStG steuerpflichtig vermietet war, jetzt aber nach § 4 Nr. 12 Satz 1 Buchst. a UStG steuerfrei vermietet wird oder umgekehrt,

---

1 EuGH, Urt. v. 16.1.2003 – C-315/00, ECLI:EU:C:2003:23 – Maierhofer, UR 2003, 189 m. Anm. *Grünwald/Pogodda*, Rz. 26; BFH, Urt. v. 7.7.2011 – V R 41/09, BStBl. II 2014, 73 = UR 2011, 867, Rz. 19; BFH, Urt. v. 21.2.2013 – V R 10/12, BFH/NV 2013, 1635, Rz. 26; BFH, Urt. v. 13.2.2014 – V R 5/13, BFH/NV 2014, 1159 = UR 2014, 566, Rz. 19; BFH, Urt. v. 19.2.2014 – XI R 1/12, BFH/NV 2014, 1398, Rz. 26; BFH, Urt. v. 17.12.2014 – XI R 16/11, BStBl. II 2015, 427 = UR 2015, 261.

2 Vgl. auch Abschn. 3a.3 Abs. 2 Satz 2 UStAE.

- die eigengewerblich genutzten Räume bislang zur Erzielung zum Vorsteuerabzug berechtigender Umsätze verwendet wurden, jetzt aber nach § 4 Nr. 12 Satz 1 Buchst. a UStG steuerfrei vermietet werden oder umgekehrt,
- sich der Vorsteueraufteilungsschlüssel der Umsätze, die mit dem Grundstück erzielt werden, ändert
- sich der Umfang der teilunternehmerischen (privaten) Nutzung des Grundstücks i.S.d. § 15 Abs. 1b UStG ändert,
- das Grundstück bislang (ggf. zum Teil) steuerpflichtig verwendet wurde und jetzt nach § 4 Nr. 9 Buchst. a UStG steuerfrei veräußert oder entnommen wird (denn auch die Entnahme unterfällt als gleichgestellte Lieferung nach § 3 Abs. 1b UStG der Steuerbefreiung nach § 4 Nr. 9 Buchst. a UStG ohne Optionsmöglichkeit nach § 9 UStG; § 4 Nr. 9a Rz. 36 ff.),[1]
- das steuerpflichtig erworbene oder hergestellte Grundstück mittels Option steuerpflichtig veräußert werden sollte, die Option aber „ins Leere" lief, weil beim Erwerber zum Zeitpunkt der Veräußerung die für die Ausübung des Optionsrechts erforderlichen Voraussetzungen nicht vorlagen,[2]
- das Grundstück bislang (ggf. zum Teil) für steuerfreie Umsätze verwendet wurde und jetzt durch wirksame Option nach § 9 UStG steuerpflichtig veräußert oder wird, und
- die unentgeltliche Nießbrauchsbestellung an einem entsprechend genutzten Grundstück, z.B. an Familienangehörige.[3]

94 Die für den ursprünglichen Vorsteuerabzug maßgebende Verhältnisse können sich bei einer Übertragung eines Grundstücks nur dann ändern, wenn gleichzeitig auch die **Verfügungsmacht übergeht**. Deshalb ändern sich bei einem Mietgrundstück die Verhältnisse solange nicht, solange der Lieferer das Grundstück auf Grund seines Eigentums wie bislang für Vermietungsumsätze verwendet. Das gilt auch für eine unentgeltliche Lieferung des Mietwohngrundstücks. Solange die Verfügungsmacht nicht übergegangen ist, liegen keine unentgeltliche Wertabgabe und keine durch sie verursachte Änderung der Verwendungsverhältnisse i.S.d. § 15a UStG vor.[4]

95 Gibt es bei einem Gebäude, nachdem es zunächst komplett genutzt wurde, einen **teilweisen Leerstand nach seiner erstmaligen Verwendung**, muss bis zur tatsächlichen erneuten Verwendung anhand der Verwendungsabsicht entschieden werden, ob sich die für den ursprünglichen Vorsteuerabzug maßgebenden Verhältnisse geändert haben. Der Unternehmer müsste, sofern er das Grundstück bislang steuerpflichtig verwendet hat, z.B. durch die Beauftragung eines Maklers oder Immobilienanzeigen nachweisen, dass er das Grundstück weiterhin steuerpflichtig verwenden (vermieten) wollte. Keine Änderung der Verhältnisse liegt deshalb vor, wenn im Anschluss an eine zum Vorsteuerabzug berechtigende Verwendung auch künftig zum Vorsteuerabzug berechtigende Umsätze ausgeführt werden sollen.[5]

95.1 Kann keine konkrete Verwendungsabsicht festgestellt werden, nachdem das Gebäude zunächst gemischt für steuerpflichtige und steuerfreie Umsätze genutzt wurde, führt dies nach Ansicht des BFH zu keiner Änderung der Verhältnisse.[6] Dies dürfte nach dem Urteil des EuGH vom 6.10.2022[7] differenziert zu betrachten sein. Denn hiernach ist ein Unternehmer zur Berichtigung verpflichtet, wenn Investitionsgüter nicht mehr im Rahmen steuerpflichtiger wirtschaftlicher Tätigkeiten verwendet werden, weil der Eigentümer oder Alleingesellschafter des Steuerpflichtigen entschieden hat, ihn in Liquidation zu versetzen, und die Streichung dieses Steuerpflichtigen aus dem Register der mehrwertsteuerpflichtigen Personen beantragt wurde und erfolgt ist. Dabei seien die Gründe hierfür (z.B. stetig zunehmende Verluste, fehlende Aufträge und Zweifel an der Rentabilität der beabsichtigten wirtschaftli-

---

1 Vgl. BFH, Urt. v. 25.6.1987 – V R 92/78, BStBl. II 1987, 655 = UR 1987, 320.

2 EuGH, Urt. v. 30.6.2022 – C-56/21, ECLI:EU:C:2022:509 – ARVI ir ko, UR 2022, 574.

3 Vgl. BFH, Urt. v. 16.9.1987 – X R 51/81, BStBl. II 1988, 205 = UR 1988, 152 m. Anm. *Weiß*.

4 BFH, Urt. v. 18.11.1999 – V R 13/99, BStBl. II 2000 II, 153 = UR 2000, 156 m. Anm. *Husmann*.

5 BFH, Urt. v. 25.4.2002 – V R 58/00, BStBl. II 2003, 435 = UR 2002, 472; differenzierend *Meyer* in Weymüller[2], § 15a UStG Rz. 29.3, wonach es für den Zeitraum des Leerstandes auf die (ursprüngliche) Verwendungsabsicht bei Leistungsbezug ankommt.

6 BFH, Urt. v. 27.10.2020 – V R 20/20 (V R 61/17), BStBl. II 2022, 575 = UR 2021, 281 (Nachfolgeurteil zu EuGH, Urt. v. 9.7.2020 – C-374/19, ECLI:EU:C:2020:546 – FA Bad Neuenahr-Ahrweiler, UR 2020, 808).

7 EuGH, Urt. v. 6.10.2022 – C-293/21, ECLI:EU:C:2022:763 – Vittamed technologijos, UR 2022, 814.

chen Tätigkeit) unerheblich. Wichtig hierbei ist aber auch die Aussage des EuGH in diesem Zusammenhang, dass die Berichtigungspflicht nur dann besteht, wenn der Steuerpflichtige nach zunächst erfolgten Ausgangsumsätzen später nicht mehr die Absicht hat, die Investitionsgüter für steuerpflichtige Umsätze zu verwenden. Das einmal entstandene Recht auf Vorsteuerabzug besteht hingegen,

- wenn die beabsichtigte wirtschaftliche Tätigkeit später (gar) nicht ausgeübt wird und es somit nicht zu besteuerten Umsätzen kommt,[1]
- wenn der Steuerpflichtige die Gegenstände oder Dienstleistungen, die zu dem Abzug geführt haben, aufgrund von Umständen, die von seinem Willen unabhängig sind, nicht im Rahmen besteuerter Umsätze verwenden kann,[2]
- ein Gebäude nach der Auflösung eines entsprechenden Pachtvertrags leer gestanden hat, der Steuerpflichtige aber erwiesenermaßen noch immer die Absicht hat, dieses für eine besteuerte Tätigkeit zu nutzen (s. hierzu auch Rz. 95)[3] oder
- über das Vermögen eines Steuerpflichtigen ein Insolvenzverfahren eröffnet wurde und die Investitionsgüter nunmehr zur Begleichung der Schulden veräußert werden; dies berührt nämlich nicht den wirtschaftlichen Charakter der im Rahmen des Unternehmens bewirkten Umsätze.[4]

96 Gibt es dagegen einen **kompletten Leerstand vor der erstmaligen Verwendung**, beginnt der Berichtigungszeitraum nach § 15a Abs. 1 UStG erst mit der erstmaligen tatsächlichen Verwendung. Für Leistungsbezüge während des Leerstands richtet sich der Vorsteuerabzug nach der im Zeitpunkt des jeweiligen Leistungsbezugs gegebenen Verwendungsabsicht.

97 Zwar hat jedes Wirtschaftsgut einen eigenen, einheitlichen Berichtigungszeitraum. Wird ein Gebäude bereits **entsprechend dem Baufortschritt verwendet**, noch bevor es insgesamt fertiggestellt ist, ist nach **Ansicht der Verwaltung und des BFH** für jeden gesondert in Verwendung genommenen Teil des Wirtschaftsguts ein besonderer Berichtigungszeitraum und damit ein besonderes Berichtigungsobjekt anzunehmen.[5] „Wirtschaftsgut" i.S.d. § 15a UStG und damit Berichtigungsobjekt ist diesem Fall der Gebäudeteil, der entsprechend dem Baufortschritt in Verwendung genommen worden ist.[6] Die Berichtigungszeiträume beginnen dann jeweils zu dem Zeitpunkt, zu dem der einzelne Teil des Wirtschaftsguts erstmalig verwendet wird; der einzelnen Berichtigung sind jeweils die Vorsteuerbeträge zu Grunde zu legen, die auf den entsprechenden Teil des Wirtschaftsguts entfallen.

97.1 Diese Auslegung ist nicht unumstritten.[7] Denn eine unterschiedliche Betrachtung eines (einzelnen) Wirtschaftsgutes ist in § 15a Abs. 1 UStG, der Art. 187 Abs. 1 Unterabs. 2 MwStSystRL richtlinienkonform umgesetzt, nicht vorgesehen (Rz. 23 ff.). Abgestellt wird dort ausweislich des Gesetzeswortlautes auf das (gesamte) „Wirtschaftsgut" und seine „erstmalige Verwendung". Dies deckt sich mit der höchstrichterlichen Rechtsprechung zur Aufteilung der Vorsteuern nach § 15 Abs. 4 UStG (§ 15 Rz. 267 ff.).[8] Hiernach ist bei der Herstellung eines **gemischt genutzten Gebäudes** für den Vorsteuerabzug – im Gegensatz zu den Eingangsleistungen für die Nutzung, Erhaltung und Unterhaltung – nicht darauf abzustellen, welche Aufwendungen in bestimmte Teile des Gebäudes eingehen. Vielmehr kommt es insoweit auf die prozentualen Verwendungsverhältnisse **des gesamten Gebäudes** an.

---

1 EuGH, Urt. v. 29.2.1996 – C-110/94, ECLI:EU:C:1996:67 – INZO, BStBl. II 1996, 655 = UR 1996, 116 m. Anm. *Widmann*, Rz. 20, und EuGH, Urt. v. 17.10.2018 – C-249/17, ECLI:EU:C:2018:834 – Ryanair, UR 2018, 879 m. Anm. *Jacobs*, Rz. 25.

2 EuGH, Urt. v. 15.1.1998 – C-37/95, ECLI:EU:C:1998:1 – Ghent Coal Terminal, UR 1998, 149, Rz. 20; EuGH, Urt. v. 17.10.2018 – C-249/17, ECLI:EU:C:2018:834 – Ryanair, UR 2018, 879 m. Anm. *Jacobs*, Rz. 25, sowie EuGH, Urt. v. 12.11.2020 – C-734/19, ECLI:EU:C:2020:919 – ITH Comercial Timişoara, UR 2021, 275, Rz. 34 und die dort angeführte Rechtsprechung.

3 EuGH, Urt. v. 28.2.2018, Imofloresmira – Investimentos Imobiliários, C-672/16, EU:C:2018:134, Rz. 47; Beschl. v. 18.5.2021, Skellefteå Industrihus, C-248/20, EU:C:2021:394, Rz. 44.

4 EuGH, Urt. v. 3.6.2021 – C-182/20, ECLI:EU:C:2021:442 – Administrația Județeană a Finanțelor Publice Suceava u.a., UR 2021, 762, Rz. 38.

5 Abschn. 15a.3 Abs. 2 Sätze 1–3 UStAE; **a.A.** *Stadie* in Stadie[3], § 15a UStG Rz. 57.

6 BFH, Urt. v. 29.4.2020 – XI R 14/19, BStBl. II 2020, 613 = UR 2020, 734.

7 FG Rheinland-Pfalz, Urt. v. 25.4.2019 – 6 K 1630/16, juris; vgl. hierzu auch die erste Auflage: § 15a Rz. 97.

8 Siehe BFH, Urt. v. 10.8.2016 – XI R 31/09, BStBl. II 2022, 736 = UR 2016, 846 m. Anm. *Heinrichshofen*.

Allerdings hat der BFH[1] **zutreffend** ausgeführt, dass § 15a Abs. 1 Satz 1 UStG auch verlangt, dass das Wirtschaftsgut bereits verwendet wird. „Wirtschaftsgut" i.S.d. § 15a Abs. 1 UStG und damit Berichtigungsobjekt kann daher nur das Gebäude sein, soweit es entsprechend dem Baufortschritt in Verwendung genommen wurde. Dies gebietet der Zweck der Vorschrift des § 15a UStG. Denn Grundgedanke der Vorschrift ist es – da Vorsteuerbeträge gemäß § 15 UStG in voller Höhe sofort abgezogen werden können –, den Umfang des Vorsteuerabzugs weitgehend **nach der Verwendung im Laufe der wirtschaftlichen Lebensdauer des Wirtschaftsguts** zu bestimmen.[2] Dabei sind auch die aus Vereinfachungsgründen getroffenen Regelungen in § 44 UStDV im Lichte dieses Grundgedankens auszulegen. Auch sie beziehen sich auf das bereits verwendete Objekt. Sind Gebäudeteile noch nicht Gegenstand der Vorsteuerberichtigung, bleiben sie auch insoweit außer Betracht. 97.2

Wird das fertige Wirtschaftsgut **nach seiner Errichtung** nur **teilweise genutzt**, besteht – auch nach Ansicht der Verwaltung[3] – ein einheitliches Berichtigungsobjekt mit einem einheitlichen Berichtigungszeitraum, der mit dessen erstmaliger Verwendung beginnt.[4] Für die nicht genutzten Teile des Gebäudes ist die Verwendungsabsicht maßgebend. Das scheint nicht sachgerecht zu sein, würde es nämlich zu willkürlichen Ergebnissen führen. Wurde z.B. in einem Gebäude mit mehreren Etagen zunächst nur eine Etage vermietet, die übrigen aber erst nach mehreren Jahren, würde der Berichtigungszeitraum für das gesamte Gebäude nach 10 Jahren enden; der Unternehmer könnte sich auf seine (ggf. vage) steuerpflichte Vermietungsabsicht berufen. Würde aber auch diese eine Etage erst mehrere Jahre später vermietet, begänne der Berichtigungszeitraum für das gesamte Gebäude erst zu diesem späteren Zeitpunkt (Rz. 96). Richtig kann m.E. nur sein, bei einem Gebäude die Berichtigungsobjekte anhand der einzelnen Gebäudeteile zu bestimmen und die Berichtigungszeiträume entsprechend den Beginn der tatsächlichen erstmaligen Verwendung dieser Gebäudeteile. M.a.W.: Entweder man teilt das einheitliche Wirtschaftsgut Gebäude wegen seiner besonderen Eigenart der räumlich aufteilbaren und nutzbaren Gebäudeflächen in mehrere Berichtigungsobjekte auf (was vorliegend vertreten wird) oder man lässt es.[5] Was aber nicht geht ist, die unterschiedliche Behandlung bei Verwendung entsprechend des Baufortschritts zu bejahen, bei späterer Verwendung nach vollständiger Errichtung aber zu unterlassen. 98

E. Einmalig verwendete Wirtschaftsgüter (Absatz 2)

I. Umlaufvermögen (Absatz 2 Satz 1)

Nach § 15a Abs. 2 Satz 1 UStG, der gem. § 27 Abs. 11 UStG (erst) für Umsätze ab dem 1.1.2005 Anwendung findet,[6] ist eine Berichtigung des Vorsteuerabzugs auch vorzunehmen, wenn sich bei einem Wirtschaftsgut, das nur einmalig zur Ausführung eines Umsatzes verwendet wird, die für den ursprünglichen Vorsteuerabzug maßgebenden Verhältnisse ändern. Wirtschaftsgüter, die nur einmal für Umsätze verwendet werden, sind nach Ansicht der Verwaltung im Wesentlichen die Wirtschaftsgüter, die ertragsteuerrechtlich **Umlaufvermögen** darstellen, wie z.B. die zur Veräußerung, Verarbeitung oder zum Verbrauch bestimmten Wirtschaftsgüter.[7] Ertragsteuerrechtliches Anlagevermögen kann ebenfalls betroffen sein, wenn es veräußert oder entnommen wird, bevor es zu anderen Verwendungsumsätzen gekommen ist. Denn bei der ertragsteuerrechtlichen Qualifikation als Anlage- oder Umlaufvermögen handelt es nur um **Hilfsbegriffe**, „die umsatzsteuerrechtlich den Blick auf die entscheidende Zahl der Verwendungsumsätze nicht verstellen dürfen".[8] 99

---

1 BFH, Urt. v. 29.4.2020 – XI R 14/19, BStBl. II 2020, 613 = UR 2020, 734, Rz. 21 ff.
2 Vgl. BFH, Urt. v. 19.2.1997 – XI R 51/93, BStBl. II 1997, 370, UR 1997, 304, unter II.2.; BFH, Urt. v. 17.6.2004 – V R 31/02, BStBl. II 2004, 858 = UR 2004, 652, unter II.1.b bb, Rz. 29, m.w.N.
3 Abschn. 15a.3 Abs. 2 Sätze 4 und 5 UStAE.
4 *Heidner* in Bunjes[22], § 15a Rz. 61.
5 Sehr zutreffend *Frye* in Rau/Dürrwächter, § 15a Rz. 333 (Stand: August 2021), jedoch letztlich mit der gegenteiligen Schlussfolgerung (Beginn stets mit Fertigstellung).
6 Siehe auch BFH, Urt. v. 12.2.2009 – V R 85/07, BStBl. II 2010, 76 = UR 2009, 455.
7 Abschn. 15a.1 Abs. 2 Nr. 2 UStAE.
8 BFH, Urt. v. 24.9.2009 – V R 6/08, BStBl. II 2010, 315 = UR 2010, 179.

100 Kein Fall des § 15a Abs. 2 UStG liegt deshalb vor, wenn das nicht mehr verwendungsfähigen Wirtschaftsguts als **Altmaterial** veräußert wird. Denn das Wirtschaftsgut wurde zuvor nicht nur einmalig für Umsätze genutzt.

II. Berichtigung beim Umlaufvermögen (Absatz 2 Satz 2)

101 Die Berichtigung ist nach § 15a Abs. 2 Satz 2 UStG für den Besteuerungszeitraum vorzunehmen, in dem das Wirtschaftsgut verwendet wird. Damit wird klargestellt, dass es bei der Berichtigung nach § 15a Abs. 2 UStG **keinen Berichtigungszeitraum** gibt.

102 Die Berichtigung ist für den Voranmeldungszeitraum bzw. das Kalenderjahr vorzunehmen, in dem das Wirtschaftsgut abweichend von der ursprünglichen Verwendungsabsicht verwendet wird. **Unbeachtlich ist, wann das Wirtschaftsgut tatsächlich verwendet wird;** das ist auch bei den Aufbewahrungsfristen für die Buchführungsunterlagen zu beachten.

Beispiel:[1]
Unternehmer U erwirbt am 1.7.2001 ein Grundstück zum Preis von 2 Mio. Euro. Der Verkäufer des Grundstücks hat im notariell beurkundeten Kaufvertrag nach § 9 Abs. 3 Satz 2 UStG auf die Steuerbefreiung verzichtet. U möchte das Grundstück unter Verzicht auf die Steuerbefreiung nach § 4 Nr. 9 Buchst. a UStG weiterveräußern, so dass er die von ihm als Steuerschuldner nach § 13b Abs. 2 Nr. 3 i.V.m. Abs. 5 Satz 1 UStG geschuldete Umsatzsteuer gem. § 15 Abs. 1 Satz 1 Nr. 4 UStG als Vorsteuer abzieht. Am 1.7.2018 veräußert er das Grundstück entgegen seiner ursprünglichen Planung an eine nichtunternehmerisch tätige jPdöR, so dass für die Veräußerung des Grundstücks nicht nach § 9 Abs. 1 UStG zur Steuerpflicht optiert werden kann und diese somit nach § 4 Nr. 9 Buchst. a UStG steuerfrei ist.

103 Die tatsächliche **steuerfreie Veräußerung** schließt nach § 15 Abs. 2 UStG den Vorsteuerabzug aus und führt damit zu einer Änderung der Verhältnisse im Vergleich zu den für den ursprünglichen Vorsteuerabzug maßgebenden Verhältnissen. Da das Grundstück nur einmalig zur Ausführung eines Umsatzes verwendet wird und § 15a Abs. 2 UStG keinen Berichtigungszeitraum vorsieht, ist der gesamte ursprüngliche Vorsteuerabzug in Höhe von 380.000 Euro nach § 15a Abs. 2 UStG im Zeitpunkt der Verwendung für den Besteuerungszeitraum der Veräußerung zu berichtigen. Der Vorsteuerbetrag ist demnach für den Monat Juli 18 zurückzuzahlen.

F. Erhaltungsaufwendungen und nicht steuerbare Entnahme (Absatz 3)

I. Drei Berichtigungsfälle

104 § 15a Abs. 3 UStG gilt gem. § 27 Abs. 11 UStG (erst) für Umsätze ab dem 1.1.2005. Die Vorschrift enthält insgesamt 3 Berichtigungsfälle, die auseinandergehalten werden müssen:
- Erhaltungsaufwendungen, bei denen Gegenstände in vorhandene Wirtschaftsgüter eingehen;
- Erhaltungsaufwendungen durch sonstige Leistungen an Wirtschaftsgütern;
- Entnahmen von Wirtschaftsgütern, die nicht nach § 3 Abs. 1b UStG besteuert werden.

105 Allen Fällen ist gemein, dass die Gegenstände **anders verwendet** werden als bei Leistungsbezug **geplant** war bzw. beim Eingangsumsatz Vorsteuer gezogen wurde und es jetzt zu einer nicht besteuerten Entnahme kommt.

106 Die Einschränkung auf Erhaltungsaufwendungen bei den ersten beiden Berichtigungsfällen resultiert daraus, dass nachträgliche Anschaffungs-/Herstellungskosten unter § 15a Abs. 6 UStG fallen (Rz. 156 ff.).[2]

107 Und sonstige Leistungen, die nicht an einem Wirtschaftsgut ausgeführt werden, unterfallen § 15a Abs. 4 UStG (Rz. 135 ff.).

---
1 Nach Abschn. 15a.5 Abs. 2 UStAE.
2 **A.A.** *Nieskens*, UR 2005, 57 (74).

Die Regelung ist Ausfluss der **EuGH-Rechtsprechung** in der Rechtssache **Fischer und Brandenstein.**[1] Allerdings hat der Gesetzgeber die dort enthaltene Voraussetzung für eine Vorsteuerberichtigung, wonach der eingefügte Gegenstand bzw. die an dem Wirtschaftsgut vorgenommene sonstige Leistung bei Entnahme zu einer dauerhaften, im Zeitpunkt der Entnahme nicht vollständig verbrauchten Werterhöhung geführt haben muss, nach Beratungen des Finanzausschusses des Bundestages ohne Begründung nicht mit übernommen.[2] Die Vorschrift muss insoweit deshalb **unionsrechtkonform ausgelegt** werden. Der Steuerpflichtige kann sich ggf. auf das für ihn günstigere Unionsrecht berufen (Rz. 33). 108

II. Eingang von Gegenständen in Wirtschaftsgüter (Absatz 3 Satz 1 Alt. 1 und Satz 2)

1. Entsprechende Geltung der Absätze 1 und 2

Geht in ein Wirtschaftsgut nachträglich ein anderer Gegenstand ein und verliert dieser Gegenstand dabei seine körperliche und wirtschaftliche Eigenart endgültig, gelten im Fall der Änderung der für den ursprünglichen Vorsteuerabzug maßgebenden Verhältnisse gem. § 15a Abs. 3 Satz 1 Alt. 1 UStG die Absätze 1 und 2 des § 15a UStG entsprechend. Das gilt unabhängig davon, ob das Wirtschaftsgut ertragsteuerrechtlich Anlagevermögen oder Umlaufvermögen ist. Für die Berichtigungspflicht kommt es abweichend vom Unionsrecht nach dem nationalen Recht nicht darauf an, ob der Eingang der Gegenstände zu einer Werterhöhung des Wirtschaftsguts geführt hat.[3] 109

2. Bestandteil

Der Gegenstand muss seine körperliche und wirtschaftliche **Eigenart endgültig verlieren.** Er muss zu einem Bestandteil des Wirtschaftsgutes werden. Bestandteile sind alle nicht selbständig nutzbaren Gegenstände, die mit dem Wirtschaftsgut in einem einheitlichen Nutzungs- und Funktionszusammenhang stehen. Kein Bestandteil ist demgegenüber ein eingebauter Gegenstand, der abtrennbar ist, seine körperliche oder wirtschaftliche Eigenart behält und damit ein selbständiger – entnahmefähiger – Gegenstand bleibt. Die Verwaltung nennt in Abschn. 15a.6 Abs. 1 Satz 6 UStAE folgende **Positivfälle** 110

- in einem **Fahrzeug**: Klimaanlage, fest eingebautes Navigationssystem, Austauschmotor;
- in einem **Gebäude**: Klimaanlage, Einbauherd, Einbauspüle, Fenster, angebaute Balkone oder Aufzüge;

und für **Fahrzeuge** in Abschn. 15a.6 Abs. 1 Satz 7 UStAE folgende **Negativfälle** 111

- Funkgerät;
- nicht fest eingebautes Navigationsgerät;
- Autotelefon;
- Radio.

Betriebsvorrichtungen können Bestandteile sein, wenn sie ihre körperliche Eigenständigkeit verlieren. Die Verwaltung verweist hier in Abschn. 15a.6 Abs. 1 Satz 5 und Abschn. 4.12.10. Satz 8 UStAE auf den Ländererlass vom 5.6.2013.[4] Letztlich muss es aber darauf ankommen, ob die Betriebsvorrichtung wesentlicher Bestandteil des Grundstücks geworden ist. Dann ist sie nicht selbständig entnahmefähig. 112

3. Berichtigungszeitraum

Ob die Berichtigung pro rata temporis erfolgt, also entsprechend § 15a Abs. 1 UStG, richtet sich danach, **in welches Wirtschaftsgut der Gegenstand** eingeht. Handelt es sich um ein Wirtschaftsgut, das 113

1 Die Vorschrift beruht auf EuGH, Urt. v. 17.5.2001 – C-322/99, ECLI:EU:C:2001:280 – Fischer und Brandenstein, UR 2001, 293.
2 Vgl. BT-Drucks. 15/3677 und BT-Drucks. 15/4050.
3 Zur Berufungsmöglichkeit auf das Unionsrecht s. Rz. 23 ff.
4 Ländererlass v. 5.6.2013, BStBl. I 2013, 734.

nach § 15a Abs. 2 UStG nur einmalig zur Erzielung von Umsätzen verwendet wird, erfolgt die Berichtigung einmalig in dem Besteuerungszeitraum, in dem das Wirtschaftsgut verwendet wird. Handelt es sich dagegen um ein Wirtschaftsgut, das mehrmalig zur Ausführung von Umsätzen verwendet wird, erfolgt die Berichtigung anteilig über den Berichtigungszeitraum.

114 Sofern das Wirtschaftsgut, in das der Bestandteil eingeht, mehrmals zur Erzielung von Umsätzen verwendet wird, gilt für den Bestandteil ein **eigenständiger Berichtigungszeitraum**, dessen Dauer sich danach bestimmt, in welches Wirtschaftsgut der Bestandteil eingegangen ist. Die Verwendungsdauer des Bestandteils wird nach § 15a Abs. 5 Satz 3 UStG nicht dadurch verkürzt, dass der Gegenstand als Bestandteil in ein anderes Wirtschaftsgut einbezogen wird. Das bedeutet, dass der Berichtigungszeitraum für den Bestandteil nicht automatisch endet, wenn der Berichtigungszeitraum für das Wirtschaftsgut endet.

Beispiel:[1]

Unternehmer U besitzt ein Fabrikgebäude, dessen Berichtigungszeitraum am 30.6.2002 endet. Am 1.1.2001 lässt er für 100.000 Euro zzgl. 19.000 Euro gesondert ausgewiesener Umsatzsteuer ein neues Hallentor in das Fabrikgebäude einbauen. Die ihm in Rechnung gestellte Umsatzsteuer zieht er nach § 15 Abs. 1 Satz 1 Nr. 1 UStG als Vorsteuer ab, da die Nutzung des Gebäudes im Zusammenhang mit steuerpflichtigen Ausgangsumsätzen erfolgt. Ab Januar 02 verwendet U das Gebäude nur noch im Zusammenhang mit steuerfreien Ausgangsumsätzen, die den Vorsteuerabzug nach § 15 Abs. 2 Satz 1 Nr. 1 UStG ausschließen.

Mit der Nutzungsänderung des Fabrikgebäudes haben sich ab Januar 02 die Verwendungsverhältnisse sowohl für das Hallentor als auch für das Fabrikgebäude geändert. Für die Aufwendungen für das als Bestandteil des Gebäudes eingebaute Hallentor ist eine Vorsteuerberichtigung nach § 15a Abs. 3 UStG vorzunehmen. Hierfür sind die Aufwendungen unabhängig von der betriebsgewöhnlichen Nutzungsdauer des Gebäudes und unabhängig von der Dauer des Restberichtigungszeitraums des Gebäudes auf einen zehnjährigen Berichtigungszeitraum, der am 1.1.2001 beginnt und am 31.12.2010 endet, zu verteilen. Unabhängig davon ist für das Fabrikgebäude der Vorsteuerabzug für den am 30.6.2002 endenden Berichtigungszeitraum zu berichtigen.

115 Der Berichtigungszeitraum **beginnt** zu dem Zeitpunkt, zu dem der Unternehmer das Wirtschaftsgut nach Durchführung der Maßnahme erstmalig zur Ausführung von Umsätzen verwendet.

116 Eine **kürzere Verwendungsdauer des Bestandteils** ist nach § 15a Abs. 5 Satz 2 UStG zu berücksichtigen. Das bedeutet, dass, wenn das Wirtschaftsgut, in das der Bestandteil eingegangen ist, untergeht und damit auch der Bestandteil nicht mehr verwendet werden kann, der Berichtigungszeitraum für den Bestandteil ebenfalls endet.

4. Eingang von Wirtschaftsgütern innerhalb einer Maßnahme

117 Soweit mehrere Gegenstände Eingang in ein Wirtschaftsgut finden, sind diese Leistungen nach § 15a Abs. 3 Satz 2 UStG für Zwecke der Berichtigung des Vorsteuerabzugs zusammenzufassen, sofern sie innerhalb einer Maßnahme bezogen wurden. Folge ist, dass für die eingebauten Bestandteile **ein (einziges) Berichtigungsobjekt** gebildet werden muss für das ein einheitlicher Berichtigungszeitraum gilt und auf das die Grenzen des § 44 UStDV anzuwenden sind. Das kann sich zwar in der Praxis negativ auswirken, falls die Grenze des § 44 Abs. 1 UStDV durch die Zusammenfassung überschritten wird und es (nur) deshalb zu einer Berichtigung kommt. Die Zusammenfassung zu einer Maßnahme kann aber auch eine Erleichterung darstellen, weil andernfalls für jeden eingebauten Gegenstand ein getrennt zu behandelnder Berichtigungszeitraum mit getrennt zu berechnetem Berichtigungsvolumen gebildet werden müsste.

118 Die Verwaltung nimmt nach Abschn. 15a.5 Abs. 11 UStAE vorbehaltlich anderer Nachweise **eine einheitliche Maßnahme** an, wenn die verschiedenen Leistungen für ein bewegliches Wirtschaftsgut **innerhalb von drei Kalendermonaten** und für ein unbewegliches Wirtschaftsgut **innerhalb von sechs Kalendermonaten** bezogen werden. Dabei seien auch Leistungen, die von verschiedenen leistenden Unternehmern bezogen worden sind, zusammenzufassen.

1 Nach Abschn. 15a.6 Abs. 3 UStAE.

III. Dienstleistungen an einem Wirtschaftsgut (Absatz 3 Satz 1 Alt. 2 und Satz 2)

1. Entsprechende Geltung der Absätze 1 und 2

Wird an einem Wirtschaftsgut eine Dienstleistung ausgeführt, gelten im Fall der Änderung der für den ursprünglichen Vorsteuerabzug maßgebenden Verhältnisse gem. § 15a Abs. 3 Satz 1 Alt. 2 UStG die Absätze 1 und 2 des § 15a UStG entsprechend. Unter die Berichtigungspflicht nach § 15a Abs. 3 UStG fallen nur solche sonstigen Leistungen, die unmittelbar an einem Wirtschaftsgut ausgeführt werden. Für sonstige Leistungen, die nicht „an einem" Wirtschaftsgut ausgeführt werden, gilt die Berichtigungspflicht nach § 15a Abs. 4 UStG (Rz. 135 f.). 119

2. Kein Werteverbrauch

Für die Berichtigungspflicht kommt es abweichend vom Unionsrecht nach dem nationalen Recht grundsätzlich nicht darauf an, ob die sonstige Leistung zu einer Werterhöhung des Wirtschaftsguts geführt hat. Auch Maßnahmen, die lediglich der Werterhaltung dienen, würden demnach unter die Berichtigungspflicht nach § 15a Abs. 3 UStG fallen. Allerdings unterliegen (auch nach Ansicht der Verwaltung) solche sonstigen Leistungen nicht der Berichtigungspflicht nach § 15a Abs. 3 UStG, die bereits im Zeitpunkt des Leistungsbezugs **wirtschaftlich verbraucht** sind.[1] Das sind insbesondere Leistungen, die sich auf die Unterhaltung und den laufenden Betrieb des Wirtschaftsguts beziehen. Das sind nach Ansicht der Verwaltung[2] vor allem folgende Fälle (bei Grundstücken): 120

- Reinigungsleistungen (auch Fensterreinigung);
- laufende Gartenpflege;
- Wartungsarbeiten z.B. an Aufzugs- oder Heizungsanlagen.

Nicht wirtschaftlich verbraucht ist eine sonstige Leistung dagegen, wenn ihr über den Zeitpunkt des Leistungsbezugs hinaus eine eigene Werthaltigkeit innewohnt. Das sieht die Verwaltung insbesondere in folgenden Fällen als gegeben an: 121

- der Fassadenanstrich eines Gebäudes;
- Fassadenreinigungen an einem Gebäude;
- die Neulackierung eines Kraftfahrzeugs;
- Renovierungsarbeiten (auch in gemieteten Geschäftsräumen);
- der Neuanstrich eines Schiffs;
- die Generalüberholung einer Aufzugs- oder einer Heizungsanlage.

3. Berichtigungszeitraum

Ähnlich wie bei Bestandteilen nach § 15a Abs. 3 Satz 1 Alt. 1 UStG richtet sich auch bei den sonstigen Leistungen die Frage, ob die Berichtigung pro rata temporis erfolgt, also entsprechend § 15a Abs. 1 UStG, danach, **an welchem Wirtschaftsgut die sonstige Leistung** ausgeführt wird. Handelt es sich um ein Wirtschaftsgut, das nach § 15a Abs. 2 UStG nur einmalig zur Erzielung von Umsätzen verwendet wird, erfolgt die Berichtigung einmalig in dem Besteuerungszeitraum, in dem das Wirtschaftsgut verwendet wird. Handelt es sich dagegen um ein Wirtschaftsgut, das mehrmalig zur Ausführung von Umsätzen verwendet wird, erfolgt die Berichtigung anteilig über den entsprechenden Berichtigungszeitraum. 122

---

1 Allerdings erscheint dieser Umweg über eine im nationalen Gesetz nicht vorgesehene Einschränkung willkürlich und verfehlt. „Denn typischerweise wohnt jeder Leistung eine über den Zeitpunkt des Leistungsbezugs hinausgehende Werthaltigkeit inne, die sich z.B. bei einer Reinigungsleistung darin zeigt, dass sie die Nutzbarkeit des Wirtschaftsguts verbessert und unter Umständen auch verlängert. Zudem ist nicht nachvollziehbar, warum nach Auffassung der FinVerw. z.B. Reinigungsleistungen generell als wirtschaftlich verbraucht gelten sollen, während Fassadenreinigungen zu einer Berichtigungspflicht (über zehn Jahre) führen" (so zutreffend *Meyer* in Weymüller[2], § 15a UStG Rz. 62.2).

2 Abschn. 15a.6 Abs. 6 UStAE.

123 Sofern das Wirtschaftsgut, an dem die sonstige Leistung ausgeführt wird, ein solches ist, dass mehrmals zur Erzielung von Umsätzen verwendet wird, gilt für die Berichtigung der sonstigen Leistung ein **eigenständiger Berichtigungszeitraum**, dessen Dauer sich nach dem Wirtschaftsgut bestimmt, an welchem die sonstige Leistung ausgeführt worden ist. Eine **kürzere Verwendungsdauer** ist nach § 15a Abs. 5 Satz 2 UStG zu berücksichtigen. Das bedeutet, dass, wenn das Wirtschaftsgut, an dem die sonstige Leistung ausgeführt worden ist, untergeht, auch der Berichtigungszeitraum für die sonstige Leistung endet.

124 Dagegen wird der Berichtigungszeitraum nicht unterbrochen, verkürzt oder beendet, wenn das Wirtschaftsgut, an dem eine sonstige Leistung ausgeführt wurde, **veräußert oder entnommen** wird. Dann liegt unter den Voraussetzungen des § 15a Abs. 8 UStG eine Änderung der Verwendungsverhältnisse vor mit der Folge, dass auch der Vorsteuerabzug für die an dem Wirtschaftsgut ausgeführte sonstige Leistung nach § 15a Abs. 3 UStG zu berichtigen ist (Rz. 180 ff.).

Beispiel:[1]

Unternehmer U führt als Arzt zu 50 % zum Vorsteuerabzug berechtigende und zu 50 % nicht zum Vorsteuerabzug berechtigende Umsätze aus. Am 1.1.2001 erwirbt U einen Pkw, für den er den Vorsteuerabzug entsprechend der beabsichtigten Verwendung zu 50 % vornimmt. Am 1.1.2003 lässt U den Pkw neu lackieren. Die darauf entfallende Vorsteuer zieht U zu 50 % ab. Am 1.1.2004 veräußert U den Pkw.

Die Veräußerung des Pkw ist als Hilfsgeschäft zu 100 % steuerpflichtig; § 4 Nr. 28 UStG greift nicht ein, weil U den Pkw nicht ausschließlich für vorsteuerschädliche Ausgangsumsätze verwendet hat. In der Lieferung liegt eine Änderung gegenüber den für den ursprünglichen Vorsteuerabzug maßgeblichen Verhältnissen vor (§ 15a Abs. 8 UStG). Der Vorsteuerabzug für den Pkw ist für die zwei restlichen Jahre des Berichtigungszeitraums zugunsten von U für den Monat der Veräußerung zu berichtigen.

Die Veräußerung des Pkw stellt in Bezug auf die an dem Pkw ausgeführte Lackierung ebenfalls eine Änderung gegenüber den für den ursprünglichen Vorsteuerabzug maßgeblichen Verhältnissen dar (§ 15a Abs. 8 UStG). Der Vorsteuerabzug für die sonstige Leistung ist für die restlichen vier Jahre des Berichtigungszeitraums zugunsten von U für den Monat der Veräußerung zu berichtigen (§ 15a Abs. 3 UStG, § 44 Abs. 3 Satz 2 i.V.m. Abs. 4 UStDV).

125 Der **Berichtigungszeitraum beginnt** zu dem Zeitpunkt, zu dem der Unternehmer das Wirtschaftsgut nach Durchführung der Maßnahme erstmalig zur Ausführung von Umsätzen verwendet.

4. Sonstige Leistungen innerhalb einer Maßnahme

126 Nach § 15a Abs. 3 Satz 2 UStG sind mehrere im Rahmen einer Maßnahme in ein Wirtschaftsgut eingegangene Gegenstände **und/oder** mehrere im Rahmen einer Maßnahme an einem Wirtschaftsgut ausgeführte sonstige Leistungen zu einem Berichtigungsobjekt zusammenzufassen. Folge ist, dass für die eingebauten Bestandteile und/oder an dem Wirtschaftsgut ausgeführten Leistungen **ein (einziges) Berichtigungsobjekt** gebildet werden muss für das ein einheitlicher Berichtigungszeitraum gilt und auf das die Grenzen des § 44 UStDV anzuwenden sind.

127 Die Verwaltung nimmt nach Abschn. 15a.5 Abs. 11 UStAE vorbehaltlich anderer Nachweise **eine einheitliche Maßnahme** an, wenn die verschiedenen Leistungen für ein bewegliches Wirtschaftsgut **innerhalb von drei Kalendermonaten** und für ein unbewegliches Wirtschaftsgut **innerhalb von sechs Kalendermonaten** bezogen werden.[2] Dabei seien auch Leistungen, die von verschiedenen leistenden Unternehmern bezogen worden sind, zusammenzufassen, allerdings nur, wenn diese nicht bei Leistungsbezug bereits wirtschaftlich verbraucht sind. Das bedeutet, dass z.B. Reinigungsleistungen, laufende Gartenpflege oder Wartungsarbeiten von vorneherein bei der Zusammenfassung zu einer Maßnahme unberücksichtigt bleiben.

128 Eine **Besonderheit** besteht **bei Gebäuden**: Können bei einem gemischt genutzten Gebäude die innerhalb von sechs Monaten bezogenen Leistungen i.S.d. § 15a Abs. 3 UStG einem bestimmten Gebäudeteil, mit dem entweder ausschließlich vorsteuerschädliche oder vorsteuerunschädliche Ausgangsumsät-

1 Nach Abschn. 15a.6 Abs. 9 UStAE.

2 Dabei kann der zeitliche Aspekt jedoch nur einen Anhaltspunkt für die Zusammenfassung liefern. Letztlich muss es darauf ankommen, ob sich durch Auslegung ermitteln lässt, dass die einzelnen sonstigen Leistungen bzw. eingebauten Gegenstände Teilaspekte einer Maßnahme sind. So auch *Meyer* in Weymüller[2], § 15a UStG Rz. 66.2.

ze erzielt werden, direkt zugerechnet werden, bilden nach Ansicht der Verwaltung diese dem Gebäudeteil zuzurechnenden Leistungen jeweils ein Berichtigungsobjekt.[1]

Beispiel:[2]
Unternehmer U renoviert sein Wohn- und Geschäftshaus. Er beauftragt Malermeister M mit der malermäßigen Instandsetzung der steuerpflichtig vermieteten Büroräume auf der Büroetage. Gleichzeitig beauftragt er Klempnermeister K mit der Renovierung der Sanitärräume auf der steuerfrei vermieteten Wohnetage, bei der auch die vorhandenen Armaturen und Sanitäreinrichtungen ausgetauscht werden. Die malermäßige Instandhaltung der Büroräume und die Klempnerarbeiten werden im gleichen Kalendermonat beendet.
Bei der Renovierung der Wohnetage und der Büroetage handelt es sich eigentlich um eine Maßnahme, weil beide im selben Monat, also innerhalb von 3 Monaten beendet werden. Da die Maßnahmen aber ausschließlich vorsteuerschädlichen bzw. vorsteuerunschädlichen Ausgangsumsätzen zugeordnet werden können, stellen die im Rahmen der malermäßigen Instandhaltung und der Klempnerarbeiten bezogenen Leistungen jeweils ein eigenständiges Berichtigungsobjekt dar.

IV. Vorsteuerberichtigung bei nicht steuerbarer Entnahme eines Wirtschaftsgutes (Absatz 3 Satz 3)

1. Überblick

Nach § 15a Abs. 3 Satz 3 UStG liegt eine Änderung der Verhältnisse auch vor, wenn das Wirtschaftsgut für Zwecke, die außerhalb des Unternehmens liegen, aus dem Unternehmen entnommen wird, ohne dass dabei nach § 3 Abs. 1b UStG eine unentgeltliche Wertabgabe zu besteuern ist. Gemeint sind dabei **Fälle**, bei denen ein Wirtschaftsgut ohne Berechtigung zum Vorsteuerabzug erworben wurde und deshalb eine Entnahme gem. § 3 Abs. 1b Satz 2 UStG nicht steuerbar ist. Wurden in einem solchen Fall an dem Wirtschaftsgut vor der Entnahme Leistungen ausgeführt oder in das Wirtschaftsgut Bestandteile eingefügt, für die der Vorsteuerabzug zulässigerweise in Anspruch genommen worden ist, so soll es bei der nicht steuerbaren Entnahme zu einer Berichtigung des Vorsteuerabzugs dieser Leistungen kommen. 129

2. Besonderheiten bei eingegangenen Bestandteilen

Hat der Unternehmer in das Wirtschaftsgut einen anderen Gegenstand eingefügt, der dabei seine körperliche und wirtschaftliche Eigenart endgültig verloren hat und für den der Unternehmer zum Vorsteuerabzug berechtigt war, und hat dieser Gegenstand zu einer im Zeitpunkt der Entnahme nicht vollständig verbrauchten Werterhöhung geführt, unterliegt bei einer Entnahme des Wirtschaftsguts nur dieser Gegenstand der Umsatzbesteuerung nach § 3 Abs. 1b UStG.[3] Für eine Vorsteuerberichtigung nach § 15a Abs. 3 Satz 3 UStG ist insoweit kein Raum. Es gilt ein **Vorrang der Umsatzbesteuerung nach § 3 Abs. 1b UStG**, was vor allem deshalb von Bedeutung ist, weil sich die Bemessungsgrundlage der Entnahmebesteuerung nach § 10 Abs. 4 Satz 1 Nr. 1 UStG nach dem Wiederbeschaffungswert zum Zeitpunkt der Entnahme richtet, während es bei der Vorsteuerberichtigung nach § 15a UStG zu einer Berichtigung des ursprünglichen Vorsteuerabzugs kommt.[4] 130

Ist aber die durch den Bestandteil verursachte **Werterhöhung im Zeitpunkt der Entnahme vollständig verbraucht**, ist die Entnahme insgesamt nicht steuerbar. In diesem Fall liegt in der Entnahme eine Änderung der Verhältnisse i.S.d. § 15a Abs. 3 Satz 3 UStG vor, bei der aber eine Vorsteuerberichtigung regelmäßig an § 44 Abs. 1 UStDV scheitern wird. 131

1 Abschn. 15a.6 Abs. 11 Satz 5 UStAE.
2 Nach Abschn. 15a.6 Abs. 11 UStAE.
3 EuGH, Urt. v. 17.5.2001 – C-322/99 und C-323/99, ECLI:EU:C:2001:280 – Fischer und Brandenstein, UR 2001, 293; BFH, Urt. v. 18.10.2001 – V R 106/98, BStBl. II 2002 II, 551 = UR 2002, 123; BFH v. 20.12.2001 – V R 8/98, BStBl. II 2002, 557 = UR 2002, 179; Abschn. 3.3 Abs. 2 Satz 3 UStAE und § 3 Rz. 73 ff.
4 *Meyer* in Weymüller[2], § 15a UStG Rz. 67.1.

Beispiel:[1]
Unternehmer U erwirbt in 01 einen Pkw von einer Privatperson für 50.000 Euro und ordnet ihn seinem Unternehmen zu. Am 1.4.2002 lässt er von einer Werkstatt für 2.000 Euro eine Windschutzscheibe einbauen. Die Vorsteuer in Höhe von 380 Euro macht er geltend. Als er den Pkw am 31.12.2004 entnimmt, hat der Wert der Windschutzscheibe den aktuellen Wert des Pkw nach der sog. Schwacke-Liste im Zeitpunkt der Entnahme nicht erhöht.
Die Windschutzscheibe, für die U der Vorsteuerabzug nach § 15 Abs. 1 Satz 1 Nr. 1 UStG zustand, ist in den Pkw eingegangen und hat dabei ihre körperliche und wirtschaftliche Eigenart endgültig verloren. Nur die Entnahme der Windschutzscheibe könnte steuerbar nach § 3 Abs. 1b Satz 1 Nr. 1 UStG sein, da U den Pkw ohne Berechtigung zum Vorsteuerabzug erworben hat und er nur für die in das Wirtschaftsgut eingegangene Windschutzscheibe den Vorsteuerabzug in Anspruch genommen hat. Da jedoch im Zeitpunkt der Entnahme keine Werterhöhung durch den Gegenstand mehr vorhanden ist, ist die Entnahme nicht steuerbar.[2] U hat deshalb zwar grundsätzlich eine Vorsteuerberichtigung bzgl. der Windschutzscheibe nach § 15a Abs. 3 Satz 3 UStG vorzunehmen. Nach § 44 Abs. 1 i.V.m. Abs. 4 UStDV unterbleibt eine Berichtigung jedoch, da der auf die Windschutzscheibe entfallende Vorsteuerbetrag 1.000 Euro nicht überstiegen hat.

132 Hat der eingebaute Gegenstand seine **Eigenständigkeit** behalten, scheidet eine Berichtigung nach § 15a Abs. 3 UStG zwar aus. In diesen Fällen kann die Entnahme des Gegenstands auch zu einer Vorsteuerberichtigung nach § 15a Abs. 8 UStG führen, wenn die Entnahme anders zu beurteilen ist als die für den ursprünglichen Vorsteuerabzug maßgebliche Verwendung (Rz. 180 ff.).

133 Sofern **Bestandteile** bei der Entnahme nach § 3 Abs. 1b UStG **besteuert** werden, scheiden diese aus der Vorsteuerberichtigung aus. Sind diese Bestandteile zusammen mit anderen Gegenständen und/oder sonstigen Leistungen im Rahmen einer Maßnahme an dem Wirtschaftsgut erbracht worden, wird auch die Maßnahme ohne die bei Entnahme zu besteuernden Bestandteilen ermittelt. M.a.W. sind bei Prüfung der Vorsteuerberichtigung solche in das Wirtschaftsgut eingegangenen Gegenstände aus dem Berichtigungsobjekt auszuscheiden, die bei der Entnahme der Umsatzbesteuerung nach § 3 Abs. 1b UStG unterliegen. Die Grenzen des § 44 UStDV sind auf den entsprechend verminderten Vorsteuerbetrag anzuwenden.[3]

3. Besonderheiten bei sonstigen Leistungen an dem Wirtschaftsgut

134 Sofern an dem Wirtschaftsgut eine sonstige Leistung ausgeführt worden ist und das Wirtschaftsgut später entnommen wird und diese Entnahme nicht steuerbar ist, liegt (ebenfalls) eine Änderung der Verhältnisse nach § 15a Abs. 3 Satz 3 UStG vor, sofern sich die sonstige Leistung bis zur Entnahme **nicht wirtschaftlich verbraucht** hat. Sofern danach eine Vorsteuerberichtigung grds. durchgeführt werden muss, wird diese jedoch oftmals an § 44 Abs. 1 UStDV scheitern.

Beispiel:[4]
Unternehmer U kauft am 1.5.2001 einen Pkw von einer Privatperson zu einem Preis von 50.000 Euro und ordnet ihn seinem Unternehmen zu. Am 1.7.2001 lässt er in einer Vertragswerkstatt eine Inspektion durchführen (200 Euro zzgl. 38 Euro Umsatzsteuer) und den Pkw neu lackieren (5.000 Euro zzgl. 950 Euro Umsatzsteuer). U macht diese Vorsteuerbeträge geltend. Am 31.12.2003 entnimmt U den Pkw ins Privatvermögen.
Da der Pkw nicht zum vollen oder teilweisen Vorsteuerabzug berechtigt hatte und in den Pkw kein Bestandteil eingegangen ist, ist die Entnahme des Pkw am 31.12.2003 nicht nach § 3 Abs. 1b UStG steuerbar.
Die Inspektion ist bei Leistungsbezug wirtschaftlich verbraucht.
Die Neulackierung des Pkw ist eine sonstige Leistung, die im Zeitpunkt des Leistungsbezugs nicht wirtschaftlich verbraucht ist. Diesbezüglich ist zwar nach § 15a Abs. 3 UStG grds. eine Vorsteuerberichtigung durchzuführen. Diese scheitert jedoch an § 44 Abs. 1 UStDV.

1 Nach Abschn. 15a.6 Abs. 14 UStAE.
2 Vgl. Abschn. 3.3 Abs. 2 Satz 3 UStAE.
3 Vgl. Abschn. 15a.6 Abs. 17 Beispiel UStAE.
4 Vgl. auch das Gegenbeispiel in Abschn. 15a.6 Abs. 16 UStAE.

G. Sonstige Leistungen (Absatz 4)

I. Überblick

Nach § 15a Abs. 4 Satz 1 UStG gelten die Absätze 1 und 2 für sonstige Leistungen, die nicht unter § 15a Absatz 3 Satz 1 UStG fallen, entsprechend. Das bedeutet, dass eine Vorsteuerberichtigung nach § 15a Abs. 4 UStG vorzunehmen ist, wenn der Unternehmer eine sonstige Leistung bezieht, die **nicht in einen Gegenstand eingeht oder** an diesem **ausgeführt** wird und deren Verwendung anders zu beurteilen ist, als dies zum Zeitpunkt des Leistungsbezugs beabsichtigt war (s. aber auch Rz. 2 ff.). Sonstige Leistungen, die in einen Gegenstand eingehen oder an einem Gegenstand ausgeführt werden, unterliegen der Berichtigungspflicht nach § 15a Abs. 3 UStG. 135

Die Vorsteuerberichtigung nach § 15a Abs. 4 Satz 1 UStG erfährt durch dessen Sätze 2 und 3 aber insoweit eine **Einschränkung** als die Berichtigung auf solche sonstigen Leistungen beschränkt wird, für die in der **Steuerbilanz** ein **Aktivierungsgebot** bestünde. Das gilt (als Rückausnahme) jedoch nicht, soweit es sich um sonstige Leistungen handelt, für die der Leistungsempfänger bereits für einen Zeitraum vor Ausführung der sonstigen Leistung den Vorsteuerabzug vornehmen konnte, also insbesondere für An- und Vorauszahlungen. Ob der Unternehmer nach den §§ 140, 141 AO zur Buchführung verpflichtet ist, spielt dabei keine Rolle (Satz 4). 136

II. Sonstige Leistungen, die nicht in einen Gegenstand eingehen oder an diesem ausgeführt werden (Absatz 4 Satz 1)

Sonstige Leistungen, die nicht in einen Gegenstand eingehen oder an diesem ausgeführt werden, und damit unter die Berichtigungspflicht **nach § 15a Abs. 4 UStG** fallen, sind z.B. 137

- Beratungsleistungen (z.B. für ein Unternehmenskonzept, eine Produktkonzeption),
- gutachterliche Leistungen,
- die Anmietung eines Wirtschaftsguts,
- Patente,
- Urheberrechte,
- Lizenzen,
- Computerprogramme (die nicht Gegenstand einer Lieferung sind),
- Werbeleistungen oder auch
- die Anzahlung für längerfristiges Mietleasing.[1]

Die Durchführung der Berichtigung erfolgt, wie in § 15a Abs. 1 und Abs. 2 UStG angeordnet, in Abhängigkeit davon, ob die sonstige Leistung **mehrfach zur Erzielung von Einnahmen verwendet** wird oder nicht (Rz. 75 f.). Wird sie mehrfach zur Erzielung von Einnahmen verwendet, erfolgt die Vorsteuerberichtigung pro rata temporis (§ 15a Abs. 4 i.V.m. Abs. 5 UStG). 138

Wird die bezogene sonstige Leistung hingegen nur **einmalig zur Erzielung von Umsätzen verwendet**, erfolgt die Berichtigung des gesamten Vorsteuerbetrags unmittelbar für den Zeitpunkt der Verwendung. Allerdings ist (besonders) in diesen Fällen zu beachten, dass **Grundvoraussetzung** der Vorsteuerberichtigung ist, dass sich die **Verwendungsabsicht nach Entstehung des Vorsteuerabzugs ändert**. Da aber z.B. **Beratungsleistungen** im Regelfall nicht über einen Zeitraum verwendet werden, sondern sich in der Kenntnisnahme des Auftraggebers erschöpfen, liegen hier regelmäßig nur einmalig verwendete Eingangsumsätze vor. Diese werden, wenn es keine Anzahlungen gab, im Voranmeldungszeitraum der Kenntnisnahme besteuert, in dem auch der Vorsteuerabzug entsteht. Dann aber gibt es keine Abweichung zwischen der Absicht beim Vorsteuerabzug und bei Verwendung.[2] 139

Da die sonstige Leistung nicht „an einem" Wirtschaftsgut ausgeführt wird, kann bei Bestimmung des **Berichtigungszeitraums** nur die Grundregel des § 15a Abs. 1 UStG greifen. Der Berichtigungszeit- 140

1 Vgl. Abschn. 15a.7 Abs. 1 UStAE.
2 So auch *Heidner* in Bunjes[22], § 15a UStG Rz. 84; *Meyer* in Weymüller[2], § 15a UStG Rz. 72.1.

raum beträgt deshalb grundsätzlich **5 Jahre**. Eine kürzere Verwendungsdauer ist nach § 15a Abs. 4 i.V.m. Abs. 5 Satz 2 UStG jedoch zu berücksichtigen.

Beispiel:[1]

Unternehmer U schließt mit dem Vermieter V einen Vertrag über die Anmietung eines Bürogebäudes (Fertigstellung vor dem 1.1.1998 und Baubeginn vor dem 1.1.1993) über eine Laufzeit von fünf Jahren beginnend am 1.1.2001. Da U beabsichtigt, in den Büroräumen zum Vorsteuerabzug berechtigende Umsätze auszuführen, vermietet V das Gebäude unter Verzicht auf die Steuerbefreiung (§ 4 Nr. 12 Satz 1 Buchst. a i.V.m. § 9 Abs. 1 und 2 UStG) zum Pauschalpreis von 1 Mio. Euro zzgl. 190.000 Euro Umsatzsteuer für die gesamte Mietlaufzeit. Vereinbarungsgemäß zahlt U die vertraglich vereinbarte Miete zum Beginn der Vertragslaufzeit und macht entsprechend den Vorsteuerabzug geltend. Ab dem 1.1.2002 nutzt U das Gebäude bis zum Vertragsende am 31.12.2005 nur noch zur Erzielung von nicht zum Vorsteuerabzug berechtigenden Umsätzen.

U ist nach § 15a Abs. 4 i.V.m. Abs. 1 UStG verpflichtet, die Vorsteuer in den Jahren 02 bis 05 um jeweils 38.000 Euro (190.000 Euro/5 Jahre) zu berichtigen.

Hinweis 1: U wäre bei bestehender Buchführungspflicht verpflichtet, für die vorausbezahlte Miete für die Jahre 02 bis 05 in der Steuerbilanz einen Rechnungsabgrenzungsposten zu bilanzieren. Aus diesem Grund wäre die Berichtigung auch nach § 15a Abs. 4 Satz 2 UStG durchzuführen; s. unten.

Hinweis 2 (für den Fall eines Neuobjekts): Handelt es sich um ein Neuobjekt, für das § 9 Abs. 2 UStG Anwendung findet, sind ab dem 1.1.2002 die Voraussetzungen für die Option des nach § 9 Abs. 2 UStG – ausschließlich unschädliche Verwendung des Mietobjekts durch den Mieter U – entfallen. V hat dann in seiner Vorausrechnung Umsatzsteuer unrichtig ausgewiesen. Umsatzsteuer und Vorsteuer sind entsprechend § 17 Abs. 2 Nr. 2 UStG zu korrigieren.[2]

III. Aktivierungsgebot oder An- oder Vorauszahlungen (Absatz 4 Sätze 2 bis 4)

141 Nach § 15a Abs. 4 Satz 2 UStG ist die Berichtigung des Vorsteuerabzugs nach § 15a Abs. 4 UStG auf solche sonstigen Leistungen beschränkt, für die in der Steuerbilanz ein **Aktivierungsgebot** bestünde. Unerheblich ist dabei nach § 15a Abs. 4 Satz 4 UStG, ob der Unternehmer nach den §§ 140, 141 AO tatsächlich zur Buchführung verpflichtet ist. Ebenso irrelevant ist, ob der Unternehmer freiwillig Bücher führt oder einkommensteuerrechtlich insoweit Einkünfte erzielt, die als Überschuss der Einnahmen über die Werbungskosten ermittelt werden.[3]

Beispiel:[4]

Unternehmer U ist Chirurg und schließt mit A einen für die Zeit vom 1.1.2001 bis zum 31.12.2007 befristeten Leasingvertrag für ein medizinisches Gerät ab. Als Leasingvorauszahlung wird ein Betrag von 100.000 Euro zzgl. 19.000 Euro Umsatzsteuer vereinbart. U leistet im Januar 01 die gesamte Leasingvorauszahlung. Er beabsichtigt bei Zahlung, das Gerät zur Ausführung zum Vorsteuerabzug berechtigender Ausgangsumsätze (Schönheitsoperationen) zu verwenden. Er macht für den Januar 01 deshalb den Vorsteuerabzug in voller Höhe geltend und nutzt das Gerät ab 1.1.2001. Tatsächlich kommt es ab dem 1.1.2003 nur noch zur Erzielung nicht zum Vorsteuerabzug berechtigender Ausgangsumsätze.

Bei der Leasingvorauszahlung handelt es sich um eine Ausgabe, die nach ertragsteuerrechtlichen Grundsätzen als Rechnungsabgrenzungsposten zu bilanzieren wäre. Umsatzsteuerrechtlich ist davon auszugehen, dass es sich um eine Zahlung für eine sonstige Leistung handelt, die nicht mit der erstmaligen Verwendung verbraucht ist. Der Vorsteuerabzug ist nach § 15a Abs. 4 i.V.m. Abs. 1 UStG pro rata temporis zu berichtigen. Der Berichtigungszeitraum beträgt fünf Jahre, beginnt am 1.1.2001 und endet am 31.12.2005, obwohl der Leasingvertrag bis zum 31.12.2007 befristet ist. U muss für die Jahre 03 bis 05 deshalb jeweils 3.800 Euro im Rahmen der Berichtigung des Vorsteuerabzugs zurückzahlen.

142 Die zusätzliche Voraussetzung des Aktivierungsgebots hat jedoch auch zur Folge, dass sich der Anwendungsbereich in vielen Fällen auf die Berichtigung von Vorsteuern auf Anzahlungen beschränkt.[5] Denn eine Vorsteuerberichtigung kommt nach § 15a Abs. 4 Satz 3 UStG unabhängig von einem Aktivierungsgebot stets in Betracht, wenn der Leistungsempfänger für einen Zeitraum vor Ausführung der

1 Nach Abschn. 15.7 Abs. 2 Beispiel 1 UStAE.
2 *Lippross*, UStG[25], 1251.
3 Abschn. 15a.7 Abs. 2 Satz 2 UStAE.
4 Nach Abschn. 15.7 Abs. 2 Beispiel 2 UStAE.
5 *Lippross*, UStG[25], 1249.

Leistung den Vorsteuerabzug vornehmen konnte. Damit sind **An- oder Vorauszahlungen** gemeint, denn sonstige Leistungen sind umsatzsteuerrechtlich grundsätzlich erst im Zeitpunkt ihrer Vollendung ausgeführt. Werden sie bereits vor ihrer Vollendung im Unternehmen des Leistungsempfängers verwendet, kommt eine Berichtigung des Vorsteuerabzugs bereits vor Leistungsbezug (Vollendung) in denjenigen Fällen in Betracht, in denen bereits vor Leistungsbezug die Voraussetzungen für den Vorsteuerabzug nach § 15 UStG gegeben sind (Zahlung vor Ausführung der Leistung). Auch hier ist die Berichtigung des Vorsteuerabzugs durchzuführen, wenn sich im Zeitpunkt der Verwendung die Verhältnisse gegenüber den für den ursprünglichen Vorsteuerabzug maßgebenden Verhältnissen ändern.

H. Durchführung der Berichtigung (Absatz 5)

Nach § 15a Abs. 5 UStG ist bei der Berichtigung nach § 15a Abs. 1 UStG für jedes Kalenderjahr der Änderung grds. **von einem Fünftel** und bei Grundstücken (§ 15a Abs. 1 Satz 2 UStG) **von einem Zehntel** der auf das Wirtschaftsgut entfallenden Vorsteuerbeträge auszugehen. Hierbei ist eine kürzere Verwendungsdauer entsprechend zu berücksichtigen (§ 15a Abs. 5 Satz 2 UStG), wobei die Verwendungsdauer nicht dadurch verkürzt wird, dass das Wirtschaftsgut in ein anderes einbezogen wird (§ 15a Abs. 5 Satz 3 UStG). 143

Die Berichtigung des Vorsteuerabzugs ist nach § 16 Abs. 2 Satz 2 UStG i.V.m. § 18 Abs. 1 Satz 3 UStG jeweils für den Voranmeldungszeitraum bzw. das Kalenderjahr vorzunehmen, in dem sich die für den ursprünglichen Vorsteuerabzug maßgebenden Verhältnisse geändert haben. Die Berichtigung des Vorsteuerabzugs wird deshalb nicht durch eine Änderung der Steuerfestsetzung des Jahres der Inanspruchnahme des Vorsteuerabzugs nach den Vorschriften der AO, sondern verteilt auf den Berichtigungszeitraum von fünf bzw. zehn Jahren, also 60 bzw. 120 Monaten, **pro rata temporis** vorgenommen. Die Berichtigung erfolgt nach § 18 Abs. 1 Satz 4 UStG im jeweiligen Voranmeldungsverfahren, wobei besonders § 44 Abs. 3 UStDV zu berücksichtigen ist. 144

Eine **kürzere Verwendungsdauer** ist zu berücksichtigen (§ 15a Abs. 5 Satz 2 UStG) und führt damit zu einem höheren monatlichen Berichtigungsvolumen. Ob von einer kürzeren Verwendungsdauer auszugehen ist, beurteilt sich nach Ansicht der Verwaltung nach der betriebsgewöhnlichen Nutzungsdauer, die nach ertragsteuerrechtlichen Grundsätzen für das Wirtschaftsgut anzusetzen ist.[1] Eine **längere betriebsgewöhnliche Nutzungsdauer** (z.B. von 6 Jahren) bleibt dagegen unberücksichtigt. 145

Kann ein Wirtschaftsgut vor Ablauf des Berichtigungszeitraums wegen **Unbrauchbarkeit** vom Unternehmer nicht mehr zur Ausführung von Umsätzen verwendet werden, verkürzt sich dadurch ebenfalls der Berichtigungszeitraum und das monatliche Berichtigungsvolumen steigt. In diesem Fall kann für die vorausgegangenen Abschnitte des Berichtigungszeitraums eine **Neuberechnung** des jeweiligen Berichtigungsbetrages erforderlich werden. Die Unterschiede, die sich in einem solchen Fall ergeben, können nach Ansicht der FinVerw. aus Vereinfachungsgründen bei der Steuerfestsetzung für das letzte Kalenderjahr des verkürzten Berichtigungszeitraums berücksichtigt werden.[2] 146

Für die Berichtigung des Vorsteuerabzugs ist ein **prozentuales Verhältnis** des ursprünglichen Vorsteuerabzugs zur abziehbaren Vorsteuer insgesamt zugrunde zu legen. Dieser Prozentsatz ist mit dem anhand der tatsächlichen Verwendung bestimmten Prozentsatz der abziehbaren Steuern im Berichtigungsjahr zu vergleichen. Aus der Differenz der Prozentpunkte ergibt sich die Vorsteuerberichtigung zu Gunsten oder zu Lasten des Unternehmers. In der Praxis (und der Lehre) kann man dies in aller Regel anhand folgender (vereinfachter) Kurzformel für ein Jahr ermitteln: 147

$$\text{abziehbare Vorsteuer insgesamt} * \frac{\textit{zu berichtigende Monate (in einem Jahr)}}{\textit{Berichtigungszeitraum insgesamt (in Monaten)}} * \text{Nutzungsänderung in \%-Punkten}$$

In die Vorsteuerberichtigung ist die gesamte abziehbare Vorsteuer einzubeziehen, also alle Vorsteuerbeträge **ohne Rücksicht auf besondere ertragsteuerrechtliche Regelungen**, z.B. sofort absetzbare Be- 148

1 Abschn. 15a.3 Abs. 1 Satz 5 UStAE.
2 Abschn. 15a.11 Abs. 5 UStAE.

träge oder Zuschüsse, die der Unternehmer erfolgsneutral behandelt, oder AfA, die auf die Zeit bis zur tatsächlichen Verwendung entfällt.

149 Andererseits sind nur solche Vorsteuerbeträge einzubeziehen, für die die Vorsteuer **abziehbar** war. Nicht einzubeziehen sind deshalb insbesondere Vorsteuerbeträge aus Anschaffungen,

- die ein Nichtunternehmer bezieht, auch wenn er die Gegenstände später unternehmerisch verwendet,
- wenn der Unternehmer ein Wirtschaftsgut oder eine sonstige Leistung im Zeitpunkt des Leistungsbezugs seinem nichtunternehmerischen Bereich zuordnet und das Wirtschaftsgut oder die sonstige Leistung später für unternehmerische Zwecke verwendet,
- wenn der Unternehmer einen bezogenen Gegenstand zunächst zu weniger als 10 % für sein Unternehmen nutzt und die Leistung deshalb nach § 15 Abs. 1 Satz 2 UStG als nicht für sein Unternehmen ausgeführt gilt und diese Grenze später überschritten wird.[1]

150 Bei einer **Änderung der Verwendungsverhältnisse im Laufe eines Kalenderjahres** ist maßgebend, wie das Wirtschaftsgut während des gesamten Kalenderjahres verwendet wird. Damit ist aber noch nichts darüber gesagt, **ob** es zu einer **Änderung auch im Jahr des Leistungsbezuges** kommen kann.

Beispiel:
Bei Leistungsbezug und erstmaliger Verwendung im März 01 bestand die Absicht, den Gegenstand zu 30 % für vorsteuerschädliche und zu 70 % für vorsteuerunschädliche Ausgangsumsätze zu nutzen. Tatsächlich aber kam es im KJ 01 zu 40 % zu vorsteuerschädlichen Ausgangsumsätzen.

151 Man könnte hier argumentieren, dass es keiner Anwendung des § 15a UStG bedarf, da es sich bei der Umsatzsteuer trotz der Voranmeldungen um eine **Jahressteuer** handelt und sich mit dem Jahresbescheid die Voranmeldungen auf andere Art und Weise nach § 124 Abs. 2 AO erledigen.[2]

152 Eine solche Auslegung widerspricht m.E. aber dem **Wortlaut des § 15a Abs. 1 UStG**, wonach § 15a UStG „ab dem Zeitpunkt der erstmaligen Verwendung“ anzuwenden ist (auch wenn dieser im Jahr des Leistungsbezugs liegt). Etwas anders kann sich nur bei allg. Aufwendungen (Gemeinkosten) ergeben, die sich keinen bestimmten Ausgangsumsätzen zuordnen lassen. Bei solchen Eingangsumsätzen, die sich keinen bestimmten Ausgangsumsätzen zuordnen lassen, kommt es regelmäßig auf das Verhältnis der gesamten Umsätze im Besteuerungszeitraum an. Wird in solchen Fällen ein Aufteilungsschlüssel im Voranmeldungsverfahren vorläufig angewandt (z.B. auf der Grundlage der Umsätze des vorangegangenen Jahres), führt die Festsetzung des endgültigen, abweichenden Aufteilungsschlüssels zu einer Berichtigung der nach dem vorläufigen Aufteilungsschlüssel ermittelten Vorsteuerbeträge in der Jahresfestsetzung; es bedarf dann – wie sich aus Abschn. 15.16 Abs. 2a UStAE und dem dort zitierten BFH-Urteil[3] ergibt – keines § 15a UStG mehr.[4]

153 Allerdings ist derzeit nicht abschließend geklärt, ob der nationale Gesetzgeber die MwStSystRL in § 15a Abs. 1 UStG unionsrechtskonform umgesetzt hat. (Rz. 4.2).

154 Sind die Voraussetzungen für den Vorsteuerabzug nicht schon im Zeitpunkt des Leistungsbezugs, sondern erst nach Beginn der tatsächlichen erstmaligen Verwendung erfüllt, z.B., weil die zum Vorsteuerabzug berechtigende Rechnung vor Beginn der tatsächlichen erstmaligen Verwendung noch nicht vorgelegen hat, kann die Vorsteuer erst abgezogen werden, wenn die Voraussetzungen des § 15 Abs. 1 UStG insgesamt vorliegen. Auch hierbei beurteilt sich die Berechtigung zum Vorsteuerabzug nach der Verwendung im Zeitpunkt des Leistungsbezugs. Aus diesem Grund kann im Zeitpunkt des erstmaligen Vorsteuerabzugs gleichzeitig eine Berichtigung für die bereits abgelaufenen Teile des Berichtigungszeitraums notwendig sein.

---

1 S. hierzu aber Rz. 70 zu EuGH, Urt. v. 25.7.2018 – C-140/17, ECLI:EU:C:2018:595 – Gmina Ryjewo, UR 2018, 687 m. Anm. *Küffner/Kirchinger* und Anm. *Sterzinger.*

2 Vgl. BFH, Urt. v. 29.11.1984 – V R 146/83, BStBl. II 1985, 370 = UR 1985, 140.

3 BFH, Urt. v. 24.4.2013 – XI R 25/10, BStBl. II 2014, 346 = UR 2014, 64.

4 Wie hier: *Nieskens*, UR 2002, 53; wohl auch *Lippross*, UStG[25], 1205 ff.; **a.A.** *Birkenfeld* in Birkenfeld/Wäger, Umsatzsteuer-Handbuch, § 192 Rz. 291 ff.

Beispiel:[1]
Unternehmer U errichtet im Jahr 01 ein Gebäude, auf das eine Vorsteuer von 50.000 Euro entfällt. Er will dieses Gebäude zum Vorsteuerabzug berechtigend vermieten. Das Gebäude wird im Jahr 02 erstmalig verwendet. Erst im Jahr 04 erhält U die die Gebäudeerrichtung betreffende (ordnungsgemäße) Rechnung. Tatsächlich wurde das Gebäude wie folgt verwendet:
- im Jahr 02 nur zur Ausführung zum Vorsteuerabzug berechtigender Umsätze;
- im Jahr 03 je zur Hälfte zur Ausführung zum Vorsteuerabzug berechtigender und nicht zum Vorsteuerabzug berechtigender Umsätze;
- im Jahr 04 nur zur Ausführung nicht zum Vorsteuerabzug berechtigender Umsätze.

Da U beabsichtigt hat, das Gebäude nach der Fertigstellung ausschließlich für zum Vorsteuerabzug berechtigenden Umsätze zu verwenden, kann er nach § 15 Abs. 1 UStG die Vorsteuer von 50.000 Euro voll abziehen. Der Abzug ist jedoch erst im Jahr 04 zulässig. Bei der Steuerfestsetzung für dieses Jahr ist dieser Abzug aber gleichzeitig insoweit zu berichtigen, als für die Jahre 03 und 04 eine Änderung der Verhältnisse gegenüber der im Zeitpunkt des Leistungsbezuges dargelegten Verwendungsabsicht eingetreten ist. Diese Änderung beträgt für das Jahr 03 50 % und für das Jahr 04 100 %. Entsprechend dem zehnjährigen Berichtigungszeitraum ist bei der Berichtigung für das Jahr von einem Zehntel der Vorsteuer von 50.000 Euro = 5.000 Euro auszugehen. Es sind für das Jahr 03 die Hälfte dieses Vorsteueranteils, also 2.500 Euro, und für das Jahr 04 der volle Vorsteueranteil von 5.000 Euro vom Abzug ausgeschlossen. Im Ergebnis vermindert sich somit die bei der Steuerfestsetzung für das Jahr 04 abziehbare Vorsteuer von 50.000 Euro um (2.500 Euro + 5.000 Euro =) 7.500 Euro auf 42.500 Euro. 155

I. Nachträgliche Anschaffungs-/Herstellungskosten (Absatz 6)

I. Überblick

Nach § 15a Abs. 6 UStG sind die Absätze 1 bis 5 auf Vorsteuerbeträge, die auf nachträgliche Anschaffungs- oder Herstellungskosten entfallen, sinngemäß anzuwenden. Die Regelung ist damit **lex specialis insbesondere zu Absatz 3**, der dementsprechend (nur) Erhaltungsaufwendungen an Wirtschaftsgütern erfasst. Indes bleibt der Verweis auf die Absätze 3 bis 5 rätselhaft (und scheint ein gesetzgeberisches Versehen zu sein), denn nachträgliche Anschaffungs- oder Herstellungskosten unterfallen stets den Absätzen 1 und 2. 156

Da der Gesetzgeber in Absatz 6 auf die Absätze 1 bis 5 verweist, ordnet er auch an, dass für nachträgliche Anschaffungs- oder Herstellungskosten ein **Berichtigungszeitraum** gilt, wenn die Kosten an Wirtschaftsgütern anfallen, die **mehrfach** zur **Ausführung** von **Umsätzen verwendet** werden. 157

II. Nachträgliche Anschaffungs- oder Herstellungskosten

Der Begriff der nachträglichen Anschaffungs- oder Herstellungskosten ist ein ertragsteuerrechtlicher Begriff, der richtlinienkonform ausgelegt werden muss. **Nachträgliche Anschaffungskosten** sind solche Kosten, die zeitlich nach dem Anschaffungsvorgang bzw. nach Herstellung der Betriebsbereitschaft des betreffenden Wirtschaftsguts anfallen, aber mit dem Erwerbsvorgang noch in einem ursächlichen Zusammenhang stehen.[2] **Nachträgliche Herstellungskosten** sind Aufwendungen, die für die Herstellung eines Vermögensgegenstands, seine Erweiterung oder für seine über seinen ursprünglichen Zustand hinausgehende wesentliche Verbesserung entstehen.[3] 158

---

1 Nach Abschn. 15a.4 Abs. 2 UStAE.

2 BFH, Urt. v. 14.3.2011 – I R 40/10, BStBl. II 2012, 281 = FR 2011, 902; BFH, Urt. v. 26.4.2006 – I R 49, 50/04, BStBl. II 2006, 656 = FR 2006, 833; BFH, Urt. v. 3.7.1997 – III R 114/95, BStBl. II 1997, 811 = FR 1997, 902 m. Anm. *Glanegger.*

3 BFH, Urt. v. 5.6.2003 – V R 32/02, BStBl. II 2004, 28 = UR 2003, 495.

III. Berichtigungszeitraum

159 Für nachträgliche Anschaffungs- oder Herstellungskosten, die an einem Wirtschaftsgut anfallen, das nicht nur einmalig zur Ausführung von Umsätzen verwendet wird, gilt ein gesonderter Berichtigungszeitraum (§ 15a Abs. 6 UStG). Dieser beginnt zu dem Zeitpunkt, zu dem der Unternehmer das in seiner Form geänderte Wirtschaftsgut erstmalig zur Ausführung von Umsätzen verwendet. Die Dauer bestimmt sich nach § 15a Abs. 1 UStG und beträgt **fünf bzw. zehn Jahre**.

160 Anders als von der FinVerw. angenommen,[1] richtet sich der Berichtigungszeitraum der nachträglichen Anschaffungs- oder Herstellungskosten **nach derjenigen des Wirtschaftsgutes, an dem die Anschaffungs- oder Herstellungskosten vorgenommen werden**. Denn es ist schlicht nicht einsehbar, weshalb ein Wirtschaftsgut einem anderen Berichtigungszeitraum unterfallen sollte, als einzelne Teile desselben, nun nur erweiterten Wirtschaftsgutes.[2] Unabhängig ist jedoch, ob der Berichtigungszeitraum für das Wirtschaftsgut schon abgelaufen ist. Auch eine Verlängerung der Nutzungsdauer des Wirtschaftsgutes durch die nachträglichen Anschaffungs- oder Herstellungskosten bleibt unberücksichtigt.

Beispiel:[3]
Ein am 1.7.2001 erstmalig verwendetes bewegliches Wirtschaftsgut hat eine betriebsgewöhnliche Nutzungsdauer von 4 Jahren. Am 31.1.2003 fallen nachträgliche Herstellungskosten an.

Der Berichtigungszeitraum für das Wirtschaftsgut selbst beträgt 4 Jahre, endet also am 30.6.2005. Für die nachträglichen Herstellungskosten beginnt der Berichtigungszeitraum erst am 1.2.2003. Er beträgt, wie für das Wirtschaftsgut auch 4 Jahre und endet am 31.1.2007.

161 Der **Berichtigungszeitraum endet jedoch spätestens**, wenn das Wirtschaftsgut, für das die nachträglichen Anschaffungs- oder Herstellungskosten angefallen sind, wegen Unbrauchbarkeit vom Unternehmer nicht mehr zur Ausführung von Umsätzen verwendet werden kann (§ 15a Abs. 5 Satz 2 UStG) oder die nachträglichen Anschaffungs- oder Herstellungskosten nicht mehr genutzt werden können.

162 Für nachträgliche Anschaffungs- oder Herstellungskosten, die für ein Wirtschaftsgut anfallen, das **nur einmalig zur Erzielung eines Umsatzes verwendet wird**, ist die Berichtigung des Vorsteuerabzugs für den Besteuerungszeitraum vorzunehmen, in dem das Wirtschaftsgut verwendet wird. Es gibt hier keinen Berichtigungszeitraum.

IV. Berechnung

163 Bei der Berichtigung ist von den **gesamten Vorsteuerbeträgen** auszugehen, die auf die nachträglichen Anschaffungs- oder Herstellungskosten entfallen, bis das Wirtschaftsgut erstmalig wieder verwendet wird. Eine Beschränkung der Zusammenfassung nur solcher Aufwendungen, die innerhalb einer Maßnahme vorgenommen werden (wie in § 15a Abs. 3 Satz 2 UStG vorgesehen, Rz. 117 f., 126 ff.), ist bei nachträglichen Anschaffungs- oder Herstellungskosten nicht notwendig, weil die neuen Teile der Wirtschaftsgüter zwischen den einzelnen nachträglichen Anschaffungs- oder Herstellungsvorgängen regelmäßig nicht verwendet werden.[4]

J. Änderung der Verhältnisse im Fall des § 15 Abs. 1b UStG (Absatz 6a)

I. Überblick

164 Nach § 15a Abs. 6a UStG liegt eine Änderung der Verhältnisse auch bei einer Änderung der Verwendung im Sinne des § 15 Abs. 1b UStG vor. Nach dem mit Wirkung zum 1.1.2011 eingefügten **§ 15 Abs. 1b UStG** ist die Steuer für die Lieferungen, die Einfuhr und den innergemeinschaftlichen Erwerb sowie für die sonstigen Leistungen im Zusammenhang mit einem Grundstück, das der Unternehmer

1 Vgl. Abschn. 15.8 Abs. 1 UStAE.
2 Im Ergebnis ebenso *Meyer* in Weymüller², § 15a UStG Rz. 77.1.
3 Angelehnt an Abschn. 15a.8 Abs. 1 UStAE, dort aber anders gelöst.
4 So im Ergebnis wohl auch Abschn. 15a.8 Abs. 1 Satz 6 UStAE.

sowohl für Zwecke seines Unternehmens als auch für Zwecke, die außerhalb des Unternehmens liegen, oder für den privaten Bedarf seines Personals verwendet, vom Vorsteuerabzug ausgeschlossen, soweit die Vorsteuer nicht auf die Verwendung des Grundstücks für Zwecke des Unternehmens entfällt. Bei Berechtigungen, für die die Vorschriften des bürgerlichen Rechts über Grundstücke gelten, und bei Gebäuden auf fremdem Grund und Boden gilt dies entsprechend.

Hintergrund des § 15 Abs. 1b UStG ist die **Seeling-Rechtsprechung** des EuGH[1], nach der Unternehmer bei (gemischt) privat und unternehmerisch genutzten Gegenständen – oberhalb der Bagatellgrenze des § 15 Abs. 1 Satz 2 UStG – die Gegenstände zu 100 % ihrem Unternehmen zuordnen und dementsprechend auch 100 % der Vorsteuer ziehen konnten und (nur) die Privatnutzung als unentgeltliche Wertabgabe zu besteuern hatten. Dies führte praktisch zu einem zinslosen Darlehen des Fiskus gegenüber den Steuerpflichtigen, weil diese die Vorsteuer sofort erhielten und wirtschaftlich über die Dauer der unentgeltlichen Wertabgabe „zurückzahlen" mussten (§ 15 Rz. 240 ff.).[2] Der Gesetzgeber hat dem für Grundstücke den Boden entzogen, indem er mit § 15 Abs. 1b UStG, der auf Art. 168a MwStSystRL[3] basiert, einen (neuen) Vorsteuerausschlusstatbestand geschaffen hat. Der führt dazu, dass Unternehmer bei Leistungsbezug keine Vorsteuer im Umfang der beabsichtigten privaten Nutzung erhalten und damit für diesen Teil auch keine unentgeltliche Wertabgabe zu versteuern haben, wie § 3 Abs. 9a Nr. 1 Halbs. 2 UStG bestätigt. Das **Zuordnungswahlrecht** des Unternehmers, gemischt genutzte Grundstücke im vollen Umfang seinem Unternehmen zuzuordnen, bleibt hiervon jedoch unberührt. 165

§ 15a Abs. 6a UStG ist die **notwendige Ergänzung** zu § 15 Abs. 1b UStG. Durch sie wird gewährleistet, dass im Fall der ggf. späteren Änderung der Verwendung i.S.d. § 15 Abs. 1b UStG eine Vorsteuerberichtigung nach den Grundsätzen des § 15a UStG erfolgt. 166

Ob es sich bei § 15 Abs. 1b UStG um eine **Vorschrift der Abzugsfähigkeit der Vorsteuer** handelt oder nicht,[4] kann letztlich dahinstehen, weil die Vorschrift über § 15a Abs. 6a UStG wie eine solche wirkt. 167

II. Anwendungsbereich

Eine **Änderung der Verwendung i.S.d. § 15 Abs. 1b UStG** tritt ein, wenn sich das Verhältnis der unternehmerischen und außerunternehmerischen bzw. privaten Verwendung des Grundstücks ändert. Dies gilt entsprechend bei Berechtigungen, für die die Vorschriften des bürgerlichen Rechts über Grundstücke gelten, und bei Gebäuden auf fremdem Grund und Boden (§ 15 Rz. 240 ff.). 168

Die Vorsteuerberichtigung nach § 15a UStG setzt voraus, dass die allgemeinen Voraussetzungen des § 15 Abs. 1 UStG vorliegen, m.a.W., dass die **Vorsteuer abziehbar** war. Soweit ein Grundstück, eine Berechtigung, für die die Vorschriften des bürgerlichen Rechts über Grundstücke gilt, oder ein Gebäude auf fremdem Grund und Boden nicht dem Unternehmen zugeordnet worden ist, ist eine Korrektur der Vorsteuer nach § 15a UStG ausgeschlossen. 169

III. Berichtigungszeitraum

Da es sich im Fall des § 15a Abs. 6a UStG um „Grundstücksfälle" handelt, beträgt der Berichtigungszeitraum **10 Jahre** (Rz. 89 ff.). Und die „Änderung der Verhältnisse" erfordert (auch), dass das Wirtschaftsgut mehrfach verwendet wird. Damit scheidet ein Fall des § 15a Abs. 2 UStG aus. 170

1 EuGH, Urt. v. 8.5.2003 – C-269/00, ECLI:EU:C:2003:254 – Seeling, BStBl. II 2004, 378 = UR 2003, 288 m. Anm. *Burgmaier*.

2 Dies jedoch unter der Voraussetzung, dass der Steuersatz gleich blieb.

3 Die Möglichkeit, den Vorsteuerausschluss auch auf bewegliche gemischt genutzte Gegenstände zu erstrecken, hat der deutsche Gesetzgeber (bis heute) nicht ergriffen.

4 So *Meyer* in Weymüller[2], § 15a UStG Rz. 80.

K. Änderung der Besteuerungsform (Absatz 7)

I. Überblick

171 Nach § 15a Abs. 7 UStG ist eine Änderung der Verhältnisse im Sinne der Absätze 1 bis 3 auch beim Übergang von der allgemeinen Besteuerung zur Nichterhebung der Steuer nach § 19 Abs. 1 UStG und umgekehrt und beim Übergang von der allgemeinen Besteuerung zur Durchschnittssatzbesteuerung nach den §§ 23a oder 24 UStG und umgekehrt gegeben. Die Regelung enthält die notwendige Berichtigung bei Änderung der Besteuerungsform, um den Vorsteuerabzug letztlich an die Verhältnisse während des Berichtigungszeitraumes anzupassen. Sie entspricht **Art. 192 MwStSystRL** (Rz. 2 ff.), wonach die Mitgliedstaaten die erforderlichen Vorkehrungen treffen können, um zu vermeiden, dass dem Steuerpflichtigen ungerechtfertigte Vorteile oder Nachteile entstehen, wenn er von der normalen Mehrwertsteuerregelung auf eine Sonderregelung übergeht oder umgekehrt.[1] Unerheblich ist hierbei, ob die tatsächliche Verwendung der beabsichtigten bei Leistungsbezug entspricht.

172 Durch den Verweis auf die Absätze 1 und 2 des § 15a UStG wird klargestellt, dass die **Durchführung der Berichtigung** davon abhängt, ob das Wirtschaftsgut mehrfach oder nur einmalig genutzt wird:

- Bei **mehrfach verwendeten Wirtschaftsgütern** wird eine Vorsteuerberichtigung durchgeführt, wenn es nach der erstmaligen Verwendung und innerhalb des Berichtigungszeitraums zu einem Wechsel der Besteuerungsform kommt. Es werden dann alle Monate bis zum Ende des Berichtigungszeitraums berichtigt. Da dieser mit der erstmaligen Verwendung begonnen hat, sind Vorsteuerbeträge, die vor dem Wechsel der Besteuerungsform für ein noch nicht fertiggestelltes Wirtschaftsgut angefallen sind, erst ab dem Zeitpunkt der erstmaligen Verwendung dieses Wirtschaftsguts nach § 15a Abs. 7 UStG zu berichtigen.[2]
- Bei nur **einmalig** zur Ausführung eines Umsatzes **verwendeten Wirtschaftsgütern** ist die Vorsteuerberichtigung in dem Besteuerungszeitraum vorzunehmen, in dem das Wirtschaftsgut tatsächlich verwendet wird. Voraussetzung ist auch hier, dass sich die Besteuerungsform seit der Anschaffung/Herstellung des Wirtschaftsgutes verändert hat.[3]

173 Auf Grund des Verweises auf § 15a Abs. 3 UStG sind auch **Leistungen an einem Wirtschaftsgut** zu berichtigen, nicht aber sonstige Leistungen ohne Bezug zu einem Wirtschaftsgut, weil insoweit der Verweis auf § 15a Abs. 4 UStG fehlt.

174 **Kein Fall des § 15a Abs. 7 UStG** sind der Wechsel von der Ist- zur Sollbesteuerung und der Übergang zwischen den Sonderformen der §§ 19, 23, 23a oder 24 UStG ohne Übergang zur Regelbesteuerung.[4]

II. Übergang von der Regelbesteuerung zur Nichterhebung der Steuer oder umgekehrt

175 § 15a Abs. 7 UStG enthält zunächst eine Vorsteuerberichtigung beim Übergang von der Regelbesteuerung zur **Kleinunternehmerregelung** nach § 19 Abs. 1 UStG oder umgekehrt:

Beispiel:[5]
Unternehmer U unterliegt im Jahr 01 der Regelbesteuerung. Für das Jahr 02 und die Folgejahre findet die Kleinunternehmerbesteuerung Anwendung, da die Umsatzgrenzen nicht überschritten werden und U auch nicht zur Regelbesteuerung optiert. Im Jahr 01 schafft U eine Maschine für 100.000 Euro zzgl. 19.000 Euro Umsatzsteuer an. Aus der Anschaffung der Maschine macht U den Vorsteuerabzug geltend, da er im Zeitpunkt der Anschaffung beabsichtigt, die Maschine für steuerpflichtige Ausgangsumsätze zu verwenden. Am 1.7.2003 kommt es erstmalig zur Verwendung der Maschine.

1 Zur alten Rechtslage vgl. BFH, Urt. v. 17.6.2004 – V R 31/02, BStBl. II 2004, 858 = UR 2004, 652; BFH, Urt. v. 12.6.2008 – V R 22/06, BStBl. II 2009, 165 =UR 2009, 66; BFH, Urt. v. 14.7.2010 – XI R 9/09, BStBl. II 2010, 1086 = UR 2011, 63.
2 BFH, Urt. v. 12.6.2008 – V R 22/06, BStBl. II 2009, 165 = UR 2009, 66.
3 Siehe hierzu das Beispiel in Abschn. 15a.9 Abs. 4 UStAE.
4 *Meyer* in Weymüller[2], § 15a UStG Rz. 85.
5 Nach Abschn. 15a.9 Abs. 3 UStAE.

Da die Maschine nicht nur einmalig zur Ausführung von Umsätzen verwendet wird, ist für die Vorsteuerberichtigung § 15a Abs. 1 UStG maßgeblich. Nach § 15a Abs. 7 UStG stellt der Übergang von der Regelbesteuerung zur Kleinunternehmerbesteuerung zum 1.1.2002 eine Änderung der Verhältnisse dar.

Der Berichtigungszeitraum beginnt mit der erstmaligen Verwendung am 1.7.2003. Zu diesem Zeitpunkt ist U bereits Kleinunternehmer. Als Kleinunternehmer ist er nicht zum Vorsteuerabzug berechtigt. Er muss daher eine Berichtigung pro rata temporis zu seinen Ungunsten vornehmen. Die Nutzungsänderung beträgt 100 %.

Die zuvor genannten Rechtsfolgen gelten auch dann, wenn ein Unternehmer, der als Kleinunternehmer (§ 19 Abs. 1 UStG) eine Leistung bezieht, im nachfolgenden Besteuerungszeitraum zur Regelbesteuerung wechselt und erst in diesem für die bezogene Leistung eine **Rechnung** mit gesondertem Steuerausweis erhält. Er ist auch dann nicht zum Vorsteuerabzug berechtigt, weil es in Bezug auf die erhaltene Leistung an der persönlichen Berechtigung zum Vorsteuerabzug fehlt.[1] Es gelangt dann § 15a Abs. 7 Halbsatz 1 UStG zur Anwendung, der eine Berichtigung des Vorsteuerabzugs ermöglicht und damit Inkongruenzen ausgleicht. 175.1

Diese Grundsätze sind im Übrigen auch im **umgekehrten Fall** anwendbar: Wechselt der Steuerpflichtige von der Regelbesteuerung zur Durchschnittssatzbesteuerung, verbleibt es beim Vorsteuerabzug bei Leistungsbezug gemäß § 15 UStG; es erfolgt auch dann nur eine Vorsteuerberichtigung gemäß § 15a Abs. 7 UStG.[2] 175.2

III. Übergang von der Regelbesteuerung zur Durchschnittssatzbesteuerung oder umgekehrt

Der Vorsteuerabzug ist bei der Durchschnittssatzbesteuerung nach den §§ 23a oder 24 UStG **pauschaliert** mit einem bestimmten Prozentsatz der Ausgangsumsätze und abhängig von den konkreten Eingangsleistungen vorzunehmen. Das bedingt, dass bei einem Übergang zur Regelbesteuerung (oder umgekehrt) eine Vorsteuerberichtigung stattfinden muss, auch wenn die tatsächliche Verwendung der beabsichtigten bei Leistungsbezug entspricht. 176

Beispiel:[3]

Landwirt L, der in 06 noch der Durchschnittssatzbesteuerung unterliegt, beginnt in 06 mit der Errichtung eines neuen Stallgebäudes. In 06 fallen Vorsteuer in Höhe von 20.000 Euro an. Zu Beginn 07 geht L zur Besteuerung nach den allgemeinen Vorschriften über. In 07 fallen bis Ende Juni weitere Vorsteuern in Höhe von 20.000 Euro an. Ab dem 1.7.2007 wird das Gebäude für steuerpflichtige Umsätze verwendet.

Die in 06 angefallenen Vorsteuerbeträge sind nach § 24 Abs. 1 Satz 4 UStG nicht abziehbar. Die in 07 angefallenen Vorsteuerbeträge sind dagegen abziehbar, da die Eingangsbezüge zur Ausführung steuerpflichtiger, zum Vorsteuerabzug berechtigender Umsätze verwendet werden. Mit Beginn der Verwendung des Stallgebäudes ist eine Änderung der Verhältnisse um 50 % eingetreten. Der Berichtigungszeitraum beträgt 10 Jahre und beginnt am 1.7.2007. Die Vorsteuer ist für das Jahr 07 um (40.000 Euro * 6/120 * 50 % =) 1.000 Euro zugunsten des L zu berichtigen. Die Berichtigung erfolgt in der Jahresfestsetzung gem. § 15a Abs. 7 i.V.m. Abs. 1 und 5 UStG i.V.m. § 44 Abs. 3 Satz 1 UStDV.

Wie im Fall des Übergangs von der Besteuerung nach § 19 UStG zur allgemeinen Besteuerung gilt auch für die Durchschnittssatzbesteuerung der Landwirte, dass bei einem Unternehmer, der seine Umsätze gemäß § 24 Abs. 1 UStG zunächst pauschal versteuert hat und im Zeitraum dieser Besteuerungsform Lieferungen und sonstige Leistungen bezogen hat, und später zur Regelbesteuerung wechselt, die mit den Vorbezügen verbundenen Vorsteuern auch dann durch die Vorsteuerpauschalierung nach § 24 UStG abgegolten sind, wenn der Unternehmer die **Rechnungen** für diese Vorbezüge erst nach dem Wechsel der Besteuerungsform erhält.[4] Für den pauschalen Vorsteuerabzug ist die Regelung bestimmend, die im Rahmen der für den Land- und Forstwirt zu diesem Zeitpunkt maßgeblichen Besteuerungsform gilt. Es liegt dann aber eine Änderung der für den ursprünglichen Vorsteuerabzug maßgebenden Verhältnisse auch dann vor.[5] 176.1

1 BFH, Urt. v. 17.9.1981 – V R 76/75, BStBl. II 1982, 198 = UR 1982, 30 m. Anm. *Weiß*.
2 Schleswig-Holsteinischen FG, Urt. v. 17.5.2022 – 4 K 55/21, EFG 2022, 1334.
3 Nach *Lippross*, UStG[25], 1256.
4 BFH, Urt. v. 6.12.1979 – V R 87/72, BStBl. II 1980, 167 = UR 1980, 73 m. Anm. *Weiß*.
5 BFH, Urt. v. 6.12.2001 – V R 6/01, BStBl. II 2002, 555 = UR 2002, 233, unter II.2.; BFH, Urt. v. 17.6.2004 – V R 31/02, BStBl. II 2004, 858 = UR 2004, 652, unter II.3.; BFH, Urt. v. 24.11.2005 – V R 37/04, BStBl. II 2006, 466 =

176.2 Die Rechtsprechung hat sich bislang mit Konstellationen beschäftigt, in denen der Steuerpflichtige freiwillig die Besteuerungsform wechselt. Für den Fall, dass der Wechsel kraft Gesetzes eintritt, gilt allerdings nichts anderes.[1] Auch Gesetzesänderungen können nach der Rechtsprechung des EuGH zu Vorsteuerberichtigungen führen.[2] Es verbleibt die Berichtigung des Vorsteuerabzugs nach § 15a Abs. 7 Halbsatz 2 UStG zu dem Zeitpunkt, zu dem die Pauschalbesteuerung nicht mehr zulässig ist.

IV. Verwendung von Wirtschaftsgütern in unterschiedlich besteuerten Unternehmensteilen

177 Vorsteuern aus der Anschaffung einheitlicher Gegenstände, die sowohl in einem gewerblichen Unternehmensteil (Lohnunternehmen) als auch in einem landwirtschaftlichen Unternehmensteil (§ 24 UStG) verwendet werden, sind nicht nach § 15 UStG abziehbar, soweit sie den nach § 24 UStG versteuerten Umsätzen zuzurechnen sind (§ 24 Abs. 1 Satz 4 UStG). Werden diese Gegenstände abweichend von der bei Leistungsbezug gegebenen Verwendungsabsicht in einem anderen Umfang **im jeweils anderen Unternehmensteil** verwendet, kommt eine Berichtigung des Vorsteuerabzugs nach § 15a UStG in Betracht.[3]

178 Eine Vorsteuerberichtigung nach § 15a UStG ist darüber hinaus auch vorzunehmen, wenn im Zeitpunkt des Leistungsbezugs **nur ein Unternehmensteil** besteht, im Zeitpunkt der späteren Verwendung dann jedoch zwei Unternehmensteile bestehen und das Wirtschaftsgut in beiden Unternehmensteilen verwendet wird. Ebenfalls ist die Vorsteuer zu berichtigen, wenn bei zwei Unternehmensteilen das Wirtschaftsgut erst ausschließlich in einem Teil verwendet wird und sich die Nutzung in einem Folgejahr ändert.[4]

179 Und schließlich kann es bei Aufgabe oder Veräußerung eines land- und forstwirtschaftlichen Betriebs und Vermietung/Verpachtung von zurückbehaltenen Wirtschaftsgütern, die nicht nur einmalig zur Ausführung von Umsätzen verwendet werden und deren Berichtigungszeitraum nach § 15a Abs. 1 UStG noch nicht abgelaufen ist, zu einer Änderung der Verhältnisse kommen. In diesen Fällen ist der Vorsteuerabzug für derartige Wirtschaftsgüter nach § 15a Abs. 1 UStG zu berichtigen.[5]

L. Veräußerung oder Entnahme eines Wirtschaftsgutes (Absatz 8)

I. Überblick

180 Nach § 15a Abs. 8 UStG liegt eine Änderung der Verhältnisse auch vor, wenn das noch verwendungsfähige Wirtschaftsgut, das mehrfach zur Ausführung von Umsätzen verwendet wird, vor Ablauf des Berichtigungszeitraums **veräußert** oder nach § 3 Abs. 1b UStG **entnommen** wird und diese Veräußerung oder Entnahme anders zu beurteilen ist als der Vorsteuerabzug bei Bezug der Leistung. Der Gesetzgeber möchte damit einen Ausgleich für Fälle schaffen, bei denen der (spätere) Verkauf bspw. steuerfrei ist, das Wirtschaftsgut aber mit Vorsteuerabzug (vormals) eingekauft worden ist.

181 Aber auch der umgekehrte Fall ist denkbar. Wenn z.B. bei der Anschaffung einer Immobilie der Vorsteuerabzug (evtl. teilweise) nach **§ 15 Abs. 1b UStG** ausgeschlossen war und der Verkauf nunmehr aber steuerpflichtig erfolgt, muss es zu einer Vorsteuerberichtigung kommen, wie § 15a Abs. 8 Satz 2 UStG klarstellt.

UR 2006, 294; BFH, Urt. v. 12.6.2008 – V R 22/06, BStBl. II 2009, 165 = UR 2009, 66; BFH, Urt. v. 14.7.2010 – XI R 9/09, BStBl. II 2010, 1086 = UR 2011, 63, Rz. 15; BFH, Vorlagebeschl. v. 13.6.2018 – XI R 5/17, BFHE 262, 233 = UR 2018, 787, Rz. 66.

1 BFH, Urt. v. 12.7.2023 – XI R 14/22, UR 2024, 37, Rz. 24.

2 BFH, Beschl. v. 5.6.2014 – XI R 31/09, UR 2014, 651 m. Anm. *Heinrichshofen*, Rz. 69 f. und nachfolgend EuGH, Urt. v. 9.6.2016 – C-332/14, ECLI:EU:C:2016:417 – Wolfgang und Dr. Wilfried Rey Grundstücksgemeinschaft GbR, UR 2016, 545, Rz. 37 ff.

3 Siehe das Beispiel in Abschn. 15a.9 Abs. 5 UStAE.

4 Siehe Beispiele in Abschn. 15a.9 Abs. 6 UStAE.

5 Siehe Beispiele in Abschn. 15a.9 Abs. 7 UStAE.

Kein Fall des § 15a Abs. 8 UStG liegt – nach dem eindeutigen Wortlaut der Vorschrift – bei einmalig zur Ausführung von Umsätzen verwendeten Wirtschaftsgütern nach **§ 15a Abs. 2 UStG** vor. 182

Für die **Durchführung der Berichtigung** bestimmt § 15a Abs. 9 UStG, dass diese vorzunehmen ist, als wäre das Wirtschaftsgut in der Zeit von der Veräußerung oder Entnahme bis zum Ablauf des Berichtigungszeitraums weiterhin für das Unternehmen verwendet worden, allerdings unter den Verhältnissen, die bei der Veräußerung bzw. Entnahme gegolten haben. Hier ist jedoch § 44 Abs. 3 Satz 2 UStDV besonders zu beachten, wonach die Berichtigung bereits für den Voranmeldungszeitraum der Veräußerung bzw. Entnahme vorzunehmen ist (Rz. 197 f.). 183

II. Veräußerung oder Lieferung i.S.v. § 3 Abs. 1b UStG (Absatz 8 Satz 1)

Nach § 15a Abs. 8 Satz 1 UStG wird eine Vorsteuerberichtigung durchgeführt, wenn das mehrfach für Umsätze verwendete Wirtschaftsgut vor Ablauf des Berichtigungszeitraums veräußert oder nach § 3 Abs. 1b UStG geliefert wird und diese Veräußerung oder Lieferung anders zu beurteilen ist als der Vorsteuerabzug bei Bezug der Leistung. Es müssen damit folgende **4 Voraussetzungen** für eine Berichtigung gegeben sein: 184
- Wirtschaftsgut nach § 15a Abs. 1 UStG;
- Veräußerung bzw. Lieferung nach § 3 Abs. 1b UStG;
- während des Berichtigungszeitraums (ein kürzerer Berichtigungszeitraum ist nach § 15a Abs. 5 Satz 2 UStG zu berücksichtigen);
- Veräußerung bzw. Lieferung ist anders zu beurteilen als Verhältnisse beim Leistungsbezug.

Voraussetzung für beide Fälle des § 15a Abs. 8 UStG ist, dass das Wirtschaftsgut nicht nach Ende des Berichtigungszeitraums veräußert bzw. entnommen wird. Da ein kürzerer Berichtigungszeitraum nach § 15a Abs. 5 Satz 2 UStG zu berücksichtigen ist, kann es demnach nicht mehr zu einer Vorsteuerberichtigung nach § 15a Abs. 8 UStG kommen, wenn das Wirtschaftsgut während des Berichtigungszeitraumes **unbrauchbar** geworden ist und damit der Berichtigungszeitraum geendet hat. Eine anschließende Veräußerung des **Altmetalls** bleibt deshalb unberücksichtigt. 185

Unter **Veräußerung** i.S.v. § 15a Abs. 8 Satz 1 Alt. 1 UStG fallen zunächst **Lieferungen i.S.v. § 3 Abs. 1 UStG**. Diese setzen die Verschaffung der Verfügungsmacht, also die Übertragung von Substanz, Wert und Ertrag voraus (auch die Verwertung in der Zwangsvollstreckung). Die Verfügungsmacht an einem Mietgrundstück ist mangels Ertragsübergangs noch nicht verschafft, solange der Lieferer dieses aufgrund seines Eigentums wie bislang für Vermietungsumsätze verwendet. Das gilt auch für eine unentgeltliche Lieferung des Mietgrundstücks. Solange die Verfügungsmacht nicht übergegangen ist, liegt damit keine Entnahme und keine durch sie verursachte Änderung der Verwendungsverhältnisse i.S.d. § 15a UStG vor.[1] 186

Auch wenn der Steuerpflichtige zwar das Eigentum am Grundstück überträgt, es aber aufgrund eines gleichzeitig vorbehaltenen **Nießbrauchs** wie bisher besitzt und den Ertrag durch Fortsetzung der bestehenden Mietverhältnisse zieht, liegt keine Lieferung vor; es kommt auch dann nicht zu einer Vorsteuerberichtigung nach § 15a UStG.[2] Letztes sieht die FinVerw. jedoch anders.[3] 187

Die Übertragung eines **Miteigentumsanteils** ist nach neuerer Rechtsprechung und Verwaltungsauffassung eine Lieferung.[4] Eine Vorsteuerberichtigung kommt hinsichtlich des für eigenunternehmerische Zwecke genutzten Grundstücksteils aber nicht bereits aufgrund der Einräumung des Miteigentumsanteils in Betracht. Der bisherige Alleineigentümer bleibt auch als Miteigentümer in einer Bruchteilsgemeinschaft insoweit zum Vorsteuerabzug berechtigt, als seine eigenunternehmerische Nutzung seinen quotalen Miteigentumsanteil am Grundstück nicht übersteigt.[5] 188

1 BFH, Urt. v. 18.11.1999 – V R 13/99, BStBl. II 2000 II, 153 = UR 2000, 156 m. Anm. *Husmann*.
2 BFH, Urt. v. 13.11.1997 – V R 66/96, BFHE 184, 134 = UR 1998, 101.
3 OFD Karlsruhe, Vfg. 25.3.2002 – S 7316 Karte 2, UR 2002, 279.
4 BFH, Urt. v. 18.2.2016 – V R 53/14, BStBl. II 2019, 333 = UR 2016, 436 m. Anm. *Küffner*; Abschn. 3.5 Abs. 2 Nr. 6 UStAE.
5 BFH, Urt. v. 22.11.2007 – V R 5/06, BStBl. II 2008, 448 = UR 2008, 255.

189 **Keine „Veräußerung"** ist der Rechtsträgerwechsel im Rahmen der **Gesamtrechtsnachfolge** (da der Rechtsnachfolger in die gesamte Rechtsposition des Rechtsvorgängers eintritt; der Berichtigungszeitraum des Erblassers geht nur auf den Erben über, wenn dieser die Unternehmereigenschaft durch eine eigene Tätigkeit begründet) oder die andere Zuordnung von Wirtschaftsgütern bei Entstehen oder Auflösen einer **Organschaft**. Eine Vorsteuerberichtigung nach § 15a UStG hat bei einer Organschaft aber dann zu erfolgen, wenn eine Gesellschaft mit steuerpflichtigen Umsätzen für ein Wirtschaftsgut den vollen Vorsteuerabzug erhalten hat und später auf Grund der Vorschrift des § 2 Abs. 2 Nr. 2 UStG ihre Selbständigkeit zugunsten eines Organträgers mit nach § 15 Abs. 2 Satz 1 Nr. 1 UStG steuerfreien Umsätzen verliert und das Wirtschaftsgut im Gesamtunternehmen des Organträgers zur Ausführung von steuerpflichtigen und steuerfreien Umsätzen verwendet wird.[1]

190 Auch die **Übertragung immaterieller Wirtschaftsgüter** stellt eine Veräußerung i.S.v. § 15a Abs. 8 UStG dar, da sie vom Anwendungsbereich des § 15a Abs. 1 UStG umfasst ist.[2]

191 Neben der Veräußerung unterfällt nach § 15a Abs. 8 Satz 1 Alt. 2 UStG auch eine Lieferung nach § 3 Abs. 1b UStG dem Anwendungsbereich des § 15a Abs. 8 UStG. Damit stellen den zweiten Anwendungsfall des § 15a Abs. 8 UStG dar: die **Entnahme** (§ 3 Abs. 1b Satz 1 Nr. 1 UStG), die **unentgeltliche Zuwendung** eines Gegenstands durch einen Unternehmer **an** sein **Personal** für dessen privaten Bedarf (sofern keine Aufmerksamkeiten) vorliegen (§ 3 Abs. 1b Satz 1 Nr. 2 UStG) und jede **andere unentgeltliche Zuwendung** eines Gegenstands, ausgenommen Geschenke von geringem Wert und Warenmuster für Zwecke des Unternehmens (§ 3 Abs. 1b Satz 1 Nr. 3 UStG). Voraussetzung ist stets, dass für die Gegenstände der volle oder teilweise Vorsteuerabzug möglich war (§ 3 Abs. 1b Satz 2 UStG). Der Hauptfall dieser 2. Alternative ist die Entnahme eines Gegenstandes des Unternehmensvermögens. Da eine solche **Entnahme als Hilfsgeschäft grundsätzlich voll steuerbar und steuerpflichtig** ist, kann es zu einer Vorsteuerberichtigung nur kommen, wenn die Vorsteuer bei Anschaffung ganz oder teilweise nicht abzugsfähig war. Bei vollem Vorsteuerausschluss ist jedoch § 4 Nr. 28 UStG zu beachten.

192 Einen Sonderfall stellt die **Entnahme eines Grundstücks** dar. Da diese unter die Steuerbefreiung nach § 4 Nr. 9a UStG fällt, kann es hier – die Option nach § 9 UStG beim Erwerb des Grundstücks unterstellt – zu einer Vorsteuerberichtigung kommen.

193 Eine Vorsteuerberichtigung kommt anders als in den Fällen des § 15a Abs. 2 UStG auch in den **Fällen des § 15a Abs. 3, Abs. 4 und Abs. 6 UStG** in Betracht.

III. Andere Beurteilung der Veräußerung bzw. Entnahme (Absatz 8 Satz 1)

194 Die Veräußerung oder Lieferung muss nach § 15a Abs. 8 UStG anders zu beurteilen sein als die für den ursprünglichen Vorsteuerabzug maßgebliche Verwendung. Hierbei sind **2 Hauptfälle** denkbar:

- Wenn bei Anschaffung oder Herstellung des Wirtschaftsguts die Vorsteuer ganz oder teilweise nicht abzugsfähig war, das Wirtschaftsgut aber steuerpflichtig veräußert wird, kommt es zu einer Vorsteuerberichtigung zu Gunsten des Unternehmers.
- Wenn bei Anschaffung oder Herstellung des Wirtschaftsguts die Vorsteuer ganz oder teilweise abzugsfähig war, das Wirtschaftsgut aber steuerfrei veräußert wird, kommt es zu einer Vorsteuerberichtigung zu Ungunsten des Unternehmers.

IV. Anwendung in Fällen des § 15 Abs. 1b UStG (Absatz 8 Satz 2)

195 § 15a Abs. 8 Satz 2 UStG stellt klar, dass die Vorsteuerberichtigung nach § 15a Abs. 8 UStG auch Anwendung findet, wenn der Vorsteuerabzug bei Leistungsbezug nach § 15 Abs. 1b UStG ganz oder teilweise ausgeschlossen war. Diese Ergänzung stellt die **notwendige Folge des Vorsteuerausschlusses nach § 15 Abs. 1b UStG** dar, der wie ein Ausschluss der Abzugsfähigkeit der Vorsteuer behandelt wird, bei dem

1 BFH, Beschl. v. 12.5.2003 – V B 211/02, V B 220/02, BStBl. II 2003, 784 = UR 2003, 453.

2 *Meyer* in Weymüller[2], § 15a UStG Rz. 91.3; Abschn. 15a.2 Abs. 1 Satz 3 UStAE.

eine Änderung der Verwendung über eine Vorsteuerberichtigung nach § 15a UStG zu erfolgen hat. Hierzu gehören auch die Regelungen in **§ 15a Abs. 6a UStG** (Rz. 164 ff.) und § 3 Abs. 9a Nr. 1 Halbs. 2 UStG (§ 15 Rz. 242).

§ 15a Abs. 8 Satz 2 UStG wirkt sich **zu Gunsten** des Unternehmers aus, wenn er das steuerpflichtig erworbene Grundstück voll seinem Unternehmen zugeordnet hat und das Grundstück steuerpflichtig veräußert. Die Regelung wirkt dann **zu Ungunsten**, wenn die Veräußerung steuerfrei erfolgt. 196

M. Durchführung der Berichtigung nach Abs. 8 (Absatz 9)

§ 15a Abs. 9 UStG beschreibt die **Durchführung der Berichtigung** nach § 15a Abs. 8 UStG. Hiernach ist die Berichtigung so vorzunehmen, als wäre das Wirtschaftsgut in der Zeit von der Veräußerung oder Entnahme bis zum Ablauf des Berichtigungszeitraums weiterhin für das Unternehmen verwendet worden, allerdings unter den Verhältnissen, die bei der Veräußerung bzw. Entnahme gegolten haben. Der **Gesetzgeber fingiert damit eine Verwendung des Wirtschaftsgutes** bis zum Ablauf des Berichtigungszeitraums. Die Verwendung ändert sich hierbei innerhalb dieses fingierten Zeitraumes nicht und entspricht der „Verwendung" bei Veräußerung bzw. Entnahme. Wenn die Veräußerung bzw. Entnahme also steuerfrei war, wird so getan, als ob das Wirtschaftsgut bis zum Ablauf des Berichtigungszeitraums vorsteuerschädlich im Unternehmen genutzt worden wäre. 197

Beispiel:[1]

Ein Betriebsgrundstück, das vom 1.1.2001 bis zum 31.10.2001 innerhalb des Unternehmens zur Ausführung zum Vorsteuerabzug berechtigender Umsätze verwendet worden ist, wird am 1.11.2001 nach § 4 Nr. 9 Buchst. a UStG steuerfrei veräußert.

Für die Berichtigung ist die Veräußerung so anzusehen, als ob das Grundstück ab dem Zeitpunkt der Veräußerung bis zum Ablauf des Berichtigungszeitraums nur noch zur Ausführung von Umsätzen verwendet würde, die den Vorsteuerabzug ausschließen. Entsprechendes gilt bei einer steuerfreien unentgeltlichen Wertabgabe nach § 3 Abs. 1b Satz 1 Nr. 3 UStG.

Bei der Berichtigung nach § 15a Abs. 8 und 9 UStG ist jedoch § 44 Abs. 3 Satz 2 UStDV besonders zu beachten, wonach die **Berichtigung bereits für den Voranmeldungszeitraum der Veräußerung bzw. Entnahme** vorzunehmen ist. Diese Regelung ist sachgerecht, weil der Unternehmer andernfalls für nicht mehr im Unternehmen genutzte Wirtschaftsgüter bis zum Ablauf des Berichtigungszeitraumes monatliche Berichtigungen vornehmen müsste. 198

N. Geschäftsveräußerung im Ganzen (Absatz 10)

I. Keine Berichtigung (Absatz 10 Satz 1)

Nach § 15a Abs. 10 Satz 1 UStG wird der nach den Absätzen 1 und 5 maßgebliche Berichtigungszeitraum bei einer Geschäftsveräußerung im Ganzen nach § 1 Abs. 1a UStG nicht unterbrochen. Die Regelung hat nur **klarstellende Funktion**, da sich bereits aus § 1 Abs. 1a UStG ergibt, dass die Geschäftsveräußerung im Ganzen nicht steuerbar ist. Der Erwerber tritt (lediglich) in die Rechtsposition des Veräußerers ein (Fußstapfen-Theorie). Das bedeutet, dass bei einer Geschäftsveräußerung eine Berichtigung des Vorsteuerabzugs nach § 15a UStG nicht vorzunehmen ist.[2] 199

Zur Frage, was unter Geschäftsveräußerung im Ganzen nach § 1 Abs. 1a UStG zu verstehen ist, siehe § 1 Rz. 220 ff. 200

1 Nach Abschn. 15a.2 Abs. 9 UStAE.
2 BFH, Urt. v. 26.6.2019 – XI R 3/17, BStBl. II 2021, 953 = UR 2019, 803 ff.

II. Unterrichtungspflicht des Veräußerers (Absatz 10 Satz 2)

201 Der Veräußerer ist nach § 15a Abs. 10 Satz 2 UStG bei einer Geschäftsveräußerung im Ganzen nach § 1 Abs. 1a UStG verpflichtet, dem Erwerber die für die Durchführung der Berichtigung erforderlichen Angaben zu machen. Das ist als **vertragliche Nebenpflicht** (die vor den Zivilgerichten geltend zu machen ist und nach § 195 BGB innerhalb von drei Jahren verjährt) an sich selbstverständlich, weil der Erwerber eine notwendige Berichtigung fortführen bzw. neu vornehmen muss und er hierbei die Verhältnisse zum Zeitpunkt der Geschäftsveräußerung kennen muss. Das bedeutet aber auch, dass er z.B. fehlerhafte Rechnungen gegen sich gelten lassen muss. Zu seinen Gunsten ist aber ein Teil des Berichtigungszeitraums bereits abgelaufen.

202 Die Verpflichtung des Veräußerers umfasst insbesondere die Erteilung von Informationen:[1]

- zum Umfang der geltend gemachten Vorsteuer,
- zur ursprünglichen Verwendungsabsicht,
- zum Beginn des Berichtigungszeitraumes und
- ggf. zu kürzerer Verwendungsdauer.

203 Dass sich der Wert des veräußerten Geschäfts durch Vorsteuerberichtigungspflichten bzw. -forderungen anders darstellt, sollte bei Aushandlung des Kaufpreises berücksichtigt werden. Eine zivilrechtliche Ausgleichspflicht sieht § 15a Abs. 10 Satz 2 UStG selber nicht vor.

O. Verordnungsermächtigung für Vereinfachungen (Absatz 11)

I. Regelungsinhalt

204 § 15a Abs. 11 UStG enthält eine **Ermächtigung** für das Bundesministerium der Finanzen mit Zustimmung des Bundesrates durch Rechtsverordnung nähere Bestimmungen darüber treffen,

1. wie der Ausgleich nach § 15a Abs. 1 bis 9 UStG durchzuführen ist und in welchen Fällen zur Vereinfachung des Besteuerungsverfahrens, zur Vermeidung von Härten oder nicht gerechtfertigten Steuervorteilen die Berichtigung zu unterbleiben hat;
2. dass zur Vermeidung von Härten oder eines nicht gerechtfertigten Steuervorteils bei einer unentgeltlichen Veräußerung oder Überlassung eines Wirtschaftsguts
   a) eine Berichtigung des Vorsteuerabzugs in entsprechender Anwendung der Absätze 1 bis 9 des § 15a UStG auch dann durchzuführen ist, wenn eine Änderung der Verhältnisse nicht vorliegt,
   b) der Teil des Vorsteuerbetrags, der bei einer gleichmäßigen Verteilung auf den in § 15a Abs. 9 UStG bezeichneten Restzeitraum entfällt, vom Unternehmer geschuldet wird,
   c) der Unternehmer den nach § 15a Abs. 1 bis 9 UStG oder § 15a Abs. 11 Nr. 2 Buchst. b UStG geschuldeten Betrag dem Leistungsempfänger wie eine Steuer in Rechnung stellen und dieser den Betrag als Vorsteuer abziehen kann.

205 Das Bundesministerium der Finanzen hat von dieser Ermächtigung zulässigerweise **in § 44 und 45 UStDV Gebrauch gemacht** und die einzelnen Vereinfachungen zum Teil in Abhängigkeit von **Betragsgrenzen** zugelassen. Bei der Prüfung, ob diese Betragsgrenzen erreicht sind, ist jeweils auf den Gegenstand oder die bezogene sonstige Leistung abzustellen. Dies gilt auch dann, wenn mehrere Gegenstände gleicher Art und Güte geliefert wurden. Bei der **Lieferung vertretbarer Sachen** ist zu unterscheiden, ob es sich um einzelne Gegenstände handelt, die nach der Anzahl gehandelt werden (wie z.B. Mastschweine)[2] oder um Gegenstände, die nach Maß oder Gewicht geliefert werden. Bei letzterem soll nach Ansicht der Verwaltung in der Regel auf die zwischen leistendem Unternehmer und Leistungsempfänger geschlossene vertragliche Vereinbarung abzustellen sein.[3]

---

1 Vgl. *Meyer* in Weymüller[2], § 15a UStG Rz. 97.1.
2 Siehe BFH, Urt. v. 3.11.2011 – V R 32/10, BStBl. II 2012, 525 = UR 2012, 531.
3 Abschn. 15a.11 Abs. 1 UStAE.

II. § 44 Abs. 1 UStDV

Nach § 44 Abs. 1 UStDV unterbleibt eine Berichtigung des Vorsteuerabzugs gänzlich, wenn die auf die Anschaffungs- oder Herstellungskosten eines Wirtschaftsguts entfallende Vorsteuer 1.000 Euro nicht übersteigt. Dies gilt **für alle Berichtigungsobjekte** unabhängig davon, nach welcher Vorschrift die Berichtigung des Vorsteuerabzugs vorzunehmen ist und in welchem Umfang sich die für den Vorsteuerabzug maßgebenden Verhältnisse später ändern. Das bedeutet, dass es bei Wirtschaftsgütern i.S.v. § 15a Abs. 1 UStG, die mehrfach für Umsätze genutzt werden, weder für das Jahr der erstmaligen Verwendung noch für die Folgejahre zu einer Vorsteuerberichtigung kommt. 206

Bei der Bestimmung der 1.000 Euro-Grenze ist **von den gesamten Vorsteuerbeträgen** auszugehen, die auf die Anschaffung oder Herstellung bzw. den Bezug des einzelnen Berichtigungsobjekts entfallen. Das gilt auch, soweit nach § 15a Abs. 3 Satz 2 UStG bestimmte Leistungen zu einem Berichtigungsobjekt zusammenzufassen sind. 207

§ 44 Abs. 1 UStDV führt dazu, dass Wirtschaftsgüter **bis zu einem Bruttopreis von 6.263,16 Euro von der Berichtigung ausgenommen** sind. Dies gilt sowohl zu Gunsten, wie auch zu Ungunsten des Unternehmers. 208

Nachträgliche **Anschaffungs- oder Herstellungskosten sind nicht mit einzubeziehen**, da sie eigene Berichtigungsobjekte darstellen. 209

Das bedeutet jedoch nicht, dass § 44 Abs. 1 UStDV auf nachträgliche Anschaffungs- oder Herstellungskosten als eigenständiges Berichtigungsobjekt nicht anzuwenden wäre. Gemäß § 44 Abs. 4 UStDV ist § 44 Abs. 1 UStDV bei einer Berichtigung der auf **nachträgliche Anschaffungs- oder Herstellungskosten und auf die in § 15a Abs. 3 und 4 UStG bezeichneten Leistungen** entfallenden Vorsteuerbeträge entsprechend anzuwenden. 210

III. § 44 Abs. 2 UStDV

Nach § 44 Abs. 2 UStDV entfällt die Berichtigung des Vorsteuerabzugs, wenn sich bei einem Wirtschaftsgut in einem Kalenderjahr die für den ursprünglichen Vorsteuerabzug maßgebenden Verhältnisse um weniger als 10 Prozentpunkte geändert haben und der Betrag, um den der Vorsteuerabzug für dieses Kalenderjahr zu berichtigen ist, 1.000 Euro nicht übersteigt. Die Berichtigung wird – anders als bei § 44 Abs. 1 UStDV – in diesem Fall nur **für das Jahr ausgesetzt, für das die Voraussetzungen gegeben sind.** Das gilt sowohl zu Gunsten, wie auch zu Ungunsten des Unternehmers. 211

Da für die 10 %-Grenze das Kalenderjahr maßgebend ist, muss bei einer sich nicht auf das ganze Jahr erstreckenden Änderung der Verhältnisse die Änderung **auf das ganze Jahr hochgerechnet** werden. 212

Beispiel:
Bei einem Wirtschaftsgut, dessen Berichtigungszeitraum das gesamte Kalenderjahr betrifft, ändern sich die Verhältnisse im Umfang von 100 %, jedoch nur in einem Monat.
Für die Berechnung des § 44 Abs. 2 UStDV muss die Nutzungsänderung von 100 % auf das Kalenderjahr hochgerechnet werden, so dass sich eine Änderung von 100 % * 1/12 = 8,34 % ergibt. Liegt die betragsmäßige Änderung bei max. 1.000 Euro entfällt für dieses Jahr die Berichtigung nach § 44 Abs. 2 UStDV.

Bei der Berechnung der 10 %-Grenze dürfen andererseits aber **nur die Monate mit eingerechnet werden, die innerhalb des Berichtigungszeitraums liegen**. 213

Beispiel:
Bei einem Wirtschaftsgut, dessen Berichtigungszeitraum mit Ablauf Oktober des Kalenderjahrs endet, ändern sich die Verhältnisse im Umfang von 100 %, jedoch nur in einem Monat.
Für die Berechnung des § 44 Abs. 2 UStDV muss die Nutzungsänderung von 100 % auf das Kalenderjahr hochgerechnet werden. Jedoch dürfen nur die Monate Berücksichtigung finden, die im Berichtigungszeitraum liegen. Damit berechnet sich die prozentuale Grenze des § 44 Abs. 2 UStDV wie folgt: 100 % * 1/10 = 10 %. Da sich damit die Verhältnisse nicht um weniger als 10 %-Punkte geändert haben, entfällt die Berichtigung nach § 44 Abs. 2 UStDV für dieses Kalenderjahr **nicht.**

Bei Berichtigungsobjekten, die **nur einmalig zur Ausführung eines Umsatzes verwendet werden**, gilt entsprechendes für den Zeitpunkt der tatsächlichen Verwendung des Berichtigungsobjekts. 214

215 Gemäß § 44 Abs. 4 UStDV ist § 44 Abs. 2 UStDV bei einer Berichtigung der auf **nachträgliche Anschaffungs- oder Herstellungskosten und auf die in § 15a Abs. 3 und 4 UStG bezeichneten Leistungen** entfallenden Vorsteuerbeträge entsprechend anzuwenden.

IV. § 44 Abs. 3 Satz 1 UStDV

216 Die Vorsteuerberichtigung nach § 15a UStG ist grundsätzlich in dem Voranmeldungszeitraum durchzuführen, in dem die Änderung der Verhältnisse eingetreten ist. Übersteigt allerdings der Betrag, um den der Vorsteuerabzug bei einem Wirtschaftsgut für das Kalenderjahr zu berichtigen ist, nicht 6.000 Euro, ist nach § 44 Abs. 3 Satz 1 UStDV die Berichtigung erst im Rahmen der **Jahres-Steuerfestsetzung** für den Besteuerungszeitraum vorzunehmen, in dem die Änderung der Verhältnisse eingetreten ist. Das bedeutet aber auch, dass für die Vereinfachung eine Prognose-Berechnung der Auswirkungen auf das ganze Jahr durchzuführen ist:

Beispiel:
Angenommen, bei einem Wirtschaftsgut beträgt der Änderungsbetrag für den Veranlagungszeitraum Januar 700 Euro, dann ergibt sich erst aus einer Prognose der Auswirkungen für das gesamte Kalenderjahr, ob der Betrag von 6.000 Euro überschritten ist. Geht der Unternehmer also davon aus, dass die Nutzungsänderung in den Monaten Februar bis Dezember unverändert bleibt, ergibt sich eine prognostizierte Jahres-Berichtigung von 700 Euro * 12 = 8.400 Euro. Die Berichtigung müsste in diesem Fall deshalb für die einzelnen Voranmeldungszeiträume durchgeführt werden. § 44 Abs. 3 Satz 1 UStDV fände keine Anwendung.

217 Gemäß § 44 Abs. 4 UStDV ist § 44 Abs. 3 UStDV bei einer Berichtigung der auf **nachträgliche Anschaffungs- oder Herstellungskosten und auf die in § 15a Abs. 3 und 4 UStG bezeichneten Leistungen** entfallenden Vorsteuerbeträge entsprechend anzuwenden.

V. § 44 Abs. 3 Satz 2 UStDV

218 Wird ein Wirtschaftsgut, das nicht nur einmalig zur Ausführung von Umsätzen verwendet wird, während des nach § 15a Abs. 1 UStG maßgeblichen Berichtigungszeitraums veräußert oder nach § 3 Abs. 1b UStG geliefert, stehen damit die Verhältnisse bis zum Ablauf des Berichtigungszeitraums fest. Daher ist die Berichtigung nach § 44 Abs. 3 Satz 2 UStDV **stets für den Voranmeldungszeitraum durchzuführen, in dem die Veräußerung oder unentgeltliche Wertabgabe nach § 3 Abs. 1b UStG stattgefunden hat.** Hierbei sind die Berichtigung für das Kalenderjahr der Veräußerung oder unentgeltlichen Wertabgabe nach § 3 Abs. 1b UStG und die Berichtigung für die noch folgenden Kalenderjahre des Berichtigungszeitraums gleichzeitig vorzunehmen.

219 Gemäß § 44 Abs. 4 UStDV ist § 44 Abs. 2 UStDV bei einer Berichtigung der auf **nachträgliche Anschaffungs- oder Herstellungskosten und auf die in § 15a Abs. 3 und 4 UStG bezeichneten Leistungen** entfallenden Vorsteuerbeträge entsprechend anzuwenden. § 44 Abs. 3 Satz 2 UStDV findet damit auch Anwendung, wenn eine sonstige Leistung entgeltlich oder durch eine Zuwendung i.S.d. § 3 Abs. 9a UStG aus dem Unternehmen ausscheidet (z.B. Veräußerung einer Lizenz).

VI. § 45 UStDV

220 § 45 UStDV sorgt dafür, dass der Berichtigungszeitraum stets am 1. Tag eines Kalendermonats beginnt und am letzten Tag eines Kalendermonats endet. Der Gesetzgeber formuliert dies – verwirrenderweise – ausgehend vom Ende des Berichtigungszeitraums: Endet der Zeitraum, für den eine Berichtigung des Vorsteuerabzugs durchzuführen ist, vor dem 16. eines Kalendermonats, so bleibt nach § 45 UStDV dieser Kalendermonat für die Berichtigung unberücksichtigt. Endet er nach dem 15. eines Kalendermonats, so ist dieser Kalendermonat voll zu berücksichtigen. Das bedeutet (ausgehend vom Beginn), dass bei erstmaliger Verwendung des Wirtschaftsgutes bzw. der sonstigen Leistung **bis einschließlich 16. eines Kalendermonats**, dieser Monat als erster Monat des Berichtigungszeitraumes voll zu berücksichtigen ist. Bei erstmaliger Verwendung des Wirtschaftsgutes bzw. der sonstigen Leistung ab

dem 17. eines Kalendermonats beginnt der Berichtigungszeitraumes erst im am 1. Tag des nächsten Kalendermonats.

Weder das UStG noch die UStDV sieht eine Vereinfachung für Fälle vor, bei denen sich die **Verhältnisse im Laufe eines Kalendermonats ändern.** § 45 UStDV ist in diesen Fällen entsprechend anzuwenden. Denn es ist kein Grund ersichtlich, weshalb der Berichtigungszeitraum zwar monatsgenau ermittelt werden kann, die Änderung innerhalb eines Kalendermonats aber taggenau erfolgen sollte. Das gilt m.E. sowohl für den Fall der Veräußerung oder Entnahme eines Wirtschaftsguts als auch bei sonstigen Änderungen der Verhältnisse im Laufe des Berichtigungszeitraums. Denn in allen Fällen der gemischten Verwendung lassen sich bei einer Berechnung nach vollen Monaten sinnvolle Vereinfachungen erzielen.[1] 221

P. Aufzeichnungspflichten

Der Unternehmer hat in den Fällen des § 15a UStG nach § 22 Abs. 4 UStG die Berechnungsgrundlagen für den Ausgleich aufzuzeichnen, der von ihm in den in Betracht kommenden Kalenderjahren vorzunehmen ist (§ 22 Rz. 60 ff.). Nach Ansicht der FinVerw. kommt er diesen Pflichten nach, wenn er die folgenden Angaben eindeutig und leicht nachprüfbar aufzeichnet:[2] 222

- die **Anschaffungs- oder Herstellungskosten** bzw. Aufwendungen für das betreffende Berichtigungsobjekt und die darauf entfallenden Vorsteuerbeträge. Falls es sich hierbei um mehrere Einzelbeträge handelt, ist auch jeweils die Gesamtsumme aufzuzeichnen. Insoweit sind auch die Vorsteuerbeträge aufzuzeichnen, die den nicht zum Vorsteuerabzug berechtigenden Umsätzen zuzurechnen sind;
- den **Zeitpunkt der erstmaligen Verwendung** des Berichtigungsobjekts;
- in den Fällen des § 15a Abs. 1 UStG die **Verwendungsdauer** (betriebsgewöhnliche Nutzungsdauer) im Sinne der einkommensteuerrechtlichen Vorschriften und den maßgeblichen Berichtigungszeitraum für das Berichtigungsobjekt;
- die **Anteile**, zu denen das Berichtigungsobjekt zur Ausführung der den Vorsteuerabzug ausschließenden Umsätze und zur Ausführung der zum Vorsteuerabzug berechtigenden Umsätze verwendet wurde. In den Fällen des § 15a Abs. 1 UStG sind die Anteile für jedes Kalenderjahr des Berichtigungszeitraums aufzuzeichnen;
- bei einer **Veräußerung oder unentgeltlichen Wertabgabe** des Berichtigungsobjekts **den Zeitpunkt** und die umsatzsteuerrechtliche Behandlung dieses Umsatzes. In den Fällen des § 15a Abs. 1 UStG gilt dies nur, wenn die Veräußerung oder die unentgeltliche Wertabgabe in den Berichtigungszeitraum fallen;
- in den Fällen des § 15a Abs. 1 UStG bei einer Verkürzung des Berichtigungszeitraums wegen vorzeitiger **Unbrauchbarkeit** des Wirtschaftsguts die Ursache unter Angabe des **Zeitpunkt**s und unter Hinweis auf die entsprechenden Unterlagen.

Die Aufzeichnungen für das einzelne Berichtigungsobjekt sind nicht erst im Voranmeldungszeitraum der Änderung, sondern bereits **ab dem Voranmeldungszeitraum des Vorsteuerabzugs zu führen.** Der Aufzeichnungspflicht ist genüge getan, wenn sich die erforderlichen Angaben aus den sonstigen Aufzeichnungen oder der Buchführung des Unternehmers eindeutig und leicht nachprüfbar entnehmen lassen. 223

1 **A.A.** *Lippross*, UStG[25], 1228.
2 Abschn. 15a.12 UStAE.

Fünfter Abschnitt
Besteuerung (§§ 16–22g)

§ 16 Steuerberechnung, Besteuerungszeitraum und Einzelbesteuerung

(1) [1]Die Steuer ist, soweit nicht § 20 gilt, nach vereinbarten Entgelten zu berechnen. [2]Besteuerungszeitraum ist das Kalenderjahr. [3]Bei der Berechnung der Steuer ist von der Summe der Umsätze nach § 1 Abs. 1 Nr. 1 und 5 auszugehen, soweit für sie die Steuer in dem Besteuerungszeitraum entstanden und die Steuerschuldnerschaft gegeben ist. [4]Der Steuer sind die nach § 6a Abs. 4 Satz 2, nach § 14c sowie nach § 17 Abs. 1 Satz 6 geschuldeten Steuerbeträge hinzuzurechnen.

(1a) [1]Macht ein nicht im Gemeinschaftsgebiet ansässiger Unternehmer von § 18 Abs. 4c Gebrauch, ist Besteuerungszeitraum das Kalendervierteljahr. [2]Bei der Berechnung der Steuer ist von der Summe der Umsätze nach § 3a Abs. 5 auszugehen, die im Gemeinschaftsgebiet steuerbar sind, soweit für sie in dem Besteuerungszeitraum die Steuer entstanden und die Steuerschuldnerschaft gegeben ist. [3]Absatz 2 ist nicht anzuwenden.

(1b) [1]Macht ein im übrigen Gemeinschaftsgebiet ansässiger Unternehmer (§ 13b Absatz 7 Satz 2) von § 18 Absatz 4e Gebrauch, ist Besteuerungszeitraum das Kalendervierteljahr. [2]Bei der Berechnung der Steuer ist von der Summe der Umsätze nach § 3a Absatz 5 auszugehen, die im Inland steuerbar sind, soweit für sie in dem Besteuerungszeitraum die Steuer entstanden und die Steuerschuldnerschaft gegeben ist. [3]Absatz 2 ist nicht anzuwenden.

(1c) [1]Macht ein nicht im Gemeinschaftsgebiet ansässiger Unternehmer von § 18i Gebrauch, ist Besteuerungszeitraum das Kalendervierteljahr. [2]Sofern die Teilnahme an dem Verfahren nach § 18i im Inland angezeigt wurde, ist bei der Berechnung der Steuer von der Summe der sonstigen Leistungen an Empfänger nach § 3a Absatz 5 Satz 1 auszugehen, die im Gemeinschaftsgebiet steuerbar sind, soweit für sie in dem Besteuerungszeitraum die Steuer entstanden und die Steuerschuldnerschaft gegeben ist. [3]Sofern die Teilnahme an dem Verfahren nach § 18i in einem anderen Mitgliedstaat der Europäischen Union angezeigt wurde, ist bei der Berechnung der Steuer von der Summe der sonstigen Leistungen an Empfänger nach § 3a Absatz 5 Satz 1 auszugehen, die im Inland steuerbar sind, soweit für sie in dem Besteuerungszeitraum die Steuer entstanden und die Steuerschuldnerschaft gegeben ist. [4]Absatz 2 ist nicht anzuwenden.

(1d) [1]Macht ein Unternehmer von § 18j Gebrauch, ist Besteuerungszeitraum das Kalendervierteljahr. [2]Sofern die Teilnahme an dem Verfahren nach § 18j im Inland angezeigt wurde, ist bei der Berechnung der Steuer von der Summe der Lieferungen nach § 3 Absatz 3a Satz 1 innerhalb eines Mitgliedstaates und der innergemeinschaftlichen Fernverkäufe nach § 3c Absatz 1 Satz 2 und 3, die im Gemeinschaftsgebiet steuerbar sind, sowie der sonstigen Leistungen an Empfänger nach § 3a Absatz 5 Satz 1, die in einem anderen Mitgliedstaat der Europäischen Union steuerbar sind, auszugehen, soweit für sie in dem Besteuerungszeitraum die Steuer entstanden und die Steuerschuldnerschaft gegeben ist. [3]Sofern die Teilnahme an dem Verfahren nach § 18j in einem anderen Mitgliedstaat der Europäischen Union angezeigt wurde, ist bei der Berechnung der Steuer von der Summe der Lieferungen nach § 3 Absatz 3a Satz 1 innerhalb eines Mitgliedstaates, der innergemeinschaftlichen Fernverkäufe nach § 3c Absatz 1 Satz 2 und 3 und der sonstigen Leistungen an Empfänger nach § 3a Absatz 5 Satz 1 auszugehen, die im Inland steuerbar sind, soweit für sie in dem Besteuerungszeitraum die Steuer entstanden und die Steuerschuldnerschaft gegeben ist. [4]Absatz 2 ist nicht anzuwenden.

(1e) [1]Macht ein Unternehmer oder ein in seinem Auftrag handelnder Vertreter von § 18k Gebrauch, ist Besteuerungszeitraum der Kalendermonat. [2]Sofern die Teilnahme an dem Verfahren nach § 18k im Inland angezeigt wurde, ist bei der Berechnung der Steuer von der Summe der Fernverkäufe nach § 3 Absatz 3a Satz 2 und § 3c Absatz 2 und 3, die im Gemeinschaftsgebiet steuerbar sind, auszugehen, soweit für sie in dem Besteuerungszeitraum die Steuer entstanden und die Steuerschuldnerschaft gegeben ist. [3]Sofern die Teilnahme an dem Verfahren nach § 18k in einem anderen Mitgliedstaat der Europäischen Union angezeigt wurde, ist bei der Berechnung der

Steuer von der Summe der Fernverkäufe nach § 3 Absatz 3a Satz 2 und § 3c Absatz 2 und 3 auszugehen, die im Inland steuerbar sind, soweit für sie in dem Besteuerungszeitraum die Steuer entstanden und die Steuerschuldnerschaft gegeben ist. [4]Absatz 2 ist nicht anzuwenden.

(2) [1]Von der nach Absatz 1 berechneten Steuer sind vorbehaltlich des § 18 Absatz 9 Satz 3 die in den Besteuerungszeitraum fallenden, nach § 15 abziehbaren Vorsteuerbeträge abzusetzen. [2]§ 15a ist zu berücksichtigen.

(3) Hat der Unternehmer seine gewerbliche oder berufliche Tätigkeit nur in einem Teil des Kalenderjahres ausgeübt, so tritt dieser Teil an die Stelle des Kalenderjahres.

(4) Abweichend von den Absätzen 1, 2 und 3 kann das Finanzamt einen kürzeren Besteuerungszeitraum bestimmen, wenn der Eingang der Steuer gefährdet erscheint oder der Unternehmer damit einverstanden ist.

(5) [1]Bei Beförderungen von Personen im Gelegenheitsverkehr mit Kraftomnibussen, die nicht im Inland zugelassen sind, wird die Steuer, abweichend von Absatz 1, für jeden einzelnen steuerpflichtigen Umsatz durch die zuständige Zolldienststelle berechnet (Beförderungseinzelbesteuerung), wenn eine Grenze zum Drittlandsgebiet überschritten wird. [2]Zuständige Zolldienststelle ist die Eingangszollstelle oder Ausgangszollstelle, bei der der Kraftomnibus in das Inland gelangt oder das Inland verlässt. [3]Die zuständige Zolldienststelle handelt bei der Beförderungseinzelbesteuerung für das Finanzamt, in dessen Bezirk sie liegt (zuständiges Finanzamt). [4]Absatz 2 und § 19 Abs. 1 sind bei der Beförderungseinzelbesteuerung nicht anzuwenden.

(5a) Beim innergemeinschaftlichen Erwerb neuer Fahrzeuge durch andere Erwerber als die in § 1a Abs. 1 Nr. 2 genannten Personen ist die Steuer abweichend von Absatz 1 für jeden einzelnen steuerpflichtigen Erwerb zu berechnen (Fahrzeugeinzelbesteuerung).

(5b) [1]Auf Antrag des Unternehmers ist nach Ablauf des Besteuerungszeitraums an Stelle der Beförderungseinzelbesteuerung (Absatz 5) die Steuer nach den Absätzen 1 und 2 zu berechnen. [2]Die Absätze 3 und 4 gelten entsprechend.

(6) [1]Werte in fremder Währung sind zur Berechnung der Steuer und der abziehbaren Vorsteuerbeträge auf Euro nach den Durchschnittskursen umzurechnen, die das Bundesministerium der Finanzen für den Monat öffentlich bekannt gibt, in dem die Leistung ausgeführt oder das Entgelt oder ein Teil des Entgelts vor Ausführung der Leistung (§ 13 Abs. 1 Nr. 1 Buchstabe a Satz 4) vereinnahmt wird. [2]Ist dem leistenden Unternehmer die Berechnung der Steuer nach vereinnahmten Entgelten gestattet (§ 20), so sind die Entgelte nach den Durchschnittskursen des Monats umzurechnen, in dem sie vereinnahmt werden. [3]Das Finanzamt kann die Umrechnung nach dem Tageskurs, der durch Bankmitteilung oder Kurszettel nachzuweisen ist, gestatten. [4]Macht ein Unternehmer von § 18 Absatz 4c oder 4e oder den §§ 18i, 18j oder 18k Gebrauch, hat er zur Berechnung der Steuer Werte in fremder Währung nach den Kursen umzurechnen, die für den letzten Tag des Besteuerungszeitraums nach Absatz 1a Satz 1, Absatz 1b Satz 1, Absatz 1c Satz 1, Absatz 1d Satz 1 oder Absatz 1e Satz 1 von der Europäischen Zentralbank festgestellt worden sind. [5]Sind für die in Satz 4 genannten Tage keine Umrechnungskurse festgestellt worden, hat der Unternehmer die Steuer nach den für den nächsten Tag nach Ablauf des Besteuerungszeitraums nach Absatz 1a Satz 1, Absatz 1b Satz 1, Absatz 1c Satz 1, Absatz 1d Satz 1 oder Absatz 1e Satz 1 von der Europäischen Zentralbank festgestellten Umrechnungskursen umzurechnen.

(7) Für die Einfuhrumsatzsteuer gelten § 11 Abs. 5 und § 21 Abs. 2.

Schrifttum: *Klein*, Personenbeförderungen im Umsatzsteuerrecht, UR 1999, 358.

A. Grundaussagen

I. Regelungsgegenstand und Bedeutung

§ 16 UStG klärt im Kern, in welchem Verhältnis die **Steuertatbestände nach § 13 UStG**, der zugunsten des Unternehmers wirkende **Vorsteuerabzug** sowie die **Berichtigungstatbestände** zueinanderstehen. Für den Gesetzgeber hätte dabei die Möglichkeit bestanden, die sich hieraus ergebenden Einzelansprüche als selbständig anzusehen, so dass es zu einer Anspruchssaldierung erst aufgrund jeweils gesondert zu erklärender Aufrechnungen käme. Selbst wenn im Hinblick auf eine Gruppenbildung von Aufrechnungen nur zwischen drei Anspruchskategorien (Steuer, Vorsteuer und Berichtigung) auszugehen wäre, ergäbe sich aus einem gesonderten Aufrechnungserfordernis bei einer ohnehin gesetzgeberisch beabsichtigten Verrechnung kein Vorteil. Dabei ist auch zu berücksichtigen, dass die einzelnen Anspruchskategorien nicht selbständig nebeneinander stehen, sondern miteinander verknüpft sind, wie das Beispiel des für eine bestimmte Umsatztätigkeit bestehenden Vorsteuerabzugs zeigt. 1

Daher ordnen § 16 Abs. 1 Sätze 3 und 4 und Abs. 2 UStG eine **zwingend vorzunehmende Steuerberechnung** an, in deren Rahmen die Einzeltatbestände des UStG zur Steuer, zum Vorsteuerabzug und zur Berichtigung zwingend miteinander zu saldieren sind (Rz. 19 ff.). 2

Zur Steuer bestimmt § 16 Abs. 1 Satz 1 UStG zudem, dass diese für den Regelfall nach **vereinbarten Entgelten**, nicht aber nach vereinnahmten Entgelten entsteht. § 16 Abs. 1 Satz 2 UStG ordnet als **Regelbesteuerungszeitraum** das Kalenderjahr an (Rz. 18), wobei mit § 16 Abs. 1a, 1b, 3 und 4 UStG Sonderregelungen bestehen (Rz. 25 ff.). § 16 Abs. 1a und Abs. 1b UStG schließen in ihrem jeweiligen Anwendungsbereich zudem den **Vorsteuerabzug** von der Steuerberechnung aus (Rz. 27). 3

Weitere **Sonderregelungen** bestehen zur sog. Einzelbesteuerung nach § 16 Abs. 5–5a UStG (Rz. 30 ff.) und zur Währungsumrechnung nach § 16 Abs. 6 und 7 UStG (Rz. 54 ff.). 4

II. Unionsrechtliche Grundlagen

Das Unionsrecht enthält § 16 UStG ausdrücklich entsprechende Anordnungen nur **eingeschränkt**. Die Steuerberechnung nach vereinbarten Entgelten mit dem Abstellen auf die Leistungsausführung gemäß § 16 Abs. 1 Satz 1 UStG wird durch Art. 63 MwStSystRL vorgegeben. 5

Das Kalenderjahr als Besteuerungszeitraum gemäß § 16 Abs. 1 Satz 2 UStG kann als Bezugspunkt einer (ergänzenden) Jahressteuererklärung nach Art. 261 MwStSystRL vorgesehen werden. Allerdings sieht **Art. 252 MwStSystRL** als eigentlichen Besteuerungszeitraum einen Zeitraum von einem, zwei oder drei Monaten an, während eine Jahressteuererklärung nach **Art. 261 MwStSystRL** nur ergänzenden Charakter hat. 6

7 Die Zusammenfassung von entstandener Steuer und Vorsteuerabzug nach § 16 Abs. 1 Sätze 2 und 3 sowie Abs. 2 UStG ergibt sich aus **Art. 179 MwStSystRL, Art. 206 MwStSystRL** und **Art. 250 MwStSystRL.**

8 § 16 Abs. 1a UStG beruht auf **Art. 364 MwStSystRL a.F.**, § 16 Abs. 1b UStG auf **Art. 369f und Art. 369g MwStSystRL a.F.** Der Ausschluss des Vorsteuerabzugs gem. § 16 Abs. 1a Satz 3 und Abs. 1b Satz 3 UStG beruht auf Art. 368 MwStSystRL a.F. und Art. 369j Abs. 1 MwStSystRL a.F. Die unionsrechtlichen Grundlagen für § 16 Abs. 1c UStG ergeben sich aus Art. 364 f MwStSystRL, für § 16 Abs. 1d UStG aus Art. 369f und Art. 369g MwStSystRL und für § 16 Abs. 1e UStG aus Art. 369s und Art. 369t MwStSystRL. Der Ausschluss des Vorsteuerabzugs gem. § 16 Abs. 1c Satz 4, Abs. 1d Satz 4 und Abs. 1e Satz 4 UStG beruht auf Art. 368 Abs. 1 MwStSystRL, Art. 369j MwStSystRL und Art. 369w MwStSystRL.

9 Ausdrückliche Regelungen zur **Beförderungseinzelbesteuerung** bestehen nicht. Art. 393 Abs. 2 MwStSystRL ordnet eine Besteuerung der Personenbeförderung im Mitgliedstaat des Beförderungsbeginns an. Als Regelungsgrundlage für die Beförderungseinzelbesteuerung kann u.U. Art. 273 MwStSystRL angesehen werden.

10 Unionsrechtliche Grundlage für die **Fahrzeugeinzelbesteuerung** nach § 16 Abs. 5a UStG ist Art. 258 MwStSystRL. Grundlage für die **Währungsumrechnung** in § 16 Abs. 6 und 7 UStG sind Art. 91 und Art. 366 MwStSystRL.

III. Verhältnis zu anderen Vorschriften und Rechtsentwicklung

1. Verhältnis zu anderen Vorschriften

11 § 16 UStG besteht in einer **systematisch nicht klar getrennten Wechselbeziehung zu § 18 UStG**, die sich einer Trennung zwischen materiellem Recht und Verfahrensrecht entzieht. So ergibt sich die Einbeziehung der Berichtigungen nach § 17 Abs. 1 Sätze 1 und 2 UStG in die Steuerberechnung nicht aus § 16 UStG, sondern erst aus § 18 Abs. 1 Satz 3 und Abs. 3 Satz 1 UStG (§ 18 Rz. 27, 58 ff.). Materiellrechtlichen Charakter haben auch die Fälligkeitsregelungen in § 18 Abs. 1 Satz 4 und Abs. 4 UStG (§ 18 Rz. 28 f., 69 ff.).

12 Problematisch ist das **Verhältnis von Besteuerungs- und Voranmeldungszeitraum**, wobei bereits die **Begrifflichkeiten** Schwierigkeiten bereiten. Denn für die Steuerentstehung kommt es gemäß § 13 Abs. 1 Nr. 1 Buchst. a und b UStG auf den Ablauf des Voranmeldungszeitraums an (§ 13 Rz. 9 ff.). Diese Steuerentstehung ist endgültig. Die vom Unternehmer hierfür einzureichende Steueranmeldung hat daher nicht den Charakter einer Voranmeldung und bei der hierfür geschuldeten Steuer handelt es sich auch nicht um eine Vorauszahlung auf eine für einen anderen Besteuerungszeitraum entstehende Steuerschuld. Der von § 18 Abs. 1 Satz 4 UStG verwendete Begriff einer für den Voranmeldungszeitraum geschuldeten Vorauszahlung ist in dieser Hinsicht verfehlt. Zutreffend ist es demgegenüber, von einem Anmeldungszeitraum und einer für diesen geschuldeten Zahlung auszugehen.

13 Unabhängig hiervon tritt die nach § 168 AO als Steuerfestsetzung unter Vorbehalt der Nachprüfung geltende Steueranmeldung für den Besteuerungszeitraum an die Stelle der gleichfalls als Steuerfestsetzungen unter Nachprüfungsvorbehalt geltenden Voranmeldungen. Denn der **Umsatzsteuerjahresbescheid** ist vom Zeitpunkt seines Ergehens an alleinige Grundlage für die Verwirklichung des Anspruchs auf die mit Ablauf des Besteuerungszeitraums entstandene Steuer sowie für den Einbehalt der als Vorauszahlung für den Besteuerungszeitraum entrichteten Beträge. Das materielle Ergebnis der in dem Kalenderjahr positiv oder negativ entstandenen Umsatzsteuer wird für die Zukunft ausschließlich durch den Umsatzsteuerjahresbescheid festgelegt. Damit erledigen sich die für den Besteuerungszeitraum ergangenen Umsatzsteuer-Vorauszahlungsbescheide i.S.d. § 124 Abs. 2 AO auf andere Weise und verlieren ihre Wirksamkeit.[1] Unionsrechtlich ist dies im Hinblick auf Art. 261 MwStSystRL nicht zu beanstanden. Welche Folgen sich aus der Erledigung für den Vertrauensschutz nach § 176 AO ergeben, ist höchstrichterlich nicht abschließend entschieden und könnte die Rechtsprechung im Bereich des § 27 Abs. 19 UStG (§ 27 Rz. 43) beschäftigen.

1 BFH, Urt. v. 21.11.2013 – V R 21/12, BStBl. II 2016, 74 = UR 2014, 436.

2. Rechtsentwicklung

Eine § 16 UStG entsprechende Regelung enthielt bereits das UStG 1967. Die früheren Sonderregelungen zum Vorsteuerabzug aus der EUSt in § 16 Abs. 2 UStG a.F. bestehen nicht mehr.[1] 14

Eine der Beförderungseinzelbesteuerung entsprechende Regelung enthielt bereits das UStG 1967 mit § 16 Abs. 5 und Abs. 6 UStG a.F. 15

Vorschriften zur Währungsumrechnung enthielt das UStG 1967 zunächst in § 10 Abs. 2 UStG a.F. 16

B. Steuerberechnung

I. Vereinbarte Entgelte (Absatz 1 Satz 1)

Die Steuer ist gemäß § 16 Abs. 1 Satz 1 UStG grundsätzlich nach vereinbarten Entgelten und damit **entsprechend der Steuerentstehung** nach § 13 Abs. 1 Nr. 1 Buchst. a UStG (§ 13 Rz. 9 ff.) zu berechnen. Abweichendes gilt nur im Anwendungsbereich des § 20 UStG. 17

II. Besteuerungszeitraum (Absatz 1 Satz 2, Absätze 3–4)

Besteuerungszeitraum ist nach § 16 Abs. 1 Satz 2 UStG grundsätzlich das **Kalenderjahr. Sonderregelungen** bestehen nach § 16 Abs. 3 und 4 UStG. Hat der Unternehmer seine gewerbliche oder berufliche Tätigkeit nur in einem Teil des Kalenderjahres ausgeübt, so tritt danach dieser Teil an die Stelle des Kalenderjahres. Abweichend von § 16 Abs. 1, 2 und 3 UStG kann das Finanzamt gemäß § 16 Abs. 4 UStG zudem einen kürzeren Besteuerungszeitraum bestimmen, wenn der Eingang der Steuer gefährdet erscheint oder der Unternehmer damit einverstanden ist. 18

III. Steuerberechnung

1. Saldierung (Absatz 1 Sätze 3 und 4 und Absatz 2)

a) Anwendungsbereich

Die Vorschriften zur Steuerberechnung nach § 16 Abs. 1 Sätze 3 und 4 UStG gelten **unterschiedslos** für die Besteuerung nach **vereinbarten** wie auch nach **vereinnahmten Entgelten.** 19

b) Saldierung von Einzelansprüchen

Nach § 16 Abs. 1 Satz 3 UStG ist bei der Berechnung der Steuer von der **Summe der Umsätze** nach § 1 Abs. 1 Nr. 1 und 5 UStG auszugehen, soweit für sie die Steuer in dem Besteuerungszeitraum entstanden und die Steuerschuldnerschaft gem. § 13a Abs. 1 UStG oder (als Leistungsempfänger) nach § 13b Abs. 5 UStG gegeben ist. Die **EUSt** gem. § 1 Abs. 1 Nr. 4 UStG ist somit nicht in die Steuerberechnung einzubeziehen (Rz. 59). **Hinzuzurechnen** sind gem. § 16 Abs. 1 Satz 4 UStG die nach § 6a Abs. 4 Satz 2 UStG (§ 6a Rz. 247 ff.), nach § 14c UStG (§ 14c Rz. 1 ff.) sowie nach § 17 Abs. 1 Satz 6 UStG (§ 17 Rz. 77 ff.) geschuldeten Steuerbeträge. Das Ergebnis der Saldierung, ein Steueranspruch (§ 168 Satz 1 AO) oder ein Steuervergütungsanspruch (§ 168 Satz 2 AO), ist für die Anwendung von § 16 UStG ohne Bedeutung. 20

Von der nach § 16 Abs. 1 UStG berechneten Steuer sind gemäß **§ 16 Abs. 2 Satz 1 UStG** die in den Besteuerungszeitraum fallenden und nach § 15 UStG abziehbaren **Vorsteuerbeträge abzusetzen.** Der 21

1 § 16 Abs. 2 Sätze 3 und 4 UStG hatten bis zur Streichung durch das AmtshilfeRLUmsG v. 26.6.2013, BGBl. I 2013, 1809 zum 30.6.2013 folgenden Wortlaut: „Die Einfuhrumsatzsteuer ist von der Steuer für den Besteuerungszeitraum abzusetzen, in dem sie entrichtet worden ist. Die bis zum 16. Tag nach Ablauf des Besteuerungszeitraums zu entrichtende Einfuhrumsatzsteuer kann bereits von der Steuer für diesen Besteuerungszeitraum abgesetzt werden, wenn sie in ihm entstanden ist."

abziehbare Vorsteuerbetrag ist kein selbständiger und damit abtretbarer oder aufrechenbarer Steuer- oder Vergütungsanspruch (Rz. 24).[1] Die „Absetzung" erfolgt für den Besteuerungszeitraum, für den die Abziehbarkeit gegebene ist und kann nicht für nachfolgende Zeiträume nachgeholt werden.[2] § 16 Abs. 2 Satz 1 UStG enthält keine Verweisung auf § 25f UStG. Dies spricht dafür, dass der Unternehmer in seiner Steuerberechnung die dort enthaltenen Versagungstatbestände nicht zu berücksichtigen hat (§ 25f Rz. 56).

22 Zu beachten ist auch die **Sonderregelung des § 18 Abs. 9 Satz 3 UStG.** Danach kann der Vorsteuerabzug nur im Vergütungsverfahren in Anspruch genommen werden, wenn ein im Ausland ansässiger Unternehmer ausschließlich Steuer nach § 13a Abs. 1 Nr. 1 i.V.m. § 14c Abs. 1 UStG oder nach § 13a Abs. 1 Nr. 4 UStG, der sich auf § 14c Abs. 2 UStG bezieht, schuldet (§ 18 Rz. 163 ff.).

23 Nach **§ 16 Abs. 2 Satz 2 UStG** ist auch die **Vorsteuerberichtigung** nach § 15a UStG zu berücksichtigen. Für die **Berichtigungen** nach § 17 Abs. 1 Sätze 1 und 2 UStG ergibt sich dies erst aus § 18 Abs. 3 Satz 1 UStG (§ 18 Rz. 58 ff.).

c) Einzelansprüche als unselbständige Besteuerungsgrundlagen

24 Die im Rahmen der Steuerberechnung miteinander zu saldierenden Steueransprüche, Vorsteuerbeträge und Berichtigungen sind **unselbständige Besteuerungsgrundlagen**, nicht aber Ansprüche mit verfahrensrechtlichem Eigenleben. Erst wenn sich bei der Steuerberechnung als Saldo eine Steuerschuld oder ein Vergütungsanspruch zugunsten des Unternehmers ergibt, besteht ein selbständiger und damit abtretbarer oder aufrechenbarer Steuer- oder Vergütungsanspruch.[3]

2. Besondere Besteuerungsverfahren

a) Alte Rechtslage (Absätze 1a und 1b)

25 Sonderregelungen bestehen mit § 16 Abs. 1a und Abs. 1b UStG für die in **§ 3a Abs. 5 UStG** genannten **sonstigen Leistungen** auf dem Gebiet der Telekommunikation, die Rundfunk- und Fernsehdienstleistungen und die auf elektronischem Weg erbrachten sonstigen Leistungen. § 16 Abs. 1a und Abs. 1b UStG sind gemäß § 27 Abs. 34 Satz 2 UStG letztmalig auf Umsätze anzuwenden, die vor dem 1.7.2021 ausgeführt wurden. Macht der im **Drittlandsgebiet** ansässige Unternehmer bei diesen Umsätzen von dem besonderen Verfahren des § 18 Abs. 4c UStG (§ 18 Rz. 86 ff.) Gebrauch, ist Besteuerungszeitraum gemäß § 16 Abs. 1a UStG das Kalendervierteljahr. Wendet ein im übrigen Gemeinschaftsgebiet ansässiger Unternehmer hier § 18 Abs. 4e UStG (§ 18 Rz. 104 ff.) an, ist Besteuerungszeitraum gemäß § 16 Abs. 1b UStG ebenfalls das Kalendervierteljahr. Vorsteuerbeträge werden jeweils nicht berücksichtigt, so dass insoweit das **Vorsteuervergütungsverfahren** nach § 18 Abs. 9 UStG anzuwenden ist (§ 18 Rz. 139 ff.).

b) Neue Rechtslage (Absätze 1c, 1d und 1e)

26 Für die besonderen Besteuerungsverfahren der §§ 18i, 18j, 18k UStG enthalten § 16 Abs. 1c, 1d und 1e UStG Sonderregelungen. Danach ist in den Fällen von §§ 18i, 18j UStG das Kalendervierteljahr der Besteuerungszeitraum (§ 16 Abs. 1c Satz 1 und § 16 Abs. 1d Satz 1 UStG), während bei § 18k UStG der Kalendermonat Besteuerungszeitraum ist (§ 16 Abs. 1e Satz 1 UStG).

27 In allen Fällen ist § 16 Abs. 2 UStG nicht anzuwenden (§ 16 Abs. 1c Satz 4, Abs. 1d Satz 4, Abs. 1e Satz 4 UStG), so dass es in diesen Verfahren zu keinem Vorsteuerabzug kommt und bei Unternehmern, die nur diesen Verfahren unterliegende Umsätze ausführen, das Vergütungsverfahren anzuwenden ist, wie sich auch aus § 59 Nr. 4 bis 6 UStDV ergibt. Die weiteren Vorschriften in Bezug auf diese drei Verfahren differenzieren danach, ob die Teilnahme am jeweiligen Verfahren im Inland oder in einem anderen Mitgliedstaat angezeigt wurde. Im ersten Fall ist für die Steuerberechnung jeweils von

1 BFH, Urt. v. 24.3.1983 – V R 8/81, BStBl. II 1983, 612 1 = UR 1983, 168.
2 BFH, Urt. v. 13.2.2014 – V R 8/13, BStBl. II 2014, 595 = UR 2014, 528; vgl. auch BFH, Urt. v. 1.12.2010 – XI R 28/08, BStBl. II 2011, 994 = UR 2011, 678.
3 BFH, Urt. v. 24.11.2011 – V R 13/11, BStBl. II 2012, 298 = UR 2012, 403.

der Summe der im Gemeinschaftsgebiet mit Steuerschuldnerschaft steuerbar erbrachten Leistungen auszugehen, im zweiten von der Summe der im Inland erbrachten Leistungen.

3. Sonderfälle

a) Insolvenz

Die Steuerberechnung bezieht sich grundsätzlich auf das gesamte Unternehmen i.S. von § 2 Abs. 1 Satz 2 UStG (§ 2 Rz. 178 ff.). Dies gilt auch im Insolvenzfall, in dem der nach dem UStG berechnete Steueranspruch nach Maßgabe der ihn bildenden Besteuerungsgrundlagen in eine **Insolvenzforderung (§ 38 InsO)** und eine **Masseverbindlichkeit (§ 55 InsO)** aufzuteilen ist. Diese **Aufteilung** erfolgt durch Anwendung der §§ 38, 55 InsO auf die Besteuerungsgrundlagen, aus denen sich der Steueranspruch zusammensetzt. Dies gilt gleichermaßen für die steuererhöhenden wie auch die steuermindernden Besteuerungsgrundlagen (Anh. § 18 Rz. 19 ff. InsO). 28

b) Zwangsverwaltung über Grundstücke

Auch die Zwangsverwaltung über Grundstücke ändert nichts an der Unternehmenseinheit nach § 2 Abs. 1 Satz 2 UStG, gleichwohl ergehen gegenüber dem Unternehmer und dem Zwangsverwalter **getrennte Umsatzsteuerbescheide für den jeweiligen Tätigkeitsbereich.**[1] Dementsprechend sind, wenn mehrere Grundstücke der Zwangsverwaltung unterliegen, die Nutzungen des Grundstücks und die Ausgaben der Verwaltung gemäß § 155 ZVG grundsätzlich **für jedes Grundstück gesondert zu ermitteln**, so dass auch die Umsatzsteuer für jedes Grundstück gesondert zu ermitteln und anzumelden ist.[2] 29

C. Einzelbesteuerung (Absätze 5–5b)

I. Beförderungseinzelbesteuerung (Absätze 5 und 5b)

1. Bedeutung

Die Beförderungseinzelbesteuerung nach § 16 Abs. 5 und Abs. 5b UStG erfasst die **Personenbeförderung** im Gelegenheitsverkehr mit im Inland nicht zugelassenen Kraftomnibussen, wenn dabei eine Grenze zum Drittlandsgebiet überschritten wird. Das Verfahren soll die Steuererhebung sicherstellen. Nachteile ergeben sich hieraus für den betroffenen Unternehmer nur vorübergehend, da er berechtigt ist, nachträglich zur Regelbesteuerung zu optieren (Rz. 50 f.). 30

2. Anwendungsbereich

a) Steuerbare Leistung

Die Beförderungseinzelbesteuerung setzt wie bei allen anderen Leistungen einen im Inland steuerbaren Umsatz voraus. Die Regelung ist daher nur anzuwenden, wenn die Beförderung gemäß § 1 Abs. 1 Nr. 1 i.V.m. § 2 UStG von einem Unternehmer im Rahmen seines Unternehmens gegen Entgelt durchgeführt wird. Hieran kann es bei **Vereins- oder Schulträgerfahrten** fehlen.[3] Da der BFH in der **Überlassung eines Fahrzeugs mit Chauffeur** eine Beförderungsleistung sieht,[4] kann bei Vereins- oder Schulfahrten die Beförderungsleistung eines „Busunternehmers" zu bejahen sein.[5] 31

Die **Ansässigkeit** des Unternehmers ist gemäß § 1 Abs. 2 Satz 3 UStG für die Steuerbarkeit wie auch für die weiteren Voraussetzungen des § 16 Abs. 5 UStG ohne Bedeutung.[6] 32

---

1 BFH, Urt. v. 10.4.1997 – V R 26/96, BStBl. II 1997, 552 = UR 1998, 191; Abschn. 16.1 Satz 2 UStAE.
2 BFH, Urt. v. 18.10.2001 – V R 44/00, BStBl. II 2002, 171 = UR 2002, 181; vgl. auch Abschn. 18.6 Abs. 4 UStAE.
3 Abschn. 16.2 Abs. 6 UStAE.
4 BFH, Urt. v. 8.9.2011 – V R 5/10, BStBl. II 2012, 620 = UR 2012, 227.
5 Abschn. 16.2 Abs. 6 Satz 4 UStAE.
6 Abschn. 16.2 Abs. 1 Satz 2 UStAE.

33 Die Leistungserbringung im Inland beschränkt sich dabei gemäß § 3b Abs. 1 UStG auf **Beförderungsstrecken im Inland**. Dabei sind die §§ 2 ff. UStDV zu beachten.

b) Voraussetzungen der Einzelbesteuerung

aa) Personenbeförderung

34 Der Einzelbesteuerung unterliegt nur die Personenbeförderung. Hierzu gehört auch die Beförderung des von der beförderten Person **mitgeführten Gepäcks**. Auf eine reine **Waren- oder Güterbeförderung** ist die Regelung nicht anzuwenden.

bb) Gelegenheitsverkehr

35 Die FinVerw. definiert den Gelegenheitsverkehr entsprechend § 46 PBefG als Beförderung **außerhalb eines Linienverkehrs**. Danach kann es sich insbesondere um Ausflugsfahrten und Ferienziel-Reisen handeln. Erfasst werden soll auch der sog. **Pendelverkehr**.[1]

cc) Kraftomnibus ohne Zulassung im Inland

36 Als Kraftomnibus sieht die FinVerw. Kraftfahrzeuge zur Beförderung von **mehr als neun Personen** (einschließlich Führer) an.[2]

37 Der Kraftomnibus muss nicht im **Eigentum** des Unternehmers stehen, der der Beförderungseinzelbesteuerung unterliegt. Mietet der Unternehmer das Fahrzeug von einem anderen im Ausland ansässigen Unternehmer an, kann über § 3a Abs. 6 Satz 1 Nr. 1 UStG (§ 3a Rz. 317 ff.) eine im Inland steuerpflichtige Leistung vorliegen, für die der Mieter nach § 13b Abs. 2 Nr. 1 und Abs. 5 UStG Steuerschuldner ist.[3]

dd) Überschreitung der Grenze zum Drittlandsgebiet

38 Die Beförderungseinzelbesteuerung erfasst die Personenbeförderung mit im Inland nicht zugelassenen Kraftomnibussen, wenn dabei eine **Grenze zum Drittlandsgebiet überschritten** wird. Dies kann auf die unmittelbare Beförderung aus der Schweiz in das Inland zutreffen. Nicht erfasst wird die Beförderung aus dem Drittlandsgebiet über einen anderen Mitgliedstaat in das Inland. Im Ausland ansässige Unternehmer haben außerhalb der Beförderungseinzelbesteuerung bei grenzüberschreitenden Personenbeförderungen die Anzeigepflicht nach § 18 Abs. 12 UStG zu beachten (§ 18 Rz. 187 ff.).

39 Die Einzelbesteuerung erfasst nicht nur den Beförderungsvorgang aus dem Drittlandsgebiet in das Inland, sondern auch **Anschlussfahrten im Inland**.[4] Es muss sich aber um die Beförderung der bereits beim Grenzübertritt beförderten Personen handeln.

3. Rechtsfolgen

a) Einzelbesteuerung

aa) Steuerentstehung

40 Im Rahmen der Beförderungseinzelbesteuerung entsteht die Steuer gemäß § 13 Abs. 1 Nr. 1 Buchst. c UStG in dem **Zeitpunkt, in dem der Kraftomnibus in das Inland gelangt**. Dies führt zu einer **zeitlichen Vorverlagerung der Besteuerung** im Vergleich zu § 13 Abs. 1 Nr. 1 Buchst. a UStG, wonach es auf den Voranmeldungszeitraum ankäme, in dem der Beförderungsvorgang abgeschlossen wird.

---

1 Abschn. 16.2 Abs. 4 UStAE.
2 Abschn. 16.2 Abs. 3 UStAE.
3 Abschn. 16.2 Abs. 1 Sätze 5 ff. UStAE.
4 Abschn. 16.2 Abs. 2 Satz 2 UStAE; ebenso FG München, Urt. v. 13.11.2014 – 14 K 2681/12, EFG 2012, 855.

bb) Steuerschuldner

Bei der Beförderungseinzelbesteuerung ist der **leistende Unternehmer** gemäß § 13a Abs. 1 Nr. 1 UStG der Steuerschuldner. Wird die Beförderungsleistung in einer **Leistungskette mehrerer Unternehmer** erbracht, stellt sich die Frage nach einer **mehrfachen Anwendung von § 16 Abs. 5 UStG**. Nach der gesetzlichen Ausgestaltung der Sonderregelung ist eine mehrfache Anwendung zu verneinen, so dass zu entscheiden ist, welcher Unternehmer in einer Leistungskette der Beförderungseinzelbesteuerung unterliegt. Dabei dürfte auf den Unternehmer abzustellen sein, der den Beförderungsvorgang beherrscht, selbst wenn er keine unmittelbare Vertragsbeziehung zur beförderten Person unterhält. Hierfür spricht, dass § 18 Abs. 5 UStG den Steuerschuldner als Beförderer bezeichnet. Die FinVerw. stellt auf die Durchführung der Beförderung im eigenen Namen, unter eigener Verantwortung und für eigene Rechnung ab.[1] 41

Eine **Steuerschuldnerschaft des Leistungsempfängers** wird durch § 13b Abs. 6 Nr. 1 UStG ausgeschlossen (§ 13b Rz. 92). 42

cc) Bemessungsgrundlage

Bei der Beförderungseinzelbesteuerung tritt gemäß § 10 Abs. 6 Sätze 1 und 2 UStG ein **Durchschnittsbeförderungsentgelt**, das nach der Zahl der beförderten Personen und der Zahl der Kilometer der Beförderungsstrecke im Inland (Personenkilometer) zu berechnen ist, an die Stelle des vereinbarten Entgelts. **§ 25 UStDV** legt dieses auf der Grundlage von § 10 Abs. 6 Satz 3 UStG auf 4,43 Cent je Personenkilometer fest. Dieses Durchschnittsbeförderungsentgelt muss gemäß § 10 Abs. 6 Satz 4 UStG zu einer Steuer führen, die nicht wesentlich von dem Betrag abweicht, der sich nach diesem Gesetz auf der Grundlage des Entgelts nach § 10 Abs. 1 UStG ergeben würde (§ 10 Rz. 203). 43

Die maßgebliche Zahl der **Personenkilometer** ergibt sich durch Vervielfachung der Anzahl der entgeltlich beförderten Personen mit der Anzahl der Kilometer der im Inland zurückgelegten Beförderungsstrecke.[2] 44

dd) Sonstiges

Die Beförderungseinzelbesteuerung erfolgt gemäß § 16 Abs. 5 Satz 4 UStG ohne Berücksichtigung von **Vorsteuerbeträgen**. Diese kann der Unternehmer ohne Übergang zur Regelbesteuerung (Rz. 50 f.) nur im Rahmen des Vergütungsverfahrens geltend machen.[3] 45

Ebenso ist die **Kleinunternehmerregelung** nicht anzuwenden. 46

b) Verfahren

Der Beförderer hat gemäß § 18 Abs. 5 UStG insbesondere **für jede einzelne Fahrt eine Steuererklärung** nach amtlich vorgeschriebenem Vordruck in zwei Stücken bei der zuständigen Zolldienststelle abzugeben (§ 18 Rz. 119 ff.). 47

Zuständig ist nach § 16 Abs. 5 Satz 2 UStG die Eingangs- oder Ausgangszollstelle, bei der der Kraftomnibus in das Inland gelangt oder das Inland verlässt. Diese Zolldienststelle handelt dabei für das Finanzamt, in dessen Bezirk sie liegt. 48

Besondere **Kontrollbefugnisse** bestehen nach § 18 Abs. 11 UStG (§ 18 Rz. 183 ff.). 49

c) Regelbesteuerung

Der Unternehmer kann gemäß § 16 Abs. 5b UStG **beantragen**, nicht nach der Beförderungseinzelbesteuerung, sondern im Regelbesteuerungsverfahren entsprechend § 16 Abs. 1 und 2 UStG besteuert zu werden. Bemessungsgrundlage ist dann das Entgelt gemäß § 10 Abs. 1 UStG. Der erforderliche 50

1 Abschn. 16.2 Abs. 1 Satz 4 UStAE.
2 Abschn. 16.2 Abs. 7 UStAE.
3 Abschn. 16.2 Abs. 8 UStAE.

Antrag kann erst nach Ablauf des Besteuerungszeitraums gestellt werden. Es gelten dann auch § 16 Abs. 3 und 4 UStG.

51 Der Unternehmer hat dann für das Kalenderjahr oder für den kürzeren Besteuerungszeitraum gemäß § 18 Abs. 5b UStG eine **Steueranmeldung** abzugeben, bei der die im Rahmen der Beförderungseinzelbesteuerung entrichtete Steuer auf die im Regelbesteuerungsverfahren zu entrichtende Steuer anzurechnen ist (§ 18 Rz. 125 ff.).

II. Fahrzeugeinzelbesteuerung (Absatz 5a)

52 Eine Einzelbesteuerung erfolgt gemäß § 16 Abs. 5a UStG auch beim **innergemeinschaftlichen Erwerb neuer Fahrzeuge** durch andere Erwerber als die in § 1a Abs. 1 Nr. 2 UStG genannten Personen (§ 1a Rz. 59 ff.). Sie besteht seit der Schaffung des Binnenmarkts am 1.1.1993. Die Steuer ist für jeden einzelnen steuerpflichtigen Erwerb zu berechnen.

53 Der Erwerber hat gemäß § 18 Abs. 5a UStG bis zum 10. Tag nach Ablauf des Tages, an dem die Steuer entstanden ist, eine Steueranmeldung abzugeben (§ 18 Rz. 123 f.).

D. Umrechnungskurse und EUSt (Absätze 6 und 7)

54 § 16 Abs. 6 UStG regelt die **Währungsumrechnung** für die Berechnung von Steuer und abziehbaren Vorsteuerbeträgen.

55 Satz 1 ermächtigt das BMF, **Durchschnittskurse** bekanntzugeben, deren Maßgeblichkeit sich nach den Steuerentstehungszeitpunkten bei der Soll- und Istbesteuerung richtet (§ 13 Rz. 8 ff., 62 ff.). Eine Ermittlung nach den Werten des Vormonats ist zulässig.[1] **Kursänderungen** zwischen der Ausführung der Leistung und der Vereinnahmung des Entgelts will die FinVerw. nicht berücksichtigen.[2] Hier kommt ein **Billigkeitserlass** nach §§ 163, 227 AO in Betracht.

56 § 16 Abs. 6 Satz 3 UStG ermöglicht eine Umrechnung nach dem **Tageskurs**, der durch Bankmitteilung oder Kurszettel nachzuweisen ist, mit Gestattung des FA.

57 In den **Sonderfällen** des **§ 18 Absatz 4c oder 4e oder den §§ 18i, 18j oder 18k UStG** erfolgt gemäß § 16 Abs. 6 Sätze 4 und 5 UStG die Umrechnung nach EZB-Umrechnungskursen.

58 Für **Zwecke der EUSt** gilt § 11 Abs. 5 UStG (§ 11 Rz. 86 f.), worauf § 16 Abs. 7 UStG gesondert hinweist.

59 Zudem folgt aus § 16 Abs. 7 UStG, das die EUSt entsprechend § 16 Abs. 1 Satz 3 UStG i.V.m. § 1 Abs. 1 Nr. 1 und 5 UStG in die Steuerberechnung nach § 16 Abs. 1 Satz 3 und Abs. 2 UStG (Rz. 20) einzubeziehen ist, da sie gem. § 21 Abs. 2 UStG entsprechend den für Zölle geltenden Vorschriften festzusetzen ist.

§ 17 Änderung der Bemessungsgrundlage

(1) [1]Hat sich die Bemessungsgrundlage für einen steuerpflichtigen Umsatz im Sinne des § 1 Abs. 1 Nr. 1 geändert, hat der Unternehmer, der diesen Umsatz ausgeführt hat, den dafür geschuldeten Steuerbetrag zu berichtigen. [2]Ebenfalls ist der Vorsteuerabzug bei dem Unternehmer, an den dieser Umsatz ausgeführt wurde, zu berichtigen. [3]Dies gilt nicht, soweit er durch die Änderung der Bemessungsgrundlage wirtschaftlich nicht begünstigt wird. [4]Wird in diesen Fällen ein anderer Unternehmer durch die Änderung der Bemessungsgrundlage wirtschaftlich begünstigt, hat dieser Unternehmer seinen Vorsteuerabzug zu berichtigen. [5]Die Sätze 1 bis 4 gelten in den Fällen des § 1

1 Abschn. 16.4 Abs. 2 Satz 2 UStAE.
2 Abschn. 16.4 Abs. 1 Satz 1 UStAE.

Abs. 1 Nr. 5 und des § 13b sinngemäß. [6]Bei Preisnachlässen und Preiserstattungen eines Unternehmers in einer Leistungskette an einen in dieser Leistungskette nicht unmittelbar nachfolgenden Abnehmer liegt eine Minderung der Bemessungsgrundlage nach Satz 1 nur vor, wenn der Leistungsbezug dieses Abnehmers im Rahmen der Leistungskette im Inland steuerpflichtig ist. [7]Die Berichtigung des Vorsteuerabzugs kann unterbleiben, soweit ein dritter Unternehmer den auf die Minderung des Entgelts entfallenden Steuerbetrag an das Finanzamt entrichtet; in diesem Fall ist der dritte Unternehmer Schuldner der Steuer. [8]Die Berichtigungen nach den Sätzen 1 und 2 sind für den Besteuerungszeitraum vorzunehmen, in dem die Änderung der Bemessungsgrundlage eingetreten ist. [9]Die Berichtigung nach Satz 4 ist für den Besteuerungszeitraum vorzunehmen, in dem der andere Unternehmer wirtschaftlich begünstigt wird.

(2) Absatz 1 gilt sinngemäß, wenn

1. **das vereinbarte Entgelt für eine steuerpflichtige Lieferung, sonstige Leistung oder einen steuerpflichtigen innergemeinschaftlichen Erwerb uneinbringlich geworden ist. [2]Wird das Entgelt nachträglich vereinnahmt, sind Steuerbetrag und Vorsteuerabzug erneut zu berichtigen;**
2. **für eine vereinbarte Lieferung oder sonstige Leistung ein Entgelt entrichtet, die Lieferung oder sonstige Leistung jedoch nicht ausgeführt worden ist;**
3. **eine steuerpflichtige Lieferung, sonstige Leistung oder ein steuerpflichtiger innergemeinschaftlicher Erwerb rückgängig gemacht worden ist;**
4. **der Erwerber den Nachweis im Sinne des § 3d Satz 2 führt;**
5. **Aufwendungen im Sinne des § 15 Abs. 1a getätigt werden.**

(3) [1]Ist Einfuhrumsatzsteuer, die als Vorsteuer abgezogen worden ist, herabgesetzt, erlassen oder erstattet worden, so hat der Unternehmer den Vorsteuerabzug entsprechend zu berichtigen. [2]Absatz 1 Satz 8 gilt sinngemäß.

(4) Werden die Entgelte für unterschiedlich besteuerte Lieferungen oder sonstige Leistungen eines bestimmten Zeitabschnitts gemeinsam geändert (z.B. Jahresboni, Jahresrückvergütungen), so hat der Unternehmer dem Leistungsempfänger einen Beleg zu erteilen, aus dem zu ersehen ist, wie sich die Änderung der Entgelte auf die unterschiedlich besteuerten Umsätze verteilt.

Schrifttum: *Beaucamp*, Uneinbringlichkeit durch Novation, UR 1995, 205; *Becker*, Entgeltminderung für Pharmaunternehmen – Eine kritische Würdigung der Auswirkungen des EuGH-Urteils „Boehringer Ingelheim", NWB 2018, 618; *Becker*, Umsatzsteuerliche Auswirkungen coronabedingter Stornierung von Leistungen gegen Rückgewähr von Anzahlungen, Umtausch oder Ausgabe von Gutscheinen, MwStR 2020, 391; *Beiser*, Gutscheine, Kreditkarten, Rabattmarken und Forderungseinlösungen in der Umsatzsteuer, UR 2010, 933; *Beer/Müller*, „Wenn der A dem C einen Rabatt gewährt..." – BMF-Schreiben zur Änderung der Bemessungsgrundlage bei Preisnachlässen in Lieferketten bei nur mittelbarer Leistungsbeziehung, DStR 2017, 2787; *Erdbrügger*, Die temporäre Senkung der Umsatzsteuersätze – Fluch oder Segen, UR 2020, 485; *Erdbrügger*, EuGH-Entscheidung zu grenzüberschreitenden Rabattgewährungen durch Versandapotheken lässt viele Fragen offen, UR 2021, 333; *Friedrich-Vache*, Rückkauf von Gegenständen nach Stundung des ursprünglichen Kaufpreises, (Rück-)Lieferung oder reine Nutzungsüberlassung?, UR 2008, 612; *Gehards*, Jahressteuegesetz 2020 – Änderungen im Bereich der Umsatzsteuer, DStZ 2021, 193; *Gissel*, Kehrtwende für die bisherige BFH-Rechtsprechung zur Verkaufsförderung durch Vermittler – Keine Minderung der Bemessungsgrundlage für Vermittlungsdienstleistungen bei vom Vermittler eigenständig gewährten Preisnachlässen – keine Anwendung der ElidaGibbs-Rechtsprechung auf verdeckte Preisnachlässe von Vermittlern, UR 2014, 222; *Grebe/Hänchen*, Umsatzsteuerrechtliche Grundprobleme bei der Änderung der Bemessungsgrundlage nach § 17 UStG, UStB 2020, 193; *Grune*, Brennpunkt Umsatzsteuer 2020/2021, Stbg 2021, 185; *Hafner*, Zahlung als ungeschriebenes Tatbestandsmerkmal der Änderung der Bemessungsgrundlage, UR 2012, 261; *Harbauer*, Änderung der Bemessungsgrundlage gemäß § 17 UStG nach vorheriger Vereinnahmung des Entgelts, BB 1995, 485; *Hartman*, Vorsteuerabzug bei geleisteten Anzahlungen und anschließend ausbleibender Leistung, EuGH-Urteil v. 31.5.2018 – Rs. C-660/16 „Kollroß" und C-661/16 „Wirtl", NWB 2018, 2242; *Hundt-Eßwein*, Vorsteuerabzug bei der Anzahlungsbesteuerung – Muss der BFH seine Rechtsprechung überdenken? – Zugleich eine Anmerkung zum EuGH-Urteil vom 13.3.2014, C-107/13, FIRIN OOD, DStR 2014, 1266; *Klenk*, Die Sollbesteuerung und die Entstehung der Mehrwertsteuer, UR 2019, 568; *Korn*, Vorsteuerabzug aus Anzahlungen gutgläubiger Investoren im Schneeballsystem?, MwStR 2016, 62; *Korn*, Leistungskette; Rabattgewährung und Frage der Minderung der Bemessungsgrundlage, MwStR 2019, 678; *Krieg*, Minderung der umsatzsteuerlichen Bemessungsgrundlage durch Rabattzahlungen im System der privaten Krankenversicherung, DStR 2018, 509; *L'habitant*, Umsatzsteuerrechtliche Behandlung genossenschaftlicher Rückvergütungen bei Einkaufs- und Zentralregulierungsgenossenschaften, UR 2017, 369; *L'habitant*, Auslegung von § 17 Abs. 1 Satz 6 UStG in Fällen von Skontounterschüssen (Zusatzskonto), UR 2018, 235; *Madauß*, Vorsteuer aus Anzahlungen nach § 15 Abs. 1 S. 1 Nr. 1 S. 3 UStG, NZWiSt 2015, 382; *Nücken*, EuGH-Vorlage zur Sollbesteuerung, UR 2017, 810; *Pflaum*, Der Steuereinnehmer in der Insolvenz, UR 2019, 401; *Polok*,

Die umsatzsteuerrechtliche Behandlung der Gewährung eines Herstellerrabatts durch pharmazeutische Unternehmen, UR 2018, 147; *Prätzler*, Rabatte in mehrstufigen grenzüberschreitenden Lieferketten bzw. Lieferketten mit (teilweiser) Steuerschuldnerschaft des Leistungsempfängers – ein Diskussionsbeitrag, MwStR, 2017, 355; *Reiß*, Vorsteuer(abzug) ohne Erhalt einer tatsächlich ausgeführten Lieferung oder Dienstleistung eines anderen Unternehmers – Zum (verfehlten) Entscheidungsvorschlag in den Schlussanträgen des Generalanwalts zu den Vorlageersuchen des V. und XI. Senates in den Rs. C-660 und C-661/16, MwStR 2018, 372; *Schothöfer*, „Kästchendenken" beim Mehrwegleergut im Umsatz- und Ertragsteuerrecht, DStR 2015, 268; *Schulze/Steindel*, Auswirkungen der Absenkung der Umsatzsteuersätze durch das Zweite Corona-Steuerhilfegesetz auf die Berichtigung des Steuerbetrages nach § 17 UStG, UR 2020, 781; *Specker*, Zusatzskonto eines Zentralregulierers als Beispiel für die Entgeltminderung in Leistungsketten – zugleich Anmerkung zu BFH, Urteil v. 13.3.2008 – V R 70/06, UR 2009, 1; *Stadie*, Vorfinanzierung der Umsatzsteuer selbst dann, wenn die Gegenleistung erst in zwei Jahren fällig ist? – Kritische Bemerkung zum Vorlagebeschluss des BFH v. 21.6.2017 – V R 51/16, UR 2018, 3; *Stadie*, Das erste UStG von 1918 und die anschließende Entwicklung des Umsatzsteuerrechts, MwStR 2018, 904; *Stadie*, Umsatzsteuerrechtliche Uneinbringlichkeit bei Ratenzahlungen, UR 2022, 1; *von Streit/Streit*, Abschied von der Sollbesteuerung? Gedanken zum Vorlagebeschluss des BFH v. 7.5.2020, MwStR 2020, 875; *Tehler*, § 17 Abs. 1 Nr. 1 UStG – das Tor zur Ist-Besteuerung, UVR 2014, 275; *Voelcker*, Zeitpunkt der Änderung der Bemessungsgrundlage nach § 17 Abs. 1 UStG, BB 1995, 1824; *Wäger*, Preisnachlass- und Preiserstattungsgutscheine, Steuerliche Anerkennung von Herstellerrabatten, UStB 2003, 57; *Wäger*, Soll- und Istbesteuerung vor sowie in der Unternehmerinsolvenz, UR 2013, 673; *Wäger*, Anzahlung, Vorsteuerabzug und Berichtigung, UVR 2014, 318; *Weiß*, Abgrenzung von Rückgängigmachung gegen Rücklieferung, UR 1982, 76; *Wüst*, Preisnachlässe bei grenzüberschreitenden Lieferketten – Zugleich Anmerkung zu den BFH-Urteilen vom 5.6.2014 – XI R 25/12 und vom 4.12.2014 – V R 6/13, MwStR 2015, 157.

A. Grundaussagen

I. Regelungsgegenstand und Bedeutung

1. Bedeutung

1 Die Vorschrift des § 17 UStG behandelt im Wesentlichen die Situation der **nachträglichen Änderungen** der **Bemessungsgrundlage** (§ 17 Abs. 1 UStG) sowie des **Wegfalls** der **Besteuerungsgrundlage** (§ 17 Abs. 2 UStG) für Umsätze i.S.d. § 1 Abs. 1 UStG. Damit wird dem unionsrechtlichen Grundsatz Rechnung getragen, Umsätze nur mit derjenigen Bemessungsgrundlage zu besteuern, die sich aufgrund der letztendlich vereinnahmten Gegenleistung ergibt[1] und aus dem folgt, dass die Steuerverwaltung als Mehrwertsteuer keinen Betrag erheben darf, der den dem Steuerpflichtigen gezahlten übersteigt[2] (Rz. 10). Dem materiell-rechtlichen Regelungsinhalt nach enthält § 17 UStG folglich nur eine Feststellung dessen, was sich ohnehin in Auslegung des § 10 UStG ergibt[3] (Rz. 15). Durch § 17 UStG wird sichergestellt, dass sich die Umsatzbesteuerung (letztlich) auf den Umfang der tatsächlich erbrachten Gegenleistung beschränkt.[4] Deshalb enthält § 17 UStG eine **Pflicht** zur Berichtigung des Umsatzsteuerbetrags und nicht nur ein **Wahlrecht** (Rz. 46.1).

2 § 17 UStG **bezweckt** einen Umsatz nur mit der tatsächlich aufgewendeten Gegenleistung zu besteuern und einen Gleichlauf von geschuldeter Umsatzsteuer und Vorsteuerabzug herzustellen. Dabei findet § 17 UStG sowohl auf die Besteuerung nach **vereinbarten Entgelten** (Sollbesteuerung[5], § 13 Rz. 9) als auch nach **vereinnahmten Entgelten** (Istbesteuerung, § 13 Rz. 62, § 20 Rz. 1) Anwendung. Allerdings berücksichtigt die Vorschrift insbesondere, dass die Besteuerung nach dem Sollprinzip – Entstehung der Umsatzsteuer und Abziehbarkeit der in Rechnung gestellten Vorsteuer bereits mit Ausführung der Leistung ohne Rücksicht auf den Zeitpunkt der Vereinnahmung der Gegenleistung (§ 13 Abs. 1 Nr. 1 Buchst. a, § 15 Abs. 1 Satz 1 Nr. 1 Satz 1 UStG) – auf der am Regelfall orientierten Erwartung des Gesetzgebers beruht, der Leistungsempfänger werde die Forderung des Leistenden befriedigen und da-

1 EuGH, Urt. v. 24.10.1996 – C-317/94, ECLI:EU:C:1996:400 – Elida Gibbs, UR 1997, 265 m. Anm. *Weiß*, Rz. 18–24, 28.
2 EuGH, Urt. v. 26.1.2012 – C-588/10, ECLI:EU:C:2012:40 – Kraft Foods Polska, UR 2012, 610, Rz. 26 f. m.w.N.
3 BFH, Beschl. v. 10.3.1983 – V B 46/80, BStBl. II 1983, 389 = UR 1983, 92 m. Anm. *Weiß*, unter 3 (AdV).
4 BFH, Urt. v. 18.9.2008 – V R 56/06, BStBl. II 2009, 250 = UR 2009, 94, unter II.3.d.
5 *Klenk*, UR 2019, 568.

mit das betragsmäßige Gleichgewicht von Vorsteuerabzug und Umsatzsteuerschuld herstellen.[1] Wird diese Erwartung enttäuscht, bedarf es einer Berichtigung von Umsatzsteuer- und Vorsteuerbetrag.

§ 17 UStG enthält einen gegenüber den Korrekturvorschriften der AO **eigenständigen materiell-rechtlichen Berichtigungstatbestand**[2] (Rz. 21). Berichtigt wird der materiell-rechtliche Steuer- und Vorsteuerbetrag, nicht die verfahrensrechtliche Steuerfestsetzung. Die Berichtigung des § 17 UStG ist im Verhältnis zum steuerauslösenden Ausgangsumsatz ein **selbständiger Tatbestand**, der sich nicht in der bloßen Rückgängigmachung des Steuerbetrags sowie des Vorsteuerabzugs erschöpft.[3] § 17 UStG betrifft also nicht den Fall einer unrichtigen Steuerfestsetzung oder unrichtigen Steuerberechnung (§ 16 Abs. 1, 2 UStG), sondern den Fall, dass nach Bewirkung des Umsatzes (Rz. 42 f.) die Steuerbemessungsgrundlage – aufgrund eines nachträglich eintretenden Ereignisses (z.B. Uneinbringlichkeit des Entgelts, Leistung wird nach Anzahlung nicht ausgeführt, Umsatz wird rückgängig gemacht) – anders zu beurteilen ist (sich mindert oder sich erhöht). 3

Nachträgliche Änderungen der Bemessungsgrundlage (Rz. 43) wirken somit nicht auf den Zeitpunkt der Entstehung des Steueranspruchs bzw. Vorsteuerabzugs zurück (vgl. § 17 Abs. 1 Sätze 8, 9 UStG). Der (steuermindernde oder -erhöhende) Berichtigungstatbestand ist als unselbständige Besteuerungsgrundlage (§ 157 Abs. 2 AO) bei der Steuerberechnung des maßgeblichen Besteuerungszeitraums (§ 17 Abs. 1 Satz 8 UStG, Rz. 85) zu berücksichtigen (Rz. 19.1). 4

2. Regelungsgegenstand

Entsprechend der amtlichen Überschrift („Änderung der Bemessungsgrundlage") regelt **§ 17 Abs. 1 Sätze 1, 2 UStG** tatbestandlich die Situation, dass sich für einen steuerpflichtigen Ausgangsumsatz (§ 1 Abs. 1 Nr. 1 UStG) nach Entstehen der Umsatzsteuer (Rz. 42 f.) die Bemessungsgrundlage (§ 10 UStG) ändert (erhöht oder mindert, Rz. 23 ff.) oder diese – als stärkste Form der Änderung – wegfällt (Rz. 90 ff.). Rechtsfolgenseitig hat der Leistende den „geschuldeten Steuerbetrag" (Satz 1, Rz. 46 ff.) und **korrespondierend** (Rz. 50, Rz. 55 der Leistungsempfänger den Vorsteuerabzug (Satz 2, Rz. 56 f.) zu berichtigen. Dabei gilt der Grundsatz der **Einzelbetrachtung**, d.h. die jeweilige Berichtigungspflicht besteht auch dann, wenn sich die Berichtigung des geschuldeten Steuerbetrags und die Berichtigung des Vorsteuerabzugs im Ergebnis ausgleichen[4] (Rz. 45). Die beiden Berichtigungstatbestände (§ 17 Abs. 1 Sätze 1, 2 UStG) stehen miteinander dergestalt in Beziehung, dass die Änderung der Bemessungsgrundlage regelmäßig sowohl eine Berichtigung des geschuldeten Steuerbetrags als auch des Vorsteuerabzugs mit sich bringt (ursächlicher Zusammenhang). Ein materiell-rechtlicher oder verfahrensrechtlicher Zusammenhang besteht zwischen ihnen gleichwohl nicht (Rz. 55). 5

§ 17 Abs. 1 Sätze 3, 4, 9 UStG modifiziert den Grundtatbestand des § 17 Abs. 1 Satz 2 UStG dahingehend, dass nicht der Leistungsempfänger, der den Vorsteuerabzug in Anspruch genommen hat, sondern der wirtschaftlich Begünstigte zur Berichtigung des Vorsteuerabzugs verpflichtet ist. Betroffen sind Sachverhalte der Entgeltminderung in der **Leistungskette** (Rz. 58 ff.).

Die Steuerberichtigungspflicht findet nach **§ 17 Abs. 1 Satz 5 UStG** auch in den Fällen des innergemeinschaftlichen Erwerbs (§ 1 Abs. 1 Nr. 5 UStG) sowie der Verlagerung der Steuerschuldnerschaft auf den Leistungsempfänger (Reverse-Charge-Verfahren nach § 13b UStG) Anwendung (Rz. 76).

§ 17 Abs. 1 Satz 6 UStG modifiziert den Grundtatbestand der Umsatzsteuerberichtigung nach § 17 Abs. 1 Satz 1 UStG dahingehend, dass bei gewährten Rabatten (Preisnachlass oder Preiserstattung) in einer **Leistungskette** der (inländische) Rabattgeber den Steuerbetrag nur dann (steuermindernd) berichtigen darf, wenn der Leistungsbezug für den (ausländische) Rabattempfänger im Inland steuerpflichtig ist (Rz. 77 ff.). Damit soll die Vorschrift Rechtssicherheit für die Ermittlung der Steuerbemes-

---

1 BFH, Urt. v. 31.5.2001 – V R 71/99, BStBl. II 2003, 206 = UR 2002, 98, unter II.2.; BFH, Urt. v. 22.4.2004 – V R 72/03, BStBl. II 2004, 684 = UR 2004, 480 m. Anm. *Stadie*, unter II.1.a.

2 BFH, Urt. v. 8.10.1997 – XI R 25/97, BStBl II. 1998, 69 = UR 1998, 117, unter II.2. m.w.N.; BFH, Urt. v. 7.12.2006 – V R 2/05, BStBl. II 2007, 848 = UR 2007, 277, unter II.1.a.; BFH, Urt. v. 22.10.2009 – V R 14/08, BStBl. II 2011, 988 = UR 2010, 268, II.1.a.; BFH, Urt. v. 25.7.2012 – VII R 29/11, BStBl. II 2013, 36 = UR 2012, 927 m. Anm. *Marchal*, Rz. 17; BFH, Urt. v. 15.10.2019 – VII R 31/17, BStBl. II 2023, 262 = UR 2020, 313, Rz. 22.

3 BFH, Urt. v. 15.12.2016 – V R 26/16, BStBl. II 2017, 735 = UR 2017, 279, Rz. 25.

4 Abschn. 17.1 Abs. 3 Satz 1 UStAE.

sungsgrundlage bei Preisnachlässen und Preiserstattungen in einer Leistungskette über mehrere Stufen im Zusammenhang mit dem grenzüberschreitenden Handel herstellen.

§ 17 Abs. 1 Satz 7 UStG ist eine Vereinfachungsvorschrift für die Berichtigung des Vorsteuerabzugs bei Einschaltung eines Zentralregulierers (Rz. 78 ff.).

§ 17 Abs. 1 Sätze 8, 9 UStG regeln, für welchen Besteuerungszeitraum die Berichtigungen des geschuldeten Steuerbetrags bzw. des Vorsteuerabzugs vorzunehmen sind (Rz. 86 ff.). Satz 9 bezieht sich dabei ausdrücklich nur auf die Berichtigung nach § 17 Abs. 1 Satz 4 UStG und ist damit gegenüber Satz 8 spezieller.

6 Der rechtfolgenverweisende **§ 17 Abs. 2 UStG** („Absatz 1 gilt sinngemäß") listet enumerativ **fünf Tatbestände** auf, bei dessen Verwirklichung der geschuldete Steuerbetrag bzw. der Vorsteuerabzug ebenfalls zu berichtigen sind (Rz. 90 ff.).

Nach **§ 17 Abs. 2 Nr. 1–3 UStG** sind der Steuerbetrag und korrespondierend ggfs. der Vorsteuerabzug nachträglich zu berichtigen, wenn entgegen den ursprünglichen Vereinbarungen kein vollständiger Leistungsaustausch stattfindet (Entgelt wird – teilweise – uneinbringlich, Rz. 92 ff., die vereinbarte Leistung wird nach Entrichtung des Entgelts nicht ausgeführt, Rz. 113 ff.) oder das Umsatzgeschäft wird rückgängig gemacht (Rz. 128 ff.). Zu den Besonderheiten bei Uneinbringlichkeit wegen **Insolvenzeröffnung** siehe Anh. § 18 Rz. 1 ff. (Umsatzsteuer und Insolvenz).

§ 17 Abs. 2 Nr. 4 UStG ist eine Ergänzungsvorschrift zu § 3d UStG (§ 3d Rz. 1 ff.). Es wird sichergestellt, dass eine – allein wegen Verwendung einer deutschen USt-IdNr. – durchgeführte Erwerbsbesteuerung bei Nachweis der Besteuerung im Bestimmungsland berichtigt werden kann (Rz. 143 ff.).

§ 17 Abs. 2 Nr. 5 UStG steht im Zusammenhang mit § 15 Abs. 1a UStG (§ 15 Rz. 224 ff.), wenn Aufwendungen entgegen der ursprünglichen Verwendungsabsicht nachträglich unter das Vorsteuerabzugsverbot fallen (Rz. 150 ff.).

7 **§ 17 Abs. 3 UStG** betrifft die nach § 15 Abs. 1 Nr. 2 UStG als Vorsteuer abgezogene **Einfuhrumsatzsteuer** (§ 15 Rz. 193 ff.). Wird diese später herabgesetzt, erlassen oder erstattet, so ist der Vorsteuerabzug entsprechend zu berichtigen (Rz. 156 ff.).

8 **§ 17 Abs. 4 UStG** regelt eine Pflicht des Unternehmers zur **Belegerteilung** gegenüber dem Leistungsempfänger, wenn die Entgelte für unterschiedlich besteuerte Lieferungen oder sonstige Leistungen eines bestimmten Zeitabschnitts gemeinsam geändert werden (z.B. Jahresboni, Jahresrückvergütungen). Aus diesem Beleg muss zu ersehen sein, wie sich die Änderung der Entgelte auf die unterschiedlich besteuerten Umsätze verteilt (Rz. 161 ff.).

II. Unionsrechtliche Grundlagen

1. Systematik

9 Während § 17 UStG die Berichtigung des Steuerbetrags und des Vorsteuerabzugs regelungssystematisch zusammenfasst, fallen unionsrechtlich die Berichtigung des **Steuerbetrags** (Art. 90, 92 MwStSystRL) und des **Vorsteuerabzugs** (Art. 184, 185, 186 MwStSystRL) regelungssystematisch auseinander. Vorgängerregelungen waren die Bestimmungen aus Art. 11 C. Abs. 1, 3 der 6. EG-Richtlinie (Regelungen zur Berichtigung der Bemessungsgrundlage) und Art. 20 Abs. 1 der 6. EG-Richtlinie (Berichtigung des Vorsteuerabzugs), die zum 1.1.2007 inhaltlich weitgehend unverändert in die MwStSystRL übernommen wurden.

2. Berichtigung des Steuerbetrags

10 Unionsrechtliche Bestimmung für die Berichtigungspflicht des Steuerbetrags ist **Art. 90 Abs. 1 MwStSystRL**. Danach wird die Steuerbemessungsgrundlage im Fall der Annullierung, der Rückgängigmachung, der Auflösung, der vollständigen oder teilweisen Nichtbezahlung oder des Preisnachlasses nach der Bewirkung des Umsatzes unter den von den Mitgliedstaaten festgelegten Bedingungen entsprechend vermindert. Die Bestimmung verpflichtet die Mitgliedstaaten dazu, die Steuerbemessungsgrundlage und damit den Betrag der vom Steuerpflichtigen geschuldeten Mehrwertsteuer immer dann zu mindern, wenn der Steuerpflichtige nach der Bewirkung eines Umsatzes die gesamte Gegenleistung

oder einen Teil davon nicht erhält. Bei entgeltlichen Leistungen ist Steuerbemessungsgrundlage i.S.d. Art. 90 MwStSystRL der Wert der Gegenleistung (Art. 73 MwStSystRL).

Art. 90 Abs. 1 MwStSystRL ist Ausdruck eines **fundamentalen Grundsatzes** der Mehrwertsteuerrichtlinie, nach dem Bemessungsgrundlage die tatsächlich erhaltene Gegenleistung ist und aus dem folgt, dass die Steuerverwaltung als Mehrwertsteuer keinen höheren als den dem Steuerpflichtigen gezahlten Betrag erheben darf.[1] Hieraus ergibt sich, dass es für eine Berichtigung des Steuerbetrags noch nicht genügt, dass ein Anspruch auf Änderung der Bemessungsgrundlage besteht; vielmehr muss eine tatsächliche Änderung eingetreten sein (z.B. tatsächliche Rückzahlung eines gewährten Preisnachlasses[2]) (Rz. 31, Rz. 38). Eine nachträgliche Änderung der vertraglichen Beziehung ist dem gegenüber keine notwendige Voraussetzung für die Anwendung des Art. 90 Abs. 1 MwStSystRL.[3] Besonderheiten ergeben sich bei der Änderung der Bemessungsgrundlage in Leistungsketten[4] (Rz. 58 ff.).

Wann von einer **vollständigen** oder **teilweisen Nichtbezahlung** auszugehen ist, hat der EuGH bislang nicht abschließend entschieden. Charakteristikum einer Nichtzahlung ist aber die Unsicherheit darüber, ob sie endgültig ist.[5] Eine (auch langjährige) Ratenzahlungsvereinbarung rechtfertigt keine Berichtigung der Bemessungsgrundlage. Denn die Nichtzahlung eines Teilbetrags der Vergütung vor dessen Fälligkeit ist keine Nichtzahlung nach Art. 90 Abs. 1 MwStSystRL[6] (Rz. 105). 10.1

Die Begriffe **Annullierung**, **Rückgängigmachung** und **Auflösung** in Art. 90 Abs. 1 MwStSystRL umfassen sowohl die Fälle der rückwirkenden Vertragsauflösung (ex tunc) als auch die Fälle der Auflösung mit Wirkung für die Zukunft (ex nunc). Die Vertragsparteien werden hierdurch in ihre Ausgangssituation vor Vertragsschluss zurückversetzt.[7]

Art. 90 Abs. 2 MwStSystRL erlaubt den Mitgliedstaaten, für den Fall der **vollständigen** oder **teilweisen Nichtbezahlung** des Preises für den Umsatz von dieser Regel abzuweichen.[8] Diese ausschließlich auf den Fall der vollständigen oder teilweisen Nichtbezahlung beschränkte Abweichungsbefugnis beruht auf der Erwägung, dass es aufgrund der Rechtslage in einem Mitgliedstaat schwierig sein kann, nachzuprüfen, ob die Gegenleistung endgültig oder nur vorläufig nicht erbracht worden ist.[9] Trotz der mit dem Merkmal der „Uneinbringlichkeit" des vereinbarten Entgelts (§ 17 Abs. 2 Nr. 1 Satz 1 UStG) verbundenen Auslegungsschwierigkeiten (Rz. 95 ff.), hat Deutschland von der Abweichungsbefugnis keinen Gebrauch gemacht. 11

---

1 EuGH, Urt. v. 5.5.1994 – C-38/93, ECLI:EU:C:1994:188 – Glawe, BStBl. II 1994, 548 = UR 1994, 308 Rz. 8; EuGH, Urt. v. 24.10.1996 – C-288/94, ECLI:EU:C:1996:398 – Argos Distributors, UR 1997, 263, Rz. 16; EuGH, Urt. v. 26.1.2012 – C-588/10, ECLI:EU:C:2012:40 – Kraft Foods Polska, UR 2012, 610, Rz. 26 f.; EuGH, Urt. v. 12.10.2017 – C-404/16, ECLI:EU:C:2017:759 – Lombard Ingatlan Lízing, UR 2018, 32, Rz. 26 m.w.N.; EuGH, Urt. v. 20.12.2017 – C-462/16, ECLI:EU:C:2017:1006 – Boehringer Ingelheim Pharma, UR 2018, 166, Rz. 32; EuGH, Urt. v. 3.7.2019 – C-242/18, ECLI:EU:C:2019:558 – UniCredit Leasing, UR 2019, 592, Rz. 37 m.w.N.; EuGH, Urt. v. 28.10.2021 – C-324/20, ECLI:EU:C:2021:880 – X-Beteiligungsgesellschaft, UR 2021, 908 m. Anm. *Rust*, Rz. 58 m.w.N.; vgl. dazu auch *Stadie*, UR 2022, 1 passim, wonach dieser Grundsatz nicht mehr als ein Lippenbekenntnis des EuGH sei.

2 EuGH, Urt. v. 29.5.2001 – C-86/99, ECLI:EU:C:2001:291 – Freemans, UR 2001, 349, Rz. 25 ff. (Rückgewähr einer erhaltenen Anzahlung).

3 EuGH, Urt. v. 3.7.1997 – C-330/95, ECLI:EU:C:1997:339 – Goldsmiths, UR 1997, 397, Rz. 16.

4 EuGH, Urt. v. 24.10.1996 – C-317/94, ECLI:EU:C:1996:400 – Elida Gibbs, UR 1997, 265 m. Anm. *Weiß*; EuGH, Urt. v. 16.1.2014 – C-300/12, ECLI:EU:C:2014:8 – Ibero Tours, BStBl. II 2015, 317 = UR 2014, 234; EuGH, Urt. v. 20.12.2017 – C-462/16, ECLI:EU:C:2017:1006 – Boehringer Ingelheim Pharma, UR 2018, 166.

5 EuGH, Urt. v. 12.10.2017 – C-404/16, ECLI:EU:C:2017:759 – Lombard Ingatlan Lízing, UR 2018, 32, Rz. 23, 30.

6 EuGH, Urt. v. 28.10.2021 – C-324/20, ECLI:EU:C:2021:880 – X-Beteiligungsgesellschaft, UR 2021, 908 m. Anm. *Rust*, Rz. 56 ff.

7 EuGH, Urt. v. 12.10.2017 – C-404/16, ECLI:EU:C:2017:759 – Lombard Ingatlan Lízing, UR 2018, 32, Rz. 23, 29.

8 EuGH, Urt. v. 15.5.2014 – C-337/13, ECLI:EU:C:2014:328 – Almos Agrárkülkereskedelmi, UR 2014, 900, Rz. 22 f.; EuGH, Urt. v. 12.10.2017 – C-404/16, ECLI:EU:C:2017:759 – Lombard Ingatlan Lízing, UR 2018, 32, Rz. 26 f.; EuGH, Urt. v. 23.11.2017 – C-246/16, ECLI:EU:C:2017:887 – Di Maura, UR 2018, 37, Rz. 19; EuGH, Urt. v. 6.12.2018 – C-672/17, ECLI:EU:C:2018:989 – Tratave, UR 2019, 114, Rz. 29 f. m.w.N.; EuGH, Urt. v. 3.7.2019 – C-242/18, ECLI:EU:C:2019:558 – UniCredit Leasing, UR 2019, 592, Rz. 53 f.

9 EuGH, Urt. v. 3.7.1997 – C-330/95, ECLI:EU:C:1997:339 – Goldsmiths, UR 1997, 397, Rz. 18; EuGH, Urt. v. 23.11.2017 – C-246/16, ECLI:EU:C:2017:887 – Di Maura, UR 2018, 37, Rz. 17; EuGH, Urt. v. 3.7.2019 – C-242/18, ECLI:EU:C:2019:558 – UniCredit Leasing, UR 2019, 592, Rz. 54.

12 Für den Sonderfall von **zurückzugebenden Warenumschließungen** (z.B. Pfandflaschen)[1] enthält **Art. 92 MwStSystRL** für die Mitgliedstaaten ein Wahlrecht, ob sie die Kosten von Warenumschließungen bei der Ermittlung der Steuerbemessungsgrundlage berücksichtigen werden oder nicht. In Deutschland gehört das dem Abnehmer berechnete Pfandgeld für Warenumschließungen zum Entgelt für die Lieferung. Deshalb muss nach Unionsrecht sichergestellt sein, dass die Steuerbemessungsgrundlage berichtigt (gemindert) wird, wenn die Umschließung tatsächlich zurückgegeben wird. In der Rücknahme des Leerguts und Rückzahlung des Pfandgelds liegt deshalb eine Entgeltminderung.[2]

3. Berichtigung des Vorsteuerabzugs

13 Nach der Grundregel des **Art. 184 MwStSystRL** wird der ursprüngliche Vorsteuerabzug berichtigt, wenn der Vorsteuerabzug höher oder niedriger ist als der, zu dessen Vornahme der Steuerpflichtige berechtigt war. Nach **Art. 185 Abs. 1 MwStSystRL** erfolgt eine Berichtigung insbesondere dann, wenn sich die Faktoren, die bei der Bestimmung des Vorsteuerabzugsbetrags berücksichtigt werden, nach Abgabe der Mehrwertsteuererklärung geändert haben, z.B. bei einem rückgängig gemachten Kauf oder erlangten Rabatten.[3] Der Wortlaut gilt ausdrücklich sowohl zu Lasten als auch zu Gunsten des Steuerpflichtigen. Von Art. 184, 185 Abs. 1 MwStSystRL sind sämtliche in § 17 UStG vorgesehenen Vorsteuerberichtigungstatbestände des unmittelbaren Leistungsempfängers umfasst, d.h. als Faktor in diesem Sinne ist die für die Berichtigung nach § 17 Abs. 1 Satz 2 UStG erforderliche Entgeltänderung anzusehen, die nach § 17 Abs. 2 UStG auch für die fünf dort geregelten Fälle gilt.

13.1 Der Berichtigungsmechanismus nach Art. 184 und 185 Abs. 1 MwStSystRL ist nur dann anwendbar, wenn ein Recht auf Vorsteuerabzug besteht.[4] Diese Bestimmungen können indes kein Recht auf Vorsteuerabzug entstehen lassen.[5] Infolgedessen ist eine Berichtigung zu Gunsten des Steuerpflichtigen ausgeschlossen, wenn das Recht auf Vorsteuerabzug aufgrund nationaler Vorschriften (z.B. aufgrund einer Ausschlussfrist) nicht mehr ausgeübt werden kann.[6]

13.2 Aus einer **Gesamtbetrachtung der Art. 184** und **185 Abs. 1 MwStSystRL** ergibt sich eine Berichtigungspflicht eines zu Unrecht vorgenommenen Vorsteuerabzugs.[7] Daraus folgt, dass sich im Falle der Änderung eines der ursprünglich bei der Berechnung des Vorsteuerabzugs berücksichtigten Faktoren eine Berichtigung als notwendig erweist und die Berechnung der Höhe dieser Berichtigung dazu führen muss, dass der Betrag des endgültig vorgenommenen Vorsteuerabzugs demjenigen entspricht, zu dessen Vornahme der Steuerpflichtige berechtigt gewesen wäre, wenn diese Änderung ursprünglich berücksichtigt worden wäre.[8] Die Änderung eines solchen Faktors stellt z.B. die Änderung der Bemessungsgrundlage i.S.d. Art. 90 Abs. 1 MwStSystRL beim Leistenden dar[9] oder die Verminderung von Verbindlichkeiten durch den rechtskräftigen Abschluss eines Zwangsvergleichs.[10]

---

1 BMF, Schr. v. 20.10.2014 – IV D 2-S 7200/07/10022, BStBl. I 2014, 1372 = UR 2014, 904 (zur Abgrenzung zwischen Warenumschließungen und Transportmitteln).

2 Abschn. 10.1 Abs. 8 UStAE; BMF, Schr. v. 20.10.2014 – IV D 2-S 7200/07/10022, BStBl. I 2014, 1372 = UR 2014, 904; *Schothöfer*, DStR 2015, 268 (269).

3 EuGH, Urt. v. 18.10.2012 – C-234/11, ECLI:EU:C:2012:644 – TETS Haskovo, UR 2012, 921, Rz. 32; EuGH, Urt. v. 13.3.2014 – C-107/13, ECLI:EU:C:2014:151 – FIRIN, UR 2014, 705, Rz. 51; EuGH, Urt. v. 31.5.2018 – C-660/16 und C-661/16, ECLI:EU:C:2018:372 – Kollroß und Wirtl, UR 2018, 519, Rz. 56.

4 EuGH, Urt. v. 30.3.2006 – C-184/04, ECLI:EU:C:2006:214, Uudenkaupungin kaupunki, UR 2006, 530, Rz. 37; EuGH, Urt. v. 7.7.2022 – C-194/21, ECLI:EU:C:2022, 535 – Staatssecretaris van Financiën, UR 2022, 635, Rz. 45.

5 EuGH, Urt. v. 11.7.1991 – C-97/90, ECLI:EU:C:1991:315 – Lennartz, UR 1991, 291 m. Anm. *Widmann* Rz. 11 f.; EuGH, Urt. v. 2.6.2005 – C-378/02, ECLI:EU:C:2005:335, Waterschap Zeeuws Vlaanderen, UR 2005, 437, Rz. 38.

6 EuGH, Urt. v. 7.7.2022 – C-194/21, ECLI:EU:C:2022, 535 – Staatssecretaris van Financiën, UR 2022, 635, Rz. 46.

7 EuGH, Urt. v. 7.7.2022 – C-194/21, ECLI:EU:C:2022, 535 – Staatssecretaris van Financiën, UR 2022, 635, Rz. 43.

8 EuGH, Urt. v. 16.6.2016 – C-186/15, ECLI:EU:C:2016:452 – Kreissparkasse Wiedenbrück, BStBl. II 2024, 207 = UR 2016, 553, Rz. 47; EuGH, Urt. v. 22.2.2018 – C-396/16, ECLI:EU:C:2018:109 – T-2, UR 2018, 365, Rz. 27.

9 *Stadie* in Rau/Dürrwächter, § 17 UStG Rz. 20, 29 (Stand: 8/2022).

10 EuGH, Urt. v. 22.2.2018 – C-396/16, ECLI:EU:C:2018:109 – T-2, UR 2018, 365, Rz. 29.

Nach **Art. 185 Abs. 2 UAbs. 1 MwStSystRL** unterbleibt die Berichtigung allerdings bei Umsätzen, bei denen **keine** oder eine **nicht vollständige Zahlung** geleistet wurde, in ordnungsgemäß nachgewiesenen oder belegten Fällen von **Zerstörung**,[1] **Verlust** oder **Diebstahl** sowie bei **Entnahmen für Geschenke** von geringem Wert und **Warenmustern** i.S.d. Art. 16 MwStSystRL. Bei Umsätzen, bei denen keine oder eine nicht vollständige Zahlung erfolgt, und bei Diebstahl, können die Mitgliedstaaten nach **Art. 185 Abs. 2 UAbs. 2 MwStSystRL** jedoch eine Berichtigung verlangen[2] (also Wahlrecht des Mitgliedstaats die Vorsteuerberichtigung verpflichtend anzuordnen). 14

Die Merkmale in Art. 185 Abs. 2 MwStSystRL „keine" bzw. „nicht vollständige Zahlung" sind entsprechend der in Art. 90 Abs. 1 MwStSystRL verwendeten Begriffe „vollständige oder teilweise Nichtbezahlung" (Rz. 10.1) auszulegen mit der Folge, dass ein Mitgliedstaat bei endgültig feststehender Nichtzahlung bzw. Teilzahlung eine Vorsteuerberichtigung nach Art. 185 Abs. 2 UAbs. 1 MwStSystRL nicht ausschließen darf.[3] 14.1

Art. 186 MwStSystRL gestattet den Mitgliedstaaten, die Einzelheiten für die Anwendung der Art. 184 und 185 MwStSystRL festzulegen.

III. Verhältnis zu anderen Vorschriften

1. Verhältnis zu § 10 UStG (Bemessungsgrundlage)

Bereits die **amtliche Überschrift des § 17 UStG** („Änderung der Bemessungsgrundlage") nimmt die §§ 10, 11 UStG („Bemessungsgrundlagen") unmittelbar in Bezug (§ 10 Rz. 1 ff.). Mit § 17 Abs. 1 Satz 1 UStG wird dem Umstand Rechnung getragen, dass sich die Bemessungsgrundlage (Entgelt) **nachträglich** (Rz. 42 f.), also nach Ausführung der Leistung, mit steuerlicher Wirkung für die Zukunft (Rz. 3 f.) ändern kann. Damit ergänzt § 17 UStG die in § 10 UStG geregelte Bemessungsgrundlage für Ausgangsleistungen im Sinne des unionsrechtlichen Grundsatzes, wonach diese nur die tatsächlich erhaltene Gegenleistung ist und aus dem folgt, dass die Steuerverwaltung als Mehrwertsteuer keinen höheren als den dem Steuerpflichtigen gezahlten Betrag erheben darf[4] (Rz. 10). Sowohl § 17 Abs. 1 Satz 1 UStG als auch § 10 Abs. 1 UStG erfassen Fälle der Steuerminderung. § 17 UStG erfasst diese bei einer nachträglichen Entgeltminderung, § 10 UStG bei einem von vornherein (also bei Lieferung) überhöht versteuerten Entgelts.[5] 15

2. Verhältnis zu § 13b UStG (Umkehr der Steuerschuldnerschaft)

Im Fall der Steuerschuldnerschaft des Leistungsempfängers gelten die Vorschriften über die Änderung der Bemessungsgrundlage und der Berichtigung des Vorsteuerabzugs nach § 17 Abs. 1 Satz 5 UStG sinngemäß (Rz. 76). Die sinngemäße Anwendung ist erforderlich, weil nach § 17 Abs. 1 Satz 1 UStG der Leistende (und nicht wie im Rahmen des **§ 13b UStG** der Leistungsempfänger, § 13b Rz. 18) zur Berichtigung der Steuer verpflichtet bzw. berechtigt ist. 16

3. Verhältnis zu § 14c UStG und entsprechende Anwendung von § 14c UStG

Die Steuerberichtigung nach § 17 UStG ist nicht von einer Rechnungsberichtigung abhängig (Rz. 44) und führt deshalb auch nicht (nachträglich) zu einer Steuerschuld nach **§ 14c UStG** (Rz. 50). Der Anwendungsbereich des § 14c Abs. 1 UStG ist schon deshalb nicht eröffnet, weil es für die Frage des Ausweises eines höheren als des gesetzlich geschuldeten Steuerbetrags auf die Verhältnisse bei der Rechnungserteilung ankommt. Eine zu diesem Zeitpunkt zutreffende Rechnung wird nicht durch eine spä- 17

1 EuGH, Urt. v. 18.10.2012 – C-234/11, ECLI:EU:C:2012:644 – TETS Haskovo, UR 2012, 921, Rz. 33 ff.
2 EuGH, Urt. v. 4.10.2012 – C-550/11, ECLI:EU:C:2012:614 – PIGI, UR 2012, 924, Rz. 28 ff.
3 EuGH, Urt. v. 22.2.2018 – C-396/16, ECLI:EU:C:2018:109 – T-2, UR 2018, 365, Rz. 35, 45.
4 EuGH, Urt. v. 3.7.1997 – C-330/95, ECLI:EU:C:1997:339 – Goldsmiths, UR 1997, 397, Rz. 15; EuGH, Urt. v. 12.10.2017 – C-404/16, ECLI:EU:C:2017:759 – Lombard Ingatlan Lízing, UR 2018, 32, Rz. 26 m.w.N.; EuGH, Urt. v. 26.1.2012 – C-588/10, EU:C:2012:40 – Kraft Foods, UR 2012, 610, Rz. 26 f.
5 BFH, Urt. v. 18.11.2021 – V R 4/21 (V R 41/17), BStBl. II 2022, 350 = UR 2022, 263, Rz. 21.

tere Berichtigungspflicht nach § 17 Abs. 1 Satz 1 UStG unrichtig.[1] Damit schließen sich die Vorschriften gegenseitig aus (§ 14c Rz. 8).

18 Im Übrigen ordnen § 14c Abs. 1 Satz 2 UStG (Berichtigung bei unrichtigem Steuerausweis, § 14c Rz. 12 ff.) und § 14c Abs. 2 Satz 5 UStG (Berichtigung bei unberechtigten Steuerausweis, § 14c Rz. 57 ff.) die entsprechende Anwendung des § 17 Abs. 1 UStG an (§ 14c Rz. 51). Die Rechtsverweisung hat zur Folge, dass die Berichtigung der Steuerschuld nach § 14c UStG nicht auf den Zeitpunkt der Steuerentstehung zurückwirkt, sondern der steuerwirksame Berichtigungsanspruch entsprechend § 17 Abs. 1 Satz 8 UStG erst in dem Besteuerungszeitraum zu erfassen ist, in dem die Berichtigungsvoraussetzungen des § 14c UStG vorliegen.[2] Der Verweis betrifft ausschließlich den Steuerschuldner (leistender Unternehmer oder Rechnungsaussteller), nicht jedoch den Leistungsempfänger.[3]

Dogmatisch nicht nachvollziehbar ist die Auffassung, die Rechtsverweisung des § 14c Abs. 2 Satz 5 UStG auf § 17 Abs. 1 UStG diene dazu, bei der Steuerberechnung durch Vor- und Steueranmeldung (§ 18 Abs. 1 und 3 UStG i.V.m. § 16 Abs. 1, 2 UStG und § 17 UStG) auch die Berichtigung des Steuerbetrages (§ 14c Abs. 2 Satz 5 UStG) berücksichtigen zu können.[4] Denn für Zwecke der Steuerberechnung werden die Berichtigungsbeträge nach § 14c UStG bereits ausdrücklich durch § 16 Abs. 1 Satz 4 UStG erfasst.

4. Verhältnis zu §§ 15 UStG (Vorsteuerabzug)

19 Wegen des grundsätzlichen Zusammenhangs zwischen Steuerschuld beim Leistenden und dem Recht auf Abzug des Vorsteuerbetrags beim Leistungsempfänger wird durch § 17 Abs. 1 Satz 2 UStG die Regelung des **§ 15 Abs. 1 Satz 1 Nr. 1 UStG** ergänzt. Eine Berichtigung des Vorsteuerabzugs nach § 17 Abs. 1 Satz 2 UStG kommt im Verhältnis zu § 15 UStG nur nach der materiell-rechtlichen Entstehung des Anspruchs auf den Vorsteuerabzug (§ 15 Rz. 186) in Betracht. Zum Abzug des entstandenen Vorsteuerbetrags und zu seiner Berichtigung kann es im selben Besteuerungszeitraums kommen, auch wenn sich die unselbständigen Besteuerungsgrundlagen dann gegenseitig aufheben (Rz. 87.1).

5. Verhältnis zu §§ 15a UStG (Vorsteuerberichtigung)

19.1 Von der Pflicht zur Berichtigung des Vorsteuerabzugs nach § 17 Abs. 1 Satz 2 UStG zu unterscheiden ist die Pflicht zur Berichtigung des Vorsteuerabzugs nach **§ 15a UStG**. § 15a UStG kommt zur Anwendung, wenn sich die Verwendungsabsicht nach Leistungsbezug ändert und dies zu einer anderen Beurteilung des Vorsteuerabzugs führt. Denn § 15a UStG liegt der Gedanke zugrunde, den Vorsteuerabzug letztlich nach der tatsächlichen Verwendung der Eingangsleistung zu bestimmen (§ 15a Rz. 1 ff.). Demgegenüber erfasst § 17 Abs. 1 Satz 2 UStG die nachträgliche Änderung (Absatz 1) oder den nachträglichen Wegfall (Absatz 2) der Bemessungsgrundlage, die sich korrespondierend (Rz. 55) und betragsmäßig auf den Vorsteuerabzug auswirkt.[5]

6. Verhältnis zu § 16 UStG (Steuerberechnung)

19.2 Die Steuer- und Vorsteuerberichtigungen sind als Teil der Steuerberechnung nach § 16 Abs. 1, 2 UStG im jeweils maßgeblichen Besteuerungszeitraum (Rz. 85) zu berücksichtigen (§ 16 Rz. 20, 24). Während sich die Einbeziehung des Berichtigungsbetrags des Zentralregulierers (Rz. 77 ff.) in die Steuerberechnung unmittelbar aus § 16 Abs. 1 Satz 4 UStG ergibt, ergibt sich die Einbeziehung der übrigen Berichtigungsbeträge des § 17 UStG in die Steuerberechnung erst aus § 18 Abs. 1 Satz 3, Abs. 3 Satz 1 UStG (§ 16 Rz. 11, 23). Über die Steuerberechnung werden die Berichtigungsbeträge als unselbständige Be-

1 *Wäger* in Sölch/Ringleb, § 17 UStG Rz. 46 (Stand: 3/2021); vgl. auch BFH, Urt. v. 30.11.1995 – V R 57/94, BStBl. II 1996, 206 = UR 1996, 232, unter II.2.a (zu § 14 Abs. 2 Satz 1 UStG 1980); Abschn. 17.1 Abs. 10 UStAE.

2 BFH, Urt. v. 12.10.2016 – XI R 43/14, BStBl II 2022, 566 = UR 2017, 237 m. Anm. *Nücken*, Rz. 35 f.

3 BFH, Urt. v. 6.12.2007 – V R 3/06, BStBl. II 2009, 203 = UR 2008, 588, unter II.2.c.

4 BFH, Beschl. v. 27.7.2021 – V R 43/19, BStBl. II 2024, 237 = UR 2021, 934, Rz. 21, 30.

5 *Pull* in Reiß/Kraeusel/Langer, § 17 UStG, Rz. 24 (Stand: 2/2022) zum Zusammentreffen von Berichtigungen nach § 15a und § 17 UStG.

steuerungsgrundlagen (§ 157 Abs. 2 AO) in der Umsatzsteuerjahreserklärung (§ 18 Abs. 3 Satz 1 UStG) sowie den Voranmeldungen (§ 18 Abs. 1 Satz 1 UStG) erfasst (§ 18 Rz. 27).

7. Verhältnis zu § 19 UStG (Kleinunternehmerregelung)

Die Berichtigungsbeträge sind bei der Ermittlung des Gesamtumsatzes nach **§ 19 Abs. 3 Satz 1, Abs. 1 Sätze 1, 2 UStG** nicht zu berücksichtigen.[1] Denn als **selbständige Besteuerungstatbestände** (Rz. 3) gehören sie nicht zu den Umsätzen i.S.d. § 1 Abs. 1 Nr. 1 UStG, auf die § 19 Abs. 3 Satz 1 UStG ausdrücklich abstellt (§ 19 Rz. 14 ff.). 20

8. Verhältnis zu Korrekturvorschriften der Abgabenordnung

Die Vorschrift des § 17 UStG enthält einen – gegenüber den Korrekturvorschriften der Abgabenordnung (§§ 164 f., 172 ff. AO) – eigenständigen Berichtigungstatbestand. Berichtigt wird der materiellrechtliche Steuer- oder Vorsteuerbetrag, nicht die verfahrensrechtliche Steuerfestsetzung (Rz. 3). § 17 UStG betrifft also nicht den Fall einer von Anfang an oder später eintretenden unrichtigen Steuerfestsetzung, die z.B. durch einen Fehler bei der ursprünglichen Bemessung des Entgelts oder des Vorsteuerabzugs entstanden ist und so Eingang in die Steuerfestsetzung gefunden hat. Folglich ist es für die Anwendung der Berichtigungsvorschrift unerheblich, ob die ursprüngliche Festsetzung unanfechtbar oder gar verjährt ist. 21

IV. Rechtsentwicklung

Die Fassung des § 17 UStG **seit 1980**[2] entsprach bis Ende 2004 im Wesentlichen der ursprünglichen Gesetzesfassung des § 17 UStG von 1967.[3] Anpassungen erfolgten durch das **Umsatzsteuer-Binnenmarktgesetz (UStBMG) vom 25.8.1992**[4] (Ergänzung des § 17 UStG wegen Einführung der Erwerbsbesteuerung nach § 1 Abs. 1 Nr. 5 u. § 3d UStG), das **StEntlG 1999/2000/2002 vom 24.3.1999**[5] (redaktionelle Anpassungen sowie Erweiterung des § 17 Abs. 2 UStG wegen § 15 Abs. 1a UStG um eine Nr. 5) und das **StÄndG 2001 vom 20.12.2001**[6] (Ausdehnung des § 17 Abs. 1 Satz 1 UStG auf Fälle des § 1 Abs. 1 Nr. 5, § 13b UStG). Eine wesentliche Erweiterung hat § 17 Abs. 1 UStG durch das **EURLUmsG vom 9.12.2004**[7] erfahren (§ 17 Abs. 1 UStG wurde neu gefasst und um die Berichtigung des 22

---

1 **A.A.** *Stadie* in Rau/Dürrwächter, § 17 UStG Rz. 98 (Stand: 8/2022); *Schüler-Täsch* in Sölch/Ringleb, UStG, § 19 UStG Rz. 67 (Stand: 6/2023).

2 Gesetz zur Neufassung des UStG und zur Änderung anderer Gesetze v. 26.11.1979, BGBl. I 1979, 1953 (gültig ab 1.1.1980); zur Gesetzesbegründung, GE der BReg. (UStG 1979) v. 5.5.1978, BT-Drucks. 8/1779, 44.

3 Bereits in den UStG bis 1967 gab es Regelungen zur Berichtigung der Umsatzsteuer bei nachträglicher Änderung der Bemessungsgrundlage. Wegen der allgemein geltenden Ist-Versteuerung kam diesen Regelungen aber kaum Bedeutung zu. Mit dem UStG 1967 (BGBl. I 1967, 545) wurde die Berichtigungspflicht auf den Vorsteuerabzug ausgedehnt.

4 § 17 UStG i.d.F. des Art. 1 Nr. 21 und zum Inkrafttreten Art. 12 Abs. 1 des Gesetzes v. 25.8.1992, BGBl. I 1992, 1548 (gültig ab 1.1.1993 bis 31.3.1999); zur Gesetzesbegründung, GE der BReg. (USt-Binnenmarktgesetz) v. 27.4.1992, BT-Drucks. 12/2463, 34.

5 § 17 UStG i.d.F. des Art. 7 Nr. 14 und zum Inkrafttreten Art. 18 Abs. 2 des Gesetzes v. 24.3.1999, BGBl. I 1999, 402 (gültig ab 1.4.1999 bis 31.12.2001); zur Gesetzesbegründung, GE der Reg.-Fraktion (StEntlG 1999/2000/2002) v. 9.11.1998, BT-Drucks. 14/23, 198 f.; Bericht BT-Fz zu GE StEntlG 1999/2000/2002 v. 3.3.1999, BT-Drucks. 14/443, 38.

6 § 17 UStG i.d.F. des Art. 18 Nr. 10, § 27 Abs. 4 i.d.F. des Art. 18 Nr. 18 und zum Inkrafttreten Art. 39 Abs. 6 des Gesetzes v. 20.12.2001, BGBl. I 2001, 3794 (gültig ab 1.1.2002 bis 15.12.2004); zur Gesetzesbegründung, GE der BReg. (StÄndG 2001) v. 7.9.2001, BT-Drucks. 14/6877, 37.

7 § 17 UStG i.d.F. des Art. 5 Nr. 14 und zum Inkrafttreten Art. 22 Abs. 1 des Gesetzes v. 9.12.2004, BGBl. I 2004, 3310 (gültig ab 16.12.2004 bis 24.12.2008); zur Gesetzesbegründung, GE der BReg. (EURLUmsG) v. 13.8.2004, BR-Drucks. 605/04, 69 ff.; GE der BReg. (EURLUmsG) v. 6.9.2004, BT-Drucks. 15/3677, 43; Bericht BT-Fz (EURLUmsG) v. 27.10.2004, BT-Drucks. 15/4050, 60.

Vorsteuerabzugs beim wirtschaftlich Begünstigten – § 17 Abs. 1 Sätze 3, 4, 8 UStG – erweitert)[1]. Durch das **JStG 2009 vom 19.12.2008**[2] erfolgte eine redaktionelle Anpassung zu § 17 Abs. 2 Nr. 5 UStG. Durch das **JStG 2020** wurde § 17 Abs. 1 Satz 6 eingefügt und die bisherigen Sätze 6 bis 8 entsprechend in die Sätze 7 bis 9 umnummeriert.[3] Durch das **JStG 2022** wurde der in § 17 Abs. 3 Satz 2 wegen der Einführung des § 17 Abs. 1 Satz 6 i.d.F. des JStG 2020 unzutreffend gewordene Verweis richtiggestellt (Verweis auf Satz 8 anstelle auf Satz 7 des Absatzes 1).[4]

B. Änderung der Bemessungsgrundlage (Absatz 1)

I. Berichtigung des Steuerbetrages – Grundtatbestand (Absatz 1 Satz 1)

1. Normübersicht

23 Bei § 17 Abs. 1 Satz 1 UStG handelt es sich um den Grundtatbestand für die Pflicht zur Berichtigung des Steuerbetrags aufgrund einer Änderung der Bemessungsgrundlage für einen steuerpflichtigen Umsatz i.S.d. § 1 Abs. 1 Nr. 1 UStG. Berichtigungspflichtig ist der Steuerschuldner, also im Regelfall der leistende Unternehmer (§ 13a Rz. 7). **Unionsrechtliche Grundlage** für § 17 Abs. 1 Satz 1 UStG ist **Art. 90 Abs. 1 MwStSystRL** (Rz. 10). Eingeschränkt wird die Vorschrift bei abnehmerüberspringenden Rabattgewährungen durch § 17 Abs. 1 Satz 6 UStG (Rz. 77 ff.) in der seit dem JStG 2020 geltenden Fassung (Rz. 22).

2. Tatbestand

a) Steuerpflichtiger Ausgangsumsatz

24 Grundlegende Voraussetzung für die Entstehung der Pflicht zur Berichtigung des Steuerbetrags ist ein **steuerbarer Umsatz** i.S.d. § 1 Abs. 1 Nr. 1 UStG (§ 1 Rz. 22, 33), für den keine **Befreiungsvorschrift** greift (**steuerpflichtiger Ausgangsumsatz**). Dazu muss eine Leistung (§ 3 Rz. 8) durch einen Unternehmer (§ 2 Rz. 1 ff.) im Inland (§ 1 Rz. 76) gegen Entgelt (§ 10 Rz. 24) im Rahmen seines Unternehmens (§ 2 Abs. 1 Satz 2 UStG) ausgeführt worden sein (§ 1 Rz. 72, § 3 Rz. 27 ff.). Der Ausgangsumsatz darf nicht nach §§ 4 ff. UStG von der Steuer befreit sein (§ 1 Rz. 37). Bei einem steuerfreien Ausgangsumsatz fehlt es an einem Gegenstand für eine Berichtigung des Steuerbetrags.[5] Das Gleiche gilt für einen nicht steuerbaren Umsatz (z.B. Geschäftsveräußerung im Ganzen).[6] Im Ergebnis kann es nicht zu einer Minderung der Bemessungsgrundlage kommen, wenn zuvor keine Umsatzsteuer erhoben wurde.[7]

1 Grundlegend: EuGH, Urt. v. 24.10.1996 – C-317/94, ECLI:EU:C:1996:400 – Elida Gibbs, UR 1997, 265 m. Anm. *Weiß* (zu Preiserstattungsgutscheinen); BMF, Schr. v. 19.12.2003 – IV B 7-S 7200-101/03, BStBl. I 2004, 443. Mit § 17 Abs. 1 Sätzen 4, 8 UStG wurde Art. 20 Abs. 1 Buchst. b der 6. EG-Richtlinie – Richtlinie 77/388/EWG, ABl. EG 1977 Nr. L 145, 1 – (heute: Art. 185 MwStSystRL) in nationales Recht umgesetzt. Gesetzesanpassung wurde nach EuGH, Urt. v. 15.10.2002 – C-427/98, ECLI:EU:C:2002:581 – Kommission/Deutschland, BStBl. II 2004, 328 = UR 2002, 523 notwendig.

2 § 17 UStG i.d.F. des Art. 7 Nr. 12 und zum Inkrafttreten Art. 39 Abs. 1 des Gesetzes v. 19.12.2008, BGBl. I 2008, 2794 (gültig ab 25.12.2008); zur Gesetzesbegründung, GE der BReg. (JStG 2009) v. 8.8.2008, BR-Drucks. 545/08, 121; GE der BReg. (JStG 2009) v. 2.9.2008, BT-Drucks. 16/10189, 77.

3 Einfügung von § 17 Abs. 1 Satz 6 durch Art. 11 Nr. 4 des JStG 2020 v. 21.12.2020, BGBl. I 2020, 3096. Nach Art. 50 Abs. 1 JStG 2020 ist die Vorschrift am 29.12.2020 (Tag nach der Verkündung) in Kraft getreten. Zur Gesetzesbegründung, GE der BReg (JStG 2020) v. 3.9.2020, BR-Drucks. 503/20, 126 f.

4 Teiländerung des § 17 Abs. 3 Satz 2 UStG durch Art. 15 Nr. 1 des JStG 2022 v. 16.12.2022, BGBl. I 2022, 2294. Zur Gesetzesbegründung, GE der BReg v. 10.10.2022, BT-Drucks. 20/3879, 107.

5 EuGH, v. 11.3.2021 – C-802/19, ECLI:EU:C:2021:195 – Firma Z, UR 2021, 364, Rz. 43, 47; BFH, Urt. v. 18.11.2021 – V R 4/21 (V R 41/17), BStBl. II 2022, 350 = UR 2022, 263, Rz. 20–23 (kein Anspruch auf Steuerminderung bei einer steuerfreien innergemeinschaftlichen Lieferung).

6 *Pull* in Reiß/Kraeusel/Langer, § 17 UStG, Rz. 53 (Stand: 2/2022).

7 EuGH, Urt. v. 11.3.2021 – C-802/19, ECLI:EU:C:2021:195 – Firma Z, UR 2021, 364, Rz. 47, 42 f. (eine Berichtigung des Steuerbetrags nach Art. 90 Abs. 1 MwStSystRL kommt nicht in Betracht, wenn der Leistende (hier: niederländische Firma Z) – wegen der Steuerbefreiung aufgrund einer innergemeinschaftlichen Lieferung –

b) Bemessungsgrundlage des Ausgangsumsatzes

25 Maßgebliche Bezugsgröße für die Anwendung des § 17 Abs. 1 Satz 1 UStG ist die „Bemessungsgrundlage" des steuerpflichtigen Ausgangsumsatzes (§ 10 Rz. 1), deren Änderung die Berichtigung zur Folge hat. Das ist die Bemessungsgrundlage, mit der der Umsatz i.S.d. § 1 Abs. 1 Satz 1 UStG zunächst zu versteuern war (§ 1 Rz. 78). Bei der **Bemessungsgrundlage nach § 17 Abs. 1 Satz 1 UStG** handelt es sich daher um das **Entgelt i.S.d. § 10 UStG.**[1] Entgelt ist „alles, was der Leistungsempfänger aufwendet, um die Leistung zu erhalten, jedoch abzüglich der Umsatzsteuer" (§ 10 Abs. 1 Satz 2 UStG).[2] Dies ist alles, was der Leistende im unmittelbaren Zusammenhang mit der Leistung erhält (erhaltener Gegenwert, § 10 Rz. 24 f.).

c) Änderung der Bemessungsgrundlage

aa) Änderungen im Überblick

26 Nachdem die Bemessungsgrundlage für den maßstabsbildenden Ausgangsumsatz das Entgelt ist (Rz. 25), liegt eine „Änderung" der Bemessungsgrundlage vor, wenn sich **nachträglich** (Rz. 15, 43) das (ursprüngliche) Entgelt ändert. Eine Änderung des Entgelts wird regelmäßig eine (nachträgliche) „**Minderung**" sein (Rz. 27 ff.). Der Wortlaut der Vorschrift erfasst aber auch (nachträgliche) „**Erhöhungen**" des Entgelts[3] (Rz. 37 f.). Ob in diesem Sinne eine Änderung des Entgelts eingetreten ist, beurteilt sich ausschließlich nach umsatzsteuerrechtlichen Kriterien.[4]

bb) Minderung des Entgelts

(1) Vor Vereinnahmung des Entgelts

27 Die Minderung des Entgelts führt zu einer Änderung der Bemessungsgrundlage i.S.d. § 17 Abs. 1 Satz 1 UStG. Das **Motiv für die Änderung** ist unerheblich.[5] Ausreichend ist, dass der leistende Unternehmer **nach Bewirkung des Umsatzes** (Rz. 15, 42 f.) die **vereinbarte Gegenleistung** (§ 10 Rz. 4, 13, 24) **nicht** oder **teilweise nicht erhält**[6] (zur Rabattgewährung durch Preiserstattung, Rz. 33). Der Anlass für die Minderung des Entgelts kann rechtsgeschäftlicher (z.B. Vergleich),[7] gesetzlicher (z.B. Kaufpreisminderung nach § 437 Nr. 2 BGB) oder rein tatsächlicher Natur (z.B. tatsächliche Unmöglichkeit) sein; sie kann sowohl auf Zivil- als auch auf öffentlichem Recht beruhen. Unerheblich ist auch, ob die Ursache für die Entgeltminderung vom Leistenden (z.B. freiwillige Rabattgewährung durch Preisnachlass) oder vom Leistungsempfänger ausgeht.

27.1 **Typischerweise** wird der Entgeltminderung eine **Vereinbarung** zwischen dem Leistenden und dem Leistungsempfänger zugrunde liegen (Gewährung von Rabatten,[8] Boni, Skonto).[9] Gleichwohl ist es unerheblich, ob das Recht zur Minderung des Entgelts bei einer Kaufpreis- oder Werklohnminderung auf Gesetz oder auf einer Vereinbarung beruht oder statt einer vertraglichen oder gesetzlichen Minderung Schadensersatz wegen Nichterfüllung geleistet wird.[10] Eine Entgeltminderung kann sich auch

---

„nicht über eine Steuerbemessungsgrundlage verfügt"); **a.A.** *Prätzler*, MwStR, 2017, 355; *Erdbrügger*, UR 2021, 333 (336 f.).

1 BFH, Urt. v. 17.12.2009 – V R 1/09, BFH/NV 2010, 1869, unter II.1.; BFH, Urt. v. 11.2.2010 – V R 2/09, BStBl. II 2010, 765 = UR 2010, 458, Rz. 18; BFH, Urt. v. 3.7.2014 – V R 3/12, BStBl. II 2015, 307 = UR 2014, 779, Rz. 19; BFH, Urt. v. 26.6.2019 – V R 64/17, BStBl. II 2019, 640, Rz. 18 f. m.w.N.; Abschn. 17.1 Abs. 1 Satz 1 UStAE.

2 BFH, Urt. v. 19.7.2007 – V R 11/05, BStBl. II 2007, 966 = UR 2007, 901, unter II.1.a.

3 BFH, Urt. v. 18.9.2008 – V R 56/06, BStBl. II 2009, 250 = UR 2009, 94, unter II.1.a.

4 BFH, Urt. v. 19.4.2007 – V R 44/05, BFH/NV 2007, 1548, unter II.3.

5 BFH, Urt. v. 21.3.1968 – V 85/65, BStBl. II 1968, 466 = UR 1968, 235; Abschn. 10.3 Abs. 1 Satz 3 UStAE.

6 BFH, Urt. v. 10.4.2019 – XI R 4/17, BStBl. II 2019, 635 = UR 2019, 653, Rz. 42.

7 BFH, Urt. v. 11.2.2010 – V R 2/09, BStBl. II 2010, 765 = UR 2010, 458, Rz. 22 f. m.w.N.

8 BFH, Urt. v. 16.1.2020 – V R 42/17, BStBl. II 2020, 361 = UR 2020, 431 (Rabattgewährung im Rahmen eines Rabattsystems, z.B. Payback- oder DeutschlandCard-Punkte).

9 Abschn. 10.3 Abs. 1 Satz 1 UStAE.

10 BFH, Urt. v. 16.1.2003 – V R 72/01, BStBl. II 2003, 620 = UR 2003, 253 m. Anm. *Widmann*; BFH, Urt. v. 19.4.2007 – V R 44/05, BFH/NV 2007, 1548, unter II.2.

aus einem Forderungsverzicht ergeben.[1] Zu Preisnachlässen durch Skonto für Vorauszahlungen und Rabatten oder Rückvergütungen (Art. 79 Buchst. a und b MwStSystRL) siehe § 10 Rz. 82 ff.

28 Eine **Entgeltminderung** kommt auch aufgrund **gesetzlicher Vorschriften** in Betracht. Zu einer Minderung der Bemessungsgrundlage kommt es z.B. aufgrund der von **pharmazeutischen Unternehmen** (Medikamentenhersteller) zu gewährenden Erstattung des gesetzlichen Abschlags nach § 130a SGB V an die Apotheken:

Gesetzliche Krankenversicherung (GKV): Nach § 130a Abs. 1 Satz 1 SGB V haben Apotheken den GKV bei der Abgabe von verschreibungspflichtigen Medikamenten an die gesetzlich versicherten Personen einen Herstellerrabatt, der sich nach dem Herstellerabgabepreis bemisst, zu gewähren. Nach § 130a Abs. 1 Satz 3 SGB V sind die Hersteller (pharmazeutische Unternehmen) verpflichtet, den Apotheken (ihren Abnehmern) den gesetzlich geschuldeten Abschlag zu erstatten (**Rückvergütungsanspruch** beträgt zurzeit je nach Medikament zwischen 6 % und 7 % des Nettoherstellerabgabepreises).

(a) Herstellerrabatt und Rückvergütung sind bei der Bemessungsgrundlage zu berücksichtigen: Die Apotheke steht in unmittelbarer Leistungsbeziehung zur GKV. Das Entgelt i.S.d. § 10 Abs. 1 Satz 1 UStG für die Lieferung der Arzneimittel bemisst sich nach dem von der GKV an die Apotheke gezahlten – rabattierten – Betrag zuzüglich des von dem pharmazeutischen Unternehmen (Entgelt von dritter Seite,[2] § 10 Rz. 48 ff.) der Apotheke erstatteten Herstellerrabatts.[3] Eine etwaige Zuzahlung zum Medikamentenpreis durch den Versicherten ist ebenfalls ein Entgelt von dritter Seite i.S.d. § 10 Abs. 1 Satz 2 UStG.

(b) Behandlung der Rückvergütung: Erfolgt die Rückvergütung durch den Medikamentenhersteller unmittelbar gegenüber der Apotheke, mindert sich die Bemessungsgrundlage i.S.d. § 17 Abs. 1 Satz 1 UStG für die Lieferung an seinen unmittelbaren Abnehmer[4] (z.B. Zwischenhändler oder Apotheke). Wegen der fehlenden Vorsteuerabzugsberechtigung der gesetzlichen Krankenversicherungen ist der **Erstattungsbetrag** ein **Bruttobetrag** mit der Folge, dass für Zwecke der Entgeltminderung die Umsatzsteuer aus dem Erstattungsbetrag herauszurechnen ist[5] (rechnerische Aufteilung des Erstattungsbetrags in Entgelt und Steuerbetrag, § 10 Rz. 4). Zur Lieferung durch eine im **Gemeinschaftsgebiet ansässige Versandapotheke**, Rz. 76.6.
Werden die Medikamente über Zwischenhändler an die Apotheke geliefert und wird die Rückvergütung des Medikamentenherstellers in der Leistungskette bis zur Apotheke durchgereicht, mindert sich die Bemessungsgrundlage i.S.d. § 17 Abs. 1 Satz 1 UStG bei jedem Leistenden. Soweit der Leistende zugleich auch Leistungsempfänger ist (Zwischenhändler) hat er den in Anspruch genommenen Vorsteuerabzug ebenfalls zu berichtigen.

29 Gleiches gilt für die gesetzlichen Abschläge nach § 1 AMRabG zugunsten der **privaten Krankenversicherungen** und **Kostenträger** (Beihilfe oder Heilfürsorge) wegen der durch Apotheken an privatversicherte Personen gelieferten Arzneimittel (Rabattierung für private Krankenversicherungen und Kostenträger). Die Erstattung, die das pharmazeutische Unternehmen der privaten Krankenversicherung oder dem Kostenträger gewähren muss, mindert die Bemessungsgrundlage für seine (ursprüngliche) Lieferung des Medikaments an den Zwischenhändler oder die Apotheke[6] (Rz. 61.1).

1 BFH, Urt. v. 28.9.2000 – V R 37/98, BFH/NV 2001, 491 (dies gilt auch dann, wenn der Unternehmer nicht in seiner Eigenschaft als Lieferant, sondern als Gesellschafter seines Schuldners zu dessen Gunsten verzichtet).

2 BFH, Urt. v. 10.12.2020 – V R 34/18, BStBl. II 2021, 576 = UR 2021, 508, Rz. 23 m.w.N.; Abschn. 10.3 Abs. 7 Satz 3 UStAE.

3 BFH, Urt. v. 10.12.2020 – V R 34/18, BStBl. II 2021, 576 = UR 2021, 508, Rz. 19 ff., 26.

4 BFH, Urt. v. 28.5.2009 – V R 2/08, BStBl. II 2009, 870 = UR 2009, 652 m. Anm. *Marchal*, unter II.3.a.; bestätigt durch BFH, Urt. v. 10.12.2020 – V R 34/18, BStBl. II 2021, 576 = UR 2021, 508, Rz. 27, gestützt auf EuGH, Urt. v. 24.10.1996 – C-317/94, ECLI:EU:C:1996:400 – Elida Gibbs, UR 1997, 265 m. Anm. *Weiß*, Rz. 31.

5 Bsp. zum Herausrechnen der Umsatzsteuer: BFH, Urt. v. 28.5.2009 – V R 2/08, BStBl. II 2009, 870 = UR 2009, 652, Rz. 21.

6 BFH, Urt. v. 8.2.2018 – V R 42/15, BStBl. II 2018, 676 = UR 2018, 322, Ls. und Rz. 14; Folgeentscheidung zu EuGH, Urt. v. 20.12.2017 – C-462/16, ECLI:EU:C:2017:1006 – Boehringer Ingelheim Pharma, UR 2018, 166; Abschn. 10.3 Abs. 7 Satz 7 UStAE; dazu auch *Erdbrügger*, UR 2021, 333 (334, unter II.1.a).

Eine Entgeltminderung liegt auch im Rahmen einer **Leistungskette** vor, wenn der erste Unternehmer im Rahmen einer Lieferkette einem anderen Abnehmer als seinem Leistungsempfänger einen Preisnachlass gewährt,[1] sog. **abnehmerüberspringende Rabattgewährung** (zur Berichtigung des Vorsteuerabzugs, Rz. 52 ff.; zu den Besonderheiten von Rabatten bei grenzüberschreitenden Lieferketten, Rz. 77 ff.). 30

(2) Nach vollständiger Vereinnahmung des Entgelts (Rückzahlung des Entgelts)

Zu einer Änderung der Bemessungsgrundlage (Minderung des Entgelts) kann es auch noch nach **vollständiger Vereinnahmung** des Entgelts durch den Leistenden kommen.[2] Allerdings ist der Berichtigungstatbestand des § 17 Abs. 1 Satz 1 UStG in diesem Fall erst dann erfüllt, wenn – neben der Änderung der Gegenleistungsvereinbarung – zusätzlich das **bereits gezahlte Entgelt mit Wirkung für den Leistungsempfänger zurückgewährt** worden ist[3] (zur Vorsteuerberichtigung, Rz. 54, 56; zum Zeitpunkt, Rz. 86; zu § 17 Abs. 2 Nr. 2, Rz. 119, 121; zu § 17 Abs. 2 Nr. 3, Rz. 137). 31

Diese **über den Wortlaut** des § 17 Abs. 1 Satz 1 UStG **hinausgehende Voraussetzung** beruht maßgeblich darauf, dass bei einer Besteuerung nach vereinbarten Entgelten (Rz. 2) das (Soll-)Entgelt zunächst zwar die Bemessungsgrundlage gebildet hat, für eine Sollbesteuerung (Rz. 2) aber kein Raum mehr bleibt, soweit der leistende Unternehmer das Entgelt vereinnahmt hat (arg. § 13 Abs. 1 Nr. 1 Buchst. a Sätze 2, 3 UStG). Hat der Unternehmer das (Soll-)Entgelt bereits vereinnahmt, ändert sich die Bemessungsgrundlage nicht bereits durch (bloße) Vereinbarung einer „Entgeltsminderung" zwischen Leistendem und Leistungsempfänger, sondern nur und erst durch tatsächliche Rückzahlung des (aus nachträglicher Sicht zu hoch) vereinnahmten Entgelts. 32

Im Fall der (irrtümlichen) **Über-** oder **Doppelzahlung** der vereinbarten Gegenleistung ist der Gesamtbetrag als steuerpflichtiges Entgelt i.S.d. § 10 Abs. 1 Satz 2 UStG anzusehen, wenn es aufgrund keines anderen Rechtsgrundes als dem der Leistung zugrunde liegenden erbracht wird (§ 10 Rz. 34).[4] 33

Werden die Über- oder Doppelzahlungen an den Leistungsempfänger (tatsächlich) **zurückgezahlt**, kommt es beim Leistenden zu einer **Minderung der Bemessungsgrundlage** i.S.d. § 17 Abs. 1 Satz 1 UStG.[5] Die Anwendung der Berichtigungsvorschrift ist logische Folge des Umstands, Überzahlungen als Entgelt im Rahmen der ursprünglichen Bemessungsgrundlage zu erfassen. 34

Unter dem Gesichtspunkt aber, dass für die Charakterisierung als Entgelt ein unmittelbarer Zusammenhang zwischen der erbrachten Leistung und der empfangenen Gegenleistung bestehen muss (§ 1 Rz. 92 ff.),[6] ist die Einordnung von (irrtümlichen) Überzahlungen als Entgelt nicht zwingend. Die (irrtümliche) Überzahlung mag zwar ihre Ursache in der Leistungsvereinbarung haben, steht deshalb aber nicht erkennbar in einem unmittelbaren Zusammenhang mit der Leistungsbeziehung. Denn eine 34.1

1 BFH, Urt. v. 15.2.2012 – XI R 24/09, BStBl. II 2013, 712 = UR 2012, 481 m. Anm. *Filtzinger*, Rz. 15.

2 BFH, Urt. v. 18.9.2008 – V R 56/06, BStBl. II 2009, 250 = UR 2009, 94, Ls 1; BFH, Urt. v. 28.5.2009 – V R 2/08, BStBl. II 2009, 870 = UR 2009, 652 m. Anm. *Marchal*, unter II.6.; BFH, Urt. v. 17.12.2009 – V R 1/09, BFH/NV 2010, 1869, unter II.3.

3 BFH, Urt. v. 18.9.2008 – V R 56/06, BStBl. II 2009, 250 = UR 2009, 94, unter II.3.c; Abschn. 17.1 Abs. 2 Satz 3 UStAE; an seiner früheren Rspr., wonach bereits die ernsthafte Vereinbarung über die Minderung des Entgelts zu einer Änderung der Bemessungsgrundlage führte (BFH, Urt. v. 30.11.1995 – V R 57/94, BStBl. II 1996, 206 = UR 1996, 232) konnte der BFH unter Berücksichtigung von EuGH, Urt. v. 29.5.2001 – C-86/99, ECLI:EU:C:2001:291 – Freemans, UR 2001, 349 nicht mehr festhalten.

4 BFH, Urt. v. 13.12.1995 – XI R 16/95, BStBl. II 1996, 208 = UR 1996, 159, unter II.1.a m.w.N.; BFH, Urt. v. 19.7.2007 – V R 11/05, BStBl. II 2007, 966 = UR 2007, 901, unter II.1.b., 2.; BFH, Urt. v. 10.4.2019 – XI R 4/17, BStBl. II 2019, 635 = UR 2019, 653, Rz. 36 ff. m.w.N.

5 BFH, Urt. v. 19.7.2007 – V R 11/05, BStBl. II 2007, 966 = UR 2007, 901, Ls. 2 und unter II.1.c; BFH, Urt. v. 17.12.2009 – V R 1/09, BFH/NV 2010, 1869, unter II.3. m.N. zur EuGH-Rspr.

6 EuGH, Urt. v. 23.12.2015 – C-250/14 und C-289/14, ECLI:EU:C:841 – Air France-KLM, ehemals Air France, und Hop-Brit Air SAS, ehemals Brit Air, UR 2016, 93, Rz. 23; EuGH, Urt. v. 22.11.2018 – C-295/17, ECLI:EU:C:2018:942 MEO Serviços de Comunicações e Multimédia, UR 2018, 944; BFH, Urt. v. 9.11.2006 – V R 9/04, BStBl. II 2007, 285 = UR 2007, 385, unter II.1.b bb m.w.N.; EuGH, Urt. v. 3.7.2019 – C-242/18, ECLI:EU:C:2019:558 – UniCredit Leasing, UR 2019, 592, Rz. 69 m.w.N.; BFH, Urt. v. 28.5.2013 – XI R 32/11, BStBl. II 2014, 411 = UR 2014, 264, Rz. 41.

Überzahlung erfolgt gerade nicht als Gegenleistung für die Erbringung der Leistung, sondern – im Fall des Irrtums – ausschließlich versehentlich. Diese Überlegung hat aber zur Folge, dass trennscharf zwischen einer irrtümlichen Überzahlung (umsatzsteuerliches Nullum) und einer versteckten und damit willentlichen Mehrzahlung (Erhöhung der Bemessungsgrundlage) unterschieden werden müsste. Dieses – anhand subjektiver Merkmale orientierte – Abgrenzungsproblem wird durch die Qualifizierung einer Überzahlung als Entgelt für die Erbringung der Leistung vermieden.

34.2 Dem **Leistungsempfänger** steht im Fall der **irrtümlichen Überzahlung** kein höherer und deshalb auch kein zu berichtigender **Vorsteuerabzug** zu, weil weder eine Rechnung mit einem erhöhten Umsatzsteuerbetrag noch eine doppelte Rechnung vorliegen wird.[1]

(3) Minderung des Entgelts für künftige Leistungen

35 Der von einem Unternehmer im Rahmen einer entgeltlichen Leistung dem Abnehmer eingeräumte Anspruch auf Preisnachlass bei einem künftigen Leistungsaustausch führt zu einer Minderung des Entgelts für diese nachfolgende Leistung, wenn der Unternehmer für den Preisnachlass keine Gegenleistung erhält (z.B. „kostenlose „Ausgabe eines Preisnachlassgutscheins für den verbilligten Bezug weiterer Leistungen)[2], Abgrenzung zur eigenständigen Leistung, Rz. 36. Das vereinbarte Entgelt für die nachfolgende Leistung ist zu mindern, weil der Unternehmer aufgrund des „kostenlosen" Preisnachlasses einen geringeren „Wert der Gegenleistung" für diese Lieferung erhält (vgl. Art. 73 MwStSystRL).

(4) Keine Minderung des Entgelts bei eigenständigem Leistungsaustausch

36 Ein anlässlich einer ersten Leistung gewährter (Preis-)Nachlass für eine zweite Leistung mindert nicht das Entgelt dieser zweiten Leistung, wenn mit dem verbilligten Bezug der Leistung – nach den konkreten Umständen des Einzelfalls – eine Leistung des (Nachlass-)Empfängers abgegolten werden soll[3] (zur Bemessungsgrundlage für diese zweite Leistung, § 10 Rz. 36.1). So ist ein eigenständiger Leistungsaustausch und keine Minderung des Entgelts für ein **Zeitschriftenabonnement** anzunehmen, wenn der leistende Verlag seinen Abonnenten Sach- oder Geldprämien für die Zuführung eines neuen Abonnenten gewährt.[4] Gleiches gilt, wenn ein Unternehmer eine Forderung aus einem Umsatzgeschäft gegen einen unter dem Nennwert der Forderung liegenden Forderungskaufpreis abtritt (**Factoringgeschäft**). Denn der Forderungsverkauf ist eine selbständig zu beurteilende Leistung und mindert deshalb nicht die Bemessungsgrundlage für die an den Schuldner des Entgelts ausgeführte Leistung[5] (§ 10 Rz. 55).

cc) Erhöhung des Entgelts

37 Von § 17 Abs. 1 Satz 1 UStG wird auch der Fall der nachträglichen Entgelterhöhung erfasst.[6] Zwar umschreibt Art. 90 MwStSystRL ausdrücklich nur Minderungsfälle. Aus der Grundregel des Art. 73 MwStSystRL, wonach die Bemessungsgrundlage „alles" umfasst, was letztlich den Wert für die Gegenleistung bildet, folgt aber, dass auch Entgelterhöhungen auf die Höhe des Steuerbetrags einwirken und folglich umsatzsteuerlich erfasst werden müssen.[7] Nach nationalem Recht geschieht dies durch eine nachträgliche Berichtigung des geschuldeten Steuerbetrags.

---

1 *Wäger* in Sölch/Ringleb, § 17 UStG Rz. 42 (Stand: 3/2021).

2 EuGH, Urt. v. 27.3.1990 – C-126/88, ECLI:EU:C:1990:136 – Boots/Commissioners of Customs and Excise, UR 1991, 204 m. Anm. *Weiß* Rz. 13, 21 f.; EuGH, Urt. v. 15.10.2002 – C-427/98, ECLI:EU:C:2002:581 – Kommission/Deutschland, BStBl. II 2004, 328 = UR 2002, 523, Rz. 55.

3 BFH, Urt. v. 18.11.2021 – V R 4/21 (V R 41/17), BStBl. II 2022, 350 = UR 2022, 263, Rz. 47–54.

4 BFH, Urt. v. 7.3.1995 – XI R 72/93, BStBl. II 1995, 518 = UR 1996, 14, Ls.

5 BFH, Urt. v. 6.5.2010 – V R 15/09, BStBl. II 2011, 142 = UR 2010, 741, Rz. 9 m.w.N., Rz. 12 ff.; dazu auch Abschn. 17.1 Abs. 6 UStAE (mit Bsp. zur Forderungsabtretung an ein Inkassobüro).

6 BFH, Urt. v. 18.9.2008 – V R 56/06, BStBl. II 2009, 250 = UR 2009, 94, unter II.1.a.; BFH, Urt. v. 10.4.2019 – XI R 4/17, BStBl. II 2019, 635 = UR 2019, 653, Rz. 31.

7 Von der Unionsrechtskonformität ausgehend: *Wäger* in Sölch/Ringleb, § 17 UStG Rz. 38 (Stand: 3/2021); *Stadie* in Rau/Dürrwächter, § 17 UStG Rz. 22 (Stand: 8/2022); *Hartman* in Musil/Weber-Grellet, Europäisches Steuer-

Die Pflicht zur Berichtigung des Steuerbetrags wegen einer Erhöhung der Bemessungsgrundlage erfordert eine **nachträgliche** (formunabhängige) **Vereinbarung** zwischen Leistendem und Leistungsempfänger.[1] Zudem muss der nachträglich vereinbarte Mehrbetrag (erhöhtes Entgelt) **tatsächlich mit Wirkung für den Leistenden gezahlt** werden[2] (zur Minderung nach vollständiger Vereinnahmung, Rz. 31 f.). Kein Entgelt und somit auch keine nach § 17 Abs. 1 Satz 1 UStG zu berücksichtigende Erhöhung der Bemessungsgrundlage sind Mahngebühren[3] (§ 10 Rz. 39), Vertragsstrafen[4] (§ 10 Rz. 45 f.), Verzugs-[5] oder Stundungszinsen.[6] 38

Im Zusammenhang mit der umsatzsteuerlichen Behandlung des Verfalls von Prämienpunkten in einem Kundenbindungssystem führt der vergütungslose Verfall von Prämienpunkten dazu, dass sich das Entgelt für die Verwaltungsleistungen des Programmmanagers (z.B. Payback oder DeutschlandCard) an die Partnerunternehmen nachträglich erhöht.[7] Dadurch, dass der Programmmanager an die Partnerunternehmen steuerpflichtige Leistungen zur Verwaltung des Kundenbindungssystems erbringt, erhöht sich durch den Verfall von Prämienpunkten das Entgelt für diese erbrachten Leistungen. 38.1

Geht der leistende Unternehmer **rechtsirrtümlich** davon aus, dass der ausgeführte Umsatz nicht steuerbar oder nicht steuerpflichtig ist (Rz. 105.2), entsteht die Umsatzsteuer für den – in Wirklichkeit – steuerpflichtigen Umsatz gleichwohl (Rz. 3), allerdings mit der Maßgabe, dass der vereinbarte Betrag (in der Rechnung ohne Umsatzsteuerausweis) in das Entgelt (§ 10 Abs. 1 Sätze 1, 2 UStG) und die darauf entfallende Umsatzsteuer aufzuteilen ist[8] (§ 10 Rz. 15). Stellt der leistende Unternehmer an den Leistungsempfänger später eine (berichtigte) Rechnung, mit der letztlich der Umsatzsteuerbetrag auf die zuvor gestellte (Netto-)Rechnung nachgefordert wird, handelt es sich dabei um eine (nachträgliche) Entgelterhöhung i.S.d. § 17 Abs. 1 Satz 1 UStG (§ 10 Rz. 15). Weist der Leistende in diesem Zusammenhang nur den nachträglich geforderten Umsatzsteuerbetrag aus (also ohne Unterscheidung zwischen Entgelt und Umsatzsteuer), ist die (erhöhte) Bemessungsgrundlage durch Herausrechnen der Umsatzsteuer zu ermitteln[9] (rechnerische Aufteilung der Gegenleistung in Entgelt und Steuerbetrag, § 10 Rz. 4, 13). 38.2

dd) Unentgeltlichkeit und nachträgliche Gegenleistungsvereinbarung

Der Wortlaut des § 17 Abs. 1 Satz 1 UStG erfasst durch das Merkmal „Umsatz im Sinne des § 1 Abs. 1 Nr. 1" UStG auch **unentgeltliche Wertabgaben** (§ 3 Abs. 1b, Abs. 9a UStG), da sie den Lieferungen oder sonstigen Leistungen gegen Entgelt gleichgestellt sind[10] (§ 1 Rz. 34). Gleichwohl wird eine Berichtigung nach § 17 Abs. 1 Satz 1 UStG regelmäßig nicht in Betracht kommen, weil sich die Bemessungsgrundlage (§ 10 Abs. 4 UStG) nach den Verhältnissen im Zeitpunkt des Umsatzes bestimmt und es an einer Entgeltvereinbarung (die erhöht oder gemindert werden kann) fehlt.[11] 39

recht[2], 3. Teil, § 17 UStG Rz. 17; von der Unionsrechtswidrigkeit ausgehend: *Englisch* in Tipke/Lang, Steuerrecht[24], Rz. 17.286 a.E.; *Klenk*, UR 2007, 639 (642).

1 BFH, Urt. v. 18.9.2008 – V R 56/06, BStBl. II 2009, 250 = UR 2009, 94, unter II.1.a; BFH, Urt. v. 19.11.2009 – V R 41/08, BFH/NV 2010, 562 = UR 2010, 265, Rz. 26.

2 BFH, Urt. v. 19.11.2009 – V R 41/08, BFH/NV 2010, 562 = UR 2010, 265, unter II.3.b bb (zur Vorsteuerberichtigung aufgrund Entgelterhöhung); BFH, Urt. v. 10.4.2019 – XI R 4/17, BStBl. II 2019, 635 = UR 2019, 653 Rz. 42 f.; Abschn. 17.1 Abs. 2 Satz 4 UStAE.

3 Abschn. 1.3 Abs. 6 UStAE.

4 Abschn. 1.3 Abs. 3 UStAE.

5 Abschn. 1.3 Abs. 6 UStAE.

6 *Stadie* in Rau/Dürrwächter, § 17 UStG Rz. 331 (Stand: 8/2022).

7 BFH, Urt. v. 26.6.2019 – V R 64/17, BStBl. II 2019, 640 = UR 2019, 1885, Ls.

8 BFH, Urt. v. 16.11.2016 – V R 1/16, BStBl. II 2017, 1079 = UR 2017, 354, Rz. 10, 26 f.

9 Bsp. zum Herausrechnen der Umsatzsteuer: BFH, Urt. v. 28.5.2009 – V R 2/08, BStBl. II 2009, 870 = UR 2009, 652, Rz. 21.

10 BFH, Urt. v. 19.11.2009 – V R 41/08, BFH/NV 2010, 562 = UR 2010, 265, unter II.3.b aa (zur Berichtigung des Vorsteuerabzugs); BFH, Urt. v. 10.4.2019 – XI R 4/17, BStBl. II 2019, 635 = UR 2019, 653, Rz. 32.

11 *Wäger* in Sölch/Ringleb, § 17 UStG Rz. 35 f. (Stand: 3/2021).

40 Davon abzugrenzen ist die Situation, dass für eine zunächst unentgeltlich erbrachte Leistung **nachträglich eine Gegenleistung erbracht** wird. Dazu bedarf es einer **Vereinbarung** zwischen Leistendem und Leistungsempfänger aus der sich ergeben muss, dass für die – zunächst unentgeltlich erbrachte Leistung – nunmehr eine Gegenleistung geschuldet wird.[1] Dies ist dann als Änderung der Bemessungsgrundlage im Sinne einer **Erhöhung des Entgelts** nach § 17 Abs. 1 Satz 1 UStG zu qualifizieren[2] (Rz. 38), wenn das aus der nachträglich vereinbarten Gegenleistung resultierende Entgelt (§ 10 Rz. 24) die Bemessungsgrundlage für die unentgeltliche Wertabgabe nach § 10 Abs. 4 UStG (§ 10 Rz. 124 ff.) übersteigt.[3]

41 Einen solchen Fall hat der XI. Senat des BFH u.a. angenommen, wenn einem Provider im Rahmen von Prepaid-Verträgen endgültig ein Restguthaben des Kunden verbleibt, auf dessen Rückzahlung dieser einen Anspruch gehabt hätte. Das bewusst stehengelassene Restguthaben sei eine nachträgliche Entgelterhöhung für einen bisher unentgeltlichen Leistungsbestandteil (Zurverfügungstellung der Telekommunikationsinfrastruktur).[4] Einordnung und Begründung des XI. Senats des BFH sind indes nicht zwingend. Während es in der Entscheidung des V. Senats des BFH vom 19.11.2009 im Anschluss an eine (Waren-)Entnahme i.S.d. § 3 Abs. 1b Nr. 1 UStG – aufgrund einer späteren Vereinbarung – zu einer entgeltlichen Lieferung und einer darauf beruhenden nachträglichen Entgelterhöhung gekommen war, wird im Fall des XI. Senats des BFH die Dienstleistung der Zurverfügungstellung der Telekommunikationsinfrastruktur als unentgeltliche Wertabgabe nur – ergebnisorientiert – vorausgesetzt,[5] nicht aber eingehend begründet. So wird insbesondere nicht weiter ausgeführt, welcher Besteuerungstatbestand der unentgeltlichen Wertabgabe betroffen sein soll und wieso der Provider für seine Kunden – marktunüblich – überhaupt eine unentgeltliche (Neben-)Leistung erbringen sollte. Näher gelegen hätte es, die Bereitstellung der Telekommunikationsinfrastruktur als umsatzsteuerrechtliches Nullum zu betrachten und das stehengelassene Restguthaben sodann als nachträgliches Entgelt für die zuvor entgeltlich bezogenen Leistungen der Kunden (Telefongespräche, Roaming-Gebühren, Klingeltöne oder Getränke etc, die mit Guthaben bezahlt wurden) einzuordnen.[6] Dies hätte zur Folge, dass sich nicht die Bemessungsgrundlage für den bisherigen (Nicht-)Umsatz ändert, sondern die Bemessungsgrundlage der Kundenumsätze nach dem Betrag bemessen wird, den der Provider hierfür (nachträglich) erhält.

d) Unmittelbarer Zusammenhang (Verknüpfung zwischen ausgeführter Leistung und einer Minderung oder Erhöhung des Entgelts)

41.1 Nach der EuGH-Rspr. ist es im Rahmen des gemeinsamen Mehrwertsteuersystems ausgeschlossen, die Minderung der Steuerbemessungsgrundlage hinsichtlich eines Umsatzes auf die Berechnung der Steuerbemessungsgrundlage eines anderen Umsatzes anzurechnen.[7] Die zutreffende EuGH-Rechtsprechung ist als allgemeiner Rechtssatz dahingehend zu verstehen, dass der Berichtigungstatbestand des § 17 Abs. 1 Satz 1 UStG nicht zur Anwendung kommt, wenn die Minderung oder Erhöhung eines Entgelts (Rz. 27 ff.) nicht in **unmittelbarem Zusammenhang** (**hinreichende Verknüpfung**) mit einer

1 BFH, Urt. v. 19.11.2009 – V R 41/08, BFHE 227, 521 = UR 2010, 265, Rz. 26; **a.A.** BFH, Urt. v. 10.4.2019 – XI R 4/17, BStBl. II 2019, 635 = UR 2019, 653, Rz. 42 (unter Bezugnahme auf EuGH, Urt. v. 20.12.2017 – C-462/16, ECLI:EU:C:2017:1006 – Boehringer Ingelheim Pharma, UR 2018, 166, Rz. 39, setze die Änderung der Bemessungsgrundlage keine vertragliche Vereinbarung voraus).

2 BFH, Urt. v. 19.11.2009 – V R 41/08, BFHE 227, 521 = UR 2010, 265, Rz. 26 f. m.w.N.; BFH, Urt. v. 10.4.2019 – XI R 4/17, BStBl. II 2019, 635 = UR 2019, 653, Rz. 39 ff.

3 *Pull* in Reiß/Kraeusel/Langer, § 17 UStG, Rz. 55 (Stand: 2/2022).

4 BFH, Urt. v. 10.4.2019 – XI R 4/17, BStBl. II 2019, 635 = UR 2019, 653, Rz. 29–41 m. Anm. *Treiber*, DStR 2019, 1641 f.

5 Vgl. BFH, Urt. v. 10.4.2019 – XI R 4/17, BStBl. II 2019, 635 = UR 2019, 653, Rz. 32, 39, 41.

6 So auch *Treiber*, DStR 2019, 1641 (1642).

7 EuGH, v. 11.3.2021 – C-802/19, ECLI:EU:C:2021:195 – Firma Z, UR 2021, 364, Rz. 44; BFH, Vorlagebeschl. v. 6.6.2019 – V R 41/17, BStBl. 2020, 164 = UR 2019, 896 m. Anm. *Erdbrügger* Rz. 108; BFH, Urt. v. 18.11.2021 – V R 4/21 (V R 41/17), BStBl. II 2022, 350 = UR 2022, 263, Rz. 46.

zuvor ausgeführten Leistung (Rz. 24 f.) steht.[1] Eine Änderung der Bemessungsgrundlage kommt danach nur in Betracht, wenn ein bestimmter rechtlicher oder tatsächlicher Umstand (z.B. (Rück-)Zahlungen an eine Person), der zu der Änderung der Bemessungsgrundlage führen soll, mit einem bestimmten zuvor ausgeführten Umsatz hinreichend verknüpft werden kann.[2]

Findet eine Entgeltzahlung demgegenüber im Rahmen eines eigenständigen Leistungsaustauschs statt, kann diese nicht zugleich als Minderung oder Erhöhung eines Entgelts i.S.d. § 17 Abs. 1 Satz 1 UStG zu beurteilen sein (Rz. 36). Aus der Perspektive des § 17 Abs. 1 Satz 1 UStG fehlt es dann an einem unmittelbaren Zusammenhang zwischen der ausgeführten steuerpflichtigen Leistung und der nachträglichen Änderung des Entgelts.

In diesem Zusammenhang hat der EuGH entschieden, dass keine Entgeltminderung anzunehmen ist, wenn „ein Reisebüro als Vermittler dem Endverbraucher aus eigenem Antrieb und auf eigene Kosten einen Nachlass auf den Preis der vermittelten Leistung gewährt, die von dem **Reiseveranstalter** erbracht wird". Der Preisnachlass wirke sich nicht auf das Entgelt der vom Vermittler an den Reiseveranstalter erbrachten Dienstleistungen aus, da der Vermittler keinen Nachlass für die im Rahmen der Vermittlungstätigkeit an den Reiseveranstalter erbrachten Dienstleistungen gewährt[3] (Rz. 65.1). 41.2

An einem unmittelbaren Zusammenhang zwischen einer steuerpflichtigen Leistung und einer Preiserstattung fehlt es auch dann, wenn ein rabattgewährender Unternehmer den Rabatt nicht mindernd auf die Bemessungsgrundlage für diese Leistung anrechnet (oder anrechnen kann), sondern auf eine Leistung anrechnen möchte, die er an eine andere Person erbracht hat.[4] 41.3

An einem unmittelbaren Zusammenhang zwischen ausgeführtem Umsatz und Minderung eines Entgelts fehlt es z.B. auch bei einem **gewährten Schadensersatz**, der nicht auf die Mangelhaftigkeit der zuvor ausgeführten Leistung zurückzuführen ist, die Schadensersatzleistung also auf einem anderen Rechtsgrund beruht. 41.4

e) Nachträglichkeit der Änderung (nach Bewirken des Umsatzes)

Die Änderung der Bemessungsgrundlage i.S.d. § 17 Abs. 1 UStG muss „nach Bewirkung des Umsatzes" (Art. 90 Abs. 1 MwStSystRL), also nachträglich eintreten. Die Nachträglichkeit ergibt sich nicht unmittelbar wörtlich aus § 17 Abs. 1 Satz 1 UStG, sondern mittelbar aus der vergangenheitsbezogenen Gesetzesformulierung „hat sich … geändert". Da sich die Änderung der Bemessungsgrundlage auf den „steuerpflichtigen Umsatz i.S.d. § 1 Abs. 1 Nr. 1 UStG" bezieht, kommt der Berichtigungstatbestand nur dann in Betracht, wenn der Umsatz abschließend bewirkt wurde. Abzugrenzen ist damit, ob etwas (noch) bei der Bemessungsgrundlage i.S.d. § 10 UStG zu berücksichtigen oder bereits als „Änderung der Bemessungsgrundlage" zu verstehen ist (Rz. 15). 42

Nachträglichkeit liegt vor, wenn eine Änderung im Hinblick auf die Bemessungsgrundlage eintritt, nachdem die Voraussetzungen für den Besteuerungstatbestand nach § 1 Abs. 1 Satz 1 UStG (Ausführung des Umsatzes) vollständig verwirklicht worden sind und damit der abstrakte Anspruch aus dem Umsatzsteuerschuldverhältnis (§ 38 AO) – als unselbständige Besteuerungsgrundlage (Rz. 4, 19.1) – entstanden ist. Änderungen der Bemessungsgrundlage **vor** oder **bis zum Eintritt der vollständigen Besteuerungsvoraussetzungen** lösen den Tatbestand des § 17 Abs. 1 Satz 1 UStG nicht aus.[5] Vielmehr 43

---

1 BFH, Urt. v. 17.12.2009 – V R 1/09, BFH/NV 2010, 1869, unter II.1.b m.w.N.; BFH, Urt. v. 11.2.2010 – V R 2/09, BStBl. II 2010, 765 = UR 2010, 458, Rz. 20 ff. (hinreichende Verknüpfung bejaht); BFH, Urt. v. 30.1.2014 – V R 1/13, BFH/NV 2014, 911, Rz. 19, 24.

2 BFH, Urt. v. 30.1.2014 – V R 1/13, BFH/NV 2014, 911 (fehlende Verknüpfung, wenn sich ein Unternehmer einen (Solidar-)Beitrag leistet, der allein für die Zukunft wirkt).

3 EuGH, Urt. v. 16.1.2014 – C-300/12, ECLI:EU:C:2014:8 – Ibero Tours, BStBl. II 2015, 317 = UR 2014, 234, Rz. 27.

4 EuGH, v. 11.3.2021 – C-802/19, ECLI:EU:C:2021:195 – Firma Z, UR 2021, 364, Rz. 17, 48; BFH, Urt. v. 18.11.2021 – V R 4/21 (V R 41/17), BStBl. II 2022, 350 = UR 2022, 263, Rz. 46 (An gesetzlich Krankenversicherte „gewährte Rabatte" können nicht die Bemessungsgrundlage der als steuerfrei zu qualifizierenden innergemeinschaftlichen Medikamentenlieferung an die gesetzliche Krankenversicherung mindern. Insbesondere dürfen die gewährten Rabatte nicht bei anderen inländischen Umsätzen entgeltmindernd berücksichtigt werden).

5 BFH, Urt. v. 30.1.2014 – V R 1/13, BFH/NV 2014, 911, Rz. 25.

wirken sie unmittelbar (noch) auf die Bemessungsgrundlage des ursprünglichen Ausgangsumsatz ein (vgl. Art. 79 Buchst. a, b MwStSystRL, zur sofortigen Minderung des Entgelts § 10 Rz. 85). Zur Problematik des Zusammenfallens des Ausgangs- bzw. Eingangsumsatzes mit einer darauf bezogenen Berichtigung im **selben Besteuerungszeitraum**, Rz. 87.1.

f) Keine tatbestandlichen Voraussetzungen

44 Die Steuerberichtigung ist weder vom **Vollzug der Vorsteuerberichtigung**[1] noch von einer **Rechnungsberichtigung**[2] (zu § 14c UStG, Rz. 17) oder von einer **Mitteilung** gegenüber dem Leistungsempfänger[3] abhängig (Rz. 160).

45 Die Berichtigung des Steuerbetrags entfällt nicht deshalb, weil auch beim Leistungsempfänger der Vorsteuerabzug zu berichtigen ist (Rz. 49 ff.) und sich beide Berichtigungen – im wirtschaftlichen Ergebnis – regelmäßig ausgleichen.[4] Leistender und Leistungsempfänger sind für die Anwendung der Berichtigungstatbestände jeweils für sich zu betrachten[5] (**Grundsatz der Einzelbetrachtung**, Rz. 5, zum **ursächlichen Zusammenhang** zwischen Steuer- und Vorsteuerberichtigung, Rz. 56.1). Dies ist auch erforderlich, weil die Berichtung des Steuerbetrags bzw. des Vorsteuerabzugs als jeweils eigene unselbständige Besteuerungsgrundlage in die Steuerberechnung (§ 16 Abs. 1, 2 UStG) beim jeweiligen Unternehmer eingeht (Rz. 19.1). Insoweit bestehen jeweils eigenständige Möglichkeiten der Aufrechnung und auch Insolvenzrisiken.

3. Rechtsfolge

a) Berichtigung des geschuldeten Steuerbetrags

46 Rechtsfolge ist die Pflicht zur Berichtigung des für die Leistung geschuldeten Steuerbetrags. Je nach Änderungsrichtung der Bemessungsgrundlage (Rz. 26) kann dies zu einer Minderung oder einer Erhöhung des Steuerbetrags führen. Dies hat zur Folge, dass die Leistung des Unternehmers „letztendlich" mit der Bemessungsgrundlage besteuert wird, die sich aufgrund der von ihm wirklich vereinnahmten Gegenleistung (abzgl. der Umsatzsteuer, § 10 Rz. 4, 13, 24) ergibt.[6] Zur Entstehung und Zuordnung des Berichtigungsbetrags zum **Besteuerungszeitraum**, Rz. 85 ff. Zum Verhältnis zur Vorsteuerberichtigungspflicht, Rz. 56.1.

46.1 Durch § 17 UStG wird sichergestellt, dass sich die Umsatzbesteuerung (letztlich) auf den Umfang der tatsächlich erbrachten Gegenleistung beschränkt.[7] Daher besteht nach § 17 Abs. 1 UStG eine **Pflicht zur Berichtigung** des Umsatzsteuerbetrags und **kein Wahlrecht**.[8]

46.2 Kommt es zu einer Minderung der Bemessungsgrundlage nach vollständiger Vereinnahmung des Entgelts (Rz. 32) ist zu beachten, dass es sich bei der Rückzahlung grundsätzlich um einen Bruttobetrag handelt, der sich nur abzgl. der darin enthaltenen Umsatzsteuer auf die Bemessungsgrundlage auswirkt.[9]

1 *Wäger* in Sölch/Ringleb, § 17 UStG Rz. 45 (Stand: 3/2021).
2 BFH, Urt. v. 28.5.2009 – V R 2/08, BStBl. II 2009, 870 = UR 2009, 652 m. Anm. *Marchal*, unter II.6.; Abschn. 17.1 Abs. 3 Satz 3 UStAE.
3 *Pull* in Reiß/Kraeusel/Langer, § 17 UStG, Rz. 80 ff. (Stand: 2/2022).
4 Abschn. 17.1 Abs. 3 Satz 1 UStAE.
5 BFH, Urt. v. 30.11.1995 – V R 57/94, BStBl. II 1996, 206 = UR 1996, 232, unter II.2.a.
6 BFH, Urt. v. 16.1.2003 – V R 72/01, BStBl. II 2003, 620 = UR 2003, 253 m. Anm. *Widmann*, unter II.1.b; BFH, Urt. v. 28.5.2009 – V R 2/08, BStBl. II 2009, 870 = UR 2009, 652 m. Anm. *Marchal*, unter II.3.a.
7 BFH, Urt. v. 18.9.2008 – V R 56/06, BStBl. II 2009, 250 = UR 2009, 94, unter II.3.d.
8 BFH, Urt. v. 30.11.1995 – V R 57/94, BStBl II 1996, 206 = UR 1996, 232, unter II.2.a (zur Berichtigungspflicht von Steuerbetrag und Vorsteuerabzug); BFH, Beschl. v. 8.5.2020 – V B 95/18, BFH/NV 2020, 1102, Rz. 6 ff. m.w.N. auch zum Unionsrecht; *Pull* in Reiß/Kraeusel/Langer, § 17 UStG, Rz. 57 (Stand: 02.2022).
9 BFH, Urt. v. 28.5.2009 – V R 2/08, BStBl. II 2009, 870 = UR 2009, 652 m. Anm. *Marchal*, unter II.3.a, b.

b) Berichtigungspflichtiger Unternehmer

Berichtigungspflichtig ist der **leistende Unternehmer** (§ 13a Rz. 7); bei Erwerbsbesteuerung und Umkehr der Steuerschuldnerschaft, s. Rz. 76.7. 47

Bei **bestehender Organschaft** ist der Organträger zur Berichtigung verpflichtet; bei **beendeter Organschaft** (§ 2 Rz. 165) der Unternehmensteil (ehemaliger Organträger oder ehemalige Organgesellschaft), der den Ausgangsumsatz in der Zeit des Bestehens der Organschaft bewirkt hatte.[1]

Im Falle einer **Geschäftsveräußerung im Ganzen** (§ 1 Abs. 1a UStG) treffen den **Erwerber** die Berichtigungspflichten, wenn sich die Bemessungsgrundlage nach der Geschäftsveräußerung ändert[2] (a.A. auch § 1 Rz. 292).

frei 48

II. Berichtigung des Vorsteuerabzugs – Grundtatbestand (Absatz 1 Satz 2)

1. Normübersicht

Bei § 17 Abs. 1 Satz 2 UStG handelt es sich – korrespondierend zu § 17 Abs. 1 Satz 1 UStG (Rz. 23) – 49
um den Grundtatbestand für die Pflicht zur **Berichtigung des Vorsteuerabzugs** aufgrund einer Änderung der Bemessungsgrundlage für einen steuerpflichtigen Umsatz i.S.d. § 1 Abs. 1 Nr. 1 UStG. Berichtigungspflichtig ist der **unmittelbare Leistungsempfänger** (Rz. 57), soweit er den Vorsteuerbetrag abgezogen hat (Rz. 55). Zur Vorsteuerberichtigungspflicht eines **mittelbaren Leistungsempfängers** nach § 17 Abs. 1 Satz 4 UStG in einer Lieferkette, Rz. 69 ff. **Unionsrechtliche** Grundlage für § 17 Abs. 1 Satz 2 UStG sind Art. 184, 185 Abs. 1 MwStSystRL (Rz. 13 f.).

2. Tatbestand

a) Minderung des Entgelts

Bei einer Änderung der Bemessungsgrundlage i.S.d. § 17 Abs. 1 Satz 1 UStG ist nach § 17 Abs. 1 Satz 2 50
UStG „ebenfalls" der Vorsteuerabzug zu berichtigen. § 17 Abs. 1 Satz 2 UStG **korrespondiert** mit Absatz 1 Satz 1 UStG (Rz. 55).[3] Im Fall der Minderung der Bemessungsgrundlage für den Ausgangsumsatz (Rz. 27 ff.) mindert sich korrespondierend die Höhe des Anspruchs auf den Vorsteuerabzug, d.h. im maßgeblichen Besteuerungszeitraum (Rz. 85) kommt es zu einer höheren Steuer (**Proportionalitätsgrundsatz**).

Bei bereits (teilweise) vereinnahmter Gegenleistung ist der Tatbestand der Änderung der Bemessungs- 51
grundlage und dementsprechend die Pflicht zur Berichtigung des geschuldeten Umsatzsteuerbetrags erst dann verwirklicht, wenn das geminderte Entgelt an den Leistungsempfänger **zurückgezahlt** wird[4] (Rz. 33). Das gilt spiegelbildlich auch für die Berichtigung des Vorsteuerabzugs nach § 17 Abs. 1 Satz 2 UStG.[5] Die Berichtigungspflicht tritt erst dann ein, wenn der **Leistende den Minderungsbetrag** (ganze oder teilweise Gegenleistung) **an den Leistungsempfänger zurückgezahlt** hat.

---

1 BFH, Urt. v. 7.12.2006 – V R 2/05, BStBl. II 2007, 848 = UR 2007, 277, Ls; BFH, Beschl. v. 5.12.2008 – V B 101/07, BFH/NV 2009, 432, unter II.3.; Abschn. 17.1 Abs. 5 Satz 15 UStAE.

2 *Suabedissen* in Weymüller, § 17 UStG Rz. 65 (Stand: 18.6.2023); *Pull* in Reiß/Kraeusel/Langer, § 17 UStG, Rz. 61 (Stand: 2/2022); *Nieskens* in Rau/Dürrwächter, § 1 UStG Rz. 1353 (Stand: 8/2023); *Jansen* in Birkenfeld/Wäger, Umsatzsteuer-Handbuch, Abschn. I Kap. 1 D (§ 1 Abs. 1a UStG) Rz. 187 (Stand: 4/2017); BFH, Urt. v. 7.12.2006 – V R 2/05, BStBl. II 2007, 848 = UR 2007, 277, unter II.1.b. (zur Organschaft aber mit Ausführung zur Geschäftsveräußerung im Ganzen); **a.A.** *Stadie* in Rau/Dürrwächter, § 17 UStG Rz. 80 (Stand: 8/2022).

3 BFH, Urt. v. 19.11.2009 – V R 41/08, BFH/NV 2010, 562 = UR 2010, 265, unter II.3.b.; BFH, Urt. v. 4.12.2014 – V R 6/13, BStBl. II 2017, 810 = UR 2015, 240, Rz. 20 (Korrespondenz von Vorsteuerberichtigung und Umsatzsteuerminderung im Inland).

4 BFH, Urt. v. 18.9.2008 – V R 56/06, BStBl. II 2009, 250 = UR 2009, 94, Ls. 1.; Abschn. 17.1 Abs. 2 UStAE; *Robisch*, UR 2009, 343.

5 BFH, Urt. v. 19.11.2009 – V R 41/08, BFHE 227, 521 = UR 2010, 265, Rz. 27.

52 Im Fall der **Minderung der Bemessungsgrundlage** (Rz. 27 ff.) ist eine Korrektur der ursprünglich erteilten **Rechnung** nicht erforderlich (Rz. 44). Diese weist dann zwar einen zu hohen Steuerbetrag aus. § 17 Abs. 1 UStG verdrängt aber insoweit § 14c Abs. 1 UStG[1] (Rz. 17). Überhaupt setzt die Pflicht zur Berichtigung des Vorsteuerabzugs – mit Ausnahme von § 17 Abs. 4 UStG (Rz. 161 ff.) – **keine Mitteilung, korrigierte Rechnung** oder einen **sonstigen Beleg** des leistenden Unternehmers über das geminderte Entgelt voraus. Denn die zur Änderung der Bemessungsgrundlage führenden Ergebnisse und Umstände sind dem Leistungsempfänger in gleicher Weise bekannt wie dem Leistenden.

b) Erhöhung des Entgelts

53 Eine **nachträgliche Erhöhung** der Bemessungsgrundlage (Rz. 37) und die damit einhergehende Erhöhung des Rechts auf Vorsteuerabzug setzt neben einer **ausdrücklichen Vereinbarung** zwischen Leistendem und Leistungsempfänger **zusätzlich voraus**, dass das nachträglich berechnete Entgelt **tatsächlich gezahlt** wird.[2] Gewährt z.B. eine Genossenschaft ihren Mitgliedern durch Gutschriften (§ 14 Abs. 2 Satz 2 UStG) eine umsatzabhängige Rückvergütung für an die Genossenschaft erbrachte Lieferungen (§ 10 Rz. 85), handelt es sich um eine nachträgliche Erhöhung des Entgelts mit der Folge, dass die Genossenschaft – unter den vorgenannten Voraussetzungen – zum Vorsteuerabzug berechtigt ist.[3]

54 Das Recht zur Berichtigung des Vorsteuerbetrags wegen Erhöhung der Bemessungsgrundlage ist nicht von einer **Berichtigung des Steuerbetrags** in der **ursprünglichen Rechnung** abhängig[4] (Rz. 55). Denn § 17 UStG liegt – mit Ausnahme von § 17 Abs. 4 UStG – der Gedanke einer (materiellen) Berichtigung des Steuer- bzw. Vorsteuerbetrags **ohne Belegkorrektur** zugrunde. Deshalb kann dem Recht auf Berichtigung des Vorsteuerabzugs zwar auch eine (nachträglich) korrigierte Rechnung zugrunde liegen, in der das höhere Entgelt sowie der höhere Umsatzsteuerbetrag ausgewiesen sind.[5] Eine solche Rechnung ist aber weder eine hinreichende noch eine notwendige Voraussetzung für die Erhöhung des Vorsteuerbetrags aufgrund einer Vorsteuerberichtigung.

c) Zusammenhang zur Steuerberichtigung (Abs. 1 Satz 1)

55 Das Merkmal „ebenfalls" i.S.d. § 17 Abs. 1 Satz 2 UStG stellt die Verknüpfung zu § 17 Abs. 1 Satz 1 UStG her. Dieser Zusammenhang ist aber rein ursächlicher Natur und in dem Sinne zu verstehen, dass die „Änderung der Bemessungsgrundlage (Rz. 26)" (Abs. 1 Satz 1) regelmäßig sowohl eine Berichtigung des geschuldeten Steuerbetrags als auch des Vorsteuerabzugs mit sich bringt (Rz. 5, Ausnahme z.B. Rz. 34.2). Obwohl für die Berichtigung des Steuerbetrags (§ 17 Abs. 1 Satz 1 UStG) und des Vorsteuerabzugs (§ 17 Abs. 1 Satz 2 UStG) dieselbe Ursache maßgeblich ist, schafft das Merkmal „ebenfalls" keine rechtliche Abhängigkeit zwischen den beiden Berichtigungstatbeständen. Insbesondere besteht zwischen den beiden Tatbeständen keine materiell-rechtlich oder verfahrensrechtlich verknüpfende Korrespondenz. Beide Tatbestände sind eigenständig und unabhängig voneinander zu beurteilen. Die Entscheidung beim leistenden Unternehmer über die Berichtigung des Steuerbetrags entfaltet **keine rechtliche Bindungswirkung** für die Entscheidung der Berichtigung des Vorsteuerabzugs beim Leistungsempfänger oder umgekehrt. Zudem setzt die Berichtigung des Vorsteuerabzugs durch den Leistungsempfänger nicht die Berichtigung des Umsatzsteuerbetrags durch den Leistenden und umgekehrt voraus (Rz. 5, 45).

---

1 BFH, Urt. v. 30.11.1995 – V R 57/94, BStBl. II 1996, 206 = UR 1996, 232, unter II.2.a; BFH, Urt. v. 28.5.2009 – V R 2/08, BStBl. II 2009, 870 = UR 2009, 652 m. Anm. *Marchal*, unter II.6.

2 BFH, Urt. v. 19.11.2009 – V R 41/08, BFHE 227, 521 = UR 2010, 265, Rz. 26 f.

3 BFH, Urt. v. 6.6.2002 – V R 59/00, BStBl. II 2003, 214 = UR 2002, 475; Abschn. 17.1 Abs. 3 Satz 5 UStAE.

4 Abschn. 17.1 Abs. 3 Satz 3 UStAE.

5 Vgl. BFH, Urt. v. 19.11.2009 – V R 41/08, BFHE 227, 521 = UR 2010, 265, Rz. 4, 26 (erstmalige Rechnungen nach zuvor bezogenen unentgeltlichen Wertabgaben).

3. Rechtsfolge

a) Berichtigung des Vorsteuerabzugs

Der abgezogene Vorsteuerbetrag ist durch den Leistungsempfänger **im selben Umfang** zu berichtigen, wie der Leistende den geschuldeten Steuerbetrag aufgrund der Minderung oder Erhöhung der Bemessungsgrundlage zu berichtigen hat. Die Berichtigung aufgrund der Änderung der Bemessungsgrundlage kann zu einem geminderten oder erhöhten Vorsteuerabzug – im Vergleich zum ursprünglichen Vorsteuerabzug – führen. Dies ist unionsrechtlich zulässig (Rz. 13). 56

Die Pflicht zur jeweiligen Berichtigung besteht unabhängig davon, dass sich per Saldo die Berichtigungsbeträge beim Leistenden und Leistungsempfänger ausgleichen. Denn trotz des korrespondierenden Zusammenhangs zwischen Berichtigung des Steuerbetrags (§ 17 Abs. 1 Satz 1 UStG) und Berichtigung des Vorsteuerabzugs (§ 17 Abs. 1 Satz 2 UStG), handelt es sich um jeweils eigenständige und voneinander unabhängige Berichtigungspflichten (Rz. 55). Zur Entstehung und Zuordnung des berichtigten Vorsteuerabzugs zum **Besteuerungszeitraum**, Rz. 85 ff. 56.1

b) Berichtigungspflichtiger Unternehmer

Berichtigungspflichtig ist – vorbehaltlich § 17 Abs. 1 Sätze 3, 4 und 6 UStG – der Unternehmer, an den die Leistung ausgeführt wurde, also der **unmittelbare Leistungsempfänger**. Da sich die Bemessungsgrundlage (§ 10 Abs. 1, § 17 Abs. 1 Satz 1 UStG) grundsätzlich nach dem zwischen Leistendem und Leistungsempfänger bestehenden Rechtsverhältnis richtet,[1] betrifft auch die Berichtigungspflicht nach § 17 Abs. 1 Satz 2 UStG nur die am Leistungsaustausch unmittelbar beteiligten Unternehmer. Dies folgt aus der inneren Normsystematik des § 17 Abs. 1 UStG. Denn die spezielleren Regelungen des § 17 Abs. 1 Sätze 3 und 4 UStG sind auf den mittelbaren Leistungsempfänger zugeschnitten (Rz. 59 ff.).[2] 57

Bei **bestehender Organschaft** ist der Organträger zur Vorsteuerberichtigung verpflichtet; bei **beendeter Organschaft** (§ 2 Rz. 165) der Unternehmensteil (ehemaliger Organträger oder ehemalige Organgesellschaft), für den der Eingangsumsatz getätigt wurde. 57.1

III. Berichtigung des Vorsteuerabzugs in der Leistungskette durch den wirtschaftlich Begünstigten (Absatz 1 Sätze 3 und 4)

1. Normübersicht

Grundsätzlich hat der unmittelbare Leistungsempfänger die Pflicht zur Berichtigung des Vorsteuerabzugs (Grundtatbestand nach § 17 Abs. 1 Satz 2 UStG, Rz. 57). Diese Pflicht kann aufgrund von **§ 17 Abs. 1 Satz 3 UStG** entfallen oder trifft – anstelle des Leistungsempfängers (Rz. 56) – den wirtschaftlich begünstigten Unternehmer (**§ 17 Abs. 1 Satz 4 UStG**). Von diesen Ausnahmeregelungen zur Vorsteuerberichtigung wird die Konstellation der **Lieferkette** erfasst, bei der nicht das unmittelbare Lieferverhältnis zwischen Lieferer und seinem Leistungsempfänger, sondern das mittelbare Lieferverhältnis zwischen dem Lieferer und einem in der Kette späteren (begünstigten) Abnehmer betroffen ist (**abnehmerüberspringende Rabattgewährung**). Der Lieferer gewährt, z.B. unter Überspringung seines Abnehmers, dem Endkunden einen Rabatt (z.B. durch Preisnachlass oder nachträgliche Entgelterstattung), um den Endkundenabsatz zu erhöhen.[3] 58

Durch die Einfügung der Sätze 3, 4 und 9 in § 17 Abs. 1 UStG hat der Gesetzgeber im Jahr 2004 (Rz. 22) die Auslegung der 6. EG-Richtlinie (heute: MwStSystRL) durch den EuGH in der Rechtssache 59

1 BFH, Urt. v. 16.1.2003 – V R 36/01, BFH/NV 2003, 667 = UR 2003, 497, unter II.2.a.; BFH, Urt. v. 17.12.2009 – V R 1/09, BFH/NV 2010, 1869.

2 BFH, Urt. v. 4.12.2014 – V R 6/13, BStBl. II 2017, 810 = UR 2015, 240 m. Anm. *Marchal*, Rz. 10.

3 Abschn. 17.2 Abs. 1, Abs. 2 und Abs. 3 Satz 1 UStAE.

Kommission/Deutschland[1] in nationales Recht umgesetzt.[2] Damit sind die nationalen Vorschriften ihrem Charakter nach deklaratorischer Natur.[3] Seit Inkrafttreten des § 17 Abs. 1 Sätze 3, 4 und 9 UStG ist die Frage ihres Rechtscharakters allerdings ohne Rechtsfolgenwirkung. Mit den Vorschriften wird sichergestellt, dass für Unternehmer, die auf den **Produktions- und Vertriebsstufen vor der Endverbrauchsstufe** tätig sind, die Umsatzbesteuerung neutral ist. Unter Berücksichtigung dieses Grundsatzes darf dem Steuergläubiger aus allen Umsatzgeschäften von der Produktion bis zum Endverbraucher insgesamt nur der Umsatzsteuerbetrag zufließen, den der Endverbraucher wirtschaftlich aufwendet (§ 1 Rz. 5).[4]

59.1 Durch das **BMF-Schreiben vom 13.7.2017**[5] wurde zur Umsetzung der EuGH-Rechtsprechung zur Thematik „Preisnachlässe und Preiserstattungen außerhalb unmittelbarer Leistungsbeziehungen" (Rz. 60 ff.) sowie der BFH-Rechtsprechung[6] zum Vorsteuerabzug in einer Lieferkette der überarbeitete **Abschn. 17.2 UStAE** bekanntgegeben.

59.2 Der Begriff **Leistungskette** wurde im Umsatzsteuergesetz erstmals durch **§ 17 Abs. 1 Satz 6 UStG** (JStG 2020) eingeführt (Rz. 22, 77 ff.). § 17 Abs. 1 Satz 3, 4 UStG liegt er zwar inhaltlich zugrunde, ohne dort jedoch wörtlich erwähnt zu werden (Rz. 64 ff.). Die BFH-Rechtsprechung verwendet diesen Begriff oder – sachverhaltsabhängig auch den engeren – Begriff **„Lieferkette"** zur Beschreibung von Umsätzen auf mehreren Handelsstufen seit je her. Die EuGH-Rechtsprechung gebraucht dafür regelmäßig die Umschreibung **„Kette von Umsätzen"**[7] bzw. **„Absatzkette"**[8].

2. Unionsrecht

60 Für **§ 17 Abs. 1 Sätze 3, 4, 9 UStG** (Berichtigung des Vorsteuerabzugs nur durch den wirtschaftlich Begünstigten) besteht keine ausdrückliche unionsrechtliche Bestimmung. Die Rechtfolgen dieser Vorschriften ergeben sich für den EuGH unmittelbar aus dem **Grundprinzip** und der **Funktionsweise des Mehrwertsteuersystems**, insbesondere dem **Grundprinzip der Neutralität** der Mehrwertsteuer gegenüber den Steuerpflichtigen.[9] Dieses Prinzip verlangt, dass gleichartige Waren innerhalb der einzelnen Mitgliedstaaten ungeachtet der Länge des Produktions- und Vertriebswegs steuerlich gleich belastet werden und der Unternehmer vollständig von der im Rahmen seiner gesamten wirtschaftlichen Tätigkeit geschuldeten oder entrichteten Mehrwertsteuer entlastet werden soll. Das gemeinsame Mehrwertsteuersystem gewährleistet auf diese Weise die Neutralität hinsichtlich der steuerliche Belastung aller wirtschaftlichen Tätigkeiten unabhängig von ihrem Zweck oder ihrem Ergebnis. Dem Steuergläubiger steht letztlich nur der aus der vom Endverbraucher aufgebrachten Gegenleistung resultierende Steuerbetrag zu.[10]

---

1 EuGH, Urt. v. 15.10.2002 – C-427/98, ECLI:EU:C:2002:581 – Kommission/Deutschland, BStBl. II 2004, 328 = UR 2002, 523.

2 BFH, Urt. v. 5.6.2014 – XI R 25/12, BStBl. II 2017, 806 = UR 2014, 743, Rz. 13.

3 BFH, Urt. v. 13.3.2008 – V R 70/06, BStBl. II 2008, 997 = UR 2008, 651, Rz. 22, **a.A.** BFH, Urt. v. 15.2.2012 – XI R 24/09, BStBl. II 2013, 712 = UR 2012, 481 m. Anm. *Filtzinger*, Rz. 20, 27 f.

4 GE der BReg (EURLUmsG) v. 13.8.2004, BR-Drucks 605/04, 69 f.

5 BMF, Schr. v. 13.7.2017 – III C 2-S 7200/07/10011 :003, BStBl. I 2017, 992 (mit grundsätzlichen Ausführungen unter I.).

6 BFH, Urt. v. 5.6.2014 – XI R 25/12, BStBl. II 2017, 806 = UR 2014, 743; BFH, Urt. v. 4.12.2014 – V R 6/13, BStBl. II 2017, 810 = UR 2015, 240 m. Anm. *Marchal*.

7 EuGH, Urt. v. 24.10.1996 – C-317/94, ECLI:EU:C:1996:400 – Elida Gibbs, UR 1997, 265 m. Anm. *Weiß*, Rz. 31; EuGH, Urt. v. 16.1.2014 – C-300/12, ECLI:EU:C:2014:8 – Ibero Tours, BStBl. II 2015, 317 = UR 2014, 234, Rz. 29 f.; EuGH, Urt. v. 11.3.2021 – C-802/19, ECLI:EU:C:2021:195 – Firma Z, UR 2021, 364, Rz. 45.

8 EuGH, Urt. v. 15.10.2002 – C-427/98, ECLI:EU:C:2002:581 – Kommission/Deutschland, BStBl. II 2004, 328 = UR 2002, 523.

9 EuGH, Urt. v. 24.10.1996 – C-317/94, ECLI:EU:C:1996:400 – Elida Gibbs, UR 1997, 265 m. Anm. *Weiß*, Rz. 30 f.

10 EuGH, Urt. v. 24.10.1996 – C-317/94, ECLI:EU:C:1996:400 – Elida Gibbs, UR 1997, 265 m. Anm. *Weiß*, Rz. 18–24, 28; EuGH, Urt. v. 15.10.2002 – C-427/98, ECLI:EU:C:2002:581 – Kommission/Deutschland, BStBl. II 2004, 328 = UR 2002, 523, Rz. 45; EuGH, Urt. v. 16.1.2014 – C-300/12, ECLI:EU:C:2014:8 – Ibero Tours, BStBl. II 2015, 317 = UR 2014, 234, Rz. 28; EuGH, Urt. v. 20.12.2017 – C-462/16, ECLI:EU:C:2017:1006 – Boehringer Ingelheim Pharma, UR 2018, 166, Rz. 32 f.

Das EuGH-Urteil in der Rechtssache **Elida Gibbs** ist die Grundsatzentscheidung zur Entgeltminderung wegen eines **Rabatts in einer Leistungskette.**[1] Inhaltlich geht die **EuGH-Rspr.** davon aus, dass ein die Bemessungsgrundlage minderndes Ereignis (z.B. Preisnachlass) nicht nur dann vorliegt, wenn der Unternehmer den Preisnachlass seinem unmittelbaren Vertragspartner gewährt. Im Falle einer **mehrstufigen Kette von Umsätzen** kommt nach der EuGH-Rspr. eine Minderung der Steuerbemessungsgrundlage (z.B. beim Hersteller) auch dann in Betracht, wenn der Preisnachlass in der Lieferkette auf einer späteren Umsatzstufe und damit einem **vertraglich nicht verbundenen (mittelbaren) Abnehmer** gewährt wird. In diesem Fall ist es – vor dem Hintergrund der Neutralität der Mehrwertsteuer – nicht erforderlich, die Besteuerungsgrundlage auf jeder Handelsstufe (also auch für Zwischenumsätze) zu berichtigen, aber in jedem Fall beim rabattgewährenden Lieferer. Letztlich dürfe der Steuergläubiger keinen Betrag erheben, der den vom Endverbraucher gezahlten übersteigt.[2] 61
Gewährt also der Lieferer – unter Überspringung seines Abnehmers (Zwischenhändler) – dem Endkunden einen Rabatt (z.B. durch unmittelbare Erstattung oder durch Weiterreichung des Preisnachlasses durch den Zwischenhändler), mindert dies die Bemessungsgrundlage für die Lieferung des Lieferers an *seinen* Abnehmer, ohne dass der Abnehmer (Zwischenhändler) seinen Vorsteuerabzug berichtigen muss. Dies hat zur Folge, dass im Ergebnis nur der vom Endkunden tatsächlich aufgewendete Betrag der Umsatzsteuer unterworfen wird. Damit wird die **Neutralität der Mehrwertsteuer** bei einer durch den Zwischenhändler weitergereichten Rabattgewährung an den nicht zum Vorsteuerabzug berechtigten Endverbraucher bereits **durch das Zusammenwirken** der Minderung der Bemessungsgrundlage der Steuer auf den Umsatz des den Rabatt erstattenden Unternehmers mit dem zugleich unveränderten Vorsteuerabzug seines Abnehmers erreicht.[3]

Dem Sachverhalt in der Rechtssache **Boehringer Ingelheim Pharma** lag eine Leistungskette zugrunde, bei der der Steuerpflichtige (Boehringer Ingelheim) Arzneimittel über Großhändler und Apotheken an den staatlichen Krankenversicherungsträger lieferte, bei dem der Patient versichert ist. Der EuGH hat dazu entschieden, dass die Grundsätze seines Urteils in der Rechtssache Elida Gibbs[4] nicht nur bei einer Rabattgewährung aufgrund einer geänderten vertraglichen Beziehung, sondern auch bei einer gesetzlich angeordneten Rabattgewährung anzuwenden sind.[5] Danach mindert sich die Steuerbemessungsgrundlage eines pharmazeutischen Unternehmens für die Lieferung an seinen Abnehmer (Großhändler), wenn das pharmazeutische Unternehmen der Apotheke (Einzelhändler) den Rabatt erstatten muss, den diese bei der Lieferung des (verschreibungspflichtigen) Medikaments an eine privat krankenversicherte Personen gewähren müsste (Rz. 29). In der Rechtssache Boehringer Ingelheim ging es dabei – anders als in der Rechtssache **Firma Z** (steuerfreie Lieferung)[6] – um eine reine Inlandslieferung.[7] 61.1

In der Rechtssache **Ibero Tours**[8] hat sich der EuGH zur Rechtssache **Elida Gibbs** (Rz. 61) abgegrenzt. 62
Die **Steuerbemessungsgrundlage sei nicht zu mindern,** wenn ein Reisebüro als **Vermittler** dem End-

---

1 EuGH, Urt. v. 24.10.1996 – C-317/94, ECLI:EU:C:1996:400 – Elida Gibbs, UR 1997, 265 m. Anm. *Weiß*.; zu grenzüberschreitenden Rabatten, *Prätzler*, MwStR, 2017, 355 (Untersuchung der Auswirkungen der Elida Gibbs-Rechtsprechung in verschiedenen Fallkonstellationen).

2 EuGH, Urt. v. 24.10.1996 – C-317/94, ECLI:EU:C:1996:400 – Elida Gibbs, UR 1997, 265 m. Anm. *Weiß*, Rz. 29, 31, 33; EuGH, Urt. v. 15.10.2002 – C-427/98, ECLI:EU:C:2002:581 – Kommission/Deutschland, BStBl. II 2004, 328 = UR 2002, 523, Rz. 42 f.; EuGH, Urt. v. 16.1.2003 – C-398/99, ECLI:EU:C:2003:20 – Yorkshire Co-operatives, BStBl. II 2004, 335 = UR 2003, 89, Rz. 23; EuGH, Urt. v. 16.1.2014 – C-300/12, ECLI:EU:C:2014:8 – Ibero Tours, BStBl. II 2015, 317 = UR 2014, 234, Rz. 29; EuGH, Urt. v. 20.12.2017 – C-462/16, ECLI:EU:C:2017:1006 – Boehringer Ingelheim Pharma, UR 2018, 166; hierzu auch *Wäger*, UStB 2003, 57.

3 EuGH, Urt. v. 24.10.1996 – C-317/94, ECLI:EU:C:1996:400 – Elida Gibbs, UR 1997, 265 m. Anm. *Weiß*, Rz. 33; EuGH, Urt. v. 15.10.2002 – C-427/98, ECLI:EU:C:2002:581 – Kommission/Deutschland, BStBl. II 2004, 328 = UR 2002, 523, Rz. 42.

4 EuGH, Urt. v. 24.10.1996 – C-317/94, ECLI:EU:C:1996:400 – Elida Gibbs, UR 1997, 265 m. Anm. *Weiß*.

5 EuGH, Urt. v. 20.12.2017 – C-462/16, ECLI:EU:C:2017:1006 – Boehringer Ingelheim Pharma, UR 2018, 166, Ls, Rz. 37 ff.

6 EuGH, Urt. v. 11.3.2021 – C-802/19, ECLI:EU:C:2021:195 – Firma Z, UR 2021, 364.

7 Zur Abgrenzung der beiden Urt. des EuGH: BFH, Urt. v. 18.11.2021 – V R 4/21, BStBl. II 2022, 350 = UR 2022, 263, Rz. 24 ff.

8 EuGH, Urt. v. 16.1.2014 – C-300/12, ECLI:EU:C:2014:8 – Ibero Tours, BStBl. II 2015, 317 = UR 2014, 234, Rz. 33; auf Vorlage des BFH, Beschl. v. 26.4.2012 – V R 18/11, BFHE 237, 512 = UR 2012, 567.

verbraucher aus eigenem Antrieb und auf eigene Kosten einen Nachlass auf den Preis der vermittelten Leistung gewährt, die von dem Reiseveranstalter erbracht wird. Denn das Reisebüro stehe außerhalb der Leistungskette vom Reiseveranstalter zum Endverbraucher (Rz. 65.1).

3. Tatbestand des § 17 Abs. 1 Satz 3 UStG

a) Änderung der Bemessungsgrundlage – Normzusammenhänge

63 Systematisch setzt § 17 Abs. 1 Satz 3 UStG voraus, dass es zu einer **„Änderung der Bemessungsgrundlage“** kommt. Damit nimmt die Vorschrift § 17 Abs. 1 Satz 1 UStG in Bezug. Denn kommt es beim Leistenden – aufgrund der Gewährung einer wirtschaftlichen Begünstigung – nicht zu einer Änderung (Minderung) der Bemessungsgrundlage, würde es von vorherein an der korrespondierenden Pflicht (Rz. 55) zur Berichtigung des abgezogenen Vorsteuerbetrags beim Leistungsempfänger fehlen (Rz. 50), die nach § 17 Abs. 1 Satz 3 UStG entfallen könnte. Da der Leistende im Anwendungsbereich des § 17 Abs. 1 Satz 3 UStG im Zusammenhang mit seinem Ausgangsumsatz eine andere Person wirtschaftlich begünstigen muss (Rz. 63.1), kommt als Änderung der Bemessungsgrundlage i.S.d. § 17 Abs. 1 Satz 3 UStG ausschließlich eine **Minderung der Bemessungsgrundlage** in Betracht. **Entgelterhöhungen** (Rz. 37) werden von der Vorschrift nicht erfasst. Im Anwendungsbereich des **§ 17 Abs. 1 Satz 6 UStG** (JStG 2020, Rz. 22, 77 ff.) ist eine Minderung der Bemessungsgrundlage ausgeschlossen mit der Folge, dass es beim unmittelbaren Leistungsempfänger wegen der fehlenden Korrespondenz nicht zu einer Änderung des Vorsteuerabzugs nach § 17 Abs. 1 Satz 2 UStG kommen kann (Rz. 50), so dass der Anwendungsbereich des § 17 Abs. 1 Satz 3 UStG in solchen Konstellationen nicht eröffnet ist.

b) Wirtschaftliche Begünstigung (Rabattgewährung)

63.1 § 17 Abs. 1 Satz 3 UStG setzt voraus, dass „er“ (Rz. 64) durch die Änderung der Bemessungsgrundlage „wirtschaftlich nicht begünstigt wird“. Im Umkehrschluss muss es also durch die Handlung des Leistenden zur einer „wirtschaftlichen Begünstigung“ kommen. Wirtschaftliche Begünstigungen in diesem Sinne sind **Preisnachlässe** oder **Preiserstattungen** für einen bestimmten Ausgangsumsatz. Dies gilt insbesondere bei der Ausgabe von Preisnachlass- und Preiserstattungs**gutscheinen**.[1]

c) Leistungskette i.S.d. § 17 Abs. 1 Satz 3 UStG

aa) Merkmale der Leistungskette

64 Die gewährte wirtschaftliche Begünstigung (Rz. 63.1), die beim Leistenden zu einer Entgeltminderung führen muss (Rz. 63) darf im Anwendungsbereich des § 17 Abs. 1 Satz 3 UStG **nicht dem unmittelbaren Leistungsempfänger („er“)** zugutekommen. Der Gesetzeswortlaut formuliert die Bedingung negativ. Kommt es aber zu einer solchen wirtschaftlichen Begünstigung, ohne dass der unmittelbare Leistungsempfänger (Vertragspartner des Lieferers) davon profitiert, muss – und dies setzt der Tatbestand durch die Negierung des Leistungsempfängers als Begünstigten voraus – **ein anderer (Dritter)** in den Genuss dieser Begünstigung kommen (zur Rechtsfolge des § 17 Abs. 1 Satz 4 UStG, Rz. 72 ff.). Folglich kommt die Vorschrift, ohne dieses Merkmal überhaupt zu nennen (dazu, Rz. 59.2), nur im Rahmen einer **Leistungskette** (regelmäßig eine Lieferkette) zur Anwendung.

64.1 Eine **Lieferkette** setzt mindestens zwei Umsatzstufen mit drei Personen über den nämlichen Gegenstand voraus (zum Unionsrecht und Auslegung der Begrifflichkeit, Rz. 60 ff.). Für den Begriff ist es unerheblich, ob es auf der letzten Handelsstufe zu einer Umsatzbesteuerung kommt (Endverbraucher oder nicht zum Vorsteuerabzug berechtigter Unternehmer) oder nicht (zum Vorsteuerabzug berechtigter Unternehmer).

65 An einer solchen Lieferkette fehlt es z.B., wenn der Lieferer seinem Abnehmer zusätzlich zum gelieferten Gegenstand einen Gutschein oder (Park-)Chip beilegt, der für die Leistungen eines Dritten ein-

1 Abschn. 17.2 Abs. 4 UStAE, auch in Abgrenzung zur Gutscheindefinition in § 3 Abs. 13 UStG bzw. Abschn. 3.17 UStAE.

gelöst werden kann (verbilligter Bezug von Leistungen bei dem Dritten) und der Abnehmer den vereinbarten Kaufpreis für den Gegenstand der Lieferung unabhängig davon zu bezahlen hat, ob er den Gutschein oder Chip annimmt. Der Wert des Gutscheins oder Chips führt nicht zu einer Minderung des Entgelts für die Lieferung und begründet – in Bezug auf den Dritten – auch keine Leistungskette über den nämlichen Gegenstand.[1] Denn eine Minderung der Bemessungsgrundlage kommt dann nicht in Betracht, wenn der mit einem Gutschein verbundene finanzielle Aufwand von dem Unternehmer aus allgemeinen (Werbe-)Interessen getragen wird und nicht einem nachfolgenden Umsatz in der Leistungskette zugeordnet werden kann.[2]

bb) Keine Leistungskette bei Vermittlungsleistungen und Zentralregulieren (Korrektur der nationalen Rspr.)

Bei **Vermittlungsleistungen** fehlt es am Erfordernis einer Leistungskette.[3] Denn der Vermittler steht außerhalb der Leistungskette zwischen dem Leistenden und dem (End-)Kunden. Da ein vom Vermittler dem (End-)Kunden gewährter Preisnachlass nicht das Entgelt für die Leistung des Vermittlers an seinen Auftraggeber mindert, führt dieser auch nicht zu einer Berichtigung des Vorsteuerabzugs aus der vermittelten Leistung beim (End-)Abnehmer.[4] Ursprünglich hatte der BFH die Grundsätze der EuGH-Rspr. zur Entgeltminderung im Rahmen einer mehrstufigen Lieferkette auch auf Konstellationen angewendet (Rz. 61), in denen Vermittler (z.B. Reisevermittler) den Endkunden Preisnachlässe zu Lasten ihrer Vermittlungsprovision gewährten.[5] Diese Rspr. hat er nach dem EuGH-Urteil in der Rechtssache Ibero Tours (Rz. 62) ausdrücklich aufgegeben.[6] Auch bei der **Zentralregulierung**[7] (Rz. 80), Vermittlern von Telefonverträgen[8] und sonstigen Vermittlern[9] fehlt es an der erforderlichen Leistungskette. 65.1

d) Abnehmerüberspringender Rabatt

Die Minderung der Bemessungsgrundlage beim rabattgewährenden Unternehmer nach § 17 Abs. 1 Satz 1 UStG setzt nicht voraus, dass ein Preisnachlass oder eine Preiserstattung auf allen Umsatzstufen einer Leistungskette vom ersten Unternehmer bis zum letzten Abnehmer in der jeweiligen Leistungsbeziehung erfolgt.[10] § 17 Abs. 1 Satz 3 UStG zeichnet insoweit die tatsächliche – und in der Praxis nicht selten vorkommende – Gegebenheit nach, dass Preisnachlässe oder -erstattungen unter **Überspringung des eigenen Leistungsempfängers** zugunsten eines anderen (begünstigten) Abnehmers auf einer anderen Umsatzstufe erfolgen können (**abnehmerüberspringende Rabattgewährung**). Dies lässt sich aus dem Merkmal ableiten, dass „er“ (der unmittelbare Leistungsempfänger, Rz. 64) „wirtschaftlich nicht begünstigt wird“ (Rz. 63.1). 66

Für die abnehmerüberspringende Rabattgewährung ist es unerheblich, welcher Unternehmer an welchen Abnehmer in einer Leistungskette den Preisnachlass oder die -erstattung gewährt. Maßgeblich ist nur, dass er seinen unmittelbaren Abnehmer mit der Begünstigung überspringt und irgendeinem wei- 67

---

1 BFH, Urt. v. 11.5.2006 – V R 33/03, BStBl. II 2006, 699 = UR 2006, 477, Ls.; Abschn. 10.3 Abs. 3 UStAE.

2 Abschn. 17.2 Abs. 8 UStAE (mit Bsp.).

3 EuGH, Urt. v. 16.1.2014 – C-300/12, ECLI:EU:C:2014:8 – Ibero Tours, BStBl. II 2015, 317 = UR 2014, 234, Rz. 27; BFH, Urt. v. 27.2.2014 – V R 18/11, BStBl. II 2015, 306 = UR 2014, 667, Rz. 20; BFH, Urt. v. 27.2.2014 – V R 32/11, BFH/NV 2014, 1405; Abschn. 17.2 Abs. 7 UStAE.

4 BFH, Urt. 3.7.2014 – V R 3/12, BStBl. II 2015, 307 = UR 2014, 779, Rz. 26 (zum Zentralregulierer); Abschn. 17.2 Abs. 7 Satz 4 UStAE.

5 BFH, Urt. v. 12.1.2006 – V R 3/04, BStBl. II 2006, 479 = UR 2006, 285 m. Anm. *Stadie*, unter II.1.b; *Tehler*, UVR 2006, 173; BFH, Urt. v. 13.7.2006 – V R 46/05, BStBl. II 2007, 186 = UR 2007, 148, unter II.2.

6 BFH, Urt. v. 27.2.2014 – V R 18/11, BStBl. II 2015, 306 = UR 2014, 667, Ls. und Rz. 20.

7 BFH, Urt. v. 3.7.2014 – V R 3/12, BStBl. II 2015, 307 = UR 2014, 779, Ls. (unter Aufgabe der anderslautenden Rspr., BFH, Urt. v. 13.3.2008 – V R 70/06, BStBl. II 2008, 997 = UR 2014, 779); Abschn. 17.2 Abs. 7 Satz 5 i.V.m. Abschn. 10.3 Abs. 5 UStAE.

8 Abschn. 17.2 Abs. 7 Satz 3 UStAE.

9 Abschn. 17.2 Abs. 7 Satz 1 UStAE; Abschn. 10.3 Abs. 4 Bsp. 2 UStAE; *Gissel*, UR 2014, 222.

teren Abnehmer (das kann auch der – nicht zum Vorsteuerabzug berechtigte – Endabnehmer sein) auf einer nachfolgenden Umsatzstufe diese zugutekommen lässt.

4. Tatbestand des § 17 Abs. 1 Satz 4 UStG

a) Vorsteuerberichtigung durch wirtschaftlich Begünstigten

68 Wird im Falle des § 17 Abs. 1 Satz 3 UStG ein anderer Unternehmer (Dritter, Rz. 64) durch die Änderung der Bemessungsgrundlage wirtschaftlich begünstigt, hat dieser Unternehmer seinen Vorsteuerabzug zu berichtigen. Die Vorschrift regelt nicht die Voraussetzungen der Vorsteuerberichtigung, sondern lediglich **in personeller Hinsicht**, welcher Unternehmer seinen Vorsteuerabzug zu berichtigen hat.[1] Abweichend von § 17 Abs. 1 Satz 2 UStG, wonach der Vorsteuerabzug bei dem Unternehmer zu berichtigen ist, „an den dieser Umsatz ausgeführt wurde" (Rz. 57), ordnet § 17 Abs. 1 Satz 4 UStG die Berichtigung des Vorsteuerabzugs bei dem (anderen) Unternehmer an, der durch die Änderung der Bemessungsgrundlage „wirtschaftlich begünstigt" wird.[2]

69 Die Vorsteuerberichtigungspflicht nach § 17 Abs. 1 Satz 4 UStG setzt – ebenso wie § 17 Abs. 1 Sätze 1, 2 UStG – eine Änderung der Bemessungsgrundlage für einen steuerpflichtigen Umsatz voraus. Mit der Formulierung „**in diesen Fällen**" knüpft § 17 Abs. 1 Satz 4 UStG voraussetzungslos an die in § 17 Abs. 1 Satz 3 UStG geregelten Konstellation an, in denen ein anderer Unternehmer durch die Änderung der Bemessungsgrundlage **wirtschaftlich begünstigt** wird (**Lieferkette**, Rz. 64 ff.). Nach Wortlaut und Gesetzessystematik knüpft die Vorschrift aber auch an die in § 17 Abs. 1 Satz 1 UStG geregelte Bedingung an, dass „sich die Bemessungsgrundlage für einen steuerpflichtigen Umsatz im Sinne des § 1 Abs. 1 Nr. 1 UStG geändert" hat.[3]

b) Steuerpflichtiger Umsatz/grenzüberschreitende Rabattgewährung

70 Die Vorsteuerberichtigung nach § 17 Abs. 1 Satz 4 UStG setzt – ebenso bei wie § 17 Abs. 1 Sätze 1 und 2 UStG (Rz. 24) – eine Änderung der Bemessungsgrundlage für einen **steuerpflichtigen Umsatz** voraus.[4] Denn § 17 Abs. 1 Satz 4 UStG knüpft (auch) an die in § 17 Abs. 1 Satz 1 UStG enthaltene Voraussetzung an, dass „sich die Bemessungsgrundlage für einen steuerpflichtigen Umsatz im Sinne des § 1 Abs. 1 Nr. 1 UStG geändert" hat.[5] Deshalb sind die Voraussetzungen des § 17 Abs. 1 Sätze 4, 5 UStG nicht erfüllt, wenn der in einem anderen Mitgliedstaat ansässige erste Unternehmer einer Lieferkette eine **steuerfreie innergemeinschaftliche Lieferung** an einen im Inland ansässigen Unternehmer (unmittelbarer Abnehmer) erbringt und der erste Unternehmer einem weiteren vorsteuerabzugsberechtigten Unternehmer auf einer späteren Umsatzstufe einen Preisnachlass oder eine Preiserstattung gewährt. Denn dadurch ändert sich weder die Bemessungsgrundlage für die (steuerfreie) innergemeinschaftliche Lieferung des (rabattgewährenden) ersten Unternehmers[6] noch für den damit korrespondierenden (steuerpflichtigen) **innergemeinschaftlichen Erwerb** seines unmittelbaren Abnehmers.[7] Denn es fehlt bei dem ersten Unternehmer an einem steuerpflichtigen Umsatz, dessen Bemessungsgrundlage sich hätte ändern können. Im Verhältnis zu seinem unmittelbaren (mit der Begünstigung übersprungenen) Leistungsempfänger ändert sich das Entgelt nicht, so dass – für den innergemeinschaftlichen Erwerb – weder eine Umsatzsteuer- (§ 17 Abs. 1 Satz 1 UStG) noch eine Vorsteuerberichtigung (§ 17 Abs. 1 Satz 2 UStG) in Betracht kommt.[8] Korrespondierend löst der Preisnachlass

1 BFH, Urt. v. 4.12.2014 – V R 6/13, BStBl. II 2017, 810 = UR 2015, 240 m. Anm. *Marchal*, Rz. 14 m.w.N.
2 BFH, Urt. v. 5.6.2014 – XI R 25/12, BStBl. II 2017, 806 = UR 2014, 743, Rz. 41.
3 BFH, Urt. v. 5.6.2014 – XI R 25/12, BStBl. II 2017, 806 = UR 2014, 743, Rz. 39 f.; BFH, Urt. v. 4.12.2014 – V R 6/13, BStBl. II 2017, 810 = UR 2015, 240 m. Anm. *Marchal*, Rz. 15.
4 BFH, Urt. v. 5.6.2014 – XI R 25/12, BStBl. II 2017, 806 = UR 2014, 743, Rz. 39; BFH, Urt. v. 4.12.2014 – V R 6/13, BStBl. II 2017, 810 = UR 2015, 240 m. Anm. *Marchal*, Ls. 1, Rz. 12, 15.
5 BFH, Urt. v. 5.6.2014 – XI R 25/12, BStBl. II 2017, 806 = UR 2014, 743, Rz. 41 ff.
6 EuGH, Urt. v. 11.3.2021 – C-802/19, ECLI:EU:C:2021:195 – Firma Z, UR 2021, 364, Rz. 43, 47; BFH, Urt. v. 18.11.2021 – V R 4/21 (V R 41/17), BStBl. II 2022, 350 = UR 2022, 263.
7 Vgl. dazu GE der BReg (JStG 2020) v. 3.9.2020, BR-Drucks. 503/20, 127.
8 BFH, Urt. v. 4.12.2014 – V R 6/13, BStBl. II 2017, 810 = UR 2015, 240 m. Anm. *Marchal*, Ls. 1, Rz. 11, 17 f.

oder die Preiserstattung bei dem **wirtschaftlich begünstigten (weiteren) Unternehmer** in der Lieferkette keine Vorsteuerberichtigung nach § 17 Abs. 1 Satz 4 UStG aus.[1]

Gleiches gilt, wenn ein Unternehmer eine Lieferung im **Drittland** erbringt, bei der der Liefergegen- 71
stand in das Inland gelangt, und der Unternehmer einem in der Lieferkette nicht unmittelbar nachfolgenden Abnehmer einen Preisnachlass oder eine Preiserstattung gewährt.[2]

5. Rechtsfolge (§ 17 Abs. 1 Satz 3 und 4 UStG)

Rechtsfolge des **§ 17 Abs. 1 Satz 3 UStG** („dies gilt nicht") ist, dass die Berichtigung des Vorsteuer- 72
abzugs beim unmittelbaren Leistungsempfänger (Rz. 57) – im Rahmen einer Leistungskette – unterbleibt.[3] Insoweit geht § 17 Abs. 1 Satz 3 UStG dem Grundtatbestand des § 17 Abs. 1 Satz 2 UStG als speziellere Regelung vor.

Zur Berichtigung des Vorsteuerabzugs ist aber der „wirtschaftlich Begünstigte" verpflichtet (ein nachfolgender Abnehmer in der Leistungskette), wenn dieser Unternehmer ist (**§ 17 Abs. 1 Satz 4 UStG**). Ist der wirtschaftlich Begünstigte demgegenüber kein Unternehmer, kommt es bei einer abnehmerüberspringenden Rabattgewährung in der Leistungskette zwar zu einer Berichtigung des Umsatzsteuerbetrags (Rz. 74), nicht aber – mangels Vorsteuerabzugsberechtigung – zu einer Berichtigung des Vorsteuerabzugs.[4]

Für den **Unternehmer, der den Preisnachlass oder die Erstattung abnehmerüberspringend ge-** 73
währt, ist die Bemessungsgrundlage nach den allgemeinen Voraussetzungen des § 17 Abs. 1 Satz 1 UStG um den Betrag des Preisnachlasses oder der Erstattung (abzgl. Umsatzsteuer) zu mindern. Dies setzt u.a. voraus, dass er selbst eine steuerpflichtige Leistung erbracht hat (Rz. 24, 71 f.). Maßgeblich ist der Umsatzsteuersatz, der auf den Umsatz Anwendung findet, für den der Preisnachlass oder die Erstattung gewährt wird. Der Besteuerungszeitraum der Berichtigung richtet sich nach § 17 Abs. 1 Satz 9 UStG (Rz. 88). Durch die Minderung der Bemessungsgrundlage wird die von ihm an seinen Abnehmer erteilte Rechnung weder unrichtig noch muss diese korrigiert werden.[5]

Im Rechtsverhältnis zwischen dem mit dem Preisnachlass oder der Erstattung **übersprungenen Un-** 74
ternehmer und seinem – durch den Preisnachlass oder die Erstattung wirtschaftlich begünstigten – Abnehmer ergibt sich keine Berichtigungspflicht nach § 17 Abs. 1 Satz 1 UStG. Denn das aufgewendete Entgelt i.S.d. § 10 Abs. 1 Satz 2 UStG hat sich in diesem Verhältnis nicht geändert, weil der Wert dessen, was der begünstigte Abnehmer gegenüber seinem (nicht begünstigten) Lieferanten aufgewendet hat, sich durch die Begünstigung nicht verändert hat.[6]

6. Nachweis

Formelle Voraussetzung für die Anwendung des § 17 Abs. 1 Sätze 3, 4 UStG ist, dass der den Preis- 75
nachlass gewährende Unternehmer sowie der begünstigte Abnehmer das Vorliegen der Voraussetzungen (insbesondere den Preisnachlass bzw. die -erstattung) nachweisen kann.[7]

1 BFH, Urt. v. 5.6.2014 – XI R 25/12, BStBl. II 2017, 806 = UR 2014, 743, Ls., Rz. 45, 55; BFH, Urt. v. 4.12.2014 – V R 6/13, BStBl. II 2017, 810 = UR 2015, 240 m. Anm. *Marchal*, Rz. 12 ff.; Abschn. 17.2 Abs. 3 Satz 2 UStAE (mit Bsp.); *Grebe/Hänchen*, UStB 2020, 193 (195 mit Bsp.).

2 Abschn. 17.2 Abs. 3 Satz 3 UStAE (mit Bsp.).

3 Abschn. 17.2 Abs. 2 Satz 5 UStAE.

4 Abschn. 17.2 Abs. 2 Satz 6 UStAE.

5 Abschn. 17.2 Abs. 2 Satz 3 UStAE.

6 BFH, Urt. v. 4.12.2014 – V R 6/13, BStBl. II 2017, 810 = UR 2015, 240 m. Anm. *Marchal*, Rz. 11.

7 Abschn. 17.2 Abs. 1 Satz 5 i.V.m. Abschn. 17.2 Abs. 5–6a UStAE (dort zu den Einzelheiten).

IV. Berichtigung des Steuerbetrags und Vorsteuerabzugs bei innergemeinschaftlichem Erwerb und Umkehrung der Steuerschuldnerschaft (Absatz 1 Satz 5)

1. Normübersicht

76 Nach § 17 Abs. 1 Satz 5 UStG gilt § 17 Abs. 1 Sätze 1–4 UStG in den Fällen des § 1 Abs. 1 Nr. 5 UStG (innergemeinschaftlicher Erwerb, § 1a Rz. 1 ff.) und des § 13b UStG (Umkehrung der Steuerschuldnerschaft, § 13b Rz. 1 ff.) sinngemäß. Damit **erweitert** § 17 Abs. 1 Satz 5 UStG die in § 17 Abs. 1 Satz 1 UStG für einen „Umsatz im Sinne des § 1 Abs. 1 Nr. 1" UStG getroffene Regelung auf den Fall des **innergemeinschaftlichen Erwerbs** (§ 1 Abs. 1 Nr. 5 UStG) und den Fall der **Umkehrung der Steuerschuldnerschaft** (§ 13b UStG). Der Erwerber hat also die Erwerbsteuer und den in Anspruch genommenen Vorsteuerabzug zu berichtigen, wenn eine Änderung der Bemessungsgrundlage eintritt. Gleiches gilt für den Leistungsempfänger bei Umkehrung der Steuerschuldnerschaft. Von materieller Bedeutung ist die Berichtigungsvorschrift aber nur, wenn der Erwerber oder der Leistungsempfänger nicht zum (vollen) Vorsteuerabzug berechtigt ist[1] (Rz. 76.7; Bsp. Rz. 76.6).

76.1 Eine ausdrückliche **unionsrechtliche Bestimmung** besteht nicht. **Gemeinsame Grundlage beider Regelungskomplexe** ist, dass Steuerschuldnerschaft und vorsteuerabzugsberechtigter Unternehmer **in einer Person zusammentreffen**.

2. Tatbestand

a) Singgemäße Anwendung von § 17 Abs. 1 Satz 1–4 UStG

76.2 Beim **innergemeinschaftlichen Erwerb** gegen Entgelt i.S.d. § 1 Abs. 1 Nr. 5 UStG (§ 1 Rz. 219) schuldet der Erwerber nach § 13a Abs. 1 Nr. 2 UStG die Steuer (§ 1a Rz. 13, § 13a Rz. 10) und ist im Fall des § 3d Satz 1 UStG (Rz. 143) nach § 15 Abs. 1 Nr. 3 UStG zum Abzug der Vorsteuer berechtigt (§ 1a Rz. 14, § 15 Rz. 211), wenn er Unternehmer ist (§ 15 Rz. 36 f.).

Im Fall eines Umsatzes nach § 1 Abs. 1 Nr. 1 UStG mit **Umkehrung der Steuerschuldnerschaft** (§ 13b UStG), schuldet der Leistungsempfänger die Steuer nach § 13b Abs. 5 UStG (§ 13b Rz. 18, 233 ff.) und ist nach § 15 Abs. 1 Nr. 4 UStG zum Vorsteuerabzug berechtigt (§ 15 Rz. 214).

76.3 § 17 Abs. 1 Satz 5 UStG ordnet für den Fall des innergemeinschaftlichen Erwerbs (§ 1 Abs. 1 Nr. 5 UStG) und den Fall des Leistungsempfängers als Steuerschuldner (§ 13b UStG) die sinngemäße Anwendung von § 17 Abs. 1 Sätze 1 bis 4 UStG an. Es handelt sich um eine **Rechtsgrundverweisung**. Denn § 17 Abs. 1 Satz 5 UStG bezieht die Umsätze eines innergemeinschaftlichen Erwerbs und bei Umkehrung der Steuerschuldnerschaft in die für Umsätze i.S.d. § 1 Abs. 1 Nr. 1 UStG getroffenen Berichtigungsregelungen ein, ohne auf die in den § 17 Abs. 1 Sätze 1 bis 4 UStG aufgestellten Voraussetzungen zu verzichten.[2] So setzt die Anwendung der Berichtigung der Erwerbsbesteuerung oder bei einer Umkehr der Steuerschuldnerschaft z.B. voraus, dass „sich die Bemessungsgrundlage für einen **steuerpflichtigen Umsatz** […] geändert" haben muss (Rz. 24 f.).

b) Berichtigungspflicht auslösender Rabatt an einen innergemeinschaftlichen Erwerber – Abgrenzung zur Bemessungsgrundlage

76.4 Gewährt ein im übrigen Gemeinschaftsgebiet ansässiger Unternehmer für seine – innergemeinschaftliche (steuerfreie) – Lieferung einen Rabatt an den zur Erwerbsbesteuerung verpflichteten und zum Vorsteuerabzug berechtigten inländischen unmittelbaren Abnehmer (Unternehmer), mindert sich die Bemessungsgrundlage für dessen steuerpflichtigen innergemeinschaftlichen Erwerb (§ 17 Abs. 1 Sätze 5, 1 UStG). Zugleich mindert sich auch der abziehbare Vorsteuerbetrag (§ 17 Abs. 1 Sätze 5, 2 UStG). Hinzuweisen ist darauf, dass der die steuerfreie innergemeinschaftliche Lieferung bewirkende Unternehmer seine Bemessungsgrundlage nicht mindern kann[3] (Rz. 24).

---

1 *Stadie* in Rau/Dürrwächter, § 17 UStG Rz. 492 (Stand: 8/2022); *Pull* in Reiß/Kraeusel/Langer, § 17 UStG, Rz. 56 f. (Stand: 2/2022).

2 BFH, Urt. v. 5.6.2014 – XI R 25/12, BStBl. II 2017, 806 = UR 2014, 743 Rz. 46 ff.

3 BFH, Urt. v. 18.11.2021 – V R 4/21 (V R 41/17), BStBl. II 2022, 350 = UR 2022, 263, Ls; EuGH, Urt. v. 11.3.2021 – C-802/19, ECLI:EU:C:2021:195 – Firma Z, UR 2021, 364, Rz. 43.

Abzugrenzen von der Situation der Minderung der Bemessungsgrundlage und des Vorsteuerabzugs bei einer Erwerbsbesteuerung (§ 17 Abs. 1 Sätze 5, 1, 2 UStG) ist der Fall, dass sich die (gesetzlich vorgeschriebene) Rabattgewährung bereits auf die Bemessungsgrundlage des innergemeinschaftlichen Erwerbs (§ 10 Abs. 1 Satz 1 UStG) auswirkt und es deshalb nicht zu einer (nachträglichen) Änderung der Bemessungsgrundlage i.S.d. § 17 UStG kommen kann[1] (zur Entgeltbemessung im Falle des Herstellerrabatts und der Erstattung nach § 130a Abs. 1 SGB V sowie zur Minderung der Bemessungsgrundlage wegen des zu erstattenden Rabatts bei der Lieferung des pharmazeutischen Unternehmens an seinen Abnehmer, Rz. 28 f.; Rz. 61.1). 76.5

Anders wäre die Situation zu beurteilen, wenn der inländische Hersteller (pharmazeutisches Unternehmen) unter Überspringung seines im übrigen Gemeinschaftsgebiets ansässigen Abnehmers (z.B. Versandapotheke in den Niederlanden) dem inländischen Endverbraucher (gesetzliche Krankenversicherung) nachträglich (Rz. 43) einen freiwilligen Rabatt (Rz. 27) gewähren würde. In diesem Fall wäre der dem Endverbraucher gewährte Rabatt nicht (mindernder) Teil des Entgelts i.S.d. § 10 Abs. 1 Satz 1, 2 UStG für seinen innergemeinschaftlichen Erwerb. Denn bei einer freiwilligen (nachträglichen) Rabattgewährung fehlt der unmittelbare Zusammenhang zwischen der Lieferung des Arzneimittels und dem Rabatt[2] (§ 10 Rz. 33). 76.6

Eine Steuerberichtigung beim inländischen Hersteller kommt mangels steuerpflichtiger Ausgangslieferung (er erbringt gegenüber seinem Abnehmer eine steuerfreie innergemeinschaftliche Lieferung) nicht in Betracht (Rz. 24, Rz. 70). Für den Endverbraucher mindert sich durch den (Hersteller-)Rabatt allerdings die Bemessungsgrundlage für den innergemeinschaftlichen Erwerb mit der Folge, dass er den dafür geschuldeten Steuerbetrag (steuermindernd) zu berichtigen hat (§ 17 Abs. 1 Satz 5, 1 UStG). Die Minderung der Bemessungsgrundlage wird auch nicht durch § 17 Abs. 1 Satz 6 UStG (abnehmerüberspringender Preisnachlass) ausgeschlossen. Denn der Leistungsbezug der Krankenkasse ist als innergemeinschaftlicher Erwerb steuerbar und steuerpflichtig. Wegen der fehlenden Vorsteuerabzugsberechtigung der gesetzlichen Krankenkasse kommt eine Berichtigung des Vorsteuerabzugs nicht in Betracht.

3. Rechtsfolge

Nach § 17 Abs. 1 Satz 5 UStG haben der Erwerber bzw. der Leistungsempfänger bei einer nachträglichen Änderung der Bemessungsgrundlage den Steuerbetrag (§ 17 Abs. 1 Satz 1 UStG) und auch den Vorsteuerabzug (§ 17 Abs. 1 Satz 2 UStG) zu berichtigen. 76.7

Sind der Erwerber bzw. Leistungsempfänger zum vollen Vorsteuerabzug berechtigt, gleichen sich die beiden Berichtigungen (§ 17 Abs. 1 Satz 1, 2 i.V.m. § 17 Abs. 1 Satz 5 UStG) bei der Steuerberechnung i.S.d. § 16 Abs. 1, 2 UStG (Rz. 19.1) aus. Eine Steuerbelastung oder -entlastung bewirkt die Berichtigungspflicht dann nicht. Zu einer solchen wird es nur dann kommen, wenn der Erwerber bzw. Leistungsempfänger nicht zum (vollen) Vorsteuerabzug berechtigt ist. Denn dann gleichen sich die Berichtigungsbeträge nicht aus (Bsp. Rz. 76.6).

V. Berichtigung des Steuerbetrags bei Rabattgewährung im Rahmen einer Leistungskette (Absatz 1 Satz 6)

1. Normübersicht

§ 17 Abs. 1 Satz 6 UStG (zur zeitlichen Anwendung, Rz. 22) knüpft die Pflicht (bzw. das Recht) zur Berichtigung des Steuerbetrags (§ 17 Abs. 1 Satz 1 UStG) bei abnehmerüberspringenden Preisnachlässen im Rahmen einer Leistungskette an die Voraussetzung, dass der Leistungsbezug des Rabattempfängers im Inland steuerpflichtig ist.[3] Obwohl die Vorschrift wörtlich nur Bezug auf die Umsatzsteuerberichtigung nach § 17 Abs. 1 Satz 1 UStG nimmt, schließt sie auch die Konstellationen des **inner-** 77

1 BFH, Urt. v. 10.12.2020 – V R 34/18, BStBl. II 2021, 576 = UR 2021, 508.
2 Vgl. BFH, Urt. v. 10.12.2020 – V R 34/18, BStBl. II 2021, 576 = UR 2021, 508, Rz. 24.
3 Bsp. bei *Grune*, Stbg 2021, 185 (190 f.).

gemeinschaftlichen Erwerbs (§ 1 Abs. 1 Nr. 5 UStG) und der **Umkehrung der Steuerschuldnerschaft** (§ 13b UStG) ein (§ 17 Abs. 1 Satz 5 UStG).

Mit der Vorschrift soll insbesondere die Behandlung **grenzüberschreitender Preisnachlässe in einer Leistungskette** im Hinblick auf die Minderung der Bemessungsgrundlage beim rabattgewährenden Unternehmer festgeschrieben werden. Die **Vorschrift bezweckt** die Wahrung der **Aufkommensneutralität** bei derartigen Preisnachlässen in Lieferketten. Denn es soll verhindert werden, dass an einen Rabatt gewährenden Unternehmer – aufgrund einer Minderung der Bemessungsgrundlage – im Inland Umsatzsteuer zu erstatten wäre, ohne dass ein anderes Unternehmen in der Leistungskette verpflichtet wäre, abgezogene Vorsteuerbeträge zurückzuzahlen.

77.1 § 17 Abs. 1 Satz 6 UStG hat die **Verwaltungsauffassung**[1] in **nationales Gesetzesrecht umgesetzt**, wonach ein abnehmerüberspringender Rabatt im Rahmen einer Leistungskette nur dann zu einer Minderung der Bemessungsgrundlage des Umsatzes bei dem rabattgewährenden Unternehmer führt, wenn (1.) dieser eine im Inland steuerpflichtige Leistung erbracht hat und (2.) „die Leistung an den begünstigten Abnehmer im Inland steuerpflichtig ist".[2] Damit ergibt sich für die Rechtspraxis im Ergebnis keine Änderung.

77.2 Danach soll ein inländischer Rabattgeber nicht zur Minderung der Bemessungsgrundlage für einen steuerpflichtigen Umsatz berechtigt sein, wenn die Lieferung durch den letzten inländischen Unternehmer in der Umsatzkette an den ausländischen Rabattempfänger als innergemeinschaftliche Lieferung oder Ausfuhrlieferung steuerfrei ist.[3] Da der unmittelbare (inländische) Abnehmer des rabattgewährenden Unternehmers seinen Vorsteuerabzug mangels wirtschaftlicher Begünstigung nicht berichtigen muss (§ 17 Abs. 1 Satz 3 UStG) und der Umsatz an den begünstigten (ausländischen) Abnehmer im Inland nicht steuerpflichtig ist, käme es im Inland zu einem **nicht ausgleichbaren Vorsteuerüberhang** in Höhe der im Rabatt enthaltenen Umsatzsteuer.[4] Bei inländischen Leistungsketten erfolgt dieser Ausgleich entweder durch die inländische Besteuerung des (vom Rabatt begünstigten) Endverbrauchers oder nicht vorsteuerabzugsberechtigten Unternehmers oder durch die Minderung des Vorsteuerabzugs nach § 17 Abs. 1 Satz 4 UStG. Ein solcher Ausgleich scheidet bei im Inland nicht steuerpflichtigen Umsätzen aus,[5] was einen Verstoß gegen den Grundsatz der Neutralität darstellt.[6]

2. Unionsrecht

77.3 Eine ausdrückliche **unionsrechtliche Bestimmung** besteht für § 17 Abs. 1 Satz 6 UStG nicht. Nach den Gesetzesmaterialien[7] diene die nationale Vorschrift der Umsetzung des EuGH-Urteils in der **Rechtssache Kommission/Deutschland**.[8] Nach den dortigen Grundsätzen (Rz. 61–65) seien inländische Rabattgeber zur Minderung der Bemessungsgrundlage nur berechtigt, wenn die jeweilige Leistung in der Leistungskette an den Rabattempfänger im Inland steuerpflichtig ist.[9] Ob § 17 Abs. 1 Satz 6 UStG mit Unionsrecht vereinbar ist, ist nicht eindeutig zu beantworten.[10] Gegen eine Vereinbarkeit

---

1 Abschn. 17.2 Abs. 1 Satz 5 Nr. 2 UStAE (2020); die Verwaltungsauffassung bestätigend: FG Münster, Urt. v. 28.3.2019 – 5 K 2481/16 U, EFG 2019, 1147 (rkr.).

2 Nach dem GE der BReg (JStG 2020) v. 3.9.2020, BR-Drucks. 503/20, 126 entspreche diese untergesetzliche Bedingung den Grundsätzen des EuGH-Urteils v. 15.10.2002 – C-427/98, ECLI:EU:C:2002:581 – Kommission/Deutschland, BStBl. II 2004, 328 = UR 2002, 523, Rz. 61–65; die gesetzliche Verankerung der Verwaltungsauffassung sei zur Bindung inländischer Rabattgeber notwendig.

3 GE der BReg (JStG 2020) v. 3.9.2020, BR-Drucks. 503/20, 127.

4 *Beer/Müller*, DStR 2017, 2787 (2792); *Prätzler*, MwStR 2017, 355 (360 f.); *Wüst*, MwStR 2015, 157 (163); *Wäger*, UStB 2003, 57 (58 f.).

5 *Suabedissen* in Weymüller, § 17 UStG Rz. 54 (Stand: 18.6.2023).

6 *Marchal*, UR 2015, 240 (244).

7 GE der BReg (JStG 2020) v. 3.9.2020, BR-Drucks. 503/20, 126 f.

8 EuGH, Urt. v. 15.10.2002 – C-427/98, ECLI:EU:C:2002:581 – Kommission/Deutschland, BStBl. II 2004, 328 = UR 2002, 523.

9 Vgl. dazu aber: *Hartman* in Musil/Weber-Grellet, Europäisches Steuerrecht², 3. Teil, § 17 UStG Rz. 22.

10 Von der Unionsrechtswidrigkeit ausgehend: *Hartman* in Musil/Weber-Grellet, Europäisches Steuerrecht², 3. Teil, § 17 UStG Rz. 21, 24; *Stadie* in Rau/Dürrwächter; § 17 UStG Rz. 213 (Stand: 8/2022); vgl. auch *Wüst*, MwStR 2019, 678 (683).

mit Unionsrecht könnte der Grundsatz stehen, dass Bemessungsgrundlage nur die tatsächlich erhaltene Gegenleistung ist und der Steuergläubiger als Mehrwertsteuer keinen Betrag erheben darf, der den dem Steuerpflichtigen gezahlten Betrag übersteigt.[1] Durch die Anwendung von § 17 Abs. 1 Satz 6 UStG werde der rabattgewährende Unternehmer aber mit einer höheren Steuer belastet, als es dem letztlich tatsächlich erhaltenen Betrag entspricht.[2] Für eine Vereinbarkeit mit dem Unionsrecht könnte demgegenüber der Grundsatz der Aufkommensneutralität stehen. Denn die Erstattung einer nicht erhobenen Steuer billige auch der EuGH nicht.[3]

3. Tatbestand des § 17 Abs. 1 Satz 6 UStG

a) Preisnachlässe und Preiserstattungen durch Unternehmer in einer Leistungskette

Die Begriffe Preisnachlässe, Preiserstattungen (Rz. 63.1) und Leistungskette (Rz. 64 f.) i.S.d. § 17 Abs. 1 Satz 6 UStG sind unionsrechtlich auszulegen. Für sie gelten daher die aus der EuGH-Rspr. hervorgebrachten unionsrechtlichen Grundsätze (Rz. 61 ff.). Die Leistungskette ist danach i.S.d. EuGH-Urteils in der Rechtssache Elida Gibbs[4] (Rz. 61, 62) zu sehen, wonach über den nämlichen Gegenstand Umsätze über mehrere Handelsstufen getätigt werden müssen. 77.4

Anwendbar ist die Vorschrift nur dann, wenn der Rabatt durch einen Unternehmer gewährt wird. Andernfalls würde auch der Bezug zur Steuerberichtigung nach § 17 Abs. 1 Satz 1 UStG fehlen.

b) Abnehmerüberspringender Rabatt in der Leistungskette

Das Merkmal Preisnachlass und Preiserstattungen „an einen in dieser Leistungskette nicht unmittelbar nachfolgenden Abnehmer" entspricht den Ausführungen zum abnehmerüberspringenden Rabatt, Rz. 67. Das in diesem Zusammenhang – redundant – verwendete Merkmal „in dieser Leistungskette" soll nur klarstellen, dass Ausgangsumsatz und Rabattgewährung in einem Zusammenhang stehen müssen (Rz. 42 f.), dass es also um eine Rabattgewährung in derselben Leistungskette geht. 77.5

c) Steuerpflichtiger Leistungsbezug beim begünstigten Abnehmers

Das bedeutendste Merkmal des § 17 Abs. 1 Satz 6 UStG steckt in der gesetzlichen Formulierung „wenn der Leistungsbezug dieses Abnehmers im Rahmen der Leistungskette im Inland steuerpflichtig ist". Anders ausgedrückt: die (Ausgangs-)Leistung an den begünstigten Abnehmer muss im Inland steuerpflichtig sein. Nicht ausreichend ist, dass sie im Ausland – z.B. als innergemeinschaftlicher Erwerb – steuerpflichtig ist. Im Ergebnis wirken sich Rabattgewährungen nur dann mindernd auf die Bemessungsgrundlage des Leistenden aus, wenn der begünstigte Abnehmer ein Inländer ist oder die Leistung an den begünstigten ausländischen Abnehmer ausnahmsweise im Inland zu besteuern wäre. 77.6

4. Rechtsfolge

Liegen die tatbestandlichen Voraussetzungen des § 17 Abs. 1 Satz 6 UStG vor, kommt eine Minderung der Bemessungsgrundlage beim rabattgewährenden Unternehmer nach § 17 Abs. 1 Satz 1 UStG uneingeschränkt zur Anwendung. Andernfalls darf der Umsatzsteuerbetrag nicht gemindert werden. 77.7

---

1 EuGH, Urt. v. 15.5.2014 – C-337/13, EU:C:2014:328 – Almos Agrárkülkereskedelmi, UR 2014, 900 Rz. 22 m.w.N.; EuGH, Urt. v. 20.12.2017 – C-462/16, ECLI:EU:C:2017:1006 – Boehringer Ingelheim Pharma, UR 2018, 166, Rz. 32.

2 *Suabedissen* in Weymüller, § 17 UStG Rz. 54 (Stand: 18.6.2023).

3 Bereits vor der Gesetzesänderung die Verwaltungsauffassung zu Abschn. 17.2 Abs. 1 Satz 5 Nr. 2 UStAE bestätigend: FG Münster, Urt. v. 28.3.2019 – 5 K 2481/16 U, EFG 2019, 1147 Rz. 24 f. (rkr.), mit Verweis auf *Wäger*, UStB 2003, 57 (58).

4 EuGH, Urt. v. 24.10.1996 – C-317/94, ECLI:EU:C:1996:400 – Elida Gibbs, UR 1997, 265 m. Anm. *Weiß*, Rz. 31.

VI. Vorsteuerabzug: Berichtigung bei Steuerentrichtung durch Dritten – Zentralregulierungsgeschäft (Absatz 1 Satz 7)

1. Normübersicht

78 § 17 Abs. 1 Satz 7 Halbs. 1 UStG suspendiert die grundsätzlich bestehende Pflicht des Leistungsempfängers zur Berichtigung des Vorsteuerabzugs nach § 17 Abs. 1 Satz 2 UStG für den Fall, dass ein dritter Unternehmer den auf die Minderung des Entgelts entfallenden Steuerbetrag an das Finanzamt entrichtet. In diesem Fall ist der Dritte Schuldner der Steuer (§ 17 Abs. 1 Satz 7 Halbs. 2 UStG). Ausweislich der Gesetzesbegründung[1] hat die Vorschrift Bedeutung für das sog. Zentralregulierungsgeschäft.[2] Mit Einfügung der Vorschrift (Rz. 22) hat der Gesetzgeber letztlich die Rechtslage an die Verfahrenspraxis angepasst. Denn es hatte sich gezeigt, dass die Pflicht zur Berichtigung des Vorsteuerabzugs durch den Leistungsempfänger bei Einschaltung eines Zentralregulierers zu erheblichen praktischen Schwierigkeiten führt, wenn die Zahlungsabwicklung – wie regelmäßig – mit einer Entgeltminderung einhergeht.

Für die Vereinfachungsvorschrift des § 17 Abs. 1 Satz 7 UStG besteht **keine unionsrechtliche Bestimmung**.

2. Tatbestand

79 In den Leistungsaustausch zwischen Leistendem und Leistungsempfänger muss ein dritter Unternehmer derart eingeschaltet sein, dass dieser den auf die Minderung des Entgelts entfallenden Steuerbetrag an das Finanzamt entrichtet. Dieser dritte Unternehmer wird im Regelfall ein sog. Zentralregulierer (Dienstleister) sein.[3] Ein **Zentralregulierer ist ein Unternehmer**, der in die Leistungsbeziehung zwischen Lieferer (z.B. Vertragslieferanten, Hersteller) und Abnehmer (Leistungsempfänger) als Zahlungsabwickler in deren Abrechnungsverkehr einbezogen ist (z.B. Zentralregulierungsgenossenschaft[4] oder Einkaufsgemeinschaft). Im Regelfall wird der Zentralregulierer für mehrere Abnehmer gegenüber gemeinsamen Lieferanten tätig. Während also Bestellung (z.B. Kaufvertrag) und Leistungserbringung (z.B. Versand) unmittelbar zwischen Lieferer und Leistungsempfänger erfolgen, erfolgen Abrechnung und Entgeltangelegenheiten – regelmäßig gegen Provision – über den Zentralregulierer. Da der Zentralregulierer die Rechnungen der Lieferanten regelmäßig innerhalb der Skontofrist erfüllt (die Entgeltforderung des Lieferers gegen den Leistungsempfänger geht dann grundsätzlich auf den Zentralregulierer über), nimmt er auch den entgeltmindernden Skontoabzug vor.

80 Eine durch den Zentralregulierer bei der Zahlungsabwicklung vorgenommene Entgeltminderung (z.B. Skontoabzug, Rz. 27) gegenüber dem Lieferer, führt bei diesem zu einer berichtigungspflichtigen Minderung der Bemessungsgrundlage i.S.d. § 17 Abs. 1 Satz 1 UStG. Korrespondierend müsste auch der Leistungsempfänger seinen Vorsteuerabzug nach § 17 Abs. 1 Satz 2 UStG berichtigen (Rz. 50). Nach § 17 Abs. 1 Satz 7 UStG darf aber – anstelle einer Vorsteuerberichtigung durch den Leistungsempfänger – auch der Zentralregulierer die aus der Minderung des Entgelts resultierende Kürzung des Vorsteuerabzugs als Steuerbetrag an das Finanzamt abführen.[5]

81 Als weitere tatbestandliche Voraussetzung muss es zwischen Leistendem und Leistungsempfänger zu einer **Minderung des Entgelts** (Bemessungsgrundlage) i.S.d. § 17 Abs. 1 Sätze 1 und 2 UStG gekommen sein (Rz. 27 ff., 50). **Daran fehlt es** z.B., wenn der Zentralregulierer dem Leistungsempfänger (seinem Anschlusskunden) Preisnachlässe des Lieferanten (teilweise) weitergibt, die der Zentralregulierer für bestimmte Leistungen von diesem erhalten hat (Zusatzskonto wegen Übernahme des Abrechnungsverkehrs, von Bürgschaften, Verkaufsförderung).[6]

---

1 GE der BReg (UStG 1979) v. 5.5.1978, BT-Drucks 8/1779, 17, 44 (zu § 17 Abs. 1 Satz 2, heute: § 17 Abs. 1 Satz 6 UStG bzw. seit 29.12.2020: § 17 Abs. 1 Satz 7 UStG).
2 Abschn. 17.1 Abs. 4 UStAE (mit Bsp.).
3 *Specker*, UR 2009, 1 (zum System der Zentralregulierung).
4 *L'habitant*, UR 2017, 369 (zu Rückvergütungen bei Einkaufs- und Zentralregulierungsgenossenschaften).
5 Abschn. 17.1 Abs. 4 Satz 6 UStAE.
6 BFH, Urt. v. 3.7.2014 – V R 3/12, BStBl. II 2015, 307 = UR 2014, 779, Ls. (unter Aufgabe der vormaligen Rspr. BFH, Urt. v. 13.3.2008 – V R 70/06, BStBl. II 2008, 997 = UR 2008, 651); Abschn. 17.2 Abs. 7 UStAE; *L'habitant*, UR 2018, 235.

Der auf die Minderung des Entgelts entfallende Steuerbetrag muss durch den dritten Unternehmer (Zentralregulierer) als **eigene Steuerschuld** tatsächlich an das zuständige Finanzamt abgeführt worden sein. Die Anmeldung des Steuerbetrags genügt noch nicht. Allerdings handelt es sich bei dem Berichtigungsbetrag nach § 17 Abs. 1 Satz 7 UStG um eine unselbständige Besteuerungsgrundlage, die nach § 16 Abs. 1 Satz 4 UStG in die Steuerberechnung des Zentralregulierers einzubeziehen ist (Rz. 19.1). 82

3. Rechtsfolge

Rechtsfolge des § 17 Abs. 1 Satz 7 UStG ist, dass eine wegen der Entgeltminderung grundsätzlich vorzunehmende Berichtigung des Vorsteuerabzugs nach § 17 Abs. 1 Satz 2 UStG (mehr Steuer) durch den Leistungsempfänger unterbleiben kann. Die Vorschrift suspendiert dessen Pflicht, wenn der auf die Entgeltminderung entfallende Vorsteuerbetrag von einem dritten Unternehmer – dem Zentralregulierer – als eigene Steuerschuld abgeführt wird. Die Pflicht zur Vorsteuerberichtigung nach § 17 Abs. 1 Satz 2 UStG entfällt aber nur und erst dann, wenn der dritte Unternehmer den aus der Minderung des Entgelts resultierenden Steuerbetrag auch tatsächlich an das zuständige Finanzamt abgeführt hat (Rz. 82). Der Zentralregulierer muss gegenüber dem Leistungsempfänger nicht nachweisen, welchen Skontoabzug er dem Lieferer abgezogen hat. 83

4. Steuerschuldner, Entstehen der Steuer und Berichtigungszeitraum

Schuldner des Steuerbetrags nach § 17 Abs. 1 Satz 7 Halbs. 2 UStG ist der dritte Unternehmer (Zentralregulierer). Die vom dritten Unternehmer geschuldete Steuer entsteht nach § 13 Abs. 1 Nr. 5 UStG mit Ablauf des Voranmeldezeitraums, in dem die Änderung der Bemessungsgrundlage eingetreten ist (§ 13 Rz. 84 ff.). Der dritte Unternehmer hat die nach § 17 Abs. 1 Satz 7 UStG geschuldeten Steuerbeträge gesondert zu erklären. Zu den gesonderten **Aufzeichnungspflichten** des Zentralregulierers, § 22 Rz. 30. 84

VII. Besteuerungszeitraum für Berichtigung des Steuerbetrags und Vorsteuerabzugs und maßgeblicher Steuersatz (Absatz 1 Sätze 8 und 9)

1. Berichtigungszeitraum nach § 17 Abs. 1 Satz 8 UStG

Nach dem Grundtatbestand des § 17 Abs. 1 Satz 8 UStG sind Berichtigungen des Steuerbetrages und des Vorsteuerabzugs nach **Abs. 1 Satz 1** und 2 für den **Besteuerungszeitraum** vorzunehmen, in dem die Änderung der Bemessungsgrundlage eingetreten ist[1] (maßgeblicher Zeitpunkt für die Steuer- und Vorsteuerberichtigung). Für die Berichtigungen besteht kein Wahlrecht hinsichtlich des Zeitpunkts ihrer Geltendmachung.[2] 85

Kommt es zusätzlich auf die **Rückgewähr des Entgelts** (Rz. 33, 51, 53, 119, 121, 137) oder **erhöhte Entgeltzahlung** (Rz. 38 f.) an, ist für die Änderung der Bemessungsgrundlage auf diesen Zeitpunkt abzustellen. Die materiell-rechtliche **Berichtigung erfolgt ex nunc**, also im Besteuerungszeitraum der Änderung und nicht rückwirkend auf den Zeitpunkt des der Berichtigung zugrunde liegenden Ausgangs- oder Eingangsumsatzes (Rz. 3 f.). Im Falle von **Rabattsystemen** (**Payback**- oder **Deutschland-Card**) mindert sich die Bemessungsgrundlage erst, wenn der Kunde die Punkte tatsächlich einlöst, wenn also das vom Kunden zuvor gezahlte Entgelt tatsächlich (teilweise) ihn zurückgewährt wird.[3] Im Fall des **§ 17 Abs. 1 Satz 4** UStG ist die Vorsteuerberichtigung für den Besteuerungszeitraum vorzunehmen, in dem der leistende Unternehmer den Preisnachlass gewährt hat.[4]

1 BFH, Urt. v. 18.4.2013 – V R 19/12, BStBl. II 2013, 842 = UR 2014, 129, Rz. 28; Abschn. 17.1 Abs. 2 Satz 1 UStAE.
2 BFH, Urt. v. 13.2.2014 – V R 8/13, BStBl. II 2014, 595 = UR 2014, 528, Rz. 24; BFH, Beschl. v. 8.5.2020 – V B 95/18, BFH/NV 2020, 1102, Rz. 13.
3 BFH, Urt. v. 16.1.2020 – V R 42/17, BStBl.II 2020, 361 = UR 2020, 431, Ls, Rz. 25 f. m.w.N. auch zur Rspr. des EuGH.
4 Abschn. 17.2 Abs. 2 Satz 2 UStAE.

85.1 Für § 17 Abs. 1 Sätze 8, 9 UStG fehlt eine ausdrückliche **unionsrechtliche Bestimmung**. Unionsrechtlich handelt es sich ohnehin nur um deklaratorische Vorschriften. Sie stellen klar, dass die Änderung der Bemessungsgrundlage nicht mit einer rückwirkenden Änderung der Steuerentstehung gleichzusetzen ist.[1]

85.2 Für die Berichtigungen nach **§ 17 Abs. 2 Nr. 1 bis 5 UStG** gilt § 17 Abs. 1 Satz 8 UStG aufgrund der dort angeordneten Verweisung auf Absatz 1 sinngemäß (Rz. 90). Zum Berichtigungszeitraum wegen Uneinbringlichkeit des Entgelts nach § 17 Abs. 2 Nr. 1 Satz 1 UStG (Rz. 108) und zur erneuten Berichtigung, sowie zur Frage von erster und zweiter Berichtigung im selben Besteuerungszeitraum (Rz. 111).

86 Für die Berichtigung nach **§ 17 Abs. 3 Satz 1 UStG** (Berichtigung des Vorsteuerabzugs bei Einfuhrumsatzsteuer, Rz. 155) gilt § 17 Abs. 1 Satz 8 UStG aufgrund der ausdrücklichen Verweisung nach § 17 Abs. 3 Satz 2 UStG sinngemäß (Rz. 159).

87 Maßgeblicher **Berichtigungszeitraum** ist grundsätzlich das **Kalenderjahr** (§ 16 Abs. 1 Satz 1 UStG) oder ein Teil des Kalenderjahrs (§ 16 Abs. 3 UStG). Die Berichtigungen sind als unselbständige Besteuerungsgrundlagen in der Umsatzsteuerjahreserklärung zu erfassen (Rz. 19.1). Wegen der Verweisung in § 18 Abs. 1 Satz 3 UStG sind Berichtigungen nach § 17 UStG auch bereits im **Voranmeldezeitraum** i.S.d. § 18 Abs. 2 Satz 1 und 2 UStG (Kalendervierteljahr oder Kalendermonat) zu berücksichtigen.[2]

87.1 Die Berichtigungspflicht besteht auch dann, wenn der Ausgangsumsatz (oder Eingangsumsatz) und die darauf bezogene Berichtigung **im selben Besteuerungszeitraum** (z.B. monatlicher oder vierteljährlicher Voranmeldezeitraum) zu berücksichtigen sind. Dies gilt ungeachtet dessen, dass sich die Tatbestände gegenseitig aufheben.[3] Diese Auslegung ist mit Unionsrecht vereinbar. Denn danach entstehen Umsatzsteuer und Vorsteuerabzug mit Bewirkung des Umsatzes (Art. 63, Art. 167 MwStSystRL) und nicht erst bei Ablauf eines Besteuerungszeitraums.

Abzulehnen ist demgegenüber die Auffassung, dass § 17 Abs. 1 UStG nur Änderungen der Bemessungsgrundlage nach Ablauf des Voranmeldezeitraums, in dem der Umsatz ausgeführt wurde, betrifft.[4] Zwar ließe sich auch dieser Ansatz mit Unionsrecht in Einklang bringen[5] (vgl. insbesondere Wortlaut des Art. 185 Abs. 1 MwStSystRL „nach Abgabe der Mehrwertsteuererklärung geändert haben"). Eine solche Auslegung würde jedoch zu unterschiedlichen Behandlungen von Unternehmern führen, die unterschiedlichen Voranmeldezeiträumen unterliegen (monatlich, vierteljährlich) oder von der Voranmeldepflicht befreit sind. Für den von der Abgabe der Voranmeldung befreiten Unternehmer käme eine Berichtigungspflicht nach § 17 UStG nur dann in Betracht, wenn sich der Berichtigungstatbestand nach „Abgabe der Jahreserklärung" (so der Wortlaut des Art. 185 Abs. 1 MwStSystRL) verwirklichen würde. Damit käme es im Verhältnis von § 10 zu § 17 UStG auf den Zufall der Abgabe der Umsatzsteuerjahreserklärung an.

87.2 Eine **zeitliche Grenze für die Berichtigung** des Steuerbetrags ist nicht vorgesehen. Die Umsatzsteuer ist auch dann zu berichtigen, wenn sich die Bemessungsgrundlage erst viele Jahre nach Ausführung des Umsatzes ändert.[6] Dem steht eine bestandskräftige Steuerfestsetzung des zu berichtigenden Ausgangsumsatzes nicht entgegen. Denn der Berichtigungstatbestand ist im Verhältnis zum steuerauslösenden Ausgangsumsatz ein selbständiger Tatbestand (Rz. 3).

1 *Wäger* in Sölch/Ringleb, § 17 UStG Rz. 51 (Stand: 3/2021).
2 Abschn. 17.1 Abs. 2 Satz 2 UStAE.
3 BFH, Urt. v. 24.10.2013 – V R 31/12, BStBl. II 2015, 674 = UR 2014, 238, Rz. 22; BFH, Urt. v. 30.1.2014 – V R 1/13, BFH/NV 2014, 911, Rz. 25; *Suabedissen* in Weymüller, § 17 UStG Rz. 41 (Stand: 18.6.2023).
4 *Pull* in Reiß/Kraeusel/Langer, § 17 UStG, Rz. 18 (Stand: 2/2022), so wohl auch noch BFH, Urt. v. 29.1.1987 – V R 53/76, BStBl. II 1987, 516 = UR 1987, 328, unter II.1.c.
5 *Pull* in Reiß/Kraeusel/Langer, § 17 UStG, Rz. 20 (Stand: 2/2022).
6 *Pull* in Reiß/Kraeusel/Langer, § 17 UStG, Rz. 21 (Stand: 2/2022).

2. Berichtigungszeitraum nach § 17 Abs. 1 Satz 9 UStG

Nach der Ausnahmevorschrift des § 17 Abs. 1 Satz 9 UStG ist die Berichtigung nach **§ 17 Abs. 1 Satz 4** UStG (Rz. 68 ff.) für den Besteuerungszeitraum vorzunehmen, in dem der andere Unternehmer wirtschaftlich begünstigt wird. Maßgeblicher Zeitpunkt für die „Änderung der Bemessungsgrundlage" ist also der Zeitpunkt, zu dem der Dritte über wirtschaftliche Begünstigung rechtlich oder tatsächlich verfügen kann. Unmaßgeblich ist demgegenüber die Perspektive des die Begünstigung gewährenden Unternehmers. 88

3. Steuersatz der Berichtigung

Dem Berichtigungsbetrag i.S.d. § 17 UStG ist der **Steuersatz** zugrunde zu legen, der für den zu berichtigenden Ausgangs- oder Eingangsumsatz galt.[1] Unmaßgeblich ist demgegenüber der Steuersatz, der im Zeitpunkt des Eintritts der Änderung der Bemessungsgrundlage gilt. Zu dauerhaften oder temporären Steuersatzerhöhungen[2] oder -senkungen[3] im Zusammenhang mit § 17 UStG, Rz. 164 ff. 89

C. Sinngemäße Anwendung der Berichtigungsvorschriften (Absatz 2)

I. Übersicht zu Absatz 2

§ 17 Abs. 2 UStG ordnet die sinngemäße Anwendung des Absatzes 1 für die enumerativ aufgeführten Tatbestände an. Dabei regeln die Tatbestände des § 17 Abs. 2 Nr. 1–4 UStG nicht die Fälle der „Änderung der Bemessungsgrundlage" i.S.d. § 17 Abs. 1 Satz 1 UStG als vielmehr deren „Wegfall". Denn nach den beschriebenen Umständen oder Ereignissen entfallen der Besteuerungstatbestand und damit auch die Besteuerungsgrundlage. Infolgedessen ordnet die Verweisung auch nur die „sinngemäße" Anwendung des § 17 Abs. 1 UStG an. Rechtstechnisch handelt es sich um eine **Rechtsfolgenverweisung.**[4] 90

II. Uneinbringlichkeit (Absatz 2 Nr. 1)

1. Normübersicht

Voraussetzung der Berichtigungspflicht nach § 17 Abs. 2 Nr. 1 Satz 1 UStG ist, dass das vereinbarte Entgelt (Rz. 2) für eine steuerpflichtige Lieferung, sonstige Leistung oder einen steuerpflichtigen innergemeinschaftlichen Erwerb uneinbringlich geworden ist. Der Berichtigungstatbestand erfasst damit die Situation, dass nach Ausführung des steuerpflichtigen Umsatzes i.S.d. § 1 Abs. 1 Nr. 1, 5 UStG (Rz. 42 f.) das **vereinbarte Entgelt nicht** (oder noch nicht) **gezahlt wird.** Das berichtigungsauslösende Moment liegt also – anders als bei § 17 Abs. 2 Nr. 2 UStG (Rz. 112) – in der Person des Leistungsempfängers begründet (**erste Berichtigung**). Kommt es im Anschluss an die tatbestandliche Uneinbringlichkeit (dennoch) zur nachträglichen (teilweisen) Vereinnahmung des vereinbarten Entgelts, sind der Steuerbetrag und der Vorsteuerabzug nach § 17 Abs. 2 Nr. 1 Satz 2 UStG erneut zu berichtigen (**zweite Berichtigung**). Zwischen der (ersten) Berichtigung wegen Uneinbringlichkeit des vereinbarten Entgelts (§ 17 Abs. 2 Nr. 1 Satz 1 UStG) und der (zweiten) Berichtigung wegen nachträglicher Vereinnahmung dieses Entgelts besteht zwar ein materiell-rechtlicher Zusammenhang (Rz. 109.2); verfahrensrechtlich handelt es sich jedoch um **zwei selbständige** und unabhängig voneinander zu beurteilende **Berichtigungstatbestände** (Rz. 110.1). 91

1 *Stadie* in Rau/Dürrwächter, § 17 UStG Rz. 106 (Stand: 8/2022); BMF, Schr. v. 30.6.2020 – III C 2-S 7030/20/10009 :004, BStBl. I 2020, 584, Rz. 27 = UR 2020, 568.
2 Dazu z.B. BMF, Schr. v. 11.8.2006 – IV A 5-S 7210-23/06, BStBl. I 2006, 477 (zur Steuersatzerhöhung ab dem 1.1.2007).
3 Dazu BMF, Schr. v. 30.6.2020 – III C 2-S 7030/20/10009 :004, BStBl. I 2020, 584 = UR 2020, 568 (temporäre Steuersatzsenkung wegen der Pandemielage).
4 BFH, Urt. v. 24.8.2023 – V R 29/21, BFHE 282, 136 = UR 2024, 102 m. Anm. *Schulze*, Rz. 17.

92 § 17 Abs. 2 Nr. 1 UStG **bezweckt** die Anpassung von Steuerbetrag und Vorsteuerabzug an den tatsächlich verwirklichten Sachverhalt. Die Berichtigungsvorschrift kommt nur bei Regelbesteuerung nach **vereinbarten Entgelten** (Rz. 2) zur Anwendung,[1] wenn die Steuer nach § 13 Abs. 1 Nr. 1 Buchst. a Sätze 1–3 UStG bereits mit Ausführung der (Teil-)Leistung entsteht. Denn nach dem Sollprinzip kommt es für die Steuerentstehung (§ 13 Rz. 9 ff.) und die Abziehbarkeit des in Rechnung gestellten Vorsteuerbetrags (§ 15 Rz. 186 ff.) nicht auf den Zeitpunkt der Vereinnahmung des Entgelts an. Das **Sollprinzip** beruht auf der – typischerweise auch eintretenden – Erwartung, der Leistungsempfänger werde die Forderung des Leistenden befriedigen und damit das betragsmäßige Gleichgewicht von Umsatzsteuerschuld und Vorsteuerabzug herstellen. Wird diese Erwartung ausnahmsweise nicht erfüllt (**Uneinbringlichkeit des Entgelts**, Rz. 97 ff.), ermöglicht § 17 Abs. 2 Nr. 1 Satz 1 UStG zur Herstellung des Gleichgewichts zwischen Umsatzsteuer und Vorsteuerabzug **rechtsfolgenseitig** die Korrektur der Steuerbelastung (sinngemäße Anwendung von Abs. 1 Satz 1), gleichzeitig aber auch die Rückforderung des abgezogenen Vorsteuerbetrags (sinngemäße Anwendung von Abs. 1 Satz 2).

93 **Unionsrechtliche Grundlage** für § 17 Abs. 2 Nr. 1 Satz 1 i.V.m. Abs. 1 Sätze 1, 2 UStG sind für die Pflicht zur Berichtigung des Steuerbetrags **Art. 90 Abs. 1** MwStSystRL („vollständige oder teilweise Nichtzahlung", Rz. 10 ff.), für die Pflicht zur Berichtigung des Vorsteuerabzugs **Art. 184, 185 Abs. 1, Abs. 2 Unterabs. 2** MwStSystRL („Umsätze, bei denen keine oder eine nicht vollständige Zahlung erfolgt", Rz. 13 ff.). Von der Ermächtigung nach Art. 90 Abs. 2 MwStSystRL, wonach im Falle der vollständigen oder teilweisen Nichtzahlung von der Pflicht zur Minderung der Bemessungsgrundlage nach Art. 90 Abs. 1 MwStSystRL abgewichen werden kann, hat der nationale Gesetzgeber keinen Gebrauch gemacht (Rz. 10).

2. Besonderheiten bei Insolvenz

94 Zum Gesamtkonzept der **Umsatzbesteuerung bei Insolvenz**, Anh. § 18 Rz. 1 ff. Die Berichtigungsvorschrift des § 17 Abs. 2 Nr. 1 UStG hat dabei eine besondere materiell-rechtliche Bedeutung für den Fall der **Eröffnung** des **Insolvenzverfahren** über das Vermögen des Leistenden oder Leistungsempfängers (zur Doppelberichtigungsjudikatur: bei Regelinsolvenz, Anh. § 18 Rz. 45 ff., 56 ff.; im Eigenverwaltungsverfahren, Anh. § 18 Rz. 124 ff.) und für den Fall der **vorläufigen Insolvenzverwaltung** (Fremdverwaltungsverfahren, Anh. § 18 Rz. 110 ff.; vorläufiges Eigenverwaltungsverfahren, Anh. § 18 Rz. 126 ff.).

3. Erstberichtigung wegen Uneinbringlichkeit des vereinbarten Entgelts (Absatz 2 Nr. 1 Satz 1)

a) Tatbestand

aa) Berichtigung des Steuerbetrags

(1) Vereinbarter und ausgeführter Leistungsaustausch

95 Zwischen Leistendem und Leistungsempfänger muss ein steuerpflichtiger Umsatz i.S.d. § 1 Abs. 1 Nr. 1 UStG (Lieferung oder sonstige Leistung) oder ein steuerpflichtiger innergemeinschaftlicher Erwerb gegen Entgelt (§ 1 Abs. 1 Nr. 5 UStG) vereinbart worden sein. Die Annahme einer Leistung gegen Entgelt erfordert eine zum Zweck der Entgelterzielung erbrachte Leistung (Leistungsaustausch, § 1 Rz. 92 ff.); es muss ein zweckgerichtetes Handeln des Leistenden gegeben sein, das sich auf eine gewollte, erwartete oder erwartbare Gegenleistung richtet.

96 Die **vereinbarte Leistung** muss im Anwendungsbereich des § 17 Abs. 2 Nr. 1 Satz 1 UStG auch **ausgeführt** worden sein, d.h. der Besteuerungstatbestand muss abstrakt i.S.d. § 38 AO entstanden sein. Zwar regelt der Wortlaut der Vorschrift dies nicht ausdrücklich. Gleichwohl kommt eine Berichtigung des Steuerbetrags unter systematischen Gesichtspunkten nur dann in Betracht, wenn der Steueranspruch zuvor (abstrakt) entstanden ist. Im Anwendungsbereich der Besteuerung nach vereinbarten Entgelten (Rz. 2) entsteht die Steuer nach § 13 Abs. 1 Nr. 1 Buchst. a Satz 1 UStG erst dann, wenn die Leistung ausgeführt worden ist (§ 13 Rz. 9 ff.). Diese Auslegung deckt sich mit dem **Unionsrecht**.

---

1 Vgl. zur Versteuerung nach vereinnahmten Entgelten: BFH, Urt. v. 6.5.2010 – V R 15/09, BStBl. II 2011, 142 = UR 2010, 741, Rz. 20.

Denn Art. 90 Abs. 1 MwStSystRL knüpft die Minderung der Bemessungsgrundlage ausdrücklich daran an, dass der Steuerpflichtige die gesamte Gegenleistung oder einen Teil davon „nach Bewirken des Umsatzes" (Rz. 42) nicht erhält.

(2) Uneinbringlichkeit des vereinbarten Entgelts

(a) Auslegung unter Berücksichtigung unions- und verfassungsrechtlicher Vorgaben

Das vereinbarte Entgelt (Rz. 2) muss „uneinbringlich" geworden sein. Das Gesetz definiert das Merkmal der Uneinbringlichkeit nicht. Der Wortlaut ist mehrdeutig, d.h. er lässt einen **Spielraum möglicher Wortdeutungen** zu. Im **systematischen Zusammenhang** mit § 17 Abs. 2 Nr. 1 Satz 2 UStG (erneute Berichtigung bei nachträglicher Vereinnahmung) wird erkennbar, dass das Gesetz davon ausgeht, dass trotz des Umstands der „Uneinbringlichkeit" des Entgelts, dieses gleichwohl (zukünftig) noch vereinnahmt werden kann.[1] Daraus ist abzuleiten, dass Uneinbringlichkeit keinesfalls im Sinne einer Unmöglichkeit der Entgeltvereinnahmung zu verstehen ist. 97

Unter teleologischen Gesichtspunkten muss bei der **Auslegung** des Merkmals „Uneinbringlichkeit des Entgelts" der Umstand berücksichtigt werden, dass der nach vereinbarten Entgelten versteuernde Unternehmer (Sollversteuerer, § 16 Abs. 1 Satz 1, § 13 Abs. 1 Nr. 1 Buchst. a Satz 1 UStG) die für den Steuertatbestand der entgeltlichen Leistung entstehende Steuer gegenüber dem Steuergläubiger **vorfinanziert**, wenn er die Leistung vor der Entgeltvereinnahmung erbringt (Steuerpflichtiger als Steuereinnehmer für Rechnung des Staates[2]). Diese Pflicht zur Vorfinanzierung der Mehrwertsteuer durch den leistenden Unternehmer führt bei vertragsgemäßem Verhalten (z.B. Ratenzahlungsvereinbarung) unionsrechtlich zwar nicht zu einer Minderung der Bemessungsgrundlage wegen „(teilweiser) Nichtbezahlung" i.S.d. Art. 90 Abs. 1 MwStSystRL[3] (Rz. 105). Auch verstößt die – auf Unionsrecht beruhende (Art. 63 MwStSystRL) – Sollbesteuerung (Rz. 2) nicht gegen den verfassungsrechtlichen Gleichheitssatz aus Art. 3 Abs. 1 GG.[4] Eine Vorfinanzierung der Umsatzsteuer über mehrjährige Zeiträume ist aber im Verhältnis zu Unternehmern, die ihre Umsätze nach vereinnahmten Entgelten (Rz. 2) versteuern dürfen (§§ 20, 13 Abs. 1 Nr. 1 Buchst. b UStG, Art. 66 Buchst. b MwStSystRL) nicht mit dem **Gleichheitssatz** vereinbar[5] (vgl. auch § 14c Rz. 8; zur unionsrechtlichen Sichtweise, Rz. 105). Die Auslegung des Begriffs „Uneinbringlichkeit" sowie seine Anwendung im konkreten Einzelfall muss deshalb auch die Besteuerungsgleichheit zwischen den Besteuerungsformen der Besteuerung nach vereinbarten und vereinnahmten Entgelten berücksichtigen.[6] Um die wirtschaftliche Belastungen der Unternehmer durch die Sollbesteuerung (Rz. 2) abzumildern ist eine **zu restriktive Auslegung** des Merkmals Uneinbringlichkeit **nicht geboten**. 98

Für eine **unionsrechtlich** verbindliche Auslegung der Anforderungen an eine „vollständige oder teilweise Nichtbezahlung" nach Art. 90 Abs. 1 MwStSystRL, an den § 17 Abs. 2 Nr. 1 UStG anknüpft, hat der EuGH bisher nur wenige Gelegenheiten gehabt. Die **(teilweise) Nichtbezahlung** charakterisiere sich – anders als die Fälle der Annullierung, Rückgängigmachung oder Auflösung des Vertrags (Art. 90 Abs. 1 MwStSystRL) – dadurch, dass ungewiss sei, ob sie ihrer Art nach **von Dauer** oder **nur vorüber-** 99

---

1 BFH, Urt. v. 31.5.2001 – V R 71/99, BStBl. II 2003, 206 = UR 2002, 98, unter II.2.

2 Vgl. dazu, EuGH, Urt. v. 20.10.1993 – C-10/92, ECLI:EU:C:1993:846 – Balocchi, UR 1994, 116, Rz. 25; EuGH, Urt. v. 21.2.2008 – C-271/06, ECLI:EU:C:2008:105 – Netto Supermarkt, UR 2008, 508, Rz. 21; EuGH, Urt. v. 3.7.2019 – C-242/18, ECLI:EU:C:2019:558 – UniCredit Leasing, UR 2019, 592, Rz. 62; EuGH, Urt. v. 28.10.2021 – C-324/20, ECLI:EU:C:2021:880 – X-Beteiligungsgesellschaft, UR 2021, 908 m. Anm. *Rust*, Rz. 63, 51 ff.; zum Steuereinnehmer auch, *Pflaum*, UR 2019, 401.

3 EuGH, Urt. v. 28.10.2021 – C-324/20, ECLI:EU:C:2021:880 – X-Beteiligungsgesellschaft, UR 2021, 908 m. Anm. *Rust*, Rz. 63; demgegenüber kritisch: *Stadie*, UR 2022, 1 passim.

4 BFH, Urt. v. 22.7.2010 – V R 4/09, BStBl. II 2013, 590 = UR 2011, 69, Rz. 42 ff.; BVerfG, Nichtannahmebeschl. v. 20.3.2013 – 1 BvR 3063/10, UR 2013, 468, Rz. 20 ff.

5 Im Ergebnis auch: *Stadie*, UR 2022, 1 (5 f.) wonach eine Auslegung nach Maßgabe des Verhältnismäßigkeitsgrundsatzes dergestalt geboten sei, dass § 13 Abs. 1 Nr. 1 Buchst. a Satz UStG bei übermäßiger Vorfinanzierung verfassungskonform reduziert werden müsste.

6 BFH, Urt. v. 22.7.2010 – V R 4/09, BStBl. II 2013, 590 = UR 2011, 69; Rz. 44; BFH, Urt. v. 24.10.2013 – V R 31/12, BStBl. II 2015, 674 = UR 2014, 238, Rz. 20; *Wäger*, UR 2013, 673 (674).

gehend sein wird (Rz. 100).[1] Ohne abschließende Klärung führt der EuGH ergänzend aus, eine Minderung der Bemessungsgrundlage sei jedenfalls dann anzunehmen „wenn der Steuerpflichtige eine hinreichende Wahrscheinlichkeit für den Ausfall der Schuld darlegt".[2] Die vereinbarte Ratenzahlung für einmalige Leistungen wird vom Anwendungsbereich des Art. 90 Abs. 1 MwStSystRL nicht erfasst[3] (Rz. 105).

(b) Kasuistik zur Uneinbringlichkeit

100 Unter Berücksichtigung der vorgenannten Grundsätze ist – nach **st. Rspr. des BFH** – das **Entgelt uneinbringlich**, wenn bei objektiver Betrachtung damit zu rechnen ist, dass der Leistende die Entgeltforderung (ganz oder teilweise) jedenfalls **auf absehbare Zeit rechtlich** oder **tatsächlich nicht durchsetzen** kann.[4] Damit sind die Fälle der Uneinbringlichkeit gekennzeichnet durch eine bestehende, aber (zumindest augenblicklich) nicht realisierbare Forderung. Demgegenüber darf Uneinbringlichkeit des vereinbarten Entgelts nicht in dem Sinne verstanden werden, dass es bereits zur Einleitung eines **Zwangsvollstreckungsverfahrens**, der Eröffnung des **Insolvenzverfahrens** (zu dessen Besonderheiten, Rz. 94, Anh. § 18 Rz. 1 ff.) oder zur materiellen Zahlungsunfähigkeit des Leistungsempfängers gekommen sein muss (Rz. 98).[5] Die bloße **Zahlungsverzögerung nach Fälligkeit** (Liquiditätsengpass) genügt indes nicht für die Annahme einer Uneinbringlichkeit des vereinbarten Entgelts.[6] Dies ändert sich weder durch eine Mahnung noch durch die Erhebung einer Zahlungsklage.[7]

101 **Uneinbringlichkeit** i.S.d. § 17 Abs. 2 UStG liegt **z.B.** vor, wenn der Leistungsempfänger **zahlungsunfähig** ist oder wenn der Forderung des Leistenden die **Einrede** des **Einforderungsverzichts** entgegengehalten werden kann.[8] Die Voraussetzungen der Uneinbringlichkeit liegen auch vor, wenn der Leistungsempfänger die Entrichtung des Entgelts **nachhaltig verweigert** oder über einen längeren Zeitraum **Zurückbehaltungsrechte** geltend gemacht werden.[9] Kann der Unternehmer das Entgelt für seine bereits erbrachten Leistungen aus Gründen, die bereits bei Leistungserbringung vorgelegen haben (z.B. vertraglicher Einbehalt zur Absicherung von Gewährleistungsansprüchen), für einen **Zeitraum von mindestens zwei Jahren** nicht vereinnahmen, ist von Uneinbringlichkeit i.S.d. § 17 Abs. 2 Nr. 1 UStG auszugehen.[10] Davon abzugrenzen ist die Situation, dass die zeitlich verzögerte Vereinnahmung vereinbarungsgemäß (z.B. Ratenzahlungsvereinbarung) erfolgt (Rz. 105).

102 Nach tradiertem Verständnis lag ein Fall der Uneinbringlichkeit des Entgelts auch dann vor, wenn der Leistungsempfänger das Bestehen der Entgeltforderung dem Grunde oder der Höhe nach **substantiiert bestreitet** und damit qualifiziert erklärt, dass er die Forderung (ganz oder teilweise) nicht bezah-

---

1 EuGH, Urt. v. 12.10.2017 – C-404/16, ECLI:EU:C:2017:759 – Lombard Ingatlan Lízing, UR 2018, 32, Rz. 29, 30.

2 EuGH, Urt. v. 3.7.2019 – C-242/18, ECLI:EU:C:2019:558 – UniCredit Leasing, UR 2019, 592, Rz. 62 f.

3 EuGH, Urt. v. 28.10.2021 – C-324/20, ECLI:EU:C:2021:880 – X-Beteiligungsgesellschaft, UR 2021, 908 m. Anm. *Rust*, Rz. 56 ff.

4 St. Rspr.: BFH, Urt. v. 31.5.2001 – V R 71/99, BStBl. II 2003, 206 = UR 2002, 98, unter II.2. m.w.N.; BFH, Urt. v. 20.7.2006 – V R 13/04, BStBl. II 2007, 22 = UR 2006, 713, Ls. 1, unter II.1.a m.w.N.; BFH, Urt. v. 22.7.2010 – V R 4/09, BStBl. II 2013, 590 = UR 2011, 69, Rz. 44; BFH, Urt. v. 8.3.2012 – V R 49/10, BFH/NV 2012, 1665, Rz. 22 m.w.N.; BFH, Urt. v. 24.10.2013 – V R 31/12, BStBl. II 2015, 674 = UR 2014, 238, Rz. 19; BFH, Urt. v. 6.4.2016 – V R 12/15, BStBl. II 2017, 188 = UR 2016, 643, Rz. 44 m.w.N.; BFH, Urt. v. 13.2.2019 – XI R 19/16, BFH/NV 2019, 928, Rz. 22; Abschn. 17.1 Abs. 5 Satz 2 UStAE.

5 BFH, Urt. v. 8.3.2012 – V R 49/10, BFH/NV 2012, 1903, Rz. 23.

6 BFH, Urt. v. 31.5.2001 – V R 71/99, BStBl. II 2003, 206 = UR 2002, 98, unter II.2.; BFH, Urt. v. 22.4.2004 – V R 72/03, BStBl. II 2004, 684 = UR 2004, 480 m. Anm. *Stadie*, unter II.1.a.; vgl. auch EuGH, Urt. v. 28.10.2021 – C-324/20, ECLI:EU:C:2021:880 – X-Beteiligungsgesellschaft, UR 2021, 908 m. Anm. *Rust*, Rz. 59; zur Frage der Uneinbringlichkeit aufgrund von Liquiditätsengpässen aufgrund der Corona-Pandemie, *Grebe/Hänchen*, UStB 2020, 193 (197 f.).

7 FG Thüringen v. 1.12.2009 – 3 K 921/07, EFG 2010, 1264 (rkr.).

8 BFH, Beschl. (AdV) v. 10.3.1983 – V B 46/80, BStBl. II 1983, 389 = UR 1983, 92 m. Anm. *Weiß*, unter 3.; BFH, Beschl. v. 7.1.1998 – V B 106/97, BFH/NV 1998, 1003, unter II.1.c; Abschn. 17.1 Abs. 5 Satz 2 UStAE.

9 *Prätzler*, DB 2014, 505.

10 BFH, Urt. v. 24.10.2013 – V R 31/12, BStBl. II 2015, 674 = UR 2014, 238, Rz. 18 [ob der BFH an dieser Rspr. festhalten wird, hat er im Urt. v. 1.2.2022 – V R 37/21 (V R 16/19), BStBl. II 2022, 860 = UR 2022, 490 m. Anm. *Stadie*, Rz. 16) offengelassen].

len werde.[1] Die jüngere Rspr. des BFH zeigt – zu Recht – Tendenzen, nicht mehr auf ein „qualifiziertes“ Bestreiten abzustellen.[2] Ausreichend ist vielmehr, dass dargelegt wird, dass die Entgeltforderung vom Leistungsempfänger (ernsthaft) bestritten und deshalb nicht bezahlt wird. Eine solche Auslegung des Merkmals „Uneinbringlichkeit“ steht jedenfalls im Einklang mit der jüngeren Rspr. des EuGH, wonach bereits „eine hinreichende Wahrscheinlichkeit für den Ausfall der Schuld“ für eine Minderung der Bemessungsgrundlage ausreichen soll.[3]

Keine Uneinbringlichkeit liegt vor, wenn das vereinbarte Entgelt durch den Leistungsempfänger dergestalt vereinnahmt wird, dass das bestehende Schuldverhältnis zivilrechtlich erlischt (vgl. aber Rz. 104.1). Dies gilt insbesondere, wenn die geschuldete Leistung an den Gläubiger (Leistenden) bewirkt wird (§ 362 Abs. 1 BGB) oder wirksam an einen Dritten zum Zwecke der Erfüllung des Schuldverhältnisses mit dem Leistenden geleistet wird (§ 362 Abs. 2 BGB).[4] 103

Im Falle der **Aufrechnung** durch den Leistungsempfänger mit einer Forderung gegen den Leistenden liegt Erfüllung und damit **keine Uneinbringlichkeit** der Entgeltforderung vor. Demgegenüber liegt Uneinbringlichkeit des Entgelts vor, wenn der Leistungsempfänger mit einer Forderung aufrechnet, die der leistende Unternehmer substantiiert (vgl. aber Rz. 102) bestreitet. Denn auch in diesem Fall muss der Gläubiger (Leistender) damit rechnen, dass der Schuldner (Leistungsempfänger) auf absehbare Zeit das vereinbarte Entgelt unter Hinweis auf die Aufrechnung mit der angeblichen Gegenforderung nicht bezahlen wird.[5] 103.1

Die **Novation** (Schuldumschaffung oder Schuldersetzung) führt nicht zu einer Vereinnahmung des Entgelts durch den Leistenden, wenn der Leistungsempfänger (Schuldner) nicht in der Lage ist, das von ihm geschuldete Entgelt zu zahlen. Folglich fehlt es z.B. an einer Entgeltvereinnahmung, wenn die aus einem Kaufvertrag resultierende Entgeltforderung wegen (vorübergehender) Uneinbringlichkeit in eine (langfristige) Darlehensforderung (Begründung eines anderen Schuldverhältnisses) umgewandelt wird.[6] 104

Ein vom Leistenden **bereits vereinnahmtes Entgelt** kann uneinbringlich werden, wenn es zu einer **Rückgewähr des Entgelts** an den Leistungsempfänger kommt und der Leistende seinen Entgeltanspruch danach nicht anderweitig durchsetzen kann.[7] Der Leistende hat für diese Leistung den Umsatzsteuerbetrag steuermindernd (§ 17 Abs. 2 Nr. 1 Satz 1, Abs. 1 Satz 1 UStG), der Leistungsempfänger seinen Vorsteuerabzug steuererhöhend (§ 17 Abs. 2 Nr. 1 Satz 1, Abs. 1 Satz 2 UStG, s. Rz. 106) zu berichtigen (vgl. zum Zweipersonenverhältnis im Fall der anfechtungsbedingten Entgeltrückzahlung durch den Leistenden an die Insolvenzmasse des Leistungsempfängers, Anh. § 18 Rz. 59 ff.). 104.1

Diese Berichtigungspflichten gelten auch im **Dreipersonenverhältnis**, wenn also ein Dritter die Zahlungsverpflichtung des Leistungsempfängers erfüllt hatte und der Leistende (Zahlungsempfänger) das bereits vereinnahmte Entgelt an den Dritten aufgrund einer Rechtsverpflichtung zurückgewährt und deshalb der Entgeltanspruch des Leistenden gegenüber dem Leistungsempfänger wiederauflebt, dieser aber nicht durchsetzbar ist[8] (vgl. zum Dreipersonenverhältnis im Fall der anfechtungsbedingten Entgeltrückzahlung durch den Leistenden an die Insolvenzmasse des Dritten bei zugleich bestehender Insolvenz des Leistungsempfängers, Anh. § 18 Rz. 60.3).

---

1 BFH, Urt. v. 31.5.2001 – V R 71/99, BStBl. II 2003, 206 = UR 2002, 98, unter II.2.; BFH, Urt. v. 22.4.2004 – V R 72/03, BStBl. II 2004, 684 = UR 2004, 480 m. Anm. *Stadie*, unter II.1.a; BFH, Urt. v. 20.7.2006 – V R 13/04, BStBl. II 2007, 22 = UR 2006, 713, Ls. 2; BFH, Urt. v. 8.3.2012 – V R 49/10, BFH/NV 2012, 1665, Rz. 22; BFH, Beschl. v. 9.4.2014 – XI B 10/14, BFH/NV 2014, 1099, Rz. 20; Abschn. 17.1 Abs. 5 Satz 4 UStAE.

2 BFH, Urt. v. 24.10.2013 – V R 31/12, BStBl. II 2015, 674 = UR 2014, 238; so auch *Wäger* in Sölch/Ringleb, § 17 UStG Rz. 121 (Stand: 3/2021).

3 EuGH, Urt. v. 3.7.2019 – C-242/18, ECLI:EU:C:2019:558 – UniCredit Leasing, UR 2019, 592, Rz. 62 f.

4 FG Baden-Württemberg, Urt. v. 31.3.2022 – 1 K 2073/21, EFG 2022, 1793 Rz. 36 (nrkr., Rev. anhängig BFH, XI R 15/22).

5 BFH, Urt. v. 20.7.2006 – V R 13/04, BStBl. II 2007, 22 = UR 2006, 713, unter II.1.a.

6 BFH, Urt. v. 13.1.2005 – V R 21/04, BFH/NV 2005, 928, unter II.3.

7 BFH, Urt. v. 20.5.2010 – V R 5/09, BFH/NV 2011, 77, Rz. 15 f.; BFH, Urt. v. 15.12.2016 – V R 26/16, BStBl. II 2017, 735 = UR 2017, 279 Rz. 14; BFH, Urt. v. 24.8.2023 – V R 29/21, BFHE 282, 136 = UR 2024, 102 m. Anm. *Schulze*, Rz. 16; BFH, Urt. v. 6.12.2023 – XI R 5/20, BFHE 282, 186 = UR 2024, 221 m. Anm. *Schulze*, Rz. 25 m.w.N.

8 BFH, Urt. v. 24.8.2023 – V R 29/21, BFHE 282, 136 = UR 2024, 102 m. Anm. *Schulze*, Rz. 15-18 BFH, Urt. v. 6.12.2023 – XI R 5/20, BFHE 282, 186 = UR 2024, 221 m. Anm. *Schulze*, Rz. 25.

(c) Keine Uneinbringlichkeit bei Ratenzahlung, Stundung oder Rechtsirrtum

105 Soll die Vergütung (Gegenleistung) für eine einmalige Leistung vertragsgemäß in mehreren Teilbeträgen gezahlt werden (**Ratenzahlungsvereinbarung**), liegt darin keine Minderung der Bemessungsgrundlage wegen „teilweiser Nichtbezahlung nach Bewirkung des Umsatzes" i.S.d. Art. 90 Abs. 1 MwStSystRL.[1] Dies gilt ungeachtet des Zeitraums der Ratenzahlung.[2] Denn die Zahlungsmodalität ändere nichts an der Höhe der vereinbarten Vergütung, die der Leistende erhalten soll und auch einfordern kann. Eine vor ihrem Zahlungstermin nicht fällige Honorarrate ist nicht mit der Situation einer „teilweisen Nichtbezahlung" vergleichbar.[3] Unbeachtlich ist dabei, dass der regelversteuernde Unternehmer hierdurch zur **Vorfinanzierung** der Umsatzsteuer (auch über einen langen Zeitraum) herangezogen wird.[4]

Diese unionsrechtliche Auslegung des Merkmals „teilweise Nichtbezahlung" hat zur Folge, dass allein die Vereinbarung einer **Ratenzahlung** nicht zu einer Uneinbringlichkeit des vereinbarten Entgelts i.S.d. § 17 Abs. 2 Nr. 1 Satz 1 UStG führt, und zwar auch dann nicht, wenn sich die Fälligkeit der einzelnen Raten über mehrere Jahre erstreckt[5] (davon abzugrenzen, Rz. 101). Gleiches gilt für ein vereinbartes (längerfristiges) Zahlungsziel (**Stundungsvereinbarung**).

105.1 Grundsätzlich nicht anders zu beurteilen ist die Situation, dass die **Raten**- oder **Stundungsvereinbarung erst nachträglich** (nach Leistungserbringung) zwischen Leistendem und Leistungsempfänger vereinbart wird. Denn der Empfänger gibt dadurch zu erkennen, dass die volle Vergütung (grundsätzlich) geleistet werden soll.

Ist nach den Umständen des Einzelfalls das Entgelt aber bereits vor der nachträglichen Vereinbarung über die Zahlungsmodalität (teilweise) uneinbringlich geworden, sind Steuer- und Vorsteuerbetrag nach § 17 Abs. 2 Nr. 1 Satz 1, Abs. 1 Sätze 1, 2 UStG zu berichtigen. Die nachträgliche Raten- oder Stundungsvereinbarung führt dann aber nicht zu einer erneuten Berichtigung, weil § 17 Abs. 2 Nr. 1 Satz 2 UStG sodann auf die (nachträgliche) Vereinnahmung nach dem Ist-Prinzip abstellt (Rz. 109 ff.).

105.2 Ein vereinbartes Entgelt wird nicht dadurch (teilweise) uneinbringlich, dass der leistende Unternehmer – im Falle eines steuerbaren und steuerpflichtigen Umsatzes – **rechtsirrtümlich** von der **Nichtsteuerbarkeit** oder **Steuerfreiheit des Umsatzes** ausgeht und deshalb eine Rechnung ohne Umsatzsteuer an den Leistungsempfänger stellt. Denn auch für solche Umsätze entsteht die Umsatzsteuer nach § 10 Abs. 1 Satz 1 UStG mit der Folge, dass der vereinbarte Betrag danach in Entgelt und darauf entfallende Umsatzsteuer aufzuteilen ist[6] (§ 10 Rz. 15, Ermittlung der Bemessungsgrundlage durch Herausrechnen der Umsatzsteuer[7]).

---

1 EuGH, Urt. v. 28.10.2021 – C-324/20, ECLI:EU:C:2021:880 – X-Beteiligungsgesellschaft, UR 2021, 917, m. Anm. *Rust*, Rz. 61, 64; BFH, Urt. v. 1.2.2022 – V R 37/21 (V R 16/19), BStBl II 2022, 860 = UR 2022, 490 m. Anm. *Stadie* Rz. 11 ff.; BFH, Beschl. v. 28.9.2022 – XI R 28/20, BStBl. II 2023, 598 = UR 2023, 279 m. Anm. *Stadie* Rz. 32.

2 EuGH, Urt. v. 28.10.2021 – C-324/20, ECLI:EU:C:2021:880 – X-Beteiligungsgesellschaft, UR 2021, 908 m. Anm. *Rust*, Rz. 16 f. Der Forderung einer verfassungskonformen Auslegung jedenfalls bei langfristigen Ratenzahlungsvereinbarungen (*Hummel*, MwStR 2022, 606; *Stadie*, UR 2022, 1; *Stadie*, UR 2022, 490) ist der BFH nicht gefolgt (BFH, Beschl. v. 28.9.2022 – XI R 28/20, BStBl. II 2023, 598 = UR 2023, 279 m. Anm. *Stadie* Rz. 33 ff.).

3 EuGH, Urt. v. 28.10.2021 – C-324/20, ECLI:EU:C:2021:880 – X-Beteiligungsgesellschaft, UR 2021, 908 m. Anm. *Rust*, Rz. 61 f.; BFH, Urt. v. 1.2.2022 – V R 37/21 (V R 16/19), BStBl II 2022, 860 = UR 2022, 490 m. Anm. *Stadie* Rz. 14 f.

4 EuGH, Urt. v. 28.10.2021 – C-324/20, ECLI:EU:C:2021:880 – X-Beteiligungsgesellschaft, UR 2021, 908 m. Anm. *Rust*, Rz. 63, 51 ff.; zur Fundamentalkritik: *Stadie*, UR 2022, 1 passim; BFH, Urt. v. 1.2.2022 – V R 37/21 (V R 16/19), BStBl II 2022, 860 = UR 2022, 490 m. Anm. *Stadie* Rz. 15, 20 f.

5 Zur Fundamentalkritik: *Stadie*, UR 2022, 1 (3 ff.): *Stadie* geht in seiner Kritik soweit, dass durch die EuGH-Rspr. vom 28.10.2021 (C-324/20) inzident der Charakter der Mehrwertsteuer als Verbrauchsteuer aufgegeben werde und diese wegen des Vorfinanzierungscharakters zu einer zeitweiligen Ertragsteuer mutiere.

6 BFH, Urt. v. 16.11.2016 – V R 1/16, BStBl. II 2017, 1079 = UR 2017, 354, Rz. 10, 26 f.

7 Bsp. zum Herausrechnen der Umsatzsteuer: BFH, Urt. v. 28.5.2009 – V R 2/08, BStBl. II 2009, 870 = UR 2009, 652, Rz. 21.

bb) Berichtigung des Vorsteuerabzugs

Nach § 17 Abs. 2 Nr. 1 i.V.m. Abs. 1 Satz 2 UStG hat der Leistungsempfänger den Vorsteuerabzug unter den gleichen Bedingungen wie der Leistende den Steuerbetrag (Uneinbringlichkeit des Entgelts nach ausgeführter Leistung) zu berichtigen, wenn er den Vorsteuerbetrag bereits abgezogen hat. 106

Der Leistungsempfänger hat seinen Vorsteuerabzug dann zu berichtigen, wenn sich aus den Gesamtumständen ergibt, dass er seinen Zahlungsverpflichtungen gegenüber seinem Gläubiger (Leistenden) nicht mehr nachkommen wird[1] oder kann (zur Vorsteuerberichtigungspflicht des Leistungsempfängers aufgrund einer anfechtungsbedingten Entgeltrückzahlung durch den Leistenden an die Insolvenzmasse des Leistungsempfängers oder eines Dritten, Anh. § 18 Rz. 59 ff.).

Wird das Entgelt für eine während des Bestehens einer Organschaft bezogene Leistung **nach Beendigung der Organschaft uneinbringlich**, ist der Vorsteuerabzug nicht gegenüber dem bisherigen Organträger, sondern gegenüber dem im Zeitpunkt des Uneinbringlichwerdens bestehenden Unternehmen – also der vormaligen Organgesellschaft – (steuererhöhend) zu berichtigen.[2] Denn die Berichtigung nach § 17 Abs. 2 Nr. 1, Abs. 1 Satz 2 UStG ist im Verhältnis zum vorsteuerauslösenden Ereignis ein selbständiger Tatbestand (Rz. 3), der (zeitlich) erst verwirklicht ist, wenn feststeht, dass das Entgelt uneinbringlich geworden ist. 106.1

b) Rechtsfolge

§ 17 Abs. 2 Nr. 1 Satz 1 UStG ordnet über § 17 Abs. 1 Sätze 1, 2 UStG eine zeit- und bedingungsgleiche (Rz. 123) Steuer- und Vorsteuerberichtigung für den Leistenden und den Leistungsempfänger für den Fall der Uneinbringlichkeit des Entgelts an. Es besteht eine Berichtigungspflicht (Rz. 1). 107

c) Berichtigungszeitraum

Die Berichtigung des Steuerbetrags sowie des Vorsteuerabzugs nach sind nach § 17 Abs. 2 Nr. 1 Satz 1, Abs. 1 Satz 8 UStG für den Besteuerungszeitraum (ggfs. Voranmeldezeitraum) vorzunehmen, in dem objektiv feststeht, dass das Entgelt uneinbringlich geworden ist (Rz. 85 ff.).[3] Zu Unrecht unterbliebene Berichtigungen können nicht in späteren Besteuerungszeiträumen nachgeholt werden.[4] 108

4. Erneute Berichtigung bei nachträglicher Vereinnahmung des Entgelts (Absatz 2 Nr. 1 Satz 2)

a) Tatbestand für die Steuer- und Vorsteuerberichtigung

Wird die Gegenleistung (§ 10 Rz. 4, 24) nachträglich ganz oder teilweise vereinnahmt, so sind der Steuerbetrag und der Vorsteuerabzug (bedingungsgleich) erneut (also ein zweites Mal) zu berichtigen (§ 17 Abs. 2 Nr. 1 Satz 2 UStG).[5] **Nachträglich** bedeutet, dass das vereinbarte Entgelt nach Eintritt der Uneinbringlichkeit vereinnahmt wird. An die nachträgliche Vereinnahmung des Entgelts sind dieselben Anforderungen wie auch sonst an eine Vereinnahmung zu stellen (§ 13 Rz. 69 ff.). 109

Nachträglich vereinnahmt werden muss „das Entgelt". Es muss sich also um das für die Leistung vereinbarte – zuvor uneinbringlich gewordene – Entgelt handeln. Fehlt dieser **Zurechnungszusammenhang** wird die (erneute) Berichtigungspflicht nach § 17 Abs. 2 Nr. 1 Satz 2 UStG nicht ausgelöst. 109.1

---

1 Abschn. 17.1 Abs. 5 Satz 13 UStAE; zu Richtwerten: FG Berlin-Brandenburg, Urt. v. 9.8.2005 – 1 K 2448/02, juris (rkr.); FG Berlin-Brandenburg, Urt. v. 14.1.2015 – 7 K 7250/13, EFG 2015, 865 (rkr.). Danach liege eine widerlegbare Uneinbringlichkeit vor, wenn die Zahlungsfrist um das Zwei- bis Dreifache, mindestens aber um mehr als sechs Monate überschritten ist.

2 BFH, Urt. v. 7.12.2006 – V R 2/05, BStBl. II 2007, 848 = UR 2007, 277, unter II.1.d; so im Ergebnis auch: BFH, Urt. v. 6.12.2023 – XI R 5/20, BFHE 282, 186 = UR 2024, 221 m. Anm. *Schulze*, Rz. 26.

3 BFH, Urt. v. 21.5.1992 – V R 23/88, BFH/NV 1993, 131, unter 1.b.

4 FG Berlin-Brandenburg, Beschl. v. 11.9.2017 – 7 V 7209/17, EFG 2017, 1845, Rz. 26 (AdV).

5 Abschn. 17.1 Abs. 5 Satz 14 UStAE; BFH, Urt. v. 22.10.2009 – V R 14/08, BStBl. II 2011, 988 = UR 2010, 268, Rz. 41.

Eine nachträgliche Entgeltzahlung kann nach § 10 Abs. 1 Satz 2 UStG auch durch einen Dritten erfolgen (§ 10 Rz. 33, 48 ff.). Die Zahlung des Dritten muss aber zweckgerichtet für die Leistung des Unternehmers an den Leistungsempfänger gewährt werden.[1]

109.2 Das Merkmal **„erneut“** stellt klar, dass die Berichtigungspflicht nach § 17 Abs. 2 Nr. 1 Satz 2 UStG davon abhängt, dass zuvor der materiell-rechtliche Tatbestand der (ersten) Berichtigung nach § 17 Abs. 2 Nr. 1 Satz 1 UStG wegen Uneinbringlichkeit des vereinbarten Entgelts verwirklicht wurde. Ohne das die Berichtigungspflicht auslösende Ereignis nach § 17 Abs. 2 Nr. 1 Satz 1 UStG kann eine „erneute“ **(zweite) Berichtigung** denklogisch nicht verwirklicht werden. Zwischen der ersten (§ 17 Abs. 2 Nr. 1 Satz 1 UStG) und der erneuten (zweiten) Berichtigung (§ 17 Abs. 2 Nr. 1 Satz 2 UStG) besteht also ein **materiell-rechtlicher Zusammenhang**. Er wird durch das Merkmal „erneut“ zum Ausdruck gebracht, materiell-rechtlich aber bereits durch das Merkmal des nachträglich vereinnahmten – zuvor uneinbringlich gewordenen – Entgelts begründet (Rz. 109.1). Denn nachträglich vereinnahmt werden kann nur das Entgelt, das zuvor uneinbringlich geworden ist. So gesehen kommt dem Merkmal „erneut“ im Ergebnis keine eigenständige materiell-rechtliche Bedeutung zu, sondern es stellt lediglich klar, dass es sich um die (logische) Folgeberichtigung aufgrund einer Erstberichtigung handelt.[2]

b) Rechtsfolge

110 Wird das Entgelt nachträglich doch noch vereinnahmt, haben sowohl der Leistende den Steuerbetrag als auch der Leistungsempfänger den Vorsteuerabzug (zeit- und bedingungsgleich) erneut zu berichtigen (§ 17 Abs. 2 Nr. 1 Satz 2 UStG). Für die erneute Berichtigung gilt das für die Vereinnahmung maßgebliche **Ist-Prinzip** (§ 13 Rz. 65; § 20 Rz. 1); dies hat Auswirkungen auf den Berichtigungszeitraum (Rz. 111).

110.1 Es besteht eine **Berichtigungspflicht** (Rz. 1). Diese Pflicht besteht auch dann, wenn die erste Berichtigung aufgrund der Uneinbringlichkeit des vereinbarten Entgelts (§ 17 Abs. 2 Nr. 1 Satz 1 UStG) und die erneute (zweite) Berichtigung aufgrund der Vereinnahmung der Gegenleistung in denselben Besteuerungszeitraum fallen (Rz. 111).

Darüber hinaus besteht die erneute Berichtigungspflicht auch dann, wenn die erste Berichtigung aufgrund der Uneinbringlichkeit des vereinbarten Entgelts (§ 17 Abs. 2 Nr. 1 Satz 1 UStG) zwar materiell-rechtlich verwirklicht, verfahrensrechtlich (im Rahmen der Umsatzsteuererklärung bzw. Voranmeldung) aber nicht berücksichtigt wurde. Denn materiell-rechtlich handelt es sich bei den Berichtigungspflichten nach § 17 Abs. 2 Nr. 1 UStG um zwei selbständige und unabhängig voneinander zu beurteilende Berichtigungstatbestände. Verfahrensrechtlich folgt daraus, dass die Durchführung der zweiten Berichtigung nicht von der Vornahme der ersten Berichtigung abhängt.[3]

c) Berichtigungszeitraum

111 Die erneute Berichtigung des Steuerbetrags sowie des Vorsteuerabzugs nach § 17 Abs. 2 Nr. 1 Satz 2, Abs. 1 Satz 8 UStG sind für den Besteuerungszeitraum (ggfs. Voranmeldezeitraum) vorzunehmen, in dem das Entgelt tatsächlich vereinnahmt wurde (Rz. 85 ff.).[4] Kommt es im selben Besteuerungszeitraum (ggfs. Voranmeldezeitraum) zu einer Berichtigung wegen Uneinbringlichkeit des Entgelts (§ 17 Abs. 2 Nr. 1 Satz 1 UStG) und einer erneuten Berichtigung wegen nachträglicher Vereinnahmung des Entgelts (§ 17 Abs. 2 Nr. 1 Satz 2 UStG), heben sich die (Mehr- und Minder-)Steuerbeträge gegenseitig auf.[5] Beide Tatbestände (unselbständige Besteuerungsgrundlagen, Rz. 4, 19.1) sind im Rahmen der

1 BFH, Urt. v. 19.10.2001 – V R 48/00, BStBl. II 2003, 210 = UR 2002, 25, unter II.3.c.
2 FG Düsseldorf, Urt. v. 25.1.2023 – 5 K 1749/21 U –, EFG 2023, 726, Rz. 46 (nrkr., Rev. anhängig BFH, XI R 3/23).
3 FG Düsseldorf, Urt. v. 25.1.2023 – 5 K 1749/21 U –, EFG 2023, 726, Rz. 44, 46 (nrkr., Rev. anhängig BFH, XI R 3/23).
4 BFH, Urt. v. 21.5.1992 – V R 23/88, BFH/NV 1993, 131, unter 1.b.
5 BFH, Urt. v. 28.6.2000 – V R 45/99, BStBl. II 2000, 703 = UR 2000, 533, unter II.4.; BFH, Urt. v. 24.10.2013 – V R 31/12, BStBl. II 2015, 674 = UR 2014, 238, Rz. 22.

Steuerberechnung nach § 16 Abs. 1, 2 i.V.m. § 18 Abs. 1 Satz 3, Abs. 3 Satz 1 UStG zu berücksichtigen und gesondert in der Jahreserklärung bzw. im Voranmeldezeitraum zu erfassen (Rz. 87.1).

III. Ausbleiben der vereinbarten Leistung (Absatz 2 Nr. 2)

1. Normübersicht

Voraussetzung der Berichtigungspflicht nach § 17 Abs. 2 Nr. 2 UStG ist, dass für eine vereinbarte Liefe- 112
rung oder sonstige Leistung ein Entgelt entrichtet, der Umsatz jedoch nicht ausgeführt worden ist. Der Berichtigungstatbestand erfasst also die Situation, dass die vereinbarte Leistung nicht erbracht wird, obwohl das Entgelt ganz (**Vorauszahlung**) oder teilweise (**Anzahlung**) entrichtet wurde (§ 13 Rz. 38). Das berichtigungsauslösende Moment liegt also – anders als bei § 17 Abs. 2 Nr. 1 UStG (Rz. 92) – in der **Person des Leistenden** begründet.

Die Berichtigungsvorschrift ist sowohl für die Regelbesteuerung nach **vereinbarten Entgelten** (Rz. 2) als auch für die Besteuerung nach **vereinnahmten Entgelten** (Rz. 2) notwendig. Denn die Steuer entsteht bei Voraus- und Anzahlungen nach § 13 Abs. 1 Nr. 1 Buchst. a Satz 4 UStG bzw. bei der Besteuerung nach vereinnahmten Entgelten nach § 13 Abs. 1 Nr. 1 Buchst. b UStG bereits vor Ausführung des Umsatzes. Gleiches gilt nach § 15 Abs. 1 Satz 1 Nr. 1 Satz 3 UStG für den **Vorsteuerabzug** (§ 15 Rz. 188). Denn der Empfänger der noch auszuführenden Leistung hat einen korrespondierenden Anspruch auf Abzug des Vorsteuerbetrags, sofern er bereits eine Rechnung besitzt und die (An-)Zahlung geleistet hat (§ 15 Abs. 1 Nr. 1 Satz 3 UStG).

Für den Fall des **Ausbleibens der vereinbarten Leistung** (§ 17 Abs. 2 Nr. 2 i.V.m. Abs. 1 Sätze 1, 2 113
UStG) fehlt eine ausdrückliche Bestimmung im **Unionsrecht**. Denn Art. 90 MwStSystRL setzt die Änderung der Steuerbemessungsgrundlage „nach der Bewirkung des Umsatzes" voraus. Diese Bedingung ist aber im Fall des nicht ausgeführten Umsatzes gerade nicht erfüllt. Der EuGH geht gleichwohl von einer bestehenden Berichtigungspflicht beim Anzahlungsempfänger (Leistungspflichtiger) nach Art. 65 i.V.m. Art. 90 MwStSystRL aus[1] (Rz. 123 f.). Damit wird die (An-)Zahlung des Entgelts im Ergebnis einem Umsatz gleichgesetzt, ohne jedoch vom Prinzip abzuweichen, dass Geld kein verbrauchfähiges Gut i.S.d. MwStSystRL ist (§ 1 Rz. 62). Unionsrechtliche Grundlage für die Berichtigung des Vorsteuerabzugs (§ 17 Abs. 2 Nr. 2 i.V.m. Abs. 1 Satz 2 UStG) ist Art. 185 Abs. 1 MwStSystRL.

Der Tatbestand des § 17 Abs. 2 Nr. 2 UStG erfasst (anders als § 17 Abs. 2 Nr. 1 [Rz. 95] und Nr. 3 114
UStG [Rz. 135]) nicht den Umsatz des **innergemeinschaftlichen Erwerbs** im Inland gegen Entgelt (§ 1 Abs. 1 Nr. 5, § 1a UStG). Dies hängt damit zusammen, dass durch eine Voraus- oder Anzahlung im Zusammenhang mit einem innergemeinschaftlichen Erwerb weder die Steuer entsteht (§ 13 Abs. 1 Nr. 6 UStG) noch das Recht zum Vorsteuerabzug begründet (§ 15 Abs. 1 Satz 1 Nr. 3 UStG) wird.

2. Tatbestand

a) Berichtigung des Steuerbetrags

aa) Leistungsvereinbarung

Leistender und Leistungsempfänger müssen ein Umsatzgeschäft i.S.d. § 1 Abs. 1 Nr. 1 UStG (Lieferung 115
oder sonstige Leistung) vereinbart haben. Über den Wortlaut der Vorschrift hinaus, muss es sich bei dem vereinbarten Umsatz – wie auch bei § 17 Abs. 2 Nr. 1 und Nr. 3 UStG – um eine **„steuerpflichtige" Lieferung** oder **sonstige Leistung** handeln. Andernfalls entsteht trotz Voraus- oder Anzahlung des Entgelts keine (berichtigungsfähige) Umsatz- oder Vorsteuer. Das im Wortlaut der Vorschrift fehlende – teleologisch gleichwohl zwingende – Merkmal der „Steuerpflichtigkeit" des Umsatzes ist als Redaktionsversehen des Gesetzgebers einzuordnen.[2]

---

1 EuGH, Urt. v. 13.3.2014 – C-107/13, ECLI:EU:C:2014:151 – FIRIN, UR 2014, 705, Rz. 56.
2 *Wäger* in Sölch/Ringleb, § 17 UStG Rz. 141 (Stand: 3/2021).

bb) Entrichtung des Entgelts

116 Der Leistungsberechtigte muss das vereinbarte Entgelt (jedenfalls teilweise) an den zur Leistung Verpflichteten entrichtet haben. Damit stellt das Gesetz auf **Voraus**- oder **Anzahlungen** ab. Denn bei Voraus- oder Anzahlungen entsteht die Steuer bereits vor Ausführung der Leistung (§ 13 Abs. 1 Nr. 1 Buchst. a Satz 4 und § 13 Abs. 1 Nr. 1 Buchst. b UStG). Die Entgeltzahlung durch den Leistungsberechtigten an den Leistungsverpflichteten muss final zum Erhalt der vereinbarten Leistung erbracht worden sein.

cc) Ausbleiben der Leistung

117 Die vereinbarte Lieferung oder sonstige Leistung ist durch den zur Leistung Verpflichteten (endgültig) nicht ausgeführt worden. Das Motiv dafür ist unerheblich. Es muss aber feststehen, dass die Lieferung oder sonstige Leistung, für die der Leistungsberechtigte eine Voraus- oder Anzahlung geleistet hat, nicht bewirkt werden wird. Dies ist objektiv zu verstehen. Auf die subjektive Sicht des Voraus- oder Anzahlenden kommt es nicht an.[1] Maßgeblich ist, dass der zur Leistung Verpflichtete – nach objektiven Maßstäben erkennbar – **die Leistung auf Dauer (endgültig) nicht mehr erbringen** wird. Dies kann auf einem gegenseitigen Einverständnis zwischen Leistendem und Leistungsempfänger beruhen (z.B. Stornierung der Bestellung). Aber auch die – nach außen in Erscheinung tretende – Leistungsunwilligkeit oder Leistungsunfähigkeit des zur Leistung Verpflichteten führen bereits dann zu einem endgültigen Ausbleiben der vereinbarten Leistung, wenn der Leistungsberechtigte diese nur durch weitere – vertraglich nicht vorgesehene – Anstrengung (z.B. durch Leistungsklage) erhalten könnte.

117.1 § 17 Abs. 2 Nr. 2 UStG kommt auch bei Ausgabe eines **Gutscheins** i.S.d. § 3 Abs. 13 Satz 1 UStG (§ 3 Rz. 660 ff.) z.B. aufgrund der Stornierung der vereinbarten Leistung zur Anwendung.[2] Wird anstelle einer vereinbarte Leistung ein **Einzweckgutschein** (§ 3 Rz. 679 ff.) ausgegeben, erbringt der Leistende mit der Ausgabe des Gutscheins eine neue andere Leistung und wird – bei Annahme des Gutscheins – von seiner bisherigen Leistungspflicht befreit. Dies führt im Zeitpunkt der Gutscheinausgabe zu einer Berichtigung des Steuerbetrags (§ 17 Abs. 2 Nr. 2, Abs. 1 Satz 1 UStG). Mit Übertragung des Gutscheins erfolgt zugleich eine Leistung, die sich danach bestimmt, wofür der Gutschein später eingelöst werden soll. Die spätere Leistungsausführung wird nach § 3 Abs. 14 Satz 5 UStG nicht erneut besteuert (§ 3 Rz. 697, im Falle der Zuzahlung, § 3 Rz. 698).

Die Ausgabe eines **Mehrzweckgutscheins** (§ 3 Rz. 704 ff., § 10 Rz. 100) stellt keine steuerbare Leistung dar. Aus der Ausgabe sowie ihrer Weiterübertragung ergeben sich keine umsatzsteuerrechtlichen Folgen. Folglich ist der Steuerbetrag nach § 17 Abs. 2 Nr. 2 UStG unter den üblichen Voraussetzungen (Rz. 117) zu berichtigen.

118 Ein endgültiges Ausbleiben der Leistung liegt z.B. auch dann vor, wenn über das Vermögen des zur Leistung verpflichteten Unternehmers, der Anzahlungen erhalten und versteuert hat, das **Insolvenzverfahren** eröffnet wird und der Insolvenzverwalter die Erfüllung des gegenseitigen Vertrags nach § 103 Abs. 2 InsO ablehnt.[3] Zur weiteren Voraussetzung der Rückgewähr des Entgelts, Rz. 119.

dd) Rückzahlung des Entgelts

119 Tatbestandlich kommt eine Berichtigung des Steuerbetrags – über den Wortlaut des § 17 Abs. 2 Nr. 2 UStG hinaus – nur in Betracht, wenn das **an-** oder **vorausgezahlte Entgelt** mit Wirkung für den Leistungsberechtigten **zurückgewährt** worden ist[4] (zu § 17 Abs. 1 Satz 1 UStG, Rz. 33, und zu § 17 Abs. 2

1 BFH, Urt. v. 5.12.2018 – XI R 44/14, BFHE 263, 359 = UR 2019, 255, Rz. 67.

2 Dazu, *Becker*, MwStR 2020, 391 (392 f. mit Bsp.).

3 BFH, Urt. v. 2.9.2010 – V R 34/09, BStBl. II 2011, 991 = UR 2011, 66, Rz. 24.

4 BFH, Urt. v. 2.9.2010 – V R 34/09, BStBl. II 2011, 991 = UR 2011, 66, Rz. 19, 21 (unter Aufgabe seiner vormaligen Rspr. BFH, Urt. v. 24.8.1995 – V R 55/94, BStBl. II 1995, 808 = UR 1996, 235, unter II.1.); BFH, Urt. v. 15.9.2011 – V R 36/09, BStBl. II 2012, 365 = UR 2012, 264, Rz. 22 f.; BFH, Urt. v. 5.12.2018 – XI R 44/14, BFHE 263, 359 = UR 2019, 255, Rz. 70 m.w.N.; BFH, Urt. v. 17.7.2019 – V R 9/19 (V R 29/15), BFHE 265, 565 = UR 2019, 863, Rz. 29; Abschn. 17.1 Abs. 7 Satz 3 UStAE.

Nr. 3 UStG, Rz. 137). Dies gilt z.B., wenn eine Fluggesellschaft bei nicht in Anspruch genommenen Flügen den Flugpreis nicht erstattet.[1] Diese nationale Anknüpfung ist unionsrechtskonform, weil der Steuerbetrag und der Vorsteuerabzug bedingungsgleich zu berichtigen sind.[2] Die Rückzahlung kann auch durch **Aufrechnung** erfolgen.[3] Bei Stornierung einer vereinbarten Leistung mit gleichzeitigem Angebot zur Erbringung einer inhaltsgleichen Leistung zu einem späteren Zeitpunkt, führt dies zu einer Berichtigung nach § 17 Abs. 2 Nr. 2 UStG. Der Rückzahlungsanspruch des Leistungsempfängers kann mit dem Anzahlungsanspruch des Leistenden für die neue Leistung aufgerechnet werden.[4] Zur **Bedingungsgleichheit** von Steuer- und Vorsteuerberichtigung, s. Rz. 123 f.

Im Falle der Erfüllungsablehnung durch den Insolvenzverwalter nach § 103 Abs. 2 InsO (Rz. 118) 120
kommt es erst dann zur Berichtigung des Steuerbetrags, wenn und soweit der Anspruch des Leistungsberechtigten auf Rückzahlung der Voraus- oder Anzahlung aufgrund der Anmeldung des Anspruchs zur Insolvenztabelle quotal befriedigt worden ist oder objektiv feststeht, dass es nicht zu einer (quotalen) Befriedigung kommen wird.[5]

b) Berichtigung des Vorsteuerabzugs

Eine Berichtigung des Vorsteuerabzugs (§ 17 Abs. 2 Nr. 2, Abs. 1 Satz 2 UStG) kommt nur in Betracht, 121
wenn die Voraussetzungen des § 15 Abs. 1 Satz 1 Nr. 1 Satz 3 UStG vorgelegen haben. Danach ist die Vorsteuer bereits vor Ausführung des Umsatzes abziehbar, wenn die Rechnung vorliegt und die (An-) Zahlung geleistet worden ist. Zusätzliche Voraussetzung für den Vorsteuerabzug aus einer Voraus- oder Anzahlung ist, dass der Eintritt des Steuertatbestands zum Zeitpunkt der Anzahlung nicht „unsicher“ ist, d.h. der Anzahlende bei der Zahlung weder wusste oder vernünftigerweise hätte wissen müssen, dass die spätere Leistung unterbleiben wird (§ 15 Rz. 188 ff.).[6]

Wird die vereinbarte Leistung nicht ausgeführt, ist auch der für die geleistete Voraus- oder Anzahlung 122
abgezogene Vorsteuerbetrag (§ 15 Abs. 1 Satz 1 Nr. 3 UStG) zu berichtigen (§ 17 Abs. 2 Nr. 2, Abs. 1 Satz 2 UStG). Dies gilt – korrespondierend zur Berichtigung des Steuerbetrags (Rz. 119) – nur und erst dann, wenn das im Voraus entrichtete Entgelt an den Leistungsberechtigten **tatsächlich zurückgewährt** worden ist.[7] Denn das nationale Recht kann vorsehen, dass zwischen Steuer- und Vorsteuerberichtigung gleichlaufende Bedingungen gelten müssen. Dies hat zur Folge, dass auf die für die Steuerberichtigung notwendige Voraussetzung der Rückgewähr der geleisteten Voraus- oder Anzahlung auch bei der Vorsteuerberichtigung abzustellen ist.[8] Leistet also der Voraus- oder Anzahlungsempfänger das bereits empfangene Entgelt nicht an den Leistungsberechtigten zurück und kommt es deshalb nicht zu einer Berichtigung des Steuerbetrags (Rz. 119), fehlt bei diesem auch die tatbestandliche Grundlage für die (steuererhöhende) Vorsteuerberichtigung.

1 BFH, Urt. v. 15.9.2011 – V R 36/09, BStBl. II 2012, 365 = UR 2012, 264, Rz. 24 ff.

2 EuGH, Urt. v. 13.3.2014 – C-107/13, ECLI:EU:C:2014:151 – FIRIN, UR 2014, 705, Rz. 56; BFH, Urt. v. 17.7.2019 – V R 9/19 (V R 29/15), BFHE 265, 565 = UR 2019, 863, Rz. 30 ff.

3 *Stadie* in Rau/Dürrwächter, § 17 UStG Rz. 447 (Stand: 8/2022).

4 *Becker*, MwStR 2020, 391 (392); *Grebe/Hänchen*, UStB 2020, 193 (199).

5 BFH, Urt. v. 2.9.2010 – V R 34/09, BStBl. II 2011, 991 = UR 2011, 66, Rz. 24; Abschn. 17.1 Abs. 7 UStAE (mit Bsp.).

6 Zum Vorsteuerabzug aus Anzahlungen: EuGH, Urt. v. 13.3.2014 – C-107/13, ECLI:EU:C:2014:151 – FIRIN, UR 2014, 705, Rz. 39 ff. m.w.N.; EuGH, Urt. v. 31.5.2018 – C-660/16 und C-661/16, ECLI:EU:C:2018:372 – Kollroß und Wirtl, UR 2018, 519, Rz. 41 f.; BFH, Urt. v. 29.1.2015 – V R 51/13, BFH/NV 2015, 708 = UR 2015, 514, Rz. 13; BFH, Urt. v. 5.12.2018 – XI R 44/14, BFHE 263, 359 = UR 2019, 255, Rz. 42 ff.; BFH, Urt. v. 17.7.2019 – V R 9/19 (V R 29/15), BFHE 265, 565 = UR 2019, 863.

7 BFH, Urt. v. 2.9.2010 – V R 34/09, BStBl. II 2011, 991 = UR 2011, 66, Rz. 21; BFH, Urt. v. 8.9.2011 – V R 43/10, BStBl. II 2014, 203 = UR 2012, 312, Rz. 27; BFH, Urt. v. 15.9.2011 – V R 36/09, BStBl. II 2012, 365 = UR 2012, 264, Rz. 23; BFH, Urt. v. 5.12.2018 – XI R 44/14, BFHE 263, 359 = UR 2019, 255, Rz. 69 ff.; BFH, Urt. v. 27.3.2019 – V R 6/19, BFH/NV 2019, 1254, Rz. 26; BFH, Urt. v. 17.7.2019 – V R 9/19 (V R 29/15), BFHE 265, 565 = UR 2019, 863, Rz. 29; Abschn. 17.1 Abs. 7 Satz 3 UStAE; diese Auslegung der Rspr. für unionsrechtswidrig haltend: *Hartman* in Musil/Weber-Grellet, Europäisches Steuerrecht[2], 3. Teil, § 17 UStG Rz. 19.

8 *Wäger* in Sölch/Ringleb, § 17 UStG Rz. 151 (Stand: 3/2021).

123 Die nationale Anknüpfung für die Vorsteuerberichtigung an die Entgeltrückgewähr aufgrund der **Bedingungsgleichheit** von Steuer- und Vorsteuerberichtigung ist **unionsrechtlich** zwar nicht geboten,[1] steht dem nationalen Verständnis aber auch nicht entgegen.[2] In der Rechtssache „***FIRIN***“[3] hat der EuGH ausgeführt, dass eine Berichtigung des Vorsteuerabzugs nach erfolgter Anzahlung und nicht erbrachter Leistung auch dann zugunsten der Steuerbehörde erfolgen könne, wenn die Anzahlung nicht zurückgewährt worden sei und deshalb eine Berichtigung des Steuerbetrags beim Anzahlungsempfänger ausscheide. Dies komme insbesondere dann in Betracht, wenn dem Fiskus z.B. wegen einer Hinterziehung von Mehrwertsteuer ein Steuerausfallrisiko entstehe, weil der zur Leistung Verpflichtete die Umsatzsteuer nicht an die Finanzbehörde abgeführt habe und der Leistungsberechtigte diesen Umstand kannte.

124 Hiervon ist die Situation in der Rechtssache „***Kollroß und Wirtl***“ abzugrenzen,[4] wo es im Zusammenhang mit der Vorsteuerberichtigung nicht um Fälle der Hinterziehung von Mehrwertsteuer, sondern um die fehlende Möglichkeit der Rückgewähr der Anzahlung ging, weil der zur Leistung Verpflichtete zahlungsunfähig war. In einem solchen Fall stehe das Unionsrecht (Art. 185, 186 MwStSystRL) nationalen Rechtsvorschriften oder Gepflogenheiten nicht entgegen, nach denen die Berichtigung des Vorsteuerabzugs hinsichtlich einer für die Lieferung geleisteten Anzahlung voraussetzt, dass diese Anzahlung vom zur Leistung Verpflichteten zurückgezahlt wird.

3. Rechtsfolge

125 Nach § 17 Abs. 2 Nr. 2 UStG gilt § 17 Abs. 1 Sätze 1, 2 UStG sinngemäß mit der Folge, dass der Steuerbetrag sowie ggfs. der Vorsteuerabzug zu berichtigen sind. Die Rechtsfolge ist zwingend, weil im Falle der Nichtausführung des vereinbarten Umsatzes bereits kein die Besteuerung auslösender Sachverhalt verwirklicht worden ist.

4. Berichtigungszeitraum

126 Die Berichtigung des Steuerbetrags sowie des Vorsteuerabzugs nach § 17 Abs. 2 Nr. 2, Abs. 1 Satz 8 UStG sind für den Besteuerungszeitraum (ggfs. Voranmeldezeitraum) vorzunehmen, in dem objektiv feststeht, dass der Umsatz nicht ausgeführt wird und die Voraus- oder Anzahlung zurückgewährt worden ist (Rz. 85 ff.).

IV. Rückgängig gemachter Umsatz (Absatz 2 Nr. 3)

1. Normübersicht

127 Voraussetzung für die Berichtigungspflicht nach § 17 Abs. 2 Nr. 3 UStG ist, dass eine steuerpflichtige Lieferung, sonstige Leistung (Umsatz i.S.d. § 1 Abs. 1 Nr. 1 Satz 1 UStG) oder ein steuerpflichtiger innergemeinschaftlicher Erwerb (Umsatz i.S.d. § 1 Abs. 1 Nr. 5 UStG) rückgängig gemacht wird. Zur Berichtigung des Steuerbetrags sowie des Vorsteuerabzugs kann es sowohl im Fall der Regelbesteuerung nach **vereinbarten** Entgelten (Rz. 2) als auch bei der Besteuerung nach **vereinnahmten** Entgelten (Rz. 2) kommen.

128 **Unionsrechtliche Grundlage** für § 17 Abs. 2 Nr. 3 i.V.m. Abs. 1 Sätze 1, 2 UStG (rückgängig gemachter Umsatz) sind für die Pflicht zur Berichtigung des Steuerbetrags Art. 90 MwStSystRL, für die Pflicht zur Berichtigung des Vorsteuerabzugs Art. 185 Abs. 1 MwStSystRL.

---

1 EuGH, Urt. v. 13.3.2014 – C-107/13, ECLI:EU:C:2014:151 – FIRIN, UR 2014, 705, Rz. 52, 57 f.
2 EuGH, Urt. v. 31.5.2018 – C-660/16 und C-661/16, ECLI:EU:C:2018:372 – Kollroß und Wirtl, UR 2018, 519, Ls. 2, Rz. 69 ff.; dazu auch BFH, Urt. v. 17.7.2019 – V R 9/19 (V R 29/15), BFHE 265, 565 = UR 2019, 863, Rz. 30 ff.; *Wäger*, UVR 2014, 318.
3 EuGH, Urt. v. 13.3.2014 – C-107/13, ECLI:EU:C:2014:151 – FIRIN, UR 2014, 705, Rz. 52, 57 f.
4 EuGH, Urt. v. 31.5.2018 – C-660/16 und C-661/16, ECLI:EU:C:2018:372 – Kollroß und Wirtl, UR 2018, 519, Rz. 58, 62; *Hartman*, NWB 2018, 2242.

2. Tatbestand

a) Rückabwicklung einer steuerpflichtigen Lieferung

Es muss eine Lieferung (§ 3 UStG) vom Leistenden an den Leistungsempfänger ausgeführt worden sein. Die Lieferung muss steuerpflichtig gewesen sein. 129

Eine **Rückgängigmachung** ist anzunehmen, wenn der Liefernde oder der Lieferungsempfänger das der steuerpflichtigen Lieferung zugrunde liegende Umsatzgeschäft beseitigt oder sich auf dessen Unwirksamkeit beruft, die zuvor begründete Erwartung des Lieferers auf ein Entgelt dadurch entfällt und der Lieferungsempfänger den empfangenen Gegenstand in Rückabwicklung des Umsatzgeschäftes zurückgibt (Zurückverschaffung der Verfügungsmacht).[1] Der Rückgängigmachung liegt typischerweise eine **Vertragsstörung** (im weiteren Sinne) zu Grunde (z.B. Anfechtung des Rechtsgeschäfts, Rücktritt vom Vertrag, Ausübung eines Widerrufs- oder Rückgaberechts, Rückabwicklung bei Kauf unter Eigentumsvorbehalt oder Kündigung eines Dauerschuldverhältnisses). **Zudem muss das ursprüngliche Entgelt zurückgezahlt werden** (Rz. 137).[2] Der Beseitigung eines Leistungsaustauschs ist ein anderer als der ursprünglich vereinbarte (Kauf-)Preis fremd.[3] Bei einem **Umtausch** wird die ursprüngliche Lieferung i.S.d. § 17 Abs. 2 Nr. 3 UStG rückgängig gemacht und zugleich ein neuer Umsatz ausgeführt.[4] 130

Lehnt der **Insolvenzverwalter** die Erfüllung eines im Zeitpunkt der Eröffnung des Insolvenzverfahrens vom Schuldner und seinem Vertragspartner noch nicht oder nicht vollständig erfüllten gegenseitigen Vertrags nach § 103 Abs. 2 InsO ab und erhält der Lieferer infolgedessen die Verfügungsmacht an dem gelieferten Gegenstand zurück, wird die **Lieferung rückgängig** gemacht. Denn mit der Erfüllungsablehnung ist das der ursprünglichen Lieferung zugrunde liegende Umsatzgeschäft in ein Rückabwicklungsverhältnis umgewandelt worden.[5] 131

Die (nichtsteuerbare, aber) berichtigungspflichtige **Rückgängigmachung** der Lieferung (§ 17 Abs. 2 Nr. 3 UStG) ist von der entgeltlichen **Rücklieferung** durch den Leistungsempfänger an den zuvor Leistenden (eigenständiger zweiter entgeltlicher Umsatz i.S.d. § 1 Abs. 1 Nr. 1 UStG) **abzugrenzen**. Denn die Rückgabe eines gelieferten Gegenstandes durch den Leistungsempfänger (z.B. Käufer) kann sowohl den zugrundeliegenden Leistungsaustausch berühren (Rückgängigmachung) als auch auf einem neuen, also eigenständigen Leistungsaustausch beruhen (Rücklieferung). Für die Abgrenzungsfrage ist auf die **Sicht des Leistungsempfängers** (nicht des ursprünglichen Lieferers) abzustellen.[6] Die **Abgrenzung richtet sich** nach dem **Rechtsgrund** für die Rückübertragung. Während die Rückgängigmachung typischerweise auf einer Vertragsstörung beruht und es zur vollständigen Rückabwicklung des Rechtsgeschäfts kommt, beruht die Rückabwicklung typischerweise auf einem neuen Umsatzgeschäft.[7] 132

Eine einen selbständigen Umsatz auslösende **Rücklieferung** liegt vor, wenn die Beteiligten ein neues Umsatzgeschäft eingehen und der Empfänger der Hinlieferung dieses dadurch erfüllt, dass er dem ursprünglichen Lieferer die Verfügungsmacht an dem gelieferten Gegenstand in Erwartung einer Gegenleistung (wieder zurück-)überträgt.[8] Wird dem ursprünglichen Käufer für die Rückübertragung des 133

---

1 BFH, Urt. v. 27.6.1995 – V R 27/94, BStBl. II 1995, 756 = UR 1996, 16, unter II.2.

2 BFH, Urt. v. 8.9.2011 – V R 43/10, BStBl. II 2014, 203 = UR 2012, 312, Rz. 26; BFH, Urt. v. 2.9.2010 – V R 34/09, BStBl. II 2011, 991 = UR 2011, 66; BFH, Urt. v. 12.11.2008 – XI R 46/07, BStBl. II 2009, 558 = UR 2009, 84, Rz. 15.

3 BFH, Urt. v. 12.11.2008 – XI R 46/07, BStBl. II 2009, 558 = UR 2009, 84, unter II.3.a aa, m.w.N.; Abschn. 17.1 Abs. 8 Sätze 1, 2 UStAE.

4 Vgl. BMF, Schr. v. 11.8.2006 – IV A 5-S 7210-23/06, BStBl. I 2006, 477, unter 3.11.; **a.A.** (differenzierter) *Englisch* in Tipke/Lang, Steuerrecht[24], Rz. 17.105.

5 BFH, Urt. v. 8.5.2003 – V R 20/02, BStBl. II 2003, 953 = UR 2003, 546, unter II.1.c (zum Konkursverfahren); Abschn. 17.1 Abs. 8 Satz 4 UStAE.

6 BFH, Urt. v. 17.12.1981 – V R 75/77, BStBl. II 1982, 233 = UR 1982, 75, Ls.; BFH, Urt. v. 12.11.2008 – XI R 46/07, BStBl. II 2009, 558, unter II.3.a aa; *Weiß*, UR 1982, 76.

7 BFH, Urt. v. 17.12.1981 – V R 75/77, BStBl. II 1982, 233 = UR 1982, 75 m. Anm. *Weiß*; BFH, Urt. v. 27.6.1995 – V R 27/94, BStBl. II 1995, 756; BFH, Urt. v. 12.11.2008 – XI R 46/07, BStBl. II 2009, 558 = UR 2009, 84; *Friedrich-Vache*, UR 2008, 612.

8 BFH, Urt. v. 27.6.1995 – V R 27/94, BStBl. II 1995, 756 = UR 1996, 16, unter II.2.; BFH, Urt. v. 12.11.2008 – XI R 46/07, BStBl. II 2009, 558, unter II.3.a aa; Abschn. 17.1 Abs. 8 Satz 3 UStAE.

Gegenstands mehr gezahlt als der von ihm entrichtete Kaufpreis, ist das ein gewichtiges Indiz für eine Rücklieferung.

Eine Rücklieferung liegt z.B. vor, wenn der Umzugsunternehmer anbietet, die von ihm gelieferten Umzugskartons in verwertbarem Zustand gegen ein bestimmtes Entgelt vom Leistungsempfänger (Kunde) zurückzunehmen (Rückkaufangebot). Hier wird der Abnehmer der ersten Lieferung nunmehr selbst zum Lieferer.[1] Gleiches gilt, wenn der Hersteller (Leistender) dem Händler (Leistungsempfänger) anbietet, nicht abgesetzte Gegenstände zum Einstandspreis zurückzunehmen und der Händler das Angebot annimmt und erfüllt.[2] Eine Rücklieferung liegt auch dann vor, wenn der Verkäufer eines Gegenstands das vertraglich vereinbarte Wiederkaufsrecht nach § 456 BGB ausübt.[3]

133.1 Bei einem Kauf unter **Eigentumsvorbehalt** liegt bereits im Zeitpunkt der Übergabe des Gegenstands an den Leistungsempfänger eine Lieferung vor[4] (§ 3 Rz. 24). Tritt der Vorbehaltsverkäufer bei einem **einfachen** Eigentumsvorbehalt vom Kaufvertrag zurück, kommt es umsatzsteuerrechtlich im Zeitpunkt der Rückgabe des Gegenstandes zu einer Rückgängigmachung der Lieferung und Berichtigung nach § 17 Abs. 2 Nr. 3 UStG.[5] Gleiches gilt bei einem **erweiterten** sowie **verlängerten** Eigentumsvorbehalt, solange das insolvenzrechtliche Aussonderungsrecht noch besteht, der Kaufpreis für den eigentlichen Gegenstand also noch nicht bezahlt ist (erweiterter Eigentumsvorbehalt) bzw. die (unter Vorbehalt) gelieferte Sache noch nicht weiterverarbeitet oder weiterveräußert wurde (verlängerter Eigentumsvorbehalt).[6]

b) Rückabwicklung einer steuerpflichtigen sonstigen Leistung

134 Tatbestandlich ist § 17 Abs. 2 Nr. 3 UStG auch auf steuerpflichtige sonstige Leistungen (§ 3 Abs. 9 UStG) anzuwenden. Stellt sich eine sonstige Leistung aber als reine Dienstleistung dar und ist sie mit ihrer Erbringung verbraucht, kann sie – kraft Natur der Sache – nicht rückgängig gemacht werden.[7] Dies gilt z.B. für erbrachte und bezahlte Vermittlungsleistungen[8] oder Geschäftsführungsleistungen.[9]

c) Innergemeinschaftlicher Erwerb und Abgrenzung zu § 17 Abs. 2 Nr. 4 UStG

135 § 17 Abs. 2 Nr. 3 UStG erfasst auch die Rückgängigmachung eines innergemeinschaftlichen Erwerbs (§ 1a Rz. 1 ff.). Dies setzt voraus, dass das der Erwerbsbesteuerung zugrundeliegende Rechtsverhältnis rückabgewickelt wird. Dazu muss der im Rahmen des innergemeinschaftlichen Erwerbs ins Inland gelangte Gegenstand an den die steuerfreie innergemeinschaftliche Lieferung ausführenden Unternehmer (in dem anderen Mitgliedstaat) zurückgelangen (Rz. 133).

136 Vom Tatbestand der Rückgängigmachung eines innergemeinschaftlichen Erwerbs ist die Nachweisführung i.S.d. § 3d Satz 2 UStG zu unterscheiden, die ebenfalls eine Berichtigungspflicht auslöst (§ 17 Abs. 2 Nr. 4 UStG). Während die Rückgängigmachung des Ausgangsumsatzes regelmäßig auf einer zivil- oder öffentlich-rechtlichen Rückabwicklung des Umsatzgeschäfts beruht, kommt – in Abgrenzung dazu – die Berichtigung nach § 17 Abs. 2 Nr. 4 UStG nur wegen der umsatzsteuerlichen Nachweisführung zum Zuge (Rz. 143).

d) Rückzahlung des Entgelts

137 Wird das Umsatzgeschäft (§ 1 Abs. 1 Nr. 1, 5 UStG) erst nach Vereinnahmung des Entgelts durch den Leistenden rückgängig gemacht, entsteht der Berichtigungsanspruch nach § 17 Abs. 2 Nr. 3 UStG –

1 BFH, Urt. v. 12.11.2008 – XI R 46/07, BStBl. II 2009, 558 = UR 2009, 84.
2 BFH, Urt. v. 27.6.1995 – V R 27/94, BStBl. II 1995, 756 = UR 1996, 16, unter II.2.
3 *Suabedissen* in Weymüller, § 17 UStG Rz. 87.3 (Stand: 18.6.2023).
4 Abschn. 3.1 Abs. 3 Satz 4 UStAE.
5 *Suabedissen* in Weymüller, § 17 UStG Rz. 87.1 (Stand: 18.6.2023).
6 *Kahlert/Kayser/Bornemann*, Rz. 255 f. m.w.N., dort auch zur Frage, inwieweit die physische Rückgabe des Vorbehaltsguts an den Vorbehaltsverkäufer notwendig ist.
7 BFH, Urt. v. 18.9.2008 – V R 56/06, BStBl. II 2009, 250 = UR 2009, 94, Ls. 2.
8 BFH, Urt. v. 18.9.2008 – V R 56/06, BStBl. II 2009, 250 = UR 2009, 94, Rz. 55.
9 FG Hamburg, Urt. v. 5.2.1987 – V 334/85, EFG 1987, 380, Ls. 2 (rkr.).

über den Wortlaut der Vorschrift hinaus – tatbestandlich erst mit der Rückgewähr des Entgelts (zu § 17 Abs. 1 Satz 1, 2 UStG, Rz. 33, 51; zu § 17 Abs. 2 Nr. 2 UStG, Rz. 119, 121).[1]

e) Unentgeltliche Leistungen

Grundsätzlich erfasst § 17 Abs. 2 Nr. 3 UStG nach seinem Wortlaut auch unentgeltliche Leistungen. 138
Denn auch bei diesen kann es sich um (gegen Entgelt gleichgestellte) Lieferungen (§ 3 Abs. 1b UStG) oder um (gegen Entgelt gleichgestellte) sonstige Leistungen (§ 3 Abs. 9a UStG) handeln.[2] Allerdings kann eine Entnahme (§ 3 Rz. 73 ff.) oder eine nichtunternehmerische Verwendung eines dem Unternehmen zugeordneten Gegenstands (§ 3 Rz. 552 ff.) nicht rückgängig gemacht werden.

f) Teilweise Rückgängigmachung

Die Tatbestandsvoraussetzungen des § 17 Abs. 2 Nr. 3 UStG liegen auch dann vor, wenn die steuer- 139
pflichtige Lieferung, sonstige Leistung oder der innergemeinschaftliche Erwerb nur zum Teil rückgängig gemacht worden ist.[3] Voraussetzung ist jedoch, dass eine wirtschaftlich teilbare Leistung (§ 13 Rz. 34) erbracht wurde.

3. Rechtsfolge

Ist die steuerpflichtige Lieferung oder sonstige Leistung rückgängig gemacht worden, so sind in sinn- 140
gemäßer Anwendung des § 17 Abs. 1 UStG vom Leistenden der Steuerbetrag und vom Leistungsempfänger der geltend gemachte Vorsteuerabzug zu berichtigen. Bei der Rückgängigmachung eines innergemeinschaftlichen Erwerbs treffen beide Berichtigungspflichten (Steuerbetrag und Vorsteuerabzug) den Erwerber. Die Rückgängigmachung des Umsatzes (§ 1 Abs. 1 Nr. 1, Nr. 5 UStG) löst also keinen steuerbaren Umsatz, sondern (nur) eine eigenständige Berichtigungspflicht aus.

4. Berichtigungszeitraum

Die Berichtigung des Steuerbetrags sowie des Vorsteuerabzugs nach § 17 Abs. 2 Nr. 3, Abs. 1 Satz 8 141
UStG sind für den Besteuerungszeitraum (ggfs. Voranmeldezeitraum) vorzunehmen, in dem die Lieferung, sonstige Leistung oder der innergemeinschaftliche Erwerb tatsächlich rückgängig gemacht worden ist (Rz. 85 ff.). Kommt es zusätzlich zur Rückgängigmachung auch auf die Rückzahlung des Entgelts an (Rz. 137), ist die Berichtigung erst für den Besteuerungszeitraum vorzunehmen, in dem auch das Entgelt zurückgewährt worden ist.[4]

V. Nachweiserbringung beim innergemeinschaftlichen Erwerb (Absatz 2 Nr. 4 i.V.m. § 3d Satz 2 UStG)

1. Berichtigungstatbestand

Die Berichtigungspflicht nach § 17 Abs. 1 UStG gilt nach § 17 Abs. 2 Nr. 4 UStG sinngemäß, wenn 142
der Erwerber den Nachweis i.S.d. § 3d Satz 2 UStG führt (§ 3d Rz. 33 ff.). § 17 Abs. 2 Nr. 4 UStG **ergänzt** § 3d UStG mit dem **Ziel, eine doppelte Besteuerung zu verhindern.**[5] Die doppelte Besteuerung entfällt bei Nachweis der Besteuerung am Ort des Endes der Beförderung oder Versendung.

---

1 BFH, Urt. v. 2.9.2010 – V R 34/09, BStBl. II 2011, 991 = UR 2011, 66, Ls. 2, Rz. 19, 22 (unter Aufgabe seiner vormaligen Rspr. BFH, Beschl. v. 20.8.1999 – V B 74/99, BFH/NV 2000, 243, unter II.2.); BFH, Urt. v. 8.9.2011 – V R 43/10, BStBl. II 2014, 203 = UR 2012, 312, Rz. 27; Abschn. 17.1 Abs. 8 Satz 5 UStAE.

2 *Stadie* in Rau/Dürrwächter, § 17 UStG Rz. 458 (Stand: 8/2022).

3 *Stadie* in Rau/Dürrwächter, § 17 UStG Rz. 460 (Stand: 8/2022).

4 EuGH, Urt. v. 13.3.2014 – C-107/13, ECLI:EU:C:2014:151 – FIRIN, UR 2014, 705, Rz. 56; BFH, Urt. v. 2.9.2010 – V R 34/09, BStBl. II 2011, 991 = UR 2011, 66.

5 EuGH, Urt. v. 22.4.2010 – C-536/08 und C-539/08, ECLI:EU:C:2010:217 – X und Facet Trading BV, UR 2010, 418 Rz. 35 m. Anm. *Maunz*, Rz. 35, 43.

Technisch erfolgt die Korrektur der (temporären) Doppelbesteuerung durch Berichtigung (Minderung) der Bemessungsgrundlage (§ 3d Rz. 27).[1] Zum Zweck der (temporär) doppelten Besteuerung, § 3d Rz. 18.

143 **Unionsrechtliche Grundlage** für § 17 Abs. 2 Nr. 4 i.V.m. Abs. 1 Sätze 1, 2 UStG (Nachweisführung nach § 3d Satz 2 UStG) ist für die Berichtigung des Steuerbetrags im Mitgliedstaat der verwendeten USt-IdNr. Art. 41 Unterabs. 2 MwStSystRL, für die Berichtigung des Vorsteuerabzugs Art. 185 MwStSystRL (zum Vorsteuerabzug, Rz. 147).

144 Der Berichtigungstatbestand setzt voraus, dass der innergemeinschaftliche Erwerb (§ 1a UStG) wegen Verwendung einer von Deutschland erteilten USt-IdNr. durch den Erwerber sowohl im Inland nach § 3d Satz 2 UStG (vgl. zur missglückten Gesetzesformulierung, § 3d Rz. 2) als auch in dem Mitgliedstaat, in dem sich der Gegenstand am Ende der Beförderung oder Verwendung befindet (§ 3d Satz 1 UStG), zu besteuern ist (zur Gleichrangigkeit der Ortregelungen, § 3d Rz. 14). Es kommt also zur Erwerbsbesteuerung in zwei unterschiedlichen Mitgliedstaaten.

145 Führt der Erwerber gegenüber der inländischen Finanzbehörde sodann den **Nachweis**, dass der Erwerb in dem Mitgliedstaat besteuert worden ist, in dem sich der Gegenstand am Ende der Beförderung oder Versendung befunden hat (§ 3d Satz 1 UStG), entfällt die Fiktion des § 3d Satz 2 UStG. Wie der Besteuerungsnachweis zu führen ist, regelt das Gesetz nicht. Deshalb ist der Erwerber in der Wahl der Mittel zur Nachweisführung frei (§ 3d Rz. 33).[2]

146 Das Entfallen der Fiktionswirkung durch die Nachweisführung i.S.d. § 3d Satz 2 UStG ist weder sprachlich noch tatsächlich mit einem Rückgängigmachen des innergemeinschaftlichen Erwerbs (vgl. § 17 Abs. 2 Nr. 3 UStG) gleichzusetzen. Vor diesem Hintergrund erfassen § 17 Abs. 2 Nr. 3 und Nr. 4 UStG unterschiedliche Fallkonstellationen[3] (zur **Abgrenzung**, Rz. 136).

2. Rechtsfolge (Berichtigung des Steuerbetrags)

147 Gelingt der Nachweis der Besteuerung des innergemeinschaftlichen Erwerbs im anderen Mitgliedstaat, ist die Erwerbsbesteuerung im Inland nach § 17 Abs. 2 Nr. 4 i.V.m. § 17 Abs. 1 Satz 1 UStG zu berichtigen (**Minderung der Bemessungsgrundlage** führt zu niedrigerem Steuerbetrag). Damit wird die inländische Erwerbsbesteuerung im Ergebnis neutralisiert.

Demgegenüber ist eine Entlastung von der Erwerbsbesteuerung im Inland wegen § 3d Satz 2 UStG durch **Abzug** der Erwerbsumsatzsteuer **als Vorsteuer** ausgeschlossen (§ 15 Rz. 208).[4] Denn der Vorsteuerabzug nach § 15 Abs. 1 Satz 1 Nr. 3 UStG kommt nur in Betracht, wenn der innergemeinschaftliche Erwerb nach § 3d Satz 1 UStG im Inland bewirkt wird.[5] Eine Entlastung von der wegen § 3d Satz 2 UStG entstehenden Umsatzsteuer ist dem Erwerber daher ausschließlich durch den Nachweis und der damit einhergehenden Berichtigung möglich, dass der Erwerb in dem Gebiet eines anderen Mitgliedstaats besteuert worden ist. Zum Vorsteuerabzug, wenn sich der Ort des innergemeinschaftlichen Erwerbs nach § 3d Satz 1 UStG im Inland befindet, § 15 Rz. 206.

3. Berichtigungszeitraum

148 Die Berichtigung des Steuerbetrags ist für den Besteuerungszeitraum und ggf. Voranmeldezeitraum vorzunehmen (§ 17 Abs. 2 Nr. 4 i.V.m. Abs. 1 Satz 8 UStG), in dem der Nachweis i.S.d. § 3d Satz 2 UStG erbracht worden ist[6] (**a.A.** § 3d Rz. 28 ff., wonach auf den Zeitpunkt der Erwerbsbesteuerung im

1 BFH, Urt. v. 1.9.2010 – V R 39/08, BStBl. II 2011, 658 = UR 2011, 319, Rz. 28; *Heuermann* in Sölch/Ringleb, § 3d UStG Rz. 11 (Stand: 6/2021).
2 Abschn. 3 d.1 Abs. 4 Satz 3 f. UStAE.
3 **A.A.** *Wäger* in Sölch/Ringleb, § 17 UStG Rz. 182 (Stand: 3/2021).
4 EuGH, Urt. v. 22.4.2010 – C-536/08 und C-539/08, ECLI:EU:C:2010:217 – X und Facet Trading BV, UR 2010, 418 Rz. 35 m. Anm. *Maunz*; Rz. 40 ff.; BFH, Urt. v. 1.9.2010 – V R 39/08, BStBl. II 2011, 658 = UR 2011, 319, Rz. 23, 28 f.; BFH, Urt. v. 8.9.2010 – XI R 40/08, BStBl. II 2011, 661 = UR 2011, 322, Ls.
5 Abschn. 15.10 Abs. 2 Satz 2 UStAE.
6 BFH, Urt. v. 1.9.2010 – V R 39/08, BStBl. II 2011, 658 = UR 2011, 319, Rz. 28.

anderen Mitgliedsstaat abzustellen sei). Durch die Nachweisführung entfällt die Besteuerung des innergemeinschaftlichen Erwerbs nach §§ 1a, 3d Satz 2 UStG aber nicht rückwirkend.

VI. Vorsteuerabzugsschädliche Aufwendungen (Absatz 2 Nr. 5 i.V.m. § 15 Abs. 1a UStG)

1. Tatbestand

a) Tatbestandlich gleiche Voraussetzungen (§ 15 Abs. 1a UStG und § 17 Abs. 2 Nr. 5 UStG)

Der Anwendungsbereich der Berichtigungsvorschrift nach § 17 Abs. 2 Nr. 5 UStG erfasst – inhaltsgleich zum Vorsteuerabzugsverbot nach § 15 Abs. 1a UStG (§ 15 Rz. 224 ff.) – **Repräsentationsaufwendungen** für die das ertragsteuerliche Abzugsverbot des § 4 Abs. 5 Satz 1 Nr. 1–4, 7 oder des § 12 EStG gilt[1] (Aufwendungen für Geschenke über 35 Euro [§ 15 Rz. 226], für Bewirtungen [§ 15 Rz. 230], selbstbetriebene Gasthäuser [§ 15 Rz. 231], für Jagd, Fischerei, Segel- oder Motoryachten [§ 15 Rz. 232] oder die Lebensführung betreffende unangemessene Aufwendungen [§ 15 Rz. 235]). 149

Umsatzsteuer im Zusammenhang mit solchen Aufwendungen darf wegen § 15 Abs. 1a Satz 1 UStG nicht als Vorsteuer abgezogen werden, wenn der Leistungsempfänger die bezogene Leistung bereits im Zeitpunkt des Leistungsbezugs für gesetzlich missbilligte Zwecke verwenden will (§ 15 Rz. 224). Der Leistungsempfänger ist von vornherein nicht zum Vorsteuerabzug berechtigt. Wird die Umsatzsteuer dennoch als Vorsteuer abgezogen, führt dies – zu einer korrekturbedürftigen – materiellen Unrichtigkeit der Umsatzbesteuerung (Änderung der Steuerfestsetzung).

b) Abgrenzung zwischen Berichtigungspflicht und Vorsteuerabzugsverbot

Während § 15 Abs. 1a UStG den Vorsteuersteuerabzug von vornherein ausschließt, weil der Leistungsempfänger die bezogene Leistung für gesetzlich missbilligte Zwecke verwenden will (Rz. 149), ist der Vorsteuerabzug im **Anwendungsbereich des § 17 Abs. 2 Nr. 5 UStG** zunächst materiell-rechtlich zu Recht in Anspruch genommen worden (vorsteuer**un**schädliche Verwendungsabsicht), löst aber wegen einer späteren **schädlichen Verwendung** die Berichtigungspflicht aus.[2] 150

Für § 17 Abs. 1 Nr. 5 UStG besteht keine ausdrückliche **unionsrechtliche Bestimmung**. Aufwendungen werden i.S.d. § 17 Abs. 1 Nr. 5 UStG getätigt, wenn die bezogene Leistung (entgegen der vormaligen Absicht) tatsächlich für abzugsschädliche Zwecke – im Sinne der in § 15 Abs. 1a UStG in Bezug genommenen Vorschriften des EStG – verwendet wird.[3] Die bezogene Leistung wird also erst zu einem späteren Zeitpunkt für einen gesetzlich missbilligten Zweck i.S.d. § 15 Abs. 1a UStG verwendet (**Änderung der Verwendungsabsicht**), so dass ein Vorsteuerabzug im Zeitpunkt des Leistungsbezugs nicht durch § 15 Abs. 1a UStG ausgeschlossen war. Dies leitet sich daraus ab, dass es sich bei § 17 UStG um einen eigenständigen materiell-rechtlichen Berichtigungstatbestand handelt, der nicht eine fehlerhafte Besteuerung der Vergangenheit korrigieren, sondern die Richtigkeit der Besteuerung mit Wirkung in die Zukunft sicherstellen will (Rz. 3). 151

In **Abgrenzung** zu **§ 15a UStG** setzt § 17 Abs. 2 Nr. 5 UStG tatbestandlich nicht voraus, dass sich die **Verhältnisse** in Bezug auf die Verwendungsumsätze geändert haben. Die Regelung in § 17 Abs. 2 Nr. 5 UStG stellt vielmehr nur darauf ab, dass abzugsschädliche Aufwendungen getätigt werden und deshalb eine Vorsteuerberichtigung vorzunehmen ist.[4] Zu den abzugsschädlichen Aufwendungen gehört auch die Absetzung für Abnutzung für erworbene Wirtschaftsgüter, wenn das Wirtschaftsgut abzugsschädlich verwendet wird.[5] 152

---

1 BFH, Urt. v. 2.7.2008 – XI R 60/06, BStBl. II 2009, 167 = UR 2008, 931, unter II.4. (Segelyacht).

2 BFH, Urt. v. 2.7.2008 – XI R 60/06, BStBl. II 2009, 167 = UR 2008, 931, unter II.4.b.

3 BFH, Urt. v. 2.7.2008 – XI R 60/06, BStBl. II 2009, 167 = UR 2008, 931, unter II.4.c.

4 Abschn. 17.1 Abs. 9 Satz 2 UStAE; **a.A.** z.B. *Wäger* in Sölch/Ringleb, § 17 UStG Rz. 187 ff. (Stand: 3/2021) (danach sei § 17 Abs. 2 Nr. 5 UStG ohne Anwendungsbereich); *Stadie* in Rau/Dürrwächter, § 17 UStG Rz. 510 (Stand: 8/2022).

5 Abschn. 17.1 Abs. 9 Satz 1 UStAE.

2. Rechtsfolge: Berichtigung des Vorsteuerabzugs

153 Die sinngemäße Anwendung des § 17 Abs. 1 UStG kann nur zu einer Berichtigung des Vorsteuerabzugs führen (§ 17 Abs. 1 Satz 2 UStG).

3. Besteuerungszeitraum

154 Die Vorsteuerberichtigung ist für den Besteuerungszeitraum und ggfs Voranmeldezeitraum vorzunehmen (§ 17 Abs. 2 Nr. 5 i.V.m. Abs. 1 Satz 8 UStG), in dem die bezogene Leistung erstmals abzugsschädlich verwendet wird (Rz. 85 ff.).

D. Berichtigung des Vorsteuerabzugs bei Einfuhrumsatzsteuer (Absatz 3)

I. Herabsetzung, Erlass und Erstattung der Einfuhrumsatzsteuer (Absatz 3 Satz 1)

155 Wurde die als Vorsteuer abgezogene Einfuhrumsatzsteuer (§ 15 Rz. 193 ff.) herabgesetzt, erlassen oder erstattet, ist der Vorsteuerabzug nach § 17 Abs. 3 Satz 1 UStG zu berichtigen. Das Gesetz stellt sicher, dass der Vorsteuerabzug an eine nachträgliche Änderung der tatsächlichen Belastung mit Einfuhrumsatzsteuer angepasst wird. Die Vorschrift ist notwendig, weil nach § 15 Abs. 1 Satz 1 Nr. 2 UStG[1] das Recht zum Vorsteuerabzug bereits mit Entstehen der Einfuhrumsatzsteuer geltend gemacht werden kann (§ 15 Rz. 203). Auf die Entrichtung der Einfuhrumsatzsteuer (z.B. durch Zahlung oder Aufrechnung) kommt es indes nicht (mehr) an.[2] Entfällt die Belastung mit Einfuhrumsatzsteuer, ist auch die Entlastung durch den Vorsteuerabzug entsprechend zu berichtigen.

156 Voraussetzung ist eine Minderung der bisherigen Einfuhrumsatzsteuer durch das örtliche Hauptzollamt (Bundesfinanzbehörde i.S.d. § 1 Nr. 3 FVG). Herabsetzung ist die Minderung der Einfuhrumsatzsteuer im Festsetzungsverfahren. Erstattung ist die Minderung der Einfuhrumsatzsteuer im Erhebungsverfahren. Der Erlass kommt sowohl im Festsetzungs- als auch im Erhebungsverfahren in Betracht.

157 Der Steuerpflichtige hat die abgezogene Vorsteuer bei dem für den Vorsteuerabzug zuständigen Finanzamt zu berichtigen. Dies führt zu einer Erhöhung der Steuer, die bei der Steuerberechnung zu berücksichtigen ist (§ 18 Abs. 1 Satz 3, Abs. 3 Satz 1 UStG).

158 In Deutschland sind für die Festsetzung und Erhebung der Einfuhrumsatzsteuer die Zollverwaltung (Bundverwaltung), für den Vorsteuerabzug nach § 15 Abs. 1 Nr. 2 UStG die Finanzämter (Landesverwaltung) zuständig. Zur Sicherstellung der Vorsteuerberichtigung ist die Zollverwaltung angewiesen, dem Finanzamt des zum Vorsteuerabzug berechtigten Unternehmers eine Erstattung oder einen Erlass der Einfuhrumsatzsteuer mitzuteilen.[3]

II. Besteuerungszeitraum (Absatz 3 Satz 2)

159 Für den Zeitpunkt der Berichtigung des Vorsteuerabzugs verweist § 17 Abs. 3 Satz 2 UStG auf Absatz 1 Satz 8 (durch das JStG 2022 wurde die Verweisung redaktionell angepasst, Rz. 22). Für den maßgeblichen Besteuerungszeitraum der Berichtigung ist danach zu unterscheiden, ob die als Vorsteuer abgezogene Einfuhrumsatzsteuer bereits entrichtet worden war oder noch nicht. War die Einfuhrumsatzsteuer im Zeitpunkt ihrer Herabsetzung oder ihres (teilweisen) Erlasses noch **nicht entrichtet**, ist für den Zeitpunkt der Berichtigung die Bekanntgabe des entsprechenden Verwaltungsakts maßgebend. War die Einfuhrumsatzsteuer **bereits entrichtet**, entfällt die Belastung mit Einfuhrumsatzsteuer erst im Zeitpunkt der Erstattung des Betrags durch die Zollbehörde, so dass die Berichtigung des Vorsteu-

1 Neuregelung durch Art. 10 Nr. 9 Buchst. a des AmtshilfeRLUmsG v. 26.6.2013 (BGBl. I 2013, 1809).

2 Nach § 15 Abs. 1 Nr. 2 UStG i.d.F. vor dem AmtshilfeRLUmsG konnte nur die entrichtete Einfuhrumsatzsteuer als Vorsteuer abgezogen werden. Dies hatte gegen Unionsrecht verstoßen (EuGH, Urt. v. 29.3.2012 – C-414/10, ECLI:EU:C:2012:183 – Véleclair SA, UR 2012, 692, Rz. 35).

3 Dienstvorschrift Einfuhrumsatzsteuer VSF Z 8101, Abs. 145.

erabzugs erst in dem Besteuerungszeitraum vorzunehmen ist, in dem die entrichtete Einfuhrumsatzsteuer – gegebenenfalls auch im Wege der Aufrechnung – tatsächlich zurückgezahlt wird. Auf den der Erstattung der Einfuhrumsatzsteuer zugrunde liegenden Bescheid kommt es indes nicht an.[1]

E. Pflicht des Unternehmers zur Belegerteilung bei unterschiedlich besteuerten Leistungen (Absatz 4)

I. Tatbestand

Die Pflicht zur Vorsteuerberichtigung (§ 17 Abs. 1 Satz 2 UStG) setzt grundsätzlich keine Mitteilung oder einen Beleg des leistenden Unternehmers über die Änderung der Bemessungsgrundlage voraus[2] (Rz. 53, 57). Nur für den Fall, dass die Entgelte (Gegenleistung) für unterschiedlich besteuerte Leistungen eines Zeitabschnitts gemeinsam (zusammengefasst) geändert (gemindert) werden, regelt § 17 Abs. 4 UStG, dass der Leistende dem Leistungsempfänger einen Beleg zu erteilen hat, aus dem zu ersehen ist, wie sich die Änderung der Entgelte auf die unterschiedlich besteuerten Umsätze verteilt (z.B. monatlich gewährte Boni). 160

Die Pflicht zur Berichtigung des Vorsteuerabzugs nach § 17 Abs. 1 Satz 2 UStG entsteht zwar unabhängig von dem Erhalt des Belegs, sie ist ohne diesen jedoch nicht erfüllbar. 161

II. Rechtsfolge

Der leistende Unternehmer hat dem Leistungsempfänger einen Beleg zu erteilen, aus dem zu ersehen ist, wie sich die Änderung der Entgelte auf die unterschiedlich besteuerten Umsätze auswirkt. Es handelt sich um eine öffentlich-rechtliche Pflicht, die (notfalls) mit Zwangsmitteln (§ 328 ff. AO) durchsetzbar wäre. 162

Nicht geregelt ist der Verstoß gegen die Pflicht zur Belegerteilung. Vertreten wird, dem leistenden Unternehmer entsprechend § 14c Abs. 1 UStG die Berichtigung des Steuerbetrags nach § 17 Abs. 1 Nr. 1 UStG bis zur Erfüllung seiner Pflicht aus § 17 Abs. 4 UStG zu versagen.[3] 163

F. Auswirkungen einer dauerhaften oder temporären Senkung oder Erhöhung des Umsatzsteuersatzes

I. Auswirkungen der Steuersatzänderung auf § 17 UStG

Maßgeblich für die Anwendung des Steuersatzes auf einen steuerpflichtigen Umsatz ist sowohl bei der Soll- als auch bei der Istbesteuerung (Rz. 2) der Zeitpunkt, in dem der Umsatz als ausgeführt gilt (§ 12 Abs. 1 Rz. 28 ff.).[4] Dies hat insbesondere Bedeutung bei dauerhaften oder temporären Änderungen (Erhöhung oder Senkung[5]) des Steuersatzes (Übersicht zur Steuersatzentwicklung im Inland, § 12 Abs. 1 Rz. 5 und im internationalen Vergleich, § 12 Abs. 1 Rz. 20). 164

Bei Änderungen des Steuersatzes müssen zudem **Auswirkungen auf die Anwendung von § 17 UStG** berücksichtigt werden. Berichtigungen nach § 17 Abs. 1 und 2 UStG sind – da sie ohne Rückwirkung auf den Zeitpunkt der Entstehung des ursprünglichen Steueranspruchs erfolgen (Rz. 3 f.) – **für den Besteuerungszeitraum** (§ 17 Abs. 1 Satz 8, 9 UStG) vorzunehmen, in dem der Berichtigungstatbestand materiell-rechtlich verwirklicht worden ist[6] und dort als unselbständige Besteuerungsgrund- 165

1 *Suabedissen* in Weymüller, § 17 UStG Rz. 99 (Stand: 18.6.2023).
2 Abschn. 17.1 Abs. 3 Satz 4 UStAE.
3 *Stadie* in Rau/Dürrwächter, § 17 UStG Rz. 93 (Stand: 8/2022).
4 Abschn. 13.1. UStAE zum Ausführungszeitpunkt bei Lieferungen und sonstigen Leistungen.
5 *Schulze/Steindel*, UR 2020, 781 (782) mit Bsp. für Steuersatzsenkung.
6 BFH, Urt. v. 18.4.2013 – V R 19/12, BStBl. II 2013, 842 = UR 2014, 129 Rz. 28.

lage (Rz. 4, 19.1) als Teil der Steuerberechnung (§ 16 Abs. 1 und 2 i.V.m. § 18 Abs. 3 Satz 1, Abs. 1 Satz 3 UStG, Rz. 19.1) zu berücksichtigen (Rz. 88).

166 Dem **Berichtigungsbetrag** i.S.d. § 17 UStG ist sowohl bei einer Steuersatzsenkung als auch einer Steuersatzerhöhung **der Steuersatz zugrunde** zu legen, der im Zeitpunkt der Ausführung des **ursprünglichen Umsatzes** gegolten hat.[1] Unmaßgeblich ist demgegenüber der Steuersatz der im Zeitpunkt des Eintritts der Berichtigungsvoraussetzungen gilt. Obwohl die Änderung oder der Wegfall der Bemessungsgrundlage nicht auf den Zeitpunkt der Entstehung des Steueranspruchs bzw. Vorsteuerabzugs zurückwirken (Rz. 3 f.), ist die Anwendung des dem ursprünglichen Ausgangs- oder Eingangsumsatzes zugrunde liegenden Steuersatzes folgerichtig. Denn die Änderung oder der Wegfall der Bemessungsgrundlage steht mit diesem Umsatz in einem ursächlichen Zusammenhang (Rz. 5). Der Grundsatz der Neutralität erfordert deshalb, diese zwar selbständigen, aber im ursächlichen Zusammenhang stehenden Tatbestände, mit demselben Steuersatz zu besteuern. Andernfalls käme es jedenfalls bei Umsätzen ohne Vorsteuerabzugsberechtigung zu einer Verletzung der Aufkommensneutralität.

II. Beispiele für (temporäre) Steuersatzänderungen

167 Durch Gesetz vom 29.6.2020[2] wurde § 12 Abs. 1 und 2 UStG durch die Neuregelung des § 28 Abs. 1 und 2 UStG – als Teil eines Gesamtpakets zur Wiederbelebung der deutschen Wirtschaft nach dem pandemiebedingten wirtschaftlichen Lockdown – temporär insoweit modifiziert, dass für den Zeitraum vom 1.7. bis 31.12.2020 der Regelsteuersatz anstatt 19 % nur noch 16 % und der ermäßigte Steuersatz anstatt 7 % nur noch 5 % beträgt.[3] Die Neuregelung ist auf alle Umsätze (Lieferungen und sonstige Leistungen) anzuwenden, die ab dem 1.7.2020 ausgeführt werden (§ 27 Abs. 1 Satz 1, 2 UStG),[4] und zwar unabhängig davon, ob der Unternehmer seine Umsätze nach vereinbarten oder vereinnahmten Entgelten versteuert (Rz. 2; § 12 Abs. 1 Rz. 4, 11, 33). Auf die in der Praxis damit einhergehenden praktischen Schwierigkeiten (Übergang sowie die Zuordnungsproblematik) hat die Finanzverwaltung durch entsprechende BMF-Schreiben reagiert.[5]

168 Durch Gesetz v. 19.6.2020[6] (Einfügung des § 12 Abs. 2 Nr. 15 UStG) wurden erbrachte Restaurant- und Verpflegungsdienstleistungen (mit Ausnahme der Abgabe von Getränken) für die im Zeitraum v. 30.6.2020 bis 1.7.2021 anstatt mit einem Steuersatz von 19 % nur noch mit 7 % versteuert. Durch Gesetz v. 10.3.2021[7] wurde die befristete Steuersatzsenkung bis zum Ablauf des 31.12.2022 und durch Gesetz v. 24.10.2022[8] bis zum Ablauf des 31.12.2023 verlängert (§ 12 Abs. 2 Nr. 15 Rz. 25 ff.).

169 Durch Gesetz v. 19.10.2022[9] wurde durch die Einfügung des § 28 Abs. 5, 6 UStG der Steuersatz für die Lieferung von Gas (Erdgasnetz) und Wärme (Fernwärmenetz) für den Zeitraum v. 1.10.2022 bis 31.3.2024 von 19 % auf 7 % gesenkt (§ 28 Rz. 4.1 f.). Nach § 27 Abs. 1 UStG unterliegen diese Liefe-

---

1 BFH, Urt. v. 10.4.2019 – XI R 4/17, BStBl. II 2019, 635 = UR 2019, 653, Rz. 47; *Stadie* in Rau/Dürrwächter, UStG, § 17 UStG Rz. 106 (Stand: 8/2022); BMF, Schr. v. 30.6.2020 – III C 2-S 7030/20/10009 :004 – DOK 2020/0610691, BStBl. I 2020, 584 = UR 2020, 568, Rz. 27; *Schulze/Steindel*, UR 2020, 781 (783 mit Bsp.).

2 Art. 3 Nr. 3 des Zweiten Corona-Steuerhilfegesetzes v. 29.6.2020 (BR-Drucks. 370/20). Nach Art. 12 Abs. 1 des Gesetzes tritt das Gesetz am Tag nach der Verkündung in Kraft. Das Gesetz wurde am 30.6.2020 verkündet (BGBl. I 2020, 1511).

3 Zum Gesetzgebungsverfahren, vgl. *Erdbrügger*, UR 2020, 485 (486 f.); GE der Reg.-Fraktion (Zweites Corona-Steuerhilfegesetzes) v. 16.6.2020, BT-Drucks. 19/20058, Bericht des BT-Fz v. 24.6.2020, BT-Drucks. 19/20332.

4 Abschn. 13.1 UStAE zum Ausführungszeitpunkt bei Lieferungen und sonstigen Leistungen.

5 Zuletzt BMF, Schr. v. 11.8.2006 – IV A 5-S 7210-23/06, BStBl. I 2006, 477 (zur Steuersatzerhöhung ab dem 1.1.2007); BMF, Schr. v. 30.6.2020 – III C 2-S 7030/20/10009 :004, BStBl. I 2020, 584 = UR 2020, 568, Rz. 27–33 = UR 2020, 568; BMF, Schr. v. 4.11.2020 – III C 2-S 7030/20/10009:016, BStBl. I 2020, 1129 = UR 2020, 977 ff.

6 Art. 1 Nr. 1 des Corona-Steuerhilfegesetzes v. 29.6.2020 (BGBl. I 2020, 1385).

7 Art. 3 des Dritten Corona-Steuerhilfegesetzes v. 10.3.2021 (BGBl. I 2021, 330).

8 Art. 12 des Achten Gesetzes zur Änderung von Verbrauchsteuergesetzen (8. VStÄndG) v. 24.10.2022 (BGBl. I 2022, 1838).

9 Art. 1 des Gesetzes zur temporären Senkung des Umsatzsteuersatzes auf Gaslieferungen über das Erdgasnetz v. 19.10.2022 (BGBl. I 2022, 1743).

rungen in vollem Umfang demjenigen Steuersatz, der am Ende des Ablesezeitraums gilt, auch dann, wenn zu Beginn dieses Ablesezeitraums noch ein anderer Steuersatz gegolten hat.[1]

§ 18 Besteuerungsverfahren

(1) [1]Der Unternehmer hat vorbehaltlich des § 18i Absatz 3, des § 18j Absatz 4, des § 18k Absatz 4 und des § 19 Absatz 1 Satz 4 bis zum zehnten Tag nach Ablauf jedes Voranmeldungszeitraums eine Voranmeldung nach amtlich vorgeschriebenem Datensatz über die amtlich bestimmte Schnittstelle zu übermitteln, in der er die Steuer für den Voranmeldungszeitraum (Vorauszahlung) selbst zu berechnen hat. [2]Auf Antrag kann das Finanzamt zur Vermeidung von unbilligen Härten auf eine elektronische Übermittlung verzichten; in diesem Fall hat der Unternehmer eine Voranmeldung nach amtlich vorgeschriebenem Vordruck abzugeben. [3]§ 16 Abs. 1 und 2 und § 17 sind entsprechend anzuwenden. [4]Die Vorauszahlung ist am zehnten Tag nach Ablauf des Voranmeldungszeitraums fällig und bis dahin vom Unternehmer zu entrichten.

(2) [1]Voranmeldungszeitraum ist das Kalendervierteljahr. [2]Beträgt die Steuer für das vorangegangene Kalenderjahr mehr als 7 500 Euro, ist der Kalendermonat Voranmeldungszeitraum. [3]Beträgt die Steuer für das vorangegangene Kalenderjahr nicht mehr als 2 000 Euro, kann das Finanzamt den Unternehmer von der Verpflichtung zur Abgabe der Voranmeldungen und Entrichtung der Vorauszahlungen befreien. [4]Nimmt der Unternehmer seine berufliche oder gewerbliche Tätigkeit auf, ist im laufenden und folgenden Kalenderjahr Voranmeldungszeitraum der Kalendermonat. [5]Daneben ist im laufenden und folgenden Kalenderjahr in folgenden Fällen Voranmeldungszeitraum der Kalendermonat:

1. **bei im Handelsregister eingetragenen, noch nicht gewerblich oder beruflich tätig gewesenen juristischen Personen oder Personengesellschaften, die objektiv belegbar die Absicht haben, eine gewerbliche oder berufliche Tätigkeit selbständig auszuüben (Vorratsgesellschaften), und zwar ab dem Zeitpunkt des Beginns der tatsächlichen Ausübung dieser Tätigkeit, und**
2. **bei der Übernahme von juristischen Personen oder Personengesellschaften, die bereits gewerblich oder beruflich tätig gewesen sind und zum Zeitpunkt der Übernahme ruhen oder nur geringfügig gewerblich oder beruflich tätig sind (Firmenmantel), und zwar ab dem Zeitpunkt der Übernahme.**

[6]Für die Besteuerungszeiträume 2021 bis 2026 ist abweichend von Satz 4 in den Fällen, in denen der Unternehmer seine gewerbliche oder berufliche Tätigkeit nur in einem Teil des vorangegangenen Kalenderjahres ausgeübt hat, die tatsächliche Steuer in eine Jahressteuer umzurechnen und in den Fällen, in denen der Unternehmer seine gewerbliche oder berufliche Tätigkeit im laufenden Kalenderjahr aufnimmt, die voraussichtliche Steuer des laufenden Kalenderjahres maßgebend.

(2a) [1]Der Unternehmer kann an Stelle des Kalendervierteljahres den Kalendermonat als Voranmeldungszeitraum wählen, wenn sich für das vorangegangene Kalenderjahr ein Überschuss zu seinen Gunsten von mehr als 7 500 Euro ergibt. [2]In diesem Fall hat der Unternehmer bis zum 10. Februar des laufenden Kalenderjahres eine Voranmeldung für den ersten Kalendermonat abzugeben. [3]Die Ausübung des Wahlrechts bindet den Unternehmer für dieses Kalenderjahr. [4]Absatz 2 Satz 6 gilt entsprechend.

(3) [1]Der Unternehmer hat vorbehaltlich des § 18i Absatz 3, des § 18j Absatz 4, des § 18k Absatz 4 und des § 19 Absatz 1 Satz 4 für das Kalenderjahr oder für den kürzeren Besteuerungszeitraum eine Steuererklärung nach amtlich vorgeschriebenem Datensatz über die amtlich bestimmte Schnittstelle zu übermitteln, in der er die zu entrichtende Steuer oder den Überschuss, der sich zu seinen Gunsten ergibt, nach § 16 Absatz 1 bis 4 und § 17 selbst zu berechnen hat (Steueranmeldung). [2]In den Fällen des § 16 Absatz 3 und 4 ist die Steueranmeldung binnen einem Monat nach Ablauf des kürzeren Besteuerungszeitraums zu übermitteln. [3]Auf Antrag kann das Finanzamt zur Vermeidung von unbilligen Härten auf eine elektronische Übermittlung verzichten; in diesem Fall

1 BMF, Schr. v. 25.10.2022 – III C 2-S 7030/22/10016 :005, BStBl. I 2022, 1455.

hat der Unternehmer eine Steueranmeldung nach amtlich vorgeschriebenem Vordruck abzugeben und eigenhändig zu unterschreiben.

(4) [1]Berechnet der Unternehmer die zu entrichtende Steuer oder den Überschuss in der Steueranmeldung für das Kalenderjahr abweichend von der Summe der Vorauszahlungen, so ist der Unterschiedsbetrag zugunsten des Finanzamts einen Monat nach dem Eingang der Steueranmeldung fällig und bis dahin vom Unternehmer zu entrichten. [2]Setzt das Finanzamt die zu entrichtende Steuer oder den Überschuss abweichend von der Steueranmeldung für den Voranmeldungszeitraum oder für das Kalenderjahr oder auf Grund unterbliebener Abgabe der Steueranmeldung fest, so ist der Unterschiedsbetrag zugunsten des Finanzamts einen Monat nach der Bekanntgabe des Steuerbescheids fällig und bis dahin vom Unternehmer zu entrichten. [3]Die Fälligkeit rückständiger Vorauszahlungen (Absatz 1) bleibt von den Sätzen 1 und 2 unberührt.

(4a) [1]Voranmeldungen (Absätze 1 und 2) und eine Steuererklärung (Absätze 3 und 4) haben auch die Unternehmer und juristischen Personen abzugeben, die ausschließlich Steuer für Umsätze nach § 1 Abs. 1 Nr. 5, § 13b Absatz 5 oder § 25b Abs. 2 zu entrichten haben, sowie Fahrzeuglieferer (§ 2a). [2]Voranmeldungen sind nur für die Voranmeldungszeiträume abzugeben, in denen die Steuer für diese Umsätze zu erklären ist. [3]Die Anwendung des Absatzes 2a ist ausgeschlossen.

(4b) Für Personen, die keine Unternehmer sind und Steuerbeträge nach § 6a Abs. 4 Satz 2 oder nach § 14c Abs. 2 schulden, gilt Absatz 4a entsprechend.

(4c) [1]Ein nicht im Gemeinschaftsgebiet ansässiger Unternehmer, der vor dem 1. Juli 2021 als Steuerschuldner Umsätze nach § 3a Absatz 5 im Gemeinschaftsgebiet erbringt, kann abweichend von den Absätzen 1 bis 4 für jeden Besteuerungszeitraum (§ 16 Absatz 1a Satz 1) eine Steuererklärung nach amtlich vorgeschriebenem Datensatz durch Datenfernübertragung bis zum 20. Tag nach Ablauf jedes Besteuerungszeitraums dem Bundeszentralamt für Steuern übermitteln, in der er die Steuer für die vorgenannten Umsätze selbst zu berechnen hat (Steueranmeldung). [2]Die Steuer ist am 20. Tag nach Ablauf des Besteuerungszeitraums fällig und bis dahin vom Unternehmer zu entrichten. [3]Die Ausübung des Wahlrechts hat der Unternehmer auf dem amtlich vorgeschriebenen, elektronisch zu übermittelnden Dokument dem Bundeszentralamt für Steuern anzuzeigen, bevor er Umsätze nach § 3a Abs. 5 im Gemeinschaftsgebiet erbringt. [4]Das Wahlrecht kann nur mit Wirkung vom Beginn eines Besteuerungszeitraums an widerrufen werden. [5]Der Widerruf ist vor Beginn des Besteuerungszeitraums, für den er gelten soll, gegenüber dem Bundeszentralamt für Steuern auf elektronischem Weg zu erklären. [6]Kommt der Unternehmer seinen Verpflichtungen nach den Sätzen 1 bis 3 oder § 22 Abs. 1 wiederholt nicht oder nicht rechtzeitig nach, schließt ihn das Bundeszentralamt für Steuern von dem Besteuerungsverfahren nach Satz 1 aus. [7]Der Ausschluss gilt ab dem Besteuerungszeitraum, der nach dem Zeitpunkt der Bekanntgabe des Ausschlusses gegenüber dem Unternehmer beginnt.

(4d) Für nicht im Gemeinschaftsgebiet ansässige Unternehmer, die vor dem 1. Juli 2021 im Inland im Besteuerungszeitraum (§ 16 Absatz 1 Satz 2) als Steuerschuldner Umsätze nach § 3a Absatz 5 erbringen und diese Umsätze in einem anderen Mitgliedstaat erklären sowie die darauf entfallende Steuer entrichten, gelten insoweit die Absätze 1 bis 4 nicht.

(4e) [1]Ein im übrigen Gemeinschaftsgebiet ansässiger Unternehmer (§ 13b Absatz 7 Satz 2), der vor dem 1. Juli 2021 als Steuerschuldner Umsätze nach § 3a Absatz 5 im Inland erbringt, kann abweichend von den Absätzen 1 bis 4 für jeden Besteuerungszeitraum (§ 16 Absatz 1b Satz 1) eine Steuererklärung nach amtlich vorgeschriebenem Datensatz durch Datenfernübertragung bis zum 20. Tag nach Ablauf jedes Besteuerungszeitraums übermitteln, in der er die Steuer für die vorgenannten Umsätze selbst zu berechnen hat; dies gilt nur, wenn der Unternehmer im Inland, auf der Insel Helgoland und in einem der in § 1 Absatz 3 bezeichneten Gebiete weder seinen Sitz, seine Geschäftsleitung noch eine Betriebsstätte hat. [2]Die Steuererklärung ist der zuständigen Steuerbehörde des Mitgliedstaates der Europäischen Union zu übermitteln, in dem der Unternehmer ansässig ist; diese Steuererklärung ist ab dem Zeitpunkt eine Steueranmeldung im Sinne des § 150 Absatz 1 Satz 3 und des § 168 der Abgabenordnung, zu dem die in ihr enthaltenen Daten von der zuständigen Steuerbehörde des Mitgliedstaates der Europäischen Union, an die der Unternehmer die Steuererklärung übermittelt hat, dem Bundeszentralamt für Steuern übermittelt und dort in bearbeitbarer Weise aufgezeichnet wurden. [3]Satz 2 gilt für die Berichtigung einer Steuererklärung entsprechend. [4]Die Steuer ist am 20. Tag nach Ablauf des Besteuerungszeitraums fällig und bis

dahin vom Unternehmer zu entrichten. [5]Die Ausübung des Wahlrechts nach Satz 1 hat der Unternehmer in dem amtlich vorgeschriebenen, elektronisch zu übermittelnden Dokument der Steuerbehörde des Mitgliedstaates der Europäischen Union, in dem der Unternehmer ansässig ist, vor Beginn des Besteuerungszeitraums anzuzeigen, ab dessen Beginn er von dem Wahlrecht Gebrauch macht. [6]Das Wahlrecht kann nur mit Wirkung vom Beginn eines Besteuerungszeitraums an widerrufen werden. [7]Der Widerruf ist vor Beginn des Besteuerungszeitraums, für den er gelten soll, gegenüber der Steuerbehörde des Mitgliedstaates der Europäischen Union, in dem der Unternehmer ansässig ist, auf elektronischem Weg zu erklären. [8]Kommt der Unternehmer seinen Verpflichtungen nach den Sätzen 1 bis 5 oder § 22 Absatz 1 wiederholt nicht oder nicht rechtzeitig nach, schließt ihn die zuständige Steuerbehörde des Mitgliedstaates der Europäischen Union, in dem der Unternehmer ansässig ist, von dem Besteuerungsverfahren nach Satz 1 aus. [9]Der Ausschluss gilt ab dem Besteuerungszeitraum, der nach dem Zeitpunkt der Bekanntgabe des Ausschlusses gegenüber dem Unternehmer beginnt. [10]Die Steuererklärung nach Satz 1 gilt als fristgemäß übermittelt, wenn sie bis zum 20. Tag nach Ablauf des Besteuerungszeitraums (§ 16 Absatz 1b Satz 1) der zuständigen Steuerbehörde des Mitgliedstaates der Europäischen Union übermittelt worden ist, in dem der Unternehmer ansässig ist, und dort in bearbeitbarer Weise aufgezeichnet wurde. [11]Die Entrichtung der Steuer erfolgt entsprechend Satz 4 fristgemäß, wenn die Zahlung bis zum 20. Tag nach Ablauf des Besteuerungszeitraums (§ 16 Absatz 1b Satz 1) bei der zuständigen Steuerbehörde des Mitgliedstaates der Europäischen Union, in dem der Unternehmer ansässig ist, eingegangen ist. [12]§ 240 der Abgabenordnung ist mit der Maßgabe anzuwenden, dass eine Säumnis frühestens mit Ablauf des 10. Tages nach Ablauf des auf den Besteuerungszeitraum (§ 16 Absatz 1b Satz 1) folgenden übernächsten Monats eintritt.

(4f) [1]Soweit Organisationseinheiten der Gebietskörperschaften Bund und Länder durch ihr Handeln eine Erklärungspflicht begründen, obliegen der jeweiligen Organisationseinheit für die Umsatzbesteuerung alle steuerlichen Rechte und Pflichten. [2]In den in § 30 Absatz 2 Nummer 1 Buchstabe a und b der Abgabenordnung genannten Verfahren tritt die Organisationseinheit insoweit an die Stelle der Gebietskörperschaft. [3]§ 2 Absatz 1 Satz 2 bleibt unberührt. [4]Die Organisationseinheiten können jeweils für ihren Geschäftsbereich durch Organisationsentscheidungen weitere untergeordnete Organisationseinheiten mit Wirkung für die Zukunft bilden. [5]Einer Organisationseinheit übergeordnete Organisationseinheiten können durch Organisationsentscheidungen mit Wirkung für die Zukunft die in Satz 1 genannten Rechte und Pflichten der untergeordneten Organisationseinheit wahrnehmen oder mehrere Organisationseinheiten zu einer Organisationseinheit zusammenschließen. [6]Die in § 1a Absatz 3 Nummer 2, § 2b Absatz 2 Nummer 1, § 3a Absatz 5 Satz 3, § 3c Absatz 4 Satz 1, § 18 Absatz 2 Satz 2, § 18a Absatz 1 Satz 2, § 19 Absatz 1, § 20 Satz 1 Nummer 1 und § 24 Absatz 1 Satz 1 genannten Betragsgrenzen gelten für Organisationseinheiten stets als überschritten. [7]Wahlrechte, deren Rechtsfolgen das gesamte Unternehmen der Gebietskörperschaft erfassen, können nur einheitlich ausgeübt werden. [8]Die Gebietskörperschaft kann gegenüber dem für sie zuständigen Finanzamt mit Wirkung für die Zukunft erklären, dass die Sätze 1 bis 5 nicht zur Anwendung kommen sollen; ein Widerruf ist nur mit Wirkung für die Zukunft möglich.

(4g) [1]Die oberste Landesfinanzbehörde oder die von ihr beauftragte Landesfinanzbehörde kann anordnen, dass eine andere als die nach § 21 Absatz 1 der Abgabenordnung örtlich zuständige Finanzbehörde die Besteuerung einer Organisationseinheit des jeweiligen Landes übernimmt. [2]Die oberste Landesfinanzbehörde oder die von ihr beauftragte Landesfinanzbehörde kann mit der obersten Finanzbehörde eines anderen Landes oder einer von dieser beauftragten Landesfinanzbehörde vereinbaren, dass eine andere als die nach § 21 Absatz 1 der Abgabenordnung zuständige Finanzbehörde die Besteuerung einer Organisationseinheit des Landes der zuständigen Finanzbehörde übernimmt. [3]Die Senatsverwaltung für Finanzen von Berlin oder eine von ihr beauftragte Landesfinanzbehörde kann mit der obersten Finanzbehörde eines anderen Landes oder mit einer von dieser beauftragten Landesfinanzbehörde vereinbaren, dass eine andere als die nach § 21 Absatz 1 der Abgabenordnung zuständige Finanzbehörde die Besteuerung für eine Organisationseinheit der Gebietskörperschaft Bund übernimmt.

(5) In den Fällen der Beförderungseinzelbesteuerung (§ 16 Abs. 5) ist abweichend von den Absätzen 1 bis 4 wie folgt zu verfahren:

1. **Der Beförderer hat für jede einzelne Fahrt eine Steuererklärung nach amtlich vorgeschriebenem Vordruck in zwei Stücken bei der zuständigen Zolldienststelle abzugeben.**
2. **[1]Die zuständige Zolldienststelle setzt für das zuständige Finanzamt die Steuer auf beiden Stücken der Steuererklärung fest und gibt ein Stück dem Beförderer zurück, der die Steuer gleichzeitig zu entrichten hat. [2]Der Beförderer hat dieses Stück mit der Steuerquittung während der Fahrt mit sich zu führen.**
3. **[1]Der Beförderer hat bei der zuständigen Zolldienststelle, bei der er die Grenze zum Drittlandsgebiet überschreitet, eine weitere Steuererklärung in zwei Stücken abzugeben, wenn sich die Zahl der Personenkilometer (§ 10 Abs. 6 Satz 2), von der bei der Steuerfestsetzung nach Nummer 2 ausgegangen worden ist, geändert hat. [2]Die Zolldienststelle setzt die Steuer neu fest. [3]Gleichzeitig ist ein Unterschiedsbetrag zugunsten des Finanzamts zu entrichten oder ein Unterschiedsbetrag zugunsten des Beförderers zu erstatten. [4]Die Sätze 2 und 3 sind nicht anzuwenden, wenn der Unterschiedsbetrag weniger als 2,50 Euro beträgt. [5]Die Zolldienststelle kann in diesen Fällen auf eine schriftliche Steuererklärung verzichten.**

(5a) [1]In den Fällen der Fahrzeugeinzelbesteuerung (§ 16 Absatz 5a) hat der Erwerber, abweichend von den Absätzen 1 bis 4, spätestens bis zum 10. Tag nach Ablauf des Tages, an dem die Steuer entstanden ist, eine Steuererklärung, in der er die zu entrichtende Steuer selbst zu berechnen hat, nach amtlich vorgeschriebenem Datensatz durch Datenfernübertragung zu übermitteln oder nach amtlich vorgeschriebenem Vordruck abzugeben (Steueranmeldung). [2]Bei Verwendung des Vordrucks muss dieser vom Erwerber eigenhändig unterschrieben sein. [3]Gibt der Erwerber die Steueranmeldung nicht ab oder hat er die Steuer nicht richtig berechnet, so kann die Finanzbehörde die Steuer festsetzen. [4]Die Steuer ist am zehnten Tag nach Ablauf des Tages fällig, an dem sie entstanden ist, und ist bis dahin vom Erwerber zu entrichten.

(5b) [1]In den Fällen des § 16 Abs. 5b ist das Besteuerungsverfahren nach den Absätzen 3 und 4 durchzuführen. [2]Die bei der Beförderungseinzelbesteuerung (§ 16 Abs. 5) entrichtete Steuer ist auf die nach Absatz 3 Satz 1 zu entrichtende Steuer anzurechnen.

(6) [1]Zur Vermeidung von Härten kann das Bundesministerium der Finanzen mit Zustimmung des Bundesrates durch Rechtsverordnung die Fristen für die Voranmeldungen und Vorauszahlungen um einen Monat verlängern und das Verfahren näher bestimmen. [2]Dabei kann angeordnet werden, dass der Unternehmer eine Sondervorauszahlung auf die Steuer für das Kalenderjahr zu entrichten hat.

(7) [1]Zur Vereinfachung des Besteuerungsverfahrens kann das Bundesministerium der Finanzen mit Zustimmung des Bundesrates durch Rechtsverordnung bestimmen, dass und unter welchen Voraussetzungen auf die Erhebung der Steuer für Lieferungen von Gold, Silber und Platin sowie sonstige Leistungen im Geschäft mit diesen Edelmetallen zwischen Unternehmern, die an einer Wertpapierbörse im Inland mit dem Recht zur Teilnahme am Handel zugelassen sind, verzichtet werden kann. [2]Das gilt nicht für Münzen und Medaillen aus diesen Edelmetallen.

(8) (weggefallen)

(9) [1]Zur Vereinfachung des Besteuerungsverfahrens kann das Bundesministerium der Finanzen mit Zustimmung des Bundesrates durch Rechtsverordnung die Vergütung der Vorsteuerbeträge (§ 15) an im Ausland ansässige Unternehmer, abweichend von § 16 und von den Absätzen 1 bis 4, in einem besonderen Verfahren regeln. [2]Dabei kann auch angeordnet werden,

1. **dass die Vergütung nur erfolgt, wenn sie eine bestimmte Mindesthöhe erreicht,**
2. **innerhalb welcher Frist der Vergütungsantrag zu stellen ist,**
3. **in welchen Fällen der Unternehmer den Antrag eigenhändig zu unterschreiben hat,**
4. **wie und in welchem Umfang Vorsteuerbeträge durch Vorlage von Rechnungen und Einfuhrbelegen nachzuweisen sind,**
5. **dass der Bescheid über die Vergütung der Vorsteuerbeträge elektronisch erteilt wird,**
6. **wie und in welchem Umfang der zu vergütende Betrag zu verzinsen ist.**

[3]Von der Vergütung ausgeschlossen sind in Rechnung gestellte Steuerbeträge für Ausfuhrlieferungen, bei denen die Gegenstände vom Abnehmer oder von einem von ihm beauftragten Dritten befördert oder versendet wurden, die nach § 4 Nummer 1 Buchstabe a in Verbindung mit § 6 steuerfrei sind, oder für innergemeinschaftliche Lieferungen, die nach § 4 Nummer 1 Buchstabe b in Verbindung mit § 6a steuerfrei sind oder in Bezug auf § 6a Absatz 1 Satz 1 Nummer 4 steuerfrei sein können. [4]Sind die durch die Rechtsverordnung nach den Sätzen 1 und 2 geregelten Voraussetzungen des besonderen Verfahrens erfüllt und schuldet der im Ausland ansässige Unternehmer ausschließlich Steuer nach § 13a Absatz 1 Nummer 1 in Verbindung mit § 14c Absatz 1 oder § 13a Absatz 1 Nummer 4, kann die Vergütung der Vorsteuerbeträge nur in dem besonderen Verfahren durchgeführt werden. [5]Einem Unternehmer, der im Gemeinschaftsgebiet ansässig ist und Umsätze ausführt, die zum Teil den Vorsteuerabzug ausschließen, wird die Vorsteuer höchstens in der Höhe vergütet, in der er in dem Mitgliedstaat, in dem er ansässig ist, bei Anwendung eines Pro-rata-Satzes zum Vorsteuerabzug berechtigt wäre. [6]Einem Unternehmer, der nicht im Gemeinschaftsgebiet ansässig ist, wird die Vorsteuer nur vergütet, wenn in dem Land, in dem der Unternehmer seinen Sitz hat, keine Umsatzsteuer oder ähnliche Steuer erhoben oder im Fall der Erhebung im Inland ansässigen Unternehmern vergütet wird. [7]Von der Vergütung ausgeschlossen sind bei Unternehmern, die nicht im Gemeinschaftsgebiet ansässig sind, die Vorsteuerbeträge, die auf den Bezug von Kraftstoffen entfallen. [8]Die Sätze 6 und 7 gelten nicht für Unternehmer, die nicht im Gemeinschaftsgebiet ansässig sind, soweit sie im Besteuerungszeitraum (§ 16 Absatz 1 Satz 2) vor dem 1. Juli 2021 als Steuerschuldner Umsätze nach § 3a Absatz 5 im Gemeinschaftsgebiet erbracht und für diese Umsätze von § 18 Absatz 4c Gebrauch gemacht haben oder diese Umsätze in einem anderen Mitgliedstaat erklärt sowie die darauf entfallende Steuer entrichtet haben; Voraussetzung ist, dass die Vorsteuerbeträge im Zusammenhang mit Umsätzen nach § 3a Absatz 5 stehen. [9]Die Sätze 6 und 7 gelten auch nicht für Unternehmer, die nicht im Gemeinschaftsgebiet ansässig sind, soweit sie im Besteuerungszeitraum (§ 16 Absatz 1 Satz 2) nach dem 30. Juni 2021 als Steuerschuldner Lieferungen nach § 3 Absatz 3a Satz 1 innerhalb eines Mitgliedstaates, Fernverkäufe nach § 3 Absatz 3a Satz 2, innergemeinschaftliche Fernverkäufe nach § 3c Absatz 1 Satz 2 und 3, Fernverkäufe nach § 3c Absatz 2 oder 3 oder sonstige Leistungen an Empfänger nach § 3a Absatz 5 Satz 1 im Gemeinschaftsgebiet erbracht und für diese Umsätze von den §§ 18i, 18j oder 18k Gebrauch gemacht haben; Voraussetzung ist, dass die Vorsteuerbeträge mit Lieferungen nach § 3 Absatz 3a Satz 1 innerhalb eines Mitgliedstaates, Fernverkäufen nach § 3 Absatz 3a Satz 2, innergemeinschaftlichen Fernverkäufen nach § 3c Absatz 1 Satz 2 und 3, Fernverkäufen nach § 3c Absatz 2 oder 3 oder sonstigen Leistungen an Empfänger nach § 3a Absatz 5 Satz 1 im Zusammenhang stehen.

(10) Zur Sicherung des Steueranspruchs in Fällen des innergemeinschaftlichen Erwerbs neuer motorbetriebener Landfahrzeuge und neuer Luftfahrzeuge (§ 1b Abs. 2 und 3) gilt Folgendes:

1. Die für die Zulassung oder die Registrierung von Fahrzeugen zuständigen Behörden sind verpflichtet, den für die Besteuerung des innergemeinschaftlichen Erwerbs neuer Fahrzeuge zuständigen Finanzbehörden ohne Ersuchen Folgendes mitzuteilen:
   a) bei neuen motorbetriebenen Landfahrzeugen die erstmalige Ausgabe von Zulassungsbescheinigungen Teil II oder die erstmalige Zuteilung eines amtlichen Kennzeichens bei zulassungsfreien Fahrzeugen. [2]Gleichzeitig sind die in Nummer 2 Buchstabe a bezeichneten Daten und das zugeteilte amtliche Kennzeichen oder, wenn dieses noch nicht zugeteilt worden ist, die Nummer der Zulassungsbescheinigung Teil II zu übermitteln,
   b) bei neuen Luftfahrzeugen die erstmalige Registrierung dieser Luftfahrzeuge. [2]Gleichzeitig sind die in Nummer 3 Buchstabe a bezeichneten Daten und das zugeteilte amtliche Kennzeichen zu übermitteln. [3]Als Registrierung im Sinne dieser Vorschrift gilt nicht die Eintragung eines Luftfahrzeugs in das Register für Pfandrechte an Luftfahrzeugen.
2. In den Fällen des innergemeinschaftlichen Erwerbs neuer motorbetriebener Landfahrzeuge (§ 1b Absatz 2 Satz 1 Nummer 1 und Absatz 3 Nummer 1) gilt Folgendes:
   a) [1]Bei der erstmaligen Ausgabe einer Zulassungsbescheinigung Teil II im Inland oder bei der erstmaligen Zuteilung eines amtlichen Kennzeichens für zulassungsfreie Fahrzeuge im Inland hat der Antragsteller die folgenden Angaben zur Übermittlung an die Finanzbehörden zu machen:

aa) den Namen und die Anschrift des Antragstellers sowie das für ihn zuständige Finanzamt (§ 21 der Abgabenordnung),

bb) den Namen und die Anschrift des Lieferers,

cc) den Tag der Lieferung,

dd) den Tag der ersten Inbetriebnahme,

ee) den Kilometerstand am Tag der Lieferung,

ff) die Fahrzeugart, den Fahrzeughersteller, den Fahrzeugtyp und die Fahrzeug-Identifizierungsnummer,

gg) den Verwendungszweck.

[2]Der Antragsteller ist zu den Angaben nach den Doppelbuchstaben aa und bb auch dann verpflichtet, wenn er nicht zu den in § 1a Absatz 1 Nummer 2 und § 1b Absatz 1 genannten Personen gehört oder wenn Zweifel daran bestehen, dass die Eigenschaften als neues Fahrzeug im Sinne des § 1b Absatz 3 Nummer 1 vorliegen. [3]Die Zulassungsbehörde darf die Zulassungsbescheinigung Teil II oder bei zulassungsfreien Fahrzeugen, die nach § 4 Absatz 2 und 3 der Fahrzeug-Zulassungsverordnung ein amtliches Kennzeichen führen, die Zulassungsbescheinigung Teil I erst aushändigen, wenn der Antragsteller die vorstehenden Angaben gemacht hat.

b) [1]Ist die Steuer für den innergemeinschaftlichen Erwerb nicht entrichtet worden, hat die Zulassungsbehörde auf Antrag des Finanzamts die Zulassungsbescheinigung Teil I für ungültig zu erklären und das amtliche Kennzeichen zu entstempeln. [2]Die Zulassungsbehörde trifft die hierzu erforderlichen Anordnungen durch schriftlichen Verwaltungsakt (Abmeldungsbescheid). [3]Das Finanzamt kann die Abmeldung von Amts wegen auch selbst durchführen, wenn die Zulassungsbehörde das Verfahren noch nicht eingeleitet hat. [4]Satz 2 gilt entsprechend. [5]Das Finanzamt teilt die durchgeführte Abmeldung unverzüglich der Zulassungsbehörde mit und händigt dem Fahrzeughalter die vorgeschriebene Bescheinigung über die Abmeldung aus. [6]Die Durchführung der Abmeldung von Amts wegen richtet sich nach dem Verwaltungsverfahrensgesetz. [7]Für Streitigkeiten über Abmeldungen von Amts wegen ist der Verwaltungsrechtsweg gegeben.

3. In den Fällen des innergemeinschaftlichen Erwerbs neuer Luftfahrzeuge (§ 1b Abs. 2 Satz 1 Nr. 3 und Abs. 3 Nr. 3) gilt Folgendes:

a) [1]Bei der erstmaligen Registrierung in der Luftfahrzeugrolle hat der Antragsteller die folgenden Angaben zur Übermittlung an die Finanzbehörden zu machen:

aa) den Namen und die Anschrift des Antragstellers sowie das für ihn zuständige Finanzamt (§ 21 der Abgabenordnung),

bb) den Namen und die Anschrift des Lieferers,

cc) den Tag der Lieferung,

dd) das Entgelt (Kaufpreis),

ee) den Tag der ersten Inbetriebnahme,

ff) die Starthöchstmasse,

gg) die Zahl der bisherigen Betriebsstunden am Tag der Lieferung,

hh) den Flugzeughersteller und den Flugzeugtyp,

ii) den Verwendungszweck.

[2]Der Antragsteller ist zu den Angaben nach Satz 1 Doppelbuchstabe aa und bb auch dann verpflichtet, wenn er nicht zu den in § 1a Abs. 1 Nr. 2 und § 1b Abs. 1 genannten Personen gehört oder wenn Zweifel daran bestehen, ob die Eigenschaften als neues Fahrzeug im Sinne des § 1b Abs. 3 Nr. 3 vorliegen. [3]Das Luftfahrt-Bundesamt darf die Eintragung in der Luftfahrzeugrolle erst vornehmen, wenn der Antragsteller die vorstehenden Angaben gemacht hat.

b) [1]Ist die Steuer für den innergemeinschaftlichen Erwerb nicht entrichtet worden, so hat das Luftfahrt-Bundesamt auf Antrag des Finanzamts die Betriebserlaubnis zu widerrufen. [2]Es trifft die hierzu erforderlichen Anordnungen durch schriftlichen Verwaltungsakt (Abmeldungsbescheid). [3]Die Durchführung der Abmeldung von Amts wegen richtet sich nach

dem Verwaltungsverfahrensgesetz. [4]Für Streitigkeiten über Abmeldungen von Amts wegen ist der Verwaltungsrechtsweg gegeben.

(11) [1]Die für die Steueraufsicht zuständigen Zolldienststellen wirken an der umsatzsteuerlichen Erfassung von Personenbeförderungen mit nicht im Inland zugelassenen Kraftomnibussen mit. [2]Sie sind berechtigt, im Rahmen von zeitlich und örtlich begrenzten Kontrollen die nach ihrer äußeren Erscheinung nicht im Inland zugelassenen Kraftomnibusse anzuhalten und die tatsächlichen und rechtlichen Verhältnisse festzustellen, die für die Umsatzsteuer maßgebend sind, und die festgestellten Daten den zuständigen Finanzbehörden zu übermitteln.

(12) [1]Im Ausland ansässige Unternehmer (§ 13b Absatz 7), die grenzüberschreitende Personenbeförderungen mit nicht im Inland zugelassenen Kraftomnibussen durchführen, haben dies vor der erstmaligen Ausführung derartiger auf das Inland entfallender Umsätze (§ 3b Abs. 1 Satz 2) bei dem für die Umsatzbesteuerung zuständigen Finanzamt anzuzeigen, soweit diese Umsätze nicht der Beförderungseinzelbesteuerung (§ 16 Abs. 5) unterliegen. [2]Das Finanzamt erteilt hierüber eine Bescheinigung. [3]Die Bescheinigung ist während jeder Fahrt mitzuführen und auf Verlangen den für die Steueraufsicht zuständigen Zolldienststellen vorzulegen. [4]Bei Nichtvorlage der Bescheinigung können diese Zolldienststellen eine Sicherheitsleistung nach den abgabenrechtlichen Vorschriften in Höhe der für die einzelne Beförderungsleistung voraussichtlich zu entrichtenden Steuer verlangen. [5]Die entrichtete Sicherheitsleistung ist auf die nach Absatz 3 Satz 1 zu entrichtende Steuer anzurechnen.

Schrifttum: *Birkenfeld*, Das Verfahrensrecht als Rahmen für die Verwirklichung der Umsatzsteuer, in UmsatzsteuerForum e.V./Bundesministerium der Finanzen (Hrsg.), 100 Jahre Umsatzsteuer in Deutschland 1918–2018, Festschrift, Köln 2018, S. 197 ff.; *Monfort*, Fristen im Vorsteuer-Vergütungsverfahren nach der Rechtsprechung des EuGH, UR 2021, 769; *Riegel/Walke*, Vorsteuervergütungsverfahren – Rechnungseinreichung innerhalb der Ausschlussfrist, BB 2016, 1692; *Schumann*, Zweifelsfragen bei der Regelung zur monatlichen Voranmeldungspflicht für Vorratsgesellschaften und Firmenmäntel (§ 18 Abs. 2 S. 5 UStG), MwStR 2015, 454; *Stadie*, Organisationseinheiten des Bundes und der Länder als Adressaten umsatzsteuerrechtlicher Rechte und Pflichten? Zum Leerlaufen des § 18 Abs. 4f UStG, UR 2022, 713; *Sterzinger*, Dezentrale Umsatzbesteuerung von Bund und Ländern, UR 2021, 417; *Weber*, Die künftige dezentrale Besteuerung von Bund und Ländern nach § 18 Abs. 4f und 4g UStG i.d.F. des Entwurfs des JStG 2020, UVR 2020, 340.

A. Grundaussagen

I. Regelungsgegenstand und Bedeutung

Wie die Überschrift andeutet, ist § 18 UStG die **zentrale Vorschrift des formellen Umsatzsteuerrechts**. Sie regelt insbesondere das Voranmeldungsverfahren (§ 18 Abs. 1 und 2 UStG) und die Abgabe der Jahreserklärung (§ 18 Abs. 3 und 4 UStG) inländischer Unternehmer. 1

Weitere Regelungen betreffen die Abgabe von Steuererklärungen in Sonderfällen (§ 18 Abs. 4a–5b, 12 UStG), die **Regelung von Einzelfragen durch Rechtsverordnungen** (§ 18 Abs. 6, 7, 9 UStG) und die Mitwirkungspflichten Dritter, wobei zu den Dritten sowohl Behörden als auch Privatpersonen gehören können (§ 18 Abs. 10, 11 UStG). 2

II. Unionsrechtliche Grundlagen

Grundsätzlich gilt unionsrechtlich die **Verfahrensautonomie der Mitgliedstaaten**, beschränkt lediglich durch allgemeine Grundsätze des Unionsrechts, insbesondere den Äquivalenz- und den Effektivitätsgrundsatz.[1] Eine richtlinienkonforme Auslegung des Verfahrensrechts ist daher grundsätzlich nicht möglich.[2] 3

Die Verfahrensautonomie endet aber, wo das **Unionsrecht ein bestimmtes Verfahren vorgibt**.[3] Einzelheiten der Entrichtung sind in Art. 206 ff. MwStSystRL näher geregelt, die Erklärungspflichten allgemein in Art. 250 ff. MwStSystRL. Für die Erklärung von Telekommunikations-, Fernseh- und Rundfunk- und elektronischen Dienstleistungen (§ 18 Abs. 4c–4e UStG, Rz. 86 ff.) enthalten Art. 358 ff. MwStSystRL besondere Regelungen. Das Vorsteuervergütungsverfahren (§ 18 Abs. 9 UStG, §§ 59 ff. UStDV)[4] beruht auf Art. 171 MwStSystRL i.V.m. den dort genannten Richtlinien 2008/9/EG für in einem anderen Mitgliedstaat und 86/560/EWG für außerhalb der Union ansässige Unternehmer. 4

Unionsrechtlich gilt grundsätzlich ein **Besteuerungszeitraum** von einem, zwei oder drei Monaten (Art. 252 Abs. 2 Unterabs. 1 MwStSystRL). Dies entspricht dem Voranmeldungszeitraum nach deutschem Recht (§ 18 Abs. 2 UStG, Rz. 30 ff.). Es liegt im Ermessen der Mitgliedstaaten, ob sie zusätzlich Jahreserklärungen verlangen (Art. 261 Abs. 1 MwStSystRL). Die Mitgliedstaaten dürfen ausdrücklich auch vorschreiben, Erklärungen elektronisch abzugeben (Art. 250 Abs. 2 MwStSystRL, Art. 261 Abs. 2 MwStSystRL). Der Steuerschuldner muss die Steuer grundsätzlich bei Abgabe der Steuererklärung zahlen, sofern nicht der zuständige Mitgliedstaat etwas anderes vorsieht (Art. 206 MwStSystRL). 5

---

1 St. Rspr., z.B. EuGH, Urt. v. 26.4.2017 – C-564/15, ECLI:EU:C:2017:302 – *Farkas*, UR 2017, 438, Rz. 31; EuGH, Urt. v. 9.11.2017 – C-298/16, ECLI:EU:C:2017:843 – Ispas, HFR 2018, 183, Rz. 29.

2 BFH, Urt. v. 5.6.2014 – V R 50/13, BStBl. II 2014, 813, Rz. 31, m.w.N, m. Anm. *Vellen*, UStB 2014, 248.

3 So auch *Treiber* in Sölch/Ringleb, § 18 UStG Rz. 411 (Stand: März 2021).

4 Dazu BT-Drucks. 16/11108, 39 ff.

III. Verhältnis zu anderen Vorschriften und Rechtsentwicklung

1. Rechtsentwicklung

6 Schon § 18 UStG 1967[1] enthielt vergleichbare Regelungen, allerdings waren insbesondere die Absätze 1–3 anders aufgebaut. Die **heutige Struktur** findet sich erstmals im UStG 1980.[2] Die Vorschrift wurde seitdem mehrfach erweitert und vielfach geändert, zuletzt durch Art. 12 Nr. 5 sowie Art. 14 Nr. 11 JStG 2020[3], Art. 15 bis 17 JStG 2022[4] und Art. 23 WachsChG[5].

2. Regelungen des nationalen Rechts

7 Als zentrale Norm des formellen Umsatzsteuerrechts steht § 18 UStG in vielfältigen Wechselwirkungen mit dem allgemeinen **Steuerverfahrensrecht der AO**. Die Vorschriften ergänzen sich gegenseitig.[6] So ist z.B. § 18 UStG Steuergesetz i.S.d. § 149 Abs. 1 AO, während sich die Abgabefrist für die Jahreserklärung aus § 149 Abs. 2 AO ergibt, da das UStG dazu keine eigene Regelung enthält. Wann die Voranmeldungen und die Jahreserklärungen als Steuerfestsetzungen wirken, regelt § 168 AO.

8 Verfahrensrechtliche Regelungen finden sich aber auch in anderen Vorschriften des Umsatzsteuerrechts. Insbesondere die Voraussetzungen der **Ausübung von Wahlrechten** sind häufig im „Sachzusammenhang" mit dem entsprechenden Wahlrecht geregelt (z.B. § 19 Abs. 2 UStG, § 19 Rz. 31 ff., § 23a Abs. 3 UStG, § 23a Rz. 15 ff., § 24 Abs. 4 UStG, § 24 Rz. 106 ff.). Es gibt aber auch eigenständige verfahrensrechtliche Sonderregelungen (z.B. §§ 18a ff., 27b UStG). Zudem sind die Verordnungsermächtigungen in § 18 UStG Grundlage der §§ 46–49 und §§ 59–62 UStDV.

9 **Steuerstrafrechtlich** sind die Erklärungspflichten nach § 18 UStG Anknüpfungspunkt für die Pflichtwidrigkeit i.S.d. § 370 Abs. 1 Nr. 2 AO.[7] Bei der Hinterziehung von Vorauszahlungen, sowohl in den Fällen des § 370 Abs. 1 Nr. 1 AO als auch in den Fällen des § 370 Abs. 1 Nr. 2 AO gelten Erleichterungen für die strafbefreiende Selbstanzeige (§ 371 Abs. 2a AO).

3. Regelungen des Unionsrechts

10 Die **VO(EU) Nr. 904/2010**[8] über die Zusammenarbeit der Verwaltungsbehörden und die Betrugsbekämpfung auf dem Gebiet der Mehrwertsteuer gilt einheitlich und unmittelbar. Entgegenstehendes nationales Recht bleibt wegen des Anwendungsvorrangs des Unionsrechts unangewendet.

B. Voranmeldungen (Absatz 1)

I. Regelungsgegenstand

11 Der Unternehmer muss grundsätzlich schon während des Besteuerungszeitraums Vorauszahlungen leisten. Grundlage dafür sind regelmäßig Voranmeldungen, die er **selbst abgeben und in denen er die Steuer berechnen muss.** Kommt er dieser Pflicht nicht ordnungsgemäß nach, kann das Finanzamt Vorauszahlungen durch Steuerbescheid festsetzen (§ 164 Abs. 1 Satz 2, § 167 Abs. 1 Satz 1 AO).

---

1 BGBl. I 1967, 545, dazu BT-Drucks. 5/1581, 16.
2 BGBl. I 1979, 1953, dazu BT-Drucks. 8/1779, 45.
3 BGBl. I 2020, 3096, dazu BT-Drucks. 19/22850, 119 f., 121, 136 ff.
4 BGBl. I 2022, 2294, dazu BT-Drucks. 20/3879, 110 ff.
5 BGBl. I 2024, Nr. 108, dazu BR-Drucks. 433/23.
6 *Birkenfeld* in FS 100 Jahre Umsatzsteuer in Deutschland, 197 (199 ff.).
7 Vgl. BGH, Urt. v. 23.10.2018 – 1 StR 454/17, BGHSt 63, 282, m. Anm. *Gehm*, AO-StB 2019, 134.
8 Verordnung (EU) Nr. 904/2010, ABl. EU 2010 Nr. L 268, 1.

II. Abgabe von Voranmeldungen (Absatz 1 Satz 1)

1. Verpflichteter

Voranmeldungen muss grundsätzlich jeder **Unternehmer** (§ 2 UStG) abgeben, für den nicht ein besonderes Besteuerungsverfahren gilt. Nach allgemeinen Grundsätzen sind auch gesetzliche Vertreter (§ 34 AO) und Verfügungsberechtigte (§ 35 AO) von Unternehmern zur Abgabe verpflichtet. 12

Das Gesetz unterscheidet nicht danach, ob der Unternehmer im Voranmeldungszeitraum steuerpflichtige Umsätze ausführt oder Steuern schuldet (s. aber § 18 Abs. 2 Satz 3 UStG, Rz. 39 ff.). Im **Ausland** ansässige (vgl. § 13b Abs. 7 Satz 1 UStG) Unternehmer müssen Voranmeldungen nur abgeben, soweit sie im Inland Umsätze ausführen oder aus anderen Gründen Steuer schulden.[1] Die Rechtsetzungsbefugnis des nationalen Gesetzgebers ist auf das Bundesgebiet beschränkt.[2] 13

2. Frist

Die Voranmeldungen sind grundsätzlich bis zum **10. Tag nach Ablauf des Voranmeldungszeitraums** abzugeben (z.B. bis einschließlich 10. April bei Ablauf mit Ende März). Der Unternehmer kann allerdings die allgemeine Verlängerung dieser Frist (sog. Dauerfristverlängerung) beantragen (§ 18 Abs. 6 UStG, Rz. 128 ff.). Für die Berechnung der Frist gilt 108 AO. 14

3. Form

a) Elektronische Übermittlung

Der Unternehmer muss die Voranmeldung **nach amtlich vorgeschriebenem Datensatz**[3] **über die amtlich bestimmte Schnittstelle**[4] abgeben. Schrift- oder Textform (Telefax) ist nur zulässig, wenn das Finanzamt auf elektronische Übermittlung verzichtet (vgl. § 18 Abs. 1 Satz 2 UStG, Rz. 23 ff.). 15

Die elektronische Übermittlung erspart den Finanzämtern den **Aufwand für die Datenerfassung**. Sie ermöglicht zudem, die Voranmeldungen unmittelbar nach Eingang automatisiert weiter zu bearbeiten, insbesondere Risikomanagementsysteme (§ 88 Abs. 5 AO) einzusetzen. 16

Verfassungsrechtliche Bedenken bestehen insofern grundsätzlich nicht, insbesondere nicht hinsichtlich der **Sicherheit der Datenübertragung**.[5] Unzulässig ist es aber m.E., die elektronische Voranmeldung zwingend mit einer Plausibilitätskontrolle nach von der FinVerw. bestimmten Maßstäben zu verbinden. 17

Eine solche **Plausibilitätskontrolle** betrifft nicht mehr nur die Form, sondern den Inhalt der Erklärung, der wegen der Strafbewehrung (§ 370 AO) in der alleinigen Entscheidung des Steuerpflichtigen stehen muss. Selbst wenn der Steuerpflichtige seine Rechtsauffassung in einem Freitextfeld (§ 150 Abs. 7 Satz 1 AO) erläutern kann, ist er nicht verpflichtet, zusätzlich die Werte zu ermitteln, die nach der Verwaltungsauffassung plausibel sind. 18

b) Folgen eines Formverstoßes

Gibt der Unternehmer eine Voranmeldung in Schrift- oder Textform ab, obwohl das Finanzamt nicht auf die elektronische Ermittlung verzichtete, besteht die Pflicht zur Abgabe einer (formwirksamen) Voranmeldung fort, so dass regelmäßig **Verspätungszuschläge** (§ 152 Abs. 1 AO) festzusetzen sind.[6] Eine etwaige Schätzung (§ 162 AO) muss nach dem Amtsermittlungsgrundsatz (§ 88 AO) gleichwohl 19

---

1 Vgl. BFH, Urt. v. 14.4.2011 – V R 14/10, BStBl. II 2011, 834 = UR 2011, 710, Rz. 11 f.
2 BFH, Urt. v. 16.11.2016 – II R 29/13, BStBl. II 2017, 413 = FR 2017, 593, Rz. 52.
3 Siehe Abschn. 18.1 Abs. 1 Satz 1 UStAE und www.elster.de.
4 WachsChG, BGBl. 2024 I Nr. 108 v. 27.3.2024.
5 BFH, Urt. v. 14.3.2012 – XI R 33/09, BStBl. II 2012, 477 = UR 2012, 487; siehe auch BFH, Beschl. v. 14.4.2015 – V B 158/14, BFH/NV 2015, 1115.
6 BFH, Beschl. v. 15.12.2015 – V B 102/15, BFH/NV 2016, 373, Rz. 17.

von den Angaben in der formunwirksamen Voranmeldung ausgehen. Unsicherheitszuschläge oder -abschläge sind nur zulässig, soweit es Anhaltspunkte gibt, dass diese Angaben in der Sache unrichtig sind.

4. Inhalt

20 Der Steuerpflichtige hat die Vorauszahlung selbst zu berechnen (§ 150 Abs. 1 Satz 3 AO; Rz. 27). Unter den Voraussetzungen des § 168 AO[1] wirkt die Voranmeldung mit dem (objektiven) Inhalt, mit dem sie beim Finanzamt eingeht (vgl. § 124 Abs. 1 Satz 2 AO) als **Steuerfestsetzung unter Vorbehalt der Nachprüfung**.[2] Will das Finanzamt die Vorauszahlung abweichend regeln, muss es einen entsprechenden Bescheid erlassen (§ 167 Abs. 1 Satz 1 AO).

21 Der Inhalt der Voranmeldung muss dem Finanzamt ermöglichen, **steuerlich erhebliche Sachverhalte zu erkennen und zu überprüfen**. Der Unternehmer ist daher grundsätzlich berechtigt, die Angaben im Datensatz (oder Vordruck, Rz. 23 ff.) näher zu erläutern, und zu einer solchen Erläuterung verpflichtet, wenn dies zum Verständnis durch das Finanzamt erforderlich ist.[3]

22 Erkennt der Unternehmer nachträglich einen Fehler in der Voranmeldung, muss er sie **berichtigen** (§ 153 AO). Soweit der Unternehmer bedingt-vorsätzlich unrichtige oder unvollständige Voranmeldungen abgab, wirkt die Berichtigung vielfach als strafbefreiende Selbstanzeige (§ 371 AO, insbes. § 371 Abs. 2a AO).

III. Verzicht auf elektronische Übermittlung (Absatz 1 Satz 2)

23 Unter bestimmten Voraussetzungen kann oder muss das Finanzamt auf die elektronische Übermittlung verzichten. Der Steuerpflichtige kann die Voranmeldung dann in herkömmlicher Weise **nach amtlichem Vordruck**[4] auf Papier abgeben, die Pflicht zur Abgabe als solche bleibt unberührt.

24 Die Finanzbehörde muss nach § 150 Abs. 8 Satz 1 AO auf die elektronische Übermittlung verzichten, wenn eine **unbillige Härte** im dortigen Sinn vorliegt, insbesondere unter den in § 150 Abs. 8 Satz 2 AO genannten Voraussetzungen. Die Vorschrift ist „großzügig"[5] auszulegen. Ob finanzieller Aufwand erheblich im Sinne dieser Vorschrift ist, richtet sich bei Steuererklärungen nach dem Verhältnis zu den Umsatzentgelten.[6] Bei jährlichen Umsatzentgelten von rund 14.500 Euro lag für 2017 eine unbillige Härte vor.[7] Beantragt der Unternehmer den Verzicht, obwohl keine unbillige Härte vorliegt, hat das Finanzamt nach pflichtgemäßem Ermessen zu entscheiden.[8]

25 Gibt der Unternehmer eine Voranmeldung auf Papier ab, beantragt er damit im Zweifel zugleich, auf die elektronische Übermittlung zu verzichten.[9] Bei der Ermessensentscheidung sind m.E. vor allem der Aufwand für den Steuerpflichtigen und der Nutzen für die Finanzbehörde gegenüberzustellen. Können die Voranmeldungen mit geringem Aufwand digitalisiert werden (etwa in einem Scanzentrum) und besteht nur **geringer Prüfungsbedarf**, liegt ein Verzicht nahe.

---

1 Vgl. BFH, Urt. v. 28.2.1996 – XI R 42/94, BStBl. II 1996, 660 = UR 1997, 66 m. Anm. *Weiß* und BFH, Beschl. v. 10.9.1999 – V B 39/99, BFH/NV 2000, 351.

2 FG Nürnberg, Urt. v. 18.7.2018 – 2 K 1311/16, EFG 2018, 1690, unter 2.c.aa.(1) und (3); vgl. BFH, Urt. v. 24.8.2004 – VII R 50/03, BStBl. II 2005, 127, unter 1.a., m. Anm. *Bauhaus*, AO-StB 2005, 196.

3 *Treiber* in Sölch/Ringleb, § 18 UStG Rz. 112 (Stand: März 2021); vgl. BFH, Urt. v. 25.1.2017 – I R 70/15, BStBl. II 2017, 780 = 2018, 1150, Rz. 16, m. Anm. *Glanemann*, EStB 2017, 300.

4 Dazu Abschn. 18.3 UStAE und BMF, Schr. v. 3.4.2012 – IV A 5-O 1000/07/10086-07 IV A 3-S 0321/07/10004, BStBl. I 2012, 522.

5 BT-Drucks. 16/10940, 3.

6 BFH, Urt. v. 16.6.2020 – VIII R 29/17, BStBl. II 2021, 288, Rz. 16 f.; BFH Urt. v. 16.6.2020 – VIII R 29/19, BStBl. II 2021, 290, Rz. 14 f.; zur E-Bilanz BFH, Urt. v. 21.4.2021 – XI R 29/20, DB 2021, 1847.

7 BFH, Urt. v. 16.6.2020 – VIII R 29/19, BStBl. II 2021, 290, Rz. 16.

8 BFH, Urt. v. 14.3.2012 – XI R 33/09, BStBl. II 2012, 477 = UR 2012, 487; Abschn. 18.1 Abs. 1 Satz 5 UStAE.

9 Vgl. BT-Drucks. 16/10940, 10.

Die Entscheidung über den Verzicht ist ein **Verwaltungsakt** (§ 118 AO) und als solcher nach allgemeinen Grundsätzen anfechtbar. Eine inzidente Überprüfung der Entscheidung, etwa im Verfahren wegen Verspätungszuschlägen (Rz. 19) ist nicht möglich.[1] Die Entscheidung gilt jeweils nur für den Veranlagungszeitraum, für den der Unternehmer den Verzicht beantragte.[2] 26

IV. Berechnungsgrundlagen (Absatz 1 Satz 3)

Zur Berechnung der Vorauszahlung sind die für die **Berechnung der Jahressteuer** (Rz. 62) geltenden Grundsätze entsprechend anzuwenden. Regelungstechnisch kehrt dies zwar das im Unionsrecht angelegte Verhältnis zwischen Voranmeldung und Jahreserklärung (Rz. 4) um. Soweit die anzuwendenden Grundsätze in der Sache den unionsrechtlichen Vorgaben entsprechen, ist es im Ergebnis aber nicht zu beanstanden. 27

V. Fälligkeit der Vorauszahlung (Absatz 1 Satz 4)

Die Vorauszahlung ist bis zum Ablauf des **10. Tages nach Ablauf des Voranmeldungszeitraums** zu leisten (vgl. § 224 AO). Fällt das Ende der Frist auf einen Sonntag, einen gesetzlichen Feiertag oder einen Sonnabend (Samstag), so endet die Frist mit dem Ablauf des nächstfolgenden Werktags (§ 108 Abs. 3 AO). Bei Zahlung durch Überweisung wird ein Säumniszuschlag bei einer Säumnis von bis zu drei Tagen nicht erhoben (§ 240 Abs. 3 AO). In der Fassung durch das JStG 2020 ist neben der Fälligkeit die Zahlungspflicht gesondert erwähnt. Dies soll dem verfassungsrechtlich begründeten Bestimmtheitsgebot geschuldet sein, soweit die nicht fristgerechte Zahlung bußgeldbewehrt (§ 26a Abs. 1 UStG) ist.[3] Grundsätzlich bedeutet Fälligkeit schon für sich genommen die Pflicht zur Zahlung[4]; deren gesonderte Erwähnung ist insofern selbst im Hinblick auf das straf- und bußgeldrechtliche[5] Bestimmtheitsgebot (Art. 103 Abs. 2 GG) überflüssig. Die Frist nach § 18 Abs. 1 Satz 4 UStG gilt aber nur für Vorauszahlungen aufgrund einer Voranmeldung. Für durch Vorauszahlungsbescheide festgesetzte Vorauszahlungen enthält § 18 Abs. 4 Satz 2 UStG (Rz. 71.1) eine gesonderte Regelung. 28

Einen etwaigen **Vorsteuerüberschuss** muss das Finanzamt innerhalb angemessener Zeit erstatten.[6] Es muss daher regelmäßig innerhalb von sechs Monaten über die Zustimmung (§ 168 Satz 2 AO) entscheiden und gegebenenfalls eine Sicherheitsleistung (§ 18f UStG) prüfen.[7] 29

C. Voranmeldungszeitraum (Absatz 2)

I. Regelmäßiger Voranmeldungszeitraum (Absatz 2 Satz 1)

Das JStG 1996[8] bestimmte das **Kalendervierteljahr** als Regelvoranmeldungszeitraum und fügte gleichzeitig § 18 Abs. 2a UStG neu ein. Ein Wahlrecht zwischen vierteljährlichen und monatlichen Voranmeldungen hat der Unternehmer nur unter den Voraussetzungen des § 18 Abs. 2a UStG (Rz. 52 ff.).[9] 30

Der regelmäßige Voranmeldungszeitraum gilt auch dann, wenn der Unternehmer von der Pflicht zur Abgabe von Voranmeldungen befreit ist. Dies ist von Bedeutung, wenn es in anderen Zusammenhängen, etwa für die **Ausübung von Wahlrechten**, auf den Voranmeldungszeitraum ankommt (§ 23a Rz. 16). 31

1 BFH, Beschl. v. 15.12.2015 – V B 102/15, BFH/NV 2016, 373, Rz. 18.
2 BFH, Urt. v. 16.6.2020 – VIII R 29/17, BStBl. II 2021, 288, Rz. 20 f.
3 BT-Drucks. 19/22850, 136.
4 Vgl. BGH, Urt. v. 1.2.2007 – III ZR 159/06, BGHZ 171, 33, Rz. 16.
5 BVerfG, Beschl. v. 19.6.2007 – 1 BvR 1290/05, BVerfGK 11, 337, unter II.2.a.aa.
6 EuGH, Urt. v. 18.10.2012 – C-525/11, ECLI:EU:C:2012:652 – Mednis, UR 2013, 119, Rz. 24.
7 BFH, Beschl. v. 6.10.2005 – V B 140/05, BFH/NV 2006, 473 = UR 2006, 401.
8 BGBl. I 1995, 1250; dazu BT-Drucks. 13/901, 150, BT-Drucks. 13/1173, 13/1686, 59 f., BT-Drucks. 13/3084.
9 BFH, Urt. v. 30.11.2016 – V R 48/15, BFH/NV 2017, 265, Rz. 13.

II. Verkürzung des Voranmeldungszeitraums (Absatz 2 Satz 2)

1. Verkürzung kraft Gesetzes

32 Betrug die Steuer für das Vorjahr mehr als 7.500 Euro, verkürzt sich der Voranmeldungszeitraum für das laufende Jahr kraft Gesetz. Eine gesonderte Entscheidung des Finanzamts ist nicht erforderlich. Der Unternehmer muss daher **selbst überprüfen**, ob die Umsatzgrenze überschritten ist.

33 Die Steuer für das Vorjahr steht regelmäßig erst **nach dem ersten Abgabetermin** für eine monatliche Voranmeldung im laufenden Jahr bestandskräftig fest (vgl. nur § 149 Abs. 2 AO). Die Steuer für das Vorjahr i.S.d. § 18 Abs. 2 UStG ergibt sich daher grundsätzlich zunächst aus der Summe der Vorauszahlungen, nach Abgabe der Steuererklärung (§ 18 Abs. 3 UStG, Rz. 52 ff.) aus dieser, sofern nicht das Finanzamt die Steuer abweichend festsetzt. Sie kann sich daher während des laufenden Jahres ändern. Davon geht auch die FinVerw. aus.[1]

34 Mit der **steuerlichen Bedeutung des Einzelfalles** wächst sowohl das fiskalische Interesse, die entstandene Steuer zeitnah zu erheben, als auch der Kontrollbedarf. Die Verkürzung des Voranmeldungszeitraums überschreitet insofern nicht den unionsrechtlichen (Rz. 4 ff.) Rahmen und trägt zur wirksamen Erhebung der Eigenmittel der Union[2] bei. Dem spiegelbildlichen Interesse des Steuerpflichtigen, Vorsteuer zeitnah geltend machen zu können, trägt § 18 Abs. 2a UStG (Rz. 52 ff.) Rechnung.

2. Berechnung der maßgebenden Steuer

a) Umkehr der Steuerschuldnerschaft

35 Auf die Umsatzgrenze von 7.500 Euro ist nach Auffassung der FinVerw. die Steuer nicht anzurechnen, die der Unternehmer infolge Umkehr der Steuerschuldnerschaft (§ 13b Abs. 5 UStG) schuldet.[3] Nach Wortlaut und Zweck des Gesetzes kommt es aber nur auf die **Steuer als solche** an, nicht darauf, weshalb der Unternehmer sie schuldet.

b) Ende einer Organschaft

36 Für frühere Organgesellschaften legt die FinVerw. im ersten Jahr nach Ende der Organschaft die Steuer des bisherigen Organkreises für das Vorjahr zugrunde, soweit nicht die Gesellschaft selbst die (fiktive) auf sie entfallende Steuer für das Vorjahr ermittelt.[4] Im Ergebnis kann die Gesellschaft daher wählen, welcher Wert zugrunde gelegt wird. Der Gesetzeszweck (Rz. 35) spricht allerdings dafür, immer – ohne Wahlrecht – auf die **(fiktive) Steuer der Gesellschaft** abzustellen.

c) Änderung der Steuer

37 Ändert sich während des laufenden Jahres die **Steuer für das Vorjahr**, kann sich nach der Verwaltungsauffassung auch der Voranmeldungszeitraum – gegebenenfalls unterjährig – entsprechend ändern.[5] Er verkürzt sich dann für den verbleibenden Teil des Jahres. Dabei sind m.E. etwa unterbliebene Voranmeldungen mit der nächsten Voranmeldung nachzuholen, indem z.B. bei einer Änderung im August die Voranmeldung für August auch die Umsätze im Juli berücksichtigt.

38 Im Hinblick auf den Gesetzeszweck (Rz. 35) ist das folgerichtig. Änderungen im vorgenannten Sinn sind allerdings nur Änderungen der Vorauszahlungen oder der Umsatzsteuer für das vorangegangene Jahr, auch eine von der Summe der Vorauszahlungen abweichende Jahressteuer. **Berichtigungen** (§ 17 UStG) betreffen demgegenüber das laufende Jahr.

---

1 Vgl. Abschn. 18.2 Abs. 3 Satz 1 UStAE.

2 Vgl. EuGH, Urt. v. 7.4.2016 – C-546/14, ECLI:EU:C:2016:206 – Degano Trasporti, UR 2016, 448, Rz. 21 f.; EuGH, Urt. v. 16.3.2017 – C-493/15, ECLI:EU:C:2017:219 – Identi, UR 2017, 313, Rz. 18 f.

3 Abschn. 18.2 Abs. 1 Satz 2 UStAE.

4 Abschn. 18.2 Abs. 1 Sätze 3 und 4 UStAE.

5 Abschn. 18.2 Abs. 3 Satz 1 UStAE.

III. Befreiung von der Abgabe von Voranmeldungen (Absatz 2 Satz 3)

1. Ermessensentscheidung

Es steht im Ermessen des Finanzamts, Unternehmer, die im Vorjahr **weniger als 2.000 Euro Steuer**[1] schuldeten, von der Voranmeldungspflicht zu befreien. Das Gesetz unterscheidet nicht zwischen Unternehmern, bei denen zu erwarten ist, dass sie regelmäßig keine oder nur eine geringe Steuer schulden, weil sie etwa Kleinunternehmer sind oder überwiegend steuerfreie Umsätze ausführen, und Unternehmern, bei denen dies nur ausnahmsweise der Fall war. 39

2. Vorgaben für die Ermessensausübung

a) Selbstbindung der Verwaltung

Die bei der Ermessensausübung zu beachtenden Maßstäbe sind im **UStAE** konkretisiert. Daraus folgt eine auch von den Gerichten zu beachtende Selbstbindung der Verwaltung.[2] Die Selbstbindung betrifft aber nur die Voranmeldungen, nicht die Steuererklärung. 40

b) Befreiung von Amts wegen

Ergab sich im Vorjahr kein Vorsteuerüberschuss, befreien die Finanzämter regelmäßig[3] von Amts wegen[4] und häufig **stillschweigend**, indem sie nicht abgegebene Voranmeldungen nicht anfordern. Eine Befreiung gegen den Willen des Unternehmers ist aber schon begrifflich ausgeschlossen. Gibt der Unternehmer Voranmeldungen ab, obwohl die Voraussetzungen der Befreiung vorliegen, muss das Finanzamt die Voranmeldungen daher verarbeiten. 41

c) Neuaufnahme der unternehmerischen Tätigkeit und Mantelkäufe

Bei neu aufgenommenen Unternehmen (§ 18 Abs. 2 Satz 4 UStG) und Mantelkäufen (§ 18 Abs. 2 Satz 5 UStG) lehnt die Verwaltung eine Befreiung ab. Dies entspricht der im Gesetz dokumentierten Wertung des Gesetzgebers (siehe aber Rz. 51), wonach in diesen Fällen wegen des **erhöhten Kontrollbedarfs** monatliche Voranmeldungen abzugeben sind. 42

d) Sonderfälle

Unabhängig von der Höhe der Steuer im Vorjahr befreit die FinVerw. auch für **einzelne Voranmeldungszeiträume**, in denen regelmäßig keine Steuer entsteht, etwa weil der Unternehmer nur in bestimmten Monaten eine Vergütung erhält, oder bei durchschnittssatzbesteuerten Land- und Forstwirten.[5] Ändert sich die Vorjahressteuer, gilt das zur Verkürzung des Voranmeldungszeitraums Gesagte entsprechend (Rz. 37 f.). 43

IV. Neuaufnahme einer unternehmerischen Tätigkeit (Absatz 2 Satz 4)

Der kürzere Voranmeldungszeitraum für Unternehmer, die ihre Tätigkeit neu aufnehmen, dient der **Missbrauchsbekämpfung**. Er soll die „verschärfte Überwachung" dieser Unternehmer ermöglichen, weil ihre steuerliche Zuverlässigkeit unklar ist.[6] Eine Befreiung von der Verpflichtung zur Abgabe ist daher in diesen Fällen nicht möglich.[7] Die Bezeichnung als Neugründung ist missverständlich, weil sie 44

---

1 Die Grenze wurde durch das WachsChG von 1.000 Euro auf 2.000 Euro angehoben.
2 Vgl. BFH, Urt. v. 16.12.2014 – X R 42/13, BStBl. II 2015, 519, Rz. 42; BFH, Urt. v. 23.4.2015 – V R 32/14, BFH/NV 2015, 1106 = UR 2015, 632, Rz. 12; BFH, Urt. v. 15.6.2016 – III R 8/15, BStBl. II 2017, 25, Rz. 23.
3 Zu Ausnahmen Abschn. 18.2 Abs. 2 Satz 3 UStAE.
4 Abschn. 18.2 Satz 2 UStAE.
5 Vgl. Abschn. 6 UStAE.
6 Hessisches FG, Urt. v. 15.8.2017 – 6 K 404/16, EFG 2018, 1136.
7 *Stadie* in Rau/Dürrwächter, § 18 UStG Rz. 93 (Stand: September 2022).

auch gesellschaftsrechtlich verstanden werden kann, während es nach dem Gesetz auf die Aufnahme der Tätigkeit ankommt.

45 Die FinVerw. behandelt auch den **Wegfall einer Organschaft**[1] und Umwandlungen, bei denen ein neuer unternehmerischer Rechtsträger entsteht,[2] als Neuaufnahmen. Das gleiche soll gelten, wenn ein bisher in einer Sozietät tätiger Rechtsanwalt eine Einzelkanzlei eröffnet.[3] Dem steht aber der Gesetzeswortlaut entgegen, der allein auf die Aufnahme der Tätigkeit abstellt. Auch das erstmalige Überschreiten der Kleinunternehmergrenze ist daher keine Neuaufnahme einer Tätigkeit i.S.d. § 18 Abs. 2 Satz 4 UStG.

46 Keine Neuaufnahme soll hingegen vorliegen, wenn der Unternehmer keine steuerpflichtigen Umsätze ausführt oder nicht der Regelbesteuerung unterliegt.[4] Dies läuft zwar dem Wortlaut von § 18 Abs. 2 Satz 4 UStG zuwider, entspricht aber dem **Zweck der Vorschrift**.

V. Vorratsgesellschaften und Mantelkauf (Absatz 2 Satz 5)

1. Vorratsgesellschaften (Absatz 2 Satz 5 Nr. 1)

47 Die Anwendung des kürzeren Voranmeldungszeitraums auf Vorratsgesellschaften soll, auch nach einer redaktionellen Änderung[5], eine **Umgehung der Vorschriften für Neuaufnahmen** einer unternehmerischen Tätigkeit verhindern.[6] Der Wortlaut des § 18 Abs. 2 Satz 5 Nr. 1 UStG unterscheidet zwischen der Gründung in der Absicht und der tatsächlichen Ausübung einer gewerblichen oder beruflichen Tätigkeit. Die Gründung der Gesellschaft gehört daher für Zwecke dieser Vorschrift, anders als sonst[7], noch nicht zur unternehmerischen Tätigkeit. Die tatsächliche Ausübung beginnt nach dem Zweck der Vorschrift, wenn die Gesellschaft durch unternehmerische Tätigkeit eine Steuerschuld begründet. Dem Wortlaut nach nicht erfasst ist aber die „Aktivierung" einer Gesellschaft allein zum Ausstellen von Rechnungen i. S. d. § 14c Abs. 2 Satz 2 UStG, weil darin keine gewerbliche oder berufliche Tätigkeit liegt.[8]

2. Mantelkauf (Absatz 2 Satz 5 Nr. 2)

48 Dem gleichen Ziel dient die, nach ihrer Einführung nur redaktionell geänderte[9], Vorschrift über den Mantelkauf.[10] Auch insoweit ist die Änderung durch das Dritte Bürokratieentlastungsgesetz rein redaktionell. Der Begriff der Übernahme ist im Gesetz nicht definiert. M.E. ist Übernahme ein Beteiligungserwerb, der es dem Erwerber ermöglicht, **in der Mantelgesellschaft seinen Willen durchzusetzen.**[11] Wann dies der Fall ist, hängt wesentlich von der gesellschaftsrechtlichen Verfassung der Mantelgesellschaft ab. Auch die Aufstockung einer schon bestehenden Beteiligung kann eine Übernahme sein.

49 Der **Begriff des Firmenmantels** i.S.d. § 18 Abs. 2 Satz 5 Nr. 2 UStG ist ein eigenständiger umsatzsteuerrechtlicher Begriff. Er erfasst nur früher tätige und bei Übernahme ruhende oder geringfügig tätige Gesellschaften. Auch insofern gehört nach der Systematik des § 18 Abs. 2 Satz 5 UStG die Gründung noch nicht zu der Tätigkeit, weil anderenfalls für § 18 Abs. 2 Satz 5 Nr. 1 UStG kein eigenständiger

1 Abschn. 18.7 Abs. 1 Satz 2 UStAE.
2 Abschn. 18.7. Abs. 2 UStAE.
3 Vgl. Hessisches FG, Urt. v. 15.8.2017 – 6 K 404/16, EFG 2018, 1136.
4 Abschn. 18.7 Abs. 1 Satz 4 UStAE.
5 BGBl. I 2019, 1746, dazu BR-Drucks. 454/19.
6 BT-Drucks. 18/3017, 56 f.
7 BFH, Urt. v. 1.7.2004 – V R 32/00, BStBl. II 2004, 1022 = UR 2004, 537.
8 BGH, Beschl. v. 12.1.2022 – 1 StR 436/21, UR 2022, 566 Rz. 20 ff.
9 BGBl. I 2019, 1746, dazu BR-Drucks. 454/19.
10 *Treiber* in Sölch/Ringleb, § 18 UStG Rz. 270 (Stand: März 2021).
11 Enger *Kraeusel/Haunhorst/Reiß* in Reiß/Kraeusel/Langer, § 18 UStG Rz. 300 (Stand: Oktober 2022); *Schumann*, MwStR 2015, 454.

Anwendungsbereich verbliebe. Einen Anhaltspunkt für die Geringfügigkeit bietet § 19 UStG.[1] War die übernommene Gesellschaft noch nicht unternehmerisch tätig, ist sie kein Firmenmantel, sondern eine Vorratsgesellschaft (Rz. 47).

Zur monatlichen Abgabe von Voranmeldungen ab der Übernahme ist die Gesellschaft m.E. nur verpflichtet, wenn sie zu diesem Zeitpunkt **Unternehmer** ist, anderenfalls, sobald sie wieder eine unternehmerische Tätigkeit aufnimmt. Solange sie keine Umsätze bezieht oder ausführt, besteht grundsätzlich kein Bedürfnis nach „verschärfter Überwachung". 50

VI. Sonderregelung für Neuaufnahmen von 2021 bis 2026 (Absatz 2 Satz 6)

Aufgrund der Sonderregelung ist die Anwendung von **§ 18 Abs. 2 Satz 4 UStG** (Rz. 44 ff.) von 2021 bis 2026 **ausgesetzt**. Stattdessen richtet sich in diesem Zeitraum der Voranmeldungszeitraum auch in den ersten beiden Jahren der unternehmerischen Tätigkeit nach § 18 Abs. 2 Sätze 1–3 UStG (Rz. 32 ff.), wobei im Jahr der Neuaufnahme der unternehmerischen Tätigkeit die voraussichtliche (tatsächliche) Jahressteuer, im Folgejahr die auf ein volles Jahr hochgerechnete Steuer des Gründungsjahres maßgeblich ist. Sofern es der Sonderregelung für Neuaufnahmen zur Vermeidung von Steuerausfällen und Steuerhinterziehung nicht mehr bedarf,[2] wäre es allerdings folgerichtig, sie nicht nur vorübergehend auszusetzen, sondern dauerhaft zu streichen. 51

D. Wahl des Voranmeldungszeitraums (Absatz 2a)

I. Voraussetzung (Absatz 2a Satz 1)

Spiegelbildlich zur Verkürzung des Voranmeldungszeitraums wegen der Höhe der Steuer im Vorjahr (§ 18 Abs. 2 Satz 2 UStG, Rz. 32 ff.) eröffnete das JStG 1996 dem Unternehmer die Möglichkeit, auch wegen eines Vorsteuerüberschusses in gleicher Höhe eine Verkürzung zu beantragen. Dementsprechend ist der Vorsteuerüberschuss nach den gleichen Grundsätzen wie die Steuer im Vorjahr (Rz. 35) zu berechnen. 52

II. Ausübung (Absatz 2a Satz 2)

Der Unternehmer muss das Wahlrecht bis zum **regelmäßigen Abgabetermin der ersten monatlichen Voranmeldung** durch Abgabe einer entsprechenden Voranmeldung ausüben. Bei Dauerfristverlängerung (§ 18 Abs. 6 UStG) verlängert sich die Frist zur Ausübung entsprechend.[3] 53

Die FinVerw. wendet die Frist zum 10. Februar auch bei **Änderungen der Vorjahressteuer im laufenden Jahr** an.[4] M.E. könnte dies zu Zufallsergebnissen führen, abhängig davon, wann die Änderung eintritt. Die Frist sollte daher dergestalt entsprechend gelten, dass das Wahlrecht bis zum ersten monatlichen Abgabetermin nach der Änderung auszuüben ist. 54

III. Bindung (Absatz 2a Satz 3)

Die Wahl bindet den Unternehmer **für das laufende Jahr**. Er kann daher nicht nur selektiv für diejenigen Monate monatliche Voranmeldungen abgeben, in denen er (hohe) Vorsteuerüberschüsse ermittelt. 55

---

1 So auch *Kraeusel/Haunhorst/Reiß* in Reiß/Kraeusel/Langer, § 18 UStG Rz. 300 (Stand: Oktober 2022); **a.A.** *Treiber* in Sölch/Ringleb, § 18 UStG Rz. 283 ff. (Stand: März 2021).

2 Vgl. BR-Drucks. 454/19, 34.

3 Abschn. 18.2 Abs. 1 Satz 8 UStAE.

4 Abschn. 18.2 Abs. 3 Satz 2 UStAE.

IV. Sonderregelung für 2021 bis 2026 (Absatz 2a Satz 4)

56 Die entsprechende Anwendung von § 18 Abs. 2 Satz 6 UStG (Rz. 51) bedeutet im Rahmen des § 18 Abs. 2a UStG, dass der Unternehmer bei **Neuaufnahme einer unternehmerischen Tätigkeit** im Jahr der Neuaufnahme den Kalendermonat als Voranmeldungszeitraum wählen kann, wenn sich voraussichtlich ein Überschuss zu seinen Gunsten von mehr als 7.500 Euro ergibt, im Folgejahr, wenn der auf ein Jahr hochgerechnete Überschuss des Vorjahres 7.500 Euro übersteigt.

E. Steuererklärung (Absatz 3)

I. Regelungsgegenstand

57 Besteuerungszeitraum nach nationalem Recht ist regelmäßig das Kalenderjahr (§ 16 Abs. 1 Satz 2 UStG). Die Steuer wird nach Ablauf des Besteuerungszeitraums grundsätzlich aufgrund einer **Steuererklärung in Form einer Steueranmeldung** (§ 150 Abs. 1 Satz 3, § 168 AO) festgesetzt. Gibt der Unternehmer keine ordnungsgemäße Steuererklärung ab, setzt das Finanzamt die Steuer durch Bescheid fest (§ 167 Abs. 1 Satz 1 AO).

II. Steueranmeldung (Absatz 3 Satz 1)

1. Verpflichteter

58 Eine Steuererklärung muss grundsätzlich jeder **Unternehmer** (§ 2 UStG) abgeben (Rz. 12 f.). Dies gilt jedoch nach der Änderung durch das WachsChG für Besteuerungszeiträume, die nach dem 31.12.2023 enden, in der Regel nicht in den Fällen, in denen die Kleinunternehmerregelung nach § 19 Absatz 1 UStG in Anspruch genommen wird.[1] Dies ist von Art. 261 MwStSystRL gedeckt. Liegen die Voraussetzungen des Vorsteuervergütungsverfahrens (§ 18 Abs. 9 UStG i.V.m. §§ 59 ff. UStDV, Rz. 139 ff.) vor, muss der Unternehmer nach diesem Verfahren vorgehen und hat kein Wahlrecht, stattdessen eine Steuererklärung abzugeben.

2. Frist

59 Eine Frist zur Abgabe der Steuererklärung ist in § 18 Abs. 3 Satz 1 UStG nicht geregelt. Nach **allgemeinen Grundsätzen** ist die Steuererklärung daher grundsätzlich bis zum 31. Juli des Folgejahres abzugeben, soweit der Steuerpflichtige nicht von den in §§ 3,4 Steuerberatungsgesetz genannten Personen, Gesellschaften u.w. steuerlich beraten ist (§ 149 Abs. 2 AO, siehe aber § 149 Abs. 3 AO, vgl. auch § 108 AO). Dies gilt auch, wenn der Unternehmer seine Tätigkeit im Laufe des Kalenderjahres aufnahm.[2] Der kürzere Besteuerungszeitraum betrifft nur zeitlich beschränkte Tätigkeiten (vgl. § 149 Abs. 5 AO) und besonders geregelte Einzelfälle (§ 18 Abs. 3 Satz 2 UStG, Rz. 66 f.).

60 Die gesetzliche Abgabefrist für die Steuererklärung ist nach herkömmlicher Auffassung auch **materiell-rechtlich von Bedeutung**. Sie bezeichnet nach dieser Auffassung den Zeitpunkt, bis zu dem der Unternehmer einen sowohl unternehmerisch als auch nichtunternehmerisch genutzten Gegenstand dem Unternehmen zuordnen kann (§ 15 Rz. 267 ff.).[3]

3. Form

61 Wegen der Verpflichtung zur **elektronischen Übermittlung** gilt das zu der gleichlautenden Regelung in § 18 Abs. 1 Satz 1 UStG (Rz. 15 ff.) Gesagte. Bei verspäteter oder nicht formgerechter Übermittlung ist ein Verspätungszuschlag festzusetzen (§ 152 Abs. 2 AO).

---

1 S. die RegBegr., BR-Drucks. 433/23, 233. S. zur früheren Rechtslage BFH, Urt. v. 24.7.2013 – XI R 14/11, BStBl. II 2014, 210 = UR 2014, 203, Rz. 34.

2 Abschn. 18.1 Abs. 4 Satz 2 UStAE.

3 BFH, Urt. v. 4.5.2022 – XI R 29/21 (XI R 7/19), BFHE 276, 418 = UR 2022, 586, Rz. 24 ff.; BFH, Urt. v. 29.9.2022 – V R 4/20, BFHE 277, 543 = UR 2023, 161, Rz. 20 ff.

4. Inhalt

Ebenso wie die Voranmeldung (Rz. 20 ff.) ist die Jahreserklärung eine Steueranmeldung, in der der Unternehmer die **Steuer selbst zu berechnen** hat und die nach Maßgabe des § 168 AO als Steuerfestsetzung wirkt.[1] Die zusätzliche ausdrückliche Bezeichnung als Steueranmeldung ist lediglich klarstellend. Die Berechnung der Steuer richtet sich nach § 16 Abs. 1-4 und § 17 UStG. Sie bezieht sich, anders als die Voranmeldungen, auf das gesamte Kalenderjahr, sofern nicht ausnahmsweise ein kürzerer Besteuerungszeitraum gilt (Rz. 59 f.). 62

Ein etwaiger **Vorsteuerabzug aus Vertrauensschutzgründen** (§ 15 Rz. 51 ff.) ist dabei nach hergebrachter Rechtsprechung im Festsetzungsverfahren nicht zu berücksichtigen, sondern kann nur im Billigkeitsverfahren geltend gemacht werden, das allerdings unter bestimmten Voraussetzungen mit dem Festsetzungsverfahren zu verbinden ist.[2] Zwischenzeitlich bezweifelte der BFH, ob dies mit dem unionsrechtlichen Äquivalenz- und Effektivitätsgrundsatz vereinbar sei.[3] Der EuGH konnte die Frage offen lassen.[4] 63

M.E. steht das Unionsrecht der Verweisung auf das Billigkeitsverfahren entgegen. Dies ergibt sich aber nicht aus dem Äquivalenz- und Effektivitätsgrundsatz, sondern unmittelbar aus **Art. 250 Abs. 1 MwStSystRL**, wonach der gesamte Vorsteuerabzug in einer Steuererklärung geltend zu machen ist. Für eine autonome Regelung der Mitgliedstaaten ist daneben kein Raum mehr. 64

Im Übrigen führt die Verweisung auf das Billigkeitsverfahren nach hiesiger Erfahrung auch nicht zu einer nennenswerten **Verfahrensvereinfachung**. Finanzbehörden und -gerichte haben gleichwohl zu prüfen, ob Vertrauensschutz zu gewähren ist. Verbindet die Finanzbehörde, wie vom BFH gefordert, Festsetzungs- und Billigkeitsentscheidung, kann sie auch nicht die Entscheidung über die Festsetzung vorziehen und das Billigkeitsverfahren zurückstellen. 65

III. Kürzerer Besteuerungszeitraum (Absatz 3 Satz 2)

Ausnahmsweise ist die Steuererklärung **nicht für das Kalenderjahr**, sondern für einen kürzeren Zeitraum abzugeben, wenn ein kürzerer Besteuerungszeitraum durch Gesetz (§ 16 Abs. 3 UStG) oder Verwaltungsakt (§ 16 Abs. 4 UStG) bestimmt ist (§ 16 Rz. 18). Die Steuererklärung muss dann innerhalb eines Monats (s. § 108 AO) nach Ablauf dieses Zeitraums beim Finanzamt eingehen. 66

Ihrem Zweck nach greifen § 18 Abs. 3 Satz 2 i.V.m. § 16 Abs. 3 UStG nur dann ein, wenn bei späterer Abgabe der Erklärung die **Verwirklichung des Besteuerungsanspruchs gefährdet** wäre. Dies kann insbesondere der Fall sein, wenn ein Unternehmer seine Tätigkeit während des Jahres einstellt. Es ist aber nicht schon deswegen anzunehmen, weil der Unternehmer seine Tätigkeit erst während des Jahres aufnahm. 67

IV. Verzicht auf elektronische Übermittlung (Absatz 3 Satz 3)

Wegen des Verzichts auf elektronische Übermittlung gelten die zu **§ 18 Abs. 1 Satz 2 UStG** (Rz. 23 ff.) entwickelten Grundsätze entsprechend.[5] Die Vorschriften stimmen insofern im Wortlaut überein. Erklärungen in Papierform muss der Unternehmer zudem eigenhändig unterschreiben (§ 150 Abs. 3 AO).[6] 68

---

1 BFH, Urt. v. 21.1.2015 - XI R 12/14, BFH/NV 2015, 957, Rz. 36; s.a. BFH, Beschl. v. 6.9.2012 - V B 14/12, BFH/NV 2013, 345.

2 Grundlegend BFH, Urt. v. 8.10.2008 - V R 63/07, BFH/NV 2009, 1473, unter II.3.; BFH, Urt. v. 30.4.2009 - V R 15/07, BStBl. II 2009, 744 = UR 2009, 816, unter II.3.

3 BFH, Beschl. v. 6.4.2016 - XI R 20/14, BFHE 254, 152 = UR 2016, 604, Rz. 67 ff.

4 EuGH, Urt. v. 15.11.2017 - C-374/16 u. C-375/16, ECLI:EU:C:2017:867 - Geissel und Butin, UR 2017, 970 m. Anm. *Jacobs/Zitzl*, Rz. 21 (51).

5 Abschn. 18.1 Abs. 2 UStAE.

6 Abschn. 18.1 Abs. 3 UStAE.

F. Unterschiedsbetrag (Absatz 4)

I. Steueranmeldung (Absatz 4 Satz 1)

69 Wirkt die Steuererklärung – mit oder ohne Zustimmung des Finanzamts – als Steuerfestsetzung, ist eine zu leistende **Abschlusszahlung einen Monat** (s. § 108 AO) **nach Eingang der Erklärung** fällig. Des zusätzlichen Hinweises auf die Zahlungspflicht[1] bedürfte es nicht (Rz. 28). Wann ein Vorsteuerüberschuss zugunsten des Unternehmers fällig ist, regelt das Gesetz nicht.

70 Auch § 220 Abs. 2 Satz 2 AO bestimmt für Vorsteuerüberschüsse nur den frühesten, nicht aber den tatsächlichen Fälligkeitszeitpunkt. Festgesetzte Erstattungsansprüche kehren die Finanzämter üblicherweise zeitnah aus. Nach nationalem Recht entstehen zudem nur auf Steuerschulden, nicht aber auf fällige Steuervergütungen oder Erstattungsansprüche Säumniszuschläge oder Zinsen.[2] Insofern käme es auf die Fälligkeit von Vorsteuerüberschüssen regelmäßig nicht an. Unionsrechtlich muss das Finanzamt einen **Vorsteuerüberschuss spätestens sechs Monate nach Eingang der Erklärung** erstatten (Rz. 29).

II. Steuerfestsetzung (Absatz 4 Satz 2)

71 Das zur Fälligkeit einer vom Unternehmer ermittelten Abschlusszahlung Gesagte (Rz. 69 f.) gilt für eine Abschlusszahlung aufgrund eines Steuerbescheids entsprechend. Die Monatsfrist beginnt aber mit **Bekanntgabe** (§§ 122 ff. AO) des Steuerbescheids.

71.1 In der Fassung des JStG 2020 gilt die Monatsfrist nach § 18 Abs. 4 Satz 2 UStG auch für **Vorauszahlungen**, die das Finanzamt durch Vorauszahlungsbescheid festsetzt. Sie ist insofern eine vorrangige Sonderregelung (lex specialis) zu Abs. 1 Satz 4 (Rz. 28). Nach der Systematik des § 18 UStG wäre dies in Abs. 1 zu regeln.

III. Verhältnis zum Voranmeldungsverfahren (Absatz 4 Satz 3)

1. Eigenständigkeit des Voranmeldungsverfahrens

72 Aus § 18 Abs. 4 Satz 3 UStG ergibt sich, dass das Voranmeldungsverfahren grundsätzlich ein eigenständiges Verfahren ist.[3] Die Vorauszahlungsansprüche bestehen als eigenständige Ansprüche **auch nach Entstehen der Steuerschuld** fort.[4]

73 Voranmeldungen und Vorauszahlungsbescheide bleiben **formeller Rechtsgrund** von auf sie geleisteten Zahlungen.[5] Auch können positive oder negative Vorauszahlungsansprüche grundsätzlich auch nach Entstehen der Steuerschuld abgetreten oder aufgerechnet werden.[6] Wer (nur) für Vorauszahlungen haftet, kann weiterhin als Haftungsschuldner in Anspruch genommen werden.[7] Hinsichtlich der Vorauszahlung eingetretene Säumnisse[8] oder festgesetzte Verspätungszuschläge[9] bleiben bestehen.

---

1 Vgl. BT-Drucks. 19/22850, 137.
2 Vgl. BFH, Urt. v. 12.5.1987 – VII R 203/83, BStBl. II 1987, 702; BFH, Urt. v. 16.5.2013 – II R 20/11, BStBl. II 2013, 770, Rz. 17.
3 I.E. ebenso BFH, Urt. v. 16.5.1995 – XI R 73/94, BStBl. II 1996, 259 = UR 1996, 25; BFH, Urt. v. 24.1.1995 – VII R 144/92, BStBl. II 1995, 862 = UR 1996, 343, unter 4.; BFH, Urt. v. 15.6.1999 – VII R 3/97, BStBl. II 2000, 47 = UR 2000, 77, unter 2.b.bb.ddd.; *Birkenfeld* in FS 100 Jahre Umsatzsteuer in Deutschland, 197 (200).
4 BFH, Urt. v. 12.10.1999 – VII R 98/98, BStBl. II 2000, 486 = UR 2000, 163, unter II.2.b.aa.
5 BFH, Urt. v. 24.1.1995 – VII R 144/92, BStBl. II 1995, 862 = UR 1996, 343, unter 3.; BFH, Urt. v. 17.3.2009 – VII R 38/08, BStBl. II 2009, 953 = UR 2009, 457, unter II.2.a.bb.
6 Vgl. BFH, Urt. v. 24.1.1995 – VII R 144/92, BStBl. II 1995, 862 = UR 1996, 343.
7 BFH, Urt. v. 12.10.1999 – VII R 98/98, BStBl. II 2000, 486 = UR 2000, 163; BFH, Beschl. v. 13.3.2014 – V B 47/13, BFH/NV 2014, 827.
8 BFH, Urt. v. 15.6.1999 – VII R 3/97, BStBl. II 2000, 47 = UR 2000, 77, unter 2.b.bb.ccc.
9 BFH, Urt. v. 16.5.1995 – XI R 73/94, BStBl. II 1996, 259 = UR 1996, 25.

Maßnahmen zur **Vollstreckung der Vorauszahlung** sind weiter wirksam und müssen nicht ohne weiteres aufgehoben werden. Lediglich künftige Vollstreckungsmaßnahmen sind ausgeschlossen.[1] Insofern entfällt durch die Erledigung (Rz. 76 ff.) der Festsetzung der Titel.[2] 74

Der Höhe nach können die Vorauszahlungsansprüche aber nur insoweit geltend gemacht werden, als **aufgrund der Steuerfestsetzung noch Zahlungen** ausstehen.[3] Sie entfallen, wenn das Finanzamt die durch die Voranmeldungen bewirkten Festsetzungen oder Vorauszahlungsbescheide aufhebt oder sich aus der Steuerfestsetzung die Rechtswidrigkeit der Voranmeldung oder des Vorauszahlungsbescheids ergibt.[4] 75

2. Vorläufigkeit des Voranmeldungsverfahrens

Gleichwohl haben Vorauszahlungen nach nationalem Recht nur vorläufigen Charakter und **gehen in der Jahressteuer auf**. Sobald eine wirksame Steuerfestsetzung vorliegt, ist sie Grundlage für die Verwirklichung des Vorauszahlungsanspruchs und Rechtsgrund, dass das Finanzamt die geleisteten Vorauszahlungen behalten darf.[5] Ist keine Steuerfestsetzung mehr möglich, bleiben die Voranmeldungen oder Vorauszahlungsbescheide wirksam.[6] 76

Voranmeldungen (Rz. 20) und Vorauszahlungsbescheide (§ 164 Abs. 1 Satz 2 AO) erwachsen nicht in **materielle Rechtskraft** und sind für die Steuerfestsetzung nicht verbindlich. Die Steuerfestsetzung enthält die abschließende Entscheidung über die materiell entstandene Steuer und damit auch das endgültige Schicksal der Vorauszahlungen. Wirkt die Steuererklärung als Steuerfestsetzung oder ergeht ein Steuerbescheid, erledigen sich die Festsetzungen aufgrund der Voranmeldungen oder Vorauszahlungsbescheide in anderer Weise (§ 124 Abs. 2 AO).[7] 77

Sind Voranmeldungen oder Vorauszahlungsbescheide **Gegenstand von Einspruchs- oder Klageverfahren**, wird die Steuererklärung oder der Steuerbescheid Gegenstand dieser Verfahren (§ 365 Abs. 3 AO, § 68 FGO).[8] Eine Fortsetzungsfeststellungsklage zur Feststellung der Rechtswidrigkeit eines Vorauszahlungsbescheids ist nur in Ausnahmefällen zulässig.[9] 78

Wird die Steuerfestsetzung oder der Steuerbescheid **aufgehoben**, leben grundsätzlich die Voranmeldungen und Vorauszahlungsbescheide wieder auf. Dies gilt aber nicht, wenn der Grund für die Aufhebung jedes Entstehen von Umsatzsteuer ausschließt.[10] 79

3. Vereinbarkeit mit Unionsrecht

Die Vorläufigkeit des Voranmeldungsverfahrens erscheint zunächst kaum vereinbar mit der unionsrechtlichen Systematik (Rz. 6), nach der es entscheidend auf die Voranmeldungen ankommt. Zweck der **kurzen Besteuerungszeiträume in Art. 252 MwStSystRL** dürfte es aber vor allem sein, Finanzie- 80

1 BFH, Urt. v. 29.11.1984 – V R 146/83, BStBl. II 1985, 370 = UR 1985, 140.
2 *Birkenfeld* in FS 100 Jahre Umsatzsteuer in Deutschland, 197 (202 f.).
3 BFH, Urt. v. 24.1.1995 – VII R 144/92, BStBl. II 1995, 862 = UR 1996, 343; BFH, Urt. v. 12.10.1999 – VII R 98/98, BStBl. II 2000, 486 = UR 2000, 163, unter II.4.; BFH, Beschl. v. 13.3.2014 – V B 47/13, BFH/NV 2014, 827.
4 BFH, Urt. v. 24.1.1995 – VII R 144/92, BStBl. II 1995, 862 = UR 1996, 343, unter 4.; BFH, Urt. v. 17.3.2009 – VII R 38/08, BStBl. II 2009, 953 = UR 2009, 457, unter II.2.a.cc.
5 BFH, Urt. v. 12.10.1999 – VII R 98/98, BStBl. II 2000, 486 = UR 2000, 163, unter II.3.a.; vgl. BFH, Beschl. v. 3.7.1995 – GrS 3/93, BStBl. II 1995, 730 = FR 1995, 706 m. Anm. *Groh*, unter D.II.2.
6 BFH, Urt. v. 17.9.1992 – V R 17/86, BFH/NV 1993, 279, unter II.5.; *Birkenfeld* in FS 100 Jahre Umsatzsteuer in Deutschland, 197 (202 f.); offengelassen in BFH, Urt. v. 22.5.2012 – VII R 47/11, BStBl. II 2013, 3, Rz. 18.
7 Zum Ganzen BFH, Urt. v. 7.7.2011 – V R 42/09, BStBl. II 2014, 76 = UR 2011, 870, Rz. 27 f.; BFH, Urt. v. 7.7.2011 – V R 21/10, BStBl. II 2014, 81 = UR 2012, 44, Rz. 27 f.; BFH, Beschl. v. 11.2.2015 – V B 107/14, BFH/NV 2015, 698, Rz. 9; jeweils m.w.N.
8 BFH, Urt. v. 12.10.1999 – VII R 98/98, BStBl. II 2000, 486 = UR 2000, 163, unter II.3.; BFH, Urt. v. 19.5.2005 – V R 31/03, BStBl. II 2005, 671 = UR 2005, 496, unter II.1.; BFH, Urt. v. 19.7.2011 – XI R 21/10, BStBl. II 2012, 434 = UR 2012, 282, Rz. 20, 22 f.
9 BFH, Urt. v. 1.10.1992 – V R 81/89, BStBl. II 1993, 120 = UR 1993, 88, unter II.1.b.; BFH, Urt. v. 10.2.2010 – XI R 3/09, BFH/NV 2010, 1450 = UR 2010, 701, Rz. 22.
10 BFH, Urt. v. 22.5.2012 – VII R 47/11, BStBl. II 2013, 3, Rz. 15 f.

rungsvor- und -nachteile des Unternehmers als Steuereinnehmer für Rechnung des Staates[1] möglichst gering zu halten.

81 Art. 252 und 261 MwStSystRL schließen es weder ihrem Wortlaut noch ihrem Zweck nach aus, die entstandene **Steuer für mehrere Besteuerungszeiträume i.S.d. Art. 252 MwStSystRL zu verrechnen** oder die aufgrund einer Steuererklärung i.S.d. Art. 252 MwStSystRL festgesetzte Steuer aufgrund einer Jahressteuererklärung i.S.d. Art. 261 Abs. 1 Satz 1 MwStSystRL zu berichtigen. Art. 261 Abs. 1 Satz 2 MwStSystRL geht von einer solchen Berichtigung ausdrücklich aus. Im Ergebnis verstößt das Verhältnis von Voranmeldungsverfahren und Steuererklärung nach nationalem Recht daher nicht gegen Unionsrecht.

G. Fallweise abzugebende Erklärungen (Absatz 4a)

I. Steuerschuld aufgrund einzelner Umsätze (Absatz 4a Satz 1)

82 Voranmeldungen und Steuererklärungen müssen auch die in § 18 Abs. 4a Satz 1 UStG genannten Steuerpflichtigen abgeben, die nur aufgrund einzelner Umsätze Steuern schulden. Eine § 18 Abs. 2 Satz 3 UStG vergleichbare Möglichkeit zur **Befreiung** sieht das Gesetz nicht vor.[2]

II. Beschränkung der Voranmeldungspflicht (Absatz 4a Satz 2)

83 Voranmeldungen nach § 18 Abs. 4a UStG sind nur abzugeben, wenn im Voranmeldungszeitraum Steuern entstanden sind. Welcher Voranmeldungszeitraum gilt, bestimmt sich nach allgemeinen Grundsätzen (§ 18 Abs. 2 Sätze 1 und 2 UStG).[3] Die Verpflichtung zur **Abgabe von Steuererklärungen** bleibt unberührt.

III. Kein Wahlrecht (Absatz 4a Satz 3)

84 In den in § 18 Abs. 4a Satz 1 UStG genannten Fällen entsteht im laufenden Jahr **regelmäßig kein Vorsteuerüberschuss**. Des Wahlrechts nach § 18 Abs. 2a UStG bedarf es daher nicht.

H. Nichtunternehmer (Absatz 4b)

85 Die in § 18 Abs. 4b UStG genannten Personen schulden **Steuer ebenfalls aufgrund einzelner Vorgänge**. Daher besteht eine ähnliche Interessenlage wie in den in § 18 Abs. 4a UStG genannten Fällen. Unternehmer, die Steuer nach § 6a Abs. 4 Satz 2 UStG oder § 14c Abs. 2 UStG schulden, müssen sie in ihren regulären Voranmeldungen und Steuererklärungen berücksichtigen.

I. Erklärungen von Drittlandsunternehmern im Inland und von EU-Unternehmern in ihrem Heimatland (Absätze 4c bis 4e)

86 Die Absätze 4c-4e bilden einen zusammenhängenden Regelungskomplex innerhalb des § 18 UStG. Sie enthalten die verfahrensrechtlichen Regelungen zur Umsetzung der Sonderregelungen der Art. 358 ff. MwStSystRL für die Besteuerung von **Telekommunikations-, Rundfunk- und Fernseh- und elektro-**

1 Grundlegend EuGH, Urt. v. 20.10.1993 – C-10/92, ECLI:EU:C:1993:846 – Balocchi, UR 1994, 116; aus neuerer Zeit z.B. EuGH, Urt. v. 23.11.2017 – C-246/16, ECLI:EU:C:2017:887 – Di Maura, UR 2018, 37, Rz. 23, m.w.N.; BFH, Urt. v. 10.5.2017 – V R 43/14, V R 7/15, BFHE 257, 478 = UR 2017, 548, Rz. 16.

2 **A.A.** Abschn. 18.2 Abs. 4 Satz 1 UStAE.

3 Abschn. 18.2 Abs. 4 Satz 1 UStAE; *Kraeusel/Haunhorst/Reiß* in Reiß/Kraeusel/Langer, § 18 UStG Rz. 375 f. (Stand: Oktober 2022).

nischen Dienstleistungen (Art. 58 MwStSystRL). Aufgrund der Änderungen durch Art. 14 Nr. 11 Buchst. d bis f JStG 2020[1] gelten sie nur noch für Umsätze vor dem 1.7.2021, sind mithin auslaufendes Recht. Im Übrigen sind die Änderungen redaktioneller Art. Eine ausführliche Kommentierung der Absätze 4c bis 4e findet sich in der ersten Auflage des vorliegenden Kommentars, Rz. 86 ff.

J. Organisationseinheiten von Bund und Ländern (Absatz 4f)

I. Regelungsgegenstand

Die Absätze 4f und 4g gehen auf Art. 12 Nr. 5 des JStG 2020[2] zurück. Sie regeln die sog. **dezentrale Umsatzbesteuerung** von Bund und Ländern, die zuvor lediglich auf Verwaltungsvorschriften[3] beruhte. Statt einer einheitlichen Voranmeldung oder Erklärung durch eine zentrale Stelle, geben dabei alle Organisationseinheiten von Bund und Ländern, die als Unternehmer oder aus anderen Gründen Umsatzsteuererklärungen abgeben müssen, eigene Erklärungen ab. Die unionsrechtliche Grundlage dafür ist unklar.[4] Absatz 4f schreibt für Bund und Länder als Unternehmer (vgl. § 2b UStG) die dezentrale Besteuerung als Regel vor, Absatz 4g gestattet ihnen, als Finanzbehörden besondere Zuständigkeiten einzuführen. 87

Die Entwurfsbegründung nimmt an, einheitliche Erklärungen abzugeben, wäre für Bund und Länder aus tatsächlichen und rechtlichen Gründen zu schwierig.[5] Nachdem auch Großkonzerne einheitliche Erklärungen abgeben müssen, erschließt sich diese Annahme in tatsächlicher Hinsicht nicht ohne weiteres.[6] Rechtlich sollten die Selbständigkeit der Verfassungsorgane[7] und das **Ressortprinzip** (z.B. Art 65 Satz 2 GG) einheitlichen Erklärungen nicht entgegenstehen, da auch zu der Haushaltsrechnung (z.B. §§ 80 ff. BHO) alle Verfassungsorgane und Ressorts Beiträge übermitteln müssen. 88

II. Erklärungspflicht der Organisationseinheit (Satz 1)

1. Organisationseinheit

Der Begriff der Organisationseinheit ist für die dezentrale Besteuerung von zentraler Bedeutung, aber im Gesetz selbst nicht definiert. Auch die Entwurfsbegründung[8] enthält letztlich nur eine beispielhafte, nicht abschließende Aufzählung. Nach dieser Aufzählung und im Umkehrschluss aus der Entwurfsbegründung zu § 18 Abs. 4f Satz 4 UStG ist regelmäßig jede **Behörde** Organisationseinheit.[9] Dies belegt auch § 18 Abs. 4f Satz 5 UStG, der von einem Über- und Unterordnungsverhältnis zwischen verschiedenen Organisationseinheiten ausgeht, entsprechend dem Behördenaufbau. Keine Organisationseinheiten sind Einrichtungen mit eigener Rechtspersönlichkeit, z.B. die Bundesbank.[10] 89

Die mit der dezentralen Besteuerung bezweckte Rechtssicherheit und Verwaltungsvereinfachung[11] lässt sich am besten erreichen, wenn man als Organisationseinheit grundsätzlich jede **Dienststelle versteht, bei der Einnahmen oder Ausgaben bewirtschaftet werden** (vgl. § 9 BHO). Diese Dienststellen stehen eindeutig fest und führen ohnehin Aufzeichnungen über Ein- und Ausgaben. Ausnahmen für Sonderfälle sind möglich, aber ausdrücklich zu regeln (§ 18 Abs. 4f Sätze 4 und 5 UStG).[12] Das all- 90

1 BGBl. I 2020, 3096 (3116 f.); dazu BT-Drucks. 19/22850, 137 f.
2 BGBl. I 2020, 3096 (3108); zur Anwendung § 27 Abs. 22 Satz 7, Abs. 22a UStG.
3 Z.B. BayStMF v. 4.4.1990 – 36-S 7106-32/25-22937.
4 Krit. *Weber*, UVR 2020, 340 (347 f.).
5 BT-Drucks. 10/22850, 119.
6 Krit. zu der unterschiedlichen Behandlung auch *Sterzinger*, UR 2021, 417.
7 Vgl. *Weber*, UVR 2020, 340.
8 BT-Drucks. 19/22850, 119.
9 Ähnlich UStAE Abschn. 27a.1 Abs. 3 Satz 4; BMF, Schr. v. 22.5.2023 – III C 2-S 7107/19/10002 :004 – DOK 2023/0487685, BStBl. I 2023, 803 = UR 2023, 535, Rz. 4.
10 *Weber*, UVR 2020, 340 (342).
11 Vgl. BT-Drucks. 19/22850, 119.
12 *Weber*, UVR 2020, 340 (343).

gemeine Verwaltungsrecht steht dem schon deswegen nicht entgegen[1], weil der Gesetzgeber nicht gehindert ist, für das Steuerrecht abweichende Regelungen zu treffen, wie z. B. auch in § 78 Abs. 1 VwGO einerseits und in § 63 Abs. 1 FGO andererseits.

2. Begründung einer Erklärungspflicht

91 Umsatzsteuerliche Erklärungspflichten ergeben sich aus den übrigen Regelungen des § 18 UStG. Organisationseinheiten können Erklärungspflichten vor allem (nach auslaufendem Recht) als Betriebe gewerblicher Art (§ 2 Abs. 3 UStG) oder (künftig) als **Unternehmer** (§ 2 Abs. 1 und 2 UStG, siehe aber § 2b UStG) nach den Absätzen 1 (Rz. 11 ff.) und 3 (Rz. 57 ff.) begründen. Darüber hinaus müssen Organisationseinheiten Erklärungen abgeben, wenn sie aus anderen Gründen Steuern schulden (§ 18 Absätze 4a und 4b UStG, Rz. 82 ff.).

3. Rechte und Pflichten

92 Die Organisationseinheiten haben für die **Umsatzbesteuerung** alle Rechte und Pflichten, die mit den von ihnen abzugebenden Erklärungen zusammenhängen. Das Finanzamt kann und muss sich, insbesondere mit Verwaltungsakten, an die Organisationseinheiten wenden und die Organisationseinheiten können das Finanzamt nicht auf andere Organisationseinheiten der gleichen Gebietskörperschaft verweisen. Zu den Pflichten gehören nicht nur die Erklärungspflichten, sondern insbesondere auch die Zahlungs- und Mitwirkungspflichten[2]. Rechte sind insbesondere das Recht auf Vorsteuerabzug und auf die Erstattung von Guthaben[3] sowie Wahlrechte, sofern sie nicht nach § 18 Abs. 4f Satz 7 UStG zentral auszuüben sind. Die einzelnen Organisationseinheiten entscheiden auch, ob sie eine Dauerfristverlängerung (§ 46 UStDV) beantragen.[4]

III. Betroffene Verfahren (Satz 2)

93 Die verfahrensrechtliche Eigenständigkeit der Organisationseinheit gilt nach der Verweisung in § 18 Abs. 4f Satz 2 UStG insbesondere im **Besteuerungsverfahren (einschließlich Finanzprozess) und im Steuerstraf- und bußgeldverfahren**. Ersteres ergibt sich aus der Natur der Sache, letzteres erschließt sich nicht. Das Steuerstrafverfahren dient als eigenständiges Verfahren (§ 393 Abs. 1 Satz 1 AO) schon nicht, wie in § 18 Abs. 4f Satz 1 UStG vorausgesetzt, der (Umsatz-)Besteuerung. Um eine Strafbarkeit von Angehörigen anderer Organisationseinheiten auszuschließen, reicht die straf- und bußgeldrechtliche Verselbständigung nach § 18 Abs. 4f Satz 2 UStG einerseits nicht aus und ist andererseits nicht notwendig. Eine Steuerhinterziehung durch Tun (§ 370 Abs. 1 Nr. 1 AO) kann auch begehen, wer nicht zur Abgabe einer Erklärung verpflichtet ist.[5] Der Tatbestand der Steuerhinterziehung durch Unterlassen (§ 370 Abs. 1 Nr. 2 AO) knüpft an die steuerlichen Erklärungspflichten an und ist daher schon durch diese begrenzt.[6]

94 Straf- und Bußgeldverfahren können nur gegen natürliche Personen, nicht gegen Organisationseinheiten geführt werden. Die Verweisung auf Steuerstraf- und Bußgeldverfahren ist daher am ehesten so zu verstehen, dass eine etwaige Einziehung (§§ 73 ff. StGB) oder **Verbandsgeldbuße** (§ 30 OWiG)[7] gegenüber der Organisationseinheit zu verhängen ist, für die der Täter handelte. Auch dort wird sie aber im Ergebnis aus dem Haushalt der Gebietskörperschaft aufgebracht, weil die Organisationseinheit entweder mehr Mittel aus diesem Haushalt benötigt oder weniger Mittel zu diesem Haushalt beiträgt.

---

1 **A.A.** *Stadie*, UR 2022, 713 (714 f.).
2 Vgl. BMF, Schr. v. 22.5.2023 – III C 2-S 7107/19/10002 :004 – DOK 2023/0487685, BStBl. I 2023, 803 = UR 2023, 535, Rz. 33 ff.
3 Vgl. BMF, Schr. v. 22.5.2023 – III C 2-S 7107/19/10002 :004 – DOK 2023/0487685, BStBl. I 2023, 803 = UR 2023, 535, Rz. 46.
4 BMF, Schr. v. 22.5.2023 – III C 2-S 7107/19/10002 :004 – DOK 2023/0487685, BStBl. I 2023, 803 = UR 2023, 535, Rz. 28.
5 BGH, Urt. v. 7.10.2014 – 1 StR 182/14, wistra 2015, 188, Rz. 34, m.w.N.
6 BGH, Urt. v. 9.4.2013 – 1 StR 586/12, BGHSt 58, 218, Rz. 51 ff.
7 So auch *Weber*, UVR 2020, 340 (344).

IV. Einheit des Unternehmens (Satz 3)

Die verfahrensrechtliche Eigenständigkeit der Organisationseinheiten lässt den materiell-rechtlichen Grundsatz der Einheit des Unternehmens (§ 2 Abs. 1 Satz 2 UStG) unberührt. Eine Organisationseinheit, die sich unternehmerisch betätigt, ist deswegen nicht selbst Unternehmer, sondern Teil des **einheitlichen Unternehmens der Gebietskörperschaft**, der sie angehört. Dies entspricht der bisherigen Sichtweise.[1] Steuerbare Umsätze zwischen Organisationseinheiten der gleichen Gebietskörperschaft sind nicht möglich.[2] 95

Die Einheit des Unternehmens der Gebietskörperschaft bedeutet für sog. **janusköpfige Einrichtungen**, die für unterschiedliche Rechtsträger arbeiten, dass sie bei Vorliegen der sonstigen Voraussetzungen (Rz. 90) Organisationseinheit für jeden ihrer Rechtsträger sind. Verwirklichen sie Steuertatbestände, müssen sie daher unterscheiden, für welchen Rechtsträger sie dabei jeweils handeln und gegebenenfalls als Organisationseinheit jedes Rechtsträgers eine eigene Steuererklärung abgeben.[3] Einrichtungen, die wie die bayerischen Landratsämter (Art. 37 BayLKrO) zugleich Staats- und Kommunalbehörde sind, müssen eine Steuererklärung als Organisationseinheit des Staates und eine Steuererklärung für die (nicht dezentral besteuerte) Kommune abgeben. 96

V. Untergeordnete Organisationseinheiten (Satz 4)

1. Regelungsgegenstand

Die Gebietskörperschaften können unterhalb der sich aus dem allgemeinen Behördenaufbau ergebenden Organisationseinheiten (Rz. 90) zusätzliche Organisationseinheiten bilden. Nach der Entwurfsbegründung können untergeordnete Organisationseinheiten „innerhalb einer Behörde"[4] gebildet werden, **allein für Zwecke der dezentralen Besteuerung**, bei im Übrigen unverändertem Behördenaufbau. Dies schließt auch die Möglichkeit ein, nur einzelne Tätigkeitsbereiche zu verselbständigen, während die Organisationseinheit im Übrigen erhalten bleibt. 97

2. Organisationsentscheidung

Die **Organisationsentscheidung**, untergeordnete Organisationseinheiten zu bilden, trifft die jeweilige Organisationseinheit selbst oder eine vorgesetzte Behörde (Rz. 100). Das Gesetz fordert dafür keine bestimmte Form. Formerfordernisse können sich aber aus der für die Behörden geltenden Geschäftsordnung ergeben. Eine Anzeige an das Finanzamt schreibt das Gesetz nicht vor, ähnlich wie auch sonst Unternehmer nicht jede Umstrukturierung als solche mitteilen, sondern lediglich die Folgerungen daraus ziehen müssen. 98

Nach der Entwurfsbegründung soll die Entscheidung mitteilen, ob die zu bildende untergeordnete Organisationseinheit **ihrerseits untergeordnete Organisationseinheiten bilden** darf.[5] Der Gesetzeswortlaut spricht demgegenüber dafür, dass auch die untergeordnete Organisationseinheit nach ihrer Bildung eine Organisationseinheit ist und daher selbständig weitere untergeordnete Organisationseinheiten bilden kann. 99

---

1 Vgl. BFH, Urt. v. 18.8.1988 – V R 194/83, BStBl. II 1988, 932, unter II.2, UR 1988, 382; BFH, Urt. v. 17.3.2010 – XI R 17/08, BStBl. II 2017, 828 = UR 2010, 943; grundsätzlich **a.A.** *Stadie*, UR 2022, 713 (716).

2 BT-Drucks. 19/22850, 120; BMF, Schr. v. 22.5.2023 – III C 2-S 7107/19/10002 :004 – DOK 2023/0487685, BStBl. I 2023, 803 = UR 2023, 535, Rz. 3, 63 ff.

3 So auch BMF, Schr. v. 22.5.2023 – III C 2-S 7107/19/10002 :004 – DOK 2023/0487685, BStBl. I 2023, 803 = UR 2023, 535, Rz. 8; *Sterzinger*, UR 2021, 417 (419).

4 BT-Drucks. 19/22850, 119; ebenso BMF, Schr. v. 22.5.2023 – III C 2-S 7107/19/10002 :004 – DOK 2023/0487685, BStBl. I 2023, 803 = UR 2023, 535, Rz. 15, 17; *Sterzinger*, UR 2021, 417 (418).

5 BT-Drucks. 19/22850, 119; BMF, Schr. v. 22.5.2023 – III C 2-S 7107/19/10002 :004 – DOK 2023/0487685, BStBl. I 2023, 803 = UR 2023, 535, Rz. 16.

3. Geschäftsbereich

100 **Geschäftsbereich** bezeichnet herkömmlicherweise das Ressort (vgl. Art. 65 Satz 2 GG), d.h. den sachlichen Zuständigkeitsbereich einer obersten Dienstbehörde, mit örtlicher Zuständigkeit für das gesamte Gebiet der Gebietskörperschaft. Dies schließt die Möglichkeit ein, unmittelbar Organisationsentscheidungen für nachgeordnete Behörden treffen zu können.[1] Bezogen auf andere Behörden (Mittelbehörden), die ebenfalls Organisationseinheiten sind, meint der Geschäftsbereich die örtliche und sachliche Zuständigkeit der Behörde selbst und etwaiger nachgeordneter Behörden (Unterbehörden).[2]

VI. Übertragung von Rechten und Pflichten und Zusammenfassung von Organisationseinheiten (Satz 5)

101 Spiegelbildlich zur Bildung untergeordneter Organisationseinheit können die Gebietskörperschaften durch Organisationsentscheidung (Rz. 98) auch Zuständigkeiten für mehrere Organisationseinheiten **konzentrieren**, ohne in den Behördenaufbau selbst einzugreifen. Die begriffliche Unterscheidung zwischen der Übertragung von Zuständigkeiten und der Zusammenfassung von Organisationseinheiten dürfte im Hinblick auf die Einheit des Unternehmens (Rz. 95) und die Finanzierung aus dem gleichen Haushalt praktisch zu vernachlässigen sein. Die Finanzverwaltung will insofern ohnehin „große Flexibilität" walten lassen.[3]

102 Zuständig für die Konzentration ist die jeweils übergeordnete Organisationseinheit. Sind beide betroffenen Organisationseinheiten der gleichen Mittelbehörde nachgeordnet, ist diese Mittelbehörde die übergeordnete Organisationseinheit, ansonsten ist es innerhalb eines Geschäftsbereichs (Rz. 100) die oberste Dienstbehörde. Sind mehrere Geschäftsbereiche betroffen, ist wegen des **Ressortprinzips** (z.B. Art. 65 Satz 2 GG) regelmäßig ein Beschluss der Bundes- oder Landesregierung herbeizuführen. Bundeskanzleramt oder Staatskanzlei haben zwar aufgrund ihrer Koordinierungsfunktion besondere politische Gestaltungsmöglichkeiten, stehen aber rechtlich nicht über den Ressorts.[4]

103 Die Konzentration ist nur mit Wirkung für die Zukunft möglich. In der Folge sind auf die neu zuständige oder neu geschaffene Organisationseinheit die Grundsätze der **Gesamtrechtsnachfolge** (§ 45 AO) entsprechend anzuwenden.

VII. Betragsgrenzen (Satz 6)

104 Die Regelung zu den Betragsgrenzen ist Ausdruck der Einheit des Unternehmens (Rz. 95). Da die einzelnen Organisationseinheiten nicht sicher wissen können, ob sie zusammen mit den anderen Organisationseinheiten die Betragsgrenzen überschreiten, enthält das Gesetz im Sinne der Rechtssicherheit eine **Typisierung**[5] und nimmt die Ungleichbehandlung mit anderen Unternehmern im Einzelfall in Kauf.[6] Ein abweichender Vorschlag des Bundesrats[7] setzte sich nicht durch. § 18 Abs. 4f Satz 6 UStG wurde schon unmittelbar nach seiner Einführung als Folgeänderung zur Einführung des § 3c UStG geändert.[8]

---

1 So auch *Sterzinger*, UR 2021, 417 (418).
2 BMF, Schr. v. 22.5.2023 – III C 2-S 7107/19/10002 :004 – DOK 2023/0487685, BStBl. I 2023, 803 = UR 2023, 535, Rz. 12.
3 BMF, Schr. v. 22.5.2023 – III C 2-S 7107/19/10002 :004 – DOK 2023/0487685, BStBl. I 2023, 803 = UR 2023, 535, Rz. 13.
4 **A.A.** *Sterzinger*, UR 2021, 417 (418).
5 BT-Drucks. 19/22850, 120; BMF, Schr. v. 22.5.2023 – III C 2-S 7107/19/10002 :004 – DOK 2023/0487685, BStBl. I 2023, 803 = UR 2023, 535, Rz. 22 ff.
6 Krit. *Sterzinger*, UR 2021, 417 (418 f.).
7 BR-Drucks. 503/20 (B), 56.
8 Art. 14 Nr. 11 Buchst. g JStG 2020, BGBl. I 2020, 3096 (3317); dazu BT-Drucks. 19/22850, 138.

VIII. Ausübung von Wahlrechten (Satz 7)

Als Folge der Einheit des Unternehmens (Rz. 95) können die Gebietskörperschaften auch Wahlrechte, deren Rechtsfolgen das ganze Unternehmen erfassen, denknotwendig nur einheitlich ausüben. Die Regelung ist insofern bemerkenswert, als sie entgegen der Grundannahme des Absatzes 4f (Rz. 88) die Möglichkeit zur **einheitlichen Willensbildung und -äußerung** voraussetzt. 105

Ob und gegebenenfalls wie der Bund oder ein Land diesen Willen bilden und durch welches Organ sie ihn äußern, richtet sich nach dem jeweiligen **Staatsorganisationsrecht**. Soweit mehrere Verfassungsorgane beteiligt sein sollen, kommt eine Verwaltungsvereinbarung als koordinationsrechtlicher öffentlich-rechtlicher Vertrag in Betracht. 106

IX. Option zur zentralen Besteuerung (Satz 8)

Nach Absatz 4f ist dezentrale Besteuerung die Regel. Eine zentrale Besteuerung setzt als **Ausnahme** eine einheitlich zu treffende und zu erklärende (Rz. 105 f.) Entscheidung voraus. Allein ein Beschluss der Bundes- oder Landesregierung dürfte, sofern auch andere Verfassungsorgane betroffen sind, nicht genügen.[1] Findet – wie wohl regelmäßig – unternehmerische Tätigkeit vorwiegend im Bereich der Exekutive statt, ist zuständiges Finanzamt das für die Regierung zuständige Finanzamt (§ 21 Abs. 1 Satz 1 AO). Bei der zentralen Besteuerung wendet die Finanzverwaltung die Überschreitungsvermutung für Betragsgrenzen (§ 18 Abs. 4f Satz 6 UStG) nicht an, Wahlrechte sind aber (umso mehr) einheitlich auszuüben.[2] 107

K. Sonderzuständigkeit für die Besteuerung von Organisationseinheiten (Absatz 4g)

I. Regelungsgegenstand

Absatz 4g ermöglicht der FinVerw., die **Zuständigkeit für die Besteuerung von Organisationseinheiten** von Bund und Ländern (Absatz 4f) abweichend von § 21 Abs. 1 AO zu regeln. Wegen der Einheit des Unternehmens wären sonst für alle Organisationseinheiten die Finanzämter an den jeweiligen Regierungssitzen zuständig, weil die Gebietskörperschaften dort die wichtigsten Entscheidungen treffen.[3] Bei den abweichenden Regelungen ist zwischen landesinternen Zuständigkeitsregelungen, länderübergreifenden Zuständigkeitsregelungen und der Zuständigkeit für Organisationseinheiten des Bundes zu unterscheiden. 108

Nach der Entwurfsbegründung[4] soll Absatz 4g eine Spezialvorschrift zu § 27 AO sein. Anders als § 27 AO setzt Absatz 4g aber nicht die **Zustimmung** der betroffenen Organisationseinheit voraus. 109

II. Landesinterne Zuständigkeit (Satz 1)

Landesintern kann die oberste Landesfinanzbehörde abweichende Zuständigkeiten durch einseitige **Anordnung** begründen oder eine andere Landesfinanzbehörde damit beauftragen. Diese beauftragte Landesfinanzbehörde kann namentlich die Mittelbehörde der Steuerverwaltung des jeweiligen Landes sein, die abweichende Zuständigkeit kann insbesondere dahin gehen, dass jeweils das Finanzamt, in dessen Bezirk die Organisationseinheit sitzt, zuständig ist. 110

1 **A.A.** *Sterzinger*, UR 2021, 417.

2 BMF, Schr. v. 22.5.2023 – III C 2-S 7107/19/10002 :004 – DOK 2023/0487685, BStBl. I 2023, 803 = UR 2023, 535, Rz. 31 f.

3 BT-Drucks. 19/22850, 120; BFH, Urt. v. 19.12.2000 – VII R 86/99, BFH/NV 2001, 742, unter II.1., UR 2001, 302; BFH, Urt. v. 24.4.2014 – IV R 25/11, BStBl. II 2014, 819, Rz. 28, DB 2014, M13; BMF, Schr. v. 22.5.2023 – III C 2-S 7107/19/10002 :004 – DOK 2023/0487685, BStBl. I 2023, 803 = UR 2023, 535, Rz. 69.

4 BT-Drucks. 19/22850, 120.

111 Formal unterscheiden sich Anordnungen nach § 18 Abs. 4g Satz 1 UStG von den Zuständigkeitsregelungen nach § 17 Abs. 2 Satz 3 FVG dadurch, dass sie nicht als **Rechtsverordnung** ergehen müssen. Inhaltlich ermöglicht § 17 Abs. 2 Satz 3 FVG nur die Zentralisierung, nicht aber die in § 18 Abs. 4g Satz 1 UStG bezweckte Dezentralisierung.

III. Länderübergreifende Zuständigkeit (Satz 2)

112 Länderübergreifende Zuständigkeitsregelungen sind nur als zweiseitige **Vereinbarungen** aller betroffenen Länder möglich. Die verschiedenen Landesfinanzverwaltungen stehen nicht in einem Über-/Unterordnungsverhältnis, das einseitige Regelungen ermöglichen würde. Soll ein Land die Besteuerung einer in einem dritten Land belegenen Organisationseinheit eines anderen Landes übernehmen, die ansonsten von dem anderen Land aus zu besteuern wäre, soll allerdings das dritte Land nicht zu beteiligen sein.[1]

113 Die **praktische Bedeutung** dieser Regelung erscheint fraglich. Die meisten Länder dürften lieber die Erschwernisse in Kauf nehmen, die mit der Besteuerung einer „auswärtigen" Organisationseinheit von einem Finanzamt in der eigenen Landeshauptstadt verbunden sind, als sich – auch nur für diese Organisationseinheit – einer fremden Besteuerung zu unterwerfen.

IV. Zuständigkeit für Organisationseinheiten des Bundes (Satz 3)

114 Der Bund als Gebietskörperschaft ist ein Sonderfall, da er einerseits in seiner Hauptstadt nicht der Besteuerung durch eigene Finanzbehörden, sondern durch die **Berliner FinVerw.** unterliegt. Zum anderen, da seine Organisationseinheiten besonders weit verteilt sind. Daher kann die Berliner FinVerw. unmittelbar mit anderen Landesfinanzverwaltungen besondere Zuständigkeiten, (des Finanzamts) in dessen Bezirk die Organisationseinheit sitzt, vereinbaren.

115 Die Regelung zielt auf Organisationseinheiten außerhalb Berlins. Der Bund hat bei der Zuständigkeitsvereinbarung **kein Mitspracherecht**.[2] Die beteiligten Landesfinanzbehörden müssen den betroffenen Organisationseinheiten lediglich das Ergebnis ihrer Vereinbarung mitteilen, dass diese wissen, wo sie ihre Steuererklärungen abzugeben haben.

116–118 frei

L. Beförderungseinzelbesteuerung (Absatz 5)

119 Die Beförderungseinzelbesteuerung (§ 16 Abs. 5 UStG, § 16 Rz. 30 ff.) knüpft auch verfahrensrechtlich nicht an bestimmte Voranmeldungs- oder Erklärungszeiträume, sondern an den einzelnen Umsatz an. Die Erklärungs- und Zahlungspflichten sind daher **unmittelbar bei Ausführung des Umsatzes** zu erfüllen.

120 Der Beförderer gibt **bei Grenzübertritt die Erklärung in zwei Exemplaren** ab (§ 18 Abs. 5 Nr. 1 UStG), die zuständige Zolldienststelle (s. § 18 Abs. 11 UStG, Rz. 183 f.) setzt auf beiden Exemplaren die Steuer fest und gibt ein Exemplar dem Beförderer zurück, der anschließend die Steuer zahlt und sein Exemplar und die Steuerquittung während der Fahrt mitführt (§ 18 Abs. 5 Nr. 2 UStG). Ändert sich nach Einreise die zunächst zugrunde gelegte Bemessungsgrundlage, ist bei der Ausreise erneut eine (geänderte) Erklärung in zwei Exemplaren abzugeben, die Steuer wird festgesetzt und ein Unterschiedsbetrag entrichtet oder erstattet (§ 18 Abs. 5 Nr. 3 UStG).

121 Die Steuererklärung bei der Beförderungseinzelbesteuerung ist keine Steueranmeldung (§ 168 AO). Das Gesetz sieht zwingend eine **Steuerfestsetzung durch die Zolldienststelle** vor. Erst diese Festset-

1 *Weber*, UVR 2020, 340 (346).
2 *Weber*, UVR 2020, 340 (346).

zung ist ein Verwaltungsakt (§ 118 AO), gegen den der Einspruch (§ 347 AO) gegeben ist.[1] Da die Zolldienststelle für die Finanzbehörde handelt (§ 16 Abs. 5 Satz 3 UStG), darf sie einem Einspruch abhelfen (§ 367 Abs. 3 Satz 2 AO). Im Übrigen führt das Einspruchsverfahren das zuständige Finanzamt durch.[2]

Vorsteuer müssen Unternehmer, die ausschließlich der Beförderungseinzelbesteuerung unterliegende Umsätze ausführen, im **Vergütungsverfahren** geltend machen (§ 59 Abs. 1 Satz 1 Nr. 2 UStDV). Sie können aber die Regelbesteuerung beantragen (§ 16 Abs. 5b, § 18 Abs. 5b UStG, Rz. 125 ff.). 122

M. Fahrzeugeinzelbesteuerung (Absatz 5a)

Bei der Fahrzeugeinzelbesteuerung (§ 18 Abs. 5a UStG) muss der Erwerber **für jeden Erwerb** binnen zehn Tagen (§ 108 AO) nach Entstehung der Steuer **eine eigene Steueranmeldung** (§ 150 Abs. 1 Satz 3, § 168 AO)[3] einreichen (§ 18 Abs. 5a Satz 1 UStG) und, sofern er sie nicht elektronisch übermittelt, eigenhändig unterschreiben (§ 18 Abs. 5a Satz 2 UStG). Ebenfalls binnen zehn Tagen nach Entstehung ist die Steuer fällig (§ 18 Abs. 5a Satz 4 UStG), des zusätzlichen Hinweises auf die Zahlungspflicht bedürfte es nicht (Rz. 28). 123

Die Befugnis, die **Steuer durch Bescheid festzusetzen**, wenn der Steuerpflichtige sie nicht anmeldet, ergibt sich allgemein aus § 167 Abs. 1 Satz 1 AO. § 18 Abs. 5a Satz 3 UStG ist insofern rein klarstellend. 124

N. Verzicht auf Beförderungseinzelbesteuerung (Absatz 5b)

Beantragen Unternehmer, die der Beförderungseinzelbesteuerung unterliegen, die Regelbesteuerung (§ 16 Abs. 5b UStG), müssen sie eine **Steuererklärung** (§ 18 Abs. 3 UStG) abgeben. Die Abgabe der Steuererklärung ist regelmäßig ein konkludenter Antrag auf Regelbesteuerung. Da der Antrag erst nach Ablauf des Besteuerungszeitraums (§ 16 Abs. 1 Satz 2 UStG) gestellt werden kann, kommen Voranmeldungen nicht mehr in Betracht. 125

Das Verhältnis zwischen der Steuererklärung und den zuvor festgesetzten Einzelsteuern ergibt sich aus § 18 Abs. 5b Satz 2 UStG. Die Verweisung auf § 18 Abs. 4 UStG in § 18 Abs. 5b Satz 1 UStG betrifft daher m.E. nur die Fälligkeit eines **Unterschiedsbetrags zugunsten des Finanzamts.** 126

Die FinVerw. fordert für die Anrechnung der Einzelsteuern auf die Jahressteuer, dass der Unternehmer die einzelnen Steuerfestsetzungen und Steuerquittungen vorlegt.[4] Das Gesetz schließt aber einen anderen Nachweis nicht aus. M.E. reicht es daher aus, wenn der Unternehmer durch Angaben zu den einzelnen Beförderungen dem Finanzamt ermöglicht, die jeweiligen **Einzelsteuern bei den Zolldienststellen zu ermitteln.** 127

O. Dauerfristverlängerung (Absatz 6)

I. Ermächtigungsgrundlage (Absatz 6 Satz 1)

Auf der Ermächtigungsgrundlage in § 18 Abs. 6 Satz 1 UStG beruhen die Vorschriften der §§ 46–48 UStDV über die sog. Dauerfristverlängerung. Die Dauerfristverlängerung beträgt **einen Monat** (§ 46 UStDV) unabhängig davon, wie lange der Voranmeldungszeitraum (§ 18 Abs. 2 UStG, Rz. 30 ff.) ist. Dies ist von Art. 252 MwStSystRL gedeckt. 128

Erscheint der **Steueranspruch gefährdet**, ist die Dauerfristverlängerung abzulehnen oder zu widerrufen. Zu entscheiden ist aufgrund einer Prognose. Gibt ein Unternehmer Voranmeldungen nicht frist- 129

1 S.a. Abschn. 18.8 Abs. 2 Satz 1 UStAE.
2 Abschn. 18.8 Abs. 2 Sätze 3 und 4 UStAE.
3 S.a. Abschn. 18.9 Abs. 1 UStAE.
4 Abschn. 18.9 Abs. 3 Satz 3 UStAE.

gerecht ab,[1] ist er nachhaltig mit Steuerzahlungen im Rückstand[2] oder ist er oder sein Vertreter einer Steuerstraftat verdächtig,[3] kommt eine Dauerfristverlängerung nicht in Betracht.

130 Das Verfahren für die Dauerfristverlängerung ist in § 48 UStDV geregelt. Die Verlängerung wird zwar nur auf Antrag, aber **regelmäßig stillschweigend** gewährt.[4] Sie kommt auch bei Neuaufnahme einer unternehmerischen Tätigkeit in Betracht (vgl. § 47 Abs. 3 UStDV).[5]

II. Sondervorauszahlung (Absatz 6 Satz 2)

131 Die gesetzliche Ermächtigung erstreckt sich ausdrücklich auch auf die in der Verordnung vorgesehene Sondervorauszahlung (§§ 47, 48 Abs. 2–4 UStDV). Die Sondervorauszahlung müssen nur Unternehmer leisten, die zu **monatlichen Voranmeldungen** (§ 18 Abs. 2 Sätze 2, 4 und 5, Rz. 32 ff., 44 ff., 47 ff.) verpflichtet sind.

132 Die Sondervorauszahlung ist **in jedem Jahr**, in dem der Unternehmer die Dauerfristverlängerung in Anspruch nimmt, von neuem gesondert anzumelden und zu entrichten (§ 48 Abs. 2 UStDV). Als Vorauszahlung auf die Jahressteuer ist sie mit der Voranmeldung für den letzten Monat des Jahres zu verrechnen für den die Dauerfristverlängerung gilt, unabhängig davon, ob sie danach weiter gilt. Nur ein danach verbleibendes Guthaben ist zu erstatten (§ 48 Abs. 4 UStDV).[6] Dies betrifft aber das Erhebungs-, nicht schon das Festsetzungsverfahren.[7]

P. Handel mit Edelmetallen (Absatz 7)

I. Börsenhandel zwischen Unternehmen (Absatz 7 Satz 1)

133 § 18 Abs. 7 UStG ist die Rechtsgrundlage für § 49 UStDV. Danach wird unter den dort genannten Voraussetzungen die **Mehrwertsteuer nicht erhoben**. Für Umsätze mit Anlagegold gilt allerdings § 25c UStG.

134 Im Handel zwischen Unternehmen (§ 49 Nr. 1 UStDV) steht der Steuer jeweils die Vorsteuer in gleicher Höhe gegenüber. Verzichtet sowohl der Fiskus auf die Steuer als auch der Leistungsempfänger auf den Vorsteuerabzug, kann dies, wie von § 18 Abs. 7 UStG bezweckt, den Beteiligten **Verwaltungsaufwand ersparen**, wirkt sich im Übrigen aber nicht auf das wirtschaftliche Ergebnis aus.

135 M.E. ist § 49 UStDV **in der derzeitigen Fassung überholt**. Die derzeitige Fassung gilt im Wesentlichen unverändert seit 1980. Sie ist aufgrund der Steuerfreiheit für die Lieferung (§ 25c Abs. 1 Satz 1 UStG) und bestimmte sonstige Leistungen (§ 25c Abs. 1 Satz 2 UStG) im Zusammenhang mit Anlagegold zu einem erheblichen Teil gegenstandslos. Auch geht sie von der Steuerschuldnerschaft des leistenden Unternehmers aus (vgl. § 49 Nr. 3 UStDV), obwohl bei Lieferungen von Gold, Silber und Platin, soweit sie nicht steuerfrei sind, vielfach der Leistungsempfänger die Steuer schuldet (§ 13b Abs. 2 Nr. 9, 11 i.V.m. Anlage 4 UStG).

136 Zudem betreffen § 18 Abs. 7 UStG und § 49 UStDV nach ihrem Wortlaut die **Erhebung**, nicht die Festsetzung. Der Steuerschuldner müsste daher gleichwohl seine Erklärungspflichten erfüllen und die erforderlichen Aufzeichnungen führen. Sofern es nicht zu einer Umkehr der Steuerschuldnerschaft kommt und Steuerschuld und Vorsteuer zusammenfallen, würde er sich ansonsten sogar strafbar ma-

---

1 Abschn. 18.4 Abs. 1 Satz 3 UStAE.
2 FG Hamburg, Urt. v. 18.8.2008 – 2 K 88/08, ECLI:DE:FGHH:2008:0818.2K88.08.0A.
3 FG Köln, Urt. v. 12.12.2012 – 9 K 2349/10, ZWH 2013, 280.
4 Abschn. 18.4 Abs. 1 Satz 1 UStAE; vgl. BFH, Beschl. v. 29.10.1993 – V B 38/93, BFH/NV 1994, 589 = UR 1994, 439.
5 Abschn. 18.7 Abs. 4 UStAE.
6 S.a. BFH, Urt. v. 7.7.2005 – V R 63/03, BStBl. II 2005, 813 = UR 2005, 566; BFH, Urt. v. 16.12.2008 – VII R 17/08, BStBl. II 2010, 91 = UR 2009, 392.
7 So auch *Treiber* in Sölch/Ringleb, § 18 UStG Rz. 637 (Stand: März 2021); missverständlich hingegen Abschn. 18.4 Abs. 5 Sätze 1 und 2 UStAE.

chen, da eine Steuerverkürzung (§ 370 Abs. 4 Satz 1 AO) schon durch die fehlerhafte Festsetzung eintritt.[1] Dies spricht dafür, den Verzicht auf die Erhebung in § 18 Abs. 7 UStG, § 49 UStDV mit Blick auf den Gesetzeszweck als Steuerbefreiung zu verstehen.

Gesetz- und Verordnungsgeber sollten daher prüfen, ob die Umsätze mit Silber, Platin und nicht von § 25c UStG erfasstem Gold so bedeutend sind, dass es weiterhin einer **Sonderregelung** bedarf. Gegebenenfalls sollten sie § 18 Abs. 7 UStG und § 49 UStDV unter Berücksichtigung von § 13b UStG entsprechend anpassen. 137

II. Münzen und Medaillen (Absatz 7 Satz 2)

Die Ausnahme für Münzen und Medaillen ist in der Entwurfsbegründung[2] nicht näher erläutert. Soweit sie auf Münzen und Medaillen als **Sammlergegenstände** zielt,[3] dürften diese regelmäßig nicht an Wertpapierbörsen gehandelt werden. 138

Q. Vergütungsverfahren (Absatz 9)

I. Regelungsgegenstand

§ 18 Abs. 9 UStG ist die gesetzliche Grundlage für das Vorsteuervergütungsverfahren. Er enthält die Ermächtigung, für die Vergütung ein **besonderes Verfahren** vorzusehen (§ 18 Abs. 9 Sätze 1 und 2 UStG), und regelt das Verhältnis dieses Verfahrens zum allgemeinen Besteuerungsverfahren (§ 18 Abs. 9 Satz 3 UStG). Zuständig für das Vorsteuervergütungsverfahren ist das BZSt (§ 5 Abs. 1 Nr. 8 FVG). 139

Der **Vergütungsanspruch in der Sache** ergibt sich grundsätzlich aus § 15 UStG.[4] § 18 Abs. 9 UStG enthält aber besondere Maßgaben zu Grund und Höhe des Vergütungsanspruchs (§ 18 Abs. 9 Sätze 3–7 UStG). Die Vorschrift ist insofern nicht rein verfahrensrechtlicher Natur. 140

II. Allgemeine Ermächtigung (Absatz 9 Satz 1)

1. Verpflichtung des Verordnungsgebers

§ 18 Abs. 9 Satz 1 UStG ist nach seinem Wortlaut eine Ermächtigung, für die Vorsteuervergütung ein besonderes Verfahren zu regeln. Unionsrechtlich ist das Vorsteuervergütungsverfahren in **Art. 171 MwStSystRL i.V.m. der 13. EG-Richtlinie für Drittlandsunternehmen und der EG-Richtlinie 2008/9 für EU-Auslandsunternehmen** für die Mitgliedstaaten verbindlich und mit vom allgemeinen Besteuerungsverfahren abweichenden Regelungen vorgeschrieben.[5] 141

Bei unionsrechtskonformer Auslegung bedeutet die Ermächtigung daher eine Verpflichtung des Verordnungsgebers. Der Verordnungsgeber setzte diese Verpflichtung in **§§ 59 ff. UStDV** um. Soweit darin Drittlandsunternehmer und EU-Auslandsunternehmer unterschiedlich behandelt werden, liegt darin wegen der abweichenden unionsrechtlichen Vorgaben keine unzulässige Ungleichbehandlung. Das unionsrechtliche Diskriminierungsverbot (Art. 18 AEUV) gilt nicht für Drittstaatsangehörige.[6] 142

---

1 **A.A.** *Treiber* in Sölch/Ringleb, § 18 UStG Rz. 719 (Stand: März 2021).

2 BT-Drucks. 8/2827, 76.

3 Vgl. *Hildesheim* in Offerhaus/Söhn/Lange, § 18 UStG Rz. 252 (Stand: April 2023).

4 BFH, Urt. v. 18.1.2007 – V R 22/05, BStBl. II 2007, 426 = UR 2007, 350, unter II.3.b.aa.; EuGH, Urt. v. 21.10.2021 – C-80/20, ECLI:EU:C:2021:870 – Wilo Salmson France, UR 2021, 876 Rz. 57; *Treiber* in Sölch/Ringleb, § 18 UStG Rz. 800 (Stand: März 2021).

5 Vgl. z.B. EuGH, Urt. v. 2.5.2019 – C-133/18, ECLI:EU:C:2019:354 – Sea Chefs Cruise Services, UR 2019, 507, Rz. 33 ff.

6 BFH, Urt. v. 8.8.2013 – V R 3/11, BStBl. II 2014, 46 = UR 2014, 362, Rz. 35.

2. Anwendungsbereich gemäß § 59 UStDV

143 Die Anwendung des Vergütungsverfahrens ist beschränkt auf **im Ausland ansässige Unternehmer**, die im Vergütungszeitraum (Rz. 166) im Inland keine steuerpflichtigen Umsätze ausgeführt haben, für die sie die Steuer schulden und die im regulären Besteuerungsverfahren zu erklären sind (§ 59 Satz 1 UStDV). Welche Unternehmer in diesem Sinne im Ausland ansässig sind, ist in § 59 Satz 2 UStDV legal definiert. Diese Definition entspricht in der Fassung des Art. 12 Nr. 9 des Elektromobilitätsgesetzes den unionsrechtlichen Vorgaben.[1]

3. Geltung der AO

144 Das Vorsteuervergütungsverfahren ist ein vom allgemeinen Besteuerungsverfahren abweichendes, **eigenständiges Verfahren**. Gleichwohl unterliegt es grundsätzlich den Bestimmungen der AO (vgl. § 1 Abs. 1 Satz 1 AO).

145 Anwendbar sind daher insbesondere die Vorschriften über die Mitwirkungspflichten (§ 90 AO)[2], über Verwaltungsakte und ihre Bestandskraft (§§ 118 ff. AO) und über die Erhebung (§§ 218 ff. AO). Lehnte das BZSt es ab, die in einer bestimmten Rechnung ausgewiesene Vorsteuer zu vergüten, und wurde die Ablehnung **bestandskräftig**, kann der Unternehmer die Vorsteuer daher nicht noch einmal geltend machen.[3] Die UStDV lässt zwar nach einem Vergütungsantrag für ein Kalenderjahr – einmalig[4] – einen weiteren Vergütungsantrag gleichsam als Nachtrag zu, aber nur für zuvor nicht geltend gemachte Vorsteuerbeträge (§ 60 Satz 4 UStDV).

III. Einzelne Verfahrensfragen (Absatz 9 Satz 2)

1. Mindesthöhe (Absatz 9 Satz 2 Nr. 1)

146 Beträge unter 400 Euro, bei Anträgen, die sich auf ein Jahr oder den Rest eines Jahres beziehen, unter 50 Euro, werden im übrigen Gemeinschaftsgebiet ansässigen Unternehmern nicht vergütet (§ 61 Abs. 3 UStDV). Unionsrechtliche Grundlage dafür ist **Art. 17 EG-Richtlinie 2008/9.**

147 Für Drittlandsunternehmer betragen die entsprechenden Mindestbeträge 1.000 Euro und 500 Euro (§ 61a Abs. 3 UStDV). **Art. 3 Abs. 1 Satz 1 13. EG-Richtlinie** lässt den Mitgliedstaaten insofern weiten Spielraum.

2. Antragsfrist (Absatz 9 Satz 2 Nr. 2)

148 Im übrigen Gemeinschaftsgebiet ansässige Unternehmer müssen den Vergütungsantrag grundsätzlich innerhalb von **neun Monaten** nach Ablauf des Kalenderjahres bei dem Mitgliedstaat einreichen, in dem sie ansässig sind (§ 61 Abs. 1 Satz 1, Abs. 2 Satz 1 UStDV, siehe auch Art. 15 EG-Richtlinie 2008/9). Für Drittlandsunternehmer gilt eine Antragsfrist von **sechs Monaten** beim BZSt (§ 61a Abs. 1 Satz 1, Abs. 2 Satz 1 UStDV).

149 Die Antragsfrist ist unionsrechtskonform als **Ausschlussfrist** auszulegen.[5] Wiedereinsetzung (§ 110 AO) ist aber möglich.[6] Der Unternehmer muss daher bis zum Fristablauf einen ordnungsgemäßen und vollständigen (§ 61 Abs. 1 Satz 2 Nr. 1, 2 UStG, vgl. Art. 8, 9 EG-Richtlinie 2008/9) Antrag einreichen.[7] Die Antragsfrist gilt nicht nur für den regulären Antrag, sondern auch für einen weiteren Antrag (§ 60 Satz 4 UStDV), da die UStDV insofern keine abweichende Frist vorsieht.

1 BR-Drucks. 356/19, 193 f.; zuvor BFH, Urt. v. 5.6.2014 – V R 50/13, BStBl. II 2014, 813.
2 Abschn. 18.10 Abs. 2 Satz 3 UStAE.
3 BFH, Beschl. v. 30.4.2019 – V B 43/17, BFH/NV 2019, 847 = UR 2019, 590, Rz. 7 ff.
4 Vgl. Abschn. 18.12 Abs. 2 Satz 3 UStAE.
5 EuGH, Urt. v. 2.5.2019 – C-133/18, ECLI:EU:C:2019:354 – Sea Chefs Cruise Services, UR 2019, 507, Rz. 39.
6 Abschn. 18.13 Abs. 3 Satz 2 UStAE; Abschn. 18.14 Abs. 5 Satz 2 UStAE.
7 Vgl. BFH, Urt. v. 19.11.2014 – V R 39/13, BStBl. II 2015, 532 = UR 2015, 278, Rz. 13.

3. Unterschrift (Absatz 9 Satz 2 Nr. 3)

EU-Auslandsunternehmer haben den Antrag nach amtlich vorgeschriebenem Muster über das in ihrem Mitgliedstaat eingerichtete Portal **elektronisch an das BZSt** zu übermitteln (§ 61 Abs. 1 Satz 1 UStDV, vgl. Art. 7 EG-Richtlinie 2008/9). Ausnahmen sind nicht vorgesehen,[1] eine eigenhändige Unterschrift kommt daher nicht in Betracht. 150

Drittlandsunternehmer müssen die Vergütung grundsätzlich ebenfalls elektronisch beantragen (§ 61a Abs. 1 Satz 1 UStDV). Das BZSt kann allerdings auf die elektronische Übermittlung verzichten.[2] Der Unternehmer muss dann den Antrag nach amtlichem Vordruck abgeben und eigenhändig oder durch seine gesetzlichen Vertreter unterschreiben (§ 61a Abs. 1 Sätze 2 und 3 UStDV). Die **Unterschrift eines Prokuristen** reicht nicht.[3] 151

4. Nachweise (Absatz 9 Satz 2 Nr. 4)

a) Vorlagepflicht

Nachweise für die zu vergütende Vorsteuer müssen **EU-Auslandsunternehmer** vorlegen, wenn das einzelne Entgelt mindestens 1.000 Euro, bei Kraftstoffen mindestens 250 Euro beträgt (§ 61 Abs. 2 Satz 3 UStDV, vgl. Art. 10 EG-Richtlinie 2008/9), **Drittlandsunternehmer** unabhängig von der Höhe des Entgelts (§ 61a Abs. 2 Satz 3 UStDV). 152

b) Form und Zeitpunkt der Vorlage

§ 61 Abs. 2 Satz 3 UStDV ordnet ausdrücklich an, dass EU-Auslandsunternehmer etwa erforderliche Nachweise dem Antrag vollständig und grundsätzlich als **eingescannte Originale** beizufügen haben. Nach dem Zweck der Vorschrift reicht aber jede – auch mittelbare – originalgetreue Reproduktion.[4] Ohnehin könnte in der Praxis zwischen einem eingescannten Original und einer eingescannten unbearbeiteten Kopie kaum hinreichend unterschieden werden. In Zweifelsfällen kann das BZSt auch die Originale anfordern (§ 61 Abs. 2 Satz 4 UStDV). 153

Die Verpflichtung, für Entgelte über 1.000 Euro oder 250 Euro Nachweise **zusammen mit dem Antrag** einzureichen, ist von Art. 10 EG-Richtlinie 2008/9, gedeckt,[5] so dass es insofern auf Art. 20 Abs. 2 EG-Richtlinie 2008/9[6] nicht ankommt. Fehlen Nachweise, muss das BZSt sie anfordern und darf die Vergütung erst ablehnen, wenn der Unternehmer die Nachweise weiterhin nicht einreicht. Im Umkehrschluss aus Art. 15 Abs. 1 Unterabs. 1 Satz 2 EG-Richtlinie 2008/9 darf ein Mitgliedstaat einen Antrag nicht wegen fehlender Nachweise als nicht vorgelegt behandeln. Zudem darf er wegen der Bedeutung des Rechts auf Vorsteuerabzug den Antrag nicht wegen fehlender Nachweise zurückweisen, ohne diese Nachweise zuvor nach Art. 20 Abs. 1 Unterabs. 1 Satz 1 EG-Richtlinie 2008/9 als zusätzliche Informationen anzufordern.[7] Zur Erfüllung solcher Anforderungen dürfen die Finanzbehörden aber Ausschlussfristen setzen.[8] Wurde die zu vergütende Vorsteuer dem Unternehmer erst verspätet in Rechnung gestellt[9], ist Wiedereinsetzung in den vorigen Stand (Rz. 149) zu erwägen. 154

1 Vgl. Abschn. 18.13 Abs. 2 Satz 3 UStAE.
2 Abschn. 18.14 Abs. 2 Satz 3 UStAE.
3 BFH, Urt. v. 8.8.2013 – V R 3/11, BStBl. II 2014, 46 = UR 2014, 362, Rz. 24 (47).
4 BFH, Urt. v. 17.5.2017 – V R 54/16, BStBl. II 2017, 925 = UR 2017, 637; BFH, Urt. v. 30.8.2017 – XI R 24/16, BStBl. II 2018, 151 = UR 2018, 121.
5 EuGH, Urt. v. 17.12.2020 – C-346/19, ECLI:EU:C:2020:1050 – Bundeszentralamt für Steuern, UR 2021, 122, Rz. 55; FG Köln, Urt. v. 5.6.2014 – 2 K 3334/12, EFG 2014, 1919, unter II.; **a.A.** *Riegel/Walke*, BB 2016, 1692 (1696 f.).
6 Vgl. z.B. EuGH, Urt. v. 2.5.2019 – C-133/18, ECLI:EU:C:2019:354 – Sea Chefs Cruise Services, UR 2019, 507, Rz. 40 ff.
7 EuGH, Urt. v. 18.11.2020 – C-371/19, ECLI:EU:C:2020:936 – Kommission/Deutschland, UR 2021, 111 m. Anm. *Monfort*, Rz. 88; **a.A.** zuvor FG Köln, Urt. v. 15.4.2015 – 2 K 2705/12, EFG 2015, 1401; FG Köln, Urt. v. 16.9.2015 – 2 K 3594/11, EFG 2015, 2247.
8 EuGH, Urt. v. 9.9.2021 – C-294/20, ECLI:EU:C:2021:723 – GE Auto Service Leasing, UR 2021, 792; zum Ganzen auch *Monfort*, UR 2021, 769.
9 Vgl. EuGH, Urt. v. 21.3.2018 – C-533/16, ECLI:EU:C:2018:204 – Volkswagen, UR 2018, 359 m. Anm. *Maunz*, Rz. 51.

155 Drittlandsunternehmer müssen aufgrund ausdrücklicher Regelung regelmäßig die **Nachweise im Original** vorlegen (§ 61a Abs. 2 Satz 3 UStDV). Allgemein können für sie bei unionsrechtskonformer Auslegung keine günstigeren Bedingungen gelten als für EU-Auslandsunternehmer (vgl. Art. 3 Abs. 2 13. EG-Richtlinie). Sie müssen daher die Originale innerhalb der Antragsfrist einreichen.

c) Inhalt der Nachweise

156 Der erforderliche Inhalt der Rechnungen richtet sich nach **allgemeinen Grundsätzen** (§ 15 Abs. 1 Satz 1 Nr. 1 Satz 2 UStG, § 15 Rz. 35 ff.). Es reicht daher aus, wenn der Unternehmer zwar nur einen Teil der Rechnung vorlegt, dieser Teil aber alle notwendigen Angaben enthält oder in zulässiger Weise auf andere, nicht vorgelegte Dokumente Bezug nimmt.[1]

157 Nach Art. 8 Abs. 2 Buchst. d MwStSystRL muss der Unternehmer **Datum und Nummer jeder Rechnung** im Erstattungsantrag angeben. Liegen dem BZSt die Rechnungen im Original oder als Kopie vor, ist der Erstattungsantrag aber auch zu prüfen, wenn der Unternehmer keine Rechnungsnummer angegeben hat. Anderenfalls muss das BZSt dem Unternehmer Gelegenheit geben, innerhalb eines Monats die Rechnungsnummer nachzutragen.[2]

5. Elektronische Bescheide (Absatz 9 Satz 2 Nr. 5)

158 Vergütungsbescheide an EU-Auslandsunternehmer werden nach § 61 Abs. 4 UStDV grundsätzlich durch **Bereitstellung zum Datenabruf** (§ 122a AO) bekanntgegeben. Eine vergleichbare Regelung für Drittlandsunternehmer besteht nicht.

159 Richtlinienkonform beträgt die **Bearbeitungsfrist** bis zur Bekanntgabe des Bescheids vier Monate ab Eingang beim BZSt (Art. 19 Abs. 2 EG-Richtlinie 2008/9). Die FinVerw. fasst demgegenüber die Bearbeitungsfrist und die zehntägige Auszahlungsfrist (Art. 22 Abs. 1 EG-Richtlinie 2008/9) grundsätzlich zu einer einheitlichen Frist zusammen.[3]

6. Verzinsung (Absatz 9 Satz 2 Nr. 6)

a) EU-Auslandsunternehmer

160 Der Vergütungsbetrag zugunsten eines EU-Drittlandsunternehmers wird nach Maßgabe von § 61 Abs. 5 und 6 UStDV verzinst.[4] Die Verzinsung ist **unionsrechtlich vorgegeben** (Art. 26 Abs. 1 EG-Richtlinie 2008/9), ebenso die Berechnung (§ 61 Abs. 5 Sätze 2–5 UStDV) des Zinslaufs (Art. 27 Abs. 1 i.V.m. Art. 22 Abs. 1, Art. 19 Abs. 2 EG-Richtlinie 2008/9). Danach beginnt die Verzinsung ohne weitere Verzögerung mit Ablauf der Auszahlungsfrist vier Monate und zehn Tage nach Eingang des Antrags beim BZSt. Festsetzung, Höhe und Berechnung der Zinsen richten sich demgegenüber unionsrechtskonform (Art. 27 Abs. 2 EG-Richtlinie 2008/9) nach abgabenrechtlichen Grundsätzen (§ 61 Abs. 5 Sätze 6–9 UStDV).

161 Kommt der Unternehmer einer **Mitwirkungsaufforderung des BZSt** nicht innerhalb eines Monats nach, besteht kein Anspruch auf Zinsen (§ 61 Abs. 6 UStDV). Auch dies folgt dem Unionsrecht (Art. 26 Abs. 2 EG-Richtlinie 2008/9). Umfang und Auswirkungen der Verspätung sind grundsätzlich unerheblich. Der Zinsanspruch bleibt aber erhalten, wenn das BZSt die Frist verlängert und der Unternehmer der Aufforderung innerhalb der verlängerten Frist nachkommt.[5]

---

1 BFH, Urt. v. 15.10.2019 – V R 19/18, BStBl. II 2020, 600 = UR 2020, 122; FG Köln, Urt. v. 19.11.2016 – 2 K 1912/15, EFG 2017, 1697.

2 EuGH, Urt. v. 17.12.2020 – C-346/19, ECLI:EU:C:2020:1050 – Bundeszentralamt für Steuern, UR 2021, 122, Rz. 54 (57) f.

3 Abschn. 18.13 Abs. 7 Satz 1 UStAE.

4 S. Abschn. 18.13 Abs. 9, 10 UStAE.

5 BFH, Urt. v. 17.7.2019 – V R 7/17, BStBl. II 2020, 177 = UR 2019, 830.

b) Drittlandsunternehmer

Die Verzinsung von Vergütungen zugunsten Drittlandsunternehmern ist nicht gesondert geregelt. Sie richtet sich nach **abgabenrechtlichen Grundsätzen** (§ 233a AO).[1] Der Zinslauf beginnt daher deutlich später als bei Vergütungen zugunsten EU-Auslandsunternehmern (vgl. § 233a Abs. 2 AO). 162

IV. Ausschluss der Vergütung (Absatz 9 Satz 3)

Der Ausschluss der Vergütung ist – auch unionsrechtlich – rein klarstellend, soweit er sich auf unberechtigt ausgewiesene Vorsteuer für steuerfreie Ausfuhr- und innergemeinschaftliche Lieferungen bezieht, da insofern schon nach allgemeinen Grundsätzen (Rz. 140) kein Vergütungsanspruch besteht. Hinsichtlich innergemeinschaftlicher Lieferungen, die bei Verwendung einer Umsatzsteuer-ID (§ 6a Abs. 1 Satz 1 Nr. 4 UStG, § 6a Rz. 91 ff.) steuerfrei sein könnten[2], hat er eigenständige Bedeutung. Könnte ein Empfänger, der keine Umsatzsteuer-ID verwendet, die deswegen entstehende Steuer als Vorsteuer abziehen, würde sich § 6a Abs. 1 Satz 1 Nr. 4 UStG nur wenig auswirken. 162.1

V. Verhältnis zum allgemeinen Besteuerungsverfahren (Absatz 9 Satz 4)

1. Anwendungsbereich gemäß § 59 UStDV

Soweit die Voraussetzungen (§ 59 UStDV, Rz. 143 ff.) vorlagen und er nicht zur Abgabe einer Steuererklärung verpflichtet war, musste der Unternehmer nach der Rechtsprechung schon vor Einfügung des jetzigen § 18 Abs. 9 Satz 4 UStG Vorsteuer **zwingend im Vergütungsverfahren** geltend machen. Er konnte nicht stattdessen Voranmeldungen oder Steuererklärungen abgeben.[3] 163

2. Steuerschulden nach § 14c Abs. 1 UStG

Unternehmer, die nach § 14c Abs. 1 UStG Steuer schuldeten und deswegen eine Steuererklärung abgeben mussten oder denen gegenüber das Finanzamt einen darauf gestützten Steuerbescheid erließ, sollten demgegenüber nach der Rechtsprechung – entgegen der Verwaltungsauffassung – dem **allgemeinen Besteuerungsverfahren** unterliegen.[4] § 18 Abs. 9 Satz 4 UStG soll dieser Rechtsprechung die Grundlage entziehen und damit Missbräuche bekämpfen.[5] Er schließt über die Verweisung auf § 13a Abs. 1 Nr. 4 UStG auch die dort geregelten Fälle des unberechtigten Steuerausweises (§ 14c Abs. 2 UStG) ein. 164

Dahinter steht offenbar die Annahme, Unternehmer könnten **gezielt unrichtig oder unberechtigt** Umsatzsteuer ausweisen, um Vorsteuer im allgemeinen Besteuerungsverfahren geltend machen zu können. Die von der Rechtsprechung entschiedenen Sachverhalte zeigen aber, dass dies jedenfalls nicht zwingend ist. Zudem können Unternehmer, die das Vorsteuervergütungsverfahren umgehen wollen, schon durch im Verhältnis zur Vorsteuervergütung ganz geringfügige Umsätze im Inland Zugang zum allgemeinen Besteuerungsverfahren erlangen. 165

3. Gestaltungsmöglichkeit

Der Unternehmer kann das Verfahren jedenfalls auch unter Geltung des § 18 Abs. 9 Satz 4 UStG unter bestimmten Voraussetzungen durch die **Wahl des Vergütungszeitraums** (§ 60 UStDV, Art. 16 EG- 166

---

1 BFH, Urt. v. 17.4.2008 – V R 41/06, BStBl. II 2009, 2 = UR 2008, 858; Abschn. 18.14 Abs. 10 UStAE.
2 Dazu BT-Drucks. 20/3879, S. 110.
3 BFH, Urt. v. 14.4.2011 – V R 14/10, BStBl. II 2011, 834 = UR 2011, 710, Rz. 26; BFH, Urt. v. 28.8.2013 – XI R 5/11, BStBl. II 2014 = UR 2013, 875 m. Anm. *Sterzinger*, Rz. 31 f., 41; zuletzt etwa BFH, Urt. v. 10.1.2019 – V R 66/16, BFH/NV 2019, 590 = UStB 2019, 172 m. Anm. *Wohlfahrt*, Rz. 19; siehe auch Abschn. 18.15 UStAE.
4 BFH, Urt. v. 28.8.2013 – XI R 5/11, BStBl. II 2014 = UR 2013, 875 m. Anm. *Sterzinger*, Rz. 30 (35); BFH, Urt. v. 19.11.2014 – V R 41/13, BStBl. II 2020, 129 = UR 2015, 276, Rz. 23; jeweils m.w.N.
5 BR-Drucks. 356/19, 179.

Richtlinie 2008/9)[1] beeinflussen. Führt er nicht in allen Kalendervierteljahren steuerpflichtige Umsätze im Inland aus, für die er die Steuer schuldet, kann er einen entsprechend längeren Vergütungszeitraum wählen.[2]

4. Anrechnung vergüteter Vorsteuer

167 Muss ein Unternehmer, der eine Vergütung erhielt, aufgrund späterer Veränderungen eine **Steuererklärung** (§ 18 Abs. 3 UStG) abgeben, kann er die schon vergütete Vorsteuer nicht noch einmal abziehen (§ 62 Abs. 1 UStDV). Zudem muss er ab dem Voranmeldungszeitraum, in dem die Voraussetzungen für das allgemeine Besteuerungsverfahren eintreten, Voranmeldungen abgeben und die Vorsteuer dort geltend machen.[3]

168 Einen Hinweis auf erhaltene Vergütungen sehen die amtlichen Vordrucke bisher nicht vor. Die Finanzämter sind vielmehr gehalten, erforderlichenfalls von Amts wegen **beim BZSt nachzufragen.**[4]

VI. Anteilige Vergütung (Absatz 9 Satz 5)

169 EU-Auslandsunternehmern, die Umsätze ausführen, die **zum Teil den Vorsteuerabzug ausschließen**, wird die Vergütung nur insoweit gewährt, als sie in ihrem Mitgliedstaat zum Vorsteuerabzug berechtigt wären. Dies beruht unionsrechtlich auf Art. 6 Abs. 2 EG-Richtlinie 2008/9 und der Annahme, dass der Erstattungsanspruch nach der EG-Richtlinie 2008/9 dem Anspruch auf Vorsteuerabzug im eigenen Mitgliedstaat entspricht.[5]

170 Führt ein Unternehmer nur Umsätze aus, die den Vorsteuerabzug ausschließen, steht ihm nach diesen Grundsätzen auch keine Vorsteuervergütung zu.[6] Nach dem eindeutigen Wortlaut von Art. 6 Abs. 2 EG-Richtlinie 2008/9 kommt es dabei aber auf die **Rechtslage im Ansässigkeitsstaat** und nicht auf die Rechtlage in Deutschland an.[7]

171 Die FinVerw. muss daher zwar ausländisches Recht kennen und anwenden. Aufgrund der Konzentration der Vorsteuervergütungsverfahren beim BZSt (Rz. 150) sollte dies aber **nicht mit unverhältnismäßigem Aufwand** verbunden sein.

VII. Gegenseitigkeit (Absatz 9 Satz 6)

172 Nach dem Grundsatz der Gegenseitigkeit haben **Drittlandsunternehmer** einen Anspruch auf Vorsteuervergütung nur, soweit inländische Unternehmer im Drittland vergleichbar behandelt werden. Dies entspricht Art. 2 Abs. 2 13. EG-Richtlinie und ist weder verfassungs- noch unionsrechtlich zu beanstanden.[8] Die FinVerw. veröffentlicht ein Verzeichnis der Länder, bei denen die Gegenseitigkeit gegeben ist.[9]

173 Gleichwohl vergütet die FinVerw. die Vorsteuer in bestimmten Fällen auch bei **fehlender Gegenseitigkeit**. Dies betrifft aber nicht Drittlandsunternehmer, die im Inland keine oder nur steuerfreie Umsätze ausführten.[10]

---

1 Vgl. Abschn. 18.12 UStAE.
2 BFH, Urt. v. 14.4.2011 – V R 14/10, BStBl. II 2011, 834 = UR 2011, 710, Rz. 27 ff.
3 Abschn. 18.15 Abs. 1 Satz 4 Nr. 2–4 UStAE.
4 Abschn. 18.15 Abs. 2 Satz 1 UStAE.
5 EuGH, Urt. v. 21.3.2018 – C-533/16, ECLI:EU:C:2018:204 – Volkswagen, UR 2018, 359 m. Anm. *Maunz*, Rz. 35 ff.; EuGH, Urt. v. 2.5.2019 – C-133/18, ECLI:EU:C:2019:354 – Sea Chefs Cruise Services, UR 2019, 507, Rz. 34 ff.
6 Insoweit zutreffend Abschn. 18.11 Abs. 3 UStAE.
7 **A.A.** insoweit Abschn. 18.11 Abs. 3 UStAE.
8 BFH, Urt. v. 22.5.2019 – XI R 1/18, BStBl. II 2020, 132 = UR 2019, 744, Rz. 39 ff., m.w.N.
9 BMF, Schr. v. 15.3.2021 – III C 3-S 7359/19/10005, BStBl. I 2021, 381.
10 Abschn. 18.11 Abs. 4 Satz 4 UStAE.

VIII. Vorsteuer auf Kraftstoffe (Absatz 9 Satz 7)

Die Vorsteuer auf Kraftstoffe ist bei Drittlandsunternehmern von der Vergütung ausgeschlossen. Unionsrechtlich beruht dies auf Art. 4 Abs. 2 13. EG-Richtlinie. Verfassungsrechtliche Bedenken dagegen bestehen nicht.[1] **EU-Auslandsunternehmer** können sich demgegenüber im Umkehrschluss auch die Vorsteuer auf Kraftstoffe vergüten lassen (vgl. § 61 Abs. 2 Satz 3 UStDV). 174

IX. Verfahren nach § 18 Abs. 4c UStG (Absatz 9 Satz 8)

Die Beschränkungen für Drittlandsunternehmer (§ 18 Abs. 9 Sätze 6 und 7 UStG) galten nicht für Drittlandsunternehmer, die vor dem 1.7.2021 das besondere Verfahren nach **§ 18 Abs. 4c UStG** (Rz. 86 ff.) oder ein entsprechendes Verfahren nach Art. 358a ff. MwStSystRL gewählt haben, für Vorsteuer im Zusammenhang mit Umsätzen nach § 3a Abs. 5 UStG. Dies entsprach Art. 368 Satz 3 MwStSystRL in der bis zum 30.6.2021[2] geltenden Fassung.[3] Wegen weiterer Einzelheiten wird auf die erste Auflage dieses Kommentars, Rz. 176, verwiesen. 175

X. Verfahren nach §§ 18i bis k (Absatz 9 Satz 9)

In ähnlicher Weise sind ab dem 1.7.2021 Drittlandsunternehmer, die von den besonderen Verfahren nach §§ 18i bis k UStG Gebrauch machen, von den Beschränkungen (§ 18 Abs. 9 Sätze 6 und 7 UStG) befreit. Dies dient der Umsetzung von Art. 368, 369j und 369w MwStSytRL.[4] Die genannten Unternehmer werden wegen der Vorsteuer lediglich aus Gründen der **Verfahrensvereinfachung** auf das Vergütungsverfahren verwiesen. Der Zusammenhang i.S.d. § 18 Abs. 9 Satz 9 Halbs. 2 UStG ist daher der für den Vorsteuerabzug allgemein (§ 15 Rz. 87) erforderliche Zusammenhang zwischen Eingangs- und Ausgangsumsatz. 176

R. Innergemeinschaftlicher Erwerb neuer Fahrzeuge (Absatz 10)

I. Regelungsgegenstand

Im Zusammenhang mit dem innergemeinschaftlichen Erwerb neuer Fahrzeuge enthält § 18 Abs. 10 UStG **besondere Mitwirkungspflichten** für Zulassungsbehörden und Erwerber. Diese Mitwirkungspflichten betreffen teils Land- und Luftfahrzeuge (§ 18 Abs. 10 Nr. 1 UStG), teils nur Land- (§ 18 Abs. 10 Nr. 2 UStG) oder Luftfahrzeuge (§ 18 Abs. 10 Nr. 3 UStG). Wasserfahrzeuge sind nicht erfasst. 177

§ 18 Abs. 10 UStG knüpft nicht an § 16 Abs. 5a UStG oder § 18 Abs. 5a UStG, sondern an § 1b Abs. 2 und 3 UStG an. Er gilt daher nicht nur in Fällen der Fahrzeugeinzelbesteuerung, sondern für **jeden innergemeinschaftlichen Erwerb neuer Fahrzeuge**, auch durch Unternehmer für ihr Unternehmen.[5] 178

II. Zulassungsbehörden (Absatz 10 Nr. 1)

Die Zulassungsbehörden müssen den Finanzbehörden sowohl die erstmalige Zulassung von Land- (§ 18 Abs. 10 Nr. 1 Buchst. a Satz 1 UStG) als auch die erstmalige Registrierung von Luftfahrzeugen melden (§ 18 Abs. 10 Nr. 1 Buchst. b Satz 1 UStG). Gleichzeitig müssen sie die im Gesetz genannten **Daten der Fahrzeuge übermitteln.** 179

1 FG Köln, Urt. v. 13.9.2017 – 2 K 590/16, EFG 2017, 1922, Rz. 28 ff.
2 Gemäß Beschluss (EU) 2020/1109 v. 20.7.2020, ABl. EU Nr. L 244, 3.
3 BR-Drucks. 356/19, 180.
4 BT-Drucks. 19/22850, 138.
5 *Maunz* in Hartmann/Metzenmacher, § 18 UStG, Rz. 296 (Stand: April 2009); **a.A.** *Treiber* in Sölch/Ringleb, § 18 UStG Rz. 960 (Stand: März 2023).

III. Zulassung von Landfahrzeugen (Absatz 10 Nr. 2)

180 Wer erstmals ein Landfahrzeug im Inland zulässt, muss der Zulassungsstelle die in § 18 Abs. 10 Nr. 2 Buchst. a Satz 1 UStG genannten **Daten zur Weiterleitung an die Finanzbehörden** mitteilen, bevor die Zulassungsstelle die Zulassungsbescheinigung aushändigt (§ 18 Abs. 10 Nr. 2 Buchst. a Satz 3 UStG).

181 Entrichtet der Steuerpflichtige die Steuer für den innergemeinschaftlichen Erwerb nicht, ist das Fahrzeug abzumelden (§ 18 Abs. 10 Nr. 2 Buchst. b UStG). Die **Abmeldung** obliegt grundsätzlich der Zulassungsbehörde auf Antrag des Finanzamts. Sie geschieht durch Verwaltungsakt. Das Finanzamt kann die Abmeldung aber auch selbst durchführen und hat sie dann der Zulassungsstelle mitzuteilen. Das Abmeldeverfahren richtet sich nach dem Verwaltungsverfahrensgesetz, Rechtsmittel gegen die Abmeldung nach der Verwaltungsgerichtsordnung.

IV. Registrierung von Luftfahrzeugen (Absatz 10 Nr. 3)

182 Die **bei der Zulassung von Landfahrzeugen geltenden Mitteilungspflichten** gelten – mit Abweichungen bei den mitzuteilenden Daten – bei der Registrierung von Luftfahrzeugen entsprechend (§ 18 Abs. 10 Nr. 3 Buchst. a UStG). Nach den gleichen Grundsätzen ist auch eine Abmeldung von Amts wegen möglich (§ 18 Abs. 10 Nr. 3 Buchst. b UStG).

S. Mitwirkung der Zollbehörden (Absatz 11)

I. Erfassung von Personenbeförderungen (Absatz 11 Satz 1)

183 Die Mitwirkung von Zollbehörden (der sog. **Mobilen Kontrollgruppen – MKG**) bei der umsatzsteuerlichen Erfassung von Personenbeförderungen mit nicht im Inland zugelassenen Omnibussen[1] betrifft sowohl die Beförderungseinzelbesteuerung (§ 18 Abs. 11 UStG, Rz. 119 ff.) als auch die steuerliche Erfassung ausländischer Beförderungsunternehmer (§ 18 Abs. 12 UStG, Rz. 187 ff.).

184 Der Einsatz der Zollbehörden als Bundesfinanzbehörden zur Verwaltung der Umsatzsteuer bedarf nach Art. 108 Abs. 4 Satz 1 GG als **Ausnahme von der Aufgabenverteilung nach Art. 108 Abs. 1, 2 GG** einer gesetzlichen Regelung. Bei der umsatzsteuerlichen Erfassung von Personenbeförderungen ist die Ausnahme gerechtfertigt, weil der Zoll sich laufend mit der Überwachung und Abfertigung des grenzüberschreitenden Verkehrs befasst und der Einsatz des Zolls Doppelstrukturen vermeidet.

II. Befugnisse (Absatz 11 Satz 2)

185 Im Zusammenhang mit der Beförderungseinzelbesteuerung und der steuerlichen Erfassung ausländischer Beförderungsunternehmer haben die Zolldienststellen jeweils die gesondert geregelten Aufgaben und Befugnisse. Für beide Zwecke dürfen sie zudem **ihrer Erscheinung nach nicht im Inland zugelassene Omnibusse** anhalten und kontrollieren und umsatzsteuerrechtlich erhebliche Feststellungen treffen und den zuständigen Finanzbehörden weitergeben.

186 Maßgebender Anhaltspunkt für die Zulassung ist regelmäßig das amtliche Kennzeichen. Das Anhalten der Busse schließt notwendig das **Anhalten der Fahrgäste** mit ein. M.E. ergibt sich aber aus dem Zweck und dem inneren Zusammenhang der Vorschrift, dass die Zolldienststellen aufgrund § 18 Abs. 11 Satz 2 UStG nur solche Feststellungen treffen dürfen, die für die umsatzsteuerliche Erfassung von Personenbeförderungen bedeutsam sind. Sie dürfen daher nach dieser Vorschrift die Anzahl der Passagiere feststellen (vgl. § 10 Abs. 6 Satz 2 UStG), aber nicht einzelne Passagiere kontrollieren. Weitergehende Maßnahmen auf anderer Grundlage schließt dies aber nicht aus.

---

1 Dazu allgemein BMF, Schr. v. 4.2.2014 – IV D 3-S 7327/07/10001 – DOK 2014/0106063, BStBl. I 2014, 220 = UR 2014, 242.

T. Ausländische Beförderungsunternehmen (Absatz 12)

I. Regelungsgegenstand (Absatz 12 Satz 1)

Sofern nicht die Beförderungseinzelbesteuerung eingreift (Rz. 119 ff.), gilt für Beförderungsleistungen mit Omnibussen grundsätzlich das Regelbesteuerungsverfahren.[1] § 18 Abs. 12 UStG regelt **besondere Mitwirkungspflichten**, um die steuerliche Erfassung im Ausland ansässiger Beförderer sicherzustellen. Gleichwohl stellte der Bundesrechnungshof 2006 erhebliche Schwierigkeiten fest.[2] Zudem wird die Vorschrift teilweise für unionsrechtswidrig gehalten.[3] 187

II. Anzeigepflicht (Absatz 12 Satz 1)

Im Ausland ansässige Unternehmer, die auf das Inland entfallende Beförderungsumsätze ausführen wollen, die nicht der Beförderungseinzelbesteuerung unterliegen, müssen dies **vor der ersten Beförderung** anzeigen. Sie müssen nach dem Gesetzeswortlaut aber nicht anzeigen, wie viele oder gar welche konkreten Fahrzeuge sie nutzen wollen, sondern nur die Absicht, Beförderungsumsätze ausführen zu wollen, als solche. 188

Das zuständige Finanzamt ergibt sich aus der **UStZustV**. Die Anzeige ist grundsätzlich formfrei, sofern sie alle erforderlichen Angaben enthält, die FinVerw. empfiehlt gleichwohl die Verwendung eines amtlichen Vordrucks.[4] 189

III. Bescheinigung (Absatz 12 Satz 2)

Das zuständige Finanzamt bescheinigt dem Beförderer die Anzeige. Die Bescheinigung ist kein Verwaltungsakt (§ 118 AO), sondern ein Realakt. Nach der Verwaltungsauffassung ist für **jedes Fahrzeug eine eigene Bescheinigung** auszustellen, deren Gültigkeit auf höchstens ein Jahr beschränkt ist.[5] 190

Für eine fahrzeugbezogene Anzeige oder Bescheinigung gibt das Gesetz m.E. nichts her (Rz. 188). Auch eine Befristung der Bescheinigung ist dem Gesetz nicht zu entnehmen. Nachdem das Gesetz nach der ersten Anzeige keine weiteren Anzeigen verlangt, ist davon auszugehen, dass die erste Anzeige und die darüber erteilte Bescheinigung wirken, bis der Beförderer das **Ende seiner Tätigkeit** anzeigt. 191

IV. Mitführen und Vorlage der Bescheinigung (Absatz 12 Satz 3)

Die Bescheinigung belegt, dass der Beförderer in Deutschland steuerlich erfasst ist. Der Beförderer muss die Bescheinigung – nach der Verwaltungsauffassung die für das jeweilige Fahrzeug ausgestellte Bescheinigung – daher **bei jeder Fahrt** mitführen und bei Kontrollen der Zolldienststellen (§ 18 Abs. 11 UStG) vorlegen. 192

V. Sicherheitsleistung (Absatz 12 Satz 4)

Legt der Beförderer bei einer Kontrolle die **Bescheinigung** nicht vor, muss er in Höhe der bei entsprechender Anwendung der Grundsätze der Beförderungseinzelbesteuerung (§ 10 Abs. 6 UStG) voraussichtlich entstehenden Steuer eine Sicherheit leisten. Zudem kann ein Bußgeld verhängt werden (§ 26a Abs. 1 Nr. 4 UStG). 193

---

1 Abschn. 18.17 Abs. 1 Satz 1 UStAE.
2 BT-Drucks. 16/3200, 202.
3 *Maunz* in Hartmann/Metzenmacher, § 18 UStG, Rz. 322 (Stand: April 2009).
4 Abschn. 18.17 Abs. 3 UStAE.
5 Abschn. 18.17 Abs. 4 Satz 1 UStAE.

194 Wie die Sicherheit zu leisten ist, ergibt sich aus **§§ 241 ff. AO.** Um die Höhe der Sicherheit bestimmen zu können, sind die Finanzbehörden regelmäßig auf die Mitwirkung des Beförderers angewiesen. Verweigert er sie oder macht er keine glaubwürdigen Angaben, ist die Höhe zu schätzen.

VI. Anrechnung auf die Steuer (Absatz 12 Satz 5)

195 Die Sicherheitsleistung (§ 18 Abs. 12 Satz 4 UStG) ist **in voller Höhe** auf die im allgemeinen Besteuerungsverfahren ermittelte Jahressteuer (§ 18 Abs. 3 UStG, Rz. 57 ff.) anzurechnen. Sie ist daher weder Sanktion noch Zwangsmittel.

196 Die FinVerw. verlangt für die Anrechnung, die von den Zolldienststellen erteilten Quittungen vorzulegen.[1] Das Gesetz fordert aber **keinen bestimmten Nachweis.**[2]

Anhang zu § 18 Umsatzsteuer und Insolvenz

1 Abschn. 18.17 Abs. 4 Satz 5 UStAE.
2 So auch *Treiber* in Sölch/Ringleb, § 18 UStG Rz. 996 (Stand: März 2023).

Schrifttum: *Abenheimer*, Die Zwangsverrechnung von Umsatzsteuer und Vorsteuer im Kontext der Aufrechnung im Insolvenzverfahren, in Kind/Kießner/Frank (Hrsg.), Unternehmenskrisen – Der Jurist als Notarzt, Festschrift für *Eberhard Braun*, München 2007, S. 295 ff.; *Adam*, Die doppelte Berichtigung der Umsatzsteuer bei Eröffnung des Insolvenzverfahrens, UR 2020, 492; *Bächer*, Umsatzsteuer als Masseverbindlichkeit bei Istversteuerung?, ZInsO 2009, 1634; *Beck*, Zur Umsatzsteuerpflicht der Verwertungskostenpauschale und eines vereinbarten Masseanteils bei Grundstücksveräußerungen, ZInsO 2006, 244; *Beck*, Die Auswirkung der Insolvenz auf den Fortbestand von Organschaft und Konzern, MwStR 2014, 359; *Birk*, Umsatzsteuer im Insolvenzverfahren, ZInsO 2007, 743; *Bitter*, Zur Haftung des Geschäftsführers einer GmbH bei Anordnung der Eigenverwaltung, Anm. zu BGH-Urteil v. 26.4.2018 IX ZR 238/17, ZIP 2018, 986; *Bönig*, „Rechtsprechungsänderung: Die umsatzsteuerliche Organschaft endet bereits, wenn bei der Organgesellschaft ein („halbstarker") vorläufiger Insolvenz-verwalter mit Zustimmungsvorbehalt bestellt wird", BB 2013, 2600; *Debus/Schartl*, Masseschonende Handhabung des § 55 Abs. 4 InsO bei der Umsatzsteuer, ZIP 2013, 350; *Depré/Lambert*, Umsatzsteuer als Masseverbindlichkeit: Wider die Gleichbehandlung, KSI 2011, 214; *Drüen*, Unternehmerfreiheit und Steuerumgehung, StuW 2008, 154; *Farr*, Haftung nach § 25d UStG im vorläufigen Insolvenzverfahren, DStR 2007, 706; *Forster/Schorer*, Anwendbarkeit der neu eingeführten Umsatzsteuerhaftung nach § 25d UStG auf Insolvenzfälle, UR 2002, 361; *Frintrup*, § 55 Abs. 4 InsO und die unionsrechtliche Pflicht zur effektiven Mehrwertsteuererhebung, ZIP 2019, 1101; *Frintrup*, Die (uneffektive) Mehrwertsteuererhöhung in der materiellen Insolvenz, ZIP 2020, 801; *Frotscher*, Besteuerung bei Insolvenz, 9. Aufl., Frankfurt 2021; *Ganter/Brünink*, Insolvenz und Umsatzsteuer aus zivilrechtlicher Sicht, NZI 2006, 257; *Gehrlein*, Haftung des Insolvenzverwalters und eigenverwaltender Organe, ZInsO 2018, 2234; *Geurts*, Umsatzsteuerliche Aspekte bei Insolvenzverfahren nach dem 1.1.1999, DB 1999, 818; *Häsemeyer*, Das Rätsel der Umsatzsteuer im Insolvenzverfahren, in Bruns/Kern/Münch/Piekenbrock/Stadler/Tsikrikas (Hrsg.), Festschrift für *Rolf Stürner*, 1. Teilband – Deutsches Recht, Heidelberg 2013, S. 769 ff.; *Gottwald/Haas*, Insolvenzrechts-Handbuch, 6. Aufl., München 2020; *Harder*, Die Umsatzsteuer im Insolvenzverfahren – ist das Ende der Rechtsprechungsentwicklung des BFH erreicht?, zugl. Anm. zu BFH, Urt. v. 1.3.2016 – XI R 21/14, ZInsO 2016, 1486; *Harder*, Kein Fiskusprivileg in der Eigenverwaltung – Möglichkeit der Anfechtung von Steuerzahlungen im vorläufigen Eigenverwaltungsverfahren nach §§ 270, 270a InsO, NZI 2016, 867; *Hasbach*, Beendigung der umsatzsteuerlichen Organschaft mit Eröffnung des (vorläufigen) Eigenverwaltungsverfahrens, MwStR 2017, 262; *Heckmann/Busch*, Umsatzsteuer im Insolvenzverfahren, StB 2023, 167; *Heckmann/Busch*, Umsatzsteuer im Insolvenzverfahren – Teil II, StB 2023, 209; *Heinze*, Umsatzsteuern aus dem Forderungseinzug des Insolvenzverwalters, zugl. eine Besprechung des BFH-Urteils vom 9.12.2010 – V R 22/10, DZWiR, 2011, 276; *Heinze*, Umsatzsteuern aus schwacher vorläufiger Verwaltung als Masseverbindlichkeiten nach § 55 Abs. 4 InsO, ZInsO 2011, 603; *Heinze*, Umsatzsteuern, ihre Entstehung und Aufrechnung im Insolvenzverfahren, DZWiR 2013, 45; *Heuermann*, Insolvenzeröffnungsverfahren und Umsatzsteuer, UR 2015, 174; *Hobelsberger*, Umsatzsteuerpflicht und -haftung in der vorläufigen Eigenverwaltung, DStR 2013, 2545; *Hölzle*, Umsatzsteuerliche Organschaft und Insolvenz der Organgesellschaft, DStR 2006, 1210; *Hölzle*, Steuerliche Haftung im Konzern – Organschaftskaskade als Sanierungshemmnis, ZIP 2016, 103; *Hummel*, Zur (zweifachen) Berichtigung der Umsatzsteuer bei und nach der Bestellung eines sog starken vorläufigen Insolvenzverwalters, MwStR 2016, 721; *IDW*, WPH Edition, Sanierung und Insolvenz, Düsseldorf 2017; *Jacoby*, Zur umsatzsteuerlichen Behandlung der Insolvenzverwalterleistung – das Argument von der Höchstpersönlichkeit, ZIP 2009, 554; *Jaffé/Friedrich-Vache*, Blick ins „Insolvenzumsatzsteuerrecht“: Umsatzsteuer als Masseverbindlichkeit in der vorläufigen Eigenverwaltung?, MwStR 2014, 86; *Kahlert*, Der V. Senat des BFH als Schöpfer von Fiskusvorrechten im Umsatzsteuerrecht, DStR 2011, 921; *Kahlert*, Zur Dogmatik der Umsatzsteuer im Insolvenzverfahren, DStR 2011, 1973; *Kahlert*, Fiktive Masseverbindlichkeiten im Insolvenzverfahren: Wie funktioniert § 55 Abs. 4 InsO?, ZIP 2011, 401; *Kahlert*, Steuerzahlungspflicht im Eröffnungsverfahren der Eigenverwaltung? ZIP 2012, 2089; *Kahlert*, Umsatzsteuerfolgen von Vereinbarungen über Insolvenzanfechtung, ZIP 2012, 1433; *Kahlert*, Insolvenzrechtliche Aufrechnungsverbote im Umsatzsteuerrecht – Aktuelle Entwicklungen und Auswirkungen auf die Insolvenzpraxis, ZIP 2013, 493; *Kahlert*, Insolvenzrechtliche Aufrechnungsverbote im Umsatzsteuerrecht – Aktuelle Entwicklungen und Auswirkungen auf die Insolvenzpraxis, ZIP 2013, 500; *Kahlert*, Umsatzsteuerliche Organschaft und (vorläufige) Eigenverwaltung, ZIP 2013, 2348; *Kahlert*, Ein neuer Schöpfungsakt des V. BFH-Senats zur Umsatzsteuer im Insolvenzverfahren und seine Entschlüsselung, Besprechung BFH v. 24.9.2014 – V R 48/13, ZIP 2014, 2451; *Kahlert*, Erhebung der Umsatzsteuer im Insolvenzverfahren – Rechtsvergleich und Vorlagepflicht, DStR 2015, 1485; *Kahlert*, Umsatzsteuerfolgen einer Insolvenzanfechtung – Zugleich Besprechung von BFH, Urteil vom 15.10.2015 – V R 26/16, WPg 2017, 981; *Kahlert*, Zulässigkeit der Aufrechnung des FA mit Erstattungsansprüchen aus Umsatzsteuer bei nicht erkannter Organschaft im Insolvenzverfahren, MwStR 2020, 321; *Kahlert*, Erste und zweite Berichtigung von Umsatzsteuer und Vorsteuer im (vorläufigen) Insolvenzverfahren nach dem SanInsFoG, DStR 2021, 1505; *Kahlert/Kayser/Bornemann* (Hrsg.), Perspektiven für eine kohärente und praxisgerechte Verzahnung von Steuerrecht und Insolvenzrecht, Köln 2020; *Kahlert/Onusseit*, Der V. Senat des BFH legt nach – Neue Entwicklungen im Umsatzsteuerinsolvenzrecht, DStR 2012, 334; *Kahlert/Schmidt*, Umsatzsteuerinsolvenzrecht im Lichte des BMF-Schreibens vom 9.12.2011, DB 2012, 197; *Kahlert/Schmidt*, Keine Beendigung der umsatzsteuerlichen Organschaft bei Eigenverwaltungsverfahren, DStR 2014, 419; *Kayser*, Zweifelhafte Liquiditätsbeschaffung im Insolvenzeröffnungsverfahren?, ZIP 2020, 97; *Klusmeier*, Ist die Umsatzsteuer in der vorläufigen Eigenverwaltung keine Masseverbindlichkeit i.S.d. § 55 Abs. 4 InsO?, ZInsO 2014, 488; *Krumm*, Die Umsatzsteuererhebungsdefizite in der Eigenverwaltung im Lichte des Unionsrechts, ZIP 2018, 1049; *Lenger*, Anwendbarkeit des § 55 IV InsO bei Umsatzsteuerkorrekturen nach § 17 UStG während der vorläufigen Insolvenzverwaltung, NZI 2014, 144; *Lenger/Khanian*, Beendigung der umsatzsteuerlichen Organschaft in der vorläufigen Eigenverwaltung, NZI 2014, 385; *Liebgott*, Besonderheiten und Fragen zur Umsatzsteuer im Insolvenzplanverfahren, UR 2014, 141; *Marchal*, Aufrechnung mit Umsatzsteuerforderungen in der Insolvenz, BB 2013, 33; *Marchal*, Berichtigung des unrichtigen Steuerausweises und deren Voraussetzungen; MwStR 2018, 841; *Marotzke*, Masseschuldbegründungskompetenz des Schuldners im eigenverwalteten Insolvenzeröffnungsverfahren, DB 2013, 1283; *Maus*, Umsatzsteuerrechtliche Folgen der Sicherheitenverwertung in der Insolvenz, ZIP 2000, 339; *Maus*, Umsatzsteuer bei Sicherheitenverwertung durch den Gläubiger im Insolvenzverfahren, ZInsO 2005, 82; *Meyer*, Insolvenzrecht und Steuerrecht, in Drüen/Hey/Mellinghoff (Hrsg.), 100 Jahre Steuerrechtsprechung in Deutschland 1918-2018, Festschrift für den Bundesfinanzhof, Köln 2018, S. 659; *Mitlehner*, Umsatzsteuer bei Immobiliarverwertung in der Insolvenz, NZI 2002, 534; *Möhlenkamp/Möhlenkamp*, (Umsatz-)Steuerliche Organschaft und eigenverwaltende Konzerninsolvenz – wohin treibt das Sanierungssteuerrecht, DStR 2014, 1357; *Onusseit*, Die Umsatzsteuer – ein Dauerthema in der Insolvenz, KTS 1994, 3; *Onusseit*, Die Freigabe aus dem Insolvenzbeschlag: eine umsatzsteuerliche Unmöglichkeit?, ZIP 2002, 1344; *Onusseit*, Der neue § 25d UStG – ein Problem im massearmen Insolvenzverfahren, ZInsO 2002, 1005; *Onusseit*, Die umsatzsteuerliche Organschaft in der Insolvenz, ZIP 2003, 743; *Onusseit*, Die umsatzsteuerlichen Folgen des in der Insolvenz steckengebliebenen Bauvorhabens, ZIP 2009, 2180; *Onusseit*, Zur Neuregelung des § 55 Abs. 4 InsO, ZInsO 2011, 641; *Onusseit*, Umsatzsteuerrechtliche Folgen der Verwertung von Sicherungsgut, ZInsO 2014, 1461; *Onusseit*, Rechtliche Uneinbringlichkeit im Zusammenhang mit § 55 Abs. 4 InsO, ZIP 2016, 452; *Piekenbrock*, Die Umsatzsteuer bis zur Freigabe der selbständigen Tätigkeit, MwStR 2023, 640; *Piroth*, Die umsatzsteuerliche Organschaft in Krise und Insolvenz, Diss., Bonn 2021; *Piroth*, Die umsatzsteuerliche Organschaft in der vorläufigen Eigenverwaltung nach dem SanInsFoG, MwStR 2021, 146; *Poertzgen*, Die Haftung von Geschäftsführern in Eigenverwaltungsverfahren Überlegungen zu BGH, Urt. v. 26.4.2018 – IX ZR 238/17, ZInsO 2019, 2352; *Prinz/Witt*, Steuerliche Organschaft, 2. Aufl., Köln 2019; *Radeisen*, Auswirkungen der Insolvenz auf die Umsatzsteuer, INF 2005, 658; *Ries*, § 13b Abs. 1 Nr. 2 UStG – Lieferung sicherheitsübereigneter Gegenstände an den Sicherungsnehmer außerhalb des Insolvenzverfahrens, ZInsO 2005, 230; *Römer*, Reformen im Insolvenzrecht – Bedeutung für die Kommunen, KKZ 2010, 270; *Roth*, Umsatzsteuer und Insolvenz, ZInsO 2014, 309; *Roth*, Insolvenz-Steuerrecht, 3. Aufl., Köln 2020; *Schädlich/Wons*, Vor- und Umsatzsteuerkorrektur nach Insolvenzanfechtung, NWB 2014, 3962; *Schmidt*, Doppelberichtigung auch in der Eigenverwaltung – Rechtssicherheit und offene Fragen, NZI 2018, 972; *Schmidt*, Umsatzsteuer in der vorläufigen Eigenverwaltung – Auswirkungen des Sanierungs- und Insolvenzrechtsfortentwicklungsgesetzes, DStR 2021, 693; *Schmittmann*, Umsatzsteuerliche Probleme bei Immobilienverkäufen in der Insolvenz, ZInsO 2006, 1299; *Schmittmann*, Umsatzsteuer aus Einzug von Altforderungen nach Insolvenzeröffnung, ZIP 2011, 1125; *Schmittmann*, Das Bundesfinanzministerium, der V. Senat des BFH und die Umsatzsteuer in der Insolvenz, ZIP 2012, 249; *Schmittmann*, Steuerrechtliche Folgen einer Insolvenzanfechtung, NZI 2014, 638; *Schulze/Vogel/Huhle*, Auswirkungen des (vorläufigen) Insolvenzverfahrens auf den Umsatzsteueranspruch, UR 2021, 213; *Schwarz*, Umsatzsteuer in der Insolvenz neue Facetten des Leistungsfähigkeitsprinzips, Diss., Osnabrück 2012; *Seer*, Abstimmungsproblem zwischen Umsatzsteuer- und Insolvenzrecht, DStR 2016, 1289; *Siebert*, Die Verwertung sicherungsübereigneter beweglicher Gegenstände einer Organgesellschaft und Dritter im Umsatzsteuerrecht, NZI 2005, 665; *Siebert*, Verwertung von Pfändern im Umsatzsteuerrecht, NZI 2007, 17; *Siebert*, Die Verwertung der unter Eigentumsvorbehalt gelieferten Gegenstände im Umsatzsteuerrecht, NZI 2008, 529; *Sonnleitner/Witfeld*, Insolvenzsteuerrecht, München 2022; *Sinz/Oppermann*, § 55 Abs. 4 InsO und seine Anwendungsprobleme in der Praxis, DB 2011, 2185; *Spliedt*, Die „halbstarke" Verwaltung – unbeherrschbare Masseverbindlichkeiten oder sinnvolle Alternative?, ZIP 2001, 1941; *Sterzinger*, Fiskusprivileg im Insolvenzverfahren, BB 2011, 1367; *Sterzinger*, Umsatzsteuern als Insolvenzforderungen oder Masseverbindlichkeiten – zugleich Besprechung der Entscheidung des BGH v. 22.12.2018 – IX ZR 167/16, UStB 2019, 153; *Trottner*, Wiedereinführung des Fiskusprivilegs? – § 55 Abs. 4 InsO in der Fassung des HBeglG 2011, NWB 2011, 309; *Uhländer*, Steuervollzug in der Restrukturierung, Sanierung und Insolvenz, DB 2021, 1027; *Uhlenbruck*, InsO, 15. Aufl., München 2019; *Wäger*, Insolvenz und Umsatzsteuer, DStR 2011, 1925; *Wäger*, Insolvenzforderung und Masseverbindlichkeit bei der Umsatzbesteuerung im Insolvenzfall, ZInsO 2012, 520; *Wäger*, Vorsteuer- und Steuerberichtigung aufgrund Uneinbringlichkeit in der Insolvenz des Unternehmers, DB 2012, 1460; *Wäger*, Umsatzsteuer bei der Verwertung von Kreditsicherheiten und Krediten, WM 2012, 769; *Wäger*, Soll- und Istbesteuerung vor sowie in der Unternehmensinsolvenz, UR 2013, 673; *Wäger*, Rechtsprechnungsauslese 2013, UR 2014, 81; *Wäger*, Umsatzsteuer in der Insolvenz – Istbesteuerung und Einschränkung von § 55 Abs. 4 InsO als Regelungsalternativen?, ZInsO 2014, 1121; *Wäger*, Kongruente Umsatzbesteuerung im Insolvenzfall, DStR 2021, 825; *Wagner/Datzer/Schlott*, Umsatzsteuerliche Organschaft in der vorläufigen Eigenverwaltung – Herausforderungen und Chancen – Zugleich Besprechung des BFH-Urteils v. 27.11.2019 – XI R 35/17, DStR 2020, 1761; *Wagner/Fuchs*, Das Schicksal der umsatzsteuerlichen Organschaft bei Eröffnung des Insolvenzverfahrens über das Vermögen von Konzerngesellschaften, BB 2014, 2583; *Wagner/Fuchs*, Umsatzsteuerliche Organschaft: Zwingendes Ende der finanziellen Eingliederung durch Insolvenz einer Gesellschaft? – Zugleich Besprechung des BFH-Urteils vom 15.12.2016 – V R 14/16, BB 2017, 2202; *Wagner/Marchal*, Umsatzsteuerrechtliche Auswirkungen der Bestellung eines schwachen vorläufigen Insolvenzverwalters, BB 2015, 86; *Waza/Uhländer/Schmittmann*, Insolvenzen und Steuern, 13. Aufl., Herne 2021; *Weber/Knaebel*, Vorläufige Eigenverwaltung: Keine Begründung von Masseverbindlichkeiten durch den eigenverwaltenden Schuldner im Eröffnungsverfahren – Eigenverwaltung als lohnende Sanierungsalternative in der (Corona-)Krise?, DStR 2020, 2229; *de Weerth*, Umsatzsteuerhaftung nach § 13c UStG und Insolvenzrecht, NZI 2006, 501; *de Weerth*, Aktuelle insolvenzrechtliche Problembereiche der Umsatzsteuer, ZInsO 2008, 1252; *de Weerth*, Haftung für nicht abgeführte Umsatzsteuer, ZInsO 2008, 613; *de Weerth*, Umsatzsteuerliche Organschaft und Insolvenz, DStR 2010, 590; *Welte/Friedrich-Vache*, Umsatzsteuer und Insolvenz, Geänderte Rechtsprechung des BFH vom 9.12.2010 in Vereinbarkeit mit EU-Mehrwertsteuerrecht, UR 2012, 740; *Weßling*, Rechnungsaussteller nach § 14c UStG und Insolvenz des Rechnungsausstellers, DStR 2022, 1249; *Witfeld*, Das Umsatzsteuerverfahren und die Insolvenz, Diss., Bochum 2016; *Witfeld*, Anmerkung zu einer Entscheidung des FG Münster (Urteil vom 7.9.2017 – 5 K 3123/15 U, NZI 2017, 939) – Zum Wegfall umsatzsteuerlicher Organschaft bei Anordnung vorläufiger Eigenverwaltung und Vollstreckungsschutz, NZI 2017, 942; *Witfeld*, Die Behandlung der Umsatzsteuer in der (vorläufigen) Eigenverwaltung – Zugleich Besprechung des BFH-Beschlusses v. 7.5.2020 – V R 14/19NWB 2020, 3243; *Witfeld*, Die Neufassung von § 55 Abs. 4 InsO durch das SanInsFoG, ZRI 2021, 173; *Zeeck*, Die Umsatzsteuer in der Insolvenz, KTS 2006, 407; *Zistler*, Weiteres Fiskusprivileg? – Steuermasseverbindlichkeiten durch Umsatzsteuerberichtigung nach anfechtungsrechtlicher Rückgewähr?, ZInsO 2015, 833.

A. Grundaussagen: (Umsatz-)Steuer und Insolvenz

I. Schnittstellenbereich von Insolvenz und (Umsatz-)Steuerrecht

Die Umsatzsteuer ist in der überwiegenden Anzahl der eröffneten Regelinsolvenzverfahren die bedeutendste Steuerart.[1] Gleichwohl ist die Schnittstelle zwischen Insolvenz- und (Umsatz-)Steuerrecht nur rudimentär geregelt[2] (Rz. 2). Eine Anpassung des Steuerrechts an die Besonderheiten des Insolvenzrechts hat ebenso wenig stattgefunden wie umgekehrt; einen Vorrang der einen Teilrechtsordnung vor der Anderen ist im Allgemeinen nicht erkennbar.[3] Bei der Beantwortung insolvenzsteuerrechtlicher 1

---

1 *Roth*, Insolvenz Steuerrecht[3], Rz. 1.1.; *Uhländer* in Waza/Uhländer/Schmittmann, Insolvenzen und Steuern[13], Rz. 462; *Witfeld* in Sonnleitner/Witfeld, Insolvenzsteuerrecht[2], Kap. 5 Rz. 1.

2 *Uhländer* in Waza/Uhländer/Schmittmann, Insolvenzen und Steuern[13], Rz. 462; *Sonnleitner* in Sonnleitner/Witfeld, Insolvenzsteuerrecht[2], Kap. 1 Rz. 1 ff.; *Roth*, Insolvenz Steuerrecht[3], Rz. 1.1.; *Frotscher*, Besteuerung bei Insolvenz[9], S. 19 ff.; *Kahlert/Kayser/Bornemann*, Rz. 42 ff.

3 Die vom Reichfinanzhof entwickelte Dogmatik, wonach die Konkursordnung als lex specialis gegenüber der Reichsabgabenordnung einzustufen sei (RFH, Urt. v. 25.10.1926 – GrS 1/26, RFHE 19, 355) wurde unter dem

Fragestellungen müssen vielmehr die **Wertungen und Zielsetzungen der beiden Teilrechtsordnungen** miteinander in Einklang gebracht werden, also der Grundsatz der Gleichmäßigkeit der Besteuerung (Art. 20 Abs. 3 GG i.V.m. Art. 3 Abs. 1 GG) mit dem Grundsatz einer gleichmäßigen Befriedigung aller Insolvenzgläubiger (Art. 3 Abs. 1, Art. 14 GG). Denn in der Mangelsituation der materiellen Insolvenz kann der einzelne Steueranspruch nicht mehr – nach dem einzelvollstreckungsrechtlichen Prioritätsprinzip – durchgesetzt werden, ohne die eigentumsrechtlich durch Art. 14 Abs. 1 GG geschützten Forderungen der Privatgläubiger rechtlich und tatsächlich zurückzusetzen.[1] Kommt es zu Friktionen zwischen den Vorschriften des Insolvenz- und des Steuerrechts, ist es Aufgabe der Rspr., der (Finanz-)Verwaltung und des Schrifttums, die Regelungsbereiche – unter Berücksichtigung der Wertungen der jeweiligen Teilrechtsordnungen – sinnvoll und vor allem unter Beachtung höherrangigen Rechts aufeinander abzustimmen.

2 Es existieren allenfalls punktuelle Vorschriften, die das Verhältnis zwischen (Umsatz-)Steuerrecht und Insolvenzrecht regeln. Ausdrücklich geregelt ist die insolvenzrechtliche Einordnung eines Anspruchs aus dem (Umsatz-)Schuldverhältnis bei **vorläufiger Insolvenzverwaltung**[2] und **vorläufiger Eigenverwaltung** (§ 55 Abs. 4 InsO, Rz. 110 ff., Rz. 126 ff.), die umsatzsteuerliche Behandlung bei der **Verwertung von Gegenständen**, an denen Absonderungsrechte bestehen (§ 51 Nr. 4, § 170 Abs. 2, § 171 Abs. 2 Satz 3, § 282 Satz 3 InsO) sowie die von der **Restschuldbefreiung** ausgenommene (Umsatz-)Steuerforderung, wenn der Schuldner im Zusammenhang damit wegen einer Steuerstraftat rechtskräftig verurteilt worden ist[3] (§ 302 Nr. 1 Halbs. 1 Var. 3, § 174 Abs. 2 InsO). **(Umsatz-)Steuerverfahrensrechtlich** sind darüber hinaus § 185 InsO und § 34 Abs. 3, § 251 Abs. 2, 3 AO und für die Festsetzungs- und Zahlungsverjährung § 171 Abs. 13, § 231 Abs. 1 Nr. 4–6 AO von Bedeutung. Das **UStG** sowie die **UStDV** selbst enthalten **keine ausdrückliche Regelung** für den Fall der Insolvenz des Leistenden oder des Leistungsempfängers.

Soweit **§ 251 Abs. 2 Satz 1 Alt. 1 AO** anordnet, dass die Vorschriften der Insolvenzordnung unberührt bleiben, kann darin durchaus ein Vorrang der Insolvenzordnung vor der Abgabenordnung für Ansprüche aus dem Steuerschuldverhältnis gesehen werden. Systematisch ist die Vorschrift allerdings dem die „Vollstreckung" betreffenden Teil der Abgabenordnung zugeordnet. Damit reduziert sich der Vorrang der Insolvenzordnung auf die Durchsetzung eines als Insolvenzforderung zu qualifizierenden Steueranspruchs, der spätestens ab Insolvenzeröffnung ausschließlich durch das Anmeldeverfahren (§§ 87, 174 ff. InsO), nicht mehr hingegen durch allgemeine Vollziehungsmaßnahmen der FinVerw. nach der Abgabenordnung (z.B. Steuerfestsetzung) erfolgen darf. Demgegenüber hat § 251 Abs. 2 Satz 1 AO keinen Einfluss auf die **materiell-rechtliche** Entstehung des Steueranspruchs.

3 Mit der **Insolvenzordnung** vom 5.10.1994[4] wurden wesentliche Grundsätze der **Konkursordnung** übernommen. Soweit dabei Vorschriften an der Schnittstelle von Insolvenz- und Steuerrecht inhaltlich unverändert geblieben sind (z.B. § 34 Abs. 3, § 251 Abs. 2, 3 AO oder § 185 InsO), können die Rspr.-Grundsätze zur Schnittstelle von Steuer- und Konkursrecht grundsätzlich auch auf die Schnittstelle von Steuer- und Insolvenzrecht übertragen werden.

4 Seit dem **Jahr 2009** hat der **V. Senat des BFH** insbesondere die Berührungspunkte von Umsatzsteuerrecht und Insolvenzrecht kontinuierlich und systematisch folgerichtig fortentwickelt und damit die fehlende gesetzliche Abstimmung zwischen den beiden Teilrechtsordnungen weiter kompensiert. Dafür hat die Rspr. verschiedene Vorschriften des materiellen Umsatzsteuerrechts für Zwecke des Insolvenzrechts fruchtbar gemacht (z.B. § 13 Abs. 1 Nr. 1 Buchst. b, § 16 Abs. 1, 3, § 17 Abs. 2 Nr. 1 UStG)

Schlagwort „Konkursrecht geht vor Steuerrecht" bekannt (vgl. dazu *Arnold Liebisch*, VJSchrStFR 1929, 212 [213]). Sie ist zur Abgrenzung der beiden Teilrechtsordnungen „Insolvenzrecht" und „Steuerrecht" indes nicht geeignet. Zur Gleichrangigkeit der Rechtsgebiete, z.B. BVerfG, Beschl. v. 27.12.1991 – 2 BvR 72/90, BStBl. II 1992, 212 = FR 1992, 270, unter 1.a cc; *Drüen*, StuW 2008, 154 (156).

1 *Seer*, DStR 2016, 1289 (1290).

2 Grundlegend, BFH, Urt. v. 24.9.2014 – V R 48/13, BStBl. II 2015, 506 = UR 2015, 192.

3 BFH, Urt. v. 7.8.2018 – VII R 24, 25/17, BStBl. II 2019, 19 = AO-StB 2019, 2 ff.; BFH, Urt. v. 2.4.2019 – IX R 21/17, BStBl. II 2019, 481 = FR 2020, 232.

4 Die Insolvenzordnung vom 5.10.1994 (BGBl. I 1994, 2866) trat nach § 335 InsO i.V.m. Art. 110 Abs. 1 EGInsO am 1.1.1999 in Kraft und ersetzte die bis dahin geltende Konkurs-, Vergleichs- und Gesamtvollstreckungsordnung.

und damit ein schlüssiges Konzept zur Behandlung von Umsatzsteueransprüchen bei Insolvenz entwickelt, ohne dabei gegen höherrangiges Recht zu verstoßen (Rz. 10 ff.). Grundlegende Elemente zur Behandlung der Umsatzsteuer im Insolvenzverfahren sind der Grundsatz der **vollständigen Tatbestandsverwirklichung** (Rz. 19, 20, 22), die **Zuordnung der verwirklichten Einzeltatbestände zu den Unternehmensteilen** (Rz. 27) bzw. **Vermögensbereichen** (Rz. 28.1), die **Zwangsverrechnungsanordnung** innerhalb dieser Unternehmensanteile (Rz. 30 ff.) und das Konzept der **Doppelberichtigung** (z.B. Rz. 45 ff. zur **Doppelberichtigungsjudikatur**).[1]

II. Allgemeine Wirkung der Insolvenzeröffnung auf das Steuerrecht

Die Eröffnung des Insolvenzverfahrens über das Vermögen des (Umsatzsteuer-)Schuldners kann sowohl die (materielle) Umsatzbesteuerung als auch das (formelle) Besteuerungsverfahren für Zwecke der Umsatzsteuer berühren. Dabei stehen regelmäßig **vier Themenfelder** im Spannungsverhältnis: 5

Erstens die **Auswirkungen der Eröffnung des Insolvenzverfahrens auf die materielle (Umsatz-)Besteuerung**. Die Besteuerung (die tatbestandliche Verwirklichung des Steueranspruchs sowie die Berechnung der Steuer) richtet sich nach Insolvenzeröffnung unverändert nach (umsatz-)steuerlichen Grundsätzen. Das Insolvenzrecht kann aber Einfluss auf das materielle (Umsatz-)Steuerrecht nehmen (vgl. z.B. Rz. 45 ff., 56 jeweils zu § 17 Abs. 2 Nr. 1 UStG oder Rz. 97 ff. zur Organschaft). 6

Zweitens die **insolvenzrechtliche Einordnung** des Anspruchs aus dem (Umsatzsteuer-)Schuldverhältnis als Insolvenzforderung (§ 38 InsO), Masseverbindlichkeit (§ 55 Abs. 1 Nr. 1, Abs. 4 InsO) oder Forderung gegen das insolvenzfreie Vermögen des Schuldners (Rz. 18 ff.). Die Einordnung richtet sich ausschließlich nach insolvenzrechtlichen Grundsätzen. Maßgeblich ist dabei die – zwischen st. Rspr. und Teilen des Schrifttums immer noch umstrittene – Auslegung des insolvenzrechtlichen Merkmals **„begründeter" Vermögensanspruch** (vgl. § 38, § 55 Abs. 1 Nr. 1, Abs. 2 Satz 1, Abs. 4 und § 96 Abs. 1 Nr. 1 InsO). Wann ein Anspruch aus dem Steuerschuldverhältnis „begründet" ist, richtet sich – nach Auffassung der st. Rspr. – sodann ausschließlich nach der steuerrechtlichen Tatbestandsverwirklichung (Rz. 19). 7

Für den **Bereich der umsatzsteuerrechtlichen Ausgangsleistung** ist hierfür die **„Entgeltvereinnahmung"** wesentliches Merkmal (Rz. 19.1), nicht die „Leistungserbringung"[2] (Rz. 45, 54). Umsatzsteuerrechtlich müssen die einzelnen (unselbständigen) Besteuerungsgrundlagen (z.B. die Umsätze, vgl. Rz. 30) den **insolvenzbedingten Vermögensteilen** (Rz. 27) nach den Grundsätzen über die Abgrenzung der insolvenzrechtlichen Forderungskategorien, also der vollständigen Tatbestandsverwirklichung (Rz. 18 f.) zugeordnet werden. Dies gilt auch für steuermindernde Besteuerungsgrundlagen (z.B. Vorsteuerabzug, Rz. 54 ff. oder steuermindernde Berichtigungen, Rz. 71 ff.).

Drittens hat die insolvenzrechtliche Einordnung des (Umsatz-)Steueranspruchs (Rz. 7) Auswirkungen auf **die Art und Weise seiner Geltendmachung** (Auswirkung auf das Besteuerungsverfahren, Rz. 142 ff.) und die Erfolgsaussichten seiner Befriedigung. 8

Ist der (Umsatz-)Steueranspruch des Steuergläubigers eine **Insolvenzforderung** (§ 38 InsO), ist er – abweichend vom üblichen Besteuerungsverfahren – ausschließlich nach insolvenzrechtlichen Grundsätzen durch Tabellenanmeldung geltend zu machen (§ 251 Abs. 2 Satz 1 AO, §§ 87, 174 ff., Rz. 143 ff.) und wird nur nach Maßgabe des Verteilungsverfahrens (§§ 187 ff. InsO) befriedigt (regelmäßig nur quotale Befriedigung). Eine danach verbleibende Rest(umsatzsteuer)forderung des Steuergläubigers unterliegt ggfs. der Restschuldbefreiung (§§ 286 ff. InsO).

Handelt es sich bei dem (Umsatz-)Steueranspruch des Steuergläubigers um eine **Masseverbindlichkeit** oder **Forderung gegen das insolvenzfreie Vermögen** des Schuldners, sind für seine Geltendmachung die üblichen steuerrechtlichen Verfahrensvorschriften maßgeblich (Rz. 146 ff., Rz. 149 f.). Masseverbindlichkeiten sind – vorbehaltlich einer angezeigten Masseunzulänglichkeit (§§ 209 f. InsO) – vorweg und in voller Höhe aus der **Insolvenzmasse** zu befriedigen (§ 53 InsO), Forderungen gegen das insolvenzfreie Vermögen in voller Höhe vom Schuldner selbst aus dem **nicht beschlagnahmten Vermögen**

---

1 Übersicht zum Besteuerungskonzept, *Schulze/Vogel/Huhle*, UR 2021, 213 (214 ff.).

2 BFH, Urt. v. 24.9.2014 – V R 48/13, BStBl. II 2015, 506 = UR 2015, 192, Rz. 20.

(Rz. 81). Sowohl Masseverbindlichkeiten als auch Forderungen gegen das insolvenzfreie Vermögen unterliegen nicht der Restschuldbefreiung.[1]

9 **Viertens** hat die insolvenzrechtliche Einordnung des (Umsatz-)Steueranspruchs – wegen des Aufrechnungsverbots nach § 96 Abs. 1 Nr. 1 InsO (Verbot sich auf Kosten der Massegläubiger zu befriedigen) – auch **Auswirkungen auf die Möglichkeit der Befriedigung durch Aufrechnung**. Denn für die Frage, ob der Insolvenzgläubiger (z.B. der Steuergläubiger) etwas vor oder nach Insolvenzeröffnung zur Insolvenzmasse schuldig geworden ist (z.B. steuerlicher Erstattungs- oder Vergütungsanspruch, Rz. 18, Rz. 42, Rz. 96, Rz. 151 ff.) kommt es – korrespondierend zur Abgrenzung einer Gläubigerforderung als Insolvenzforderung oder Masseverbindlichkeit (Rz. 7, 18 ff.) – allein auf die vollständige Verwirklichung des materiellen Steuertatbestands an[2] (Rz. 24). Damit werden das für das steuerliche Festsetzungsverfahren maßgebliche Merkmal des insolvenzrechtlichen „Begründetseins“ und das für das steuerliche Erhebungsverfahren maßgebliche Merkmal „etwas nach Insolvenzeröffnung zur Insolvenzmasse schuldig geworden sein“ (§ 96 Abs. 1 Nr. 1 InsO) – trotz der unterschiedlichen Gesetzesformulierung – inhaltsgleich ausgelegt.[3]

III. Übergeordnetes Recht

1. Unionsrechtliches Mehrwertsteuerrecht und Insolvenz

a) Primär- und Sekundärrecht

10 Weder das **unionsrechtliche Primärrecht** noch das unionsrechtliche **Sekundärrecht** (insbesondere die MwStSystRL – bzw. die 6. EG-Richtlinie) enthalten ausdrückliche Vorgaben für den Fall der **Eröffnung des Insolvenzverfahrens** über das Vermögen des Leistenden oder Leistungsempfängers, insbesondere über die Behandlung der Ansprüche aus dem Mehrwertsteuerschuldverhältnis.

b) Auswirkungen der Insolvenz auf die Steuerpflicht (Art. 2, Art. 9 MwStSystRL)

10.1 Das unionsrechtliche Mehrwertsteuersystem erfasst ausschließlich Tätigkeiten wirtschaftlicher Art (Art. 2 Abs. 1 Buchst. a, Art. 9 Abs. 1 MwStSystRL).[4] Allein die **Eröffnung eines Insolvenzverfahrens** über das Vermögen eines Unternehmers beendet grundsätzlich nicht dessen wirtschaftliche Tätigkeit. Der Begriff „wirtschaftliche Tätigkeit“ ist ungeachtet seines Zwecks und seines Ergebnisses zu betrachten; ausreichend ist, dass die Tätigkeit nachhaltig und gegen Entgelt ausgeübt wird.[5] Vor diesem Hintergrund berührt allein die Eröffnung eines Insolvenzverfahrens über das Vermögen eines Unternehmers den wirtschaftlichen Charakter der im Rahmen dieses Unternehmens bewirkten Umsätze nicht. Wird das **Unternehmen** nach Insolvenzeröffnung (vorläufig) **fortgeführt** (z.B. § 1 Satz 1 Alt. 2; Fortführung im Regelinsolvenzverfahren, vgl. § 157 Satz 1, 2; Fortführung durch Insolvenzplan, vgl. § 220 Abs. 2 Satz 3; Fortführung durch Eigenverwaltungsplan, vgl. § 270a Abs. 1 Nr. 1 InsO), ist dies selbstverständlich. Dies gilt grundsätzlich auch im Fall der **Liquidation des Unternehmens** (wie z.B. § 1 Satz 1 Alt. 1, § 159 InsO). Zwar wird dann der Zweck der Umsätze dahingehend geändert, dass sie

1 BFH, Urt. v. 28.11.2017 – VII R 1/16, BStBl. II 2018, 457, Rz. 14 ff.; BFH, Urt. v. 2.4.2019 – IX R 21/17, BStBl. II 2019, 481 = FR 2020, 232, Rz. 15.

2 St. Rspr. des VII. Senats des BFH seit BFH, Urt. v. 25.7.2012 – VII R 29/11, BStBl. II 2013, 36 = UR 2012, 927 m. Anm. *Marchal*, Rz. 16 f. (unter Änderung seiner vormaligen Auffassung, vgl. dazu noch BFH, Urt. v. 17.4.2007 – VII R 27/06, BStBl. II 2009, 589, unter II.3. m.w.N. und Anschluss an die Rspr. des V. Senats des BFH zur Forderungsbegründung nach § 38 InsO, vgl. BFH, Urt. v. 29.1.2009 – V R 64/07, BStBl. II 2009, 682 = UR 2009, 388 unter II.1.; BFH, Urt. v. 9.12.2010 – V R 22/10, BStBl. II 2011, 996 = UR 2011, 551 m. Anm. *Widmann*, Rz. 18); BFH, Urt. v. 8.11.2016 – VII R 34/15, BStBl. II 2017, 496, = UStB 2017, 98, Rz. 12; BFH, Beschl. v. 25.4.2018 – VII R 18/16, BFH/NV 2018, 1289, Rz. 8; BFH, Urt. v. 12.6.2018 – VII R 19/16, BStBl. II 2020, 717 = UR 2018, 841, Rz. 13; BFH, Urt. v. 15.1.2019 – VII R 23/17, BStBl. II 2019, 329, Rz. 12 m.w.N.; BFH, Urt. v. 15.10.2019 – VII R 31/17, UR 2020, 313, Rz. 18.

3 BFH, Urt. v. 25.7.2012 – VII R 29/11, BStBl. II 2013, 36 = UR 2012, 927 m. Anm. *Marchal*, Rz. 16.

4 EuGH, Urt. v. 17.12.2020 – C-449/19, ECLI:EU:C:2020:1038 – WEG Tevesstraße, UR 2021, 225, Rz. 24 f. m.w.N.

5 EuGH, Urt. v. 5.7.2018 – C-320/17, ECLI:EU:C:2018:537 – Marle Participations, UR 2018, 762, Rz. 22 m.w.N.

nicht mehr dem langfristigen Betrieb, sondern nur noch dessen Liquidation (Beendigung) dienen. Die wirtschaftliche Tätigkeit ist aber unabhängig von ihrem Zweck zu betrachten.[1] Zur Beendigung der Mehrwertsteuerpflicht kann die Eröffnung des Insolvenzverfahrens allenfalls dann führen, wenn eine wirtschaftliche Tätigkeit – insolvenzbedingt – nicht mehr ausgeübt werden kann.[2] Dies ist tatrichterlich nach den konkreten Umständen des Einzelfalls zu beurteilen.

c) Funktion des Steuerpflichtigen als Steuereinnehmer des Staates

Der **EuGH** hat festgestellt, dass weder gegen Art. 4 Abs. 3 EUV (**Prinzip der loyalen Zusammenarbeit zwischen den Mitgliedstaaten**) i.V.m. Art. 2, 250 Abs. 1 und Art. 273 MwStSystRL[3] noch gegen das an die Mitgliedstaaten gerichtete grundsätzliche **Verbot staatliche Beihilfen** zu gewähren (Art. 107 Abs. 1 AEUV) verstoßen wird, wenn eine Mehrwertsteuerschuld aufgrund eines rechtsförmlichen – strengen Anforderungen unterliegenden – nationalen (Insolvenz-)Verfahrens ausnahmsweise nicht oder nur teilweise erhoben wird.[4] 11

Diese Rspr. des EuGH wird kritisiert.[5] Der EuGH hat den Grundsatz aufgestellt, dass „auf dem Gebiet der Mehrwertsteuer die **Steuerpflichtigen als Steuereinnehmer für Rechnung des Staates** tätig werden".[6] Der EuGH hat diese Funktion als „Steuereinnehmer für Rechnung des Staates und im Interesse der Staatskasse" dahingehend erläutert, dass die Steuerpflichtigen „die Mehrwertsteuer *[schulden]*, obwohl diese als Verbrauchssteuer letztlich vom Endverbraucher getragen wird".[7] In Bezug auf die (teilweise) Nichterhebung der Mehrwertsteuer im Rahmen eines rechtsförmlichen Insolvenzverfahrens habe der EuGH die Funktion des Steuerpflichtigen als „Steuereinnehmer für Rechnung des Staates" und damit den Grundsatz, dass die Mehrwertsteuer als Verbrauchsteuer letztlich vom Endverbraucher getragen werden soll (Inkassofunktion)[8], außer Betracht gelassen. 12

Aus dem vorgenannten Grundsatz folge vielmehr, dass die als integraler Teil der Gegenleistung vereinnahmten Mehrwertsteuerbeträge kein eigenes Vermögen des Steuerpflichtigen seien, sondern von diesem – trotz seiner formalen, rein rechtstechnischen Steuerschuldnerschaft – im Ergebnis nur **treuhänderisch als Fremdgelder für den Staat verwaltet** würden. Demgemäß sei es mit dem Grundsatz der gleichmäßigen Erhebung der Mehrwertsteuer nicht zu vereinbaren, vereinnahmte – aber noch nicht an die FinVerw. abgelieferte[9] – Steuerbeträge auch zur Befriedigung der übrigen Insolvenzgläubiger zu verwenden.

Die dargelegte Kritik hat damit den Fall vor Augen, dass der Insolvenzschuldner noch **vor** Eröffnung des Insolvenzantrags die **Umsatzsteuer vereinnahmt**, diese aber nicht mehr an die Finanzbehörde abgeführt hat (Rz. 52). Für den vereinnahmten, aber noch nicht an die FinVerw. abgeführten Mehrwertsteuerbetrag soll dem Staat quasi ein Aussonderungsrecht (§ 47 InsO) zustehen. Die vor Insolvenzeröffnung vereinnahmten Steuerbeträge sollen folglich der Insolvenzmasse und damit dem Vollstre- 13

1 EuGH, Urt. v. 3.6.2021 – C-182/20, ECLI:EU:C:2021:442 – Administraţia Judeţeană a Finanţelor Publice Suceava, UR 2021, 762, Rz. 34 bis 38.

2 EuGH, Urt. v. 9.11.2017 – C-552/16, ECLI:EU:C:2017:849 – Wind Inovation 1, UR 2018, 209, Rz. 35; EuGH, Urt. v. 3.6.2021 – C-182/20, ECLI:EU:C:2021:442 – Administraţia Judeţeană a Finanţelor Publice Suceava, UR 2021, 762, Rz. 33.

3 Pflicht der Mitgliedstaaten zum Erlass von Rechts- und Verwaltungsvorschriften, die geeignet sind, um die Erhebung der gesamten in ihrem Hoheitsgebiet geschuldeten Mehrwertsteuer sicherzustellen (vgl. dazu z.B. EuGH, Urt. v. 17.7.2008 – C-132/06, ECLI:EU:C:2008:412 – Kommission/Italien, UR 2008, 891, Rz. 37; EuGH, Urt. v. 17.12.2015 – C-419/14, ECLI:EU:C:2015:832 – WebMindLicenses Kft., UR 2016, 58, Rz. 41); näher dazu, *Kahlert/Kayser/Bornemann*, Rz. 172 ff.; *Frintrup*, ZIP 2020, 801 f.

4 EuGH, Urt. v. 7.4.2016 – C-546/14, ECLI:EU:C:2016:206 – Degano Trasporti, UR 2016, 448, Ls 2 (italienisches Vergleichsverfahren und MwStSystRL); EuGH, Urt. v. 16.3.2017 – C-493/15, ECLI:EU:C:2017:219 – Marco Identi, UR 2017, 310, Ls. (italienisches Restschuldbefreiungsverfahren und 6. EG-Richtlinie sowie Beihilferecht).

5 *Stadie* in Rau/Dürrwächter, Anhang 2 (Umsatzsteuer und Insolvenz), Rz. 5 ff. (Stand: April 2020).

6 EuGH, Urt. v. 20.10.1993 – C-10/92, ECLI:EU:C:1993:846 – Balocchi, UR 1994, 116, Rz. 25.

7 EuGH, Urt. v. 21.2.2008 – C-271/06, ECLI:EU:C:2008:105 – Netto Supermarkt, UR 2008, 508, Rz. 21.

8 Der Unternehmer wird als Privatsubjekt für Zwecke eines effektiven Steuervollzugs in Dienst genommen, um die mit dem Umsatz gezeigte wirtschaftliche Leistungsfähigkeit eines dem Staat unbekannten Dritten (Endverbraucher) abzuschöpfen.

9 EuGH, Urt. v. 15.12.2011 – C-427/10, ECLI:EU:C:2011:844 – Banca Antoniana, UR 2012, 184, Rz. 37.

ckungszugriff der übrigen Insolvenzgläubiger entzogen sein. Dabei soll die unionsrechtliche Funktion des Steuerpflichtigen als (uneigennütziger) Treuhänder das besondere Sachinteresse an dem vereinnahmten Geld manifestieren. Die dargelegte Kritik spricht diese dogmatischen Schlussfolgerungen zwar nicht aus. Sie sind aber zwingend, wenn die vollständige Abführungspflicht der vereinnahmten Mehrwertsteuer auch nach Insolvenzeröffnung fortbestehen soll. Andernfalls bliebe als dogmatisches Gerüst lediglich eine Abführungspflicht sui generis unter Berücksichtigung unionsrechtlicher Grundsätze.

14 Der eingewandten **Kritik ist nicht zu folgen**. Für den Fall, dass der Insolvenzschuldner noch vor Stellung des Insolvenzantrags die Umsatzsteuer vereinnahmt, aber nicht mehr an die Finanzbehörde abführt, trifft den Staat – als Inbegriff der Allgemeinheit – lediglich das allgemeine Insolvenzrisiko des Unternehmers, so dass der ausstehende Umsatzsteueranspruch als schlichte Insolvenzforderung einzuordnen ist.[1] Insoweit werden die umsatzsteuerlichen Grundwertungen durch die Prinzipien des nationalen Insolvenzrechts begrenzt (Rz. 52).[2] Dieser schlichten Erkenntnis folgt zu Recht auch der EuGH (Rz. 11).

15 Im Übrigen lässt sich aber auch aus der Treuhandfunktion des Steuerpflichtigen kein anderes Ergebnis ableiten. Ein Treuhandverhältnis führt zwar dazu, dass der treuhänderisch gehaltene Vermögensgegenstand (z.B. eine Forderung) haftungsrechtlich nicht dem Vermögen des Insolvenzschuldners zugeordnet wird. Voraussetzung für die Aussonderung nach § 47 InsO ist aber, dass das Treugut in der Insolvenz des Treuhänders nachweisbar treuhänderisch gehalten wird.[3] Vermischt der Treuhänder das Treugut allerdings untrennbar mit eigenen Mitteln, kommt eine Aussonderung – ungeachtet einer Unterscheidbarkeit von Treugut und dem eigenem Vermögen – nicht mehr in Betracht.[4] Vor diesem Hintergrund kann auch die Funktion des Unternehmers als Steuereinnehmer für den Staat nicht dazu führen, dass etwaige Mehrwertsteuerbeträge zwingend der Aussonderung unterliegen. Das Unionsrecht vermag zwar die treuhänderische Funktion des Steuerpflichtigen zu begründen, die auch im Grundsatz dazu führt, dass die vereinnahmten Steuerbeträge in voller Höhe an den Staat abzuführen sind. Indes begründet es keine Pflicht für den Steuerpflichtigen, die vereinnahmte Steuer getrennt von seinem übrigen Vermögen und damit als Treugut erkennbar „aufzubewahren". Vor diesem Hintergrund begegnet es keinen unionsrechtlichen Bedenken, wenn ein Aussonderungsrecht für vereinnahmte Mehrwertsteuerbeträge schon deshalb zu negieren ist, weil der steuerpflichtige Unternehmer das Entgelt für eine Leistung und den dafür geschuldeten Umsatzsteuerbetrag – als integralen Bestandteil der Gegenleistung – untrennbar vermischt vereinnahmt.

d) Unionsrecht und Doppelberichtigungsjudikatur

16 Die Doppelberichtigungsjudikatur des BFH im Rahmen der Sollbesteuerung (Rz. 45, Rz. 56) verstößt nicht gegen das Unionsrecht.[5] Insbesondere ist sie mit Art. 90 Abs. 1 MwStSystRL vereinbar,[6] wonach die Bemessungsgrundlage u.a. im Fall der vollständigen oder teilweisen Nichtbezahlung unter den von den Mitgliedstaaten festgelegten Bedingungen zu vermindern ist. Denn die Bestimmung lässt den Mitgliedstaaten einen „Gestaltungsspielraum bei der Festlegung der Maßnahmen zur Bestimmung des Betrags der Minderung".[7] Ohne dass es insoweit einer eigenständigen Regelung für den Insolvenzfall bedarf, gehört zu den „Bedingungen" i.S.d. Art. 90 Abs. 1 MwStSystRL auch § 17 Abs. 2 Nr. 1 UStG und

---

1 Vgl. BFH, Urt. v. 30.4.2009 – V R 1/06, BStBl. II 2010, 138 = UR 2009, 673 unter II.4.a.
2 *Seer*, DStR 2016, 1289 (1295).
3 BGH, Urt. v. 10.2.2011 – IX ZR 49/10, BGHZ 188, 317, Rz. 13.
4 BGH, Urt. v. 10.2.2011 – IX ZR 49/10, BGHZ 188, 317, Rz. 21 m.w.N.
5 Vgl. EuGH, Urt. v. 23.11.2017 – C-246/16, EU:C:2017:887 – Di Maura, UR 2018, 37, Rz. 27; *Kahlert/Kayser/Bornemann*, Rz. 164 ff.
6 BFH, Beschl. v. 11.3.2014 – V B 61/13, BFH/NV 2014, 920, Rz. 12; BFH, Urt. v. 24.9.2014 – V R 48/13, BStBl. II 2015, 506 = UR 2015, 192, Rz. 37 f.; BFH, Urt. v. 1.3.2016 – XI R 21/14, BStBl. II 2016, 756 = UR 2016, 610, Rz. 33 f.; BFH, Beschl. v. 6.9.2016 – V B 52/16, BFH/NV 2017, 67, Rz. 4; BFH, Urt. v. 27.9.2018 – V R 45/16, BStBl. II 2019, 356 = UR 2018, 922, Rz. 21 f.; zur Kritik: FG Berlin-Brandenburg, Urt. v. 2.4.2014 – 7 K 7337/12, EFG 2014, 1427 (aufgehoben durch BFH, Urt. v. 1.3.2016 – XI R 21/14, BStBl. II 2016, 756 = UR 2016, 610).
7 EuGH, Urt. v. 3.9.2014 – C-589/12, ECLI:EU:C:2014:2131 – GMAC UK, UR 2014, 895, Rz. 32.

die Anwendung dieser Vorschrift im Insolvenz- bzw. -eröffungsverfahren.[1] Sowohl der Wortlaut dieser Bestimmung als auch ihr Telos (Rz. 44) stehen der Auslegung des Begriffs „Uneinbringlichkeit" im Sinne einer fehlenden Empfangszuständigkeit zur Vereinnahmung des Entgelts und des Steuerbetrags nach Insolvenzeröffnung (Rz. 45) bzw. im Insolvenzeröffnungsverfahren (Rz. 110, Rz. 119 f.) jedenfalls nicht entgegen. Die Grundsätze zur Doppelberichtigung wegen Uneinbringlichkeit stehen im Übrigen im Einklang mit Art. 273 MwStSystRL, weil sie auch dazu dienen, die genaue Erhebung der Steuer und damit die Berechnung der EU-Eigenmittel auch in Insolvenzfällen sicherzustellen.[2]

2. Verfassungsrecht und Doppelberichtigungsjudikatur

Die Doppelberichtigungsjudikatur des BFH im Rahmen der Sollbesteuerung (Rz. 45 ff., Rz. 56 ff., Rz. 59 ff., Rz. 119 f.) soll nach teilweise vertretener Auffassung die verfassungsrechtlichen Grenzen **richterlicher Rechtsfortbildung** überschreiten und damit gegen Art. 20 Abs. 3 GG verstoßen.[3] Das BVerfG hat einen solchen Verstoß angenommen, wenn durch die Rechtsauslegung oder Rechtsfortbildung ein gesetzlich nicht vorgesehenes insolvenzrechtliches Rangvorrecht (also Fiskalvorrecht) geschaffen wird.[4] Zwar beeinflussen die Rechtsprechungsgrundsätze die Verwirklichung von Umsatzsteueransprüchen im Insolvenzfall. Gleichwohl wurde kein insolvenzrechtliches Rangvorrecht geschaffen. Vielmehr wurde im Rahmen **zulässiger Gesetzesauslegung** bestimmt, wann ein Anspruch aus dem Umsatzsteuerschuldverhältnis im insolvenzrechtlichen Sinne (§§ 38, 55 InsO) begründet (Rz. 19) bzw. das vereinbarte Entgelt uneinbringlich (§ 17 Abs. 2 Nr. 1 Satz 1 UStG) wird (Rz. 45). Diese Auslegung schafft keine neue insolvenzrechtliche Forderungsrangfolge, sondern beantwortet nur die für die Rangfolge notwendige Vorfrage.[5] 17

B. Insolvenzrechtliche Einordnung der Ansprüche aus dem (Umsatz-)Steuerschuldverhältnis

I. Grundsätze zur insolvenzrechtlichen Einteilung bei der Umsatzsteuer

Für einen Besteuerungszeitraum ergibt sich wegen der gesetzlichen Verrechnungsanordnung des § 16 Abs. 1, 2, 3 UStG entweder ein Umsatzsteueranspruch des Steuergläubigers gegen den schuldnerischen Unternehmer (Umsatzsteuerzahllast im Rahmen einer Vorauszahlung oder Abschlusszahlung, Rz. 31, zur Durchsetzung Rz. 142 ff.) oder ein Vorsteuervergütungs- bzw. Umsatzsteuererstattungsanspruch (Rz. 40) des schuldnerischen Unternehmers gegen die FinVerw. (Rz. 9, 31, 40, zur Durchsetzung Rz. 151 ff.). 18

Ein **Umsatzsteueranspruch** – also ein Vermögensanspruch des Steuergläubigers gegen den Schuldner – ist entweder als Insolvenzforderung (§ 38 InsO), als Masseverbindlichkeit (§ 55 Abs. 1 Nr. 1 InsO) oder als Forderung gegen das insolvenzfreie Vermögen des Schuldners zu qualifizieren (insolvenzrechtliche Forderungskategorien, Rz. 142).

Vorsteuervergütungs- oder **Erstattungsansprüche** sind demgegenüber Forderungen des schuldnerischen Unternehmers gegen den Steuergläubiger und daher den insolvenzrechtlichen Forderungskategorien nicht zugänglich. Sie sind als massezugehöriges oder insolvenzfreies Vermögen einzuordnen (Rz. 81; Rz. 151). Diese Einordnung ist maßgeblich dafür, ob der Vergütungs- oder Erstattungsanspruch an die Insolvenzmasse oder an den Schuldner persönlich zu zahlen ist (Rz. 84, Rz. 96, Rz. 151 ff.).

---

1 **A.A.** *Witfeld*, Das Umsatzsteuerverfahren und die Insolvenz, Diss., Bochum 2016, 2. Kap., D. bis G.; *Seer* DStR 2016, 1289 (1295), wonach die Auslegung des Merkmals „Uneinbringlichkeit" für den Fall der Insolvenz weder durch Art. 90 MwStSystRL noch durch die Rspr. des EuGH-Urteils GMAC UK gestützt werde.

2 BFH, Urt. v. 27.9.2018 – V R 45/16, BStBl. II 2019, 356 = UR 2018, 922, Rz. 22, unter Verweis auf EuGH, Urt. v. 23.11.2017 – C-246/16, EU:C:2017:887 – Di Maura, UR 2018, 37.

3 *Witfeld*, Das Umsatzsteuerverfahren und die Insolvenz, Diss., Bochum 2016, 2. Kap., D. bis G.; *Seer*, DStR 2016, 1289 (1295).

4 BVerfG, Beschl. v. 19.10.1983 – 2 BvR 485/80, 2 BvR 486/80, BVerfGE 65, 182, Ls.

5 BFH, Beschl. v. 6.9.2016 – V B 52/16, BFH/NV 2017, 67, Rz. 7.

18.1 Zur Beantwortung der Frage, ob für einen bestimmten Besteuerungszeitraum (Rz. 30, Rz. 32) eine Umsatzsteuerverbindlichkeit oder ein umsatzsteuerlicher Vergütungs- bzw. Erstattungsanspruch entstanden ist, ist auf die Verrechnung der **unselbständigen Besteuerungsgrundlagen** der Umsatzsteuer (Umsatz-, Vorsteuer- und Berichtigungstatbestände) für diesen Zeitraum abzustellen (§ 16 Rz. 30). Für Zwecke der insolvenzrechtlichen Zuordnung sind dazu die einzelnen **steuererhöhenden** (Rz. 19 ff.) und **steuermindernden** (Rz. 24) unselbständigen Besteuerungstatbestände – abhängig vom Zeitpunkt ihrer insolvenzrechtlichen Begründung und im Verhältnis Masseverbindlichkeit zu Forderung gegen das insolvenzfreie Vermögen zusätzlich unter den Voraussetzungen des § 55 Abs. 1 Nr. 1 InsO – jeweils einem bestimmten **insolvenzrechtlichen Vermögensbereich** (Rz. 27) zuzuordnen[1] und im jeweiligen Vermögensbereich miteinander **zu verrechnen** (Rz. 30, Rz. 34). Eine unselbständige Besteuerungsgrundlage der Umsatzsteuer ist entweder **Teil** des **vorinsolvenzrechtlichen Vermögensbereichs**, **Teil** des **Vermögensbereichs der Insolvenzmasse** oder **Teil** des **freien Vermögens.**

Ein nach Verrechnung **positiver Saldo** (Rz. 142) des vorinsolvenzrechtlichen Vermögensbereichs begründet eine **Insolvenzforderung** (§ 38 InsO, zur Durchsetzung Rz. 143 ff.), des Vermögensbereichs der Insolvenzmasse eine **Masseverbindlichkeit** (§ 55 Abs. 1 Nr. 1 InsO, zur Durchsetzung Rz. 146 ff.) und ein positiver Saldo des freien Vermögensbereichs begründet eine **Forderung gegen das insolvenzfreie Vermögen** des Schuldners (zur Durchsetzung Rz. 149 f.). Diese Einordnung wirkt sich nicht nur auf die Art und Weise ihrer Geltendmachung aus (Rz. 142 ff.), sondern regelmäßig auch auf die Höhe der Befriedigung.

Ein nach Verrechnung **negativer Saldo** (Rz. 142) des vorinsolvenzrechtlichen Vermögensbereichs oder des Vermögensbereichs der Insolvenzmasse begründet jeweils einen Anspruch der Insolvenzmasse gegen den Steuergläubiger (**Vergütungs- oder Erstattungsanspruch**). Die Unterscheidung der Vermögensbereiche hat hier Auswirkungen darauf, mit welchen Forderungen der Steuergläubiger gegebenenfalls aufrechnen kann. Ein negativer Saldo des insolvenzfreien Vermögensbereichs begründet einen unmittelbaren Anspruch des Schuldners gegen den Steuergläubiger. Zur Durchsetzung eines Vergütungs- oder Erstattungsanspruchs, Rz. 151 ff.

II. Umsatzsteuererhöhende Tatbestände

1. Abgrenzung Insolvenzforderung zu Masseverbindlichkeit

19 Ob es sich bei einem umsatzsteuererhöhenden Tatbestand (Umsatz i.S.d. § 1 Abs. 1 UStG oder steuererhöhender Berichtigungstatbestand) um den Teil einer Insolvenzforderung oder um den Teil einer Masseverbindlichkeit handelt (Rz. 18), bestimmt sich allein nach dem Zeitpunkt, zu dem der (einzelne) steuerbegründende Tatbestand **vollständig verwirklicht** und damit abgeschlossen ist.[2] Es kommt darauf an, ob und wann ein Besteuerungstatbestand seiner Art und Höhe nach materiell-rechtlich ver-

---

1 BFH, Urt. v. 29.1.2009 – V R 64/07, BStBl. II 2009, 682 = UR 2009, 388, unter II.3.; BFH, Urt. v. 15.12.2016 – V R 26/16, BStBl. II 2017, 735 = UR 2017, 279, Rz. 18; BFH, Urt. v. 29.3.2017 – XI R 5/16, BStBl. II 2017, 738 = UR 2017, 520, Rz. 26; BFH, Urt. v. 24.8.2023 – V R 29/21, BFHE 282, 136 = UR 2024, 102 m. Anm. *Schulze*, Rz. 23.

2 St. Rspr., BFH, Urt. v. 29.1.2009 – V R 64/07, BStBl. II 2009, 682 = UR 2009, 388 unter II.1., m.w.N.; BFH, Urt. v. 30.4.2009 – V R 1/06, BStBl. II 2010, 138 = UR 2009, 673, Rz. 16; BFH, Urt. v. 9.12.2010 – V R 22/10, BStBl. II 2011, 996 = UR 2011, 551 m. Anm. *Widmann*, Rz. 18; BFH, Urt. v. 24.11.2011 – V R 13/11, BStBl. II 2012, 298 = UR 2012, 403, Rz. 17 m.w.N.; BFH, Urt. v. 8.3.2012 – V R 24/11, BStBl. II 2012, 466 = UR 2012, 399, Rz. 27 f. (mit Abgrenzung zur Rspr. des BGH); vgl. auch BFH, Urt. v. 15.12.2016 – V R 26/16, BStBl. II 2017, 735 = UR 2017, 279, Rz. 19; BFH, Urt. v. 29.3.2017 – XI R 5/16, BStBl. II 2017, 738 = UR 2017, 520, Rz. 25 m.w.N.; diesem Maßstab haben sich auch die anderen BFH-Senate angeschlossen: BFH, Urt. v. 23.2.2011 – I R 20/10, BStBl. II. 2011, 822 = FR 2011, 714 m. Anm. *Roth*, Rz. 12; BFH, Urt. v. 16.5.2013 – IV R 23/11, BStBl. II 2013, 759, Rz. 19 = FR 2014, 243 m. Anm. *Roth*; BFH, Urt. v. 9.12.2014 – X R 12/12, BStBl. II 2016, 852, Rz. 27; BFH, Beschl. v. 18.12.2014 – X B 89/14, BFH/NV 2015, 470, Rz. 13 f. m.w.N.; BFH, Urt. v. 5.4.2017 – II R 30/15, BStBl. II 2017, 971, Rz. 14, 19; BFH, Urt. v. 29.3.2017 – XI R 5/16, BStBl. II 2017, 738 = UR 2017, 520, Rz. 25 m.w.N.; BFH, Beschl. v. 31.10.2018 – III B 77/18, BFH/NV 2019, 123, Rz. 14 m.w.N.; BFH, Urt. v. 13.12.2022 – VII R 49/20, BFHE 279, 10 = ZIP 2023, 1197 Rz. 27 m.w.N.; dieser Rspr. kritisch gegenüberstehend: *Sinz* in Uhlenbruck, InsO[15], § 38 Rz. 68; *Kahlert*, DStR 2011, 1973 (1978, 1980); *Meyer*, FS für den Bundesfinanzhof, S. 659 (669 ff.); *Kayser*, ZIP 2020, 97, (103 f., unter 6.1).

wirklicht wurde. Welche Anforderungen im Einzelnen an die vollständige Tatbestandsverwirklichung im Zeitpunkt der Insolvenzeröffnung zu stellen sind, richtet sich nach den jeweiligen **Vorschriften des Steuerrechts**, nicht aber nach dem Insolvenzrecht (zu den einzelnen Tatbeständen der Umsatzsteuer, Rz. 43 ff.).[1] Auf die steuerliche **Entstehung** des Steueranspruchs (z.B. § 13 UStG) oder deren **Fälligkeit** kommt es indes nicht an.[2]

Die umsatzsteuererhöhenden Tatbestände sind nach Maßgabe des Zeitpunkts der vollständigen Verwirklichung des unselbständigen Umsatzsteuertatbestands dem **jeweiligen Vermögensbereich** (vorinsolvenzrechtlicher Vermögensbereich oder Vermögensbereich der Insolvenzmasse, Rz. 27) zuzuordnen und entsprechend bei der Steuerberechnung nach § 16 UStG (Rz. 30 ff.) zu berücksichtigen. **Für die Umsatzsteuer** richtet sich die insolvenzrechtliche Qualifizierung als Insolvenzforderung oder Masseverbindlichkeit bzw. Forderung gegen das insolvenzfreie Vermögen – vereinfachend und ungeachtet der technischen Ausgestaltung – danach, ob die **Vereinnahmung** des in der Gegenleistung enthaltenen Umsatzsteueranspruchs vor oder nach Anordnung des (vorläufigen) Insolvenzverfahrens erfolgt. Der auf einer **Altforderung beruhende Umsatzsteueranspruch** (Leistungserbringung vor, Entgeltvereinnahmung nach Bestellung des – vorläufigen – Insolvenzverwalters) ist – ungeachtet einer Soll- oder Istbesteuerung – stets dem **Vermögensbereich der Insolvenzmasse** zuzuordnen und damit als Teil einer Masseverbindlichkeit zu qualifizieren (Rz. 45 ff., Rz. 52, Rz. 119, Rz. 125). 19.1

Die **vormals vertretene Auffassung**, wonach es aus insolvenzrechtlicher Sicht nicht auf die vollständige Verwirklichung des steuerrechtlichen Tatbestands ankomme, sondern darauf, ob der Steueranspruch ***„seinem Kern nach“*** vor oder nach der Eröffnung des Insolvenzverfahrens begründet sei (dies sei anzunehmen, wenn der – zivilrechtliche – *Sachverhalt* verwirklicht sei, der zur Entstehung des steuerlichen Anspruchs führe),[3] hat der BFH[4] zwischenzeitlich aufgegeben. **Umsatzsteuerrechtlich** kommt es deshalb auch nicht auf den Zeitpunkt an, zu dem die Leistung des Steuerpflichtigen erfolgt.[5] 20

2. Abgrenzung Masseverbindlichkeit und insolvenzfreie Forderung

Wurde der Anspruch aus dem Umsatzsteuerschuldverhältnis – was auch für die jeweils umsatzsteuerbegründeten Tatbestände gilt[6] –erst nach Eröffnung des Insolvenzverfahrens begründet, richtet sich die insolvenzrechtliche Einordnung des (Umsatz-)Steueranspruchs als Masseverbindlichkeit (Zuord- 21

---

1 St. Rspr., BFH, Urt. v. 29.1.2009 – V R 64/07, BStBl. II 2009, 682 = UR 2009, 388 unter II.1.; BFH, Urt. v. 30.4.2009 – V R 1/06, BStBl. II 2010, 138 = UR 2009, 673, Rz. 16 m.w.N.; BFH, Urt. v. 9.12.2010 – V R 22/10, BStBl. II 2011, 996 = UR 2011, 551 m. Anm. *Widmann*, Rz. 18; BFH, Urt. v. 9.12.2014 – X R 12/12, BStBl. II 2016, 852 = FR 2016, 1111, Rz. 27 m.w.N.; BFH, Urt. v. 3.8.2016 – X R 25/14, BFH/NV 2017, 317, Rz. 27; BFH, Beschl. v. 27.10.2016 – IV B 119/15, BFH/NV 2017, 320, Rz. 6.

2 BFH, Urt. v. 30.4.2009 – V R 1/06, BStBl. II 2010, 138 = UR 2009, 673, Rz. 16, m.w.N.; BFH, Urt. v. 24.11.2011 – V R 13/11, BStBl. II 2012, 298 = UR 2012, 403, Rz. 17; BFH, Urt. v. 8.3.2012 – V R 24/11, BStBl. II 2012, 466 = UR 2012, 399, Rz. 27 m.w.N.; BFH, Urt. v. 16.5.2013 – IV R 23/11, BStBl. II 2013, 759 = FR 2014, 243 m. Anm. *Roth*, Rz. 18 m.w.N.

3 Z.B. BFH, Urt. v. 21.9.1993 – VII R 119/91, BStBl. II 1994, 83 = UR 1994, 233 m. Anm. *Weiß*, unter II.2.b m.w.N.; BFH, Urt. v. 21.9.1993 – VII R 68/92, BFH/NV 1994, 521, unter II.2.b m.w.N.; BFH, Urt. v. 17.12.1998 – VII R 47/98, BStBl. II 1999, 423 = UR 1999, 370, unter II.2.b m.w.N; BFH, Urt. v. 1.8.2000 – VII R 31/99, BStBl. II 2002, 323 = UR 2001, 120 m. Anm. *Stadie*, unter 3.; BFH, Urt. v. 5.10.2004 – VII R 69/03, BStBl. II 2005, 195 = UR 2005, 613, unter II.2.a; BFH, Urt. v. 16.11.2004 – VII R 75/03, BStBl. II 2006, 193 = UR 2005, 616, unter II.2.; BFH, Urt. v. 16.1.2007 – VII R 7/06, BStBl. II 2007, 745 = UR 2007, 275, unter II.; BFH, Urt. v. 17.4.2007 – VII R 27/06, BStBl. II 2009, 589, unter II.3.; dieser Rspr. bereits kritisch gegenüberstehend: BFH, Urt. v. 8.3.2012 – V R 24/11, BStBl. II 2012, 466 = UR 2012, 399, Rz. 31 ff.

4 BFH, Urt. v. 25.7.2012 – VII R 29/11, BStBl. II 2013, 36 = UR 2012, 927 m. Anm. *Marchal*, Rz. 15 f.; bestätigt durch BFH, Urt. v. 12.6.2018 – VII R 19/16, BStBl. II 2020, 717 = UR 2018, 841, Ls 1, Rz. 13 m.w.N., BFH, Urt. v. 15.1.2019 – VII R 23/17, BStBl. II 2019, 329, Rz. 12; dazu auch BFH, Urt. v. 15.12.2016 – V R 26/16, BStBl. II 2017, 735 = UR 2017, 279, Rz. 19.

5 **A.A.** *Sinz* in Uhlenbruck, InsO[15], § 38 Rz. 79; *Kahlert*, DStR 2011, 921 (923); *Witfeld*, Das Umsatzsteuerverfahren und die Insolvenz, S. 192 ff., 199; *Meyer* in FS 100 Jahre Steuerrechtsprechung in Deutschland, S. 659 (671).

6 BFH, Urt. v. 29.1.2009 – V R 64/07, BStBl. II 2009, 682 = UR 2009, 388, unter II.3.; BFH, Urt. v. 15.12.2016 – V R 26/16, BStBl. II 2017, 735 = UR 2017, 279, Rz. 18; BFH, Urt. v. 29.3.2017 – XI R 5/16, BStBl. II 2017, 738 = UR 2017, 520, Rz. 26; BFH, Urt. v. 24.8.2023 – V R 29/21, BFHE 282, 136 = UR 2024, 102 m. Anm. *Schulze*, Rz. 23.

nung zum Vermögensbereich der Insolvenzmasse, Rz. 27) oder Forderung gegen das insolvenzfreie Vermögen des Schuldners (Zuordnung zum freien Vermögensbereich, Rz. 27 ff.) danach, **wem die Begründung der Verbindlichkeit zuzurechnen** ist.[1] Die Begründung einer Masseverbindlichkeit i.S.d. § 55 Abs. 1 Nr. 1 InsO setzt also neben dem zeitlichen Gesichtspunkt tatbestandlich voraus, dass der (Steuer-)Anspruch durch die Verwaltung, Verwertung oder Verteilung der Insolvenzmasse begründet wurde. Im Umkehrschluss ist ein Anspruch aus dem Umsatzsteuerschuldverhältnis – bzw. ein umsatzsteuerbegründender Tatbestand – nur dann als insolvenzfreie Forderung zu qualifizieren, wenn die Voraussetzungen des § 55 Abs. 1 Nr. 1 InsO nicht vorliegen. Die Abgrenzung ist notwendig, weil Masseverbindlichkeiten gegenüber der Insolvenzmasse, insolvenzfreie Forderungen dagegen unmittelbar gegenüber dem Insolvenzschuldner geltend zu machen sind (Rz. 146 ff., Rz. 149 f.).

22 Nach § 55 Abs. 1 Nr. 1 InsO sind sonstige Masseverbindlichkeiten u.a. die Verbindlichkeiten, die „durch Handlungen des Insolvenzverwalters" (Alt. 1) oder „in anderer Weise durch die Verwaltung, Verwertung und Verteilung der Insolvenzmasse" (Alt. 2) begründet werden. Massegläubiger sind nach § 53 InsO vorweg und in voller Höhe aus der Insolvenzmasse zu befriedigen. Als **Masseverbindlichkeiten** einzuordnende **Steueransprüche** werden **kraft Gesetzes** – also „in anderer Weise" – **durch Tatbestandsverwirklichung** (§ 38 AO) und nicht unmittelbar durch eine Handlung des Insolvenzverwalters (Alt. 1) begründet.[2] Daher kommt für die Einordnung eines Steueranspruchs als Masseverbindlichkeit regelmäßig nur § 55 Abs. 1 Nr. 1 Alt. 2 InsO in Betracht. Ein Steueranspruch wird also regelmäßig „in anderer Weise" dadurch begründet, dass die Insolvenzmasse verwaltet, verwertet oder verteilt wird, also aufgrund einer massebezogenen dem Insolvenzverwalter **zurechenbaren Handlung**, in dessen Folge ein Steuertatbestand verwirklicht wird.[3]

23 Demgegenüber sind Steueransprüche als **Forderungen gegen das insolvenzfreie Vermögen** des Schuldners zuzuordnen, wenn die Entstehung der Steuer der Insolvenzmasse nicht zugerechnet werden kann. Insolvenzfreie Forderungen stehen regelmäßig im Zusammenhang mit nicht dem Insolvenzbeschlag unterliegenden[4] (§ 36 InsO) oder aus der Insolvenzmasse vom Insolvenzverwalter freigegebenen Gegenständen (vgl. § 32 Abs. 3 Satz 1 InsO) sowie insbesondere mit der **„Freigabe" einer selbständigen wirtschaftlichen Tätigkeit** des Schuldners (Rz. 92 ff.).[5]

III. Umsatzsteuermindernde Tatbestände

24 Auch umsatzsteuermindernde Tatbestände (**Vorsteueranspruch** oder ggfs. steuermindernde **Berichtigungsansprüche**) sind nach dem Kriterium der **vollständigen** steuerrechtlichen **Tatbestandsverwirklichung**[6] (Rz. 19) dem jeweiligen insolvenzrechtlichen Vermögensbereich (Rz. 27 ff.) zuzuordnen und entsprechend bei der Steuerberechnung nach § 16 UStG (Rz. 30 ff.) zu berücksichtigen. Zu **Erstattungsansprüchen**, Rz. 40, Rz. 151 ff.

1 *Meyer* in FS 100 Jahre Steuerrechtsprechung in Deutschland, S. 659 (670).

2 BFH, Urt. v. 18.5.2010 – X R 60/08, BStBl. II 2011, 429; offengelassen durch, BFH, Urt. v. 16.5.2013 – IV R 23/11, BStBl. II 2013, 759 = FR 2014, 243 m. Anm. *Roth*, Rz. 23.

3 BFH, Urt. v. 29.8.2007 – IX R 4/07, BStBl. II 2010, 145, unter II.2.b; BVerwG, Urt. v. 16.12.2009 – 8 C 9/09, ZInsO 2010, 1325, Rz. 14; BFH, Urt. v. 18.5.2010 – X R 60/08, BStBl. II 2011, 429, Rz. 41; BFH, Urt. v. 24.2.2011 – VI R 21/10, BStBl. II 2011, 520 = FR 2011, 720, Rz. 9; BFH, Urt. v. 3.8.2016 – X R 25/14, BFH/NV 2017, 317, Rz. 29; BFH, Urt. v. 5.4.2017 – II R 30/15, BStBl. II 2017, 971, Rz. 20 f.

4 Zur Abgrenzung zwischen Masseverbindlichkeit und Forderung gegen das insolvenzfreie Vermögen, BFH, Urt. v. 13.4.2011 – II R 49/09, BStBl. II 2011, 944, Rz. 15 ff. (zur KfZSt).

5 Vgl. *Neu*/*Ljumani* in Sonnleitner/Witfeld, Insolvenzsteuerrecht[2], Kap. 2 Rz. 74 ff.

6 St. Rspr. BFH, Urt. v. 25.7.2012 – VII R 29/11, BStBl. II 2013, 36 = UR 2012, 927 m. Anm. *Marchal*, Rz. 17 (zu § 17 Abs. 2 UStG); BFH, Urt. v. 8.11.2016 – VII R 34/15, BStBl. II 2017, 496 = ZIP 2017, 584, Ls (zu § 14c Abs. 2 UStG); BFH, Beschl. v. 26.8.2021 – V R 38/20, BFH/NV 2022, 146 = ZIP 2021, 2595 Rz. 18 (zu § 14c Abs. 2 UStG); BFH, Urt. v. 22.6.2022 – XI R 46/20, BFHE 277, 26 = UR 2022, 898 Rz. 17 m.w.N.

C. Auswirkungen der Insolvenzeröffnung auf die Umsatzbesteuerung

I. Regelinsolvenzverfahren

1. Unternehmen und Insolvenz

a) Unternehmereigenschaft bei Insolvenz

25 Das Vermögen des Schuldners wird durch die Eröffnung des Insolvenzverfahrens über sein Vermögen nicht zu einem selbständig zu besteuernden Umsatzsteuersubjekt.[1] Der **Insolvenzschuldner** bleibt auch nach Verfahrenseröffnung **Träger seines Vermögens** (Insolvenzmasse und insolvenzfreies Vermögen) und damit auch Unternehmer i.S.d. § 2 Abs. 1 UStG.[2] Insbesondere geht dessen **Unternehmereigenschaft** – trotz des Übergangs der Verwaltungs- und Verfügungsbefugnis – nicht auf den Insolvenzverwalter über, und zwar auch dann nicht, wenn dieser die unternehmerische Tätigkeit fortführt.[3] Die vom Insolvenzverwalter „im eigenen Namen für die Masse" verwirklichten (Eingangs- und Ausgangs-)Umsätze (z.B. Einzug von Altforderungen [Rz. 45, 52], bei der Verwertung der Masse oder laufende Umsätze bei Betriebsfortführung [Rz. 53]) und die damit einhergehenden (umsatzsteuerlichen) Rechtsfolgen treffen unmittelbar den Insolvenzschuldner als Rechtsträger der Insolvenzmasse.[4] Er ist Schuldner der daraus resultierenden (Umsatz-)Steuern[5] und – als Leistungsempfänger – Berechtigter des Vorsteuerabzugs. Auch wenn der Insolvenzverwalter den Betrieb einstellt und die Insolvenzmasse liquidiert, erfolgen daraus resultierende Umsätze noch im Rahmen des Unternehmens des Schuldners.

b) Kein Ende der Unternehmereigenschaft wegen Insolvenz

25.1 Weder die Vermögenslosigkeit des Unternehmers noch die Eröffnung des Insolvenzverfahrens über sein Vermögen beendet für sich alleine die Unternehmereigenschaft[6] (Rz. 10.1). Dies kommt – nach Maßgabe der der tatsächlichen Feststellungen – nur dann in Betracht, wenn die unternehmerische Tätigkeit nicht mehr ausgeübt werden kann.

c) Insolvenzbedingte Unternehmensteile bzw. insolvenzrechtliche Vermögensbereiche

aa) Aufteilung des Unternehmens in Unternehmensteile

26 Der Grundsatz der Unternehmenseinheit nach § 2 Abs. 1 Satz 2 UStG[7] (§ 2 Rz. 178 ff.) gilt auch nach der Eröffnung des Insolvenzverfahrens über das Vermögen des Unternehmers fort. Dementsprechend bestimmt sich die Umsatzsteuer für das gesamte Unternehmen des Insolvenzschuldners ohne Rücksicht auf die Vorschriften des Insolvenzrechts ausschließlich nach dem Umsatzsteuerrecht.[8] Bedingt durch die Erfordernisse des Insolvenzrechts[9] ist das **einheitliche Unternehmen** im Zeitpunkt der Er-

---

1 BFH, Urt. v. 11.11.1993 – XI R 73/92, BFH/NV 1994, 477 = FR 1994, 643, unter II.2. (zur Einkommensteuer mit umfangreichen Hinweisen zur geänderten Rspr des RFH); BFH, Urt. v. 16.7.1987 – V R 80/82, BStBl. II 1987, 691 = UR 1987, 291 m. Anm. *Weiß*, unter II.2.b.; BFH, Urt. v. 24.9.1987 – V R 196/83, BStBl. II 1987, 873 = ZIP 1988, 42, unter II.a m.w.N. (zur Umsatzsteuer).

2 BFH, Urt. v. 28.6.2000 – V R 87/99, BStBl. II 2000, 639 = UR 2000, 467, unter II.1.

3 St. Rspr. BFH, Urt. v. 20.2.1986 – V R 16/81, BStBl. II 1986, 579 = UR 1986, 153 m. Anm. *Weiß*, unter 1., m.w.N.; BFH, Urt. v. 16.7.1987 – V R 80/82, BStBl. II 1987, 691 = UR 1987, 291 m. Anm. *Weiß*, unter II.2.b.; BFH, Urt. v. 28.6.2000 – V R 45/99, BStBl. II 2000, 703 = UR 2000, 533, unter II.1.; BFH, Urt. v. 28.6.2000 – V R 87/99, BStBl. II 2000, 639 = UR 2000, 467, unter II.1.; BFH, Urt. v. 18.7.2002 – V R 56/01, BStBl. II 2002, 705 = UR 2003, 29, unter II.2. d aa.; BFH, Urt. v. 2.9.2010 – V R 34/09, BStBl. II 2011, 991 = UR 2011, 66, Rz. 12.

4 BFH, Urt. v. 20.2.1986 – V R 16/81, BStBl. II 1986, 579 = UR 1986, 153 m. Anm. *Weiß*, unter 1.

5 BFH, Urt. v. 18.5.1988 – X R 27/80, BStBl. II 1988, 716 = UR 1989, 26 m. Anm. *Weiß*, unter II.1.; BGH, Urt. v. 8.5.2008 – IX ZR 229/06, DB 2008, 1318, unter II.1. b aa.

6 BFH, Urt. 16.7.1987 – V R 80/82, BStBl. II 1987, 691 = ZIP 1987, 1130, unter II.2.b (juris Rz. 17) m.w.N.; BFH v. 2.9.2010 – V R 34/09, BStBl. II 2011, 991 = UR 2011, 66, Rz. 12; Abschn. 2.6. Abs. 6 Satz 3 UStAE.

7 *Stadie* in Rau/Dürrwächter, § 2 UStG Rz. 605 ff. (Stand: Oktober 2023).

8 BFH, Urt. v. 28.6.2000 – V R 87/99, BStBl. II 2000, 639 = UR 2000, 467 unter II.1. m.w.N.

9 BFH, Urt. v. 20.12.2012 – V R 23/11, BStBl. II 2013, 334 = UR 2013, 466, Rz. 11.

öffnung des Insolvenzverfahrens aber in **mehrere** (mindestens zwei, höchstens drei) **Unternehmensteile aufzuteilen.**

27 Zu unterscheiden sind der „**vorinsolvenzrechtliche Unternehmensteil**", der die „**Insolvenzmasse betreffende Unternehmensteil**" und ggfs. der das „**freie Vermögen des Schuldners**" (Umsätze im Zusammenhang mit einer eigenständigen Tätigkeit des Schuldners) betreffende Unternehmensteil.[1] Die **insolvenzbedingte Aufteilung** des einheitlichen Unternehmens in mehrere Unternehmensteile berührt den materiell-rechtlichen Grundsatz der Unternehmenseinheit nicht. Denn für diesen ist ausreichend, dass die Summe der für alle Unternehmensteile insgesamt festgesetzten oder angemeldeten Umsatzsteuer derjenigen für das gesamte Unternehmen entspricht.[2]

28 Die **Aufteilung** des einheitlichen Unternehmens in unterschiedliche Unternehmensteile **ist insolvenzrechtlich geboten**, um die unselbständigen Besteuerungsgrundlagen der Umsatzsteuer (Umsatzsteueransprüche aus Leistungen, Vorsteueransprüche und Berichtigungsansprüche, Rz. 30) nach dem Grundsatz der Tatbestandsverwirklichung (Rz. 19, Rz. 22, Rz. 24) dem maßgeblichen insolvenzrechtlichen Haftungsvermögen zuordnen zu können (Rz. 18.1). Die Aufteilung hat ferner Bedeutung für die Verrechnungsgrundsätze, weil Verrechnungen zwischen den Unternehmensteilen grundsätzlich unzulässig sind (Rz. 34).

bb) Sprachliche Neujustierung: insolvenzbedingte Unternehmensteile werden zu insolvenzrechtlichen Vermögensbereichen

28.1 In der **jüngeren Rechtsprechung des BFH** wird die „Unternehmensaufspaltung" dahingehend präzisiert, dass nicht mehr zwischen den insolvenzbedingten „Unternehmensteilen" als vielmehr zwischen den „**insolvenzrechtlichen Vermögensbereichen**" unterschieden wird[3] (vorinsolvenzrechtlicher Vermögensbereich, Vermögensbereich der Insolvenzmasse oder insolvenzfreier Vermögensbereich). Denn die insolvenzrechtlich angeordnete Einordnung eines Anspruchs als Insolvenzforderung oder Masseverbindlichkeit gilt auch für den Steueranspruch, so dass letztlich dieser und nicht das Unternehmen aufzuteilen und dem jeweiligen insolvenzrechtlichen Haftungsvermögen zuzuordnen ist. In der Sache geht es jedenfalls – bei dem einen wie bei dem anderen – ausschließlich um die insolvenzrechtlich zwingend erforderliche Zuordnung des (einheitlichen) Umsatzsteueranspruchs zu den insolvenzrechtlichen Haftungsmassen. Hierbei hilft im Ergebnis sowohl die Konstruktion der „Aufspaltung des Unternehmens in Unternehmensteile" (Rz. 26 ff.) als auch die – präzisere – Konstruktion über die insolvenzrechtlichen Vermögensbereiche.[4] Die sprachliche Neuausrichtung ändert aber nichts an den Grundsätzen der Zuordnung. In dem einen wie auch dem anderen Fall ist es zwingend erforderlich, die unselbständigen Besteuerungsgrundlagen der Umsatzsteuer (Rz. 30) nach den Grundsätzen der Tatbestandsverwirklichung (Rz. 19, Rz. 22, Rz. 24) dem einschlägigen Bereich (Unternehmensteil oder Vermögensbereich) zuzuordnen (Rz. 18.1) und innerhalb dieser Bereiche zu verrechnen (Rz. 34).

cc) Sinn der Zuordnungsentscheidung zu den Unternehmensteilen/Vermögensbereichen

29 Die **unselbständigen Besteuerungsgrundlagen** der Umsatzsteuer (Rz. 30) müssen dem jeweiligen Unternehmensteil/Vermögensbereich nach insolvenzrechtlichen Grundsätzen (Rz. 19, Rz. 22, Rz. 24) zu-

---

1 St. Rspr., BFH, Urt. v. 28.6.2000 – V R 87/99, BStBl. II 2000, 639 = UR 2000, 467, unter II.4.; BFH, Urt. v. 9.12.2010 – V R 22/10, BStBl. II 2011, 996 = UR 2011, 551 m. Anm. *Widmann*, Rz. 28 f.; BFH, Urt. v. 24.11.2011 – V R 13/11, BStBl. II 2012, 298 = UR 2012, 403, Rz. 11; BFH, Urt. v. 8.3.2012 – V R 24/11, BStBl. II 2012, 466 = UR 2012, 399, Rz. 22; BFH, Urt. v. 20.12.2012 – V R 23/11, BStBl. II 2013, 334 = UR 2013, 466, Rz. 9; BFH, Urt. v. 24.9.2014 – V R 48/13, BStBl. II 2015, 506 = UR 2015, 192, Rz. 27; BFH, Urt. v. 1.3.2016 – XI R 21/14, BStBl. II 2016, 756 = UR 2016, 610, Rz. 32 m.w.N.; AEAO (2018) zu § 251 Rz. 9.2; Abschn. 17.1 Abs. 11 Sätze 2 f. UStAE; kritisch *Stadie* in Rau/Dürrwächter, Anhang 2 (Umsatzsteuer und Insolvenz), Rz. 13 (Stand: April 2020).

2 BFH, Urt. v. 28.6.2000 – V R 87/99, BStBl. II 2000, 639 = UR 2000, 467, unter II.1. und 5.; BFH, Urt. v. 9.12.2010 – V R 22/10, BStBl. II 2011, 996 = UR 2011, 551 m. Anm. *Widmann*, Rz. 28; BFH, Urt. v. 20.12.2012 – V R 23/11, BStBl. II 2013, 334 = UR 2013, 466, Rz. 10.

3 BFH, Urt. v. 27.9.2018 – V R 45/16, BStBl. II 2019, 356 = UR 2018, 922, Rz. 17; *Kahlert/Kayser/Bornemann*, Rz. 117.

4 Kritisch gegenüber dieser sprachlichen Präzisierung: *Schulze/Vogel/Huhle*, UR 2021, 213 (215, dort Fn. 23).

geordnet werden. Die Zuordnung zu diesen Bereichen hat dienende Funktion. Damit wird sichergestellt, dass der einheitliche Umsatzsteueranspruch für einen bestimmten Besteuerungszeitraum nach insolvenzrechtlichen Kriterien entweder als Insolvenzforderung, Masseverbindlichkeit oder Forderung gegen das insolvenzfreie Vermögen bzw. im Falle eines Vergütungs- oder Erstattungsanspruchs als vor- oder nachinsolvenzrechtliche Forderung qualifiziert werden kann (Rz. 18.1). Dies hat u.a. Auswirkungen auf die **Art und Weise der Geltendmachung** des (berechneten) Anspruchs aus dem Umsatzsteuerschuldverhältnis (Rz. 142 ff.). So sind bspw. Umsatzsteueransprüche des vorinsolvenzrechtlichen Vermögensbereichs als **Insolvenzforderungen zur Insolvenztabelle** anzumelden (§§ 87, 174 ff. InsO) und Umsatzsteueransprüche, die aus dem Vermögensbereich der Insolvenzmasse resultieren, als sonstige **Masseverbindlichkeiten** unmittelbar gegenüber dem Insolvenzverwalter geltend zu machen.[1]

2. Berechnung der Umsatzsteuer/Vergütung bei Insolvenz

a) Verrechnungsgrundsätze nach § 16 UStG

Die Umsatzsteuer wird – sowohl für Besteuerung nach vereinbarten (Sollbesteuerung) als aus nach 30
vereinnahmten Entgelten (Istbesteuerung) – nach § 16 Abs. 1 Satz 2 UStG grundsätzlich für das **Kalenderjahr**, im Fall des § 16 Abs. 3 UStG für einen **abgekürzten Besteuerungszeitraum** berechnet. Bei der Berechnung der Steuer ist von der Summe der Umsätze (§ 1 Abs. 1 UStG) auszugehen, soweit für sie die Steuer in dem Besteuerungszeitraum entstanden und die Steuerschuldnerschaft gegeben ist (§ 16 Abs. 1 Satz 3 UStG). Von der so berechneten Steuer sind die in den Besteuerungszeitraum fallenden, nach § 15 UStG abziehbaren Vorsteuerbeträge abzusetzen und die Berichtigungen nach §§ 14c, 15a, 17 UStG zu berücksichtigen (§ 16 Abs. 1 Satz 4, Abs. 2 UStG). Die einzelnen in das Berechnungsschema einfließenden Beträge sind **unselbständige Besteuerungsgrundlagen** (§ 157 Abs. 2 Satz 1 AO). Das gesetzlich angeordnete Berechnungsschema (gesetzliche **Verrechnungsanordnung**) ist sowohl für Umsatzsteuervoranmeldungen (§ 18 Abs. 1 Satz 3 UStG) als auch für die Umsatzsteuerjahreserklärung (§ 18 Abs. 3 Satz 1 UStG) maßgeblich.

Die materiell-rechtliche Anordnung zur Verrechnung der unselbständigen Umsatzsteuertatbestände 31
(§ 16 Abs. 1 Satz 3, 4, Abs. 2 UStG) hat (auch in der Insolvenz) zur Folge, dass es für jeden insolvenzrechtlichen Vermögensbereich (Rz. 26 ff.) und jeden selbständigen Besteuerungszeitraum entweder zu *einem* ***Umsatzsteueranspruch*** oder zu *einem* ***Vergütungs-*** *(Vorsteuerüberhang) bzw.* ***Erstattungsanspruch*** (z.B. aufgrund der Anrechnung von (Sonder-)Vorauszahlungen) kommt (zur Berücksichtigung von **Vorauszahlungen** aufgrund von Umsatzsteuervoranmeldungen nach § 18 Abs. 1 Satz 1 UStG, Rz. 40). Zum positiven oder negativen Saldo der Verrechnung, Rz. 18.1.

Die materiell-rechtliche **Verrechnungsanordnung** (§ 16 Abs. 1 Satz 3, 4, Abs. 2 UStG) wird durch die 32
Eröffnung des Insolvenzverfahrens grundsätzlich nicht berührt. Allerdings wird die in § 16 Abs. 1 Satz 3, 2, Abs. 3 UStG festgelegte zeitliche Zuordnung der Umsatzsteuertatbestände (Voranmeldezeitraum, Kalenderjahr oder abgekürzter Besteuerungszeitraum) aus insolvenzrechtlichen Gründen durch eine sachliche Zuordnung der unselbständigen Besteuerungsstatbestände (Rz. 30) für den jeweiligen insolvenzrechtlichen Vermögensbereich (Rz. 26 ff.) ergänzt. Damit erfolgt die **Berechnung der Steuer** im Falle der Insolvenzeröffnung nicht nur für **jeden Besteuerungszeitraum**, sondern auch für **jeden insolvenzrechtlichen Vermögensbereich** gesondert.[2]

Der jeweilige (unselbständige) Besteuerungstatbestand (Umsatz-, Vorsteuer- oder Berichtigungstat- 33
bestand) ist dem jeweiligen insolvenzrechtlichen Vermögensbereich (Rz. 26 ff.) nach Maßgabe des insolvenzrechtlichen Grundsatzes der Tatbestandsverwirklichung (Rz. 19) zuzuordnen (Rz. 18 ff.).[3] Für die Zuordnung eines Umsatzsteuertatbestands zum vorinsolvenzrechtlichen Vermögensbereich oder zu dem Vermögensbereich der Insolvenzmasse kommt es darauf an, ob der Umsatzsteuertatbestand *vor* oder *nach* Insolvenzeröffnung **vollständig verwirklicht** wurde (Rz. 19).

---

1 BFH, Urt. v. 24.11.2011 – V R 13/11, BStBl. II 2012, 298 = UR 2012, 403, Rz. 11; BFH, Urt. v. 20.12.2012 – V R 23/11, BStBl. II 2013, 334 = UR 2013, 466, 334, Rz. 9.

2 BFH, Urt. v. 28.6.2000 – V R 87/99, BStBl. II 2000, 639 = UR 2000, 467, unter II.4.

3 BFH, Urt. v. 27.9.2018 – V R 45/16, BStBl. II 2019, 356 = UR 2018, 922, Rz. 17.

b) Verrechnungsverbot zwischen den Vermögensbereichen/Keine Aufrechnung oder Anfechtung innerhalb von § 16 UStG

34 Die nach § 16 Abs. 1, 3 UStG gesetzlich angeordnete Verrechnung der unselbständigen Besteuerungsgrundlagen der Umsatzsteuer (Umsatz-, Vorsteuer- oder Berichtigungstatbestand) erfolgt für jeden insolvenzrechtlichen Vermögensbereich gesondert. Die jeweiligen Ergebnisse der Verrechnung in den verschiedenen insolvenzrechtlichen Vermögensbereichen (z.B. einmal Negativsaldo und einmal Positivsaldo, Rz. 18.1) dürfen – auch wenn sie denselben Besteuerungszeitraum betreffen (z.B. Vermögensbereich der Insolvenzmasse und insolvenzfreier Vermögensbereich) – aus insolvenzrechtlichen Gründen **nicht** nach § 16 Abs. 1 Satz 1, 3 und Abs. 2 UStG miteinander **verrechnet** werden.[1] Eine Vermischung der unselbständigen Besteuerungsgrundlagen der einzelnen insolvenzrechtlichen Vermögensbereiche untereinander ist ohnehin unzulässig.

35 Auf die Steuerberechnung nach § 16 UStG sind die §§ 94 ff. InsO und damit insbesondere die **Aufrechnungsverbote nach § 96 Abs. 1 InsO** – innerhalb des jeweiligen insolvenzrechtlichen Vermögensbereichs (Rz. 26 ff.) – **nicht anwendbar**. Denn der umsatzsteuerlichen Verrechnungsanordnung liegen unselbständige Besteuerungsgrundlagen und keine – wie für eine **Aufrechnung** notwendig – selbständigen Ansprüche zugrunde. Allein der sich aus der Verrechnung ergebende Saldo (Umsatzsteuer- oder Vergütungsanspruch, Rz. 18.1) ist ein für eine Aufrechnung zulässiger selbständiger Anspruch i.S.d. §§ 94 ff. InsO.[2]

36 Die Steuerberechnung nach § 16 UStG ist auch keine **anfechtbare Rechtshandlung** i.S.d. §§ 129 ff. InsO.[3] Denn sie hat keine gläubigerbenachteiligende Wirkung. Für die Erbringung entgeltlicher Leistungen aufgrund des dem Umsatzsteuerrechts immanenten Neutralitätsgrundsatzes besteht eine umsatzsteuerliche Verpflichtung oder Berechtigung gegenüber dem Steuergläubiger grundsätzlich nur insoweit, als der Unternehmer das Entgelt für die von ihm erbrachte Ausgangsleistung auch vereinnahmt oder das Entgelt für die von ihm bezogene Eingangsleistung auch entrichtet. Und selbst wenn die Entgeltvereinnahmung oder -entrichtung zunächst unterbleibt, wirkt die Umsatzsteuer im Insolvenzfall nicht gläubigerbenachteiligend, weil – bei der Sollbesteuerung – alle noch nicht vereinnahmten oder entrichteten Entgelte mit der Insolvenzeröffnung nach § 17 Abs. 2 Nr. 1 UStG auf null zu berichtigen sind (Rz. 45 ff., Rz. 56 ff.). Damit ist gewährleistet, dass der Unternehmer im Zeitpunkt der Insolvenzeröffnung Ausgangsleistungen nur in dem Umfang zu versteuern hat, als er Entgelte vereinnahmen konnte und er den Vorsteuerabzug nur in dem Umfang in Anspruch nimmt, als er Entgelte für Eingangsleistungen entrichtet hat.[4]

c) Steuerberechnung und Besteuerungszeiträume ab Insolvenzeröffnung

aa) Steuerberechnung für die Zeit vor Insolvenzeröffnung

37 Für die Kalenderjahre vor dem Jahr der Insolvenzeröffnung ist Besteuerungszeitraum das **jeweilige Kalenderjahr** (§ 16 Abs. 1 Satz 2 UStG). Die Steuer ist für jedes Kalenderjahr gesondert zu berechnen.[5] Bei der Steuerberechnung für diesen **vorinsolvenzrechtlichen Vermögensbereich** sind die unselbständigen Umsatzsteuertatbestände nur dann zu berücksichtigen, wenn es sich bei diesen jeweils

---

1 BFH, Urt. v. 28.6.2000 – V R 87/99, BStBl. II 2000, 639 = UR 2000, 467, unter II.4. (Verrechnung zwischen dem Unternehmensteil der Insolvenzmasse und dem insolvenzfreien Vermögen); BFH, Urt. v. 9.12.2010 – V R 22/10, BStBl. II 2011, 996 = UR 2011, 551 m. Anm. *Widmann*, Rz. 28 f.; BFH, Urt. v. 24.11.2011 – V R 13/11, BStBl. II 2012, 298 = UR 2012, 403, Rz. 11; BFH, Urt. v. 1.3.2016 – XI R 21/14, BStBl. II 2016, 756 = UR 2016, 610, Rz. 32 m.w.N.

2 BFH, Urt. v. 24.11.2011 – V R 13/11, BStBl. II 2012, 298 = UR 2012, 403, Rz. 21 ff.; BFH, Urt. v. 25.7.2012 – VII R 30/11, BFH/NV 2013, 603, Rz. 19; AEAO (2018) zu § 251 Rz. 8; *Wäger*, DStR 2011, 1925 (1929); *Witfeld* in Sonnleitner/Witfeld, Insolvenzsteuerrecht[2], Kap. 5 Rz. 189; **a.A.** *Kahlert/Onusseit*, DStR 2012, 334 (für analoge Anwendung der §§ 94 ff. InsO).

3 BFH, Urt. v. 24.11.2011 – V R 13/11, BStBl. II 2012, 298 = UR 2012, 403, Rz. 29 ff.

4 Dem steht BGH, Urt. v. 9.7.2009 – IX ZR 86/08, ZIP 2009, 1674 (Ls. und Rz. 24 ff.) zur Biersteuer nicht entgegen. Denn bei der Umsatzsteuer entfällt ein zuvor begründeter Steueranspruch wegen des Konzepts der Doppelberichtigung wieder.

5 BFH, Urt. v. 24.11.2011 – V R 13/11, BStBl. II 2012, 298 = UR 2012, 403, Rz. 21 ff.

um „einen zur Zeit der Eröffnung des Insolvenzverfahrens begründeten Vermögensanspruch gegen den Schuldner" (§ 38 InsO) handelt, wenn also der jeweilige (unselbständige) Besteuerungstatbestand zu diesem Zeitpunkt bereits vollständig verwirklicht worden war (Rz. 9, Rz. 19).[1] Dies ist für jeden (unselbständigen) Besteuerungstatbestand (Rz. 29, Rz. 30, Rz. 43 ff.) gesondert zu prüfen.

bb) Steuerberechnung für das Jahr der Insolvenzeröffnung

Bei Eröffnung des Insolvenzverfahrens im Laufe des Kalenderjahres endet der Besteuerungszeitraum 38 für den vorinsolvenzrechtlichen Vermögensbereich und es beginnt der Besteuerungszeitraum für den Vermögensbereich der Insolvenzmasse und/oder ggfs. für den insolvenzfreien Vermögensbereich (jeweils **abgekürzter Besteuerungszeitraum**, § 16 Abs. 3 UStG).[2] Folglich ist für das Jahr der Insolvenzeröffnung die Steuer (§ 16 Abs. 1 Satz 3, 4, Abs. 2, § 18 Abs. 1 Satz 3, Abs. 3 Satz 1 UStG) jeweils für den vorinsolvenzrechtlichen Vermögensbereich und den Vermögensbereich der Insolvenzmasse bzw. den insolvenzfreien Vermögensbereich – nach den Maßstäben über die Tatbestandsverwirklichung (Rz. 9, Rz. 19, Rz. 22, Rz. 24) – gesondert zu berechnen.

cc) Steuerberechnung für Besteuerungszeiträume nach dem Jahr der Insolvenzeröffnung

Für die Kalenderjahre nach dem Jahr der Insolvenzeröffnung ist Besteuerungszeitraum (wieder) das 39 jeweilige Kalenderjahr (§ 16 Abs. 1 Satz 2 UStG). Die Steuer ist für jedes Kalenderjahr gesondert zu berechnen. Bei der Steuerberechnung für den Vermögensbereich der Insolvenzmasse bzw. den insolvenzfreien Vermögensbereich sind nur solche Umsatzsteuertatbestände zu berücksichtigen, die nach Insolvenzeröffnung vollständig verwirklicht worden sind (Rz. 9, Rz. 19, Rz. 22, Rz. 24). Für die Abgrenzung zwischen Masseverbindlichkeit (Vermögensbereich der Insolvenzmasse) und insolvenzfreier Forderung (insolvenzfreier Vermögensbereich), vgl. Rz. 21 ff.

dd) Berücksichtigung von Vorauszahlungen

Die Umsatzsteuer ist eine Jahressteuer (§ 16 Abs. 1 Satz 2 UStG). Der Unternehmer ist aber unter den 40 Voraussetzungen des § 18 Abs. 1 Satz 1 UStG für den Voranmeldezeitraum (Monat oder Kalendervierteljahr) zu Vorauszahlungen auf der Grundlage einer Umsatzsteuervoranmeldung verpflichtet. Diese Mitwirkungspflicht wird durch das Insolvenzverfahren nicht unterbrochen. Ein insoweit entstandener Anspruch aus dem Umsatzsteuerschuldverhältnis (§ 18 Abs. 1 UStG) ist im Verhältnis zur Jahressteuerschuld (§ 18 Abs. 4 UStG) eine nur unselbständige Berechnungsgrundlage mit vorläufigem Charakter[3] (§ 16 Rz. 12 f.). Die geleisteten Vorauszahlungen sind auf die Jahressteuerschuld anzurechnen (§ 18 Abs. 4 Satz 1 UStG).

Insolvenzrechtlich sind **geleistete Vorauszahlungen** auf den Teil der nach § 16 Abs. 1, 2, 3 UStG berechneten Jahresumsatzsteuerschuld anzurechnen, der sich auf denselben insolvenzrechtlichen Vermögensbereich (vorinsolvenzrechtlicher Vermögensbereich, Vermögensbereich der Insolvenzmasse oder des freien Vermögens) und Besteuerungszeitraum bezieht, aus und in dem die Vorauszahlungen entrichtet wurden.[4] Dies gilt grundsätzlich auch für eine **Sondervorauszahlung** wegen Gewährung einer Dauerfristverlängerung (§ 47 UStDV). Allerdings ist die Verrechnungsanordnung des § 48 Abs. 4 Satz 1 UStDV zu berücksichtigen.[5] Zur insolvenzrechtlichen Behandlung eines daraus resultierenden **Erstattungsanspruch**, Rz. 151 ff.

1 BFH, Urt. v. 24.11.2011 – V R 13/11, BStBl. II 2012, 298 = UR 2012, 403, Rz. 16 f.

2 BFH, Urt. v. 24.11.2011 – V R 13/11, BStBl. II 2012, 298 = UR 2012, 403, Rz. 14; kritisch *Stadie* in Rau/Dürrwächter, Anhang 2 (Umsatzsteuer und Insolvenz) Rz. 13 (Stand: April 2020).

3 BFH, Urt. v. 7.7.2011 – V R 42/09, BStBl. II 2014, 76 = UR 2011, 870, Rz. 26 ff.; BFH, Urt. v. 25.7.2012 – VII R 44/10, BStBl. II 2013, 33 = UR 2012, 972, Rz. 7.

4 BFH, Urt. v. 24.11.2011 – V R 13/11, BStBl. II 2012, 298 = UR 2012, 403, Rz. 19; AEAO (2018) zu § 251 Rz. 9.1.1 (mit Bsp.); *Waza* in Waza/Uhländer/Schmittmann[13], Rz. 847 ff.; *Frotscher/Schulze* in Gottwald/Haas[6], Insolvenz-Handbuch, § 45 Rz. 137 f.

5 BFH, Urt. v. 18.7.2002 – V R 56/01, BStBl. II 2002, 705 = UR 2003, 29; BFH, Urt. v. 6.11.2002 – V R 21/02, BStBl. II 2003, 39 = UR 2003, 199; BFH, Urt. v. 21.9.2021 – VII R 9/18, BFH/NV 2022, 44 = ZIP 2021, 2493,

d) Insolvenzrechtliche Einordnung des Umsatzsteueranspruchs nach Verrechnung

41 Resultiert aus der Steuerberechnung nach § 16 UStG für den **vorinsolvenzrechtlichen Vermögensbereich** ein Umsatzsteueranspruch (Voraus- oder Abschlusszahlung, positiver Saldo, Rz. 18.1), ist dieser als **Insolvenzforderung** (§ 38 InsO) des Steuergläubigers einzuordnen und zur (quotalen) Durchsetzung nach Maßgabe der insolvenzrechtlichen Vorschriften (§§ 87, 174 ff. InsO i.V.m. § 251 Abs. 2 Satz 1 AO) zur Insolvenztabelle anzumelden (Rz. 143 ff.). Ein Umsatzsteueranspruch des **Vermögensbereichs der Insolvenzmasse** ist als **Masseverbindlichkeit** einzuordnen und unmittelbar gegenüber dem Insolvenzverwalter geltend zu machen (Rz. 146 ff.), während ein Umsatzsteueranspruch des **Vermögensbereichs des freien Vermögens** als Forderung gegen das insolvenzfreie Vermögen einzuordnen ist und unmittelbar gegenüber dem Schuldner geltend gemacht wird (Rz. 149 f.).

e) Insolvenzrechtliche Einordnung des Vorsteuervergütungs- und Umsatzsteuererstattungsanspruchs nach Verrechnung

42 Resultiert aus der unternehmerischen Tätigkeit ein **Umsatzsteuererstattungs**- oder **Vorsteuervergütungsanspruch** (Forderung des Unternehmers gegen den Steuergläubiger, **negativer Saldo**, Rz. 18.1, Rz. 142), ist diese Forderung entweder der Insolvenzmasse oder dem insolvenzfreien Bereich des Schuldners (Rz. 9, Rz. 18, Rz. 96, Rz. 155) zuzuordnen. Nach § 35 Abs. 1 InsO gehört zur Insolvenzmasse sowohl das Vermögen (also auch Forderungen), das dem Schuldner bei Verfahrenseröffnung gehört, als auch das Vermögen, das er während des Insolvenzverfahrens erlangt (Neuerwerb). Kann ein Vermögensgegenstand des Schuldners ausnahmsweise nicht der Insolvenzmasse zugeordnet werden, gehört er haftungsrechtlich zum insolvenzfreien Bereich. (Steuer-)Forderungen (Erstattungsansprüche) des insolvenzfreien Bereichs stehen regelmäßig im Zusammenhang mit einer unternehmerischen Tätigkeit des Schuldners nach Verfahrenseröffnung (Rz. 81 ff.). Zur Geltendmachung eines nachinsolvenzlich begründeten Vergütungs- oder Erstattungsanspruchs (Rz. 154 f.).

3. Auswirkungen der Insolvenz auf Ausgangsumsätze

a) Allgemeines zur insolvenzrechtlichen Zuordnung von Ausgangsumsätzen

43 Für die insolvenzrechtliche „Begründung" (§§ 38, 55 Abs. 1 Nr. 1 InsO) der sich für einen Besteuerungszeitraum ergebenden **unselbständigen Besteuerungsgrundlagen** (Umsatzsteueransprüche, Vorsteuerbeträge und Berichtigungsansprüche, Rz. 30) kommt es ausschließlich darauf an, ob der jeweilige umsatzsteuerliche (Einzel-)Tatbestand *vor* oder nach Insolvenzeröffnung *vollständig verwirklicht* wurde (Rz. 19). Die unselbständigen Besteuerungstatbestände müssen den insolvenzrechtlichen Vermögensbereichen (Rz. 26 ff.) einzeln zugeordnet werden (Rz. 29). Sie werden damit entweder **Teil einer** Insolvenzforderung, Masseverbindlichkeit oder Forderung gegen das insolvenzfreie Vermögen oder **Teil eines** Vergütungsanspruchs.

b) Einzug einer Altforderung bei Sollbesteuerung (Konzept der Doppelberichtigung)

aa) Besteuerungsgrundsätze bei Sollbesteuerung

44 Nach Art. 63 MwStSystRL treten sowohl der Steuertatbestand als auch der Steueranspruch zu dem Zeitpunkt ein, in dem die Lieferung von Gegenständen bewirkt oder die Dienstleistung erbracht wird (§ 13 Rz. 3). Dementsprechend ordnet § 13 Abs. 1 Nr. 1 Buchst. a Satz 1 i.V.m. § 16 Abs. 1 UStG den Grundsatz der Besteuerung nach vereinbarten Entgelten an (**Regelbesteuerung**). Nach diesem sog. **Sollprinzip**[1] entsteht der Umsatzsteueranspruch bereits mit Ablauf des Voranmeldezeitraums in dem

Rz. 35; ausführlich zur Behandlung der Sondervorauszahlung bei Insolvenz *Heckmann/Busch*, StB 2023, 209 (211); *Frotscher*, Besteuerung bei Insolvenz[9], S. 268 f.

1 Das Sollprinzip gilt seit der Umsatzsteuerreform zum 1.1.1968, die einen Systemwechsel von der Allphasen-Bruttobesteuerung zur Allphasen-Nettoumsatzsteuer mit Vorsteuerabzug vollzog (zur historischen Entwicklung: *Frye*, UR 2013, 561 [563]); der Sollkonzeption kam unionsrechtlich erstmals durch Art. 11 Abs. 1 und Art. 12 Abs. 3 der 2. EG-Richtlinie v. 11.4.1967 – 67/228/EWG (ABl. EG 1967 Nr. L 71, 1303) und später durch Art. 10

die Leistung ausgeführt worden ist. Die Zahlung des Entgelts ist – anders als bei der sog. Istbesteuerung (Rz. 54) – für die Tatbestandsverwirklichung demgegenüber grundsätzlich (Ausnahme nach § 13 Abs. 1 Nr. 1 Buchst. a Satz 2 UStG für Anzahlungen) unbeachtlich. Durch diese unionsrechtlich vorgeprägte Ausgestaltung des Rechts wird der Unternehmer nicht nur zum Steuereinsammler (Rz. 12), sondern auch zum Vorfinanzierer der Umsatzsteuer.

Die den Unternehmer zur Vorfinanzierung der Umsatzsteuer zwingende Besteuerung nach vereinbarten Entgelten bedarf einer Korrektur, soweit der Unternehmer außer Stande ist, das Entgelt und die darauf entfallende Umsatzsteuer einzusammeln. Deshalb sieht Art. 90 MwStSystRL eine Entgeltberichtigung für die Fälle der Annullierung, Rückgängigmachung, Auflösung, vollständigen oder teilweisen Nichtzahlung sowie für Preisnachlasse vor (§ 17 Rz. 10 ff.). Auf nationaler Ebene bestimmt § 17 Abs. 2 Nr. 1 Satz 1 UStG deshalb, dass der verwirklichte Besteuerungstatbestand u.a. dann berichtigt werden muss, wenn das **vereinbarte Entgelt** für den steuerpflichtigen Ausgangsumsatz **uneinbringlich** geworden ist (§ 17 Rz. 91 ff.).[1] Damit wird die nach dem Sollprinzip verwirklichte Besteuerung – steuermindernd – rückgängig gemacht.

bb) Grundsatz der Doppelberichtigung wegen Uneinbringlichkeit des Entgelts (Insolvenz des Leistenden)

(1) Uneinbringlichkeit einer Altforderung aus Rechtsgründen

Wird über das Vermögen des regelversteuernden Unternehmers das Insolvenzverfahren eröffnet, kann dies Auswirkungen auf das materielle Umsatzsteuerrecht haben. Zu diesen **materiellen Wirkungen** gehört u.a. das **Rückgängigmachen** einer wegen unterbliebener Vereinnahmung erfolglosen Sollbesteuerung, also die doppelte Anwendung des Berichtigungstatbestands nach § 17 Abs. 2 Nr. 1 UStG bei Insolvenz[2] (**Konzept der Doppelberichtigung**[3] oder **Berichtigungssequenz**[4]). Die aufgrund der rechtlichen Uneinbringlichkeit des vereinbarten Entgelts ausgelöste **erste Berichtigung** im vorinsolvenzrechtlichen Vermögensbereich (Rz. 48) und die durch die nachträgliche Vereinnahmung des Entgelts ausgelöste **zweite Berichtigung** im Vermögensbereich der Insolvenzmasse (Rz. 49) führen insgesamt zu einer zutreffenden Besteuerung für das (Gesamt-)Unternehmen (Rz. 26). 45

Ohne diese Technik der ersten und zweiten Berichtigung wäre der Umsatzsteuertatbestand im Falle der Leistungsausführung vor Insolvenzeröffnung und einer Entgeltvereinnahmung erst nach Verfahrenseröffnung (Einziehung einer Altverbindlichkeit) im Fall der Sollbesteuerung nach den Grundsätzen der Tatbestandsverwirklichung als Teil einer Insolvenzforderung einzuordnen.[5] Denn bei der Sollbesteuerung wäre die Umsatzsteuer bereits mit der Ausführung der Leistung und damit vor Insolvenzeröffnung tatbestandlich verwirklicht und damit insolvenzrechtlich begründet (auf die rechtliche Entstehung nach § 13 Abs. 1 Nr. 1 Buchst. a UStG kommt es nicht an, Rz. 19). Mit dem Konzept der sog. Doppelberichtigung gelangt man im wirtschaftlichen Ergebnis aber auch hier zu einer Zuordnung des Umsatztatbestands zum Vermögensbereich der Insolvenzmasse und damit zum Teil einer Massever-

---

Abs. 2, Art. 15 Abs. 2 der 6. EG-Richtlinie v. 17.5.1977 – 77/388/EWG (ABl. EG 1977 Nr. L 145, 1) zum Ausdruck.

1 Zur Uneinbringlichkeit: BFH, Urt. v. 22.7.2010 – V R 4/09, BStBl. II 2013, 590 = UR 2011, 69, Rz. 44; BFH, Urt. v. 24.10.2013 – V R 31/12, BStBl. II 2015, 674 = UR 2014, 238, Rz. 13, 20; BFH, Urt. v. 15.12.2016 – V R 26/16, BStBl. II 2017, 735 = UR 2017, 279, Rz. 19; BFH, Urt. v. 29.3.2017 – XI R 5/16, BStBl. II 2017, 738 = UR 2017, 520, Rz. 19 m.w.N.

2 St. Rspr. BFH, Urt. v. 9.12.2010 – V R 22/10, BStBl. II 2011, 996 = UR 2011, 551, Rz. 22 ff. m. Anm. *Widmann*; BFH, Urt. 1.3.2016 – XI R 9/15, BFH/NV 2016, 1310; BFH, Urt. v. 27.9.2018 – V R 45/16, BStBl. II 2019, 356 = UR 2018, 922, Rz. 20 ff. (mit Nachweisen zur unionsrechtlichen Rspr., Rz. 21 f. und Fortentwicklung des dogmatischen Begründungskonzepts, Rz. 29).

3 BFH, Urt. v. 9.12.2010 – V R 22/10, BStBl. II 2011, 996 = UR 2011, 551 m. Anm. *Widmann*; BFH, Beschl. v. 6.9.2016 – V B 52/16, BFH/NV 2017, 67; *Wäger*, UR 2013, 673 (678); *Kahlert/Kayser/Bornemann*, Rz. 112 ff., 180 ff.; *Kahlert*, DStR 2021, 1505 (1506); *Schulze/Vogel/Huhle*, UR 2021, 213 (217).

4 Diesen Terminus verwendete der BFH erstmals in BFH, Urt. v. 27.9.2018 – V R 45/16, BStBl. II 2019, 356 = UR 2018, 922 m. Anm. *Heuermann*.

5 *Wäger*, DStR 2021, 825 (826); *Kahlert*, DStR 2021, 1505 (1506).

bindlichkeit (Rz. 48). Durch den Mechanismus der doppelten Berichtigung bei Insolvenz wird letztlich zu einer Besteuerung nach vereinnahmten Entgelten (Istbesteuerung) zurückgekehrt[1] und so ein **Gleichlauf zwischen Istbesteuerung** (Rz. 52) und **Sollbesteuerung** hergestellt.

46 Nach dem Konzept der sog. Doppelberichtigung wird das für eine ausgeführte Leistung vereinbarte – noch nicht entrichtete – Entgelt (**Altforderung** des insolventen Unternehmens gegen den Leistungsempfänger) im Augenblick der Eröffnung des Insolvenzverfahrens[2] – und damit **eine juristische Sekunde vor** der Insolvenzeröffnung[3] – aus **Rechtsgründen** i.S.d. § 17 Abs. 2 Nr. 1 UStG **uneinbringlich**. Denn mit der Insolvenzeröffnung geht die **Empfangszuständigkeit** für alle Leistungen, welche auf die zur Insolvenzmasse gehörenden Forderungen erbracht werden, nach § 80 Abs. 1 InsO auf den Insolvenzverwalter über (zur dogmatische Fortentwicklung dieses Begründungsansatzes für das Eröffnungsverfahren bei vorläufiger Insolvenzverwaltung Rz. 119 und für das Eigenverwaltungsverfahren Rz. 124). Der Entgeltanspruch kann damit aus rechtlichen Gründen ab Insolvenzeröffnung nicht mehr vom Unternehmer (Schuldner) vereinnahmt werden.[4] Damit korrespondiert, dass der Schuldner für den vorinsolvenzrechtlichen Vermögensbereich rechtlich nicht mehr befugt ist, „öffentliche Gelder" als „Steuereinnehmer für Rechnung des Staates"[5] (Rz. 12) zu vereinnahmen, sondern nur noch der Insolvenzverwalter.[6]

Demgegenüber führt allein die **Stellung eines Antrags auf Eröffnung des Insolvenzverfahrens** noch nicht zur Uneinbringlichkeit i.S.d. § 17 Abs. 2 Nr. 1 UStG,[7] sondern grundsätzlich erst die Eröffnung des Insolvenzverfahrens (zum Insolvenzeröffnungsverfahren bei **vorläufiger Insolvenzverwaltung**, Rz. 110 ff.).

47 Im **Schrifttum** stößt die Doppelberichtigungs-Rechtsprechung des BFH teils auf Zustimmung[8] und teils auf Ablehnung.[9] Mit der Kritik, die höchstrichterliche Finanzrechtsprechung verstoße gegen die insolvenzrechtliche Wertung des Gläubigergleichbehandlungsgrundsatz, hat sich der BFH – auch unter Einbeziehung der Rspr. des BGH[10] – auseinandergesetzt und an seiner Rspr. zu Recht festgehalten.[11]

1 *Heuermann*, UR 2015, 174 (178); *Wäger*, DStR 2021, 825 (826); *Kahlert/Kayser/Bornemann*, Rz. 167; *Schulze/Vogel/Huhle*, UR 2021, 213 (217 f.).

2 Vgl. BFH, Urt. v. 24.9.2014 – V R 48/13, BStBl. II 2015, 506 = UR 2015, 192, Rz. 27.

3 BFH, Urt. v. 24.11.2011 – V R 13/11, BStBl. II 2012, 298 = UR 2012, 403, Rz. 52; *Kahlert/Kayser/Bornemann*, Rz. 121; BFH, Urt. v. 22.6.2022 – XI R 46/20, BFHE 277, 26 = UR 2022, 898, Rz. 20 m.w.N.

4 BFH, Urt. v. 9.12.2010 – V R 22/10, BStBl. II 2011, 996 = UR 2011, 551 m. Anm. *Widmann*, Rz. 30; BFH, Urt. v. 24.11.2011 – V R 13/11, BStBl. II 2012, 298 = UR 2012, 403, Rz. 51 ff.; BFH, Beschl. v. 11.3.2014 – V B 61/13, BFH/NV 2014, 920, Rz. 6; BFH, Urt. v. 24.9.2014 – V R 48/13, BStBl. II 2015, 506 = UR 2015, 192, Rz. 27 m.w.N.; BFH, Urt. v. 1.3.2016 – XI R 21/14, BStBl. II 2016, 756 = UR 2016, 610, Rz. 14, 29 (für das Insolvenzeröffnungsverfahren mit einem starken vorläufigen Insolvenzverwalter).

5 Vgl. EuGH, Urt. v. 20.10.1993 – C-10/92, ECLI:EU:C:1993:846 – Balocchi, UR 1994, 116, Rz. 25; EuGH, Urt. v. 21.2.2008 – C-271/06, ECLI:EU:C:2008:105 – Netto Supermarkt, UR 2008, 508, Rz. 21.

6 BFH, Urt. v. 9.12.2010 – V R 22/10, BStBl. II 2011, 996 = UR 2011, 551 m. Anm. *Widmann*, Rz. 30.

7 BFH, Urt. v. 8.8.2013 – V R 18/13, BStBl. II 2017, 543 = UR 2013, 785 m. Anm. *Slapio*, Rz. 41.

8 Z.B. *Wäger*, DStR 2011, 1925 (1926 ff.); *Widmann*, UR 2011, 555; *Wäger*, UR 2013, 673 (678 ff.).

9 Z.B. *Kahlert*, DStR 2011, 921 (925 f.); *Kahlert*, DStR 2011, 1973 (1978); *Heinze*, DZWIR 2011, 276 (278); *Onusseit*, DZWIR 2011, 353 (354); *Depré/Lambert*, KSI 2011, 214; *Welte/Friedrich-Vache*, UR 2012, 740; *Hölzle*, BB 2012, 1571 (1578); *Stadie*, UR 2013, 158 (168); *Onusseit*, ZIP 2016, 452; *Meyer* in FS für den Bundesfinanzhof S. 659 (671 f.); *Adam*, UR 2020, 492; *Witfeld* in Sonnleitner/Witfeld, Insolvenzsteuerrecht², Kap. 5 Rz. 22 ff. Teilweise wird dem BFH vorgeworfen, dass er mit der Doppelberichtigungsjudikatur die Grenzen zulässiger Auslegung überschreite, *Witfeld*, Das Umsatzsteuerverfahren und die Insolvenz, S. 129 ff. und S. 185 ff. m.w.N. Von Teilen des Schrifttums wurde zwar das Ergebnis, nicht aber die Begründung als zutreffend erachtet, *Hummel*, MwStR 2016, 721; *Stadie* in Rau/Dürrwächter, Anhang 2 (Umsatzsteuer und Insolvenz) Rz. 12 ff., Rz. 61 ff., Rz. 71 ff. (Stand: April 2020).

10 BGH, Urt. v. 19.7.2007 – IX ZR 81/06, UR 2007, 742, unter II.2.c.

11 BFH, Urt. v. 24.11.2011 – V R 13/11, BStBl. II 2012, 298 = UR 2012, 403, Rz. 16 ff., 54; BFH, Beschl. v. 11.3.2014 – V B 61/13, BFH/NV 2014, 920 = ZIP 2014, 1237, Rz. 7; BFH, Urt. v. 1.3.2016 – XI R 21/14, BStBl. II 2016, 756 = UR 2016, 610, Rz. 30.

(2) Erste Berichtigung (§ 17 Abs. 2 Nr. 1 Satz 1 UStG)

Die rechtliche Uneinbringlichkeit des Entgelts hat zur Folge, dass der Leistende die Umsatzsteuer nach § 17 Abs. 2 Nr. 1 Satz 1, Abs. 1 Satz 1 UStG berichtigen muss (**erste Berichtigung**, § 17 Rz. 95 ff.). Der – eine juristische Sekunde vor Insolvenzeröffnung begründete (Rz. 46) – Umsatzsteuerberichtigungsanspruch (Minderung der Umsatzsteuer) ist dem **vorinsolvenzrechtlichen Vermögensbereich** (Rz. 26 ff.) zuzuordnen.[1] Der eigenständige Berichtigungstatbestand[2] ist bei der Steuerberechnung (Rz. 30 ff.) für den Besteuerungszeitraum vor Eröffnung des Insolvenzverfahrens zu berücksichtigen. Der vormals entstandene Umsatzsteueranspruch aufgrund der ausgeführten Leistung (Rz. 45) und der (erste) Umsatzsteuerberichtigungsanspruch heben sich im Rahmen des vorinsolvenzrechtlichen Vermögensbereichs (ggfs. durch Verrechnung im Rahmen der Steuerberechnung desselben Besteuerungszeitraums) auf. 48

(3) Zweite Berichtigung (§ 17 Abs. 2 Nr. 1 Satz 2 UStG)

Wird das Entgelt für die erbrachte Leistung durch den Leistungsempfänger später an die Insolvenzmasse entrichtet und damit vom Insolvenzverwalter (oder dem Eigenverwalter [Rz. 124.1]) für das Unternehmen nachträglich vereinnahmt, ist der (Umsatz-)Steuerbetrag nach § 17 Abs. 2 Nr. 1 Satz 2 UStG *erneut* zu berichtigen (**zweite Berichtigung**, § 17 Rz. 109 ff.).[3] Dieser Umsatzsteuerberichtigungsanspruch (Mehrung der Umsatzsteuer) wird somit erst nach Insolvenzeröffnung vollständig verwirklicht (Rz. 19) und gehört damit zum **Vermögensbereich der Insolvenzmasse** (zur Vereinnahmung des Entgelts durch einen starken (Rz. 114.2) oder schwachen (119 ff.) **vorläufigen Insolvenzverwalter**). Die Pflicht zur erneuten Berichtigung besteht auch dann, wenn die erste Berichtigung wegen der Uneinbringlichkeit des vereinbarten Entgelts (aufgrund der Eröffnung des Insolvenzverfahrens) zwar materiell-rechtlich begründet, verfahrensrechtlich aber nicht berücksichtigt wurde (§ 17 Rz. 110.1). 49

(4) Auswirkungen des Grundsatzes der Doppelberichtigung beim Leistungsempfänger (Vorsteuerabzug)

Ob aufgrund der Berichtigungspflicht des leistenden Unternehmers (erste Berichtigung Rz. 48) korrespondierend auch der Leistungsempfänger seinen **Vorsteuerabzug** nach § 17 Abs. 2 Nr. 1 i.V.m. Abs. 1 Satz 2 UStG (steuererhöhend) berichtigen muss (bei späterer Zahlung des Entgelts an den Insolvenzverwalter wäre dann erneut – steuermindernd – zu berichtigen), ist höchstrichterlich noch nicht geklärt.[4] Nach Auffassung der **Finanzverwaltung** besteht eine solche Korrespondenz nicht. Der Leistungsempfänger muss daher seinen Vorsteuerabzug nicht wegen der Eröffnung des Insolvenzverfahrens über das Vermögen des Leistenden berichtigen.[5] 50

c) Einzug einer Altforderung bei Istbesteuerung

Bei der Versteuerung von Umsätzen nach vereinnahmten Entgelten (Istbesteuerung, § 20 Rz. 1) gehört neben der Erbringung der Leistung die Vereinnahmung des Entgelts zum Besteuerungstatbestand (§ 13 Abs. 1 Nr. 1 Buchst. b UStG). Hat der leistende Unternehmer das Entgelt für erbrachte (Ausgangs-)Leistungen bis zur Eröffnung des Insolvenzverfahrens über sein Vermögen **noch nicht vereinnahmen können**, ist der Umsatztatbestand zu diesem Zeitpunkt auch noch nicht vollständig verwirklicht (Rz. 19). Insolvenzrechtlich begründet wird der Umsatztatbestand erst dann, wenn der Insolvenzver- 51

1 BFH, Urt. v. 9.12.2010 – V R 22/10, BStBl. II 2011, 996 = UR 2011, 551 m. Anm. *Widmann*, Rz. 24 ff.; BFH, Urt. v. 24.11.2011 – V R 13/11, BStBl. II 2012, 298 = UR 2012, 403, Rz. 51 f.; BFH, Urt. v. 1.3.2016 – XI R 21/14, BStBl. II 2016, 756 = UR 2016, 610, Rz. 14–16, Rz. 23; Abschn. 17.1 Abs. 11 UStAE.

2 BFH, Urt. v. 15.12.2016 – V R 26/16, BStBl. II 2017, 735 = UR 2017, 279, Rz. 25.

3 BFH, Urt. v. 9.12.2010 – V R 22/10, BStBl. II 2011, 996 = UR 2011, 551 m. Anm. *Widmann*, Rz. 25, 31 f.; BFH, Urt. v. 24.9.2014 – V R 48/13, BStBl. II 2015, 506 = UR 2015, 192, Rz. 32–36; BFH, Urt. v. 1.3.2016 – XI R 21/14, BStBl. II 2016, 756 = UR 2016, 610, Rz. 14, 24; zusammenfassend, BFH, Urt. v. 27.9.2018 – V R 45/16, BStBl. II 2019, 356 = UR 2018, 922, Rz. 13 m.w.N.

4 Offengelassen: BFH, Urt. v. 9.12.2010 – V R 22/10, BStBl. II 2011, 996 = UR 2011, 551 m. Anm. *Widmann*, Rz. 33.

5 Abschn. 17.1 Abs. 15 UStAE.

walter das für eine ausgeführte Leistung geschuldete Entgelt vereinnahmt (**Einzug der Altforderung**). Erfolgt die Vereinnahmung nach Eröffnung des Insolvenzverfahrens, ist der Umsatz (unselbständige Besteuerungsgrundlage) dem **Vermögensbereich der Insolvenzmasse** (Rz. 26 ff.) zuzuordnen.[1] Gleiches gilt bei Vereinnahmung des Entgelts im Eröffnungsverfahren durch einen **starken vorläufigen Insolvenzverwalter** (Rz. 114.2). Im Falle eines **schwachen vorläufigen Insolvenzverwalters** (Rz. 112 ff.), kommt es auf dessen rechtliche Befugnisse an (Rz. 119 ff.).

d) Laufende Umsatzbesteuerung im eröffneten Insolvenzverfahren (Soll- und Istbesteuerung)

51.1 Die nach Eröffnung des Insolvenzverfahrens durch den Insolvenzverwalter erbrachten Ausgangsumsätze (laufende Umsätze im Insolvenzverfahren) sind im Fall der Sollbesteuerung bereits mit Leistungserbringung (§ 13 Abs. 1 Nr. 1 Buchst. a UStG) und im Fall der Istbesteuerung mit Vereinnahmung des vereinbarten Entgelts (§ 13 Abs. 1 Nr. 1 Buchst. b UStG) tatbestandlich verwirklicht. Insbesondere kommt es im eröffneten Insolvenzverfahren – anders als im Eröffnungsverfahren mit einem schwachen vorläufigen Insolvenzverwalter (Rz. 119.4) – nicht zu einer Trennung von Leistungserbringung und Entgeltvereinnahmung,[2] d.h. das Konzept der Doppelberichtigung gilt hier nicht. Die Ausgangsumsätze sind also grundsätzlich dem **Vermögensbereich der Insolvenzmasse** (Rz. 26 ff.) zuzuordnen.

51.2 Eine Zuordnung des Umsatzes zum **insolvenzfreien Vermögensbereich** kommt nur dann in Betracht, wenn der Leistungsempfänger das vereinbarte Entgelt nach § 82 InsO mit schuldbefreiender Wirkungen an den Insolvenzschuldner leistet. Dann wäre das Entgelt außerhalb der Empfangszuständigkeit des Insolvenzverwalters (§ 80 Abs. 1 InsO) geleistet worden. Hierdurch kann keine Masseverbindlichkeit i.S.d. § 55 Abs. 1 Nr. 1 InsO begründet werden. Wegen der Gutgläubigkeit des Leistenden kann der Insolvenzverwalter die Leistung auch nicht nochmal an sich fordern (für das Eröffnungsverfahren, Rz. 121.3 ff.).

e) Vor Insolvenzeröffnung verwirklichte Ausgangsumsätze (Soll- und Istbesteuerung)

aa) Tatbestandlich verwirklichter Umsatz – Steuer noch nicht abgeführt

52 Hat der Leistende vor Eröffnung des Insolvenzverfahrens über sein Vermögen die steuerpflichtige **Ausgangsleistung** oder die Teilleistung i.S.d. § 13 Abs. 1 Nr. 1 Buchst. a Satz 2 f. UStG vollständig **erbracht** und das dafür vereinbarte Entgelt auch bereits in voller Höhe **vereinnahmt**, ist der **Umsatztatbestand** (§ 1 Abs. 1 Nr. 1 UStG) bereits vor Verfahrenseröffnung **vollständig verwirklicht** (Rz. 19) und daher – bei der Steuerberechnung nach § 16 UStG steuererhöhend (Rz. 30 ff.) – dem **vorinsolvenzrechtlichen Vermögensbereich** (Rz. 26 ff.) als Teil einer Insolvenzforderung zuzuordnen.[3] Eine Berichtigung der Bemessungsgrundlage wegen Uneinbringlichkeit des Entgelts nach § 17 Abs. 2 Nr. 1 Satz 1 UStG kommt nicht mehr in Betracht. Soweit der Unternehmer den daraus resultierenden Steuerbetrag noch nicht an den Steuergläubiger abgeführt hat, gehört dieser zum vorinsolvenzrechtlichen Vermögensbereich und ist damit als Teil einer Insolvenzforderung zu berücksichtigen (zu unionsrechtlichen Implikationen, Rz. 12).

bb) Tatbestandlich verwirklichter Umsatz – Steuer bereits abgeführt

53 Hat der Leistende vor Eröffnung des Insolvenzverfahrens über sein Vermögen einen steuerpflichtigen Umsatz ausgeführt und das dafür vereinbarte Entgelt vereinnahmt, wurde der Umsatztatbestand vollständig verwirklicht (Rz. 19) mit der Folge, dass die steuererhöhende Besteuerungsgrundlage dem vorinsolvenzrechtlichen Vermögensbereich (Rz. 26 ff.) zuzuordnen ist. Wurde die daraus resultierende Umsatzsteuer auch schon an den Steuergläubiger abgeführt, ist der Steueranspruch durch Zahlung er-

1 BFH, Urt. v. 29.1.2009 – V R 64/07, BStBl. II 2009, 682 = UR 2009, 388, Rz. 16 f.; BFH, Urt. v. 9.12.2010 – V R 22/10, BStBl. II 2011, 996 = UR 2011, 551 m. Anm. *Widmann*, Ls.
2 BFH, Urt. v. 24.9.2014 – V R 48/13, BStBl. II 2015, 506 = UR 2015, 192 Rz. 31 a.E.
3 BFH, Urt. v. 27.9.2018 – V R 45/16, BStBl. II 2019, 356 = UR 2018, 922, Rz. 19.

loschen (§ 47 AO). Der Umsatzsteueranspruch nimmt dann – vorbehaltlich einer erfolgreichen Anfechtung (Rz. 59) – nicht mehr am Insolvenzverfahren teil.

4. Auswirkungen der Insolvenz auf Eingangsumsätze (Vorsteuerabzug)

a) Tatbestandsverwirklichung beim Vorsteuerabzug

Wurde der (steuermindernde) Vorsteueranspruch für eine Eingangsleistung des insolventen Unternehmers (Leistungsempfänger) vollständig *vor* Insolvenzeröffnung verwirklicht (Rz. 24), ist er dem vorinsolvenzrechtlichen Vermögensbereich, andernfalls dem Vermögensbereich der Insolvenzmasse bzw. dem insolvenzfreien Vermögensbereich des insolventen Unternehmers zuzuordnen. 54

Umsatzsteuerrechtlich darf der Vorsteuerbetrag nicht allein aufgrund der bewirkten Lieferung oder erbrachten Dienstleistung, sondern erst aufgrund der Rechnungserteilung abgezogen werden[1] (§ 15 Rz. 134 zur unionsrechtlichen Unterscheidung zwischen Entstehung des Anspruchs und Recht zur Ausübung). Für die insolvenzrechtliche Zuordnung zu den Vermögensbereichen muss allerdings die Frage beantwortet werden, ob der abziehbare Vorsteuerbetrag **bereits mit Leistungserbringung** oder (kumulativ) erst mit **Rechnungserteilung** tatbestandlich verwirklicht ist. Nach **hier vertretener Auffassung** ist der Vorsteueranspruch insolvenzrechtlich erst dann vollständig verwirklicht und damit begründet, wenn – neben der Leistungsbewirkung – auch die Ausübungsvoraussetzung des Rechnungserhalts (ggf. mit Rückwirkung auf die berichtigte Rechnungserteilung, § 15 Rz. 169 ff.) vorliegt. Erst zu diesem Zeitpunkt ist der abziehbare Vorsteuerbetrag in die Steuerberechnung nach § 16 Abs. 2 UStG einzubeziehen.[2] 55

Soweit demgegenüber – für einen Fall der Aufrechnung – zu § 96 Abs. 1 Nr. 1 InsO für das „Schuldigwerden" allein auf die Leistungsbewirkung abgestellt wurde und es auf den Besitz einer Rechnung für die insolvenzrechtliche Begründung des Vorsteuerabzug nicht ankommen solle,[3] kann dem nicht gefolgt werden. Denn für die Begründung einer Insolvenzforderung (§ 38 InsO) und das Schuldigwerden i.S.d. § 96 Abs. 1 Nr. 1 InsO muss derselbe Maßstab gelten.[4] Andernfalls könnte derselbe abziehbare Vorsteuerbetrag (auf der Grundlage eines einheitlichen Maßstabs) einmal als nachinsolvenzrechtlich (z.B. wenn es auf das Vorliegen einer im Zeitpunkt der Verfahrenseröffnung noch nicht vorliegenden Rechnung ankommt) und einmal als vorinsolvenzrechtlich (wenn es nur auf den Zeitpunkt der bewirkten Leistung ankäme) begründet sein. Ein solcher Wertungswiderspruch muss vermieden werden. Dieser ließe sich dadurch herbeiführen, wenn mit der st. Rspr. des BFH auf die vollständige Tatbestandsverwirklichung (Rz. 19, Rz. 24) abgestellt würde.[5] Denn eine Betrachtung zwischen der unionsrechtlich geprägten Unterscheidung zwischen dem materiellen Entstehen des Rechts auf den Vorsteuerabzug (mit Bewirken der Leistung) und der formellen Voraussetzung dieses Recht ausüben zu dürfen[6] (erst mit Rechnungserhalt) ändert nicht den Umstand, dass der Tatbestand des Vorsteuerabzug erst mit dem Rechnungserhalt vollständig verwirklicht wurde.

Die Uneinheitlichkeit der Auffassungen dürfte eine nur begrenzte Praxisrelevanz haben. Denn Fälle, in denen ein Unternehmer (Leistungsempfänger) eine Leistung vor Insolvenzeröffnung über sein Vermögen bezieht und bezahlt, die Rechnung hierfür aber erst danach erhält, dürften selten sein.[7]

---

1 EuGH, Urt. v. 15.9.2016 – C-518/14, ECLI:EU:C:2016:691 – Senatex, UR 2016, 800, Rz. 26 ff.; BFH, Urt. v. 20.10.2016 – V R 26/15, BStBl. II 2020, 593 = UR 2017, 125, Rz. 10; BMF, Schr. v. 18.9.2020 – III C 2-S 7286-a/19/10001, BStBl. I 2020, 976, Rz. 7 f.

2 *Wäger*, DStR 2021, 825 (831 f.).

3 BFH, Urt. v. 12.6.2018 – VII R 19/16, BStBl. II 2020, 717 = UR 2018, 841, Rz. 14.

4 *Frotscher/Schulze* in Gottwald/Haas, Insolvenzrechts-Handbuch[6], § 45 Rz. 120 m.w.N. aus der Rspr.

5 Diesem Maßstab hat sich auch der VII. Senat des BFH angeschlossen, BFH, Urt. v. 25.7.2012 – VII R 29/11, BStBl. II 2013, 36 = UR 2012, 927 m. Anm. *Marchal*, Rz. 15 f.

6 St. Rspr. des EuGH vgl. z.B. EuGH, Urt. v. 15.9.2016 – C-518/14, ECLI:EU:C:2016:691 – Senatex, UR 2016, 800, Rz. 28 f. m.w.N.

7 Mit weiteren Gesichtspunkten: *Wäger*, DStR 2021, 825 (832).

b) Ausbleibende Zahlung: Doppelberichtigung bei Eingangsleistungen (Insolvenz des Leistungsempfängers)

56 Hat der leistende Unternehmer vor Eröffnung des Insolvenzverfahrens über das Vermögen des Leistungsempfängers zwar die (Ausgangs-)Leistung – zuzüglicher einer Rechnung – an diesen erbracht, das (vereinbarte) Entgelt aber noch nicht vereinnahmt, wird dieses mit Insolvenzeröffnung in voller Höhe uneinbringlich (§ 17 Abs. 2 Nr. 1 Satz 1 UStG). Denn der Entgeltgläubiger (leistende Unternehmer) kann seinen Forderungsanspruch nur noch unter Beachtung der insolvenzrechtlichen Beschränkungen (§§ 38, 87, 174 ff. InsO) gegenüber dem insolventen Leistungsempfänger geltend machen.[1] Dies gilt unabhängig von einer zu erwartenden Insolvenzquote, da diese Zahlungen dann aus der Insolvenzmasse erfolgen und nicht mehr dem vorinsolvenzrechtlichen Vermögensbereich (Rz. 26 ff.) zugerechnet werden können.

57 Die (rechtliche) Uneinbringlichkeit des vereinbarten Entgelts aufgrund der Insolvenz des Leistungsempfängers hat **für den leistenden Unternehmer** (Insolvenzgläubiger) zur Folge, dass er die Umsatzsteuer für den vor Insolvenzeröffnung erbrachten Umsatz nach § 17 Abs. 2 Nr. 1 Satz 1, Abs. 1 Satz 1 UStG steuermindernd zu berichtigen hat. Zugleich hat der **Leistungsempfänger** (Insolvenzschuldner) den für die bezogene Eingangsleistung abgezogenen Vorsteuerbetrag zu berichtigen (§ 17 Abs. 1 Satz 2 UStG).[2] Der steuererhöhende Vorsteuerberichtigungsanspruch ist dem vorinsolvenzrechtlichen Vermögensbereich (Rz. 26 ff.) zuzuordnen.[3] Die Berichtigungen sind nach § 17 Abs. 1 Satz 7 UStG im Voranmeldungszeitraum der Eröffnung des Insolvenzverfahrens vorzunehmen. Der entstandene Vorsteueranspruch aufgrund der empfangenen Eingangsleistung und der **(erste) Vorsteuerberichtigungsanspruch** (Erhöhung der Steuer) heben sich bei der Steuerberechnung im Rahmen des vorinsolvenzrechtlichen Vermögensbereichs auf.

58 Wird das Entgelt für die empfangene Leistung später (z.B. im Rahmen der Verteilung der Insolvenzmasse nach § 187 Abs. 2 InsO) – teilweise – entrichtet und damit vom leistenden Unternehmer nachträglich vereinnahmt, sind der (Umsatz-)Steuerbetrag und der Vorsteuerabzug *erneut* zu berichtigen (§ 17 Abs. 2 Nr. 1 Satz 2 UStG). Der **zweite Vorsteuerberichtigungsanspruch** (Minderung der Steuer) wird erst nach Insolvenzeröffnung vollständig verwirklicht und gehört damit zum **Vermögensbereich der Insolvenzmasse** (Rz. 26 ff.). Er ist deshalb bei der Berechnung der Steuer, (Rz. 30 ff.) der sich für den Voranmeldungs- oder Besteuerungszeitraum ergebenden Masseverbindlichkeit, anspruchsmindernd zu berücksichtigen.[4]

c) Vorsteuerberichtigungspflicht des Leistungsempfängers nach Anfechtung

aa) Anfechtung und nachträgliche Uneinbringlichkeit beim Leistungsempfänger

59 Muss der leistende Unternehmer (Sollversteuerer) das bereits vereinnahmte Entgelt wegen erfolgreicher **Insolvenzanfechtung** (§§ 129 ff. InsO) an die Insolvenzmasse des Leistungsempfängers **zurückgewähren**, hat dieser den **geschuldeten Steuerbetrag** steuermindernd (§ 17 Abs. 2 Nr. 1 Satz 1, Abs. 1 Satz 1 UStG) und der insolvente Leistungsempfänger den bereits vorgenommenen **Vorsteuerabzug** steuererhöhend **zu berichtigen** (§ 17 Abs. 2 Nr. 1 Satz 1, Abs. 1 Satz 2 UStG).[5] Denn durch die Rückzahlung des zuvor vereinnahmten Entgelts lebt der Entgeltanspruch des Leistenden gegenüber dem Leistungsempfänger wieder auf (§ 144 Abs. 1 InsO), wird aber zugleich – aufgrund der Insolvenz über

1 BFH, Urt. v. 13.11.1986 – V R 59/79, BStBl. II 1987, 226 = UR 1987, 39 m. Anm. *Weiß*, unter II.2.c.; BFH, Urt. v. 9.12.2010 – V R 22/10, BStBl. II 2011, 996 = UR 2011, 551 m. Anm. *Widmann*, Rz. 24 f.; BFH, Urt. v. 8.8.2013 – V R 18/13, BStBl. II 2017, 543 = UR 2013, 785 m. Anm. *Slapio*, Rz. 42; BFH, Urt. v. 3.7.2014 – V R 32/13, BStBl. II 2017, 666 = UR 2014, 986, Rz. 16, BFH, Urt. v. 24.9.2014 – V R 48/13, BStBl. II 2015, 506 = UR 2015, 192, Rz. 30.

2 BFH, Urt. v. 24.9.2014 – V R 48/13, BStBl. II 2015, 506 = UR 2015, 192, Rz. 30 m.w.N.

3 BFH, Urt. v. 24.11.2011 – V R 13/11, BStBl. II 2012, 298 = UR 2012, 403, Rz. 52.

4 BFH, Urt. v. 24.9.2014 – V R 48/13, BStBl. II 2015, 506 = UR 2015, 192, Rz. 36.

5 BFH, Urt. v. 15.12.2016 – V R 26/16, BStBl. II 2017, 735 = UR 2017, 279, Rz. 16, 22, BFH, Urt. v. 29.3.2017 – XI R 5/16, BStBl. II 2017, 738 = UR 2017, 520, Ls. 1, Rz. 20; *Schmittmann*, NZI 2014, 638; BFH, Urt. v. 24.8.2023 – V R 29/21, BFHE 282, 136 = UR 2024, 102 m. Anm. *Schulze*, Rz. 16; BFH, Urt. v. 6.12.2023 – XI R 5/20, BFHE 282, 186 = UR 2024, 221 m. Anm. *Schulze*, Rz. 25 ff.

das Vermögen des Leistungsempfängers und des damit einhergehenden Wechsels der Empfangszuständigkeit für das Entgelt – aus Rechtsgründen **nachträglich uneinbringlich**[1] (§ 17 Rz. 104.1).

Für die Zuordnung des steuererhöhenden **Vorsteuerberichtigungsbetrags** beim Leistungsempfänger im Rahmen der Steuerberechnung nach § 16 UStG (Rz. 30) als unselbständige Besteuerungsgrundlage zu einem der **insolvenzrechtlichen Vermögensbereiche** muss zwischen dem typischen **Zweipersonenverhältnis** und dem eher untypischen **Dreipersonenverhältnis** unterschieden werden. 60

bb) Zweipersonenverhältnis: insolvenzrechtliche Einordnung des Berichtigungsbetrags beim insolventen Leistungsempfänger nach erfolgreicher Anfechtung

Im **Zweipersonenverhältnis** ist der insolvenzanfechtungsbedingte **Vorsteuerberichtigungsbetrag** beim **Leistungsempfänger** dem **Vermögensbereich der Insolvenzmasse** zuzuordnen (Rz. 26 ff.). Erst die Rückgewähr des Entgelts (§ 17 Rz. 104.1) – aufgrund der erfolgreichen Insolvenzanfechtung – an die Insolvenzmasse des Leistungsempfängers hat die vollständige Verwirklichung des Berichtigungstatbestands zur Folge (zur Maßgeblichkeit der Tatbestandsverwirklichung, Rz. 19, Rz. 80). Die Zuordnung dieser unselbständigen Besteuerungsgrundlage zum Bereich der Masseverwaltung erhöht die Umsatzsteuerjahres**masseverbindlichkeit**.[2] 60.1

Demgegenüber ist für die Einordnung des steuererhöhenden Berichtigungsbetrags zum Vermögensbereich der Insolvenzmasse unerheblich, dass aufgrund der erfolgreichen Anfechtung die ursprüngliche Entgeltforderung des Leistenden nach Rückgewähr des Erlangten nach § 144 Abs. 1 InsO wieder auflebt und dieser Anspruch regelmäßig als Insolvenzforderung zu qualifizieren ist (§ 144 Abs. 2 Satz 2 InsO). Denn bei der Berichtigung des Vorsteuerabzugs handelt es sich um einen eigenständigen Steuertatbestand (Rz. 71), der erst durch die Rückgewähr des Entgelts, nicht aber durch die Entstehung des Anspruchs auf Rückgewähr vollständig verwirklicht wird.[3] 60.2

cc) Dreipersonenverhältnis: insolvenzrechtliche Einordnung des Berichtigungsbetrags beim insolventen Leistungsempfänger nach erfolgreicher Anfechtung

Die Pflicht zur Berichtigung des Vorsteuerbetrags beim Leistungsempfänger (§ 17 Abs. 2 Nr. 1 Satz 1, Abs. 1 Satz 2 UStG) kann sich auch im **Dreipersonenverhältnis** ergeben. Dazu kommt es, wenn ein Dritter die Zahlungsverpflichtung des Leistungsempfängers erfüllt hatte, der Leistende (Zahlungsempfänger) das bereits vereinnahmte Entgelt aufgrund einer Rechtspflicht (z.B. nach erfolgreicher Anfechtung durch den Insolvenzverwalter) an die Insolvenzmasse des Dritten zurückzahlt und der Zahlungsanspruch des Leistenden gegenüber dem Leistungsempfänger deshalb wieder auflebt (§ 144 Abs. 1 InsO). Zur **nachträglichen Uneinbringlichkeit** des vereinbarten Entgelts und der daraus resultierenden Vorsteuerberichtigungspflicht kommt es beim Leistungsempfänger allerdings nur dann, wenn auch über sein Vermögen das Insolvenzverfahren eröffnet wird. Denn nur in diesem Fall kann der Leistende seinen (wiederaufgelebten) Entgeltanspruch – wegen des Wechsels der Empfangszuständigkeit (Rz. 59) – aus Rechtsgründen nicht mehr gegenüber dem Leistungsempfänger durchsetzen.[4] 60.3

1 BFH, Urt. v. 13.11.1986 – V R 59/79, BStBl. II 1987, 226 = UR 1987, 39 m. Anm. *Weiß*, unter II.2.c; BFH, Urt. v. 20.5.2010 – V R 5/09, BFH/NV 2011, 77, Rz. 16 (zur Uneinbringlichkeit durch nachträgliche Rückgewähr); BFH, Urt. v. 9.12.2010 – V R 22/10, BStBl. II 2011, 996 = UR 2011, 551 m. Anm. *Widmann*, Rz. 26; BFH, Urt. v. 24.9.2014 – V R 48/13, BStBl. II 2015, 506 = UR 2015, 192, Rz. 27; BFH, Urt. v. 15.12.2016 – V R 26/16, BStBl. II 2017, 735 = UR 2017, 279, Rz. 14; BFH, Urt. v. 29.3.2017 – XI R 5/16, BStBl. II 2017, 738 = UR 2017, 520, Rz. 19 f.; BFH, Beschl. v. 27.9.2017 – XI R 18/16, BFH/NV 2018, 244, Rz. 23; BFH, Urt. v. 24.8.2023 – V R 29/21, BFHE 282, 136 = UR 2024, 102 m. Anm. *Schulze*, Rz. 15; BFH, Urt. v. 6.12.2023 – XI R 5/20, BFHE 282, 186 = UR 2024, 221 m. Anm. *Schulze*, Rz. 27.

2 BFH, Urt. v. 15.12.2016 – V R 26/16, BStBl. II 2017, 735 = UR 2017, 279, Rz. 16, 22 ff., BFH, Urt. v. 29.3.2017 – XI R 5/16, BStBl. II 2017, 738 = UR 2017, 520, Ls 2; BFH, Beschl. v. 13.11.2018 – V B 60/18, BFH/NV 2019, 134 = ZIP 2019, 184, Rz. 3 ff. (mit Ausführungen zum Unionsrecht).

3 BFH, Urt. v. 15.12.2016 – V R 26/16, BStBl. II 2017, 735 = UR 2017, 279, Rz. 15, 25 f.

4 BFH, Urt. v. 24.8.2023 – V R 29/21, BFHE 282, 136 = UR 2024, 102 m. Anm. *Schulze*, Rz. 14–18.

60.4 Im **Dreipersonenverhältnis** ist ein **Vorsteuerberichtigungsbetrag** beim Leistungsempfänger – anders als im Zweipersonenverhältnis (Rz. 60.1) – **nicht** dem **Vermögensbereich der Insolvenzmasse** zuzuordnen.[1] Ungeachtet dessen, wann die vollständige Verwirklichung des Berichtigungstatbestands beim Leistungsempfänger – wegen der Anfechtung durch den Insolvenzverwalter des Dritten gegenüber dem Leistenden – tatbestandlich vollständig verwirklicht wurde (zur Maßgeblichkeit der Tatbestandsverwirklichung, Rz. 19, Rz. 80), sind jedenfalls die Voraussetzungen des § 55 Abs. 1 Nr. 1 InsO – dessen Einschlägigkeit selbstverständlich auch bei umsatzsteuerbegründenden Tatbeständen erforderlich ist (Rz. 21) – bei einer Anfechtung im Dreipersonenverhältnis nicht erfüllt, denn der Berichtigungsbetrag beim Leistungsempfänger ist Folge der anfechtungsbedingten Rückgewähr des Entgelts an den Dritten und damit durch eine Handlung des Insolvenzverwalters über das Vermögen des Dritten und nicht durch den Insolvenzverwalter über das Vermögen des Leistungsempfängers veranlasst.[2] Danach ist im Dreipersonenverhältnis der **Vorsteuerberichtigungsbetrag** beim Leistungsempfänger dem **vorinsolvenzrechtlichen Vermögensbereich** zuzuordnen, wenn die Tatbestandverwirklichung des § 17 Abs. 2 Nr. 1 Satz 1, Abs. 1 Satz 2 UStG beim Leistungsempfänger vollständig vor Eröffnung des Insolvenzverfahrens über dessen Vermögen verwirklicht wurde, also der Dritte die anfechtungsbedingte Rückzahlung des Entgelts vom Leistenden zuvor erhalten hat. Andernfalls wird der Vorsteuerberichtigungstatbestand beim Leistungsempfänger erst nach Eröffnung des Insolvenzverfahrens über sein Vermögen verwirklicht, so dass der steuererhöhende Berichtigungstatbestand dem **insolvenzfreien Vermögensbereich** zuzuordnen ist.[3]

61 Kann das vereinbarte Entgelt **später** durch den Leistenden vollständig oder teilweise (z.B. im insolvenzrechtlichen Verteilungsverfahren nach § 187 ff. InsO) **vereinnahmt** werden, sind beim Leistenden steuererhöhend der Steuerbetrag und beim Leistungsempfänger steuermindernd der Vorsteuerabzug (insoweit) nach § 17 Abs. 2 Nr. 1 Satz 2 UStG erneut zu berichtigen(§ 17 Rz. 109 ff.).

d) Vorsteuerabzug aus der Tätigkeit des (vorläufigen) Insolvenzverwalters für die Insolvenzmasse

62 Als Vermögensverwalter i.S.d. § 34 Abs. 3 AO erbringt der Insolvenzverwalter einerseits für Rechnung der Insolvenzmasse (Rz. 25) umsatzsteuerbare (und ggfs. -pflichtige) Ausgangsleistungen und empfängt ggfs. zum Vorsteuerabzug berechtigende Eingangsleistungen. Der **Insolvenzverwalter unterhält** aber andererseits auch ein **eigenständiges Unternehmen.**[4] In diesem Rahmen erbringt er an den Insolvenzschuldner (Unternehmer) eine entgeltliche (Vergütung des Insolvenzverwalters aus der Insolvenzmasse, § 54 Nr. 2 InsO i.V.m. § 1 ff. InsVV) **einheitliche Leistung** (Verwaltung, Verwertung und Verteilung der Insolvenzmasse mit dem Ziel der gleichmäßigen Befriedigung der Insolvenzgläubiger), die unter den üblichen Voraussetzungen umsatzsteuerbar und umsatzsteuerpflichtig ist (vgl. auch § 7 InsVV). Aus Sicht des Insolvenzschuldners handelt es sich um eine Eingangsleistung. Die in Rechnung gestellte Umsatzsteuer ist unter den üblichen Voraussetzungen des § 15 UStG als Vorsteuer abziehbar,[5] und zwar auch dann, wenn der Insolvenzverwalter die unternehmerische Tätigkeit mit Eröffnung des Insolvenzverfahrens eingestellt hat.[6]

---

1 BFH, Urt. v. 24.8.2023 – V R 29/21, BFHE 282, 136 = UR 2024, 102 m. Anm. *Schulze*, Rz. 19 ff.

2 BFH, Urt. v. 24.8.2023 – V R 29/21, BFHE 282, 136 = UR 2024, 102 m. Anm. *Schulze*, Rz. 23–25; BFH, Urt. v. 6.12.2023 – XI R 5/20, BFHE 282, 186 = UR 2024, 221 m. Anm. *Schulze*, Rz. 33 (Der XI. Senat hat die Sache allerdings mit der – kaum nachvollziehbaren – Begründung an das FG zurückverwiesen, weil ggf. eine Masseverbindlichkeit nach § 55 Abs. 1 Nr. 1 Alt. 2 InsO („in anderer Weise durch die Verwaltung, Verwertung und Verteilung der Insolvenzmasse") wegen eines etwaigen Innenausgleichs zwischen dem Leistungsempfänger und dem Dritten begründet worden sein könnte.).

3 Die Zuordnungsfrage zu Recht offengelassen: BFH, Urt. v. 24.8.2023 – V R 29/21, BFHE 282, 136 = UR 2024, 102 m. Anm. *Schulze*, Rz. 27.

4 BMF, Schr. v. 28.7.2009 – IV B 8-S 7100/08/10009, BStBl. I 2009, 864 (zur Unternehmereigenschaft eines Insolvenzverwalters).

5 BFH, Urt. v. 20.2.1986 – V R 16/81, BStBl. II 1986, 579 = UR 1986, 153 m. Anm. *Weiß*, Ls.

6 BFH, Urt. v. 15.4.2015 – V R 44/14, BStBl. II 2015, 679 = UR 2015, 521, Rz. 1, 8 ff.; BFH, Urt. v. 21.10.2015 – XI R 28/14, BStBl. II 2016, 550 = UR 2016, 406, Rz. 31 ff.; *de Weerth*, NZI 2015, 626 f.; *Witfeld* in Sonnleitner/Witfeld, Insolvenzsteuerrecht[2], Kap. 5 Rz. 366.

Die Leistung, die der Insolvenzverwalter gegenüber dem Insolvenzschuldner erbringt ist eine **einheitliche Leistung**. Auf die einzelnen Verwertungshandlungen des Insolvenzverwalters kommt es nicht an.[1] Der Insolvenzverwalter hat seine einheitliche Leistung gegenüber dem Insolvenzschuldner allerdings **erst mit der Aufhebung des Insolvenzverfahrens erbracht**. Erteilt der Insolvenzverwalter eine Rechnung bevor sein Amt – durch Beschluss des Insolvenzgerichts – endet, hat er keine Rechnung über eine bereits vollständig erbrachte Leistung, sondern lediglich eine (Voraus- oder Anzahlungs-)Rechnung über eine erst noch zu erbringende Leistung erteilt. Der Vorsteuerabzug setzt dann nach § 15 Abs. 1 Satz 1 Nr. 1 Satz 3 UStG neben dem Vorliegen einer ordnungsgemäßen Rechnung auch eine **Zahlung** aus der Insolvenzmasse an den Insolvenzverwalter voraus.[2] Eine solche (Voraus- oder Anzahlungs-)Rechnung erfüllt die Voraussetzungen für eine zum Vorsteuerabzug berechtigende Rechnung auch dann, wenn Angaben zum **Leistungszeitpunkt** (§ 14 Abs. 4 Satz 1 Nr. 6 UStG) fehlen. Denn der Leistungszeitpunkt steht erst im Zeitpunkt des Beschlusses des Insolvenzgerichts über die Aufhebung des Insolvenzverfahrens (§ 200 InsO) fest und ist dem Insolvenzverwalter daher im Zeitpunkt der Erteilung einer (Voraus- oder Anzahlungs-)Rechnung regelmäßig nicht bekannt.[3] 63

Für den Vorsteuerabzug muss der Insolvenzverwalter dem Schuldner eine **Rechnung mit Umsatzsteuerausweis stellen**. Allein der Beschluss des Insolvenzgerichts über die Festsetzung des Vergütungsanspruchs des Insolvenzverwalters ist keine Rechnung i.S.d. § 14 Abs. 2 Satz 4 UStG und berechtigt nicht zum Vorsteuerabzug.[4] 64

Die Umsatzsteuer aus der Vergütungsrechnung des Insolvenzverwalters für die einheitlich erbrachte Leistung ist für Zwecke des **Vorsteuerabzugs entsprechend § 15 Abs. 4 UStG aufzuteilen**, wenn das Insolvenzverfahren sowohl der Befriedigung von Verbindlichkeiten des – zum Vorsteuerabzug berechtigten – Unternehmers als auch der Befriedigung von Privatverbindlichkeiten des Unternehmers dient.[5] Aufteilungsmaßstab ist das Verhältnis der unternehmerisch begründeten Verbindlichkeiten zu den Privatverbindlichkeiten, wobei jeweils auf die im Insolvenzverfahren angemeldeten Insolvenzforderungen abzustellen ist.[6] Wird der **Geschäftsbetrieb** (Unternehmen) **eingestellt**, ist bei der Ermittlung des Aufteilungsmaßstabs ausschließlich auf die frühere – die Insolvenzforderungen begründende – Tätigkeit des Schuldners, nicht hingegen auf die einzelnen Umsätze während des eröffneten Insolvenzverfahrens abzustellen;[7] auf einzelne Verwertungs- oder Verwaltungshandlungen des Verwalters kommt es nicht an.[8] Wird das **Unternehmen** nach Insolvenzeröffnung **fortgeführt**, ist bisher noch nicht entschieden, nach welchem Maßstab die Vorsteuerbeträge aus der Vergütungsrechnung des Insolvenzverwalters aufzuteilen sind, wenn im Rahmen des fortgeführten Unternehmens sowohl steuerpflichtige als auch steuerfreie Ausgangsleistungen erbracht werden.[9] Es könnte sowohl auf die angemeldeten Insolvenzforderungen als auch auf den Zeitaufwand des Insolvenzverwalters[10] sowie auf das Verhältnis der steuerpflichtigen zu den steuerfreien Ausgangsleistungen[11] abgestellt werden. Sachgerecht ist Letzteres. 65

Die Ausführungen zum Vorsteuerabzug aus der Vergütungsrechnung des Insolvenzverwalters gelten auch für den **vorläufigen Insolvenzverwalter**, den vorläufigen Sachwalter sowie den Sachwalter. 66

---

1 BFH, Urt. v. 15.4.2015 – V R 44/14, BStBl. II 2015, 679 = UR 2015, 521, Rz. 16 m.w.N.; BFH, Urt. v. 2.12.2015 – V R 15/15, BStBl. II 2016, 486 = UR 2016, 403, Rz. 17; Abschn. 3.10 Abs. 6 Nr. 15, Abschn. 15.2b Abs. 3 Sätze 11 f. UStAE.

2 BFH, Urt. v. 2.12.2015 – V R 15/15, BStBl. II 2016, 486 = UR 2016, 403, Rz. 24 f.

3 BFH, Urt. v. 2.12.2015 – V R 15/15, BStBl. II 2016, 486 = UR 2016, 403, Rz. 26 ff.

4 BFH, Urt. v. 26.9.2012 – V R 9/11, BStBl. II 2013, 346 = UR 2013, 464, Rz. 15.

5 BFH, Urt. v. 15.4.2015 – V R 44/14, BStBl. II 2015, 679 = UR 2015, 521, Rz. 12; BFH, Urt. v. 21.10.2015 – XI R 28/14, BStBl. II 2016, 550 = UR 2016, 406, Rz. 30, 35 ff.

6 BFH, Urt. v. 15.4.2015 – V R 44/14, BStBl. II 2015, 679 = UR 2015, 521, Ls, Rz. 12, 19.

7 BFH, Urt. v. 2.12.2015 – V R 15/15, BStBl. II 2016, 486 = UR 2016, 403, Rz. 11 ff.

8 BFH, Urt. v. 15.4.2015 – V R 44/14, BStBl. II 2015, 679 = UR 2015, 521, Rz. 17; BFH, Urt. v. 21.10.2015 – XI R 28/14, BStBl. II 2016, 550 = UR 2016, 406, Rz. 36.

9 Ausdrücklich offengelassen: BFH, Urt. v. 15.4.2015 – V R 44/14, BStBl. II 2015, 679 = UR 2015, 521, Rz. 20; BFH, Urt. v. 2.12.2015 – V R 15/15, BStBl. II 2016, 486 = UR 2016, 403, Rz. 18.

10 *Roth*, Insolvenz Steuerrecht³, Rz. 4.534.

11 *Waza* in Waza/Uhländer/Schmittmann, Insolvenzen und Steuern¹³, Rz. 2103.

e) Vorsteuerabzug aus bezogenen Fremdleistungen des Insolvenzverwalters

67 Der Insolvenzverwalter hat das ihm übertragene Amt selbst und höchstpersönlich auszuüben. Er ist Partei kraft Amtes. Zu seinen Aufgaben gehört es auch im Außenverhältnis „für die Insolvenzmasse" aufzutreten, um z.B. Masseverbindlichkeiten durch Abschluss von Verträgen (zwar im eigenen Namen, aber für Rechnung des insolventen Unternehmens) zu begründen.[1] Dies gilt auch dann, wenn bestimmte Aufgaben kraft Gesetzes einem Gläubigerausschuss zugewiesen sind.[2]
In einem vom Gesetz nicht näher bestimmten Umfang kann der Insolvenzverwalter Aufgaben auch delegieren und externe Hilfskräfte (z.B. Rechtsanwälte, Steuerberater, Kassenprüfer) beauftragen,[3] also Fremdleistungen in Anspruch nehmen[4] (arg. § 4 Abs. 1 Satz 3 InsVV). Hier stellt sich regelmäßig die Frage, ob die für die bezogenen (Fremd-)Leistungen zu zahlende Umsatzsteuer zugunsten der Insolvenzmasse als Vorsteuer abgezogen werden kann. Dazu müssen zwei Voraussetzungen erfüllt sein:

68 **Erstens** muss die Leistung für das Unternehmen des Insolvenzschuldners ausgeführt worden sein, d.h. die Insolvenzmasse also Empfänger der bezogenen Leistung sein. Dazu muss der Insolvenzverwalter die Fremdleistung – als Partei kraft Amtes – mit Wirkung für die Insolvenzmasse in Auftrag gegeben haben. In Abgrenzung dazu, könnte der Insolvenzverwalter auch persönlich für sich handeln und selbst der Leistungsempfänger sein. Kosten solcher Aufträge zählen dann entweder zu den allgemeinen Geschäftskosten (§ 4 Abs. 1 Satz 1 InsVV) oder zu den erstattungsfähigen Auslagen (§ 4 Abs. 2 InsVV). Entscheidend ist also, in welcher Funktion der Insolvenzverwalter handelt und wem gegenüber der Leistende die Leistung erbringt.[5]

69 **Zweitens** müssen die allgemeinen Grundsätze für den Vorsteuerabzug vorliegen, d.h. die Eingangsleistung muss zu Kostenbestandteilen **bestimmter Ausgangsleistungen** (direkter und unmittelbarer Zusammenhang zwischen Eingangsumsatz und einem oder mehreren zum Vorsteuerabzug berechtigenden Ausgangsumsätzen der wirtschaftlichen Tätigkeit) oder **aller Ausgangsleistungen** (Ausgaben müssen zu den Kostenelementen der Abzugsumsätze gehören und ihren Entstehungsgrund in der wirtschaftlichen Tätigkeit haben) werden (§ 15 Rz. 87 ff.). Im Insolvenzverfahren eines Unternehmers, der seinen Geschäftsbetrieb bereits eingestellt hat, kommt es für den Vorsteuerabzug insofern auf seine frühere wirtschaftliche Gesamttätigkeit an.[6] So stehen Eingangsleistungen eines vom Insolvenzverwalter beauftragten Kassenprüfers grundsätzlich in direktem und unmittelbarem Zusammenhang mit der (ggfs. beendeten) wirtschaftlichen Tätigkeit des insolventen Unternehmens und berechtigen daher grundsätzlich zum Vorsteuerabzug.[7]

70 **Eingangsleistungen** eines **Rechtsanwalts** oder **Steuerberaters** sind dann für das Unternehmen bezogen, wenn sie durch bestimmte Ausgangsumsätze oder als allgemeine Kosten der Gesamttätigkeit veranlasst sind. **Prozesskosten** teilen grundsätzlich die Qualifikation der Aufwendungen, die Verfahrensgegenstand waren.[8] Aufwendungen aufgrund **gesellschaftsrechtlicher Auseinandersetzungen** gehören grundsätzlich zu den allgemeinen Kosten des unternehmerischen Bereichs. Bei der Insolvenz einer Personengesellschaft ist zu unterscheiden, ob der unternehmerische Vermögensbereich oder die Gesellschafter persönlich betroffen sind. Im Insolvenzverfahren anfallende Kosten zur Prüfung der Frage, ob ein Anspruch nach § 172 Abs. 4 Satz 1 HGB besteht, gehören regelmäßig zu den Allgemeinkosten der früheren unternehmerischen Tätigkeit.[9] Wird ein sachverständiger Dritter durch den Insolvenzverwalter mit der **Kassenprüfung** des insolventen Unternehmens beauftragt, sind die Kosten der Prüfung Masseverbindlichkeiten nach § 55 Abs. 1 Nr. 1 InsO. Die hierdurch anfallende Umsatzsteuer ist als

1 BGH, Urt. v. 24.1.1991 – IX ZR 250/89, BGHZ 113, 262 = ZIP 1991, 324, unter A.I.2.a und c; BGH, Urt. v. 26.1.2006 – IX ZR 282/03, ZInsO 2006, 260, unter I.1.
2 BGH, Urt. v. 22.4.1981 – VIII ZR 34/80, ZIP 1981, 1001, unter II.2.b.
3 BVerfG, Beschl. v. 3.8.2009 – 1 BvR 369/08, BVerfGK 16, 84, Rz. 23.
4 *Zipper* in Uhlenbruck, InsO[15], § 56 Rz. 20.
5 BFH, Urt. v. 18.9.2019 – XI R 19/17, BStBl. II 2020, 172 = UR 2020, 196, Rz. 35–43; BFH, Urt. v. 21.4.2022 – V R 18/19, BFHE 276, 493 = UR 2022, 701 (zur Beauftragung eines Kassenprüfers).
6 BFH, Urt. v. 13.1.2010 – V R 24/07, BStBl. II 2011, 241 = UR 2010, 489, Rz. 29; BFH, Urt. v. 2.12.2015 – V R 15/15, BStBl. II 2016, 486 = UR 2016, 403, Rz. 11.
7 BFH, Urt. v. 21.4.2022 – V R 18/19, BFHE 276, 493 = UR 2022, 701 Rz. 18.
8 BFH, Urt. v. 18.9.2019 – XI R 19/17, BStBl. II 2020, 172 = UR 2020, 196, Rz. 24 f. m.w.N.
9 BFH, Urt. v. 18.9.2019 – XI R 19/17, BStBl. II 2020, 172 = UR 2020, 196, Rz. 26 f., 29.

Vorsteuer abziehbar[1] und während des laufenden Insolvenzverfahrens dem Vermögensbereich der Insolvenzmasse steuermindernd zuzuordnen.

5. Berichtigungstatbestände

a) Eigenständigkeit der Berichtigungstatbestände

Bei den Berichtigungstatbeständen nach § 14c, § 15a und § 17 UStG handelt es sich um jeweils **eigenständige Tatbestände** mit jeweils eigenen materiell-rechtlichen Tatbestandsvoraussetzungen, an die sich besondere Rechtsfolgen anknüpfen. Die Berichtigungen sind im Verhältnis zum steuerauslösenden Ausgangsumsatz bzw. Vorsteuerabzug selbständige Tatbestände, die sich nicht in der bloßen Rückgängigmachung des Steuerbetrags sowie des Vorsteuerabzugs erschöpfen[2] (vgl. zu § 17 Rz. 3 f.). Diese Qualifikation hat Einfluss darauf, welchem **insolvenzrechtlichen Vermögensbereich** (Rz. 26 ff.) der steuererhöhende (Rz. 19) oder steuermindernde (Rz. 24) Berichtigungstatbestand zuzuordnen ist. 71

b) Unrichtiger Steuerausweis (§ 14c Abs. 1 UStG)

aa) Insolvenzrechtliche Behandlung des Mehrbetrags

Hat der leistende Unternehmer in einer Rechnung für eine Leistung einen höheren Steuerbetrag, als er umsatzsteuerrechtlich für den Umsatz schuldet, gesondert ausgewiesen (Beispiele, § 14c Rz. 32) und die Rechnung willentlich in Verkehr gebracht (§ 14c Rz. 39), schuldet er nach § 14c Abs. 1 Satz 1 UStG auch diesen Mehrbetrag (§ 14c Rz. 45). Da der (Umsatzsteuer-)**Mehrbetrag** bereits mit **Ausgabe der Rechnung entsteht** (§ 13 Abs. 1 Nr. 3 UStG), ist dieser dem **vorinsolvenzrechtlichen Vermögensbereich** (Rz. 26 ff.) zuzuordnen, wenn die Rechnung vor Insolvenzeröffnung an den Leistungsempfänger übermittelt wurde. Denn mit Ausgabe der (unrichtigen) Rechnung ist der Tatbestand des § 14c Abs. 1 Satz 1 UStG vollständig verwirklicht (Rz. 19). Auf die Zahlung des auch den Mehrbetrag enthaltenen Rechnungsbetrags durch den Leistungsempfänger kommt es demgegenüber nicht an. Dies kann zur Folge haben, dass der umsatzsteuerrechtliche Mehrbetrag dem vorinsolvenzrechtlichen Vermögensbereich (Rz. 26 ff.) zuzuordnen ist, während die gesetzlich geschuldete Umsatzsteuer dem Vermögensbereich der Insolvenzmasse zuzuordnen ist. 72

Beispiel:
Der Leistungsempfänger hat den Rechnungsbetrag noch nicht an den nach vereinnahmten Entgelten versteuernden Rechnungsaussteller bezahlt. Der Insolvenzverwalter des Rechnungsausstellers vereinnahmt den Rechnungsbetrag – mit Umsatzsteuer – erst nach Insolvenzeröffnung. Während der Umsatzsteuermehrbetrag nach § 14c Abs. 1 Satz 1 UStG bereits vor Insolvenzeröffnung begründet und damit dem vorinsolvenzrechtlichen Vermögensbereich zuzuordnen ist, ist die gesetzlich geschuldete Umsatzsteuer erst nach Eröffnung des Insolvenzverfahrens begründet und daher dem Vermögensbereich der Insolvenzmasse zuzuordnen.

bb) Insolvenzrechtliche Behandlung des Berichtigungsbetrags

Der unrichtige Steuerausweis nach § 14c Abs. 1 UStG kann durch den Rechnungsaussteller nach § 14c Abs. 1 Satz 2 i.V.m. § 17 Abs. 1 Satz 1 UStG gegenüber dem Leistungsempfänger **berichtigt** werden. Ausreichend dafür ist eine Berichtigungserklärung gegenüber dem Leistungsempfänger (Zugang einer schriftlichen Berichtigung, § 14c Rz. 48). Mit einer solchen Berichtigungserklärung ist der **steuerauslösende Berichtigungstatbestand vollständig verwirklicht** und damit insolvenzrechtlich begründet. Erfolgt die Berichtigungserklärung vor Eröffnung des Insolvenzverfahrens über das Vermögen des leistenden Unternehmers (Rechnungsaussteller), ist der **steuermindernde Berichtigungsbetrag** (Steuervergütung) dem vorinsolvenzrechtlichen Vermögensbereich (Rz. 26 ff.) zuzuordnen; andernfalls dem 72.1

1 BFH, Urt. v. 21.4.2022 – V R 18/19, BFHE 276, 493 = UR 2022, 701 Ls. 1, 2.

2 BFH, Urt. v. 26.1.2012 – V R 18/08, BStBl. II 2015, 962 = UR 2012, 359, Rz. 33 f. (zu § 14c UStG); BFH, Urt. v. 8.11.2016 – VII R 34/15, BStBl. II 2017, 496, Rz. 14 (zu § 14c Abs. 2 UStG); BFH, Urt. v. 15.12.2016 – V R 26/16, BStBl. II 2017, 735 = UR 2017, 279, Rz. 25 (zu §§ 17, 15a UStG); BFH, Urt. v. 15.10.2019 – VII R 31/17, BStBl. II 2023, 262 = UR 2020, 313, Rz. 22 (zu §§ 14c, 17 UStG).

Vermögensbereich der Insolvenzmasse. Insbesondere wirkt die Berichtigung nicht auf den Zeitpunkt der Ausstellung der Rechnungen zurück.[1]

72.2 Hat der Unternehmer (Rechnungsaussteller) den in der unrichtigen Rechnung ausgewiesenen (Umsatzsteuer-)Mehrbetrag bereits vereinnahmen können, erfordert die **vollständige Tatbestandsverwirklichung** (Rz. 19) für die Berichtigungsvorschrift über die Berichtigungserklärung hinaus,[2] dass der Unternehmer (Rechnungsaussteller) den vereinnahmten Mehrbetrag an den Leistungsempfänger **vollständig zurückgezahlt** hat[3] (§ 14c Rz. 52 ff.). Dies gilt auch dann, wenn über das Vermögen des Rechnungsausstellers (leistender und zur Rückzahlung verpflichteter Unternehmer) das Insolvenzverfahren eröffnet wurde.[4] Nur dann kann er den steuermindernden Berichtigungsbetrag bei der Steuerberechnung nach § 16 UStG berücksichtigen.

72.3 Der Umsatzsteuermehrbetrag nach § 14c Abs. 1 Satz 1 UStG darf auch bei **vorsätzlichem Inverkehrbringen** einer (unrichtigen) Rechnung nach § 14c Abs. 1 Satz 1 i.V.m. § 17 Abs. 1 Satz 1 UStG berichtigt werden.[5] Dies lässt die Möglichkeit zu, die insolvenzrechtliche Begründung des steuererhöhenden Mehrbetrags und des steuermindernden Berichtigungsbetrags bewusst – z.B. durch einen absichtlich überhöhten Rechnungsbetrag, den der Leistungsempfänger schlicht nicht bezahlen wird, so dass es auf die Frage einer Rückzahlung (Rz. 72.2) nicht ankommen wird – zu steuern: wird die unrichtige Rechnung vor Insolvenzeröffnung in Verkehr gebracht, ist der Mehrbetrag dem vorinsolvenzrechtlichen Vermögensbereich zuzuordnen. Erfolgt die Rechnungsberichtigung sodann nach Insolvenzeröffnung, gehört der dann begründete Vergütungsbetrag zum Vermögensbereich der Insolvenzmasse. Dieses Vorgehen kann – je nach Höhe der unrichtigen Rechnung – erhebliche Auswirkungen auf die Insolvenzquote haben mit der Folge, dass die übrigen Insolvenzgläubiger davon auf Kosten des Steuergläubigers profitieren.[6] Einer solchen Praktik kann durch Anfechtung (§§ 129 ff. InsO) der Rechnungsausstellung entgegengewirkt werden. Hierzu kann das Finanzamt den Insolvenzverwalter gegebenenfalls durch Einberufung einer Gläubigerversammlung (§ 75 Abs. 1 Nr. 4 InsO) „erinnern".[7] Darüber hinaus ist das vorsätzliche Inverkehrbringen der unrichtigen Rechnung mit dem Ziel einer insolvenzrechtlichen Besserstellung der übrigen Gläubiger ein Missbrauch von Gestaltungsmöglichkeiten i.S.d. § 42 AO.[8]

c) Unberechtigter Steuerausweis (§ 14c Abs. 2 UStG)

aa) Insolvenzrechtliche Behandlung des unberechtigt ausgewiesenen Steuerbetrags

73 Nach **§§ 14c Abs. 2 Sätze 1, 2, 13a Nr. 4 UStG** schuldet derjenige den in einer Rechnung ausgewiesenen Umsatzsteuerbetrag, der zu dessen Ausweis nichtberechtigt ist (§ 14c Rz. 59 ff.). Das Gesetz nennt **drei Fallgruppen**: (1) den zum gesonderten Steuerausweis nicht berechtigten Unternehmer (z.B. Kleinunternehmer), (2) den Nichtunternehmer, der über erbrachte Leistungen mit Steuerausweis abrechnet und (3) den (Nicht-)Unternehmer, der die abgerechnete Leistung – wie von vorherein beabsichtigt – nicht ausführt (Scheingeschäft). **Zweck der Regelung** ist es, Missbräuche durch Ausstellung von Rechnungen mit offenem Steuerausweis zu verhindern.[9] Ungeschrieben setzt der Tatbestand voraus, dass die Rechnung mit dem gesonderten Steuerausweis an den Adressaten derart ausgehändigt worden ist, dass dieser die Möglichkeit hat, sie zum Vorsteuerabzug zu gebrauchen (Inverkehrbringen der Rechnung, § 14c Rz. 65). Mit der Aushändigung der Rechnung an den Adressaten ist der Steuertatbestand des § 14c Abs. 2 Sätze 1, 2 UStG vollständig verwirklicht, weil damit die **konkrete Gefähr-**

1 BFH, Urt. v. 12.10.2016 – XI R 43/14, BStBl. II 2022, 566 = UR 2017, 327, Rz. 35 ff.; BFH, Beschl. v. 25.4.2018 – VII R 18/16, BFH/NV 2018, 1289, Rz. 9.
2 BFH, Beschl. v. 25.4.2018 – VII R 18/16, BFH/NV 2018, 1289, Rz. 9.
3 BFH, Urt. v. 16.5.2018 – XI R 28/16, BStBl. II 2022, 570 = UR 2018, 678, Ls und Rz. 49 f.; zu den Wirkungen dieser Entscheidung in der Insolvenz, *Marchal*, MwStR 2018, 841.
4 BFH, Beschl. v. 5.1.2021 – XI S 20/20 (PKH), BFH/NV 2021, 665, Rz. 15, 21, 24.
5 EuGH, Urt. v. 19.9.2000 – C-454/98, ECLI:EU:C:2000:469 – Schmeink & Cofreth und Strobel, UR 2000, 470, Rz. 63; EuGH, Urt. v. 18.6.2009 – C-566/07, ECLI:EU:C:2009:380 – Stadeco, UR 2009, 647, Rz. 37.
6 *Weßling*, DStR 2022, 1249 (1250 mit Zahlenbeispiel).
7 *Weßling*, DStR 2022, 1249 (1251).
8 *Weßling*, DStR 2022, 1249 (1251 f.).
9 BFH, Urt. v. 16.5.2018 – XI R 28/16, BStBl. II 2022, 570 = UR 2018, 678, Rz. 37 m.w.N.

dungssituation für das Steueraufkommen eingetreten ist.[1] Schuldner der Umsatzsteuer ist nach § 13a Abs. 1 Nr. 4 UStG der Aussteller der Rechnung. Wird die Rechnung vor Eröffnung des **Insolvenzverfahren über das Vermögen des Rechnungsausstellers** in Verkehr gebracht, ist der nach § 14c Abs. 2 Sätze 1, 2 UStG geschuldete Steuerbetrag dem vorinsolvenzrechtlichen Vermögensbereich zuzuordnen, andernfalls dem Vermögensbereich der Insolvenzmasse (Rz. 19, Rz. 26 ff.).

bb) Insolvenzrechtliche Behandlung des Berichtigungsbetrags

Nach **§ 14c Abs. 2 Sätze 3–5** i.V.m. **§ 17 Abs. 1** UStG kann der aufgrund eines unberechtigten Steuerausweises (§ 14c Abs. 2 Satz 1, 2 UStG) entstandene Steuerbetrag **berichtigt werden** (§ 14c Rz. 76 ff.).[2] Der steuermindernde Berichtigungstatbestand (Rz. 24) setzt tatbestandlich die Beseitigung der – durch den unberechtigten Steuerausweis entstandenen – **Gefährdung des Steueraufkommens** (§ 14c Abs. 2 Sätze 3, 4 UStG), einen schriftlichen Antrag des Rechnungsausstellers beim Finanzamt und die Zustimmung des Finanzamts zum Berichtigungsverlangen (§ 14c Abs. 2 Satz 5 UStG) voraus. Die (steuermindernde) **Berichtigung** des Steuerbetrags ist **für den Besteuerungszeitraum** vorzunehmen, in dem die Gefährdung des Steueraufkommens beseitigt wurde (§ 14c Abs. 2 Satz 5 UStG). 74

Maßgeblich für die Zuordnung des eigenständigen Berichtigungstatbestands (Rz. 71) zu den insolvenzrechtlichen Vermögensbereichen (Rz. 26 ff.) ist, dass die **materiell-rechtlichen Voraussetzungen** des § 14c Abs. 2 Satz 3, 4 UStG vorliegen;[3] auf die formellen Voraussetzungen des § 14c Abs. 2 Satz 5 UStG kommt es für insolvenzrechtliche Zwecke indes nicht an (Rz. 76 f.). Folglich ist der Berichtigungstatbestand für die insolvenzrechtliche Zuordnung zu den Vermögensbereichen bereits dann vollständig verwirklicht (Rz. 19, Rz. 22, Rz. 24), wenn die **Gefährdung des Steueraufkommens beseitigt** worden ist (§ 14 Abs. 2 Satz 3 UStG). 75

Dies ist nach § 14c Abs. 2 Satz 4 UStG der Fall, wenn entweder der Vorsteuerabzug beim Empfänger der Rechnung **nicht durchgeführt** worden ist (z.B. weil der Rechnungsadressat wegen einer Umsatzsteuersonderprüfung an der Vornahme des begehrten Vorsteuerabzugs tatsächlich gehindert war[4]) oder der **abgezogene Vorsteuerbetrag an die Finanzbehörde zurückgezahlt** worden ist.[5]

Für den Fall der **Rückzahlung des Vorsteuerbetrags** durch den Rechnungsempfänger an das Finanzamt (§ 14c Abs. 2 Satz 4 Alt. 2 UStG) ist der (steuermindernde) Berichtigungsanspruch nicht nur für den Besteuerungszeitraum der Rückzahlung vorzunehmen (§ 14c Rz. 81), sondern mit **Eingang der Rückzahlung beim Finanzamt** auch **insolvenzrechtlich begründet**.[6] Erfolgt die Rückzahlung des Vorsteuerbetrags durch den Rechnungsempfänger vor Eröffnung des Insolvenzverfahrens über das Vermögen des Rechnungsausstellers, ist der steuermindernde Berichtigungsanspruch vorinsolvenzlich begründet und daher dem vorinsolvenzrechtlichen Vermögensbereich zuzuordnen;[7] andernfalls ist er nachinsolvenzlich begründet und entsprechend dem Vermögensbereich der Insolvenzmasse zuzuordnen (Rz. 26 ff.). 75.1

Höchstrichterlich noch nicht entschieden ist, wann die Gefährdungslage beseitigt ist und damit der vollständige Tatbestand verwirklicht wurde, wenn ein Vorsteuerabzug beim Empfänger der Rechnung nicht durchgeführt wurde.[8] Im Ergebnis muss aber – anhand der im Einzelfall festzustellenden Tatsachen – endgültig feststehen, dass jedwede Gefährdung des Steueraufkommens ausgeschlossen ist.[9] Erst

1 BFH, Urt. v. 20.3.1980 – V R 131/74, BStBl. II 1980, 287 = UR 1980, 138, Rz. 14; BFH, Urt. v. 8.11.2016 – VII R 34/15, BStBl. II 2017, 496, Rz. 14 m.w.N.
2 Unionsrechtlich ist es Sache der Mitgliedstaaten das Verfahren festzulegen, in dem zu Unrecht in Rechnung gestellte Mehrwertsteuer berichtigt werden kann, EuGH, Urt. v. 19.9.2000 – C-454/98, ECLI:EU:C:2000:469 – Schmeink & Cofreth und Strobel, UR 2000, 470, Rz. 70.
3 BFH, Urt. v. 8.11.2016 – VII R 34/15, BStBl. II 2017, 496, Rz. 16 f.; BFH, Beschl. v. 27.7.2021 – V R 43/19, BStBl. II 2024, 237 = UR 2021, 934, Rz. 18 f.
4 BFH, Beschl. v. 3.11.2016 – V B 81/16, BFH/NV 2017, 330, Rz. 5.
5 BFH, Beschl. v. 26.8.2021 – V R 38/20, BFH/NV 2022, 146 = ZIP 2021, 2595, Rz. 17.
6 BFH, Beschl. v. 27.7.2021 – V R 43/19, BStBl. II 2024, 237 = UR 2021, 934, Rz. 18, 20, 23.
7 BFH, Beschl. v. 26.8.2021 – V R 38/20, BFH/NV 2022, 146 = ZIP 2021, 2595, Rz. 4, 18.
8 BFH, Beschl. v. 27.7.2021 – V R 43/19, BStBl. II 2024, 237 = UR 2021, 934, Rz. 20.
9 BFH, Urt. v. 8.11.2016 – VII R 34/15, BStBl. II 2017, 496, Rz. 17 m.w.N.; Abschn. 14c.2 Abs. 3 Satz 6 UStAE.

dann ist der Berichtigungsanspruch – in dieser Alternative – insolvenzrechtlich vollständig verwirklicht.

76 Demgegenüber kommt es für die Zuordnung des Berichtigungstatbestands zu den insolvenzrechtlichen Vermögensbereichen im Sinne einer vollständigen Tatbestandsverwirklichung nicht auf die Verfahrensvoraussetzungen des § 14c Abs. 2 Satz 5 UStG an. Denn weder der dort vorausgesetzte **Antrag des Steuerpflichtigen** noch die dort vorausgesetzte **Zustimmung des Finanzamts** wirken sich auf die materiell-rechtliche Entstehung des Berichtigungsanspruchs aus. Denn § 14c Abs. 2 Satz 5 UStG stellt dazu zeitraumbezogen nur auf die Beseitigung der Gefährdungslage, nicht aber auch auf die Antragsstellung oder die Zustimmung ab.[1]

Im Übrigen ist die **Zustimmung des Finanzamts** ein Verwaltungsakt (kein Grundlagenbescheid[2]), der lediglich feststellt, ob die Gefährdung des Steueraufkommens beseitigt ist, und für welchen Besteuerungszeitraum und in welcher Höhe die Berichtigung des geschuldeten Steuerbetrags vorgenommen werden kann.[3] Er hat nur deklaratorische Wirkung. Wäre die Zustimmung für die Frage der vollständigen Tatbestandsverwirklichung maßgeblich, könnte die FinVerw. den Zeitpunkt der Tatbestandsverwirklichung gestalten und damit u.a. Einfluss auf die Frage der insolvenzrechtlichen Zuordnung zu einem Vermögensbereich (vorinsolvenzrechtlicher Vermögensbereich oder Vermögensbereich der Insolvenzmasse, Rz. 26 ff.) nehmen. Damit ist die Zustimmung für die Anspruchsdurchsetzung zwar erforderlich, wirkt aber nach § 14c Abs. 2 Satz 5 UStG materiell auf den Zeitpunkt der Gefährdungsbeseitigung zurück. Gleiches gilt für die **Antragsstellung** durch den Steuerpflichtigen. Diese löst letztlich nur die Prüfungspflicht des Finanzamts aus.

77 Für die vollständige Tatbestandsverwirklichung des Berichtigungstatbestands kommt es auch nicht auf die **Rechnungsberichtigung** an. Diese wird tatbestandlich – anders als bei § 14c Abs. 1 Satz 2 UStG – schon nicht vorausgesetzt. Vielmehr wird sie bereits durch das Erfordernis der Gefährdungsbeseitigung ersetzt.[4] Unionsrechtlich ist die Korrektur der Rechnung jedenfalls dann nicht erforderlich, wenn – wie § 14c Abs. 2 Satz 4 UStG voraussetzt – die Gefährdung des Steueraufkommens rechtzeitig und vollständig beseitigt ist.[5]

Keinesfalls führt allein die **Aushändigung einer berichtigten Rechnung** durch den Rechnungsaussteller an den Rechnungsempfänger zur Beseitigung der Gefährdungslage und damit zur Verwirklichung des Berichtigungstatbestands im insolvenzrechtlichen Sinne.[6] Denn die Berichtigung des Steuerbetrags führt nicht dazu, dass die nach § 14c Abs. 2 Sätze 1, 2 UStG geschuldete Steuer rückwirkend auf den Zeitpunkt der Rechnungserteilung entfällt. Maßgeblich ist allein die Beseitigung der Gefährdungslage.

d) Vorsteuerberichtigung (§ 15a UStG)

78 Die Insolvenzeröffnung selbst ist für die Berichtigung nach § 15a UStG ohne Bedeutung.[7] Die Eröffnung des Insolvenzverfahrens bewirkt weder tatsächlich noch rechtlich eine Änderung in der Verwendung von Wirtschaftsgütern. Insbesondere enthält die InsO – anders als z.B. §§ 19, 24 UStG – keine materiell-rechtlichen Regelungen, die für den Vorsteuerabzug maßgeblich sind.[8]

79 Bei der Vorsteuerberichtigung nach § 15a UStG handelt es sich um einen – gegenüber dem Vorsteuerabzug nach § 15 UStG – materiell-rechtlich **eigenständigen Tatbestand**. Der Berichtigungstatbestand

---

1 BFH, Beschl. v. 27.7.2021 – V R 43/19, BStBl. II 2024, 237 = UR 2021, 934, Rz. 22 f.; ausdrücklich offengelassen: BFH, Urt. v. 8.11.2016 – VII R 34/15, BStBl. II 2017, 496, Rz. 20, 22.

2 BFH, Beschl. v. 27.7.2021 – V R 43/19, BStBl. II 2024, 237 = UR 2021, 934, Rz. 28; noch offengelassen: BFH, Urt. v. 8.11.2016 – VII R 34/15, BStBl. II 2017, 496, Rz. 20.

3 BFH, Urt. v. 8.11.2016 – VII R 34/15, BStBl. II 2017, 496, Rz. 20; BFH, Urt. 26.6.2019 – XI R 5/18, BStBl. II 2023, 521 = UR 2019, 857, Rz. 20.

4 Offengelassen: BFH, Beschl. v. 27.7.2021 – V R 43/19, BStBl. II 2024, 237 = UR 2021, 934, Rz. 26 f.

5 EuGH, Urt. v. 18.6.2009 – C-566/07, ECLI:EU:C:2009:380 – Stadeco, UR 2009, 647, Ls. 2.

6 BFH, Urt. v. 8.11.2016 – VII R 34/15, BStBl. II 2017, 496, Rz. 15 (unter ausdrücklicher Aufgabe der vormaligen Rspr., BFH, Urt. v. 4.2.2005 – VII R 20/04, BStBl. II 2010, 55 = UR 2005, 619).

7 EuGH, Urt. v. 3.6.2021 – C-182/20, ECLI:EU:C:2021:442 – Administraţia Judeţeană a Finanţelor Publice Suceava, UR 2021, 762, Rz. 42, 45.

8 BFH, Urt. v. 8.3.2012 – V R 24/11, BStBl. II 2012, 466 = UR 2012, 399, Rz. 20.

des § 15a UStG erschöpft sich somit nicht in der Rückgängigmachung des Vorsteuerabzugs[1] (Rz. 71). Dies hat zur Folge, dass der Vorsteuerberichtigungsanspruch nicht bereits im Zeitpunkt des Vorsteuerabzugs insolvenzrechtlich begründet ist, sondern erst bei vollständiger Tatbestandsverwirklichung des § 15a UStG (Rz. 19), wenn also die **Änderung der Verhältnisse eingetreten ist**. Trat die Änderung der tatsächlichen Verhältnisse vor Insolvenzeröffnung ein, ist der Berichtigungsanspruch dem vorinsolvenzrechtlichen Vermögensbereich (Rz. 26 ff.) zuzuordnen; andernfalls der Insolvenzmasse.[2] Geschieht dies durch eine Verwertungs- oder Verwaltungshandlung des Insolvenzverwalters, liegt eine Masseverbindlichkeit vor.

e) Steuerberichtigung nach § 17 UStG

Für die insolvenzrechtliche Begründung der Berichtigungsansprüche nach § 17 UStG ist maßgeblich, 80
wann der materiell-rechtliche Berichtigungstatbestand vollständig verwirklicht worden ist[3] (Rz. 19, Rz. 24). So kommt es z.B. für die Zuordnung des Berichtigungstatbestands wegen Uneinbringlichkeit des vereinbarten Entgelts (§ 17 Abs. 2 Nr. 1 Satz 1 UStG) zum vorinsolvenzrechtlichen Vermögensbereich oder zum Vermögensbereich der Insolvenzmasse (Rz. 27) darauf an, ob die Uneinbringlichkeit vor oder nach Eröffnung des Insolvenzverfahrens eingetreten ist. Der Berichtigungstatbestand des § 17 UStG ist erst mit Eintritt des die Berichtigung auslösenden Ereignisses (z.B. Eröffnung des Insolvenzverfahrens oder Entgeltrückgewähr) vollständig verwirklicht und damit insolvenzrechtlich begründet. Zu den Konstellationen der sog. insolvenzbedingten **Doppelberichtigung**: bei Insolvenz des Leistenden Rz. 45 ff., bei Insolvenz des Leistungsempfängers Rz. 56 ff., Rückgewähr des vereinnahmten Entgelts an die Insolvenzmasse aufgrund Insolvenzanfechtung Rz. 59 ff., bei vorläufiger Insolvenzverwaltung Rz. 110 ff.

6. Selbständige Tätigkeit des Schuldners nach Insolvenzeröffnung (§ 35 Abs. 2 InsO)

a) Überblick

aa) Insolvenzmasse und insolvenzfreies Vermögen

Nach § 35 Abs. 1 InsO erfasst die **Insolvenzmasse** grundsätzlich das gesamte Vermögen, das dem 81
Schuldner im Zeitpunkt der Verfahrenseröffnung gehört (**stichtagsbezogene** Betrachtung) und solches, das er während des Insolvenzverfahrens erlangt[4] (**zeitraumbezogene** Betrachtung, sog. **Neuerwerb**). In Abgrenzung dazu steht das **insolvenzfreie Vermögen** des Schuldners. Gesetzlich ist das (insolvenz-)freie Vermögen (auch als „sonstiges Vermögen des Schuldners" bezeichnet) nicht determiniert. Seine Existenz wird aber in § 32 Abs. 3 Satz 1, § 89 Abs. 1 Alt. 2, § 96 Abs. 1 Nr. 4 InsO vorausgesetzt.[5] Das insolvenzfreie Vermögen setzt sich aus unpfändbaren (§ 36 InsO) und aus freigegebenen Gegenständen (vgl. § 32 Abs. 3 Satz 1 InsO) zusammen. Die Zuordnung zu den insolvenzrechtlichen Vermögenssphären ist dem Umstand geschuldet, dass sich die Verwaltungs- und Verfügungsbefugnis des Insolvenzverwalters nach § 80 Abs. 1 InsO ausschließlich auf die Insolvenzmasse – also nicht auch auf das insolvenzfreie Vermögen – erstreckt. Zudem steht den Insolvenzgläubigern (§ 38 InsO) nur die (bereinigte) Insolvenzmasse als Haftungsmasse zur (quotalen) Befriedigung ihrer Insolvenzforderungen (§§ 174, §§ 187 ff. InsO) zu.

---

1 BFH, Urt. v. 9.4.1987 – V R 23/80, BStBl. II 1987, 527 = UR 1987, 166, unter II.1.b; BFH, Urt. v. 8.3.2012 – V R 24/11, BStBl. II 2012, 466 = UR 2012, 399, Rz. 20, 29 m.w.N.; BFH, Urt. v. 15.12.2016 – V R 26/16, BStBl. II 2017, 735 = UR 2017, 279, Rz. 25.

2 BFH, Urt. v. 9.2.2011 – XI R 35/09, BStBl. II 2011, 1000 = UR 2011, 538; BFH, Urt. v. 8.3.2012 – V R 24/11, BStBl. II 2012, 466 = UR 2012, 399; vgl. zu § 58 Nr. 2 KO BFH, Urt. v. 9.4.1987 – V R 23/80, BStBl. II 1987, 527 = UR 1987, 166; BFH, Urt. v. 6.6.1991 – V R 115/87, BStBl. II 1991, 817 = UR 1991, 298 m. Anm. *Weiß*.

3 BFH, Urt. v. 25.7.2012 – VII R 29/11, BStBl. II 2013, 36 = UR 2012, 927 m. Anm. *Marchal*, Rz. 19; BFH, Urt. v. 22.6.2022 – XI R 46/20, BFHE 277, 26 = UR 2022, 898, Rz. 18.

4 BFH, Urt. v. 13.4.2011 – II R 49/09, BStBl. II 2011, 944, Rz. 14; BFH, Urt. v. 15.3.2017 – III R 12/16, BStBl. II 2018, 789 = FR 2018, 91, Rz. 15.

5 Vgl. dazu auch, BFH, Beschl. v. 1.9.2010 – VII R 35/08, BStBl. II 2011, 336 = UR 2011, 234, Rz. 19 m.w.N.; BFH, Urt. v. 7.7.2019 – X R 13/19, BStBl. II 2021, 174 = ZIP 2020, 2465, Rz. 34.

bb) Steueransprüche aus Neuerwerb bei selbständiger Tätigkeit des Schuldners

82 Aufgrund der zeitraumbezogenen Betrachtung der Insolvenzmasse gehört grundsätzlich auch der sog. **Neuerwerb** zur Insolvenzmasse.[1] Problematisch wird der Neuerwerb nur dann, wenn er nicht aus der Tätigkeit des Insolvenzverwalters, sondern aus einer – ggfs. **selbständig ausgeübten – Tätigkeit** des Insolvenzschuldners (natürliche Person) nach Eröffnung des Insolvenzverfahrens resultiert. Unerheblich ist dabei, ob bei einer solchen Tätigkeit des Schuldners vom Insolvenzbeschlag erfasste oder insolvenzfreie Gegenstände zum Einsatz kommen.

83 Einer natürlichen Person kann – sowohl unter Geltung der Konkurs- als auch der Insolvenzordnung – allein aufgrund der Insolvenzeröffnung wegen Art. 12 Abs. 1 GG nicht untersagt werden, eine selbständige Tätigkeit fortzusetzen oder neu aufzunehmen. In diesem Kontext steht die Problematik der durch die Handlungen des Schuldners begründeten Forderungen und Verbindlichkeiten (Zuordnung zur Insolvenzmasse oder zum insolvenzfreien Vermögen) sowie die Frage nach einer Reaktionsmöglichkeit des Insolvenzverwalters. Seit Einführung des § 35 Abs. 2 InsO kann der Insolvenzverwalter aber durch eine Negativerklärung verhindern, dass im Zusammenhang mit dem Neuerwerb sonstige Masseverbindlichkeiten begründet werden (Rz. 92 f.).

84 Aus einer **selbständig ausgeübten Tätigkeit** des Schuldners, insbesondere aus den dabei vorgenommenen (Rechts-)Handlungen, werden nach Insolvenzeröffnung regelmäßig auch **Ansprüche aus dem Steuerschuldverhältnis** begründet. Begründete **(Umsatz-)Steueransprüche** müssen dann entweder dem **Bereich der Insolvenzmasse** – als sonstige Masseverbindlichkeiten – oder aber dem **insolvenzfreien Bereich** – als Forderungen gegen das insolvenzfreie Vermögen – zugeordnet werden (Rz. 21 ff.). Die Zuordnung zum Bereich der Insolvenzmasse oder zum insolvenzfreien Vermögen muss aber auch für begründete Steuerforderungen (z.B. Vorsteuervergütungs- oder Umsatzsteuererstattungsansprüche)[2] vorgenommen werden, weil mit schuldbefreiender Wirkung entweder nur an den Insolvenzverwalter (Insolvenzmasse) oder den Insolvenzschuldner (insolvenzfreies Vermögen) geleistet werden kann.

85 Insbesondere auch vor dem Hintergrund, dass aufgrund einer nach Insolvenzeröffnung selbständig ausgeübten Tätigkeit des Schuldners möglicherweise Masseverbindlichkeiten begründet werden, reagiert der Insolvenzverwalter regelmäßig mit einer Erklärung über die **Freigabe der selbständigen Tätigkeit** des Schuldners. Dabei bezieht sich eine solche Freigabeerklärung nicht auf einzelne Gegenstände der Insolvenzmasse, sondern auf den Inbegriff von Rechten und Pflichten im Zusammenhang mit einer solchen Tätigkeit. Durch Einführung des **§ 35 Abs. 2, 3 InsO** mit Wirkung zum 1.7.2007 (Rz. 92) wurde Rechtsklarheit über die Möglichkeit und Wirkungsweise einer solchen Freigabeerklärung geschaffen. Deshalb muss zwischen der **Rechtslage vor** (Rz. 86 ff.) und **nach Einfügung des § 35 Abs. 2 InsO** (Rz. 92 ff.) unterschieden werden. Für ab dem 31.12.2020 beantragte Insolvenzverfahren wurde in **§ 35 Abs. 3 InsO** (Rz. 95.1) die Pflicht des Schuldners festgeschrieben, den Insolvenzverwalter unverzüglich nach Aufnahme oder Fortführung einer selbständigen Tätigkeit zu informieren sowie die Pflicht des Verwalters, sich unverzüglich über ein Freigabeersuchen des Schuldners zu erklären (Rz. 95.1 f.).

b) Selbständige Tätigkeit vor Einführung des § 35 Abs. 2 InsO (vor 2007)

86 Für vor Inkrafttreten des § 35 Abs. 2 InsO (also bis 30.6.2007) begründete Umsatzsteueransprüche aus einer nach Insolvenzeröffnung ausgeübten selbständigen Tätigkeit des Insolvenzschuldners orientierte sich die Rechtsprechung für die Frage der insolvenzrechtlichen Zuordnung zum Vermögensbereich der Insolvenzmasse (Masseverbindlichkeit) oder zum insolvenzfreien Vermögensbereich (Forderungen gegen das insolvenzfreie Vermögen) streng an den Voraussetzungen der §§ 35, 55 Abs. 1 Nr. 1 InsO. Masseverbindlichkeiten können nur durch eine – wie auch immer geartete – **Verwaltungsmaßnahme des Insolvenzverwalters mit Bezug zur Insolvenzmasse** (§ 35 Abs. 1 InsO) begründet werden.[3] Im

1 Z.B. BFH, Urt. v. 13.4.2011 – II R 49/09, BStBl. II 2011, 944, Rz. 14; BFH, Urt. v. 15.3.2017 – III R 12/16, BStBl. II 2018, 789 = FR 2018, 91, Rz. 15.
2 BFH, Urt. v. 15.12.2009 – VII R 18/09, BStBl. II 2010, 758 = UR 2010, 350, Ls.
3 BFH, Urt. v. 21.7.2009 – VII R 49/08, BStBl. II 2010, 13, unter II.1.b aa.

Zusammenhang mit einer unternehmerisch ausgeübten Tätigkeit sind insbesondere die Voraussetzungen des § 55 Abs. 1 Nr. 1 Alt. 2 InsO (Begründung von (Masse-)Verbindlichkeiten in anderer Weise durch die Verwaltung, Verwertung und Verteilung der Insolvenzmasse) zu prüfen.

Bei einer unternehmerischen Tätigkeit des Schuldners nach Eröffnung des Insolvenzverfahrens ist der Umsatzsteueranspruch aus einer erbrachten Leistung nicht schon deshalb als Masseverbindlichkeit zu qualifizieren, weil das Entgelt für diese Ausgangsleistung (rechtlich) zur Insolvenzmasse gehört.[1] 87

Ansprüche aus dem Umsatzsteuerschuldverhältnis aus einer fortgeführten oder neu aufgenommenen (einzel-)unternehmerischen Tätigkeit des Schuldners sind (unstreitig) dem insolvenzfreien Vermögensbereich (Rz. 27, Rz. 28.1) zuzuordnen, wenn der **Schuldner** durch seine (persönliche) **geistige oder körperliche Arbeitskraft** – die nämlich gerade nicht dem Insolvenzbeschlag unterliegt[2] – *und* mit Hilfe von – nach § 36 Abs. 1 Satz 1 i.V.m. § 811 Nr. 5 ZPO – **nicht dem Insolvenzbeschlag unterliegenden Gegenständen** steuerpflichtige Ausgangsleistungen erbringt.[3] Gleiches gilt, wenn der Schuldner nur Gegenstände nutzt, die der Insolvenzverwalter aus der Insolvenzmasse freigegeben hat[4] (zur Freigabe Rz. 81). Solange der Insolvenzschuldner also für seine selbständig ausgeübte Tätigkeit ausschließlich insolvenzfreies Vermögen nutzt, kommt die Begründung von Umsatzsteueransprüchen als Masseverbindlichkeiten nicht in Betracht. 88

Ansprüche aus dem Umsatzsteuerschuldverhältnis aus einer fortgeführten oder neu aufgenommenen (einzel-)unternehmerischen Tätigkeit des Schuldners sind auch dann dem insolvenzfreien Vermögensbereich (Rz. 27, Rz. 28.1) zuzuordnen, wenn der Schuldner die steueranspruchsbegründende Tätigkeit **ohne Wissen des Insolvenzverwalters** ausübt.[5] Insoweit kommt es nicht darauf an, ob der Schuldner auch massezugehörige Gegenstände für seine selbständige Tätigkeit nutzt. 89

Dasselbe gilt, wenn der **Insolvenzverwalter** eine unternehmerische Tätigkeit des Schuldners **duldet**, er aber keine Möglichkeit hat, diese Tätigkeit zu unterbinden.[6]

Demgegenüber werden Masseverbindlichkeiten i.S.d. § 55 Abs. 1 Nr. 1 Alt. 2 InsO („verwerten der Masse“) durch **Dulden der unternehmerischen Tätigkeit** begründet, wenn die vom Schuldner im Rahmen seiner unternehmerischen Tätigkeit erbrachten Leistungen **im Wesentlichen** auf dem **Einsatz massezugehöriger Gegenstände** und **nicht auf dem Einsatz seiner persönlichen Arbeitskraft** – die nicht dem Insolvenzbeschlag unterliegt[7] – beruhen.[8] Umsatzsteueransprüche aus einer unternehmerischen Tätigkeit des Schuldners nach Insolvenzeröffnung sind folglich dem Vermögensbereich der Insolvenzmasse (Rz. 27, Rz. 28.1) zuzuordnen, wenn die Nutzung massezugehöriger Gegenstände in Relation zur persönlichen Arbeitskraft **wesentlich** ist.[9] Für die **Wesentlichkeitsgrenze** kommt es darauf an, ob die persönliche – nicht dem Insolvenzbeschlag unterliegende – Arbeitsleistung des Schuldners oder die Fruchtziehung aus massezugehörigem Vermögen überwiegt. Für umsatzsteuerliche Zwecke 90

---

1 BFH, Urt. v. 7.4.2005 – V R 5/04, BStBl. II. 2005, 848 = UR 2005, 607, unter II. 3.; BFH, Urt. v. 17.3.2010 – XI R 30/08, BFH/NV 2010, 2128, unter II.2.a.; BFH, Urt. v. 8.9.2011 – V R 38/10, BStBl. II 2012, 270 = UR 2012, 410, Rz. 17 f.

2 BGH, Urt. v. 18.12.2008 – IX ZB 249/07, ZInsO 2009, 299, unter II.2.b aa (3).

3 BFH, Urt. v. 7.4.2005 – V R 5/04, BStBl. II. 2005, 848 = UR 2005, 607, unter II.2.b (Aufnahme einer neuen Erwerbstätigkeit durch den Schuldner mit Hilfe unpfändbarer Gegenstände im Streitjahr 2001); *Obermair*, DStR 2005, 1561; *Olbrich*, ZInsO 2005, 860.

4 BFH, Urt. v. 17.3.2010 – XI R 30/08, BFH/NV 2010, 2128.

5 BFH, Urt. v. 18.5.2010 – X R 11/09, BFH/NV 2010, 2114, Rz. 34; BFH, Urt. v. 16.4.2015 – III R 21/11, BStBl. II 2016, 29 = FR 2016, 187, Rz. 17 m.w.N. (zur Begründung von Einkommensteueransprüchen).

6 BFH, Urt. v. 21.7.2009 – VII R 49/08, BStBl. II 2010, 13, unter II.1.b bb (3); BFH, Urt. v. 8.9.2011 – V R 38/10, BStBl. II 2012, 270 = UR 2012, 410, Rz. 20.

7 BGH, Urt. v. 11.5.2006 – IX ZR 247/03, BGHZ 167, 363 = ZIP 2006, 1254, Rz. 16; BGH, Beschl. v. 18.12.2008 – IX ZB 249/07, ZVI 2009, 170, Rz. 11; BFH, Urt. v. 24.2.2011 – VI R 21/10, BStBl. II 2011, 520 = ZIP 2011, 873, Rz. 11.

8 BFH, Urt. v. 8.9.2011 – V R 38/10, BStBl. II 2012, 270 = UR 2012, 410, Rz. 21, m.w.N.

9 BFH, Urt. v. 8.9.2011 – V R 38/10, BStBl. II 2012, 270 = UR 2012, 410, Rz. 21, BFH, Urt. v. 17.3.2010 – XI R 2/08, BStBl. II 2015, 196 = UR 2010, 619, Rz. 34.

ist darauf abzustellen, ob im Falle eines einheitlich zu beurteilenden Leistungsbündels aus Sicht des Leistungsempfängers die einzelnen masseverhafteten oder massefreien Komponenten überwiegen.[1]

91 Erklärt der Insolvenzverwalter die **„Freigabe der selbständigen Tätigkeit"**, sind die aus dieser Tätigkeit resultierenden Umsatzsteueransprüche dem insolvenzfreien Vermögensbereich (Rz. 27, Rz. 28.1) zuzuordnen. Dies gilt unabhängig davon, ob vor Einführung des § 35 Abs. 2 InsO eine solche Tätigkeitsfreigabe überhaupt möglich war.[2]

c) Rechtslage ab Einführung des § 35 Abs. 2 InsO (seit 2007)

aa) Erklärungspflicht des Insolvenzverwalters

92 Seit Inkrafttreten des § 35 Abs. 2, 3 InsO zum 1.7.2007[3] ist der Insolvenzverwalter – im Falle der Fortführung oder Aufnahme einer selbständigen Tätigkeit durch den Schuldner – gegenüber dem Insolvenzgericht (§ 35 Abs. 3 InsO) zur Erklärung verpflichtet,[4] ob Vermögen aus dieser Tätigkeit zur Insolvenzmasse gehört und folglich Ansprüche aus dieser Tätigkeit als Masseverbindlichkeiten geltend gemacht werden können (**Positiverklärung**) oder nicht (**Negativerklärung**, auch als „Freigabe des Neuerwerbs" oder „Freigabe der Tätigkeit" bezeichnet). Im Ergebnis wurde mit dieser Vorschrift der Grundsatz modifiziert, dass der Neuerwerb grundsätzlich uneingeschränkt zur Insolvenzmasse gehört (Rz. 81). Durch die Möglichkeit der Negativerklärung kann der Insolvenzverwalter verhindern, dass im Zusammenhang mit Ansprüchen aus dem Neuerwerb sonstige Masseverbindlichkeiten begründet werden.[5] § 35 Abs. 2 InsO hat folglich auch Auswirkungen auf die Zuordnung von Ansprüchen aus dem (Umsatz-)Steuerschuldverhältnis bei einer selbständig ausgeübten Tätigkeit des Schuldners.

bb) Auswirkungen einer Negativerklärung und Wesentlichkeitsgrundsätze

93 **Erklärt der Insolvenzverwalter** die Freigabe nach § 35 Abs. 2 Satz 1 InsO und damit, dass Ansprüche aus der selbständigen Tätigkeit des Schuldners nicht gegen die Insolvenzmasse geltend gemacht werden können (konstitutiv wirkende **Negativerklärung**), sind etwaige durch die Tätigkeit des Schuldners entstandene Ansprüche, einschließlich der aus dem Neuerwerb resultierenden (Umsatzsteuer-)Ansprüche, keine die Haftungsmasse schmälernden sonstigen Masseverbindlichkeiten. Solche Ansprüche können nur außerhalb des Insolvenzverfahrens als Forderungen gegen das insolvenzfreie Vermögen gegen den Schuldner persönlich geltend gemacht werden (Rz. 149 f.). Ansprüche aus dem Umsatzsteuerschuldverhältnis sind als unselbständige Besteuerungsgrundlagen dem insolvenzfreien Vermögensbereich (Rz. 27, Rz. 28.1) zuzuordnen und gehören daher zur Forderung gegen das insolvenzfreie Vermögen des Schuldners (im Falle einer Erstattung, Rz. 96).

93.1 Nutzt der Schuldner in einer solchen Konstellation für seine (fortgeführte oder neu aufgenommene) selbständige Tätigkeit – **mit Wissen des Insolvenzverwalters** – insolvenzmassezugehörige Gegenstände, sind die **Wesentlichkeitsgrundsätze** weiter zu beachten.[6] Dies hat zur Folge, dass Ansprüche aus dem Umsatzsteuerschuldverhältnis – trotz der Negativerklärung des Verwalters – dem Vermögensbereich der Insolvenzmasse zuzuordnen sind (Rz. 27, Rz. 28.1), wenn die vom Schuldner im Rahmen

---

1 BFH, Urt. v. 17.3.2010 – XI R 2/08, BStBl. II 2015, 196 = UR 2010, 619, Rz. 35 (Leistungsbündel bei einem Hotel- und Restaurantbetrieb für das Streitjahr 2005); *Onusseit*, ZInsO 2010, 1482 (1483); *Witfeld* in *Sonnleitner/Witfeld*, Insolvenzsteuerrecht², Kap. 5 Rz. 318 ff.

2 BFH, Beschl. v. 1.9.2010 – VII R 35/08, BStBl. II 2011, 336 = UR 2011, 234, Rz. 22 (Aufrechnung von Umsatzsteuervergütungsanspruch aus einer „freigegebenen unternehmerischen Tätigkeit" mit einem als Insolvenzforderung einzuordnenden Umsatzsteueranspruch durch das Finanzamt); BFH, Urt. v. 18.9.2012 – VIII R 47/09, BFH/NV 2013, 411, Rz. 23 ff.; BFH, Urt. v. 16.4.2015 – III R 21/11, BStBl. II 2016, 29 = FR 2016, 187, Rz. 19.

3 Einfügung durch Art. 1 Nr. 12 Buchst. b des Gesetzes zur Vereinfachung des Insolvenzverfahrens v. 13.4.2007, BGBl. I 2007, 509. Nach Art. 103c Abs. 1 EGInsO i.d.F. des Gesetzes vom 13.4.2007 ist § 35 Abs. 2, 3 InsO nur für Insolvenzverfahren anzuwenden, die ab dem 1.7.2007 eröffnet worden sind.

4 Herbeiführung einer unzweifelhaften Entscheidung des Insolvenzverwalters (vgl. Beschlussempfehlung und Bericht v. 31.1.2007 zum Entwurf eines Gesetzes zur Vereinfachung des Insolvenzverfahrens, BT-Drucks. 16/4194, 14).

5 Gesetzesentwurf der BReg. v. 2.11.2006, BT-Drucks. 16/3227, 17; BFH, Urt. v. 6.6.2019 – V R 51/17, BStBl. II 2021, 52 = UR 2020, 41, Rz. 16.

6 So auch *Witfeld* in Sonnleitner/Witfeld, Insolvenzsteuerrecht², Kap. 5 Rz. 324.

seiner selbständigen Tätigkeit erbrachten Leistungen **im Wesentlichen** auf dem **Einsatz massezugehöriger Gegenstände beruht** (Rz. 90).

cc) Auswirkungen einer Positiverklärung

Erklärt der Insolvenzverwalter, dass der Neuerwerb aus der unternehmerischen Tätigkeit des Schuldners (in vollem Umfang) zur Insolvenzmasse gehören soll (deklaratorisch bestätigende **Positiverklärung** – es bleibt dann dabei, dass der Neuerwerb zur Insolvenzmasse gehört, Rz. 81), hat er insoweit eine Verwaltungshandlung vorgenommen.[1] Der aus der (fortgeführten oder neu aufgenommenen) selbständigen Tätigkeit des Schuldners resultierende Umsatzsteueranspruch ist als unselbständige Besteuerungsgrundlage dem Vermögensbereich der Insolvenzmasse (Rz. 27, Rz. 28.1) zuzuordnen. 94

dd) Auswirkungen bei unterlassener Erklärung

Gibt der Insolvenzverwalter zur selbständigen Tätigkeit des Schuldners keine Erklärung ab (**Schweigen des Insolvenzverwalters**), muss zwischen Dulden (Kenntnis oder fahrlässige Unkenntnis) der selbständigen Tätigkeit und Unkenntnis von dieser Tätigkeit unterschieden werden. Diese Unterscheidung hat praktische Bedeutung insbesondere für den Zeitraum bis zu einer Erklärung des Verwalters. Eine in dieser Zeit noch nicht erfolgte Freigabeerklärung hat nicht automatisch zur Folge, dass in dieser Zeit begründete Ansprüche aus dem (Umsatz-)Steuerschuldverhältnis per se dem Vermögensbereich der Insolvenzmasse zuzuordnen sind und deshalb Masseverbindlichkeiten begründet werden.[2] Vielmehr ist wie folgt zu unterscheiden: 95

Weiß der Insolvenzverwalter davon, dass der Insolvenzschuldner eine selbständige (unternehmerische) Tätigkeit ausübt, oder war eine solche Tätigkeit für den **Insolvenzverwalter** – bei Beachtung der gebotenen Sorgfalt – **erkennbar**, ist er nach § 35 Abs. 2 Satz 1 InsO verpflichtet, unverzüglich zu erklären, ob er die Tätigkeit aus der Insolvenzmasse freigibt oder nicht.[3] Verletzt der Insolvenzverwalter diese Pflicht, führt sein pflichtwidriges Unterlassen dazu, dass Masseverbindlichkeiten „in anderer Weise" i.S.d. § 55 Abs. 1 Nr. 1 InsO begründet werden,[4] d.h. die Begründung unselbständiger Besteuerungsgrundlagen sind dem Vermögensbereich der Insolvenzmasse (Rz. 27, 28.1) zuzuordnen.[5]

Ist dem **Insolvenzverwalter** die unternehmerische **Tätigkeit des Schuldners nicht bekannt** (und hätte er sie auch bei Beachtung der gebotenen Sorgfalt nicht erkennen können) und gelangen Entgelte aus dieser Tätigkeit auch nicht zur Insolvenzmasse, kann die aus umsatzsteuerpflichtigen Leistungen resultierende Umsatzsteuer auch nicht als Teil einer Masseverbindlichkeit i.S.d. § 55 Abs. 1 Nr. 1 InsO begründet werden.[6] Ansprüche aus dem Umsatzsteuerschuldverhältnis sind dann als unselbständige Besteuerungsgrundlagen dem insolvenzfreien Vermögensbereich (Rz. 27, Rz. 28.1) zuzuordnen und gehören daher zur Forderung gegen das insolvenzfreie Vermögen des Schuldners[7] (im Falle einer Erstattung, Rz. 96).

d) Rechtslage ab Einfügung des § 35 Abs. 3 InsO (31.12.2020)

Der eingefügte **§ 35 Abs. 3 Satz 1 InsO**[8] verpflichtet den Schuldner gegenüber dem Insolvenzverwalter zur unverzüglichen Anzeige einer beabsichtigten oder bereits ausgeübten selbständigen Tätigkeit. Auf 95.1

1 *Bornemann* in FK-InsO[9], § 35 Rz. 46; **a.A.** *Witfeld* in Sonnleitner/Witfeld, Insolvenzsteuerrecht[2], Kap. 5 Rz. 326 (für die Anwendung der Rspr.-Grundsätze für vor Inkrafttreten des § 35 Abs. 2, 3 InsO).
2 BFH, Urt. v. 6.6.2019 – V R 51/17, BStBl. II 2021, 52 = UR 2020, 41, Rz. 17.
3 BFH, Urt. v. 18.12.2019 – XI R 10/19, BStBl. II 2020, 480 = UR 2020, 638, Rz. 18 ff.
4 BFH, Urt. v. 18.12.2019 – XI R 10/19, BStBl. II 2020, 480 = UR 2020, 638, Rz. 27 f.; so auch BFH, Urt. v. 6.6.2019 – V R 51/17, BStBl. II 2021, 52 = UR 2020, 41, Rz. 16; **a.A.** *Piekenbrock*, MwStR 2023, 640 (641 f.) auf der Grundlage, dass der Verwalter die selbständige Tätigkeit des Schuldners nicht verhindern kann.
5 *Witfeld* in Sonnleitner/Witfeld, Insolvenzsteuerrecht[2], Kap. 5 Rz. 322 f.
6 BFH, Urt. v. 6.6.2019 – V R 51/17, BStBl. II 2021, 52 = UR 2020, 41, Rz. 12; BFH, Urt. 28.5.2020 – V R 2/20, BFHE 268, 519 = UR 2020, 724, Rz. 18.
7 BFH, Urt. v. 6.6.2019 – V R 51/17, BStBl. II 2021, 52 = UR 2020, 41, Rz. 16, 18.
8 Eingefügt durch Art. 6 Nr. 1 Buchst. c des RestSchBefrVerf v. 22.12.2020, BGBl. I 2020, 3328. Zum Inkrafttreten: § 35 Abs. 3 InsO ist erstmals auf solche Insolvenzverfahren anzuwenden, die ab dem 31.12.2020 beantragt worden sind (Art. 103l InsO i.d.F. RestSchBefrVerf).

diese Informationen ist der Insolvenzverwalter angewiesen, um abschätzen zu können, ob eine Freigabe der Tätigkeit im Interesse der Insolvenzmasse geboten ist. Nach **§ 35 Abs. 3 Satz 2 InsO** kann der Schuldner den Verwalter um die Freigabe der angezeigten Tätigkeit ersuchen. In diesem Fall hat sich der Insolvenzverwalter unverzüglich, **spätestens jedoch nach einem Monat** zu dem Ersuchen des Schuldners zu erklären. Hierdurch erlangt der Schuldner Rechts- und Planungssicherheit hinsichtlich der von ihm geplanten oder bereits ausgeübten selbständigen Tätigkeit. Kann der Verwalter allerdings binnen der Monatsfrist die Vor- und Nachteile, die eine Freigabe für die Masse hätte, nicht abschließend beurteilen, ist er im Falle einer hierauf gestützten vorsorglichen Verweigerung der Freigabe nicht gehindert, die Entscheidung zu korrigieren, sobald er die erforderliche Einschätzung vornehmen kann.[1]

95.2 Informiert der Schuldner den Insolvenzverwalter über die aufgenommene oder fortgesetzte selbständige Tätigkeit (**§ 35 Abs. 3 Satz 1 InsO**), erlangt der Insolvenzverwalter spätestens ab diesem Zeitpunkt Kenntnis darüber. Der Verwalter hat sich nach § 35 Abs. 2 Satz 1 InsO unverzüglich gegenüber dem Schuldner zu erklären, ob er die Tätigkeit aus der Insolvenzmasse freigibt oder nicht. Die einmonatige Bedenkfrist des § 35 Abs. 3 Satz 2 InsO kommt hier nicht zur Anwendung, weil diese nur dann in Gang gesetzt wird, wenn der Schuldner die Freigabe der selbständigen Tätigkeit gegenüber dem Verwalter **verlangt**. Verletzt der Insolvenzverwalter seine Pflicht zur unverzüglichen Erklärung, führt sein pflichtwidriges Unterlassen weiterhin dazu, dass **Masseverbindlichkeiten** „in anderer Weise" i.S.d. § 55 Abs. 1 Nr. 1 InsO begründet werden (Rz. 95). Nichts anders gilt für die Situation, dass die unternehmerische Tätigkeit für den Insolvenzverwalter erkennbar gewesen wäre (Rz. 95). Insofern führt die Gesetzeserweiterung durch § 35 Abs. 3 Satz 1 InsO nicht zu einer anderweitigen umsatzsteuerlichen Beurteilung.

95.3 Nichts Anderes kann in der Situation gelten, wenn der Schuldner den Insolvenzverwalter um Freigabe seiner unternehmerischen Tätigkeit ersucht (**§ 35 Abs. 3 Satz 2 InsO**). Zwar räumt das Gesetz dem Verwalter eine einmonatige Bedenkfrist ein. Diese entbindet ihn grundsätzlich aber nicht von der Amtspflicht zur unverzüglichen Abgabe einer Negativ- oder Positiverklärung (Rz. 92), sobald er Kenntnis von der selbständigen Tätigkeit des Schuldners hat. Denn die Bedenkfrist soll ausschließlich den Schuldner schützen, ihm für die fortgesetzte oder aufgenommene Tätigkeit zeitnah Planungssicherheit verschaffen. Sie dient indes nicht dazu, etwaige Wirkungen, die mit der Nichtabgabe der Erklärung verbunden sind, gegenüber der bisherigen Rechtslage zu verändern. Deshalb bleibt es bei dem Grundsatz, dass der Neuerwerb (Rz. 82) bis zur Abgabe der Erklärung zur Insolvenzmasse gehört. Erklärt sich der Verwalter nicht unverzüglich, duldet er – bis zur Abgabe einer Erklärung (Rz. 92) – die unternehmerische Tätigkeit des Schuldners mit der Folge, dass Ansprüche aus dem Umsatzsteuerschuldverhältnis dem Vermögensbereich der Insolvenzmasse (Rz. 27, Rz. 28.1) zuzuordnen sind und regelmäßig Masseverbindlichkeiten begründet werden.

95.4 Sollte der Insolvenzverwalter seine Erklärung zur selbständigen Tätigkeit des Schuldners während des Insolvenzverfahrens ändern (z.B. zunächst Abgabe einer Positiverklärung und später die Abgabe einer Negativerklärung, Rz. 95.1), dann treten die Rechtswirkungen mit Wirkung für die Zukunft ein. Etwaige Ansprüche aus dem Umsatzsteuerschuldverhältnis sind ab diesem Zeitpunkt entsprechend dem Inhalt der geänderten Erklärung nach den allgemeinen Grundsätzen entweder dem Vermögensbereich der Insolvenzmasse oder dem insolvenzfreien Vermögen zuzuordnen (Rz. 93 bis Rz. 94).

e) Umsatzsteuervergütungs- oder -erstattungsanspruch

96 Resultiert aus der (nachinsolvenzlichen) selbständigen Tätigkeit des Schuldners ein (Umsatzsteuer-) Vergütungs- oder Steuererstattungsanspruch (Forderung gegen den Steuergläubiger, Rz. 9, Rz. 18, Rz. 31, Rz. 42) gehört dieser grundsätzlich zur Insolvenzmasse (Rz. 81). Dies gilt aber nicht für den Fall der Freigabe der unternehmerischen Tätigkeit des Schuldners (Rz. 93). Dann gehört der Vergütungs- oder Steuererstattungsanspruch zum **insolvenzfreien Vermögen** und ist an den Schuldner persönlich zu leisten (Rz. 81).[2] In diesem Fall kann der Steuergläubiger aber mit einem als Insolvenzforderung zu qualifizierenden Steueranspruch gegen den (Umsatz-)Steuervergütungs- bzw. -erstat-

1 Bericht des Rechtsausschusses des BT v. 16.12.2020, BT-Drucks. 19/25322, 18.

2 BFH, Urt. v. 26.11.2014 – VII R 32/13, BStBl. II 2015, 561, Ls. 1, Rz. 18 f. (für einen Einkommensteuererstattungsanspruch).

tungsanspruch, ohne gegen § 96 Abs. 1 Nr. 4 InsO zu verstoßen, **aufrechnen**.[1] Zur Geltendmachung des Vergütungs- oder Erstattungsanspruchs, Rz. 151 ff.

7. Insolvenzrechtlich begründete Beendigung der umsatzsteuerlichen Organschaft

a) Materielle und formelle Insolvenzeröffnungsgründe

Die Organschaft endet nicht bereits aufgrund des Vorliegens materieller Insolvenzeröffnungsgründe (z.B. Zahlungsunfähigkeit oder Überschuldung). Diese können allenfalls ein Indiz für eine wegen Vermögenslosigkeit endende Unternehmereigenschaft sein, die zur Beendigung der Organschaft führen kann (Rz. 106). 97

Voraussetzung für die Beendigung des Organschaftsverhältnisses wegen Insolvenz ist stets eine **formelle Maßnahme des Insolvenzgerichts** (z.B. Eröffnung des Insolvenzverfahrens, Bestellung eines vorläufigen Insolvenzverwalters). Denn solche Maßnahmen wirken sich in unterschiedlicher Weise auf die für die Organschaft notwendigen Eingliederungsvoraussetzungen (finanziell § 2 Rz. 119 ff., organisatorisch § 2 Rz. 137 ff., wirtschaftlich § 2 Rz. 130 ff.) aus.[2]

b) Insolvenz der Organgesellschaft

aa) Wirkung im Regelinsolvenzverfahren

Mit der formellen Maßnahme der Eröffnung des Insolvenzverfahrens über das Vermögen einer **Organgesellschaft** endet – nach bisheriger Auffassung (vgl. aber Rz. 109.1 der Vorauflage) – das Organschaftsverhältnis (§ 2 Rz. 166 ff.), da zu diesem Zeitpunkt – jedenfalls auch – das Merkmal der **finanziellen Eingliederung** entfällt.[3] Die Organschaft setzt nach § 2 Abs. 2 Nr. 2 UStG u.a. eine Eingliederung in finanzieller Hinsicht voraus (§ 2 Rz. 119 ff.). Der Organträger muss finanziell in der Weise an der Organgesellschaft beteiligt sein, dass er seinen Willen durch Mehrheitsbeschluss in der Gesellschafterversammlung (grundsätzlich durch Mehrheit der Stimmrechte) – und damit im Ergebnis auch gegenüber den Leitungsorganen der Organgesellschaft – durchsetzen kann.[4] Mit Eröffnung des Insolvenzverfahrens und dem damit einhergehenden Übergang von Verwaltungs- und Verfügungsbefugnis auf den Insolvenzverwalter (§ 80 Abs. 1 InsO) verliert der Organträger diesen wesentlichen Einfluss auf die Organgesellschaft.[5] Der Organträger kann im vom Insolvenzbeschlag erfassten Vermögensbereich der Organgesellschaft seinen Willen – auch durch Mehrheitsbeschluss – nicht mehr durchset- 98

1 BFH, Beschl. v. 1.9.2010 VII R 35/08, BStBl. II 2011, 336 = UR 2011, 234, Ls.; BFH, Urt. v. 22.5.2012 – VII R 58/10 (nV), ZInsO 2012, 2104, Rz. 9; BFH (PKH), Beschl. v. 6.3.2014 – VII S 47/13, BFH/NV 2014, 1013, Rz. 6; BFH, Urt. v. 26.11.2014 – VII R 32/13, BStBl. II 2015, 561, Ls. 1.

2 Tabellarische Übersicht zu den Auswirkungen der formellen Maßnahmen auf das Organschaftsverhältnis, *Wäger*, DStR 2021, 825 (830).

3 BFH, Urt. v. 15.12.2016 – V R 14/16, BStBl. II 2017, 600 = UR 2017, 305, Ls. 2, Rz. 28 ff. (Rz. 32: der V. Senat des BFH hat offen gelassen, ob aufgrund der Bestellung eines Insolvenzverwalters im Regelinsolvenzverfahren die Eingliederung in finanzieller oder in organisatorischer Hinsicht oder aus mehreren Gründen endet; vgl. auch BFH, Urt. v. 21.6.2001 – V R 68/00, BStBl. II 2002, 255 = UR 2002, 29); so bereits: BFH, Beschl. (AdV) v. 19.3.2014 – V B 14/14, BFHE 244, 156 = UR 2014, 431, Rz. 27 ff.; Abschn. 2.8 Abs. 12 Satz 1 UStAE; zustimmend: *Hasbach*, MwStR 2017, 262 (264 f.); *Stadie* in Rau/Dürrwächter, § 2 UStG Rz. 1016 (Stand: Oktober 2023); *Wäger* in Birkenfeld/Wäger, Sonderthema Insolvenz, Rz. 261 ff.; grundsätzlich zustimmend, aber mit anderer Begründung *Treiber* in Sölch/Ringleb, § 2 UStG Rz. 290 f. (Stand: März 2023); zum Entfallen der organisatorischen Eingliederung: *Stadie* in Rau/Dürrwächter, Anhang 2 (Umsatzsteuer und Insolvenz) Rz. 19 (Stand: April 2020); so auch anmerkend: BFH, Urt. v. 27.11.2019 – XI R 35/17, BStBl. II 2021, 252 = UR 2020, 222, Rz. 40 mit Hinweis auf BFH, Urt. v. 1.4.2004 – V R 03, BStBl. II 2004, 905 = UR 2004, 352, dazu: *Kahlert/Kayser/Bornemann*, Rz. 206 ff.

4 BFH, Urt. v. 18.1.2023 – XI R 29/22 (IX R 16/18), BFHE 279, 320 = UR 2023, 334 m. Anm. *Zitzl* (geringfügige Änderung der Rspr. zur finanziellen Eingliederung; grundsätzlich ist das Merkmal der finanziellen Eingliederung weiter im Sinne der bisherigen BFH-Rspr. (dazu Rz. 33 des BFH, Urt. v. 18.1.2023 – Stimmrechtsmehrheit) auszulegen; in Ausnahmefällen kann aber auch eine kapitalmäßige Mehrheitsbeteiligung – ohne die Mehrheit der Stimmrechte – genügen (Rz. 35 ff. des BFH, Urt. v. 18.1.2023).

5 BFH, Urt. v. 13.3.1997 – V R 96/96, BStBl. II 1997, 580 = FR 1997, 396, unter II.2.; BFH, Urt. v. 28.1.1999 – V R 32/98, BStBl. II 1999, 258 = UR 1999, 251, unter II.2.; BFH, Urt. v. 21.6.2001 – V R 68/00, BStBl. II 2002, 255 = UR 2002, 29, unter II.1.

zen. Im Übrigen würde die Annahme einer fortbestehenden Organschaft dazu führen, dass der Organträger die Umsätze der Organgesellschaft zu versteuern hätte, obwohl ihm ein Zugriffsrecht auf die durch den Insolvenzverwalter der Organgesellschaft vereinnahmten Entgelte fehlt.[1] Mit anderen Worten: der Organträger kann aufgrund der Insolvenzsituation seine ihm nach § 2 Abs. 2 Nr. 2 UStG zugeordnete Verantwortung für die Besteuerung der Umsatztätigkeit des gesamten Organkreises nicht mehr übernehmen.

bb) Wirkung im Eigenverwaltungsverfahren

99 Das Organschaftsverhältnis endet – zumindest nach bisheriger Auffassung (vgl. aber Rz. 109.1 der Vorauflage) –, wenn das Insolvenzgericht im Rahmen der Insolvenzeröffnung die **Eigenverwaltung** (§§ 270 ff. InsO) bei der Organgesellschaft anordnet und der Schuldner – unter Aufsicht des Sachwalters – befugt ist, die Insolvenzmasse zu verwalten und über diese zu verfügen.[2] Gestützt auf § 276a InsO a.F. (§§ 270f, 274 InsO n.F.) entfällt bereits mit Anordnung der Eigenverwaltung die für das Merkmal der **finanziellen Eingliederung** notwendige Durchgriffsmöglichkeit des Organträgers auf die Organgesellschaft.

cc) Wirkung im Eröffnungsverfahren bei vorläufiger Insolvenzverwaltung

100 Nach **vormals vertretener Auffassung** bestand die Organschaft trotz Anordnung der vorläufigen Insolvenzverwaltung und Bestellung eines schwachen vorläufigen Insolvenzverwalters (Rz. 112) für die Organgesellschaft fort, wenn der Organträger gleichwohl seinen Willen in der Organgesellschaft durchsetzen konnte und damit die organisatorische Eingliederung weiterhin gegeben war.[3]

Nach heute vertretener Auffassung endet das Organschaftsverhältnis bereits im Insolvenzeröffnungsverfahren mit der formellen Maßnahme der Bestellung eines **vorläufigen Insolvenzverwalters** für die **Organgesellschaft**, wenn auf diesen die Verwaltungs- und Verfügungsbefugnis übergeht (§§ 21 Abs. 2 Satz 1 Nr. 2 Alt. 1, § 22 Abs. 1 Satz 1 InsO)[4] oder er – zumindest – mit einem allgemeinen Zustimmungsvorbehalt ausgestattet wird (§ 21 Abs. 2 Satz 1 Nr. 2 Alt. 2 InsO). Für beide Konstellationen entfällt ab diesem Zeitpunkt das Merkmal der **organisatorischen Eingliederung**.[5] Denn der Organträger kann dann seine Mehrheitsmacht in der Organgesellschaft nicht mehr durchsetzen, d.h. ihm ist der Zugriff auf die – der Verfügungshoheit des vorläufigen Insolvenzverwalters unterliegenden – Entgeltvereinnahmung entzogen.[6] Diese Rechtsprechung ist konsequent, nachdem für die organisatorische Eingliederung in das Unternehmen des Organträgers nicht mehr nur auf ein Vetorecht des Organträgers abzustellen ist, sondern es einer aktiven Beherrschung der Geschäftsführung bei der Organgesellschaft bedarf (§ 2 Rz. 137 ff.).

---

1 Kritisch *Wagner* in Prinz/Witt, Steuerliche Organschaft², Rz. 24.17 ff.; *Wagner/Fuchs*, BB 2017, 2202 (2204 f.); *Onusseit*, EWiR 2017, 311 (312).

2 BFH, Urt. v. 15.12.2016 – V R 14/16, BStBl. II 2017, 600 = UR 2017, 305, Rz. 33 ff.; zuvor bereits BFH, Beschl. (AdV) v. 19.3.2014 – V B 14/14, BFHE 244, 156 = UR 2014, 431, Rz. 40; Abschn. 2.8 Abs. 12 Satz 2 UStAE.

3 BFH, Urt. v. 1.4.2004 – V R 24/03, BStBl. II 2004, 905 = UR 2004, 352, Ls; BFH, Beschl. v. 10.3.2009 – XI B 66/08, BFH/NV 2009, 977.

4 Vgl. dazu BFH, Urt. v. 28.2.2008 – V R 44/06, BStBl. II 2008, 586 = UR 2008, 471 m. Anm. *Lohse*, unter II.4.b cc; BFH, Urt. v. 24.8.2011 – V R 53/09, BStBl. II 2012, 256 = UR 2012, 268, Rz. 28; *Bönig*, BB 2013, 2600.

5 Zum **starken** vorläufigen Insolvenzverwalter: BFH, Urt. v. 1.4.2004 – V R 24/03, BStBl. II 2004, 905 = UR 2004, 352, Rz. 34; BFH, Urt. v. 24.8.2011 – V R 53/09, BStBl. II 2012, 256 = UR 2012, 268, Rz. 28 f. Zum **schwachen** vorläufigen Insolvenzverwalter mit Zustimmungsvorbehalt: BFH, Urt. v. 8.8.2013 – V R 18/13, BStBl. II 2017, 543 = UR 2013, 785 m. Anm. *Slapio*, Ls. 1 (Änderung der Rspr. gegenüber BFH, Urt. v. 1.4.2004 – V R 24/03, BStBl. II 2004, 905 = UR 2004, 352, Rz. 36); BFH, Urt. v. 3.7.2014 – V R 32/13, BStBl. II 2017, 666 = UR 2014, 986, Rz. 16; BFH, Urt. v. 24.8.2016 – V R 36/15, BStBl. II 2017, 595 = UR 2017, 117, Ls. 2, Rz. 15; sich dieser Rspr. anschließend: BFH, Urt. v. 28.6.2017 – XI R 23/14, BFHE 258, 517 = UR 2017, 921 Rz. 26 f.; BFH, Urt. v. 27.11.2019 – XI R 35/17, BStBl. II 2021, 252 = UR 2020, 222 Rz. 43; BFH, Urt. v. 5.4.2022 – VII R 18/21, BStBl. II 2023, 3 = UR 2022, 727, Rz. 23; Abschn. 2.8 Abs. 12 Satz 3 UStAE; *Witfeld* in Sonnleitner/Witfeld, Insolvenzsteuerrecht², Kap. 5 Rz. 424; *Hölzle*, DStR 2006, 1210 (1214); *Wagner/Marchal*, BB 2015, 86 (87).

6 BFH, Urt. v. 28.6.2017 – XI R 23/14, BFHE 258, 517 = UR 2017, 921, Ls. 3: der XI. Senat des BFH hat sich der Rspr. des V. Senats des BFH (V R 18/13) jedenfalls für den Fall angeschlossen, dass der vorläufige Insolvenzverwalter der Organgesellschaft neben dem Zustimmungsvorbehalt auch zum Forderungseinzug ermächtigt wird.

dd) Wirkung im vorläufigen Eigenverwaltungsverfahren

(1) Rechtslage bis 31.12.2020

Durch die **Anordnung der vorläufigen Eigenverwaltung** (§ 270a InsO a.F.) beim Organträger oder bei der Organgesellschaft wird die **Organschaft** zumindest dann **nicht beendet**, wenn das Insolvenzgericht lediglich einen *vorläufigen Sachwalter* (§ 270a Abs. 1 Satz 2 InsO a.F.) bestellt und im Übrigen nur einen Vollstreckungsschutz (§ 21 Abs. 2 Satz 1 Nr. 3 InsO) anordnet hat[1] (also keine verfügungsbeschränkenden Anordnungen nach § 270a Abs. 1 Satz 1 Nr. 1, 2 InsO). 101

Die **organisatorische Eingliederung** entfalle jedenfalls dann nicht, wenn in den Geschäftsführungen die Personenidentität fortbestehe. Allein die Bestellung eines vorläufigen Sachwalters habe darauf keine Auswirkungen. Denn bei vorläufiger Eigenverwaltung finde keine insolvenzrechtlich geprägte Überlagerung der Pflichtenstellung der handelnden Gesellschaftsorgane statt. Der Schuldner handle im Rahmen der vorläufigen Eigenverwaltung aufgrund seiner eigenen, privatautonomen Verwaltungs- und Verfügungsmacht. Auch durch den gerichtlich angeordneten Vollstreckungsschutz komme es nicht zu einer Beeinträchtigung der Willensdurchsetzung des Organträgers.[2]

Auch die **finanzielle Eingliederung** bestehe trotz der vorläufigen Eigenverwaltung fort, weil § 276a Satz 1 InsO (a.F.) – anders als im eröffneten Eigenverwaltungsverfahren (Rz. 98) – während der vorläufigen Eigenverwaltung noch nicht anwendbar sei. Der Organträger könne folglich – ungeachtet der vorläufigen Eigenverwaltung – auch im Insolvenzeröffnungsverfahren seinen Willen durch Mehrheitsbeschluss in der Gesellschafterversammlung der Organgesellschaft durchsetzen.[3]

Unerheblich sei demgegenüber die (mögliche) Gefahr der Uneinbringlichkeit des dem Organträger gegen die Organgesellschaft zustehenden **zivilrechtlichen Ausgleichsanspruchs**[4] (§ 426 BGB), sofern die umsatzsteuerliche Organschaft während des Zeitraums der vorläufigen Eigenverwaltung fortbestehen würde.[5] Dies ist nicht unproblematisch. Angesichts der zu treffenden Massesicherungspflicht wird die insolvente Organgesellschaft den Ausgleichsanspruch nicht erfüllen, womit der Innenausgleich zwischen Organträger und Organgesellschaft nicht mehr durchgeführt wird. Damit kann der Organträger seine durch Mehrheitsbeteiligung vermittelte Beherrschungsmacht bereits im Eröffnungsverfahren nicht mehr durchsetzen.[6] 102

(2) Rechtslage ab 1.1.2021 (§ 55 Abs. 4 InsO n.F.)

Mit Wirkung zum 1.1.2021 wurde durch das SanInsFoG nicht nur § 55 Abs. 4 InsO um die vorläufige Eigenverwaltung erweitert (Rz. 127), sondern zugleich auch das (vorläufige) Eigenverwaltungsverfahren in den §§ 270 ff. InsO neu geordnet. Der bisher nur im eröffneten Eigenverwaltungsverfahren zu Anwendung kommende § 276a Satz 1 InsO (a.F.) wird fortan durch den ergänzten § 276a Abs. 3 InsO[7] (n.F.) bereits im Zeitraum der vorläufigen Eigenverwaltung zur Anwendung kommen können. 103

---

1 BFH, Urt. v. 27.11.2019 – XI R 35/17, UR 2020, 222, Ls und Rz. 62 ff. (Im Ausgangsverfahren wurde sowohl für den Organträger als auch die Organgesellschaft die vorläufige Eigenverwaltung angeordnet. Später wurde das Insolvenzverfahren eröffnet und die Eigenverwaltung angeordnet. Zwischen den Beteiligten war unstreitig, dass die Organschaft ab diesem Zeitpunkt endete); Abschn. 2.8 Abs. 12 Satz 6 UStAE. **So im Ergebnis bereits zuvor**: *Wäger*, UR 2014, 81 (91 f.); *Bönig*, BB 2013, 2600; **zuvor a.A.** *Hasbach*, MwStR 2017, 262 (267 ff.); *Kahlert*, ZIP 2013, 2348 (2349 f.); *Kahlert*, ZIP 2014, 1101 (1109); *Lenger/Khanian*, NZI 2014, 385 (387 f.); *Witfeld*, NZI 2017, 942 (943); *Wagner* in Prinz/Witt, Steuerliche Organschaft², Rz. 24.40; *Waza* in Waza/Uhländer/Schmittmann¹³, Rz. 1932; **weiterhin a.A.** z.B. *Kahlert/Kayser/Bornemann*, Rz. 235. Zur etwaigen Steuerhaftung des Geschäftsführers, *Wagner/Datzer/Schlott*, DStR 2020, 1761 (1766).

2 BFH, Urt. v. 27.11.2019 – XI R 35/17, BStBl. II 2021, 252 = UR 2020, 222, Rz. 53 ff., 49 bis 51; **a.A.** *Stadie* in Rau/Dürrwächter, Anhang 2 (Umsatzsteuer und Insolvenz) Rz. 20 (Stand: April 2020).

3 BFH, Urt. v. 27.11.2019 – XI R 35/17, BStBl. II 2021, 252 = UR 2020, 222, Rz. 62 ff.

4 BGH, Urt. v. 19.1.2013 – II ZR 91/11, ZIP 2013, 409, Ls und Rz. 10 f., 20.

5 BFH, Urt. v. 27.11.2019 – XI R 35/17, BStBl. II 2021, 252 = UR 2020, 222, Rz. 44.

6 *Witfeld* in Sonnleitner/Witfeld, Insolvenzsteuerrecht², Kap. 5 Rz. 431.

7 Neuregelung durch Art. 5 Nr. 41 Buchst. b des SanInsFoG vom 22.12.2020, BGBl. I 2020, 3256; nach Art. 103m EGInsO i.d.F. des Art. 8 Nr. 2, Art. 25 SanInsFoG ist § 276a InsO (n.F.); allerdings sind nach § 5 Abs. 1 COVInsAG idF v. 22.12.2020 auf Eigenverwaltungsverfahren die zwischen dem 1.1.2021 und dem 31.12.2021 beantragt

103.1 Aufgrund dieser Neuregelungen kann an die bisherige BFH-Rechtsprechung zu den Auswirkungen der vorläufigen Eigenverwaltung auf die Organschaft (Rz. 101) nicht angeknüpft werden.[1] Dies hat zur Folge, dass – unter Anwendung der grundsätzlich ab 2021 geltenden Vorschriften für das (vorläufige) Eigenverwaltungsverfahren – bereits durch die Anordnung der vorläufigen Eigenverwaltung und Bestellung eines vorläufigen Sachwalters die **Organschaft beendet** wird.[2] Mit dieser Anordnung entfällt sowohl die finanzielle als auch die organisatorische Eingliederung in das Unternehmen des Organträgers.

103.2 Bisher wurde der Fortbestand der **finanziellen Eingliederung** im vorläufigen Eigenverwaltungsverfahren damit begründet, dass § 276a Satz 1 InsO (a.F.) in diesem Verfahrensstadium noch nicht anwendbar sei (Rz. 101). Dieser Begründung wurde durch das SanInsFoG der Boden entzogen. Denn nach § 276a Abs. 3 (n.F.) ist § 276a Abs. 1 InsO (n.F.) *[entspricht § 276a Satz 1 InsO a.F.]* fortan kraft Gesetzes ab Anordnung der vorläufigen Eigenverwaltung oder vorläufiger Maßnahmen nach § 270c Abs. 3 InsO (n.F.) anwendbar. Folglich haben „der Aufsichtsrat, die Gesellschafterversammlung oder entsprechende Organe keinen Einfluss *[mehr]* auf die Geschäftsführung des Schuldners", also der Organgesellschaft; etwaige Beschlüsse dieser Organe entfalten somit bereits im vorläufigen Eigenverwaltungsverfahren keine Bindungswirkung mehr für die Geschäftsführung einer (vorläufig) eigenverwalteten Gesellschaft. Der Organträger kann also aufgrund von § 276a Abs. 1, 3 InsO (n.F.) keinen Einfluss mehr nehmen.[3] Ein solcher Einfluss wäre nach dem derzeitigen Verständnis der Rechtsprechung für eine finanzielle Eingliederung aber erforderlich.[4] Beachte aber zum **zeitlichen Anwendungsbereich** der Neuregelungen zur Eigenverwaltung die Einschränkung durch das COVInsAG (Rz. 103).

103.3 Im Falle der vorläufigen Eigenverwaltung über das Vermögen der Organgesellschaft endet auch die **organisatorische Eingliederung.**[5] Diese erfordert die Wahrnehmung der Mehrheitsmacht in der laufenden Geschäftsführung in einer Art und Weise, dass die Geschäftsführung beherrscht wird. Der Organträger muss seinen Willen in der Organgesellschaft positiv durchsetzen können. Andernfalls kann er seine Rolle als Steuereinnehmer des Staates nicht wahrnehmen[6] (§ 2 Rz. 137 ff.). Nach diesem Maßstab verfestigt § 276a InsO (n.F.) die – auch schon zur vormaligen Rechtslage vertretene[7] – Auffassung, dass die mit Anordnung der vorläufigen Eigenverwaltung begründete Massesicherungspflicht einer Ausrichtung der Geschäftsführung nach dem Willen des Organträgers entgegensteht. Denn nach dem nunmehr in § 276a Abs. 2, 3 InsO (n.F.) zum Ausdruck kommenden Willen des Gesetzgebers haften die Mitglieder des Vertretungsorgans einer eigenverwaltenden juristischen Person bereits im vorläufigen Eigenverwaltungsverfahren für die Verletzung insolvenzspezifischer Pflichten entsprechend einem späteren Insolvenzverwalter (§§ 60 bis 62 InsO).[8] Infolgedessen wird sich das zur alten Rechtslage vertretene Argument, bei der vorläufigen Eigenverwaltung finde keine insolvenzrechtlich geprägte Überlagerung der Pflichtenstellung der handelnden Gesellschaftsorgane statt[9] (Rz. 101), nicht mehr

---

werden, die §§ 270 bis 285 InsO (a.F.) weiter anzuwenden, wenn die Zahlungsunfähigkeit oder Überschuldung des Schuldners auf die COVID-19-Pandemie zurückzuführen ist.

1 Aus Sicht des Steuergläubigers sei dies wegen der zeitgleichen Erweiterung des § 55 Abs. 4 Satz 1 InsO auf das vorläufige Eigenverwaltungsverfahren auch nicht mehr notwendig, vgl. dazu *Piroth*, MwStR 2021, 146 (149 f.).

2 So auch: *Wäger*, DStR 2021, 825 (829, unter 4.3.2.1); *Piroth*, MwStR 2021, 146 (147 ff.); *Schmidt*, DStR 2021, 993 (699).

3 *Piroth*, MwStR 2021, 146 (147 ff.); *Schmidt*, DStR 2021, 993 (699).

4 Abschn. 2.8 Abs. 5 UStAE m.w.N. (a.A. wäre vertretbar, wenn man die finanzielle Eingliederung lediglich als Stimmenmehrheit des Organträgers in der Gesellschafterversammlung der Organgesellschaft betrachtet).

5 *Piroth*, MwStR 2021, 146 (148).

6 BFH, Urt. v. 8.8.2013 – V R 18/13, BStBl. II 2017, 543 = UR 2013, 785, Rz. 25 (Änderung gegenüber der bisherigen Rspr.).

7 *Kahlert*, ZIP 2013, 2348 (2349 f.); sich dem anschließend: FG Münster, Urt. v. 7.9.2017 – 5 K 3123/15 U, EFG 2017, 1756 = ZIP 2017, 2217, Rz. 39 ff. (aufgehoben durch BFH, Urt. v. 27.11.2019 – XI R 35/17, BStBl. II 2021, 252 = UR 2020, 222).

8 Die Haftung der Geschäftsleitung für insolvenzspezifische Pflichten wurde für das eröffnete Eigenverwaltungsverfahren auch schon vor der Neufassung des § 276a InsO anerkannt, BGH, Urt. v. 26.4.2018 – IX ZR 238/17, BGHZ 218, 290 = ZIP 2018, 977, Ls; für das vorläufige Eigenverwaltungsverfahren war dies nicht höchstrichterlich nicht geklärt und im Schrifttum umstritten, dafür z.B. *Bitter*, ZIP 2018, 986 (988); *Gehrlein*, ZInsO 2018, 2234 (2240); dagegen z.B. *Poertzgen*, ZInsO 2019, 2352 (2354 f.).

9 BFH, Urt. v. 27.11.2019 – XI R 35/17, BStBl. II 2021, 252 = UR 2020, 222, Rz. 51.

aufrechterhalten lassen. Die Geschäftsleiter der vorläufig eigenverwalteten Organgesellschaft werden wegen der im Raum stehenden Haftung bei ihren Entscheidungen vorrangig die Interessen der Gläubigergemeinschaft und nicht diejenigen des Organträgers berücksichtigen.

c) Insolvenz des Organträgers

aa) Wirkung im eröffneten Regelinsolvenz- und Eigenverwaltungsverfahren

Die formelle Maßnahme der Eröffnung des Regelinsolvenzverfahrens über das Vermögen des **Organträgers** beendet das Organschaftsverhältnis;[1] gleiches gilt bei Eröffnung des **Eigenverwaltungsverfahrens.**[2] Die umsatzsteuerliche Organschaft ende, weil die Bildung einer einheitlichen insolvenzrechtlichen Haftungsmasse bestehend aus mehreren selbständigen Rechtsträgern ausscheide und infolge dessen die Umsätze der Organgesellschaft auf Ebene des Organträgers nicht als Masseverbindlichkeiten qualifiziert werden könnten. Somit könne der Organträger seine Rolle als „Steuereinnehmer zugunsten des Staates" nicht mehr wahrnehmen.[3] 104

bb) Wirkung im vorläufigen Insolvenzverfahren

Für den Fall der formellen Maßnahme der Bestellung eines **vorläufigen Insolvenzverwalters** mit Verfügungsvorbehalten bei der Organgesellschaft ist dies höchstrichterlich noch nicht geklärt.[4] Da der Organträger bei Anordnung der vorläufigen Insolvenzverwaltung mit entsprechenden Verfügungsbeschränkungen seiner Funktion als Steuereinnehmer für den gesamten Organkreis nicht mehr nachkommen kann,[5] dürfte die Umsatzsteuer aus der Tätigkeit der Organgesellschaft für die Zeit des Insolvenzeröffnungsverfahrens – bei Annahme einer fortbestehenden Organschaft – jedenfalls aber keine Masseverbindlichkeiten nach § 55 Abs. 2, Abs. 4 InsO gegenüber dem Organträger begründen. Dies müsse folgerichtig zur Beendigung der Organschaft führen.[6] 104.1

cc) Wirkung im vorläufigen Eigenverwaltungsverfahren

Für den Fall der Anordnung der vorläufigen Eigenverwaltungsverfahren beim Organträger wird bisher der **Fortbestand der Organschaft** angenommen.[7] Denn der vorläufig eigenverwaltende Organträger kann weiterhin seinen Willen in der Organgesellschaft durchsetzen. Die Eingliederungsmerkmale werden durch die formelle Maßnahme der Anordnung der vorläufigen Eigenverwaltung inhaltlich nicht berührt. Zudem konnte die Umsatzsteuerverbindlichkeit im vorläufigen Eigenverwaltungsverfahren – vor der Erweiterung des § 55 Abs. 4 InsO durch das SanInsFoG (Rz. 127) – lediglich als Insolvenzforderung qualifiziert werden (Rz. 126), so dass ein Konflikt zum Beurteilungsmaßstab des eröffneten Verfahrens[8] (Rz. 104) nicht bestehe.[9] 104.2

---

1 BFH, Urt. v. 15.12.2016 – V R 14/16, BStBl. II 2017, 600 = UR 2017, 305, Ls. 1, Rz. 21 ff. (zur vormaligen Auffassung: BFH, Urt. v. 28.1.1999 – V R 32/98, BStBl. II 1999, 258 = UR 1999, 251, unter II.1., Rz. 23, wonach die Organschaft mit Konkurs des Organträgers nur ausnahmsweise ende, wenn sich der Konkurs zugleich auf die Organgesellschaft erstrecke und der Konkursverwalter auf ihre laufende Geschäftsführung keinen Einfluss nehme); Abschn. 2.8 Abs. 12 Satz 1 UStAE.

2 BFH, Urt. v. 15.12.2016 – V R 14/16, BStBl. II 2017, 600 = UR 2017, 305, Ls. 3, Rz. 39; Abschn. 2.8 Abs. 12 Satz 2 UStAE; *Wäger*, DStR 2021, 825 (828, unter 4.1.2).

3 *Hasbach*, MwStR 2017, 262 (263 f.); *Kahlert/Kayser/Bornemann*, Rz. 221, 235.

4 Für die Beendigung: Abschn. 2.8 Abs. 12 Satz 3 f. UStAE; *Witfeld* in Sonnleitner/Witfeld, Insolvenzsteuerrecht², Kap. 5 Rz. 438; gegen eine Beendigung *Wäger*, DStR 2021, 825 (829, unter 4.2.2).

5 Vgl. zur Wirkungsweise der Organschaft, BFH, Urt. v. 15.12.2016 – V R 14/16, BStBl. II 2017, 600 = UR 2017, 305, Rz. 16 f.

6 *Witfeld* in Sonnleitner/Witfeld, Insolvenzsteuerrecht², Kap. 5 Rz. 438; *Kahlert/Kayser/Bornemann*, Rz. 224.

7 BFH, Urt. v. 27.11.2019 – XI R 35/17, BStBl. II 2021, 252 = UR 2020, 222, Rz. 66 ff.; zuvor bereits *Onusseit* in Kübler/Prütting/Bork, InsO, InsSteuerR F Rz. 134 (Stand: August 2018); *Wagner* in Prinz/Witt, Steuerliche Organschaft², Rz. 24.40; *Wagner/Fuchs*, BB 2017, 2202 (2208).

8 BFH, Urt. v. 15.12.2016 – V R 14/16, BStBl. II 2017, 600 = UR 2017, 305, Rz. 25.

9 BFH, Urt. v. 27.11.2019 – XI R 35/17, BStBl. II 2021, 252 = UR 2020, 222, Rz. 67.

104.3 Vor dem Hintergrund der Erweiterung des § 55 Abs. 4 Satz 1 InsO um die Situation der vorläufigen Eigenverwaltung (Rz. 127) könnte es künftig bei Anordnung der vorläufigen Eigenverwaltung beim Organträger zur **Beendigung der Organschaft** kommen,[1] wenn sich die Auffassung durchsetzt, dass die „vom Schuldner *[Organträger]* nach Bestellung eines vorläufigen Sachwalters" begründeten Umsatzsteuerverbindlichkeiten nach Verfahrenseröffnung als Masseverbindlichkeiten zu qualifizieren sind (streitig vgl., Rz. 128 ff.). Denn wegen der Rechtsfolge der Umqualifizierung der im Eröffnungsverfahren begründeten Umsatzsteuerverbindlichkeit als Masseverbindlichkeit beim Organträger, könnten die Umsätze der Organgesellschaft nicht mehr einheitlich gegenüber dem Organträger durch Steuerbescheid festgesetzt werden, sondern müssten getrennt ermittelt und durch Haftungsbescheid (§ 73 AO) gegenüber der Organgesellschaft festgesetzt werden.[2]
Im Übrigen müsste die Organschaft aber auch schon wegen einer anderen Inkongruenz enden. Aufgrund der Organschaft verliert die Organgesellschaft ihren Vorsteueranspruch für Eingangsleistungen an den Organträger (§ 2 Rz. 158 f.) und erhält stattdessen einen Ausgleichsanspruch diesem gegenüber nach § 430 BGB.[3] In der vorläufigen Eigenverwaltung des Organträgers entsteht der Ausgleichsanspruch vorinsolvenzrechtlich und damit nur als Insolvenzforderung (§ 55 Abs. 4 Satz 1 InsO ist nur auf bestimmte Steuerverbindlichkeiten, nicht aber auf zivilrechtliche Ausgleichsansprüche anwendbar). Bei einem Fortbestand der Organschaft trotz Anordnung des vorläufigen Eigenverwaltungsverfahrens wäre der Organgesellschaft der Vorsteuerbetrag nur in Höhe der Insolvenzquote zu gewähren. Hierin läge ein Verstoß gegen den umsatzsteuerlichen Grundsatz der Belastungsneutralität. Dieser Verstoß würde vermieden, wenn die Organschaft mit Anordnung der vorläufigen Eigenverwaltung bei dem Organträger enden würde.[4]

d) Doppelinsolvenz

105 Wird über das Vermögen des Organträgers und der Organgesellschaft das Insolvenzverfahren eröffnet (Doppelinsolvenz), endet das Organschaftsverhältnis **auch dann**, wenn für beide Rechtsträger derselbe Insolvenzverwalter oder im Fall der **Eigenverwaltung derselbe Sachwalter** bestellt wird.[5]

e) Rechtsfolgen der Beendigung der Organschaft

106 Die **Organschaft endet** in dem Zeitpunkt, in dem die Eingliederungsvoraussetzungen entfallen (z.B. wegen einer formellen Maßnahme des Insolvenzgerichts). Mit Beendigung des Organschaftsverhältnisses wird die ehemalige Organgesellschaft (wieder) Unternehmer i.S.d. § 2 Abs. 1 UStG, sofern nicht – z.B. wegen Vermögenslosigkeit (§ 2 Rz. 165, 225) – ihre Unternehmereigenschaft entfallen ist.[6] Die für Organschaften geltenden Rechtsfolgen (z.B. Zusammenfassung von Ausgangs- und Eingangsleistungen sowie die Behandlung der Umsätze zwischen Organträger und Organgesellschaft als nicht steuerbare Innenumsätze, § 2 Rz. 147 ff.) entfallen stichtagsbezogen (§ 2 Rz. 174 ff.).

Wird die Eröffnung des Insolvenzverfahrens mangels Masse bei der Organgesellschaft abgelehnt, kann es zur automatischen **Fortsetzung** der (vormaligen) **umsatzsteuerlichen Organschaft** kommen, wenn die Eingliederungsvoraussetzungen wieder vorliegen. Zur automatischen Fortsetzung kommt es nur dann nicht, wenn zwischenzeitlich – z.B. wegen Vermögenslosigkeit – die Unternehmereigenschaft der Organgesellschaft entfallen ist (§ 2 Rz. 165, Rz. 225).

---

1 *Piroth*, MwStR 2021, 146 (150 f.); *Schmidt*, DStR 2021, 993 (699 f.).

2 *Schmidt*, DStR 2021, 993 (699 f.), also vergleichbar, BFH, Urt. v. 15.12.2016 – V R 14/16, BStBl. II 2017, 600 = UR 2017, 305, Rz. 23 ff. (im eröffneten Eigenverwaltungsverfahren); diese Argumentation ablehnend *Piroth*, MwStR 2021, 146 (151 f.).

3 BGH, Urt. v. 29.1.2013 – II ZR 91/11, ZIP 2013, 409, Rz. 13.

4 So auch *Piroth*, Die umsatzsteuerliche Organschaft in Krise und Insolvenz, Rz. 460 ff., Rz. 505 ff.; *Piroth*, MwStR 2021, 146 (151 f.); *Hasbach*, MwStR 2017, 262 (267 f.).

5 BFH (AdV), Beschl. v. 19.3.2014 – V B 14/14, BFHE 244, 156 = UR 2014, 431, Rz. 41; Abschn. 2.8 Abs. 12 Satz 5 UStAE; vertiefend: *Wagner* in Prinz/Witt, Steuerliche Organschaft[2], Rz. 24.41; *Kahlert/Schmidt*, DStR 2014, 419; *Wagner/Fuchs*, BB 2014, 2583 (2590).

6 *Stadie* in Rau/Dürrwächter, Anhang 2 (Umsatzsteuer und Insolvenz), Rz. 22 (Stand: April 2020).

Die – nach dem Konzept der Doppelberichtigung (Rz. 119 ff.) – **erste Berichtigung** (Rz. 47) erfolgt unmittelbar vor der Anordnung der (vorläufigen) Insolvenzverwaltung bei dem Organträger oder der Organgesellschaft[1] (Rz. 119.3, Rz. 46). Folglich ist dieser Berichtigungstatbestand (§ 17 Abs. 2 Nr. 1 Satz 1 UStG) **noch dem Organträger zuzuordnen**. Denn zu diesem Zeitpunkt besteht die Organschaft noch. 106.1

Wird für eine **Organgesellschaft** (Leistungsempfängerin) ein vorläufiges Insolvenzverfahren angeordnet und ein vorläufiger Insolvenzverwalter mit Zustimmungsvorbehalt bestellt, kann der Leistende seinen Entgeltanspruch für eine zuvor erbrachte Leistung zumindest für die Dauer des Eröffnungsverfahrens nicht mehr durchsetzen. Wegen der damit einhergehenden Uneinbringlichkeit ist der – bereits in Anspruch genommene – **Vorsteuerbetrag** nach § 17 Abs. 2 Nr. 1 Satz 1, Abs. 1 Satz 2 UStG zu **berichtigen**. Der Vorsteuerberichtigungsanspruch richtet sich gegen den Organträger, weil die Uneinbringlichkeit eine juristische Sekunde vor der Bestellung des vorläufigen Insolvenzverwalters eintritt.[2]

Für die Zurechnung der **zweiten Berichtigung** (Rz. 48) kommt es auf den Zeitpunkt der Tatbestandsverwirklichung des § 17 Abs. 2 Nr. 1 Satz 2 UStG an und ist demjenigen (ehemaligen) Organträger oder der (ehemaligen) Organgesellschaft zuzurechnen, für den zuvor der Ausgangs- oder Eingangsumsatz getätigt wurde. 106.2

f) Unerkannte Organschaft und Aufrechnung im Insolvenzverfahren

Die kraft Gesetzes entstehende umsatzsteuerliche Organschaft kann auch ohne oder gegen den Willen der am Organkreis Beteiligten begründet werden. Denn für die umsatzsteuerliche Organschaft besteht kein Wahlrecht, weder aufgrund eines Antragserfordernisses noch – wie bei der körperschaftsteuerlichen Organschaft – aufgrund des Erfordernisses eines willensbasierten Ergebnisabführungsvertrags. Wird die unerkannte Organschaft erst später – z.B. nach Eröffnung des Insolvenzverfahrens durch den Insolvenzverwalter – aufgedeckt, müssen ihre Rechtsfolgen (§ 2 Rz. 147 ff.) gleichwohl bereits ab dem Zeitpunkt des Vorliegens der Eingliederungsvoraussetzungen – und damit rückwirkend – berücksichtigt werden. Verfahrensrechtlich muss dazu die Umsatzsteuerfestsetzung – in den Grenzen der Bestandskraft – gegenüber der Organgesellschaft aufgehoben und gegenüber dem Organträger geändert werden.[3] Für nicht mehr unter dem Vorbehalt der Nachprüfung stehende Umsatzsteuerfestsetzungen kommt eine Änderung wegen widerstreitender Steuerfestsetzungen nach § 174 Abs. 4 AO in Betracht, wobei die Organgesellschaft im Verhältnis zum Organträger Dritter i.S.d. § 174 Abs. 5 AO und damit im Änderungsverfahren, Einspruchs- oder Klageverfahren hinzuzuziehen bzw. beizuladen ist.[4] 107

Die Aufhebung der Umsatzsteuerbescheide gegenüber der Organgesellschaft – wegen der erst nachträglich erkannten Organschaft – führt regelmäßig zu einem **Erstattungsanspruch** der Organgesellschaft nach § 37 Abs. 2 AO. In diesem Zusammenhang stellt sich die Frage, ob der Steuergläubiger gegen den Erstattungsanspruch der Organgesellschaft mit einer Steuer- oder Haftungsforderung (z.B. **Haftung** der Organgesellschaft nach § 73 AO für solche Steuern des Organträgers, für welche die Organschaft zwischen ihnen steuerrechtlich von Bedeutung ist[5]), die als Insolvenzforderung zu qualifizieren ist, **aufrechnen** kann. Dies hängt insbesondere davon ab, ob das Aufrechnungsverbot nach § 96 Abs. 1 Nr. 1 InsO greift, d.h. ob der Steuergläubiger den Erstattungsanspruch vor oder nach Insolvenzeröffnung zur Insolvenzmasse schuldig geworden ist. Maßgeblich ist hierfür der Zeitpunkt der vollständigen Tatbestandsverwirklichung des Erstattungsanspruchs (Rz. 9, Rz. 24). 108

Ein Erstattungsanspruch aufgrund zu hoher bzw. nicht geschuldeter Umsatzsteuervorauszahlungen nach § 37 Abs. 2 AO ist bereits im Zeitpunkt der Entrichtung der jeweiligen (Voraus-)Zahlung unter der aufschiebenden Bedingung verwirklicht, dass am Ende des Besteuerungszeitraums die geschuldete 109

1 BFH, Urt. v. 24.9.2014 – V R 48/13, BStBl. II 2015, 506 = UR 2015, 192, Rz. 27 f.
2 BFH, Urt. v. 8.8.2013 – V R 18/13, BStBl. II 2017, 543 = UR 2013, 785 m. Anm. *Slapio*, Rz. 38 ff.
3 Eine abweichende Steuerfestsetzung aus Billigkeitsgründen scheidet aus, vgl. *Treiber* in Sölch/Ringleb, § 2 UStG Rz. 290 (Stand: März 2023).
4 BFH, Urt. v. 19.12.2013 – V R 5/12, BStBl. II 2016, 585 = UStB 2014, 195.
5 Zur nur eingeschränkten Haftung der Organgesellschaft der Höhe nach, vgl. AEAO zu § 73 Nr. 3.1 (2. Absatz), Nr. 3.1.2; *Kahlert/Kayser/Bornemann*, Rz. 363 ff.

Steuer geringer ist als die Vorauszahlung.[1] Dies gilt erst recht, wenn – wie im Falle der unerkannten Organschaft von der Organgesellschaft – die Steuerzahlung von vornherein ohne materiellen Rechtgrund geleistet worden ist. Denn in diesem Fall steht der Erstattungsanspruch noch nicht einmal unter einer aufschiebenden Bedingung. Davon abzugrenzen sind die materiell-rechtlich selbständigen Berichtigungsansprüche nach §§ 14c, 15a und 17 UStG (Rz. 71). Unmaßgeblich für die Tatbestandsverwirklichung des Erstattungsanspruchs ist demgegenüber seine Festsetzung bzw. der Zeitpunkt, zu dem die der zu erstattenden Zahlung zugrunde liegende Steuerfestsetzung oder -anmeldung aufgehoben wird.[2] Somit wird der Erstattungsanspruch tatbestandlich bereits mit der tatsächlich geleisteten (Voraus-)Zahlung vollständig verwirklicht. Dies hat zur Folge, dass der Erstattungsanspruch bereits vor Insolvenzeröffnung zur Insolvenzmasse schuldig geworden ist, wenn die Steuerzahlung vor diesem Zeitpunkt geleistet wurde. Damit steht einem als Insolvenzforderung zu qualifizierenden Haftungsanspruch nach § 73 Satz 1 AO das Aufrechnungsverbot nach § 96 Abs. 1 Nr. 1 InsO regelmäßig nicht entgegen.

II. Insolvenzeröffnungsverfahren – vorläufige Insolvenzverwaltung im Fremdverwaltungsverfahren

1. Sicherungsmaßnahmen im Überblick

110 Im Insolvenzeröffnungsverfahren (Zeitraum von der Stellung des Insolvenzantrags bis zur Entscheidung über diesen Antrag) prüft das Insolvenzgericht, ob die formellen (z.B. Insolvenzantrag) und materiellen (z.B. Insolvenzfähigkeit und Insolvenzeröffnungsgrund) Voraussetzungen für die Eröffnung des Insolvenzverfahrens vorliegen. Bis zur Entscheidung über den Insolvenzantrag bedarf es regelmäßig massesichernder Maßnahmen (§ 21 Abs. 1 InsO), um eine nachteilige Veränderung der Vermögenslage des Schuldners zu verhindern (**Vermögenssicherungs- und -erhaltungszweck**).[3]

Neben der Generalklausel (§ 21 Abs. 1 Satz 1 InsO) enthält das Gesetz einen – beispielhaften – Katalog von möglichen Sicherungsmaßnahmen (§ 21 Abs. 2 InsO), die das Gericht nach seinem Ermessen unter Beachtung des Grundsatzes der Verhältnismäßigkeit anordnen kann. Dabei können mehrere Maßnahmen miteinander kombiniert und zweckmäßigerweise in einem einheitlichen (Sicherungs-)Beschluss angeordnet werden.

2. Vorläufige Insolvenzverwaltung

a) Befugnisse des vorläufigen Insolvenzverwalters als Unterscheidungsmerkmal

110.1 Die praktisch bedeutendste Sicherungsmaßnahme im Eröffnungsverfahren ist die Anordnung der vorläufigen Insolvenzverwaltung (§ 21 Abs. 2 Satz 1 Nr. 1 InsO). In Anlehnung an die in §§ 21 Abs. 2 Satz 1 Nr. 2, 22 InsO abgestuft **geregelten Befugnisse** des vorläufigen Insolvenzverwalters bzw. des Umfangs der Einschränkung der Rechtsmacht des Schuldners wird in der Praxis – zur Versinnbildlichung – zwischen dem **„starken“** und **„schwachen“** vorläufigen Insolvenzverwalter unterschieden.[4]

b) Starker vorläufiger Insolvenzverwalter

111 Ordnet das Gericht im Zuge der Bestellung eines vorläufigen Insolvenzverwalters (§ 21 Abs. 2 Satz 1 Nr. 1 InsO) zugleich ein allgemeines Verfügungsverbot an (§ 21 Abs. 2 Satz 1 Nr. 2 Alt. 1 InsO), geht

1 BFH, Urt. 31.5.2005 – VII R 74/04, BFH/NV 2005, 1745, unter II.2.b; BFH, Urt. v. 15.10.2019 – VII R 31/17, UR 2020, 313, Rz. 19 f. m.w.N.

2 BFH, Urt. v. 15.10.2019 – VII R 31/17, BStBl. II 2023, 262 = UR 2020, 313, Rz. 21 m.w.N.

3 BGH, Beschl. v. 22.3.2007 – IX ZB 164/06, ZIP 2007, 878, unter II.2.b; *Vuia* in Gottwald/Haas, Insolvenz-Handbuch[6], § 14 Rz. 1 m.w.N.

4 Z.B. *Uhlenbruck* in Uhlenbruck, InsO[15], § 22 Rz. 2; *Neu/Ljumani* in Sonnleitner/Witfeld, Insolvenzsteuerrecht[2], Kap. 2 Rz. 36 ff.; *Schmittmann* in Waza/Uhländer/Schmittmann[13], Rz. 235 f. Zuweilen wird – m.E. ohne Mehrwert – feinsinnig noch die Abstufung zum „halbstarken“ vorläufigen Insolvenzverwalter bemüht (z.B. *Spliedt*, ZIP 2001, 1941).

die Verwaltungs- und Verfügungsbefugnis kraft Gesetzes vollständig auf den vorläufigen Verwalter über (§ 22 Abs. 1 Satz 1 InsO, **starker vorläufiger Insolvenzverwalter**).[1] Das Gesetz nimmt insoweit die Wirkungen eines eröffneten Insolvenzverfahrens (§ 80 Abs. 1 InsO) vorweg. Mit dem vollständigen Übergang der Verwaltungs- und Verfügungsbefugnis auf den vorläufigen (starken) Insolvenzverwalter tritt dieser an die Stelle des Schuldners (anders beim schwachen vorläufigen Verwalter, Rz. 111) und erlangt – im Rahmen des Sicherungszwecks – Handlungsfähigkeit.[2] Insoweit ist er etwa berechtigt, Forderungen des Schuldners gegenüber Drittschuldnern einzuziehen.[3] Bei der **Forderungseinziehung** handelt es sich um eine – im Gegensatz zu einer im Eröffnungsverfahren grundsätzlich unzulässigen Verwertungstätigkeit – **erlaubte Verwaltungstätigkeit**.[4] Die Anordnung des allgemeinen Verfügungsverbots hat letztlich zur Folge, dass die rechtlichen Befugnisse des vorläufigen Insolvenzverwalters denjenigen des (endgültigen) Insolvenzverwalters entsprechen.[5] Im Unterschied zum Insolvenzverwalter darf der vorläufige (starke) Verwalter seine Befugnisse indessen nur im Rahmen des Sicherungszwecks ausüben.[6] In der Praxis machen die Insolvenzgerichte von der Anordnung eines allgemeinen Verfügungsverbots indes selten Gebrauch.[7]

Im **Besteuerungsverfahren** hat der „starke" vorläufige Insolvenzverwalter dieselbe Stellung wie der Insolvenzverwalter im eröffneten Verfahren.[8] Er ist **Vermögensverwalter** i.S.d. **§ 34 Abs. 3 AO** und hat daher bereits im Eröffnungsverfahren die steuerlichen (Mitwirkungs-)Pflichten des Schuldners zu erfüllen. Etwaige Verwaltungsakte sind im Insolvenzeröffnungsverfahren an ihn bekanntzugeben. 111.1

c) Schwacher vorläufiger Insolvenzverwalter

Wird ein vorläufiger Insolvenzverwalter bestellt (§ 21 Abs. 2 Satz 1 Nr. 1 InsO), ohne dass dem Schuldner zugleich ein allgemeines Verfügungsverbot auferlegt wird, sind die Rechte und Pflichten des vorläufigen Insolvenzverwalters im Einzelnen festzulegen (§ 22 Abs. 2 Satz 1 InsO). Ungeachtet dessen, welche Sicherungsmaßnahmen das Insolvenzgericht im Einzelnen anordnet, handelt es sich um einen **„schwachen" vorläufigen Insolvenzverwalter**. Denn die festgelegten Maßnahmen müssen hinter dem allgemeinen Verfügungsverbot – als die stärkste Sicherungsmaßnahme – zurückbleiben (§ 22 Abs. 2 Satz 2 InsO). 112

Im **Regelfall** ordnet das Gericht mit der Bestellung eines vorläufigen (schwachen) Insolvenzverwalters nach § 21 Abs. 2 Satz 1 Nr. 2 Alt. 2 InsO an, dass Verfügungen des Schuldners nur mit Zustimmung des vorläufigen Insolvenzverwalters wirksam sind (**allgemeiner Zustimmungsvorbehalt**). Der Schuldner bleibt in diesem Falle über sein Vermögen selbst verwaltungs- und verfügungsbefugt; der vorläufige Insolvenzverwalter kann jedoch – vorbehaltlich §§ 24 Abs. 1, 81, 82 InsO – wirksame **Verfügungen** des Schuldners verhindern, indem er seine erforderliche Zustimmung verweigert.[9] Nicht verhindern kann er allerdings, dass der Schuldner rechtsgeschäftliche Verpflichtungen eingeht, die ggf. auch eine Vermögensbelastung mit sich bringen.[10] Der (schwache) vorläufige Insolvenzverwalter tritt also nicht an die Stelle, sondern an die Seite des Schuldners (anders beim starken vorläufigen Verwalter, Rz. 111). 112.1

Dies gilt auch dann, wenn dem vorläufigen Insolvenzverwalter zusätzlich das **Recht zum Forderungseinzug** – als Maßnahme erlaubter Verwaltungstätigkeit im Eröffnungsverfahren (Rz. 111) – erteilt 112.2

1 BFH, Urt. v. 28.2.2008 – V R 44/06, BStBl. II 2008, 586 = UR 2008, 471 m. Anm. *Lohse*, unter II.4.b cc; BFH, Urt. v. 1.3.2016 – XI R 21/14, BStBl. II 2016, 756 = UR 2016, 610, Rz. 20 f. m.w.N.
2 BGH, Urt. 18.7.2002 – IX ZR 195/01, ZIP 2002, 1625, unter III.2.c aa.
3 *Haarmeyer/Schildt* in Müko, InsO⁴, § 22 Rz. 53 f. m.w.N.; *Vuia* in Gottwald/Haas, Insolvenzrechts-Handbuch⁶, § 14 Rz. 72.
4 BGH, Urt. v. 20.2.2003 – IX ZR 81/02, ZIP 2003, 632, unter III.2.b bb; *Laroche* in Heidelberger Kommentar/InsO¹⁰, § 22 Rz. 11, 13, 14.
5 BGH, Beschl. v. 11.1.2007 – IX ZB 271/04, NZI 2007, 231, unter III.2.b cc (b).
6 *Laroche* in Heidelberger Kommentar/InsO¹⁰, § 22 Rz. 36.
7 Vgl. schon BGH, Urt. v. 18.7.2002 – IX ZR 195/01, ZIP 2002, 1625, unter IV.1.; *Kayser*, ZIP 2020, 97 (100), wonach nur im Saarland regelmäßig starke vorläufige Insolvenzverwalter bestellt würden.
8 AEAO zu § 34 Nr. 4; zu § 251 Nr. 4.2.
9 BGH, Urt. 18.7.2002 – IX ZR 195/01, ZIP 2002, 1625, unter III.2.c bb.
10 *Laroche* in Heidelberger Kommentar/InsO¹⁰, § 22 Rz. 52.

wird. Eine solche Ermächtigung hat zur Folge, dass der vorläufige Insolvenzverwalter Forderungen des Schuldners gegenüber Drittschuldnern im eigenen Namen für Rechnung des Schuldners einziehen kann. Die Drittschuldner haben aufgrund der Einziehungsermächtigung des vorläufigen Insolvenzverwalters an diesen anstatt an den Schuldner zu leisten.[1] Auf das Gebot, nur noch an den vorläufigen Insolvenzverwalter leisten zu dürfen bzw. das spiegelbildliche **Verbot an den Schuldner zu leisten**, ist im Beschluss über die Bestellung des vorläufigen Insolvenzverwalters hinzuweisen (§ 23 Abs. 1 Satz 3 InsO).

3. Auswirkungen der vorläufigen Insolvenzverwaltung im Fremdverwaltungsverfahren auf die Umsatzbesteuerung

a) Überblick (§ 55 Abs. 2 und Abs. 4 InsO)

113 Bereits die Anordnung der vorläufigen Insolvenzverwaltung kann – wie das eröffnete Regelinsolvenzverfahren – Auswirkungen auf die insolvenzrechtlichen Vermögensbereiche (Rz. 26 ff.) und damit auf die Umsatzbesteuerung haben. Grundsätzlich bilden alle ***vor*** **Insolvenzeröffnung begründeten Vermögensansprüche** Insolvenzforderungen (§ 38 InsO), während alle ***nach*** **Eröffnung** des Insolvenzverfahrens begründeten Verbindlichkeiten entweder als Masseverbindlichkeiten (§ 55 Abs. 1 InsO) oder als Forderungen gegen das insolvenzfreie Vermögen zu qualifizieren sind (Rz. 18).[2] Wird die vorläufige Insolvenzverwaltung angeordnet, können **Masseverbindlichkeiten ausnahmsweise bereits im Eröffnungsverfahren** – also *vor* Verfahrenseröffnung – **begründet werden.** Hier enthalten § 55 Abs. 2 und Abs. 4 InsO spezielle – nicht zur Disposition stehende – Regelungen. Diese Vorschriften fingieren eine im Eröffnungsverfahren begründete (Steuer-)Verbindlichkeit unter bestimmten Voraussetzungen als sonstige Masseverbindlichkeit, wenn es später zur Eröffnung des Insolvenzverfahrens über das Vermögen des Schuldners kommt.

113.1 Liegen die Voraussetzungen von § 55 Abs. 2, Abs. 4 InsO vor, vollzieht sich die Aufspaltung des Schuldnerunternehmens in unterschiedliche Vermögensbereiche (Rz. 26 ff.) nicht erst mit der Eröffnung des Insolvenzverfahrens, sondern – für den Fall der Entstehung einer Umsatzsteuer**verbindlichkeit**[3] – bereits im Zeitpunkt der Anordnung der vorläufigen Insolvenzverwaltung. Folglich sind die unselbständigen Besteuerungsgrundlagen (Umsätze, Vorsteuer- oder Berichtigungsbeträge, Rz. 18.1, Rz. 30 ff.) den verschiedenen Vermögensbereichen bereits im Eröffnungsverfahren zuzuordnen. Allerdings sind nicht alle **zeitlich während des Eröffnungsverfahrens** verwirklichten Besteuerungsgrundlagen dem Vermögensbereich der Insolvenzmasse zuzuordnen, sondern lediglich solche, die unter den jeweiligen Voraussetzungen von § 55 Abs. 2, Abs. 4 InsO begründet wurden[4] und daher als Masseverbindlichkeiten zu qualifizieren sind. In Anlehnung an § 55 Abs. 2 InsO **legt** die Rspr. den Wortsinn des **§ 55 Abs. 4 InsO** – sowohl den persönlichen (Rz. 117.3) als auch den sachlichen (Rz. 118 f.) Anwendungsbereich – unter systematischen Gesichtspunkten **einschränkend aus**[5] und stellt so eine gleichheitskonforme Rechtsauslegung sicher.

b) Begründung von Masseverbindlichkeiten durch den starken vorläufigen Insolvenzverwalter (§ 55 Abs. 2 InsO)

aa) Anwendung des Besteuerungskonzepts

114 Nach § 55 Abs. 2 InsO gelten die von einem **(starken) vorläufigen Insolvenzverwalter** (willentlich[6]) begründeten Verbindlichkeiten nach Verfahrenseröffnung als Masseverbindlichkeiten. Sein **sachlicher**

1 BGH, Urt. v. 22.2.2007 – IX ZR 2/06, ZIP 2007, 827, unter II.2.b.

2 Zur Abgrenzung zwischen Masseverbindlichkeiten und Forderungen gegen das insolvenzfreie Vermögen, *Frotscher/Schulze* in Gottwald/Haas, Insolvenzrechts-Handbuch[6], § 56 Rz. 61.

3 § 55 Abs. 4 InsO ist nur auf Masseverbindlichkeiten, nicht aber auch auf Vergütungsansprüche zugunsten der Masse anzuwenden (BFH, Urt. v. 23.7.2020 – V R 26/19, BStBl. II 2022, 495 = UR 2020, 923, Ls).

4 BFH, Urt. v. 24.9.2014 – V R 48/13, BStBl. II 2015, 506 = UR 2015, 192 Rz. 15; BFH, Urt. v. 13.12.2022 – VII R 49/20, BFHE 279, 10 = ZIP 2023, 1197 Rz. 30, 33.

5 BFH, Urt. v. 24.9.2014 – V R 48/13, BStBl. II 2015, 506 = UR 2015, 192, Ls. und Rz. 18–38.

6 *Pape/Schaltke* in Kübler/Prütting/Bork, InsO, Rz. 213 m.w.N.; *Uhlenbruck/Sinz*, InsO[13], § 55 Rz. 94.

Anwendungsbereich umfasst auch gesetzlich begründete Verbindlichkeiten und damit Ansprüche aus dem (Umsatz-)Steuerschuldverhältnis.[1] Sein **persönlicher Anwendungsbereich** erfasst nur den starken vorläufigen Insolvenzverwalter (Rz. 111). Eine **(analoge) Anwendung** des § 55 Abs. 2 InsO auf den schwachen vorläufigen Insolvenzverwalter (Rz. 112) kommt nicht in Betracht[2] (für den umgekehrten Fall zu § 55 Abs. 4 InsO, Rz. 117.3).

Für den Umsatzsteueranspruch hat § 55 Abs. 2 InsO zur Folge, dass bereits ab Bestellung des vorläufigen starken Insolvenzverwalters dieselben Maßstäbe anzuwenden sind wie im eröffneten Insolvenzverfahren (Rz. 25 ff.). Die Ausführungen zur maßgeblichen **Tatbestandsverwirklichung** (Rz. 19), zur **Zuordnung der Besteuerungstatbestände** zu den insolvenzrechtlichen Vermögensbereichen (Rz. 27 ff.), zu den Grundsätzen der **Steuerberechnung** (Verrechnungsgrundsätze für einen bestimmten Besteuerungszeitraum, Rz. 122.1 f.) sowie zum Konzept der ersten und zweiten Berichtigung bei der Sollbesteuerung[3] (Rz. 45 ff., Rz. 56) gelten also entsprechend.[4] 114.1

Ebenso wie bei § 55 Abs. 1 Nr. 1 InsO können nach § 55 Abs. 2 InsO Ansprüche aus dem (Umsatz-)Steuerschuldverhältnis durch Handlungen des vorläufig starken Insolvenzverwalters oder in anderer Weise durch die Verwaltung, Verwertung und Verteilung der Insolvenzmasse begründet werden. Solche durch den vorläufigen Verwalter begründeten steuererhöhenden (Rz. 19) oder steuermindernden (Rz. 24) Tatbestände des UStG sind – im Falle der späteren Verfahrenseröffnung – dem Vermögensbereich der Insolvenzmasse (Rz. 27) zuzuordnen.

bb) Einziehung einer Altforderung (Soll- und Istbesteuerung)

Zieht der starke vorläufige Insolvenzverwalter eine offene Forderung vom Drittschuldner (Leistungsempfänger) – für eine vom Schuldner vor Verfahrenseröffnung erbrachte (Ausgangs-)Leistung – ein (Einziehung einer Altforderung als Verwaltungstätigkeit, Rz. 111), gelten dieselben Grundsätze wie im eröffneten Verfahren (Rz. 44 ff.). Der (steuererhöhende) Umsatztatbestand wird erst durch die Entgeltvereinnahmung tatbestandlich verwirklicht. Bei der Istbesteuerung folgt dies unmittelbar aus § 13 Abs. 1 Nr. 1 Buchst. b UStG (Rz. 51.1). Bei der Sollbesteuerung gilt das Konzept der Doppelberichtigung (Rz. 45 ff.): Durch die Bestellung des starken vorläufigen Insolvenzverwalters wird das Entgelt aus Rechtsgründen uneinbringlich (Rz. 46) mit der Folge einer steuermindernden ersten Berichtigung nach § 17 Abs. 2 Nr. 1 Satz 1 UStG (Rz. 48) und einer steuererhöhenden zweiten Berichtigung nach § 17 Abs. 2 Nr. 1 Satz 2 UStG bei Einzug des Entgelts (Rz. 49). Der im Eröffnungsverfahren tatbestandlich vollständig verwirklichte (steuererhöhende) Umsatztatbestand ist dem Vermögensbereich der Insolvenzmasse (Rz. 18, Rz. 27) zuzuordnen, wenn das Insolvenzverfahren eröffnet wird.[5] 114.2

cc) Laufende Umsatzbesteuerung im Eröffnungsverfahren (Soll- und Istbesteuerung)

Erbringt der starke vorläufige Insolvenzverwalter im Eröffnungsverfahren Ausgangsumsätze, gelten dieselben Grundsätze wie im eröffneten Insolvenzverfahren (Rz. 51.2). Im Fall der Istbesteuerung ist der Besteuerungstatbestand nach § 13 Abs. 1 Nr. 1 Buchst. b UStG erst mit Vereinnahmung des Entgelts vollständig verwirklicht; im Fall der Sollbesteuerung bereits mit Leistungserbringung (§ 13 Abs. 1 Nr. 1 Buchst. a UStG). Anders als im Eröffnungsverfahren mit einem schwachen vorläufigen Insolvenzverwalter (Rz. 119.4) kommt es bei der Sollbesteuerung im Falle eines starken vorläufigen Insolvenzverwalters nicht zu einer Trennung von Leistungserbringung und Entgeltvereinnahmung,[6] d.h. das Konzept der Doppelberichtigung (Rz. 45 ff.) gilt hier nicht. Kommt es zur Eröffnung des Insolvenzverfahrens, sind die Ausgangsumsätze dem Vermögensbereich der Insolvenzmasse zuzuordnen. 114.3

---

1 *Pape/Schaltke* in Kübler/Prütting/Bork, InsO, Rz. 213 m.w.N.; *Lohmann* in Heidelberger Kommentar[5], § 55 Rz. 31 m.w.N.

2 BGH, Urt. 18.7.2002 – IX ZR 195/01, ZIP 2002, 1625, unter IV.1.; BAG, Urt. v. 4.12.2002 – 10 AZR 16/02, ZIP 2003, 311, unter II.1.b bb.; *Pape/Schaltke* in Kübler/Prütting/Bork, InsO, Rz. 225 ff.

3 BFH, Urt. v. 1.3.2016 – XI R 21/14, BStBl. II 2016, 756 = UR 2016, 610, Ls.

4 Übersicht zum Besteuerungskonzept, *Schulze/Vogel/Huhle*, UR 2021, 213 (214 ff.).

5 BFH, Urt. v. 1.3.2016 – XI R 21/14, BStBl. II 2016, 756 = UR 2016, 610.

6 BFH, Urt. v. 24.9.2014 – V R 48/13, BStBl. II 2015, 506 = UR 2015, 192 Rz. 31 a.E.

c) Begründung von Masseverbindlichkeiten durch den schwachen vorläufigen Insolvenzverwalter (§ 55 Abs. 4 InsO)

aa) Rechtsentwicklung und Normzweck (§ 55 Abs. 4 InsO)

(1) § 55 Abs. 4 InsO in der Fassung bis zum 31.12.2020 (alte Fassung)

115 Nach § 55 Abs. 4 InsO[1] in der bis zum **31.12.2020 gültigen Fassung** galten Verbindlichkeiten des Insolvenzschuldners aus dem Steuerschuldverhältnis, die von einem vorläufigen (schwachen) Insolvenzverwalter oder vom Schuldner mit Zustimmung eines vorläufigen (schwachen) Insolvenzverwalters begründet worden sind, (trotz ihrer vorinsolvenzrechtlichen Verursachung) nach Eröffnung des Insolvenzverfahrens als Masseverbindlichkeiten.[2] Mit dieser **ausschließlich für Steuerverbindlichkeiten** geltenden Regelung sollte im Interesse des Steuergläubigers erreicht werden, dass im Eröffnungsverfahren begründete Steuerverbindlichkeiten nicht nur dann zu Masseverbindlichkeiten werden können, wenn sie auf der Tätigkeit eines starken vorläufigen Insolvenzverwalters beruhen (§ 55 Abs. 2 InsO, Rz. 114), sondern auch dann, wenn sie von einem schwachen vorläufigen Insolvenzverwalter (Rz. 112) begründet worden sind. Eine solche Regelung war – aus Sicht des Gesetzgebers – erforderlich, weil der „schwache" vorläufige Insolvenzverwalter nach der höchstrichterlichen Rspr. grundsätzlich[3] keine Masseverbindlichkeiten begründen konnte. Denn weder ist § 55 Abs. 2 InsO unmittelbar noch entsprechend auf Rechtshandlungen eines schwachen vorläufigen Insolvenzverwalters anwendbar[4] (Rz. 114).

115.1 Letztlich ist § 55 Abs. 4 InsO eine **Reaktion des Gesetzgebers** auf die enttäuschte Erwartung des Steuergläubigers, die Insolvenzgerichte würden nach Inkrafttreten der InsO am 1.1.1999 regelmäßig starke vorläufige Insolvenzverwalter bestellen,[5] die dann nach § 55 Abs. 2 InsO bereits im Eröffnungsverfahren Steueransprüche als Masseverbindlichkeiten begründen würden (Rz. 114). **Mit § 55 Abs. 4 InsO** wird das **Ziel verfolgt**, die Durchsetzung des Steueranspruchs im Eröffnungsverfahren zu sichern, um den Steuergläubiger vor einer ungerechtfertigten Benachteiligung gegenüber anderen Gläubigern zu schützen.[6] Dem vorausgegangen war eine (als missbräuchlich qualifizierte) Praxis, dass die – vom Insolvenzgericht regelmäßig bestellten – schwachen vorläufigen Insolvenzverwalter ihre Rechtsstellung zweckgerichtet in dem Sinne ausnutzen konnten, die (spätere) Insolvenzmasse durch aktive Gestaltung zulasten des Steuergläubigers weiter anzureichern. Denn im Eröffnungsverfahren getätigte Ausgangsumsätze bereicherten zwar die spätere Insolvenzmasse, die darauf entfallende Umsatzsteuer konnten aber ohne § 55 Abs. 4 InsO nur als – quotal zu befriedigende – Insolvenzforderung qualifiziert werden. Obwohl also der spätere Insolvenzschuldner bei Umsatzgeschäften im Eröffnungsverfahren den Bruttopreis (also inkl. Umsatzsteuer) vereinnahmte, war der Steuergläubiger für Zwecke der Umsatzsteuer auf die Insolvenzquote verwiesen. Der Unterschiedsbetrag zwischen der vom Schuldner vereinnahmten Umsatzsteuer und der nur quotal an den Steuergläubiger – als Insolvenzforderung – abzuführenden Umsatzsteuer bereicherte somit die Insolvenzmasse auf Kosten der Allgemeinheit (so dann auch bei vorläufiger Eigenverwaltung, Rz. 116.1).

---

1 Eingefügt durch Art. 3 Nr. 2 des HBeglG 2011 v. 9.12.2010, BGBl. I 2010, 1885; nach Art. 103e EGInsO gilt § 55 Abs. 4 InsO für alle ab dem 1.1.2011 beantragten Insolvenzverfahren. Zur Entstehungsgeschichte: *Witfeld*, Das Umsatzsteuerverfahren und die Insolvenz, 2016, S. 19 ff.

2 Zu Einzelheiten BMF, Schr. v. 20.5.2015 – IV A 3-S 0550/10/10020-05, BStBl. I 2015, 476 = UR 2015, 526 i.V.m. BMF, Schr. v. 18.11.2015 – IV A 3-S 0550/10/10020-05, BStBl. I 2015, 886; Abschn. 17.1 Abs. 13 f. UStAE; *Kahlert*, ZIP 2011, 401; *Beck*, ZIP 2011, 551; *Sterzinger*, BB 2011, 1367.

3 BGH, Urt. v. 21.1.2010 – IX ZR 65/09, ZIP 2010, 739 Rz. 41 (das Insolvenzgericht kann den schwachen vorläufigen Insolvenzverwalter aber ermächtigen, einzelne, im Voraus genau festgelegte Masseverbindlichkeiten, z. B. zur Sicherung der Insolvenzmasse, einzugehen).

4 BGH, Urt. v. 18.7.2002 – IX ZR 195/01, ZIP 2002, 1625, Ls. 2.

5 So ausdrücklich nochmals in der Begründung zu Art. 3 Nr. 2 des RegE zum HBeglG 2011 v. 27.9.2010, BT-Drucks. 17/3030, 42 f.; vgl. schon BGH, Urt. v. 18.7.2002 – IX ZR 195/01, ZIP 2002, 1625, unter IV.1.; *Kayser*, ZIP 2020, 97 (100), wonach nur im Saarland regelmäßig starke vorläufige Insolvenzverwalter bestellt würden.

6 Gesetzesentwurf der BReg. zum Entwurf eines HBeglG 2011 v. 27.9.2010, BT-Drucks. 17/3030, 42 f.; dazu auch BFH, Urt. v. 1.3.2016 – XI R 9/15, BFH/NV 2016, 1310, Rz. 33.

Bei § 55 Abs. 4 InsO handelt es sich – nach Wortlaut und Normzweck – um eine speziell **Steuerverbindlichkeiten** erfassende Vorschrift.[1] Obwohl die Vorschrift nach ihrem Wortlaut (in der Fassung bis zum 31.12.2020) **alle Steuerarten** erfasste,[2] diente sie nach der gesetzgeberischen Intention primär der Sicherung des **Umsatzsteueraufkommens** im Eröffnungsverfahren.[3] Letztlich – und das ist nicht von der Hand zu weisen – dehnt § 55 Abs. 4 InsO den Bereich der Masseverbindlichkeiten speziell für Steueransprüche aus. Im Ergebnis werden durch die angeordnete Rechtsfolge bereits vorinsolvenzrechtlich begründete (Umsatz-)Steuerforderungen des Steuergläubigers wirtschaftlich aufgewertet.[4] 116

§ 55 Abs. 4 InsO in der bis Ende 2020 gültigen Fassung ist ausschließlich im Rahmen der – üblicherweise stattfindenden – **vorläufigen Fremdverwaltung**, nicht aber bei angeordneter **vorläufiger Eigenverwaltung** (§ 270a InsO) anwendbar.[5] Die fehlende Anwendbarkeit hatte zur Folge, dass die im Verfahren der vorläufigen Eigenverwaltung vereinnahmte Umsatzsteuer in der Insolvenzmasse verblieb und gegenüber dem Steuergläubiger nur noch im Rahmen der Quote zu befriedigen war (Rz. 115.1). 116.1

(2) § 55 Abs. 4 InsO in der Fassung ab dem 1.1.2021 (neue Fassung)

§ 55 Abs. 4 InsO wurde mit Wirkung ab dem 1.1.2021 neu gefasst und um einen Satz ergänzt.[6] Dabei wurde der Anwendungsbereich der Vorschrift zum einen auf das Verfahren der **vorläufigen Eigenverwaltung erweitert** (zur vormals fehlenden Anwendbarkeit, Rz. 116.1), zum anderen aber – vermutlich als politischer Kompromiss – auf **bestimmte Steuerarten** (Umsatzsteuer und gleichstehende Steuerarten) **verengt**.[7] § 55 Abs. 4 Satz 1 InsO regelt in Übereinstimmung mit § 55 Abs. 4 InsO a.F. die Grundstruktur der Vorschrift, verengt sich aber auf Umsatzsteuerverbindlichkeiten. Demgegenüber determiniert § 55 Abs. 4 Satz 2 InsO die gleichgestellten Steuerarten. Im Mittelpunkt der tatbestandlichen Prüfung steht bei § 55 Abs. 1 Satz 1 InsO die Frage nach der **Entgeltvereinnahmungsbefugnis** (Rz. 119). Während bei § 55 Abs. 1 Nr. 1 und Abs. 2 InsO dem (starken vorläufigen) Insolvenzverwalter diese Befugnis kraft Gesetzes zusteht (§ 80 Abs. 1, § 22 Abs. 1 Satz 1 InsO), kommt sie im Rahmen des § 55 Abs. 4 InsO dem schwachen vorläufigen Insolvenzverwalter nur dann zu, wenn sie ihm durch das Insolvenzgericht eingeräumt wurde (dazu, Rz. 120 ff.). 116.2

1 Im Schrifttum wird § 55 Abs. 4 InsO auch als Wiedereinführung des Fiskusprivilegs kritisiert: z.B. *Kahlert*, ZIP 2010 (1274 ff.); *Pape*, ZInsO 2010 (2155), *Onusseit*, ZInsO 2011 (641); *Kahlert*, DStR 2011, 1973 (1975); *Hölzle*, BB 2012 (1571 ff.); *Schmittmann*, StuB 2012, 237 (238); *Meyer*, in FS 100 Jahre BFH (2018), S. 659 (667) und teilweise auch für verfassungswidrige gehalten: z.B. *Kahlert*, ZIP 2014, 1101 (1105).

2 BFH, Urt. v. 13.12.2022 – VII R 49/20, BFHE 279, 10 = ZIP 2023, 1197 Rz. 22–26; BMF, Schr. v. 20.5.2015 – IV A 3-S 0550/10/10020-05, BStBl. I 2015, 476 = UR 2015, 526, unter II.4; *Trottner*, NWB 2011, 309; zu weit gehend: *Römer*, KKZ 2010, 270, der meint, § 55 Abs. 4 InsO erfasse auch Beiträge und Gebühren der öffentlichen Hand; zu einschränkend: *Nawroth*, ZInsO 2011, 107 (108).

3 Gesetzesentwurf der BReg zum Entwurf eines HBeglG v. 27.9.2010, BT-Drucks. 17/3030, 43 f.; BFH, Urt. v. 1.3.2016 – XI R 9/15, BFH/NV 2016, 1310, Rz. 33; *Trottner*, NWB 2011, 309.

4 Zur Frage der Vereinbarkeit von § 55 Abs. 4 InsO mit Art. 3 Abs. 1 GG: z.B. *Witfeld*, Das Umsatzsteuerverfahren und die Insolvenz, Diss., Bochum 2016, S. 139 ff.; zu systematischen Unstimmigkeiten des § 55 Abs. 4 InsO, z.B. *Seer*, DStR 2016, 1289 (1290 f.).

5 BGH, Urt. v. 22.11.2018 – IX ZR 167/16, ZIP 2018, 2488, Ls. 2, Anm. *Thole* EWiR 2019, 49 f. So auch BFH, Urt. v. 27.11.2019 – XI R 35/17, BStBl. II 2021, 252 = UR 2020, 222, Rz. 27 (im Zusammenhang mit der umsatzsteuerlichen Organschaft); BFH, Beschl. v. 7.5.2020 – V R 14/19, BFHE 268, 512 = UR 2020, 737, Rz. 17 ff.; so zuvor bereits *Kahlert*, ZIP 2012, 2089 (2090); *Klusmeier*, ZInsO 2014, 488 (489).

6 Neuregelung durch Art. 5 Nr. 14 SanInsFoG vom 22.12.2020, BGBl. I 2020, 3256; nach Art. 103m EGInsO i.d.F. des Art. 8 Nr. 2, Art. 25 SanInsFoG ist § 55 Abs. 4 InsO (n.F.) erstmals auf Insolvenzverfahren anzuwenden, die ab dem 1.1.2021 beantragt worden sind. Näher zum zeitlichen Anwendungsbereich, *Schmidt*, DStR 2021, 693 (694, unter 2.3).

7 Vgl. dazu Bericht des Rechtsausschusses des BT v. 16.12.2020, BT-Drucks. 19/25353, 13; zum bemerkenswerten Gesetzgebungsverfahren, vgl. *Witfeld*, ZRI 2021, 173 (175 f.); *Schmidt*, DStR 2021, 693 f., unter 2.1.

bb) Auslegungsgrundsätze zu § 55 Abs. 4 InsO (alte und neue Fassung)

(1) Sachlicher Anwendungsbereich und Fortgeltung der bisherigen Rechtsgrundsätze

117 § 55 Abs. 4 InsO gilt ausschließlich für **Steuerverbindlichkeiten** (Rz. 115). In der bis zum 31.12.2020 geltenden Fassung erfasst die Vorschrift Steuerverbindlichkeiten aller Steuerarten („Verbindlichkeiten [...] aus dem Steuerschuldverhältnis", Rz. 116). Gleichwohl hatte sie in der Praxis insbesondere Bedeutung für die Lohn- und Umsatzsteuer.

Durch die Neufassung des § 55 Abs. 4 InsO ab dem 1.1.2021 hat sich zwar der sachliche Anwendungsbereich auf bestimmte Steuerarten verengt. Nachdem die Umsatzsteuer aber ausdrücklich weiterhin zum Anwendungsbereich der Vorschrift gehört und die Grundstruktur der Vorschrift im Übrigen inhaltlich unverändert geblieben ist, sind die bis dato – von der höchstrichterlichen Finanzrechtsprechung – entwickelten und in der Praxis anerkannten Rechtsgrundsätze zur Umsatzbesteuerung im Eröffnungsverfahren weiter anwendbar.[1] Die folgenden Ausführungen gelten daher sowohl für § 55 Abs. 4 InsO in der alten wie in der neuen Fassung.[2]

(2) Persönlicher und zeitlicher Anwendungsbereich sowie Abgrenzung zu § 55 Abs. 2 InsO

117.1 Der **persönliche Anwendungsbereich** des § 55 Abs. 4 Satz 1 InsO erfasst ungeachtet seiner differenzierenden Formulierung („**vorläufiger Insolvenzverwalter**" und „**Schuldner mit Zustimmung eines vorläufigen Insolvenzverwalters**") alle Formen der schwachen vorläufigen Insolvenzverwaltung (Rz. 112), also all diejenigen vorläufigen Insolvenzverwalter (§ 21 Abs. 2 Satz 2 Nr. 1 InsO), auf die § 22 Abs. 1 Satz 2 InsO anzuwenden ist (Rz. 117.2). Die Anordnung der (schwachen) vorläufigen Insolvenzverwaltung ist für die Begründung einer Umsatzsteuerverbindlichkeit als Masseverbindlichkeit zwar eine notwendige, aber keine hinreichende Bedingung (zur weiteren Notwendigkeit der rechtlichen Befugnisse, Rz. 118 ff.). Mit ihr wird allerdings der **zeitliche Anwendungsbereich** des § 55 Abs. 4 Satz 1 InsO in dem Sinne bestimmt, dass Masseverbindlichkeiten **frühestens ab dem Zeitpunkt** der Anordnung der vorläufigen Insolvenzverwaltung begründet werden können.

117.2 Die beiden den **persönlichen Anwendungsbereich** des § 55 Abs. 4 Satz 1 InsO alternativ beschreibenden Merkmale **„vorläufiger Insolvenzverwalter"** und **„Schuldner mit Zustimmung eines vorläufigen Insolvenzverwalters"** stehen nicht in einem Alternativverhältnis zueinander. Vielmehr beschreibt letzteres nur einen besonderen Anwendungsfall der vorläufigen Insolvenzverwaltung, nämlich den praktisch bedeutsamen Regelfall des vorläufigen Insolvenzverwalters mit Zustimmungsvorbehalt (§ 21 Abs. 2 Satz 1 Nr. 1, Nr. 2 Alt. 2, § 22 Abs. 2 Satz 1 InsO). Der Gesetzgeber wollte hier (wohl) die Fälle unterscheiden, dass die (Umsatz-)Steuerverbindlichkeit entweder vom vorläufigen Insolvenzverwalter oder vom Schuldner (mit Zustimmung des vorläufigen Verwalters) begründet wird. Dabei hat er nicht berücksichtigt, dass bei Anordnung der schwachen vorläufigen Insolvenzverwaltung die Verwaltungs- und Verfügungsbefugnis – ungeachtet der eingeräumten Befugnisse – grundsätzlich ohnehin beim Schuldner verbleibt (Rz. 112 f.). Da durch das Merkmal „vorläufiger Insolvenzverwalter" und damit auch durch den Wortsinn der Vorschrift alle Fallgruppen der vorläufigen Verwaltung (mit Ausnahme des starken vorläufigen Verwalters, Rz. 117.3) erfasst werden, ist es im Ergebnis unerheblich, ob die Begrifflichkeit „Schuldner mit Zustimmung eines vorläufigen Insolvenzverwalters" im Rahmen des § 55 Abs. 4 Satz 1 InsO entweder ohne Anwendungsbereich oder als spezieller Fall der „vorläufigen Insolvenzverwaltung" verstanden wird.

117.3 Demgegenüber erfasst § 55 Abs. 4 Satz 1 InsO nicht den **starken vorläufigen Insolvenzverwalter** (Rz. 111). Dies ergibt sich aus der inneren Systematik des § 55 InsO. Denn nachdem der starke vorläufige Insolvenzverwalter bereits von § 55 Abs. 2 InsO erfasst wird, ist der persönliche Anwendungsbereich des § 55 Abs. 4 InsO **einschränkend** dahingehend **auszulegen**, dass er nicht auch auf den starken vorläufigen Insolvenzverwalter anzuwenden ist (für den umgekehrten Fall, Rz. 114). Diese Auslegung bewegt sich im Wortsinn der Vorschrift und sorgt dafür, dass es nicht zu einer Doppelerfassung des starken vorläufigen Insolvenzverwalters kommt.

1 So auch, *Witfeld*, ZRI 2021, 173 (177 f.).
2 So auch, *Witfeld*, ZRI 2021, 173 (177 f.).

(3) Maßgeblichkeit der rechtlichen Befugnisse

Unter systematischen und gleichheitsgerechten Gesichtspunkten kann die Umsatzsteuer als Masseverbindlichkeit i.S.d. § 55 Abs. 4 InsO nur nach Maßgabe der dem **vorläufigen Insolvenzverwalter eingeräumten Befugnisse** begründet werden.[1] Entgegen einem auch möglichen Wortsinn des § 55 Abs. 4 Satz 1 InsO kommt es für die Begründung als Masseverbindlichkeit also nicht alleine darauf an, dass die Umsatzsteuerverbindlichkeit **zeitlich nach Bestellung** des schwachen vorläufigen Insolvenzverwalters (Rz. 117.1) begründet wurde.[2] Denn ebenso wenig, wie jede nach der Eröffnung des Insolvenzverfahrens begründete Verbindlichkeit als sonstige Masseverbindlichkeit zu qualifizieren ist (sondern ggf. als Forderung gegen das insolvenzfreie Vermögen, Rz. 81), führt nicht jede umsatzsteuerbegründende Handlung nach der Bestellung eines vorläufigen Insolvenzverwalters zu einer Masseverbindlichkeit nach § 55 Abs. 4 Satz 1 InsO. Maßgeblich ist vielmehr, ob und wie der vorläufige Insolvenzverwalter die ihm eingeräumten Befugnisse ausübt,[3] d.h. ob die Umsatzsteuerverbindlichkeit durch den bzw. im Zusammenwirken mit dem schwachen vorläufigen Verwalter wirksam begründet wurde. Verbindlichkeiten aus dem (Umsatz-)Steuerschuldverhältnis, die **alleine vom Schuldner begründet werden** und nicht im Zusammenhang mit einer Tätigkeit des vorläufigen Verwalters stehen, werden von § 55 Abs. 4 InsO nicht erfasst.[4] 118

Dieses Normverständnis leitet sich aus dem innersystematischen Zusammenhang des § 55 InsO ab. Wenn es für die Begründung von Masseverbindlichkeiten nach der Grundregelung des § 55 Abs. 1 Nr. 1 und Abs. 2 InsO auf deren rechtliche Befugnisse des Insolvenzverwalters bzw. den starken vorläufigen Verwalter (Rz. 114, Rz. 117.3) ankommt, muss dies erst Recht für die Begründung von Masseverbindlichkeiten durch einen schwachen vorläufigen Insolvenzverwalter gelten.[5] **Diese systematische Überlegung schafft eine gleichheitsgerechte Auslegung der Vorschrift**. Denn der Zustimmungsvorbehalt (§ 21 Abs. 2 Satz 1 Nr. 2 Alt. 2 InsO) bezieht sich nur auf Verfügungs-, nicht dagegen auf Verpflichtungsgeschäfte (Rz. 112.1). Somit wären – bei einer rein zeitraumbezogenen Betrachtung der Vorschrift – einzig Sachleistungen, sprich Lieferungen, nicht aber sonstige Leistungen (Dienstleistungen) von der Vorschrift erfasst. Denn die Zustimmung des vorläufigen Insolvenzverwalters zu einer „Verfügung" würde der Unternehmer allenfalls für eine Lieferung (Verschaffung der Verfügungsmacht), nicht aber für eine sonstige Leistung benötigen. Diese Ungleichbehandlung der Umsätze konnte nur mit der – noch vom Wortsinn des § 55 Abs. 4 InsO erfassten – Auslegung nach den rechtlichen Befugnissen beseitigt werden[6] (Rz. 121.3 ff.) 118.1

cc) Übertragung des Besteuerungskonzepts auf das Eröffnungsverfahren (Doppelberichtigungsjudikatur)

(1) Besteuerungskonzept bei Bestellung eines vorläufigen Insolvenzverwalters

Der BFH hat – nach Maßgabe der rechtlichen Befugnisse des vorläufigen Verwalters (Rz. 118) – die für das Insolvenzverfahren geltenden Grundsätze zur Umsatzbesteuerung bei Insolvenz (Besteuerungskonzept) auf das Eröffnungsverfahren und damit auf die Situation des § 55 Abs. 4 Satz 1 InsO übertragen.[7] Folglich gelten die Ausführungen zur **Tatbestandsverwirklichung** (Rz. 19), zur **Zuordnung der Besteuerungstatbestände** zu den insolvenzrechtlichen Vermögensbereichen (Rz. 27 ff.), zu den Grundsätzen der **Steuerberechnung** (Verrechnungsgrundsätze für einen bestimmten Besteuerungszeitraum, Rz. 122.1 f.) und das **Konzept der ersten und zweiten Berichtigung** bei der Sollbesteuerung 119

---

1 BFH, Urt. v. 24.9.2014 – V R 48/13, BStBl. II 2015, 506 = UR 2015, 192, Ls. 1 und Rz. 15 ff.; BFH, Urt. 1.3.2016 – XI R 9/15, BFH/NV 2016, 1310, Rz. 27; BFH, Urt. v. 28.5.2020 – V R 2/20, BFHE 268, 519 = UR 2020, 724, Rz. 16; BFH, Urt. v. 13.12.2022 – VII R 49/20, BFHE 279, 10 = ZIP 2023, 1197 Rz. 30 f., 33.

2 So noch BMF, Schr. v. 17.1.2012 – IV A 3-S 0550/10/10020-05, BStBl. I 2012, 120, Rz. 11 (außer Kraft). Zwischenzeitlich hat sich die FinVerw. den Rspr.-Maßstäben angeschlossen: vgl. BMF, Schr. v. 20.5.2015 – IV A 3-S 0550/10/10020-05, BStBl. I 2015, 476 = UR 2015, 526, Rz. 9, 13 f.

3 BFH, Urt. v. 28.5.2020 – V R 2/20, BFHE 268, 519 = UR 2020, 724, Rz. 18.

4 BFH, Urt. v. 13.12.2022 – VII R 49/20, BFHE 279, 10 = ZIP 2023, 1197 Rz. 33 m.w.N.

5 BFH, Urt. v. 24.9.2014 – V R 48/13, BStBl. II 2015, 506 = UR 2015, 192, Rz. 16.

6 BFH, Urt. v. 24.9.2014 – V R 48/13, BStBl. II 2015, 506 = UR 2015, 192, Rz. 23; dazu auch *Heuermann*, UR 2015, 174 (176 f.).

7 BFH, Urt. v. 24.9.2014 – V R 48/13, BStBl. II 2015, 506 = UR 2015, 192, Rz. 24 ff.

(Rz. 45 ff., Rz. 56) entsprechend.[1] Entscheidend ist deshalb, ob der (unselbständige) **Besteuerungstatbestand** (Umsatz-, Vorsteuer- oder Berichtigungstatbestand) vom Schuldner nach Maßgabe der rechtlichen Befugnisse des vorläufigen Insolvenzverwalters oder vom vorläufigen Insolvenzverwalter nach Maßgabe seiner Befugnisse (Rz. 120 ff.) nach seiner Bestellung **vollständig verwirklicht** wurde (Rz. 19).

(2) Einziehung einer Altforderung durch schwachen Verwalter (Doppelberichtigungsjudikatur bei Sollbesteuerung)

119.1 Die Bestellung eines vorläufigen schwachen Insolvenzverwalters kann bei der Sollbesteuerung bereits materiell-rechtliche Auswirkungen auf erbrachte Leistungen haben, wenn die Gegenleistung mit dem darin rechnerisch enthaltenen Umsatzsteueranteil bis dahin noch nicht vereinnahmt werden konnte. Unter Berücksichtigung der rechtlichen Befugnisse des vorläufigen Insolvenzverwalters sind die Grundsätze über die Doppelberichtigung (Rz. 45 ff.) bereits ab diesem Zeitpunkt anwendbar. Wegen rechtlicher Uneinbringlichkeit des ausstehenden Entgelts (Altforderung) für eine vom Schuldner vor Anordnung der vorläufigen Insolvenzverwaltung erbrachten Leistung kommt es zu einer **ersten Berichtigung** des Steuerbetrags (§ 17 Abs. 2 Nr. 1 Satz 1 UStG, Rz. 47). Zu einer **zweiten Berichtigung** kommt es (§ 17 Abs. 2 Nr. 1 Satz 2 UStG), wenn das Entgelt – nach Maßgabe der rechtlichen Befugnisse des vorläufigen Insolvenzverwalters – nachträglich (wirksam) vereinnahmt wird (Rz. 48). Damit steht auch im Rahmen des § 55 Abs. 4 Satz 1 InsO die **Entgeltvereinnahmung** im Mittelpunkt der rechtlichen Betrachtung[2] (Rz. 19.1). Allerdings muss die Entgeltvereinnahmung wirksam sein, d.h. sie muss nach Maßgabe der dem vorläufigen Verwalter eingeräumten Befugnisse erfolgen (vgl. dazu Entgeltvereinnahmung durch Schuldner, Rz. 121 ff.). Im Ergebnis wird damit bereits im vorläufigen Regelinsolvenzverfahren auf die Istbesteuerung umgestellt (Rz. 45).

119.2 Die Übertragung der Doppelberichtigungsjudikatur auf das Eröffnungsverfahren wird dogmatisch damit begründet, dass dem Schuldner – nach Maßgabe der konkreten Anordnungen durch das Insolvenzgericht – ab dem Zeitpunkt der Bestellung des vorläufigen Insolvenzverwalters die Vereinnahmungs- bzw. Verausgabungskompetenz genommen wird (fehlende Empfangszuständigkeit).[3] Daraus folgt, dass die **Übertragung der Doppelberichtigungsjudikatur nur dann in Betracht kommt, wenn diese Kompetenz rechtlich auf den vorläufigen Verwalter übergeht**, d.h., wenn ohne seine Mitwirkung das Entgelt nicht wirksam vereinnahmt oder verausgabt werden kann (Rz. 120, Rz. 120.2). Andernfalls hat das Eröffnungsverfahren – auch im Falle der Anordnung einer vorläufigen Insolvenzverwaltung – keine Auswirkungen auf die Umsatzbesteuerung (z.B. Rz. 120.4), insbesondere werden ausstehende Entgelte nicht uneinbringlich i.S.d. § 17 Abs. 2 Nr. 1 Satz 1 UStG.

119.3 Der **steuermindernde** Betrag der **ersten Berichtigung** ist eine juristische Sekunde vor Anordnung der vorläufigen Insolvenzverwaltung begründet[4] (Rz. 46) und deshalb dem **vorinsolvenzrechtlichen Vermögensbereich** (Rz. 26 ff.) zuzuordnen. Damit kompensiert der Berichtigungsbetrag den aufgrund der zuvor erbrachten Ausgangsleistung bereits entstandenen Umsatzsteueranspruch (Rz. 45). Der aufgrund einer nachträglichen (wirksamen) Entgeltvereinnahmung **steuererhöhende Betrag der zweiten Berichtigung** ist als unselbständige Besteuerungsgrundlage in die Steuerberechnung für den Eröffnungszeitraum einzubeziehen (Rz. 122.1 f.). Resultiert aus der Steuerberechnung für den maßgeblichen Eröffnungszeitraum (Rz. 122.3) insgesamt eine Umsatzsteuerverbindlichkeit, dann wird der steuererhöhende Berichtigungsbetrag – nach Insolvenzeröffnung (Rechtsfolge des § 55 Abs. 4 InsO) – Teil einer Masseverbindlichkeit; andernfalls wird er Teil einer (vorinsolvenzrechtlichen) Umsatzsteuervergütung (Rz. 122.2).

---

1 Übersicht zum Besteuerungskonzept, *Schulze/Vogel/Huhle*, UR 2021, 213 (214 ff.).
2 Dazu auch: *Kahlert/Kayser/Bornemann*, Rz. 129 ff., 185 ff.
3 BFH, Urt. v. 24.9.2014 – V R 48/13, BStBl. II 2015, 506 = UR 2015, 192, Rz. 28. Die dogmatische Begründung hat der BFH sodann in der Entscheidung zur Forderungsvereinnahmung im Rahmen der insolvenzrechtlichen Eigenverwaltung nochmals präzisiert (BFH, Urt. v. 27.9.2018 – V R 45/16, BStBl. II 2019, 356 = UR 2018, 922, Rz. 28 ff.).
4 Vgl. BFH, Urt. v. 24.9.2014 – V R 48/13, BStBl. II 2015, 506 = UR 2015, 192, Rz. 27.

(3) Laufende Umsatzbesteuerung im Eröffnungsverfahren (Soll- und Istbesteuerung)

Für die laufende Besteuerung im Eröffnungsverfahren gilt, dass das Entgelt für eine vom Schuldner (insolventer Unternehmer) ***nach*** **der Bestellung eines vorläufigen Insolvenzverwalters** erbrachte oder bezogene Leistung (laufender Umsatz im Eröffnungsverfahren) – wegen des Wechsels der Vereinnahmungskompetenz – uneinbringlich wird[1] (anders in Eröffnungsverfahren bei Bestellung eines starken vorläufigen Insolvenzverwalters, Rz. 114.3 oder im eröffneten Insolvenzverfahren, Rz. 51.2). Denn werden Entgelte uneinbringlich, die auf Leistungen beruhen, die der Schuldner vor der Bestellung des vorläufigen Insolvenzverwalters erbracht oder bezogen hat (Rz. 46), werden Entgelte für Leistungen erst Recht uneinbringlich, die der Schuldner nach einer solchen Bestellung erbringt oder bezieht. Der (steuererhöhende) Umsatztatbestand wird also erst durch die Entgeltvereinnahmung tatbestandlich verwirklicht: 119.4

Im Fall der **Istbesteuerung** wird der Besteuerungstatbestand erst dann vollständig verwirklicht, wenn der (vorläufige) Insolvenzverwalter das zuvor für den Schuldner uneinbringlich gewordene Entgelt vom Leistungsempfänger (Drittschuldner) vereinnahmt. Dies folgt unmittelbar aus § 13 Abs. 1 Nr. 1 Buchst. b UStG (vgl. Rz. 51.1).

Im Fall der **Sollbesteuerung** gilt das Konzept der Doppelberichtigung (Rz. 45 ff.): Die Uneinbringlichkeit aus Rechtsgründen hat eine steuermindernde erste Berichtigung des steuerauslösenden Ausgangsumsatzes nach § 17 Abs. 2 Nr. 1 Satz 1 UStG zur Folge (vgl. Rz. 48). Die Entgeltvereinnahmung durch den (vorläufigen) Insolvenzverwalter löst dann eine steuererhöhende zweite Berichtigung nach § 17 Abs. 2 Nr. 1 Satz 2 UStG aus (vgl. Rz. 49).

Der im Eröffnungsverfahren oder bereits im eröffneten Insolvenzverfahren tatbestandlich vollständig verwirklichte (steuererhöhende) Umsatztatbestand ist grundsätzlich dem Vermögensbereich der Insolvenzmasse (Rz. 18, Rz. 27) zuzuordnen, wenn das Insolvenzverfahren eröffnet wird.[2]

dd) Einordnung der vorläufigen Insolvenzverwalter nach den rechtlichen Befugnissen

(1) Schwacher vorläufiger Insolvenzverwalter mit Zustimmungsvorbehalt und Einziehungsbefugnis

Dem schwachen vorläufigen Insolvenzverwalter mit Zustimmungsvorbehalt (§ 21 Abs. 2 Satz 1 Nr. 1, Nr. 2 Alt. 2, § 22 Abs. 2 Satz 1 InsO) und dem **Recht zum Forderungseinzug** (§ 21 Abs. 1 Satz 1, § 22 Abs. 2 Satz 1, § 23 Abs. 1 Satz 1, 2 InsO) steht die Befugnis zur Entgeltvereinnahmung zu.[3] Damit kann dieser – sowohl bei der Soll- als auch bei der Istbesteuerung – eine Umsatzsteuerverbindlichkeit i.S.d. § 55 Abs. 4 InsO- vergleichbar mit § 55 Abs. 1 Nr. 1, Abs. 2 InsO – im Rahmen seiner rechtlichen Befugnisse begründen.[4] Denn wegen der Einziehungsermächtigung kann rechtswirksam grundsätzlich nur noch an den vorläufigen Insolvenzverwalter geleistet werden (Rz. 112.2; zur Ausnahme bei Leistung an den Schuldner, Rz. 121 ff.). Kommt es zu einer wirksamen Entgeltvereinnahmung durch den schwachen vorläufigen Verwalter mit allgemeinem Zustimmungsvorbehalt und der Befugnis, Forderungen des Schuldners gegenüber Drittschuldnern einzuziehen, ist die durch die Entgeltvereinnahmung entstehende Umsatzsteuer nach § 55 Abs. 4 InsO dem Vermögensbereich der Insolvenzmasse zuzuordnen. 120

Folglich sind in dieser Konstellation auch die **Grundsätze über die erste und zweite Berichtigung** (Rz. 45 ff., Rz. 56) im Eröffnungsverfahren anzuwenden.[5] Damit sind Steuerbetrag und Vorsteuerabzug für die Leistungen, die der (insolvente) Unternehmer bis zur Bestellung des vorläufigen Insol- 120.1

---

1 BFH, Urt. v. 24.9.2014 – V R 48/13, BStBl. II 2015, 506 = UR 2015, 192, Rz. 31.

2 BFH, Urt. v. 1.3.2016 – XI R 21/14, BStBl. II 2016, 756 = UR 2016, 610.

3 BFH, Urt. v. 28.5.2020 – V R 2/20, BFHE 268, 519 = UR 2020, 724, Rz. 16.

4 BFH, Urt. v. 24.9.2014 – V R 48/13, BStBl. II 2015, 506 = UR 2015, 192, Rz. 20 f.; BFH, Urt. v. 28.5.2020 – V R 2/20, BFHE 268, 519 = UR 2020, 724, Rz. 17, 19.

5 BFH, Urt. v. 24.9.2014 – V R 48/13, BStBl. II 2015, 506 = UR 2015, 192, Rz. 24 ff., 29; BFH, Urt. v. 1.3.2016 – XI R 9/15, BFH/NV 2016, 1310, Rz. 19 f.; BMF, Schr. v. 20.5.2015 – IV A 3-S 0550/10/10020-05, BStBl. I 2015, 476 = UR 2015, 526, unter II.4.1. (Übernahme der BFH-Rspr.); BMF, Schr. v. 18.11.2015 – IV A 3-S 0550/10/10020-05, BStBl. I 2015, 886 (die FinVerw. wendet die Rspr. des BFH, Urt. v. 24.9.2014 – V R 48/13, BStBl. II 2015, 506 = UR 2015, 192 nicht auf Sicherungsmaßnahmen an, die vor dem 1.1.2015 angeordnet wurden; für

venzverwalters erbracht oder bezogen hat, wegen rechtlicher Uneinbringlichkeit des (noch nicht vereinnahmten oder verausgabten) Entgelts nach § 17 Abs. 2 Nr. 1 Satz 1 UStG zu berichtigen. Kommt es zum Forderungseinzug durch den vorläufigen Insolvenzverwalter (Entgeltvereinnahmung) für eine erbrachte Ausgangsleistung, führt dies zu einer erneuten Berichtigung und damit zur Begründung von Masseverbindlichkeiten i.S.d. § 55 Abs. 4 InsO.

(2) Schwacher vorläufiger Insolvenzverwalter mit Zustimmungsvorbehalt

120.2 Bisher hat die Rechtsprechung eine „Entgeltvereinnahmungsbefugnis“ (Rz. 118) und damit die Grundlage für die Übertragung des Besteuerungskonzepts der Umsatzbesteuerung bei Insolvenz auf das Eröffnungsverfahren (Rz. 119) nur im Zusammenhang mit einem starken vorläufigen Insolvenzverwalter (Rz. 114 ff.) oder mit einem schwachen vorläufigen Insolvenzverwalter mit allgemeinem Zustimmungsvorbehalt *und* dem Recht zum Forderungseinzug (Rz. 120.1) erkannt.[1] Demgegenüber **fehlt ein höchstrichterliches Judikat**, ob diese Befugnis auch allein aus dem allgemeinen Zustimmungsvorbehalt (§ 21 Abs. 2 Satz 1 Nr. 2 Alt. 2 InsO) abgeleitet werden kann, also ohne eine gesondert angeordnete Ermächtigung zum Einzug von Forderungen gegenüber Drittschuldnern.[2] Die **FinVerw.** geht bislang davon aus, mit der Folge, dass auch der (schwache) vorläufige Insolvenzverwalter mit allgemeinem Zustimmungsvorbehalt Umsatzsteuerverbindlichkeiten als Masseverbindlichkeiten begründen kann und das Besteuerungskonzept für das eröffnete Verfahren auch in dieser Fallkonstellation anzuwenden ist.[3]

120.3 Der Auffassung der FinVerw. ist zuzustimmen. Denn fehlt die gesonderte Anordnung zum Forderungseinzug, ist der vorläufige Verwalter zwar nicht befugt Forderungen gegenüber Drittschuldnern im eigenen Namen, also mit eigener Rechtsbefugnis einzuziehen. Gleichwohl stehen sämtliche Verfügungen des Schuldners unter dem Wirksamkeitsvorbehalt der Zustimmung des vorläufigen Verwalters (§ 21 Abs. 2 Satz 1 Nr. 2 Alt. 2 InsO). Verfügungen sind alle Rechtsgeschäfte, die auf unmittelbare Rechtsänderung gerichtet sind.[4] Verfügungscharakter haben dabei nicht nur dingliche Rechtsgeschäfte; auch schuldrechtlichen Rechtsgeschäften kann ein verfügender Charakter beizumessen sein.[5] Der Einzug einer Forderung durch den Schuldner (Entgegennahme von Bargeld; Geldeingang auf seiner Bankverbindung) ist – aus dessen Sicht – eine solche Verfügung, weil durch die (wirksame) Annahme sein Forderungsrecht erlischt,[6] so dass die Entgegennahme auf eine unmittelbare Rechtsänderung gerichtet ist. Für eine wirksame Entgeltvereinnahmung bedarf es aber grundsätzlich der Zustimmung des vorläufigen Insolvenzverwalters. Folglich liegt die rechtliche Befugnis zur Verwirklichung des Umsatzsteuertatbestands, auch im Falle eines nur mit einem allgemeinen Zustimmungsvorbehalt ausgestatteten vorläufigen Insolvenzverwalters, bei diesem. Dies hat zur Folge, dass die durch den Entgeltvorgang ausgelöste Umsatzsteuer als Masseverbindlichkeit nach § 55 Abs. 4 InsO einzuordnen ist. Davon unberührt bleiben aber die Fallgestaltungen, in denen der Drittschuldner mit schuldbefreiender Wirkung an den Schuldner leisten kann (Rz. 121 ff.).

(3) Schwacher vorläufiger Insolvenzverwalter ohne weitere Befugnisse

120.4 Bestellt das Insolvenzgericht einen (schwachen) vorläufigen Insolvenzverwalter ohne weitergehende Maßnahmen anzuordnen, verbleiben die rechtlichen Verwaltungs- und Verfügungsbefugnisse beim

---

diese Fälle gelten die Grundsätze des ursprünglichen BMF-Schr. v. 17.1.2012 – IV A 3-S 0550/10/10020-05, BStBl. I 2012, 120).

1 Für den starken vorläufigen Insolvenzverwalter: BFH, Urt. v. 1.3.2016 – XI R 21/14, BStBl. II 2016, 756 = UR 2016, 610; für den schwachen vorläufigen Insolvenzverwalter: BFH, Urt. v. 24.9.2014 – V R 48/13, BStBl. II 2015, 506 = UR 2015, 192; BFH, Urt. v. 1.3.2016 – XI R 9/15, BFH/NV 2016, 1310; BFH, Urt. v. 28.5.2020 – V R 2/20, BFHE 268, 519 = UR 2020, 724.

2 Ausdrücklich offengelassen: BFH, Urt. v. 24.9.2014 – V R 48/13, BStBl. II 2015, 506 = UR 2015, 192, Rz. 29.

3 BMF, Schr. v. 20.5.2015 – IV A 3-S 0550/10/10020-05, BStBl. I 2015, 476, Rz. 10, 15.

4 BGH, Urt. v. 24.10.1979 – VIII ZR 289/78, ZIP 1980, 36, unter II.2.b bb; BGH, Urt. v. 4.5.1987 – II ZR 211/86, BGHZ 101, 24, unter 1.a.

5 *Ellenberger* in Grüneberg, BGB[83], Überbl. v § 104 Rz. 16.

6 *Heuermann*, UR 2015, 174 (177).

Schuldner.[1] Infolgedessen können die im Eröffnungsverfahren verwirklichten Umsatzsteuerverbindlichkeiten nicht nach § 55 Abs. 4 Satz 1 InsO als Masseverbindlichkeiten begründet werden. Denn dem vorläufigen Verwalter fehlt die Befugnis zur Vereinnahmung des den Umsatzsteuertatbestand auslösenden Entgelts (Rz. 118). Diese liegt weiterhin beim Schuldner mit der Folge, dass dieser Entgelte ohne die Mitwirkung des vorläufigen Verwalters wirksam vereinnahmen oder verausgaben kann. Wegen des fehlenden Übergangs der Rechtsmacht, werden vereinbarte Entgelte auch nicht i.S.d. § 17 Abs. 2 Nr. 1 Satz 1 UStG uneinbringlich, so dass das Konzept der ersten und zweiten Berichtigung (Rz. 45 ff.) nicht zur Anwendung kommen kann. Ein im Eröffnungsverfahren entstehender Umsatzsteueranspruch kann folglich aus Rechtsgründen nur dem vorinsolvenzrechtlichen Vermögensbereich (Rz. 18 f., Rz. 27, Rz. 32) zugeordnet werden[2] (Rz. 119.1).

ee) Entgeltvereinnahmung durch den nichtberechtigten Schuldner

(1) Grundsätze

121 Wird ein Entgelt für eine Leistung durch den Drittschuldner (Leistungsempfänger) an den Schuldner (Leistender) nach Anordnung einer schwachen vorläufigen Insolvenzverwaltung erbracht, stellen sich im Zusammenhang mit § 55 Abs. 4 Satz 1 InsO **zwei Fragen**: Wird durch die Entgeltvereinnahmung des Schuldners ein Besteuerungstatbestand verwirklicht und wenn dies zu bejahen sein sollte, ist dieser dem Vermögensbereich der Insolvenzmasse zuzuordnen (Begründung einer Masseverbindlichkeit i.S.d. § 55 Abs. 4 Satz 1 InsO)? Diese beiden Fragen lassen sich weder abstrakt noch trennscharf voneinander beantworten. Vielmehr müssen sie für den jeweiligen Einzelfall untersucht werden. Dabei gehen die Antworten ineinander über.

121.1 Ausgangspunkt der Überlegung ist, dass (Umsatzsteuer-)Verbindlichkeiten nach § 55 Abs. 4 Satz 1 InsO nur im Rahmen der für den vorläufigen Verwalter bestehenden rechtlichen Befugnisse begründet werden können (Rz. 118). **Knüpft ein umsatzsteuerlicher Besteuerungstatbestand an die Entgeltvereinnahmung an** (z.B. §§ 1 Abs. 1 Nr. 1 Satz 1, 13 Abs. 1 Nr. 1 Buchst. b UStG bei der Istbesteuerung oder § 17 Abs. 2 Nr. 1 Satz 2 UStG bei der Sollbesteuerung), **wird dieser nur dann verwirklicht, wenn die Zahlung (Leistung) an den Schuldner zivilrechtlich wirksam ist**, d.h., wenn der Drittschuldner seine (Zahlungs-)Verpflichtung mit schuldbefreiender Wirkung erfüllt.[3] Dies hängt maßgeblich von den Anordnungen des Insolvenzgerichts ab. Dabei sind die §§ 24 Abs. 1, 82 InsO zwingend zu berücksichtigen.[4] Aber selbst wenn der Drittschuldner mit schuldbefreiender Wirkung leistet, begründet dies nicht zwingend eine Masseverbindlichkeit i.S.d. § 55 Abs. 4 Satz 1 InsO.

(2) Schwacher vorläufiger Insolvenzverwalter ohne weitere Befugnisse

121.2 Ordnet das Insolvenzgericht zwar die vorläufige Insolvenzverwaltung, aber keine allgemeinen oder speziellen Verfügungsbeschränkungen an, erfolgt die Vereinnahmung des Entgelts durch den Schuldner im Rahmen seiner rechtlichen Befugnisse. Dies führt z.B. bei der Istbesteuerung zur Verwirklichung des Umsatztatbestands. Wegen der fehlenden rechtlichen Befugnisse des vorläufigen Verwalters (Rz. 118, Rz. 120.4), wäre der Umsatztatbestand aber nicht dem Vermögensbereich der Insolvenzmasse, sondern dem vorinsolvenzrechtlichen Vermögensbereich zuzuordnen.

(3) Starker vorläufiger Insolvenzverwalter und schwacher vorläufiger Insolvenzverwalter mit Zustimmungsvorbehalt

121.3 Ordnet das Insolvenzgericht neben der vorläufigen Insolvenzverwaltung eine Verfügungsbeschränkung entweder als allgemeines Verfügungsverbot (§ 21 Abs. 2 Satz 1 Nr. 2 Alt. 1 InsO, starker vorläu-

1 BFH, Urt. v. 24.9.2014 – V R 48/13, BStBl. II 2015, 506 = UR 2015, 192, Rz. 17 m.w.N.

2 *Frintrup*, ZIP 2019, 1101 (1104, unter 2.2.1); *Wäger*, DStR 2021, 825 (828, unter 3.2); anders BMF, Schr. v. 20.5.2015 – IV A 3-S 0550/10/10020-05, BStBl. I 2015, 476 = UR 2015, 526, Rz. 2, wenn dem schwachen vorläufigen Insolvenzverwalter zwar kein allgemeiner Zustimmungsvorbehalt, aber „zahlreiche Rechte durch das Insolvenzgericht eingeräumt oder Sicherungsmaßnahmen angeordnet werden".

3 *Schulze/Vogel/Huhle*, UR 2021, 213 (222).

4 BFH, Urt. v. 28.5.2020 – V R 2/20, BFHE 268, 519 = UR 2020, 724 Rz. 20 ff.

figer Insolvenzverwalter) oder als Zustimmungsvorbehalt (§ 21 Abs. 2 Satz 1 Nr. 2 Alt. 2 InsO, schwacher vorläufiger Insolvenzverwalter) an, sind für Zahlungen des Drittschuldners an den Schuldner die **§§ 24 Abs. 1, 82 InsO** zu berücksichtigen. Danach wird der Drittschuldner im Falle einer gerichtlich angeordneten Verfügungsbeschränkung (z.B. § 21 Abs. 2 Nr. 2 InsO) von seiner Verbindlichkeit durch (Entgelt-)Leistung an den Schuldner **nur dann befreit**, wenn er die Verfügungsbeschränkung bei Erbringung der Leistung nicht kannte. Diese Rechtsfolge tritt kraft Gesetzes ein, weshalb es auf die ausdrückliche gerichtliche Aufforderung an die Drittschuldner, nicht mehr an den Schuldner zu leisten (§ 23 Abs. 1 Satz 3 InsO), nicht ankommt.[1]

121.4 Leistungen des **bösgläubigen Drittschuldners** an den Schuldner bewirken nach §§ 24 Abs. 1, 82 Satz 1 InsO grundsätzlich **keine Befreiung von der Zahlungsverpflichtung**. Dies hat zur Folge, dass die Vereinnahmung des Entgelts durch den Schuldner nicht nach Maßgabe der dem vorläufigen Insolvenzverwalter übertragenen rechtlichen Befugnisse erfolgt und sie folglich nicht wirksam ist. Da in der Situation einer starken vorläufigen Insolvenzverwaltung sowie einer schwachen vorläufigen Insolvenzverwaltung mit angeordnetem Zustimmungsvorbehalt das Besteuerungskonzept für das eröffnete Verfahren bereits ab dem Zeitpunkt dieser Anordnung im Eröffnungsverfahren anzuwenden ist (Rz. 119), kommt es für die Verwirklichung des Besteuerungstatbestands aber auf eine **wirksame Entgeltvereinnahmung** an. Ungeachtet der tatsächlichen Zahlungsvereinnahmung durch den Schuldner kann der **Besteuerungstatbestand** wegen seiner fehlenden Empfangszuständigkeit **nicht verwirklicht werden**. Der Empfang des Entgelts durch den Schuldner ist umsatzsteuerrechtlich zu diesem Zeitpunkt **ein Nullum.**[2]

121.5 Zahlt der **bösgläubige Drittschuldner** – mangels schuldbefreiender Wirkung – im Eröffnungsverfahren oder im eröffneten Insolvenzverfahren **nochmals zur Erfüllung seiner Verbindlichkeit an den (vorläufigen) Verwalter**, wird der Besteuerungstatbestand ausgelöst. Da dies auch im Rahmen der rechtlichen Befugnisse des (vorläufigen) Insolvenzverwalters erfolgt, ist der dann begründete Umsatzsteuertatbestand dem Vermögensbereich der Insolvenzmasse zuzuordnen (Rz. 27) und kann somit Grundlage einer Masseverbindlichkeit i.S.d. § 55 Abs. 1 oder Abs. 4 InsO sein.[3]

121.6 Leistet der **bösgläubige Drittschuldner** – wegen §§ 24 Abs. 1, 82 Satz 1 InsO ohne schuldbefreiende Wirkung – an den Schuldner und **genehmigt** der starke vorläufige Insolvenzverwalter oder der schwache vorläufige Insolvenzverwalter mit Zustimmungsvorbehalt diese unwirksame Verfügung des Schuldners (Entgegennahme des Entgelts), wird die **Entgeltvereinnahmung wirksam**. Dadurch wird der an das Entgelt anknüpfende Besteuerungstatbestand verwirklicht. Der Entgeltvereinnahmungsvorgang vollzieht sich dann aufgrund der Genehmigung im Rahmen der dem (vorläufigen) Insolvenzverwalter zustehenden Rechtsbefugnisse. Infolgedessen liegen die Voraussetzungen für eine Qualifikation der hieraus resultierenden Umsatzsteuerverbindlichkeit als Masseverbindlichkeit i.S.d. § 55 Abs. 1 oder Abs. 4 Satz 1 InsO vor, so dass der Umsatz dem Vermögensbereich der Insolvenzmasse zuzuordnen ist.[4]

121.7 Trotz angeordneter Verfügungsbeschränkung wird der Drittschuldner von seiner Zahlungsverpflichtung gegenüber dem Schuldner nach §§ 24 Abs. 1, 82 Satz 1 InsO befreit (wirksame Erfüllung), wenn er die Verfügungsbeschränkung im Zeitpunkt der Zahlung an den Schuldner nicht kannte (**gutgläubiger Drittschuldner**). Aus umsatzsteuerlicher Sicht hat der Schuldner das Entgelt wegen der schuldbefreienden Wirkung wirksam vereinnahmt und damit den an das Entgelt anknüpfenden Besteuerungstatbestand abschließend **in seiner Person** verwirklicht. Der hieraus resultierende Umsatztatbestand ist dem vorinsolvenzrechtlichen Vermögensbereich zuzuordnen. Eine Zuordnung zum Vermögensbereich der Insolvenzmasse kommt demgegenüber nicht in Betracht. Die Voraussetzungen des § 55 Abs. 4

1 BFH, Urt. v. 28.5.2020 – V R 2/20, BFHE 268, 519 = UR 2020, 724 Rz. 21; insoweit relativiert der V. Senat des BFH seine Begründungsanforderungen für die Entgeltvereinnahmungsbefugnis um eine Nuance, vgl. demgegenüber noch: BFH, Urt. v. 24.9.2014 – V R 48/13, BStBl. II 2015, 506 = UR 2015, 192 Rz. 28 f.

2 *Schulze/Vogel/Huhle*, UR 2021, 213 (223).

3 BFH, Urt. v. 28.5.2020 – V R 2/20, BFHE 268, 519 = UR 2020, 724 Rz. 20 a.E.; *Schulze/Vogel/Huhle*, UR 2021, 213 (223) zugleich zu den Folgen einer unterlassenen nochmaligen Geltendmachung der noch offenen Zahlungsforderung durch den Insolvenzverwalter.

4 *Schulze/Vogel/Huhle*, UR 2021, 213 (223), auch zu der Frage, wann der (vorläufige) Insolvenzverwalter die Verfügung genehmigen wird.

Satz 1 InsO liegen nicht vor, weil der Umsatztatbestand außerhalb der rechtlichen Befugnissphäre des vorläufigen Insolvenzverwalters verwirklicht wurde.[1]

4. Rechtsfolge des § 55 Abs. 4 Satz 1 InsO/Fiktion einer Masseverbindlichkeit

Nach § 55 Abs. 4 Satz 1 InsO gelten die im Rahmen dieser Vorschrift begründeten Umsatzsteuerverbindlichkeiten nach Eröffnung des Insolvenzverfahrens als Masseverbindlichkeiten. Die **Fiktion** greift erst **mit Eröffnung des Insolvenzverfahrens**. Kommt es nicht zur Verfahrenseröffnung, besteht kein Grund für eine (haftungsrechtliche) Einteilung der Forderungen gegen den Schuldner in insolvenzrechtliche Kategorien (Insolvenzforderungen, Masseverbindlichkeiten oder Forderungen gegen das insolvenzfreie Vermögen). 122

Für die Frage, ob im Eröffnungszeitraum ein Anspruch aus dem Umsatzsteuerschuldverhältnis entsteht, der als Masseverbindlichkeit begründet werden kann, kommt es **ausschließlich auf die Steuerschuld selbst an**, nicht aber auf die in diesem Zeitraum jeweils verwirklichten unselbständigen Besteuerungsgrundlagen (Rz. 30). Denn im Rahmen des § 55 Abs. 4 Satz 1 InsO sind alle steuererhöhenden (Rz. 19), aber auch steuer- und damit masseverbindlichkeitsmindernden (Rz. 24) Besteuerungsgrundlagen zu berücksichtigen, die von einem vorläufigen Insolvenzverwalter – im Rahmen seiner Befugnisse (Rz. 118 f.) – begründet worden sind[2] (zur Zuordnung der unselbständigen Berichtigungstatbestände aufgrund der **Doppelberichtigungsgrundsätze** Rz. 119.3). Eine **Umsatzsteuerverbindlichkeit** für den Zeitraum von der Bestellung des vorläufigen Verwalters bis zur Insolvenzeröffnung **entsteht** danach, wenn nach **Verrechnung** der – vom vorläufigen Insolvenzverwalter im Rahmen seiner Befugnisse begründeten – unselbständigen Besteuerungsgrundlagen (Gesamtsaldierung) und der Berücksichtigung etwaiger Vorauszahlungen für diesen Zeitraum (Rz. 40) eine **Umsatzsteuerzahllast** verbleibt (Rz. 30 ff.).[3] Diese hat der Insolvenzverwalter **nach Eröffnung des Verfahrens** als Masseverbindlichkeit i.S.d. § 55 Abs. 4 Satz 1 InsO an den Steuergläubiger abzuführen. 122.1

Nach dem Wortlaut des § 55 Abs. 4 Satz 1 InsO ist diese Vorschrift ausschließlich auf (Umsatz-)Steuer**verbindlichkeiten** anzuwenden. Das schließt eine Anwendung auf Umsatzsteuervergütungs- oder Erstattungsansprüche (Rz. 9, Rz. 18, Rz. 31, Rz. 40, zur Durchsetzung Rz. 151 ff.) aus.[4] Der Anspruch aus dem Umsatzsteuerschuldverhältnis ist folglich nur dann als Masseverbindlichkeit zu fingieren, wenn aus der Saldierung der im Zeitraum ab Bestellung des vorläufigen Insolvenzverwalters bis zur Eröffnung des Insolvenzverfahrens verwirklichten unselbständigen Besteuerungsgrundlagen (Rz. 30 ff., Rz. 18.1) eine Umsatzsteuerverbindlichkeit resultiert (**Positivsaldo**, Rz. 18.1). Ein aus der Saldierung resultierender **Negativsaldo** (Vergütungs- oder Erstattungsanspruch), also eine Forderung der Masse gegen den Steuergläubiger, wird von § 55 Abs. 4 Satz 1 InsO indes nicht erfasst (zur Frage der **Aufrechnung** oder **Verrechnung** dieses Anspruchs, Rz. 123). Darin liegt **kein Gleichheitsverstoß**. Eine Ungleichbehandlung von Umsatzsteuerverbindlichkeit und Erstattungsanspruch ist schon deshalb nicht gegeben, weil der Erstattungsanspruch wegen § 35 Abs. 1 InsO auch ohne § 55 Abs. 4 InsO zur Insolvenzmasse gehört (Rz. 81), eben nur vorinsolvenzrechtlich begründet ist. 122.2

Für die Frage, ob im Eröffnungszeitraum eine Umsatzsteuerverbindlichkeit oder ein Vergütungs- oder Erstattungsanspruch entstanden ist, muss der **gesamte Zeitraum** von der Bestellung des vorläufigen Insolvenzverwalters bis zur Verfahrenseröffnung betrachtet werden. Dauert der **Eröffnungszeitraum über die Jahresgrenze** an, ist der Betrachtungszeitraum – entsprechend dem Jahresprinzip des § 16 Abs. 1 Satz 2 UStG – zu trennen. Demgegenüber ist aber nicht auf die einzelnen Voranmeldezeiträume abzustellen, insbesondere die Zeiträume innerhalb des § 55 Abs. 4 InsO sind nicht getrennt zu betrachten.[5] 122.3

---

1 *Schulze/Vogel/Huhle*, UR 2021, 213 (223).

2 BFH, Urt. v. 23.7.2020 – V R 26/19, BStBl. II 2022, 495 = UR 2020, 923, Rz. 15 m.w.N. (ausdrücklich für Vorsteuerbeträge); für Vorsteuerberichtigungsbeträge: BMF, Schr. v. 20.5.2015 – IV A 3-S 0550/10/10020-05, BStBl. I 2015, 476 = UR 2015, 526, Rz. 22.

3 *Sinz/Oppermann*, DB 2011, 2185 (2188); *Onusseit*, ZInsO 2011, 641 (644); *Heinze*, ZInsO 2011, 603 (608).

4 BFH, Urt. v. 23.7.2020 – V R 26/19, BStBl. II 2022, 495 = UR 2020, 923, Ls und Rz. 16; BMF, Schr. v. 20.5.2015 – IV A 3-S 0550/10/10020-05, BStBl. I 2015, 476 = UR 2015, 526, Rz. 5.

5 *Debus/Schartl*, ZIP 2013, 350 (353).

Beispiel:
Die X-AG stellt am 25.10.2020 einen Insolvenzantrag. Am 1.11.2020 wird I zum vorläufigen Insolvenzverwalter mit Zustimmungsvorbehalt bestellt. Das Insolvenzverfahren wird am 1.4.2021 eröffnet. Nach Verrechnung haben sich für die Voranmeldezeiträume im Eröffnungsverfahren folgende Steueransprüche ergeben:

November 2020	– 20.000 €
Dezember 2020	+ 5.000 €
Januar 2021	– 10.000 €
Februar 2021	– 15.000 €
März 2021	+ 30.000 €

Für den Gesamtzeitraum des Eröffnungsverfahrens ergäbe sich hier ein Vergütungsanspruch von 10.000 €. Das Eröffnungsverfahren hat aber keine Ausdehnung des Besteuerungszeitraums über das Kalenderjahr (§ 16 Abs. 1 Satz 2 UStG) hinaus zur Folge. Vielmehr bleibt es bei der abschnittsbezogenen Umsatzbesteuerung. Aus diesem Grund resultiert im Eröffnungsverfahren nach Verrechnung für den Zeitabschnitt 2020 ein Vergütungsanspruch von 15.000 €, der grundsätzlich an die Insolvenzmasse zu leisten ist (zur Möglichkeit der Aufrechnung mit Insolvenzforderungen, Rz. 123.2). Für den Zeitabschnitt Januar bis März 2021 (abgekürzter Besteuerungszeitraum, Rz. 30, Rz. 38) ergibt sich nach Verrechnung eine Umsatzsteuerzahllast von 5.000 €, die nach Verfahrenseröffnung als Masseverbindlichkeit gilt. Unzulässig wäre es demgegenüber, die Verrechnung für jeden Voranmeldezeitraum vornehmen zu wollen, mit dem Ergebnis, dass für die Monate Dezember 2020 und März 2021 jeweils ein als (spätere) Masseverbindlichkeit geltender Umsatzsteueranspruch begründet wäre.

5. Aufrechnung oder Verrechnung des im Eröffnungsverfahren entstandenen Vergütungs- oder Erstattungsanspruchs

123 Ergibt sich nach der Verrechnung der unselbständigen Besteuerungsgrundlagen für den maßgeblichen Zeitraum im Eröffnungsverfahren (Rz. 30 ff.) ein **Vergütungs-** oder **Erstattungsanspruch**, gehört dieser nicht zum Anwendungsbereich des § 55 Abs. 4 Satz 1 InsO, weil es sich bei diesem nicht um eine Verbindlichkeit, sondern eine Forderung der Insolvenzmasse gegen den Steuergläubiger handelt (Rz. 122.2). Solche Steueransprüche sind vom Steuergläubiger grundsätzlich an die Insolvenzmasse zu leisten.

123.1 **Nicht abschließend geklärt ist**, ob ein solcher aus unselbständigen Besteuerungsgrundlagen der Umsatzsteuer resultierender Vergütungs- oder Erstattungsanspruch im Eröffnungsverfahren, mit nach Insolvenzeröffnung begründeten Masseverbindlichkeiten der Umsatzsteuer verrechnet werden kann oder nur zur Aufrechnung mit Insolvenzforderungen zur Verfügung steht.[1]

Vertreten wird, dass der Vergütungs- oder Erstattungsanspruch aus dem Zeitraum der vorläufigen Insolvenzverwaltung in den Zeitraum nach Verfahrenseröffnung „vorgetragen" werden könnte, um diesen dort gegen umsatzsteuerliche Masseverbindlichkeiten zu verrechnen.[2] Etwas präziser formuliert lautet das Postulat, die unselbständigen Besteuerungsgrundlagen aus dem Zeitraum des Eröffnungsverfahrens, die dort zu einem Vergütungs- oder Erstattungsanspruch geführt haben, mit unselbständigen Besteuerungsgrundlagen der Umsatzsteuer, die nach Eröffnung des Verfahrens eine Masseverbindlichkeit begründen würden, nach § 16 UStG verrechnen zu dürfen. **Nach anderer Ansicht** dürfen die unselbständigen Besteuerungsgrundlagen der Umsatzsteuer, aus denen der Vergütungs- oder Erstattungsanspruch im Eröffnungsverfahren resultiert, nicht mit unselbständigen Besteuerungsgrundlagen *nach* Verfahrenseröffnung verrechnet werden. Denn solche in unterschiedlichen Vermögensbereichen begründeten unselbständigen Besteuerungsgrundlagen der Umsatzsteuer dürfen nicht nach § 16 UStG verrechnet werden (Rz. 34).[3] Gegen einen vorinsolvenzrechtlich (im Eröffnungsverfahren) begründeten **Vergütungs-** oder **Erstattungsanspruch** dürfe lediglich – unter Beachtung der Aufrechnungsverbote nach § 96 InsO – mit einer Insolvenzforderung aufgerechnet werden.

Dogmatisch reduziert sich die Streitfrage darauf, ob – wegen § 55 Abs. 4 InsO – bereits der Zeitraum des Eröffnungsverfahrens Teil des „Vermögensbereichs der Insolvenzmasse" sein kann oder ob die Einteilung in insolvenzrechtliche Vermögensbereiche (Aufspaltung des Unternehmens, Rz. 27 ff.) –

1 Dazu FG Rheinl.-Pfalz, Urt. v. 6.12.2021 – 6 K 2185/20, ZRI 2022, 783 (nrkr., Rev. anhängig BFH, XI R 1/22).
2 *Sinz* in Uhlenbruck, InsO[15], § 55 Rz. 119 m.w.N.; offengelassen: BFH, Urt. v. 23.7.2020 – V R 26/19, BStBl. II 2022, 495 = UR 2020, 923, Rz. 21.
3 FG Münster, Urt. v. 26.1.2017 – 5 K 3730/14 U, EFG 2017, 614, Rz. 58 ff. (rkr.); FG Rheinl.-Pfalz, Urt. v. 6.12.2021 – 6 K 2185/20, ZRI 2022, 783 (nrkr., Rev. anhängig BFH, XI R 1/22).

trotz § 55 Abs. 4 InsO – erst mit Eröffnung des Insolvenzverfahrens erfolgt mit der Folge, dass ein im Eröffnungsverfahren begründeter Vergütungs- oder Erstattungsanspruch nur im vorinsolvenzrechtlichen Vermögensbereich begründet werden kann.

Nach **hier vertretener Auffassung** kann der Zeitraum des Eröffnungsverfahrens nicht Teil des „Vermögensbereichs der Insolvenzmasse" sein. Dies hat zur Folge, dass ein im Eröffnungsverfahren begründeter Vergütungs- oder Erstattungsanspruch nicht mit einer nach Verfahrenseröffnung als Masseverbindlichkeit zu qualifizierenden Umsatzsteuerverbindlichkeit verrechnet werden darf. Denn die Zuordnung der unselbständigen Besteuerungsgrundlagen der Umsatzsteuer zu den insolvenzbedingten Vermögensbereichen (regelmäßig vorinsolvenzrechtlicher Vermögensbereich und Vermögensbereich der Insolvenzmasse, Rz. 27 ff.) wird wegen §§ 38, 55 Abs. 1 Nr. 1 InsO erst nach Verfahrenseröffnung notwendig.[1] In dieses System fügt sich die Fiktionsanordnung des § 55 Abs. 4 Satz 1 InsO ein. Ohne diese Anordnung könnten vorinsolvenzrechtliche Ansprüche nicht nach Verfahrenseröffnung als Masseverbindlichkeiten geltend gemacht werden. Die Besteuerungsgrundlagen der Umsatzsteuer aus dem Eröffnungsverfahren werden kraft gesetzlicher Anordnung in den Vermögensbereich der Insolvenzmasse „transferiert", wenn diese nach Verrechnung (§ 16 UStG) zu einer Umsatzsteuerverbindlichkeit führen. Es wird also nicht der Vermögensbereich der Insolvenzmasse zeitlich vorverlagert, sondern die im Eröffnungsverfahren begründeten Besteuerungsgrundlagen kraft Gesetzes einem anderen Vermögensbereich zugeordnet. Da § 55 Abs. 4 Satz 1 InsO für Vergütungs- und Erstattungsansprüche aber keine Anwendung findet (Rz. 122.1), kommt es auch nicht zu einem Transfer der unselbständigen Besteuerungsgrundlagen des Eröffnungsverfahrens in den ab Eröffnung des Verfahrens begründeten Vermögensbereich der Insolvenzmasse. Sie verbleiben also im vorinsolvenzrechtlichen Vermögensbereich und sind als Forderungen des Schuldners gegen den Steuergläubiger grundsätzlich an die Insolvenzmasse zu erstatten. Sind vor Bestellung des vorläufigen Insolvenzverwalters und im selben Besteuerungszeitraum (Kalenderjahr) wie das Eröffnungsverfahren weitere unselbständige Besteuerungsgrundlagen der Umsatzsteuer verwirklicht worden, ist die Verrechnung für den gesamten Zeitraum vorzunehmen. Einen danach verbleibenden Vergütungs- oder Erstattungsanspruch kann der Steuergläubiger mit anderen Ansprüchen aus dem Steuerschuldverhältnis, die als Insolvenzforderungen zu qualifizieren sind, aufrechnen.[2] 123.2

Beispiel:
Die X-AG stellt am 17.2.2021 einen Insolvenzantrag. Am 1.3.2021 wird I zum vorläufigen Insolvenzverwalter mit Zustimmungsvorbehalt bestellt. Das Insolvenzverfahren wird am 1.5.2021 eröffnet. Nach Verrechnung haben sich für die betreffenden Voranmeldungszeiträume (Monat) folgende Steueransprüche ergeben:

	a)	b)
Januar 2021	– 10.000 €	– 15.000 €
Februar 2021	+ 15.000 €	+ 15.000 €
März 2021	+ 20.000 €	+ 20.000 €
April 2021	– 25.000 €	– 25.000 €

a) Für den Gesamtzeitraum des Eröffnungsverfahrens ergibt sich hier ein Vergütungsanspruch von 5.000 € mit der Folge, dass § 55 Abs. 4 Satz 1 InsO nicht zur Anwendung kommt (Rz. 122.1). Für die Berechnung der Umsatzsteuer sind deshalb alle Monate bis zur Verfahrenseröffnung einzubeziehen (abgekürzter Besteuerungszeitraums, Rz. 30, Rz. 38). Für die Monate Januar bis April 2021 ergibt sich nach Verrechnung insgesamt eine Umsatzsteuerzahllast von 0 €.

b) Für den Gesamtzeitraum des Eröffnungsverfahrens ergibt sich hier ein Vergütungsanspruch von 5.000 € mit der Folge, dass § 55 Abs. 4 Satz 1 InsO nicht zur Anwendung kommt (Rz. 122.1). Bei Einbezug aller Monate des abgekürzten Besteuerungszeitraums ergibt sich eine Umsatzsteuervergütung von 5.000 €. Anstatt diese an die Insolvenzmasse zu erstatten, kann der Steuergläubiger gegen diese mit einer Steuerinsolvenzforderung aufrechnen.

1 Vgl. BFH, Urt. v. 27.9.2018 – V R 45/16, BStBl. II 2019, 356 = UR 2018, 922, Rz. 17.

2 FG Münster, Urt. v. 26.1.2017 – 5 K 3730/14 U, EFG 2017, 614, Rz. 48; BMF, Schr. v. 20.5.2015 – IV A 3-S 0550/10/10020-05, BStBl. I 2015, 476 = UR 2015, 526, Rz. 5, 51; **a.A.** z.B. *Kahlert*, ZIP 2011, 401 (403); *Sinz* in Uhlenbruck, InsO[15], § 55 Rz. 119 m.w.N.

III. Eigenverwaltung

124 Das **Konzept der Umsatzbesteuerung** bei Insolvenz (Grundsatz der vollständigen Tatbestandsverwirklichung Rz. 19, Zuordnungsgrundsatz der verwirklichten steuererhöhenden und steuermindernden Besteuerungsgrundlagen zu den Unternehmensteilen bzw. Vermögensbereichen Rz. 26 ff., die Zwangsverrechnungsanordnung innerhalb dieser Vermögensbereiche Rz. 30 ff. und das Konzept der Doppelberichtigung Rz. 45 ff., Rz. 56 ff.)[1] gilt auch für das **Verfahren der Eigenverwaltung** (§ 270 Abs. 1 InsO). Denn in diesem Verfahren wird dem Schuldner die Verwaltungs- und Verfügungsbefugnis in seiner Funktion als Amtswalter übertragen. Als solcher wird er wie ein Insolvenzverwalter und nicht mehr kraft eigener Privatautonomie tätig.

124.1 Für die Grundsätze der **Doppelberichtigungsjudikatur** bei Sollbesteuerung (vgl. bei Insolvenz des Leistenden Rz. 45 ff., bei Insolvenz des Leistungsempfängers Rz. 56 ff., zum Eröffnungsverfahren, Rz. 119) hat der BFH dies ausdrücklich entschieden.[2] Dabei steht die fehlende Bestellung eines Insolvenzverwalters der rechtlich vorausgesetzten Uneinbringlichkeit (§ 17 Abs. 2 Nr. 1 Satz 1 UStG) nicht entgegen. Denn im Verfahren der Eigenverwaltung übt der Schuldner die Funktion des (Eigen-)Verwalters aus. Als solcher wird er wie ein Insolvenzverwalter – allerdings in eigener Sache – tätig. Durch die Eröffnung des Insolvenzverfahrens ändert sich das Pflichtenprogramm so grundlegend, dass es unerheblich ist, dass die handelnden Personen (Schuldner oder seine gesetzlichen Vertreter) vor und nach Eröffnung des Insolvenzverfahrens identisch sind.[3]

125 Mit Insolvenzeröffnung und Bestellung des Eigenverwalters wird das Entgelt für die erbrachte Ausgangsleistung rechtlich uneinbringlich (Rz. 45). Der Leistende (Insolvenzschuldner) hat die – bei der Sollbesteuerung zuvor bereits entstandene – Umsatzsteuer zu berichtigen (**erste Berichtigung**, Rz. 47). Der steuermindernde Berichtigungsanspruch ist dem **vorinsolvenzrechtlichen Vermögensbereich** (Rz. 26 ff.) zuzuordnen und damit Teil einer Insolvenzforderung. Zur Berichtigung des Vorsteuerabzugs (Rz. 56 ff.).

Vereinnahmt der Schuldner – in seiner Eigenschaft als Eigenverwalter – das vereinbarte Entgelt nach Insolvenzeröffnung, kommt es zu einer **zweiten Berichtigung** nach § 17 Abs. 2 Nr. 1 Satz 2 UStG (Rz. 48). Dieser (zweite) steuererhöhende Berichtigungsanspruch ist dem **Vermögensbereich der Insolvenzmasse** zuzuordnen (Rz. 26 ff.), weil es sich hierbei um eine Masseverbindlichkeit i.S.d. § 55 Abs. 1 Nr. 1 InsO handelt.[4] Im Ergebnis kommt es durch den Mechanismus der ersten und zweiten Berichtigung zu einem Gleichlauf von Soll- und Istbesteuerung (Rz. 52) für den Fall der Insolvenz (Rz. 45).

IV. Vorläufige Eigenverwaltung

1. Umsatzsteuerverbindlichkeiten bei vorläufiger Eigenverwaltung: Rechtslage bis 31.12.2020 (§ 55 Abs. 4 InsO a.F.)

126 Die Begründung von unselbständigen Besteuerungsgrundlagen als Teil einer Masseverbindlichkeit kommt im Rahmen der vorläufigen Eigenverwaltung (§§ 270a, 270b InsO in der bis 31.12.2020 geltenden Fassung) nur dann in Betracht, wenn der (vorläufig) eigenverwaltende Schuldner dazu vom Insolvenzgericht ausdrücklich ermächtigt worden ist.[5] Fehlte es – wie üblich – an einer solchen Ermächtigung, ist der im vorläufigen Eigenverwaltungsverfahren **begründete Umsatzsteueranspruch** als **Insol-**

1 Übersicht zum Besteuerungskonzept, *Schulze/Vogel/Huhle*, UR 2021, 213 (214 ff.).

2 BFH, Urt. v. 27.9.2018 – V R 45/16, BStBl. II 2019, 356 = UR 2018, 922, Rz. 26 ff. (deckungsgleich mit der Rspr. des BGH zur Haftung der Geschäftsleitung der eigenverwaltenden Schuldnerin nach § 60 f. InsO analog, BGH, Urt. v. 26.4.2018 – IX ZR 238/17, BGHZ 218, 320 = GmbH-StB 2018, 209 m. Anm. *Frystatzki*, Rz. 28, 57 ff.); FG Düsseldorf, Urt. v. 25.1.2023 – 5 K 1749/21 U –, EFG 2023, 726 Rz. 43 ff. (nrkr., Rev. anhängig BFH, XI R 3/23).

3 Zur dogmatisch geänderten Begründung der Doppelberichtigungsjudikatur: *Kahlert/Kayser/Bornemann*, Rz. 147 ff., 194; *Kahlert*, DStR 2021, 1505 (1507); *Witfeld*, ZRI 2021, 173 (179 f.).

4 BFH, Urt. v. 27.9.2018 – V R 45/16, BStBl. II 2019, 356 = UR 2018, 922, Ls.

5 BGH, Urt. v. 22.11.2018 – IX ZR 167/16, BGHZ 220, 243, Ls 1; BFH, Urt. v. 27.11.2019 – XI R 35/17, BStBl. II 2021, 542 = UR 2020, 222, Rz. 27; *Sterzinger*, UStB 2019, 153 (157).

venzforderung zu beurteilen, wenn das Eigenverwaltungsverfahren vor dem 1.1.2021 beantragt worden ist (Rz. 127). Eine **entsprechende Anwendung des § 55 Abs. 4 InsO** in der Fassung bis zum 31.12.2020 (Rz. 115 ff.) kommt bei der vorläufigen Eigenverwaltung nicht in Betracht.[1] Denn eine etwaige Regelungslücke wäre jedenfalls **nicht planwidrig**. Im Gesetzgebungsverfahren wurde im Zusammenhang mit der Einführung der §§ 270a, 270b InsO erwogen, die Vorschrift des § 55 Abs. 4 InsO zu ergänzen und auf die vorläufige Eigenverwaltung zu erstrecken.[2] Dieser Vorschlag wurde jedoch abgelehnt.[3] Dies zeigt, dass auf eine Erweiterung der bestehenden Regelung des § 55 Abs. 4 InsO bewusst verzichtet wurde.[4]

Folge dieser Beurteilung ist gewesen, dass Umsatzsteuerverbindlichkeiten im vorläufigen Eigenverwaltungsverfahren – anders als im vorläufigen Insolvenzverfahren – nicht als Masseverbindlichkeiten begründet werden können. Sie sind als Insolvenzforderungen zu qualifizieren und demnach grundsätzlich nur quotal zu befriedigen. Aus Sicht des Insolvenzschuldners hatte diese Auslegung zu § 55 Abs. 4 InsO zur Folge, dass er die im Verfahren der vorläufigen Eigenverwaltung vereinnahmte Umsatzsteuer (abzgl. der Quote) in der Insolvenzmasse halten konnte. 126.1

Im Übrigen sind ausstehende Entgelte für vor der Anordnung der vorläufigen Eigenverwaltung erbrachte Leistungen auch nicht nach § 17 Abs. 2 Nr. 1 Satz 1 UStG uneinbringlich geworden, so dass die **Grundsätze zur Doppelberichtigung wegen Uneinbringlichkeit** (bei Insolvenz des Leistenden Rz. 45 ff., bei Insolvenz des Leistungsempfängers Rz. 56 ff.) in diesem Verfahrensstadium nicht zur Anwendung kommen konnten.[5] 126.2

2. Umsatzsteuerverbindlichkeiten bei vorläufiger Eigenverwaltung: Rechtslage ab 1.1.2021 (§ 55 Abs. 4 InsO n.F.)

a) Rechtsgrundlagen

aa) Erweiterung des § 55 Abs. 4 Satz 1 InsO n.F.

Durch Neuregelung wurde § 55 Abs. 4 InsO um einen Satz 2 ergänzt und die bisherige Regelung in einen Satz 1 überführt. Satz 1 wurde u.a. zugleich dahingehend erweitert, dass Umsatzsteuerverbindlichkeiten (auch) **„vom Schuldner nach Bestellung eines vorläufigen Sachwalters“** als **Masseverbindlichkeiten** begründet werden können (Rz. 116.2).[6] Der Gesetzgeber verfolgt mit dieser Erweiterung zwei Ziele: die Gleichbehandlung der vorläufigen Eigenverwaltung mit der vorläufigen Insolvenzverwaltung und die Beseitigung von Fehlanreizen im Hinblick auf die Umsatzsteuer.[7] Die Ergänzung soll dabei zu einer Korrektur der Rechtsprechung (Rz. 126) führen.[8] 127

---

1 BGH, Urt. v. 22.11.2018 – IX ZR 167/16, BGHZ 220, 243 = ZIP 2018, 2488, Ls 2 und Rz. 8, 10 (zu § 55 Abs. 2 InsO), Rz. 18 ff. (zu § 55 Abs. 4 InsO); BFH, Urt. v. 27.11.2019 – XI R 35/17, BStBl. II 2021, 252 = UR 2020, 222, Rz. 27 (im Zusammenhang mit der umsatzsteuerlichen Organschaft); BFH, Urt. v. 7.5.2020 – V R 14/19, BFHE 268, 512 = UR 2020, 737, Ls; BFH, Urt. v. 7.5.2020 – V R 19/19, BFH/NV 2020, 1095, Rz. 12 ff.; zuvor bereits *Kahlert*, ZIP 2012, 2089 (2090); *Marotzke*, DB 2013, 1283 (1287); *Hobelsberger*, DStR 2013, 2545 (2547); *Jaffé/Friedrich-Vache*, MwStR 2014, 86 (88 f.); *Klusmeier*, ZInsO 2014, 488 (489); *Harder*, NZI 2016, 867 (868 f.).

2 Gesetzesentwurf der BReg. v. 4.5.2011, BT-Drucks. 17/5712, 52.

3 Gesetzesentwurf der BReg. v. 4.5.2011, BT-Drucks. 17/5712, 67 f.

4 Weitergehende Argumente gegen die Begründung von Steuerverbindlichkeiten als Masseverbindlichkeiten im vorläufigen Eigenverwaltungsverfahren, *Weber/Knaebel*, DStR 2020, 2229.

5 *Krumm*, ZIP 2018, 1049 (1053 f.); *Kahlert/Kayser/Bornemann*, Rz. 152, 194; *Witfeld*, NWB 2020, 3243; differenzierend: *Schmidt*, DStR 2021, 693 (698, unter 4.1).

6 Neuregelung durch Art. 5 Nr. 14 SanInsFoG vom 22.12.2020, BGBl. I 2020, 3256; zum insoweit bemerkenswerten Gesetzgebungsverfahren, vgl. *Witfeld*, ZRI 2021, 173 (175 f.). Nach Art. 103m EGInsO i.d.F. des Art. 8 Nr. 2, Art. 25 SanInsFoG ist § 55 Abs. 4 InsO (n.F.) erstmals auf Insolvenzverfahren anzuwenden, die ab dem 1.1.2021 beantragt worden sind. Dies dürfte auch für einen Antrag auf vorläufige Eigenverwaltung gelten. Näher zum zeitlichen Anwendungsbereich, *Schmidt*, DStR 2021, 693 (694, unter 2.3).

7 Ausschussempfehlungen (zu SanInsFoG) v. 16.11.2020, BR-Drucks. 619/1/20, 24 f.

8 Der Verband deutscher Insolvenzverwalter (VID) und das Institut der Wirtschaftsprüfer (IDW) haben im Gesetzgebungsverfahren zu einem SanInsFoG die geplante Erweiterung des § 55 Abs. 4 Satz 1 InsO für das vorläufige Eigenverwaltungsverfahren begrüßt, VID, Stellungnahme v. 2.10.2020, S. 84; IDW Stellungnahme v.

bb) Sicherungsmaßnahmen bei vorläufiger Eigenverwaltung im Überblick (§§ 270a, 270b, 270c InsO)

127.1 Mit Wirkung zum 1.1.2021 wurden auch die Vorschriften zum (vorläufigen) Eigenverwaltungsverfahren teilweise geändert und damit das (vorläufige) Eigenverwaltungsverfahren in den §§ 270 ff. InsO neu geordnet.[1] Gleichgeblieben ist der Umstand, dass trotz Bestellung eines vorläufigen Sachwalters im Eröffnungsverfahren, die **Verfügungs- und Verwaltungsbefugnis** grundsätzlich **beim Schuldner** verbleibt.[2]

Bei Anordnung der vorläufigen Eigenverwaltung bestellt das Insolvenzgericht einen **vorläufigen Sachwalter** (§ 270b Abs. 1 Satz 1 InsO). Zugleich kann es den vorläufigen Sachwalter mit bestimmten Berichtspflichten beauftragen (§ 270c Abs. 1 InsO) und nach **§ 270c Abs. 3 Satz 1 InsO** zudem vorläufige Sicherungsmaßnahmen anordnen. Das Insolvenzgericht ist nach der **abschließenden Verweisung** in § 270c Abs. 3 InsO **nur befugt** vorläufige Sicherungsmaßnahmen nach Maßgabe der Generalklausel anzuordnen (§ 21 Abs. 1 InsO), einen vorläufigen Gläubigerausschuss einzusetzen (§ 21 Abs. 2 Satz 1 Nr. 1a InsO), Maßnahmen der Zwangsvollstreckung zu untersagen (§ 21 Abs. 2 Satz 1 Nr. 3 InsO), eine vorläufige Postsperre anzuordnen (§ 21 Abs. 2 Satz 1 Nr. 4 InsO) und anzuordnen, dass Gegenstände, an denen ein Aus-oder Absonderungsrecht besteht, nicht verwertet oder eingezogen werden dürfen, sondern zur Unternehmensfortführung genutzt werden können (§ 21 Abs. 2 Satz 1 Nr. 5 InsO). Die Einsetzung eines vorläufigen Insolvenzverwalters (§ 21 Abs. 2 Satz 1 Nr. 1 InsO) sowie die Anordnung eines **allgemeinen Verfügungsverbots** (§ 21 Abs. 2 Satz 1 Nr. 2 Alt. 1 InsO, Rz. 111) kommen als vorläufige Sicherungsmaßnahmen hingegen **nicht in Betracht**, da sie mit dem Erhalt der Verwaltungs- und Verfügungsbefugnis des Schuldners nicht vereinbar sind. Ein **allgemeiner Zustimmungsvorbehalt** (§ 21 Abs. 2 Satz 1 Nr. 2 Alt. 1 InsO, Rz. 112.1) darf nach **§ 270c Abs. 3 Satz 2 InsO** nur dann angeordnet werden, wenn die **vorläufige Eigenverwaltung** nach (§ 270b Abs. 1 Satz 2 InsO) **einstweilen** angeordnet wird. Mit einer solchen Anordnung wird die Verfügungsbefugnis des Schuldners, der in der (vorläufigen) Eigenverwaltung gerade erhalten werden soll, temporär eingeschränkt. Dies ist gerechtfertigt, weil noch nicht feststeht, ob die Mängel der Eigenverwaltungsplanung innerhalb der gesetzten Frist behoben werden und die vorläufige Eigenverwaltung daher bestehen bleibt oder gemäß § 270e Abs. 1 Nr. 2 InsO aufzuheben ist. Sobald feststeht, dass die Mängel fristgerecht beseitigt wurden, ist eine nach Abs. 3 Satz 2 ergangene Anordnung aufzuheben.

b) Wirkung des § 55 Abs. 4 Satz 1 InsO im vorläufigen Eigenverwaltungsverfahren

aa) Vorläufiger Sachwalter im vorläufigen Eigenverwaltungsverfahren

(1) Meinungsstand (Überblick)

128 Nach § 55 Abs. 4 Satz 1 InsO (n.F.) gelten „Umsatzsteuerverbindlichkeiten, […] die […] **vom Schuldner nach Bestellung eines vorläufigen Sachwalters** begründet worden sind, […] nach Eröffnung des Insolvenzverfahrens als Masseverbindlichkeiten". Für die Frage des Anwendungsbereichs dieser Vorschrift kommt es nicht darauf an, ob die vorläufige Eigenverwaltung als Schutzschirmverfahren (§ 270d InsO) geführt wird oder nicht (§ 270b InsO). Denn in allen Fällen der vorläufigen Eigenverwaltung wird mit ihrer Anordnung zugleich ein vorläufiger Sachwalter bestellt (§ 270b Abs. 1, § 270d Abs. 2 InsO). § 55 Abs. 4 InsO (n.F.) dürfte daher auch anwendbar sein, wenn das Insolvenzgericht die vorläufige Eigenverwaltung nach § 270b Abs. 1 Satz 2 InsO wegen behebbarer Mängel der Eigenverwaltungsplanung nur einstweilen anordnet (Rz. 128.5).

Die Frage, inwieweit danach Umsatzsteuerverbindlichkeiten im vorläufigen Eigenverwaltungsverfahren vom Schuldner nach Bestellung eines vorläufigen Sachwalters als Masseverbindlichkeiten begründet werden, lässt sich – auch vor dem Hintergrund der bisherigen Rechtsprechungsgrundsätze zu § 55 Abs. 4 InsO (Rz. 118 f.) – gleichwohl nicht rechtssicher beantworten.[3] Denn ob § 55 Abs. 4 Satz 1

2.10.2020, S. 8; dagegen: Deutsches Institut für angewandtes Insolvenzrecht (DIAI), Stellungnahme v. 2.10.2020, S. 15.

1 Art. 5 Nr. 37 ff. des G zur Fortentwicklung des Sanierungs- und Insolvenzrecht (SanInsFoG) v. 22.12.2020, BGBl. I 2020, 3256; zur Begründung: GE (SanInsFoG) der BReg v. 16.10.2020, BR-Drucks. 619/20, 235 ff.

2 Zur alten Rechtslage: BGH, Urt. v. 9.3.2017 – IX ZR 177/15, ZIP 2017, 686, Rz. 29.

3 Dazu *Witfeld*, ZRI 2021, 173 (178 ff.), unter IV.1.2.; *Wäger*, DStR 2021, 825 (828).

InsO im vorläufigen Eigenverwaltungsverfahren ein weiter oder enger Anwendungsbereich zukommt, hängt davon ab, ob allein die Bestellung eines vorläufigen Sachwalters zur (späteren) Begründung von Masseverbindlichkeiten i.S.d. § 55 Abs. 4 Satz 1 InsO durch den Schuldner ausreicht[1] (Rz. 128.1) oder die rechtlichen Befugnisse – wie bei der vorläufigen Insolvenzverwaltung – maßgeblich sind[2] (Rz. 128.3). Ein weiterer Ansatz will bei der Anwendung des § 55 Abs. 4 Satz 1 InsO im vorläufigen Eigenverwaltungsverfahren danach unterscheiden, ob nur Altforderungen eingezogen werden oder ob es sich um eine laufende Umsatztätigkeit handelt (Rz. 128.4).[3]

(2) Bestellung eines vorläufigen Sachwalters als hinreichendes Kriterium

(a) Gleichlauf mit dem Eigenverwaltungsverfahren

Der Wortsinn des § 55 Abs. 4 Satz 1 InsO lässt eine Auslegung in dem Sinne zu, dass Umsatzsteuer- 128.1
verbindlichkeiten im vorläufigen Eigenverwaltungsverfahren **allein aufgrund der Bestellung eines vorläufigen Sachwalters durch den Schuldner** begründet werden könnten. Mit anderen Worten: anders als im vorläufigen Insolvenzverfahren (Rz. 118) kommt es im vorläufigen Eigenverwaltungsverfahren nicht auf die rechtlichen Befugnisse des vorläufigen Sachwalters an.[4]

Das lässt sich damit begründen, dass aufgrund der Erweiterung des § 55 Abs. 4 Satz 1 InsO um die vorläufige Eigenverwaltung der Schuldner – anders noch als im Rahmen des § 55 Abs. 4 InsO a.F. – bereits im Stadium des Eröffnungsverfahrens die Funktion eines Insolvenzverwalters ausübt, der **Schuldner** also seine bestehende Verwaltungs- und Verfügungsbefugnis bereits ab dem Zeitpunkt der Anordnung der vorläufigen Eigenverwaltung **in neuer Funktion fortsetzt.** Dies entspräche dem Verständnis der Rechtsprechung im eröffneten Eigenverwaltungsverfahren.[5] Da ähnlich wie im eröffneten Verfahren die insolvenzrechtlich vorgegebene Aufteilung in Insolvenzforderung und Masseverbindlichkeit durch § 55 Abs. 4 InsO auf das vorläufige Eröffnungsverfahren vorverlagert wird, wäre eine solche Auslegung nicht nur im Rahmen des Wortsinns, sondern würde sich auch mit dem gesetzgeberisch Zielsetzung decken.

Ein solches Normverständnis des § 55 Abs. 4 Satz 1 InsO bei der vorläufigen Eigenverwaltung stände auch **nicht im Widerspruch** zur Auslegung von § 55 Abs. 2 und 4 Satz 1 InsO bei der vorläufigen Insolvenzverwaltung, bei der maßgeblich die rechtlichen Befugnisse des vorläufigen Insolvenzverwalters zu berücksichtigen sind (Rz. 118). Während im System der vorläufigen Insolvenzverwaltung insbesondere auf den Sicherungsmechanismus der Verfügungsbeschränkungen (§ 21 Abs. 2 Satz 1 Nr. 2 InsO) abgestellt wird, stellt das System der (vorläufigen) Eigenverwaltung nur auf einen Funktionswechsel beim Schuldner ab. Deshalb ist es unter Gleichheitsgesichtspunkten durchaus konsequent, Verfügungseinschränkungen im Fremdverwaltungsverfahren (§ 55 Abs. 1 Nr. 1, Abs. 2, Abs. 4 InsO) gleichheitsgerecht unter dem Gesichtspunkt der rechtlichen Befugnisse zu berücksichtigen (Rz. 118.1). Während diese Notwendigkeit im Verhältnis zur (vorläufigen) Eigenverwaltung schon deshalb nicht besteht, weil es im typischen Anwendungsfall weder im eröffneten noch im vorläufigen Eigenverwaltungsverfahren zu solchen Verfügungsbeschränkungen kommen soll (vgl. § 275 Abs. 1, § 270b Abs. 1 Satz 1 InsO). Folglich besteht unter dem Gesichtspunkt des Gleichheitssatzes keine Notwendigkeit einen Gleichlauf für die Begründung von Umsatzsteuerverbindlichkeiten als Masseverbindlichkeiten bei vorläufiger Insolvenzverwaltung und vorläufiger Eigenverwaltung herstellen zu müssen.

Im Übrigen kommt es auch im **eröffneten Eigenverwaltungsverfahrens** bei der Begründung von Umsatzsteuerverbindlichkeiten als Masseverbindlichkeiten **nicht auf die rechtlichen Befugnisse des Sachwalters** an. Denn die rechtlichen Befugnisse werden – vorbehaltlich spezieller Anordnungen des Insolvenzgerichts – weiterhin vom Schuldner – nur in anderer Funktion – ausgeübt. Ab dem Zeitpunkt der Eröffnung des Eigenverwaltungsverfahrens begründet der Schuldner Masseverbindlichkeiten.[6] Es ist

1 So z.B. *Kahlert*, DStR 2021, 1505 (1509).
2 So z.B. *Wäger*, DStR 2021, 825 (828).
3 *Witfeld*, ZRI 2021, 173 (178 f.).
4 So auch *Schmidt*, DStR 2021, 693 (696); *Uhländer*, DB 2021, 1027 (1034).
5 Vgl. für das Eigenverwaltungsverfahren: BFH, Urt. v. 27.9.2018 – V R 45/16, BStBl. II 2019, 356 = UR 2018, 922, Rz. 26 ff.
6 BFH, Urt. v. 27.9.2018 – V R 45/16, BStBl. II 2019, 356 = UR 2018, 922, Rz. 32 m.w.N.

kein Grund ersichtlich, wieso dies nicht bereits im vorläufigen Eigenverwaltungsverfahren gelten soll, wenn ein Gesetz – wie § 55 Abs. 4 Satz 1 InsO – dies ausdrücklich anordnet.

Letztlich würde eine solche Auslegung auch nicht im Widerspruch zur bisherigen Rechtsprechung zur vorläufigen Eigenverwaltung stehen[1] (Rz. 126). Denn wegen § 55 Abs. 4 Satz 1 InsO steht dem Schuldner die Verwaltungs- und Verfügungsbefugnis bereits ab dem Zeitpunkt der Anordnung der vorläufigen Eigenverwaltung nicht mehr aus eigenem Recht, sondern in abgewandelter Funktion zu.

(b) Übertragung des Besteuerungskonzepts (Doppelberichtigungsjudikatur)

128.2 Folgt man diesem Normverständnis (Gleichlauf von eröffneten und vorläufigen Eigenverwaltungsverfahren) wären ab dem Zeitpunkt der Anordnung der vorläufigen Eigenverwaltung auch die für das Insolvenzverfahren geltenden Grundsätze zur Umsatzbesteuerung bei Insolvenz (Besteuerungskonzept) anwendbar:[2] Grundsatz der **Tatbestandsverwirklichung** (Rz. 19), zur **Zuordnung der Besteuerungstatbestände** zu den insolvenzrechtlichen Vermögensbereichen (Rz. 27 ff.), Grundsätze zur **Steuerberechnung** (Verrechnungsgrundsätze für einen bestimmten Besteuerungszeitraum, Rz. 122.1) und das **Konzept der ersten und zweiten Berichtigung** bei der Sollbesteuerung (Rz. 45 ff., Rz. 56).[3] Dies folgt wiederum aus einem Gleichlauf mit dem eröffneten Verfahren.[4] Denn wegen der Anordnung in § 55 Abs. 4 Satz 1 InsO wird die insolvenzrechtlich notwendige Trennung in Insolvenzforderung und Masseverbindlichkeit für letztere vorgezogen. Für die Uneinbringlichkeit ab dem Zeitpunkt der Anordnung der vorläufigen Eigenverwaltung spricht zudem, dass – wie aus der Neuregelung des § 15b Abs. 8 InsO deutlich wird – der eigenverwaltende Schuldner bereits im Eröffnungsverfahren sein Handeln vorrangig der Massesicherungspflicht im Interesse der Gläubigergesamtheit unterordnen muss.[5]

Für den **Einzug von Altforderungen** (Leistungserbringung vor, Entgeltvereinnahmung nach Bestellung des vorläufigen Sachwalters) käme es bei Sollbesteuerung danach zur Anwendung der Doppelberichtigungsgrundsätze, bei Istbesteuerung zur Tatbestandsverwirklichung des Umsatztatbestands im Zeitpunkt der Entgeltvereinnahmung durch den Schuldner. Für die **laufende Umsatztätigkeit** des Schuldners im vorläufigen Eigenverwaltungsverfahren (Leistungserbringung im Eröffnungsverfahren und Entgeltvereinnahmung im Eröffnungs- oder im eröffneten Verfahren) würden Umsatzsteuerverbindlichkeiten nach § 55 Abs. 4 Satz 1, Abs. 1 Nr. 1 InsO ausschließlich als Masseverbindlichkeiten begründet.

(3) Bestellung eines vorläufigen Sachwalters als notwendiges, aber nicht hinreichendes Kriterium (Berücksichtigung der rechtlichen Befugnisse – Gleichlauf des Eigenverwaltungsverfahrens mit dem Verfahren bei vorläufiger Insolvenzverwaltung)

128.3 Nach anderer Auffassung genügt alleine die Bestellung eines vorläufigen Sachwalters im vorläufigen Eigenverwaltungsverfahrens nicht zur (späteren) Begründung von Umsatzsteuerverbindlichkeiten als Masseverbindlichkeit. Vielmehr können Masseverbindlichkeiten nach § 55 Abs. 4 Satz 1 InsO – wie auch im vorläufigen Insolvenzverfahren (Rz. 118) nur nach Maßgabe der rechtlichen Befugnisse begründet werden (Gleichlauf des Eigenverwaltungsverfahrens mit dem Verfahren bei vorläufiger Insolvenzverwaltung).[6] Will man die für das vorläufige Insolvenzverfahren maßgebliche Auslegung zu § 55 Abs. 4 Satz 1 InsO auf das vorläufige Eigenverwaltungsverfahren übertragen, fällt es gar nicht so leicht, den in der Gesetzesbegründung zum Ausdruck gebrachten gesetzgeberischen Willen (Begründung von Masseverbindlichkeiten bereits im vorläufigen Eigenverwaltungsverfahren, Rz. 126) unter Einbeziehung des § 270c Abs. 3 InsO zum Erfolg zu verhelfen.

Für das vorläufige Insolvenzverfahren gilt, dass Umsatzsteuerverbindlichkeiten nur dann als (spätere) Masseverbindlichkeiten nach § 55 Abs. 4 Satz 1 InsO begründet werden, wenn neben der vorläufigen Insolvenzverwaltung (§ 21 Abs. 2 Satz 1 Nr. 1 InsO) mindestens zugleich der allgemeine Zustim-

1 BFH, Urt. v. 7.5.2020 – V R 14/19, BFHE 268, 512 = UR 2020, 737, Rz. 21.
2 **A.A.** *Witfeld*, ZRI 2021, 173 (180).
3 Übersicht zum Besteuerungskonzept, *Schulze/Vogel/Huhle*, UR 2021, 213 (214 ff.).
4 BFH, Urt. v. 27.9.2018 – V R 45/16, BStBl. II 2019, 356 = UR 2018, 922, Rz. 18 ff., 24 ff.
5 *Schmidt*, DStR 2021,693 (698, 4.2 m.w.N.).
6 *Wäger*, DStR 2021, 825 (828); differenzierend: *Witfeld*, ZRI 2021, 173 (178 ff.), unter IV.1.2.

mungsvorbehalt (§ 21 Abs. 2 Satz 1 Nr. 2 Alt. 2 InsO) angeordnet wurde (Rz. 120, Rz. 120.2) und damit die für die Umsatzsteuer im Insolvenzverfahren maßgebliche Entgeltvereinnahmung nach Maßgabe der rechtlichen Befugnisse stattfindet. Da im vorläufigen Eigenverwaltungsverfahren die Anordnung einer Verfügungsbeschränkung des Schuldners bzw. korrespondierend die Übertragung rechtlicher Befugnisse (z.B. allgemeiner Zustimmungsvorbehalt) auf den vorläufigen Sachwalter grundsätzlich nicht vorgesehen ist (Rz. 127.1)[1], kann – zumindest nach diesem Verständnis des § 55 Abs. 4 Satz 1 InsO – eine Umsatzsteuerverbindlichkeit durch den Schuldner **nicht allein** deshalb als Masseverbindlichkeit **begründet** werden, **weil ein vorläufiger Sachwalter bestellt wurde.**

Sollte die Rechtsprechung an diesem Normverständnis anknüpfen, wird der Anwendungsbereich des **§ 55 Abs. 4 Satz 1 InsO für den Bereich der vorläufigen Eigenverwaltung eng ausfallen.** Denn eine Umsatzsteuerverbindlichkeit kann nicht vom Schuldner nach Maßgabe der rechtlichen Befugnisse des vorläufigen Sachwalters begründet werden. Dem vorläufigen Sachwalter fehlen nämlich bezogen auf die Verfügung eigene Befugnisse (Rz. 127.1). Damit würde sich der Anwendungsbereich des § 55 Abs. 4 Satz 1 InsO auf die Fälle des § 270c Abs. 3 Satz 2 InsO (einstweilige Vorläufige Eigenverwaltung) beschränken (Rz. 128.5).

(4) Unterscheidung zwischen laufender Umsatztätigkeit und dem Einzug von Altforderungen bei § 55 Abs. 4 Satz 1 InsO

Nach anderweitiger Auslegung des § 55 Abs. 4 Satz 1 InsO könnte für den Bereich der vorläufigen Eigenverwaltung danach unterschieden werden, ob es sich um eine **laufende Umsatztätigkeit** des Schuldners (Leistungserbringung im Eröffnungsverfahren und Entgeltvereinnahmung im Eröffnungs- oder im eröffneten Verfahren) oder den **Einzug einer Altforderung** (Leistungserbringung vor, Entgeltvereinnahmung nach Bestellung des vorläufigen Sachwalters) handelt.[2] 128.4

Bei laufender Umsatztätigkeit des Schuldners entstände die Umsatzsteuerverbindlichkeit mit Ablauf des umsatzsteuerlichen Voranmeldezeitraums (§ 13 Abs. 1 Nr. 1 Buchst. a oder b UStG) und wäre folglich nach § 55 Abs. 4 Satz 1 InsO als (spätere) Masseverbindlichkeit begründet. Für die laufende Umsatztätigkeit würde somit die Bestellung des vorläufigen Sachwalters als hinreichendes Kriterium für die Begründung von (späteren) Masseverbindlichkeiten ausreichen.

Würde der Schuldner im vorläufigen Eröffnungsverfahren indes nur eine Altforderung einziehen, würde – zumindest bei der Sollbesteuerung – kein Besteuerungstatbestand verwirklicht. Denn das Konzept der Doppelberichtigung wäre wegen des fehlenden Übergangs der Empfangszuständigkeit nicht anwendbar.[3]

bb) Vorläufiger Sachwalter mit Zustimmungsvorbehalt im einstweiligen vorläufigen Eigenverwaltungsverfahren (§ 270c Abs. 3 Satz 2 InsO)

Ordnet das Insolvenzgericht das vorläufige Eigenverwaltungsverfahren einstweilen an (§ 270b Abs. 1 Satz 2 InsO) und zugleich, dass Verfügungen des Schuldners der Zustimmung des vorläufigen Sachwalters bedürfen (§ 270c Abs. 3 Satz 2 InsO, Rz. 127.1), liegt eine vergleichbare Situation zu einem vorläufigen Insolvenzverwalter mit Zustimmungsvorbehalt vor (Rz. 120.2), mit der Folge, dass § 55 Abs. 4 Satz 1 InsO bei vom Schuldner – mit Zustimmung des vorläufigen Sachwalters – begründeten Umsatzsteuerverbindlichkeiten – ungeachtet der vorgenannten Ansichten (Rz. 128) – anwendbar ist. Eine (spätere) Masseverbindlichkeit kann allerdings nur dann entstehen, wenn die Umsatzsteuerverbindlichkeit nach Maßgabe der rechtlichen Befugnisse des vorläufigen Sachwalters begründet wird (Rz. 118). Da im Rahmen der vorläufigen Insolvenzverwaltung die für das eröffnete Insolvenzverfahren geltenden Grundsätze zur Umsatzbesteuerung bei Insolvenz (Besteuerungskonzept) maßgeblich sind[4] (Rz. 119, Rz. 128.2), kann für das einstweilige vorläufige Eigenverwaltungsverfahren nichts anders gelten. 128.5

---

1 So auch *Witfeld*, ZRI 2021, 173 (179).

2 *Witfeld*, ZRI 2021, 173 (178 f.).

3 *Witfeld*, ZRI 2021, 173 (179).

4 BFH, Urt. v. 24.9.2014 – V R 48/13, BStBl. II 2015, 506 = UR 2015, 192, Rz. 24 ff.; Übersicht zum Besteuerungskonzept, *Schulze/Vogel/Huhle*, UR 2021, 213 (214 ff.).

cc) Masseverbindlichkeiten auf Antrag des Schuldners (§ 270c Abs. 4 InsO)

128.6 Eine Sondersituation spiegelt § 270c Abs. 4 Satz 1 InsO. Danach kann das Insolvenzgericht auf **Antrag des Schuldners** anordnen, dass dieser im vorläufigen Eigenverwaltungsverfahren **Masseverbindlichkeiten** begründet. Dies aber nur, wenn die entsprechende Verbindlichkeit in dem als Teil der Eigenverwaltungsplanung vorgelegten Finanzplan aufgenommen ist. Um die Bindung an den Finanzplan nicht zu unterlaufen, kommen künftig sowohl im vorläufigen Eigenverwaltungsverfahren als auch im Schutzschirmverfahren (§ 270d InsO) **nur noch Einzelermächtigungen** in Betracht. Die Begründung von Masseverbindlichkeiten für Verbindlichkeiten, die nicht im Finanzplan aufgenommen sind, ist nicht ausgeschlossen. Sie steht im Ermessen des Gerichts (§ 270c Abs. 4 Satz 2 InsO). Damit das Gericht gegebenenfalls eine entsprechende Anordnung treffen kann, muss der Schuldner im Antrag begründen, warum die Anordnung auch Verbindlichkeiten erfassen soll, die nicht vom Finanzplan umfasst sind.

Für die Begründung einer **Umsatzsteuerverbindlichkeit** ist hier kein Raum.[1] Denn die Begründung einer (z.B. vertraglichen) Verbindlichkeit löst allenfalls einen Vorsteuerabzug, nicht aber einen Umsatzsteuertatbestand aus. Eine Umsatzsteuerverbindlichkeit könnte rechtlich nur dann entstehen, wenn der Schuldner eine Leistung gegen eine (Entgelt-)Forderung erbringt. Die Leistungserbringung mit einhergehender Forderungsbegründung gehört aber nicht zum Anwendungsbereich des § 270c Abs. 4 InsO.

D. Auswirkung der Eröffnung des Regelinsolvenzverfahrens auf das Besteuerungsverfahren und umsatzsteuerliche Wahlrechte

I. Verfahrensrechtliche Stellung des Schuldners

129 Die Eröffnung des Insolvenzverfahrens hat keinen Einfluss auf die verfahrensrechtliche Stellung des Steuerpflichtigen. Der insolvente Unternehmer bleibt im behördlichen Verfahren beteiligten- und handlungsfähig (§ 79 AO),[2] im finanzgerichtlichen Verfahren beteiligten- und prozessfähig. Der in § 80 Abs. 1 InsO angeordnete Übergang der Verfügungs- und Verwaltungsbefugnis auf den Insolvenzverwalter hat aber zur Folge, dass der Insolvenzschuldner die Verfahrensführungs- bzw. Prozessführungsbefugnis verliert[3] und diese auf den Insolvenzverwalter übergeht, soweit die Insolvenzmasse betroffen ist (also soweit § 80 Abs. 1 InsO reicht). Der Übergang dieser Befugnisse bewirkt, dass der Insolvenzschuldner keine wirksamen Verfahrens- bzw. Prozesshandlungen mehr vornehmen kann, er seine (formelle) Beteiligtenstellung (§ 57 FGO) verliert[4] und ihm auch keine Akteneinsicht mehr zusteht.[5] Die Verfahrens- oder Prozessführungsbefugnis des Insolvenzverwalters entfällt mit Beendigung des Insolvenzverfahrens, soweit nicht eine Nachtragsverteilung (§ 203 Abs. 1 InsO) angeordnet wurde.[6]

II. Verfahrensunterbrechung

1. Klageverfahren und behördliche (Rechtsbehelfs-)Verfahren

130 Dem gesetzlich angeordneten Wechsel der Prozessführungsbefugnis trägt die Prozesssperre nach (§ 155 FGO i.V.m.) § 240 ZPO Rechnung (**Unterbrechung des gerichtlichen Verfahrens**). Das Insolvenzverfahren soll – vorläufig – nicht durch laufende Gerichtsprozesse (bzw. behördliche Verwaltungsakte; zu

1 Anders: *Schmidt*, DStR 2021, 693 (696, unter 3.2.1).

2 Allgemein wird angenommen, dass der Steuerpflichtige durch die Eröffnung des Insolvenzverfahrens seine Handlungsfähigkeit verliere (z.B. *Uhländer* in Waza/Uhländer/Schmittmann[13], Rz. 481). Da § 79 Abs. 1 Nr. 1 AO aber an die zivilrechtliche Geschäftsfähigkeit anknüpft, die nach allg. Meinung durch die Insolvenz nicht beeinträchtigt wird (*Uhlenbruck* in Uhlenbruck[14], § 80 InsO Rz. 7; *Ott/Vuia* in MüKo InsO[3], Bd. 3, § 80 Rz. 11), bleibt auch die verfahrensrechtliche Handlungsfähigkeit durch die Insolvenz unberührt.

3 BFH, Urt. v. 6.7.2011 – II R 34/10, BFH/NV 2012, 10 Rz. 9 m.w.N.

4 BFH, Urt. v. 22.1.1997 – I R 101/95, BStBl. II 1997, 464, unter II.2.b.

5 BFH, Beschl. v. 16.10.2009 – VIII B 346/04, BFH/NV 2010, 56.

6 BFH, Urt. v. 6.7.2011 – II R 34/10, BFH/NV 2012, 10, Rz. 10 f. m.w.N.; BFH, Urt. v. 28.2.2012 – VII R 36/11, BStBl. II 2012, 451 = ZIP 2012, 933 Rz. 12; BFH, Urt. v. 20.9.2016 – VII R 10/15, BFH/NV 2017, 442 Rz. 19.

deren Unwirksamkeit Rz. 145) gestört werden. Für das Besteuerungs- oder außergerichtliche Rechtsbehelfsverfahren ist § 155 FGO i.V.m. § 240 ZPO entsprechend anzuwenden.[1] Die **Verfahrensunterbrechung** tritt – unabhängig von der Kenntnis der Beteiligten oder des Gerichts – **kraft Gesetzes** ein. Nach Eröffnung des Insolvenzverfahrens bleibt ein behördliches oder finanzgerichtliches Verfahren unterbrochen, bis es nach den für das Insolvenzverfahren geltenden Vorschriften **aufgenommen** (zur Geltendmachung einer Insolvenzforderung Rz. 143 ff.) oder das Insolvenzverfahren **beendet** wird. Nimmt der Insolvenzverwalter den unterbrochenen Rechtsstreit auf, ist der Schuldner nicht notwendig beizuladen.[2]

2. Aussetzung der Vollziehung

130.1 Für die Wirkung der Eröffnung des Insolvenzverfahrens während eines behördlichen oder finanzgerichtlichen Verfahrens über die **Aussetzung der Vollziehung** (§ 369 AO, § 69 FGO oder Beschwerdeverfahren nach § 128 FGO) muss wie folgt unterschieden werden:

Ein behördliches oder finanzgerichtliches Verfahren über die **Aussetzung der Vollziehung** (§ 369 AO, § 69 FGO oder Beschwerdeverfahren nach § 128 FGO) von festgesetzter, aber noch nicht an das Finanzamt gezahlter (Umsatz-)Steuer wird durch die Eröffnung eines Insolvenzverfahrens **nicht** nach § 155 FGO i.V.m. § 240 ZPO **unterbrochen**, da eine Vollziehungsaussetzung die Insolvenzmasse nicht i.S.d. § 240 ZPO betreffen würde. Denn hätte der Antrag Erfolg, würde die Insolvenzmasse nicht geschmälert werden. Bei einem erfolglosen Antrag dürfte das Finanzamt gleichwohl seinen – als Insolvenzforderung einzuordnenden – Umsatzsteueranspruch nur nach den Regeln der Insolvenzordnung durch Tabellenanmeldung (§ 251 Abs. 2 Satz 1 AO i.V.m. §§ 87, 174 ff. InsO, Rz. 143 ff.) geltend machen. Mangels Verfahrensunterbrechung ist über den Antrag – soweit er nicht zurückgenommen wird – zu entscheiden. Mit Eröffnung des Insolvenzverfahrens entfällt aber das **Rechtsschutzbedürfnis** für die Vollziehungsaussetzung, weil das damit verfolgte Ziel nicht mehr erreicht werden kann (wegen der Insolvenzeröffnung darf der Bescheid nicht mehr vollzogen werden; vielmehr muss die Steuerforderung zur Tabelle angemeldet werden). Infolgedessen wird der Antrag oder die Beschwerde unzulässig.[3]

Etwas anderes gilt, wenn die durch die angefochtenen Bescheide festgesetzte (Umsatz-)Steuer schon vor Eröffnung des Insolvenzverfahrens vollständig getilgt wurde und es somit um eine **Aufhebung der Vollziehung** mit der Folge entsprechender Erstattungsansprüche geht. Da ein Obsiegen zu einer Erhöhung der Insolvenzmasse führen würde, wäre das Verfahren über die Aussetzung der Vollziehung in diesem Fall nach (§ 155 FGO i.V.m.) § 240 ZPO unterbrochen und könnte nach § 85 InsO (Aktivprozess) aufgenommen werden.[4] Das Rechtsschutzbedürfnis entfiele in diesem Fall nicht.

III. Erfüllung der umsatzsteuerlichen (Erklärungs-)Pflichten

131 Die Eröffnung des Insolvenzverfahrens verändert zwar nicht die verfahrensrechtliche Stellung des Schuldners (Rz. 129). Wird dieser aber durch die Insolvenzeröffnung in seiner Verwaltungsbefugnis beschränkt (§ 80 Abs. 1 InsO), hat der Insolvenzverwalter nach § 34 Abs. 3, 1 AO dessen (umsatz-)steuerliche (Mitwirkungs-)Pflichten zu erfüllen, soweit seine Verwaltung reicht. Der **Insolvenzverwalter** hat also **alle steuerlichen Pflichten** zu erfüllen, die dem Schuldner oblägen, wenn über dessen Vermögen nicht das Insolvenzverfahren eröffnet worden wäre.[5] Dies gilt auch für **Zeiträume vor Verfahrenseröffnung.**[6]

1 BFH, Urt. v. 2.7.1997 – I R 11/97, BStBl. II 1998, 428 = FR 1998, 76, unter II.1.; BFH, Urt. v. 10.12.2008 – I R 41/07, BFH/NV 2009, 719 = AO-StB 2009, 163 m. Anm. *Günther*, unter II.3.a; BFH, Urt. v. 13.5.2009 – XI R 63/07, BStBl. II 2010, 11 = UR 2009, 677, unter II.2.a aa; AEAO zu § 251 Rz. 4.1.2.

2 BFH, Urt. v. 8.9.2011 – V R 38/10, BStBl. II 2012, 270 = UR 2012, 410, Rz. 23 m.w.N.

3 BFH, Beschl. v. 31.1.2017 – V B 14/16, BFH/NV 2017, 611 Rz. 11, 14; BFH, Beschl. v. 30.6.2021 – I B 43/20 (AdV), BFH/NV 2021, 1524 = ZIP 2021, 2289, Rz. 9.

4 BFH, Beschl. v. 30.6.2021 – I B 43/20 (AdV), BFH/NV 2021, 1524 = ZIP 2021, 2289.

5 BFH, Urt. v. 23.8.1994 – VII R 143/92, BStBl. II 1995, 194; BFH, Beschl. v. 19.11.2007 – VII B 104/07, BFH/NV 2008, 334; BFH, Urt. v. 29.1.2009 – V R 64/07, BStBl. II 2009, 682 = UR 2009, 388, Rz. 13.

6 BFH, Urt. v. 10.10.1951 – IV 144/51 U, BStBl. III 1951, 212, Ls.; BFH, Urt. v. 23.8.1994 – VII R 143/92, BStBl. II 1995, 194, unter 1.a. m.w.N.; BFH, Beschl. v. 19.11.2007 – VII B 104/07, BFH/NV 2008, 334; BGH, Beschl. v. 18.12.2008 – IX ZB 197/07, AO-StB 2009, 198 m. Anm. *Lindwurm*, unter II.2.b.

132 Für Zwecke der Umsatzsteuer hat der Insolvenzverwalter insbesondere die steuerlichen **Erklärungspflichten** (z.B. Übermittlung der Umsatzsteuerjahreserklärungen nach § 18 Abs. 3 Satz 1 UStG und ggfs. der Umsatzsteuervoranmeldungen nach § 18 Abs. 1 Satz 1 UStG) sowie die Pflicht zur **Berechnung der Steuer** (§ 16 Abs. 1 Satz 3, 4, Abs. 2 UStG, Rz. 30 ff.) zu erfüllen. Diese Pflichten bestehen auch dann, wenn die Kosten für deren Erstellung durch einen Steuerberater nicht aus der Masse beglichen werden können.[1]

133 Für **Besteuerungsabschnitte vor Insolvenzeröffnung** hat der Insolvenzverwalter die Steuer für das Kalenderjahr oder die Steuer für den abgekürzten Besteuerungszeitraum bis zur Insolvenzeröffnung (vorinsolvenzrechtlicher Vermögensbereich, Rz. 26 ff., nach § 18 Abs. 3 Satz 1, 2 UStG) beim Finanzamt durch Übermittlung einer Umsatzsteuererklärung anzumelden. **Voranmeldungen** nach § 18 Abs. 1 Satz 1 UStG braucht der Insolvenzverwalter für diese Zeiträume nicht mehr zu übermitteln. Denn diesen Erklärungen kommt im Verhältnis zur Jahressteuerberechnung in verfahrens- und in materiell-rechtlicher Hinsicht grundsätzlich nur vorläufiger Charakter zu.[2]

134 Der Insolvenzverwalter hat für das **Jahr der Insolvenzeröffnung** (ebenfalls abgekürzter Besteuerungszeitraum) und die folgenden Kalenderjahre Umsatzsteuerjahreserklärungen (§ 18 Abs. 3 Satz 1, 2 UStG) sowie – soweit dazu verpflichtet – auch Umsatzsteuervoranmeldungen an das Finanzamt zu übermitteln. Allerdings ist der Umfang seiner diesbezüglichen Mitwirkungspflicht sachlich auf den Übergang der Verwaltungsbefugnis (vgl. § 80 Abs. 1 InsO i.V.m. § 34 Abs. 3 Satz 1 AO „soweit ihre Verwaltung reicht") beschränkt mit der Folge, dass er nur hinsichtlich des die Insolvenzmasse betreffenden Vermögensbereichs (Rz. 26 ff.) erklärungspflichtig ist. Demgegenüber ist er nicht für Umsätze und Vorsteuern erklärungspflichtig, die als **Forderungen gegen das insolvenzfreie Vermögen** des Schuldners (z.B. aus einer unternehmerischen Tätigkeit des Schuldners nach Verfahrenseröffnung, wenn die Entgelte daraus nicht dem Zugriff des Insolvenzverwalters unterliegen) dem insolvenzfreien Vermögensbereich (Rz. 26 ff.) zuzuordnen sind. Insoweit ist der Schuldner selbst erklärungspflichtig.[3]

IV. Rechnungserteilung und Berichtigung durch den Insolvenzverwalter

135 Für steuerpflichtige Umsätze der Insolvenzmasse hat der Insolvenzverwalter eine Rechnung mit gesondert ausgewiesener Umsatzsteuer zu erteilen (§ 14 Abs. 2 Satz 1 UStG). Diese Verpflichtung gilt auch für vor Eröffnung des Insolvenzverfahrens vom Schuldner ausgeführte Umsätze. Die zu erteilende Rechnung muss inhaltlich den Anforderungen des § 14 Abs. 4 UStG genügen. Leistender Unternehmer i.S.d. § 14 Abs. 4 Satz 1 Nr. 1 UStG ist der Insolvenzschuldner, nicht der Insolvenzverwalter (Rz. 25). Der die Rechnung ausstellende Insolvenzverwalter ist auch kein Dritter i.S.d. § 14 Abs. 2 Satz 4 UStG. Maßgeblich ist die Anschrift des Unternehmers (§ 14 Abs. 4 Satz 1 Nr. 1 UStG), nicht die des Insolvenzverwalters.

136 Auf der Rechnung sollte der Insolvenzverwalter sein Handeln für die Insolvenzmasse aber zur Vermeidung der Folgen des § 14c UStG kenntlich machen. Der Ausweis der Steuer in der Rechnung ist vermögensneutral und hat nicht die Entstehung der Umsatzsteuer zur Folge. Diese entsteht vielmehr mit Ausführung der Leistung (§ 13 Abs. 1 Nr. 1 Buchst. a Satz 1 UStG) bzw. Vereinnahmung der Gegenleistung (§ 13 Abs. 1 Nr. 1 Buchst. b UStG) oder einer Anzahlung (§ 13 Abs. 1 Nr. 1 Buchst. a Satz 4 UStG).

137 In den Fällen des § 14c UStG ist nur der Insolvenzverwalter zur Berichtigung einer Rechnung berechtigt. Dies gilt auch für die vom Schuldner vor Verfahrenseröffnung ausgestellten Rechnungen.[4]

138 Nach Beendigung des Insolvenzverfahrens ist für die Rechnungsausstellung bzw. Berichtigung fortan wieder der Unternehmer verpflichtet bzw. berechtigt.

---

1 BFH, Urt. v. 23.8.1994 – VII R 143/92, BStBl. II 1995, 194, unter 2.b. m.w.N.; BFH, Beschl. v. 19.11.2007 – VII B 104/07, BFH/NV 2008, 334.

2 Vgl. BFH, Urt. v. 24.11.2011 – V R 13/11, BStBl. II 2012, 298 = UR 2012, 403, Rz. 15.

3 *Sonnleitner* in Sonnleitner/Witfeld, Insolvenzsteuerrecht², Insolvenzsteuerrecht, Kap. 3 Rz. 50.

4 LG Münster, Urt. v. 7.5.2012 – 15 O 59/10, juris; FG Hamburg, Urt. v. 5.2.2015 – 3 K 45/14, EFG 2015, 1579, Rz. 201 ff. (rkr.).

V. Umsatzsteuerliche Wahlrechte

Aufgrund des Übergangs der Verwaltungs- und Verfügungsbefugnis (§ 80 Abs. 1 InsO) stehen umsatzsteuerliche Wahlrechte allein dem Insolvenzverwalter zu. Unproblematisch ist dies bei umsatzbezogenen Wahlrechten (z.B. **Verzicht auf eine Steuerbefreiung** nach § 9 UStG,[1] Verzicht auf die **Differenzbesteuerung** nach § 25a Abs. 8 Satz 1 UStG). 139

Die Eröffnung des Insolvenzverfahrens hat auf die Art der Versteuerung (Ist- oder Sollbesteuerung) keinen Einfluss; es wird die bisherige Besteuerungsart beibehalten. Allerdings kann der Insolvenzverwalter den **Wechsel der Besteuerungsart** beantragen (§ 20 Rz. 6 ff.). Die Zulässigkeit des Wechsels richtet sich auch im Insolvenzverfahren nach den allgemeinen Vorschriften (§ 20 Rz. 12 ff.). Ein Wechsel von der Ist- zur Sollbesteuerung für **zurückliegende Zeiträume** ist bis zum Eintritt der formellen Bestandskraft zulässig.[2] 140

Dem Insolvenzverwalter steht auch die Befugnis zu, auf die steuerbefreiende **Kleinunternehmerregelung** nach § 19 UStG – für die gesamte unternehmerische Tätigkeit – zu verzichten.[3] Eine solche Verzichtserklärung erstreckt sich – trotz einer etwaigen Beschränkung der Verwaltungsbefugnis nach § 34 Abs. 3 AO – wegen des Grundsatzes der Unternehmenseinheit (Rz. 26) auf das gesamte Unternehmen und damit auch auf einen solchen Unternehmensteil (Rz. 26 ff.), dessen Umsätze der Insolvenzschuldner nach Insolvenzeröffnung (z.B. wegen einer nach § 35 Abs. 2 InsO freigegebenen Tätigkeit) selbst zu versteuern hat.[4] 141

Ungeachtet dieser umsatzsteuerlichen Befugnis des Insolvenzverwalters, hat er vor Ausübung des Wahlrechts die Zustimmung des Schuldners einzuholen, wenn dieser nach Insolvenzeröffnung eine selbständige Tätigkeit (Rz. 81 ff.) ausübt. Fehlt die Zustimmung des Schuldners und gibt der Insolvenzverwalter gleichwohl die Verzichtserklärung nach § 19 UStG gegenüber dem Finanzamt ab, ist diese gegenüber dem Schuldner dennoch wirksam. Jedoch kann hierin ein Schadensersatzanspruch auslösendes Ereignis liegen.

E. Durchsetzung des Steueranspruchs im Insolvenzverfahren

I. Geltendmachung des umsatzsteuerrechtlichen Zahlungsanspruchs

1. Einordnung eines umsatzsteuerrechtlichen Zahlungsanspruchs als Insolvenzforderung, Masseverbindlichkeit oder Forderung gegen das insolvenzfreie Vermögen

Bedingt durch die Erfordernisse des Insolvenzrechts besteht das Unternehmen nach Insolvenzeröffnung aus mehreren **insolvenzrechtlichen Vermögensbereichen** (Rz. 26 ff.). Der Umsatzsteueranspruch ist für jeden Vermögensbereich – getrennt nach Besteuerungszeiträumen – nach Maßgabe von § 16 UStG (Rz. 30 ff.) und unter Anrechnung etwaiger (Sonder-)Vorauszahlungen[5] (Rz. 40) zu berechnen. 142

Ein daraus resultierender **positiver Saldo** im vorinsolvenzrechtlichen Vermögensbereich begründet eine **Insolvenzforderung** (§ 38 InsO, zur Geltendmachung, Rz. 143 ff.), im Vermögensbereich der Insolvenzmasse eine **Masseverbindlichkeit** (§ 55 InsO, Rz. 147 ff.) und im freien Vermögensbereich eine **Forderung gegen das insolvenzfreie Vermögen** des Schuldners (zur Geltendmachung, Rz. 149 ff.).

---

1 BFH, Urt. v. 28.11.2002 – VII R 41/01, BStBl. II 2003, 337 = UR 2003, 190, unter II.2.b (Rz. 17).

2 BFH, Urt. v. 10.12.2008 – XI R 1/08, BStBl. II 2009, 1026 = UR 2009, 208; **a.A.** FinMin Brandenburg, Erl. v. 15.10.2009 – 31-S 7340-3/04, UR 2010, 159; allerdings dürfte sich die Problematik des rückwirkenden Wechsels durch die Grundsatzentscheidung BFH, Urt. v. 9.12.2010 – V R 22/10, BStBl. II 2011, 996 = UR 2011, 551 m. Anm. *Widmann* erledigt haben.

3 BFH, Urt. v. 20.12.2012 – V R 23/11, BStBl. II 2013, 334 = UR 2013, 466, Ls; BFH, Urt. v. 24.7.2013 – XI R 31/12, BStBl. II 2014, 214 = UR 2014, 207, Rz. 20.

4 *Frotscher*, Besteuerung bei Insolvenz[9], S. 263; Kritisch: *Stadie* in Rau/Dürrwächter, Anhang 2 (Umsatzsteuer und Insolvenz), Rz. 41 (Stand: April 2020).

5 BFH, Urt. v. 24.11.2011 – V R 13/11, BStBl. II 2012, 298 = UR 2012, 403, Rz. 12, 19.

Ein daraus resultierender **negativer Saldo** lässt eine Umsatzsteuervergütung oder einen Erstattungsbetrag entstehen, die entweder im vorinsolvenzrechtlichen Vermögensbereich, im Vermögensbereich der Insolvenzmasse oder im freien Vermögensbereich begründet wird (zur Geltendmachung, Rz. 151).

2. Umsatzsteueranspruch als Insolvenzforderung

143 Ein als Insolvenzforderung zu qualifizierender Umsatzsteueranspruch (**positiver Saldo** im vorinsolvenzrechtlichen Vermögensbereich (Rz. 26 ff.) unter Anrechnung etwaiger Vorauszahlungen (Rz. 40; Rz. 142)) ist zu seiner Durchsetzung nach § 251 Abs. 2 AO i.V.m. §§ 87, 174 InsO zur Insolvenztabelle anzumelden.[1] Für die Anmeldung zur Tabelle ist es dabei unerheblich, ob dem Umsatzsteueranspruch ein noch anfechtbarer, ein bereits angefochtener oder ein unanfechtbarer Umsatzsteuerbescheid (**titulierte Forderung**) oder sogar noch keine Umsatzsteuerfestsetzung (**untitulierte Forderung**) zugrunde liegt. Im Falle eines im Zeitpunkt der Insolvenzeröffnung bereits titulierten Umsatzsteueranspruchs hat das Finanzamt den im Umsatzsteuerbescheid ausgewiesenen Zahlbetrag (festgesetzte Umsatzsteuer abzüglich der Vorauszahlungen) nach § 174 Abs. 1 Satz 1 InsO zur Tabelle anzumelden; bei einem untitulierten Umsatzsteueranspruch auf der Grundlage einer Steuerberechnung, Rz. 145.

144 Ein Umsatzsteueranspruch, der sich aus dem vorinsolvenzrechtlichen Vermögensbereich ergibt, ist **für jeden Besteuerungszeitraum** (Kalenderjahr) und – für das Jahr der Insolvenzeröffnung – den **abgekürzten Besteuerungszeitraum** zu berechnen (Rz. 30 ff.) und **gesondert zur Insolvenztabelle** anzumelden. Eine gesonderte Forderungsanmeldung für einzelne **Voranmeldezeiträume** ist nicht erforderlich, da diesen im Verhältnis zur Jahressteuerberechnung ohnehin nur vorläufiger Charakter zukommt[2] und es sich bei der für einzelne Voranmeldezeiträume entstandenen Steuer daher nur um eine unselbständige Berechnungsgrundlage für den sich für den (ggfs. abgekürzten) Besteuerungszeitraum ergebenden Steueranspruch handelt.[3]

145 Ist der zur Tabelle anzumeldende Umsatzsteueranspruch im Zeitpunkt der Insolvenzeröffnung noch nicht durch Steuerbescheid festgesetzt (**untitulierte Forderung**), erfolgt die Anmeldung zur Insolvenztabelle auf der Grundlage einer **formlosen Steuerberechnung** des Finanzamts (sog. **informatorischer Bescheid**). Denn nach § 251 Abs. 2 Satz 1 AO dürfen Ansprüche aus dem (Umsatz-)Steuerschuldverhältnis, die Insolvenzforderungen sind, nach Insolvenzeröffnung nur noch nach den Vorschriften der Insolvenzordnung geltend gemacht werden. Dementsprechend müssen (auch untitulierte) Steueransprüche zur Insolvenztabelle angemeldet – und nur im Falle des insolvenzrechtlichen Bestreitens durch einen Insolvenzfeststellungsbescheid nach § 185 Satz 1 i.V.m. § 251 Abs. 3 AO – geltend gemacht werden. Wegen dieses für Insolvenzforderungen vorrangigen Verfahrens dürfen nach Insolvenzeröffnung auch keine (Umsatz-)**Steuerbescheide** mehr ergehen, wenn die festzusetzende (Umsatz-)Steuer als **Insolvenzforderung** einzuordnen ist. Ein dennoch erlassener (Umsatz-)**Steuerbescheid** ist **nichtig** (§ 125 Abs. 1 AO) und damit **unwirksam**.[4]

3. Umsatzsteueranspruch als Masseverbindlichkeit

146 Ein als sonstige Masseverbindlichkeit zu qualifizierender Umsatzsteueranspruch (**positiver Saldo** im Vermögensbereich der Insolvenzmasse (Rz. 26 ff.) unter Anrechnung etwaiger Vorauszahlungen (Rz. 40; Rz. 142)) ist zu seiner Durchsetzung durch (Umsatz-)Steuerbescheid (gegenüber dem Insolvenzverwalter) festzusetzen. Für Zwecke der Umsatzsteuer bleibt allerdings die Pflicht zur Steueranmeldung nach § 18 UStG bestehen mit der Folge, dass die Steueranmeldung nach § 168 Satz 1 AO grundsätzlich einer Vorbehaltsfestsetzung gleichsteht. Die Wirkung einer Steuerfestsetzung aufgrund

---

1 BFH, Urt. v. 24.9.2014 – V R 48/13, BStBl. II 2015, 506 = UR 2015, 192, Rz. 48; BFH, Urt. v. 29.3.2017 – XI R 5/16, BStBl. II 2017, 738 = UR 2017, 520, Rz. 24 m.w.N.

2 BFH, Urt. v. 7.7.2011 – V R 42/09, BStBl. II 2014, 76 = UR 2011, 870, Rz. 26 ff.

3 BFH, Urt. v. 24.11.2011 – V R 13/11, BStBl. II 2012, 298 = UR 2012, 403, Rz. 15.

4 StRspr. BFH, Urt. v. 24.8.2004 – VIII R 14/02, BStBl. II 2005, 246 = FR 2005, 217 m. Anm. *Kempermann*, unter II.3.c bb aaa; BFH, Urt. v. 10.12.2008 – I R 41/07, BFH/NV 2009, 719 = AO-StB 2009, 163 m. Anm. *Günther*, unter II.2.a. m.w.N.; BFH, Urt. v. 13.12.2022 – VII R 49/20, BFHE 279, 10 = ZIP 2023, 1197 Rz. 19 m.w.N.; AEAO zu § 251 Rz. 4.3.1.; *Loose* in Tipke/Kruse, § 251 AO Rz. 44 (Stand: September 2023); *Uhländer* in Waza/Uhländer/Schmittmann[13], Rz. 526 m.w.N.; *Roth*, Insolvenzsteuerrecht[3], Rz. 3.187.

einer Umsatzsteueranmeldung (§ 168 Satz 1 AO) tritt aber nur insofern ein, soweit die Vor- oder Jahresanmeldung (Jahressteuererklärung) einen Anspruch aus dem Umsatzsteuerschuldverhältnis enthält, der als Masseverbindlichkeit einzuordnen ist.[1]

Weder im Steuerrecht noch im Insolvenzrecht existieren Vorschriften über die Geltendmachung eines als sonstige Masseverbindlichkeit einzuordnenden (Umsatz-)Steueranspruchs. Es gelten daher die **allgemeinen Vorschriften** über die Befriedigung der sonstigen Masseverbindlichkeiten. Nach § 53 InsO sind Masseverbindlichkeiten vorweg – also vor den Ansprüchen der Insolvenzgläubiger (§§ 38–46 InsO) und unabhängig vom Anmelde- (§§ 174 ff. InsO) und Verteilungsverfahren (§§ 187–206 InsO) – aus der Insolvenzmasse zu berichtigen. Ein **besonderes Verfahren zur Geltendmachung von Masseverbindlichkeiten** – wie etwa bei den Insolvenzforderungen (Anmeldung zur Insolvenztabelle, §§ 87, 174 ff. InsO) – **besteht nicht**. Deshalb werden Masseverbindlichkeiten i.S.d. § 55 InsO nach den außerhalb des Insolvenzverfahrens maßgeblichen Vorschriften geltend gemacht und durchgesetzt. Für Zwecke der Umsatzsteuer sind hierzu § 18 Abs. 1, 3 UStG i.V.m. §§ 167 ff. AO maßgeblich. 147

Nach Eröffnung des Insolvenzverfahrens begründete Umsatzsteueransprüche, die als Masseverbindlichkeiten nach § 55 Abs. 1 InsO zu qualifizieren sind, sind für Kalenderjahre nach Insolvenzeröffnung sowie den abgekürzten Besteuerungszeitraum (für das „Rest-"Jahr der Insolvenzeröffnung) durch **Umsatzsteuerbescheid** (§§ 167, 168 AO) **gegenüber dem Insolvenzverwalter** als **Bekanntgabeadressaten** festzusetzen[2] (Inhaltsadressat bleibt der Insolvenzschuldner als Träger des Unternehmens). Die Steuerfestsetzung für die Insolvenzmasse erfordert dabei eine **Steuerberechnung** nach § 16 UStG (Rz. 30 ff.), bei der solche Umsätze, abziehbare Vorsteuerbeträge und Berichtigungstatbestände einzubeziehen sind, die Masseverbindlichkeiten darstellen. In der Umsatzsteueranmeldung bzw. dem Umsatzsteuerbescheid muss zum Ausdruck kommen, inwieweit es sich bei dem Umsatzsteueranspruch um eine Masseverbindlichkeit handelt. Der Insolvenzverwalter hat den als Masseverbindlichkeit zu qualifizierenden festgesetzten Umsatzsteueranspruch nach § 53 InsO, § 34 Abs. 3 i.V.m. § 34 Abs. 1 Satz 2 AO vorweg und in voller Höhe aus der Insolvenzmasse zu entrichten.[3] 148

4. Umsatzsteueranspruch als Forderung gegen das insolvenzfreie Vermögen

Ein als Forderung gegen das insolvenzfreie Vermögen des Schuldners zu qualifizierender Umsatzsteueranspruch (**positiver Saldo** im insolvenzfreien Vermögensbereich (Rz. 26 ff.) unter Anrechnung etwaiger Vorauszahlungen (Rz. 40; Rz. 142)) ist zu seiner Durchsetzung durch (Umsatz-)Steuerbescheid festzusetzen. Die Ausführungen zur Umsatzsteueranmeldung in Rz. 146 gelten entsprechend. Solche insolvenzrechtlich begründeten Umsatzsteueransprüche sind für Kalenderjahre nach Insolvenzeröffnung sowie den abgekürzten Besteuerungszeitraum (für das „Rest-"Jahr der Insolvenzeröffnung) durch **Umsatzsteuerbescheid** (§§ 167, 168 AO) – ohne insolvenzrechtliche Einschränkungen – **gegenüber dem Schuldner** als **Inhalts-** und **Bekanntgabeadressaten** festzusetzen.[4] Eine solche Steuernachzahlung ist vom Schuldner aus dem insolvenzfreien Vermögen zu leisten.[5] 149

Sind in einem (abgekürzten) Besteuerungszeitraum sowohl Umsatzsteueransprüche begründet, die als Masseverbindlichkeiten (Rz. 146) als auch solche, die als Forderungen gegen das insolvenzfreie Vermögen einzuordnen sind, sind die Umsatzsteueransprüche in zwei getrennten Umsatzsteuerbeschei- 150

1 *Stadie* in Rau/Dürrwächter, Anhang 2 (Umsatzsteuer und Insolvenz), Rz. 14 (Stand: April 2020).

2 BFH, Urt. v. 28.6.2000 – V R 87/99, BStBl. II 2000, 639 = UR 2000, 467, unter II.2.; BFH, Urt. v. 30.4.2009 – V R 1/06, BStBl. II 2010, 138 = UR 2009, 673, unter II.1.; BFH, Urt. v. 15.12.2016 – V R 26/16, BStBl. II 2017, 735 = UR 2017, 279, Rz. 18 m.w.N.; BFH, Urt. v. 29.3.2017 – XI R 5/16, BStBl. II 2017, 738 = UR 2017, 520, Rz. 23 m.w.N.

3 BFH, Urt. v. 24.8.2011 – V R 53/09, BStBl. II 2012, 256 = UR 2012, 268, Rz. 18 m.w.N; BFH, Urt. v. 16.7.2015 – III R 32/13, BStBl. II 2016, 251 = FR 2016, 382, Rz. 19 m.w.N; BFH, Urt. v. 16.5.2013 – IV R 23/11, BStBl. II 2013, 759 = FR 2014, 243 m. Anm. *Roth*, Rz. 28 m.w.N.; BFH, Urt. v. 18.5.2010 – X R 60/08, BStBl. II 2011, 429, unter II.2.

4 BFH, Urt. v. 28.6.2000 – V R 87/99, BStBl. II 2000, 639 = UR 2000, 467, unter II.3., 4.; BFH, Urt. v. 5.3.2008 – X R 60/04, BStBl. II 2008, 787 = FR 2008, 1155, unter II.1. m.w.N.; BFH, Urt. v. 18.5.2010 – X R 60/08, BStBl. II 2011, 429, Rz. 35.

5 AEAO (2018) zu § 122 Rz. 7.

den festzusetzen, von denen der eine an den Insolvenzverwalter (**Bekanntgabeadressat**, Rz. 148) und der andere an den Schuldner persönlich bekanntzugeben ist.[1]

II. Geltendmachung eines Vergütungs- oder Erstattungsanspruchs

1. Umsatzsteuerrechtlicher Vergütungsanspruch und Erstattungsanspruch

151 Bei der Umsatzsteuerfestsetzung kann es zu Vergütungs- oder Erstattungsansprüchen (Erstattungsbetrag) kommen. Es handelt sich dann um eine Forderung des Insolvenzschuldners gegenüber dem Finanzamt und nicht um eine Forderung des Steuergläubigers gegenüber dem Steuerpflichtigen.

Ein (Umsatzsteuer-)**Vergütungsanspruch** entsteht durch einen Vorsteuer- oder Berichtigungsüberhang, wenn also bei der Steuerberechnung (§ 16 Abs. 1 Satz 3, 4, Abs. 2 UStG) die Vorsteuer- und Berichtigungsbeträge die Umsatzsteuer übersteigen. Nach § 155 Abs. 5 AO sind für Vergütungsansprüche die Vorschriften über die Steuerfestsetzung sinngemäß anzuwenden, also auch die §§ 167 f. AO. Ein (Umsatzsteuer-)**Erstattungsanspruch** entsteht, wenn geleistete (und damit anrechenbare) Umsatzsteuervorauszahlungen den festgesetzten Umsatzsteuerbetrag übersteigen (§ 18 Abs. 4 Satz 1 UStG i.V.m. § 37 Abs. 2 AO).

152 Vergütungs- oder Erstattungsansprüche können sowohl im vorinsolvenzrechtlichen Vermögensbereich, im Vermögensbereich der Insolvenzmasse oder im insolvenzfreien Vermögensbereich begründet werden. Bei Erstattungsbeträgen ist insbesondere von Bedeutung, ob dieser **vorinsolvenzlich** (also im vorinsolvenzrechtlichen Vermögensbereich) oder **nachinsolvenzlich** (also im Vermögensbereich der Insolvenzmasse oder im insolvenzfreien Vermögensbereich) begründet wurde. Denn diese Einordnung hat Auswirkungen auf die Möglichkeit der Aufrechnung im Insolvenzverfahren (§§ 94 ff. InsO). Die Abgrenzung zwischen dem Vermögensbereich der Insolvenzmasse und dem insolvenzfreien Vermögensbereich (jeweils nachinsolvenzlich begründeter Erstattungsbetrag) hat darüber hinaus Bedeutung, an wen (Insolvenzmasse oder Schuldner) das Finanzamt den Erstattungsbetrag zu leisten hat.

2. Vorinsolvenzlich begründeter Erstattungsbetrag

153 Für den Bereich der Umsatzsteuer ist abschließend geklärt, dass das Finanzamt auch nach Eröffnung des Insolvenzverfahrens eine **negative Umsatzsteuer** aus **vorinsolvenzlicher Zeit** (**negativer Saldo** aufgrund eines Vorsteuerüberhangs oder eines Umsatzsteuererstattungsanspruchs, der vor Insolvenzeröffnung begründet ist) festsetzen darf. Das Finanzamt darf einer solchen Steueranmeldung zustimmen,[2] einen beantragten Steuerbescheid erlassen[3] oder es darf ein entsprechender Änderungsbescheid ergehen.[4] Denn solchen Steuerbescheiden fehlt die abstrakte Eignung, sich auf zur Tabelle anzumeldende (Umsatz-)Steuerforderungen auszuwirken. Denn mit einem solchen Bescheid setzt der Steuergläubiger keine Insolvenzforderung fest, die nach § 87 InsO nur nach den Vorschriften über das Insolvenzverfahren verfolgt werden kann, sondern nur einen Vergütungs- oder Erstattungsbetrag, der nicht zur Tabelle angemeldet werden kann.[5]

Kommt es also (Rz. 26 ff.) zu einem Umsatzsteuervergütungsanspruch (Vorsteuerüberhang im vorinsolvenzrechtlichen Vermögensbereich) oder zu einem Umsatzsteuererstattungsanspruch (Jahresumsatzsteuerschuld übersteigende Vorauszahlungen im vorinsolvenzrechtlichen Vermögensbereich) gehört der Überschuss zu Gunsten des Unternehmers (Insolvenzschuldner) zur Insolvenzmasse (Rz. 9, 18, 42, 96) und ist an diese – vorbehaltlich einer zulässigen Aufrechnung durch das Finanzamt (hier ist aber insbesondere das Aufrechnungsverbot nach § 96 Abs. 1 Nr. 1 InsO zu beachten) – auszuzahlen.[6]

---

1 BFH, Urt. v. 28.6.2000 – V R 87/99, BStBl. II 2000, 639 = UR 2000, 467, unter II.3.

2 BFH, Urt. v. 25.7.2012 – VII R 29/11, BStBl. II 2013, 36 = UR 2012, 927 m. Anm. *Marchal* Rz. 19.

3 BFH, Urt. v. 13.5.2009 – XI R 63/07, BStBl. II 2010, 11 = UR 2009, 677 Rz. 16 ff.; BFH, Urt. v. 11.12.2013 – XI R 22/11, BStBl. II 2014, 332 = UR 2014, 368 Rz. 21.

4 BFH, Urt. v. 16.6.2015 – XI R 18/13, BFH/NV 2015, 1607 Rz. 23.

5 BFH, Beschl. v. 9.12.2020 – XI B 10/20, BFH/NV 2021, 645 Rz. 10.

6 BFH, Urt. v. 28.2.2012 – VII R 36/11, BStBl. II 2012, 451 = AO-StB 2012, 164 m. Anm. *Bauhaus*, Rz. 10; BFH, Urt. v. 20.9.2016 – VII R 10/15, BFH/NV 2017, 442, Rz. 18 m.w.N. *[Einkommensteuererstattungsanspruch]*.

3. Nachinsolvenzlich begründeter Erstattungsbetrag

a) Erstattungsbetrag im Vermögensbereich der Insolvenzmasse

Führt die Steuerberechnung nach § 16 Abs. 1 Satz 3, 4, Abs. 2 UStG unter Berücksichtigung von Vorauszahlungen zu einem Umsatzsteuervergütungs- oder -erstattungsanspruch für den **„Vermögensbereich der Insolvenzmasse“** (nachinsolvenzlich begründeter Erstattungsbetrag), ist dieser durch Steuerbescheid (§§ 167 f. AO) gegenüber dem Insolvenzverwalter (als Bekanntgabeadressat) festzusetzen und – vorbehaltlich einer zulässigen Aufrechnung – **an die Insolvenzmasse auszuzahlen.** 154

b) Erstattungsbetrag im insolvenzfreien Vermögensbereich

Führt die Steuerberechnung nach § 16 Abs. 1 Satz 3, 4, Abs. 2 UStG unter Berücksichtigung von Vorauszahlungen zu einem Umsatzsteuervergütungs- oder -erstattungsanspruch für den **„freien Vermögensbereich des Schuldners“** (nachinsolvenzlich begründeter Erstattungsbetrag), ist dieser durch Steuerbescheid (§§ 167 f. AO) gegenüber dem Insolvenzschuldner (als Inhalts- und Bekanntgabeadressat) festzusetzen und – vorbehaltlich einer zulässigen Aufrechnung (hier ist insbesondere das Aufrechnungsverbot nach § 96 Abs. 1 Nr. 4 InsO zu beachten) – **an den Schuldner auszuzahlen.**[1] 155

§ 18a Zusammenfassende Meldung

(1) [1]Der Unternehmer im Sinne des § 2 hat bis zum 25. Tag nach Ablauf jedes Kalendermonats (Meldezeitraum), in dem er innergemeinschaftliche Warenlieferungen oder Lieferungen im Sinne des § 25b Absatz 2 ausgeführt hat, dem Bundeszentralamt für Steuern eine Meldung (Zusammenfassende Meldung) nach amtlich vorgeschriebenem Datensatz durch Datenfernübertragung zu übermitteln, in der er die Angaben nach Absatz 7 Satz 1 Nummer 1, 2, 2a und 4 zu machen hat. [2]Soweit die Summe der Bemessungsgrundlagen für innergemeinschaftliche Warenlieferungen und für Lieferungen im Sinne des § 25b Absatz 2 weder für das laufende Kalendervierteljahr noch für eines der vier vorangegangenen Kalendervierteljahre jeweils mehr als 50 000 Euro beträgt, kann die Zusammenfassende Meldung bis zum 25. Tag nach Ablauf des Kalendervierteljahres übermittelt werden. [3]Übersteigt die Summe der Bemessungsgrundlage für innergemeinschaftliche Warenlieferungen und für Lieferungen im Sinne des § 25b Absatz 2 im Laufe eines Kalendervierteljahres 50 000 Euro, hat der Unternehmer bis zum 25. Tag nach Ablauf des Kalendermonats, in dem dieser Betrag überschritten wird, eine Zusammenfassende Meldung für diesen Kalendermonat und die bereits abgelaufenen Kalendermonate dieses Kalendervierteljahres zu übermitteln. [4]Nimmt der Unternehmer die in Satz 2 enthaltene Regelung nicht in Anspruch, hat er dies gegenüber dem Bundeszentralamt für Steuern anzuzeigen. [5]Vom 1. Juli 2010 bis zum 31. Dezember 2011 gelten die Sätze 2 und 3 mit der Maßgabe, dass an die Stelle des Betrages von 50 000 Euro der Betrag von 100 000 Euro tritt.

(2) [1]Der Unternehmer im Sinne des § 2 hat bis zum 25. Tag nach Ablauf jedes Kalendervierteljahres (Meldezeitraum), in dem er im übrigen Gemeinschaftsgebiet steuerpflichtige sonstige Leistungen im Sinne des § 3a Absatz 2, für die der in einem anderen Mitgliedstaat ansässige Leistungsempfänger die Steuer dort schuldet, ausgeführt hat, dem Bundeszentralamt für Steuern eine Zusammenfassende Meldung nach amtlich vorgeschriebenem Datensatz durch Datenfernübertragung zu übermitteln, in der er die Angaben nach Absatz 7 Satz 1 Nummer 3 zu machen hat. [2]Soweit der Unternehmer bereits nach Absatz 1 zur monatlichen Übermittlung einer Zusammenfassenden Meldung verpflichtet ist, hat er die Angaben im Sinne von Satz 1 in der Zusammenfassenden Meldung für den letzten Monat des Kalendervierteljahres zu machen.

(3) [1]Soweit der Unternehmer im Sinne des § 2 die Zusammenfassende Meldung entsprechend Absatz 1 bis zum 25. Tag nach Ablauf jedes Kalendermonats übermittelt, kann er die nach Absatz 2 vorgesehenen Angaben in die Meldung für den jeweiligen Meldezeitraum aufnehmen. [2]Nimmt der

1 AEAO (2018) zu § 122 Rz. 7.

Unternehmer die in Satz 1 enthaltene Regelung in Anspruch, hat er dies gegenüber dem Bundeszentralamt für Steuern anzuzeigen.

(4) Die Absätze 1 bis 3 gelten nicht für Unternehmer, die § 19 Absatz 1 anwenden.

(5) [1]Auf Antrag kann das Finanzamt zur Vermeidung unbilliger Härten auf eine elektronische Übermittlung verzichten; in diesem Fall hat der Unternehmer eine Meldung nach amtlich vorgeschriebenem Vordruck abzugeben. [2]§ 150 Absatz 8 der Abgabenordnung gilt entsprechend. [3]Soweit das Finanzamt nach § 18 Absatz 1 Satz 2 auf eine elektronische Übermittlung der Voranmeldung verzichtet hat, gilt dies auch für die Zusammenfassende Meldung. [4]Für die Anwendung dieser Vorschrift gelten auch nichtselbständige juristische Personen im Sinne des § 2 Absatz 2 Nummer 2 als Unternehmer. [5]§ 18 Absatz 4f ist entsprechend anzuwenden. [6]Die Landesfinanzbehörden übermitteln dem Bundeszentralamt für Steuern die erforderlichen Angaben zur Bestimmung der Unternehmer, die nach den Absätzen 1 und 2 zur Abgabe der Zusammenfassenden Meldung verpflichtet sind. [7]Diese Angaben dürfen nur zur Sicherstellung der Abgabe der Zusammenfassenden Meldung verarbeitet werden. [8]Das Bundeszentralamt für Steuern übermittelt den Landesfinanzbehörden die Angaben aus den Zusammenfassenden Meldungen, soweit diese für steuerliche Kontrollen benötigt werden.

(6) Eine innergemeinschaftliche Warenlieferung im Sinne dieser Vorschrift ist

1. **eine innergemeinschaftliche Lieferung im Sinne des § 6a Absatz 1 mit Ausnahme der Lieferungen neuer Fahrzeuge an Abnehmer ohne Umsatzsteuer-Identifikationsnummer;**
2. **eine innergemeinschaftliche Lieferung im Sinne des § 6a Absatz 2;**
3. **eine Beförderung oder Versendung im Sinne des § 6b Absatz 1 oder 4 oder ein Erwerberwechsel nach § 6b Absatz 5.**

(7) [1]Die Zusammenfassende Meldung muss folgende Angaben enthalten:

1. **für innergemeinschaftliche Warenlieferungen im Sinne des Absatzes 6 Nummer 1:**
   a) **die Umsatzsteuer-Identifikationsnummer jedes Erwerbers, die ihm in einem anderen Mitgliedstaat erteilt worden ist und unter der die innergemeinschaftlichen Warenlieferungen an ihn ausgeführt worden sind, und**
   b) **für jeden Erwerber die Summe der Bemessungsgrundlagen der an ihn ausgeführten innergemeinschaftlichen Warenlieferungen;**
2. **für innergemeinschaftliche Warenlieferungen im Sinne des Absatzes 6 Nummer 2:**
   a) **die Umsatzsteuer-Identifikationsnummer des Unternehmers in den Mitgliedstaaten, in die er Gegenstände verbracht hat, und**
   b) **die darauf entfallende Summe der Bemessungsgrundlagen;**

2a. **für Beförderungen oder Versendungen oder einen Erwerberwechsel im Sinne des Absatzes 6 Nummer 3:**
   a) **in den Fällen des § 6b Absatz 1 die Umsatzsteuer-Identifikationsnummer des Erwerbers im Sinne des § 6b Absatz 1 Nummer 1 und 3,**
   b) **in den Fällen des § 6b Absatz 4 die Umsatzsteuer-Identifikationsnummer des ursprünglich vorgesehenen Erwerbers im Sinne des § 6b Absatz 1 Nummer 1 und 3 oder**
   c) **in den Fällen des § 6b Absatz 5 die Umsatzsteuer-Identifikationsnummer des ursprünglich vorgesehenen Erwerbers im Sinne des § 6b Absatz 1 Nummer 1 und 3 sowie die des neuen Erwerbers;**

3. **für im übrigen Gemeinschaftsgebiet ausgeführte steuerpflichtige sonstige Leistungen im Sinne des § 3a Absatz 2, für die der in einem anderen Mitgliedstaat ansässige Leistungsempfänger die Steuer dort schuldet:**
   a) **die Umsatzsteuer-Identifikationsnummer jedes Leistungsempfängers, die ihm in einem anderen Mitgliedstaat erteilt worden ist und unter der die steuerpflichtigen sonstigen Leistungen an ihn erbracht wurden,**
   b) **für jeden Leistungsempfänger die Summe der Bemessungsgrundlagen der an ihn erbrachten steuerpflichtigen sonstigen Leistungen und**

c) einen Hinweis auf das Vorliegen einer im übrigen Gemeinschaftsgebiet ausgeführten steuerpflichtigen sonstigen Leistung im Sinne des § 3a Absatz 2, für die der in einem anderen Mitgliedstaat ansässige Leistungsempfänger die Steuer dort schuldet;

4. für Lieferungen im Sinne des § 25b Absatz 2:

a) die Umsatzsteuer-Identifikationsnummer eines jeden letzten Abnehmers, die diesem in dem Mitgliedstaat erteilt worden ist, in dem die Versendung oder Beförderung beendet worden ist,

b) für jeden letzten Abnehmer die Summe der Bemessungsgrundlagen der an ihn ausgeführten Lieferungen und

c) einen Hinweis auf das Vorliegen eines innergemeinschaftlichen Dreiecksgeschäfts.

[2]§ 16 Absatz 6 und § 17 sind sinngemäß anzuwenden.

(8) [1]Die Angaben nach Absatz 7 Satz 1 Nummer 1 und 2 sind für den Meldezeitraum zu machen, in dem die Rechnung für die innergemeinschaftliche Warenlieferung ausgestellt wird, spätestens jedoch für den Meldezeitraum, in dem der auf die Ausführung der innergemeinschaftlichen Warenlieferung folgende Monat endet. [2]Die Angaben nach Absatz 7 Satz 1 Nummer 3 und 4 sind für den Meldezeitraum zu machen, in dem die im übrigen Gemeinschaftsgebiet steuerpflichtige sonstige Leistung im Sinne des § 3a Absatz 2, für die der in einem anderen Mitgliedstaat ansässige Leistungsempfänger die Steuer dort schuldet, und die Lieferungen nach § 25b Absatz 2 ausgeführt worden sind.

(9) [1]Hat das Finanzamt den Unternehmer von der Verpflichtung zur Abgabe der Voranmeldungen und Entrichtung der Vorauszahlungen befreit (§ 18 Absatz 2 Satz 3), kann er die Zusammenfassende Meldung abweichend von den Absätzen 1 und 2 bis zum 25. Tag nach Ablauf jedes Kalenderjahres abgeben, in dem er innergemeinschaftliche Warenlieferungen ausgeführt hat oder im übrigen Gemeinschaftsgebiet steuerpflichtige sonstige Leistungen im Sinne des § 3a Absatz 2 ausgeführt hat, für die der in einem anderen Mitgliedstaat ansässige Leistungsempfänger die Steuer dort schuldet, wenn

1. die Summe seiner Lieferungen und sonstigen Leistungen im vorangegangenen Kalenderjahr 200 000 Euro nicht überstiegen hat und im laufenden Kalenderjahr voraussichtlich nicht übersteigen wird,

2. die Summe seiner innergemeinschaftlichen Warenlieferungen oder im übrigen Gemeinschaftsgebiet ausgeführten steuerpflichtigen Leistungen im Sinne des § 3a Absatz 2, für die der in einem anderen Mitgliedstaat ansässige Leistungsempfänger die Steuer dort schuldet, im vorangegangenen Kalenderjahr 15 000 Euro nicht überstiegen hat und im laufenden Kalenderjahr voraussichtlich nicht übersteigen wird und

3. es sich bei den in Nummer 2 bezeichneten Warenlieferungen nicht um Lieferungen neuer Fahrzeuge an Abnehmer mit Umsatzsteuer-Identifikationsnummer handelt.

[2]Absatz 8 gilt entsprechend.

(10) Erkennt der Unternehmer nachträglich, dass eine von ihm abgegebene Zusammenfassende Meldung unrichtig oder unvollständig ist, so ist er verpflichtet, die ursprüngliche Zusammenfassende Meldung innerhalb eines Monats zu berichtigen.

(11) Auf die Zusammenfassende Meldung sind mit Ausnahme von § 152 der Abgabenordnung ergänzend die für Steuererklärungen geltenden Vorschriften der Abgabenordnung anzuwenden.

(12) [1]Zur Erleichterung und Vereinfachung der Abgabe und Verarbeitung der Zusammenfassenden Meldung kann das Bundesministerium der Finanzen durch Rechtsverordnung mit Zustimmung des Bundesrates bestimmen, dass die Zusammenfassende Meldung auf maschinell verwertbaren Datenträgern oder durch Datenfernübertragung übermittelt werden kann. [2]Dabei können insbesondere geregelt werden:

1. die Voraussetzungen für die Anwendung des Verfahrens;

2. das Nähere über Form, Inhalt, Verarbeitung und Sicherung der zu übermittelnden Daten;

3. die Art und Weise der Übermittlung der Daten;

4. die Zuständigkeit für die Entgegennahme der zu übermittelnden Daten;

5. die Mitwirkungspflichten Dritter bei der Verarbeitung der Daten;

6. der Umfang und die Form der für dieses Verfahren erforderlichen besonderen Erklärungspflichten des Unternehmers.

[3]Zur Regelung der Datenübermittlung kann in der Rechtsverordnung auf Veröffentlichungen sachverständiger Stellen verwiesen werden; hierbei sind das Datum der Veröffentlichung, die Bezugsquelle und eine Stelle zu bezeichnen, bei der die Veröffentlichung archivmäßig gesichert niedergelegt ist.

Schrifttum: *Kemper*, Erklärungspflichten des Umsatzsteuergesetzes, UR 2015, 373.

A. Grundaussagen

I. Regelungsgegenstand und Bedeutung

Unternehmer, die bestimmte **grenzüberschreitende Umsätze** ausführen, müssen nach § 18a UStG eine ZM abgeben. Die ZM enthält insbesondere die MwSt-IdNrn. der Leistungsempfänger und den jeweiligen Gesamtbetrag der an die einzelnen Empfänger ausgeführten Leistungen. 1

Für die zusammenfassend zu meldenden Umsätze schulden regelmäßig die Leistungsempfänger die Steuer. Im Rahmen der Zusammenarbeit der Verwaltungsbehörden und der Betrugsbekämpfung auf dem Gebiet der Mehrwertsteuer (Verordnung (EU) 904/2010) soll die ZM den für die Leistungsempfänger zuständigen Finanzbehörden ermöglichen, zu prüfen, ob die **Leistungsempfänger den Leistungsbezug ordnungsgemäß versteuern**, und Steuerhinterziehung zu bekämpfen.[1] 2

II. Unionsrechtliche Grundlagen

Unionsrechtlich müssen Steuerpflichtige nach Art. 262 ff. MwStSystRL ZM abgeben. Zu melden sind aber nur **Leistungen an Empfänger mit MwSt-IdNr.** (Art. 262 MwStSystRL). Die Verpflichtung, die Identität von Leistungsempfängern offenzulegen, verletzt nicht die Dienstleistungsfreiheit (Art. 56 AEUV), weil der Richtliniengeber sie als für die Funktionsfähigkeit des Binnenmarktes erforderlich ansehen durfte.[2] 3

III. Verhältnis zu anderen Vorschriften und Rechtsentwicklung

Die ZM ergänzt die allgemeinen Erklärungspflichten (§ 18 UStG). Sie ist **keine Steuererklärung** –[3] die für Steuererklärungen geltenden Vorschriften sind daher nicht unmittelbar anwendbar, aber teilweise in § 18a UStG ausdrücklich für anwendbar erklärt. 4

Die Pflichten zur ZM zu verletzen, ist nach § 26a Abs. 1 Nr. 5 UStG eine **Ordnungswidrigkeit**, die mit einer Geldbuße bis zu 5.000 Euro geahndet werden kann. Führt die Pflichtverletzung zur Verkürzung der von einem anderen Mitgliedstaat verwalteten Umsatzsteuer (§ 370 Abs. 6 Satz 2 AO) oder erleichtert sie, kann sie als Steuerhinterziehung (§ 370 Abs. 1 AO) oder Beihilfe dazu (§ 27 StGB) strafbar sein. 5

Wer innergemeinschaftliche Lieferungen nicht ordnungsgemäß meldet, verliert zudem die **Steuerbefreiung** (§ 4 Nr. 1 Buchst. b Halbs. 2 UStG). Die ZM hat auch Bedeutung für den Ort des innergemeinschaftlichen Erwerbs (§ 3d Satz 2 UStG). Die Anwendung der Bestimmungen über innergemeinschaftliche Dreiecksgeschäfte darf aber nicht allein wegen einer verspäteten ZM versagt werden.[4] 6

§ 18a UStG wurde durch Art. 1 Nr. 23 des Umsatzsteuer-Binnenmarktgesetzes[5] mit Wirkung vom 1.1.1993 in das UStG eingefügt und betraf **zunächst nur innergemeinschaftliche Warenlieferungen und gleichgestellte Warenbewegungen**. Seitdem wurde die Vorschrift mehrfach geändert, insbesondere durch das Gesetz zur Umsetzung steuerlicher EU-Vorgaben sowie zur Änderung steuerlicher Vorschriften[6], das Gesetz zur Modernisierung des Besteuerungsverfahrens[7],das Gesetz zur weiteren Förderung der E-Mobilität[8] und das JStG 2020[9]. 7

---

1 EuGH, Urt. v. 7.12.2010 – C-285/09, ECLI:EU:C:2010:742 – R., BStBl. II 2011, 846 = UR 2011, 15 m. Anm. *Sterzinger*, Rz. 13; BGH, Beschl. v. 7.7.2009 – 1 StR 41/09, UR 2009, 732, unter II.5.b., Rz. 34; vgl. BT-Drucks. 17/506, 32.

2 BFH, Urt. v. 27.9.2017 – XI R 15/15, BStBl. II 2018, 155 = UR 2018, 126, Rz. 41 ff.

3 BT-Drucks. 12/2463, 36; *Kemper*, UR 2015, 373 (375).

4 EuGH, Urt. v. 19.4.2018 – C-580/16, ECLI:EU:C:2018:261 – Firma Hans Bühler, UR 2018, 404 m. Anm. *Nieskens*.

5 BGBl. I 1992, 1548, dazu BT-Drucks. 12/2463, 35.

6 BGBl. I 2010, 386, dazu BT-Drucks. 17/506, 32 ff.

7 BGBl. I 2016, 1679, dazu BT-Drucks. 18/7457, 112.

8 BGBl. I 2019, 2451, dazu BT-Drucks. 19/13436, 158 f.

9 BGBl. I 2020, 3096, dazu BT-Drucks. 19/22850, 120; BT-Drucks. 19/25160, 48, 196 f.

B. Meldung von Lieferungen (Absatz 1)

I. Meldepflicht (Absatz 1 Satz 1)

1. Meldepflichtiger

8 ZM müssen nach § 18 Abs. 1 Satz 1 UStG **Unternehmer** abgeben, die innergemeinschaftliche Warenlieferungen (§ 18 Abs. 6 UStG, Rz. 37) oder Lieferungen i.S.d. § 25b Abs. 2 UStG ausführen. Dies beruht auf Art. 262 Abs. 1 Buchst. a, b MwStSystRL. Die Meldepflichten nach § 18 Abs. 1 UStG und § 18 Abs. 2 UStG schließen sich nicht aus, sondern ergänzen sich.

9 Lieferung i.S.d. § 25b Abs. 2 UStG ist nur die **Lieferung an den letzten Erwerber**. Die Lieferung an den ersten Erwerber ist als innergemeinschaftliche Lieferung zu melden (vgl. Art. 262 Abs. 1 Buchst. b MwStSystRL).

2. Meldeverfahren

a) Meldezeitraum

10 Der Unternehmer muss die Meldungen nach § 18a Abs. 1 UStG grundsätzlich für jeden **Kalendermonat** abgeben, in dem er meldepflichtige Umsätze ausführt. Dies ergibt sich aus Art. 263 Abs. 1 MwStSystRL.

11 Die Beschränkung auf Monate **mit meldepflichtigen Umsätzen** ist dem Unionsrecht nicht ausdrücklich zu entnehmen. Sie widerspricht jedenfalls dem Zweck der Meldung nicht und ist daher von der Ermächtigung an die Mitgliedstaaten abgedeckt, die näheren Modalitäten der Meldung festzulegen.

b) Meldefrist

12 Die Meldefrist beträgt **25 Tage** (§ 108 AO) nach Ablauf des Meldezeitraums. Unionsrechtlich gibt Art. 263 Abs. 1 MwStSystRL eine Meldefrist von höchstens einem Monat vor. Weshalb der deutsche Gesetzgeber gerade 25 Tage vorsah, ist der Entwurfsbegründung[1] nicht zu entnehmen. Eine Dauerfristverlängerung (§ 18 Abs. 6 UStG) ist bei der ZM nicht möglich.[2]

c) Form

13 Die ZM ist grundsätzlich (s. aber Abs. 5, Rz. 28 ff.) in **elektronischer Form** abzugeben.[3] Unionsrechtliche Grundlage dafür ist Art. 263 Abs. 2 MwStSystRL.

d) Adressat

14 Die ZM ist ausschließlich an das **BZSt** zu übermitteln. Bei wem die Meldung abzugeben ist, gehört zu den Modalitäten, deren Regelung Art. 263 Abs. 1 MwStSystRL den Mitgliedstaaten überträgt. Da die ZM vor allem für die Zusammenarbeit mit anderen Mitgliedstaaten wichtig ist, liegt eine Übermittlung an eine Zentralstelle nahe.

3. Gegenstand der Meldung

15 Zu melden sind nach § 18 Abs. 1 UStG die **innergemeinschaftlichen Warenlieferungen und die Lieferungen nach § 25b UStG**. Welche Angaben die Meldung im Einzelnen enthalten muss, ergibt sich aus § 18a Abs. 7 UStG (Rz. 38 ff.).

---

1 BT-Drucks. 17/506, 32.
2 Abschn. 18a.2 Abs. 1 Satz 2 UStAE.
3 Vgl. Abschn. 18a.1 Abs. 4 Sätze 1 und 2 UStAE.

II. Verlängerung des Meldezeitraums (Absatz 1 Satz 2)

Überschreitet der Unternehmer nicht die **Umsatzgrenze** nach § 18a Abs. 1 Satz 2 UStG, verlängert sich der Meldezeitraum auf ein Kalendervierteljahr, die Meldefrist bleibt unverändert. Dies beruht auf der Ermächtigung in Art. 263 Abs. 1a Unterabs. 1 MwStSystRL. 16

III. Rückkehr zum kürzeren Meldezeitraum (Absatz 1 Satz 3)

Fallen während eines verlängerten Meldezeitraums die Voraussetzungen für die Verlängerung weg, gilt **ab dem Monat des Wegfalls** der kürzere Meldezeitraum. Der Unternehmer muss dann eine gemeinsame ZM für diesen Monat und die vorangegangenen Monate des Kalendervierteljahres abgeben. Dies entspricht Art. 263 Abs. 1a Unterabs. 2 MwStSystRL. Die FinVerw. lässt aber auch gesonderte Meldungen für die einzelnen Monate zu.[1] 17

IV. Verzicht auf Verlängerung (Absatz 1 Satz 4)

Die Verlängerung des Meldezeitraums (§ 18a Abs. 1 Satz 2 UStG, Rz. 16) ist **nicht zwingend** („kann", vgl. auch Art. 263 Abs. 1a Unterabs. 1 MwStSystRL: „gestatten"). Entgegen der Auffassung der FinVerw.[2] ist dem Gesetz weder eine bestimmte Form für die Anzeige oder den Widerruf des Verzichts zu entnehmen noch eine Frist, für die der Unternehmer an den Verzicht oder den Widerruf gebunden wäre. 18

V. Übergangsregelung (Absatz 1 Satz 5)

Die Übergangsregelung in § 18a Abs. 1 Satz 5 UStG gilt **seit der Neufassung 2010** (Rz. 7). Sie beruht auf Art. 263 Abs. 1b MwStSystRL. Nachdem kaum noch Fälle vorkommen dürften, in denen sie anzuwenden ist, sollte sie aufgehoben werden. 19

C. Meldung sonstiger Leistungen (Absatz 2)

I. Meldepflicht (Absatz 2 Satz 1)

1. Meldepflichtiger

ZM nach § 18 Abs. 2 Satz 1 UStG müssen **Unternehmer** abgeben, die im übrigen Gemeinschaftsgebiet sonstige Leistungen i.S.d. § 3a Abs. 2 UStG ausführen, für die der in einem anderen Mitgliedstaat ansässige Leistungsempfänger die Steuer schuldet. Dies beruht auf Art. 262 Abs. 1 Buchst. c MwStSystRL. 20

Zu der ZM verpflichtet sind auch Unternehmer, die **berufsrechtlich zur Verschwiegenheit verpflichtet** sind, oder die ansonsten abgabenrechtlich die Auskunft verweigern (§ 102 AO) dürfen. Indem der Leistungsempfänger seine USt-IdNr. verwendet, willigt er in die Aufnahme in die ZM ein.[3] 21

2. Meldeverfahren

Meldezeitraum für die Meldungen nach § 18a Abs. 2 UStG ist grundsätzlich das **Kalendervierteljahr**. Im Übrigen gelten die Ausführungen zum Meldeverfahren nach § 18a Abs. 1 UStG (Rz. 10 ff.) entsprechend. Eine Verlängerung des Meldezeitraums in Abhängigkeit vom Umfang der meldepflichtigen Leistungen (Rz. 16 ff.) erübrigt sich bei § 18a Abs. 2 UStG. 22

1 Abschn. 18a.2 Abs. 2 UStAE.
2 Abschn. 18a.2 Abs. 3 Sätze 3–6 UStAE.
3 BFH, Urt. v. 27.9.2017 – XI R 15/15, BStBl. II 2018, 155 = UR 2018, 126, Rz. 22 ff.

3. Gegenstand der Meldung

23 Zu melden sind nach § 18 Abs. 2 UStG die im übrigen Gemeinschaftsgebiet erbrachten **sonstigen Leistungen** i.S.d. § 3a Abs. 2 UStG, für die der in einem anderen Mitgliedstaat ansässige Leistungsempfänger die Steuer schuldet. Welche Angaben die Meldung im Einzelnen enthalten muss, ergibt sich aus § 18a Abs. 7 UStG (Rz. 38 ff.).

II. Verhältnis zu Absatz 1 (Absatz 2 Satz 2)

24 Muss ein Unternehmer neben Lieferungen nach Maßgabe von § 18a Abs. 1 UStG auch sonstige Leistungen melden, hat er für jeden Meldezeitraum nach § 18a Abs. 1 UStG (vgl. Art. 263 Abs. 1c Unterabs. 2 MwStSystRL) eine ZM abzugeben.[1] Darin sind Lieferungen nach den für sie geltenden Regelungen zu berücksichtigen, sonstige Leistungen bei monatlichen ZM grundsätzlich (siehe aber § 18a Abs. 3 UStG, Rz. 25 f.) für jedes Kalendervierteljahr **im letzten Monat** des Kalendervierteljahres.

D. Wahlrecht zur Meldung von Lieferungen und sonstigen Leistungen (Absatz 3)

I. Monatliche Meldung (Absatz 3 Satz 1)

25 Unternehmer, die sowohl monatliche ZM nach § 18a Abs. 1 UStG als auch ZM nach § 18a Abs. 2 UStG abgeben müssen, können abweichend von § 18a Abs. 2 Satz 2 UStG **auch die sonstigen Leistungen** monatlich melden. Dies kann sinnvoll sein, wenn unterschiedliche Meldezeiträume die Buchhaltung erschweren.[2]

II. Anzeige gegenüber dem BZSt (Absatz 3 Satz 2)

26 Entscheidet sich der Unternehmer für die monatliche Meldung sonstiger Leistungen, muss er dies dem BZSt anzeigen. Eine **besondere Form** schreibt das Gesetz nicht vor. Daher reicht es aus, wenn aus einem Hinweis nach § 18 Abs. 6 Satz 1 Nr. 3c UStG hervorgeht, dass eine ZM für den ersten oder zweiten Monat eines Kalendervierteljahres sonstige Leistungen enthält.[3]

E. Kleinunternehmer (Absatz 4)

27 Kleinunternehmer (§ 19 UStG) müssen keine ZM abgeben, solange sie nicht auf die Kleinunternehmerregelung verzichten.[4] **Durchschnittssatzbesteuerte Landwirte** sind demgegenüber nicht befreit und daher zur Meldung verpflichtet (§ 24 Rz. 65).[5] Für beide Gruppen sind die Mitgliedstaaten zu einer Befreiung von den ZM berechtigt, aber nicht verpflichtet (Art. 272 MwStSystRL).

F. Verzicht auf elektronische Übermittlung; Organgesellschaften; Organisationseinheiten; Informationsaustausch (Absatz 5)

I. Regelungsgegenstand

28 In § 18 Abs. 5 UStG sind ohne erkennbaren inneren Zusammenhang Regelungen zu **vier unterschiedlichen Bereichen** zusammengefasst. Der Absatz enthält Bestimmungen zum Verzicht auf elektronische

1 BT-Drucks. 17/506, 33.
2 BT-Drucks. 17/506, 33.
3 Abschn. 18a.2 Abs. 6 Satz 2 UStAE.
4 Abschn. 18a.1 Abs. 1 Satz 3 UStAE.
5 Abschn. 18a.1 Abs. 3 UStAE.

Übermittlung (Sätze 1–3), zur Behandlung von Organgesellschaften (Satz 4) und von Organisationseinheiten von Bund und Ländern (Satz 5) und zum Informationsaustausch zwischen Bundes- und Landesfinanzbehörden (Sätze 6–8).

II. Verzicht auf elektronische Übermittlung (Absatz 5 Satz 1)

29 Ähnlich wie bei Steuererklärungen das Finanzamt, kann bei ZM das BZSt zur **Vermeidung von Härten** auf elektronische Übermittlung verzichten. Das BZSt hat insofern ein Ermessen (§ 5 AO), von dem es nach Maßgabe des § 18a Abs. 5 Satz 2 UStG (Rz. 30) Gebrauch machen muss.

III. Unzumutbarkeit (Absatz 5 Satz 2)

30 Die **Härtefallregelung** des § 150 Abs. 8 AO (§ 18 Rz. 24 und § 18 Rz. 68) gilt ihrem Wortlaut nach nur für Steuererklärungen. Die (entsprechende) Anwendung auf ZM war daher gesondert zu regeln.

IV. Verzicht auf elektronische Voranmeldungen (Absatz 5 Satz 3)

31 Nachdem für den Verzicht auf elektronische Voranmeldungen und den Verzicht auf elektronische ZM die gleichen Voraussetzungen gelten (Rz. 30), ist es folgerichtig, den Verzicht auf elektronische Voranmeldungen auch **auf ZM zu erstrecken**.

V. Organgesellschaften (Absatz 5 Satz 4)

32 Führen Organgesellschaften meldepflichtige Leistungen aus, über die sie – zulässigerweise (§ 14 a.F. Rz. 85) – im eigenen Namen abrechnen, können die Finanzbehörden im Mitgliedstaat des Leistungsempfängers die **Organschaft typischerweise nicht oder nur schwer erkennen**. ZM des Organträgers wären daher schwierig auszuwerten. Die Organgesellschaften müssen deswegen eigene ZM abgeben. Dazu können und müssen sie eine USt-IdNr. beantragen.[1]

VI. Organisationseinheiten von Bund und Ländern (Absatz 5 Satz 5)

32.1 Das soeben zu Organgesellschaften Gesagte gilt entsprechend für nach § 18 Abs. 4f UStG dezentral besteuerte Organisationseinheiten von Bund und Ländern (§ 18 Rz. 87 ff.). Diese Organisationseinheiten müssen deswegen eigene ZM unter eigener USt-IdNr. abgeben.

VII. Datenübermittlung durch Landesfinanzbehörden (Absatz 5 Satz 6)

33 Damit das BZSt erkennen kann, welche Unternehmer eine ZM abgeben müssen, haben die Landesfinanzbehörden die ihnen **aus dem Besteuerungsverfahren vorliegenden Kenntnisse** zu übermitteln. Sie müssen deswegen aber keine gesonderten Ermittlungen anstellen.

34 Die Kenntnisse der Landesfinanzbehörden werden sich regelmäßig aus den **verkennzifferten Angaben** (§ 18b Rz. 1 ff.) in den Steuererklärungen ergeben, daneben auch aus den Feststellungen von Außenprüfungen (§§ 193 ff. AO), Nachschauen (§ 27b Rz. 1 ff.) oder Fahndungsprüfungen (§§ 208, 404 AO).

1 Abschn. 18a.1 Abs. 2 Satz 3 UStAE.

VIII. Verarbeitungsbeschränkung (Absatz 5 Satz 7)

35 Die von den Landesfinanzbehörden übermittelten Daten unterliegen einer besonderen Verarbeitungsbeschränkung. Die allgemeinen Bestimmungen des **Steuergeheimnisses** (§ 30 Abs. 4 Nr. 1 AO) gelten insofern nicht.

IX. Datenübermittlung an Landesfinanzbehörden (Absatz 5 Satz 8)

36 Es entspricht dem Zweck der ZM, dass das BZSt **von anderen Mitgliedstaaten übermittelte Daten** aus ZM ausländischer Unternehmer, die Leistungen an inländische Steuerpflichtige ausführten, für deren Besteuerung an die zuständigen Finanzämter übermittelt. Eine besondere Verwendungsbeschränkung ordnet das Gesetz insofern nicht an.

G. Innergemeinschaftliche Warenlieferung (Absatz 6)

37 Der Begriff der innergemeinschaftlichen Warenlieferung i.S.d. § 18a UStG ergibt sich aus § 6a Abs. 1 UStG (§ 6a Rz. 34 ff.) – mit der in § 18a Abs. 6 Nr. 1 UStG genannten Ausnahme –, aus § 6a Abs. 2 UStG (§ 6a Rz. 109 ff.) und § 6b UStG. Die Verbringung in ein Konsignationslager (§ 6b UStG) ist auch unionsrechtlich schon als solche meldepflichtig (Art. 262 Abs. 2 MwStSystRL).

H. Inhalt der Meldung (Absatz 7)

I. Umsätze im Meldezeitraum (Absatz 7 Satz 1)

1. Innergemeinschaftliche Lieferungen (Absatz 7 Satz 2 Nr. 1)

38 Unionsrechtlich ist der Inhalt der ZM allgemein in **Art. 262, 264 MwStSystRL** geregelt. Für innergemeinschaftliche Lieferungen sind insbesondere Art. 264 Abs. 1 Buchst. b und d MwStSystRL einschlägig.

39 Die Angabe der **eigenen USt-IdNr.** (§ 264 Abs. 1 Buchst. a MwStSystRL) ist in § 18a UStG nicht ausdrücklich geregelt, aber im amtlich vorgeschriebenen Datensatz (Rz. 13) oder Vordruck (Rz. 28 ff.) vorgesehen.

2. Innergemeinschaftliche Verbringungen (Absatz 7 Satz 2 Nr. 2)

40 Der Inhalt der ZM bei innergemeinschaftlichen Verbringungen ergibt sich unionsrechtlich insbesondere aus **Art. 264 Abs. 1 Buchst. c und e MwStSystRL**.

3. Konsignationslager (Absatz 7 Satz 2 Nr. 2a)

41 Die Verpflichtung zur Meldung der USt-IdNr. des Erwerbers in Fällen der Konsignationslagerregelung (§ 6b UStG) beruht unionsrechtlich auf **Art. 262 Abs. 2 MwStSystRL**.

4. Sonstige Leistungen, für die der Leistungsempfänger die Steuer schuldet (Absatz 7 Satz 2 Nr. 3)

42 Die für sonstige Leistungen zusammenfassend zu meldenden Daten ergeben sich unionsrechtlich aus **Art. 264 Abs. 1 Buchst. b und d MwStSystRL**.

5. Innergemeinschaftliche Dreiecksgeschäfte (Absatz 7 Satz 2 Nr. 4)

43 Unionsrechtlich ist der Inhalt der ZM bei innergemeinschaftlichen Dreiecksgeschäften in **Art. 265 Abs. 1 MwStSystRL** gesondert geregelt.

II. Umrechnung fremder Währungen; Berichtigung von Umsätzen (Absatz 7 Satz 2)

Beträge in fremder Währung sind in **entsprechender Anwendung des § 16 Abs. 6 UStG** (§ 16 Rz. 54 ff.) in Euro umzurechnen. Ändert sich die Bemessungsgrundlage für einen gemeldeten Umsatz oder tritt hinsichtlich eines solchen Umsatzes einer der in § 17 Abs. 2 UStG geregelten Umstände ein, gilt **§ 17 UStG entsprechend**. Der Umsatz ist dann in der ZM für den Meldezeitraum der Änderung oder der anderen Umstände zu berichtigen.[1] Unionsrechtlich ergibt sich die Berichtigungspflicht aus Art. 262 Abs. 2 MwStSystRL, wobei der Betrag der Berichtigungen gesondert zu melden ist (Art. 264 Abs. 1 Buchst. f, Abs. 2 Unterabs. 2 MwStSystRL). 44

I. Zuordnung zum Meldezeitraum (Absatz 8)

I. Ausstellung der Rechnung (Absatz 8 Satz 1)

Die zu meldenden Umsätze sind jeweils in die ZM für denjenigen Meldezeitraum aufzunehmen, in dem die für die Umsätze geschuldete Steuer entsteht (vgl. Art. 264 Abs. 2 Unterabs. 1 MwStSystRL). Bei innergemeinschaftlichen Lieferungen (§ 18a Abs. 7 Nr. 1 UStG) und innergemeinschaftlichen Verbringungen (§ 18a Abs. 7 Nr. 2 UStG) ist dies der Monat der Ausstellung der Rechnung oder (regelmäßig bei innergemeinschaftlichen Verbringungen) der Folgemonat (Art. 67 Abs. 1, Art. 69 MwStSystRL). Das Gesetz unterscheidet nicht danach, ob der Unternehmer die Steuer **nach vereinbarten oder nach vereinnahmten Entgelten** berechnet.[2] 45

II. Ausführung der Leistung (Absatz 8 Satz 2)

Demgegenüber sind sonstige Leistungen, für die der in einem anderen Mitgliedstaat ansässige Empfänger die Steuer schuldet, (§ 18a Abs. 7 Nr. 3 UStG) und innergemeinschaftliche Dreiecksgeschäfte in der ZM für den Zeitraum zu melden, in dem sie ausgeführt werden. Der **Steueranspruch auf sonstige Leistungen** entsteht grundsätzlich mit Ausführung (Art. 63 MwStSystRL), bei dauerhaft erbrachten Leistungen mit Ablauf des Kalenderjahres (Art. 64 Abs. 2 Unterabs. 2 MwStSystRL, vgl. § 13b Abs. 3 UStG)[3]. 46

Bei **innergemeinschaftlichen Dreiecksgeschäften** entsteht der Steueranspruch für die Lieferung an den letzten Abnehmer (Art. 265 Abs. 2 MwStSystRL) mit der Lieferung (Art. 63 MwStSystRL). Diese Lieferung ist eine innerstaatliche Lieferung (Art. 141 Buchst. b MwStSystRL).[4] 47

III. Lieferungen in Konsignationslager

Wann Verbringungen in Konsignationslager (§ 18a Abs. 6 Nr. 3 UStG) zu melden sind, **lässt das Gesetz offen.** Nachdem die Verbringung als solche noch keine Steuer auslöst, geht auch die unionsrechtliche Regelung (Art. 264 Abs. 2 Unterabs. 1 MwStSystRL) ins Leere. 48

M.E. sind die Verbringungen daher für den Zeitraum zu melden, **in dem sie stattfinden.** Wären die Verbringungen erst (nachträglich) zu melden, wenn Steuer entsteht (Art. 17a Abs. 3, 4 MwStSystRL), bedürfte es keiner eigenständigen Meldepflicht. 49

1 Abschn. 18a.4 UStAE.
2 Abschn. 18a.3 Abs. 1 Satz 3 UStAE.
3 S. auch Abschn. 18a.3 Abs. 1 Satz 2 UStAE.
4 Abschn. 25b.1 Abs. 1 Satz 3 Nr. 4 UStAE.

J. Von Voranmeldungen befreite Unternehmer (Absatz 9)

I. Kalenderjahr als Meldezeitraum (Absatz 9 Satz 1)

1. Befreiung von Voranmeldungen

50 Unternehmer, die keine Voranmeldungen abgeben und Vorauszahlungen leisten müssen, können unter den weiteren Voraussetzungen des § 18a Abs. 9 Satz 1 UStG statt der monatlichen oder vierteljährlichen eine jährliche ZM abgeben. Die **Meldefrist von 25 Tagen** gilt auch in diesen Fällen.

51 Eine gesonderte Erklärung, dass der Unternehmer jährliche ZM abgeben will, verlangt das Gesetz nicht. Jährliche ZM können allerdings ihren Zweck (Rz. 2) nur eingeschränkt erfüllen, weil die Leistungsempfänger regelmäßig erst **mit zeitlichem Abstand überprüft** werden können.[1]

52 Unionsrechtliche Grundlage ist **Art. 271 MwStSystRL.**[2] Danach kann sich die Ermächtigung zur jährlichen Meldung auf alle meldepflichtigen Umsätze beziehen. § 18a Abs. 9 Satz 1 UStG nennt – zumindest bisher – aber nur innergemeinschaftliche Warenlieferungen (§ 18a Abs. 6 UStG, s. Rz. 37) und sonstige Leistungen, nicht innergemeinschaftliche Reihengeschäfte oder die Verbringung in Konsignationslager.

2. Allgemeine Umsatzgrenze (Absatz 9 Satz 1 Nr. 1)

53 Die allgemeine Umsatzgrenze beruht unionsrechtlich auf **Art. 271 Buchst. a MwStSystRL.** Fraglich ist, ob der jährliche Gesamtbetrag i.S.d. Art. 271 Buchst. a MwStSystRL für das vergangene Jahr, prognostisch für das laufende Jahr oder – wie nach dem Gesetzeswortlaut – für beide Jahre gilt.

3. Grenze meldepflichtiger Umsätze (Absatz 9 Satz 1 Nr. 2)

54 Auch die Grenze meldepflichtiger Umsätze deckt sich mit dem unionsrechtlichen Rahmen (Art. 271 Buchst. b MwStSystRL). Hier ist ebenfalls **unklar, auf welches Jahr** sich der jährliche Gesamtbetrag bezieht.

4. Keine Lieferungen neuer Fahrzeuge (Absatz 9 Satz 1 Nr. 3)

55 Die Ausnahme für Lieferungen neuer Fahrzeuge entspricht ebenfalls dem Unionsrecht (Art. 271 Buchst. c MwStSystRL). Offenbar ging der Richtliniengeber insofern von **besonderem Kontrollbedarf** aus.

II. Zuordnung zum Meldezeitraum (Absatz 9 Satz 2)

56 Die entsprechende Anwendung von § 18a Abs. 8 UStG (Rz. 50 ff.) bedeutet, dass die meldepflichtigen Vorgänge jeweils für das Jahr zu melden sind, in dem die **vom Leistungsempfänger geschuldete Steuer entsteht** oder der Unternehmer die Ware in ein Konsignationslager verbringt.

K. Berichtigungspflicht (Absatz 10)

I. Anlehnung an § 153 AO

57 Die Berichtigungspflicht nach § 18a Abs. 10 UStG ist an § 153 AO angelehnt, der seinem Wortlaut nach nur für Erklärungen gilt und daher auf die ZM nicht unmittelbar anwendbar ist. In Abgrenzung zu § 18a Abs. 7 Satz 2 i.V.m. § 17 UStG erfasst § 18a Abs. 10 UStG **anfänglich unrichtige oder unvoll-**

---

1 *Kraeusel* in Reiß/Kraeusel/Langer, § 18a UStG Rz. 64 (Stand: Oktober 2022).

2 BT-Drucks. 12/2463, 36; BT-Drucks. 17/506, 34.

ständige ZM, nicht spätere Veränderungen.[1] Die Berichtigung nach § 18a Abs. 10 UStG gilt für den ursprünglichen Meldezeitraum.[2]

In entsprechender Anwendung der zu § 153 AO entwickelten Rechtsprechungsgrundsätze kann die – straf- (§ 370 Abs. 1 Nr. 2 AO) und bußgeldbewehrte (Rz. 5) – Berichtigungspflicht nach § 18a Abs. 10 UStG auch entstehen, wenn der Unternehmer schon **bei der Abgabe die Unrichtigkeit oder Unvollständigkeit billigend in Kauf nahm.**[3] Wissentlich unrichtig oder unvollständig abgegebene ZM sind hingegen nicht nach § 18a Abs. 10 UStG zu berichtigen (s. aber Rz. 5). 58

II. Berichtigungsfrist

Abweichend von § 153 AO gilt für die Berichtigung von ZM eine feste Frist von **einem Monat** (§ 108 AO) ab Erkenntnis der Unrichtigkeit oder Unvollständigkeit. Maßgeblich ist der Eingang beim BZSt.[4] 59

III. Unionsrechtliche Grundlage

Eine Pflicht zur Berichtigung nachträglich als unrichtig oder unvollständig erkannter ZM ist in der MwStSystRL **nicht ausdrücklich vorgesehen.** Sie ist aber von Art. 273 Unterabs. 1 MwStSystRL gedeckt. 60

L. Anwendung abgabenrechtlicher Vorschriften (Absatz 11)

Zwar sind ZM **keine Steuererklärungen** (Rz. 4). Aufgrund der Verweisung in § 18a Abs. 10 UStG gelten für sie aber die gleichen Vorschriften, soweit nicht § 18a UStG eine besondere Regelung enthält. Die ZM kann daher mit Zwangsmitteln durchgesetzt werden und es gelten die abgabenrechtlichen Vorschriften über Vollstreckung und Rechtsmittel. Für einen Verspätungszuschlag (§ 152 AO) fehlt hingegen der Anknüpfungspunkt.[5] 61

Die **Eröffnung des Finanzrechtswegs** (§ 33 FGO) ist von der Verweisung auf die Abgabenordnung nicht erfasst. Sie ergibt sich aber aus allgemeinen Grundsätzen (§ 33 Abs. 1 Nr. 1 FGO). 62

M. Verordnungsermächtigung (Absatz 12)

§ 18a Abs. 12 UStG ermächtigt das BMF, mit Zustimmung des Bundesrates **Einzelheiten der elektronischen Übermittlung von ZM** zu regeln. Seit der Regelung der elektronischen Datenübermittlung in der AO (§§ 72a, 87a Abs. 6, §§ 87b ff. AO) durch Art. 1 Nr. 7, 10 Buchst. b, Nr. 11 des Gesetzes zur Modernisierung des Besteuerungsverfahrens[6] und dem gleichzeitigen Außerkrafttreten der Steuerdatenübermittlungsverordnung aufgrund Art. 23 Abs. 1 Satz 2 des gleichen Gesetzes bedarf es der Ermächtigung nicht mehr. 63

Regelungstechnisch bemerkenswert ist die Ermächtigung in § 18a Abs. 12 Satz 3 UStG, zur Regelung auf **Veröffentlichungen sachverständiger Stellen** Bezug zu nehmen. Aus § 18a Abs. 12 Satz 3 Halbs. 2 UStG ergibt sich aber, dass die Bezugnahme als statische Verweisung zu verstehen ist. Sie bedeutet lediglich den Verzicht auf die vollständige Wiedergabe der in Bezug genommenen Veröffentlichung in der konkreten Fassung im Verordnungstext, aber keine Delegation einer Verordnungsermächtigung an die sachverständigen Stellen.[7] 64

1 Vgl. Abschn. 18a.4 Abs. 3 UStAE.
2 Abschn. 18a.5 Abs. 1 Satz 1 UStAE.
3 BGH, Urt. v. 17.3.2009 – 1 StR 479/08, BGHSt 53, 210; m. Anm. *Buse*, AO-StB 2009, 231; AEAO zu § 153 AO Tz. 2.2, Satz 2.
4 Abschn. 18a.5 Abs. 1 Satz 4 UStAE.
5 BT-Drucks. 12/2463, 36; BT-Drucks. 18/7457, 112.
6 BGBl. I 2016, 1679.
7 Vgl. BVerfG, Beschl. v. 21.9.2016 – 2 BvL 1/15, BVerfGE 143, 38, Rz. 42 f.

§ 18b Gesonderte Erklärung innergemeinschaftlicher Lieferungen und bestimmter sonstiger Leistungen im Besteuerungsverfahren

[1]Der Unternehmer im Sinne des § 2 hat für jeden Voranmeldungs- und Besteuerungszeitraum in den amtlich vorgeschriebenen Vordrucken (§ 18 Abs. 1 bis 4) die Bemessungsgrundlagen folgender Umsätze gesondert zu erklären:

1. **seiner innergemeinschaftlichen Lieferungen,**
2. **seiner im übrigen Gemeinschaftsgebiet ausgeführten steuerpflichtigen sonstigen Leistungen im Sinne des § 3a Absatz 2, für die der in einem anderen Mitgliedstaat ansässige Leistungsempfänger die Steuer dort schuldet, und**
3. **seiner Lieferungen im Sinne des § 25b Abs. 2.**

[2]Die Angaben für einen in Satz 1 Nummer 1 genannten Umsatz sind in dem Voranmeldungszeitraum zu machen, in dem die Rechnung für diesen Umsatz ausgestellt wird, spätestens jedoch in dem Voranmeldungszeitraum, in dem der auf die Ausführung dieses Umsatzes folgende Monat endet. [3]Die Angaben für Umsätze im Sinne des Satzes 1 Nummer 2 und 3 sind in dem Voranmeldungszeitraum zu machen, in dem diese Umsätze ausgeführt worden sind. [4]§ 16 Abs. 6 und § 17 sind sinngemäß anzuwenden. [5]Erkennt der Unternehmer nachträglich vor Ablauf der Festsetzungsfrist, dass in einer von ihm abgegebenen Voranmeldung (§ 18 Abs. 1) die Angaben zu Umsätzen im Sinne des Satzes 1 unrichtig oder unvollständig sind, ist er verpflichtet, die ursprüngliche Voranmeldung unverzüglich zu berichtigen. [6]Die Sätze 2 bis 5 gelten für die Steuererklärung (§ 18 Abs. 3 und 4) entsprechend.

A. Grundaussagen

I. Regelungsgegenstand und Bedeutung

1 Die nach § 18b UStG zu erklärenden Sachverhalte lösen keine inländische Steuer aus. Die Erklärungspflicht soll, zusammen mit der Pflicht zur Abgabe einer ZM und dem Datenaustausch zwischen Landesfinanzbehörden und BZSt (§ 18a Abs. 5 Sätze 5 und 6 UStG, § 18a Rz. 33 ff.), die **Besteuerung der im EU-Ausland ansässigen Leistungsempfänger** als Steuerschuldner sicherstellen und der Bundesrepublik Deutschland ermöglichen, ihrer Verpflichtung zur Verwaltungszusammenarbeit (Verordnung (EU) 904/2010) nachzukommen.[1]

1 BT-Drucks. 12/2463, 36.

II. Unionsrechtliche Grundlagen

Eine gesonderte unionsrechtliche Grundlage für § 18b UStG besteht nicht. Als Ergänzung der Pflicht zur Abgabe von ZM ist § 18b UStG aber durch **Art. 273 MwStSystRL** abgedeckt. 2

III. Verhältnis zu anderen Vorschriften und Rechtsentwicklung

§ 18b UStG schafft die Voraussetzungen für die **Datenübermittlung nach § 18a Abs. 5 Sätze 5 und 6 UStG** (§ 18a Rz. 33 ff.). Die Vorschrift ist eng mit § 18a UStG abgestimmt und greift einzelne Teilregelungen im Wortlaut auf. Sie wurde zusammen mit §§ 18a, 18c–e UStG durch Art. 1 Nr. 23 des Umsatzsteuer-Binnenmarktgesetzes[1] mit Wirkung vom 1.1.1993 in das UStG eingefügt und seitdem mehrfach geändert. Die Änderung des § 18a UStG durch das Gesetz zur weiteren Förderung der Elektromobilität[2] wurde in § 18b UStG noch nicht nachvollzogen. 3

Zwar wäre es denkbar gewesen, die nach § 18b UStG zu erklärenden Sachverhalte auch unabhängig von § 18b UStG in den amtlich vorgeschriebenen Datensätzen (§ 18 Abs. 1 Satz 1, Abs. 3 Satz 1 UStG) oder Vordrucken (§ 18 Abs. 1 Satz 2, Abs. 3 Satz 3 UStG) abzufragen. Dagegen könnte aber sprechen, dass sie für die eigene Besteuerung des Unternehmers grundsätzlich ohne Bedeutung sind. § 18b UStG hat daher **zumindest klarstellende Bedeutung.** 4

B. Erklärung in Voranmeldungen und Steuererklärungen (Satz 1)

I. Regelungsgegenstand

Seinem Zweck (Rz. 1) nach gilt § 18b UStG grundsätzlich für **alle Unternehmer, die ZM abgeben müssen**. Dem Wortlaut nach müssen die darin geregelten Erklärungen aber nur diejenigen Unternehmer abgeben, die Umsätze nach § 18b Satz 1 Nr. 1–3 UStG ausführen. Erklärung i.S.d. § 18b Satz 1 UStG sind sowohl Voranmeldungen (§ 18 Abs. 1 UStG) als auch Steuererklärungen (§ 18 Abs. 3 UStG). 5

II. Innergemeinschaftliche Lieferungen (Satz 1 Nr. 1)

Innergemeinschaftliche Lieferung i.S.d. § 18b Satz 1 Nr. 1 UStG ist mangels einer abweichenden Regelung die innergemeinschaftliche Lieferung im Sinne der **Legaldefinition in § 6a UStG** (§ 6a Rz. 34 ff.). Dies schließt innergemeinschaftliche Verbringungen (§ 6a Abs. 2 UStG) ein, nicht aber Beförderungen und Verbringungen in Konsignationslager (§ 6b UStG). 6

Vom Regelungszweck ausgehend, enthält § 18b Satz 1 Nr. 1 UStG insofern eine **Lücke**. Aufgrund des klaren Wortlauts ist die Vorschrift aber kaum auslegungsfähig. 7

III. Im übrigen Gemeinschaftsgebiet steuerpflichtige sonstige Leistungen (Satz 1 Nr. 2)

Im Wortlaut weicht § 18b Satz 1 Nr. 2 UStG geringfügig von § 18a Abs. 2 Satz 1 UStG ab. Nach dem Gesetzeszweck entspricht aber der Anwendungsbereich von § 18b Satz 1 Nr. 2 UStG demjenigen des **§ 18a Abs. 2 Satz 1 UStG** § 18a Rz. 20 ff.). 8

1 BGBl. I 1992, 1548, dazu BT-Drucks. 12/2463, 35.
2 BGBl. I 2019, 2451.

IV. Innergemeinschaftliche Dreiecksgeschäfte (Satz 1 Nr. 3)

9 Auch § 18b Satz 1 Nr. 3 UStG ist mit Blick auf § 18a UStG zu verstehen. Erfasst sind daher jeweils nur die **Lieferungen an den letzten Erwerber** (§ 18a Rz. 9).

C. Zeitraum der Voranmeldung für innergemeinschaftliche Lieferungen (Satz 2)

10 Innergemeinschaftliche Lieferungen sind für den Voranmeldungszeitraum anzumelden, für den sie **in die ZM aufzunehmen** sind (vgl. § 18a Abs. 8 Satz 1 UStG).

D. Zeitraum der Voranmeldung in anderen Fällen (Satz 3)

11 Auch die übrigen nach § 18b UStG erklärungspflichtigen Sachverhalte (§ 18b Satz 1 Nr. 2 und 3 UStG) sind in die Umsatzsteuervoranmeldung für den Zeitraum aufzunehmen, für den sie **in der ZM anzugeben** sind.

E. Umrechnung fremder Währungen; Berichtigung von Umsätzen (Satz 4)

12 Die sinngemäße Anwendung der Vorschriften über die Umrechnung fremder Währungen (§ 16 Abs. 6 UStG) und Berichtigung (§ 17 UStG) von Umsätzen entspricht § 18a Abs. 7 Satz 2 UStG. Sie stellt den **Gleichlauf von § 18a UStG und § 18b UStG** sicher.

F. Berichtigung von Erklärungen (Satz 5)

13 Der Ausrichtung an § 18a UStG entsprechend (vgl. § 18a Abs. 10 UStG; § 18a Rz. 57 ff.) enthält auch § 18b UStG eine an § 153 AO angelehnte Vorschrift über die Berichtigung nachträglich als unrichtig oder unvollständig erkannter Voranmeldungen. In Abgrenzung zu der Berichtigung nach §§ 18b Satz 4, 17 UStG ist die Berichtigung nach § 18b Satz 5 UStG mit **Wirkung für den ursprünglichen Voranmeldungszeitraum** vorzunehmen.

G. Geltung für Steuererklärungen (Satz 6)

14 Die Regelungen der Sätze 2–5, die sich ihrem **Wortlaut nach nur auf Voranmeldungen** beziehen, gelten entsprechend für die Steuererklärung.

§ 18c Meldepflicht bei der Lieferung neuer Fahrzeuge

[1]Zur Sicherung des Steueraufkommens durch einen Austausch von Auskünften mit anderen Mitgliedstaaten kann das Bundesministerium der Finanzen mit Zustimmung des Bundesrates durch Rechtsverordnung bestimmen, dass Unternehmer (§ 2) und Fahrzeuglieferer (§ 2a) der Finanzbehörde ihre innergemeinschaftlichen Lieferungen neuer Fahrzeuge an Abnehmer ohne Umsatzsteuer-Identifikationsnummer melden müssen. [2]Dabei können insbesondere geregelt werden:

1. **die Art und Weise der Meldung;**
2. **der Inhalt der Meldung;**
3. **die Zuständigkeit der Finanzbehörden;**
4. **der Abgabezeitpunkt der Meldung.**
5. **(weggefallen)**

A. Grundaussagen

I. Regelungsgegenstand und Bedeutung

Für die innergemeinschaftliche Lieferung und den innergemeinschaftlichen Erwerb neuer Fahrzeuge gelten besondere Regelungen (Art. 2 Abs. 1 Buchst. b Doppelbuchst. ii, Art. 9 Abs. 2, Art. 138 Abs. 2 Buchst. a MwStSystRL; §§ 1b, 2a, 6a Abs. 1 Satz 1 Nr. 2 Buchst. c UStG). Danach ist auch die Lieferung an **natürliche Personen, die keine Unternehmer sind**, steuerfrei und der Erwerber schuldet die Steuer. Zudem wird auch ein Nichtunternehmer als Lieferer für die Lieferung wie ein Unternehmer behandelt. 1

Zur Überwachung innergemeinschaftlicher Lieferungen neuer Fahrzeuge **tauschen die Mitgliedstaaten untereinander Daten aus**. Da ZM nur für Lieferungen an Erwerber mit MwSt-IdNr. abzugeben sind (§ 18a Rz. 3), bedurfte es für die Datenerhebung einer eigenständigen Regelung. § 18c UStG bietet dafür die Grundlage.[1] 2

II. Unionsrechtliche Grundlagen

Besondere Meldepflichten bei der Lieferung neuer Fahrzeuge sind neben der ZM unionsrechtlich nicht ausdrücklich geregelt. § 18c UStG ist aber von der Ermächtigung in **Art. 273 MwStSystRL**, weitere Erklärungs- und Aufzeichnungspflichten zu regeln, gedeckt. 3

III. Verhältnis zu anderen Vorschriften und Rechtsentwicklung

§ 18c UStG wurde zusammen mit §§ 18a, b, d und e UStG durch Art. 1 Nr. 23 des Umsatzsteuer-Binnenmarktgesetzes[2] mit Wirkung vom 1.1.1993 in das UStG eingefügt und mehrfach geändert. Auf Grundlage von § 18c UStG erging die Fahrzeuglieferungs-Meldepflichtverordnung (FzgLiefgMeldV).[3] Verstöße gegen die FzgLiefgMeldV sind nach § 26a Abs. 1 Nr. 6 UStG, § 4 FzgLiefgMeldV als **Ordnungswidrigkeiten** bußgeldbewehrt. 4

B. Regelung durch Rechtsverordnung (Satz 1)

Der Gesetzgeber des § 18c UStG regelte die Meldepflichten bei Erwerb neuer Fahrzeuge nicht selbst, sondern übertrug die Regelung dem Verordnungsgeber. Einzelheiten der Meldepflichten dem Grunde und dem Umfang nach ergeben sich erst aus der **FzgLiefgMeldV**. Meldepflichtig sind nach § 1 Abs. 1 i.V.m. § 3 FzgLiefgMeldV sowohl Unternehmer (§ 2 UStG) als auch Fahrzeuglieferer (§ 2a UStG) für innergemeinschaftliche Lieferungen (§ 6a Abs. 1 und 2 UStG) neuer Fahrzeuge an Abnehmer, die keine MwSt-IdNr. eines anderen Mitgliedstaates verwenden. 5

1 BT-Drucks. 12/2463, 36 f.
2 BGBl. I 1992, 1548, dazu BT-Drucks. 12/2463, 35.
3 BGBl. I 2009, 630.

C. Einzelregelungen (Satz 2)

I. Art und Weise der Meldung (Satz 2 Nr. 1)

6 Die Form der Meldung ergibt sich aus § 1 Abs. 2 FzgLiefgMeldV. Unternehmer melden, wie auch sonst im UStG, sofern kein Härtefall vorliegt, nach **amtlich vorgeschriebenem Datensatz durch Datenfernübertragung** (§ 1 Abs. 2 Nr. 1 FzgLiefgMeldV)[1], Fahrzeuglieferer können die Meldung wahlweise elektronisch oder nach amtlichem Vordruck abgeben (§ 1 Abs. 2 Nr. 2 FzgLiefgMeldV).

II. Inhalt der Meldung (Satz 2 Nr. 2)

7 Die zu meldenden Angaben sind in § 2 FzgLiefgMeldV geregelt. Für **jedes Fahrzeug** ist ein Datensatz zu übermitteln oder ein Vordruck abzugeben (§ 1 Abs. 1 Satz 2 FzgLiefgMeldV).

III. Zuständigkeit der Finanzbehörden (Satz 2 Nr. 3)

8 Die Meldungen sind an das **BZSt** zu übermitteln (§ 1 Abs. 1 Satz 1 FzgLiefgMeldV). Für den Datenaustausch mit anderen EU-Mitgliedstaaten ist das zweckmäßig.

9 Eine Datenübermittlung vom BZSt an die **Landesfinanzbehörden** (Finanzämter) ist, anders als bei den ZM (vgl. § 18a Abs. 5 Satz 7 UStG, § 18a Rz. 36), weder im Gesetz noch in der FzgLiefgMeldV gesondert erwähnt. Sie ist nach dem Steuergeheimnis jedenfalls nicht ausgeschlossen (§ 30 Abs. 4 Nr. 1 AO).

IV. Abgabezeitpunkt der Meldung (Satz 2 Nr. 4)

10 Meldezeitraum ist nach § 1 Abs. 1 Satz 1 FzgLiefgMeldV das **Kalendervierteljahr**, unabhängig davon, ob der Meldepflichtige monatliche oder vierteljährliche Voranmeldungen abgibt. Die Meldung ist innerhalb von zehn Tagen nach Ablauf des Meldezeitraums abzugeben, sofern dem Unternehmer keine Dauerfristverlängerung (§ 18 Abs. 6 UStG, §§ 46 ff. UStDV) bewilligt ist.

§ 18d Vorlage von Urkunden

[1]Die Finanzbehörden sind zur Erfüllung der Auskunftsverpflichtung nach der Verordnung (EU) Nr. 904/2010 des Rates vom 7. Oktober 2010 über die Zusammenarbeit der Verwaltungsbehörden und die Betrugsbekämpfung auf dem Gebiet der Mehrwertsteuer (ABl. L 268 vom 12.10.2010, S. 1) berechtigt, von Unternehmern die Vorlage der jeweils erforderlichen Bücher, Aufzeichnungen, Geschäftspapiere und anderen Urkunden zur Einsicht und Prüfung zu verlangen. [2]§ 97 Absatz 2 der Abgabenordnung gilt entsprechend. [3]Der Unternehmer hat auf Verlangen der Finanzbehörde die in Satz 1 bezeichneten Unterlagen vorzulegen.

1 Vgl. Abschn. 18c.1 Abs. 2 UStAE.

A. Grundaussagen

I. Regelungsgegenstand und Bedeutung

§ 18d UStG regelt eine besondere Mitwirkungspflicht, die den Finanzbehörden die Erfüllung ihrer Auskunftspflichten aufgrund der **Zusammenarbeit mit anderen Mitgliedstaaten** erleichtern soll. Die allgemeinen abgaberechtlichen Mitwirkungspflichten erachtete der Gesetzgeber für diese Zwecke als nicht ausreichend.[1] 1

II. Unionsrechtliche Grundlagen

Eine besondere Regelung über die Vorlage von Urkunden zur Erledigung von Auskunftsersuchen enthält die MwStSystRL nicht. Grundsätzlich lässt sich die Vorlagepflicht sowohl auf die **Verfahrensautonomie der Mitgliedstaaten** als auch auf Art. 273 MwStSystRL stützen. 2

III. Verhältnis zu anderen Vorschriften und Rechtsentwicklung

§ 18d UStG wurde zusammen mit §§ 18a–c und e UStG durch Art. 1 Nr. 23 des Umsatzsteuer-Binnenmarktgesetzes[2] mit Wirkung vom 1.1.1993 in das UStG eingefügt und mehrfach (redaktionell) geändert, zuletzt durch Art. 10 Nr. 11 des AmtshilfeRLUmsG[3]. Verstöße gegen die Vorlagepflicht sind nach § 26a Abs. 1 Nr. 7 UStG als **Ordnungswidrigkeit** bußgeldbewehrt. Die allgemeinen abgabenrechtlichen Mitwirkungspflichten (§§ 90 ff. AO, insbes. § 97 AO) bleiben von § 18d UStG unberührt. 3

B. Anforderung von Urkunden (Satz 1)

I. Ersuchen eines anderen Mitgliedstaats

Die Aufforderung zur Vorlage von Urkunden nach § 18d UStG setzt ein Ersuchen eines anderen Mitgliedstaats nach der **Verordnung (EU) Nr. 904/2010** voraus, für dessen Bearbeitung die vorzulegenden Unterlagen von Bedeutung sind. Ermittlungen von Amts wegen oder auf Ersuchen inländischer Behörden sind nach Wortlaut und Zweck von § 18d UStG nicht gedeckt; dafür stehen die allgemeinen abgabenrechtlichen Befugnisse zur Verfügung. 4

Die Finanzbehörden sind aber auch im Falle von Ersuchen anderer Mitgliedstaaten nicht verpflichtet, von § 18d UStG Gebrauch zu machen. Sie können stattdessen auch auf **andere Befugnisse** zurückgreifen, wenn dies im Einzelfall besseren oder schnelleren Erfolg verspricht. 5

II. Vorlage von Dokumenten

Vorzulegen sind diejenigen Dokumente, die das Finanzamt zur Bearbeitung des Ersuchens benötigt. Es reicht aus, wenn das Finanzamt **objektive Anhaltspunkte** hat, dass die Dokumente sachdienliche Informationen enthalten. Ob dies tatsächlich der Fall ist, ergibt sich regelmäßig erst nach der Auswertung. 6

Bei Vorlageverlangen nach § 18d UStG gelten die Einschränkungen nach § 97 Abs. 1 Satz 3 AO i.V.m. § 93 Abs. 1 Sätze 2 und 3 AO nicht.[4] Der Unternehmer muss daher auch bei ihm vorhandene Dokumente vorlegen, die für die **Besteuerung Dritter** von Bedeutung sind, ohne das Finanzamt zuvor an den Dritten verweisen zu können. 7

---

1 BT-Drucks. 12/2463.
2 BGBl. I 1992, 1548, dazu BT-Drucks. 12/2463, 35.
3 BGBl. I 2013, 1809, dazu BT-Drucks. 17/13722, 26.
4 BT-Drucks. 12/2463, 37.

III. Zuständige Finanzbehörde

8 Ersuchen anderer Mitgliedstaaten nach der Verordnung (EU) Nr. 904/2010 bearbeitet das Finanzamt, das nach § 21 AO für die **Umsatzbesteuerung des betroffenen Lebenssachverhalts** zuständig ist. Hilfsweise ist das Finanzamt zuständig, in dessen Amtsbezirk zu ermitteln ist (§ 24 AO).[1]

C. Ort der Vorlage (Satz 2)

I. Vorlage an Amtsstelle

9 Die Verweisung auf § 97 Abs. 2 AO betrifft den Ort der Vorlage. Regel ist danach die Vorlage an Amtsstelle (§ 97 Abs. 2 Satz 1 Alt. 1 AO). Die Entscheidung für eine Vorlage an Amtsstelle bedarf daher m.E. **keiner besonderen Begründung**.

II. Einsichtnahme beim Vorlagepflichtigen

10 Statt der Vorlage an Amtsstelle kommt auch die Einsichtnahme beim Vorlagepflichtigen in Betracht (§ 97 Abs. 2 Satz 1 Alt. 2 AO), aber nur, wenn er zustimmt oder die Urkunden **für eine Vorlage an Amtsstelle ungeeignet** sind.

11 Die Zustimmung oder Anregung des Unternehmers, bei ihm Einsicht zu nehmen, bindet das Finanzamt allerdings nicht. Es kann daher nach **pflichtgemäßem** Ermessen (§ 5 AO) gleichwohl die Vorlage an Amtsstelle fordern. Ist die Vorlage an Amtsstelle nicht möglich oder für den Unternehmer nicht zumutbar, reduziert sich allerdings das Ermessen auf Null und das Finanzamt muss beim Unternehmer Einsicht nehmen.

III. Bild- oder Datenträger

12 Von der Verweisung auf § 97 Abs. 2 AO mitumfasst ist auch die dortige Verweisung auf § 147 Abs. 5 AO. Legt ein Unternehmer vorzulegende Dokumente auf Bild- oder Datenträgern vor, muss er danach die Dokumente **auf eigene Kosten lesbar machen** und auf Verlangen der Finanzbehörde auf eigene Kosten ohne Hilfsmittel lesbare Ausdrucke beibringen.

D. Vorlage von Urkunden (Satz 3)

13 Aus der Ermächtigung an die Finanzbehörden in § 18d Satz 1 UStG, die Vorlage der dort genannten Dokumente zu verlangen, folgt zugleich die Verpflichtung der Unternehmer, die Dokumente vorzulegen. § 18d Satz 3 UStG hat daher lediglich **regelungstechnische Funktion** als Anknüpfungspunkt für § 26a Abs. 1 Nr. 7 UStG.

14 Die Erledigung von Auskunftsersuchen innerhalb von **drei Monaten** (Art. 10 Abs. 1 Verordnung (EU) Nr. 904/2010) dürfte regelmäßig nicht an den Finanzbehörden oder deren Befugnissen scheitern, sondern daran, dass der Unternehmer nicht oder nicht rechtzeitig mitwirkt und die Mitwirkung erst durchgesetzt werden muss. Dies ist aber eine Frage des Verfahrensrechts und der Verfahrensgestaltung.

1 Abschn. 18d.1 Abs. 1 UStAE.

§ 18e Bestätigungsverfahren

Das Bundeszentralamt für Steuern bestätigt auf Anfrage

1. **dem Unternehmer im Sinne des § 2 die Gültigkeit einer Umsatzsteuer-Identifikationsnummer sowie den Namen und die Anschrift der Person, der die Umsatzsteuer-Identifikationsnummer von einem anderen Mitgliedstaat erteilt wurde;**
2. **dem Lagerhalter im Sinne des § 4 Nr. 4a die Gültigkeit der inländischen Umsatzsteuer-Identifikationsnummer sowie den Namen und die Anschrift des Auslagerers oder dessen Fiskalvertreters;**
3. **dem Betreiber im Sinne des § 25e Absatz 1 die Gültigkeit einer inländischen Umsatzsteuer-Identifikationsnummer sowie den Namen und die Anschrift des liefernden Unternehmers im Sinne des § 25e Absatz 2 Satz 1.**

A. Grundaussagen

I. Regelungsgegenstand und Bedeutung

§ 18e UStG ermöglicht Unternehmern, die **von Geschäftspartnern angegebenen USt-IdNrn.** überprüfen und bestätigen zu lassen. Die USt-IdNr. ist für das Mehrwertsteuersystem von zentraler Bedeutung (siehe nur Art. 18 MwStVO). Zahlreiche Vorschriften setzen ausdrücklich oder in der Sache voraus, dass der Unternehmer die USt-IdNr. seines Geschäftspartners kennt und/oder überprüft hat. Der Unternehmer hat daher ein erhebliches Interesse, die Gültigkeit einer auch ausländischen USt-IdNr. und die Identität des Steuerpflichtigen, dem sie erteilt wurde, rechtssicher überprüfen zu können. 1

II. Unionsrechtliche Grundlagen

Ein Bestätigungsverfahren für MwSt-IdNrn. sowie die Namen und Anschriften der Unternehmer, denen sie erteilt wurden, ist unionsrechtlich in **Art. 31 Abs. 1 Verordnung (EU) Nr. 904/2010** vorgeschrieben. Art. 31 Abs. 1 Verordnung (EU) Nr. 904/2010 gilt grundsätzlich einheitlich und unmittelbar, lässt aber offen, welche Stellen in den Mitgliedstaaten das Bestätigungsverfahren durchführen und ob sie dafür nur ein elektronisches oder auch andere Verfahren anbieten. 2

III. Verhältnis zu anderen Vorschriften und Rechtsentwicklung

§ 18e UStG wurde zusammen mit §§ 18a-d UStG durch Art. 1 Nr. 23 des Umsatzsteuer-Binnenmarktgesetzes[1] mit Wirkung vom 1.1.1993 in das UStG eingefügt. Durch Art. 5 Nr. 24 des Steueränderungs- 3

1 BGBl. I 1992, 1548, dazu BT-Drucks. 12/2463, 35.

gesetzes 2003[1] wurde der vorherige Wortlaut Nr. 1, die Nr. 2 wurde neu angefügt. Mit Art. 14 Nr. 12 JStG 2020[2] wurde die Vorschrift um die Nr. 3 erweitert.

4 Der Unternehmer kann das Bestätigungsverfahren grundsätzlich in allen Zusammenhängen nutzen, in denen es auf die USt-IdNr. seines Geschäftspartners ankommt. Besondere Bedeutung hat es bei innergemeinschaftlichen Lieferungen (§ 6a UStG), namentlich im Hinblick auf den **Vertrauensschutz** (§ 6a Abs. 4 UStG, § 6a Rz. 243 ff.)[3], für die Steuerschuldnerschaft bei Auslagerungen (§ 13a Abs. 1 Nr. 6 UStG) und beim Handel über eine elektronische Schnittstelle (§ 25e Abs. 2 Satz 1 UStG)[4].

B. Anwendungsfälle

I. Bestätigung ausländischer USt-IdNrn. (Nr. 1)

1. Antragsberechtigung

5 Die Bestätigung einer ausländischen USt-IdNr. kann **jeder Unternehmer** beantragen. Die Unternehmereigenschaft ist grundsätzlich durch die inländische USt-IdNr. nachzuweisen.[5] Umsatzsteuerlich erfasste Unternehmer ohne inländische USt-IdNr. können das Bestätigungsverfahren ebenfalls nutzen, sie erhalten dann selbst eine inländische USt-IdNr.[6]

6 Ohne Nachweis der Unternehmereigenschaft kann **jeder Interessierte** zumindest die Schlüssigkeit einer ausländischen USt-IdNr. überprüfen. Das BZSt veröffentlicht dazu im Internet (www.bzst.de) Informationen zum Aufbau der USt-IdNrn. in den einzelnen Mitgliedstaaten.[7]

2. Zuständigkeit und Verfahren

7 Zuständig für das Bestätigungsverfahren ist ausschließlich das **BZSt**, das die Anträge auf Grundlage der ihm von den anderen Mitgliedstaaten zugänglich gemachten Daten bearbeitet. Das BZSt bietet neben dem telefonischen und dem schriftlichen auch ein elektronisches Bestätigungsverfahren über das Internet (www.bzst.de) an.[8] Sofern der Unternehmer über die technischen Voraussetzungen verfügt, kann er das elektronische Verfahren weitgehend automatisiert durchführen.[9]

8 Die Ausgestaltung des Verfahrens ist in § 18e UStG nicht näher geregelt und insofern dem **pflichtgemäßen Ermessen** des BZSt überlassen. Aus Art. 31 Abs. 1 Satz 1 Verordnung (EU) Nr. 904/2010 ergibt sich allerdings, dass zumindest auch ein elektronisches Verfahren eröffnet sein muss.

3. Einfache Bestätigung

9 Hinsichtlich des Inhalts der Bestätigung ist zwischen der einfachen und der qualifizierten Bestätigung zu unterscheiden. Bei der einfachen Bestätigung wird nur die **Gültigkeit einer bestimmten USt-IdNr.** überprüft.[10] Sie schließt nicht aus, dass der Geschäftspartner dem anfragenden Unternehmer eine fremde USt-IdNr. mitteilte.

1 BGBl. I 2003, 2645, dazu BT-Drucks. 15/1562, 52.
2 BGBl. I 2020, 3096, dazu BT-Drucks. 19/22850, 138.
3 Vgl. BFH, Urt. v. 11.3.2020 – XI R 38/18, BFHE 268, 376 = UR 2020, 764, Rz. 62, 72; BFH, Beschl. v. 2.11.2016 – V B 72/16, BFH/NV 2017, 329, Rz. 9; FG Nürnberg, Urt. v. 14.5.2019 – 2 K 482/17, EFG 2020 1185 m. Anm. *Reichelt*.
4 Vgl. Abschn. 18e.3. Abs. 1 Sätze 1 und 2 UStAE.
5 Abschn. 18e.1 Abs. 1 Satz 1 UStAE.
6 Abschn. 18e.1 Abs. 1 Sätze 2 und 3 UStAE.
7 Abschn. 18e.2 UStAE.
8 Abschn. 18e.1 Abs. 2 Satz 1 UStAE.
9 Abschn. 18e.1 Abs. 2 Sätze 2–5 UStAE.
10 Abschn. 18e.1 Abs. 3 UStAE.

4. Qualifizierte Bestätigung

Die qualifizierte Bestätigung umfasst nicht nur die Gültigkeit der USt-IdNr., sondern **auch Namen und Anschrift** (Ort/Postleitzahl/Straße) des Unternehmers, dem sie zugeteilt wurde.[1] Sie wird grundsätzlich elektronisch erteilt.[2] Bezieht sie sich auf mehrere USt-IdNrn., ist sie auch schriftlich oder elektronisch zu beantragen.[3] 10

Rechtlich schutzwürdiges Vertrauen begründet regelmäßig nur eine qualifizierte Bestätigung (Art. 18 Abs. 1 Buchst. a MwStVO). Darauf gerichtete Anfragen sind daher grundsätzlich zahlenmäßig unbeschränkt und ohne zeitlichen Mindestabstand zulässig. Im elektronischen Verfahren führt das für das BZSt nicht zu unzumutbarem Aufwand. 11

II. Bestätigung inländischer USt-IdNrn. für Lagerhalter (Nr. 2)

1. Antragsberechtigung

Die Bestätigung inländischer USt-IdNrn. nach Nr. 2 können nur **Lagerhalter** (§ 13a Abs. 1 Nr. 6 UStG) beantragen. Das BZSt verlangt daher, entsprechenden Anträgen einen Nachweis über die Zulassung als registrierter Umsatzsteuerlagerinhaber beizufügen. 12

2. Verfahren und Arten der Bestätigung

Auch in den Fällen des § 18e Nr. 2 UStG ist nach dem Gesetz ausschließlich das **BZSt** zuständig. Weitere Einzelheiten des Verfahrens sind im Gesetz nicht geregelt. Art. 31 Abs. 1 Verordnung (EU) Nr. 904/2010 betrifft nur die Bestätigung ausländischer USt-IdNrn. Auch der UStAE enthält dazu keine Erläuterungen. 13

III. Bestätigung inländischer USt-IdNrn. für Betreiber (Nr. 3)

1. Antragsberechtigung

Die Bestätigung inländischer USt-IdNrn. nach Nr. 3 wird nur **Betreibern** (§ 25e UStG) elektronischer Schnittstellen erteilt. Die Betreiber müssen dafür ihrerseits eine USt-IdNr. erhalten haben[4] und zum Bestätigungsverfahren zugelassen sein. In dem Antrag auf Zulassung müssen sie insbesondere ihre persönlichen Daten angeben und ihre Betreibereigenschaft darlegen.[5] 14

2. Verfahren und Arten der Bestätigung

In den Fällen des § 18e Nr. 3 UStG ist ebenfalls nach dem Gesetz ausschließlich das **BZSt** zuständig. Weitere Einzelheiten des Verfahrens sind im Gesetz nicht geregelt. In entsprechender Anwendung der zu Nr. 1 aufgestellten Grundsätze erteilt das BZSt einfache und qualifizierte Bestätigungen.[6] 15

1 Abschn. 18e.1 Abs. 4 Sätze 1–3 UStAE.
2 Abschn. 18e.1 Abs. 2 Sätze 3 und 4. Abs. 5 UStAE.
3 Abschn. 18e.1 Abs. 4 Satz 4 UStAE.
4 S.a. Abschn. 18e.3. Abs. 1 Sätze 3 und 4 UStAE.
5 Zum Ganzen Abschn. 18e.3. Abs. 2 UStAE.
6 Abschn. 18e.3. Abs. 1 Sätze 2 und 4 UStAE.

§ 18f Sicherheitsleistung

[1]Bei Steueranmeldungen im Sinne von § 18 Abs. 1 und 3 kann die Zustimmung nach § 168 Satz 2 der Abgabenordnung im Einvernehmen mit dem Unternehmer von einer Sicherheitsleistung abhängig gemacht werden. [2]Satz 1 gilt entsprechend für die Festsetzung nach § 167 Abs. 1 Satz 1 der Abgabenordnung, wenn sie zu einer Erstattung führt.

Schrifttum: *Birkenfeld*, Umsatzsteuer 2002, UR 2002, 153; *Nieskens*, Steueränderungsgesetz 2001 und Steuerverkürzungsbekämpfungsgesetz, UR 2002, 53; *Tehler*, Anwendung des § 18f UStG unter Beachtung des Verhältnismäßigkeitsgrundsatzes, UVR 2008, 242.

A. Grundaussagen

I. Regelungsgegenstand und Bedeutung

1 Die Finanzämter können nach § 18f UStG die Auskehrung von Vorsteuerüberschüssen von einer Sicherheitsleistung abhängig machen. Dies soll in **prüfungsbedürftigen Steuerfällen** Zeitdruck von den Finanzbehörden und Liquiditätsdruck vom Unternehmer nehmen, ohne die Gefahr von Steuerausfällen zu erhöhen.[1] Ob die Finanzbehörden eine Sicherheitsleistung fordern, entscheiden sie nach pflichtgemäßem Ermessen (§ 5 AO).

2 Die praktische Bedeutung der Vorschrift ist unklar. Gerichtsentscheidungen, die unmittelbar zu § 18f UStG ergingen, sind bisher nicht dokumentiert. Aufgrund des in § 18f UStG verlangten **Einvernehmens** kann es auch nur in wenigen Konstellationen zu einer solchen Entscheidung kommen (Rz. 17 ff.).

II. Unionsrechtliche Grundlagen

3 Eine besondere unionsrechtliche Grundlage für § 18f UStG besteht nicht. Daher hält eine verbreitete Auffassung im Schrifttum es zumindest für zweifelhaft, ob die Vorschrift mit dem **Recht auf Vorsteuerabzug** (Art. 168 MwStSystRL) vereinbar ist.[2] Der BFH ging von der Möglichkeit einer Sicherheitsleistung nach § 18f UStG aus,[3] ohne diese Bedenken aufzugreifen.

4 Der EuGH erkannte allerdings an, dass die Finanzbehörden die Auskehrung von Vorsteuerüberschüssen von einer Sicherheitsleistung abhängig machen dürfen, wenn erhebliche **Zweifel an den Angaben des Steuerpflichtigen** bestehen. Die Steuerpflichtigen können die Sicherheit durch Bankbürgschaft oder -garantie leisten und müssen sie nicht als Geldbetrag hinterlegen.[4] Soweit der EuGH forderte,

1 BT-Drucks. 14/6883, 8; Abschn. 18f.1 Abs. 1 Satz 2 UStAE.
2 *Birkenfeld*, UR 2002, 153 (159); *Nieskens*, UR 2002, 53 (70 f.); *Tehler*, UVR 2008, 242 (244 ff.).
3 BFH, Beschl. v. 26.2.2008 – II B 6/08, BFH/NV 2008, 1004 = UR 2008, 620, unter II.1.d.; BFH, Beschl. v. 17.7.2019 – V B 28/19, UR 2019, 685, Rz. 29.
4 EuGH, Urt. v. 18.12.1997 – C-286/94, C-340/95, C-401/95 und C-47/96, ECLI:EU:C:1997:623 – Molenheide u.a., UR 1998, 470; s. auch EuGH, Urt. v. 10.7.2008 – C-25/07, ECLI:EU:C:2008:395 – Sosnowska, UR 2008, 666, Rz. 29 ff.

dass nationale Recht müsse für die Finanzbehörden „die Möglichkeit vorsehen", unstreitige Vorsteuerüberschüsse auch dann zu erstatten, wenn darüber hinaus geltend gemachte Vorsteuer noch zu prüfen sei[1], betrifft dies vor allem die Höhe einer etwaigen Sicherheitsleistung (Rz. 14)

M.E. bestehen daher keine grundsätzlichen unionsrechtlichen Bedenken gegen § 18f UStG. Den unionsrechtlichen Vorgaben kann durch **unionsrechtskonforme Auslegung** entsprochen werden. 5

III. Verhältnis zu anderen Vorschriften und Rechtsentwicklung

Die Möglichkeit, eine Sicherheitsleistung zu verlangen, wurde durch Art. 1 Nr. 5 des Steuerverkürzungsbekämpfungsgesetzes[2] geschaffen. Sie ist insbesondere auch bei der Entscheidung über die **Erteilung einer Steuernummer** zu berücksichtigen.[3] Die Rechtsprechung leitet aus § 18f UStG zudem ab, dass die FinVerw. sich grundsätzlich die angemessene Zeit nehmen darf, Voranmeldungen und Steuererklärungen zu überprüfen (§ 18 Rz. 29).[4] 6

B. Steueranmeldungen (Satz 1)

I. Zustimmung zur Steueranmeldung

Die Forderung nach einer Sicherheitsleistung kommt in Betracht, wenn der Unternehmer eine nach **§ 168 Satz 2 AO** zustimmungsbedürftige Voranmeldung (§ 18 Abs. 1 UStG) oder Steuererklärung (§ 18 Abs. 3 UStG) einreicht. Die Zustimmung und gegebenenfalls die Sicherheitsleistung ist dann Voraussetzung dafür, dass die Steueranmeldung einer Steuerfestsetzung unter dem Vorbehalt der Nachprüfung gleichsteht. 7

Die Zustimmung ist erforderlich, wenn die Steueranmeldung zu einer Herabsetzung der bisher zu entrichtenden Steuer oder zu einer Steuervergütung führt. Ersteres kann auch gegeben sein, wenn sich (etwa nach einer berichtigten Umsatzsteuervoranmeldung) weiterhin eine positive Steuer ergibt, letzteres ist immer dann der Fall, wenn die Anmeldung einen **Vorsteuerüberschuss** ausweist. 8

Kein Fall des § 168 Satz 2 AO liegt vor, wenn sich aus einer **erstmaligen Anmeldung eine positive Steuer** ergibt und das Finanzamt Anhaltspunkte hat, dass die Steuer in Wirklichkeit höher ist. Eine Sicherheitsleistung nach § 18f UStG für die aus Sicht des Finanzamts zu erwartende Mehrsteuer kommt dann nicht in Betracht. 9

II. Sicherheitsleistung

1. Sicherheitsleistung dem Grunde nach

Die Entscheidung über die Sicherheitsleistung ist eine Ermessensentscheidung („kann") sowohl dem Grunde[5] als auch der Höhe nach. Unionsrechtlich (Rz. 4) ist das Verlangen nach einer Sicherheitsleistung zulässig, wenn ein **erheblicher Verdacht** besteht, dass die Angaben des Unternehmers unrichtig und unvollständig sind. Allein die Höhe des angemeldeten Anspruchs genügt hingegen auch dann nicht, wenn sich das Unternehmen in Zahlungsschwierigkeiten befindet. 10

Die FinVerw. hält eine Sicherheitsleistung regelmäßig für sachgerecht, wenn die Prüfung der Voranmeldung oder Erklärung **vermutlich mehr als sechs Wochen** in Anspruch nimmt. Dabei dürfe die Sicherheitsleistung nicht zum Anlass genommen werden, die Prüfung zurückzustellen.[6] 11

1 EuGH, Urt. v. 14.5.2020 – C-446/18, ECLI:EU:C:2020:369 – Agrobet CZ, UR 2020, 802.
2 BGBl. I 2001, 3922; dazu BT-Drucks. 14/6883, 8.
3 BFH, Beschl. v. 26.2.2008 – II B 6/08, BFH/NV 2008, 1004 = UR 2008, 620, unter II.1.d.; BFH, Beschl. v. 17.7.2019 – V B 28/19, UR 2009, 685, Rz. 29.
4 BFH, Beschl. v. 6.10.2005 – V B 140/05, BFH/NV 2006, 473 = UR 2006, 401, unter II.1.b.
5 Abschn. 18f.1 Abs. 3 Satz 1 UStAE.
6 Abschn. 18f.1 Abs. 3 Sätze 2–4 UStAE.

12 Ob die Angaben des Unternehmers (objektiv) richtig und vollständig sind, ist unabhängig davon, ob er (subjektiv) etwaige Fehler kannte oder kennen musste.[1] Eine Sicherheitsleistung kommt daher nicht erst dann in Betracht, wenn Anhaltspunkte für eine (versuchte) **Steuerhinterziehung** (§ 370 AO) oder leichtfertige Steuerverkürzung (§ 378 AO) vorliegen. Ob Zweifel bestehen und wie schwer sie wiegen, ist im Übrigen Tatfrage und nicht allgemein bestimmbar.

2. Höhe der Sicherheitsleistung

13 Auch die Höhe der Sicherheitsleistung steht im Ermessen der Finanzbehörde. Sie hängt nicht nur von dem nominellen Erstattungs- oder Vergütungsbetrag, sondern auch von dem **Ausfallrisiko** ab.[2] Wie hoch dieses Risiko ist, lässt sich nur einzelfallbezogen entscheiden.

14 Ist nur ein Teil des Erstattungs- oder Vergütungsantrags zweifelhaft, darf die Sicherheitsleistung diesen **Teilbetrag** nicht übersteigen. Bei niedrigen Beträgen wird von einer Sicherheitsleistung regelmäßig abzusehen sein.

3. Art der Sicherheitsleistung

15 Für die Art der Sicherheitsleistung gelten mangels besonderer Regelungen **die abgabenrechtlichen Vorschriften** (§§ 241 ff. AO).[3] Ein Ermessen der Finanzbehörde ist insofern nur eröffnet, wenn der Steuerpflichtige eine andere als die in § 241 AO bezeichneten Sicherheiten anbietet (§ 245 Satz 1 AO).[4] Der Steuerpflichtige kann daher selbst wählen, ob er die Sicherheitsleistung durch Schuldversprechen, Bürgschaft oder Wechselverpflichtung eines tauglichen Steuerbürgen (§ 244 AO) erbringt (§ 241 Abs. 1 Nr. 7 AO) oder in anderer Weise.

16 Dies entspricht grundsätzlich den unionsrechtlichen Vorgaben (Rz. 4). Unzulässig dürfte lediglich die Beschränkung auf Bürgen mit inländischem Gerichtsstand (§ 244 Abs. 1 Satz 1 Nr. 2 AO) oder zulässigerweise im Inland tätige Kreditinstitute (§ 244 Abs. 2 AO) sein. Vor dem Hintergrund der Dienstleistungsfreiheit darf er sich auch eines hinreichend leistungsfähigen (vgl. § 244 Abs. 1 Satz 1 Nr. 1 AO) **Sicherungsgebers im EU-Ausland** bedienen.

III. Einvernehmen mit dem Unternehmer

17 Das Einvernehmen mit dem Unternehmer bedeutet in der **wirtschaftlichen Realität** nicht, dass der Unternehmer freiwillig Sicherheiten leistet. Auch eine Sicherheitsleistung durch Bankbürgschaft kann mit erheblichen Kosten verbunden sein und Liquidität binden.[5] Der Unternehmer kann häufig nur wählen, ob er sich in die Sicherheitsleistung fügt oder ob er die geltend gemachte Vergütung und Erstattung im Rechtsbehelfsverfahren verfolgt und bis zu dessen Abschluss keinerlei Zahlung erhält.

18 Setzt das Finanzamt die Vorauszahlung oder Steuer abweichend von der Anmeldung fest, sind Einspruch (§ 347 Abs. 1 Satz 1 AO) und Anfechtungsklage gegeben, verbescheidet es die Anmeldung nicht, Untätigkeitseinspruch (§ 347 Abs. 1 Satz 2 AO) und Verpflichtungsklage. Im Klageverfahren ist nur über die Festsetzung als solche zu entscheiden. Sobald die Höhe der Steuer zur **Überzeugung des Gerichts** feststeht, fehlt es an den für die Sicherheitsleistung erforderlichen Zweifeln.

19 Festsetzung und Sicherheitsleistung sind nach dem Wortlaut des § 18f UStG („abhängig") untrennbar miteinander verbunden. Will der Unternehmer geltend machen, das Finanzamt sei zu Unrecht von dem Einvernehmen ausgegangen, muss er gegen die Zustimmung (§ 168 Satz 2 AO) und damit die Steuerfestsetzung insgesamt vorgehen.[6] Hält das FG die Forderung nach einer Sicherheitsleistung für rechtswidrig, muss es die **Steuerfestsetzung insgesamt** aufheben.

1 **A.A.** *Tehler*, UVR 2008, 242 (245).
2 Abschn. 18f.1 Abs. 5 Sätze 1 und 2 UStAE.
3 Abschn. 18f.1 Abs. 4 Satz 1 UStAE.
4 **A.A.** *Nieskens*, UR 2002, 53 (70) und möglicherweise Abschn. 18f.1 Abs. 4 Satz 2 UStAE.
5 Vgl. *Nieskens*, UR 2002, 53 (71).
6 *Tehler*, UVR 2008, 242 (247).

C. Steuerfestsetzungen (Satz 2)

I. Steuerfestsetzung

Das Finanzamt kann auch Steuerfestsetzungen (§ 167 Abs. 1 Satz 1 AO) von einer Sicherheitsleistung abhängig machen, wenn sie zu einer Erstattung führen. Eine von der Steueranmeldung **abweichende (höhere) Steuerfestsetzung** kann gleichwohl noch zu einer (niedrigeren) Erstattung führen, wenn nach Auffassung des Finanzamts bestimmte Vorsteuerbeträge eindeutig nicht abzugsfähig sind, während hinsichtlich eines weiteren Betrags erhebliche Zweifel bestehen. 20

Gibt der Unternehmer keine Steueranmeldung ab, hat das Finanzamt die Besteuerungsgrundlagen im Wege der **Schätzung** zu ermitteln (§ 162 AO). In der Praxis dürfte ein Finanzamt auf diesem Wege kaum zu einem Erstattungsanspruch gelangen, an dem es gleichwohl ernstliche Zweifel hegt. 21

II. Erstattung

Anders als nach § 18f Satz 1 UStG darf das Finanzamt nach dem Wortlaut des § 18f Satz 2 UStG eine Sicherheitsleistung nur für Erstattungen fordern, nicht auch, wenn die Steuerfestsetzung zu einer **Herabsetzung der bisher zu entrichtenden Steuer** führt. Die Herabsetzung führt aber (nur) dann nicht zu einer Erstattung, wenn bisher weniger als die nach Herabsetzung verbleibende Steuer entrichtet wurde. Sie führt dann nicht zu einer Gefährdung des Steueraufkommens und löst kein Sicherungsbedürfnis aus. 22

III. Entsprechende Anwendung von Satz 1

Liegen die Voraussetzungen von § 18f Satz 2 UStG vor, gelten für die Rechtsfolgen § 18f Satz 1 UStG und die diesbezüglichen Ausführungen (Rz. 7 ff.) entsprechend. 23

§ 18g Abgabe des Antrags auf Vergütung von Vorsteuerbeträgen in einem anderen Mitgliedstaat

[1]Ein im Inland ansässiger Unternehmer, der Anträge auf Vergütung von Vorsteuerbeträgen entsprechend der Richtlinie 2008/9/EG des Rates vom 12. Februar 2008 zur Regelung der Erstattung der Mehrwertsteuer gemäß der Richtlinie 2006/112/EG an nicht im Mitgliedstaat der Erstattung, sondern in einem anderen Mitgliedstaat ansässige Steuerpflichtige (ABl. EU Nr. L 44 S. 23) in einem anderen Mitgliedstaat stellen kann, hat diesen Antrag nach amtlich vorgeschriebenem Datensatz durch Datenfernübertragung dem Bundeszentralamt für Steuern zu übermitteln. [2]In diesem hat er die Steuer für den Vergütungszeitraum selbst zu berechnen. [3]§ 18 Absatz 4f ist entsprechend anzuwenden. [4]Leitet das Bundeszentralamt für Steuern den Antrag nicht an den Mitgliedstaat der Erstattung weiter, ist der Bescheid über die Ablehnung dem Antragsteller durch Bereitstellung zum Datenabruf nach § 122a in Verbindung mit § 87a Absatz 8 der Abgabenordnung bekannt zu geben. [5]Hat der Empfänger des Bescheids der Bekanntgabe durch Bereitstellung zum Datenabruf nach Satz 4 nicht zugestimmt, ist der Bescheid schriftlich zu erteilen.

A. Grundaussagen

I. Regelungsgegenstand und Bedeutung

1 § 18g UStG regelt, wie **in Deutschland ansässige Unternehmer** die Vergütung von in einem anderen Mitgliedstaat entrichteter Vorsteuer beantragen können. Nach den unionsrechtlichen Vorgaben, insbesondere der EG-Richtlinie 2008/9, nehmen die deutschen Finanzbehörden den Antrag lediglich entgegen, um ihn an den anderen Mitgliedstaat weiterzuleiten, der ihn bearbeitet und verbescheidet.

II. Unionsrechtliche Grundlagen

2 Mit § 18g UStG setzte der deutsche Gesetzgeber Art. 171 Abs. 1 MwStSystRL und Art. 7 EG-Richtlinie 2008/9 um. Die elektronische Eingangsstelle beim BZSt ist das von Deutschland eingerichtete elektronische Portal i.S.d. Art. 7 EG-Richtlinie 2008/9.

III. Verhältnis zu anderen Vorschriften und Rechtsentwicklung

3 § 18g UStG wurde durch Art. 7 Nr. 16 des Jahressteuergesetzes 2009[1] eingeführt. Durch Art. 12 Nr. 2 des Gesetzes zur Modernisierung des Besteuerungsverfahrens[2] und Art. 12 Nr. 7 JStG 2020[3] wurde er geändert. Der Fortgang des Vergütungsverfahrens richtet sich nach dem **Recht des anderen Mitgliedstaates**, in dem der Unternehmer die zu vergütende Steuer entrichtet.

4 Aufgrund der unionsrechtlichen Harmonisierung (Art. 171 Abs. 1 MwStSystRL i.V.m. EG-Richtlinie 2008/9) wird das Verfahren in dem vergütenden Mitgliedstaat weitgehend dem deutschen **Vorsteuervergütungsverfahren** (§ 18 Abs. 9 UStG, s. § 18 Rz. 139 ff., §§ 59 ff. UStDV) entsprechen. Die Vergütung von Vorsteuer in Drittländern richtet sich nach deren Recht.

B. Elektronische Antragstellung (Satz 1)

I. Zuständigkeit

5 Der Antrag ist ausschließlich an das **BZSt** zu stellen. Das BZSt prüft aber nur, ob der Antragsteller die richtige USt-IdNr. oder Steuernummer angab und Unternehmer ist[4] und bestätigt den Eingang des Antrags.[5] Zur weiteren Bearbeitung leitet es den Antrag an den Mitgliedstaat weiter, von dem der Steuerpflichtige die Vergütung beantragt.[6]

II. Form

6 Der Antrag ist ausschließlich **elektronisch nach amtlich vorgeschriebenem Datensatz** durch Datenfernübertragung zu stellen. Eine Härtefallregelung (§ 150 Abs. 8 AO) ist nicht vorgesehen. Dies entspricht Art. 7 EG-Richtlinie 2008/9. Für jedes Land, von dem eine Erstattung beantragt wird, ist ein eigener Antrag zu stellen.[7]

---

1 BGBl. I 2008, 2794; dazu BT-Drucks. 16/11108, 42.
2 BGBl. I 2016, 1679; dazu BT-Drucks. 18/7457, 112.
3 BGBl. 2020, 3096; dazu BT-Drucks. 19/22850, 120.
4 Abschn. 18g.1 Abs. 9 UStAE.
5 Abschn. 18g.1 Abs. 12 UStAE.
6 Abschn. 18g.1 Abs. 10 f. UStAE.
7 Abschn. 18g.1 Abs. 1 Satz 2 UStAE.

III. Inhalt

Der Inhalt des Antrags[1] richtet sich nach Art. 8 ff. EG-Richtlinie 2008/9. Die Höhe des Vergütungsanspruchs ergibt sich grundsätzlich aus dem **Recht des vergütenden Mitgliedstaats.**[2] 7

C. Selbstberechnung der Steuer (Satz 2)

Der Unternehmer muss die zu vergütende Vorsteuer **selbst berechnen.** Dies beruht indes nicht auf einer Übernahme des Rechtsgedankens der deutschen Regelungen in § 18 Abs. 1, 3 UStG, sondern auf der unionsrechtlichen Vorgabe in Art. 8 Abs. 2 Buchst. f und g EG-Richtlinie 2008/9. 8

D. Organisationseinheiten von Bund und Ländern (Satz 3)

Nach Satz 3 gilt § 18g UStG entsprechend für die Besteuerung von Bund und Ländern. Die nach § 18 Abs. 4f UStG erklärungspflichten Organisationseinheiten (§ 18 Rz. 87 ff.) können und müssen daher die Vergütung von Vorsteuerbeträgen in einem anderen Mitgliedstaat nach den gleichen Grundsätzen wie Unternehmen beantragen. 9

E. Mitteilung der Ablehnung (Satz 4)

Ist die Ablehnung, wie die Bezugnahme auf den für Verwaltungsakte geltenden § 122a AO nahelegt, ein **Verwaltungsakt**, bedürfte es m.E. wegen der allgemeinen Regelung eben in § 122a AO keiner gesonderten Regelung. Der unionsrechtlichen Vorgabe (Art. 18 Abs. 2 EG-Richtlinie 2008/9[3]) würde es genügen, i.R.v. § 122a AO ein gebundenes Ermessen anzunehmen. 10

Die für einen Verwaltungsakt (§ 118 Abs. 1 AO) erforderliche **Regelungswirkung** ist jedenfalls gegeben, wenn die Ablehnung der Übermittlung zugleich die Ablehnung der Erstattung in der Sache aus den in Art. 18 Abs. 1 EG-Richtlinie 2008/9 genannten Gründen beinhaltet. Ob dies so ist, ergibt sich aus der EG-Richtlinie 2008/9 und ist mithin eine unionsrechtliche Frage. Dafür spricht, dass der Antrag sonst in der Sache nicht verbeschieden würde. 11

F. Schriftlicher Bescheid (Satz 5)

Ein schriftlicher Bescheid ist – auch ersatzweise – **unionsrechtlich nicht vorgesehen.** Stimmt ein Unternehmer der unionsrechtlich zwingenden elektronischen Mitteilung nicht zu, dürfte er sich aber gegen eine schriftliche Mitteilung nicht auf das Unionsrecht berufen können. 12

§ 18h Verfahren der Abgabe der Umsatzsteuererklärung für einen anderen Mitgliedstaat

(1) [1]Ein im Inland ansässiger Unternehmer, der vor dem 1. Juli 2021 in einem anderen Mitgliedstaat der Europäischen Union Umsätze nach § 3a Absatz 5 erbringt, für die er dort die Steuer schuldet und Umsatzsteuererklärungen abzugeben hat, hat gegenüber dem Bundeszentralamt für Steuern nach amtlich vorgeschriebenem Datensatz durch Datenfernübertragung anzuzeigen, wenn er an

1 Abschn. 18g.1 Abs. 4 ff. UStAE.
2 Vgl. BFH, Urt. v. 18.1.2007 – V R 22/05, BStBl. II 2007, 426 = UR 2007, 350, unter II.3.b.aa.; *Treiber* in Sölch/Ringleb, § 18 UStG Rz. 800 (Stand: März 2021).
3 Vgl. BT-Drucks. 20/3879, S. 111.

dem besonderen Besteuerungsverfahren entsprechend Titel XII Kapitel 6 Abschnitt 3 der Richtlinie 2006/112/EG des Rates in der Fassung von Artikel 5 Nummer 15 der Richtlinie 2008/8/EG des Rates vom 12. Februar 2008 zur Änderung der Richtlinie 2006/112/EG bezüglich des Ortes der Dienstleistung (ABl. L 44 vom 20.2.2008, S. 23) teilnimmt. [2]Eine Teilnahme im Sinne des Satzes 1 ist dem Unternehmer nur einheitlich für alle Mitgliedstaaten der Europäischen Union möglich, in denen er weder einen Sitz noch eine Betriebsstätte hat. [3]Die Anzeige nach Satz 1 hat vor Beginn des Besteuerungszeitraums zu erfolgen, ab dessen Beginn der Unternehmer von dem besonderen Besteuerungsverfahren Gebrauch macht. [4]Die Anwendung des besonderen Besteuerungsverfahrens kann nur mit Wirkung vom Beginn eines Besteuerungszeitraums an widerrufen werden. [5]Der Widerruf ist vor Beginn des Besteuerungszeitraums, für den er gelten soll, gegenüber dem Bundeszentralamt für Steuern nach amtlich vorgeschriebenem Datensatz auf elektronischem Weg zu erklären.

(2) Erfüllt der Unternehmer die Voraussetzungen für die Teilnahme an dem besonderen Besteuerungsverfahren nach Absatz 1 nicht, stellt das Bundeszentralamt für Steuern dies durch Verwaltungsakt gegenüber dem Unternehmer fest.

(3) [1]Ein Unternehmer, der das in Absatz 1 genannte besondere Besteuerungsverfahren anwendet, hat seine hierfür abzugebenden Umsatzsteuererklärungen bis zum 20. Tag nach Ablauf jedes Besteuerungszeitraums nach amtlich vorgeschriebenem Datensatz durch Datenfernübertragung dem Bundeszentralamt für Steuern zu übermitteln. [2]In dieser Erklärung hat er die Steuer für den Besteuerungszeitraum selbst zu berechnen. [3]Die berechnete Steuer ist an das Bundeszentralamt für Steuern zu entrichten.

(4) [1]Kommt der Unternehmer seinen Verpflichtungen nach Absatz 3 oder den von ihm in einem anderen Mitgliedstaat der Europäischen Union zu erfüllenden Aufzeichnungspflichten entsprechend Artikel 369k der Richtlinie 2006/112/EG des Rates in der Fassung des Artikels 5 Nummer 15 der Richtlinie 2008/8/EG des Rates vom 12. Februar 2008 zur Änderung der Richtlinie 2006/112/EG bezüglich des Ortes der Dienstleistung (ABl. L 44 vom 20.2.2008, S. 11) wiederholt nicht oder nicht rechtzeitig nach, schließt ihn das Bundeszentralamt für Steuern von dem besonderen Besteuerungsverfahren nach Absatz 1 durch Verwaltungsakt aus. [2]Der Ausschluss gilt ab dem Besteuerungszeitraum, der nach dem Zeitpunkt der Bekanntgabe des Ausschlusses gegenüber dem Unternehmer beginnt.

(5) Ein Unternehmer ist im Inland im Sinne des Absatzes 1 Satz 1 ansässig, wenn er im Inland seinen Sitz oder seine Geschäftsleitung hat oder, für den Fall, dass er im Drittlandsgebiet ansässig ist, im Inland eine Betriebsstätte hat.

(6) Auf das Verfahren sind, soweit es vom Bundeszentralamt für Steuern durchgeführt wird, die §§ 30, 80 und 87a und der Zweite Abschnitt des Dritten Teils und der Siebente Teil der Abgabenordnung sowie die Finanzgerichtsordnung anzuwenden.

(7) § 18 Absatz 4f ist entsprechend anzuwenden.

Hinweis: Die Vorschrift ist gem. § 27 Abs. 34 Satz 2 UStG letztmalig auf Umsätze anzuwenden, die vor dem 1.7.2021 ausgeführt wurden. Sie wurde durch § 18i UStG abgelöst (§ 18i Rz. 1 ff.). § 18h UStG wurde letztmalig in der 2. Auflage 2022 dieses Kommentars erläutert.

§ 18i Besonderes Besteuerungsverfahren für von nicht im Gemeinschaftsgebiet ansässigen Unternehmern erbrachte sonstige Leistungen

(1) [1]Ein nicht im Gemeinschaftsgebiet ansässiger Unternehmer, der nach dem 30. Juni 2021 als Steuerschuldner sonstige Leistungen an Empfänger nach § 3a Absatz 5 Satz 1 im Gemeinschaftsgebiet erbringt, für die er dort die Steuer schuldet und Umsatzsteuererklärungen abzugeben hat, hat anzuzeigen, wenn er an dem besonderen Besteuerungsverfahren entsprechend Titel XII Kapitel 6 Abschnitt 2 der Richtlinie 2006/112/EG des Rates in der Fassung von Artikel 2 Nummer 14 bis 20 der Richtlinie (EU) 2017/2455 des Rates vom 5. Dezember 2017 zur Änderung der Richt-

linie 2006/112/EG und der Richtlinie 2009/132/EG in Bezug auf bestimmte mehrwertsteuerliche Pflichten für die Erbringung von Dienstleistungen und für Fernverkäufe von Gegenständen (ABl. L 348 vom 29.12.2017, S. 7) teilnimmt. [2]Die Anzeige ist der zuständigen Finanzbehörde eines Mitgliedstaates der Europäischen Union nach amtlich vorgeschriebenem Datensatz durch Datenfernübertragung zu übermitteln; zuständige Finanzbehörde im Inland ist insoweit das Bundeszentralamt für Steuern. [3]Die Anzeige hat vor Beginn des Besteuerungszeitraums (§ 16 Absatz 1c Satz 1) zu erfolgen, ab dessen Beginn der Unternehmer von dem besonderen Besteuerungsverfahren Gebrauch macht. [4]Eine Teilnahme an dem besonderen Besteuerungsverfahren ist dem Unternehmer nur einheitlich für alle Mitgliedstaaten der Europäischen Union und alle sonstigen Leistungen an Empfänger nach § 3a Absatz 5 Satz 1 im Gemeinschaftsgebiet möglich. [5]Die Anwendung des besonderen Besteuerungsverfahrens kann nur mit Wirkung vom Beginn eines Besteuerungszeitraums an widerrufen werden. [6]Der Widerruf ist vor Beginn des Besteuerungszeitraums, für den er gelten soll, gegenüber der Finanzbehörde nach Satz 2 nach amtlich vorgeschriebenem Datensatz durch Datenfernübertragung zu erklären.

(2) Erfolgt die Anzeige nach Absatz 1 Satz 1 im Inland und erfüllt der Unternehmer die Voraussetzungen für die Teilnahme an dem besonderen Besteuerungsverfahren nicht, stellt das Bundeszentralamt für Steuern dies gegenüber dem Unternehmer fest und lehnt dessen Teilnahme an dem besonderen Besteuerungsverfahren ab.

(3) [1]Ein Unternehmer, der das in Absatz 1 genannte besondere Besteuerungsverfahren anwendet, hat der Finanzbehörde, bei der er die Teilnahme an dem besonderen Besteuerungsverfahren angezeigt hat, eine Steuererklärung innerhalb eines Monats nach Ablauf jedes Besteuerungszeitraums (§ 16 Absatz 1c Satz 1) nach amtlich vorgeschriebenem Datensatz durch Datenfernübertragung zu übermitteln. [2]In der Steuererklärung hat er die Steuer für den Besteuerungszeitraum selbst zu berechnen. [3]Die berechnete Steuer ist am letzten Tag des auf den Besteuerungszeitraum folgenden Monats fällig und bis dahin vom Unternehmer an die Finanzbehörde zu entrichten, bei der der Unternehmer die Teilnahme an dem besonderen Besteuerungsverfahren angezeigt hat. [4]Soweit der Unternehmer im Inland Leistungen nach Absatz 1 Satz 1 erbringt, ist § 18 Absatz 1 bis 4 nicht anzuwenden. [5]Berichtigungen einer Steuererklärung, die innerhalb von drei Jahren nach dem letzten Tag des Zeitraums nach Satz 1 vorgenommen werden, sind mit einer späteren Steuererklärung unter Angabe des zu berichtigenden Besteuerungszeitraums anzuzeigen.

(4) [1]Die Steuererklärung nach Absatz 3 Satz 1 und 2, die der Unternehmer der zuständigen Finanzbehörde eines anderen Mitgliedstaates der Europäischen Union übermittelt hat, ist ab dem Zeitpunkt eine Steueranmeldung im Sinne des § 150 Absatz 1 Satz 3 und des § 168 der Abgabenordnung, zu dem die in ihr enthaltenen Daten von der zuständigen Finanzbehörde des anderen Mitgliedstaates der Europäischen Union dem Bundeszentralamt für Steuern übermittelt und dort in bearbeitbarer Weise aufgezeichnet wurden. [2]Dies gilt für die Berichtigung einer Steuererklärung entsprechend. [3]Die Steuererklärung nach Satz 1 gilt als fristgemäß übermittelt, wenn sie bis zum letzten Tag der Frist nach Absatz 3 Satz 1 der zuständigen Finanzbehörde des anderen Mitgliedstaates der Europäischen Union übermittelt worden ist und dort in bearbeitbarer Weise aufgezeichnet wurde. [4]Die Entrichtung der Steuer erfolgt im Falle der Steuererklärung nach Satz 1 fristgemäß, wenn die Zahlung bis zum letzten Tag der Frist nach Absatz 3 Satz 3 bei der zuständigen Finanzbehörde des anderen Mitgliedstaates der Europäischen Union eingegangen ist. [5]§ 240 der Abgabenordnung ist in diesen Fällen mit der Maßgabe anzuwenden, dass eine Säumnis frühestens mit Ablauf des zehnten Tages nach Ablauf des zweiten auf den Besteuerungszeitraum folgenden Monats eintritt.

(5) [1]Kommt der Unternehmer seinen Verpflichtungen nach Absatz 3 oder § 22 Absatz 1 oder den von ihm in einem anderen Mitgliedstaat der Europäischen Union zu erfüllenden Aufzeichnungspflichten entsprechend Artikel 369 der Richtlinie 2006/112/EG wiederholt nicht oder nicht rechtzeitig nach, schließt ihn die Finanzbehörde, bei der der Unternehmer die Teilnahme an dem Verfahren nach Absatz 1 Satz 2 angezeigt hat, von dem besonderen Besteuerungsverfahren nach Absatz 1 aus. [2]Der Ausschluss gilt ab dem Besteuerungszeitraum, der nach dem Zeitpunkt der Bekanntgabe des Ausschlusses gegenüber dem Unternehmer beginnt; ist der Ausschluss jedoch auf eine Änderung des Ortes des Sitzes oder der Betriebsstätte zurückzuführen, ist der Ausschluss ab dem Tag dieser Änderung wirksam. [3]Der Ausschluss wegen eines wiederholten Verstoßes gegen

die in Satz 1 genannten Verpflichtungen hat auch den Ausschluss von den besonderen Besteuerungsverfahren nach den §§ 18j und 18k zur Folge.

(6) Auf das besondere Besteuerungsverfahren sind, soweit die Anzeige nach Absatz 1 Satz 1 gegenüber dem Bundeszentralamt für Steuern erfolgt und dieses die Steuererklärungen den zuständigen Finanzbehörden der anderen Mitgliedstaaten der Europäischen Union übermittelt, die §§ 2a, 29b bis 30, 32a bis 32j, 80, 87a, 87b und der Zweite Abschnitt des Dritten Teils und der Siebente Teil der Abgabenordnung sowie die Finanzgerichtsordnung anzuwenden.

Schrifttum: *Brill*, Änderungen des Umsatzsteuerrechts durch das JStG 2020, KÖSDI 2021, 22115; *Huschens*, Änderungen des Umsatzsteuerrechts durch das Jahressteuergesetz 2020, UVR 2021, 45 und 73; *Joost/Oldenburg*, Umsetzung des Digitalpakets zum 1.7.2021 – Teil 2: Besondere Besteuerungsverfahren, MwStR 2020, 822; *Nieskens*, Die geplanten Mehrwertsteuervorschriften für das digitale Zeitalter (VAT in the Digital Age, ViDA) – Der Richtlinienentwurf v. 8.12.2022 m.W. von 2024/2025/2026/2028 und seine Auswirkungen auf das nationale Umsatzsteuerrecht; *Wäger*, Digitalpaket – Neureglungen zum 1.7.2021 für den Bereich der Lieferungen – Besondere Besteuerungsverfahren und Änderungen des materiellen Rechts, UStB 2021, 76; *Widmann*, Jahressteuergesetz 2020: Die umsatzsteuerlichen Änderungen, MwStR 2021, 6.

A. Grundaussagen

I. Regelungsgegenstand und Bedeutung

1 § 18i UStG regelt das **One-Stop-Shop-Verfahren** (OSS-Verfahren) in Form des sog. **„Nicht-EU-OSS-Verfahrens"**. Die Anwendung ermöglicht es **Unternehmern**, die **nicht im Gemeinschaftsgebiet ansässig** sind, umsatzsteuerliche Erklärungs- und Zahlungspflichten im Hinblick auf **sonstige Leistungen** einheitlich gegenüber einem Mitgliedstaat zu erfüllen.

2 Die Regelung wurde mit dem sog. **Digitalpaket II**[1] mit Wirkung ab dem 1.7.2021 eingeführt (§ 3c Rz. 2). Sie gilt daher für Umsätze, die nach dem 30.6.2021 ausgeführt worden sind (§ 27 Abs. 33 Satz 1 UStG, § 27 Rz. 79). Danach müssen nicht im Gemeinschaftsgebiet ansässige Unternehmer, die in den einzelnen Mitgliedstaaten ausgeführten Umsätze nicht jeweils dort erklären und auch nicht die entsprechende Umsatzsteuer an jeden Mitgliedstaat separat entrichten. Nehmen die Unternehmer an dem besonderen Besteuerungsverfahren im Rahmen der Umsatzsteuer in einem Mitgliedstaat teil, ist dessen Finanzbehörde **vollumfänglich Anlaufstelle** für die Steuererklärungen und -zahlungen des Unternehmers im Falle sonstiger Leistungen.

3 Insofern stellt § 18i UStG eine **Vereinfachungsregelung** für Unternehmer außerhalb des Gemeinschaftsgebietes dar. Zwar fällt für Unternehmer, die in den Anwendungsbereich fallen, zunächst ein Umstellungsaufwand an, der sich auf interne Prozesse zur Erfüllung steuerlicher Pflichten auswirken dürfte. Jedoch werden die Unternehmer durch die Teilnahme am besonderen Besteuerungsverfahren auch um mitgliedstaatsspezifische Registrierungspflichten und Steueranmeldungen erleichtert. So fallen insbesondere wirtschaftliche Erschwernisse weg, die bisher im Zusammenhang mit unterschiedlichen Meldefrequenzen in den Mitgliedstaaten bestanden haben.

1 Gesetz v. 21.12.2020, BGBl. I 2020, 3096.

Nach den Plänen der EU-Kommission im Rahmen des Richtlinienentwurfs VAT in the Digital Age (ViDA)[1] soll das Verfahren im Zuge der geplanten „Einzigen Mehrwertsteuerregistrierung" erheblich ausgeweitet werden (vgl. § 6b Rz. 22.1; § 18j Rz. 7). Im Hinblick auf § 18i UStG beinhaltet der ViDA-Vorschlag insbesondere eine Änderung des Art. 359 MwStSystRL, damit das Verfahren zukünftig auch für Leistungen an Nicht-Unternehmer aus dem Drittland anwendbar ist, d.h. Situationen, bei denen sich zwar ein Mitgliedstaat als Leistungsort ergibt, der Leistungsempfänger jedoch seinen Sitz oder Wohnsitz außerhalb der EU hat. (z.B. bei grundstücksbezogenen Leistungen an Drittländer). Diese Änderung war im ursprünglichen Richtlinienentwurf bereits zum 1.1.2024 geplant. 3.1

II. Unionsrechtliche Grundlagen

§ 18i UStG dient der Umsetzung von Art. 2 Nr. 14 bis 20 der Richtlinie (EU) 2017/2455 v. 5.12.2017 zur Änderung der Richtlinie 2006/112/EG und der Richtlinie 2009/132/EG in Bezug auf bestimmte mehrwertsteuerliche Pflichten für die Erbringung von Dienstleistungen und für Fernverkäufe von Gegenständen.[2] § 18i UStG setzt damit die Vorgaben der Art. 358a-369 der MwStSystRL um. Darüber hinaus sind in den Art. 57a ff. MwStVO weitere unmittelbar anwendbare Vorschriften vorhanden, welche weitere verfahrensrechtliche Vorgaben bestimmen. Es handelt sich damit um unionsrechtlich harmonisiertes Verfahrensrecht, das in Bezug auf die Vorgaben der Art. 358a ff. MwStSystRL unionsrechtskonform auszulegen ist.[3] Unionsrechtlich wird das Verfahren **Nicht-EU-Regelung** genannt (Art. 57a Nr. 1 MwStVO). 4

III. Verhältnis zu anderen Vorschriften und Rechtsentwicklung

Die Regelung stellt im Zusammenspiel mit den §§ 18j und 18k UStG als sog. OSS-Verfahren eine **Erweiterung des bisherigen Mini-One-Stop-Shop-Verfahrens** (MOSS-Verfahren) nach § 18 Abs. 4c, Abs. 4d UStG a.F. dar. Der Anwendungsbereich des MOSS-Verfahren beschränkte sich auf sonstige Leistungen auf dem Gebiet der Telekommunikation, Rundfunk- und Fernsehdienstleistungen und auf elektronischem Weg erbrachte sonstige Leistungen, da § 18 Abs. 4c UStG a.F. insofern auf § 3a Abs. 5 UStG insgesamt Bezug nahm. 5

Im Überblick der Anwendungsbereiche der §§ 18i bis k UStG ordnet sich § 18i UStG wie folgt ein: 6

§ 18i UStG betrifft **Unternehmer**, die außerhalb des **Gemeinschaftsgebiets ansässig** sind und **sonstige Leistungen** an Nichtunternehmer (§ 3a Abs. 5 Satz 1 UStG) **im Gemeinschaftsgebiet** erbringen. Entsprechend der Vorgabe des Art. 359 MwStSystRL muss damit der Leistungsempfänger seinen Sitz oder Wohnsitz innerhalb des Gemeinschaftsgebiets haben. Damit fallen Leistungen, deren Leistungsort sich zwar in einem anderen Mitgliedstaat befindet, die jedoch an einen Leistungsempfänger aus dem Drittland erbracht werden, nicht in den Anwendungsbereich. Dies will die EU-Kommission im Rahmen des ViDA-Vorschlages (vgl Rz. 3.1) ändern und den Anwendungsbereich auch auf drittländische Leistungsempfänger erweitern.[4] 7

§ 18j UStG betrifft 8

- **Unternehmer**, die **unabhängig von Ihrer Ansässigkeit Lieferungen** über **eine elektronische Schnittstelle** (§ 3 Abs. 3a Satz 1 UStG) unterstützen (§ 18j Abs. 1 Satz 1 Nr. 1 Alt. 1 UStG) **oder** als **innergemeinschaftliche Fernverkäufe** (§ 3c Abs. 1 Satz 2, Satz 3 UStG) erbringen, und
- **Unternehmer**, die **innerhalb des Gemeinschaftsgebiets ansässig** sind und **sonstige Leistungen B2C** (§ 3a Abs. 5 Satz 1 UStG) in einem **anderen Mitgliedstaat** erbringen.

1 Vorschlag für eine RL zur Änderung der MwStSystRL in Bezug auf die Mehrwertsteuervorschriften für das digitale Zeitalter v. 8.12.2022, COM(2022) 701 final – 2022/0407 (CNS) – Begr. I. Kontext des Vorschlags S. 1. Abrufbar unter https://eur-lex.europa.eu/legal-content/DE/TXT/PDF/?uri=CELEX:52022PC0701, vgl. hierzu ausführlich *Nieskens* in UR, 2023, 385.

2 ABl. EU 2017 Nr. L 348, 7.

3 So auch *Treiber* in Sölch/Ringleb § 18i UStG Rz. 11 (Stand: März 2021).

4 359 MwStSystR-E nach Artikel 1 Kapitel 3a Nr. 11 des ViDA-Proposals v. 8.12.2022.

9 **§ 18k UStG** betrifft **Unternehmer**, die **außerhalb/innerhalb des Gemeinschaftsgebiets ansässig** sind und **mit oder ohne Beteiligung einer elektronischen Schnittstelle Lieferungen** als **Transiteinfuhrfernverkäufe** (§ 3c Abs. 2) oder **Direkteinfuhrfernverkäufe** (§ 3c Abs. 3 UStG) **im Gemeinschaftsgebiet** erbringen.

10 Das Nicht-EU-OSS-Verfahren nach § 18i UStG weitet das besondere Besteuerungsverfahren nunmehr auf alle sonstigen Leistungen gegenüber Nichtunternehmern aus, da § 18i Abs. 1 Satz 1 UStG im Hinblick auf die Leistungsempfänger nur auf die Empfänger nach § 3a Abs. 5 Satz 1 UStG, nicht jedoch auf die in § 3a Abs. 5 Satz 2 UStG bezeichneten Leistungen verweist. § 18 Abs. 4c und Abs. 4d UStG sind gemäß § 27 Abs. 34 Satz 2 UStG letztmalig auf Umsätze anzuwenden, die vor dem 1.7.2021 ausgeführt worden sind (§ 27 Rz. 80).

11 Weiterhin besteht ein Zusammenhang mit § 13 Abs. 1 Nr. 1 Buchst. f UStG, der in den Fällen des § 18i UStG festlegt, dass die Steuer mit Ablauf des Besteuerungszeitraumes gemäß § 16 Abs. 1c Satz 1 UStG, in dem die Leistungen ausgeführt worden sind, entsteht (§ 13 Rz. 74 f.).

12 § 22 UStG enthält in Umsetzung der Vorgaben der Art. 369 MwStSystRL und Art. 63c Abs. 2 MwStVO besondere Aufzeichnungspflichten, für die an dem IOSS-Verfahren Teilnehmenden (Steuerpflichtiger bzw. Vertreter) und eine 10-Jahres-Frist zur Aufbewahrung der Aufzeichnungen.

13 Ein **Verstoß** gegen § 18i Abs. 3 Satz 3 UStG ist nach § 26a Abs. 1 UStG n.F. **bußgeldbewährt** und kann insofern als Ordnungswidrigkeit geahndet werden. Dies ist der Fall, wenn eine Vorauszahlung, ein Unterschiedsbetrag oder eine festgesetzte Steuer nicht, nicht vollständig, oder nicht rechtzeitig entrichtet wird (§ 26a Rz. 7 ff.).

B. Anzeige (Absatz 1)

I. Regelungsgegenstand (Absatz 1 Satz 1)

14 § 18i Abs. 1 Satz 1 UStG legt fest, dass ein **außerhalb des Gemeinschaftsgebiets** ansässiger Unternehmer (vgl. § 358a Nr. 1 MwStSystRL) das Nicht-EU-OSS-Verfahren in dem **Bestimmungsland** einer Leistung anzeigen **kann**.

15 Es besteht **keine Verpflichtung** zur Nutzung des Verfahrens. Möglich ist die Anzeige entsprechend des Geltungszeitraums des § 18i UStG (Rz. 2) für sonstige Leistungen, die nach dem 30.6.2021 gegenüber Nichtunternehmern erbracht wurden. Ein Verzicht auf das besondere Verfahren und die Einzelregistrierung in den Mitgliedstaaten kann für Unternehmer im Einzelfall attraktiv sein; insbesondere um ausländische Vorsteuer abziehen zu können, ohne auf das Vorsteuervergütungsverfahren angewiesen zu sein (vgl. Art. 368 MwStSystRL).

II. Form und Inhalt der Anzeige und Bindungswirkung (Absatz 1 Satz 2 und 4)

16 Die Durchführung des Nicht-EU-OSS-Verfahrens muss **beim BZSt** elektronisch mittels **amtlich vorgeschriebenem Datensatz** durch Datenfernübertragung und (in zeitlicher Hinsicht) vor Beginn desjenigen Besteuerungszeitraumes, für den das Verfahren gelten soll, angezeigt werden (§ 18i Abs. 1 Satz 2 UStG). Unionsrechtliche Grundlage hierfür ist Art. 360 MwStSystRL.

17 Der konkrete Inhalt der Anzeige ergibt sich aus Art. 361 Abs. 1 MwStSystRL (Name, Postanschrift, elektronischen Anschriften einschließlich Websites, nationale Steuernummer, falls vorhanden, sowie Erklärung, dass der Unternehmer nicht im Gemeinschaftsgebiet ansässig ist) und wird durch Art. 3 i.V.m. Anhang 1 der Zusammenarbeits-DVO, Spalte B weiter konkretisiert.

18 Die **Anzeige bindet** den Unternehmer **einheitlich** gegenüber allen EU-Mitgliedstaaten (§ 18i Abs. 1 Satz 4 UStG).

III. Wirkungszeitraum (Absatz 1 Sätze 3 und 5 bis 6)

Die Anzeige muss **grundsätzlich vor Beginn** desjenigen **Besteuerungszeitraums** (Kalendervierteljahr) erfolgen, der mit der Verwendung des Nicht-EU-OSS-Verfahrens einhergehen soll (§ 18i Abs. 1 Satz 3 UStG). Das Verfahren beginnt daher **grundsätzlich ab** dem ersten Tag des auf die Anzeige **folgenden Quartals** (Art. 57d Abs. 1 Unterabs. 1 MwStVO). **Abweichend** davon kann das Verfahren bei erstmaliger Erbringung der vom Verfahren erfassten Leistungen **bereits ab** dem Zeitpunkt erstmaliger Leistungserbringung gelten. Dies gilt allerdings nur, sofern die Anzeige bis zum 10. Tag des auf die Leistungserbringung folgenden Monats erfolgt (Art. 57d Abs. 1 Unterabs. 1 MwStVO).[1] 19

Der Unternehmer hat gemäß § 18i Abs. 1 Sätze 5 und 6 UStG die **Möglichkeit**, die Durchführung des Nicht-EU-OSS-Verfahren **zu widerrufen**. Diese Möglichkeit kann nur vor Beginn eines Besteuerungszeitraumes genutzt werden (§ 18i Abs. 1 Satz 6 UStG). Unionsrechtliche Grundlage hierfür sind Art. 57g und Art. 61a MwStVO. Die Anzeige hat nach den unionsrechtlichen Vorgaben **15 Tage vor Ende des** letzten **Monats**, in dem das Verfahren angewendet wird, zu erfolgen (Art. 57g Abs. 1 Satz 2 MwStVO). 20

Änderungen, die die Anzeige über das besondere Besteuerungsverfahren betreffen, sind **spätestens bis zum 10. Tag** desjenigen **Monats** mitzuteilen, **der auf die Änderung folgt** (Art. 361 Abs. 2 MwStSystRL, Art. 57h MwStVO).[2] 21

Den Unternehmer trifft **auch dann** eine Pflicht, bis zum 10. Tag des auf die Änderung folgenden Monats eine **Mitteilung** an die Finanzbehörde zu richten, **wenn keine sonstigen Leistungen** i.S.v. § 18i Abs. 1 Satz 1 UStG **mehr** vorliegen oder das Nicht-EU-OSS-Verfahren aufgrund anderer Änderungen nicht mehr angewandt werden kann (Art. 361 MwStSystRL, Art. 57h Abs. 1 Buchst. c MwStVO.[3] In diesen Fällen wird der Unternehmer von der Anwendung des Nicht-EU-OSS-Verfahrens ausgeschlossen (vgl. Art. 363 MwStSystRL). 22

Ein **Vorsteuerabzug über** das **Verfahren nach § 18i UStG** ist **nicht möglich** (Art. 368 MwStSystRL). Ein nicht im Gemeinschaftsgebiet ansässiger Unternehmer, der im Inland ausschließlich Umsätze i.S.d. § 18i Abs. 1 Satz 1 UStG und u.U. weitere in § 59 Satz 1 UStDV aufgeführte Umsätze, die das Vorsteuer-Vergütungsverfahren nicht ausschließen, hat, kann Vorsteuerbeträge daher **nur** im **Vorsteuer-Vergütungsverfahren** geltend machen kann.[4] 23

C. Ablehnung (Absatz 2)

Im Falle eines in der Bundesrepublik Deutschland angestrebten Nicht-EU-OSS-Verfahrens, entscheidet das BZSt über dessen Durchführung. § 18i Abs. 2 UStG verpflichtet insofern das BZSt dazu, **bei Ablehnung** des besonderen Besteuerungsverfahrens dem Unternehmer eine **Mitteilung** zu machen, wie es auch in § 18j Abs. 3 UStG und § 18k Abs. 3 UStG für die dort geregelten besonderen Besteuerungsverfahrend der Fall ist (§ 18j Rz. 37 und § 18k Rz. 35). Unionsrechtlich beruht diese Regelung auf Art. 359 MwStSystRL, wonach Mitgliedstaaten die Teilnahme bei Erfüllung der Voraussetzungen „gestatten". 24

Die Ablehnungsentscheidung dürfte als Verwaltungsakt mittels Einspruches und Verpflichtungsklage angreifbar sein.[5] 25

1 Abschn. 18i Abs. 1 Satz 5 UStAE.
2 Abschn. 18i Abs. 1 Satz 6 UStAE.
3 Abschn. 18i Abs. 5 Satz 1 UStAE.
4 Abschn. 18i Abs. 8 Satz 1 UStAE.
5 So auch *Treiber* in Sölch/Ringleb, § 18i UStG, Rz. 61 (Stand: März 2021); *Paucksch* in Weymüller, BeckOK, § 18i UStG, Rz. 182 (Stand: September 2023).

D. Steuererklärung (Absatz 3)

26 Der nicht im Gemeinschaftsgebiet ansässige Unternehmer, der von dem Nicht-EU-OSS-Verfahren Gebrauch macht, ist zur **Abgabe einer Steuererklärung auf elektronischem Wege** (Art. 364 MwStSystRL) an das BZSt innerhalb eines Monats nach Ende des Besteuerungszeitraums verpflichtet (§ 18i Abs. 3 Satz 1 UStG). Unionsrechtlich ergeben sich die Vorgaben für den Inhalt der Erklärungen aus Art. 364 MwStSystRL und Art. 59a MwStVO sowie Art. 4 i.V.m. Anhang III Spalte B der Zusammenarbeits-DVO. Eine entsprechende Erklärungspflicht besteht gemäß § 18j Abs. 4 UStG und § 18k Abs. 4 UStG auch in den dort normierten besonderen Besteuerungsverfahren des EU-OSS-Verfahrens und des IOSS-Verfahrens (§ 18j Rz. 39 ff., § 18k Rz. 37 ff.).

27 Die Pflicht zur Abgabe der Erklärung besteht **selbst dann, wenn keine Leistungen erbracht** worden sind[1]; **insofern** handelt es sich um eine **Nullmeldung** (Art. 59a MwStVO).[2]

28 Der Unternehmer hat die erbrachten **Umsätze nach Mitgliedsländern aufzuschlüsseln** und den dort geltenden **Steuersätzen** zu unterwerfen (Art. 365 MwStSystRL).[3] Mit Ausnahme von Beträgen in Landeswährungen sind die Beträge in Euro zu erklären (Art. 366 Abs. 1 MwStSystRL, Art. 61c MwStVO).[4] Beträge in Landeswährungen sind wiederum zum Umrechnungskurs im Zeitpunkt des Ablaufs des Besteuerungszeitraumes zu erklären (Art. 366 Abs. 1 Unterabs. 2 Satz 2 MwStSystRL).[5] Durchschnittskurse sind nicht heranzuziehen.[6] Beträge in der Erklärung sind nicht zu runden (vgl. Art. 60 MwStVO).

29 Die Steuer ist durch den Unternehmer **selbst zu berechnen** (§ 18i Abs. 3 Satz 2 UStG) und **am letzten Tag** des auf den Besteuerungszeitraum **folgenden Monats** fällig (§ 18i Abs. 3 Satz 3 UStG). D.h., der Unternehmer muss die errechnete Steuerschuld bis zum Ablauf des letzten Tages des Folgemonats entrichtet haben. Diese Regelung ist damit im Geltungsraum des UStG günstiger als die unionsrechtliche Vorgabe des Art. 367 MwStSystRL, wonach die Zahlung bis spätestens zum Ende der Frist, in der die Erklärung abzugeben ist, zu leisten wäre.

30 Im Falle der Nichtzahlung greifen im Anschluss an eine **einmalige Mahnung** (Art. 63a Abs. 1 MwStVO) **sodann** die **steuerverfahrensrechtlichen Regelungen des Bestimmungslands** (z.B. bzgl. Zweitmahnung, Vollstreckung, Zinsen und Verspätungszuschlägen, gem. Art. 63a Abs. 3 und 4 und Art. 63b MwStVO). In der Praxis sollten Unternehmen deshalb die fristgemäße Zahlung **besonders sorgfältig** überwachen.

31 Im Gegensatz zum regulären Erklärungsverfahren ist **keine Jahreserklärung** vorgesehen (Art. 59 Abs. 1 MwStVO). **Bei Beendigung** des Verfahrens ist jedoch eine **„abschließende" Steuererklärung** vorgesehen (Art. 61a Abs. 2 MwStVO), bei der, spätere Änderungen jeweils nur noch im jeweiligen Bestimmungsland möglich sind (Art. 61 Abs. 1 Unterabs. 2 MwStVO). Für die Praxis ist daher für die Erstellung dieser abschließenden Erklärung **besondere Sorgfalt** geboten.

32 Das allgemeine Besteuerungsverfahren ist zwar dem Grunde nach bei Leistungen im Inland ausgeschlossen, soweit § 18i UStG greift (§ 18i Abs. 3 Satz 4 UStG). Nichtsdestoweniger sind die übrigen Vorschriften, auf die sich die Vorschrift nicht bezieht, weiterhin anwendbar.[7]

Berichtigungen einer Steuererklärung sind mit einer späteren Steuererklärung anzuzeigen und müssen grundsätzlich innerhalb von drei Jahren nach Ablauf desjenigen Monats erfolgen, der auf den jeweiligen Besteuerungszeitraum folgt (§ 18i Abs. 3 Satz 5 UStG, Art. 61 Abs. 1 Unterabs. 1 und Abs. 2 MwStVO). Anders als im regulären Erklärungsverfahren kommt es daher nicht zu einer Änderung der

1 Abschn. 18i Abs. 2 Satz 1 UStAE.
2 *Paucksch* in Weymüller, BeckOK, § 18i UStG Rz. 156 (Stand: September 2023); *Treiber* in Sölch/Ringleb, § 18i UStG Rz. 101 (Stand: März 2021).
3 Abschn. 18i Abs. 2 Satz 2 UStAE.
4 Abschn. 18i Abs. 4 Satz 1 UStAE.
5 Abschn. 18i Abs. 4 Satz 2 UStAE.
6 Abschn. 18i Abs. 4 Satz 3 UStAE.
7 Abschn. 18i Abs. 2 Satz 6 UStAE.

ursprünglich abgegebenen Erklärung. Im Falle der im Inland steuerbaren Umsätze sind die allgemeinen Änderungsvorschriften der AO überdies weiterhin anwendbar.[1]

E. Steuererklärung im anderen Mitgliedstaat (Absatz 4)

Übermittelt der Unternehmer in einem anderen Mitgliedstaat eine entsprechende Umsatzsteuererklärung, so gilt sie im Zeitpunkt der Übermittlung an und der Bearbeitung durch das BZSt als **Steueranmeldung** i.S.d. § 150 Abs. 1 Satz 3 und § 168 AO (§ 18i Abs. 4 Satz 1 UStG). Dies gilt entsprechend auch für die Berichtigung einer Steuererklärung (§ 18i Abs. 4 Satz 2 UStG). 33

Die **Erklärungsfrist** gilt bei Übermittlung gegenüber der Finanzbehörde des anderen Mitgliedstaates bis zum letzten Tag der in § 18i Abs. 3 Satz 1 UStG festgelegten Frist als eingehalten (§ 18i Abs. 4 Satz 3 UStG). Die **Zahlungsfrist** wiederum gilt ebenfalls als eingehalten, wenn der Eingang der Umsatzsteuer im anderen Mitgliedstaat **bis zum letzten Tag der Frist des** § 18i Abs. 3 Satz 3 UStG erfolgt ist (§ 18i Abs. 4 Satz 4 UStG).[2] 34

Eine **Säumnis** i.S.d. § 240 AO tritt **frühestens mit Ablauf des 10 Tages** ein, der auf den Ablauf des **zweiten Monats nach dem Besteuerungszeitraum** folgt (§ 18i Abs. 4 Satz 5 UStG).[3] 35

§ 18i Abs. 4 UStG steht damit im Einklang mit § 18j Abs. 5 UStG und § 18k Abs. 5 UStG, die die Steuererklärung in anderen Mitgliedstaaten im Falle der dort geregelten besonderen Besteuerungsverfahren regeln (§ 18j Rz. 47 ff.; § 18k Rz. 45 ff.). 36

F. Pflichtverletzungen (Absatz 5)

§ 18i Abs. 5 Satz 1 UStG sieht ähnlich wie § 18j Abs. 6 UStG und § 18k Abs. 6 UStG die Möglichkeit des BZSt vor, einen Unternehmer im Falle von **Pflichtverletzungen** bei der Abgabe von **Steuererklärungen** (§ 18i Abs. 3 UStG) oder nationalen (§ 22 Abs. 1 UStG) sowie mitgliedstaatlichen **Aufzeichnungspflichten** von dem Nicht-EU-OSS-Verfahren auszuschließen, wenn er diese wiederholt nicht oder nicht rechtzeitig erfüllt.[4] Unionsrechtlich beruht diese Regelung auf Art. 368 MwStSystRL und den Art. 58 ff. MwStVO. 37

Das BMF nennt in diesem Sinne insbesondere vier Fälle, in denen von einem Ausschluss ausgegangen werden kann. So liegt eine **wiederholte Pflichtverletzung** vor, wenn der Unternehmer 38

- eine Erinnerung zur **Umsatzsteuererklärung** für drei unmittelbar vorangegangene Besteuerungszeiträume erhalten und dennoch die Abgabe bis zum 10. Tag nach Erinnerung versäumt hat[5],
- eine Erinnerung zur **Zahlung** der Umsatzsteuer für die drei unmittelbar vorangegangen Besteuerungszeiträume erhalten und dennoch bis zum 10. Tag nach der Erinnerung die Umsatzsteuer nicht entrichtet hat, was nicht bei rückständigen Beträgen von weniger als 100 Euro pro Besteuerungszeitraum gilt[6] oder
- elektronische **Aufzeichnungen** nach Erteilung einer Erinnerung nicht innerhalb eines Monats zur Verfügung gestellt hat[7].
- Darüber hinaus kann der Unternehmer vom besonderen Besteuerungsverfahren ausgeschlossen werden, wenn er über **zwei Jahre** hinweg **gar keine Umsätze** nach § 18i Abs. 1 Satz 1 UStG mehr erbracht hat.[8]

1 Abschn. 18i Abs. 2 Satz 8 UStAE.
2 Abschn. 18i Abs. 3 Satz 3 UStAE.
3 Abschn. 18i Abs. 3 Satz 4 UStAE.
4 Abschn. 18i Abs. 7 Satz 1 UStAE.
5 Abschn. 18i Abs. 7 Satz 2 Nr. 1 UStAE.
6 Abschn. 18i Abs. 7 Satz 2 Nr. 2 UStAE.
7 Abschn. 18i Abs. 7 Satz 2 Nr. 3 UStAE.
8 Abschn. 18i Abs. 7 Satz 3 UStAE.

39 Die **Wirksamkeit** des Ausschlusses besteht ab dem Besteuerungszeitraum, der auf die Bekanntgabe des Ausschlusses folgt (§ 18i Abs. 5 Satz 2 UStG). Nur, sofern die Änderung mit dem Ort des Sitzes oder der Betriebsstätte im Zusammenhang steht, fällt die Wirksamkeit auf den Tag der Änderung (§ 18i Abs. 5 Satz 2 UStG).[1]

40 Liegen wiederholte Pflichtverletzungen vor, schließt dies den Unternehmer auch von den **Besteuerungsverfahren nach den §§ 18j und 18k UStG** aus (§ 18i Abs. 5 Satz 3 UStG).[2] Der Ausschluss dürfte als Verwaltungsakt mittels Einspruches und Anfechtungsklage angreifbar sein.

G. Geltung der AO und der FGO (Absatz 6)

41 § 18i Abs. 6 UStG ordnet die Geltung der §§ 2a, 29b bis 30, 32a bis 32j, 80, 87a, 87b und des Zweiten Abschnitts des Dritten Teils (§§ 118–133 AO) und des Siebten Teils (§§ 347–367 AO) der Abgabenordnung sowie der Finanzgerichtsordnung an, wie es auch bei den anderen besonderen Besteuerungsverfahren der Fall ist (§ 18j Abs. 7 UStG und § 18k Abs. 7 UStG).

§ 18j Besonderes Besteuerungsverfahren für den innergemeinschaftlichen Fernverkauf, für Lieferungen innerhalb eines Mitgliedstaates über eine elektronische Schnittstelle und für von im Gemeinschaftsgebiet, nicht aber im Mitgliedstaat des Verbrauchs ansässigen Unternehmern erbrachte sonstige Leistungen

(1) [1]Ein Unternehmer, der

1. nach dem 30. Juni 2021 Lieferungen nach § 3 Absatz 3a Satz 1 innerhalb eines Mitgliedstaates oder innergemeinschaftliche Fernverkäufe nach § 3c Absatz 1 Satz 2 und 3 im Gemeinschaftsgebiet erbringt oder

2. im Gemeinschaftsgebiet ansässig ist und nach dem 30. Juni 2021 in einem anderen Mitgliedstaat der Europäischen Union sonstige Leistungen an Empfänger nach § 3a Absatz 5 Satz 1 ausführt,

für die er dort die Steuer schuldet und Umsatzsteuererklärungen abzugeben hat, hat anzuzeigen, wenn er an dem besonderen Besteuerungsverfahren entsprechend Titel XII Kapitel 6 Abschnitt 3 der Richtlinie 2006/112/EG des Rates in der Fassung von Artikel 1 Nummer 8 bis 13 der Richtlinie (EU) 2019/1995 des Rates vom 21. November 2019 zur Änderung der Richtlinie 2006/112/EG des Rates vom 28. November 2006 in Bezug auf Vorschriften für Fernverkäufe von Gegenständen und bestimmte inländische Lieferungen von Gegenständen (ABl. L 310 vom 2.12.2019, S. 1) teilnimmt. [2]Die Anzeige ist der zuständigen Finanzbehörde des nach Artikel 369a Nummer 2 der Richtlinie 2006/112/EG des Rates in der Fassung von Artikel 1 Nummer 9 der Richtlinie (EU) 2019/1995 zuständigen Mitgliedstaates der Europäischen Union nach amtlich vorgeschriebenem Datensatz durch Datenfernübertragung zu übermitteln; zuständige Finanzbehörde im Inland ist insoweit das Bundeszentralamt für Steuern. [3]Die Anzeige hat vor Beginn des Besteuerungszeitraums (§ 16 Absatz 1d Satz 1) zu erfolgen, ab dessen Beginn der Unternehmer von dem besonderen Besteuerungsverfahren Gebrauch macht. [4]Eine Teilnahme an dem besonderen Besteuerungsverfahren ist dem Unternehmer nur einheitlich für alle Mitgliedstaaten der Europäischen Union und alle Umsätze nach Satz 1 möglich; dies gilt hinsichtlich sonstiger Leistungen an Empfänger nach § 3a Absatz 5 Satz 1 nur für die Mitgliedstaaten der Europäischen Union, in denen der Unternehmer weder einen Sitz noch eine Betriebsstätte hat. [5]Die Anwendung des besonderen Besteuerungsverfah-

1 Abschn. 18i Abs. 7 Satz 4 UStAE.
2 Abschn. 18i Abs. 7 Satz 5 UStAE.

rens kann nur mit Wirkung vom Beginn eines Besteuerungszeitraums an widerrufen werden. [6]Der Widerruf ist vor Beginn des Besteuerungszeitraums, für den er gelten soll, gegenüber der Finanzbehörde nach Satz 2 nach amtlich vorgeschriebenem Datensatz durch Datenfernübertragung zu erklären.

(2) [1]Im übrigen Gemeinschaftsgebiet ansässige Unternehmer (§ 13b Absatz 7 Satz 2) können die Teilnahme an dem besonderen Besteuerungsverfahren nur in dem Mitgliedstaat der Europäischen Union, in dem sie ansässig sind, anzeigen; hinsichtlich sonstiger Leistungen an Empfänger nach § 3a Absatz 5 Satz 1 im Inland ist eine Teilnahme jedoch nur zulässig, soweit der Unternehmer im Inland, auf der Insel Helgoland und in einem der in § 1 Absatz 3 bezeichneten Gebiete weder seinen Sitz, seine Geschäftsleitung noch eine Betriebsstätte hat. [2]Im Inland ansässige Unternehmer können die Teilnahme an dem besonderen Besteuerungsverfahren nur im Inland anzeigen; dies gilt nicht in Fällen des Satzes 4. [3]Ein Unternehmer ist im Inland ansässig, wenn er im Inland seinen Sitz oder seine Geschäftsleitung hat oder, für den Fall, dass er im Drittlandsgebiet ansässig ist, im Inland eine Betriebsstätte hat. [4]Hat ein im Drittlandsgebiet ansässiger Unternehmer neben der Betriebsstätte im Inland noch mindestens eine weitere Betriebsstätte im übrigen Gemeinschaftsgebiet, kann er sich für die Anzeige der Teilnahme an dem besonderen Besteuerungsverfahren im Inland entscheiden. [5]Hat ein im Drittlandsgebiet ansässiger Unternehmer keine Betriebsstätte im Gemeinschaftsgebiet, hat er die Teilnahme an dem besonderen Besteuerungsverfahren im Inland anzuzeigen, wenn die Beförderung oder Versendung der Gegenstände im Inland beginnt. [6]Beginnt die Beförderung oder Versendung der Gegenstände teilweise im Inland und teilweise im übrigen Gemeinschaftsgebiet, kann sich der im Drittlandsgebiet ansässige Unternehmer, der keine Betriebsstätte im Gemeinschaftsgebiet hat, für die Anzeige der Teilnahme an dem besonderen Besteuerungsverfahren im Inland entscheiden. [7]Der im Drittlandsgebiet ansässige Unternehmer ist an seine Entscheidung nach Satz 4 oder 6 für das betreffende Kalenderjahr und die beiden darauffolgenden Kalenderjahre gebunden.

(3) Erfolgt die Anzeige nach Absatz 1 Satz 1 im Inland und erfüllt der Unternehmer die Voraussetzungen für die Teilnahme an dem besonderen Besteuerungsverfahren nicht, stellt das Bundeszentralamt für Steuern dies gegenüber dem Unternehmer fest und lehnt dessen Teilnahme an dem besonderen Besteuerungsverfahren ab.

(4) [1]Ein Unternehmer, der das in Absatz 1 genannte besondere Besteuerungsverfahren anwendet, hat der Finanzbehörde nach Absatz 1 Satz 2 in Verbindung mit Absatz 2 eine Steuererklärung innerhalb eines Monats nach Ablauf jedes Besteuerungszeitraums (§ 16 Absatz 1d Satz 1) nach amtlich vorgeschriebenem Datensatz durch Datenfernübertragung zu übermitteln. [2]In der Steuererklärung hat er die Steuer für den Besteuerungszeitraum selbst zu berechnen. [3]Die berechnete Steuer ist am letzten Tag des auf den Besteuerungszeitraum folgenden Monats fällig und bis dahin vom Unternehmer an die Finanzbehörde nach Absatz 1 Satz 2 zu entrichten. [4]Soweit der Unternehmer im Inland Leistungen nach Absatz 1 Satz 1 erbringt, ist § 18 Absatz 1 bis 4 nicht anzuwenden. [5]Berichtigungen einer Steuererklärung, die innerhalb von drei Jahren nach dem letzten Tag des Zeitraums nach Satz 1 vorgenommen werden, sind mit einer späteren Steuererklärung unter Angabe des zu berichtigenden Besteuerungszeitraums anzuzeigen.

(5) [1]Die Steuererklärung nach Absatz 4 Satz 1 und 2, die der Unternehmer der zuständigen Finanzbehörde eines anderen Mitgliedstaates der Europäischen Union übermittelt hat, ist ab dem Zeitpunkt eine Steueranmeldung im Sinne des § 150 Absatz 1 Satz 3 und des § 168 der Abgabenordnung, zu dem die in ihr enthaltenen Daten von der zuständigen Finanzbehörde des anderen Mitgliedstaates der Europäischen Union dem Bundeszentralamt für Steuern übermittelt und dort in bearbeitbarer Weise aufgezeichnet wurden. [2]Dies gilt für die Berichtigung einer Steuererklärung entsprechend. [3]Die Steuererklärung nach Satz 1 gilt als fristgemäß übermittelt, wenn sie bis zum letzten Tag der Frist nach Absatz 4 Satz 1 der zuständigen Finanzbehörde des anderen Mitgliedstaates der Europäischen Union übermittelt worden ist und dort in bearbeitbarer Weise aufgezeichnet wurde. [4]Die Entrichtung der Steuer erfolgt im Falle der Steuererklärung nach Satz 1 fristgemäß, wenn die Zahlung bis zum letzten Tag der Frist nach Absatz 4 Satz 3 bei der zuständigen Finanzbehörde des anderen Mitgliedstaates der Europäischen Union eingegangen ist. [5]§ 240 der Abgabenordnung ist in diesen Fällen mit der Maßgabe anzuwenden, dass eine Säumnis frühestens mit Ablauf des zehnten Tages nach Ablauf des zweiten auf den Besteuerungszeitraum folgenden Monats eintritt.

(6) [1]Kommt der Unternehmer seinen Verpflichtungen nach Absatz 4 oder § 22 Absatz 1 oder den von ihm in einem anderen Mitgliedstaat der Europäischen Union zu erfüllenden Aufzeichnungspflichten entsprechend Artikel 369k der Richtlinie 2006/112/EG wiederholt nicht oder nicht rechtzeitig nach, schließt ihn die Finanzbehörde nach Absatz 1 Satz 2 von dem besonderen Besteuerungsverfahren nach Absatz 1 aus. [2]Der Ausschluss gilt ab dem Besteuerungszeitraum, der nach dem Zeitpunkt der Bekanntgabe des Ausschlusses gegenüber dem Unternehmer beginnt; ist der Ausschluss jedoch auf eine Änderung des Ortes des Sitzes oder der Betriebsstätte oder des Ortes zurückzuführen, von dem aus die Beförderung oder Versendung von Gegenständen ausgeht, ist der Ausschluss ab dem Tag dieser Änderung wirksam. [3]Der Ausschluss wegen eines wiederholten Verstoßes gegen die in Satz 1 genannten Verpflichtungen hat auch den Ausschluss von den besonderen Besteuerungsverfahren nach den §§ 18i und 18k zur Folge.

(7) Auf das besondere Besteuerungsverfahren sind, soweit die Anzeige nach Absatz 1 Satz 1 gegenüber dem Bundeszentralamt für Steuern erfolgt und dieses die Steuererklärungen der zuständigen Finanzbehörde eines anderen Mitgliedstaates der Europäischen Union übermittelt, die §§ 2a, 29b bis 30, 32a bis 32j, 80, 87a, 87b und der Zweite Abschnitt des Dritten Teils und der Siebente Teil der Abgabenordnung sowie die Finanzgerichtsordnung anzuwenden.

(8) § 18 Absatz 4f ist entsprechend anzuwenden.

Schrifttum: *Brill*, Änderungen des Umsatzsteuerrechts durch das JStG 2020, KÖSDI 2021, 22115; *Huschens*, Änderungen des Umsatzsteuerrechts durch das Jahressteuergesetz 2020, UVR 2021, 45 und 73; *Joost/Oldenburg*, Umsetzung des Digitalpakets zum 1.7.2021 – Teil 2: Besondere Besteuerungsverfahren, MwStR 2020, 822; *Nieskens*, Die geplanten Mehrwertsteuervorschriften für das digitale Zeitalter (VAT in the Digital Age, ViDA) – Der Richtlinienentwurf v. 8.12.2022 m.W. von 2024/2025/2026/2028 und seine Auswirkungen auf das nationale Umsatzsteuerrecht; *Wäger*, Digitalpaket – Neureglungen zum 1.7.2021 für den Bereich der Lieferungen – Besondere Besteuerungsverfahren und Änderungen des materiellen Rechts, UStB 2021, 76; *Widmann*, Jahressteuergesetz 2020: Die umsatzsteuerlichen Änderungen, MwStR 2021, 6.

A. Grundaussagen

I. Regelungsgegenstand und Bedeutung

1 § 18j UStG regelt das **One-Stop-Shop-Verfahren** (OSS-Verfahren) in Form des sog. **EU-OSS-Verfahrens** und steht insofern in einer Reihe mit den weiteren OSS-Verfahren nach § 18i UStG und § 18k UStG. Seine Anwendung ermöglicht es Unternehmern, ihre (internationalen) umsatzsteuerlichen Erklärungs- und Zahlungspflichten, für nach dem 30.6.2021 ausgeführte Umsätze (vgl. auch § 27 Abs. 33 Satz 1 UStG, § 27 Rz. 79), einheitlich über eine Erklärung in nur einem Mitgliedstaat zu erfüllen, wenn sie

– Lieferungen über eine elektronische Schnittstelle innerhalb eines Mitgliedstaates (§ 18j Abs. 1 Satz 1 Nr. 1 Alt. 1 UStG) erbringen,

- innergemeinschaftliche Fernverkäufe (§ 18j Abs. 1 Satz 1 Nr. 1 Alt. 2 UStG) leisten
- oder im Gemeinschaftsgebiet ansässig sind und in einem anderen Mitgliedstaat sonstige Leistungen nach § 3a Abs. 5 Satz 1 UStG erbringen.

Die Regelung wurde mit dem sog. **Digitalpaket II**[1] mit Wirkung ab dem 1.7.2021 eingeführt (§ 3c Rz. 2). Sie gilt daher für Umsätze, die nach dem 30.6.2021 ausgeführt worden sind (§ 27 Abs. 33 Satz 1 UStG). 2

Danach müssen Unternehmer die in den einzelnen Mitgliedstaaten ausgeführten Umsätze nicht auch jeweils dort erklären und die entsprechende Umsatzsteuer an jeden Mitgliedstaat separat entrichten. Vielmehr ist die Finanzbehörde des Mitgliedstaates, bei welchem der Unternehmer die Teilnahme an dem besonderen Besteuerungsverfahren angezeigt hat, **vollumfängliche Anlaufstelle** für die Steuererklärungen und -zahlungen des Unternehmers der durch § 18j Abs. 1 Satz 1 Nr. 1, Nr. 2 UStG adressierten Leistungen. 3

§ 18j UStG stellt damit, ebenso wie § 18i UStG und § 18k UStG, eine **Vereinfachungsregelung** für Unternehmer dar, deren Anwendung optional ist. 4

II. Unionsrechtliche Grundlagen

§ 18j UStG dient der Umsetzung von Art. 2 Nr. 21 bis 29 der Richtlinie (EU) 2017/2455 des Rates vom 5.12.2017 zur Änderung der Richtlinie 2006/112/EG und der Richtlinie 2009/132/EG in Bezug auf bestimmte mehrwertsteuerliche Pflichten für die Erbringung von Dienstleistungen und für Fernverkäufe von Gegenständen[2] sowie Art. 1 Nr. 8 bis 13 der Richtlinie (EU) 2019/1995 des Rates vom 21.11.2019 zur Änderung der Richtlinie 2006/112/EG des Rates vom 28.11.2006 in Bezug auf Vorschriften für Fernverkäufe von Gegenständen und bestimmte inländische Lieferungen von Gegenständen.[3] § 18j UStG setzt damit die Vorgaben der Art. 369a-369k der MwStSystRL um. Darüber hinaus sind in den Art. 57a ff. MwStVO weitere unmittelbar anwendbare Vorschriften vorhanden, welche zusätzliche verfahrensrechtliche Vorgaben bestimmen. Es handelt sich damit um unionsrechtlich harmonisiertes Verfahrensrecht, das in Bezug auf die Vorgaben der Art. 369a ff. MwStSystRL unionsrechtskonform auszulegen ist.[4] Unionsrechtlich wird das Verfahren **EU-Regelung** genannt (Art. 57a Nr. 2 MwStVO). 5

III. Verhältnis zu anderen Vorschriften und Rechtsentwicklung

Die Regelung stellt im Zusammenspiel mit den §§ 18i und 18k UStG als sog. OSS-Verfahren eine **Erweiterung des bisherigen Mini-One-Stop-Shop-Verfahrens** (MOSS-Verfahren) gemäß § 18 Abs. 4e UStG und § 18h UStG a.F. dar. Der Anwendungsbereich des MOSS-Verfahren beschränkte sich auf sonstige Leistungen auf dem Gebiet der Telekommunikation, Rundfunk- und Fernsehdienstleistungen und auf elektronischem Weg erbrachte sonstige Leistungen, da § 18 Abs. 4e UStG a. F. insofern auf § 3a Abs. 5 UStG insgesamt Bezug nahm. 6

Zum Überblick der Anwendungsbereiche der §§ 18i-18k UStG s. § 18i Rz. 6 ff. Nach den Plänen der EU-Kommission im Rahmen des Richtlinienentwurfs VAT in the Digital Age (ViDA)[5] vom 8.12.2022 soll das Verfahren im Zuge der geplanten „Einzigen Mehrwertsteuerregistrierung" erheblich ausgeweitet werden und zum Teil auch für Lieferungen an andere Unternehmer greifen (vgl. § 6b Rz. 22.1; § 18i Rz. 3.1). Dies betrifft u.a. dessen zukünftige Anwendung auf Lieferungen, innerhalb anderer Mit- 7

1 Gesetz v. 21.12.2020, BGBl. I 2020, 3096.
2 ABl. EU 2017 Nr. L 348, 7.
3 ABl. EU 2019 Nr. L 310, 1.
4 So auch *Treiber* in Sölch/Ringleb § 18i UStG Rz. 12 (Stand: März 2021).
5 Vorschlag für eine RL zur Änderung MwStSystRL in Bezug auf die Mehrwertsteuervorschriften für das digitale Zeitalter v. 8.12.2022, COM(2022) 701 final – 2022/0407 (CNS), abrufbar unter https://eur-lex.europa.eu/legal-content/DE/TXT/PDF/?uri=CELEX:52022PC0701, vgl. hierzu ausführlich *Nieskens*, UR, 2023, 385.

gliedstaaten (ohne Grenzüberschreitung), Werklieferungen, fingierte „Selbstlieferungen" im Rahmen des innergemeinschaftlichen Verbringens, Lieferungen an Bord von Flugzeugen und Schiffen, sowie Lieferungen, die der Differenzbesteuerung unterliegen; weiterhin außerhalb des Anwendungsbereichs sollen innergemeinschaftliche, der Erwerbsbesteuerung unterliegende Lieferungen bleiben.[1]

8 Das EU-OSS-Verfahren nach § 18j UStG enthält eine **Ausweitung** des besonderen Besteuerungsverfahrens nunmehr sowohl auf **Lieferungen über elektronische Schnittstellen** innerhalb eines Mitgliedstaates und **innergemeinschaftliche Fernverkäufe** als auch auf **alle sonstigen Leistungen gegenüber Nichtunternehmern**, da § 18j Abs. 1 Satz 1 Nr. 2 UStG insofern im Hinblick auf die Leistungsempfänger nur auf die Empfänger nach § 3a Abs. 5 Satz 1 UStG, nicht jedoch auf die in § 3a Abs. 5 Satz 2 UStG bezeichneten Leistungen verweist. Es sind daher nicht mehr nur die auf elektronischem Weg erbrachten Leistungen erfasst.

9 § 18j UStG hat neben seinem Bezug zu § 3a Abs. 5 Satz 1 UStG einen **engen Bezug** zu **§ 3c UStG** und **§ 3 Abs. 3a UStG**. Weiterhin besteht ein Zusammenhang mit **§ 13 Abs. 1 Nr. 1 Buchst. g UStG**, der in den Fällen des § 18j UStG festlegt, dass die Steuer vorbehaltlich des Buchst. i mit Ablauf des Besteuerungszeitraumes gemäß § 16 Abs. 1d Satz 1 UStG, in dem die Leistungen ausgeführt worden sind, entsteht (§ 13 Rz. 74 f.).

10 § 18 Abs. 4e UStG und § 18h UStG sind gemäß § 27 Abs. 34 Satz 2 UStG letztmalig auf Umsätze anzuwenden, die vor dem 1.7.2021 ausgeführt worden sind (§ 27 Rz. 80).

11 Ein **Verstoß** gegen § 18j Abs. 4 Satz 3 UStG ist nach § 26a Abs. 1 UStG n.F. **bußgeldbewährt** und kann insofern als Ordnungswidrigkeit geahndet werden. Dies ist der Fall, wenn eine Vorauszahlung, ein Unterschiedsbetrag oder eine festgesetzte Steuer nicht, nicht vollständig, oder nicht rechtzeitig entrichtet wird (§ 26a Rz. 7 ff.).

12 § 22 UStG enthält besondere Aufzeichnungspflichten für die an dem EU-OSS-Verfahren Teilnehmenden und eine 10-Jahres-Frist zur Aufbewahrung der Aufzeichnungen.

B. Anzeige (Absatz 1)

I. Regelungsgegenstand

13 § 18j Abs. 1 Satz 1 UStG bestimmt die Möglichkeit der Durchführung und die Anzeige des **EU-OSS-Verfahrens** für innerstaatliche Lieferungen unter Beteiligung einer **digitalen Schnittstelle**, **innergemeinschaftliche Fernverkäufe** und **sonstige Leistungen** eines Unternehmers, der zwar im Gemeinschaftsgebiet, nicht aber im Mitgliedstaat der Leistungserbringung ansässig ist.

14 Es besteht **keine Verpflichtung** zur Nutzung des Verfahrens. Möglich ist die Anzeige entsprechend des Geltungszeitraumes des § 18j UStG (Rz. 1) für Leistungen, die nach dem 30.6.2021 erbracht wurden. Ein **Verzicht** auf das besondere Verfahren und Einzelregistrierungen in den Mitgliedstaaten **kann** für Unternehmer **im Einzelfall attraktiv sein**, insbesondere um ausländische Vorsteuer abziehen zu können, ohne auf das Vorsteuervergütungsverfahren angewiesen zu sein (Rz. 29).

15 Die Norm weist dem Grunde nach, eine **Ähnlichkeit mit der Norm des § 18i UStG** auf, die das OSS-Verfahren für sonstige Leistungen, die von nicht im Gemeinschaftsgebiet ansässigen Unternehmern erbracht werden, regelt (sog. Nicht-EU-OSS-Verfahren).

16 § 18j UStG gilt laut FinVerw. **auch für Kleinunternehmer** i.S.d. § 19 UStG.[2] In **Organschaftskonstellationen** muss das Wahlrecht über die Teilnahme am besonderen Besteuerungsverfahren durch den **Organträger** ausgeübt werden.[3]

1 Art. 369a und 369b MwStSystRL-E nach Artikel 1 Kapitel 3 Nr. 20 des ViDA-Richtlinienvorschlags v. 8.12.2022.
2 Abschn. 18j Abs. 1 Satz 2 UStAE.
3 Abschn. 18j Abs. 1 Satz 3 UStAE.

II. Anwendungsbereich (Absatz 1 Satz 1)

1. Erfasste Liefer-Umsätze (Absatz 1 Satz 1 Nr. 1)

a) Lieferungen elektronischer Schnittstellen (Absatz 1 Satz 1 Nr. 1 Alt. 1)

Das EU-OSS-Verfahren kann durchgeführt werden, wenn ein Unternehmer (§ 2 Rz. 4) **Lieferungen nach § 3 Abs. 3a Satz 1 UStG** (§ 3 Rz. 232 ff.) innerhalb eines Mitgliedstaates erbringt (§ 18j Abs. 1 Satz 1 Nr. 1 Alt. 1 UStG). Davon sind demnach Lieferungen erfasst, die ein Unternehmer **mittels seiner elektronischen Schnittstelle unterstützt** und welche von einem nicht im Gemeinschaftsgebiet ansässigen Unternehmer gegenüber einem Empfänger nach § 3a Abs. 5 Satz 1 UStG erbracht werden. Unter Bezugnahme auf die Negativformulierung des § 3a Abs. 5 Satz 1 UStG dürfen Erwerber dementsprechend **nicht** sein: 17

- Unternehmer, für deren Unternehmen die Leistung bezogen wird,
- ausschließlich nicht unternehmerisch tätige juristische Personen, denen eine Umsatzsteuer-Identifikationsnummer erteilt worden ist
- juristische Personen, die sowohl unternehmerisch als auch nicht unternehmerisch tätig sind, bei denen die Leistung nicht ausschließlich für den privaten Bedarf des Personals oder eines Gesellschafters bestimmt ist.

b) Innergemeinschaftliche Fernverkäufe (Absatz 1 Satz 1 Nr. 1 Alt. 2)

Des Weiteren kommt die Durchführung des EU-OSS-Verfahren für **innergemeinschaftliche Fernverkäufe** gemäß § 3c Abs. 1 Satz 2, Satz 3 UStG in Betracht (§ 18j Abs. 1 Satz 1 Nr. 1 Alt. 2 UStG). 18

Ein innergemeinschaftlicher Fernverkauf ist die Lieferung eines Gegenstandes, der durch den Lieferer oder für dessen Rechnung aus dem Gebiet eines Mitgliedstaates in das Gebiet eines anderen Mitgliedstaates oder aus dem übrigen Gemeinschaftsgebiet in die in § 1 Abs. 3 UStG bezeichneten Gebiete an den Erwerber oder befördert oder versendet wird (§ 3c Rz. 18). Dies schließt gemäß § 3c Abs. 1 Satz 2 UStG a.E. auch diejenigen Warenbewegungen mit ein, an denen der Lieferer indirekt beteiligt ist (§ 3c Rz. 18). 19

Erwerber des innergemeinschaftlichen Fernverkaufs kann nur derjenige sein, der einen in § 3a Abs. 5 Satz 1 UStG bezeichneten Empfänger oder eine in § 1a Abs. 3 Nr. 1 UStG genannte Person darstellt, die weder die maßgebende Erwerbsschwelle überschreitet noch auf ihre Anwendung verzichtet (§ 3c Rz. 30). Der Empfängerbegriff gleicht insofern teilweise demjenigen in § 18j Abs. 1 Satz 1 Alt. 1 UStG im Hinblick auf § 3a Abs. 5 Satz 1 UStG, sodass auf die obigen Ausführungen verwiesen werden kann (Rz. 17). Im Übrigen gehören zum möglichen Erwerberkreis: 20

- Unternehmer, die nur steuerfreie Umsätze ausführen, die zum Ausschluss vom Vorsteuerabzug führen,
- Unternehmer, für deren Umsätze die Umsatzsteuer nach § 19 UStG nicht erhoben wird (Kleinunternehmer),
- Unternehmer, die den Liefergegenstand zur Ausführung von Umsätzen verwenden, für die die Steuer nach den Durchschnittssätzen des § 24 UStG festgesetzt ist (land- und forstwirtschaftliche Betriebe),
- und juristische Personen, die nicht Unternehmer sind oder die den Gegenstand nicht für ihr Unternehmer erwerben (§ 1a Rz. 71 ff.).

2. Sonstige Leistungen (B2C) (Absatz 1 Satz 1 Nr. 2)

Ferner kann das EU-OSS-Verfahren beansprucht werden, wenn ein Unternehmer im Gemeinschaftsgebiet ansässig ist und **sonstige Leistungen an Empfänger nach § 3a Abs. 5 Satz 1 UStG** in einem anderen Mitgliedstaat ausführt (§ 18j Abs. 1 Satz 1 Nr. 2 UStG). Auch hier erfüllen dementsprechend nur diejenigen den Empfängerbegriff, die wie bei der Beteiligung elektronischer Schnittstellen oder innergemeinschaftlichen Fernverkäufen Nichtunternehmer i.S.d. § 3a Abs. 5 Satz 1 UStG sind. Insofern kann auch an dieser Stelle auf die entsprechenden Ausführungen im Rahmen des § 18j Abs. 1 Satz 1 Nr. 1 Alt. 1 UStG verwiesen werden (Rz. 17). 21

III. Form der Anzeige (Absatz 1 Sätze 2 und 3)

22 Soll das besondere Besteuerungsverfahren in der Bundesrepublik Deutschland durchgeführt werden, muss die entsprechende **Anzeige** darüber **beim BZSt** erfolgen (§ 18j Abs. 1 Satz 2 UStG). Das BZSt muss den anzeigenden Steuerpflichtigen über dessen USt-IdNr. i.S.d. Art. 214 f. MwStSystRL identifizieren (Art. 369c MwStSystRL, Art. 57e MwStVO) und hat den anderen Mitgliedstaaten auf Basis von Art. 3 Abs. 1 der Zusammenarbeits-DVO Angaben zur Identität des Teilnehmers und dessen USt-IdNr. zu übermitteln.

23 Grundsätzlich ist dem Unternehmer die Teilnahme am besonderen Besteuerungsverfahren nur **einheitlich** möglich, wobei dies hinsichtlich sonstiger Leistungen an Nichtunternehmer (§ 3a Abs. 5 Satz 1 UStG) nur für die Mitgliedstaaten der Europäischen Union gilt, in denen der Unternehmer weder einen Sitz noch eine Betriebsstätte hat (§ 18j Abs. 1 Satz 4 UStG). In formeller und zeitlicher Hinsicht muss die Anzeige durch **amtlich vorgeschriebenen Datensatz** durch **Datenfernübertragung**[1] (Art. 369c Satz 2 MwStSystRL) grundsätzlich **vor** demjenigen **Besteuerungszeitraum** (Kalendervierteljahr, § 16 Abs. 1d Satz 1 UStG) erfolgen, ab welchem das EU-OSS-Verfahren gelten soll (§ 18j Abs. 1 Satz 3 UStG).

IV. Zeitraum und Umfang (Absatz 1 Sätze 4 bis 6)

24 Das Verfahren gilt **ab dem ersten Tag der Leistungserbringung**, wenn der Unternehmer erstmalig sein Unternehmen aufnimmt oder erstmalig die Umsatzschwelle von 10.000 Euro (§ 3a Abs. 5 Satz 3 UStG; § 3c Abs. 4 Satz 1 UStG) überschreitet und nicht zuvor auf die Anwendung ebendieser verzichtet hat (§ 3a Abs. 5 Satz 4 UStG; § 3c Abs. 4 Satz 2 UStG).[2] Erbringt der Unternehmer noch keine zu meldenden Umsätze gilt das Verfahren ab dem ersten Tag des auf die Anzeige folgenden Kalenderquartals (Art. 57d Abs. 1 Unterabs. 1 MwStVO).

25 Die **Beendigung** des Verfahrens hat ebenfalls durch eine **Anzeige** des Steuerpflichtigen oder seines Vertreters erfolgen, die nach der unionsrechtlichen Vorgabe mindestens **15 Tage vor Ende des** letzten **Monats**, in dem das Verfahren angewendet wird, durchgeführt werden muss (Art. 57g Abs. 1 Satz 2 MwStVO). In der nationalrechtlichen Umsetzung wird diese Erklärung als „**Widerruf**" bezeichnet (§ 18j Abs. 1 Satz 5 UStG). Die Widerrufserklärung ist durch amtlich vorgeschriebenen Datensatz durch Datenfernübertragung vor dem Beginn des Besteuerungszeitraumes zu erklären, für welchen der Widerruf gelten soll (§ 18j Abs. 1 Satz 6 UStG).

26 **Änderungen**, die die Anzeige über das besondere Besteuerungsverfahren betreffen, sind **spätestens am 10. Tag** des auf den Eintritt der Änderungen **folgenden Monats** elektronisch zu melden (Art. 369c Satz 1 Alt. 3 MwStSystRL, Art. 57h MwStVO).[3]

27 Es besteht zudem eine **Pflicht des Unternehmers**, der Finanzbehörde bis zum 10. Tag des auf den Eintritt einer Änderung folgenden Monats auch dann **mitzuteilen, sobald keine Umsätze mehr** i.S.d. Absatz 1 mehr vorliegen oder das besondere Besteuerungsverfahren aufgrund anderer Änderungen **nicht mehr** angewandt werden kann.[4]

28 Entscheidet sich der Unternehmer für das Verfahren nach § 18j UStG, muss er dies **einheitlich** für **alle erfassten Umsatzarten** (Fernverkäufe, Schnittstellenlieferungen und sonstige Leistungen B2C) und **alle Mitgliedstaaten** anwenden (§ 18j Abs. 1 Satz 4 Halbs. 1 UStG). Lediglich die sonstigen Leistungen im B2C-Bereich eines inländischen Unternehmers, die im Inland erbracht werden, fallen nicht unter das Verfahren und sind weiterhin im regulären Verfahren zu erklären (§ 18j Abs. 1 Satz 4 Halbs. 2 UStG).

---

1 Abschn. 18j Abs. 1 Satz 5 UStAE.
2 Abschn. 18j Abs. 1 Satz 7 UStAE.
3 Abschn. 18j Abs. 1 Satz 8 UStAE.
4 Abschn. 18j Abs. 5 Satz 1 UStAE.

V. Vorsteuerabzug

Über das besondere Verfahren nach § 18j UStG können keine Vorsteuern abgezogen werden (Art. 369j Unterabs. 1 Satz 1 MwStSystRL). Ist ein Unternehmer im Ausland tätig und hat ausschließlich Umsätze nach § 18j Abs. 1 Satz 1 UStG und ggf. § 59 Satz 1 UStDV, so kann er Vorsteuerbeträge grundsätzlich **nur** im Rahmen des **Vorsteuer-Vergütungsverfahrens** geltend machen (§ 16 Abs. 1d Satz 4 UStG und § 18 Abs. 9 Satz 1 UStG i.V.m. § 59 Satz 1 Nr. 5, §§ 61 und 61a UStDV), soweit die Umsätze im Zusammenhang mit denjenigen nach Absatz 1 stehen.[1] 29

Im Falle der Anwendung des EU-OSS-Verfahrens und soweit Vorsteuerbeträge mit diesen Umsätzen im Zusammenhang stehen, ist drittländischen Unternehmern, die Anwendung des Vorsteuer-Vergütungsverfahrens unter erleichterten Voraussetzungen möglich (§ 18 Abs. 9 Satz 8 UStG, § 18 Rz. 176).[2] 30

Sofern der nicht im Gemeinschaftsgebiet ansässige Unternehmer im Inland noch andere Umsätze erbringt, für die er im Inland die Umsatzsteuer schuldet und Umsatzsteuer-Voranmeldungen und/oder Umsatzsteuererklärungen für das Kalenderjahr zu übermitteln hat, können die **Vorsteuerbeträge** insgesamt **nur** im **allgemeinen Besteuerungsverfahren** geltend gemacht werden.[3] 31

C. Anzeigemodalitäten (Absatz 2)

§ 18j Abs. 2 UStG legt **weitere Modalitäten** der Anzeige über die Teilnahme am EU-OSS-Verfahren fest. 32

Unternehmer, die im **übrigen Gemeinschaftsgebiet ansässig** sind (§ 13b Abs. 7 Satz 2 UStG), können die Anzeige über das besondere Besteuerungsverfahren nur in dem **Staat** erklären, **in welchem** die **Ansässigkeit** besteht (§ 18j Abs. 2 Satz 1 UStG). 33

§ 18j Abs. 2 Satz 1 Halbs. 2 UStG stellt klar, dass **Unternehmer aus dem Inland**, Helgoland oder den in § 1 Abs. 3 UStG bezeichneten Gebieten, das Verfahren **nicht für** solche Umsätze im Bereich sonstiger **Leistungen** nutzen können, die an Empfänger i.S.d. § 3a Abs. 5 Satz 1 UStG **im Inland** erbracht werden. Insoweit ist folglich das reguläre Erklärungsverfahren weiterhin zu nutzen. 34

Unternehmer, die ausschließlich im Inland ansässig sind können das besondere Besteuerungsverfahren **nur im Inland** anzeigen (§ 18j Abs. 2 Satz 2 UStG). Nach der Legaldefinition gemäß § 18j Abs. 2 Satz 3 UStG ist dabei eine Ansässigkeit im Inland immer dann anzunehmen, wenn ein Unternehmer seinen Sitz oder seine Geschäftsleitung im Inland hat. Bei **„doppelansässigen Unternehmern"** mit Betriebsstätten im Inland und in anderen Mitgliedstaaten besteht ein **Wahlrecht**, ob das deutsche oder das Verfahren eines anderen Ansässigkeits-Mitgliedstaats genutzt wird (§ 18j Abs. 2 Satz 4 UStG). 35

Für einen im Drittlandsgebiet ansässigen Unternehmer ohne Betriebsstätte im Gemeinschaftsgebiet gilt die **Pflicht**, das besondere Besteuerungsverfahren im Inland anzuzeigen, sofern die Warenbewegung auch im Inland beginnt (§ 18j Abs. 1 Satz 5 UStG). Ein solcher Unternehmer hat wiederum ein **Wahlrecht** das inländische EU-OSS-Verfahren anzuzeigen, wenn die **Warenbewegung teilweise im Inland und teilweise im übrigen Gemeinschaftsgebiet** erfolgt (§ 18j Abs. 2 Satz 6 UStG). Die Ausübung des Wahlrechts nach Satz 4 und Satz 6 **bindet** den im Drittland ansässigen Unternehmer für das betreffende Kalenderjahr und die **beiden anschließend folgenden Kalenderjahre** (§ 18j Abs. 2 Satz 7 UStG). 36

D. Ablehnung (Absatz 3)

Das BZSt entscheidet, wie auch im Rahmen von § 18i UStG (§ 18i Abs. 2 UStG) und § 18k UStG (§ 18k Abs. 3 UStG), über die Möglichkeit der Teilnahme am EU-OSS-Verfahren, sofern dessen Durchfüh- 37

1 Abschn. 18j Abs. 8 Satz 1 UStAE.
2 Abschn. 18j Abs. 8 Satz 2 UStAE.
3 Abschn. 18j Abs. 8 Satz 4 UStAE.

rung in der Bundesrepublik Deutschland erwogen wird. Im Falle einer **ablehnenden Entscheidung** hat das BZSt dies gegenüber dem betroffenen Unternehmer festzustellen und mitzuteilen (§ 18j Abs. 3 UStG). Unionsrechtlich beruht diese Regelung auf Art. 369b MwStVO, wonach das Verfahren nur zu „gestatten“ ist, wenn die Voraussetzungen vorliegen. Die Regelung findet sich in gleicher Form auch im Rahmen des besonderen Besteuerungsverfahrens für von nicht im Gemeinschaftsgebiet ansässigen Unternehmern erbrachte sonstige Leistungen (§ 18i Rz. 24).

38 Die Ablehnungsentscheidung dürfte als Verwaltungsakt mittels Einspruches und Verpflichtungsklage angreifbar sein.[1]

E. Steuererklärung (Absatz 4)

39 Der Unternehmer des EU-OSS-Verfahrens nach Absatz 1 verpflichtet sich zur Abgabe einer **elektronischen Steuererklärung** (Art. 369f MwStSystRL) an das BZSt innerhalb eines Monats nach Ablauf des entsprechenden Besteuerungszeitraumes (§ 18j Abs. 4 Satz 1 UStG). Unionsrechtlich ergeben sich die Vorgaben für den Inhalt der Erklärungen aus Art. 369g, Art. 59a MwStVO sowie Art. 4 i.V.m. Anhang III Spalte C der Zusammenarbeits-DVO. Eine entsprechende Erklärungspflicht existiert für das Nicht-EU-OSS-Verfahrens nach **§ 18i UStG** (§ 18i Abs. 3 UStG; § 18i Rz. 26 ff.) und des IOSS-Verfahrens nach **§ 18k UStG** (§ 18k Abs. 4 UStG; § 18k Rz. 37 ff.).

40 Die **Pflicht** zur **Abgabe** einer **Steuererklärung** besteht **auch** dann, **wenn keine Leistungen** erbracht worden sind[2]; **insofern** handelt es sich um eine **Nullmeldung** (Art. 59a MwStVO).[3]

41 Die erbrachten Umsätze sind laut FinVerw. in der Steuererklärung **nach Mitgliedstaaten** aufzuschlüsseln und den **dort geltenden Steuersätzen** zu unterwerfen § 369g Abs. 1 MwStSystRL) .[4] Die in der Umsatzsteuererklärung zu erklärenden Beträge sind grundsätzlich in **Euro** anzugeben, wenn nicht ein Mitgliedstaat als Leistungsort die Angabe in seiner Landeswährung fordert (Art. 369h Abs. 1 MwStSystRL).[5] Müssen Beträge in einer Landeswährung erklärt werden, sind diese zum Umrechnungskurs im Zeitpunkt des Ablaufs des Besteuerungszeitraumes zu erklären (Art. 369h Abs. 1 Unterabs. 2 Satz 2 MwStSystRL).[6] Es sind keine Durchschnittskurse heranzuziehen.[7] Die Beträge in der Erklärung sind nicht zu runden (vgl. Art. 60 MwStVO).

42 Die zu zahlende Steuer ist von dem Unternehmer selbst zu berechnen (§ 18j Abs. 4 Satz 2 UStG) und wird am letzten Tag desjenigen Monats **fällig**. D.h., der Unternehmer muss die errechnete Steuerschuld **bis zum Ablauf des letzten Tages des Folgemonats** entrichtet haben. Diese Regelung ist damit im Geltungsraum des UStG günstiger als die unionsrechtliche Vorgabe des Art. 369i Unterabs. 1 MwStSystRL, wonach die Zahlung bis spätestens zum Ende der Frist, in der die Erklärung abzugeben ist, zu leisten wäre.

43 Im Falle der Nichtzahlung greifen im Anschluss an eine **einmalige Mahnung** (Art. 63a Abs. 1 MwStVO) **sodann** die **steuerverfahrensrechtlichen Regelungen des Bestimmungslands** (z.B. bzgl. Zweitmahnung, Vollstreckung, Zinsen und Verspätungszuschlägen gem. Art. 63a Abs. 3 und 4 und Art. 63b MwStVO). In der Praxis sollten Unternehmen deshalb die fristgemäße Zahlung besonders sorgfältig überwachen.

44 Im Gegensatz zum regulären Erklärungsverfahren ist **keine Jahreserklärung** vorgesehen (Art. 59 Abs. 1 MwStVO). **Bei Beendigung** des Verfahrens ist jedoch eine **„abschließende“ Steuererklärung** vorgesehen (Art. 61a Abs. 2 MwStVO), bei der, spätere Änderungen jeweils nur noch im jeweiligen

1 So auch *Treiber* in Sölch/Ringleb, § 18j UStG, Rz. 61 (Stand März 2021); *Paucksch* in Weymüller, BeckOK, § 18j UStG, Rz. 226 (Stand: September 2023).

2 Abschn. 18j Abs. 2 Satz 1 UStAE.

3 *Paucksch* in Weymüller, BeckOK, § 18j UStG Rz. 193 (Stand: September 2023); *Treiber* in Sölch/Ringleb, § 18i UStG Rz. 111 (Stand: März 2021).

4 Abschn. 18j Abs. 2 Satz 2 UStAE.

5 Abschn. 18j Abs. 4 Satz 1 UStAE.

6 Abschn. 18j Abs. 4 Satz 2 UStAE.

7 Abschn. 18j Abs. 4 Satz 3 UStAE.

Bestimmungsland möglich sind (Art. 61 Abs. 1 Unterabs. 2 MwStVO). Für die Praxis ist daher für die Erstellung dieser abschließenden Erklärung **besondere Sorgfalt** geboten.

Für die inländischen Umsätze ist bei der Wahl des EU-OSS-Verfahrens die Anwendung des allgemeinen Besteuerungsverfahrens grundsätzlich ausgeschlossen (§ 18j Abs. 4 Satz 4 UStG).[1] Im Übrigen schließen sich allgemeines und besonderes Besteuerungsverfahren hingegen nicht aus.[2] 45

Berichtigungen einer Steuererklärung sind grundsätzlich mit einer späteren Steuererklärung anzuzeigen und müssen innerhalb von drei Jahren nach Ablauf desjenigen Monats erfolgen, der auf den jeweiligen Besteuerungszeitraum folgt (§ 18j Abs. 4 Satz 5 UStG, Art. 61 Abs. 1 Unterabs. 1 und Abs. 2 MwStVO). Anders als im regulären Erklärungsverfahren kommt es daher nicht zu einer Änderung der ursprünglich abgegebenen Erklärung. Im Falle der im Inland steuerbaren Umsätze sind die allgemeinen Änderungsvorschriften der AO überdies weiterhin anwendbar.[3] 46

F. Steuererklärung im anderen Mitgliedstaat (Absatz 5)

Die Umsatzsteuererklärung gilt im Zeitpunkt der Übermittlung und Bearbeitung durch das BZSt als **Steueranmeldung** i.S.d. § 150 Abs. 1 Satz 3 und § 168 AO, wenn der Unternehmer in einem anderen Mitgliedstaat übermittelt hat und die enthaltenen Daten dort in bearbeitbarer Weise aufgezeichnet wurden (§ 18j Abs. 5 Satz 1 UStG). Dies gilt entsprechend auch für die Berichtigung einer Steuererklärung (§ 18j Abs. 5 Satz 2 UStG). 47

Die **Erklärungsfrist** gilt bei Übermittlung gegenüber der Finanzbehörde des anderen Mitgliedstaates bis zum letzten Tag der in § 18j Abs. 4 Satz 1 UStG festgelegten Frist als eingehalten (§ 18j Abs. 5 Satz 3 UStG). Die **Zahlungsfrist** wiederum gilt als eingehalten, wenn der Eingang der Umsatzsteuer im anderen Mitgliedstaat bis zum letzten Tag der Frist des § 18j Abs. 4 Satz 3 UStG erfolgt ist (§ 18j Abs. 5 Satz 4 UStG). 48

Eine **Säumnis** i.S.d. § 240 AO tritt frühestens mit Ablauf des 10. Tages ein, der auf den Ablauf des zweiten Monats nach dem Besteuerungszeitraum folgt (§ 18j Abs. 5 Satz 5 UStG). 49

Ähnliche Regelungen bestehen gemäß § 18i Abs. 4 UStG und § 18k Abs. 5 UStG im Rahmen der dort geregelten besonderen Besteuerungsverfahren (§ 18i Rz. 33 ff.; § 18k Rz. 45 ff.). 50

G. Pflichtverletzungen (Absatz 6)

Im Rahmen des EU-OSS-Verfahrens gibt es für das BZSt die Möglichkeit, den Unternehmer im Falle von **Pflichtverletzungen** bei der Abgabe von Steuererklärungen (§ 18j Abs. 4 UStG) oder bei nationalen (§ 22 Abs. 1 UStG) sowie mitgliedstaatlichen Aufzeichnungspflichten **von dem EU-OSS-Verfahren auszuschließen**, sofern er diese wiederholt nicht oder nicht rechtzeitig erfüllt (§ 18j Abs. 6 Satz 1 UStG). Eine solche Regelung besteht gemäß § 18i Abs. 5 UStG und § 18k Abs. 6 UStG auch im Falle anderer OSS-Verfahren (§ 18i Rz. 37 ff., § 18k Rz. 49 ff.). Unionsrechtlich beruht diese Regelung auf Art. 369e MwStSystRL und den Art. 58 ff. MwStVO. 51

Die FinVerw. verweist hierbei für die Beurteilung eines wiederholten Verstoßes auf entsprechende Ausführungen beim besonderen Besteuerungsverfahren für von nicht im Gemeinschaftsgebiet ansässigen Unternehmern.[4] Diesen Ausführungen entsprechend liegt ein wiederholter Verstoß insbesondere in den folgenden Fällen vor: 52

- Der Unternehmer wurde für drei unmittelbar vorangegangene Besteuerungszeiträume an die Übermittlung der Umsatzsteuererklärung erinnert und hat die **Umsatzsteuererklärung** für jeden dieser Besteuerungszeiträume nicht bis zum 10. Tag nach der Erinnerung übermittelt.[5]

1 Abschn. 18j Abs. 2 Satz 6 UStAE.
2 Abschn. 18j Abs. 2 Satz 6 UStAE.
3 Abschn. 18j Abs. 2 Satz 8 UStAE.
4 Abschn. 18j Abs. 7 Satz 2 UStAE.
5 Abschn. 18i Abs. 7 Satz 2 Nr. 1 UStAE.

- Der Unternehmer wurde für drei unmittelbar vorangegangene Besteuerungszeiträume an die **Zahlung der Steuer** erinnert und hat den Gesamtbetrag der Steuer nicht für jeden dieser Besteuerungszeiträume bis zum 10. Tag nach der Zahlungserinnerung entrichtet (es sei denn, der rückständige Betrag beträgt weniger als 100 Euro für jeden der Besteuerungszeiträume).[1]
- Der Unternehmer ist nach einer Aufforderung zur **elektronischen Zurverfügungstellung** seiner Aufzeichnungen und einer entsprechenden Erinnerung diesem nicht innerhalb eines Monats nach Erteilung der Erinnerung nachgekommen.[2]
- Darüber hinaus kann der Unternehmer von dem besonderen Besteuerungsverfahren auch dann ausgeschlossen werden, wenn er über zwei Jahre hinweg **überhaupt keine Umsätze** i.S.d. Absatzes 1 erbracht hat.[3]

53 Der Ausschluss wird **zu dem Besteuerungszeitraum wirksam**, der auf die Bekanntgabe des Ausschlusses folgt (§ 18j Abs. 6 Satz 2 UStG). Bezieht sich der Ausschluss auf eine Änderung des Ortes des Sitzes oder der Betriebsstätte, von welchen Beförderungen oder Versendungen ausgehen, ist der Ausschluss bereits ab dem Tag dieser Änderung wirksam (§ 18j Abs. 6 Satz 2 UStG).

54 Liegen wiederholte Pflichtverletzungen vor, schließt dies den Unternehmer auch von den Besteuerungsverfahren nach den **§§ 18i und 18k UStG** aus (§ 18j Abs. 6 Satz 3 UStG). Der Ausschluss dürfte als Verwaltungsakt mittels Einspruches und Anfechtungsklage angreifbar sein.

H. Geltung der AO und der FGO (Absatz 7)

55 § 18j Abs. 7 UStG ordnet die Geltung der §§ 2a, 29b bis 30, 32a bis 32j, 80, 87a, 87b und des Zweiten Abschnitts des Dritten Teils (§§ 118–133 AO) und des Siebten Teils (§§ 347–367 AO) der Abgabenordnung sowie der Finanzgerichtsordnung an, wie es auch § 18i Abs. 5 UStG und § 18k Abs. 6 UStG für die jeweils geltenden besonderen Besteuerungsverfahren tun.

I. Geltung bei Gebietskörperschaften (Absatz 8)

56 § 18j Abs. 8 UStG verweist auf die entsprechende Anwendung des § 18 Abs. 4f UStG. Im Falle von Gebietskörperschaften, die Erklärungspflichten begründen, müssen demgemäß die Organisationseinheiten von Bund und Länder, auch im Rahmen des besonderen Besteuerungsverfahrens nach § 18j UStG, die für die damit einhergehenden steuerlichen Rechte und Pflichten wahrnehmen.

§ 18k Besonderes Besteuerungsverfahren für Fernverkäufe von aus dem Drittlandsgebiet eingeführten Gegenständen in Sendungen mit einem Sachwert von höchstens 150 Euro

(1) [1]Ein Unternehmer, der nach dem 30. Juni 2021 als Steuerschuldner Fernverkäufe nach § 3 Absatz 3a Satz 2 oder § 3c Absatz 2 oder 3 in Sendungen mit einem Sachwert von höchstens 150 Euro im Gemeinschaftsgebiet erbringt, für die er dort die Steuer schuldet und Umsatzsteuererklärungen abzugeben hat, oder ein in seinem Auftrag handelnder im Gemeinschaftsgebiet ansässiger Vertreter hat anzuzeigen, wenn er an dem besonderen Besteuerungsverfahren entsprechend Titel XII Kapitel 6 Abschnitt 4 der Richtlinie 2006/112/EG des Rates in der Fassung von Artikel 2 Nummer 30 der Richtlinie (EU) 2017/2455 des Rates vom 5. Dezember 2017 zur Änderung der Richtlinie 2006/112/EG und der Richtlinie 2009/132/EG in Bezug auf bestimmte mehrwertsteuerliche Pflichten für die Erbringung von Dienstleistungen und für Fernverkäufe von Gegenständen (ABl.

1 Abschn. 18i Abs. 7 Satz 2 Nr. 2 UStAE.
2 Abschn. 18i Abs. 7 Satz 2 Nr. 3 UStAE.
3 Abschn. 18i Abs. 7 Satz 3 UStAE.

L 348 vom 29.12.2017, S. 7) teilnimmt. [2]Die Anzeige ist der zuständigen Finanzbehörde des unter den Voraussetzungen des Artikels 369l Unterabsatz 2 Nummer 3 der Richtlinie 2006/112/EG zuständigen Mitgliedstaates der Europäischen Union vor Beginn des Besteuerungszeitraums (§ 16 Absatz 1e Satz 1) nach amtlich vorgeschriebenem Datensatz durch Datenfernübertragung zu übermitteln; zuständige Finanzbehörde im Inland ist insoweit das Bundeszentralamt für Steuern. [3]Eine Teilnahme an dem besonderen Besteuerungsverfahren ist für nicht im Gemeinschaftsgebiet ansässige Unternehmer nur zulässig, wenn das Drittland, in dem sie ansässig sind, in der Durchführungsverordnung entsprechend Artikel 369m Absatz 3 der Richtlinie 2006/112/EG aufgeführt ist, oder wenn sie einen im Gemeinschaftsgebiet ansässigen Vertreter vertraglich bestellt und dies der Finanzbehörde nach Satz 2 angezeigt haben. [4]Satz 1 gilt nicht für Sendungen, die verbrauchsteuerpflichtige Waren enthalten. [5]Eine Teilnahme an dem besonderen Besteuerungsverfahren ist nur einheitlich für alle Mitgliedstaaten der Europäischen Union und für alle Fernverkäufe im Sinne des Satzes 1 möglich; sie gilt ab dem Tag, an dem dem Unternehmer oder dem im Auftrag handelnden Vertreter die nach Artikel 369q Absatz 1 oder 3 der Richtlinie 2006/112/EG erteilte individuelle Identifikationsnummer des Unternehmers bekannt gegeben wurde. [6]Die Anwendung des besonderen Besteuerungsverfahrens kann nur mit Wirkung vom Beginn eines Besteuerungszeitraums an widerrufen werden. [7]Der Widerruf ist vor Beginn des Besteuerungszeitraums, für den er gelten soll, gegenüber der Finanzbehörde nach Satz 2 nach amtlich vorgeschriebenem Datensatz durch Datenfernübertragung zu erklären.

(2) [1]Im übrigen Gemeinschaftsgebiet ansässige Unternehmer (§ 13b Absatz 7 Satz 2) oder im Auftrag handelnde Vertreter können die Teilnahme an dem besonderen Besteuerungsverfahren nur in dem Mitgliedstaat der Europäischen Union, in dem sie ansässig sind, anzeigen. [2]Im Inland ansässige Unternehmer oder im Auftrag handelnde Vertreter können die Teilnahme an dem besonderen Besteuerungsverfahren nur im Inland anzeigen; dies gilt nicht in Fällen des Satzes 4. [3]Ein Unternehmer oder ein im Auftrag handelnder Vertreter ist im Inland ansässig, wenn er im Inland seinen Sitz oder seine Geschäftsleitung hat oder, für den Fall, dass er im Drittlandsgebiet ansässig ist, im Inland eine Betriebsstätte hat. [4]Hat der im Drittlandsgebiet ansässige Unternehmer oder im Auftrag handelnde Vertreter neben der Betriebsstätte im Inland noch mindestens eine weitere Betriebsstätte im übrigen Gemeinschaftsgebiet, kann er sich für die Anzeige der Teilnahme an dem besonderen Besteuerungsverfahren im Inland entscheiden. [5]Der Unternehmer oder im Auftrag handelnde Vertreter ist an seine Entscheidung nach Satz 4 für das betreffende Kalenderjahr und die beiden darauffolgenden Kalenderjahre gebunden.

(3) Erfolgt die Anzeige nach Absatz 1 Satz 1 im Inland und erfüllt der Unternehmer die Voraussetzungen für die Teilnahme an dem besonderen Besteuerungsverfahren nicht, stellt das Bundeszentralamt für Steuern dies gegenüber dem Unternehmer fest und lehnt dessen Teilnahme an dem besonderen Besteuerungsverfahren ab.

(4) [1]Ein Unternehmer oder im Auftrag handelnder Vertreter, der das in Absatz 1 genannte besondere Besteuerungsverfahren anwendet, hat der Finanzbehörde nach Absatz 1 Satz 2 in Verbindung mit Absatz 2 eine Steuererklärung innerhalb eines Monats nach Ablauf jedes Besteuerungszeitraums (§ 16 Absatz 1e Satz 1) nach amtlich vorgeschriebenem Datensatz durch Datenfernübertragung zu übermitteln. [2]In der Steuererklärung hat er die Steuer für den Besteuerungszeitraum selbst zu berechnen. [3]Die berechnete Steuer ist am letzten Tag des auf den Besteuerungszeitraum folgenden Monats fällig und bis dahin vom Unternehmer oder vom im Auftrag handelnden Vertreter an die Finanzbehörde nach Absatz 1 Satz 2 zu entrichten. [4]Soweit der Unternehmer im Inland Lieferungen nach Absatz 1 Satz 1 erbringt, ist § 18 Absatz 1 bis 4 nicht anzuwenden. [5]Berichtigungen einer Steuererklärung, die innerhalb von drei Jahren nach dem letzten Tag des Zeitraums nach Satz 1 vorgenommen werden, sind mit einer späteren Steuererklärung unter Angabe des zu berichtigenden Besteuerungszeitraums anzuzeigen.

(5) [1]Die Steuererklärung nach Absatz 4 Satz 1 und 2, die der Unternehmer der zuständigen Finanzbehörde eines anderen Mitgliedstaates der Europäischen Union übermittelt hat, ist ab dem Zeitpunkt eine Steueranmeldung im Sinne des § 150 Absatz 1 Satz 3 und des § 168 der Abgabenordnung, zu dem die in ihr enthaltenen Daten von der zuständigen Finanzbehörde des anderen Mitgliedstaates der Europäischen Union dem Bundeszentralamt für Steuern übermittelt und dort in bearbeitbarer Weise aufgezeichnet wurden. [2]Dies gilt für die Berichtigung einer Steuererklärung entsprechend. [3]Die Steuererklärung nach Satz 1 gilt als fristgemäß übermittelt, wenn sie bis

zum letzten Tag der Frist nach Absatz 4 Satz 1 der zuständigen Finanzbehörde des anderen Mitgliedstaates der Europäischen Union übermittelt worden ist und dort in bearbeitbarer Weise aufgezeichnet wurde. [4]Die Entrichtung der Steuer erfolgt im Falle der Steuererklärung nach Satz 1 fristgemäß, wenn die Zahlung bis zum letzten Tag der Frist nach Absatz 4 Satz 3 bei der zuständigen Finanzbehörde des anderen Mitgliedstaates der Europäischen Union eingegangen ist. [5]§ 240 der Abgabenordnung ist in diesen Fällen mit der Maßgabe anzuwenden, dass eine Säumnis frühestens mit Ablauf des zehnten Tages nach Ablauf des zweiten auf den Besteuerungszeitraum folgenden Monats eintritt.

(6) [1]Kommt der Unternehmer oder der im Auftrag handelnde Vertreter seinen Verpflichtungen nach Absatz 4 oder § 22 Absatz 1 oder den von ihm in einem anderen Mitgliedstaat der Europäischen Union zu erfüllenden Aufzeichnungspflichten entsprechend Artikel 369x der Richtlinie 2006/112/EG wiederholt nicht oder nicht rechtzeitig nach, schließt ihn die Finanzbehörde nach Absatz 1 Satz 2 von dem besonderen Besteuerungsverfahren nach Absatz 1 aus. [2]Ein Ausschluss des im Auftrag handelnden Vertreters bewirkt auch den Ausschluss des von ihm vertretenen Unternehmers. [3]Der Ausschluss wegen eines wiederholten Verstoßes gegen die in Satz 1 genannten Verpflichtungen gilt ab dem Tag, der auf den Zeitpunkt der Bekanntgabe des Ausschlusses gegenüber dem Unternehmer oder dem im Auftrag handelnden Vertreter folgt; ist der Ausschluss jedoch auf eine Änderung des Ortes des Sitzes oder der Betriebsstätte zurückzuführen, ist der Ausschluss ab dem Tag dieser Änderung wirksam; erfolgt der Ausschluss aus anderen Gründen gilt er ab dem Besteuerungszeitraum, der nach dem Zeitpunkt der Bekanntgabe des Ausschlusses gegenüber dem Unternehmer oder dem im Auftrag handelnden Vertreter beginnt. [4]Der Ausschluss wegen eines wiederholten Verstoßes gegen die in Satz 1 genannten Verpflichtungen hat auch den Ausschluss von den besonderen Besteuerungsverfahren nach den §§ 18i und 18j zur Folge; es sei denn, der Ausschluss des Unternehmers war bedingt durch einen wiederholten Verstoß gegen die in Satz 1 genannten Verpflichtungen durch den im Auftrag handelnden Vertreter.

(7) Auf das besondere Besteuerungsverfahren sind, soweit die Anzeige nach Absatz 1 Satz 1 gegenüber dem Bundeszentralamt für Steuern erfolgt und dieses die Steuererklärungen der zuständigen Finanzbehörde eines anderen Mitgliedstaates der Europäischen Union übermittelt, die §§ 2a, 29b bis 30, 32a bis 32j, 80, 87a, 87b und der Zweite Abschnitt des Dritten Teils und der Siebente Teil der Abgabenordnung sowie die Finanzgerichtsordnung anzuwenden.

(8) § 18 Absatz 4f ist entsprechend anzuwenden.

Schrifttum: *Brill*, Änderungen des Umsatzsteuerrechts durch das JStG 2020, KÖSDI 2021, 22115; *Huschens*, Änderungen des Umsatzsteuerrechts durch das Jahressteuergesetz 2020, UVR 2021, 45 und 73; *Joost/Oldenburg*, Umsetzung des Digitalpakets zum 1.7.2021 – Teil 2: Besondere Besteuerungsverfahren, MwStR 2020, 822; *Nieskens*, Die geplanten Mehrwertsteuervorschriften für das digitale Zeitalter (VAT in the Digital Age, ViDA) – Der Richtlinienentwurf v. 8.12.2022 m.W. von 2024/2025/2026/2028 und seine Auswirkungen auf das nationale Umsatzsteuerrecht; *Wäger*, Digitalpaket – Neureglungen zum 1.7.2021 für den Bereich der Lieferungen – Besondere Besteuerungsverfahren und Änderungen des materiellen Rechts, UStB 2021, 76; *Widmann*, Jahressteuergesetz 2020: Die umsatzsteuerlichen Änderungen, MwStR 2021, 6.

A. Grundaussagen

I. Regelungsgegenstand und Bedeutung

§ 18k UStG regelt das sog. **Import-One-Stop-Shop-Verfahren** (IOSS-Verfahren) und gliedert sich insofern in die weiteren besonderen Besteuerungsverfahren nach § 18i UStG und § 18j UStG ein. 1

Durch die Anwendung des besonderen Besteuerungsverfahrens können Unternehmer, die **Fernverkäufe von aus dem Drittlandsgebiet eingeführten Gegenständen in Sendungen mit einem Sachwert von höchstens 150 Euro** leisten, umsatzsteuerliche Erklärungs- und Zahlungspflichten einheitlich für alle Mitgliedstaaten gegenüber einem einzigen Mitgliedstaat erfüllen. 2

Die Regelung wurde mit dem sog. **Digitalpaket II**[1] mit Wirkung ab dem 1.7.2021 eingeführt (§ 3c Rz. 2). Sie gilt daher für Umsätze, die nach dem 30.6.2021 ausgeführt worden sind (vgl. auch § 27 Abs. 33 Satz 1 UStG, § 27 Rz. 79). 3

Das Verfahren kann von **inländischen Unternehmern**, aber auch von **Unternehmern aus anderen Mitgliedstaaten oder** dem **Drittland** genutzt werden. 4

Eine separate Erklärung der geleisteten Umsätze sowie die entsprechende Entrichtung der Umsatzsteuer gegenüber den einzelnen Mitgliedstaaten, in welchen die Leistungen erfolgen, entfällt dementsprechend. Die Finanzbehörde des Mitgliedstaates, in dem der Unternehmer die Teilnahme an dem besonderen Besteuerungsverfahren erklärt hat, ist vielmehr **vollumfänglich Anlaufstelle** für die Steuererklärungen und -zahlungen des Unternehmers der durch § 18k Abs. 1 Satz 1 UStG abgedeckten Leistungen. 5

Dem Sinn und Zweck nach handelt es sich bei § 18k UStG dementsprechend, genauso wie bei § 18i UStG und § 18j UStG, um eine **Vereinfachungsregelung** für Unternehmer. Für die Teilnehmer am Verfahren ergibt sich eine Erleichterung daraus, dass die parallele Erfüllung mehrerer unterschiedlicher mitgliedstaatsspezifischer Registrierungspflichten und Steueranmeldungen entfällt. Insbesondere werden wirtschaftliche Erschwernisse beseitigt, die im Zusammenhang mit unterschiedlichen Meldefrequenzen in den verschiedenen Mitgliedstaaten anderenfalls bestünden. 6

II. Unionsrechtliche Grundlagen

§ 18k UStG dient der Umsetzung von Art. 2 Nr. 30 der Richtlinie (EU) 2017/2455 des Rates vom 5.12.2017 zur Änderung der Richtlinie 2006/112/EG und der Richtlinie 2009/132/EG in Bezug auf bestimmte mehrwertsteuerliche Pflichten für die Erbringung von Dienstleistungen und Fernverkäufe von Gegenständen.[2] § 18k UStG setzt damit die Vorgaben der Art. 369l–369x der MwStSystRL um. Darüber hinaus sind in den Art. 57a ff. MwStVO weitere unmittelbar anwendbare Vorschriften vorhanden, welche zusätzliche verfahrensrechtliche Vorgaben bestimmen. Es handelt sich damit um unionsrechtlich harmonisiertes Verfahrensrecht, das in Bezug auf die Vorgaben der Art. 369a ff. MwStSystRL unionsrechtskonform auszulegen ist.[3] Unionsrechtlich wird das Verfahren **Einfuhrregelung** genannt (Art. 57a Nr. 3 MwStVO). 7

III. Verhältnis zu anderen Vorschriften und Rechtsentwicklung

Zum Überblick der Anwendungsbereiche der §§ 18i-18k UStG s. § 18i Rz. 6 ff. Nach den Plänen der EU-Kommission im Rahmen des Richtlinienentwurfs VAT in the Digital Age (ViDA)[4] sollen diese Verfahren im Zuge der geplanten „Einzigen Mehrwertsteuerregistrierung“ erheblich ausgeweitet werden (vgl. § 6b Rz. 22.1; § 18i Rz. 3.1). 8

---

1 Gesetz v. 21.12.2020, BGBl. I 2020, 3096.

2 ABl. EU 2017 Nr. L 348, 7.

3 So auch *Treiber* in Sölch/Ringleb § 18k UStG Rz. 11 (Stand: März 2021).

4 Vorschlag für eine RL zur Änderung der RL 2006/112/EG in Bezug auf die Mehrwertsteuervorschriften für das digitale Zeitalter v. 8.12.2022, COM(2022) 701 final – 2022/0407 (CNS), abrufbar unter https://eur-lex.europa.eu/legal-content/DE/TXT/PDF/?uri=CELEX:52022PC0701, vgl. hierzu ausführlich *Nieskens*, UR, 2023, 385.

9 Da die Einfuhr von Sendungen mit einem Sachwert von höchstens 150 Euro nach Art. 23 und 24 der VO (EG) Nr. 1186/2009 des Rates vom 16.11.2009 über das gemeinschaftliche System der Zollbefreiungen (**Zollbefreiungsverordnung**) zollfrei und erst für Sendungen mit einem höheren Sachwert eine Zollanmeldung vonnöten ist, ist auch der Anwendungsbereich des § 18k UStG auf ebensolche Sendungen beschränkt.

10 Eine Einfuhr ist gemäß § 5 Abs. 1 Nr. 7 UStG (§ 5 Rz. 71.1) **von der Einfuhrumsatzsteuer befreit**, sofern der Unternehmer an dem besonderen Besteuerungsverfahren nach § 18k UStG teilnimmt.

10.1 Die **Entstehung der Umsatzsteuer** richtet sich in den Fällen des § 18k UStG nach § 13 Abs. 1 Nr. 1 Buchst. h UStG nach dem Ablauf des **Besteuerungszeitraumes** nach § 16 Abs. 1e Satz 1 UStG (**Kalendermonat**; § 13 Rz. 75).

11 Ein **Verstoß** gegen § 18k Abs. 4 Satz 3 UStG ist nach § 26a Abs. 1 UStG n.F. **bußgeldbewährt** und kann insofern als Ordnungswidrigkeit geahndet werden. Dies ist z.B. der Fall, wenn eine Vorauszahlung, ein Unterschiedsbetrag oder eine festgesetzte Steuer nicht, nicht vollständig, oder nicht rechtzeitig entrichtet wird.

12 § 22 UStG (§ 22 Rz. 19) enthält in Umsetzung der Vorgaben der Art. 369x MwStSystRL, und Art. 63c Abs. 2 MwStVO besondere **Aufzeichnungspflichten** für die an dem IOSS-Verfahren Teilnehmenden (Steuerpflichtiger bzw. Vertreter) und eine **10-Jahres-Frist zur Aufbewahrung** der Aufzeichnungen.

B. Anzeige (Absatz 1)

I. Regelungsgegenstand (Absatz 1 Satz 1)

13 § 18k Abs. 1 Satz 1 UStG gibt dem Unternehmer (oder seinem im Auftrag handelnden und im Gemeinschaftsgebiet ansässigen Vertreter), der Fernverkäufe nach § 3 Abs. 3a Satz 2 UStG oder § 3c Abs. 2 oder 3 UStG in Sendungen mit einem Sachwert von höchstens 150 Euro im Gemeinschaftsgebiet erbringt (vgl. Art. 369l Unterabs. 1 und Unterabs. 2 Abs. 4 MwStSystRL), die Möglichkeit, an dem **IOSS-Verfahren** im Bestimmungsland teilzunehmen.

14 Es besteht **keine Verpflichtung** zur Nutzung des Verfahrens. Ein Verzicht auf das besondere Verfahren und Einzelregistrierungen in den Mitgliedstaaten können für Unternehmer im Einzelfall attraktiv sein, insbesondere um ausländische Vorsteuer abziehen zu können, ohne auf das Vorsteuervergütungsverfahren angewiesen zu sein (Rz. 26).

15 Das Verfahren gilt für **Umsätze**, die **nach dem 30.6.2021** erbracht werden, sofern der Unternehmer auch im Gemeinschaftsgebiet Umsatzsteuer schuldet und Umsatzsteuererklärungen abzugeben hat (§ 18k Abs. 1 Satz 1 UStG). Die **Anzeige** muss **vor Beginn des Besteuerungszeitraumes** (§ 16 Abs. 1e Satz 1 UStG) mitgeteilt werden. Diese Vorgaben reihen sich ein in die weiteren OSS-Verfahren nach § 18i UStG (§ 18i Rz. 14 ff.) und § 18j UStG (§ 18j Rz. 13 ff.).

16 Auch einem **Kleinunternehmer** i.S.d. § 19 UStG ist die Teilnahme an dem besonderen Besteuerungsverfahren laut FinVerw. möglich.[1] Bei einer umsatzsteuerlichen **Organschaft** kann die Ausübung des Wahlrechts der FinVerw. zufolge nur durch den Organträger erfolgen.[2]

1. Schnittstellen-Fernverkäufe (Absatz 1 Satz 1 Alt. 1)

17 Die Durchführung des IOSS-Verfahrens kommt infrage, wenn Fernverkäufe mit einem **Sachwert von höchstens 150 Euro** geleistet werden (§ 18k Abs. 1 Satz 1 UStG). Die Norm greift infolge ihres Bezugs auf **Fernverkäufe i.S.d. § 3 Abs. 3a Satz 2 UStG** für Lieferungen, die **mittels einer elektronischen Schnittstelle** realisiert werden und denen **aus** einem **Drittlandsgebiet** in das Gemeinschaftsgebiet eingeführte Gegenstände zugrunde liegen (§ 3 Rz. 251 ff.).

1 Abschn. 18k Abs. 1 Satz 2 UStAE.
2 Abschn. 18k Abs. 1 Satz 3 UStAE.

2. Direkteinfuhrfernverkäufe (Absatz 1 Satz 1 Alt. 2)

Darüber hinaus gilt sie durch die Bezugnahme auf **§ 3c Abs. 3 UStG** für **Direkteinfuhrfernverkäufe,** also Einfuhrfernverkäufe bei denen die Beförderung oder Versendung des Gegenstandes auch **in dem Mitgliedstaat endet, in welchen der Gegenstand eingeführt wurde.** Weitere Voraussetzung für einen Direkteinfuhrfernverkauf ist nach dem Gesetzeswortlaut, dass das besondere Besteuerungsverfahren nach § 18k Abs. 1 Satz 1 UStG durchgeführt wird (§ 3c Rz. 43). Diese zirkelschlussartige gegenseitige Bezugnahme von § 18k UStG und § 3c Abs. 3 Satz 1 UStG, würde nach dem strengen Wortlaut der Normen dazu führen, dass § 3c Abs. 3 UStG und insoweit auch der § 18k Abs. 1 Satz 1 UStG keinen Anwendungsbereich hätten. Dies dürfte durch eine Auslegung des § 18k Abs. 1 Satz 1 UStG dahingehend behoben werden können, dass das Verfahren für Umsätze zulässig ist, die die Voraussetzungen des § 3c Abs. 3 Satz 1 UStG dann erfüllen würden, wenn das Verfahren nach § 18k UStG gewählt wird. In diesem Sinne ist bei § 18k Abs. 1 Satz 1 UStG danach zu fragen, ob es sich bei den in Rede stehenden Lieferungen um solche handelt, die § 3c Abs. 3 Satz 1 UStG erfüllen würden, wenn sie über das IOSS-Verfahren erklärt würden (§ 3c Rz. 45). 18

3. Transiteinfuhrfernverkäufe (Absatz Satz 1 Alt. 3)

Des Weiteren gilt die Norm für Transiteinfuhrfernverkäufe i.S.d. § 3c Abs. 2 UStG, also bei Einfuhrfernverkäufen, bei denen die Beförderung oder Versendung eines Gegenstandes **in einem anderen Mitgliedstaat als demjenigen, in dem der Gegenstand eingeführt wurde, endet** (§ 3c Rz. 39). 19

II. Form der Anzeige (Absatz 1 Satz 2)

Die Durchführung des besonderen Besteuerungsverfahrens muss in der Bundesrepublik Deutschland **beim BZSt** mittels **amtlich vorgeschriebenem Datensatz** durch Datenfernübertragung vor Beginn desjenigen Besteuerungszeitraumes, für den das Verfahren gelten soll, angezeigt werden (§ 18k Abs. 1 Satz 2 UStG). Unionsrechtliche Grundlage hierfür ist Art. 369o Satz 2 MwStSystRL. Grundsätzlich ist dem Unternehmer die Teilnahme am besonderen Besteuerungsverfahren nur **einheitlich** für alle Mitgliedstaaten und alle Fernverkäufe i.S.d. § 18k Abs. 1 Satz 1 UStG möglich. 20

III. Drittländische Unternehmer – Vertreterzwang (Absatz 1 Satz 3)

Für **nicht im Gemeinschaftsgebiet ansässige Unternehmer** ist die Teilnahme an dem IOSS-Verfahren nur unter strengeren Voraussetzungen möglich. Sie müssen **entweder in bestimmten Drittländern ansässig** sein, die in der Durchführungsverordnung entsprechend Art. 369m Abs. 3 MwStSystRL aufgeführt sind **oder** sie müssen einen im Gemeinschaftsgebiet ansässigen **Vertreter** (unionsrechtlich „Vermittler", Art. 369l Unterabs. 2 Abs. 2) bestellen und dies der Finanzbehörde mitteilen (§ 18k Abs. 1 Satz 3 UStG). 21

Der Vertreter in diesem Sinne, der vom Unternehmer bestellt wird, ist selbst Steuerschuldner und Empfangsbevollmächtigter für den Unternehmer, so dass ihm insbesondere Steuerbescheide mit Wirkung gegenüber dem Vertretenen bekannt gegeben werden können (§ 13a Rz. 17). 22

IV. Keine Anwendung für verbrauchssteuerpflichtige Umsätze (Absatz 1 Satz 4)

Die Teilnahme an dem besonderen Besteuerungsverfahren nach § 18k Abs. 1 Satz 1 UStG ist zudem für Sendungen ausgeschlossen, die **verbrauchsteuerpflichtige Waren** enthalten (§ 18k Abs. 1 Satz 4 UStG). 23

V. Zeitraum, Widerruf und Änderungsmöglichkeiten (Absatz 1 Sätze 5 bis 7)

Die Teilnahme **gilt** (in Umsetzung von Art. 57d Abs. 2 MwStVO) **ab dem Tag**, an welchem dem Unternehmer oder seinem Vertreter die nach Art. 369q Abs. 1 oder 3 MwStSystRL erteilte individuelle **Identifikationsnummer** des Unternehmers **bekannt gegeben** wurde (§ 18k Abs. 1 Satz 5 UStG). 24

25 Die **Beendigung** des Verfahrens kann nach den unionsrechtlichen Vorgaben durch eine **Anzeige** des Steuerpflichtigen (oder seines Vertreters) erfolgen, die mindestens **15 Tage vor Ende des** letzten **Monats**, in dem das Verfahren angewendet wird, erfolgen muss (Art. 57g Abs. 2 Satz 2 MwStVO). Der Unternehmer hat die Möglichkeit, den **Widerruf** des besonderen Besteuerungsverfahrens zu erklären (§ 18k Abs. 1 Satz 6 UStG). Dies ist **vor** dem **Beginn** des **Besteuerungszeitraumes, für welchen der Widerruf gelten soll**, durch amtlich vorgeschriebenen Datensatz durch Datenfernübertragung zu erklären (§ 18k Abs. 1 Satz 7 UStG).

26 **Änderungen**, die die Anzeige über das besondere Besteuerungsverfahren betreffen, sind der zuständigen Finanzbehörde des Mitgliedstaates, in dem das Verfahren angezeigt wurde, **spätestens am 10. Tag** des auf den Eintritt der Änderungen **folgenden Monats** durch den Unternehmer oder seinen Vertreter mitzuteilen (Art. 369p Abs. 4 MwStSystRL, Art. 57h MwStVO).[1]

27 Diese **Mitteilungspflicht** greift nach der FinVerw. insbesondere **auch** dann, **wenn keine Umsätze** i.S.d. Absatz 1 mehr erbracht werden oder das besondere **Besteuerungsverfahren** aufgrund anderer Änderungen **nicht mehr** angewandt werden kann.[2]

VI. Vorsteuerabzug

28 Ist ein Unternehmer im Ausland tätig und erbringt ausschließlich Fernverkäufe nach § 18k Abs. 1 Satz 1 UStG und ggf. § 59 Satz 1 UStDV, so kann er Vorsteuerbeträge nur im Rahmen des **Vorsteuer-Vergütungsverfahrens** geltend machen (§ 16 Abs. 1e Satz 4 UStG und § 18 Abs. 9 Satz 1 UStG i.V.m. § 59 Satz 1 Nr. 6, §§ 61 und 61a UStDV), soweit die Umsätze im Zusammenhang mit denjenigen nach Absatz 1 stehen.[3] Ein Vorsteuerabzug im IOSS-Verfahren ist nicht möglich (Art. 369w Unterabs. 1 MwStSystRL).

29 Auf die Unternehmer, die nicht im Gemeinschaftsgebiet ansässig sind, sind die **Einschränkungen von § 18 Abs. 9 Satz 5 und 6 UStG insoweit jedoch nicht anzuwenden.**[4] Dies betrifft insbesondere Unternehmer aus Drittländern die zwar auch selbst eine Form von Umsatzsteuer haben, jedoch für deutsche Unternehmer kein Vorsteuervergütungsverfahren möglich ist.

30 Im Falle von Vorsteuerbeträgen im Zusammenhang mit **anderen Umsätzen** (z.B. Lieferungen durch einen nicht im Gemeinschaftsgebiet ansässigen Unternehmer an einen in den EU ansässigen Unternehmer) gelten die **Einschränkungen** hingegen **unverändert**.[5]

31 Sofern der Unternehmer im Inland noch andere Umsätze erbringt, für die er im Inland die Umsatzsteuer schuldet und Umsatzsteuer-Voranmeldungen und/oder Umsatzsteuererklärungen für das Kalenderjahr zu übermitteln hat, können die Vorsteuerbeträge insgesamt nur im allgemeinen Besteuerungsverfahren geltend gemacht werden.[6]

C. Anzeigemodalitäten (Absatz 2)

32 Für die Teilnahme am IOSS-Verfahren regelt § 18k Abs. 2 UStG **weitere Voraussetzungen**. Die Norm enthält Bezüge zu § 18j Abs. 2 UStG (§ 18j Rz. 32 ff.).

33 Sind **ein Unternehmer oder sein Vertreter im übrigen Gemeinschaftsgebiet ansässig** (§ 13b Abs. 7 Satz 2 UStG), können sie die Teilnahme am besonderen Besteuerungsverfahren nur in dem Mitgliedstaat anzeigen, in dem sie auch ansässig sind (§ 18k Abs. 2 Satz 1 UStG). Außer in den Fällen des Satzes 4 kann ein **im Inland ansässiger Unternehmer bzw. sein Vertreter** die Teilnahme am besonderen Besteuerungsverfahren auch nur im Inland anzeigen (§ 18k Abs. 2 Satz 2). Nach der **Legaldefinition** in § 18k Abs. 2 Satz 3 UStG ist ein Unternehmer oder sein Vertreter dann im Inland ansässig,

1 Abschn. 18k Abs. 1 Satz 9 UStAE.
2 Abschn. 18k Abs. 5 Satz 1 UStAE.
3 Abschn. 18k Abs. 8 Satz 1 UStAE.
4 Abschn. 18k Abs. 8 Satz 2 UStAE.
5 Abschn. 18k Abs. 8 Satz 3 UStAE.
6 Abschn. 18k Abs. 8 Satz 4 UStAE.

wenn er im Inland seinen Sitz oder seine Geschäftsleitung hat oder er, im Falle einer Ansässigkeit im Drittlandsgebiet, im Inland eine Betriebsstätte unterhält.

Ein Unternehmer bzw. sein Vertreter hat ein **Wahlrecht**, ob die Teilnahme am besonderen Besteuerungsverfahren in einem anderen Mitgliedstaat oder im Inland stattfinden soll, sofern der Unternehmer bzw. sein Vertreter neben der Betriebsstätte im Inland noch mindestens eine weitere Betriebsstätte im übrigen Gemeinschaftsgebiet hat (§ 18k Abs. 2 Satz 4 UStG). An die entsprechend erklärte Entscheidung ist der Unternehmer bzw. sein Vertreter **für** das betreffende Kalenderjahr und die **beiden darauffolgenden Kalenderjahre gebunden** (§ 18k Abs. 2 Satz 5 UStG). 34

D. Ablehnung (Absatz 3)

Das BZSt entscheidet, wie auch im Rahmen von § 18i UStG (§ 18i Abs. 2 UStG) und § 18j UStG (§ 18j Abs. 3 UStG), über die Teilnahme am IOSS-Verfahren, sofern dessen Durchführung in der Bundesrepublik Deutschland erwogen wird (§ 18k Abs. 3 UStG). Unionsrechtlich beruht diese Regelung auf Art. 369m MwStSystRL, wonach das Verfahren nur zu „gestatten" ist, wenn die Voraussetzungen vorliegen. Im Falle einer **ablehnenden Entscheidung** hat das BZSt dies gegenüber dem betroffenen Unternehmer festzustellen und mitzuteilen (§ 18j Abs. 3 UStG). 35

Die Ablehnungsentscheidung dürfte als Verwaltungsakt mittels Einspruch und Verpflichtungsklage angreifbar sein.[1] 36

E. Steuererklärung (Absatz 4)

Der Unternehmer des IOSS-Verfahren nach Absatz 1 oder der im Auftrag handelnde Vertreter verpflichtet sich zur Abgabe einer **elektronischen Steuererklärung** (vgl. Art. 369s MwStSystRL) an das BZSt innerhalb eines Monats nach Ablauf des entsprechenden Besteuerungszeitraums gemäß § 16 Abs. 1e Satz 1 UStG (§ 18k Abs. 4 Satz 1 UStG). Unionsrechtlich ergeben sich die Vorgaben für den Inhalt der Erklärungen aus Art. 369t MwStSystRL und Art. 59a MwStVO sowie Art. 4 i.V.m. Anhang III Spalte D der Zusammenarbeits-DVO. Eine entsprechende Erklärungspflicht existiert für das Nicht-EU-OSS-Verfahren nach § 18i UStG (§ 18i Abs. 3 UStG; § 18i Rz. 26 ff.) und für das EU-OSS-Verfahren nach § 18j UStG (§ 18j Abs. 4 UStG; § 18j Rz. 39 ff.). 37

Die **Pflicht zur Abgabe** einer **Steuererklärung** besteht **auch** dann, **wenn keine Leistungen** erbracht worden sind;[2] **insofern** handelt es sich um eine **Nullerklärung** (Art. 59a MwStVO).[3] 38

In der Steuererklärung sind die erbrachten Umsätze **nach Mitgliedstaaten** aufzuschlüsseln und den **dort geltenden Steuersätzen** zu unterwerfen (Art. 369t Abs. 1 MwStSystRL).[4] Die in der Umsatzsteuererklärung zu erklärenden Beträge sind grundsätzlich in **Euro** anzugeben, wenn nicht ein Mitgliedstaat als Leistungsort die Angabe in seiner Landeswährung fordert (Art. 369u Abs. 1 MwStSystRL, Art. 61c MwStVO).[5] Müssen Beträge in einer Landeswährung erklärt werden, sind diese zum Umrechnungskurs im Zeitpunkt des Ablaufs des Besteuerungszeitraumes zu erklären (Art. 369u Abs. 1 Unterabs. 2 Satz 2 MwStSystRL).[6] Es sind keine Durchschnittskurse heranzuziehen.[7] Die Beträge in der Erklärung sind nicht zu runden (vgl. Art. 60 MwStVO). 39

Die zu zahlende Steuer ist dabei **selbst zu berechnen** (§ 18k Abs. 4 Satz 2 UStG) und wird **fällig** mit Ablauf desjenigen Monats, der auf den Besteuerungszeitraum folgt (§ 18k Abs. 4 Satz 3 UStG). D.h., 40

1 So auch *Treiber* in Sölch/Ringleb, § 18j UStG, Rz. 61 (Stand: März 2023); *Paucksch* in Weymüller § 18j UStG, Rz. 226 (Stand: März 2023).
2 Abschn. 18k Abs. 2 Satz 1 UStAE.
3 *Paucksch* in BeckOK, § 18k UStG Rz. 136 (Stand: März 2023); *Treiber* in Sölch/Ringleb, § 18i UStG Rz. 111 (Stand: März 2021).
4 Abschn. 18k Abs. 2 Satz 2 UStAE.
5 Abschn. 18k Abs. 4 Satz 1 UStAE.
6 Abschn. 18k Abs. 4 Satz 2 UStAE.
7 Abschn. 18k Abs. 4 Satz 3 UStAE.

der Unternehmer muss die errechnete Steuerschuld **bis zum Ablauf des letzten Tages des Folgemonats** entrichtet haben. Diese Regelung ist damit im Geltungsraum des UStG **günstiger als die unionsrechtliche Vorgabe** des Art. 369v Unterabs. 1 MwStSystRL, wonach die Zahlung bis spätestens zum Ende der Frist, in der die Erklärung abzugeben ist, zu leisten wäre.

41 Im Falle der Nichtzahlung greifen im Anschluss an eine **einmalige Mahnung** (Art. 63a Abs. 1 MwStVO) **sodann** die **steuerverfahrensrechtlichen Regelungen des Bestimmungslands** (z.B. bzgl. Zweitmahnung, Vollstreckung, Zinsen und Verspätungszuschlägen gem. Art. 63a Abs. 3 und 4 und Art. 63b MwStVO). In der Praxis sollten Unternehmen deshalb die fristgemäße Zahlung **besonders sorgfältig überwachen**.

42 Im Gegensatz zum regulären Erklärungsverfahren ist **keine Jahreserklärung** vorgesehen (Art. 59 Abs. 1 MwStVO). **Bei Beendigung** des Verfahrens ist jedoch eine **„abschließende" Steuererklärung** vorgesehen (Art. 61a Abs. 2 MwStVO). Spätere Änderungen sind dann nur noch im jeweiligen Bestimmungsland möglich (Art. 61 Abs. 1 Unterabs. 2 MwStVO). Für die Praxis ist daher für die Erstellung dieser abschließenden Erklärung **besondere Sorgfalt** geboten.

43 Das **allgemeine Besteuerungsverfahren** ist **ausgeschlossen, soweit** der Unternehmer im **Inland** Fernverkäufe nach Absatz 1 Satz 1 erbringt (§ 18k Abs. 4 Satz 4 UStG).[1] Im Übrigen schließen sich allgemeines und besonderes Besteuerungsverfahren hingegen nicht aus.[2]

44 **Berichtigungen** einer Steuererklärung sind mit einer späteren Steuererklärung anzuzeigen und müssen innerhalb von drei Jahren nach Ablauf desjenigen Monats erfolgen, der auf den jeweiligen Besteuerungszeitraum folgt (§ 18k Abs. 4 Satz 5 UStG, Art. 61 Abs. 1 Unterabs. 1 und Abs. 2 MwStVO). Anders als im regulären Erklärungsverfahren kommt es daher nicht zu einer Änderung der ursprünglich abgegebenen Erklärung. Für im Inland steuerbare Umsätze sind die allgemeinen Änderungsvorschriften der AO überdies weiterhin anwendbar.[3]

F. Steuererklärung im anderen Mitgliedstaat (Absatz 5)

45 Im Zeitpunkt der Übermittlung und Bearbeitung einer Umsatzsteuererklärung durch das BZSt gilt diese als **Steueranmeldung** i.S.d. § 150 Abs. 1 Satz 3 und § 168 AO (§ 18k Abs. 5 Satz 1 UStG). Dies gilt entsprechend auch für die Berichtigung einer Steuererklärung (§ 18k Abs. 5 Satz 2 UStG).

46 Die **Erklärungsfrist** gilt bei Übermittlung gegenüber der Finanzbehörde des anderen Mitgliedstaates bis zum letzten Tag der in § 18k Abs. 4 Satz 1 UStG festgelegten Frist als eingehalten (§ 18k Abs. 5 Satz 3 UStG). Die **Zahlungsfrist** wiederum gilt als eingehalten, wenn der Eingang der Umsatzsteuer im anderen Mitgliedstaat bis zum letzten Tag der Frist des § 18k Abs. 4 Satz 3 UStG erfolgt ist (§ 18k Abs. 5 Satz 4 UStG).

47 Eine **Säumnis** i.S.d. § 240 AO tritt **frühestens mit Ablauf des 10 Tages** ein, der auf den **Ablauf des zweiten Monats nach dem Besteuerungszeitraum** folgt (§ 18k Abs. 5 Satz 5 UStG).

48 **§ 18i Abs. 4 UStG** (§ 18i Rz. 33 ff.) und **§ 18j Abs. 5 UStG** enthalten (§ 18j Rz. 47 ff.) parallele Regelungen.

G. Pflichtverletzungen (Absatz 6)

49 Erfüllt der Unternehmer oder sein Vertreter im Rahmen des IOSS-Verfahrens wiederholt nicht oder nicht rechtzeitig seine Pflichten in Bezug auf die Abgabe von Steuererklärungen (§ 18k Abs. 4 UStG) oder die nationalen (§ 22 Abs. 1 UStG) oder mitgliedstaatlichen Aufzeichnungspflichten, so **kann** das **BZSt** den Unternehmer bzw. seinen Vertreter **wegen** dieser **Pflichtverletzungen** von dem besonderen Besteuerungsverfahren **ausschließen** (§ 18k Abs. 6 Satz 1 UStG). Ein Ausschluss bei Pflichtverletzungen dieser Art ist auch im Rahmen der weiteren besonderen Besteuerungsverfahren nach § 18i UStG

1 Abschn. 18k Abs. 2 Satz 6 UStAE.
2 Abschn. 18k Abs. 2 Satz 6 UStAE.
3 Abschn. 18k Abs. 2 Satz 8 UStAE.

(§ 18i Rz. 37 ff.) und nach § 18j UStG (§ 18j Rz. 51 ff.) vorgesehen. Unionsrechtlich beruht diese Regelung auf Art. 369r MwStSystRL und den Art. 58 ff. MwStVO.

Zur Beurteilung, ob ein **wiederholter Verstoß** vorliegt, wendet die FinVerw. dieselben Grundsätze wie bereits im Rahmen von § 18 i UStG (§ 18i Rz. 38) und § 18j UStG (§ 18j Rz. 32) an.[1] Sofern ein **im Auftrag handelnder Vertreter** ausgeschlossen wird, wirkt dies auch gegen den Unternehmer.[2] Ein wiederholter Verstoß liegt diesen Ausführungen entsprechend in den folgenden Fällen vor: 50

- Der Unternehmer wurde für drei unmittelbar vorangegangene Besteuerungszeiträume an die Übermittlung der Umsatzsteuererklärung erinnert und hat die **Umsatzsteuererklärung** für jeden dieser Besteuerungszeiträume nicht bis zum 10. Tag nach der Erinnerung übermittelt.[3]
- Der Unternehmer wurde für drei unmittelbar vorangegangene Besteuerungszeiträume an die **Zahlung der Steuer** erinnert und hat den Gesamtbetrag der Steuer nicht für jeden dieser Besteuerungszeiträume bis zum 10. Tag nach der Zahlungserinnerung entrichtet (es sei denn, der rückständige Betrag beträgt weniger als 100 Euro für jeden der Besteuerungszeiträume).[4]
- Der Unternehmer ist nach einer Aufforderung zur **elektronischen Zurverfügungstellung seiner Aufzeichnungen** und einer entsprechenden Erinnerung diesem nicht innerhalb eines Monats nach Erteilung der Erinnerung nachgekommen.[5]
- Darüber hinaus kann der Unternehmer von dem besonderen Besteuerungsverfahren auch dann ausgeschlossen werden, wenn er über **zwei Jahre** hinweg **überhaupt keine Umsätze** i.S.d. Absatzes 1 erbracht hat.[6]

Die **Wirksamkeit** des Ausschlusses tritt am **Tag, der auf den Zeitpunkt der Bekanntgabe folgt** ein (§ 18k Abs. 6 Satz 3 Halbs. 1 UStG). Bezieht sich der Ausschluss auf eine Änderung des Ortes des Sitzes oder der Betriebsstätte, wirkt er bereits ab dem Tag dieser Änderung (§ 18k Abs. 6 Satz 3 Halbs. 2 UStG). 51

Hängt der Ausschluss nicht mit einem Ortswechsel oder einer wiederholten Pflichtverletzung zusammen, sondern wird aus anderen Gründen ausgesprochen, so gilt er ab dem Besteuerungszeitraum, der nach dem Zeitpunkt der Bekanntgabe des Ausschlusses gegenüber dem Unternehmer bzw. seinem Vertreter folgt (§ 18k Abs. 6 Satz 3 UStG). 52

Der Ausschluss bleibt **bis zum Ablauf von zwei Jahren**, die auf den Besteuerungszeitraum der Bekanntgabe des Ausschlusses folgen, **wirksam.**[7] 53

Im Falle wiederholter Pflichtverletzungen wird der Unternehmer auch von den besonderen **Besteuerungsverfahren nach den §§ 18i und 18j UStG** ausgeschlossen, wenn nicht der Ausschluss durch einen wiederholten Verstoß eines Vertreters bedingt war (§ 18k Abs. 6 Satz 4 UStG). Dies gilt auch für erstmalige oder erneute Teilnahmen.[8] 54

Der Ausschluss dürfte als Verwaltungsakt mittels Einspruches und Anfechtungsklage angreifbar sein.[9] 54.1

H. Geltung der AO und der FGO (Absatz 7)

§ 18k Abs. 7 UStG ordnet die Geltung der §§ 2a, 29b bis 30, 32a bis 32j, 80, 87a, 87b und des Zweiten Abschnitts des Dritten Teils (§§ 118–133 AO) und des Siebten Teils (§§ 347–367 AO) der Abgabenordnung sowie der Finanzgerichtsordnung an, wie es auch § 18i Abs. 5 UStG und § 18j Abs. 6 UStG für die jeweils geltenden besonderen Besteuerungsverfahren vorsehen. 55

1 Abschn. 18k Abs. 7 Satz 2 UStAE.
2 Abschn. 18k Abs. 7 Satz 4 UStAE.
3 Abschn. 18i Abs. 7 Satz 2 Nr. 1 UStAE.
4 Abschn. 18i Abs. 7 Satz 2 Nr. 2 UStAE.
5 Abschn. 18i Abs. 7 Satz 2 Nr. 3 UStAE.
6 Abschn. 18k Abs. 7 Satz 3 UStAE.
7 Abschn. 18k Abs. 7 Satz 7 UStAE.
8 Abschn. 18k Abs. 7 Satz 7 UStAE.
9 Bzgl. der Ablehnungsentscheidung: *Treiber* in Sölch/Ringleb, § 18j UStG, Rz. 61 (Stand: März 2023); *Paucksch* in Weymüller, BeckOK, § 18j UStG, Rz. 226 (Stand: März 2023).

I. Geltung bei Gebietskörperschaften (Absatz 8)

56 § 18j Abs. 8 UStG verweist auf die entsprechende Anwendung des § 18 Abs. 4f UStG. Bei Gebietskörperschaften, die Erklärungspflichten begründen, müssen demgemäß die Organisationseinheiten von Bund und Ländern (§ 18 Rz. 89 ff.) auch im Rahmen des besonderen Besteuerungsverfahrens nach § 18j UStG für die damit einhergehenden steuerlichen Rechte und Pflichten wahrnehmen.

§ 19 Besteuerung der Kleinunternehmer

(1) [1]Die für Umsätze im Sinne des § 1 Abs. 1 Nr. 1 geschuldete Umsatzsteuer wird von Unternehmern, die im Inland oder in den in § 1 Abs. 3 bezeichneten Gebieten ansässig sind, nicht erhoben, wenn der in Satz 2 bezeichnete Umsatz zuzüglich der darauf entfallenden Steuer im vorangegangenen Kalenderjahr 22 000 Euro nicht überstiegen hat und im laufenden Kalenderjahr 50 000 Euro voraussichtlich nicht übersteigen wird. [2]Umsatz im Sinne des Satzes 1 ist der nach vereinnahmten Entgelten bemessene Gesamtumsatz, gekürzt um die darin enthaltenen Umsätze von Wirtschaftsgütern des Anlagevermögens. [3]Satz 1 gilt nicht für die nach § 13a Abs. 1 Nr. 6, § 13b Absatz 5, § 14c Abs. 2 und § 25b Abs. 2 geschuldete Steuer. [4]In den Fällen des Satzes 1 finden die Vorschriften über die Steuerbefreiung innergemeinschaftlicher Lieferungen (§ 4 Nr. 1 Buchstabe b, § 6a), über den Verzicht auf Steuerbefreiungen (§ 9), über den gesonderten Ausweis der Steuer in einer Rechnung (§ 14 Absatz 4), über die Angabe der Umsatzsteuer-Identifikationsnummern in einer Rechnung (§ 14a Absatz 1, 3 und 7), über den Vorsteuerabzug (§ 15) und über die Erklärungspflichten (§ 18 Absatz 1 bis 4) keine Anwendung; § 149 Absatz 1 Satz 2 der Abgabenordnung und § 18 Absatz 4a bleiben unberührt.

(2) [1]Der Unternehmer kann dem Finanzamt bis zum Ablauf des zweiten auf den Besteuerungszeitraum folgenden Kalenderjahres erklären, dass er auf die Anwendung des Absatzes 1 verzichtet. [2]Die Erklärung bindet den Unternehmer mindestens für fünf Kalenderjahre. [3]Sie kann nur mit Wirkung von Beginn des folgenden Kalenderjahres an widerrufen werden.

(3) [1]Gesamtumsatz ist die Summe der vom Unternehmer ausgeführten steuerbaren Umsätze im Sinne des § 1 Abs. 1 Nr. 1 abzüglich folgender Umsätze:

1. der Umsätze, die nach § 4 Nr. 8 Buchstabe i, Nr. 9 Buchstabe b und Nummer 11 bis 29 steuerfrei sind;

2. der Umsätze, die nach § 4 Nr. 8 Buchstabe a bis h, Nr. 9 Buchstabe a und Nr. 10 steuerfrei sind, wenn sie Hilfsumsätze sind.

[2]Soweit der Unternehmer die Steuer nach vereinnahmten Entgelten berechnet (§ 13 Abs. 1 Nr. 1 Buchstabe a Satz 4 oder § 20), ist auch der Gesamtumsatz nach diesen Entgelten zu berechnen. [3]Hat der Unternehmer seine gewerbliche oder berufliche Tätigkeit nur in einem Teil des Kalenderjahres ausgeübt, so ist der tatsächliche Gesamtumsatz in einen Jahresgesamtumsatz umzurechnen. [4]Angefangene Kalendermonate sind bei der Umrechnung als volle Kalendermonate zu behandeln, es sei denn, dass die Umrechnung nach Tagen zu einem niedrigeren Jahresgesamtumsatz führt.

(4) [1]Absatz 1 gilt nicht für die innergemeinschaftlichen Lieferungen neuer Fahrzeuge. [2]§ 15 Abs. 4a ist entsprechend anzuwenden.

Schrifttum: *Adam*, Die Anwendung der Kleinunternehmerregelung des § 19 Abs. 1 UStG nach einer tatsächlichen Verständigung, UR 2017, 659; *Ammann*, Hans im Umsatzsteuer-Glück, UR 2021, 848; *Becker*, Neue Regelungen für Kleinunternehmer, MwStR 2018, 787; *Becker*, Keine Anwendung der Kleinunternehmerregelung bei zweckwidriger Inanspruchnahme durch Aufspaltung der unternehmerischen Tätigkeit, NWB 2019, 9; *Blank*, Vorteilhaftigkeit der Kleinunternehmerregelung nach § 19 UStG, StuB 2017, 623; *Flad*, Die Reform der Kleinunternehmerregelung zum 1.1.2025, MwStR 2023, 878; *Heuermann*, Unternehmensgröße in der Umsatzsteuer, BB 2017, 2583; *Hörster*, Regierungsentwurf eines Wachstumschancengesetzes, NWB 2023, 2790; *Kirchinger/Dachauer*, Die Kleinunternehmerregelung nach § 19 UStG – eine echte Erleichterung für Unternehmensgründer?, MwStR 2020, 655; *Korn*, Umsatzbesteuerung von Kleinunternehmern, MwStR 2014, 232; *Mans/Paßgang*, Die Kleinunternehmerfalle UStB 2013, 269; *Mensch*, Besteuerung als Kleinunternehmer, UR 2014, 472; *Meurer*, Die Kleinunternehmerregelung im Umsatzsteuerrecht, NWB 2013, 2016; *Pieske-Kontny*, Nichterhebung der Umsatzsteuer von Kleinunternehmern nur im Ansässigkeitsstaat?, StBp 2021, 336; *Tehler*, Gestaltungsrecht der Gebrauchtwarenhändler und Reisebüros bei der Ermittlung des Gesamtumsatzes der Kleinunternehmerregelung, UVR 2016, 345; *Trinks/Bob*, Der Jahresgesamtumsatz des umsatzsteuerlichen Kleinunternehmers, BB 2014, 158.

A. Grundaussagen

I. Regelungsgegenstand und Bedeutung

1. Systemwidrige Vereinfachungsregelung

1 § 19 UStG enthält im Abschnitt V. „Besteuerung" eine besondere Regelung zur Besteuerung als sog. Kleinunternehmer. Der Kleinunternehmer wird aus **Praktikabilitätsgründen** aus dem USt-System ausgegliedert.[1] Obwohl er begrifflich § 2 UStG unterfällt, wird der Kleinunternehmer bei Anwendung des § 19 UStG **wie ein Nichtunternehmer** behandelt.[2] § 19 UStG ist als Bagatellregelung[3] eine **Sondervorschrift** gegenüber dem allgemeinen, größenunabhängigen Unternehmerbegriff des § 2 UStG[4] und schließt die daran regulär anknüpfenden Umsatzsteuerfolgen aus (§ 19 Abs. 1 Satz 4 UStG). Kleinunternehmer haben folgerichtig wie Nichtunternehmer kein Vorsteuerabzugsrecht.[5] Materiell wirkt § 19 UStG wie eine **umsatzabhängige Steuerbefreiung ohne Vorsteuerabzug**.[6] Die Kleinunternehmerregelung widerspricht als ein „Fremdkörper im Umsatzsteuerrecht" dem Ziel der Verbrauchsteuerrechts, den Endverbraucher entsprechend seiner Leistungsfähigkeit zu besteuern,[7] ist aber zur **Vereinfachung der Steuererhebung** im Dienste der Praktikabilität für die Verwaltung und den Kleinunternehmer gerechtfertigt.[8] Die Kleinunternehmerregelung ist trotz ihrer Systemfremdheit Ausdruck des Verhältnismäßigkeitsgebotes, weil andernfalls kleine Unternehmen überfordert würden. Da die Unternehmerfähigkeit keine gesetzliche Voraussetzung ist, können auch unbedarfte Personen Kleinunternehmer sein, die der besonderen Fürsorge durch einen Berater und die FinVerw. bedürfen. Auch Kleinunternehmer sind Unternehmer und haben Unternehmerpflichten bei der Umsatzsteuer (insbesondere § 22 UStG) zu erfüllen (Rz. 27).

2. Wirkungen der Kleinunternehmerregelung

2 Die Behandlung als Kleinunternehmer hat gegenüber der „allgemeinen Besteuerung" (so § 15a Abs. 7 UStG) **Vorteile**[9] **und Nachteile**.[10] Wegen des Ausschlusses des Vorsteuerabzugs ist § 19 UStG kein allgemeines Privileg für Kleinunternehmer. Die **Wettbewerbswirkungen** der Kleinunternehmerregelung sind ambivalent.[11] Der Wettbewerbsvorteil für den Kleinunternehmer liegt darin, seine Leistungen um den jeweiligen Umsatzsteuersatz günstiger anbieten zu können.[12] Bei der Regelbesteuerung trifft den Unternehmer demgegenüber neben der Zahlungspflicht auch erhöhter Aufwand zur Erfüllung der Aufzeichnungs- und Erklärungspflichten, aber ihm steht materiell der Vorsteuerabzug zu. Soweit der Kleinunternehmer seine Umsätze gegenüber vorsteuerabzugsberechtigten Unternehmern erbringt, schlägt der Vorteil der Steuerbefreiung in einen Wettbewerbsnachteil um, weswegen § 19 Abs. 2 UStG den **Verzicht auf die Kleinunternehmerregelung** eröffnet.[13] Welche Besteuerungsform vorteilhaft ist, bedarf einer einzelfallbezogenen Analyse.[14] Insbesondere bei einem Vorsteuerüberhang und bei Leistungen an vorsteuerabzugsberechtigte Abnehmer ist der Verzicht auf die Kleinunternehmerregelung

1 *Jakob*, Umsatzsteuer[4], Rz. 170.
2 *Korn* in Bunjes[22], § 19 UStG Rz. 1–3; *Friedrich-Vache* in Reiß/Kraeusel/Langer, § 19 UStG Rz. 1 (Stand: September 2020).
3 FG Rheinland-Pfalz, Urt. v. 26.9.2017 – 3 K 1461/16, EFG 2017, 1847 (1849).
4 *Birk/Desens/Tappe*, Steuerrecht[26], Rz. 1657.
5 *Korn* in Bunjes[22], § 19 UStG Rz. 3.
6 FG Rheinland-Pfalz, Urt. v. 26.9.2017 – 3 K 1461/16, EFG 2017, 1847 (1849); *Stadie*, Umsatzsteuerrecht, Rz. 17.3.
7 *Friedrich-Vache* in Reiß/Kraeusel/Langer, § 19 UStG Rz. 5 (Stand: September 2020).
8 FG Rheinland-Pfalz, Urt. v. 26.9.2017 – 3 K 1461/16, EFG 2017, 1847 (1849) m.w.N.; zu verfassungsrechtlichen Zweifeln *Stadie* in Rau/Dürrwächter, § 19 UStG Rz. 21 ff. (Stand: Juni 2023).
9 Fallbeispiel bei *Kirchinger/Dachauer*, MwStR 2020, 655 (657) sowie anhand des Märchens „Hans im Glück" *Ammann*, UR 2021, 848.
10 Zur „Kleinunternehmerfalle" *Mans/Paßgang*, UStB 2013, 269 bei innergemeinschaftlichen sonstigen Leistungen sowie innergemeinschaftlichen Erwerben.
11 Näher *Stadie*, Umsatzsteuerrecht, Rz. 17.9–17.11.
12 *Michel* in Birkenfeld/Wäger, Umsatzsteuer-Handbuch, § 19 UStG Rz. 40 (Stand: März 2022).
13 *Stadie*, Umsatzsteuerrecht, Rz. 17.11.
14 Steuerplanerische Analyse der Kleinunternehmerregelung bei *Blank*, StuB 2017, 623.

(Rz. 31 ff.) zu erwägen. Unbedarfte Kleinunternehmer bedürfen darum fachkundiger Beratung bei der Aufnahme der Tätigkeit, insbesondere über verbundene Risiken (Rechtsfolgen nach § 14c Abs. 2 UStG; Rz. 24) sowie einer laufenden Überwachung der Kleinunternehmergrenzen.

II. Unionsrechtliche Grundlagen

1. Grundlage in der MwStSystRL

Die unionsrechtliche Grundlage für § 19 UStG bilden **Art. 281–292 MwStSystRL**, wonach die Mitgliedstaaten **Sonderregelungen für Kleinunternehmen** in Form einer vereinfachten Besteuerung, einer Steuerbefreiung oder einer degressiven Steuerermäßigung schaffen können. Bei der Ausgestaltung der Kleinunternehmerregelung gewährt die Richtlinie einen weiten Gestaltungsspielraum[1] und lässt auch nationale Sonderregelungen zu.[2] Aus Sicht des EuGH ist die unionsrechtliche Ermächtigung als Abweichung bzw. Ausnahme von einer allgemeinen Regel eng auszulegen.[3] Das sekundäre Unionsrecht gibt derzeit (Rz. 5) die Beschränkung der Kleinunternehmerregelung auf im Inland ansässige Unternehmer vor (Art. 283 Abs. 1 Buchst. c MwStSystRL). Diese Beschränkung des freien Dienstleistungsverkehrs (Art. 56 AEUV) ist beim gegenwärtigen Stand der Entwicklung der Mehrwertsteuerregelung jedoch durch die Ziele gerechtfertigt, die Wirksamkeit der Steueraufsicht zur Bekämpfung von Steuerhinterziehungen, Steuerumgehungen und etwaigen Missbräuchen zu gewährleisten und die Wettbewerbsfähigkeit der Kleinunternehmen zu stärken.[4] Darauf gestützt beschränkt sich die Kleinunternehmerregelung auf Unternehmer, die im Mitgliedstaat der Leistungserbringung ansässig sind.[5] Da nach der Rspr. eine dauernde Präsenz des Kleinunternehmers im Aufnahmemitgliedstaat sichergestellt sein muss, reicht die Vermietung einer Wohnung jedenfalls für die Anwendung der Kleinunternehmerregelung weder als ansässigkeits- noch als niederlassungsbegründend aus.[6] 3

2. Unionsrechtskonforme Umsetzung in Deutschland

Bislang galt die deutsche Kleinunternehmerregelung **weithin** als **unionsrechtskonform**.[7] Unionsrechtliche Zweifel bei der Differenzbesteuerung sind inzwischen ausgeräumt (Rz. 40). Nach dem Urteil des EuGH zu einem rumänischen Fall ist Art. 288 Abs. 1 Nr. 4 MwStSystRL dahin auszulegen, dass die Vermietung einer Immobilie durch eine steuerpflichtige natürliche Person, deren wirtschaftliche Tätigkeit ansonsten in der Ausübung mehrerer freier Berufe besteht, keinen „Nebenumsatz" im Sinne dieser Bestimmung darstellt, wenn dieser Umsatz im Rahmen einer gewöhnlichen beruflichen Tätigkeit des Steuerpflichtigen getätigt wird. Daraus wird abgeleitet, dass § 19 Abs. 3 UStG die Richtlinienvorgaben nicht zutreffend umsetzt, weil die Norm vom Gesamtumsatz steuerfreie Vermietungsumsätze ohne Einschränkung auf Hilfsumsätze stets abzieht.[8] Wegen der Schwierigkeiten der Bestimmung des Nebenumsatzes spricht aber viel für die Sachbehandlung des deutschen Rechts, steuerfreie Vermietungen auch ohne diese Differenzierung außer Betracht zu lassen.[9] 4

---

1 EuGH, Urt. v. 12.7.1988 – C-138/86, ECLI:EU:C:1988:383 – Direct Cosmetics Ltd und Laughtons Photographs, UR 1990, 286, Rz. 41.

2 EuGH, Urt. v. 17.5.2018 – C-566/16, ECLI:EU:C:2018:321 – Vámos, UR 2018, 568, Rz. 30 ff. zu weiteren Pflichten zur Sicherstellung der MwSt-Erhebung.

3 EuGH, Urt. v. 28.9.2006 – C-128/05, ECLI:EU:C:2006:612 – Kommission/Österreich, UR 2007, 230, Rz. 22.

4 EuGH, Urt. v. 26.10.2010 – C-97/09, ECLI:EU:C:2010:632 – Schmelz, UR 2010, 32; kritisch zur Rechtfertigung und zur Gleichbehandlung *Stadie* in Rau/Dürrwächter, § 19 UStG Rz. 19 (Stand: Juni 2023); vertiefend *Heuermann*, BB 2017, 2583 (2584 ff.).

5 BFH, Urt. v. 12.12.2019 – V R 3/19, BFHE 268, 383 = UR 2020, 479 (480).

6 BFH, Urt. v. 12.12.2019 – V R 3/19, BFHE 268, 383 = UR 2020, 479 (480); dazu *Korn*, MwStR 2020, 546; *Pieske-Kontny*, StBp 2021, 336; krit. *Kirchinger/Dachauer*, UR 2020, 481 auch mit Hinweis zur anstehenden Neuregelung s. Rz. 5.

7 *Michel* in Birkenfeld/Wäger, Umsatzsteuer-Handbuch, § 19 UStG Rz. 11, 63 ff. m.w.N. (Stand: März 2022); zu Abweichungen des § 19 UStG vom Unionsrecht und dessen unmittelbarer Anwendbarkeit *Ammann*, UR 2021, 848 (852).

8 *Korn*, MwStR 2020, 887 f.

9 Näher zur Unionsrechtskonformität *Michel* in Birkenfeld/Wäger, Umsatzsteuer-Handbuch, § 19 UStG Rz. 123, 125 ff. m.w.N. (Stand: März 2022).

3. Europäische Perspektiven

5 Die durch die MwStSystRL eröffneten nationalen Kleinunternehmerregelungen sollen die Befolgungskosten beim Mehrwertsteuervollzug verringern, sind aber unterschiedlich ausgestaltet und gelten nur im jeweiligen Mitgliedstaat.[1] Um kleinere und mittlere Unternehmen unionsweit zu entlasten, die Regelungen für Kleinunternehmer unionsweit zu vereinfachen und – im Gegensatz zum geltenden Recht – grenzüberschreitend anzuwenden, hat die Europäische Kommission am 1.8.2018 den Vorschlag für eine Richtlinie des Rates zur Änderung der MwStSystRL in Bezug auf die Sonderregelung für Kleinunternehmer vorgelegt.[2] Dieser sieht die Definition von Kleinunternehmen, Schwellenwerte des Jahresumsatzes (EU-einheitliche, optionale Höchstgrenze von 85.000 Euro mit der Möglichkeit, für verschiedene Wirtschaftssektoren unterschiedliche Schwellenwerte festzulegen), grenzüberschreitende Anwendung der Vereinfachungsregelungen (bei Jahresumsatz in der EU bis 100.000 Euro und Nichtüberschreiten des Schwellenwertes im Ansässigkeitsstaat), Vereinfachungen für steuerbefreite Kleinunternehmer und Vereinfachungen für nicht steuerbefreite Kleinunternehmer vor.[3] Die Vorschläge der Europäischen Kommission vom 18.1.2018[4] sollen die Befolgung der mehrwertsteuerrechtlichen Vorschriften erleichtern und die Steuerbefreiungen erweitern. Ab dem 1.1.2025 gelten Art. 284–288a und Art. 292a-d i.d.F. Richtlinie (EU) 2020/285 zur Sonderregelung für Kleinunternehmen.[5] Art. 284 MwStSystRL sieht – anders als bislang Deutschland – für Kleinunternehmer die Möglichkeit der Steuerbefreiung vor, so dass keine Steuerschuld entsteht. Nach Art. 292d MwStSystRL können die Mitgliedstaaten von der Steuer befreite Kleinunternehmen von bestimmten oder allen Pflichten befreien.[6] Danach könnten zukünftig Prognoseentscheidungen entfallen. Der nationale Gesetzgeber ist zur unionsrechtskonformen Ausgestaltung gefordert.[7]

III. Verhältnis zu anderen Vorschriften und Rechtsentwicklung

1. § 19 UStG im Normenzusammenhang

6 § 19 Abs. 1 Satz 4 UStG schließt zentrale Vorschriften der Regelbesteuerung über die Steuerbefreiung innergemeinschaftlicher Lieferungen (§ 4 Nr. 1 Buchst. b, § 6a UStG), den Verzicht auf Steuerbefreiungen (§ 9 UStG), den gesonderten Ausweis der Steuer in einer Rechnung (§ 14 Abs. 4 UStG), die Angabe der USt-IdNrn. in einer Rechnung (§ 14a Abs. 1, 3 und 7 UStG) und den Vorsteuerabzug (§ 15 UStG) bei der Besteuerung von Kleinunternehmern aus (Rz. 19). Einzelne Vorschriften verweisen ausdrücklich auf § 19 UStG (z.B. § 15a Abs. 7 UStG zur Änderung der Verhältnisse, Rz. 49). So greift die Differenzbesteuerung nach § 25a Abs. 1 Nr. 2a UStG auch, wenn die Umsatzsteuer beim Kleinunternehmer nicht erhoben wird.[8] Einzelne Vorschriften schließen die Anwendung der Kleinunternehmerregelung aus (z.B. § 13b Abs. 8 UStG), andere gelten nicht für Unternehmer, die § 19 UStG anwenden (§ 18a Abs. 4 UStG). Die allgemeine Missbrauchsvorschrift des § 42 AO gilt auch im Rahmen der Kleinunternehmerregelung (Rz. 30).

2. Rechtsentwicklung

7 Bereits das UStG 1967/73 enthielt eine Sonderregelung für die Besteuerung von Unternehmern mit niedrigem Gesamtumsatz (Vorjahresumsatz bis zu 60.000 DM) und durch das UStG 1980 wurde eine Nichterhebungsgrenze für sog. Kleinunternehmer mit einer sog. degressiven Steuerermäßigung bis zu einem Gesamtumsatz von 60.000 DM eingeführt. Die Kleinunternehmerregelung wurde durch das

---

1 *Ismer* in FS 100 Jahre Umsatzsteuer in Deutschland, 935 (947).
2 COM(2018) 21 final.
3 *Friedrich-Vache* in Reiß/Kraeusel/Langer, § 19 UStG Rz. 6 (Stand: September 2020); näher *Becker*, MwStR 2018, 787.
4 ABl. EU 2020 Nr. L 62, 13.
5 Eingehend *Flad*, MwStR 2023, 878; z.T. krit. *Ismer* in FS 100 Jahre Umsatzsteuer in Deutschland, 935 (948 f.).
6 *Ammann*, UR 2021, 848 (852); näher *Michel* in Birkenfeld/Wäger, Umsatzsteuer-Handbuch, § 19 UStG Rz. 13 ff. (Stand: März 2022).
7 Insgesamt *Schüler-Täsch*, MwStR 2022, 34 f.
8 BFH, Urt. v. 23.10.2019 – XI R 17/19 (XI R 7/16), BFHE 267, 154 = UR 2020, 244.

StRefG 1990 grundlegend reformiert und seither mehrfach ergänzt und (zum Teil nur redaktionell) geändert.[1] Die Nichterhebungsgrenze wurde durch das KleinunternehmerförderungsG ab 1.1.2003 von 16.620 Euro auf 17.500 Euro angehoben.[2] § 19 UStG wurde neugefasst durch Bekanntgabe vom 21.2.2005.[3] Die letzte Änderung von § 19 Abs. 1 Satz 3 UStG erfolgte durch Art. 6 Nr. 10 des Gesetzes vom 8.4.2010.[4] Durch Art. 16 Abs. 1 Drittes Bürokratieentlastungsgesetz wurde die Grenze von 17.500 Euro auf 22.000 Euro zum 1.1.2020 angehoben. Bei der Prognose für das Jahr 2020 hat der Unternehmer für das Vorjahr 2019 zu prüfen, ob er unter der (neuen) Umsatzgrenze von 22.000 Euro liegt. Die Abrechnung steuerfreier Umsätze für den maßgebenden Gesamtumsatz wurde im sog. JStG 2019 um § 4 Nr. 29 UStG erweitert.[5] Zu den Änderungen im Rahmen des WachsChG, die nach § 27 Abs. 39 UStG erstmals für Besteuerungszeiträume anzuwenden sind, die nach dem 31.12.2023 enden, s. Rz. 27, 31 ff.

B. Besteuerung als Kleinunternehmer (Absatz 1)

I. Nichterhebung der Umsatzsteuer bei Kleinunternehmern (Absatz 1 Satz 1)

1. Nichterhebungsgrenzen

Bei Kleinunternehmern wird die Umsatzsteuer nicht erhoben, wenn der maßgebliche Umsatz (Rz. 39) 8
zuzüglich der darauf entfallenden Steuer **im vorangegangenen Kalenderjahr 22.000 Euro** (Rz. 7) nicht überstiegen hat und **im laufenden Kalenderjahr 50.000 Euro voraussichtlich nicht übersteigen** wird. Bei der Ermittlung der „Nichterhebungsgrenzen" für Kleinunternehmer[6] von 22.000 Euro und 50.000 Euro ist jeweils von dem Gesamtumsatz i.S.d. § 19 Abs. 3 UStG auszugehen. Diese Grenzen müssen auch bei schwankenden Umsätzen eingehalten werden (Rz. 10).[7] Die Kleinunterregelung ist **nicht antragsgebunden**. Wenn der Unternehmer die Umsatzgrenzen nicht überschreitet und keine Entscheidung gegen § 19 UStG trifft (Rz. 31), ist er grundsätzlich als Kleinunternehmer zu behandeln.[8]

2. Unternehmerkreis und Unternehmensumfang

Die Besteuerung als Kleinunternehmer ist nicht personenbezogen, sondern allein umsatzbezogen. Die 9
Kleinunternehmergrenzen gelten für alle Unternehmen i.S.d. § 2 UStG mit geringen Umsätzen **ungeachtet der Rechtsform des Unternehmens.**[9] So fallen Einzelunternehmen und Kapitalgesellschaften, aber auch Vereine[10], Personengesellschaften[11] und juristische Personen des öffentlichen Rechts[12] unter § 19 UStG. Die Vorschrift gilt für die gesamte Tätigkeit des Unternehmers (§ 2 Abs. 1 Satz 2 UStG) und kann nicht auf Teile des Unternehmens beschränkt werden (Rz. 31).[13]

---

1 Einzelnachweise zur Gesetzesentwicklung bei *Stadie* in Rau/Dürrwächter, § 19 Rz. 12 ff. (Stand: Juni 2023); *Friedrich-Vache* in Reiß/Kraeusel/Langer, § 19 UStG Rz. 1 f. (Stand: September 2020).

2 BStBl. I 2003, 397.

3 BGBl. I 2005, 386.

4 BGBl. I 2010, 386 mit Wirkung vom 1.7.2010.

5 Gesetz zur weiteren steuerlichen Förderung der Elektromobilität und zur Änderung weiterer steuerlicher Vorschriften v. 12.12.2019 (sog. JStG 2019), BGBl. I 2019, 2451.

6 *Jakob*, Umsatzsteuer⁴, Rz. 171.

7 BFH, Beschl. v. 18.10.2007 – V B 164/06, BStBl. II 2008, 263 = UR 2008, 123.

8 *Sterzinger*, UStB 2021, 3 (4).

9 *Michel* in Birkenfeld/Wäger, Umsatzsteuer-Handbuch, § 19 UStG Rz. 57 (Stand: März 2022).

10 Zu einem gemeinnützigen Schützenverein FG Münster, Urt. v. 17.12.2019 – 15 K 168/15 U, EFG 2020, 490 (rkr.).

11 Zur GbR BFH, Urt. v. 18.11.1999 – V R 22/99, BStBl. II 2000, 241 = UR 2000, 169.

12 *Stadie* in Rau/Dürrwächter, § 19 UStG Rz. 3 (Stand: Juni 2023).

13 *Stadie* in Rau/Dürrwächter, § 19 UStG Rz. 10 (Stand: Juni 2023).

3. Vorjahresumsatz

10 § 19 Abs. 1 Satz 1 UStG stellt auf den Gesamtumsatz des vorangegangenen Kalenderjahrs ab, damit der Unternehmer bereits zu Beginn des laufenden Kalenderjahres seine Besteuerungsform kennt. Nur so kann er beurteilen, ob von ihm aufgrund der Umsatzfreigrenze von 22.000 Euro Umsatzsteuer erhoben wird oder nicht und ob er Umsatzsteuer in Rechnung stellen darf und Umsatzsteuervorauszahlungen zu leisten hat.[1] Diese feste und berechenbare Qualifikation nach Maßgabe des Vorjahresumsatzes kann bei schwankenden Umsätzen wiederholt zu einem Wechsel der Besteuerungsform des Unternehmers führen.[2] Insoweit ist der Kleinunternehmerstatus kraft Gesetzes „flüchtig".[3] Hat der **Gesamtumsatz im Vorjahr die Grenze von 22.000 Euro überschritten**, ist die **Steuer** für das laufende Kalenderjahr **nach den allgemeinen Regeln** auch dann **zu erheben**, wenn der Gesamtumsatz in diesem Jahr die Grenze von 22.000 Euro voraussichtlich nicht überschreiten wird.[4] Die Gegenauffassung, dass die Steuer nicht erhoben werden darf, wenn der Umsatz im vorangegangenen Kalenderjahr zwar 22.000 Euro überstiegen hat und im laufenden Kalenderjahr 22.000 Euro voraussichtlich nicht übersteigen wird,[5] wäre rechtspolitisch denkbar, ist aber gesetzeswidrig.[6]

4. Prognose für das laufende Kalenderjahr

a) Voraussichtlicher Jahresumsatz

11 Zum Merkmal des Vorjahresumsatzes (Rz. 10) kommt das zweite Merkmal eines die **Grenze von 50.000 Euro voraussichtlich nicht übersteigenden Umsatzes im laufenden Kalenderjahr**. Die Umsatzgrenze von 50.000 Euro hat keine eigene Bedeutung, wenn der Vorjahresumsatz bereits die Grenze von 22.000 Euro übersteigt.[7] Das aktuelle Merkmal kann vor Ablauf des Kalenderjahres nicht exakt beurteilt werden, sondern es bedarf einer **Umsatzprognose**. Maßgebend ist die zu Beginn eines Jahres vorzunehmende Beurteilung der Verhältnisse für das laufende Kalenderjahr.[8] Die Prognose hat aufgrund der tatsächlichen Verhältnisse zu Beginn eines Jahres aus verobjektivierter Sicht und nicht nach subjektiver Betrachtungsweise des Unternehmers[9] zu erfolgen. Der Unternehmer hat auf Verlangen dem Finanzamt die Verhältnisse für die Prognose des voraussichtlichen Umsatzes des laufenden Kalenderjahres zu erläutern.[10] Ihn treffen Mitwirkungs- und Nachweispflichten (Rz. 27). Der Unternehmer muss dem FA die Verhältnisse auf Verlangen darlegen[11] und dazu nachvollziehbare Prognosegrundlagen vorlegen. Eine nachvollziehbare Dokumentation der Umsatzprognose liegt im eigenen Interesse des Unternehmers zur Absicherung des Kleinunternehmerstatus.[12] Die Pflicht zur Erläuterung der Umsatzprognose auf Verlangen des Finanzamts soll auch gelten, wenn der Unternehmer in diesem Jahr sein Unternehmen erweitert.[13]

1 BFH, Beschl. v. 18.10.2007 – V B 164/06, BStBl. II 2008, 263 = UR 2008, 123; *Walkenhorst* in KüffnerZugmaier, § 19 UStG Rz. 54 (Stand: Mai 2023).
2 *Walkenhorst* in KüffnerZugmaier, § 19 UStG Rz. 61 (Stand: Mai 2023) mit Beispiel.
3 *Kirchinger/Dachauer*, MwStR 2020, 655.
4 BFH, Beschl. v. 18.10.2007 – V B 164/06, BStBl. II 2008, 263 = UR 2008, 123; Abschn. 19.1. Abs. 3 Satz 1 UStAE; *Michel* in Birkenfeld/Wäger, Umsatzsteuer-Handbuch, § 19 UStG Rz. 84 (Stand: März 2022).
5 Dafür *Stadie* in Rau/Dürrwächter, § 19 UStG Rz. 49 (Stand: Juni 2023).
6 BFH, Beschl. v. 18.10.2007 – V B 164/06, BStBl. II 2008, 263 = UR 2008, 123.
7 BFH, Urt. v. 15.10.1992 – V R 91/87, BStBl. II 1993, 209 = UR 1993, 83 m. Anm. *Weiß*; BFH, Beschl. v. 18.10.2007 – V B 164/06, BStBl. II 2008, 263 = UR 2008, 123.
8 Abschn. 19.1. Abs. 3 Satz 3 UStAE.
9 **A.A.** *Walkenhorst* in KüffnerZugmaier, § 19 UStG Rz. 58 (Stand: Mai 2023).
10 Abschn. 19.1. Abs. 3 Satz 7 UStAE.
11 *Korn* in Bunjes^{22}, § 19 UStG Rz. 7.
12 *Kirchinger/Dachauer*, MwStR 2020, 655 (657).
13 BFH, Urt. v. 7.3.1995 – XI R 51/94, BStBl. II 1995, 562 = UR 1995, 349; Abschn. 19.1. Abs. 3 Satz 4 UStAE; **a.A.** *Stadie* in Rau/Dürrwächter, § 19 UStG Rz. 64 (Stand: Juni 2023).

b) Tatsächliche Entwicklung

Wird die zum Beginn des Kalenderjahres vorzunehmende **Prognose** tatsächlich **übertroffen, ändert sich** dadurch **nicht die Besteuerungsform** als Kleinunternehmer.[1] War nach der Prognose ein voraussichtlicher Umsatz zuzüglich der Steuer von nicht mehr als 50.000 Euro zu erwarten, bleibt dieser Betrag auch dann maßgebend, wenn der tatsächliche Umsatz zuzüglich der Steuer im Laufe des Kalenderjahres die Grenze von 50.000 Euro überschreitet.[2] Bereits im Wesen der Vorausschau liegt die Verfehlung des tatsächlichen Ergebnisses und der Unternehmer braucht verlässliche Kriterien zur Bestimmung seiner Besteuerungsform schon zu Beginn des Jahres (Rz. 10). Allerdings muss die Prognose bei Jahresbeginn objektiv und vertretbar[3] sein. 12

c) Neugründung eines Unternehmens

Bei Neugründung eines Unternehmens gibt es keinen Vorjahresumsatz. Bei Neuaufnahme einer gewerblichen oder beruflichen Tätigkeit im Laufe eines Kalenderjahres ist darum allein auf den voraussichtlichen Umsatz des laufenden Kalenderjahres abzustellen.[4] Nach dem Zweck des § 19 Abs. 1 UStG ist in diesem Fall nur die Grenze von 22.000 Euro und nicht die Grenze von 50.000 Euro maßgebend.[5] Darum kommt es im **Erstjahr einer unternehmerischen Betätigung**[6] allein darauf an, ob der Unternehmer nach den Verhältnissen des laufenden Kalenderjahres **voraussichtlich die Grenze von 22.000 Euro nicht überschreiten wird.**[7] Für diese Umsatzgrenze ist bei zulässiger Istbesteuerung der Istumsatz nicht in einen Sollumsatz umzurechnen. Werden dagegen 22.000 Euro voraussichtlich überschritten, so greift die Regelbesteuerung. Bei Neugründung im laufenden Kalenderjahr ist nach § 19 Abs. 3 Sätze 3 und 4 UStG der voraussichtlich erzielbare Umsatz in einen Jahresumsatz umzurechnen.[8] 13

II. Maßgeblicher Gesamtumsatz für die Besteuerung als Kleinunternehmer (Absatz 1 Satz 2)

1. Nach vereinnahmten Entgelten bemessener Gesamtumsatz

Für die Beurteilung der Kleinunternehmergrenzen muss mit dem maßgeblichen Gesamtumsatz nach § 19 Abs. 1 Satz 2 UStG eine **eigenständige Referenzgröße** nach besonderen Rechenregeln berechnet werden. 14

Der Gesamtumsatz ist nach § 19 Abs. 1 Satz 2 UStG stets **nach vereinnahmten Entgelten** zu berechnen. Bei der Umsatzermittlung ist nicht auf die Bemessungsgrundlagen i.S.d. § 10 UStG abzustellen, sondern auf die vom Unternehmer vereinnahmten **Bruttobeträge.**[9] Bei Anwendung der Mindestbemessungsgrundlage nach § 10 Abs. 4 und 5 UStG ist der jeweils in Betracht kommenden Bemessungsgrundlage ggf. die darauf entfallende Umsatzsteuer hinzuzurechnen.[10] Sofern Umsätze, für die eine andere Person als Leistungsempfänger Steuerschuldner nach § 13b Abs. 5 UStG ist, ausgeführt werden, ist dem in der Rechnung oder Gutschrift ausgewiesenen Betrag die Umsatzsteuer hinzuzurechnen.[11] 15

---

1 *Möller*, Umsatzsteuerrecht, 2017, Rz. 984.

2 FG Münster, Urt. v. 25.2.2020 – 15 K 61/17 U, EFG 2020, 689 (rkr.); Abschn. 19.1. Abs. 3 Satz 5 UStAE.

3 *Stadie* in Rau/Dürrwächter, § 19 UStG Rz. 54 (Stand: Juni 2023).

4 FG Baden-Württemberg, Urt. v. 21.1.2011 – 14 K 4140/10, juris; Abschn. 19.1. Abs. 4 Satz 1 UStAE.

5 BFH, Beschl. v. 18.10.2007 – V B 164/06, BStBl. II 2008, 263 = UR 2008, 123; BFH, Urt. v. 21.4.2021 – XI R 12/19, UR 2021, 945, Rz. 16.

6 Bereits auf Vorbereitungshandlungen abstellend FG Münster, Urt. v. 25.2.2020 – 15 K 61/17 U, EFG 2020, 689 (rkr.); s. dazu Rz. 43.

7 BFH, Urt. v. 22.11.1984 – V R 170/83, BStBl. II 1985, 142 = UR 1985, 39; BFH, Urt. v. 11.11.2020 – XI R 41/18, BStBl. II 2023, 288 = UR 2021, 318; Abschn. 19.1. Abs. 4 Satz 3 UStAE.

8 *Korn* in Bunjes[22], § 19 UStG Rz. 10.

9 Abschn. 19.1. Abs. 2 Satz 3 UStAE.

10 Abschn. 19.1. Abs. 2 Satz 4 UStAE.

11 Abschn. 19.1. Abs. 2 Satz 5 UStAE.

2. Herausrechnung der Umsätze von Wirtschaftsgütern des Anlagevermögens

16 **Reguläre Umsatzerlöse:** Nach § 19 Abs. 1 Satz 2 UStG sind aus dem Gesamtumsatz zur Ermittlung der Grenzen von 22.000 Euro und 50.000 Euro die enthaltenen **Umsätze von Wirtschaftsgütern des Anlagevermögens herauszurechnen.** Relevant für die Kleinunternehmergrenze soll nur der Umsatz aus der laufenden unternehmerischen Tätigkeit, nicht die Verwertung des Anlagevermögens sein, durch die außergewöhnlich hohe und nicht wiederkehrende Umsätze erzielt werden. Derartige unregelmäßige Hilfsgeschäfte sind keine taugliche Grundlage für die Prognose der zukünftigen regelmäßigen Umsätze.[1] Unberücksichtigt bleiben sowohl Umsätze aus einer Veräußerung von Anlagevermögen als auch aus einer Entnahme für nichtunternehmerische Zwecke.[2] Die Qualifikation eines Wirtschaftsgutes als Anlagevermögen (vgl. § 247 Abs. 2 HGB, § 6 Abs. 1 EStG) erfolgt nach den für das Einkommensteuerrecht maßgebenden Grundsätzen.[3] Auf eine Bilanzierungspflicht (z.B. Grundstücke von untergeordneter Bedeutung, § 8 EStDV) kommt es umsatzsteuerrechtlich aber nicht an.[4]

III. Reichweite der Kleinunternehmerregelung (Absatz 1 Satz 3)

1. Besteuerung trotz Kleinunternehmerregelung

17 **Partielle Umsatzsteuerpflicht:** Die Kleinunternehmerregelung führt nicht zu einer umfassenden Steuerbefreiung des Kleinunternehmers. Der **Kleinunternehmer scheidet** nicht vollständig, sondern **nur „insoweit aus der Besteuerung aus"**[5] als § 19 UStG reicht. § 19 Abs. 1 Satz 3 UStG schränkt die Reichweite der Kleinunternehmerregelung ein und zählt klarstellend,[6] aber nicht abschließend die **vom Kleinunternehmer geschuldete Umsatzsteuer** auf. Die nach diesen Vorschriften geschuldete Steuer hat der Kleinunternehmer abzuführen. Dabei scheidet der Abzug der nach § 13b Abs. 5 bzw. § 25b Abs. 2 UStG geschuldeten Steuer als Vorsteuer beim Kleinunternehmer nach § 19 Abs. 1 Satz 4 UStG aus (Rz. 26).

2. Der Umsatzsteuer unterfallende Umsätze des Kleinunternehmers

18 **Fälle der Steuerschuld:** Der Kleinunternehmer schuldet nach § 19 Abs. 1 Satz 3 UStG die Steuerschuld des Unternehmers, dem eine Auslagerung zuzurechnen ist (§ 13a Abs. 1 Nr. 6 UStG), die Steuerschuld als Leistungsempfänger (§ 13b Abs. 5 UStG), die Steuerschuld bei unberechtigtem Steuerausweis (§ 14c Abs. 2 UStG; Rz. 24) und die Steuerschuld bei einem Dreiecksgeschäft im Fall des § 25b Abs. 2 UStG (Rz. 25). Er schuldet auch die Steuer, die nach § 16 Abs. 5 UStG von der zuständigen Zolldienststelle im Wege der Beförderungseinzelbesteuerung erhoben wird.[7] Überdies hat der Kleinunternehmer die vom Wortlaut des § 19 Abs. 1 Satz 1 UStG („für Umsätze im Sinne des § 1 Abs. 1 Nr. 1" UStG) nicht erfasste Einfuhrumsatzsteuer (§ 1 Abs. 1 Nr. 4 UStG) abzuführen.[8] Insoweit ist der Kleinunternehmer **erklärungspflichtig** (Rz. 27) und muss die nach diesen Vorschriften **geschuldete Steuer abführen**.

---

1 *Stadie* in Rau/Dürrwächter, § 19 UStG Rz. 45 (Stand: Juni 2023).
2 Abschn. 19.1. Abs. 6 Satz 2 UStAE.
3 Abschn. 19.1. Abs. 6 Satz 3 UStAE; ähnlich *Schüler-Täsch* in Sölch/Ringleb, § 19 UStG Rz. 31 (Stand: Juni 2023): „im Wesentlichen"; *Korn* in Bunjes[22], § 19 UStG Rz. 8: „im Zweifel"; **a.A.** *Stadie* in Rau/Dürrwächter, § 19 UStG Rz. 45 (Stand: Juni 2023): autonomes Verständnis als „Investitionsgut" i.S.d. Art. 288 Abs. 2 MwStSystRL; ebenso *Kulmsee* in Offerhaus/Söhn/Lange, § 19 UStG Rz. 38 (Stand: Juni 2022).
4 *Schüler-Täsch* in Sölch/Ringleb, § 19 UStG Rz. 31 (Stand: Juni 2023).
5 *Schüler-Täsch* in Sölch/Ringleb, § 19 UStG Rz. 36 (Stand: Juni 2023).
6 *Schüler-Täsch* in Sölch/Ringleb, § 19 UStG Rz. 46 (Stand: Juni 2023).
7 Abschn. 19.1. Abs. 1 Satz 5 UStAE; *Walkenhorst* in Küffner/Zugmaier, § 19 UStG Rz. 75 (Stand: Mai 2023).
8 *Schüler-Täsch* in Sölch/Ringleb, § 19 UStG Rz. 45 (Stand: Juni 2023).

IV. Rechtsfolgen der Kleinunternehmerbesteuerung (Absatz 1 Satz 4)

1. Ausschluss zentraler Vorschriften der Regelbesteuerung

Besondere Regeln: Die Rechtsfolgen für den Kleinunternehmer bestimmt § 19 Abs. 1 Satz 4 UStG, 19
indem er die **Anwendung zentraler Vorschriften der Regelbesteuerung ausschließt**. Danach gelten für Kleinunternehmer die Vorschriften über die Steuerbefreiung innergemeinschaftlicher Lieferungen (§ 4 Nr. 1 Buchst. b, § 6a UStG), über den Verzicht auf Steuerbefreiungen (§ 9 UStG), über den gesonderten Ausweis der Steuer in einer Rechnung (§ 14 Abs. 4 UStG), über die Angabe der USt-IdNrn. in einer Rechnung (§ 14a Abs. 1, 3 und 7 UStG) und über den Vorsteuerabzug (§ 15 UStG) nicht. Bei der Kleinunternehmerbesteuerung werden nur die abschließend in § 19 Abs. 1 Satz 4 UStG aufgezählten Vorschriften nicht angewendet. Die übrigen unternehmerbezogenen Rechte und Pflichten bleiben dagegen bestehen (zum Verfahrensrecht Rz. 27).

2. Nichtanwendung der Steuerbefreiung innergemeinschaftlicher Lieferungen (§ 4 Nr. 1 Buchst. b, § 6a UStG)

Der Anwendungsausschluss gilt wegen der Rückausnahme des § 19 Abs. 4 UStG nicht für die inner- 20
gemeinschaftliche Lieferung neuer Fahrzeuge (Rz. 44).

3. Nichtanwendung des Verzichts auf Steuerbefreiungen (§ 9 UStG)

Der Kleinunternehmer kann nicht nach § 9 UStG auf Steuerbefreiungen verzichten (§ 19 Abs. 1 Satz 4 21
UStG). Der Zweck der Option liegt in der Erlangung des Vorsteuerabzugs, der für Kleinunternehmer aber ohnehin ausgeschlossen ist.[1]

4. Verbot des gesonderten Ausweises der Steuer in einer Rechnung (§ 14 Abs. 4 UStG)

a) Rechnungserteilung

Der Kleinunternehmer ist nach Maßgabe des § 14 Abs. 2 UStG zur Rechnungserteilung verpflichtet, 22
weil § 19 Abs. 1 UStG diese Vorschrift nicht ausschließt.[2]

b) Behandlung wie Nichtunternehmer

Für Kleinunternehmer gilt nach § 19 Abs. 1 Satz 4 UStG das „Verbot" des gesonderten Ausweises der 23
Steuer in einer Rechnung.[3] Da der Kleinunternehmer keine Umsatzsteuer schuldet, ist er im Gegenzug auch **nicht zum Ausweis von Umsatzsteuer in der von ihm ausgestellten Rechnung berechtigt**. Der unionsrechtliche Grundsatz der steuerlichen Neutralität der Mehrwertsteuer wäre gefährdet, wenn der Kleinunternehmer durch den Ausweis der Umsatzsteuer dem Rechnungsempfänger den Abzug von Vorsteuer ermöglichen könnte, obwohl er als Kleinunternehmer keine Umsatzsteuer abzuführen hat.[4]

c) Folgen von Verstößen

Der Kleinunternehmer schuldet die gleichwohl ausgewiesene Umsatzsteuer wegen unberechtigten 24
Steuerausweises nach § 14c Abs. 2 Satz 1 UStG (§ 14c Rz. 67).[5] Das stellt § 19 Abs. 1 Satz 3 UStG klar.[6] Die Rechtsfolgen treten unabhängig davon ein, ob die Rechnung alle in § 14 Abs. 4 und § 14a UStG aufgeführten Angaben enthält.[7] Die Steuer wegen eines unrichtigen Steuerausweises schuldet der

---

1 *Stadie* in Rau/Dürrwächter, UStG, § 19 Rz. 79 (Stand: Juni 2023).
2 BFH, Urt. v. 25.9.2013 – XI R 41/12, BStBl. II 2014, 135 = UR 2014, 198 m. Anm. *Sterzinger*.
3 *Stadie*, Umsatzsteuerrecht, Rz. 17.3.
4 BFH, Beschl. v. 9.3.2009 – XI B 87/08, juris, Rz. 3.
5 Abschn. 14c.1. Abs. 1 Satz 1, Abschn. 14c. Abs. 2 Satz 2 UStAE; *Walkenhorst* in Küffner/Zugmaier, § 19 UStG Rz. 87 (Stand: Mai 2023).
6 BFH, Urt. v. 25.9.2013 – XI R 41/12, BStBl. II 2014, 135 = UR 2014, 198 m. Anm. *Sterzinger*.
7 Abschn. 14c.1. Abs. 1 Satz 2 UStAE.

Kleinunternehmer ohne Rücksicht darauf, ob der Rechnungsempfänger die gesondert ausgewiesene Umsatzsteuer unberechtigt als Vorsteuer abgezogen hat oder nicht.[1] § 14c Abs. 2 UStG ist bereits bei Gefährdung des Steueraufkommens verwirklicht.[2] Dabei reicht für die Gefährdung durch einen Kleinunternehmer bereits die Angabe eines Steuersatzes als gesonderter Ausweis einer Steuer in einer Kleinbetragsrechnung (§ 33 UStDV)[3] oder in einem Fahrausweis (§ 34 UStDV) aus.[4] Der rechtsfehlerhafte Steuerausweis führt nicht zum Verlust der Anwendung des § 19 Abs. 1 UStG, weil der Verzicht nach § 19 Abs. 2 UStG nicht gegenüber dem Leistungsempfänger, sondern gegenüber dem Finanzamt erklärt werden muss.[5] Dem Leistungsempfänger steht bei unberechtigtem Steuerausweis kein Vorsteuerabzug aus der fehlerhaften Rechnung des Kleinunternehmers zu.[6] Der Kleinunternehmer hat einen Rechtsanspruch auf späteren Erlass der entgegen § 19 UStG gesondert ausgewiesenen Umsatzsteuer, wenn und sobald die Gefährdung des Steueraufkommens nachweislich beseitigt worden ist.[7] Dabei entfällt der Steueranspruch nach § 14c Abs. 2 UStG grundsätzlich nicht rückwirkend (§ 14c Rz. 83), sondern erst in dem Besteuerungszeitraum des Ausschlusses der Gefährdung durch Rechnungskorrektur und Rückerhalt der Rechnung durch den Kleinunternehmer.

5. Nichtangabe der Umsatzsteuer-Identifikationsnummer in einer Rechnung (§ 14a Abs. 1, 3 und 7)

25 Die **Angabe der USt-IdNr.** ist bei von einem Kleinunternehmer ausgestellten Rechnungen **keine zwingende Voraussetzung** (§ 19 Abs. 1 Satz 4 i.V.m. § 14a Abs. 1, 3 und 7 UStG). Nur auf Antrag wird einem Kleinunternehmer eine USt-IdNr. vom BZSt. erteilt. Nur wenn ihm eine USt-IdNr. erteilt ist, kann der Kleinunternehmer als letzter Abnehmer in einem Dreiecksgeschäft auftreten (§ 25b Abs. 2 Nr. 4 UStG) mit der Folge der Steuerschuldnerschaft nach § 25b Abs. 2 UStG.

6. Nichtanwendung des Vorsteuerabzugs (§ 15)

26 **Behandlung wie Nichtunternehmer:** Die wichtigste Rechtsfolge der Kleinunternehmerregelung ist die Nichtanwendung des Vorsteuerabzugs nach § 15 UStG, der Kennzeichen des Systems der allgemeinen Besteuerung und der Umsatzsteuer als Allphasen-Nettoumsatzsteuer ist. Der Ausschluss des Vorsteuerabzugs durch § 19 Abs. 1 Satz 4 UStG ist der – folgerichtige – Nachteil der Behandlung wie ein Nichtunternehmer (Rz. 1). Auch bei partieller Steuerschuldnerschaft des Kleinunternehmers (Rz. 17) schließt § 19 Abs. 1 Satz 4 UStG einen darauf entfallenden Vorsteuerabzug aus. Zur Korrektur nach § 15a UStG s. Rz. 49.

7. Verfahrensrecht für Kleinunternehmer

27 **Kleinunternehmer** haben die **allgemeinen verfahrensrechtlichen Pflichten** zu erfüllen, soweit nicht das Gesetz eine Ausnahme vorsieht. Nach § 18a Abs. 4 UStG haben Kleinunternehmer keine ZM abzugeben. Ohne gesetzliche Ausnahme gelten die Unternehmerpflichten auch für Unternehmer, die § 19 UStG anwenden. So muss auch der Kleinunternehmer eine **Umsatzsteuer-Jahreserklärung** abgeben, weil § 19 Abs. 1 Satz 1 UStG von dieser Pflicht nicht befreit.[8] Nach dem **WachsChG**[9] werden Kleinunternehmer zur Bürokratieentlastung ab dem Besteuerungszeitraum 2024 von der Pflicht zur Übermittlung von Umsatzsteuererklärungen für das Kalenderjahr durch § 19 Abs. 1 Satz 4 UStG befreit, solange § 19 Abs. 1 UStG zur Anwendung kommt. Dies gilt nicht in den Fällen des § 18 Abs. 4a

1 Abschn. 14c.1. Abs. 1 Satz 6, Abschn. 14c.2. Abs. 7 UStAE.
2 BFH, Urt. v. 25.9.2013 – XI R 41/12, BStBl. II 2014, 135 = UR 2014, 198 m. Anm. *Sterzinger.*
3 BFH, Urt. v. 25.9.2013 – XI R 41/12, BStBl. II 2014, 135 = UR 2014, 198 m. Anm. *Sterzinger*; **a.A.** Hessisches FG, Urt. v. 25.6.2009 – 6 K 565/09, EFG 2009, 1789.
4 Abschn. 14c. Abs. 2 Satz 5 UStAE.
5 Hessisches FG, Urt. v. 25.6.2009 – 6 K 565/09, EFG 2009, 1789.
6 *Walkenhorst* in KüffnerZugmaier, § 19 UStG Rz. 87 (Stand: Mai 2023).
7 BFH, Urt. v. 9.7.2003 – V R 29/02, BStBl. II 2003, 904 = UR 2003, 601 m.w.N.
8 BFH, Urt. v. 24.7.2013 – XI R 14/11, BStBl. II 2014, 210 = UR 2014, 203, Rz. 34 m.w.N.
9 BGBl. 2024 I Nr. 108 v. 27.3.2024.

UStG, in denen die Pflichten fortbestehen bleiben.[1] Die Voraussetzungen der Anwendung von § 19 Abs. 1 UStG muss der Unternehmer nach der Gesetzesbegründung eigenständig überwachen.[2] So sehr sinnvolle Schritte des Bürokratieabbaus zu begrüßen sind, so erscheint diese „Privatisierung" und Überantwortung der Beurteilung der (nicht trivialen) Kleinunternehmervoraussetzungen an den Unternehmer (s. Rz. 2) als fragwürdig. Ob die Finanzbehörde aufgrund anderer Erklärungspflichten wie insbes. der EÜR[3] die Entlastung kompensieren und die Voraussetzungen des § 19 Abs. 1 UStG wirksam kontrollieren kann, muss sich noch erweisen. Jedenfalls bleibt die Pflicht des Kleinunternehmers zur Abgabe einer Umsatzsteuer-Jahreserklärung nach § 149 Abs. 1 Satz 2 AO bestehen, wenn das Finanzamt ihn dazu auffordert.[4] Auch entfallen nicht die umsatzsteuerrechtlichen **Aufzeichnungspflichten** beim Kleinunternehmer. Ohne die gesetzlich geforderten Aufzeichnungen zur Feststellung der Steuer und der Grundlagen ihrer Berechnung (§ 22 Abs. 1 Satz 1 UStG) kann die Finanzbehörde die Umsatzsteuer nicht kontrollieren und nach Gesetz festsetzen, wozu sie aber nach § 85 Satz 1 AO verpflichtet ist. Die Aufzeichnungen müssen einzeln[5], vollständig, richtig, zeitgerecht und geordnet erfolgen (§ 146 Abs. 1 Satz 1 AO) und sind aufzubewahren (§ 147 Abs. 1 Nr. 1 AO). Sie müssen für die FinVerw. nachvollziehbar sein (vgl. § 145 Abs. 1 Satz 1 AO). „Schuhkartons" mit ungeordneten Belegen und aufsummierte Tagessalden ohne nachvollziehbaren Rechnungsweg genügen dem nicht. § 19 Abs. 1 Satz 4 schließt § 22 UStG nicht aus[6], zumal andernfalls die Prüfung der tatbestandlichen Voraussetzungen des § 19 UStG nicht möglich wäre.[7] Die Erfüllung der Aufzeichnungspflichten und die Abgabe der Umsatzsteuer-Jahreserklärung ermöglichen die finanzbehördliche Prüfung, ob die Voraussetzungen des § 19 UStG tatsächlich (weiterhin) vorliegen.[8] Aufgrund der Aufzeichnungen des Steuerpflichtigen müssen die Besteuerungsgrundlagen zu ermitteln und zu berechnen sein, was die Voraussetzungen des § 19 UStG einschließt. Die „Aufzeichnungspflichten der Kleinunternehmer" regelt näher § 65 UStDV. Aufzuzeichnen sind danach (§ 65 Satz 1 UStDV) die Werte der erhaltenen Gegenleistungen für die ausgeführten Lieferungen und sonstigen Leistungen sowie die sonstigen Leistungen i.S.d. § 3 Abs. 9a Nr. 2 UStG. Darüber hinaus bleiben nach § 65 Satz 2 UStDV die Aufzeichnungspflichten nach § 22 Abs. 2 Nr. 4, 7, 8 und 9 UStG unberührt. Darum sind auch vom Kleinunternehmer aufzuzeichnen: die wegen unberechtigten Steuerausweises nach § 14c Abs. 2 UStG geschuldeten Steuerbeträge (§ 22 Abs. 2 Nr. 4 UStG); beim Kleinunternehmer als Auslagerer die Bemessungsgrundlage für die Umsätze i.S.d. § 4 Nr. 4a Satz 1 Buchst. a Satz 2 UStG (§ 22 Abs. 2 Nr. 9 UStG); sofern der Kleinunternehmer als Leistungsempfänger Steuerschuldner ist (§ 13b Abs. 1 bis 5 UStG), die in § 22 Abs. 2 Nr. 1 und 2 UStG aufgeführten Angaben (§ 22 Abs. 2 Nr. 8 UStG) und die Bemessungsgrundlage für den innergemeinschaftlichen Erwerb von Gegenständen (§§ 1a, 22 Abs. 2 Nr. 7 UStG) sowie die hierauf entfallende Steuer (auch für den innergemeinschaftlichen Erwerb neuer Fahrzeuge, § 1b UStG; § 22 Rz. 118). Bei Verletzung dieser Aufzeichnungspflichten hat die Finanzbehörde die Besteuerungsgrundlagen nach § 162 AO zu schätzen (§ 22 Rz. 2). Bei Auslandssachverhalten gilt auch für Kleinunternehmer die erweiterte Mitwirkungspflicht (§ 90 Abs. 2 AO). Neben den allgemeinen Aufzeichnungspflichten nach § 22 UStG (§ 22 Rz. 20 ff.) gelten auch für Kleinunternehmer spezialgesetzliche Mitwirkungspflichten (Rz. 44), sofern diese nicht gesetzlich ausgeschlossen sind (s. Rz. 6). Überdies treffen Kleinunternehmer bei der Anwendung bzw. beim Verzicht auf § 19 UStG **besondere Mitwirkungspflichten**. Das gilt insbesondere für die Darlegung der Prognosegrundlagen (Rz. 11) sowie für die zweifelsfreie Ausübung der Option zur Regelbesteuerung (Rz. 32). Umgekehrt treffen aber auch die FinVerw. im Besteuerungsverfahren Unterstützungs- und Fürsorgepflichten zum Schutze der häufig durch die Vielzahl und Intensität steuerrechtlicher Mitwirkungspflichten überforderten Kleinunternehmen (Rz. 33).

1 *Hörster*, NWB 2023, 2790 (2811).
2 RegE v. 30.8.2023, S. 242.
3 Darauf verweisend RegE v. 30.8.2023, S. 242.
4 *Hörster*, NWB 2023, 2790 (2811).
5 Einschränkend für Altjahre im summarischen Verfahren aber FG Düsseldorf, Beschl. v. 13.9.2023 – 5 V 1048/23 A (E,G,U,F), juris – Rz. 56 mit dem (fragwürdigen) Hinweis, dass „die nach § 22 Abs. 2 Nr. 1 UStG erforderliche Pflicht zur Aufzeichnung der Entgelte aber unter dem Vorbehalt des Zumutbaren stehen dürfte".
6 *Schüler-Täsch* in Sölch/Ringleb, § 19 UStG Rz. 42 (Stand: Juni 2023).
7 *Stadie* in Rau/Dürrwächter, § 19 UStG Rz. 38 (Stand: Juni 2023).
8 *Möller*, Umsatzsteuerrecht, 2017, Rz. 984.

V. Kleinunternehmerbesteuerung bei Unternehmensveränderungen

1. Beendigung eines Unternehmens

28 Bei Beendigung des Unternehmens durch Einstellung der Umsatztätigkeit und Abwicklung kann die **Kleinunternehmerregelung vorteilhaft** sein, weil Umsätze mit Wirtschaftsgütern des Anlagevermögens nicht in die Umsatzgrenze einzubeziehen sind (Rz. 16) und wenn die Wirtschaftsgüter des Unternehmens überwiegend an nicht vorsteuerabzugsberechtigte Personen veräußert werden und der Berichtigungszeitraum des § 15a UStG für diese Wirtschaftsgüter beim veräußernden Unternehmen bereits abgelaufen ist.[1]

2. Erbfall

29 **Gesamtrechtsnachfolge und Billigkeitsregelung:** Die **Eigenschaft als Kleinunternehmer ist nicht vererbbar**, weil die tätigkeitsbezogene Unternehmereigenschaft mit dem Tod des Unternehmers endet und nicht auf den Erben übergeht.[2] Allerding tritt der Erbe als Gesamtrechtsnachfolger in die vom Erblasser begründeten Steuerschuldverhältnisse ein (§ 44 AO). Geht ein Unternehmen im Wege der Erbfolge auf den Unternehmer über, so hat dieser keinen Einfluss auf den Zeitpunkt der Änderung seiner Unternehmensverhältnisse. Zur Vermeidung einer unbilligen Härte kann daher der Unternehmer im Erbfall statt der einheitlichen Besteuerung des gesamten Unternehmens nach den allgemeinen Vorschriften die Besteuerung für das laufende Kalenderjahr so fortführen, wie sie für den jeweiligen Teil des Unternehmens **ohne Berücksichtigung der Gesamtumsatzverhältnisse** anzuwenden wäre: Hat z.B. der Unternehmer für sein bisheriges Unternehmen die Besteuerung nach den allgemeinen Vorschriften angewendet, der Rechtsvorgänger aber für den anderen Unternehmensteil aufgrund der dafür bestehenden Verhältnisse von § 19 Abs. 1 UStG Gebrauch gemacht, kann der Unternehmer diese beiden Besteuerungsformen bis zum Ablauf des Kalenderjahres fortführen, in dem die Erbfolge eingetreten ist.[3]

VI. Missbrauch der Kleinunternehmerregelung (§ 42 AO)

30 **Abwehr unzulässiger Gestaltungen:** Systemwidrige Ausnahmeregeln sind gestaltungsanfällig. Bereits die frühere degressive Steuerermäßigung für Kleinunternehmen war „Anlass zum Konstruieren künstlicher Kleinunternehmer“[4]. Auch die Nichterhebung der Umsatzsteuer nach § 19 UStG ist Anreiz für missbräuchliche Gestaltungen durch **Aufspaltung einer unternehmerischen Tätigkeit zur mehrfachen Inanspruchnahme der Kleinunternehmerregelung**. Da das UStG keine § 64 Abs. 4 AO vergleichbare Vorschrift gegen willkürliche Aufspaltungen vorsieht, greift die allgemeine Missbrauchsverhinderungsvorschrift des **§ 42 AO** auch bei ungerechtfertigten Steuervorteilen durch § 19 UStG.[5] Maßgebend sind die Umstände des Einzelfalls und der Nachweis beachtlicher außersteuerrechtlicher Gründe für die gewählte Gestaltung (§ 42 Abs. 2 Satz 2 AO).

---

1 *Korn* in Bunjes[22], § 19 Rz. 11.
2 *Schüler-Täsch* in Sölch/Ringleb, § 19 UStG Rz. 10 m.w.N. (Stand: Juni 2023).
3 Abschn. 19.1. Abs. 5 UStAE.
4 *Friedrich-Vache* in Reiß/Kraeusel/Langer, § 19 UStG Rz. 1 (Stand: September 2020).
5 BFH, Urt. v. 11.7.2018 – XI R 26/17, BFHE 262, 535 = UR 2019, 22; BFH, Urt. v. 11.7.2018 – XI R 36/17, BFH/NV 2019, 419; dazu *Becker*, NWB 2019, 9; *Schüler-Täsch*, MwStR 2019, 83.

C. Verzicht auf die Besteuerung als Kleinunternehmer (Absatz 2)

I. Erklärung des Verzichts auf die Kleinunternehmerbesteuerung (Absatz 2 Satz 1)

1. Wahlrecht des Unternehmers

Wegen der im Einzelfall nachteiligen Wirkungen der Kleinunternehmerbesteuerung räumt das Gesetz dem betroffenen Kleinunternehmer in § 19 Abs. 2 UStG die Möglichkeit zum Verzicht auf die Besteuerung als Kleinunternehmer ein. Er hat eine „**Option zur Regelbesteuerung**".[1] Der Verzicht auf die Anwendung des § 19 Abs. 1 UStG führt zur Besteuerung nach den allgemeinen Vorschriften des UStG.[2] Durch den Verzicht eröffnet sich der Kleinunternehmer den Weg zum Vorsteuerabzug.[3] Nach Eröffnung des Insolvenzverfahrens steht das Recht zum Verzicht auf die Kleinunternehmerregelung dem Insolvenzverwalter zu, der dieses für das gesamte Unternehmen des Insolvenzschuldners ausübt.[4] Der Grundsatz der Unternehmenseinheit gilt allgemein und auch für Kleinunternehmer und ihre Option.[5] Darum kann der Unternehmer mit einer nach den allgemeinen Vorschriften des UStG berechneten Umsatzsteuererklärung nicht nur für einen bestimmten Unternehmensteil (partiell) auf die Anwendung des § 19 Abs. 1 UStG verzichten.[6] 31

2. Optionserklärung

Der Verzicht auf die Nichterhebung der Umsatzsteuer nach § 19 Abs. 2 Satz 1 UStG setzt eine entsprechende **Erklärung des Kleinunternehmers gegenüber dem Finanzamt**[7] voraus. Der Verzicht (wie auch dessen Widerruf; Rz. 36 f.) ist eine einseitige empfangsbedürftige Willenserklärung gegenüber dem Finanzamt, die rechtsgestaltend auf das Umsatzsteuerrechtsverhältnis wirkt und bedingungsfeindlich ist.[8] Diese Erklärung konnte der Kleinunternehmer für Besteuerungszeiträume, die bis einschließlich 31.12.2023 enden, bis zur Unanfechtbarkeit der Steuerfestsetzung abgeben. Nach der Gesetzesänderung durch das WachsChG[9] ist die Erklärung nun innerhalb einer festen Frist bis zum Ablauf des zweiten auf den Besteuerungszeitraum folgenden Kalenderjahres abzugeben. Eine Anfechtung einer Optionserklärung wegen Irrtums scheidet aus.[10] Das Gesetz schreibt für die Verzichtserklärung **keine besondere Form** vor.[11] Darum ist auch ein **konkludenter Verzicht möglich**.[12] Die Option kann konkludent auch in der Abgabe einer Umsatzsteuererklärung für das Kalenderjahr liegen, in der der Unternehmer die Steuer nach den allgemeinen Vorschriften des UStG berechnet und den Vorsteuerabzug geltend macht.[13] Für die Würdigung einer schlüssigen Option zur Regelbesteuerung sind die Umstände des Einzelfalls entscheidend.[14] 32

---

1 *Jakob*, Umsatzsteuer[4], Rz. 173.
2 Abschn. 19.2. Abs. 1 Satz 2 UStAE.
3 *Möller*, Umsatzsteuerrecht, 2017, Rz. 985.
4 BFH, Urt. v. 20.12.2012 – V R 23/11, BStBl. II 2013, 334 = UR 2013, 466; Abschn. 19.2. Abs. 1a UStAE.
5 FG Bremen, Gerichtsbesch. v. 26.11.2020 – 2 K 28/20 (3), juris – Rz. 64; *Korn* in Bunjes[22], § 19 UStG Rz. 20.
6 BFH, Urt. v. 24.7.2013 – XI R 31/12, BStBl. II 2014, 214 = UR 2014, 207; Abschn. 19.2. Abs. 1 Nr. 2 UStAE; *Walkenhorst* in Küffner/Zugmaier, § 19 UStG Rz. 40 (Stand: Mai 2023).
7 BFH, Urt. v. 19.12.1985 – V R 167/82, BStBl. II 1986, 420 = UR 1986, 149 m. Anm. *Weiß*; Hessisches FG, Urt. v. 25.6.2009 – 6 K 565/09, EFG 2009, 1789.
8 BFH, Urt. v. 23.9.2020 – XI R 34/19, BFHE 270, 304 = UR 2021, 82 m.w.N.
9 BGBl. 2024 I Nr. 108 v. 27.3.2024.
10 BFH, Urt. v. 24.7.2013 – XI R 14/11, BStBl. II 2014, 210 = UR 2014, 203.
11 Zu Form und Wirksamkeit einer Optionserklärung näher *Mensch*, UR 2014, 472.
12 BFH, Urt. v. 24.7.2013 – XI R 14/11, BStBl. II 2014, 210 = UR 2014, 203; Hessisches FG, Urt. v. 25.6.2009 – 6 K 565/09, EFG 2009, 1789.
13 BFH, Urt. v. 19.12.1985 – V R 167/82, BStBl. II 1986, 420 = UR 1986, 149 m. Anm. *Weiß*; BFH, Urt. v. 24.7.2013 – XI R 14/11, BStBl. II 2014, 210 = UR 2014, 203; BFH, Urt. v. 23.9.2020 – XI R 34/19, UR 2021, 82; Abschn. 19.2. Abs. 1 Nr. 2 UStAE.
14 BFH, Urt. v. 24.7.2013 – XI R 14/11, BStBl. II 2014, 210 = UR 2014, 203.

3. Aufklärungspflicht bei Zweifeln

33 Das Finanzamt hat den Unternehmer im Zweifelsfalle zur Stellungnahme aufzufordern, welche Besteuerungsform er für die von ihm getätigten Umsätze wählen will.[1] Dies gilt insbesondere, wenn die Angaben des Unternehmers nicht eindeutig oder gar widersprüchlich sind.[2] Insoweit besteht eine Handlungspflicht der Finanzbehörde als Ausdruck ihrer allgemeinen Fürsorgepflicht nach § 89 Abs. 1 AO. Denn im Besteuerungsverfahren trifft die Finanzämter neben der Hauptpflicht der richtigen und vollständigen Erhebung der Steuern (§ 85 AO) eine Nebenpflicht zur Fürsorge gegenüber dem Steuerpflichtigen, auf deren Erfüllung der Steuerpflichtige einen Rechtsanspruch hat.[3] Diese allgemeine Fürsorgepflicht gilt im Besonderen gegenüber Kleinunternehmern (Rz. 27). Können Zweifel nicht ausgeräumt werden, kann eine Option zur Regelbesteuerung nicht angenommen werden.[4] Diese restriktive Behandlung konkludenter Optionen ist angesichts ihrer mindestens fünfjährigen Bindungslänge geboten.

4. Rücknahme mit Wirkung für die Vergangenheit

34 Bisher konnte der Unternehmer vor Eintritt der Unanfechtbarkeit der Steuerfestsetzung die Erklärung mit Wirkung für die Vergangenheit zurücknehmen. Nach der Gesetzesänderung im Rahmen des WachsChG[5] kann er die Verzichtserklärung nur noch innerhalb einer bis zum Ablauf des zweiten auf den Besteuerungszeitraum folgenden Kalenderjahres gegenüber dem Finanzamt zurücknehmen. Bei Rücknahme kann der Unternehmer die Rechnungen, in denen er die Umsatzsteuer gesondert ausgewiesen hat, nach § 14c Abs. 2 Sätze 3–5 UStG berichtigen.[6] Die bisher bestehenden Unsicherheiten bei der Bestimmung des Zeitpunktes der Unanfechtbarkeit einer Steuerfestsetzung (s. Rz. 34 der Vorauflage) haben sich durch die feste Frist aufgrund der Gesetzesänderung erübrigt.

II. Zeitliche Bindungswirkung des Verzichts (Absatz 2 Satz 2)

35 **Optionslaufzeit:** Die Erklärung über den Verzicht gilt vom Beginn des Kalenderjahres an, für das der Unternehmer sie abgegeben hat.[7] Bei unterjährigem Beginn der unternehmerischen Tätigkeit gilt die Erklärung ab Beginn der Tätigkeit.[8] Die Verzichtserklärung bindet den Kleinunternehmer **für mindestens 5 Kalenderjahre** (§ 19 Abs. 2 Satz 2 UStG). Die fünfjährige Bindungsfrist soll Missbräuchen beim Vorsteuerabzug entgegenwirken, weil bei einem jährlichen Wechsel zwischen Besteuerung und Nichtbesteuerung die Möglichkeit bestünde, ungerechtfertigte Vorteile durch entsprechende zeitliche Verlagerungen der vorsteuerbelasteten Leistungen anderer Unternehmer für das Unternehmen sowie der Umsätze zu erlangen.[9] Die Fünfjahresfrist ist vom Beginn des ersten Kalenderjahres an zu berechnen, für das die Erklärung gilt.[10] Der Erbe ist als Gesamtrechtsnachfolger (§ 44 AO) an den vom Erblasser erklärten Verzicht nach § 19 Abs. 2 UStG zur Regelbesteuerung gebunden.[11] Die fünfjährige Bindung

1 BFH, Urt. v. 24.7.2013 – XI R 14/11, BStBl. II 2014, 210 = UR 2014, 203; Abschn. 19.2. Abs. 1 Nr. 2 S. 4 UStAE.
2 FG München, Urt. v. 16.5.2015 – 14 K 2293/13, EFG 2015, 2001, rkr.
3 Allgemein *Dietz*, Fürsorgepflicht des Finanzamts gegenüber dem Steuerpflichtigen im Besteuerungsverfahren, 1968, 34 ff., 52; *Spilker*, Behördliche Amtsermittlung, 152 ff.
4 BFH, Urt. v. 24.7.2013 – XI R 14/11, BStBl. II 2014, 210 = UR 2014, 203; Abschn. 19.2. Abs. 1 Nr. 2 S. 5 UStAE.
5 BGBl. 2024 I Nr. 108 v. 27.3.2024.
6 Abschn. 19.2. Abs. 4 UStAE.
7 Abschn. 19.2. Abs. 1 Nr. 1 Satz 1 UStAE.
8 Abschn. 19.2. Abs. 1 Nr. 1 Satz 2 UStAE.
9 BFH, Urt. v. 24.7.2013 – XI R 14/11, BStBl. II 2014, 210 = UR 2014, 203; BFH, Urt. v. 23.9.2020 – XI R 34/19, BFHE 270, 224 = UR 2021, 82; *Friedrich-Vache* in Reiß/Kraeusel/Langer, § 19 UStG Rz. 38 (Stand: September 2020).
10 Abschn. 19.2. Abs. 3 UStAE.
11 *Korn* in Bunjes[22], § 19 UStG Rz. 21.

an den Verzicht des Steuerpflichtigen auf die Anwendung der Kleinunternehmerregelung nach § 19 Abs. 2 Satz 2 UStG knüpft an seine erstmalige Steuererklärung an, in der die allgemeinen Vorschriften angewandt wurden. Dem Gesetz ist nicht zu entnehmen, dass nach Ablauf der Bindungsfrist von fünf Jahren der Steuerpflichtige konkludent mit der Abgabe der Steuererklärung unter Beachtung der Regelbesteuerung wiederum eine neue Bindungsfrist i.S.v. § 19 Abs. 2 Satz 2 UStG in Gang setzt.[1] Nach dem Ende der Fünf-Jahres-Frist seit dem erstmaligen Verzicht nach § 19 Abs. 2 Satz 1 UStG kann nach der Rechtsprechung für jedes weitere Jahr von dem Verzicht gemäß § 19 Abs. 2 Satz 1 UStG Gebrauch gemacht werden, ohne dass es einer erneuten Erklärung bedarf und jeweils eine neue Fünf-Jahres-Frist beginnt.[2] **Der Verzicht auf die Kleinunternehmerregelung wirkt fort, bis er** ohne weiteres Bindungshemmnis **vom Steuerpflichtigen widerrufen wird.**[3] Danach kann ein Verzicht auf die Anwendung der Kleinunternehmerregelung auch noch Jahre oder gar Jahrzehnte später wirksam sein.[4]

III. Widerruf des Verzichts (Absatz 2 Satz 3)

Widerrufsrecht: Nach Ablauf von 5 Kalenderjahren entfällt die Bindung des § 19 Abs. 2 Satz 2 UStG 36
nicht automatisch. Es bedarf vielmehr einer neuen Erklärung des Kleinunternehmers zu seiner Besteuerungsform. Nach Ablauf der Fünfjahresfrist kann der Kleinunternehmer die Erklärung mit Wirkung von Beginn des folgenden Kalenderjahres an widerrufen (§ 19 Abs. 2 Satz 3 UStG).

IV. Zeitgerechter Widerruf des Verzichts

1. Frist und Form

Der Widerruf war bis zur Gesetzesänderung im Rahmen des WachsChG spätestens bis zur Unanfecht- 37
barkeit der Steuerfestsetzung des Kalenderjahres, für das er gelten soll, zu erklären (§ 19 Abs. 2 Satz 4 UStG a.F.). Die Regelung des § 19 Abs. 2 Satz 4 UStG a.F. wurde im Rahmen des WachsChG ersatzlos gestrichen, weil die feste Frist des § 19 Abs. 2 Satz 1 UStG n.F. an die Stelle des im Einzelfall zu bestimmenden Zeitpunktes der Unanfechtbarkeit der Steuerfestsetzung des betreffenden Kalenderjahres getreten ist. Auch für den Widerruf ist keine besondere Form der Willenserklärung des Unternehmers gesetzlich vorgesehen. Die Erklärung des Widerrufs ist daher formlos möglich.[5] Darum ist auch ein konkludenter Widerruf möglich, wobei auch insoweit Zweifel ausgeräumt werden müssen (Rz. 33). Für den Widerruf gelten die gleichen Regeln wie für die Erklärung des Verzichts (Rz. 32), so dass der Steuerpflichtige auch durch Abgabe der Umsatzsteuererklärung konkludent den Verzicht auf die Anwendung der Kleinunternehmerregelung widerrufen kann.[6]

2. Rechtsfolge

Im Falle des Widerrufs kann der Unternehmer die Rechnungen, in denen er die Umsatzsteuer geson- 38
dert ausgewiesen hat, nach § 14c Abs. 2 Sätze 3 bis 5 UStG berichtigen.[7]

1 BFH, Urt. v. 23.9.2020 – XI R 34/19, BFHE 270, 304 = UR 2021, 82.
2 BFH, Urt. v. 23.9.2020 – XI R 34/19, BFHE 270, 304 = UR 2021, 82 m.w.N.; **a.A.** *Schüler-Täsch* in Sölch/Ringleb, § 19 UStG Rz. 57 (Stand: Juni 2023).
3 BFH, Urt. v. 23.9.2020 – XI R 34/19, BFHE 270, 304 = UR 2021, 82; *Stadie* in Rau/Dürrwächter, § 19 UStG Rz. 136 (Stand: Juni 2023).
4 *Sterzinger*, UStB 2021, 3 (4).
5 BFH, Urt. v. 23.9.2020 – XI R 34/19, BFHE 270, 304 = UR 2021, 82.
6 BFH, Urt. v. 23.9.2020 – XI R 34/19, BFHE 270, 304 = UR 2021, 82.
7 Abschn. 19.2. Abs. 4 Satz 3 UStAE.

D. Maßgebender Gesamtumsatz (Absatz 3)

I. Definition des Gesamtumsatzes (Absatz 3 Satz 1)

1. Grundlagen

39 Der maßgebende Gesamtumsatz ist die zentrale tatbestandliche Voraussetzung für die Kleinunternehmerregelung. Zum Gesamtumsatz i.S.d. § 19 Abs. 3 UStG gehören auch die vom Unternehmer ausgeführten Umsätze, die nach § 1 Abs. 3 UStG wie Umsätze im Inland zu behandeln sind, sowie die Umsätze, für die ein anderer als Leistungsempfänger Steuerschuldner nach § 13b Abs. 5 UStG ist.[1] Dagegen gehören zum Gesamtumsatz nicht die private Verwendung eines dem Unternehmen zugeordneten Gegenstandes, die nicht nach § 3 Abs. 9a Nr. 1 UStG steuerbar ist[2], und die Umsätze, für die der Unternehmer als Leistungsempfänger Steuerschuldner nach § 13b Abs. 5 UStG ist.[3] Lieferungen an den letzten Abnehmer in einem innergemeinschaftlichen Dreiecksgeschäft (§ 25b Abs. 2 UStG; Rz. 25) gehören nicht zum Gesamtumsatz beim letzten Abnehmer.[4] Von den steuerbaren Umsätzen sind für die Ermittlung des Gesamtumsatzes die in § 19 Abs. 3 UStG genannten steuerfreien Umsätze nach § 4 Nr. 8 Buchst. i, Nr. 9 Buchst. b und Nr. 11 bis 29 UStG sowie die nach § 4 Nr. 8 Buchst. a–h, § 4 Nr. 9 Buchst. a und § 4 Nr. 10 UStG steuerfreien Hilfsumsätze abzuziehen. Liefert der Unternehmer Gegenstände, für die er den Vorsteuerabzug nach § 15 Abs. 1a UStG nicht in Anspruch nehmen konnte, weil im Erwerbsjahr z.B. noch keine Unternehmerstellung bestand oder die Kleinunternehmerregelung galt, sind diese Lieferungen in die Bemessung des Gesamtumsatzes nach § 19 Abs. 3 Nr. 1 i.V.m. § 4 Nr. 28 UStG nicht mit einzubeziehen.[5]

2. Besondere Grundlagen

40 Bei der Margenbesteuerung nach § 25 UStG sowie der Differenzbesteuerung nach § 25a UStG bestimmte sich aus früherer Verwaltungssicht der Gesamtumsatz nach dem vereinnahmten Entgelt und nicht nach dem Differenzbetrag.[6] Allerdings haben Finanzgerichte Bedenken an der Vereinbarkeit des § 19 Abs. 3 UStG mit Art. 288 MwStSystRL geäußert, weshalb aufgrund unmittelbarer Anwendung von Art. 288 Satz 1 Nr. 1 MwStSystRL und Art. 132 Abs. 1 Buchst. j MwStSystRL von der Umsatzsteuer befreite Umsätze entgegen § 19 Abs. 3 UStG nicht in die Berechnung des Gesamtumsatzes einzubeziehen sein sollen.[7] Der BFH hat im Vorlagebeschluss vom 7.2.2018 den EuGH gefragt, ob in Fällen der Differenzbesteuerung nach Art. 311 ff. MwStSystRL die Bestimmung des Art. 288 Satz 1 Nr. 1 MwStSystRL dahingehend auszulegen ist, dass für die Bemessung des danach maßgeblichen Umsatzes bei der Lieferung von Gegenständen nach Art. 314 MwStSystRL bzw. nach Art. 315 MwStSystRL auf die Differenz zwischen dem geforderten Verkaufspreis und dem Einkaufspreis (Handelsspanne) abzustellen ist.[8] Hierauf hat der EuGH geantwortet, dass „dieser Umsatz […] auf der Grundlage aller von dem steuerpflichtigen Wiederverkäufer vereinnahmten oder zu vereinnahmenden Beträge ohne Mehrwertsteuer zu ermitteln [ist], unabhängig von den Modalitäten, nach denen diese Beträge tatsächlich besteuert werden“.[9] Im Folgeurteil hat der BFH entschieden, dass bei der Ermittlung des Gesamtumsatzes nach der Kleinunternehmerregelung (§ 19 UStG) bei einem Händler, der der Differenzbesteuerung (§ 25a UStG) unterliegt, nicht auf die Differenz zwischen dem geforderten Verkaufspreis

---

1 Abschn. 19.3. Abs. 1 Satz 1 UStAE.
2 BFH, Urt. v. 21.4.2021 – XI R 12/19, UR 2021, 945, Rz. 14 m.w.N.
3 Abschn. 19.3. Abs. 1 Satz 2 UStAE.
4 Abschn. 19.3. Abs. 1 Satz 3 UStAE.
5 BFH, Urt. v. 26.9.2019 – V R 27/19 (V R 1/17), UR 2020, 81.
6 Abschn. 19.3. Abs. 1 Satz 5 UStAE a.F.
7 FG München, Urt. v. 16.7.2015 – 14 K 2293/13, EFG 2015, 2001; ebenso FG Bremen, Urt. v. 10.8.2016 – 2 K 4/15, DStRE 2017, 1056.
8 BFH, Vorlagebeschl. v. 7.2.2018 – XI R 7/16, UR 2018, 530.
9 EuGH, Urt. v. 29.7.2019 – C-388/18, ECLI:EU:C:2019:642 – B, UR 2019, 662.

und dem Einkaufspreis (Handelsspanne), sondern auf die Gesamteinnahmen abzustellen ist.[1] Dem folgt nunmehr auch die FinVerw.[2]

II. Gesamtumsatz nach vereinnahmten Entgelten (Absatz 3 Satz 2)

Bei Ist-Versteuerung (§ 13 Abs. 1 Nr. 1 Buchst. a Satz 4 oder § 20 UStG) ist auch der Gesamtumsatz nach diesen Entgelten zu berechnen (§ 19 Abs. 3 Satz 2 UStG). 41

III. Umrechnung des Gesamtumsatzes bei zeitweiser Unternehmertätigkeit (Absatz 3 Satz 3)

Umrechnungsregeln: Bei **nur zeitweiser Unternehmertätigkeit** ist der voraussichtliche Gesamtumsatz auf den Besteuerungszeitraum als dem **Kalenderjahr** (vgl. § 18 Abs. 3 Satz 1) **hochzurechnen**. Der praxiswichtigste Fall ist die unterjährige Aufnahme der unternehmerischen Tätigkeit bei mindestens einjähriger Fortführung, aber umzurechnen ist auch, wenn der Kleinunternehmer sein Unternehmen zunächst einstellt und im darauffolgenden Jahr wieder ein Unternehmen eröffnet.[3] Entscheidend ist bei nur zeitweiser Unternehmertätigkeit **nur der für das restliche Jahr prognostizierte Gesamtjahresumsatz**. Nach § 19 Abs. 3 Satz 3 UStG erfolgt die Umrechnung des tatsächlichen Gesamtumsatzes in einen Jahresgesamtumsatz auch, wenn die gewerbliche oder berufliche Tätigkeit von vornherein auf einen Teil des Kalenderjahrs begrenzt ist.[4] Bei der Umrechnung des tatsächlichen Gesamtumsatzes in einen Jahresumsatz ist das Kalenderjahr in den Zeitraum bis zum tatsächlichen Beginn des Unternehmens (nicht vorbereitende Schulungen zur Unternehmensführung) und in den Zeitraum danach aufzuteilen.[5] Da die Umsätze aus der Veräußerung oder Entnahme des Anlagevermögens keine taugliche Prognosegrundlage für die gewöhnliche Geschäftstätigkeit sind (Rz. 16), sind sie vor der Umrechnung aus dem tatsächlichen Gesamtumsatz herauszurechnen.[6] 42

IV. Umrechnungsvorgaben (Absatz 3 Satz 4)

Monats- oder Tagesrechnung: Angefangene Kalendermonate sind bei der Umrechnung als volle Kalendermonate zu behandeln (§ 19 Abs. 3 Satz 4 UStG). Danach ist unerheblich, ob eine unternehmerische Tätigkeit etwa am ersten oder am letzten Tag eines Monats aufgenommen wird, weil eine „Aufrundung“ auf ganze Monate erfolgt, es sei denn, dass die Umrechnung nach Tagen zu einem niedrigeren Jahresgesamtumsatz führt.[7] Bei der **wahlweisen Hochrechnung über Tage** werden nur Tage berücksichtigt, an denen die unternehmerische Tätigkeit auch tatsächlich durch rechtserhebliche Handlungen durchgeführt wurde.[8] Der Beginn dieser Tätigkeit ist anzunehmen, wenn Handlungen des Unternehmers gegenüber Dritten auf die Ausführung entgeltlicher Umsätze gerichtet sind und/oder wenn dafür von Dritten Lieferungen oder sonstige Leistungen bezogen werden, für die der Unternehmer zum Vorsteuerabzug berechtigt ist, weshalb konkrete Vorbereitungshandlungen in Form von Leistungsbezügen, die zum Vorsteuerabzug berechtigen, zur unternehmerischen Tätigkeit zählen.[9] 43

1 BFH, Urt. v. 23.10.2019 – XI R 17/19 (XI R 7/16), BFHE 267, 154 = UR 2020, 244.
2 Abschn. 19.3. Abs. 1 Satz 5 UStAE.
3 *Trinks/Bob*, BB 2014, 158.
4 BFH, Urt. v. 27.10.1993 – XI R 86/90, BStBl. II 1994, 274 zum Karnevalsprinz als Unternehmer; Abschn. 19.3. Abs. 3 Satz 1 UStAE.
5 Abschn. 19.3. Abs. 3 Sätze 3 u. 4 UStAE.
6 Abschn. 19.3. Abs. 3 Sätze 5 u. 6 UStAE; *Walkenhorst* in Küffner/Zugmaier, § 19 UStG Rz. 168 (Stand: Mai 2023).
7 *Trinks/Bob*, BB 2014, 158 (159).
8 BFH, Urt. v. 21.4.2021 – XI R 12/19, UR 2021, 945, Rz. 15; *Trinks/Bob*, BB 2014, 158 (159 f.) zur Vorteilhaftigkeitsanalyse und „zur Überflüssigkeit der Hochrechnung über Tage“.
9 BFH, Urt. v. 21.4.2021 – XI R 12/19, UR 2021, 945, Rz. 15 m.w.N.

E. Ausschluss der Kleinunternehmerregelung (Absatz 4)

I. Ausschluss bei innergemeinschaftlicher Lieferung neuer Fahrzeuge (Absatz 4 Satz 1)

44 **Behandlung wie ein Nicht-Unternehmer:** § 19 Abs. 4 UStG schließt für die innergemeinschaftliche Lieferung neuer Fahrzeuge (§ 1b Rz. 1 ff.) durch Kleinunternehmer die Anwendung des § 19 Abs. 1 UStG aus. Die Ausnahmevorschrift des § 2a UStG, bei der ein Nicht-Unternehmer mit der Lieferung neuer Fahrzeuge eine steuerbare Lieferung ausführt, gilt auch für Kleinunternehmer. Bei der innergemeinschaftlichen Lieferung von Neufahrzeugen in das übrige Gemeinschaftsgebiet werden Kleinunternehmer nach § 19 Abs. 4 Satz 1 UStG im Ergebnis wie Fahrzeuglieferer i.S.d. § 2a UStG behandelt.[1] Dadurch wird auch bei Kleinunternehmern der im Bestimmungsland der Erwerbsteuer unterliegende innergemeinschaftliche Erwerb neuer Fahrzeuge im Ursprungsland durch die Steuerbefreiung und den beschränkten Vorsteuerabzug (Rz. 45) entlastet.[2] Formelle Folge ist, dass bei der Lieferung neuer Fahrzeuge auch der Kleinunternehmer eine Rechnung nach § 14a Abs. 3 Sätze 1 und 2 UStG zu erstellen hat, die neben den Angaben des § 14 Abs. 4 UStG auch einen Hinweis auf die Steuerfreiheit nach § 6a, § 4 Nr. 1 Buchst. b UStG enthält (§ 14 Abs. 4 Nr. 8 UStG).[3] Auch für Kleinunternehmer gilt die besondere Meldepflicht bei der Lieferung neuer Fahrzeuge nach § 18c UStG.

II. Entsprechende Anwendung von § 15 Abs. 4a (Absatz 4 Satz 2)

45 Die Einschränkungen für Fahrzeuglieferer beim Vorsteuerabzug nach § 15 Abs. 4a UStG gelten folgerichtig auch für Kleinunternehmer (§ 19 Abs. 4 Satz 2 UStG).

F. Wechsel der Besteuerungsform

I. Keine Doppel- oder Nichterfassung

46 Den „Übergang von der allgemeinen Besteuerung zur Nichterhebung der Steuer nach § 19 Abs. 1 UStG und umgekehrt" setzt § 15a Abs. 7 UStG voraus und erklärt den Wechsel der Besteuerungsform als nach § 15a UStG relevante Änderung der Verhältnisse (Rz. 49). Im Gegensatz zum Wechsel der Art der Steuerberechnung (§ 20 Abs. 1 Satz 3 UStG) sieht das Gesetz aber keine weiteren Regelungen für den Übergang vor. Der in § 20 Abs. 1 Satz 3 UStG normierte Grundsatz, dass Umsätze weder doppelt erfasst noch unversteuert bleiben dürfen, gilt gleichermaßen für den Wechsel der Besteuerungsform, wobei die **endgültige Besteuerung nach den Vorschriften durchzuführen ist, die im Zeitpunkt der Ausführung der Umsätze anzuwenden sind** (vgl. § 1 Abs. 1 Nr. 1, § 27 Abs. 1 UStG).[4] **Der Wechsel kann grundsätzlich nur zum Beginn eines Kalenderjahres** erfolgen,[5] weil § 19 Abs. 1 UStG sich auf ein Kalenderjahr als Besteuerungszeitraum bezieht.[6]

II. Übergang von der Anwendung des § 19 Abs. 1 UStG zur Regelbesteuerung

47 **Wechselfolgen:** Umsätze, die der Unternehmer als Kleinunternehmer *vor* dem Übergang zur Regelbesteuerung ausgeführt hat, fallen auch dann unter § 19 Abs. 1 UStG, wenn die Entgelte nach diesem Zeitpunkt vereinnahmt werden.[7] Dagegen unterliegen Umsätze, die der Unternehmer *nach* dem Über-

1 *Schüler-Täsch* in Sölch/Ringleb, § 19 UStG Rz. 45 (Stand: Juni 2023).
2 *Friedrich-Vache* in Reiß/Kraeusel/Langer, § 19 UStG Rz. 51 (Stand: September 2020).
3 *Friedrich-Vache* in Reiß/Kraeusel/Langer, § 19 UStG Rz. 52 (Stand: September 2020).
4 *Schüler-Täsch* in Sölch/Ringleb, § 19 UStG Rz. 74 (Stand: Juni 2023).
5 *Friedrich-Vache* in Reiß/Kraeusel/Langer, § 19 UStG Rz. 41 mit Ausnahmen in Rz. 19 (Stand: September 2020).
6 *Stadie*, Umsatzsteuerrecht, Rz. 17.36.
7 Abschn. 19.5. Abs. 1 UStAE.

gang ausführt, der Regelbesteuerung.[1] Ändert sich nach dem Übergang die Bemessungsgrundlage (§ 17 UStG) für Umsätze, die vor dem Übergang ausgeführt worden sind, so ist auf diese Umsätze § 19 Abs. 1 UStG anzuwenden.[2]

III. Übergang von der Regelbesteuerung zur Anwendung des § 19 Abs. 1 UStG

Wechselfolgen: Umsätze, die der Unternehmer *vor* dem Übergang von der Regelbesteuerung zur Anwendung des § 19 Abs. 1 UStG ausgeführt hat, unterliegen der Regelbesteuerung. Für *nach* dem Übergang vereinnahmte Entgelte für diese Umsätze (Außenstände), gilt nach Abschn. 19.1. Abs. 6 UStAE Folgendes: Hat der Unternehmer die Steuer vor dem Übergang nach vereinbarten Entgelten berechnet (Soll-Besteuerung), waren die Umsätze bereits vor dem Übergang in dem Besteuerungs- oder Voranmeldungszeitraum zu versteuern, in dem sie ausgeführt wurden (§ 13 Abs. 1 Nr. 1 Buchst. a UStG), so dass keine Besteuerung zum Zeitpunkt der Entgeltvereinnahmung zu erfolgen hat. Hat der Unternehmer die Steuer vor dem Übergang dagegen nach vereinnahmten Entgelten (Ist-Besteuerung) berechnet, unterfallen die Umsätze nach dem Übergang in dem Besteuerungs- oder Voranmeldungszeitraum der Regelbesteuerung, in dem die Entgelte vereinnahmt werden (§ 13 Abs. 1 Nr. 1 Buchst. b UStG).[3] Im Falle der Änderung der Bemessungsgrundlage nach dem Übergang für Umsätze, die vor dem Übergang ausgeführt worden sind, hat die Berichtigung des für diese Umsätze geschuldeten Steuerbetrags (§ 17 Abs. 1 Satz 1 und § 17 Abs. 2 UStG) zu berücksichtigen, dass die Umsätze der Regelbesteuerung unterlegen haben.[4] Umsätze, die der Unternehmer *nach* dem Übergang ausführt, fallen unter § 19 Abs. 1 UStG. Für vor dem Übergang vereinnahmte Anzahlungen, die bereits der Umsatzsteuer unterworfen wurden, ist die entrichtete Steuer zu erstatten, sofern keine zum Vorsteuerabzug berechtigenden Rechnungen ausgestellt wurden.[5] 48

Vorsteuerberichtigung nach § 15a UStG: Der Wechsel der Besteuerungsform ist eine nach § 15a UStG relevante Änderung der Verhältnisse (§ 15a Abs. 7 UStG). Die erstmalige Anwendung der Kleinunternehmerbesteuerung führt zu einer Vorsteuerberichtigung für die Wirtschaftsgüter, die der Unternehmer vor Beginn des Zeitraums der Steuerbefreiung nach § 19 Abs. 1 UStG unter Inanspruchnahme des Vorsteuerabzugs erworben hat und deren Berichtigungszeitraums noch nicht abgelaufen ist. Die Vorsteuer ist bei weiterer Verwendung des Wirtschaftsguts für jedes Jahr, in dem der Unternehmer der Kleinunternehmerregelung unterliegt und nicht auf ihre Anwendung verzichtet, anteilig zu berichtigen. Sie ist für den gesamten verbleibenden Berichtigungszeitraum zu berichtigen, soweit Wirtschaftsgüter im Rahmen des § 19 Abs. 1 UStG steuerfrei veräußert werden.[6] 49

IV. Übergang von der Besteuerung nach § 24 UStG zur Nichterhebung und umgekehrt

Sinngemäße Wechselfolgen: Im Falle des Übergangs von der Besteuerung nach Durchschnittssätzen bei land- und forstwirtschaftlichen Betrieben (§ 24 UStG) zur Anwendung des § 19 Abs. 1 UStG gelten die aufgezeigten Grundsätze zum Wechsel (Rz. 47 f.) sinngemäß. Der Vorsteuerabzug ist bis zum Zeitpunkt des Übergangs durch die Anwendung der Durchschnittssatzbesteuerung abgegolten und nach diesem Zeitpunkt scheidet der Vorsteuerabzug aus (§ 19 Abs. 1 Satz 4 UStG).[7] Im Falle des umgekehrten Wechsels erfolgt der Vorsteuerabzug vom Zeitpunkt des Übergangs an ausschließlich nach § 24 Abs. 1 Satz 4 UStG.[8] 50

---

1 Abschn. 19.5. Abs. 2 UStAE.
2 Abschn. 19.5. Abs. 4 UStAE.
3 Abschn. 19.5. Abs. 6 UStAE.
4 Abschn. 19.5. Abs. 9 UStAE.
5 Abschn. 19.5. Abs. 7 UStAE.
6 Insgesamt *Korn* in Bunjes[22], § 19 UStG Rz. 36.
7 Abschn. 19.5. Abs. 10 Satz 1 UStAE.
8 Abschn. 19.5. Abs. 5 Satz 2 UStAE.

§ 20 Berechnung der Steuer nach vereinnahmten Entgelten

[1]Das Finanzamt kann auf Antrag gestatten, dass ein Unternehmer,

1. **dessen Gesamtumsatz (§ 19 Abs. 3) im vorangegangenen Kalenderjahr nicht mehr als 800 000 Euro betragen hat, oder**
2. **der von der Verpflichtung, Bücher zu führen und auf Grund jährlicher Bestandsaufnahmen regelmäßig Abschlüsse zu machen, nach § 148 der Abgabenordnung befreit ist, oder**
3. **soweit er Umsätze aus einer Tätigkeit als Angehöriger eines freien Berufs im Sinne des § 18 Abs. 1 Nr. 1 des Einkommensteuergesetzes ausführt oder**
4. **der eine juristische Person des öffentlichen Rechts ist, soweit er nicht freiwillig Bücher führt und auf Grund jährlicher Bestandsaufnahmen regelmäßig Abschlüsse macht oder hierzu gesetzlich verpflichtet ist,**

die Steuer nicht nach den vereinbarten Entgelten (§ 16 Abs. 1 Satz 1), sondern nach den vereinnahmten Entgelten berechnet. [2]Erstreckt sich die Befreiung nach Satz 1 Nr. 2 nur auf einzelne Betriebe des Unternehmers und liegt die Voraussetzung nach Satz 1 Nr. 1 nicht vor, so ist die Erlaubnis zur Berechnung der Steuer nach den vereinnahmten Entgelten auf diese Betriebe zu beschränken. [3]Wechselt der Unternehmer die Art der Steuerberechnung, so dürfen Umsätze nicht doppelt erfasst werden oder unversteuert bleiben.

Schrifttum: *Frye*, Soll-Besteuerung gehört auf den verfassungsrechtlichen Prüfstand, UR 2013, 561; *Gössler*, Fallstricke beim Antrag auf Gestattung der Ist-Besteuerung, NWB 2016, 1004; *Hörster*, Regierungsentwurf eines Wachstumschancengesetzes, NWB 2023, 2790; *Klenk*, Die Sollbesteuerung und die Entstehung der Mehrwertsteuer, UR 2019, 568; *Reichelt*, Rücknahme der Gestattung der sog. Ist-Besteuerung im Gründungsjahr, MwStR 2021, 474; *Stadie*, Das unsinnige Soll-Prinzip bei der Umsatzsteuer, UR 2004, 136; *Stadie*, Soll oder Ist – das ist sehr wohl jetzt die Frage!, UR 2004, 398; *Stadie*, In dubio pro fisco, UR 2011, 45; *Stadie*, Vorfinanzierung der Umsatzsteuer selbst dann, wenn die Gegenleistung erst in zwei Jahren fällig ist?, UR 2018, 3; *Sterzinger*, Besteuerung nach vereinnahmten Entgelten, UStB 2017, 337; *Widmann*, Soll oder Ist – das ist jetzt nicht die Frage!, UR 2004, 177; *Zimmert*, Bekämpfung von Umsatzsteuerausfällen und Entbürokratisierung durch Übergang auf umfassende Ist-Versteuerung, DStR 2015, 921.

A. Grundaussagen

I. Regelungsgegenstand und Bedeutung

Ist-Besteuerung im Umsatzsteuersystem. § 20 UStG eröffnet unter seinen tatbestandlichen **Voraussetzungen einen Antrag auf Berechnung der Umsatzsteuer nach vereinnahmten Entgelten** (= Ist-Besteuerung). Darin liegt eine **Ausnahme zur Regelberechnung** der Umsatzsteuer nach vereinbarten Entgelten nach § 16 Abs. 1 Satz 1 UStG. Der Grundsatz der Soll-Besteuerung zwingt den leistenden Unternehmer zur Vorfinanzierung der Steuer mit Liquiditätsnachteilen durch den „Zwangskredit" an den Staat.[1] Sie wird nicht nur rechtspolitisch diskutiert[2], sondern vereinzelt als rein fiskalische Maßnahme angesehen, die unverhältnismäßig und verfassungswidrig sein soll.[3] Namentlich *Stadie* hält das Sollprinzip für mit dem „Wesen" der Umsatzsteuer als Verbrauchsteuer unvereinbar, weil es durch die Vorfinanzierung den Unternehmer und nicht den Verbraucher (auf Zeit) belaste.[4] Der BFH hat sich dieser Kritik im Ausgangspunkt angeschlossen und ihre Vereinbarkeit mit dem Unionsrecht auf dem Prüfstand des EuGH gestellt (Rz. 3). Die antragsabhängige Ist-Besteuerung vermeidet Liquiditätsnachteile[5] und den Vorfinanzierungszwang des Unternehmers,[6] weil die Steuerzahlungspflicht nicht bereits an Leistungserbringung und Rechnungsstellung, sondern erst an die Begleichung anknüpft. Sie vereinfacht zudem das Verfahren, weil sie eine spätere Berichtigung der vereinbarten Entgelte bei Zahlungsausfall nach § 17 UStG vermeidet.[7] Aufgrund dieser Vorteile im Besteuerungsverfahren sollte der in den Anwendungsbereich des § 20 UStG fallende Unternehmer das Antragsrecht auf Ist-Besteuerung regelmäßig ausüben. Auf die Gesamtdauer des Unternehmens tritt bei beiden Arten der Steuerberechnung letztlich dasselbe Besteuerungsergebnis ein.[8] 1

II. Unionsrechtliche Grundlagen

1. Rahmen der MwStSystRL

Art. 66 Buchst. b MwStSystRL erlaubt den Mitgliedstaaten abweichend von Art. 63 MwStSystRL eine Ist-Besteuerung für alle Arten von Umsätzen einzuführen. Diese **unionsrechtliche Öffnungsklausel** ist sehr weitgehend.[9] Trotz der Formulierung „für bestimmte Umsätze oder Gruppen von Steuerpflichtigen" nimmt der EuGH keine besondere Beschränkung der Mitgliedstaaten bei der Normierung einer Ist-Besteuerung an.[10] Mit der Ist-Besteuerung nach § 20 UStG hat der deutsche Gesetzgeber die ihm nach Unionsrecht eingeräumte Ermächtigung ausgeübt, für die Entstehung des Steueranspruchs auf die Vereinnahmung des Preises abzustellen.[11] § 20 UStG entspricht den Vorgaben des Unionsrechts.[12] Nach Art. 167a MwStSystRL können die Mitgliedstaaten aber im Rahmen einer fakultativen Regelung vorsehen, dass das Recht auf Vorsteuerabzug durch die dort genannten Ist-Besteuerer erst dann ausgeübt werden darf, wenn sie das Entgelt entrichtet haben. Deutschland hat von dieser fakultativen Regelung keinen Gebrauch gemacht,[13] so dass der Vorsteuerabzug nach § 15 Abs. 1 Nr. 1 UStG ausschließlich nach dem Sollprinzip (unter den Voraussetzungen des § 14 UStG) erfolgt.[14] Das FG Ham- 2

1 *Frye* in Rau/Dürrwächter, § 20 UStG Rz. 64 (Stand: September 2020).
2 Dazu *Korn* in Bunjes[22], § 20 UStG Rz. 7 m.w.N.
3 *Frye* in Rau/Dürrwächter, § 20 UStG Rz. 108–132 (Stand: September 2020).
4 *Stadie*, UR 2004, 136; *Stadie*, UR 2004, 398; *Stadie*, UR 2011, 45; *Stadie*, UR 2018, 3; dessen Kritik relativierend *Klenk*, UR 2019, 568 (574 f.).
5 *Michel* in Birkenfeld/Wäger, Umsatzsteuer-Handbuch, § 20 UStG Rz. 22 (Stand: März 2022); *Schüler-Täsch* in Sölch/Ringleb, § 20 UStG Rz. 4 (Stand: März 2023).
6 *Frye* in Rau/Dürrwächter, § 20 UStG Rz. 64, 69 (Stand: September 2020).
7 *Friedrich-Vache* in Reiß/Kraeusel/Langer, § 20 UStG Rz. 4 (Stand: September 2020).
8 *Schüler-Täsch* in Sölch/Ringleb, 20 UStG Rz. 20 (Stand: März 2023).
9 *Frye* in Rau/Dürrwächter, § 20 UStG Rz. 40.4 (Stand: September 2020).
10 EuGH, Urt. v. 26.10.1995 – C-144/94, ECLI:EU:C:1995:355 – Italittica, UR 1996, 19 m. Anm. *Huschens*.
11 BFH, Urt. v. 24.10.2013 – V R 31/12, BStBl. II 2015, 674 = UR 2014, 238.
12 BFH, Urt. v. 11.11.2020 – XI R 41/18, BStBl. II 2023, 288 = UR 2021, 318 m.w.N.
13 *Schüler-Täsch* in Sölch/Ringleb, § 20 UStG Rz. 15 (Stand: März 2023).
14 *Klenk*, UR 2019, 568 (571 f.).

burg hat an den EuGH das Vorabentscheidungsersuchen gerichtet, ob Art. 167 MwStSystRL einer nationalen Regelung entgegensteht, nach der das Recht zum Vorsteuerabzug auch dann bereits im Zeitpunkt der Ausführung des Umsatzes entsteht, wenn der Steueranspruch gegen den Leistenden nach nationalem Recht erst bei Vereinnahmung des Entgelts entsteht.[1] Der EuGH hat inzwischen durch Urt. v. 10.2.2022 in der Rs. Grundstücksgemeinschaft Kollaustraße 136[2] entschieden, dass das Unionsrecht einer nationalen Regelung entgegensteht, nach der das Recht auf Vorsteuerabzug bereits im Zeitpunkt der Ausführung des Umsatzes entsteht, wenn der Steueranspruch gegen den Lieferer oder Dienstleistungserbringer nach einer nationalen Abweichung gemäß Art. 66 Abs. 1 Buchst. b der Richtlinie 2006/112 in der durch die Richtlinie 2010/45 geänderten Fassung erst bei Vereinnahmung des Entgelts entsteht und dieses noch nicht gezahlt worden ist. Diese Entscheidung – ihre Überzeugungskraft dahingestellt[3] – hat Auswirkungen für alle Unternehmen, die Lieferungen oder sonstige Leistungen mit Ist-Besteuerung beziehen.[4] Die Bedeutung des Vorsteuerabzugs bei Leistungsbezug vom Ist-Besteuerer in Deutschland ist offen.[5] § 15 Abs. 1 UStG ist bislang nicht angepasst worden. In Betracht kommt die gesetzliche Einführung der Angabepflicht des leistenden Unternehmers um die Besteuerungsart „Besteuerung nach vereinnahmten Entgelten“ in § 14 Abs. 4 UStG.[6]

2. Fragwürdiger gesetzlicher Regelfall

3 Die **Sollbesteuerung** als Grundregel der Steuerberechnung ist seit langem unions- und verfassungsrechtlich angegriffen worden (Rz. 1). Sie stand aufgrund des **Vorabentscheidungsersuchens des BFH**[7] auf dem Prüfstand des EuGH. Allerdings hat der EuGH[8] eine deeskalierende Detaillösung gefunden, der der BFH in seiner Nachfolgeentscheidung gefolgt ist, wonach sich Unternehmer bei ratenweise vergüteten Vermittlungsleistungen auf eine unmittelbare Anwendung von Art. 64 Abs. 1 MwStSystRL berufen können.[9] Das nimmt – zumindest auf Zeit – den Druck von der fragwürdigen Sollbesteuerung. Zuletzt hat es der EuGH als unerheblich eingestuft, „dass ein Steuerpflichtiger in bestimmten Fällen zur Vorfinanzierung der von ihm an die Steuerverwaltung zu entrichtenden Mehrwertsteuer gezwungen sein kann“.[10]

III. Verhältnis zu anderen Vorschriften und Rechtsentwicklung

1. Verhältnis zu anderen Vorschriften

4 Die Berechnung des Gesamtumsatzes im vorangegangenen Kalenderjahr erfolgt aufgrund des Verweises in § 20 Satz 1 Nr. 1 UStG nach § 19 Abs. 3 UStG (§ 19 Rz. 39). § 20 Satz 1 Nr. 2 UStG verweist auf Befreiungen in Härtefällen nach § 148 AO. § 20 Satz 1 Nr. 3 UStG verweist auf freiberufliche Einkünfte i.S.d. § 18 Abs. 1 Nr. 1 EStG. Auf den Vorsteuerabzug, der nach § 15 UStG den Erhalt von Leistung und Rechnung voraussetzt, hat § 20 UStG keine Auswirkung.[11] Deutschland hat von der unionsrechtlichen Ermächtigung eines Vorsteuerabzuges erst bei Zahlung der Lieferung oder Dienstleistung bis-

1 FG Hamburg, Vorlagebeschl. v. 10.12.2019 – 1 K 337/17, UR 2020, 358.

2 EuGH, Urt. v. 10.2.2022 – C-9/20, ECLI:EU:C:2022:88 – Grundstücksgemeinschaft Kollaustraße 136, UR 2022, 224.

3 Auf der Linie des EuGH jüngst BFH, Urt. v. 12.7.2023 – XI R 5/21, UR 2024, 68; eher reserviert *Wäger*, UR 2023, 45 (66).

4 *Michel* in Birkenfeld/Wäger, Umsatzsteuer-Handbuch, § 20 UStG Rz. 96 (Stand: März 2022).

5 Dazu *Heinrichshofen*, UVR 2022, 153.

6 *Michel* in Birkenfeld/Wäger, Umsatzsteuer-Handbuch, § 20 UStG Rz. 96 (Stand: März 2022) m.w.N.

7 BFH, Vorlagebeschl. v. 21.6.2017 – V R 51/16, UR 2017, 810; kritisch zur Begründung und zu den Zielen des BFH *Stadie*, UR 2018, 3.

8 EuGH, Urt. v. 29.11.2018 – C-548/17, ECLI:EU:C:2018:970 – baumgarten sports & more, UR 2019, 70 m. Anm. *Stadie*.

9 BFH, Urt. v. 26.6.2019 – V R 8/19 (V R 51/16), BStBl. II 2022, 854 = UR 2019, 660.

10 EuGH, Urt. v. 28.10.2021 – C-324/20, ECLI:EU:C:2021:880 – X-Beteiligungsgesellschaft, UR 2021, 908 m. Anm. *Rust*, Rz. 63.

11 FG Hamburg, Vorlagebeschl. v. 10.12.2019 – 1 K 337/17, UR 2020, 358 (Rz. 2); *Schüler-Täsch* in Sölch/Ringleb, § 20 UStG Rz. 3 (Stand: März 2023).

lang keinen Gebrauch gemacht (Rz. 2). Das Auseinanderfallen der Zeitpunkte der Besteuerung auf der Eingangs- und Ausgangsseite eröffnet den gezielten Missbrauch der Ist-Besteuerung. Dem kann im konkreten Fall durch die Ablehnung des Antrags entgegengewirkt werden (Rz. 14). Rechtspolitisch wird zur Bekämpfung von Umsatzsteuerausfällen die Umstellung auf eine umfassende Ist-Besteuerung auch auf der Eingangsseite diskutiert.[1]

Die Steuer für Lieferungen und sonstige Leistungen entsteht bei der Berechnung der Steuer nach vereinnahmten Entgelten nach § 13 Abs. 1 Nr. 1 Buchst. b UStG mit Ablauf des Voranmeldungszeitraums, in dem die Entgelte vereinnahmt worden sind. Die Vereinnahmung i.S.v. § 13 UStG erfordert, dass der Unternehmer über die Gegenleistung für seine Leistung wirtschaftlich verfügen kann. Bei Überweisungen liegt eine Vereinnahmung des Entgelts in diesem Sinne erst im Zeitpunkt der Gutschrift auf dem Girokonto des Zahlungsempfängers vor, selbst wenn die Wertstellung (Valutierung) bereits zu einem früheren Zeitpunkt wirksam wird.[2] 4.1

2. Rechtsentwicklung

Das UStG 1951 basierte noch auf der Ist-Besteuerung. Das UStG 1967/73 vollzog den allgemeinen Übergang zur Sollbesteuerung. Allerdings war bereits im UStG 1967/73 die Möglichkeit der Ist-Besteuerung für bestimmte Unternehmen vorgesehen, die in der Folge in mehreren Schritten punktuell geändert wurde.[3] Insbesondere die Umsatzgrenze wurde in Schritten auf 500.000 Euro, ab 1.1.2020 auf 600.000 Euro angehoben[4] und zuletzt durch das WachsChG ab 1.1.2024 auf 800.000 Euro (Rz. 17). Alt-Sonderregelungen für die Geschäftsveräußerung (§ 20 Abs. 2 UStG a.F. bis Ende 1993) und die ostdeutschen Länder (§ 20 Abs. 2 UStG a.F. bis Mitte 2009) sind ausgelaufen und Rechtsgeschichte.[5] 5

B. Steuerberechnung nach vereinnahmten Entgelten (Satz 1)

I. Antrag des Unternehmers

1. Antragszwang

§ 20 UStG eröffnet dem Unternehmer „Wahlmöglichkeiten“[6]. Der Unternehmer hat ein Antragsrecht, aber kein „Wahlrecht“[7] im Rechtssinne. Er kann – sofern die Erlaubnisvoraussetzungen des § 20 UStG erfüllt sind – nicht „zwischen den beiden Steuerberechnungsarten frei wählen“,[8] sondern nur einen Antrag stellen. Der Einordnung als Wahlrecht steht entgegen, dass § 20 Satz 1 UStG für die Berechnung nach vereinnahmten Entgelten ausdrücklich eine Gestattung durch das Finanzamt voraussetzt.[9] Den Antrag des Unternehmers als erste Voraussetzung hat das zuständige Finanzamt ermessensgerecht zu bescheiden (Rz. 14). Eine Besteuerung nach vereinnahmten Entgelten kann **nur auf Antrag** gewährt werden (§ 20 Satz 1 UStG).[10] Die Ist-Besteuerung nach § 20 UStG ist zwingend antragsgebunden.[11] Dies gilt ausnahmslos auch bei einer Neugründung (Rz. 18). Nach Einstellung der bisherigen Tätigkeit ist bei Aufnahme einer neuen Tätigkeit ein neuer Antrag erforderlich.[12] Ein nachträglicher Antrag (s. Rz. 8) ist ebenso wie eine rückwirkende Bewilligung (Rz. 12) möglich. Versteuert der Unter- 6

1 *Zimmert*, DStR 2015, 921; *Radeisen* in Schwarz/Widmann/Radeisen, § 20 UStG Rz. 88 (Stand: August 2016).
2 Insgesamt BFH, Urt. v. 17.8.2023 – V R 12/22, UR 2023, 917 m.w.N.
3 Näher *Friedrich-Vache* in Reiß/Kraeusel/Langer, § 20 UStG Rz. 1, 3 m.w.N. (Stand: September 2020).
4 Gesetz zur Einführung einer Pflicht zur Mitteilung grenzüberschreitender Steuergestaltungen, BGBl. I 2019, 2875.
5 Dazu *Friedrich-Vache* in Reiß/Kraeusel/Langer, § 20 UStG Rz. 31 f. (Stand: September 2020).
6 So *Korn* in Bunjes[22], § 20 UStG Rz. 16.
7 **A.A.** *Friedrich-Vache* in Reiß/Kraeusel/Langer, § 20 UStG Rz. 18 (Stand: September 2020); *Michel* in Offerhaus/Söhn/Lange, § 20 UStG Rz. 151 f. (Stand: Juli 2023).
8 So aber *Sterzinger*, UStB 2017, 337 (338).
9 *Frye* in Rau/Dürrwächter, § 20 UStG Rz. 201 (Stand: September 2020).
10 BFH, Urt. v. 11.11.2020 – XI R 41/18, BStBl. II 2023, 288 = UR 2021, 318.
11 *Frye* in Rau/Dürrwächter, § 20 UStG Rz. 195 (Stand: September 2020); *Korn* in Bunjes[22], § 20 UStG Rz. 2, 16: „nicht automatisch“.
12 FG Hamburg, Urt. v. 23.7.2021 – 2 K 205/20, DStRE 2022, 1068 (1070, rkr.).

nehmer ohne förmliche Genehmigung nach vereinnahmten Entgelten, ist ein nachträglicher Antrag anzuregen, wenn die Voraussetzungen des § 20 UStG vorliegen.[1] Ein „Wahlrecht" des Unternehmers besteht nur insoweit, als es ihm grundsätzlich freisteht, von der Gestattung der Ist-Besteuerung keinen Gebrauch zu machen.[2] Eine Pflicht zur Besteuerung nach vereinnahmten Entgelten besteht bei Gestattung der Ist-Besteuerung nicht.[3]

2. Antragsberechtigung

7 Den Antrag kann **jeder Unternehmer** stellen, der die **Voraussetzungen des § 20 Satz 1 Nr. 1, Nr. 2 *oder* Nr. 3 UStG erfüllt** (Rz. 11). Auf die Rechtsform des Unternehmens kommt es – abgesehen von § 20 Satz 1 Nr. 3 UStG (Rz. 22) – nicht an.[4] Auch die einkommensteuerrechtliche Art der Gewinnermittlung (Bestandsvergleich nach § 4 Abs. 1 ggfs. i.V.m. § 5 Abs. 1 EStG oder Überschussrechnung nach § 4 Abs. 3 EStG) ist ohne Bedeutung.[5] Für Kleinunternehmer, die nach § 19 UStG besteuert werden, ist § 20 UStG bedeutungslos.[6] Der Insolvenzverwalter führt grundsätzlich die Besteuerungsart des Insolvenzschuldners fort (Rz. 28).[7]

3. Antragsfrist

8 Der Antrag auf Ist-Besteuerung ist an **keine Frist** gebunden.[8] Er kann bis zum Eintritt der formellen Bestandskraft der jeweiligen Umsatzsteuer-Jahresfestsetzung gestellt und genehmigt werden.[9] Gleichwohl ist dem Unternehmer aus Gründen der Planungs- und Rechtssicherheit ein frühzeitiger Antrag auf Ist-Besteuerung bereits im Rahmen einer Unternehmensanmeldung anzuraten, der ggfs. bereits schriftlich vom Finanzamt gestattet wird.[10]

4. Antragsform

9 Eine bestimmte Antragsform schreibt § 20 UStG nicht vor. Der Antrag kann **konkludent** mit der USt-Voranmeldung oder Umsatzsteuerjahreserklärung gestellt werden.[11] Der Steuererklärung muss deutlich erkennbar zu entnehmen sein, dass die Umsätze auf Grundlage vereinnahmter Entgelte erklärt worden sind.[12] Daher hat der Unternehmer im Vordruckmuster USt 2 A ab 1.1.2019 in der Zeile 22 (Kz 133) mitzuteilen, ob die Steuer nach vereinbarten Entgelten, nach vereinnahmten Entgelten oder in den Fällen nach § 20 UStG nach vereinbarten und vereinnahmten Entgelten berechnet wurde.[13] Eine hinreichende konkludente Antragstellung soll gegeben sein, wenn der Steuerpflichtige die Umsatzsteuerjahreserklärungen zusammen mit den Einkommensteuererklärungen und mit den Gewinnermittlungen nach § 4 Abs. 3 EStG abgibt[14] und die Beträge, die in den Gewinnermittlungen als zugeflossene Einnahmen ausgewiesen sind, den deklarierten Ausgangsumsätzen entsprechen.[15]

---

1 OFD Karlsruhe v. 29.2.2016 – S 7368, USt-Kartei BW § 20 UStG S 7368 Karte 1; *Gössler*, NWB 2016, 1004 (1008).
2 BFH, Urt. v. 10.12.2008 – XI R 1/08, BStBl. II 2009, 1026 = UR 2009, 208.
3 So auch *Michel* in Offerhaus/Söhn/Lange, § 20 UStG Rz. 151 f. (Stand: Juli 2023), der darauf aber ein „Wahlrecht" gründet.
4 *Mann* in Küffner/Zugmaier, § 20 UStG Rz. 10 (Stand: November 2021); *Radeisen* in Schwarz/Widmann/Radeisen, § 20 UStG Rz. 29 (Stand: August 2016).
5 *Friedrich-Vache* in Reiß/Kraeusel/Langer, § 20 UStG Rz. 5.1 (Stand: September 2020).
6 *Henseler* in Hartmann/Metzenmacher, § 20 UStG Rz. 8 (Stand: April 2021).
7 *Friedrich-Vache* in Reiß/Kraeusel/Langer, § 20 UStG Rz. 28 (Stand: September 2020).
8 *Mann* in Küffner//Zugmaier, § 20 UStG Rz. 26 (Stand: November 2021).
9 BFH, Urt. v. 10.12.2008 – XI R 1/08, BStBl. II 2009, 1026 = UR 2009, 208; Abschn. 20.1. Abs. 1 Satz 1 UStAE.
10 Dafür *Gössler*, NWB 2016, 1004 (1007).
11 FG Hamburg, Urt. v. 23.7.2021 – 2 K 205/20, DStRE 2022, 1068 (rkr.); *Schüler-Täsch* in Sölch/Ringleb, § 20 UStG Rz. 66 (Stand: März 2023).
12 BFH, Urt. v. 18.8.2015 – V R 47/14, BStBl. II 2018, 611 = UR 2016, 169.
13 BMF, Schr. v. 14.12.2018 – III C 3-S 7344/18/10002, BStBl. I 2018, 1409 = UR 2019, 119 zum Muster der Umsatzsteuererklärung 2019.
14 So auch BFH, Urt. v. 18.8.2015 – V R 47/14, BStBl. II 2018, 611 = UR 2016, 169.
15 FG Köln, Urt. v. 15.11.2017 – 9 K 1016/14, EFG 2018, 423 = UStB 2018, 66 m. Anm. *Fritsch* (aus anderen Gründen aufgehoben durch BFH, Urt. v. 18.9.2019 – XI R 39/17, UStB 2020, 89).

5. Sachlicher Antragsumfang

Der **Antrag** umfasst – soweit das Gesetz nichts anderes vorschreibt (Rz. 21) das **Unternehmen insgesamt** als gesamte gewerbliche und berufliche Tätigkeit (§ 2 Abs. 1 Satz 2 UStG). Eine freiwillige Beschränkung des Antrags auf Ist-Besteuerung auf einzelne Unternehmensteile ist gesetzlich nicht vorgesehen und darum unzulässig.[1] Ein **Nebeneinander von Soll- und Ist-Besteuerung** ist danach nur denkbar, wenn nur einzelne Betriebe nach § 148 AO von der Buchführungspflicht befreit sind (§ 20 Satz 1 Nr. 2 UStG)[2] oder § 20 Satz 1 Nr. 3 UStG nur für den freiberuflichen Teil gilt.[3] 10

II. Abschließende Fallgruppen der Ist-Besteuerung

§ 20 Satz 1 UStG zählt in den Nr. 1–3 drei verschiedene, voneinander unabhängige Fallgruppen der Ist-Besteuerung auf. Bereits die Voraussetzungen *einer* der drei Fallgruppen (Rz. 17 ff.) berechtigen den Unternehmer zur Antragstellung. Der Unternehmer muss nicht die Voraussetzungen des § 20 Satz 1 Nr. 1 *bis* 3 UStG erfüllen.[4] Diese Aufzählung ist **abschließend**.[5] 11

III. Bewilligung durch die Finanzbehörde

1. Bewilligung für die Zukunft oder Vergangenheit

Zum Antrag des unter § 20 UStG fallenden Unternehmers muss die positive Reaktion der zuständigen Finanzbehörde hinzukommen. Allein die Stellung eines Antrags durch den Unternehmer genügt nicht.[6] Das **Finanzamt muss die Ist-Besteuerung „gestatten"** (§ 20 Satz 1 UStG). Die Gestattung ist zwingende Voraussetzung der Ist-Besteuerung.[7] Die Gestattung (§ 20 Satz 1 UStG) oder synonym „Erlaubnis" (§ 20 Satz 2 UStG) wird auch Genehmigung i.S.d. § 184 BGB genannt, weil sie auch rückwirkend erteilt werden kann und nicht nur für die Zukunft wirkt.[8] In eine (rückwirkende) Genehmigung können auch Besteuerungszeiträume einbezogen werden, die dem Kalenderjahr der Antragstellung vorangehen, soweit die betreffenden Steuerfestsetzungen noch durchgeführt oder nicht formell bestandkräftig sind.[9] 12

2. Dauer

Eine Genehmigung erstreckt sich wegen des Prinzips der **Abschnittsbesteuerung** stets **auf das volle Kalenderjahr.**[10] Anders als § 19 Abs. 2 Satz 2 UStG (§ 19 Rz. 35) sieht § 20 UStG keine langjährige Bindung des Unternehmers an den Antrag vor,[11] so dass der Antrag für das jeweilige Jahr gestellt werden kann.[12] Dementsprechend hat die Bewilligung mindestens für ein Jahr zu gelten, kann aber auch für mehrere Jahre erfolgen. Es steht im Belieben des Unternehmers für einzelne volle Jahre, nicht aber nur für einen Teil des Kalenderjahres davon Gebrauch zu machen.[13] Die gerichtliche Kontrolle der Ermessensentscheidung des Finanzamts ist auf Ermessensfehler beschränkt (§ 102 FGO).[14] 13

---

1 *Schüler-Täsch* in Sölch/Ringleb, § 20 UStG Rz. 63 (Stand: März 2023); *Friedrich-Vache* in Reiß/Kraeusel/Langer, § 20 UStG Rz. 17 (Stand: September 2020).
2 *Henseler* in Hartmann/Metzenmacher, § 20 UStG Rz. 22 (Stand: April 2021).
3 *Friedrich-Vache* in Reiß/Kraeusel/Langer, § 20 UStG Rz. 17 (Stand: September 2020).
4 So aber *Sterzinger*, UStB 2017, 337 (340).
5 *Radeisen* in Schwarz/Widmann/Radeisen, § 20 UStG Rz. 28 (Stand: August 2016); *Sterzinger*, UStB 2017, 337 (340).
6 *Frye* in Rau/Dürrwächter, § 20 UStG Rz. 207 (Stand: September 2020).
7 BFH, Urt. v. 24.10.2013 – V R 31/12, BStBl. II 2015, 674 = UR 2014, 238.
8 *Frye* in Rau/Dürrwächter, § 20 UStG Rz. 201 (Stand: September 2020).
9 OFD Karlsruhe v. 29.2.2016 – S 7368, USt-Kartei BW § 20 UStG S 7368 Karte 1; *Mann* in Küffner/Zugmaier, § 20 UStG Rz. 26 (Stand: November 2021).
10 Abschn. 20.1. Abs. 1 Satz 3 UStAE.
11 *Frye* in Rau/Dürrwächter, § 20 UStG Rz. 200 (Stand: September 2020).
12 *Mann* in Küffner/Zugmaier, § 20 UStG Rz. 26 (Stand: November 2021).
13 *Friedrich-Vache* in Reiß/Kraeusel/Langer, § 20 UStG Rz. 21 (Stand: September 2020).
14 BFH, Urt. v. 11.11.2020 – XI R 41/18, BStBl. II 2023, 288 = UR 2021, 318; *Reichelt*, MwStR 2021, 474.

3. Ermessen auf Bewilligung

14 Die Genehmigung der Ist-Besteuerung ist ein begünstigender Verwaltungsakt.[1] Das Finanzamt „kann" gestatten, steht demnach im pflichtgemäßen Ermessen (§ 5 AO).[2] Das Ermessen ist nicht frei, sondern gesetzlich gebunden.[3] Dem Antrag *kann* nicht nur grundsätzlich entsprochen werden, wenn der Unternehmer eine der Voraussetzungen des § 20 Satz 1 Nr. 1–3 UStG erfüllt,[4] sondern ohne weitere Gründe im Einzelfall *ist* die **Ist-Besteuerung regelmäßig zu gestatten.**[5] Eine Genehmigung zur Besteuerung nach vereinnahmten Entgelten ist nur dann nicht zu erteilen und bereits erteilte Genehmigungen sind zu widerrufen, wenn die Besteuerung nach vereinnahmten Entgelten in missbräuchlicher Weise beansprucht wird.[6] Eine Ablehnung des Antrags ist zudem berechtigt, wenn die Ist-Besteuerung zu einer Gefährdung des Steueranspruchs oder zu einer Erschwerung bei der Prüfung der Umsätze führen würde.[7]

4. Konkludente Gestattung

15 Der Gestattungs-Verwaltungsakt muss nicht ausdrücklich, sondern kann auch stillschweigend bekanntgegeben werden.[8] Da die Gestattung einer Besteuerung nach vereinnahmten Entgelten (§ 20 UStG) und die hierauf beruhende Umsatzsteuerfestsetzung (§ 155 AO) zwei verschiedene Verfahren betreffen, kann die Umsatzsteuerfestsetzung nur dann als konkludente Gestattung der Besteuerung nach vereinnahmten Entgelten ausgelegt werden, wenn mit ihr nach außen erkennbar auch eine Entscheidung über den entsprechenden Antrag getroffen wurde.[9] Da das **Verfahren zur Ist-Besteuerung nicht formalisiert** ist, können konkludenter Antrag des Unternehmers (Rz. 9) und konkludente Genehmigung aufeinanderfolgen: Hat ein Steuerpflichtiger einen hinreichend deutlichen Antrag auf Genehmigung der Ist-Besteuerung beim Finanzamt gestellt, dann hat die antragsgemäße Festsetzung der Umsatzsteuer den Erklärungsinhalt, dass der Antrag genehmigt worden ist.[10] Rechtssicherer ist freilich eine förmliche, schriftliche Genehmigung, wie sie in der Praxis der Finanzämter auch häufig erfolgt. Auch die Versagung der Ist-Besteuerung ist nicht formgebunden,[11] sollte aber von der Finanzbehörde zur Vermeidung von Zweifeln ausdrücklich erklärt werden, um den Unternehmer zur Soll-Besteuerung anzuhalten.

5. Verfahrensrecht

16 Für die Bewilligung als **Ermessenverwaltungsakt**[12] gelten die Vorschriften über **Rücknahme** (§ 130 AO) bei Rechtswidrigkeit und **Widerruf** (§ 131 AO). Danach kann die *rechtswidrige* Genehmigung, auch nachdem sie unanfechtbar geworden ist, ganz oder teilweise, mit Wirkung für die Zukunft oder für die Vergangenheit zurückgenommen werden (§ 130 Abs. 1 AO). Das ist der Fall, wenn die Voraussetzungen des § 20 UStG von Anfang an nicht gegeben waren[13] oder sie später weggefallen sind. Der Widerruf einer *rechtmäßigen* Genehmigung ist, auch nachdem sie unanfechtbar geworden ist, ganz oder teilweise mit Wirkung für die Zukunft nach § 131 Abs. 1 AO möglich. Als begünstigender Ver-

---

1 *Mann* in Küffner/Zugmaier, § 20 UStG Rz. 29 (Stand: November 2021).
2 BFH, Urt. v. 18.11.2015 – XI R 38/14, UR 2016, 487.
3 *Frye* in Rau/Dürrwächter, § 20 UStG Rz. 202 (Stand: September 2020).
4 So Abschn. 20.1 Abs. 1 Satz 2 UStAE.
5 *Frye* in Rau/Dürrwächter, § 20 UStG Rz. 202 (Stand: September 2020); offenlassend BFH, Urt. v. 12.7.2023 – XI R 5/21, UR 2024, 68, Rz. 26 f.
6 OFD Karlsruhe v. 29.2.2016 – S 7368, USt-Kartei BW § 20 UStG S 7368 Karte 1; näher BFH, Urt. v. 12.7.2023 – XI R 5/21, UR 2024, 68 unter Aufhebung der Vorinstanz FG Rheinland-Pfalz, Urt. v. 24.11.2020 – 3 K 1192/18, EFG 2021, 790.
7 *Gössler*, NWB 2016, 1004 (1007) m.w.N.
8 BFH, Beschl. v. 28.8.2002 – V B 65/02, BFH/NV 2003, 210; BFH, Urt. v. 18.11.2015 – XI R 38/14, UR 2016, 487; BFH, Beschl. v. 23.12.2021 – V B 22/21 (AdV), BFH/NV 2022, 741 = UR 2022, 703 m. Anm. *Frye.*
9 BFH, Urt. v. 18.11.2015 – XI R 38/14, UR 2016, 487.
10 BFH, Urt. v. 18.8.2015 – V R 47/14, BStBl. II 2018, 611 = UR 2016, 169.
11 *Korn* in Bunjes[22], § 20 UStG Rz. 42.
12 *Schüler-Täsch* in Sölch/Ringleb, § 20 UStG Rz. 71 ff. (Stand: März 2023).
13 BFH, Urt. v. 11.11.2020 – XI R 41/18, BStBl. II 2023, 288 = UR 2021, 318.

waltungsakt kann die Gestattung nur unter den weiteren vertrauensschützenden Voraussetzungen der § 130 Abs. 2 oder § 131 Abs. 2 AO zurückgenommen oder widerrufen werden.[1] Dabei kommt es für die Rücknahme nach § 130 Abs. 2 Nr. 3 AO nur auf die objektive Unrichtigkeit und Unvollständigkeit der Angaben des Steuerpflichtigen, aber nicht auf sein Verschulden in Form von Vorsatz oder Fahrlässigkeit an.[2] Nach Abschn. 20.1 Abs. 1 Satz 3 UStAE ist eine Genehmigung unter den Vorbehalt des jederzeitigen Widerrufs zu stellen. Fehlt trotz dieser Weisung ein Widerrufsvorbehalt in der Bewilligung, ist ein Widerruf nur zulässig, wenn ein Widerrufsgrund i.S.d. § 131 Abs. 2 Satz 1 Nr. 3 AO erfüllt ist, weil nachträglich eingetretene Tatsachen zur Versagung berechtigen. § 20 UStG enthält keine Rechtsgrundlage für einen automatischen Wegfall der erteilten Erlaubnis, weshalb die genehmigte Ist-Besteuerung so lange fortbesteht, bis sie ausdrücklich von der Finanzbehörde widerrufen wird.[3]

C. Umsatzgrenze (Satz 1 Nr. 1)

I. Berechnungsregeln

Der Gesamtumsatz im vorangegangenen Kalenderjahr darf 800.000 Euro nicht überschreiten. Die Grenze wurde durch das WachsChG ab 1.1.2024 parallel zur Anhebung der Buchführungsgrenze in § 141 Abs. 1 Satz Nr. 1 AO als Beitrag zum Bürokratieabbau von 600.000 Euro auf 800.000 Euro angehoben.[4] Auch bei einem abweichenden Wirtschaftsjahr ist der Umsatz des Vorjahres maßgebend. Maßgeblich ist aufgrund des Verweises der Gesamtumsatz i.S.d. § 19 Abs. 3 UStG (§ 19 Rz. 39). Wurde die gewerbliche oder berufliche Tätigkeit nur in einem Teil des vorangegangenen Kalenderjahres ausgeübt, ist der Gesamtumsatz in einen Jahresumsatz umzurechnen. Bei **Gesamtrechtsnachfolge** hat der bereits als Unternehmer tätige Erbe keinen Einfluss auf den Zeitpunkt der Unternehmenserweiterung, so dass er im Übergangsjahr – ohne Berücksichtigung des Gesamtumsatzes – die bisherige Besteuerungsart für den jeweiligen Unternehmensteil fortführen kann. 17

II. Jahr des Beginns der Unternehmertätigkeit

Bei **Neugründungen** fehlt der Vorjahresumsatz. Obwohl das Gesetz keine klare Regelung für das Erstjahr der unternehmerischen Betätigung enthält, sind nicht bei jeder Unternehmensgründung im Erstjahr die Voraussetzungen der Umsatzgrenzen des § 20 Abs 1 Satz 1 Nr. 1 UStG erfüllt.[5] Für die Ist-Besteuerung im Gründungsjahr, in dem der Unternehmer seine unternehmerische Tätigkeit erst im laufenden Jahr begonnen hat, ist für die Ermittlung des Gesamtumsatzes auf die voraussichtlichen Verhältnisse im Gründungsjahr abzustellen. Bei der Prüfung der Voraussetzungen für die Ist-Besteuerung nach § 20 Abs. 1 Satz 1 Nr. 1 UStG ist der Gesamtumsatz grundsätzlich nach vereinbarten Entgelten zu bestimmen[6] und die Umsätze des Neugründers sind nach den Grundsätzen der Soll-Besteuerung zu schätzen.[7] Diese **Prognose** entspricht der Rechtsprechung zur Kleinunternehmerregelung bei Neugründungen (§ 19 Rz. 13). Für die anzustellende Prognose ist allein die konkrete unternehmerische Planung hinsichtlich des laufenden Erstjahres entscheidend.[8] Die Prognose ist keine vorweggenommene Veranlagung.[9] Sie bedarf aber fundierter Prognosegrundlagen (sofern vorhanden: Buchführung, BWA, Übersicht abgeschlossener Verträge, Geschäftsanbahnungen). Entscheidend ist die 18

1 BFH, Urt. v. 18.11.2015 – XI R 38/14, UR 2016, 487; Abschn. 20.1 Abs. 1 Satz 4 UStAE; *Sterzinger*, UStB 2017, 337 (338).
2 FG München, Urt. v. 25.10.2018 – 14 K 2375/16, EFG 2019, 485.
3 *Sterzinger*, UStB 2017, 337 (340).
4 Art. 35 Abs. 4 des WachsChG, BGBl. I 2024, Nr. 108 v. 27.3.2024; s. zum Entwurf *Hörster*, NWB 2023, 2790 (2811 f.).
5 BFH, Urt. v. 11.11.2020 – XI R 41/18, BStBl. II 2023, 288 = UR 2021, 318; *Michel* in Offerhaus/Söhn/Lange, § 20 UStG Rz. 92 (Stand: Juli 2023).
6 *Reichelt*, MwStR 2021, 474.
7 BFH, Urt. v. 11.11.2020 – XI R 41/18, BStBl. II 2023, 288 = UR 2021, 318; *Michel* in Offerhaus/Söhn/Lange, § 20 UStG Rz. 92 (Stand: Juli 2023).
8 BFH, Urt. v. 11.11.2020 – XI R 41/18, BStBl. II 2023, 288 = UR 2021, 318.
9 *Reichelt*, MwStR 2021, 474.

Prognose des Finanzamts im Entscheidungszeitpunkt. Diese Prognose kann sich im Nachhinein bewahrheiten oder als fehlerhaft rausstellen.[1] Dasselbe gilt beim **Unternehmenskauf**, wenn der Unternehmer seine Tätigkeit mit dem Erwerb eines bestehenden Unternehmens beginnt. Insoweit sind nicht die Vorjahresumsätze des erworbenen Unternehmens zu berücksichtigen, sondern es ist der voraussichtliche Gesamtumsatz des laufenden Kalenderjahres zu schätzen.

D. Befreiung von der Buchführungspflicht (Satz 1 Nr. 2)

I. Härtefälle nach § 148 AO

1. Ist-Besteuerung bei Billigkeitsmaßnahmen

19 Ein eigenständiger Tatbestand für die Ist-Besteuerung ist nach § 20 Satz 1 Nr. 2 UStG die Befreiung nach § 148 AO von der Verpflichtung, Bücher zu führen und aufgrund jährlicher Bestandsaufnahmen regelmäßig Abschlüsse zu machen. Diese Dispensmöglichkeit ist Ausdruck des Verhältnismäßigkeitsgrundsatzes und lässt auch rückwirkend Abstriche von den generellen Buchführungs- und Aufzeichnungspflichten der §§ 140 ff. AO aus Billigkeitsgründen (z.B. bei Naturkatastrophen wie Brand, Sturm oder Hochwasser) zu. § 20 Satz 1 Nr. 2 UStG überträgt diese Billigkeitsmaßnahmen auf die Art der Steuerberechnung und gewährt betroffenen Unternehmen dadurch **Verfahrenserleichterungen und Liquiditätsvorteile** gegenüber der Soll-Besteuerung (Rz. 1). Eine wirksame Bewilligung nach § 148 Satz 1 AO hat für die Gestattung nach § 20 Satz 1 Nr. 2 UStG **Bindungswirkung**.

2. Befreiung von der Buchführungspflicht

20 Die Ist-Besteuerung nach § 20 Satz 1 Nr. 2 UStG kommt nur bei besonderen Härten, wie z.B. dem Überschreiten der nach § 20 Satz 1 Nr. 1 UStG bestehenden Umsatzgrenze aufgrund außergewöhnlicher und einmaliger Geschäftsvorfälle in Betracht, nicht aber allgemein aufgrund einer fehlenden Buchführungspflicht. Darum scheidet für Vermietungsunternehmen, die ertragsteuerrechtlich Einkünfte aus Vermietung und Verpachtung erzielen und nach §§ 140 f. AO nicht buchführungspflichtig sind, die Ist-Besteuerung nach § 20 Satz 1 Nr. 2 UStG aus.

II. Beschränkung bei partieller Befreiung (Satz 2)

21 **Unternehmenseinheit und Betriebsmehrheit:** Das Unternehmen umfasst die gesamte gewerbliche und berufliche Tätigkeit des Unternehmers (§ 2 Abs. 1 Satz 2 UStG). Dieses kann sich aber aus verschiedenen Betrieben zusammensetzen, die nur teilweise die Voraussetzungen der Ist-Besteuerung erfüllen. Für derartige „Mehrbetriebsunternehmen"[2] ordnet § 20 Satz 2 UStG die **Aufspaltung des Unternehmens bei der Art der Steuerberechnung** an: Sofern sich die Befreiung nach § 20 Satz 1 Nr. 2 UStG nur auf einzelne Betriebe des Unternehmers erstreckt und die Umsatzgrenze nach § 20 Satz 1 Nr. 1 UStG überschritten ist, so ist die Erlaubnis zur Berechnung der Steuer nach den vereinnahmten Entgelten auf diese Betriebe zu beschränken. Nur insoweit kommt es zum **Nebeneinander von Soll- und Ist-Besteuerung** (Rz. 10).

E. Ist-Besteuerung für Freiberufler (Satz 1 Nr. 3)

I. Einkünfte i.S.d. § 18 Abs. 1 Satz 1 EStG

1. Freiberuflerprivileg

22 Das harmonisierte Umsatzsteuerrecht knüpft bei der Ist-Besteuerung nach § 20 Satz 1 Nr. 3 UStG an die einkommensteuerrechtliche **Einkunftsqualifikation nach § 18 Abs. 1 Nr. 1 EStG** an. Nur § 18

1 *Reichelt*, MwStR 2021, 474.
2 *Friedrich-Vache* in Reiß/Kraeusel/Langer, § 20 UStG Rz. 17 (Stand: September 2020).

Abs. 1 Nr. 1 EStG, nicht dagegen andere in § 18 Abs. 1 Nr. 2–4 EStG genannten selbstständigen Tätigkeiten, fallen unter § 20 Satz 1 Nr. 3 UStG. Zu der freiberuflichen Tätigkeit gehören nach § 18 Abs. 1 Nr. 1 Satz 2 EStG die selbstständig ausgeübte wissenschaftliche, künstlerische, schriftstellerische, unterrichtende oder erzieherische Tätigkeit, die selbstständige Berufstätigkeit der Katalogberufe (Ärzte, Zahnärzte, Tierärzte, Rechtsanwälte, Notare, Patentanwälte, Vermessungsingenieure, Ingenieure, Architekten, Handelschemiker, Wirtschaftsprüfer, Steuerberater, beratende Volks- und Betriebswirte, vereidigte Buchprüfer, Steuerbevollmächtigte, Heilpraktiker, Dentisten, Krankengymnasten, Journalisten, Bildberichterstatter, Dolmetscher, Übersetzer, Lotsen) und die diesen ähnlichen Berufe. Da die **Regeln des EStG ohne jegliche umsatzsteuerrechtliche Modifikation** gelten, ist der Einsatz fachlich vorgebildeter Arbeitskräfte im Rahmen des § 18 Abs. 1 Nr. 1 Satz 3 EStG zulässig. Danach ist ein Angehöriger eines freien Berufs in diesem Fall nur freiberuflich tätig, wenn er aufgrund eigener Fachkenntnisse leitend und eigenverantwortlich tätig wird. Eine gewerbliche Abfärbung bei Freiberufler-Personengesellschaften nach § 15 Abs. 3 Nr. 1 EStG schlägt auf § 20 Satz 1 Nr. 3 UStG durch und schließt das umsatzsteuerrechtliche Antragsrecht aus.

2. Ausschluss bei freiwilliger Buchführung

Nach h.M. soll bei Freiberuflern – über den Wortlaut des § 20 Satz 1 Nr. 3 UStG hinaus – Voraussetzung sein, dass diese nicht freiwillig Bücher führen, weil ihnen sonst eine gegenüber § 20 Satz 1 Nr. 2 UStG „zweckwidrige Begünstigung“ gewährt werde. Diese von Rechtsprechung und FinVerw. auf ein **ungeschriebenes Tatbestandsmerkmal fehlender Buchführung** gestützte Eingrenzung ist gesetzeswidrig. Die Beschränkung, dass nur nichtbuchführende Steuerpflichtige den Antrag stellen können, hat nur in § 20 Satz 1 Nr. 2 UStG, nicht aber in Nr. 3 objektiven Niederschlag im Gesetz gefunden. Nach der Gegenansicht schließt dagegen auch eine freiwillige Buchführung bereits die Genehmigung der Ist-Besteuerung nach § 20 Satz 1 Nr. 3 UStG aus. Das BVerfG hat diese restriktive Auslegung aber nicht bestandet. Damit ist der Einwand unzulässiger Rechtsanwendung in der Praxis fruchtlos. Immerhin sprechen Praktikabilität und erleichterte Nachvollziehbarkeit für die h.M. Die zeitlich übereinstimmende Erfassung der Umsätze bei Einkommen- und Umsatzsteuer nach wirtschaftlicher Verursachung erleichtert der Finanzbehörde die Überprüfung der Richtigkeit und Vollständigkeit der erklärten Besteuerungsgrundlagen. Da bei freiwilliger Buchführung und freiwilligem Abschluss keine Überschussrechnung nach § 4 Abs. 3 EStG mehr zulässig ist, stimmt die einkommensteuerrechtliche Erfassung von Forderungen mit dem umsatzsteuerrechtlichen Sollprinzip überein. Allerdings bestehen auch für die Gewinnermittlung nach § 4 Abs. 3 EStG Aufzeichnungspflichten, insbesondere nach § 22 UStG, weshalb auch insoweit „eine gewisse Buchhaltung erforderlich ist“. Führen Freiberufler derartige Aufzeichnungen für die Erstellung einer Überschussrechnung nach § 4 Abs. 3 EStG, schließt dies die Genehmigung der Ist-Besteuerung nicht aus. 23

II. Ausschluss von Freiberufler-Kapitalgesellschaften

Eine Freiberufler-Kapitalgesellschaft erzielt kraft Gesetzes gewerbliche Einkünfte (§ 8 Abs. 2 KStG, § 2 Abs. 1 Satz 1 GewStG) und übt damit ertragsteuerrechtlich keine Tätigkeit als Angehöriger eines freien Berufs i.S.d. § 18 Abs. 1 Nr. 1 EStG aus. Der Ausschluss von Freiberufler-Kapitalgesellschaften widerspricht nach der Gegenansicht dem Gleichheitssatz und dem **Gebot der Rechtsformneutralität**. Zudem spricht der unionsrechtliche Grundsatz der steuerlichen Neutralität gegen die Differenzierung der Besteuerungsform allein nach der Rechtsform des Unternehmens. Der BFH hat dies mehrfach anders entschieden. Nach der Nichtannahme der Verfassungsbeschwerde gegen diese Entscheidung durch das BVerfG ist die Frage für die Besteuerungspraxis aber entschieden: Juristische Personen fallen danach nicht unter § 20 Satz 1 Nr. 3 UStG. Speziell für juristische Personen des öffentlichen Rechts gilt nunmehr § 20 Satz 1 Nr. 4 UStG (Rz. 24.1). 24

F. Ist-Besteuerung für juristische Personen des öffentlichen Rechts (Satz 1 Nr. 4)

Die Ergänzung von § 20 Satz 1 UStG um Nr. 4 steht im engen Zusammenhang mit der (unionsrechtsbedingten) Neuregelung zur Umsatzbesteuerung der öffentlichen Hand nach § 2b UStG (spätestens) 24.1

ab dem 1.1.2025. Auch juristische Personen des öffentlichen Rechts (jPdöR; insbes. Bund, Länder, Gemeinden, Anstalten usw.) können Unternehmer sein (s. § 2b Rz. 28 ff.) und unterliegen hinsichtlich der Steuerberechnung den allgemeinen Regeln. Darum gilt auch für sie die Soll-Besteuerung, soweit nicht eine Ausnahme nach § 20 UStG für sie eingreift. Nach der Gesetzbegründung praktizieren „einige jPöR – insbesondere kirchliche jPöR sowie überwiegend Bund und Länder – […] eine kamerale, auf dem Zufluss und Abflussprinzip basierende Buchführung. Diese entspricht nicht dem grundsätzlich für die Umsatzbesteuerung geltenden Sollprinzip (Berechnung der Steuer nach vereinbarten Entgelten), sondern dem Istprinzip (Berechnung der Besteuerung nach den vereinnahmten Entgelten). Soweit die für die Option zur Besteuerung nach dem Istprinzip geltende Gesamtumsatzgrenze überschritten ist, kann diesen jPöR nach den derzeit geltenden Regelungen die Besteuerung nach vereinnahmten Entgelten nicht gestattet werden“.[1] Gestützt auf Art. 66 MwStSystRL[2] hat der Gesetzgeber ab 1.1.2023 die Ist-Besteuerung nach § 20 Satz 1 Nr. 4 UStG für bestimmte jPdöR eingeführt.[3] Erfasst werden durch dieses privilegierende „Sonderrecht“[4] für den Staat nur jPdöR, wobei eine Erweiterung auf andere Unternehmen nach der Gesetzesgeschichte und dem Gesetzeszweck ausscheidet.[5] § 20 Satz 1 Nr. 4 UStG greift nur, soweit die jPdöR nicht (spezial-)gesetzlich verpflichtet ist, Bücher zu führen und auf Grund jährlicher Bestandsaufnahmen regelmäßig Abschlüsse zu machen und auch nicht freiwillig Bücher führt und Abschlüsse macht. Soweit die Doppik eingeführt ist[6], bleibt es bei der Soll-Besteuerung. Eine (vor allem aus dem Handelsrecht nach §§ 238 ff. HGB) abgeleitete Buchführungspflicht kann sich für unternehmerisch tätige jPdöR aufgrund außersteuerlicher Gesetze nach § 140 AO auch im Steuerrecht ergeben. Das gilt insb. für die landesgesetzlichen Eigenbetriebsgesetze.[7] Weiterhin kann sich für das Unternehmen der jPdöR eine originäre Buchführungspflicht aus § 141 AO durch Überschreiten der Umsatz- und Gewinngrenzen (§ 141 Abs. 1 AO) nach Mitteilung durch die Finanzbehörde (§ 141 Abs. 2 AO) ergeben. Eine freiwillige Buchführung und freiwillige Abschlüsse schließen die Anwendung der Ist-Besteuerung aus, soweit nicht die Umsatzgrenze nach § 20 Satz 1 Nr. 1 UStG überschritten wird. Die jPdöR kann rechtlich nicht „die Ist-Besteuerung wählen“[8], sondern hat nur die Gestaltungsfreiheit im Tatsächlichen indem sie bei Fehlen einer Rechtspflicht auf freiwillige Buchführung und Abschlüsse verzichtet. Besteht dagegen eine gesetzliche Pflicht zu Buchführung und Abschluss, so eröffnet ihre Verletzung nicht die Ist-Besteuerung für die jPdöR.

G. Wechsel der Art der Steuerberechnung (Satz 3)

I. Vermeidung der Doppel- oder Nichterfassung von Umsätzen

25 **Möglichkeit und Rechtsfolgen eines Wechsels:** § 20 UStG regelt allein die Art der Steuerberechnung (Rz. 1) und nicht die Entstehung der Umsatzsteuer, die § 13 UStG normiert. Bei der Berechnung der Steuer nach vereinnahmten Entgelten entsteht die Steuer mit Ablauf des Voranmeldungszeitraums, in dem die Entgelte vereinnahmt werden (§ 13 Abs. 1 Nr. 1 Buchst. b UStG). Auch § 20 Satz 3 UStG trifft keine von § 13 Abs. 1 Nr. 1 Buchst. b UStG abweichende Regelung über die Entstehung der Steuer.[9] Die Vorschrift knüpft Rechtsfolgen an den zulässigen Wechsel der Art der Steuerberechnung, ohne diese im Einzelnen festzulegen. Dabei ist der **Wechsel der Steuerberechnung in beide Richtungen möglich.**[10] Beim Wechsel von der Soll- zur Ist-Besteuerung droht eine Doppelerfassung, bei dem von

1 Begründung Finanzausschuss, BT-Drucks. 20/4729, 150 f.
2 Ebenso *Korn* in Bunjes[22], § 20 UStG Rz. 35.
3 Durch JStG 2022 v. 16.12.2022, BGBl. I 2022, 2294.
4 Zur bisherigen gleichheitsrechtlichen Kritik an der Rechtsformabhängigkeit der Soll-Besteuerung s. Rz. 24.
5 *Schüler-Täsch* in Sölch/Ringleb, § 20 UStG Rz. 59 (Stand: März 2023).
6 Überblick zum Stand der Rechnungslegung der öffentlichen Hand in Deutschland bei *Böcking/Gros/Heise* in Anzinger/Oser/Schlotter, Rechnungslegung und Prüfung der Unternehmen[7], 2023, § 263 Rz. 31 ff. (mit Grafiken in Rz. 35).
7 Überblick dazu bei *Böcking/Gros/Heise* in Anzinger/Oser/Schlotter, Rechnungslegung und Prüfung der Unternehmen[7], 2023, § 263 Rz. 19 ff.
8 So aber *Schüler-Täsch* in Sölch/Ringleb, § 20 UStG Rz. 58 (Stand: März 2023).
9 BFH, Urt. v. 30.1.2003 – V R 58/01, BStBl. II 2003, 817 = UR 2003, 354; Abschn. 20.1. Abs. 3 Satz 1 UStAE.
10 *Frye* in Rau/Dürrwächter, § 20 UStG Rz. 221 (Stand: September 2020).

Ist- zur Soll-Besteuerung eine Nichterfassung. Die Vermeidung einer Doppel- oder Nichterfassung von Umsätzen ist eigentlich eine „Selbstverständlichkeit", ohne dass das Gesetz regelt, wie dies im Einzelnen umzusetzen ist.[1] Immerhin formuliert § 20 Satz 3 UStG aber das Ziel der Vermeidung der Doppel- oder Nichterfassung, während das EStG zum Wechsel der Gewinnermittlungsart und erforderlichen Hinzu- und Abrechnungen komplett schweigt.[2]

II. Wechsel von der Soll- zur Ist-Besteuerung

26 **Übergangsmanagement:** Die **drohende Doppelerfassung** beim Wechsel von der Soll- zur Ist-Besteuerung ist durch entsprechende Nichtnochmal-Erfassung der bereits erfassten Umsätze beim Zahlungseingang auszuschließen. Im Wechselzeitpunkt sollte der Unternehmer eine Liste der vereinbarten und bereits der Soll-Besteuerung unterworfenen Umsätze erstellen, die mit den nachfolgenden Zahlungseingängen anhand der Rechnungsnummern aus dem Buchführungssystem abzugleichen ist. Bei Zahlungsausgängen ist eine Entgeltberichtigung nach § 17 UStG vorzunehmen.

III. Wechsel von der Ist- zur Sollbesteuerung

1. Verhinderung einer Nichterfassung

27 Ebenso wie beim Wechsel von der Soll- zur Ist-Besteuerung ist beim umgekehrten Wechsel ein **Übergangsmanagement** (Rz. 26), aber mit umgekehrter Zielrichtung erforderlich: Die noch in der Zeit der Ist-Besteuerung erteilten Rechnungen sollten auf einem besonderen Konto (z.B. „Altumsätze") erfasst werden, um sicherzustellen, dass sie nach dem Wechsel zur Sollbesteuerung erstmals erfasst werden.[3] Im Rahmen von Betriebs- und Umsatzsteuer-Sonderprüfungen ist mit einer Überprüfung der vollständigen Erfassung der Umsätze nach einem Wechsel zu rechnen.

2. Rückwirkender Wechsel

28 Der Unternehmer kann – für einzelne Jahre oder auf Dauer – von der Gestattung der Ist-Besteuerung Gebrauch machen (Rz. 13), muss es aber nicht. Darum ist ein rückwirkender Wechsel von der Besteuerung nach vereinnahmten Entgelten zur Regelbesteuerung nach vereinbarten Entgelten (§ 16 UStG) bis zur formellen Bestandskraft der jeweiligen Jahressteuerfestsetzung zulässig.[4] Allerdings lässt die FinVerw. bei **Insolvenzverwaltern** einen rückwirkenden Wechsel von der Ist- zur Sollbesteuerung für zurückliegende Zeiträume im Gegensatz zur Rechtsprechung[5] nicht zu.[6]

H. Weitere Verfahrensfragen

29 **Verfahrensfolgen:** Die Ist-Besteuerung dient zwar auch der Verfahrensvereinfachung (Rz. 1), hat aber keinen Einfluss auf die weiteren **Erklärungspflichten des Unternehmers**, wie die ZM.[7] Den nach vereinnahmten Entgelten versteuernden Unternehmer treffen die gleichen Erklärungspflichten wie den Unternehmer, der nach vereinbarten Entgelten versteuert.[8] Auch die Pflichten zur Abgabe von Umsatzsteuer-Voranmeldungen und Jahreserklärungen einschließlich etwaiger Nullmeldungen gelten wie

1 *Mann* in KüffnerZugmaier, § 20 UStG Rz. 46 (Stand: November 2021).
2 Dazu *Loschelder* in Schmidt[42], § 4 EStG Rz. 680 ff.
3 *Henseler* in Hartmann/Metzenmacher, § 20 UStG Rz. 44 (Stand: April 2021).
4 BFH, Urt. v. 10.12.2008 – XI R 1/08, BStBl. II 2009, 1026 = UR 2009, 208; Niedersächsisches FG, Urt. v. 22.12.2010 – 16 K 303/10, EFG 2011, 749; Abschn. 20.1. Abs. 3 Satz 3 UStAE.
5 BFH, Urt. v. 29.1.2009 – V R 64/07, BStBl. II 2009, 682 = UR 2009, 388.
6 FinMin Brandenburg, Erl. v. 15.10.2009 – 31-S 7340-3/04, UR 2010, 159; zur Diskussion über den Wechsel der Besteuerungsart in der Insolvenz und seinen Folgen näher *Friedrich-Vache* in Reiß/Kraeusel/Langer, § 20 UStG Rz. 28 (Stand: September 2020).
7 *Radeisen* in Schwarz/Widmann/Radeisen, § 20 UStG Rz. 126 (Stand: August 2016).
8 *Michel* in Birkenfeld/Wäger, Umsatzsteuer-Handbuch, § 20 UStG Rz. 110 (Stand: März 2022).

bei der Soll-Besteuerung.[1] Die **Aufzeichnungspflichten** des § 22 Abs. 1 Satz 1 UStG gelten auch bei der Ist-Besteuerung.[2] Die Aufzeichnungen müssen einzeln, vollständig, richtig, zeitgerecht und geordnet erfolgen (§ 146 Abs. 1 Satz 1 AO) und müssen für die FinVerw. zur Feststellung der Umsatzsteuer und der Grundlagen ihrer Berechnung (§ 22 Abs. 1 Satz 1 UStG) nachvollziehbar sein (vgl. § 145 Abs. 1 Satz 1 AO). Die Umsätze und ihre Ermittlung müssen nachvollziehbar dokumentiert werden. Die Aufzeichnungen zur Ist-Besteuerung sind nach Maßgabe des § 147 AO aufzubewahren. Dabei müssen von der Ist-Besteuerung Gebrauch machende Unternehmer nach § 22 Abs. 2 Nr. 1 Satz 5 UStG anstelle der vereinbarten Entgelte die vereinnahmten Entgelte für ihre Leistungen aufzeichnen.[3] Der Unternehmer sollte bei der Ist-Besteuerung ein sachgerechtes Ablagesystem einrichten, indem er die Ausgangsrechnungen dem entsprechenden Bankbeleg bzw. den Kassenaufzeichnungen in der Buchführung zuordnet. Diese Aufzeichnungen dienen auch im eigenen Interesse des Unternehmens der Nachvollziehbarkeit der Steuerberechnung und erleichtern zugleich die Überprüfung durch die Finanzbehörde. Im Fall einer einkommensteuerlichen Überschussrechnung nach § 4 Abs. 3 EStG können die für die Ist-Besteuerung erforderlichen Daten übernommen werden, wobei Korrekturen bei nichtsteuerbaren und steuerfreien Umsätzen erforderlich sind.[4]

§ 21 Besondere Vorschriften für die Einfuhrumsatzsteuer

(1) Die Einfuhrumsatzsteuer ist eine Verbrauchsteuer im Sinne der Abgabenordnung.

(2) Für die Einfuhrumsatzsteuer gelten die Vorschriften für Zölle sinngemäß; ausgenommen sind die Vorschriften über den passiven Veredelungsverkehr.

(2a) [1]Abfertigungsplätze im Ausland, auf denen dazu befugte deutsche Zollbedienstete Amtshandlungen nach Absatz 2 vornehmen, gehören insoweit zum Inland. [2]Das Gleiche gilt für ihre Verbindungswege mit dem Inland, soweit auf ihnen einzuführende Gegenstände befördert werden.

(3) Die Zahlung der Einfuhrumsatzsteuer kann ohne Sicherheitsleistung aufgeschoben werden, wenn die zu entrichtende Steuer nach § 15 Abs. 1 Satz 1 Nr. 2 in voller Höhe als Vorsteuer abgezogen werden kann.

(3a) Einfuhrumsatzsteuer, für die ein Zahlungsaufschub gemäß Artikel 110 Buchstabe b oder c der Verordnung (EU) Nr. 952/2013 des Europäischen Parlaments und des Rates vom 9. Oktober 2013 zur Festlegung des Zollkodex der Union (Unionszollkodex) bewilligt ist, ist abweichend von den zollrechtlichen Vorschriften am 26. des zweiten auf den betreffenden Monat folgenden Kalendermonats fällig.

(4) [1]Entsteht für den eingeführten Gegenstand nach dem Zeitpunkt des Entstehens der Einfuhrumsatzsteuer eine Zollschuld oder eine Verbrauchsteuer oder wird für den eingeführten Gegenstand nach diesem Zeitpunkt eine Verbrauchsteuer unbedingt, so entsteht gleichzeitig eine weitere Einfuhrumsatzsteuer. [2]Das gilt auch, wenn der Gegenstand nach dem in Satz 1 bezeichneten Zeitpunkt bearbeitet oder verarbeitet worden ist. [3]Bemessungsgrundlage ist die entstandene Zollschuld oder die entstandene oder unbedingt gewordene Verbrauchsteuer. [4]Steuerschuldner ist, wer den Zoll oder die Verbrauchsteuer zu entrichten hat. [5]Die Sätze 1 bis 4 gelten nicht, wenn derjenige, der den Zoll oder die Verbrauchsteuer zu entrichten hat, hinsichtlich des eingeführten Gegenstands nach § 15 Abs. 1 Satz 1 Nr. 2 zum Vorsteuerabzug berechtigt ist.

(5) Die Absätze 2 bis 4 gelten entsprechend für Gegenstände, die nicht Waren im Sinne des Zollrechts sind und für die keine Zollvorschriften bestehen.

---

1 *Friedrich-Vache* in Reiß/Kraeusel/Langer, § 20 UStG Rz. 22 (Stand: September 2020).

2 *Michel* in Offerhaus/Söhn/Lange, § 20 UStG Rz. 155 (Stand: Juli 2023).

3 *Michel* in Birkenfeld/Wäger, Umsatzsteuer-Handbuch, § 20 UStG Rz. 113 (Stand: März 2022); *Radeisen* in Schwarz/Widmann/Radeisen, § 20 UStG Rz. 128 (Stand: August 2016).

4 *Michel* in Offerhaus/Söhn/Lange, § 20 UStG Rz. 157 f. (Stand: Juli 2023).

Schrifttum: S. zu älterer Literatur auch die Vorauflagen.

Achatz/Summersberger/Tumpel, Umsatzsteuer und Zoll, Wien 2013, S. 33; *Bender*, Die Einfuhrumsatzsteuer nach Federal Express – Die Entstehung eines neuen Rechtsgebiets, UR 2019, 641; *Bender*, Die Emanzipation der Einfuhrumsatzsteuer vom Zoll, AW-Prax 2019, 154; *Bender*, Zollrechtliche Zuständigkeitsfiktion für die Entstehung der Einfuhrumsatzsteuer und Eingang der Ware in den EU-Wirtschaftskreislauf, UR 2021, 325; *Bender*, Die Rezeption des EuGH-Urteils Federal Express zur Einfuhrmehrwertsteuer, AW-Prax 2021, 241; *Bender*, Entstehung der Einfuhrumsatzsteuer nur bei Eingang der Ware in den Wirtschaftskreislauf, UR 2020, 126; *Bender*, Zusammenwirken von Einfuhrumsatzsteuer und Zollrecht, UR 2020, 312; *Bender*, Fortentwicklung des Einfuhrmehrwertsteuerrechts nach Federal Express – Zur Rechtsnatur des EUSt-Rechts und zu den EuGH-Urteilen C-714/20 und C-489/20, ZfZ 2022, 226; *Bender*, Kein Billigkeitserlass der Einfuhrumsatzsteuer gemäß §§ 163, 227 AO – Verfassungswidrige Ungleichbehandlung von Einfuhrumsatzsteuer und besonderen Verbrauchsteuern, ZfZ 2023, 34; *Burret*, Rechtsprechungsreport zum Zollrecht und Einfuhrumsatzsteuerrecht 2022, ZfZ 2023, 230; *Bieber/Summersberger*, Sinngemäße Anwendung des Art. 87 UZK für die Bestimmung des Einfuhrorts?, SWK 2021, 748; *Friedrich*, Das Zollrecht im System des deutschen Steuerrechts, StuW 1987, 133; *Gellert*, Zollkodex und Abgabenordnung, Diss., Aachen 2003; *Gesinn*, Was ist Eingang in den Wirtschaftskreislauf?, AW-Prax 2021, 332; *Glockner*, Zur Akzessorietät von Zollschuld, Verbrauchsteuer und Einfuhrumsatzsteuer, UVR 2023, 42; *Harden*, Erlöschen der Zollschuld von unrechtmäßig in das Zollgebiet der Union eingeführten Waren, AW-Prax 2022, 524; *Jatzke*, Die Entstehung der Zollschuld und der Einfuhrumsatzsteuer bei zollrechtlichen Pflichtverstößen, UR 2020, 585; *Kofler*, Die EUSt-Schuld – losgelöst vom Zollrecht?, ZfZ 2020, 154; *Kofler*, Kritische Fragen an die Rechtsprechung des EuGH zur Einfuhrumsatzsteuer, ZfZ 2023, 213; *Korf/Peterka*, Gestaltungen bei der Wareneinfuhr an der Schnittstelle von Zoll und Umsatzsteuer, UVR 2017, 51; *Kühl*, Der zollrechtliche vollmachtlose Vertreter beim Verfahren 42 ist nicht zwingend Schuldner der Einfuhrumsatzsteuer, MwStR 2022, 270; *Lux/Schrömbges*, Neudefinition der umsatzsteuerlichen Einfuhr, AW-Prax 2017, 3012; *Möller*, Dienstvorschrift „Einfuhrumsatzsteuerrecht" 2.0 und der Einfuhrbegriff, AW-Prax 2018, 281; *Möller*, Zollmanagement – Finanzplanung mit Einfuhrabgaben 2.0, AW-Prax 2018, 10; *Möller*, Einfuhrumsatzsteuer des Dienstleisters bei Zollanmeldung als indirekter Vertreter, UStDD 2021, 13; *Nieskens*, § 21 Abs. 2 UStG: Wie eng ist in Zukunft die Verknüpfung zwischen Einfuhrumsatzsteuer und Zoll? – Zugleich ein Beitrag zur EuGH-Entscheidung in der Rs. Federal Express Corporation Deutsche Niederlassung, UVR 2019, 267; *Rehberg/Boulanger*, Indirekter Zollvertreter als Einfuhrumsatzsteuerschuldner, AW-Prax 2022, 477; *Reimer*, Entstehung der Einfuhrumsatzsteuer bei Verstößen gegen das Zollrecht, AW-Prax 2018, 162; *Reimer*, Nochmals: „Entstehung der Einfuhrumsatzsteuer bei Verstößen gegen das Zollrecht", AW-Prax 2019, 334; *Reuter*, Das Erlöschen der Zoll- und Einfuhrumsatzsteuerschuld, AW-Prax 2023, 415; *Saler*, Einfuhrumsatzsteuer (Verfahrenscode 42): Inanspruchnahme des zollrechtlichen Vertreters ohne Vertretungsmacht für die Einfuhrumsatzsteuer bei fehlgeschlagener innergemeinschaftlicher Lieferung i.S.v. § 5 Abs. 1 Nr. 3 UStG, UR 2021, 288; *Rüsken*, Entstehung der Einfuhrmehrwertsteuer bei Eintritt eines Gegenstands in den Wirtschaftskreislauf, ZfZ 2021, 191; *Schrömges*, Der Kampf um die EUSt – von Eurogate II bis Fedex, ZfZ 2019, 257; *Schrömbges*, Die neue Rechtsprechung des EuGH zum Einfuhrumsatzsteuerrecht, MwStR 2019, 133; *Schrömbges*, Eintritt in den Wirtschaftskreislauf der Union als Entstehungsgrund für die Einfuhrumsatzsteuer, MwStR 2021, 319; *Schrömbges*, § 21 Abs. 2 UStG: Untauglicher Rettungsversuch des FG Hamburg, MwStR 2023, 336; *Schrömbges*, Umsatzsteuerbefreiung im VC 42 als unselbständige Besteuerungsgrundlage und andere Ungereimtheiten im EUSt-Recht, ZfZ 2022, 203; *Schrömbges*, Die Maßgeblichkeit des Einfuhrorts für die Entstehung der Einfuhrumsatzsteuer – Anmerkungen zum EuGH-Urteil v. 8.9.2022 – C-368/21, Rs. T, MwStR 2022, 874; *Thaler*, Die „Einfuhr" im Umsatzsteuerrecht – die Rechtsprechung des EuGH und die Folgen für die Zollpraxis, ZfZ 2019, 358; *Thaler*, Die Rechtsprechung des EuGH zum Einfuhrumsatzsteuerrecht – ein aktueller Sachstand, ZfZ 2021, 168; *Vobbe*, Keine mehrwertsteuerbare Einfuhr nur wegen Zollschuldentstehung nach Art. 204 ZK infolge von Pflichtverletzungen, MwStR 2016, 623; *Vobbe*, Ort der Einfuhr bei zollrechtlichen Verstößen, MwStR 2022, 770; *Wasiak*, Wann entsteht die Einfuhrumsatzsteuer?, BDZ Fachteil 2022, F37, F49; *Weymüller*, Der neue Unionszollkodex und seine Auswirkungen auf die Umsatzsteuer, MwStR 2016, 487; *Wolffgang*, Einfuhrumsatzsteuerschuld: Abhängig von der Zollschuld?, UR 2017, 845; *Wolffgang*, Erlöschenstatbestände im Zollrecht – Konnexität zwischen Zoll und Einfuhrumsatzsteuer?, in UmsatzsteuerForum e.V./Bundesministerium der Finanzen (Hrsg.), 100 Jahre Umsatzsteuer in Deutschland 1918–2018, Festschrift, Köln 2018, S. 239.

A. Grundaussagen

I. Regelungsgegenstand und Bedeutung

1 Das Aufkommen der Umsatzsteuer steht dem Bund und den Ländern gemeinsam zu (Art. 106 Abs. 3 GG). Die innere Umsatzsteuer wird von den Ländern des Bundes (Steuerverwaltungen der Länder, d.h. Finanzämter) verwaltet (Art. 108 Abs. 2 GG). Dagegen wird die **Einfuhrumsatzsteuer** vom Bund (Hauptzollämter mit ihren Zollämtern als untergeordnete Dienststellen als örtliche Behörden der Bundesfinanzverwaltung) verwaltet (Art. 105 Abs. 2 und Art. 108 Abs. 1 GG, § 12 FVG, § 1 Abs. 1 Sätze 2 und 3 ZollVG). Die örtliche Zuständigkeit ergibt sich für das Hauptzollamt aus § 23 AO. Es ist bereits seit 1932 Praxis, dass die Zollverwaltung bei Einfuhren auch die Umsatzsteuer bei der Einfuhr erhebt.

2 Wirtschaftlich wird die Einfuhrumsatzsteuer für Unternehmer dann problematisch, wenn die Fähigkeit zum Abzug der Einfuhrumsatzsteuer als Vorsteuer nicht gegeben ist. Dies ist nach h.M. dann der Fall, wenn die Einfuhrumsatzsteuer entstanden und festgesetzt ist, es aber bei dem den Vorsteuerabzug der Einfuhrumsatzsteuer geltend machenden Unternehmer an dem Auslegungsmerkmal der **Verfügungsmacht** zum Zeitpunkt der Einfuhr fehlt. Denn nach ständiger Rechtsprechung des BFH setzt der Vorsteuerabzug gemäß § 15 Abs. 1 Satz 1 Nr. 2 UStG voraus, dass eine Einfuhr für den Unternehmer vorliegt, d.h. ihm die Verfügungsmacht an dem eingeführten Gegenstand zusteht.[1] Daran fehlt es z.B. wenn ein ausländischer Unternehmer einem inländischen Unternehmer einen Gegenstand nur zur Nutzung überlässt.[2] Die für den Vorsteuerabzug aus Einfuhrumsatzsteuer maßgebliche Einfuhr für das Unternehmen des Abzugsberechtigten liegt dann vor, wenn die Einfuhrumsatzsteuer Eingang in den Preis der Ausgangsumsätze oder in den Preis der Gegenstände oder Dienstleistungen findet, die der Steuerpflichtige im Rahmen seiner wirtschaftlichen Tätigkeiten liefert bzw. erbringt.[3]

3 Im grenzüberschreitenden Warenverkehr wird die Umsatzsteuer grundsätzlich nach dem **Bestimmungslandprinzip** erhoben; d.h., die Ware wird im Ursprungsland von der auf ihr ruhenden Umsatzsteuer entlastet und im Bestimmungsland mit der dort angewendeten Steuer belastet (sog. Grenzausgleich). Im Einfuhrfall wird eine Einfuhrumsatzsteuer wie für inländische Lieferungen erhoben. Die Einfuhrumsatzsteuer kann wie andere Vorsteuern von der eigenen Steuerschuld abgezogen werden. Im unternehmerischen Bereich wäre die Gleichstellung mit inländischen Lieferungen auch dann zustande gekommen, wenn der Einführer bei der Weiterlieferung der Einfuhrware die volle Umsatzsteuer entrichten würde, aber keinen Vorsteuerabzug geltend machen dürfte. Die Einfuhrumsatzsteuer wird im Wesentlichen aus Gründen einer Erfassung der Besteuerungsbasis im Rahmen der zollrechtlich angeordneten zollamtlichen Überwachung erhoben. Sie soll insbesondere verhindern, dass Nichtunternehmer steuerlich unbelastete Waren einführen und sich damit ungerechtfertigte Steuervorteile verschaffen. Letztendlich soll der Endverbrauch von Waren besteuert sein. Durch die Einfuhrumsatzsteuer soll gewährleistet werden, dass die eingeführte Ware nicht mit weniger Umsatzsteuer belastet ist als die inländische Ware.[4]

---

1 *Möller*, AW-Prax 1999, 463 ff.

2 BFH, Urt. v. 16.3.1993 – V R 65/89, BStBl II 1993, 473 = UR 1993, 233. Zuletzt BFH, Urt. v. 11.11.2015 – V R 68/14, BStBl. II 2016, 720 = UR 2016, 33; *Wäger*, BFH/PR 2016, 80 f.; zu den Risiken für Spediteure und Zolllagerinhaber vgl. Anm. *Looks/Menzel*, MwStR 2016, 169.

3 BFH, Urt. v. 16.3.1993 – V R 65/89, BStBl II 1993, 473 = UR 1993, 233.

4 So zum UStG 1967 und § 21 Abs. 2 UStG 1967 BFH, Urt. v. 26.4.1972 – VII R 109/69, BFHE 105, 545 = UR 1972, 363.

Beim inländischen und beim grenzüberschreitenden Warenverkehr müssen umsatzsteuerrechtlich weitgehend gleiche Wettbewerbsbedingungen geschaffen werden. 4

Die Vorschrift enthält verschiedene materiell-rechtliche und verfahrensrechtliche Regelungen zur Einfuhrumsatzsteuer. Im Jahr 2020 hat die Zollverwaltung 50,8 Mrd. Euro Einfuhrumsatzsteuer erhoben (2019: 60,1 Mrd. Euro). 5

Gemäß § 1 Abs. 1 Nr. 4 UStG ist die Einfuhr von Gegenständen im Inland oder in den österreichischen Gebieten Jungholz und Mittelberg ein steuerbarer Umsatz. In einem Klammerzusatz wird dieser Umsatz als Einfuhrumsatzsteuer bezeichnet. Damit ist die **„Einfuhr"** ein eigenständiger steuerbarer Umsatz. Dennoch wird die Einfuhr i.S.d. Umsatzsteuerrechts an keiner Stelle des nationalen Umsatzsteuerrechts definiert. Aber auch im Zollrecht fehlt es an einer Legaldefinition der „Einfuhr"; hier wird von dem Verbringen in das Zollgebiet der EU gesprochen. Die Bedeutung des Begriffs der Einfuhr muss dann letztendlich durch Auslegung ermittelt werden. Für die Auslegung der nationalen Grundlage ist die MwStSystRL Basis und Rahmen, denn der nationale Begriff der Einfuhr(-umsatzsteuer) muss **richtlinienkonform ausgelegt** werden. Zu Recht weist *Bender* darauf hin, dass bei jeder Anwendung einer zollrechtlichen Norm die entsprechende Anwendung für die Einfuhrumsatzsteuer geprüft werden muss. Die europäischen Gerichte bevorzugen die Auslegung nach dem Normzweck, d.h. die Auslegung, die die Verwirklichung der Vertragsziele am meisten fördert und die Funktionsfähigkeit der EU sichert.[1] 6

Für die entscheidende Frage zur Entstehung der Einfuhrumsatzsteuer und zum Steuerschuldner verweisen der § 13 Abs. 2 und der § 13a Abs. 2 UStG auf § 21 Abs. 2 UStG. 7

Die große praktische Bedeutung des § 21 UStG liegt in seinem Absatz 2 Satz 1, der regelt, dass für die Einfuhrumsatzsteuer die Vorschriften für Zölle sinngemäß gelten. Dabei geht § 21 UStG in der Überschrift und im Text von einer Einfuhrumsatzsteuer aus, die im UStG zuerst in § 1 Abs. 1 Nr. 4 UStG als Klammerzusatz erwähnt wird. Der **dynamische Verweis** integriert die Vorschriften für Zölle wegen der Einfuhrumsatzsteuer in das UStG. Durch diese Verweisung werden die Bezugsnormen zu einem Bestandteil der verweisenden Regelung, so dass in der Folge für die Einfuhrumsatzsteuer Tatbestandsmerkmale und Rechtsfolgen aus einem anderen Rechtsgebiet, nämlich dem Zollrecht gelten. In der gesetzlich angeordneten Anwendung liegt dennoch zugleich die Grenze. Gesetzlich ausgenommen von der Verweisung in das Zollrecht sind die Vorschriften über den aktiven Veredelungsverkehr nach dem Verfahren der Zollrückvergütung und über den passiven Veredelungsverkehr. 8

II. Unionsrechtliche Grundlagen

Umsatzsteuerrechtlich lässt sich der Begriff der Einfuhr aus den dem deutschen Umsatzsteuerrecht zugrundeliegenden europäischen Regelungen des Mehrwertsteuerrechts der **MwStSystRL** bestimmen.[2] Die wichtigste europäische Rechtsvorschrift zum geltenden Unionsrecht wegen der Mehrwertsteuer ist die MwStSystRL. Jeder Mitgliedstaat ist für die Umsetzung der Mehrwertsteuervorschriften in nationales Recht und die richtige Anwendung der Vorschriften in seinem Hoheitsgebiet verantwortlich. Die Mitgliedstaaten werden bei der Anwendung der europäischen Mehrwertsteuervorschriften durch Beratungen im Mehrwertsteuerausschuss (Art. 398 MwStSystRL) unterstützt. 9

Da die europäischen Vorschriften des Zollrechts und des Mehrwertsteuerrechts zu unterschiedlichen Zeitpunkten, zum Teil vor Entstehung der EU, in Kraft getreten sind, werden dort in vielen Fällen keine deckungsgleichen Begriffe verwendet. 10

---

1 Vertiefend bzgl. der Einfuhrumsatzsteuer z.B. *Bender*, ZfZ 2022, 226, der auf die Entscheidungen des EuGH zu den Fragen der Einfuhrmehrwertbesteuerung gründend die (Wieder-)Entdeckung eines eigenständigen Rechtsgebiets, dem Einfuhrumsatzsteuerrecht, sieht. Dies spiegelt sich in der fachlichen Diskussion im Schrifttum und entsprechenden Tagungen wieder. Als Rechtsgrundlage für die Entstehung der Einfuhrumsatzsteuer sieht *Schrömbges* in seinem Fazit sogar wohl allein die unionsrechtlichen Vorschriften der MwStSystRL und nicht die gesetzliche Grundlage des § 21 Abs. 2 UStG i.V.m. den Zollvorschriften, sei es analog oder mutatis mutandis, MwStR 2023, 342.

2 Zur richtlinienkonformen Auslegung des Umsatzsteuerrechts bei der der MwStSystRL vorgehenden 6. EG-Richtlinie BFH, Urt. v. 6.5.2008 – VII R 30/07, UR 2008, 896; *Möller*, AW-Prax 2008, 525 ff.

11 Gemäß Art. 1 Abs. 2 MwStSystRL beruht das gemeinsame **Mehrwertsteuersystem** auf dem Grundsatz, dass auf Gegenstände und Dienstleistungen, ungeachtet der Zahl der Umsätze, die auf den vor der Besteuerungsstufe liegenden Produktions- und Vertriebsstufen bewirkt wurden, eine allgemeine, zum Preis der Gegenstände und Dienstleistungen genau proportionale Verbrauchsteuer anzuwenden ist.

12 Art. 2 MwStSystRL legt den Anwendungsbereich fest. Gemäß Art. 2 Abs. 1 Buchst. d MwStSystRL unterliegt auch die Einfuhr von Gegenständen der Mehrwertsteuer. Dieser Umsatz bedarf der Definition der Einfuhr i.S.d. Mehrwertsteuerrechts. Gemäß Art. 30 MwStSystRL gilt als „Einfuhr eines Gegenstands" die Verbringung eines Gegenstands in die Gemeinschaft, der sich nicht im freien Verkehr i.S.d. Art. 24 des Vertrags befindet. Demnach liegt eine mehrwertsteuerrechtliche Einfuhr dann vor, wenn ein Gegenstand aus einem Drittlandsgebiet in das europäische Mehrwertsteuergebiet gelangt. Abweichend liegt auch eine Einfuhr vor, wenn ein Gegenstand des zollrechtlich freien Verkehrs aus einem mehrwertsteuerrechtlichen Drittlandsgebiet in das Mehrwertsteuergebiet gelangt.

13 Gemäß Art. 60 MwStSystRL erfolgt die Einfuhr von Gegenständen in dem Mitgliedstaat, in dessen Gebiet sich der Gegenstand zu dem Zeitpunkt befindet, in dem er in die Gemeinschaft verbracht wird. Gemäß Art. 70 MwStSystRL treten **Steuertatbestand** und **Steueranspruch** in dem Zeitpunkt ein, in dem die Einfuhr des Gegenstands erfolgt. Unterliegen die Gegenstände vom Zeitpunkt ihrer Verbringung in die Gemeinschaft einem Verfahren oder einer sonstigen Regelung i.S.d. Art. 156, 276 und 277 MwStSystRL, der Regelung der vorübergehenden Verwendung bei vollständiger Befreiung von Einfuhrabgaben oder dem externen Versandverfahren, treten Steuertatbestand und Steueranspruch erst in dem Zeitpunkt ein, in dem Tatbestand und Anspruch für diese Abgaben entstehen.

14 Entscheidend ist der Begriff der „**Einfuhr**" im Sinne der Mehrwertsteuer. Hierzu hat der EuGH zuletzt in der Rechtssache *Federal Express Corporation*[1] wohl nur versucht klarstellend zu urteilen. Danach findet die Mehrwertsteuer nach der Rechtsprechung des EuGH, da es sich bei ihr naturgemäß um eine Verbrauchsteuer handelt, auf Waren und Dienstleistungen Anwendung, **die in den Wirtschaftskreislauf der Union gelangen** und einem Verbrauch zugeführt werden können.[2] Nach ständiger Rechtsprechung des Gerichtshofs sind die Einfuhrmehrwertsteuer und die Zölle hinsichtlich ihrer Hauptmerkmale insofern vergleichbar, als sie durch die Einfuhr in die Union und die sich anschließende Überführung in den Wirtschaftskreislauf der Mitgliedstaaten entstehen. Diese Parallelität wird im Übrigen dadurch bestätigt, dass Art. 71 Abs. 1 Unterabs. 2 MwStSystRL die Mitgliedstaaten ermächtigt, den Steuertatbestand und die Entstehung des Steueranspruchs der Einfuhrmehrwertsteuer mit dem Tatbestand und der Entstehung des Anspruchs bei Zöllen zu verknüpfen.[3] Nach der Rechtsprechung des Gerichtshofs kann neben der Zollschuld eine Mehrwertsteuerpflicht bestehen, wenn aufgrund des Fehlverhaltens, das zur Entstehung der Zollschuld führte, angenommen werden kann, dass die fraglichen Waren in den Wirtschaftskreislauf der Union gelangt sind und somit einem Verbrauch, d.h. dem mit Mehrwertsteuer belasteten Vorgang, zugeführt werden konnten.[4]

15 Letztendlich hat der EuGH in der Rechtssache *Federal Express Corporation*[5] für Recht erkannt, dass Art. 2 Abs. 1 Buchst. d und Art. 30 der MwStSystRL dahin auszulegen sind, dass es, wenn ein Gegenstand in das Gebiet der Europäischen Union verbracht wird, nicht genügt, dass in einem bestimmten Mitgliedstaat ein zollrechtliches Fehlverhalten in Bezug auf diesen Gegenstand begangen wurde. Wird

---

1 EuGH, Urt. v. 10.7.2019 – C-26/18, ECLI:EU:C:2019:579 – Federal Express Corporation, UR 2019, 633 m. Anm. *Harksen*.

2 EuGH, Urt. v. 10.7.2019 – C-26/18, ECLI:EU:C:2019:579 – Federal Express Corporation, UR 2019, 633 m. Anm. *Harksen*, Rz. 34 mit Verweis auf EuGH, Urt. v. 18.5.2017 – C-154/16, ECLI:EU:C:2017:392 – Latvijas Dzelzceļš, UR 2017, 472 sowie Rz. 69 und die dort angeführte Rechtsprechung.

3 EuGH, Urt. v. 10.7.2019 – C-26/18, ECLI:EU:C:2019:579 – Federal Express Corporation, UR 2019, 633 m. Anm. *Harksen*, Rz. 41 mit Verweis auf EuGH, Urt. v. 28.2.1984 – C-294/82, ECLI:EU:C:1984:81 – Einberger, Rz. 18 sowie auf EuGH, Urt. v. 11.7.2013 – C-273/12, ECLI:EU:C:2013:466 – Harry Winston, Rz. 41.

4 EuGH, Urt. v. 10.7.2019 – C-26/18, ECLI:EU:C:2019:579 – Federal Express Corporation, UR 2019, 633 m. Anm. *Harksen*, Rz. 44 mit Verweis auf EuGH, Urt. v. 2.6.2016 – C-226/14 und C-228/14, ECLI:EU:C:2016:405 – Eurogate und DHL, UR 2016, 557, Rz. 65 sowie EuGH, Urt. v. 1.6.2017 – C-571/15, ECLI:EU:C:2017:417 – Wallenborn, UR 2017, 513, Rz. 54.

5 EuGH, Urt. v. 10.7.2019 – C-26/18, ECLI:EU:C:2019:579 – Federal Express Corporation, UR 2019, 633 m. Anm. *Harksen*.

ein Gegenstand nach der Entstehung einer Einfuhrzollschuld z.B. in einen anderen Mitgliedstaat weiterbefördert und dort verbraucht, entsteht die Einfuhrumsatzsteuerschuld in dem anderen Mitgliedstaat. Mit diesem Urteil hat der EuGH die im europäischen Mehrwertsteuerrecht fehlende Legaldefinition der Einfuhr, an der es auch im europäischen Zollrecht mangelt, mit Leben gefüllt.

Nach ständiger Rechtsprechung des Gerichtshofs sind die Mehrwertsteuer für den Umsatz der Einfuhr und die Zölle hinsichtlich ihrer Hauptmerkmale insofern vergleichbar, als sie durch die Einfuhr in die EU und die sich anschließende Überführung in den Wirtschaftskreislauf der Mitgliedstaaten entstehen. Diese Parallelität wird im Übrigen dadurch bestätigt, dass Art. 71 Abs. 1 Unterabs. 2 MwStSystRL die Mitgliedstaaten ermächtigt, den Steuertatbestand und die Entstehung des Steueranspruchs der Einfuhrmehrwertsteuer mit dem Tatbestand und der Entstehung des Anspruchs bei Zöllen zu verknüpfen.[1] 16

Damit wird im europäischen Zoll- und Mehrwertsteuerrecht für die Einfuhr auf das Gelangen eines Gegenstands in das Zoll- und Mehrwertsteuergebiet und den „**freien Verkehr**" abgestellt. Die Gleichstellung von Einfuhrwaren mit anderen Waren des freien Verkehrs im Zoll- und Mehrwertsteuergebiet erfolgt, um einen unversteuerten Letztverbrauch im Zoll- und Mehrwertsteuergebiet zu verhindern.[2] Dabei stellt der EuGH für die Einfuhr im Mehrwertsteuerrecht zuletzt insbesondere in der Rechtssache Federal Express Corporation klarstellend auf das ungeschriebene Merkmal des „**Eingangs des Gegenstands in den Wirtschaftskreislauf**" ab. Ist die Zollschuld aufgrund eines Fehlverhaltens entstanden, kann angenommen werden, dass die fraglichen Waren in den Wirtschaftskreislauf der EU gelangt sind und somit einem Verbrauch, d.h. dem mit Mehrwertsteuer belasteten Vorgang, zugeführt worden sind. Diese Vermutung kann widerlegt werden.[3] Das Urteil in der Rs. Federal Express hat aber für das Verhältnis von Zoll- und Einfuhrumsatzsteuer weitere grundlegende Fragen unbeantwortet gelassen. So stellt sich nicht nur die Frage wie bei zollrechtlichen Verstößen der Eingang in den Wirtschaftskreislauf der EU erfolgt, sondern auch wo dieser erfolgt.[4] Letztendlich stellt sich insbesondere die grundsätzliche Frage, was unter dem Begriff des Eingangs in den Wirtschaftskreislauf der EU zu verstehen ist.[5] 17

Wegen der Verweisung in § 21 Abs. 2 UStG haben die „**Vorschriften für Zölle**", die vorrangig ihre Basis im Unionsrecht haben, eine große praktische Bedeutung für die Verwaltung des steuerbaren Umsatzes der Einfuhr von Gegenständen. Für die sinngemäße Geltung nach § 21 Abs. 2 UStG kommen zahlreiche materielle Vorschriften des Zollrechts in Betracht (insbesondere der Unionszollkodex und zu seiner Durchführung erlassene Verordnungen).[6] 18

Nach den Begriffsbestimmungen für den Unionszollkodex in Art. 5 Nr. 2 UZK gehören zu den „zollrechtlichen Vorschriften" neben dem Unionszollkodex auch der Gemeinsame Zolltarif (Art. 5 Nr. 2 Buchst. b UZK), die Rechtsvorschriften über das Unionssystem der Zollbefreiungen (Art. 5 Nr. 2 Buchst. c UZK) und internationale Übereinkünfte, die zollrechtliche Vorschriften enthalten, soweit sie in der Union anwendbar sind (Art. 5 Nr. 2 Buchst. d UZK). Der Gemeinsame Zolltarif erfasst gemäß Art. 56 UZK wiederum die Summe aller Unionsregelungen, die Ein- und Ausfuhrabgaben bzw. die tarifliche Zollfreiheit für Waren festlegen, einschließlich der Agrarzölle, Antidumping- und Präferenz- 19

1 EuGH, Urt. v. 28.2.1984 – C-294/82, ECLI:EU:C:1984:81 – Einberger, Rz. 18; EuGH, Urt. v. 11.7.2013 – C-273/12, ECLI:EU:C:2013:466 – Harry Winston, Rz. 41.

2 Treffend *Langer* in Reiß/Kraeusel/Langer, Art. 30 MwStSystRL Rz. 6 (Stand: Dezember 2018).

3 EuGH, Urt. v. 10.7.2019 – C-26/18, ECLI:EU:C:2019:579 – Federal Express Corporation, UR 2019, 633 m. Anm. *Harksen*.

4 Grundsätzlich die Fragen untersuchend *Bender*, AW-Prax 2021, 241.

5 *Rüsken*, RdTW 2021, 42.

6 Z.B. Delegierte VO (EU) 2015/2446 der Kommission v. 28.7.2015 zur Ergänzung der VO (EU) Nr. 952/2013 des Europäischen Parlaments und des Rates mit Einzelheiten zur Präzisierung von Bestimmungen des Zollkodex der Union, ABl. EU 2015 Nr. L 343, 1; Delegierte VO (EU) 2016/341 der Kommission v. 17.12.2015 zur Ergänzung der VO (EU) Nr. 952/2013 des Europäischen Parlament und des Rates hinsichtlich der Übergangsbestimmungen für bestimmte Vorschriften des Zollkodex der Union, für den Fall, dass die entsprechenden elektronischen Systeme noch nicht betriebsbereit sind, und zur Änderung der Delegierten VO (EU) 2015/2446, ABl. EU 2016 Nr. L 69, 1; Durchführungsverordnung (EU) 2015/2447 der Kommission v. 24.11.2015 mit Einzelheiten zur Umsetzung von Bestimmungen der VO (EU) Nr. 952/2013 des Europäischen Parlaments und des Rates zur Festlegung des Zollkodex der Union, ABl. EU 2015 Nr. L 343, 558.

zölle, Zollkontingente und Zollaussetzungen. Der Zolltarif legt die bei Entstehen einer Zollschuld gesetzlich geschuldeten Abgaben fest.

20 Anders als im Zollrecht haben **delegierte Rechtsakte** i.S.d. Art. 290 AEUV im europäischen Mehrwertsteuerrecht bislang noch keine Anwendung gefunden.

21 Das Unionsrecht hat entscheidenden Einfluss auf das nationale Recht. Da das nationale Umsatzsteuerrecht z.B. keine Bestimmung des Begriffs der „Einfuhr" enthält, anders als im Unionsrecht mit Art. 30 MwStSystRL, haben Entscheidungen hierzu prägenden Einfluss. Hat noch im Jahr 2017 das FG Baden-Württemberg entschieden, dass der Begriff der „Einfuhr im Inland" i.S.d. § 1 Abs. 1 Nr. 4 UStG nicht voraussetzt, dass der Gegenstand in den Wirtschaftskreislauf eingegangen ist,[1] liegt diese Eindeutigkeit aktuell aufgrund der Rechtsprechung des EuGH zum mehrwertsteuerrechtlichen Einfuhrbegriff eben nicht mehr vor. Dennoch scheint die Entwicklung auch in der Rechtsprechung wegen der Einfuhrumsatzsteuer verwirrend.

Die nationale Rechtsprechung kann die Entwicklung entweder direkt umsetzen[2] oder muss wieder zum Instrument der Vorlage an den EuGH zur Vorabentscheidung greifen. So hat der EuGH zuletzt in der Rechtssache Hauptzollamt Münster nach Vorlage zur Vorabentscheidung durch das FG Düsseldorf[3] entschieden, dass die Einfuhrumsatzsteuer in dem Mitgliedstaat entsteht, in dem ein Verstoß gegen eine Verpflichtung aus unionsrechtlichen Vorschriften festgestellt wurde, sofern die fraglichen Waren in dem Mitgliedstaat in den Wirtschaftskreislauf eingetreten sind, in dem diese Feststellung getroffen wurden, auch wenn sie körperlich in einem anderen Mitgliedstaat in das Zollgebiet gelangt sind.[4] Das Urteil hat im Schrifttum eine differenzierte Diskussion wegen des „Eingangs in den Wirtschaftskreislauf" ausgelöst.[5]

Weil weitere Fragen zum Ort der mehrwertsteuerlichen Einfuhr und der entsprechenden Anwendung von Art. 87 Abs. 4 UZK für die Einfuhrumsatzsteuer offen geblieben sind, hatte das FG Hamburg die nächsten Fragen zur Vorabentscheidung dem EuGH vorgelegt. Der EuGH urteilte, dass der mehrwertsteuerrechtliche Ort der Einfuhr eines in einem Drittstaat zugelassenen Fahrzeugs, das unter Verstoß gegen zollrechtliche Vorschriften in die EU verbracht wird, in dem Mitgliedstaat liegt, in dem derjenige, der den zollrechtlichen Pflichtenverstoß begangen hat, ansässig ist und das Fahrzeug tatsächlich nutzt. Die Einfuhrmehrwertsteuer entsteht damit an dem Ort des „Verbrauchs". Auch in diesem Urteil hat sich der EuGH nicht zur Anwendbarkeit zollrechtlicher Vorschriften bzgl. der Entstehung der Einfuhrmehrwertsteuer geäußert.[6]

In der Umsetzung des EuGH-Urteils hat das FG Hamburg eine Kennzeichnung mit dem Zusatz „mutatis mutandis (m.m.)" vorgenommen, wenn eine Vorschrift des Unionsrechts nicht kraft eines unionsrechtlichen Anwendungsbefehls in Deutschland gilt, sondern sie aufgrund der Verweisung des § 21 Abs. 2 UStG in das deutsche (EUSt-)Recht inkorporiert wird. Dies hält das FG Hamburg für erforderlich, da die Vorschriften nicht derselben Rechtsebene entstammen.[7] Die Formulierung soll „mit den nötigen Abänderungen" bedeuten und unterscheidet sich damit von der des EuGH, der den Zusatz mit dem Wort „sinngemäß" übersetzt. Diesen Begriff hat das FG Hamburg auch in seiner nächsten Vorlage an den EuGH bzgl. der sinngemäßen Anwendung von Art. 87 Abs. 4 UZK auf die Einfuhrumsatzsteuer verwandt.[8]

---

1 FG Baden-Württemberg, Urt. v. 14.11.2017 – 11 K 1102/15, ZfZ Beilage 2018, Nr. 3, 33; die eingelegte Revision, VII R 4/18 ist nach Rücknahme eingestellt worden, BFH, Beschl. v. 22.3.2018 – VII R 4/18, n.v.

2 Vgl. keine Einfuhrumsatzsteuer ohne Eingang der Ware in den Wirtschaftskreislauf der Union, FG Hamburg, Urt. v. 19.11.2019 – 4 K 250/16, UR 2020, 124.

3 FG Düsseldorf, Vorlagebeschl. v. 11.12.2019 – 4 K 473/19 Z, EU, UR 2020, 310 m. Anm. *Bender* (EuGH Az. C-7/20).

4 EuGH, Urt. v. 3.3.2021 – C-7/20, ECLI:EU:C:2021:161 – Hauptzollamt Münster, UR 2021, 323 = ZfZ 2021, 189.

5 *Bender*, UR 2021, 323; *Schrömges*, MwStR 2021, 319; *Nieskens*, EU-UStB 2021, 47.

6 FG Hamburg, Vorlagebeschl. v. 2.6.2021 – 4 K 130/20, UR 2021, 560; EuGH, Urt. v. 8.9.2022 – C-368/21, ECLI:EU:C:2022:647 – Hauptzollamt Hamburg, UR 2022, 743 m. Anm. *Ojak* und nachgehend FG Hamburg, Urt. v. 25.10.2022 – 4 K 130/20, UR 2023, 112 m. Anm. *Bender*; *Vobbe*, MwStR 2022, 770.

7 FG Hamburg, Urt. v. 25.10.2022 – 4 K 130/20, UR 2023, 112 m. Anm. *Bender* Rz. 20.

8 FG Hamburg, Beschl. v. 6.12.2022 – 4 K 1/18, UR 2023, 118 m. Anm. *Bender*; EuGH anhängiges Verfahren v. 13.3.2023 – C-791/22; EuGH, Urt. v. 18.1.2024 – C-791/22, ECLI:EU:C:2024:59 – Hauptzollamt Braunschweig, UR 2024, 137; s. hierzu ausführlich *Bender*, UR 2024, 128.

III. Verhältnis zu anderen Vorschriften und Rechtsentwicklung

Die Vorschrift regelt neben den allgemeinen Vorschriften an anderen Stellen des UStG, z.B. zum Tatbestand der Einfuhr (§ 1 Abs. 1 Nr. 4 UStG), den Steuerbefreiungen (§ 5 UStG), der Bemessungsgrundlage (§ 11 UStG) oder den Steuersätzen (§ 12 Abs. 1 und § 12 Abs. 2 Nr. 1 UStG), besondere Vorschriften für die Einfuhrumsatzsteuer. Für den Vorsteuerabzug der Einfuhrumsatzsteuer bestehen in den §§ 15–17 UStG neben den allgemeinen Vorschriften selbst besondere Vorschriften. 22

§ 21 Abs. 2 UStG ist im Ergebnis die zentrale Vorschrift der Einfuhrumsatzsteuer und eine der tragenden Säulen neben den Steuerbefreiungen gemäß § 5 UStG und der Bemessungsgrundlage gemäß § 11 UStG. Die Steuerbarkeit gemäß § 1 Abs. 1 Nr. 4 UStG unterscheidet sich wegen der besonderen Vorschriften für diesen steuerbaren Umsatz aus dem Zollrecht grundlegend von dem Umsatz nach § 1 Abs. 1 Nr. 1 UStG. Danach unterliegen „Lieferungen“ der Umsatzsteuer. Dies ist gemäß § 3 Abs. 1 UStG die Verschaffung der Verfügungsmacht an „Gegenständen“. Mangels Legaldefinition muss der Begriffsinhalt durch Auslegung ermittelt werden und den umsatzsteuerlichen Anforderungen entsprechen. Laut BMF sind Gegenstände i.S.d. § 3 Abs. 1 UStG körperliche Gegenstände, d.h. Sachen nach § 90 BGB.[1] 23

Die Einfuhrumsatzsteuer ist **nationale Einfuhrabgabe** i.S.d. § 1 Abs. 1 Satz 2 ZollVG. Konsequenterweise hat das BMF für das Einfuhrumsatzsteuerrecht wegen der Besonderheiten eine eigene Dienstvorschrift veröffentlicht (Dienstvorschrift Einfuhrumsatzsteuerrecht VSF Z 8101). 24

Bis zum 31.12.1992 unterlag auch die „Einfuhr“ aus anderen Mitgliedstaaten in das Inland der Einfuhrumsatzsteuer. Mit der Verwirklichung des Europäischen Binnenmarkts und dem Wegfall systematischer Kontrollen durch die Zollverwaltung ist diese umsatzsteuerrechtliche Behandlung des innergemeinschaftlichen Warenverkehrs ersetzt worden. 25

Seit dem 1.1.1993 unterliegen aus einem anderen Mitgliedstaat in das Inland gelangende Gegenstände bei einer entgeltlichen Lieferung an den Abnehmer als steuerbarer innergemeinschaftlicher Erwerb der Umsatzsteuer (§ 1 Abs. 1 Nr. 5 i.V.m. § 1a UStG). Dies ist ein steuerbarer Umsatz, aber keine Erwerbsteuer bzw. andere Form der Einfuhrumsatzsteuer.[2] Unabhängig von der gesetzlichen Regelung des entsprechenden steuerbaren Umsatzes enthält § 1 Abs. 1 Nr. 5 UStG keinen § 1 Abs. 1 Nr. 4 UStG entsprechenden Klammerzusatz für eine solche „technische“ Beschreibung. Die Verwirklichung des Europäischen Binnenmarkts erforderte wegen der Umsatzbesteuerung innergemeinschaftlicher Warenbewegungen ein Übergangssystem, welches allerdings bis heute andauert. Der innergemeinschaftliche Warenverkehr hat mit dem Zollrecht den körperlichen Grenzübertritt gemeinsam, aber kennt keine wegen der Entstehung eines Suspensiveffekts auslösende Zollverfahren. 26

Die Verwaltungszuständigkeit liegt hierfür auch bei den Ländern. Anders als bei der mit der Überführung in den zoll- und einfuhrumsatzsteuerrechtlich freien Verkehr tatsächlich zu zahlenden Einfuhrumsatzsteuer mit späterer im unternehmerischen Bereich bestehender Möglichkeit zum Abzug als Vorsteuer gemäß § 15 Abs. 1 Nr. 2 UStG („durchlaufender Posten“), führt die Umsatzsteuer auf den innergemeinschaftlichen Erwerb im unternehmerischen Bereich aufgrund des umsatzsteuerrechtlichen Besteuerungsverfahrens (§ 18 UStG) wirtschaftlich nicht zu einer tatsächlichen Zahlung.

§ 13 UStG regelt die Entstehung der Umsatzsteuer. Gemäß Absatz 2 gilt für die Einfuhrumsatzsteuer § 21 Abs. 2 UStG. Damit gelten wieder sinngemäß die Vorschriften für Zölle. 27

Für die Entstehung der Einfuhrumsatzsteuer und den Steuerschuldner gibt es im UStG mit § 13 Abs. 2 und § 13a Abs. 2 UStG **direkte Verweise** auf § 21 Abs. 2 UStG, der wiederum in die Zollvorschriften verweist. So bestehen im UStG über § 21 Abs. 2 UStG selbst hinausgehend an anderen Stellen Verweise in das Zollrecht. 28

Zum zentralen Kern des § 21 UStG gehört der Verweis in Absatz 2 auf die „**Vorschriften für Zölle**“. Wenn der Gesetzgeber in § 21 UStG andere Texte des Zollrechts durch diese Verweisung übernimmt, ist er für den dadurch geschaffenen Zusammenhang und für den dadurch entstehenden Regelungsinhalt verantwortlich. Das gesetzgeberische Ziel, mit § 21 Abs. 2 Satz 1 UStG eine enge Bindung mit 29

1 Abschn. 3.1. Abs. 1 UStAE.
2 So *Schrömbges*, MwStR 2023, 338.

dem Zollrecht für die Einfuhrumsatzsteuer zu erreichen, führt in ein Rechtsgebiet, welches selbst eine besondere Entwicklung aufweist. Denn das Zollrecht unterliegt seit langem einer europäischen Harmonisierung; wobei der Unionszollkodex im Recht der EU dieses Rechtsgebiet besonders umfänglich harmonisiert und zusammenfassend regelt.

30 In Gesetzen und Verordnungen müssen die Tatbestände und Rechtsfolgen nicht stets in vollem Umfang beschrieben werden. Gesetzgeber und Verordnungsgeber dürfen auf vorhandene Rechtstexte zurückgreifen und auf diese verweisen. Durch die Verweisung werden die Rechtstexte, auf die Bezug genommen wird, zu einem Bestandteil der verweisenden Regelung.

Damit stellt sich für den steuerbaren Umsatz der Einfuhr zunehmend die grundsätzliche Frage für das Verhältnis von Einfuhrumsatzsteuer und Zollrecht. Mit der dynamischen Verweisung wird das vollständige Zollrecht für die Einfuhrumsatzsteuer adaptiert. Allerdings erfolgt mit dem Vorbehalt der lediglich sinngemäßen Anwendung der Zollvorschriften wieder eine Lockerung der strengen Bindung an das Zollrecht. Für das Verhältnis kommt als Besonderheit hinzu, dass das Zollrecht durch unmittelbar geltende Verordnungen der EU und das dem UStG zugrundeliegende Mehrwertsteuerrecht der EU durch in das nationale Recht umzusetzende Richtlinien zur Mehrwertsteuer geprägt ist. So müssen die Vorschriften des UStG als nationales Folgerecht des europäischen Mehrwertsteuerrechts gegebenenfalls richtlinienkonform ausgelegt werden (Art. 288 Abs. 3 AEUV). Die Verordnungen des Zollrechts bedürfen wegen ihrer allgemeinen Geltung zwar keiner Umsetzung in nationales Recht, müssen aber gegebenenfalls auch unionsrechtskonform ausgelegt werden (Art. 4 Abs. 3 EUV). Dies erfordert der **effet utile-Grundsatz**, den der EuGH als Effizienzgebot entwickelt hat. Die europäischen Normen sind so auszulegen und anzuwenden, dass das Vertragsziel am besten und einfachsten erreicht werden kann.[1]

31 Bereits 1981 hatte die Generalanwältin *Rozès* in ihren Schlussanträgen in der Rechtssache *Schul* darauf hingewiesen, dass der besondere **Charakter der Steuervorschriften** zur Folge habe, dass sie im Verhältnis zu den Vorschriften über die Zollunion autonom seien. Deshalb sei es nicht möglich, die Steuervorschriften den Vorschriften über die Zollunion vorgehen zu lassen, noch die Schwierigkeiten bei der Anwendung letzterer mit Hilfe der „praktischen Wirksamkeit" ersterer zu meistern: Zollunion sei nicht gleich Steuerunion.[2]

32 Seitdem hat der EuGH verschiedene Überlegungen zur Vergleichbarkeit von Zoll und Einfuhrumsatzsteuer angestellt und zunehmend wegen der Mehrwertsteuer auf Einfuhren über den Realakt des Verbringens und dem Ende eines Zollverfahrens auf den **Eingang in den Wirtschaftskreislauf** abgestellt.[3]

33 In der Folge gibt es eine aktuelle Rechtsprechung des EuGH, wonach die Einfuhrumsatzsteuer ausschließlich der MwStSystRL unterliege, keine Form des Zolls darstelle und generell von diesem zu trennen sei.[4] Als Basis für die Vorabentscheidung in der Rechtssache *Eurogate Distribution und DHL Hub Leipzig*[5] hat der EuGH sich auch zum Begriff der Einfuhr i.S.d. Art. 2 Abs. 1 Buchst. d MwStSystRL geäußert. Grundlegend sind hier seine Begründungen zur fehlenden Mehrwertsteuerschuld, obwohl eine Zollschuld wegen Pflichtenverletzung entstanden ist. Damit stellt sich die Frage, ob die national vorgenommene enge Verzahnung von Einfuhrumsatzsteuer- und Zollrecht eine neue gänzlich andere Grenze gefunden hat.[6]

1 Zur Einwirkung des europäischen Rechts auf nationale Steuerrechtsnormen vgl. *Englisch* in Tipke/Lang, Steuerrecht[24], Rz. 4.30 ff.

2 EuGH, Schlussanträge der Generalanwältin *Rozès* v. 16.12.1981 – C-15/81, ECLI:EU:C:1981:304 – Schul.

3 EuGH, Urt. v. 26.10.1982 – C-240/81, ECLI:EU:C:1982:364 – Einberger I, NStZ 1983, 79; EuGH, Urt. v. 28.2.1984 – C-294/82, ECLI:EU:C:1984:81 – Einberger II, NStZ 1984, 268; EuGH, Urt. v. 6.12.1990 – C-343/89, ECLI:EU:C:1990:445 – Witzemann, UR 1991, 148; EuGH, Urt. v. 29.4.2010 – C-230/08, ECLI:EU:C:2010:231 – Dansk Transport og Logistik; EuGH, Urt. v. 11.7.2013 – C-273/12, ECLI:EU:C:2013:466 – Harry Winston, ZfZ 2014, 22; EuGH, Urt. v. 15.5.2014 – C-480/12, ECLI:EU:C:2014:329 – X, ZfZ 2014, 221; EuGH, Urt. v. 2.6.2016 – C-226/14 und C-228/14, ECLI:EU:C:2016:405 – Eurogate und DHL, UR 2016, 557; EuGH, Urt. v. 18.5.2017 – C-154/16, ECLI:EU:C:2017:392 – Latvijas dzelzceļs, UR 2017, 472; EuGH, Urt. v. 1.6.2017 – C-571/15, ECLI:EU:C:2017:417 – Wallenborn Transports, UR 2017, 513 ff.

4 So *Schrömbges*, MwStR 2019, 133; auch EuGH, Urt. v. 2.6.2016 – C-226/14 und C-228/14, ECLI:EU:C:2016:405 – Eurogate und DHL, UR 2016, 557.

5 EuGH, Urt. v. 2.6.2016 – C-226/14 und C-228/14, ECLI:EU:C:2016:405 – Eurogate und DHL, UR 2016, 557.

6 So z.B. *Schrömbges/Lux*, AW-Prax 2016, 328; *Wolffgang*, UR 2017, 845; *Vobbe*, MwStR 2016, 623.

Der EuGH scheint für die Einfuhrumsatzsteuer aktuell darauf abstellen zu wollen, ob die Ware tatsächlich in den Wirtschaftskreislauf der Zollunion gelangt ist.[1] Dies ist für die Entstehung einer Einfuhrzollschuld zwar keine tatbestandliche Voraussetzung, wird von ihm aber durch Auslegung der MwStSystRL für den Einfuhrbegriff im Unionsmehrwertsteuerrecht so gesehen. So hat bereits der Generalanwalt in seinem Schlussantrag zu der Rechtssache *Wallenborn Transports* festgestellt, dass es „entscheidend für den Eintritt des Tatbestands der Einfuhrumsatzsteuer [ist] […], dass die Gegenstände, auf die sie erhoben wird, in den Wirtschaftskreislauf der Union gelangen und damit einem Verbrauch zugeführt werden können".[2] 34

Final wird die Rechtsprechung des EuGH in der Rechtssache Federal Express Corporation deutlich.[3]

Die Charakterisierung der Einfuhrumsatzsteuer als Verbrauchsteuer und den Verweis in das Zollrecht kannte bereits die Ausgleichssteuer des UStG 1951 (§ 15 UStG 1951), die im Rahmen der europäischen Harmonisierung von einer Mehrwertsteuer, d.h. einer allgemeinen, breit angelegten Verbrauchsteuer, die vom erzielten Mehrwert ausgehend berechnet wird, abgelöst wurde. Auch die Entwicklung des § 21 UStG ist von der Entwicklung des Zollrechtes geprägt, denn Änderungen im Zollrecht führten konsequenterweise zu Änderungen des § 21 UStG. 35

Wichtige Änderungen des § 21 UStG waren durch den zum 1.1.1994 vollständig geltenden Zollkodex durch das StMBG[4] erforderlich geworden. Auch das nationale Zollrecht wurde mit dem ZollVG und der ZollV neu aufgestellt und das ZG und die AZO damit abgelöst. In § 21 UStG wurden deshalb veraltete Verweise gestrichen und mit § 21 Abs. 2a UStG aus gesetzgeberischer Sicht eine gesehene Lücke geschlossen. Zuletzt ist zum 1.1.2000 mit der Aufhebung des § 21 Abs. 2 Satz 2 UStG wegen der abgeschafften Abschöpfungen auch die diesbezügliche Regelung ersatzlos entfallen. 36

Seit der zum 1.1.2005 bekanntgemachten Neufassung des UStG sind keine Änderungen des § 21 UStG mehr erfolgt. 37

Die **Verwaltungsvorschriften** des BMF zu den zollrechtlichen Vorschriften (**Dienstvorschriften**, insbesondere die Dienstvorschrift Einfuhrumsatzsteuerrecht VSF Z 8101) und den umsatzsteuerrechtlichen Vorschriften (z.B. Umsatzsteuer-Anwendungserlass) sind keine Rechtsnormen[5] und keine „Vorschriften für Zölle" i.S.d. § 21 Abs. 2 UStG. Sie binden jedoch die nachgeordneten Dienststellen der FinVerw. und erzeugen regelmäßig nur eine Innenwirkung.[6] 38

B. Einfuhrumsatzsteuer als Verbrauchsteuer i.S.d. AO (Absatz 1)

I. Regelungsgegenstand

§ 21 Abs. 1 UStG enthält eine Legaldefinition und ist keine Verweisung in andere verbrauchsteuerrechtliche Vorschriften der Abgabenordnung oder besonderer Verbrauchsteuergesetze. 39

Der Grund für die Regelung des § 21 Abs. 1 UStG liegt in den Unterschieden des steuerbaren Umsatzes der Einfuhr (Einfuhrumsatzsteuer) sowie der Entstehung und der Erhebung der Einfuhrumsatzsteuer. Die Tatbestandsmerkmale der Einfuhrumsatzsteuer als steuerbarer Umsatz ergeben sich allein aus § 1 Abs. 1 Nr. 4 UStG, wogegen die Entstehung und die Erhebung der Einfuhrumsatzsteuer sich in der Regel i.V.m. Zollvorschriften ergeben. Die Einfuhrumsatzsteuer ist ein steuerbarer Umsatz, aber keine Umsatzsteuer.[7] 40

1 EuGH, Urt. v. 2.6.2016 – C-226/14 und C-228/14, ECLI:EU:C:2016:405 – Eurogate und DHL, UR 2016, 557, und EuGH, Urt. v. 1.6.2017 – C-571/15, ECLI:EU:C:2017:417 – Wallenborn Transports, UR 2017, 513 ff.

2 EuGH, Schlussanträge des Generalanwalts *Campos Sánchez-Bordona* v. 13.12.2016 – C-571/15, ECLI:EU:C:2016:944, Rz. 67 Satz 1.

3 EuGH, Urt. v. 10.7.2019 – C-26/18, ECLI:EU:C:2019:579 – Federal Express Corporation, UR 2019, 633 m. Anm. *Harksen*; wegen des Verhältnisses zu den deutschen umsatzsteuerrechtlichen Vorschriften zugrundeliegenden mehrwertsteuerrechtlichen Vorschriften z.B. *Jatzke* in H/H/Sp, Art. 79 UZK, Rz. 17 (Stand: Mai 2022).

4 V. 21.12.1993, BGBl. I 1993, 2310.

5 BVerfG, Beschl. v. 31.5.1988 – 1 BvR 520/83, BVerfGE 78, 214 ff.

6 Zur Selbstbindung der Verwaltung m.w.N. *Kirchhof* in Dürig/Herzog/Scholz, GG, Art. 84 Rz. 101 (Stand: Mai 2023).

7 So in seinem Fazit *Schrömbges*, MwStR 2023, 342.

41 Unionsrechtlich ist die Umsatzsteuer eine **Verbrauchsteuer.** Anders als die Einfuhrumsatzsteuer ist die Umsatzsteuer aber keine Verbrauchsteuer i.S.d. AO.[1] Die Einfuhrumsatzsteuer ist aber keine Verbrauchsteuer i.S.d. Art. 106 Abs. 1 Nr. 2 GG. Als Bestandteil der Umsatzsteuer steht das Aufkommen als **Gemeinschaftssteuer** gemäß Art. 106 Abs. 3 GG dem Bund und den Ländern gemeinsam zu.

II. Tatbestandsmerkmale

42 Die aktuelle deutsche Umsatzsteuer ist in die Form einer **Verkehrsteuer** gekleidet und ihrem Charakter nach, unabhängig von der Definition für die Einfuhrumsatzsteuer in § 21 Abs. 1 UStG, eine Verbrauchsteuer. Diese Eigenschaft wird durch die offene Überwälzung der Steuer auf den Verbraucher sehr deutlich.

43 Nach der umsatzsteuerrechtlichen Definition ist die Einfuhrumsatzsteuer eine Verbrauchsteuer i.S.d. AO. Diese Definition stellt mit der Formulierung „im Sinne der Abgabenordnung" klar, dass auf die Einfuhrumsatzsteuer die Vorschriften der Abgabenordnung über die besonderen Verbrauchsteuern anwendbar sind.

44 Mit der Legaldefinition wird geregelt, dass für die Einfuhrumsatzsteuer die Bestimmungen der AO für Verbrauchsteuern gelten. Bestimmungen der AO für Verbrauchsteuern sind die Bestimmungen zur Zuständigkeit, der Haftung, der Verjährung, der Bestandskraft oder wegen der steuerlichen Nebenleistungen. Allerdings ist wegen § 21 Abs. 2 UStG das Zollrecht und damit auch die **Überlagerung von Vorschriften der AO** durch Vorschriften des europäischen Zollrechts zu beachten.[2] Bzgl. der im Bereich der Einfuhr- und Ausfuhrabgaben zu beachtenden Überlagerungen der Abgabenordnung durch Vorschriften des Zollrechts vgl. Vorbemerkung AO-DV Zoll VSF S 0300.

45 Der BFH hat entschieden, dass die Umsatzsteuer keine Verbrauchsteuer i.S.d. § 169 Abs. 2 Satz 1 Nr. 1 AO ist. Die unionsrechtliche Einordnung der Umsatzsteuer als proportionale Verbrauchsteuer ändert hieran nichts.[3]

C. Sinngemäße Anwendung der Vorschriften für Zölle (Absatz 2)

I. Regelungsgegenstand

46 Wegen des Zollrechts ist der sachliche Anwendungsbereich der Einfuhrumsatzsteuer auf Waren fixiert. Aber trotz der unbestreitbaren grundsätzlichen Bedeutung des Warenbegriffs enthalten dennoch weder das Zollrecht noch das Umsatzsteuerrecht eine Legaldefinition.[4]

47 § 21 Abs. 2 UStG regelt im ersten Halbsatz, dass die Vorschriften für Zölle für die Einfuhrumsatzsteuer sinngemäß gelten. Im zweiten Halbsatz werden die Vorschriften über den aktiven Veredelungsverkehr nach dem Verfahren der Zollrückvergütung und über den passiven Veredelungsverkehr von dieser sinngemäßen Geltung ausgenommen.

48 Die Regelung des § 21 Abs. 2 UStG geht als spezielle Regelung für die Einfuhrumsatzsteuer den AO-Vorschriften vor. Die Vorschriften der AO gelten für die Einfuhrumsatzsteuer nur, soweit nicht die nach § 21 Abs. 2 UStG sinngemäß anzuwendenden Vorschriften für Zölle etwas anderes bestimmen. Zu den für die Einfuhrumsatzsteuer sinngemäß geltenden „Vorschriften für Zölle" zählt nicht nur auch, sondern insbesondere das europäische Zollrecht.[5]

1 So zu § 169 Abs. 2 Satz 1 Nr. 1 AO: BFH, Beschl. v. 14.7.2015 – XI B 41/15, BFH/NV 2015, 1445.
2 Schon früh zur Problematik *Henke/Huchatz*, ZfZ 1996, 226 ff.
3 BFH, Beschl. v. 14.7.2015 – XI B 41/15, BFH/NV 2015, 1445 f.
4 Anknüpfungspunkt könnte im Unionsrecht Art. 2 Buchst. a ExtraStatVO sein. Gemäß Absatz 101 DV Z 0601 sind alle beweglichen Güter und der elektrische Strom als Waren definiert.
5 So schon zum Gemeinschaftszollrecht klarstellend BFH, Urt. v. 3.5.1990 – VII R 71/88, BFHE 161, 260 = UR 1991, 178. In der Vorinstanz hatte das FG München noch entschieden, dass § 21 Abs. 1 UStG gegenüber § 21 Abs. 2 Satz 1 UStG 1967 die speziellere Vorschrift darstellt und insoweit die sinngemäße Anwendung von Zollvorschriften für die Einfuhrumsatzsteuer ausschließt. In der Folge hatte es entschieden, dass für die Festsetzungs-

§ 21 Abs. 2 UStG ist das Kernstück der umsatzsteuerrechtlichen Verweisung in Zollvorschriften. Zielgerichtet wird hier wegen eines einheitlichen Verwaltungsverfahrens für Einfuhren aus Drittländern für die europäischen Einfuhrabgaben und die nationale Einfuhrumsatzsteuer eine enge Verzahnung vorgenommen.[1] 49

Da das europäische Zollrecht nicht wörtlich bei § 21 Abs. 2 UStG mitgelesen werden kann, hat der Gesetzgeber eine „sinngemäße" Geltung geregelt (Analogieverweisung). Methodologisch ist die sinngemäße Anwendung Rechtsanwendung und keine Rechtsfortbildung durch Analogie. Die aktuelle Rechtsprechung des EuGH zur Entstehung der Zollschuld und der Einfuhrumsatzsteuer bei zollrechtlichen Pflichtverstößen verführt, hierin die Entwicklung des ungeschriebenen Tatbestandsmerkmals des „Eingangs in den Wirtschaftskreislauf" zu sehen. Mit einer teleologischen Auslegung und Anwendung des § 21 Abs. 2 UStG i.V.m. Art. 79 Abs. 1 UZK kann dieser Meinung methodologisch entgegengetreten werden.[2]

Die Abwandlungen der sinngemäßen Anwendung hat der Gesetzgeber ausdrücklich angegeben. Denn § 21 Abs. 2 UStG gilt nicht, wenn das Umsatzsteuerrecht spezielle Regelungen enthält (z.B. bzgl. der Bemessungsgrundlage für die Einfuhrumsatzsteuer) oder andere spezielle Regelungen für Einfuhrabgaben i.S.d. § 1 Abs. 1 Satz 3 ZollVG die Einfuhrumsatzsteuer miterfassen (z.B. **Einreise-Freimengen-Verordnung** oder **Kleinsendungs-Einfuhrfreimengen-Verordnung**, § 29 ZollVO für die Anwendung pauschalierter Abgabensätze). 50

II. Einfuhrumsatzsteuer

Nur für die Einfuhrumsatzsteuer gelten die Vorschriften für Zölle gemäß § 21 Abs. 2 UStG sinngemäß. „Einfuhrumsatzsteuer" ist der Klammerzusatz für den steuerbaren Umsatz gemäß § 1 Abs. 1 Nr. 4 UStG, der die Einfuhr von Gegenständen im Inland oder in den österreichischen Gebieten Jungholz und Mittelberg erfasst. 51

Für das Inland enthält § 1 Abs. 2 Satz 1 UStG eine positive Definition. 52

Trotz des bedeutsamen Begriffs der Einfuhr im Sinne des Umsatzsteuerrechts gibt es für diesen dennoch keine Legaldefinition im deutschen Recht. 53

Das BMF hat mit seiner letzten bedeutenden Änderung von § 1 Abs. 1 Nr. 4 UStG mit einem Schreiben zu den Änderungen des Einfuhrbegriffs Stellung genommen. Danach setzt die Verwirklichung des umsatzsteuerrechtlichen Einfuhrtatbestandes voraus, dass ein Drittlandsgegenstand in das Inland verbracht wird und dieser Vorgang hier steuerbar ist. Für den umsatzsteuerrechtlichen **Einfuhrtatbestand** ist damit nicht allein entscheidend, dass der Gegenstand aus dem Drittland in das Inland gelangt, sondern hier auch grundsätzlich der Besteuerung unterliegt, d.h. im Regelfall eine Einfuhrumsatzschuld entsteht. Entsprechend liegt z.B. keine Einfuhr im umsatzsteuerrechtlichen Sinne vor, wenn sich eine Drittlandsware in einem zollrechtlichen Versandverfahren oder in einem Zolllagerverfahren befindet.[3] 54

verjährung der Einfuhrumsatzsteuer § 169 Abs. 2 Nr. 1 AO und nicht Art. 2 (VO (EWG) Nr. 1697/79 gilt, da es sich um Gemeinschaftszollrecht handelte, FG München, Urt. v. 10.2.1988 – III 164/83 Z, ZfZ 1988, 310 ff.

1 BFH, Urt. v. 3.5.1990 – VII R 71/88, BFHE 160, 260 ff. = UR 1991, 178; *Weymüller*, ZfZ 2014, 13 ff.; zum Willen des Gesetzgebers, BT-Drucks. V/1581 zu § 21 Abs. 2 UStG.

2 Der Bearbeiter hat frühzeitig auf die Notwendigkeit der sinngemäßen Anwendung des Zollrechts für den steuerbaren Umsatz der Einfuhr und die Bestimmung des umsatzsteuerrechtlichen Einfuhrbegriffs hingewiesen: *Möller*, AW-Prax 2008, 525; *Möller*, AW-Prax 2018, 281, und stimmt insoweit ausdrücklich der von *Jatzke* vertretenen Meinung zu den Folgen der aktuellen EuGH-Rechtsprechung zur Entstehung der Einfuhrumsatzsteuer bei zollrechtlichen Pflichtverstößen zu, *Jatzke*, UR 2020, 590.

3 Damit hatte das BMF durch das StÄndG 2003 § 1 Abs. 1 Nr. 4 UStG redaktionell entsprechend klargestellt und inhaltlich an Art. 7 der 6. EG-Richtlinie in der seit 1.1.1993 geltenden Fassung angepasst, vgl. BMF, Schr. v. 28.1.2004 zur Einführung einer Umsatzsteuerlagerregelung (§ 4 Nr. 4a UStG) und einer Steuerbefreiung für die einer Einfuhr vorangehenden Lieferungen von Gegenständen – IV D 1-S 7157-1/04, IV D 1-S 7157a-1/04, BStBl. I 2004, 242 ff. = UR 2004, 153; kritisch *von Streit*, UStB 2004, 89 ff.

55 Weiter hatte das BMF in dem Schreiben ausgeführt, dass für die Verwirklichung des Einfuhrtatbestandes nach § 1 Abs. 1 Nr. 4 UStG das **körperliche Gelangen** in das Inland nicht entscheidend ist. Dieser Tatbestand ist erst dann erfüllt, wenn die Nichtgemeinschaftsware im Inland in den zoll- und steuerrechtlich freien Verkehr übergeführt wird. Mit der **Dienstvorschrift Einfuhrumsatzsteuer** besteht eine Verwaltungsvorschrift für die Einfuhrumsatzsteuer. In den Absätzen 1–5 dieser Dienstvorschrift bestehen Regelungen zur Entstehung der Einfuhrumsatzsteuer. Nach Meinung des BMF hat der steuerbare Umsatz Einfuhrumsatzsteuer danach zwei Dimensionen, zum einen das „körperliche Gelangen" in das Inland und zum anderen die „Entstehung der Steuerschuld".

56 In Absatz 2 Dienstvorschrift Einfuhrumsatzsteuerrecht regelt das BMF, dass der **Tatbestand der Einfuhr** das Verbringen voraussetzt, soweit dieser Vorgang grundsätzlich der Besteuerung unterliegt, d.h. eine Einfuhrumsatzsteuerschuld entsteht. Eine Einfuhrumsatzsteuerschuld entstehe in sinngemäßer Anwendung der zollrechtlichen Vorschriften mit der Zollschuld (§ 13 Abs. 2, § 21 Abs. 2 UStG i.V.m. Art. 77 ff. UZK). Der Einfuhrbegriff hat dort seit der geänderten Rechtsprechung des EuGH zu dem mehrwertsteuerrechtlichen Einfuhrbegriff und der Lösung von der Entstehung der Einfuhrzollschuld bisher keine Änderung erfahren. Die Dienstvorschrift löste mit ihrer Regelung allerdings auch bereits vor der Rechtsprechung bestehende Probleme bei der Tatbestandsbestimmung nicht abschließend.[1] Mindestens Absatz 2 Unterabs. 2 der Dienstvorschrift bedarf nunmehr aufgrund der Rechtsprechung des EuGH einer aktuellen Neuregelung.

57 Die in der Dienstvorschrift getroffene Regelung entspricht auch nicht dem System der Umsatzsteuer; denn danach muss erst die Frage zum steuerbaren Umsatz gemäß § 1 Abs. 1 Nr. 4 UStG und dann zur Entstehung der Einfuhrumsatzsteuerschuld gemäß § 13 Abs. 2 i.V.m. § 21 Abs. 2 UStG und den Zollvorschriften beantwortet werden. Denn von der **Steuerbarkeit** ist die Entstehung der Einfuhrumsatzsteuer nicht nur zu unterscheiden, sondern insbesondere auch zu trennen.[2]

58 Nach der grundsätzlich bestehenden Steuerbarkeit als Einfuhr von Gegenständen „im" Inland ist die **Steuerpflicht** zu prüfen, d.h. ob eine Steuerbefreiung in Betracht kommt. Die Einfuhrumsatzsteuer ist keine eigene Steuerart, sondern lediglich ein steuerbarer Umsatz.[3] Bei fehlender Steuerbefreiung kommt es dann folgerichtig zur Entstehung der Einfuhrumsatzsteuer.

59 Fraglich ist auch, ob die **Einfuhrumsatzsteuerbefreiungen** gesetzliche Befreiungen oder auf Antrag zu gewähren sind. Regelmäßig wird die Befreiung von der Einfuhrumsatzsteuer bei der Anmeldung zur Überführung in den zoll- und einfuhrumsatzsteuerrechtlich freien Verkehr gesondert beantragt. Konsequenterweise wird eine Befreiung bei der Entstehung der Einfuhrzollschuld gemäß Art. 79 UZK wegen eines Verstoßes von der Zollverwaltung grundsätzlich nicht gewährt. Ein Erlöschen der Einfuhrzollschuld ist gemäß Art. 124 UZK in den Fällen des Verstoßes gesondert zu prüfen. Mangels Basis in der MwStSystRL scheint der EuGH ein Erlöschen der Einfuhrumsatzsteuerschuld gänzlich abzulehnen.[4] Dann wäre der Gesetzgeber aufgefordert das dem nationalen Recht zugrundeliegende Richtlinienrecht entsprechend auszugestalten.

60 Gemäß Art. 5 Nr. 18 UZK begründet die Zollschuld eine **persönliche Zahlungspflicht des Zollschuldners** (Art. 5 Nr. 19 UZK). Durch die sinngemäße Anwendung gilt dies auch für den Einfuhrumsatzsteuerschuldner.

Praktische Bedeutung hat die zollrechtliche Stellvertretung auch für die Einfuhrumsatzsteuerschuldnerschaft. In dem Fall der zollrechtlichen indirekten Vertretung wird der indirekte Vertreter neben dem Vertretenen als Anmelder Zoll- und Einfuhrumsatzsteuerschuldner. Handelt der indirekte Vertreter vollmachtlos, führt er ein Eigengeschäft durch und wird selbst und alleine Zoll- und Einfuhrumsatzsteuerschuldner der gemäß Art. 77 Abs. 1 Buchst.a UZK entstandenen Zoll- und Einfuhrumsatzsteuerschuld.[5]

---

1 Zuletzt *Möller*, AW-Prax 2018, 281; schon früh auf die Probleme wegen des Einfuhrbegriffs hinweisend *Möller*, UStB 2009, 136; *Möller*, AW-Prax 2009, 81.

2 So im Ergebnis auch *Weymüller* in Dorsch, § 1 UStG Rz. 33 (Stand: Januar 2020).

3 Mit diesem deutlichen Hinweis schon *Möller*, AW-Prax 2009, 81.

4 EuGH, Urt. v. 7.4.2022 – C-489/20, ECLI:EU:C:2022:277 – Kauno teritorinė muitinė, UR 2022, 509 m. Anm. *Harksen*; *Möller*, jurisPR-SteuerR 24/2022, Anm. 5.

5 *Witte* in Witte[8], Art. 19 UZK, Rz. 102; vertiefend zu der vollmachtlosen Vertretung wegen der steuerbefreiten Anschlusslieferung gemäß § 5 Abs. 1 Nr. 3 UStG *Kühl*, MwStR 2022, 270.

Auf Vorlage zur Vorabentscheidung durch das Provinzfinanzgericht Venedig hat der EuGH entschieden, dass der indirekte Zollvertreter gemäß Art. 77 Abs. 3 UZK nur die für die von ihm angemeldeten Waren geschuldeten Zölle und nicht auch die Einfuhrumsatzsteuer für diese Waren schuldet. Für die Zahlung der Einfuhrumsatzsteuer könne er nur haftbar gemacht werden, wenn es eine nationale Vorschrift gibt, in der er ausdrücklich und eindeutig als Schuldner dieser Steuer bestimmt und anerkannt wird. Diese Voraussetzung war im italienischen Mehrwertsteuerrecht nicht gegeben.[1] Die Schuldnerschaft des indirekten Zollvertreters für die Einfuhrumsatzsteuer in Deutschland wird auch nach der Vorabentscheidung bejaht[2] bzw. nicht ernsthaft angezweifelt.[3]

Die Einfuhrumsatzsteuer gehört nicht zu den nach dem Unionszollkodex als Einfuhrabgaben geschuldeten Zollschulden; sie ist aber nationale Einfuhrabgabe i.S.d. § 1 Abs. 1 Satz 3 ZollVG. 61

Auch der BFH hat in mehreren Entscheidungen festgestellt, dass das UStG eine **Definition der „Einfuhr“** nicht enthält. Er hat den Begriff noch zur Gültigkeit der Richtlinie 77/388/EWG aus deren Artikel 7 bestimmt. Danach wird für die Einfuhr vorausgesetzt, dass der betreffende Gegenstand aus dem Drittlandsgebiet über die Grenze des Zollgebiets der EG (jetzt EU) in die Gemeinschaft (jetzt EU) verbracht wird, wobei die Einfuhr des Gegenstands in dem Mitgliedstaat erfolgt, in dessen Hoheitsgebiet er sich zum Zeitpunkt des Verbringens befindet.[4] Die enge Verknüpfung des Einfuhrumsatzsteuerrechts mit dem Zollrecht sah er wegen der Richtlinie als zwingend und ohne Ausnahme angeordnet an. Wegen der neuen Rechtsprechung des EuGH zum Einfuhrumsatzsteuerrecht dürfte diese Meinung nicht mehr vertretbar sein.[5] 62

Bei einer identischen Anwendung der Zollvorschriften für die Einfuhrumsatzsteuer entsteht die Einfuhrumsatzsteuer auch in jedem Fall der Zollschuldentstehung. Die Umsatzsteuer für die Einfuhr von Gegenständen unterliegt aber gesetzestechnisch dem „Vorbehalt“ der „sinngemäßen“ Anwendung der Vorschriften für Zölle. Die eindeutige Identität ist bei dem Auseinanderfallen des zollrechtlichen und des mehrwertsteuerrechtlichen Einfuhrbegriffs mit der aktuellen Rechtsprechung des EuGH nicht mehr, aber eigentlich bereits wegen der Regelung im UStG, nicht berechtigt. 63

III. Vorschriften für Zölle

Vorschriften für Zölle sind neben der Verordnung (EU) Nr. 952/2013 v. 9.10.2013 zur Festlegung des Zollkodex der Union (Unionszollkodex)[6] weitere europäische Zollvorschriften (z.B. die Verordnung über die zolltarifliche Nomenklatur sowie den gemeinsamen Zolltarif oder Durchführungsvorschriften zum Unionszollkodex), aber auch nationale Zollvorschriften (ZollVG, ZollVO).[7] 64

Die Entstehung der Zollschuld ist wesentliches Element der Abgabenerhebung für Zölle nach dem Unionszollkodex. Die **Entstehungstatbestände** bei Einfuhrzollschulden sind nach einem einheitlichen Schema aufgebaut, d.h. Absatz 1 regelt das Entstehen, Absatz 2 regelt den Zeitpunkt und Absatz 3 regelt den Zollschuldner. Das europäische Zollrecht kennt wegen der Besonderheiten des Zollrechts nicht nur einen Entstehungstatbestand für den Fall der ordnungsgemäßen **Überführung von Waren** in das jeweilige Zollverfahren (Art. 77 UZK). Neben diesem Entstehungstatbestand gibt es u.a. noch einen speziellen Tatbestand gemäß Art. 78 UZK für Waren der aktiven Veredelung, für die bei der Wiederausfuhr ein Präferenznachweis ausgestellt werden soll. 65

Praktisch bedeutsamer ist der weitere Entstehungstatbestand gemäß Art. 79 UZK, wonach eine Einfuhrzollschuld bei **Verstößen** entsteht. Typische zollrechtliche Verstöße sind Pflichtverletzungen im 66

---

1 EuGH, Urt. v. 12.5.2022 – C-714/20, ECLI:EU:C:2022:374 – U. I., UR 2022, 469; *Möller*, jurisPR-SteuerR 39/2022, Anm. 5.
2 Vertiefend *Bender*, ZfZ 2022, 226; *Vobbe*, MwStR 2022, 543.
3 *Rehberg/Boulanger*, AW-Prax 2022, 477.
4 Z.B. BFH, Urt. v. 6.5.2008 – VII R 30/07, BFHE 221, 325 = UR 2008, 896; BFH, Urt. v. 23.5.2006 – VII R 49/05, BFHE 213, 446; BFH, Urt. v. 25.10.2006 – VII R 64/05, BFH/NV 2007, 527 ff.
5 Z.B. *Schrömbges*, MwStR 2019, 133.
6 ABl. EU 2013 Nr. L 269, 1.
7 Für einen Einstieg zu den grundlegenden Vorschriften des Zollrechts und der Einfuhrumsatzsteuer vgl. www.zoll.de/Service/Vorschriften/Zollrecht und Einfuhrumsatzsteuer.

Zusammenhang mit Nicht-Unionswaren, d.h. Pflichten wegen des Verbringens, der zollamtlichen Überwachung oder den Regelungen bei der vorübergehenden Verwahrung oder den besonderen Zollverfahren. Entsteht die Zollschuld gemäß Art 79 Abs. 1 UZK, erweitert sich der Kreis möglicher Zollschuldner gemäß Absatz 3 erheblich.

67 Die Verwaltungsvorschriften des BMF haben keine Rechtsnormqualität und sind in der Folge auch keine „Vorschriften für Zölle" i.S.d. § 21 Abs. 2 UStG.[1]

68 Deutsche Steuergesetze folgen einem typischen Aufbau (Steuergegenstand, Bemessungsgrundlagen, Steuertarif, Steuerbefreiungen, Besteuerungsverfahren etc.). Auch das UStG folgt diesem Aufbau im Wesentlichen. Für die Einfuhrumsatzsteuer sind in den Abschnitten des UStG Vorschriften für die Einfuhr, die häufig auf § 21 Abs. 2 UStG verweisen („Für die Einfuhrumsatzsteuer gilt § 21 Abs. 2"). § 21 UStG ist dann konkret mit „besondere Vorschriften für die Einfuhrumsatzsteuer" überschrieben. Diese Systematik findet sich wegen der Zölle im Unionszollkodex ähnlich wieder. Allerding weist das Zollrecht wegen der Abgabenverwaltung Besonderheiten auf, die dem Steuergegenstand „Ware" geschuldet sind. Der Titel II. des Unionszollkodex zu den Grundlagen für die Anwendung von Einfuhrabgaben und der Titel III. zur Zollschuld enthalten die für ein Besteuerungsverfahren typischen Elemente. Allerdings beinhaltet das Zollrecht darüberhinausgehend wegen des Steuergegenstands „Ware" zahlreiche **formelle Pflichten** zum Verbringen von Waren in das Zollgebiet der EU sowie z.B. den zollrechtlichen Status von Waren, die Überführung von Waren in ein Zollverfahren, die Überprüfung von Waren oder die Überlassung von Waren. Auch diese zollrechtlichen Regelungen gelten wegen der Verweisungen im UStG für den steuerbaren Umsatz der Einfuhr.

69 Die Entstehung der Zollschuld knüpft in der Regel an die **Überlassung zum zollrechtlich freien Verkehr** an (Art. 77 UZK). Dieser Fall der Zollschuldentstehung tritt ein, wenn die Beteiligten alle zollrechtlichen Pflichten ordnungsgemäß erfüllen. Insbesondere die Verfahrensvorschriften führen in der Zollpraxis, d.h. bei der Abwicklung grenzüberschreitender Warenverkehre, aus verschiedenen Gründen zu Problemen, die zollrechtliche Folgen haben können.

70 Deutlich wird dies dadurch, dass der europäische Gesetzgeber eigene Regelungen für die Entstehung der **Zollschuld bei Verstößen** getroffen hat (Art. 79 UZK). Diese Verstöße werden insbesondere wegen der formellen Pflichten begangen (beim vorschriftswidrigen Verbringen, dem Entziehen aus der zollamtlichen Überwachung oder anderen in Art. 79 UZK geregelten Fällen) ihnen ist gemeinsam, dass gegen Zollpflichten verstoßen wird.

71 Im Vorgängerrecht des Unionszollkodex, d.h. dem Zollkodex aus dem Jahr 1992, führte die Nichteinhaltung zollrechtlicher Vorschriften in zahlreichen Fällen zur Entstehung der Einfuhrzollschuld und wirtschaftlich problematischer zur Erhebung von Zöllen. So wurden danach z.B. Präferenzen oder die Zollbegünstigung nach passiver Veredelung nicht gewährt, da die Einfuhrzollschuld wegen eines Verstoßes gegen das Zollrecht entstanden war. Abhilfe erfolgte auch nicht angemessen durch die Nichtentstehungs- oder Heilungstatbestände des Zollkodex bei der Zollschuldentstehung.

72 Zunehmend wurde aus dem Recht zur Regelung der Entstehung einer Einfuhrzollschuld ein Zollschuldrecht mit **Sanktionscharakter.**[2] Wiederholt wurde in der Diskussion zur Entwicklung der Gedanke des Wirtschaftszolls angeführt, ohne dass dieser im geltenden Recht niedergelegt war. Auf eine Vorlage zur Vorabentscheidung des BFH im Jahr 2001[3] urteilte der EuGH, dass auch das nur zeitweise Fehlen einer zollamtlichen Überwachung dazu führt, dass die Einfuhrzollschuld wegen Entziehens aus der zollamtlichen Überwachung entstanden sei, auch wenn wie in dem zugrundeliegenden Fall die Zolllagerverfahren ohne Überführung in ein externes Versandverfahren von dort zur Ausgangszollstele befördert worden sind.[4]

73 Noch im Jahr 1997 hat der europäische Gesetzgeber der Entwicklung mit der Einfügung des Art. 212a in den Zollkodex (Abgabenbefreiung trotz Unregelmäßigkeiten) gegengesteuert. Er knüpfte dies daran, dass im Verhalten der Beteiligten weder betrügerische Absicht noch offensichtliche Fahrlässigkeit lag

1 Zu einer Außenwirkung der Verwaltungsvorschriften vgl. *Drüen* in Tipke/Kruse, § 4 AO Rz. 82 (Stand: September 2020).
2 *Müller-Eiselt*, ZfZ 2001, 398.
3 BFH, Vorlagebeschl. v. 17.7.2001 – VII R 99/00, ZfZ 2001, 376.
4 EuGH, Urt. v. 12.2.2004 – C-337/01, ECLI:EU:C:2004:90 – Hamann International.

und diese nachwiesen, dass die übrigen Voraussetzungen für die Begünstigung, die Zollfreiheit oder die teilweise Abgabenbefreiung erfüllt waren.

Nach dem Erwägungsgrund 38 des UZK ist es angebracht, dem guten Glauben des Beteiligten in den Fällen, in denen eine Zollschuld auf einer Nichteinhaltung zollrechtlicher Vorschriften beruht, Rechnung zu tragen und die Folgen fahrlässigen Verhaltens des Zollschuldners auf ein Mindestmaß abzumildern. 74

Jetzt korrespondiert Art. 79 UZK (Entstehen der Zollschuld bei Verstößen) mit Art. 124 Abs. 1 Buchst. h UZK (**Erlöschen** einer solchen). Dies ist allerdings an die Voraussetzungen des Art. 124 Abs. 1 Buchst. h und i und Abs. 1 Buchst. h Doppelbuchst. ii UZK geknüpft, insbesondere dass es kein Täuschungsversuch war. 75

Nach Vorlage zur Vorabentscheidung durch das oberste Verwaltungsgericht von Litauen hat der EuGH geurteilt, dass das Erlöschen der Zollschuld aus dem in Art. 124 Abs. 1 Buchst. e UZK vorgesehenen Grund nicht zum Erlöschen der Verbrauchsteuerschuld und auch nicht der Mehrwertsteuerschuld für unrechtmäßig in das Zollgebiet der EU eingeführte Waren führt.[1] Das Urteil und seine Antworten zu den Vorlagefragen stellt eher neue Fragen.[2] Letztendlich ist fraglich, ob sich das Urteil generell gegen das Erlöschen der Einfuhrumsatzsteuerschuld nach zollrechtlichen Vorschriften stellt oder nur gegen die Anwendung einer bestimmten Zollvorschrift im Mehrwertsteuerrecht.[3]

Art. 125 UZK regelt, dass die Regelung die Mitgliedstaaten nicht an der Anwendung von Sanktionen wegen Zuwiderhandlung gegen die zollrechtlichen Vorschriften hindert. Solche haben die Mitgliedstaaten wegen des neu geschaffenen Art. 42 UZK (Anwendung von Sanktionen) vorzusehen. Werden die Erlöschenstatbestände großzügig ausgelegt, können die Mitgliedstaaten die Verstöße danach anderweitig sanktionieren. 76

Zu den für die Einfuhrumsatzsteuer sinngemäß geltenden „Vorschriften für Zölle" gehören zwar insbesondere die europäischen Zollvorschriften, aber trotzdem auch weitere nationale Zollvorschriften. Im Ergebnis sind dies alle in der Bundesrepublik Deutschland für die Zölle geltenden Rechtsvorschriften.[4] 77

Zu den europäischen Zollvorschriften zählen insbesondere der Unionszollkodex sowie die zu seiner Durchführung erlassenen Vorschriften.[5] Daneben gibt es weitere speziellere europäische Zollvorschriften wie z.B. die **Zollbefreiungsverordnung** oder die Vorschriften über den **Gemeinsamen Zolltarif**. Im Ergebnis ist das Zollrecht ein umfassendes, aber dennoch noch nicht gänzlich abgeschlossenes Rechtsgebiet. Die Zahl europäischer Zollvorschriften ist durch die Definition in Art. 5 Nr. 2 UZK groß.[6] Da das Zollrecht nicht nur der Verwaltung der europäischen Einfuhrabgaben, sondern auch der Beachtung bestehender Verbote und Beschränkungen für Waren dient, nimmt die Zahl tendenziell weiter zu. Der Sanktionsauftrag des Art. 42 UZK erfordert trotz Harmonisierungsbestrebungen auf europäischer Ebene auch weiterhin straf- und ordnungswidrigkeitenrechtliche nationale Vorschriften.[7] 78

---

1 EuGH, Urt. v. 7.4.2022 – C-489/20, ECLI:EU:C:2022:277 – Kauno teritorinė muitinė, UR 2022, 509 m. Anm. *Harksen*; *Möller*, jurisPR-SteuerR 24/2022, Anm. 5.

2 So auch *Bieber/Pichler/Summersberger*, SWI 2022, 304.

3 So auch *Harksen*, UR 2022, 514.

4 Zu den Rechtsquellen des europäischen Zollrechts *Wolffgang* in Witte/Wolffgang[10], Lehrbuch des Zollrechts der Europäischen Union, Kap. A Rz. 6 ff.

5 Z.B. Delegierte VO (EU) 2015/2446 der Kommission v. 28.7.2015 zur Ergänzung der VO (EU) Nr. 952/2013 des Europäischen Parlaments und des Rates mit Einzelheiten zur Präzisierung von Bestimmungen des Zollkodex der Union, ABl. EU 2015 Nr. L 343, 1; Delegierte VO (EU) 2016/341 der Kommission v. 17.12.2015 zur Ergänzung der VO (EU) Nr. 952/2013 des Europäischen Parlaments und des Rates hinsichtlich der Übergangsbestimmungen für bestimmte Vorschriften des Zollkodex der Union, für den Fall, dass die entsprechenden elektronischen Systeme noch nicht betriebsbereit sind, und zur Änderung der Delegierten VO (EU) 2015/2446, ABl. EU 2016 Nr. L 69, 1; Durchführungsverordnung (EU) 2015/2447 der Kommission v. 24.11.2015 mit Einzelheiten zur Umsetzung von Bestimmungen der VO (EU) Nr. 952/2013 des Europäischen Parlaments und des Rates zur Festlegung des Zollkodex der Union, ABl. EU 2015 Nr. L 343, 558.

6 Zum Begriff der zollrechtlichen Vorschriften vgl. *Witte* in Witte[8], Art. 5 UZK Rz. 5; *Lux* in Dorsch, Art. 5 UZK Rz. 6 ff. (Stand: November 2018).

7 *Schrömbges*, wistra 2017, 422 ff.; *Hofmann* in Witte[8], Art. 42 UZK Rz. 1 ff.; *Rüsken* in Dorsch, Art. 42 UZK Rz. 1 ff. (Stand: Oktober 2021); *Möller* in H/H/Sp, Art. 42 UZK, Rz. 1 ff. (Stand: Juli 2022).

79 Nationale Zollvorschriften können zum einen bereits eindeutig wegen ihrer Bezeichnung identifiziert werden (ZollVG[1], ZollV[2]), zum anderen sind es aber auch Vorschriften der Abgabenordnung, die für Einfuhrabgaben, wozu auch die Zölle zählen, trotz europäischer Vorschriften oder ergänzend zu diesen gelten. Im Hinblick auf die einheitliche Anwendung des Unionsrechts sind Lücken im Unionszollrecht, die dann durch nationales Recht gefüllt werden, problematisch.[3]

80 Das UStG adaptiert das Zollrecht für Umsatzsteuerzwecke. Wenn das UStG keine speziellen Regelungen für die Einfuhr enthält (z.B. § 5 Steuerbefreiungen bei der Einfuhr, § 11 Bemessungsgrundlage für die Einfuhr usw.), kommt für die Einfuhrumsatzsteuer die generelle Regelung mit dem Verweis in die Zollvorschriften gemäß § 21 Abs. 2 UStG zur Anwendung. Das sind dann auch die zahlreichen zollrechtlichen Pflichten und die Regelungen zur Zollschuld; insbesondere zum Entstehen der Zollschuld. Damit werden die Streitigkeiten zum Zollrecht und zu Verstößen gegen dieses in das nationale Umsatzsteuerrecht hineingetragen.[4]

81 Zoll und Einfuhrumsatzsteuer haben offensichtlich grundsätzliche Unterschiede, die auch durch einen Verweis in das Recht oder eine langjährige Verwaltungspraxis der Einfuhrumsatzsteuer in Deutschland nicht übersehen werden dürfen. Dies ist nicht nur die Qualität der Basis im europäischen Sekundärrecht, d.h. Verordnung im Zollrecht und Richtlinie im Mehrwertsteuerrecht.

Der Meinungsstreit zu der Behandlung der Einfuhrumsatzsteuer nach dem Zollrecht als „zollähnliche Steuer" ruft offensichtlich eher zur Rechtsänderung des deutschen Umsatzsteuerrechts und weniger zu weiteren Streitigkeiten vor den Gerichten auf.[5] Vielleicht entsteht auch ein neues Recht zur Einfuhrumsatzsteuer(schuld).[6]
Neben den adaptierten Zollvorschriften gibt es für die Einfuhrumsatzsteuer neben den Vorschriften im UStG auch eine Rechtsverordnung, die Einfuhrumsatzsteuer-Befreiungsverordnung (EUStBV). Anders als ihr Name und die Rechtsgrundlage in § 5 UStG vermuten lässt, enthält sie neben Regelungen für die Einfuhrumsatzsteuerfreiheit auch eine Regelung wegen Erstattung und Erlass gemäß § 14 EUStBV und wegen Absehen von der Festsetzung der Steuer gemäß § 15 EUStBV. Letztere sind keine Fragen der Steuerbefreiung, sondern gehören systematisch zum Besteuerungsverfahren, welches durch den Verweis in § 21 Abs. 2 UStG in die Zollvorschriften durch diese vollständig abgedeckt ist. Für die Erstattung und den Erlass der Einfuhrumsatzsteuer gemäß § 14 EUStBV wird auf Art. 235 bis 242 des aufgehobenen Zollkodex verwiesen, die sinngemäß anzuwenden sind. § 14 EUStBV bestätigt die gesetzliche Regelung des § 21 Abs. 2 UStG, d.h. den Verweis auf die europäischen Zollvorschriften. Ein Billigkeitserlass der Einfuhrumsatzsteuer gemäß §§ 163, 227 AO ist damit wohl ausgeschlossen.[7]

Der Gleichklang von Einfuhrumsatzsteuer und Zoll ist auch in der Frage des Erlöschens der Zoll- bzw. Einfuhrumsatzsteuerschuld nicht mehr zwingend. Der EuGH hat am 7.4.2022 geurteilt, dass das Erlöschen der Zollschuld aus dem in Art. 124 Abs. 1 Buchst. e UZK vorgesehenen Grund nicht zum Erlöschen der Mehrwertsteuerschuld für unrechtmäßig in das Zollgebiet der EU eingeführte Waren führt.[8]

Das gesetzgeberische Ziel, mit § 21 Abs. 2 Satz 1 UStG eine enge Bindung der Einfuhrumsatzsteuer mit dem Zollrecht zu erreichen, führt in ein Rechtsgebiet, welches selbst eine besondere Entwicklung aufweist. Denn das Zollrecht unterliegt seit langem einer europäischen Harmonisierung; wobei der UZK dieses Rechtsgebiet besonders umfänglich harmonisiert und zusammenfassend regelt. Mit der dynamischen Verweisung wird das vollständige Zollrecht für die Einfuhrumsatzsteuer adaptiert. Allerdings erfolgt mit dem Vorbehalt der lediglich „sinngemäßen Anwendung der Zollvorschriften" wieder eine Lockerung der strengen Bindung an das Zollrecht.

---

1 Zollverwaltungsgesetz v. 21.12.1992, BGBl. I 1992, 2125 ff.

2 Zollverordnung v. 23.12.1993, BGBl. I 1993, 2449 ff.

3 Vgl. *Lux* in Dorsch, Art. 5 UZK Rz. 9 (Stand: November 2018).

4 *Reimer*, AW-Prax 2018, 162; *Reimer*, AW-Prax 2019, 334; wegen einer „Rückkehr zum Wirtschaftszollgedanken" *Schrömbges*, AW-Prax 2018, 166.

5 Als Kampf um die EUSt bezeichnend *Schrömbges*, ZfZ 2019, 257.

6 Zur Rechtsentwicklung *Bender*, UR 2019, 641.

7 *Bender*, ZfZ 2023, 38, bejaht die Anwendbarkeit der nationalen Billigkeitsvorschriften der AO wegen einer notwendigen verfassungskonformen Auslegung des § 14 EUStBV.

8 EuGH, Urt. v. 7.4.2022 – C-489/20, ECLI:EU:C:2022:277 – Kauno teritorinė muitinė, UR 2022, 509 m. Anm. *Harksen*; *Möller*, jurisPR-SteuerR 24/2022, Anm. 5.

Zollrechtliches Fehlverhalten bei dem Verbringen von Nichtunionswaren in das Zollgebiet der EU hat aber auch eine Bedeutung für die Entstehung der Mehrwertsteuer und der besonderen Verbrauchsteuern. Für das Verhältnis kommt als Besonderheit hinzu, dass das Zollrecht durch unmittelbar geltende Verordnungen der EU und das dem UStG zugrundeliegende Mehrwertsteuerrecht der EU durch in das nationale Recht umzusetzende Richtlinien zur Mehrwertsteuer geprägt ist. So müssen die Vorschriften des UStG als nationales Folgerecht des europäischen Mehrwertsteuerrechts gegebenenfalls richtlinienkonform ausgelegt werden (Art. 288 Abs. 3 AEUV). Die Zollunion entspricht gerade nicht der Steuerunion.

IV. „Sinngemäße" Anwendung der Zollvorschriften

Die umsatzsteuerrechtliche Einfuhr und die Bindung der Einfuhrumsatzsteuer an das Zollrecht führt in der Praxis immer mehr zu der Frage des Verhältnisses der Einfuhrabgaben, die mit dem Zollrecht verwaltet werden, und der Einfuhrumsatzsteuer, die mit dem nationalen Umsatzsteuerrecht verwaltet wird. Wegen der Regelung des § 21 Abs. 2 UStG und der Frage des Verhältnisses ist in neuerer Zeit vermehrt der EuGH angerufen worden.[1] Basierend auf den Schlussanträgen in der Rechtssache *Federal Express*[2] spricht *Bender* davon, dass „das feste Band zwischen Zoll und Einfuhrumsatzsteuer […] fast vollständig durchtrennt" ist.[3] Entscheidend wird es sein ausgehend von der „Einfuhr" im umsatzsteuerrechtlichen Sinne eine Antwort auf die Frage des Sinns und der sinngemäßen Anwendung des Zollrechts für die Einfuhrumsatzsteuer zu finden.[4] 82

Die sinngemäße Anwendung der Zollvorschriften für die Einfuhrumsatzsteuer bedeutet nicht ohne weiteres die Anwendbarkeit der Zollvorschriften. Die Frage, ob und inwieweit eine Zollvorschrift im Einklang mit Sinn und Zweck der Einfuhrumsatzsteuer als Teil der Umsatzsteuer steht, bedarf für jede Vorschrift einer eigenen Prüfung.[5] 83

Die sinngemäße Anwendung der Zollvorschriften für die Einfuhrumsatzsteuer bedeutet auch nicht zwingend identische Ergebnisse für die Einfuhrabgabe i.S.d. UZK und die nationale Einfuhrumsatzsteuer. Mindestens das Entstehen der Zollschuld und der Einfuhrumsatzsteuerschuld ist unabhängig voneinander zu prüfen.[6] 84

Der **dynamische Verweis** des § 21 Abs. 2 UStG integriert die Vorschriften für Zölle wegen der Einfuhrumsatzsteuer als besondere Vorschriften für diese in das UStG. Auch an anderer Stelle des UStG werden für die Umsatzsteuer generell (Anl. 2 zu § 12 Abs. 2 Nr. 1 und 2, Liste der dem ermäßigten Steuersatz unterliegenden Gegenstände) oder für die Einfuhrumsatzsteuer (§ 11 Abs. 1 UStG, Bemessungsgrundlage für die Einfuhr) Verweisungen auf Vorschriften des Zollrechts vorgenommen. 85

Durch die Verweisung in § 21 Abs. 2 UStG werden die Bezugsnormen zu einem Bestandteil der verweisenden Regelung, so dass in der Folge für die (Einfuhr-)Umsatzsteuer Tatbestandsmerkmale und Rechtsfolgen aus einem anderen Rechtsgebiet, nämlich dem Zollrecht für die Einfuhrumsatzsteuer gelten. 86

---

1 Aktuell grundlegend zu dem Thema EuGH, Urt. v. 1.6.2017 – C-571/15, ECLI:EU:C:2017:417 – Wallenborn Transports, UR 2017, 513 ff.; EuGH, Urt. v. 2.6.2016 – C-226/14 und C-228/14, ECLI:EU:C:2016:405 – Eurogate und DHL, UR 2016, 557.

2 EuGH, Schlussanträge des Generalanwalts *Campos Sánchez-Bordona* v. 27.2.2018 – C-26/18, ECLI:EU:C:2019:146 – Federal Express Corporation Deutsche Niederlassung.

3 *Bender*, AW-Prax 2019, 157; EuGH, Urt. v. 10.7.2019 – C-26/18, ECLI:EU:C:2019:579 – Federal Express, UR 2019, 633 m. Anm. *Harksen*; vorhergehend Hessisches FG, EuGH-Vorlage v. 2.11.2017 – 7 K 1158/14, ZfZ 2019, 21.

4 So *Möller*, AW-Prax 2018, 281 ff.

5 Zur Verweisung vgl. *Clemens*, Die Verweisung von einer Rechtsnorm auf andere Vorschriften: insbesondere ihre Verfassungsmäßigkeit, Heidelberg 1986.

6 § 13 Abs. 2 und § 21 Abs. 4 UStG enthalten jeweils einen eigenen Einfuhrumsatzsteuerentstehungstatbestand; **a.A.** *Schulmeister* in Witte/Wolffgang[10], Lehrbuch des Zollrechts der Europäischen Union, Kap. G Rz. 1624, wonach das UStG für die Entstehung der Einfuhrumsatzsteuer keinen eigenständigen Tatbestand vorsieht und eine Parallelität der Entstehungstatbestände sieht.

87 Damit stellt sich zunehmend die grundsätzliche Frage für das Verhältnis von Einfuhrumsatzsteuer und Zollrecht. Mit der dynamischen Verweisung wird das vollständige Zollrecht für die Einfuhrumsatzsteuer adaptiert. Allerdings erfolgt mit dem Vorbehalt der lediglich sinngemäßen Anwendung der Zollvorschriften wieder eine Lockerung der strengen Bindung an das Zollrecht für die Einfuhrumsatzsteuer.

88 Für das Verhältnis von Einfuhrumsatzsteuer und Zollrecht kommt als Besonderheit hinzu, dass das Zollrecht durch unmittelbar geltende Verordnungen der EU und das dem UStG zugrunde liegende Mehrwertsteuerrecht der EU durch in das nationale Recht umzusetzende Richtlinien zur Mehrwertsteuer geprägt ist. So müssen die Vorschriften des UStG als nationales Folgerecht des europäischen Mehrwertsteuerrechts gegebenenfalls richtlinienkonform ausgelegt werden (Art. 288 Abs. 3 AEUV).

89 Die sinngemäße Anwendung der Zollvorschriften hat der Gesetzgeber systemgerecht für den **Einfuhrfall** regelmäßig auch bei den besonderen Verbrauchsteuern angeordnet. So hat der BFH in einem Einfuhrfall zum alten Mineralölsteuerrecht entschieden, dass § 7 Abs. 1 MinöStG die für die Einfuhr fehlenden eigenen mineralölsteuerrechtlichen Vorschriften durch die Vorschriften des damals geltenden Zollgesetzes ersetzt. Er urteilte auch, dass sinngemäße (oder auch entsprechende) Anwendung einer Norm aufgrund gesetzlicher Verweisung bedeutet, „daß die einzelnen Elemente des durch die Verweisung geregelten und desjenigen Tatbestandes, auf dessen Rechtsfolgen verwiesen wird […], miteinander so in Beziehung zu setzen sind, daß den jeweils nach ihrer Funktion, ihrer Stellung im Sinnzusammenhang des Tatbestandes gleich zu erachtenden Elementen die gleiche Rechtsfolge zugeordnet wird.“[1]

90 Auch § 21 Abs. 2 UStG ersetzt fehlende umsatzsteuerrechtliche Vorschriften für die Umsatzbesteuerung von Drittlandseinfuhren durch Vorschriften des Zollrechts. Die Anwendung der Zollvorschriften steht aber unter dem Vorbehalt, dass dadurch der mit der Erhebung der Einfuhrumsatzsteuer verfolgte Zweck nicht beeinträchtigt wird. Basis des UStG ist das europäische Mehrwertsteuerrecht, also insbesondere die Regelungen der MwStSystRL.

91 Die Rechtsprechung der Finanzgerichte hat wegen der sinngemäßen Anwendung gemäß § 21 Abs. 2 UStG bisher im Wesentlichen darauf abgestellt, dass die bei der Einfuhr zu erhebenden Angaben von ein und derselben Behörde in einem Bescheid nach dem gleichen Verfahren aufgrund einheitlich getroffener Feststellungen einfach und zweckmäßig erhoben werden.[2]

92 Zweck der Besteuerung von Drittlandseinfuhren ist aber gerade nicht originär die Sicherstellung eines verwaltungsökonomischen Besteuerungsverfahrens, sondern die Vermeidung des unversteuerten Letztverbrauchs der Umsatzbesteuerung als Verbrauchsteuer. Durch die Einfuhrumsatzsteuer soll gewährleistet werden, dass die eingeführte Ware nicht mit weniger Steuern belastet ist als die inländische Ware.[3] Deswegen sich auf den Verbrauch als Anknüpfungspunkt für den Eingang in den Wirtschaftskreislauf für die mehrwertsteuerrechtliche Einfuhr zu fokussieren, ist vielleicht überzogen.[4]

93 Die Frage zu der Tragweite der sinngemäßen Anwendung der Zollvorschriften für die Einfuhrumsatzsteuer führt aktuell in der Rechtsprechung des EuGH zu seiner Meinung, dass die Einfuhrumsatzsteuer ausschließlich der MwStSystRL unterliege, keine Form des Zolls darstelle und generell von diesem zu trennen sei. Als Basis für die Vorabentscheidung in der Rechtssache *Eurogate Distribution und DHL Hub Leipzig*[5] hat der EuGH sich zwar auch zum Begriff der Einfuhr i.S.d. Art. 2 Abs. 1 Buchst. d MwStSystRL geäußert. Grundlegender sind hier aber seine Begründungen zur fehlenden Mehrwertsteuerschuld, obwohl eine Zollschuld wegen Pflichtenverletzung entstanden ist.[6]

1 BFH, Urt. v. 12.9.1989 – VII R 24/87, BFHE 158, 185.

2 BFH, Urt. v. 26.4.1988 – VII R 124/85, BFHE 153, 463 ff.; BFH, Urt. v. 21.5.1999 – VII R 106/95, BFHE 189, 218 ff.; BFH, Urt. v. 17.8.2000 – VII R 108/95, BFHE 192, 140 = ZfZ 2001, 55 ff.; BFH, Urt. v. 13.11.2001 – VII R 88/00, BFHE 196, 383 = UR 2002, 376; *Möller*, AW-Prax 2003, 66 ff.

3 So schon frühzeitig m.w.N. BFH, Urt. v. 26.4.1972 – VII R 109/69, BFHE 105, 545 = ZfZ 1972, 363.

4 Ausführlich und mit dogmatischen Bedenken wegen eines „tatsächlichen Verbrauchs“ insbesondere *Bender* in Offerhaus/Söhn/Lange, § 21 UStG Rz. 294 ff. (Stand: Februar 2023).

5 EuGH, Urt. v. 2.6.2016 – C-226/14 und C-228/14, ECLI:EU:C:2016:405 – Eurogate und DHL, UR 2016, 557.

6 Zum für die Einfuhrumsatzbesteuerung wohl erforderlichen Eingangs der Einfuhrware in den Wirtschaftskreislauf vgl. *Schrömbges*, AW-Prax 2018, 166 ff.

Aktuell stellt sich zunehmend die Frage, ob die in Deutschland gesetzlich vorgenommene enge Verzahnung von Einfuhrumsatzsteuer- und Zollrecht, die Verwaltungsübung und entsprechende Finanzgerichtsrechtsprechung mit den aktuellen Entscheidungen des EuGH eine neue gänzlich andere Grenze gefunden hat.[1] 94

Der EuGH[2] scheint für die Einfuhrumsatzsteuer darauf abstellen zu wollen, ob die Ware tatsächlich in den Wirtschaftskreislauf der Zollunion gelangt ist.[3] Dies wiederum ist für die Entstehung einer Einfuhrzollschuld keine gesetzliche tatbestandliche Voraussetzung. Wegen der Bedeutung der MwStSystRL für das nationale Umsatzsteuerrecht stellen sich zum einen Fragen für das Verhältnis der Vorschriften als solches und zum anderen in Bezug auf die unionsrechtskonforme Auslegung der nationalen Umsatzsteuervorschriften. 95

Konsequent hat das Hessische Finanzgericht dem EuGH die Frage zum Ort und zur Entstehung der Steuer einer Einfuhr bei Waren aus Drittländern, die über Deutschland nach Griechenland zum dortigen Endverbrauch gelangt sind, vorgelegt.[4] So fragte es konkret, ob eine Einfuhr i.S.d. MwStSystRL voraussetzt, dass der in das Gebiet der EU verbrachte Gegenstand in den Wirtschaftskreislauf der EU eingeht, oder die bloße Gefahr genügt, dass der verbrachte Gegenstand in den Wirtschaftskreislauf der EU gelangt. Zusätzlich wurde gefragt, ob ein Eingang in den Wirtschaftskreislauf bereits dann vorliegt, wenn zollrechtliche Verstöße begangen wurden.[5] Der EuGH urteilte, dass Art. 2 Abs. 1 Buchst. d und Art. 30 MwStSystRL dahingehend auszulegen sind, dass es, wenn ein Gegenstand in das Gebiet der EU verbracht wird, nicht genügt, dass in einem bestimmten Mitgliedstaat ein zollrechtliches Fehlverhalten in Bezug auf diesen Gegenstand begangen wurde, das in diesem Staat zur Entstehung einer Einfuhrzollschuld geführt hat, um anzunehmen, dass dieser Gegenstand in diesem Mitgliedstaat in den Wirtschaftskreislauf der EU gelangt ist, wenn nachgewiesen ist, dass der fragliche Gegenstand in einen anderen Mitgliedstaat, seinen endgültigen Bestimmungsort, weiterbefördert worden ist, wo er verbraucht wurde. Die Einfuhrumsatzsteuer auf diesen Gegenstand entsteht dann nur in dem anderen Mitgliedstaat.[6] 96

Bei zollrechtlichen Pflichtverletzungen, die zum Entstehen der Einfuhrzollschuld führen, stellt sich die Frage bei einer sinngemäßen Anwendung für die Einfuhrumsatzsteuer, ob dies dann auch die „Einfuhr" im Sinne des europäischen Mehrwertsteuerrechts darstellt. Der umfassende Anwendungsbefehl des § 21 Abs. 2 UStG verliert dann immer mehr an Gewicht. Dann scheint die traditionell gesetzlich gewollte enge Verzahnung mit dem Zollrecht für die Einfuhrumsatzsteuer nicht mehr so eng.[7] Der EuGH sieht diese enge Verzahnung bei der Zollschuldentstehung durch Pflichtverletzung so gerade nicht bzw. nicht mehr und hat die mehrwertsteuerrechtliche Einfuhr folgerichtig wohl neu definiert.[8] 97

Der BFH hat bis dato auch regelmäßig bei den Zollschuldentstehungen wegen Pflichtverletzungen eine Einfuhrumsatzsteuerschuldentstehung angenommen. So hat er bei der Verwendung eines außerhalb des Zollgebiets zugelassenen und im Zollverfahren der vorübergehenden Verwendung bei vollständiger Befreiung von Einfuhrabgaben in das Zollgebiet verbrachten Straßenfahrzeugs für einen unzulässigen Binnenverkehr innerhalb des Zollgebiets und deswegen nicht unter den vorgesehenen Voraussetzungen beendeten Zollverfahrens der vorübergehenden Verwendung entschieden, dass damit das Straßenfahrzeug einfuhrumsatzsteuerrechtlich im Inland eingeführt wurde (§ 1 Abs. 1 Nr. 4 UStG) 98

1 *Schrömbges/Lux/Hannl*, AW-Prax 2016, 328 ff.; da die Einfuhrumsatzsteuer keine Form des Zolls darstellt vgl. *Schrömbges*, MwStR 2019, 133 ff.
2 EuGH, Urt. v. 1.6.2017 – C-571/15, ECLI:EU:C:2017:417 – Wallenborn Transports, UR 2017, 513.
3 **A.A.** FG Baden-Württemberg, Urt. v. 14.11.2017 – 11 K 1102/15, ZfZ Beilage 2018, Nr. 3, 33 ff.
4 EuGH, Urt. v. 10.7.2019 – C-26/18, ECLI:EU:C:2019:579 – Federal Express, UR 2019, 633 m. Anm. *Harksen*.
5 *Eder/Dehn*, BB 2018, 2910 ff.
6 EuGH, Urt. v. 10.7.2019 – C-26/18, ECLI:EU:C:2019:579 – Federal Express, UR 2019, 633 m. Anm. *Harksen*.
7 *Wolffgang*, UR 2017, 845 ff.
8 EuGH, Urt. v. 2.6.2016 – C-226/14 und C-228/14, ECLI:EU:C:2016:405 – Eurogate und DHL, UR 2016, 557; EuGH, Urt. v. 18.5.2017 – C-154/16, ECLI:EU:C:2017:392 – Latvijas Dzelzcels, UR 2017, 427; zur Neudefinition *Lux/Schrömbges*, AW-Prax 2017, 301 ff.

und der Einfuhrumsatzsteuer unterlag.[1] Dies hat er auch für den Fall angenommen, dass der Binnentransport nicht nur im umsatzsteuerrechtlichen Inland durchgeführt worden ist.[2]
Das FG Baden-Württemberg hat wegen eines vorschriftswidrig nach Deutschland verbrachten Kraftfahrzeugs entschieden, dass auch wenn es nur kurzzeitig „genutzt“ wurde, es in den Wirtschaftskreislauf eingeht und die Einfuhrumsatzsteuer entstanden ist. Wegen der Festsetzung und des Grundsatzes der Verhältnismäßigkeit verwies das FG auf das Instrumentarium des Billigkeitserlasses.[3] Wegen eines mit Schweizer Zulassung auf einem Bootsanhänger zu Reparaturzwecken sowohl ohne Zollanmeldung als auch ohne Bewilligung zur aktiven Veredelung nach Deutschland verbrachten Segelbootes urteilte das FG Baden-Württemberg, dass die Einfuhrumsatzsteuer nicht wegen Eingangs in den Wirtschaftskreislauf entstanden sei. Dies begründet es, damit, dass Dienstleistungen an dem Gegenstand Segelboot steuerlich einen eigenen Vorgang darstellen, das Verbringen an sich damit aber keinen „Verbrauch“ begründet.[4] Gegen das Urteil hat die Verwaltung Revision eingelegt.[5] Das FG Hamburg hatte zuvor wegen eines Einfuhrschmuggels von Tabakwaren geurteilt, dass von einem Eingang in den Wirtschaftskreislauf gesprochen werden kann, wenn die Waren in einer Weise behandelt wurden, die zur Entstehung eines steuerbaren Umsatzes geführt hat oder führen würde. Dies ist dann der Fall, wenn die Waren Gegenstand einer Lieferung oder einer Dienstleistung sind oder eine solche an ihr erbracht wird.[6]
Dem FG Baden-Württemberg ist entgegenzuhalten, wie dies zu beurteilen wäre, wenn die Dienstleistung durch einen Nichtunternehmer bzw. nicht steuerpflichtig erbracht würde. Der zollrechtliche Realakt des Verbringens wird wegen des mehrwertsteuerrechtlichen Einfuhrbegriffs über den Richtlinienwortlaut der Suspendierung der mehrwertsteuerrechtlichen Einfuhr mit weiteren mehrwertsteuerrechtlichen Erwägungen verknüpft.
Der BFH hat eine vorübergehende Verwendung beim Verbringen eines Fahrzeugs zur Erfüllung eines Kaufvertrags verneint und s den Eingang in den Wirtschaftskreislauf bejaht, mit der Folge, dass gemäß § 21 Abs. 2 UStG i.V.m. Art. 79 Abs. 1 Buchst. a UZK die Einfuhrumsatzsteuer entstanden ist.[7]

99 Selbst für den Fall einer Zollschuldentstehung im Fall einer Pflichtverletzung, die von subjektiven Elementen (grobe Fahrlässigkeit) abhängig war, hat der BFH die Anwendbarkeit der Zollvorschrift angenommen, den Sachverhalt als Einfuhr bewertet sowie die Entstehung der Einfuhrumsatzsteuer bejaht.[8]

100 Das gesetzlich gewollte einheitliche Programm für die europäischen Einfuhrabgaben und die Einfuhrumsatzsteuer muss in jedem Einzelfall mit Blick auf den Sinn dieser Abgaben geprüft werden. Deswegen muss die Verweisung aber nicht grundsätzlich in Frage gestellt werden.[9] Es bedarf vielmehr einer klaren Antwort auf die Frage, wann eine Ware im Sinne des Mehrwert-/Umsatzsteuerrechts als eingeführt gilt. Dies ist schlicht Rechtsanwendung und methodologisch zu bewältigen (Rz. 49).

101 Der EuGH hat dem Hessischen FG auf seine Fragen, ob eine Einfuhr den Eingang des Gegenstands in den Wirtschaftskreislauf voraussetzt und ob ein solcher bereits dann vorliegt, wenn ein Fehlverhalten begangen wurde, eine konkrete unmissverständliche Antwort gegeben.[10] Die Entstehung einer Zollschuld aufgrund eines zollrechtlichen Pflichtenverstoßes führt eben nicht zwingend zu einer Einfuhr wegen des Gelangens des Gegenstands in den Wirtschaftskreislauf der EU.[11] Das Urteil ist nicht nur grundlegend und dürfte durchaus eine weitere Diskussion auslösen, sondern erfordert auch entsprechende Folgen für die Praxis der beteiligten Finanzbehörden.[12] Soll und wenn ja, wie soll die für die

1 BFH, Urt. v. 25.10.2006 – VII R 64/05, BFH/NV 2007, 527 ff.
2 BFH, Urt. v. 23.5.2006 – VII R 49/05, BFHE 213, 446 = ZfZ 2006, 345 ff.
3 FG Baden-Württemberg, Urt. v. 15.3.2022 – 11 K 1133/19, ZfZ 2023, 87.
4 FG Baden-Württemberg, Urt. v. 25.1.2022 – 11 K 2900/21, ZfZ 2023, 87.
5 BFH, anhängiges Verfahren v. 20.9.2022 – VII R 17/22.
6 FG Hamburg, Urt. v. 14.1.2020 – 4 K 123/15, ZfZ 2020, 107.
7 BFH, Beschl. v. 27.10.2022 – VII R 1/20, UR 2023, 124.
8 BFH, Urt. v. 13.11.20201 – VII R 88/00, BStBl. II 2003, 726 = UR 2002, 376.
9 **A.A.** *Lux/Schrömbges*, AW-Prax 2017, 301 ff.; *Nieskens*, UVR 2019, 267.
10 EuGH, Urt. v. 10.7.2019 – C-26/18, ECLI:EU:C:2019:579 – Federal Express, UR 2019, 633 m. Anm. *Harksen*.
11 *Schrömbges*, MwStR 2019, 670.
12 Kritik übend wegen des Auseinanderfallens von Zoll- und Einfuhrumsatzsteuerschuld *Kofler*, RdW 2019, 791.

Erhebung der Einfuhrumsatzsteuer zuständige Zollverwaltung den Eingang eines Gegenstands in den Wirtschaftskreislauf in speziellen Fällen ermitteln?[1]

Neben der Frage der Entstehung der Einfuhrumsatzsteuer als solches, stellt sich auch die Frage des Ortes der mehrwertsteuerrechtlichen Einfuhr. Zu diesem hat der EuGH auf Vorlagen zur Vorabentscheidung durch das FG Hamburg geurteilt, dass der Ort des Endverbrauchs entscheidend ist.[2] So entwickelt dieser weitere Merkmale der Einfuhr im Sinne der Mehrwertsteuer für Einfuhren. In seinen Begründungen zu diesen deutschen Vorlagen wird deutlich, dass es weniger um die Bestimmung des Einfuhrbegriffs als um den unkonkreten uneingeschränkten Verweis in § 21 Abs. 2 UStG auf die Zollvorschriften geht. Alternative zur Schärfung dieser Vorschrift durch die Rechtsprechung wäre ein eindeutiger gesetzlicher Wortlaut für die umsatzsteuerrechtliche Behandlung von Einfuhren.

Mindestens den Charakter als Verbrauchsteuer hat die Einfuhrumsatzsteuer mit den aus Sicht der Europäischen Kommission spezifischen Verbrauchsteuern bzw. aus deutscher Sicht mit den als besonderen Verbrauchsteuern (z.B. die Verbrauchsteuern für Energie-, Tabak- oder Alkoholwaren) bezeichneten Verbrauchsteuern gemeinsam. Da bietet es sich an, auch einen Vergleich mit den dortigen Regelungen für die Drittlandseinfuhr von verbrauchsteuerpflichtigen Waren vorzunehmen. 102

Bei den **besonderen Verbrauchsteuern** wird systematisch ausschließlich zwischen dem verbrauchsteuerrechtlich freien Verkehr und dem Verfahren der Steueraussetzung unterschieden. Verbrauchsteuerrechtlich erfolgt eine Überwachung im Rahmen des Steuerlagers oder einer anderen Form der Steueraussetzung. Die Rechtsfolgen des Verbringens aus anderen Mitgliedstaaten in das Steuergebiet und aus Drittländern und Drittgebieten sind in den Verbrauchsteuergesetzen i.d.R. speziell geregelt. Die Entnahme in den steuerrechtlich freien Verkehr stellt den Grundtatbestand der Steuerentstehung da. Sehr deutlich wird hier die Anknüpfung an die tatsächliche Möglichkeit der Steueraufsicht.[3] 103

Mit dem vierten Gesetz zur Änderung von Verbrauchsteuergesetzen[4] hat der Gesetzgeber die Richtlinie 2008/118/EG (SystemRL)[5] zum 1.4.2010 umgesetzt. Mit den Änderungen tritt die Verbrauchsteuerpflicht einheitlich mit Verwirklichung der **Einfuhr** – d.h. wenn die Ware nicht mehr dem Zollregime unterliegt – ein. Damit ist gegenüber dem Vorgängerrecht eine weitgehende Trennung von Zoll- und Verbrauchsteuerrecht vorgenommen worden.[6] 104

Auch bei den besonderen Verbrauchsteuern wird die Drittlandseinfuhr besteuert und es stellt sich auch dort die Frage, wann eine verbrauchsteuerrechtliche Einfuhr mit der Folge der Besteuerung vorliegt. Beispielhaft entsteht die Energiesteuer zum Zeitpunkt der Überführung der Energieerzeugnisse in den steuerrechtlich freien Verkehr durch die Einfuhr (§ 19b Abs. 1 EnergieStG). 105

Einfuhr ist z.B. gemäß § 19 Abs. 1 Nr. 1 EnergieStG im Energiesteuerrecht der Eingang von Energieerzeugnissen aus Drittländern oder Drittgebieten in das Steuergebiet, es sei denn, die Energieerzeugnisse befinden sich beim Eingang in einem zollrechtlichen Nichterhebungsverfahren. Die gesetzliche Definition regelt das **Verhältnis von Zollrecht und Verbrauchsteuerrecht**. 106

Die nationale Ausgestaltung ist sehr eng an die Vorgaben der SystemRL angelehnt.[7] Gemäß Art. 7 Abs. 1 SystemRL entsteht der Verbrauchsteueranspruch zum Zeitpunkt und im Mitgliedstaat der Überführung in den steuerrechtlich freien Verkehr. Als Überführung gilt gemäß Art. 7 Abs. 2 Buchst. d SystemRL die Einfuhr verbrauchsteuerpflichtiger Waren, einschließlich der unrechtmäßigen Einfuhr, es sei denn, die verbrauchsteuerpflichtigen Waren werden unmittelbar bei ihrer Einfuhr in ein Verfahren der Steueraussetzung überführt. Art. 4 Nr. 8 SystemRL definiert die „Einfuhr verbrauchsteuerpflichtiger Waren“ als den „Eingang verbrauchsteuerpflichtiger Waren in das Gebiet […], sofern die 107

1 Die Folgen frühzeitig erkennend *Thaler*, ZfZ 2019, 362.

2 EuGH, Urt. v. 18.1.2024 – C-791/22, ECLI:EU:C:2024:59 – Hauptzollamt Braunschweig, UR 2024, 137 ; s. hierzu audführlich *Bender*, UR 2024, 128; EuGH, Urt. v. 8.9.2022 – C-368/21, ECLI:EU:C:2022:647 – Hauptzollamt Hamburg, UR 2022, 743 m. Anm. *Ojak*.

3 **A.A.** und die für die Steueraussetzung erforderlichen Verfahren als Formvorschrift abqualifizierend *Demuth/Billau*, BB 2013, 1180 ff.

4 BGBl. I 2009, 1870.

5 ABl. EU 2009 Nr. L 9, 12.

6 Zu den Einfuhrszenarien vgl. *Middendorp*, ZfZ 2011, 1 ff.; zur Einfuhr auch *Pohl*, AW-Prax 2011, 42 ff.

7 *Bongartz* in Bongartz/Jatzke/Schröer-Schallenberg, EnergieStG/StromStG, § 19 EnergieStG Rz. 2.

Waren bei ihrem Eingang [...] nicht in ein zollrechtliches Nichterhebungsverfahren überführt werden [...]".

108 Art. 4 Nr. 6 SystemRL enthält eine weite, auf verbrauchsteuerrechtliche Belange zugeschnittene Definition des zollrechtlichen Nichterhebungsverfahrens unter statischem Verweis auf Vorschriften des seit dem 1.5.2016 nicht mehr geltenden Zollkodex.[1] Diese eigenständige verbrauchsteuerrechtliche Definition des zollrechtlichen Nichterhebungsverfahrens ist das Herzstück der unionsrechtlichen und nationalen Regelungen zur **verbrauchsteuerrechtlichen Einfuhr**. Erst mit Beendigung der zollamtlichen Überwachung soll die verbrauchsteuerpflichtige Ware nach dem Sinn und Zweck der europäischen Vorschriften vom Regelungsbereich des Verbrauchsteuerrechts erfasst werden.[2] Schließt sich kein Verfahren der Steueraussetzung oder eine Steuerbefreiung an, entstehen die Verbrauchsteuern durch die Einfuhr.

109 Als Überführung in den verbrauchsteuerrechtlich freien Verkehr gilt gemäß Art. 7 Abs. 2 Buchst. d SystemRL die Einfuhr, einschließlich der unrechtmäßigen Einfuhr. Angesichts des eindeutigen Wortlauts handelt es sich hier um eine gesetzliche Fiktion.

110 Die nationalen verbrauchsteuerrechtlichen Entstehungstatbestände basieren damit im Einfuhrfall nicht mehr auf der sinngemäßen Anwendung von Zollvorschriften, sondern unmittelbar auf Vorschriften des betreffenden Verbrauchsteuergesetzes. So ist z.B. im Alkoholsteuerrecht die Einfuhr durch § 20 Abs. 1 AlkStG legal definiert. Steuerentstehung und Steuerschuldner ergeben sich aus § 22 AlkStG. Von einem „Eingang in den freien Wirtschaftskreislauf" ist verbrauchsteuerrechtlich tatbestandsmäßig an keiner Stelle die Rede.[3] Dabei hat sich der deutsche Gesetzgeber bei seinen Vorschriften eng an den Regelungen der SystemRL orientiert.

111 Beispielhaft hat die Generalanwältin zu einem Vorabentscheidungsersuchen wegen der Verbrauchsteuerpflicht von Schmuggelwaren, die von der Zollbehörde beschlagnahmt und vernichtet wurden, ausgeführt, dass im verbrauchsteuerrechtlichen Einfuhrfall Waren in aller Regel spätestens ab dem Moment als verbrauchsteuerpflichtig gelten, in dem ihr Eintritt in den Wirtschaftskreislauf unmittelbar bevorsteht bzw. stattfindet. Wobei für den Fall des vorschriftswidrigen Verbringens die akute Gefährdung des legalen Wirtschaftssektors einem Eintritt in den Wirtschaftskreislauf gleichzustellen ist.[4] Dieselbe hat in diesem Vorabentscheidungsersuchen zu dem bis 31.12.2006 geltenden Art. 10 der 6. EG-Richtlinie bezüglich des Steuertatbestands und Steueranspruchs bei der Einfuhr ausgeführt, dass die Vorschrift eine recht kompliziert verfasste Regelung enthält, mit welcher der Einfuhrsteuertatbestand und -anspruch an die Entstehungstatbestände der Zollschuld gekoppelt werden.[5]

112 Das BMF hat diesen Einfuhrbegriff nach dem Verbrauchsteuerrecht auch in seiner Verwaltungsanweisung zugrunde gelegt.[6]

113 Würde diese für die spezifischen Verbrauchsteuern geltende Systematik auf die Mehrwertsteuer übertragen, dann müsste nur zwischen dem mehrwert-/umsatzsteuerrechtlichen freien Verkehr und der zollamtlichen/einfuhrumsatzsteuerrechtlichen Überwachung unterschieden werden. Unterliegen Einfuhrwaren nicht mehr einem zoll-/einfuhrumsatzsteuerrechtlichen Überwachungsregime, gelten sie als in den steuerrechtlich freien Verkehr gelangt.

114 Dies war wegen der Einfuhrumsatzsteuer schon bzw. noch 1972 Meinung des BFH, als er in Bezug auf die Einfuhrumsatzsteuerschuld sein Urteil damit begründete, dass es gerechtfertigt sei, „eine Ware in dem Zeitpunkt mit der Einfuhrumsatzsteuer zu belasten, in dem sie der inländischen Ware gleich-

1 *Jatzke*, Europäisches Verbrauchsteuerrecht, Rz. C 40.

2 *Middendorp* in Hoell, Der Unionszollkodex, Tagungsband des 28. Europäischen Zollrechtstags des EFA am 23. und 24.6.2016 in Köln, Bochum 2017, S. 35.

3 So die Überlegung der Klägerin bzgl. der Verbrauchsteuerentstehung bei Entnahme einer Ware aus dem Steuerlager innerhalb der Freizone gemäß Art. 166 Zollkodex, der das FG Hamburg eine Absage erteilt hatte, FG Hamburg, Urt. v. 13.12.2012 – 4 K 8/12, BB 2013, 1180.

4 EuGH, Schlussanträge der Generalanwältin *Trstenjak* v. 3.9.2009 – C-230/08, ECLI:EU:C:2009:510 – Dansk Transport og Logistik.

5 EuGH, Schlussanträge der Generalanwältin *Trstenjak* v. 3.9.2009 – C-230/08, ECLI:EU:C:2009:510 – Dansk Transport og Logistik, Rz. 167.

6 Dienstvorschrift Einfuhrbegriff nach dem Verbrauchsteuerrecht, VSF V 99 54.

gestellt wird. Das ist der Zeitpunkt, in dem eine Ware aus dem gebundenen Zollverkehr (§ 5 Abs. 2 Satz 1 ZG) in den freien Verkehr übergeht. In der Regel endet in diesem Zeitpunkt die zollamtliche Überwachung."[1]

Erst in der Folgezeit hat der BFH sich wegen der Entstehung der Einfuhrumsatzsteuer auf seine Begründung konzentriert, dass durch die sinngemäße Anwendung der Zollvorschriften insbesondere sichergestellt werden soll, dass die bei der Einfuhr zu erhebenden Abgaben von ein und derselben Behörde in einem Bescheid nach dem gleichen Verfahren aufgrund einheitlich getroffener Feststellungen einfach und zweckmäßig erhoben werden; dieser Zweck wird nur erreicht, wenn es regelmäßig zur Anwendung der Zollvorschriften für die Einfuhrumsatzsteuer kommt.[2] 115

Es wäre folgerichtig für die mehrwert-/umsatzsteuerrechtliche Einfuhr darauf abzustellen, dass Waren dann als eingeführt gelten, wenn sie körperlich in das Steuergebiet verbracht wurden oder nach ihrem Verbringen nicht mehr einem zollrechtlichen Verfahren mit einer zollamtlichen Überwachung unterliegen. Liegt eine zollamtliche Überwachung für die Einfuhrabgaben und damit auch für die nationale Einfuhrabgabe Einfuhrumsatzsteuer nicht mehr vor, muss die Einfuhr konsequenterweise vermutet werden. Zollrechtliche Verstöße, die zur Zollschuldentstehung führen, führen dann auch zur Einfuhrumsatzsteuerentstehung. Der Beteiligte kann diese Vermutung allerdings durch Gegenbeweis widerlegen (z.B. Wiederausfuhr der betreffenden Waren). Der Ort der Entstehung der Einfuhrumsatzsteuer ist eine andere Frage und kann z.B. im Fall eines zollrechtlichen Verstoßes in Deutschland und der Weiterbeförderung in einen anderen Mitgliedstaat dazu führen, dass in Deutschland zwar die Einfuhrabgabe Zoll, aber nicht die Einfuhrumsatzsteuer entstanden ist. 116

Die Rechtsprechung des EuGH wegen der mehrwertsteuerlichen Einfuhr erlangt auch wegen der verbrauchsteuerrechtlichen Einfuhr z.B. in den Fällen des Tabakschmuggels eine praktische Bedeutung. Umso mehr als dieser eine offensichtliche steuerstrafrechtliche Bedeutung hat.[3] So hat das FG Hamburg seine einfuhrumsatzsteuerrechtliche Rechtsprechung zum Tabakschmuggel fortgeführt, so dass eine Einfuhr i.S.d. Einfuhrumsatzsteuerrechts voraussetzt, dass die Ware in den Wirtschaftskreislauf der EU gelangt ist und einem Verbrauch zugeführt werden konnte.[4] Geschmuggelte Tabakwaren sind danach nicht in den Wirtschaftskreislauf eingegangen, wenn sie z.B. sichergestellt und später vernichtet wurden. 116.1

V. Ausnahmen

Gesetzlich ausgenommen von der sinngemäßen Anwendung der Vorschriften für Zölle für die Einfuhrumsatzsteuer sind die Vorschriften über den **passiven Veredelungsverkehr**. Diese gesetzlich geregelte Ausnahme in § 21 Abs. 2 UStG macht deutlich, wo auch eine „rote" Grenze für den Sinn der Zollvorschriften für die Einfuhrumsatzsteuer ist. 117

Mit dem Jahressteuergesetz 2020[5] hat der Gesetzgeber die Ausnahme wegen des Verfahrens der aktiven Veredelung nach dem Verfahren der Zollrückvergütung zu Recht ersatzlos gestrichen, da dieses mit dem Inkrafttreten des Unionszollkodex ersatzlos entfallen war. 118

Zollrechtlich ist die aktive Veredelung als Zollverfahren der Veredelung ein besonderes Verfahren (Art. 256 ff. UZK). Sie ist eine Unterart der Veredelung (Art. 255 ff. UZK). Die im Vorgängerrecht des Zollkodex geregelte Zollbegünstigung bei der aktiven Veredelung in der Variante der Zollrückvergütung ist mit dem Unionszollkodex ersatzlos entfallen. Somit war die bis zur Änderung durch das Jahressteuergesetz noch gesetzlich geregelte Ausnahme wegen der Einfuhrumsatzsteuer nicht mehr notwendig. Sie war zu dem Vorgängerrecht des Zollkodex im Vorsteuerabzug begründet. Denn der Vorsteuerabzug der gezahlten Einfuhrumsatzsteuer war gegenüber der Erstattung der Einfuhrumsatz-

1 BFH, Urt. v. 26.4.1972 – VII R 109/69, BFHE 105, 545 = ZfZ 1972, 366.

2 Zur Frage der Anwendung der Zollvorschriften auf die Einfuhrumsatzsteuer z.B. BFH, Urt. v. 26.4.1988 – VII R 124/85, BFHE 153, 463 = ZfZ 1988, 297.

3 Wegen des Zusammenspiels von Steuerstreit- und Strafverfahren z.B. *Wegner*, PStR 2021, 83.

4 FG Hamburg, Urt. v. 4.6.2021 – 4 K 135/17, juris; FG Hamburg, Urt. v. 26.8.2019 – 4 K 64/17, juris; FG Hamburg, Urt. v. 14.1.2020 – 4 K 123/15, ZfZ 2020, 107.

5 JStG 2020, BGBl. I 2020, 3096.

steuer mit dem Zoll (Zollrückvergütung) nach ordnungsgemäßer Beendigung der aktiven Veredelung die verwaltungsökonomischere Variante.

119 Auch die **passive Veredelung** (Art. 250 ff. UZK) ist Unterart des Zollverfahrens der Veredelung als besonderes Verfahren des Zollrechts. Mit dem Inkrafttreten des Unionszollkodex ist die Zollbegünstigung der „Differenzverzollung" ersatzlos entfallen, so dass zollrechtlich nunmehr nur noch eine Zollbegünstigung nach „Mehrwertverzollung" möglich ist.

120 Die zollrechtliche **Mehrwertverzollung** entspricht systematisch der Regelung gemäß § 11 Abs. 2 UStG, wonach die Bemessungsgrundlage bei der Einfuhr für Gegenstände, die ausgeführt, in einem Drittlandsgebiet für Rechnung des Ausführers veredelt und von diesem oder für ihn wieder eingeführt werden (passive Veredelung) abweichend von § 11 Abs. 1 UStG nach dem für die passive Veredelung zu zahlenden Entgelt oder hilfsweise nach der durch die passive Veredelung eigetretenen Wertsteigerung bemessen wird.

121 Der Gesetzgeber hat mit dieser selbstständigen, von den Zollvorschriften losgelösten Regelung der Bemessungsgrundlage für den Fall der Einfuhr nach passiver Veredelung gerade wegen des Sinns der Umsatzsteuer die Anwendung der Zollvorschriften gemäß § 21 Abs. 2 Halbs. 1 UStG ausgenommen.

D. Abfertigungsplätze und Verbindungswege (Absatz 2a)

122 § 21 Abs. 2a UStG ist eine Spezialregelung, die der grundsätzlichen Regelung der sinngemäßen Anwendung der Zollvorschriften gemäß § 21 Abs. 2 UStG vorgeht.

123 Bereits über § 21 Abs. 2 UStG i.V.m. Art. 1 Abs. 1 Satz 2 UZK wäre die gesetzliche Grundlage für die Vornahme von Amtshandlungen auf **Abfertigungsplätzen außerhalb des Zollgebiets EU**, ergo des umsatzsteuerrechtlichen Inlands, gegeben. Denn Völkerrecht und internationale Übereinkünfte ermöglichen über Art. 1 Abs. 1 Satz 2 UZK als zollrechtliche Grundlage auch die Vornahme von Amtshandlungen außerhalb des Zollgebiets der EU.

124 Die Vorschrift betrifft z.B. deutsche vorgeschobene Abfertigungsplätze, die nicht im umsatzsteuerrechtlichen Inland oder in den österreichischen Gebieten Jungholz und Mittelberg gelegen sind.

125 Für die Regelung hatte der Gesetzgeber nach dem zum 31.12.1993 weggefallenen inhaltsgleichen § 2 Abs. 7 ZG eine Notwendigkeit gesehen und den § 21 Abs. 2a UStG zum 1.1.1994 durch das StMBG[1] eingefügt. Bereits der Art. 1 UZK vorangegangene Art. 2 Zollkodex enthielt in Absatz 2 eine Art. 1 Abs. 1 Satz 2 UZK entsprechende Regelung.

E. Aufschub ohne Sicherheitsleistung (Absatz 3)

I. Zahlungsaufschub

126 Das europäische Zollrecht kennt als Abweichung von der Pflicht zur Entrichtung des gesetzlichen geschuldeten Einfuhrabgabenbetrags innerhalb der in der Mitteilung über die Einfuhrabgaben (Steuerbescheid) gesetzten Frist einen sog. **Zahlungsaufschub**. Bei dem Zahlungsaufschub handelt es sich um eine Zahlungserleichterung gemäß Art. 110 UZK. Gemäß Art. 110 UZK bewilligen die Zollbehörden dem Beteiligten auf Antrag gegen Leistung einer Sicherheit einen Zahlungsaufschub in den in Art. 110 UZK genannten Fällen. Neben einem Zahlungsaufschub im Einzelfall hat der globale Zahlungsaufschub eine große praktische Bedeutung.

127 Aufschiebbar sind die Zollschulden, die z.B. durch die Annahme der Zollanmeldung entstanden sind. Eine Beschränkung des Zahlungsaufschubs auf die Fälle ordnungsgemäßer Zollanmeldung ist dem Unionszollkodex jedoch nicht zu entnehmen. Denn die Regelung spricht nur von den buchmäßig erfassten Abgaben und stellt nicht darauf ab, nach welcher gesetzlichen Grundlage die buchmäßig erfassten Abgaben entstanden waren.

---

1 BGBl. I 1993, 2310 ff.

II. Sicherheitsleistung

Die Zahlung der Einfuhrumsatzsteuer kann ohne **Sicherheitsleistung** aufgeschoben werden, wenn die zu entrichtende Steuer nach § 15 Abs. 1 Satz 1 Nr. 2 UStG in voller Höhe als Vorsteuer abgezogen werden kann. Absatz 13 Satz 2 DV Einfuhrumsatzsteuerrecht regelt, dass im Regelfall für den Zahlungsaufschub eine Sicherheit für die Einfuhrumsatzsteuer nicht verlangt wird. 128

National ist mit § 223 AO geregelt, dass Zahlungsaufschub nur gegen Sicherheitsleistung möglich ist.[1] Wegen der sinngemäßen Anwendung der Zollvorschriften gemäß Absatz 2 gelten für die Einfuhrumsatzsteuer als nationale Einfuhrabgabe die Zollvorschriften über den Zahlungsaufschub des Unionszollkodex. 129

Als den Zollvorschriften vorgehende Spezialvorschrift regelt § 21 Abs. 3 UStG, dass abweichend von den allgemeinen Vorschriften der AO bzw. des Unionszollkodex ein Zahlungsaufschub für die Einfuhrumsatzsteuer ohne Sicherheitsleistung gewährt werden kann, wenn diese in voller Höhe als Vorsteuer abgezogen werden kann. 130

Zum einen muss die Berechtigung zum Vorsteuerabzug bestehen und zum anderen muss dieser in voller Höhe erfolgen dürfen. 131

§ 15 Abs. 1 Satz 1 Nr. 2 UStG regelt den Vorsteuerabzug der Einfuhrumsatzsteuer. Bei der Einfuhrumsatzsteuer stellen sich bei dem Vorsteuerabzug aber Fragen zu der Person des Abzugsberechtigten (z.B. wegen der Einfuhr für „sein" Unternehmen). 132

Im Ergebnis wird der berechtigte Unternehmer wegen der Einfuhrumsatzsteuer wirtschaftlich begünstigt. Im Idealfall kann er die in Monat 1 entstandene Einfuhrumsatzsteuer ohne eine Sicherheitsleistung beim Hauptzollamt bis zum 16. Tag des auf den Globalisierungszeitraum folgenden Kalendermonats, folglich am 16. von Monat 2, bezahlen. Dabei hat er wegen der Umsatzbesteuerung bis zum 10. Tag nach Ablauf seines Voranmeldezeitraums, also am 10. Tag von Monat 2, bereits die Voranmeldung mit dem Abzug der noch nicht gezahlten Einfuhrumsatzsteuer als Vorsteuer vorgenommen. Im Ergebnis ist der zum vollen Vorsteuerabzug berechtigte Unternehmer für Drittlandseinfuhren wegen der Umsatzbesteuerung wirtschaftlich nicht belastet worden.[2] 133

F. Weitergehender Zahlungsaufschub (Absatz 3a)

Bundestag und Bundesrat haben am 29.6.2020 das Zweite Gesetz zur Umsetzung steuerlicher Hilfsmaßnahmen zur Bewältigung der Corona-Krise (Zweites Corona-Steuerhilfegesetz) angenommen.[3] Danach ist es sinnvoll, die aufgrund der Corona-Pandemie geschwächte Kaufkraft zu stärken. Unternehmen werden zur Förderung ihrer wirtschaftlichen Erholung mit gezielten Maßnahmen unterstützt. 134

Als eine Maßnahme der Bekämpfung der Corona-Folgen und der Stärkung der Binnennachfrage wurde eine Verschiebung der Fälligkeit der Einfuhrumsatzsteuer auf den 26. des zweiten auf die Einfuhr folgenden Monats umgesetzt. Hierzu wurde nach § 21 Abs. 3 UStG der Absatz 3a eingefügt. 135

Danach wird Einfuhrumsatzsteuer, für die ein Zahlungsaufschub gemäß Art. 110 Buchst. b oder c UZK bewilligt ist, abweichend von den zollrechtlichen Vorschriften am 26. des zweiten auf den betreffenden Monat folgenden Kalendermonats fällig. 136

Die neue Regelung ist nicht wie andere beschlossene umsatzsteuerrechtliche Änderungen (z.B. die zeitlich befristete Senkung der Steuersätze[4]) befristet. 137

Die Änderung begründete die Bundesregierung auch damit, dass seit einigen Jahren das in Deutschland praktizierte Erhebungsverfahren der Einfuhrumsatzsteuer von der Wirtschaft kritisiert wird. Die Verschiebung des Fälligkeitstermins um rund 6 Wochen führe zu einem Liquiditätseffekt, von dem 138

1 Zum Vorgängerrecht im Zollkodex vgl. *Görtz*, AW-Prax 2000, 233 ff.
2 Ausführlich *Möller*, AW-Prax 2018, 10 ff.
3 Gesetz v. 29.6.2020, BGBl. I 2020, 1512.
4 S. zu der befristeten Steuersatzsenkung § 12 Abs. 1 Rz. 1.

zunächst alle einführenden Unternehmen profitieren. Für die große Zahl von Unternehmen, die eine Dauerfristverlängerung für die Abgabe der Umsatzsteuervoranmeldung nutzen, wird die Verschiebung in der Regel dazu führen, dass Ihnen ein etwaiges Vorsteuerguthaben für die Begleichung der Einfuhrumsatzsteuer zur Verfügung steht.

139 Dadurch würde eine Angleichung der Wettbewerbsbedingungen an andere Mitgliedstaaten der EU erreicht, in denen eine unmittelbare Verrechnung von Einfuhrumsatzsteuer und Vorsteuerguthaben seit längerer Zeit möglich ist. Diese Praxis wird auch als Verrechnungsmodell bezeichnet.[1] Die Bundessteuerberaterkammer hatte eine als Direktverrechnung bezeichnete Verrechnung der Einfuhrumsatzsteuer mit dem Erstattungsanspruch im Wege des Vorsteuerabzugs vorgeschlagen.[2] Dabei wurde die österreichische Regelung als Vorbild benannt. Bei dieser bleibt für die Festsetzung der Einfuhrumsatzsteuer das Zollamt zuständig, aber die Zahlung wird mit der Umsatzsteueranmeldung verknüpft.

140 Eine solche Verrechnung ähnelt auch der Regelung für die Besteuerung innergemeinschaftlicher Erwerbe. Hier wird der innergemeinschaftliche Erwerb zur Umsatzsteuer-Vorauszahlung zum einen angemeldet und zum anderen der Vorsteuerbetrag aus dem innergemeinschaftlichen Erwerb von Gegenständen zugleich abgezogen.

141 Die nunmehr eingeführte deutsche Regelung verschiebt die Fälligkeit der entstandenen Einfuhrumsatzsteuer auf den 26. des zweiten auf die Einfuhr folgenden Monats. Gemäß § 21 Abs. 2 UStG gelten für das Besteuerungsverfahren der Einfuhrumsatzsteuer die Zollvorschriften sinngemäß. Hierzu gehören auch die Vorschriften für die Erhebung der Einfuhrzollschuld. Gemäß Art. 110 UZK ist für die Einfuhrzollschuld ein Zahlungsaufschub mit einer Frist von höchstens 31 Tagen möglich. Art. 211 MwStSystRL gibt den Mitgliedstaaten wegen der Einfuhrumsatzsteuerzahlung die Möglichkeit einer weitergehenden Frist.

142 Die Einfuhrumsatzsteuer entsteht regelmäßig mit der Überführung in den zoll- und einfuhrumsatzsteuerrechtlich freien Verkehr in dem Zeitpunkt der Annahme der Zoll- und Einfuhrumsatzsteueranmeldung. Schuldnern wird auf Antrag Zahlungsaufschub und bei der Einfuhrumsatzsteuer bei Vorsteuerabzugsberechtigung – auch ohne Leistung einer Sicherheit bewilligt.

143 Aufgrund der Neuregelung weichen die Fälligkeiten für Zölle und Einfuhrumsatzsteuer in Zukunft dann voneinander ab, wenn die Möglichkeit des Zahlungsaufschubs in Anspruch genommen werden kann. Denn dieser kennt zollrechtlich eigene Voraussetzungen für dessen Bewilligung. Die Verschiebung des Fälligkeitstermins um rund sechs Wochen führt zu einem Liquiditätseffekt bei Unternehmern, die als Vorumsatz Einfuhren aus Drittländern tätigen. Dabei steht dieser steuerbare Umsatz grundsätzlich gleichwertig neben den anderen steuerbaren Umsätzen gemäß § 1 Abs. 1 UStG. Die Ungleichbehandlung wird vom Gesetzgeber mit einer Angleichung der Wettbewerbsbedingungen an andere Mitgliedstaaten der EU begründet, die eine unmittelbare Verrechnung von Einfuhrumsatzsteuer und Vorsteuerguthaben geregelt haben.

144 Gemäß § 15 Abs. 1 Nr. 2 UStG kann der Unternehmer „entstandene" Einfuhrumsatzsteuer als Vorsteuer abziehen. Die Zahlung der Einfuhrumsatzsteuer bei der Zollverwaltung ist für den Vorsteuerabzug bei der Steuerverwaltung nicht erforderlich.

145 **Beispiel:**
Einfuhrumsatzsteuer entsteht im September 01 und muss wegen eines Zahlungsaufschubs erst bis zum 26.11.2001 bei der Zollverwaltung gezahlt werden. Bis zum 10.11.2001 gibt das Unternehmen (bei einem Voranmeldungszeitraum von einem Monat und mit Dauerfristverlängerung) die Umsatzsteuer-Voranmeldung wegen der im Monat September 01 entstandenen Einfuhrumsatzsteuer ab und macht darin auch den Vorsteuererstattungsanspruch geltend.

146 Im Ergebnis zahlt der Unternehmer die Einfuhrumsatzsteuer bei dem Hauptzollamt mit dem Vorsteuererstattungsanspruch des Finanzamts.

147 Alternativ wäre in Deutschland eine Regelung wie für die umsatzsteuerliche Behandlung der innergemeinschaftlichen Erwerbe denkbar gewesen.

1 Bzgl. des Liquiditätsnachteils bei der bisherigen Praxis *Harksen*, Editorial, AW-Prax 2020, 183.
2 Vorschlagsschreiben an das BMF v. 11.9.2015, Be/Gr.

Der Termin, ab dem § 21 Abs. 3a UStG erstmals anzuwenden war, wurde mit dem Schreiben des BMF vom 6.10.2020[1] bekanntgegeben. Wegen der Anwendung war eine Änderung der IT-Verfahren erforderlich, so dass die Regelung zu dem am 1.12.2020 beginnenden Aufschubzeitraum umgesetzt wurde. Konkret bedeutete dies, dass der Fälligkeitstermin für Einfuhren des Aufschubzeitraums Dezember einheitlich vom 16.1.2021 auf den 26.2.2021 verschoben wurde. Die Fälligkeitstermine für anschließende Aufschubzeiträume haben sich dann entsprechend verschoben. 148

G. Weitere Einfuhrumsatzsteuer (Absatz 4)

I. Weitere Einfuhrumsatzsteuer (Absatz 4 Satz 1)

Entsteht für den eingeführten Gegenstand nach dem Zeitpunkt des Entstehens der Einfuhrumsatzsteuer eine Zollschuld oder eine Verbrauchsteuer oder wird für den eingeführten Gegenstand nach diesem Zeitpunkt eine Verbrauchsteuer unbedingt, so entsteht gleichzeitig eine „**weitere Einfuhrumsatzsteuer**". 149

§ 21 Abs. 4 UStG ist ein eigener Einfuhrumsatzsteuerentstehungstatbestand. 150

Im Anwendungsfall der Vorschrift ist bereits eine Einfuhrumsatzsteuer entstanden. Entsteht danach eine Zoll- oder Verbrauchsteuerschuld, ist der entsprechende Abgabenbetrag nicht in der Bemessungsgrundlage für die Einfuhrumsatzsteuer enthalten (§ 11 Abs. 3 Nr. 2 UStG). Deshalb entsteht in diesem Fall mit der Zoll- oder Verbrauchsteuerschuld gleichzeitig die Einfuhrumsatzsteuer. 151

Der Fall tritt z.B. dann ein, wenn eine Zollschuld wegen Pflichtenverletzung in der Endverwendung entsteht, eine Zollschuld nach Art. 77 Abs. 1 Buchst. a UZK für Nichtunionswaren unter teilweiser Befreiung von den Einfuhrabgaben entsteht oder eine Verbrauchsteuerschuld für unter Steueraussetzung in den zoll- und einfuhrumsatzsteuerrechtlich überführte verbrauchsteuerpflichtige Waren entsteht (z.B. wegen Unregelmäßigkeiten in der Beförderung unter Steueraussetzung).

Die spezielle Regelung ist zur Ergänzung des § 11 Abs. 3 Nr. 2 UStG ergangen. So erhöht sich die ursprüngliche Bemessungsgrundlage nicht nachträglich, sondern wegen der zusätzlichen Abgaben entsteht auf der Basis dieses Steuerentstehungstatbestands korrespondierend eine eigenständige „weitere Einfuhrumsatzsteuer". 152

Der Einfuhrumsatzsteuerentstehungstatbestand des § 21 Abs. 4 UStG setzt voraus, dass ein Gegenstand eingeführt worden ist. Eine nach ursprünglicher Einfuhrumsatzsteuerentstehung vorgenommene Be- oder Verarbeitung ist für die Entstehung der weiteren Einfuhrumsatzsteuer unschädlich. 153

Das Unbedingtwerden gemäß § 50 AO hat nach der Harmonisierung für die europäischen Verbrauchsteuern keine praktische Relevanz mehr.[2] 154

„**Weitere Einfuhrumsatzsteuer**" ist vor dem Hintergrund der Regelung als technischer Ausdruck für diese Regelung zu verstehen. 155

Typische Anwendungsfälle ergeben sich aus Zollvorschriften, die eine Suspendierung der Einfuhrabgaben vorsehen (z.B. Unionswaren in der Endverwendung, Nichtunionswaren in der vorübergehenden Verwendung unter teilweise Befreiung von den Einfuhrabgaben, Entstehung einer Verbrauchsteuerschuld für unter Steueraussetzung eingeführte verbrauchsteuerpflichtige Gegenstände) und für die nach der Überführung in das Zollverfahren Einfuhrabgaben entstehen (z.B. Entstehung der Einfuhrzollschuld wegen eines Verstoßes gemäß Art. 79 UZK). 156

II. Be- und Verarbeitungsfälle (Absatz 4 Satz 2)

Die Regelung für das Entstehen einer „weiteren Einfuhrumsatzsteuer" kommt auch für den Fall zur Anwendung, dass der eingeführte Gegenstand nach der ursprünglichen Entstehung der Einfuhrumsatzsteuer be- oder verarbeitet worden ist. 157

1 BMF, Schr. v. 6.10.2020 – III B 1-Z 8201/19/10001 :005, BStBl. I 2020, 984 = UR 2020, 940.
2 *Jarsombeck*, ZfZ 1996, 12 ff.; *Schrömbges*, ZfZ 1990, 6 ff.; *Jatzke*, ZfZ 1997, 10 ff.

III. Bemessungsgrundlage (Absatz 4 Satz 3)

158 Bemessungsgrundlage für die weitere Einfuhrumsatzsteuer ist nicht eine Änderung der ursprünglichen Bemessungsgrundlage der Einfuhrumsatzsteuer, sondern die **nachträglich entstandene Zoll- oder Verbrauchsteuerschuld**. Diese Regelung ist systemgerecht, da dieser Betrag in der ursprünglichen Bemessungsgrundlage nicht enthalten ist.

IV. Schuldner (Absatz 4 Satz 4)

159 Schuldner der weiteren Einfuhrumsatzsteuer ist derjenige, der die Einfuhrabgabe Zoll oder die Verbrauchsteuer zu entrichten hat, also derjenige, der diese wegen der Verwirklichung des Entstehungstatbestands schuldet.

V. Vorsteuerabzugsberechtigung (Absatz 4 Satz 5)

160 Der Grundsatz einer weiteren Einfuhrumsatzsteuer für den sachlichen Anwendungsbereich dieser gilt nicht für den Fall, dass der Zoll- oder Verbrauchsteuerschuldner hinsichtlich des eingeführten Gegenstands nach § 15 Abs. 1 Satz 1 Nr. 2 UStG zum **vollen Vorsteuerabzug** berechtigt ist.

H. Entsprechende Anwendung auf Gegenstände, die nicht Waren im Sinne des Zollrechts sind (Absatz 5)

161 § 21 Abs. 5 UStG regelt, dass die Absätze 2–4 auch dann gelten, wenn die „**Gegenstände**" keine Waren i.S.d. Zollrechts sind. Die Regelung war die Reaktion des Gesetzgebers auf die Rechtsprechung des BFH, dass bei der Einfuhr **elektrischer Energie** mangels Einfuhr einer Ware keine Einfuhrumsatzsteuer entstehen könne.[1] Die Regelung bestand bereits im UStG 1980.

162 § 1 Abs. 1 Nr. 4 UStG setzt die Einfuhr von „Gegenständen" voraus, ohne dass dieser Begriff in dieser Vorschrift oder an anderer Stelle des UStG definiert wird.

163 Absatz 5 DV Einfuhrumsatzsteuerrecht regelt, dass der Inhalt des umsatzsteuerrechtlichen Begriffes „Gegenstand" sich mit dem zollrechtlichen Begriff „**Ware**" deckt.

164 Art. 15 Abs. 1 MwStSystRL regelt, dass Elektrizität, Gas, Wärme, Kälte und ähnliche Sachen einem körperlichen Gegenstand gleichgestellt sind. Art. 14 Abs. 1 MwStSystRL regelt, dass als „Lieferung von Gegenständen" die Übertragung der Befähigung, wie ein Eigentümer über einen körperlichen Gegenstand zu verfügen, gilt. Richtlinienkonform dürfen diese Regelungen dem Begriff des UStG zugrunde gelegt werden.

165 Die Zollvorschriften finden auf „Waren" Anwendung (Art. 1 Abs. 1 UZK). Auch hier fehlt es im Unionszollkodex selbst oder in seinen europäischen Durchführungsvorschriften an einer Legaldefinition. Waren sind zumindest die im Gemeinsamen Zolltarif enthaltenen Waren. In diesen werden auch in das Zollgebiet verbrachter elektrischer Strom (Pos. 2716), Gas, Wärme oder Kälte eingereiht. Für andere Waren als **Strom** gilt dies, wenn sie durch Aufnahme in Behältnisse, durch den Transport in Rohrleitungen oder auch durch Tiefgefrieren beherrschbar geworden und dadurch „Gegenstand" einer Beförderung (z.B. zum Verbringen in das Zollgebiet der EU) geworden sind. Dies spiegelt sich auch im durch das JStG 2010[2] neugefassten § 5 Abs. 1 Nr. 6 UStG wider, der für die Beförderung solcher Waren von „Netzen" spricht.

166 Die gesetzliche Regelung soll die Identität des Anwendungsbereichs für europäische Einfuhrabgaben nach dem Zollrecht und der Einfuhrumsatzsteuer nach dem Umsatzsteuerrecht sicherstellen. Da das Zollrecht aber nicht nur für rein körperliche Waren Anwendung findet, bedarf es der Regelung in § 21

---

1 BFH, Urt. v. 1.7.1975 – VII R 25/73, BFHE 117, 120.
2 BGBl. I 2010, 1768 = BStBl. I 2010, 1394.

Abs. 5 UStG eigentlich nicht. Denn elektrischer Strom oder Gase sind dann **Waren im Sinne des Zolltarifs** und auch des UZK und damit im Zollrecht, wenn sie „beförderungsfähig" sind (z.B. in Behältnissen oder Leitungen).[1]

§ 21a Sonderregelungen bei der Einfuhr von Sendungen mit einem Sachwert von höchstens 150 Euro

(1) [1]Bei der Einfuhr von Gegenständen in Sendungen mit einem Sachwert von höchstens 150 Euro aus dem Drittlandsgebiet, für die eine Steuerbefreiung nach § 5 Absatz 1 Nummer 7 nicht in Anspruch genommen wird, kann die Person, die die Gegenstände im Inland für Rechnung der Person, für die die Gegenstände bestimmt sind (Sendungsempfänger), bei einer Zollstelle gestellt (gestellende Person), auf Antrag die Sonderregelung nach den Absätzen 2 bis 6 in Anspruch nehmen, sofern

1. die Voraussetzungen für die Bewilligung eines Zahlungsaufschubs gemäß Artikel 110 Buchstabe b des Zollkodex der Union erfüllt sind,

2. die Beförderung oder Versendung im Inland endet und

3. die Sendung keine verbrauchsteuerpflichtigen Waren enthält.

[2]Der Antrag ist zusammen mit der Anmeldung zur Überlassung in den freien Verkehr zu stellen.

(2) [1]Die gestellende Person hat die Waren nach Maßgabe des Artikels 63d Unterabsatz 2 der Verordnung (EU) Nr. 282/2011 zur Festlegung von Durchführungsvorschriften zur Richtlinie 2006/112/EG über das gemeinsame Mehrwertsteuersystem (ABl. L 77 vom 23.3.2011, S. 1) in der jeweils geltenden Fassung für Rechnung des Sendungsempfängers, zur Überlassung in den zollrechtlich freien Verkehr anzumelden. [2]Für die Anmeldung ist entweder eine Standard-Zollanmeldung zu verwenden oder, soweit zulässig, eine Zollanmeldung für Sendungen von geringem Wert gemäß Artikel 143a der Delegierten Verordnung (EU) 2015/2446 der Kommission vom 28. Juli 2015 zur Ergänzung der Verordnung (EU) Nr. 952/2013 des Europäischen Parlaments und des Rates mit Einzelheiten zur Präzisierung von Bestimmungen des Zollkodex der Union (ABl. L 343 vom 29.12.2015, S. 1) in der jeweils geltenden Fassung.

(3) [1]Die entstandene Einfuhrumsatzsteuer wird in entsprechender Anwendung von Artikel 110 Buchstabe b des Zollkodex der Union aufgeschoben und dem Aufschubkonto der gestellenden Person belastet. [2]Eine Sicherheitsleistung ist nicht erforderlich, wenn die gestellende Person Zugelassener Wirtschaftsbeteiligter für zollrechtliche Vereinfachungen gemäß Artikel 38 Absatz 2 Buchstabe a des Zollkodex der Union ist oder die Voraussetzungen erfüllt für die Reduzierung einer Gesamtsicherheit gemäß Artikel 95 Absatz 2 des Zollkodex der Union in Verbindung mit Artikel 84 Absatz 1 der Delegierten Verordnung (EU) 2015/2446 der Kommission vom 28. Juli 2015 zur Ergänzung der Verordnung (EU) Nr. 952/2013 des Europäischen Parlaments und des Rates mit Einzelheiten zur Präzisierung von Bestimmungen des Zollkodex der Union.

(4) [1]Bei der Auslieferung hat der Sendungsempfänger die Einfuhrumsatzsteuer an die gestellende Person zu entrichten. [2]Die gestellende Person, sofern sie nicht bereits Steuerschuldner ist, haftet für die Einfuhrumsatzsteuer, die auf Sendungen lastet, die ausgeliefert werden, ohne dass die Einfuhrumsatzsteuer vom Sendungsempfänger erhoben wurde. [3]Dies gilt entsprechend für die Einfuhrumsatzsteuer auf Sendungen, deren Verbleib die gestellende Person nicht nachweisen kann (abhandengekommene Sendungen).

(5) [1]Bis zum zehnten Tag des auf die Einfuhr folgenden Monats teilt die gestellende Person der zuständigen Zollstelle nach amtlich vorgeschriebenem Datensatz auf elektronischem Weg und unter Angabe der Registriernummern der jeweiligen Zollanmeldungen mit,

1 Zum Begriff der Ware auch *Schmölz*, ZfZ 1992, 242; *Möller* in Zolltarif und Nomenklatur[4], S. 22.

1. welche Sendungen im abgelaufenen Kalendermonat an die jeweiligen Sendungsempfänger ausgeliefert wurden (ausgelieferte Sendungen),

2. die je Sendung vereinnahmten Beträge an Einfuhrumsatzsteuer,

3. den Gesamtbetrag der vereinnahmten Einfuhrumsatzsteuer,

4. welche Sendungen, die im abgelaufenen Kalendermonat und gegebenenfalls davor eingeführt wurden, bis zum Ende des abgelaufenen Kalendermonats nicht ausgeliefert werden konnten und sich noch in der Verfügungsgewalt der gestellenden Person befinden (noch nicht zugestellte Sendungen),

5. welche Sendungen, bei denen es nicht möglich war, sie dem Sendungsempfänger zu übergeben, im abgelaufenen Kalendermonat wiederausgeführt oder unter zollamtlicher Überwachung zerstört oder anderweitig verwertet wurden (nicht zustellbare Sendungen), sowie

6. welche Sendungen abhandengekommen sind und die darauf lastende Einfuhrumsatzsteuer.

[2]Auf Verlangen der zuständigen Zollbehörden hat die gestellende Person den Verbleib der Sendungen nachzuweisen. [3]Die Mitteilung nach Satz 1 hat die Wirkung einer Steueranmeldung nach § 168 der Abgabenordnung, wobei die gestellende Person hinsichtlich des Gesamtbetrages nach Satz 1 Nummer 3 als Steuerschuldner gilt. [4]Dieser ist zu dem für den Zahlungsaufschub gemäß Artikel 110 Buchstabe b des Zollkodex der Union geltenden Termin fällig und durch die gestellende Person an die Zollverwaltung zu entrichten.

(6) [1]Einfuhrumsatzsteuer für noch nicht zugestellte Sendungen bleibt dem Aufschubkonto belastet und wird in den folgenden Aufschubzeitraum vorgetragen. [2]Einfuhrumsatzsteuer für nicht zustellbare Sendungen gilt als nicht entstanden und wird aus dem Aufschubkonto ausgebucht, wenn ausgeschlossen ist, dass die Waren im Inland in den Wirtschaftskreislauf eingehen. [3]Einfuhrumsatzsteuer, die auf abhandengekommenen Sendungen lastet, wird ebenfalls aus dem Aufschubkonto ausgebucht und vom zuständigen Hauptzollamt per Haftungsbescheid gegenüber der gestellenden Person geltend gemacht. [4]Für Einfuhrumsatzsteuer, die auf ausgelieferten Sendungen lastet, ohne dass Einfuhrumsatzsteuer vom Sendungsempfänger der Sendung erhoben wurde, gilt Satz 3 entsprechend.

Schrifttum: *Hamster*, Neue Haftungsrisiken für Postdienstleister, ZfZ 2022, 67; *Möller*, Zollfreie Sammelsendungen von geringem Wert und die Umsatzsteuer, AW-Prax 2010, 64; *Möller*, E-Commerce –Wachstum versus Bekämpfung des Mehrwertsteuerbetrugs, AW-Prax 2019, 359; *Möller/Weiß*, Zollmanagement – Finanzplanung mit Einfuhrabgaben, AW-Prax 2007, 38; *Oldiges/Mateev*, Änderungen im E-Commerce durch Jahressteuergesetz 2020 (Entwurf) – Erneuter Anpassungsbedarf für Online-Marktplätze und Onlinehändler, DStR 2020, 1937; *Serafini*, Umsatzsteuer: „Digitaler Binnenmarkt": Wichtige Reformen bei grenzüberschreitenden B2C-Umsätzen ab 1.7.21, GStB 2021, 413; *Serafini*, Digitalpaket II: Das „Special Arrangement"-Verfahren: Neuerungen bei der Abnehmer-Einfuhrbesteuerung, GStB 2022, 357; *Thoma/Pleuß*, Die zweite Stufe des MwSt-Digitalpakets auf dem Prüfstand, UStB 2021, 191; *Wäger*, Digitalpaket – Neuregelungen zum 1.7.2021 für den Bereich der Lieferungen, UStB 2021, 76; *Walkenhorst*, Umsetzung der zweiten Stufe des Mehrwertsteuer-Digitalpakets, UStB 2021, 157; *Wäger*, Einfuhrfernverkauf ab dem 1.7.201, ZfZ 2021, 176; *de Weerth*, Der Postverkehr ab 1.7.2021: Änderung von § 23 ZollV, § 1a EUStBV und Art. 143a UZK-DA – Das Zollrecht folgt dem MwSt-Digitalpaket, ZfZ 2021, 202.

A. Grundaussagen

I. Regelungsgegenstand und Bedeutung

§ 21a UStG behandelt nach der Überschrift „Sonderregelungen" bei der Einfuhr von Sendungen mit einem Sachwert von höchstens 150 Euro. Tatsächlich beinhaltet die Vorschrift „eine" in Abs. 1 optionale Sonderregelung, die in den Abs. 2-6 näher beschrieben ist. Es handelt sich dabei um ein besonderes Einfuhrumsatzsteuererhebungsverfahren. 1

Bis zum 30.6.2021 waren Kleinbetragssendungen bis 22 Euro von der Einfuhrumsatzsteuer befreit. Diese Einfuhrumsatzsteuerbefreiung ist seit dem 1.7.2021 ersatzlos entfallen, so dass für jede Einfuhrsendung eine Anmeldung erforderlich ist und bei fehlender Einfuhrumsatzsteuerbefreiung auch Einfuhrumsatzsteuer entsteht. § 21a UStG enthält eine Sonderregelung bei der Einfuhr von Sendungen mit einem Sachwert von höchstens 150 Euro (sog. „Special Arrangement").

Zollrechtlich wird aktuell ein Vorschlag der Kommission für eine Reform der EU-Zollunion beraten, der u.a. den Wegfall der aktuell geltenden Wertgrenze für den Zoll i.H.v. 150 Euro vorsieht. Dies soll der Betrugsbekämpfung dienen, da der für diese Wertgrenze maßgebliche Zollwert für die Einfuhren Gegenstand von Manipulationen sein kann. Damit kommt die Kommission begründungsmäßig wegen des E-Commerce-Wachstums ihren bereits gesetzten Zielen zur Bekämpfung des Mehrwertsteuerbetrugs nach.[1] Die Millionen von Postsendungen und die Wertgrenze für die Einfuhrumsatzsteuer waren bereits für massenhaften Betrug und Missbrauch anfällig.

Zur Reduzierung des Verwaltungsaufwands kann die Besteuerung der Einfuhrumsätze unter bestimmten Voraussetzungen in einem speziellen Besteuerungsverfahren über den sog. **Import-One-Stop-Shop** (IOSS) als einzige Anlaufstelle für die Einfuhr erfolgen (§ 18k Rz. 1 ff.).[2] Dies hat den Vorteil, dass sich der Unternehmer nicht in allen Mitgliedstaaten, in denen er **Fernverkäufe** von aus dem Drittlandsgebiet eingeführten Gegenständen mit einem Wert von 150 Euro erbringt, steuerlich erfassen lassen und dort seinen Melde- und Erklärungspflichten nachkommen muss, sondern in einer Meldung alle im Gemeinschaftsgebiet unter die Sonderregelung fallende Umsätze erklären kann. Für die Teilnehmer am Verfahren IOSS sind die aus dem Drittland verbrachten Waren, die einen Sachwert von 150 Euro nicht übersteigen, gemäß § 5 Abs. 1 Nr. 7 UStG von der Einfuhrumsatzsteuer befreit. 2

Wird der IOSS nicht genutzt, besteht optional die Möglichkeit die **Sonderregelung** gemäß § 21a UStG (sog. „**Special Arrangement**") in Anspruch zu nehmen. Danach kann die Einfuhrumsatzsteuer für die Einfuhren eines Monats durch die Beförderer (Post- bzw. Expresskurierdienstleister) von den Sendungsempfängern vereinnahmt und im Folgemonat an die Zollverwaltung entrichtet werden. Die Regelung des § 21a UStG hat daher nur praktische Bedeutung, wenn nicht von der Einfuhrumsatzsteuerbefreiung gemäß § 5 Abs. 1 Nr. 7 UStG i.V.m. § 18k UStG Gebrauch gemacht wird. Der IOSS und die Inanspruchnahme der Sonderregelung ist nicht zwingend vorgeschrieben. Im Ergebnis wird die Ware beim IOSS mit im Verkaufspreis enthaltener Umsatzsteuer, also versteuert geliefert. Die Ware wird hingegen bei der Anwendung von § 21a UStG unversteuert geliefert und die Einfuhrumsatzsteuer wird bei der Auslieferung vom Warenempfänger gezahlt. 3

Die allgemeinen zollrechtlichen Regelungen gelten ohne Einschränkung. Es erfolgt wie bisher eine Zoll-/Einfuhrumsatzsteueranmeldung bei einem Zollamt zur Überführung in den zoll-/einfuhrumsatzsteuerrechtlich freien Verkehr. Dabei wird der Sendungsempfänger als Anmelder durch den Beförderer vertreten. 4

Die Sonderregelung gilt unter folgenden kumulativen Voraussetzungen: 5

- Lieferung an Erwerber im Inland;
- Sachwert höchstens 150 Euro je Sendung;

1 Näher *Möller*, AW-Prax 2019, 359; PM Europäische Kommission v. 1.12.2016, IP/16/4010.

2 Detaillierte Informationen zu der Sonderregelung IOSS enthält der EU-Leitfaden Import-One-Stop-Shop, http://ex.europa.eu/taxation_customs/business/vat/vat-e-commerce/OSS_de; einführend wegen der Einfuhrfernverkäufe *Wäger*, ZfZ 2021, 176; *Wäger*, UStB 2021, 76.

- Sendung unterliegt keinen Verbrauchsteuern;
- Überführung in den zollrechtlich freien Verkehr in dem Mitgliedstaat, in dem die Versendung oder die Beförderung endet.

6 **Beispiel (nach dem neu eingefügte Abschn. 21a.1 UStAE):**
Ein in Südkorea ansässiger Händler H veräußert über die eigene Internetseite oder über eine elektronische Schnittstelle Handyzubehör (Sachwert: 50 Euro) an eine im Inland ansässige Privatperson. Die Ware wird von H aus einem Lager in Südkorea an den Wohnsitz der Privatperson versendet. Die Zollanmeldung in Deutschland erfolgt durch einen Post- oder Kurierdienstleister, welcher die Sonderregelung nach § 21a UStG in Anspruch nimmt und im Namen und für Rechnung der Privatperson handelt.
Da die Zollanmeldung im Namen der Privatperson erfolgt, schuldet die Privatperson die Einfuhrumsatzsteuer und entrichtet diese bei Auslieferung der Ware an den Post- und Kurierdienstleister, der diese zu vereinnahmen hat. Bis zum 10. Tag des auf die Einfuhr folgenden Monats hat der Post- oder Kurierdienstleister die Erklärung nach § 21a Abs. 5 Satz 1 UStG abzugeben. Die Erklärung hat nach § 21a Abs. 5 Satz 3 UStG die Wirkung einer Steueranmeldung nach § 168 AO. Zu dem für den Zahlungsaufschub gemäß Art. 110 Buchst. b UZK geltenden Termin entrichtet die gestellende Person die fällige Einfuhrumsatzsteuer an die Zollverwaltung.

7 Für die Serviceleistung (Anmeldung bei der Zollverwaltung und Zahlung der Einfuhrabgaben) verlangt der Post- oder Kurierdienstleister regelmäßig eine Servicepauschale, die seinen Allgemeinen Geschäftsbedingungen zu entnehmen ist (z.B. 6 Euro bei der Deutschen Post AG).

8 Die Regelung gilt nicht für Sendungen, die verbrauchsteuerpflichtige Waren enthalten. Davon unberührt bleibt die Möglichkeit der Nutzung der allgemeinen zollrechtlichen Verfahren.

II. Unionsrechtliche Grundlagen

9 Unionsrechtliche Grundlage für § 21a UStG ist Art. 368y ff. MwStSystRL.[1]

III. Verhältnis zu anderen Vorschriften und Rechtsentwicklung

10 Die Regelung des § 21a UStG steht im Zusammenhang mit anderen Regelungen, die im Rahmen der zweiten Stufe des sog. **Mehrwertsteuer-Digitalpakets** umgesetzt wurden. Die zweite Stufe des sog. Mehrwertsteuer-Digitalpakets beinhaltet Änderungen beim Versandhandel (§ 3c UStG, s. § 3c Rz. 1 ff.), die Einbeziehung von Betreibern elektronischer Schnittstellen in fiktive Lieferketten (§ 3 Abs. 3a UStG, s. § 3 Rz. 168 ff.), die Erweiterung der einzigen Anlaufstelle (§ 18i UStG, s. § 18i Rz. 1 ff.), die Erweiterung der sog. OSS-Nicht-EU-Regelung (§ 18i UStG, s. § 18i Rz. 1 ff.), die Erweiterung der sog. OSS-EU-Regelung (§ 18j UStG, s. § 18j Rz. 1 ff.), die Einführung des IOSS (§ 18k UStG, s. § 18k Rz. 1 ff.), die Einführung des sog. **Spezial Arrangement** (§ 21a UStG) und die Abschaffung der 22 Euro-Freigrenze für die Einfuhrumsatzsteuer mit Wirkung zum 1.7.2021. Zudem sind einige weiteren Vorschriften des UStG wegen § 21a UStG neu eingefügt bzw. geändert worden (z.B. § 22 Abs. 1, § 27 Abs. 33 und § 26c UStG).

11 § 21a UStG enthält eine Sonderregelung bei der Einfuhr von Sendungen mit einem Sachwert von höchstens 150 Euro und ist im 5. Abschnitt des UStG zur Besteuerung angeordnet. Dieser enthält z.B. Regelungen zur Anmeldung der Umsatzsteuer. Gemäß § 16 Abs. 7 UStG gilt für die Steuerberechnung der Einfuhrumsatzsteuer § 21 Abs. 2 UStG. § 21a UStG enthält keinen Verweis auf § 21 Abs. 2 UStG.

12 Die gestellende Person muss alle Informationen zur eindeutigen Identifizierung der Sendungen und der Bemessungsgrundlagen für die Berechnung der Einfuhrumsatzsteuer gemäß § 22 Abs. 2 Nr. 10 UStG vorhalten (§ 22 Rz. 52.1 f.).

---

1 Durch die Einfügung des § 21a UStG wurde Art. 2 Nr. 31 der Richtlinie (EU) 2017/2455 des Rates v. 5.12.2017 zur Änderung der MwStSystRL und der Richtlinie 2009/132/EG in Bezug auf bestimmte mehrwertsteuerliche Pflichten für die Erbringung von Dienstleistungen und für Fernverkäufe von Gegenständen (ABl. EU 2017 Nr. L 348, 7) i.d.F. der Berichtigungen vom 27.7.2018 (ABl. EU 2018 Nr. L 190, 21) und der Richtlinie (EU) Artikel 1 Nummer 14 der Richtlinie (EU) 2019/1995, mit dem Titel XII Kapitel 7 der MwStSystRL neu eingefügt wurde, umgesetzt.

§ 1 Abs. 1 EUStBV wurde geändert, da die Vorschriften über die Zollbefreiung für Sendungen von geringem Wert nicht mehr entsprechend angewendet werden können.

B. Voraussetzungen für die Inanspruchnahme (Absatz 1)

I. Regelungsgegenstand

Absatz 1 regelt die Voraussetzungen für die Inanspruchnahme der Sonderregelung, und dass ihre Anwendung jeweils in der Zollanmeldung beantragt werden muss (sachlicher und persönlicher Anwendungsbereich). Des Weiteren wird die Möglichkeit des Art. 63d Unterabs. 1 MwStVO genutzt, die Sonderregelungen an die Erfüllung der Voraussetzungen für die Bewilligung eines zollrechtlichen Zahlungsaufschubs zu knüpfen. Dies kann im Rahmen der Zollabfertigung unkompliziert nachgewiesen werden, indem auf eine im Vorfeld erteilte Bewilligung des HZA verwiesen wird. Damit wird ein bekanntes und bewährtes Instrument des europäischen Zollrechts auch für dieses Verfahren nutzbar gemacht. 13

II. Begriffsbestimmungen

Jedes einzelne Packstück stellt grundsätzlich eine **Sendung** dar. Gegenstände, die zusammen in demselben Packstück verpackt und gleichzeitig von demselben Versender an denselben Empfänger und unter einem Beförderungsvertrag versandt werden, gelten als eine einzige Sendung. Gegenstände, die von ein und derselben Person getrennt bestellt, aber zusammen in demselben Packstück versandt werden, werden ebenfalls als eine einzige Sendung betrachtet. Gegenstände, die vom selben Versender an denselben Empfänger versandt und getrennt bestellt und geliefert werden, gelten auch dann, wenn sie am selben Tag, aber in gesonderten Packstücken beim Postbetreiber oder Expresskurierdienstleister des Bestimmungsortes ankommen, als getrennte Sendungen. 14

Unter **Sachwert** ist der Preis der Waren selbst beim Verkauf zur Ausfuhr in das Zollgebiet der EU ohne Transport- und Versicherungskosten zu verstehen, sofern sie nicht im Preis enthalten und nicht gesondert auf der Rechnung ausgewiesen sind, sowie alle anderen Steuern und Abgaben, die von der Zollverwaltung anhand der einschlägigen Dokumente ermittelt werden können. 15

C. Einzelheiten der Anmeldung der Sonderregelung (Absatz 2)

Absatz 2 regelt die Einzelheiten zur **Zoll-/Einfuhrumsatzsteueranmeldung**. Die Person, die die Gegenstände beim Zoll gestellt (gestellende Person) und von dieser Sonderregelung Gebrauch machen möchte (i.d.R. der Beförderer, d.h. Post- bzw. Expresskurierdienstleister), meldet die jeweiligen Sendungen in direkter oder indirekter Stellvertretung (Art. 18 UZK) für Rechnung der jeweiligen Person, für die die Gegenstände bestimmt sind (Sendungsempfänger) zur Überlassung in den zoll- und einfuhrumsatzsteuerrechtlich freien Verkehr an. 16

Der Antrag der Sonderregelung ist mit der Zollanmeldung durch Angabe des EU-Codes F49 und des für die Sonderregelung bewilligten **Aufschubkontos** zu stellen. Der Sendungsempfänger muss hierzu nicht gesondert bevollmächtigen. 17

Art. 63d Unterabs. 2 MwStVO mit Sonderregelungen für die Erklärung und Entrichtung der Mehrwertsteuer bei der Einfuhr ermöglicht den Mitgliedstaaten, die Voraussetzungen für die Anwendung dieser Sonderregelungen als erfüllt anzusehen, wenn die gestellende Person ihre Absicht erklärt, von dieser Sonderregelung Gebrauch zu machen und die Einfuhrumsatzsteuer vom Sendungsempfänger zu erheben. Auf eine gesonderte Bevollmächtigung durch die Sendungsempfänger und eines Nachweises darüber kann im Interesse schneller und unbürokratischer Abläufe verzichtet werden. Dies erscheint auch deswegen vertretbar, weil die Sendungsempfänger das Handeln für ihre Rechnung durch Annahme der Sendung und Entrichtung der angefallenen Einfuhrabgaben genehmigen oder – durch Zurückweisung der Sendung – ablehnen können. 18

19 Für die Zollanmeldung kann die Standardzollanmeldung oder – soweit zulässig – eine Zollanmeldung zur Überlassung zum zoll- und einfuhrumsatzsteuerrechtlich freien Verkehr von **Sendungen von geringem Wert** nach Art. 143a DelVO genutzt werden.

D. Einzelheiten des Zahlungsaufschubs für Einfuhrumsatzsteuer (Absatz 3)

20 Absatz 3 regelt die Einzelheiten des **Zahlungsaufschubs**, damit die Einfuhrumsatzsteuer nicht sofort bezahlt werden muss, sondern entsprechend den zollrechtlichen Vorschriften über den zollrechtlichen Zahlungsaufschub gesammelt für die Einfuhren eines Monats im Folgemonat entrichtet werden kann.

21 Abweichend von den zollrechtlichen Vorschriften wegen der Leistung einer Sicherheit für den zollrechtlichen Zahlungsaufschub für Einfuhrabgaben wird auf die Leistung einer Sicherheit für die Einfuhrumsatzsteuer verzichtet, wenn die gestellende Person bestimmte im Zollrecht vorgesehene Anforderungen erfüllt, die eine Reduzierung der grundsätzlich vorgeschriebenen **Sicherheitsleistung** ermöglichen.

E. Haftung für Einfuhrumsatzsteuer (Absatz 4)

22 Absatz 4 dient der Umsetzung von Art. 369z Abs. 1 Buchst. b und Abs. 2 MwStSystRL und führt eine über die Haftungsvorschriften der AO hinausgehende spezielle **gesetzliche Haftung** für die Einfuhrumsatzsteuer bei der Anwendung der Sonderreglung ein.[1] Sendungen bis zu einem Gesamtwert von 150 Euro sind gemäß Art. 23 ZollbefreiungsVO von der Einfuhrabgabe Zoll befreit und führen zu keiner Zollschuld. Insoweit bedarf es daher keiner Sicherung.

23 Der Sendungsempfänger ist gemäß § 13a Abs. 2 i.V.m. § 21 Abs. 2 UStG und Art. 77 Abs. 3 UZK **Einfuhrumsatzsteuerschulder**. Dieser hat die Einfuhrumsatzsteuer gemäß § 21a Abs. 4 Satz 1 UStG an die gestellende Person zu entrichten. Der gestellende Beförderer vertritt den Sendungsempfänger als Anmelder und empfängt den Steuerbescheid (zollrechtlich Mitteilung der buchmäßig erfassten Einfuhrabgaben). Bei Auslieferung der Sendung wird der Steuerbescheid dem Sendungsempfänger ausgehändigt oder übersandt. Erfolgt dies nicht, muss der Sendungsempfänger sich an den Gestellenden als seinen Vertreter wenden. Der Anmelder ist auch die Person, die die Änderung der mitgeteilten Einfuhrabgaben beantragen kann (Antrag auf Erstattung) bzw. einen Rechtsbehelf (Einspruch) gegen den Steuerbescheid einlegen kann. Der Gestellende nimmt mit der Entgegennahme des zu entrichtenden Einfuhrumsatzsteuerbetrags eine im Rahmen des Besteuerungsverfahrens originär der Zollverwaltung obliegende Aufgabe wahr. Diese „Inkassofunktion“ nimmt der Gestellende quasi als „Beliehener“ wahr.

24 Die **Haftung** des Gestellenden ist auf den Umfang gemäß § 21a Abs. 4 Satz 2 UStG beschränkt. Danach haften die gestellende Person und ggf. der Inhaber des Zahlungsaufschubkontos, sofern sie nicht bereits weitere Schuldner der Einfuhrumsatzsteuer sind, für die Einfuhrumsatzsteuer, die auf Sendungen lastet, die ausgeliefert werden, ohne dass die Einfuhrumsatzsteuer vom Sendungsempfänger erhoben wurde oder deren Verbleib die gestellende Person nicht nachweisen kann. Die Zollschuld entsteht nach den Vorschriften des Zollrechts nicht nur in dem Fall einer angenommenen Zollanmeldung, sondern auch bei Verfehlungen (Art. 79 UZK) mit einem größeren Kreis von Zollschuldnern. So kann der Gestellende z.B. Einfuhrumsatzsteuerschuldner für Verstöße wegen der Gestellung oder auch nach der Gestellung für eine aus der vorübergehenden Verwahrung entnommene Nichtunionsware werden.

25 Mindestens mit der Regelung zur **Haftung** für die Einfuhrumsatzsteuer hat der Gesetzgeber wohl willentlich den Gleichschritt von Zoll und Einfuhrumsatzsteuer mittels der sinngemäßen Anwendung der Zollvorschriften wegen der Einfuhrumsatzsteuer durchbrochen. Die sinngemäße Anwendung der Zollvorschriften wegen der Anmeldung, der Einfuhrumsatzsteuerentstehung, des Einfuhrumsatzsteuerschuldners und der Mitteilung buchmäßig erfasster Einfuhrumsatzsteuer ist für die Einfuhr von Sendungen mit einem Sachwert von höchstens 150 Euro nicht mehr beabsichtigt, wenn diese Einfuhr-

1 Vertiefend *Hamster*, ZfZ 2022, 67.

waren ohne „Erhebung“ der Einfuhrumsatzsteuer beim Sendungsempfänger ausgeliefert wurden. Dies gilt auch für den Fall, dass der Gestellende den Verbleib der Waren nicht nachweisen kann (im Klammerzusatz umsatzsteuerrechtlich als abhanden gekommene Sendungen bezeichnet). Diese **umsatzsteuerrechtliche Haftungsregelung** hat kein Pendant im Zollrecht. Dort würde der Verlust der Nichtunionsware in einer solchen Situation im zollrechtlichen Status der vorübergehenden Verwahrung ein Entziehen aus der zollamtlichen Überwachung verwirklichen. Der Nachweis des Verbleibs der Nichtunionsware spielt zollrechtlich wegen der Pflichtenverletzung und den zollschuldrechtlichen Konsequenzen grundsätzlich keine Rolle, sondern kann allenfalls zollrechtlich wegen des Erlöschens der Zollschuld Bedeutung erhalten.

Die **Haftung** ist die öffentlich-rechtliche Pflicht, für die Steuerschuld eines anderen mit eigenen Vermögen unbeschränkt einzustehen. Die Inanspruchnahme erfolgt mit Haftungsbescheid. Die Haftung ist nicht subsidiär, aber akzessorisch (Ausnahme: Durchbrechung bei Steuerhinterziehung oder Steuerhehlerei des Haftenden). 26

Grundsätzlich ermöglicht die **Sachhaftung** gemäß § 76 AO die in Beschlagnahme von Einfuhrwaren, um die auf ihnen liegenden Einfuhrabgaben zu sichern. Wegen des räumlichen Anwendungsbereichs der AO und dem rein nationalen Anwendungsbereich entsteht die Sachhaftung mit dem Verbringen in den deutschen Teil des Zollgebiets der EU und sie erlischt mit der Zoll-/Steuerschuld, d.h. mit deren Entstehung. Die Sachhaftung für Einfuhrabgaben erlischt mit der Überlassung zum zoll- und einfuhrumsatzsteuerrechtlich freien Verkehr, welche zuvor die Zahlung der Einfuhrabgaben erfordert. Werden die mitgeteilten Einfuhrabgaben nicht gezahlt, ist die Vollstreckung des mitgeteilten Einfuhrabgabenbetrags möglich. 27

Die Einführung der neuen Haftungsregelung gemäß § 21a Abs. 4 Satz 2 UStG begründet der Gesetzgeber mit der Sicherung des Steueraufkommens. Dies sei gerechtfertigt, weil die Sachhaftung gemäß § 76 AO mit der Überlassung zum freien Verkehr erlischt und die Inanspruchnahme ggf. einer Vielzahl von einzelnen Sendungsempfängern durch die Zollverwaltung nicht mehr praktikabel wäre, wenn die Sendungen an die Sendungsempfänger übergeben wurden oder abhandengekommen sind.[1] Die Begründung des Gesetzgebers ist vor dem Hintergrund des bestehenden Abgabenrechts interessant. Zum einen setzt die Überlassung in den einfuhrumsatzsteuerrechtlich freien Verkehr eben die vorherige Zahlung der Einfuhrumsatzsteuer voraus. Zum anderen kann die Identifikation von Steuerschuldnern und die Geltendmachung von Steueransprüchen im Rahmen der gesetzlichen Regelungen wegen mangelnder Praktikabilität keine Haftung auslösen. Das steuerliche Haftungsregime der AO ist eigentlich abschließend. In das Steuerschuldverhältnis sind viele Personen einbezogen. Die AO nimmt eine systematische Trennung zwischen Steuerschuldrecht, Festsetzungs- und Feststellungsverfahren sowie dem Erhebungsverfahren vor. Die Inanspruchnahme des Haftenden ist Ermessensentscheidung. Die Suche nach möglichen Einfuhrumsatzsteuerschuldnern (z.B. einen stehlenden Zusteller) hat der Gesetzgeber mit dieser Haftungsregelung der Zollverwaltung wohl pauschal abgenommen. Zollrechtlich wäre dies gerade nicht der Fall, denn die Zollverwaltung ermittelt grundsätzlich alle in Betracht kommenden Zollschuldner. Die Frage, ob ein **Haftungsanspruch** geltend gemacht wird, ist grundsätzlich Teil der Ermessensverwaltung und insoweit im Einzelfall begründungspflichtig (Einzelfallgerechtigkeit). Das Steuerrecht und seine Regelungen zur Haftung räumen der Verwaltung dennoch grundsätzlich aus Gründen der Flexibilität und Elastizität eine Entscheidungsfreiheit ein und lassen sie zwischen mehreren rechtlichen zulässigen Handlungsalternativen wählen. 28
Der Haftungsbescheid ist gemäß § 191 Abs. 1 AO schriftlich zu erteilen und gemäß § 121 AO zu begründen.

F. Monatliche Anmeldung (Absatz 5)

Abs. 5 regelt die monatliche Anmeldung der im Rahmen dieser Sonderregelung erhobenen Einfuhrumsatzsteuer durch die gestellende Person und deren Zahlung an das HZA. 29

1 BT-Drucks. 19/22850 v. 25.9.2020.

30 Hierzu hat die gestellende Person in einer **zusammenfassenden Anmeldung** spätestens am 10. des auf die Einfuhr folgenden Monats bestimmte Informationen elektronisch zu übermitteln. Die zusammenfassende Anmeldung mit dem IT-Fachverfahren ATLAS und der Fachanwendung **Impost** (Importabfertigung von Post- und Kuriersendungen) sollte nach den Planungen des BMF nicht vor Januar 2022 erfolgen.

31 Die Nr. 1 bis Nr. 3 des Absatz 5 beinhalten Informationen, um die auf den ausgelieferten Sendungen lastende Einfuhrumsatzsteuer in den folgenden Aufschubzeitraum vortragen zu können, da die gestellende Person nur Einfuhrumsatzsteuer für Sendungen abführen soll, die tatsächlich bereits bei den Sendungsempfängern erhoben wurde.

32 Die monatliche Anmeldung gemäß § 21a Abs. 5 UStG ist der ergänzenden Zollanmeldung gemäß Art. 167 UZK nachgebildet.

33 Schließlich sind auch die Sendungen anzugeben, bei denen es nicht möglich war, sie dem Sendungsempfänger zu übergeben und die im abgelaufenen Kalendermonat wiederausgeführt oder unter zollamtlicher Überwachung zerstört oder anderweitig verwertet wurden. Des Weiteren sind die Sendungen anzugeben, die abhandengekommen sind sowie die darauf lastende Einfuhrumsatzsteuer.

34 Die Anmeldung hat hinsichtlich der im Rahmen der Sonderregelung nach § 21a UStG von den Sendungsempfängern erhobenen Einfuhrumsatzsteuer die Wirkung einer Steueranmeldung gemäß § 168 AO. Die von den Sendungsempfängern erhobenen Beträge sind von der gestellenden Person, zu dem für den Zahlungsaufschub nach Art. 110 Buchst. b UZK geltenden Termin an das HZA zu zahlen.

G. Nicht zugestellte Sendungen (Absatz 6)

35 Absatz 6 trifft Regelungen für die Fälle, in den Sendungen noch nicht oder nicht zugestellt werden konnten.

36 Einfuhrumsatzsteuer für **nicht zustellbare Sendungen** gilt als nicht entstanden. „Gilt als nicht entstanden" hat im europäischen Zollrecht kein Pendant. Im Zollrecht gibt es allenfalls eine Regelung mit Fällen, die zum Erlöschen der Zollschuld gemäß Art. 124 UZK führen.

37 Einfuhrumsatzsteuer, die auf abhandengekommenen Sendungen lastet, wird aus dem **Aufschubkonto** ausgebucht und vom zuständigen HZA per **Haftungsbescheid** gegenüber der gestellenden Person geltend gemacht. Dies gilt auch für den Fall, dass eine Sendung ausgeliefert wurde, ohne dass Einfuhrumsatzsteuer vom Sendungsempfänger der Sendung erhoben wurde.

38 Die Regelung des § 21a Abs. 6 UStG ist grundsätzlich nichts Besonderes. Interessant ist aber Satz 2, denn danach gilt die Einfuhrumsatzsteuer für nicht zustellbare Sendungen als nicht entstanden und wird aus dem Aufschubkonto ausgebucht, „wenn ausgeschlossen ist, dass die Waren im Inland in den Wirtschaftskreislauf eingehen". In der neuen umsatzsteuerrechtlichen Sonderregelung wegen der Einfuhr von Sendungen mit einem Sachwert von höchstens 150 Euro hat der Gesetzgeber die Rechtsprechung des EuGH, wonach Einfuhrumsatzsteuer nur entsteht, wenn eine Ware in den Wirtschaftskreislauf der EU eingegangen ist, sogar in den Wortlaut der gesetzlichen Regelung aufgenommen.[1] Mangels einer Definition im UStG für die Einfuhr hätte dem § 1 Abs. 1 Nr. 4 UStG diesbezüglich besser zu Gesicht gestanden. Hier sind die steuerbaren Umsätze und der Einfuhr von Gegenständen im Inland oder in den österreichischen Gebieten Jungholz und Mittelberg mit dem Klammerzusatz (Einfuhrumsatzsteuer) geregelt. Danach wird in den weiteren Vorschriften des UStG nur noch der Terminus Einfuhrumsatzsteuer verwendet. Systematisch wäre eine Definition in § 1 UStG gut verortet, wenn der Gesetzgeber von der vorgenannten abschließend überzeugt ist. Es wäre ungewöhnlich, wenn diese Regelung nicht grundsätzlich im Umsatzsteuerrecht Gültigkeit haben sollte.

39 Das BMF hatte sich noch im Jahr 2004 an dem **„Einfuhrbegriff"** gemäß § 1 Abs. 1 Nr. 4 UStG versucht und festgehalten dass die Verwirklichung des umsatzsteuerrechtlichen Einfuhrtatbestands vo-

1 EuGH, Urt. v. 10.7.2019 – C-26/18, ECLI:EU:C:2019:579 – Federal Express Corporation, UR 2019, 633 m. Anm. *Harksen* Rz. 44 und die dort angeführte Rechtsprechung; konkret fragend z.B. *Gesinn*, AW-Prax 2021, 332.

raussetzt, dass ein Drittlandsgegenstand in das Inland verbracht wird und dieser Vorgang hier steuerbar ist.[1] Der UStAE und die DV Z Einfuhrumsatzsteuerrecht VSF Z 8101 enthalten aktuell keine Definition der „**Einfuhr**" im Umsatzsteuerrecht. In Abs. 1 Unterabsatz 2 Z 8101 heißt es wegen der Entstehung der Einfuhrumsatzsteuer: „Der Tatbestand der Einfuhr setzt das Verbringen (…) in das Inland (…) voraus, soweit dieser Vorgang grundsätzlich der Besteuerung unterliegt, d.h. eine Einfuhrumsatzsteuerschuld entsteht. Eine Einfuhrumsatzsteuerschuld entsteht in sinngemäßer Anwendung der zollrechtlichen Vorschriften mit der Zollschuld." Wegen der Rechtsprechung des EuGH ist genau dies eben nicht mehr die Basis. Wann das Verbringen grundsätzlich der Besteuerung unterliegt, gibt auch keine Antwort auf die Frage, was denn dann eine Einfuhr ist. Die Verwaltungsvorschriften des BMF setzen die aktuelle Rechtsprechung des EuGH leider noch nicht klärend um.

§ 22 Aufzeichnungspflichten

(1) [1] Der Unternehmer ist verpflichtet, zur Feststellung der Steuer und der Grundlagen ihrer Berechnung Aufzeichnungen zu machen. [2]Diese Verpflichtung gilt in den Fällen des § 13a Absatz 1 Nummer 2 und 5, des § 13b Absatz 5 und des § 14c Absatz 2 auch für Personen, die nicht Unternehmer sind, in den Fällen des § 18k auch für den im Auftrag handelnden Vertreter und in den Fällen des § 21a für die gestellende Person. [3]Ist ein land- und forstwirtschaftlicher Betrieb nach § 24 Absatz 3 als gesondert geführter Betrieb zu behandeln, hat der Unternehmer Aufzeichnungspflichten für diesen Betrieb gesondert zu erfüllen. [4]In den Fällen des § 18 Absatz 4c und 4d sind die erforderlichen Aufzeichnungen vom Ende des Jahres an, in dem der Umsatz bewirkt wurde, zehn Jahre lang aufzubewahren und auf Anfrage des Bundeszentralamtes für Steuern auf elektronischem Weg zur Verfügung zu stellen; in den Fällen des § 18 Absatz 4e sind die erforderlichen Aufzeichnungen vom Ende des Jahres an, in dem der Umsatz bewirkt wurde, zehn Jahre lang aufzubewahren und auf Anfrage der für das Besteuerungsverfahren zuständigen Finanzbehörde auf elektronischem Weg zur Verfügung zu stellen; in den Fällen der §§ 18i, 18j, 18k und 21a sind die erforderlichen Aufzeichnungen vom Ende des Jahres an, in dem der Umsatz oder Geschäftsvorgang bewirkt wurde, zehn Jahre lang aufzubewahren und auf Anfrage der im Inland oder im übrigen Gemeinschaftsgebiet für das besondere Besteuerungsverfahren oder für die Sonderregelung zuständigen Finanzbehörde auf elektronischem Weg zur Verfügung zu stellen.

(2) Aus den Aufzeichnungen müssen zu ersehen sein:

1. **die vereinbarten Entgelte für die vom Unternehmer ausgeführten Lieferungen und sonstigen Leistungen. [2]Dabei ist ersichtlich zu machen, wie sich die Entgelte auf die steuerpflichtigen Umsätze, getrennt nach Steuersätzen, und auf die steuerfreien Umsätze verteilen. [3]Dies gilt entsprechend für die Bemessungsgrundlagen nach § 10 Abs. 4, wenn Lieferungen im Sinne des § 3 Abs. 1b, sonstige Leistungen im Sinne des § 3 Abs. 9a sowie des § 10 Abs. 5 ausgeführt werden. [4]Aus den Aufzeichnungen muss außerdem hervorgehen, welche Umsätze der Unternehmer nach § 9 als steuerpflichtig behandelt. [5]Bei der Berechnung der Steuer nach vereinnahmten Entgelten (§ 20) treten an die Stelle der vereinbarten Entgelte die vereinnahmten Entgelte. [6]Im Fall des § 17 Abs. 1 Satz 6 hat der Unternehmer, der die auf die Minderung des Entgelts entfallende Steuer an das Finanzamt entrichtet, den Betrag der Entgeltsminderung gesondert aufzuzeichnen;**
2. **die vereinnahmten Entgelte und Teilentgelte für noch nicht ausgeführte Lieferungen und sonstige Leistungen. [2]Dabei ist ersichtlich zu machen, wie sich die Entgelte und Teilentgelte auf die steuerpflichtigen Umsätze, getrennt nach Steuersätzen, und auf die steuerfreien Umsätze verteilen. [3]Nummer 1 Satz 4 gilt entsprechend;**
3. **die Bemessungsgrundlage für Lieferungen im Sinne des § 3 Abs. 1b und für sonstige Leistungen im Sinne des § 3 Abs. 9a Nr. 1. [2]Nummer 1 Satz 2 gilt entsprechend;**
4. **die wegen unrichtigen Steuerausweises nach § 14c Abs. 1 und wegen unberechtigten Steuerausweises nach § 14c Abs. 2 geschuldeten Steuerbeträge;**

1 BMF, Schr. v. 28.1.2004 – IV D 1-S 7157-1/04, BStBl. I 2004, 242, Rz. 83.

5. die Entgelte für steuerpflichtige Lieferungen und sonstige Leistungen, die an den Unternehmer für sein Unternehmen ausgeführt worden sind, und die vor Ausführung dieser Umsätze gezahlten Entgelte und Teilentgelte, soweit für diese Umsätze nach § 13 Abs. 1 Nr. 1 Buchstabe a Satz 4 die Steuer entsteht, sowie die auf die Entgelte und Teilentgelte entfallenden Steuerbeträge;
6. die Bemessungsgrundlagen für die Einfuhr von Gegenständen (§ 11), die für das Unternehmen des Unternehmers eingeführt worden sind, sowie die dafür entstandene Einfuhrumsatzsteuer;
7. die Bemessungsgrundlagen für den innergemeinschaftlichen Erwerb von Gegenständen sowie die hierauf entfallenden Steuerbeträge;
8. in den Fällen des § 13b Absatz 1 bis 5 beim Leistungsempfänger die Angaben entsprechend den Nummern 1 und 2. [2]Der Leistende hat die Angaben nach den Nummern 1 und 2 gesondert aufzuzeichnen;
9. die Bemessungsgrundlage für Umsätze im Sinne des § 4 Nr. 4a Satz 1 Buchstabe a Satz 2 sowie die hierauf entfallenden Steuerbeträge;
10. in den Fällen des § 21a Namen und Anschriften der Versender und der Sendungsempfänger, die Bemessungsgrundlagen für die Einfuhr von Gegenständen (§ 11), die hierzu von den Versendern, Sendungsempfängern und Dritten erhaltenen Informationen, sowie die Sendungen, die im abgelaufenen Kalendermonat an die jeweiligen Sendungsempfänger ausgeliefert wurden, die je Sendung vereinnahmten Beträge an Einfuhrumsatzsteuer, die Sendungen, die noch nicht ausgeliefert werden konnten und sich noch in der Verfügungsgewalt der gestellenden Person befinden, sowie die Sendungen, die wiederausgeführt oder unter zollamtlicher Überwachung zerstört oder anderweitig verwertet wurden.

(3) [1]Die Aufzeichnungspflichten nach Absatz 2 Nr. 5 und 6 entfallen, wenn der Vorsteuerabzug ausgeschlossen ist (§ 15 Abs. 2 und 3). [2]Ist der Unternehmer nur teilweise zum Vorsteuerabzug berechtigt, so müssen aus den Aufzeichnungen die Vorsteuerbeträge eindeutig und leicht nachprüfbar zu ersehen sein, die den zum Vorsteuerabzug berechtigenden Umsätzen ganz oder teilweise zuzurechnen sind. [3]Außerdem hat der Unternehmer in diesen Fällen die Bemessungsgrundlagen für die Umsätze, die nach § 15 Abs. 2 und 3 den Vorsteuerabzug ausschließen, getrennt von den Bemessungsgrundlagen der übrigen Umsätze, ausgenommen die Einfuhren und die innergemeinschaftlichen Erwerbe, aufzuzeichnen. [4]Die Verpflichtung zur Trennung der Bemessungsgrundlagen nach Absatz 2 Nr. 1 Satz 2, Nr. 2 Satz 2 und Nr. 3 Satz 2 bleibt unberührt.

(4) In den Fällen des § 15a hat der Unternehmer die Berechnungsgrundlagen für den Ausgleich aufzuzeichnen, der von ihm in den in Betracht kommenden Kalenderjahren vorzunehmen ist.

(4a) Gegenstände, die der Unternehmer zu seiner Verfügung vom Inland in das übrige Gemeinschaftsgebiet verbringt, müssen aufgezeichnet werden, wenn

1. an den Gegenständen im übrigen Gemeinschaftsgebiet Arbeiten ausgeführt werden,
2. es sich um eine vorübergehende Verwendung handelt, mit den Gegenständen im übrigen Gemeinschaftsgebiet sonstige Leistungen ausgeführt werden und der Unternehmer in dem betreffenden Mitgliedstaat keine Zweigniederlassung hat oder
3. es sich um eine vorübergehende Verwendung im übrigen Gemeinschaftsgebiet handelt und in entsprechenden Fällen die Einfuhr der Gegenstände aus dem Drittlandsgebiet vollständig steuerfrei wäre.

(4b) Gegenstände, die der Unternehmer von einem im übrigen Gemeinschaftsgebiet ansässigen Unternehmer mit Umsatzsteuer-Identifikationsnummer zur Ausführung einer sonstigen Leistung im Sinne des § 3a Abs. 3 Nr. 3 Buchstabe c erhält, müssen aufgezeichnet werden.

(4c) [1]Der Lagerhalter, der ein Umsatzsteuerlager im Sinne des § 4 Nr. 4a betreibt, hat Bestandsaufzeichnungen über die eingelagerten Gegenstände und Aufzeichnungen über Leistungen im Sinne des § 4 Nr. 4a Satz 1 Buchstabe b Satz 1 zu führen. [2]Bei der Auslagerung eines Gegenstands aus dem Umsatzsteuerlager muss der Lagerhalter Name, Anschrift und die inländische Umsatzsteuer-Identifikationsnummer des Auslagerers oder dessen Fiskalvertreters aufzeichnen.

(4d) [1]Im Fall der Abtretung eines Anspruchs auf die Gegenleistung für einen steuerpflichtigen Umsatz an einen anderen Unternehmer (§ 13c) hat

1. der leistende Unternehmer den Namen und die Anschrift des Abtretungsempfängers sowie die Höhe des abgetretenen Anspruchs auf die Gegenleistung aufzuzeichnen;
2. der Abtretungsempfänger den Namen und die Anschrift des leistenden Unternehmers, die Höhe des abgetretenen Anspruchs auf die Gegenleistung sowie die Höhe der auf den abgetretenen Anspruch vereinnahmten Beträge aufzuzeichnen. [2]Sofern der Abtretungsempfänger die Forderung oder einen Teil der Forderung an einen Dritten abtritt, hat er zusätzlich den Namen und die Anschrift des Dritten aufzuzeichnen.

[2]Satz 1 gilt entsprechend bei der Verpfändung oder der Pfändung von Forderungen. [3]An die Stelle des Abtretungsempfängers tritt im Fall der Verpfändung der Pfandgläubiger und im Fall der Pfändung der Vollstreckungsgläubiger.

(4e) [1]Wer in den Fällen des § 13c Zahlungen nach § 48 der Abgabenordnung leistet, hat Aufzeichnungen über die entrichteten Beträge zu führen. [2]Dabei sind auch Name, Anschrift und die Steuernummer des Schuldners der Umsatzsteuer aufzuzeichnen.

(4f) [1]Der Unternehmer, der nach Maßgabe des § 6b einen Gegenstand aus dem Gebiet eines Mitgliedstaates in das Gebiet eines anderen Mitgliedstaates befördert oder versendet, hat über diese Beförderung oder Versendung gesondert Aufzeichnungen zu führen. [2]Diese Aufzeichnungen müssen folgende Angaben enthalten:

1. den vollständigen Namen und die vollständige Anschrift des Erwerbers im Sinne des § 6b Absatz 1 Nummer 1 oder des § 6b Absatz 5;
2. den Abgangsmitgliedstaat;
3. den Bestimmungsmitgliedstaat;
4. den Tag des Beginns der Beförderung oder Versendung im Abgangsmitgliedstaat;
5. die von dem Erwerber im Sinne des § 6b Absatz 1 oder des § 6b Absatz 5 verwendete Umsatzsteuer-Identifikationsnummer;
6. den vollständigen Namen und die vollständige Anschrift des Lagers, in das der Gegenstand im Rahmen der Beförderung oder Versendung in den Bestimmungsmitgliedstaat gelangt;
7. den Tag des Endes der Beförderung oder Versendung im Bestimmungsmitgliedstaat;
8. die Umsatzsteuer-Identifikationsnummer eines Dritten als Lagerhalter;
9. die Bemessungsgrundlage nach § 10 Absatz 4 Satz 1 Nummer 1, die handelsübliche Bezeichnung und Menge der im Rahmen der Beförderung oder Versendung in das Lager gelangten Gegenstände;
10. den Tag der Lieferung im Sinne des § 6b Absatz 2;
11. das Entgelt für die Lieferung nach Nummer 10 sowie die handelsübliche Bezeichnung und Menge der gelieferten Gegenstände;
12. die von dem Erwerber für die Lieferung nach Nummer 10 verwendete Umsatzsteuer-Identifikationsnummer;
13. das Entgelt sowie die handelsübliche Bezeichnung und Menge der Gegenstände im Fall des einer innergemeinschaftlichen Lieferung gleichgestellten Verbringens im Sinne des § 6b Absatz 3;
14. die Bemessungsgrundlage der nach § 6b Absatz 4 Nummer 1 in den Abgangsmitgliedstaat zurückgelangten Gegenstände und den Tag des Beginns dieser Beförderung oder Versendung.

(4g) [1] Der Unternehmer, an den der Gegenstand nach Maßgabe des § 6b geliefert werden soll, hat über diese Lieferung gesondert Aufzeichnungen zu führen. [2]Diese Aufzeichnungen müssen folgende Angaben enthalten:

1. die von dem Unternehmer im Sinne des § 6b Absatz 1 Nummer 1 verwendete Umsatzsteuer-Identifikationsnummer;
2. die handelsübliche Bezeichnung und Menge der für den Unternehmer als Erwerber im Sinne des § 6b Absatz 1 oder des § 6b Absatz 5 bestimmten Gegenstände;
3. den Tag des Endes der Beförderung oder Versendung der für den Unternehmer als Erwerber im Sinne des § 6b Absatz 1 oder des § 6b Absatz 5 bestimmten Gegenstände im Bestimmungsmitgliedstaat;

4. das Entgelt für die Lieferung an den Unternehmer sowie die handelsübliche Bezeichnung und Menge der gelieferten Gegenstände;

5. den Tag des innergemeinschaftlichen Erwerbs im Sinne des § 6b Absatz 2 Nummer 2;

6. die handelsübliche Bezeichnung und Menge der auf Veranlassung des Unternehmers im Sinne des § 6b Absatz 1 Nummer 1 aus dem Lager entnommenen Gegenstände;

7. die handelsübliche Bezeichnung der im Sinne des § 6b Absatz 6 Satz 4 zerstörten oder fehlenden Gegenstände und den Tag der Zerstörung, des Verlusts oder des Diebstahls der zuvor in das Lager gelangten Gegenstände oder den Tag, an dem die Zerstörung oder das Fehlen der Gegenstände festgestellt wurde.

[3]Wenn der Inhaber des Lagers, in das der Gegenstand im Sinne des § 6b Absatz 1 Nummer 1 befördert oder versendet wird, nicht mit dem Erwerber im Sinne des § 6b Absatz 1 Nummer 1 oder des § 6b Absatz 5 identisch ist, ist der Unternehmer von den Aufzeichnungen nach Satz 1 Nummer 3, 6 und 7 entbunden.

(5) Ein Unternehmer, der ohne Begründung einer gewerblichen Niederlassung oder außerhalb einer solchen von Haus zu Haus oder auf öffentlichen Straßen oder an anderen öffentlichen Orten Umsätze ausführt oder Gegenstände erwirbt, hat ein Steuerheft nach amtlich vorgeschriebenem Vordruck zu führen.

(6) Das Bundesministerium der Finanzen kann mit Zustimmung des Bundesrates durch Rechtsverordnung

1. nähere Bestimmungen darüber treffen, wie die Aufzeichnungspflichten zu erfüllen sind und in welchen Fällen Erleichterungen bei der Erfüllung dieser Pflichten gewährt werden können, sowie

2. Unternehmer im Sinne des Absatzes 5 von der Führung des Steuerhefts befreien, sofern sich die Grundlagen der Besteuerung aus anderen Unterlagen ergeben, und diese Befreiung an Auflagen knüpfen.

Schrifttum: *Becker*, Bericht aus Brüssel – Erläuterungen der Kommission zu den sog. Quick Fixes, MwStR 2019, 812; *Hoss/Klein*, Warenlieferungen über ein Konsignationslager – Geplante gesetzliche Verankerung durch das „JStG 2019" in § 6b UStG, UR 2019, 615; *Huschens*, Geplante Änderungen des Umsatzsteuergesetzes durch das „JStG 2019", NWB 2019, 1893; *Köhler*, Erleichterungen bei Aufzeichnungspflichten gem. § 22 UStG – Korrelation zwischen Kassenbuchführung und Trennung der Entgelte?, StBP 2017, 105; *Körner*, Die erstmalige gesetzliche Regelung der Konsignationslager im Inland in einem neuen § 6b UStG; UR 2019, 615; *Meyer-Burow/Connemann*, Umsatzsteuerrechtliche Behandlung von Lieferungen über Konsignationslager ab dem 1.1.2020, UStB 2019, 271; *Szabó/Tausch*, Harmonisierte Mehrwertsteuerregelungen für Konsignationslager ab 1.1.2020, UVR 2019, 76; *Trejo*, Die neue Konsignationslagerregelung – jedenfalls keine „Vereinfachungsregelung", MwStR 2020, 8.

A. Grundaussagen

I. Regelungsgegenstand und Bedeutung

1 Die Umsatzsteuer ist eine sog. Anmeldesteuer i.S.d. § 150 AO, d.h., dass die Umsatzsteuer vom Unternehmer anzumelden ist und dabei grundsätzlich einer Anmeldung unter dem Vorbehalt der Nachprüfung gleichsteht (§ 168 AO). Deshalb hat der Unternehmer auch Aufzeichnungen über seine angemeldeten Steuerberechnungsgrundlagen zu führen. Die Aufzeichnungspflichten nach § 22 UStG dienen dazu, eine **genaue Erhebung der Steuer sicherzustellen** und **Steuerhinterziehungen zu vermeiden**.[1] Den Finanzbehörden soll es ermöglicht werden, durch die Aufzeichnungen die Steuerberechnungsgrundlagen des Unternehmers leicht nachvollziehen zu können.[2] Dies gelingt nur, wenn der Unternehmer neben den von ihm bewirkten Umsätzen auch seine Leistungsbezüge, seine Einfuhren, seine innergemeinschaftlichen sonstigen Leistungen, seine innergemeinschaftlichen Erwerbe und die zu entrichtende Umsatzsteuer aufzeichnet.[3] Die Aufzeichnungen des Unternehmers müssen dabei so beschaffen sein, dass es einem sachverständigen Dritten innerhalb angemessener Zeit möglich ist, sich einen Überblick über die Umsätze, die abziehbaren Vorsteuern und die Grundlagen für die Besteuerung zu verschaffen (§ 63 Abs. 1 UStDV).

2 Die Aufzeichnungspflichten sind grundsätzlich **keine materiell-rechtliche Voraussetzung** für die Umsatzbesteuerung und damit formeller Natur.[4] Lediglich im Falle der Aufzeichnungspflichten des Unternehmers nach **§ 22 Abs. 4f UStG** (Vereinfachungsregelung nach § 6b UStG für sog. Konsignationslager) ist diesen **materiell-rechtliche** Wirkung beizumessen (Rz. 91). Verletzt der Unternehmer seine Aufzeichnungspflichten, da diese fehlerhaft bzw. unvollständig sind und reichen sie zur Feststellung der Besteuerungsgrundlagen daher nicht aus, kann das FA die Besteuerungsgrundlagen nach § 162 AO **schätzen**,[5] die Erfüllung der Aufzeichnungspflichten mittels eines Zwangsgelds (§ 328 AO) erzwingen oder unter den weiteren Voraussetzungen des § 146 Abs. 2b AO ein Verzögerungsgeld festsetzen.

II. Unionsrechtliche Grundlagen

3 Die unionsrechtlichen Grundlagen für die Aufzeichnungspflichten nach § 22 UStG ergeben sich aus Art. 242, 242a,243, 369, 369k, 369x und 369zb MwStSystRL i.V.m. Art 54a, 54c und 63c MwStVO. Zwecks der genauen Steuererhebung und der Verhinderung von Steuerhinterziehungen hat jeder Unternehmer Aufzeichnungen zu führen, die so ausführlich sind, dass sie die Anwendung der Umsatzsteuer und ihre Kontrolle durch die Steuerverwaltung ermöglichen. Aus dieser Formulierung ergibt sich, dass die Mitgliedstaaten über einen gewissen **Spielraum** bei der Umsetzung in das nationale Recht verfügen.[6]

4 In diesem Zusammenhang dürfen die Mitgliedstaaten gemäß Art. 273 MwStSystRL weitere Aufzeichnungspflichten festlegen, die sie für notwendig erachten, um eine genaue Erhebung der Steuer und eine Verhinderung von Steuerhinterziehung sicherzustellen, wobei die nationalen Gesetzgeber keine Maßnahmen erlassen dürfen, die über das hinausgehen, was zur Erreichung der Ziele erforderlich ist.[7] Eine diesbezügliche explizite Einschränkung enthält Art. 273 Abs. 1 Halbs. 2 MwStSystRL. Danach dürfen die zusätzlichen Pflichten im Handelsverkehr zwischen den Mitgliedstaaten nicht zu Formalitäten beim Grenzübertritt führen. Auch dürfen die zusätzlichen Aufzeichnungspflichten nicht dazu dienen, weitere Pflichten in Bezug auf die Rechnungsstellung festzulegen (Art. 273 Abs. 2 MwStSystRL). Gemessen daran sind die deutschen Aufzeichnungspflichten **unionsrechtskonform**.

1 EuGH, Urt. v. 13.2.2014 – C-18/13 – Maks Pen, ECLI:EU:C:2014:69 = UR 2014, 861, Rz. 42.
2 *Stapperfend* in Rau/Dürrwächter, § 22 UStG Rz. 20 (Stand: März 2021).
3 *Raudszus* in Schwarz/Widmann/Radeisen, § 22 UStG Rz. 3 (Stand: November 2020); *Heidner* in Bunjes[22], § 22 UStG Rz. 2.
4 FG Köln v. 20.9.2007 – 10 V 1781/07, EFG 2008, 258.
5 BFH, Urt. v. 14.12.2011 – XI R 5/10, BFH/NV 2012, 1921.
6 *Heuermann* in Sölch/Ringleb, § 22 UStG Rz. 14 (Stand: Juni 2021); EuGH, Urt. v. 18.7.2013 – C-78/12 – Evita-K, ECLI:EU:C:2013:486, UR 2014, 475, Rz. 41.
7 EuGH, Urt. v. 29.7.2010 – C-188/09 – Profaktor Kulesza, Frankowski, Jozwiak, Orlowski, ECLI:EU:C:2010:454 = UR 2010, 775, Rz. 26.

III. Verhältnis zu anderen Vorschriften und Rechtsentwicklung

5 Die letzten Änderungen des § 22 UStG erfolgten im Rahmen des Gesetzes zur Anpassung des nationalen Steuerrechts an den Beitritt Kroatiens zur EU und zur Änderung weiterer steuerlicher Vorschriften[1] (redaktionelle Änderung von § 22 Abs. 2 Nr. 6 UStG sowie Anfügung eines Halbsatzes in § 22 Abs. 1 Satz 4 UStG für das m.W.v. 1.1.2015 implementierte Mini-One-Stop-Shop-Verfahren nach § 18 Abs. 4e UStG a.F.) und des Gesetzes zur weiteren steuerlichen Förderung der Elektromobilität und zur Änderung weiterer steuerlicher Vorschriften[2] (Einfügung der Aufzeichnungspflichten im Rahmen der Konsignationslagerregelung nach § 6b UStG in den Absätze 4f und 4g UStG) sowie zuletzt durch das Jahressteuergesetz 2020 (Neufassung von § 22 Abs. 1 Nr. 1 Sätze 2 und 4 UStG sowie Einfügung von § 22 Abs. 2 Nr. 10 UStG ab dem 1.7.2021 aufgrund der Umsetzung der zweiten Stufe des sog. Mehrwertsteuer-Digitalpakets).[3] Eine Änderung des § 22 UStG im Rahmen des Gesetzes zum Schutz vor Manipulationen an digitalen Grundaufzeichnungen[4] erfolgte hingegen nicht.[5]

6 § 22 UStG i.V.m. §§ 63 ff. UStDV haben im nationalen Recht ihre Grundlage in den allgemeinen Mitwirkungspflichten des Unternehmers (§ 90 Abs. 1 AO) und stellen eine speziell auf das UStG zugeschnittene **Ergänzung** der abgabenrechtlichen Aufzeichnungspflichten (**§§ 140–148 AO**) für Zwecke der Umsatzsteuer dar. Als Folge dessen sind bei der Erfüllung der Aufzeichnungspflichten die Vorschriften der §§ 140–148 AO vom Unternehmer zu beachten. Grundlage bzw. Ausgangspunkt der Aufzeichnungen sind die Belege[6] des Unternehmers. Belege in diesem Sinne sind allen kaufmännischen Gepflogenheiten entsprechende oder sonstige umsatzsteuerrechtliche Tatbestände erhellende Urkunden sowie sonstige Unterlagen (Verträge, Rechnungen u.Ä.).[7] Die Belege müssen es ermöglichen, die Geschäftsvorfälle in ihrer Entstehung und Abwicklung zu verfolgen.[8] Der Unternehmer hat daher bei der Erstellung seiner Aufzeichnungen folgende abgabenrechtliche Grundsätze zu beachten:

- Die Aufzeichnungen müssen **vollständig** erfolgen (§ 146 Abs. 1 Satz 1 AO), d.h. die Geschäftsvorfälle sind vollzählig und lückenlos aufzuzeichnen. Dabei gilt auch der Grundsatz der **Einzelaufzeichnungspflicht**. Hiervon gibt es allerdings eine Ausnahme, wenn diese beim Verkauf von Waren an eine Vielzahl von nicht bekannten Personen gegen Barzahlung unzumutbar ist (§ 146 Abs. 1 Satz 3 AO). Verwendet der Unternehmer hingegen ein elektronisches Aufzeichnungssystem i.S.d. § 146a AO,[9] gilt der Grundsatz der Einzelaufzeichnungspflicht weiterhin (§ 146 Abs. 1 Satz 4 AO).
- Zudem ist auch der Grundsatz der **Richtigkeit** zu beachten (§ 146 Abs. 1 Satz 1 AO). Geschäftsvorfälle sind in Übereinstimmung mit den tatsächlichen Verhältnissen und im Einklang mit den rechtlichen Vorschriften inhaltlich zutreffend durch Belege abzubilden, der Wahrheit entsprechend aufzuzeichnen und bei kontenmäßiger Abbildung zutreffend zu kontieren.[10]
- Der Grundsatz der **zeitgerechten** Buchung und Aufzeichnung (§ 146 Abs. 1 Satz 1 AO) erfordert, dass ein zeitlicher Zusammenhang zwischen den Vorgängen und ihrer buchmäßigen Erfassung besteht.[11] Jeder Geschäftsvorfall ist zeitnah, d.h. möglichst unmittelbar nach seiner Entstehung in einer Grundaufzeichnung oder in einem Grundbuch zu erfassen, denn es widerspricht dem Wesen der kaufmännischen Buchführung, sich zunächst auf die Sammlung von Belegen zu beschränken

---

1 KroatienAnpG v. 25.7.2014, BGBl. I 2014, 1266 = BStBl. I 2014, 1126.
2 Gesetz zur weiteren steuerlichen Förderung der Elektromobilität und zur Änderung weiterer steuerlicher Vorschriften v. 12.12.2019, BGBl. I 2019, 2451 = BStBl. I 2020, 17.
3 Jahressteuergesetz 2020 (JStG 2020) v. 21.12.2020, BGBl. I 2020, 3096 = BStBl. I 2021, 6.
4 Gesetz zum Schutz vor Manipulationen an digitalen Grundaufzeichnungen v. 22.12.2016, BGBl. I 2016, 3152 = BStBl. I 2017, 21.
5 Ausführlich zur Rechtsentwicklung s. *Stapperfend* in Rau/Dürrwächter, § 22 UStG Rz. 1 ff. (Stand: März 2021).
6 *Janzen* in Lippross/Seibel, § 22 UStG Rz. 6 (Stand: Juni 2021).
7 *Heidner* in Bunjes[22], § 22 UStG Rz. 5.
8 *Görke* in Hübschmann/Hepp/Spitaler, § 146 AO Rz. 19 (Stand: Juni 2015).
9 S. dazu BMF, Schr. v. 17.6.2019 – IV A 4-S 0316-a/18/10001 – DOK 2019/0511938, BStBl. I 2019, 518 unter Berücksichtigung der Ergänzung durch BMF, Schr. v. 28.5.2020 – IV A 4-S 0316-a/20/10003 :002 – DOK 2020/0451857, BStBl. I 2020, 534.
10 BFH, Urt. v. 24.6.1997 – VIII R 9/96, BStBl. II 1998, 51 = FR 1998, 74.
11 BFH, Urt. v. 25.3.1992 – I R 69/91, BStBl. II 1992, 1010.

und nach Ablauf einer langen Zeit auf Grund dieser Belege die Geschäftsvorfälle in Grundaufzeichnungen oder Grundbüchern einzutragen.[1]

- Die Aufzeichnungen des Unternehmers haben **geordnet** zu erfolgen (§ 146 Abs. 1 Satz 1 AO). Dies bedeutet, dass die Aufzeichnungen systematisch erfasst werden und übersichtliche, eindeutige und nachvollziehbare Buchungen getätigt werden. Mit anderen Worten dürfen die geschäftlichen Unterlagen nicht planlos gesammelt und aufbewahrt werden.
- Die Bücher und die sonstigen erforderlichen Aufzeichnungen sind im **Geltungsbereich des UStG** zu führen **und** aufzubewahren (§ 146 Abs. 2 AO), so dass sie auch jederzeit für eine Umsatzsteuer-Nachschau (§ 27b UStG) erreichbar sind.[2] Unter den Voraussetzungen von § 146 Abs. 2a Satz 2 AO kann die FB auch bewilligen, dass die Aufzeichnungen außerhalb des Geltungsbereiches des UStG geführt und aufbewahrt werden.
- Der Unternehmer hat sich einer **lebendigen Sprache** zu bedienen (nicht zulässig z.B. Latein, Altgriechisch, Programmiersprachen, Esperanto).[3] Abkürzungen, Symbole, Ziffern oder Buchstaben können verwendet werden, allerdings muss deren Bedeutung im Einzelfall eindeutig festliegen (§ 146 Abs. 3 AO).
- Die Aufzeichnungen dürfen **nicht verändert** werden, so dass der ursprüngliche Inhalt nicht mehr feststellbar ist (Grundsatz der Unveränderbarkeit, § 146 Abs. 4 AO). Veränderungen und Löschungen von und an elektronischen Buchungen oder Aufzeichnungen müssen nach Ansicht der FinVerw. entsprechend protokolliert werden.[4]
- Der Unternehmer kann seine Aufzeichnungen auch in Form einer **geordneten bzw. systematischen Ablage** (§ 146 Abs. 5 Satz 1 AO) oder auf **Datenträgern** führen, soweit diese Formen den Grundsätzen ordnungsgemäßer Buchführung (GoB) entsprechen (§ 146 Abs. 5 Satz 1 Halbs. 2 AO). Bei Aufzeichnungen, die allein nach den Steuergesetzen vorzunehmen sind, bestimmt sich die Zulässigkeit des angewendeten Verfahrens nach dem Zweck, den die Aufzeichnungen für die Besteuerung erfüllen sollen (§ 145 Abs. 2 AO).

7 Die Aufzeichnungen nach dem UStG müssen zwar nicht getrennt von den sonstigen Büchern und Aufzeichnungen angefertigt werden (die Einbindung in eine ertragsteuerliche Buchführung ist zulässig), gleichwohl müssen die von § 22 UStG geforderten Aufzeichnungen darin aber ausnahmslos enthalten sein.[5] Bis zum Ablauf der Aufbewahrungsfristen (§ 147 Abs. 3 AO) haben die Aufzeichnungen mit den dazugehörigen Belegen und Unterlagen **Beweisfunktion.**[6]

8 Steuerpflichtige, die nicht nach dem HGB oder wegen des Überschreitens der Grenzen des § 141 Abs. 1 AO zur Buchführung und Bilanzierung verpflichtet sind und auch nicht freiwillig Bücher führen, können ihren ertragsteuerrechtlichen Gewinn nach § 4 Abs. 3 EStG ermitteln. Auch für diese sog. **Einnahmeüberschussrechner** hat § 22 UStG eine Bedeutung. Denn ohne § 22 UStG könnten z.B. Freiberufler vorbringen, nicht zur Führung von Aufzeichnungen verpflichtet zu sein, weil sie nicht in § 141 AO genannt sind[7] (auch wenn sie umsatzsteuerrechtliche Unternehmer i.S.d. § 2 UStG sind) und § 4 Abs. 3 EStG keine Verpflichtung zur Aufzeichnung von Einnahmen und Betriebsausgaben enthält.[8] Über § 140 AO wirkt § 22 UStG jedoch **unmittelbar für das EStG.**[9]

1 BFH. Urt. v. 10.6.1954 – IV 68/53 I, BStBl. III 1954, 298.
2 BT-Drucks. 16/10189, 80.
3 *Drüen* in Tipke/Kruse, § 146 AO Rz. 52 (Stand: August 2021).
4 BMF, Schr. v. 28.11.2019 – IV A 4-S 0316/19/10003 :001 – DOK 2019/0962810, BStBl. I 2019, 1269 Rz. 59.
5 *Stapperfend* in Rau/Dürrwächter, § 22 UStG Rz. 23 (Stand: März 2021).
6 *Pfeifer* in Weymüller², § 22 UStG Rz. 5; *Drüen* in Tipke/Kruse, Vorbemerkung zu §§ 140–148 Rz. 6 (Stand: September 2020).
7 *Gehm* in Hartmann/Metzenmacher, § 22 UStG Rz. 3 (Stand: Februar 2022); BFH, Beschl. v. 10.4.1987 – V B 67/86, BFH/NV 1987, 674.
8 *Stapperfend* in Rau/Dürrwächter, § 22 UStG Rz. 20 (Stand: März 2021).
9 BFH, Beschl. v. 18.3.2015 – III B 43/14, BFH/NV 2015, 978.

Es gibt daneben auch außerhalb des § 22 UStG **weitere** ergänzende bzw. einschränkende **Aufzeichnungspflichten** und **Buchnachweise**, die der Unternehmer zu beachten hat: 9

- § 4 Nr. 3 UStG i.V.m. § 21 UStDV bei **grenzüberschreitenden Beförderungen** (§ 4 Nr. 3 Rz. 29 ff.);
- § 4 Nr. 5 Satz 4 UStG i.V.m. § 22 UStDV bei bestimmten **Vermittlungsleistungen** (§ 4 Nr. 5 Rz. 20 ff.);
- § 6 Abs. 4 UStG i.V.m. § 13 UStDV bei **Ausfuhren** (§ 6 Rz. 117 ff.) bzw. § 7 Abs. 4 UStG i.V.m. § 13 UStDV bei **Lohnveredelungen an Gegenständen der Ausfuhr** (§ 7 Rz. 36 ff.);
- § 6a Abs. 3 UStG i.V.m. § 17d UStDV[1] bei **innergemeinschaftlichen Lieferungen** (§ 6a Rz. 114 ff.);
- § 8 Abs. 3 UStG i.V.m. § 18 UStDV bei Umsätzen der **Seeschifffahrt** und der **Luftfahrt** (§ 8 Rz. 40 f.);
- § 22b Abs. 3 UStG für sog. **Fiskalvertreter** (§ 22b Rz. 14);
- § 22f Abs. 1 UStG für Betreiber eines **elektronischen Marktplatzes** (§ 22f Rz. 15 ff.);
- § 25 Abs. 5 UStG bei **Reiseleistungen** (§ 25 Rz. 67 ff.);
- § 25a Abs. 6 UStG bei der **Differenzbesteuerung** (§ 25a Rz. 52 ff.);
- § 25b Abs. 6 UStG bei **innergemeinschaftlichen Dreiecksgeschäften** (§ 25b Rz. 60 ff.);
- § 25c Abs. 6 UStG bei Umsätzen mit **Anlagegold** (§ 25c Rz. 17).

B. Zur Aufzeichnung Verpflichtete (Absatz 1)

I. Aufzeichnungspflichtige Unternehmer (Absatz 1 Satz 1)

§ 22 Abs. 1 Satz 1 UStG verpflichtet **den Unternehmer** Aufzeichnungen zu führen, damit es dem Fiskus ermöglicht wird, die von ihm angemeldete Steuer und die Berechnungsgrundlagen nachvollziehen zu können. Da das Gesetz „den Unternehmer" zur Führung von Aufzeichnungen verpflichtet und keine weiteren Einschränkungen genannt sind, bedeutet dies, dass alle Unternehmer i.S.d. §§ 2, 2a UStG – und damit auch **Kleinunternehmer**, wobei diesen Erleichterungen nach § 65 UStDV zu Gute kommen – zur Führung von Aufzeichnungen verpflichtet sind (in Organschaftsfällen betrifft die Verpflichtung daher den Organträger). Es ist irrelevant, ob die Umsätze **nicht steuerbar** oder **steuerbefreit** sind, wobei der Frage, ob die steuerfreien Umsätze gem. § 15 Abs. 2 UStG den Vorsteuerabzug ausschließen oder nicht, keine Bedeutung zukommt.[2] Dass die Aufzeichnungspflicht auch bei derartigen Umsätzen besteht, ist gerechtfertigt, da es den Finanzbehörden nur so ermöglicht wird, die Nichtsteuerbarkeit bzw. die Steuerfreiheit zu kontrollieren (zu den Aufzeichnungspflichten bei nur teilweisem Vorsteuerabzug Rz. 55 ff.).[3] 10

Es ist ebenfalls nicht maßgeblich für die Pflicht zur Führung von Aufzeichnungen, ob der Unternehmer **im Inland ansässig** ist. Entscheidend ist allein, ob die Umsätze einen **Inlandsbezug** aufweisen.[4] Erbringt ein im Ausland ansässiger Unternehmer Umsätze im Inland, hat er die Aufzeichnungspflichten des § 22 UStG zu erfüllen, es sei denn, der Leistungsempfänger wird nach Maßgabe des **§ 13b UStG** zum Steuerschuldner.[5] Nicht im Inland ansässige Unternehmer, die aus im Inland bezogenen Eingangsleistungen die Vorsteuer **im Rahmen** des sog. Vorsteuer-Vergütungsverfahrens (§ 18 Abs. 9 UStG i.V.m. §§ 59–61 UStDV) deklarieren können, sind hingegen **nicht** nach Maßgabe des § 22 UStG aufzeichnungspflichtig, da die entsprechenden Vorsteuerbeträge anhand von Rechnungen und Einfuhrpapieren zu belegen sind. Werden die Vorsteuern hingegen **außerhalb** des Vorsteuer-Vergütungsverfahrens geltend gemacht, liegt ein für die Anwendung von § 22 UStG notwendiger Inlandsbezug 11

1 Durch das Gesetz zur weiteren steuerlichen Förderung der Elektromobilität und zur Änderung weiterer steuerlicher Vorschriften (sog. JStG 2019), BGBl. I 2019, 2451, wurde der bisherige § 17c UStDV zu § 17d UStDV.

2 *Raudszus* in Schwarz/Widmann/Radeisen, § 22 UStG Rz. 30 (Stand: November 2020).

3 *Stapperfend* in Rau/Dürrwächter, § 22 UStG Rz. 31 m.w.N. (Stand: März 2021).

4 *Stapperfend* in Rau/Dürrwächter, § 22 UStG Rz. 32 (Stand: März 2021).

5 *Heuermann* in Sölch/Ringleb, § 22 UStG Rz. 18 (Stand: Juni 2021); *Raudszus* in Schwarz/Widmann/Radeisen, § 22 UStG Rz. 31 (Stand: November 2020).

vor.[1] Die Aufzeichnungspflichten gelten auch für die sog. **Einzelbesteuerung** bei der Beförderung von Personen im Gelegenheitsverkehr (§ 16 Abs. 5 i.V.m. § 18 Abs. 5 UStG), da insoweit weder § 22 UStG noch die §§ 63 ff. UStDV eine Ausnahme bzw. Erleichterung vorsehen.[2] In den Fällen der **Fiskalvertretung** nach § 22b UStG hat der Fiskalvertreter die Aufzeichnungspflichten für den vertretenen Unternehmer zu erfüllen.

II. Aufzeichnungspflichtige Nichtunternehmer, Vertreter im IOSS-Verfahren nach § 18k UStG und gestellende Personen nach § 21a UStG (Absatz 1 Satz 2)

12 § 22 Abs. 1 Satz 2 **Halbs. 1** UStG erweitert die Aufzeichnungspflicht auch auf **Nichtunternehmer**. Erfasst werden hiervon zum einen nichtunternehmerisch tätige juristische Personen sowie andere Nichtunternehmer. Während nichtunternehmerisch tätige **juristische Personen** Aufzeichnungen zu führen haben, wenn sie einen innergemeinschaftlichen Erwerb bewirken (§ 13a Abs. 1 Nr. 2 UStG), als letzter Abnehmer im Rahmen eines innergemeinschaftlichen Dreiecksgeschäftes nach § 25b UStG auftreten (§ 13a Abs. 1 Nr. 5 UStG i.V.m. § 25b Abs. 1 Satz 2 UStG), die Umsatzsteuer nach Maßgabe des § 13b Abs. 5 UStG schulden oder unberechtigt Umsatzsteuer i.S.d. § 14c Abs. 2 UStG ausweisen, haben **andere Nichtunternehmer** im Falle einer Fahrzeugeinzelbesteuerung (§ 13a Abs. 1 Nr. 2 UStG i.V.m. § 16 Abs. 5a, § 18 Abs. 5a UStG) und eines unberechtigten Umsatzsteuerausweises nach § 14c Abs. 2 UStG entsprechende Aufzeichnungen zu führen. Unternehmer, die Leistungen nach § 13b UStG für ihren nichtunternehmerischen Bereich i.S.d. § 13b Abs. 5 Satz 7 UStG beziehen, fallen hingegen unter § 22 Abs. 1 **Satz 1** UStG.

12.1 Im Zusammenhang mit der Umsetzung der zweiten Stufe des Mehrwertsteuer-Digitalpakets wurde ab dem **1.7.2021** der Kreis der zur Aufzeichnung Verpflichteten durch § 22 Abs. 1 Satz 2 **Halbs. 2** UStG auf sog. **IOSS-Vertreter nach § 18k UStG** und **gestellende Personen i.S.v. § 21a UStG** erweitert:

12.2 Nimmt der Unternehmer das besondere **Besteuerungsverfahren nach § 18k UStG (sog. IOSS-Verfahren)** für Fernverkäufe von aus dem Drittlandsgebiet eingeführten Gegenständen in Sendungen mit einem Sachwert von höchstens 150 € in Anspruch und bestellt er einen in seinem Auftrag handelnden und im Gemeinschaftsgebiet ansässigen **Vertreter**, ordnet § 22 Abs. 1 Satz 2 Halbs. 2 UStG an, dass dieser ebenfalls die allgemeinen Aufzeichnungspflichten des § 22 UStG zu erfüllen hat, damit die Finanzbehörden die korrekte Abwicklung dieses besonderen Besteuerungsverfahrens überprüfen können.[3] Daneben wird der Vertreter gem. § 13 Abs. 1 Nr. 7 UStG i.V.m. § 44 AO zum Gesamtschuldner. Die Aufzeichnungspflichten des leistenden Unternehmers ergeben sich bereits aus § 22 Abs. 1 Satz 1 UStG.[4]

12.3 Die Vorschrift des **§ 21a UStG** enthält eine Sonderregelung bei der steuerpflichtigen Einfuhr von Gegenständen mit einem Sachwert von höchstens 150 €. Die Neuregelung ist nur von Bedeutung, wenn nicht von der EUSt-Befreiung nach § 5 Abs. 1 Nr. 7 UStG i.V.m. § 18k UStG Gebrauch gemacht wird (§ 21a Rz. 3). Die Norm ermöglicht es der die Sendung **gestellenden Person** (z.B. Post- bzw. Kurierdienstleister), für Rechnung des Sendungsempfängers zu handeln. Die aufgrund der Überführung in den zollrechtlich freien Verkehr entstehende EUSt wird zunächst aufgeschoben, wobei der Empfänger der Sendung bei der Auslieferung die EUSt an die gestellende Person zu entrichten hat. Damit die Zollverwaltung überprüfen kann, ob die gestellende Person ihren steuerrechtlichen Pflichten nachgekommen ist, hat sie gem. § 22 Abs. 1 Satz 2 **Halbs. 2** UStG die zur Feststellung der EUSt und der Grundlagen ihrer Berechnungen erforderlichen Aufzeichnungen zu führen.[5] Zu den aufzuzeichnenden

1 Nimmt ein Unternehmer für Umsätze ab dem 1.7.2021 die besonderen Besteuerungsverfahren nach §§ 18i, 18j, 18k UStG in Anspruch, ist jedoch zu beachten, dass etwaige Vorsteuerbeträge nicht über diese Verfahren erklärt werden können. Die Vorsteuer kann er entweder im allgemeinen Besteuerungsverfahren oder im Vorsteuer-Vergütungsverfahren erklären.

2 *Stapperfend* in Rau/Dürrwächter, § 22 UStG Rz. 31 m.w.N. (Stand: März 2021); **a.A.** *Heuermann* in Sölch/Ringleb, § 22 UStG Rz. 19 (Stand: Juni 2021).

3 *Stapperfend* in Rau/Dürrwächter, § 22 UStG Rz. 44 (Stand: März 2021).

4 *Stapperfend* in Rau/Dürrwächter, § 22 UStG Rz. 44 (Stand: März 2021).

5 *Stapperfend* in Rau/Dürrwächter, § 22 UStG Rz. 45 (Stand: März 2021).

Angaben der gestellenden Person nach § 22 Abs. 2 Nr. 10 UStG s. Rz. 52.1 ff. Eine Aufzeichnungsverpflichtung des **Sendungsempfängers** sieht § 22 Abs. 1 Satz 2 Halbs. 2 UStG **nicht** vor.

Der Umfang der Aufzeichnungspflichten ergibt sich für die Fälle der Steuerschuldnerschaft nach § 13a Abs. 1 Nr. 2 und 5 UStG aus § 22 Abs. 2 Nr. 7 UStG (Rz. 46 f.), für die Fälle des Wechsels der Steuerschuldnerschaft gem. § 13b UStG aus § 22 Abs. 2 Nr. 8 UStG (Rz. 48 f.) und im Falle von § 14c Abs. 2 UStG aus § 22 Abs. 2 Nr. 4 UStG (Rz. 37). 13

III. Aufzeichnungspflichten eines gesondert geführten Betriebes (Absatz 1 Satz 3)

Erzielt ein Unternehmer neben seinen Umsätzen aus einem land- und forstwirtschaftlichen Betrieb noch andere Umsätze (z.B. ein Gewerbebetrieb), die nicht der Durchschnittssatzbesteuerung unterliegen, und liegt daher ein sog. gesondert geführter Betrieb i.S.d. § 24 Abs. 3 UStG (§ 24 Rz. 103 ff.) vor, schreibt § 22 Abs. 1 Satz 3 UStG vor, dass der Unternehmer **getrennte Aufzeichnungen** zu führen hat und die Aufzeichnungen **nicht zusammengefasst** werden dürfen, d.h. dass die Aufzeichnungen betreffend den gesondert geführten Betrieb getrennt (gesondert) von den übrigen Umsätzen zu führen sind. 14

Für den land- und forstwirtschaftlichen Betrieb können die Erleichterungen nach § 67 UStDV in Anspruch genommen werden (Rz. 121 f.). 15

IV. Elektronisches Zurverfügungstellen der Aufzeichnungen (Absatz 1 Satz 4)

1. Am 30.6.2021 auslaufendes Recht (Absatz 1 Satz 4 Halbs. 1 und 2)

Siehe hierzu 2. Auflage 2022, Rz. 16–19.2. 16

frei 17–18

2. Ab 1.7.2021 geltendes Recht (Absatz 1 Satz 4 Halbs. 3)

Der neue **Halbs. 3** in § 22 Abs. 1 Satz 4 UStG ordnet an, dass auch für die ab 1.7.2021 zur Anwendung kommenden **besonderen Besteuerungsverfahren (§§ 18i, 18j, 18k UStG)** sowie für die Sonderregelung für die EUSt nach **§ 21a UStG** (Rz. 52.1 ff.) die erforderlichen Aufzeichnungen **zehn Jahre** lang vom Ende des Jahres an, in dem der Umsatz oder Geschäftsvorgang bewirkt wurde, aufzubewahren und **auf Anfrage** der für das besondere Besteuerungsverfahren oder für die Sonderregelung zuständigen Finanzbehörde auf **elektronischem Weg** zur Verfügung zu stellen sind.[1] Betroffen hiervon ist nicht nur der das jeweilige besondere Besteuerungsverfahren in Anspruch nehmende Unternehmer bzw. der gestellende Unternehmer nach § 21a UStG, sondern auch ein etwaig in seinem Auftrag handelnder im Gemeinschaftsgebiet ansässiger **Vertreter** in den Fällen des § 18k UStG (Rz. 12.2 ff.).[2] Der **Umfang** der zu führenden Aufzeichnungen ergibt sich für **§§ 18i, 18j UStG** aus **Abschn. 22.3a Abs. 4 UStAE** und für **§ 18k UStG** aus **Abschn. 22.3a 4a UStAE.** 19

C. Umfang der Aufzeichnungspflichten (Absatz 2)

I. Entgelte für ausgeführte Leistungen (Absatz 2 Nr. 1)

1. Vereinbarte Netto-Entgelte (Absatz 2 Nr. 1 Satz 1)

Der der Sollversteuerung unterliegende Unternehmer hat gem. § 22 Abs. 2 Nr. 1 Satz 1 UStG die vereinbarten **Entgelte** für seine ausgeführten Leistungen aufzuzeichnen. Es kommt zunächst nicht darauf 20

1 *Stapperfend* in Rau/Dürrwächter, § 22 UStG Rz. 61 (Stand: März 2021); s. auch Abschn. 22.3a Abs. 3a Satz 2 UStAE.

2 Abschn. 22.3a Abs. 3a Satz 1 UStAE.

an, ob diese **steuerpflichtig** oder **steuerfrei** sind, so dass auch steuerfreie **Ausfuhrlieferungen** und **innergemeinschaftliche Lieferungen**[1] (inklusive der steuerfreien **Verbringensfälle**) aufzuzeichnen sind.[2] Der Begriff des Entgelts ergibt sich aus **§ 10 UStG**. Entgelt ist gemäß § 10 Abs. 1 Satz 2 UStG alles, was den Wert der Gegenleistung bildet, die der leistende Unternehmer vom Leistungsempfänger oder von einem anderen als dem Leistungsempfänger für die Leistung erhält oder erhalten soll, einschließlich der unmittelbar mit dem Preis dieser Umsätze zusammenhängenden Subventionen, jedoch abzüglich der für diese Leistung gesetzlich geschuldeten Umsatzsteuer. Aufzuzeichnen sind daher grundsätzlich die dem umsatzsteuerrechtlichen Entgelt entsprechenden Nettowerte. Der richtige und berechtigte **Umsatzsteuerbetrag** ist – da nicht im Gesetz genannt – **nicht** aufzuzeichnen, weder nach § 22 Abs. 2 Nr. 1 Satz 1 UStG noch nach einer anderen Vorschrift.[3] Etwas anderes gilt nur, wenn der Unternehmer von dem sog. **Bruttoverfahren** nach **§ 63 Abs. 3 Nr. 1 UStDV** Gebrauch macht, dann hat er das Entgelt und den Steuerbetrag **in einer Summe** aufzuzeichnen (Rz. 113). Hingegen sind nicht steuerbare Leistungen, wie durchlaufende Posten i.S.d. § 10 Abs. 1 Satz 5 UStG, echte nicht steuerbare Zuschüsse[4] (seit dem 1.1.2019 spricht das Gesetz insoweit von Subventionen), reine Mitgliederbeiträge, echte Schadenersatzleistung oder Gebühren der öffentlichen Hand zur Erfüllung von Hoheitsaufgabenkein Entgelt und daher nicht aufzuzeichnen.[5]

2. Trennung nach Umsätzen und Steuersätzen (Absatz 2 Nr. 1 Satz 2)

21 Gemäß § 22 Abs. 2 Nr. 1 Satz 2 UStG hat der Unternehmer seine Entgelte aufzugliedern in steuerpflichtig und steuerfrei einerseits und nach Steuersätzen andererseits.[6] Nur so werden eine zutreffende Berechnung und Überprüfung der Umsatzsteuer (inklusive des Vorsteuerabzugs) ermöglicht.[7]

22 Sowohl in den Fällen der Sollversteuerung (§ 16 UStG) als auch in denen der Istversteuerung nach § 20 UStG (§ 22 Abs. 2 Nr. 1 Satz 5 UStG) hat der Unternehmer nachträgliche Entgeltminderungen oder -erhöhungen nach § 17 Abs. 1 Satz 7 UStG in dem Voranmeldungszeitraum aufzuzeichnen, in welchem sie eingetreten sind, wobei auch die Änderung auf steuerpflichtige und steuerfreie Umsätze, getrennt nach Steuersätzen, vom Unternehmer zu verteilen ist. Dies gilt entsprechend auch für innergemeinschaftliche Lieferungen und innergemeinschaftliche Erwerbe.[8]

23 Hinsichtlich der Möglichkeit des Unternehmers, beim FA einen Antrag zu stellen, um die Entgelte **nachträglich** aufgrund der Wareneingänge oder anderer Merkmale nach **§ 63 Abs. 4 UStDV** zu trennen, s. Rz. 114 (Erleichterung für die Trennung der Entgelte).

3. Unentgeltliche Wertabgaben und Fälle verbilligter Leistungen (Absatz 2 Nr. 1 Satz 3)

24 Die dem Unternehmer nach § 22 Abs. 2 Nr. 1 Sätze 1 und 2 UStG auferlegte Aufzeichnungspflicht gilt gemäß § 22 Abs. 2 Nr. 1 **Satz 3** UStG auch in den Fällen der sog. **unentgeltlichen Wertgaben** (§ 3 Abs. 1b Nr. 1–3 UStG sowie § 3 Abs. 9a Nr. 1 und 2 UStG) in den Fällen verbilligter Lieferungen und sonstiger Leistungen (sog. **Mindestbemessungsgrundlage** nach § 10 Abs. 5 Nr. 1 und 2 UStG). Aufzuzeichnen ist nicht das Entgelt, sondern die Bemessungsgrundlage nach **§ 10 Abs. 4 bzw. 5 UStG**, wiederum **getrennt** nach steuerfreien und steuerpflichtigen Umsätzen sowie nach Steuersätzen.

25 Durch die entsprechende Anwendung von § 22 Abs. 1 Nr. 1 Satz 2 UStG gelten die Ausführungen zur Möglichkeit des Unternehmers, die Entgelte nachträglich nach **§ 63 Abs. 4 UStDV** zu trennen, ent-

---

1 Innergemeinschaftliche Erwerbe sind hingegen gemäß § 22 Abs. 2 Nr. 7 UStG aufzuzeichnen (Rz. 46 f.).

2 *Raudszus* in Schwarz/Widmann/Radeisen, § 22 UStG Rz. 89 (Stand: November 2020); Abschn. 22.3 Abs. 1 UStAE.

3 *Stapperfend* in Rau/Dürrwächter, § 22 UStG Rz. 110 m.w.N. (Stand: März 2021); *Kister* in Offerhaus/Söhn/Lange, § 22 UStG Rz. 66 (Stand: Juli 2017).

4 *Heuermann* in Sölch/Ringleb, § 22 UStG Rz. 89 (Stand: Juni 2021).

5 *Futisch* in Küffner/Zugmaier, § 22 UStG Rz. 48 (Stand: April 2021); **a.A.** *Raudszus* in Schwarz/Widmann/Radeisen, § 22 UStG Rz. 90 (Stand: November 2020).

6 Zur Trennung der Entgelte bei Abgabe mehrerer unterschiedlich zu besteuernder Leistungen zu einem pauschalen Gesamtverkaufspreis s. Abschn. 10.1 Abs. 11 UStAE.

7 *Stapperfend* in Rau/Dürrwächter, § 22 UStG Rz. 118 (Stand: März 2021).

8 Abschn. 22.3 Abs. 2 UStAE.

sprechend (Rz. 114). Der Unternehmer kann für diese Aufzeichnungspflicht alternativ gemäß **§ 63 Abs. 3 Nr. 2 UStDV** auch das sog. **Bruttoverfahren** anwenden (Rz. 113).

4. Umsätze, für welche gemäß § 9 UStG optiert worden ist (Absatz 2 Nr. 1 Satz 4)

Gemäß § 22 Abs. 2 Nr. 1 **Satz 4** UStG muss aus den Aufzeichnungen des Unternehmers ersichtlich sein, welche Umsätze er nach Maßgabe des **§ 9 UStG** als **umsatzsteuerpflichtig** behandelt. Die Nichtbeachtung der Aufzeichnungspflicht hat jedoch keine Auswirkung auf die Frage einer wirksamen Option nach § 9 UStG.[1] Wird eine solche Leistung zusammen mit einer steuerpflichtigen Leistung ausgeführt und für beide ein einheitliches Entgelt vereinbart, kann aus Vereinfachungsgründen darauf verzichtet werden, den auf die einzelne Leistung entfallenden Entgeltteil zu errechnen und den Entgeltteil, der auf die freiwillig versteuerte Leistung entfällt, gesondert aufzuzeichnen.[2] 26

Auch wenn § 22 Abs. 2 Nr. 1 Satz 4 UStG nicht auf Absatz 2 Nr. 1 Satz 2 UStG Bezug nimmt, ist auch im Falle eines Optionsumsatzes eine **Trennung nach Steuersätzen** vornehmen.[3] Da die Option bis zur materiellen Bestandskraft ausgeübt werden kann,[4] ist die Aufzeichnung im Falle einer späteren Option **nachträglich** vornehmen. 27

5. Entsprechende Anwendung in Fällen der Istbesteuerung (Absatz 2 Nr. 1 Satz 5)

Die Ausführungen nach § 22 Abs. 2 Nr. 1 Sätze 1–4 UStG gelten gemäß § 22 Abs. 2 Nr. 1 Satz 5 UStG entsprechend, wenn der Unternehmer seine Steuer nach vereinnahmten Entgelten (§ 20 UStG) besteuert. 28

Der Unternehmer kann auch in den Fällen der Istbesteuerung das sog. **Bruttoverfahren** gemäß **§ 63 Abs. 3 UStDV** anzuwenden (Rz. 113). 29

6. Entgeltminderung bei Zentralregulierern (Absatz 2 Nr. 1 Satz 6)

In den Fällen des § 17 Abs. 1 Satz 6 UStG (§ 17 Rz. 77 ff.) hat der Schuldner, der auf die Entgeltminderungen entfallenden Steuer (der sog. **Zentralregulierer**), die Beträge der jeweiligen Entgeltminderungen gemäß § 22 Abs. 2 Nr. 1 Satz 6 UStG gesondert von seinen Umsätzen aufzuzeichnen. Er hat dabei die Entgeltminderungen ggf. nach steuerfreien und steuerpflichtigen Umsätzen sowie nach Steuersätzen zu trennen.[5] Der Zentralregulierer ist in derartigen Fällen Steuerschuldner. Da dieser Steuertatbestand seine eigentlichen Umsätze nicht berührt, sind diese Steuerbeträge gesondert aufzuzeichnen.[6] 30

Der Unternehmer kann für diese Aufzeichnungspflicht alternativ gemäß **§ 63 Abs. 3 Nr. 3 UStDV** auch das sog. **Bruttoverfahren** anwenden (Rz. 113). 31

II. Entgelte für noch nicht ausgeführte Leistungen (Absatz 2 Nr. 2)

§ 22 Abs. 2 Nr. 2 **Satz 1** UStG verpflichtet den der Regelbesteuerung unterliegenden Unternehmer, die bereits **vereinnahmten** Entgelte und Teilentgelte für **noch nicht** erbrachte Lieferungen und sonstige Leistungen zu erfassen. Erfasst hiervon sind die Fälle des **§ 13 Abs. 1 Nr. 1 Buchst. a Satz 4 UStG**, wenn also das Entgelt oder ein Teil davon vor Ausführung der Leistung gezahlt wird. Erhält der Unternehmer das Entgelt oder Teilentgelte **nach** der Ausführung der Leistung, ist § 22 Abs. 2 **Nr. 1 Satz 1** UStG einschlägig. Entgelte, die dem Unternehmer i.R. der Besteuerung nach vereinnahmten Entgelten 32

1 *Stapperfend* in Rau/Dürrwächter, § 22 UStG Rz. 165 m.w.N. (Stand: März 2021); *Raudszus* in Schwarz/Widmann/Radeisen, § 22 UStG Rz. 137 (Stand: November 2020).
2 Abschn. 22.2 Abs. 4 Satz 2 UStAE.
3 *Raudszus* in Schwarz/Widmann/Radeisen, § 22 UStG Rz. 135 (Stand: November 2020).
4 Abschn. 9.1 Abs. 3 UStAE.
5 Abschn. 22.2 Abs. 3 UStAE.
6 *Heuermann* in Sölch/Ringleb, § 22 UStG Rz. 134 (Stand: Juni 2021).

(§ 20 UStG) zufließen, werden von § 22 Abs. 2 **Nr. 1 Satz 5** UStG erfasst. Ferner ist vom Unternehmer ersichtlich zu machen, wie sich die Entgelte und Teilentgelte auf die steuerpflichtigen Umsätze, getrennt nach Steuersätzen, und auf die steuerfreien Umsätze verteilen (§ 22 Abs. 2 Nr. 2 **Satz 2** UStG). Zur Möglichkeit der **nachträglichen Trennung** der Entgelte nach **§ 63 Abs. 4 Satz 1 UStG** s. Rz. 114.

33 Auch in den Fällen, wenn das Entgelt oder ein Teil des Entgelts vom Unternehmer vor Ausführung der Leistung vereinnahmt wird, hat er gemäß § 22 Abs. 2 Nr. 2 **Satz 3** i.V.m. Nr. 1 Satz 4 UStG deutlich zu machen, welche Umsätze er gemäß § 9 UStG steuerpflichtig behandelt (Rz. 26).

34 Am Ende jedes Voranmeldungszeitraums hat der Unternehmer gemäß **§ 63 Abs. 2 Satz 1 UStDV** die Entgelte und Teilentgelte zusammenzurechnen. Wendet der Unternehmer alternativ das sog. **Bruttoverfahren** nach § 63 Abs. 3 Nr. 1 UStDV an (Rz. 113), so hat er gemäß **§ 63 Abs. 3 Satz 3 UStDV** am Schluss jedes Voranmeldungszeitraums die Summe der Entgelte und Teilentgelte zu errechnen und aufzuzeichnen.

III. Unentgeltliche Wertabgaben (Absatz 2 Nr. 3)

35 Liegen unter den Voraussetzungen des § 3 Abs. 1b UStG bzw. § 3 Abs. 9a **Nr. 1** UStG sog. **unentgeltliche Wertabgaben** vor, hat der Unternehmer nach § 22 Abs. 2 Nr. 3 Satz 1 UStG die diesbezüglichen Bemessungsgrundlagen nach **§ 10 Abs. 4 UStG** aufzuzeichnen (§ 10 Rz. 124 ff.). Da § 22 Abs. 2 Nr. 1 Satz 3 UStG bereits eine gleichlautende Aufzeichnungspflicht enthält, liegt hinsichtlich der Umsätze nach § 3 Abs. 1b UStG und nach § 3 Abs. 9a **Nr. 1** UStG eine doppelte Regelung vor.[1] Umsätze nach § 3 Abs. 9a **Nr. 2** UStG werden aufgrund des eindeutigen Wortlauts von § 22 Abs. 2 Nr. 1 Satz 3 UStG erfasst.[2]

36 § 22 Abs. 2 Nr. 3 Satz 2 UStG erklärt Nummer 1 Satz 2 für entsprechend anwendbar, d.h. aus den Aufzeichnungen muss sich die Verteilung der Bemessungsgrundlage auf die steuerfreien und steuerpflichtigen Umsätze, getrennt nach Steuersätzen ergeben. Gemäß **§ 63 Abs. 3 Nr. 2 UStDV** kann der Unternehmer auf Antrag die Bemessungsgrundlage nach § 10 Abs. 4 UStG und den darauf entfallenden Steuerbetrag in einer Summe aufzeichnen (sog. **Bruttoverfahren,** Rz. 113).

IV. Nach § 14c UStG geschuldete Beträge (Absatz 2 Nr. 4)

37 Der **Unternehmer** hat seine nach § 14c Abs. 1 und Abs. 2 UStG geschuldeten **Steuerbeträge** aufzuzeichnen und am Schluss eines jeden Voranmeldungszeitraums **zusammenzurechnen** (§ 63 Abs. 2 UStDV), wobei sich die Aufzeichnungspflicht für den nach § 14c Abs. 2 UStG geschuldeten Betrag bereits aus § 22 Abs. 1 Satz 2 UStG ergibt. Eine Unterteilung danach, ob die Steuer nach § 14c Abs. 1 UStG oder nach § 14c Abs. 2 UStG geschuldet wird, hat nicht zu erfolgen.[3] Entsprechendes gilt für die von **Nichtunternehmern** nach § 14c Abs. 2 UStG geschuldeten Steuerbeträge (§ 22 Abs. 1 Satz 2 UStG).

V. Abziehbare Vorsteuerbeträge (Absatz 2 Nr. 5)

38 § 22 Abs. 2 Nr. 5 UStG betrifft – spiegelbildlich zu § 22 Abs. 2 Nr. 1 UStG – die Aufzeichnungspflicht für die **Eingangsumsätze** des Unternehmers, also die zur Ermittlung des Vorsteuerabzugs maßgebenden Werte. Ist der Unternehmer vom Vorsteuerabzug ausgeschlossen, entfällt diese Aufzeichnungspflicht gemäß § 22 Abs. 3 Satz 1 UStG (Rz. 53 f.). Die Aufzeichnungspflicht gilt jedoch auch für solche bezogenen steuerpflichtigen Leistungen, wenn der Vorsteuerabzug des Unternehmers gemäß § 15 Abs. 2 i.V.m. Abs. 3 UStG ausgeschlossen ist und daneben für andere Umsätze an den Unternehmer ein Vorsteuerabzug in Betracht kommt (§ 22 Abs. 3 Satz 2 UStG).[4] § 22 Abs. 2 Nr. 5 UStG unterschei-

1 *Stapperfend* in Rau/Dürrwächter, § 22 UStG Rz. 185 (Stand: März 2021).
2 *Stapperfend* in Rau/Dürrwächter, § 22 UStG Rz. 185 (Stand: März 2021).
3 *Kister* in Offerhaus/Söhn/Lange, § 22 UStG Rz. 131 (Stand: Juli 2017).
4 *Kister* in Offerhaus/Söhn/Lange, § 22 UStG Rz. 133 (Stand: Juli 2017).

det hierbei zwei Aufzeichnungsfälle, nämlich zum einen die Entgelte für bezogene **steuerpflichtige** Lieferungen und sonstige Leistungen (Halbsatz 1) sowie Entgelte und Teilentgelte bezogen auf **Anzahlungen, Voraus- oder Abschlagszahlungen** i.S.d. § 13 Abs. 1 Nr. 1 Buchst. a Satz 4 UStG (Halbsatz 2).

Für die zuerst genannten Fälle der steuerpflichtigen Leistungen hat der Unternehmer die **Entgelte** und **Steuerbeträge** separat aufzuzeichnen (sog. **Nettoverfahren**; zum sog. **Bruttoverfahren** nach **§ 63 Abs. 5 UStDV** s. Rz. 113) Aus dem Wortlaut der Norm wird bereits deutlich, dass bezogene **nicht steuerbare** und **steuerfreie** Leistungen nicht vom Unternehmer aufzuzeichnen sind. Steht beim Leistungsbezug bereits fest, dass der Unternehmer die bezogene Leistung **ausschließlich** und **unmittelbar** für eine unentgeltliche Wertabgabe verwenden möchte,[1] ist er nicht zum Vorsteuerabzug berechtigt (§ 15 Rz. 111) und hat die Aufzeichnungspflicht nach § 22 Abs. 2 Nr. 5 UStG **nicht** zu beachten. Erfolgt die Lieferung sowohl für das Unternehmen als auch für den Privatbereich und ordnet der Unternehmer diese nicht ausschließlich seinem Unternehmen zu, so ist eine **Aufteilung** nach § 15 Abs. 4 UStG vorzunehmen und nur der das Unternehmen betreffende Teil des Entgelts und des Steuerbetrags ist aufzuzeichnen.[2] 39

Für die zuletzt genannten Fälle der Anzahlungen, Voraus- oder Abschlagszahlungen sind die **Entgelte** bzw. **Teilentgelte** sowie der **Steuerbetrag** aufzuzeichnen. Da § 13 Abs. 1 Nr. 1 Buchst. a Satz 4 UStG für das Entstehen eine Vereinnahmung des Entgelts oder Teilentgelts voraussetzt und der Unternehmer zum Ausüben seines Vorsteuerabzugsrechts insoweit eine Rechnung benötigt (§ 15 Abs. 1 Nr. 1 Satz 3 UStG), tritt die Aufzeichnungspflicht erst zu dem Zeitpunkt ein, wenn **beide Voraussetzungen** erfüllt sind, da ansonsten der Unternehmer Vorsteuerbeträge in einem Voranmeldungszeitraum aufzeichnen würde, in dem sie mangels Besitz einer Rechnung noch nicht abgezogen werden können.[3] Erhält der Unternehmer nach Ausführung der Leistung die **Schlussrechnung**, hat er nur noch den Differenzbetrag nach § 22 Abs. 2 Nr. 5 UStG zu erfassen.[4] 40

Ändert sich die Bemessungsgrundlage gem. **§ 17 Abs. 1 Satz 2 UStG** ist die damit einhergehende Vorsteuerkorrektur ebenfalls nach § 22 Abs. 2 Nr. 5 UStG zu erfassen.[5] Hinsichtlich der Fälle von Entgeltminderungen, die sowohl steuerfreie als auch steuerpflichtige Umsätze betreffen **s. Abschn. 22.2 Abs. 8 UStAE.** 41

Zur **Befreiung** von der Aufzeichnungspflicht, wenn der Unternehmer seine Vorsteuerbeträge gem. § 23a UStG nach **Durchschnittssätzen** berechnet, s. Rz. 119 f. 42

VI. Einfuhrumsatzsteuer (EUSt) (Absatz 2 Nr. 6)

Gemäß § 22 Abs. 2 Nr. 6 UStG hat der Unternehmer die **Bemessungsgrundlagen** nach § 11 UStG (sog. Zollwert) für die Einfuhr von für sein Unternehmen eingeführten Gegenständen sowie die dafür **entstandene EUSt** aufzuzeichnen. Erfasst wird also die für den Vorsteuerabzug entstandene EUSt. Davon zu unterscheiden ist die Aufzeichnungspflicht für die Einfuhrumsätze nach § 1 Abs. 1 Nr. 4 UStG, die sich jedoch aus den vorrangig anzuwendenden Vorschriften des UZK ergibt (§ 21 Abs. 2 UStG).[6] Ist der Unternehmer vom Vorsteuerabzug ausgeschlossen, **entfällt** die Aufzeichnungspflicht gemäß § 22 Abs. 3 UStG (Rz. 53 ff.). 43

Zu den Aufzeichnungsvereinfachungen bez. der EUSt nach **§ 64 UStDV** s. Rz. 116. 44

Zur **Befreiung** von der Aufzeichnungspflicht, wenn der Unternehmer seine Vorsteuerbeträge gem. § 23a UStG nach **Durchschnittssätzen** berechnet, s. Rz. 119 f. 45

1 Abschn. 15.15 Abs. 1 UStAE.
2 *Stapperfend* in Rau/Dürrwächter, § 22 UStG Rz. 194 (Stand: März 2021).
3 *Stapperfend* in Rau/Dürrwächter, § 22 UStG Rz. 195 m.w.N. (Stand: März 2021).
4 *Kister* in Offerhaus/Söhn/Lange, § 22 UStG Rz. 157 (Stand: Juli 2017).
5 Abschn. 22.2 Abs. 8 Satz 1 UStAE.
6 *Pfeifer* in Weymüller[2], § 22 UStG Rz. 8.

VII. Innergemeinschaftliche Erwerbe (Absatz 2 Nr. 7)

46 Die Norm regelt, dass sowohl die **Bemessungsgrundlage** nach § 10 Abs. 1 und 4 UStG als auch der hierauf entfallende **Steuerbetrag** für innergemeinschaftliche Erwerbe nach § 1a UStG (inklusive der sog. Verbringensfälle nach § 1a Abs. 2 UStG) aufzuzeichnen sind – auch wenn sie steuerfrei nach § 4b UStG sind.[1] Die Aufzeichnungspflicht gilt auch für juristische Personen, die nicht Unternehmer sind (§ 1a Abs. 1 Nr. 2 Buchst. b UStG).[2] Bei den Aufzeichnungen sind die steuerfreien von steuerpflichtigen innergemeinschaftlichen Erwerben sowie bei Letzteren zusätzlich nach Steuersätzen zu trennen.[3] Diese Trennung gilt auch für nachträgliche Minderungen oder Erhöhungen der Bemessungsgrundlage, die daher ebenfalls aufzuzeichnen sind.[4]

47 Die in § 1a Abs. 3 Nr. 1 UStG genannten Unternehmer (sog. **Schwellenerwerber**) haben die Aufzeichnungspflicht nur zu erfüllen, wenn sie die Erwerbsschwelle überschreiten, zur Erwerbspflicht optieren (§ 1a Abs. 4 UStG) oder aber verbrauchsteuerpflichtige Waren (§ 1a Abs. 5 UStG) erwerben.[5]

VIII. Wechsel der Steuerschuldnerschaft nach § 13b UStG (Absatz 2 Nr. 8)

48 Kommt es nach Maßgabe des § 13b UStG zu einem Wechsel der Steuerschuldnerschaft vom leistenden Unternehmer auf den Leistungsempfänger, ordnet § 22 Abs. 2 Nr. 8 UStG an, dass der **Leistungsempfänger** – unabhängig davon, ob er Unternehmer ist (§ 22 Abs. 1 Satz 2 UStG), z.B. bei Bezug einer Leistung für den nichtunternehmerischen Bereich – die Angaben entsprechend **den Nummern 1 und 2** aufzuzeichnen hat. Da § 13b UStG nur Anwendung findet, wenn die Lieferung oder sonstige Leistung steuerpflichtig ist, hat der Leistungsempfänger bezüglich der **an ihn** ausgeführten oder noch nicht ausgeführten steuerpflichtigen[6] Leistungen (nur) die diesbezüglichen **Entgelte** unterteilt nach **Steuersätzen** sowie **Entgeltminderungen** nach § 17 Abs. 1 Satz 6 UStG aufzuzeichnen. Ist der Leistungsempfänger ein Unternehmer, hat er, wenn er zum Vorsteuerabzug gemäß § 15 Abs. 1 Nr. 4 UStG berechtigt ist, auch die Aufzeichnungspflichten nach § 22 Abs. 2 Nr. 5 UStG (Rz. 38 ff.) zu erfüllen.

49 Der **Leistende** hat die Angaben nach den Nummern 1 und 2 zusätzlich zu seinen allgemeinen Aufzeichnungen aufzuzeichnen.

IX. Umsatzsteuerlager (Absatz 2 Nr. 9)

50 Liegt unter den Voraussetzungen des § 4 Nr. 4a Sätze 4–8 UStG ein sog. Umsatzsteuerlager vor (§ 4 Nr. 4a Rz. 32 ff.), sind bestimmte **Umsätze mit der Einlagerung** (Lieferungen mit Warenbewegung in ein Umsatzsteuerlager gemäß § 4 Nr. 4a Satz 1 Buchst. a Satz 1 UStG, Einlagerungen innergemeinschaftlich erworbener Gegenstände gemäß § 4b Nr. 2 UStG sowie die Einlagerung eingeführter Gegenstände gemäß § 5 Abs. 1 Nr. 4 UStG) aber auch **Umsätze mit den eingelagerten Gegenständen** (Lagerlieferungen gemäß § 4 Nr. 4a Satz 1 Buchst. a Satz 1 letzter Halbs. UStG, Leistungen im Zusammenhang mit eingelagerten Gegenständen gemäß § 4 Nr. 4a Satz 1 Buchst. b Satz 1 UStG und die Vermittlung eines nach § 4 Nr. 4a UStG befreiten Umsatzes gemäß § 4 Nr. 5 Satz 1 Buchst. a UStG) umsatzsteuerbefreit.

51 Kommt es zu einer **Auslagerung** (§ 4 Nr. 4a Satz 1 Buchst. a Satz 3 UStG) oder einem der Auslagerung **gleichgestellten Tatbestand** (§ 4 Nr. 4a Satz 1 Buchst. a Satz 4 UStG), hat dies zur Folge, dass die **Steuerbefreiung** des letzten vor der Auslagerung liegenden Umsatzes rückwirkend **entfällt**, es sei denn der Gegenstand wird in ein anderes Umsatzsteuerlager im Inland eingelagert (§ 4 Nr. 4a Satz 1 Buchst. a Satz 2 UStG). In solchen Fällen hat der **Auslagerer**, also derjenige der zum Zeitpunkt der

1 *Stapperfend* in Rau/Dürrwächter, § 22 UStG Rz. 218 (Stand: März 2021); *Kister* in Offerhaus/Söhn/Lange, § 22 UStG Rz. 177 (Stand: Juli 2017).
2 *Pfeifer* in Weymüller², § 22 UStG Rz. 25.
3 Abschn. 22.3 Abs. 2 Satz 2 UStAE; *Stapperfend* in Rau/Dürrwächter, § 22 UStG Rz. 219 (Stand: März 2021).
4 Abschn. 22.3 Abs. 2 Satz 1 UStAE.
5 Abschn. 22.3 Abs. 6 UStAE.
6 Bei steuerfreien Umsätzen findet § 13b UStG keine Anwendung.

Auslagerung die **Verfügungsmacht** an dem Gegenstand hat[1] und gemäß § 13a Nr. 6 UStG Steuerschuldner ist, gemäß § 22 Abs. 2 Nr. 9 UStG die hierauf entfallende **Bemessungsgrundlage** unter Berücksichtigung etwaiger Hinzurechnungen nach § 10 Abs. 1 Satz 4 UStG[2] und den **Steuerbetrag** aufzuzeichnen.

Daneben existieren auch Aufzeichnungspflichten des **Lagerhalters** bzw. Betreibers des Umsatzsteuerlagers gemäß § 22 Abs. 4c UStG (Rz. 78 ff.). 52

X. Sonderregelung für die EUSt nach § 21a UStG (Absatz 2 Nr. 10)

Nimmt die **gestellende Person** die Sonderregelung nach § 21a UStG bei der Einfuhr von Gegenständen mit einem Sachwert von höchstens 150 € in Anspruch, hat sie die in § 22 Abs. 2 Nr. 10 UStG genannten Aufzeichnungen zu führen, um der Zollverwaltung eine Überprüfung der steuerlichen Pflichten zu ermöglichen. Dafür sind folgende Angaben aufzuzeichnen: **Namen** und **Anschriften** der **Versender** und der **Sendungsempfänger**, die **Bemessungsgrundlagen** für die Berechnung der EUSt (§ 11 UStG) sowie die hierzu von den Versendern, Sendungsempfänger und Dritten **übermittelten Informationen**.[3] Außerdem hat die gestellende Person die Sendungen, die im abgelaufenen Kalendermonat an die jeweiligen Sendungsempfänger ausgeliefert wurden, und die je Sendung vereinnahmten Beträge an Einfuhrumsatzsteuer aufzuzeichnen. Ferner umfasst die Aufzeichnungspflicht die Sendungen, die noch nicht ausgeliefert werden konnten und sich noch in ihrer Verfügungsgewalt befinden, sowie die Sendungen, die wiederausgeführt oder unter zollamtlicher Überwachung zerstört oder anderweitig verwertet wurden. 52.1

Ist der **Sendungsempfänger** ein **Unternehmer** gem. § 2 UStG, treffen ihn die Aufzeichnungspflichten nach § 22 Abs. 2 **Nr. 6** UStG (Rz. 43 ff.), **nicht** jedoch die nach § 22 Abs. 2 **Nr. 10** UStG, da die Norm auf die gestellende Person abstellt.[4] 52.2

D. Aufzeichnungspflichten bei fehlendem und nur teilweisem Vorsteuerabzug (Absatz 3)

I. Keine Aufzeichnungspflichten bei fehlendem Vorsteuerabzug (Absatz 3 Satz 1)

§ 22 Abs. 3 Satz 1 UStG legt als Grundsatz fest, dass der Unternehmer **nichtabziehbare** Vorsteuerbeträge und Teilbeträge nicht **aufzuzeichnen** braucht. Vielmehr **entfallen** gemäß § 22 Abs. 3 Satz 1 UStG die in § 22 Abs. 2 **Nr. 5** (Vorsteuer) und **Nr. 6** (EUSt) UStG festgelegten Aufzeichnungspflichten (Rz. 38 ff. und 43 ff.), wenn der Vorsteuerabzug nach § 15 Abs. 2 und 3 UStG endgültig ausgeschlossen ist, es sich beispielsweise um Fälle der sog. **unechten Steuerbefreiung** (§ 4 Nr. 8–29 UStG) handelt oder aber die Steuer in den Rechnungen nicht gesondert ausgewiesen ist.[5] Ist also der Vorsteuerabzug des Unternehmers nach § 15 Abs. 2 UStG ausgeschlossen, jedoch nach Maßgabe des § 15 Abs. 3 UStG (sog. Ausschluss vom Ausschluss) **wieder zugelassen**, sind die Aufzeichnungspflichten nach § 22 Abs. 2 Nr. 5 und 6 UStG weiterhin **zu erfüllen**. Aufzeichnungspflichten nach anderen Gesetzen (z.B. § 38 Abs. 1 HGB, § 149 Abs. 2, §§ 151, 152 AktG und § 143 AO) bleiben von dieser Aufzeichnungserleichterung allerdings unberührt.[6] Die Aufzeichnungspflicht für innergemeinschaftliche Erwerbe nach § 22 Abs. 2 **Nr. 7** UStG (Rz. 46 f.) ist in § 22 Abs. 3 Satz 1 UStG nicht genannt, so dass der Unternehmer auch bei fehlender Vorsteuerabzugsberechtigung diese Aufzeichnungspflicht zu beachten hat.[7] 53

1 *Heidner* in Bunjes[22], § 4 Nr. 4a UStG Rz. 10; *Kister* in Offerhaus/Söhn/Lange, § 22 UStG Rz. 193 (Stand: Juli 2017).
2 *Lippross*, Umsatzsteuer[25], 633.
3 *Heuermann* in Sölch/Ringleb, § 22 UStG Rz. 171 (Stand: März 2021); Gesetzesbegründung v. 3.9.2020, BR-Drucks. 503/20, 161.
4 *Stapperfend* in Rau/Dürrwächter, § 22 UStG Rz. 240 (Stand: März 2021).
5 Abschn. 22.2 Abs. 9 Satz 1 UStAE.
6 Abschn. 22.2 Abs. 9 Satz 2 UStAE.
7 *Raudszus* in Schwarz/Widmann/Radeisen, § 22 UStG Rz. 238 (Stand: November 2020).

54 Da der Gesetzeswortlaut eindeutig auf § 15 Abs. 2 und 3 UStG abstellt, sind die Aufzeichnungspflichten (Entgelte und Steuerbeträge) in den Fällen des **§ 15 Abs. 1a UStG** (Abzugsverbote für bestimmte nicht abzugsfähige Betriebsausgaben) und **§ 15 Abs. 1b UStG** (teilunternehmerisch genutzte Grundstücke) **weiterhin zu beachten**. Ordnet der Unternehmer einen nur teilweise unternehmerisch genutzten Gegenstand[1] jedoch nur **anteilig** seinem Unternehmen zu (§ 15 Rz. 267 ff.), so ist eine **Aufteilung** vorzunehmen und nur der auf das Unternehmen entfallende Teil des Entgelts und des Steuerbetrags ist aufzuzeichnen.[2]

II. Aufzeichnungspflichten bei teilweisem Vorsteuerabzug (Absatz 3 Satz 2)

55 Bezieht der Unternehmer Leistungen und verwendet er diese für **gemischt genutzte** (d.h. für steuerfreie und steuerpflichtige) oder **teilunternehmerische** (d.h. für unternehmerische und nichtunternehmerische) Umsätze, steht ihm nach Maßgabe des § 15 Abs. 4 UStG[3] nur ein **teilweiser Vorsteuerabzug** aus bezogenen Eingangsleistungen zu (§ 15 Rz. 267 ff.). Betroffen von dieser Aufteilung sind mithin Leistungsbezüge, die den zum Vorsteuerabzug berechtigenden Ausgangsumsätzen nicht direkt und unmittelbar zugeordnet werden können.

56 In derartigen Fällen hat der Unternehmer gemäß § 22 Abs. 3 Satz 2 UStG seine Aufzeichnungen so zu führen, dass seine Zurechnung bzw. Zuordnung zu den Umsätzen, die den Vorsteuerabzug (teilweise) zulassen – und damit die Höhe der abziehbaren Vorsteuer –, **eindeutig und leicht prüfbar** nachvollzogen werden kann. Der Unternehmer hat daher Folgendes aufzuzeichnen:[4]

- die Entgelte für die erhaltenen Eingangsleistungen bzw. die vorausgezahlten Entgelte/Teilentgelte,
- die gesondert ausgewiesenen USt-Beträge,
- die davon nach § 15 UStG abziehbaren Beträge,
- die EUSt-Beträge und die als Vorsteuer abziehbaren Teilbeträge sowie die Bemessungsgrundlage für die Einfuhren (§ 11 UStG) oder Hinweise auf die entsprechenden zollamtlichen Belege und
- die Bemessungsgrundlage für innergemeinschaftliche Erwerbe von Gegenständen sowie die als Vorsteuer abziehbaren Teilbeträge.

56.1 Tätigt der im Inland ansässige Unternehmer Umsätze **im Ausland**, die mangels Leistungsort im Inland **nicht** nach § 1 Abs. 1 Nr. 1 UStG **steuerbar** sind, hat er im Fall des teilweisen Vorsteuerausschlusses i.S.v. § 22 Abs. 3 Satz 2 UStG zur eindeutigen und leicht prüfbaren Zuordnung der Vorsteuerbeträge ebenfalls die im Ausland ausgeführten Umsätze aufzuzeichnen.[5]

III. Getrennte Aufzeichnungen bei teilweisem Vorsteuerabzug (Absatz 3 Satz 3)

57 In den Fällen des teilweisen Vorsteuerabzugs (§ 22 Abs. 3 Satz 2 UStG, s. Rz. 55 f.) sind die Bemessungsgrundlagen der Ausgangsumsätze des Unternehmers, die den Vorsteuerabzug ausschließen, **getrennt** von den Bemessungsgrundlagen der übrigen (also zum Vorsteuerabzug führenden) Umsätze aufzuzeichnen – mit Ausnahmen der Einfuhren, der innergemeinschaftlichen Erwerbe (§ 15 Abs. 2 Satz 2 UStG, s. § 15 Rz. 266) und der Leistungsbezüge, für welche der Unternehmer nach Maßgabe des § 13b UStG zum Steuerschuldner wird.[6] Letztere können also unabhängig von der allgemeinen Verpflichtung zur Trennung der Bemessungsgrundlagen nach § 22 Abs. 2 UStG gemeinsam mit den

1 Das Zuordnungswahlrecht gilt nicht für sonstige Leistungen, diese sind entsprechend der beabsichtigten Verwendung gemäß § 15 Abs. 4 UStG aufzuteilen (BFH, Urt. v. 14.10.2015 – V R 10/14, BStBl. II 2016, 717 = UR 2016, 35).

2 *Stapperfend* in Rau/Dürrwächter, § 22 UStG Rz. 194 (Stand: März 2021).

3 In den Fällen einer teilweisen nichtwirtschaftlichen Verwendung erfolgt die Aufteilung analog § 15 Abs. 4 UStG; s. dazu jüngst EuGH, Urt. v. 8.5.2019 – C-566/17, ECLI:EU:C:2019:390 – Zwiazek Gmin Zaglebia Miedziowego, UR 2019, 424.

4 Abschn. 22.4 Abs. 1 UStAE; *Heuermann* in Sölch/Ringleb, § 22 UStG Rz. 179 (Stand: März 2021).

5 *Raudszus* in Schwarz/Widmann/Radeisen, § 22 UStG Rz. 144 (Stand: November 2020).

6 Abschn. 22.4 Abs. 2 UStAE.

Bemessungsgrundlagen der den Vorsteuerabzug gemäß §§ 15 Abs. 2, 3 UStG ausschließenden Umsätze aufgezeichnet werden.

IV. Verpflichtung zur Trennung (Absatz 3 Satz 4)

Die eindeutig und leicht nachvollziehbaren Aufzeichnungen zur Vorsteueraufteilung lassen gemäß § 22 Abs. 3 Satz 4 UStG die allgemeinen Aufzeichnungspflichten für die Bemessungsgrundlagen nach § 22 Abs. 2 Nr. 1 Satz 2 (Rz. 21 ff.), Nr. 2 Satz 2 (Rz. 32) und Nr. 3 Satz 2 UStG (Rz. 36) **unberührt**, d.h. diese gelten weiterhin. 58

Der Unternehmer hat daher **in jedem Fall** getrennt nach steuerpflichtigen und steuerfreien Umsätzen die 59

- vereinbarten Entgelte für die von dem Unternehmer ausgeführten Lieferungen und sonstigen Leistungen,
- vereinnahmten Entgelte und Teilentgelte für noch nicht ausgeführte Lieferungen und sonstige Leistungen sowie
- Bemessungsgrundlagen für Lieferungen i.S.d. § 3 Abs. 1b UStG und für sonstige Leistungen i.S.d. § 3 Abs. 9a Nr. 1 UStG

aufzuzeichnen.

E. Vorsteuerberichtigung nach § 15a UStG (Absatz 4)

I. Fälle des § 15a UStG

Da das geltende Umsatzsteuersystem vom Grundsatz der Sofortabzugsfähigkeit[1] der Umsatzsteuer geprägt ist, muss der Unternehmer bereits beim Bezug der Leistung entscheiden, wie er den Eingangsumsatz später verwenden will. Weicht innerhalb des sog. **Berichtigungszeitraums** (§ 15a Rz. 17 ff.) von 5 bzw. 10 Jahren bei Grundstücken die tatsächliche von der beabsichtigten Verwendung ab, tritt also eine Änderung der Verhältnisse (§ 15a Rz. 39 ff.) ein, kommt unter Berücksichtigung von § 44 UStDV für folgende Berichtigungsobjekte eine Vorsteuerkorrektur (zugunsten wie auch zuungunsten des Unternehmers) nach § 15a UStG in Betracht: 60

- Anlagevermögen (§ 15a Abs. 1 UStG),
- Umlaufvermögen (§ 15a Abs. 2 UStG),
- Gegenstände, die in ein WG eingehen und ihre Eigenständigkeit verlieren (§ 15a Abs. 3 UStG),
- sonstige Leistungen, die an einem WG ausgeführt werden (§ 15a Abs. 3 UStG),
- übrige sonstige Leistungen, die in einer Steuerbilanz zu aktivieren wären (§ 15a Abs. 4 UStG),
- nachträgliche Anschaffungs- und Herstellungskosten (§ 15a Abs. 6 UStG) und
- Rechtsänderung nach Leistungsbezug[2] bzw. rechtlich unzutreffende Beurteilung des ursprünglichen Vorsteuerabzugs.[3]

Dabei sind die Aufzeichnungen von dem **Zeitpunkt** an zu führen, für den der Vorsteuerabzug vorgenommen worden ist.[4] Da das Gesetz darauf abstellt, dass der Unternehmer die Berechnungsgrundlagen für den Ausgleich aufzuzeichnen hat, der von ihm in den **in Betracht** kommenden Kalenderjahren vorzunehmen ist, ist die Auffassung der FinVerw. insoweit zutreffend.[5] 61

1 EuGH, Urt. v. 15.9.2016 – C-518/14 – Senatex, ECLI:EU:C:2016:691, UR 2016, 800, Rz. 37 m.w.N.
2 Abschn. 15a.2 Abs. 2 Satz 3 Nr. 5 UStAE.
3 Abschn. 15a.2 Abs. 2 Satz 3 Nr. 6 UStAE.
4 Abschn. 15a.12 Abs. 2 UStAE.
5 **A.A.** *Kister* in Offerhaus/Söhn/Lange, § 22 UStG Rz. 173 (Stand: Juli 2017), der eine Aufzeichnungspflicht erst ab dem Zeitpunkt bejaht, wenn für ein Anlagegut tatsächlich eine Vorsteuerkorrektur durchzuführen ist.

II. Aufzuzeichnende Berechnungsgrundlagen

62 Liegt ein Anwendungsfall einer Vorsteuerberichtigung nach § 15a UStG vor, so hat der Unternehmer gemäß § 22 Abs. 4 UStG die zur Ermittlung des Ausgleichs erforderlichen Berechnungsgrundlagen aufzuzeichnen, die von ihm in den in Betracht kommenden Kalenderjahren vorzunehmen ist. Aus den Aufzeichnungen muss sich der vorzunehmende Korrekturbetrag eindeutig und leicht ergeben. Er erfüllt seine Aufzeichnungspflichten, indem er die in **Abschn. 15a.12 Abs. 1 UStAE** genannten Angaben aufzeichnet.

63 Sollten sich die notwendigen Angaben bereits aus der Buchführung oder aus sonstigen Aufzeichnungen leicht nachprüfbar ergeben, so **entfällt** die Aufzeichnungspflicht nach § 22 Abs. 4 UStG.[1]

F. Innergemeinschaftliches Verbringen (Absatz 4a)

I. Regelungsgegenstand

64 Verbringt ein Unternehmer einen Gegenstand des Unternehmens aus dem Inland in das übrige Gemeinschaftsgebiet, so stellt dieses Verbringen im Ursprungsmitgliedstaat eine fiktive steuerbare Lieferung dar (§ 3 Abs. 1a UStG), die jedoch als innergemeinschaftliche Lieferung steuerbefreit ist (§ 6a Abs. 2 UStG). Im Bestimmungsmitgliedstaat ist ein korrespondierender fiktiver innergemeinschaftlicher Erwerb ausgelöst (§ 1a Abs. 2 UStG). Dies setzt aber voraus, dass das Verbringen nicht nur vorübergehend, sondern **dauerhaft** ist (§ 1a Rz. 96 ff.). Werden die Gegenstände daher nur **vorübergehend** in den anderen Mitgliedstaat verbracht, liegt **keine** fiktive Lieferung und **kein** korrespondierender innergemeinschaftlicher Erwerb durch Verbringen vor (§ 1a Abs. 2 UStG).

65 Aus **Kontrollzwecken** hat der Unternehmer daher in Fällen eines **nicht steuerbaren Verbringens**[2] von Gegenständen in das übrige Gemeinschaftsgebiet die nachfolgenden Aufzeichnungen vorzunehmen (§ 22 Abs. 4a UStG). Sollte es sich um ein **dauerhaftes** und damit nach § 3 Abs. 1a UStG steuerbares Verbringen handeln, ergeben sich die Aufzeichnungspflichten nicht aus § 22 Abs. 4a UStG, sondern aus § 22 Abs. 2 Nr. 1 und 7 UStG.[3]

66 Lassen sich die aufzeichnungspflichtigen Angaben jedoch bereits aus den Buchführungsunterlagen, Versandpapieren, Karteien, Dateien oder anderen im Unternehmen befindlichen Unterlagen eindeutig und leicht überprüfbar entnehmen, **gelten** die Voraussetzungen des § 22 Abs. 4a UStG **als erfüllt**.[4] Für den Fall, dass der Gegenstand im anderen Mitgliedstaat **untergeht** oder **veräußert** wird, sind die Aufzeichnungen zu berichtigen. An die Stelle der besonderen Aufzeichnungspflichten nach § 22 Abs. 4a UStG treten dann die Aufzeichnungspflichten für innergemeinschaftliche Lieferungen.[5]

II. Arbeiten an Gegenständen im übrigen Gemeinschaftsgebiet (Absatz 4a Nr. 1)

67 Verbringt der Unternehmer Gegenstände vom Inland in das übrige Gemeinschaftsgebiet, damit dort Arbeiten (z.B. Reparaturarbeiten) an diesen Gegenständen ausgeführt werden, liegt kein steuerbarer Verbringensvorgang vor (und dementsprechend kein innergemeinschaftlicher Erwerb im anderen Mitgliedstaat).[6] Er hat jedoch gemäß § 22 Abs. 4a Nr. 1 UStG die **Gegenstände** (Art, Menge, handelsübliche Bezeichnung), den **Ort** und den **Zeitpunkt** des Verbringens, den **Empfänger** und den **Zweck** des Verbringens sowie das **Zurückgelangen** aufzuzeichnen.[7]

---

1 Abschn. 15a.12 Abs. 3 UStAE.
2 Abschn. 22.3 Abs. 3 UStAE.
3 *Stapperfend* in Rau/Dürrwächter, § 22 UStG Rz. 223 (Stand: März 2021).
4 Abschn. 22.3 Abs. 4 UStAE.
5 Abschn. 22.3 Abs. 5 UStAE.
6 Abschn. 22.3 Abs. 3 Satz 2 Nr. 1 i.V.m. Abschn. 1a.2 Abs. 10 Nr. 3 UStAE.
7 *Heuermann* in Sölch/Ringleb, § 22 UStG Rz. 192 (Stand: März 2020).

Beispiel: 68
Der Bauunternehmer B verbringt einen Kran zwecks der Reparatur in einem Spezialbetrieb in die Niederlande. Nach Durchführung der Reparaturarbeiten gelangt der Kran wieder auf den Ablageplatz des B.

III. Vorübergehende Verwendung zur Ausführung einer sonstigen Leistung im übrigen Gemeinschaftsgebiet (Absatz 4a Nr. 2)

Werden die Gegenstände zur vorübergehenden Verwendung und zur Ausführung einer sonstigen Leistung aus dem Inland in das übrige Gemeinschaftsgebiet verbracht und hat der verbringende Unternehmer in dem betreffenden Mitgliedstaat keine Zweigniederlassung,[1] so hat der Unternehmer die gleichen Aufzeichnungen wie in den Fällen nach § 22 Abs. 4a **Nr. 1** UStG zu führen. 69

Beispiel: 70
Der Bauunternehmer B verbringt einen Bagger nach Dänemark, um ihn dort für 10 Wochen an den dänischen Bauunternehmer D zu vermieten.

IV. Vorübergehende Verwendung im übrigen Gemeinschaftsgebiet und die Einfuhr der Gegenstände wäre entsprechend steuerfrei (Absatz 4a Nr. 3)

Handelt es sich um eine vorübergehende Verwendung im übrigen Gemeinschaftsgebiet und wäre die Einfuhr der Gegenstände aus Drittlandsgebiet in entsprechenden Fällen vollständig umsatzsteuerfrei,[2] so greift die Aufzeichnungspflicht nach § 22 Abs. 4a Nr. 3 UStG. 71

Beispiel: 72
Der Unternehmer A verbringt Ausstellungsgegenstände für Messen auf eine Messe in Frankreich.

Wird ein Gegenstand vorübergehend zur Ausführung einer im Bestimmungsstaat steuerbaren **Werklieferung** verwendet, ist das Verbringen ebenfalls aufzuzeichnen, wenn der Gegenstand wieder zurück in das Inland gelangt.[3] 73

G. Lohnveredelung von Gegenständen im Inland (Absatz 4b)

I. Sonstige Leistung i.S.d. § 3a Abs. 3 Nr. 3 Buchst. c UStG

Erbringt der Unternehmer eine **sonstige Leistung** i.S.d. § 3a Abs. 3 Nr. 3 Buchst. c UStG (§ 3a Rz. 182 ff.), so hat er für seine erbrachte Ausgangsleistung das Entgelt bereits nach § 22 Abs. 2 Nr. 1 UStG aufzuzeichnen (Rz. 20 ff.). Erfasst hiervon sind **Arbeiten** an beweglichen körperlichen Gegenständen (also Fälle der innergemeinschaftlichen Lohnveredelung) sowie die **Begutachtung** dieser Gegenstände. 74

II. Unternehmerischer Leistungsempfänger mit USt-IdNr.

Daneben bestehen besondere Aufzeichnungspflichten, wenn der die Leistung empfangende Unternehmer im übrigen Gemeinschaftsgebiet ansässig ist und unter Verwendung der USt-IdNr. des anderen EU-Mitgliedstaates[4] auftritt. Für solche Fälle schreibt § 22 Abs. 4b UStG vor, dass der leistende Unternehmer **zusätzlich** die lohnveredelten bzw. begutachteten Gegenstände aufzeichnen muss. Der umsatzsteuerrechtliche Leistungsort bestimmt sich vorliegend nicht nach § 3a Abs. 3 Nr. 3 Buchst. c UStG, sondern nach § 3a Abs. 2 UStG (Grundregel zur Bestimmung des Leistungsortes im B2B-Be- 75

1 Abschn. 22.3 Abs. 3 Satz 2 Nr. 2 i.V.m. Abschn. 1a.2 Abs. 10 Nr. 2 und 4 UStAE.
2 Abschn. 22.3 Abs. 3 Satz 2 Nr. 3 i.V.m. Abschn. 1a.2 Abs. 12 UStAE.
3 Abschn. 22.3 Abs. 3 Satz 2 Nr. 3 Satz 2 UStAE.
4 *Raudszus* in Schwarz/Widmann/Radeisen, § 22 UStG Rz. 213 (Stand: November 2020).

reich). § 22 Abs. 4b UStG ordnet lediglich eine zusätzliche Aufzeichnungspflicht für derartige Leistungen an.

76 Aus den Aufzeichnungen müssen sich **Art, Menge, Beschaffenheit** sowie der **Zeitpunkt** der Übernahme und der Rückführung der Gegenstände ergeben.[1]

77 Wie auch bei den Fällen einer Lohnveredelung im übrigen Gemeinschaftsgebiet (§ 22 Abs. 4a Nr. 1 UStG, s. Rz. 67 f.), entfällt die besondere Aufzeichnungsverpflichtung, sofern sich die aufzeichnungspflichtigen Angaben aus den Buchführungsunterlagen, Versandpapieren, Karteien, Dateien oder anderen im Unternehmen befindlichen Unterlagen eindeutig und leicht überprüfbar ergeben.[2]

H. Aufzeichnungspflichten eines Lagerhalters (Absatz 4c)

I. Einlagerung der Gegenstände (Absatz 4c Satz 1)

78 Wird ein sog. Umsatzsteuerlager i.S.d. § 4 Nr. 4a UStG unterhalten, treffen denjenigen, der zum Zeitpunkt der Auslagerung die Verfügungsmacht an den ausgelagerten Gegenständen innehat, die Aufzeichnungspflichten nach § 22 Abs. 2 Nr. 9 UStG (Rz. 50 ff.).

79 Daneben hat auch der **Inhaber des Umsatzsteuerlagers** Aufzeichnungen zu führen. Dieser muss gemäß § 22 Abs. 4c Satz 1 UStG **Bestandsaufzeichnungen** über die eingelagerten Gegenstände und Aufzeichnungen über die nach § 4 Nr. 4a Satz 1 Buchst. b Satz 1 UStG **steuerbefreiten Leistungen** mit der Lagerhaltung führen.

II. Auslagerung der Gegenstände (Absatz 4c Satz 2)

80 Kommt es zu einer **Auslagerung** i.S.d. § 4 Nr. 4a Satz 1 Buchst. Satz 2 UStG, hat der Lagerhalter **Name, Anschrift** und die inländische USt-IdNr. des Auslagerers oder des Fiskalvertreters aufzuzeichnen. Zeichnet der Lagerhalter die Angaben nicht oder unzutreffend auf, schuldet er neben dem Auslagerer gemäß § 13a Nr. 6 UStG die Umsatzsteuer.

I. Aufzeichnungspflichten im Falle einer Abtretung, Verpfändung und Pfändung von Forderungen (Absatz 4d)

I. Forderungsabtretung (Factoring) (Absatz 4d Satz 1)

1. Aufzeichnungspflichten des Abtretenden (sog. Anschlusskunde) (Absatz 4d Satz 1 Nr. 1)

81 Im Falle einer Forderungsabtretung von dem Inhaber der Forderung (sog. Anschlusskunde) an den Käufer bzw. Erwerber der Forderung (sog. Factor) kommt eine Haftung des Abtretungsempfängers nach § 13c Abs. 1 Satz 1 UStG (§ 13c Rz. 12 ff.) in Betracht, wenn die festgesetzte Steuer des Abtretenden bei Fälligkeit nicht oder nicht vollständig gezahlt wird.

82 Um den Forderungsübergang **nachzuvollziehen** und die **Haftungsschuld** des Abtretungsempfängers bestimmen zu können,[3] hat der die Forderung abtretende (leistende) Unternehmer gemäß § 22 Abs. 4d Satz 1 Nr. 1 UStG **Name und Anschrift** des Abtretungsempfängers sowie die **Höhe des abgetretenen Anspruchs** auf Gegenleistung aufzuzeichnen. Das in der Gegenleistung enthaltene **Entgelt** (getrennt nach Steuersätzen) sowie den **Umsatzsteuerbetrag** hat er gemäß § 22 Abs. 2 Nr. 1 UStG aufzuzeichnen.[4]

---

1 *Kister* in Offerhaus/Söhn/Lange, § 22 UStG Rz. 188 (Stand: Juli 2017); *Stapperfend* in Rau/Dürrwächter, § 22 UStG Rz. 227 (Stand: März 2021).

2 Abschn. 22.3 Abs. 4 UStAE.

3 Vgl. BT-Drucks. 15/3677, 44.

4 *Heuermann* in Sölch/Ringleb, § 22 UStG Rz. 199 (Stand: März 2020); *Heidner* in Bunjes[22], § 22 UStG Rz. 32.

2. Aufzeichnungspflichten des Abtretungsempfängers (sog. Factor) (Absatz 4d Satz 1 Nr. 2)

Auch den Empfänger der abgetretenen Forderung treffen zur besseren Nachvollziehbarkeit Aufzeichnungspflichten. So hat dieser gemäß § 22 Abs. 4d Satz 1 Nr. 2 UStG den **Namen** und die **Anschrift** des Anschlusskunden, die **Höhe** des **abgetretenen Anspruchs** auf Gegenleistung sowie die **Höhe** der auf den abgetretenen Anspruch **vereinnahmten Beträge** aufzuzeichnen. 83

Sollte der Abtretungsempfänger die Forderung oder nur einen Teil der Forderung an einen **Dritten weiterabtreten**, hat er **zusätzlich** den **Namen** und die **Anschrift** des Dritten aufzuzeichnen (§ 22 Abs. 4d Satz 1 Nr. 2 Satz 2 UStG). 84

II. Verpfändung und Pfändung (Absatz 4d Satz 2)

Sollte die Forderung des leistenden Unternehmers **verpfändet** oder **gepfändet** werden, treffen den Abtretenden und den Abtretungsempfänger die gleichen Aufzeichnungspflichten wie bei der Abtretung. 85

III. Pfandgläubiger und Vollstreckungsgläubiger (Absatz 4d Satz 3)

§ 22 Abs. 4d Satz 3 UStG stellt klar, dass im Falle einer Verpfändung der Abtretungsempfänger der sog. **Pfandgläubiger** und im Falle einer Pfändung der sog. **Vollstreckungsgläubiger** ist. Dies bedeutet also, dass der Pfand- bzw. Vollstreckungsgläubiger die Aufzeichnungspflichten des § 22 Abs. 4d Nr. 2 UStG zu erfüllen hat. 86

J. Haftungsvermeidung in den Fällen des § 13c UStG (Absatz 4e)

I. Aufzeichnung der entrichteten Beträge (Absatz 4e Satz 1)

Gemäß § 48 AO können Leistungen aus dem Steuerschuldverhältnis auch durch **Dritte** bewirkt werden. Dies bedeutet, dass der aus dem Steuerschuldverhältnis Verpflichtete die geschuldete Leistung nicht persönlich erbringen muss, auch ein Dritter kann für ihn leisten. Die Leistung des Dritten lässt den Anspruch aus dem Steuerschuldverhältnis erlöschen i.S.d. § 47 AO.[1] 87

Zahlt also nach der Abtretung ein Dritter die Steuerschuld, in den Fällen des § 13c UStG die Steuerschuld des leistenden Unternehmers, hat der Dritte Aufzeichnungen über die **entrichteten Beträge** zu führen. 88

II. Daten des Steuerschuldners (Absatz 4e Satz 2)

Ferner hat der Dritte **Name**, **Anschrift** und die **Steuernummer** des Schuldners aufzuzeichnen. So wird der FinVerw. eine leichte Zuordnung der Zahlung ermöglicht und der Abtretungsempfänger kann sich der Haftung nach § 13c UStG entziehen. Dritte können auch der Abtretungsempfänger, der Pfandgläubiger oder der Vollstreckungsgläubiger sein, die als Haftungsschuldner nach § 13c UStG in Betracht kommen.[2] 89

Zur Aufzeichnung nach § 22 Abs. 4e UStG verpflichtet sind nur **Unternehmer** i.S.d. § 2 UStG, d.h. Zahlungen naher Angehöriger, die keinen Unternehmerstatus innehaben, lösen keine Aufzeichnungspflicht aus. 90

---

1 *Boeker* in Hübschmann/Hepp/Spitaler, § 48 AO Rz. 3, 10 (Stand: März 2022).

2 *Raudszus* in Schwarz/Widmann/Radeisen, § 22 UStG Rz. 233 (Stand: November 2020).

K. Aufzeichnungspflichten des Lieferers im Rahmen einer Konsignationslagerregelung nach § 6b UStG (Absatz 4f)

I. Regelungsgegenstand

91 Durch die nationale Umsetzung des Art. 17a MwStSystRL[1] in § 6b UStG ab dem 1.1.2020 wurden harmonisierte Regelungen für sog. Konsignationslagerfälle umgesetzt. In diesem Zusammenhang hat der liefernde Unternehmer Aufzeichnungen zu führen. Die in § 6b Abs. 1 Nr. 4 UStG festgelegten Aufzeichnungspflichten des die Ware befördernden bzw. versendenden Unternehmers sind in § 22 Abs. 4f UStG normiert und basieren auf Art. 243 Abs. 3 MwStSystRL i.V.m. Art 54a Abs. 1 MwStVO. Die Aufzeichnungs- bzw. Registerpflichten des Lieferers haben **materiell-rechtliche** Wirkung,[2] da § 6b Abs. 1 Nr. 4 UStG für die Anwendbarkeit der Vereinfachungsregelung die Aufzeichnungen des Unternehmers als Voraussetzung nennt. Gemessen am Zweck von Aufzeichnungspflichten (Rz. 1 ff.) muss sich für die Finanzbehörden aus den Aufzeichnungspflichten jederzeit ein vollständiger Überblick über die tatsächlichen Warenbewegungen und die aktuellen Lagerbestände ergeben.

II. Aufzeichnungen in den Fällen des § 6b Abs. 1 und 2 UStG (Belieferung des Lagers und Lieferung an den Erwerber) (Absatz 4f Satz 1)

92 **Versendet oder befördert** der Unternehmer die Waren in das Konsignationslager, so hat er nicht nur Aufzeichnungen über den **Erwerber** (Name, Anschrift sowie verwendete USt-IdNr.,[3] § 22 Abs. 4f Satz 2 Nr. 1 und 5 UStG) und das **Lager** (Name und Anschrift, § 22 Abs. 4f Satz 2 Nr. 6 UStG), sondern auch über den **Abgangsmitgliedstaat** sowie den **Bestimmungsmitgliedstaat** aufzuzeichnen (§ 22 Abs. 4f Satz 2 Nr. 2 und 3 UStG). Ferner muss er den **Tag des Beginns** im Abgangsmitgliedstaat sowie den **Tag des Endes** der Warenbewegung im Bestimmungsmitgliedstaat aufzeichnen (§ 22 Abs. 4f Satz 2 Nr. 4 und 7 UStG). Schließlich hat der Unternehmer noch die **Bemessungsgrundlage** nach § 10 Abs. 4 Nr. 1 UStG (sog. Ersatzentgelt), die **handelsübliche Bezeichnung** und die **Menge** der in das Lager verbrachten Gegenstände in sein Register aufzunehmen (§ 22 Abs. 4f Satz 2 Nr. 9 UStG). So haben die Finanzbehörden einen genauen Überblick über den Bestand bzw. den Wert der vorhandenen Waren im Lager. Für den Fall, dass unter Berücksichtigung von § 6b Abs. 3–6 UStG (nachträglich) von einem innergemeinschaftlichen Verbringen auszugehen ist (Rz. 64 ff.), liegen den Finanzbehörden die zur Besteuerung maßgeblichen Werte vor. Sollte das Lager von einem **Dritten** betrieben werden, der nicht der Erwerber der Waren ist, ist aus Kontrollzwecken auch dessen USt-IdNr. aufzuzeichnen (§ 22 Abs. 4f Satz 2 Nr. 8 UStG).

93 Liegen die Voraussetzungen des § 6b Abs. 1 UStG vor und wird der Gegenstand innerhalb von 12 Monaten nach der Einlagerung an den Erwerber **geliefert** (§ 6b Abs. 2 UStG), hat der leistende Unternehmer den **Tag der Lieferung**, das **Entgelt**, die **handelsübliche Bezeichnung**, die **Menge** der gelieferten Gegenstände sowie die vom Erwerber verwendete USt-IdNr. aufzuzeichnen (§ 22 Abs. 4f Satz 2 Nr. 10–12 UStG).

1 Richtlinie (EU) 2018/1910 des Rates v. 4.12.2018 zur Änderung der Richtlinie 2006/112/EG in Bezug auf die Harmonisierung und Vereinfachung bestimmter Regelungen des Mehrwertsteuersystems zur Besteuerung des Handels zwischen Mitgliedstaaten, ABl. EU 2018 Nr. L 311, 3.

2 So auch *Huschens*, NWB 2019, 1893 (1901); *Raudszus* in Schwarz/Widmann/Radeisen, § 22 UStG Rz. 76 (Stand: November 2020); *Stapperfend* in Rau/Dürrwächter, § 22 UStG Rz. 244 (Stand: März 2021); vgl. auch Punkt 2.5.2 der „Explanatory Notes on the EU VAT changes in respect of call-off stock arrangements, chain transactions and the exemption for intra-Community supplies of goods" der Europäischen Kommission vom 20.12.2019, wonach die Konsignationslagerregelung nur zur Anwendung kommen kann, wenn die Voraussetzungen vom Unternehmer tatsächlich erfüllt werden.

3 Damit einher geht die Verpflichtung des leistenden Unternehmers, die Umsätze im Rahmen der Konsignationslagerregelung in seiner ZM gemäß § 18a Abs. 6 Nr. 3 i.V.m. Abs. 7 Nr. 2a UStG anzumelden.

III. Aufzeichnungen in den Fällen des § 6b Abs. 3–6 UStG (Ausnahmen und Rückausnahmen) (Absatz 4f Satz 2)

Die Absätze 3–6 des § 6b UStG enthalten bestimmte Ausnahmen und Rückausnahmen von der Vereinfachungsregelung des § 6b UStG und regeln, wann die Norm nicht greift und stattdessen ein innergemeinschaftliches Verbringen i.S.d. § 3 Abs. 1a UStG vorliegt. So liegt ein innergemeinschaftliches Verbringen gemäß § 6b Abs. 3 UStG zum Beispiel dann vor, wenn die Lieferung der Ware nicht innerhalb von 12 Monaten nach dem Ende der Beförderung bzw. Versendung bewirkt wird **und** auch kein Sondersachverhalt nach § 6b Abs. 6 UStG vorliegt (§ 6b Rz. 89 ff.). Ein innergemeinschaftliches Verbringen liegt aber auch dann vor, wenn die Voraussetzungen des § 6b Abs. 1 oder Abs. 5 UStG innerhalb von 12 Monaten nach der Belieferung des Konsignationslagers und vor dem Zeitpunkt der Lieferung wegfallen (§ 6b Abs. 6 Satz 1 UStG, s. § 6b Rz. 90 ff.). In den Fällen eines gleichgestellten innergemeinschaftlichen Verbringens nach Maßgabe des § 6b Abs. 3–6 UStG hat der Unternehmer das **Entgelt**, die **Bezeichnung** und die **Menge** der verbrachten Gegenstände aufzuzeichnen (§ 22 Abs. 4f Satz 2 Nr. 13 UStG). 94

Ein innergemeinschaftliches Verbringen liegt jedoch **nicht** vor, wenn es unter den Voraussetzungen des § 6b Abs. 4 Nr. 1 UStG (§ 6b Rz. 78) innerhalb von 12 Monaten nach dem Ende der Beförderung oder Versendung **und** vor der Lieferung an den Erwerber zu einer **Rücksendung** der Gegenstände in den Abgangsmitgliedstaat kommt. Der Unternehmer muss dann aber die **Bemessungsgrundlage** der in den Abgangsmitgliedstaat zurückgelangten Gegenstände sowie den **Tag des Beginns** dieser Beförderung oder Versendung aufzeichnen (§ 6b Abs. 4 Nr. 2 i.V.m. § 22 Abs. 4f Satz 2 Nr. 14 UStG). 95

Ferner ist ein innergemeinschaftliches Verbringen ebenfalls **nicht** anzunehmen, wenn es innerhalb von 12 Monaten nach der Belieferung des Konsignationslagers und noch vor der Lieferung an den beabsichtigten Erwerber nach Maßgabe des § 6b Abs. 5 UStG zu einem **Erwerberwechsel** kommt. Dann hat der Unternehmer den **Namen**, die **Anschrift** sowie die USt-IdNr. des **neuen Erwerbers** aufzuzeichnen (§ 6b Abs. 5 Nr. 3 i.V.m. § 22 Abs. 4f Satz 2 Nr. 1 und 5 UStG). 96

L. Registerpflichten des Erwerbers im Rahmen einer Konsignationslagerregelung nach § 6b UStG (Absatz 4g)

I. Regelungsgegenstand

Die Aufzeichnungspflichten des Erwerbers (also desjenigen, der die Waren aus dem Konsignationslager geliefert bekommt) beruhen auf Art. 243 Abs. 3 MwStSystRL i.V.m. Art 54a Abs. 2 MwStVO. Im Gegensatz zu den Aufzeichnungspflichten des liefernden Unternehmers nach § 22 Abs. 4f UStG haben die Aufzeichnungspflichten des Erwerbers nach § 22 Abs. 4g UStG lediglich **formelle** Bedeutung.[1] 97

In den Fällen eines **Erwerberwechsels** (Rz. 96) enthalten weder Art. 54a Abs. 2 MwStVO noch § 6b Abs. 5 UStG eine entsprechende Verpflichtung des neuen Erwerbers zur Führung von Aufzeichnungen. Es liefe jedoch dem allgemeinen Zweck der Aufzeichnungspflichten zuwider, wenn der neue Erwerber keine Aufzeichnungen zu führen hätte. Der neue Erwerber als Empfänger der Lieferung hat daher die Aufzeichnungen nach Art. 54a Abs. 2 MwStVO bzw. § 22 Abs. 4g UStG ebenfalls zu erfüllen.[2] 98

II. Aufzeichnungen des Erwerbers (Absatz 4g Satz 1 und 2)

Spiegelbildlich zu den Aufzeichnungen des Lieferers hat der Erwerber die USt-IdNr. **des Lieferers** aufzuzeichnen (§ 22 Abs. 4g Satz 2 Nr. 1 UStG). Wird das Konsignationslager beliefert bzw. befüllt, hat der Erwerber die handelsübliche **Bezeichnung** und **Menge** sowie den **Tag des Endes** der Warenbewe- 99

1 *Huschens*, NWB 2019, 1893 (1901).
2 So auch *Szabó/Tausch*, UVR 2019, 76 (81).

gung der für ihn bestimmten Gegenstände im Bestimmungsmitgliedstaat aufzuzeichnen (§ 22 Abs. 4g Satz 2 Nr. 2–3 UStG). Letzteres gilt auch in den Fällen eines Erwerberwechsels nach § 6b Abs. 5 UStG.

100 Im Falle der **Lieferung** der Waren an den Erwerber hat dieser das **Entgelt**, die handelsübliche **Bezeichnung** und die **Menge** der gelieferten Gegenstände sowie den **Tag des innergemeinschaftlichen Erwerbs** i.S.d. § 6b Abs. 2 Nr. 1 UStG aufzuzeichnen (§ 22 Abs. 4g Satz 2 Nr. 4 und 5 UStG).

101 Werden Gegenstände auf Veranlassung des das Konsignationslager beliefernden Unternehmers aus dem Lager **entnommen**, hat der Erwerber die handelsübliche **Bezeichnung** und **Menge** der aus dem Lager entnommenen Gegenstände zu erfassen (§ 22 Abs. 4g Satz 2 Nr. 6 UStG).

102 Sollten Gegenstände zerstört worden sein oder fehlen (§ 6b Abs. 6 Satz 4 UStG, s. Rz. 101 ff.), so sind vom Erwerber die handelsübliche **Bezeichnung** und die **Menge** aufzuzeichnen sowie der **Tag**, an dem die Zerstörung, der Verlust bzw. der Diebstahl festgestellt worden ist (§ 22 Abs. 4g Satz 2 Nr. 7 UStG).

III. Entbindung von Aufzeichnungspflichten (Absatz 4g Satz 3)

103 Werden die Gegenstände im Rahmen eines Konsignationslagervertrags an einen **Dritten** als Lagerinhaber befördert bzw. versendet, der nicht der Abnehmer aus der Lieferung der Gegenstände ist (wenn der Lagerbetreiber also nicht derjenige ist, für den die Gegenstände bestimmt sind), hat auch der Dritte die Aufzeichnungspflichten nach § 22 Abs. 4g UStG zu erfüllen.[1] Allerdings befreit § 22 Abs. 4g Satz 3 UStG den Dritten von den Aufzeichnungspflichten nach § 22 Abs. 4g Satz 2 **Nr. 3, 6 und** 7 UStG. Der Dritte braucht also **keine** Aufzeichnungen über den Tag des Endes der Beförderung bzw. Verwendung im Lager, über die auf Veranlassung des Unternehmers entnommenen Gegenstände sowie zerstörte oder fehlende Gegenstände zu führen.

M. Führen eines sog. Umsatzsteuerheftes (Absatz 5)

I. Zur Führung verpflichtete Unternehmer und Ausnahmen

104 Anstelle der Aufzeichnungspflichten nach § 22 UStG haben Unternehmer, die

- ohne eine gewerbliche Niederlassung oder – bei Innenhaben einer gewerblichen Niederlassung – außerhalb einer solchen (was voraussetzt, dass die gewerbliche Niederlassung für eigentliche Betätigung des Umsatzes ohne Bedeutung ist)[2] oder
- von Haus zu Haus oder
- auf öffentlichen Straßen oder
- an anderen öffentlichen Orten

Umsätze ausführen oder Gegenstände erwerben ein sog. **Umsatzsteuerheft** nach § 22 Abs. 5 UStG nach amtlichem Vordruck zu führen.

105 Damit ist dieser Unternehmerkreis weitestgehend von den Aufzeichnungspflichten befreit und durch ordnungsgemäßes Führen des Umsatzsteuerheftes werden die Aufzeichnungspflichten nach § 22 Abs. 2 UStG i.V.m. §§ 63–67 UStDV erfüllt.[3] Dieses Umsatzsteuerheft[4] – und ggf. ein sog. Nebenheft[5] zum Steuerheft beim Einsatz von Hilfskräften – hat der Unternehmer stets **bei sich** zu führen[6] und **vor Beginn** seiner Tätigkeit bei seinem nach § 21 AO zuständigen FA zu **beantragen**. Bei im Ausland an-

1 Abschn. 22.3b Abs. 4 UStAE.

2 *Stapperfend* in Rau/Dürrwächter, UStG, § 22 Rz. 270 (Stand: März 2021).

3 *Heidner* in Bunjes[22], § 22 UStG Rz. 45.

4 Zur Ausstellung und Führung von jeweils zwei Umsatzsteuerheften s. BMF, Schr. v. 17.1.1983 – IV A 1-S 7389-3/82, BStBl. I 1983, 105.

5 BMF, Schr. v. 30.4.1981 – IV A 1-S 7389-1/81, BStBl. I 1981, 312 = UR 1981, 186; teilweise geändert durch BMF, Schr. v. 30.4.2012 – IV D 3-S 7532/08/10005, BStBl. I 2012, 579 = UR 2012, 496.

6 *Heuermann* in Sölch/Ringleb, § 22 UStG Rz. 228 (Stand: März 2020).

sässigen Unternehmern richtet sich die örtliche Zuständigkeit gemäß § 21 Abs. 1 Satz 2 AO nach der Umsatzsteuerzuständigkeitsverordnung.[1]

Folgende **Eintragungen** hat der Unternehmer in dem Umsatzsteuerheft vorzunehmen: 106

- Lieferungen und sonstige Leistungen **des Unternehmers** (tägliche Gesamtbeträge der vereinbarten oder vereinnahmten Entgelte),
- Lieferungen und sonstige Leistungen sowie Einfuhren aus dem Drittlandsgebiet **für das Unternehmen** (Entgelte oder Preis und Vorsteuerbeträge),
- innergemeinschaftliche Erwerbe für das Unternehmen,
- die als Leistungsempfänger nach § 13b Abs. 5 UStG geschuldeten Beträge sowie
- steuerfreie innergemeinschaftliche Lieferungen des Unternehmers.

Typische Unternehmer, die hierunter fallen sind die sog. Reisegewerbetreibenden (§ 35a Abs. 2 GewStG) wie z.B. Schausteller (§ 30 UStDV), Straßenhändler, Jahrmarkt- und Schützenfestaussteller oder Messehändler.[2] Ob diese **Kleinunternehmer** i.S.d. § 19 UStG sind, ist irrelevant, denn auch diese Unternehmer sind von der Verpflichtung zur Führung eines Umsatzsteuerheftes erfasst, denn Absatz 5 stellt nur darauf ab, wie der Unternehmer seine Umsätze tätigt, nicht jedoch wie sie besteuert werden.[3] 107

Die Begründung einer **gewerblichen Niederlassung** setzt einen zum dauernden Gebrauch eingerichteten Raum voraus, der den Mittelpunkt des geschäftlichen Lebens des Unternehmers bildet und der als Schwerpunkt der Tätigkeit anzusehen ist (z.B. Geschäftslokal, Verkaufsstelle, Büro).[4] Eine bloße Kontaktstelle, Räumlichkeiten für ein Ersatzteillager oder aber für den Straßenhandel verwendete Verkaufseinrichtungen (Kfz, Anhänger, zerlegbare Boden)[5] begründen keine solche gewerbliche Niederlassung. 108

II. Besteuerungsverfahren

Der zur Führung des Umsatzsteuerheftes verpflichtete Unternehmer hat das Umsatzsteuerheft dem örtlich zuständigen FA vorzulegen. Der Vorlagetermin wird dabei vom FA bestimmt (§ 97 Abs. 1 AO), wobei bei Monats- und Quartalszahlern das Heft regelmäßig 10 Tage nach Ablauf des Voranmeldungszeitraums abzugeben ist. Zuverlässigen Unternehmern kann ein späterer Termin, ggf. sogar eine jährliche Vorlage, eingeräumt werden.[6] Unternehmer, die nach § 18 Abs. 2 Satz 3 UStG keine Voranmeldungen abzugeben und keine Vorauszahlungen zu entrichten haben, haben das Umsatzsteuerheft spätestens bis zum 31.7 des auf den Besteuerungszeitraum folgenden Kalendermonats abzugeben. Dies gilt auch für Kleinunternehmer.[7] 109

Ist der Unternehmer i.S.d. § 22 Abs. 5 UStG zum Zeitpunkt der Abgabeverpflichtung im Zuständigkeitsbezirk eines anderen FA unternehmerisch unterwegs (z.B. weil er mit seinem Jahrmarkt auf Reisen ist), kann er sein Umsatzsteuerheft und seine Voranmeldung auch bei einem **örtlich nicht zuständigen FA** abgeben. Das örtlich nicht zuständige FA leitet die Voranmeldung an das örtlich zuständige FA weiter und nimmt die Prüfung des Heftes vor und bestimmt auch den nächsten Vorlagezeitpunkt.[8] Dies gilt jedoch **nicht** bei jährlicher Vorlegungsfrist.[9] 110

1 UStZustV v. 20.12.2001, BGBl. I 2001, 3794, zuletzt geändert durch Art. 2 StVenÄndV 4 v. 12.7.2017, BGBl. I 2017, 2360.
2 *Janzen* in Lippross/Seibel, § 22 UStG Rz. 59 (Stand: Juni 2021).
3 *Stapperfend* in Rau/Dürrwächter, § 22 UStG Rz. 274 (Stand: März 2021).
4 OFD Frankfurt a.M., Vfg. v. 22.6.2018 – S 7389 A-2-St 111, UR 2018, 654, Tz. 1.
5 *Heuermann* in Sölch/Ringleb, § 22 UStG Rz. 224 (Stand: März 2020).
6 OFD Frankfurt a.M., Vfg. v. 22.6.2018 – S 7389 A-2-St 111, UR 2018, 654, Tz. 6.
7 OFD Frankfurt a.M., Vfg. v. 22.6.2018 – S 7389 A-2-St 111, UR 2018, 654, Tz. 6.
8 OFD Frankfurt a.M., Vfg. v. 22.6.2018 – S 7389 A-2-St 111, UR 2018, 654, Tz. 8.
9 *Heidner* in Bunjes[22], § 22 UStG Rz. 45.

N. Aufzeichnungserleichterungen (Absatz 6)

I. Erfüllung und Erleichterungen bezüglich der Aufzeichnungspflichten (Absatz 6 Nr. 1)

1. Regelungsgegenstand

111 In § 22 Abs. 6 Nr. 1 UStG befindet sich die Ermächtigungsgrundlage für das BMF, mit Zustimmung des Bundesrates mittels Rechtsverordnung festzulegen, wie die Aufzeichnungspflichten zu erfüllen sind und in welchen Fällen Erleichterungen vorgesehen werden können. Die entsprechend erlassenen Regelungen sind in **§§ 63 bis 67 UStDV** normiert. Die Erleichterungen können auch von im Ausland ansässigen Unternehmern in Anspruch genommen werden, sofern sie nach Maßgabe des § 22 UStG aufzeichnungspflichtig sind.[1]

2. Beschaffenheit und Durchführung der Aufzeichnungen sowie Erleichterungen

112 **§ 63 Abs. 2 UStDV** schreibt vor, dass die Nettoentgelte, Nettoteilentgelte, Bemessungsgrundlage nach § 10 Abs. 4 und 5 UStG, Beträge nach § 14c UStG sowie Vorsteuerbeträge am Schluss eines jeden Voranmeldungszeitraums **zusammenzurechnen** sind. Anhand der gebildeten Summen kann die USt durch Anwendung des Steuersatzes ermittelt werden.

113 Während das Gesetz das sog. **Nettoverfahren** (Rz. 39) zur Aufzeichnung vorschreibt (der Unternehmer also die **Bemessungsgrundlage**[2] und im Falle des Vorsteuerabzugs zusätzlich den **Steuerbetrag**[3] getrennt aufzuzeichnen hat), **kann** er gemäß **§ 63 Abs. 3** und **5 UStDV** alternativ auch das sog. **Bruttoverfahren** anwenden. Das bedeutet, dass der Unternehmer ein Wahlrecht hat, sowohl bezüglich seiner in § 22 Abs. 3 Satz 1 **Nr. 1–3** UStG genannten (Ausgangs-)Umsätze als auch bezüglich der an ihn ausgeführten Umsätze (§ 22 Abs. 5 Satz 1 UStG) die jeweiligen **Bruttobeträge** einschließlich der Steuer **getrennt nach Steuersätzen** aufzuzeichnen, wobei er am Schluss eines jeden Voranmeldungszeitraums den Bruttobetrag wieder in Bemessungsgrundlage und (nur im Falle des Vorsteuerabzugs) Steuer aufzuteilen hat (§ 22 Abs. 3 Satz 3 und Abs. 5 Satz 2 UStG), damit er die Werte in seine Voranmeldung eintragen kann. Das Bruttoverfahren ist für Beträge nach § 14c UStG jedoch ausgeschlossen.[4] Das Bruttoverfahren kann auch nur für einzelne Umsätze angewendet werden, z.B. Kleinbetragsrechnungen oder Fahrausweise i.S.d. § 35 UStDV.[5]

114 Sofern es dem Unternehmer wegen der Art und des Umfangs des Geschäftes nicht zuzumuten ist, eine Trennung der Entgelte und Teilentgelte nach Steuersätzen gemäß § 22 Abs. 2 Nr. 1 Satz 2 und Nr. 2 Satz 2 UStG vorzunehmen (z.B. Lebensmitteleinzelhandel, Bäckereien, Metzgereien, Imbissstände, Drogerien, Buchhändler, Kioske, Supermärkte),[6] **kann** das FA dem Unternehmer gemäß **§ 63 Abs. 4 Satz 1 UStG auf Antrag** gestatten, dass er die Entgelte und Teilentgelte **nachträglich trennt** (z.B. anhand der Wareneingänge oder anhand anderer Merkmale). Das FA entscheidet dabei nach pflichtgemäßem Ermessen. Insoweit hat der Unternehmer – im Gegensatz zu § 63 Abs. 3 UStDV – kein Wahlrecht, sondern die Inanspruchnahme der Erleichterung hängt von der Genehmigung durch das FA ab. Entsprechende Erleichterungen können dem Unternehmer nach Auffassung der FinVerw. auf Antrag auch für die Trennung in steuerfreie und steuerpflichtige Umsätze sowie für nachträgliche Entgeltminderungen gewährt werden.[7] Das heißt also, dass der Unternehmer zunächst die Entgelte, getrennt nach Steuersätzen, in einer Summe aufzeichnet und dann anhand der von der FinVerw.[8] akzeptierten Methoden nachträglich trennt bzw. aufteilt:

---

1 *Kister* in Offerhaus/Söhn/Lange, § 22 UStG Rz. 29 (Stand: Juli 2017).
2 Vgl. § 22 Abs. 2 Nr. 1 Sätze 1, 3, 5 und 6 und Nr. 2 Satz 1 und Nr. 3 Satz 1 UStG.
3 Vgl. § 22 Abs. 2 Nr. 5 UStG a.E.
4 Abschn. 22.5 Abs. 1 Satz 4 UStAE.
5 *Stapperfend* in Rau/Dürrwächter, § 22 UStG Rz. 196 (Stand: März 2021).
6 *Heidner* in Bunjes[22], § 22 UStG Rz. 18; *Stapperfend* in Rau/Dürrwächter, § 22 UStG Rz. 126 m.w.N. (Stand: März 2021).
7 Abschn. 22.6 Abs. 2 Satz 1 UStAE.
8 S. dazu auch BMF, Schr. v. 6.5.2009 – IV B 8-S 7390/09/10001 – DOK 2009/0268914, UR 2009, 616 sowie ausführlich *Stapperfend* in Rau/Dürrwächter, § 22 UStG Rz. 130 ff. (Stand: März 2021).

- Trennung der Entgelte anhand der Wareneingänge unter Hinzurechnung der **tatsächlichen** oder **üblichen Aufschläge** (dazu Abschn. 22.6 Abs. 9–13 UStAE).
- Trennung der Entgelte anhand der Wareneingänge unter Hinzurechnung eines **gewogenen Durchschnittsaufschlags** (dazu Abschn. 22.6 Abs. 14–15 UStAE).
- Trennung der Entgelte nach tatsächlichen Verkaufsentgelten bei sog. **Filialunternehmen** (dazu Abschn. 22.6 Abs. 16 UStAE).
- Trennung der Entgelte nach **repräsentativen Erhebungen** bei Personen-Beförderungsunternehmen, die neben steuerermäßigten Personenbeförderungen nach § 12 Abs. 2 Nr. 10 UStG auch solche zum Regelsteuersatz vornehmen (dazu Abschn. 22.6 Abs. 17 UStAE).
- Spediteure, Frachtführer, Verfrachter, Lagerhalter, Umschlagunternehmer und andere Unternehmen, deren Umsätze nach **§ 4 Nr. 3 UStG** steuerbefreit sind (§ 4 Nr. 3 Rz. 1 ff.) können die Entgelte der steuerpflichtigen Umsätze von den übrigen Entgelten trennen (zu den Ausnahmen s. Abschn. 22.6 Abs. 18 Satz 4 UStAE).

Der Unternehmer ist dabei berechtigt, **nachträgliche Minderungen** der Entgelte z.B. durch Skonti, Rabatte und sonstige Preisnachlässe nach dem Verhältnis zwischen den Umsätzen, die verschiedenen Steuersätzen unterliegen, sowie den steuerfreien und nicht steuerbaren Umsätzen eines Voranmeldungszeitraums aufzuteilen.[1] 115

3. Vereinfachungen bei der Einfuhr

Gemäß § 64 UStDV ist der Aufzeichnungspflicht nach § 22 Abs. 2 Nr. 6 UStG genügt, wenn der Unternehmer die entstandene EUSt mit einem Hinweis auf den **zollamtlichen Beleg** aufzeichnet. 116

4. Vereinfachungen für Kleinunternehmer

§ 65 **Satz 1** UStDV **befreit** den Kleinunternehmer von den Aufzeichnungspflichten nach den Absätzen 2–4. Stattdessen hat er die Bruttowerte der erhaltenen Gegenleistungen für die von ihm ausgeführten Lieferungen und sonstigen Leistungen sowie die Bemessungsgrundlagen nach § 10 Abs. 4 Nr. 3 UStG für die (fiktiven) sonstigen Leistungen i.S.d. § 3 Abs. 9a Nr. 2 UStG aufzuzeichnen. 117

Die Aufzeichnungspflichten nach § 22 Abs. 2 **Nr. 4** (unrichtige und unberechtigte Steuerbeträge nach § 14c UStG, s. Rz. 37), **Nr. 7** (Bemessungsgrundlage und Steuerbetrag für innergemeinschaftliche Erwerbe, s. Rz. 46 f.), **Nr. 8** (Wechsel der Steuerschuldnerschaft nach § 13b UStG, s. Rz. 48 f.) und **Nr. 9** (Bemessungsgrundlage und Steuerbetrag für ausgelagerte Gegenstände, s. Rz. 50 ff.) UStG sind allerdings auch vom Kleinunternehmer zu beachten (§ 65 **Satz 2** UStDV). 118

5. Vereinfachungen bei Durchschnittssätzen

Mit Wirkung ab 1.1.2023[2] hat der Gesetzgeber § 23 UStG und die dazugehörigen §§ 69, 70 UStDV aufgehoben.[3] Dies bedeutet, dass für die ehemals in § 23 UStG genannten Berufsgruppen die allgemeinen Regelungen zum Vorsteuerabzug gelten (s. Rz. 38 ff. und Rz. 43 ff.). 119

Körperschaften, Personenvereinigungen und Vermögensmassen i.S.d. § 5 Abs. 1 Nr. 9 KStG, die ihre Vorsteuerbeträge nach § 23a UStG nach Durchschnittssätzen berechnen, sind nach **§ 66a UStDV** weiterhin insoweit von den Aufzeichnungspflichten ihrer Vorsteuerbeträge (also der Eingangsumsätze) nach § 22 Abs. 2 Nr. 5 (Rz. 38 ff.) und der entstandenen EUSt nach § 22 Abs. 2 Nr. 6 (Rz. 43 ff.) **befreit**. 120

---

1 Abschn. 22.6 Abs. 20 UStAE.
2 Art. 43 Abs. 6 Jahressteuergesetz 2022 (JStG 2022) v. 16.12.2022, BGBl. I 2022, 2294.
3 Es erschließt sich nicht, warum der Gesetzgeber in diesem Zuge nicht auch den § 66 UStDV aufgehoben hat, der auf die §§ 69 und 70 UStDV verweist (so auch *Eckert*, BBK 2023, 63).

6. Vereinfachungen für land- und forstwirtschaftliche Betriebe

121 Land- und Forstwirte, die ihre Umsätze nach Maßgabe von § 24 Abs. 1 **Nr. 1** und **3** UStG versteuern, sind gemäß **§ 67 Satz 1 UStDV** von den (kompletten) Aufzeichnungspflichten nach § 22 UStG für den land- und forstwirtschaftlichen Betrieb befreit, da insoweit auch keine Zahllast entsteht. Dies gilt jedoch **nicht**, wenn der Unternehmer Umsätze nach § 24 Abs. 1 **Nr. 2** UStG[1] erzielt (§ 67 Satz 2 UStDV), denn insoweit entsteht eine Zahllast, die vom Fiskus kontrolliert werden kann.

122 Allerdings haben auch Land- und Forstwirte gemäß **§ 67 Satz 3 UStDV** die Aufzeichnungspflichten nach § 22 Abs. 2 **Nr. 4** (unrichtige und unberechtigte Steuerbeträge nach § 14c UStG, s. Rz. 37), **Nr. 7** (Bemessungsgrundlage und Steuerbetrag für innergemeinschaftliche Erwerbe, s. Rz. 46 f.) und **Nr. 8** (Wechsel der Steuerschuldnerschaft nach § 13b UStG, s. Rz. 48 f.) UStG zu beachten.

II. Befreiung von der Pflicht zur Führung eines Umsatzsteuerheftes (Absatz 6 Nr. 2)

123 § 22 Abs. 6 Nr. 2 UStG stellt die Ermächtigungsgrundlage dar, um die nach Absatz 5 zur Führung eines **Umsatzsteuerheftes** verpflichteten Unternehmer von der Führung dieses Heftes zu befreien. In **§ 68 UStDV** wurden Kriterien für eine **Befreiung** von der Pflicht zur Führung eines Umsatzsteuerheftes festgelegt. **Kein Umsatzsteuerheft** muss danach in folgenden Fällen geführt werden:

- Der Unternehmer besitzt **im Inland** eine gewerbliche Niederlassung und führt ordnungsgemäße Aufzeichnungen i.S.d. §§ 22 UStG i.V.m. §§ 63–66 UStDV (§ 68 Abs. 1 **Nr. 1** UStDV). Die Grundlagen für die Besteuerung lassen sich dann nämlich anhand der im Inland befindlichen Aufzeichnungen nachvollziehen bzw. ermitteln, so dass es eines Umsatzsteuerheftes nicht bedarf.
- **Soweit** der Unternehmer seine Umsätze nach **Durchschnittssätzen** (§ 24 Abs. 1 **Nr. 1** und **3** UStG) besteuert (§ 68 Abs. 1 **Nr. 2** UStDV). In den Fällen des § 24 Abs. 1 **Nr. 2** UStG ist jedoch ein Umsatzsteuerheft zu führen (§ 67 Satz 2 UStDV). Hintergrund dieser Vereinfachung ist, dass im Ergebnis keine Zahllast für den Unternehmer entsteht, da Steuer und Vorsteuer pauschal in gleicher Höhe festgesetzt werden, so dass keine Notwendigkeit besteht, ein Umsatzsteuerheft zu führen.
- **Soweit** sie mit **Zeitungen und Zeitschriften** handeln (§ 68 Abs. 1 **Nr. 3** UStDV). Aufgrund der Abrechnungen (Gutschriften) der Zeitungsverlage können die Besteuerungsgrundlagen leicht und nachvollziehbar ermittelt werden.
- **Soweit** sie auf Grund gesetzlicher Vorschriften verpflichtet sind, Bücher zu führen, oder ohne eine solche Verpflichtung (also freiwillig) Bücher führen (§ 68 Abs. 1 **Nr. 4** UStDV). Die Grundlagen für die Umsatzbesteuerung können bereits aus den vorhandenen Büchern ermittelt werden.

124 In den Fällen des § 68 Abs. 1 **Nr. 1** UStDV stellt das für die Besteuerung zuständige FA dem Unternehmer **auf Antrag** eine entsprechende **Bescheinigung** über die Befreiung von der Führung des Umsatzsteuerheftes aus (§ 68 Abs. 2 UStDV), die der Unternehmer anstelle des Umsatzsteuerheftes mitzuführen hat. Den Unternehmern wird jedoch – über den Wortlaut des § 68 Abs. 2 UStDV hinaus – auch in den Fällen des § 68 Abs. 1 **Nr. 2–4** UStDV eine Bescheinigung ausgestellt.[2]

§ 22a Fiskalvertretung

(1) Ein Unternehmer, der weder im Inland noch in einem der in § 1 Abs. 3 genannten Gebiete seinen Wohnsitz, seinen Sitz, seine Geschäftsleitung oder eine Zweigniederlassung hat und im Inland ausschließlich steuerfreie Umsätze ausführt und keine Vorsteuerbeträge abziehen kann, kann sich im Inland durch einen Fiskalvertreter vertreten lassen.

---

1 Hierunter fallen Umsätze mit den in der Anlage 2 des UStG nicht aufgeführten Sägewerkserzeugnissen und Getränken sowie mit alkoholischen Flüssigkeiten.

2 BMF, Schr. v. 1.4.2009 – IV B 9-S 7532/08/10001 – DOK 2009/0217399, UR 2009, 324.

(2) Zur Fiskalvertretung sind die in § 3 Nr. 1 bis 3 und § 4 Nr. 9 Buchstabe c des Steuerberatungsgesetzes genannten Personen befugt.

(3) Der Fiskalvertreter bedarf der Vollmacht des im Ausland ansässigen Unternehmers.

Schrifttum: *Birkenfeld*, Zweifelsfragen bei der Fiskalvertretung, DStZ 1997, 461; *Fischer/Slotty-Harms*, Logistikbranche: Umsatzsteuerliche und zollrechtliche Aspekte, UVR 2009, 171; *Hidien*, Umsatzsteuerliche Fiskalvertretung: Steuerpflicht im Übermaß, RIW 1997, 401; *Ketter*, Einführung einer umsatzsteuerlichen Fiskalvertretung durch das Umsatzsteuer-Änderungsgesetz 1997, DStR 1997, 99; *Klein*, Fiskalvertreter im Umsatzsteuerrecht, UStB 2001, 117; *Lange*, Der Fiskalvertreter, UR 1996, 401; *Möller*, Fiskalvertretung für Einfuhren aus Drittländern in Deutschland, UStB 2008, 46; *Püschner*, Die umsatzsteuerliche Fiskalvertretung – Teil I, UVR 2000, 237; *Püschner*, Die umsatzsteuerliche Fiskalvertretung – Teil II, UVR 2000, 277; *Rattunde*, Einführung der Fiskalvertretung zum 1.1.1997, ZfZ 1997, 112; *Reiche*, Zur Vertretungsbefugnis im Zoll- und Steuerrecht im Verfahrenscode 42, ZfZ 2013, 232; *Rondorf*, Einführung des Fiskalvertreters in das deutsche Umsatzsteuerrecht, BB 1997, 705; *Scheller/Zaczek*, Logistikunternehmen als Vertreter im Zoll- und Mehrwertsteuerrecht, UR 2016, 225; *Widmann*, Brauchen wir einen umsatzsteuerlichen Fiskalvertreter für ausländische Unternehmer?, UR 1995, 49; *Winter*, Fiskalvertreter im deutschen Umsatzsteuerrecht ohne Chance, UR 1999, 272.

A. Grundaussagen

I. Regelungsgegenstand und Bedeutung

Die in den §§ **22a–e UStG** enthaltene Regelung zur Fiskalvertretung ermöglicht es **ausländischen Unternehmern**, ihre umsatzsteuerlichen Melde- und Erklärungspflichten vereinfacht wahrzunehmen, indem sie einen Fiskalvertreter beauftragen, der diese als eigene Pflichten wahrzunehmen hat. Die **Vereinfachung** besteht darin, dass der ausländische Unternehmer auf diese Weise eine vollständige steuerliche Registrierung bei einem inländischen Finanzamt vermeiden kann und trotzdem die Erfüllung seiner **Melde- und Erklärungspflichtenpflichten** gewährleistet wird.[1] Die Regelung soll nach der Gesetzesbegründung damit die **Sicherheit und Effizienz des Kontrollverfahrens zur ordnungsgemäßen Besteuerung** unterstützen.[2] 1

Die **praktische Bedeutung** der deutschen Fiskalvertreterregelung ist **gering**, da sie im Gegensatz zu Fiskalvertreterregelungen in anderen Mitgliedstaaten lediglich einen sehr **eingeschränkten Anwendungsbereich** hat. Das kumulative Erfordernis ausschließlich steuerfreier Ausgangsumsätze und fehlender abziehbarer Vorsteuer führt naturgemäß dazu, dass die deutsche Fiskalvertretung nur für einen kleinen Teil ausländischer Unternehmer überhaupt in Frage kommt. 2

Einen **Hauptanwendungsfall** stellen ausländische Unternehmer (Rz. 8) dar, die z.B. ausschließlich **steuerfrei Waren in Deutschland einführen** (§ 5 UStG) und diese **anschließend wiederum steuerfrei veräußern** (z.B. als innergemeinschaftliche Lieferungen in andere Mitgliedstaaten nach § 4 Nr. 1b, § 6a UStG) und in Deutschland zudem keine vorsteuerbehafteten Eingangsumsätze beziehen.[3] Aber auch für ausländische Unternehmer, die ausschließlich steuerfreie Ausschlussumsätze i.S.d. § 15 Abs. 2 Nr. 1 UStG ausführen, kommt eine Fiskalvertretung in Frage. 3

1 BMF, Schr. v. 9.10.2023 – III C 3-S 7395/19/10001 :003 – DOK 2023/0970079, Rz. 1, UR 2023, 888.
2 BT-Drucks. 13/4839, 86 (zu § 22e).
3 Vgl. auch das Beispiel in Abschn. 22a.1 Abs. 6 UStAE; kritisch: *Nieskens* in Rau/Dürrwächter, Vor § 22a–e UStG Rz. 8 ff. (Stand: Januar 2024).

4 Die Fiskalvertretung erfordert die Erteilung einer **Vollmacht** durch den ausländischen Unternehmer vor Ausführung der Umsätze, für die die Fiskalvertretung gelten soll (Rz. 17). Sie **endet, wenn** entweder die **Voraussetzungen entfallen**, weil der Steuerpflichtige doch steuerpflichtige Ausgangsumsätze bewirkt, wenn abziehbare Vorsteuer entsteht oder die **Vollmacht** dem Fiskalvertreter **entzogen** wird **oder** wenn die zuständige **Finanzbehörde die Fiskalvertretung untersagt** (§ 22e UStG). Endet die Fiskalvertretung, so hat der Fiskalvertreter dem Finanzamt formlos mitzuteilen, wann und für welchen der vertretenen ausländischen Unternehmer die Fiskalvertretung beendet wurde. Bis zu diesem Zeitpunkt hat er weiter ordnungsgemäß die Melde- und Erklärungspflichten zu erfüllen. Der ausländische Unternehmer muss sich in diesen Fällen dann selbst registrieren und ab dem Zeitpunkt der Beendigung seinen Melde- und Erklärungspflichten nachkommen.

II. Unionsrechtliche Grundlagen

5 Unionsrechtliche Grundlage der Fiskalvertreterregelung sind die Vorgaben zur Steuervertreterregelung nach **Art. 204 f. MwStSystRL**. Diese fakultative Möglichkeit, die in allen Mitgliedstaaten eingeführt wurde,[1] wurde von Deutschland **nur teilweise umgesetzt**. Insbesondere wurde von der in Art. 204 Abs. 1 MwStSystRL vorgesehenen Möglichkeit abgesehen, dass die Vertretung sich auch auf steuerpflichtige Umsätze bezieht und der Vertreter selbst Schuldner der Steuer für den Vertretenen ist.[2]

III. Verhältnis zu anderen Vorschriften und Rechtsentwicklung

6 § 22a UStG bildet die „Einstiegsnorm" der Fiskalvertreterregelung und steht in engem Zusammenhang mit den §§ 22b–22e UStG, die weitere Einzelheiten regeln. Die Verweise zur Ansässigkeit der ausländischen Unternehmer beziehen sich auf die §§ 8–12 AO, die insoweit für die Begriffsbestimmung maßgeblich sind.[3] Im Wege der Verweistechnik hat der Gesetzgeber die zur Fiskalvertretung befugten Personen in § 22a Abs. 3 UStG geregelt, so dass ein Zusammenhang mit den §§ 3, 4 StBerG besteht. § 22a Abs. 3 UStG, der die Vollmacht des Fiskalvertreters regelt, hat einen Bezug zu § 80 AO.

7 Die Fiskalvertretung wurde **zum 1.1.1997 in Deutschland eingeführt** und gilt seither inhaltlich im Wesentlichen unverändert. Durch das JStG 2019 wurde sie mit geringen inhaltlichen Änderungen zum 1.1.2020 neu gefasst.[4] Die FinVerw. passte in diesem Zusammenhang den UStAE mit Schreiben v. 9.10.2023 an.[5]

B. Anforderungen an den Vertretenen (Absatz 1)

I. Ausländischer Unternehmer

8 Voraussetzung für die Fiskalvertretung ist, dass es sich beim Vertretenen um einen sog. ausländischen Unternehmer handelt. D.h., er darf **weder** im **Inland noch** in den **in § 1 Abs. 3 UStG bezeichneten Gebieten** seinen Wohnsitz, Sitz, seine Geschäftsleitung oder eine Zweigniederlassung haben. Das UStG verwendet die Begrifflichkeiten der Abgabenordnung (§§ 8, 10, 11 und 12 AO), die insoweit auch für die Umsatzsteuer maßgeblich sind.[6] In der Regel kommt es zu einem Gleichlauf mit ausländischer Ansässigkeit i.S.d. § 13b Abs. 7 UStG (§ 13b Rz. 65 ff.). Ein Unterschied ergibt sich im Hinblick auf den Betriebsstättenbegriff des § 12 AO, da § 22a Abs. 1 UStG nur auf Zweigniederlassungen (§ 12

1 Eine Übersicht liefert *Nieskens* in Rau/Dürrwächter, Vor § 22a-e UStG Rz. 41 f. (Stand: Januar 2024); *Annacondia*, EU VAT Compass 2018/2019, Rz. 10.3.

2 Kritisch *Heuermann* in Sölch/Ringleb, § 22a UStG Rz. 2 (Stand: Oktober 2021); *Nieskens* in Rau/Dürrwächter, Vor § 22a–e UStG Rz. 25 (Stand: Januar 2024).

3 **A.A.** *Radeisen* in Schwarz/Widmann/Radeisen, § 22a UStG Rz. 25 (Stand: April 2022).

4 BGBl. I 2019, 2451.

5 BMF, Schr. v. 9.10.2023 – III C 3-S 7395/19/10001 :003 – DOK 2023/0970079, UR 2023, 888.

6 **A.A.** *Radeisen* in Schwarz/Widmann/Radeisen, § 22a UStG Rz. 25 (Stand: April 2022); siehe auch: *Püschner* in Reiß/Kraeusel/Langer, § 22a UStG Rz. 12 (Stand: September 2018).

Nr. 2 AO) verweist und insoweit **enger** ist **als § 13b Abs. 7 UStG**. Daher schließt z.B. ein inländisches Warenlager (§ 12 Nr. 5 AO) die Fiskalvertretung nicht aus.

Unternehmer aus den **besonderen Gebieten des § 1 Abs. 2 UStG**, die vom Inland ausgenommen sind (insbes. Büsingen, Helgoland und Freihäfen), **können** hingegen **auch** die Fiskalvertreterregelung in Anspruch nehmen. 9

II. Steuerfreie Umsätze, kein Vorsteuerabzug

Nur wenn die vertretenen ausländischen Unternehmer in Deutschland **ausschließlich** Umsätze ausführen, die steuerfrei sind und keine Vorsteuerbeträge abziehen können, kommt eine Fiskalvertretung in Betracht. Dies gilt uneingeschränkt für sämtliche umsatzsteuerlichen Steuerbefreiungen unabhängig davon, ob diese den Vorsteuerabzug ausschließen (§ 15 Abs. 2 UStG). Infrage kommen daher **insbesondere** auch die Befreiungen für **innergemeinschaftliche Erwerbe** (§ 4b UStG) und **innergemeinschaftliche Lieferungen** (§ 4 Nr. 1b, § 6a UStG) sowie **Einfuhren** (§ 5 UStG) und Ausfuhren (§ 4 Nr. 1a, § 6 UStG). Wenn ein Unternehmer neben steuerfreien Umsätzen auch steuerpflichtige Umsätze ausführt oder Vorsteuerbeträge abziehen kann, ist die Fiskalvertretung ausgeschlossen.[1] In der Praxis ist es daher wichtig, durch ein gutes **Monitoring** der Tätigkeiten des Vertretenen zu vermeiden, dass die Voraussetzungen der Fiskalvertretung hierdurch unbeabsichtigt entfallen. 10

Das Gesetz stellt nicht darauf ab, ob die Steuer für die Umsätze auch tatsächlich geschuldet wird, sondern maßgeblich ist, wer diese Umsätze **ausführt**. Daher ist es für die Fiskalvertretung nicht nur schädlich, wenn z.B. der Vertretene Umsatzsteuer als Leistungsempfänger Reverse-Charge schuldet,[2] sondern **auch schädlich**, wenn der Unternehmer **(Reverse-Charge) Umsätze** im Inland ausführt, bei denen der Leistungsempfänger die Umsatzsteuer schuldet (§ 13b Abs. 1, Abs. 2 und Abs. 5 UStG).[3] Entsprechend können auch **innergemeinschaftliche Dreiecksgeschäfte** (§ 25b UStG) schädlich sein, auch wenn die Umsatzsteuer nicht vom Vertretenen geschuldet wird.[4] 11

Der ausländische Unternehmer darf gleichzeitig nicht zum Vorsteuerabzug berechtigt sein. Dabei kommt es auf das **abstrakte Bestehen des Vorsteuerabzugsrechts** („abziehen kann") an und nicht darauf, ob er diesen tatsächlich geltend macht.[5] **Nicht ausreichend** ist für die Fiskalvertretung daher auch, wenn lediglich **keine Zahllast** besteht, weil sich Umsatzsteuer und Vorsteuerabzug ausgleichen.[6] Dementsprechend führt auch die Teilnahme des ausländischen Unternehmers am Vorsteuervergütungsverfahren (selbst dann, wenn die Mindestbeträge nach § 61 oder § 61a UStDV nicht erreicht werden) zum Ausschluss der Fiskalvertretung. 12

Scheitert eine Befreiung z.B. daran, dass ihre Voraussetzungen nicht nachgewiesen werden können, führt dies in der Folge auch zum Entfallen der Voraussetzungen der Fiskalvertretung, weil steuerpflichtige Umsätze bzw. abziehbare Vorsteuerbeträge entstehen. 13

III. Mehrere Fiskalvertreter

Ein ausländischer Unternehmer ist nicht darauf beschränkt, nur einen Fiskalvertreter zu bestellen. Er hat vielmehr die **Möglichkeit, auch mehrere Fiskalvertreter zu bestellen**.[7] Auch die Einschaltung eines Fiskalvertreters für einen einzigen Umsatz ist möglich. 14

1 Abschn. 22a.1 Abs. 7 Satz 1 UStAE.
2 Abschn. 22a.1 Abs. 7 Satz 2 Buchst. b UStAE.
3 Abschn. 22a.1 Abs. 7 Satz 2 Buchst. a UStAE.
4 Abschn. 22a.1 Abs. 7 Satz 2 Buchst. d UStAE.
5 Vgl. *Korn* in Bunjes[22], § 22a UStG Rz. 7.
6 Vgl. *Nieskens* in Rau/Dürrwächter, § 22a UStG Rz. 21 (Stand: Januar 2024).
7 Vgl. die Gesetzesbegründung in BT-Drucks. 13/4839, 85 (zu § 22a); kritisch: *Kister* in Offerhaus/Söhn/Lange § 22a UStG Rz. 11 (Stand: Oktober 2020).

C. Befugte Personen (Absatz 2)

15 Zur Fiskalvertretung befugt sind nach § 22a Abs. 2 UStG über den Verweis auf §§ 3f StBerG insbesondere:

- **Steuerberater**, Steuerbevollmächtigte und Steuerberatungsgesellschaften (§ 3 Nr. 1 StBerG),
- **Rechtsanwälte**, Rechtsanwaltsgesellschaften, Wirtschaftsprüfer, Wirtschaftsprüfungsgesellschaften, vereidigte Buchprüfer und Buchprüfungsgesellschaften (§ 3 Nr. 2 StBerG),
- **Speditionsunternehmen**, soweit sie Hilfe in Eingangsabgabensachen leisten (§ 4 Nr. 9 Buchst. a i.V.m. Buchst. c StBerG), und
- **sonstige gewerbliche Unternehmen** (z.B. Lagerhalter), soweit sie im Zusammenhang mit der Zollbehandlung Hilfe in Eingangsabgabensachen leisten, § 4 Nr. 9 StBerG.

16 Für die Speditionsunternehmen und gewerblichen Unternehmen ist es zudem erforderlich, dass sie im Geltungsbereich des StBerG ansässig und keine Kleinunternehmer i.S.d. § 19 UStG sind.[1] Dies ist für die übrigen zur Fiskalvertretung Befugten nicht der Fall, so dass auch ausländische Unternehmer als Fiskalvertreter in Frage kommen.

D. Vollmacht (Absatz 3)

17 Fiskalvertreter benötigen eine **Vollmacht** des im Ausland ansässigen Unternehmers. Sie ist dem **Finanzamt auf Anforderung nachzuweisen (§ 80 Abs. 3 AO)**. Die Vollmacht ist nicht an eine bestimmte Form geknüpft und kann daher **auch mündlich** erteilt werden. Erforderlich ist jedoch, dass die Vollmacht bereits **vor** Ausführung der steuerfreien Umsätze erteilt wird. Hat der Fiskalvertreter als Vertreter ohne Vertretungsmacht i.S.d. § 177 BGB gehandelt, kommt jedoch eine (rückwirkende) Genehmigung in Betracht.[2] Aus Nachweisgründen empfiehlt sich im Zweifel die schriftliche Bevollmächtigung.

E. Verfahren bei Beendigung

18 Die Fiskalvertretung endet, wenn deren Voraussetzungen entfallen (z.B. durch Kündigung der Vollmacht oder steuerpflichtige Umsätze des Vertretenen)[3] oder die Fiskalvertretung nach § 22e UStG untersagt wurde. Bei Beendigung der Fiskalvertretung, weil dem Fiskalvertreter die Vollmacht entzogen oder die Fiskalvertretung seitens des Fiskalvertreters (bzgl. Untersagung nach § 22e UStG siehe § 22e Rz. 6 ff.) selbst beendet wurde, sieht die FinVerw. das folgende Vorgehen vor:

19 Der **Fiskalvertreter** muss dem für ihn zuständigen Finanzamt **formlos** die **Beendigung** für jeden von ihm Vertretenen **mitteilen** und in der (letzten) für diesen Zeitraum abzugebenden Umsatzsteuer-Jahreserklärung und **ZM** alle **Umsätze** für diesen Vertretenen **bis** zum Zeitraum der **Beendigung** erfassen.[4] Die **allgemeinen Erklärungs- und Aufzeichnungspflichten** des Vertretenen muss der Fiskalvertreter **bis zum Zeitpunkt der Beendigung** weiterhin vollständig erfüllen.[5]

20 Der **Vertretene** muss sich bei Beendigung der Fiskalvertretung unter einer eigenen Steuernummer **selbst registrieren** und erforderlichenfalls eine **eigene USt-IdNr. beantragen**.[6] Unter dieser muss er selbst – ggf. unterstützt durch einen (regulären) steuerlichen Vertreter (insbes. Steuerberater) – **Umsatzsteuer-Voranmeldungen** und **Umsatzsteuer-Jahreserklärungen** und ggf. **ZM** abgeben. In diesen hat er für die betreffenden Besteuerungszeiträume alle Umsätze einschließlich derjenigen anzugeben, die im Zeitraum der Fiskalvertretung getätigt wurden.[7]

---

1 BMF, Schr. v. 9.10.2023 – III C 3-S 7395/19/10001 :003 – DOK 2023/0970079, UR 2023, 888.
2 *Nieskens* in Rau/Dürrwächter, § 22a UStG Rz. 52 (Stand: Januar 2024).
3 Abschn. 22a.1 Abs. 8 UStAE.
4 Abschn. 22a.1 Abs. 9 Satz 1 Buchst. a Satz 1 UStAE.
5 Abschn. 22a.1 Abs. 9 Satz 1 Buchst. a Satz 4 UStAE.
6 Abschn. 22a.1 Abs. 9 Satz 1 Buchst. b Satz 1 UStAE.
7 Abschn. 22a.1 Abs. 9 Satz 1 Buchst. b Satz 3 UStAE.

Eine Berichtigung der im Rahmen der Fiskalvertretung erteilten Rechnungen und pro-forma-Rechnungen mit den zusätzlichen Hinweisen nach § 22c UStG ist nicht erforderlich.[1] 21

Zur Beendigung in Folge einer Untersagung der Fiskalvertretung s. § 22e Rz. 1 ff. 22

§ 22b Rechte und Pflichten des Fiskalvertreters

(1) [1]Der Fiskalvertreter hat die Pflichten des im Ausland ansässigen Unternehmers nach diesem Gesetz als eigene zu erfüllen. [2]Er hat die gleichen Rechte wie der Vertretene.

(2) [1]Der Fiskalvertreter hat unter der ihm nach § 22d Absatz 1 erteilten Steuernummer vierteljährlich Voranmeldungen (§ 18 Absatz 1) sowie eine Steuererklärung (§ 18 Absatz 3 und 4) abzugeben, in der er die Besteuerungsgrundlagen für jeden von ihm vertretenen Unternehmer zusammenfasst. [2]Der Steuererklärung hat der Fiskalvertreter als Anlage eine Aufstellung beizufügen, die die von ihm vertretenen Unternehmer mit deren jeweiligen Besteuerungsgrundlagen enthält.

(2a) Der Fiskalvertreter hat unter der ihm nach § 22d Absatz 1 erteilten Umsatzsteuer-Identifikationsnummer nach § 27a eine Zusammenfassende Meldung nach Maßgabe des § 18a abzugeben.

(3) [1]Der Fiskalvertreter hat die Aufzeichnungen im Sinne des § 22 für jeden von ihm vertretenen Unternehmer gesondert zu führen. [2]Die Aufzeichnungen müssen Namen und Anschrift der von ihm vertretenen Unternehmer enthalten.

Schrifttum: *Ketter*, Einführung einer umsatzsteuerlichen Fiskalvertretung durch das Umsatzsteuer-Änderungsgesetz 1997, DStR 1997, 99; *Püschner*, Die umsatzsteuerliche Fiskalvertretung – Teil II, UVR 1999, 277; *Püschner*, Die umsatzsteuerliche Fiskalvertretung – Teil I, UVR 2000, 237.

A. Grundaussagen

I. Regelungsgegenstand und Bedeutung

§ 22b UStG regelt zunächst einen **allgemeinen Übergang** der sich aus dem Umsatzsteuergesetz („diesem Gesetz“) ergebenden **Pflichten des ausländischen Unternehmers auf den Fiskalvertreter und** räumt ihm die gleichen **Rechte** ein, die auch dem Vertretenen zustehen. Die Norm bestimmt dabei, dass den Fiskalvertreter die Pflichten des Vertretenen als **eigene** treffen (§ 22b Abs. 1 UStG). Des Weiteren werden bestimmte Verpflichtungen im Hinblick auf die Erfordernisse der Fiskalvertretung modifiziert. Dies betrifft die Pflicht zur **Abgabe von Umsatzsteuer-Voranmeldungen und Jahreserklärungen** (§ 22b Abs. 2 UStG) und der **ZM** (§ 22b Abs. 2a UStG) jeweils unter der dem Fiskalvertreter erteilten speziellen Steuernummer (§ 22d UStG) und die Erfüllung der **Aufzeichnungspflichten** nach § 22 UStG für den Vertretenen (§ 22b Abs. 3 UStG), wobei hier jeweils Name und Anschrift des vom Fiskalvertreter vertretenen ausländischen Unternehmers enthalten sein müssen. Seit dem 1.1.2020 1

1 Abschn. 22a.1 Abs. 9 Satz 1 Buchst. b Satz 5 UStAE.

muss außerdem der Steuererklärung eine Anlage beigefügt werden, die die Besteuerungsgrundlagen nach den vertretenen Unternehmern aufgliedert.[1]

II. Unionsrechtliche Grundlagen

2 Anders als im UStG sind die unionsrechtlichen Vorgaben mit Art. 204 MwStSystRL in einer einzigen Norm geregelt. Diese bildet auch die unionsrechtliche Grundlage für § 22b UStG. Art. 204 MwStSystRL, der grundsätzlich eine Steuervertreterregelung ermöglicht, bei der – anders bei der umgesetzten Fiskalvertreterregelung nach §§ 22a ff. UStG – auch die Steuer vom Steuervertreter geschuldet wird, enthält keine Einzelheiten zum Verfahren und den konkreten Rechten und Pflichten, so dass insoweit ein **Ermessen der Mitgliedstaaten** besteht.

III. Verhältnis zu anderen Vorschriften und Rechtsentwicklung

3 § 22b UStG ergänzt und konkretisiert § 22a UStG. Er **steht** insoweit **neben den §§ 22b–e UStG**. Ein direkter Verweiszusammenhang besteht zu den Melde- und Erklärungspflichten nach § 18 Abs. 3 und 4 UStG sowie § 18a UStG.

4 Wie auch § 22a UStG, wurde § 22b UStG zum 1.1.1997 eingeführt. Durch das JStG 2019[2] wurde mit Wirkung **zum 1.1.2020 Absatz 2 neu gefasst und Absatz 2a ergänzt**. Hiermit wurde im Gegensatz zur Vorgängerregelung angeordnet, dass der Fiskalvertreter nicht nur Umsatzsteuer-Jahreserklärungen, sondern **auch quartalsweise Umsatzsteuer-Voranmeldungen** abzugeben hat und bezüglich der Verpflichtung zur Abgabe der ZM konkret auf § 18a UStG n.F. verwiesen sowie der Verweis auf die zu verwendende, ihm nach § 22d UStG zu erteilende, USt-IdNr. nach § 27a UStG ergänzt. Schließlich wurde die **Verpflichtung** des Fiskalvertreters aufgenommen, in der **Jahres-Umsatzsteuererklärung eine Anlage beizufügen**, die die von ihm vertretenen Unternehmer benennt und deren Besteuerungsgrundlagen enthält. Die Änderungen dienen der **Sicherstellung des Steueraufkommens bei im Ausland ansässigen Unternehmern**[3] und basieren auf einer Feststellung des Bundesrechnungshofs, wonach den Finanzämtern in der Vergangenheit nur sehr wenige Informationen über die von den Fiskalvertretern vertretenen Unternehmen vorlagen.

B. Rechte- und Pflichtenübergang (Absatz 1)

I. Anordnung des Pflichtenübergangs (Absatz 1 Satz 1)

5 Mit § 22b Abs. 1 Satz 1 UStG stellt der Gesetzgeber klar, dass der Fiskalvertreter die ihm obliegenden Pflichten als **eigene** zu erfüllen hat und damit für den Zeitraum der Fiskalvertretung und für die Umsätze, auf die sich die Fiskalvertretung konkret bezieht, ein vollständiger **Pflichtenübergang** vom ausländischen Unternehmer auf den Fiskalvertreter erfolgt. Die FinVerw. hat daher nicht die Möglichkeit, sich direkt an den ausländischen Unternehmer zu wenden, wenn der Fiskalvertreter selbst den ihm obliegenden Melde- und Erklärungspflichten nicht ordnungsgemäß nachkommt. Für derartige Fälle besteht jedoch die Möglichkeit einer Untersagung der Fiskalvertretung nach § 22e UStG (§ 22e Rz. 1 ff.).

6 Die Anordnung, dass der Fiskalvertreter die Pflichten des Vertretenen als eigene zu erfüllen hat, führt insbesondere dazu, dass ein vorsätzlicher oder leichtfertiger **Verstoß** gegen diese Melde- und Erklärungspflichten eine **bußgeldbewerte Ordnungswidrigkeit nach § 26a UStG** darstellt und das Finanzamt die Möglichkeit zur **Festsetzung von Zwangsgeldern** (§§ 329 ff. AO) gegen den Fiskalvertreter hat.[4] Dies betrifft insbesondere Pflichtverstöße bei der Abgabe von Umsatzsteuer-Voranmeldungen

1 Abschn. 22b.1 Abs. 2 Nr. 2 Satz 4 UStAE; BMF, Schr. v. 9.10.2023 – III C 3-S 7395/19/10001 :003 – DOK 2023/0970079, UR 2023, 888, Rz. 2.
2 BGBl. I 2019, 2451.
3 BT-Drucks. 19/13436, 160.
4 Abschn. 22b.1 Abs. 4 Satz. 2 UStAE.

und -Jahreserklärungen (§ 26a Abs. 1 Nr. 4 UStG) sowie Verstöße bei der Aufbewahrung von Unterlagen nach § 14b UStG (§ 26a Abs. 1 Nr. 2 und 3 UStG).

II. Rechte des Fiskalvertreters (Absatz 1 Satz 2)

§ 22b Abs. 1 Satz 2 UStG räumt dem Fiskalvertreter die **gleichen Rechte ein, die dem Vertretenen zustehen**. Dies bezieht sich nicht umfassend auf sämtliche steuerliche Verfahrensrechte, sondern auf diejenigen, die mit den auf den Fiskalvertreter nach § 22b UStG übergehenden steuerlichen Melde-, Erklärungs- und Aufzeichnungspflichten korrespondieren. Dem Fiskalvertreter müssen in dem Umfang, in dem er die Aufgaben des Vertretenen als eigene wahrnimmt auch die Rechte des Vertretenen zugestanden werden.[1] Hierunter fallen **insbesondere** die Berechtigungen, **Anträge beim zuständigen Finanzamt und dem Bundeszentralamt für Steuern** zu stellen.[2] 7

C. Melde- und Erklärungspflichten des Fiskalvertreters (Absatz 2)

I. Steuererklärungen (Absatz 2 Satz 1)

§ 22b Abs. 3 UStG verpflichtet den Fiskalvertreter zur Abgabe umsatzsteuerlicher Erklärungen unter der ihm nach § 22d Abs. 1 UStG erteilten Steuernummer für die ausländischen Unternehmer. Dies umfasst die Abgabe **einer Umsatzsteuer-Jahreserklärung**. Bis zum 1.1.2020 war die Verpflichtung zur Abgabe umsatzsteuerlicher Voranmeldungen nicht geregelt, da ein Verweis auf § 18 Abs. 1 UStG fehlte.[3] Nunmehr müssen Fiskalvertreter nach der ausdrücklichen gesetzlichen Anordnung **ab 2020 auch quartalsweise Voranmeldungen** abgeben. Damit ist die Voranmeldungsverpflichtung im Rahmen der Fiskalvertreterregelung vom Gesetzgeber nun bewusst strenger geregelt als bei regulären Unternehmern, da trotz der bei Fiskalvertretung naturgemäß fehlenden Steuer **keine Möglichkeit zur Befreiung von der Abgabe der Voranmeldungen nach § 18 Abs. 2 UStG** besteht (§ 18 Rz. 39 ff.). 8

Der Fiskalvertreter hat für jeden ausländischen Unternehmer, für den er die Jahreserklärung abgibt, die **Besteuerungsgrundlagen zusammenzufassen.** 9

II. Einzelaufstellung der Besteuerungsgrundlagen (Absatz 2 Satz 2)

Ab 2020 ist der Fiskalvertreter durch § 22b Abs. 2 Satz 2 UStG verpflichtet, zusätzlich zur Jahreserklärung eine **Anlage** beizufügen, aus der sich die Besteuerungsgrundlagen für jeden von ihm Vertretenen ergeben. Damit hat der Gesetzgeber die bislang streitige Frage, ob der Fiskalvertreter eine einzige Erklärung abgeben muss[4] oder wahlweise auch für jeden Unternehmer eine separate Erklärung abgeben darf[5] zugunsten einer **einzigen Jahreserklärung** beantwortet. Hintergrund war, dass der Bundesrechnungshof monierte, dass den Finanzämtern zu wenig Informationen über die ausländischen Unternehmer vorlägen, deren Erklärungspflichten durch Fiskalvertreter wahrgenommen würden.[6] 10

Nach dem Wortlaut des § 22b Abs. 2 Satz 2 i.V.m. Satz 1 UStG („Steuererklärung") bezieht sich die **Verpflichtung** zur Beifügung der **Einzelaufstellung** als Anlage **nicht** auf die Abgabe der **Umsatzsteuer-Voranmeldungen**, sondern lediglich auf die Umsatzsteuer-Jahreserklärung.[7] 11

1 *Nieskens* in Rau/Dürrwächter, § 22b UStG Rz. 1 (Stand: Januar 2024).
2 Abschn. 22b.1 Abs. 1 Satz 3 UStAE.
3 *Heuermann* in Sölch/Ringleb, § 22b UStG Rz. 11 (Stand: März 2023); *Nieskens* in Rau/Dürrwächter, § 22b UStG Rz. 21 (Stand: Januar 2024).
4 So *Sterzinger* in Birkenfeld/Wäger, Umsatzsteuer-Handbuch, Abschn. V, Kapitel 5 F. – §§ 22a–22b UStG Rz. 7 (Stand: Juli 2022).
5 So *Nieskens* in Rau/Dürrwächter, § 22b UStG Rz. 27 (Stand: Januar 2024).
6 Vgl. BT-Drucks. 19/13436, 160.
7 So auch Abschn. 22b.1 Abs. 2 Nr. 2 Satz 4 UStAE.

D. Zusammenfassende Meldung (Absatz 2a)

12 In § 22b Abs. 2a UStG in der ab 1.1.2020 geltenden Fassung wird klargestellt, dass der Fiskalvertreter ZM abzugeben hat. Dass Gesetz verwies in der Vorgängernorm (§ 22b Abs. 2 Satz 2 UStG) im Unterschied zur Verpflichtung zur Abgabe der Umsatzsteuererklärungen nicht direkt auf die besonderen Bestimmungen zur ZM. Dies hat der Gesetzgeber mit Wirkung **zum 1.1.2020** durch einen direkten **Verweis auf § 18a UStG** nachgeholt, um sicherzustellen, dass die vom Fiskalvertreter abzugebenden ZM den unionsrechtlichen Vorgaben genügen.[1] Durch die ebenfalls zum 1.1.2020 eingeführte Verpflichtung zur vierteljährlichen Abgabe von Umsatzsteuer-Voranmeldungen ist eine **entsprechende Anwendung des § 18a Abs. 9 UStG nicht mehr möglich** (Abgabe erst bis zum 25. Tag nach Ablauf des jeweiligen Kalenderjahres). Es gilt daher die Abgabefrist zum **25. Tag nach Ablauf** des jeweiligen **Kalendermonats (§ 18a Abs. 1 Satz 1 UStG)** oder **Vierteljahres (§ 18a Abs. 1 Satz 2 UStG).**

13 Im Zusammenhang mit den sog. **Quick-Fixes** des Unionsgesetzgebers, die in Deutschland durch das JStG 2019[2] zum 1.1.2020 umgesetzt wurden, kommt der **ZM als zwingende materielle Voraussetzung für die Befreiung innergemeinschaftlicher Lieferungen** nach § 4 Nr. 1 Buchst. b UStG n.F. eine erheblich höhere Bedeutung zu als zuvor. Verstöße können damit zur Entstehung steuerpflichtiger Umsätze und zum Entfallen der Voraussetzungen der Fiskalvertretung führen (§ 22a Rz. 4).

E. Aufzeichnungspflichten (Absatz 3)

I. Aufzeichnungen (Absatz 3 Satz 1)

14 § 22b Abs. 3 UStG verpflichtet den Fiskalvertreter dazu, für jeden von ihm vertretenen Unternehmer gesondert die Aufzeichnungspflichten i.S.d. **§ 22 UStG** zu erfüllen (§ 22 Rz. 1 ff.). Dies schließt **insbesondere** die Aufzeichnung der für die steuerfreien Umsätze **vereinbarten Entgelte** (§ 22 Abs. 2 Nr. 1 UStG) sowie die für die steuerfreien innergemeinschaftlichen Lieferungen und Ausfuhrlieferungen erforderlichen **Buch- und Belegnachweise** nach §§ 8 ff. UStDV mit ein. Unterschiedlich wird die Frage beantwortet, ob der Vertretene (subsidiär) zur Erfüllung seiner Aufzeichnungspflichten herangezogen werden kann, wenn der Fiskalvertreter diese Pflichten nicht erfüllt.[3] Eine derartige (subsidiäre) Aufzeichnungspflicht würde jedoch dem Sinn und Zweck der Fiskalvertretung widersprechen, die Pflichten des Vertretenen „als eigene" zu erfüllen. Für nachlässiges Verhalten des Fiskalvertreters ist vielmehr die Untersagung nach § 22e UStG (§ 22e Rz. 1 ff.) vorgesehen. Schuldhafte Pflichtverstöße können unter den Voraussetzungen des § 26a UStG daher auch nicht beim Vertretenen, sondern nur beim Fiskalvertreter als Ordnungswidrigkeit geahndet werden.[4]

II. Kennzeichnungen (Absatz 3 Satz 2)

15 Der Fiskalvertreter muss, zusätzlich zu den nach § 22 Abs. 2 UStG geforderten Inhalten, sämtliche Aufzeichnungen jeweils mit **Namen und Anschrift des von ihm vertretenen Unternehmers** kennzeichnen.

1 BT-Drucks. 19/13436, 160.

2 BGBl. I 2019, 2451.

3 Für eine subsidiäre Aufzeichnungspflicht des Vertretenen: *Kister* in Offerhaus/Söhn/Lange, § 22b UStG Rz. 2 (Stand: Oktober 2020); dagegen: *Sterzinger* in Birkenfeld/Wäger, Umsatzsteuer-Handbuch, Abschn. V, Kap. 5 F. §§ 22a–22b, Rz. 89 (Stand: Juli 2022).

4 Vgl. *Korn* in Bunjes[22], § 22b UStG Rz. 6.

§ 22c Ausstellung von Rechnungen im Fall der Fiskalvertretung

Die Rechnung hat folgende Angaben zu enthalten:
1. **den Hinweis auf die Fiskalvertretung;**
2. **den Namen und die Anschrift des Fiskalvertreters;**
3. **die dem Fiskalvertreter nach § 22d Abs. 1 erteilte Umsatzsteuer-Identifikationsnummer.**

Schrifttum: *Ketter*, Einführung einer umsatzsteuerlichen Fiskalvertretung durch das Umsatzsteuer-Änderungsgesetz 1997, DStR 1997, 99; *Püschner*, Die umsatzsteuerliche Fiskalvertretung – Teil II, UVR 1999, 277; *Püschner*, Die umsatzsteuerliche Fiskalvertretung – Teil I, UVR 2000, 237.

A. Grundaussagen

I. Regelungsgegenstand und Bedeutung

§ 22c UStG regelt **ergänzende Rechnungsangabepflichten** für von Fiskalvertretern ausgestellte Rechnungen und wäre daher systematisch eigentlich besser bei den §§ 14, 14a UStG zu verorten.[1] Um die **Fiskalvertretung nach außen zu dokumentieren**, hat der Fiskalvertreter die aufgeführten Angaben in jedem Rechnungsdokument aufzuführen. 1

Diese Regelungen greifen, wenn der Fiskalvertreter für den Vertretenen Rechnungen selbst[2] ausstellt. Ob sich aus dem Zusammenspiel von § 22c UStG und § 22b UStG ergibt, dass ein Fiskalvertreter überhaupt die **Verpflichtung zur Ausstellung von Rechnungen** für den Vertretenen trifft, wird in der Literatur unterschiedlich gesehen.[3] Zutreffend ist, dass sich § 22b Abs. 1 UStG auf die Pflichten des ausländischen Unternehmers „nach diesem Gesetz" bezieht und nach seinem Wortlaut keine Einschränkung auf die speziell in den Absätzen 2 und 3 des § 22b UStG geregelten Erklärungs- und Aufzeichnungspflichten verweist. Daher bezieht sich der Pflichtenübergang auch u.a. auf die Rechnungslegungspflichten nach §§ 14, 14a UStG und die Rechnungsaufbewahrungspflicht nach § 14b UStG. Da die Fiskalvertretung nur bei steuerfreien Umsätzen überhaupt möglich ist (§ 22a Rz. 10 ff.), ergibt sich keine Rechnungslegungsverpflichtung aus § 14 Abs. 2 UStG. Allerdings ist der Fiskalvertreter grundsätzlich nach § 22b Abs. 1 i.V.m. § 14a Abs. 3 Satz 1 UStG zur Rechnungsausstellung verpflichtet, wenn der Vertretene steuerfreie innergemeinschaftliche Lieferungen nach § 4 Nr. 1 Buchst. b i.V.m. § 6a UStG ausführt. Dies stellt einen der Hauptanwendungsfälle[4] der Fiskalvertretung dar (§ 22a Rz. 3), so dass die Rechnungsausstellung durch Fiskalvertreter in der Praxis häufig vorkommt. Diese vom Gesetzgeber angeordnete Rechnungslegungspflicht ist in der Praxis im Hinblick darauf problematisch,[5] dass Fiskalvertreter in der Regel nicht die der jeweiligen Lieferung zugrunde liegenden Vertragsbeziehungen kennen.[6] Insoweit kann es sich empfehlen, dass der Vertretene (freiwillig) selbst die Rechnungslegung vornimmt. 2

1 *Henseler* in Hartmann/Metzenmacher, § 22c UStG Rz. 9 (Stand: Februar 2021).
2 So auch *Sterzinger* in Birkenfeld/Wäger, Umsatzsteuer-Handbuch, Abschn. V, Kapitel 5 G. – § 22c UStG Rz. 3 (Stand: Juli 2022); **a.A.** *Radeisen* in Schwarz/Widmann/Radeisen, § 22c UStG Rz. 8 (Stand: April 2022).
3 Für eine solche Verpflichtung etwa *Nieskens* in Rau/Dürrwächter, § 22c UStG Rz. 6 (Stand: Januar 2024); **a.A.** etwa: *Hannisch* in BeckOK, § 22c UStG Rz. 11.1 (Stand: Januar 2024).
4 *Püschner*, UVR 2000, 278.
5 Vgl. u.a. *Sterzinger* in Birkenfeld/Wäger, Umsatzsteuer-Handbuch, Abschn. V, Kapitel 5 G.– § 22c UStG Rz. 3 (Stand: Juli 2022).
6 *Korn* in Bunjes[22], § 22c UStG Rz. 1.

II. Unionsrechtliche Grundlagen

3 Art. 204 MwStSystRL, der die **unionsrechtliche Vorgabe** für die Fiskalvertretung ist (§ 22a Rz. 5), regelt **keine Einzelheiten zur Rechnungsausstellung**; insoweit handelt es sich um eine Konkretisierung des Fiskalvertretungsverfahrens im Ermessen des Mitgliedstaats.

III. Verhältnis zu anderen Vorschriften und Rechtsentwicklung

4 § 22c UStG stellt eine spezielle **Ergänzung zu den allgemeinen Rechnungsvorschriften** der §§ 14 und 14a UStG dar und konkretisiert die Fiskalvertretungsregelung in §§ 22a–22e UStG. Seit seiner Einführung zum 1.1.1997 gilt § 22c UStG unverändert.

B. Besondere Rechnungsangaben

5 Der Fiskalvertreter, der für die Vertretenen Rechnungen ausstellt, muss seine **Fiskalvertretung auf jeder** von ihm für den Vertretenen ausgestellten **Rechnung nach außen dokumentieren**. Hierfür muss er neben seinem **eigenen Namen und seiner Anschrift** (§ 22c Nr. 2 UStG), die ihm **gemäß § 22d** UStG für die Fiskalvertretung **erteilte USt-IdNr.** (§ 22c Nr. 3 UStG) und einen **Hinweis** darauf aufnehmen, dass er nicht selbst die Rechnung als Unternehmer, sondern in **Fiskalvertretung** ausstellt. Das Gesetz schreibt **keine besondere Form** für die Angaben nach § 22c UStG vor. Als **Formulierung** denkbar und praktikabel ist **z.B.** die von *Widmann*[1] vorgeschlagene Formulierung ***„als Fiskalvertreter, USt-IdNr.: DE-..., des (Name und Anschrift des ausländischen Unternehmers) erteile ich Ihnen folgende Abrechnung: ...“***.

6 Die besonderen Rechnungsangaben nach § 22c UStG gelten auch bei Gutschriften nach § 14 Abs. 2 Satz 2 UStG[2] und auch dann, wenn der Fiskalvertreter in Fällen, in denen die Vertretenen innergemeinschaftliche Verbringen nach § 3 Abs. 1a i.V.m. § 6a Abs. 2 UStG verwirklichen und hierfür sog. „Pro-forma-Rechnungen“ ausstellen.[3]

7 Für den Regelfall der Abrechnungspflicht eines Fiskalvertreters bei steuerfreien innergemeinschaftlichen Lieferungen des Vertretenen sind aus dem Zusammenspiel von § 14, § 14a und § 22c UStG damit die folgenden Pflichtangaben erforderlich:

1. Fortlaufende **Rechnungsnummer** (§ 14 Abs. 4 Nr. 4 UStG)
2. Angaben zum **Vertretenen** (leistender Unternehmer)
   - Vollständiger **Name** und vollständige **Anschrift** des Vertretenen (§ 14 Abs. 4 Nr. 1 UStG)
   - **USt-IdNr.** des Vertretenen (§ 14a Abs. 3 Satz 2 UStG)[4]
3. Angaben zum Empfänger der Lieferung
   - Vollständiger **Name** und vollständige **Anschrift** des Lieferungsempfängers (§ 14 Abs. 4 Nr. 1 UStG)
   - **USt-IdNr.** des Empfängers der Lieferung (§ 14a Abs. 3 Satz 2 UStG)
4. Angaben zur Fiskalvertretung
   - **Hinweis** auf die **Fiskalvertretung** (§ 22c Nr. 1 UStG)
   - (vollständiger) **Name** und **Anschrift** des Fiskalvertreters (§ 22c Nr. 2 UStG)
   - **USt-Id-Nr.** des Fiskalvertreters (§ 22c Nr. 3 i.V.m. § 22d UStG)

---

1 *Widmann*, DB 1997, 2404.

2 *Kister* in Offerhaus/Söhn/Lange, § 22c UStG Rz. 4 (Stand: Dezember 2020).

3 Vgl. Abschn. 22c.1 Satz 4 UStAE.

4 Siehe aber *Radeisen* in Schwarz/Widmann/Radeisen, § 22c UStG Rz. 15 (Stand: April 2022), der für den Fall, dass der Vertretene über keine USt-IdNr. verfügt, die Angabe der USt-IdNr. des Fiskalvertreters für möglich hält.

5. Angaben zur **Lieferung** (Leistungsgegenstand)
   - **Leistungsbezeichnung**: Menge und Art (handelsübliche Bezeichnung) der gelieferten Gegenstände (§ 14 Abs. 4 Nr. 5 Alt. 1 UStG)
   - **Leistungszeitpunkt**: Zeitpunkt der Lieferung (§ 14 Abs. 4 Nr. 6 UStG)
   - **Entgelt** für die Lieferung (§ 14 Abs. 4 Nr. 7 UStG)
   - **Hinweis** auf die **Steuerfreiheit** der innergemeinschaftlichen Lieferung (§ 14 Abs. 4 Nr. 8 UStG)

C. Steuerausweis nach § 14c UStG

Erstellt ein Fiskalvertreter ungeachtet der Steuerfreiheit der Umsätze des Vertretenen für diesen Rechnungen mit offen ausgewiesener Umsatzsteuer, so überschreitet er die Grenzen seiner Bevollmächtigung, da er als Fiskalvertreter nur für steuerfrei leistende Unternehmer tätig sein darf.[1] Es kommt dann zu einer **Steuerschuld nach § 14c Abs. 2 UStG.** In diesen Fällen ist nicht der Vertretene, sondern der **Fiskalvertreter selbst** als Aussteller der Rechnung i.S.d. § 14c UStG **Schuldner der Umsatzsteuer.** Er muss insoweit auch zur Korrektur dieser Rechnungen und zur Beantragung der Berichtigung nach § 14c Abs. 2 Satz 5 UStG berechtigt sein und zwar auch dann, wenn zwischenzeitlich die Fiskalvertretung – z.B. durch Kündigung des Vertretenen – schon beendet wurde. 8

§ 22d Steuernummer und zuständiges Finanzamt

(1) Der Fiskalvertreter erhält für seine Tätigkeit eine gesonderte Steuernummer und eine gesonderte Umsatzsteuer-Identifikationsnummer nach § 27a, unter der er für alle von ihm vertretenen im Ausland ansässigen Unternehmen auftritt.

(2) Der Fiskalvertreter wird bei dem Finanzamt geführt, das für seine Umsatzbesteuerung zuständig ist.

Schrifttum: *Ketter,* Einführung einer umsatzsteuerlichen Fiskalvertretung durch das Umsatzsteuer-Änderungsgesetz 1997, DStR 1997, 99; *Püschner,* Die umsatzsteuerliche Fiskalvertretung – Teil II, UVR 1999, 277; *Püschner,* Die umsatzsteuerliche Fiskalvertretung – Teil I, UVR 2000, 237.

A. Grundaussagen

I. Regelungsgegenstand und Bedeutung

§ 22d UStG regelt die dem Fiskalvertreter für seine Tätigkeit zu erteilende **gesonderte Steuernummer** und **gesonderte USt-IdNr.** sowie die Zuständigkeit des Finanzamts für den Fiskalvertreter. Die Regelung ist ein Baustein im deutschen Fiskalvertretungssystem nach §§ 22a–22e UStG. Die Besonderheit besteht darin, dass der Fiskalvertreter auf diese Weise **zusätzlich zu** seiner **eigenen Steuernummer** und seiner eigenen USt-IdNr. auf Antrag separate Nummern erhält, die ausschließlich für seine Tätigkeit als Fiskalvertreter zu verwenden sind.[2] 1

---

1 *Korn* in Bunjes[22], § 22c UStG Rz. 2.
2 Abschn. 22d.1 Satz 2 UStAE.

II. Unionsrechtliche Grundlagen

2 Die unionsrechtliche Grundlage für die Fiskalvertretung bildet Art. 204 MwStSystRL (§ 22a Rz. 5). Sie gibt jedoch keine konkreten Einzelheiten zur Implementierung des Verfahrens vor, sondern räumt den Mitgliedstaaten insofern einen Ermessensspielraum ein. In diesem Kontext führte der deutsche Gesetzgeber das System der besonderen Steuernummer und USt-IdNr. nach § 22d UStG ein.

III. Verhältnis zu anderen Vorschriften und Rechtsentwicklung

3 Als Bestandteil der Fiskalvertretungsregelung besteht ein enger Zusammenhang des § 22d UStG zu §§ 22a, b, c und e UStG. § 27a UStG ist Verweisnorm für die Erteilung der besonderen USt-IdNr. Die Vorschrift gilt seit ihrer Einführung zum 1.1.1997 unverändert.

B. Steuernummer und Umsatzsteuer-Identifikationsnummer (Absatz 1)

I. Antrag auf Erteilung

4 Bei dem **formlos** zu stellenden **Antrag** des Fiskalvertreters auf Erteilung der gesonderten Steuernummer muss dieser **darlegen**, dass die **Voraussetzungen für** die **Fiskalvertretung** vorliegen, d.h. **insbesondere** der Vertreter zu dem zur Fiskalvertretung **befugten Personenkreis** nach § 22a Abs. 2 UStG gehört (§ 22a Rz. 15 f.). Die Erteilung erfolgt jedoch unabhängig davon, ob bereits die Vollmacht nach § 22a Abs. 3 UStG eines Vertretenen vorliegt.[1]

II. Rechtsweg gegen Ablehnung einer Erteilung

5 § 22d Abs. 1 i.V.m. § 27a UStG regelt, dass der Fiskalvertreter gegenüber dem Finanzamt einen **Rechtsanspruch** auf Erteilung der Steuernummer und der USt-IdNr. für seine Fiskalvertretertätigkeit hat.

6 Lehnt das Finanzamt die Erteilung der Steuernummer oder USt-IdNr. ab, steht dem Fiskalvertreter hiergegen das Rechtsmittel des **Einspruchs** nach § 347 AO zur Verfügung und er kann ggf. **Verpflichtungsklage** (§ 40 FGO) erheben.[2]

C. Zuständiges Finanzamt (Absatz 2)

7 § 22d Abs. 2 UStG bestimmt, dass für den Fiskalvertreter dasjenige **Finanzamt zuständig** ist, **das auch für ihn selbst als Unternehmer zuständig ist.** Damit wird insbesondere **nicht** auf die Zuständigkeiten des § 21 Abs. 1 Satz 2 AO in Verbindung mit der Verordnung über die örtliche Zuständigkeit für die Umsatzsteuer im Ausland ansässiger Unternehmer (**UStZustVK**) für die vom Fiskalvertreter vertretenen Unternehmer abgestellt. Dies ist sinnvoll, da es anderenfalls regelmäßig zu Problemen kommen würde, weil Fiskalvertreter häufig für ausländische Unternehmer verschiedener Nationen tätig werden und sich regelmäßig Zuständigkeitskonflikte ergäben. Die **Zuständigkeit** für das **Fiskalvertreterfinanzamt** richtet sich insoweit nach den **allgemeinen Regeln**. Danach ist für den Fiskalvertreter das Finanzamt zuständig, von dessen Bezirk aus er sein Unternehmen ganz oder vorwiegend betreibt (§ 21 Abs. 1 Satz 1 AO).[3]

---

1 Abschn. 22d.1 Satz 4 UStAE.

2 *Korn* in Bunjes[22], § 22d UStG Rz. 1.

3 Vgl. OFD Frankfurt am Main, Vfg. v. 21.12.2016 – S 7395 A-001-St 111, UR 2017, 323, Rz. 1.

§ 22e Untersagung der Fiskalvertretung

(1) Die zuständige Finanzbehörde kann die Fiskalvertretung der in § 22a Abs. 2 mit Ausnahme der in § 3 des Steuerberatungsgesetzes genannten Person untersagen, wenn der Fiskalvertreter wiederholt gegen die ihm auferlegten Pflichten nach § 22b verstößt oder ordnungswidrig im Sinne des § 26a handelt.

(2) Für den vorläufigen Rechtsschutz gegen die Untersagung gelten § 361 Abs. 4 der Abgabenordnung und § 69 Abs. 5 der Finanzgerichtsordnung.

Schrifttum: *Ketter*, Einführung einer umsatzsteuerlichen Fiskalvertretung durch das Umsatzsteuer-Änderungsgesetz 1997, DStR 1997, 99; *Püschner*, Die umsatzsteuerliche Fiskalvertretung – Teil II, UVR 1999, 277; *Püschner*, Die umsatzsteuerliche Fiskalvertretung – Teil I, UVR 2000, 237.

A. Grundaussagen

I. Regelungsgegenstand und Bedeutung

1 § 22e UStG ist Bestandteil der Fiskalvertreterregelung in §§ 22a–e UStG. Er regelt die **Möglichkeit** des für den Fiskalvertreter zuständigen Finanzamts, die **Fiskalvertretung zu untersagen, wenn** der Fiskalvertreter sich **pflichtwidrig** verhält, indem er wiederholt gegen die von ihm nach § 22b UStG (§ 22b Rz. 5 ff.) wahrzunehmenden Pflichten des Vertretenen (insbes. umsatzsteuerliche Melde-, Erklärungs- und Aufzeichnungspflichten) verstößt oder sich ordnungswidrig nach § 26a UStG verhält. Hiermit soll die mit der Fiskalvertretung vom Gesetzgeber intendierte Sicherheit und Effizienz des Kontrollverfahrens zur ordnungsgemäßen Besteuerung[1] gewährleistet werden. Die Regelung ist insbesondere deshalb erforderlich, weil keine Überprüfung der Zuverlässigkeit des Fiskalvertreters bei der Aufnahme seiner Tätigkeit durch die FinVerw. erfolgt.

2 Im Hinblick auf das Untersagungsverfahren steht dem Fiskalvertreter der (reguläre) Rechtsschutz in Form des Einspruchs (§ 347 AO) und der Anfechtungsklage (§ 40 Abs. 1 Alt. 1 FGO) zur Verfügung. Nach der Anordnung des § 22e Abs. 2 UStG besteht zudem **einstweiliger Rechtsschutz** über die Suspensivwirkung des Einspruchs (§ 361 Abs. 4 AO) und der Anfechtungsklage (§ 69 Abs. 5 FGO).

3 **Bedeutung** hat die Entziehungsmöglichkeit nur für solche Fiskalvertreter, die nicht unter § 3 StBerG fallen, da sich für die Fiskalvertreter i.S.d. § 22a Abs. 2 Alt. 1 UStG i.V.m. § 3 Nr. 1–3 StBerG die Sanktionsmöglichkeiten ausschließlich nach den außerhalb des Umsatzsteuergesetzes geregelten standesrechtlichen Sanktionsmöglichkeiten richten. Die FinVerw. unterrichtet in diesen Fällen die zuständigen Berufskammern gemäß § 411 AO.[2] Relevant ist das Entziehungsverfahren nach § 22e UStG daher insbesondere **nicht für Steuerberater, Rechtsanwälte und Wirtschaftsprüfer**. Die Untersagung ist daher **aber** vor allem relevant für **Speditionsunternehmen** und **sonstige gewerbliche Unternehmen, die nach § 22a Abs. 2 UStG i.V.m. § 4 Nr. 9 Buchst. c StBerG** zur Fiskalvertretung berechtigt sind (§ 22a Rz. 15 f.).

1 BT-Drucks. 13/4839, 86.
2 BMF, Schr. v. 9.10.2023 – III C 3-S 7395/19/10001 :003 – DOK 2023/0970079, UR 2023, 888, Rz. 2.

II. Unionsrechtliche Grundlagen

4 Auch § 22e UStG beruht auf der unionsrechtlichen Vorgabe des Art. 204 MwStSystRL (§ 22a Rz. 5), der jedoch im Hinblick auf das Verfahren keine Einzelheiten regelt, sondern dies dem jeweiligen Mitgliedstaat überlässt.

III. Verhältnis zu anderen Vorschriften und Rechtsentwicklung

5 Als Bestandteil der deutschen Fiskalvertreterregelung steht § 22e UStG in einem engen Zusammenhang mit den §§ 22a–22c UStG, insbesondere zu § 22b UStG, der die Pflichten des Fiskalvertreters regelt, deren ordnungsgemäße Erfüllung durch die Untersagungsmöglichkeit nach § 22e UStG sichergestellt werden soll. Darüber hinaus besteht über § 22e Abs. 2 UStG ein Zusammenhang zu den einstweiligen Rechtsschutzmöglichkeiten des § 361 Abs. 4 AO und des § 69 Abs. 5 FGO, deren Anwendung angeordnet wird.

B. Untersagung (Absatz 1)

I. Voraussetzungen einer Untersagung

6 § 22e Abs. 1 UStG regelt **zwei alternative Situationen**, in denen das zuständige Finanzamt die Fiskalvertretung untersagen kann. Im ersteren Falle handelt es sich um (bloße) Pflichtverstöße des Fiskalvertreters, die allerdings wiederholt vorkommen müssen, im zweiten Fall geht es um ein ordnungswidriges Verhalten. In beiden Fällen besteht entsprechend dem Wortlaut des Gesetzes ein Ermessen des zuständigen Finanzamts.[1]

1. Wiederholter Pflichtenverstoß

7 Die FinVerw. kann die Fiskalvertretung untersagen, wenn **trotz vorausgegangenen Hinweises** der zur Fiskalvertretung befugte Unternehmer (§ 4 Nr. 9 Buchst c StBerG) seinen steuerlichen Pflichten wiederholt nicht nachkommt. Das Erfordernis eines vorhergehenden Hinweises der FinVerw. auf die Möglichkeit der Untersagung ergibt sich nicht aus dem Gesetz, sondern aus der Selbstbindung der FinVerw. im UStAE.[2]

7.1 Wegen des umfangreichen Pflichtenübergangs nach § 22b Abs. 1 UStG (§ 22b Rz. 5 f.) kommen zahlreiche Verstöße in Betracht, die für eine Entziehung der Fiskalvertretung in Frage kommen. Als **Beispielsfälle** nennt die FinVerw.[3] insbesondere:

- der Fiskalvertreter unterlässt es entgegen der in § 14b Abs. 1 Satz 1 UStG normierten Verpflichtung, ein Doppel der Rechnung aufzubewahren;
- der Fiskalvertreter gibt entgegen den Vorgaben des § 22b Abs. 2a UStG keine, eine unrichtige oder eine unvollständige ZM für den Vertretenen ab;
- der Fiskalvertreter kommt dem Verlangen der Finanzbehörde zur Vorlage von Unterlagen nach § 18d Satz 3 i.V.m. Satz 1 UStG nicht nach.

8 **Ob** der (wiederholte Pflichtenverstoß) vom Fiskalvertreter **schuldhaft** begangen wurde, ist – im Unterschied zur Versagung wegen ordnungswidrigem Verhalten – grundsätzlich **irrelevant**. In der Regel wird jedoch wegen des Erfordernisses eines wiederholten Verstoßes in der Praxis häufig ein leichtfertiges Verhalten anzunehmen sein, wenn das Finanzamt den Fiskalvertreter bereits auf den Pflichtverstoß und die Möglichkeit der Untersagung nach § 22e UStG bei weiteren Verstößen hingewiesen hatte.

9 Die Notwendigkeit, dass es sich nicht um einen einmaligen, sondern um einen wiederholten Verstoß handeln muss, lässt offen, was für ein Zeitraum zwischen den Verstößen liegen kann. Nach dem Sinn

1 Abschn. 22e.1 Abs. 1 Satz 1 UStAE.
2 Abschn. 22e.1 Abs. 1 Satz 1 UStAE.
3 Abschn. 22e.1 Abs. 2 UStAE.

und Zweck der Vorschrift, eine ordnungsgemäße Pflichtenerfüllung des Fiskalvertreters zu gewährleisten, ist ein **enger zeitlicher Zusammenhang** zwischen wiederholtem und vorangehendem Verstoß zu fordern. Die Entziehung einer Fiskalvertretung etwa wegen eines fehlenden Rechnungsdoppels nach § 14a Abs. 1 Satz 3 UStG mit der Begründung, es habe vor mehreren Jahren bereits einmal einen Fall mit einem fehlenden Rechnungsdoppel gegeben, dürfte im Hinblick auf den Sinn und Zweck der Norm unverhältnismäßig sein.

2. Ordnungswidriges Verhalten

Auch ein ordnungswidriges Verhalten des Fiskalvertreters nach § 26a UStG ermöglicht die Entziehung nach § 22e Abs. 1 Alt. 2 UStG. Anders als bei einer auf einen (regulären) Pflichtenverstoß gestützten Untersagung ist in diesem Fall **keine wiederholte Ordnungswidrigkeit erforderlich**, sondern es genügt bereits ein einmalig ordnungswidriges Verhalten. Ein weiterer Unterschied ergibt sich daraus, dass § 26a UStG ein **Verschulden** des Fiskalvertreters (Vorsatz oder Leichtfertigkeit) im Hinblick auf die dort genannten Pflichten erfordert (§ 26a Abs. 1 Nr. 1 bis 7 UStG). 10

II. Ermessen

§ 22e UStG ist als **Kannvorschrift** ausgestaltet und räumt dem Finanzamt daher ein **Ermessen** bzgl. der Untersagung ein[1], wobei einschränkend der grundgesetzliche Schutz der Berufsfreiheit nach Art. 12 GG zu berücksichtigen ist. Das Finanzamt hat dem Fiskalvertreter die Gründe für die Untersagung offenzulegen. 11

III. Verfahren nach Untersagung

Zuständig für die Untersagung ist grundsätzlich das Finanzamt, das für den Fiskalvertreter zuständig ist und ihm die gesonderte Steuernummer nach § 22d UStG erteilt hat. Bei Pflichtverstößen im Zusammenhang mit der Abgabe der ZM kommt auch eine Untersagung durch das Bundeszentralamt für Steuern in Betracht.[2] Zwar sieht das Gesetz für die Versagung keine ausdrückliche Form vor. Insbesondere wegen des Erfordernisses, die Untersagung zu begründen,[3] ist **grundsätzlich eine schriftliche Untersagung erforderlich.**[4] 12

C. Rechtsschutz (Absatz 2)

I. Regulärer Rechtsschutz

Die Untersagung der Fiskalvertretung ist ein für den Fiskalvertreter belastender Steuerverwaltungsakt nach § 118 AO, bei dem der Fiskalvertreter vorab anzuhören ist (§ 91 AO). Gegen die Versagung steht dem belasteten Fiskalvertreter die Möglichkeit des **Einspruchsverfahrens** nach §§ 347 ff. AO und ggf. einer **Anfechtungsklage** (§ 40 Abs. 1 Alt. 1 FGO) zu. 13

II. Einstweiliger Rechtsschutz

§ 22e Abs. 2 UStG ordnet für den einstweiligen Rechtsschutz die Wirkung des § 361 Abs. 4 AO und des § 69 Abs. 5 FGO an. Hiermit werden, wie bei der Untersagung eines Gewerbebetriebs oder der Berufsausübung, der Einspruch und die Anfechtungsklage gegen die Untersagungsentscheidung mit 14

1 Abschn. 22e.1 Abs. 1 Satz 1 UStAE.
2 Vgl. *Nieskens* in Rau/Dürrwächter, § 22e UStG Rz. 32 (Stand: Januar 2024).
3 So auch *Korn* in Bunjes[22], § 22e UStG Rz. 5.
4 Zu den Folgen für den Unternehmer aufgrund der Untersagung siehe: *Kister* in Offerhaus/Söhn/Lange, § 22e UStG Rz. 19 f. (Stand: Dezember 2020).

einer **aufschiebenden Wirkung** (Suspensiveffekt) ausgestattet. D.h., bis zum Abschluss des Rechtsbehelfsverfahrens kann der Fiskalvertreter seine Tätigkeit weiter ausüben. Die **FinVerw. kann jedoch** ebenfalls, wie im Falle der Untersagung eines Gewerbebetriebs oder der Berufsausübung, eine **besondere Anordnung** nach § 361 Abs. 4 Satz 2 AO **treffen,** mit der die aufschiebende Wirkung wieder beseitigt wird. Voraussetzung ist, dass das Finanzamt dies im öffentlichen Interesse für geboten hält und dies schriftlich begründet. Gegen eine solche Anordnung ist wiederum der Einspruch nach § 361 Abs. 4 Satz 3 i.V.m. § 367 AO statthaft, der jedoch zunächst keine aufschiebende Wirkung entfaltet.

III. Verfahren nach Beendigung durch Untersagung

15 Wenn die Fiskalvertretung durch Untersagung nach § 22e UStG beendet wird, fordert das zuständige Finanzamt den Fiskalvertreter dazu auf für den Zeitraum bis zur Beendigung eine Umsatzsteuer-Erklärung (§ 18 Abs. 3 UStG) und Zusammenfassende Meldung (§ 18a UStG) abzugeben und die von ihm Vertretenen zu benennen.[1] Das zuständige Finanzamt ist sodann verpflichtet, diese Vertretenen über die Untersagung zu informieren.[2] Die Vertretenen müssen ab dem Zeitpunkt der Untersagung ihre umsatzsteuerlichen Erklärungs- und Aufzeichnungspflichten entweder selbst erfüllen oder einen neuen Fiskalvertreter beauftragen.[3]

§ 22f Besondere Pflichten für Betreiber einer elektronischen Schnittstelle

(1) [1]In den Fällen des § 25e Absatz 1 hat der Betreiber für Lieferungen eines Unternehmers, bei denen die Beförderung oder Versendung im Inland beginnt oder endet, Folgendes aufzuzeichnen:

1. **den vollständigen Namen und die vollständige Anschrift des liefernden Unternehmers,**
2. **die elektronische Adresse oder Website des liefernden Unternehmers,**
3. **die dem liefernden Unternehmer vom Bundeszentralamt für Steuern nach § 27a erteilte Umsatzsteuer-Identifikationsnummer,**
4. **soweit bekannt, die dem liefernden Unternehmer von dem nach § 21 der Abgabenordnung zuständigen Finanzamt erteilte Steuernummer,**
5. **soweit bekannt, die Bankverbindung oder Nummer des virtuellen Kontos des Lieferers,**
6. **den Ort des Beginns der Beförderung oder Versendung sowie den Bestimmungsort,**
7. **den Zeitpunkt und die Höhe des Umsatzes,**
8. **eine Beschreibung der Gegenstände und**
9. **soweit bekannt, die Bestellnummer oder die eindeutige Transaktionsnummer.**

[2]Unternehmer ohne Wohnsitz oder gewöhnlichen Aufenthalt, Sitz oder Geschäftsleitung im Inland, in einem anderen Mitgliedstaat der Europäischen Union oder in einem Staat, auf den das Abkommen über den Europäischen Wirtschaftsraum anwendbar ist, haben mit der Antragstellung auf steuerliche Erfassung einen Empfangsbevollmächtigten im Inland zu benennen. [3]§ 123 Satz 2 und 3 der Abgabenordnung bleibt unberührt.

(2) [1]Erfolgt die Registrierung auf der elektronischen Schnittstelle nicht als Unternehmer, gilt Absatz 1 Satz 1 Nummer 1 und 6 bis 9 entsprechend. [2]Zusätzlich ist das Geburtsdatum aufzuzeichnen.

(3) [1]Wer mittels einer elektronischen Schnittstelle die Erbringung einer sonstigen Leistung an einen Empfänger nach § 3a Absatz 5 Satz 1 unterstützt, hat Aufzeichnungen nach Artikel 54c der

1 Abschn. 22a.1 Abs. 9 Satz 4 Buchst. a Satz 1 UStAE.
2 Abschn. 22a.1 Abs. 9 Satz 4 Buchst. a Satz 2 UStAE.
3 Abschn. 22a.1 Abs. 9 Satz 4 Buchst b Satz 1 UStAE.

Durchführungsverordnung (EU) Nr. 282/2011 des Rates vom 15. März 2011 (ABl. L 77 vom 23.3.2011, S. 1) zu führen. [2]Das Gleiche gilt in den Fällen des § 3 Absatz 3a.

(4) [1]Die nach den Absätzen 1 bis 3 vorzuhaltenden Aufzeichnungen sind vom Ende des Jahres an, in dem der Umsatz bewirkt wurde, zehn Jahre lang aufzubewahren und auf Anforderung des Finanzamtes elektronisch zu übermitteln. [2]Stellt die Finanzbehörde ein Sammelauskunftsersuchen (§ 93 Absatz 1a Satz 1 der Abgabenordnung), findet § 93 Absatz 1a Satz 2 der Abgabenordnung keine Anwendung.

(5) Das Bundesministerium der Finanzen wird ermächtigt, durch Rechtsverordnung mit Zustimmung des Bundesrates Vorschriften zum Datenübermittlungsverfahren nach Absatz 4 Satz 1 zu erlassen.

Schrifttum: *Erdbrügger*, Mögliche Einflüsse der Bekämpfung von Steuerhinterziehungen und des Mehrwertsteuerbetrugs auf die künftige Ausgestaltung des Mehrwertsteuersystems, MwStR 2018, 685; *Grotherr*, Einführung von Melde- und Sorgfaltspflichten für Plattformbetreiber nach dem Plattformen-Steuertransparenzgesetz ab 2023 Umsetzung der „DAC7-Richtlinie", Ubg 2023, 60; *Grotherr*, Klärung weiterer Anwendungsfragen zum Plattformen-Steuertransparenzgesetz Analyse der wesentlichen Klarstellungen im BMF-Schreiben vom 2.2.2023, Ubg 2023, 113; *Härtwig*, Eine kritische Analyse des Gesetzentwurfs der Bundesregierung vom 10.8.2018 unter Berücksichtigung der Stellungnahme des Bundesrates vom 21.9.2018, UR 2018, 777; *Hidien*, Ist das deutsche Haftungsmodell für Online-Marktplatzbetreiber unionsrechtswidrig?, DStR 2020, 257; *Höink/Einemann*, Haftung der Marktplatzbetreiber für Umsatzsteuer bei Warenlieferungen über Online-Marktplätze – schafft die neue Verwaltungsanweisung wirklich Klarheit?, BB 2019, 1116; *Hufeld*, Betreiberhaftung im Internethandel, DStZ 2018, 755; *Ismer*, Rechtswissenschaftliches Gutachten, Die geplanten Neuregelungen zu Aufzeichnungspflichten und zur Haftung von Marktplatzbetreibern in § 22f und § 25e UStG-E aus rechtstechnischer und europarechtlicher Sicht, https://www.bitkom.org/sites/default/files/file/import/20180924-Reform-Umsatzsteuer-Ismer-Studie.pdf; *Kemper*, Die Entwicklung der Umsatzbesteuerung beim Online-Handel – Eine Bestandsaufnahme und anstehende Änderungen insbesondere bei grenzüberschreitenden Leistungen, UR 2020, 56; *Kemper*, Neufassung der Aufzeichnungspflichten der Betreiber elektronischer Schnittstellen ab dem 1.7.2021 – Aufzeichnungspflichten nach § 22f UStG und Art. 54c MwSt-DVO, UR 2021, 729; *L'habitant*, Das BMF-Schreiben vom 28.1.2019 zur Haftung für Umsatzsteuer beim Handel mit Waren im Internet – Eine kritische Würdigung, StuB 2019, 177; *L'habitant*, Zu den Aufzeichnungspflichten gem. § 22f UStG und dem hierzu ergangenen BMF-Schreiben vom 17.12.2018 – Neue Aufzeichnungspflichten ab dem 1.1.2019, StuB 2019, 111; *Liegmann*, Die umsatzsteuerrechtliche Portalhaftung – eine kritische Analyse der Verwaltungsauffassung zu § 22f und § 25e UStG, UR 2019, 161; *van Lück*, Gesetzesentwurf zur Einführung besonderer Pflichten und Haftung für Betreiber von elektronischen Marktplätzen im Umsatzsteuerrecht, UVR 2018, 277; *Luther*, Die neue Haftung für Online-Marktplätze, DB 2018, 1942; *Michel*, Internet-Marktplätze und Gutscheine im

Fokus der Steuergesetzgebung – umsatzsteuerrechtliche Änderungen zum 1.1.2019, jM 2018 *Nacke*, Die neue Haftungsvorschrift des § 25e UStG, UStB 2019, 74; *Oldiges*, Vertragsverletzungsverfahren gegen Deutschland wegen Neuregelungen zur Online-Marktplatz-Haftung, MwStR, 2019, 853; *Oldiges*, BMF übernimmt Regelungen zur Haftung von Online-Marktplätzen in den UStAE – Anmerkungen zum BMF-Schreiben v. 20.4.2021, DStR 2021, 1584; *Prätzler/Zawodsky*, Umsatzsteuerliche Plattformhaftung – Deutschland schließt in Sachen Betrugsbekämpfung zum Vereinigten Königreich auf, UStB 2018, 269; *Ruß/Ismer/Margolf*, Digitalisierung des Steuerrechts: Eine Herausforderung für die Ausgestaltung von materiellen Steuergesetzen, DStR 2019, 409; *Sterzinger*, Änderungen des UStG durch das Gesetz zur Vermeidung von Umsatzsteuerausfällen beim Handel mit Waren im Internet, UR 2019, 1; *Zugmaier/Oldiges*, BMF nimmt zur Haftungsregelung für Betreiber von elektronischen Marktplätzen Stellung, DStR 2019, 373; *Zugmaier/Oldiges*, Elektronische Marktplätze haften für Umsatzsteuerausfälle – Rechtliche Beurteilung der Neuregelungen und Rechtsschutz des Onlinehändlers, DStR 2019, 15.

A. Grundaussagen

I. Regelungsgegenstand und Bedeutung

1 § 22f UStG ist Teil des Haftungsregimes für Betreiber sog. elektronischer Schnittstellen und steht daher in einem direkten Zusammenhang mit § 25e UStG (§ 25e Rz. 1 ff.), mit dem er sowohl formell als auch inhaltlich verbunden ist. Der Gesetzgeber wollte mit der Einführung der §§ 22f und 25e UStG eine **Gefährdungshaftung** regeln und damit zur **Vermeidung von Umsatzsteuerausfällen im Online-Handel** beitragen.[1] Die Vorschrift wurde mit Wirkung zum 1.7.2021 im Zuge des sog. „Digitalpakets II" neu gefasst.[2]

2 Kernstück der Regelung sind **spezifische Aufzeichnungspflichten für die Betreiber von elektronischen Schnittstellen**. Betreiber von elektronischen Schnittstellen werden hierdurch verpflichtet, **Aufzeichnungen über Grunddaten und für Umsätze von Online-Händlern** zu machen, die über ihre Schnittstelle Lieferungen an Dritte tätigen.

3 § 22f **Abs. 1** UStG enthält den überwiegenden Teil der inhaltlichen Regelungen der Norm und ist entsprechend umfangreich ausgefallen. Er regelt die

- **Voraussetzungen der Aufzeichnungsverpflichtung** (Satz 1),
- **die einzelnen aufzuzeichnenden Informationen** (Satz 1) sowie,
- die **Verpflichtung** für Online-Händler aus dem Drittland, einen inländischen **Empfangsbevollmächtigten zu bestellen** (Sätze 2 und 3).

4 § 22f **Abs. 2** UStG enthält eine **Modifikation** der nach Absatz 1 Satz 1 aufzuzeichnenden Informationen für den Fall, dass **Online-Händler als Nichtunternehmer** registriert sind.

5 § 22f **Abs. 3** UStG enthält eine **Sonderregelung** für Unternehmer, die mittels ihrer Schnittstelle die Erbringung von Lieferungen und sonstigen Leistungen an Empfänger nach § 3a Abs. 5 Satz 1 UStG unterstützen. Deren Aufzeichnungspflichten richten sich abweichend von Abs. 1 ausschließlich nach Art. 54c MwStVO.

5.1 § 22f **Abs. 4** UStG konstituiert eine **Übermittlungsverpflichtung** der Schnittstellen-Betreiber auf Anforderung des Finanzamts und Besonderheiten eines **Sammelauskunftsersuchens.**

6 § 22f **Abs. 5** UStG enthält eine **Verordnungsermächtigung** für das Bundesministerium der Finanzen, um die **Ausgestaltung des Datenabrufverfahrens** nach § 22f Abs. 1 UStG zu regeln.

7 In **zeitlicher Sicht** trat die Regelung zum **1.1.2019** in Kraft. Die Haftung nach § 25e UStG hingegen fand nach der Übergangsregelung des § 27 Abs. 25 Satz 4 UStG zum Teil zum 1.10.2019 und zum Teil (insbes. für die Haftung für Online-Händler aus dem Drittland) zum 1.3.2019 Anwendung. Die **FinVerw. beanstandet** es aus Vereinfachungsgründen **nicht**, wenn Betreiber auch ihre Aufzeichnungspflichten nach § 22f UStG erst zum Beginn der Anwendung der für sie geltenden Haftung nach § 25e

1 Gesetz zur Vermeidung von Umsatzsteuerausfällen im Onlinehandel und zur Änderung weiterer steuerlicher Vorschriften v. 11.12.2018, BGBl. I 2018, 2338.
2 Gesetz v. 21.12.2020, BGBl. I 2020, 3096.

und § 27 UStG, also zum **1.10.2019** oder zum **1.3.2019** anwenden.[1] Die **aktuelle Fassung** gilt mit Wirkung zum **1.7.2021** (§ 27 Abs. 34 UStG).

II. Unionsrechtliche Grundlagen

Für die in § 22f UStG geregelten Aufzeichnungspflichten existiert **keine eindeutige unionsrechtliche Ermächtigungsgrundlage.**[2] 8

Als Rechtfertigung kommt jedoch **Art. 273 MwStSystRL** in Frage, der den Mitgliedstaaten gestattet, **Maßnahmen** wie z.B. weitere Erklärungs- und Aufzeichnungspflichten **zur Vermeidung von Steuerhinterziehungen** zu implementieren, **allerdings** unter dem **Vorbehalt** der Gewährung der **Gleichbehandlung von Inlandsumsätzen und innergemeinschaftlichen Umsätzen.** 9

Durch **Art. 242a MwStSystRL** treffen Steuerpflichtige, die Leistungen im **B2C-Bereich**[3] durch die **Nutzung elektronischer Schnittstellen** unterstützen, zwar Aufzeichnungspflichten bzgl. dieser Leistungen. § 22f UStG geht in seinem Anwendungsbereich jedoch – mit Ausnahme des § 22f Abs. 3 UStG – erheblich über die Vorgaben des Art. 242a MwStSystRL hinaus und lässt sich insoweit daher nicht vollständig hierauf stützen.[4] 10

Im umsatzsteuerlichen Schrifttum wurden zum Teil **Zweifel an der unions- und verfassungsrechtlichen Zulässigkeit** von § 22f UStG geäußert.[5] Die **Europäische Kommission** hatte gegen Deutschland im Oktober 2019 ein **Vertragsverletzungsverfahren** wegen des nach § 25e i.V.m. § 22f UStG eingeführten Haftungsregimes für die Betreiber elektronischer Schnittstellen eingeleitet, weil es in ihm eine unverhältnismäßige Behinderung des Zugangs zum deutschen Markt für Onlinehändler aus dem übrigen EU-Gebiet sieht. Da die von der Kommission vorgebrachten Gründe jedoch im Wesentlichen mit der Form der zunächst eingeführten Papiererklärung zusammenhängen, dürfte das Verfahren in Anbetracht der seit dem 1.7.2021 geltenden Fassung faktisch keine Bedeutung mehr haben (§ 25e Rz. 22).[6] 11

III. Verhältnis zu anderen Vorschriften

Ein besonders **enges Verhältnis** hat § 22f UStG **zu § 25e UStG**, mit dem er gemeinsam das Haftungsregime für die Betreiber elektronischer Schnittstellen bildet. Zwischen § 22f UStG und § 25e UStG besteht nicht nur ein formeller, sondern auch ein inhaltlicher Zusammenhang.[7] Letzterer zeigt sich insbesondere darin, dass § 25e UStG die Begriffsbestimmungen des „Betreibers" und der „elektronischen Schnittstelle" enthält, die auch den Anwendungsbereich des § 22f UStG bestimmen. (§ 25e Rz. 61 ff. und 69 ff.). Des Weiteren besteht ein Zusammenhang mit § 3 Abs. 3a UStG, der in Fällen mit Drittlandsbezug eine Lieferkette fingiert. (§ 3 Rz. 168 ff.) und auf den § 22f Abs. 3 Satz 2 UStG Bezug nimmt. 12

Da § 22f UStG als Aufzeichnungspflicht ausgestaltet ist, greifen die allgemeinen Vorschriften der Abgabenordnung zu Aufzeichnungs- und Aufbewahrungspflichten (**§ 140 ff. AO**).[8] Es sind daher insbesondere auch im Rahmen des § 22f UStG die **allgemeinen Vorgaben für ordentliche Aufzeichnun-** 13

1 BMF, Schr. v. 28.1.2019 – III C 5-S 7420/19/10002 :002 – DOK 2019/00696910, UR 2019, 157, Rz. 21.

2 *Heidner* in Bunjes[22], § 22f UStG Rz. 58; *Heuermann* in Sölch/Ringleb, § 22f UStG Rz. 4 (Stand: März 2021); **a.A.** offenbar *L'habitant* in Küffner/Zugmaier, § 22f UStG Rz. 2 ff. (Stand: Mai 2021), der die Norm bis zum 31.12.2020 durch Art. 242 und Art. 273 MwStSystRL und ab dem 1.1.2021 auch durch Art. 242a MwStSystRL gestützt sieht.

3 Business to Consumer.

4 *Van Lück*, UVR 2018, 277; *Zugmaier/Oldiges* in Offerhaus/Söhn/Lange, § 22f UStG Rz. 13 und 16 f. (Stand: Juli 2019); **a.A.** *Heuermann* in Sölch/Ringleb, § 22f UStG Rz. 4 (Stand: März 2021).

5 Vgl. *Hufeld*, DStZ 2018, 755; *Kemper*, UStB 2018, 288.

6 Vgl. hierzu: *Kemper*, UR 2021, 729 (730) und UR 2020, 56; *Oldiges*, MwStR 2019, 853.

7 *Liegmann*, UR 2019, 161; *Michel*, jM 2018, 431; *Sterzinger*, UR 2019, 1; *Zugmaier/Oldiges*, DStR 2019, 15; *Zugmaier/Oldiges* in Offerhaus/Söhn/Lange, § 22f UStG Rz. 13 (Stand Juli 2019).

8 BMF, Schr. v. 28.1.2019 – III C 5-S 7420/19/10002 :002 – DOK 2019/00696910, UR 2019, 157, Rz. 3.

gen i.S.d. § **146 AO** zu beachten (einzeln, vollständig, richtig, zeitgerecht und geordnet) und die Finanzverwaltungsgrundsätze für elektronische Verfahren[1] maßgeblich.

14 **Verstöße** können unter den Voraussetzungen des § **379 Abs. 1 Nr. 3 AO Ordnungswidrigkeiten** sein und mit **Geldbußen** (bis zu 25.000 Euro) geahndet werden.[2] Weitere Instrumente zur Ahndung von Verstößen,[3] die der FinVerw. zur Verfügung stehen, sind Zwangsmittel nach § 328 AO, wie z.B. die Verhängung eines **Zwangsgelds** nach § 329 AO und die **Schätzung** von Umsätzen des Online-Händlers als Grundlage für die Inhaftungnahme des Betreibers.

14.1 Schließlich lässt sich ein Bezug zu den besonderen Meldepflichten für Portale erkennen. Durch die Umsetzung der Richtlinie (EU) 2021/514 („DAC7-Richtlinie") in Form des Plattformen-Steuertransparenzgesetzes (PStTG) sind für die Betreiber von Portalen in vielen Fällen zusätzliche Meldepflichten hinzugekommen. Der Anwendungsbereich überlappt sich nur zum Teil. So gilt die Portalhaftung etwa nur für Lieferungen während ein erheblicher Teil der nach dem PStTG meldepflichtigen Portale die Erbringung persönlicher Dienstleistungen betrifft.[4] Detailfragen zum PStTG hat die Finanzverwaltung in einem BMF-Schreiben erläutert.[5]

IV. Rechtsentwicklung

14.2 Ursprünglich regelte § 22f Abs. 1 Sätze 2 und 3 UStG a.F. in seiner Erstfassung eine **Bescheinigung** und in § 22f Abs. 1 Satz 6 UStG a.F. eine **elektronische Bestätigung** jeweils über Stammdaten des Online-Händlers. Diese hatte der Händler dem Betreiber der elektronischen Schnittstelle (damals „Betreiber eines elektronischen Marktplatzes" genannt)[6] vorzulegen, da nur mithilfe dieser Bescheinigung bzw. elektronischen Bestätigung der Betreiber nach § 25e Abs. 2 Satz 1 UStG a.F. von seiner Haftung frei wurde.

14.3 Mit der Umsetzung des MwSt-Digitalpakts ab dem 1.7.2021 durch das JStG 2020[7] wurden die Bescheinigung sowie die elektronische Bestätigung ersatzlos gestrichen. Diese bereitete bis zuletzt den Schnittstellenbetreibern Probleme, da sie einerseits in Papierform eingeholt werden musste, andererseits waren die Betreiber angehalten, dem Finanzamt sämtliche Unterlagen nach § 22f Abs. 3 UStG a.F. auf elektronischem Wege zu übermitteln, sodass sie gezwungen waren, jede Bescheinigung zusätzlich digital zu erfassen. Insoweit ist daher die Änderung des § 22f UStG wegen des damit entfallenden Organisationsaufwandes zu begrüßen. Zudem wurde der Wortlaut der Norm an der Terminologie der Richtlinie angepasst.

B. Aufzeichnungspflichten im B2B-Bereich (Absatz 1)

I. Regelungsgegenstand

15 § **22f Abs. 1 UStG** regelt die **Aufzeichnungspflichten** des Schnittstellenbetreibers **im B2B-Bereich**. Für den B2C-Bereich gilt die Sonderregelung in § 22f Abs. 3 UStG (Rz. 41 ff.). Durch diese umfangreichen und im sachlichen Anwendungsbereich noch über die von der Haftungsregelung nach § 25e UStG erfassten Lieferungen hinausgehenden (Rz. 16 ff.) Aufzeichnungspflichten entsteht den betroffenen Betreibern von elektronischen Schnittstellen ein **erheblicher zusätzlicher Compliance-Aufwand**

1 BMF, Schr. v. 14.11.2014 – IV A 4-S 0316/13/10003, BStBl. I 2014, 1450.

2 *Grambeck* in Weymüller, BeckOK, § 22f UStG Rz. 3.1 (Stand: März 2021); *Kemper* in Schwarz/Widmann/Radeisen, § 22f UStG Rz. 72 (Stand: September 2021); *Marchal* in Rau/Dürrwächter, § 22f UStG Rz. 51 (Stand: Oktober 2021).

3 Siehe auch *Marchal* in Rau/Dürrwächter, § 22f UStG Rz. 51 (Stand: Oktober 2021).

4 Vgl. *Grotherr*, Ubg 2023, 60 ff.

5 BMF v. 2.2.2023 – IV B 6 - S 1316/21/10019 :025, BStBl. I 2023, 241 = UR 2023, 255; ausführlich zum BMF-Schreiben: *Grotherr*, Ubg 2023, 113 ff.

6 Vgl. § 22f Abs. 1 Satz 1 UStG a.F.

7 Gesetz v. 21.12.2020, BGBl. I 2020, 3096.

gegenüber anderen Unternehmern.[1] Der persönliche Anwendungsbereich („Betreiber einer elektronischen Schnittstelle") entspricht demjenigen der Haftungsregelung nach § 25e UStG (§ 25e Rz. 27), auf deren Begriffsbestimmungen § 22f UStG auch verweist.

II. Anwendungsbereich (Absatz 1 Satz 1)

1. Betreiber einer elektronischen Schnittstelle

Der **persönliche Anwendungsbereich** ist **identisch mit dem der Haftung nach § 25e UStG**. Aufzeichnungsverpflichtet ist daher der Betreiber einer elektronischen Schnittstelle, der die Lieferung eines Gegenstandes unterstützt. Mit dem Verweis auf § 25e Abs. 1 UStG in § 22f Abs. 1 Satz 1 UStG sind die Begriffsbestimmungen der elektronischen Schnittstelle nach § 25e Abs. 5 UStG und des Unterstützens in § 25e Abs. 6 UStG maßgeblich.[2] Im Vergleich zur bisherigen Regelung hat sich inhaltlich, abgesehen von der nunmehr vom Unionsrecht geprägten Terminologie, wenig verändert. Insofern verbleit es auch bei dem Begriff des „Betreibers" in § 25e Abs. 6 UStG a.F., obgleich diese Definition im Zuge der Neufassung der Vorschrift gestrichen worden ist. Das Gesetz richtet sich dabei nicht nur an deutsche Unternehmer, sondern betrifft **auch ausländische Unternehmer** in und außerhalb der EU. 16

Elektronische Schnittstelle (§ 25e Abs. 5 UStG) ist demnach ein **elektronischer Marktplatz**, eine **elektronische Plattform**, ein **elektronisches Portal** oder Ähnliches. (§ 25e Rz. 61 ff.). 17

Betreiber ist entsprechend der Legaldefinition nach § 25e Abs. 1 Satz 1 UStG derjenige, der eine elektronische Schnittstelle unterhält und mittels dieser Lieferungen unterstützt (§ 25e Rz. 68 ff.). 18

Unterstützen ist in § 25 Abs. 6 Satz 1 UStG legal definiert und bezeichnet die Nutzung einer elektronischen Schnittstelle, um es einem Leistungsempfänger und einem liefernden Unternehmer, der über eine solche Schnittstelle Gegenstände zum Verkauf anbietet, zu ermöglichen, in Kontakt zu treten, woraus eine Lieferung von Gegenständen an den Leistungsempfänger resultiert. Ein Unterstützen liegt allerdings gem. § 25e Abs. 6 Satz 2 und 3 UStG dann nicht vor, wenn der Betreiber 19

- irgendeine der Bedingungen für die Lieferung der Gegenstände festlegt,
- an der Autorisierung der Abrechnung mit dem Leistungsempfänger bezüglich der getätigten Zahlungen beteiligt ist,
- an der Bestellung oder Lieferung der Gegenstände beteiligt ist oder
- lediglich als Leistungen die Verarbeitung von Zahlungen im Zusammenhang mit der Lieferung von Gegenständen, die Auflistung von Gegenständen oder die Werbung für diese oder die Weiterleitung oder Vermittlung von Leistungsempfängern an andere elektronische Schnittstellen, über die Gegenstände zum Verkauf angeboten werden, ohne dass eine weitere Einbindung in die Lieferung besteht, erbringt.

Treten über eine Website Käufer und Verkäufer der Waren lediglich in Kontakt und einigen sich individuell über die wesentlichen Betragsbestandteile, so bestehen diesbezüglich daher keine Aufzeichnungspflichten. In diesen Fällen liegt nämlich kein Unterstützen im Sinne des § 25e Abs. 6 UStG vor; die FinVerw. spricht insoweit von **„Vermittlungsportalen"**, die die Funktion eines **„Schwarzen Bretts"** übernehmen und für die entsprechend keine Aufzeichnungspflichten nach § 22f UStG greifen.[3] 20

2. Lieferungen eines Unternehmers mit Inlandsbezug

§ 22f UStG erfasst **nur Lieferungen** (keine sonstigen Leistungen). Darüber hinaus gelten die Aufzeichnungspflichten nur für sog. **bewegte Lieferungen**, also Fälle, in denen der Gegenstand durch den Online-Händler selbst entweder **befördert oder versendet** wird. 21

1 *Liegmann*, UR 2019, 161; *Sterzinger*, UR 2019, 1; *Zugmaier/Oldiges* in Offerhaus/Söhn/Lange, § 22f UStG Rz. 16 f. (Stand: Juli 2019).
2 Begründung zu Art. 11 Nr. 2 Buchst. a RegE JStG 2020 v. 3.9.2020, BR-Drucks. 503/20, 151.
3 Abschn. 25e.1 Satz 6 UStAE.

22 Anders als die Haftung nach § 25e UStG, die nur greift, wenn der Ort der Lieferung im Inland liegt und es sich um im Inland steuerbare und steuerpflichtige Leistungen handelt (§ 25e Rz. 31),[1] **genügt** für die Aufzeichnungspflicht **bereits** ein **Inlandsbezug**. Denn es sind sämtliche Lieferungen aufzuzeichnen, deren **Warenweg im Inland beginnt oder endet**, unabhängig davon, ob der Ort der Lieferung im Inland liegt. Damit sind z.B. **auch nicht umsatzsteuerbare Versandhandelsumsätze** inländischer Online-Händler von Deutschland aus **in andere EU-Mitgliedstaaten**, die nach § 3c UStG nicht in Deutschland erbracht werden (§ 3c Rz. 1 ff.) ebenso erfasst wie **nicht umsatzsteuerbare Lieferungen aus dem Ausland** nach Deutschland, deren Ort nach § 3 Abs. 6 Satz 1 UStG am Ort des Beginns der Warenbewegung liegt (§ 3 Rz. 336 ff.).

23 Bei fristgerechten **Rückgaben** oder **Nichtannahme** von Waren, die **keine Lieferung** darstellen, greift § 22f UStG nicht, so dass keine Aufzeichnungspflichten bestehen.[2]

24 Anders als § 22f Abs. 1 UStG a.F. vorsah, muss die Lieferung nicht mehr auf der elektronischen Schnittstelle bzw. auf dem elektronischen Marktplatz bzw. der Schnittstelle **rechtlich begründet** worden sein. Entscheidend ist also allein der Umstand, dass die Beförderung oder Versendung der Lieferung im Inland beginnt oder endet.

3. Aufzeichnungen

25 Der **Gesetzgeber** hatte **ursprünglich erwogen**,[3] dem Betreiber lediglich das **„Vorhalten"** bestimmter Informationen aufzuerlegen. Durch die Änderung des Wortlauts im Hinblick auf eine **„Aufzeichnungspflicht"** wird insbesondere klargestellt, dass die **Aufbewahrungsfrist 10 Jahre** und nicht lediglich 6 Jahre beträgt (§ 147 Abs. 3 Nr. 1 i.V.m. Abs. 1 Nr. 1 AO) und bei Verstößen die **Sanktionsmöglichkeiten** als **Ordnungswidrigkeit** der Steuergefährdung nach § 379 AO möglich ist.

III. Aufzuzeichnende Informationen

1. Name und Anschrift (Absatz 1 Satz 1 Nr. 1)

26 Die Aufzeichnung der vollständigen Anschrift nach § 22f Abs. 1 Nr. 1 UStG erfordert, dass der Online-Händler eine **genaue Adresse** aufzeichnet, an die insbesondere zugestellt werden kann. Die bloße Angabe des Staates, in dem der Online-Händler ansässig ist, **genügt** daher **nicht**.

2. Elektronische Adresse des Online-Händlers (Absatz 1 Satz 1 Nr. 2)

26.1 Eine mit dem JStG 2020 neu hinzugetretene aufzeichnungspflichtige Information ist die elektronische Adresse oder Website des liefernden Unternehmers.

3. USt-IdNr. (Absatz 1 Satz 1 Nr. 3)

27 Wie auch die alte Regelung in § 22f Abs. 1 Satz 1 Nr. 2 UStG a.F. vorsah, muss der Betreiber der elektronischen Schnittstelle die USt-IdNr. des Online-Händlers im Sinne des § 27a UStG aufzeichnen. Der Unterschied ist aber nunmehr, dass die Vorschrift – jedenfalls nach ihrem Wortlaut – vom Vorliegen einer USt-IdNr. ausgeht, wohingegen nach altem Recht eine Aufzeichnungspflicht ausdrücklich nur bestanden hat, sofern der Online-Händler auch tatsächlich über eine USt-IdNr. verfügte. Der Hintergrund ist, dass nunmehr eine Enthaftung nach § 25e Abs. 2 UStG nur möglich ist, wenn der Betreiber der elektronischen Schnittstelle die USt-IdNr. des Online-Händlers vorzeigen kann und damit seitens der Betreiber genügend Anlass besteht, nur solche Händler auf ihren Plattformen zuzulassen, die über eine solche USt-IdNr. verfügen (§ 25e Rz. 33 ff.). Die FinVerw. macht hier gleichwohl eine Ausnahme

1 Vgl. zur alten Rechtslage BMF, Schr. v. 28.1.2019 – III C 5-S 7420/19/10002 :002 – DOK 2019/00696910, UR 2019, 157, Rz. 11.

2 Abschn. 22f.1 Abs. 3 Satz 6 UStAE.

3 Entwurf eines Gesetzes zur Vermeidung von Umsatzsteuerausfällen beim Handel mit Waren im Internet und zur Änderung weiterer steuerlicher Vorschriften, BT-Drucks 19/4455.

in Fällen, in denen der Online-Händler keine steuerbaren Umsätze im Inland ausführt und deshalb über keine USt-IdNr. verfügt.[1]

4. Steuernummer (Absatz 1 Satz 1 Nr. 4)

Der Betreiber hat zudem die Steuernummer des Online-Händlers aufzuzeichnen, dies allerdings im Unterschied zur alten Regelung nur, soweit ihm diese bekannt ist. Das hängt damit zusammen, dass wegen der Notwendigkeit der USt-IdNr. des Online-Händlers für die Enthaftung nach § 25e Abs. 2 UStG der Betreiber regelmäßig nur von dieser und nicht zusätzlich auch von der Steuernummer Kenntnis haben dürfte. 27.1

5. Bankverbindung oder Nummer des virtuellen Kontos (Absatz 1 Satz 1 Nr. 5)

Aufzeichnungspflichtig ist nunmehr auch die Bankverbindung oder die Nummer des virtuellen Kontos des Online-Händlers, soweit dieses dem Betreiber bekannt ist. Die Mitteilung dieser Daten ist insbesondere für eine etwaige Zwangsvollstreckung beim Händler wegen nicht abgeführter Steuerbeträge nach §§ 309, 314 AO von Bedeutung. 28

6. Ort des Beginns und Bestimmungsorts der Warenbewegung (Absatz 1 Satz 1 Nr. 6)

§ 22f Abs. 1 Satz 1 Nr. 6 UStG verpflichtet den Online-Händler, sowohl den **Beginn der Warenbewegung** als auch deren **Bestimmungsort** aufzuzeichnen. Nach Auffassung der FinVerw. muss für beide Ortsangaben jeweils eine **vollständige Anschrift** aufgezeichnet werden.[2] D.h., es genügt nicht lediglich die Angabe des Staates oder einer Stadt oder Gemeinde. Damit geht die Detailtiefe der Aufzeichnungspflicht noch über die für den Belegnachweis bei innergemeinschaftlichen Lieferungen (§ 6a Rz. 158 ff.) hinaus.[3] Dies erscheint weder im Hinblick auf den Wortlaut zwingend noch nach Sinn und Zweck der Regelung gerechtfertigt.[4] 29

Der Gesetzgeber ging davon aus, dass die Informationen nach § 22f Abs. 1 Satz 1 Nr. 6 UStG für den Betreiber entweder bereits verfügbar oder leicht zu beschaffen seien.[5] Dies entspricht häufig nicht der Realität. Insbesondere wenn der Betreiber nicht auch den Warentransport als sog. „Fulfillment-Leistung" übernimmt, dürften die Informationen dem Betreiber auch nicht ohnehin bereits vorliegen. Um den Anforderungen des § 22f Abs. 1 Satz 1 Nr. 6 UStG entsprechen zu können, sind daher in vielen Fällen die Betreiber gezwungen, ggf. **aufwändige Anpassungen ihrer IT-Systeme** durchzuführen, die eine automatisierte Abfrage und Erfassung des Abgangs- und Bestimmungsorts der Waren ermöglichen. Ob vor diesem Hintergrund die benötigten Informationen „leicht zu beschaffen" sind, erscheint zweifelhaft. Entsprechend wurde bereits im Gesetzgebungsverfahren[6] und auch im Schrifttum[7] zu Recht erhebliche Kritik geäußert. 30

7. Umsatzhöhe und Zeitpunkt (Absatz 1 Satz 1 Nr. 7)

Weiterhin muss der Betreiber jeweils die Höhe des Umsatzes und dessen Zeitpunkt aufzeichnen. 31

---

1 Vgl. Abschn. 22f Abs. 2 Satz 3 i.V.m. Abschn. 25e.2 UStAE.

2 Abschn. 22f.1 Abs. 3 Satz 2 UStAE.

3 Abschn. 6a.3 Abs. 2 Satz 1 UStAE.

4 So auch *Zugmaier/Oldiges* in Offerhaus/Söhn/Lange, § 22f UStG Rz. 23 (Stand: Juli 2019).

5 Vgl. Begründung zum Entwurf eines Gesetzes zur Vermeidung von Umsatzsteuerausfällen beim Handel mit Waren im Internet und zur Änderung weiterer steuerlicher Vorschriften, BT-Drucks 19/4455, 60.

6 Vgl. Stellungnahme der acht Spitzenorganisationen der deutschen Wirtschaft zum Regierungsentwurf v. 10.10.2018, S. 43 = Wortprotokoll der 17. Sitzung des Finanzausschusses des deutschen Bundestags v. 15.10.2018, S. 157.

7 *Grambeck* in Weymüller, BeckOK, § 22f UStG Rz. 31 und 31.1 (Stand: September 2023); *L'habitant* in Küffner/Zugmaier, § 22f UStG Rz. 63 (Stand: Mai 2021); *Luther*, DB 2018, 1942; *Prätzler/Zawodsky*, MwStR 2018, 636; *Zugmaier/Oldiges* in Offerhaus/Söhn/Lange, § 22f UStG Rz. 23 (Stand: Juli 2019).

32 Für die **Höhe** des Umsatzes gilt § 10 UStG, wobei nach Auffassung der FinVerw. **Entgeltminderungen** wie Rabatte, Skonti, Preisnachlässe etc. **zu berücksichtigen, aber nicht gesondert aufzuzeichnen** sind.[1]

33 Der **Zeitpunkt** des Umsatzes ergibt sich aus den allgemeinen Vorgaben des § 3 Abs. 5a–8 UStG (§ 3 Rz. 318 ff.), wobei der Betreiber, der nicht bereits selbst in das Fulfillment der Lieferung eingeschaltet ist, auch hierfür auf Informationen des Online-Händlers angewiesen ist.[2]

8. Beschreibung der Gegenstände (Absatz 1 Satz 1 Nr. 8)

34 Neu ist zudem das Erfordernis einer Aufzeichnung der Beschreibung der durch die Online-Händler gelieferten Gegenstände.

9. Bestell- oder eindeutige Transaktionsnummer (Absatz 1 Satz 1 Nr. 9)

35 Schließlich hat der Betreiber die Bestell- oder eindeutige Transaktionsnummer aufzuzeichnen, unter welcher der Online-Händler die entsprechenden Lieferungen über die Schnittstelle tätigt. Dies gilt allerdings nur, soweit diese Informationen dem Betreiber auch bekannt sind.

IV. Empfangsbevollmächtigter (Absatz 1 Sätze 2 und 3)

36 § 22f Abs. 1 Satz 2 UStG verpflichtet alle **ausländischen Online-Händler**, die weder Wohnsitz, noch gewöhnlichen Aufenthalt, Sitz oder Geschäftsleitung im Inland oder im Europäischen Wirtschaftsraum haben, dazu, einen **Empfangsbevollmächtigten nach § 123 AO** zu bestellen. Dies dient der Sicherstellung, dass das Finanzamt wirksam an den Online-Händler zustellen kann.

37 Rechtsfolge dieser gesetzlichen Verpflichtung zur Bestellung eines Empfangsbevollmächtigten ist insbesondere auch, dass an Online-Händler, die dieser Verpflichtung nicht nachkommen, Schriftstücke einen Monat nach Aufgabe zur Post und elektronisch übermittelte Dokumente bereits drei Tage nach Absendung als zugegangen fingiert werden (§ 123 Satz 2 AO), soweit nicht der Adressat den Nichtzugang oder einen verspäteten Zugang nachweisen kann (§ 123 Satz 3 AO). Anders als bei behördlicher Aufforderung zur Bestellung eines Empfangsbevollmächtigten muss der Online-Händler, der einen Antrag auf Erteilung einer Bescheinigung stellt, aber keinen Empfangsbevollmächtigten bestellt, nach § 22f Abs. 1 Satz 3 UStG auch nicht auf diese wichtige Rechtsfolge der Nichtbestellung gem. § 123 Satz 4 AO hingewiesen werden. Das entspricht insoweit der alten Regelung in § 22f Abs. 1 Satz 5 UStG a.F.

C. Registrierung als Nichtunternehmer (Absatz 2)

I. Aufzeichnungspflichten (Absatz 2 Satz 1)

38 Für Online-Händler, die sich auf einer elektronischen Schnittstelle **nicht als Unternehmer** registrieren, z.B. weil sie Kleinunternehmer nach § 19 UStG sind, muss der Betreiber gleichwohl Aufzeichnungen machen, jedoch keine Steuernummer oder USt-IdNr. und auch keinen Gültigkeitszeitraum der Bescheinigung aufzeichnen. Der Gesetzgeber schafft damit die Möglichkeit, den privaten Onlinehandel zu überwachen, z.B. im Rahmen von Gelegenheitsverkäufen über elektronische Marktplätze wie z.B. ebay.[3]

39 Die Aufzeichnungspflichten beschränken sich nach § 22f Abs. 2 Satz 1 UStG bei nichtunternehmerischen registrierten Online-Händlern auf den vollständigen **Namen** und die vollständige **Anschrift** (§ 22f Abs. 1 Satz 1 Nr. 1 UStG), die zusätzlichen Lieferangaben in Form des Orts des **Beginns der**

1 BMF, Schr. v. 28.1.2019 – III C 5-S 7420/19/10002 :002 – DOK 2019/00696910, UR 2019, 157, Rz. 1.
2 *Marchal* in Rau/Dürrwächter, § 22f UStG Rz. 23 (Stand: Oktober 2021).
3 *Kemper* in Schwarz/Widmann/Radeisen, § 22f UStG Rz. 52 (Stand: September 2021).

Warenbewegung, des **Bestimmungsorts** (§ 22f Abs. 1 Satz 1 Nr. 6 UStG), des **Zeitpunkts und der Höhe des Umsatzes** (§ 22f Abs. 1 Satz 7 UStG), die **Beschreibung der Gegenstände** (§ 22f Abs. 1 Satz 1 Nr. 8 UStG) sowie die **Bestell- oder eindeutige Transaktionsnummer** (§ 22f Abs. 1 Satz 1 Nr. 9 UStG). Bezüglich dieser Angaben gelten die gleichen Maßstäbe wie bei als Unternehmern registrierten Online-Händlern (Rz. 26 ff.).

II. Geburtsdatum (Absatz 2 Satz 2)

Um die **Identifizierbarkeit des (nichtunternehmerischen) Onlinehändlers** zu gewährleisten, ist zusätzlich zu den Aufzeichnungen entsprechend § 22f Abs. 1 Satz 1 Nr. 1, 6 bis 9 UStG bei als Nichtunternehmern registrierten Onlinehändlern auch deren **Geburtsdatum aufzuzeichnen** (§ 22f Abs. 2 Satz 2 UStG). Unklar ist, ob der Betreiber außerdem dazu verpflichtet ist, das Geburtsdatum des Online-Händlers zu verifizieren (z.B. durch Vorlage eines Ausweisdokuments). Dies dürfte grundsätzlich abzulehnen sein.[1] Gleichwohl erscheint eine derartige Verifizierung, insbesondere bis zu einer klaren Äußerung der FinVerw. in dieser Frage, aus Gründen der Haftungsminimierung für Betreiber sinnvoll. 40

D. Aufzeichnungspflichten im B2C-Bereich (Absatz 3)

I. Regelungsgegenstand

Nach § 22f Abs. 3 UStG richten sich die Aufzeichnungspflichten der Betreiber in Abweichung von § 22f Abs. 1 UStG nach Art. 54c MwStVO, sofern sie mittels ihrer elektronischen Schnittstelle entweder sonstige Leistungen von Online-Händlern an Personen nach § 3a Abs. 5 Satz 1 UStG (Satz 1) oder Lieferungen an Personen nach § 3 Abs. 3a UStG (Satz 2), also ebenfalls Personen nach § 3a Abs. 5 Satz 1 UStG sowie Personen nach § 1a Abs. 3 Nr. 1 UStG, unterstützen. Die hier verwendete Mehrfachverweistechnik ist gesetzgeberisch unglücklich. Vordergründig und als Hauptanwendungsfall werden damit **Leistungen an Privatpersonen**, also Umsätze im **B2C-Bereich** adressiert. 41

Art. 54c MwStVO differenziert hinsichtlich der Aufzeichnungspflichten danach, ob die Betreiber der elektronischen Schnittstelle an einem der besonderen Besteuerungsverfahren nach Art. 357 ff. MwStSystRL bzw. §§ 18i-18k UStG (OSS- bzw. IOSS-Verfahren) teilnehmen (Art. 54c Abs. 1 Buchst. a i.V.m. Art. 63c MwStVO) oder nicht (Art. 54c Abs. 1 Buchst. b MwStVO i.V.m. Art. 242 MwStSystRL). 42

II. Teilnahme am OSS- bzw. am IOSS-Verfahren

Sofern der Betreiber einer elektronischen Schnittstelle am **OSS-Verfahren** nach Art. 358a ff. MwStSystRL bzw. §§ 18i, 18j UStG (§ 18i Rz. 1 ff.; § 18j Rz. 1 ff.) teilnimmt, ist er nach Art. 63c Abs. 1 MwStVO verpflichtet, die nachfolgenden Informationen aufzuzeichnen: 43

- den Mitgliedstaat des Verbrauchs, in den die Gegenstände geliefert oder in dem die Dienstleistungen erbracht werden;
- die Art der erbrachten Dienstleistung oder die Beschreibung und die Menge der gelieferten Gegenstände;
- das Datum der Lieferung der Gegenstände oder der Erbringung der Dienstleistungen;
- die Steuerbemessungsgrundlage unter Angabe der verwendeten Währung;
- jede anschließende Erhöhung oder Senkung der Steuerbemessungsgrundlage;
- den anzuwendenden Mehrwertsteuersatz;
- den Betrag der zu zahlenden Mehrwertsteuer unter Angabe der verwendeten Währung;

1 So auch: *Zugmaier/Oldiges* in Offerhaus/Söhn/Lange, § 22f UStG Rz. 41 (Stand: Juli 2019); *L'habitant* in Küffner/Zugmaier, § 22f UStG Rz. 76 (Stand: Mai 2021).

- das Datum und den Betrag der erhaltenen Zahlungen;
- alle vor Lieferung der Gegenstände oder Erbringung der Dienstleistung erhaltenen Vorauszahlungen;
- falls eine Rechnung ausgestellt wurde, die darin enthaltenen Informationen;
- in Bezug auf Dienstleistungen die Informationen, die zur Bestimmung des Ortes verwendet werden, an dem der Erwerber ansässig ist oder seinen Wohnsitz oder gewöhnlichen Aufenthaltsort hat, und in Bezug auf Gegenstände die Informationen, die zur Bestimmung des Ortes verwendet werden, an dem die Versendung oder Beförderung der Gegenstände zum Erwerber beginnt und endet;
- jegliche Nachweise über etwaige Rücksendungen von Gegenständen, einschließlich der Steuerbemessungsgrundlage und des anzuwendenden Mehrwertsteuersatzes.

44 Für den Fall einer Teilnahme am IOSS-Verfahren nach Art. 369l ff. MwStSystRL bzw. § 18k UStG (§ 18k Rz. 1 ff.) treffen den Betreiber nach Art. 63c Abs. 2 MwStVO die nachfolgenden Aufzeichnungspflichten:

- den Mitgliedstaat des Verbrauchs, in den die Gegenstände geliefert werden;
- die Beschreibung und die Menge der gelieferten Gegenstände;
- das Datum der Lieferung der Gegenstände;
- die Steuerbemessungsgrundlage unter Angabe der verwendeten Währung;
- jede anschließende Erhöhung oder Senkung der Steuerbemessungsgrundlage;
- den anzuwendenden Mehrwertsteuersatz;
- den Betrag der zu zahlenden Mehrwertsteuer unter Angabe der verwendeten Währung;
- das Datum und den Betrag der erhaltenen Zahlungen;
- falls eine Rechnung ausgestellt wurde, die darin enthaltenen Informationen;
- die zur Bestimmung des Ortes, an dem die Versendung oder Beförderung der Gegenstände zum Erwerber beginnt und endet, verwendeten Informationen;
- Nachweise über etwaige Rücksendungen von Gegenständen, einschließlich der Steuerbemessungsgrundlage und des anzuwendenden Mehrwertsteuersatzes;
- die Bestellnummer oder die eindeutige Transaktionsnummer;
- die eindeutige Sendungsnummer, falls der Steuerpflichtige unmittelbar an der Lieferung beteiligt ist.

45 Der Betreiber hat nach Art. 63c Abs. 3 MwStVO die Informationen nach Absatz 1 und 2 so zu erfassen, dass sie unverzüglich und für jeden einzelnen gelieferten Gegenstand oder jede einzelne erbrachte Dienstleistung auf elektronischem Wege zur Verfügung gestellt werden können.

III. Keine Teilnahme am OSS- bzw. IOSS-Verfahren

46 Sofern der Betreiber nicht an einem der besonderen Besteuerungsverfahren teilnimmt, greifen die allgemeinen Regelungen, nämlich Art. 242 MwStSystRL, Art. 243 MwStSystRL sowie Art. 54c Abs. 1 Buchst. b MwStVO. Auch finden die allgemeinen Aufzeichnungspflichten nach § 22 UStG Anwendung.[1]

E. Vorlagepflicht (Absatz 4)

I. Elektronische Übermittlung (Absatz 4 Satz 1)

47 § 22f Abs. 3 UStG verpflichtet die Betreiber dazu, dem Finanzamt Unterlagen, die die Aufzeichnungen nach § 22f Abs. 1 oder Abs. 2 UStG enthalten, auf Anforderung elektronisch zu übermitteln.

1 Vgl. *Marchal* in Rau/Dürrwächter, § 22f Rz. 45 (Stand: Oktober 2021).

Zur Regelung der Einzelheiten zur elektronischen Übermittlung (z.B. Dateiformate, Verschlüsselungsmethoden etc.) ist das BMF ermächtigt, eine Rechtsverordnung zu erlassen (§ 22f Abs. 5 UStG, s.a. Rz. 53). 48

Das **BMF hat** § 27 Abs. 25 Satz 2 UStG in einem im Bundessteuerblatt zu veröffentlichenden Schreiben **mitzuteilen, ab welchem Kalenderjahr Daten** nach § 22f Abs. 4 UStG auf Anforderung **zu übermitteln sind**. Bis zum Ende des Kalenderjahres, in dem die FinVerw. die technischen Voraussetzungen für das elektronische Übermittlungsverfahren geschaffen und die Rechtsverordnung nach § 22f Abs. 5 UStG erlassen hat, dürfte **§ 22f Abs. 4 Satz 1 UStG daher vorerst noch unangemeldet** bleiben. 49

II. Sammelauskunftsersuchen (Absatz 4 Satz 2)

Bei den nach § 22f Abs. 4 Satz 1 UStG vom Betreiber an das Finanzamt auf dessen Anforderung zu übermittelnden Dokumenten handelt es um Informationen, die der Betreiber über andere (Online-Händler) bzw. deren Umsätze aufzeichnet, so dass der Betreiber insoweit „Dritter" i.S.d. § 93 AO ist.[1] 50

In Bezug auf umsatzsteuerlich nicht registrierte Online-Händler, für die aber Aufzeichnungen nach § 22f Abs. 1 und Abs. 2 UStG zu führen sind, kann das Finanzamt grundsätzlich Sammelauskunftsersuchen nach § 93 Abs. 1a AO an den Online-Händler stellen. Ein solches **Sammelauskunftsersuchen** ist dann nach § 22f Abs. 3 Satz 2 AO **unter erleichterten Voraussetzungen** möglich, da die Einschränkung des § 93 Abs. 1a Satz 2 AO nicht gilt, d.h. es sind **weder** ein **hinreichender Ermittlungsanlass noch** die **fehlende Erfolgsaussicht anderer Maßnahmen** erforderlich. Sammelauskunftsersuchen nach § 93 Abs. 1a Satz 1 AO sind jedoch nur dann zulässig, wenn es um eine dem Finanzamt noch unbekannte Anzahl von Sachverhalten von Personen geht, die zwar bestimmbar, dem Finanzamt jedoch noch nicht bekannt sind. Danach sind Sammelauskunftsersuchen nach § 93a Abs. 1a AO i.V.m. § 22f UStG nicht möglich, soweit es um Online-Händler geht, die bereits umsatzsteuerlich registriert und dem Finanzamt daher bekannt sind. Sammelauskunftsersuchen sind daher insbesondere im Zusammenhang mit Online-Händlern möglich, die z.B. rechtswidrig nicht registriert sind, als Nichtunternehmer registriert sind oder die mangels im Inland steuerbarer Umsätze zwar nicht in Deutschland registriert sind, über deren Lieferungen der Betreiber aber gleichwohl Aufzeichnungen nach § 22f Abs. 1 Satz 1 UStG führen muss (Rz. 28 ff.). 51

Dokumente im Zusammenhang mit Online-Händlern und deren Lieferungen über die elektronische Schnittstelle des Betreibers, die dem Betreiber eine gültige § 22f-Bescheinigung vorgelegt haben und damit dem Finanzamt bereits bekannt sind, sind daher nicht von Sammelauskunftsersuchen umfasst. 52

F. Verordnungsermächtigung (Absatz 5)

Um **Einzelheiten** für das **Datenübermittlungsverfahren** nach § 22f Abs. 4 UStG (Rz. 47 ff.) zu regeln, enthält § 22f Abs. 5 UStG eine **Verordnungsermächtigung** für das BMF. Die so ergehende Rechtsverordnung bedarf der vorherigen Zustimmung des Bundesrates. Dies soll aus gesetzgeberischer Sicht insbesondere sicherstellen, dass die Anforderungen des Datenschutzes erfüllt werden.[2] Eine entsprechende Rechtsverordnung wurde bislang noch nicht erlassen.[3] 53

1 *Grambeck* in Weymüller, BeckOK, § 22f UStG Rz. 49 (Stand: September 2023).
2 Vgl. BT-Drucks. 19/5595, 80.
3 Vgl. *L'habitant* in Küffner/Zugmaier, § 22f UStG Rz. 103 (Stand: Mai 2021); *Zugmaier/Oldiges* in Offerhaus/Söhn/Lange, § 22f UStG Rz. 47 (Stand: Juli 2019); *Huschens* in Fritsch/Huschens/Koisiak/Langer, UStG eKommentar, § 22f UStG Rz. 33 (Stand: Juli 2021); *Kemper* in Schwarz/Widmann/Radeisen, § 22f UStG Rz. 71 (Stand: September 2021).

§ 22g Besondere Pflichten für Zahlungsdienstleister, Verordnungsermächtigung

(1) [1]Zahlungsdienstleister haben bei grenzüberschreitenden Zahlungen Folgendes aufzuzeichnen:

1. zum Zahlungsempfänger von den ihnen vorliegenden Informationen

a) Name oder die Bezeichnung des Unternehmens des Zahlungsempfängers,

b) jede Umsatzsteuer-Identifikationsnummer,

c) jede sonstige Steuernummer,

d) Adresse des Zahlungsempfängers und

e) IBAN des Zahlungskontos des Zahlungsempfängers oder, falls die IBAN nicht vorhanden ist, jedes andere Kennzeichen, das den Zahlungsempfänger eindeutig identifiziert und seinen Ort angibt,

2. die BIC oder jedes andere Geschäftskennzeichen, das eindeutig den Zahlungsdienstleister, der im Namen des Zahlungsempfängers handelt, identifiziert und seinen Ort angibt, wenn der Zahlungsempfänger Geldmittel erhält, jedoch bei diesem kein Zahlungskonto innehat, sowie

3. genaue Angaben zu allen im jeweiligen Kalendervierteljahr erbrachten grenzüberschreitenden Zahlungen und in diesem Zusammenhang stehenden, erkannten Zahlungserstattungen:

a) Datum und Uhrzeit der Zahlung oder der Zahlungserstattung,

b) Betrag und Währung der Zahlung oder der Zahlungserstattung,

c) den Mitgliedstaat der Europäischen Union, aus dem die Zahlung stammt, oder den Mitgliedstaat der Europäischen Union, in dem die Zahlungserstattung erfolgt, sowie die Informationen, die für die Ermittlung des Ursprungs der Zahlung oder für die Ermittlung der Bestimmung der Erstattung genutzt worden sind,

d) jede Bezugnahme, die die Zahlung oder Zahlungserstattung eindeutig ausweist, und

e) gegebenenfalls die Angabe, dass die Zahlung in den Räumlichkeiten des leistenden Unternehmers eingeleitet wird.

[2]Zur Führung der Aufzeichnungen im Sinne des Satzes 1 sind Zahlungsdienstleister verpflichtet, wenn sie je Kalendervierteljahr im Rahmen ihrer jeweiligen Zahlungsdienste mehr als 25 grenzüberschreitende Zahlungen an denselben Zahlungsempfänger tätigen. [3]Bei der Berechnung sind alle Kennzeichen des Zahlungsempfängers im Sinne des Satzes 1 Nummer 1 Buchstabe e und Geschäftskennzeichen des Zahlungsdienstleisters im Sinne des Satzes 1 Nummer 2 einzubeziehen. [4]Die Anzahl der grenzüberschreitenden Zahlungen wird unter Zugrundelegung der Zahlungsdienste berechnet, die der Zahlungsdienstleister je Mitgliedstaat der Europäischen Union und je Kennzeichen eines Zahlungsempfängers erbringt. [5]Wenn der Zahlungsdienstleister über die Information verfügt, dass der Zahlungsempfänger mehrere Kennzeichen hat, erfolgt die Berechnung je Zahlungsempfänger.

(2) [1]Grenzüberschreitende Zahlungen im Sinne des Absatzes 1 Satz 1 sind Zahlungen, die von einem Zahler, der sich in einem Mitgliedstaat der Europäischen Union mit Ausnahme der in Artikel 6 der Richtlinie 2006/112/EG in der jeweils gültigen Fassung genannten Gebiete befindet, erbracht werden an einen Zahlungsempfänger, der sich in einem anderen Mitgliedstaat der Europäischen Union oder im Drittlandsgebiet befindet. [2]Zur Bestimmung des Ortes des Zahlers und des Zahlungsempfängers ist die Kennung der IBAN des Zahlungskontos des Zahlers und des Zahlungsempfängers oder ein anderes Kennzeichen, das eindeutig den Zahler oder den Zahlungsempfänger identifiziert und seinen Ort angibt, heranzuziehen. [3]Sofern eine Zuordnung nach Satz 2 mangels vorliegender entsprechender Kennzeichen ausscheidet, ist der Ort des Zahlungsdienstleisters maßgeblich, der im Namen des Zahlers oder des Zahlungsempfängers handelt, anhand der BIC oder eines anderen Geschäftskennzeichens, das eindeutig den Zahlungsdienstleister identifiziert und seinen Ort angibt.

(3) [1]Die Anforderung nach Absatz 1 Satz 1 gilt nicht für Zahlungsdienste, die von den Zahlungsdienstleistern des Zahlers in Bezug auf jegliche Zahlung erbracht werden, bei der mindestens einer der Zahlungsdienstleister des Zahlungsempfängers gemäß seiner BIC oder einem anderen Geschäftskennzeichen, die oder das den Zahlungsdienstleister und dessen Ort eindeutig identifiziert,

in einem Mitgliedstaat der Europäischen Union ansässig ist. [2]Die Zahlungsdienstleister des Zahlers müssen diese Zahlungsdienste jedoch in die Berechnung nach Absatz 1 Satz 2 aufnehmen.

(4) [1]Der Zahlungsdienstleister hat die Aufzeichnungen im Sinne des Absatzes 1 Satz 1 jeweils für das Kalendervierteljahr sowie die eigene BIC oder sonstige Geschäftskennzeichen zur eindeutigen Identifizierung des Zahlungsdienstleisters bis zum Ende des auf den Ablauf des Kalendervierteljahres folgenden Kalendermonats (Meldezeitraum) vollständig und richtig dem Bundeszentralamt für Steuern zu übermitteln. [2]Die Übermittlung hat nach dem amtlich vorgeschriebenen Datensatz und Datenformat über die amtlich bestimmte Schnittstelle zu erfolgen.

(5) Erkennt der Zahlungsdienstleister nachträglich, dass die übermittelten Zahlungsinformationen unrichtig oder unvollständig sind, so ist er verpflichtet, die fehlerhaften Angaben innerhalb eines Monats nach Erkenntnis zu berichtigen oder zu vervollständigen.

(6) Der Zahlungsdienstleister hat die Aufzeichnungen im Sinne des Absatzes 1 Satz 1 in elektronischer Form für einen Zeitraum von drei Kalenderjahren nach Ablauf des Kalenderjahres, in dem die Zahlung ausgeführt wurde, aufzubewahren.

(7) Im Sinne dieses Gesetzes bezeichnet der Begriff

1. „Zahlungsdienstleister" die in § 1 Absatz 1 Satz 1 Nummer 1 bis 3 des Zahlungsdiensteaufsichtsgesetzes aufgeführten Zahlungsdienstleister oder natürliche oder juristische Personen, für die eine Ausnahme gemäß Artikel 32 der Richtlinie (EU) 2015/2366 des Europäischen Parlaments und des Rates vom 25. November 2015 über Zahlungsdienste im Binnenmarkt, zur Änderung der Richtlinien 2002/65/EG, 2009/110/EG und 2013/36/EU und der Verordnung (EU) Nr. 1093/2010 sowie zur Aufhebung der Richtlinie 2007/64/EG (ABl. L 337 vom 23.12.2015, S. 35; L 169 vom 28.6.2016, S. 18; L 102 vom 23.4.2018, S. 97; L 126 vom 23.5.2018, S. 10) gilt, die im Inland ihren Sitz, ihre Hauptverwaltung oder eine Zweigniederlassung im Sinne des § 1 Absatz 5 des Zahlungsdiensteaufsichtsgesetzes haben und von dort Zahlungsdienste erbringen oder Zahlungsdienstleister, die im Sinne von Artikel 243b Absatz 4 Buchstabe b der Richtlinie (EU) 2020/284 des Rates vom 18. Februar 2020 zur Änderung der Richtlinie 2006/112/EG im Hinblick auf die Einführung bestimmter Anforderungen für Zahlungsdienstleister (ABl. L 62 vom 2.3.2020, S. 7) in Verbindung mit § 1 Absatz 4 Satz 2 des Zahlungsdiensteaufsichtsgesetzes im Inland im Wege des grenzüberschreitenden Dienstleistungsverkehrs Zahlungsdienste erbringen oder durch einen Agenten im Sinne des § 1 Absatz 9 des Zahlungsdiensteaufsichtsgesetzes ausführen lassen, ohne im Inland ansässig zu sein;
2. „Zahlungsdienst" eine der in § 1 Absatz 1 Satz 2 Nummer 3 bis 6 des Zahlungsdiensteaufsichtsgesetzes genannten gewerblichen Tätigkeiten;
3. „Zahlung" vorbehaltlich der in § 2 Absatz 1 des Zahlungsdiensteaufsichtsgesetzes vorgesehenen Ausnahmen einen Zahlungsvorgang gemäß der Definition in § 675f Absatz 4 Satz 1 des Bürgerlichen Gesetzbuches oder ein Finanztransfergeschäft gemäß § 1 Absatz 1 Satz 2 Nummer 6 des Zahlungsdiensteaufsichtsgesetzes;
4. „Zahler" eine Person gemäß der Definition in § 1 Absatz 15 des Zahlungsdiensteaufsichtsgesetzes;
5. „Zahlungsempfänger" eine Person gemäß der Definition in § 1 Absatz 16 des Zahlungsdiensteaufsichtsgesetzes;
6. „Zahlungskonto" ein Konto gemäß der Definition in § 1 Absatz 17 des Zahlungsdiensteaufsichtsgesetzes;
7. „IBAN" eine internationale Nummer gemäß der Definition in Artikel 2 Nummer 15 der Verordnung (EU) Nr. 260/2012 des Europäischen Parlaments und des Rates vom 14. März 2012 zur Festlegung der technischen Vorschriften und der Geschäftsanforderungen für Überweisungen und Lastschriften in Euro und zur Änderung der Verordnung (EG) Nr. 924/2009 (ABl. L 94 vom 30.3.2012, S. 22), geändert durch die Verordnung (EU) Nr. 248/2014 vom 26.2.2014 (ABl. L 84, S. 1);
8. „BIC" eine internationale Bankleitzahl gemäß der Definition in Artikel 2 Nummer 16 der Verordnung (EU) Nr. 260/2012.

(8) [1]Das Bundeszentralamt für Steuern nimmt die nach Absatz 4 übermittelten Zahlungsinformationen entgegen und führt eine ausschließlich automatisierte Prüfung der ihm übermittelten Da-

ten daraufhin durch, ob diese Daten vollständig und schlüssig sind und ob der amtlich vorgeschriebene Datensatz verwendet worden ist. [2]Das Bundeszentralamt für Steuern speichert diese Daten in einem elektronischen System nur für Zwecke dieser Prüfung bis zur Übermittlung an das zentrale elektronische Zahlungsinformationssystem. [3]Das Bundeszentralamt für Steuern speichert und analysiert die Informationen, die ihm gemäß Artikel 24d in Verbindung mit Artikel 24c der Verordnung (EU) 2020/283 des Rates vom 18. Februar 2020 zur Änderung der Verordnung (EU) Nr. 904/2010 im Hinblick auf die Stärkung der Zusammenarbeit der Verwaltungsbehörden bei der Betrugsbekämpfung (ABl. L 62 vom 2.3.2020, S. 1) zugänglich sind, und stellt diese Daten den zuständigen Landesfinanzbehörden zur Verfügung. [4]Das Bundeszentralamt für Steuern ist für die Prüfung der Einhaltung der Pflichten, die sich für Zahlungsdienstleister aus dieser Vorschrift ergeben, zuständig.

(9) Die Verarbeitung personenbezogener Daten auf Grund der übermittelten Zahlungsinformationen der Zahlungsdienstleister durch Finanzbehörden ist ein Verwaltungsverfahren in Steuersachen im Sinne der Abgabenordnung.

(10) Das Bundesministerium der Finanzen wird ermächtigt, durch Rechtsverordnung mit Zustimmung des Bundesrates Vorschriften zur Verarbeitung und Weiterverarbeitung der nach Absatz 8 Satz 3 erhobenen Daten zu erlassen.

Schrifttum: *Eckert*, Neue gesetzliche Regelungen zur Umsatzsteuer 2022/2023, BBK 2023, 63; *Kurtz/Grünwald*, Neue Aufzeichnungspflichten für Zahlungsdienstleister ab dem 1.1.2024 und das Zusammenspiel zwischen BZSt und CESOP, RdZ 2023, 49; *L'habitant*, Aufzeichnungs-, Melde- und Aufbewahrungspflichten für Zahlungsdienstleister gemäß § 22g UStG (CESOP), MwStR 2023, 564; *Luther/Zimmer/Zawodsky*, Zahlungsdienstleister als nächste Betroffene des internationalen Informationsaustauschs, DStR 2022, 2191; *Rust/Klein*, Neue Aufzeichnungspflichten für Zahlungsdienstleister ab 2024, NWB 2023, 2422; *Sterzinger*, Aktuelle Änderungen des UStG und der UStDV durch das JStG 2022 und weitere Änderungsgesetze, UR 2023, 5; *Widmann*, Jahressteuergesetz 2022: Die Änderungen bei der Umsatzsteuer, MwStR 2023, 3.

A. Grundaussagen

I. Regelungsgegenstand und Bedeutung

Der durch das JStG 2022[1] m.W.z. **1.1.2024**[2] eingeführte § 22g UStG soll der besseren Bekämpfung von Umsatzsteuerbetrug im Bereich des **grenzüberschreitenden elektronischen Geschäftsverkehrs** dienen, da hierbei häufig Zahlungsdienstleister eingeschaltet werden, die im Besitz von Informationen sind, die den Steuerbehörden bisher nicht oder nicht unmittelbar vorliegen und so eine Identifizierung des unternehmerischen Zahlungsempfängers ermöglichen. Durch die vom Zahlungsdienstleister übermittelten Daten soll die Finanzverwaltung in die Lage versetzt werden, schneller betrügerische Unternehmen zu ermitteln und festzustellen, in welchem Mitgliedstaat Lieferungen und sonstige Leistungen als erfolgt bzw. erbracht gelten.[3] 1

Durch § 22g UStG werden nunmehr **Zahlungsdienstleister** (die Definition eines Zahlungsdienstleisters befindet sich in § 22g Abs. 7 Nr. 1 UStG, s. Rz. 34 ff.) dazu verpflichtet, bei **grenzüberschreitenden Zahlungen** (wann eine Zahlung grenzüberschreitend ist, definiert § 22g Abs. 2 UStG, s. Rz. 14) bestimmte Daten (s. Rz. 6 ff.) aufzuzeichnen und diese Daten an das Bundeszentralamt für Steuern (BZSt) zu übermitteln. Beim BZSt werden diese Daten vorübergehend gespeichert und an ein zentrales elektronisches Zahlungsinformationssystem („**CESOP**")[4] zur weiteren Auswertung übermittelt. Dort werden die übermittelten Daten zusammen mit anderen nach der Verordnung (EU) Nr. 904/2010[5] übermittelten oder erhobenen Informationen gespeichert, aggregiert (verdichtet) und analysiert. CESOP wird von der Europäischen Kommission entwickelt, gepflegt, gehostet und technisch verwaltet (s. dazu auch die CESOP-VO)[6]. Über die Eurofisc-Verbindungsbeamten haben die Mitgliedstaaten Zugang zu CESOP.

Vom **territorialen Anwendungsbereich** der Aufzeichnungspflichten sind aufgrund des Geltungsbereichs der PSD II-RL[7] alle Staaten des **EWR** erfasst, d.h. sowohl die Mitgliedstaaten der EU als auch Norwegen, Island und Liechtenstein. Sobald ein Zahlungsdienstleister aus einem EWR-Land in seinem Niederlassungsland eine Zahlungslizenz erhalten hat, kann er unter Verwendung des „Europäischen Passes" der PSD II-RL in jedem Mitgliedstaat Zahlungsdienste erbringen. Das bedeutet im Hinblick 2

---

1 Art. 17 JStG 2022 v. 16.12.2022, BGBl. I 2022, 2294 = BStBl. I 2023, 7.

2 Art. 43 Abs. 8 JStG 2022 v. 16.12.2022, BGBl. I 2022, 2294 = BStBl. I 2023, 7.

3 Erwägungsgrund 4 und 12 der Richtlinie (EU) 2020/284 des Rates v. 18.2.2020 zur Änderung der MwStSystRL im Hinblick auf die Einführung bestimmter Anforderungen für Zahlungsdienstleister, ABl. L 62 v. 2.3.2020, S. 7; BMF, Schr. v. 28.12.2023 – III C 5-S 7420/20/10007 :004 – DOK 2023/1034581, BStBl. I 2024, 164 = UR 2024, 111 Rz. 2.

4 Central Electronic System of Payment Information (kurz: CESOP). BMF, Schr. v. 10.11.2023 – III C 5 -S 7420/20/10007 :004 – DOK 2023/1060903, BStBl. I 2023, 2007 = UR 2023, 963.

5 Verordnung (EU) Nr. 904/2010 des Rates v. 7.10.2010 über die Zusammenarbeit der Verwaltungsbehörden und die Betrugsbekämpfung auf dem Gebiet der Mehrwertsteuer, ABl. L 268 v. 12.10.2010, S. 1.

6 Durchführungsverordnung (EU) 2022/1504 der Kommission vom 6.4.2022 mit Durchführungsbestimmungen zur Verordnung (EU) Nr. 904/2010 des Rates hinsichtlich der Einrichtung eines zentralen elektronischen Zahlungsinformationssystems (CESOP) zur Bekämpfung von Mehrwertsteuerbetrug, ABl. L 235 v. 12.9.2022, S. 19.

7 Richtlinie (EU) 2015/2366 des Europäischen Parlaments und des Rates vom 25.11.2015 über Zahlungsdienste im Binnenmarkt, zur Änderung der Richtlinien 2002/65/EG, 2009/110/EG und 2013/36/EU und der Verordnung (EU) Nr. 1093/2010 sowie zur Aufhebung der Richtlinie 2007/64/EG, ABl. L 337 v. 23.12.2015, S. 35; L 169 v. 28.6.2016, S. 18; L 102 v. 23.4.2018, S. 97; L 126 v. 23.5.2018, S. 10.

auf die Aufzeichnungspflichten, dass auch Zahlungsdienstleister aus EWR-Ländern meldepflichtig sein können, sofern sie Zahlungsdienste in einem Mitgliedstaat erbringen, auch wenn sie über keine physische Präsenz in der EU verfügen.[1]

Nordirland gilt als Drittlandsgebiet, da die Aufzeichnungs-, Mitteilungs- und Aufbewahrungspflichten gemäß Richtlinie (EU) 2020/284 nicht vom Protokoll zu Irland/Nordirland zum Abkommen über den Austritt des Vereinigten Königreichs Großbritannien und Nordirland aus der Europäischen Union und der Europäischen Atomgemeinschaft[2] umfasst sind. Zahlungsdienstleister mit Sitz, Hauptverwaltung oder Zweigniederlassung in Nordirland sind folglich als in einem übrigen Drittland ansässig zu beurteilen.[3]

II. Unionsrechtliche Grundlagen

3 Die Vorschrift des § 22g UStG beruht auf den Art. 243a bis 243d MwStSystRL. Diese Artikel wurden m.W.z. 1.1.2024 durch die Richtlinie (EU) 2020/284 des Rates v. 18.2.2020 zur Änderung der MwStSystRL im Hinblick auf die Einführung bestimmter Anforderungen für Zahlungsdienstleister[4] vom Rat der EU erlassen.

Ergänzend zu diesen Neuregelungen der MwStSystRL wurden ebenfalls m.W.z. 1.1.2024 durch die Verordnung (EU) 2020/283 des Rates v. 18.2.2020 zur Änderung der Zusammenarbeits-VO im Hinblick auf die Stärkung der Zusammenarbeit der Verwaltungsbehörden bei der Betrugsbekämpfung[5] u.a. die Art. 24a bis 24f in die Zusammenarbeits-VO eingefügt, die teilweise ebenfalls Eingang in den § 22g UStG gefunden haben, obwohl diese Verordnung direkt und unmittelbar wirkt. Diese Vorschriften verpflichten die Mitgliedstaaten dazu, die vom Zahlungsdienstleister erhaltenen Informationen zu erheben und an CESOP zu übermitteln.[6]

III. Verhältnis zu anderen Vorschriften und Rechtsentwicklung

4 Die Regelungen des § 22g UStG stellen eine **Ergänzung der bisherigen Aufzeichnungspflichten**[7] dar und verpflichten Zahlungsdienstleister i.S.v. § 22g Abs. 7 Nr. 1 UStG dazu, bestimmte grenzüberschreitende Zahlungsdaten aufzuzeichnen und an das BZSt zu übermitteln. Materiell-rechtliche Auswirkungen z.B. auf den Ort der Leistung sind mit dieser Vorschrift allerdings nicht verbunden.[8]

B. Aufzeichnungspflichten für Zahlungsdienstleister (Absatz 1)

I. Aufzuzeichnende Daten (Absatz 1 Satz 1)

1. Regelungsgegenstand

5 § 22g Abs. 1 Satz 1 UStG verpflichtet **Zahlungsdienstleister** (s. Rz. 34 ff.) bei **grenzüberschreitenden Zahlungen** (s. Rz. 14) Angaben

1 CESOP-Leitlinien der Europäischen Kommission v. 3.8.2022, Abschn. 2.1.1. und 4.4.2.; *L'habitant* in Offerhaus/Söhn/Lange, § 22g UStG Rz. 7 und 65 (Stand: November 2023).
2 ABl. EU, L 29 v. 31.1.2020, S. 7.
3 BMF, Schr. v. 28.12.2023 – III C 5-S 7420/20/10007 :004 – DOK 2023/1034581, BStBl. I 2024, 164 = UR 2024, 111 Rz. 22.
4 ABl. L 62 v. 2.3.2020, S. 7.
5 ABl. L 62 v. 2.3.2020, S. 1.
6 S. zu unionsrechtlichen Zweifeln an der Vorschrift *Hartman* in Rau/Dürrwächter, § 22g UStG Rz. 2 ff. (Stand Januar 2024).
7 Erwägungsgrund 1 der Richtlinie (EU) 2020/284 des Rates v. 18.2.2020 zur Änderung der MwStSystRL im Hinblick auf die Einführung bestimmter Anforderungen für Zahlungsdienstleister, ABl. L 62 v. 2.3.2020, S. 7.
8 *Widmann*, MwStR 2023, 3 (9).

- zum Zahlungsempfänger (Nr. 1, s. Rz. 6),
- zum Zahlungsdienstleister des Zahlungsempfängers (Nr. 2, s. Rz. 9) und
- zu den grenzüberschreitenden Zahlungen und Erstattungen (Nr. 3, s. Rz. 10)

aufzuzeichnen,[1] sofern der Schwellenwert des § 22g Abs. 1 Satz 2 UStG überschritten wird (s. Rz. 11). Diese Informationen dienen dazu, den Standort des Zahlungsempfängers, die Identität seines Zahlungsdienstleisters und die durchgeführten Zahlungsvorgänge zu ermitteln. Daher beschränken sich die Aufzeichnungspflichten fast ausschließlich auf Daten des **Zahlungsempfängers**. Die einzige Information bezüglich des **Zahlenden** ist dessen **Ort**, damit festgestellt werden kann, ob es sich um eine grenzüberschreitende Zahlung (s. Rz. 14) handelt.[2]

Von der Aufzeichnungspflicht des § 22g Abs. 1 Satz 1 UStG werden sowohl die Zahlungsdienstleister **des Zahlenden** als auch **des Zahlungsempfängers** erfasst.[3] Eine **Ausnahme** zur Aufzeichnungspflicht bei mehreren Zahlungsdienstleistern befindet sich in § 22g Abs. 3 UStG (s. Rz. 17). Die Aufzeichnungspflicht erfasst grundsätzlich **sämtliche Umsätze**, also nicht nur B2B, sondern auch B2C und sogar auch C2C.[4] Es ist ebenfalls unerheblich, ob der grenzüberschreitenden Zahlung ein steuerbarer, steuerfreier oder steuerpflichtiger Umsatz zugrunde liegt.[5]

2. Angaben zum Zahlungsempfänger (Absatz 1 Satz 1 Nr. 1 Buchst. a bis e)

§ 22g Abs. 1 Satz 1 Nr. 1 Buchst. a bis e UStG verpflichtet den Zahlungsdienstleister zur Aufzeichnung 6
von zahlungsempfängerbezogenen Daten. Hierbei handelt es sich um den **Namen** oder die **Bezeichnung des Unternehmens** des Zahlungsempfängers, seine **Adresse**, jede **USt-IdNr.**,[6] jede **sonstige Steuernummer** sowie die **IBAN** (s. Rz. 41) des Zahlungskontos oder, falls die IBAN nicht vorhanden ist, **jedes andere Kennzeichen**, das den Zahlungsempfänger eindeutig identifiziert und seinen Ort angibt.

Liegen dem Zahlungsdienstleister mehrere, unterschiedliche **Namen** oder **Bezeichnungen** zum Unter- 7
nehmen des Zahlungsempfängers oder seiner Adresse vor, können auch mehrere Angaben gemacht werden. Eine **Adresse** i.S.v. § 22g Abs. 1 Satz 1 Nr. 1 Buchst. d UStG kann neben der privaten Anschrift oder der Anschrift des Unternehmens z.B. auch die Anschrift eines Warenlagers des Zahlungsempfängers oder eine E-Mail-Adresse sein. Entsteht ein Konflikt zwischen dem Namen in den Aufzeichnungen und dem Namen, den der Zahler zur Auslösung des Zahlungsvorgangs eingegeben hat, so hat der Name in den Aufzeichnungen Vorrang.[7] Liegen unterschiedliche Adressen vor, sind alle Adressen zu melden.[8]

Die Zahlungsdienstleister sind jedoch **nicht** dazu **verpflichtet**, Nachforschungen zu den in § 22g Abs. 1 8
Satz 1 Nr. 1 UStG geforderten Informationen anzustellen.[9]

3. Angaben zum Zahlungsdienstleister des Zahlungsempfängers (Absatz 1 Satz 1 Nr. 2)

§ 22g Abs. 1 Satz 1 Nr. 2 UStG verpflichtet den Zahlungsdienstleister dazu, die **BIC** (s. Rz. 54) oder 9
jedes andere Geschäftskennzeichen aufzuzeichnen, das den Zahlungsdienstleister des Zahlungsempfängers identifiziert und seinen Ort angibt, wenn der Zahlungsempfänger Geldmittel erhält, jedoch bei diesem kein Zahlungskonto innehat.

---

1 Unionsrechtliche Grundlage ist Art. 243d MwStSystRL.
2 *Oldiges/Salewski*, MwStR 2020, 302 (303).
3 BT-Drucks. 20/3879, S. 113.
4 *Brandl* in Bunjes[22], UStG, § 22g Rz. 6.
5 *Kurtz/Grünwald*, RdZ 2023, 49 (52); *L'habitant* in Offerhaus/Söhn/Lange, § 22g UStG Rz. 11 (Stand: November 2023).
6 Liegen dem Zahlungsdienstleister mehrere USt-IdNr. eines Zahlungsempfängers (z.B. im Falle von Franchising, bei dem jeder Rechtsträger eine eigene USt-IdNr. innehat) vor, ist jede dieser Nummern anzugeben (BMF, Schr. v. 28.12.2023 – III C 5-S 7420/20/10007 :004 – DOK 2023/1034581, BStBl. I 2024, 164 = UR 2024, 111 Rz. 30).
7 CESOP-Leitlinien der Europäischen Kommission v. 3.8.2022, Abschn. 4.5.1.
8 *L'habitant* in Offerhaus/Söhn/Lange, § 22g UStG Rz. 84 (Stand: November 2023).
9 BT-Drucks. 20/2379, S. 112.

4. Angaben zu den grenzüberschreitenden Zahlungen und Erstattungen (Absatz 1 Satz 1 Nr. 3 Buchst. a bis e)

10 Dem Zweck des § 22g UStG entsprechend muss der Zahlungsdienstleister auch Aufzeichnungen zu den im jeweiligen Kalendervierteljahr getätigten **Zahlungen** (vor Abzügen) sowie der in diesem Zusammenhang stehenden **Zahlungserstattungen** vornehmen. Dabei handelt es sich um das **Datum** und die **Uhrzeit**, den **Betrag** und die **Währung**, den **EU-Mitgliedstaat** aus dem die Zahlung stammt bzw. in dem die Zahlungserstattung erfolgt sowie die Informationen die diesbezüglich genutzt worden sind, die **Bezugnahme**, die die Zahlung oder Zahlungserstattung eindeutig ausweist,[1] und ggf. die **Angabe**, dass die Zahlung in den Räumlichkeiten des leistenden Unternehmers eingeleitet wird (bei Kartenzahlungen).[2]

II. Einschränkungen für Zahlungsdienstleister (Schwellenwert) (Absatz 1 Satz 2)

11 Durch § 22g UStG soll die Finanzverwaltung in die Lage versetzt werden, mittels der gesammelten Daten die unternehmerischen Zahlungsempfänger zu identifizieren, von denen sie bisher keine Kenntnis hatte (s. Rz. 1). Dabei setzt die umsatzsteuerrechtliche Unternehmertätigkeit eine nachhaltige wirtschaftliche Tätigkeit voraus. Der Gesetzgeber hat deshalb in § 22g Abs. 1 Satz 2 UStG einen **Schwellenwert**[3] aufgenommen. Der Schwellenwert wurde eingeführt, um sicherzustellen, dass nur Daten von Unternehmern erhoben werden, Daten von Privatpersonen, die gelegentlich grenzüberschreitende Zahlungen erhalten, hingegen nicht zusammengetragen oder an CESOP übermittelt werden. Die Zahlungsdienstleister sind also verpflichtet Aufzeichnungen über grenzüberschreitende Zahlungen zu führen, die auf eine gewisse **wirtschaftliche Tätigkeit** des Zahlungsempfängers als Leistungserbringer hindeuten.

Die Aufzeichnungspflicht nach § 22g Abs. 1 Satz 1 UStG greift nach der Einschränkung in Satz 2 erst dann, wenn mehr als **25 grenzüberschreitende Zahlungen** (s. Rz. 14) **je Kalendervierteljahr** an denselben Zahlungsempfänger (s. Rz. 50) erbracht werden (dann sind aber auch alle Zahlungsvorgänge zu melden und nicht nur diejenigen, die den Schwellenwert überschreiten).[4] Auch wenn es sich bei dem Zahler und dem Zahlungsempfänger um dieselbe Person handelt, ist die Zahlung zu melden.[5] Wird der Schwellenwert **nicht überschritten**, besteht folglich keine Aufzeichnungs- und Meldepflicht bzw. der Zahlungsdienstleister meldet keine Daten zu diesem Zahlungsempfänger.

III. Berechnung des Schwellenwertes (Absatz 1 Satz 3 bis 5)

12 In § 22g Abs. 1 Sätze 3 bis 5 UStG[6] ist festgelegt, wie der Zahlungsdienstleister den Schwellenwert zu berechnen hat. Zunächst hat der Zahlungsdienstleister gem. § 22g Abs. 1 Satz 3 UStG alle **Kennzeichen** des **Zahlungsempfängers** i.S.v. § 22g Abs. 1 Satz 1 Nr. 1 Buchst. e UStG (z.B. die IBAN für Banküberweisungen oder Lastschrift, den BIN-Range bei Kreditkartenzahlung oder die Händler-ID bei Kartenzahlung)[7] als auch alle **Geschäftskennzeichen** (z.B. BIC) des Zahlungsdienstleisters i.S.v. § 22g Abs. 1 Satz 1 Nr. 2 UStG (s. Rz. 9) bei der Berechnung einzubeziehen.

1 Durch diese Angabe soll eine einfache Identifizierung von Zahlungsduplikaten ermöglicht werden. Es sind daher jegliche Kennungen anzugeben, die den Zahlungsvorgang eindeutig identifizieren. Als Angaben kommen z. B. die Transaktionskennung oder die Rechnungsnummer in Betracht (BMF, Schr. v. 28.12.2023 – III C 5-S 7420/20/10007 :004 – DOK 2023/1034581, BStBl. I 2024, 164 = UR 2024, 111 Rz. 34).

2 CESOP-Leitlinien der Europäischen Kommission v. 3.8.2022, Abschn. 4.5.2.4.

3 Unionsrechtliche Grundlage ist Art. 243b Abs. 2 MwStSystRL.

4 *L'habitant*, MwStR 2023, 564 (566); BMF, Schr. v. 28.12.2023 – III C 5-S 7420/20/10007 :004 – DOK 2023/1034581, BStBl. I 2024, 164 = UR 2024, 111 Rz. 12.

5 *L'habitant* in Offerhaus/Söhn/Lange, § 22g UStG Rz. 113 (Stand: November 2023).

6 Unionsrechtliche Grundlage ist Art. 243b Abs. 2 UAbs. 2 MwStSystRL.

7 S. dazu auch die Tabelle der Kennzeichen unterscheidend nach den verschiedenen Zahlungsmethoden in den CESOP-Leitlinien der Europäischen Kommission v. 3.8.2022, Abschn. 3.1.1.

§ 22g Abs. 1 Satz 4 UStG bestimmt, dass der Zahlungsdienstleister seine grenzüberschreitenden Zahlungen **pro Mitgliedstaat** und **pro Kennzeichen** eines Zahlungsempfängers aufzuzeichnen hat. Bei der Berechnung des Schwellenwerts haben die Zahlungsdienstleister alle grenzüberschreitenden Zahlungen an beispielweise eine einzige IBAN zu berücksichtigen. Übersteigt die Zahl der grenzüberschreitenden Zahlungen den Schwellenwert von 25 Stück, müssen alle Zahlungen, die im Laufe des Quartals an diese IBAN getätigt wurden, aufgezeichnet werden. Darüber hinaus hat die Berechnung hinsichtlich der pro Mitgliedstaat erbrachten Zahlungsdienstleistungen zu erfolgen. Das bedeutet, dass bei der Existenz von **Niederlassungen** eines Zahlungsdienstleisters in mehreren Mitgliedstaaten, jede dieser Niederlassungen die Berechnung für sich selbst vornehmen muss und ihre Zahlungsvorgänge nicht auf Gruppenebene aggregieren (verdichten) darf.[1] Gleiches gilt, wenn der Zahlungsdienstleister Zahlungsdienste in verschiedenen Mitgliedstaaten über Handelsagenten oder direkt erbringt.[2]

Sofern der Zahlungsdienstleister allerdings über die Information verfügt, dass der Zahlungsempfänger **mehrere Kennzeichen** hat bzw. verwendet, hat die Berechnung des Schwellenwerts gem. § 22g Abs. 1 Satz 5 UStG **je Zahlungsempfänger** zu erfolgen. Hierbei sind alle Informationen einzubeziehen, über die der Zahlungsdienstleister verfügt (z.B. USt-IdNr., Identifikationsmerkmal nach § 139b AO, Name, Adresse, IP-Adresse, E-Mail-Adresse, Webseite, Verträge).[3] Hierdurch soll vermieden werden, dass Zahlungen an Unternehmen nicht gemeldet werden, da sie mehrere bzw. verschiedene Zahlungsmethoden benutzen. Somit muss ein Zahlungsdienstleister, wenn er eine Reihe von Zahlungen beispielsweise unter Verwendung zweier verschiedener IBAN ausführt oder beispielsweise eine IBAN und eine Händler-ID verwendet, jedoch weiß, dass es sich bei dem Inhaber der beiden Zahlungskonten um ein und denselben Zahlungsempfänger handelt, die beiden Zahlungskonten für den Abgleich mit dem Schwellenwert als ein einziges Konto betrachten und sämtliche Zahlungen auf die beiden Konten in seine Berechnung einbeziehen.[4] 13

Zahlungskonten sind jedoch nur dann zu aggregieren, wenn sie dieselbe Inhaberstruktur besitzen, also im Namen derselben Person, Gesellschaft oder Zweigniederlassung desselben Unternehmens geführt werden. Bestehen begründbare Zweifel an derselben Inhaberschaft, soll keine Aggregation erfolgen. Zahlungen dürfen nicht aggregiert werden, wenn die Inhaber der Zahlungskonten unterschiedliche Rechtsträger sind, selbst wenn diese miteinander verbunden sind. Dies gilt beispielsweise für Franchiseunternehmen, Personen- oder Tochtergesellschaften.[5]

In der Praxis kann diese Regelung dazu führen, dass beispielsweise grenzüberschreitende Zahlungen an einen Unternehmer, der jedoch nicht im Rahmen seines Unternehmens liefert, mit aufgezeichnet und übermittelt werden, obgleich der Vorgang nicht umsatzsteuerbar ist (s. Rz. 5). Dies dürfte im Einzelfall vermehrten Ermittlungsaufwand nach sich ziehen, der regelmäßig bei den Landesfinanzbehörden liegen dürfte, da das BZSt die von CESOP aufbereiteten Daten gem. § 22g Abs. 8 Satz 3 UStG an diese weiterleitet (s. Rz. 57).

C. Grenzüberschreitende Zahlung (Absatz 2)

I. Definition der grenzüberschreitenden Zahlung (Absatz 2 Satz 1)

14 Die Aufzeichnungspflichten für die Zahlungsdienstleister erstrecken sich nur auf **grenzüberschreitende Zahlungsvorgänge**. Wann eine solche grenzüberschreitende Zahlung vorliegt, wird in § 22g Abs. 2 Satz 1 UStG definiert.[6] Sie liegt vor, wenn der **Zahler** (s. Rz. 49) sich in einem **Mitgliedstaat** ohne die

1 CESOP-Leitlinien der Europäischen Kommission v. 3.8.2022, Abschn. 3.2.1.
2 BMF, Schr. v. 28.12.2023 – III C 5-S 7420/20/10007 :004 – DOK 2023/1034581, BStBl. I 2024, 164 = UR 2024, 111 Rz. 13.
3 BMF, Schr. v. 28.12.2023 – III C 5-S 7420/20/10007 :004 – DOK 2023/1034581, BStBl. I 2024, 164 = UR 2024, 111 Rz. 14.
4 CESOP-Leitlinien der Europäischen Kommission v. 3.8.2022, Abschn. 3.2.2.
5 BMF, Schr. v. 28.12.2023 – III C 5-S 7420/20/10007 :004 – DOK 2023/1034581, BStBl. I 2024, 164 = UR 2024, 111 Rz. 14.
6 Unionsrechtliche Grundlage ist Art. 243b Abs. 1 UAbs. 2 MwStSystRL.

sog. Drittgebiete i.S.v. Art. 6 MwStSystRL und der **Zahlungsempfänger** (s. Rz. 50) sich in einem **anderen Mitgliedstaat**, EWR-Land oder im **Drittlandsgebiet** befindet.[1]

Zahlungen **im Inland**, Zahlungen **im Drittland** und Zahlungen **aus dem Drittland in die EU** sind somit nicht aufzuzeichnen und zu melden.[2] Zahlungen eines **im Drittland befindlichen Zahlers** sind folglich nicht meldepflichtig, unabhängig davon, wo sich der Zahlungsempfänger befindet.[3]

II. Bestimmung des Ortes des Zahlers und des Leistungsempfängers (Absatz 2 Satz 2 und 3)

15 Um zu bestimmen, ob die Zahlungen zwischen dem Zahler und dem Zahlungsempfänger grenzüberschreitend i.S.d. § 22g UStG erfolgen, enthält § 22g Abs. 2 Satz 2 UStG[4] eine Regelung zur **Ortsbestimmung** des Zahlers bzw. Zahlungsempfängers. Danach ist die Kennung der **IBAN** des Zahlungskontos **des Zahlers** beziehungsweise **des Zahlungsempfängers** oder ein anderes Kennzeichen, das eindeutig den Zahler beziehungsweise den Zahlungsempfänger identifiziert und seinen Ort angibt, heranzuziehen. Liegen dem Zahlungsdienstleister im Fall von E-Geld-Zahlungen Informationen darüber vor, dass die Kennung der IBAN vom tatsächlichen Ort des Zahlungsempfängers, welcher bei der Registrierung angegeben wird, abweicht (z.B. anhand amtlicher Dokumente wie Personalausweis, Reisepass oder Führerschein), sind diese genaueren Indikatoren bei der Ortsbestimmung zu berücksichtigen und vorzuziehen. Die Auswahlentscheidung sollte dokumentiert werden.[5]

Liegen dem Zahlungsdienstleister weder eine IBAN noch ein anderes Kennzeichen zur eindeutigen Identifizierung vor, sind bei der Ermittlung des Ortes alle dem Zahlungsdienstleister zur Verfügung stehenden Informationen bzw. Indikatoren zu berücksichtigen, die Anhaltspunkte über die Ansässigkeit geben. So kann bei Kartenzahlungen in Bezug auf den Zahlungsempfänger auf die Händleradresse und hinsichtlich des Ortes des Zahlers auf die Bankidentifikationsnummer (BIN) abgestellt werden.[6]

Grenzüberschreitende Banküberweisung/Lastschrift

Grundfall: Der Zahler und der Zahlungsempfänger befinden sich in zwei verschiedenen Mitgliedstaaten und nutzen für eine Banküberweisung/Lastschrift Zahlungsdienstleister mit Sitz in ihren jeweiligen Mitgliedstaaten.

Gemäß § 22g Abs. 2 Satz 2 UStG ist die IBAN der Zahlungskonten des Zahlers und des Zahlungsempfängers das entscheidende Kennzeichen für Banküberweisungen. Da sich die beiden IBAN auf zwei verschiedene Mitgliedstaaten beziehen, erfolgt die Zahlung **grenzüberschreitend**.

Abwandlung 1: Der Zahler und der Zahlungsempfänger befinden sich im selben Mitgliedstaat, aber ihre Zahlungsdienstleister in anderen Mitgliedstaaten.

Da die IBAN des Zahlungskontos des Zahlungsempfängers an den Standort des Zahlungsdienstleisters und nicht an den Ort des Zahlungsempfängers selbst gebunden ist, gilt die Zahlung zwischen Zahler und Zahlungsempfänger trotzdem als **grenzüberschreitend**.

Abwandlung 2: Der Zahler und der Zahlungsempfänger sind in verschiedenen Mitgliedstaaten ansässig, der Zahlungsempfänger nutzt die Dienste eines Zahlungsdienstleisters, der im selben Mitgliedstaat ansässig ist wie der Zahler und dessen Zahlungsdienstleister.

Da die IBAN des Zahlungskontos des Zahlungsempfängers darauf verweist, wo sein Zahlungsdienstleister ansässig ist, gilt die Zahlung zwischen Zahler und Zahlungsempfänger als **inländische** Zahlung, da beide Zahlungsdienstleister im selben Mitgliedstaat ansässig sind.

16 Sofern eine Zuordnung nach § 22g Abs. 2 Satz 2 UStG mangels vorliegender entsprechender Kennzeichen ausscheidet, ist gem. § 22g Abs. 2 Satz 3 UStG der Ort des Zahlungsdienstleisters, der im Namen

---

1 BMF, Schr. v. 28.12.2023 – III C 5-S 7420/20/10007 :004 – DOK 2023/1034581, BStBl. I 2024, 164 = UR 2024, 111 Rz. 8.

2 *L'habitant* in Offerhaus/Söhn/Lange, § 22g UStG Rz. 10 (Stand: November 2023); BMF, Schr. v. 28.12.2023 – III C 5-S 7420/20/10007 :004 – DOK 2023/1034581, BStBl. I 2024, 164 = UR 2024, 111 Rz. 8.

3 *Rust/Klein*, NWB 2023, 2422 (2428).

4 Unionsrechtliche Grundlage ist Art. 243c i.V.m. Art. 243b Abs. 1 UAbs. 2 MwStSystRL.

5 BMF, Schr. v. 28.12.2023 – III C 5-S 7420/20/10007 :004 – DOK 2023/1034581, BStBl. I 2024, 164 = UR 2024, 111 Rz. 9.

6 BMF, Schr. v. 28.12.2023 – III C 5-S 7420/20/10007 :004 – DOK 2023/1034581, BStBl. I 2024, 164 = UR 2024, 111 Rz. 10.

des Zahlers beziehungsweise des Zahlungsempfängers handelt, anhand der BIC (s. Rz. 54) oder eines anderen Geschäftskennzeichens, das eindeutig den Zahlungsdienstleister identifiziert und seinen Ort angibt, maßgeblich.

D. Ausnahme von den Aufzeichnungspflichten bei Beteiligung mehrerer Zahlungsdienstleister in der EU (Absatz 3)

I. Zuordnung der Aufzeichnungspflicht (Absatz 3 Satz 1)

Sind mehrere Zahlungsdienstleister an der Zahlung des Zahlers an den Zahlungsempfänger beteiligt, 17 ist grundsätzlich jeder Zahlungsdienstleister gem. § 22g Abs. 1 Satz 1 UStG zur Aufzeichnung verpflichtet (s. Rz. 5). Eine Ausnahme hiervon ist in § 22g Abs. 3 Satz 1 UStG geregelt.[1] Danach muss der **Zahlungsdienstleister des Zahlers keine** Aufzeichnungen über die Zahlungsempfänger führen, wenn mindestens einer der Zahlungsdienstleister des Zahlungsempfängers nach Ausweis der BIC oder anderer Geschäftskennzeichen seinen Sitz **in einem Mitgliedstaat** hat. Hintergrund der Vorschrift ist, dass insoweit insbesondere über die Vorgaben der MwStSystRL dann der Informationsfluss gesichert ist.[2] Nur dann, wenn der Zahlungsempfänger keinen Zahlungsdienstleister in einem Mitgliedstaat hat, muss der Zahlungsdienstleister des Zahlers die Daten speichern und melden.

Die Vorschrift sieht keine Begrenzung der Zahl der Zahlungsdienstleister vor, die einen Vorgang zu 18 melden haben, d.h., wenn **mehrere Zahlungsdienstleister** aufseiten des Zahlungsempfängers an der Zahlung beteiligt sind (z.B. aufgrund von Unteraufträgen), sind **alle Zahlungsdienstleister** des Zahlungsempfängers zur Meldung der Daten verpflichtet.[3] Die Aufzeichnungen sollen dann die Informationen über die Zahlung des ursprünglichen Zahlers an den endgültigen Zahlungsempfänger enthalten und nicht diejenigen über die Zwischenübertragungen von Geldmitteln zwischen den Zahlungsdienstleistern.[4]

Im Fall von **Zahlungserstattungen** ist die Meldung durch den Zahlungsdienstleister vorzunehmen, 19 der den ursprünglichen Vorgang gemeldet hat, da er am besten in der Lage ist, beide Meldungen miteinander zu verknüpfen. Die Erstattungen sind als solche zudem in der quartalsweisen Meldung anzugeben. Dies gilt sowohl, wenn die Erstattungen in denselben Berichtszeitraum wie die ursprünglichen Zahlungen fallen, als auch dann, wenn die Erstattungen in einen späteren Berichtszeitraum als die ursprünglichen Zahlungen fallen. Wenn ein Zahlungsdienstleister darüber Kenntnis hat, dass sich eine Erstattung auf eine nicht meldepflichtige ursprüngliche Zahlung bezieht, muss die Erstattung jedoch nicht gemeldet werden.[5]

Bei Erstattungsarten (z.B. aufgrund von Warenrücksendungen oder Stornierungen), die anhand der Aufzeichnungen des Zahlungsdienstleisters nicht eindeutig einer Zahlung zugeordnet werden können, ist der Zahlungsdienstleister nicht zu weiteren Prüfungen und Nachforschungen verpflichtet. In diesen Fällen ist die Erstattung als Zahlung zu berücksichtigen und fließt in die Berechnung des Schwellenwertes ein.[6]

Die **EWR-Länder** Norwegen, Island und Liechtenstein fallen zwar in den Anwendungsbereich der 20 PSD II-RL (s. Rz. 2), allerdings gelten sie aus umsatzsteuerrechtlicher Sicht als **Drittland**. Das bedeutet, dass, wenn der Zahlungsdienstleister des Zahlungsempfängers nach Ausweis seiner IBAN oder eines anderen Geschäftskennzeichens seinen Sitz in einem EWR-Land hat, der Zahlungsdienstleister **des Zahlers** meldepflichtig ist. Wenn hingegen ein Zahlungsdienstleister aus einem EWR-Land **Zweignie-**

1 Unionsrechtliche Grundlage ist Art. 243b Abs. 3 MwStSystRL.
2 *Gehm* in Hartmann/Metzenmacher, UStG, § 22g Rz. 82 (Stand: Februar 2023).
3 BMF, Schr. v. 28.12.2023 – III C 5-S 7420/20/10007 :004 – DOK 2023/1034581, BStBl. I 2024, 164 = UR 2024, 111 Rz. 16.
4 *Kurtz/Grünwald*, RdZ 2023, 49 (52).
5 BMF, Schr. v. 28.12.2023 – III C 5-S 7420/20/10007 :004 – DOK 2023/1034581, BStBl. I 2024, 164 = UR 2024, 111 Rz. 19.
6 BMF, Schr. v. 28.12.2023 – III C 5-S 7420/20/10007 :004 – DOK 2023/1034581, BStBl. I 2024, 164 = UR 2024, 111 Rz. 20.

derlassungen in einem Mitgliedstaat betreibt, unterliegen diese Zweigstellen der Meldepflicht und können als Zahlungsdienstleister des Zahlungsempfängers gelten.[1]

Zweigniederlassung eines EWR-Zahlungsdienstleisters in der EU
Ein Zahlungsdienstleister mit einer Zahlungslizenz aus Norwegen erbringt Zahlungsdienste in Schweden und in Island. Gemäß Artikel 243b MwStSystRL bzw. § 22g Abs. 3 Satz 1 UStG hat dieser Zahlungsdienstleister:

- alle Zahlungen an Schweden zu melden, die von Zahlern in Schweden an Norwegen, Island oder ein anderes Drittland veranlasst werden,
- alle Zahlungen an Zahlungsempfänger in Schweden an Schweden zu melden, bei denen der Zahler in einem anderen Mitgliedstaat als Schweden ansässig ist,
- keine Zahlungen zwischen Norwegen und Island oder zwischen Norwegen oder Island und einem Drittland zu melden,
- keine von Zahlern in Schweden ausgelöste Zahlungen an Zahlungsempfänger in einem anderen Mitgliedstaat zu melden.

II. Besonderheit bei der Berechnung des Schwellenwerts (Absatz 3 Satz 2)

21 Die in § 22g Abs. 3 Satz 1 UStG verankerte Ausnahme von der Aufzeichnungsverpflichtung wird durch die in § 22g Abs. 3 Satz 2 UStG vorgesehene Besonderheit bei der Berechnung des Schwellenwertes relativiert, denn gemäß dieser Vorschrift hat der Zahlungsdienstleister des Zahlers die nach Satz 1 ausgenommenen Zahlungen gleichwohl in die **Berechnung des Schwellenwertes** nach § 22g Abs. 1 Satz 2 UStG aufzunehmen bzw. bei dessen Berechnung zu berücksichtigen, falls er auch Zahlungen auf ein Nicht-EU-Zahlungskonto desselben Zahlungsempfängers meldet. Eine Meldepflicht besteht dann hinsichtlich der Zahlungen auf das Nicht-EU-Zahlungskonto, auch wenn diese Anzahl der Zahlungen den Schwellenwert alleine nicht überschreitet.

Berechnung des Schwellenwertes bei Zahlungskonten in der EU und im Drittland
Der Zahlungsdienstleister Z des Zahlers aus Deutschland führt Zahlungsvorgänge an einen Zahlungsempfänger aus, der ein Konto in Dänemark und ein weiteres Konto in Norwegen (Drittland) hat. Im 3. Quartal 2023 führt Z 200 Zahlungen auf das Zahlungskonto in Dänemark und 20 Zahlungen auf das Zahlungskonto in Norwegen aus.
Der Schwellenwert des § 22g Abs. 1 Satz 2 UStG ist überschritten, sodass Z grundsätzlich gem. § 22g Abs. 1 Satz 1 UStG zur Aufzeichnung aller grenzüberschreitenden Zahlungen verpflichtet ist. § 22g Abs. 3 Satz 1 UStG nimmt allerdings die 200 Zahlungen des Z auf das Zahlungskonto in Dänemark hiervon aus, da diese vom Zahlungsdienstleister des Zahlungsempfängers in Dänemark gemeldet werden. Allerdings muss Z alle Zahlungen auf das Zahlungskonto im Drittland melden, da auch die Zahlungen auf das Zahlungskonto in Dänemark gem. § 22g Abs. 3 Satz 2 UStG bei der Berechnung des Schwellenwertes einzubeziehen sind und somit mehr als 25 grenzüberschreitende Zahlungen vorgenommen wurden.

E. Übermittlung der Daten an das BZSt (Absatz 4)

I. Übermittlung nach Ablauf des Meldezeitraums (Absatz 4 Satz 1)

22 Für die in § 22g Abs. 7 Nr. 1 UStG genannten Zahlungsdienstleister (s. Rz. 34 ff.) ordnet § 22g Abs. 4 UStG an, dass diese sowohl die geforderten **Aufzeichnungen** als auch die **eigene BIC** oder sonstige Geschäftskennzeichen zur eindeutigen Identifizierung jeweils für das **Kalendervierteljahr** bis zum Ende des auf den Ablauf des Kalendervierteljahr folgenden **Kalendermonats** (sog. Meldezeitraum) **vollständig und richtig** an das **BZSt** zu übermitteln haben.[2] Der Zahlungsdienstleister muss beispielsweise die Meldung für das erste Quartal 2024 bis zum 30.4.2024 an das BZSt übermitteln. Es wird nicht beanstandet, wenn die Übermittlung der Informationen gemäß § 22g Abs. 4 UStG für das *erste* Kalendervierteljahr 2024 erst bis zum **31.7.2024** erfolgt.[3]

1 CESOP-Leitlinien der Europäischen Kommission v. 3.8.2022, Abschn. 4.3.2. und 4.4.2.
2 Unionsrechtliche Grundlage ist Art. 243b Abs. 4 Buchst. a MwStSystRL i.V.m. Art. 24b Abs. 1 Buchst. a Zusammenarbeits-VO.
3 BMF, Schr. v. 28.12.2023 – III C 5-S 7420/20/10007 :004 – DOK 2023/1034581, BStBl. I 2024, 164 = UR 2024, 111 Rz. 36.

Wenn ein Zahlungsdienstleister in einem Kalendervierteljahr nicht mehr als 25 grenzüberschreitende Zahlungen an denselben Zahlungsempfänger getätigt hat (Rz. 11 ff.), besteht die Möglichkeit, dem BZSt eine sog. Leermeldung zu übermitteln. Eine Aufzeichnungs- und Übermittlungspflicht besteht in diesen Fällen nicht (§ 22g Abs. 1 Satz 2 UStG).[1]

Da Art. 243b Abs. 4 Buchst. b MwStSystRL anordnet, dass die Daten dem Herkunftsmitgliedstaat des Zahlungsdienstleisters oder den Aufnahmemitgliedstaaten, wenn der Zahlungsdienstleister Zahlungsdienst in anderen Mitgliedstaaten als dem Herkunftsmitgliedstaat erbringt (§ 1 Abs. 4 i.V.m. Abs. 9 ZAG), zu melden sind, kann sich eine Meldepflicht in **unterschiedlichen Mitgliedstaaten** ergeben. 23

Herkunftsmitgliedstaat ist der Mitgliedstaat, in dem ein Zahlungsdienstleister seine PSD II-Zahlungslizenz beantragt und erhalten hat. Aufnahmemitgliedstaat ist jeder andere Mitgliedstaat außer dem Herkunftsmitgliedstaat, in dem der Zahlungsdienstleister Zahlungen entweder über einen Agenten, eine Zweigniederlassung oder direkt (z.B. über das Internet) erbringt.[2]

Meldepflichten in mehreren Mitgliedstaaten
Ein Zahlungsdienstleister verfügt über eine Zahlungslizenz von Deutschland, erbringt Zahlungsdienste über eine Zweigniederlassung aber auch in Frankreich und über einen Agenten in Dänemark.
In Anwendung der Vorschriften muss dieser Zahlungsdienstleister die von ihm in Deutschland ausgeführten Zahlungen an das BZSt melden, ebenso die Zahlungen in Frankreich an die französische Steuerverwaltung und die Zahlungen in Dänemark an die dänische Steuerverwaltung.

Je nach entsprechender Dienstleistung werden den Zahlungsdienstleistern unterschiedlich umfangreiche Informationen über Zahlung und Zahlungsempfänger vorliegen. Nachforschungen zur Überprüfung der Richtigkeit der zu übermittelnden Informationen, z.B. der Adressdaten, sind nicht erforderlich.[3] Erfährt der Zahlungsdienstleister später von der Unrichtigkeit oder Unvollständigkeit seiner Daten, trifft ihn gleichwohl eine Berichtigungspflicht nach § 22g Abs. 5 UStG (s. Rz. 27). 24

Wenn der Zahlungsdienstleister vorsätzlich oder leichtfertig entgegen § 22g Abs. 4 Satz 1 UStG eine Information nicht, nicht richtig, nicht vollständig oder nicht rechtzeitig übermittelt, stellt dies eine **Ordnungswidrigkeit** gem. § 26a Abs. 2 Nr. 8 UStG dar (s. § 26a Rz. 13 ff.). 25

II. Elektronische Datenübermittlung (Absatz 4 Satz 2)

Die Übermittlung durch den Zahlungsdienstleister an das BZSt hat nach dem amtlich vorgeschrieben Datensatz und Datenformat[4] (per XML-Report) über die amtliche bestimmte Schnittstelle zu erfolgen.[5] 26

F. Berichtigungspflicht des Zahlungsdienstleisters (Absatz 5)

Mittels der vom Zahlungsdienstleister aufgezeichneten Daten soll die Finanzverwaltung ein genaues Zahlenwerk bekommen, um Unternehmer herauszufiltern, die einer wirtschaftlichen Tätigkeit nachgehen. Wenngleich der Zahlungsdienstleister nicht dazu verpflichtet ist, die aufgezeichneten Informationen auf ihre Richtigkeit hin zu überprüfen (s. Rz. 24), ist er gem. § 22g Abs. 5 UStG zu einer **Berichtigung** bzw. **Vervollständigung**[6] seiner bisher fehlerhaften übermittelten Zahlungsinformationen verpflichtet, sofern er **nachträglich** (also nach der erfolgten Meldung an das BZSt) erkennt, dass diese 27

1 BMF, Schr. v. 28.12.2023 – III C 5-S 7420/20/10007 :004 – DOK 2023/1034581, BStBl. I 2024, 164 = UR 2024, 111 Rz. 29.
2 CESOP-Leitlinien der Europäischen Kommission v. 3.8.2022, Abschn. 4.4.
3 BT-Drucks. 20/3879, S. 113; BMF, Schr. v. 28.12.2023 – III C 5-S 7420/20/10007 :004 – DOK 2023/1034581, BStBl. I 2024, 164 = UR 2024, 111 Rz. 27.
4 Unionsrechtliche Grundlage ist Art. 243b Abs. 4 Buchst. a MwStSystRL i.V.m. Art. 24b Abs. 1 Buchst. b Zusammenarbeits-VO.
5 S. hierzu auch das Kommunikationshandbuch zu CESOP v. 2.11.2023 (abrufbar auf der Homepage des BZSt) sowie das BMF-Schr. v. 10.11.2023 – III C 5 -S 7420/20/10007 :004 – DOK 2023/1060903, BStBl. I 2023, 2007 = UR 2023, 963.
6 Unionsrechtliche Grundlage ist Art. 273 MwStSystRL (*Heuermann* in Sölch/Ringleb, § 22g UStG Rz. 29 (Stand: März 2023)).

unrichtig oder unvollständig sind. Der Grund für die nachträgliche Erkenntnis ist unerheblich.[1] Die Korrektur der bisher unrichtigen oder unvollständigen Daten hat innerhalb **eines Monats** nach der **Erkenntnis** der Unrichtigkeit bzw. Unvollständigkeit entsprechend § 22g Abs. 4 Satz 2 UStG gegenüber dem **BZSt**[2] zu erfolgen.

28 Für die Monatsfrist gelten die §§ 108 ff. AO und damit die §§ 187 ff. BGB. Hierbei handelt es sich um eine **gesetzliche Frist** zur Berichtigung- und Vervollständigung der Zahlungsinformationen, die nicht nach § 109 AO verlängerbar ist, allerdings findet § 110 AO (Wiedereinsetzung in den vorigen Stand) Anwendung.[3]

29 Wenn der Zahlungsdienstleister vorsätzlich oder leichtfertig entgegen § 22g Abs. 5 UStG eine Angabe nicht oder nicht rechtzeitig berichtigt und nicht oder nicht rechtzeitig vervollständigt, stellt dies eine **Ordnungswidrigkeit** gem. § 26a Abs. 2 Nr. 9 UStG dar (s. § 26a Rz. 13 ff.).

G. Aufbewahrungspflicht des Zahlungsdienstleisters (Absatz 6)

30 Die an das BZSt übermittelten Zahlungsinformationen hat der Zahlungsdienstleister gem. § 22g Abs. 6 UStG in **elektronischer Form** für einen Zeitraum von **drei Jahren** aufzubewahren. Die Frist beginnt nach Ablauf des Kalenderjahres, in dem die Zahlung ausgeführt wurde.[4] Die Frist berechnet sich also ab dem Datum der Zahlungsausführung beginnend jeweils zum 1.1. des Folgejahres.[5] Werden die Aufzeichnungen gem. § 22g Abs. 5 UStG berichtigt oder ergänzt (s. Rz. 27), sind die korrigierten Daten Gegenstand der Aufbewahrungspflicht.

31 Bei § 22g UStG handelt es sich um eine **Sondervorschrift** im Verhältnis zu den in **§ 147 AO** normierten Aufbewahrungsfristen. Die in § 147 Abs. 3 AO enthaltenen Vorschriften sind bei der Berechnung der Aufbewahrungsfrist nach § 22g UStG **nicht** anzuwenden (§ 14b Abs. 1 Satz 2 Halbsatz 2 UStG im Umkehrschluss), sodass die Aufbewahrungsfrist auch dann abläuft, soweit und solange die Zahlungsinformationen noch für nicht festsetzungsverjährte Zeiträume von Bedeutung sind.[6]

32 Wenn der Zahlungsdienstleister vorsätzlich oder leichtfertig entgegen § 22g Abs. 6 UStG eine Aufzeichnung nicht oder nicht mindestens drei Kalenderjahre aufbewahrt, stellt dies eine **Ordnungswidrigkeit** gem. § 26a Abs. 2 Nr. 10 UStG dar (s. § 26a Rz. 13 ff.).

H. Übernahme bankenrechtlicher Definitionen (Absatz 7)

I. Allgemeines

33 § 22g UStG verwendet an mehreren Stellen **bankenrechtliche Begriffe**.[7] § 22g Abs. 1 **Nr. 1 bis 6** UStG nimmt insoweit Bezug auf das Zahlungsdiensteaufsichtsgesetz[8] (ZAG),[9] das BGB sowie die MwStSystRL, während § 22g Abs. 1 **Nr. 7 und 8** UStG auf entsprechende Regelungen in der Euro-Zahlungsverkehr-VO[10] verweist.

1 *Heuermann* in Sölch/Ringleb, § 22g UStG Rz. 31 (Stand: März 2023).

2 *Gehm* in Hartmann/Metzenmacher, UStG, § 22g Rz. 92 (Stand: Februar 2023); BMF, Schr. v. 28.12.2023 – III C 5-S 7420/20/10007 :004 – DOK 2023/1034581, BStBl. I 2024, 164 = UR 2024, 111 Rz. 35.

3 *Heuermann* in Sölch/Ringleb, § 22g UStG Rz. 30 (Stand: März 2023).

4 Unionsrechtliche Grundlage ist Art. 243b Abs. 4 Buchst. a MwStSystRL.

5 *Gehm* in Hartmann/Metzenmacher, UStG, § 22g Rz. 96 m.w.N. (Stand: Februar 2023).

6 *Heuermann* in Sölch/Ringleb, § 22g UStG Rz. 34 (Stand: März 2023).

7 In Art. 243a MwStSystRL wird auch auf die einschlägigen Begriffe im Bankenrecht verwiesen.

8 Zahlungsdiensteaufsichtsgesetz (ZAG) v. 17.7.2017, BGBl. I 2017, 2446 und BGBl. I 2019, 1113.

9 Unionsrechtliche Grundlage für das ZAG ist die PSD II-Richtlinie (Richtlinie (EU) 2015/2366 des Europäischen Parlaments und des Rates vom 25.11.2015 über Zahlungsdienste im Binnenmarkt, zur Änderung der Richtlinien 2002/65/EG, 2009/110/EG und 2013/36/EU und der Verordnung (EU) Nr. 1093/2010 sowie zur Aufhebung der Richtlinie 2007/64/EG, ABl. L 337 v. 23.12.2015, S. 35; L 169 v. 28.6.2016, S. 18; L 102 v. 23.4.2018, S. 97; L 126 v. 23.5.2018, S. 10).

10 Verordnung (EU) Nr. 260/2012 des Europäischen Parlaments und des Rates vom 14.3.2012 zur Festlegung der technischen Vorschriften und der Geschäftsanforderungen für Überweisungen und Lastschriften in Euro und

II. Zahlungsdienstleister (Absatz 7 Nr. 1)

1. Regelungsgegenstand

In § 22g Abs. 7 Nr. 1 UStG befinden sich **drei Fallkonstellationen**, die festlegen, wer Zahlungsdienstleister[1] ist und somit die in § 22g UStG auferlegten Aufzeichnungspflichten zu erfüllen hat (sog. **persönlicher Anwendungsbereich** der Norm). 34

Gemäß § 22g Abs. 7 Nr. 1 **1. Alternative** UStG werden die in § 1 Abs. 1 Satz 1 Nr. 1 bis 3 ZAG genannten Zahlungsdienstleister sowie Postgiroämter erfasst, die im Inland ihren Sitz, ihre Hauptverwaltung oder eine Zweigniederlassung i.S.v. § 1 Abs. 5 ZAG haben und von dort Zahlungsdienste erbringen (§ 1 Abs. 1 Satz 1 Nr. 4 und 5 ZAG finden somit für umsatzsteuerrechtliche Zwecke ausdrücklich keine Anwendung, s. Rz. 39).

2. Zahlungsinstitute, E-Geld-Institute, CRR-Kreditinstitute und Postgiroämter

§ 1 Abs. 1 Satz 1 **Nr. 1** ZAG erfasst die sog. **Zahlungsinstitute**. Hierbei handelt es sich um Unternehmen, die gewerbsmäßig oder in einem Umfang, der einen in kaufmännischer Weise eingerichteten Geschäftsbetrieb erfordert, Zahlungsdienste erbringen, ohne Zahlungsdienstleister im Sinne der Nummern 2 bis 3 zu sein. Dies sind vor allem Banken und Einzelhändler sowie Marktplätze, die über einen eigenen internen Zahlungsdienstleister verfügen.[2] Online-Plattformen und Marktplätze fallen **nicht** in den Anwendungsbereich des § 22g UStG, wenn diese nicht sowohl im Namen des Zahlers als auch im Namen des Zahlungsempfängers Gelder vorhalten.[3] 35

§ 1 Abs. 1 Satz 1 **Nr. 2** ZAG erfasst die sog. **E-Geld-Institute** i.S.v. § 1 Abs. 2 Satz 1 Nr. 1 ZAG. Dies sind Unternehmen, die das E-Geld-Geschäft betreiben, ohne E-Geld-Emittenten zu sein. Sie müssen im Inland gem. § 11 ZAG zum Geschäftsbetrieb zugelassen[4] sein, sofern sie Zahlungsdienste erbringen. E-Geld-Geschäft ist gem. § 1 Abs. 2 Satz 2 ZAG die Ausgabe von **E-Geld** als einem Sonderfall des Buchgelds.[5] E-Geld ist gem. § 1 Abs. 2 Satz 3 ZAG jeder elektronisch, darunter auch magnetisch, gespeicherte monetäre Wert in Form einer Forderung an den Emittenten, der gegen Zahlung eines Geldbetrags ausgestellt wird, um damit Zahlungsvorgänge im Sinne des § 675f Abs. 4 Satz 1 BGB durchzuführen, und der auch von anderen natürlichen oder juristischen Personen als dem Emittenten angenommen wird.[6] Nach § 33 Abs. 1 Satz 1 ZAG wird E-Geld zum Nennwert des entgegengenommenen gesetzlichen Zahlungsmittels (Geldscheine oder Münzen, Buchgeldguthaben) ausgegeben und muss nach § 33 Abs. 1 Satz 2 ZAG auf Verlangen jederzeit wieder zum Nennwert in gesetzliche Zahlungsmittel zurückgetauscht werden. Typische Anwendungsbeispiele für E-Geld ist die sog. **„Geldkarte"**, sog. **E-Wallets** (elektronische Geldbörsen wie z.B. PayPal,[7] Amazon Pay, AliPay, GooglePay)[8] oder sog. **E-Gutscheine** (elektronische Gutscheine).[9] 36

Schließlich erfasst § 1 Abs. 1 Satz 1 **Nr. 3** ZAG **CRR-Kreditinstitute** i.S.v. § 1 Abs. 3d Satz 1 KWG sowie gem. Art. 2 Abs. 5 Nr. 5 Eigenkapitalanforderungs-RL[10] die **Kreditanstalt für Wiederaufbau**, 37

---

zur Änderung der Verordnung (EG) Nr. 924/2009, ABl. L 94 v. 30.3.2012, S. 22, zuletzt geändert durch Verordnung (EU) vom 26.2.2014 zur Änderung der Verordnung (EU) Nr. 260/2012 in Bezug auf die Umstellung auf unionsweite Überweisungen und Lastschriften, ABl. L 84, S. 1.

1 Unionsrechtliche Grundlage ist Art. 243a Nr. 1 MwStSystRL.

2 *Kurtz/Grünwald*, RdZ 2023, 49 (51).

3 *L'habitant* in Offerhaus/Söhn/Lange, § 22g UStG Rz. 41 (Stand: November 2023).

4 Nach dem Sinn und Zweck des § 22g UStG kann es für die umsatzsteuerrechtliche Aufzeichnungspflicht jedoch nicht auf die tatsächliche Zulassung bzw. einen Verstoß gegen das ZAG ankommen (*Rust/Klein*, NWB 2023, 2422 (2426)).

5 *Casper* in MünchKomm BGB[9], § 675c Rz. 30 m.w.N.

6 Ausführlich zu E-Geld-Zahlungen im Lichte des § 675f BGB s. *Casper* in MünchKomm BGB[9], § 675f Rz. 137 f.

7 *Casper* in MünchKomm BGB[9], § 675f Rz. 143 ff.

8 *Schmidt*, SteuerStud 2020, 661 (665).

9 *Rust/Klein*, NWB 2023, 2422 (2425); BMF, Schr. v. 28.12.2023 – III C 5-S 7420/20/10007 :004 – DOK 2023/1034581, BStBl. I 2024, 164 = UR 2024, 111 Rz. 6.

10 Richtlinie 2013/36/EU des Europäischen Parlaments und des Rates vom 26.6.2013 über den Zugang zur Tätigkeit von Kreditinstituten und die Beaufsichtigung von Kreditinstituten und Wertpapierfirmen, zur Änderung

die **Landwirtschaftliche Rentenbank** und verschiedene **Landesförderinstitute.**[1] Ein CRR-Kreditinstitut ist ein Unternehmen, dessen Tätigkeit darin besteht, Einlagen oder andere rückzahlbare Gelder des Publikums entgegenzunehmen und Kredite für eigene Rechnung zu gewähren.[2] Liegt eine **Vollbankerlaubnis** vor, handelt es sich stets auch um ein CRR-Kreditinstitut.[3]

38 Ebenfalls erfasst sind sog. **Postgiroämter** i.S.d. **Art. 1 Abs. 1 Buchst. c PSD II-RL,**[4] die Zahlungsdienste in der Bundesrepublik Deutschland erbringen.[5]

39 Da § 22g Abs. 7 Nr. 1 UStG **nicht** auf § 1 Abs. 1 Nr. **4** und **5** ZAG verweist, sind u.a. die Europäische Zentralbank, die Deutsche Bundesbank und der Bund, die Länder und Gemeinden, soweit diese außerhalb ihres hoheitlichen Handelns Zahlungsdienste erbringen von der Aufzeichnungs- und Meldepflicht des § 22g UStG **ausgenommen.**

3. Kleine Zahlungsdienstleister

40 Ebenfalls zu den aufzeichnungspflichtigen Zahlungsdienstleistern bestimmt § 22g Abs. 7 Nr. 1 **2. Alternative** UStG natürliche oder juristische Personen, für die eine Ausnahme gem. **Art. 32 PSD II-RL**[6] (der Artikel erlaubt eine vereinfachte Zulassung für kleinere Zahlungsdienstleister) gilt und die im Inland ihren Sitz, ihre Hauptverwaltung oder eine Zweigniederlassung i.S.v. § 1 Abs. 5 ZAG haben und von dort Zahlungsdienste erbringen.

Somit fallen auch **kleine Zahlungsdienstleister** in den persönlichen Anwendungsbereich des § 22g UStG. Hierdurch soll vermieden werden, dass durch die Abwicklung von Zahlungen über besagte Zahlungsdienstleister die Aufzeichnungs-, Melde- und Aufbewahrungspflichten umgangen werden können.[7] Allerdings hat der deutsche Gesetzgeber bis heute von dem Wahlrecht („*können*") des Art. 32 PSD II-RL keinen Gebrauch gemacht.[8]

4. Nicht im Inland ansässige Zahlungsdienstleister

41 § 22g Abs. 7 Nr. 1 **3. Alternative** UStG ordnet schließlich auch für solche Zahlungsdienstleister eine Aufzeichnungspflicht an, die i.S.v. Art. 243b Abs. 4 Buchst. b MwStSystRL i.V.m. § 1 Abs. 4 Satz 2 ZAG im Inland im Wege des **grenzüberschreitenden Dienstleistungsverkehrs** Zahlungsdienste erbringen oder durch einen **Agenten** i.S.d. § 1 Abs. 9 ZAG Zahlungsdienste ausführen lassen, ohne im Inland ansässig zu sein. Ein Agent ist jede natürliche oder juristische Person, die als selbstständiger Gewerbe-

---

der Richtlinie 2002/87/EG und zur Aufhebung der Richtlinien 2006/48/EG und 2006/49/EG (ABl. L 176 v. 27.6.2013, S. 338; L 208 v. 2.8.2013, S. 73; L 20 v. 25.1.2017, S. 1; L 203 vom 26.6.2020, S. 95), zuletzt geändert durch die Richtlinie (EU) 2019/2034 (ABl. L 314 v. 5.12.2019, S. 64).

1 *Rust/Klein*, NWB 2023, 2422 (2426).

2 § 1 Abs. 3d Satz 1 KWG i.V.m. Art. 4 Abs. 1 Verordnung (EU) Nr. 575/2013 des Europäischen Parlaments und des Rates vom 26.6.2013 über Aufsichtsanforderungen an Kreditinstitute und Wertpapierfirmen und zur Änderung der Verordnung (EU) Nr. 646/2012, ABl. L 176 v. 27.6.2013, S. 1.

3 *Heuermann* in Sölch/Ringleb, § 22g UStG Rz. 12 (Stand: März 2023) m.w.N.; *Rust/Klein*, NWB 2023, 2422 (2426).

4 Richtlinie (EU) 2015/2366 des Europäischen Parlaments und des Rates vom 25.11.2015 über Zahlungsdienste im Binnenmarkt, zur Änderung der Richtlinien 2002/65/EG, 2009/110/EG und 2013/36/EU und der Verordnung (EU) Nr. 1093/2010 sowie zur Aufhebung der Richtlinie 2007/64/EG, ABl. L 337 v. 23.12.2015, S. 35; L 169 v. 28.6.2016, S. 18; L 102 v. 23.4.2018, S. 97; L 126 v. 23.5.2018, S. 10.

5 BMF, Schr. v. 28.12.2023 – III C 5-S 7420/20/10007 :004 – DOK 2023/1034581, BStBl. I 2024, 164 = UR 2024, 111 Rz. 21.

6 Richtlinie (EU) 2015/2366 des Europäischen Parlaments und des Rates vom 25.11.2015 über Zahlungsdienste im Binnenmarkt, zur Änderung der Richtlinien 2002/65/EG, 2009/110/EG und 2013/36/EU und der Verordnung (EU) Nr. 1093/2010 sowie zur Aufhebung der Richtlinie 2007/64/EG, ABl. L 337 v. 23.12.2015, S. 35; L 169 v. 28.6.2016, S. 18; L 102 v. 23.4.2018, S. 97; L 126 v. 23.5.2018, S. 10.

7 *L'habitant*, MwStR 2023, 564 (565).

8 *Rust/Klein*, NWB 2023, 2422 (2426).

treibender im Namen eines Instituts Zahlungsdienste ausführt (§ 1 Abs. 9 ZAG). Mit dieser Regelung geht die deutsche Regelung über die in Art. 243a Nr. 1 MwStSystRL vorgesehenen Fälle hinaus.[1]

Zusammenfassend sind von der Aufzeichnungs- und Meldepflicht nicht nur im Inland ansässige Zahlungsdienstleister, sondern auch **nichtansässige** Zahlungsdienstleister erfasst, die über eine Zweigniederlassung, einen Agenten oder im Wege des grenzüberschreitenden Dienstleistungsverkehrs Zahlungsdienste im Inland erbringen.[2] 42

III. Zahlungsdienst (Absatz 7 Nr. 2)

Die Definition eines **Zahlungsdienstes** ergibt sich gem. § 22g Abs. 7 Nr. 2 UStG aus den in § 1 Abs. 1 Satz 2 **Nr. 3 bis 6** ZAG genannten gewerblichen Tätigkeiten.[3] Hierbei handelt es sich um 43

- **Zahlungsgeschäfte** gem. § 1 Abs. 1 Satz 2 Nr. 3 ZAG (Lastschrift-, Zahlungskarten- und Überweisungsgeschäfte, jeweils ohne Kreditgewährung),
- **Zahlungsgeschäfte mit Kreditgewährung** gem. § 1 Abs. 1 Satz 2 Nr. 4 ZAG,
- **Akquisitionsgeschäfte** (Ausgabe von Zahlungsinstrumenten oder Annahme und Abrechnung von Zahlungsvorgängen) gem. § 1 Abs. 1 Satz 2 Nr. 5 ZAG und
- **Finanztransfergeschäfte** gem. § 1 Abs. 1 Satz 2 Nr. 6 ZAG (s. Rz. 47).

Da in § 22g Abs. 7 Nr. 2 UStG die Nummern 1, 2, 7 und 8 des § 1 Abs. 1 Satz 2 ZAG **nicht** genannt sind, fallen diese Zahlungsdienste (**Einzahlungsgeschäfte, Auszahlungsgeschäfte, Zahlungsauslösedienste** und **Kontoinformationsdienste**) für umsatzsteuerrechtliche Zwecke **nicht** in den Anwendungsbereich des § 22g UStG. 44

IV. Zahlung (Absatz 7 Nr. 3)

Eine **Zahlung** stellt gem. § 22g Abs. 7 Nr. 3 UStG vorbehaltlich der in § 2 Abs. 1 ZAG vorgesehenen Ausnahmen (s. Rz. 48) 45

- einen **Zahlungsvorgang** i.S.v. § 675f Abs. 4 Satz 1 BGB oder
- ein **Finanztransfergeschäft** i.S.v. § 1 Abs. 1 Satz 2 Nr. 6 ZAG dar.

Ob die Zahlung grenzüberschreitend i.S.v. § 22g Abs. 2 UStG erfolgt, ist anhand banktypischer Kennzeichen (z.B. IBAN, BIC) zu bestimmen (s. Rz. 14). Zahlungen in **Kryptowährungen** sind nicht erfasst.[4] Diese virtuellen Münzen haben lediglich – ähnlich wie Aktien – einen Marktwert, stellen jedoch keinen Zahlungsdienst i.S.d. § 1 Abs. 1 Satz 2 ZAG oder E-Geld gem. § 1 Abs. 2 Satz 2 ZAG dar.[5]

Ein **Zahlungsvorgang** ist nach § 675f Abs. 4 Satz 1 BGB, unabhängig von der zugrunde liegenden Rechtsbeziehung zwischen Zahler (s. Rz. 49) und Zahlungsempfänger (s. Rz. 50), jede Bereitstellung, Übermittlung oder Abhebung eines Geldbetrags. Bei dem Zahlungsvorgang handelt es sich um einen tatsächlichen Vorgang, den der kontoführende Zahlungsdienstleister mit der Übermittlung des Geldbetrags vom Zahlungskonto des Zahlers auf ein anderes Zahlungskonto und damit für einen anderen vornimmt. Der kontoführende Zahlungsdienstleister handelt dabei für den Zahler, dessen Konto betroffen ist und der im Deckungsverhältnis der Vertragspartner des kontoführenden Zahlungsdienstleisters ist.[6] Hauptanwendungsbeispiel ist die Transformation von Buchgeld, also die Umbuchung/ 46

1 *Luther/Zimmer/Zawodsky*, DStR 2022, 2191 (2193); *Gehm* in Hartmann/Metzenmacher, UStG, § 22g Rz. 66 (Stand: Februar 2023).

2 *Rust/Klein*, NWB 2023, 2422 (2426).

3 BMF, Schr. v. 28.12.2023 – III C 5-S 7420/20/10007 :004 – DOK 2023/1034581, BStBl. I 2024, 164 = UR 2024, 111 Rz. 4.

4 *L'habitant* in Offerhaus/Söhn/Lange, § 22g UStG Rz. 52 (Stand: November 2023); BMF, Schr. v. 28.12.2023 – III C 5-S 7420/20/10007 :004 – DOK 2023/1034581, BStBl. I 2024, 164 = UR 2024, 111 Rz. 7.

5 *Werner* in Kümpel/Mülbert/Früh/Seyfried, Bankrecht und Kapitalmarktrecht6, Rz. 4.971.

6 *Foerster*, ZIP 2023, 1105 (1106).

Übertragung von Buchgeld von einem Zahlungskonto auf ein anderes Zahlungskonto. Dies umfasst neben der klassischen **Überweisung** und dem **Lastschrifteinzug** auch die **Kartenzahlung**.[1]

47 Bei einem **Finanztransfer** handelt es sich gem. § 1 Abs. 2 Nr. 6 ZAG um eine Zahlung, bei der ohne Einrichtung eines Zahlungskontos auf den Namen eines Zahlers oder eines Zahlungsempfängers ein Geldbetrag des Zahlers ausschließlich zur Übermittlung eines entsprechenden Betrags an den Zahlungsempfänger oder an einen anderen, im Namen des Zahlungsempfängers handelnden Zahlungsdienstleister entgegengenommen wird oder bei dem der Geldbetrag im Namen des Zahlungsempfängers entgegengenommen und diesem verfügbar gemacht wird.[2] Das Finanztransfergeschäft fungiert als Auffangtatbestand für Dienstleistungen, die in der auftragsgemäßen Übermittlung von Geldern bestehen und die unter keinen der anderen Tatbestände des § 1 Abs. 2 ZAG fallen.[3] Hauptanwendungsbeispiele für Finanztransfergeschäfte sind Zahlungen über große Unternehmen wie z.B. **Western Union, MoneyGram, TransferWise** sowie **Hawala**.[4]

48 Gemäß § 22g Abs. 7 Nr. 3 UStG hat der Gesetzgeber die in **§ 2 Abs. 1 ZAG** genannten Zahlungsvorgänge (die nicht als Zahlungsdienste gelten und somit erlaubnisfrei erbracht werden dürfen) von der umsatzsteuerlichen Aufzeichnungspflicht **ausgenommen**. Darunter fallen z. B. Dienstleistungen im Zusammenhang mit der Führung eines Zahlungskontos, Bareinlagen und -abhebungen, Zahlungsauslösediensten und Kontoinformationsdiensten. Derartige Dienstleistungen beziehen sich entweder nicht auf die Ausführung von Zahlungsvorgängen oder würden lediglich Informationen liefern, die bereits von anderen an den Zahlungsvorgängen beteiligten Zahlungsdienstleistern bereitgestellt wurden. Darunter fallen auch begrenzt verwendbare Zahlungsmethoden wie Gutscheine, die die Kriterien des § 2 Nr. 10 ZAG erfüllen.[5] Folgende Zahlungsvorgänge stellen daher beispielsweise **keine aufzuzeichnende Zahlung** i.S.v. § 22g Abs. 7 Nr. 3 UStG dar:[6]

- Zahlungsvorgänge, denen ein Scheck, Wechsel, Reisescheck, Gutschein oder eine Postanweisung, jeweils in Papierform, zugrunde liegen (§ 2 Abs. 1 Nr. 6 Buchst. a bis d ZAG),
- Zahlungsvorgänge über einen Zentralregulierer oder Handelsvertreter (§ 2 Abs. 1 Nr. 2 ZAG),
- Bargeldauszahlungen im Supermarkt (§ 2 Abs. 1 Nr. 4 ZAG),
- Zins- und Dividendenzahlungen von Instituten oder Kapitalanlagegesellschaften nach dem KWG oder KAGB (§ 2 Abs. 1 Nr. 8 ZAG)
- Zahlungsvorgänge innerhalb eines Zahlungs- oder Wertpapierabwicklungssystems (§ 2 Abs. 1 Nr. 7 ZAG) oder
- Entgegennahme und Übergabe von Bargeld im Rahmen einer gemeinnützigen Tätigkeit (§ 2 Abs. 1 Nr. 15 ZAG).

V. Zahler (Absatz 7 Nr. 4)

49 Der **Zahler** ist gemäß § 22g Abs. 7 Nr. 4 i.V.m. § 1 Abs. 15 ZAG eine natürliche oder juristische Person, die Inhaber eines Zahlungskontos ist und die Ausführung eines Zahlungsauftrags von diesem Zahlungskonto gestattet oder, falls kein Zahlungskonto vorhanden ist, eine natürliche oder juristische Person, die den Zahlungsauftrag erteilt. Maßgeblich ist also die Erteilung eines Zahlungsauftrages i.S.d. § 675f Abs. 4 Satz 2 BGB.[7]

1 *Rust/Klein*, NWB 2023, 2422 (2427).
2 *Schmalenbach* in BeckOK BGB Hau/Poseck, § 675f Rz. 63 (Stand: 1.8.2023).
3 BaFin, Merkblatt – Hinweise zum Zahlungsdiensteaufsichtsgesetz v. 22.12.2011, geändert am 4.5.2023 unter B.V.
4 *Casper* in MünchKomm BGB⁹, § 675c Rz. 15.
5 BMF, Schr. v. 28.12.2023 – III C 5-S 7420/20/10007 :004 – DOK 2023/1034581, BStBl. I 2024, 164 = UR 2024, 111 Rz. 5.
6 Ausführlich dazu *Casper* in MünchKomm BGB⁹, § 675c Rz. 17 ff.
7 *Casper* in MünchKomm BGB⁹, § 675c Rz. 46.

VI. Zahlungsempfänger (Absatz 7 Nr. 5)

Nach § 22g Abs. 7 Nr. 5 i.V.m. § 1 Abs. 16 ZAG ist der **Zahlungsempfänger** die natürliche oder juristische Person, die den Geldbetrag, der Gegenstand eines Zahlungsvorgangs ist, als Empfänger erhalten soll. 50

VII. Zahlungskonto (Absatz 7 Nr. 6)

Gemäß § 22g Abs. 7 Nr. 6 i.V.m. § 1 Abs. 17 ZAG ist ein **Zahlungskonto** ein auf den Namen eines oder mehrerer Zahlungsdienstnutzer lautendes Konto, das für die Ausführung von Zahlungsvorgängen genutzt wird. Das Konto stellt die Forderungen und Verbindlichkeiten zwischen dem Zahlungsdienstnutzer und seinem Zahlungsdienstleister innerhalb der Geschäftsbeziehung buch- und rechnungsmäßig dar und bestimmt für den Zahlungsdienstnutzer dessen jeweilige Forderung gegenüber dem Zahlungsdienstleister.[1] 51

Die bei Kreditinstituten geführten **Girokonten** und die **Kreditkartenkonten** fallen grundsätzlich unter den Begriff des Zahlungskontos. Auch das **Pfändungsschutzkonto** nach § 850k ZPO ist ein Zahlungskonto. **Sparkonten**, auch Online-Sparkonten, die mit einem korrespondierenden Referenzkonto genutzt werden können, sind dagegen **keine Zahlungskonten** i.S.d. ZAG. Die bloße Überlassung von Geld zur Verwahrung begründet kein Zahlungskonto, auch wenn das Geld in Teilbeträgen abgerufen werden kann. Die laufende Rechnung wird erst dann zu einem Zahlungskonto, wenn sie (auch) zur Ausführung von Zahlungsvorgängen bestimmt ist.[2] 52

VIII. IBAN (Absatz 7 Nr. 7)

Die **IBAN** ist gem. § 22g Abs. 7 Nr. 7 i.V.m. Art. 2 Nr. 15 Euro-Zahlungsverkehr-VO eine internationale Nummer eines Zahlungskontos, die ein Zahlungskonto in einem Mitgliedstaat eindeutig identifiziert und deren Elemente durch die Internationale Organisation für Normung (ISO) spezifiziert sind. 53

IX. BIC (Absatz 7 Nr. 8)

Die **BIC** ist gem. § 22g Abs. 7 Nr. 8 i.V.m. Art. 2 Nr. 16 Euro-Zahlungsverkehr-VO eine internationale Bankleitzahl, die einen Zahlungsdienstleister eindeutig identifiziert und deren Elemente durch die ISO spezifiziert sind. 54

I. Aufgaben des BZSt (Absatz 8)

I. Entgegennahme, Speicherung und Weiterleitung der Daten an CESOP (Absatz 8 Satz 1 und Satz 2)

Um die erforderliche **Datenqualität**[3] der von den Zahlungsdienstleistern gem. § 22g Abs. 4 UStG übermittelten Informationen sicherzustellen, werden die Daten vom BZSt entgegengenommen. Sodann führt das BZSt gem. § 22g Abs. 8 Satz 1 UStG eine ausschließlich **automatisierte Prüfung** dieser Daten dahingehend durch, ob diese **vollständig** und **schlüssig** sind und ob der **amtlich vorgeschriebene Datensatz** verwendet worden ist.[4] Einzelheiten zum Verfahren und den Prüfungselementen ergeben sich aus dem BZSt-Kommunikationshandbuch. 55

---

1 *Casper* in MünchKomm BGB[9], § 675c Rz. 47.

2 BaFin, Merkblatt – Hinweise zum Zahlungsdiensteaufsichtsgesetz v. 22.12.2011, geändert am 4.5.2023 unter I.1.

3 BT-Drucks. 20/3879, S. 113; *Gehm* in Hartmann/Metzenmacher, UStG, § 22g Rz. 101 (Stand: Februar 2023); *Luther/Zimmer/Zawodsky*, DStR 2022, 2191 (2194); *Eckert*, BBK 2023, 63 (71).

4 BMF, Schr. v. 10.11.2023 – III C 5 -S 7420/20/10007 :004 – DOK 2023/1060903, BStBl. I 2023, 2007 = UR 2023, 963.

56 Um diese nach § 22g Abs. 8 Satz 1 UStG angeordnete Datensatzüberprüfung durchzuführen, ist das BZSt gem. § 22g Abs. 8 Satz 2 UStG dazu befugt, diese Daten **vorübergehend** in einem elektronischen System[1] nur für Zwecke dieser Prüfung zu speichern, bis die Daten schließlich an CESOP übermittelt werden. Die Daten hat das BZSt spätestens **am zehnten Tag des zweiten Monats** nach dem Kalenderquartal, auf das sich die Informationen bezieht, an CESOP zu übermitteln.[2]

Die Daten des ersten Quartals 2024 hat das BZSt also bis zum 10.5.2024 an CESOP weiterzuleiten.

II. Entgegennahme der CESOP-Daten (Absatz 8 Satz 3)

57 CESOP sammelt die Zahlungsdaten aus den Mitgliedstaaten, bereinigt und bereitet sie auf (insbesondere Mehrfachmeldungen).[3] Diese von CESOP aufbereiteten Daten werden vom BZSt gespeichert und analysiert. Der Zugang zu diesen Daten wird dabei nur den Eurofisc-Verbindungsbeamten[4] gewährt, wenn dieser Zugang im Zusammenhang mit der Untersuchung mutmaßlicher Fälle von Umsatzsteuerbetrug oder zur Aufdeckung von Umsatzsteuerbetrug steht. Das BZSt leitet die von CESOP gewonnenen Informationen sodann gem. § 22g Abs. 8 Satz 3 UStG an die zuständigen **Landesfinanzbehörden** weiter, da diese gem. § 21 AO für eine etwaige Nacherhebung der Umsatzsteuer bzw. für weitere Ermittlungen zuständig sind.

III. Zuständigkeit für die Überprüfung der Zahlungsdienstleisterpflichten (Absatz 8 Satz 4)

58 Für die Prüfung der Einhaltung der Pflichten, die sich für Zahlungsdienstleister aus § 22g UStG ergeben, ist gem. § 22g Abs. 8 Satz 4 UStG ausschließlich das **BZSt zuständig** (und nicht etwa die Landesfinanzbehörden).

J. Verwaltungsverfahren in Steuersachen (Absatz 9)

59 § 22g Abs. 9 UStG bestimmt, dass die Verarbeitung der personenbezogenen Daten, die die Finanzbehörde von den Zahlungsdienstleistern erhält, ein **Verwaltungsverfahren in Steuersachen** im Sinne der Abgabenordnung (AO) ist. Das bedeutet, dass bei Streitigkeiten bezüglich § 22g UStG der Rechtsweg zu den Finanzgerichten eröffnet ist.[5] Aus Sicht des Gesetzgebers handelt es sich um eine klarstellende Regelung,[6] die gegenüber § 93c AO speziellere Regelungen vorsieht.[7]

K. Verordnungsermächtigung für das BMF (Absatz 10)

60 In § 22g Abs. 10 UStG ist eine Ermächtigungsgrundlage für den Erlass einer Rechtsverordnung zur Verarbeitung und Weiterverarbeitung der nach § 22g Abs. 8 Satz 3 UStG erhobenen Daten enthalten. Bei **Redaktionsschluss** wurde eine entsprechende **Rechtsverordnung** noch **nicht erlassen.**

1 Unionsrechtliche Grundlage ist Art. 24b Abs. 2 Zusammenarbeits-VO.

2 Unionsrechtliche Grundlage ist Art. 24b Abs. 3 Zusammenarbeits-VO; BMF, Schr. v. 28.12.2023 – III C 5-S 7420/20/10007 :004 – DOK 2023/1034581, BStBl. I 2024, 164 = UR 2024, 111 Rz. 36.

3 Erwägungsgrund 7 der Verordnung (EU) 2020/283 des Rates v. 18.2.2020 zur Änderung der Zusammenarbeits-VO im Hinblick auf die Stärkung der Zusammenarbeit der Verwaltungsbehörden bei der Betrugsbekämpfung, ABl. L 62 v. 2.3.2020, S. 1.

4 Unionsrechtliche Grundlage ist Art. 24d i.V.m. Art. 36 Zusammenarbeits-VO.

5 *Widmann*, MwStR 2023, 3 (10).

6 BT-Drucks. 20/3879, S. 114.

7 *Eckert*, BBK 2023, 63 (71).

Sechster Abschnitt
Sonderregelungen (§§ 23a–25f)

§ 23 *(Allgemeine Durchschnittssätze)*

(weggefallen)[1]

§ 23a Durchschnittssatz für Körperschaften, Personenvereinigungen und Vermögensmassen im Sinne des § 5 Abs. 1 Nr. 9 des Körperschaftsteuergesetzes

(1) [1]Zur Berechnung der abziehbaren Vorsteuerbeträge (§ 15) wird für Körperschaften, Personenvereinigungen und Vermögensmassen im Sinne des § 5 Abs. 1 Nr. 9 des Körperschaftsteuergesetzes, die nicht verpflichtet sind, Bücher zu führen und auf Grund jährlicher Bestandsaufnahmen regelmäßig Abschlüsse zu machen, ein Durchschnittssatz von 7 Prozent des steuerpflichtigen Umsatzes, mit Ausnahme der Einfuhr und des innergemeinschaftlichen Erwerbs, festgesetzt. [2]Ein weiterer Vorsteuerabzug ist ausgeschlossen.

(2) Der Unternehmer, dessen steuerpflichtiger Umsatz, mit Ausnahme der Einfuhr und des innergemeinschaftlichen Erwerbs, im vorangegangenen Kalenderjahr 45 000 Euro überstiegen hat, kann den Durchschnittssatz nicht in Anspruch nehmen.

(3) [1]Der Unternehmer, bei dem die Voraussetzungen für die Anwendung des Durchschnittssatzes gegeben sind, kann dem Finanzamt spätestens bis zum 10. Tag nach Ablauf des ersten Voranmeldungszeitraums eines Kalenderjahres erklären, dass er den Durchschnittssatz in Anspruch nehmen will. [2]Die Erklärung bindet den Unternehmer mindestens für fünf Kalenderjahre. [3]Sie kann nur mit Wirkung vom Beginn eines Kalenderjahres an widerrufen werden. [4]Der Widerruf ist spätestens bis zum 10. Tag nach Ablauf des ersten Voranmeldungszeitraums dieses Kalenderjahres zu erklären. [5]Eine erneute Anwendung des Durchschnittssatzes ist frühestens nach Ablauf von fünf Kalenderjahren zulässig.

Schrifttum: *Plikat/Plikat*, Der Deutschen (zweit-)liebstes Kind – Der Verein, UStB 2010, 240; *S*, Änderungen des Umsatzsteuerrechts durch das Vereinsförderungsgesetz (Art. 6 bis 8), UR 1990, 44.

1 § 23 UStG wurde durch Art. 16 Nr. 10 des JStG 2022 v. 16.12.2022, BGBl. I 2022, 2294 = BStBl. I 2023, 7 mit Wirkung zum 1.1.2023 aufgehoben. § 23 UStG wurde letztmalig in der 2. Auflage 2022 dieses Kommentars erläutert.

A. Grundaussagen

I. Regelungsgegenstand und Bedeutung

1 Nach § 23a UStG können auch **gemeinnützige Körperschaften**, die eine bestimmte Umsatzgrenze nicht überschreiten, die Vorsteuerpauschalierung nach einem Durchschnittssatz wählen. Die praktische Bedeutung ist unklar.[1]

II. Unionsrechtliche Grundlagen

2 Die Vorschrift ist eine Pauschalregelung zur **Vereinfachung der Besteuerung von Kleinunternehmern** i.S.d. Art. 281 MwStSystRL.[2] Die für die Einführung unionsrechtlich erforderliche Konsultation wurde durchgeführt.[3]

III. Verhältnis zu anderen Vorschriften und Rechtsentwicklung

3 Für Leistungen an Unternehmer, die § 23a UStG anwenden, ist auch der Verzicht auf die Steuerbefreiung nach § 9 Abs. 2 UStG ausgeschlossen.[4] Nach § 23a UStG durchschnittssatzbesteuerte Unternehmer müssen nach § 66a UStDV keine Aufzeichnungen zu den Eingangsumsätzen führen. Die Ausgangsumsätze der Unternehmer, die für die Vorsteuerpauschalierung nach § 23a UStG in Betracht kommen, unterliegen typischerweise nach § 12 Abs. 2 Nr. 8 UStG dem **ermäßigten Steuersatz**. Die Durchschnittssatzbesteuerung ist für diese Unternehmer aber nicht auf die nach § 12 Abs. 2 Nr. 8 UStG begünstigten Umsätze beschränkt. Die Umsatzgrenze nach § 23a Abs. 2 UStG (Rz. 12 ff.) soll im „Gleichklang" zu § 64 Abs. 3 AO und – vor 2007 – § 67a Abs. 1 AO stehen.[5]

4 § 23a UStG wurde durch Art. 6 Nr. 2 des Vereinsfördergesetzes[6] in das UStG eingefügt und zuletzt durch Art. 16 Nr. 11 des Jahressteuergesetzes 2022[7] geändert, als die Umsatzgrenze nach Absatz 2 erhöht wurde. Zudem gab es mehrfach redaktionelle Änderungen.

B. Durchschnittssatzbesteuerung (Absatz 1)

I. Vorsteuerpauschalierung (Absatz 1 Satz 1)

1. Gemeinnützige Körperschaft

5 Die Vorsteuerpauschalierung nach § 23a UStG können nur gemeinnützige Körperschaften in Anspruch nehmen.[8] Einzelheiten ergeben sich aus den Erläuterungen zu § 12 Abs. 2 Nr. 8 UStG (§ 12 Abs. 2 Nr. 8 Rz. 1 ff.). Indem das Gesetz in § 23a UStG auf § 5 Abs. 1 Nr. 9 KStG verweist, in § 12 Abs. 2 Nr. 8 UStG dessen Wortlaut wiederholt, wählte der Gesetzgeber lediglich unterschiedliche Regelungstechniken, ohne dass sich daraus Hinweise auf Abweichungen in der Sache ergeben. Gemeinnützige Körperschaften im genannten Sinne können insbesondere auch **Fördervereine** sein, die Schüler und Kinder in Tagesstätten verpflegen.[9]

---

1 Vgl. BT-Drucks. 16/5200, 22.
2 BFH, Beschl. v. 27.6.2006 – V B 143/05, BStBl. II 2006, 732 = UR 2006, 646, unter II.1.b.bb.; BT-Drucks. 16/5200, 22.
3 S, UR 1990, 44 (45).
4 Abschn. 9.2. Abs. 2 Satz 2 UStAE.
5 BT-Drucks. 16/5200, 22.
6 BGBl. I 1989, 2212, dazu BT-Drucks. 11/4176, 13.
7 BGBl. I 2022, 2294 (2309), dazu BT-Drucks. 20/3879, 111.
8 Vgl. BT-Drucks. 11/4176, 13.
9 BayLfSt, 17.7.2018 – 7222.1.1-1/5 St 33, UR 2018, 730.

2. Keine Buchführungspflicht

Anders als § 12 Abs. 2 Nr. 8 UStG gilt § 23a UStG aber nicht für alle gemeinnützigen Körperschaften, sondern nur für diejenigen, die nicht **für ertragsteuerrechtliche Zwecke** buchführungspflichtig sind. Wären die Aufzeichnungspflichten nach § 22 UStG Buchführungspflicht i.S.d. § 23a UStG, liefe die Vorschrift leer. 6

Nicht buchführungspflichtige Körperschaften in diesem Sinne sind **insbesondere eingetragene Vereine**. Demgegenüber sind Kapitalgesellschaften als Formkaufleute (§ 6 Abs. 1 HGB, § 13 Abs. 3 GmbHG, § 3 Abs. 1 AktG) regelmäßig buchführungspflichtig (§ 140 AO, § 238 Abs. 1 HGB). Da § 23a UStG nur auf die Buchführungspflicht abstellt, steht die Durchschnittssatzbesteuerung auch Körperschaften offen, die freiwillig Bücher führen und Abschlüsse machen. 7

3. Durchschnittssatz

Der Durchschnittssatz für die Vorsteuerpauschalierung nach § 23a Abs. 1 UStG entspricht dem ermäßigten Steuersatz nach § 12 Abs. 2 Nr. 8 UStG. Grund dafür soll sein, bei Zweckbetrieben (§ 65 AO, § 12 Abs. 2 Nr. 8 Buchst. a Satz 3 UStG) **keine Umsatzsteuerzahllast** entstehen zu lassen.[1] Wegen der Umsatzgrenze nach § 23a Abs. 2 UStG gilt das aber allenfalls für kleinere[2] Körperschaften und ihre Zweckbetriebe. Zudem ist die Anwendung von § 23a UStG nicht auf Zweckbetriebe beschränkt. 8

4. Bemessungsgrundlage

Die Bemessungsgrundlage für die pauschalierte Vorsteuer wird nach den gleichen Grundsätzen wie die **Umsatzgrenze** (§ 23a Abs. 2 UStG, Rz. 12 ff.) berechnet. Der Gesetzeswortlaut stimmt insofern überein. 9

Bemessungsgrundlage sind die **steuerpflichtigen Ausgangsumsätze**, unabhängig davon, welchem Steuersatz sie unterliegen. Innergemeinschaftliche Erwerbe (§§ 1a, b UStG) und Einfuhren (§ 1 Abs. 1 Nr. 4 UStG) zählen, obwohl der Unternehmer die Steuer schuldet (§ 13a Abs. 1 Nr. 2, Abs. 2, § 21 UStG), nicht zur Bemessungsgrundlage. 10

II. Ausschluss weiteren Vorsteuerabzugs (Absatz 1 Satz 2)

Dem **Pauschalierungsgedanken** entspricht es, dass neben der nach dem Durchschnittssatz ermittelten Vorsteuer die tatsächlich angefallene (darüber hinausgehende) Vorsteuer nicht geltend gemacht werden kann. 11

C. Umsatzgrenze (Absatz 2)

I. Grenzwert

Der Grenzwert entspricht nominell dem Grenzwert nach § 64 Abs. 3 und § 67a Abs. 1 Satz 1 AO. Nach den Gesetzesmaterialien sollen dadurch **„einheitliche Betragsgrenzen"** gelten (s. aber Rz. 13 f.).[3] Für neu gegründete Körperschaften ist der voraussichtliche Umsatz im ersten Geschäftsjahr entscheidend.[4] 12

1 *Schüler-Täsch* in Sölch/Ringleb, § 23a UStG Rz. 2 (Stand: März 2023); *Plikat/Plikat*, UStB 2010, 24 (244).
2 Vgl. BT-Drucks. 11/4176, 13; BT-Drucks. 16/5200, 22.
3 BT-Drucks. 20/3879, 111.
4 BFH, Beschl. v. 27.6.2006 – V B 143/05, BStBl. II 2006, 732 = UR 2006, 646, unter II.1.b.bb.

II. Berechnung

13 Für die Berechnung des Grenzwerts gelten die gleichen Bestimmungen wie für die Bemessungsgrundlage der pauschalierten Vorsteuer (Rz. 9 f.). Nach allgemeinen umsatzsteuerrechtlichen Grundsätzen (vgl. § 10 Abs. 1 Satz 2 UStG) ist der Betrag als **Nettobetrag** zu verstehen. Anderenfalls hätte es einer ausdrücklichen Regelung bedurft (vgl. § 19 Abs. 1 Satz 1 UStG).

14 Allein die Entwurfsbegründung rechtfertigt nach den Grundsätzen der **„objektiven Auslegung“**[1] nicht, von dieser Systematik abzuweichen. Einheitlichkeit (Rz. 12) besteht daher nur vordergründig.

D. Verfahren (Absatz 3)

I. Erklärung (Absatz 3 Satz 1)

15 Die Vorsteuerpauschalierung nach Durchschnittssätzen ist ein Wahlrecht des Unternehmers. Erklärt der Unternehmer sich für die Vorsteuerpauschalierung, wirkt die Erklärung unmittelbar rechtsgestaltend, erklärt er sich nicht, unterliegt er – sofern nicht (z.B. für Kleinunternehmer) ein anderer Ausnahmetatbestand greift – der Regelbesteuerung. Hält die FinVerw. die Erklärung für unwirksam, muss es die Steuer abweichend festsetzen; dagegen sind für den Unternehmer Einspruch und ggf. Klage eröffnet.

16 Da die Erklärung fristgebunden ist, muss der Unternehmer regelmäßig anhand einer **Prognose** und kann nicht rückblickend entscheidend, ob Regelbesteuerung oder Durchschnittssatzbesteuerung für ihn günstiger ist. Muss ein Unternehmer keine Umsatzsteuervoranmeldungen abgeben, lässt dies den Voranmeldungszeitraum als solchen unberührt. Für den Unternehmer gilt daher eine Erklärungsfrist bis spätestens 10. April des laufenden Jahres.[2] Dies schließt aber nicht aus, dass ein Unternehmer die Erklärung früher, auch für die Zukunft (z.B. im Dezember für den Zeitraum ab Januar des Folgejahres) abgibt.

II. Bindung (Absatz 3 Satz 2)

17 Ein Unternehmer, der die Durchschnittssatzbesteuerung nach § 23a UStG in Anspruch nimmt, ist an seine Erklärung für **mindestens fünf Kalenderjahre** gebunden. Maßgebend ist insofern m.E. nicht das Datum oder der Eingang der Erklärung, sondern der Zeitpunkt, ab dem die Vorsteuerpauschalierung gilt. Ob der Unternehmer die Erklärung zurücknehmen kann, ist noch nicht höchstrichterlich entschieden.

18 M.E. kann der Unternehmer die Erklärung **nicht zurücknehmen**. Dadurch würden nicht nur die Vorschriften über den Widerruf und seine Folgen, sondern vor allem auch die ausdrücklich geregelte Bindungsdauer unterlaufen. Entfallen während der Bindungsfrist die Voraussetzungen der § 23a Abs. 1 und 2 UStG, entfällt auch die Vorsteuerpauschalierung. M.E. wird dadurch die Bindungswirkung der ursprünglichen Erklärung vollständig aufgehoben. Sobald die Voraussetzungen wieder vorliegen, kann der Unternehmer daher auch innerhalb der ursprünglichen Bindungsfrist neu wählen.

III. Widerruf (Absatz 3 Satz 3)

19 Der Widerruf der Erklärung bewirkt die Rückkehr zur Regelbesteuerung. Ebenso wie die Erklärung, wirkt er unmittelbar rechtsgestaltend. Das Gesetz schreibt für den Widerruf keine bestimmte Form vor. Daher genügt schlüssiges Handeln, insbesondere die Abgabe einer erkennbar nach den Grundsät-

1 BVerfG, Beschl. v. 17.5.1960 – 2 BvL 11/59, 11/60, BVerfGE 11, 126; BVerfG, Urt. v. 19.3.2013 – 2 BvR 2628/10, BVerfGE 133, 168, Rz. 66; BFH, Urt. v. 11.7.2018 – XI R 33/16, BStBl. II 2019, 258, Rz. 42, m.w.N.
2 BFH, Urt. v. 30.3.1995 – V R 22/94, BStBl. II 1995, 567 = UR 1995, 350, unter II.1.

zen der Regelbesteuerung erstellten Umsatzsteuervoranmeldung. Darauf deutet insbesondere auch die Regelung über die Widerrufsfrist (Rz. 20) hin.

IV. Widerrufsfrist (Absatz 3 Satz 4)

Die Widerrufsfrist entspricht der **Erklärungsfrist** (Rz. 16). 20

V. Erneute Anwendung (Absatz 3 Satz 5)

Ebenso wie an die Wahl der Vorsteuerpauschalierung ist der Unternehmer auch an den Widerruf dieser Wahl für fünf Kalenderjahre gebunden. Auch dies dürfte bezwecken, missbräuchliches Verhalten zu verhindern. 21

§ 24 Durchschnittssätze für land- und forstwirtschaftliche Betriebe

(1) [1]Hat der Gesamtumsatz des Unternehmers (§ 19 Absatz 3) im vorangegangenen Kalenderjahr nicht mehr als 600 000 Euro betragen, wird die Steuer für die im Rahmen eines land- und forstwirtschaftlichen Betriebs ausgeführten Umsätze vorbehaltlich der Sätze 2 bis 4 wie folgt festgesetzt:

1. **für die Lieferungen von forstwirtschaftlichen Erzeugnissen, ausgenommen Sägewerkserzeugnisse, auf 5,5 Prozent,**
2. **für die Lieferungen der in der Anlage 2 nicht aufgeführten Sägewerkserzeugnisse und Getränke sowie von alkoholischen Flüssigkeiten, ausgenommen die Lieferungen in das Ausland und die im Ausland bewirkten Umsätze, und für sonstige Leistungen, soweit in der Anlage 2 nicht aufgeführte Getränke abgegeben werden, auf 19 Prozent,**
3. **für die übrigen Umsätze im Sinne des § 1 Absatz 1 Nummer 1 auf 9 Prozent**

der Bemessungsgrundlage. [2]Die Befreiungen nach § 4 mit Ausnahme der Nummern 1 bis 7 bleiben unberührt; § 9 findet keine Anwendung. [3]Die Vorsteuerbeträge werden, soweit sie den in Satz 1 Nr. 1 bezeichneten Umsätzen zuzurechnen sind, auf 5,5 Prozent, in den übrigen Fällen des Satzes 1 auf 9 Prozent der Bemessungsgrundlage für diese Umsätze festgesetzt. [4]Ein weiterer Vorsteuerabzug entfällt. [5]§ 14 ist mit der Maßgabe anzuwenden, dass der für den Umsatz maßgebliche Durchschnittssatz in der Rechnung zusätzlich anzugeben ist.

(2) [1]Als land- und forstwirtschaftlicher Betrieb gelten

1. **die Landwirtschaft, die Forstwirtschaft, der Wein-, Garten-, Obst- und Gemüsebau, die Baumschulen, alle Betriebe, die Pflanzen und Pflanzenteile mit Hilfe der Naturkräfte gewinnen, die Binnenfischerei, die Teichwirtschaft, die Fischzucht für die Binnenfischerei und Teichwirtschaft, die Imkerei, die Wanderschäferei sowie die Saatzucht;**
2. **Tierzucht- und Tierhaltungsbetriebe, soweit ihre Tierbestände nach den §§ 51 und 51a des Bewertungsgesetzes zur landwirtschaftlichen Nutzung gehören. *(ab 1.1.2025: Tierzucht- und Tierhaltungsbetriebe, soweit ihre Tierbestände nach § 241 des Bewertungsgesetzes zur landwirtschaftlichen Nutzung gehören oder diese die Voraussetzungen des § 13 Absatz 1 Nummer 1 Satz 2 des Einkommensteuergesetzes in Verbindung mit § 13b des Einkommensteuergesetzes erfüllen.)***

[2]Zum land- und forstwirtschaftlichen Betrieb gehören auch die Nebenbetriebe, die dem land- und forstwirtschaftlichen Betrieb zu dienen bestimmt sind.

(3) Führt der Unternehmer neben den in Absatz 1 bezeichneten Umsätzen auch andere Umsätze aus, so ist der land- und forstwirtschaftliche Betrieb als ein in der Gliederung des Unternehmens gesondert geführter Betrieb zu behandeln.

(4) [1]Der Unternehmer kann spätestens bis zum 10. Tag eines Kalenderjahres gegenüber dem Finanzamt erklären, dass seine Umsätze vom Beginn des vorangegangenen Kalenderjahres an nicht nach den Absätzen 1 bis 3, sondern nach den allgemeinen Vorschriften dieses Gesetzes besteuert werden sollen. [2]Die Erklärung bindet den Unternehmer mindestens für fünf Kalenderjahre; im Fall der Geschäftsveräußerung ist der Erwerber an diese Frist gebunden. [3]Sie kann mit Wirkung vom Beginn eines Kalenderjahres an widerrufen werden. [4]Der Widerruf ist spätestens bis zum 10. Tag nach Beginn dieses Kalenderjahres zu erklären. [5]Die Frist nach Satz 4 kann verlängert werden. [6]Ist die Frist bereits abgelaufen, so kann sie rückwirkend verlängert werden, wenn es unbillig wäre, die durch den Fristablauf eingetretenen Rechtsfolgen bestehen zu lassen.

(5) [1]Das Bundesministerium der Finanzen überprüft jährlich die Höhe des Durchschnittssatzes im Sinne des Absatzes 1 Satz 1 Nummer 3 und Satz 3 und berichtet dem Deutschen Bundestag über das Ergebnis der Überprüfung. [2]Der Durchschnittssatz wird ermittelt aus dem Verhältnis der Summe der Vorsteuern zu der Summe der Umsätze aller Unternehmer, die ihre Umsätze nach Absatz 1 Satz 1 Nummer 2 und 3 versteuern, in einem Zeitraum von drei Jahren. [3]Der ermittelte Durchschnittssatz wird auf eine Nachkommastelle kaufmännisch gerundet. [4]Soweit nach der Überprüfung eine Anpassung des Durchschnittssatzes in Absatz 1 Satz 1 Nummer 3 und Satz 3 erforderlich ist, legt die Bundesregierung kurzfristig einen entsprechenden Gesetzentwurf vor.

Schrifttum: *Jungen/Köster/Schleep*, Deutsche Besteuerung nach Durchschnittssätzen und EU-Vertragsverletzungsverfahren – Eine analytische Überprüfung der unterstellten Subventionswirkung des § 24 UStG, UR 2021, 133 (182); *Klenk*, Durchschnittssteuersatzbesteuerung für land- und forstwirtschaftliche Betriebe, UR 2002, 597; *Klenk*, Landwirtschaftlicher Betrieb und Gewerbebetrieb des Pauschallandwirts, UR 2009, 79; *Klenk*, Der personelle Anwendungsbereich der Durchschnittssatzbesteuerung, UR 2017, 175; *Riegler*, Besteuerung landwirtschaftlicher Unternehmer nach Durchschnittssätzen, UR 2015, 329.

A. Grundaussagen

I. Regelungsgegenstand und Bedeutung

In § 24 UStG ist der praktisch wohl bedeutendste Anwendungsbereich einer Durchschnittssatzbesteuerung geregelt: die Durchschnittssätze für land- und forstwirtschaftliche Betriebe. Infolge der Harmonisierung der Umsatzsteuer unterwarf der deutsche Gesetzgeber mit dem UStG 1967[1] auch die zuvor befreiten (§ 4 Nr. 19 UStG 1951) Land- und Forstwirte der Umsatzsteuer. Er ging allerdings davon aus, dass sie mit den für die Regelbesteuerung zu führenden Aufzeichnungen typischerweise überfordert wären. Daher führte er die Durchschnittssatzbesteuerung als **Pauschalierung** ein. Eine dauerhafte Begünstigung sollte damit nicht verbunden sein.[2] Zwischenzeitlich richtete mehr als die Hälfte der land- und forstwirtschaftlichen Betriebe eine Buchführung mit Jahresabschluss ein.[3] Die Annahme des Gesetzgebers des UStG 1967 dürfte daher überholt sein. 1

II. Unionsrechtliche Grundlagen

Unionsrechtliche Grundlage der Durchschnittssätze für land- und forstwirtschaftliche Betriebe sind die Vorschriften in Titel XII Kap. 2 der MwStSystRL (Art. 295 ff. MwStSystRL). Danach sind die Mitgliedstaaten ermächtigt, eine **Pauschalregelung für landwirtschaftliche Erzeuger** zu treffen, die den dort genannten Grundsätzen entspricht. Dies beruht auf den in Erwägungsgrund 50 zur MwStSystRL festgehaltenen Überlegungen. 2

1 BGBl. I 1967, 545.
2 BT-Drucks. 5/1581, 3; zuvor schon BT-Drucks. 4/1590, 50.
3 Bundesrechnungshof, Bericht an das Bundesministerium der Finanzen über die Durchschnittssatzbesteuerung nach § 24 UStG, 2019, unter 2.4., 16 f.

3 Die Pauschalregelung soll die Land- und Forstwirte **von Verwaltungsaufwand entlasten** (siehe auch Art. 272 Abs. 1 Unterabs. 1 Buchst. e MwStSystRL).[1] Wie das gesamte UStG, ist § 24 UStG richtlinienkonform auszulegen.[2] Der Unternehmer kann sich auch unmittelbar auf Art. 295 ff. MwStSystRL berufen, wenn das Unionsrecht für ihn günstiger ist als § 24 UStG.[3]

4 Nach dem Grundgedanken der Art. 295 ff. MwStSystRL entsteht für die unter die Pauschalregelung fallenden Umsätze keine Steuer, die Land- und Forstwirte dürfen deswegen aber auch keine Vorsteuer abziehen (Art. 302 MwStSystRL). Sie erhalten lediglich einen **pauschalen Ausgleich der Belastung durch die Mehrwertsteuer auf die Eingangsumsätze** (Art. 296 MwStSystRL). Zu diesem Ausgleich können die Mitgliedstaaten aber auch den Leistungsempfänger heranziehen (Art. 301 Abs. 1 Alt. 1, Art. 303 MwStSystRL). Darauf beruht die deutsche Durchschnittssatzbesteuerung.

5 Die nach den Durchschnittssätzen ermittelte Steuer auf die Ausgangsumsätze ist unionsrechtlich ein **vom Leistungsempfänger gezahlter Pauschalausgleich.**[4] Die Pauschalausgleich-Prozentsätze sind regelmäßig fortzuschreiben (Art. 298 MwStSystRL) und dürfen bei einer Gesamtbetrachtung[5] die Mehrwertsteuer-Vorbelastung aller dem Pauschalausgleich unterliegenden Land- und Forstwirte (vgl. Art. 295 Abs. 1 Nr. 6 MwStSystRL) nicht überkompensieren (Art. 299 MwStSystRL).

III. Verhältnis zu anderen Vorschriften und Rechtsentwicklung

1. Regelungen in § 24 UStG

6 Das Verhältnis der Durchschnittssatzbesteuerung für land- und forstwirtschaftliche Betriebe zu den **Befreiungstatbeständen** des § 4 UStG ist in § 24 Abs. 1 Satz 2 UStG ausdrücklich geregelt (Rz. 36). Gleichfalls ausdrücklich geregelt sind die Anwendung der Regelungen über den Vorsteuerabzug auf nach Durchschnittssätzen besteuerte land- und forstwirtschaftliche Betriebe in § 24 Abs. 1 Sätze 3 und 4 UStG (Rz. 40 ff.) und die Ausstellung von Rechnungen durch solche Betriebe in § 24 Abs. 1 Satz 5 UStG (Rz. 54 f.).

2. Aufzeichnungspflichten

7 Die mit der Durchschnittssatzbesteuerung bezweckten **Erleichterungen** bei den Aufzeichnungen ergeben sich nicht schon aus § 24 UStG, sondern aus § 67 UStDV und § 68 Abs. 1 Nr. 2 UStDV. Führt der Unternehmer neben den in § 24 Abs. 1 UStG bezeichneten Umsätzen auch andere Umsätze aus, ist § 22 Abs. 1 Satz 3 UStG zu beachten (§ 22 Rz. 14 f.).

3. Geschäftsveräußerung im Ganzen

8 Die Vorschriften über die Geschäftsveräußerung im Ganzen (§ 1 Abs. 1a UStG, § 1 Rz. 220 ff.) gelten auch bei der **Veräußerung land- und forstwirtschaftlicher Betriebe** oder der Einbringung eines Betriebs oder Teilbetriebs in eine Gesellschaft. Die Veräußerung oder Einbringung land- und forstwirtschaftlicher Betriebe unterliegt daher nicht der Umsatzsteuer. Einzelne Wirtschaftsgüter von der Veräußerung auszunehmen, ist dabei unschädlich.[6] Auch die Veräußerung verpachteter Gegenstände nach Ende der Pacht kann eine Geschäftsveräußerung im Ganzen sein.[7]

---

1 EuGH, Urt. v. 12.10.2017 – C-262/16, ECLI:EU:C:2017:756 – Shields & Sons Partnership, UR 2018, 131, Rz. 34.
2 St. Rspr., z.B. BFH, Urt. v. 22.9.2005 – V R 28/03, BStBl. II 2006, 280 = UR 2006, 124, unter II.3.; BFH, Urt. v. 27.9.2018 – V R 28/17, UR 2019, 29, Rz. 13 m.w.N.; Abschn. 24.1 Abs. 1. UStAE; siehe auch *Riegler*, UR 2015, 329 (330).
3 BFH, Beschl. v. 28.8.2014 – V B 28/14, BFH/NV 2014, 1916.
4 So auch *Riegler*, UR 2015, 329 (338); krit. *Klenk*, UR 2002, 597.
5 EuGH, Urt. v. 12.10.2017 – C-262/16, ECLI:EU:C:2017:756 – Shields & Sons Partnership, UR 2018, 131, Rz. 38 f.
6 BFH, Urt. v. 15.10.1998 – V R 69/97, BStBl. II 1999, 41 = UR 1999, 127; Abschn. 24.1 Abs. 5 S. 1 und 2 UStAE.
7 Abschn. 24.1 Abs. 5 Satz 3 UStAE.

4. Innergemeinschaftlicher Erwerb

9 Sofern sie nicht die Erheblichkeitsschwelle (§ 1a Abs. 3 Nr. 2 UStG) überschreiten oder auf die Ausnahme verzichten (§ 1a Abs. 4 UStG), sind nach § 24 UStG besteuerte Land- und Forstwirte **von der Erwerbsbesteuerung ausgenommen** (§ 1a Abs. 3 Nr. 1 Buchst. c UStG, § 1a Rz. 121). Verzichten sie auf die Ausnahme, können sie die Vorsteuer aus dem Erwerb gleichwohl nicht gesondert abziehen.[1] Das Gleiche gilt bei Überschreiten der Erheblichkeitsschwelle, auch ohne Verzicht auf die Ausnahme. Ansonsten würde der Pauschalierungszweck des § 24 UStG verfehlt.

5. Umkehr der Steuerschuldnerschaft

10 Nach Durchschnittssätzen besteuerte **Land- und Forstwirte sind als Leistungsempfänger** Steuerschuldner nach § 13b UStG, wenn die dort genannten Voraussetzungen erfüllt sind.[2] Dies mag im Hinblick auf den Vereinfachungszweck des § 24 UStG zweifelhaft erscheinen, ergibt sich aber aus § 13b Abs. 8 UStG, der davon ausgeht, dass § 13b UStG auch im Anwendungsbereich des § 24 UStG eingreifen kann. Das Unionsrecht dürfte dem nicht entgegenstehen, weil sowohl die Bestimmungen über die Umkehr der Steuerschuldnerschaft (Art. 194 ff. MwStSystRL) als auch die gemeinsame Pauschalregelung für landwirtschaftliche Erzeuger (Art. 295 ff. MwStSystRL, Rz. 2 ff.) den Mitgliedstaaten insofern Spielraum lassen.

6. Rechtsentwicklung

11 Nach der Einführung durch das UStG 1967 (Rz. 1) wurde § 24 UStG mehrfach geändert. Die Systematik der Vorschrift blieb dabei unberührt. Viele Änderungen betrafen die Höhe und die Abgrenzung der einzelnen Durchschnittssätze, zuletzt durch das Achte Gesetz zur Änderung von Verbrauchsteuergesetze.[3]

12 Der Entwurf des Steuerentlastungsgesetzes 1999/2000/2002 sah vor, § 24 UStG bis Ende 2001 abzuschaffen, da er zu einer **„Subventionierung“** führe, die „nicht systemgerecht“ sei.[4] Nach dem Entwurf des Haushaltsbegleitgesetzes 2004 sollte § 24 UStG nur für diejenigen Unternehmer gelten, die auch ertragsteuerlich nach Durchschnittssätzen (§ 13a EStG) besteuert wurden.[5] Beide Vorschläge setzten sich nicht durch. Allerdings wurde der Anwendungsbereich des § 24 UStG einerseits durch eine Umsatzobergrenze beschränkt (Rz. 29.1), andererseits von der Rechtsform des Unternehmens gelöst (Rz. 98).

B. Rechtsfolgen (Absatz 1)

I. Besteuerung der Ausgangsumsätze (Absatz 1 Satz 1)

1. Land- und forstwirtschaftliche Betriebe

13 § 24 Abs. 1 Satz 1 UStG teilt die im Rahmen land- und forstwirtschaftlicher Betriebe ausgeführten Umsätze in **drei Gruppen** auf, für die unterschiedliche Durchschnittssätze gelten. Wann Umsätze im Rahmen land- und forstwirtschaftlicher Betriebe ausgeführt sind, ergibt sich allerdings nicht aus § 24 Abs. 1 Satz 1 UStG, sondern erst aus § 24 Abs. 2 UStG (Rz. 59 ff.). Nicht erforderlich ist hingegen, dass die Umsätze an andere Land- oder Forstwirte ausgeführt werden.[6]

1 BFH, Urt. v. 24.9.1998 – V R 17/98, BStBl. II 1999, 39 = UR 1999, 126; Abschn. 15.10 Abs. 2 Satz 3, Abschn. 24.1 Abs. 6 UStAE.
2 Abschn. 24.1 Abs. 7 UStAE.
3 BGBl. I 2022, 1838 (1869); dazu BT-Drucks. 20/3590, 120; zu früheren Änderungen *Riegler*, UR 2015, 329 (333).
4 BR-Drucks. 910/98, 118 f., 199.
5 BR-Drucks. 652/03, 11, 48.
6 BFH, Urt. v. 21.1.2015 – XI R 13/13, BStBl. II 2015, 730 = UR 2015, 314.

2. Lieferung forstwirtschaftlicher Erzeugnisse (Absatz 1 Satz 1 Nr. 1)

a) Forstwirtschaftliches Erzeugnis

14 „Forstwirtschaftliche Erzeugnisse" i.S.d. § 24 Abs. 1 Satz 1 Nr. 1 UStG sind alle Erzeugnisse (Rz. 69) einer Forstwirtschaft i.S.d. § 24 Abs. 2 Satz 1 Nr. 1 UStG (Rz. 73). Der Durchschnittssatz nach § 24 Abs. 1 Nr. 1 UStG betrifft daher im Wesentlichen die Lieferung von **in Wäldern gewachsenem Holz** vor der Bearbeitung im Sägewerk und von forstlichen Nebenerzeugnissen. Er erfasst sowohl die Lieferung von Holz „auf dem Stock", das heißt von noch nicht geschlagenen Bäumen, als auch von geschlagenen Bäumen. Der Verkauf von Grund und Boden mit dem aufstehenden Holz fällt aber nicht darunter, sondern ist nach § 4 Nr. 9 Buchst. a UStG steuerfrei.[1]

15 Die Ausnahme für **Sägewerkserzeugnisse** (Rz. 18) galt schon im UStG 1967. Die damalige Entwurfsbegründung geht darauf nicht näher ein.[2] Die ausdrückliche Erwähnung der Sägewerkserzeugnisse als forstwirtschaftliche Erzeugnisse belegt aber, dass auch bestimmte Verarbeitungstätigkeiten zur Land- und Forstwirtschaft i.S.d. § 24 UStG gehören (Rz. 59 ff.).

b) Lieferung

16 Für „Lieferungen" gilt grundsätzlich die **allgemeine Legaldefinition** (§ 3 Abs. 1 UStG). § 24 UStG enthält keine abweichenden Regelungen. Sonstige Leistungen in Bezug auf forstwirtschaftliche Erzeugnisse fallen nicht unter § 24 Abs. 1 Satz 1 Nr. 1 UStG, können aber unter § 24 Abs. 1 Satz 1 Nr. 3 UStG fallen. Verpflichtet sich der Forstwirt vor oder gleichzeitig mit dem Verkauf, das geschlagene Holz an einen Ort zu bringen, von dem es der Erwerber selbst abtransportieren kann („Rücken"), wird dies von der Lieferung mit umfasst. Sagt er den Transport nachträglich zu, liegt eine eigenständige sonstige Leistung vor.[3]

17 Eine Lieferung ist auch der verbreitete Verkauf von Holz „auf dem Stock" zur **„Selbstwerbung"**. Der Erwerber muss dann die Bäume selbst fällen, zerteilen und abtransportieren. Abhängig von der Auslegung der zugrundeliegenden Vereinbarungen im Einzelfall, kann im Hinblick auf die Selbstwerbung ein tauschähnlicher Umsatz (§ 3 Abs. 12 UStG, § 3 Rz. 640 ff.) vorliegen.[4] M.E. dürfte die getroffene Vereinbarung aber typischerweise dahin gehen, dass die Voraussetzungen eines tauschähnlichen Umsatzes nicht vorliegen, weil der Veräußerer kein eigenes Interesse an den zur „Selbstwerbung" erforderlichen Arbeiten hat, sondern in erster Linie den nicht um Werbungskosten verminderten Verkaufserlös vereinnahmen will. Diese Interessenlage kommt regelmäßig darin zum Ausdruck, dass Holzsorten, -mengen und -preise genau bestimmt sind, die Gefahr von Verlust, Beschädigung oder Wertminderung des Holzes mit Beginn des Einschlags auf den Käufer übergeht und der Käufer aus den Arbeiten zur „Selbstwerbung" keine Ansprüche gegen den Verkäufer erwirbt.

3. Lieferung von Sägewerkserzeugnissen, Getränken und alkoholischen Flüssigkeiten (Absatz 1 Satz 1 Nr. 2)

a) Sägewerkserzeugnisse

18 „Sägewerkserzeugnisse" meint nach allgemeinem Sprachgebrauch **in einem Sägewerk verarbeitetes Holz** vor der Weiterverarbeitung. Davon sind in der Anlage 2 zum UStG nur Sägespäne, Holzabfälle und Holzausschuss (Lfd. Nr. 48 Buchst. b) aufgeführt, die typischerweise bei der Verarbeitung von Holz im Sägewerk als Nebenprodukt anfallen. Im Umkehrschluss unterliegen die Hauptprodukte der Sägewerke gegebenenfalls dem Durchschnittssatz nach § 24 Abs. 1 Satz 1 Nr. 2 UStG, ebenso Holzwolle und Holzmehl.[5] Wie sich aus dem Gesamtzusammenhang des § 24 Abs. 1 Satz 1 UStG (Rz. 13 ff.)

1 *Schüler-Täsch* in Sölch/Ringleb, § 24 UStG Rz. 145 (Stand: März 2023).

2 BT-Drucks. 5/1581, 3, 18.

3 *Busch* in Offerhaus/Söhn/Lange, § 24 UStG Rz. 378 (Stand: März 2022); *Schüler-Täsch* in Sölch/Ringleb, § 24 UStG Rz. 144 (Stand: März 2023).

4 BFH, Urt. v. 19.2.2004 – V R 10/03, BStBl. II 2004, 675 = UR 2004, 468, unter II.1.b.; Abschn. 3.5 Abs. 4 Satz 2 UStAE.

5 Vgl. Abschn. 24.2 Abs. 5 Satz 1 UStAE.

ergibt, ist dafür aber Voraussetzung, dass es sich um Erzeugnisse forsteigener Sägewerke handelt und der Sägewerksbetreiber das Holz nicht seinerseits vom forstwirtschaftlichen Erzeuger erwarb.

Der Durchschnittssatz nach § 24 Abs. 1 Satz 1 Nr. 2 UStG entspricht dem allgemeinen Steuersatz (§ 12 Abs. 1 UStG). Seine Anwendung auf die in der Anlage 2 nicht genannten Erzeugnisse **forsteigener Sägewerke** soll Wettbewerbsverzerrungen zulasten gewerblicher Sägewerke verhindern.[1] Die Anlage 2 ist allerdings, insbesondere mit Blick auf Holzhackschnitzel, ihrerseits richtlinienkonform entsprechend dem Grundsatz der steuerlichen (Wettbewerbs-)Neutralität auszulegen (Anl. 2 Rz. 113 ff.).[2] 19

b) Getränke

Getränke sind **zum menschlichen Verzehr bestimmte Flüssigkeiten.**[3] Ähnlich wie die Erwähnung der Sägewerkserzeugnisse in § 24 Abs. 1 Satz 1 Nr. 1 und 2 UStG für die Forstwirtschaft belegt die Erwähnung der Getränke in § 24 Abs. 1 Satz 1 Nr. 2 UStG für die Landwirtschaft, dass sie nicht nur die reine Erzeugung, sondern auch bestimmte Verarbeitungstätigkeiten erfasst (Rz. 59 ff.). 20

An Getränken sind in der Anlage 2 nur Milch (Lfd. Nr. 4), Wasser (Lfd. Nr. 34, ausgenommen u.a. Trinkwasser in zur Abgabe an den Verbraucher bestimmten Fertigpackungen) und Milchmischgetränke mit einem Milchanteil von mindestens 75 % aufgeführt. Die Lieferung aller anderen Getränke, sofern sie landwirtschaftliche Erzeugnisse (Rz. 13) sind, unterliegt daher dem Durchschnittssatz nach § 24 Abs. 1 Satz 1 Nr. 2 UStG. Das Gesetz unterscheidet nicht danach, ob die Getränke **Alkohol** enthalten. 21

Die Anwendung eines dem allgemeinen Steuersatz entsprechenden Durchschnittssatzes soll auch bei den Getränken **Wettbewerbsneutralität** sicherstellen.[4] 22

c) Alkoholische Flüssigkeiten

Sonstige – **nicht zum Verzehr bestimmte** – Flüssigkeiten aus landwirtschaftlicher Erzeugung unterliegen dem Durchschnittssteuersatz nach § 24 Abs. 1 Satz 1 Nr. 2 UStG nur, wenn sie Alkohol enthalten. Ob sie in Anlage 2 zum UStG genannt sind, ist dann ohne Bedeutung. Das entsprechende Tatbestandsmerkmal in § 24 Abs. 1 Satz 1 Nr. 2 UStG bezieht sich nur auf Sägewerkserzeugnisse und Getränke, nicht auf alkoholische Flüssigkeiten. Auch auf die zolltarifrechtliche Eingruppierung kommt es nicht an.[5] 23

d) Leistungen mit Auslandsbezug

Ausgenommen von der Anwendung des Durchschnittssatzes nach § 24 Abs. 1 Satz 1 Nr. 2 UStG sind **Lieferungen in das Ausland und die im Ausland bewirkten Umsätze**, auch wenn sie sich auf die vorgenannten Sägewerkserzeugnisse, Getränke und Flüssigkeiten beziehen. Das Gesetz unterscheidet insoweit nicht zwischen übrigem Gemeinschaftsgebiet und Drittlandsgebiet. Die Steuerbefreiung für innergemeinschaftliche Lieferungen und Ausfuhrlieferungen (§ 4 Nr. 1 UStG) gilt bei der Durchschnittssatzbesteuerung gerade nicht (§ 24 Abs. 1 Satz 2 UStG, Rz. 36 ff.). 24

Als eine ähnliche Ausnahme für Ausfuhrlieferungen und im Ausland bewirkte Lieferungen erstmals eingeführt wurde, ging die Entwurfsbegründung davon aus, „daß in diesen Fällen eine Steuer an das Finanzamt nicht zu entrichten ist".[6] So verhält es sich weiterhin, da die geltende Ausnahme zu der Anwendung des (niedrigeren) Durchschnittssatzes nach § 24 Abs. 1 Satz 1 Nr. 3 UStG führt, der dem Vorsteuersatz nach § 24 Abs. 1 Satz 3 UStG entspricht. Letztlich dient sie damit der **Exportsubvention.** 25

1 Vgl. BT-Drucks. 6/56, 3.
2 BFH, Urt. v. 21.4.2022 – V R 2/22 (V R 6/18), BStBl. II 2023, 460 = UR 2022, 693 m. Anm. *Bender.*
3 BFH, Urt. v. 12.3.2008 – XI R 65/06, BStBl. II 2008, 532 = UR 2008, 561, unter II.5.
4 BT-Drucks. 5/1581, 18; BT-Drucks. 14/6877, 38.
5 BFH, Urt. v. 12.3.2008 – XI R 65/06, BStBl. II 2008, 532 = UR 2008, 561.
6 BT-Drucks. 6/150, 2.

26 Im Ausland bewirkte Umsätze können allgemein auch **sonstige Leistungen** sein. Insoweit scheint die Ausnahme zunächst leerzulaufen, da sie sich im Rahmen von § 24 Abs. 1 Satz 1 Nr. 2 UStG nur auf die zuvor genannten Lieferungen bezieht, nicht – wie bei ihrer Einführung durch das StÄndG 1977[1] – auf alle Umsätze mit den zuvor genannten Gegenständen. Sie belegt aber, dass nach der Vorstellung des deutschen Gesetzgebers die Durchschnittssatzbesteuerung grundsätzlich auch für im Ausland bewirkte Umsätze gilt (Rz. 36 ff.).

e) Sonstige Leistungen unter Abgabe von Getränken

27 Dem Durchschnittssteuersatz nach § 24 Abs. 1 Satz 1 Nr. 2 UStG unterliegen auch sonstige Leistungen, soweit in der Anlage 2 nicht aufgeführte Getränke (Rz. 20 ff.) abgegeben werden. Dies betrifft insbesondere **Hecken- oder Straußwirtschaften**, in denen Weinbauern selbst erzeugten Wein ausschenken. Vom Wortlaut erfasst ist aber auch der Ausschank von Frucht- oder Gemüsesäften. Dahinter steht die Vorstellung, bei der Abgabe von Getränken sollten im Sinne der Wettbewerbsneutralität Lieferungen und sonstige Leistungen nicht unterschiedlich besteuert werden.[2]

4. Übrige Umsätze (Absatz 1 Satz 1 Nr. 3)

28 Für alle in § 24 Abs. 1 Satz 1 Nr. 1 und 2 UStG nicht genannten oder dort ausgenommenen Umsätze im Rahmen land- und forstwirtschaftlicher Betriebe gilt der Durchschnittssatz nach § 24 Abs. 1 Satz 1 Nr. 3 UStG. Gesetzessystematisch ist § 24 Abs. 1 Satz 1 Nr. 3 UStG **Auffangtatbestand** („die übrigen"). Daher gehen grundsätzlich § 24 Abs. 1 Satz 1 Nr. 1 und 2 UStG vor.

29 § 24 Abs. 1 Satz 1 Nr. 3 UStG betrifft insbesondere alle **sonstigen Leistungen** mit Ausnahme der in § 24 Abs. 1 Satz 1 Nr. 2 UStG genannten Abgabe von Getränken, daneben Lieferungen der in der Anlage 2 aufgeführten Sägewerkserzeugnisse, von landwirtschaftlichen Erzeugnissen, ausgenommen der in der Anlage 2 nicht aufgeführten Getränke, und alkoholischen Flüssigkeiten in das Inland sowie Lieferungen aller Sägewerks- oder landwirtschaftlichen Erzeugnissen in das Ausland.

5. Umsatzgrenze

29.1 Durch Art. 11 Nr. 6 Buchst. a JStG 2020 wurde für die Anwendung der Durchschnittssatzbesteuerung eine **Umsatzobergenze von 600.000 Euro** eingeführt. Dies soll den Anwendungsbereich auf die in Art. 296 Abs. 1 MwStSystRL genannten Unternehmer, bei denen eine Entlastung von Verwaltungsaufwand (Rz. 3) geboten ist, begrenzen und einem unter anderem deswegen eingeleiteten Vertragsverletzungsverfahren[3] die Grundlage entziehen.[4] Die Berechnung richtet sich nach § 19 Abs. 3 UStG (§ 19 Rz. 39 ff.).

6. Ausgestaltung der Durchschnittssätze

a) Abgrenzung der Durchschnittssätze

30 Fraglich ist, ob die Abgrenzung der Durchschnittssätze den **unionsrechtlichen Vorgaben** entspricht. Die Mitgliedstaaten können für die Forstwirtschaft, die einzelnen Teilbereiche der Landwirtschaft und die Fischwirtschaft unterschiedliche Pauschalausgleich-Prozentsätze festlegen (Art. 297 Abs. 1 MwStSystRL).

31 Problematisch ist insofern, dass der deutsche Gesetzgeber für die Lieferung forstwirtschaftlicher Erzeugnisse zwei verschiedene Steuersätze (Absatz 1 Satz 1 Nr. 1 und 2) und für forstwirtschaftliche Dienstleistungen einen dritten Steuersatz (Absatz 1 Satz 1 Nr. 3) regelt. Der Wortlaut des Unionsrechts spricht demgegenüber dafür, dass die nationalen Gesetzgeber zwar innerhalb der Landwirtschaft, nicht aber innerhalb der Forstwirtschaft – jeweils im unionsrechtlichen Sinne – unterscheiden dürfen. Geht

1 BGBl. I 1977, 1586; dazu BT-Drucks. 8/292, 19 f.
2 BT-Drucks. 14/6877, 38.
3 Az. des EuGH C-57/20 (anhängiges Verfahren); dazu *Jungen/Köster/Schleep*, UR 2021, 133 (138 f.).
4 BT-Drucks. 19/25160, 197.

man ungeachtet möglicher Unterschiede zwischen deutschem und unionsrechtlichen Begriff der „Forstwirtschaft" davon aus, dass zur Forstwirtschaft im unionsrechtlichen Sinne auch die Verarbeitung (Art. 295 Abs. 2 MwStSystRL) in Sägewerken und Dienstleistungen (vgl. Nr. 9 des Anhangs VIII zur MwStSystRL) gehören, könnte **die im deutschen Recht angelegte Dreiteilung** dem Unionsrecht widersprechen.

Die unionsrechtliche Begrifflichkeit ist aber ungenau. Nach der Systematik des Anhangs VII zur MwStSystRL stehen Forstwirtschaft, Landwirtschaft und Fischwirtschaft nicht gleichrangig nebeneinander, sondern Forstwirtschaft (Nr. 3 des Anhangs) und Fischwirtschaft (Nr. 4 des Anhangs) sind zusammen mit anderen Tätigkeiten (Nr. 1 und 2 des Anhangs) Teilbereiche der landwirtschaftlichen Erzeugung. Es erscheint daher denkbar, Art. 297 Abs. 1 MwStSystRL als **allgemeine Ermächtigung zur Festlegung unterschiedlicher Durchschnittssätze** und die dortige Aufzählung unterschiedlicher Tätigkeiten lediglich als beispielhaft zu verstehen. Dafür spricht auch, dass auch in der Forst- und Fischwirtschaft einzelne Teilbereiche einer signifikant unterschiedlichen Vorsteuerbelastung unterliegen können. 32

b) Höhe der Durchschnittssätze

Nach den unionsrechtlichen Vorgaben müssen die Mitgliedstaaten **regelmäßig überprüfen**, ob die Pauschalausgleich-Prozentsätze der tatsächlichen Mehrwertsteuer-Vorbelastung der Pauschallandwirte insgesamt entsprechen und sie gegebenenfalls fortschreiben (Art. 298, 299 MwStSystRL). Um dem nachzukommen, veränderte Deutschland die zuvor langjährig gleichgebliebenen Durchschnittssätze in den letzten Jahren mehrfach (Rz. 11). 33

Zuvor war umstritten, ob die Durchschnittssätze der tatsächlichen Vorsteuerbelastung[1] der Land- und Fortwirte entsprachen.[2] Die EU-Kommission leitete unter anderem deswegen ein **Vertragsverletzungsverfahren** gegen Deutschland ein,[3] über dessen Abschluss noch nicht entschieden ist. 34

Der dem allgemeinen Steuersatz entsprechende Durchschnittssatz nach § 24 Abs. 1 Satz 1 Nr. 2 UStG erscheint auch aus einem anderen Grund unionsrechtlich problematisch. Die Gesetzesmaterialien legen nahe, dass sich der Gesetzgeber insofern nicht an der tatsächlichen Vorsteuerbelastung der erfassten Umsätze orientierte, sondern von **wettbewerbspolitischen Erwägungen** leiten ließ.[4] Andererseits stellt zumindest Art. 299 MwStSystRL lediglich auf die Mehrwertsteuer-Vorbelastung der Pauschallandwirte insgesamt ab, nicht auf die Vorbelastung einzelner Bereiche oder Betriebe der Land- und Forstwirtschaft (Rz. 5). Insofern dürfte für die Mitgliedstaaten ein gewisser Spielraum verbleiben. Dieser Spielraum ist aber nicht unbegrenzt.[5] 35

II. Steuerbefreiungen (Absatz 1 Satz 2)

1. Geltung der Befreiungstatbestände (Absatz 1 Satz 2 Halbs. 1)

Die Befreiungstatbestände nach § 4 Nr. 1 UStG gelten bei der Durchschnittssteuersatzbesteuerung nur eingeschränkt. § 4 Nr. 1–7 UStG sind nicht anwendbar. Dies betrifft insbesondere die Steuerbefreiungen für **Ausfuhrlieferungen und innergemeinschaftliche Lieferungen** (§ 4 Nr. 1 UStG).[6] Aus dem Unionsrecht ergibt sich nichts anderes. Das Unionsrecht geht ebenfalls davon aus, dass bei innergemeinschaftlichen Lieferungen (vgl. Art. 303 Abs. 2 Buchst. a MwStSystRL) und Ausfuhrlieferungen (vgl. Art. 303 Abs. 2 Buchst. b MwStSystRL) ein Pauschalausgleich stattfindet. Ein Befreiungstatbestand nach § 4 Nr. 2–7 UStG dürfte in der Land- und Forstwirtschaft selten vorliegen. 36

1 Dazu *Jungen/Köster/Schleep*, UR 2021, 133 (141).
2 Dafür *Riegler*, UR 2015, 329 (334); dagegen BT-Drucks. 18/9108, 44; BRH, Bericht an das BMF über die Durchschnittssatzbesteuerung nach § 24 UStG, 2019, unter 2.7., 20; differenziert *Jungen/Köster/Schleep*, UR 2021, 182 (183 ff.).
3 Az. des EuGH C-57/20; dazu *Jungen/Köster/Schleep*, UR 2021, 133 (138 f.).
4 Vgl. BT-Drucks. 5/1581, 18; BT-Drucks. 6/56, 3; BT-Drucks. 6/150, 2; BT-Drucks. 14/6877, 38.
5 Vgl. EuGH, Urt. v. 8.3.2012 – C-524/10, ECLI:EU:C:2011:613 – Kommission/Portugal, UR 2012, 685.
6 Abschn. 24.5 Abs. 1 Satz 1 UStAE.

2. Keine Option zur Steuerpflicht (Absatz 1 Satz 2 Halbs. 2)

37 Soweit für land- und forstwirtschaftliche Umsätze die Befreiungstatbestände gelten (§ 4 Nr. 8 ff. UStG), ist eine Option zur Steuerpflicht ausgeschlossen. Die FinVerw. hebt dies insbesondere für die **Veräußerung land- oder forstwirtschaftlicher Grundstücke** hervor.[1]

3. Im Ausland bewirkte Umsätze

38 Abweichend von den allgemeinen Grundsätzen (§ 1 Abs. 1 Nr. 1 Satz 1 UStG) gilt die Durchschnittssatzbesteuerung für Land- und Forstwirte grundsätzlich auch für **im Ausland bewirkte Umsätze**.[2] Dies ist zwar im UStG nicht ausdrücklich geregelt, aber in § 24 Abs. 1 Satz 1 Nr. 2 UStG (Rz. 18 ff.) erkennbar vorausgesetzt. Unionsrechtlich hängt der Pauschalausgleich durch den Leistungsempfänger (Art. 301 MwStSystRL) nicht davon ab, wo die Leistung bewirkt wird. Auch eine Erstattung nach Art. 303 Abs. 2 Buchst. c MwStSystRL kommt nur bei im Ausland bewirkten Leistungen in Betracht.

39 Eine Ausnahme sieht das Unionsrecht allerdings für den **Versandhandel** (Art. 33 MwStSystRL; § 3c UStG) vor (Art. 305 MwStSystRL). Eine Pauschalierung ist insofern ausgeschlossen. Dies soll in der Praxis insbesondere den Versand alkoholischer Getränke betreffen.[3] Im deutschen Recht ist diese Ausnahme nicht umgesetzt. Soweit die Durchschnittssatzbesteuerung für die betroffenen Unternehmer günstiger ist als die Regelbesteuerung, haben sie aber keinen Anlass, sich auf das Unionsrecht zu berufen.

III. Vorsteuerabzug (Absatz 1 Satz 3)

40 In den Fällen des § 24 Abs. 1 Satz 1 Nr. 1 (Rz. 14 ff.) und 3 UStG (Rz. 28 ff.) steht der Besteuerung der Ausgangsumsätze nach § 24 Abs. 1 Satz 3 UStG ein Vorsteuerabzug in gleicher Höhe gegenüber. Damit verbleibt **im Ergebnis regelmäßig keine Steuerschuld**.[4] Nur in den Fällen des § 24 Abs. 1 Satz 1 Nr. 2 UStG (Rz. 18 ff.) ist der pauschale Vorsteuersatz niedriger als der Steuersatz auf den Ausgangsumsatz, so dass sich typischerweise eine Zahllast ergibt. Die FinVerw. verzichtet allerdings aus Vereinfachungsgründen auf die Erhebung, sofern die Umsätze nicht mehr als 4.000 Euro netto betragen und der Unternehmer nicht wegen anderer Umsätze eine Umsatzsteuererklärung abgeben muss.[5]

41 Teile des Schrifttums bezeichnen die Durchschnittssatzbesteuerung daher als **„Scheinbesteuerung"**.[6] Aus unionsrechtlicher Sicht darf die Durchschnittssatzbesteuerung aber nicht lediglich eine Regelbesteuerung mit besonderen Steuersätzen sein. Versteht man – wie hier – die Steuer auf die Ausgangsumsätze als vom Leistungsempfänger gezahlten Pauschalausgleich (Art. 301 Abs. 1 MwStSystRL; Rz. 38), kann sie ihren unionsrechtlichen Zweck (Art. 296 Abs. 1 MwStSystRL) nur erfüllen, wenn sie beim Land- oder Forstwirt verbleibt und er sie nicht an den Fiskus abführen muss.

42 Die Festsetzung der Vorsteuer in gleicher Höhe wie die entstehende Umsatzsteuer ist daher letztlich die notwendige Folge aus der Entscheidung des deutschen Gesetzgebers, den **Pauschalausgleich als Steuer** zu behandeln. Unionsrechtlich problematisch ist die Festsetzung der Vorsteuer gerade, soweit sie in den Fällen des § 24 Abs. 1 Satz 1 Nr. 2 UStG hinter der Umsatzsteuer auf die Ausgangsumsätze zurückbleibt. Die betroffenen Land- und Forstwirte erhalten dadurch im Ergebnis gerade keinen Pauschalausgleich, sondern müssen Umsatzsteuer zahlen.

43 Zwar dürfen die Mitgliedstaaten bestimmte Gruppen landwirtschaftlicher Erzeuger von der Pauschalregelung ausnehmen (Art. 296 Abs. 2 MwStSystRL). Sie dürfen sich dabei aber nicht, wie der deutsche Gesetzgeber bei der Ausgestaltung des § 24 Abs. 1 Satz 1 Nr. 2 UStG (Rz. 18, 20, 27), von Wettbe-

1 Abschn. 24.4 UStAE.
2 Abschn. 24.5 Abs. 1 Satz 1 UStAE.
3 *Schüler-Täsch* in Sölch/Ringleb, § 24 UStG Rz. 126 (Stand: März 2023).
4 Ebenso *Jungen/Köster/Schleep*, UR 2021, 133 (136).
5 Abschn. 24.6 Abs. 1 Satz 2 und Abs. 2 UStAE.
6 Z.B. *Klenk*, UR 2002, 593 (599).

werbserwägungen leiten lassen. Die Mitgliedstaaten können auch unter bestimmten Voraussetzungen unterschiedliche Pauschalausgleich-Prozentsätze festlegen (Art. 297 Abs. 1 MwStSystRL). Dabei muss aber die grundsätzliche **Funktionsweise des Pauschalausgleichs** gewahrt bleiben, so dass im Rahmen der Durchschnittssatzbesteuerung einem höheren Ausgangssteuersatz auch ein Vorsteuerabzug in gleicher Höhe gegenüberstehen muss.

IV. Ausschluss weiteren Vorsteuerabzugs (Absatz 1 Satz 4)

1. Umsatzbezogener Ausschluss

Neben der Vorsteuer nach § 24 Abs. 1 Satz 3 UStG können Land- und Forstwirte nach § 24 Abs. 1 Satz 4 UStG keine weitere Vorsteuer abziehen. Soweit § 24 Abs. 1 Satz 3 UStG den Pauschalausgleich gewährleistet (Rz. 42), setzt § 24 Abs. 1 Satz 4 UStG die unionsrechtliche Vorgabe um, wonach in Bezug auf die dem Pauschalausgleich unterliegenden Tätigkeiten kein **Recht auf Abzug der tatsächlich angefallenen Vorsteuer** besteht (Art. 302 MwStSystRL). 44

Der Ausschluss des Vorsteuerabzugs ist **umsatz-, nicht betriebsbezogen.**[1] Er knüpft nach deutschem Recht an die Voraussetzungen des § 24 Abs. 1 Satz 3 UStG und damit mittelbar an die in § 24 Abs. 1 Satz 1 UStG bezeichneten Ausgangsumsätze an. Auch unionsrechtlich bezieht sich der Ausschluss des Vorsteuerabzugs (Art. 302 MwStSystRL) ausdrücklich auf die dem Pauschalausgleich unterliegenden Umsätze. Wechselt der Unternehmer nach dem Bezug der Eingangsleistung von der Durchschnittssatz- zur Regelbesteuerung, bleibt der Vorsteuerabzug für den Zeitraum des Leistungsbezugs ausgeschlossen und ist für den Folgezeitraum zu berichtigen.[2] 45

Durch den Ausschluss des Vorsteuerabzugs nach § 24 Abs. 1 Satz 4 UStG bewirkt bei durchschnittssatzbesteuerten Land- und Forstwirten die tatsächlich angefallene **Vorsteuer eine Definitivbelastung.** Dies ist zu berücksichtigen, soweit bei typischerweise an durchschnittssatzbesteuerte Land- oder Forstwirte ausgeführten Leistungen die Neutralität der Mehrwertsteuer in Rede steht.[3] 46

2. Aufteilung auf unterschiedlich zu beurteilende Umsätze

Wegen der Umsatzbezogenheit des Ausschlusses ist die **Vorsteuer aus Eingangsumsätzen**, die der Unternehmer sowohl für durchschnittssatzbesteuerte als auch für regelbesteuerte Umsätze verwendet, aufzuteilen.[4] Der Ausschluss gilt dann nur für den auf den durchschnittssatzbesteuerten Ausgangsumsatz entfallenden Teil, der andere Teil ist nach allgemeinen Grundsätzen abzugsfähig (siehe auch Absatz 3). 47

Die Rechtsprechung wendet für die Aufteilung § 15 Abs. 4 UStG unmittelbar,[5] die FinVerw. § 15 Abs. 4 UStG entsprechend an.[6] Entscheidend ist damit die **Verwendungsabsicht bei Bezug der Leistung.** Bezieht der Unternehmer vertretbare Sachen (§ 91 BGB), die er unterschiedlich verwenden will, ist es im Ergebnis ohne Bedeutung, ob zunächst die auf die einzelne Einheit entfallende Vorsteuer ermittelt und anschließend nach der Anzahl der jeweils verwendeten Einheiten hochgerechnet[7] oder unmittelbar die auf das Gesamtentgelt entfallende Vorsteuer aufgeteilt wird. 48

---

1 BFH, Urt. v. 13.11.2013 – XI R 2/11, BStBl. II 2014, 543 = UR 2014, 357, Rz. 37; BFH, Urt. v. 10.8.2017 – V R 64/16, BStBl. II 2019, 455 = UR 2018, 20, Rz. 19 f.; Abschn. 24.7 Abs. 2 Satz 1 UStAE.

2 BFH, Urt. v. 12.7.2023 – XI R 14/22, BStBl. II 2024, 204 = UR 2024, 37, Rz. 16, 19.

3 FG Nürnberg, Urt. v. 16.10.2018 – 2 K 703/18, EFG 2018, 2066 (Rev. unbegründet: BFH, Urt. v. 26.9.2019 – V R 36/18, juris).

4 BFH, Urt. v. 16.12.1993 – V R 79/91, BStBl. II 1994, 339 = UR 1994, 280 m. Anm. *Weiß*.

5 BFH, Urt. v. 16.11.2016 – V R 1/15, BStBl. II 2022, 777 = UR 2017, 153, Rz. 20.

6 Abschn. 24.7 Abs. 2 UStAE.

7 Vgl. Abschn. 24.7 Abs. 3 Satz 1 UStAE; *Schüler-Täsch* in Sölch/Ringleb, § 24 UStG Rz. 180 f. (Stand: März 2023).

3. Berichtigung

a) Änderung des Verwendungszwecks

49 Ändert sich die tatsächliche Verwendung der bezogenen Eingangsumsätze, ist nach allgemeinen Grundsätzen der Vorsteuerabzug nach § 15a UStG zu berichtigen. Lieferte ein Land- oder Forstwirt einen **Anlagegegenstand**, der ihm selbst geliefert wurde und den er in der Folge zur Ausführung von durchschnittssatzbesteuerten Umsätzen verwendete (z.B. Mähdrescher), weiter, unterlag ein solcher Hilfsumsatz (Rz. 59 ff.) nach früherer Rechtsprechung ebenfalls der Durchschnittssatzbesteuerung.[1] Er konnte daher keine Berichtigung auslösen.

50 Bei richtlinienkonformer Auslegung gilt für die meisten derartigen **Hilfsumsätze** aber die Regelbesteuerung.[2] Insbesondere Fahrzeuge, Werkzeuge und Maschinen sind keine landwirtschaftlichen Erzeugnisse i.S.d. Art. 300 Nr. 1 und 2 MwStSystRL. Die Hilfsumsätze können daher grundsätzlich zu einer Berichtigung führen. Die Steuerbefreiung nach § 4 Nr. 28 UStG ist nicht anwendbar, da sie nur in den Fällen des § 4 Nr. 8–27 UStG eingreift. In der Praxis dürfte eine Berichtigung aber vielfach ausscheiden, weil bei der Veräußerung des Anlagegegenstands die Berichtigungsfrist (§ 15a Abs. 1 Satz 1 UStG) schon abgelaufen ist.

b) Wechsel zwischen Durchschnittssatz- und Regelbesteuerung

51 Auch ohne Veränderung der tatsächlichen Verhältnisse ist der Vorsteuerabzug beim **Wechsel von Durchschnittssatz- zur Regelbesteuerung** und umgekehrt (Rz. 106 ff.) zu berichtigen. Dies ist in § 15a Abs. 7 UStG ausdrücklich angeordnet (§ 15a Rz. 171 ff.).

4. Vorschaltkonstruktionen

52 Die Beschränkung des Vorsteuerabzugs führte zu sog. Vorschaltkonstruktionen, bei denen Land- und Forstwirte land- und forstwirtschaftliche Gebäude nicht selbst errichten, sondern **von einem regelbesteuerten Unternehmen pachten**, das für die Verpachtung auf die Steuerbefreiung verzichtet (§ 9 UStG; § 9 Rz. 90) und daher die Vorsteuer auf seine Eingangsleistungen abziehen kann.

53 Ein solcher Verzicht ist nicht möglich, weil der Vorsteuerabzug nach § 24 Abs. 1 Satz 3 UStG kein Vorsteuerabzug i.S.d. § 9 Abs. 2, § 15 UStG ist.[3] Dagegen spricht nicht zuletzt der Grundgedanke des Pauschalausgleichs. Der Pauschalausgleich soll **Land- und Forstwirte von der Belastung mit Vorsteuer freistellen**. Könnte der Vermieter oder Verpächter eines durchschnittssatzbesteuerten Land- oder Forstwirts auf die Steuerbefreiung verzichten, würde sich dessen Vorsteuerbelastung aber noch erhöhen.

V. Rechnungen (Absatz 1 Satz 5)

1. Ausstellung

54 Durchschnittssatzbesteuere Land- und Forstwirte sind in gleicher Weise wie regelbesteuerte Unternehmer (§ 14 UStG) berechtigt und gegebenenfalls verpflichtet Rechnungen auszustellen, in denen sie den für die Leistung geltenden **Durchschnittssatz angeben** müssen (§ 24 Abs. 1 Satz 5 UStG).[4] Das „zusätzlich" erschließt sich insofern nicht, da dazu auch regelbesteuerte Unternehmer verpflichtet sind (§ 14 Abs. 4 Satz 1 Nr. 8 UStG).

1 BFH, Urt. v. 10.11.1994 – V R 87/93, BStBl. II 1995, 218 = UR 1995, 194 m. Anm. *Weiß*, unter II.B.I.1.
2 BFH, Urt. v. 17.8.2023 – V R 3/21, BFHE 282, 101 = UR 2024, 140 m. Anm. *Tehler*, Rz. 31; **a.A.** Abschn. 24.2 Abs. 6 Satz 3 UStAE; FG Münster, Urt. v. 29.3.2022 – 5 K 1589/21 U, EFG 2022, 1244, Rev. eingelegt, Az. des BFH XI R 12/22.
3 BFH, Urt. v. 1.3.2018 – V R 35/17, BStBl. II 2020, 749 = UR 2018, 514, Rz. 15; Abschn. 9.2. Abs. 2 Satz 2 UStAE.
4 Abschn. 24.9 Sätze 1 und 2 UStAE.

Obwohl beim Land- oder Forstwirt selbst häufig im Ergebnis keine Steuerschuld entsteht (Rz. 40), ist die Rechnung erforderlich, um festzustellen, ob und in welcher Höhe der **Leistungsempfänger Vorsteuer abziehen** kann. Ist der Land- oder Forstwirt Kleinunternehmer (§ 19 UStG; Rz. 65), darf er keine Vorsteuer ausweisen und der Leistungsempfänger keine Vorsteuer abziehen. Unterliegt er der Regelbesteuerung, entsteht Vorsteuer in anderer Höhe als bei der Durchschnittssatzbesteuerung. Die Ausstellung von Rechnungen ist insofern unionsrechtlich eine zulässige Maßnahme zur Kontrolle des Pauschalausgleichs (Art. 304 MwStSystRL). 55

2. Gutschriften

Der Verweis auf § 14 UStG schließt die Befugnis des Leistungsempfängers ein, dem Land- oder Forstwirt Gutschriften (§ 14 Abs. 2 Satz 2 UStG) zu erteilen.[1] Dies entspricht in besonderer Weise dem Zweck der Durchschnittssatzbesteuerung, Land- und Forstwirten die Erfüllung ihrer steuerlichen Mitwirkungspflichten zu erleichtern. Der Leistungsempfänger muss dafür **im Vorfeld abfragen**, ob der Land- oder Forstwirt der Durchschnittssatzbesteuerung unterliegt. 56

3. Unrichtiger oder unberechtigter Steuerausweis

Bei unrichtigem oder unberechtigtem Steuerausweis in Rechnungen von durchschnittssatzbesteuerten Land- und Forstwirten oder Gutschriften an diese gilt § 14c UStG.[2] Ist ein **falscher Durchschnittssatz** angegeben, liegt ein Fall des § 14c Abs. 1 UStG vor. 57

Das Gleiche gilt, wenn abgerechnet wird, als unterläge ein durchschnittssatzbesteuerter Land- oder Forstwirt der Regelbesteuerung. Auch ein durchschnittssatzbesteuerter Land- oder Forstwirt ist nach der Konzeption des deutschen Gesetzgebers **Unternehmer und zum Vorsteuerausweis berechtigt**. Das Unionsrecht (Art. 203 MwStSystRL) unterscheidet ohnehin nicht zwischen unrichtigem und unberechtigtem Steuerausweis. Häufig wird zudem nicht klar erkennbar sein, ob der Ersteller des Dokuments „nur" von einem falschen Steuersatz oder von der falschen Besteuerungsform ausging. Ist der Land- oder Forstwirt hingegen in Wirklichkeit Kleinunternehmer (Rz. 65) oder erbringt er keine Leistung, schuldet er die ausgewiesene Steuer nach § 14c Abs. 2 UStG. 58

C. Land- und forstwirtschaftlicher Betrieb (Absatz 2)

I. Begriffsbestimmung (Absatz 2 Satz 1)

1. Erzeugertätigkeiten (Absatz 2 Satz 1 Nr. 1)

a) Deutsches Recht

Zentrales Tatbestandsmerkmal der Durchschnittssatzbesteuerung nach deutschem Recht ist der land- und forstwirtschaftliche Betrieb. Die Durchschnittssatzbesteuerung ist insofern **betriebsbezogen**. Das Gesetz enthält dazu eine abschließende Aufzählung der verschiedenen Arten land- und forstwirtschaftlicher Betriebe (Absatz 2 Satz 1 Nr. 1). Dem Wortlaut nach ist Absatz 2 Satz 1 Nr. 1 UStG keine Definition, sondern eine Fiktion („gelten"), was sich aber in der Sache nicht auswirkt. 59

Die Aufzählung der Erzeugertätigkeiten nach deutschem Recht lehnt sich an das **Bewertungsrecht** (v.a. §§ 33 ff. BewG) an, was nach der Vorstellung des historischen Gesetzgebers zur „Erleichterung der Rechtsanwendung" führen sollte.[3] Soweit es auf die Abgrenzung der einzelnen Tätigkeiten untereinander nach deutschem Recht ankommt, richtet sie sich daher nach bewertungsrechtlichen Grundsätzen. Aufgrund der Ausgestaltung der Durchschnittssätze (Absatz 1 Satz 1, Rz. 13) ist eine solche Abgrenzung aber nur bei der Forstwirtschaft (vgl. Absatz 1 Satz 1 Nr. 1) vorzunehmen. 60

---

1 Vgl. Abschn. 24.9 Satz 2 Halbs. 2 UStAE.
2 Abschn. 24.9 Sätze 3–5 UStAE.
3 BT-Drucks. 5/1581, 18.

61 Aus § 24 Abs. 2 Satz 1 Nr. 1 UStG ergibt sich, dass „land- und forstwirtschaftlicher Betrieb" neben der Land- und Forstwirtschaft auch andere Tätigkeiten sind. Dies bedeutet aber nicht, dass innerhalb der land- und forstwirtschaftlichen Betriebe nach landwirtschaftlichen und forstwirtschaftlichen Betrieben (im weiteren Sinne) zu unterscheiden wäre. Vielmehr ist „land- und forstwirtschaftlicher Betrieb" ein einheitlicher, zusammenfassender Oberbegriff, in dem Land- und Forstwirtschaft lediglich beispielhaft (**pars pro toto**) genannt sind.

b) Unionsrechtskonforme Auslegung

62 Die betriebsbezogene Betrachtungsweise entspricht aber nicht den unionsrechtlichen Vorgaben. Danach hat der Pauschalausgleich sowohl **unternehmer- als auch umsatzbezogene Voraussetzungen**. Der Pauschalausgleich gilt nur für Pauschallandwirte (Art. 295 Nr. 3, Art. 296 MwStSystRL), die bestimmte landwirtschaftliche Erzeugnisse (Art. 295 Nr. 4 MwStSystRL, Anhang VII zur MwStSystRL) liefern (Art. 300 Nr. 1 und 2 MwStSystRL) oder landwirtschaftliche Dienstleistungen (Art. 295 Nr. 5 MwStSystRL; Anhang VIII zur MwStSystRL) erbringen (Art. 300 Nr. 3 MwStSystRL). Das deutsche Recht ist insofern unionsrechtskonform auszulegen.[1]

c) Pauschallandwirt

63 Die Durchschnittssatzbesteuerung ist nach der Änderung von § 24 Abs. 1 Satz 1 UStG durch das JStG 2020 nur für Land- und Forstwirte mit **Umsätzen von höchstens 600.000 Euro** jährlich eröffnet (Rz. 29.1). Zugleich wurde durch die Aufhebung von § 24 Abs. 2 Satz 3 UStG a.F. klargestellt, dass die Durchschnittssatzbesteuerung nicht von der Rechtsform abhängt (Rz. 98).

64 Zwar würde bei Land- und Forstwirten, die unterhalb dieser Umsatzgrenze einen **kaufmännisch eingerichteten Betrieb** unterhalten, Bücher führen und Abschlüsse machen, die Anwendung der normalen Mehrwertsteuerregelung regelmäßig nicht auf Schwierigkeiten stoßen (Art. 296 Abs. 1 MwStSystRL).[2] Gleichwohl steht es unionsrechtlich im Ermessen der Mitgliedstaaten, ob sie solche Land- und Forstwirte vom Pauschalausgleich ausnehmen (Art. 296 Abs. 2 MwStSystRL). Der Ausgang des deswegen eingeleiteten Vertragsverletzungsverfahrens (Rz. 29.1) erscheint daher offen.

65 Aus der Stellung im Sechsten Abschnitt des UStG folgt, dass § 24 UStG als Sonderregelung (lex specialis) sowohl den allgemeinen Vorschriften als auch der **Kleinunternehmerregelung** (§ 19 UStG) vorgeht, sofern nicht der Unternehmer auf die Durchschnittssatzbesteuerung verzichtet (§ 24 Abs. 4 UStG, Rz. 106 ff.).[3] Unabhängig davon geht auch unionsrechtlich die Pauschalregelung sowohl der Regelbesteuerung als auch den vereinfachten Bestimmungen (Art. 281 MwStSystRL) vor.[4] Dies ergibt sich aus Art. 296 Abs. 3 MwStSystRL, wonach sich Pauschallandwirte ausdrücklich nicht nur für die Regelbesteuerung, sondern gegebenenfalls auch für die vereinfachten Bestimmungen (Art. 281 MwStSystRL) entscheiden können. Die Mitgliedstaaten müssen den Pauschalausgleich, auch wenn die diesbezüglichen Vorschriften eng auszulegen sind,[5] daher nicht auf diejenigen Land- und Forstwirte beschränken, die den mit der Regelbesteuerung verbundenen Schwierigkeiten nicht durch die Inanspruchnahme der Kleinunternehmerregelung entgehen können.

1 BFH, Urt. v. 31.5.2007 – V R 5/05, BStBl. II 2011, 289 = UR 2007, 822; Abschn. 24.1 Abs. 1 UStAE; BFH, Urt. v. 13.11.2013 – XI R 2/11, BStBl. II 2014, 543 = UR 2014, 357, Rz. 24; BFH, Urt. v. 22.11.2020 – V R 22/19, BStBl. II 2021, 544 = UR 2021, 388, Rz. 28.

2 Bundesrechnungshof, Bericht an das Bundesministerium der Finanzen über die Durchschnittssatzbesteuerung nach § 24 UStG, 2019, unter 2.2.2., 12 f. und 4.1., 21; siehe auch EuGH, Urt. v. 12.10.2016 – C-340/15, ECLI: EU:C:2016:764, Nigl u.a. = UR 2016, 873.

3 Abschn. 24.8 Abs. 2. Sätze 1 und 2 UStAE.

4 **A.A.** *Klenk*, UR 2017, 175.

5 BFH, Urt. v. 28.5.2013 – XI R 32/11, BStBl. II 2014, 411 = UR 2014, 264, Rz. 64.

d) Landwirtschaftliche Erzeugnisse

aa) Landwirtschaft

Landwirtschaftlich (im unionsrechtlichen Sinne) ist ein Erzeugnis, das aus den im **Anhang VII zur MwStSystRL** genannten Tätigkeiten (Art. 295 Abs. 1 Nr. 4 MwStSystRL) hervorging. Diesen Tätigkeiten gleichgestellt ist die Verarbeitung im Wesentlichen eigener land- oder forstwirtschaftlicher Produkte mit normalen Mitteln land- oder forstwirtschaftlicher Betriebe (Art. 295 Abs. 2 MwStSystRL; „erste Verarbeitungsstufe")[1]. 66

Bei richtlinienkonformer Auslegung ist § 24 Abs. 2 Satz 1 Nr. 1 UStG so auszulegen, dass die Gesamtheit der dort und in Nr. 2 (Rz. 90 ff.) genannten Tätigkeiten mit der Gesamtheit der im Anhang VII zur MwStSystRL genannten Tätigkeiten deckungsgleich ist. Auf die genaue **Entsprechung der einzelnen Tätigkeiten** nach deutschem Recht und Unionsrecht kommt es grundsätzlich nicht an. Anders wäre es, wenn sich aus der unionsrechtlichen Gliederung Folgerungen für die Ausgestaltung der Durchschnittssätze ergäben. M.E. ist das aber nicht so (Rz. 30 ff.). 67

Wie weit die erste Verarbeitungsstufe reicht, hängt unionsrechtlich wesentlich davon ab, welche Mittel zur Verarbeitung als für land- oder forstwirtschaftliche Betriebe normal angesehen werden. Maßgeblich ist daher nicht eine bestimmte – einheitliche – Verarbeitungshöhe, sondern die **herkömmliche Arbeitsteilung** zwischen Erzeugungs- und Verarbeitungsbetrieben und die Verkehrsauffassung, die sich von Erzeugnis zu Erzeugnis unterscheiden kann. Daher wird beispielsweise das Herstellen von Wein noch zur ersten Verarbeitungsstufe gerechnet,[2] nicht aber die Herstellung von Hausmacherwurst.[3] 68

bb) Erzeugnis

„Erzeugnisse" sind nur **Produkte aus dem eigenen Betrieb** des Unternehmers. Organträger und Organgesellschaften sind auch insofern ein Unternehmen.[4] Demgegenüber unterliegt die Lieferung zugekaufter Waren und nicht betriebstypischer Produkte (sog. Handelswaren) der Regelbesteuerung; die ertragsteuerlichen „Zukaufsgrenzen" sind insofern ohne Bedeutung.[5] 69

Zugekaufte Produkte, die länger als drei Monate im Betrieb verbleiben oder die der Unternehmer land- oder forstwirtschaftlich kultiviert oder weiterverarbeitet, behandelt die FinVerw. als eigene Produkte.[6] Mischt der Unternehmer bei der Verarbeitung eigener Produkte in geringem Umfang zugekaufte Zusätze bei, steht dies der Durchschnittssatzbesteuerung nicht entgegen.[7] Das Gleiche gilt m.E. für den Zukauf zusammen mit den Erzeugnissen gelieferter Verpackungen, auch wenn sie nach Verbrauch der Erzeugnisse eigenständig (wieder)verwertet werden können (z.B. Gläser, Flaschen). 70

Über die Eigenschaft als landwirtschaftliche Erzeugnisse entscheiden die **Verhältnisse bei der Erzeugung**, nicht die Verhältnisse beim Verkauf. Die „letzte Ernte" eines landwirtschaftlichen Betriebes ist daher auch dann landwirtschaftliches Erzeugnis, dessen Verkauf der Durchschnittssatzbesteuerung unterliegt, wenn der Landwirt zum Zeitpunkt des Verkaufs selbst nichts mehr produziert.[8] 71

---

1 Abschn. 24.2 Abs. 2 UStAE.
2 *Schüler-Täsch* in Sölch/Ringleb, § 24 UStG Rz. 74 (Stand: März 2023).
3 BFH, Urt. v. 6.12.2001 – V R 43/00, BStBl. II 2001, 701 = UR 2002, 230, unter II.2.c.
4 BFH, Urt. v. 10.8.2017 – V R 64/16, BStBl. II 2019, 455 = UR 2018, 20.
5 BFH, Urt. v. 14.6.2007 – V R 56/05, BStBl. II 2008, 158 = UR 2007, 825; Abschn. 24.1 Abs. 1 Satz 5 UStAE; für „Zukaufsgrenzen" noch BFH, Urt. v. 6.12.2001 – V R 43/00, BStBl. II 2002, 701 = UR 2002, 230, unter II.2.b.
6 Abschn. 24.2 Abs. 1 Sätze 5 ff. UStAE.
7 Vgl. BFH, Urt. v. 27.9.2018 – V R 28/17, BStBl. II 2019, 383 = UR 2019, 29.
8 BFH, Urt. v. 19.11.2009 – V R 16/08, BStBl. II 2010, 319 = UR 2010, 184; Abschn. 24.1 Abs. 4 Sätze 2 und 3 UStAE; offengelassen noch von BFH, Urt. v. 12.10.2006 – V R 36/04, BStBl. II 2007, 485 = UR 2007, 194, unter II.4.b.

cc) Ausgewählte Tätigkeiten

(1) Landwirtschaft (Absatz 2 Satz 1 Nr. 1 Alt. 1 UStG)

72 Um § 24 Abs. 2 Satz 1 UStG und den Anhang VII zur MwStSystRL zur Deckung zu bringen (Rz. 67) ist als „Landwirtschaft" in Abgrenzung von den übrigen in § 24 Abs. 2 Satz 1 Nr. 1 UStG genannten Tätigkeiten grundsätzlich der **Ackerbau** (Nr. 1 Buchst. a des Anhangs VII zur MwStSystRL) zu verstehen. Der von Nr. 1 Buchst. a des Anhangs VII zur MwStSystRL ausdrücklich mit erfasste Weinbau ist allerdings in § 24 Abs. 2 Satz 1 Nr. 1 UStG gesondert genannt (Rz. 75).

(2) Forstwirtschaft (Absatz 2 Satz 1 Nr. 1 Alt. 2 UStG)

73 Die Abgrenzung der Forstwirtschaft von den anderen Erzeugertätigkeiten ist von praktischer Bedeutung, weil für die Lieferung forstwirtschaftlicher Erzeugnisse, ausgenommen Sägewerkserzeugnisse, ein **besonderer Durchschnittssatz** gilt (Absatz 1 Satz 1 Nr. 1 UStG, Rz. 14 ff.). Forstwirtschaft ist die planmäßige Nutzung der natürlichen Kräfte des Bodens zur Gewinnung und Verwertung von Walderzeugnissen, insbesondere Nutzhölzern.[1] Nicht zur Forstwirtschaft gehören Baumschulen, die in § 24 Abs. 2 Satz 1 Nr. 1 UStG gesondert genannt sind, und Sonderkulturen.[2]

74 Zur Forstwirtschaft gehören auch **forstliche Nebenerzeugnisse**, namentlich Pilze und Beeren.[3] Entscheidend ist insofern, ob die Pilze und Beeren Neben- oder Haupterzeugnis sind. Je stärker die Organisation des Unternehmens auf die Erzeugung von Pilzen oder Beeren zugeschnitten ist und je höher deren wirtschaftliche Bedeutung, desto eher sind sie Haupt- und nicht lediglich Nebenerzeugnis und es liegt ein Gemüse- oder Obstbau und keine Forstwirtschaft vor. Das Unionsrecht steht dem nicht entgegen. Zwar ist unionsrechtlich der Anbau von Pilzen (Nr. 1 Buchst. c des Anhangs VII zur MwStSystRL) keine Forstwirtschaft (Nr. 3 des Anhangs zur MwStSystRL). Daraus ergeben sich aber m.E. keine Folgerungen für die Zuweisung zu den einzelnen Durchschnittssätzen nach deutschem Recht (Rz. 30 ff.). Zudem dürfte ein Anbau von Pilzen eine gewisse Planmäßigkeit und Nachhaltigkeit voraussetzen, wie sie auch für die Abgrenzung von Neben- und Haupterzeugnis herangezogen werden kann.

(3) Weinbau (Absatz 2 Satz 1 Nr. 1 Alt. 3 UStG)

75 „Weinbau" ist die Bewirtschaftung von Boden zur **Erzeugung von Weintrauben sowie die Verarbeitung der Trauben zu Wein.**[4] M.E. ist auch die Verarbeitung zu Saft mitumfasst[5], da im Vergleich zur Verarbeitung zu Wein keine zusätzlichen Rohstoffe benötigt werden und durch den Verzicht auf die Gärung sogar weniger Verarbeitungsschritte erforderlich sind. Schnapsbrennerei ist demgegenüber grundsätzlich kein Weinbau, kann allerdings landwirtschaftlicher Nebenbetrieb (Rz. 96 f.) sein.

(4) Gewinnung von Pflanzen und Pflanzenteilen mit Hilfe der Naturkräfte (Absatz 2 Satz 1 Nr. 1 Alt. 8 UStG)

76 Die Gewinnung von Pflanzen und Pflanzenteilen mit Hilfe der Naturkräfte (Absatz 2 Satz 1 Nr. 1 Alt. 8 UStG) ist innerhalb des § 24 Abs. 2 Satz 1 Nr. 1 UStG ein **Auffangtatbestand**. Bei unionsrechtskonformer Auslegung erfasst sie alle Formen des Anbaus (Nr. 1 des Anhangs VII zur MwStSystRL), die nicht zu einer anderen dort genannten Tätigkeit gehören, reicht aber nicht über den Anbau im unionsrechtlichen Sinne hinaus.

---

1 BFH, Urt. v. 11.2.1999 – V R 27/97, BStBl. II 1999, 378 = UR 1999, 373, unter II.1.; Abschn. 24.2 Abs. 4 Sätze 4 und 5 UStAE.

2 Abschn. 24.2 Abs. 4 Satz 3 UStAE.

3 Abschn. 24.2 Abs. 4 Satz 1 UStAE.

4 BFH, Urt. v. 27.11.1997 – V R 78/93, BStBl. II 1998, 359 = UR 1998, 239.

5 So i.E. auch *Schüler-Täsch* in Sölch/Ringleb, § 24 Rz. 74 (Stand: März 2023).

e) Landwirtschaftliche Dienstleistungen

aa) Allgemeines

Sonstige Leistungen sind in § 24 UStG nur in Absatz 1 Satz 1 Nr. 2 im Zusammenhang mit der Abgabe alkoholischer Getränke (Rz. 27) ausdrücklich erwähnt. Sie sind aber insbesondere von den **übrigen Umsätzen nach § 24 Abs. 1 Satz 1 Nr. 3** UStG (Rz. 28) mit umfasst. Dies entspricht dem Unionsrecht. Danach kann auch für landwirtschaftliche Dienstleistungen (Art. 295 Abs. 1 Nr. 5 MwStSystRL; Anhang VIII zur MwStSystRL) der Pauschalausgleich in Anspruch genommen werden (Art. 300 Nr. 3 MwStSystRL). § 24 Abs. 1 Satz 1 Nr. 3 UStG ist entsprechend dieser Vorgaben unionsrechtskonform auszulegen.[1] 77

bb) Erbringung mit Mitteln des Erzeugerbetriebs

Bei unionsrechtskonformer Auslegung liegt eine landwirtschaftliche Dienstleistung nach Art. 295 Abs. 1 Nr. 5 MwStSystRL nur vor, wenn der Dienstleister **selbst (auch) land- oder forstwirtschaftlicher Erzeuger** ist und die Dienstleistung mit den Arbeitskräften (einschließlich seiner eigenen[2]) oder der normalen Ausrüstung seines Erzeugerbetriebs erbringt. Die eigene Erzeugertätigkeit darf gegenüber den Dienstleistungen auch nicht von völlig untergeordneter Bedeutung sein. Der Anteil der Dienstleistungsumsätze am Gesamtumsatz und ihre betragsmäßige Höhe geben insofern Anhaltspunkte, sind aber nicht allein entscheidend.[3] Das Unionsrecht sieht keine starren Grenzwerte vor. Nach der Verwaltungsauffassung muss die Erbringung der Dienstleistung zumindest bei typisierender Betrachtung zu einer Belastung mit Vorsteuer führen können.[4] 78

Verfügt ein Landwirt nur über eine Maschine einer bestimmten Art (z.B. einen Mähdrescher) ist es aber nach der Rechtsprechung für die Anwendung der Durchschnittssatzbesteuerung auf die damit erbrachten Dienstleistungen nicht erforderlich, dass er die Maschine **überwiegend für die eigene Produktion** verwendet.[5] Die FinVerw. nimmt dies „im Allgemeinen" auch an, lässt aber offen, wann etwas anderes gelten soll.[6] Erbringt der Unternehmer Dienstleistungen mit Arbeitskräften oder Gegenständen, die er ausschließlich vorhält, um Dienstleistungen zu erbringen, unterliegt er nach der Rechtsprechung nicht der Durchschnittssatzbesteuerung.[7] Die FinVerw. geht davon schon aus, wenn er Arbeitskräfte oder Gegenstände im eigenen (Erzeuger-)Betrieb nur unerheblich verwendet.[8] 79

Nach diesen Grundsätzen sind **Vermietungs- und Verpachtungsumsätze** keine landwirtschaftlichen Dienstleistungen, wenn der vermietete oder verpachtete Gegenstand entweder von vornherein nicht zur normalen Ausrüstung eines landwirtschaftlichen Betriebs gehört oder jedenfalls infolge der Vermietung oder Verpachtung für die eigene Produktion des Verpächters nicht mehr zur Verfügung steht.[9] Ersteres betrifft beispielsweise die Vermietung von Gästezimmern („Ferien auf dem Bauernhof"), die Verpachtung eines Eigenjagdbezirks[10] und die Abtretung öffentlich-rechtlicher Zahlungs- 80

1 Z.B. BFH, Urt. v. 6.9.2018 – V R 34/17, BStBl. II 2019, 344 = UR 2019, 30, Rz. 12.
2 Abschn. 24.3 Abs. 1 Satz 1 UStAE.
3 Abschn. 24.3 Abs. 2 und 3 UStAE.
4 Abschn. 24.3 Abs. 2 Satz 4 UStAE.
5 BFH, Urt. v. 6.9.2018 – V R 55/17, UR 2019, 196.
6 Abschn. 24.3 Abs. 4 Satz 4 UStAE.
7 BFH, Urt. v. 24.8.2017 – V R 8/17, BFH/NV 2018, 65; siehe bereits BFH, Urt. v. 3.12.1998 – V R 48/98, BStBl. II 1999, 150 = UR 1999, 213.
8 Abschn. 24.3 Abs. 4 Sätze 3 und 5 UStAE.
9 EuGH, Urt. v. 15.7.2004 – C-321/02, ECLI:EU:C:2004:447 – Harbs, UR 2004, 543; Abschn. 24.3 Abs. 7 UStAE.
10 EuGH, Urt. v. 26.5.2005 – C-43/04, ECLI:EU:C:2005:324 – Stadt Sundern, UR 2005, 397, Rz. 26 ff.; BFH, Urt. v. 22.9.2005 – V R 28/03, BStBl. II 2006, 80 = UR 2006, 124; BayLfSt, Vfg. v. 1.3.2023 – S 7416.1.1-2/9 St33, juris; zuvor bereits BFH, Urt. v. 11.2.1999 – V R 27/97, BStBl. II 1999, 378 = UR 1999, 373; Abschn. 24.3 Abs. 8 Sätze 2 und 3 UStAE.

ansprüche,[1] letzteres die Verpachtung landwirtschaftlicher Flächen[2], einer Milchquote[3] oder von Vieheinheiten.[4]

cc) Beitrag zur landwirtschaftlichen Erzeugung

(1) Allgemeines

81 Auch eine im Anhang VIII zur MwStSystRL genannte und mit Mitteln des Erzeugerbetriebs ausgeübte Tätigkeit ist bei unionsrechtskonformer Auslegung nur dann eine landwirtschaftliche Dienstleistung, wenn sie zusätzlich normalerweise zur landwirtschaftlichen Erzeugung beiträgt. Maßgebend ist dabei die **Sicht des Leistungsempfängers.**[5] Trägt die Leistung beim Empfänger typischerweise nicht zur landwirtschaftlichen Erzeugung bei, wird sie nicht deswegen zu einer landwirtschaftlichen Dienstleistung, weil sie die landwirtschaftliche Erzeugung des Leistenden begünstigt.[6] Dem Unionsrecht ist aber nicht zu entnehmen, dass landwirtschaftliche Dienstleistungen nur Dienstleistungen sein können, die auch an Landwirte erbracht werden.[7]

(2) Entsorgungstätigkeiten

82 Ein Landwirt, der Klärschlamm von einer Kläranlage abnimmt und damit seine Felder düngt[8] oder Speiseabfälle von Restaurants abholt und an seine Schweine verfüttert,[9] erbringt daher **keine landwirtschaftliche Dienstleistung.**

(3) Ökologische Ausgleichsmaßnahmen

83 Die Überlassung eines Grundstücks für ökologische Ausgleichsmaßnahmen trägt nicht zur landwirtschaftlichen Erzeugung bei und ist demzufolge keine landwirtschaftliche Dienstleistung.[10] Entsprechendes gilt für einen **„Verkauf des Ackerstatusrechts"**, d.h. die Verpflichtung gegenüber einem Dritten, bestimmte Flächen als Grünland zu nutzen, damit der Dritte Subventionen erhält,[11] oder eine Ersatzaufforstung eigener Grundstücke im Auftrag eines Dritten.[12]

(4) Grabpflege

84 Auch Grabpflege ist **keine landwirtschaftliche Dienstleistung**, da sie nicht zur landwirtschaftlichen Erzeugung beiträgt. Dass die Grabpflege im Anhang VIII zur MwStSystRL nicht genannt ist, schließt demgegenüber m.E. die Durchschnittssatzbesteuerung nicht aus,[13] da dieser Anhang sowohl nach der Verweisung in Art. 295 Abs. 1 Nr. 5 MwStSystRL („insbesondere") als auch nach seinem eigenen Wortlaut („exemplarisches Verzeichnis") nicht abschließend ist.

---

1 BFH, Urt. v. 30.3.2011 – XI R 19/10, BStBl. II 2011, 772 = UR 2011, 834; Abschn. 24.3 Abs. 9 Satz 2 UStAE.

2 EuGH, Urt. v. 15.7.2004 – C-321/02, ECLI:EU:C:2004:447 – Harbs, UR 2004, 543, Rz. 34 f.; BFH, Urt. v. 25.11.2004 – V R 8/01, BStBl. II 2005, 896 = UR 2005, 264; BFH, Urt. v. 6.10.2005 – V R 64/00, BStBl. II 2006, 212 = UR 2006, 180; Abschn. 24.3 Abs. 8 Satz 1 UStAE.

3 BFH, Urt. v. 5.11.1998 – V R 81/97, BStBl. II 1999, 149 = UR 1999, 212.

4 BFH, Urt. v. 12.11.2020 – V R 22/19, BStBl. II 2021, 544 = UR 2021, 388, Rz. 30 ff.; Abschn. 24.3 Abs. 12 UStAE.

5 BFH, Urt. v. 21.1.2015 – XI R 13/13, BStBl. II 2015, 730 = UR 2015, 314, Rz. 41; BFH, Urt. v. 6.9.2018 – V R 34/17, BStBl. II 2019, 344 = UR 2019, 30, Rz. 13; Abschn. 24.3 Abs. 5 Satz 1 UStAE.

6 BFH, Urt. v. 23.1.2013 – XI R 27/11, BStBl. II 2013, 458 = UR 2013, 352, Rz. 27 ff.

7 BFH, Urt. v. 21.1.2015 – XI R 13/13, BStBl. II 2015, 730 = UR 2015, 314, Rz. 37; **a.A.** Abschn. 24.3 Abs. 5 Satz 4 UStAE.

8 BFH, Urt. v. 23.1.2013 – XI R 27/11, BStBl. II 2013, 458 = UR 2013, 352.

9 BFH, Urt. v. 24.1.2013 – V R 34/11, BStBl. II 2013, 460 = UR 2013, 515.

10 BFH, Urt. v. 28.5.2013 – XI R 32/11, BStBl. II 2014, 411 = UR 2014, 264, Rz. 66.

11 BFH, Urt. v. 8.2.2018 – V R 55/16, BStBl. II 2021, 538 = UR 2018, 613, Rz. 29 ff.; Abschn. 24.3 Abs. 12 UStAE.

12 FG Berlin-Brandenburg, Urt. v. 24.8.2022 -7 K 7201/19, EFG 2022, 1948, Rev. eingelegt, Az. des BFH V R 18/22.

13 **A.A.** BFH, Urt. v. 31.5.2007 – V R 5/05, BStBl. II 2011, 289 = UR 2007, 822, unter II.2.c.

(5) Gestattung der Jagdausübung

Verpachtet der Inhaber eines Eigenjagdrechts sein Jagdrecht nicht insgesamt (Rz. 80), sondern ermöglicht gegen Entgelt die **Teilnahme an einzelnen Jagden oder Einzelabschüsse**, ist die reine Gestattung der Jagdausübung ebenfalls keine landwirtschaftliche Dienstleistung. Erwerben die Jäger Eigentum am erlegten Wild, kann dies allerdings eine Lieferung landwirtschaftlicher Erzeugnisse sein.[1] 85

(6) Pensionspferdehaltung

Die Pensionspferdehaltung ist nur insoweit landwirtschaftliche Dienstleistung, als der Eigentümer die Pferde seinerseits zu landwirtschaftlichen Zwecken, insbesondere als **Arbeits- oder Zuchtpferde** einsetzt, nicht hingegen für Freizeitpferde.[2] 86

(7) Wanderschäferei

Abweichend von den vorgenannten Grundsätzen unterliegt nach der Rechtsprechung auch die **Beweidungsleistung** eines Wanderschäfers der Durchschnittssatzbesteuerung. Der BFH verweist dazu darauf, dass die Wanderschäferei in § 24 Abs. 2 Satz 1 Nr. 1 UStG ausdrücklich genannt ist und Unternehmer sich grundsätzlich auf das deutsche Recht berufen können, wenn es für sie günstiger ist als Unionsrecht.[3] 87

f) Empfängerbezogene Voraussetzungen

aa) Unionsrechtliche Vorgaben

Unionsrechtlich hängt der Pauschalausgleich auch davon ab, an wen die Leistung erbracht wird. Die Pauschalausgleichs-Prozentsätze werden grundsätzlich nur auf Leistungen an Steuerpflichtige, die selbst nicht die Pauschalregelung in Anspruch nehmen (Art. 300 Nr. 1 und 3 MwStSystRL) und auf innergemeinschaftliche Erwerbe juristischer Personen (Art. 300 Nr. 2 MwStSystRL) angewendet. Sie gelten also insbesondere nicht für Leistungen an Steuerpflichtige, die selbst den Pauschalausgleich in Anspruch nehmen oder an natürliche Personen, die keine Steuerpflichtigen sind.[4] Dies ist folgerichtig, da diese Leistungsempfänger keine **Möglichkeit** haben, einen von ihnen gezahlten **Pauschalausgleich** (Art. 301 Abs. 1 MwStSystRL) **als Vorsteuer abzuziehen** (Art. 303 MwStSystRL). Leistungen von Pauschallandwirten an in Art. 300 MwStSystRL nicht genannte Leistungsempfänger sind auch nicht nach den allgemeinen Regelungen steuerpflichtig, sondern im Ergebnis steuerfrei.[5] Anders könnte der Vereinfachungszweck nicht erreicht werden. 88

bb) Berufbarkeit des jeweils günstigeren Rechts

Der BFH erkennt an, dass die Durchschnittssatzbesteuerung nicht voraussetzt, dass der Leistungsempfänger Land- oder Forstwirt ist.[6] Soweit er davon ausging, dass die Durchschnittssatzbesteuerung auch auf **Leistungen an Endverbraucher** anzuwenden sein könne, beruht dies auf der Überlegung, dass der Steuerpflichtige sich auf nicht unionsrechtskonformes nationales Recht berufen kann, soweit es für ihn günstiger ist.[7] Umgekehrt kann der Steuerpflichtige sich auf das Unionsrecht berufen, soweit es für ihn günstiger ist als das nationale Recht. Liefert etwa ein durchschnittssatzbesteuerter Winzer Wein an einen Endverbraucher, entsteht nach deutschem Recht (§ 24 Abs. 1 Satz 1 Nr. 2 und Sätze 3 und 4 89

---

1 BFH, Urt. v. 13.8.2008 – XI R 8/08, BStBl. II 2009, 216 = UR 2008, 897.

2 BFH, Urt. v. 13.1.2011 – V R 65/09, BStBl. II 2011, 465 = UR 2011, 556, Rz. 20 ff.; BFH, Urt. v. 10.9.2014 – XI R 33/13, BStBl. II 2015, 720 = UR 2015, 318, Rz. 23, 26 ff.; BFH, Urt. v. 21.1.2015 – XI R 13/13, BStBl. II 2015, 730 = UR 2015, 314, Rz. 41 f.

3 BFH, Urt. v. 6.9.2018 – V R 34/17, BStBl. II 2019, 344 = UR 2019, 30, Rz. 14.

4 EuGH, Urt. v. 28.6.1988 – 3/86, ECLI:EU:C:1988:338 – Kommission/Italien.

5 BFH, Urt. v. 6.12.2001 – V R 43/00, BStBl. II 2002, 701 = UR 2002, 230, unter II.3.c.

6 BFH, Urt. v. 21.1.2015 – XI R 13/13, BStBl. II 2015, 730 = UR 2015, 340, Rz. 37.

7 BFH, Urt. v. 6.12.2001 – V R 43/00, BStBl. II 2002, 701 = UR 2002, 230, unter II.3.c.; BFH, Urt. v. 21.1.2015 – XI R 13/13, BStBl. II 2015, 730 = UR 2015, 340, Rz. 39.

UStG; Rz. 40 ff.) regelmäßig eine positive Steuer, während unionsrechtlich weder ein Pauschalausgleich zu zahlen noch die Lieferung nach allgemeinen Grundsätzen steuerpflichtig ist. Fraglich ist dann, wie sich der Winzer über den umsatzsteuerrechtlichen Status des Empfängers vergewissern kann und wie er das Ergebnis seiner Prüfung, insbesondere bei Bargeschäften, dokumentieren muss.

g) Aufhebung von Verträgen über durchschnittssatzbesteuerte Leistungen

89.1 Verzichtet ein landwirtschaftlicher Erzeuger auf das Recht, landwirtschaftliche Erzeugnisse zu liefern oder landwirtschaftliche Dienstleistungen zu erbringen, kann darin eine steuerpflichtige Leistung liegen. Leistungen aufgrund eines solchen **Aufhebungsvertrags** unterliegen aber nach der Rechtsprechung gegebenenfalls der Regelbesteuerung, weil sie vom Zweck der Durchschnittssatzbesteuerung nicht erfasst sind.[1]

2. Besonderheiten bei Tierzucht und Tierhaltung (Absatz 2 Satz 1 Nr. 2)

90 Tierzucht und Tierhaltung sind nach der bewertungsrechtlichen Systematik (Rz. 59 ff.) grundsätzlich ein Unterfall der Landwirtschaft. Die Höchstzahl der Tiere ist aber durch die Größe der landwirtschaftlichen Nutzfläche begrenzt (vgl. bis 31.12.2024 §§ 51, 51a BewG[2], ab 1.1.2025 § 241 BewG; § 13 Abs. 1 Nr. 1 Satz 2 EStG, § 13b EStG), weil ansonsten die Tierhaltung bei typisierender Betrachtung nicht mehr auf der **Nutzung der natürlichen Kräfte des Bodens beruht**. Diese regelungstechnische Besonderheit dürfte ursprünglich der Grund gewesen sein, Tierzucht und Tierhaltung in § 24 Abs. 2 Satz 1 UStG in einer eigenen Nr. 2 zu regeln. Für Fischzucht und Teichwirtschaft, obwohl begrifflich Unterfälle der Tierzucht, gilt diese Besonderheit nicht, sie sind in Nr. 1 genannt.

91 Der BFH wendet die bewertungsrechtlichen Grenzen an, da landwirtschaftlicher Erzeuger im Sinne des Unionsrechts nur sein könne, wer im jeweiligen Mitgliedstaat als solcher gelte (Art. 295 Abs. 1 Nr. 2 MwStSystRL) und das Unionsrecht keine Obergrenze für Vieheinheiten vorgebe.[3] M.E. ist das unionsrechtliche Tatbestandsmerkmal „in **Verbindung mit der Bodenbewirtschaftung**" (Art. 295 Abs. 1 Nrn. 2,4 MwStSystRL i.V.m. Nr. 2 des Anhangs VII zur MwStSystRL), auf das die Obergrenze zielt, autonom und unionsweit einheitlich auszulegen[4], ohne auf nationales Recht zurückzugreifen.

92 Im Übrigen gelten für Tierzucht und Tierhaltung die **allgemeinen Grundsätze**. Liefert etwa ein Milchbauer selbst hergestellten Fruchtjoghurt, unterliegt die Lieferung der Durchschnittssatzbesteuerung, sofern er für die Verarbeitung (Art. 295 Abs. 2 MwStSystRL) keine industriellen Werkzeuge nutzt. Solange die Milch die Hauptzutat ist, schadet es nicht, wenn er den beigemischten Fruchtzusatz zukauft.[5] Vom Ausbilder zuvor angekaufte und danach als solche ausgebildete Sport-, Renn- und Turnierpferde sind jedenfalls deswegen kein landwirtschaftliches Erzeugnis, weil sie nicht mit typischen Mitteln landwirtschaftlicher Betriebe ausgebildet werden.[6]

3. Vereinfachungsregelungen der FinVerw.

a) Veräußerung immaterieller Wirtschaftsgüter

93 Die Lieferung immaterieller Wirtschaftsgüter, die zwar **Grundlage des land- und forstwirtschaftlichen Betriebs**, aber ihrerseits kein land- oder forstwirtschaftliches Erzeugnis sind, unterliegt nach Gesetz und Richtlinie der Regelbesteuerung. Gleichwohl beanstandet es die FinVerw. nicht, wenn der Unternehmer diese Lieferungen der Durchschnittssatzbesteuerung unterwirft, sofern er die Wirtschaftsgüter nicht zum Zeitpunkt der Veräußerung zur Ausführung regelbesteuerter Umsätze verwendet.[7]

1 BFH, Urt. v. 30.8.2023 – XI R 27/21, UR 2024, 73, Rz. 21 ff.
2 Dazu FG Niedersachsen, Urt. v. 5.9.2022 – 11 K 102/22, EFG 2023, 518.
3 BFH, Urt. v. 26.5.2021 – V R 11/18, UR 2022, 72, Rz. 15, 17; offengelassen in BFH, Urt. v. 13.2.2019 – XI R 24/17, BFH/NV 2019, 597.
4 Z.B. BFH, Beschl. v. 23.6.2016 – V B 90/15, BFH/NV 2016, 1498.
5 BFH, Urt. v. 27.9.2018 – V R 28/17, BStBl. II 2019, 383 = UR 2019, 29.
6 BFH, Urt. v. 13.9.2023 – XI R 37/22, BStBl. II 2024, 240 = UR 2024, 107, Rz. 27.
7 Abschn. 24.3 Abs. 9 Sätze 3 und 4 UStAE.

Die FinVerw. nennt in diesem Zusammenhang unter anderem **Brennrechte**. Die Brennerei selbst ist allerdings keine Erzeugertätigkeit, sondern kann lediglich Nebenbetrieb sein (Rz. 75). Insofern ist unklar, warum ein Brennrecht – wie von der FinVerw. gefordert – Grundlage einer Erzeugertätigkeit sein kann. Nachdem Brennrechte in der Nichtbeanstandungsregelung ausdrücklich genannt sind, stellt sich diese Frage auf Grundlage der Verwaltungsauffassung aber nicht. 94

b) Geringfügigkeitsgrenze

Daneben gestattet die FinVerw. durchschnittssatzbesteuerten Land- und Forstwirten, auch für andere der Regelbesteuerung unterliegende Umsätze die Durchschnittssatzbesteuerung anzuwenden, wenn sie voraussichtlich nicht mehr als **4.000 Euro netto** im Kalenderjahr betragen.[1] Die FinVerw. nennt dafür Positiv- und Negativbeispiele. Da die Positivbeispiele ausdrücklich nicht abschließend sind („z.B."), kommen für diese Geringfügigkeitsregelung bis auf die Negativbeispiele[2] grundsätzlich alle Arten sowohl von Lieferungen als auch von sonstigen Leistungen in Betracht. 95

II. Nebenbetriebe (Absatz 2 Satz 2)

Auch Umsätze aus Nebenbetrieben unterliegen nach deutschem Recht der Durchschnittssatzbesteuerung, wenn sie der landwirtschaftlichen Erzeugung oder Dienstleistung zu dienen bestimmt sind. Dafür muss zwischen dem Nebenbetrieb und dem landwirtschaftlichen Hauptbetrieb eine **nicht nur zufällige wirtschaftliche Verbindung** bestehen und der Hauptbetrieb die Gesamttätigkeit prägen. Der Bundesfinanzhof nahm dies für eine Brennerei an, in der überwiegend eigene landwirtschaftliche Erzeugnisse verarbeitet werden.[3] 96

Das Unionsrecht kennt allerdings keine Nebenbetriebe. Es lässt die Pauschalregelung **nur für landwirtschaftliche Erzeugnisse und Dienstleistungen** zu und stellt lediglich bestimmte Verarbeitungstätigkeiten der landwirtschaftlichen Erzeugung gleich (Art. 295 Abs. 2 MwStSystRL).[4] Als Nebenbetriebe kommen daher m.E. bei richtlinienkonformer Auslegung[5] nur solche Verarbeitungstätigkeiten in Betracht. 97

III. Rechtsformneutralität

Durch Art. 11 Nr. 6 Buchst. b JStG 2020 wurde § 24 Abs. 2 Satz 3 UStG a.F., der Gewerbebetriebe kraft Rechtsform, insbesondere **Kapitalgesellschaften und Genossenschaften**, von der Durchschnittssatzbesteuerung ausschloss[6], aufgehoben. Die Anwendung der Durchschnittssatzbesteuerung hängt damit schon nach dem Gesetzeswortlaut nicht mehr von der Rechtsform ab. 98

IV. Unternehmer aus dem übrigen Gemeinschaftsgebiet

Die Durchschnittssatzbesteuerung nach § 24 UStG hängt zwar nach dem Wortlaut der Regelung nicht davon ab, wo der Unternehmer ansässig ist. Aus den Art. 295, 297 ff. MwStSystRL ergibt sich jedoch eine mitgliedstaatenbezogene Betrachtung und damit bei richtlinienkonformer Auslegung eine Beschränkung der Durchschnittssatzbesteuerung auf inländische Unternehmer.[7] 99

---

1 Abschn. 24.6 Abs. 1 Satz 1, Abs. 2 UStAE.
2 Abschn. 24.6 Abs. 4 UStAE.
3 BFH, Urt. v. 27.11.1997 – V R 78/93, BStBl. II 1998, 359 = UR 1998, 239.
4 So auch *Tehler* in Reiß/Kraeusel/Langer, § 24 UStG Rz. 257 (Stand: Juli 2016).
5 Vgl. Abschn. 24.1 Abs. 1 Satz 4 UStAE.
6 Dazu BFH, Urt. v. 16.4.2008 – XI R 73/07, BStBl. II 2009, 1024 = UR 2008, 632, unter II.1.
7 BFH Urt. v. 22.3.2023 – XI R 14/21, BStBl. II 2023, 945 = UR 2023, 766, Rz. 21 ff.

D. Trennung von anderen Umsätzen (Absatz 3)

I. Ausführung anderer Umsätze

100 § 24 Abs. 3 UStG regelt die Fälle, in denen ein Unternehmer neben land- und forstwirtschaftlichen Umsätzen auch andere Umsätze ausführt. Nach dem klaren Wortlaut der Vorschrift kommt es nicht darauf an, **welcher Art** diese Umsätze sind, ob sie der Regelbesteuerung oder einer anderen Ausnahmevorschrift unterliegen und welche Höhe sie erreichen. Eine etwaige einzelunternehmerische Tätigkeit eines Angehörigen einer Personengesellschaft ist ohnehin grundsätzlich eigenständig zu beurteilen[1] und nicht von der Besteuerung der Personengesellschaft abhängig oder umgekehrt. Die Rechtsprechung entnimmt § 24 Abs. 3 UStG auch, dass für Zwecke der Durchschnittssatzbesteuerung ein Unternehmer nur einen einheitlichen land- und forstwirtschaftlichen Betrieb unterhalten kann.[2]

II. Gesondert geführter Betrieb

1. Vorsteuerabzug

101 Die Behandlung als gesondert geführter Betrieb (siehe auch § 22 Abs. 1 Satz 3 UStG) zielte ursprünglich auf den Vorsteuerabzug aus den für Zwecke der nicht der Durchschnittssatzbesteuerung unterliegenden Ausgangsumsätze bezogenen Eingangsumsätzen.[3] Dem lag letztlich eine ertragsteuerrechtlich geprägte Sichtweise zugrunde, die für den Vorsteuerabzug nicht auf die Verwendung für einen bestimmten Ausgangsumsatz, sondern auf die Art des Betriebs abstellte.[4] Dies entspricht aber nicht den unionsrechtlichen Vorgaben (Rz. 62). Bei unionsrechtskonformer Auslegung[5] richtet sich der Vorsteuerabzug nach dem jeweiligen Verwendungsumsatz. Absatz 3 hat insofern **keine eigenständige Bedeutung** mehr.[6]

2. Ausgangsumsätze

102 Auch die Besteuerung der Ausgangsumsätze richtet sich grundsätzlich nicht danach, in welchem Betrieb im ertragsteuerrechtlichen Sinne der Unternehmer sie ausführt, sondern nach der **Art des jeweiligen Umsatzes**. Führt ein Unternehmer neben land- und forstwirtschaftlichen Umsätzen auch andere Umsätze aus, unterliegen diese allgemein den für sie geltenden Regelungen und lassen zugleich die Durchschnittssatzbesteuerung der land- und forstwirtschaftlichen Umsätze unberührt.[7] Die FinVerw. bezieht allerdings bei der Berechnung des Gesamtumsatzes i.S.d. § 19 Abs. 1 UStG (§ 19 Rz. 14 ff.) land- und forstwirtschaftliche Umsätze mit ein.[8]

E. Option zur Regelbesteuerung (Absatz 4)

I. Ausübung der Option (Absatz 4 Satz 1)

103 Unternehmer, die grundsätzlich der Durchschnittssatzbesteuerung unterliegen, können erklären, dass für sie stattdessen die allgemeinen Regelungen oder – sofern die übrigen Voraussetzungen vorliegen – die Regelungen für Kleinunternehmer gelten sollen. „Allgemeine Vorschriften" i.S.d. § 24 Abs. 4 Satz 1 UStG bedeutet **nicht zwingend die Regelbesteuerung**, sondern ist in Abgrenzung zu den Sonderregelungen des Sechsten Abschnitts zu verstehen. Ein solches Wahlrecht ist auch unionsrechtlich vorgege-

1 BFH, Urt. v. 6.9.2007 – V R 16/06, HFR 2008, 840, unter II.3.
2 BFH, Urt. v. 26.5.2021 – V R 11/18, UR 2022, 72, Rz. 18 ff.
3 Vgl. BT-Drucks. 5/1581, 18.
4 Vgl. *Klenk*, UR 2009, 79 (80).
5 Vgl. Abschn. 24.1 Abs. 1 UStAE.
6 *Klenk*, UR 2009, 79 (82 f.).
7 Vgl. EuGH, Urt. v. 15.9.2011 – C-180/10 und C-181/10, ECLI:EU:C:2011:589 – Slaby, UR 2012, 519, Rz. 48.
8 Abschn. 24.7 Abs. 4 UStAE.

ben, wobei die Einzelheiten in das Ermessen der Mitgliedstaaten gestellt sind (Art. 296 Abs. 3 MwStSystRL; Rz. 65).

Die Entscheidung gegen die Durchschnittssatzbesteuerung ist nach dem Gesetz zwar **frist-, aber nicht formgebunden.**[1] Eine Verlängerung der Frist ist im Umkehrschluss aus § 24 Abs. 4 Sätze 5 und 6 UStG nicht möglich[2]. Die Befristung dient der Rechtsklarheit und überschreitet daher nicht das den Mitgliedstaaten unionsrechtlich eingeräumte Ermessen.[3] 104

Die FinVerw. geht davon aus, der Verzicht könne insbesondere durch eine entsprechende Umsatzsteuervoranmeldung[4] erklärt werden. Die erste Umsatzsteuervoranmeldung für das neue Jahr wird aber regelmäßig nicht vor Februar, also nach **Ablauf der Zehntagesfrist**, abgegeben. Die letzte Umsatzsteuervoranmeldung für das Vorjahr ist zwar grundsätzlich innerhalb der Zehntagesfrist abzugeben, enthält aber regelmäßig keine Aussagen über das laufende Jahr. 105

Verzichtet ein Unternehmer auf die Durchschnittssatzbesteuerung, gilt dies grundsätzlich für **alle land- und forstwirtschaftlichen Umsätze**, unabhängig davon, wie vielen Teilbetrieben im Sinne des Ertragsteuerrechts sie zuzuordnen sind.[5] Ein beschränkter Verzicht wäre daher unwirksam. Der Verzicht ist möglich, wenn der Unternehmer die durch objektive Umstände belegte Absicht hat, land- und forstwirtschaftliche Umsätze auszuführen und der Regelbesteuerung zu unterwerfen. Wechselt der Unternehmer zur Regelbesteuerung, kann er also gegebenenfalls schon Vorsteuer aus den Kosten für den Erwerb eines land- oder forstwirtschaftlichen Unternehmens abziehen, noch bevor er tatsächlich Ausgangsumsätze ausführt.[6] 106

Nach Auffassung der FinVerw. muss ein **land- oder forstwirtschaftlicher Kleinunternehmer**, der die Regelbesteuerung wählen will, neben dem Verzicht auf die Durchschnittssatzbesteuerung zusätzlich eine Erklärung nach § 19 Abs. 2 UStG abgeben.[7] Dies entspricht der Gesetzessystematik, wonach die Kleinunternehmerregelung, wenn ihre Voraussetzungen vorliegen, der Regelbesteuerung vorgeht. Der land- oder forstwirtschaftliche Kleinunternehmer kann m.E. aber den Verzicht auf die Durchschnittssatzbesteuerung mit der Option zur Regelbesteuerung in einem Schriftstück verbinden, wenn darin beides hinreichend deutlich zum Ausdruck kommt. 107

II. Bindung an die Option (Absatz 4 Satz 2)

Der Verzicht auf die Durchschnittssatzbesteuerung gilt grundsätzlich für mindestens fünf Jahre (§ 24 Abs. 4 Satz 2 UStG). Dies dient der Verwaltungsvereinfachung und soll **unerwünschte Gestaltungen** verhindern.[8] Bei einer Geschäftsveräußerung (Rz. 9) geht sie auf den Erwerber über (§ 24 Abs. 4 Satz 2 Halbs. 2 UStG). Für den Begriff der Geschäftsveräußerung gilt mangels abweichender Regelungen die Legaldefinition in § 1 Abs. 1a Satz 2 UStG.[9] 108

Für **Kleinunternehmer** ist die Bindung auf ein Jahr verkürzt (§ 71 UStDV).[10] § 26 Abs. 1 Satz 1 UStG lässt eine solche Verkürzung ausdrücklich zu. Nach dem Wortlaut des § 71 UStDV gilt die Verkürzung nur für Kleinunternehmer nach § 19 Abs. 1 UStG und nicht, wenn der Kleinunternehmer zur Regelbesteuerung optierte.[11] Auch diese Unterscheidung bewegt sich m.E. im Bereich des den Mitgliedstaaten eingeräumten Ermessens (Art. 296 Abs. 3 MwStSystRL), da bei Kleinunternehmern weniger Gestaltungspotential besteht. 109

---

1 So auch Abschn. 24.8 Abs. 1 Satz 1 UStAE.
2 So auch LSt Nds., Vfg. v. 26.7.2021 – S 7418-53-St 186, UR 2021, 803.
3 BFH, Beschl. v. 29.5.2000 – V B 25/00, UR 2001, 315, unter II.2.
4 Abschn. 24.8 Abs. 1 Satz 2 UStAE.
5 BFH, Urt. v. 23.4.1998 – V R 64/96, BStBl. II 1998, 494 = UR 1998, 354.
6 BFH, Urt. v. 22.3.2001 – V R 39/00, BFH/NV 2001, 1153 = UR 2001, 361.
7 Abschn. 24.8 Abs. 2 Satz 4 UStAE.
8 BT-Drucks. 5/1581, 18.
9 Abschn. 24.8 Abs. 3 Satz 2 UStAE.
10 Siehe auch Abschn. 24.8 Abs. 3 Satz 3 UStAE.
11 Abschn. 24.8 Abs. 3 Sätze 4 und 5 UStAE.

III. Widerruf der Option (Absatz 4 Satz 3)

110 Sofern die Voraussetzungen der Durchschnittssatzbesteuerung weiter vorliegen, kann ein Unternehmer, der zuvor darauf verzichtete, nach Ablauf der Bindungsfrist zur Durchschnittssatzbesteuerung zurückkehren (§ 24 Abs. 4 Satz 3 UStG). Ebenso wie der Verzicht ist auch die Rückkehr zur Durchschnittssatzbesteuerung nur einheitlich für alle land- und forstwirtschaftlichen Umsätze des Unternehmers möglich. Sie führt regelmäßig zu einer **Berichtigung des Vorsteuerabzugs** für während des Verzichts bezogene Leistungen (Rz. 51).

IV. Widerrufsfrist (Absatz 4 Satz 4)

111 Der Widerruf ist **innerhalb der ersten zehn Tage des Kalenderjahres**, ab dem er gelten soll, dem Finanzamt gegenüber zu erklären (§ 24 Abs. 4 Satz 4 UStG). Er entfaltet daher – eng beschränkte – Rückwirkung. Nach dem Gesetz ist er an keine besondere Form gebunden.

V. Verlängerung der Widerrufsfrist (Absatz 4 Satz 5)

112 Der Unternehmer kann beantragen, die Widerrufsfrist zu verlängern (§ 24 Abs. 4 Satz 5 UStG). Im eigenen Interesse sollte er den Widerruf allerdings **möglichst früh erklären**, vorzugsweise noch vor Beginn des Kalenderjahres, ab dem er wirken soll. Anderenfalls müsste er von Beginn des Kalenderjahres bis zum Widerruf Rechnungen mit gesondertem Umsatzsteuerausweis erteilen und würde die ausgewiesene Umsatzsteuer nach dem Widerruf bis zur Berichtigung der Rechnungen weiter schulden (§ 14c Abs. 1 UStG, Rz. 57 f.).

VI. Rückwirkende Verlängerung (Absatz 4 Satz 6)

113 Eine Fristverlängerung ist selbst nach Ablauf der Widerrufsfrist möglich, wenn dies aus Gründen der Billigkeit erforderlich ist (§ 24 Abs. 4 Satz 6 UStG). Die Entscheidung über die rückwirkende Verlängerung ist eine **Ermessensentscheidung**. Ob es unbillig wäre, den Unternehmer auf den Fristablauf zu verweisen, ist nach Maßgabe des § 102 FGO gerichtlich vollüberprüfbar.[1] Die Gesetzesmaterialien[2] enthalten allerdings keine Hinweise, welche Gesichtspunkte dabei zu berücksichtigen sind. Unklar ist auch, in welchem Verhältnis die Möglichkeit zur rückwirkenden Fristverlängerung zur Wiedereinsetzung in den vorigen Stand (§ 110 AO) steht.

F. Überprüfung der Steuersatzhöhe (Absatz 5)

I. Auftrag an BMF (Absatz 5 Satz 1)

114 Die Pflicht, die Höhe der Durchschnittssätze regelmäßig zu überprüfen, ergibt sich schon aus dem Unionsrecht (Rz. 5), die Zuständigkeit des BMF aus dem Ressortprinzip. Die gesetzliche Regelung durch das Gesetz zur Umsetzung unionsrechtlicher Vorgaben im Umsatzsteuerrecht (Rz. 11) war insofern **rechtlich nicht erforderlich**. Der Gesetzentwurf begründet sie mit „Monitoring".[3]

115 Vor dem Hintergrund des Vertragsverletzungsverfahrens (Rz. 33) erschließt sich nicht, weshalb die Überprüfung **nicht alle Durchschnittssätze** betrifft. Dies gilt umso mehr, als Abs. 5 Satz 1 den Durchschnittssatz nach Abs. 1 Satz 1 Nr. 1 nicht ausdrücklich nennt, obwohl er in Abs. 1 Satz 3 ebenfalls an-

1 BFH, Urt. v. 14.6.1991 – V R 68/87, BFH/NV 1992, 208; siehe auch BFH, Beschl. v. 28.11.2016 – GrS 1/15, BStBl. II 2017, 393 = FR 2017, 296, Rz. 98 ff.
2 BT-Drucks. 7/261, 40.
3 BT-Drucks. 20/12, 15.

gesprochen ist. Die gleichzeitig mit der Einfügung von Abs. 5 vorgenommene Änderung in Abs. 1 legt nahe, dass sich die Überprüfung nur auf den Durchschnittssatz nach Abs. 1 Satz 1 Nr. 3 beziehen soll.

II. Berechnung (Absatz 5 Satz 2)

Die Methode zur Berechnung des zu überprüfenden Steuersatzes beruht nach der Entwurfsbegründung auf einer Empfehlung des **Bundesrechnungshofs.**[1] Der Entwurfsbegründung ist nicht zu entnehmen, weshalb einerseits der Durchschnittssatz nach § 24 Abs. 1 Satz 1 Nr. 2 UStG von der Überprüfung ausgenommen, andererseits die Umsätze der Unternehmer, die ihn anwenden, in die Berechnung einbezogen sein sollen. 116

III. Rundung (Absatz 5 Satz 3)

Die Rundung des rechnerisch ermittelten Durchschnittssatzes, auch im Nachkommabereich, führt zu Verzerrungen. Diese Verzerrungen dürften insgesamt aber vergleichsweise gering ins Gewicht fallen und daher sowohl nach nationalem Recht als auch unionrechtlich zur **Verwaltungsvereinfachung** gerechtfertigt sein. 117

IV. Folgerungen (Absatz 5 Satz 4)

Ist nach Maßgabe der Sätze 1 bis 3 der Durchschnittssatz nach § 24 Abs. 1 Satz 1 Nr. 3, Satz 3 UStG zu ändern, bedarf es dafür eines **Bundesgesetzes**. Die dafür erforderliche Gesetzesvorlage kann nicht das BMF als solches, sondern nur die Bundesregierung einbringen (Art. 76 Abs. 1 GG). Der in Abs. 5 dokumentierte Wille des historischen Gesetzgebers ersetzt nicht das förmliche Änderungsgesetz und das vorausgehende Gesetzgebungsverfahren, in dem der jeweils gegenwärtige Gesetzgeber die dem historischen Gesetzgeber nicht bekannten Berechnungen des BMF überprüft und sich gegebenenfalls zu eigen macht. 118

§ 25 Besteuerung von Reiseleistungen

(1) [1]Die nachfolgenden Vorschriften gelten für Reiseleistungen eines Unternehmers, soweit der Unternehmer dabei gegenüber dem Leistungsempfänger im eigenen Namen auftritt und Reisevorleistungen in Anspruch nimmt. [2]Die Leistung des Unternehmers ist als sonstige Leistung anzusehen. [3]Erbringt der Unternehmer an einen Leistungsempfänger im Rahmen einer Reise mehrere Leistungen dieser Art, so gelten sie als eine einheitliche sonstige Leistung. [4]Der Ort der sonstigen Leistung bestimmt sich nach § 3a Abs. 1. [5]Reisevorleistungen sind Lieferungen und sonstige Leistungen Dritter, die den Reisenden unmittelbar zugute kommen.

(2) [1]Die sonstige Leistung ist steuerfrei, soweit die ihr zuzurechnenden Reisevorleistungen im Drittlandsgebiet bewirkt werden. [2]Die Voraussetzung der Steuerbefreiung muss vom Unternehmer nachgewiesen sein. [3]Das Bundesministerium der Finanzen kann mit Zustimmung des Bundesrates durch Rechtsverordnung bestimmen, wie der Unternehmer den Nachweis zu führen hat.

(3) [1]Die sonstige Leistung bemisst sich nach dem Unterschied zwischen dem Betrag, den der Leistungsempfänger aufwendet, um die Leistung zu erhalten, und dem Betrag, den der Unternehmer für die Reisevorleistungen aufwendet. [2]Die Umsatzsteuer gehört nicht zur Bemessungsgrundlage.

(4) [1]Abweichend von § 15 Abs. 1 ist der Unternehmer nicht berechtigt, die ihm für die Reisevorleistungen gesondert in Rechnung gestellten sowie die nach § 13b geschuldeten Steuerbeträge als Vorsteuer abzuziehen. [2]Im Übrigen bleibt § 15 unberührt.

1 BT-Drucks. 20/12, 15.

(5) Für die sonstigen Leistungen gilt § 22 mit der Maßgabe, dass aus den Aufzeichnungen des Unternehmers zu ersehen sein müssen:

1. der Betrag, den der Leistungsempfänger für die Leistung aufwendet,

2. die Beträge, die der Unternehmer für die Reisevorleistungen aufwendet,

3. die Bemessungsgrundlage nach Absatz 3 und

4. wie sich die in den Nummern 1 und 2 bezeichneten Beträge und die Bemessungsgrundlage nach Absatz 3 auf steuerpflichtige und steuerfreie Leistungen verteilen.

Schrifttum: *Forster/Striegl*, Vermittlung von Reiseleistungen – Beeinflusst die EU-Pauschalreiserichtlinie die umsatzsteuerliche Würdigung?, MwStR 2021, 606; *Friedrich-Vache/Reiß*, Margenbesteuerung bei Reiseleistungen – Einheitliche Leistungserbringung im B2B-Bereich durch Auslegung oder Extension des § 25 UStG?, UR 2018, 508; *Grambeck*, Umsatzsteuer bei Reiseleistungen – ein Mehr an Unklarheiten geht kaum, MwStR 2017, 945; *Grambeck*, Umsatzsteuer bei Reiseleistungen – Von Wahlrechten und anderen Problemen, StuB 2018, 545; *Grambeck*, Ausweitung der Margensteuer bei Reiseveranstaltern auf B2B-Umsätzen, NWB 2019, 3361; *Henkel*, Reiseleistungen im europäischen Binnenmarkt, UStB 2002, 63; *Henkel*, Margenbesteuerung von Reiseleistungen, UStB 2002, 392; *Henkel*, Besteuerung von Reiseleistungen, UStB 2004, 360; *Henkel*, Reiseveranstaltung und Dienstleistungskommission, UStB 2007, 350; *Henkel*, Die Umsatzsteuer der Reisebüros und Reiseveranstalter, 4. Aufl., Köln 2013; *Henkel*, Die Besteuerung von Reiseleistungen im Umsatzsteuerrecht, UStB 2015, 367; *Jahns/Detmering*, Margenbesteuerung von Reiseleistungen: Praxisprobleme bei Umsetzung des EuGH-Urteils EUGH Aktenzeichen C-189/11, MwStR 2018, 24; *Jaensch/Appel/Weitz*, Mehrkosten bei Reiseleistungen im B2B-Bereich durch Änderung des § 25 UStG – umsatzsteuerliche Konsequenzen bei der Weiterbelastung von Reiseleistungen im Konzernverbund (§ 25 UStG), BB 2023, 26; *Kanitz/Bohne*, Wettbewerbsverzerrende Mehrbelastung durch die B2B-Margenbesteuerung, MwStR 2020, 20; *Kuprat*, Die bewegliche feste Niederlassung, UR 2022, 325; *Kurzenberger*, Die Nichtanwendung des § 25 UStG für im Drittland ansässige Unternehmen – eine fragwürdige Praxis der Finanzverwaltung, DStR 2021, 1334; *Meyering/Hintzen/Sabirowsky*, Zur Umsatzbesteuerung in der Kreuzschifffahrt – Ergebnisse einer literatur- und rechtsprechungsbasierten Analyse, DStR 2021, 1402; *Möser*, Reiseleistungen der Drittlandsunternehmer, MwStR 2021 314; *Müller-Hansen*, Einheitlichkeit der Leistung – Reiseleistung, UR 2022, 47; *Nieskens*, Margenbesteuerung für Reiseleistungen in § 25 UStG unionsrechtswidrig, EU-UStB 2018, 1; *Prätzler*, Umsatzsteuerliche Änderungen durch das Gesetz zur weiteren Förderung der Elektromobilität mit Fokus auf international tätige Unternehmen, UStB 2019, 205; *Raudszus/Grebe*, Besteuerung von Reiseleistungen gem. § 25 UStG nach aktueller Rechtsprechung und Gesetzesänderung, UStB 2020, 57; *Vobbe/Dietsch*, Umsatzsteuerliche Herausforderungen der Sharing Economy am Beispiel von Homesharingplattformen, UR 2021, 224; *Vobbe*, Reiseleistungen in der Umsatzsteuer – zugleich Anmerkungen zur Neufassung des UStAE, UR 2021, 805; *Wäger*, Rechtsprechungsauslese 2013, UR 2014, 81.

A. Grundaussagen

I. Regelungsgegenstand und Bedeutung

In § 25 UStG, der auf Unionsrecht fußt, findet sich als einer der Sonderregelungen im UStG, auf die die allgemeinen Vorschriften der vorangehenden Abschnitte I bis V nur bedingt Anwendung finden (Rz. 6 ff.), eine spezielle Vorschrift zur Besteuerung von **Reiseleistungen**. 1

Ziel der Regelung ist die Vereinfachung und **Vereinheitlichung** der Besteuerung von Reiseleistungen, deren umsatzsteuerrechtliche Qualifikation vielfach Schwierigkeiten bereitet hat.[1] Ein Reisedienstleister erbringt eine Fülle von Leistungen an den Reisenden (z.B. Beratung, Organisation, Personenbeförderung, Unterkunft/Beherbergung, Verpflegung oder Ausflüge), die nach den allgemeinen Vorschriften alle einzeln zu beurteilen waren und daher teils unterschiedliche Rechtsfolgen auslösten. Diese Schwierigkeiten bei Anwendung der allgemeinen Vorschriften zu beseitigen, eine Abwicklung über aufwendige Registrierungs- und Vorsteuervergütungsverfahren in unterschiedlichen Ländern zu vermeiden bzw. einer solchen Aufsplitterung entgegenzuwirken und das Verfahren letztlich insgesamt zu vereinfachen, sind wesentliche Anliegen der Norm.[2] 2

Ferner soll auf diese Weise eine angemessene Verteilung der Umsatzsteuereinnahmen auf die Mitgliedsstaaten, die von der Reiseleistung berührt werden, erreicht werden.[3] So werden Reisevorleistungen seit Einführung des § 25 UStG im Mitgliedsstaat des Endverbrauchs, Reiseleistungen hingegen im Ansässigkeitsstaat des Reisebüros besteuert. 3

II. Unionsrechtliche Grundlagen

Der deutsche Gesetzgeber nahm § 25 im Zuge der nationalen Umsetzung der 6. EG-Richtlinie (vgl. dort Art. 26 „Sonderregelung für Reisebüros") in das UStG 1980 auf. § 25 UStG trat in seiner ersten Fassung mit Wirkung zum 1.1.1980 in Kraft. Er ist Teil der Anfänge der Umsatzsteuerharmonisierung im Europäischen Gemeinschaftsgebiet und somit wesentlich unionsrechtlich determiniert. Heutiges unionsrechtliches Pendant sind die Art. 306–310 MwStSystRL. 4

Zuletzt geändert und damit der Anwendungsbereich mit der Ausdehnung den unternehmerischen Bereich erheblich erweitert wurde die deutsche Vorschrift mit dem Jahressteuergesetz 2019, das im Hinblick auf § 25 UStG zum 18.12.2019 in Kraft getreten ist.[4] 5

III. Verhältnis zu anderen Vorschriften und Rechtsentwicklung

Aufgrund der **Sonderregelungscharakteristik** (Rz. 4 f.) ist § 25 UStG *lex specialis* gegenüber den allgemeinen Vorschriften der Abschnitte I–V des UStG und damit vorrangig anzuwenden, soweit seine Regelungen reichen. Verdrängt werden damit insbesondere die Grundsätze zur Einheitlichkeit der Leistung (§ 3 Rz. 533 ff.),[5] zur Bestimmung des Leistungsorts gemäß §§ 3 Abs. 6–8, § 3a–3g UStG, die Vorschriften zur Steuerbefreiung (§ 4 UStG) sowie zur Bemessungsgrundlage (§ 10 UStG). 6

1 *Grambeck* in Weymüller, § 25 UStG Rz. 12 (Stand: Juni 2023).

2 Vgl. *Brandl* in Bunjes[22], § 25 UStG Rz. 1; *Schüler-Täsch* in Sölch/Ringleb, § 25 UStG Rz. 4 f. (Stand: Juni 2022); *Püschner* in Reiß/Kraeusel/Langer, § 25 UStG Rz. 22 f. (Stand: April 2022).

3 *Schüler-Täsch* in Sölch/Ringleb, § 25 UStG Rz. 4 (Stand: Juni 2022).

4 Vgl. Art. 39 Abs. 1 i.V.m. Art. 11 Nr. 9 Buchst. a des Gesetzes zur weiteren steuerlichen Förderung der Elektromobilität und zur Änderung weiterer Vorschriften v. 12.12.2019 (JStG 2019), BGBl. I 2019, 2451.

5 Zuletzt bestätigt in EuGH, Urt. v. 19.12.2018 – C-552/17, ECLI:EU:C:2018:1032 – Alpenchalets Resorts, UR 2019, 72, Rz. 24.

7 Spätestens nach der jüngsten Gesetzesänderung, mit der § 25 UStG seit dem 18.12.2019[1] auch **B2B-Umsätze** erfasst, sowie nach der Entscheidung des EuGH in der Rechtssache *Alpenchalets Resorts*[2], welcher sich der BFH in seiner Nachfolgeentscheidung angeschlossen hat,[3] findet § 25 UStG nunmehr auch in Fällen der Leistungskommission[4] Anwendung – unabhängig davon, ob die (Reise-)Leistung des Kommissionärs an einen Unternehmer oder einen Verbraucher erbracht wird.[5]

8 Lediglich wenn § 25 UStG keine spezielle Regelung trifft, sind insoweit die **allgemeinen Regelungen** anzuwenden. Dies betrifft den Steuersatz (§ 12 UStG), die Steuerentstehung (§ 13 UStG) sowie die Vorschriften über das Besteuerungsverfahren (§§ 16, 18 UStG) samt der Kleinunternehmerregelung (§ 19 UStG). Für das Verhältnis von § 25 Abs. 2 UStG zu den allgemeinen Steuerbefreiungsvorschriften des § 4 UStG s. Rz. 51 ff.

B. Margenbesteuerung im Gemeinschaftsgebiet (Absatz 1)

I. Tatbestand der Margenbesteuerung (Absatz 1 Satz 1)

1. Reiseleistung eines Unternehmers

a) Begriff

9 Der Begriff der Reiseleistung wird weder auf nationaler Ebene in § 25 UStG noch auf europäischer Ebene in den Art. 306 ff. MwStSystRL definiert. Die Auslegung des Begriffs muss sich richtlinienkonform an den **unionsrechtlichen Vorgaben** orientieren. Unerheblich ist indes grundsätzlich das zivilrechtliche Begriffsverständnis der §§ 651a ff. BGB, auch wenn hier, insbesondere zu der seit dem 1.7.2018 geltenden Fassung, Schnittmengen bestehen können (Rz. 26 ff.).

10 Eine Reiseleistung liegt vor, wenn ein Unternehmer mehrere Bestandteile einer Reise als einheitliche Leistung zu einem Pauschalpreis anbietet, und wenigstens ein Hauptbestandteil der Leistung zugekauft worden ist.[6] Der Leistende muss kein Reisebüro oder Reiseveranstalter im engeren Sinne sein.[7] Ob die Reiseleistungen den Gegenstand des Unternehmens bilden oder nur gelegentlich ausgeführt werden, ist somit unbeachtlich.[8] Der EuGH verlangt zumindest eine inhaltliche Vergleichbarkeit zu Umsätzen, die von Reiseveranstaltern oder Reisebüros erbracht werden.[9] Zugleich ist nicht jede Leistung eines Reisebüros oder eines Reiseveranstalters eine Reiseleistung i.S.d. § 25 UStG.[10] Die Bestandteile der Reise müssen vorher nicht angegeben werden.[11] § 25 UStG ist nur dann anwendbar, wenn der leistende Unternehmer nicht Kleinunternehmer i. S. d. § 19 Abs. 1 UStG ist oder als solcher zur Regelbesteuerung nach § 19 Abs. 2 UStG optiert hat, wobei für die Ermittlung der Höhe des Gesamtumsatzes auf die vereinnahmten Entgelte und nicht auf den Differenzbetrag i. S. d. § 25 Abs. 3 UStG abzustellen ist.[12]

---

1 Vgl. Art. 39 Abs. 1 i.V.m. Art. 11 Nr. 9 Buchst. a des Gesetzes zur weiteren steuerlichen Förderung der Elektromobilität und zur Änderung weiterer Vorschriften v. 12.12.2019 (sog. JStG 2019), BGBl. I 2019, 2451.

2 EuGH, Urt. v. 19.12.2018 – C-552/17, ECLI:EU:C:2018:1032 – Alpenchalets Resorts, UR 2019, 72.

3 BFH, Urt. v. 27.3.2019 – V R 10/19, BFHE 264, 377 = UR 2019, 439.

4 § 3 Abs. 11 UStG (Dienstleistungskommission).

5 So auch *Grambeck* in Weymüller, § 25 UStG Rz. 24 u. 71 (Stand: Juni 2023); bisher differenzierend BFH, Urt. v. 2.3.2006 – V R 25/03, BStBl. II 2006, 788 = UR 2006, 585.

6 Vgl. *Brandl* in Bunjes[22], § 25 UStG Rz. 15.

7 EuGH, Urt. v. 9.12.2010 – C-31/10, ECLI:EU:C:2010:762 – Minerva Kulturreisen, UR 2011, 393, Rz. 19, 21; EuGH, Beschl. v. 1.3.2012 – C-220/11, ECLI:EU:C:2012:120 – Star Coaches, UR 2012, 694, Rz. 21, 23 a.E.

8 Abschn. 25.1 Abs. 1 Satz 4 UStAE.

9 EuGH, Urt. v. 13.10.2005 – C-200/04, ECLI:EU:C:2005:608 – iSt, UR 2005, 694 m. Anm. *Henkel*, Rz. 24.

10 EuGH, Urt. v. 9.12.2010 – C-31/10, ECLI:EU:C:2010:762 – Minerva Kulturreisen, UR 2011, 393, Rz. 15, 19 zum isolierten Verkauf von Opernkarten; EuGH, Beschl. v. 1.3.2012 – C-220/11, ECLI:EU:C:2012:120 – Star Coaches, UR 2012, 694, Rz. 23 zu Beförderungsleistungen.

11 EuGH, Urt. v. 13.10.2005 – C-200/04, ECLI:EU:C:2005:608 – iSt, UR 2005, 694 m. Anm. *Henkel*, Rz. 34.

12 *Huschens* in Küffner/Zugmaier, § 25 UStG, Rz. 9; vgl. EuGH, Urt. v. 29.7.2019 – C-388/18, ECLI:EU:C:2019:642 – B, UR 2019, 662, zur Differenzbesteuerung nach § 25a UStG.

b) Umfang

Der Umfang der unter § 25 UStG fallenden Reiseleistungen und insbesondere, ob bereits eine Einzelleistung in den Anwendungsbereich des § 25 UStG fallen könnte, war lange unklar. Denn das deutsche Gesetz spricht in Absatz 1 Satz 1 im Plural von „Reisevorleistungen" (Rz. 33). Die FinVerw. fordert nunmehr im Grundsatz ein Bündel von Einzelleistungen, das zumindest eine Beförderungs- oder Beherbergungsleistung (sog. Kernleistung, Rz. 14) enthält.[1] 11

Der UStAE stellt klar, dass **isoliert erbrachte Beförderungsleistungen** noch **keine Reiseleistung** darstellen. Ein Leistungsbündel liegt demnach noch nicht vor, wenn ein Unternehmer gegenüber den Leistungsempfängern lediglich Beförderungsleistungen mit dem Zweck erbringt, dass den Kunden die An- und Abreise organisiert wird, unabhängig davon, ob die Beförderungsleistung mittels eines oder mehrerer verschiedener oder gleichartiger Beförderungsmittel erbracht wird.[2] Auch die alleinige Kombination der Hauptleistung Flugbeförderung mit der Nebenleistung Zugangsberechtigung zu Warteräumen/Lounges führt, wenn es sich bei der Beförderung nicht ohnehin bereits um eine Eigenleistung handelt, nach Verwaltungsauffassung noch nicht zu einer Reiseleistung im Sinne des § 25 UStG.[3] Nimmt ein Luftverkehrsunternehmen hingegen die Leistungen eines Dritten für den Transport der Fluggäste zum Flughafen in Anspruch, um eine einheitliche Beförderungsleistung anbieten zu können („Zug zum Flug"), handelt es sich nach Auffassung des FG Köln bei dem Weiterverkauf der Zubringerleistungen zum Flughafen nicht um Nebenleistungen zur Flugbeförderung, sondern um eigenständige Reiseleistungen des Luftverkehrsunternehmens.[4] 11.1

Eine **isoliert erbrachte Beherbergungsleistung** soll hingegen für die Anwendung des § 25 UStG genügen.[5]

Der EuGH geht seit dem Urteil in der Rechtssache *Van Ginkel*[6] in ständiger Rechtsprechung davon aus, dass eine einzelne Leistung zwar eine Reiseleistung i.S.d. Art. 306 MwStSystRL darstellen könne.[7] Dies gelte jedoch nur, wenn es sich bei dieser Einzelleistung ihrer Art nach inhaltlich um eine typische Reiseleistung, d.h. eine die „Durchführung einer Reise" betreffende Leistung, handele (z.B. eine einzelne Beförderungs- oder Beherbergungsleistung)[8], da ein Ausschluss dieser Leistungen aus dem Anwendungsbereich der Margenbesteuerung zu einer komplexen steuerlichen Regelung führte, die den Zielen der Richtlinie widerspräche. 12

Hierbei berücksichtigte der EuGH auch, dass die Leistungen eines Reiseveranstalters aufgrund von (möglicher) Beratung, Unterrichtung oder einer großen Auswahl – auch bei reiner Beherbergung – mehr als eine Leistung umfassen, da neben die Reiseleistung ein weiteres Element trete, das die „Kernleistung" beeinflussen kann (z.B. Unterrichtung, Beratung, Angebot von Auswahlmöglichkeiten).[9] Dieses „Mehr" kann, muss jedoch nicht selbst eine Leistung im umsatzsteuerrechtlichen Sinne sein. 13

Mit seiner Entscheidung in der Rechtssache *„Alpenchalets Resorts"*[10], die der BFH bestätigte,[11] führt der EuGH diese Rechtsprechungslinie fort. Für eine Reiseleistung reicht es demnach aus, wenn eine 14

---

1 Abschn. 25.1 Abs. 2 Satz 1 UStAE.
2 Abschn. 25.1 Abs. 2 Satz 3 f. UStAE.
3 BMF, Schr. v. 26.4.2022 – III C 3-S 7117-a/20/10002 :003, DOK 2022/044217, UR 2022, 478.
4 FG Köln, Gerichtsbescheid v. 4.1.2019 – 3 K 1250/13, EFG 2019, 1863.
5 Vgl. Abschn. 25.1 Abs. 2 Satz 6 UStAE.
6 EuGH, Urt. v. 12.11.1992 – C-163/91, ECLI:EU:C:1992:435 – Van Ginkel, UR 1995, 302.
7 EuGH, Urt. v. 12.11.1992 – C-163/91, ECLI:EU:C:1992:435 – Van Ginkel, UR 1995, 302, Rz. 24; EuGH, Urt. v. 9.12.2010 – C-31/10, ECLI:EU:C:2010:762 – Minerva Kulturreisen, UR 2011, 393, Rz. 21; EuGH, Beschl. v. 1.3.2012 – C-220/11, ECLI:EU:C:2012:120 – Star Coaches, UR 2012, 694, Rz. 20; EuGH, Urt. v. 19.12.2018 – C-552/17, ECLI:EU:C:2018:1032 – Alpenchalets Resorts, UR 2019, 72, Rz. 25 ff.; vgl. zudem *Schüler-Täsch* in Sölch/Ringleb, § 25 UStG Rz. 35 m.w.N. (Stand: Juni 2022).
8 Vgl. EuGH, Urt. v. 9.12.2010 – C-31/10, ECLI:EU:C:2010:762 – Minerva Kulturreisen, UR 2011, 393, Rz. 15, 22 zum isolierten Verkauf von Opernkarten; EuGH, Beschl. v. 1.3.2012 – C-220/11, ECLI:EU:C:2012:120 – Star Coaches, UR 2012, 694, Rz. 22 zu Beförderungsleistungen.
9 EuGH, Urt. v. 12.11.1992 – C-163/91, ECLI:EU:C:1992:435 – Van Ginkel, UR 1995, 302, Rz. 24; EuGH, Beschl. v. 1.3.2012 – C-220/11, ECLI:EU:C:2012:120 – Star Coaches, UR 2012, 694, Rz. 20, 23.
10 EuGH, Urt. v. 19.12.2018 – C-552/17, ECLI:EU:C:2018:1032 – Alpenchalets Resorts, UR 2019, 72.
11 BFH, Urt. v. 22.8.2019 – V R 12/19 (V R 9/16), BFHE 266, 412 = UR 2019, 908.

sog. **Kernleistung**[1] vorliegt, zu der noch weitere Leistungselemente hinzutreten oder die durch ein Reisebüro erbracht wird. Ein Leistungsbündel aus mehreren Hauptleistungen ist nicht erforderlich.[2] Vielmehr reicht eine Hauptleistung („Kernleistung") aus, zu der noch zusätzliche leistungsbeeinflussende Elemente treten oder die von einem Reisebüro erbracht wird, da dies nach Auffassung des EuGH[3] wohl bereits das Hinzutreten weiterer Elemente, wie der Beratung oder Unterrichtung, impliziert. Welchen Rang diese zusätzlichen Leistungselemente haben, d.h. ob es sich um selbständige Hauptleistungen oder bloß um Nebenleistungen handelt oder aber die Leistungsschwelle im umsatzsteuerrechtlichen Sinne gar nicht erst überschritten wird, ist unerheblich.[4] Eine Reiseleistung i.S.d. § 25 UStG kann somit auch in der bloßen Überlassung einer von einem anderen Unternehmer angemieteten Ferienwohnung durch ein Reisebüro oder eine solche Überlassung einer Ferienwohnung mit zusätzlichen, als Nebenleistung einzustufenden Leistungselementen bestehen.[5] Der EuGH lässt sogar den bloßen Weiterverkauf von Hotel- bzw. Beherbergungsdienstleistungen ausreichen, um Reiseleistungen zu begründen.[6]

14.1 Die FinVerw. charakterisiert solche Leistungselemente mit der exemplarischen und nicht abschließenden („insbesondere") Aufzählung in Abschn. 25.1 Abs. 2 Satz 2 UStAE: Beförderung zu einzelnen Reisezielen, Transfer, Beherbergung, Verpflegung, Betreuung durch Reiseleiter, Durchführung von Veranstaltungen, Einräumung von Eintrittsberechtigungen. Als Kernleistungen, die mindestens eines dieser Leistungselemente bilden müssen, sieht die FinVerw. nur Beförderungs- und Beherbergungsleistungen an,[7] wobei nur Beherbergungsleistungen für sich genommen als isolierte Einzelleistungen bereits § 25 UStG unterfallen sollen.[8]

15 Keine Reiseleistung liegt indes vor, soweit die zu betrachtende Leistung nur eine Nebenleistung darstellt, sich also auf eine Hauptleistung bezieht, die ihrerseits nicht § 25 UStG unterfällt.[9] Lediglich das Hinzutreten einer Nebenleistung qualifiziert die Hauptleistung damit noch nicht für eine Margenbesteuerung nach Maßgabe des § 25 UStG. Dies folgt bereits aus den Grundsätzen von der Einheitlichkeit der Leistung (§ 3 Rz. 533 ff.).[10]

1 Begriff nach BFH, Beschl. v. 10.12.2009 – XI R 39/08, BStBl. II 2010, 321 = IStR 2010, 293; *Schüler-Täsch* in Sölch/Ringleb, § 25 UStG Rz. 35 (Stand: Juni 2022) beschreibt Kernleistungen als „typische Reiseleistungen"; vgl. auch *Brandl* in Bunjes[22], § 25 UStG Rz. 15.

2 EuGH, Urt. v. 19.12.2018 – C-552/17, ECLI:EU:C:2018:1032 – Alpenchalets Resorts, UR 2019, 72, Rz. 25; zuletzt bestätigt in BFH, Urt. v. 22.8.2019 – V R 12/19 (V R 9/16), BFHE 266, 412 = UR 2019, 908, Rz. 20; so auch *Wenzel* in Rau/Dürrwächter, 25 UStG Rz. 31 (Stand: Juli 2005); unklar Abschn. 25.1 Abs. 2 Satz 1 UStAE.

3 Vgl. EuGH, Urt. v. 12.11.1992 – C-163/91, ECLI:EU:C:1992:435 – Van Ginkel, UR 1995, 302, Rz. 24, wonach „neben die Vermietung der Wohnung noch Leistungen wie die Unterrichtung und Beratung treten, durch die der Reiseveranstalter für Ferien- und Wohnungsbuchungen eine große Auswahl anbietet".

4 EuGH, Urt. v. 19.12.2018 – C-552/17, ECLI:EU:C:2018:1032 – Alpenchalets Resorts, UR 2019, 72, Rz. 33 f.; BFH, Urt. v. 27.3.2019 – V R 10/19, BFHE 264, 377 = UR 2019, 439, Rz. 15; BFH, Urt. v. 22.8.2019 – V R 12/19 (V R 9/16), BFHE 266, 412 = UR 2019, 908, Rz. 21 f.

5 EuGH, Urt. v. 12.11.1992 – C-163/91, ECLI:EU:C:1992:435 – Van Ginkel, UR 1995, 302; EuGH, Urt. v. 19.12.2018 – C-552/17, ECLI:EU:C:2018:1032 – Alpenchalets Resorts, UR 2019, 72; BFH, Urt. v. 27.3.2019 – V R 10/19, BFHE 264, 377 = UR 2019, 439, Rz. 15 ff.; BFH, Urt. v. 22.8.2019 – V R 12/19 (V R 9/16), BFHE 266, 412 = UR 2019, 908.

6 EuGH, Urt. v. 29.6.2023 – C-108/22, ECLI:EU:C:2023:522 – Dyrektor Krajowej Informacji Skarbowej (TVA – Agrégateur de services hôteliers), UR 2023, 770.

7 Abschn. 25.1 Abs. 2 Satz 1 UStAE.

8 Abschn. 25.1 Abs. 2 Satz 4 UStAE. Die Einschränkung auf Beherbergungsleistungen relativiert sich m.E. durch den Verweis auf die Entscheidung des EuGH in der Rs. Alpenchalets Resorts.

9 EuGH, Urt. v. 22.10.1998 – C-308/96, C-94/97, ECLI:EU:C:1998:496 – Madgett and Baldwin, UR 1999, 38 m. Anm. *Vellen*, Rz. 24–27.

10 So auch die FinVerw, wenn die Hauptleistung in der Einräumung einer Eintrittsberechtigung besteht und eine Beförderungs- oder Beherbergungsleistung lediglich hinzutritt, vgl. Abschn. 25.1 Abs. 2 Satz 6 UStAE; *Schüler-Täsch* in Sölch/Ringleb, § 25 UStG Rz. 146 (Stand: Juni 2022). Zur Einheitlichkeit der Leistung bei Reiseleistungen ausführlich *Müller-Hansen*, UR 2022, 47.

Ebenso wenig handelt es sich um Reiseleistungen, wenn sie als Kundengeschenk unentgeltlich zugewandt werden, weil es sich sowohl auf der Eingangs- als auch auf der Ausgangsseite um gegen Entgelt erbrachte Leistungen handeln muss.[1] 15.1

c) Einschränkung durch BMF: Unternehmenssitz oder Betriebsstätte außerhalb des Gemeinschaftsgebiets

Leistende Unternehmen mit Sitz im Drittland, die nicht über eine feste Niederlassung im Unionsgebiet verfügen, sollen nach Auffassung der FinVerw von der Anwendung der Sonderregelung zur Besteuerung von Reiseleistungen ausgeschlossen werden.[2] Bis zum 31.12.2026 gilt jedoch eine – bereits mehrfach verlängerte – Nichtbeanstandungsregelung.[3] 15.2

Eine tatbestandliche Einschränkung des § 25 Abs. 1 UStG, wie sie die FinVerw. vornimmt, kennt das nationale Recht nicht.[4] Hier wird lediglich auf die Ortsbestimmung des § 3a Abs. 1 UStG verwiesen, der Unternehmer aus dem Drittlandsgebiet nicht ausschließt. Allenfalls Art. 307 MwStSystRL könnte man eine einschränkende Auslegung entnehmen, da die Norm ihren Regelungsgehalt ausdrücklich auf „Mitgliedstaaten" beschränkt. Die Norm spricht zwar nur von Mitgliedstaaten und schreibt diesen Mitgliedstaaten ein Besteuerungsrecht zu, dies könnte jedoch auch lediglich dem territorialen Anwendungsbereich der MwStSystRL geschuldet sein (vgl. Art. 2 MwStSystRL).[5] Wären Drittstaatsunternehmer bereits nach Unionsrecht von der Anwendung der Margenbesteuerung ausgenommen, ließe sich nicht erklären, weshalb auf Unionsebene bereits vor Jahren über eine Ausnahme von Drittstaatunternehmern aus der Regelung diskutiert wurde.[6] Hierfür sprechen auch aktuelle Überlegungen der EU darüber, Drittstaatsunternehmen aus den bestehenden unionsrechtlichen Vorgaben auszunehmen.[7] 15.3

Die einschränkende Verwaltungsauffassung zur Nichtanwendung des § 25 UStG für Drittstaatler wurde von der Rechtsprechung ebenfalls bereits kritisch beurteilt. So hat das FG Niedersachsen – im Zusammenhang mit Anzahlungen und dem zunächst vorgesehenen Auslaufen der Nichtbeanstandung zum 1.1.2023 – in zwei Parallelverfahren[8] diese Rechtsauffassung in Zweifel gezogen und zum einen festgehalten, dass § 25 UStG nach seinem eindeutigen Wortlaut für alle Unternehmer unabhängig von ihrer Ansässigkeit und damit auch für Nicht-Unionsansässige Unternehmer gelte. Zum anderen sah das Gericht den Regelungszweck der Vorschrift durch eine Anwendung auf Unternehmer aus dem Drittland nicht unterlaufen, da auch der Fall der Nichtbesteuerung Ausfluss des Territorialprinzips sei. Als Reaktion auf die ergangenen Beschlüsse hat das BMF die bisher geltende Nichtbeanstandungsregelung bis zum 31.12.2023 und nunmehr erneut verlängert, sodass Umsätze, die vor dem 1.1.2027 ausgeführt werden, weiterhin von der Sonderregelung profitieren können.[9] 15.4

1 BFH, Urt. v. 13.12.2018 – V R 52/17, BStBl. II 2019, 345 = UR 2019, 265; Abschn. 25.3 Abs. 4 Nr. 4 Satz 1 UStAE. Nach Auffassung der FinVerw. soll ein Vorsteuerabzug in diesen Fällen ggf. gem. § 15 Abs. 1a UStG ausscheiden, vgl. Abschn. 25.3 Abs. 4 Nr. 4 Satz 2 UStAE.

2 Abschn. 25.1 Abs. 1 Satz 5 UStAE.

3 BMF, Schr. v. 27.6.2023 – III C 2-S 7419/19/10002 :004, DOK 2023/0457700, BStBl. I 2023, 1124 = UR 2023, 622.

4 *Kurzenberger*, DStR 2021, 1334 (1337); *Brandl* in Bunjes[22], § 25 UStG, Rz. 9b.

5 Ausführlich zu alldem *Vobbe*, UR 2021, 805 (811).

6 Vgl. Entwurf der Europäischen Kommission vom 8.2.2002 für eine Änderungsrichtlinie zu Art. 26 der 6. EG-Richtlinie, ABl. EU Nr. C 126 E/390, insbes. Rz. 4.1.2.2.

7 Vgl. Working Paper 814, Guidelines des 101. Treffens vom EU-Mehrwertsteuerausschuss.

8 FG Niedersachsen, Beschl. v. 17.11.2022 – 5 V 97/22, EFG 2023, 373 und 5 V 96/22, MwStR 2023, 31 m. Anm. *Vobbe*.

9 Die Nichtbeanstandungsregelung, die ursprünglich für Umsätze galt, die vor dem 1.1.2022 ausgeführt wurden (BMF, Schr. v. 29.3.2021 – III C 2-S 7419/19/10002 :004, DOK 2020/0981332, BStBl. I 2021, 386 = UR 2021, 412), wurde nun ein viertes Mal durch BMF, Schr. v. 27.6.2023 – III C 2-S 7419/19/10002 :004, DOK 2023/0457700, BStBl. I 2023, 1124 = UR 2023, 622 verlängert.

2. Bestimmung der Leistung auf Seiten des Leistungsempfängers

a) Leistungsempfänger

16 Leistungsempfänger ist regelmäßig derjenige, der die Reiseleistung bucht.[1] Davon zu unterscheiden ist die Person des Reisenden, der die Reiseleistung des Unternehmers in Anspruch nimmt. Maßgebend ist insoweit allein eine tatsächliche Betrachtungsweise. Die zivilrechtlichen Beziehungen der Parteien sind unmaßgeblich für die personale Bestimmung des Reisenden. Der BFH folgert dies aus der Formulierung des § 25 Abs. 1 Satz 5 UStG („Reisenden"), die von der in Absatz 1 Satz 1 gewählten Formulierung („Leistungsempfänger") abweicht.[2] Die Formulierung in Absatz 1 Satz 5 entspricht der unionsrechtlichen Formulierung in Art. 308 MwStSystRL, so dass innerhalb des § 25 UStG hier erstmals von „Reisenden" statt dem „Leistungsempfänger" gesprochen wird. Maßgeblich sei daher allein, an wen die Leistung tatsächlich ausgeführt werde.[3] Diese Person sei dann „Reisender" i.S.d. § 25 Abs. 1 Satz 5 UStG. Leistungsempfänger und Reisender müssen also nicht identisch sein.[4] Die FinVerw. hat sich insoweit dem BFH angeschlossen.[5]

b) Für unternehmerische oder nicht-unternehmerische Zwecke

17 Bis Ende des Jahres 2019 war der Tatbestand des § 25 Abs. 1 Satz 1 UStG nur dann erfüllt, wenn die Reiseleistung nicht für das Unternehmen des Leistungsempfängers bestimmt war. Zurückgegriffen werden konnte insoweit – auch im Sinne einer einheitlichen Auslegung – auf die Legaldefinition des § 15 Abs. 1 Satz 2 UStG. Die Reiseleistung gilt damit nicht als für das Unternehmen des Leistungsempfängers ausgeführt, wenn die beabsichtigte unternehmerische Nutzung weniger als 10 % betragen wird. Im Umkehrschluss ist die Leistung für das Unternehmen des Leistungsempfängers ausgeführt, wenn sie mindestens zu 10 % unternehmerisch genutzt werden wird.

18 Mit der Gesetzesänderung, die zum 18.12.2019 in Kraft getreten ist,[6] erfasst § 25 Abs. 1 UStG auch Reiseleistungen, die für das Unternehmen des Leistungsempfängers bezogen werden (B2B-Leistungen). Für die unmittelbare Anwendung des § 25 Abs. 1 UStG ist die bisherige Differenzierung nach dem Nutzungsbereich der Reiseleistung auf der Empfängerseite fortan obsolet.

19 Bis dato war eine Ausdehnung auf unternehmerische Leistungsbezüge lediglich mit Rückgriff auf eine unmittelbare Anwendung des Unionsrechts in Form des Meistbegünstigungsgrundsatzes möglich, die dazu führte, dass § 3a Abs. 2 UStG und in der Folge § 13b UStG nicht zur Anwendung kamen.[7] Diesen Rückgriff konnte der Unternehmer für jede einzelne von ihm erbrachte bzw. bezogene Reiseleistung (= Reisevorleistung, Rz. 46) einzeln vornehmen und somit sein Wahlrecht transaktionsbezogen ausüben.[8]

20 Aus der Streichung der früheren Einschränkung auf den Bezug durch Nichtunternehmer oder für den nichtunternehmerischen Bereich ergeben sich in der Praxis weitreichende Konsequenzen.

21 So findet die Margenbesteuerung nunmehr beim Verkauf von Reiseleistungen in mehrstufigen Vertriebsketten auch auf den Ebenen Anwendung, die der Letztverbrauchsstufe vorangehen. Erbringt ein Unternehmer z.B. eine Personenbeförderungsleistung (auch mit eigenen Mitteln) unter Hinzuziehung zusätzlicher fremdbezogener Reise(vor)leistungselemente an ein Reisebüro oder einen Reiseveranstalter, kann die Margenbesteuerung bereits in dieser Leistungsbeziehung Anwendung finden.

22 Besondere Bedeutung kommt dabei der nationalen Regelung zur Verhinderung des Steuerausweises in Rechnungen über diese Leistungen i.S.d. § 14a Abs. 6 Satz 2 UStG zu (ausführlich dazu Rz. 72). Ent-

---

1 *Brandl* in Bunjes[22], § 25 UStG Rz. 10.

2 BFH, Beschl. v. 21.1.1993 – V B 95/92, UR 1993, 263.

3 BFH, Beschl. v. 21.1.1993 – V B 95/92, UR 1993, 263.

4 *Püschner* in Reiß/Kraeusel/Langer, § 25 UStG Rz. 76 (Stand: April 2022).

5 Vgl. Abschn. 25.1 Abs. 1 Sätze 12 und 13 UStAE.

6 Vgl. Art. 39 Abs. 1 i.V.m. Art. 11 Nr. 9 Buchst. a des Gesetzes zur weiteren steuerlichen Förderung der Elektromobilität und zur Änderung weiterer Vorschriften v. 12.12.2019 (sog. JStG 2019), BGBl. I 2019, 2451.

7 BFH, Urt. v. 13.12.2017 – XI R 4/16, BStBl. II 2020, 823 = UR 2018, 450, Rz. 35 ff.; vgl. auch *Brandl* in Bunjes[22], § 25 UStG Rz. 13.

8 BMF, Schr. v. 30.11.2020 – III C 2-S 7419/19/10001 :001, BStBl. I 2020, 1338 = UR 2021, 88.

sprechend wird sich für Unternehmer der Bezug von Reiseleistungen in Ermangelung einer Vorsteuerabzugsmöglichkeit erheblich verteuern. Für deutsche Reisebüros und -veranstalter dürfte daraus ein erheblicher Wettbewerbsnachteil resultieren.

Weitere, derzeit für betroffene Unternehmen kaum absehbare Folgen dürften sich dabei insbesondere in Kombination mit der jüngeren Rechtsprechung, wonach unter gewissen Voraussetzungen auch einzelne Leistungen als Reiseleistungen zu qualifizieren sind (Rz. 11 ff.), ergeben, auch wenn die FinVerw. dies auf Beherbergungsleistungen beschränkt.[1] 23

frei 24–25

3. Handeln im eigenen Namen gegenüber dem Leistungsempfänger

Erforderlich ist, dass der leistende Unternehmer gegenüber dem Leistungsempfänger im eigenen Namen handelt. Dass er auch „auf eigene Rechnung" handelt, ist indes unerheblich, so dass auch die Leistungskommission, das Handeln im eigenen Namen, aber für fremde Rechnung, von § 25 Abs. 1 Satz 1 UStG erfasst wird. Die insoweit bislang vorgenommene Differenzierung nach der Person des Leistungsempfängers, die bei Leistungskommissionen nur das Verhältnis zum Endverbraucher von § 25 UStG erfasst sah und es im Übrigen bei einer Anwendung von § 3 Abs. 11 UStG beließ,[2] wird mit der jüngsten Gesetzesänderung überflüssig. Ab dem 18.12.2019[3] **überlagert** § 25 UStG auch bei Reiseleistungen gegenüber Unternehmern (B2B) die Anwendung des § 3 Abs. 11 UStG.[4] 26

Das Handeln im eigenen Namen ist von bloßen **Vermittlungsleistungen** abzugrenzen. Hier tritt der Vermittler im fremden Namen auf. Vermittlungsleistungen fallen nicht unter § 25 Abs. 1 Satz 1 UStG. Dies geht nicht zuletzt auf Art. 306 Abs. 1 Unterabs. 2 MwStSystRL zurück, der das Handeln als Vermittler ausdrücklich vom Anwendungsbereich der Margenbesteuerung ausnimmt. 27

Der Begriff der Vermittlung ist nicht **zivilrechtlich** i.S.d. § 652 BGB (so früher der BFH[5]), sondern unionsrechtlich vor dem Hintergrund des Art. 306 Abs. 1 Unterabs. 2 MwStSystRL auszulegen.[6] Nach der Rechtsprechung des EuGH ist unter „Vermittlung" die Tätigkeit einer Mittelsperson zu verstehen, die nicht den Platz einer der Parteien des zu vermittelnden Vertrages einnimmt und deren Tätigkeit sich von den vertraglichen Leistungen, die von den Parteien dieses Vertrages erbracht werden, unterscheidet.[7] Insbesondere Reisebüros dürften häufig Vermittlungsleistungen erbringen, die dementsprechend nicht unter § 25 UStG fallen.[8] 28

Maßgeblich ist, wie der Unternehmer **nach außen** auftritt und ob für den Leistungsempfänger objektiv erkennbar ist, dass der Handelnde in fremdem Namen auftreten und das Geschäft abschließen will.[9] In Anlehnung an § 164 Abs. 2 BGB ist auch im Rahmen des § 25 UStG unbeachtlich, wenn der Unternehmer als Vermittler, d.h. in fremdem Namen, auftreten will, dies jedoch nach außen nicht eindeutig zu erkennen gibt.[10] In einem solchen Fall leistet nur dieser Unternehmer in eigenem Namen und nicht der (vermeintlich) Vertretene.[11] Diese Grundsätze, die an die Ladenrechtsprechung des BFH erinnern 29

1 Vgl. Abschn. 25.1 Abs. 2 Satz 4 UStAE.

2 Vgl. *Schüler-Täsch* in Sölch/Ringleb, § 25 UStG Rz. 22 f. (Stand: Juni 2022).

3 Vgl. Art. 39 Abs. 1 i.V.m. Art. 11 Nr. 9 Buchst. a des Gesetzes zur weiteren steuerlichen Förderung der Elektromobilität und zur Änderung weiterer Vorschriften v. 12.12.2019 (sog. JStG 2019), BGBl. I 2019, 2451.

4 So nun wohl auch die FinVerw., vgl. Abschn. 25.1 Abs. 1 Satz 9 und Abschn. 3.15 Abs. 6 Bsp. 3 UStAE.

5 Vgl. etwa BFH, Urt. v. 26.1.1995 – V R 9/93, BStBl. II 1995, 427 = UR 1995, 306 m.w.N.

6 *Schüler-Täsch* in Sölch/Ringleb, § 25 UStG Rz. 106 (Stand: Juni 2022); **a.A.** wohl BFH, Urt. v. 22.8.2019 – V R 12/19 (V R 9/16), BFHE 266, 412 = UR 2019, 908, Rz. 25 ff.; anders jedoch der BFH zur Kreditvermittlung, vgl. BFH, Urt. v. 9.10.2003 – V R 5/03, BStBl. II 2003, 958 = UR 2004, 30 unter II. 2.

7 EuGH, Urt. v. 21.6.2007 – C-453/05, ECLI:EU:C:2007:369 – *Ludwig*, UR 2007, 617 m. Anm. *Philipowski*, Rz. 23; EuGH, Urt. v. 13.12.2001 – C-235/00, ECLI:EU:C:2001:696 – CSC Financial Services, UR 2002, 84 m. Anm. *Wäger*, Rz. 39.

8 So nach wie vor auch die FinVerw, vgl. Abschn. 25.1 Abs. 5 Satz 1 Nr. 1 Satz 1 UStAE.

9 BFH, Urt. v. 22.8.2019 – V R 12/19 (V R 9/16), BFHE 266, 412 = UR 2019, 908, Rz. 26.

10 BFH, Urt. v. 22.8.2019 – V R 12/19 (V R 9/16), BFHE 266, 412 = UR 2019, 908, Rz. 26.

11 Hessisches FG, Urt. v. 28.11.2001 – 6 K 5472/99, juris; FG Niedersachsen, Urt. v. 24.3.2011 – 5 K 59/09, juris; FG Münster, Urt. v. 22.10.2002 – 15 K 4323/99 U, juris.

(§ 1 Rz. 123), hat die FinVerw. anerkannt.[1] Der objektiv für den Leistungsempfänger erkennbare Nachweis, in fremdem Namen handeln und als Vermittler auftreten zu wollen, kann etwa durch eine entsprechende Prospektgestaltung oder klare Hinweise **außerhalb der AGB** erbracht werden.[2] Entsprechen bspw. Layout und Inhalt des Katalogs dem eines klassischen Reiseveranstalters, darf der Leistungsempfänger objektiv davon ausgehen, dass der Verwender des Katalogs sein Vertragspartner wird und nicht bloß als Vermittler auftritt.[3] Dies führt regelmäßig zu Ergebnissen, die mit der zivilrechtlichen Würdigung des Sachverhalts nach § 651b BGB in der seit dem 1.7.2018 geltenden Fassung übereinstimmen. Ein Handeln in fremdem Namen kann insbesondere bei **Homesharing-Plattformen** (Airbnb etc.) oftmals zweifelhaft sein.[4]

4. Inanspruchnahme von Reisevorleistungen

a) Reisevorleistungen

aa) Begriff

30 Eine Reiseleistung erfordert nach § 25 UStG die Inanspruchnahme von Reisevorleistungen. Unionsrechtliches Pendant ist insoweit Art. 306 Abs. 1 Satz 1 MwStSystRL.[5] Anders als im deutschen Recht verwendet das Unionsrecht die Begrifflichkeit „Reisevorleistung" nicht, sondern spricht lediglich von Lieferungen und Leistungen „anderer Steuerpflichtiger", die zur Durchführung der Reise in Anspruch genommen werden.

31 Reisevorleistungen sind nach der Legaldefinition des § 25 Abs. 1 Satz 5 UStG Lieferungen und sonstige Leistungen Dritter, die den Reisenden unmittelbar **zugutekommen**. Die Definition ähnelt dem Unionsrecht, gleicht diesem jedoch nicht. So fordert Art. 306 Abs. 1 Satz 1 MwStSystRL die Inanspruchnahme von Lieferungen von Gegenständen und Dienstleistungen anderer Steuerpflichtiger. Das unionsrechtliche Begriffsverständnis ist somit weiter als das des deutschen Gesetzgebers in § 25 Abs. 1 Satz 5 UStG. Zumindest findet sich in Art. 306 MwStSystRL als Voraussetzung kein unmittelbares Zugutekommen an den Reisenden. Daher dürfte fraglich sein, ob als Reisevorleistungen tatsächlich nur solche Leistungsbezüge in Betracht kommen, die unmittelbar dem Reisenden zugutekommen.

32 Soweit die verschiedenen Begriffsverständnisse zu unterschiedlichen Ergebnissen führen, etwa wenn eine Leistung nur nach unionsrechtlichem Verständnis eine Reisevorleistung darstellen würde, ist die deutsche Norm **unionsrechtskonform** auszulegen.

bb) Lieferungen und sonstige Leistungen

33 Sowohl die nationale als auch die europäische Norm verwenden die pluralistische Form des Leistungsbegriffs. § 25 Abs. 1 Satz 5 UStG spricht von „Lieferungen und sonstigen Leistungen", Art. 306 Abs. 1 MwStSystRL von „Lieferungen […] und Dienstleistungen". Daraus kann indes nicht geschlossen werden, dass die Inanspruchnahme einer einzelnen Reisevorleistung die Anwendung von § 25 UStG ausschließt. Vielmehr kommt es mit Blick auf die Entscheidung des EuGH in der Rechtssache *Van Ginkel* für die Anwendung von § 25 UStG nicht darauf an, ob der Reiseveranstalter eine oder mehrere Reisevorleistungen in Anspruch nimmt.[6]

---

1 Abschn. 25.1 Abs. 3 bis 5 UStAE.

2 BFH, Urt. v. 22.8.2019 – V R 12/19 (V R 9/16), BFHE 266, 412 = UR 2019, 908, Rz. 26 a.E., m.w.N.; Abschn. 25.1 Abs. 3 Satz 5 UStAE.

3 Im Einzelnen FG Nürnberg, Urt. v. 7.7.2015 – 2 K 261/13, MwStR 2016, 129 (130 f.).

4 Ausführlich hierzu *Vobbe/Dietsch*, UR 2021, 224.

5 Bis 31.12.2006: Art. 26 der 6. EG-Richtlinie (RL 77/388/EWG), ABl. EG 1977 Nr. L 145, 1, vgl. Art. 411 und 413 MwStSystRL.

6 *Schüler-Täsch* in Sölch/Ringleb, § 25 UStG Rz. 126 m.w.N. (Stand: Juni 2022).

cc) Dritter

Dritter ist jeder, der nicht dem Unternehmen des Reiseveranstalters selbst zugerechnet wird. Ein Mitglied einer inländischen umsatzsteuerlichen **Organschaft** ist daher im Verhältnis zu den anderen Organschaftsmitgliedern kein „Dritter“ i.S.d. § 25 Abs. 1 Satz 5 UStG.[1] 34

Ob es sich um einen „Dritten“ im o.g. Sinne handelt, ist aus der Perspektive des Reisenden zu bestimmen. „Dritte“ sind bspw. Hoteliers, Beförderungsunternehmer oder Reiseleiter. 35

Soweit nach dem Wortlaut von § 25 UStG auch eine Ausdehnung auf Leistungsbezüge von Nichtunternehmern denkbar und somit auch die Weitervermietung privater (kleinunternehmerischer) Ferienwohnungen erfasst wäre, dürfte das Unionsrecht einer solchen Ausdehnung entgegenstehen, da es Leistungen **anderer Steuerpflichtiger** erfordert. 36

dd) Unmittelbar zugutekommen

Unmittelbar zugute kommt dem Reisenden eine Lieferung oder sonstige Leistung des Dritten, wenn ein gedachter Individualreisender die Leistung spontan ohne Weiteres in seine Reise integrieren könnte, die Leistung also ohne Einschaltung des Reiseveranstalters in Anspruch nehmen könnte.[2] Es ist demnach eine hypothetische Betrachtung anzustellen. Erfasst sind Leistungen, die der Reisende in Anspruch nehmen würde, wenn er die Reise selbst durchführen würde (z.B. Beförderung, Unterbringung, Verpflegung).[3] Umsatzsteuerliche Leistungsbeziehungen oder zivilrechtliche Rechtsverhältnisse zwischen den Beteiligten sind unerheblich für die Frage, ob eine Leistung dem Reisenden unmittelbar zugutekommt.[4] 37

Im Unionsrecht findet sich die Einschränkung des „unmittelbaren Zugutekommens“ nicht bei der Definition des Anwendungsbereichs (Art. 306 f. MwStSystRL), sondern erst auf Ebene der Bemessungsgrundlage (Art. 308 MwStSystRL). Entsprechend kann es auch **kein Identitätserfordernis** bei der Weitergabe der Leistung an den Reisenden geben.[5] Erforderlich ist somit nicht, dass sich sämtliche Eingangsleistungen in der Reiseleistung als Ausgangsleistung wiederfinden. Vielmehr reicht es aus, wenn Eingangs- und Ausgangsleistungen nur teilweise, d.h. nur im Hinblick auf Teile der Reise, übereinstimmen (Teilidentität der Reisevorleistung mit der Reiseleistung). 38

Damit könnten auch Leistungen, die dem Reisenden nicht unmittelbar zugutekommen, aber von „anderen Steuerpflichtigen“ i.S.d. Art. 306 Abs. 1 Satz 1 MwStSystRL in Anspruch genommen werden, Reisevorleistungen darstellen. Auswirkungen hat dieses unterschiedliche Begriffsverständnis zwischen Unionsrecht und nationalem Recht vor allem bei sog. **gemischten Reiseleistungen**. Dabei handelt es sich um Reiseleistungen, die sowohl aus Eigenleistungselementen als auch aus Reisevorleistungen nach deutschem Verständnis bestehen. In einem solchen Fall sind zunächst die Leistungsbestandteile voneinander abzugrenzen und die Reisevorleistung zu „isolieren“. Weil das Unionsrecht in Art. 306 Abs. 1 Satz 1 MwStSystRL anders als § 25 Abs. 1 Satz 5 UStG gerade keine Identität zwischen Reisevorleistung und letztlicher Reiseleistung fordert, können – zumindest anteilig – auch bei gemischten Reiseleistungen relevante (Reise-)Vorleistungen in Betracht kommen. Dementsprechend könnten auch nur mittelbar dem Reisenden zugutekommende Leistungen als Vorleistungen Relevanz besitzen.[6] Ein von den Reiseunternehmern erhobener Klimabeitrag zur CO2-Kompensation wird in diesem Zusammenhang seitens der Finanzverwaltung jedoch nicht als Reisevorleistung angesehen.[7] 39

1 BFH, Urt. v. 1.3.2018 – V R 23/17, BStBl. II 2018, 503 = UR 2018, 605, Rz. 18; BFH, Urt. v. 17.3.2022 – XI R 23/21, BStBl. II 2022, 818 = UR 2022, 663, Rz. 17.

2 *Püschner* in Reiß/Kraeusel/Langer, § 25 UStG Rz. 92, 94 (Stand: April 2022); *Grambeck* in Weymüller, § 25 UStG Rz. 125 (Stand: Juni 2023); *Huschens* in Küffner/Zugmaier, § 25 UStG Rz. 59 (Stand: Mai 2022).

3 Abschn. 25.1 Abs. 9 Satz 2 UStAE; *Rauch* in Offerhaus/Söhn/Lange, § 25 UStG Rz. 35 (Stand: Dezember 2020).

4 BFH, Beschl. v. 21.1.1993 – V B 95/92, BFH/NV 1994, 346 (347) = UR 1993, 263; *Brandl* in Bunjes[22], § 25 UStG Rz. 29; *Püschner* in Reiß/Kraeusel/Langer, § 25 UStG Rz. 46.3 (Stand: April 2022).

5 *Wäger* in Birkenfeld/Wäger, Umsatzsteuer-Handbuch, § 234 Rz. 65 ff. (Stand: Februar 2013).

6 **A.A.** FinVerw, vgl. Abschn. 25.1 Abs. 9 Satz 4 UStAE sowie *Rauch* in Offerhaus/Söhn/Lange, § 25 UStG Rz. 35 (Stand: Dezember 2020).

7 FinMin. Schleswig-Holstein, Kurzinfo. v. 2.12.2021 – VI 3511 – S 7419 - 045, UR 2022, 319.

ee) Abgrenzung zu Eigenleistungen

40 § 25 UStG ist nur anwendbar, soweit der Unternehmer Reisevorleistungen in Anspruch nimmt. Wie schon der Wortlaut des § 25 Abs. 1 Satz 5 UStG nahelegt („Leistungen Dritter"), sind Reisevorleistungen von sog. Eigenleistungen abzugrenzen, die § 25 UStG nicht erfasst. Welche Leistungen Eigenleistungen darstellen, lässt sich durch eine Umkehrung der Definition der „Reisevorleistung" bestimmen: Eigenleistungen sind damit Reiseleistungen, die *der Reiseunternehmer mit* ***eigenen Mitteln*** *selbst* direkt gegenüber den Reisenden erbringt und die diesen unmittelbar zugutekommen.[1] Erbringt der Unternehmer Eigenleistungen und nimmt Reisevorleistungen in Anspruch, handelt es sich um sog. **gemischte Leistungen**. Auf diese Leistungen ist § 25 UStG nur anwendbar, soweit der Unternehmer gegenüber dem Leistungsempfänger im eigenen Namen auftritt und Reisevorleistungen in Anspruch nimmt.[2]

40.1 Bei der Prüfung des Vorliegens einer Reiseleistung sollen nach der nunmehr geänderten Verwaltungsauffassung Eigenleistungen bereits gänzlich ausscheiden.[3]

40.2 Entsprechend dieser Lesart des BMF dürfte § 25 UStG keine Anwendung finden, sofern zwar ein Leistungsbündel erbracht wird, die Kernleistung jedoch eine Eigenleistung ist. Zu denken ist bspw. an ein Hotelunternehmen, das Übernachtungen als Eigenleistung erbringt, auch wenn weitere reisetypische Leistungsbestandteile hinzutreten, sofern der Kunde die Anreise selbst organisiert. Ebenfalls denkbar ist eine Kreuzfahrt, die mit eigenen Schiffen erfolgt und bei der die An- und Abreise sowie vorangehende oder anschließende Beherbergungen nicht inkludiert sind.

40.3 Damit dürften nach deutschem Verwaltungsverständnis zahlreiche bisher als Reiseleistungen zu behandelnde gemischte Leistungen aus dem Anwendungsbereich von § 25 UStG herausfallen. Ob dies im Einklang mit dem Unionsrecht steht, dürfte höchst zweifelhaft sein.

41 Maßgeblich für die Frage, ob der Unternehmer eine Reiseleistung selbst erbringt, ist – wie schon bei der Bestimmung des Leistungsempfängers (Rz. 16) – eine tatsächliche Betrachtungsweise.[4] Entscheidend ist also, wer die Leistung nach den Umständen der Leistung tatsächlich an den Reisenden erbringt. Die rechtlichen Beziehungen der Parteien, die Sichtweise des Reisenden und die Zuordnung der Verantwortung für die Durchführung der Reise sind dagegen unerheblich.[5]

42 Eigenleistungen liegen bspw. vor, wenn der Reiseveranstalter eigene Beförderungsmittel einsetzt, eigene Unterkünfte zur Verfügung stellt oder die Reisenden durch einen bei ihm angestellten Reiseleiter betreuen lässt.[6] Fremdleistungen (Reisevorleistungen) werden nach Auffassung des BFH nicht dadurch zu Eigenleistungen, dass sie innerhalb des Organkreises weitergegeben werden.[7]

43 Sind solche Eigenleistungen des Reiseunternehmens als Hauptleistung zu in Anspruch genommenen Vorleistungen anzusehen, teilen die Vorleistungen als Nebenleistung das Schicksal der Hauptleistung (Rz. 15).[8] Dem steht die Einheitlichkeit der Reiseleistung nach § 25 Abs. 1 Satz 3 UStG (Art. 307 Abs. 1 MwStSystRL) nicht entgegen, da sich diese Einheitlichkeit nach der Rechtsprechung des EuGH nur auf die von Dritten bezogenen Vorleistungen bezieht.[9]

---

1 *Schüler-Täsch* in Sölch/Ringleb, § 25 UStG Rz. 135 (Stand: Juni 2022).
2 Abschn. 25.1 Abs. 11 UStAE.
3 Abschn. 25.1 Abs. 2 Satz 3 UStAE.
4 BFH, Urt. v. 1.3.2018 – V R 23/17, BStBl. II 2018, 503 = UR 2018, 605; so auch Abschn. 25.1 Abs. 8 Satz 3 UStAE.
5 Abschn. 25.1 Abs. 8 Sätze 3 und 4 UStAE.
6 Vgl. Abschn. 25.1 Abs. 8 Satz 1 UStAE.
7 BFH, Urt. v. 1.3.2018 – V R 23/17, BStBl. II 2018, 503 = UR 2018, 605, Rz. 18; Abschn. 25.1 Abs. 8 S. 2 UStAE.
8 *Schüler-Täsch* in Sölch/Ringleb, § 25 UStG Rz. 146 (Stand: Juni 2022).
9 EuGH, Urt. v. 25.10.2012 – C-557/11, ECLI:EU:C:2012:672 – Kozak, UR 2013, 200; *Wäger* in Birkenfeld/Wäger, Umsatzsteuer-Handbuch, § 234 Rz. 85 (Stand: Februar 2013); FG Rheinland-Pfalz, Urt. v. 7.8.2014 – 6 K 2092/13, EFG 2014, 1921, Rz. 42.

ff) Gemeinkosten des Reiseunternehmers

Gemeinkosten des Reiseunternehmers gehören indes nicht zu den Reisevorleistungen und nehmen an der Margenbesteuerung nicht teil. Sie mindern daher die vom Unternehmer zu versteuernde Marge nicht. Der Reiseunternehmer ist aus Gemeinkosten nach den allgemeinen Grundsätzen des § 15 UStG zum Vorsteuerabzug berechtigt, da der Vorsteuerausschluss nach § 25 Abs. 4 Satz 1 UStG insoweit nicht anzuwenden ist.[1] Zu den Gemeinkosten (auch: Reisevorbereitungskosten) eines Reiseunternehmers zählen bspw. Raumkosten, IT-Kosten, Produktions- und Vertriebskosten für Reisekataloge sowie Instandhaltungskosten.[2] 44

b) Inanspruchnahme

Der Reiseveranstalter muss Reisevorleistungen „in Anspruch nehmen“. Erforderlich ist eine Leistungskette, innerhalb derer die umsatzsteuerrechtliche Leistungsbeziehung zwischen dem Dritten (sog. Leistungsträger) und dem Unternehmer auf die Erbringung einer Reiseleistung an den Empfänger der Reiseleistungen (die Reisenden) gerichtet sein muss. 45

II. Rechtsfolge (Absatz 1 Satz 1)

Ist der Tatbestand erfüllt, ordnet § 25 Abs. 1 Satz 1 UStG die Anwendbarkeit der „nachfolgenden Vorschriften“ auf die Reiseleistungen des Unternehmers an. Gemeint sind nicht etwa die §§ 25a ff. UStG, sondern § 25 Abs. 1–5 UStG. Diese sind somit auf jede Leistung anzuwenden, soweit diese die Voraussetzungen des Absatz 1 Satz 1 erfüllt. 46

III. Einheitlichkeit der Reiseleistung (Absatz 1 Sätze 2, 3)

§ 25 Abs. 1 Sätze 2 und 3 UStG stellen im Wege einer gesetzlichen **Fiktion** klar, dass (1) eine Reiseleistung regelmäßig aus mehreren Einzelleistungen besteht, die (2) für Zwecke des § 25 UStG jedoch zu einer Gesamtleistung („Reiseleistung“) zusammengefasst werden, die (3) als sonstige Leistung zu qualifizieren ist. Nach Auffassung der FinVerw. gilt dies sogar in einem Mehrebenensystem. Auch mehrere einheitliche Leistungen können aus **Vereinfachungsgründen** als eine einheitliche Reiseleistung behandelt werden, wenn die Reisen gleichartig sind und gegenüber einem Leistungsempfänger erbracht werden (z.B. Buchung einer Reise für jedes Familienmitglied).[3] Die allgemeinen Grundsätze zur Zusammensetzung einer Reiseleistung (Haupt- und Nebenleistung) werden wegen der deutlichen gesetzlichen Anordnung auf der Ausgangsseite überlagert.[4] Die Norm basiert auf Art. 307 Abs. 1 MwStSystRL. 47

IV. Ort der Reiseleistung (Absatz 1 Satz 4)

Für die Bestimmung des Orts der Reiseleistung verweist § 25 Abs. 1 Satz 4 UStG auf § 3a Abs. 1 UStG. Es handelt sich um einen **Rechtsfolgenverweis**, so dass die Reiseleistung des Unternehmers i.S.d. § 25 Abs. 1 Satz 1 UStG dort ausgeführt wird, wo der Reiseveranstalter seinen Sitz hat (Unternehmersitzprinzip). Hintergrund der nationalen Regelung ist Art. 307 Abs. 2 MwStSystRL. Hat der Unternehmer 48

1 FG Rheinland-Pfalz, Urt. v. 7.8.2014 – 6 K 2092/13, EFG 2014, 1921, Rz. 41; *Wäger* in Birkenfeld/Wäger, Umsatzsteuer-Handbuch, § 234 Rz. 80 (Stand: Februar 2013).

2 *Wäger* in Birkenfeld/Wäger, Umsatzsteuer-Handbuch, § 234 Rz. 80 (Stand: Februar 2013); *Wenzel* in Rau/Dürrwächter, § 25 UStG Rz. 56 (Stand: Juli 2005).

3 Abschn. 25.1 Abs. 6 Satz 3 UStAE.

4 Vgl. BFH, Urt. v. 19.10.2011 – XI R 18/09, BFHE 236, 222 = UR 2012, 455; dies gilt nicht für die Eingangsseite und die Abgrenzung zwischen Eigenleistung und Reisevorleistung (Rz. 15, 43); vgl. auch *Schüler-Täsch* in Sölch/Ringleb, § 25 UStG Rz. 145 f. (Stand: Juni 2022).

noch eine Betriebsstätte, ist der Sitz der Betriebsstätte entscheidend, wenn diese die Reise vertrieben hat.[1] Als Betriebsstätte kommt auch ein Kreuzfahrtschiff in Betracht.[2]

49 Durch die gesetzliche Anordnung in § 25 Abs. 1 Satz 4 UStG geht § 3a Abs. 1 UStG auch § 3a Abs. 3 und 4 UStG vor. Lange Zeit war zweifelhaft, ob nicht § 3f UStG im Fall der **unentgeltlichen** Gewährung von Reiseleistungen Vorrang gegenüber § 25 Abs. 1 Satz 4 UStG einzuräumen ist, dies hat sich jedoch mit dem ersatzlosen Wegfall von § 3f UStG a.F. erübrigt.

50 Die Fiktion der Einheitlichkeit der Reiseleistung in § 25 Abs. 1 Satz 3 UStG lässt keinen Spielraum für eine Aufspaltung der Gesamtleistung in einzelne Leistungen (etwa Beförderung, Vermietung des Hotelzimmers, Verpflegung), so dass all diese Leistungselemente, unabhängig vom Reiseort nach § 3a Abs. 1 UStG, als **Gesamtleistung** in dem Mitgliedsstaat als ausgeführt gelten und – soweit Vorleistungen nicht im Drittland erbracht wurden – zu besteuern sind, in dem der leistende Unternehmer seinen Sitz bzw. seine Betriebsstätte hat.

C. Steuerfreiheit von Reiseleistungen (Absatz 2)

I. Im Drittland bewirkte Reisevorleistung

1. Einführung

51 § 25 Abs. 2 UStG sieht eine Steuerbefreiung für Reiseleistungen vor, für die der leistende Unternehmer Reisevorleistungen bezogen hat, die im Drittland (§ 1 Abs. 2a Satz 3 UStG) bewirkt wurden. Die Regelung basiert auf Art. 309 Unterabs. 1 MwStSystRL (vormals: Art. 26 Abs. 3 der 6. EG-Richtlinie). Maßgeblich ist demnach nicht, wo die Reiseleistung (Ausgangsleistung) bewirkt wird, sondern wo die in Anspruch genommenen Reisevorleistungen (**Eingangsleistungen**) bewirkt wurden.[3] Nach § 25 Abs. 2 UStG steuerfrei ist demnach auch eine Reiseleistung, die innerhalb des Gemeinschaftsgebiets erbracht wird, solange und soweit[4] die für die Reiseleistung bezogenen Reisevorleistungen im Drittland bewirkt wurden.

2. Bewirken

a) Allgemein

52 Wann eine Leistung „bewirkt" ist, bestimmen weder das UStG noch die MwStSystRL. „Bewirken" i.S.d. § 25 Abs. 2 UStG wird jedoch synonym zur **Erbringung** der geschuldeten (Reise-)Leistung zu verstehen sein. Erbracht ist eine Leistung, wenn und wo[5] die wesentlichen Merkmale einer Lieferung oder sonstigen Leistung erfüllt sind.[6] Stellt die Reisevorleistung etwa eine einheitliche Beförderungsleistung dar, die sich sowohl auf Drittlandsgebiet als auch auf das Gemeinschaftsgebiet erstreckt, ist die Leistung im Schätzungswege, etwa anhand der gebietsweise zurückgelegten Beförderungsstrecke, aufzuteilen.[7] Der Leistungsort der Reisevorleistungen, welcher aufgrund des unternehmerischen Bezugs im Grundsatz nach § 3a Abs. 2 UStG im Inland belegen wäre, wird gem. § 3a Abs. 8 UStG in das Drittland verlagert, wenn die Leistungen dort genutzt oder ausgewertet werden bzw. ausschließlich dort in Anspruch genommen werden können.[8]

---

1 Abschn. 25.1 Abs. 7 Satz 2–5 UStAE.

2 *Kuprat*, UR 2022, 325 (327).

3 Abschn. 25.2 Abs. 1 UStAE; *Schüler-Täsch* in Sölch/Ringleb, § 25 UStG Rz. 160 (Stand: Juni 2022); *Brandl* in Bunjes[22], § 25 UStG Rz. 33.

4 *Brandl* in Bunjes[22], § 25 UStG Rz. 34.

5 Mit Verweis auf die §§ 3a ff. UStG *Wäger* in Birkenfeld/Wäger, Umsatzsteuer-Handbuch, § 234 Rz. 177 (Stand: Februar 2013).

6 *Schüler-Täsch* in Sölch/Ringleb, § 25 UStG Rz. 164 (Stand: Juni 2022).

7 Vgl. Abschn. 25.2 Abs. 3 UStAE; *Brandl* in Bunjes[22], § 25 UStG Rz. 34; *Püschner* in Reiß/Kraeusel/Langer, § 25 UStG Rz. 113 (Stand: April 2022).

8 Abschn. 3a.14 Abs. 5 Satz 1 und 2 UStAE.

b) Vereinfachungen

Für den Fall, dass die Reisevorleistung eine Personenbeförderungsleistung im Luftverkehr darstellt, hat die FinVerw. eine Vereinfachungsregel[1] geschaffen, wodurch sich der Ort der Leistungserbringung nach dem **Zielort der Beförderung** richtet: liegt der Zielort im Gemeinschaftsgebiet, gilt die Reisevorleistung als im Gemeinschaftsgebiet erbracht und die Reiseleistung ist steuerpflichtig; liegt der Zielort der Reisevorleistung hingegen im Drittlandsgebiet, ist die Reiseleistung gemäß § 25 Abs. 2 UStG steuerfrei. Eine Aufteilung der Reisevorleistung kann dann aus Vereinfachungsgründen unterbleiben. Der Zielort bestimmt sich nach dem Hinflug, flugtechnisch bedingte Zwischenlandungen sind unerheblich (Abschn. 25.2 Abs. 4 Sätze 6 u. 7 UStAE). Entsprechendes gilt für den Umstieg in das nächste Anschlussflugzeug, wenn das erste Flugzeug den gebuchten Zielort nicht anfliegt (vgl. Abschn. 26.2 Abs. 2 UStAE). **Zubringerflüge** sind von § 25 Abs. 2 UStG nur insoweit erfasst, als diese Reisevorleistungen darstellen, d.h. von einem Dritten zugekauft wurden und mit der Reiseleistung eine Einheit bilden.[2] § 25 Abs. 2 UStG ist indes nicht anwendbar, wenn ein sog. **Paketveranstalter** mit Sitz im Inland nicht einzelne Reisevorleistungen, sondern die Reise „als Paket" von einem Dritten mit Sitz im Drittland bezieht.[3] 53

Eine dem Luftverkehr entsprechende Vereinfachung sieht die FinVerw. für Personenbeförderungen auf **Kreuzfahrten** im Seeverkehr vor: erstreckt sich die Kreuzfahrt sowohl auf Drittlandsgebiet als auch auf das Gemeinschaftsgebiet, muss eine Aufteilung gar nicht erst erfolgen. Die Beförderung gilt dann insgesamt als im Drittlandsgebiet erbracht und führt zur Steuerfreiheit der Reiseleistung nach § 25 Abs. 2 UStG (Abschn. 25.2 Abs. 6 UStAE). 54

3. Reisevorleistung

Reisevorleistung i.S.d. § 25 Abs. 2 UStG meint Reisevorleistungen im Sinne der Legaldefinition des § 25 Abs. 1 Satz 5 UStG. Im Hinblick auf die Begriffsbestimmung gelten daher die zu § 25 Abs. 1 UStG gemachten Ausführungen entsprechend (Rz. 30 ff.). Zu berücksichtigen ist indes, dass das Unionsrecht den Begriff der Reisevorleistung nicht kennt, sondern in Art. 308 MwStSystRL als „Lieferungen von Gegenständen und […] Dienstleistungen anderer Steuerpflichtiger, soweit diese […] dem Reisenden unmittelbar zugutekommen" beschreibt. Inhaltlich entspricht § 25 Abs. 1 Satz 5 UStG damit Art. 308 MwStSystRL. 55

Die Reisevorleistungen müssen der „sonstigen Leistung", d.h. der Reiseleistung, **zuzurechnen** sein. Das sind sie, soweit zwischen den eingehenden Reisevorleistungen und der ausgehenden Reiseleistung ein **unmittelbarer Zusammenhang** besteht. Eine Identität ist auch hier nicht erforderlich. 56

Im Falle von Kettengeschäften soll nach Auffassung der FinVerw. auf die einzelnen Leistungselemente (Reisevorleistungen) des vorleistenden Reiseunternehmers abzustellen sein.[4] In der Praxis führt dies jedoch zu nicht unerheblichen Schwierigkeiten, da der Reiseunternehmer dem in der Kette nachfolgenden Unternehmer die einzelnen Leistungselemente und deren Preisanteil mitteilen müsste.[5] Dies gilt auch, soweit der Vorleistende bei Beförderungsleistungen die Zielortregelung anwendet oder nicht anwendet.[6] Die Regelung der FinVerw. wird man indes nicht so verstehen können, dass die Reisevorleistung selbst keine (einheitliche) Reiseleistung sein kann und wieder in ihre Einzelbestandteile aufgespalten würde, da sonst nicht nur die Leistungsortsregelung des § 25 Abs. 1 Satz 4 i.V.m. § 3a Abs. 1 UStG unterlaufen würde, sondern auch Kettengeschäfte nicht mehr möglich wären. Die Regelung zielt lediglich auf ein Problem in der praktischen Umsetzung der ausgangsseitigen Sonderbesteuerung von Reiseleistungen ab. 56.1

1 Abschn. 25.2 Abs. 4 UStAE.
2 Vgl. BFH, Urt. v. 1.3.2018 – V R 23/17, BStBl. II 2018, 503 = UR 2018, 605, Rz. 18.
3 Vgl. *Schüler-Täsch* in Sölch/Ringleb, § 25 UStG Rz. 167 (Stand: Juni 2022) mit Verweis auf BMF, Schr. v. 7.4.1998 – IV C 3-S 7419-9/98, BStBl. I 1998, 380, Rz. 5a.
4 Abschn. 25.1 Abs. 9 Satz 3 UStAE.
5 Ähnlich *Huschens* in Küffner/Zugmaier, UStG § 25 Rz. 96/1 (Stand: Mai 2022).
6 Abschn. 25.2 Abs. 4 UStAE.

56.2 Der Reiseunternehmer, dessen Reisevorleistung eine Reiseleistung darstellt, braucht ein Instrument, um auf die Reisevorleistungen seines reisevorleistenden Unternehmers „durchschauen" zu können und eine adäquate Prüfung seiner eigenen Steuerpflicht vornehmen zu können.[1]

II. Rechtsfolge

57 Rechtsfolge des § 25 Abs. 2 UStG ist die Steuerbefreiung der Reiseleistung. Soweit § 25 Abs. 2 UStG keine Anwendung findet, kann auf die allgemeinen Steuerbefreiungsvorschriften zurückgegriffen werden, soweit sie unternehmerbezogene Steuerbefreiungen betreffen.[2] Fraglich ist, ob dies auch gilt, soweit § 25 Abs. 2 UStG zur Anwendung kommt. Die Frage nach dem Verhältnis von § 25 Abs. 2 UStG zu den allgemeinen Steuerbefreiungsvorschriften hat insofern Relevanz, als bei einer Befreiung nach § 25 Abs. 2 UStG ein Vorsteuerabzug eröffnet ist (vgl. § 15 Abs. 3 Nr. 1 bzw. Nr. 2, jeweils Buchst. a UStG).

58 In der Literatur wird teilweise vertreten, die Steuerbefreiungsvorschriften des § 4 und § 25 Abs. 2 UStG stünden nebeneinander, da der historische Gesetzgeber nichts anderes zu erkennen gegeben habe.[3] In diese Richtung geht wohl auch die Entscheidung des EuGH in der Rechtssache *iSt*, der feststellt, Art. 26 der 6. EG-Richtlinie (nun: Art. 309 MwStSystRL), auf dem § 25 UStG beruht, sei *lex specialis* im Hinblick auf die Besteuerungsweise, nicht jedoch im Hinblick auf die Steuerbefreiung.[4] Mit Blick auf § 25 Abs. 1 Satz 3 UStG kann § 4 UStG jedoch nur insoweit anwendbar sein, als eine Steuerbefreiung der einheitlichen sonstigen Leistung in Rede steht.[5] Liegen sowohl die Voraussetzungen von § 25 Abs. 2 UStG als auch die von § 4 Nr. 25 UStG vor, hat die Steuerbefreiung des § 4 Nr. 25 UStG nach Ansicht der FinVerw. Vorrang, da es sich um eine personenbezogene Steuerbefreiung handelt.[6] Soweit man der Ansicht der FinVerw. folgt, wäre der Vorsteuerabzug ausgeschlossen. Der BFH hat sich in dieser Konkurrenzfrage noch nicht positionieren müssen, da die Voraussetzungen von § 25 Abs. 2 UStG und der personenbezogenen Steuerbefreiung (im Urteilsfall: § 4 Nr. 23 UStG) nicht zeitgleich erfüllt waren.[7]

59 Gemäß § 25 Abs. 2 Satz 2 UStG hat der Unternehmer die Voraussetzungen der Steuerbefreiung nachzuweisen. Dieser Nachweis ist zwingende materiell-rechtliche Voraussetzung der Steuerbefreiung.[8] Das BMF hat mit **§ 72 UStDV** von der Verordnungsermächtigung in § 25 Abs. 2 Satz 3 UStG Gebrauch gemacht. In Fällen steuerfreier Reiseleistungen im Drittland fordert § 72 Abs. 1 UStDV einen „buchmäßigen Nachweis" i.S.d. § 13 Abs. 1 UStDV, der zudem die in § 72 Abs. 2 UStDV aufgelisteten Angaben enthalten soll.

---

1 *Vobbe*, UR 2021, 805 (810).

2 Vgl. *Rauch* in Offerhaus/Söhn/Lange, § 25 UStG Rz. 62 (Stand: Dezember 2020); *Brandl* in Bunjes[22], § 25 UStG Rz. 36.

3 *Püschner* in Reiß/Kraeusel/Langer, § 25 UStG Rz. 24, 122 (Stand: April 2022); zurückhaltender *Schüler-Täsch* in Sölch/Ringleb, § 25 UStG Rz. 60 (Stand: Juni 2022).

4 EuGH, Urt. v. 13.10.2005 – C-200/04, ECLI:EU:C:2005:608 – iSt, UR 2005, 694 m. Anm. *Henkel*, Rz. 40; so auch *Wäger* in Birkenfeld/Wäger, Umsatzsteuer-Handbuch, § 234 Rz. 179 (Stand: Februar 2013); vgl. auch *Rauch* in Offerhaus/Söhn/Lange, § 25 UStG Rz. 62 (Stand: Dezember 2020).

5 *Püschner* in Reiß/Kraeusel/Langer, § 25 UStG Rz. 124 (Stand: April 2022); *Schüler-Täsch* in Sölch/Ringleb, § 25 UStG Rz. 60 (Stand: Juni 2022).

6 Vgl. Abschn. 25.1 Abs. 12 und Abschn. 25.2 Abs. 8 UStAE; **a.A.** *Schüler-Täsch* in Sölch/Ringleb, § 25 UStG Rz. 60 (Stand: Juni 2022) und *Lippross*, Umsatzsteuer[25], 1326; etwas anderes könnte sich m.E. aus der Entscheidung des EuGH, Urt. v. 19.12.2018 – C-552/17, ECLI:EU:C:2018:1032 – Alpenchalets Resorts, UR 2019, 72, Rz. 37 ff. bzw. der Nachfolgeentscheidung des BFH, Urt. v. 27.3.2019 – V R 10/19, BFHE 264, 377 = UR 2019, 439, Rz. 19 ff. schließen lassen, nach der die Anwendung der Sonderregelung des § 25 UStG die der allgemeinen Regelung des ermäßigten Steuersatzes (§ 12 Abs. 2 UStG) ausschließt.

7 Vgl. BFH, Urt. v. 1.6.2006 – V R 104/01, BStBl. II 2007, 142 = UR 2006, 650.

8 *Rauch* in Offerhaus/Söhn/Lange, 25 UStG Rz. 59 (Stand: Dezember 2020).

D. Bemessungsgrundlage (Absatz 3)

§ 25 Abs. 3 UStG verdrängt als *lex specialis* § 10 UStG. Bemessungsgrundlage der Reiseleistung ist nach § 25 Abs. 3 Sätze 1 und 2 UStG der Unterschied zwischen dem Betrag, den der Leistungsempfänger aufwendet, um die Leistung zu erhalten, und dem Betrag, den der Unternehmer für die Reisevorleistungen aufwendet, jedoch abzüglich der Umsatzsteuer **(sog. Marge)**. Der Begriff „Marge" geht auf Art. 308 MwStSystRL zurück, das nationale Recht verwendet ihn nicht. 60

Die Gegenleistung, d.h. all das, was der Leistungsempfänger für die Reiseleistung aufwendet, umfasst auch ein Entgelt von dritter Seite.[1] Sowohl das Entgelt als auch die Aufwendungen für Reisevorleistungen fließen als **Bruttobeträge** in die Margenberechnung ein. Aus dem Differenzbetrag ist die Umsatzsteuer herauszurechnen (§ 25 Abs. 3 Satz 2 UStG). Der verbleibende Betrag wird als **„Nettomarge"** bezeichnet und bildet die Bemessungsgrundlage.[2] Die Nettomarge berücksichtigt also bereits die Aufwendungen des Unternehmers für Reisevorleistungen und zwar einschließlich der Umsatzsteuer,[3] so dass insoweit ein Vorsteuerabzug folgerichtig ausgeschlossen ist (§ 25 Abs. 4 Satz 1 UStG). Die Marge kann (so bspw. im Falle einer nicht kostendeckenden Preisgestaltung) auch 0 EUR betragen; § 25 UStG findet auch dann Anwendung, wenn es an einer Bemessungsgrundlage für die Besteuerung fehlt.[4] 61

Bis zum 31.12.2021 hatte der Unternehmer gemäß § 25 Abs. 3 Satz 3 UStG ein Abrechnungswahlrecht. Er konnte die Umsatzsteuer auf Grundlage einzelner Reiseleistungen (sog. Einzelmargenbildung) oder aller innerhalb des Besteuerungszeitraums erbrachten Reiseleistungen gruppenweise bzw. insgesamt berechnen (sog. Gruppen- bzw. Gesamtmargenbildung). Im Rahmen der Gruppen- bzw. Gesamtmargenbildung wurden dann negative Margen und positive Margen, die sich aus Einzelmargenbildungen ergaben, saldiert. Auf diese Weise konnten negative Margen, die bei der Kalkulation von Reiseangeboten häufig entstehen können, um eine Grundauslastung zu schaffen, steuermindernd berücksichtigt werden, denn negative Margen in Folge der Einzelmargenbildung können weder erstattet noch in andere Veranlagungszeiträume vor- oder zurückgetragen werden.[5] § 25 Abs. 3 Satz 3 UStG ist jedoch **unionsrechtswidrig.**[6] Dementsprechend wurde die Regelung mit dem JStG 2019 aufgehoben. Eine Gesamtmargenbildung war nur noch für Umsätze möglich, die bis zum 31.12.2021 ausgeführt wurden (**§ 27 Abs. 26 UStG n.F.**).[7] Dem Unternehmer stand es jedoch frei, die Margenbesteuerung im B2B-Verhältnis bis zum 31.12.2021 uneingeschränkt mit der Bildung von Gruppenmargen oder einer Gesamtmarge zu kombinieren.[8] Für Umsätze ab dem 1.1.2022 sind nun zwingend Einzelmargen zu bilden. Die FinVerw. lässt bei einzelnen Reisen aus Vereinfachungsgründen ausnahmsweise nach wie vor die Bildung einer „Gesamtmarge" zu.[9] Anzuwenden sind die verwaltungsseitigen Neuregelungen ebenfalls erst für Umsätze nach dem 31.12.2021 (Nichtbeanstandungsregelung).[10] 62

Soweit ein Unternehmer sog. **gemischte Reiseleistungen** (Rz. 39) erbringt, ist das Gesamtentgelt für die Reiseleistung aufzuteilen und derjenige Teil der Bemessungsgrundlage zu isolieren, der auf die Ei- 63

1 *Schüler-Täsch* in Sölch/Ringleb, § 25 UStG Rz. 200 (Stand: Juni 2022).
2 Eingehend zur Zusammensetzung *Wolf* in Weymüller, § 25 UStG Rz. 60 ff. (Stand: Mai 2021).
3 Statt vieler *Brandl* in Bunjes[22], § 25 UStG Rz. 48.
4 Abschn. 25.4 Abs. 2 Satz 2 u. 3 UStAE; *Jaensch/Appel/Weitz*, BB 2023, 26 (28).
5 Vgl. *Schüler-Täsch* in Sölch/Ringleb, § 25 UStG Rz. 194 (Stand: Juni 2022); *Huschens* in Küffner/Zugmaier, § 25 UStG Rz. 118 (Stand: Mai 2022); s. auch Abschn. 25.4 Abs. 2 Satz 3 UStAE; großzügiger *Wäger*, BFH-PR 2019, 110.
6 EuGH, Urt. v. 8.2.2018 – C-380/16, ECLI:EU:C:2018:76 – Kommission/Deutschland, UR 2018, 290 m. Anm. *Dobratz*, Rz. 87–95; zuvor bereits *Wäger*, UR 2014, 81 (119).
7 Vgl. BT-Drucks. 19/14873, 70 f. und Art. 11 Nr. 10 des Gesetzes zur weiteren steuerlichen Förderung der Elektromobilität und zur Änderung weiterer Vorschriften v. 12.12.2019 (sog. JStG 2019), BGBl. I 2019, 2451.
8 BMF, Schr. v. 30.11.2020 – III C 2-S 7419/19/10001 :001 BStBl. I 2020, 1338 = UR 2021, 88. Im Falle der Bildung einer Gesamtmarge kann der Reiseunternehmer diese für das komplette Steuerjahr 2020 mit dem bis zum 31.12.2020 geltenden Steuersatz von 16 % berechnen, vgl. BMF, Schr. v. 4.11.2020 – III C 2-S 7030/20/10009:016 BStBl. I 2020, 1129 = UR 2020, 977, Rz. 16.
9 Abschn. 25.3 Abs. 1 Satz 3 UStAE.
10 BMF, Schr. v. 24.6.2021 – III C 2-S 7419/19/10001 :006, BStBl. I 2021, 857 = UR 2021, 679 unter III.

genleistungen entfällt.[1] Dieser Eigenleistungsanteil unterliegt dann der allgemeinen Besteuerung.[2] Nach Auffassung der FinVerw. ist das Verhältnis von Eigen- und Fremdleistungen vorrangig anhand der Einzelverkaufspreise der verschiedenen Reisebestandteile und nachrangig anhand der entstandenen Kosten (einschl. USt, aber abzgl. Gemeinkosten und Unternehmerlohn) zu ermitteln.[3]

63.1 Soweit die Marge im Zeitpunkt der Besteuerung noch nicht endgültig feststeht (z. B. im Falle von erhaltenen Anzahlungen), kann der Unternehmer die Marge aufgrund von Kalkulationen oder Erfahrungssätzen der Vorjahre schätzen.[4] Hierbei ist jedoch sicherzustellen, dass sich nicht nach endgültiger Ermittlung der Bemessungsgrundlage regelmäßig höhere Abschlusszahlungen ergeben. Diese Schätzung ist zu korrigieren, wenn die endgültige Marge errechnet werden kann; es wird nicht beanstandet, wenn diese Korrektur in einem Betrag erfolgt.[5]

63.2 Auf die steuerpflichtige Nettomarge ist einheitlich der Regelsteuersatz anzuwenden. Eine anteilige Anwendung von leistungsbezogenen Steuersatzermäßigungen, bspw. auf die Beherbergungsleistung, ist in § 12 Abs. 2 UStG nicht vorgesehen und die Einheitlichkeit der Reiseleistung lässt hierfür keinen Raum.[6] Personenbezogene Steuersatzermäßigungen sollen hingegen nach Verwaltungsauffassung Berücksichtigung finden können,[7] auch wenn die Rechtsprechung des EuGH einen anderen Eindruck vermittelt.[8]

E. Vorsteuerabzug nach § 15 UStG (Absatz 4)

64 § 25 Abs. 4 UStG schließt einen Vorsteuerabzug des leistenden Unternehmers für Reisevorleistungen i.S.d. § 25 Abs. 1 Satz 5 UStG aus. Dies gilt unabhängig davon, ob der Dritte (Leistungsträger) die Umsatzsteuer nach § 13a UStG oder der Unternehmer als Empfänger der Reisevorleistungen die Umsatzsteuer nach § 13b UStG schuldet. Mit Blick auf die Ausweitung des § 25 UStG auf das B2B-Geschäft und einer möglichen Mehrfachbesteuerung von Reisevorleistungen ist der insoweit von Absatz 4 angeordnete Ausschluss des Vorsteuerabzugs nicht unproblematisch.[9]

65 Angesichts seines ausdrücklichen Wortlauts gilt § 25 Abs. 4 UStG nur für Reise**vor**leistungen. Im Hinblick auf Absatz 1, der ausdrücklich zwischen „Reiseleistungen" und „Reisevorleistungen" differenziert, sperrt § 25 Abs. 4 UStG einen Vorsteuerabzug im Übrigen nicht (§ 25 Abs. 4 Satz 2 UStG). Der Unternehmer kann somit gezahlte Umsatzsteuerbeträge, die er für diejenigen Reiseleistungen aufwendet, die er als Eigenleistungen selbst anbietet, oder Gemeinkosten, wie auch Werbung etc. als Vorsteuer geltend machen, soweit die Voraussetzungen des § 15 UStG erfüllt sind. Gleiches gilt für die Vermittlung einer Reiseleistung. Auch insoweit ist ein Vorsteuerabzug zulässig. Die FinVerw. hat eine **Vereinfachungsregelung** für Fälle geschaffen, in denen der Reiseunternehmer sowohl Reiseleistungen als auch Eigenleistungen in Form von grenzüberschreitenden Personenbeförderungen mit Flugzeugen erbringt und sich die Vermittlungsprovision nach dem einheitlichen Reisepreis bemisst. Die Vermittlungsleistungen sind insoweit teilweise steuerpflichtig und teilweise steuerfrei (§ 4 Nr. 5 Buchst. b UStG). Aus Vereinfachungsgründen wird es nicht beanstandet, wenn der Anteil der steuerpflichtigen

---

1 EuGH, Urt. v. 22.10.1998 – C-308/96, C-94/97, ECLI:EU:C:1998:496 – Madgett and Baldwin, UR 1999, 38 m. Anm. *Vellen*, Rz. 42; Abschn. 25.3 Abs. 2 Satz 1 UStAE; *Schüler-Täsch* in Sölch/Ringleb, § 25 UStG Rz. 215 (Stand: Juni 2022).

2 Statt vieler *Rauch* in Offerhaus/Söhn/Lange, § 25 UStG Rz. 39 (Stand: Dezember 2020).

3 Abschn. 25.3 Abs. 2 UStAE; die vormalige „Öffnungsklausel", die jede Methode zur Ermittlung von Eigenleistungen zuließ, wenn diese zu einem sachgerechten Ergebnis führte (Abschn. 25.3 Abs. 2 Satz 3 UStAE a.F.), findet sich in der Neufassung des UStAE nicht mehr.

4 EuGH, Urt. v. 19.12.2018 – C-422/17, ECLI:EU:C:2018:1029 – Skarpa Travel, UR 2019, 144.

5 *Grambeck* in Weymüller, § 25 UStG, Rz. 193.

6 Vgl. EuGH, Urt. v. 19.12.2018 – C-552/17, ECLI:EU:C:2018:1032 – Alpenchalets Resorts, UR 2019, 72; BFH, Urt. v. 27.3.2019 – V R 10/19 (V R 60/16), BStBl II 2021, 497 = UR 2019, 439.

7 Abschn. 25.1 Abs. 12 Satz 1 UStAE.

8 *Schüler-Täsch* in Sölch/Ringleb, § 25 UStG, Rz. 232 (Stand: Juni 2022).

9 Ebenfalls krit. mit Blick auf den Grundsatz der Neutralität *Jahns/Detmering*, MwStR 2018, 24 (26); *Kanitz/Bohne*, MwStR 2020, 20 (24).

Vermittlungsprovision einvernehmlich auf **70 %** festgelegt wird.[1] Die Art der Abrechnung (Rechnung oder Gutschrift) hat keinen Einfluss auf die Anwendung dieser Vereinfachungsregelung.[2]

Voraussetzung für einen Vorsteuerabzug des Empfängers der Reiseleistung ist nach § 15 Abs. 1 UStG eine ordnungsgemäße Rechnung i.S.d. §§ 14, 14a UStG. Zu beachten ist, dass ein Vorsteuerabzug grundsätzlich auch bei Reiseleistungen in Betracht kommt, die in den Anwendungsbereich des § 25 Abs. 2 UStG fallen und daher steuerfrei sind. § 15 Abs. 2 Satz 1 Nr. 1 UStG steht dem gemäß § 15 Abs. 3 Nr. 1 Buchst. a Var. 2 UStG nicht entgegen.[3] 66

F. Aufzeichnungs- und Nachweispflichten (Absatz 5)

I. Nachweispflichten

§ 25 Abs. 5 UStG verweist auf § 22 UStG und modifiziert dessen allgemeine Aufzeichnungspflichten in den Nummern 1–4. Aus den Aufzeichnungen ersichtlich sein müssen daher das Entgelt, die Beträge für in Anspruch genommene Reisevorleistungen sowie die Bemessungsgrundlage. Soweit erbrachte Reiseleistungen sowohl steuerpflichtig als auch steuerfrei sind, ist eine entsprechende Aufteilung betragsmäßig kenntlich zu machen. Bei der Aufzeichnung sind Reisevorleistungen, die im Drittlandsgebiet bewirkt wurden, und solche, die im Gemeinschaftsgebiet bewirkt wurden, zu trennen.[4] Abschn. 25.5 Abs. 4 UStAE sieht nunmehr eine Vereinfachung für mehrere gleichartige Reiseleistungen vor, die an nur einen Leistungsempfänger erbracht werden (z.B. Familienreisen, Rz. 48). In diesem Fall kann der Reiseunternehmer die gleichartigen Leistungen zusammenfassen und muss nur deren Gesamtbetrag aufzeichnen. 67

Ist die erbrachte Reiseleitung gem. § 25 Abs. 2 UStG steuerfrei, füllt § 72 UStDV die Verordnungsermächtigung des § 25 Abs. 2 Satz 3 UStG aus und bestimmt eine Aufzeichnungspflicht nach Maßgabe des § 13 UStDV. Darüber hinaus soll der Unternehmer gem. § 72 Abs. 2 UStDV die Leistung, den Tag der Leistung, die hierfür aufgewendeten Reisevorleistungen, das Entgelt des Leistungsempfängers sowie die Bemessungsgrundlage aufzeichnen. 68

Nach der Rechtsprechung des BFH setzt die unmittelbare Anwendung der Art. 306 ff. MwStSystRL weder voraus, dass sich der leistende Unternehmer auch auf das Unionsrecht beruft, noch einen dahingehenden Rechnungshinweis voraus.[5] Bedeutung gewinnt diese Rechtsprechung für Altjahre (vor 18.12.2019) und die Konstellationen, in denen die Reisevorleistung zugleich eine Reiseleistung eines im Ausland ansässigen Unternehmers darstellt (Rz. 46). 68.1

II. Abrechnung

Der Unternehmer muss ferner in der Rechnung darauf hinweisen, dass die Besteuerung seiner Reiseleistungen nach der Sonderreglung des § 25 UStG erfolgt (§ 14a Abs. 6 Satz 1 UStG). Umsatzsteuer darf er gemäß § 14a Abs. 6 Satz 2 UStG nicht gesondert ausweisen; weist der Unternehmer dennoch Steuer aus, schuldet er die (unberechtigt) ausgewiesene Umsatzsteuer nach § 14c Abs. 2 Satz 1 UStG. Dies gilt sowohl hinsichtlich der Reisevorleistung als auch hinsichtlich der Marge. 69

Die fehlende Berechtigung zum Umsatzsteuerausweis war bis dato regelmäßig nicht relevant. Durch die Ausdehnung des § 25 UStG auf den Bezug einer Reiseleistung auch für unternehmerische Zwecke kommt dem Verbot des Steuerausweises nun gesteigerte Bedeutung zu. 70

In Ermangelung eines Steuerausweises in der Rechnung kann der Empfänger auch keine Vorsteuer aus der empfangenen Leistung in Abzug bringen. Hierdurch verteuert sich der Bezug entsprechender Reiseleistungen für den unternehmerischen Bereich. 71

1 Abschn. 25.4 Abs. 5 Sätze 3 u. 4 UStAE.
2 Abschn. 25.4 Abs. 5 Satz 6 UStAE.
3 Abschn. 25.4 Abs. 4 UStAE.
4 Abschn. 25.5 Abs. 9 UStAE.
5 BFH, Urt. v. 13.12.2017 – XI R 4/16, BStBl. II 2020, 823 = UR 2018, 450, Rz. 47.

72 Ob die Einschränkung des Umsatzsteuerausweises dem Unionsrecht entspricht, darf mit Blick auf Art. 226 Nr. 13 MwStSystRL indes bezweifelt werden. Bisher galt gemäß § 14a Abs. 6 Satz 2 UStG die Maßgabe, dass der leistende Unternehmer Umsatzsteuer auf die Marge nicht gesondert ausweisen durfte; andernfalls schuldete er den unberechtigt ausgewiesenen Steuerbetrag gemäß § 14c Abs. 2 UStG.[1] § 14a Abs. 6 Satz 2 UStG hatte bislang insofern wenig praktische Relevanz, als § 25 UStG nur B2C-Geschäfte erfasste, ein Vorsteuerabzug für den Empfänger der Reiseleistung also ohnehin nicht in Betracht kam. Durch die Ausweitung des § 25 UStG auf das B2B-Geschäft mit Wirkung zum 18.12.2019[2] verhindert § 14a Abs. 6 Satz 2 UStG jedoch einen Vorsteuerabzug desjenigen Leistungsempfängers, der unternehmerisch tätig ist und die Reiseleistung für sein Unternehmen bezieht. Teilweise wird daher darauf verwiesen, § 14a Abs. 6 UStG sei insoweit unionsrechtswidrig.[3] Die Regelung verstoße insbesondere gegen Art. 226 Nr. 13 MwStSystRL, demgemäß in der Rechnung ein Hinweis auf die Anwendung der Sonderregelung des § 25 UStG aufzunehmen ist. Art. 226 Nr. 13 MwStSystRL regelt im Gegensatz zu § 14a Abs. 6 Satz 2 UStG indes gerade nicht, dass ein gesonderter Steuerausweis nicht erfolgen darf. Mangels abweichender Sonderregelung gelten daher die allgemeinen Vorschriften zur Rechnungslegung.[4] *Dass* der Empfänger der Reiseleistung grundsätzlich die insoweit anfallende Umsatzsteuer – unter den weiteren Voraussetzungen des § 15 UStG – abziehen können muss, dürfte unstreitig sein und ist in § 25 Abs. 4 Satz 2 UStG bereits gesetzlich angelegt. Denkbar ist, dass sich der unternehmerisch tätige Leistungsempfänger künftig unmittelbar auf das Unionsrecht berufen und eine Rechnung mit gesondert ausgewiesener Umsatzsteuer verlangen kann.[5]

§ 25a Differenzbesteuerung

(1) Für die Lieferungen im Sinne des § 1 Abs. 1 Nr. 1 von beweglichen körperlichen Gegenständen gilt eine Besteuerung nach Maßgabe der nachfolgenden Vorschriften (Differenzbesteuerung), wenn folgende Voraussetzungen erfüllt sind:

1. **[1]Der Unternehmer ist ein Wiederverkäufer. [2]Als Wiederverkäufer gilt, wer gewerbsmäßig mit beweglichen körperlichen Gegenständen handelt oder solche Gegenstände im eigenen Namen öffentlich versteigert.**
2. **[1]Die Gegenstände wurden an den Wiederverkäufer im Gemeinschaftsgebiet geliefert. [2]Für diese Lieferung wurde**
   a) **Umsatzsteuer nicht geschuldet oder nach § 19 Abs. 1 nicht erhoben oder**
   b) **die Differenzbesteuerung vorgenommen.**
3. **Die Gegenstände sind keine Edelsteine (aus Positionen 7102 und 7103 des Zolltarifs) oder Edelmetalle (aus Positionen 7106, 7108, 7110 und 7112 des Zolltarifs).**

(2) [1]Der Wiederverkäufer kann spätestens bei Abgabe der ersten Voranmeldung eines Kalenderjahres gegenüber dem Finanzamt erklären, dass er die Differenzbesteuerung von Beginn dieses Kalenderjahres an auch auf folgende Gegenstände anwendet:

1. **Kunstgegenstände (Nummer 53 der Anlage 2), Sammlungsstücke (Nummer 49 Buchstabe f und Nummer 54 der Anlage 2) oder Antiquitäten (Position 9706 00 00 des Zolltarifs), die er selbst eingeführt hat, oder**
2. **Kunstgegenstände, wenn die Lieferung an ihn steuerpflichtig war und nicht von einem Wiederverkäufer ausgeführt wurde.**

[2]Die Erklärung bindet den Wiederverkäufer für mindestens zwei Kalenderjahre.

---

1 So die FinVerw. zumindest in Fällen der Differenzbesteuerung nach § 25a UStG, vgl. Abschn. 25a.1 Abs. 16 Satz 2 UStAE.

2 Vgl. Art. 39 Abs. 1 i.V.m. Art. 11 Nr. 9 Buchst. a des sog. JStG 2019, BGBl. I 2019, 2451.

3 *Prätzler*, UStB 2019, 205 (210); *Grambeck*, NWB 2019, 3361 (3365); *Kanitz/Bohne*, MwStR 2020, 20 (23); *Jaensch/Appel/Weitz*, BB 2023, 26 (29).

4 Schlussanträge der Generalanwältin *Sharpston* v. 6.6.2013 – C-189/11, ECLI:EU:C:2013:365 – Kommission gegen Spanien, Rz. 23 f.; vgl. auch *Grambeck*, NWB 2019, 3361 (3365).

5 *Jaensch/Appel/Weitz*, BB 2023, 26 (29).

(3) [1]Der Umsatz wird nach dem Betrag bemessen, um den der Verkaufspreis den Einkaufspreis für den Gegenstand übersteigt; bei Lieferungen im Sinne des § 3 Abs. 1b und in den Fällen des § 10 Abs. 5 tritt an die Stelle des Verkaufspreises der Wert nach § 10 Abs. 4 Satz 1 Nr. 1. [2]Lässt sich der Einkaufspreis eines Kunstgegenstandes (Nummer 53 der Anlage 2) nicht ermitteln oder ist der Einkaufspreis unbedeutend, wird der Betrag, nach dem sich der Umsatz bemisst, mit 30 Prozent des Verkaufspreises angesetzt. [3]Die Umsatzsteuer gehört nicht zur Bemessungsgrundlage. [4]Im Fall des Absatzes 2 Satz 1 Nr. 1 gilt als Einkaufspreis der Wert im Sinne des § 11 Abs. 1 zuzüglich der Einfuhrumsatzsteuer. [5]Im Fall des Absatzes 2 Satz 1 Nr. 2 schließt der Einkaufspreis die Umsatzsteuer des Lieferers ein.

(4) [1]Der Wiederverkäufer kann die gesamten innerhalb eines Besteuerungszeitraums ausgeführten Umsätze nach dem Gesamtbetrag bemessen, um den die Summe der Verkaufspreise und der Werte nach § 10 Abs. 4 Satz 1 Nr. 1 die Summe der Einkaufspreise dieses Zeitraums übersteigt (Gesamtdifferenz). [2]Die Besteuerung nach der Gesamtdifferenz ist nur bei solchen Gegenständen zulässig, deren Einkaufspreis 500 Euro nicht übersteigt. [3]Im Übrigen gilt Absatz 3 entsprechend.

(5) [1]Die Steuer ist mit dem allgemeinen Steuersatz nach § 12 Abs. 1 zu berechnen. [2]Die Steuerbefreiungen, ausgenommen die Steuerbefreiung für innergemeinschaftliche Lieferungen (§ 4 Nr. 1 Buchstabe b, § 6a), bleiben unberührt. [3]Abweichend von § 15 Abs. 1 ist der Wiederverkäufer in den Fällen des Absatzes 2 nicht berechtigt, die entstandene Einfuhrumsatzsteuer, die gesondert ausgewiesene Steuer oder die nach § 13b Absatz 5 geschuldete Steuer für die an ihn ausgeführte Lieferung als Vorsteuer abzuziehen.

(6) [1]§ 22 gilt mit der Maßgabe, dass aus den Aufzeichnungen des Wiederverkäufers zu ersehen sein müssen

1. die Verkaufspreise oder die Werte nach § 10 Abs. 4 Satz 1 Nr. 1,
2. die Einkaufspreise und
3. die Bemessungsgrundlagen nach den Absätzen 3 und 4.

[2]Wendet der Wiederverkäufer neben der Differenzbesteuerung die Besteuerung nach den allgemeinen Vorschriften an, hat er getrennte Aufzeichnungen zu führen.

(7) Es gelten folgende Besonderheiten:

1. Die Differenzbesteuerung findet keine Anwendung
   a) auf die Lieferungen eines Gegenstands, den der Wiederverkäufer innergemeinschaftlich erworben hat, wenn auf die Lieferung des Gegenstands an den Wiederverkäufer die Steuerbefreiung für innergemeinschaftliche Lieferungen im übrigen Gemeinschaftsgebiet angewendet worden ist,
   b) auf die innergemeinschaftliche Lieferung eines neuen Fahrzeugs im Sinne des § 1b Abs. 2 und 3.
2. Der innergemeinschaftliche Erwerb unterliegt nicht der Umsatzsteuer, wenn auf die Lieferung der Gegenstände an den Erwerber im Sinne des § 1a Abs. 1 die Differenzbesteuerung im übrigen Gemeinschaftsgebiet angewendet worden ist.
3. Die Anwendung des § 3c und die Steuerbefreiung für innergemeinschaftliche Lieferungen (§ 4 Nr. 1 Buchstabe b, § 6a) sind bei der Differenzbesteuerung ausgeschlossen.

(8) [1]Der Wiederverkäufer kann bei jeder Lieferung auf die Differenzbesteuerung verzichten, soweit er Absatz 4 nicht anwendet. [2]Bezieht sich der Verzicht auf die in Absatz 2 bezeichneten Gegenstände, ist der Vorsteuerabzug frühestens in dem Voranmeldungszeitraum möglich, in dem die Steuer für die Lieferung entsteht.

Schrifttum: *Grebe/Raudszus*, Die Differenzbesteuerung nach § 25a UStG im Umsatzsteuerrecht, UStB 2015, 160; *Höink/Langenhövel*, Umsatzsteuer: EuGH schafft Vertrauensschutz in Anwendung der Differenzbesteuerung, BB 2018, 1239; *Lippross*, Keine Anwendung der Differenzbesteuerung beim innergemeinschaftlichen Erwerb von Kunstgegenständen vom Urheber? – Zur Unionsrechtswidrigkeit des § 25a Abs. 7 Nr. 1 Buchst. a UStG im Bereich des Kunsthandels –, UR 2015, 618; *Nieskens*, § 25a Abs. 7 Nr. 1 Buchst. a UStG in den Fällen der Option gem. § 25a Abs. 2 Nr. 2 UStG unionsrechtswidrig, EU-UStB 2019, 8; *Reiß*, Differenzbesteuerung bei Gebrauchtwagenlieferungen und Steuerbefreiung bei Neuwagenlieferungen in grenzüberschreitenden Fällen – Usurpation unionsrechtlicher Gesetzgebungsbefugnisse durch den EuGH im Bereich der Mehrwertsteuer?, UR 2017, 565; *Unverdorben*, Der deutsche Kunsthandel entdeckt die Differenzbesteuerung – Über die Folgen des Wegfalls des ermäßigten Umsatzsteuersatzes, MwStR 2014, 191; *Unverdorben*, Änderungen im Bereich der Besteuerung von Umsätzen mit Kunstgegenständen und Sammlungsstücken durch das Amtshilferichtlinie-Umsetzungsgesetz vom 26.6.2013, MwStR 2015, 106; *Rapp/Bongers/Engelhardt*, Umsatzsteuerrechtliche Behandlung von Kryptokunst, UR 2021, 493.

A. Grundaussagen

I. Regelungsgegenstand und Bedeutung

1 Bei der Differenzbesteuerung (auch **Margenbesteuerung** genannt) handelt es sich um eine besondere Bemessungsgrundlage für Lieferungen nach § 1 Abs. 1 Nr. 1 UStG eines sog. Wiederverkäufers (Rz. 9 ff.). Die Vorschrift ist in ihrem Anwendungsbereich begrenzt auf die Lieferung und den Eigenverbrauch von beweglichen körperlichen Gegenständen (mit Ausnahme von Edelsteinen und Edel-

metallen) des Wiederverkäufers, die dieser im Gemeinschaftsgebiet **ohne ein Recht auf Vorsteuerabzug** erhalten hat bzw. bei der Option zur Differenzbesteuerung bei Kunstgegenständen nach § 25a Abs. 2 UStG wird das Recht auf Vorsteuerabzug insoweit ausgeschlossen (Rz. 23 f.).

Besteuert wird abweichend vom Entgelt nach § 10 Abs. 1 UStG die Differenz aus dem Verkaufs- und dem Einkaufspreis, wobei die Umsatzsteuer aus der Differenz herausgerechnet wird. Im Ergebnis wird dadurch nur der tatsächlich geschaffene Mehrwert bzw. die Handelsspanne/Marge der Umsatzsteuer unterworfen. Durch die Differenzbesteuerung werden zum einen Wettbewerbsnachteile des Wiederverkäufers beseitigt, die dieser im Vergleich zu privaten Anbietern beim Verkauf an Privatkunden hat, sowie Doppel- und Mehrfachbesteuerungen vermieden.[1] Die Beseitigung dieses Wettbewerbsnachteils gelingt, indem der Wiederverkäufer seinen Einkaufspreis (Vorumsatz) vom erhaltenen Verkaufspreis in Abzug bringen kann, da er dadurch so gestellt wird, als hätte ihm aus dem Vorerwerb von einem Nichtunternehmer ein Vorsteuerabzug zugestanden.[2] Bei Gebraucht- und Kunstgegenständen werden die Wettbewerbsnachteile also durch eine geringere Bemessungsgrundlage vermieden.[3] Die Differenzbesteuerung ist als Sonderregelung eng auszulegen und soll nur in dem für die Erreichung ihres Zieles notwendigen Maß angewendet werden.[4] 2

II. Unionsrechtliche Grundlagen

Die Vorschrift beruht unionsrechtlich seit dem 1.1.2007 auf den Art. 311–341 MwStSystRL. 3

III. Verhältnis zu anderen Vorschriften und Rechtsentwicklung

Die im nationalen Gesetz zum 1.7.1990 eingeführte Sonderregelung für Gebrauchtwagenhändler hatte keine entsprechende EG-Rechtsgrundlage. Erst seit der Erweiterung des Anwendungsbereiches des § 25a UStG ab dem 1.1.1995 basiert die nationale Norm auf einer unionsrechtlichen Grundlage. Seit dem 1.1.2014 hat der Wiederverkäufer die Möglichkeit, die sog. **Pauschalmarge** bei Kunstgegenständen anzuwenden (Rz. 33 ff.) und seit dem 31.7.2014 ist die „entstandene" Einfuhrumsatzsteuer in den Fällen der Option nach § 25a Abs. 2 UStG nicht (mehr) abziehbar.[5] 4

Systematisch ist die Norm des § 25a UStG im sechsten Abschnitt des Gesetzes angesiedelt und stellt somit eine **Sonderregelung** dar. Sind die Voraussetzungen des § 25a UStG erfüllt oder macht der Wiederverkäufer bei Kunstgegenständen nach § 25a Abs. 2 UStG (Rz. 23 ff.) von seinem Wahlrecht zur Anwendung der Differenzbesteuerung Gebrauch (Option), kommt die Norm vorrangig gegenüber § 10 UStG als Sonderregelung zwingend zur Anwendung. Der Wiederverkäufer kann allerdings auch auf die Anwendung der Differenzbesteuerung verzichten (ein Widerruf ist auch möglich, wenn er zuvor nach § 25a Abs. 2 UStG optiert hat), sofern er die sog. Einzeldifferenz anwendet (Rz. 29 ff.). 5

Die Differenzbesteuerung hat neben der Ermittlung einer abweichenden Bemessungsgrundlage ferner Auswirkung auf den **Ort der Lieferung** (§ 25a Abs. 7 Nr. 3 UStG; Rz. 65), auf **Steuerbefreiungen** (§ 25a Abs. 5 Satz 2 UStG; Rz. 47 ff.), den **Steuersatz** (§ 25a Abs. 5 Satz 1 UStG; Rz. 46), den Vorsteuerabzug (§ 25a Abs. 5 Satz 3; Rz. 49 ff.), den **Wechsel der Steuerschuldnerschaft** nach § 13b UStG (§ 13b Abs. 5 Satz 9 UStG; § 13b Rz. 237 f.) sowie den Tatbestand des **innergemeinschaftlichen Erwerbs** (§ 25a Abs. 7 Nr. 2 UStG; Rz. 63 f.). Bei der Ermittlung des Gesamtumsatzes i.S.v. § 19 Abs. 3 UStG und der damit einhergehenden Frage, ob ein Wiederverkäufer die **Kleinunternehmerregelung** in Anspruch nehmen kann, ist auf die vereinbarten bzw. vereinnahmten Gesamteinnahmen und nicht etwa auf die 5.1

1 EuGH, Urt. v. 18.1.2017 – C-471/15, ECLI:EU:C:2017:20 – Sjelle Autogenbrug, UR 2017, 242, Rz. 39.
2 BFH, Urt. v. 29.6.2011 – XI R 15/10, BStBl. II 2011, 839 = UR 2011, 837.
3 51. Erwägungsgrund der MwStSystRL; EuGH, Urt. v. 18.1.2017 – C-471/15, ECLI:EU:C:2017:20 – Sjelle Autogenbrug, UR 2017, 242, Rz. 3.
4 EuGH, Urt. v. 18.5.2017 – C-624/15, ECLI:EU:C:2017:389 – Litdana, UR 2017, 552, Rz. 23.
5 Ausführliche Nachweise zur Rechtsentwicklung bei *Stadie* in Rau/Dürrwächter, § 25a UStG Rz. 1 ff. (Stand: Juni 2023).

Differenz zwischen Verkaufs- und Einkaufspreis (Handelsspanne) des Wiederverkäufers abzustellen (§ 19 Rz. 40).[1]

5.2 Art. 316 Abs. 1 MwStSystRL (entspricht § 25a Abs. 2 UStG, Rz. 23 ff.) wurde durch Art. 1 Nr. 20 der Richtlinie (EU) 2022/542 des Rates vom 5.4.2022[2] zur Änderung der Richtlinien 2006/112/EG und (EU) 2020/285 in Bezug auf die Mehrwertsteuersätze geändert. Die Option ist nach der Neufassung nur noch dann möglich, wenn die Lieferung der Kunstgegenstände, Sammlungsstücke oder Antiquitäten an den Wiederverkäufer **nicht** dem ermäßigten Steuersatz unterlag. Nach Art. 5 der Richtlinie (EU) 2022/542 ist diese Änderung am Tag ihrer Veröffentlichung im Amtsblatt der EU in Kraft getreten, d.h. am 6.4.2022. Nach Art. 3 Abs. 1 der Richtlinie (EU) 2022/542 erlassen und veröffentlichen die Mitgliedstaaten bis zum 31.12.2024 die Rechts- und Verwaltungsvorschriften, die erforderlich sind, um u.a. Art. 1 Nr. 20 nachzukommen. Die Mitgliedstaaten wenden die Neufassung des Art. 316 Abs. 1 MwStSystRL bzw. § 25a Abs. 2 UStG folglich ab dem **1.1.2025** an.

B. Voraussetzungen der Differenzbesteuerung (Absatz 1)

I. Lieferung beweglicher körperlicher Gegenstände

6 Die Differenzbesteuerung findet **nur** Anwendung auf **Lieferungen** i.S.d. § 1 Abs. 1 Nr. 1 UStG, die auch im Rahmen eines Kommissionsgeschäfts (§ 3 Abs. 3 UStG) erfolgen können.[3] **Sonstige Leistungen** (z.B. die Übertragung von Rechten oder die Übertragung sog. Kryptokunst, Rz. 24.1) sind bereits vom Wortlaut des Unionsrechts und des nationalen Rechts ausgeschlossen,[4] so dass auch der Handel mit „gebrauchten" Lebensversicherungen nicht der Differenzbesteuerung unterliegt.[5] Geliefert werden müssen bewegliche körperliche Gegenstände. Hierunter fallen bspw. Sachen (§ 90 BGB), aber auch die Lieferung von Tieren (§ 90a BGB) kann der Differenzbesteuerung unterliegen.[6] Die Differenzbesteuerung kommt daher für (unbewegliche) Grundstücke nicht in Betracht. Ferner kommt sie nicht in Betracht beim Handel von Wirtschaftsgütern, die im Wirtschaftsverkehr wie körperliche Sachen behandelt werden.[7]

7 Auch wenn die Hauptanwendungsfälle des § 25a UStG gebrauchte Gegenstände betreffen (Abschn. 25a.1 Abs. 1 Satz 2 UStAE erwähnt insoweit eindeutig „Gebrauchtgegenstände"), fallen auch **neue Gegenstände** unter § 25a Abs. 1 UStG.[8] Art. 311 MwStSystRL spricht zwar insoweit auch explizit von „Gebrauchtgegenständen", allerdings werden diese dort als „bewegliche körperliche Gegenstände, die in

1 BFH, Urt. v. 23.10.2019 – XI R 17/19, BFHE 267, 154 = UR 2020, 244; EuGH, Urt. v. 29.7.2019 – C-388/18, ECLI:EU:C:2019:642 – B, UR 2019, 662; Abschn. 19.3 Abs. 1 Satz 5 UStAE.

2 ABl. L 107 v. 6.4.2022, S. 1.

3 OFD Frankfurt a.M., Vfg. v. 14.8.2007 – S 7110 A-1/84-St 11, UR 2007, 912.

4 BFH, Urt. v. 3.6.2009 – XI R 34/08, BStBl. II 2010, 857 = UR 2009, 843; **a.A.** *Wäger*, DStR 2017, 2017 (2020), der den Ausschluss von sonstigen Leistungen für gleichheitswidrig hält.

5 FG München, Urt. v. 27.9.2017 – 3 K 3438/14, EFG 2017, 1981. Der von *Wäger* vertretenen Rechtsauffassung (DStR 2017, 2017 [2020]) hat sich das FG nicht angeschlossen und keinen Anspruch auf Anwendung der Differenzbesteuerung für sonstige Leistungen aus dem Gleichbehandlungsgrundsatz nach Art. 20 GrCh abgeleitet. In dem Revisionsverfahren hat der BFH die Frage letztlich offengelassen (BFH, Urt. v. 5.9.2019 – V R 57/17, UR 2020, 64), denn anders als das FG betrachtet der BFH die Veräußerung von „gebrauchten" Kapitallebensversicherungen auf dem Zweitmarkt nach § 4 Nr. 8 Buchst. c UStG als umsatzsteuerfrei. In der Rz. 48 äußert sich der BFH allerdings dahingehend, dass er die BMG (vom Kunden erhaltener Kaufpreis abzgl. Umsatzsteuer) als problematisch ansieht, denn bei wirtschaftlicher Betrachtung liege der Betrag, über den der Unternehmer verfügen könne, lediglich in der Differenz (Marge) zwischen Ein- und Verkaufspreis der Kapitallebensversicherungen, da ansonsten dem Geschäftsmodell mangels Vorsteuerabzug der Erwerber die Geschäftsgrundlage entzogen würde. Dies werfe Fragen nach der Anwendbarkeit einer Margenbesteuerung oder der Differenzbesteuerung auf.

6 EuGH, Urt. v. 1.4.2004 – C-320/02, ECLI:EU:C:2004:213 – Stenholmen, UR 2004, 253.

7 Weitere Ausführungen dazu in Abschn. 3.1 Abs. 1 Satz 2 UStAE.

8 *Lippross*, Umsatzsteuer[25], 1332, **a.A.** FG Hessen, Urt. v. 22.11.2022 – 10 K 1482/20, juris (die eingelegte Nichtzulassungsbeschwerde wurde als unzulässig verworfen, s. BFH-Beschluss vom 7.11.2023 – X B 36/23, nicht dokumentiert).

ihrem derzeitigen Zustand oder nach Instandsetzung erneut verwendbar sind" definiert (Art. 311 Abs. 1 Nr. 1 MwStSystRL), so dass bereits der Wortlaut des Art. 311 Abs. 1 Nr. 1 MwStSystRL eine solche Sichtweise zulässt.[1] Bei der Umsetzung ins nationale Gesetz hat der Gesetzgeber bewusst die Differenzbesteuerung durch § 25a Abs. 1 Nr. 1 Satz 2 UStG im Gegensatz zu (nunmehr) Art. 311 MwStSystRL nicht auf die Lieferung von Gebrauchtgegenständen, Kunstgegenständen und Antiquitäten beschränkt, sondern auf sämtliche beweglichen Gegenstände erstreckt. Ausweislich der Gesetzesbegründung[2] geschah dies zur Vermeidung von Abgrenzungsschwierigkeiten. Im Übrigen ist bei ohne Vorsteuerabzug erworbenen neuen Gegenständen die Wettbewerbssituation des Wiederverkäufers nicht anders als bei gebrauchten Gegenständen.[3]

Auch das **Ausschlachten von Gebrauchtfahrzeugen** (sog. **Recycling**) fällt in den Anwendungsbereich des § 25a UStG, denn dessen Anwendung setzt nicht (mehr) zwangsläufig eine Identität zwischen dem angekauften und dem verkauften Gegenstand voraus. Nach mittlerweile gefestigter Rechtsauffassung ist die Differenzbesteuerung auch dann anwendbar, wenn ein Wiederverkäufer Gegenstände liefert, die er gewonnen hat, indem er von ihm zuvor erworbene Gebrauchtfahrzeuge zerlegt hat, da auch die zerlegten Ersatzteile den Begriff der „Gebrauchtgegenstände" erfüllen.[4] Diese Rechtsprechungsgrundsätze gelten auch für andere Gebrauchtgegenstände (z.B. Antiquitäten),[5] die als einheitlicher Gegenstand von einer Privatperson erworben und anschließend in Einzelteilen vom Wiederverkäufer weitergeliefert werden. Schwierig zu bestimmen ist der in diesem Zusammenhang zur Ermittlung der Marge erforderliche Einkaufspreis der ausgebauten Teile. Dieser kann jedoch sachgerecht geschätzt[6] werden, wobei die Schätzungsgrundlage in einer Anlage zu den Wareneingangsrechnungen zu erläutern und – soweit vorhanden – durch ergänzende Unterlagen zu belegen ist.[7] 8

Erwirbt ein Unternehmer hingegen Gegenstände, die als solche nicht mehr nutzbar sind (z.B. ein endgültig stillgelegtes Fahrzeug), nicht um seinerseits noch funktionsfähige Bestandteile auszubauen und anschließend zu veräußern, sondern um die Gegenstände in unverändertem Zustand weiterzuverkaufen, kann auch für diesen Weiterverkauf die Differenzbesteuerung zur Anwendung kommen.[8] Voraussetzung hierfür ist, dass die Gegenstände noch Bestandteile enthalten, die ihre Funktionen behalten haben, die sie im Neuzustand hatten, und die daher in ihrem derzeitigen Zustand oder nach Instandsetzung erneut verwendbar sind.[9] Werden die Gegenstände allerdings verkauft, um vom Erwerber z.B. verschrottet oder in einen anderen Gegenstand umgewandelt zu werden, ist die Differenzbesteuerung nicht anwendbar.[10] Das bedeutet, dass es für die Anwendbarkeit der Differenzbesteuerung beim Wiederverkäufer entscheidend darauf ankommt, was sein Käufer mit dem erworbenen Gegenstand macht, ob also die Einzelteile weiterverkauft werden oder nicht. Ob dies der Fall ist, kann nach den Ausführungen des EuGH anhand objektiver Kriterien erfolgen wie z.B. die Präsentation und den Zustand der Fahrzeuge, den Gegenstand des Vertrags, den Wert, zu dem die Fahrzeuge verkauft würden, die Abrechnungsmethode oder auch die wirtschaftliche Tätigkeit der Person, die die Fahrzeuge erworben hat.[11] 8.1

1 So auch *Langer* in Reiß/Kraeusel/Langer, § 25a UStG Rz. 58 (Stand: Januar 2017); *Oelmeier* in Sölch/Ringleb, § 25a UStG Rz. 23 (Stand: Juni 2021) hält diese Sichtweise hingegen für unionsrechtswidrig.
2 BT-Drucks. 12/7686, 7; BFH, Urt. v. 29.6.2011 – XI R 15/10, BStBl. II 2011, 839 = UR 2011, 837, Rz. 23.
3 *Stadie* in Rau/Dürrwächter, § 25a UStG Rz. 77 (Stand: Juni 2023).
4 Abschn. 25a.1 Abs. 4a Satz 2 UStAE m.w.N.
5 *Grube*, jurisPR-SteuerR 38/2017 Anm. 6.
6 Abschn. 25a. 1 Abs. 4a Satz 3 UStAE; BFH, Urt. v. 23.2.2017 – V R 37/15, BStBl. II 2019, 452 = UR 2017, 685, Rz. 23; *Heuermann*, DStR 2017, 1483.
7 Abschn. 25a.1 Abs. 4a Satz 4 UStAE.
8 EuGH, Urt. v. 17.5.2023 – C-365/22, ECLI:EU:C:2023:415 – Belgischer Staat (TVA – Véhicules vendus pour pièces), UR 2023, 733; Abschn. 25a.1 Abs. 4b Satz 1 UStAE.
9 Abschn. 25a.1 Abs. 4b Satz 2 UStAE.
10 Abschn. 25a.1 Abs. 4b Satz 3 UStAE.
11 EuGH, Urt. v. 17.5.2023 – C-365/22, ECLI:EU:C:2023:415 – Belgischer Staat (TVA – Véhicules vendus pour pièces), UR 2023, 733 Rz. 27.

8.2 Wenn der Wiederverkäufer mehrere Einzelteile ohne Vorsteuerabzug erwirbt und daraus einen (komplett) neuen Gegenstand herstellt und diesen anschließend verkauft, dürfte dieser Fall trotz der neuen Rechtsprechung weiterhin **nicht** in den Anwendungsbereich des § 25a UStG fallen.[1] Etwas anderes könnte aber dann gelten, wenn ein Wiederverkäufer einen gebrauchten Gegenstand unter Heranziehung von Neuteilen aufbereitet und weiterverkauft (sog. **Upcycling**). Hier erscheint es im Lichte der EuGH- und BFH-Rechtsprechung folgerichtig, auch den Weiterverkauf eines aufbereiteten Gegenstands als einheitliche Lieferung insgesamt der Differenzbesteuerung zu unterwerfen. Dies dürfte jedenfalls dann gelten, wenn der aufgearbeitete Gebrauchtgegenstand dem (Wieder-)Verkaufsobjekt sein Gepräge gibt und aus Sicht des Verbrauchers das entscheidende Kaufmotiv bildet.[2]

II. Handeln als Wiederverkäufer (Absatz 1 Nr. 1)

9 Der liefernde Unternehmer muss ein sog. **Wiederverkäufer** sein. Als Wiederverkäufer gilt gemäß § 25a Abs. 1 Nr. 1 Satz 2 UStG, wer gewerbsmäßig mit beweglichen körperlichen Gegenständen handelt oder solche Gegenstände im eigenen Namen öffentlich versteigert. Auf eine Gewinnerzielungsabsicht kommt es dabei – wie auch im Rahmen des § 2 Abs. 2 UStG – nicht an.[3] Unionsrechtlich (Art. 311 Abs. 1 Nr. 5 MwStSystRL) ist ein Wiederverkäufer ein Steuerpflichtiger, der im Rahmen seiner wirtschaftlichen Tätigkeit zum Zwecke des Wiederverkaufs Gebrauchtgegenstände, Kunstgegenstände, Sammlungsstücke oder Antiquitäten kauft, seinem Unternehmen zuordnet oder einführt. Die Tätigkeit eines Wiederverkäufers zeichnet sich also dadurch aus, dass diese im Rahmen ihrer gewerblichen Tätigkeit (gebrauchte) Gegenstände erwerben und sie danach im eigenen Namen wieder verkaufen (ggf. nach einer Instandsetzung) oder als Veranstalter öffentlicher Versteigerungen die Gegenstände im eigenen Namen und auf eigene oder fremde Rechnung versteigern.[4]

10 Auch wenn der EuGH den Begriff des Wiederverkäufers weit auslegt, führt nicht jede Weiterveräußerung von **Anlagegütern**, die ohne Vorsteuerabzugsrecht erworben wurden, durch einen Unternehmer dazu, dass diese Lieferung differenzbesteuert werden kann. Zwar muss der Unternehmer für Zwecke der Differenzbesteuerung die Gegenstände nicht primär zum Zwecke des Weiterverkaufs erworben haben, vielmehr reicht es auch aus, dass die Wiederverkaufstätigkeit nur zweitrangig ist.[5] Voraussetzung ist jedoch, dass der Wiederverkauf zum **normalen Tätigkeitsfeld**[6] gehört und zum Zeitpunkt der Anschaffung eine Wiederverkaufsabsicht vorlag. Nach der Rechtsprechung des EuGH kann daher auch ein Leasingunternehmen ein Wiederverkäufer sein. Denn ansonsten hätten die Leasingunternehmen einen klaren Wettbewerbsnachteil gegenüber den Gebrauchtwagenhändlern, die die Differenzbesteuerung in Anspruch nehmen können.[7] Eine Steuerberatungsgesellschaft, die einen ohne Vorsteuerabzug erworbenen Pkw des Anlagevermögens weiterveräußert, erfüllt die Voraussetzungen eines Wiederverkäufers daher nicht.[8] Ebenso reicht es nach Ansicht der FinVerw. auch aus, dass der An- und Verkauf lediglich einen **Teil- oder Nebenbereich** des Unternehmens darstellt, so dass auch Kreditinstitute Wiederverkäufer sind, die sich im Rahmen von Sicherungsübereignungsverträgen Gegenstände übereignen lassen und diese später verkaufen.[9]

11 Der BFH[10] hat allerdings § 25a Abs. 1 Nr. 1 Satz 2 UStG hinsichtlich des Erfordernisses, dass der zum Wiederverkauf erworbene Gegenstand zum normalen Tätigkeitsfeld gehören muss, dahingehend eingeschränkt, dass der Unternehmer bei der **konkreten Lieferung** nach § 1 Abs. 1 Nr. 1 UStG, die der

---

1 Abschn. 25a.1 Abs. 4c UStAE; *Radeisen* in Hartmann/Metzenmacher, § 25a UStG Rz. 47 (Stand: September 2018); *Buschmann* in Weymüller², § 25a UStG Rz. 22.3.
2 FG Schleswig-Holstein, Urt. v. 29.3.2023 – 4 K 77/22, EFG 2023, 1037 (Rev. BFH Az. XI R 9/23); *Engellandt*, EFG 2023, 1040.
3 *Langer* in Reiß/Kraeusel/Langer, § 25a UStG Rz. 58 (Stand: Januar 2017).
4 Abschn. 25a.1 Abs. 2 Satz 2 UStAE.
5 EuGH, Urt. v. 8.12.2005 – C-280/04, ECLI:EU:C:2005:753 – Jyske Finans, UR 2006, 360, Rz. 42.
6 BFH, Urt. v. 2.3.2006 – V R 35/04, BStBl. II 2006, 675 = UR 2006, 737, Rz. 32 ff.
7 *Kokott*, Das Steuerrecht der Europäischen Union, § 8 Rz. 603.
8 BFH, Urt. v. 2.3.2006 – V R 35/04, BStBl. II 2006, 675 = UR 2006, 737.
9 Beispiel zu Abschn. 25a.1 Abs. 2 Satz 3 UStAE.
10 BFH, Urt. v. 29.6.2011 – XI R 15/10, BStBl. II 2011, 839 = UR 2011, 837.

Differenzbesteuerung unterworfen werden soll, **als Wiederverkäufer** gehandelt haben muss. Dies ist nach Ansicht des BFH nur der Fall, wenn der gelieferte Gegenstand – zumindest nachrangig – zum Zweck des Wiederverkaufs erworben wurde und der Wiederverkauf zur normalen Tätigkeit des Unternehmers gehört. Erwirbt bspw. ein Kioskbesitzer einen gebrauchten Pkw für sein Unternehmen und veräußert diesen später im Rahmen einer Inzahlungnahme an ein Autohaus, handelt er **insoweit** nicht als Wiederverkäufer, da er den Pkw nicht im Rahmen seiner „normalen Tätigkeit" veräußert. Der Verkauf des Pkw bestimmt sich dann vielmehr nach den allgemeinen Bestimmungen.

Zusammenfassend ergibt sich daraus, dass auch bezüglich weiterverkaufter Gegenstände des Anlagevermögens eine gewisse Nachhaltigkeit erforderlich ist. 12

Nach § 25a Abs. 2 Nr. 1 Satz 2 UStG gelten auch Unternehmer, die körperliche bewegliche Gegenstände im eigenen Namen **öffentlich versteigern**, als Wiederverkäufer. Ein Versteigerer, der im eigenen Namen aber für fremde Rechnung auftritt, handelt als Kommissionär und gilt gemäß § 3 Abs. 3 UStG als Lieferer, der gewerbsmäßig mit Gegenständen handelt. Versteigert bspw. ein Pfandleihhaus eine Pfandsache, kommt es zu einer **Doppellieferung**, nämlich zu einer Lieferung des Verpfänders an das Pfandleihhaus und zu einer weiteren Lieferung des Pfandleihhauses an den Ersteigerer.[1] 13

III. Vorlieferung an den Wiederverkäufer (Absatz 1 Nr. 2)

1. Entgeltliche Lieferung im Gemeinschaftsgebiet (Absatz 1 Nr. 2 Satz 1)

Die der Differenzbesteuerung unterliegenden Gegenstände müssen an den Wiederverkäufer **im Gemeinschaftsgebiet**[2] (der Lieferort kann also im Inland oder im übrigen Gemeinschaftsgebiet liegen) **gegen** Entgelt[3] geliefert worden sein (§ 25a Abs. 1 Nr. 2 Satz 1 UStG), so dass auch ein **Tausch** als Vorlieferung in Betracht kommt. Werden Gegenstände aus dem außerunternehmerischen Bereich später in das Unternehmensvermögen **eingelegt**, ist der Anwendungsbereich von § 25a UStG **nicht** eröffnet. Gleiches gilt, wenn der Wiederverkäufer den Gegenstand im Rahmen einer unentgeltlichen Wertabgabe erhält.[4] Auch im Rahmen einer Einfuhr (§ 1 Abs. 1 Nr. 4 UStG) erworbene Gegenstände sind von der Differenzbesteuerung ausgenommen, es sei denn, der Leistungsort liegt gemäß § 3 Abs. 8 UStG im Inland (§ 3 Rz. 488 ff.). Eine Ausnahme hiervon bilden die vom Wiederverkäufer **selbst eingeführten** Kunstgegenstände, Sammlungsstücke oder Antiquitäten, sofern er sich dazu entscheidet, die Differenzbesteuerung auf diese Gegenstände anzuwenden (§ 25a Abs. 2 Nr. 1 UStG), wobei er dann sein Vorsteuerabzugsrecht verliert (§ 25a Abs. 5 Satz 3 UStG). Bezüglich innergemeinschaftlicher Warenbewegungen im Zusammenhang mit § 25a UStG sind die Besonderheiten des Absatzes 7 zu beachten (Rz. 57 ff.). 14

2. Keine geschuldete Umsatzsteuer für Lieferung an den Wiederverkäufer (Absatz 1 Nr. 2 Satz 2 Buchst. a)

Weitere Voraussetzung ist, dass für diese im Gemeinschaftsgebiet erfolgte entgeltliche Lieferung an den Wiederverkäufer **keine Umsatzsteuer** angefallen ist, die der Wiederverkäufer als Vorsteuer abziehen konnte. Hierunter fallen gemäß § 25a Abs. 1 Nr. 2 Buchst. a UStG Lieferungen an den Wiederverkäufer für die die Umsatzsteuer vom Lieferer **nicht geschuldet**[5] oder nach § 19 Abs. 1 UStG **nicht erhoben**[6] wird. 15

1 FG Hamburg, Urt. v. 16.11.2017 – 6 K 30/17, EFG 2018, 520 (rkr.).
2 Daher dürften auch Gegenstände, die noch vor dem Brexit am 1.1.2021 in Großbritannien (England, Schottland und Wales) erworben wurden, aber erst nach diesem Zeitpunkt eingeführt wurden, die Voraussetzung des § 25a Abs. 1 Nr. 2 Satz 1 UStG erfüllen. Die EUSt ist dann nicht als Vorsteuer abziehbar, sondern dem Einkaufspreis hinzuzurechnen (Rz. 31).
3 BFH, Urt. v. 18.12.2008 – V R 73/07, BStBl. II 2009, 612 = UR 2009, 424.
4 Abschn. 25a.1 Abs. 4 Satz 2 UStAE.
5 Unionsrechtliche Grundlage ist Art. 314 Buchst. a–b MwStSystRL.
6 Unionsrechtliche Grundlage ist Art. 314 Buchst. c MwStSystRL.

16 **Nicht geschuldet** wird die Umsatzsteuer z.B. bei einer Lieferung durch eine Privatperson oder eine juristische Person des öffentlichen Rechts, die nicht den Status eines Unternehmers hat. Ebenfalls fallen steuerfreie Umsätze (z.B. § 4 Nr. 19 oder 28 UStG) hierunter. **Nicht erhoben** wird die Umsatzsteuer für die Lieferungen eines Kleinunternehmers, wobei hier zu beachten ist, dass die Differenzbesteuerung unionsrechtlich nur für **Investitionsgüter** (und nicht für Handelsware) zur Anwendung kommt (Art. 314 Buchst. c MwStSystRL), so dass der Anwendungsbereich des nationalen Rechts den des Unionsrechts übersteigt. Hiervon abzugrenzen sind Sachverhalte, bei denen der Vorlieferer Steuerbeträge i.S.d. § 14c Abs. 1 UStG (z.B. für eine nach § 4 Nr. 28 UStG steuerbefreite Lieferung) oder § 14c Abs. 2 UStG (z.B. Steuerausweis eines Kleinunternehmers) ausgewiesen hat, denn dann schuldet der Vorlieferer die Steuerbeträge nicht aufgrund einer erbrachten Leistung, sondern nur deshalb, weil er nicht ordnungsgemäß abgerechnet hat.[1] Im Übrigen steht (auch) dem Wiederverkäufer kein Recht zu, einen ausgewiesenen Steuerbetrag i.S.d. § 14c UStG nach § 15 Abs. 1 Nr. 1 UStG in Abzug zu bringen.[2]

17 Bezieht der Wiederverkäufer Vorlieferungen von **pauschalierenden Land- und Forstwirten** (§ 24 Abs. 1 UStG), so kann er § 25a UStG auf die Weiterlieferung **nicht** anwenden.[3] Auch wenn der pauschalierende Land- und Forstwirt im Ergebnis für die in § 24 Abs. 1 UStG genannten Leistungen keine Umsatzsteuer an sein Finanzamt abführen muss, ist zu beachten, dass dies dem Umstand geschuldet ist, dass es sich bei der Norm lediglich um eine pauschalierte Form der Steuerberechnung[4] handelt und die Voraussetzungen des § 25a Abs. 1 Nr. 2 Buchst. a UStG nicht erfüllt sind.

18 Erwirbt der Wiederverkäufer Gegenstände im Rahmen einer nicht steuerbaren **Geschäftsveräußerung im Ganzen** (§ 1 Abs. 1a UStG) und war der Veräußerer bei Erwerb zum Vorsteuerabzug berechtigt, sind die Voraussetzungen des § 25a Abs. 1 Nr. 2 Buchst. a UStG **nicht** erfüllt, denn der Wiederverkäufer tritt auch insoweit gemäß § 1 Abs. 1a Satz 3 UStG an die Stelle des Erwerbers.[5] Entsprechendes gilt für den **Erbfall**.

3. Differenzbesteuerte Lieferung an den Wiederverkäufer (Absatz 1 Nr. 2 Satz 2 Buchst. b)

19 Der Wiederverkäufer kann die Gegenstände, die sein Vorlieferant unter Anwendung von § 25a UStG liefert, gemäß § 25a Abs. 1 Nr. 2 Satz 2 Buchst. b UStG[6] ebenfalls differenzbesteuert weiterliefern. Da ein Wiederverkäufer gemäß § 14a Abs. 6 Satz 2 UStG Umsatzsteuer nicht gesondert ausweisen darf, steht dem erwerbenden Wiederverkäufer aus seiner Vorlieferung eines anderen Wiederverkäufers kein Vorsteuerabzugsrecht zu, so dass die Weiterlieferung ebenfalls in den Anwendungsbereich des § 25a UStG fällt.

20 Während der BFH[7] die Anwendbarkeit von § 25a UStG diesbezüglich davon abhängig gemacht hat, dass der Vorlieferer die Differenzbesteuerung **zu Recht** anwendet, dürfte aufgrund der EuGH-Rechtsprechung[8] hieran nicht länger uneingeschränkt festzuhalten sein. Der EuGH gewährt dem Wiederverkäufer nämlich auch dann die Möglichkeit, die erworbenen Gegenstände differenzbesteuert weiterzuliefern, wenn die Voraussetzungen der Differenzbesteuerung **objektiv** nicht vorliegen, der Wiederverkäufer dies aber nicht erkennen konnte. In dem Urteilsfall war zudem die Rechnung des Vorlieferanten in sich widersprüchlich, denn es wurde sowohl auf eine Steuerbefreiung (für eine innergemeinschaftliche Lieferung) als auch auf eine durchgeführte Differenzbesteuerung hingewiesen. Allerdings macht der EuGH die Anwendung von § 25a UStG davon abhängig, dass der erwerbende Wiederverkäufer **gutgläubig** ist. Bezüglich dieser Voraussetzung überträgt der EuGH seine Grundsätze zur Gut-

---

1 *Lippross*, Umsatzsteuer[25], 1335.
2 EuGH, Urt. v. 15.3.2007 – C-35/05, ECLI:EU:C:2007:167 – Reemtsma Cigarettenfabriken GmbH, UR 2007, 343 m. Anm. *Burgmaier*; Anm. *Stadie*, UR 2007, 430, Rz. 23.
3 Abschn. 25a.1 Abs. 5 Satz 3 UStAE; bestätigt durch FG Münster, Urt. v. 29.2.2022 – 5 K 1589/21 U, EFG 2022, 1244 (Rev. BFH Az. XI R 12/22).
4 BFH, Urt. v. 1.3.2018 – V R 35/17, BStBl. II 2020, 749 = UR 2018, 514, Rz. 20.
5 OFD Karlsruhe, Vfg. v. 25.8.2003 – USt-Kartei S 7421 Karte 2, UR 2004, 47.
6 Unionsrechtliche Grundlage ist Art. 314 Buchst. d MwStSystRL.
7 BFH, Urt. v. 23.4.2009 – V R 52/07, BStBl. II 2009, 860 = UR 2009, 858.
8 EuGH, Urt. v. 18.5.2017 – C-624/15, ECLI:EU:C:2017:389 – Litdana, UR 2017, 552.

gläubigkeit im Bereich des Vorsteuerabzugs[1] (§ 25f Rz. 34 ff.) in den Anwendungsbereich des § 25a UStG.[2] Danach muss der Unternehmer alle ihm zur Verfügung stehenden zumutbaren Maßnahmen ergriffen haben, um sicherzustellen, dass der von ihm getätigte Umsatz nicht zu seiner Beteiligung an einer Steuerhinterziehung führt. Damit hängt die Versagung der Differenzbesteuerung davon ab, ob der Unternehmer wusste oder hätte wissen müssen, dass die Differenzbesteuerung auf der vorangehenden Umsatzstufe nicht erfolgt ist und sein Umsatz damit an einer Steuerhinterziehung beteiligt sein könnte.[3] Damit entfällt bei einem betrügerischen Verhalten des Wiederverkäufers – auch bei Vorliegen der objektiven Voraussetzungen – die Möglichkeit, § 25a UStG in Anspruch zu nehmen. Auch wenn es stets eine **Einzelfallentscheidung** bleibt, welche Maßnahmen der Wiederverkäufer treffen muss, um bezüglich seiner Vorlieferung im guten Glauben zu handeln,[4] trifft den Wiederverkäufer jedoch **keine generelle Prüfpflicht** bezüglich seiner Vorumsätze. Diese spricht der EuGH vielmehr grundsätzlich der Steuerverwaltung zu, denn es sei deren Sache, die erforderlichen Kontrollen bei den Wirtschaftsteilnehmern durchzuführen, um Unregelmäßigkeiten und Mehrwertsteuerhinterziehung aufzudecken.[5]

IV. Keine Edelsteine oder Edelmetalle (Absatz 1 Nr. 3)

Edelsteine aus den Positionen 7102 und 7103 des Zolltarifs (z.B. Rubine, Saphire, Smaragde) und Edelmetalle aus den Positionen 7106, 7108, 7110 und 7112 des Zolltarifs (z.B. Silber, Gold, Platin, Iridium, Osmium, Palladium, Rhodium und Ruthenium) sind in § 25a Abs. 1 Nr. 3 UStG explizit von der Anwendung des § 25a UStG **ausgeschlossen.** 21

Während aus Edelsteinen oder Edelmetallen hergestellte Gegenstände (z.B. Schmuckwaren, Gold- und Silberschmiedewaren) nicht unter § 25a Abs. 1 Nr. 3 UStG fallen und somit der Differenzbesteuerung unterworfen werden können,[6] gilt dies nach Auffassung des EuGH[7] jedoch dann **nicht**, wenn die Edelsteine oder Edelmetalle ihre ursprüngliche Funktion nicht mehr erfüllen können und nur (noch) die diesen Metallen und Steinen innewohnenden Funktionen behalten, also nicht mehr als Gebrauchtgegenstände i.S.d. Art. 311 Abs. 1 Nr. 1 MwStSystRL anzusehen sind. Mithin kommt § 25a UStG nur noch zur Anwendung, wenn die Gegenstände ihre ursprüngliche Gebrauchsfunktion nicht verloren haben und nicht nur wegen des Werts der verarbeiteten Edelsteine bzw. Edelmetalle gehandelt werden.[8] Werden die Schmuckwaren also nur deshalb verkauft, um die Edelsteine oder Edelmetalle herauszulösen, greift die Ausschlussvorschrift des § 25a Abs. 1 Nr. 3 UStG und die Differenzbesteuerung ist ausgeschlossen.[9] 22

Kursmünzen sind Sonderprägungen, die auch als gesetzliches Zahlungsmittel zugelassen sind. Beim Handel mit Kursmünzen ist unter den übrigen Voraussetzungen die Differenzbesteuerung nach § 25a UStG anwendbar.[10] 22.1

1 EuGH, Urt. v. 18.12.2014 – C-131/13, C-163/13 u. C-164/13, ECLI:EU:C:2014:2455 – Schoenimport „Italmoda" Mariano Previti u.a., UR 2015, 160.
2 EuGH, Urt. v. 18.5.2017 – C-624/15, ECLI:EU:C:2017:389 – Litdana, UR 2017, 552, Rz. 30, 36.
3 *Höink/Langenhövel*, BB 2018, 1239 (1240).
4 EuGH, Urt. v. 18.5.2017 – C-624/15, ECLI:EU:C:2017:389 – Litdana, UR 2017, 552, Rz. 38.
5 EuGH, Urt. v. 18.5.2017 – C-624/15, ECLI:EU:C:2017:389 – Litdana, UR 2017, 552, Rz. 40 f.
6 Abschn. 25a.1 Abs. 1 Satz 8 UStAE.
7 EuGH, Urt. v. 11.7.2018 – C-154/17, ECLI:EU:C:2018:560 – E LATS, UR 2018, 724.
8 *Schrader*, MwStR 2018, 834 (835); Abschn. 25a.1 Abs. 1 Satz 9 UStAE.
9 Zu den Abgrenzungskriterien s. EuGH, Urt. v. 11.7.2018 – C-154/17, ECLI:EU:C:2018:560 – E LATS, UR 2018, 724 Rz. 37.
10 Abschn. 25a.1 Abs. 1 Satz 10 UStAE.

C. Differenzbesteuerung bei Kunstgegenständen, Sammlungsstücken und Antiquitäten (Absatz 2)

I. Option zur Differenzbesteuerung (Absatz 2 Satz 1)

1. Überblick

23 Der Wiederverkäufer hat die Möglichkeit, für die in Absatz 2 genannten Fälle die Differenzbesteuerung **auf Antrag** anzuwenden bzw. insoweit zur Differenzbesteuerung zu optieren, auch wenn die Voraussetzungen nach § 25a Abs. 1 UStG nicht vorliegen.[1] Die Erklärung ist bis zur ersten Voranmeldung eines Kalenderjahres vorzunehmen und unterliegt keiner bestimmten Form. Auch vor diesem Zeitpunkt mit Vorsteuerabzug erworbene Gegenstände können differenzbesteuert weitergeliefert werden.[2] Mit der Option nach § 25a Abs. 2 UStG geht allerdings auch der Verlust eines etwaig vorgenommenen Vorsteuerabzugs einher (§ 25a Abs. 5 Satz 3 UStG, Rz. 49).

23.1 Ab dem **1.1.2025** ist die Option nach § 25a Abs. 2 UStG nur noch zulässig, wenn die Lieferung an den Wiederverkäufer **nicht** dem ermäßigten Steuersatz unterlag (Rz. 5).

24 Auch wenn die Möglichkeit der Option nach § 25a Abs. 2 UStG schon seit 1995 besteht, hat die Norm erst seit dem 1.1.2014 an Bedeutung gewonnen, da der Gesetzgeber ab diesem Zeitpunkt die Anwendung des ermäßigten Steuersatzes für Kunstgegenstände und Sammlungsstücke aufgrund unionsrechtlicher Vorgaben eingeschränkt hat (§ 12 Abs. 2 Nr. 13 Rz. 3 f.). Durch die Möglichkeit der Option ist die Anwendung der Differenzbesteuerung regelmäßig dann von Vorteil, wenn der Weiterverkauf an einen nicht vorsteuerabzugsberechtigten Abnehmer erfolgt. Somit dürfte die umsatzsteuerliche Belastung bei der Anwendung der Differenzbesteuerung insgesamt niedriger sein, als bei Anwendung des Regelsteuersatzes auf den vollen Kaufpreis.

24.1 Bei sog. **Kryptokunst** (hierbei handelt es sich um digitale Kunstwerke) kann der Künstler vor der Veröffentlichung auf Grundlage der Originaldatei ein Echtheitszertifikat („non fungible Token" – kurz: NFT) erzeugen, so dass die Urheberschaft und das Eigentum an dem Kunstwerk zertifiziert werden. Da diese digitalen Kunstgegenstände keine körperlichen Gegenstände darstellen, ist die Veräußerung von Kryptokunst als sonstige Leistung i.S.v. § 3 Abs. 9 UStG zu qualifizieren, mit der Folge, dass die Differenzbesteuerung des § 25a UStG keine Anwendung findet (s. auch Rz. 6).[3]

25 **Beispiel:**
Der freischaffende Künstler K verkauft im Rahmen eines Kommissionsgeschäfts (§ 3 Abs. 3 UStG) seine Gemälde über die Galerie G an private Endabnehmer. Während die Lieferung von K an G auch ab 2014 dem ermäßigten Steuersatz unterliegt (§ 12 Abs. 2 Nr. 13 Buchst. a UStG), ist die Lieferung von G an den Endabnehmer mit dem Regelsteuersatz zu besteuern (§ 12 Abs. 1 UStG). Allerdings kann G gemäß § 25a Abs. 2 Nr. 2 UStG optional die Differenz aus Verkaufs- und Einkaufspreis der Umsatzsteuer unterwerfen. Beträgt der Einkaufspreis nicht mehr als 500 Euro, kommt die Pauschalmarge zur Anwendung (Rz. 33 ff.)

2. Selbst eingeführte Kunstgegenstände, Sammlungsstücke oder Antiquitäten (Absatz 2 Satz 1 Nr. 1)

26 Gemäß § 25a Abs. 1 Satz 1 Nr. 1 UStG kann der Wiederverkäufer die Marge aus dem Weiterverkauf von Kunstgegenständen (Nummer 53 der Anlage 2), Sammlungsstücken (Nr. 49 Buchst. f und Nummer 54 der Anlage 2) oder Antiquitäten[4] (Position 9706 00 00 des Zolltarifs) besteuern, sofern er diese Gegenstände **selbst** aus dem Drittlandsgebiet **eingeführt** hat. Dabei kann der Wiederverkäufer sein Optionsrecht auch auf einzelne „Gruppen" beschränken.[5] Diesbezüglich hat der EuGH[6] entschieden, dass § 25a UStG bei einer Einfuhr nur unter den Voraussetzungen des Art. 316 Abs. 1 Buchst. a MwStSystRL bzw. § 25a Abs. 2 Nr. 1 UStG und daher nur auf eingeführte Kunstgegenstände, Sammlungs-

1 EuGH, Urt. v. 29.11.2018 – C-264/17, ECLI:EU:C:2018:968 – Mensing, UR 2019, 32, Rz. 28.
2 Abschn. 25a.1 Abs. 7 Satz 3 UStAE.
3 S. dazu auch *Rapp/Bongers/Engelhardt*, UR 2021, 493.
4 Zur Abgrenzung s. ausführlich *Langer* in Reiß/Kraeusel/Langer, § 25a UStG Rz. 74 ff. (Stand: Januar 2017).
5 Abschn. 25a.1 Abs. 6 Satz 2 UStAE.
6 EuGH, Urt. v. 3.3.2011 – C-203/10, ECLI:EU:C:2011:118 – Auto Nikolovi, UR 2012, 372.

stücke oder Antiquitäten anzuwenden ist, so dass die Einfuhr **anderer Gegenstände** der Sonderregelung des § 25a UStG **nicht** unterliegt. Derartige eingeführte Gegenstände unterliegen dem Regelbesteuerungsverfahren.

3. Steuerpflichtige Vorlieferung von Kunstgegenständen an den Wiederverkäufer (Absatz 2 Satz 1 Nr. 2)

Auch für steuerpflichtige Lieferungen von Kunstgegenständen an den Wiederverkäufer wird diesem die Möglichkeit eingeräumt, § 25a UStG anzuwenden. Voraussetzung ist jedoch, dass die Lieferung des Vorlieferanten steuerpflichtig war und dass der Vorlieferant zum Zeitpunkt der Lieferung **kein Wiederverkäufer** war (z.B. Lieferung durch den Künstler oder seinem Rechtsnachfolger, vgl. Art. 316 Abs. 1 Buchst. b MwStSystRL). 27

II. Bindung an Optionserklärung (Absatz 2 Satz 2)

Entscheidet sich der Wiederverkäufer dazu, auch auf Kunstgegenstände, Sammlungsstücke oder Antiquitäten die Differenzbesteuerung anzuwenden, bindet ihn diese Entscheidung mindestens zwei Kalenderjahre. Ein Widerruf ist daher erst mit Wirkung ab dem dritten Kalenderjahr möglich, wobei der Wortlaut der Norm darauf schließen lässt, dass die Option nach Ablauf der zwei Kalenderjahre automatisch weiterläuft („mindestens"). Möchte der Wiederverkäufer also § 25a UStG ab dem dritten Kalenderjahr nicht mehr anwenden, bedarf es einer Willenserklärung seinerseits. Die Bindung hindert den Wiederverkäufer aber nicht, bei **einzelnen Verkäufen** dieser Gegenstände auf die Anwendung der Differenzbesteuerung nach Maßgabe des Absatzes 8 zu **verzichten** (Rz. 66 ff.). 28

D. Besteuerung nach der Einzeldifferenz (Absatz 3)

I. Ermittlung der Einzelmarge (Absatz 3 Satz 1)

Gemäß § 25a Abs. 3 Satz 1 UStG wird für jeden einzelnen Gegenstand eine Differenz aus Verkaufs- und Einkaufspreis gebildet (sog. **Einzeldifferenz**), sofern der Wiederverkäufer nicht die Gesamtdifferenz nach Absatz 4 anwendet. Der Einkaufspreis findet erst im Zeitpunkt der tatsächlichen Veräußerung, Entnahme oder Zuwendung Ansatz bei der Ermittlung der Einzeldifferenz.[1] Umsatzsteuer fällt nur dann an, wenn die Differenz zwischen Verkaufs- und Einkaufspreis des verkauften Gegenstandes positiv ist, der Verkaufspreis den Einkaufspreis mithin übersteigt. Eine negative Marge bleibt unberücksichtigt.[2] Sofern für jeden Gegenstand die Marge einzeln zu ermitteln ist, ist eine Verrechnung von positiven mit negativen Margen nicht zulässig.[3] 29

Der Begriff des **Verkaufspreises** ergibt sich aus Art. 312 Nr. 1 MwStSystRL. Darunter ist die gesamte Gegenleistung zu verstehen, die der Wiederverkäufer vom Erwerber oder von einem Dritten erhält oder zu erhalten hat, einschließlich der unmittelbar mit dem Umsatz zusammenhängenden Zuschüsse, Steuern, Zölle, Abschöpfungen und Angaben sowie die **Nebenkosten** wie Provisions-, Verpackungs-, Beförderungs- und Versicherungskosten mit Ausnahme von Skonti, Rabatten, etc., also das **Bruttoentgelt**. Entgeltliche Garantiezusagen eines Kfz-Händlers stellen keine unselbstständige Nebenleistung zur Fahrzeuglieferung, sondern eine eigenständige Leistung dar,[4] so dass das hierfür gesondert gezahlte Entgelt nicht zum Verkaufspreis i.S.d. § 25a UStG gehört. Lediglich für unentgeltliche Wertabgaben nach § 3 Abs. 1b UStG (§ 3 Rz. 73 ff.) und Fälle nach § 10 Abs. 5 UStG (sog. Mindestbemessungsgrundlage; § 10 Rz. 175 ff.) ist abweichend davon als Verkaufspreis der Wert nach § 10 Abs. 4 Nr. 1 UStG anzusetzen, also die **Selbstkosten** bzw. der **Einkaufspreis** (§ 10 Rz. 145 ff.). 30

---

1 Abschn. 25a.1 Abs. 11 Satz 4 UStAE.

2 BFH, Urt. v. 25.4.2018 – XI R 21/16, BStBl. II 2018, 505 = UR 2018, 556, Rz. 38. m.w.N.

3 Abschn. 25a.1 Abs. 11 Satz 2 UStAE.

4 BMF, Schr. v. 11.5.2021 – III C 3-S 7163/19/10001 :001 – DOK 2021/0533686, BStBl. I 2021, 781 = UR 2021, 527.

31 Als **Einkaufspreis** ist die gesamte Gegenleistung zu verstehen, die der Vorlieferant vom Wiederverkäufer erhält oder zu erhalten hat (Art. 312 Nr. 2 MwStSystRL).[1] Ebenfalls dazu gehören die unmittelbar mit dem Umsatz zusammenhängenden Zuschüsse, Steuern, Zölle, Abschöpfungen und Angaben sowie die **Nebenkosten** wie Provisions-, Verpackungs-, Beförderungs- und Versicherungskosten mit Ausnahme von Skonti, Rabatten, etc. Weitere Kosten, die **nach** dem Erwerb anfallen (z.B. Reparatur- und Instandhaltungskosten), gehören **nicht** zum Einkaufspreis, auch wenn sie dem Wiederverkäufer vom Vorlieferanten in Rechnung gestellt werden.[2] Im Falle einer **Pfandversteigerung** durch ein **Pfandleihhaus** setzt sich der Einkaufspreis aus dem Darlehensbetrag, den aufgelaufenen Zinsen, den Gebühren bzw. Vergütungen und dem an den Verpfänder ggf. auszukehrenden Verwertungsüberschuss zusammen. Nicht einzubeziehen in den Einkaufspreis sind die Verwertungskosten, die das Pfandleihhaus im eigenen Interesse aufwendet, um den Versteigerungsumsatz tätigen zu können.[3]

32 Vom Wortlaut des § 25a Abs. 3 Satz 1 UStG ist die Differenzbesteuerung auch auf **unentgeltliche Wertabgaben** i.S.d. § 3 Abs. 1b UStG anwendbar (dies gilt auch in den Fällen des § 25a Abs. 2 UStG). Bemessungsgrundlage ist dann nach § 25a Abs. 3 Satz 1 Halbs. 2 UStG die Differenz zwischen dem Wiederbeschaffungspreis im Zeitpunkt der unentgeltlichen Lieferung und dem ursprünglichen Einkaufspreis. Während die Besteuerung einer unentgeltlichen Wertabgabe jedoch voraussetzt, dass der Gegenstand **mit** Vorsteuerabzug ins Unternehmensvermögen gelangt ist (§ 3 Abs. 1b Satz 2 UStG), verlangt hingegen § 25a Abs. 1 Nr. 2 UStG, dass die Gegenstände **ohne** Umsatzsteuer erworben wurden. Der Anwendungsbereich des § 25a UStG für unentgeltliche Wertabgaben beschränkt sich daher auf solche Fälle, in denen vor der Entnahme **vorsteuerbelastete Bestandteile**[4] in den Gegenstand eingefügt worden sind. Nur für den unrealistischen Fall, dass der Wiederbeschaffungspreis des entnommenen Bestandteils (nicht des gesamten Gegenstandes) den Einkaufspreis des Gegenstandes bei Erwerb übersteigt, würde eine positive Differenz vorliegen. Die Regelung des § 25a Abs. 3 Satz 1 Halbs. 2 UStG läuft daher faktisch ins Leere.

II. Pauschalmarge für Kunstgegenstände (Absatz 3 Satz 2)

33 Zum 1.1.2014 wurde der ermäßigte Steuersatz auf Kunstgegenstände beim Verkauf durch Kunsthändler und Galerien abgeschafft. Im Ausgleich dafür wurde auf Grundlage des Art. 343 MwStSystRL die sog. Pauschalmarge (nur) für **Kunstgegenstände** (Nr. 53 der Anlage 2) eingeführt, um den Kunststandort Deutschland nicht zu schwächen.[5] Lässt sich der Einkaufspreis eines Kunstgegenstandes nicht (mehr) ermitteln oder ist er unbedeutend, so wird die Bruttomarge pauschal mit 30 % des erzielten Erlöses angesetzt (sog. Pauschalmarge), also ein fiktiver Einkaufspreis in Höhe von 70 % angesetzt.

34 Den häufigsten Anwendungsbereich der Pauschalmarge sieht die FinVerw. in den Fällen, in denen ein Kunsthändler eine **Sachgesamtheit** zu einem einheitlichen Preis ohne Feststellung der Einzelwerte erwirbt. Die FinVerw. legt die Vorschrift damit sehr eng aus[6] und unterläuft damit den **Willen des Gesetzgebers**, da der Wiederverkäufer nach Ablauf der gesetzlichen Aufbewahrungsfrist regelmäßig nicht mehr im Besitz von entsprechenden Aufzeichnungen ist und in der damaligen Annahme einer Veräußerung zum ermäßigten Steuersatz auch keine weiteren dem § 25a Abs. 6 UStG entsprechenden Aufzeichnungen geführt hat.[7] Auch Lieferungen von Kunstgegenständen im Rahmen eines Kommissionsgeschäftes können daher entgegen der Auffassung der FinVerw. pauschaliert besteuert werden.[8] Die Pauschalmarge ist jedoch dann **nicht** anwendbar, wenn der Wiederverkäufer Absatzförderungskosten (z.B. Ausstellungen, Messen, Kataloge) trägt, der Einkaufspreis jedoch bestimmt werden kann (und nicht unbedeutend ist).[9]

1 Hinsichtlich der Inzahlungnahme eines Gebrauchtgegenstandes beim Verkauf eines Neugegenstandes s. Abschn. 25a.1 Abs. 10 UStAE.
2 Abschn. 25a.1 Abs. 8 Satz 2 UStAE; *Buschmann* in Weymüller², § 25a UStG Rz. 51.1.
3 FG Hamburg, Urt. v. 16.11.2017 – 6 K 30/17, EFG 2018, 520 (rkr.).
4 Vgl. dazu Abschn. 3.3 Abs. 3 UStAE.
5 BT-Drucks. 17/11220, 41.
6 Abschn. 25a.1 Abs. 11a Satz 5 UStAE.
7 *Grebe/Raudszus*, UStB 2015, 159 (165).
8 *Unverdorben*, MwStR 2015, 106; *Grebe/Raudszus*, UStB 2015, 159 (165).
9 Working paper Nr. 903 des Mehrwertsteuerausschusses – taxud.c.1(2016)2527596, UR 2017, 353.

Unbedeutend ist der Einkaufspreis, sofern er den Betrag von 500 Euro ohne ggf. anfallende Umsatzsteuer nicht übersteigt.[1] 35

III. Umsatzsteuer wird herausgerechnet (Absatz 3 Satz 3)

Wie auch bei der Bestimmung der Bemessungsgrundlage nach § 10 UStG gilt für § 25a UStG, dass die Umsatzsteuer nicht zur Bemessungsgrundlage gehört. Sie wird daher aus der ermittelten Bruttomarge stets mit dem **Regelsteuersatz** i.H.v. 19 %[2] **herausgerechnet.** 36

IV. Einkaufspreis bei Einfuhr durch den Wiederverkäufer (Absatz 3 Satz 4)

Entscheidet sich der Unternehmer dazu, die Differenzbesteuerung auch für selbst eingeführte Kunstgegenstände, Sammlungsstücke oder Antiquitäten anzuwenden (Rz. 26), bestimmt § 25a Abs. 3 Satz 4 UStG im Einklang mit Art. 317 Abs. 2 MwStSystRL, dass sich der für die Ermittlung der Marge notwendige Einkaufspreis aus dem sog. Zollwert (§ 11 Rz. 18 ff.) und der (nach § 25a Abs. 5 Satz 3 UStG nicht als Vorsteuer abziehbaren) Einfuhrumsatzsteuer bestimmt. 37

V. Einkaufspreis bei steuerpflichtiger Lieferung von Kunstgegenständen an den Wiederverkäufer (Absatz 3 Satz 5)

In den Fällen **steuerpflichtiger Lieferungen** (Rz. 27) von Kunstgegenständen mit offen ausgewiesener Umsatzsteuer an den Wiederverkäufer, bei denen vom Vorlieferer von der Differenzbesteuerung kein Gebrauch gemacht worden ist, bestimmt § 25a Abs. 3 Satz 5 UStG, dass sich der Einkaufspreis nach dem **Bruttobetrag** richtet, die Umsatzsteuer **des Lieferers** also vom anzusetzenden Einkaufspreis umfasst wird (Art. 312 Nr. 2 MwStSystRL).[3] 38

Hieraus ergibt sich, dass bei zuvor innergemeinschaftlich erworbenen Kunstgegenständen (Rz. 63 f.) die (nicht als Vorsteuer abziehbare) **Erwerbsteuer** – anders als bei einem Erwerb innerhalb eines Mitgliedstaates – **kein** Bestandteil des Einkaufspreises bildet und daher **nicht margenmindernd** berücksichtigt werden darf, da der erwerbende Wiederverkäufer die Steuer schuldet und nicht der Lieferer. Vom eindeutigen Wortlaut des Art. 312 Nr. 2 MwStSystRL werden nur solche Kostenbestandteile umfasst, die der steuerpflichtige Wiederverkäufer an den Lieferer gezahlt hat, sodass nach der Rechtsprechung des EuGH die Steuer auf den innergemeinschaftlichen Erwerb nicht von der Definition des Einkaufspreises erfasst ist und folglich die Handelsspanne (Marge) des Wiederverkäufers erhöht.[4] Eine Auslegung über den eindeutigen Wortlaut hinaus lehnt der EuGH mit der Begründung ab, dass der ansonsten klaren und unmissverständlichen Regelung jede praktische Wirksamkeit genommen würde.[5] Diese Sichtweise führt zu einer Doppelbesteuerung („Steuer auf die Steuer") und erhöht den Gesamtbetrag der Steuer, indem die Differenz zu hoch angesetzt wird. Dieses Ergebnis lässt sich – bis zu einem Eingreifen des Unionsgesetzgebers[6] und vorbehaltlich etwaiger Billigkeitsmaßnahmen[7] – nur vermeiden, indem der Wiederverkäufer auf die Anwendung der Differenzbesteuerung verzichtet (s. dazu das Beispiel zu § 25a Abs. 7 Nr. 1 UStG, Rz. 59).[8] 39

---

1 Abschn. 25a.1 Abs. 11a Satz 10 UStAE.

2 § 25a Abs. 5 Satz 1 UStG, Rz. 46.

3 EuGH, Urt. v. 13.7.2023 – C-180/22, ECLI:EU:C:2023:565 – Mensing II, UR 2023, 691 Rz. 38.

4 EuGH, Urt. v. 13.7.2023 – C-180/22, ECLI:EU:C:2023:565 – Mensing II, UR 2023, 691 Rz. 30 bestätigt durch BFH, Urt. v. 22.11.2023 – XI R 22/23 (XI R 2/20), UR 2024, 309 m. Anm. *Grebe*.

5 EuGH, Urt. v. 13.7.2023 – C-180/22, ECLI:EU:C:2023:565 – Mensing II, UR 2023, 691 Rz. 34.

6 EuGH, Urt. v. 13.7.2023 – C-180/22, ECLI:EU:C:2023:565 – Mensing II, UR 2023, 691 Rz. 35.

7 Siehe dazu BFH, Urt. v. 22.11.2023 – XI R 22/23 (XI R 2/20), UR 2024, 309 m. Anm. *Grebe*, Rz. 30.

8 EuGH, Schlussanträge des Generalanwalts *Szpunar* v. 13.9.2018 – C-264/17, ECLI:EU:C:2018:722 – Mensing, Rz. 60, 61; vgl. in diesem Sinne auch Working paper Nr. 903 des Mehrwertsteuerausschusses – taxud.c.1(2016) 2527596, UR 2017, 353.

E. Besteuerung nach der Gesamtdifferenz (Absatz 4)

I. Ermittlung der Gesamtmarge (Absatz 4 Satz 1)

40 Anstelle der Einzeldifferenz nach Absatz 3 **kann** der Wiederverkäufer seine Marge **einheitlich** auch nach der sog. **Gesamtdifferenz** besteuern. Allerdings ist die Besteuerung nach der Gesamtdifferenz auf Gegenstände beschränkt, deren Einkaufspreis **500 Euro nicht übersteigt** (Rz. 44). Dabei ist es nicht zulässig, die Gesamtdifferenz innerhalb dieser Preisgruppe auf bestimmte Arten von Gegenständen zu beschränken. Die Marge ermittelt sich dann aus sämtlichen Verkaufs- und Einkaufspreisen innerhalb eines Besteuerungszeitraums, d.h. dass nicht nur die Einkaufspreise anzusetzen sind, die in einem Ausgangsumsatz des Wiederverkäufers münden. Die erworbenen und die weitergelieferten/entnommenen Gegenstände müssen also bei Anwendung des Absatzes 4 nicht identisch sein.[1]

41 Erwirbt der Wiederverkäufer **Sachgesamtheiten** zu einen Gesamtpreis und verkauft er die Gegenstände üblicherweise später einzeln weiter, hat er bei einem Gesamtkaufpreis von **über 500 Euro** die auf die Gegenstände entfallenden Einkaufspreise sachgerecht zu schätzen (dies gilt auch für **ausgeschlachtete Einzelteile**).[2] Beträgt der Gesamteinkaufspreis **nicht mehr als 500 Euro**, so kann aus Vereinfachungsgründen auf eine Ermittlung der einzelnen Einkaufspreise verzichtet werden.[3]

42 Bei der Ermittlung der Marge nach der Gesamtdifferenz kommt es – anders als bei der Einzeldifferenz – zu einer **Saldierung** von positiven und negativen Margen innerhalb des Kalenderjahres. Somit werden sowohl positive als auch negative Differenzen der verschiedenen Voranmeldungszeiträume miteinander verrechnet.[4] Es fällt auch bei der Gesamtdifferenz keine Umsatzsteuer an, wenn die Differenz negativ ist oder aber die Summe der Verkaufspreise die Summe der Einkaufspreise nicht übersteigt. Eine kalenderjahrübergreifende Verrechnung von negativen mit positiven Gesamtmargen ist ebenso wenig zulässig wie eine Verrechnung einer positiven Gesamtmarge mit einer negativen Einzelmarge (unabhängig davon, ob der Einkaufspreis 500 Euro übersteigt).[5] Eine negative Gesamtmarge kann auch nicht in ein anderes Kalenderjahr vorgetragen werden.

43 Berechnet der Unternehmer die Marge anhand der Gesamtdifferenz, kann er nicht auf die Anwendung der Norm verzichten (§ 25a Abs. 8 Satz 2 UStG). Dem Wiederverkäufer bleibt nur der **Wechsel** von der Ermittlung nach der Gesamtdifferenz zur Ermittlung nach der Einzeldifferenz. Der Wechsel ist zwar nicht innerhalb des Kalenderjahres möglich,[6] gleichwohl kann er bis zur **Unanfechtbarkeit** der Steuerfestsetzung[7] vorgenommen werden, da § 25a Abs. 3 und 4 UStG insoweit keine zeitlichen Einschränkungen enthalten.[8] Bei einem Wechsel ist darauf zu achten, dass Einkaufspreise nicht doppelt bzw. unberücksichtigt bleiben (analog § 20 Abs. 1 Satz 3 UStG).[9]

II. Einschränkende Wertgrenze (Absatz 4 Satz 2)

44 Die Gesamtdifferenz ist nur für solche Gegenstände möglich, deren Einkaufspreis **nicht** über 500 Euro liegt. Veräußert der Wiederverkäufer also Gegenstände, deren Einkaufspreise sowohl über als auch unter 500 Euro liegen, hat er die Marge für die Gegenstände, deren Einkaufspreis über 500 Euro liegt, einzeln zu ermitteln. Für die Gegenstände, deren Einkaufspreis hingegen unter 500 Euro liegt, kann er die Gesamtdifferenz anwenden.

1 *Langer* in Reiß/Kraeusel/Langer, § 25a UStG Rz. 161 (Stand: Januar 2017).
2 BFH, Urt. v. 23.2.2017 – V R 37/15, BStBl. II 2019, 452 = UR 2017, 685, Rz. 23.
3 Abschn. 25a.1 Abs. 12 Satz 6 UStAE.
4 Abschn. 25a.1 Abs. 13 Satz 7 UStAE.
5 Abschn. 25a.1 Abs. 13 UStAE.
6 Abschn. 25a.1 Abs. 14 UStAE.
7 So auch *Stadie* in Rau/Dürrwächter, § 25a UStG Rz. 163 (Stand: Juni 2023).
8 Im Zusammenhang mit der zeitlichen Optionsfrist zu § 9 UStG s. BFH, Urt. v. 19.12.2013 – V R 6/12, BStBl. II 2017, 837 = UR 2014, 572, Rz. 20 f.; BFH, Urt. v. 19.12.2013 – V R 7/12, BStBl. II 2014, 841 = UR 2014, 579, Rz. 19 f.
9 *Stadie* in Rau/Dürrwächter, § 25a UStG Rz. 163 (Stand: Juni 2023).

III. Entsprechende Anwendung von Absatz 3 (Absatz 4 Satz 3)

§ 25a Abs. 4 Satz 3 UStG erklärt Absatz 3 für entsprechend anwendbar. Dies bedeutet, dass die gleichen Definitionen des Einkaufs- und Verkaufspreises bei der Berechnung der Gesamtdifferenz gelten und die Umsatzsteuer aus der Marge herauszurechnen ist. 45

F. Allgemeine Bestimmungen (Absatz 5)

I. Anwendung des Regelsteuersatzes (Absatz 5 Satz 1)

Findet § 25a UStG Anwendung, hat dies zur Folge, dass **stets** der **Regelsteuersatz** Anwendung findet, auch wenn ansonsten der ermäßigte Steuersatz greifen würde (z.B. für Bücher). Dieses Ergebnis lässt sich nur vermeiden, indem der Unternehmer auf die Anwendung von § 25a UStG verzichtet (§ 25a Abs. 8 UStG; Rz. 66 ff.). 46

II. Anwendbarkeit von Steuerbefreiungsvorschriften (Absatz 5 Satz 2)

§ 25a Abs. 5 Satz 2 UStG bestimmt, dass die Steuerbefreiungsvorschriften auch im Falle des § 25a UStG Bestand haben. Einzige **Ausnahme** davon bildet die Steuerbefreiung für **innergemeinschaftliche Lieferungen** nach § 4 Nr. 1 Buchst. b i.V.m. § 6a UStG, d.h. differenzbesteuerte Lieferungen in der EU sind – vorbehaltlich eines Verzichts – grundsätzlich umsatzsteuerpflichtig in dem Ursprungsmitgliedstaat (s. dazu das Beispiel zu § 25a Abs. 7 Nr. 2 UStG, Rz. 64). 47

Die Steuerbefreiung für **Ausfuhrlieferungen** (§ 4 Nr. 1 Buchst. a i.V.m. § 6 UStG) ist nicht von der Anwendung ausgenommen und findet daher Anwendung, wenn der Wiederverkäufer differenzbesteuert ins Drittlandsgebiet liefert. 48

III. Kein Recht auf Abzug von Vorsteuern bei optional differenzbesteuerten Gegenständen (Absatz 5 Satz 3)

Aus den in § 25a Abs. 2 Nr. 1 und 2 UStG genannten Lieferungen an den Wiederverkäufer hätte dieser grundsätzlich ein Recht auf Vorsteuerabzug nach dem Wortlaut des § 15 Abs. 1 UStG, so dass systematisch die Differenzbesteuerung keine Anwendung finden könnte, da die Gegenstände in vollem Umfang von der Umsatzsteuer entlastet sind. Da der Gesetzgeber dem Wiederverkäufer aber für die in § 25a Abs. 2 UStG genannten Fälle ein Wahlrecht auf Anwendung von § 25a UStG eingeräumt hat, geht der notwendige korrespondierende Verlust des Vorsteuerabzugsrechts mit dieser Option einher. Dies bedeutet, dass der Unternehmer die entstandene Einfuhrumsatzsteuer (§ 15 Abs. 1 Nr. 2 UStG), die gesondert ausgewiesene (§ 15 Abs. 1 Nr. 1 UStG) oder nach § 13b Abs. 5 UStG (§ 15 Abs. 1 Nr. 4 UStG) geschuldete Steuer für die an ihn erbrachten Lieferungen **nicht** als Vorsteuer abziehen kann, wenn er seinerseits für seinen Ausgangsumsatz die Differenzbesteuerung anwenden will. § 25a Abs. 8 UStG räumt ihm hier für jeden Einzelfall ein Wahlrecht ein. Will er für seinen Ausgangsumsatz § 25a UStG anwenden, verliert er den Vorsteuerabzug aus der Vorlieferung. Möchte er den Vorsteuerabzug hingegen behalten, muss er den Ausgangsumsatz der Bemessungsgrundlage nach § 10 UStG unterwerfen. Das Abzugsverbot bezieht sich aber nur auf den **Einkauf** der weiterverkauften Gegenstände selbst, **nicht** aber für **andere Vorbezüge**, wie bspw. Reparaturkosten, Ersatzteile und Absatzförderungskosten.[1] Für diese Kosten hat der Wiederverkäufer zwar einerseits ein Recht auf Vorsteuerabzug, andererseits mindern diese Kosten auch nicht die Differenz zwischen dem Einkaufs- und dem Verkaufspreis. 49

Hat der Unternehmer vor Ausübung der Option nach § 25a Abs. 2 UStG (Rz. 23 ff.) den Vorsteuerabzug bei Bezug der Gegenstände vorgenommen und übt er später sein Optionsrecht aus, führt dies dazu, dass die bisherigen Vorsteuerbeträge nach § 15a Abs. 2 UStG zu berichtigen sind, es sei denn, er 50

1 Abschn. 25a.1 Abs. 11a Satz 9 Beispiel 3 Satz UStAE.

verzichtet nach Maßgabe des § 25a Abs. 8 UStG oder kehrt nach Ablauf der zweijährigen Bindung (§ 25a Abs. 2 Satz 2 UStG) zur allgemeinen Besteuerung zurück und liefert den Gegenstand erst danach.

51 Entscheidet sich der Unternehmer auch für **innergemeinschaftlich erworbene Kunstgegenstände** i.S.d. § 25a Abs. 2 Nr. 2 UStG, die Differenzbesteuerung – entgegen dem Wortlaut des § 25a Abs. 7 Nr. 1 Buchst. a UStG – in Anspruch zu nehmen (Rz. 60), geht auch insoweit sein Anspruch auf **Vorsteuerabzug** der sog. Erwerbsteuer nach § 15 Abs. 1 Nr. 3 UStG **verloren**, auch wenn es diesbezüglich an einer gesetzlichen Regelung fehlt.[1]

G. Aufzeichnungspflichten des Wiederverkäufers (Absatz 6)

I. Nachvollziehbarkeit der ermittelten Bemessungsgrundlage (Absatz 6 Satz 1)

1. Verkaufspreis (Absatz 6 Satz 1 Nr. 1)

52 **Ergänzend** zu § 22 UStG und getrennt von den übrigen Aufzeichnungen hat der Wiederverkäufer für die einzelnen Lieferungen die dazugehörigen Verkaufspreise aufzuzeichnen. Sofern allerdings unentgeltliche Wertabgaben (§ 3 Abs. 1b UStG) oder Fälle der Mindestbemessungsgrundlage nach § 10 Abs. 5 UStG vorliegen, sind die entsprechenden Werte nach § 10 Abs. 4 Nr. 1 UStG (Selbstkosten bzw. Einkaufspreis) aufzuzeichnen.

2. Einkaufspreis (Absatz 6 Satz 1 Nr. 2)

53 Gemäß § 25a Abs. 6 Satz 1 Nr. 2 UStG hat der Wiederverkäufer auch die Einkaufspreise seiner weiterveräußerten Gegenstände aufzuzeichnen. Bei einem Gesamtkaufpreis von nicht mehr als 500 Euro reicht es nach Ansicht der FinVerw. aus, dass dieser Betrag als Einkaufspreis aufgezeichnet wird.[2]

3. Ermittelte Differenz (Marge) (Absatz 6 Satz 1 Nr. 3)

54 Neben den Verkaufs- und Einzelpreisen hat der Unternehmer die aus diesen Werten ermittelten Margen nach den Absätzen 3 (Einzeldifferenz) und 4 (Gesamtdifferenz) aufzuzeichnen.

II. Getrennte Aufzeichnungen (Absatz 6 Satz 2)

55 § 25a Abs. 6 Satz 2 UStG schreibt vor, dass der Unternehmer getrennte Aufzeichnungen zu führen hat, wenn er neben der Differenzbesteuerung die Besteuerung nach den allgemeinen Vorschriften anwendet. Davon betroffen sind Lieferungen, die die Voraussetzungen nach § 25a Abs. 1 UStG nicht erfüllen, Lieferungen, für die nach § 25a Abs. 2 UStG nicht optiert wird, oder aber Fälle, in denen sich der Wiederverkäufer bei der einzelnen Lieferung dazu entschließt, nach Maßgabe des Absatzes 8 auf die Anwendung von § 25a UStG zu verzichten.

56 Die Aufzeichnungspflichten des § 25a Abs. 6 Satz 1 UStG gehören **nicht** zu den **materiellen** Voraussetzungen der Differenzbesteuerung.[3] Vor dem Hintergrund des im Unionsrecht verankerten Grundsatzes der Verhältnismäßigkeit führt ein Verstoß gegen die Aufzeichnungspflichten allein grundsätzlich nicht dazu, dass die Differenzbesteuerung zu versagen ist.[4] Aus der Rechtsprechung des EuGH[5] ergibt sich zwar, dass die Voraussetzungen für die Anwendung der Vorschrift anhand von Aufzeichnungen durch den Unternehmer **nachzuweisen** sind d.h. dass der Wiederverkäufer die Darlegungs- und Be-

---

1 EuGH, Urt. v. 29.11.2018 – C-264/17, ECLI:EU:C:2018:968 – Mensing, UR 2019, 32, Rz. 45 f.
2 Abschn. 25a.1 Abs. 17 Satz 2 UStAE.
3 BFH, Urt. v. 12.5.2022 – V R 19/20, BStBl. II 2023, 885 = UR 2022, 881 m. Anm. *Grebe* Rz. 22.
4 BFH, Urt. v. 12.5.2022 – V R 19/20, BStBl. II 2023, 885 = UR 2022, 881 m. Anm. *Grebe* Rz. 22; OFD Niedersachsen, Vfg. v. 21.5.2015 – S 7421-24-St 181, UR 2015, 531.
5 EuGH, Urt. v. 18.1.2017 – C-471/15, ECLI:EU:C:2017:20 – Sjelle Autogenbrug, UR 2017, 242, Rz. 43.

weislast für das Vorliegen der Voraussetzungen des § 25a UStG trägt (insbesondere dafür, dass sein Vorlieferant die Voraussetzungen des § 25a Abs. 1 Nr. 2 Satz 2 UStG erfüllt).[1] Ein gänzlicher Ausschluss der Differenzbesteuerung allein aufgrund praktischer Schwierigkeiten (z.B. bei der Aufteilung eines Gesamtentgelts bei Erwerb einer Sachgesamtheit) ist **unzulässig**.[2]

Wenn aber feststeht, dass die Voraussetzungen der Differenzbesteuerung grundsätzlich vorliegen, kann nach der Rechtsprechung des BFH ein Ausnahmefall dergestalt vorliegen, bei dem aufgrund des Fehlens von Aufzeichnungen die Anwendung der Differenzbesteuerung nicht zwingend zu versagen ist. Es ist dann vielmehr zu prüfen, ob Einkaufspreise ggf. mit einem (erheblichen) Sicherheitsabschlag zu Lasten des Wiederverkäufers nach § 162 AO geschätzt werden können.[3] Eine Grenze des Verhältnismäßigkeitsgrundsatzes ist nach der Rechtsprechung des EuGH[4] allerdings dort zu ziehen, wo der Unternehmer selbst eine Steuerhinterziehung begeht oder sich an einer Steuerhinterziehung beteiligt hat. Somit dürfte eine solche Schätzung der Einkaufspreise und damit im Ergebnis die Anwendung von § 25a UStG wohl ausgeschlossen sein, wenn sich der Wiederverkäufer betrügerisch verhalten hat.

H. Besonderheiten bei grenzüberschreitenden Lieferungen (Absatz 7)

I. Innergemeinschaftliche Lieferung (Absatz 7 Nr. 1)

Bezieht der Wiederverkäufer einen Gegenstand aus dem übrigen Gemeinschaftsgebiet und ist die Lieferung in dem anderen Mitgliedstaat als innergemeinschaftliche Lieferung nach Art. 138 MwStSystRL bzw. § 6a UStG von der Steuer befreit, darf der erwerbende Wiederverkäufer die Differenzbesteuerung auf seine (Weiter-)Lieferung **nicht** anwenden (§ 25a Abs. 7 Nr. 1 Buchst. a UStG). Dies setzt voraus, dass der an den Wiederverkäufer liefernde Unternehmer auf die Anwendung der Differenzbesteuerung verzichtet, da erst durch den Verzicht die Steuerbefreiung für innergemeinschaftliche Lieferungen greift (§ 25a Abs. 5 Satz 2 UStG, Rz. 47 f.) oder aber die Voraussetzungen des § 25a UStG beim Vorlieferanten nicht vorlagen. Verzichtet der Vorlieferant nicht, kann der Wiederverkäufer folglich bei seiner Weiterlieferung die Differenzbesteuerung anwenden. Die Differenzbesteuerung findet somit **keine** Anwendung, wenn der Wiederverkäufer Gegenstände liefert, welche er zuvor umsatzsteuerbefreit von einem anderen Unternehmer erworben hat und ihm ein Recht auf (teilweisen) Abzug der als Vorsteuer auf den Kaufpreis entrichteten Mehrwertsteuer zustand.[5] Bezüglich der **Prüfpflicht** des Wiederverkäufers hinsichtlich seiner bezogenen Waren und dem **Gutglaubensschutz** s. Rz. 20. 57

Die Differenzbesteuerung ist auch in den Fällen eines **innergemeinschaftlichen Verbringens** (§ 1a Abs. 2 UStG, § 1a Rz. 81 ff.) anwendbar.[6] Gemäß Art. 139 Abs. 3 MwStSystRL bzw. § 25a Abs. 5 Satz 2 UStG ist im Rahmen der Differenzbesteuerung die Anwendung der Steuerbefreiung für innergemeinschaftliche Lieferungen – und damit auch in Verbringensfällen – ausgeschlossen. Hieraus ergibt sich im Umkehrschluss die Konsequenz, dass die Differenzbesteuerung auch in Fällen eines innergemeinschaftlichen Verbringens anzuwenden ist (vorbehaltlich eines Verzichts nach § 25a Abs. 8 UStG, Rz. 66 ff.). 58

Beispiel: 59

Der Gebrauchtwagenhändler G mit Sitz in Kopenhagen (Dänemark) und einer Betriebsstätte in Hamburg erwirbt in Kopenhagen einen gebrauchten Pkw von einer Privatperson. Anschließend verbringt G den Pkw in seine Hamburger Betriebsstätte. Kurze Zeit später gelingt es G, den Pkw an den Endkunden E zu veräußern.

Das Verbringen des Pkw von Kopenhagen nach Hamburg ist eine fiktive entgeltliche Lieferung gegen Entgelt (§ 3 Abs. 1a UStG). In Dänemark ist die Lieferung **nicht** umsatzsteuerbefreit, da die Steuerbefreiungsnorm für innergemeinschaftliche Lieferungen – vorbehaltlich eines Verzichts – nicht anwendbar ist (Art. 139 Abs. 3 i.V.m. Art. 138

1 FG Düsseldorf, Urt. v. 24.3.2021 – 5 K 1414/18 U, juris Rz. 28 m.w.N. (Rev. BFH Az. XI R 15/21).
2 EuGH, Urt. v. 18.1.2017 – C-471/15, ECLI:EU:C:2017:20 – Sjelle Autogenbrug, UR 2017, 242, Rz. 42.
3 BFH, Urt. v. 12.5.2022 – V R 19/20, BStBl. II 2023, 885 = UR 2022, 881 m. Anm. *Grebe* Rz. 23 unter Verweis auf *Stadie* in Rau/Dürrwächter, UStG, § 25a Rz. 176 (Stand: Juni 2023).
4 EuGH, Urt. v. 18.5.2017 – C-624/15, ECLI:EU:C:2017:389 – Litdana, UR 2017, 552, Rz. 31 f.
5 EuGH, Urt. v. 19.7.2012 – C-160/11, ECLI:EU:C:2012:492 – Bawaria Motors, UR 2012, 807, Rz. 46.
6 Abschn. 25a.1 Abs. 18 Satz 1 UStAE.

Abs. 2 Buchst. c MwStSystRL bzw. § 25a Abs. 5 Satz 2 i.V.m. § 25a Abs. 7 Nr. 3 UStG). Auf das innergemeinschaftliche Verbringen ist § 25a UStG anwendbar, wobei die BMG im Regelfall 0 Euro beträgt.[1] Als Folge des differenzbesteuerten Verbringens nach Deutschland scheidet auch ein innergemeinschaftlicher Erwerb (§ 1a Abs. 2 UStG) durch G im Inland aus (§ 25a Abs. 7 Nr. 2 UStG).

Die Lieferung an den Endkunden E unterliegt ebenfalls der Differenzbesteuerung nach § 25a UStG, da der gebrauchte Pkw im Rahmen einer fiktiven Lieferung an die Hamburger Betriebsstätte geliefert worden und dabei die Differenzbesteuerung angewendet worden ist (§ 25a Abs. 1 Nr. 2 Buchst. b UStG). Da die (fiktive) Lieferung in Dänemark umsatzsteuerpflichtig ist, erfolgt kein Ausschluss der Differenzbesteuerung nach § 25a Abs. 7 Nr. 1 Buchst. a UStG für die Lieferung an den Endkunden E.

Verzichtet G hingegen in Dänemark auf die Anwendung der Differenzbesteuerung bei dem innergemeinschaftlichen Verbringen (Art. 319 MwStSystRL bzw. § 25a Abs. 8 UStG), ist das Verbringen dort umsatzsteuerfrei (§ 6a Abs. 2 UStG) und zieht einen innergemeinschaftlichen Erwerb im Inland nach sich (§ 1 Abs. 1 Nr. 5 i.V.m. § 1a Abs. 2 UStG). Für die sich daran anschließende Weiterlieferung an den Endkunden E ist die Differenzbesteuerung dann allerdings ausgeschlossen (§ 25a Abs. 7 Nr. 1 Buchst. a UStG) und nach den allgemeinen Regelungen umsatzsteuerbar und umsatzsteuerpflichtig.

60 Für den Fall, dass ein Wiederverkäufer in den Fällen der **Option** nach § 25a Abs. 2 Nr. 2 UStG einen Kunstgegenstand **innergemeinschaftlich erwirbt** und anschließend weiterveräußert, hat der EuGH[2] entschieden, dass er entgegen § 25a Abs. 7 Nr. 1 Buchst. a UStG differenzbesteuert weiterliefern kann. Für das Gericht liegt in der unterschiedlichen Behandlung von kunstgegenständlichen Lieferungen inländischen Ursprungs und solchen innergemeinschaftlichen Ursprungs eine unzulässige Ungleichbehandlung.[3] Der Anwendungsbereich des § 25a Abs. 7 Nr. 1 Buchst. a UStG ist daher – bis zu einer gesetzlichen Anpassung – im Rahmen einer richtlinienkonformen Auslegung auf Lieferungen zu beschränken, die nicht unter § 25a Abs. 2 Nr. 2 UStG fallen.[4]

61 **Beispiel:**

Der in Deutschland ansässige Kunsthändler K bezieht Kunstgegenstände von Malern aus ganz Europa und verkauft diese an interessierte Sammler. K bezieht ein Gemälde des gefragten Malers M aus den Niederlanden für netto 1.000 Euro, wobei M in der Rechnung auf die Steuerfreiheit nach Art. 138 MwStSystRL bzw. § 6a UStG hinweist. Es gelingt K, das Gemälde für 1.500 Euro weiter zu veräußern.

Entgegen dem Wortlaut des § 25a Abs. 1 Nr. 7 Buchst. a UStG kann K die Differenzbesteuerung auf die Weiterlieferung des von M erworbenen Gemäldes nach § 25a Abs. 2 Nr. 2 UStG anwenden. Da K aber einen innergemeinschaftlichen Erwerb zu versteuern hat (§ 1 Abs. 1 Nr. 5 i.V.m. §§ 1a, 3d Satz 1 UStG), fällt eine Erwerbsteuer i.H.v. 70 Euro an (innergemeinschaftlicher Erwerb vom Künstler bzw. Urheber i.S.v. § 12 Abs. 2 Nr. 13 Buchst. a UStG, § 12 Abs. 2 Nr. 13 Rz. 9 f.), die K **nicht** als Vorsteuer in Abzug bringen darf (§ 25a Abs. 5 Satz 3 UStG, Rz. 51) und die den Einkaufspreis **nicht** erhöht bzw. die Marge nicht mindert (Rz. 39). Die Bruttomarge für die Weiterlieferung beträgt daher 500 Euro, die ausgelöste Umsatzsteuer beläuft sich auf 79,83 Euro (§ 12 Abs. 1 UStG), zuzüglich der nicht abziehbaren Erwerbsteuer zahlt K somit insgesamt 149,83 Euro an das FA.

Wenn K gem. § 25a Abs. 8 UStG auf die Anwendung von § 25a UStG verzichtet, löst der Weiterverkauf auf einer BMG von 1.260,50 Euro (§ 12 Abs. 1 UStG) eine Umsatzsteuer in Höhe von 239,50 Euro aus, der eine als Vorsteuer abziehbare Erwerbsteuer (§ 15 Abs. 1 Nr. 3 UStG) in Höhe von 70 Euro gegenübersteht, so dass sich die Zahllast an das FA beim Verzicht auf 169,50 Euro beläuft.

62 Das bei **neuen Fahrzeugen** (§ 1b Abs. 2 und 3 UStG; § 1b Rz. 33 ff. und § 1b Rz. 41 ff.) stets zur Anwendung kommende Bestimmungslandprinzip führt auch im Bereich des § 25a UStG dazu, dass die Norm keine Anwendung findet (§ 25a Abs. 7 Nr. 1 Buchst. b UStG).

II. Innergemeinschaftlicher Erwerb (Absatz 7 Nr. 2)

63 Unterliegt die Lieferung durch einen Unternehmer (Wiederverkäufer) in einem Mitgliedstaat an einen Unternehmer im übrigen Gemeinschaftsgebiet der Differenzbesteuerung, **entfällt** korrespondierend im anderen Mitgliedstaat die Besteuerung des innergemeinschaftlichen Erwerbs (§ 1 Abs. 1 Nr. 5 i.V.m.

1 *Langer* in Reiß/Kraeusel/Langer, § 25a UStG Rz. 184 (Stand: Januar 2017).
2 EuGH, Urt. v. 29.11.2018 – C-264/17, ECLI:EU:C:2018:968 – Mensing, UR 2019, 32.
3 EuGH, Urt. v. 29.11.2018 – C-264/17, ECLI:EU:C:2018:968 – Mensing, UR 2019, 32, Rz. 33.
4 *Nieskens*, EU-UStB 2019, 9 (10).

§§ 1a, 3d UStG) des Erwerbers (§ 25a Abs. 7 Nr. 2 UStG). Für den Fall, dass der Wiederverkäufer auf die Anwendung des § 25a UStG verzichtet oder die Voraussetzungen für § 25a UStG nicht vorliegen, findet die Steuerbefreiungsvorschrift des Art. 138 MwStSystRL bzw. § 6a UStG Anwendung (§ 25a Abs. 5 Satz 2 UStG, Rz. 47 f.) mit der Folge, dass der Lieferer eine steuerbefreite innergemeinschaftliche Lieferung tätigt und der Erwerber einen innergemeinschaftlichen Erwerb verwirklicht und der Erwerber nicht im Rahmen der Differenzbesteuerung weiterliefern kann. Die Vorschrift hat insoweit rein klarstellenden Charakter.

Beispiel: 64
Wiederverkäufer K aus Hamburg, der mit gebrauchten Elektronikartikeln handelt, bezieht seine Waren unter den Voraussetzungen des § 25a Abs. 1 Nr. 2 UStG. Während einer Urlaubsreise durch Deutschland kauft der dänische Unternehmer U bei K einen gebrauchten Fernseher für den Empfangsbereich seines Büros in Kopenhagen. Die Weiterlieferung des gebrauchten Fernsehers an U unterliegt bei K der Differenzbesteuerung. § 4 Nr. 1 Buchst. b i.V.m. § 6a UStG findet keine Anwendung (§ 25a Abs. 5 Satz 2 UStG), die Lieferung löst daher in Deutschland (Ursprungsland) Umsatzsteuer für K aus, U hat keine korrespondierende Erwerbsbesteuerung vorzunehmen (§ 25a Abs. 7 Nr. 2 UStG). K kann jedoch auch gemäß § 25a Abs. 8 UStG auf die Anwendung des § 25a UStG verzichten. Dann ist die Lieferung durch K als innergemeinschaftliche Lieferung steuerfrei gemäß § 4 Nr. 1 Buchst. b UStG und löst bei U einen innergemeinschaftlichen Erwerb in Dänemark aus, wenn U unter Verwendung seiner dänischen USt-IdNr. gegenüber K als Unternehmer auftritt.

III. Ausschluss von §§ 3c, 6a UStG (Absatz 7 Nr. 3)

Ebenfalls **keine** Anwendung findet § 3c UStG (Verschiebung des Leistungsortes ab 1.7.2021 in den Bestimmungsmitgliedstaat für sog. Fernverkäufe), wenn der Lieferer die Differenzbesteuerung anwendet. Lediglich im Falle eines Verzichts oder Nichtvorliegen der Voraussetzungen des § 25a UStG, kann eine Verschiebung des Leistungsortes nach Maßgabe des § 3c UStG in Betracht kommen. Die im Gesetzestext genannte Rechtsfolge, dass § 6a UStG keine Anwendung findet, ergibt sich bereits aus § 25a Abs. 5 Satz 2 UStG (Rz. 47 f.). 65

I. Verzicht auf die Differenzbesteuerung (Absatz 8)

I. Verzicht nur bei Einzeldifferenz (Absatz 8 Satz 1)

Der Wiederverkäufer kann sich – unabhängig vom Status des Abnehmers – bei **jeder einzelnen Lieferung** dazu entscheiden, auf die Anwendung von § 25a UStG zu verzichten, auch im Falle der Option nach § 25a Abs. 2 UStG (Rz. 23 ff.). Voraussetzung ist, dass die Marge nach der **Einzeldifferenz** berechnet wird (§ 25a Abs. 3 UStG, Rz. 29 ff.) und nicht anhand der Gesamtdifferenz nach Absatz 4. Insbesondere wenn sein Abnehmer ein vorsteuerabzugsberechtigter Unternehmer ist, kann dies sinnvoll sein, da der Wiederverkäufer die dann gesondert ausgewiesene Umsatzsteuer abwälzen kann. Erklärt der wiederverkaufende Unternehmer den Verzicht, finden die allgemeinen Regelungen des UStG (wieder) Anwendung, so dass z.B. bei der Lieferung von Büchern der ermäßigte Steuersatz zur Anwendung kommt. 66

Der Verzicht ist an keine besondere Form gebunden und kann auch konkludent erklärt werden, z.B. durch Ausweis des auf das gesamte Entgelt entfallenden Steuerbetrags in einer Rechnung.[1] Der Verzicht des Unternehmers kann – genauso wie dessen Rückgängigmachung, die nicht der Zustimmung des Leistungsempfängers bedarf[2] – bis zur **Unanfechtbarkeit der Steuerfestsetzung** erklärt werden.[3] Auf die Bindungsfrist des § 25a Abs. 2 Satz 2 UStG hat der Verzicht keine Auswirkung. 67

1 *Buschmann* in Weymüller[2], § 25a UStG Rz. 75 m.w.N.
2 Abschn. 25a.1 Abs. 21 Satz 2 i.V.m. Abschn. 9.1 Abs. 4 Satz 3 UStAE.
3 Abschn. 25a.1 Abs. 21 Satz 2 i.V.m. Abschn. 9.1 Abs. 3 und Abs. 4 UStAE; BFH, Urt. v. 22.11.2023 – XI R 22/23 (XI R 2/20), UR 2024, 309 m. Anm. *Grebe*, Rz. 29.

II. Nachträgliche Gewährung des Vorsteuerabzugs bei bestimmten Lieferungen (Absatz 8 Satz 2)

68 Mit der Anwendung der Differenzbesteuerung durch Ausübung des Wahlrechts nach § 25a Abs. 2 UStG für selbst eingeführte Kunstgegenstände, Antiquitäten oder Sammlungsstücke sowie bestimmte Lieferungen von Kunstgegenständen an den Wiederverkäufer geht einher, dass der Unternehmer sein Vorsteuerabzugsrecht aus dem Erwerb dieser Gegenstände verliert. Verzichtet der Unternehmer auf die Anwendung von § 25a Abs. 2 UStG, kann er sein Vorsteuerabzugsrecht (wieder) ausüben, aber frühestens in dem **Voranmeldungszeitraum**, in dem die **Steuer für die Lieferung entsteht.**

§ 25b Innergemeinschaftliche Dreiecksgeschäfte

(1) [1]Ein innergemeinschaftliches Dreiecksgeschäft liegt vor, wenn

1. **drei Unternehmer über denselben Gegenstand Umsatzgeschäfte abschließen und dieser Gegenstand unmittelbar vom ersten Lieferer an den letzten Abnehmer gelangt,**
2. **die Unternehmer in jeweils verschiedenen Mitgliedstaaten für Zwecke der Umsatzsteuer erfasst sind,**
3. **der Gegenstand der Lieferungen aus dem Gebiet eines Mitgliedstaates in das Gebiet eines anderen Mitgliedstaates gelangt und**
4. **der Gegenstand der Lieferungen durch den ersten Lieferer oder den ersten Abnehmer befördert oder versendet wird.**

[2]Satz 1 gilt entsprechend, wenn der letzte Abnehmer eine juristische Person ist, die nicht Unternehmer ist oder den Gegenstand nicht für ihr Unternehmen erwirbt und die in dem Mitgliedstaat für Zwecke der Umsatzsteuer erfasst ist, in dem sich der Gegenstand am Ende der Beförderung oder Versendung befindet.

(2) Im Fall des Absatzes 1 wird die Steuer für die Lieferung an den letzten Abnehmer von diesem geschuldet, wenn folgende Voraussetzungen erfüllt sind:

1. **Der Lieferung ist ein innergemeinschaftlicher Erwerb vorausgegangen;**
2. **der erste Abnehmer ist in dem Mitgliedstaat, in dem die Beförderung oder Versendung endet, nicht ansässig. Er verwendet gegenüber dem ersten Lieferer und dem letzten Abnehmer dieselbe Umsatzsteuer-Identifikationsnummer, die ihm von einem anderen Mitgliedstaat erteilt worden ist als dem, in dem die Beförderung oder Versendung beginnt oder endet,**
3. **der erste Abnehmer erteilt dem letzten Abnehmer eine Rechnung im Sinne des § 14a Abs. 7, in der die Steuer nicht gesondert ausgewiesen ist, und**
4. **der letzte Abnehmer verwendet eine Umsatzsteuer-Identifikationsnummer des Mitgliedstaates, in dem die Beförderung oder Versendung endet.**

(3) Im Fall des Absatzes 2 gilt der innergemeinschaftliche Erwerb des ersten Abnehmers als besteuert.

(4) Für die Berechnung der nach Absatz 2 geschuldeten Steuer gilt die Gegenleistung als Entgelt.

(5) Der letzte Abnehmer ist unter den übrigen Voraussetzungen des § 15 berechtigt, die nach Absatz 2 geschuldete Steuer als Vorsteuer abzuziehen.

(6) [1]§ 22 gilt mit der Maßgabe, dass aus den Aufzeichnungen zu ersehen sein müssen

1. **beim ersten Abnehmer, der eine inländische Umsatzsteuer-Identifikationsnummer verwendet, das vereinbarte Entgelt für die Lieferung im Sinne des Absatzes 2 sowie der Name und die Anschrift des letzten Abnehmers;**
2. **beim letzten Abnehmer, der eine inländische Umsatzsteuer-Identifikationsnummer verwendet:**
   a) **die Bemessungsgrundlage der an ihn ausgeführten Lieferung im Sinne des Absatzes 2 sowie die hierauf entfallenden Steuerbeträge,**
   b) **der Name und die Anschrift des ersten Abnehmers.**

[2]Beim ersten Abnehmer, der eine Umsatzsteuer-Identifikationsnummer eines anderen Mitgliedstaates verwendet, entfallen die Aufzeichnungspflichten nach § 22, wenn die Beförderung oder Versendung im Inland endet.

Schrifttum: *Gast*, Umsatzbesteuerung von Reihengeschäften aufgrund der EG-Richtlinie 92/111/EWG, UR 1993, 109; *Heinrichshofen*, Auf dem Prüfstand: Fehlgeschlagenes Dreiecksgeschäft, UVR 2022, 375; *Heuermann*, Von Reihen und Dreiecken im innergemeinschaftlichen Warenverkehr, UR 1998, 5; *Nieskens*, Umsatzsteuer-Änderungsgesetz 1997, UR 1997, 1; *Reiß*, Innergemeinschaftliche Reihengeschäfte und Vereinfachungsmaßnahmen bei innergemeinschaftlichen Dreiecksgeschäften, MwStR 2018, 594.

A. Grundaussagen

I. Regelungsgegenstand und Bedeutung

§ 25b UStG ist durch Art. 1 Nr. 15 des **Umsatzsteuer-Änderungsgesetzes 1997** mit Wirkung ab dem 1.1.1997 in das Umsatzsteuergesetz eingefügt worden.[1] § 25b UStG normiert die Vereinfachungsregelung[2] für sog. innergemeinschaftliche Dreiecksgeschäfte. Im Ergebnis handelt es sich bei der Regelung des § 25b UStG um den **Sonderfall eines innergemeinschaftlichen Reihengeschäftes**, bei dem **zwei aufeinanderfolgende[3] Lieferungen** mit **drei beteiligten Unternehmen** (U1, U2 und U3) vorliegen 1

1 UStÄndG 1997, BGBl. I 1996, 1851. Das Umsatzsteuer-Änderungsgesetz 1997 war in seinen wesentlichen Teilen in dem Entwurf des JStG 1997 enthalten (vgl. Reg.-Begr., BT-Drucks. 13/4839, 87). Die Änderungen dienen nach den Allgemeinen Erläuterungen der Umsetzung von EU-Recht in deutsches Recht. Der Schwerpunkt bei der Neuregelung lag bei der umsatzsteuerlichen Behandlung von Reihengeschäften einschließlich der Einführung einer Vereinfachung bei der Abwicklung innergemeinschaftlicher Reihengeschäfte zwischen drei Beteiligten aus drei verschiedenen EG-Mitgliedstaaten.

2 EuGH, Urt. v. 19.4.2018 – C-580/16, ECLI:EU:C:2018:261 – Firma Hans Bühler, UR 2018, 404 m. Anm. *Nieskens*, Rz. 42; vgl. auch die Kritik hierzu bei *Stadie* in Rau/Dürrwächter, § 25b UStG Rz. 4.1 (Stand: März 2023).

3 Der EuGH spricht in seinen Urteilen von aufeinanderfolgenden Lieferungen, z.B. schon EuGH, Urt. v. 6.4.2006 – C-245/04, ECLI:EU:C:2006:232 – EMAG Handel Eder, UR 2006, 342; *Stadie* ist hingegen der Ansicht, es seien zeitgleiche Lieferungen und der Ort dieser Lieferungen liege einheitlich am Beginn der Beförderung bzw. der Versendung, *Stadie* in Rau/Dürrwächter, § 25b UStG Rz. 18.4 (Stand: März 2023).

und die Steuerbefreiung der innergemeinschaftlichen Lieferung zwischen den ersten beiden Unternehmen (U1 und U2) mit dem Übergang der Steuerschuldnerschaft (von U2 auf U3) auf den letzten Unternehmer kombiniert wird.[1]

2 Die Vereinfachung resultiert daher daraus, dass sich der erste Abnehmer (mittlerer Unternehmer) nicht im Bestimmungsland (dort, wo die Warenbewegung endet, also im übrigen Gemeinschaftsgebiet) für den innergemeinschaftlichen Erwerb (§ 1a Rz. 24 ff.) umsatzsteuerrechtlich erfassen lassen muss[2] und die Steuerschuld für seine anschließende Lieferung zudem im Bestimmungsland auf den letzten Abnehmer übergeht.[3]

3 **Beispiel:**
Unternehmer U1 verkauft einen Gegenstand an U2 und U2 diesen an U3. U2 lässt die Ware von einem Transportunternehmen bei U1 in Österreich abholen und direkt zu U3 nach Deutschland transportieren. Gegenüber U1 und U3 tritt U2 (der nicht in Deutschland ansässig ist) mit seiner italienischen USt-IdNr. auf und U3 teilt dem U2 seine deutsche USt-IdNr. mit.

Der Unternehmer U1 stellt eine Rechnung an U2 aus und weist auf seine steuerfreie innergemeinschaftliche Lieferung an U2 hin.[4] U2 stellt eine Rechnung mit seiner italienischen USt-IdNr. und der deutschen USt-IdNr. von U3 ohne Ausweis von Umsatzsteuer aus und bestimmt U3 darin als Steuerschuldner in Deutschland.

4 Bei einem Dreiecksgeschäft werden daher grundsätzlich folgende Umsätze ausgeführt:[5]
- eine innergemeinschaftliche Lieferung i.S.d. § 6a UStG in dem Mitgliedstaat, in dem die Beförderung oder Versendung des Gegenstandes beginnt,
- ein innergemeinschaftlicher Erwerb in dem Mitgliedstaat, in dem die Beförderung oder Versendung endet,
- ein innergemeinschaftlicher Erwerb in dem Mitgliedstaat, der dem mittleren Unternehmer die von ihm verwendete USt-IdNr. erteilt hat und
- eine (Inlands-)Lieferung in dem Mitgliedstaat, in dem die Beförderung oder Versendung endet.

5 Die Kombination mit der Besteuerungsfiktion des innergemeinschaftlichen Erwerbs für den ersten Abnehmer und dem Übergang der Steuerschuldnerschaft auf den letzten Abnehmer im Bestimmungsland kann aber nur erreicht werden, wenn die steuerfreie innergemeinschaftliche Lieferung immer zu Beginn der Reihe (also zwischen Erstlieferant und erstem Abnehmer [bzw. U1 und U2 im Beispiel oben]) erfolgt. Wäre hingegen die Warenbewegung der Lieferung zwischen U2 und U3 zuzuordnen, müsste der letzte Abnehmer (U3 und nicht U2) den innergemeinschaftlichen Erwerb im Bestimmungsland besteuern. Für eine Fiktion der Erwerbsbesteuerung durch den ersten Abnehmer und den Übergang der Steuerschuldnerschaft auf den letzten Abnehmer wäre dann kein Bedarf mehr (Rz. 49 ff.).

6 Da § 25b UStG die unionsrechtlichen Vorgaben in das nationale (deutsche) Gesetz umsetzt (Rz. 9), ist der Anwendungsbereich auf das Inland (§ 1 Abs. 2, § 1 Rz. 297 ff.) beschränkt. Es wird daher vorrangig der Fall geregelt, dass die Warenbewegung in Deutschland endet, die Steuer für die Lieferung an den letzten Abnehmer (§ 25b Abs. 2 UStG) dieser selbst schuldet (unter den übrigen Voraussetzungen des § 15 UStG kann er diese wieder als Vorsteuer in Abzug bringen) und der Erwerb des mittleren

1 Im Ergebnis können daher beide Rechnungen (also die von U1 an U2 und die von U2 an U3) ohne Umsatzsteuer (Mehrwertsteuer) ausgestellt werden. Zudem muss U2 sich nicht für Mehrwertsteuerzwecke im Bestimmungsland erfassen lassen.

2 Denn der vorrangige Besteuerungsort des innergemeinschaftlichen Erwerbes liegt dort, wo die Warenbewegung endet (§ 3d Satz 1 UStG). Da die Regelung des § 25b UStG die Besteuerung nach § 3d Satz 1 UStG fingiert, muss der mittlere Abnehmer auch keinen Erwerb nach § 3d Satz 2 UStG in dem Land besteuern, das ihm die verwendete USt-IdNr. erteilt hat.

3 Vgl. § 25b Abs. 2 Satz 1 UStG bzw. die entsprechende Norm im Bestimmungsland auf Basis von Art. 141, 197 MwStSystRL.

4 Die entsprechende österreichische (U1) und italienische (U2) USt-IdNr. sowie der Hinweis auf die Steuerbefreiung für die innergemeinschaftliche Lieferung sind auf der Rechnung vermerkt und U1 erhält von U2 die entsprechenden Nachweise für den Transport der Waren von Österreich nach Deutschland nach österreichischem Recht.

5 Vgl. Reg.-Begr., BT-Drucks. 13/4839, 87, zu Art. 16 Nr. 13 (§ 25b UStG) Allgemeines.

Unternehmers in Deutschland (Ort der Besteuerung gemäß § 3d Satz 1 UStG) als besteuert gilt (§ 25b Abs. 3 UStG).[1]

Zudem erfasst § 25b UStG aber auch die Fälle, in denen der mittlere Unternehmer die deutsche USt-IdNr. verwendet. Dabei folgt aus der Besteuerungsfiktion des § 25b Abs. 3 i.V.m. § 3d Satz 2 Alt. 2 UStG, dass der innergemeinschaftliche Erwerb durch die Verwendung der deutschen USt-IdNr. nicht als in Deutschland bewirkt gilt. Im Ergebnis muss (und darf) daher der mittlere Unternehmer keinen innergemeinschaftlichen Erwerb im Inland anmelden. § 3d Satz 2 UStG verpflichtet den mittleren Unternehmer aber seiner Erklärungspflicht nach § 18a Abs. 7 Satz 1 Nr. 4 UStG nachzukommen, also eine ZM mit der Angabe der USt-IdNr. des letzten Abnehmers abzugeben. 7

Die Vorschrift des § 25b UStG hat in der Praxis eine enorme Bedeutung für den europäischen Binnenmarkt. Sie erlaubt den Unternehmen neue Märkte zu erschließen, ohne erhöhte Kosten für umsatzsteuerrechtliche Erfassungen und Meldungen in Kauf nehmen zu müssen.[2] Zudem können die Unternehmen so den Ausweis der Steuer für beide Lieferungen vermeiden. Gerade in Zeiten, in denen die Neutralität der Mehrwertsteuer durch verzögerte Gewährung des Vorsteuerabzuges gefährdet ist, ist dies ein wichtiger Faktor und optimiert den Cash-Flow, ohne dass es zu Steuerausfällen kommt. 8

II. Unionsrechtliche Grundlagen

Die Regelung in § 25b UStG basiert nunmehr auf den Art. 42, 141, 197 und 265 MwStSystRL. Kernstück der europäischen Regelung sind dabei die Art. 141 und 197 MwStSystRL, die die Besteuerungsfiktion des innergemeinschaftlichen Erwerbs im Bestimmungsland durch den ersten Abnehmer (mittlerer Unternehmer) sowie den Übergang der Steuerschuldnerschaft auf den Empfänger (letzten Abnehmer) regeln. 9

III. Verhältnis zu anderen Vorschriften und Rechtsentwicklung

§ 25b UStG steht insbesondere im Kontext mit § 14a Abs. 7 UStG. Danach ist in einer **Rechnung**, wenn über eine Lieferung i.S.d. § 25b Abs. 2 UStG abgerechnet wird, auch auf das **Vorliegen** eines **innergemeinschaftlichen Dreiecksgeschäfts** *und* auf die **Steuerschuldnerschaft des letzten Abnehmers hinzuweisen**. Zudem muss die USt-IdNr. des Unternehmers und die des Leistungsempfängers angegeben werden. Die Vorschrift über den gesonderten Steuerausweis in einer Rechnung (§ 14 Abs. 4 Satz 1 Nr. 8 UStG) findet keine Anwendung (§ 14a Rz. 17). 10

In jedem Fall ist die Erteilung einer USt-IdNr. gemäß § 27a UStG (§ 27a Rz. 1 ff.) für die Unternehmen nötig, die von der Vereinfachungsregelung des innergemeinschaftlichen **Dreiecksgeschäftes** Gebrauch machen möchten. 11

Die Regelung des innergemeinschaftlichen Dreiecksgeschäfts hat auch einen besonderen Zusammenhang mit der Neuregelung des § 3 Abs. 6a Satz 5 UStG für sog. **Reihengeschäfte** (§ 3 Rz. 399). Durch die **Verwendung der USt-IdNr.** aus dem übrigen Gemeinschaftsgebiet (also nicht die des Abgangslandes) kann der mittlere Unternehmer (Zwischenhändler) die Vereinfachungsregelung des innergemeinschaftlichen Dreiecksgeschäftes zur Anwendung bringen, wenn er als Zwischenhändler den Gegenstand der Lieferung befördert oder versendet und die weiteren Voraussetzungen des § 25b UStG vorliegen (Rz. 36 und § 3 Rz. 377 ff.). Dabei ist es unschädlich, wenn der Zwischenhändler im Abgangsland ansässig und für Umsatzsteuerzwecke erfasst ist, aber auch über eine USt-IdNr. eines anderen Mitgliedsstaates verfügt und diese verwendet.[3] 12

---

1 Für die übrige Gemeinschaft finden die dortigen Regelungen auf Basis der Vorschriften hierzu in der MwStSystRL Anwendung (Rz. 49).

2 In manchen Mitgliedstaaten müssen alle Dokumente für die umsatzsteuerrechtliche Erfassung in notariell beglaubigter Form und beglaubigter Übersetzung vorgelegt werden. Hinzu kommen dann noch Listen neben den laufenden Meldungen, in denen jede einzelne Rechnung eingetragen werden muss.

3 Vgl. EuGH, Urt. v. 19.4.2018 – C-580/16, ECLI:EU:C:2018:261 – Firma Hans Bühler, UR 2018, 404 m. Anm. *Nieskens*, Rz. 43.

13 **Beispiel:**
Unternehmer U1 verkauft einen Gegenstand an den in Deutschland ansässigen U2 und U2 denselben Gegenstand an U3. U2 lässt die Ware von einem Transportunternehmen bei U1 in Deutschland abholen und direkt zu U3 nach Italien transportieren. Gegenüber U1 und U3 tritt U2 mit seiner österreichischen USt-IdNr. (und nicht mit seiner deutschen USt-IdNr.) auf und U3 teilt dem U2 seine italienische USt-IdNr. mit. Der Unternehmer U1 stellt eine Rechnung an U2 aus und weist auf seine steuerfreie innergemeinschaftliche Lieferung an U2 hin.[1] U2 stellt eine Rechnung mit seiner österreichischen USt-IdNr. und der italienischen USt-IdNr. von U3 ohne Ausweis von Umsatzsteuer aus und bestimmt U3 darin als Steuerschuldner in Italien.[2]

Abwandlung: Verwendet U2 hingegen seine deutsche USt-IdNr. gegenüber U1 und U3, hat er eine steuerfreie innergemeinschaftliche Lieferung von Deutschland nach Italien an U3 in der entsprechenden Umsatzsteueranmeldung sowie in der ZM in Deutschland zu erklären. Die Lieferung von U1 und U2 wäre dann als Inlandslieferung in Deutschland steuerpflichtig.

14 § 25b UStG steht aber auch im Zusammenhang mit § 18a Abs. 7 Satz 1 Nr. 4 UStG und § 3d Satz 2 UStG. Danach hat der mittlere Unternehmer (erster Abnehmer und Zwischenhändler) in dem Land, das ihm die für das innergemeinschaftliche Dreiecksgeschäft verwendete USt-IdNr. erteilt hat, eine **ZM** abzugeben, die folgende Angaben enthält:

- die USt-IdNr. eines jeden letzten Abnehmers, die diesem in dem Mitgliedstaat erteilt worden ist, in dem die Versendung oder Beförderung beendet worden ist,
- für jeden letzten Abnehmer die Summe der Bemessungsgrundlagen der an ihn ausgeführten Lieferungen und
- einen Hinweis auf das Vorliegen eines innergemeinschaftlichen Dreiecksgeschäfts.

14.1 Anders als für die Steuerbefreiung der innergemeinschaftlichen Lieferung in § 4 Nr. 1 Buchst. b UStG ist die Abgabe der ZM keine materielle Voraussetzung für die Anwendung der Vereinfachungsregelung für Dreiecksgeschäfte i.S.d. § 25b UStG durch den Zwischenhändler.[3]

B. Vorliegen eines innergemeinschaftlichen Dreiecksgeschäftes (Absatz 1)

I. Umsatzgeschäfte mit drei Unternehmern über denselben Gegenstand und unmittelbares Gelangen dieses Gegenstandes vom ersten Lieferer an den letzten Abnehmer (Absatz 1 Satz 1 Nr. 1)

15 § 25b Abs. 1 UStG regelt die Tatbestandsvoraussetzungen für das Vorliegen eines innergemeinschaftlichen Dreiecksgeschäftes.

16 Die Regelung des § 25b UStG bezieht sich zunächst darauf, dass **drei Unternehmen** Umsatzgeschäfte über denselben Gegenstand abschließen.

17 Die Vereinfachungsregelung für das innergemeinschaftliche Dreiecksgeschäft gilt daher grundsätzlich nur, wenn alle (drei) Beteiligten Unternehmer sind.[4] Die Unternehmereigenschaft beginnt nicht erst mit den ersten Umsätzen, sondern bereits mit den ersten nach außen erkennbaren, auf eine unternehmerische Tätigkeit[5] gerichteten Aktivitäten des Unternehmers. Es reicht hierfür bereits eine Vorbereitungshandlung aus. Unternehmen i.S.d. § 2 UStG können selbstverständlich auch im Ausland ansässi-

---

1 Die entsprechende deutsche (U1) und die österreichische (U2) USt-IdNr. sowie der Hinweis auf die Steuerbefreiung für die innergemeinschaftliche Lieferung sind auf der Rechnung des U1 an U2 vermerkt und U1 erhält von U2 die entsprechenden Nachweise für den Transport der Waren von Deutschland nach Italien nach deutschem Recht (§ 6a Rz. 114 ff.).

2 Zudem gibt U2 die entsprechende ZM hierzu in Österreich ab.

3 Vgl. FG Münster, Gerichtsb. v. 22.4.2020 – 15 K 1219/17 U, AO, juris, Rz. 60 (Az. des BFH XI R 14/20) unter Hinweis auf EuGH, Urt. v. 19.4.2018 – C-580/16, ECLI:EU:C:2018:261 – Firma Hans Bühler, UR 2018, 404 m. Anm. *Nieskens*, Rz. 49.

4 Allerdings erweitert § 25b Abs. 1 Satz 2 UStG den Anwendungsbereich auf juristische Personen, die nicht Unternehmer sind, aber über eine USt-IdNr. verfügen, wenn diese „letzte Abnehmer" sind (§ 27a Abs. 1 Satz 2 UStG; § 27a Rz. 33 ff.).

5 EuGH, Urt. v. 29.2.1996 – C-110/94, ECLI:EU:C:1996:67 – INZO, UR 1996, 116 m. Anm. *Widmann*.

ge Unternehmen sein. Auch **Kleinunternehmer** können am Dreiecksgeschäft beteiligt sein (vgl. § 19 Abs. 1 Satz 3 UStG).

Diese drei Unternehmen müssen dann **Umsatzgeschäfte** abschließen. Umsatzgeschäfte meint in diesem Fall Lieferungen gemäß § 3 Abs. 1 UStG und nicht Dienstleistungen, da diese Umsatzgeschäfte über einen Gegenstand abzuschließen sind. 18

Zudem muss es sich nach den Vorgaben des Gesetzes um **denselben Gegenstand** handeln, über den die Umsatzgeschäfte abgeschlossen werden. Derselbe Gegenstand bedeutet, dass der Gegenstand auf dem Weg vom ersten Lieferer zum letzten Abnehmer nicht im Auftrag des ersten Abnehmers (mittleren Unternehmers) bearbeitet oder verarbeitet werden darf. In diesem Fall würde der Gegenstand verändert werden und es würde daher nicht mehr derselbe Gegenstand vorliegen. 19

Auch kann im Fall der Bearbeitung durch den mittleren Unternehmer der Gegenstand nicht mehr **unmittelbar** an den **letzten Abnehmer gelangen**. Denn Absatz 1 Satz 1 Nr. 1 fordert auch noch, dass derselbe Gegenstand unmittelbar vom ersten Lieferer (Erstlieferanten) an den letzten Abnehmer gelangt sein muss. Dies ist aber nicht räumlich zu verstehen. Der Gegenstand gelangt auch dann unmittelbar vom ersten Lieferer zum letzten Abnehmer, wenn der Gegenstand durch den Lieferanten aus einem Lager direkt an den letzten Abnehmer befördert oder versendet wird. Der Erstlieferant muss aber bereits Verfügungsmacht an diesem Gegenstand haben. Entsprechendes gilt für das Gelangen an den Abnehmer. Es reicht ebenfalls aus, wenn der letzte Abnehmer Verfügungsmacht an demselben Gegenstand erlangt. Hierzu genügt es, wenn der Gegenstand zu einem anderen Unternehmer gelangt, der im Auftrag des letzten Abnehmers z.B. den Gegenstand verarbeitet. Entscheidend ist daher, ob und wie viele Unternehmen in die Lieferkette eingebunden sind (Rz. 64 ff.). 20

II. Drei verschiedene USt.-IdNr. (Absatz 1 Satz 1 Nr. 2)

Zudem müssen die **drei Unternehmen** in jeweils **verschiedenen Mitgliedstaaten für Umsatzsteuerzwecke erfasst** sein. Die deutsche Regelung in § 25a UStG spricht dabei in Anlehnung an Art. 141 MwStSystRL von Erfassung für Zwecke der Umsatzsteuer, da nach dem Wortlaut von Art. 214 Abs. 1 MwStSystRL jeder Steuerpflichtige eine individuelle MwSt-IdNr. erhält. Nach Art. 214 Abs. 2 MwStSystRL haben die Mitgliedstaaten aber die Möglichkeit, bestimmten Steuerpflichtigen, die nur gelegentlich Umsätze bewirken, keine MwSt-IdNr. zu erteilen. In Deutschland verhält es sich aber eigentlich umgekehrt. Die USt-IdNr. wird Unternehmen erst auf Antrag vom Bundeszentralamt für Steuern erteilt (§ 27a Abs. 1 Satz 1 UStG, § 27a Rz. 33 ff.). 21

Die bloße Erfassung für Umsatzsteuerzwecke in jeweils verschiedenen Mitgliedstaaten reicht daher im Ergebnis nicht aus. Vielmehr benötigen die Unternehmen eben drei verschiedene USt-IdNrn. aus verschiedenen Mitgliedstaaten. Dies bedeutet aber **nicht**, dass die Unternehmen dort auch **ansässig** sein müssen. Daher können auch **ausländische Unternehmen** (auch solche, die außerhalb der EU ansässig sind) von der Vereinfachungsregelung Gebrauch machen, wenn die anderen Voraussetzungen hierfür vorliegen. 22

Der erste Unternehmer muss, wie bereits dargelegt, eine innergemeinschaftliche Lieferung im Ursprungsland melden. Ohne rechtzeitige Abgabe einer korrekten ZM kann er hierbei die Lieferung nicht steuerfrei erklären. Für die Abgabe der **ZM** ist aber, jedenfalls in Deutschland, die Angabe der eigenen USt-IdNr. und die des ersten Abnehmers (mittlerer Unternehmer) erforderlich. 23

Der mittlere Unternehmer muss seinerseits ebenfalls eine ZM abgeben, in der er seine (verwendete) USt-IdNr. und die des letzten Abnehmers einträgt, die aus dem Mitgliedstaat stammt, in dem die Warenbewegung endet. Dabei ist es unschädlich, wenn er im Abgangsland ansässig ist, aber im konkreten Fall die USt-IdNr. eines anderen Mitgliedsstaates für Umsatzsteuerzwecke verwendet.[1] 24

1 Vgl. EuGH, Urt. v. 19.4.2018 – C-580/16, ECLI:EU:C:2018:261 – Firma Hans Bühler, UR 2018, 404 m. Anm. *Nieskens*, Rz. 42.

III. Gelangen in anderen Mitgliedstaat (Absatz 1 Satz 1 Nr. 3)

25 Wie bereits oben dargestellt (Rz. 1 ff.), ist die Vereinfachungsregelung des § 25b UStG eine Kombination aus Steuerbefreiung der innergemeinschaftlichen Lieferung zwischen den ersten beiden Unternehmen (Erstlieferant und erster Erwerber (mittlerer Unternehmer) mit dem Übergang der Steuerschuldnerschaft vom Ersterwerber (mittlerer Unternehmer) auf den letzten Unternehmer.

26 Daher muss in jedem Fall der Gegenstand der Lieferung aus dem Gebiet eines Mitgliedstaates in das Gebiet eines anderen Mitgliedstaates gelangt sein, also eine innergemeinschaftliche Warenbewegung vorliegen (§ 6a Rz. 46 f.). Gelangt aber eine Nichtgemeinschaftsware bei der Beförderung oder Versendung aus dem Drittlandsgebiet in das Inland, **gilt** der Ort der Lieferung dieses Gegenstands ebenfalls als **im Inland** gelegen, wenn der Lieferer oder sein Beauftragter Schuldner der Einfuhrumsatzsteuer ist (§ 3 Abs. 8 UStG). Daher kann eine innergemeinschaftliche Lieferung auch in Betracht kommen, wenn die Warenbewegung zunächst im Drittland beginnt, aber vom Inland in das übrige Gemeinschaftsgebiet befördert oder versendet wird. In diesem Fall ist die Einfuhr der Gegenstände ins Inland auch von der Einfuhrumsatzsteuer befreit (§ 5 Abs. 1 Nr. 3 UStG).

IV. Beförderung oder Versendung durch Erstlieferanten oder ersten Abnehmer (Absatz 1 Satz 1 Nr. 4)

27 § 25b Absatz 1 Satz 1 Nr. 4 UStG bestimmt, dass der Gegenstand der Lieferungen durch den ersten Lieferer oder den ersten Abnehmer befördert oder versendet werden muss. Im Umkehrschluss bedeutet dies, dass – wenn der letzte Unternehmer (letzte Abnehmer) den Gegenstand befördert oder versendet – die Anwendung der Vereinfachungsregelung nach § 25b UStG nicht zur Anwendung kommt.

28 Die Transportveranlassung durch den Erstlieferanten oder den ersten Abnehmer ist in Art. 141 MwStSystRL anders als in Absatz 1 Satz 1 Nr. 4 nicht ausdrücklich geregelt. Klar ist aber, wie bereits oben dargelegt (Rz. 1), dass für die Anwendung der Vereinfachungsregelung **zwei aufeinanderfolgende**[1] **Lieferungen** mit **drei beteiligten Unternehmen** (U1, U2 und U3) vorliegen müssen und die Steuerbefreiung der innergemeinschaftlichen Lieferung zwischen den ersten beiden Unternehmen (U1 und U2) mit dem Übergang der Steuerschuldnerschaft (von U2 auf U3) auf den letzten Unternehmer kombiniert werden muss.

29 Das Problem der Zuordnung der Warenbewegung zu einer Lieferung bei sog. aufeinanderfolgenden Lieferungen (Reihengeschäften) war aber innerhalb der EU in den letzten Jahren völlig ungelöst.[2] Ausgangspunkt war zunächst das Urteil des EuGH in der Rechtssache *EMAG*[3] im Jahre 2006, in der der Gerichtshof erstmals (!) über ein „Reihengeschäft" in der EU zu entscheiden hatte und verdeutlichte, dass die Versendung oder Beförderung nur einer der beiden Lieferungen zugeordnet werden kann, die als einzige als innergemeinschaftliche Lieferung von der Umsatzsteuer befreit ist.[4] In der Folgezeit stand die Frage dieser Zuordnung im Mittelpunkt der weiteren Rechtsprechung des EuGH, ohne dass sich für die gesamte EU leicht nachvollziehbare Kriterien herausgebildet hätten, die alle Steuerpflichtigen für die tägliche Arbeit hätten verwenden können.[5]

1 Der EuGH spricht in seinen Urteilen von aufeinanderfolgenden Lieferungen, z.B. schon EuGH, Urt. v. 6.4.2006 – C-245/04, ECLI:EU:C:2006:232 – EMAG Handel Eder, UR 2006, 342; *Stadie* ist hingegen der Ansicht, es seien zeitgleiche Lieferungen und der Ort dieser Lieferungen liege einheitlich am Beginn der Beförderung bzw. der Versendung, *Stadie* in Rau/Dürrwächter, § 25b UStG Rz. 18.4 (Stand: März 2023).

2 Vgl. *Wäger*, UR 2015, 576; *Nieskens*, DStR 2017, 1963; *Heinrichshofen*, EU-UStB 2017, 49.

3 EuGH, Urt. v. 6.4.2006 – C-245/04, ECLI:EU:C:2006:232 – EMAG Handel Eder, UR 2006, 342.

4 EuGH, Urt. v. 6.4.2006 – C-245/04, ECLI:EU:C:2006:232 – EMAG Handel Eder, UR 2006, 342, Rz. 45.

5 Vgl. EuGH, Urt. v. 16.12.2010 – C-430/09, ECLI:EU:C:2010:786 – Euro Tyre Holding, UR 2011, 176. Die Entscheidung EuGH, Urt. v. 27.9.2012 – C-587/10, ECLI:EU:C:2012:592 – VSTR, UR 2012, 832 m. Anm. *Burgmaier* hat diese Problematik noch verschärft.

Auch in seiner ersten Entscheidung, bei der die Voraussetzungen für ein Dreiecksgeschäft vorgelegen hätten, verpasste es der EuGH, klare Kriterien für die Zuordnung festzulegen.[1] Keine eindeutigen Regeln konnte man auch aus der Rechtsprechung des BFH in Deutschland ziehen.[2] 30

Diese Rechtsunsicherheit der Zuordnung bei Reihengeschäften ist durch die gesetzliche Neuregelung in § 3 Abs. 6a Satz 4 UStG[3] (§ 3 Rz. 377) gelöst worden, wenn der mittlere Unternehmer den Gegenstand befördert oder versendet. Verwendet der mittlere Unternehmer (Zwischenhändler) die USt-IdNr. aus dem **übrigen Gemeinschaftsgebiet (nicht die des Ursprungslandes)**, kann er damit zudem die Vereinfachungsregelung des innergemeinschaftlichen Dreiecksgeschäftes zur Anwendung bringen. Der EuGH bekräftigt in diesem Zusammenhang, dass es unschädlich sei, wenn er im Abgangsland ansässig, aber zudem in einem anderen Mitgliedsstaat für Umsatzsteuerzwecke erfasst ist und dann diese USt-IdNr. verwendet.[4] 31

In demselben Urteil hatte der EuGH die Warenbewegung alleine der Lieferbeziehung des Erstlieferanten an den ersten Abnehmer (mittleren Unternehmer [U1 an U2]) zugeordnet.[5] 32

Schon kurz zuvor bestätigte der EuGH die Auffassung, dass die Warenbewegung der Lieferung vom ersten Abnehmer an den letzten Abnehmer (U2 an U3) zuzuordnen ist, wenn die Ware vom letzten Abnehmer beim Erstlieferanten abgeholt wird.[6] 33

Durch die beiden vorgenannten EuGH-Urteile und die gesetzliche Neuregelung in § 3 Abs. 6a Satz 4 UStG bzw. Art. 36a Abs. 1 der MwStSystRL gibt es zum ersten Mal in Europa einheitliche Vorschriften für die Zuordnung der warenbewegten Lieferung, die klar und einfach anzuwenden sind.[7] 34

Im Ergebnis gelten daher spätestens ab 1.1.2020 im Hinblick auf die **Beförderung oder Versendung** folgende **Zuordnungsregeln**: 35

1. **Durch den Erstlieferanten**

   Befördert oder versendet der Erstlieferant dieselbe Ware direkt von sich an den letzten Abnehmer, wird die Warenbewegung nach § 3 Abs. 6a Satz 2 UStG und der Rechtsprechung des EuGH der Lieferung vom Erstlieferanten an den ersten Abnehmer (mittlerer Unternehmer) zugeordnet (U1 an U2).

---

1 Vgl. EuGH, Urt. v. 26.7.2017 – C-386/16, ECLI:EU:C:2017:599 – Toridas, UR 2017, 678 m. Anm. *Burgmaier*. Dort hatte es der EuGH versäumt, sich erstmals zu den Voraussetzungen eines Dreiecksgeschäftes zu äußern. Er kam in seiner damaligen Entscheidung vielmehr zum Schluss, dass die erste Lieferung nicht als innergemeinschaftliche Lieferung zu qualifizieren sei, weil der mittlere Unternehmer dem Erstlieferanten vor der Versendung der Waren mitgeteilt hat, dass er die Waren an einen anderen Steuerpflichtigen weiterverkaufen wird. Damit wäre der Anwendungsbereich der Vereinfachungsregelung des § 25b UStG stark eingeschränkt worden, vgl. hierzu auch *Heinrichshofen*, EU-UStB 2017, 49.

2 Vgl. BFH, Urt. v. 11.8.2011 – V R 3/10, BStBl. II 2023, 507 = UR 2011, 909 m. Anm. *Kramer* und Anm. *Maunz*; BFH, Urt. v. 25.2.2015 – XI R 30/13, BStBl. II 2023, 511 = UR 2015, 402; BFH, Urt. v. 25.2.2015 – XI R 15/14, BStBl. II 2023, 514 = UR 2015, 391 m. Anm. *Sterzinger*; siehe hierzu auch *Heinrichshofen/Matheis*, UVR 2015, 175.

3 Dieser setzt Art. 36a Abs. 1 MwStSystRL in nationales Recht um.

4 Vgl. EuGH, Urt. v. 19.4.2018 – C-580/16, ECLI:EU:C:2018:261 – Firma Hans Bühler, UR 2018, 404 m. Anm. *Nieskens*, Rz. 42.

5 Vgl. auch EuGH, Urt. v. 19.4.2018 – C-580/16, ECLI:EU:C:2018:261 – Firma Hans Bühler, UR 2018, 404 m. Anm. *Nieskens*.

6 Vgl. EuGH, Urt. v. 21.2.2018 – C-628/16, ECLI:EU:C:2018:84 – Kreuzmayr, UR 2018, 282 m. Anm. *Heinrichshofen*, Rz. 36.

7 Der Unternehmer kann anhand dieser leicht nachvollziehbaren Kriterien nun auch seine ERP-Systeme einstellen und muss nicht erst nationale Gerichte bzw. den EuGH befragen, um die korrekte Beurteilung unter Einbeziehung aller Indizien im Rahmen einer Gesamtwürdigung (vgl. aber EuGH, Urt. v. 27.9.2012 – C-587/10, ECLI:EU:C:2012:592 – VSTR, UR 2012, 832 m. Anm. *Burgmaier*; BFH, Urt. v. 28.5.2013 – XI R 11/09, BStBl. II 2023, 537 = UR 2013, 756; BFH, Urt. v. 25.2.2015 – XI R 15/14, BStBl. II 2023, 514 = UR 2015, 391 m. Anm. *Sterzinger*) vorzunehmen, wer, in welchem Land, zu welchem Zeitpunkt die Verfügungsmacht an dem Gegenstand hatte. Dies war in der Praxis für Reihengeschäfte als Massengeschäft nicht möglich und immer dann völlig zum Scheitern verurteilt, wenn zwei verschiedene Mitgliedstaaten betroffen waren. Es bleibt nach alldem zu hoffen, dass diese Rechtslage nicht durch weitere Rechtsprechung des EuGH wieder zerstört wird.

2. **Durch den ersten Abnehmer (mittlerer Unternehmer)**

Befördert oder versendet der erste Abnehmer (mittlerer Unternehmer) dieselbe Ware direkt vom Erstlieferanten an den letzten Abnehmer, wird die Warenbewegung nach § 3 Abs. 6a Satz 4 UStG der Lieferung vom Erstlieferanten an den ersten Abnehmer (mittlerer Unternehmer) zugeordnet (U1 an U2), wenn er nicht die USt-IdNr. des Ursprungslandes verwendet.

3. **Durch den letzten Abnehmer**

Befördert oder versendet der letzte Abnehmer dieselbe Ware direkt vom Erstlieferanten an sich, wird die Warenbewegung nach § 3 Abs. 6a Satz 3 UStG und der Rechtsprechung des EuGH der Lieferung vom ersten Abnehmer (mittlerer Unternehmer) an den letzten Abnehmer zugeordnet (U2 an U3).

36 Dies verdeutlicht, dass die gesetzliche Regelung in § 25b Abs. 1 Satz 1 Nr. 4 UStG aktueller denn je ist. Denn auch aus der Rechtsprechung des EuGH in Verbindung mit der Neuregelung in § 3 Abs. 6a Satz 4 UStG auf Basis von Art. 36a MwStSystRL folgt eindeutig, dass im Fall der Abholung durch den letzten Abnehmer die warenbewegte Lieferung der Lieferung vom ersten Abnehmer (mittlerer Unternehmer) an den letzten Abnehmer zuzuordnen ist (U2 an U3). In diesem Fall kann die Vereinfachungsregelung des § 25b UStG, wie bereits oben dargelegt, keine Anwendung finden. Entsprechendes gilt aber auch, wenn der erste Abnehmer (mittlerer Unternehmer bzw. Zwischenhändler) denselben Gegenstand als Lieferer befördert oder versendet, indem er dem Erstlieferanten seine USt-IdNr. des Ursprungslandes (Abgangsland) gemäß § 3 Abs. 6a Satz 5 UStG mitteilt.

V. Nichtunternehmerische juristische Person als erster Abnehmer (Absatz 1 Satz 2)

37 § 25b Abs. 1 Satz 2 UStG stellt klar, dass ein innergemeinschaftliches Dreiecksgeschäft auch dann vorliegt, wenn der letzte Abnehmer eine juristische Person (des privaten oder öffentlichen Rechts) und nicht Unternehmer ist oder den Gegenstand nicht für sein Unternehmen erwirbt. Voraussetzung ist in diesem Fall aber, dass diese juristische Person im Bestimmungsland (Mitgliedstaat, in dem die Warenbewegung endet) für Umsatzsteuerzwecke erfasst ist.

38 Sollte die juristische Person hingegen an erster Stelle (Erstlieferant) oder an zweiter Stelle (mittlerer Unternehmer) sein, findet die Regelung in Absatz 1 Satz 2 keine Anwendung. In diesem Fall sollte aber die Unternehmereigenschaft (§§ 2 und 2b UStG) zu bejahen sein, so dass Absatz 1 direkt zur Anwendung kommen dürfte.

C. Rechtsfolgen (Absatz 2)

I. Systematik

39 Wenn die Tatbestandsvoraussetzungen des Absatzes 1 (Rz. 15 ff.) vorliegen, tritt die erste Rechtsfolge der Vereinfachungsregelung ein und es werden weitere Tatbestandsvoraussetzungen in Absatz 2 gefordert.

40 Dies bedeutet für den letzten Abnehmer im Dreiecksgeschäft zunächst, dass er selbst die Steuer für die letzte Lieferung an ihn schuldet (vgl. auch § 13a Abs. 1 Nr. 5 UStG). Absatz 2 normiert daher – unabhängig von § 13b Abs. 5 UStG – den nach Art. 197 MwStSystRL vorgeschriebenen Übergang der Steuerschuldnerschaft und kombiniert diese mit weiteren Tatbestandsvoraussetzungen in den Nummern 1–4, die kumulativ erfüllt sein müssen.

II. Vorangegangener innergemeinschaftlicher Erwerb (Absatz 2 Nr. 1)

41 Der Lieferung an den letzten Abnehmer muss – um die Rechtsfolgen des Absatzes 2 eintreten zu lassen – zunächst ein innergemeinschaftlicher Erwerb (durch den mittleren Erwerber) vorausgegangen sein. Wie bereits mehrfach dargelegt, setzt die Vereinfachungsregelung eine Kombination von **zwei auf-**

einanderfolgenden Lieferungen zwischen **drei beteiligten** Unternehmen voraus, wobei am Anfang der Reihe eine innergemeinschaftliche Lieferung i.S.d. § 6a UStG in dem Mitgliedstaat vorliegt, in dem die Beförderung oder Versendung des Gegenstandes beginnt. Dieser innergemeinschaftlichen Lieferung steht dann ein innergemeinschaftlicher Erwerb (§ 1a UStG) gegenüber. Dieser Erwerb wird in dem Gebiet des Mitgliedstaates bewirkt, in dem sich der Gegenstand am Ende der Beförderung oder Versendung befindet (§ 3d Satz 1 UStG). Der letzte Abnehmer kann das Vorliegen des innergemeinschaftlichen Erwerbes (§ 1a Rz. 24 ff.) nicht nachprüfen,[1] daher muss es hierfür ausreichen, dass der letzte Abnehmer vom ersten Abnehmer eine Rechnung nach Nr. 3 erhält.

III. Erster Abnehmer ist im Bestimmungsland nicht ansässig und verwendet gegenüber dem Erstlieferanten und dem letzten Abnehmer dieselbe USt-IdNr., die nicht aus dem Ursprungsland und dem Bestimmungsland stammt (Absatz 2 Nr. 2)

Der erste Abnehmer (mittlerer Unternehmer) muss zudem eine Reihe weiterer Anforderungen für die Anwendung der Vereinfachungsregelung erfüllen. So fordert Absatz 2 Nr. 2, dass 42

- der erste Abnehmer (mittlerer Unternehmer) nicht im Bestimmungsmitgliedstaat (Mitgliedstaat, in dem die Warenbewegung endet) ansässig sein darf,
- er gegenüber dem ersten Lieferer und dem letzten Abnehmer dieselbe USt-IdNr. verwendet, und
- diese USt-IdNr. nicht von dem Mitgliedstaat erteilt worden sein darf, in dem die Beförderung oder Versendung beginnt oder endet.

Der erste Abnehmer darf nach dem Wortlaut des Gesetzes in Absatz 2 Nr. 2 zwar im Bestimmungsland für Umsatzsteuerzwecke erfasst, aber dort nicht ansässig sein (vgl. § 13b Abs. 7 UStG). 43

Der erste Abnehmer (mittlerer Unternehmer) darf zudem nicht die USt-IdNr. aus dem Mitgliedstaat verwenden, in dem die Beförderung oder Versendung beginnt. Er darf allerdings nach Auffassung des EuGH[2] im Land des Beginns der Beförderung oder Versendung ansässig sein, wenn er für den konkreten innergemeinschaftlichen Erwerb die USt-IdNr. eines anderen Mitgliedstaats verwendet. 44

Beispiel: 45

Unternehmer U1 verkauft einen Gegenstand an den in Deutschland ansässigen U2 und U2 denselben Gegenstand an U3. U2 lässt die Ware von einem Transportunternehmen bei U1 in Deutschland abholen und direkt zu U3 nach Tschechien transportieren. Gegenüber U1 und U3 tritt U2 mit seiner österreichischen USt-IdNr. (und nicht mit seiner deutschen USt-IdNr.) auf.

IV. Rechnungserteilung durch ersten Abnehmer (Absatz 2 Nr. 3)

Nach Absatz 2 Nr. 3 muss der erste Abnehmer dem letzten Abnehmer eine Rechnung erteilen. Die Rechnungserteilung (ohne Umsatzsteuerausweis) gemäß § 14a Abs. 7 UStG mit dem Hinweis auf das Vorliegen eines innergemeinschaftlichen Dreiecksgeschäfts **und** die Steuerschuldnerschaft des letzten Abnehmers sind materielle Voraussetzungen für die Übertragung der Steuerschuld (§ 25b Abs. 2 Nr. 3 UStG).[3] Der erste Abnehmer muss bei der Rechnungsstellung zudem auch seine eigene sowie die USt-IdNr. des letzten Abnehmers angeben (§ 14a Abs. 7 Satz 2 UStG). 46

Der EuGH kam in seinem Urteil vom 8.12.2022[4] zu dem Ergebnis, der Hinweis in der Rechnung des ersten Abnehmers „Steuerfreies innergemeinschaftliches Dreiecksgeschäft" sei nicht ausreichend für

---

1 *Stadie* in Rau/Dürrwächter, § 25b UStG Rz. 72 (Stand: März 2023).

2 Vgl. EuGH, Urt. v. 19.4.2018 – C-580/16, ECLI:EU:C:2018:261 – Firma Hans Bühler, UR 2018, 404 m. Anm. *Nieskens*, Rz. 42.

3 Vgl. Reg.-Begr., BT-Drucks. 13/4839, 87 – zu Abs. 2 § 25b UStG.

4 EuGH, Urt. v. 8.12.2022 – C-247/21, ECLI:EU:C:2022:966 – Luxury Trust Automobil, UR 2023, 83 m. Anm. *Heinrichshofen*. Dem Verfahren lag erneut ein Vorabentscheidungsersuchen des Verwaltungsgerichtshofes in Wien vor, der nach der Rs. C-580/16 – Firma Hans Bühler erneut dem EuGH ein Vorabentscheidungsersuchen

die Bestimmung des Leistungsempfängers als Steuerschuldner nach Art. 197 MwStSystRL, und bestätigte damit inzident die deutsche Rechtslage. Seine restriktive Auffassung begründet er mit Verweis auf die rechtssichere Anwendung der Ausnahmeregelung, die eine Gestaltungsmöglichkeit (Vereinfachung) zur Grundregel darstellt und nur damit sichergestellt werden könne, dass der Endempfänger einer Lieferung Kenntnis von seinen steuerlichen Pflichten habe.

47 Nach Auffassung des Finanzgerichtes Rheinland-Pfalz[1] wirkt aber im Rahmen eines innergemeinschaftlichen Dreiecksgeschäfts die Berichtigung einer berichtigungsfähigen Rechnung durch den ersten Abnehmer (Zwischenhändler) als formelle Pflicht auf den Zeitpunkt der erstmaligen Rechnungsausstellung zurück. Die **Rückwirkung der Rechnungsberichtigung für Dreiecksgeschäfte** hat nunmehr auch das FG Münster bejaht.[2] Diese Ansicht teilt der EuGH[3] in seiner vorgenannten Entscheidung so aber nicht. Nach seiner Auffassung könne von einer Berichtigung der Rechnung dann nicht die Rede sein, wenn die Angabe „Steuerschuldnerschaft des Leistungsempfängers" und es damit an der notwendigen Tatbestandsvoraussetzung für die Ausnahmeregelung des Dreiecksgeschäfts in der Rechnung fehle. Unter Bezugnahme auf die Ausführungen der Generalanwältin *Kokott*[4] stellt der Gerichtshof fest, es handele sich um die erstmalige Ausstellung der erforderlichen Rechnung, die keine Rückwirkung entfalten könne. Kritisch hierzu bereits *Heinrichshofen,*[5] der zu Recht darauf hinweist, dass jedenfalls bei entsprechender vertraglicher Vereinbarung eine rückwirkende Korrektur möglich sein müsse. Dem ist zuzustimmen, denn wie der EuGH[6] unter Verweis auf die Schlussanträge der Generalanwältin (Rz. 46 der Schlussanträge) ausgeführt hat, besteht der Sinn und Zweck der nach Art. 226 MwStSystRL notwendigen Rechnungsangaben darin, den Rechnungsadressaten über die rechtliche Bewertung des Umsatzes des Rechnungsausstellers zu informieren. Dieser Zweck kann aber eben auch durch vorherige Vereinbarungen bzw. Korrespondenz sichergestellt werden. Auffällig ist in diesem Zusammenhang auch, dass die Generalanwältin offenbar davon ausgegangen ist, dass ohne Anwendung der Ausnahmeregelung für das innergemeinschaftliche Dreiecksgeschäft die nachfolgende Lieferung der mittleren Unternehmerin in Tschechien der MwSt. unterliegen würde und der mittlere Unternehmer von seinem tschechischen Kunden MwSt. hätte einsammeln müssen (Rz. 54, 55 und 65 der Schlussanträge). Dies wäre eben nicht der Fall gewesen, da im vorliegenden Fall für die Warenlieferung in Tschechien grundsätzlich ein lokaler Übergang der Steuerschuldnerschaft stattgefunden hätte.[7] Insoweit wäre nur der innergemeinschaftliche Erwerb durch den mittleren Erwerber mit Vorsteuerabzugsrecht in Tschechien zu deklarieren und der Letztempfänger wäre auch ohne die Anwendung der Ausnahmeregelung für das Dreiecksgeschäft steuerpflichtig gewesen. Offensichtlich haben diesen Aspekt weder die Generalanwältin noch die Vertretenden der Klägerin gesehen bzw. vorgetragen. Ebenfalls ungewürdigt blieb die Tatsache, dass die Klägerin neben der korrekten Abgabe der Zusammenfassenden Meldung unter Kenntnis der tschechischen UID-Nummer des Letztempfängers auch die UK-USt-IdNr. des ersten Lieferanten auf der Rechnung angegeben hat.[8] Dem Letztempfänger muss daher spätestens nach Übermittlung der Rechnung bewusst gewesen sein, dass er in jedem Fall für die Lieferung an ihn in Tschechien steuerpflichtig geworden ist. In diesem Zusammenhang ist die Kritik an der Wortwahl auf der Rechnung und das „Weglassen des Hinweises auf den Übergang der Steuerschuldnerschaft" nicht nachvollziehbar. Es reichte offensichtlich allein die Einstufung des Letztabnehmers als „Missing Trader" von der tschechischen Steuerverwaltung aus, um eine Auslegung ab-

---

vorlegte, in dem die Vereinfachungsregelung eigentlich in der Tschechischen Republik – und nicht in Österreich – zur Anwendung kommen sollte.

1 FG Rheinland-Pfalz, Urt. v. 28.11.2019 – 6 K 1767/17, EFG 2020, 319, Revision beim BFH eingelegt (Az. XI R 38/19).

2 Sogar für den Fall der nachträglichen (erstmaligen) Rechnungsausstellung. FG Münster, Gerichtsb. v. 22.4.2020 – 15 K 1219/17 U, AO, juris, Rz. 60. Auch hier ist die Revision beim BFH anhängig (Az. XI R 14/20).

3 EuGH, Urt. v. 8.12.2022 – C-247/21, ECLI:EU:C:2022:966 – Luxury Trust Automobil, UR 2023, 83 m. Anm. *Heinrichshofen.*

4 EuGH, Schlussanträge der Generalanwältin *Kokott* v. 14.7.2022 – C-247/21, ECLI:EU:C:2022:588 – Luxury Trust Automobil.

5 *Heinrichshofen*, UVR 2022, 375.

6 EuGH, Urt. v. 8.12.2022 – C-247/21, ECLI:EU:C:2022:966 – Luxury Trust Automobil, UR 2023, 83, Rz. 54.

7 Vgl. hierzu auch bereits *Heinrichshofen*, Anm. zum EuGH, Urt. v. 8.12.2022 – C-247/21, ECLI:EU:C:2022:96 – Luxury Trust Automobil, UR 2023, 89.

8 EuGH, Urt. v. 8.12.2022 – C-247/21, ECLI:EU:C:2022:966 – Luxury Trust Automobil, UR 2023, 83, Rz. 17.

zulehnen und das „Weglassen“ der Angabe „Steuerschuldnerschaft des Leistungsempfängers“ als entscheidend anzusehen.

Der BFH kann in den anhängigen Verfahren bei entsprechenden vertraglichen Vereinbarungen der Parteien daher trotzdem eine rückwirkende Rechnungskorrektur bzw. ohne jegliche Vereinbarung das Vorliegen eines Dreiecksgeschäftes „ex nunc“ annehmen, wenn die Sachen spruchreif wären.

V. Letzter Abnehmer verwendet USt-IdNr. des Bestimmungslandes (Absatz 2 Nr. 4)

Der letzte Abnehmer muss die USt-IdNr. des Bestimmungslandes verwenden, also des Mitgliedstaates, in dem die Warenbewegung endet. Dies ist logisch, da der letzte Abnehmer dort auch den Übergang der Steuerschuldnerschaft aus der Lieferung an ihn anzumelden hat (und eben nicht der erste Abnehmer [mittlerer Unternehmer]). Von der ordnungsgemäßen Besteuerung im Bestimmungsland durch den letzten Abnehmer kann ausgegangen werden, wenn er dort für Umsatzsteuerzwecke erfasst ist. Eine Ansässigkeit im Bestimmungsland ist hierfür nicht erforderlich und wird auch in Art. 141 MwStSystRL nicht gefordert. 48

D. Besteuerungsfiktion des innergemeinschaftlichen Erwerbs (Absatz 3)

§ 25b Abs. 3 UStG bestimmt als wesentliche Rechtsfolge der Vereinfachungsregelung, dass der innergemeinschaftliche Erwerb des ersten Abnehmers (mittleren Unternehmers) im Bestimmungsland (Land, in dem die Warenbewegung durch das Gelangen an den letzten Abnehmer endet) als besteuert gilt.[1] Diese Besteuerungsfiktion führt zunächst dazu, dass der erste Abnehmer keinen innergemeinschaftlichen Erwerb im Bestimmungsland erklären muss (vgl. § 3d Satz 1 UStG). 49

Beispiel: 50

Unternehmer U1 verkauft einen Gegenstand an U2 (z.B. in IT ansässig) und U2 diesen an U3. U2 lässt die Ware von einem Transportunternehmen bei U1 in Österreich abholen und direkt zu U3 nach Deutschland transportieren. Gegenüber U1 und U3 tritt U2 mit seiner italienischen USt-IdNr. auf und U3 teilt dem U2 seine deutsche USt-IdNr. mit.

Der Unternehmer U2 muss gemäß § 25b Abs. 3 UStG keinen innergemeinschaftlichen Erwerb in Deutschland anmelden, da sein Erwerb in Deutschland als besteuert gilt. 51

Durch die Besteuerungsfiktion in § 25b Abs. 3 UStG entfällt aber auch die Besteuerung des (zweiten) Erwerbes in dem Land, das dem mittleren Unternehmer die verwendete USt-IdNr. erteilt hat. 52

Beispiel: 53

Unternehmer U1 verkauft einen Gegenstand an U2 (z.B. in DE ansässig) und U2 diesen an U3. U2 lässt die Ware von einem Transportunternehmen bei U1 in Österreich abholen und direkt zu U3 nach Italien transportieren. Gegenüber U1 und U3 tritt U2 mit seiner deutschen USt-IdNr. auf und U3 teilt dem U2 seine italienische USt-IdNr. mit.

U2 muss in Italien nach den dortigen Vorschriften auf Basis von Art. 141 MwStSystRL keinen Erwerb erklären. Da der Erwerb aber trotzdem gemäß § 25b Abs. 3 UStG dort als besteuert gilt, muss er auch in Deutschland keinen Erwerb nach § 3d Satz 2 UStG erklären, sofern er die entsprechende ZM abgibt. 54

E. Berechnung der Steuer (Absatz 4)

Für die Berechnung der nach Absatz 2 geschuldeten Steuer gilt die Gegenleistung als Entgelt. Nach der Gesetzesbegründung ist die Regelung erforderlich gewesen, da in der Rechnung über die Lieferung 55

1 Für den Geltungsbereich des § 25b UStG kann sich dies nur auf Deutschland beziehen. Für die übrigen Mitgliedstaaten auf die entsprechende Regelung gemäß Art. 141 MwStSystRL.

keine Umsatzsteuer ausgewiesen wird. Die Gegenleistung wird daher für diesen Fall zum Entgelt bestimmt (Nettobetrag ohne Umsatzsteuer).[1]

56 Spätestens durch die Neuregelung des § 10 UStG mit Wirkung zum 1.1.2019[2] ist die Fiktion in Absatz 4 m.E. überflüssig geworden, da nach § 10 Abs. 1 Satz 2 UStG nunmehr Entgelt alles ist, was den Wert der Gegenleistung bildet, die der leistende Unternehmer vom Leistungsempfänger oder von einem anderen als dem Leistungsempfänger für die Leistung erhält oder erhalten soll, einschließlich der unmittelbar mit dem Preis dieser Umsätze zusammenhängenden Subventionen, jedoch abzüglich der für diese Leistung gesetzlich geschuldeten Umsatzsteuer. Im Ergebnis ist dies daher der Nettobetrag, den der leistende Unternehmer vom Leistungsempfänger erhält.[3]

F. Vorsteuerabzug des letzten Abnehmers (Absatz 5)

57 Der letzte Abnehmer ist unter den übrigen Voraussetzungen des § 15 UStG berechtigt, die nach Absatz 2 geschuldete Steuer als Vorsteuer abzuziehen.

58 Die Regelung entspricht der Regelung des § 15 Abs. 1 Nr. 4 UStG. Der letzte Abnehmer kann daher die Steuer, die er gemäß Absatz 2 für die Lieferung des mittleren Unternehmers schuldet, wieder als Vorsteuer abziehen, wenn die Voraussetzungen hierfür vorliegen. Steuerschuld und Vorsteuerabzug fallen dann zusammen. Nach dem Wortlaut des Gesetzes ist (im Unterschied zu § 15 Abs. 1 Nr. 1 Satz 2 UStG) für die Ausübung des Vorsteuerabzugsrechts bei Dreiecksgeschäften keine Rechnung erforderlich. In der Rechnung an den letzten Abnehmer im Rahmen eines Dreiecksgeschäftes wird gemäß § 14a Abs. 7 Satz 3 UStG ohnehin keine Steuer ausgewiesen. Der erste Abnehmer muss aber dem letzten Abnehmer nach § 25b Abs. 2 Nr. 3 UStG eine Rechnung erteilen, damit die Tatbestandsvoraussetzungen der Vereinfachungsregelung zur Anwendung kommen. Der Vorsteuerabzug ist aber auch dann zu gewähren, wenn die Rechnung nicht den Anforderungen des § 14a Abs. 7 UStG genügt.

59 Da die Regelung des Absatzes 5 auf die übrigen Voraussetzungen des § 15 UStG verweist, muss die Lieferung für das Unternehmen des letzten Abnehmers ausgeführt worden sein. Der erworbene Gegenstand muss daher mindestens zu 10 % unternehmerisch genutzt werden und darf keinem weiteren Ausschluss (§ 15 Abs. 1a UStG ff.) unterliegen (§ 15 Rz. 224 ff.). Keinen Vorsteuerabzug können Kleinunternehmer (§ 19 Abs. 1 Satz 4 UStG) geltend machen.

G. Besondere Aufzeichnungspflichten (Absatz 6)

I. Zusätzliche Aufzeichnungspflichten bei Verwendung der deutschen USt-IdNr. (Absatz 6 Satz 1)

60 Neben den allgemeinen Aufzeichnungspflichten des § 22 UStG (§ 22 Rz. 1 ff.) sieht § 25b Abs. 6 Satz 1 UStG folgende besondere Aufzeichnungspflichten für den ersten sowie den letzten Abnehmer vor:

1. für den **ersten Abnehmer**, der eine **deutsche USt-IdNr.** verwendet, das vereinbarte Entgelt (Rz. 55 f.) für die Lieferung i.S.d. Absatzes 2 sowie der Name und die Anschrift des letzten Abnehmers (§ 25b Abs. 6 Satz 1 Nr. 1 UStG)

---

1 Als die Regelung des § 25b UStG im Jahr 1997 in das Gesetz eingefügt wurde, hatte § 10 Abs. 1 Satz 2 UStG noch folgenden Wortlaut: „Entgelt ist alles, was der Leistungsempfänger aufwendet, um die Leistung zu erhalten, jedoch abzüglich der Umsatzsteuer." Da der Leistungsempfänger aber keine Umsatzsteuer (sondern nur einen Nettobetrag) an den leistenden Unternehmer (mittleren Unternehmer) zahlen muss, schien der Gesetzgeber diese Regelung für nötig zu erachten. Spätestens seit der Neufassung des § 10 Abs. 1 Satz 2 UStG ist die Regelung des Absatzes 4 aber aus meiner Sicht überflüssig.

2 Geändert mit Wirkung zum 1.1.2019 durch Art. 9 des Gesetzes v. 11.12.2018, BGBl. I 2018, 2338.

3 Die für diese Leistung gesetzlich geschuldete Umsatzsteuer zählt nicht dazu, unabhängig davon, von wem die Steuer gesetzlich geschuldet wird.

2. **für den letzten Abnehmer,** der eine **deutsche USt-IdNr.** verwendet (§ 25b Abs. 6 Satz 1 Nr. 2 UStG):
   a) die Bemessungsgrundlage der an ihn ausgeführten Lieferung i.S.d. Absatzes 2 sowie die hierauf entfallenden Steuerbeträge,
   b) den Namen und die Anschrift des ersten Abnehmers (mittlerer Unternehmer).

Zudem muss der **erste Abnehmer** die Erklärungspflichten des § 18a Abs. 7 Satz 1 Nr. 4 UStG (**ZM**) und der gesonderten Erklärung im Besteuerungsverfahren nach § 18b Satz 1 Nr. 3 UStG erfüllen (§ 18a Rz. 43 und § 18b Rz. 9). 61

Für den ersten Lieferanten sieht § 25b UStG keine besonderen Regelungen vor. Der erste Lieferant muss im Ursprungsland (Abgangsland) die Bemessungsgrundlage der innergemeinschaftlichen Lieferung anmelden (§ 18b Satz 1 Nr. 1 UStG) und eine entsprechende ZM (§ 18a Abs. 7 Satz 1 Nr. 4 UStG mit USt-IdNr. jedes Erwerbers sowie die Summe der Bemessungsgrundlagen dieser Lieferungen) abgeben. 62

II. Befreiung von Aufzeichnungspflichten (Absatz 6 Satz 2)

Die letzte Vereinfachung des § 25b UStG besteht darin, dass nach Absatz 6 Satz 2 der erste Abnehmer (Zwischenhändler) von den Aufzeichnungspflichten i.S.d. § 22 UStG im Bestimmungsland (Deutschland) befreit wird, wenn er eine USt-IdNr. eines anderen Mitgliedstaats verwendet. Damit ergänzt Absatz 6 Satz 2 die Besteuerungsfiktion des innergemeinschaftlichen Erwerbs durch den ersten Abnehmer (Absatz 3) und den Übergang der Steuerschuldnerschaft (Absatz 2) auf den letzten Abnehmer. 63

H. Mehr als drei Beteiligte

Schließen mehr als drei Unternehmen Umsatzgeschäfte über denselben Gegenstand innerhalb der EU ab, stellt sich immer wieder die Frage der umsatzsteuerrechtlichen Behandlung dieser Geschäfte. 64

Zunächst bleibt hierbei festzuhalten, dass die Vereinfachungsregelung für sog. innergemeinschaftliche Dreiecksgeschäfte eben nur für drei beteiligte Unternehmen Anwendung finden kann. Denn im Ergebnis wird für die beiden (nachfolgenden) Lieferungen die Steuerbefreiung für die innergemeinschaftliche Lieferung (erste Lieferung) mit dem Übergang der Steuerschuldnerschaft für die zweite Lieferung kombiniert. Zudem wird die Besteuerung des innergemeinschaftlichen Erwerbs durch den ersten Abnehmer im Bestimmungsland (Land am Ende der Beförderung) fingiert. Bei dieser Lösung bleibt für einen weiteren Beteiligten grundsätzlich kein Platz mehr. Die steuerbefreite innergemeinschaftliche Lieferung muss – nach den unionsrechtlichen Vorgaben der Richtlinie und nach § 25b UStG – immer der Lieferung mit Übergang der Steuerschuldnerschaft vorangehen. 65

Allerdings kann – nach Auffassung der FinVerw. – bei Reihengeschäften mit mehr als drei Beteiligten die Vereinfachungsregelung für sog. innergemeinschaftliche Dreiecksgeschäfte Anwendung finden, wenn drei unmittelbar nacheinander liefernde Unternehmer am Ende der Lieferkette stehen und die weiteren Voraussetzungen des innergemeinschaftlichen Dreiecksgeschäftes vorliegen.[1] 66

Die Regelung im UStAE mit einem Beispiel auch für vier Unternehmer[2] ist grundsätzlich zu begrüßen, sie macht aber wohl keinen Sinn, wenn sich der zweite Unternehmer (der erste im Rahmen des dann anzuwendenden Dreiecksgeschäftes) erst im Ursprungsland für Umsatzsteuerzwecke erfassen lassen muss, um die Vereinfachungsregelung für die beiden letzten Unternehmen anzuwenden. Zudem muss die Warenbewegung stets in Deutschland enden, da die FinVerw. sonst keine Regelungskompetenz hat. Aber auch in diesem Fall wären die Gerichte nicht an die Auffassung der FinVerw. gebunden. 67

1 Vgl. Abschn. 25b.1 Abs. 2 Satz 2 UStAE mit Beispiel.
2 Angepasst durch BMF, Schr. v. 25.4.2023 – III C 2-S 7116-a/19/10001 :003 – DOK 2023/0380817, UR 2023, 494 in Abschn. 25b.1 Abs. 2 UStAE im Hinblick auf die Transportverantwortung und die Verwendung der USt-IdNr. des 2. Unternehmers.

68 Art. 141 MwStSystRL schließt m.E. eine derartige Anwendung der Vereinfachungsregelung aber ebenso wie § 25b UStG nicht aus. Dies jedenfalls dann nicht, wenn der „erste Abnehmer" zum neuen „ersten Lieferer" wird und den Transport desselben Gegenstandes veranlasst oder der Transport in seinem Namen veranlasst wird (vgl. § 25b Abs. 1 Nr. 1 und 4 UStG).[1] Zu diesem Ergebnis kommt auch die EU-Kommission.[2]

69 **Beispiel:**
Unternehmer U1 verkauft einen Gegenstand an U2 und U2 diesen an U3 (z.B. in IT ansässig), der diesen wiederum an U4 verkauft. U2 lässt die Ware von einem Transportunternehmen bei U1 in Österreich (Ursprungsland) abholen und direkt zu U4 nach Deutschland (Bestimmungsland) transportieren. Gegenüber U1 und U3 tritt U2 mit seiner österreichischen USt-IdNr. auf und U3 teilt U2 und U4 seine italienische USt-IdNr. mit. U4 verwendet gegenüber U3 seine deutsche USt-IdNr.
Der Unternehmer U1 stellt eine Rechnung an U2 mit österreichischer Umsatzsteuer aus. U2 stellt eine Rechnung mit seiner österreichischen USt-IdNr. und der italienischen USt-IdNr. von U3 aus und weist auf seine steuerfreie innergemeinschaftliche Lieferung hin. U3 rechnet mit U4 unter Hinweis seiner italienischen USt-IdNr. sowie der deutschen USt-IdNr. des U4 ohne Ausweis von Umsatzsteuer ab und bestimmt U4 darin als Steuerschuldner in Deutschland.

70 Darüber hinaus soll nach Auffassung der Kommission die Vereinfachungsregelung auch zwischen den ersten drei Unternehmen anwendbar sein (im oben genannten Beispiel also zwischen U1, U2 und U3).[3] Diese Annahme lässt sich m.E. aber auch nicht so einfach aus Art. 141 Buchst. c MwStSystRL folgern.[4] Zwar ist das unmittelbare Gelangen vom ersten an den letzten Abnehmer nicht räumlich zu verstehen (Rz. 20). Wenn aber die Ware räumlich an einen vierten Beteiligten (z.B. Verarbeiter im Auftrag des letzten Abnehmers) gelangt, ist doch der letzte Abnehmer der Dritte (da nur U3 die Verfügungsmacht an dem zu bearbeitenden Gegenstand erhält). Bei einem Weiterverkauf vom Dritten U3 (z.B. an U 4) wäre U3 aber nicht mehr der letzte Abnehmer (sondern eben U4).[5]

71 Für die Unternehmen besteht in diesen Fällen ein erhebliches Risiko,[6] denn sollte die Konstellation für die Vereinfachungsregelung nicht vorliegen, gelten die allgemeinen Regeln für ein Reihengeschäft, bei dem die beteiligten Unternehmen ihre Umsätze entweder im Ursprungsland oder im Bestimmungsland zu besteuern haben. Daraus kann nach den derzeitigen Vorschriften die Pflicht zur umsatzsteuerrechtlichen Erfassung folgen.[7]

---

1 Art. 141 Buchst. c MwStSystRL ist diesbezüglich weiter gefasst.

2 Vgl. Erläuterungen „Quick Fixes 2020" v. 20.12.2019, DG TAXUD, Rz. 3.6.17.1., URL: https://ec.europa.eu/taxation_customs/system/files/2021-08/explanatory_notes_2020_quick_fixes_de.pdf (abgerufen am 24.1.2024).

3 Vgl. Erläuterungen „Quick Fixes 2020" v. 20.12.2019, DG TAXUD, Rz. 3.6.17.2. Die Lieferung von U3 an U4 wäre dann eine Inlandslieferung im Bestimmungsland. Hierzu müsste allerdings eine andere Fallkonstellation als im Beispielsfall der Lieferung von Österreich nach Deutschland vorliegen. Denn im Beispielsfall der Kommission würden U3 und U4 über eine deutsche USt-IdNr. (also die des Bestimmungslandes) verfügen. Zudem dürfte dann U2 nicht in Deutschland ansässig sein.

4 Art. 141 Buchst. c MwStSystRL regelt insoweit, dass der Zwischenhändler die erworbenen Gegenstände unmittelbar an die Person versendet oder befördert, an die er die anschließende Lieferung bewirkt. Die weite Auslegung durch die Kommission ist zwar grundsätzlich zu begrüßen, sie ist aber mit dem Wortlaut der Richtlinie nicht ohne Weiteres in Einklang zu bringen, da die Warenbewegung in diesem Fall von U1 an U4 (und nicht U3) erfolgt. Dies stellt die Kommission in den Explanatory Notes (Erläuterungen „Quick Fixes 2020" v. 20.12.2019, DG TAXUD) selbst fest. Hinzu kommt, dass die Kommission keine Kompetenz zur eigenständigen Änderung der Richtlinie hat und selbst mitteilt, dass die Explanatory Notes nicht rechtlich bindend sind und daher auch die Kommission selbst nicht an den Inhalt gebunden ist. Rechtssicherheit kann daher nur durch eine Änderung der Richtlinie erreicht werden.

5 Allerdings kann der mittlere Unternehmer (U2) gar nicht überprüfen, ob U3 dem U4 die Verfügungsmacht an dem Gegenstand übertragen oder U4 nur die Bearbeitung des Gegenstandes für U3 übernommen hat. Sicherheitshalber sollte sich daher U2 von U3 eine schriftliche Bestätigung einholen, dass der Gegenstand nicht weiterveräußert wurde.

6 *Treiber* in Sölch/Ringleb, § 25b UStG Rz. 11 (Stand: März 2023), möchte daher die Frage des Anwendungsbereichs der Vereinfachungsregelung in § 25b UStG für vier oder mehr Unternehmen dem EuGH zur Vorabentscheidung vorlegen, meint aber, der Vereinfachungszweck der Vorschrift und Vertrauensschutzgesichtspunkte sprächen für eine weite Auslegung. Dem ist – ohne Änderung der Richtlinie – zuzustimmen.

7 Im o.g. Beispiel wäre U3 in Deutschland für Umsatzsteuerzwecke zu erfassen.

§ 25c Besteuerung von Umsätzen mit Anlagegold

(1) [1]Die Lieferung, die Einfuhr und der innergemeinschaftliche Erwerb von Anlagegold, einschließlich Anlagegold in Form von Zertifikaten über sammel- oder einzelverwahrtes Gold und über Goldkonten gehandeltes Gold, insbesondere auch Golddarlehen und Goldswaps, durch die ein Eigentumsrecht an Anlagegold oder ein schuldrechtlicher Anspruch auf Anlagegold begründet wird, sowie Terminkontrakte und im Freiverkehr getätigte Terminabschlüsse mit Anlagegold, die zur Übertragung eines Eigentumsrechts an Anlagegold oder eines schuldrechtlichen Anspruchs auf Anlagegold führen, sind steuerfrei. [2]Satz 1 gilt entsprechend für die Vermittlung der Lieferung von Anlagegold.

(2) Anlagegold im Sinne dieses Gesetzes sind:

1. **Gold in Barren- oder Plättchenform mit einem von den Goldmärkten akzeptierten Gewicht und einem Feingehalt von mindestens 995 Tausendstel;**
2. **Goldmünzen, die einen Feingehalt von mindestens 900 Tausendstel aufweisen, nach dem Jahr 1800 geprägt wurden, in ihrem Ursprungsland gesetzliches Zahlungsmittel sind oder waren und üblicherweise zu einem Preis verkauft werden, der den Offenmarktwert ihres Goldgehalts um nicht mehr als 80 Prozent übersteigt.**

(3) [1]Der Unternehmer, der Anlagegold herstellt oder Gold in Anlagegold umwandelt, kann eine Lieferung, die nach Absatz 1 Satz 1 steuerfrei ist, als steuerpflichtig behandeln, wenn sie an einen anderen Unternehmer für dessen Unternehmen ausgeführt wird. [2]Der Unternehmer, der üblicherweise Gold zu gewerblichen Zwecken liefert, kann eine Lieferung von Anlagegold im Sinne des Absatzes 2 Nr. 1, die nach Absatz 1 Satz 1 steuerfrei ist, als steuerpflichtig behandeln, wenn sie an einen anderen Unternehmer für dessen Unternehmen ausgeführt wird. [3]Ist eine Lieferung nach den Sätzen 1 oder 2 als steuerpflichtig behandelt worden, kann der Unternehmer, der diesen Umsatz vermittelt hat, die Vermittlungsleistung ebenfalls als steuerpflichtig behandeln.

(4) Bei einem Unternehmer, der steuerfreie Umsätze nach Absatz 1 ausführt, ist die Steuer für folgende an ihn ausgeführte Umsätze abweichend von § 15 Abs. 2 nicht vom Vorsteuerabzug ausgeschlossen:

1. **die Lieferungen von Anlagegold durch einen anderen Unternehmer, der diese Lieferungen nach Absatz 3 Satz 1 oder 2 als steuerpflichtig behandelt;**
2. **die Lieferungen, die Einfuhr und der innergemeinschaftliche Erwerb von Gold, das anschließend von ihm oder für ihn in Anlagegold umgewandelt wird;**
3. **die sonstigen Leistungen, die in der Veränderung der Form, des Gewichts oder des Feingehalts von Gold, einschließlich Anlagegold, bestehen.**

(5) Bei einem Unternehmer, der Anlagegold herstellt oder Gold in Anlagegold umwandelt und anschließend nach Absatz 1 Satz 1 steuerfrei liefert, ist die Steuer für an ihn ausgeführte Umsätze, die in unmittelbarem Zusammenhang mit der Herstellung oder Umwandlung des Goldes stehen, abweichend von § 15 Abs. 2 nicht vom Vorsteuerabzug ausgeschlossen.

(6) Bei Umsätzen mit Anlagegold gelten zusätzlich zu den Aufzeichnungspflichten nach § 22 die Identifizierungs-, Aufzeichnungs- und Aufbewahrungspflichten des Geldwäschegesetzes entsprechend.

A. Grundaussagen

I. Regelungsgegenstand und Bedeutung

1 § 25c UStG enthält eine **Sonderregelung** für das in Absatz 2 definierte **Anlagegold**, das Gegenstand steuerfreier Umsätze nach Absatz 1 sein kann. Absatz 3 ermöglicht einen Verzicht auf die Steuerfreiheit, während die Absätze 4 und 5 trotz Steuerfreiheit einen Verzicht ermöglichen. Absatz 6 weist auf besondere Verpflichtungen hin.

2 Die Regelung entspricht weitgehend der früheren Steuerfreiheit nach § 4 Nr. 8 Buchst. k UStG. Allerdings musste die frühere Steuerbefreiung für Umsätze im Geschäft mit unverarbeitetem Gold (Industriegold) aufgehoben werden.[1]

II. Unionsrechtliche Grundlagen

3 Unionsrechtlich beruht die Regelung auf **Art. 344 ff. MwStSystRL**.

III. Verhältnis zu anderen Vorschriften und Rechtsentwicklung

4 Die Vorschrift gilt seit 1.1.2000.[2] Sie ersetzt die frühere Steuerfreiheit nach § 4 Nr. 8 Buchst. k UStG a.F.

5 Goldlieferungen an Zentralbanken sind nach § 4 Nr. 4 UStG steuerfrei (§ 4 Nr. 4 Rz. 1 ff.). Bei anderen Umsätzen als Lieferung, Einfuhr oder Erwerb, wie z.B. bei Optionsgeschäften mit Gold, kann die Anwendung von § 4 Nr. 8 Buchst. e UStG in Betracht kommen (§ 4 Nr. 8 Rz. 77 ff.). Auf die Einfuhr von Goldmünzen kann die Steuersatzermäßigung nach § 12 Abs. 2 Nr. 12 UStG i.V.m. der Anlage 2 Nr. 54 Buchst. c Doppelbuchst. cc anzuwenden sein (§ 12 Abs. 2 Nr. 12 Rz. 10). Nach § 18 Abs. 7 UStG i.V.m. § 49 UStDV besteht zudem eine **Sonderregelung für den Börsenhandel mit Edelmetallen** (§ 18 Rz. 133 ff.). Die aufgrund eines Verzichts nach § 25c Abs. 3 Sätze 1 und 2 UStG steuerpflichtige Lieferung kann zu einer Steuerschuld des Leistungsempfängers nach § 13b Abs. 2 Nr. 9 und Abs. 5 Satz 1 UStG führen.[3]

6 Die FinVerw. sieht in § 25c Abs. 1 UStG eine gegenüber anderen Befreiungstatbeständen **vorrangige Steuerbefreiung**.[4] Dies kann in Bezug auf die Befreiungstatbestände nach § 4 Nr. 1 UStG i.V.m. §§ 6 ff. UStG z.B. für den Vorsteuerabzug nach § 15 Abs. 3 Nr. 1 Buchst. a UStG und § 25c Abs. 4 und 5 UStG von Bedeutung sein.

B. Einzelerläuterungen

I. Anwendungsbereich der Steuerfreiheit (Absatz 1)

7 **Steuerfrei** ist nach § 25c Abs. 1 Satz 1 UStG die **Lieferung**, die **Einfuhr** und der **innergemeinschaftliche Erwerb** von Anlagegold. Dies bezieht sich auch auf **Anlagegold in Form von Zertifikaten** über sammel- oder einzelverwahrtes Gold und über Goldkonten gehandeltes Gold, insbesondere auch Golddarlehen und Goldswaps, durch die ein Eigentumsrecht an Anlagegold oder ein schuldrechtlicher Anspruch auf Anlagegold begründet wird, sowie Terminkontrakte und im Freiverkehr getätigte Terminabschlüsse mit Anlagegold, die zur Übertragung eines Eigentumsrechts an Anlagegold oder eines schuldrechtlichen Anspruchs auf Anlagegold führen. Die Steuerfreiheit beruht auf Art. 346 MwStSystRL. In Bezug auf die Übertragung von Zertifikaten wird das Vorliegen einer Lieferung fingiert.

---

1 Vgl. die amtliche Gesetzesbegründung in BT-Drucks. 14/1514, 37.

2 Art. 9 Nr. 13 StBereinG 1999 v. 22.12.1999, BGBl. I 1999, 2601.

3 Vgl. dabei zur Einräumung und Übertragung von Gewichtsguthaben an Edelmetallen OFD Karlsruhe, Vfg. v. 19.2.2015 – S 7100 – Karte 23, UR 2015, 565.

4 Abschn. 25c.1 Abs. 7 UStAE.

Zum Anlagegold i.S.d. § 25c Abs. 1 Satz 1 UStG zählt die FinVerw. z.B. auch **ideelle Miteigentumsanteile** an einem Goldbarrenbestand oder einem Goldmünzenbestand sowie **Gewichtsguthaben** an einem Goldbarrenbestand, wenn die Gewichtskonten obligatorische Rechte ausweisen.[1] **Optionsgeschäfte** mit Anlagegold und deren Vermittlung sieht die FinVerw. als nach § 4 Nr. 8 Buchst. e UStG steuerfrei an.[2] 8

Steuerfrei ist zudem gemäß § 25c Abs. 1 Satz 2 UStG die **Vermittlung der Lieferung** von Anlagegold. Unionsrechtliche Grundlage hierfür ist Art. 347 MwStSystRL. 9

II. Definition des Anlagegoldes (Absatz 2)

Nach § 25 Abs. 2 UStG gibt es **zwei Arten** von Anlagegold: 10

- Es kann sich um **Gold in Barren- oder Plättchenform** mit einem von den Goldmärkten akzeptierten Gewicht[3] und einem **Feingehalt von mindestens 995 Tausendstel** handeln.[4] Für das Merkmal mit einem von den Goldmärkten akzeptierten Gewicht stellt der BGH darauf ab, dass in die Barren oder Plättchen Angaben des Herstellers, des Gewichts und des Goldfeingehalts eingestanzt sind.[5] Der Begriff „Goldplättchen" beschränkt sich nicht auf eckige Formen, sondern umfasst auch runde und ovale Formen.[6] Der Hersteller muss erkennbar sein; auf das Herstellungsverfahren und auf die Form des Goldes, sofern es vom Goldmarkt akzeptiert wird, kommt es nicht an.[7] Die Steuerbefreiung gilt unabhängig davon, ob es durch Wertpapiere verbrieft ist oder nicht.[8] Industriegold[9] gehört nicht hierzu.
- Erfasst werden auch **Goldmünzen**, die einen **Feingehalt von mindestens 900 Tausendstel** aufweisen, nach dem Jahr 1800 geprägt wurden, in ihrem Ursprungsland gesetzliches Zahlungsmittel sind oder waren und üblicherweise zu einem Preis verkauft werden, der den Offenmarktwert ihres Goldgehalts um nicht mehr als 80 Prozent übersteigt. Hierzu veröffentlicht die Europäische Kommission ein Münzverzeichnis auf der Grundlage von Art. 345 MwStSystRL.[10] Dem Unternehmer ist es unbenommen, die Voraussetzungen für die Steuerbefreiung der Goldmünzen, die nicht in der Liste enthalten sind, im Einzelfall in geeigneter Form nachzuweisen.[11]

Die Regelungen beruhen auf Art. 344 Abs. 1 MwStSystRL. 11

III. Option zur Steuerpflicht (Absatz 3)

Unternehmer können in **drei Fällen** auf die Steuerfreiheit nach § 25 Abs. 1 UStG **verzichten:** 12

- § 25 Abs. 3 Satz 1 UStG ermöglicht einen Verzicht auf die Steuerfreiheit nach § 25c Abs. 1 Satz 1 UStG für Unternehmer, die **Anlagegold herstellen oder Gold in Anlagegold umwandeln**. Unionsrechtliche Grundlage ist Art. 348 MwStSystRL.
- Nach § 25 Abs. 3 Satz 2 UStG können Unternehmer, die **üblicherweise Gold zu gewerblichen Zwecken liefern**, auf die gemäß § 25c Abs. 1 Satz 1 UStG bestehende Steuerfreiheit der Lieferung von Anlagegold i.S.d. § 25c Abs. 2 Nr. 1 UStG verzichten. Dies beruht auf der Ermächtigung in Art. 349 MwStSystRL.

---

1 Abschn. 25c.1 Abs. 1 Satz 2 UStAE.
2 Abschn. 25c.1 Abs. 1 Satz 4 UStAE.
3 Vgl. hierzu Art. 56 MwStVO mit Anhang III.
4 Vgl. hierzu auch Abschn. 25c.1 Abs. 2 Satz 1 UStAE.
5 BGH, Beschl. v. 17.10.2023 – 1 StR 151/23, UR 2023, 956.
6 FG Hamburg, Urt. v. 18.1.2021 – 4 K 118/16, UStB 2021, 112 – entgegen Abschn. 25.c.1 Abs. 2 UStAE.
7 FG Hamburg, Urt. v. 18.1.2021 – 4 K 118/16, UStB 2021, 112 und Abschn. 25c.1 Abs. 2 Satz 2 UStAE i.d.F. des BMF, Schr. v. 8.6.2023, BStBl. I 2023, 1069 = UR 2023, 624.
8 Vgl. die amtliche Gesetzesbegründung in BT-Drucks. 14/1514, 37.
9 Abschn. 25c.1 Abs. 4 UStAE.
10 Vgl. hierzu auch Art. 57 MwStVO und Abschn. 25c.1 Abs. 3 UStAE.
11 Vgl. die amtliche Gesetzesbegründung in BT-Drucks. 14/1514, 37.

- Hat ein Unternehmer nach § 25c Abs. 3 Sätze 1 oder 2 UStG auf die Steuerfreiheit seiner Lieferung verzichtet, kann gemäß § 25c Abs. 3 Satz 3 UStG auch der Unternehmer, der diesen Umsatz **vermittelt** hat, auf die Steuerfreiheit nach § 25c Abs. 1 Satz 2 UStG verzichten. Unionsrechtliche Grundlage ist Art. 350 MwStSystRL.

13 Voraussetzung für den Verzicht ist in allen Fällen, dass es sich wie bei § 9 Abs. 1 UStG um eine **Lieferung an einen anderen Unternehmer für dessen Unternehmen** handelt. Dies entspricht den unionsrechtlichen Grundlagen.[1] Im Übrigen gilt für die Erklärung des Verzichts und seinen Widerruf dasselbe bei § 9 Abs. 1 UStG (§ 9 Rz. 15 ff. und 38 ff.).

IV. Vorsteuerabzug (Absätze 4 und 5)

14 § 25c Abs. 4 und 5 UStG **ermöglichen** trotz Steuerfreiheit nach § 25c Abs. 1 UStG einen eigentlich durch § 15 Abs. 2 UStG ausgeschlossenen **Vorsteuerabzug.**

15 Auf der Grundlage von Art. 354 MwStSystRL gewährt § 25 Abs. 4 UStG den Vorsteuerabzug für:

- die aufgrund eines **Verzichts** nach § 25c Abs. 3 Sätze 1 oder 2 UStG **steuerpflichtige Lieferung von Anlagegold** durch einen anderen Unternehmer,
- die Lieferungen, die Einfuhr und den innergemeinschaftlichen Erwerb von Gold, das anschließend vom oder für den Unternehmer **in Anlagegold umgewandelt** wird und
- die sonstigen Leistungen, die in der **Veränderung der Form, des Gewichts oder des Feingehalts** von Gold, einschließlich Anlagegold, bestehen.

16 Zudem gestattet § 25c Abs. 5 UStG für Unternehmer, die **Anlagegold herstellen oder Gold in Anlagegold umwandeln** und anschließend nach § 25 Abs. 1 Satz 1 UStG steuerfrei liefern, den Vorsteuerabzug für Eingangsumsätze, die in unmittelbarem Zusammenhang mit der Herstellung oder Umwandlung des Goldes stehen. Unionsrechtliche Grundlage ist Art. 355 MwStSystRL.

V. Aufzeichnungspflichten (Absatz 6)

17 Angesichts der möglichen Verwendung von Gold sowohl zu gewerblichen als auch zu Anlagezwecken und um der Geldwäsche entgegenzuwirken, wurde mit Absatz 6 die Verpflichtung eingeführt, bei Umsätzen mit Anlagegold zusätzlich zu den umsatzsteuerlichen Aufzeichnungspflichten die Identifizierungs-, Aufzeichnungs- und Aufbewahrungspflichten des Geldwäschegesetzes zu beachten. Unionsrechtlich beruht dies auf Art. 356 MwStSystRL. Dies weiteren Voraussetzungen ergeben sich aus §§ 10 ff. GwG.

§ 25d *(Haftung für die schuldhaft nicht abgeführte Steuer)*

(aufgehoben)[2]

1 Für die Mitgliedstaaten besteht neben den Art. 348 bis 350 MwStSystRL mit Art. 351 MwStSystRL eine ergänzende Befugnis, Einzelheiten zu regeln.

2 § 25d UStG wurde durch das Gesetz zur weiteren steuerlichen Förderung der Elektromobilität und zur Änderung weiterer steuerlicher Vorschriften v. 12.12.2019 (sog. JStG 2019), BGBl. I 2019, 2451, aufgehoben. Eine aktuelle Kommentierung des § 25d UStG a.F. finden Sie bei *Nieskens* in Rau/Dürrwächter, § 25d UStG a.F. Rz. 1 ff. (Stand: Juni 2021).

§ 25e Haftung beim Handel über eine elektronische Schnittstelle

(1) Wer mittels einer elektronischen Schnittstelle die Lieferung eines Gegenstandes unterstützt (Betreiber), haftet für die nicht entrichtete Steuer aus dieser Lieferung; dies gilt nicht in den Fällen des § 3 Absatz 3a.

(2) [1]Der Betreiber haftet nicht nach Absatz 1, wenn der liefernde Unternehmer im Sinne von § 22f Absatz 1 Satz 1 Nummer 3 im Zeitpunkt der Lieferung über eine gültige, ihm vom Bundeszentralamt für Steuern nach § 27a erteilte Umsatzsteuer-Identifikationsnummer verfügt. [2]Dies gilt nicht, wenn er Kenntnis davon hatte oder nach der Sorgfalt eines ordentlichen Kaufmanns hätte haben müssen, dass der liefernde Unternehmer seinen steuerlichen Verpflichtungen nicht oder nicht im vollen Umfang nachkommt.

(3) [1]Der Betreiber haftet des Weiteren nicht nach Absatz 1, wenn die Registrierung auf der elektronischen Schnittstelle des Betreibers nicht als Unternehmer erfolgt ist und der Betreiber die Anforderungen nach § 22f Absatz 2 erfüllt. [2]Dies gilt nicht, wenn nach Art, Menge oder Höhe der erzielten Umsätze davon auszugehen ist, dass der Betreiber Kenntnis davon hatte oder nach der Sorgfalt eines ordentlichen Kaufmanns hätte haben müssen, dass die Umsätze im Rahmen eines Unternehmens erbracht werden.

(4) [1]Kommt der liefernde Unternehmer seinen steuerlichen Pflichten nicht oder nicht in wesentlichem Umfang nach, ist das für den liefernden Unternehmer zuständige Finanzamt berechtigt, dies dem Betreiber mitzuteilen, wenn andere Maßnahmen keinen unmittelbaren Erfolg versprechen. [2]Nach Zugang der Mitteilung haftet der Betreiber in den Fällen des Absatzes 2 für die Steuer auf Umsätze im Sinne des Absatzes 1, soweit das dem Umsatz zugrunde liegende Rechtsgeschäft nach dem Zugang der Mitteilung abgeschlossen worden ist. [3]Eine Inanspruchnahme des Betreibers nach Satz 2 erfolgt nicht, wenn der Betreiber innerhalb einer vom Finanzamt im Rahmen der Mitteilung nach Satz 1 gesetzten Frist nachweist, dass der liefernde Unternehmer über seine elektronische Schnittstelle keine Waren mehr anbieten kann. [4]Die Sätze 1 bis 3 sind in den Fällen des Absatzes 3 entsprechend anzuwenden.

(5) Eine elektronische Schnittstelle im Sinne dieser Vorschrift ist ein elektronischer Marktplatz, eine elektronische Plattform, ein elektronisches Portal oder Ähnliches.

(6) [1]Unterstützen im Sinne dieser Vorschrift bezeichnet die Nutzung einer elektronischen Schnittstelle, um es einem Leistungsempfänger und einem liefernden Unternehmer, der über eine elektronische Schnittstelle Gegenstände zum Verkauf anbietet, zu ermöglichen, in Kontakt zu treten, woraus eine Lieferung von Gegenständen an diesen Leistungsempfänger resultiert. [2]Der Betreiber einer elektronischen Schnittstelle unterstützt die Lieferung von Gegenständen jedoch dann nicht im Sinne dieser Vorschrift, wenn er weder unmittelbar noch mittelbar

1. **irgendeine der Bedingungen für die Lieferung der Gegenstände festlegt,**
2. **an der Autorisierung der Abrechnung mit dem Leistungsempfänger bezüglich der getätigten Zahlungen beteiligt ist und**
3. **an der Bestellung oder Lieferung der Gegenstände beteiligt ist.**

[3]Ein Unterstützen im Sinne dieser Vorschrift liegt auch dann nicht vor, wenn der Betreiber der elektronischen Schnittstelle lediglich eine der folgenden Leistungen anbietet:

1. **die Verarbeitung von Zahlungen im Zusammenhang mit der Lieferung von Gegenständen,**
2. **die Auflistung von Gegenständen oder die Werbung für diese, oder**
3. **die Weiterleitung oder Vermittlung von Leistungsempfängern an andere elektronische Schnittstellen, über die Gegenstände zum Verkauf angeboten werden, ohne dass eine weitere Einbindung in die Lieferung besteht.**

(7) Örtlich zuständig für den Erlass des Haftungsbescheides ist das Finanzamt, das für die Besteuerung des liefernden Unternehmers zuständig ist.

(8) Hat der liefernde Unternehmer keinen Wohnsitz oder gewöhnlichen Aufenthalt, Sitz oder Geschäftsleitung im Inland, einem anderen Mitgliedstaat der Europäischen Union oder in einem Staat, auf den das Abkommen über den europäischen Wirtschaftsraum anzuwenden ist, ist § 219 der Abgabenordnung nicht anzuwenden.

Schrifttum: *Erdbrügger*, Mögliche Einflüsse der Bekämpfung von Steuerhinterziehungen und des Mehrwertsteuerbetrugs auf die künftige Ausgestaltung des Mehrwertsteuersystems, MwStR 2018, 685; *Grotherr*, Einführung von Melde- und Sorgfaltspflichten für Plattformbetreiber nach dem Plattformen-Steuertransparenzgesetz ab 2023 Umsetzung der „DAC7-Richtlinie", Ubg 2023, 60; *Grotherr*, Klärung weiterer Anwendungsfragen zum Plattformen-Steuertransparenzgesetz Analyse der wesentlichen Klarstellungen im BMF-Schreiben vom 2.2.2023, Ubg 2023, 113; *Härtwig*, Eine kritische Analyse des Gesetzentwurfs der Bundesregierung vom 10.8.2018 unter Berücksichtigung der Stellungnahme des Bundesrates vom 21.9.2018, UR 2018, 777; *Hidien*, Ist das deutsche Haftungsmodell für Online-Marktplatzbetreiber unionsrechtswidrig?, DStR 2020, 257; *Höink/Einemann*, Haftung der Marktplatzbetreiber für Umsatzsteuer bei Warenlieferungen über Online-Marktplätze – schafft die neue Verwaltungsanweisung wirklich Klarheit?, BB 2019, 1116; *Hufeld*, Betreiberhaftung im Internethandel, DStZ 2018, 755; *Ismer*, Rechtswissenschaftliches Gutachten, Die geplanten Neuregelungen zu Aufzeichnungspflichten und zur Haftung von Marktplatzbetreibern in § 22f und § 25e UStG-E aus rechtstechnischer und europarechtlicher Sicht, https://www.bitkom.org/sites/default/files/file/import/20180924-Reform-Umsatzsteuer-Ismer-Studie.pdf; *Kemper*, Neufassung der Aufzeichnungspflichten der Betreiber elektronischer Schnittstellen ab dem 1.7.2021, UR 2021, 729; *L'habitant*, Das BMF-Schreiben vom 28.1.2019 zur Haftung für Umsatzsteuer beim Handel mit Waren im Internet – Eine kritische Würdigung, StuB 2019, 177; *L'habitant*, Zu den Aufzeichnungspflichten gem. § 22f UStG und dem hierzu ergangenen BMF-Schreiben vom 17.12.2018 – Neue Aufzeichnungspflichten ab dem 1.1.2019, StuB 2019, 111; *Liegmann*, Die umsatzsteuerrechtliche Portalhaftung – eine kritische Analyse der Verwaltungsauffassung zu § 22f und § 25e UStG, UR 2019, 161; *van Lück*, Gesetzesentwurf zur Einführung besonderer Pflichten und Haftung für Betreiber von elektronischen Marktplätzen im Umsatzsteuerrecht, UVR 2018, 277; *Luther*, Die neue Haftung für Online-Marktplätze, DB 2018, 1942; *Michel*, Internet-Marktplätze und Gutscheine im Fokus der Steuergesetzgebung – umsatzsteuerrechtliche Änderungen zum 1.1.2019, jM 2018, 431; *Nacke*, Die neue Haftungsvorschrift des § 25e UStG, UStB 2019, 74; *Oldiges*, BMF übernimmt Regelungen zur Haftung von Online-Marktplätzen in den UStAE, Anmerkung zum BMF-Schreiben v. 20.4.2021, DStR 2021, 1584; *Oldiges*, Vertragsverletzungsverfahren gegen Deutschland wegen Neuregelungen zur Online-Marktplatz-Haftung, MwStR, 2019, 853; *Pleuß/Zawodsky*, Plattformen im Mehrwertsteuerrecht der Europäischen Union, UR 2023, 505; *Prätzler/Zawodsky*, Umsatzsteuerliche Plattformhaftung – Deutschland schließt in Sachen Betrugsbekämpfung zum Vereinigten Königreich auf, UStB 2018, 269; *Schmittmann/Sinnig*, Umsatzsteuerliche Fragen unter besonderer Berücksichtigung des Fernverkaufs (Teil VI), StB 2021, 300; *Sterzinger*, Änderungen des UStG durch das Gesetz zur Vermeidung von Umsatzsteuerausfällen beim Handel mit Waren im Internet, UR 2019, 1; *Zugmaier/Oldiges*, Elektronische Marktplätze haften für Umsatzsteuerausfälle – Rechtliche Beurteilung der Neuregelungen und Rechtsschutz des Onlinehändlers, DStR 2019, 15, *Zugmaier/Oldiges*, BMF nimmt zur Haftungsregelung für Betreiber von elektronischen Marktplätzen Stellung, DStR 2019, 373.

A. Grundaussagen

I. Regelungsgegenstand und Bedeutung

1. Vermeidung von Umsatzsteuerausfällen im Onlinehandel

§ 25e UStG bildet im Zusammenspiel mit § 22f UStG die sog. **Marktplatzhaftung**, die der Gesetzgeber mit Wirkung zum 1.1.2019 eingeführt hatte. Die Haftung kam nach der Übergangsregelung des § 25e Abs. 25 Satz 4 UStG zeitlich verzögert **zum 1.3.2019** (für Online-Händler aus dem Drittland) **und** zum **1.10.2019** (für inländische und EWR-Onlinehändler) zur **Anwendung**. Sie wurde mit Wirkung zum 1.7.2021 im Zuge des sog. Digitalpakets II neu gefasst.[1] Die Änderungen zum 1.7.2021 beschränken sich im Kern auf eine Einschränkung des Anwendungsbereichs, um eine Überschneidung mit der Lieferkettenfiktion nach § 3 Abs. 3a UStG (§ 3 Rz. 168 ff.) zu vermeiden. 1

Hintergrund der nach Auffassung des Gesetzgebers[2] im Grundsatz als **Gefährdungshaftung** konzipierten Regelung war das **Bestreben** des Gesetzgebers, **Umsatzsteuerausfälle beim Handel mit Waren im Internet zu vermeiden**, das dem Jahressteuergesetzvorhaben 2019[3] sogar seinen Namen gab. Motivation waren insbesondere die Befürchtungen des Gesetzgebers, dass durch Online-Händler aus Drittländern (wie z.B. China), die Waren über elektronische Schnittstellen an deutsche (nichtunternehmerische) Kunden verkaufen und mit diesen Lieferungen in Deutschland umsatzsteuerpflichtig sind, ihren umsatzsteuerlichen Melde- und Erklärungspflichten nicht nachkommen und dem deutschen Fiskus hierdurch ein substanzieller Schaden entsteht.[4] 2

Das gesetzgeberische Ziel wird mit der Regelung dadurch verfolgt, dass die Betreiber elektronischer Schnittstellen zur Vermeidung potenzieller Haftung die Einhaltung der steuerlichen Pflichten durch die auf ihrem Portal tätigen Online-Händler überwachen müssen. Hierdurch werden Online-Händler zur umsatzsteuerlichen Registrierung und ordnungsgemäßen Erfüllung ihrer steuerlichen Pflichten gedrängt.[5] Die Marktplatzhaftung erwies sich im Hinblick auf das verfolgte Ziel offenbar als erfolgreich: So habe das für asiatische Steuerpflichtige zuständige Finanzamt Berlin-Neukölln bereits in der Anfangszeit kurz nach der Einführung der Vorschrift einen Zuwachs von fast 50.000 Registrierungen erfahren.[6] 3

---

1 Gesetz v. 21.12.2020, BGBl. I 2020, 3096.

2 Begründung zum Gesetz zur Vermeidung von Umsatzsteuerausfällen beim Handel mit Waren im Internet und zur Änderung weiterer steuerlicher Vorschriften, BT-Drucks. 19/4455, 61.

3 Gesetz zur Vermeidung von Umsatzsteuerausfällen beim Handel mit Waren im Internet und zur Änderung weiterer steuerlicher Vorschriften, BGBl. I 2018, 2338.

4 *Gehm* in Hartmann/Metzenmacher, 25e UStG Rz. 3 (Stand: April 2022); *Marchal* in Rau/Dürrwächter, § 25e UStG Rz. 2 (Stand: Oktober 2021).

5 *Huschens* in UStG eKommentar, § 25e UStG (i.d.F. 20.10.2021) Rz. 3 (Stand: September 2022).

6 *Kemper*, UR 2021, 729 (730) mit Verweis auf Berliner Morgenpost v. 30.12.2020.

2. Bedeutung

4 § 25e UStG gehört zu einer Reihe umsatzsteuerrechtlicher Normen, wie etwa auch §§ 3 Abs. 3a und Abs. 11a, 22f UStG, die speziell für die Besteuerung sog. Portale geschaffen wurden.[1] Das durch § 25e UStG im Zusammenspiel mit § 22f UStG begründete Haftungsregime hat eine **erhebliche Bedeutung für alle Betreiber sog. elektronischer Schnittstellen** und die Unternehmer, die ihre Waren über diese Plattformen anbieten (**Online-Händler**). Für Letztere ist die Bedeutung von indirekter Natur: Durch die mit § 25e UStG begründeten Haftungsrisiken sehen sich Betreiber von elektronischen Schnittstellen gezwungen, eine genaue Prüfung und Überwachung der Aktivitäten ihrer Händler vorzunehmen und diese ggf. im Zweifelsfall vom Handel auf den elektronischen Schnittstellen auszuschließen. Diese **Maßnahmen** können **für Online-Händler** leicht **existenzbedrohend** werden,[2] da in der Praxis der Vertrieb eines Online-Händlers häufig nur wenige, in der Regel große, elektronische Schnittstellen in der Form elektronischer Marktplätze als Vertriebskanäle nutzt.

3. Systematik

5 Die Systematik des § 25e UStG hat der Gesetzgeber als **Regel-Ausnahme-Rückausnahme-System** konzipiert. § 25e Abs. 1 UStG bildet den Grundsatz der Haftung für Portalbetreiber. Die in § 25e Abs. 1 Satz 1 UStG normierte **Regel** ist, dass der Betreiber einer elektronischen Schnittstelle, die eine Lieferung eines Gegenstandes unterstützt, für die Umsatzsteuer haftet, die von Online-Händlern geschuldet ist, aber nicht entrichtet wurde (Rz. 26 ff.).

6 In **zwei Ausnahmen** entfällt diese Haftung. Dies ist der Fall, wenn entweder

- nach Maßgabe des Absatzes 2 des § 25e UStG der Online-Händler im Zeitpunkt der Lieferung über **eine gültige, ihm vom BZSt nach § 27a UStG erteilte USt-IdNr. nach § 22f Abs. 1 Satz 1 Nr. 3 UStG** verfügt (Rz. 35 ff. und Rz. 46 f.) **oder**
- der Betreiber die **Aufzeichnungspflichten aus § 22f Abs. 2 UStG für nichtunternehmerische Online-Händler verletzt** (Rz. 14 ff.).

7 Schließlich sind **drei Rückausnahmen geregelt**, die die Haftung wiederaufleben lassen. Dies ist der Fall, wenn

- der Betreiber **Kenntnis von steuerlichen Verfehlungen der Onlinehändler** hatte oder hätte haben müssen (§ 25e Abs. 2 Satz 2 UStG; Rz. 37 ff.) oder
- wenn der Betreiber **Kenntnis der Unternehmereigenschaft eines Online-Händlers**, der sich auf der elektronischen Schnittstelle als Nichtunternehmer registrierte, hatte oder hätte haben müssen (§ 25e Abs. 3 Satz 2 UStG; Rz. 48 ff.) oder
- wenn er nach der **Offenbarung von steuerlichen Pflichtverletzungen eines Online-Händlers durch das Finanzamt** diesen weiter seine Schnittstelle nutzen lässt (§ 25e Abs. 4 Satz 1 und 2 UStG; Rz. 51 ff.).

8 Für die zuletzt genannten Rückausnahme regelt § 25e Abs. 4 Satz 3 UStG eine **„Rück-Rückausnahme"**, wonach den Betreiber doch **keine Haftung** trifft, wenn er den **Nachweis des rechtzeitigen Ausschlusses des Online-Händlers** von der Nutzung der elektronischen Schnittstelle führen kann (Rz. 55 f.).

4. Überblick zu den Fallgruppen der Haftung

a) Komplexe Regelungssystematik

9 Die Regelungssystematik des § 25e UStG ist durch die **zahlreichen Ausnahmen und Rückausnahmen** komplex.

10 Wichtig aus Perspektive der betroffenen Betreiber elektronischer Schnittstellen ist, dass **Haftung nicht bereits ausgeschlossen** ist, **wenn** dem Betreiber eine im Zeitpunkt der Lieferung gültige USt-IdNr.

1 *Pleuß/Zawodsky*, UR 2023, 505 ff.
2 *Liegmann*, UR 2019, 161.

nach § 22f Abs. 1 Satz 1 Nr. 3 UStG seiner registrierten Schnittstellennutzer vorliegt und er die Aufzeichnungen nach § 22f Abs. 2 UStG ordnungsgemäß führt. Vielmehr gibt es darüber hinaus **zahlreiche weitere Situationen**, in denen unabhängig von einer solchen Bescheinigung und Aufzeichnung die Haftung greift:

b) Kenntnis steuerlichen Fehlverhaltens

In Fällen, in denen der Portalbetreiber von steuerlichen Verfehlungen des Händlers Kenntnis hatte oder diese hätte haben müssen, haftet er stets, d.h. also unabhängig davon, ob der Händler über eine im Zeitpunkt der Lieferung gültige USt-IdNr. nach § 22f Abs. 1 Satz 1 Nr. 3 UStG verfügt (§ 22f Rz. 34 ff.). Die **FinVerw. gewährt** jedoch die **Möglichkeit**, den Online-Händler mit Setzung einer **Frist zur Abstellung des steuerlichen Fehlverhaltens** aufzufordern (Rz. 45), was bei erfolgreicher Abhilfe die Haftung vermeidet (Rz. 55). 11

c) Kenntnis der Unternehmereigenschaft

Eng verwandt mit der ersten Fallgruppe ist die Situation, in der sich ein **Händler als Nichtunternehmer** auf einem Portal **registriert**, der Portalbetreiber jedoch Kenntnis hatte oder (aufgrund Art, Menge oder Höhe der über das Portal getätigten Umsätze) hätte haben müssen, dass es sich tatsächlich doch um einen Unternehmer i. S. d. § 2 UStG handelt. 12

d) Keine Accountsperrung trotz Offenbarungsmitteilung des Finanzamts

Das Finanzamt hat die Möglichkeit, den Portalbetreiber zu informieren, wenn aus seiner Sicht dieser seinen steuerlichen Pflichten nicht oder nicht in vollem Umfang nachkommt. Unterlässt es in diesen Fällen der Betreiber, den Zugang des betreffenden Händlers zu seinem Online-Marktplatz innerhalb einer ihm gesetzten Frist zu sperren, haftet er wiederum unabhängig davon, ob der Händler über eine im Zeitpunkt der Lieferung gültige USt-IdNr. nach § 22f Abs. 1 Satz 1 Nr. 3 UStG verfügt (§ 22f Rz. 34 ff.). 13

e) Keine gültige USt-IdNr./Aufzeichnungen nach § 22f UStG

Wenn keine der ersten drei dargestellten Varianten vorliegt, der Betreiber also weder Kenntnis vom steuerlichen Fehlverhalten eines Online-Händlers noch von dessen (verschleierter) Unternehmereigenschaft hatte oder hätte haben müssen und wenn die FinVerw. dem Betreiber auch keine Mitteilung über steuerliches Fehlverhalten eines Online-Händlers gemacht hat, dann haftet der Betreiber gleichwohl in allen Fällen, in denen er keine gültige USt-IdNr. nach § 22f Abs. 1 Satz 1 Nr. 3 UStG für diesen Online-Händler vorlegen kann (§ 25e Abs. 1 und Abs. 2 Satz 1 UStG) oder die Aufzeichnungspflichten nach § 22f Abs. 2 UStG für nichtunternehmerische registrierte Online-Händler nicht erfüllt hat. D.h., in diesen Fällen bedarf es für die Bejahung der Haftung gar keiner Prüfung, ob der Online-Händler über die bloße Nichtentrichtung geschuldeter Steuer hinaus gegen steuerliche Pflichten verstoßen hat. Besonders riskant ist dies für Online-Händler aus dem Drittland außerhalb des Europäischen Wirtschaftsraums, da in diesen Fällen das Finanzamt den Betreiber nach § 25e Abs. 8 UStG auch ohne die Prüfung der Erfolgsaussicht einer Primärvollstreckung gegen den Online-Händler nach § 219 AO in Haftung nehmen kann (Rz. 76). 14

5. Maßnahmen der Betreiber zur Haftungsvermeidung

a) Risikominimierung

Aus den möglichen Haftungskonstellationen ergibt sich in der Praxis ein sinnvoller Katalog von **Präventivmaßnahmen**, die Betreiber von Online-Portalen implementieren müssen, um dem Risiko vorzubeugen, nach § 25e UStG in Haftung genommen zu werden. 15

b) Monitoring der registrierten Online-Händler

16 Aus Sicht des Betreibers muss sichergestellt werden, dass er nach dem ihn treffenden Maßstab der „Sorgfalt eines ordentlichen Kaufmanns" (Rz. 43) die Nutzer hinreichend überwacht, um einem späteren Vorwurf vorzubeugen, er hätte Kenntnis von der Vernachlässigung relevanter steuerlicher Pflichten (Rz. 39 ff.) des Online-Händlers haben müssen. Dies bedingt einerseits eine Gestaltung des Registrierungsprozesses, bei der jeder Online-Händler Informationen bereitstellen muss, die es dem Betreiber ermöglichen, seinen umsatzsteuerlichen Status einzuschätzen. Darüber hinaus ist es auch im laufenden Geschäft erforderlich, Informationen, die der Betreiber erhält, auszuwerten und zu dokumentieren. Hierbei kann es sich sowohl um Informationen handeln, die indirekt Schlussfolgerungen nahelegen (wie z.B. das Umsatzvolumen eines als Nichtunternehmer registrierten Nutzers) als auch um Informationen, die der Betreiber auf direkten Informationskanälen vom Online-Händler erhält (z.B. Äußerungen in Supportanfragen per Mail, Chat oder telefonisch). In jedem Fall ist es **für Betreiber empfehlenswert**, unter Berücksichtigung der Besonderheiten des individuellen Schnittstellenangebots ein **Compliance-Konzept** im Hinblick auf die §§ 25e und 22f UStG aufzustellen, dessen Umsetzung regelmäßig zu überwachen und es regelmäßig fortzuentwickeln.

c) Sicherstellung unverzüglicher Maßnahmen bei Hinweisen auf steuerliche Verfehlungen

17 Das Monitoring kann nur dann erfolgreich die Haftung nach § 25e UStG vermeiden, wenn der Betreiber gleichzeitig sicherstellt, dass relevante Informationen auch zuverlässig und unverzüglich zu den erforderlichen Maßnahmen führen. Wenn z.B. ein Online-Händler, der als Nichtunternehmer auf einer elektronischen Schnittstelle registriert ist, (möglicherweise beiläufig) erwähnt, dass er über andere Schnittstellen bereits hohe Umsätze in Deutschland erzielt, muss sichergestellt werden, dass der Betreiber unverzüglich den Registrierungsstatus anpasst, dem Online-Händler eine Frist setzt, seine umsatzsteuerlichen Pflichten ordnungsgemäß zu erfüllen und die Accounts dieses Online-Händlers ggf. sperrt, wenn die Pflichtverletzung nicht rechtzeitig abgestellt wird (Rz. 45).

18 In der Praxis ist gerade die Gewährleistung des zuverlässigen Erkennens, der rechtzeitigen Weitergabe und Auswertung der Informationen aus sämtlichen Informationskanälen in besonderem Maße herausfordernd. Dies kann zum Teil durch den Einsatz von Technologien erleichtert werden.

d) Sicherstellung der Compliance im Hinblick auf § 22f UStG

19 Bereits bei der Registrierung eines Online-Händlers, der angibt Unternehmer zu sein, muss gewährleistet werden, dass dieser eine USt-IdNr. nach § 22f Abs. 1 Satz 1 Nr. 3 UStG vorzeigen kann; ihre Gültigkeit kann sodann der Betreiber selbst beim BZSt im Wege des elektronischen Bestätigungsverfahrens nach § 18e Nr. 3 UStG abfragen (§ 18e Rz. 14 f.). Bei Registrierungen als Nichtunternehmer muss der Betreiber gewährleisten, dass die erforderlichen Aufzeichnungen nach § 22f Abs. 2 UStG (§ 22f Rz. 53 ff.) gemacht und vorgehalten werden.

II. Unionsrechtliche Grundlagen

20 Es existiert **keine ausdrückliche unionsrechtliche Grundlage** für die Marktplatzhaftung nach §§ 25e, 22f UStG für die Betreiber von elektronischen Schnittstellen.[1] Auch Art. 205 MwStSystRL, der es Mitgliedstaaten in bestimmten Fällen erlaubt, andere Personen als den Steuerschuldner für die Steuer gesamtschuldnerisch in Anspruch zu nehmen, rechtfertigt keine Online-Marktplatz-Haftung in Form der §§ 25e, 22f UStG.[2] Er gilt lediglich für die in den Art. 193–200 sowie 202, 203 und 204 MwStSystRL genannten Fälle, die sich jedoch nicht auf eine allgemeine unbedingte Haftung der Betreiber von elektronischen Schnittstellen für Steuerschulden der die Plattform nutzenden Online-Händler beziehen.[3]

1 Vgl. *Marchal* in Rau/Dürrwächter, § 25e UStG Rz. 3 (Stand: Oktober 2021).

2 **A.A.** *Grambeck* in Weymüller, BeckOK, § 25e UStG Rz. 21 (Stand: September 2023); *L'habitant* in Küffner/Zugmaier, § 25e UStG Rz. 3 (Stand: Mai 2021).

3 So auch *Gehm* in Hartmann/Metzenmacher, § 25e UStG Rz. 8 (Stand: April 2022).

Die Regelungen lassen sich allerdings ggf. auf Art. 273 MwStSystRL stützen, der den Mitgliedstaaten erlaubt, **Maßnahmen zur Vermeidung von Steuerhinterziehungen** zu implementieren.[1] Voraussetzung für derartige Maßnahmen ist unionsrechtlich ausdrücklich, dass der Grundsatz der Gleichbehandlung beachtet wird (Art. 273 Abs. 1 MwStSystRL). 21

Im umsatzsteuerlichen **Schrifttum** wurden bereits im Zuge der Einführung der Norm **vermehrt Zweifel an der unions- und auch verfassungsrechtlichen Zulässigkeit** der Haftungsregelung geäußert.[2] Auch die EU Kommission sieht die Vereinbarkeit mit dem Unionsrecht als fraglich an und hat im Oktober 2019 ein **Vertragsverletzungsverfahren gegen Deutschland** eingeleitet, da sie insbesondere in der Verpflichtung des Betreibers, zur Haftungsvermeidung eine Bescheinigung nach § 22f UStG vorzulegen (§ 22e Abs. 2 i. V. m. § 22f UStG a.F.), eine unverhältnismäßige Behinderung für Onlinehändler aus dem übrigen EU-Gebiet für den Zugang auf den deutschen Markt sieht.[3] Dieses Problem dürfte sich durch das Entfallen der Papierbescheinigung im Zuge der Neufassung der Vorschrift zum 1.7.2021 faktisch erledigt haben.[4] 22

III. Verhältnis zu anderen Vorschriften

§ 25e UStG hängt durch den direkten Verweis in den Absätzen 2 und 3 unmittelbar mit § 22f UStG sowie der entsprechenden Übergangsvorschrift (§ 27 Abs. 25 UStG) zusammen. Darüber hinaus reiht sich die Vorschrift in die Gruppe der steuerlichen Haftungstatbestände ein, so dass eine Verwandtschaft insbesondere zu den §§ 69 ff. AO besteht. Entsprechend gelten grundsätzlich die Verfahrensvorschriften für Haftungsbescheide, insbesondere §§ 191, 219 AO, wobei das Erfordernis einer vorherigen erfolglosen Vollstreckung in das Vermögen des Online-Händlers durch § 25e Abs. 8 UStG für bestimmte Fälle eingeschränkt wird (Rz. 73 ff.). Wegen der in § 25e Abs. 4 UStG geregelten Offenbarungsbefugnis besteht außerdem ein Zusammenhang mit § 30 Abs. 4 Nr. 2 AO, die die Grundlage für die entsprechende Einschränkung des Steuergeheimnisses ist. 23

Einen indirekten Zusammenhang hat § 25e UStG mit der zum 1.7.2021 eingeführten Regelung für elektronische Schnittstellen nach § 3 Abs. 3a UStG bzw. Art. 14a MwStSystRL, die vom Unionsgesetzgeber in das Gesamtkonzept zur Besteuerung von Fernverkäufen an Private eingebettet ist (§ 3 Rz. 168 ff.).[5] Danach wird für einen Teil der Lieferungen, die z.B. über die Nutzung einer elektronischen Schnittstelle vereinbart werden, eine **Lieferkette** über die Annahme einer Lieferkommission fingiert, so dass der Betreiber selbst als Leistungsempfänger Lieferungen der Online-Händler erhält und diese fiktiv an die Kunden weiter liefert. Soweit diese Neuregelung greift, entsteht eine **originäre Steuerschuld des Betreibers für die Lieferungen an die Kunden der Online-Händler**, so dass es grundsätzlich keiner Haftungsregelung wie derjenigen des § 25e UStG mehr bedarf. Um Überschneidungen zu vermeiden, hat der Gesetzgeber zum 1.7.2021 den Anwendungsbereich des § 25e UStG explizit auf Fälle beschränkt, die nicht bereits durch § 3 Abs. 3a UStG erfasst sind (Rz. 36). 24

Auch nach der Einschränkung des Anwendungsbereichs im Hinblick auf die Einführung des § 3a Abs. 3a UStG zum 1.7.2021 erfasst § 25e UStG noch eine Vielzahl von Fallkonstellationen.[6] Die FinVerw. benennt hierzu in Abschn. 25e.1 Abs. 1 Satz 2 Nr. 1–3 UStAE drei Fallgestaltungen und veranschaulicht diese anhand von insgesamt sieben Beispielen, auf die verwiesen wird. 24.1

Schließlich lässt sich ein Bezug zu den besonderen Meldepflichten für Portale erkennen. Durch die Umsetzung der Richtlinie (EU) 2021/514 („DAC7-Richtlinie") in Form des Plattformen-Steuertransparenzgesetzes (PStTG) sind für die Betreiber von Portalen in vielen Fällen zusätzliche Meldepflichten 24.2

---

1 Vgl. *Heidner* in Bunjes[22], § 25e UStG Rz. 59.

2 *Hidien*, DStR 2020, 257; *Zugmaier/Oldiges*, DStR 2019, 15; *Ismer*, Rechtsgutachten, S. 14 ff.; *Nacke*, UStB 2019, 74.

3 *Oldiges*, MwStR 2019, 853.

4 So auch *Weymüller* in Weymüller, BeckOK, § 25e UStG Rz. 24 (Stand: März 2023).

5 Vgl. hierzu *Hidien*, DStR 2020, 257.

6 Sinngemäß *L'habitant* in Küffner/Zugmaier, § 25e UStG Rz. 31 (Stand: Mai 2021); zudem *Marchal* in Rau/Dürrwächter, § 25e UStG Rz. 5 (Stand: Oktober 2021); **a.A.** wohl *Grambeck* in Weymüller,BeckOK UStG, § 25e Rz. 17 (Stand: September 2023).

hinzugekommen. Die hierfür nach dem PStTG zu meldenden Informationen entsprechen in Teilen, denen die nach § 22f USTG aufzuzeichnen sind.[1] Detailfragen zum PStTG hat die Finanzverwaltung in einem BMF-Schreiben erläutert.[2]

IV. Rechtsentwicklung

25 Mit Wirkung zum 1.7.2021 wurde die Vorschrift im Zuge der Einführung der **E-Commerce-Regelungen** durch das **JStG 2020**[3] grundlegend überarbeitet. Dies war notwendig, da durch die Einführung des § 3 Abs. 3a UStG nunmehr der Schnittstellenbetreiber in manchen Fällen direkt über die Annahme einer fiktiven Lieferkette in die Lieferbeziehung zwischen dem Online-Händler und dem Endabnehmer eingeschaltet wird (§ 3 Rz. 168 ff.), sodass insoweit die Marktplatzhaftung nicht mehr notwendig ist (vgl. § 25e Abs. 1 Halbs. 2 UStG).[4] Die Überarbeitung des § 25e UStG wurde bereits im Vorfeld von Teilen des Schrifttums gefordert.[5]

25.1 Die Terminologie wurde entsprechend der unionsrechtlichen Vorgaben überarbeitet. So wurde der elektronische Marktplatz zur **„elektronischen Schnittstelle"**, was ebenso mit einer Erweiterung des Anwendungsbereichs des § 25e UStG einhergeht. Ebenso wurde das Erfordernis in § 25e Abs. 1 UStG a.F. gestrichen, dass die Lieferung auf dem elektronischen Marktplatz rechtlich begründet sein muss; stattdessen soll nunmehr der Betreiber die Lieferung „unterstützen" (Rz. 3 ff.).[6] Nicht bezweckt ist dadurch eine Erweiterung des Anwendungsbereiches der Marktplatzhaftung, stattdessen soll es sich um Anpassungen des Wortlauts an die E-Commerce-Regelungen der EU handeln.[7] Die materiellen Voraussetzungen einer Haftung nach § 25e Abs. 1 UStG sind insofern faktisch unverändert geblieben.

25.2 Die wichtigste Änderung ist in der Neufassung der **Enthaftung** nach § 25e Abs. 2 Satz 1 UStG zu sehen. Statt wie bisher eine an den Online-Händler durch sein Finanzamt ausgestellten (Papier-)Bescheinigung nach § 22f Abs. 1 Satz 2 UStG a.F. vorzulegen, reicht es nunmehr für eine Enthaftung des Betreibers aus, wenn der liefernde Unternehmer über eine vom BZSt nach § 27a UStG erteilte, im Zeitpunkt der Lieferung **gültige USt-IdNr.** verfügt. Damit hat der Gesetzgeber auf die Kritik der EU-Kommission reagiert, die gerade wegen des Erfordernisses der Bescheinigung nach § 22f Abs. 1 Satz 2 UStG a.F. am 10.10.2019 ein Vertragsverletzungsverfahren gegen die Bundesrepublik Deutschland eingeleitet hatte.[8] Zudem ist mit dieser Neufassung viel Bürokratie abgebaut worden: Online-Händler sind daher fortan nicht mehr gehalten, bei der Registrierung auf einer Online-Plattform zunächst dem Betreiber eine Bescheinigung nach § 22f Abs. 1 Satz 2 UStG a.F. vorzulegen, sondern brauchen lediglich ihre USt-IdNr. anzugeben. Gleichzeitig wurden die Aufzeichnungspflichten der Schnittstellenbetreiber in § 22f Abs. 1 UStG ausgeweitet (§ 22f Rz. 25 ff.).

25.3 Die alten Regelungen nach § 25e Abs. 2 UStG a.F., insbesondere die Vorlage einer Bescheinigung nach § 22f Abs. 1 Satz 2 UStG a.F. durch den Betreiber, gelten noch für Umsätze der Online-Händler gelten, die bis zum 30.6.2021 ausgeführt wurden (§ 27 Abs. 34 UStG).

B. Haftung (Absatz 1)

I. Regelungsgegenstand

26 § 25e Abs. 1 UStG regelt den **Grundtatbestand** der Haftung für den Betreiber einer elektronischen Schnittstelle i.S.d. § 25e Abs. 5 UStG. Er ergänzt damit insbesondere die Haftungstatbestände der Ab-

1 Vgl. *Grotherr*, Ubg 2023, 60 ff.
2 BMF v. 2.2.2023 – IV B 6 - S 1316/21/10019 :025, BStBl. I 2023, 241 = UR 2023, 255; ausführlich zum BMF-Schreiben: *Grotherr*, Ubg 2023, 113 ff.
3 JStG 2020 v. 21.12.2020, BGBl. I 2020, 3096.
4 *Schmittmann/Sinnig*, StB 2021, 300 (302).
5 So etwa *Lück*, UVR 2018, 277 (281).
6 Vgl. *Grambeck* in Weymüller, BeckOK UStG, § 25e Rz. 24 (Stand: September 2023).
7 Siehe BR-Drucks. 502/20, S. 164.
8 Dazu *Oldiges* DStR 2021, 1584 (1586, Fn. 33).

gabenordnung (§§ 69 ff. AO) um eine weitere Möglichkeit der Haftungsinanspruchnahme des Steuerpflichtigen.

II. Betreiber

Das Tatbestandsmerkmal des Betreibers regelt den persönlichen Anwendungsbereich der Haftung. Nur solche Unternehmer haften, die „**Betreiber einer elektronischen Schnittstelle**“ sind. Dieser besondere Haftungsschuldner wird in § 25e Abs. 1 1. Halbs. UStG als „Betreiber“ legal definiert, nämlich als eine Person, die mittels einer elektronischen Schnittstelle die Lieferung eines Gegenstandes unterstützt. Der Begriff der elektronischen Schnittstelle wird von § 25e Abs. 5 UStG (Rz. 61 ff.), der Begriff des Unterstützens wiederum von § 25e Abs. 6 UStG (Rz. 66 ff.) konkretisiert. 27

III. Nicht entrichtete Steuer aus Lieferung eines Unternehmers

Gegenstand der Haftung ist die **nicht entrichtete Steuer** anderer Unternehmer und zwar insoweit, wie diese aus **Lieferungen** der Unternehmer auf der vom Haftungsschuldner bereitgestellten Schnittstelle begründet worden ist (Rz. 33 f.). Nicht erfasst sind sonstige Leistungen, wie z.B. der Download von Software oder digitaler Veröffentlichungen. 28

Die **Steuer muss** zunächst **entstanden sein**, damit das Merkmal „nicht entrichtet“ erfüllt werden kann. Diesbezüglich ist **§ 13 UStG maßgeblich.** Des Weiteren ist insbesondere auch die Abgrenzung zwischen Ein- und Mehrzweckgutscheinen nach § 3 Abs. 13 und Abs. 14 UStG bedeutsam (§ 3 Rz. 669, 679).[1] Wegen § 191 Abs. 5 Satz 1 Nr. 1 AO ist ferner zwingend, dass die **Steuer** gegen den Online-Händler auch **bereits festgesetzt** wurde. Ferner muss grundsätzlich vor der Inanspruchnahme des Betreibers eine **Vollstreckung** gegen den Online-Händler entweder schon **erfolglos versucht** worden sein **oder aussichtslos** erscheinen (§ 219 AO). In diesem Zusammenhang ist allerdings auf die **Ausnahme** nach § 25e Abs. 8 UStG hinzuweisen, die für **ausländische Online-Händler** aus dem Drittland greift (Rz. 73 ff.). Nach der Neufassung zum 1.7.2021 **nicht** mehr **erforderlich** ist, dass die steuerpflichtige Lieferung auf dem Marktplatz bzw. der Schnittstelle **rechtlich begründet** wurde (siehe außerdem Rz. 71).[2] 29

In sachlicher Hinsicht ist der Anwendungsbereich außerdem auf **Lieferungen** beschränkt und umfasst nicht die Umsatzsteuer, die aus sonstigen Leistungen begründet wird, die über ein Telekommunikationsnetzwerk, eine Schnittstelle oder ein Portal i.S.d. § 3 Abs. 11a UStG erbracht werden. Für die Haftung ist die teils schwierige Abgrenzung zwischen Lieferungen und sonstigen Leistungen daher von entscheidender Bedeutung (§ 3 Rz. 500 ff.). 30

Die FinVerw. hat klargestellt, dass die Haftung **nur** greift, wenn der **Ort der Lieferung im Inland** liegt.[3] Dies kann sich etwa bei im Inland gelagerten Waren bereits allgemein aus dem Beginn der Versendung nach § 3 Abs. 6 Satz 1 UStG (§ 3 Rz. 336 ff.), bei Lieferungen aus dem Drittland nach § 3 Abs. 8 UStG (§ 3 Rz. 488) oder bei Lieferungen aus anderen EU-Mitgliedstaaten aus der Regelung für (innergemeinschaftliche) Fernverkäufe nach § 3c UStG (§ 3c Rz. 1 ff.) ergeben. D.h. direkte Lieferungen aus dem Drittland außerhalb des Anwendungsbereichs des § 3 Abs. 8 UStG sind nicht vom Anwendungsbereich erfasst. Ebenfalls nicht unter § 25e Abs. 1 UStG fällt somit Umsatzsteuer aus innergemeinschaftlichen Erwerben oder die Einfuhrumsatzsteuer. 31

Die Marktplatzhaftung findet gem. § 25e Abs. 1 Halbs. 2 UStG keine Anwendung in den Fällen des § 3 Abs. 3a UStG (§ 3 Rz. 168 ff.). Damit wird klargestellt, dass insbesondere im B2C-Bereich[4] eine Haftung des Betreibers nach dieser Vorschrift ausscheidet, da er gem. § 3 Abs. 3a Satz 1 und 2 UStG 32

---

1 BMF, Schr. v. 28.1.2019 – III C 5-S 7420/19/10002 :002 – DOK 2019/00696910, BStBl. I 2019, 106 = UR 2019, 157, Rz. 13.

2 Siehe hierzu auch die Erläuterungen in den Rz. 33 f. der 1. Auflage.

3 BMF, Schr. v. 28.1.2019 – III C 5-S 7420/19/10002 :002 – DOK 2019/00696910, BStBl. I 2019, 106 = UR 2019, 157.

4 Business to Consumer.

direkt in die Lieferkette zwischen Online-Händler und Abnehmer als Zwischenlieferer eingeschaltet wird.

C. Ausnahme bei USt-IdNr. (Absatz 2)

I. Online-Händler verfügt über eine gültige USt-IdNr. (Absatz 2 Satz 1)

33 Im Zusammenspiel mit § 22f UStG regelt § 25e Abs. 2 Satz 1 UStG eine wichtige Ausnahme der Haftung, die jedoch durch die weitreichenden Rückausnahmen nach § 25e Abs. 2 Satz 2 UStG (Kenntnis oder Kennenmüssen von steuerlichen Verfehlungen) und nach § 25e Abs. 4 UStG (Nichtsperrung nach Mitteilung durch Finanzamt) wieder eingeschränkt wird.

34 Derjenige Schnittstellenbetreiber, der für den Unternehmer, für dessen nicht entrichtete Umsatzsteuer er in Anspruch genommen wird, eine im Zeitpunkt der Lieferung gültige, dem Unternehmer vom BZSt nach § 27a erteilte USt-IdNr. vorlegen kann, haftet (vorbehaltlich der besagten Rückausnahmen) nicht. Hierdurch wird § 25e UStG unmittelbar mit der besonderen Aufzeichnungspflicht in § 22f UStG verbunden.

35 Die Gültigkeit der USt-IdNr. des Online-Händlers kann sich der Betreiber durch das BZSt mittels des elektronischen Bestätigungsverfahrens in § 18e Nr. 3 UStG bestätigen lassen (§ 18e Rz. 14 f.).

36 Die FinVerw. lässt zusätzlich eine Enthaftung nach § 25e Abs. 2 Satz 1 UStG zu, sofern der Online-Händler dem Unternehmer erklärt, dass die Voraussetzungen für die Vergabe einer USt-IdNr. durch das BZSt nach § 27a UStG an ihn nicht vorliegen, weil er im Inland keine steuerbaren Umsätze im allgemeinen Besteuerungsverfahren nach § 18 Abs. 1 bis 4 UStG zu erklären hat.[1] Das ist sinnvoll, erfasst doch § 25e UStG nur im Inland angefallene Umsatzsteuer (Rz. 31). In diesen Fällen ordnet aber die FinVerw. an, dass der Betreiber diesen Umstand nachweisen muss, und zwar entweder durch die Vorlage der von einem anderen EU-Mitgliedstaat erteilten USt-IdNr. des Online-Händlers oder durch Einreichung einer entsprechenden Erklärung des Händlers selbst.[2] Welche Anforderungen diese Erklärung erfüllen soll, ist aus dem UStAE nicht ganz eindeutig zu entnehmen, gleichwohl dürfte es sich hierbei um eine formlose Erklärung des Online-Händlers handeln.

II. Rückausnahme (Absatz 2 Satz 2)

1. Weiter Anwendungsbereich

37 § 25e Abs. 2 Satz 2 UStG macht eine wichtige Rückausnahme von der in § 25e Abs. 2 Satz 1 UStG geregelten Ausnahme und stellt die Haftung nach § 25e Abs. 1 UStG für diejenigen Fälle wieder her, in denen der Haftungsschuldner Kenntnis hatte oder hätte haben müssen, dass der Schnittstellenteilnehmer seinen steuerlichen Verpflichtungen nicht oder nicht im vollen Umfang nachkommt. Maßstab für das Kennenmüssen ist die **Sorgfalt eines ordentlichen Kaufmanns.**

38 Diese Rückausnahme ist vom Wortlaut her sehr weit und durch unbestimmte Rechtsbegriffe schwammig gefasst. Um die Regelung für die Praxis handhabbar zu machen, hat sich die FinVerw. im BMF-Schreiben vom 28.1.2019 zu Einzelfragen geäußert und ihre Sichtweise dargelegt.[3] Die dort getroffenen Erwägungen haben seither Einzug in den UStAE gefunden.

2. Vernachlässigung steuerlicher Verpflichtungen

39 Nach dem (weit gefassten) Wortlaut genügt es bereits, wenn der Onlinehändler einer **steuerlichen Verpflichtung nicht oder nicht in vollem Umfang** nachkommt. Damit besteht dem Wortlaut nach zu-

1 Abschn. 25e.2 Abs. 1 Satz 3 UStAE.
2 Vgl. Abschn. 25e.2 Abs. 1 Satz 4 UStAE.
3 BMF, Schr. v. 28.1.2019 – III C 5-S 7420/19/10002 :002 – DOK 2019/00696910, BStBl. I 2019, 106 = UR 2019, 157.

nächst keine Einschränkung auf spezifisch umsatzsteuerliche Pflichten. Das bedeutet, dass grundsätzlich auch ein Verstoß des Online-Händlers gegen allgemeine steuerliche Pflichten schon ausreichen könnte, um die Haftung wieder aufleben zu lassen (z.B. Verstöße des Online-Händlers gegen allgemeinen Mitwirkungspflichten nach §§ 140–148 AO). Des Weiteren stellt § 25e Abs. 2 Satz 2 UStG keine Anforderungen an den Grad der Schwere der steuerlichen Verfehlung und setzt auch kein Verschulden voraus.

All dies zusammen betrachtet zeigt sich die tatsächliche Reichweite der verwendeten Formulierung darin, dass dem Wortlaut nach z.B. bereits dann die Haftung – trotz vorliegender gültiger USt-IdNr. des Online-Händlers – wiederaufleben würde, wenn der betreffende Online-Händler erstmalig eine Lohnsteuer-Anmeldung verspätet vorgenommen hat. Das erscheint im Hinblick auf die Schwere der Rechtsfolge des § 25e UStG unverhältnismäßig. Sachgerecht und verhältnismäßig wäre es m.E. nur, § 25e Abs. 2 Satz 2 UStG insoweit eng auszulegen, so dass er nicht bei sämtlichen denkbaren, sondern **nur bei umsatzsteuerrechtlichen Pflichtverletzungen** greift. In dieser Hinsicht hat sich auch die FinVerw. geäußert.[1] 40

Gleichzeitig sollte auch hier nicht bereits jede noch so geringfügige Nachlässigkeit (etwa eine einzige entgegen § 14b UStG nicht ordnungsgemäß aufbewahrte Rechnung) genügen, sondern ein **Verstoß von einigem Gewicht** gefordert werden, der im Hinblick auf das „scharfe Schwert" der Haftung für fremde Steuern in einem angemessenen Verhältnis steht. Bei rein formalen steuerlichen Pflichtverstößen außerhalb des durch Steuerordnungswidrigkeiten oder -straftaten sanktionierten Bereichs, wie z.B. Mängeln oder Versäumnissen bei der ordnungsgemäßen Abrechnung nach § 14 Abs. 2 UStG, Verletzung der Aufbewahrungspflichten nach § 14b UStG oder Mängeln bei den umsatzsteuerlichen Melde- und Erklärungspflichten, erscheint nur bei wiederholten oder besonders gravierenden Versäumnissen ein Eingreifen des § 25e Abs. 2 Satz 2 UStG angemessen. 41

3. Kenntnis oder Kennenmüssen

Weitere Voraussetzung für das Eingreifen der Rückausnahme des § 25e Abs. 2 Satz 2 UStG ist, dass der Betreiber der elektronischen Schnittstelle **Kenntnis von** den steuerlichen Pflichtversäumnissen des Online-Händlers hatte **oder** nach der Sorgfalt eines ordentlichen Kaufmanns **hätte haben müssen**. Soweit eine positive Kenntnis des Betreibers besteht, erscheint die Rechtsfolge der wiederauflebenden Haftung, insbesondere vor dem Hintergrund des vom Gesetzgeber verfolgten Ziels, verhältnismäßig. In der Praxis wird die FinVerw., die insoweit die Feststellungslast trifft, jedoch häufig keine positive Kenntnis nachweisen können, sondern sich auf die Variante des Kennenmüssens berufen. Die Unbestimmtheit und die damit verbundene Rechtsunsicherheit dieser Vorgaben waren bereits Gegenstand vehementer Kritik aus dem Schrifttum.[2] Insbesondere sind die steuerlichen Pflichtverletzungen, deren Kenntnis oder Kennenmüssen die Haftung wieder auslöst, nach dem Wortlaut der Regelung nicht auf solche Pflichtverletzungen im Bereich der Umsatzsteuer eingeschränkt, so dass etwa auch die lediglich verspätete Abgabe einer ertragsteuerlichen Erklärung oder die verspätete Zahlung fälliger Gewerbesteuerschulden als Pflichtverletzung in diesem Sinne angesehen werden könnte. 42

Der **Sorgfaltsmaßstab** eines **ordentlichen und gewissenhaften Kaufmanns** ist der handelsrechtlichen Dogmatik entlehnt, wo er sich insbesondere in § 347 HGB wiederfindet. Er ist nach Art des Geschäfts spezialisiert,[3] so dass vorliegend die **besonderen Umstände für das Geschäft des Betriebs elektronischer Marktplätze/Schnittstellen zu berücksichtigen** wären. Die FinVerw. hat sich zu den Anforderungen an diesen Sorgfaltsmaßstab dahingehend geäußert, dass für den Betreiber **kein aktives Ausforschen des Online-Händlers erforderlich** ist.[4] Insofern legt sie ein **eher restriktives Verständnis** 43

1 Abschn. 25e.2 Abs. 2 Satz 1 UStAE, wonach es für das Kennen oder Kennenmüssen auf „umsatzsteuerliche Pflichtverletzungen" ankommt.

2 Vgl. *Luther*, DB 2018, 1942; *Prätzler/Zawodsky*, UStB 2018, 269; *Kemper*, UStB 2018, 288; *Hufeld*, DStZ 2018, 755; *van Lück*, UVR 2018, 277; *Michel*, jM 2018, 431; *Sterzinger*, UR 2019, 1; *Zugmaier/Oldiges*, DStR 2019, 15; *Liegmann*, UR 2019, 161.

3 Vgl. *Leyens* in Baumbach/Hopt[42], § 347 HGB Rz. 1.

4 Abschn. 25e.2 Abs. 3 Satz 2 UStAE.

zugrunde, wonach (nur) dann von einer Kenntnis oder einem Kennenmüssen auszugehen ist, wenn der Betreiber der elektronischen Schnittstelle ihm **offensichtliche oder bekanntgewordene Tatsachen** außer Acht lässt, die auf eine umsatzsteuerliche Pflichtverletzung schließen lassen.[1] Eine andere Auslegung, die ein aktives Ausforschen verlangt, dürfte ohnehin unverhältnismäßig sein.

44 Des Weiteren ist das Kennenmüssen **beschränkt** auf solche Sachverhalte, die dem Betreiber **im Rahmen seines eigenen Unternehmens bekannt** werden. D.h. insbesondere, dass der Betreiber den Online-Händler nicht bezüglich möglicher Aktivitäten auf anderen elektronischen Portalen überwachen muss.[2]

45 Nach Auffassung der FinVerw. trifft den Betreiber **auch dann** noch **keine Haftung** aufgrund der Rückausnahme des § 25e Abs. 2 Satz 2 UStG wegen Kenntnis oder Kennenmüssens, **wenn** er dem auf seinem Marktplatz bzw. seiner Schnittstelle aktiven Online-Händler einen **Hinweis auf** dessen **umsatzsteuerliche Pflichtverletzungen** gibt **und** ihn **auffordert**, diese **innerhalb** einer Frist von **längstens zwei Monaten abzustellen.**[3] Kommt der Online-Händler innerhalb dieser Frist der Aufforderung nach, soll der Betreiber nicht haften. Gleichfalls soll er auch dann nicht haften, wenn der auf diese Weise von ihm ermahnte Online-Händler sein Verhalten nicht ändert und der Betreiber ihn nach (fruchtlosem) Verstreichen der gesetzten Frist durch Sperrung des Accounts vom weiteren Handel auf der elektronischen Schnittstelle ausschließt.[4] Über diese Sperrung soll der Betreiber die FinVerw. informieren.[5] Die insoweit klare Positionierung der FinVerw. ist grundsätzlich zu begrüßen und bildet die Grundlage für die Anforderungen, die das Compliance-System (Rz. 16) der Betreiber erfüllen muss, um Haftungsfälle zu vermeiden. Offen ist allerdings, wie der Betreiber sich vom Online-Händler nachweisen lässt, dass dieser die vom Finanzamt monierte Pflichtverletzung tatsächlich abgestellt hat. Es ist anzunehmen, dass eine einfache formlose Erklärung des Online-Händlers hier nicht genügen wird, sondern sich der Betreiber Unterlagen (z.B. Zahlungsnachweise über festgesetzte Umsatzsteuern) vorlegen lassen und prüfen wird. Um den hiermit verbunden Aufwand und Restrisiken zu vermeiden, ist damit zu rechnen, dass Betreiber aus Vorsichtsgründen den Händleraccount direkt sperren werden.[6]

D. Haftung für „Nichtunternehmer" (Absatz 3)

I. Ausnahme bei Erfüllung der Aufzeichnungspflichten (Absatz 3 Satz 1)

46 Die Haftung nach § 25e Abs. 1 UStG greift im Grundsatz auch dann ein, wenn sich ein Online-Händler, der tatsächlich die Voraussetzungen eines umsatzsteuerlichen Unternehmers nach § 2 UStG erfüllt (§ 2 Rz. 10 ff.), bei einer elektronischen Schnittstelle **als Nichtunternehmer registriert**. Diese Möglichkeit besteht in der Regel vor allem für inländische Unternehmer, die nach den Voraussetzungen des § 19 UStG Kleinunternehmer sind, also insbesondere die maßgeblichen Umsatzgrenzen nicht übertreffen und auf die Kleinunternehmerregelung auch nicht verzichtet haben (§ 19 Rz. 14 ff. und Rz. 31 ff.).

47 § 25e Abs. 3 Satz 1 UStG sieht insoweit eine Einschränkung der Haftung nach § 25e Abs. 1 UStG vor und bestimmt, dass für solche Fälle, in denen als Nichtunternehmer registrierte Online-Händler tatsächlich doch Unternehmer sind und Umsatzsteuer schulden, gleichwohl **keine Haftung** des Betreibers besteht, **wenn** dieser sämtliche **Aufzeichnungspflichten**, die sich aus § 22f Abs. 2 UStG ergeben, **erfüllt** hat (§ 22f Rz. 53 ff.).

1 In diesem Sinne auch *Oldiges*, DStR 2021, 1584 (1586).
2 Vgl. *Zugmaier/Oldiges* in Offerhaus/Söhn/Lange, § 25e UStG Rz. 28 (Stand: August 2019).
3 Abschn. 25e.2 Abs. 3 Satz 4 UStAE.
4 Abschn. 25e.2 Abs. 3 Satz 5 UStAE.
5 Abschn. 25e.2 Abs. 3 Satz 7 UStAE.
6 Vgl. *Liegmann*, UR 2019, 161.

II. Rückausnahme (Absatz 3 Satz 2)

§ 25e Abs. 3 Satz 2 UStG bestimmt als Rückausnahme, dass die Haftung – ungeachtet vollständiger Aufzeichnungen nach § 22f Abs. 2 UStG – doch greift, wenn der Betreiber wusste oder hätte wissen müssen, dass der Online-Händler gleichwohl im Rahmen seines Unternehmens tätig wurde. 48

Die Regelung ähnelt stark der allgemeinen Rückausnahme des § 25e Abs. 2 Satz 2 UStG, ist jedoch enger gefasst, da sie ausschließlich auf Erkenntnisse abstellt, die sich aus der **Art, Menge oder Höhe der erzielten Umsätze** ergeben. Diese Parameter hat folglich der Betreiber einer elektronischen Schnittstelle im Rahmen seines Compliance-Systems für alle als Nichtunternehmer angemeldeten Nutzer seiner Plattform kontinuierlich zu prüfen, um das Risiko zu minimieren, im Wege der Rückausnahme für Umsatzsteuern dieser vermeintlich nichtunternehmerischen Online-Händler zu haften. Die FinVerw. hat diesbezüglich klargestellt, dass der Betreiber **nur** Informationen im Blick haben muss, die ihm über seine **eigene elektronische Schnittstelle** zur Verfügung stehen und auch insoweit **keine Ausforschungspflicht** besteht.[1] Als gewichtiges Indiz für eine Unternehmereigenschaft des Online-Händlers wird der Umstand angesehen, dass der mittels der elektronischen Schnittstelle des Betreibers erzielte Umsatz eine Höhe von 22.000 € innerhalb eines Kalenderjahres erreicht.[2] 49

Maßstab für das Kennenmüssen des Betreibers ist (wie bei § 25e Abs. 2 Satz 2 UStG) die **Sorgfalt eines ordentlichen und gewissenhaften Kaufmanns** (Rz. 43). 50

Ähnlich wie bei § 25e Abs. 2 Satz 2 UStG stellt die FinVerw. zudem klar, dass eine **Enthaftung** nach § 25e Abs. 3 Satz 2 UStG auch dann entfällt, wenn der Betreiber den Händler auf seine Unternehmereigenschaft hinweist und auffordert, innerhalb einer Frist seinen steuerlichen Pflichten nachzukommen. Sofern der Online-Händler nicht abhelfen sollte, der Betreiber nach fruchtlosem Fristablauf dessen Account sperrt und dem Finanzamt die Sperrung nachweist, kommt auch hier ein Wiederaufleben der Haftung nicht in Betracht.[3] 50.1

E. Haftung nach Mitteilung durch Finanzamt (Absatz 4)

I. Offenbarungsbefugnis (Absatz 4 Satz 1)

Nach § 25e Abs. 4 Satz 1 UStG kann das Finanzamt dem Betreiber mitteilen, dass der Online-Händler seinen steuerlichen Pflichten nicht in ausreichendem Umfang nachkommt. Wegen dieser ausdrücklichen gesetzlichen Erlaubnis, dem Betreiber Auskunft über steuerliche Verhältnisse eines Dritten (dem Online-Händler) zu geben, handelt es sich hierbei um eine Ausnahme vom Steuergeheimnis in Form der Offenbarungsbefugnis nach § 30 Abs. 4 Nr. 2 AO.[4] Voraussetzung für eine Mitteilung ist, dass der betroffene Online-Händler (tatsächlich) seinen **steuerlichen Pflichten nicht im wesentlichen Umfang nachkommt**, und dass andere Maßnahmen des Finanzamts als eine Mitteilung an den Betreiber keinen Erfolg versprechen. 51

Ob steuerliche Pflichtverletzungen im relevanten Umfang tatsächlich bestehen, kann im Einzelfall streitig sein und sich möglicherweise anschließend erst nach einer **streitigen Auseinandersetzung** im Einspruchs- und ggf. sich anschließenden finanzgerichtlichen Klageverfahren klären lassen. Dies gilt damit auch für die Zulässigkeit einer Offenbarungsmitteilung nach § 25e Abs. 4 Satz 1 UStG. 52

Der in der Norm festgeschriebene **Vorrang anderer Maßnahmen** ist Ausdruck des **Verhältnismäßigkeitsgrundsatzes** und legt dem Finanzamt stets die Prüfung auf, vor einer Offenbarungsmitteilung zunächst zu prüfen, ob das gesetzgeberische Ziel, die zutreffende Umsatzbesteuerung des Online-Händlers sicherzustellen und Steuerausfälle zu vermeiden, nicht mit anderen – weniger scharfen – Maßnahmen erreicht werden kann. Insoweit ist insbesondere zu fordern, dass das **Finanzamt zu-** 53

1 Abschn. 25e.2 Abs. 4 Satz 4 UStAE.
2 Abschn. 25e.2 Abs. 4 Satz 6 UStAE.
3 Abschn. 25e.2 Abs. 4 Satz 7 UStAE.
4 Begründung zum Gesetz zur Vermeidung von Umsatzsteuerausfällen beim Handel mit Waren im Internet und zur Änderung weiterer steuerlicher Vorschriften, BT-Drucks. 19/4455, 62.

nächst versucht, direkt Kontakt zu dem Online-Händler aufzunehmen und diesen auffordert, seinen umsatzsteuerlichen Verpflichtungen in Deutschland ordnungsgemäß nachzukommen.

II. Haftung nach Mitteilungszugang (Absatz 4 Satz 2)

54 § 25e Abs. 4 Satz 2 UStG sieht vor, dass der Betreiber nach Zugang der Offenbarungsmitteilung des Finanzamts für die Steuern des Online-Händlers haftet und zwar für alle **Rechtsgeschäfte, die nach dem Zugang der Mitteilung** abgeschlossen worden sind. Der genaue Zeitpunkt des Zugangs der Offenbarungsmitteilung ist daher von Bedeutung. Diesbezüglich gelten die Regelungen zur Bekanntgabe von Verwaltungsakten nach § 122 AO.[1]

III. Ausschluss betroffener Unternehmer (Absatz 4 Satz 3)

55 Mit § 25e Abs. 4 Satz 3 UStG hat der Gesetzgeber eine **„Rück-Rückausnahme"** normiert, die im Ergebnis also die Ausnahme von § 25e Abs. 1 UStG wiederherstellt (also keine Haftung). Der Betreiber hat danach die Möglichkeit, innerhalb einer vom Finanzamt gesetzten Frist, die in der Regel gleichzeitig mit der Offenbarungsmitteilung erfolgt, nachzuweisen, dass der entsprechende Online-Händler über seine elektronische Schnittstelle keine Waren mehr anbieten kann.

56 In der Praxis ist damit zu rechnen, dass zur **Minimierung der Haftungsrisiken** die Betreiber unmittelbar im Anschluss an eine Offenbarungsmitteilung den betreffenden Online-Händler vorsorglich zunächst vom weiteren Handel auf der elektronischen Schnittstelle ausschließen, indem sie seinen Account (jedenfalls vorübergehend) sperren. Dies ist vor allem vor dem Hintergrund zu betrachten, dass in der Praxis aktuell einige besonders bedeutende elektronische Schnittstellen bestehen, über deren Angebot viele Online-Händler einen Großteil oder sämtliche ihrer Umsätze machen. Dementsprechend hart wirkt sich eine – wenn auch nur vorsorglich und einstweilig geltende – Sperrung des Händleraccounts aus.

IV. Entsprechende Anwendung für „Nichtunternehmer" (Absatz 4 Satz 4)

57 § 25e Abs. 4 Satz 4 UStG bestimmt, dass die Regelungen zur **Offenbarungsbefugnis** der Sätze 1–3 **entsprechend** gelten, **wenn** es um einen **Online-Händler** geht, der sich als **Nichtunternehmer** auf einer elektronischen Schnittstelle registriert hat. Auch in diesem Fall darf das Finanzamt unter den dargestellten Voraussetzungen dem Betreiber eine Mitteilung über relevante steuerliche Pflichtverletzungen des Online-Händlers machen, die zum Wiederaufleben der Haftung des Betreibers nach § 25e Abs. 1 UStG führen kann. Die angezeigte steuerliche Pflichtverletzung liegt in diesen Fällen in dem Umstand, dass die Tätigkeit des Online-Händlers im Rahmen eines Unternehmens erfolgt.[2]

V. Rechtsschutz gegen Offenbarungsmitteilung

58 Die Offenbarungsmitteilung des Finanzamts hat **gravierende Auswirkungen** sowohl für den Betreiber (Wiederaufleben der Haftung) als auch für den betroffenen Online-Händler, für den die drohende Accountsperrung leicht existenzgefährdend werden kann.

59 Ungeachtet der zweifelhaften Rechtsnatur einer „Mitteilung" erscheint es geboten, von einem **Verwaltungsakt** gegenüber dem Betreiber i. S. d. § 118 AO auszugehen. Denn mit der Mitteilung führt das Finanzamt eine Maßnahme durch, mit der der Einzelfall eines bestimmten Online-Händlers auf der elektronischen Schnittstelle geregelt wird und es durch die wiederauflebende Haftung nach § 25e Abs. 1 UStG auch zu einer unmittelbaren Rechtswirkung nach außen kommt, auf die die Mitteilung gerichtet ist. Auch zur Gewährleistung eines effektiven Rechtsschutzes scheint die Bejahung eines Ver-

1 Abschn. 25e.3 Abs. 1 Satz 3 UStAE.
2 Vgl. Abschn. 25e.3 Abs. 2 Satz 3 UStAE.

waltungsakts **mit Drittwirkung**[1] geboten. Als Folge sind sowohl der Betreiber selbst als auch der betroffene Online-Händler in (entsprechender) Anwendung des § 91 AO vorher anzuhören und haben die **Möglichkeit (einstweiligen) Rechtsschutzes** durch Einspruch und Anfechtungsklage.[2] In einer ersten finanzgerichtlichen Entscheidung, die die Gewährung einstweiligen Rechtsschutzes betraf, entschied das FG Saarland entsprechend.[3]

Im Hinblick auf die in der Praxis zu erwartende regelmäßige Sperrung des Händler-Accounts durch den Betreiber kommt die Mitteilung für den Online-Händler einer (Teil-)Untersagung des Gewerbebetriebs gleich. Es erscheint insofern sachgerecht, dass ein **Einspruch und Klage mit Suspensiveffekt** in entsprechender Anwendung der §§ 347 ff. AO und § 361 Abs. 1 i. V. m. Abs. 4 Satz 1 AO sowie § 69 Abs. 1 und Abs. 5 Satz 1 FGO möglich ist.[4] Vor einer klaren Äußerung der FinVerw. im Hinblick auf Rechtsschutzmöglichkeiten des Online-Händlers gegen die Offenbarungsmitteilung und deren suspendierender Wirkung ist es aus Vorsichtsgründen **ratsam**, neben Einspruch und Klage **vorsorglich** auch einen **Antrag auf Aussetzung der Vollziehung** in entsprechender Anwendung von § 361 Abs. 2 AO und § 69 Abs. 3 FGO zu stellen.[5] 60

Das FG Saarland entschied als erstes Gericht zur Frage des Rechtsschutzes und bestätigte, dass es sich bei der Mitteilung um einen **Verwaltungsakt mit Drittwirkung** handele, der vom betroffenen Online-Händler angefochten werden kann, äußerte sich jedoch leider nicht klar im Hinblick auf den Suspensiveffekt.[6] 60.1

F. Elektronische Schnittstelle (Absatz 5)

Eine elektronische Schnittstelle wird nach § 25e Abs. 5 UStG definiert als „ein elektronischer **Marktplatz**, eine elektronische **Plattform**, ein elektronisches **Portal oder Ähnliches**". Die Definition ist identisch mit der in § 3 Abs. 3a Satz 3 UStG (§ 3 Rz. 168 ff.). 61

Ein elektronischer Marktplatz, Schnittstelle, Portal etc. können jede **„Website"** oder „jedes andere Instrument" sein. Der Begriff der Website selbst bezeichnet die – unter einer individuellen Webadresse erreichbare – Präsenz bzw. den Dienst eines Anbieters von Telemedien zu persönlichen oder geschäftlichen Zwecken im weltweiten Netz (World Wide Web).[7] Damit erfassen Websites – entsprechend dem allgemeinen Sprachgebrauch – grundsätzlich **nur** solche Präsenzen, die den Internetdienst **WWW** nutzen. 62

Die weit gefasste Definition bezweckt, **sämtliche Handelsplätze** zu erfassen, die es derzeit und zukünftig **ermöglichen, Kaufverträge** über Gegenstände elektronisch **abzuschließen.**[8] 63

Unerheblich ist es mangels einer entsprechenden Einschränkung des Wortlautes, **wo** die Website oder das andere Instrument **gespeichert** sind. Dies muss daher nicht auf Servern in Deutschland sein, sondern kann auch in anderen Ländern geschehen. Auch dezentrale, blockchainbasierte Angebote sind daher vom Anwendungsbereich mit umfasst. 64

Die Haftung greift nur, wenn die Umsätze ermöglichenden Informationen solchen Nutzern zur Verfügung gestellt werden, die nicht Betreiber sind. Diese Klarstellung erscheint unnötig, da entsprechende Informationen, die dem Betreiber der Seite selbst zur Verfügung gestellt und von diesem genutzt werden, zu **Eigenhandel** führen, so dass sich die Frage einer Haftung für fremde Steuerschulden nicht stellen dürfte. 65

1 So auch *Heuermann* in Sölch/Ringleb, § 25e UStG Rz. 31 (Stand: März2021); *Zugmaier/Oldiges*, DStR 2019, 15.

2 Hierzu insbesondere *Härtwig*, UR 2018, 777; *Zugmaier/Oldiges*, DStR 2019, 15; *Zugmaier/Oldiges* in Offerhaus/Söhn/Lange, § 25e UStG Rz. 51 ff. (Stand: August 2019); *Heuermann* in Sölch/Ringleb, § 25e UStG Rz. 31, 70 (Stand: März 2021).

3 Vgl. FG Saarland, Urt. v. 16.8.2021 – 1 V 1139/21, EFG 2021, 1852.

4 Vgl. hierzu insbesondere *Härtwig*, UR 2018, 777.

5 So auch *Zugmaier/Oldiges* in Offerhaus/Söhn/Lange, § 25e UStG Rz. 53 (Stand: August 2019).

6 Vgl. FG Saarland, Urt. v. 16.8.2021 – 1 V 1139/21, EFG 2021, 1852.

7 Vgl. Art. 7 Abs. 2 Buchst. b MwStVO.

8 Siehe Abschn. 25e.1 Satz 3 UStAE; *Grambeck* in Weymüller, BeckOK UStG, § 3 Rz. 332 (Stand: September 2023).

G. Unterstützen einer Lieferung (Absatz 6)

I. Systematik

66 § 25e Abs. 6 Satz 1 UStG beinhaltet eine Definition des Begriffs „unterstützen" i. S. d. § 25e Abs. 1 UStG. In den Sätzen 2 und 3 wiederum finden sich jeweils drei Fälle, bei denen ein Unterstützen nicht in Betracht kommt. Es handelt sich hierbei um **Ausschlusskriterien**, die ergänzend zur Definition in Satz 1 zu betrachten sind.[1]

67 Die Regelung stellt eine fast wortlautgetreue Wiedergabe des **Art. 5b MwStVO** dar, die für die Auslegung des Unterstützenbegriffs in § 3 Abs. 3a UStG herangezogen wird (§ 3 Rz. 168 ff.). Da allerdings die Vorschrift nur im Rahmen von Fernverkäufen gilt, war eine separate Definition in § 25e UStG erforderlich.[2]

II. Legaldefinition (Absatz 6 Satz 1)

68 Ein „Unterstützen" liegt gem. § 25e Abs. 6 Satz 1 UStG vor, wenn der Betreiber einer elektronischen Schnittstelle diese nutzt, um einem Leistungsempfänger und einem liefernden Unternehmer, der über eine elektronische Schnittstelle Gegenstände zum Verkauf anbietet, zu ermöglichen, in Kontakt zu treten, woraus eine Lieferung von Gegenständen an diesen Leistungsempfänger resultiert.

69 Der Wortlaut suggeriert einen umfassenden, jedoch etwas **konturlosen Anwendungsbereich**, da hiernach jedweder Beitrag des Schnittstellenbetreibers ausreichend sein kann, um das Unterstützen einer Lieferung anzunehmen. Daher hat der Gesetzgeber dieser weiten Definition in § 25e Abs. 6 Satz 2 und 3 UStG negative Schranken gegeben.

III. Ausschlusskriterien (Absatz 6 Sätze 2 und 3)

70 Ein Unterstützen ist nach § 25e Abs. 6 Satz 2 Nr. 1–3 UStG nicht anzunehmen, wenn der Betreiber (**kumulativ**) weder unmittelbar noch mittelbar

- irgendeine der Bedingungen für die Lieferung der Gegenstände festlegt (Nr. 1),
- an der Autorisierung der Abrechnung mit dem Leistungsempfänger bezüglich der getätigten Zahlungen beteiligt ist (Nr. 2) und
- an der Bestellung oder Lieferung der Gegenstände beteiligt ist (Nr. 3).

70.1 Sofern eine dieser Negativ-Voraussetzungen fehlt, liegt ein Unterstützen i. S. d. Satz 1 vor.[3] Die FinVerw. hat darüber hinaus in Abschn. 3.18 UStAE eine Reihe nicht abschließender Indizien festgelegt, wann die obigen Voraussetzungen gegeben sein können. Zwar beziehen sich diese direkt lediglich auf den Unterstützensbegriff in § 3 Abs. 3a UStG i. V. m. Art. 5b MwStVO (§ 3 Rz. 168 ff.), wegen der Inhaltsgleichheit der Begriffe dürften sie jedoch auch für § 25e Abs. 6 UStG entsprechend herangezogen werden können.

70.2 Nach § 25e Abs. 6 Satz 3 Nr. 1-3 UStG liegt zudem ein Unterstützen nicht vor, wenn der Betreiber mittels seiner elektronischen Schnittstelle lediglich einen der nachfolgenden Umsätze erbringt:

- die Verarbeitung von Zahlungen im Zusammenhang mit der Lieferung von Gegenständen (Nr. 1),
- die Auflistung von Gegenständen oder die Werbung für diese (Nr. 2), oder
- die Weiterleitung oder Vermittlung von Leistungsempfängern an andere elektronische Schnittstellen, über die Gegenstände zum Verkauf angeboten werden, ohne dass eine weitere Einbindung in die Lieferung besteht (Nr. 3).

---

1 *Grambeck* in Weymüller, BeckOK UStG, § 25e UStG Rz. 73 (Stand: September 2023).
2 *Heuermann* in Sölch/Ringleb, UStG, § 25e Rz. 54 (Stand: März 2021).
3 *Grambeck* in Weymüller, BeckOK UStG, § 25e UStG Rz. 73 (Stand: September 2023).

Dieser Katalog verdeutlicht im Wesentlichen, dass auf der elektronischen Schnittstelle der **Kaufvertrag** (etwa mithilfe eines **automatisierten Bestellvorgangs**) zwischen dem Online-Händler und dem Endabnehmer zustande kommen muss. Nicht erfasst sind damit insbesondere reine Vermittlungsmarktplätze oder -plattformen, die die Funktion eines „schwarzen Bretts" haben und lediglich Verkäufer und Käufer miteinander vermitteln oder Websites, die ausschließlich (ggf. auf anderen elektronischen Schnittstellen veranlasste) Zahlungen abwickeln.[1] Schlussendlich ergeben sich damit keine faktischen Unterschiede zur bisherigen Rechtslage nach § 25e Abs. 1 UStG a.F., wonach statt eines Unterstützens die „rechtliche Begründung der Lieferung auf dem elektronischen Marktplatz" gefordert war.[2] 71

H. Örtliche Zuständigkeit (Absatz 7)

§ 25e Abs. 7 UStG regelt die örtliche Zuständigkeit für den Erlass des Haftungsbescheids. Diese liegt bei dem Finanzamt, das für die Besteuerung des liefernden Unternehmers zuständig ist. In diesem Zusammenhang kommen damit § 21 Abs. 1 AO sowie die sog. **Umsatzsteuerzuständigkeitsverordnung**[3] für ausschließlich im Ausland ansässige Unternehmer zur Anwendung. 72

I. Erleichterte Haftungsinanspruchnahme für Unternehmer außerhalb des europäischen Wirtschaftsraums (Absatz 8)

I. Regelungsgegenstand

Um die Durchsetzung der Haftungsansprüche gegen ausländische Unternehmer außerhalb des europäischen Wirtschaftsraums zu erleichtern, schränkt § 25e UStG das Erfordernis eines erfolglosen Vollstreckungsversuchs nach § 219 AO ein. 73

II. Ansässigkeit des liefernden Unternehmers außerhalb EWR

Voraussetzung für die Verfahrenserleichterung ist, dass der liefernde Unternehmer, für dessen Steuerschuld der Betreiber in Anspruch genommen wird, **weder** einen **Wohnsitz noch gewöhnlichen Aufenthalt oder Sitz der Geschäftsleitung im Inland** hat. Die Norm ähnelt im Hinblick auf das Wohnsitzerfordernis („kein Wohnsitz") der Definition des ausländischen Unternehmers i.S.d. § 13b Abs. 7 UStG (§ 13b Rz. 65 ff.). 74

Dem Wortlaut nach darf „kein Wohnsitz" im Europäischen Wirtschaftsraum bestehen. Danach würde auch ein **Neben- bzw. Zweitwohnsitz** einer natürlichen Person im Europäischen Wirtschaftsraum schon dazu führen, dass die FinVerw. von der Verfahrenserleichterung keinen Gebrauch machen kann. 75

III. Entbehrlichkeit Zahlungsaufforderung (§ 219 AO)

Sind Online-Händler außerhalb des europäischen Wirtschaftsraums ansässig, muss die FinVerw. § 219 AO nicht beachten. Das heißt, das Finanzamt kann den Betreiber als Haftungsschuldner auch dann in Anspruch nehmen, wenn es weder einen erfolglosen Vollstreckungsversuch in das Vermögen des Haftungsschuldners unternommen hat noch die Aussichtslosigkeit eines Vollstreckungsversuchs geprüft hat. § 25e Abs. 8 UStG ergänzt damit die in § 219 Satz 2 AO vorgesehenen **Ausnahmen vom Subsidiaritätsgrundsatz der Inanspruchnahme des Haftungsschuldners** (insbes. Steuerhinterziehung und Steuerhehlerei). 76

1 Vgl. Abschn. 25e.1 Satz 6 UStAE.
2 Siehe hierzu die Erläuterungen in den Rz. 33 f. der 1. Auflage.
3 Verordnung über die örtliche Zuständigkeit für die Umsatzsteuer im Ausland ansässiger Unternehmer (Umsatzsteuerzuständigkeitsverordnung – UStZustV) v. 20.12.2001, BGBl. I 2001, 3794.

§ 25f Versagung des Vorsteuerabzugs und der Steuerbefreiung bei Beteiligung an einer Steuerhinterziehung

(1) Sofern der Unternehmer wusste oder hätte wissen müssen, dass er sich mit der von ihm erbrachten Leistung oder seinem Leistungsbezug an einem Umsatz beteiligt, bei dem der Leistende oder ein anderer Beteiligter auf einer vorhergehenden oder nachfolgenden Umsatzstufe in eine begangene Hinterziehung von Umsatzsteuer oder Erlangung eines nicht gerechtfertigten Vorsteuerabzugs im Sinne des § 370 der Abgabenordnung oder Schädigung des Umsatzsteueraufkommens im Sinne der §§ 26a, 26c einbezogen war, ist Folgendes zu versagen:

1. die Steuerbefreiung nach § 4 Nummer 1b in Verbindung mit § 6a,

2. der Vorsteuerabzug nach § 15 Absatz 1 Satz 1 Nummer 1,

3. der Vorsteuerabzug nach § 15 Absatz 1 Satz 1 Nummer 3 sowie

4. der Vorsteuerabzug nach § 15 Absatz 1 Satz 1 Nummer 4.

(2) § 25b Absatz 3 und 5 ist in den Fällen des Absatzes 1 nicht anzuwenden.

Schrifttum: *Ehrke-Rabel*, Missbrauch und Vorsteuerabzug, in Umsatzsteuerforum e.V./Bundesministerium der Finanzen (Hrsg.), 100 Jahre Umsatzsteuer in Deutschland 1918–2018, Festschrift, Köln 2018, 721; *Grommes*, Die Einführung des § 25f UStG aus steuerstrafrechtlicher Sicht, UR 2020, 135; *Heuermann*, Mit Italmoda auf den Schultern von Larenz, DStR 2015, 1416; *Höink*, Umsatzsteuer – § 25f UStG neu – ein untauglicher Versuch?, DB 2019, M4; *Hummel*, Der Umgang mit „betrugsbehafteten Umsätzen" im Umsatzsteuerrecht, UR 2014, 256; *Jäger*, Das Verbot strafbegründender Analogie als Grenze unionsrechtskonformer Auslegung im Steuerstrafrecht, in Dünkel/Fahl/Hardtke/Harrendorf/Regge/Sowoda (Hrsg.), Strafrecht – Wirtschaftsstrafrecht – Steuerrecht, Gedächtnisschrift für Wolfgang Joecks, München 2018, 513; *Kemper*, Der „Missbrauch" und die Steuerhinterziehung bei der Umsatzsteuer, UR 2017, 449; *Pflaum*, Das unionsrechtliche Missbrauchsverbot und die steuerstrafrechtliche Haftung in arbeitsteiligen Unternehmen, UR 2019, 63; *Pflaum*, Versagung von Rechten (§ 25f UStG) und Haftung des Steuerhinterziehers (§ 71 AO) bei Steuerhinterziehung in der Leistungskette, UR 2021, 453; *Reiß*, Steuerstrafrechtliche und (umsatz-)steuerrechtliche Aspekte bei grenzüberschreitenden Warenlieferungen in der Union, in Fischer/Mellinghoff (Hrsg.), Festgabe für Heinrich List, Stuttgart 2015, 174; *Reiß*, Die gesetzliche Neuregelung des § 25f UStG als umsatzsteuerrechtlich und strafrechtlich verfehlte Regelung, UR 2020, 408; *Spatscheck/Spilker*, Grenzen für die Verfolgung von Vorsteuerbetrug bei Karussellgeschäften, DB 2018, 1239; *Treiber*, Die Bekämpfung von Steuerhinterziehungen als Rechtfertigungsgrund für die Einschränkung nationaler umsatzsteuerrechtlicher Vorschriften, MwStR 2015, 626; *Wäger*, Der Kampf gegen Steuerhinterziehung, UR 2015, 81; *Wäger*, Geänderte Beurteilungen im Umsatzsteuerrecht, UR 2018, 743; *Wäger*, Gutglaubensschutz im Umsatzsteuerrecht, in Drüen/Hey/Mellinghoff (Hrsg.), 100 Jahre Steuerrechtsprechung in Deutschland 1918–2018, Festschrift, Köln 2018, 1591; *Wäger*, Abzugs- und Befreiungsversagung nach Unionsrecht und § 25f UStG, UR 2020, 45; *Widmann*, § 25f UStG als Produkt kodifizierter Rechtsprechung, UR 2020, 633.

A. Grundaussagen

I. Regelungsgegenstand und Bedeutung

§ 25f UStG soll das vom EuGH als ungeschriebenen Rechtsgrundsatz des Mehrwertsteuerrechts an- 1
erkannte **Betrugs- und Missbrauchsverbot** (Rz. 2 f.) in eine ausdrückliche gesetzliche Regelung fassen. Dies soll die Diskussion beenden, ob die Anwendung dieses Verbots mit der Gesetzmäßigkeit der Besteuerung[1] und der Gesetzesbestimmtheit der Strafe (Art. 103 Abs. 2 GG)[2] vereinbar ist.[3]

II. Unionsrechtliche Grundlagen

Nach gefestigter Rechtsprechung des EuGH[4] sind die **Rechte aus der MwStSystRL zu versagen**, wenn 2
sie in betrügerischer Weise oder missbräuchlich geltend gemacht werden. Dies gilt insbesondere für das Recht auf Vorsteuerabzug und die Steuerbefreiung für innergemeinschaftliche Lieferungen, aber auch für das Recht auf Mehrwertsteuererstattung und für die Differenzbesteuerung. Betrügerisch oder missbräuchlich ist die Geltendmachung insbesondere, wenn der Unternehmer selbst eine Steuerhinterziehung begeht oder von einer Steuerhinterziehung auf einer vorhergehenden oder nachfolgenden Umsatzstufe wusste oder wissen musste.[5]

Der EuGH leitet dies auch ohne ausdrückliche Regelung in der MwStSystRL daraus ab, dass eine be- 3
trügerische oder missbräuchliche Berufung auf das Unionsrecht allgemein nicht erlaubt sei.[6] Er wendet das Betrugs- und Missbrauchsverbot auch im Ertragsteuerrecht an[7] und hält es aufgrund seines allgemeinen Charakters auch ohne besondere Umsetzung im nationalen Recht für **unmittelbar anwendbar**.[8]

---

1 Vgl. *Heuermann*, DStR 2015, 1416; *Wäger*, UR 2018, 743 (748), m.w.N.; *Wäger* in FS 100 Jahre Steuerrechtsprechung, 1591 (1597 ff., 1608 ff.).

2 Vgl. BVerfG, Beschl. v. 16.6.2011 – 2 BvR 542/09, BVerfGK 18, 482 = UR 2011, 775; *Jäger* in GS Joecks, 513 (525); *Reiß* in FS List, 149 (157 ff.); *Spatscheck/Spilker*, DB 2018, 1239 (1241).

3 BR-Drucks. 356/19, 183; grds. krit. *Reiß*, UR 2020, 408.

4 Zusammenfassend EuGH, Beschl. v. 14.4.2021 – C-108/20, ECLI:EU:2021:266 – HR, UR 2021, 433, m. Anm. *Pflaum*.

5 Z.B. EuGH, Urt. v. 6.7.2006 – C-439/04 und C-440/04, ECLI:EU:C:2006:446 – Kittel und Recolta Recycling, UR 2006, 594 m. Anm. *Wäger*; EuGH, Urt. v. 18.5.2017 – C-624/15, ECLI:EU:C:2017:389 – Litdana, UR 2017, 552, Rz. 32 f., 37, m.w.N.

6 Grundlegend EuGH, Urt. v. 21.2.2006 – C-255/02, ECLI:EU:C:2006:121 – Halifax, UR 2006, 232 m. Anm. *Wäger*, Rz. 68, 70.

7 EuGH, Urt. v. 26.2.2019 – C-115/16, C-118/16, C-119/16 und C-299/16, ECLI:EU:C:2019:134 – N Luxembourg 1, IStR 2019, 308, Rz. 116 ff.

8 EuGH, Urt. v. 18.12.2014 – C-131/13, C-163/13 und C-164/13, ECLI:EU:C:2014:2455 – Schoenimport „Italmoda" Mariano Previti, UR 2015, 106, Rz. 54 ff.; EuGH, Urt. v. 22.11.2017 – C-251/16, ECLI:EU:C:2017:881 – Cussens, UR 2018, 241, Rz. 28 ff.; krit. *Treiber*, MwStR 2015, 626; *Wäger* in FS 100 Jahre Steuerrechtsprechung, S. 1591 (1597 ff., 1608 ff.); *Wäger*, UR 2020, 45 (48 ff.).

III. Verhältnis zu anderen Vorschriften und Rechtsentwicklung

4 § 25f UStG wurde durch Art. 12 Nr. 19 des Gesetzes zur weiteren steuerlichen Förderung der Elektromobilität und zur Änderung weiterer steuerlicher Vorschriften[1] in das UStG eingefügt. Der Tatbestand des § 25f UStG setzt seinem Wortlaut nach voraus, dass eine Tat nach §§ 26a, c UStG oder eine Steuerhinterziehung (§ 370 AO) begangen wurde oder noch begangen werden soll. Die Rechtsfolge des § 25f UStG kann dazu führen, dass eine zusätzliche Steuerhinterziehung (§ 370 AO) vorliegt oder sich das Hinterziehungsvolumen erhöht, weil ein zu versagendes Recht in Kenntnis des Versagungsgrundes gleichwohl geltend gemacht wird (Rz. 57.1).[2]

Nach der Rechtsprechung des BGH kann Gehilfe (§ 27 Abs. 1 StGB) einer Steuerhinterziehung (§ 370 AO) auch sein, wer den Täter unterstützt, den Besteuerungstatbestand zu verwirklichen.[3] In vielen Fällen der Versagung könnte daher auch eine Haftung (§ 71 AO) in Betracht kommen.

B. Versagung von Rechten (Absatz 1)

I. Regelungsgegenstand

5 In Anlehnung an die Rechtsprechung des EuGH bestimmt § 25f Abs. 1 UStG, dass bei **Beteiligung an einer Steuerhinterziehung** einzelne umsatzsteuerliche Rechte zu versagen sind. Der Gesetzeswortlaut gibt die Rechtsprechungsgrundsätze allerdings verkürzt und mit Abweichungen wieder. Die Versagung kommt nur zum Tragen, wenn die Tatbestandsvoraussetzungen der zu versagenden Rechte grundsätzlich erfüllt sind.[4] Werden Umsätze lediglich fingiert, entstehen schon keine umsatzsteuerlichen Rechte, die versagt werden könnten.[5]

5.1 Die Versagung folgt nach der Rechtsprechung des EuGH daraus, dass die Voraussetzungen des begehrten Rechts „in Wirklichkeit nicht erfüllt sind".[6] Demnach entsteht das Recht materiell-rechtlich erst gar nicht und erlischt nicht erst aufgrund eines besonderen Versagungsakts.[7] Der vom deutschen Gesetzgeber übernommene Begriff „Versagung" dürfte lediglich den Ausgangssachverhalten der EuGH-Entscheidungen geschuldet sein, in denen die Unternehmer das in Wirklichkeit nicht entstandene Recht gleichwohl geltend machten. Richtigerweise müssen die Unternehmer das Nichtbestehen des Rechts daher schon in Steuervoranmeldungen und Steuererklärungen berücksichtigen (Rz. 57.1). Eine unzulässige Verpflichtung zur Selbstbezichtigung wegen einer Steuerstraftat[8] liegt darin schon deswegen nicht, weil sich aus der Steuervoranmeldung oder Steuererklärung selbst weder die Anwendung des § 25f UStG als solche noch der zugrundeliegende Lebenssachverhalt[9] ergeben.

II. Beteiligung an einer Steuerhinterziehung

1. Steuerhinterziehung

a) Wortlaut

6 Nach dem Wortlaut von § 25f Abs. 1 UStG kann nicht nur die Beteiligung an einem in eine Steuerhinterziehung einbezogenen Umsatz zu einer Versagung des Vorsteuerabzugs und der Steuerbefreiung führen, sondern auch die Beteiligung an einem in eine **Schädigung des Umsatzsteueraufkommens**

---

1 BGBl. I 2019, 2451.
2 **A.A.** *Widmann*, UR 2020, 633 (635 f.).
3 Vgl. BGH, Beschl. v. 25.7.2019 – 1 StR 230/19, wistra 2020, 21 m. Anm. *Pflaum*.
4 Vgl. Abschn. 25f.1 Abs. 1 UStAE.
5 EuGH, Urt. v. 27.6.2018 – C-459/17 und C-460/17, ECLI:EU:C:2018:501 – SGI, UR 2018, 684, Rz. 40.
6 EuGH, Urt. v. 18.12.2014 – C-131/13, C-163/13 und C-164/13, ECLI:EU:C:2014:2455 – Schoenimport „Italmoda" Mariano Previti, UR 2015, 106, Rz. 57; EuGH, Urt. v. 22.11.2017 – C-251/16, ECLI:EU:C:2017:881 – Cussens, UR 2018, 241, Rz. 32.
7 **A.A.** *Widmann*, UR 2020, 633 (635 f.).
8 **A.A.** *Widmann*, UR 2020, 633 (636).
9 Vgl. BGH, Urt. v. 2.12.2005 – 5 StR 119/05, BGHSt 50, 299, unter III.3.b.aa.

(§§ 26a, c UStG, § 26c Rz. 9 ff.) einbezogenen Umsatz. Die amtliche Überschrift von § 25f UStG ist insofern ungenau. Im Übrigen hängt die Auslegung von § 25f Abs. 1 UStG wesentlich davon ab, wie weit die Bezugnahme auf § 370 AO reicht. Die Gesetzesmaterialien ergeben dazu nichts.[1]

Denkbar wäre, dass die Bezugnahme sowohl für die Hinterziehung als auch für die Erlangung eines nicht gerechtfertigten Vorsteuerabzugs gilt. Dann käme es darauf an, ob der Umsatz in eine **Steuerhinterziehung (§ 370 Abs. 1 AO)** einbezogen war. Die Steuerhinterziehung (§ 370 Abs. 1 AO) ist der gemeinsame Oberbegriff für Steuerverkürzung und Erlangung nicht gerechtfertigter Steuervorteile. Die gesonderte Erwähnung eines nicht gerechtfertigten Vorsteuerabzugs wäre nicht erforderlich, aber unschädlich. 7

Wegen ihrer Stellung im Satz könnte die Bezugnahme aber auch nur für die Erlangung eines nicht gerechtfertigten Steuerabzugs gelten. Der Begriff der „Hinterziehung" wäre dann grundsätzlich **eigenständig auszulegen**. Dagegen spricht aber, dass § 370 AO den „nicht gerechtfertigten Vorsteuerabzug" nicht gesondert erwähnt. Abhängig davon, ob ein Zahlbetrag verbleibt oder ein Vorsteuerüberschuss[2] entsteht, kann ein nicht gerechtfertigter Vorsteuerabzug sowohl zu einer Steuerverkürzung als auch zu einem anderen nicht gerechtfertigten Steuervorteil i.S.d. § 370 AO führen. 8

b) Unionsrechtskonforme Auslegung

aa) Unionsrechtliche Begriffe

Die Auslegung des § 25f UStG muss sich aber m.E. an den unionsrechtlichen Vorgaben orientieren. Betrug, Missbrauch und Steuerhinterziehung im Sinne der **EuGH-Rechtsprechung** (Rz. 2 f.) sind jeweils unionsrechtliche Begriffe. Unionsrechtliche Begriffe sind autonom und unionsweit einheitlich auszulegen.[3] Steuerhinterziehung in diesem Sinne ist daher nicht ohne weiteres die Steuerhinterziehung nach deutschem Recht.[4] 9

bb) Steuerhinterziehung und Betrug

Die **deutsche Fassung** der MwStSystRL will in Art. 131 MwStSystRL (zuvor Art. 13 Teil A Abs. 1 6. EG-Richtlinie) „Steuerhinterziehung, Steuerumgehung und Missbrauch" im Zusammenhang mit Steuerbefreiungen verhindern.[5] In Art. 395 Abs. 1 Unterabs. 1 MwStSystRL (zuvor Art. 27 Abs. 1 Satz 1 6. EG-Richtlinie) nennt sie „Steuerhinterziehung und Steuerumgehung" nebeneinander, ohne den Missbrauch besonders zu erwähnen. 10

Demgegenüber spricht die **französische Fassung** in Art. 131 MwStSystRL (zuvor Art. 13 Teil A Abs. 1 6. EG-Richtlinie) von „fraude, évasion et abus éventuels", in Art. 395 Abs. 1 Unterabs. 1 MwStSystRL (zuvor Art. 27 Abs. 1 Satz 1 6. EG-Richtlinie) von „fraudes ou évasions fiscales". Die französische Rechtssprache, die Arbeitssprache des EuGH, unterscheidet nicht zwischen „Betrug" und „Hinterziehung". Die Steuerhinterziehung („fraude fiscale") ist lediglich ein Sonderfall des Betrugs („fraude"). Wo es in den deutschen Urteilsfassungen „Steuerhinterziehung" heißt, steht in den französischen Fassungen[6] häufig schlicht „fraude", teilweise „fraude fiscale". 11

Die Große Kammer des EuGH definiert Betrug („fraude") als „die Verwendung oder Vorlage falscher, unrichtiger oder unvollständiger Erklärungen oder Unterlagen", die zu einer rechtswidrigen Schädigung führt.[7] Sie lehnte sich dabei an Art. 1 Abs. 1 des Übereinkommens über den Schutz der finanziel- 12

1 BT-Drucks. 356/19, 183.

2 Vgl. BFH, Urt. v. 27.10.2009 – VII R 4/08, BStBl. II 2010, 257 = UR 2010, 272, unter II.2.a.

3 BFH, Beschl. v. 23.6.2016 – V B 90/15, BFH/NV 2016, 1498.

4 *Pflaum*, UR 2019, 63 f.; *Kemper* in FS 100 Jahre Umsatzsteuer, 749 (764).

5 Ähnlich EuGH, Urt. v. 18.12.2014 – C-131/13, C-163/13 und C-164/13, ECLI:EU:C:2014:2455 – Schoenimport „Italmoda" Mariano Previti, UR 2015, 106, Rz. 54.

6 Abrufbar unter curia.europa.eu.

7 EuGH, Urt. v. 8.9.2015 – C-105/14, ECLI:EU:C:2015:555 – Taricco, UR 2016, 367, Rz. 41 f.; EuGH, Urt. v. 2.5.2018 – C-574/15, ECLI:EU:C:2018:295 – Scialdone, UR 2018, 481 m. Anm. *Reiß*, Rz. 38 f.; *Ehrke-Rabel* in FS 100 Jahre Umsatzsteuer, 721 (734).

len Interessen der Europäischen Union[1] an. Die 2017 an die Stelle des Übereinkommens getretene **Richtlinie (EU) 2017/1371** über die strafrechtliche Bekämpfung von gegen die finanziellen Interessen der Union gerichtetem Betrug[2] bestätigte diese Definition grundsätzlich auch für die Mehrwertsteuer und erweiterte sie um das Verschweigen einer mehrwertsteuerrelevanten Information unter Verletzung einer spezifischen Pflicht (Art. 3 Abs. 2 Buchst. d Richtlinie (EU) 2017/1371).[3]

13 Eine Täuschung, d.h. das tatsächliche Hervorrufen einer Fehlvorstellung, ist nach dieser Definition, ähnlich wie bei der Steuerhinterziehung nach § 370 Abs. 1 Nr. 1 AO in der Auslegung der Rechtsprechung[4], und anders als beim Betrug (§ 263 StGB) nicht erforderlich. Dies ist bei der Umsatzsteuer als Anmeldesteuer (vgl. § 18 Abs. 1 Satz 1, Abs. 3 Satz 1 UStG, § 168 AO) von besonderer Bedeutung. Insofern wird eine **Steuerhinterziehung (§ 370 Abs. 1 Nr. 1AO)** regelmäßig auch eine **Steuerhinterziehung („fraude") im unionsrechtlichen Sinne** sein und umgekehrt, aber nicht zwingend.

14 Für die Steuerhinterziehung durch **pflichtwidriges In-Unkenntnis-Lassen (§ 370 Abs. 1 Nr. 2 AO)** gilt bei der Umsatzsteuer im Ergebnis nichts anderes.[5] Gibt der Steuerpflichtige pflichtwidrig keine Steuererklärung ab, kennt das Finanzamt den maßgeblichen Sachverhalt aber schon aus anderen Gründen (z.B. Kontrollmitteilungen) scheidet bei der Veranlagungssteuern eine Hinterziehung aus[6], weil dort die Steuerhinterziehung (§ 370 Abs. 1 Nr. 2 AO) erst zu dem Zeitpunkt der bei ordnungsgemäßer Erklärung spätesten Steuerfestsetzung vollendet ist.[7] Demgegenüber ist die Hinterziehung von Umsatzsteuer schon vollendet, wenn der Steuerpflichtige bis zum Ablauf der (ggf. verlängerten) Abgabefrist keine Steuererklärung abgab.[8] Anders als bei der Ertragsteuer können die Finanzämter daher eine Steuerverkürzung nicht verhindern, indem sie bei fehlender Erklärung die Steuer anhand der Akten festsetzen.

15 Die Tathandlungen nach §§ 26a, c UStG beinhalten keine Falscherklärung (§ 26c Rz. 4). Die bloße **Nichtabführung ordnungsgemäß erklärter Steuer** ist keine Steuerhinterziehung und kein Betrug im unionsrechtlichen Sinne.[9] Daher kann dahingestellt bleiben, ob die uneingeschränkte Verweisung auf § 26a UStG nur als Verweisung auf § 26a Abs. 1 UStG zu verstehen ist, wofür allerdings der Zusammenhang mit der Schädigung des Umsatzsteueraufkommens und mit § 26c UStG spricht, und ob auch Fälle des § 26a Abs. 1 UStG erfasst sind, die nicht zugleich den Qualifikationstatbestand des § 26c UStG erfüllen.

cc) Missbrauch

16 Nach der Rechtsprechung des EuGH kann sich die Versagung von Rechten gleichermaßen aus der Beteiligung an betrugs- und an missbrauchsbehafteten Umsätzen ergeben.[10] Gleichwohl **unterscheidet der EuGH** grundsätzlich zwischen Betrug und Missbrauch.[11] In einzelnen Urteilen übertrug er zwar die ursprünglich von der Großen Kammer[12] für den Missbrauch entwickelte Definition auf den Be-

1 ABl. EG 1995 Nr. C 316, 49.
2 ABl. EU 2017 Nr. L 198, 29.
3 Ähnlich zur früheren Rechtslage EuGH, Urt. v. 28.7.2016 – C-332/15, ECLI:EU:C:2016:614 – Astone, UR 2016, 683, Rz. 55 f.; EuGH, Urt. v. 7.3.2018 – C-159/17, ECLI:EU:C:2018:161 – Dobre, UR 2018, 565, Rz. 41.
4 Z.B. BGH, Beschl. v. 14.12.2010 – 1 StR 275/10, wistra 2011, 186, Rz. 26 f. m.w.N. auch zur Gegenauffassung.
5 **A.A.** FG Düsseldorf, Urt. v. 26.5.2021 – 5 K 143/20, wistra 2020, 331.
6 Vgl. BFH, Urt. v. 4.12.2012 – VIII R 50/10, BStBl. II 2014, 222; OLG Oldenburg, Beschl. v. 10.7.2018 – 1 Ss 51/18, ZWH 2018, 366; **a.A.** *Jäger* in Klein[15], AO, § 370 Rz. 60b, 60d.
7 BGH, Beschl. v. 2.11.2010 – 1 StR 544/09, NStZ 2011, 294.
8 BGH, Beschl. v. 8.12.2016 – 1 StR 389/16, wistra 2917, 334, Rz. 11.
9 EuGH, Urt. v. 2.5.2018 – C-574/15, ECLI:EU:C:2018:295 – Scialdone, UR 2018, 481 m. Anm. *Reiß*, Rz. 37 ff.; EuGH, Urt. v. 15.9.2022 – C-227/21, ECLI:EU:C:2022:687 – HA.EN., UR 2022, 804 m. Anm. *Monfort* Rz. 32.
10 EuGH, Urt. v. 18.12.2014 – C-131/13, C-163/13 und C-164/13, ECLI:EU:C:2014:2455 – Schoenimport „Italmoda" Mariano Previti, UR 2015, 106, Rz. 56 f.; EuGH, Urt. v. 22.11.2017 – C-251/16, ECLI:EU:C:2017:881 – Cussens, UR 2018, 241, Rz. 28 ff.
11 Vgl. EuGH, Urt. v. 10.7.2019 – C-273/18, ECLI:EU:C:2019:588 – Kuršu zeme, UR 2019, 697.
12 EuGH, Urt. v. 21.2.2006 – C-255/02, ECLI:EU:C:2006:121 – Halifax, UR 2006, 232 m. Anm. *Wäger*, Rz. 74 f.; so auch noch EuGH, Urt. v. 22.3.2012 – C-153/11, ECLI:EU:C:2012:163 – Klub, UR 2012, 606, Rz. 49.

trug.[1] Ob er dies weiter verfolgt, erscheint im Hinblick auf die zwischenzeitliche Entscheidung der Großen Kammer zum Betrug (Rz. 12) fraglich.

Die nach den Grundsätzen der Großen Kammer missbräuchlichen Umsätze sind, soweit es auf das nationale Recht überhaupt noch ankommt (Rz. 3),[2] jedenfalls von **§ 42 AO** erfasst.[3] Die unionsrechtskonforme Auslegung des § 25f UStG muss daher nur betrügerische Umsätze in den Blick nehmen. 17

dd) Folgerungen für § 25f Abs. 1 UStG

Unionsrechtskonform ausgelegt, erfasst § 25f Abs. 1 UStG daher alle – und nur – Umsätze innerhalb einer Leistungskette, in der es zu einer **Steuerhinterziehung im unionsrechtlichen Sinne** kam, von der der Unternehmer wusste oder wissen musste. Daher ist die Hinterziehung von Umsatzsteuer in § 25f Abs. 1 UStG nicht i.S.d. § 370 AO (Rz. 8), sondern im unionsrechtlichen Sinne zu verstehen. Eine Verurteilung der Täter ist nicht erforderlich.[4] 18

Neben der so verstandenen Hinterziehung haben die Erlangung eines nicht gerechtfertigten Vorsteuerabzugs und die Schädigung des Umsatzsteueraufkommens (§§ 26a, c UStG; Rz. 15) im Rahmen des § 25f UStG keinen eigenständigen Anwendungsbereich. Soweit sie Sachverhalte erfassen, die **keine Steuerhinterziehung im unionsrechtlichen Sinne** sind, rechtfertigen sie wegen des Vorrangs des Unionsrechts keine Versagung umsatzsteuerlicher Rechte.[5] 19

Bei dieser Auslegung des § 25f UStG kommt es für das Vorliegen einer Steuerhinterziehung nicht mehr darauf an, ob sich der Steuerpflichtige auf für ihn günstigeres nationales Recht berufen kann,[6] obwohl nach der Rechtsprechung des EuGH das Betrugs- und Missbrauchsverbot unmittelbar gilt (Rz. 3). Es ist auch nicht zu entscheiden, ob ein unmittelbar geltendes Betrugs- und Missbrauchsverbot auch der steuerstrafrechtlichen Beurteilung zugrunde zu legen ist oder ob die **Gesetzesbestimmtheit der Strafe** vorgeht.[7] 20

2. Beteiligung

a) Wortlaut

Hinsichtlich der Beschreibung der zur Versagung führenden Beteiligungsformen **weicht** der Wortlaut des § 25f Abs. 1 UStG ohne erkennbaren Grund **von der vom EuGH[8] geprägten Formulierung ab.** Diese Abweichungen sind zum Teil augenscheinlich redaktioneller Art, könnten sich zum Teil aber auch in der Sache auswirken. 21

Anders als der EuGH erwähnt § 25f Abs. 1 UStG nicht ausdrücklich den Fall, dass der Unternehmer selbst eine Steuerhinterziehung (im unionsrechtlichen Sinne) begeht (Rz. 26 ff.). Zudem stellt er nicht darauf ab, ob der Umsatz in eine Steuerhinterziehung auf einer anderen Umsatzstufe einbezogen war, sondern darauf, ob ein **Beteiligter auf einer anderen Umsatzstufe in eine Steuerhinterziehung ein-** 22

1 EuGH, Urt. v. 12.7.2012 – C-284/11, ECLI:EU:C:2012:458 – EMS-Bulgaria Transport, UR 2012, 642, Rz. 74; EuGH, Urt. v. 17.7.2014 – C-272/13, ECLI:EU:C:2014:2091 – Equoland, UR 2015, 75, Rz. 39.

2 S. auch BFH, Urt. v. 11.7.2018 – XI R 26/17, BFHE 262, 535 = UR 2019, 22, Rz. 70 ff.

3 BFH, Urt. v. 16.6.2015 – XI R 17/13, BStBl. II 2015, 1024 = UR 2015, 835, Rz. 35 f.; BFH, Urt. v. 29.9.2022 – V R 29/20, UR 2023, 243, Rz. 43.

4 Insofern zutreffend Abschn. 25f.1 Abs. 3 Satz 2 UStAE.

5 Vgl. z. B. EuGH, Urt. v. 18.5.2017 – C-624/15, ECLI:EU:C:2017:389 – Litdana, UR 2017, 552, Rz. 35; EuGH, Urt. v. 11.11.2021 – C-281/20, ECLI:EU:C:2021:910 – Ferimet, UR 2022, 65 m. Anm. *Pflaum* Rz. 49 ff.; EuGH, Urt. v. 15.9.2022 – C-227/21, ECLI:EU:C:2022:687 – HA.EN., UR 2022, 804 m. Anm. *Monfort* Rz. 25 ff., 47; **a.A.** Abschn. 25f.1 Abs. 3 Satz 1 UStAE; *Reiß*, UR 2020, 408 (414 f.).

6 BFH, Urt. v. 8.3.2012 – V R 14/11, BStBl. II 2012, 630 = UR 2012, 560, Rz. 20 f.; BFH, Urt. v. 6.9.2018 – V R 34/17, BStBl. II 2019, 344 = UR 2019, 30, Rz. 14.

7 Vgl. EuGH, Urt. v. 5.12.2017 – C-42/17, ECLI:EU:C:2017:926 – M.A.S. und M.B., UR 2018, 81 m. Anm. *Reiß*.

8 Vgl. z.B. EuGH, Urt. v. 18.12.2014 – C-131/13, C-163/13 und C-164/13, ECLI:EU:C:2014:2455 – Schoenimport „Italmoda" Mariano Previti, UR 2015, 106, Rz. 50; EuGH, Urt. v 18.5.2017 – C-624/15, ECLI:EU:C:2017:389 – Litdana, UR 2017, 552, Rz. 33.

bezogen war. Schließlich verzichtet er im Zusammenhang mit den anderen Umsatzstufen auf den Begriff der „Leistungskette“.

b) Umsatz und Steuerhinterziehung

23 Allgemein ergibt sich die Steuerhinterziehung sowohl im unionsrechtlichen (Rz. 10 ff.) als auch im nationalen Sinne[1] nicht aus dem Umsatz, sondern aus der Verletzung der daraus resultierenden Erklärungspflichten. Daher ist grundsätzlich die **Beteiligung am Umsatz** von der Beteiligung an einer diesbezüglichen Steuerhinterziehung zu unterscheiden. Der EuGH geht davon aus, dass schon die Teilnahme an einem Umsatz in einer hinterziehungsbehafteten Leistungskette (Rz. 30) für Zwecke der MwStSystRL eine Beteiligung an einer Steuerhinterziehung sei, weil sie diese begünstige.[2] Dies bedeutet aber keine Beteiligung (Täterschaft oder Teilnahme) im Sinne des deutschen Strafrechts.[3]

24 Vor diesem Hintergrund wirkt sich die von der EuGH-Rechtsprechung abweichende Regelungstechnik des § 25f Abs. 1 UStG im Ergebnis nicht aus. Nach beiden Formulierungen setzt die Versagung grundsätzlich voraus, dass der Leistende des nämlichen Umsatzes oder ein Beteiligter eines vorangegangenen oder nachfolgenden Umsatzes seine **auf diesen Umsatz bezogenen Erklärungspflichten verletzt**. Bei juristischen Personen oder Personengesellschaften ist insofern auf die gesetzlichen Vertreter abzustellen.

25 Zu beachten ist aber, dass die Versagung der Rechte auf einzelne Umsätze bezogen ist, während die Erklärungen für bestimmte Zeiträume abzugeben sind. Die Versagung setzt daher eine **Zuordnung der hinterzogenen Steuer zu einzelnen Umsätzen** voraus. Erklärt der Unternehmer zumindest einen Teil der im Besteuerungszeitraum ausgeführten Ausgangsumsätze, lässt sich eine Steuerhinterziehung bezüglich eines einzelnen Umsatzes zweifelsfrei nur insoweit feststellen, als schon der einzelne Umsatz den erklärten Gesamtbetrag übersteigt. Unberechtigt abgezogene Vorsteuer lässt sich einem einzelnen Eingangsumsatz erst zuordnen, wenn der Unternehmer zum Beleg seines vermeintlichen Rechts auf Vorsteuerabzug eine Eingangsrechnung über diesen Umsatz vorlegt. Die Zuordnung liegt aber nahe, wenn der Unternehmer selbst einzelne Umsätze oder deren Höhe gezielt verschleiert, etwa in Rechnungen oder in seiner Buchhaltung ein zu niedriges Entgelt angibt.

c) Eigene Hinterziehung des Unternehmers

26 Die eigene Steuerhinterziehung des Unternehmers **betreffend den nämlichen Umsatz**, aus dem die Rechte versagt werden sollen[4], ist zwar Ausgangspunkt der EuGH-Rechtsprechung[5]. Nach derzeitiger Rechtslage sind aber kaum Fälle denkbar, in denen es darauf ankäme.

27 Ist der Unternehmer **Leistungsempfänger**, muss er eine Steuererklärung nur abgeben, wenn er ausnahmsweise die Steuer schuldet, insbesondere bei innergemeinschaftlichen Erwerben (Art. 20 Abs. 1, Art. 200 MwStSystRL, Art. 28a Abs. 3 Unterabs. 1, Art. 28g Abs. 1 Buchst. 3 6. EG-Richtlinie, § 1 Abs. 1 Nr. 5, § 1a, § 13a Abs. 1 Nr. 2 UStG) oder sonst aufgrund Umkehr der Steuerschuldnerschaft (insbes. Art. 199 MwStSystRL, Art. 28 Abs. 2 Buchst. 6. EG-Richtlinie, § 13b UStG). Erklärt er den Umsatz nicht, kann er auch keine Vorsteuer abziehen, so dass keine Steuerverkürzung eintritt. Auch das sog. Kompensationsverbot (§ 370 Abs. 4 Satz 3 AO) greift nicht ein.[6] Soll dem Unternehmer der Vorsteuerabzug aus einem Eingangsumsatz versagt werden, weil er beabsichtigt, seine Erklärungspflichten aus dem Ausgangsumsatz zu verletzen[7], ist dieser Ausgangsumsatz schon ein nachfolgender Umsatz.

1 BGH, Beschl. v. 22.7.2014 – 1 StR 189/14, HFR 2015, 194.
2 EuGH, Urt. v. 24.11.2022 – C-596/21, ECLI:EU:C:2022:921 – Finanzamt M (Étendue du droit à déduction de la TVA), UR 2022, 942 m. Anm. *Monfort* Rz. 30, 35.
3 *Reiß* in FS List, S. 149 (169).
4 Vgl. *Grommes*, UR 2020, 135 (138); *Reiß*, UR 2020, 408 (411 f.); *Treiber* in Sölch/Ringleb, § 25f Rz. 11 (Stand: März 2021).
5 Z.B. EuGH, Urt. v. 28.7.2016 – C-332/15, ECLI:EU:C:2016:614 – Astone, UR 2016, 683, Rz. 51.
6 BFH, Urt. v. 21.5.2014 – V R 34/13, BStBl. II 2014, 914 = UR 2014, 774, Rz. 52.
7 Vgl. *Reiß*, UR 2020, 408 (413).

Als **leistendem Unternehmer** kann ihm aus dem nämlichen Umsatz lediglich eine Steuerbefreiung oder möglicherweise die Differenzbesteuerung (Rz. 2) versagt werden. Ist die Leistung aber steuerfrei, kann die Nichterklärung nicht zu einer Steuerverkürzung führen. Allenfalls bei differenzbesteuerten Ausgangsumsätzen kann sich die Frage stellen, ob zunächst nicht erklärte Umsätze nach Aufdeckung der Hinterziehung nach allgemeinen Grundsätzen zu besteuern oder der Differenzbesteuerung zu unterwerfen sind. Es ist fraglich, ob der EuGH diese Konstellation vor Augen hatte. 28

d) Leistender des nämlichen Umsatzes und Beteiligte anderer Umsatzstufen

§ 25f UStG erfasst auch Fälle, in denen der **Leistende des nämlichen Umsatzes** Steuer hinterzieht.[1] Ein Leistungsempfänger, der von der Hinterziehung wusste oder wissen musste, kann daher keine Vorsteuer abziehen. Bei unionsrechtskonformer Auslegung[2] bezieht sich das Tatbestandsmerkmal „auf einer vorhergehenden oder nachfolgenden Umsatzstufe" nur auf den „anderen Beteiligten". Der Wortlaut lässt diese Auslegung zu. Daher kann auch ein Unternehmer, der beabsichtigt Steuer auf Ausgangsumsätze zu hinterziehen, die Vorsteuer auf damit zusammenhängende Eingangsumsätze nicht abziehen[3], weil der Ausgangsumsatz bezogen auf den Eingangsumsatz eine andere Umsatzstufe betrifft. 29

e) Leistungskette

Der Verzicht auf das Bild der „Leistungskette" bedeutet m.E. keine Änderung in der Sache. Die „Leistungskette" ist die **Gesamtheit der aufeinanderfolgenden Umsätze**. Es ist daher nicht erforderlich, dass die **Abfolge vorab bestimmt oder geplant**[4] ist.[5] Schon der „einfache Steuerhinterzieher" ist erfasst,[6] da auch von ihm eine Gefährdung des Mehrwertsteueraufkommens und des Wettbewerbs ausgeht. Das erforderliche Regulativ zugunsten gutgläubiger Beteiligter ergibt sich aus den subjektiven Voraussetzungen (Rz. 34 ff.). 30

Die Formulierungen des EuGH und der Wortlaut des § 25f UStG lassen eine Versagung auch zu, wenn ein **nicht unmittelbar vorangehender oder nachfolgender Umsatz** hinterziehungsbehaftet ist. Soweit den Sachverhaltsdarstellungen zu entnehmen ist,[7] scheinen die bisherigen EuGH-Urteile aber nur die Versagung wegen Steuerhinterziehungen bei dem nämlichen Umsatz oder unmittelbar vorangehenden oder nachfolgenden Umsätzen zu betreffen. 31

Ohne Bedeutung ist, ob die einzelnen Unternehmer in unterschiedlichen Mitgliedstaaten ansässig sind. Nach der Rechtsprechung des EuGH gilt das Betrugs- und Missbrauchsverbot auch und gerade in **grenzüberschreitenden Sachverhalten.**[8] 32

Vom EuGH noch nicht entschieden und in § 25f UStG nicht ausdrücklich geregelt sind Fälle, in denen ein Unternehmer **mehrere Teilleistungen** zusammenführt, von denen nur eine hinterziehungsbehaftet ist, indem z.B. ein Generalunternehmer drei Subunternehmer einsetzt, von denen einer keine Steuererklärungen abgibt, und der Auftraggeber dies weiß. Soll die Versagung im Ergebnis den Steuerhinterzieher isolieren und setzt sie keine Gefährdung des Steueraufkommens voraus (Rz. 53), liegt es allerdings nahe, in diesen Fällen den Vorsteuerabzug insgesamt zu versagen. 33

---

1 Vgl. EuGH, Beschl. v. 14.4.2021 – C-108/20, ECLI:EU:C:2021:266 – HR, UR 2021, 433 m. Anm. *Pflaum*, Rz. 29; **a.A.** *Treiber* in Sölch/Ringleb, § 25f Rz. 66 (Stand: März 2021).

2 Vgl. *Treiber* in Sölch/Ringleb, § 25f Rz. 67 (Stand: März 2021).

3 **A.A.** *Grommes*, UR 2020, 135 (138); *Reiß*, UR 2020, 408 (411).

4 Vgl. *Wäger* in FS 100 Jahre Steuerrechtsprechung, S. 1591 (1609).

5 EuGH, Beschl. v. 14.4.2021 – C-108/20, ECLI:EU:C:2021:266 – HR, UR 2021, 433 m. Anm. *Pflaum*, Rz. 32 ff.

6 *Kemper*, UR 2017, 449 (455); **a.A.** *Reiß*, UR 2020, 408(412); *Wäger*, UR 2020, 45 (52).

7 Unklar EuGH, Urt. v. 12.1.2006 – C-354, C-355 und C-484/03, ECLI:EU:C:2006:16 – Optigen u.a., UR 2006, 157, Rz. 12.

8 EuGH, Urt. v. 18.12.2014 – C-131/13, C-163/13 und C-164/13, ECLI:EU:C:2014:2455 – Schoenimport „Italmoda" Mariano Previti, UR 2015, 106, Rz. 65 ff.

3. Subjektive Voraussetzungen

a) Wissen oder Wissenmüssen

34 Zur Versagung kommt es nur, wenn der Unternehmer von der Steuerhinterziehung und der Beteiligung (Rz. 6 ff. und Rz. 21 ff.) wusste oder wissen musste. Das Betrugs- und Missbrauchsverbot begründet **keine verschuldensunabhängige Haftung.**[1] Auf das Wissen eines Steuerpflichtigen ist regelmäßig anhand äußerer Umstände zu schließen.[2] Wissenmüssen bedeutet sowohl nach nationalem Recht (vgl. § 122 Abs. 2 BGB) als auch unionsrechtlich[3] ein Nichtwissen wegen Nichtanwendung der gebotenen Sorgfalt. Auch nur bedingter Vorsatz ist nicht erforderlich. Insofern ist der Begriff hinreichend bestimmt.[4]

35 Der Unternehmer muss die **vernünftigerweise zu erwartenden Maßnahmen ergreifen**, um sich nicht an hinterziehungsbehafteten Umsätzen zu beteiligen. Er muss zwar bei Hinweisen auf Steuerhinterziehungen Erkundigungen über seine Geschäftspartner anstellen, sich aber nicht allgemein vergewissern, dass die Beteiligten an vorangegangenen Umsätzen ihren steuerlichen Pflichten nachkommen, oder faktisch die den Finanzbehörden obliegenden Kontrollen übernehmen.[5] Maßgeblich für die Erkundigungspflichten sind die Gesamtumstände des Einzelfalls unter Berücksichtigung des Handelsbrauchs und branchenspezifischer Risiken.[6] Auch die von der Finanzverwaltung angenommenen allgemeinen Anhaltspunkte für Unregelmäßigkeiten[7] sind in eine solche einzelfallbezogene Gesamtwürdigung einzustellen. Verletzt der Unternehmer außersteuerliche Sorgfaltspflichten, kann dies zusammen mit anderen, weiteren Umständen, darauf hindeuten, dass der Unternehmer von einer Steuerhinterziehung in der Leistungskette zumindest wissen musste. Die Pflichtverletzung alleine reicht für eine Versagung aber nicht aus.[8]

36 Ein Wissen oder Wissenmüssen des Unternehmers von einer Steuerhinterziehung in Bezug auf **Umsätze ohne eigene unmittelbare Beteiligung** wird daher nur in Ausnahmefällen gegeben sein. Denkbar ist es insbesondere dann, wenn die Leistungskette einer übergeordneten Planung folgt und der Unternehmer diese Planung kennt, oder der Unternehmer anderweitig unmittelbare Kontakte zu den Beteiligten der hinterziehungsbehafteten Umsätze hat.

37 Für steuerliche Zwecke muss der Unternehmer sich das **Wissen oder Wissenmüssen seiner Vertreter und Mitarbeiter** zurechnen lassen.[9] Auch reicht nach dem insoweit übereinstimmenden Wortlaut der EuGH-Rechtsprechung und des § 25f Abs. 1 UStG jedes Wissen oder Wissenmüssen. Ein bewusstes oder kollusives Zusammenwirken des Unternehmers und des Steuerhinterziehers sind daher nicht erforderlich. Da das Wissen oder Wissenmüssen ein unionsrechtlicher Begriff ist, ergeben sich Voraussetzungen und Umfang der Zurechnung im Einzelnen ebenfalls aus dem Unionsrecht. M.E. ist insofern die zollrechtliche Rechtsprechung des EuGH entsprechend anwendbar. Danach ist einem Arbeit-

1 EuGH, Urt. v. 21.6.2012 – C-80/11 und C-142/11, ECLI:EU:C:2012:373 – Mahagében, UR 2012, 591, Rz. 59 ff.; EuGH, Urt. v. 6.12.2012 – C-285/11, ECLI:EU:C:2012:774 – Bonik, UR 2013, 195, Rz. 42; EuGH, Urt. v. 18.5.2017 – C-624/15, ECLI:EU:C:2017:389 – Litdana, UR 2017, 552, Rz. 35.

2 BFH, Urt. v. 20.10.2016 – V R 36/14, BFH/NV 2017, 327, Rz. 18.

3 EuGH, Beschl. v. 14.4.2021 – C-108/20, ECLI:EU:C:2021:266 – HR, UR 2021, 433 m. Anm. *Pflaum*, Rz. 27.

4 **A.A.** *Höink*, DB 2019, M4.

5 EuGH, Urt. v. 21.6.2012 – C-80/11 und C-142/11, ECLI:EU:C:2012:373 – Mahagében, UR 2012, 591, Rz. 59 ff.; EuGH, Urt. v. 6.12.2012 – C-285/11, ECLI:EU:C:2012:774 – Bonik, UR 2013, 195, Rz. 42; EuGH, Urt. v. 18.5.2017 – C-624/15, ECLI:EU:C:2017:389 – Litdana, UR 2017, 552, Rz. 38 ff.; EuGH, Urt. v. 19.10.2017 – C-101/16, ECLI:EU:C:2017:775 – Paper Consult, UR 2018, 213, Rz. 51; EuGH, Urt. v. 17.10.2019 – C-653/18, ECLI:EU:C:2019:876 – Unitel, UR 2019, 849, Rz. 33; EuGH, Urt. v. 1.12.2022 – C-512/21, ECLI:EU:C:2022:950 – Aquila Part Prod Com, UR 2023, 166, Rz. 48 ff.; s.a. BFH, Urt. v. 11.3.2020 – XI R 38/18, BFHE 268, 376, UR 2020, 764, Rz. 38.

6 Vgl. z.B. EuGH, Urt. v. 6.9.2012 – C-324/11, ECLI:EU:C:2012:549 – Toth, UR 2012, 851, Rz. 45, 49 (Generalunternehmer am Bau).

7 Vgl. Abschn. 25f.1 Abs. 5 UStAE.

8 EuGH, Urt. v. 3.10.2019 – C-329/18, ECLI:EU:C:2019:831 – Altic, UR 2019, 825, Rz. 36, 40.

9 EuGH, Urt. v. 1.12.2022 – C-512/21, ECLI:EU:C:2022:950 – Aquila Part Prod Com, UR 2023, 166, Rz. 67; BFH, Urt. v. 19.5.2010 – XI R 78/07, UR 2010, 952, unter II.2.b.bb.; BFH, Beschl. v. 19.12.2014 – XI B 12/14, BFH/NV 2015, 534, Rz. 22; siehe auch BGH, Urt. v. 15.5.2018 – 1 StR 159/17, WM 2018, 2028, Rz. 195 ff.; *Pflaum*, UR 2019, 63.

geber auch das Verhalten von Mitarbeitern zuzurechnen, die unter Beachtung des Rahmens der ihnen von ihrem Arbeitgeber übertragenen Aufgaben und damit im Rahmen ihres jeweiligen Zuständigkeitsbereichs im Namen und für Rechnung ihres Arbeitgebers tätig werden.[1] Dies dürfte im Ergebnis den Zurechnungsgrundsätzen nach nationalem Recht[2] entsprechen.

b) Maßgeblicher Zeitpunkt

Dabei ist zu berücksichtigen, dass es für die subjektiven Voraussetzungen des Vorsteuerabzugs auf den Zeitpunkt des Leistungsbezugs ankommt, für die subjektiven Voraussetzungen der Steuerbefreiung auf den Zeitpunkt der Leistungserbringung.[3] Nach dem Grundsatz der Rechtssicherheit muss der Unternehmer bei **Abschluss eines Rechtsgeschäfts** erkennen können, welche steuerrechtlichen Pflichten sich daraus für ihn ergeben.[4] 38

c) Nachfolgende Umsätze

Namentlich die Versagung wegen einer Steuerhinterziehung bei einem nachfolgenden Umsatz kommt daher nur in Betracht, wenn diese Steuerhinterziehung für den Unternehmer schon **bei Bezug seiner eigenen Eingangsleistung oder Ausführung seiner eigenen Ausgangsleistung absehbar** war.[5] Bei eigenen Steuerhinterziehungen ist dies der Fall, sobald der Unternehmer einen entsprechenden Vorsatz fasste, bei einer Steuerhinterziehung eines Dritten, sobald er dessen Vorsatz kannte oder kennen musste. 39

In engeren Geschäftsbeziehungen erscheint es möglich, dass der Unternehmer schon bei Bezug der Eingangsleistung weiß, für welchen Ausgangsumsatz er sie verwenden wird, und zumindest Anhaltspunkte hat, dass das Geschäftsmodell seines Leistungsempfängers auf Hinterziehungen aufgebaut ist.[6] 40

4. Feststellungslast

Im Besteuerungsverfahren und Finanzprozess liegt nach allgemeinen Grundsätzen[7] die Feststellungslast für die Voraussetzungen des **zu versagenden Rechts** beim Unternehmer, für die Voraussetzungen der **Versagung** beim Finanzamt.[8] Das begehrte Recht ist daher nicht schon deswegen zu gewähren, weil die Voraussetzungen der Versagung nicht nachgewiesen sind.[9] Andererseits genügen allein Auffälligkeiten in den Leistungsbeziehungen, namentlich Karussellfakturierungen und der Umstand, dass die Mitglieder der Leistungskette sich kannten, für sich genommen jeweils noch nicht für den Nachweis einer Steuerhinterziehung.[10] 41

---

1 Vgl. EuGH, Urt. v. 25.1.2017 – C-679/15, ECLI:EU:C:2017:40 – Ultra-Brag, ZfZ 2017, 98, Rz. 41.

2 BFH, Urt. v. 21.4.2010 – VI R 29/08, BStBl. II 2010, 833 = FR 2010, 950, Rz. 15.

3 BFH, Urt. v. 13.5.2009 – XI R 84/07, BFHE 225, 282 = BStBl. II 2009, 868 = UR 2009, 644, unter II.3.a.; BFH, Urt. v. 18.4.2013 – V R 19/12, BFHE 241, 446 = BStBl. II 2013, 842 = UR 2014, 129, Rz. 21 ff.; BGH, Beschl. v. 1.10.2013 – 1 StR 312/13, HFR 2014, 447, Rz. 13 ff.; BGH, Beschl. v. 29.1.2015 – 1 StR 216/14, ZWH 2015, 186; **a.A.** *Reiß* in FS List, 149 (171).

4 EuGH, Urt. v. 9.10.2014 – C-492/13, ECLI:EU:C:2014:2267 – Traum EOOD, UR 2014, 943, Rz. 28 f., m.w.N.; siehe auch BFH, Urt. v. 23.3.2017 – V R 16, 24/16, BFHE 257, 177 = BStBl. II 2017, 760 = UR 2017, 357, Rz. 33.

5 Vgl. EuGH, Urt. v. 14.2.2019 – C-531/17, ECLI:EU:C:2019:114 – Vetsch Int. Transporte, UR 2019, 389, Rz. 42 f.

6 **A.A.** *Wäger*, UR 2020, 45 (53).

7 Vgl. BFH, Urt. v. 23.10.2014 – V R 23/13, BStBl. II 2015, 313 = UR 2015, 188, Rz. 18; BFH, Beschl. v. 13.7.2010 – V B 121/09, BFH/NV 2010, 2015, Rz. 8; BFH, Beschl. v. 3.2.2016 – V B 35/15, BFH/NV 2016, 794, Rz. 12.

8 Abschn. 25f.1 Abs. 1, Abs. 6 Satz 1 UStAE; so i.E. auch BR-Drucks. 356/19, 183.

9 Vgl. BFH, Urt. v. 18.2.2016 – V R 62/14, BStBl. II 2016, 589 = UR 2016, 397, Rz. 21.

10 EuGH, Urt. v. 1.12.2022 – C-512/21, ECLI:EU:C:2022:950 – Aquila Part Prod Com, UR 2023, 166 Rz. 35 ff., 44; siehe auch EuGH, Beschl. v. 9.1.2023 – C-289/22, ECLI:EU:C:2023:26 – A.T.S. 2003, UR 2023, 485.

III. Zu versagende Rechte

1. Ausdrücklich genannte Rechte

a) Steuerbefreiung für innergemeinschaftliche Lieferungen (§ 25f Abs. 1 Nr. 1 UStG)

42 Als zu versagendes Recht ausdrücklich genannt ist zunächst die **Steuerbefreiung für innergemeinschaftliche Lieferungen**. Der EuGH versagt die Steuerbefreiung regelmäßig, wenn der Lieferant wusste oder wissen musste, dass der Empfänger den innergemeinschaftlichen Erwerb nicht versteuert.[1] Allein das Unterlassen der Erwerbsbesteuerung bedeutet aber nicht zwingend eine Steuerhinterziehung (Rz. 27).

43 Spiegelt der Abnehmer hingegen einen Transport in das übrige Gemeinschaftsgebiet nur vor, liegen die Voraussetzungen der Steuerbefreiung objektiv nicht vor. Folglich ist nicht über die Versagung zu entscheiden, sondern über **Vertrauensschutz**.[2]

44 Die Steuerbefreiung für **Ausfuhrlieferungen** (§ 4 Nr. 1 Buchst. a i.V.m. § 6 UStG; Art. 146 MwStSystRL, Art. 15 6. EG-Richtlinie) ist demgegenüber von § 25f UStG nicht erfasst. Auch dies stimmt mit den Grundsätzen der Missbrauchsrechtsprechung überein, da der Erwerb beim Empfänger nicht der Mehrwertsteuer unterliegt und daher keine Steuerausfälle drohen.[3]

b) Vorsteuerabzug aus Eingangsrechnungen (§ 25f Abs. 1 Nr. 2 UStG)

45 Zu versagen ist auch der **Vorsteuerabzug aus Eingangsrechnungen**. Er war der Ausgangspunkt der einschlägigen Rechtsprechung des EuGH.[4] Die Versagung betrifft nicht nur die Vorsteuer aus Lieferungen, sondern auch aus sonstigen Leistungen, etwa eines Subunternehmers an einen Generalunternehmer.[5]

46 Dies betrifft aber nur **gesetzlich geschuldete Steuer**. Liegt schon keine Leistung vor oder durfte der Leistende keine Umsatzsteuer gesondert ausweisen, kann der Leistungsempfänger allein deswegen keine Vorsteuer abziehen (§ 15 Rz. 14 f.).

c) Vorsteuerabzug bei innergemeinschaftlichen Erwerben (§ 25f Abs. 1 Nr. 3 UStG)

47 Der **Vorsteuerabzug bei innergemeinschaftlichen Erwerben** ist lediglich ein eigenständig geregelter Sonderfall des Vorsteuerabzugs. Dementsprechend ist er nach den gleichen Grundsätzen zu versagen wie der Vorsteuerabzug aus Eingangsrechnungen.

---

1 EuGH, Urt. v. 7.12.2010 – C-285/09, ECLI:EU:C:2010:742 – R, UR 2011, 15, Rz. 55; EuGH, Urt. v. 6.9.2012 – C-273/11, ECLI:EU:C:2012:547 – Mecsek-Gabona, UR 2012, 796; EuGH, Urt. v. 18.12.2014 – C-131/13, C-163/13 und C-164/13, ECLI:EU:C:2014:2455 – Schoenimport „Italmoda“ Mariano Previti, UR 2015, 106, Rz. 62.

2 EuGH, Urt. v. 27.9.2007 – C-409/04, ECLI:EU:C:2007:548 – Teleos, BStBl. II 2009, 70 = UR 2007, 774, Rz. 65 f.

3 EuGH, Urt. v. 19.12.2013 – C-563/12, ECLI:EU:C:2013:854 – BDV Hungary Trading, HFR 2014, 182, Rz. 40; EuGH, Urt. v. 17.10.2019 – C-653/18, ECLI:EU:C:2019:876 – Unitel, UR 2019, 849, Rz. 35; BFH, Urt. v. 12.3.2020 – V R 20/19, BStBl. II 2020, 608 = UR 2020, 718, Rz. 28; FG Rheinland-Pfalz, Urt. v. 28.5.2019 – 3 K 1391/17, EFG 2019, 1634 m. Anm. *Martini*.

4 EuGH, Urt. v. 12.1.2006 – C-354, C-355 und C-484/03, ECLI:EU:C:2006:16 – Optigen u.a., UR 2006, 157; EuGH, Urt. v. 6.7.2006 – C-439/04, C-440/04, ECLI:EU:C:2006:446 – Kittel und Recolta Recycling, UR 2006, 594, Rz. 56 ff.; EuGH, Urt. v. 6.12.2012 – C-285/11, ECLI:EU:C:2012:774 – Bonik, UR 2013, 195; EuGH, Urt. v. 31.1.2013 – C-642/11, ECLI:EU:C:2013:54 – Stroy trans, UR 2013, 275, Rz. 47 f.; EuGH, Urt. v. 31.1.2013 – C-643/11, ECLI:EU:C:2013:55-LVK-56, UR 2013, 346, Rz. 59 f.; EuGH, Urt. v. 13.2.2014 – C-18/13, ECLI:EU:C:2014:69 – Maks Pen, UR 2014, 861; EuGH, Urt. v. 18.12.2014 – C-131/13, C-163/13 und C-164/13, ECLI:EU:C:2014:2455 – Schoenimport „Italmoda“ Mariano Previti, UR 2015, 106, Rz. 44.

5 EuGH, Urt. v. 21.6.2012 – C-80/11 und C-142/11, ECLI:EU:C:2012:373 – Mahagében, UR 2012, 591, Rz. 24 ff.; EuGH, Urt. v. 6.9.2012 – C-324/11, ECLI:EU:C:2012:549 – Toth, UR 2012, 851.

Der EuGH äußerte sich dazu bisher nicht ausdrücklich. Er entschied im Zusammenhang mit innergemeinschaftlichen Erwerben lediglich, dass die Minderung der Bemessungsgrundlage nach Art. 41 Abs. 2 MwStSystRL (Art. 28b Teil A Abs. 2 Unterabs. 2 6. EG-Richtlinie) versagt werden kann.[1] 48

d) Vorsteuerabzug bei Umkehr der Steuerschuldnerschaft (§ 25f Abs. 1 Nr. 4 UStG)

Für den **Vorsteuerabzug bei Umkehr der Steuerschuldnerschaft** gilt im Ergebnis nichts anderes als für den Vorsteuerabzug bei innergemeinschaftlichen Erwerben (Rz. 47 f.). Er ist nach den gleichen Grundsätzen zu versagen, wie der Vorsteuerabzug aus Eingangsrechnungen (Rz. 45 f.). Da bei der Umkehr der Steuerschuldnerschaft diese mit der Vorsteuer zusammentrifft, dürfte die praktische Bedeutung der Versagung eher gering sein (Rz. 27). Sie kommt nur in Betracht, wenn der Unternehmer ausnahmsweise (Rz. 34) von einer Hinterziehung auf einer vorangegangenen Umsatzstufe wusste oder wissen musste oder schon beim Bezug der Leistung um eine künftige Hinterziehung wusste oder wissen musste (Rz. 39 f.). Der EuGH hatte darüber, soweit ersichtlich, noch nicht zu entscheiden. 49

2. Versagung weiterer Rechte?

Nach dem Wortlaut der Vorschrift sind im Falle eines Missbrauchs nur die in § 25f Abs. 1 Nr. 1–4 UStG ausdrücklich genannten Rechte zu versagen, nach der Rechtsprechung des EuGH kommt eine Versagung bei allen in der MwStSystRL gewährten Rechten in Betracht (Rz. 2 f.), beispielsweise auch bei der Differenzbesteuerung,[2] der Mehrwertsteuererstattung,[3] der innergemeinschaftlichen Lieferung neuer Fahrzeuge[4] und der Befreiung von Einfuhrumsatzsteuer.[5] 50

Unionsrechtskonform ausgelegt, ist § 25f UStG insofern nicht als abschließend zu verstehen. Ausgehend von der EuGH-Rechtsprechung, wonach das Betrugs- und Missbrauchsverbot keiner Umsetzung im nationalen Recht bedarf (Rz. 2 f.), stellen sich dann keine Probleme.[6] Anderenfalls ist gegebenenfalls für jedes Recht gesondert zu prüfen, inwiefern die nationale Regelung eine Versagung in Betrugs- und Missbrauchsfällen zulässt. 51

3. Kumulation

a) Keine betragsmäßige Beschränkung

Nach dem Wortlaut des § 25f UStG ist die Versagung der Höhe nach nicht auf den aufgrund der Steuerhinterziehung eingetretenen **Steuerschaden** beschränkt. Daher kann einem Unternehmer, der bei Leistungsbezug von einer Steuerhinterziehung seines Lieferanten wusste, sowohl der Vorsteuerabzug (oder die Steuerbefreiung, § 5 Abs. 1 Nr. 3 UStG) beim Erwerb als auch die Steuerbefreiung für eine anschließende innergemeinschaftliche Lieferung zu versagen sein.[7] Zudem kann innerhalb der gleichen Leistungskette wegen einer Steuerhinterziehung mehreren Unternehmern der Vorsteuerabzug versagt werden und die versagte Vorsteuer im Ergebnis ein Mehrfaches der hinterzogenen Steuer betragen. Das Schrifttum trat einer solchen „Kumulationswirkung" mit beachtlichen Erwägungen entgegen.[8] 52

1 EuGH, Urt. v. 18.12.2014 – C-131/13, C-163/13 und C-164/13, ECLI:EU:C:2014:2455 – Schoenimport „Italmoda" Mariano Previti, UR 2015, 106, Rz. 10 f., 41, 62.

2 EuGH, Urt. v. 18.5.2017 – C-624/15, ECLI:EU:C:2017:389 – Litdana, UR 2017, 552, Rz. 37.

3 EuGH, Urt. v. 18.5.2017 – C-624/15, ECLI:EU:C:2017:389 – Litdana, UR 2017, 552, Rz. 32; EuGH, Urt. v. 18.12.2014 – C-131/13, C-163/13 und C-164/13, ECLI:EU:C:2014:2455 – Schoenimport „Italmoda" Mariano Previti, UR 2015, 106, Rz. 46.

4 EuGH, Urt. v. 14.6.2017 – C-26/16, ECLI:EU:C:2017:453 – Santogal, UR 2017, 539.

5 Vgl. EuGH, Urt. v. 14.2.2019 – C-531/17, ECLI:EU:C:2019:114 – Vetsch Int. Transporte, UR 2019, 389, Rz. 42 f.; *Wäger*, UR 2020, 45 (54).

6 So auch *Treiber* in Sölch/Ringleb, § 25f Rz. 91 (Stand: März 2021).

7 So ausdrücklich *Treiber* in Sölch/Ringleb, § 25f Rz. 82 (Stand: März 2021).

8 *Hummel*, UR 2014, 256 (258 ff.); *Reiß* in FS List, 149 (174 f.); *Reiß*, UR 2020, 408 (416); *Wäger* in FS 100 Jahre Steuerrechtsprechung, 1591 (1609); ebenso FG Berlin-Brandenburg, Vorlagebeschl. v. 5.2.2020 – 5 K 5311/16, UR 2020, 474 (478).

53 Dies entspricht dem Unionsrecht. Schon im Ausgangsfall des EuGH-Urteils *Italmoda* wurden hinsichtlich einiger innergemeinschaftlicher Lieferungen sowohl Vorsteuerabzug als auch Steuerbefreiung versagt.[1] l Erwägungen in anderen Urteilen legten nahe, dass die Versagung von Rechten nicht abschrecken, sondern (nur) die aufgrund der Hinterziehung entgehenden Steuereinnahmen ausgleichen solle.[2] Der EuGH hat aber ausdrücklich entschieden, dass der Vorsteuerabzug bei Vorliegen der übrigen Voraussetzungen in voller Höhe zu versagen ist. Die Versagung ist weder auf den Betrag der hinterzogenen Steuer begrenzt noch setzt sie eine Gefährdung des Steueraufkommens voraus.[3]

54 Soweit die Voraussetzungen vorliegen, kommt auch eine **Haftung Dritter** für eine aufgrund der Versagung entstandene Steuerschuld in Betracht. Da keine betragsmäßige Deckelung eingreift, schließt die Versagung auch nicht aus, einen Unternehmer, dem seinerseits Rechte versagt werden, sofern er im strafrechtlichen Sinne Beteiligter an der für die Versagung maßgebenden Steuerhinterziehung eines anderen Unternehmers in der Leistungskette war, für die hinterzogene Steuer haften zu lassen (§ 71 AO).

b) Versagung bei mehreren Beteiligten

55 Da die Versagung nicht auf den Betrag der hinterzogenen Steuer begrenzt ist, hängt die Versagung gegenüber den einzelnen Beteiligten einer hinterziehungsbehafteten Leistungskette nur davon ab, ob und inwieweit die Voraussetzungen bei dem jeweiligen Beteiligten vorliegen. Ob und in welcher Höhe die Finanzverwaltung bei den anderen Beteiligten Rechte versagt und die anderen Beteiligten Steuern nachgezahlt haben, ist ohne Bedeutung.

c) Verfahren

56 Dementsprechend bedarf es für die Versagung gegenüber mehreren Beteiligten auch keiner besonderen verfahrensmäßigen Abstimmung. Geht man davon aus, dass die zu versagenden Rechte schon nicht entstehen (Rz. 5), sind sie bei der Steuerfestsetzung nicht zu berücksichtigen.

4. Auswirkungen im Steuervollzug

57 Die Entwurfsbegründung zu § 25f UStG geht davon aus, dass aufgrund dieser Vorschrift entfallende Vorsteuerüberschüsse gar nicht erst ausbezahlt würden.[4] Von Rechts wegen wäre dies richtig, tatsächlich erscheint es sehr optimistisch.[5] Schon vor Inkrafttreten des § 25f UStG war die Rechtslage durch die EuGH-Rechtsprechung geklärt. Gleichwohl beteiligten sich zahlreiche Unternehmer zumindest fahrlässig an hinterziehungsbehafteten Leistungsketten und machten dennoch zunächst erfolgreich Vorsteuerabzug oder Steuerbefreiung geltend. Insoweit dürfte auch § 25f UStG **regelmäßig erst nachträglich** zur Anwendung kommen und zum Erlass geänderter Steuerbescheide und Nach- oder Rückforderungen führen.

5. Steuerstrafrechtliche Auswirkungen

57.1 Weiß der Unternehmer oder nimmt er zumindest billigend in Kauf, dass ein bestimmtes Recht nach § 25f UStG zu versagen ist, macht es aber trotzdem geltend und behauptet damit unrichtig (Rz. 5.1)

---

1 EuGH, Urt. v. 18.12.2014 – C-131/13, C-163/13 und C-164/13, ECLI:EU:C:2014:2455 – Schoenimport „Italmoda" Mariano Previti, UR 2015, 106, Rz. 11.

2 EuGH, Urt. v. 7.12.2010 – C-285/09, ECLI:EU:C:2010:742 – R, UR 2011, 15, Rz. 52; EuGH, Urt. v. 21.6.2012 – C-80/11 und C-142/11, ECLI:EU:C:2012:373 – Mahagében, UR 2012, 591, Rz. 47 f.; EuGH, Urt. v. 6.12.2012 – C-285/11, ECLI:EU:C:2012:774 – Bonik, UR 2013, 195, Rz. 41 f.; EuGH, Urt. v. 17.10.2019 – C-653/18, ECLI:EU:C:2019:876 – Unitel, UR 2019, 849, Rz. 34; ausführlich *Pflaum*, UR 2021, 453.

3 EuGH, Urt. v. 24.11.2022 – C-596/21, ECLI:EU:C:2022:921 – Finanzamt M (Étendue du droit à déduction de la TVA), UR 2022, 942 m. Anm. *Monfort* Rz. 33 ff.; zuvor bereits EuGH, Beschl. v. 14.4.2021 – C-108/20, ECLI:EU:2021:266 – HR, UR 2021, 433 m. Anm. *Pflaum*, Rz. 34, 37.

4 BR-Drucks. 356/19, 183; BT-Drucks. 19/13436, 161.

5 So auch *Widmann*, UR 2020, 633 (635).

konkludent, dessen Voraussetzungen lägen vor, macht er sich regelmäßig wegen **Steuerhinterziehung (§ 370 Abs. 1 Nr. 1 AO)** strafbar.[1] Erklärt ein Unternehmer Ausgangsumsätze nicht oder zu niedrig, ist nach der Rechtsprechung des BGH die mit den Ausgangsumsätzen unmittelbar[2] zusammenhängende Vorsteuer schon für die Frage des Schuldspruchs zu berücksichtigen.[3], da bei ordnungsgemäßer Erklärung die Versagung ohne weiteres entfiele und der Unternehmer die Vorsteuer abziehen könnte.[4] Dies beruht auf dem Rechtsgedanken des § 370 Abs. 4 Satz 3 AO, widerspricht daher nicht dem Unionsrecht oder § 25f UStG, gilt aber auch nur für die steuerstrafrechtliche Beurteilung.

Hinsichtlich der nicht genannten Versagungsfälle (Rz. 50 f.) schließt der strafrechtliche Bestimmtheitsgrundsatz (Art. 103 Abs. 2 GG), der auch unionsrechtlich anerkannt ist (Art. 49 Abs. 1 GrCh),[5] nicht aus, für steuerstrafrechtliche Zwecke auf das allgemeine unionsrechtliche Betrugs- und Missbrauchsverbot zurückzugreifen.[6] Die Versagung nach § 25f UStG ist auch steuerstrafrechtlich nur deklaratorisch[7], die Aufzählung der zu versagenden Rechte dem Wortlaut nach nicht ausdrücklich abschließend und insofern einer unionsrechtskonformen Auslegung zugänglich. 57.2

C. Innergemeinschaftliche Dreiecksgeschäfte (Absatz 2)

I. Begünstigende Sondertatbestände

Die Sonderregelungen für innergemeinschaftliche Dreiecksgeschäfte (§ 25b UStG) enthalten eine Fiktion (§ 25b Abs. 3 UStG), die in ihren **Auswirkungen dem Vorsteuerabzug entspricht**, und eine eigenständige Regelung zum Vorsteuerabzug (§ 25b Abs. 5 UStG). Diese Sonderfälle sind vom Wortlaut des § 25f Abs. 1 UStG nicht erfasst. 58

II. Ausschluss

Durch § 25f Abs. 2 UStG wird in Missbrauchsfällen auch die Anwendung dieser Sondertatbestände ausgeschlossen. Dies dürfte dem **Rechtsgedanken des Missbrauchsverbots** entsprechen. 59

1 So auch (krit.) *Reiß*, UR 2020, 408 (409).
2 BGH, Beschl. v. 22.3.2023 – 1 StR 361/22, juris, Rz. 18.
3 BGH, Urt. v. 13.9.2018 – 1 StR 642/17, wistra 2019, 109 m. Anm. *Pflaum*; BGH, Urt. v. 14.10.2020 – 1 StR 213/19, wistra 2021, 281, Rz. 21.
4 Vgl. BGH, Urt. v. 13.9.2018 – 1 StR 642/17, wistra 2019, 109 m. Anm. *Pflaum*, Rz. 16.
5 Dazu z.B. EuGH, Urt. v. 5.12.2017 – C-42/17, ECLI:EU:C:2017:936 – M.A.S. und M.B., UR 2018, 81 m. Anm. *Reiß*; BGH, Urt. v. 10.10.2017 – 1 StR 447/14, BGHSt 63, 29 =wistra 2018, 214 m. Anm. *Pflaum*, Ls. und Rz. 57 ff., m.w.N.
6 Offengelassen von *Treiber* in Sölch/Ringleb, § 25f Rz. 92 (Stand: März 2021).
7 Vgl. BGH, Urt. v. 15.5.2018 – 1 StR 159/17, wistra 2019, 63, Rz. 192 ff.; BGH, Beschl. v. 20.10.2021 – 1 StR 270/21, juris, Rz. 8; Beschl. v. 20.4.2023 – 1 StR 83/20, wistra 2023, 429, Rz. 6.

Siebenter Abschnitt
Durchführung, Bußgeld-, Straf-, Verfahrens-, Übergangs- und Schlussvorschriften (§§ 26–29)

§ 26 Durchführung, Erstattung in Sonderfällen

(1) [1]Die Bundesregierung kann mit Zustimmung des Bundesrates durch Rechtsverordnung zur Wahrung der Gleichmäßigkeit bei der Besteuerung, zur Beseitigung von Unbilligkeiten in Härtefällen oder zur Vereinfachung des Besteuerungsverfahrens den Umfang der in diesem Gesetz enthaltenen Steuerbefreiungen, Steuerermäßigungen und des Vorsteuerabzugs näher bestimmen sowie die zeitlichen Bindungen nach § 19 Abs. 2 und § 24 Abs. 4 verkürzen. [2]Bei der näheren Bestimmung des Umfangs der Steuerermäßigung nach § 12 Abs. 2 Nr. 1 kann von der zolltariflichen Abgrenzung abgewichen werden.

(2) Das Bundesministerium der Finanzen kann mit Zustimmung des Bundesrates durch Rechtsverordnung den Wortlaut derjenigen Vorschriften des Gesetzes und der auf Grund dieses Gesetzes erlassenen Rechtsverordnungen, in denen auf den Zolltarif hingewiesen wird, dem Wortlaut des Zolltarifs in der jeweils geltenden Fassung anpassen.

(3) [1]Das Bundesministerium der Finanzen kann unbeschadet der Vorschriften der §§ 163 und 227 der Abgabenordnung anordnen, dass die Steuer für grenzüberschreitende Beförderungen von Personen im Luftverkehr niedriger festgesetzt oder ganz oder zum Teil erlassen wird, soweit der Unternehmer keine Rechnungen mit gesondertem Ausweis der Steuer (§ 14 Abs. 4) erteilt hat. [2]Bei Beförderungen durch ausländische Unternehmer kann die Anordnung davon abhängig gemacht werden, dass in dem Land, in dem der ausländische Unternehmer seinen Sitz hat, für grenzüberschreitende Beförderungen im Luftverkehr, die von Unternehmern mit Sitz in der Bundesrepublik Deutschland durchgeführt werden, eine Umsatzsteuer oder ähnliche Steuer nicht erhoben wird.

(4) [1]Die Umsatzsteuer wird einem Konsortium, das auf der Grundlage der Verordnung (EG) Nr. 723/2009 des Rates vom 25. Juni 2009 über den gemeinschaftlichen Rechtsrahmen für ein Konsortium für eine europäische Forschungsinfrastruktur (ABl. L 206 vom 8.8.2009, S. 1) durch einen Beschluss der Kommission gegründet wurde, vom Bundeszentralamt für Steuern vergütet, wenn

1. **das Konsortium seinen satzungsgemäßen Sitz im Inland hat,**
2. **es sich um die gesetzlich geschuldete Umsatzsteuer handelt, die in Rechnung gestellt und gesondert ausgewiesen wurde,**
3. **es sich um Umsatzsteuer für Lieferungen und sonstige Leistungen handelt, die das Konsortium für seine satzungsgemäße und nichtunternehmerische Tätigkeit in Anspruch genommen hat,**
4. **der Steuerbetrag je Rechnung insgesamt 25 Euro übersteigt und**
5. **die Steuer gezahlt wurde.**

[2]Satz 1 gilt entsprechend für die von einem Konsortium nach § 13b Absatz 5 geschuldete und von ihm entrichtete Umsatzsteuer, wenn diese je Rechnung insgesamt 25 Euro übersteigt. [3]Die Sätze 1 und 2 sind auf ein Konsortium mit satzungsgemäßem Sitz in einem anderen Mitgliedstaat sinngemäß anzuwenden, wenn die Voraussetzungen für die Vergütung durch die in § 4 Nummer 7 Satz 5 genannte Bescheinigung nachgewiesen wird. [4]Mindert sich die Bemessungsgrundlage nachträglich, hat das Konsortium das Bundeszentralamt für Steuern davon zu unterrichten und den zu viel vergüteten Steuerbetrag zurückzuzahlen. [5]Wird ein Gegenstand, den ein Konsortium für seine satzungsgemäße Tätigkeit erworben hat und für dessen Erwerb eine Vergütung der Umsatzsteuer gewährt worden ist, entgeltlich oder unentgeltlich abgegeben, vermietet oder übertragen, ist der Teil der vergüteten Umsatzsteuer, der dem Veräußerungspreis oder bei unentgeltlicher Abgabe oder Übertragung dem Zeitwert des Gegenstands entspricht, an das Bundeszentralamt für Steuern zu entrichten. [6]Der zu entrichtende Steuerbetrag kann aus Vereinfachungsgründen durch Anwendung des im Zeitpunkt der Abgabe oder Übertragung des Gegenstands geltenden Steuersatzes ermittelt werden.

(5) Das Bundesministerium der Finanzen kann mit Zustimmung des Bundesrates durch Rechtsverordnung näher bestimmen, wie der Nachweis bei den folgenden Steuerbefreiungen zu führen ist:

1. **Artikel III Nr. 1 des Abkommens zwischen der Bundesrepublik Deutschland und den Vereinigten Staaten von Amerika über die von der Bundesrepublik zu gewährenden Abgabenvergünstigungen für die von den Vereinigten Staaten im Interesse der gemeinsamen Verteidigung geleisteten Ausgaben (BGBl. 1955 II S. 823);**
2. **Artikel 67 Abs. 3 des Zusatzabkommens zu dem Abkommen zwischen den Parteien des Nordatlantikvertrags über die Rechtsstellung ihrer Truppen hinsichtlich der in der Bundesrepublik Deutschland stationierten ausländischen Truppen (BGBl. 1961 II S. 1183, 1218);**
3. **Artikel 14 Abs. 2 Buchstabe b und d des Abkommens zwischen der Bundesrepublik Deutschland und dem Obersten Hauptquartier der Alliierten Mächte, Europa, über die besonderen Bedingungen für die Einrichtung und den Betrieb internationaler militärischer Hauptquartiere in der Bundesrepublik Deutschland (BGBl. 1969 II S. 1997, 2009).**

(6) Das Bundesministerium der Finanzen kann dieses Gesetz und die auf Grund dieses Gesetzes erlassenen Rechtsverordnungen in der jeweils geltenden Fassung mit neuem Datum und unter neuer Überschrift im Bundesgesetzblatt bekannt machen.

A. Grundaussagen

I. Regelungsgegenstand und Bedeutung

In § 26 UStG sind verschiedene Ermächtigungen zum Erlass von Rechtsverordnungen und zur **Regelung besonders gelagerter Sachverhalte** zusammengefasst („Sammelbecken")[1]. Die Ermächtigungen richten sich überwiegend an das Bundesfinanzministerium (Absätze 2, 3, 5 und 6), daneben an die Bundesregierung (Absatz 1) und das Bundeszentralamt für Steuern (Absatz 4). 1

Die verfassungsrechtlichen Grundlagen für den Erlass von Rechtsverordnungen ergeben sich aus Art. 80 GG. Danach kann der Gesetzgeber seine Rechtsetzungsbefugnis grundsätzlich auf die Verwaltung übertragen, allerdings nur durch ein Gesetz (Art. 80 Abs. 1 Satz 1 GG), das inhaltlich hinreichend bestimmt ist (Art. 80 Abs. 1 Satz 2 GG).[2] Ordnungsgemäß zustande gekommene Rechtsverordnungen **binden** – anders als Verwaltungsvorschriften[3] – grundsätzlich **auch die Gerichte**. Nicht mit höherrangigem Recht vereinbare Rechtsverordnungen kann jedes Gericht selbst verwerfen. Das „Normverwerfungsmonopol" des BVerfG gilt nur für formelle, nachkonstitutionelle Gesetze, nicht für Rechtsverordnungen.[4] 2

Jedenfalls im Steuerrecht bedarf wegen der **Gesetzmäßigkeit der Besteuerung** (§ 85 Satz 1 AO) auch jede Einzelfallregelung einer gesetzlichen Grundlage. Abweichungen von den allgemeinen Vorschriften sind daher, unabhängig davon, ob begünstigend oder belastend, nur aufgrund entsprechender Ausnahmeregelungen zulässig. Reine Zweckmäßigkeitserwägungen reichen nicht aus.[5] 3

II. Unionsrechtliche Grundlagen

Wegen der unionsrechtlichen Grundlagen des § 26 UStG ist nach den einzelnen Regelungsbereichen zu unterscheiden. Die Ermächtigungen zum Erlass (Absatz 1), zur Anpassung (Absatz 2) und zur Bekanntmachung (Absatz 6) von Vorschriften betreffen Förmlichkeiten des nationalen Rechts. Sie sind unionsrechtlich am Grundsatz der Rechtssicherheit[6] und an den rechtsstaatlichen Gewährleistungen der GrCh zu messen, begegnen insoweit m.E. aber keinen Bedenken. Die übrigen Absätze beruhen jeweils auf **unterschiedlichen unionsrechtlichen Grundlagen**, Absatz 3 auf Art. 371 MwStSystRL i.V.m. Anhang X Teil B Nr. 10 zur MwStSystRL. § 26 Abs. 4 UStG setzt Art. 151 Abs. 1 Unterabs. 1 Buchst. b MwStSystRL und Art. 50 MwStVO i.V.m. der Verordnung (EG) Nr. 723/2009 des Rates vom 25.6.2009 über den gemeinschaftlichen Rechtsrahmen für eine europäische Forschungsinfrastruktur[7] um,[8] § 26 Abs. 5 UStG Art. 131 und 151 Abs. 1 Buchst. b–d MwStSystRL. 4

III. Verhältnis zu anderen Vorschriften und Rechtsentwicklung

Als Verordnungsermächtigung steht § 26 UStG gleichrangig neben den zahlreichen in anderen §§ des UStG enthaltenen Verordnungsermächtigungen. Die **Verordnungsermächtigungen ergänzen sich** und schließen sich nicht aus. Soweit sie den gleichen Verordnungsgeber und das gleiche Verfahren – 5

1 *Heidner* in Bunjes[22], § 26 UStG Rz. 1.
2 BVerfG, Beschl. v. 11.2.1958 – 2 BvL 21/56, BVerfGE 7, 267, unter B.II.2.; BVerfG, Beschl. v. 27.11.1962 – 2 BvL 13/61, BVerfGE 15, 153; siehe auch BFH, Urt. v. 3.11.2005 – V R 56/02, BStBl. II 2006, 477 = UR 2006, 296, unter II.1.b.bb.; BFH, Urt. v. 11.12.2018 – III R 33/16, BFHE 263, 260 = FR 2019, 516, Rz. 23.
3 Vgl. BFH, Beschl. v. 28.11.2016 – GrS 1/15, BStBl. II 2017, 393 = FR 2017, 296, Rz. 40.
4 Grundlegend BVerfG, Urt. v. 20.3.1952 – 1 BvL 12/51 u.a., BVerfGE 1, 184, unter V.; BVerfG, Beschl. v. 27.9.2005 – 2 BvL 11/02 u.a., BVerfGE 114, 303, unter II.1.a.
5 BFH, Beschl. v. 28.11.2016 – GrS 1/15, BStBl. II 2017, 393 = FR 2017, 296, Rz. 91 ff.
6 Z.B. EuGH, Urt. v. 27.6.2018 – C-459/17 und C 460/17, ECLI:EU:C:2018:501 – SGI, UR 2018, 684, Rz. 42; EuGH, Urt. v. 13.2.2019 – C-434/17, ECLI:EU:C:2019:112 – Human Operator, UR 2019, 297, Rz. 34.
7 ABl. EU 2009 Nr. L 206, 1, geändert durch Verordnung (EU) Nr. 1261/2013 über den gemeinschaftlichen Rechtsrahmen für ein Konsortium für eine Europäische Forschungsinfrastruktur (ERIC), ABl. EU 2013 Nr. L 326, 1.
8 BT-Drucks. 17/10000, 23, 75 f. und BT-Drucks. 17/13722, 26; *Schüler-Täsch* in Sölch/Ringleb, § 26 UStG Rz. 3 (Stand: März 2023).

mit oder ohne Zustimmung des Bundesrats – vorsehen, sind sie grundsätzlich austauschbar. Zwar ist die Rechtsgrundlage in der Verordnung anzugeben (Art. 80 Abs. 1 Satz 3 GG; sog. Zitiergebot). Rechtsgrundlage in diesem Sinne ist nicht das ermächtigende Gesetz, sondern die Einzelvorschrift. Es reicht aber aus, wenn die Verordnung – wie die UStDV – alle in Betracht kommenden Rechtsgrundlagen gemeinsam nennt, ohne die einzelnen Vorschriften der Verordnung bestimmten Rechtsgrundlagen zuzuordnen.[1]

6 Die in § 26 Abs. 1 Satz 1 UStG enthaltene Ermächtigung zur **Verkürzung der zeitlichen Bindung** nutzte der Verordnungsgeber mit § 71 UStDV. Ausdrücklich auf § 26 Abs. 5 UStG beruht § 73 UStDV.

7 Hinsichtlich des **grenzüberschreitenden Luftverkehrs** ermöglicht § 26 Abs. 3 UStG seinem Wortlaut („unbeschadet") nach über §§ 163, 227 AO hinausgehende Billigkeitsregelungen, schließt aber nicht aus, auch die allgemeinen Billigkeitsvorschriften anzuwenden. Ohne § 26 Abs. 3 UStG wäre nach § 3b UStG Umsatzsteuer auch auf Flüge zu erheben, die den deutschen Luftraum durchqueren ohne dort zu starten oder zu landen.[2]

8 § 26 UStG war schon im Entwurf des UStG 1967 als **Sammelvorschrift** für nicht anderweitig geregelte Ermächtigungen enthalten.[3] In der Folge wurden mehrfach Absätze gestrichen, wenn Regelungsbedarf wegfiel, oder hinzugefügt, wenn neuer Regelungsbedarf entstand, zuletzt Absatz 4 durch Art. 10 Nr. 13 des AmthilfeRLUmsG vom 26.6.2013.[4]

B. Allgemeine Durchführung des UStG (Absatz 1)

I. Regelungsgegenstand

9 § 26 Abs. 1 Satz 1 UStG ist eine von mehreren in § 26 UStG enthaltenen Ermächtigungsgrundlagen für Rechtsverordnungen. Die Ermächtigung ist einerseits recht weit gefasst („Generalklausel")[5], soweit sie allgemein den Umfang der im UStG enthaltenen **Steuerbefreiungen, Steuerermäßigungen und des Vorsteuerabzugs** betrifft, andererseits recht eng, soweit sie Abweichungen von im Einzelnen genannten Rechtsnormen gestattet.

II. Generalklausel und Verkürzung zeitlicher Bindungen (Absatz 1 Satz 1)

1. Zweck der Ermächtigung

10 Die in § 26 Abs. 1 Satz 1 UStG enthaltenen Ermächtigungen sowohl in der Generalklausel als auch zur Verkürzung von Bindungsfristen dienen dem Wortlaut der Vorschrift nach der **Wahrung der Gleichmäßigkeit der Besteuerung, der Beseitigung von Unbilligkeiten in Härtefällen und der Vereinfachung des Besteuerungsverfahrens**. Eine Zweckbestimmung in der Ermächtigungsgrundlage ist verfassungsrechtlich (Art. 80 Abs. 1 Satz 2 GG) zwingend erforderlich.

11 Der BFH erachtete die Zweckbestimmung in § 26 Abs. 1 Satz 1 UStG für ausreichend.[6] Gleichwohl ist sie **denkbar weit**. Gleichmäßigkeit der Besteuerung lässt sich regelmäßig nicht nur in eine, sondern auch in die andere Richtung herstellen. In ähnlicher Weise kann auch eine Verwaltungsvereinfachung sowohl darin bestehen, das Prüfprogramm der Verwaltung zu verringern, als auch darin, zusätzliche (Ausschluss-)Tatbestände einzuführen.

1 Vgl. BVerfG, Urt. v. 6.7.1999 – 2 BvF 3/90, BVerfGE 101, 1, unter D.
2 *Radeisen* in Schwarz/Widmann/Radeisen, § 26 UStG Rz. 35 (Stand: Januar 2017).
3 BT-Drucks. 5/1581, 18.
4 BGBl. I 2013, 1809.
5 *Hummel* in Rau/Dürrwächter, § 26 UStG Rz. 146 (Stand: April 2015).
6 BFH, Urt. v. 27.4.1972 – V R 142/71, BStBl. II 1972, 658 = UR 1972, 363.

2. Generalklausel

Die Bundesregierung darf aufgrund der Ermächtigung zum einen den Umfang von Steuerbefreiungen, Steuerermäßigungen und Vorsteuerabzug näher bestimmen. Der BFH sah dadurch das Ausmaß der Ermächtigung in der verfassungsrechtlich gebotenen (Art. 80 Abs. 1 Satz 2 GG) Weise bestimmt. Er verstand die Ermächtigung so, dass der Verordnungsgeber die gesetzlichen Befreiungs- und Ermäßigungstatbestände in der Auslegung der höchstrichterlichen Rechtsprechung weder erweitern noch beschränken, sondern **lediglich konkretisieren** dürfe.[1] 12

Nach diesem Maßstab dürfte für die Generalklausel, von den Fällen des § 26 Abs. 1 Satz 2 UStG möglicherweise abgesehen (Rz. 15), **kein praktischer Anwendungsbereich** verbleiben. Weder die Befreiungs- noch die Ermäßigungstatbestände lassen einen solchen Konkretisierungsspielraum. Sobald „dem Grunde nach" eine Befreiung eingreift, gibt es „der Höhe nach" nichts mehr zu regeln und die Höhe des ermäßigten Steuersatzes ist gesetzlich genau festgelegt (§ 12 Abs. 2 UStG). 13

3. Verkürzung zeitlicher Bindungen

Die Ermächtigung zur Verkürzung zeitlicher Bindungen bei der Option zur Regelbesteuerung ist enger gefasst als die Generalklausel. Sie nennt nicht nur die einzelnen Vorschriften, zu deren Durchführung eine Verordnung ergehen darf, sondern bezeichnet mit der Verkürzung der zeitlichen Bindungen auch den Inhalt der Ermächtigung näher. Das Ausmaß der Verkürzung ist allerdings **nicht bestimmt**. Gleichwohl wird die Ermächtigung im Schrifttum für wirksam gehalten.[2] 14

III. Abweichung von der zolltariflichen Abgrenzung (Absatz 1 Satz 2)

Inwieweit der Verordnungsgeber den Umfang der Steuerermäßigung nach § 12 Abs. 2 Nr. 1 UStG näher bestimmen darf, ist in § 26 Abs. 1 Satz 2 UStG konkretisiert. Danach dürfte der Verordnungsgeber von der zolltariflichen Abgrenzung und damit letztlich von dem Gesetz und der Anlage 2, die auf diese Abgrenzung Bezug nehmen, abweichen. Das **Ausmaß der Abweichungen** bleibt offen. Ob dies hinreichend bestimmt i.S.d. Art. 80 Abs. 1 Satz 2 GG ist und mit dem Unionsrecht (Art. 98 MwStSystRL. Anhang III zur MwStSystRL) vereinbar wäre, erscheint zumindest zweifelhaft. Praktisch stellt sich die Frage derzeit nicht, da die früher zu § 12 Abs. 2 Nr. 1 UStG erlassenen §§ 26–29 UStG weggefallen sind.[3] 15

C. Anpassungen an den Wortlaut des Zolltarifs (Absatz 2)

I. Änderung des Zolltarifs

Änderungen des Zolltarifs sind nur Änderungen des Tarifs selbst, nicht auch Änderungen der dazu ergangenen Rechtsprechung. Die Verweisungen des UStG – insbesondere der Anlagen – auf den Zolltarif sind **dynamische Verweisungen**, die sich auf den Zolltarif in der jeweils gültigen Fassung beziehen. Für eine Beschränkung auf eine bestimmte Fassung[4] gibt der Wortlaut nichts her. Änderungen des Zolltarifs können sich daher unmittelbar auf die umsatzsteuerliche Rechtslage auswirken, sofern nicht auch die Verweisungen auf den Zolltarif geändert werden. 16

---

1 BFH, Urt. v. 27.4.1972 – V R 142/71, BStBl. II 1972, 658 = UR 1972, 363 in Anlehnung an BVerfG, Beschl. v. 11.2.1958 – 2 BvL 21/56, BVerfGE 7, 267; i.E. ebenso *Hummel* in Rau/Dürrwächter, § 26 UStG Rz. 147 (Stand: April 2015).

2 *Schüler-Täsch* in Sölch/Ringleb, § 26 UStG Rz. 7 (Stand: März 2023).

3 Art. 2 Nr. 3 der Verordnung zur Änderung des Umsatzsteuergesetzes und der Umsatzsteuer-Durchführungsverordnung vom 7.3.1988, BGBl. I 1988, 204; Art. 18 des Steuerbereinigungsgesetzes vom 14.12.1984, BGBl. I 1984, 1493.

4 *Hummel* in Rau/Dürrwächter, § 26 UStG Rz. 175 ff. (Stand: April 2015).

II. Anpassung von Gesetz und Rechtsverordnungen

17 Anpassung i.S.d. § 26 Abs. 2 UStG ist eine Änderung der Verweisungen auf den Zolltarif, die im Ergebnis die Rechtslage vor der Änderung des Zolltarifs wiederherstellt.[1] Verordnungen nach § 26 Abs. 2 UStG müssen daher die in den Anlagen genannten Kapitel, Positionen und Unterpositionen des Zolltarifs so ändern, dass sie die gleichen Lieferungen und sonstigen Leistungen **wie vor der Änderung des Zolltarifs** erfassen. Verordnungen, die im Ergebnis auf eine Veränderung der Rechtslage hinauslaufen, sind von der Ermächtigung nicht gedeckt.

18 Eine Auffassung im Schrifttum hält (materiell) gesetzesändernde Rechtsverordnungen für unzulässig. Diese Auffassung sieht die Ermächtigungsgrundlage in § 26 Abs. 2 UStG nur deswegen als wirksam an, weil sie die Verweisungen auf den Zolltarif – anders als hier (Rz. 16) – als **statische Verweisungen** und Anpassungen dementsprechend als nur klarstellend versteht.[2] Mit hinreichender Ermächtigungsgrundlage sind nach der Rechtsprechung des Bundesverfassungsgerichts aber auch gesetzesändernde Rechtsverordnungen möglich.[3] § 26 Abs. 2 UStG ist in diesem Sinne hinreichend, weil er ausdrücklich auch zu gesetzesändernden Rechtsverordnungen ermächtigt und der Begriff Anpassung Ausmaß und Zweck der Ermächtigung verdeutlicht.

19 Das durch Verordnung geänderte Gesetz ist weiterhin **Gesetz im formellen Sinne**. Es kann daher, wenn nicht eine entsprechende Verordnungsermächtigung eingreift, nur durch das Gesetz geändert werden.

D. Sonderregelungen für grenzüberschreitenden Luftverkehr (Absatz 3)

I. Regelungsgegenstand

20 § 26 Abs. 3 UStG bietet eine Grundlage, die grenzüberschreitende Beförderung von Personen im Luftverkehr ermäßigt zu besteuern oder auf eine Besteuerung zu verzichten. Die Vorschrift zielt aber vorrangig nicht auf eine Subventionierung der Luftfahrt, sondern auf **Verwaltungsvereinfachung** (Rz. 7) ab. Aufgrund der Wertneutralität des Steuerrechts (§ 40 AO) schließen luftverkehrsrechtliche Verstöße die Anwendung von § 26 Abs. 3 UStG nicht aus.

II. Besteuerungsverzicht (Absatz 3 Satz 1)

1. Anordnung

21 Die Vorschrift ermächtigt das **BMF**, eine abweichende Steuerfestsetzung oder einen Steuererlass anzuordnen. Nach einer Auffassung im Schrifttum ist Anordnung in diesem Sinne eine allgemeine Verwaltungsvorschrift, die zu einer auch von den Gerichten zu beachtenden Selbstbindung der Verwaltung führt.[4] Eine andere Auffassung sieht darin für Gerichte nicht bindende Verwaltungsvorschriften.[5]

22 Die von § 26 Abs. 1, 2 und 5 UStG abweichende Formulierung belegt, dass die Anordnungen nach § 26 Abs. 3 Satz 1 UStG **keine Rechtsverordnungen** sind. Aus den Gesetzesmaterialien zum FAnpG vom 30.8.1971[6], auf dem die gegenwärtige Fassung beruht, ergibt sich, dass die Anordnungen auch keine Allgemeinverfügungen (§ 118 Satz 2 AO) sind, die unmittelbar Einzelfälle regeln, sondern allgemeine Maßstäbe für die Regelung von Einzelfällen durch die Landesfinanzbehörden (Rz. 30 f.) vor-

1 Vgl. BFH, Urt. v. 14.1.1997 – VII R 47/96, BStBl. II 1997, 481, unter II.2.b.; BFH, Urt. v. 1.4.2008 – VII R 8/07, BStBl. II 2008, 898 = UR 2008, 623, unter II.3.
2 *Hummel* in Rau/Dürrwächter, § 26 UStG Rz. 175 ff. (Stand: April 2015).
3 BVerfG, Beschl. v. 6.5.1958 – 2 BvL 37/56, BVerfGE 8, 155 (170 f.); BVerfG, Beschl. v. 4.5.1997 – 2 BvR 509/96 u.a., NJW 1998, 669 (670); BVerfG, Beschl. v. 30.6.2005 – 2 BvR 1772/02, BVerfGK 5, 365, unter II.2.
4 *Schüler-Täsch* in Sölch/Ringleb § 26 UStG Rz. 8 (Stand: März 2023).
5 *Baumgartner/Burbaum* in Offerhaus/Söhn/Lange, § 26 UStG Rz. 5 (Stand: März 2019).
6 BGBl. I 1971, 1426 (1443).

geben sollen.[1] Von den herkömmlichen Handlungsformen der Verwaltung verbleibt daher lediglich die Verwaltungsvorschrift. Diese Verwaltungsvorschrift ist der UStAE zu § 26 Abs. 3 UStG.

Indem § 26 Abs. 3 Satz 1 UStG dem BMF gestattet, entsprechende Verwaltungsvorschriften heraus- 23
zugeben, enthält er zugleich die **materielle Ermächtigung an die Verwaltung**, Steuern niedriger festzusetzen oder zu erlassen.[2] Insofern räumt er der Verwaltung einen Spielraum ein, in dessen Wahrnehmung sie sich in von den Gerichten zu beachtender Weise selbst binden kann.[3]

2. Voraussetzungen der Anordnung

a) Grenzüberschreitende Beförderung von Personen im Luftverkehr

Grenzüberschreitende Beförderungen sind in **§ 3b Abs. 1 Satz 4 UStG** legal definiert. Sie umfassen 24
sowohl die Beförderung vom Inland in das Ausland (Gemeinschaftsgebiet und Drittlandsgebiet) als auch die Beförderung vom Ausland in das Inland. Darunter fallen aber auch Überflüge mit Start- und Landepunkt im Ausland, soweit sie nach allgemeinen Grundsätzen im Inland steuerpflichtig sind.[4] Luftverkehr ist insbesondere der Verkehr mit Flugzeugen, aber auch mit sonstigen Luftfahrzeugen, z.B. Heißluftballons. Die abweichende Steuerfestsetzung ist nach der Verwaltungsauffassung nur für die Personenbeförderung möglich, nicht für anlässlich der Beförderung ausgeführte weitere selbstständige Leistungen,[5] z.B. Restaurationsleistungen (§ 3e UStG) oder die Beförderung von Übergepäck von Pauschalreisenden aufgrund einer gesonderten Vereinbarung zwischen Reisendem und Luftverkehrsunternehmer.[6] Mit dem Vereinfachungszweck (Rz. 20) ist letzteres kaum vereinbar.

b) Luftverkehrsunternehmer

Nach der Verwaltungsauffassung gilt § 26 Abs. 3 UStG nur für die Leistungen von Luftverkehrsunter- 25
nehmern, die entweder die Beförderung selbst durchführen oder sich zur Beförderung im eigenen Namen verpflichten. Demgegenüber sollen insbesondere die Leistungen von **Reisebüros** nicht unter die Regelung fallen.[7]

Der Gesetzeswortlaut enthält zwar keine **unternehmerbezogenen Voraussetzungen**. Im Ergebnis 26
dürfte die Verwaltungsauffassung aber regelmäßig nicht zu beanstanden sein. Vermittelt das Reisebüro die Beförderung, erbringt es selbst keine Beförderungsleistung und kann sich daher nicht auf § 26 Abs. 3 UStG berufen. Schließt es die Beförderungsverträge mit den Passagieren im eigenen Namen, ist es selbst Luftverkehrsunternehmer im Sinne der Verwaltungsauffassung.

c) Kein Vorsteuerausweis

Einzige ausdrückliche gesetzliche Voraussetzung für die niedrigere Festsetzung oder den Besteue- 27
rungsverzicht bei der grenzüberschreitenden Personenbeförderung im Luftverkehr ist, dass der Unternehmer Umsatzsteuer **nicht gesondert ausweist**. Ansonsten könnte der Unternehmer die Umsatzsteuer vereinnahmen, ohne sie abzuführen. Dies wäre vom Vereinfachungszweck des § 26 Abs. 3 Satz 1 UStG nicht mehr gedeckt.

Versteht man § 26 Abs. 3 UStG als Billigkeitsregelung (Rz. 29), müsste der Luftfahrtunternehmer seine 28
Umsätze grundsätzlich zunächst als steuerpflichtig behandeln und Umsatzsteuer ausweisen (§ 14 Abs. 4 Satz 1 Nr. 8 UStG). Der ausdrückliche Ausschluss des § 26 Abs. 3 UStG bei gesondertem Steuerausweis bedeutet daher m.E. zugleich, dass der Unternehmer seine Leistung ausnahmsweise **schon im Vorgriff** auf eine zu erwartende Maßnahme nach § 26 Abs. 3 UStG als ganz oder teilweise steuerfrei behandeln

1 BT-Drucks. 6/1771, 26.
2 So i.E. auch Abschn. 26.5 Nr. 2 Satz 4 UStAE.
3 Vgl. BFH, Beschl. v. 28.11.2016 – GrS 1/15, BStBl. II 2017, 393 = FR 2017, 296, Rz. 40 ff.
4 Abschn. 26.2 Abs. 1 Satz 2 UStAE; zu Zwischenlandungen im Inland Abschn. 26.2 Abs. 2 UStAE.
5 Abschn. 26.2 Abs. 1 Satz 2 UStAE.
6 LfSt Niedersachsen, Vfg. v. 15.5.2021 – S 7433-61-186, UR 2021, 572.
7 Abschn. 26.1 UStAE.

darf. Zivilrechtlich ist aufgrund dieser Besonderheit nach der Verkehrssitte[1] der vereinbarte Preis zunächst als Nettopreis zu verstehen. Eine Rechnung über den Bruttopreis mit gesondertem Steuerausweis muss der Unternehmer erst ausstellen, wenn das Finanzamt die Umsätze bestandskräftig der Steuer unterworfen hat.[2]

d) Billigkeit

29 Seinem Wortlaut („unbeschadet") nach ist § 26 Abs. 3 Satz 1 UStG eine eigenständige Billigkeitsregelung,[3] die nicht ausschließt, auch auf §§ 163, 227 AO zurückzugreifen.[4] Ungeschriebene Tatbestandsvoraussetzung des Besteuerungsverzichts ist daher, dass er der Billigkeit entspricht. Die Billigkeit ergibt sich dabei aus dem **Gesetzeszweck der Verwaltungsvereinfachung**, wie er im UStAE zu § 26 Abs. 3 UStG konkretisiert ist.

3. Verfahren

30 Die Einordnung als Billigkeitsvorschrift wirkt sich auch auf das Verfahren aus. Eine auf § 26 Abs. 3 UStG gestützte Regelung ist grundsätzlich nicht im allgemeinen Festsetzungsverfahren möglich, sondern einem **gesonderten Billigkeitsverfahren** vorbehalten.[5] Die FinVerw. will § 26 Abs. 3 UStG vorzugsweise durch eine abweichende Steuerfestsetzung anwenden[6] und versucht, das Voranmeldungsverfahren und die Bearbeitung der Umsatzsteuer-Jahreserklärung mit dem Billigkeitsverfahren zu verbinden.[7]

31 Zuständig für die Anwendung von § 26 Abs. 3 UStG sind die **obersten Finanzbehörden der Länder** oder die von ihnen beauftragten Dienststellen. Lediglich bei fehlender Gegenseitigkeit (Rz. 32 f.) ist das BMF zu beteiligen.[8] Der Besteuerungsverzicht ist nicht nur auf Antrag des Unternehmers,[9] sondern auch von Amts wegen möglich und spätestens alle drei Jahre zu überprüfen.[10]

III. Ausländische Unternehmer (Absatz 3 Satz 2)

32 Bei ausländischen Unternehmern kann das BMF eine abweichende Steuerfestsetzung oder einen Erlass nach dem Wortlaut des § 26 Abs. 3 Satz 2 UStG nur anordnen, wenn ihr Heimatland von deutschen Luftverkehrsunternehmen keine Umsatzsteuer oder vergleichbare Steuer erhebt (**„Gegenseitigkeit"**). Das BMF veröffentlicht regelmäßig eine Liste dieser Länder.[11]

33 Nach der Verwaltungsauffassung ist eine Anordnung aber auch möglich, wenn nur eine vergleichsweise sehr geringe oder auf einzelne Verkehrsarten beschränkte Steuer erhoben wird.[12] Dafür spricht gerade unter dem Gesichtspunkt der Gegenseitigkeit, dass auch nach dem Wortlaut des § 26 Abs. 3 Satz 1 UStG nicht nur ein vollständiger, sondern auch ein **teilweiser Besteuerungsverzicht** angeordnet werden kann.

1 Vgl. BGH, Urt. v. 10.6.2020 – VIII ZR 360/18, DB 2020, 1567, Rz. 30.
2 Vgl. BGH, Urt. v. 26.6.2014 – VII ZR 247/13, DB 2014, 1674, Rz. 13.
3 So i.E. auch BFH, Urt. v. 27.2.2014 – V R 14/13, BStBl. II 2014, 869 = UR 2014, 564, Rz. 29; BFH, Urt. v. 1.3.2018 – V R 23/17, BStBl. II 2018, 503 = UR 2018, 605, Rz. 22.
4 *Oellerich* in Gosch, § 163 AO Rz. 35 (Stand: Januar 2017).
5 BFH, Urt. v. 27.2.2014 – V R 14/13, BStBl. II 2014, 869 = UR 2014, 564, Rz. 29; BFH, Urt. v. 1.3.2018 – V R 23/17, BStBl. II 2018, 503 = UR 2018, 605, Rz. 22.
6 Abschn. 26.5 Nr. 2 Satz 4 UStAE.
7 Abschn. 26.2 Abs. 5 Sätze 4 ff. UStAE.
8 Abschn. 26.5 UStAE.
9 Vgl. Abschn. 26.2 Abs. 5 Satz 5 UStAE.
10 Abschn. 26.5 Nr. 2 Sätze 3 und 7 UStAE.
11 Zuletzt BMF, Schr. v. 18.4.2017 – III C 3-S 7433/11/10005, BStBl. I 2017, 713 = UR 2017, 408.
12 Abschn. 26.4 Sätze 2 und 3 UStAE.

E. Konsortien für Europäische Forschungsinfrastruktur (Absatz 4)

I. Regelungsgegenstand

Das Unionsrecht sieht vor, dass die Lieferung von Gegenständen und Dienstleistungen an bestimmte Forschungseinrichtungen von der Steuer befreit wird (Rz. 4). Der deutsche Gesetzgeber setzt diese Vorgaben durch eine **Steuervergütung** um, die im Ergebnis – ebenso wie § 4a UStG – eine solche Steuerbefreiung bewirkt.[1] 34

II. Grundbestand (Absatz 4 Satz 1)

1. Vergütungsberechtigte

Beanspruchen können die Vergütung nur auf der in § 26 Abs. 4 Satz 1 UStG genannten Rechtsgrundlage gegründete Konsortien, wenn die in § 26 Abs. 4 Satz 1 Nr. 1–5 UStG genannten weiteren Voraussetzungen erfüllt sind. Der deutsche Gesetzgeber wollte erkennbar eine abschließende Regelung treffen und **nicht auch andere Forschungseinrichtungen** begünstigen. 35

2. Satzungsmäßiger Sitz (Absatz 4 Satz 1 Nr. 1)

Der satzungsmäßige Sitz ergibt sich aus den **Gründungsdokumenten** und späteren Änderungen. Auf etwaige weitere Tätigkeitsorte kommt es ausdrücklich nicht an. Für „Inland" gilt die allgemeine Definition (§ 1 Abs. 2 UStG). 36

3. Umsatzsteuer (Absatz 4 Satz 1 Nr. 2)

Vergütet wird nur Umsatzsteuer, die gesetzlich geschuldet, in Rechnung gestellt und gesondert ausgewiesen ist. Wann dies der Fall ist, richtet sich nach den gleichen Grundsätzen wie in § 15 Abs. 1 Satz 1 Nr. 1 UStG (§ 15 Rz. 35 ff.). § 26 Abs. 4 UStG soll **ähnlich wie der Vorsteuerabzug** die „Entlastung der Vorbezüge" bewirken.[2] 37

Unrichtig oder unberechtigt ausgewiesene Umsatzsteuer ist auch unter Berücksichtigung des Gesetzeszwecks nicht zu vergüten.[3] Die Konsortien sind unionsrechtlich von der Steuer freizustellen, nicht von **überhöhten Ansprüchen Dritter**. Daher müssen sie fehlerhafte Rechnungen selbst gegenüber den Rechnungsausstellern beanstanden. 38

4. Inanspruchnahme von Leistungen für satzungsgemäße und nichtunternehmerische Tätigkeit (Absatz 4 Satz 1 Nr. 3)

Vergütet wird nur die Steuer auf Leistungen für die satzungsgemäße und nichtunternehmerische Tätigkeit der Konsortien. Die Steuerbefreiung nach Art. 151 Abs. 1 Unterabs. 1 Buchst. b MwStSystRL gilt nur in den Grenzen und zu den **Bedingungen der Gründungsdokumente** der begünstigten Einrichtungen. 39

Verwendet ein Konsortium **Eingangsleistungen für unternehmerische Zwecke**, kann es Vorsteuer nach § 15 UStG abziehen und es bedarf keiner Vergütung nach § 26 Abs. 4 UStG. Wegen dieses Zusammenhangs müssen für die Zuordnung der Eingangsumsätze zu bestimmten Verwendungszwecken die gleichen Grundsätze wie in § 15 UStG (§ 15 Rz. 93 ff.) gelten. 40

---

1 BT-Drucks. 17/10000, 23, 75 f. und BT-Drucks. 17/13722, 26; *Schüler-Täsch* in Sölch/Ringleb, § 26 UStG Rz. 3 (Stand: März 2023).
2 BT-Drucks. 17/10000, 76.
3 So auch *Schüler-Täsch* in Sölch/Ringleb, § 26 UStG Rz. 30 (Stand: Oktober 2022); **a.A.** *Hummel* in Rau/Dürrwächter, § 26 UStG Rz. 347 (Stand: April 2015).

5. Bagatellgrenze (Absatz 4 Satz 1 Nr. 4)

41 Eine Bagatellgrenze von 25 Euro pro Rechnung sieht das Unionsrecht nicht vor. Offenbar soll sie den **Verwaltungsaufwand** begrenzen. Ob dies als Rechtfertigung ausreicht, erscheint zweifelhaft.

6. Zahlung der Steuer (Absatz 4 Satz 1 Nr. 5)

42 Vergütet wird nur die gezahlte Steuer. Zahlung in diesem Sinne ist nicht die Zahlung des Leistenden an den Fiskus, sondern die Zahlung **vom Konsortium an den leistenden Unternehmer.**[1] Für die vergütungsberechtigten Konsortien gilt damit eine „Istbesteuerung".

7. Verfahren

43 Für das Verfahren regelt § 26 Abs. 4 UStG lediglich die Zuständigkeit des Bundeszentralamts für Steuern. Die Bagatellgrenze (Rz. 41) legt nahe, dass die Konsortien sich die gezahlte Steuer nicht, wie nach § 60 UStDV, für bestimmte Zeiträume, sondern **für jede Rechnung einzeln** vergüten lassen können, da sie ansonsten den Verwaltungsaufwand nicht beeinflussen würde. Auch wenn das Gesetz keinen förmlichen Antrag regelt,[2] müssen die Konsortien dem Bundeszentralamt zumindest formlos mitteilen, in welcher Höhe sie eine Vergütung beanspruchen. Offen ist aber, ob dafür eine Frist ähnlich § 4a UStG i.V.m. § 24 UStDV gilt. Nach allgemeinen Grundsätzen (§ 218 AO) kann das Bundeszentralamt die Vergütung nur aufgrund eines Verwaltungsakts (§ 118 AO) zahlen, diesen aber auch konkludent („in anderer Weise", § 119 Abs. 2 Satz 1 AO) erlassen.

III. Umkehr der Steuerschuldnerschaft (Absatz 4 Satz 2)

44 Schuldet ein begünstigtes Konsortium als Leistungsempfänger nach § 13b Abs. 5 UStG Umsatzsteuer, weist der leistende Unternehmer die Umsatzsteuer nicht gesondert aus (vgl. § 26 Abs. 4 Satz 1 Nr. 2 UStG). Gleichwohl ist das Konsortium ohne Vergütung **wirtschaftlich mit Vorsteuer belastet.** § 26 Abs. 4 Satz 2 UStG ordnet daher auch für diesen Fall die Vergütung an.

IV. Konsortien mit Sitz in anderen Mitgliedstaaten (Absatz 4 Satz 3)

45 Umsätze an Konsortien in anderen Mitgliedstaaten sind grundsätzlich nach § 4 Nr. 7 Satz 1 Buchst. d UStG steuerfrei. Dafür muss der Gegenstand der Lieferung aber in das Gebiet des anderen Mitgliedstaats befördert oder versendet werden (§ 4 Nr. 7 Satz 2 UStG). § 24 Abs. 4 Satz 3 UStG ergänzt diese Regelungen und gewährleistet wirtschaftlich die Befreiung auch für **Lieferungen ohne Beförderung oder Versendung in den Sitzstaat.**[3] Das Nachweiserfordernis ergibt sich aus Art. 51 Abs. 3 MwStVO.

V. Minderung der Bemessungsgrundlage (Absatz 4 Satz 4)

46 Die Regelung über die Minderung der Bemessungsgrundlage ist äußerst knapp und daher in hohem Maße auslegungsbedürftig.[4] Ihre Bedeutung erschließt sich erst aus dem Zweck des § 26 Abs. 4 UStG.

47 Eine Steuerbefreiung ist nur insoweit geboten, als die Konsortien tatsächlich mit Steuer belastet sind. Ergibt sich für eine bestimmte Eingangsleistung nachträglich eine niedrigere als die zunächst in Rechnung gestellte und ausgewiesene Steuer, ist daher auch die Vergütung anzupassen. Minderungen sind dementsprechend grundsätzlich alle Umstände, die nach den allgemeinen Vorschriften zu einer Berichtigung nach § 17 UStG führen. Auch im Übrigen sind die **zu § 17 UStG entwickelten Grundsätze** ergänzend heranzuziehen.

1 *Hummel* in Rau/Dürrwächter, § 26 UStG Rz. 365 f. (Stand: April 2015).
2 *Schüler-Täsch* in Sölch/Ringleb, § 26 UStG Rz. 35 (Stand: Oktober 2022).
3 Vgl. BT-Drucks. 17/10000, 76.
4 Vgl. *Hummel* in Rau/Dürrwächter, § 26 UStG Rz. 382 (Stand: April 2015).

Das Gesetz nennt keine Frist für die Unterrichtung des Bundeszentralamts. M.E. muss das Konsortium das Bundeszentralamt spätestens unterrichten, wenn es die nächste Vergütung beansprucht. 48

VI. Abgabe, Vermietung oder Übertragung (Absatz 4 Satz 5)

In ähnlicher Weise wie die Regelung über die Minderung (Rz. 46) ist auch die Regelung über Abgabe, Vermietung oder Übertragung von Gegenständen, für deren Erwerb eine **Vergütung gewährt** wurde, nur mit Blick auf den Gesetzeszweck zu verstehen. 49

Sie zielt auf Sachverhalte, in denen die für die Vergütung **maßgebliche Verwendung wegfällt**. Ihrem Wortlaut nach greift sie nur ein, wenn die Verwendung wegfällt, weil das Konsortium den Gegenstand einem Dritten überlässt. Nicht erfasst ist hingegen die nachträgliche satzungswidrige Verwendung bei dem Konsortium selbst. 50

Für diese Fälle regelt § 26 Abs. 4 Satz 5 UStG die Rückabwicklung der Vergütung, soweit sie auf den **dem Dritten überlassenen Wert** entfällt. Mit Rücksicht auf diesen Gesetzeszweck sind bei der Vermietung nicht der Veräußerungspreis, sondern der Mietzins, und bei der vorübergehenden unentgeltlichen Überlassung der Anteil des Zeitwerts, der dem Verhältnis der Überlassung zur gesamten Restnutzungsdauer entspricht, Grundlage der Rückabwicklung. Der vom Konsortium zu entrichtende Betrag ergibt sich aus der Anwendung des für den ursprünglichen Bezug geltenden Steuersatzes auf den Veräußerungspreis, Mietzins oder Zeitwert. 51

VII. Vereinfachungsregel (Absatz 4 Satz 6)

Die Vereinfachungsregel betrifft nur den bei der Rückabwicklung nach § 26 Abs. 4 Satz 5 UStG anzuwendenden Steuersatz. Die insofern bewirkte Vereinfachung dürfte **eher gering** sein. 52

F. Nachweise bei Leistungen an ausländische Streitkräfte (Absatz 5)

I. Regelungsgegenstand

Aufgrund **verschiedener völkerrechtlicher Verträge** sind Leistungen an ausländische Streitkräfte von der Umsatzsteuer befreit, schließen gleichwohl den Vorsteuerabzug nicht aus (§ 15 Abs. 3 Nr. 1 Buchst. a UStG). Die Steuerfreiheit ergibt sich unmittelbar aus den in § 26 Abs. 5 UStG genannten Verträgen. § 26 Abs. 5 UStG enthält lediglich eine Ermächtigung zur Bestimmung der für die Steuerbefreiung erforderlichen Nachweise. Das BMF machte davon in § 73 UStDV Gebrauch. 53

II. Steuerfreiheit; fiktive Ausfuhrlieferungen

Die drei in § 26 Abs. 5 UStG genannten Abkommensbestimmungen regeln im Kern übereinstimmend, dass Lieferungen und sonstige Leistungen im **Auftrag der Beschaffungsstellen**[1] der dort genannten Streitkräfte für die Streitkräfte selbst, ihre Angehörigen, Zivilpersonal und Gefolge steuerfrei sind. Gleichzeitig wird den leistenden Unternehmern für Lieferungen auf Antrag die für Ausfuhrlieferungen vorgesehene Vergütung gewährt. Zu den Ausfuhrlieferungen entwickelte Rechtsprechungsgrundsätze sind daher auf Lieferungen an ausländische Streitkräfte übertragbar.[2] 54

---

1 Vgl. BMF, Schr. v. 9.10.2023 – III C 3 - S 7493/19/10001 :004 – DOK 2023/0938140, BStBl. I 2023, 1705 = UR 2023, 884.

2 Vgl. BFH, Urt. v. 5.7.2012 – V R 10/10, BStBl. II 2014, 539 = UR 2012, 891, Rz. 23, zu Art. 67 Abs. 3 Buchst. a NATOTrStatZAbk.

55 Ein Auftrag einer Beschaffungsstelle liegt vor, sobald eine Beschaffungsstelle am Zustandekommen des betreffenden Umsatzangebots mitgewirkt hat. Dafür reicht es aus, dass die Beschaffungsstelle im sog. **vereinfachten Beschaffungsverfahren**[1] formularmäßige Beschaffungsaufträge[2] oder besondere Kreditkarten[3] ausgibt, mit deren Hilfe die berechtigten Personen bis zu einem bestimmten Gesamtbetrag im Einzelnen nicht vorab bestimmte Lieferungen und sonstige Leistungen für ihren persönlichen Bedarf, nicht aber zur Weiterveräußerung, in Anspruch nehmen können.

III. Nachweise

56 Unternehmer, die Steuerbefreiungen oder Vergütungen nach den in § 26 Abs. 5 UStG genannten Abkommensbestimmungen in Anspruch nehmen wollen, müssen dafür grundsätzlich einen **Buch- und Belegnachweis** führen (§ 73 UStDV). Sie können sich aber auch ohne einen solchen Nachweis auf die Abkommen berufen, wenn aus anderen Gründen feststeht, dass die Tatbestandsvoraussetzungen vorliegen.[4]

G. Neubekanntmachung von Gesetz und Rechtsverordnungen (Absatz 6)

I. Bekanntmachung

57 Bekanntmachung ist die amtliche Veröffentlichung einer Rechtsvorschrift unter Berücksichtigung aller bis zu einem bestimmten Zeitpunkt vorgenommenen Änderungen. Sie ist **kein gesetzgeberischer Akt**, sondern dient lediglich rechtsbekundend der Rechtsklarheit.[5] Ein Anspruch der Rechtsanwender auf eine Neubekanntmachung geänderter Vorschriften besteht nicht.[6]

58 Keine Bekanntmachung ist die **formlose Fortschreibung und Veröffentlichung** konsolidierter Fassungen. Im Gegensatz etwa zu § 51 Abs. 4 Nr. 2 EStG ermächtigt § 26 Abs. 6 UStG bei Bekanntmachungen nicht zur Beseitigung von Unstimmigkeiten im Wortlaut.

II. Gesetz und Rechtsverordnungen

59 § 26 Abs. 6 UStG regelt ausschließlich die Neubekanntmachung des UStG und der auf seiner Grundlage erlassenen Rechtsverordnungen. Bei **Verwaltungsvorschriften** stellt sich die Frage der Neubekanntmachung nicht in vergleichbarer Weise, weil der Veröffentlichung eine geringere Bedeutung zukommt als bei Gesetzen und Rechtsverordnungen.

1 Vgl. BMF, Schr. v. 4.2.2013 – IV D 3-S 7492/07/10006, BStBl. I 2013, 266; BMF, Schr. v. 22.12.2004 – IV A 6-S 7492-13/04, BStBl. I 2004, 1200; BMF, Schr. v. 10.8.2015 – III C 3-S 7492/08/10002, BStBl. I 2015, 654; BMF, Schr. v. 12.5.2023 – III C 3-S 7492/23/10001 :001, BStBl. I 2023, 800 = UR 2023, 503.

2 BFH, Urt. v. 14.4.2010 – XI R 12/09, BStBl. II 2011, 138 = UR 2010, 780, Rz. 33 ff.

3 BFH, Urt. v. 5.7.2012 – V R 10/10, BStBl. II 2014, 539 = UR 2012, 891, Rz. 28 ff.; BMF, Schr. v. 24.7.2017 – III C 3-S 7492/07/10008 :017, BStBl. I 2017, 998 = UR 2017, 691; BMF, Schr. v. 5.5.2022 – III C 3-S 7492/19/10002 :003, BStBl. I 2022, 737 = UR 2022, 559.

4 BFH, Urt. v. 5.7.2012 – V R 10/10, BStBl. II 2014, 539 = UR 2012, 891, Rz. 25; BMF, Schr. v. 20.6.2014 – IV D 3-S 7492/12/10001, BStBl. I 2014, 910.

5 BVerfG, Beschl. v. 25.7.1952 – 2 BvL 4/62, BVerfGE 14, 245, unter III.1.; BVerfG, Beschl. v. 7.5.1968 – 2 BvL 5/67, BVerfGE 23, 276, unter B.2.

6 Ausführlich *Butzer* in Maunz/Dürig, Art. 82 GG Rz. 233 ff.; siehe auch BayVerfGH, Entsch. v. 7.3.2019 – Vf. 15-VII-18, Rz. 41 ff.

§ 26a Bußgeldvorschriften

(1) Ordnungswidrig handelt, wer entgegen § 18 Absatz 1 Satz 4, Absatz 4 Satz 1 oder 2, Absatz 4c Satz 2, Absatz 4e Satz 4 oder Absatz 5a Satz 4, § 18i Absatz 3 Satz 3, § 18j Absatz 4 Satz 3 oder § 18k Absatz 4 Satz 3 eine Vorauszahlung, einen Unterschiedsbetrag oder eine festgesetzte Steuer nicht, nicht vollständig oder nicht rechtzeitig entrichtet.

(2) Ordnungswidrig handelt, wer vorsätzlich oder leichtfertig

1. **entgegen § 14 Absatz 2 Satz 2 eine Rechnung nicht oder nicht rechtzeitig ausstellt,**
2. **entgegen § 14b Abs. 1 Satz 1, auch in Verbindung mit Satz 4, ein dort bezeichnetes Doppel oder eine dort bezeichnete Rechnung nicht oder nicht mindestens zehn Jahre aufbewahrt,**
3. **entgegen § 14b Abs. 1 Satz 5 eine dort bezeichnete Rechnung, einen Zahlungsbeleg oder eine andere beweiskräftige Unterlage nicht oder nicht mindestens zwei Jahre aufbewahrt,**
4. **entgegen § 18 Abs. 12 Satz 3 die dort bezeichnete Bescheinigung nicht oder nicht rechtzeitig vorlegt,**
5. **entgegen § 18a Absatz 1 bis 3 in Verbindung mit Absatz 7 Satz 1, Absatz 8 oder Absatz 9 eine Zusammenfassende Meldung nicht, nicht richtig, nicht vollständig oder nicht rechtzeitig abgibt oder entgegen § 18a Absatz 10 eine Zusammenfassende Meldung nicht oder nicht rechtzeitig berichtigt,**
6. **einer Rechtsverordnung nach § 18c zuwiderhandelt, soweit sie für einen bestimmten Tatbestand auf die Bußgeldvorschrift verweist,**
7. **entgegen § 18d Satz 3 die dort bezeichneten Unterlagen nicht, nicht vollständig oder nicht rechtzeitig vorlegt,**
8. **entgegen § 22g Absatz 4 Satz 1 eine Information nicht, nicht richtig, nicht vollständig oder nicht rechtzeitig übermittelt,**
9. **entgegen § 22g Absatz 5 eine Angabe nicht oder nicht rechtzeitig berichtigt und nicht oder nicht rechtzeitig vervollständigt oder**
10. **entgegen § 22g Absatz 6 eine Aufzeichnung nicht oder nicht mindestens drei Kalenderjahre aufbewahrt.**

(3) Die Ordnungswidrigkeit kann in den Fällen des Absatzes 1 mit einer Geldbuße bis zu dreißigtausend Euro, in den Fällen des Absatzes 2 Nummer 3 mit einer Geldbuße bis zu tausend Euro, in den übrigen Fällen des Absatzes 2 mit einer Geldbuße bis zu fünftausend Euro geahndet werden.

(4) Verwaltungsbehörde im Sinne des § 36 Absatz 1 Nummer 1 des Gesetzes über Ordnungswidrigkeiten ist in den Fällen des Absatzes 2 Nummer 5, 6 und 8 bis 10 das Bundeszentralamt für Steuern.

Schrifttum: *Kemper*, Ordnungswidrigkeitentatbestände des Umsatzsteuerrechts, UR 2014, 673; *Kemper*, Der neue Bußgeldtatbestand der Nichtzahlung der Umsatzsteuer in § 26a Abs. 1 UStG, UR 2021, 142.

A. Grundaussagen

I. Regelungsgegenstand und Bedeutung

1 Nach § 26a UStG sind bestimmte steuerliche Pflichtverletzungen zugleich Ordnungswidrigkeiten. Sie können daher nicht nur steuerliche Nachteile zur Folge haben, sondern auch **bußgeldrechtlich verfolgt und geahndet** werden. Da das UStG Steuergesetz ist, gehören die Ordnungswidrigkeiten nach § 26a UStG zu den Steuerordnungswidrigkeiten (§ 377 Abs. 1 AO). Die praktische Bedeutung von § 26a UStG ist zweifelhaft.[1]

II. Unionsrechtliche Grundlagen

2 Die MwStSystRL enthält **keine besonderen Vorgaben für Bußgeldtatbestände**. Die Mitgliedstaaten können daher die Sanktionen vorsehen, die ihnen sachgerecht erscheinen, müssen dabei aber die allgemeinen Grundsätze des Unionsrechts beachten.[2] Der Entwurf des ursprünglichen § 26a UStG wurde damit begründet, die bußgeldrechtliche Bewehrung der seinerzeit dort genannten Mitwirkungspflichten solle sicherstellen, dass Deutschland seinen Pflichten zur Information anderer Mitgliedstaaten nachkommen könne.[3]

III. Verhältnis zu anderen Vorschriften und Rechtsentwicklung

3 Für Steuerordnungswidrigkeiten (Rz. 1) und ihre Verfolgung gelten grundsätzlich die Vorschriften des Ersten Teils des **Gesetzes über Ordnungswidrigkeiten (OWiG)** und dessen verfahrensrechtliche Vorschriften (Zweiter Teil) entsprechend (§ 377 Abs. 2, § 410 Abs. 2 OWiG). Erfüllt eine Ordnungswidrigkeit zugleich einen Straftatbestand, ist das Strafgesetz anzuwenden (§ 21 Abs. 1 Satz 1 OWiG).

4 Bei Nichtzahlung fälliger Umsatzsteuer (§ 26a Abs. 1 UStG) entstehen regelmäßig auch Säumniszuschläge (§ 240 AO). Nach nationalem Recht verstößt dies nicht gegen das **Doppelbestrafungsverbot** (Art. 103 Abs. 3 GG), weil die Säumniszuschläge, soweit sie nicht nur verspätete Zahlung und erhöhten Verwaltungsaufwand abgelten, als Druckmittel in die Zukunft gerichtet sind[4] und nicht der Vergeltung dienen. Unionsrechtlich gilt in Vollzug des Mehrwertsteuerrechts ebenfalls ein Doppelbestrafungsverbot (Art. 50 GrCh), das allerdings eingeschränkt werden kann (Art. 52 Abs. 1 GrCh). Auch nach den vom EuGH aufgestellten Kriterien[5] dürften Säumniszuschläge wegen ihrer kombinierten Zielsetzung als Druckmittel und Abgeltung nicht als Strafe anzusehen sein.

5 § 26a UStG wurde durch das Umsatzsteuerbinnenmarktgesetz[6] eingeführt und in der Folge mehrfach geändert und erweitert[7], zuletzt durch Art. 14 Nr. 19 JStG 2020[8], Art. 17 Nr. 3 JStG 2022[9] und Art. 23

---

1 *Kemper*, UR 2014, 673 (675); *Kemper*, UR 2021, 142 (143 f.).
2 St. Rspr., z.B. EuGH, Urt. v. 26.4.2017 – C-564/15, ECLI:EU:C:2017:302 – Farkas, UR 2017, 438, Rz. 59 m.w.N.
3 BT-Drucks. 12/2463, 39.
4 BFH, Urt. v. 24.4.2014 – V R 52/13, BStBl. II 2015, 106 = DB 2014, 1661, Rz. 13; BFH, Urt. v. 22.11.2017 – XI R 14/16, BStBl. II 2018, 455 = DB 2018, 1194, Rz. 26.
5 Vgl. EuGH, Urt. v. 20.3.2018 – C-524/15, ECLI:EU:C:2018:197 – Menci, UR 2018, 489 = wistra 2018, 391 m. Anm. *Pflaum*.
6 BGBl. I 1992, 1548; dazu BT-Drucks. 12/2643.
7 Krit. *Schüler-Täsch* in Sölch/Ringleb, § 26a UStG Rz. 1 (Stand: Oktober 2023).
8 BGBl. I 2020, 3096; dazu BT-Drucks. 19/22850, 145 ff.
9 BGBl. I 2022, 2294 (2311); dazu BT-Drucks. 20/3879, 117.

WachsChG[1]. Dementsprechend **unterschiedlich sind die Schutzzwecke** der einzelnen Ordnungswidrigkeitentatbestände.

B. Nichtzahlung von Umsatzsteuer (Absatz 1)

I. Regelungsgegenstand

Die Bußgeldbewehrung der Nichtzahlung fälliger Umsatzsteuer zielt auf „kriminelle[n] Unternehmer [n]", sog. **Missing Trader**, die Umsatzsteuer gesondert ausweisen, um anderen Unternehmern zu ermöglichen Vorsteuer abzuziehen, aber von Anfang an beabsichtigen, selbst keine Umsatzsteuer abzuführen.[2] Diese Erwägungen sind insoweit widersprüchlich, als tatsächlich kriminelles Verhalten, das nicht ohnehin (Rz. 9) strafbar ist, angesichts des Untermaßverbots[3] nicht nur mit einem Bußgeld zu belegen wäre. Sie gehen auch nicht darauf ein, dass sich als Missing Trader typischerweise Personen in prekären Verhältnissen hergeben, bei denen Geldbußen ohnehin nicht beigetrieben werden können (§ 66 Abs. 2 Nr. 2 Buchst. b OWiG, § 96 Abs. 1 Nrn. 2 und 4 OWiG). 6

II. Objektiver Tatbestand

1. Fällige Umsatzsteuer

Wer **fällige Umsatzsteuer** nicht, nicht vollständig oder nicht rechtzeitig zahlt, erfüllt nach § 26a Abs. 1 UStG den objektiven Tatbestand einer Ordnungswidrigkeit. Anders als nach § 26b UStG a.F. ist nicht mehr erforderlich, dass die Steuer in einer Rechnung gesondert ausgewiesen ist. Das Gesetz nennt ausdrücklich die Einzelvorschriften, in denen die Fälligkeit als solche ihrerseits unnötig[4] umfangreich (§ 18 Rz. 28) geregelt ist. M.E. wäre die Aufzählung der Einzelvorschriften auch im Hinblick auf den Bestimmtheitsgrundsatz (Art. 103 Abs. 2 GG)[5] nicht erforderlich, wie insbesondere auch § 370 Abs. 1 Nr. 2 AO darauf verzichtet, die Erklärungspflichten einzeln aufzuführen. 7

Die gesetzliche Fälligkeit der **Umsatzsteuervorauszahlungen** (§ 18 Rz. 28) bestimmt sich rein kalendermäßig, soweit nicht das Finanzamt die Vorauszahlung durch Bescheid festsetzt (§ 18 Rz. 71.1). Gibt der Unternehmer keine wirksame Umsatzsteuer-Jahreserklärung ab, wird die nicht erklärte Steuer zunächst nicht fällig und § 26a Abs. 1 UStG greift erst ein, wenn das Finanzamt einen Steuerbescheid erlässt (§ 18 Rz. 71). 8

Die **verspätete oder gänzlich unterlassene Abgabe** einer Umsatzsteuervoranmeldung[6] kann aber ihrerseits zu einer Steuerhinterziehung (§ 370 AO) führen. Gibt der Steuerpflichtige in der Folge eine unrichtige oder unvollständige (§ 370 Abs. 1 Nr. 1 AO) oder pflichtwidrig keine (§ 370 Abs. 1 Nr. 2 AO) Umsatzsteuerjahreserklärung ab, ist die Hinterziehung der Vorauszahlung grundsätzlich mitbestrafte Vortat.[7] Die Nichtzahlung einer Vorauszahlung ist regelmäßige Folge einer etwa vorausgegangenen Steuerhinterziehung und tritt daher grundsätzlich als mitbestrafte Nachtat zurück (s.a. § 26c Rz. 4). 9

2. Nichtzahlung

Der Wortlaut des § 26a Abs. 1 UStG erfasst jede Nichtzahlung. Er unterscheidet nicht danach, warum der Steuerpflichtige, sein Organ oder Vertreter (§ 9 OWiG) nicht zahlt. Die Beschränkung auf **Missing Trader** (Rz. 6) ist nur in der Entwurfsbegründung ausdrücklich angesprochen. In anderen Fällen, ins- 10

---

1 BGBl. 2024 I, Nr. 108 (S. 24).
2 BT-Drucks. 19/22850, 146 f.
3 BVerfG, Urt. v. 28.5.1993 – 2 BvF 2/90, 2 BvF 4/92, 2 BvF 5/92, BVerfGE 88, 203, unter D.I.2.b.
4 *Schüler-Täsch* in Sölch/Ringleb, § 26a Rz. 18 (Stand: März 2023).
5 Vgl. BVerfG, Beschl. v. 19.6.2007 – 1 BvR 1290/05, BVerfGK 11, 337, unter II.2.a.aa.
6 Vgl. *Kemper*, UR 2021, 142 (144).
7 BGH, Urt. v. 13.7.2017 – 1 StR 536/16, wistra 2018, 43 m. Anm. *Pflaum* und BGH, Beschl. v. 6.10.2021 – 1 StR 297/21, wistra 2022, 206.

besondere bei unverschuldeten Zahlungsschwierigkeiten, soll von einer Verfolgung abgesehen werden (§ 47 OWiG; Rz. 22).[1] Nach der Rechtsprechung ist allerdings echten Unterlassungsdelikten auch ohne ausdrückliche Regelung die Tatbestandsvoraussetzung immanent, dass die gebotene Handlung möglich und zumutbar sein muss.[2] Daran fehlt es regelmäßig, wenn der Unternehmer fällige Steuer mangels liquider Mittel nicht zahlen kann oder aus rechtlichen Gründen (z.B. § 21 Abs. 2 Nr. 2 InsO[3]) nicht zahlen darf.

11 Auch ein bei Fälligkeit der Steuer zahlungsunfähiger Rechnungsaussteller kann aber nach den Grundsätzen der **omissio libera in causa** nach § 26a Abs. 1 UStG haften, wenn er die Zahlungsunfähigkeit vorsätzlich herbeiführte.[4] Während der Insolvenzantragsfrist nach § 15a Abs. 1 InsO ist bei haftungsbeschränkten Gesellschaften die Nichtzahlung aus insolvenzrechtlichen Gründen gerechtfertigt.[5] Führen die Organe der Gesellschaft das Unternehmen danach weiter, ohne einen Insolvenzantrag zu stellen, lebt die Zahlungspflicht wieder auf.[6] Stellen sie den Antrag, sind nach § 15b Abs. 8 InsO[7] steuerliche Zahlungspflichten suspendiert, so dass die Organe durch die Nichtzahlung nicht den Tatbestand des § 26a Abs. 1 UStG erfüllen. Demgegenüber kann sich der Insolvenzverwalter m.E. auf rechtliche Hinderungsgründe nur insoweit berufen, als er selbst in der Verfügung beschränkt ist.

III. Subjektiver Tatbestand

12 In subjektiver Hinsicht setzt § 26a Abs. 1 UStG Vorsatz voraus (§ 10 OWiG). Vorsatz bedeutet grundsätzlich **Wissen und Wollen** der Tatbestandsverwirklichung. Dies schließt auch den bedingten Vorsatz ein. Vorsätzlich handelt daher schon, wer die Verwirklichung der Merkmale des gesetzlichen Tatbestands für möglich hält und billigend in Kauf nimmt.[8] Der Vorsatz muss sich grundsätzlich nur auf das Geschehen als solches beziehen („Parallelwertung in der Laiensphäre") – wozu aber bei § 26a Abs. 1 UStG auch die Fälligkeit gehört – nicht auf die bußgeldrechtliche Bewertung.

C. Weitere Ordnungswidrigkeitentatbestände (Absatz 2)

I. Objektiver Tatbestand

1. Allgemeines

13 In § 26a Abs. 2 UStG sind mehrere Ordnungswidrigkeitentatbestände geregelt, deren objektiver Tatbestand jeweils in **Verstößen gegen bestimmte umsatzsteuerrechtliche Mitwirkungspflichten** besteht. Einzelheiten ergeben sich aus den Erläuterungen zu den jeweiligen Mitwirkungspflichten.

14 Alle Ordnungswidrigkeiten nach § 26a Abs. 2 UStG sind **Unterlassungsdelikte**, die grundsätzlich nur diejenigen begehen können, die entsprechende Handlungspflichten treffen. Von § 26a Abs. 2 Nr. 3

1 BT-Drucks. 19/22850, 146 f.

2 BGH, Urt. v. 2.12.2008 – 1 StR 416/08, BGHSt 53, 71, Rz. 17; BGH, Beschl. v. 11.10.2018 – 1 StR 257/18, wistra 2019, 102, Rz. 9; ähnlich *Sauter/Zugmaier* in Offerhaus/Söhn/Lange, § 26a UStG Rz. 46 f. (Stand: Dezember 2021).

3 Dazu BFH, Urt. v. 26.92.2017 – VII R 40/16, BStBl. II 2018, 772 = UR 2018, 174, Rz. 16 f.; BFH, Urt. v. 22.10.2019 – VII R 30/18, ZWH 2020, 300, Rz. 28 ff.

4 Vgl. BGH, Beschl. v. 28.5.2002 – 5 StR 16/02, BGHSt 47, 318, unter I.2.c.; BGH, Beschl. v. 11.10.2018 – 1 StR 257/18, wistra 2019, 102, Rz. 11, jeweils zu § 266a StGB; ähnlich BT-Drucks. 19/22850, 147.

5 Vgl. BGH, Beschl. v. 30.7.2003 – 5 StR 221/03, BGHSt 48, 307; siehe auch BFH, Urt. v. 27.2.2007 – VII R 67/05, BStBl. II 2009, 348, jeweils zu § 266a StGB.

6 Vgl. BGH, Beschl. v. 9.8.2005 – 5 StR 67/05, wistra 2006, 17, unter 2.b.

7 I.d.F. des SanInsFoG vom 22.12.2020, BGBl. I 2020, 3256; dazu BT-Drucks. 19/25303, 102, BT-Drucks. 19/25353, 11 f.

8 BGH, Beschl. v. 17.3.2009 – 1 StR 479/08, BGHSt 53, 210, unter II.5.c.; BGH, Urt. v. 8.9.2011 – 1 StR 38/11, ZWH 2012, 153, unter III.1.; zur Abgrenzung von bewusster Fahrlässigkeit BGH, Urt. v. 4.11.1988 – 1 StR 262/88, BGHSt 36, 1, unter C.II.1.; siehe auch BGH, Urt. v. 7.11.2007 – 5 StR 371/07, HFR 2008, 1180, unter II.1. a cc (2).

UStG abgesehen, sind dies ausschließlich Unternehmer oder Steuerpflichtige, deren gesetzliche Vertreter (§ 34 AO) oder Verfügungsberechtigte (§ 35 AO).[1]

2. Einzelne Tatbestände

a) Nichtausstellen oder verspätetes Ausstellen von Rechnungen (Abs. 2 Nr. 1)

Die in § 26 Abs. 2 Nr. 1 UStG bußgeldbewehrten Pflichten zur **Ausstellung von Rechnungen** dienen unterschiedlichen Zwecken. § 14 Abs. 2 Satz 1 Nr. 1 UStG soll Steuerhinterziehungen vorbeugen (§ 14 a.F. Rz. 34 ff.), § 14 Abs. 2 Satz 1 Nr. 2 Satz 2 UStG dem Leistungsempfänger ermöglichen, sein Recht auf Vorsteuerabzug zeitgerecht auszuüben (§ 14 a.F. Rz. 47). Inhaltlich unrichtige Rechnungen auszustellen, insbesondere mit überhöhtem Steuerausweis, ist demgegenüber nach § 379 Abs. 1 Satz 1 Nr. 1 AO als Steuergefährdung bußgeldbewehrt und kann, wenn es in der Folge zu einer Steuerhinterziehung kommt, auch den Straftatbestand der Beihilfe zur Steuerhinterziehung (§ 370 AO, § 27 StGB) erfüllen. 14.1

Dass das Ausstellen einer Rechnung auch für bußgeldrechtliche Zwecke die **Zuleitung an den Leistungsempfänger** mit umfasst, lässt sich ohne Verstoß gegen das straf- und bußgeldrechtliche[2] Bestimmtheitsgebot (Art. 103 Abs. 2 GG) nach nationalem Recht § 14b UStG, nach Unionsrecht Art. 244 MwStSystRL entnehmen. Diese Regelungen setzen jeweils voraus, dass der Aussteller die erstellte Rechnung auch an den Adressaten herausgibt. 14.2

Ob es sich dabei um eine Holschuld, Schickschuld oder Bringschuld im Sinne des deutschen Zivilrechts handelt, hängt m.E. von den Umständen des Einzelfalles ab, insbesondere den **Vereinbarungen der Beteiligten** und der Verkehrssitte. Da der Anspruch auf Erteilung einer Rechnung ein zivilrechtlicher Anspruch ist (§ 14 a.F. Rz. 47 f.), können die Parteien über ihn disponieren. Danach richtet sich, ob der Unternehmer seine Pflicht z.B. schon durch Aufgabe der Rechnung zur Post oder erst mit Eingang beim Adressaten erfüllt. 14.3

b) Nichtaufbewahrung oder ungenügende Aufbewahrung von Rechnungen (Abs. 2 Nr. 2)

Die qualitativen Anforderungen der Aufbewahrung i.S.v. Abs. 2 Nr. 2 ergeben sich aus § 14b Abs. 1 Satz 2 (§ 14b UStG Rz. 13) i.V.m. § 14 Abs. 1 Satz 2 UStG (§ 14 a.F. Rz. 18 ff.). Gehen die Rechnungen verloren oder werden sie beschädigt, obwohl der Steuerpflichtige alle **erkennbar erforderlichen Vorkehrungen** für eine ordnungsgemäße Aufbewahrung traf, handelte er nicht ordnungswidrig, weil es am subjektiven Tatbestand (Rz. 15) fehlt. Auch zu unzumutbaren Anstrengungen könnte der Steuerpflichtige nicht bußgeldbewehrt verpflichtet werden.[3] 14.4

II. Subjektiver Tatbestand

Bußgeldbewehrt ist nach § 26a Abs. 2 UStG nicht nur die vorsätzliche (Rz. 12) sondern auch die leichtfertige Begehung. Leichtfertigkeit meint ein gesteigertes Maß an Fahrlässigkeit, bei dem der Handelnde nicht die erforderliche und ihm persönlich mögliche Sorgfalt anwendet, obwohl sich ihm **aufdrängen muss**, dass der tatbestandsmäßige Erfolg eintreten kann.[4] 15

1 *Kemper*, UR 2014, 673 (675).
2 BVerfG, Beschl. v. 19.6.2007 – 1 BvR 1290/05, BVerfGK 11, 337, unter II.2.a.aa.
3 Vgl. BVerfG, Beschl. v. 12.9.2005 – 2 BvR 1361/05, BVerfGK 6, 213, unter III.2.c.
4 BFH, Urt. v. 24.7.2014 – V R 44/13, BStBl. II 2014, 955 = UR 2014, 818, Rz. 15; BGH, Urt. v. 17.12.2014 – 1 StR 324/14, ZWH 2015,113.

D. Rechtsfolgen (Absatz 3)

I. Geldbuße

16 Ordnungswidrigkeiten nach § 26a UStG werden regelmäßig mit einer Geldbuße geahndet (§ 26a Abs. 3 UStG). Die Zumessung der Geldbuße innerhalb des **gesetzlichen Rahmens** richtet sich nach der Bedeutung der Ordnungswidrigkeit, dem Vorwurf, der den Täter trifft (§ 17 Abs. 3 Satz 1 OWiG) und gegebenenfalls seinen wirtschaftlichen Verhältnissen (§ 17 Abs. 3 Satz 2 OWiG). Das Höchstmaß der Geldbuße ist in der Fassung des JStG 2020 gegenüber dem früheren § 26b Abs. 2 UStG herabgesetzt, für Ordnungswidrigkeiten nach § 26a Abs. 2 Nr. 3 UStG heraufgesetzt; die Entwurfsbegründung dafür[1] wenig konkret.

II. Überschreitung des gesetzlichen Höchstmaßes

17 Das gesetzliche Höchstmaß der Geldbuße kann überschritten werden, wenn es ansonsten hinter dem **Vorteil**, den der Täter aus der Ordnungswidrigkeit gezogen hat, zurückbleibt (§ 377 Abs. 2 AO, § 17 Abs. 4 OWiG). Bei § 26a UStG dürfte dies kaum der Fall sein, da Missing Trader (§ 26a Abs. 1 UStG, s. Rz. 6) für ihre Tätigkeit selbst regelmäßig nur eine geringe „Provision" erhalten und Ordnungswidrigkeiten nach § 26a Abs. 2 UStG typischerweise nicht unmittelbar mit einem bezifferbaren materiellen Vorteil verbunden sind.

E. Zuständigkeit (Absatz 4)

I. Allgemeine Zuständigkeit

18 Die Verfolgung und Ahndung von Ordnungswidrigkeiten obliegt grundsätzlich den **Verwaltungsbehörden**, soweit nicht Staatsanwaltschaften (§§ 40 ff. OWiG) und Gerichte (§§ 45, 68 OWiG) zuständig sind (§ 35 OWiG). Dies betrifft insbesondere den Erlass von Bußgeldbescheiden (§§ 65, 66 OWiG).

19 Für Steuerordnungswidrigkeiten ist die zuständige Verwaltungsbehörde grundsätzlich die für die betroffene Steuer **zuständige Finanzbehörde** (§ 409 Satz 1 i.V.m. § 387 Abs. 1 AO; d.h. Finanzamt oder Hauptzollamt), wobei eine Konzentration bei bestimmten Behörden möglich ist (§ 409 Satz 2 i.V.m. § 387 Abs. 2 AO).[2]

20 Im Bußgeldrecht gilt im Gegensatz zum Strafrecht grundsätzlich nicht das Legalitäts- (§ 152 StPO), sondern das **Opportunitätsprinzip** (§ 47 Abs. 1 Satz 1 OWiG). Die Finanzbehörden können das Bußgeldverfahren jederzeit – ohne Geldauflagen (§ 47 Abs. 3 OWiG) – einstellen (§ 47 Abs. 1 Satz 2 OWiG).

II. Sonderzuständigkeit des BZSt

21 Die Regelungen über die Sonderzuständigkeit des **Bundeszentralamts für Steuern** dienen nach der Entwurfsbegründung lediglich der Klarstellung.[3] Anderenfalls könnten Zweifel an der Zuständigkeit des Bundeszentralamts bestehen, weil das Bundeszentralamt zwar die in § 26a Abs. 2 Nr. 5 und 6 UStG angesprochenen Meldungen entgegennimmt, aber nicht selbst die Steuer verwaltet (§ 409 Satz 1, § 387 Abs. 1 AO).

1 BT-Drucks. 19/22850, 147.
2 Siehe dazu die Übersichten bei *Pflaum* in MünchKomm.StPO, § 387 AO Rz. 3; *Randt* in Joecks/Jäger/Randt, Steuerstrafrecht[8], § 387 AO Rz. 6.
3 BT-Drucks. 18/1529, 74.

§ 26b *(Schädigung des Umsatzsteueraufkommens)*

(aufgehoben)[1]

§ 26c Strafvorschriften

Mit Freiheitsstrafe bis zu fünf Jahren oder mit Geldstrafe wird bestraft, wer in den Fällen des § 26a Absatz 1 gewerbsmäßig oder als Mitglied einer Bande, die sich zur fortgesetzten Begehung solcher Handlungen verbunden hat, handelt.

Schrifttum: *Gmeiner*, § 26c UStG und das Zitiergebot, wistra 2019, 17; *Joecks*, Strafvorschriften im Steuerverkürzungsbekämpfungsgesetz, wistra 2002, 201; *Joecks/Jäger/Randt*, Steuerstrafrecht, 8. Aufl., München 2015; *Roth*, Verfassungswidrigkeit des § 26c UStG wegen Verstoßes gegen das Zitiergebot, wistra 2017, 1; *Roth*, Replik zu Gmeiner, § 26c und das Zitiergebot, wistra 2019, 18.

A. Grundaussagen

I. Regelungsgegenstand und Bedeutung

1 § 26c UStG regelt den einzigen **Steuerstraftatbestand** (§ 369 Abs. 1 AO) in einem Einzelsteuergesetz. Danach ist die Schädigung des Umsatzsteueraufkommens (§ 26a Abs. 1 UStG) unter bestimmten erschwerenden Umständen als Straftat im Höchstmaß mit Freiheitsstrafe bis zu fünf Jahren belegt. Die praktische Bedeutung scheint sehr gering zu sein. In rund 20 Jahren der Geltung wurde keine ober- oder höchstrichterliche Entscheidung veröffentlicht, die auf § 26c UStG beruht.

II. Unionsrechtliche Grundlagen

2 Strafverfahren wegen umsatzsteuerrechtlicher Verstöße gehören zur **Durchführung des Unionsrechts** i.S.d. Art. 51 Abs. 1 GrCh. Entsprechende nationale Rechtsvorschriften sind daher an den unionsrechtlichen Vorgaben zu messen.[2] Die Mitgliedstaaten haben bei der Einführung von Sanktionen aber ein weites Ermessen (§ 26a Rz. 2). Da § 26c UStG ausschließlich qualifizierte Formen der Nichtzahlung erfasst, verstößt er m.E. auch unionsrechtlich nicht gegen das Doppelbestrafungsverbot (§ 26a Rz. 4).

1 § 26b UStG aufgehoben durch das JStG 2020 v. 21.12.2020, BGBl. I 2020, 3086 und als Abs. 1 in § 26a UStG eingefügt (§ 26a Rz. 5 ff.).
2 Grundlegend EuGH, Urt. v. 26.2.2013 – C-617/10, ECLI:EU:C:2013:105 – Åkerberg Fransson, UR 2014, 27, Rz. 24 ff.

III. Verhältnis zu anderen Vorschriften und Rechtsentwicklung

1. Allgemeines

3 § 26c UStG wurde zusammen mit § 26b UStG a.F. durch Art. 1 Nr. 7 des Steuerverkürzungsbekämpfungsgesetzes[1] mit Wirkung vom 1.1.2002 in das UStG eingefügt, um der Schädigung des Umsatzsteuergesetzes durch Karussellgeschäfte entgegenzuwirken[2] und durch Art. 14 Nr. 21 JStG 2020[3] geändert. Im Verhältnis zu § 26b UStG a.F., jetzt § 26a Abs. 1 UStG (§ 26a Rz. 5), ist § 26c UStG **Qualifikationstatbestand**, weil er zusätzliche Tatbestandsvoraussetzungen hat und schwerwiegendere Rechtsfolgen vorsieht, und geht als spezielleres Gesetz vor.[4]

4 Gegenüber der Steuerhinterziehung (§ 370 AO) ist § 26c UStG ein **eigenständiger, subsidiärer Straftatbestand**. Steuerhinterziehung ist ein Erklärungsdelikt, während Tathandlung des § 26c UStG die Nichtzahlung ist.[5] § 26c UStG zielt nur auf Täter ab, die ordnungsgemäße Erklärungen abgeben, aber die Steuer nicht zahlen.[6] Wer eine bestimmte Umsatzsteuer hinterzogen hat, ist daher hinsichtlich dieser Umsatzsteuer nicht nach § 26c UStG strafbar[7] Im Verhältnis zur Hinterziehung der gleichen Umsatzsteuer ist die Nichtzahlung schon als mitbestrafte Nachtat (§ 26a Rz. 9) straffrei. Die Strafbarkeit lebt aber m.E. selbst dann nicht auf, wenn die Steuerhinterziehung aufgrund einer wirksamen Selbstanzeige (§ 371 AO) straffrei bleibt. Im Verhältnis von Umsatzsteuervoranmeldung und -jahreserklärung schützt die Möglichkeit zur strafbefreienden Selbstanzeige durch die Umsatzsteuerjahreserklärung[8] auch die verfassungsrechtlich gewährleistete Selbstbelastungsfreiheit (nemo tenetur).[9] Insofern ergäben sich Folgeprobleme, wenn der Täter zwar für die Hinterziehung von Vorauszahlungen straffrei, deswegen aber wegen der Nichtzahlung bestraft werden könnte. Das Verfassungsrecht steht einer restriktiv-präzisierenden Auslegung von Strafgesetzen nicht entgegen.[10]

5 Da die gewerbsmäßige oder bandenmäßige Schädigung des Umsatzsteueraufkommens keine Steuerhinterziehung ist, löst sie keine **Haftung** nach § 71 AO aus. Auch eine strafbefreiende Selbstanzeige (§ 371 AO) ist nicht möglich.

2. Verfassungsmäßigkeit

6 Im Schrifttum ist umstritten, ob § 26c UStG gegen das **Zitiergebot** (Art. 19 Abs. 1 Satz 2 GG) verstößt, weil die Freiheitsstrafe die Freiheit der Person (Art. 2 Abs. 2 Satz 2 GG) beschränkt und das UStG darauf nicht hinweist.[11] Ausgehend von den vom BVerfG aufgestellten Maßstäben, sind m.E. die bei Inkrafttreten von § 26c UStG geltenden Anforderungen des Zitiergebots gewahrt.

7 Das BVerfG vertrat ursprünglich die Auffassung, bei der **Einführung neuer Straftatbestände**, die Freiheitsstrafen androhten, bedürfe es keines besonderen Hinweises auf den damit verbundenen Eingriff in Art. 2 Abs. 2 Satz 2 GG.[12] Dieser Eingriff war auch während des Gesetzgebungsverfahrens zu § 26c UStG sowohl für die Beteiligten am Gesetzgebungsverfahren als auch für die Öffentlichkeit offenkundig. Insofern ist § 26c UStG als Steuerstraftatbestand (§ 369 Abs. 1 AO) jedenfalls durch die Verweisung des Steuerstrafrechts auf die allgemeinen Strafgesetze (§ 369 Abs. 2 AO) gedeckt.

1 BGBl. I 2001, 3922.
2 BT-Drucks. 14/7471, 8.
3 BGBl. I 2020, 2096 (3120), dazu BT-Drucks. 19/22850, 148.
4 Vgl. BGH, Urt. v. 22.5.2012 – 1 StR 103/12, ZWH 2012, 279, Rz. 31 ff.
5 BGH, Beschl. v. 22.7.2014 – 1 StR 189/14, HFR 2015, 194.
6 BT-Drucks. 14/7471, 8.
7 *Jäger* in Klein, AO[16], § 370 AO Rz. 483; a.A. *Webel* in Joecks/Jäger/Randt, Steuerstrafrecht[9], Anhang II Rz. 53.
8 Vgl. BGH, Beschl. v. 20.11.2018 – 1 StR 349/18, wistra 2019, 341, Rz. 6; BGH, Beschl. v. 15.12.2021 – 1 StR 362/21, wistra 2022, 342, Rz. 6.
9 BGH, Beschl. v. 26.4.2001 – 5 StR 587/00, BGHSt 47, 8, unter II.3.; BGH, Beschl. v. 22.3.2023 – 1 StR 440/22, Rz. 15 f.
10 BVerfG, Beschl. v. 9.2.2022 – 2 BvL 1/20, BVerfGE 160, 284, Rz. 95.
11 Dafür *Roth*, wistra 2017, 1 und *Roth*, wistra 2019, 18; dagegen *Gmeiner*, wistra 2019, 17.
12 BVerfG, Beschl. v. 30.5.1973 – 2 BvL 4/73, BVerfGE 35, 185, unter II.2.a.

Zwischenzeitlich entnimmt das BVerfG dem Zitiergebot zwar **strengere Vorgaben**, wendet diese aber im Interesse der Rechtssicherheit erst auf ab 27.7.2005 beschlossene Gesetze an.[1] Da § 26c UStG zu diesem Zeitpunkt schon in Kraft war (Rz. 3), war die Vorschrift jedenfalls vor der Änderung durch das JStG 2020 (Rz. 3) an den zuvor geltenden Maßstäben zu messen. Die Änderung durch das JStG 2020 und die damit verbundene Erweiterung des Tatbestands des § 26b UStG a.F. durch § 26a Abs. 1 UStG könnten diesen Bestandsschutz beseitigt haben. Daher ist unverständlich, warum das JStG 2020 keine klarstellende Zitierung enthielt, zumal die Entwurfsverfasser an anderer Stelle (§ 18 Rz. 28) der Rechtsförmlichkeit hohe Bedeutung beimaßen. Ein etwaiger Verstoß des § 26c UStG gegen das Zitiergebot würde jedenfalls nicht zur Gesamtnichtigkeit des UStG führen.[2] 8

B. Einzelfragen

I. Regelungsgegenstand

§ 26c StGB beschreibt den objektiven Tatbestand der gewerbsmäßigen oder bandenmäßigen Schädigung des Umsatzsteueraufkommens und nennt den Strafrahmen. Strafbar ist nur die **vorsätzliche** (§ 26a Rz. 12) **Tatbegehung** (§ 369 Abs. 2 AO, § 15 StGB). Die Strafzumessung richtet sich gegebenenfalls nach § 46 StGB. Neben dem Täter (§ 25 StGB) können sich auch Teilnehmer (§§ 26, 27 StGB) strafbar machen. 9

II. Schädigung des Umsatzsteueraufkommens

Voraussetzung ist zunächst, dass der **Grundtatbestand** verwirklicht ist, das heißt, eine Tat nach § 26a Abs. 1 UStG vorliegt. Insofern wird auf die dortigen Erläuterungen verwiesen (§ 26a Rz. 7 ff.). Zusätzlich zum Grundtatbestand muss zumindest eines der in § 26c UStG genannten Qualifikationsmerkmale erfüllt sein. Liegen beide Qualifikationsmerkmale vor, dürfte dies bei der Strafzumessung erschwerend zu berücksichtigen sein. 10

III. Gewerbsmäßig

Gewerbsmäßig im strafrechtlichen Sinne handelt, wer die Absicht hat, sich durch **wiederholte Tatbegehung eine fortlaufende Einnahmequelle von einiger Dauer und einigem Umfang** zu verschaffen.[3] Die Entwurfsbegründung zu § 26c UStG[4] enthält keine Anhaltspunkte, dass der Begriff in § 26c UStG in einem anderen Sinn verwandt worden sein könnte. Eine Tatbegehung „als Gewerbe"[5], durch Erschleichung von Steuererstattungen oder -vergütungen ist bei § 26c UStG ohnehin ausgeschlossen. 11

Die Gewerbsmäßigkeit ist eine **rein subjektive Qualifikation** („Absicht"). Verfestigte Strukturen und Abläufe sind nicht erforderlich, aber regelmäßig ein starkes Indiz. Als Einnahme reichen nach der Rechtsprechung mittelbare Vorteile, auch ersparte Aufwendungen.[6] Eine solche Einnahme ist auch die Nichtzahlung geschuldeter Umsatzsteuer. Allgemein bedeutet Absicht aber gezieltes Handeln. Weitere Taten und damit verbundene Einnahmen lediglich billigend in Kauf zu nehmen, reicht nicht. 12

1 BVerfG, Urt. v. 27.7.2005 – 1 BvR 668/04, BVerfGE 113, 348, unter C.II.2.a.bb.; insofern zutreffend *Roth*, wistra 2017, 1 (3).
2 BFH, Beschl. v. 9.4.2014 – VII B 228/13, BFH/NV 2014, 1227; BFH, Beschl. v. 25.5.2016 – V B 107/15, BFH/NV 2016, 1310.
3 St. Rspr., z.B. BGH, Beschl. v. 26.6.2012 – 1 StR 289/12, ZWH 2012, 503, Rz. 15.
4 BT-Drucks. 14/7471, 8.
5 BGH, Urt. v. 28.10.2004 – 5 StR 276/04, wistra 2005, 30 (31); *Joecks*, wistra 2002, 201 (203 f.).
6 BGH, Beschl. v. 26.6.2012 – 1 StR 289/12, ZWH 2012, 502, Rz. 15.

IV. Bande

13 Bande im strafrechtlichen Sinn ist ein Zusammenschluss von **mindestens drei Personen**, die sich mit dem Willen verbunden haben, künftig für eine gewisse Dauer mehrere selbstständige, im Einzelnen noch ungewisse im Gesetz genannte Taten zu begehen, wobei ein gefestigter Bandenwille oder ein Tätigwerden in einem übergeordneten Bandeninteresse nicht erforderlich ist.[1]

14 Der Bandenbegriff hat sowohl eine objektive (Verbindung von mindestens drei Personen) als auch eine subjektive (Wille zu Begehung von Straftaten) Dimension. Anders als für Gewerbsmäßigkeit (Rz. 12) reicht in subjektiver Hinsicht einfacher Vorsatz aus. Der Gesetzgeber des § 26c UStG hatte dabei **„Strukturen der Organisierten Kriminalität"** vor Augen.[2]

15 Im Schrifttum wird aber darauf hingewiesen, dass auch mehrköpfige Leitungsgremien eines im Übrigen **rechtstreuen Unternehmens in Zahlungsschwierigkeiten** als Bande verstanden werden können.[3] Dass sich die Beteiligten ursprünglich aus anderen Gründen zusammenfanden, kann gegen das Vorliegen einer Bande sprechen, schließt es aber nicht aus.[4] Sofern die Zahlungsschwierigkeiten nach der Vorstellung der Handelnden nur vorübergehender Natur sind, dürfte sich ihr Wille aber nicht auf „im Einzelne noch ungewisse" Taten beziehen.

16 Zwar trifft den Unternehmer im Umsatzsteuerrecht als „Steuereinnehmer für Rechnung des Staates" eine besondere Verantwortung[5]. Zugleich ist aber jedes **unternehmerische Handeln risikobehaftet**. Die bedingt-vorsätzliche Nichtzahlung einer ordnungsgemäß erklärten Steuer aufgrund der Unternehmensstruktur als Straftat zu behandeln, erscheint vor diesem Hintergrund sehr problematisch.

V. Verfahren

17 Taten nach § 26c UStG werden als Steuerstraftaten im Steuerstrafverfahren (§§ 385 ff. AO) verfolgt. Dabei gilt grundsätzlich das **Legalitätsprinzip** (§ 152 StPO). Ausnahmen sind nicht nach dem bußgeldrechtlichen Opportunitätsprinzip (§ 47 OWiG), sondern nur nach strafrechtlichen Opportunitätsregeln (§§ 153 ff. StPO) möglich.

§ 27 Allgemeine Übergangsvorschriften

(1) [1]Änderungen dieses Gesetzes sind, soweit nichts anderes bestimmt ist, auf Umsätze im Sinne des § 1 Abs. 1 Nr. 1 und 5 anzuwenden, die ab dem Inkrafttreten der maßgeblichen Änderungsvorschrift ausgeführt werden. [2]Das gilt für Lieferungen und sonstige Leistungen auch insoweit, als die Steuer dafür nach § 13 Abs. 1 Nr. 1 Buchstabe a Satz 4, Buchstabe b oder § 13b Absatz 4 Satz 2 vor dem Inkrafttreten der Änderungsvorschrift entstanden ist. [3]Die Berechnung dieser Steuer ist für den Voranmeldungszeitraum zu berichtigen, in dem die Lieferung oder sonstige Leistung ausgeführt wird.

(1a) [1]§ 4 Nr. 14 ist auf Antrag auf vor dem 1. Januar 2000 erbrachte Umsätze aus der Tätigkeit als Sprachheilpädagoge entsprechend anzuwenden, soweit der Sprachheilpädagoge gemäß § 124 Abs. 2 des Fünften Buches Sozialgesetzbuch von den zuständigen Stellen der gesetzlichen Krankenkassen umfassend oder für bestimmte Teilgebiete der Sprachtherapie zur Abgabe von sprachtherapeutischen Heilmitteln zugelassen ist und die Voraussetzungen des § 4 Nr. 14 spätestens zum

1 Grundlegend BGH, Beschl. v. 22.3.2001 – GSSt 1/00, BGHSt 46, 321 = wistra 2001, 298 = NStZ 2001, 421.
2 BT-Drucks. 14/7471, 8; Hervorhebung durch Verfasser.
3 So auch *Reiß*, UR 2002, 561 (568).
4 BGH, Urt. v. 12.7.2006 – 2 StR 180/06, NStZ 2007, 339, unter I.2.
5 Grundlegend EuGH, Urt. v. 20.10.1993 – C-10/92, ECLI:EU:C:1993:846 – Balocchi, UR 1994, 116; aus neuerer Zeit z.B. EuGH, Urt. v. 23.11.2017 – C-246/16, ECLI:EU:C:2017:887 – Di Maura, UR 2018, 37, Rz. 23 m.w.N.; BFH, Urt. v. 10.5.2017 – V R 43/14, V R 7/15, UR 2017, 54, Rz. 16.

1. Januar 2000 erfüllt. [2]Bestandskräftige Steuerfestsetzungen können insoweit aufgehoben oder geändert werden.

(2) § 9 Abs. 2 ist nicht anzuwenden, wenn das auf dem Grundstück errichtete Gebäude

1. Wohnzwecken dient oder zu dienen bestimmt ist und vor dem 1. April 1985 fertig gestellt worden ist,
2. anderen nichtunternehmerischen Zwecken dient oder zu dienen bestimmt ist und vor dem 1. Januar 1986 fertig gestellt worden ist,
3. anderen als in den Nummern 1 und 2 bezeichneten Zwecken dient oder zu dienen bestimmt ist und vor dem 1. Januar 1998 fertig gestellt worden ist,

und wenn mit der Errichtung des Gebäudes in den Fällen der Nummern 1 und 2 vor dem 1. Juni 1984 und in den Fällen der Nummer 3 vor dem 11. November 1993 begonnen worden ist.

(3) § 14 Abs. 1a in der bis zum 31. Dezember 2003 geltenden Fassung ist auf Rechnungen anzuwenden, die nach dem 30. Juni 2002 ausgestellt werden, sofern die zugrunde liegenden Umsätze bis zum 31. Dezember 2003 ausgeführt wurden.

(4) [1]Die §§ 13b, 14 Abs. 1, § 14a Abs. 4 und 5 Satz 3 Nr. 3, § 15 Abs. 1 Satz 1 Nr. 4 und Abs. 4b, § 17 Abs. 1 Satz 1, § 18 Abs. 4a Satz 1, § 19 Abs. 1 Satz 3, § 22 Abs. 1 Satz 2 und Abs. 2 Nr. 8, § 25a Abs. 5 Satz 3 in der jeweils bis zum 31. Dezember 2003 geltenden Fassung sind auch auf Umsätze anzuwenden, die vor dem 1. Januar 2002 ausgeführt worden sind, soweit das Entgelt für diese Umsätze erst nach dem 31. Dezember 2001 gezahlt worden ist. [2]Soweit auf das Entgelt oder Teile des Entgelts für nach dem 31. Dezember 2001 ausgeführte Umsätze vor dem 1. Januar 2002 das Abzugsverfahren nach § 18 Abs. 8 in der bis zum 31. Dezember 2001 geltenden Fassung angewandt worden ist, mindert sich die vom Leistungsempfänger nach § 13b geschuldete Steuer um die bisher im Abzugsverfahren vom leistenden Unternehmer geschuldete Steuer.

(5) [1]§ 3 Abs. 9a Satz 2, § 15 Abs. 1b, § 15a Abs. 3 Nr. 2 und § 15a Abs. 4 Satz 2 in der jeweils bis 31. Dezember 2003 geltenden Fassung sind auf Fahrzeuge anzuwenden, die nach dem 31. März 1999 und vor dem 1. Januar 2004 angeschafft oder hergestellt, eingeführt, innergemeinschaftlich erworben oder gemietet worden sind und für die der Vorsteuerabzug nach § 15 Abs. 1b vorgenommen worden ist. [2]Dies gilt nicht für nach dem 1. Januar 2004 anfallende Vorsteuerbeträge, die auf die Miete oder den Betrieb dieser Fahrzeuge entfallen.

(6) Umsätze aus der Nutzungsüberlassung von Sportanlagen können bis zum 31. Dezember 2004 in eine steuerfreie Grundstücksüberlassung und in eine steuerpflichtige Überlassung von Betriebsvorrichtungen aufgeteilt werden.

(7) § 13c ist anzuwenden auf Forderungen, die nach dem 7. November 2003 abgetreten, verpfändet oder gepfändet worden sind.

(8) § 15a Abs. 1 Satz 1 und Abs. 4 Satz 1 in der Fassung des Gesetzes vom 20. Dezember 2001 (BGBl. I S. 3794) ist auch für Zeiträume vor dem 1. Januar 2002 anzuwenden, wenn der Unternehmer den Vorsteuerabzug im Zeitpunkt des Leistungsbezugs auf Grund der von ihm erklärten Verwendungsabsicht in Anspruch genommen hat und die Nutzung ab dem Zeitpunkt der erstmaligen Verwendung mit den für den Vorsteuerabzug maßgebenden Verhältnissen nicht übereinstimmt.

(9) § 18 Abs. 1 Satz 1 ist erstmals auf Voranmeldungszeiträume anzuwenden, die nach dem 31. Dezember 2004 enden.

(10) § 4 Nr. 21a in der bis 31. Dezember 2003 geltenden Fassung ist auf Antrag auf vor dem 1. Januar 2005 erbrachte Umsätze der staatlichen Hochschulen aus Forschungstätigkeit anzuwenden, wenn die Leistungen auf einem Vertrag beruhen, der vor dem 3. September 2003 abgeschlossen worden ist.

(11) § 15a in der Fassung des Artikels 5 des Gesetzes vom 9. Dezember 2004 (BGBl. I S. 3310) ist auf Vorsteuerbeträge anzuwenden, deren zugrunde liegende Umsätze im Sinne des § 1 Abs. 1 nach dem 31. Dezember 2004 ausgeführt werden.

(12) Auf Vorsteuerbeträge, deren zugrunde liegende Umsätze im Sinne des § 1 Abs. 1 nach dem 31. Dezember 2006 ausgeführt werden, ist § 15a Abs. 3 und 4 in der am 1. Januar 2007 geltenden Fassung anzuwenden.

(13) § 18a Abs. 1 Satz 1, 4 und 5 in der Fassung des Artikels 7 des Gesetzes vom 13. Dezember 2006 (BGBl. I S. 2878) ist erstmals auf Meldezeiträume anzuwenden, die nach dem 31. Dezember 2006 enden.

(14) § 18 Abs. 9 in der Fassung des Artikels 7 des Gesetzes vom 19. Dezember 2008 (BGBl. I S. 2794) und § 18g sind auf Anträge auf Vergütung von Vorsteuerbeträgen anzuwenden, die nach dem 31. Dezember 2009 gestellt werden.

(15) § 14 Abs. 2 Satz 1 Nr. 2 und § 14 Abs. 3 Nr. 2 in der jeweils ab 1. Januar 2009 geltenden Fassung sind auf alle Rechnungen über Umsätze anzuwenden, die nach dem 31. Dezember 2008 ausgeführt werden.

(16) [1]§ 3 Absatz 9a Nummer 1, § 15 Absatz 1b, § 15a Absatz 6a und 8 Satz 2 in der Fassung des Artikels 4 des Gesetzes vom 8. Dezember 2010 (BGBl. I S. 1768) sind nicht anzuwenden auf Wirtschaftsgüter im Sinne des § 15 Absatz 1b, die auf Grund eines vor dem 1. Januar 2011 rechtswirksam abgeschlossenen obligatorischen Vertrags oder gleichstehenden Rechtsakts angeschafft worden sind oder mit deren Herstellung vor dem 1. Januar 2011 begonnen worden ist. [2]Als Beginn der Herstellung gilt bei Gebäuden, für die eine Baugenehmigung erforderlich ist, der Zeitpunkt, in dem der Bauantrag gestellt wird; bei baugenehmigungsfreien Gebäuden, für die Bauunterlagen einzureichen sind, der Zeitpunkt, in dem die Bauunterlagen eingereicht werden.

(17) § 18 Absatz 3 in der Fassung des Artikels 4 des Gesetzes vom 8. Dezember 2010 (BGBl. I S. 1768) ist erstmals auf Besteuerungszeiträume anzuwenden, die nach dem 31. Dezember 2010 enden.

(18) § 14 Absatz 1 und 3 ist in der ab 1. Juli 2011 geltenden Fassung auf alle Rechnungen über Umsätze anzuwenden, die nach dem 30. Juni 2011 ausgeführt werden.

(19) [1]Sind Unternehmer und Leistungsempfänger davon ausgegangen, dass der Leistungsempfänger die Steuer nach § 13b auf eine vor dem 15. Februar 2014 erbrachte steuerpflichtige Leistung schuldet, und stellt sich diese Annahme als unrichtig heraus, ist die gegen den leistenden Unternehmer wirkende Steuerfestsetzung zu ändern, soweit der Leistungsempfänger die Erstattung der Steuer fordert, die er in der Annahme entrichtet hatte, Steuerschuldner zu sein. [2]§ 176 der Abgabenordnung steht der Änderung nach Satz 1 nicht entgegen. [3]Das für den leistenden Unternehmer zuständige Finanzamt kann auf Antrag zulassen, dass der leistende Unternehmer dem Finanzamt den ihm gegen den Leistungsempfänger zustehenden Anspruch auf Zahlung der gesetzlich entstandenen Umsatzsteuer abtritt, wenn die Annahme der Steuerschuld des Leistungsempfängers im Vertrauen auf eine Verwaltungsanweisung beruhte und der leistende Unternehmer bei der Durchsetzung des abgetretenen Anspruchs mitwirkt. [4]Die Abtretung wirkt an Zahlungs statt, wenn

1. **der leistende Unternehmer dem Leistungsempfänger eine erstmalige oder geänderte Rechnung mit offen ausgewiesener Umsatzsteuer ausstellt,**
2. **die Abtretung an das Finanzamt wirksam bleibt,**
3. **dem Leistungsempfänger diese Abtretung unverzüglich mit dem Hinweis angezeigt wird, dass eine Zahlung an den leistenden Unternehmer keine schuldbefreiende Wirkung mehr hat, und**
4. **der leistende Unternehmer seiner Mitwirkungspflicht nachkommt.**

(20) § 18h Absatz 3 und 4 in der Fassung des Artikels 8 des Gesetzes vom 25. Juli 2014 (BGBl. I S. 1266) ist erstmals auf Besteuerungszeiträume anzuwenden, die nach dem 31. Dezember 2014 enden.

(21) § 18 Absatz 2 in der am 1. Januar 2015 geltenden Fassung ist erstmals auf Voranmeldungszeiträume anzuwenden, die nach dem 31. Dezember 2014 enden.

(22) [1]§ 2 Absatz 3 in der am 31. Dezember 2015 geltenden Fassung ist auf Umsätze, die nach dem 31. Dezember 2015 und vor dem 1. Januar 2017 ausgeführt werden, weiterhin anzuwenden. [2]§ 2b in der am 1. Januar 2016 geltenden Fassung ist auf Umsätze anzuwenden, die nach dem 31. Dezember 2016 ausgeführt werden. [3]Die juristische Person des öffentlichen Rechts kann dem Finanzamt gegenüber einmalig erklären, dass sie § 2 Absatz 3 in der am 31. Dezember 2015 geltenden Fassung für sämtliche nach dem 31. Dezember 2016 und vor dem 1. Januar 2021 ausgeführte Leistungen weiterhin anwendet. [4]Eine Beschränkung der Erklärung auf einzelne Tätigkeitsbereiche oder Leistungen ist nicht zulässig. [5]Die Erklärung ist bis zum 31. Dezember 2016 abzugeben. [6]Sie

kann nur mit Wirkung vom Beginn eines auf die Abgabe folgenden Kalenderjahres an widerrufen werden. [7]§ 18 Absatz 4f und 4g ist erstmals auf Besteuerungszeiträume anzuwenden, die nicht der Erklärung nach Satz 3 unterliegen.

(22a) [1]Hat eine juristische Person des öffentlichen Rechts gegenüber dem Finanzamt gemäß Absatz 22 Satz 3 erklärt, dass sie § 2 Absatz 3 in der am 31. Dezember 2015 geltenden Fassung für sämtliche nach dem 31. Dezember 2016 und vor dem 1. Januar 2021 ausgeführte Leistungen weiterhin anwendet und die Erklärung für vor dem 1. Januar 2023 endende Zeiträume nicht widerrufen, gilt die Erklärung auch für sämtliche Leistungen, die nach dem 31. Dezember 2020 und vor dem 1. Januar 2025 ausgeführt werden. [2]Die Erklärung nach Satz 1 kann auch für Zeiträume nach dem 31. Dezember 2020 nur mit Wirkung vom Beginn eines auf die Abgabe folgenden Kalenderjahres an widerrufen werden. [3]Es ist nicht zulässig, den Widerruf auf einzelne Tätigkeitsbereiche oder Leistungen zu beschränken.

(23) § 3 Absatz 13 bis 15 sowie § 10 Absatz 1 Satz 6 in der Fassung des Artikels 9 des Gesetzes vom 11. Dezember 2018 (BGBl. I S. 2338) sind erstmals auf Gutscheine anzuwenden, die nach dem 31. Dezember 2018 ausgestellt werden.

(24) [1]§ 3a Absatz 5 Satz 3 bis 5 und § 14 Absatz 7 Satz 3 in der Fassung des Artikels 9 des Gesetzes vom 11. Dezember 2018 (BGBl. I S. 2338) sind auf Umsätze anzuwenden, die nach dem 31. Dezember 2018 ausgeführt werden. [2]§ 18 Absatz 4c Satz 1 und Absatz 4d in der Fassung des Artikels 9 des Gesetzes vom 11. Dezember 2018 (BGBl. I S. 2338) ist auf Besteuerungszeiträume anzuwenden, die nach dem 31. Dezember 2018 enden.

(25) [1]Das Bundesministerium der Finanzen teilt den Beginn, ab dem Daten nach § 22f Absatz 5 auf Anforderung zu übermitteln sind, durch ein im Bundessteuerblatt zu veröffentlichendes Schreiben mit. [2]Gleiches gilt für die Festlegung des Kalenderjahres, ab dem Daten nach § 22f Absatz 3 auf Anforderung zu übermitteln sind. [3]§ 25e Absatz 1 bis Absatz 4 in der Fassung des Artikels 9 des Gesetzes vom 11. Dezember 2018 (BGBl. I S. 2338) ist für die in § 22f Absatz 1 Satz 4 in der am 1. Januar 2019 geltenden Fassung genannten Unternehmer ab 1. März 2019 und für andere als die in § 22f Absatz 1 Satz 4 in der am 1. Januar 2019 geltenden Fassung genannten Unternehmer ab 1. Oktober 2019 anzuwenden.

(26) § 25 Absatz 3 in der Fassung des Artikels 11 des Gesetzes vom 12. Dezember 2019 (BGBl. I S. 2451) ist erstmals auf Umsätze anzuwenden, die nach dem 31. Dezember 2021 bewirkt werden.

(27) § 4 Nummer 15a in der bis zum 31. Dezember 2019 geltenden Fassung gilt bis zu den Zeitpunkten nach § 412 Absatz 1 Satz 4 des Fünften Buches Sozialgesetzbuch sowie § 412 Absatz 5 Satz 9 in Verbindung mit § 412 Absatz 1 Satz 4 des Fünften Buches Sozialgesetzbuch fort.

(28) § 15 Absatz 4b, § 16 Absatz 2 Satz 1 und § 18 Absatz 9 in der Fassung des Artikels 12 des Gesetzes vom 12. Dezember 2019 (BGBl. I S. 2451) sind erstmals auf Voranmeldungs-, Besteuerungs- und Vergütungszeiträume anzuwenden, die nach dem 31. Dezember 2019 enden.

(29) § 22b Absatz 2 und 2a in der Fassung des Artikels 12 des Gesetzes vom 12. Dezember 2019 (BGBl. I S. 2451) ist erstmals auf Voranmeldungs-, Besteuerungs- und Meldezeiträume anzuwenden, die nach dem 31. Dezember 2019 enden.

(30) § 25f in der Fassung des Artikels 12 des Gesetzes vom 12. Dezember 2019 (BGBl. I S. 2451) ist erstmals auf Voranmeldungs- und Besteuerungszeiträume anzuwenden, die nach dem 31. Dezember 2019 enden.

(31) Der Termin, ab dem § 21 Absatz 3a in der Fassung des Artikels 3 des Gesetzes vom 29. Juni 2020 (BGBl. I S. 1512) erstmals anzuwenden ist, wird mit einem Schreiben des Bundesministeriums der Finanzen bekanntgegeben.

(32) § 24 Absatz 1 in der Fassung des Artikels 11 des Gesetzes vom 21. Dezember 2020 (BGBl. I S. 3096) ist erstmals auf Umsätze anzuwenden, die nach dem 31. Dezember 2021 bewirkt werden.

(33) [1]§ 18i Absatz 3 und 6, § 18j Absatz 4 und 7, § 18k Absatz 4 und 7 in der Fassung des Artikels 13 des Gesetzes vom 21. Dezember 2020 (BGBl. I S. 3096) sind erstmals auf Umsätze anzuwenden, die nach dem 30. Juni 2021 ausgeführt werden. [2]Die in den §§ 18i, 18j und 18k enthaltenen Verweise auf die §§ 3, 3a, 3c, 16, 18i, 18j, 18k und 22 beziehen sich auf die jeweilige Fassung der Artikel 13 und 14 des vorgenannten Gesetzes.

(34) [1]Die §§ 3 und 3a Absatz 5, die §§ 3c, 4, 5, 11, 13 Absatz 1 Nummer 1 Buchstabe f bis i, § 14a Absatz 2, § 16 Absatz 1c bis 1e, § 18 Absatz 1, 3 und 9, die §§ 21a, 22, 22f und 25e in der Fassung des Artikels 14 des Gesetzes vom 21. Dezember 2020 (BGBl. I S. 3096) sind erstmals auf Umsätze und Einfuhren anzuwenden, die nach dem 30. Juni 2021 ausgeführt werden. [2]§ 13 Absatz 1 Nummer 1 Buchstabe d und e, § 16 Absatz 1a und 1b, § 18 Absatz 4c bis 4e und § 18h sind letztmalig auf Umsätze anzuwenden, die vor dem 1. Juli 2021 ausgeführt werden.

(35) [1]§ 4c in der Fassung des Artikels 1 des Gesetzes vom 21. Dezember 2021 (BGBl. I S. 5250) ist auf Leistungen anzuwenden, die nach dem 31. Dezember 2020 bezogen werden. [2]§ 5 Absatz 1 Nummer 8 und 9 in der Fassung des Artikels 1 des Gesetzes vom 21. Dezember 2021 (BGBl. I S. 5250) ist auf Einfuhren nach dem 31. Dezember 2020 anzuwenden.

(36) § 18 Absatz 5a in der Fassung des Artikels 16 des Gesetzes vom 16. Dezember 2022 (BGBl. I S. 2294) ist erstmals auf die Besteuerungszeiträume anzuwenden, die nach dem 31. Dezember 2022 enden.

(37) § 18g in der Fassung des Artikels 16 des Gesetzes vom 16. Dezember 2022 (BGBl. I S. 2294) ist erstmals auf die Übermittlung von Daten nach dem 31. Dezember 2022 anzuwenden.

(38) Abweichend von § 14 Absatz 1 und 2 kann eine Rechnung

1. **bis zum 31. Dezember 2026 für einen nach dem 31. Dezember 2024 und vor dem 1. Januar 2027 ausgeführten Umsatz auf Papier oder vorbehaltlich der Zustimmung des Empfängers in einem elektronischen Format, das nicht § 14 Absatz 1 Satz 6 entspricht, übermittelt werden;**
2. **bis zum 31. Dezember 2027 für einen nach dem 31. Dezember 2026 und vor dem 1. Januar 2028 ausgeführten Umsatz auf Papier oder vorbehaltlich der Zustimmung des Empfängers in einem elektronischen Format, das nicht § 14 Absatz 1 Satz 6 entspricht, übermittelt werden, wenn der Gesamtumsatz (§ 19 Absatz 3) des die Rechnung ausstellenden Unternehmers im vorangegangenen Kalenderjahr nicht mehr als 800 000 Euro betragen hat;**
3. **bis zum 31. Dezember 2027 für einen nach dem 31. Dezember 2025 und vor dem 1. Januar 2028 ausgeführten Umsatz vorbehaltlich der Zustimmung des Empfängers in einem elektronischen Format, das nicht § 14 Absatz 1 Satz 6 entspricht, ausgestellt werden, wenn diese mittels elektronischem Datenaustausch (EDI) nach Artikel 2 der Empfehlung 94/820/EG der Kommission vom 19. Oktober 1994 über die rechtlichen Aspekte des elektronischen Datenaustausches (ABl. L 338 vom 28.12.1994, S. 98) übermittelt wird.**

[2]Die Absätze 15 und 18 bleiben unberührt.

(39) § 18 Absatz 3 Satz 1 und § 19 Absatz 1 Satz 4 sowie Absatz 2 in der Fassung des Artikels 23 des Gesetzes vom 27. März 2024 (BGBl. 2024 I Nr. 108) sind erstmals auf Besteuerungszeiträume anzuwenden, die nach dem 31. Dezember 2023 enden.

Schrifttum: *Schmittmann*, Umkehr der Steuerschuldnerschaft bei Bauleistungen im Falle der Insolvenz der Beteiligten, StB 2023, 365.

A. Allgemeine Regelung

I. Maßgeblichkeit der Umsatzausführung (Absatz 1 Satz 1)

§ 27 Abs. 1 Satz 1 UStG ist die grundlegende Vorschrift des UStG zur Anwendung gesetzlicher Neuregelungen des UStG. Danach sind Änderungen des UStG, soweit nichts anderes bestimmt ist, auf Umsätze i.S.d. § 1 Abs. 1 Nr. 1 und 5 UStG anzuwenden, die ab dem Inkrafttreten der maßgeblichen Änderungsvorschrift ausgeführt werden. Dies ist bei der Berücksichtigung geänderter Bestimmungen des Unionsrechts im Rahmen der richtlinienkonformen Auslegung zu beachten.[1] Fraglich ist, ob im Rahmen von § 27 Abs. 1 Satz 1 UStG die Regelung zur Steuerentstehung nach § 13 Abs. 1 Nr. 1 UStG von Bedeutung sein kann. 1

§ 27 Abs. 1 Satz 1 UStG ist auch auf Teilleistungen anzuwenden. 2

Die Einzelheiten zur Steuersatzermäßigung für den Zeitraum 1.7.2020 bis 31.12.2020 ergeben sich aus § 28 UStG i.V.m. § 12 Abs. 1 UStG (§ 12 Abs. 1 Rz. 28 ff.). 3

II. Bedeutung der Vereinnahmung vor der Umsatzausführung (Absatz 1 Satz 2)

Nach § 27 Abs. 1 Satz 2 UStG gilt die – sich aus § 27 Abs. 1 Satz 1 UStG ergebende – Maßgeblichkeit der Umsatzausführung bei Lieferungen und sonstigen Leistungen auch insoweit, als die Steuer nach § 13 Abs. 1 Nr. 1 Buchst. a Satz 4, Buchst. b oder § 13b Abs. 4 Satz 2 UStG aufgrund einer Vereinnahmung vor dem Inkrafttreten der Änderungsvorschrift entstanden ist. 4

Daher ist z.B. bei einer Vereinnahmung vor einer Steuersatzänderung für eine Leistung, die erst nach der Steuersatzänderung erbracht wird, eine Berichtigung vorzunehmen, die durch § 27 Abs. 1 Satz 3 5

1 BFH, Urt. v. 5.4.2023 – V R 14/22, BFHE 280, 348 = UR 2023, 678 m. Anm. *Hummel*, Rz. 17.

UStG für den Voranmeldungszeitraum, in dem die Lieferung oder sonstige Leistung ausgeführt wird, angeordnet wird.

6 Der BFH misst diesen Regelungen konstitutive Bedeutung zu.[1]

B. Weitere Übergangsvorschriften

I. Bedeutung

7 § 27 Abs. 1a–31 UStG enthalten eine Vielzahl von Übergangsregelungen, die für die aktuelle Besteuerungspraxis vielfach nur von eingeschränkter Bedeutung sind. Hervorzuheben sind allerdings die Regelungen in § 27 Abs. 2, 16, 19, 22 und 22a sowie Abs. 23–31 UStG.

II. Einzelregelungen

1. Sprachheilpädagogen (Absatz 1a)

8 § 4 Nr. 14 UStG ist gemäß § 27 Abs. 1a Satz 1 UStG auf Antrag auf vor dem 1.1.2000 erbrachte Umsätze aus der Tätigkeit als Sprachheilpädagoge entsprechend anzuwenden, soweit der Sprachheilpädagoge gemäß § 124 Abs. 2 SGB V von den zuständigen Stellen der gesetzlichen Krankenkassen umfassend oder für bestimmte Teilgebiete der Sprachtherapie zur Abgabe von sprachtherapeutischen Heilmitteln zugelassen war und die Voraussetzungen des § 4 Nr. 14 spätestens zum 1.1.2000 erfüllte. Nach Satz 2 der Vorschrift können bestandskräftige Steuerfestsetzungen insoweit aufgehoben oder geändert werden.

2. Verzicht auf die Steuerfreiheit bei Grundstücksumsätzen (Absatz 2)

9 § 27 Abs. 2 UStG ist eine bis heute bedeutsame Regelung zum Verzicht nach § 9 UStG und seinen mehrfach geänderten Fassungen. Danach ist § 9 Abs. 2 UStG in Bezug auf die Vermietung (und die dieser gleichgestellten Nutzungsüberlassung) nicht anzuwenden, wenn das auf dem Grundstück errichtete Gebäude

- Wohnzwecken dient oder zu dienen bestimmt ist und vor dem 1.4.1985 fertiggestellt worden ist (Nr. 1);
- anderen nichtunternehmerischen Zwecken dient oder zu dienen bestimmt ist und vor dem 1.1.1986 fertiggestellt worden ist (Nr. 2);
- anderen als in den Nummern 1 und 2 bezeichneten Zwecken dient oder zu dienen bestimmt ist und vor dem 1.1.1998 fertiggestellt worden ist (Nr. 3);

10 und wenn mit der Errichtung des Gebäudes in den Fällen der Nr. 1 und 2 vor dem 1.6.1984 und in den Fällen der Nr. 3 vor dem 11.11.1993 begonnen worden ist.

11 Danach gilt § 9 Abs. 2 UStG in seiner heutigen Fassung **nicht für Altbauten**, ohne dass es dabei auf den **Erwerbszeitpunkt** durch den Unternehmer ankommt.[2] Für diese ist wie folgt zu unterscheiden:

- Dient das Gebäude **Wohnzwecken**, ist der Verzicht nur zulässig bei einem Errichtungsbeginn vor dem 1.6.1984 und einer Fertigstellung vor dem 1.4.1985.
- Dient das Gebäude **anderen nichtunternehmerischen Zwecken**, ist der Verzicht nur zulässig bei einem Errichtungsbeginn vor dem 1.6.1984 und einer Fertigstellung vor dem 1.1.1986.
- Dient das Gebäude **weder Wohnzwecken noch anderen nichtunternehmerischen Zwecken**, ist der Verzicht zulässig bei einem Errichtungsbeginn vor dem 11.11.1993 und einer Fertigstellung vor dem 1.1.1998.

1 BFH, Urt. v. 21.6.2001 – V R 68/00, BStBl. II 2002, 255 = UR 2002, 29.
2 BFH, Urt. v. 26.1.2006 – V R 74/03, BFH/NV 2006, 1164.

Liegen keine der vorstehenden Voraussetzungen vor, ist § 9 Abs. 2 UStG in seiner heute geltenden Fassung anzuwenden. 12

Für den Beginn der Errichtung[1] i.S. von § 27 Abs. 2 UStG stellt der BFH auf den tatsächlichen Errichtungsvorgang ab. Bei der zeitlichen Anwendung kommt es im Übrigen nicht auf Zeitpunkt der Entstehung von Erhaltungsaufwendungen an. Demgegenüber steht der grundlegende Umbau eines Altbaus der Errichtung eines (neuen) Gebäudes gleich, wenn die neu eingefügten Gebäudeteile dem Gesamtgebäude das bautechnische Gepräge eines neuen Gebäudes geben.[2] Ebenso ist es, wenn der Altbau durch den Umbau eine wesentliche Funktions- und Zweckveränderung erfährt.[3] 13

3. Angabe der Steuernummer in Rechnungen (Absatz 3)

Die Verpflichtung zur Angabe von Steuernummern in Rechnungen nach § 14 Abs. 1a UStG a.F. ist gemäß § 27 Abs. 3 UStG auf Rechnungen anzuwenden, die nach dem 30.6.2002 ausgestellt werden, sofern die zugrunde liegenden Umsätze bis zum 31.12.2003 ausgeführt wurden. 14

Seit 1.1.2004 ist diese Übergangsregelung obsolet, da es sich bei Angabe der Steuernummer seitdem um eine Rechnungspflichtangabe handelt. 15

4. Steuerschuldnerschaft des Leistungsempfängers (Absatz 4)

§ 27 Abs. 4 UStG betrifft die Einführung der Steuerschuldnerschaft des Leistungsempfängers nach § 13b UStG. Nach Satz 1 der Regelung sind §§ 13b, 14 Abs. 1, § 14a Abs. 4 und 5 Satz 3 Nr. 3, § 15 Abs. 1 Satz 1 Nr. 4 und Abs. 4b, § 17 Abs. 1 Satz 1, § 18 Abs. 4a Satz 1, § 19 Abs. 1 Satz 3, § 22 Abs. 1 Satz 2 und Abs. 2 Nr. 8, § 25a Abs. 5 Satz 3 UStG auch auf Umsätze anzuwenden, die vor dem 1.1.2002 ausgeführt worden sind, soweit das Entgelt für diese Umsätze erst nach dem 31.12.2001 gezahlt worden ist. 16

Soweit auf das Entgelt oder Teile des Entgelts für nach dem 31.12.2001 ausgeführte Umsätze vor dem 1.1.2002 das Abzugsverfahren nach § 18 Abs. 8 UStG in der bis zum 31.12.2001 geltenden Fassung angewandt worden ist, mindert sich nach Satz 2 der Vorschrift die vom Leistungsempfänger nach § 13b UStG geschuldete Steuer um die bisher im Abzugsverfahren vom leistenden Unternehmer geschuldete Steuer. 17

5. Vorsteuerabzugsbeschränkung bei Fahrzeugen (Absatz 5)

§ 27 Abs. 5 UStG betrifft die früher geltende Regelung zur Einschränkung des Vorsteuerabzugs bei Fahrzeugen. 18

Nach Satz 1 dieser Vorschrift sind § 3 Abs. 9a Satz 2, § 15 Abs. 1b, § 15a Abs. 3 Nr. 2 und § 15a Abs. 4 Satz 2 UStG in der jeweils bis 31.12.2003 geltenden Fassung auf Fahrzeuge anzuwenden, die nach dem 31.3.1999 und vor dem 1.1.2004 angeschafft oder hergestellt, eingeführt, innergemeinschaftlich erworben oder gemietet worden sind und für die der Vorsteuerabzug nach § 15 Abs. 1b UStG vorgenommen worden ist.[4] 19

Dies gilt nach Satz 2 der Regelung nicht für nach dem 1.1.2004 anfallende Vorsteuerbeträge, die auf die Miete oder den Betrieb dieser Fahrzeuge entfallen. Macht der Unternehmer nach § 27 Abs. 5 Satz 2 UStG den vollen Vorsteuerabzug geltend, kann unter den Voraussetzungen von § 3 Abs. 9a Satz 1 Nr. 1 eine Verwendungsentnahme zu versteuern sein, die nicht durch § 3 Abs. 9a Satz 2 UStG a.F. ausgeschlossen wird.[5] 20

1 BFH, Urt. v. 22.2.2001 – V R 77/96, BStBl. II 2003, 426 = UR 2001, 260.
2 BFH, Urt. v. 30.6.2005 – V R 46/02, BFH/NV 2005, 1882.
3 BFH, Urt. v. 5.6.2003 – V R 32/02, BStBl. II 2004, 28 = UR 2003, 495.
4 Vgl. hierzu BFH, Urt. v. 1.4.2009 – XI R 26/08, BFH/NV 2009, 1155.
5 BFH, Urt. v. 5.3.2014 – XI R 29/12, BStBl. II 2014, 600 = UR 2014, 519.

6. Überlassung von Sportanlagen (Absatz 6)

21 Umsätze aus der Nutzungsüberlassung von Sportanlagen konnten gemäß § 27 Abs. 6 UStG bis zum 31.12.2004 in eine steuerfreie Grundstücksüberlassung und in eine steuerpflichtige Überlassung von Betriebsvorrichtungen aufgeteilt werden.

22 Damit wurde die frühere BFH-Rechtsprechung zur anteiligen Steuerfreiheit, die der BFH zugunsten der vollen Steuerpflicht aufgegeben hat[1], für eine Übergangszeit beibehalten.

23 Der BFH sieht in dem den Betreibern von Sportanlagen durch § 27 Abs. 6 UStG eingeräumten Wahlrecht eine Billigkeitsregelung, die sich nicht auf § 9 Abs. 2 UStG und die Frage auswirkt, ob der Leistungsempfänger das Grundstück für steuerfreie oder steuerpflichtige Umsätze verwendet.[2]

7. Haftung bei Forderungsabtretung (Absatz 7)

24 § 13c UStG ist gemäß § 27 Abs. 7 UStG auf Forderungen anzuwenden, die nach dem 7.11.2003 abgetreten, verpfändet oder gepfändet worden sind.

25 Der BFH wendet diese Vorschrift wortlautgetreu an.[3]

8. Vorsteuerberichtigung (Absatz 8)

26 § 15a Abs. 1 Satz 1 und Abs. 4 Satz 1 UStG in der Fassung des Gesetzes vom 20.12.2001[4] sind gemäß § 27 Abs. 8 UStG auch für Zeiträume vor dem 1.1.2002 anzuwenden, wenn der Unternehmer den Vorsteuerabzug im Zeitpunkt des Leistungsbezugs aufgrund der von ihm erklärten Verwendungsabsicht in Anspruch genommen hat und die Nutzung ab dem Zeitpunkt der erstmaligen Verwendung mit den für den Vorsteuerabzug maßgebenden Verhältnissen nicht übereinstimmt.

27 Damit sollen drohenden Besteuerungslücken aus dem Übergang vom früheren Vorsteuerabzug nach der tatsächlichen Verwendung zum heutigen Vorsteuerabzug nach Verwendungsabsicht vermieden werden.

28 Der BFH sieht hierin keine unzulässige Rückwirkung.[5]

9. Elektronisch abzugebende Voranmeldungen (Absatz 9)

29 Die Verpflichtung zur elektronischen Abgabe von Voranmeldungen nach § 18 Abs. 1 Satz 1 UStG ist gemäß § 27 Abs. 9 UStG erstmals auf Voranmeldungszeiträume anzuwenden, die nach dem 31.12.2004 enden.

10. Hochschulforschung (Absatz 10)

30 § 4 Nr. 21a UStG wurde vom Gesetzgeber zum 31.12.2003 als nicht richtlinienkonform aufgehoben. Die Vorschrift ist gemäß § 27 Abs. 10 UStG auf Antrag gleichwohl auf vor dem 1.1.2005 erbrachte Umsätze der staatlichen Hochschulen aus Forschungstätigkeit anzuwenden, wenn die Leistungen auf einem Vertrag beruhen, der vor dem 3.9.2003 abgeschlossen worden ist.

1 BFH, Urt. v. 31.5.2001 – V R 97/98, BStBl. II 2001, 658 = UR 2001, 396.
2 BFH, Urt. v. 11.3.2009 – XI R 71/07, BStBl. II 2010, 209 = UR 2010, 143.
3 BFH, Urt. v. 3.6.2009 – XI R 57/07, BStBl. II 2010, 520 = UR 2009, 770.
4 BGBl. I 2001, 3794.
5 BFH, Urt. v. 7.7.2005 – V R 32/04, BStBl. II 2005, 907 = UR 2006, 32; BFH, Urt. v. 24.9.2009 – V R 6/08, BStBl. II 2010, 315 = UR 2010, 179 und BFH, Urt. v. 5.9.2013 – XI R 4/10, BStBl. II 2014, 95 = UR 2013, 917.

11. Vorsteuerberichtigung (Absatz 11)

§ 15a UStG in der Fassung des Art. 5 des Gesetzes vom 9.12.2004[1] ist gemäß § 27 Abs. 11 UStG auf Vorsteuerbeträge anzuwenden, deren zugrundeliegende Umsätze i.S.d. § 1 Abs. 1 UStG nach dem 31.12.2004 ausgeführt wurden. 31

12. Vorsteuerberichtigung außerhalb von AK/HK (Absatz 12)

§ 15a Abs. 3 und 4 UStG in der am 1.1.2007 geltenden Fassung ist auf Vorsteuerbeträge anzuwenden, deren zugrundeliegende Umsätze i.S.d. § 1 Abs. 1 UStG nach dem 31.12.2006 ausgeführt wurden, wie sich aus § 27 Abs. 12 UStG ergibt. 32

13. Zusammenfassende Meldung (Absatz 13)

§ 18a Abs. 1 Sätze 1, 4 und 5 UStG in der Fassung des Art. 7 des Gesetzes vom 13.12.2006[2] sind gemäß § 27 Abs. 13 UStG erstmals auf Meldezeiträume anzuwenden, die nach dem 31.12.2006 enden. 33

14. Vorsteuervergütung (Absatz 14)

Die Neuregelungen des Vorsteuervergütungsverfahren in § 18 Abs. 9 UStG durch Art. 7 des Gesetzes vom 19.12.2008[3] und in § 18g UStG sind gemäß § 27 Abs. 14 UStG auf Vorsteuervergütungsanträge anzuwenden, die nach dem 31.12.2009 gestellt werden. 34

15. Rechnungen (Absatz 15)

Das Entfallen der Rechnungserteilungspflicht für steuerfreie Umsätze und die frühere Regelung zu EDI-Rechnungen nach § 14 Abs. 2 Satz 1 Nr. 2 und § 14 Abs. 3 Nr. 2 sind gemäß § 27 Abs. 15 UStG auf alle Rechnungen über Umsätze anzuwenden, die nach dem 31.12.2008 ausgeführt werden. 35

16. Vorsteuerabzugsbeschränkung bei Grundstücken (Absatz 16)

§ 27 Abs. 16 UStG betrifft die Einschränkung des Vorsteuerabzugs bei Grundstücken nach § 15 Abs. 1b UStG (§ 15 Rz. 240) und die hierauf aufbauenden Folgeregelungen in § 3 Abs. 9a Nr. 1 und § 15a Abs. 6a und 8 Satz 2 UStG. 36

Diese Vorschriften sind gemäß § 27 Abs. 16 Satz 1 UStG nicht anzuwenden auf Wirtschaftsgüter, die aufgrund eines vor dem 1.1.2011 rechtswirksam abgeschlossenen obligatorischen Vertrags oder gleichstehenden Rechtsakts angeschafft worden sind oder mit deren Herstellung vor dem 1.1.2011 begonnen worden ist. 37

Als Beginn der Herstellung gilt bei Gebäuden, für die eine Baugenehmigung erforderlich ist, nach § 27 Abs. 16 Satz 2 UStG der Zeitpunkt, in dem der Bauantrag gestellt wird; bei baugenehmigungsfreien Gebäuden, für die Bauunterlagen einzureichen sind, der Zeitpunkt, in dem die Bauunterlagen eingereicht werden. 38

17. Elektronische Jahreserklärung (Absatz 17)

Die Verpflichtung zur elektronischen Abgabe der Jahreserklärung nach § 18 Abs. 3 UStG ist gemäß § 27 Abs. 17 UStG erstmals auf Besteuerungszeiträume anzuwenden, die nach dem 31.12.2010 enden. 39

1 BGBl. I 2004, 3310.
2 BGBl. I 2006, 2878.
3 BGBl. I 2008, 2794.

18. Elektronische Übermittlung von Rechnungen (Absatz 18)

40 Die Regelung zur elektronischen Übermittlung von Rechnungen in § 14 Abs. 1 und 3 UStG ist gemäß § 27 Abs. 18 UStG auf alle Rechnungen über Umsätze anzuwenden, die nach dem 30.6.2011 ausgeführt werden.

19. Fehlbeurteilung beim Reverse Charge (Absatz 19)

a) Regelungskonzeption

41 § 27 Abs. 19 UStG enthält eine sachlich eigentlich der AO zuzuordnende Korrekturregelung, die aus Anlass der Fehlbeurteilung von § 13b UStG in den sog. Bauträgerfällen geschaffen wurde (§ 13b Rz. 38). Verlangt ein Bauträger, der in der fehlerhaften Annahme, als Leistungsempfänger Steuerschuldner zu sein, die Rückgängigmachung der bei ihm (ohne Vorsteuerabzug) vorgenommenen Besteuerung, soll die Regelung einen Zugriff auf den leistenden Unternehmer ermöglichen. Die Vorschrift gliedert sich dabei wie folgt:

- Satz 1 enthält einen verfahrensrechtlichen Korrekturtatbestand, der steuersystematisch eigentlich in der AO zu verorten wäre. Danach ist die gegen den leistenden Unternehmer wirkende Steuerfestsetzung zu ändern, wenn er und der Leistungsempfänger davon ausgegangen sind, dass der Leistungsempfänger die Steuer nach § 13b UStG auf eine vor dem 15.2.2014 erbrachte steuerpflichtige Leistung schuldet, sich diese Annahme als unrichtig herausstellt und der Leistungsempfänger die Erstattung der Steuer fordert, die er in der Annahme entrichtet hatte, Steuerschuldner zu sein.
- Satz 2 schließt die Gewährung von Vertrauensschutz bei der Änderung nach Satz 1 aus. Hierbei handelt es sich um den Kern der Regelung. Denn im Regelfall besteht bis zum Eintritt der Festsetzungsverjährung die Befugnis zur Änderung nach § 164 AO. Eine Nachversteuerung beim leistenden Unternehmer scheitert aber an § 176 Abs. 2 AO, da der BFH die Verwaltungsanweisung, nach der im Bauträgerfall dieser als Leistungsempfänger Steuerschuldner sei, verworfen hat (§ 13b Rz. 38). Daher bedarf es für einen Zugriff auf den Leistungsempfänger einer Sonderregelung.
- Satz 3 räumt zur Abmilderung dieses Zugriffs auf den leistenden Unternehmer diesem die Möglichkeit ein, einen ihm zustehenden (zivilrechtlichen) Nachforderungsanspruch an das FA abzutreten.
- Satz 4 billigt dieser Abtretung unter den dort genannten Voraussetzungen die Wirkung einer Erfüllung an Zahlungs statt zu.

b) Änderung von Steuerfestsetzungen

aa) Gesetzliche Regelung zum leistenden Unternehmer

(1) Änderung der Steuerfestsetzung und Ausschluss von Vertrauensschutz

42 § 27 Abs. 19 Satz 1 UStG ermöglicht, die gegen den leistenden Unternehmer wirkende Steuerfestsetzung zu ändern. Ob eine Steuerfestsetzung vorliegt, richtet sich nach den Begrifflichkeiten der AO und damit nach §§ 150, 155, 167, 168f AO. § 27 Abs. 19 Satz 1 UStG ermöglicht daher eine Änderung nicht nur der als Steuerfestsetzung gleichstehenden Steueranmeldung für das Kalenderjahr (§ 18 Abs. 3 UStG), sondern ebenso eine Änderung der Steueranmeldung für den Voranmeldungszeitraum (§ 18 Abs. 1 UStG), die ebenso einer Steuerfestsetzung unter Vorbehalt der Nachprüfung gleichsteht (§ 18 Rz. 20). Fraglich ist dabei der Begriff der Änderung in Bezug auf das Verhältnis von Voranmeldungs- zur Jahresfestsetzung. Die Jahresfestsetzung führt bei formaler Sichtweise zu einem Erstbescheid und stellt sich insoweit nicht als Änderung der Voranmeldungsfestsetzung dar. Bei materieller Betrachtung liegt demgegenüber eine Änderung vor, wenn das FA bei einer erstmaligen Jahresfestsetzung den leistenden Unternehmer in Abweichung von der Voranmeldungsfestsetzung als Steuerschuldner in Anspruch nimmt, ohne die Voranmeldungsfestsetzung, die sich durch die Jahresfestsetzung in anderer Weise erledigt,[1] zu ändern.

---

1 So z.B. BFH, Urt. v. 29.11.1984 – V R 146/83, BStBl. II 1985, 370 = UR 1985, 140.

§ 27 Abs. 19 Satz 2 UStG schließt den nach § 176 AO zu gewährenden Vertrauensschutz aus. Damit stellt sich die vorrangige Frage nach der Reichweite des § 176 AO. Unstreitig ist, dass diese Vorschrift den Steuerpflichtigen gegen die Änderung einer Jahresfestsetzung schützt. Dasselbe gilt in Bezug auf die Änderung einer Voranmeldungsfestsetzung durch eine nachfolgende Voranmeldungsfestsetzung für denselben Zeitraum. Unklar ist demgegenüber, ob bei einer **inhaltlichen Abweichung der Jahres- von der Vorbehaltsfestsetzung eine Änderung** i.S.v. **§ 176 AO** vorliegt. **Formal** ist dies zu verneinen, **materiell-rechtlich** aber zu bejahen (Rz. 42). Hierzu hat der BFH bislang nur eine grundsätzliche Bedeutung verneint und sich dabei auf eine formelle Betrachtung beschränkt, ohne sich mit weitergehenden Aspekten zu beschäftigen.[1] Dies wird im Schrifttum[2] kritisiert. 43

Immerhin hat der BFH[3] aber zu der Sonderkonstellation, dass 43.1

- der Leistende bei der Abgabe seiner zur Vorbehaltsfestsetzungen führenden Voranmeldungen von einer Steuerschuldnerschaft des Leistungsempfängers entsprechend der Verwaltungsauffassung ausgeht,
- der BFH im Anschluss hieran die Verwaltungsauffassung verwirft,
- der Leistende dann aber gleichwohl eine seinen Voranmeldungen entsprechende (und wiederum zu einer Vorbehaltsfestsetzung führende) Jahreserklärung abgibt,
- die dann vom FA (aufgrund eines Erstattungsverlangens des Leistungsempfängers) geändert wird,

entschieden, dass eine Änderung nach § 164 Abs. 2 AO an § 176 Abs. 2 AO scheitert. Dabei ist nicht danach zu unterscheiden, ob der Leistende seine Jahreserklärung in Unkenntnis des BFH-Urteils, das sich gegen die Verwaltungsauffassung wendet, abgibt, oder ob er z.B., anders als in dem vom BFH entschiedenen Fall, eine seinen Voranmeldungsfestsetzungen entsprechende Jahreserklärung mit dem Hinweis abgibt, dass eine von den Voranmeldungsfestsetzungen abweichende Besteuerung nicht mit § 176 AO vereinbar ist.

Damit kommt es zu einer erheblichen Ausweitung des Anwendungsbereichs von § 176 AO. Der BFH hat die Anwendung dieser Vorschrift bislang nur bejaht, wenn es zu einer Rechtsprechungsänderung oder Verwerfung der Verwaltungsauffassung im Anschluss an das Vorliegen eines Umsatzsteuerjahresbescheides kommt. Dies wird nunmehr in zeitlicher Hinsicht dahingehend erweitert, dass der Vertrauensschutz auch dann zu gewähren ist, wenn zum Zeitpunkt der Veröffentlichung einer Rechtsprechungsänderung etc. lediglich eine Voranmeldungsfestsetzung vorliegt. Der BFH begründet dies mit der voranmeldungszeitraumbezogenen Steuerentstehung nach § 13 Abs. 1 Nr. 1 UStG, die auch unionsrechtlich gemäß Art. 250 MwStSystRL maßgeblich ist. Die Entscheidung betrifft unmittelbar eine Bauträgerfallkonstellation, ohne aber hierauf beschränkt zu sein. Auf andere Steuerarten ohne unterjährige Steuerentstehung ist dies nicht zu übertragen. 43.2

Diese Argumente könnten auch dazu führen, bei einer inhaltlichen Abweichung der erstmaligen Jahresfestsetzung von einer oder mehreren Voranmeldungsfestsetzungen Änderungsschutz nach § 176 AO zu gewähren. Dies würde aber weiter voraussetzen, im Jahresbescheid eine Änderung der Voranmeldungsfestsetzungen zu sehen, was der BFH aufgrund der von ihm bislang insoweit angenommenen Erledigungswirkung bisher verneint.[4] Streitfragen hierzu dürften allerdings nur dann von der Rechtsprechung zu entscheiden sein, wenn die Jahreserklärung nach § 168 Satz 2 AO zustimmungsbedürftig ist oder das FA einen Jahresbescheid erlässt, bevor der Unternehmer seine Jahreserklärung einreichen kann. 43.3

(2) Änderungsvoraussetzungen

Der BFH hat § 27 Abs. 19 Satz 1 UStG dahingehend eingeschränkt, dass eine Umsatzsteuerfestsetzung gegenüber dem leistenden Unternehmer nur dann geändert werden kann, wenn ihm ein abtretbarer Anspruch auf Zahlung der gesetzlich entstandenen Umsatzsteuer gegen den Leistungsempfänger zu- 44

1 BFH, Beschl. v. 23.4.2010 – V B 89/09, BFH/NV 2010, 1782.
2 *Lippross*, DStR 2014, 879 (881 f.).
3 BFH, Beschl. v. 8.10.2019 – V R 15/18, BFHE 266, 28 = UR 2020, 37.
4 BFH v. 29.11.1984 – V R 146/83, BStBl. II 1985, 370 = UR 1985, 140.

steht. Danach ist der durch § 27 Abs. 19 Satz 2 UStG angeordnete Ausschluss des abgabenrechtlichen Vertrauensschutzes nur zu rechtfertigen, wenn das Bestehen und die Abtretbarkeit einer Forderung nicht erst im Anschluss an die Änderung des Umsatzsteuerbescheids, sondern bereits im Festsetzungsverfahren geklärt werden. Daher muss das FA nicht erst im Erhebungsverfahren bei einer Entscheidung über die Abtretung, sondern bereits im Festsetzungsverfahren bei der Prüfung der Änderungsbefugnis nach § 27 Abs. 19 Satz 1 UStG feststellen, ob ein abtretbarer Anspruch des Leistenden gegen den Leistungsempfänger besteht.[1] Dieser ist im Regelfall zu bejahen.[2] Anders ist es im Fall einer Organschaft, bei der die Organgesellschaft Bauleistungen an einen Bauträger erbracht hat und dann das Insolvenzverfahren über ihr Vermögen eröffnet wird. Da es dem Organträger nicht möglich ist, eine Anspruchsabtretung durch die unter Insolvenzverwaltung stehende Organgesellschaft zu veranlassen, verneint der BFH[3] hier die Anwendung von § 27 Abs. 19 UStG. Nicht zu entscheiden war dabei, ob eine Änderungsbefugnis für den Fall zu bejahen ist, dass der Organträger die Abtretung eines für ihn bestehenden Ausgleichsanspruchs[4] gegen seine frühere Organgesellschaft anbietet.

45 Offen ist, welche Bedeutung dem Kriterium des abtretbaren Anspruchs zukommt, wenn der leistende Unternehmer erst zu einem Zeitpunkt zur Abtretung bereit ist, zu dem sein Anspruch gegen den Bauträger bereits verjährt ist. Geht man davon, dass die Abtretung einer Aufrechnung gegen den Erstattungsanspruch des Bauträgers dienen soll und dass die Abtretung eines bereits verjährten Anspruchs entsprechend § 215 BGB nicht zur Aufrechnung berechtigt,[5] könnte für die Korrekturbefugnis darauf abzustellen sein, ob es dem Unternehmer (nach Mitteilung des FA über den Erstattungsantrag des Bauträgers) möglich war, den Anspruch noch vor dem Verjährungseintritt abzutreten. Ungeklärt ist, ob bei Anwendung von § 27 Abs. 19 Satz 1 UStG zeitliche Beschränkungen zu beachten sind. So ist die FinVerw. erst mit Wirkung ab 1.1.2010 von einer Anwendung von § 13b UStG auf an Bauträger erbrachte Leistungen ausgegangen.[6] Damit stellt sich die Frage, ob die besonderen Korrekturbedingungen des § 27 Abs. 19 Satz 1 UStG auch für das Jahr 2009 gelten. Mit derartigen Fragen beschäftigt sich der BFH derzeit.[7]

46 § 27 Abs. 19 UStG beinhaltet keine Ablaufhemmung für die Umsatzsteuerfestsetzung gegenüber dem leistenden Unternehmer.[8] Offen ist die Anwendung von § 171 Abs. 14 AO. Diese setzt voraus, dass der Erstattungsanspruch des Bauträgers vor Ablauf der Festsetzungsfrist beim leistenden Unternehmer entstanden ist. Hierfür stellt der BFH auf die Festsetzung des Erstattungsanspruchs für den Bauträger, nicht aber auf das materiell-rechtliche Entstehen des Erstattungsanspruchs ab.[9] Eine Verzinsung zu Lasten des Leistenden, der nach § 27 Abs. 19 Satz 1 UStG nachträglich in Anspruch genommen wird, kommt aus sachlichen Billigkeitsgründen nicht in Betracht.[10]

bb) Folgen für den Leistungsempfänger

47 Aus § 27 Abs. 19 UStG ergeben sich **keine Einschränkungen** für ein Erstattungsverlangen des Leistungsempfängers, der zu Unrecht nach § 13b UStG ohne Inanspruchnahme eines Vorsteuerabzugs versteuert hat. Hat daher z.B. ein Bauträger aufgrund der rechtsirrigen Annahme seiner Steuerschuld als Leistungsempfänger von ihm bezogene Bauleistungen nach§ 13b UStG versteuert, kann er das Ent-

---

1 BFH, Urt. v. 23.2.2017 – V R 16/16, V R 24/16, BStBl. II 2017, 760 = UR 2017, 357.

2 BGH, Urt. v. 17.5.2018 – VII ZR 157/17, UR 2018, 674; BGH, Urt. v. 10.1.2019 – VII ZR 6/18, UR 2019, 422; BGH, Urt. v. 10.1.2019 – VII ZR 7/18, juris; BGH, Urt. v. 16.7.2020 – VII ZR 204/18, MDR 2020, 1370 (Nachforderung auch in der Insolvenz des leistenden Unternehmers) und BGH, Urt. v. 14.10.2021 – VII ZR 242/20, UR 2022, 93 (Nachforderung auch, wenn das FA unter etwaiger fehlerhafter Beurteilung der Rechtslage zur Festsetzungsverjährung den Bauunternehmer als Steuerschuldner heranzieht).

3 BFH, Urt. v. 6.7.2023 – V R 5/21, BFHE 282, 1 = UR 2023, 790 m. Anm. *Heinrichshofen.*

4 BFH, Urt. v. 24.5.2023 – XI R 45/20, BStBl. II 2023, 1082 = UR 2023, 828, Rz. 36.

5 *Grebe*, AO-StB 2018, 188, 190.

6 BMF, Schr. v. 16.10.2009 – IV B 9-S 7279/0, BStBl. I 2009, 1298.

7 Revisionsverfahren V R 24/21 – Vorinstanz: FG Berlin-Brandenburg, Urt. v. 24.6.2021 – 2 K 5261/15, nv.

8 BFH, Urt. v. 27.7.2021 – V R 3/20, BStBl. II 2022, 155 = UR 2022, 62.

9 BFH, Urt. v. 27.7.2021 – V R 3/20, BStBl. II 2022, 155 = UR 2022, 62.

10 BFH, Beschl. v. 8.10.2019 – V R 15/18, BFHE 266, 28 = UR 2020, 37.

fallen dieser rechtswidrigen Besteuerung geltend machen, ohne dass es darauf ankommt, dass er einen gegen ihn gerichteten Nachforderungsanspruch des leistenden Unternehmers erfüllt oder die Möglichkeit für eine Aufrechnung durch das FA besteht,[1] die sich z.B. daraus ergeben kann, dass der leistende Unternehmer den ihm gegen den Bauträger zustehenden Nachforderungsanspruch (Rz. 44) an das FA abtritt.[2] Der Erstattungsanspruch des Leistungsempfängers ist ohne Einschränkung zu **verzinsen**.[3]

c) Zulassung einer Abtretung

Zum Ausgleich für den Verlust des Vertrauensschutzes kann das für den leistenden Unternehmer zuständige Finanzamt gemäß § 27 Abs. 19 Satz 3 UStG auf Antrag zulassen, dass der leistende Unternehmer dem Finanzamt den ihm gegen den Leistungsempfänger zustehenden Anspruch auf Zahlung der gesetzlich entstandenen Umsatzsteuer abtritt, wenn die Annahme der Steuerschuld des Leistungsempfängers im Vertrauen auf eine Verwaltungsanweisung beruhte und der leistende Unternehmer bei der Durchsetzung des abgetretenen Anspruchs mitwirkt. 48

Das FA hat die Abtretung nach § 27 Abs. 19 Satz 3 UStG auch dann anzunehmen, wenn der Steueranspruch bereits durch Zahlung getilgt war. Auf das Vorliegen einer Rechnung mit gesondertem Steuerausweis kommt es hierfür nicht an.[4] 49

Die Zulassung der Abtretung nach § 27 Abs. 19 Satz 3 UStG ist mangels eigener Beschwer kein von einem Drittschuldner – wie etwa von einem Bauträger als Leistungsempfänger – anfechtbarer Verwaltungsakt.[5] 50

d) Wirkung der Abtretung

Die Abtretung wirkt gemäß § 27 Abs. 19 Satz 4 UStG an Zahlungs statt, wenn 51

- der leistende Unternehmer dem Leistungsempfänger eine erstmalige oder geänderte Rechnung mit offen ausgewiesener Umsatzsteuer ausstellt,
- die Abtretung an das Finanzamt wirksam bleibt,
- dem Leistungsempfänger diese Abtretung unverzüglich mit dem Hinweis angezeigt wird, dass eine Zahlung an den leistenden Unternehmer keine schuldbefreiende Wirkung mehr hat, und
- der leistende Unternehmer seiner Mitwirkungspflicht nachkommt.

Höchstrichterliche Rechtsprechung hierzu liegt nicht vor. Zu entscheiden hat der BFH aber demnächst, ob der Bauunternehmer entgegen § 27 Abs. 19 Satz 4 Nr. 4 UStG seinen Mitwirkungspflichten nicht nachkommt, wenn er berichtigte Rechnungen erst kurz vor dem Verjährungseintritt erteilt.[6] 52

20. Besteuerungsverfahren für Umsätze nach § 3a Abs. 5 UStG (Absatz 20)

Das gesonderte Erklärungsverfahren nach § 18h Abs. 3 und 4 UStG ist gemäß § 27 Abs. 20 UStG erstmals auf Besteuerungszeiträume anzuwenden, die nach dem 31.12.2014 enden. 53

---

1 BFH, Urt. v. 27.9.2018 – V R 49/17, BStBl. II 2019, 109 = UR 2018, 959; BFH, Urt. v. 23.1.2019 – XI R 21/17, BStBl. II 2019, 354 = UR 2019, 300.

2 BFH, Urt. v. 24.5.2023 – XI R 45/20, BStBl. II 2023, 1082 = UR 2023, 828, auch zur Sonderproblematik einer Organschaft auf der Seite des Leistungsempfängers; vgl. auch BFH, Beschl. v. 26.9.2023 – V B 23/22 (AdV), BFHE 282, 73 = UR 2023, 845 zur Prüfung des Bestands und der Durchsetzbarkeit der dem FA von Bauleistenden abgetretenen Forderung.

3 BFH, Beschl. v. 8.10.2019 – V R 15/18, BFHE 266, 28 = UR 2020, 37; zu Verzinsungsfragen vgl. auch *Forster/Striegel*, UR 2019, 130.

4 BFH, Urt. v. 23.2.2017 – V R 16/16, V R 24/16, BStBl. II 2017, 760 = UR 2017, 357.

5 BFH, Urt. v. 22.8.2019 – V R 21/18, BStBl. II 2020, 35 = UR 2019, 939.

6 So FG Berlin-Brandenburg v. 25.4.2022 – 7 K 7239/19, EFG 2022, 1717. Rev. eingelegt: Az. des BFH: XI R 16/22.

21. Vorratsgesellschaften und Firmenmantel (Absatz 21)

54 Die Regelungen zu den Vorratsgesellschaften und zum Firmenmantel in § 18 Abs. 2 UStG ist gemäß § 27 Abs. 21 UStG erstmals auf Voranmeldungszeiträume anzuwenden, die nach dem 31.12.2014 enden.

22. Juristische Personen des öffentlichen Rechts (Absatz 22)

a) Problemstellung

55 Mit § 27 Abs. 22 UStG wird die überfällige Anpassung des nationalen Rechts an die Vorgaben des Unionsrechts durch Ersetzung des früheren § 2 Abs. 3 UStG zugunsten der Neuregelung in § 2b UStG bei der Besteuerung von juristischen Personen des öffentlichen Rechts hinausgezögert.

b) Erstmalige Anwendung des neuen Rechts

56 Hierzu ordnet § 27 Abs. 22 Satz 1 UStG an, dass der frühere § 2 Abs. 3 UStG a.F. auf vor dem 1.1.2017 ausgeführte Umsätze weiter anzuwenden ist. Dementsprechend ist § 2b UStG gemäß § 27 Abs. 22 Satz 2 UStG auf Umsätze anzuwenden, die nach dem 31.12.2016 ausgeführt werden.

c) Option zur Beibehaltung der früheren Verwaltungsauffassung

aa) Optionsrecht

57 **§ 27 Abs. 22 Satz 3 UStG** billigt den juristischen Personen des öffentlichen Rechts ein **Optionsrecht** zu, die Anwendung der Neuregelung noch weiter hinauszuschieben. Danach können sie gegenüber dem Finanzamt einmalig erklären, dass sie § 2 Abs. 3 UStG a.F. für sämtliche nach dem 31.12.2016 und **vor dem 1.1.2021 ausgeführten Leistungen** weiterhin anwenden. Dabei ist eine Beschränkung der Erklärung auf **einzelne Tätigkeitsbereiche** oder Leistungen gemäß § 27 Abs. 22 Satz 4 UStG **nicht** zulässig. Die Erklärung war nach § 27 Abs. 22 Satz 5 UStG **bis zum 31.12.2016 abzugeben**. Sie konnte gemäß § 27 Abs. 22 Satz 6 UStG nur mit Wirkung vom Beginn eines auf die Abgabe folgenden Kalenderjahres an **widerrufen** werden. Nach § 27 Abs. 22 Satz 7 UStG ist § 18 Abs. 4f und Abs. 4g UStG erstmals auf Besteuerungszeiträume anzuwenden, die nicht der Erklärung nach § 27 Abs. 22 Satz 3 UStG unterliegen.

bb) Bedeutung des Optionsrechts

58 Aus Sicht der BFH-Rechtsprechung beschränkt sich die Bedeutung des Optionsrechts auf eine Beibehaltung der Verwaltungsauffassung zu § 2 Abs. 3 UStG a.F. Da der BFH diese als nicht unionsrechtskonform verworfen hatte (§ 2b Rz. 24), kommt der Option eigentlich keine Bedeutung zu. Hat eine juristische Person des öffentlichen Rechts die Option ausgeübt, muss sie daher in einem Rechtsbehelfsverfahren damit rechnen, dass § 2 Abs. 3 UStG a.F. entsprechend bisheriger BFH-Rechtsprechung richtlinienkonform ausgelegt wird und so im Ergebnis eine Besteuerung wie nach § 2b UStG droht, der die vom BFH bereits für die alte Rechtslage als erforderlich angesehene Anbindung an das Unionsrecht zumindest teilweise umsetzt.

d) Verlängerung der Optionswirkung (Absatz 22a)

59 **§ 27 Abs. 22a Satz 1 UStG** verlängert die Wirkung einer nach § 27 Abs. 22 Satz 3 UStG abgegebenen und nicht widerrufenen Optionserklärung für die nunmehr **vor dem 1.1.2025 ausgeführten Umsätze**. Diese Erklärung kann nach § 27 Abs. 22a Satz 2 UStG für Zeiträume nach dem 31.12.2020 nur mit Wirkung vom Beginn eines auf die Abgabe folgenden Kalenderjahres an widerrufen werden. Es ist gemäß § 27 Abs. 22a Satz 3 UStG nicht zulässig, den Widerruf auf einzelne Tätigkeitsbereiche oder Leistungen zu beschränken.

23. Gutscheine (Absatz 23)

§ 3 Abs. 13–15 sowie § 10 Abs. 1 Satz 6 UStG sind gemäß § 27 Abs. 23 UStG erstmals auf Gutscheine anzuwenden, die nach dem 31.12.2018 ausgestellt werden. 60

24. Umsätze nach § 3a Abs. 5 UStG (Absatz 24)

§ 3a Abs. 5 Sätze 3–5 und § 14 Abs. 7 Satz 3 UStG in der Fassung des Art. 9 des Gesetzes vom 11.12.2018[1] sind gemäß § 27 Abs. 24 Satz 1 UStG auf Umsätze anzuwenden, die nach dem 31.12.2018 ausgeführt werden. 61

§ 18 Abs. 4c Satz 1 und Abs. 4d UStG in der Fassung des Art. 9 des Gesetzes vom 11.12.2018[2] ist nach § 27 Abs. 24 Satz 2 UStG auf Besteuerungszeiträume anzuwenden, die nach dem 31.12.2018 enden. 62

25. Marktplatzhaftung (Absatz 25)

Das BMF teilt gemäß § 27 Abs. 25 Satz 1 UStG den Beginn des Datenabrufverfahrens nach § 22f Abs. 1 Satz 6 UStG durch ein im Bundessteuerblatt zu veröffentlichendes Schreiben mit. Gleiches gilt gemäß § 27 Abs. 25 Satz 2 UStG für die Festlegung des Kalenderjahres, ab dem Daten nach § 22f Abs. 3 UStG auf Anforderung zu übermitteln sind. Bis zur Einführung des Datenabrufverfahrens nach § 22f Absatz 1 Satz 6 UStG ist die Bescheinigung dem liefernden Unternehmer gemäß § 27 Abs. 25 Satz 3 UStG in Papierform zu erteilen. § 25e Abs. 1–4 UStG ist gemäß § 27 Abs. 25 Satz 4 UStG für die in § 22f Abs. 1 Satz 4 UStG genannten Unternehmer ab 1.3.2019 und für andere als die in § 22f Abs. 1 Satz 4 UStG genannten Unternehmer ab 1.1.2019 anzuwenden. 63

Die FinVerw. geht davon aus, dass die Aufzeichnungspflichten nach § 22f Abs. 1–3 UStG gemäß § 27 Abs. 25 UStG ab dem 1.1.2019 gelten. Aus Vereinfachungsgründen beanstandet sie es nicht, wenn der Betreiber eines elektronischen Markplatzes diese für die in § 22f Abs. 1 Satz 4 UStG genannten Unternehmer erst zum 1.3.2019 und für die übrigen dort nicht genannten Unternehmer erst zum 1.10.2019 erfüllt.[3] 64

26. Reiseleistungen (Absatz 26)

§ 25 Abs. 3 UStG ist gemäß § 27 Abs. 26 UStG erstmals auf Umsätze anzuwenden, die nach dem 31.12.2021 bewirkt werden. Dies bezieht sich auf die Abschaffung der Pauschalmarge nach § 25 Abs. 3 Satz 3 UStG. 65

frei 66–68

27. Sozialumsätze (Absatz 27)

§ 4 Nr. 15a UStG in der bis zum 31.12.2019 geltenden Fassung gilt gemäß § 27 Abs. 27 UStG bis zu den Zeitpunkten nach § 328 Abs. 1 Satz 4 SGB V sowie § 328 Abs. 5 Satz 4 SGB V i.V.m. § 328 Abs. 1 Satz 4 SGB V fort. 69

28. Gegenseitigkeitserfordernis und Bezug von Kraftstoff (Absatz 28)

§ 15 Abs. 4b, § 16 Abs. 2 Satz 1 und § 18 Abs. 9 UStG sind gemäß § 27 Abs. 28 UStG erstmals auf Voranmeldungs-, Besteuerungs- und Vergütungszeiträume anzuwenden, die nach dem 31.12.2019 enden. 70

Die Regelungen betreffen die für Unternehmer aus dem Drittlandsgebiet geltenden Beschränkungen beim Vorsteuerabzug aufgrund fehlender Gegenseitigkeit und aus dem Bezug von Kraftstoff, die in 71

1 BGBl. I 2018, 2338.
2 BGBl. I 2018, 2338.
3 BMF, Schr. v. 28.1.2019 – III C 5-S 7420/19/10002 :002, BStBl. I 2019, 106 = UR 2019, 157, Rz. 21.

bestimmten Fällen nicht nur im Vorsteuervergütungsverfahren, sondern auch im Regelbesteuerungsverfahren gelten sollen.

29. Fiskalvertretung (Absatz 29)

72 Die durch § 22b Abs. 2 und Abs. 2a UStG erweiterten Erklärungspflichten sind gemäß § 27 Abs. 29 UStG erstmals auf Voranmeldungs-, Besteuerungs- und Meldezeiträume anzuwenden, die nach dem 31.12.2019 enden.

30. Missbrauchsbekämpfung (Absatz 30)

73 Mit § 25f UStG hat der Gesetzgeber einen Versagungstatbestand für den Vorsteuerabzug und die Steuerfreiheit der innergemeinschaftlichen Lieferung unter den dort genannten Bedingungen zu einer Steuerhinterziehungsbeteiligung eingeführt.

74 Die Neuregelung ist gemäß § 25f UStG erstmals auf Voranmeldungs- und Besteuerungszeiträume anzuwenden, die nach dem 31.12.2019 enden.

75 Dies ist dahingehend zu verstehen, dass der Vorsteuerabzug und die Steuerfreiheit zu versagen sind, wenn diese Tatbestände aufgrund der Regelung in § 25f UStG für einen Zeitraum nach dem 31.12.2019 versagt werden sollen. Für den Vorsteuerabzug nach § 15 Abs. 1 Satz 1 Nr. 1 UStG kommt es somit auf eine nach diesem Zeitpunkt eingetretene Abziehbarkeit aufgrund einer Rechnungserteilung an.

31. EUSt (Absatz 31)

76 Nach § 21 Abs. 3a UStG ist die Einfuhrumsatzsteuer, für die ein zollrechtlicher Zahlungsaufschub bewilligt ist, ist abweichend von den zollrechtlichen Vorschriften am 26. des zweiten auf den betreffenden Monat folgenden Kalendermonats fällig (§ 21 Rz. 134 ff.).

77 Der Termin, ab dem § 21 Abs. 3a UStG erstmals anzuwenden ist, wird mit einem noch ausstehenden BMF-Schreiben bekanntgegeben. Mit BMF-Schreiben v. 6.10.2020[1] wurde gebeten, die Regelung nunmehr zu dem am 1.12.2020 beginnenden Aufschubzeitraum umzusetzen. Damit wurde der Fälligkeitstermin für Einfuhren des Aufschubzeitraums Dezember vom 16.1.2021 auf den 26.2.2021 verschoben. Die Fälligkeitstermine für anschließende Aufschubzeiträume verschieben sich entsprechend.

32. Pauschalland- und Pauschalforstwirte (Absatz 32)

78 § 24 Abs. 1 UStG in seiner Neufassung (§ 24 Rz. 13 ff.) ist erstmals auf Umsätze anzuwenden, die nach dem 31.12.2021 bewirkt werden.

33. Besondere Besteuerungsverfahren des Digitalpakets (Absatz 33)

79 Nach § 27 Abs. 33 Satz 1 UStG sind die besonderen Besteuerungsverfahren der §§ 18i bis k UStG erstmals auf Umsätze und Einfuhren anzuwenden, die nach dem 30.6.2021 ausgeführt werden. Aus Satz 2 ergibt sich, auf welche Fassung anderer Vorschriften diese Regelungen verweisen.

34. Digitalpaket (Absatz 34)

80 § 27 Abs. 34 UStG regelt die erstmalige Anwendung des Digitalpaketes. Nach Satz 1 der Vorschrift sind §§ 3 und 3a Abs. 5, die §§ 3c, 4, 5, 11, 13 Abs. 1 Nr. 1 Buchst. f bis i, § 14a Abs. 2, § 16 Abs. 1c bis 1e, § 18 Abs. 1, 3 und 9, die §§ 21a, 22, 22f und 25e UStG erstmals auf Umsätze und Einfuhren anzuwenden, die nach dem 30.6.2021 ausgeführt werden. Satz 2 ordnet an, dass § 13 Abs. 1 Nr. 1 Buchst. d und e, § 16 Abs. 1a und 1b, § 18 Abs. 4c bis 4e und § 18h letztmalig auf Umsätze anzuwenden sind, die vor dem 1.7.2021 ausgeführt werden.

1 BMF, Schr. v. 6.10.2020, BStBl. I 2020, 984.

35. Einrichtungen der Europäischen Union (Absatz 35)

§ 27 Abs. 35 UStG regelt die zeitliche Anwendung der gemäß § 4c UStG vorzunehmenden **Steuervergütung an Einrichtungen der Europäischen Union**, die auf Antrag für **steuerpflichtige Leistungen** zu gewähren ist (§ 4c Rz. 1 ff.), und der damit korrespondierenden **Befreiungstatbestände bei der Einfuhr** nach § 5 Abs. 1 Nr. 7 UStG (§ 5 Rz. 71 ff.) und § 5 Abs. 1 Nr. 8 UStG (§ 5 Rz. 72 ff.). Diese Regelungen wurden durch Art. 1 Nr. 3, 4 und 6 des Gesetzes zur Umsetzung unionsrechtlicher Vorgaben im Umsatzsteuerrecht v. 21.12.2021[1], das nach seinem Art. 3 am 1.1.2022 in Kraft getreten ist, geschaffen. Aus § 27 Abs. 35 UStG ergibt sich eine rückwirkende Anwendung auf Leistungen, die bereits nach dem 31.12.2020 bezogen wurden und auf Einfuhren nach diesem Stichtag. Damit wird sichergestellt, dass die Neuregelungen in §§ 4c, 5 Abs. 1 Nr. 7 und 8 UStG entsprechend den unionsrechtlichen Vorgaben[2] ab 1.1.2021 angewendet werden können. 81

36. Fahrzeugeinzelbesteuerung (Absatz 36)

Nach § 27 Abs. 36 UStG ist § 18 Abs. 5a UStG in der Fassung des Art. 16 des Gesetzes vom 16.12.2022[3] erstmals auf die Besteuerungszeiträume anzuwenden, die nach dem 31.12.2022 enden. 82

37. Vorsteuervergütung (Absatz 37)

Nach § 27 Abs. 37 UStG ist § 18g UStG in der Fassung des Art. 16 des Gesetzes vom 16.12.2022[4] erstmals auf die Übermittlung von Daten nach dem 31.12.2022 anzuwenden. 83

38. Rechnungen mit einem strukturierten elektronischen Format (Absatz 38)

Nach § 27 Abs. 38 UStG kann eine Rechnung abweichend von § 14 Abs. 1 und 2 UStG n.F. 84

1. bis zum 31.12.2026 für einen nach dem 31.12.2024 und vor dem 1.1.2027 ausgeführten Umsatz auf Papier oder vorbehaltlich der Zustimmung des Empfängers in einem elektronischen Format, das nicht § 14 Abs. 1 Satz 6 UStG entspricht, übermittelt werden;
2. bis zum 31.12.2027 für einen nach dem 31.12.2026 und vor dem 1.1.2028 ausgeführten Umsatz auf Papier oder vorbehaltlich der Zustimmung des Empfängers in einem elektronischen Format, das nicht § 14 Abs. 1 Satz 6 UStG entspricht, übermittelt werden, wenn der Gesamtumsatz (§ 19 Absatz 3 UStG) des die Rechnung ausstellenden Unternehmers im vorangegangenen Kalenderjahr nicht mehr als 800 000 Euro betragen hat;
3. bis zum 31.12.2027 für einen nach dem 31.12.2025 und vor dem 1.1.2028 ausgeführten Umsatz vorbehaltlich der Zustimmung des Empfängers in einem elektronischen Format, das nicht § 14 Abs. 1 Satz 6 UStG entspricht, ausgestellt werden, wenn diese mittels elektronischem Datenaustausch (EDI) nach Artikel 2 der Empfehlung 94/820/EG der Kommission übermittelt wird.

Die dabei zu beachtenden Besonderheiten werden bei § 14 UStG n.F. (§ 14 Rz. 15 ff.) kommentiert. 85

39. Kleinunternehmer (Absatz 39)

Nach § 27 Abs. 39 UStG sind die geänderten Gesetzesfassungen, mit denen der Kleinunternehmer insbesondere von der Verpflichtung zur Abgabe der Jahreserklärung ausgenommen wird (§ 18 Abs. 3 Satz 1 UStG sowie § 19 Abs. 1 Satz 4 und Abs. 2 UStG) erstmals auf Besteuerungszeiträume anzuwenden, die nach dem 31.12.2023 enden. 86

1 BGBl. I 2021, 5250.
2 Art. 2 der RL 2021/1159 v. 13.7.2021, ABl. EU L 250/1.
3 BGBl. I 2022, 2294.
4 BGBl. I 2022, 2294.

§ 27a Umsatzsteuer-Identifikationsnummer

(1) [1]Das Bundeszentralamt für Steuern erteilt Unternehmern im Sinne des § 2 auf Antrag eine Umsatzsteuer-Identifikationsnummer. [2]Das Bundeszentralamt für Steuern erteilt auch juristischen Personen, die nicht Unternehmer sind oder die Gegenstände nicht für ihr Unternehmen erwerben, eine Umsatzsteuer-Identifikationsnummer, wenn sie diese für innergemeinschaftliche Erwerbe benötigen. [3]Im Fall der Organschaft wird auf Antrag für jede juristische Person eine eigene Umsatzsteuer-Identifikationsnummer erteilt. [4]Der Antrag auf Erteilung einer Umsatzsteuer-Identifikationsnummer nach den Sätzen 1 bis 3 ist schriftlich zu stellen. [5]In dem Antrag sind Name, Anschrift und Steuernummer, unter der der Antragsteller umsatzsteuerlich geführt wird, anzugeben.

(1a) [1]Das nach § 21 der Abgabenordnung für die Umsatzbesteuerung des Unternehmers zuständige Finanzamt kann die nach Absatz 1 Satz 1 bis 3 erteilte Umsatzsteuer-Identifikationsnummer begrenzen, wenn ernsthafte Anzeichen vorliegen oder nachgewiesen ist, dass die Umsatzsteuer-Identifikationsnummer zur Gefährdung des Umsatzsteueraufkommens verwendet wird. [2]Dies gilt auch, soweit das Umsatzsteueraufkommen anderer Mitgliedstaaten gefährdet wird.

(2) [1]Die Landesfinanzbehörden übermitteln dem Bundeszentralamt für Steuern die für die Erteilung der Umsatzsteuer-Identifikationsnummer nach Absatz 1 erforderlichen Angaben über die bei ihnen umsatzsteuerlich geführten natürlichen und juristischen Personen und Personenvereinigungen. [2]Diese Angaben dürfen nur für die Erteilung einer Umsatzsteuer-Identifikationsnummer, für Zwecke der Verordnung (EU) Nr. 904/2010 des Rates vom 7. Oktober 2010 über die Zusammenarbeit der Verwaltungsbehörden und die Betrugsbekämpfung auf dem Gebiet der Mehrwertsteuer (ABl. L 268 vom 12.10.2010, S. 1), für die Umsatzsteuerkontrolle, für Zwecke der Amtshilfe zwischen den zuständigen Behörden anderer Staaten in Umsatzsteuersachen sowie für Übermittlungen an das Statistische Bundesamt nach § 2a des Statistikregistergesetzes und an das Bundeskartellamt zur Überprüfung und Vervollständigung der Daten nach § 3 Absatz 1 Nummer 4 des Wettbewerbsregistergesetzes verarbeitet werden. [3]Bis zum Abschluss der erstmaligen Vergabe der Wirtschafts-Identifikationsnummer nach § 139c der Abgabenordnung dürfen die in Satz 1 genannten Daten sowie die vom Bundeszentralamt für Steuern erteilte Umsatzsteuer-Identifikationsnummer abweichend von Satz 2 auch für die Vergabe der Wirtschafts-Identifikationsnummern nach § 139c der Abgabenordnung verwendet sowie für die nach § 4 des Unternehmensbasisdatenregistergesetzes vorgesehenen Zwecke an das Statistische Bundesamt als Registerbehörde für das Basisregister übermittelt und von diesem nach Maßgabe des § 3 des Unternehmensbasisdatenregistergesetzes gespeichert und verarbeitet werden. [4]Außerdem übermitteln die Landesfinanzbehörden dem Bundeszentralamt für Steuern die nach Absatz 1a erforderlichen Daten. [5]Das Bundeszentralamt für Steuern übermittelt den Landesfinanzbehörden die erteilten Umsatzsteuer-Identifikationsnummern und die Daten, die sie für die Umsatzsteuerkontrolle benötigen.

Schrifttum: *Burgmaier*, Anmerkung zum EuGH-Urteil vom 27.9.2012, C-587/10, UR 2012, 832; *Lohse*, Verfahrensrechtliche Aspekte zur deutschen Umsatzsteuer-Identifikationsnummer, UVR 1994, 2; *Mann*, Anmerkung zum EuGH-Urteil vom 14.3.2013, C-527/11, UR 2013, 392; *Nieskens*, Anmerkung zum EuGH-Urteil vom 14.3.2013, C-527/11, EU-UStB 2013, 39; *Nöcker*, Die Steuernummer im Steuerrechtsverkehr, AO-StB 2008, 43; *Prätzler*, Plädoyer für eine Modernisierung des Verfahrens zur Erteilung und Bestätigung einer Umsatzsteuer-Identifikationsnummer, UStB 2019, 330; *Weigel*, Anmerkung zum Beschluss des FG Nürnberg vom 4.6.2007, 2 V 373/2007, UStB 2008, 5; *Widmann*, Anmerkung zum EuGH-Urteil vom 29.2.1996, C-110/94, UR 1996, 116.

A. Grundaussagen

I. Regelungsgegenstand und Bedeutung

§ 27a UStG normiert die Zuständigkeit und die Details für die Beantragung und Erteilung einer USt-IdNr. (§ 27a Abs. 1 UStG). Die Norm dient vor allem dazu, die korrekte Anwendung der umsatzsteuerlichen Übergangsregelung für grenzüberschreitende Umsätze im europäischen Binnenmarkt seit 1.1.1993 zu erleichtern. 1

Die Vorschrift ist durch das Umsatzsteuer-Binnenmarktgesetz mit Wirkung zum 1.1.1993 in das Umsatzsteuergesetz aufgenommen worden.[1] § 27a Abs. 1 UStG ist zuletzt durch Art. 5 Nr. 15 des Gesetzes zur Umsetzung steuerlicher EU-Vorgaben sowie zur Änderung steuerlicher Vorschriften vom 8.4.2010[2] ab 1.1.2010 geändert worden. In der Gesetzesbegründung wird u.a. darauf hingewiesen, dass allen Unternehmern i.S.d. § 2 UStG auf Antrag eine USt-IdNr. zu erteilen sei.[3] 2

Die in § 27a UStG geregelte USt-IdNr. hat erhebliche Bedeutung u.a. auch für den Ort des innergemeinschaftlichen Erwerbs nach § 3d UStG (§ 3d Rz. 1 ff.), das innergemeinschaftliche Dreiecksgeschäft gemäß § 25b UStG (§ 25b Rz. 1 ff.) und seit 1.1.2020 auch für die Zuordnung der innergemeinschaftlichen Lieferung im Rahmen eines innergemeinschaftlichen Reihengeschäftes (s. § 3 Abs. 6a Satz 5, vgl. § 3 Rz. 367 ff.) sowie für die Steuerbefreiung der innergemeinschaftlichen Lieferung (Rz. 10). 3

Die Vorschriften über den Einsatz der USt-IdNr. stellen in vielen Fällen nicht nur eine **Ordnungsvorschrift dar**, sondern haben auch erhebliche **materiell-rechtliche Wirkung** (Rz. 9 ff.). Dadurch hat die USt-IdNr. für den innergemeinschaftlichen Waren- und Dienstleistungsverkehr erheblich an Bedeutung gewonnen. Damit einhergehend wird die (schnelle und) unkomplizierte Erteilung einer USt-IdNr. für die Unternehmen wichtiger als bisher, da ein Unternehmer ohne Erteilung einer USt-IdNr. faktisch daran gehindert wird am Waren- und Dienstleistungsverkehr in der EU teilzunehmen. Entsprechendes gilt auch für die „Begrenzung" der USt-IdNr., denn mit dem Jahressteuergesetz 2020 wurde zum 1.1.2021 **§ 27 Abs. 1a UStG** neu eingefügt. 4

§ 27a Abs. 2 UStG regelt zudem den Datenaustausch zwischen den Landesfinanzbehörden und dem BZSt im Rahmen der Antragstellung und die Umsatzsteuerkontrolle, aber auch den Datenaustausch an das Statistische Bundesamt. Durch das Abzugsteuerentlastungsmodernisierungsgesetz (AbzStEntModG)[4] – ist der Datenaustausch nunmehr auch mit dem Bundeskartellamt möglich. 5

1 BT-Drucks. 12/2463, Art. 1 zu Nr. 34, BGBl. I 1992, 1548.
2 BGBl. I 2010, 386; BStBl. I 2010, 334.
3 BT-Drucks. 17/506, Art. 5 zu Nr. 15.
4 Art. 11 Nr. 2 AbzStEntModG v. 2.6.2021, BGBl. I 2021, 1259 ff.

II. Unionsrechtliche Grundlagen

6 Die korrespondierenden Regelungen zu § 27a UStG finden sich in Art. 214–216 MwStSystRL. Insbesondere Art. 214 MwStSystRL regelt die Maßnahmen zur Erteilung einer „individuellen Mehrwertsteuer-Identifikationsnummer".

7 Art. 55 MwStVO verweist unter Hinweis auf Art. 262 MwStSystRL auf die Pflicht zur Mitteilung der MwSt-IdNr. bei bestimmten Umsätzen.

8 Nach Auffassung des EuGH[1] hindern insbesondere Art. 213 und 214 MwStSystRL die Steuerverwaltung eines Mitgliedstaats daran, einem Antragsteller die Zuteilung einer MwSt-IdNr. nur deshalb zu verweigern, weil er nicht in der Lage ist zu beweisen, dass er über die materiellen, technischen und finanziellen Mittel verfügt, um die bei der Stellung seines Antrags auf Eintragung in das Register der Steuerpflichtigen angegebene wirtschaftliche Tätigkeit auszuüben. Die Zuteilung kann vielmehr nur dann im Einzelfall unterbleiben, wenn die betreffende Steuerverwaltung anhand objektiver Anhaltspunkte dargelegt hat, dass ernsthafte Anzeichen für den Verdacht bestehen, dass die zugeteilte MwSt-IdNr. in betrügerischer Weise verwendet werden wird.[2] Aus der vorgenannten EuGH-Entscheidung leitet das Finanzgericht Berlin-Brandenburg auch die Vereinbarkeit der Begrenzung einer USt-IdNr. (§ 27a Abs. 1a UStG) mit dem Unionsrecht ab.[3]

III. Verhältnis zu anderen Vorschriften und Rechtsentwicklung

9 § 27a UStG steht im Kontext mit zahlreichen Normen des Umsatzsteuergesetzes. Dabei dient die USt-IdNr. **nicht** mehr **nur** als **bloße Ordnungsvorschrift**, vielmehr kann ihre Verwendung auch erhebliche **materiell-rechtliche Wirkung** haben. Damit hat die USt-IdNr. für den innergemeinschaftlichen Waren- und Dienstleistungsverkehr erhebliche Bedeutung.

10 So ist insbesondere seit dem 1.1.2020 die USt-IdNr. im System der EU-Umsatzsteuer erheblich aufgewertet worden. Die Neuregelung in § 6a Abs. 1 Satz 1 Nr. 4 UStG fordert nunmehr für die **Steuerbefreiung** der **innergemeinschaftlichen Lieferung** ausdrücklich, dass der Abnehmer gegenüber dem leistenden Unternehmer grundsätzlich eine ihm von einem anderen Mitgliedstaat erteilte gültige USt-IdNr. verwenden muss, wenn die Lieferung in das übrige Gemeinschaftsgebiet der Steuerbefreiung unterliegen soll (§ 6a Rz. 91 ff.). Will der Unternehmer daher von einem anderen Unternehmer in der EU in Zukunft umsatzsteuerbefreit einkaufen, muss er seit dem 1.1.2020 spätestens im **Zeitpunkt der Lieferung** über eine (im übrigen Gemeinschaftsgebiet erteilte) USt-IdNr. verfügen.

11 Die Verwendung der USt-IdNr. eröffnet den Unternehmern nunmehr aber auch Gestaltungsmöglichkeiten im Rahmen eines **Reihengeschäftes** (§ 3 Rz. 367 ff.).

12 Wie bisher ist die Verwendung einer USt-IdNr. für Unternehmer nötig, die von der Vereinfachungsregelung des innergemeinschaftlichen **Dreiecksgeschäftes** Gebrauch machen möchten (§ 25b Rz. 1 ff.).

13 Durch die Verwendung der USt-IdNr. kann der **Ort** des **innergemeinschaftlichen Erwerbs** nach § 3d Satz 2 UStG fingiert werden, wenn der Erwerber gegenüber dem Lieferer eine von einem Mitgliedstaat erteilte USt-IdNr. verwendet, in dem die Warenbewegung nicht endet (§ 3d Rz. 15 ff.). Zudem können bestimmte Unternehmen durch die Verwendung der USt-IdNr. zur Erwerbspflicht optieren (§ 1a Abs. 4 Satz 2 UStG).

14 Eine erhebliche Bedeutung hat die USt-IdNr. auch für die **Rechnungsstellung**. So muss nach § 14 Abs. 4 Satz 1 Nr. 2 UStG eine Rechnung die dem leistenden Unternehmer vom Finanzamt erteilte Steuernummer oder die ihm vom BZSt erteilte USt-IdNr. **enthalten**. Unternehmen dürfen daher die USt-

1 Vgl. EuGH, Urt. v. 14.3.2013 – C-527/11, ECLI:EU:C:2013:168 – Ablessio, UR 2013, 392 m. Anm. *Mann*, Rz. 27.

2 Vgl. EuGH, Urt. v. 14.3.2013 – C-527/11, ECLI:EU:C:2013:168 – Ablessio, UR 2013, 392 m. Anm. *Mann*, Rz. 38, 39.

3 Finanzgericht Berlin-Brandenburg, Beschl. v. 4.5.2022 – 7 V 7023/22, EFG 2022, 1417, Rz. 33 unter Hinweis auf *Leipold* in Sölch/Ringleb, UStG, § 27a Rz. 18 und *Baumgartner* in Offerhaus/Söhn/Lange, UStG, § 27a Rz. 7.

IdNr. auch für Rechnungen und Leistungen im Inland verwenden und dem Rechnungsempfänger eine formelle Voraussetzung für den **Vorsteuerabzug** bieten (§ 15 Rz. 25).[1]

§ 14a Abs. 3 Satz 2 UStG verpflichtet den Unternehmer zudem bei Rechnungen für **innergemeinschaftliche Lieferungen seine** USt-IdNr. und die des Leistungsempfängers anzugeben. 15

Nicht zuletzt erleichtert die USt-IdNr. den **Nachweis der Unternehmereigenschaft**. So gilt nach § 3a Abs. 2 UStG eine **sonstige Leistung**, die an einen Unternehmer für dessen Unternehmen ausgeführt wird, vorbehaltlich der Absätze 3–8 und der §§ 3b und 3e UStG als an dem Ort ausgeführt, von dem aus der Empfänger sein Unternehmen betreibt. Es gilt die **Vermutung**, dass die sonstige Leistung für dessen Unternehmen ausgeführt wird, wenn dem Dienstleistungserbringer keine gegenteiligen Informationen über den Status eines Steuerpflichtigen vorliegen, der Dienstleistungsempfänger ihm seine individuelle MwSt-IdNr. mitgeteilt und er die Bestätigung der Gültigkeit dieser Nummer sowie die des zugehörigen Namens und der zugehörigen Anschrift erhalten hat.[2] 16

Zu beachten ist hierbei aber, dass die USt-IdNr. **keinen Nachweis** für die **Ansässigkeit** des Unternehmers bietet. Ein Unternehmen kann auch über USt-IdNrn. in mehrere EU-Ländern verfügen, ohne dort ansässig zu sein. Dies stellt auch Art. 11 Abs. 3 der MwStVO klar. Dort heißt es: „Allein aus der Tatsache, dass eine Mehrwertsteuer-Identifikationsnummer zugeteilt wurde, kann nicht darauf geschlossen werden, dass ein Steuerpflichtiger eine „feste Niederlassung" hat." 17

§ 22d Abs. 1 UStG verweist auf die gesonderte USt-IdNr. des **Fiskalvertreters** (§ 22d Rz. 4 ff.). 18

Die Prüfung der USt-IdNr. regelt § 18e UStG (§ 18e Rz. 1 ff.). 19

Eine fundamentale Bedeutung hat die USt-IdNr. bei der Erstellung der **ZM** gemäß § 18a UStG. Hierzu benötigt der Unternehmer für eine Erklärung seiner innergemeinschaftlichen Lieferungen, Lieferungen als erster Abnehmer im Rahmen eines Dreiecksgeschäftes bzw. innergemeinschaftliche Dienstleistungen in Deutschland nicht nur seine deutsche USt-IdNr., sondern eben auch die USt-IdNrn. seiner Empfänger im übrigen Gemeinschaftsgebiet (§ 18e Abs. 7 UStG). Die USt-IdNr. ermöglicht insoweit die Erhebung und Zuordnung von Daten, die dann für Kontrollzwecke im übrigen Gemeinschaftsgebiet bzw. den Landesfinanzbehörden verwendet werden. 20

B. Die Regelung im Einzelnen (Absatz 1)

I. Zuständigkeit und Erteilung

§ 27a Abs. 1 Satz 1 UStG regelt die ausschließliche Zuständigkeit des BZSt für die Antragstellung. Die Zuständigkeit gilt dabei sowohl für die Antragstellung durch Unternehmer (Satz 1) als auch für Nichtunternehmer in Form von juristischen Personen (Satz 2). 21

Bei einer Firmenneugründung kann aber die Erteilung einer USt-IdNr. auch direkt beim zuständigen Finanzamt beantragt werden. Im Fragebogen zur steuerlichen Erfassung des Unternehmens, das beim zuständigen Finanzamt eingereicht wird, ist zu diesem Zweck ein entsprechendes Feld anzukreuzen. Dieser Antrag wird dann zusammen mit den erforderlichen Angaben über die Erfassung für Zwecke der Umsatzsteuer an das BZSt weitergeleitet. 22

Das BZSt teilt auf seiner Homepage mit, dass die „Bekanntgabe" einer neu zugeteilten oder einer bereits bestehenden, gültigen USt-IdNr. ausschließlich auf dem Postweg grundsätzlich an die Anschrift der jeweils betroffenen Unternehmerin bzw. des Unternehmers erfolgt. Existiert eine entsprechende Vollmacht, erfolgt die „Bekanntgabe" an die Bevollmächtigte bzw. den Bevollmächtigten.[3] Die Bekannt- 23

---

1 Aufgrund der ständigen Rechtsprechung des EuGH, Urt. v. 27.9.2012 – C-587/10, ECLI:EU:C:2012:592 – VSTR, UR 2012, 832 m. Anm. *Burgmaier*; EuGH, Urt. v. 9.2.2017 – C-21/16, ECLI:EU:C:2017:106 – Euro Tyre, UR 2017, 271, darf der Vorsteuerabzug aber nicht allein deshalb versagt werden, weil die Angabe der USt-IdNr. auf der Rechnung fehlt.

2 Art. 18 Abs. 1 Satz 1 Buchst. a MwStVO.

3 Das BZSt stellt auf dem Formularserver (FMS) für Bevollmächtigte eine extra Vertretungs- und Empfangsvollmacht zur Verfügung.

gabe der USt-IdNr. durch das BZSt erfolgt zum Teil im Betreff mit dem Hinweis: „Bescheid über die Erteilung einer Umsatzsteuer-Identifikationsnummer", zum Teil nur mit dem Betreff „Erteilung einer Umsatzsteuer-Identifikationsnummer". Eine entsprechende Rechtsbehelfsbelehrung enthält die als „Bescheid" deklarierte Mitteilung der USt-IdNr. nicht.[1] Die äußere Form ist daher nicht eindeutig.

24 Ob die Erteilung einer USt-IdNr. aber tatsächlich einen Verwaltungsakt darstellt und daher i.S.d. § 122 Abs. 1 AO dem Beteiligten bekannt zu geben ist, für den er bestimmt ist, ist bisher gerichtlich noch nicht endgültig entschieden.[2] Nach den eigenen Angaben auf der Homepage des BZSt erfolgt die Vergabe der USt-IdNr. unter der Voraussetzung, dass zum Zeitpunkt der Antragstellung die Unternehmereigenschaft des Antragstellers nachgewiesen wird. Dieser Nachweis wird durch Übermittlung der hierfür erforderlichen Daten durch das zuständige Finanzamt an das BZSt erbracht. Die Datenübermittlung erfolgt in der Regel automatisch mit der Registrierung als Unternehmerin oder Unternehmer.

25 Im Ergebnis bedeutet dies, dass für die Entscheidung über die Unternehmereigenschaft nur die zuständige Landesfinanzbehörde entscheidet[3] und diese dann dem BZSt lediglich die entsprechende Steuernummer für Umsatzsteuerzwecke mitteilt.

26 Das BZSt trifft daher überhaupt keine Entscheidung.[4] § 27a Abs. 1 Satz 1 UStG spricht konsequenterweise auch nur davon, dass das BZSt die USt-IdNr. erteilt. Aus dem Umsatzsteuergesetz ergibt sich daher – im Gegensatz zum Anspruch auf Erteilung einer Steuernummer – ein direkter Anspruch auf Erteilung einer USt-IdNr.[5] Die Möglichkeit, die Erteilung der USt-IdNr. zu versagen, ist nicht gesetzlich vorgesehen.[6] Das BZSt verfügt daher nach dem Wortlaut des Gesetzes über keinerlei Entscheidungsalternative. Es fehlt daher m.E. an der für einen Verwaltungsakt erforderlichen Regelung für den Einzelfall (§ 118 AO).[7] In der Erteilung der USt-IdNr. liegt auch keine Feststellung, da der Antragsteller (jedenfalls i.S.d. § 27a Abs. 1 Satz 1 UStG) auch ohne USt-IdNr. bereits für die Antragstellung den Status „Unternehmer" haben muss. Soweit er diesen Status nicht hat (§ 27a Abs. 1 Satz 2 UStG), wird er durch die Erteilung der USt-IdNr. ebenfalls nicht geändert. Allerdings kann der Nichtunternehmer dann diese für innergemeinschaftliche Erwerbe verwenden.

27 Die Erteilung der USt-IdNr. stellt daher ein **schlicht-hoheitliches Verwaltungshandeln** und eben **keinen Verwaltungsakt** dar.[8] Im Gegensatz dazu wäre aber eine ablehnende Entscheidung des BZSt als Verwaltungsakt zu qualifizieren.[9] Die hier vertretene Rechtsauffassung wird durch die ergänzende Re-

---

1 Die fehlende Rechtsbehelfsbelehrung hätte zwar nur Auswirkungen auf die Dauer der Rechtsbehelfsfrist (§ 356 Abs. 2 Satz 1 AO), stellt aber auch ein Indiz für ein schlicht-hoheitliches Verwaltungshandeln dar, vgl. hierzu auch BFH, Urt. v. 27.9.2017 – XI R 15/15, BStBl. II 2018, 155 = UR 2018, 126, Rz. 18.

2 Vgl. auch bereits *Weigel*, UStB 2008, 5; ebenso *Nöcker*, AO-StB 2008, 43.

3 Aber selbst der Prüfungsrahmen des Finanzamtes ist sehr eingeschränkt. Nach BFH, Urt. v. 23.9.2009 – II R 66/07, BStBl. II 2010, 712 = UR 2010, 138, ist dem Unternehmer außer in Fällen eines offensichtlichen, auf die Umsatzsteuer bezogenen Missbrauchs auf Antrag eine Steuernummer für Umsatzsteuerzwecke zu erteilen. Dies hat der 5. Senat zuletzt nochmals in BFH, Beschl. v. 17.7.2019 – V B 28/19, UR 2019, 685 bestätigt.

4 Voraussetzung für die Erteilung einer USt-IdNr. ist, dass der Antragsteller von der Steuerverwaltung der Länder umsatzsteuerlich erfasst ist und gegebenenfalls eine Erklärung gemäß § 1a Abs. 4 UStG gegenüber dem Finanzamt abgegeben hat; Gesetzesbegründung in BT-Drucks. 17/506 zu Nr. 15: „Allen Unternehmern im Sinne des § 2 UStG ist auf Antrag eine USt-IdNr. zu erteilen."

5 Nach nunmehr gefestigter Rechtsprechung besteht aber grundsätzlich auch ein öffentlich-rechtlicher Anspruch auf Erteilung einer Steuernummer für Umsatzsteuerzwecke, vgl. BFH, Beschl. v. 17.7.2019 – V B 28/19, UR 2019, 685; BFH, Beschl. v. 26.2.2008 – II B 6/08, BFH/NV 2008, 1004 = UR 2008, 620; FG München, Beschl. v. 25.8.2006 – 14 V 2078/06, juris; **a.A.** FG Saarland, Beschl. v. 5.9.1996 – 1 V 150/96, EFG 1997, 251 zur alten Rechtslage ohne Verpflichtung zum Ausweis einer Steuernummer in der Rechnung.

6 Vgl. hierzu *Nieskens*, EU-UStB 2013, 39.

7 Vgl. hierzu auch Niedersächsisches Finanzgericht, Urt. v. 23.8.2007 – 5 K 364/06.

8 **A.A.** *Stadie* in Stadie³, § 27a UStG, Rz. 8; *Lohse*, UVR 1994, 2; *Leipold* in Sölch/Ringleb, § 27a UStG Rz. 15 (Stand: Oktober 2023); FG Münster, Urt. v. 27.3.2007 – 1 K 3553/06 S, EFG 2007, 1575; *Sterzinger* in Birkenfeld/Wäger, Umsatzsteuer-Handbuch, § 27a Rz. 159 (Stand: September 2022); offen bei FG Niedersachsen, Urt. v. 23.8.2007 – 5 K 364/06, EFG 2007, 1929.

9 Vgl. hierzu auch *Söhn* in Hübschmann/Hepp/Spitaler, § 118 AO Rz. 132 (Stand: November 2013) m.w.N. Die – ausdrückliche oder konkludente – Ablehnung einer beantragten Maßnahme ist nach h.M. **immer VA**, selbst wenn die abgelehnte Maßnahme eine tatsächliche Handlung oder ein sonstiges Verwaltungshandeln sein sollte.

gelung in § 27a Abs. 1a UStG bekräftigt. Das nach § 21 AO für die Umsatzbesteuerung des Unternehmers zuständige Finanzamt (und nicht etwa das BZSt) begrenzt – unter den dortigen Voraussetzungen – die dem Unternehmer erteilte USt-IdNr. Das BZSt trifft daher weder bei der Erteilung noch bei der Begrenzung eine (eigene) Einzelfallregelung.

In diesem Zusammenhang sind die Entscheidungen des BZSt, USt-IdNrn. an Unternehmen in der Schweiz nur an Empfangsbevollmächtigte im Inland zuzustellen, nicht nachvollziehbar. Da die Erteilung der USt-IdNr. keinen Verwaltungsakt darstellt, kann die Zustellung auch in die Schweiz mit einfachem Brief erfolgen. 28

Dessen ungeachtet ist die ausschließliche Übersendung der USt-IdNr. per Post (auch im Inland) nicht mehr zeitgemäß und bei den derzeitigen Postlaufzeiten auch inakzeptabel. Durch die gesetzliche Neuregelung in § 6a Abs. 1 Satz 1 Nr. 4 UStG zum 1.1.2020, die die **Steuerbefreiung** der **innergemeinschaftlichen Lieferung** von der Verwendung einer ihm von einem anderen Mitgliedstaat erteilten gültigen USt-IdNr. des Abnehmers fordert, muss der Gesetzgeber dafür Sorge tragen, dass der Steuerpflichtige unverzüglich in die Lage versetzt wird, seine gesetzliche Verpflichtung erfüllen zu können.[1] 29

Den Beginn der **Gültigkeit** der USt-IdNr. knüpft das BZSt an das Datum des Bekanntgabeschreibens[2] an. Der Unternehmer kann zudem jederzeit die Beendigung der USt-IdNr. beantragen. 30

Endet die umsatzsteuerliche Erfassung, wird die Gültigkeit der USt-IdNrn. ebenfalls beendet. Eine erneute Zuteilung der früher gültigen USt-IdNrn. kommt in Betracht, wenn das gleiche Unternehmen (z.B. Einzelunternehmen) erneut eine unternehmerische Tätigkeit aufnimmt. 31

Bei einem Wechsel der steuerrechtlichen Zuständigkeit wird aber keine neue USt-IdNr. vergeben. 32

II. Antragsteller

1. Unternehmer (Absatz 1 Satz 1)

Antragsteller kann nach § 27a Abs. 1 Satz 1 UStG zunächst jeder Unternehmer i.S.d. § 2 UStG sein. Unternehmer ist danach, wer eine gewerbliche oder berufliche Tätigkeit selbständig ausübt. Dies gilt auch für Kleinunternehmer und pauschalierende Landwirte. 33

Unternehmer i.S.d. Absatzes 1 Satz 1 kann jede natürliche oder juristische Person sein (für juristische Personen, die nicht Unternehmer sind, gilt § 27a Abs. 1 Satz 2 UStG). 34

Die Unternehmereigenschaft beginnt nicht erst mit den ersten Umsätzen, sondern bereits mit den ersten nach außen erkennbaren, auf eine unternehmerische Tätigkeit[3] gerichteten Aktivitäten des Unternehmers. Es reicht hierfür bereits eine Vorbereitungshandlung aus. Unternehmer i.S.d. § 2 UStG können selbstverständlich auch im Ausland ansässige Unternehmer sein. 35

Beispiel: 36
Unternehmer CH aus der Schweiz plant, Waren vom Unternehmer DE in Deutschland verarbeiten zu lassen und von Deutschland aus direkt an seine Kunden in der gesamten EU weiterzuverkaufen. CH plant, innergemeinschaftliche Lieferungen von Deutschland in die EU auszuführen und kann eine deutsche USt-IdNr. beim BZSt beantragen.

Abwandlung: CH will hierzu Rohwaren aus Italien von Unternehmer IT einkaufen und nach Deutschland zu DE transportieren lassen. Auch in diesem Fall kann CH eine deutsche USt-IdNr. beim BZSt für Steuern beantragen,

---

Denn in der Ablehnung liegt die verbindliche Feststellung, dass kein Anspruch auf Vornahme der begehrten tatsächlichen Handlung besteht bzw. dass die Voraussetzungen für die Vornahme der tatsächlichen Handlung nicht gegeben sind. Bsp.: Ablehnung der Akteneinsicht *Stelkens* in Stelkens/Bonk/Sachs⁷, § 35 VwVfG Rz. 101; **a.A.** FG Saarland, Urt. v. 4.11.1994 – 1 K 151/94, EFG 1995, 156 (157).

1 So sind z.B. in Italien Anträge auf Erteilung der USt-IdNrn. online möglich und der Unternehmer kann die Bestätigung sofort online abrufen. Auch *Prätzler* UStB 2019, 330, geht davon aus, dass die schnelle Übermittlung der USt-IdNr. öfter gefordert werden dürfte.

2 Auch dies spricht gegen das Vorliegen eines Verwaltungsaktes, da ein Verwaltungsakt erst in dem Zeitpunkt wirksam wird, in dem er dem Steuerpflichtigen bekannt gegeben wird (§ 124 Abs. 1 Satz 1 AO). Dies ist z.B. bei schriftlichen Verwaltungsakten, die durch die Post übermittelt werden, frühestens drei Tage nach der Aufgabe zur Post der Fall (§ 122 Abs. 2 AO).

3 EuGH, Urt. v. 29.2.1996 – C-110/94, ECLI:EU:C:1996:67 – INZO, UR 1996, 116 m. Anm. *Widmann*.

auch wenn er noch gar keinen Umsatz ausgeführt hat. Er muss allerdings einen innergemeinschaftlichen Erwerb in Deutschland anmelden, wenn der Transport der Ware nach Deutschland erfolgt ist. Die Ware aus Italien kann er seit dem 1.1.2020 aber nur noch ohne italienische Mehrwertsteuer einkaufen, wenn er dem italienischen Lieferanten spätestens im Zeitpunkt der Lieferung seine deutsche USt-IdNr. mitteilen kann.[1]

37 Wie das Beispiel zeigt, ist eine schnelle und unbürokratische Erteilung der USt-IdNr. notwendig, damit der Unternehmer auch die ihm gesetzlich auferlegten Pflichten ordnungsgemäß erfüllen kann. Der neuerdings auftretende Formalismus des BZSt bei der Erteilung der USt-IdNr. steht dem klar entgegen und führt zu Wettbewerbsverzerrungen. Ohnehin prüft das BZSt die Voraussetzungen der Unternehmereigenschaft dabei nicht selbst, sondern das für den Unternehmer zuständige Finanzamt (Rz. 24).

38 Jeder Unternehmer erhält immer nur **eine** USt-IdNr. Dies gilt nach dem Grundsatz der Unternehmereinheit auch dann, wenn der Unternehmer mehr als ein Gewerbe unterhält. Das Unternehmen umfasst nach § 2 Abs. 1 Satz 2 UStG die gesamte gewerbliche oder berufliche Tätigkeit des Unternehmers.

39 Der Unternehmer kann ferner schriftlich unter Angabe der ggf. bereits erteilten USt-IdNr. beim BZSt – Dienstsitz Saarlouis – beantragen, dass die Anschrift gespeichert wird, unter der er im innergemeinschaftlichen Geschäftsverkehr auftritt (sog. Euro-Adresse). Dies kann gerade auch für kleinere Unternehmen von Interesse sein, die nicht die Privatadresse preisgeben wollen, wenn sie ein Unternehmen z.B. an einem anderen Ort ausüben.

40 **Fiskalvertreter** (§ 22a UStG) erhalten nach Information des BZSt für ihre Tätigkeit eine gesonderte USt-IdNr., unter der sie für alle von ihnen vertretenen, im Ausland ansässigen Unternehmerinnen und Unternehmer auftreten (vgl. § 22d Abs. 1 UStG). Der Antrag auf Erteilung einer USt-IdNr. ist mit Hinweis auf die Fiskalvertretung schriftlich zu stellen.

2. Juristische Personen (Absatz 1 Satz 2)

41 Ebenfalls antragsberechtigt sind juristische Personen, die nicht Unternehmer sind oder die Gegenstände nicht für ihr Unternehmen verwenden, wenn sie diese für innergemeinschaftliche Erwerbe benötigen. Juristische Personen können dabei solche des Zivilrechts (z.B. GmbH, AG) sein, aber auch solche des öffentlichen Rechts.

42 Anders als im Fall der Unternehmer setzt der Antrag in diesem Fall voraus, dass die USt-IdNr. für innergemeinschaftliche Erwerbe benötigt wird. Daher muss das BZSt hier jedenfalls eine Minimalanforderung prüfen. Auch wenn das Gesetz nur von innergemeinschaftlichen Erwerben spricht, weist die Gesetzesbegründung zu § 27a Abs. 1 Satz 2 UStG ausdrücklich auch darauf hin, dass auf Antrag eine USt-IdNr. vom BZSt zu erteilen ist, wenn die juristischen Personen diese für die Ausführung bzw. den Erwerb steuerpflichtiger sonstiger Leistungen i.S.v. § 3a Abs. 2 UStG benötigen[2]. Wird die USt-IdNr. daher nicht mehr hierfür benötigt, muss diese auf Antrag der juristischen Person durch das BZSt wieder gelöscht bzw. als ungültig erklärt werden.[3] So gilt die juristische Person wieder als Nichtunternehmer (vgl. Art. 43 Nr. 2 MwStSystRL).

43 Die **Gebietskörperschaften** Bund und Länder können für einzelne Organisationseinheiten (z.B. Ressorts, Behörden und Ämter) eine USt-IdNr. erhalten (vgl. Abschn. 27a.1 Abs. 3 Satz 4, Abschn. 1a.1 Abs. 3 UStAE). Ist eine solche Organisationseinheit insgesamt nur hoheitlich tätig und hat sie bislang keine USt-IdNr. erhalten, weil sie keinen innergemeinschaftlichen Erwerb nach § 1a UStG zu besteuern hat, erhält sie nunmehr – auf Antrag – eine USt-IdNr., wenn sie diese für die Besteuerung der von ihr bezogenen sonstigen Leistungen benötigt, für die der Leistungsort nach § 3a Abs. 2 UStG im Inland liegt (vgl. Abschn. 27a.1 Abs. 3 Satz 5 UStAE).

---

1 Sonst müsste er versuchen, die italienische Mehrwertsteuer im Wege der Vorsteuervergütung aus Italien zurückzufordern. Wenn für das jeweilige Land keine Gegenseitigkeit besteht, würde die italienische Mehrwertsteuer zur endgültigen Belastung. Das von vielen gepriesene „Nullsummenspiel" der Mehrwertsteuer wäre damit wieder ein weiteres Mal ausgehebelt.

2 BT-Drucks. 17/506, Art. 5 zu 15.

3 Vgl. hierzu auch § 3a Rz. 39.

Den ständigen diplomatischen Missionen und berufskonsularischen Vertretungen, zwischenstaatlichen Einrichtungen und Streitkräften anderer Vertragsparteien des Nordatlantikvertrags wird grundsätzlich keine USt-IdNr. erteilt (vgl. Abschn. 27a 1. Abs. 1 Satz 8 und Abschn. 1c.1 UStAE). 44

Aus der Regelung des Absatzes 1 Satz 2 folgt, dass natürliche Personen, die keine Unternehmer sind (**Privatpersonen**), keine USt-IdNr. beantragen können. 45

3. Organschaft (Absatz 1 Satz 3)

Organkreise erhalten eine gesonderte USt-IdNr. für den Organträger und jede einzelne Organgesellschaft, die innergemeinschaftliche Warenlieferungen (§ 18a Abs. 6 UStG), steuerpflichtige sonstige Leistungen im übrigen Gemeinschaftsgebiet i.S.d. § 3a Abs. 2 UStG, für die der in einem anderen EU-Mitgliedstaat ansässige Leistungsempfänger die Steuer dort schuldet, oder Lieferungen i.S.d. § 25b Abs. 2 UStG im Rahmen innergemeinschaftlicher Dreiecksgeschäfte ausführt. 46

Der Antrag ist vom Organträger zu stellen. Er muss folgende Angaben enthalten: 47
- Steuernummer, unter der der Organkreis für Zwecke der Umsatzsteuer geführt wird;
- Name und Anschrift des Organträgers;
- USt-IdNr. des Organträgers (soweit bereits erteilt);
- Bezeichnung des Finanzamts, bei dem der Organkreis für Zwecke der Umsatzsteuer geführt wird;
- Namen und Anschriften der einzelnen Organgesellschaften, die am innergemeinschaftlichen Handelsverkehr teilnehmen;
- Steuernummern, unter denen die Organgesellschaften ertragsteuerlich geführt werden;
- Bezeichnung der zuständigen Finanzämter, bei denen die Organgesellschaften ertragsteuerlich geführt werden (vgl. Abschn. 27a.1 Abs. 3 UStAE).

Im Fall von Organschaften i.S.d. § 2 Abs. 2 UStG erhalten Organkreise jeweils eine gesonderte USt-IdNr. für den Organträger und jede einzelne Organgesellschaft (§ 27a Abs. 1 Satz 3 UStG), wenn sie diese benötigen. 48

Der Antrag ist ausschließlich vom Organträger zu stellen und muss folgende Angaben enthalten: 49
- Steuernummer, unter der der Organkreis umsatzsteuerlich geführt wird;
- Name und Anschrift des Organträgers;
- USt-IdNr. des Organträgers (soweit bereits erteilt);
- Bezeichnung des Finanzamtes, bei dem der Organkreis umsatzsteuerlich geführt wird;
- Namen und Anschriften der einzelnen Organgesellschaften, die am innergemeinschaftlichen Handelsverkehr teilnehmen; Steuernummern, unter denen die Organgesellschaften ertragsteuerlich geführt werden;
- Bezeichnung der zuständigen Finanzämter, bei denen die Organgesellschaften ertragssteuerlich geführt werden.

4. Schriftform der Antragstellung (Absatz 1 Satz 4)

Für den Antrag auf Erteilung einer USt-IdNr. ist die Schriftform erforderlich. Im Gesetz heißt es hierzu nur, dass der Antrag schriftlich zu stellen ist. 50

Der Antrag ist an das BZSt mit der Angabe folgender Adresse zu richten: 51

Bundeszentralamt für Steuern
Dienstsitz Saarlouis
66738 Saarlouis
Telefax: +49228-406-3801

52 Der Antrag kann daher per Post oder Fax übermittelt werden. Ferner besteht die Möglichkeit der Online-Beantragung. Hierzu stellt das BZSt über das Formular-Management-System (FMS) des Bundes ein entsprechendes Formular zur Verfügung.

53 Der Antrag kann vom Unternehmen selbst oder einem Vertreter gestellt werden.

5. Antragsvoraussetzungen (Absatz 1 Satz 5)

54 In dem Antrag auf Erteilung einer USt-IdNr. muss der Unternehmer nach dem Wortlaut des Gesetzes nur den Namen des Unternehmens, seine Anschrift und die Steuernummer für Umsatzsteuerzwecke angeben. Weitere Antragsvoraussetzungen sieht die gesetzliche Regelung nicht vor.

55 Das BZSt verweist auf seiner Homepage aber darauf, dass der schriftliche Antrag folgende Angaben enthalten muss:

- Name und Anschrift der Antragstellerin oder des Antragstellers;
- Finanzamt, bei dem das Unternehmen geführt wird;
- Steuernummer, unter der das Unternehmen geführt wird.

56 Die Angabe des zuständigen Finanzamtes ist zwar gesetzlich nicht angeordnet, wird im Regelfall aber ohnehin erfolgen, um eine schnelle Mitteilung der USt-IdNrn. zu erreichen.

C. Begrenzung der USt-IdNr. (Absatz 1a)

I. Regelungsgegenstand

57 § 27 Abs. 1a UStG erlaubt es dem nach § 21 AO für die Umsatzbesteuerung des Unternehmers zuständigen Finanzamt, die nach Absatz 1 Satz 1 bis 3 erteilte USt-IdNr. zu begrenzen, wenn ernsthafte Anzeichen vorliegen oder nachgewiesen ist, dass die USt-IdNr. zur Gefährdung des Umsatzsteueraufkommens verwendet wird. Dies gilt auch, soweit das Umsatzsteueraufkommen anderer Mitgliedstaaten gefährdet wird.

58 Nach der Gesetzesbegründung hierzu[1] nutzen im Rahmen des grenzüberschreitenden innergemeinschaftlichen Umsatzsteuerbetrugs, insbesondere in Form von Karussell- oder Kettengeschäften, die handelnden Personen die umsatzsteuerrechtlichen Besonderheiten des innergemeinschaftlichen Warenverkehrs in der Europäischen Union aus, um ungerechtfertigte Steuervorteile zu erlangen. Die Formulierung ist leider wenig präzise. So nutzen natürlich nicht alle Unternehmen die Besonderheiten des innergemeinschaftlichen Warenverkehrs, gemeint ist wohl die Steuerbefreiung für innergemeinschaftliche Lieferungen, für Umsatzsteuerbetrug aus (§ 6a Rz. 10 ff.). Auch der Bezug auf den Begriff „Kettengeschäft" in diesem Zusammenhang ist nicht hilfreich. Es ist aber davon auszugehen, dass insoweit nicht der Begriff des Kettengeschäftes gemäß § 25 Abs. 1 Satz 3 UStG für eine einheitliche Reiseleistung gemeint ist.[2] Es dürfte sich eher um nachfolgende Lieferungen, sog. Reihengeschäfte, gemäß der Legaldefinition in § 3 Abs. 6a Satz 1 UStG (§ 3 Rz. 367 ff.) und Dreiecksgeschäfte (§ 25b Rz. 1 ff.) handeln. Für diese ist bei allen grenzüberschreitenden Sachverhalten eine USt-IdNr. notwendig. Die Nutzung dieser USt-IdNr. soll mit der Neuregelung zur „Sicherung des Umsatzsteueraufkommens" für Unternehmen, die diese für betrügerische Zwecke nutzen, verwehrt werden.[3]

II. Tatbestandsvoraussetzungen (Absatz 1a Satz 1)

1. Für die Umsatzbesteuerung zuständiges Finanzamt

59 Zunächst einmal kann die Begrenzung nur das Finanzamt vornehmen, das für die Umsatzbesteuerung des Unternehmers zuständig ist und nicht etwa das BZSt selbst. Dies verdeutlicht m.E. wiederum, dass

1 BT-Drucks. 19/22850, Art. 9 zu 11.
2 Vgl. Abschn. 25 Abs. 1 Abs. 9 Satz 3 UStAE.
3 So die Gesetzesbegründung, BT-Drucks. 19/22850, Art. 9 zu11.

das BZSt, wie auch bei der Erteilung der USt-IdNr., keine Entscheidung trifft und folglich bei der Entscheidung über die Beschränkung gar nicht beteiligt ist (Rz. 27).[1]

Zuständig ist danach das Finanzamt, von dessen Bezirk aus der Unternehmer sein Unternehmen im Geltungsbereich des Gesetzes ganz oder vorwiegend betreibt. Für im Ausland ansässige Unternehmen ergibt sich die Zuständigkeit nach § 21 Abs. 1 Satz 2 AO i.V.m. § 1 Absätze 1 und 2 UStZustV. 60

2. Gefährdung des Umsatzsteueraufkommens

Ferner muss eine „Gefährdung des Umsatzsteueraufkommens" vorliegen. Wie sich diese Gefährdung des Umsatzsteueraufkommens genau definiert, ist im Gesetz leider nicht geregelt. Es ergibt sich auch aus der Gesetzesbegründung kein detaillierter Hinweis. Im Gegenteil, in der Gesetzesbegründung hierzu steht lediglich: 61

„Es wird geregelt, dass eine nach § 27a Absatz 1 UStG erteilte USt-IdNr. durch das für die Umsatzbesteuerung des Unternehmers zuständige Finanzamt begrenzt werden kann, wenn Anhaltspunkte dafür vorliegen oder nachgewiesen ist, dass diese für Zwecke der Schädigung des Umsatzsteueraufkommens verwendet wird. Nach Satz 2 ist eine nach § 27a Absatz 1 UStG erteilte USt-IdNr. bei Vorliegen der dafür erforderlichen Voraussetzungen auch dann zu begrenzen, wenn diese für Zwecke der Schädigung des Umsatzsteueraufkommens anderer EU-Mitgliedstaaten verwendet wird. Durch die Regelung wird die hierzu vorliegende EuGH- bzw. BFH-Rechtsprechung in nationales Recht umgesetzt."

Auf Grundlage der zum 1.7.2021 aufgehobenen Norm des § 26b UStG könnte man annehmen, dass es für die Gefährdung mehr bräuchte als für die bloße „Schädigung des Umsatzsteueraufkommens".[2] In diesem Zusammenhang ist es sehr unglücklich, dass die Gesetzesbegründung[3] davon spricht, dass eine Begrenzung vorgenommen werden darf, wenn Anhaltspunkte dafür vorliegen oder nachgewiesen ist, dass diese für Zwecke der **Schädigung** des Umsatzsteueraufkommens verwendet wird. Damit spricht die Gesetzesbegründung von „Schädigung" und der Gesetzeswortlaut von „Gefährdung". Auch § 14c Abs. 2 Sätze 3 und 4 UStG verwendet den Begriff „Gefährdung des Steueraufkommens", also die Gefährdung des Umsatzsteueraufkommens. 62

Nach Auffassung des EuGH **entfällt** aber die **Gefährdung des Steueraufkommens**, wenn die Umkehr der Steuerschuldnerschaft der Mehrwertsteuer anwendbar ist und damit dem Fiskus grundsätzlich keine Zahlung geschuldet wird.[4] Denn dann ist der Gleichlauf zwischen dem Vorsteuerabzug des Rechnungs*empfängers* und der Steuerschuld des Rechnungs*austellers* gefährdet.[5] Damit dürfte bei richtlinienkonformer Auslegung die Begrenzung der USt-IdNr. nur für die Fälle möglich sein, in denen der leistende Unternehmer in der Rechnung für eine Scheinlieferung oder -leistung Umsatzsteuer schuldet.[6] 63

---

1 Die Landesfinanzbehörden übermitteln aber dem Bundeszentralamt für Steuern die nach Absatz 1a erforderlichen Daten (§ 27a Abs. 2 Satz 3).

2 Vgl. die BT-Drucks. 14/7471, dabei reichte es für die Schädigung aus, wenn eine ausgewiesene Steuer nicht oder nicht vollständig entrichtet wurde.

3 So die Gesetzesbegründung, BT-Drucks- 19/22850, Art. 9 zu 11 Buchst. a.

4 EuGH, Urt. v. 2.7.2020 – C-835/18, ECLI:EU:C:2020:520 – Terracult, UR 2020, 685, Rz. 29, m. Anm. *Sterzinger*; EuGH, Urt. v. 11.11.2021 – C-281/20, ECLI:EU:C:2021:910 – Ferimet, UR 2022, 65 m. Anm. *Pflaum*; s. auch *Heinrichshofen*, UStB 2022, 1.

5 Schlussanträge der Generalanwältin *Kokott* v. 17.1.2019 in der Rs. EuGH, Urt. v. 8.5.2019 – C-712/17, ECLI:EU:C:2019:35 – EN.SA., Rz. 33.

6 EuGH, Urt. v. 2.7.2020 – C-835/18, ECLI:EU:C:2020:520 – Terracult, UR 2020, 685, Rz. 29, m. Anm. *Sterzinger*; Dies entspricht aber offensichtlich nicht der Gesetzesbegründung, die einmal die „Sicherung des Umsatzsteueraufkommens" und dann wieder die „Schädigung des Umsatzsteueraufkommens" erwähnt, siehe BT-Drucks. 19/22850, Art. 9 Nr. 11. Es wäre daher besser gewesen, die Begrenzung der USt-IdNr. für die Fälle der Verwendung in betrügerischer oder missbräuchlicher Weise zu ermöglichen, siehe hierzu zuletzt auch EuGH, Urt. v. 11.11.2021 – C-281/20, ECLI:EU:C:2021:910 – Ferimet, UR 2022, 65 m. Anm. *Pflaum*, Rz. 45 ff.

3. Missbräuchliche Verwendung der Umsatzsteuer-Identifikationsnummer

64 Die USt-IdNr. muss nach dem Wortlaut des Gesetzes zur Gefährdung des Umsatzsteueraufkommens verwendet werden. Der Begriff Verwendung einer USt-IdNr. setzt ein positives Tun des Leistungsempfängers, i.d.R. bereits bei Vertragsabschluss, voraus.[1]

65 Die Begrenzung der USt-IdNr. darf nach dem Wortlaut des Gesetzes daher nur dann erfolgen, wenn der Einsatz der USt-IdNr. kausal für die „Gefährdung des Umsatzsteueraufkommens" eingesetzt wird. Dies kann z.B. bei der Verwendung der (deutschen) USt-IdNr. für ein Karussellgeschäft und alle Fälle des § 14c Abs. 2 Satz 2 Alt. 2 UStG sein, aber keinesfalls bei lediglich fehlerhafter Anwendung der USt-IdNr. im Rahmen eines Dreiecksgeschäftes.

66 Aus diesem Grund reicht auch allein die Tatsache, dass dem Unternehmer in einem Steuerstrafverfahren nachgewiesen wurde, dass er an einer Umsatzsteuerhinterziehung beteiligt war, nicht für eine Begrenzung der USt-IdNr. aus, solange nicht feststeht, dass er hierfür die USt-IdNr. zur Gefährdung des Steueraufkommens verwendet hat.

67 **Beispiel:**
Unternehmer U mit Sitz in Deutschland fälscht Ausgangsvermerke und erklärt nur steuerfreie Ausfuhrlieferungen, obwohl er seine Warenlieferung tatsächlich nur im Inland befördert hat.
In diesem Fall wird die USt-IdNr. m.E. nicht zur Gefährdung des Umsatzsteueraufkommens verwendet.

68 Die Begrenzung ist zudem nur zulässig, wenn dem zuständigen Finanzamt **ernsthafte Anzeichen** für die missbräuchliche Verwendung der USt-IdNr. durch den Unternehmer **vorliegen** oder diese **nachgewiesen** ist. Bloße Anhaltspunkte oder Verdachtsmomente reichen hierfür nicht aus.[2] Die Begrenzung der bisher grds. unbegrenzt gültigen USt-IdNr. stellt einen sehr starken Eingriff für Unternehmen dar, der nur gerechtfertigt sein dürfte, wenn die missbräuchliche Verwendung der USt-IdNr. zur Gefährdung des Umsatzsteueraufkommens bereits nachgewiesen ist oder zumindest in Anlehnung an das AdV-Verfahren in § 361 Abs. 2 Satz 2 AO bei summarischer Prüfung eine Wahrscheinlichkeit von 50 % oder mehr hierfür vorliegt.[3] Da die ernsthaften Anzeichen nach dem Wortlaut von § 27a Abs. 1a UStG **vorliegen** müssen, sind sie im Rahmen eines späteren Rechtsbehelfes voll nachprüfbar.[4]

4. Rechtsfolge: Begrenzung der Umsatzsteuer-Identifikationsnummer

69 Nach der Gesetzesbegründung kann die FinVerw. zur „Sicherung des Umsatzsteueraufkommens" Unternehmern, die die USt-IdNr. für betrügerische Zwecke nutzen, den gewährten Vorteil zur Nutzung einer USt-IdNr. künftig verwehren.[5] Zuvor weist die Gesetzesbegründung darauf hin, dass die Unternehmen ein besonderes Interesse haben, dass ihnen die Verwaltung eine USt-IdNr. erteilt und diese ihre Gültigkeit behält.[6] Die Begrenzung kann danach sowohl in Form der Einschränkung der künftigen Nutzung, als auch in der Untersagung der Erteilung einer USt-IdNr. erfolgen. Die Begrenzung der künftigen Nutzung der USt-IdNr. kann insbesondere durch einen Hinweis im MwSt- Informationsaustauschsystem (MIAS) der Europäischen Kommission erfolgen. Diese Begrenzung der USt-IdNr. ist dann auch im Rahmen der Validierung der MwSt-Nummer für alle Unternehmer einsehbar.

70 Die Entscheidung über die Begrenzung der USt-IdNr. steht damit im **Ermessen des zuständigen Finanzamts**, anders als die Erteilung der USt-IdNr., für die eben kein Entscheidungsspielraum besteht.

71 Die Begrenzung ist folglich ein **Verwaltungsakt**[7] und muss entsprechend begründet werden (§ 121 AO). Aus der Begründung müssen auch die bei der Ausübung des Verwaltungsermessens angestellten Erwägungen erkennbar sein. Denkbar sind hier insbesondere die vorliegenden ernsthaften Anhaltspunkte oder ggfs. auch der Nachweise und auch die Höhe der Gefährdung des Umsatzsteueraufkom-

1 Vgl. Abschn. 3a.2 Abs. 10 Satz 2 UStAE.
2 Die Gesetzesbegründung, BT-Drucks. 19/22850, Art. 9 zu 11 (§ 27a – Allgemeines), deckt sich insoweit leider nicht mit dem Wortlaut des Gesetzestextes.
3 In diese Richtung geht auch FG Berlin-Brandenburg, Beschl. v. 4.5.2022 – 7 V 7023/22, EFG 2022, 1417, Rz. 38.
4 Vgl. hierzu auch *Kemper*, UStB 2021, 90 (94).
5 So die Gesetzesbegründung, BT-Drucks. 19/22850, Art. 9 zu 11 (§ 27a – Allgemeines).
6 So die Gesetzesbegründung, BT-Drucks. 19/22850, Art. 9 zu 11 (§ 27a – Allgemeines).
7 So auch FG Berlin-Brandenburg, Beschl. v. 4.5.2022 – 7 V 7023/22, EFG 2022, 1417, Rz. 20.

mens sowie eventuell der Gründungszeitpunkt und das bisherige Umsatzsteueraufkommen. Erst mit der **Bekanntgabe** gemäß § 122 AO kann die **Begrenzung der USt-IdNr. wirksam** werden (§ 124 Abs. 1 Satz 1 AO).

Vor Erlass der Begrenzung sollte der Unternehmer, soweit keine Gründe nach § 91 Abs. 2 und 3 AO vorliegen, angehört werden. Dies dient der Gewährung rechtlichen Gehörs und gibt dem Unternehmen grundsätzlich auch die Möglichkeit, sich ggfs. bereits mit der Einlegung von Rechtsbehelfen auseinanderzusetzen. Auch hier sollte der Umfang der Gefährdung des Umsatzsteueraufkommens und die Anzahl und „Ernsthaftigkeit" der Anzeichen einfließen. Daher wird eine Anhörung eher angezeigt sein, wenn die Anzeichen eine Wahrscheinlichkeit von 50 % betragen und die Gefährdung des Umsatzsteueraufkommens, auch in Anbetracht der bisherigen Umsätze, eher gering ist. Keine Anhörung muss hingegen bei Gefahr im Verzug erfolgen. Dies dürfte der Fall sein, wenn die Gefährdung des Umsatzsteueraufkommens sehr hoch ist oder die Missbrauchsabsicht nachgewiesen ist. 72

III. Gefährdung des Umsatzsteueraufkommens anderer Mitgliedstaaten (Absatz 1a Satz 2)

Die Begrenzung der USt-IdNr. durch das zuständige Finanzamt kann auch erfolgen, wenn das Umsatzsteueraufkommen anderer Mitgliedstaaten (also nicht nur das inländische Umsatzsteueraufkommen) gefährdet wird. Dies steht im Einklang mit § 370 Abs. 6 AO. Im Übrigen gelten die Ausführungen der Rz. 59 ff. entsprechend. Aufgrund des unglücklichen Wortlautes sind aber Fälle, in denen ein Unternehmer mit der Verwendung der deutschen USt-IdNr. das Umsatzsteueraufkommen anderer Mitgliedstaaten gefährdet, kaum denkbar (Rz. 61 ff.).[1] 73

D. Datenaustausch (Absatz 2)

I. Datenübermittlung durch die Landesbehörden (Absatz 2 Satz 1)

§ 27a Abs. 2 UStG ist durch Art. 11 Nr. 11 des Jahressteuergesetzes 1996 mit Wirkung ab dem 21.10.1995 neu gefasst worden und bestimmt, dass die Landesfinanzbehörden dem BZSt die für die Erteilung der USt-IdNr. nach Absatz 1 erforderlichen Angaben über die bei ihnen umsatzsteuerlich geführten natürlichen und juristischen Personen und Personenvereinigungen übermitteln. 74

II. Eingeschränkte Nutzung (Absatz 2 Satz 2)

Die Nutzung der von der Landesfinanzbehörde an das BZSt übermittelten Daten[2] unterliegt Einschränkungen. So dürfen die Daten auf Basis dieser Vorschrift nur für die Erteilung einer USt-IdNr., für Zwecke der Verordnung (EU) Nr. 904/2010 des Rates vom 7.10.2010 über die Zusammenarbeit der Verwaltungsbehörden und die Betrugsbekämpfung auf dem Gebiet der Mehrwertsteuer[3], für die Umsatzsteuerkontrolle, für Zwecke der Amtshilfe zwischen den zuständigen Behörden anderer Staaten in Umsatzsteuersachen sowie für Übermittlungen an das Statistische Bundesamt nach § 2a des Statistikregistergesetzes verarbeitet werden. Durch die Übermittlung der in § 2a des Statistikregistergesetzes genannten Angaben können im Statistikregister Informationen über die Zusammensetzung von Or- 75

1 Anders wäre dies für Fälle der Verwendung der USt-IdNr. in betrügerischer oder missbräuchlicher Weise, siehe hierzu auch *Kemper*, UStB 2021, 90 (93 f.).

2 Vgl. Begründung in Art. 11 Nr. 11, BT-Drucks. 13/901: „Mit der Ergänzung des § 27a Abs. 2 Satz 2 UStG wird den Finanzbehörden der Zugriff auf Angaben über die bei den Landesfinanzbehörden umsatzsteuerlich geführten natürlichen und juristischen Personen und Personenvereinigungen ermöglicht. Diese Angaben können damit insbesondere für notwendige Kontrollen im Verfahren zur Vergütung der Vorsteuerbeträge an im Ausland ansässige Unternehmer ausgewertet werden. Dies wirkt der Erschleichung von Vorsteuervergütungen entgegen. Gleichzeitig kann damit die Erledigung der Amtshilfe in Umsatzsteuersachen einfacher und effektiver gestaltet werden. Dies ist im Hinblick auf die Bedürfnisse der Missbrauchsbekämpfung im Binnenmarkt erforderlich."

3 ABl. EU 2010 Nr. L 268, 1.

ganschaften und damit über deren wirtschaftliche Tätigkeit verarbeitet werden. Die Änderung des Umsatzsteuergesetzes war als Folgeänderung erforderlich, um die Übermittlung der der Zweckbindung nach § 27a Abs. 2 Satz 2 UStG unterliegenden Angaben durch das BZSt an das Statistische Bundesamt zu ermöglichen.[1] Durch das Abzugsteuerentlastungsmodernisierungsgesetz (AbzStEntModG)[2] – ist der Datenaustausch nunmehr auch mit dem Bundeskartellamt möglich.

III. Datenübermittlung für Wirtschafts-Identifikationsnummer an das Statistische Bundesamt (Absatz 2 Satz 3)

75.1 Die Neuregelung erlaubt bis zum Abschluss der erstmaligen Vergabe der Wirtschafts-Identifikationsnummer (W-IdNr) nach § 139c AO die Übermittlung der in Satz 1 genannten Daten sowie die vom BZSt erteilte USt-IdNr. auch für die Vergabe der W-IdNr und stellt damit eine deutliche Abweichung der noch in § 27a Abs. 2 Satz 2 UStG normierten eingeschränkten Nutzung dar. Die Regelung sieht daneben auch vor, dass die übermittelten Daten nach § 3 UBRegG ersatzweise gespeichert und verarbeitetet werden dürfen.

Nach der Gesetzesbegründung[3] sollen diese Daten dem Statistischen Bundesamt als Registerbehörde des Basisregisters für Unternehmen (§ 1 UBRegG) über die noch aufzubauende W-IdNr.-Datenbank bereitgestellt werden, da für das Basisregister für Unternehmen die Notwendigkeit bestehe, die Datenbestände der unterschiedlichen öffentlichen Stellen (vgl. § 4 Abs. 1 UBRegG) zeitnah abzugleichen.

IV. Datenübermittlung für die Begrenzung der USt-IdNrn. (Absatz 2 Satz 4)

76 Die Landesfinanzbehörden übermitteln dem BZSt, die für die Begrenzung der USt-IdNrn. erforderlichen Daten. Die Daten werden dann in der Datenbank des BZSt geführt und sind über die **MIAS – Suchmaschine** der Europäische Kommission für alle Unternehmen abrufbar.

V. Datenübermittlung durch das Bundeszentralamt für Steuern (Absatz 2 Satz 5)

77 Das BZSt übermittelt den Landesfinanzbehörden die erteilten USt-IdNrn. und die Daten, die sie für die Umsatzsteuerkontrolle benötigen. Die Daten für die Umsatzsteuerkontrolle bei „innergemeinschaftlichen Umsätzen", also die innergemeinschaftliche Warenlieferung und die innergemeinschaftliche Dienstleistung (Art. 2 Abs. 1 Buchst. f der VO 904/2010), sind im Wesentlichen die Zahlen, die das Finanzamt für die Prüfung der Besteuerung durch den Empfänger im Inland benötigt. Damit können die Landesfinanzbehörden prüfen, ob z.B. eine Bank, die Rechtsberatungsleistungen aus anderen Mitgliedstaaten empfangen hat, diese im Inland entsprechend deklariert und die Steuer angemeldet hat.

78 Entsprechendes gilt auch zur Überprüfung der Erwerbsbesteuerung im Inland für steuerfreie innergemeinschaftliche Lieferungen, die ein Unternehmen im Inland aus dem EU-Ausland (ggfs. auch im Rahmen von innergemeinschaftlichen Dreiecksgeschäften nach § 25b UStG) bezogen hat.

E. Aufbau und Verwendung der Umsatzsteuer-Identifikationsnummer

79 Der USt-IdNr. wird nach Art. 215 Abs. 1 Satz 1 MwStSystRL zur Kennung des Mitgliedstaats, der sie erteilt hat, ein Präfix nach dem internationalen Standardcode ISO-3166 Alpha 2 vorangestellt. In Deutschland setzt sie sich daher stets aus der Buchstabenkombination DE und in der Folge aus einer Zahl mit 9 Ziffern zusammen. Nach dem jeweiligen ISO-Code ist der Aufbau in den einzelnen Mit-

1 BT-Drucks. 14/9080 zu Art. 3.
2 Artikel 11 Nr. 2 AbzStEntModG v. 2.6.2021, BGBl. I 2021, 1259 ff.
3 BT-Drucks. 20/7234, Art. 2 zu 2.

gliedstaaten unterschiedlich und kann im Wesentlichen aus 8–12 Ziffern oder teilweise auch aus einer Kombination von Ziffern und Buchstaben bestehen.[1]

Die Verwendung der USt-IdNr. wird im Umsatzsteuergesetz an vielen Stellen gefordert, z.B. in der Neu- 80
regelung des § 6a Abs. 1 Satz 1 Nr. 4 UStG für die **Steuerbefreiung** der **innergemeinschaftlichen Lieferung** (§ 6a Rz. 91 ff.). Der Unternehmer muss daher, wenn er von einem anderen Unternehmer in der EU in Zukunft umsatzsteuerbefreit einkaufen möchte, spätestens im **Zeitpunkt der Lieferung** über eine (im übrigen Gemeinschaftsgebiet erteilte) USt-IdNr. verfügen und diese verwenden.

Die **Verwendung** der USt-IdNr. eröffnet den Unternehmern neuerdings aber auch Gestaltungsmög- 81
lichkeiten im Rahmen eines **Reihengeschäftes und wie bisher im Dreiecksgeschäftes** (§ 25b Rz. 1 ff.).

Durch die Verwendung der USt-IdNr. kann der **Ort** des **innergemeinschaftlichen Erwerbs** nach § 3d 82
Satz 2 UStG fingiert werden, wenn der Erwerber gegenüber dem Lieferer eine von einem Mitgliedstaat erteilte USt-IdNr. verwendet, in dem die Warenbewegung nicht endet (§ 3d Rz. 15 ff.). Zudem können bestimmte Unternehmen durch die Verwendung der USt-IdNr. zur Erwerbspflicht optieren (§ 1a Abs. 4 Satz 2 UStG).

Der Begriff der „Verwendung" ist im Umsatzsteueranwendungserlass im Rahmen der Dienstleistungen 83
(Abschn. 3a.2. Abs. 10 Satz 2 ff. UStAE) wie folgt definiert: „Der Begriff „Verwendung" einer USt-IdNr. setzt ein positives Tun des Leistungsempfängers, in der Regel bereits bei Vertragsabschluss, voraus. Es reicht ebenfalls aus, wenn bei der erstmaligen Erfassung der Stammdaten eines Leistungsempfängers zusammen mit der für diesen Zweck erfragten USt-IdNr. zur Feststellung der Unternehmereigenschaft und des unternehmerischen Bezugs zusätzlich eine Erklärung des Leistungsempfängers aufgenommen wird, dass diese USt-IdNr. bei allen künftigen – unternehmerischen – Einzelaufträgen verwendet werden soll. Eine im Briefkopf eingedruckte USt-IdNr. oder eine in einer Gutschrift des Leistungsempfängers formularmäßig eingedruckte USt-IdNr. reicht allein nicht aus, um die Unternehmereigenschaft und den unternehmerischen Bezug der zu erbringenden Leistung zu dokumentieren."

Ob die Angabe der USt-IdNr. des Leistungsempfängers in jedem Fall ein „positives Tun" erfordert, 84
muss in jedem Einzelfall, in dem der Gesetzgeber die Verwendung der USt-IdNr. vorschreibt, geprüft werden. Jedenfalls bei **innergemeinschaftlichen Lieferungen** sollte es ausreichend sein, dass der Empfänger seine USt-IdNr. in irgendeiner Form bis zum Zeitpunkt der Lieferung angegeben hat. Ein positives Tun ist hierfür nicht erforderlich. Die USt-IdNr. muss auch nicht bereits bei der Bestellung verwendet werden. Ohnehin erfordert Art. 138 MwStSystRL nur, dass der Erwerber für Mehrwertsteuerzwecke in einem anderen Mitgliedstaat als dem Mitgliedstaat registriert ist, in dem die Versendung oder Beförderung der Gegenstände beginnt, und dem Lieferer diese MwSt-IdNr. mitgeteilt hat.[2] Der Bundesfinanzhof sieht offensichtlich keinen Unterschied zwischen den Begriffen „Verwenden" und „Mitteilen" und setzt sie daher gleich.[3]

Sollte der Abnehmer ein Einzelunternehmen sein und eine **niederländische USt-IdNr.** mitgeteilt ha- 85
ben, empfiehlt sich dringend die USt-IdNr. erneut zu prüfen, da dort registrierten Einzelunternehmern eine neue USt-IdNr. erteilt wurde, die ab dem 1.1.2020 verpflichtend bei innergemeinschaftlichen Umsätzen zu verwenden ist. Der Aufbau der neuen USt-IdNr. für die genannten Unternehmer ist dann wie folgt: Nach dem Länderschlüssel „NL" folgen 12 Stellen aus beliebig aufeinanderfolgenden Ziffern, Großbuchstaben sowie den Zeichen „+" und „*". Die Stellen 11 und 12 sind dabei immer Zif-

1 Vgl. Aufstellung des BZSt zum Aufbau der USt-IdNr. in den EU-Mitgliedstaaten v. 1.1.2020 unter www.bzst.de.

2 Der Begriff „Mitteilung" ergibt sich insbesondere aus den Sachverhaltsangaben zum EuGH, Urt. v. 27.9.2012 – C-587/10, ECLI:EU:C:2012:592 – VSTR, UR 2012, 832 m. Anm. *Burgmaier*, Rz. 34. In EuGH, Urt. v. 9.2.2017 – C-21/16, ECLI:EU:C:2017:106 – Euro Tyre, UR 2017, 271, Rz. 45 sprach der EuGH noch davon, dass der Erwerber „mit seiner von dem letztgenannten Staat zugewiesenen Umsatzsteuer-Identifikationsnummer auftritt". Vom Sinn und Zweck der Norm und auch unter Berücksichtigung des Grundsatzes der Verhältnismäßigkeit dürfen daher keine überhöhten Anforderungen an den Begriff der „Mitteilung" gestellt werden. Es muss daher für die Neuregelung der Steuerbefreiung für innergemeinschaftliche Lieferungen ausreichen, wenn der Leistende in die Lage versetzt wird, die USt-IdNr. des Empfängers in einem übrigen Mitgliedstaat zu prüfen und in einer Zusammenfassenden Meldung den Finanzbehörden mitzuteilen.

3 BFH, Urt. v. 27.9.2017 – XI R 15/15, BStBl. II 2018, 155 = UR 2018, 126, Rz. 34.

fern. Die den Einzelunternehmern bisher erteilte USt-IdNr. wird ab dem Zeitpunkt der Umstellung zum 1.1.2020 ungültig.[1]

F. Rechtsschutzmöglichkeiten

I. Erteilung der Umsatzsteuer-Identifikationsnummer

86 Die Rechtsschutzmöglichkeiten für den Unternehmer hängen vom Einzelfall ab.

87 Bekommt der Unternehmer auf seinen Antrag auf Erteilung einer USt-IdNr. überhaupt keine Mitteilung des BZSt, wäre nach der hier vertretenen Auffassung grundsätzlich die allgemeine Leistungsklage als Klageart zulässig. Sollte die Erteilung der USt-IdNr. hingegen einen Verwaltungsakt darstellen, müsste eine Verpflichtungsklage gemäß § 40 Abs. 1 Alt. 2 FGO erhoben werden. Diese würde die vorherige Durchführung eines Vorverfahrens erfordern. Im einstweiligen Rechtsschutz stünde in beiden Fällen die einstweilige Anordnung (§ 114 FGO) zu.

88 Wird der Antrag auf Erteilung einer USt-IdNr. hingegen abgelehnt, liegt in jedem Fall ein Verwaltungsakt vor. Statthafte Klageart wäre hiergegen die Anfechtungsklage (§ 40 Abs. 1 Alt. 1 FGO) mit vorheriger Durchführung des Einspruchsverfahrens.

89 Der einstweilige Rechtsschutz wäre in diesem Fall aber ebenfalls durch eine einstweilige Anordnung (§ 114 FGO) zu erwirken. Denn die Aussetzung der Vollziehung kann nur bei vollziehbaren Verwaltungsakten beantragt werden. Nicht vollziehbar sind aber grundsätzlich Verwaltungsakte, die sich in einer Negation erschöpfen (z.B. Ablehnung von Stundung oder Erlass).[2]

II. Begrenzung der Umsatzsteuer-Identifikationsnummer

90 Die Begrenzung der USt-IdNr. ist ein Verwaltungsakt.[3] Dies ergibt sich unabhängig von der Frage, ob die Erteilung einer USt-IdNr. einen Verwaltungsakt darstellt (Rz. 27). Die Begrenzung erfüllt alle Tatbestandsmerkmale des § 118 AO. Insbesondere kann das zuständige Finanzamt (nicht das BZSt) die Nutzung der USt-IdNr. begrenzen, wenn die USt-IdNr. zur Gefährdung des Umsatzsteueraufkommens verwendet wird. Anders als die Erteilung der USt-IdNr. („erteilt") steht die Entscheidung der „Nutzungsbeschränkung" nach dem Wortlaut von § 27a Abs. 1a UStG daher im Ermessen des zuständigen Finanzamtes.

91 Das zuständige Finanzamt trifft daher mit der Beschränkung eine Regelung des Einzelfalles, die zudem auch auf eine Außenwirkung gerichtet ist. Die Begrenzung der USt-IdNr. ist daher gemäß § 122 Abs. 1 Satz 1 AO dem Unternehmer, dem die USt-IdNr. erteilt wurde, bekannt zu geben. Erst in diesem Zeitpunkt wird sie wirksam (§ 124 Abs. 1 AO). Gerade bei im Ausland ansässigen Unternehmern dürfte damit die Bekanntgabe durch die Übermittlung per Post aufgrund der Bekanntgabefiktion von einem Monat nach der Aufgabe zur Post ausscheiden.

92 Gegen den belastenden Verwaltungsakt der Begrenzung steht dem Unternehmer daher Einspruch und ggfs. Klage zu. Dabei ist der Einspruch gegen das zuständige Finanzamt zu richten (§ 357 Abs. 2 Satz 1 AO).[4] Allein die Möglichkeit, Einspruch gegen den Bescheid über die Begrenzung der USt-IdNr. einzulegen, wird dem Rechtsschutzbedürfnis des Unternehmers nicht ausreichend genügen. Der Einspruch hat keine aufschiebende Wirkung (§ 361 Abs. 1 Satz 1 AO), da die Voraussetzungen in § 361 Abs. 4 AO nicht vorliegen. Insoweit muss der betroffene Unternehmer zudem die Aussetzung der Vollziehung beantragen. Dies sollte m.E. direkt beim zuständigen Finanzgericht möglich sein, da durch

1 Vgl. BMF, Schr. v. 22.11.2019 – III C 5-S 7427-c/19/10001 :002 – DOK 2019/0826291, BStBl. I 2019, 1263 = UR 2020, 44.

2 FG Nürnberg, Beschl. v. 4.6.2007 – 2 V 373/2007 und *Seer* in Tipke/Lang, Steuerrecht[24], Rz. 22.214 m.w.N.

3 Anders als die Erteilung der USt-IdNr., s. aber Rz. 69 ff.

4 So auch *Grommes*, UR 2021, 463; **a.A.** *Sterzinger*, UR 2020, 948 (an das BZSt). Das BZSt ist aber nach dem Wortlaut von § 27a Abs. 1a UStG nicht für die Beschränkung zuständig, so dass § 357 Abs. 2 Satz 3 AO keine Anwendung findet.

die Übermittlung der Daten nach § 27a Abs. 2 Satz 3 UStG an das BZSt bereits die Vollstreckung durch die Eintragung der Begrenzung in die Datenbank des BZSt beginnt (§ 69 Abs. 4 Satz 2 Nr. 2 FGO).[1]

III. Datenaustausch

Gegen den Austausch der Daten kann sich nach der Rechtsprechung des BFH[2] auch ein Rechtsanwalt, 93
der Beratungsleistungen an im übrigen Gemeinschaftsgebiet ansässige Unternehmer erbracht hat, die ihm ihre USt-IdNr. mitgeteilt haben, nicht unter Berufung auf seine Schweigepflicht verweigern (§ 18a Rz. 21).

§ 27b Umsatzsteuer-Nachschau

(1) [1]Zur Sicherstellung einer gleichmäßigen Festsetzung und Erhebung der Umsatzsteuer können die damit betrauten Amtsträger der Finanzbehörde ohne vorherige Ankündigung und außerhalb einer Außenprüfung Grundstücke und Räume von Personen, die eine gewerbliche oder berufliche Tätigkeit selbständig ausüben, während der Geschäfts- und Arbeitszeiten betreten, um Sachverhalte festzustellen, die für die Besteuerung erheblich sein können (Umsatzsteuer-Nachschau). [2]Wohnräume dürfen gegen den Willen des Inhabers nur zur Verhütung dringender Gefahren für die öffentliche Sicherheit und Ordnung betreten werden.

(2) [1]Soweit dies zur Feststellung einer steuerlichen Erheblichkeit zweckdienlich ist, haben die von der Umsatzsteuer-Nachschau betroffenen Personen den damit betrauten Amtsträgern auf Verlangen Aufzeichnungen, Bücher, Geschäftspapiere und andere Urkunden über die der Umsatzsteuer-Nachschau unterliegenden Sachverhalte vorzulegen und Auskünfte zu erteilen. [2]Wurden die in Satz 1 genannten Unterlagen mit Hilfe eines Datenverarbeitungssystems erstellt, können die mit der Umsatzsteuer-Nachschau betrauten Amtsträger auf Verlangen die gespeicherten Daten über die der Umsatzsteuer-Nachschau unterliegenden Sachverhalte einsehen und soweit erforderlich hierfür das Datenverarbeitungssystem nutzen. [3]Dies gilt auch für elektronische Rechnungen nach § 14 Absatz 1 Satz 3 und sonstige Rechnungen in einem anderen elektronischen Format.

(3) [1]Wenn die bei der Umsatzsteuer-Nachschau getroffenen Feststellungen hierzu Anlass geben, kann ohne vorherige Prüfungsanordnung (§ 196 der Abgabenordnung) zu einer Außenprüfung nach § 193 der Abgabenordnung übergegangen werden. [2]Auf den Übergang zur Außenprüfung wird schriftlich hingewiesen.

(4) Werden anlässlich der Umsatzsteuer-Nachschau Verhältnisse festgestellt, die für die Festsetzung und Erhebung anderer Steuern als der Umsatzsteuer erheblich sein können, so ist die Auswertung der Feststellungen insoweit zulässig, als ihre Kenntnis für die Besteuerung der in Absatz 1 genannten Personen oder anderer Personen von Bedeutung sein kann.

1 Diese Datenbank kann dann über die MIAS-Suchmaschine der Europäische Kommission von allen Unternehmern abgerufen werden. Dies kann zu erheblicher Beeinträchtigung des Unternehmers für alle künftigen Lieferungen und Abrechnungen führen. Insbesondere kann er keine steuerfreien innergemeinschaftlichen Lieferungen mehr empfangen oder bei Reihen- bzw. Dreiecksgeschäften durch den Einsatz der USt-IdNr. gestalten. Auch für Dienstleistungsunternehmen ist der Einsatz der USt-IdNr. von erheblicher Bedeutung.

2 Vgl. BFH, Urt. v. 27.9.2017 – XI R 15/15, BStBl. II 2018, 155 = UR 2018, 126, Rz. 35 ff.

Schrifttum: *Kemper*, Umsatzsteuer-Nachschau, UR 2016, 377; *Kemper*, Sperrtatbestände der Selbstanzeige in § 371 Abs. 2 AO, DStZ 2018, 75; *Rüsken*, Außenprüfung, Nachschau und Steuerfahndung im Rechtsstaat, DStJG 31, 243; *Tormöhlen*, Umsatzsteuer-Nachschau nach § 27b UStG, AO-StB 2009, 268.

A. Grundaussagen

I. Regelungsgegenstand und Bedeutung

1 Die Nachschau ist eine **besondere Ermittlungsmaßnahme**, die sehr wirkungsvoll sein kann und gleichzeitig an vergleichsweise geringe Voraussetzungen geknüpft ist. § 27b UStG räumt den Finanzbehörden diese schon zuvor in anderen Zusammenhängen (Rz. 3) geregelte Befugnis auch für umsatzsteuerliche Zwecke ein. Die Vorschrift hat erhebliche praktische Bedeutung.[1]

II. Unionsrechtliche Grundlagen

2 Eine besondere unionsrechtliche Grundlage besteht nicht. Für das Besteuerungsverfahren gilt grundsätzlich die **Verfahrensautonomie der Mitgliedstaaten**, beschränkt lediglich durch allgemeine Grundsätze des Unionsrechts.[2] Bedenken gegen § 27b UStG sind insofern nicht ersichtlich.

III. Verhältnis zu anderen Vorschriften und Rechtsentwicklung

1. Rechtsentwicklung

3 § 27b UStG wurde ebenso wie §§ 26b a.F., c UStG durch das Steuerverkürzungsbekämpfungsgesetz[3] in das UStG eingefügt. Seither wurde die Vorschrift einmal geändert, um den Finanzbehörden die Einsicht auch in **digitale Dokumente** zu ermöglichen.[4]

2. Einfachgesetzliche Vorschriften

4 Nachschauen waren ursprünglich nur im **Zoll- und Verbrauchsteuerrecht** vorgesehen (§ 210 AO).[5] Nach der Einführung des § 27b UStG wurden sie aber auch für das Lohnsteuer- (§ 42g EStG) und das allgemeine Steuerverfahrensrecht (Kassen-Nachschau, § 146b AO) geregelt.

1 Vgl. BT-Drucks. 18/568, 6.
2 St. Rspr., z.B. EuGH, Urt. v. 26.4.2017 – C-564/15, ECLI:EU:C:2017:302 – Farkas, UR 2017, 438, Rz. 31; EuGH, Urt. v. 9.11.2017 – C-298/16, ECLI:EU:C:2017:843 – Ispas, HFR 2018, 183, Rz. 29.
3 BGBl. I 2001, 3922.
4 Durch das Steuervereinfachungsgesetz 2011, BGBl. I 2011, 2131.
5 *Rüsken*, DStJG 31, 243 (252).

Die Umsatzsteuer-Nachschau ist keine **Außenprüfung** (§§ 193 ff. AO).[1] Dies ergibt sich schon aus dem Wortlaut des § 27b UStG Rz. 18). Sie löst daher nicht die an eine Außenprüfung anknüpfenden verfahrensrechtlichen Folgen (insbesondere § 164 Abs. 3 Satz 3, § 173 AO) aus.[2] Erscheint ein Amtsträger zur Umsatzsteuer-Nachschau und weist sich aus, ist eine strafbefreiende Selbstanzeige (§ 371 AO) gesperrt (§ 371 Abs. 2 Satz 1 Nr. 1 Buchst. e AO), wobei aber die Grenzen der Sperrwirkung noch nicht geklärt sind.[3] 5

Die Befugnis zur Nachschau, die dem Besteuerungsverfahren zuzurechnen ist, und die **steuerstrafrechtlichen Befugnisse** schließen sich gegenseitig nicht aus (§ 393 Abs. 1 Satz 1 AO). Insofern gilt nichts anderes als für die Außenprüfung.[4] Ob eine Nachschau bei steuerstrafrechtlichem Anfangsverdacht zweckmäßig ist, muss die Finanzbehörde im Einzelfall entscheiden.[5] Gegebenenfalls sind die steuerstrafrechtlichen Belehrungs- (§ 393 Abs. 1 Satz 4 AO) und Mitteilungspflichten (§ 397 Abs. 3 AO) zu beachten, um steuerstrafrechtliche Beweisverwertungsverbote[6] zu vermeiden. 6

3. Verfassungsmäßigkeit

Schon kurz nach der Verkündung wurde in Betracht gezogen, dass § 27b UStG gegen das **Zitiergebot** (Art. 19 Abs. 1 Satz 2 GG) verstoßen könne, weil er in die Unverletzlichkeit der Wohnung (Art. 13 GG) eingreife und weder das Steuerverkürzungsbekämpfungsgesetz noch das UStG einen Hinweis darauf enthielten. Die Bundesregierung sah aber keinen Handlungsbedarf.[7] 7

Anders als im Strafrecht (§ 26c Rz. 6 ff.) äußerte das Bundesverfassungsgericht zur Nachschau nie, dass es bei der Einführung neuer Tatbestände einer **nochmaligen Zitierung** der eingeschränkten Grundrechte nicht bedürfe. Auch schließt § 210 AO für die Nachschau anders als § 369 AO für das Steuerstrafrecht einzelgesetzlich geregelte Tatbestände nicht mit ein. Die Verfassungsmäßigkeit des § 27b UStG ist daher problematischer als die des § 26c UStG. 8

Fraglich ist aber, welche **praktischen Auswirkungen** dies hat. Die Verwaltung sieht § 27b UStG weiter als verfassungsgemäß an. Verweigert ein Unternehmer eine Umsatzsteuer-Nachschau, weil § 27b UStG seiner Auffassung nach verfassungswidrig ist, riskiert er, dass die Verwaltung ihm oder einem Geschäftspartner den Vorsteuerabzug versagt, weil sie sich von den Voraussetzungen nicht überzeugen konnte. Führt die Nachschau zu einem für den Unternehmer günstigen Ergebnis, hat er keinen Grund dagegen vorzugehen. Ergeben sich nachteilige Feststellungen, erscheint es eher unwahrscheinlich, dass die Verletzung des Zitiergebots zu einem steuerrechtlichen Verwertungsverbot[8] führen würde. Eine Nachschau betrifft auch regelmäßig nicht das Persönlichkeitsrecht des Unternehmers, so dass kein Rehabilitationsinteresse[9] entsteht. Denkbar ist lediglich ein steuerstrafrechtliches Verwertungsverbot.[10] 9

Ein etwaiger Verstoß des § 27b UStG gegen das Zitiergebot würde jedenfalls nicht zur **Gesamtnichtigkeit** des UStG führen.[11] Für die Zukunft könnte der Gesetzgeber Rechtssicherheit schaffen, indem er (klarstellend) im UStG auf die Einschränkung der Unverletzlichkeit der Wohnung hinweist. 10

---

1 Abschn. 27b.1. Abs. 1 Satz 1, Abs. 6 UStAE; zweifelnd *Rüsken*, DStJG 31, 243 (253).
2 Abschn. 27b.1. Abs. 7 UStAE.
3 Ebenso *Kemper*, DStZ 2018, 75 (80).
4 Vgl. BFH, Urt. v. 15.6.2016 – III R 8/15, BStBl. II 2017, 25, Rz. 2 m.w.N.; **a.A.** FG Hamburg, Urt. v. 11.4.2018 – 6 K 44/17, EFG 2018, 1146; *Tormöhlen*, AO-StB 2009, 268.
5 *Kemper*, UR 2016, 377 (379, 381).
6 Vgl. BGH, Beschl. v. 16.6.2005 – 1 StR 118/05, wistra 2005, 381.
7 Vgl. BT-Drucks. 14/8944, 8 f.; siehe auch *Kemper*, UR 2016, 377 (383 f.) m.w.N.
8 Vgl. BFH, Urt. v. 29.8.2017 – VIII R 17/13, BStBl. II 2018, 408, Rz. 47 f. m.w.N.
9 Vgl. BFH, Urt. v. 4.12.2012 – VIII R 5/10, BStBl. II 2014, 220, Rz. 20.
10 FG Hamburg, Urt. v. 11.4.2018 – 6 K 44/17, EFG 2018, 1146, Rz. 46.
11 BFH, Beschl. v. 9.4.2014 – VII B 228/13, BFH/NV 2014, 1227; BFH, Beschl. v. 25.5.2016 – V B 107/15, BFH/NV 2016, 1310.

B. Unangekündigtes Betreten von Grundstücken und Räumen (Absatz 1)

I. Regelungsgegenstand

11 § 27b Abs. 1 UStG enthält die **Legaldefinition** der Umsatzsteuer-Nachschau, aus der sich sowohl ihre tatbestandlichen Voraussetzungen als auch die Befugnisse der Finanzbehörden ergeben (§ 27b Abs. 1 Satz 1 UStG). Hinzukommt eine Sonderregelung für die Umsatzsteuer-Nachschau in Wohnräumen (§ 27b Abs. 1 Satz 2 UStG).

II. Legaldefinition (Absatz 1 Satz 1)

1. Tatbestand

a) Gleichmäßigkeit der Umsatzbesteuerung

12 Nach dem Gesetzeswortlaut hängt die Zulässigkeit einer Umsatzsteuer-Nachschau maßgeblich von der **subjektiven Zielsetzung** der handelnden Finanzbehörde ab, die Gleichmäßigkeit der Umsatzbesteuerung sicherzustellen. Warum das Gesetz nicht auch die Gesetzmäßigkeit der Besteuerung (§ 85 Satz 1 AO) nennt, ist unklar. Beide Ziele dürften sich regelmäßig gegenseitig bedingen.

13 Subjektive Tatbestandsmerkmale sind regelmäßig nur anhand objektiver Anhaltspunkte überprüfbar.[1] Eine Nachschau ist daher m.E. grundsätzlich zulässig, sobald die FinVerw. aufgrund allgemeiner Erfahrungen **umsatzsteuerrechtlich erhebliche Erkenntnisse erwarten** darf. Im Hinblick auf die Zielrichtung der Nachschau (Rz. 18) müssen diese Erkenntnisse aber zumindest auch die laufende Besteuerung betreffen.[2]

14 Da das Gesetz allgemein auf die Gleichmäßigkeit der Umsatzbesteuerung abstellt, ist eine Nachschau auch möglich, wenn die erwarteten Erkenntnisse der **Besteuerung Dritter** dienen sollen. Nach Auffassung der FinVerw. kommt eine Nachschau insbesondere zur Überprüfung der Unternehmereigenschaft oder einzelner Geschäftsvorfälle oder zur Erledigung von Auskunfts- und Amtshilfeersuchen in Betracht.[3]

b) Amtsträger

15 Wer Amtsträger ist, ergibt sich aus **§ 7 AO**. Die dortige Definition gilt grundsätzlich auch für die Einzelsteuergesetze. Aus den Bestimmungen des UStG ergibt sich nichts Abweichendes. Beamte (§ 7 Nr. 1 AO) sind unproblematisch Amtsträger.

16 Die Amtsträger sind im Erlasswege gehalten, sich **auszuweisen**, sobald sie nicht allgemein zugängliche Räume betreten oder den Unternehmer zur Mitwirkung (§ 27b Abs. 2 UStG) auffordern.[4] Nach dem Gesetzeswortlaut ist das aber nicht zwingend.[5]

c) Ohne Vorankündigung

17 Die Umsatzsteuer-Nachschau bedarf keiner Vorankündigung. Dies dient der Verwaltungsvereinfachung, soll aber auch **Verschleierungshandlungen** verhindern.[6] Die Finanzbehörden sind ausdrücklich angehalten, Nachschauen nicht anzukündigen.[7]

---

1 BFH, Urt. v. 20.10.2016 – V R 36/14, BFH/NV 2017, 327, Rz. 18 m.w.N.
2 **A.A.** FG Hamburg, Urt. v. 11.4.2018 – 6 K 44/17, EFG 2018, 1146, Rz. 66 m.w.N.
3 Abschn. 27b.1. Abs. 2 UStAE; ähnlich *Kemper*, UR 2016, 377 (378).
4 Abschn. 27b.1. Abs. 4 UStAE.
5 **A.A.** *Kemper*, UR 2016, 377 (379).
6 BT-Drucks. 14/6883, 9; BT-Drucks. 14/7471, 8.
7 Abschn. 27b.1. Abs. 1 Satz 4 UStAE.

d) Außerhalb einer Außenprüfung

Das (negative) Tatbestandsmerkmal „außerhalb einer Außenprüfung" verdeutlicht, dass die Nachschau nicht lediglich eine Außenprüfung (§§ 193 ff. AO) ohne Prüfungsanordnung ist. Während die Außenprüfung der – rückblickenden – Ermittlung der Besteuerungsgrundlagen dient, zielt die Nachschau – vorbeugend – auf die **laufende Kontrolle und die Vorbereitung künftiger Entscheidungen.**[1] Die Befugnisse der Finanzbehörde und die Pflichten des Steuerpflichtigen bei der Nachschau richten sich nach § 27b UStG, nicht nach § 200 AO.[2] Der Steuerpflichtige muss daher insbesondere den Amtsträger nicht beim elektronischen Datenzugriff unterstützen (vgl. § 147 Abs. 6 AO) und für die Nachschau keinen Raum und Arbeitsplatz (§ 200 Abs. 2 Satz 2 AO) zur Verfügung stellen.[3] 18

2. Rechtsfolge

a) Betreten von Räumen

Das Betreten von Räumen schließt ein, die Räume in **Augenschein** zu nehmen und offenkundige Feststellungen zu treffen. Eine Durchsuchung, namentlich das Öffnen von Schränken, Schubladen oder sonstigen Behältnissen, ist davon nicht erfasst.[4] Fotografieren der Räume soll erlaubt sein.[5] Die Einsicht in Unterlagen richtet sich nach Absatz 2 (Rz. 30 ff.). 19

Die **Rechtsqualität des Betretens** ist umstritten. Die FinVerw. nimmt einen Verwaltungsakt (§ 118 AO) an, sobald der Amtsträger den Unternehmer auffordert, ihm Zutritt zu nicht öffentlichen Geschäftsräumen zu gewähren.[6] Das FG Hamburg sieht das Betreten allgemein als Realakt,[7] eine verbreitete Auffassung im Schrifttum versteht schon das Erscheinen des Prüfers und die Mitteilung, eine Nachschau werde durchgeführt, als Verwaltungsakt.[8] 20

M.E. liegt eine Regelung i.S.d. § 118 AO vor, wenn der Amtsträger die abstrakten Pflichten aus § 27b UStG zu einem **konkreten Handlungs-, Duldungs- oder Unterlassungsgebot** konkretisiert. Dies ist der Fall, wenn der Amtsträger Zutritt zu nicht öffentlichen Geschäftsräumen verlangt, aber noch nicht, wenn er sich lediglich zu erkennen gibt, ohne konkrete Anforderungen zu stellen. Eine der Prüfungsanordnung (§ 196 AO) vergleichbare Nachschauanordnung sieht § 27b UStG gerade nicht vor. 21

Verweigert der Unternehmer den Zutritt, ist zwar die **Zwangsvollstreckung** (§§ 328 ff. AO) eröffnet. Eine zwangsweise durchgesetzte Nachschau ist aber faktisch nicht mehr unangekündigt (Rz. 17). 22

b) Unternehmer

Eine Umsatzsteuer-Nachschau ist nur in Räumen eines Unternehmers (§ 2 Abs. 1 Satz 1 UStG) zulässig. Es reicht aus, dass der Unternehmer die Räume **tatsächlich nutzt**, unabhängig davon, ob als Eigentümer, Mieter oder auf sonstiger Grundlage. Der unmittelbare Eindruck von Geschäftsräumen, Personal und Geschäftsbetrieb ist für die Beurteilung der Unternehmereigenschaft von besonderer Bedeutung.[9] 23

Die Räume müssen **nicht ausschließlich unternehmerisch** genutzt werden. Dies zeigt § 27b Abs. 1 Satz 2 UStG. M.E. muss der Inhaber der Räume auch nicht tatsächlich Unternehmer sein, sondern lediglich als Unternehmer auftreten, namentlich durch Ausstellen von Rechnungen.[10] Dies folgt aus 24

---

1 FG Hamburg, Urt. v. 11.4.2018 – 6 K 44/17, EFG 2018, 1146; Rz. 66; Abschn. 27b.1. Abs. 1 Satz 2 UStAE; vgl. BFH, Urt. v. 25.4.1985 – IV R 10/85, BStBl. II 1985, 702; BT-Drucks. 6/1982, 166.
2 Abschn. 27b.1. Abs. 1 Satz 3 UStAE.
3 Abschn. 27b.1. Abs. 6 Satz 1 UStAE.
4 Abschn. 27b.1. Abs. 5 Satz 3 UStAE; vgl. BFH, Urt. v. 4.10.1988 – VII R 59/86, BFHE 154, 435.
5 OFG Magdeburg, Vfg. v. 20.2.2012 – S 7420b-7-St 24, UR 2012, 655.
6 Abschn. 27b.1. Abs. 8 Satz 2 UStAE.
7 FG Hamburg, Urt. v. 11.4.2018 – 6 K 44/17, EFG 2018, 1146; Rz. 43.
8 *Kemper*, UR 2016, 377 (379) m.w.N.
9 BT-Drucks. 14/6883, 9; BT-Drucks. 14/7471, 8.
10 **A.A.** *Tormöhlen*, AO-StB 2009, 268.

dem Zweck des § 27b Abs. 1 Satz 2 UStG, gerade auch die Unternehmereigenschaft als solche überprüfen zu können.[1]

c) Geschäfts- und Arbeitszeiten

25 Zeitlich ist das Betreten der Räume nur während der Geschäfts- und Arbeitszeiten gestattet. Außerhalb dieser Zeiten könnte sich der Amtsträger keinen **Eindruck von Personal und Geschäftsbetrieb** (Rz. 23) verschaffen. Maßgebend sind daher die Geschäfts- und Arbeitszeiten des Unternehmens, in dem die Nachschau stattfinden soll, nicht abweichende Zeiten anderer Unternehmen oder gar der Finanzbehörden. Die Nachschau ist aber nicht auf Zeiten des Publikumsverkehrs beschränkt, sondern kann stattfinden, sobald und solange tatsächlich (auch nachts oder an Feiertagen) gearbeitet wird.[2]

d) Besteuerungserhebliche Feststellungen

26 Die Befugnis zum Betreten besteht nur zu dem Zweck, für die Besteuerung erhebliche Feststellungen zu treffen. Wie sich aus dem Gesamtzusammenhang des § 27b UStG ergibt, ist Besteuerung in diesem Sinne grundsätzlich nur die **Umsatzbesteuerung**.

27 Nachdem die Befugnis zum Betreten ohnehin nur zur Sicherstellung einer gleichmäßigen Umsatzbesteuerung besteht, ist m.E. fraglich, ob die zusätzliche Zweckbindung eigenständige Bedeutung haben kann. Da es nur auf die Zielsetzung des Amtsträgers ankommt, reicht es jedenfalls aus, dass der Amtsträger umsatzsteuerlich erhebliche Sachverhalte **feststellen will**, unabhängig davon, ob er sie tatsächlich feststellt oder feststellen kann.[3]

e) Ermessen

28 Die Umsatzsteuer-Nachschau steht nach dem Gesetzeswortlaut („kann") im Ermessen der Finanzbehörden. Ähnlich wie bei der Durchführung von Außenprüfungen[4] soll dieses Ermessen aber vor allem den Finanzbehörden ermöglichen, ihre – beschränkten – Kapazitäten **möglichst wirkungsvoll** einzusetzen.

III. Betreten von Wohnräumen (Absatz 1 Satz 2)

29 Unternehmer können ihr Unternehmen auch von Wohnräumen aus betreiben. Eine Nachschau kann daher auch in zumindest teilweise[5] zum Wohnen genutzten Räumen erforderlich werden. Die besonderen Voraussetzungen nach § 27b Abs. 1 Satz 2 UStG sollen in diesen Fällen den verfassungsrechtlichen Anforderungen aus **Art. 13 GG**[6] Rechnung tragen. Sie entsprechen § 99 AO. Vielfach wird das Betreten von Wohnräumen gegen den Willen des Inhabers ohnehin nur mit Zwangsmitteln durchzusetzen sein (Rz. 22).

---

1 Vgl. BT-Drucks. 14/6883, 9; BT-Drucks. 14/7471, 8.

2 Abschn. 27b.1. Abs. 5 Satz 6 UStAE; *Tormöhlen*, AO-StB 2009, 268 (269); vgl. BVerfG, Beschl. v. 13.10.1971 – 1 BvR 280/06, BVerfGE 32, 74, unter C.II.5.d.; BVerfG, Beschl. v. 10.4.2008 – 1 BvR 848/08, NJW 2008, 2426, unter II.2.a.; BFH, Urt. v. 20.10.1988 – IV R 104/86, BFHE 155,4, BStBl. II 1989, 180, unter 2.d.; BFH, Urt. v. 23.1.2020 – III R 9/18, BFHE 268, 112, BStBl. II 2020, 436, Rz. 41.

3 Abschn. 27b.1. Abs. 5 Satz 2 UStAE.

4 Vgl. BFH, Urt. v. 15.6.2016 – III R 8/15, BStBl. II 2017, 25, Rz. 27 ff.; BFH, Beschl. v. 13.12.2018 – VIII B 114/18, BFH/NV 2019, 385, Rz. 11.

5 Dazu ausführlich *Kemper*, UR 2016, 377 (381).

6 Vgl. BVerfG, Beschl. v. 13.10.1971 – 1 BvR 280/66, BVerfGE 32, 54, unter C.II.4.c.

C. Mitwirkungspflichten (Absatz 2)

I. Regelungsgegenstand

Während § 27b Abs. 1 UStG Befugnisse der Finanzbehörden regelt, begründet § 27b Abs. 2 UStG **besondere Mitwirkungspflichten** für die Unternehmer. Das Gesetz unterscheidet insofern zwischen den regelmäßigen Mitwirkungspflichten, den Mitwirkungspflichten beim Einsatz von Datenverarbeitungssystemen und den Mitwirkungspflichten bei elektronischen Rechnungen. 30

Grundsätzlich ist jede **Aufforderung zur Mitwirkung** ein Verwaltungsakt (§ 118 AO), der gegebenenfalls mit Zwangsmitteln durchgesetzt werden kann.[1] Es ist als solcher mit dem Einspruch (§ 347 AO) anfechtbar. 31

II. Regelmäßige Mitwirkungspflichten (Absatz 2 Satz 1)

Die Mitwirkungspflichten nach § 27b Abs. 2 Satz 1 UStG lehnen sich begrifflich an die Mitwirkungspflichten bei der Außenprüfung nach § 200 Abs. 1 Satz 2 AO an, bleiben allerdings dahinter zurück. Der Unternehmer ist zwar zu **Auskünften, aber nicht zu Erläuterungen** verpflichtet, wobei die Abgrenzung unklar ist. Der digitale Datenzugriff (vgl. § 147 Abs. 6 AO) und die dabei zu leistende Unterstützung sind in § 27b Abs. 2 Satz 2 UStG eigenständig geregelt. 32

III. Einsatz von Datenverarbeitungssystemen (Absatz 2 Satz 2)

Erstellt der Unternehmer die nach § 27b Abs. 2 Satz 1 UStG vorzulegenden Unterlagen mit Hilfe von Datenverarbeitungssystemen (Computern), darf der Amtsträger auch die Datenbestände sichten und dazu bei Bedarf das **Datenverarbeitungssystem nutzen**. Dieser Bedarf besteht insbesondere dann, wenn der Unternehmer die Daten nicht überspielen oder auf einem Datenträger zu Verfügung stellen kann und/oder der Amtsträger kein eigenes Datenverarbeitungssystem (Notebook) mitführt. 33

IV. Elektronische Rechnungen (Absatz 2 Satz 3)

Die Mitwirkungspflichten bei der Erstellung von Unterlagen mit Hilfe von Datenverarbeitungssystemen gelten auch für elektronische Rechnungen (§ 14 Abs. 1 Satz 3 UStG; s. zur eRechnung nach § 14 UStG n.F. ausführlich § 14 Rz. 1 ff.). Das Gesetz unterscheidet insofern nicht zwischen **Eingangs- und Ausgangsrechnungen**. 34

D. Übergang zur Außenprüfung (Absatz 3)

I. Voraussetzungen (Absatz 3 Satz 1)

Der Übergang von der Umsatzsteuer-Nachschau zur Außenprüfung ist unter den Voraussetzungen des § 27b Abs. 3 Satz 1 UStG „nahtlos" **ohne Prüfungsanordnung** möglich. Dabei ist zwischen dem Anlass, zur Außenprüfung überzugehen, als Tatbestandvoraussetzung und der Ermessensausübung als Rechtsfolge zu unterscheiden. 35

Anlass zum Übergang geben die Feststellungen der Nachschau, wenn sie zeigen, dass eine ausreichende Sachverhaltsaufklärung durch die Nachschau nicht möglich oder nicht zweckmäßig ist. Das kann sich m.E. auch daraus ergeben, dass sich eine Nachschau rückblickend als nicht zielführend erwies. Gleichwohl muss zwischen den Maßnahmen und Feststellungen der Nachschau und dem Gegenstand der Außenprüfung ein sachlicher Zusammenhang erkennbar sein.[2] Außenprüfung i.S.d. § 27b Abs. 3 36

1 Abschn. 27b.1. Abs. 8 Satz 2 UStAE.
2 FG Hamburg, Urt. v. 9.1.2018 – 1 K 168/17, MwStR 2018, 770.

UStG ist daher immer eine **Umsatzsteuer-Sonderprüfung.**[1] Im Hinblick auf die Zielrichtungen von Nachschau und Außenprüfung (Rz. 18) ist ein Übergang m.E. insbesondere dann veranlasst, wenn die Nachschau zu neuen Erkenntnissen führt, die Ermittlungen auch für vergangene Besteuerungszeiträume nahelegen.

37 Der Zweck des Ermessens (§ 5 AO) ist grundsätzlich die **möglichst effektive Aufklärung des Sachverhalts.** Die FinVerw. berücksichtigt aber auch, ob die verfahrensrechtlichen Folgen der Außenprüfung eintreten sollen.[2]

38 Der Übergang zur Außenprüfung ist ein Verwaltungsakt (§ 118 AO). Einwendungen dagegen sind daher ggf. mit dem **Einspruch** (§ 347 AO) innerhalb der dafür geltenden Frist (§ 355 AO) geltend zu machen.[3]

II. Hinweispflicht (Absatz 3 Satz 2)

39 Ab dem Übergang zur Außenprüfung richtet sich der Fortgang der Prüfung nach §§ 199 ff. AO.[4] Der Hinweis ermöglicht dem Steuerpflichtigen, sich darauf einzustellen. In Ermangelung einer Prüfungsanordnung (§ 196 AO) muss er zudem die ansonsten in die Prüfungsanordnung aufzunehmenden Angaben zum Umfang der Prüfung enthalten.[5] Die **Schriftform** hat insofern Beweisfunktion. Die Prüfer sind zudem gehalten, Datum und Uhrzeit des Beginns der Außenprüfung festzuhalten.[6]

E. Auswertung von Feststellungen für andere Steuerarten (Absatz 4)

40 Umsatzsteuer-Nachschauen können und werden häufig auch zu Feststellungen führen, die für andere Steuerarten von Bedeutung sind, insbesondere, wenn die Nachschauen Geschäftsbeziehungen zu Dritten betreffen (zur Umsatzbesteuerung Dritter (Rz. 14). Solche Feststellungen können nach § 27b Abs. 4 UStG **ohne Einschränkung** für die Besteuerung der betroffenen Steuerarten und Steuerpflichtigen ausgewertet werden. Sie dürfen aber nicht das Ziel einer Umsatzsteuer-Nachschau sein.[7]

41 Die Auswertung ist ausdrücklich nicht nur für die Festsetzung, sondern **auch für die Erhebung**, und nicht nur für die Besteuerung von Unternehmern (Rz. 23), sondern auch für die Besteuerung anderer Personen zulässig. Das Finanzamt kann daher bspw. die Erkenntnisse aus der Nachschau nutzen, um einen Schadensersatzanspruch eines Nichtunternehmers gegen den Unternehmer zu pfänden (§ 309 AO). Das Steuergeheimnis (§ 30 AO) steht nicht entgegen (§ 30 Abs. 4 Nr. 1, 2 AO). Einwendungen gegen die Auswertung sind mit Rechtsmitteln gegen die Maßnahme geltend zu machen, für die die Feststellungen ausgewertet wurden.

§ 28 Zeitlich begrenzte Fassungen einzelner Gesetzesvorschriften

(1) § 12 Absatz 1 ist vom 1. Juli 2020 bis 31. Dezember 2020 mit der Maßgabe anzuwenden, dass die Steuer für jeden steuerpflichtigen Umsatz 16 Prozent der Bemessungsgrundlage (§§ 10, 11, 25 Absatz 3 und § 25a Absatz 3 und 4) beträgt.

(2) § 12 Absatz 2 ist vom 1. Juli 2020 bis 31. Dezember 2020 mit der Maßgabe anzuwenden, dass sich die Steuer für die in den Nummern 1 bis 15 genannten Umsätze auf 5 Prozent ermäßigt.

---

1 Abschn. 27b.1. Abs. 9 Sätze 2 und 3 UStAE.
2 Abschn. 27b.1. Abs. 9 Satz 6 UStAE.
3 FG Hamburg, Urt. v. 11.4.2018 – 6 K 44/17, EFG 2018, 1146; Abschn. 27b.1. Abs. 9 Satz 8 UStAE.
4 Abschn. 27b.1. Abs. 9 Satz 13 UStAE.
5 Abschn. 27b.1. Abs. 9 Sätze 9–11 UStAE.
6 Abschn. 27b.1. Abs. 9 Satz 12 UStAE.
7 *Tormöhlen*, AO-StB 2009, 268 (271).

(3) § 24 Absatz 1 Satz 1 Nummer 2 ist vom 1. Juli 2020 bis 31. Dezember 2020 mit der Maßgabe anzuwenden, dass die Steuer für die Lieferungen der in der Anlage 2 nicht aufgeführten Sägewerkserzeugnisse und Getränke sowie von alkoholischen Flüssigkeiten, ausgenommen die Lieferungen in das Ausland und die im Ausland bewirkten Umsätze, und für sonstige Leistungen, soweit in der Anlage 2 nicht aufgeführte Getränke abgegeben werden, 16 Prozent beträgt.

(4) § 12 Abs. 2 Nr. 10 gilt bis zum 31. Dezember 2011 in folgender Fassung:

„10. a) die Beförderungen von Personen mit Schiffen,

b) die Beförderungen von Personen im Schienenbahnverkehr, im Verkehr mit Oberleitungsomnibussen, im genehmigten Linienverkehr mit Kraftfahrzeugen, im Verkehr mit Taxen, mit Drahtseilbahnen und sonstigen mechanischen Aufstiegshilfen aller Art und die Beförderungen im Fährverkehr

aa) innerhalb einer Gemeinde oder

bb) wenn die Beförderungsstrecke nicht mehr als 50 Kilometer beträgt;"

(5) § 12 Absatz 2 ist vom 1. Oktober 2022 bis 31. März 2024 mit der Maßgabe anzuwenden, dass der dort genannte Steuersatz auch für die Lieferung von Gas über das Erdgasnetz gilt.

(6) § 12 Absatz 2 ist vom 1. Oktober 2022 bis 31. März 2024 mit der Maßgabe anzuwenden, dass der dort genannte Steuersatz auch für die Lieferung von Wärme über ein Wärmenetz gilt.

A. Grundaussagen

I. Regelungsgegenstand und Bedeutung

Die in § 28 Abs. 1–3 UStG geregelte temporäre Steuersatzsenkung wurde durch das Zweite Corona-Steuerhilfegesetz[1] zur Abmilderung der wirtschaftlichen Folgen der COVID-19-Pandemie eingefügt (Rz. 4). Mit dem Gesetz zur temporären Senkung des Umsatzsteuersatzes auf Gaslieferungen über das Erdgasnetz[2] ergänzte der Gesetzgeber in § 28 Abs. 5 und 6 UStG eine Regelung zur Abmilderung der wirtschaftlichen Folgen des Preisschocks auf dem Gas- und Wärmemarkt infolge des völkerrechtswidrigen Angriffskrieges Russlands auf die Ukraine und der hiermit politisch verbundenen, kurzfristig eingetretenen Einschränkung des Angebots auf dem Gasmarkt. 1

Der bis zur Einführung der Absätze 1–3 durch das Zweite Corona-Steuerhilfegesetz allein verbliebene § 28 Abs. 4 UStG bezeichnet eine **Altfassung des § 12 Abs. 2 Nr. 10 UStG** und ordnet dessen Gültigkeit bis zum 31.12.2011 an. Gemeint ist hiermit die Anwendung auf alle nach diesem Rechtsstand zu beurteilenden Fälle. Aufgrund dessen verliert die Vorschrift zunehmend an Bedeutung.

II. Unionsrechtliche Grundlagen

Ausweislich des Art. 393 Abs. 2 MwStSystRL war die **Schaffung eines einheitlichen Systems** zur Besteuerung von Personenbeförderungen im Abgangsort zur Ablösung der bisherigen Besteuerung nach dem Streckenprinzip (§ 3b Rz. 11 ff.) sowie zur Ablösung der sonstigen Ausnahmevorschriften für einzelne Mitgliedstaaten vorgesehen. Ein solches System wurde aber bis heute nicht geschaffen. Der Gesetzgeber hat in Antizipation dieser Entwicklung in § 28 Abs. 4 UStG einen reduzierten Steuersatz vorgesehen und bis heute beibehalten (Rz. 3). 2

1 Gesetz v. 29.6.2020, BGBl. I 2020, 1512.
2 Gesetz v. 19.10.2022, BGBl. I 2022, 1743.

III. Verhältnis zu anderen Vorschriften und Rechtsentwicklung

3 Die Vorschrift des § 28 Abs. 4 UStG geht zurück auf das **Umsatzsteuergesetz 1980**. Durch sie sollten Personenbeförderungsleistungen mit Schiffen umfassend ermäßigt besteuert werden. Hintergrund ist, dass die genannte einheitliche Besteuerung der Personenbeförderung im Abgangsstaat nur für umsetzbar gehalten wurde, wenn ein einheitlicher, reduzierter Steuersatz zur Anwendung käme. Entsprechend sollte national bereits ein reduzierter Steuersatz zur Anwendung kommen, um mehrfache Wechsel des Steuersatzes, nämlich erst die Aufhebung der Übergangsvorschrift, wenig später die Etablierung des einheitlichen Systems im Binnenmarkt, zu vermeiden.[1] Inzwischen ist die Übergangsregelung allerdings ausgelaufen, nachdem es trotz vorliegender Entwürfe nicht zu einer Annahme eines endgültigen und einheitlichen Systems gekommen ist.[2]

B. Temporäre Steuersatzsenkungen (Absatz 1–3, 5 und 6)

4 Durch das Zweite Corona-Steuerhilfegesetz[3] wurden temporär für den Zeitraum vom 1.7.2020 bis zum 31.12.2020 zur Bewältigung der Corona-Pandemie der Regelsteuersatz von 19 % auf 16 % und der ermäßigte Steuersatz von 7 % auf 5 % herabgesetzt (§ 28 Abs. 1 und Abs. 2 UStG). Nach § 28 Abs. 3 UStG ist § 24 Abs. 1 Satz 1 Nr. 2 UStG vom 1.7.2020 bis 31.12.2020 mit der Maßgabe anzuwenden, dass die Steuer für die Lieferungen der in der Anlage 2 nicht aufgeführten Sägewerkserzeugnisse und Getränke sowie von alkoholischen Flüssigkeiten, ausgenommen die Lieferungen in das Ausland und die im Ausland bewirkten Umsätze, und für sonstige Leistungen, soweit in der Anlage 2 nicht aufgeführte Getränke abgegeben werden, 16 % beträgt.

4.1 Mit dem Gesetz zur temporären Senkung des Umsatzsteuersatzes auf Gaslieferungen über das Erdgasnetz[4] senkte der Gesetzgeber temporär rückwirkend ab dem 1.1.2022 und befristet bis zum 31.3.2024 den Steuersatz für die Lieferung von Gas über das Erdgasnetz (§ 28 Abs. 5 UStG) und Wärme über ein Wärmenetz (§ 28 Abs. 6 UStG) auf den ermäßigten Steuersatz. Auf andere Formen der Lieferung (insbesondere: Gaslieferungen in Gasflaschen oder mit Tanklastern, vgl. § 3g Rz. 13 ff.) ist weiterhin der Regelsteuersatz anzuwenden.

4.2 S. zu den Details der Umsetzung der befristeten Steuersatzsenkungen insbesondere im Hinblick auf die Abwicklung von Voraus- und Nachzahlungen ausführlich § 12 Abs. 1 Rz. 28 ff.

C. Gegenstand der Steuersatzermäßigung (Absatz 4)

5 Die nach der in § 28 Abs. 4 UStG enthaltenen Fassung des § 12 Abs. 2 Nr. 10 Buchst. b UStG ermäßigt zu besteuernden Beförderungsleistungen decken sich mit jenen, die durch § 12 Abs. 2 Nr. 10 UStG weiterhin erfasst sind (§ 12 Abs. 2 Nr. 10 Rz. 13). Darüber hinaus war aber nach § 28 Abs. 4 UStG die Personenbeförderung mit **Schiffen in jeder Form** begünstigt.

§ 29 Umstellung langfristiger Verträge

(1) [1]Beruht die Leistung auf einem Vertrag, der nicht später als vier Kalendermonate vor dem Inkrafttreten dieses Gesetzes abgeschlossen worden ist, so kann, falls nach diesem Gesetz ein anderer Steuersatz anzuwenden ist, der Umsatz steuerpflichtig, steuerfrei oder nicht steuerbar wird, der eine Vertragsteil von dem anderen einen angemessenen Ausgleich der umsatzsteuerlichen Mehr-

1 BR-Drucks. 605/04, 79.

2 Umfassend hierzu *Püschner* in Hartmann/Metzenmacher, § 12 Abs. 2 Nr. 10 UStG Rz. 1 ff. (Stand: November 2021); *Frye* in Rau/Dürrwächter, § 12 Abs. 2 Nr. 10 UStG Rz. 12 ff. (Stand: Januar 2021).

3 Gesetz v. 29.6.2020, BGBl. I 2020, 1512.

4 Gesetz v. 19.10.2022, BGBl. I 2022, 1743.

oder Minderbelastung verlangen. [2]Satz 1 gilt nicht, soweit die Parteien etwas anderes vereinbart haben. [3]Ist die Höhe der Mehr- oder Minderbelastung streitig, so ist § 287 Abs. 1 der Zivilprozessordnung entsprechend anzuwenden.

(2) Absatz 1 gilt sinngemäß bei einer Änderung dieses Gesetzes.

A. Grundaussagen

I. Regelungsgegenstand und Bedeutung

1 § 29 Abs. 1 Satz 1 UStG regelt einen **Ausgleichsanspruch bei Mehr- oder Minderbelastungen, die durch Änderungen des UStG ausgelöst werden**. Der Ausgleichsanspruch besteht nicht, wenn die Vertragspartner etwas anderes vereinbaren (§ 29 Abs. 1 Satz 2 UStG). Soweit die Höhe der Mehr- oder Minderbelastung streitig ist, kann das Gericht nach § 287 Abs. 1 ZPO entscheiden (§ 29 Abs. 1 Satz 3 UStG).

2 Die Regelung in Absatz 1 bezieht sich lediglich auf Änderungen infolge des UStG 1980 und ist daher praktisch nicht mehr relevant. In der Praxis ist dementsprechend lediglich § 29 Abs. 2 i.V.m. Abs. 1 UStG von Bedeutung.

3 Die Vorschrift regelt eine **zivilrechtliche Frage im Zusammenhang mit Änderungen des UStG**. Darüber hinaus regelt das bürgerliche Recht weitere Fragen im Zusammenhang mit der Umsatzsteuer. Streitigkeiten können insoweit nur zwischen den jeweiligen Vertragsparteien entstehen und sind von den ordentlichen Gerichten zu entscheiden. Insbesondere ist der Finanzrechtsweg nicht gegeben, da keine öffentlich-rechtliche Streitigkeit in einer Abgabenangelegenheit vorliegt (§ 33 Abs. 1 FGO).

4 **Umsatzsteuerliche Auswirkungen** können sich aus der Vorschrift allerdings bezüglich der Bemessungsgrundlage (§ 10 UStG) bzw. deren Änderung ergeben (§ 17 UStG), z.B. wenn es dem leistenden Unternehmer nicht gelingt, die Umsatzsteuermehrbelastung auf den Leistungsempfänger zu überwälzen. Wenn der Unternehmer keinen Gebrauch von seinem Ausgleichsanspruch nach § 29 UStG macht, ist kein Billigkeitserlass wegen sachlicher Härte möglich. Dabei kommt es nicht darauf an, ob die Geltendmachung des Ausgleichsanspruchs zumutbar ist.[1]

II. Unionsrechtliche Grundlagen

5 Art. 95 Satz 2 MwStSystRL ermöglicht es den Mitgliedsstaaten, geeignete Übergangsregelungen für Steuersatzänderungen zu erlassen. Hiervon hat Deutschland durch § 29 UStG Gebrauch gemacht.[2] Konkrete unionsrechtliche Vorgaben gibt es nicht.

1 BFH, Urt. v. 20.12.1973 – V R 71/71, BStBl. II 1974, 149; FG Hamburg, Urt. v. 23.5.2013 – 2 K 192/12, EFG 2013, 1538.

2 Krit. *Hummel*, UR 2020, 741 (742).

III. Verhältnis zu anderen Vorschriften und Rechtsentwicklung

1. Verhältnis zu anderen Vorschriften

6 § 29 UStG **bezieht sich auf verschiedene Vorschriften**, bei deren Änderung es zu einer Mehr- oder Minderbelastung kommen kann.

7 Dies sind Änderungen des **Steuersatzes** (insbesondere § 12 Abs. 1, 2 oder 3 UStG), bei der **Steuerpflicht bzw. Steuerfreiheit** (§§ 4, 4a, 5, 19 UStG) und bei der **Steuerbarkeit** (was insbesondere Änderungen des Leistungsorts betrifft).

8 Unter Umständen kann ein Bezug zu **§ 27 UStG** relevant werden. Infolge der temporären Steuersatzsenkung durch das Zweite Corona-Steuerhilfegesetz ergeben sich auch bislang nicht geklärte Bezüge zu § 28 UStG. Denn § 29 UStG ist m.E. eher auf langfristige Steuersatzänderungen ausgerichtet.

9 Vor allem steht § 29 UStG in einem Verhältnis zu den **Vorschriften des bürgerlichen Rechts**. Im Schrifttum wird davon ausgegangen, dass die zivilrechtlichen Vorschriften über Vertragsanpassungen (wie §§ 313, 242 BGB) neben dem § 29 UStG anzuwenden sind.[1]

10 Nach der ständigen Rechtsprechung des BGH ist bei einer **Bruttoentgeltabrede** (Preis inkl. Umsatzsteuer) davon auszugehen, dass das vereinbarte Bruttoentgelt die Aufwendungen des Leistenden für die Umsatzsteuer abdeckt, so dass die Umsatzsteuer nur ein unselbstständiger Teil des Entgelts ist und daher der Leistende weder eine unerwartet zu leistende Umsatzsteuer nachfordern kann noch eine wider Erwarten nicht zu zahlende Umsatzsteuer erstatten muss.[2] Soweit die Parteien nichts vereinbaren, ist von einer Bruttopreisabrede auszugehen, selbst wenn der Leistungsempfänger vorsteuerabzugsberechtigt ist.[3] Die Rechtsprechung zu den Folgen einer Bruttoentgeltabrede ist allerdings durch den BGH aufgeweicht worden: Im Zusammenhang mit einer geänderten Beurteilung der Umsatzsteuerfreiheit von Zytostatika-Lieferungen durch Krankenhausapotheken hält der BGH unter bestimmten Gesichtspunkten eine **ergänzende Vertragsauslegung** gemäß § 157 BGB für geboten, wenn die Parteien unzutreffend von der Umsatzsteuerpflicht ausgingen.[4]

11 Entsprechend anders ist die Situation bei einer **Nettoentgeltvereinbarung** (Preis zzgl. Umsatzsteuer) zu beurteilen – dort spielt § 29 UStG keine Rolle.

12 Daneben ist § 309 Nr. 1 BGB zu beachten, nach dem der Vorbehalt kurzfristiger Preiserhöhungen bei Leistungen, die innerhalb von vier Monaten nach Vertragsschluss erbracht werden, im Rahmen der **AGB-Inhaltskontrolle** ohne Wertungsmöglichkeit unwirksam ist. Dies gilt jedoch nicht für Dauerschuldverhältnisse. Nach § 310 Abs. 1 Satz 1 BGB gilt dies auch nicht bei Verträgen mit anderen Unternehmern und juristischen Personen des öffentlichen Rechts sowie öffentlich-rechtlichen Sondervermögen.

13 Schließlich spielt auch § 313 BGB über den **Fortfall der Geschäftsgrundlage** eine gewisse Rolle. Haben sich danach Umstände, die zur Grundlage des Vertrags geworden sind, nach Vertragsschluss schwerwiegend verändert und hätten die Parteien den Vertrag nicht oder mit anderem Inhalt geschlossen, wenn sie diese Veränderung vorausgesehen hätten, kann die Anpassung des Vertrags verlangt werden, soweit einem Teil unter Berücksichtigung aller Umstände des Einzelfalls, insbesondere der vertraglichen oder gesetzlichen Risikoverteilung, das Festhalten am unveränderten Vertrag nicht zugemutet werden kann. Einer Veränderung der Umstände steht es gleich, wenn wesentliche Vorstellungen, die zur Grundlage des Vertrags geworden sind, sich als falsch herausstellen.

14 Zudem ist bei der Nennung von Preisen mit Änderungsvorbehalt § 1 Abs. 5 **PreisAngV** zu beachten, der wie § 309 Nr. 1 BGB eine Frist von vier Monaten vorsieht.

---

1 *Hummel*, UR 2020, 741 (743).

2 BGH, Urt. v. 24.2.1988 – VIII ZR 64/87, BGHZ 103, 284; BGH, Urt. v. 26.6.1991 – VIII ZR 198/90, BGHZ 115, 47; BGH, Urt. v. 11.5.2001 – V ZR 492/99, NJW 2001, 2464, Rz. II.1.; BGH, Urt. v. 28.2.2002 – I ZR 318/99, NJW 2002, 2312, Rz. II.1.

3 BGH, Urt. v. 24.2.1988 – VIII ZR 64/87, BGHZ 103, 284.

4 BGH, Urt. v. 20.2.2019 – VIII ZR 7/18, BGHZ 221, 145.

Die Wirkung des § 29 UStG beschränkt sich nicht auf das bürgerliche Recht, da die Norm nur von Verträgen spricht. Insoweit können z.B. **auch öffentlich-rechtliche Verträge i.S.d. § 54 VwVfG betroffen** sein. 15

2. Rechtsentwicklung

Mit der Einführung des Allphasen-Nettoumsatzsteuersystems zum 1.1.1968 wurde durch § 29 UStG die Möglichkeit zur Anpassung vereinbarter Preise eingeräumt.[1] Bei den Steuersatzerhöhungen zum 1.1.1978 und zum 1.7.1979 wurden ein Absatz 3 und ein Absatz 4 ergänzt, um die umsatzsteuerliche Mehrbelastung auszugleichen.[2] 16

Durch das UStG 1980 wurde § 29 Abs. 1 UStG in seiner heutigen Form eingeführt.[3] 17

§ 29 Abs. 2 UStG wurde mit Wirkung zum 1.1.1982 eingefügt, damit bei Steuersatzänderungen § 29 Abs. 1 UStG sinngemäß anzuwenden ist.[4] Seitdem wurden keine Änderungen vorgenommen. Die systematisch eher ungewöhnliche temporäre Steuersatzabsenkung hat zu keinen Anpassungen des § 29 UStG geführt, obwohl dies geboten wäre (Rz. 25, 29, 30). 18

B. Ausgleichsanspruch (Absatz 1)

I. Tatbestandsmerkmale (Absatz 1 Satz 1)

1. Erfasste gesetzliche Änderungen

§ 29 Abs. 1 UStG erfasste die ursprünglich durch das UStG 1980 vorgenommenen, umfassenden Änderungen in folgenden Bereichen: 19

- anzuwendender Steuersatz,
- Steuerpflicht bzw. Steuerfreiheit oder
- Steuerbarkeit.

Somit sind folgende gesetzliche Änderungen möglich, die einen Ausgleichsanspruch nach § 29 Abs. 1 Satz 1 (bzw. Abs. 2) UStG begründen können: 20

- Steuersatzänderung allgemein (z.B. Erhöhung) oder konkret für bestimmte Umsätze (z.B. Einführung ermäßigter Steuersatz nach § 12 Abs. 2 UStG);
- steuerfreier Umsatz wird steuerpflichtig;
- steuerpflichtiger Umsatz wird steuerfrei;
- steuerpflichtiger Umsatz wird nicht steuerbar (z.B. Verlagerung Leistungsort ins Ausland);
- nicht steuerbarer Umsatz wird steuerpflichtig (z.B. Verlagerung Leistungsort ins Inland).

2. Verträge

Die betroffene Leistung muss auf einem Vertrag beruhen. Grundsätzlich betroffen sind **alle Verträge**, deren Zweck ein entgeltlicher Leistungsaustausch ist. Nach dem Wortlaut gilt dies nicht nur für zivilrechtliche, sondern auch für öffentlich-rechtliche Verträge. 21

Anders als die Überschrift der Norm indizieren könnte,[5] gilt § 29 Abs. 1 Satz 1 UStG sowohl für Verträge mit einmaligem Leistungsaustausch als **auch Verträge über dauernde und wiederkehrende Leistungen**. 22

1 BGBl. I 1967, 545.
2 StÄndG 1977 v. 16.8.1977, BGBl. I 1977, 1586; StÄndG 1997 v. 30.11.1978, BGBl. I 1978, 1849.
3 UStG 1980 v. 26.11.1979, BGBl. I 1979, 1953.
4 2. HStruktG v. 22.12.1981, BGBl. I 1981, 1523.
5 Mit der Langfristigkeit dürfte überdies eher der 4-Monats-Zeitraum gemeint sein.

23 Die Regelung gilt allerdings nur für Verträge, die nach „Rom I“[1] deutschem Recht unterliegen.[2]

24 Keine vertragliche Grundlage (und auch kein Preis) liegt bei unentgeltlichen Wertabgaben vor.

3. Vertragsschluss nicht später als vier Monate vor Inkrafttreten des Gesetzes

25 Nach dem Gesetz gilt eine Einschränkung auf Verträge, die vier Kalendermonate vor dem Inkrafttreten der maßgeblichen Gesetzesänderung rechtskräftig abgeschlossen wurden.[3] **Änderungen innerhalb der vier Kalendermonate fallen** somit **nicht unter § 29 Abs. 1 Satz 1 UStG**. Bei der **temporären Steuersatzsenkung ab 1.7.2020** werden also **nur vor dem 1.3.2020 geschlossene Verträge** berücksichtigt. Wendet man § 29 UStG auch auf den **Übergang zurück auf die höheren Steuersätze ab 1.1.2021** an, so würde die Vorschrift auch bei vor dem 1.9.2020 geschlossenen Verträgen eingreifen, obwohl die Anwendung der alten Steuersätze bereits früher feststand oder sich (bei noch früher geschlossenen Verträgen, die noch von 19 % ausgingen) nicht auswirkt. M.E. wäre das **kein sinnvolles Ergebnis**, da keine Vertragspartei insoweit eines Schutzes bedarf. Da bei Schaffung des § 29 UStG nicht an eine temporäre Steuersatzsenkung gedacht wurde, spricht m.E. viel dafür, den Terminus des „angemessenen“ Ausgleichs entsprechend auszulegen (Rz. 30). Die weitere Auseinandersetzung im Schrifttum bleibt abzuwarten. Betroffene Vertragsparteien hätten bei neu zu schließenden Verträgen von der Möglichkeit Gebrauch machen können, § 29 UStG abzubedingen (§ 29 Abs. 1 Satz 2 UStG).

Besondere Probleme stellen Leistungen dar, die absehbar erst 2021 erbracht werden, aber schon vor dem 3.6.2020 (Beschluss durch die Große Koalition) vereinbart wurden und daher von 19 % ausgingen. Vom Wortlaut her könnte eine Erhöhung des vereinbarten Preises eingreifen. M.E. ist aber davon auszugehen, dass ein solcher Ausgleich nicht „angemessen“ wäre (Rz. 30).

25.1 Unklar bleibt auch, wie die Vorschrift anzuwenden ist, wenn noch nicht klar ist, wann die Leistung genau erbracht wird: innerhalb des zweiten Halbjahres 2020 oder erst später. Dies könnte mit Blick auf vereinbarte **Abschlagszahlungen** (z.B. bei Bauvorhaben) relevant sein, die gegebenenfalls anzupassen wären. Wenn Unsicherheiten über den Leistungszeitpunkt bestehen, sollten jedoch m.E. die zivilrechtlichen Folgen erst im Zeitpunkt der Leistung gezogen werden. Sollte die Leistung sicher noch im zweiten Halbjahr 2020 erbracht werden, erscheint es angemessen, bereits jetzt Abschläge anzupassen, da ansonsten Zahlungen angefordert würden, die absehbar wieder zu erstatten wären.

26 Der Zeitraum gilt auch bei einer Überschreitung der Viermonatsfrist wegen **Leistungs- oder Annahmeverzug**. Bei Verzug des Leistenden kann § 286 BGB allerdings dem Ausgleich der Mehrbelastung entgegenstehen. Bei Annahmeverzug kann auch ein Anspruch nach § 304 BGB entstehen.[4]

27 Die **Leistung** muss i.S.d. § 27 Abs. 1 UStG **nach dem Inkrafttreten der Gesetzesänderung bewirkt** werden, da es sonst zu keiner Mehr- oder Minderbelastung gegenüber dem alten Recht käme. Die Entstehung der Steuer hat dagegen keinen Einfluss (§ 12 Abs. 1 Rz. 16).

28 Außerhalb der Vier-Monatsfrist können eine **ergänzende Vertragsauslegung** und ein **Ausgleichsanspruch** nach § 313 BGB in Betracht kommen.[5]

29 Im **Schrifttum** wird grundsätzlich zu Recht kritisiert, dass die **Vier-Monatsfrist zu starr** ist und besser auf das Bekanntwerden der Gesetzesänderung abgestellt werden sollte.[6] Dies zeigt sich z.B. bei der temporären Steuersatzsenkung durch das Zweite Corona-Steuerhilfegesetz: Diese Änderung wurde innerhalb von 4 Wochen beschlossen und umgesetzt, so dass kaum jemand auf diese erhebliche Änderung reagieren konnte. Ein weiteres Beispiel ist der sehr kurzfristig eingeführte Nullsteuersatz für PV-Anlagen (§ 12 Abs. 3 Rz. 4).[7] Andererseits wäre dann zu klären, welcher Zeitpunkt genau entscheidend

1 Verordnung (EG) Nr. 593/2008 des Europäischen Parlaments und des Rates über das auf vertragliche Schuldverhältnisse anwendbare Recht – Rom I – v. 17.6.2008, ABl. EU 2008 Nr. L 177.

2 *Heuermann* in Sölch/Ringleb, § 29 UStG Rz. 15 (Stand: Oktober 2023).

3 Zu Recht kritisch hierzu *Hummel* in Rau/Dürrwächter, § 29 UStG Rz. 51 ff. (Stand: Juli 2020).

4 *Heuermann* in Sölch/Ringleb, § 29 UStG Rz. 30 (Stand: Oktober 2023).

5 LG Wuppertal, Urt. v. 11.1.2012 – 8 S 54/11, UR 2012, 847 zu § 313 BGB.

6 *Hummel* in Rau/Dürrwächter, § 29 UStG Rz. 51 ff. (Stand: Juli 2020); *Sterzinger* in Birkenfeld/Wäger, Umsatzsteuer-Handbuch, § 266 Rz. 48 (Stand: Oktober 2023); *Hummel*, UR 2020, 741 (745).

7 Vgl. auch *Zugmaier/Mateev*, DStR 2022, 2337, unter 7.

sein soll, z.B. die Verkündung im Gesetzblatt oder der Kabinettsbeschluss, und mit welcher Rechtfertigung. Angesichts der Übereinstimmung der Vier-Monatsfrist mit § 309 Nr. 1 BGB und § 1 Abs. 5 PreisAngV kann durchaus vermutet werden, dass der Gesetzgeber unterstellt hat, dass sich die (im Regelfall betroffenen) leistenden **Unternehmer** durch entsprechende Vertragsausgestaltungen schützen können und daher **keines weitergehenden Schutzes bedürfen**. Die Besonderheit der temporären Steuersatzsenkung zeigt aber auf, dass die Vorschrift bei einer von vornherein nur temporär angelegten Steuersatzsenkung jedenfalls beim Wechsel zurück zu den alten, höheren Steuersätzen nicht sinnvoll angewendet werden kann (Rz. 25). Diese Thematik stellt sich auch bei der vorübergehenden Steuersatzermäßigung für Erdgas- und Wärmelieferungen nach § 28 Abs. 5 und 6 UStG. Beim Auslaufen des ermäßigten Steuersatzes auf Gastronomieleistungen wird es vermutlich eher weniger Übergangsschwierigkeiten geben, da Bewirtungsverträge grds. nicht langfristig geschlossen werden.[1]

4. Angemessener Ausgleich der Mehr- oder Minderbelastung als Rechtsfolge

Anspruchsberechtigt können beide Vertragspartner sein.[2] Der Ausgleichsanspruch des leistenden Unternehmers entsteht bei einer Mehrbelastung durch Umsatzsteuer im Vergleich zum Zeitpunkt des Vertragsschlusses. Der Ausgleichsanspruch des Leistungsempfängers entsteht bei einer Minderbelastung durch Umsatzsteuer im Vergleich zum Zeitpunkt des Vertragsschlusses. Noch offen ist, wie mit dem Phänomen einer nur temporären Steuersatzsenkung umzugehen ist. M.E. kann das Kriterium der Angemessenheit dazu dienen, unvorhergesehene Folgen des § 29 UStG bei einer temporären Steuersatzsenkung auszugleichen. 30

Die Belastungsänderung ist **grundsätzlich in voller Höhe** auszugleichen.[3] Dabei müssen alle umsatzsteuerlichen Änderungen (auch **Vorsteuerabzug**) berücksichtigt werden. Die Umsatzsteuerbelastung vor und nach der Änderung ist zu berechnen. Dabei können auch **Berichtigungen nach § 15a UStG** einzubeziehen sein. Insbesondere die Auswirkung auf die Vorsteuerbeträge kann in der Praxis sehr komplex sein, wenn z.B. nur anteilige Vorsteuerabzüge möglich sind und § 15a UStG zu berücksichtigen ist. Dem Leistungsempfänger, der eine Entlastung geltend machen will, stehen im Zweifel nicht die Angaben über die abziehbaren Vorsteuerbeträge des Vertragspartners zur Verfügung. Bislang existiert keine Rechtsprechung zu der Frage, ob im Rahmen des § 29 UStG bei steuerfreien Leistungen eine Preisanpassung allein mit Blick auf die Mehr- oder Minderbelastung mit nicht abziehbarer Vorsteuer beansprucht werden kann. 31

Kommt es durch die Mehr- oder Minderbelastung zu einer Preisanpassung, so ist eine **Korrektur der Bemessungsgrundlage** nach § 17 Abs. 1 Satz 1 UStG notwendig. 32

II. Ausschluss des gesetzlichen Ausgleichsanspruchs (Absatz 1 Satz 2)

Der Ausgleichsanspruch nach § 29 Abs. 1 Satz 1, Abs. 2 UStG ist **dispositiv**. Nach § 29 Abs. 1 Satz 2 UStG ist er nicht anzuwenden, wenn die Vertragsparteien etwas anderes vereinbart haben. 33

Dies ist **ausdrücklich oder stillschweigend** möglich.[4] Für den Ausschluss der gesetzlichen Regelung ist es ausreichend, wenn sich aus den Umständen des Einzelfalls ergibt, dass die Vertragspartner bei Kenntnis der neuen umsatzsteuerlichen Bestimmungen keinen anderen Preis vereinbart hätten.[5] 34

1 S. zu Vereinfachungen in der Silvesternacht 2023 BMF, Schr. v. 21.12.2023 – III C 2-S 7220/22/10001 :009 – DOK 2023/1225280, BStBl. I 2024, 90 = UR 2024, 78.
2 Abschn. 29.1 Abs. 1 Satz 2 UStAE.
3 BGH, Urt. v. 22.3.1972 – VIII ZR 119/70, NJW 1972, 874; BGH, Urt. v. 28.6.1973 – VII ZR 3/71, NJW 1973, 1744.
4 BGH, Urt. v. 18.1.1981 – VIII ZR 165/79, NJW 1981, 779; BGH, Urt. v. 23.1.1980 – VIII ZR 80/79, NJW 1980, 2133; Abschn. 29.1. Abs. 4 Satz 4 UStAE.
5 BGH, Urt. v. 15.2.1973 – VII ZR 65/71, UR 1973; *Hummel* in Rau/Dürrwächter, § 29 UStG Rz. 88 (Stand: Juli 2020).

35 Z.B. möglich ist die Vereinbarung eines festen Nettopreises.[1] Eine **Nettoentgeltvereinbarung** liegt vor, wenn der Preis ohne Umsatzsteuer vereinbart wird und zusätzlich die Umsatzsteuer geschuldet wird, soweit sie anfällt.[2] Sie gilt oftmals auch, wenn nach **Honorar- oder Gebührenordnung** abgerechnet wird, aus der sich ergibt, dass der Leistende Anspruch auf die auf seine Leistung entfallende Umsatzsteuer hat (z.B. Steuerberatervergütungsverordnung, Rechtsanwaltsvergütungsgesetz).[3]

III. Schätzung (Absatz 1 Satz 3)

36 Das Gericht darf in Anwendung des **§ 287 Abs. 1 ZPO** nach freier Überzeugung eine **Schätzung** über die genaue Höhe der Mehr- oder Minderbelastung vornehmen. Dies dürfte vor allem in Betracht kommen, wenn sich die Ermittlung als schwierig gestaltet, z.B. weil ein anteiliger Vorsteuerabzug bzw. Berichtigungen nach § 15a UStG als Gegenposition zu ermitteln sind.

C. Erweiterung des Anwendungsbereichs (Absatz 2)

37 § 29 Abs. 1 UStG regelte ursprünglich den Ausgleich umsatzsteuerlicher Mehr- und Minderbelastungen durch die Einführung des UStG 1980. § 29 Abs. 2 UStG erweitert diese Ausgleichsregelung auf Belastungsveränderungen, die sich durch eine Änderung des Umsatzsteuergesetzes ergeben und eröffnet der Regelung somit ihren **aktuellen Anwendungsbereich**, so z.B. bei der temporären Steuersatzsenkung durch das Zweite Corona-Steuerhilfegesetz.

38 § 29 Abs. 1 UStG ist anwendbar, wenn gesetzliche Änderungen zu einer veränderten Besteuerung einer Leistung führen. Somit ist die Norm **nicht anwendbar, wenn sich die Änderung aus der Rechtsprechung[4] oder einer geänderten Praxis der FinVerw. ergibt**. Auch die Ausübung eines umsatzsteuerlichen Wahlrechts (z.B. § 9 UStG) durch den Vertragspartner kann nicht die Folgen des § 29 UStG auslösen.

39 Als Gesetz i.S.d. § 29 UStG ist **auch die UStDV** anzusehen, die als formelles Gesetz (Art. 80 Abs. 1 GG) jeweils auf einer Ermächtigung des UStG beruht.[5]

1 BGH, Urt. v. 15.2.1973 – VII ZR 65/71, UR 1973, 166; OLG Bremen, Urt. v. 25.3.1971 – 2 U 125/70, BB 1971, 1384.
2 OLG Hamm, Urt. v. 28.1.2014 – 19 U 107/13, MwStR 2014, 376.
3 Abschn. 29.1 Abs. 5 UStAE.
4 *Hummel* in Rau/Dürrwächter, § 29 UStG Rz. 155 (Stand: Juli 2020); *Heuermann* in Sölch/Ringleb, § 29 UStG Rz. 11 (Stand: Oktober 2023); **a.A.** *Robisch* in Bunjes[22], § 29 UStG Rz. 4, der die Wertung übertragen möchte.
5 *Hummel* in Rau/Dürrwächter, § 29 UStG Rz. 33 (Stand: Juli 2020).

Anlage 1
(zu § 4 Nr. 4a)

Liste der Gegenstände, die der Umsatzsteuerlagerregelung unterliegen können

Lfd. Nr.	Warenbezeichnung	Zolltarif (Kapitel, Position, Unterposition)
1	Kartoffeln, frisch oder gekühlt	Position 0701
2	Oliven, vorläufig haltbar gemacht (z.B. durch Schwefeldioxid oder in Wasser, dem Salz, Schwefeldioxid oder andere vorläufig konservierend wirkende Stoffe zugesetzt sind), zum unmittelbaren Genuss nicht geeignet	Unterposition 0711 20
3	Schalenfrüchte, frisch oder getrocknet, auch ohne Schalen oder enthäutet	Positionen 0801 und 0802
4	Kaffee, nicht geröstet, nicht entkoffeiniert, entkoffeiniert	Unterpositionen 0901 11 00 und 0901 12 00
5	Tee, auch aromatisiert	Position 0902
6	Getreide	Positionen 1001 bis 1005, 1007 00 und 1008
7	Rohreis (Paddy-Reis)	Unterposition 1006 10
8	Ölsamen und ölhaltige Früchte	Positionen 1201 00 bis 1207
9	Pflanzliche Fette und Öle und deren Fraktionen, roh, auch raffiniert, jedoch nicht chemisch modifiziert	Positionen 1507 bis 1515
10	Rohzucker	Unterpositionen 1701 11 und 1701 12
11	Kakaobohnen und Kakaobohnenbruch, roh oder geröstet	Position 1801 00 00
12	Mineralöle (einschließlich Propan und Butan sowie Rohöle aus Erdöl)	Positionen 2709 00, 2710, Unterpositionen 2711 12 und 2711 13
13	Erzeugnisse der chemischen Industrie	Kapitel 28 und 29
14	Kautschuk, in Primärformen oder in Platten, Blättern oder Streifen	Positionen 4001 und 4002
15	Chemische Halbstoffe aus Holz, ausgenommen solche zum Auflösen; Halbstoffe aus Holz, durch Kombination aus mechanischem und chemischem Aufbereitungsverfahren hergestellt	Positionen 4703 bis 4705 00 00
16	Wolle, weder gekrempelt noch gekämmt	Position 5101
17	Silber, in Rohform oder Pulver	aus Position 7106
18	Gold, in Rohform oder als Pulver, zu nicht monetären Zwecken	Unterpositionen 7108 11 00 und 7108 12 00
19	Platin, in Rohform oder als Pulver	aus Position 7110
20	Eisen- und Stahlerzeugnisse	Positionen 7207 bis 7212, 7216, 7219, 7220, 7225 und 7226
21	Nicht raffiniertes Kupfer und Kupferanoden zum elektrolytischen Raffinieren; raffiniertes Kupfer und Kupferlegierungen, in Rohform; Kupfervorlegierungen; Draht aus Kupfer	Positionen 7402 00 00, 7403, 7405 00 00 und 7408
22	Nickel in Rohform	Position 7502
23	Aluminium in Rohform	Position 7601
24	Blei in Rohform	Position 7801
25	Zink in Rohform	Position 7901

Lfd. Nr.	Warenbezeichnung	Zolltarif (Kapitel, Position, Unterposition)
26	Zinn in Rohform	Position 8001
27	Andere unedle Metalle, ausgenommen Waren daraus und Abfälle und Schrott	aus Positionen 8101 bis 8112

Die Gegenstände dürfen nicht für die Lieferung auf der Einzelhandelsstufe aufgemacht sein.

Schrifttum: S. Anl. 2.

A. Grundaussagen

I. Regelungsgegenstand und Bedeutung

1 Die Anl. 1 hat ausschließlich Bedeutung für das **Umsatzsteuerlager** (§ 4 Nr. 4a UStG). Sie ist eine dreispaltige Tabelle. In der ersten Spalte sind die in der zweiten Spalte („Warenbezeichnung") beschriebenen Gegenstände laufend durchnummeriert. Die dritte Spalte verweist unter der Bezeichnung „Zolltarif (Kapitel, Position, Unterposition)" auf die jeweilige KN-Kodierung (Anl. 2 Rz. 36 ff.) der in der zweiten Spalte beschriebenen Gegenstände. Die Struktur der Anl. 1, die in 27 laufenden Nummern die erfassten Gegenstände auflistet, folgt der Systematik der KN (Anl. 2 Rz. 1 ff.).

II. Unionsrechtliche Grundlagen

2 Das **Umsatzsteuerlager**, in dessen Regelungskontext die Anl. 1 gehört, wird in Art. 154 ff. MwStSystRL behandelt. Es ist nicht zu verwechseln mit einem **Zolllager** (Art. 240 ff. UZK). Im Hinblick auf nicht verbrauchsteuerpflichtige Waren ist es vorbehaltlich der Konsultation des Mehrwertsteuerausschusses (Art. 155, 398 MwStSystRL) den Mitgliedstaaten überlassen, die Voraussetzungen von Umsatzsteuerlagern zu definieren (Art. 154 MwStSystRL). Art. 157 MwStSystRL erlaubt es den Mitgliedstaaten, die Einfuhr mit anschließender Umsatzsteuerlagerung sowie Lieferungen in ein Umsatzsteuerlager von der Steuer zu befreien. Im Hinblick auf den Kreis der erfassten Gegenstände folgt das UStG der MwStSystRL. Die Anl. 1 entspricht im Wesentlichen den in Anhang V MwStSystRL niedergelegten Kategorien von Gegenständen, die nach Art. 160 Abs. 2 MwStSystRL Regelungen für andere Lager als Zolllagern unterliegen (Rz. 7).

III. Verhältnis zu anderen Vorschriften und Rechtsentwicklung

1. Verhältnis zu anderen Vorschriften

3 Die Anl. 1 bestimmt die Gegenstände, die im Rahmen der Umsatzsteuerlagerung steuerbefreit sind. Dies betrifft in erster Linie Lieferungen der in der Anl. 1 genannten Gegenstände an einen Unternehmer für sein Unternehmen, wenn die Gegenstände der Lieferung im Zusammenhang mit der Lieferung in ein **Umsatzsteuerlager eingelagert** werden (§ 4 Nr. 4a Buchst. a UStG). Außerdem sind **Einfuhren** der Anl. 1-Gegenstände (einfuhrumsatz-)steuerfrei, wenn die Gegenstände im Anschluss an die Einfuhr in ein Umsatzsteuerlager eingelagert werden (§ 5 Nr. 4 UStG) oder wenn die Gegenstände aus einem Umsatzsteuerlager, das zugleich ein Zolllager ist, ausgelagert werden (§ 5 Nr. 5 UStG).

§ 26 Abs. 2 UStG ermächtigt das BMF, durch Rechtsverordnung diejenigen Vorschriften des UStG und die auf seiner Grundlage erlassenen Rechtsverordnungen, in denen auf den Zolltarif hingewiesen wird, dem Wortlaut des Zolltarifs in der jeweils geltenden Fassung anzupassen (Anl. 2 Rz. 24). Eine der damit gemeinten Vorschriften ist die Anl. 1. Gebrauch gemacht wurde davon für diese Anlage bisher nicht. 4

2. Rechtsentwicklung

Die Anl. 1 wurde zusammen mit der Schaffung des Umsatzsteuerlagers (§ 4 Nr. 4a UStG) durch das Steueränderungsgesetz 2003[1] zum **1.1.2004** eingefügt. Durch das JStG 2007 wurde sie mit Wirkung vom 19.12.2006 aus redaktionellen Gründen[2] neu gefasst.[3] In den Nr. 5, 8, 11, 12, 15, 21 wurden die bereits in der KN 1987 (Anl. 2 Rz. 36 ff.) vorhandenen Endziffern der KN-Positionen eingefügt. Lediglich in der Nr. 12 wurde eine Änderung durch die KN 2006[4] aufgegriffen. Bei Nr. 27 wurde die Formulierung „Nichteisenmetalle" durch den seit der KN 1987 verwendeten Begriff „andere unedle Metalle" ersetzt. 5

B. Liste der Gegenstände, die der Umsatzsteuerlagerregelung unterliegen können (Anlage 1)

Anl. 1 listet in 27 laufenden Nummern die erfassten Gegenstände auf. Er lässt sich in die folgenden **Gruppen** unterteilen: 6

- Lebensmittel (Nr. 1–11)
  - Oliven
  - Kartoffeln, Getreide, Rohreis, Schalenfrüchte
  - Ölsamen, ölhaltige Früchte, pflanzliche Fette und Öle
  - Kaffee, Tee, Kakao
  - Rohzucker
- Mineralöle (Nr. 12)
- chemische Erzeugnisse und Halbstoffe (Nr. 13, 15)
- Naturprodukte (Nr. 14, 16)
  - Kautschuk
  - Wolle
- edle und unedle Metalle sowie Abfälle und Schrott, nicht jedoch Waren daraus (Nr. 17–27).

Neben den bereits in der Vorgängerregelung zum Anhang V MwStSystRL[5] genannten Gegenständen sind solche aufgenommen worden, die an Warenterminbörsen gehandelt oder mehrfach ohne Warenbewegung umgesetzt werden.[6] Dass die Anl. 1 weitere, in Anhang V MwStSystRL nicht genannte Waren enthält, ist unionsrechtlich unbedenklich, da Anhang V MwStSystRL keine abschließende Regelung enthält. Art. 160 Abs. 2 MwStSystRL verpflichtet zur Gleichbehandlung von Zoll- und Umsatzsteuerlagern jedenfalls der in Anhang V MwStSystRL genannten Gegenstände.[7] Eine mitgliedstaatliche Gleichstellung im Hinblick auf weitere Waren verstößt nicht gegen diesen unionsrechtlichen Mindeststandard. 7

---

1 Art. 5 Nr. 35, Art. 25 Abs. 4 Steueränderungsgesetz 2003, BGBl. I 2003, 2645 (2662, 2675).
2 BT-Drucks. 16/2712, 77 (zu Nr. 13).
3 Art. 7 Nr. 13, Art. 20 Abs. 1 JStG 2007 v. 13.12.2006, BGBl. I 2006, 2878 (2896, 2912).
4 Verordnung (EG) Nr. 1719/2005 v. 27.10.2005 zur Änderung des Anhang I der Verordnung (EWG) Nr. 2658/87 des Rates über die zolltarifliche und statistische Nomenklatur sowie den Gemeinsamen Zolltarif, ABl. EU 2005 Nr. L 286, 1.
5 Anhang J der 6. EG-Richtlinie.
6 BT-Drucks. 15/1562, 54 (zu Nr. 34).
7 *Jatzke* in Sölch/Ringleb, § 4 Nr. 4a UStG Rz. 15 (Stand: März 2021).

8 Unerheblich ist, ob es sich um **Unionswaren** oder Nicht-Unionswaren (Art. 5 Nr. 23, 24 UZK) handelt. Auch eine nicht zum zollrechtlich freien Verkehr abgefertigte Ware kann Gegenstand einer umsatzsteuerrechtlichen Lieferung sein.[1]

9 Für alle erfassten Gegenstände bestimmt der Zusatz am Ende der Anl. 1 ausdrücklich, dass sie „**nicht für die Lieferung auf der Einzelhandelsstufe aufgemacht** sein" dürfen. Es darf sich also nicht um solche handeln, die für eine endgültige Verwendung, einen Endverbrauch oder zur Lieferung auf der Einzelhandelsstufe bestimmt sind.[2]

10 Für die **Auslegung** der erfassten Gegenstände gelten die Ausführungen zu Anl. 2 (Anl. 2 Rz. 56 ff.) entsprechend. Anders als bei der Anl. 2 (Anl. 2 Rz. 29 ff.) können von der Anl. 1 nur bewegliche Sachen erfasst sein, da nur sie in ein Umsatzsteuerlager aufgenommen werden können. Die Anl. 1 verwendet ausschließlich zollrechtliche Begriffe. Bei den wenigen Expositionen (zu diesem Begriff s. Anl. 2 Rz. 55) in Nr. 17, 19 und 27 werden nur bestimmte Warengruppen, die von den KN-Positionen erfasst sind (Nr. 17, 19: Halbzeug; Nr. 27: Waren aus den genannten Metallen), ausgeklammert. Für eine umsatzsteuerrechtliche Interpretation der Anlage (Anl. 2 Rz. 101 ff.) ist daher kein Raum.

Anlage 2
(zu § 12 Absatz 2 Nummer 1, 2, 12, 13 und 14)

Liste der dem ermäßigten Steuersatz unterliegenden Gegenstände

Lfd. Nr.	Warenbezeichnung	Zolltarif (Kapitel, Position, Unterposition)
1	Lebende Tiere, und zwar	
	a) (weggefallen)	
	b) Maultiere und Maulesel,	aus Position 0101
	c) Hausrinder einschließlich reinrassiger Zuchttiere,	aus Position 0102
	d) Hausschweine einschließlich reinrassiger Zuchttiere,	aus Position 0103
	e) Hausschafe einschließlich reinrassiger Zuchttiere,	aus Position 0104
	f) Hausziegen einschließlich reinrassiger Zuchttiere,	aus Position 0104
	g) Hausgeflügel (Hühner, Enten, Gänse, Truthühner und Perlhühner),	Position 0105
	h) Hauskaninchen,	aus Position 0106
	i) Haustauben,	aus Position 0106
	j) Bienen,	aus Position 0106
	k) ausgebildete Blindenführhunde	aus Position 0106
2	Fleisch und genießbare Schlachtnebenerzeugnisse	Kapitel 2
3	Fische und Krebstiere, Weichtiere und andere wirbellose Wassertiere, ausgenommen Zierfische, Langusten, Hummer, Austern und Schnecken	aus Kapitel 3
4	Milch und Milcherzeugnisse; Vogeleier und Eigelb, ausgenommen ungenießbare Eier ohne Schale und ungenießbares Eigelb; natürlicher Honig	aus Kapitel 4
5	Andere Waren tierischen Ursprungs, und zwar	
	a) Mägen von Hausrindern und Hausgeflügel,	aus Position 0504 00 00
	b) (weggefallen)	
	c) rohe Knochen	aus Position 0506

1 EuGH, Urt. v. 8.11.2012 – C-165/11, ECLI:EU:C:2012:692 – Profitube, UR 2013, 68, Rz. 67.
2 BT-Drucks. 15/1562, 54 (zu Nr. 34).

Lfd. Nr.	Warenbezeichnung	Zolltarif (Kapitel, Position, Unterposition)
6	Bulben, Zwiebeln, Knollen, Wurzelknollen und Wurzelstöcke, ruhend, im Wachstum oder in Blüte; Zichorienpflanzen und -wurzeln	Position 0601
7	Andere lebende Pflanzen einschließlich ihrer Wurzeln, Stecklinge und Pfropfreiser; Pilzmyzel	Position 0602
8	Blumen und Blüten sowie deren Knospen, geschnitten, zu Binde- oder Zierzwecken, frisch	aus Position 0603
9	Blattwerk, Blätter, Zweige und andere Pflanzenteile, ohne Blüten und Blütenknospen, sowie Gräser, Moose und Flechten, zu Binde- oder Zierzwecken, frisch	aus Position 0604
10	Gemüse, Pflanzen, Wurzeln und Knollen, die zu Ernährungszwecken verwendet werden, und zwar	
	a) Kartoffeln, frisch oder gekühlt,	Position 0701
	b) Tomaten, frisch oder gekühlt,	Position 0702 00 00
	c) Speisezwiebeln, Schalotten, Knoblauch, Porree/Lauch und andere Gemüse der Allium-Arten, frisch oder gekühlt,	Position 0703
	d) Kohl, Blumenkohl/Karfiol, Kohlrabi, Wirsingkohl und ähnliche genießbare Kohlarten der Gattung Brassica, frisch oder gekühlt,	Position 0704
	e) Salate (Lactuca sativa) und Chicoree (Cichorium-Arten), frisch oder gekühlt,	Position 0705
	f) Karotten und Speisemöhren, Speiserüben, Rote Rüben, Schwarzwurzeln, Knollensellerie, Rettiche und ähnliche genießbare Wurzeln, frisch oder gekühlt,	Position 0706
	g) Gurken und Cornichons, frisch oder gekühlt,	Position 0707 00
	h) Hülsenfrüchte, auch ausgelöst, frisch oder gekühlt,	Position 0708
	i) anderes Gemüse, frisch oder gekühlt,	Position 0709
	j) Gemüse, auch in Wasser oder Dampf gekocht, gefroren,	Position 0710
	k) Gemüse, vorläufig haltbar gemacht (z.B. durch Schwefeldioxid oder in Wasser, dem Salz, Schwefeldioxid oder andere vorläufig konservierend wirkende Stoffe zugesetzt sind), zum unmittelbaren Genuss nicht geeignet,	Position 0711
	l) Gemüse, getrocknet, auch in Stücke oder Scheiben geschnitten, als Pulver oder sonst zerkleinert, jedoch nicht weiter zubereitet,	Position 0712
	m) getrocknete, ausgelöste Hülsenfrüchte, auch geschält oder zerkleinert,	Position 0713
	n) Topinambur	aus Position 0714
11	Genießbare Früchte und Nüsse	Positionen 0801 bis 0813
12	Kaffee, Tee, Mate und Gewürze	Kapitel 9
13	Getreide	Kapitel 10
14	Müllereierzeugnisse, und zwar	
	a) Mehl von Getreide,	Positionen 1101 00 und 1102
	b) Grobgrieß, Feingrieß und Pellets von Getreide,	Position 1103
	c) Getreidekörner, anders bearbeitet; Getreidekeime, ganz, gequetscht, als Flocken oder gemahlen	Position 1104

Lfd. Nr.	Warenbezeichnung	Zolltarif (Kapitel, Position, Unterposition)
15	Mehl, Grieß, Pulver, Flocken, Granulat und Pellets von Kartoffeln	Position 1105
16	Mehl, Grieß und Pulver von getrockneten Hülsenfrüchten sowie Mehl, Grieß und Pulver von genießbaren Früchten	aus Position 1106
17	Stärke	aus Position 1108
18	Ölsamen und ölhaltige Früchte sowie Mehl hiervon	Positionen 1201 00 bis 1208
19	Samen, Früchte und Sporen, zur Aussaat	Position 1209
20	(weggefallen)	
21	Rosmarin, Beifuß und Basilikum in Aufmachungen für den Küchengebrauch sowie Dost, Minzen, Salbei, Kamilleblüten und Haustee	aus Position 1211
22	Johannisbrot und Zuckerrüben, frisch oder getrocknet, auch gemahlen; Steine und Kerne von Früchten sowie andere pflanzliche Waren (einschließlich nichtgerösteter Zichorienwurzeln der Varietät Cichorium intybus sativum) der hauptsächlich zur menschlichen Ernährung verwendeten Art, anderweit weder genannt noch inbegriffen; ausgenommen Algen, Tange und Zuckerrohr	aus Position 1212
23	Stroh und Spreu von Getreide sowie verschiedene zur Fütterung verwendete Pflanzen	Positionen 1213 00 00 und 1214
24	Pektinstoffe, Pektinate und Pektate	Unterposition 1302 20
25	(weggefallen)	
26	Genießbare tierische und pflanzliche Fette und Öle, auch verarbeitet, und zwar	
	a) Schweineschmalz, anderes Schweinefett und Geflügelfett,	aus Position 1501 00
	b) Fett von Rindern, Schafen oder Ziegen, ausgeschmolzen oder mit Lösungsmitteln ausgezogen,	aus Position 1502 00
	c) Oleomargarin,	aus Position 1503 00
	d) fette pflanzliche Öle und pflanzliche Fette sowie deren Fraktionen, auch raffiniert,	aus Positionen 1507 bis 1515
	e) tierische und pflanzliche Fette und Öle sowie deren Fraktionen, ganz oder teilweise hydriert, umgeestert, wiederverestert oder elaidiniert, auch raffiniert, jedoch nicht weiterverarbeitet, ausgenommen hydriertes Rizinusöl (sog. Opalwachs),	aus Position 1516
	f) Margarine; genießbare Mischungen und Zubereitungen von tierischen oder pflanzlichen Fetten und Ölen sowie von Fraktionen verschiedener Fette und Öle, ausgenommen Form- und Trennöle	aus Position 1517
27	(weggefallen)	
28	Zubereitungen von Fleisch, Fischen oder von Krebstieren, Weichtieren und anderen wirbellosen Wassertieren, ausgenommen Kaviar sowie zubereitete oder haltbar gemachte Langusten, Hummer, Austern und Schnecken	aus Kapitel 16
29	Zucker und Zuckerwaren	Kapitel 17

Lfd. Nr.	Warenbezeichnung	Zolltarif (Kapitel, Position, Unterposition)
30	Kakaopulver ohne Zusatz von Zucker oder anderen Süßmitteln sowie Schokolade und andere kakaohaltige Lebensmittelzubereitungen	Positionen 1805 00 00 und 1806
31	Zubereitungen aus Getreide, Mehl, Stärke oder Milch; Backwaren	Kapitel 19
32	Zubereitungen von Gemüse, Früchten, Nüssen oder anderen Pflanzenteilen, ausgenommen Frucht- und Gemüsesäfte	Positionen 2001 bis 2008
33	Verschiedene Lebensmittelzubereitungen	Kapitel 21
34	Wasser, ausgenommen – Trinkwasser, einschließlich Quellwasser und Tafelwasser, das in zur Abgabe an den Verbraucher bestimmten Fertigpackungen in den Verkehr gebracht wird, – Heilwasser und – Wasserdampf	aus Unterposition 2201 90 00
35	Milchmischgetränke mit einem Anteil an Milch oder Milcherzeugnissen (z.B. Molke) von mindestens fünfundsiebzig Prozent des Fertigerzeugnisses	aus Position 2202
36	Speiseessig	Position 2209 00
37	Rückstände und Abfälle der Lebensmittelindustrie; zubereitetes Futter	Kapitel 23
38	(weggefallen)	
39	Speisesalz, nicht in wässriger Lösung	aus Position 2501 00
40	a) handelsübliches Ammoniumcarbonat und andere Ammoniumcarbonate, b) Natriumhydrogencarbonat (Natriumbicarbonat)	Unterposition 2836 99 17 Unterposition 2836 30 00
41	D-Glucitol (Sorbit), auch mit Zusatz von Saccharin oder dessen Salzen	Unterpositionen 2905 44 und 2106 90
42	Essigsäure	Unterposition 2915 21 00
43	Natriumsalz und Kaliumsalz des Saccharins	aus Unterposition 2925 11 00
44	(weggefallen)	
45	Tierische oder pflanzliche Düngemittel mit Ausnahme von Guano, auch untereinander gemischt, jedoch nicht chemisch behandelt; durch Mischen von tierischen oder pflanzlichen Erzeugnissen gewonnene Düngemittel	aus Position 3101 00 00
46	Mischungen von Riechstoffen und Mischungen (einschließlich alkoholischer Lösungen) auf der Grundlage eines oder mehrerer dieser Stoffe, in Aufmachungen für den Küchengebrauch	aus Unterposition 3302 10
47	Gelatine	aus Position 3503 00
48	Holz, und zwar a) Brennholz in Form von Rundlingen, Scheiten, Zweigen, Reisigbündeln oder ähnlichen Formen, b) Sägespäne, Holzabfälle und Holzausschuss, auch zu Pellets, Briketts, Scheiten oder ähnlichen Formen zusammengepreßt,	Unterposition 4401 10 00 Unterposition 4401 30

Lfd. Nr.	Warenbezeichnung	Zolltarif (Kapitel, Position, Unterposition)
49	Bücher, Zeitungen und andere Erzeugnisse des grafischen Gewerbes mit Ausnahme der Erzeugnisse, für die Beschränkungen als jugendgefährdende Trägermedien bzw. Hinweispflichten nach § 15 Abs. 1 bis 3 und 6 des Jugendschutzgesetzes in der jeweils geltenden Fassung bestehen, sowie der Veröffentlichungen, die überwiegend Werbezwecken (einschließlich Reisewerbung) dienen, und zwar	
	a) Bücher, Broschüren und ähnliche Drucke, auch in Teilheften, losen Bogen oder Blättern, zum Broschieren, Kartonieren oder Binden bestimmt, sowie Zeitungen und andere periodische Druckschriften kartoniert, gebunden oder in Sammlungen mit mehr als einer Nummer in gemeinsamem Umschlag (ausgenommen solche, die überwiegend Werbung enthalten),	aus Positionen 4901, 9705 00 00 und 9706 00 00
	b) Zeitungen und andere periodische Druckschriften, auch mit Bildern oder Werbung enthaltend (ausgenommen Anzeigenblätter, Annoncen-Zeitungen und dergleichen, die überwiegend Werbung enthalten),	aus Position 4902
	c) Bilderalben, Bilderbücher und Zeichen- oder Malbücher, für Kinder,	aus Position 4903 00 00
	d) Noten, handgeschrieben oder gedruckt, auch mit Bildern, auch gebunden,	aus Position 4904 00 00
	e) kartografische Erzeugnisse aller Art, einschließlich Wandkarten, topografischer Pläne und Globen, gedruckt,	aus Position 4905
	f) Briefmarken und dergleichen (z.B. Ersttagsbriefe, Ganzsachen) als Sammlungsstücke	aus Positionen 4907 00 und 9704 00 00
50	Platten, Bänder, nicht flüchtige Halbleiterspeichervorrichtungen, „intelligente Karten (smart cards)" und andere Tonträger oder ähnliche Aufzeichnungsträger, die ausschließlich die Tonaufzeichnung der Lesung eines Buches enthalten, mit Ausnahme der Erzeugnisse, für die Beschränkungen als jugendgefährdende Trägermedien bzw. Hinweispflichten nach § 15 Absatz 1 bis 3 und 6 des Jugendschutzgesetzes in der jeweils geltenden Fassung bestehen	aus Position 8523
51	Rollstühle und andere Fahrzeuge für Behinderte, auch mit Motor oder anderer Vorrichtung zur mechanischen Fortbewegung	Position 8713
52	Körperersatzstücke, orthopädische Apparate und andere orthopädische Vorrichtungen sowie Vorrichtungen zum Beheben von Funktionsschäden oder Gebrechen, für Menschen, und zwar	
	a) künstliche Gelenke, ausgenommen Teile und Zubehör,	aus Unterposition 9021 31 00
	b) orthopädische Apparate und andere orthopädische Vorrichtungen einschließlich Krücken sowie medizinisch-chirurgischer Gürtel und Bandagen, ausgenommen Teile und Zubehör,	aus Unterposition 9021 10
	c) Prothesen, ausgenommen Teile und Zubehör,	aus Unterpositionen 9021 21, 9021 29 00 und 9021 39
	d) Schwerhörigengeräte, Herzschrittmacher und andere Vorrichtungen zum Beheben von Funktionsschäden oder Gebrechen, zum Tragen in der Hand oder am Körper oder zum Einpflanzen in den Organismus, ausgenommen Teile und Zubehör	Unterpositionen 9021 40 00 und 9021 50 00, aus Unterposition 9021 90

Lfd. Nr.	Warenbezeichnung		Zolltarif (Kapitel, Position, Unterposition)
53	Kunstgegenstände, und zwar		
	a) Gemälde und Zeichnungen, vollständig mit der Hand geschaffen, sowie Collagen und ähnliche dekorative Bildwerke,		Position 9701
	b) Originalstiche, -schnitte und -steindrucke,		Position 9702 00 00
	c) Originalerzeugnisse der Bildhauerkunst, aus Stoffen aller Art		Position 9703 00 00
54	Sammlungsstücke,		
	a) zoologische, botanische, mineralogische oder anatomische, und Sammlungen dieser Art,		aus Position 9705 00 00
	b) von geschichtlichem, archäologischem, paläontologischem oder völkerkundlichem Wert,		aus Position 9705 00 00
	c) von münzkundlichem Wert, und zwar		
	aa)	kursungültige Banknoten einschließlich Briefmarkengeld und Papiernotgeld,	aus Position 9705 00 00
	bb)	Münzen aus unedlen Metallen,	aus Position 9705 00 00
	cc)	Münzen und Medaillen aus Edelmetallen, wenn die Bemessungsgrundlage für die Umsätze dieser Gegenstände mehr als 250 Prozent des unter Zugrundelegung des Feingewichts berechneten Metallwerts ohne Umsatzsteuer beträgt	aus Positionen 7118, 9705 00 00 und 9706 00 00
55	Erzeugnisse für Zwecke der Monatshygiene, und zwar		
	a) hygienische Binden (Einlagen) und Tampons aus Stoffen aller Art,		aus Position 9619
	b) Hygienegegenstände aus Kunststoffen (Menstruationstassen, Menstruationsschwämmchen),		aus Unterposition 3924 90
	c) Waren zu hygienischen Zwecken aus Weichkautschuk (Menstruationstassen),		aus Unterposition 4014 90
	d) natürliche Schwämme tierischen Ursprungs (Menstruationsschwämmchen),		aus Unterposition 0511 99 39
	e) Periodenhosen (Slips und andere Unterhosen mit einer eingearbeiteten saugfähigen Einlage, zur mehrfachen Verwendung),		aus Position 9619

Schrifttum: *Bender*, Die Erläuterungen zum Harmonisierten System … are authentic in the English and French languages only/seulement faisant foi en langues française et anglaise, ZfZ 2016, 30; *Bender*, Anm. zu BFH, Urt. v. 21.4.2022 – V R 2/22 (V R 6/18), UR 2022, 698; *Bleihauer/Schulte*, E. II. Zolltarif, in Witte/Wolffgang (Hrsg.), Lehrbuch des Zollrechts der Europäischen Union, 10. Aufl., Herne 2021; *Böhne/Mendel/Möller/Mutscheller/Schumann*, Zolltarif und Nomenklatur – Schlüssel zum internationalen Warenverkehr, 4. Aufl., Bochum 2022; *Bundesrechnungshof*, Bericht nach § 88 Absatz 2 BHO an den Finanzausschuss des Deutschen Bundestages – Reform des ermäßigten Umsatzsteuersatzes lange überfällig, VIII 2 – 0000703, 13.12.2022; *Gellert*, Zolltarifrecht – Aufbauschemata, 3. Aufl., Bochum 2022; *Gellert/Hoell*, Unzulänglichkeiten des HS 2017 am Beispiel der Einreihung von Waren mit mehreren tariflich relevanten Funktionen, in Summersberger/Merz/Jatzke/Achatz (Hrsg.), Außenwirtschaft, Verbrauchsteuern und Zoll im 21. Jahrhundert, Festschrift für Hans-Michael Wolffgang, Köln 2018, S. 285; *Glockner*, Keine selektive Anwendung des ermäßigten Steuersatzes auf aus Sicht des Verbrauchers austauschbare Waren, UVR 2022, 283; *Heidbüchel/Zaumseil*, EU-Mehrwertsteuersatzreform – Bedeutung und Herausforderungen für den grenzüberschreitenden Onlinehandel, MwStR 2022, 455; *Huschens*, Die neue EU-Richtlinie 2022/542 zum Anwendungsbereich ermäßigter Steuersätze, UVR 2022, 204, 238; *Ismer*, Einigung im ECOFIN: Neue Handlungsspielräume bei den ermäßigten Steuersätzen, MwStR 2022, 53; *Korf/Peterka*, Gestaltungen bei der Tarifierung, in Umsatzsteuerforum e.V./Bundesministerium der Finanzen (Hrsg.), 100 Jahre Umsatzsteuer in Deutschland 1918–2018, Festschrift, Köln 2018, S. 273; *Kraeusel*, Die Bedeutung des Unionsrechts für die Steuersatzermäßigung des § 12 Abs. 2 UStG, in Umsatzsteuerforum e.V./Bundesministerium der Finanzen (Hrsg.), 100 Jahre Umsatzsteuer in Deutschland 1918–2018, Festschrift, Köln 2018, S. 629; *Lux*, Einführung VO Kombinierte Nomenklatur in Dorsch, Zollrecht (Stand: März 2019); *Kruhl*, Eine Darstellung der Abgrenzungsprobleme beim ermäßigten Steuersatz, UStB 2018, 59; *Lippross*, Unterschiedliche Besteuerung der Lieferung von Waldhackschnitzeln und von Hackschnitzeln aus der Holzverwertung („Holzhackschnitzeln"), UR 2013, 212; *Menke/Bürvenich*, Die Einreihung von zerlegten oder noch nicht zusammengesetzten Waren nach der Allgemeinen Vorschrift 2a, ZfZ 2021, 33; *Neeser*, Austauschbar oder vergleichbar? – Die fragwürdige Entscheidung des BFH zu Holzhackschnitzeln, UVR 2022, 274; *Nieskens*, Der Grundsatz der steuerlichen Neutralität in der Mehrwertsteuer/Umsatzsteuer – Was hat die Praxis davon?, UR 2022, 749; *Radtke*, Maßgeblichkeit des Zolltarifs bei der Anwendung des ermäßigten Umsatzsteuersatzes, Zoll-Profi 2023, 12; *Reiners*, Zum verfassungsrechtlichen Erfordernis einer „Umsatzsteueranrufungsauskunft“, UR 2021, 655; *Schoenfeld*, Die verbindliche Zolltarifauskunft im Rechtsschutzsystem des Unionszollkodex, in Summersberger/Merz/Jatzke/Achatz (Hrsg.), Außenwirtschaft, Verbrauchsteuern und Zoll im 21. Jahrhundert, Festschrift für Hans-Michael Wolffgang, Köln 2018, S. 389; *Schwarz*, in Schwarz/Wockenfoth, Zollrecht, Band 1/2, Teil F. Der Gemeinsame Zolltarif (Stand: März 2023); *Sterzinger*, Änderungen des UStG und der UStDV durch das sog. JStG 2019 und das BEG III, UR 2020, 1; *Thoma*, Das Zollrecht im Wandel. Auswirkungen von zollrechtlichen Änderungen auf das Umsatzsteuerrecht, UStB 2006, 46; *van Doesum/van Kesteren/Cornielje/Nellen*, Fundamentals of EU VAT Law, 2. Aufl., Alphen aan den Rijn 2020; *Vogel*, Zolltarifliche Abgrenzung vs. Neutralitätsgrundsatz, UR 2020, 861; *Vogel*, Anm. zu EuGH, Urt. v. 3.2.2022, C-515/20, UR 2022, 222; *Weerth*, 30 Jahre Harmonisiertes System (1988-2018): Entwicklung und Anwendung der HS-Nomenklatur, Entstehung neuer Lücken, in *Summersberger/Merz/Jatzke/Achatz* (Hrsg.), Außenwirtschaft, Verbrauchsteuern und Zoll im 21. Jahrhundert, Festschrift für Hans-Michael Wolffgang, Köln 2018, S. 469; *Widmann*, Jahressteuergesetz 2019: Die Änderungen bei der Umsatzsteuer, MwStR 2019, 976; *Widmann*, Was Sie schon immer über die Umsatzsteuer(sätze) wissen wollten, UR 2022, 681; *Weymüller*, Bedeutung des europäischen Zollrechts für die Umsatzsteuer, ZfZ 2014, 13; *Weymüller*, Anm. zu BFH, Beschl. v. 10.6.2020 – V R 6/18, MwStR 2021, 85.

A. Grundaussagen

I. Regelungsgegenstand und Bedeutung der Anlage

1. Struktur

Die Anl. 2 ist eine dreispaltige Tabelle. In der ersten Spalte sind die in der zweiten Spalte („Warenbezeichnung“) beschriebenen Gegenstände laufend durchnummeriert. Die dritte Spalte enthält unter der Bezeichnung „Zolltarif (Kapitel, Position, Unterposition)“ bestimmte Zolltarifpositionen (Rz. 36 ff.), mit denen die in der zweiten Spalte beschriebenen Gegenstände (zum Begriff „Gegenstand“ s. Rz. 29 ff.) näher beschrieben werden. Die Struktur der Anl. 2 folgt der Systematik des Zolltarifs. Dies lässt sich daran erkennen, dass die Gegenstände in aufsteigender Reihenfolge nach der zolltariflichen Codierung aufgeführt werden. 1

Anl. 2 listet in 55 Nummern die von ihr erfassten Gegenstände auf. Sie lassen sich in die folgenden Gruppen unterteilen: 2

- Lebensmittel und andere landwirtschaftliche Erzeugnisse (Nr. 1–36, 38–44, 46)
- Futter- und Düngemittel (Nr. 37, 45)
- Forsterzeugnisse (Nr. 48)
- medizinische Geräte und Hilfsmittel (Nr. 51, 52)
- Erzeugnisse für Zwecke der Monatshygiene (Nr. 55)
- Erzeugnisse des grafischen Gewerbes (Nr. 49 Buchst. a-e, 50)
- Kunstgegenstände (Nr. 53)
- Sammlungsstücke (Nr. 49 Buchst. f, 54)

2. Inhaltsüberblick

a) Einteilung der Gegenstände

Die Gegenstände der Anl. 2 lassen sich in verschiedene Warengruppen kategorisieren. Sie werden von unterschiedlichen Ermäßigungstatbeständen in Bezug genommen. 3

Lebensmittel, land- und forstwirtschaftliche Erzeugnisse sowie Futter- und Düngemittel (Nr. 1–48) machen den überwiegenden Teil der steuerermäßigten Gegenstände aus. Ebenfalls der Befriedigung grundlegender Bedürfnisse dienen Menstruationsartikel (Nr. 55) sowie medizinische Geräte und Hilfs- 4 mittel (Nr. 51, 52). Als dritte Warengruppe lassen sich die kulturpolitisch motivierten Steuerermäßigungen (Bücher, Kunstwerke, Sammlungsstücke) (Nr. 49, 50, 53, 54) identifizieren.[1]

b) Gegenstände gemäß § 12 Abs. 2 Nr. 1, 2 und 14 UStG

4.1 Die Mehrheit der Gegenstände der Anl. 2 wird von § 12 Abs. 2 Nr. 1, 2 und 14 UStG in Bezug genommen.

5 Ausgehend vom Zweck des Anhang III MwStSystRL (Rz. 11.2) ist es schlüssig, nahezu alle **Lebensmittel**, mit Ausnahme einzelner Luxuswaren (Kaviar, Schalentiere, Schnecken, Nr. 3, 28), zu privilegieren. Inkonsistent ist es jedoch, nur bestimmte **Getränke** (Milch [Nr. 4], bestimmte Milchmischgetränke [Nr. 35], Smoothies [Nr. 32] und Leitungswasser [Nr. 34]) von Anl. 2 zu erfassen, abgefülltes Wasser, Frucht- und Gemüsesäfte, Limonaden, Kaffee, Tee und Mate[2] sowie Milchersatzprodukte dagegen auszuklammern. Sozialpolitisch lässt sich die Differenzierung jedenfalls nicht erklären. Unionsrechtlich wäre es zulässig, alle nichtalkoholischen Getränke dem ermäßigten Steuersatz zu unterwerfen (Nr. 1 Anhang III MwStSystRL).

6 Seit **2020** (Rz. 27) werden **Menstruationsartikel** (insbes. Binden und Tampons) steuerlich begünstigt. Damit wird der Zweck der Steuerermäßigung – die steuerliche Erleichterung der Befriedigung grundlegender Bedürfnisse – nunmehr auch bei Hygiene-Produkten für Frauen erfüllt. Unionsrechtlich wäre dies schon lange möglich gewesen, da Nr. 3 Anhang III MwStSystRL ausdrücklich Erzeugnisse der Monatshygiene nennt. Systematisch zwingend ist diese Ermäßigung jedoch nicht, weil zahlreiche Non-Food-Produkte des täglichen Bedarfs (z.B. Toilettenpapier, Zahnpasta, Brillen, Medikamente) weiterhin regelbesteuert sind.[3]

7 **Land- und forstwirtschaftliche Erzeugnisse** sowie **Futtermittel** sind unabhängig davon erfasst, wer die Gegenstände liefert. Damit wird nicht unterschieden zwischen regelversteuernden Land- und Forstwirten und solchen, die nach § 24 UStG nach dem Durchschnitt versteuern.

8 **Medizinische Geräte und Hilfsmittel** (Nr. 51–52) sind begünstigt, um die Kranken- und Pflegekassen zu entlasten. Die Privilegierung fügt sich ein in die Ermäßigung für Leistungen von Zahntechnikern und bestimmten Leistungen von Zahnärzten (§ 12 Abs. 2 Nr. 6 UStG), Umsätze beim Betrieb von Schwimmbädern, der Verabreichung von Heilbädern und der Bereitstellung von Kureinrichtungen (§ 12 Abs. 2 Nr. 9 UStG) sowie die Steuerbefreiung für Heil- und Krankenhausbehandlungen, Umsätze gesetzlicher Sozialversicherungsträger und der Betreiber von Pflege- und Altenheimen (§ 4 Nr. 14–16 UStG).

9 Die als „Erzeugnisse des grafischen Gewerbes" bezeichneten **Gegenstände des Buchhandels** (Nr. 49 Buchst. a–e), einschließlich **Hörbüchern** (Nr. 50), sind aus bildungs- und kulturpolitischen Gründen begünstigt.[4] Ausdrücklich ausgenommen sind jugendgefährdende Schriften und Publikationen, die überwiegend Werbezwecken dienen.

c) Kunstgegenstände und Sammlungsstücke

10 **Kunstgegenstände** (Nr. 53) und **Sammlungsstücke** (Nr. 49 Buchst. f, Nr. 54) werden aus kulturpolitischen Gründen privilegiert. Dies geschieht seit dem 1.1.2014 allerdings nur noch in dem von § 12 Abs. 2 Nr. 12 und 13 UStG vorgegebenen Rahmen (§ 12 Abs. 2 Nr. 12 Rz. 5 ff.; § 12 Abs. 2 Nr. 13 Rz. 6 ff.).

1 Für einen Überblick über die Gründe für den ermäßigten Steuersatz s. *Doesum/van Kesteren/Cornielje/Nellen*, Fundamentals of EU VAT Law, S. 298.

2 Nr. 12 Anl. 2 erfasst nur losen Kaffee, Tee und Mate.

3 Hierauf weist zu Recht *Widmann*, MwStR 2019, 976 (984 f.) hin.

4 EuGH, Schlussanträge der Generalanwältin *Kokott* v. 8.9.2016 – C-390/15, ECLI:EU:C:2016:664 – RPO, Rz. 56; EuGH, Urt. v. 7.3.2017 – C-390/15, ECLI:EU:C:2017:174 – RPO, UR 2017, 393 m. Anm. *Dobratz*, Rz. 45.

II. Unionsrechtliche Grundlagen

1. Positivliste begünstigungsfähiger Gegenstände und Dienstleistungen

a) Art. 98 i.V.m. Anhang III MwStSystRL

Die unionsrechtliche Grundlage für die Anl. 2 ist – nach der Streichung der Sondertatbestände der Art. 103 und Art. 122 MwStSystRL (Rz. 11.4, 13) durch die Richtlinie (EU) 2022/542[1] – **Art. 98 i.V.m. Anhang III MwStSystRL**. Art. 98 MwStSystRL wurde durch die **Richtlinie (EU) 2022/542**[2] im Zuge der Einführung weiterer ermäßigter Steuersätze sowie einer Steuerbefreiung mit dem Recht auf Vorsteuerabzug erheblich umgestaltet. **Art. 98 Abs. 1 und Abs. 2 MwStSystRL** (Art. 98 Abs. 1 und Abs. 2 Unterabs. 1 a.F.) erlauben den Mitgliedstaaten, als Ausnahme von Art. 96 MwStSystRL[3] ermäßigte Steuersätze auf die im **Anhang III** MwStSystRL aufgeführten Lieferungen von Gegenständen und Dienstleistungen anzuwenden. Art. 98 Abs. 3 MwStSystRL (Art. 98 Abs. 2 Unterabs. 2 a.F.) enthält ein grundsätzliches Verbot für die Steuerbegünstigung elektronisch erbrachter Dienstleistungen (§ 12 Abs. 2 Nr. 14 Rz. 3.1). 11

Die Richtlinie (EU) 2022/542 übernimmt nicht den **Richtlinienvorschlag**,[4] der eine **Abschaffung des Anhang III MwStSystRL** und eine Ersetzung durch eine bloße Negativliste von Gegenständen, für die ein ermäßigter Steuersatz nicht angewendet werden darf, vorsah.[5] Hätte sich diese Umkehrung der Regelungssystematik von einer Positiv- zu einer Negativliste durchgesetzt, hätte die Anl. 2 abgeschafft werden müssen. 11.1

Der **Anhang III MwStSystRL** enthält eine **abschließende**[6] **Aufzählung** von Gegenständen und Dienstleistungen, die ohne Bezugnahme auf zolltarifliche Vorschriften beschrieben werden. Diese durch die 6. EG-Richtlinie geschaffene Positivliste spiegelt die in den Mitgliedstaaten seinerzeit üblichen Ermäßigungen wieder.[7] Der Zweck des Anhangs ist es, die Kosten für bestimmte, als unentbehrlich erachtete Gegenstände und Dienstleistungen zu senken und somit dem Endverbraucher, der die Mehrwertsteuer wirtschaftlich trägt, den Zugang zu ihnen aus sozialen und kulturellen Gründen zu erleichtern.[8] 11.2

Durch die Richtlinie (EU) 2022/542 wurde der **Anhang III MwStSystRL** im Hinblick auf eine klimaneutrale und ökologische Wirtschaft, zur Stärkung der Widerstandsfähigkeit der Gesundheitssysteme und aus sozialen Gründen[9] auf insgesamt **33 Kategorien** von Gegenständen und Dienstleistungen **erweitert**.[10] Ohne zeitliche Beschränkung (zu den Übergangsregelungen s. Rz. 14 ff.) neu aufgenommen wurden **absorbierende Hygieneprodukte** (Nr. 3; z.B. Klopapier, Taschentücher, Inkontinenzprodukte), **Kinderbekleidung** und -schuhe (Nr. 24), Ausrüstung für den Einsatz bei **Rettungs- oder Erste-Hilfe-Diensten** (Nr. 28), **Solarpaneele** (Nr. 10c), **Energie aus erneuerbaren Energien** sowie befristet Erdgas und Brennholz (Nr. 22), **Fahrräder**, einschließlich Elektrofahrräder (Nr. 25), und lebende Equiden (Nr. 11a). 11.3

---

1 Richtlinie (EU) 2022/542 v. 5.4.2022 zur Änderung der Richtlinien 2006/112/EG und (EU) 2020/285 in Bezug auf die Mehrwertsteuersätze, ABl. EU 2022 Nr. L 107, 1.

2 Ausführlich *Huschens*, UVR 2022, 204 (206 f.).

3 EuGH, Urt. v. 27.6.2019 – C-597/17, ECLI:EU:C:2019:544 – Belgisch Syndicaat van Chiropraxie u.a., UR 2019, 541, Rz. 41.

4 Art. 1 Nr. 12 Vorschlag für eine Richtlinie des Rates zur Änderung der Richtlinie 2006/112/EG in Bezug auf die Mehrwertsteuersätze, COM(2018) 20 final v. 18.1.2018.

5 *Huschens*, AVR 2022, 204 (205 f.); *Ismer*, MwStR 2022, 53 (55).

6 EuGH, Urt. v. 5.10.2023 – C-146/22, ECLI:EU:C:2023:739 – Dyrektor Krajowej Informacji Skarbowej (Mehrwertsteuer für Milchheißgetränke), UR 2023, 912, Rz. 32.

7 *Kokott*, Das Steuerrecht der Europäischen Union, § 8 Rz. 475.

8 Vgl. EuGH, Urt. v. 22.4.2021 – C-703/19, ECLI:EU:C:2021:314 – Dyrektor Izby Administracji Skarbowej w Katowicach, UR 2021, 902, Rz. 37; EuGH, Urt. v. 9.3.2017 – C-573/15, ECLI:EU:C:2017:189 – Oxycure Belgium, UR 2017, 276, Rz. 22; EuGH, Urt. v. 17.1.2013 – C-360/11, ECLI:EU:C:2013:17 – Kommission/Spanien, DB 2013, 159, Rz. 48; *Kokott*, Das Steuerrecht der Europäischen Union, § 8 Rz. 475.

9 Erwägungsgründe 4, 20 RL (EU) 2022/542.

10 Art. 1 Nr. 23 i.V.m. Anhang RL (EU) 2022/542.

11.4 Die Lieferung von **Kunstgegenständen, Sammlungsstücken und Antiquitäten** wurde in Anhang III Nr. 26 MwStSystRL aufgenommen. Dies steht im Zusammenhang mit der **Streichung des Art. 103 MwStSystRL** (§ 12 Abs. 2 Nr. 12 Rz. 2.1).

b) Umgestaltung der Übergangsregeln

aa) Überblick

12 Durch die Richtlinie (EU) 2022/542 wurden die bisherigen Übergangsregeln abgeschafft und gleichzeitig neue eingeführt.

bb) Abschaffung von Art. 122 MwStSystRL

13 Als Teil der Übergangsvorschriften, die bis zur Einführung einer endgültigen Mehrwertsteuerregelung gelten sollten (Art. 109-122 MwStSystRL), erlaubte **Art. 122 MwStSystRL** den Mitgliedstaaten, auf Lieferungen von bestimmten **Pflanzen(teilen)** und **Brennholz** einen ermäßigten Steuersatz anzuwenden. Diese Vorschrift wurde **gestrichen.**[1] Pflanzen(teile) – lebende Pflanzen und sonstige Erzeugnisse des Pflanzenanbaus, einschließlich Knollen, Wurzeln und ähnlichen Erzeugnissen, Schnittblumen und Pflanzenteilen zu Binde- oder Zierzwecken – wurden inhaltlich unverändert in **Anhang III Nr. 23 MwStSystRL** übertragen und damit insoweit die Begünstigungsermächtigung dauerhaft gemacht (zu Brennholz s. Rz. 16 f.). Die Nr. 6–9 Anl. 2, die diese Gegenstände enthalten, müssen daher nicht gestrichen werden.

cc) Neue Übergangsregeln

14 Neue Übergangsregeln wurden für **Schädlingsbekämpfungsmittel** und **Kunstdünger** sowie für **Erdgas** und **Brennholz** eingeführt.

15 Im Hinblick auf die Lieferung von Gegenständen, die in der Regel für den Einsatz in der landwirtschaftlichen Erzeugung bestimmt sind (Anhang III Nr. 11 MwStSystRL), wurde für **chemische Schädlingsbekämpfungsmittel** und **chemische Düngemittel** eine zeitliche Befristung eingeführt. Diese Gegenstände dürfen nur noch **bis zum 1.1.2032** steuerbegünstigt geliefert werden.[2] Dies ist für die Anl. 2 nicht relevant, da sie ohnehin nur tierische und pflanzliche Düngemittel begünstigt (Anl. 2 Nr. 45).

16 In der neuen Kategorie von Anhang III Nr. 22 MwStSystRL, die die Lieferung von Energie aus erneuerbaren Energien betrifft (Rz. 11.3), finden sich **befristet bis zum 1.1.2030** auch **Erdgas** und **Brennholz**. Die Aufnahme dieser Brennstoffe dürfte dem Umstand geschuldet sein, dass Erdgas ein relativ sauberer fossiler Energieträger und Holz ein nachwachsender Rohstoff ist. Im Übrigen war Brennholz bereits in der Übergangsvorschrift des Art. 122 MwStSystRL enthalten (Rz. 13), die jedoch kein konkretes Auslaufdatum hatte. Die „Holz" erfassende Nr. 48 Anl. 2 wird somit spätestens zum Jahresende 2029 gestrichen werden müssen.

17 Den Anwendungsbereich des Begriffs „**Brennholz**" i.S.v. Art. 122 MwStSystRL hat der EuGH auf Vorlage des BFH[3] geklärt.[4] Er erfasst „jegliches Holz […], das nach seinen objektiven Eigenschaften, wie etwa einem im Voraus festgelegten Trocknungsgrad, ausschließlich zum Verbrennen bestimmt ist".[5] Diese Rechtsprechung gilt auch für Anhang III Nr. 22 MwStSystRL. Auf dieser Grundlage sind auch **Holzhackschnitzel**, die aufgrund ihres Trocknungsgrads ausschließlich zur Verwendung als Brennmaterial bestimmt sind, Brennholz.[6]

---

1 Art. 1 Nr. 16 RL (EU) 2022/542.

2 Art. 1 Nr. 23 i.V.m. Anhang Nr. 4 RL (EU) 2022/542.

3 BFH, Vorlagebeschl. v. 10.6.2020 – V R 6/18, BStBl. II 2021, 890 = UR 2020, 879, 1. Vorlagefrage.

4 Zur Vorgeschichte: 2. Auflage dieses Komm., Anl. 2 Rz. 13.1.

5 EuGH, Urt. v. 3.2.2022 – C-515/20, ECLI:EU:C:2022:73 – Finanzamt A, UR 2022, 219 m. Anm. *Vogel*, Rz. 30. So bereits *Weymüller*, MwStR 2021, 81 (86); *Bender*, UStB 2021, 65 (66).

6 BFH, Urt. v. 21.4.2022 – V R 2/22 (V R 6/18), BStBl. II 2023, 460 = UR 2022, 693 m. Anm. *Bender*, Rz. 27; BFH, Vorlagebeschl. v. 10.6.2020 – V R 6/18, BStBl. II 2021, 890 = UR 2020, 879, Rz. 23.

2. Umsetzung

a) Freiheit zur bloß selektiven Umsetzung

Die **Enumeration** in Anhang III MwStSystRL setzt der Anwendung des ermäßigten Steuersatzes in den Mitgliedstaaten eine äußere **Grenze.**[1] Andere als die darin genannten Gegenstände und Dienstleistungen dürfen nicht begünstigt werden. Innerhalb dieses Rahmens steht es den Mitgliedstaaten grundsätzlich frei, Umsätze ganz, gar nicht oder nur teilweise zu privilegieren[2] (zu den Grenzen s. Rz. 104 ff.). Die Mitgliedstaaten dürfen also zum einen auf die Begünstigung einer Kategorie des Anhang III MwStSystRL komplett verzichten. Zum anderen haben sie das Recht, eine Kategorie des Anhang III MwStSystRL nur teilweise ins nationale Recht zu übernehmen (**selektive Umsetzung**). Sie sind also nicht verpflichtet, für sämtliche Leistungen einer Kategorie des Anhang III MwStSystRL denselben Steuersatz anzuwenden.[3] Es ist damit z.B. grundsätzlich rechtlich möglich, nur die Lieferung von kohlensäurehaltigem Wasser, nicht jedoch von stillem Wasser freizustellen (Anhang III Nr. 2 MwStSystRL). 18

b) Abgrenzung nach dem Zolltarif

Bei der Abgrenzung von begünstigten und nichtbegünstigten Kategorien erlaubte Art. 98 Abs. 3 MwStSystRL a.F. bisher ausdrücklich nur die Bezugnahme auf die **Kombinierte Nomenklatur** (Rz. 36 ff.). Hiervon haben 14 Mitgliedstaaten Gebrauch gemacht.[4] Dass **Art. 98 Abs. 4 MwStSystRL**[5] nunmehr daneben auch die Abgrenzung nach „der statistischen Güterklassifikation in Verbindung mit den Wirtschaftszweigen" gestattet, hat für die Anl. 2 keine Bedeutung. Zum einen hatten die Mitgliedstaaten schon vorher das Recht, die Abgrenzung auf andere Weise vorzunehmen als durch den Zolltarif.[6] Zum anderen ist das deutsche „Warenverzeichnis für die Außenhandelsstatistik" in seinen Kapiteln 1–97 identisch mit der KN.[7] 19

c) Umsetzung durch die Anl. 2

Der deutsche Gesetzgeber hat den unionsrechtlichen **Handlungsspielraum nicht vollständig ausgeschöpft.**[8] So wurden nicht alle Gegenstände, die im Anhang III MwStSystRL genannt sind, in die Anl. 2 aufgenommen. Es gibt bspw. keine Steuerermäßigung auf Arzneimittel (Nr. 3) und nicht alle nichtalkoholischen Getränke (Nr. 1) werden begünstigt. Zahlreiche Dienstleistungen, etwa Bauleistungen an Privatwohnungen, private Putzhilfen, kleinere Reparaturdienstleistungen, häusliche Pflegeleistungen und Friseurdienstleistungen (Nr. 10a, 10b, 19, 20 und 21), sind ebenfalls nicht privilegiert. Außerdem sind Dienstleistungen nur hinsichtlich der Vermietung (§ 12 Abs. 2 Nr. 2 UStG) und der Überlassung (§ 12 Abs. 2 Nr. 14 UStG) erfasst. 20

---

1 EuGH, Urt. v. 6.5.2010 – C-94/09, ECLI:EU:C:2010:253 – Kommission/Frankreich, UR 2010, 454, Rz. 21.

2 EuGH, Urt. v. 5.10.2023 – C-146/22, ECLI:EU:C:2023:739 – Dyrektor Krajowej Informacji Skarbowej (Mehrwertsteuer für Milchheißgetränke), UR 2023, 912, Rz. 34; EuGH, Urt. v. 3.2.2022 – C-515/20, ECLI:EU:C:2022:73 – Finanzamt A, UR 2022, 219 m. Anm. *Vogel*, Rz. 38; EuGH, Urt. v. 5.9.2019 – C-145/18, ECLI:EU:C:2019:668 – Regards Photographiques, UR 2019, 779, Rz. 42; EuGH, Urt. v. 9.3.2017 – C-573/15, ECLI:EU:C:2017:189 – Oxycure Belgium, UR 2017, 276, Rz. 25; BFH, Beschl. v. 17.11.2009 – XI B 2/09, BFH/NV 2010, 480 (481).

3 BFH, Beschl. v. 17.11.2009 – XI B 2/09, BFH/NV 2010, 480, Rz. 6 m.w.N., zur 6. EG-Richtlinie.

4 S. die Zusammenstellung bei *Heidbüchel/Zaumseil*, MwStR 2022, 455 (461).

5 I.d.F. von Art. 1 Nr. 6 RL (EU) 2022/542.

6 EuGH, Urt. v. 5.10.2023 – C-146/22, ECLI:EU:C:2023:739 – Dyrektor Krajowej Informacji Skarbowej (Mehrwertsteuer für Milchheißgetränke), UR 2023, 912, Rz. 36; EuGH, Urt. v. 22.4.2021 – C-703/19, ECLI:EU:C:2021:314 – Dyrektor Izby Administracji Skarbowej w Katowicach, UR 2021, 902, Rz. 39. Vgl. auch EuGH, Urt. v. 3.2.2022 – C-515/20, ECLI:EU:C:2022:73 – Finanzamt A, UR 2022, 219 m. Anm. *Vogel*, Rz. 38.

7 *Statistisches Bundesamt*, Warenverzeichnis für die Außenhandelsstatistik 2024, S. XI. Polen z.B. verwendet eine von der KN abweichende Nomenklatur, s. EuGH, Urt. v. 5.10.2023 – C-146/22, ECLI:EU:C:2023:739 – Dyrektor Krajowej Informacji Skarbowej (Mehrwertsteuer für Milchheißgetränke), UR 2023, 912, Rz. 24.

8 Für eine Übersicht s. *Kraeusel* in FS 100 Jahre Umsatzsteuer in Deutschland, S. 629 (650 f.).

21 Bei **Lebensmitteln** hat der Gesetzgeber einen **unnötig komplexen Weg** der Umsetzung gewählt.[1] Statt – wie etwa in den Niederlanden[2] – eine allgemeine Kategorie von begünstigten Lebensmitteln zu bilden, listet die Anl. 2 eine Vielzahl von einzelnen Lebensmitteln auf. Eine derart ausdifferenzierte Nomenklatur erfordert einen erheblichen Darlegungsaufwand, weil grundsätzlich jede Ware einer konkreten laufenden Nummer zugewiesen werden muss (zur Ausnahme s. Rz. 57).

22 In der Vergangenheit wurde aus unterschiedlichen politischen Richtungen für zahlreiche Produkte aus **sozial-, gesundheits- oder klimapolitischen** Erwägungen eine Umsatzsteuerermäßigung gefordert.[3] Der Bundesrechnungshof hat im Dezember 2022 seine Aufforderung, den Katalog der Steuerermäßigungen zu überarbeiten, wiederholt.[4] Den durch die Richtlinie (EU) 2022/542 geschaffenen mitgliedstaatlichen Handlungsspielraum hat Deutschland mit der Einführung des Nullsteuersatzes für Solarpaneele (§ 12 Abs. 3 UStG) – ohne Bezugnahme auf die Anl. 2 – genutzt. Die Bundesregierung hat im Juli 2022 in der Antwort auf eine Kleine Anfrage[5] und erneut im **April 2023**[6] mitgeteilt, dass sie nicht entschieden habe, ob eine Änderung der ermäßigten Umsatzsteuersätze geplant sei.

III. Verhältnis zu anderen Vorschriften und Rechtsentwicklung

1. Verhältnis zu anderen Vorschriften

23 Die Anl. 2 hat in erster Linie Bedeutung für die Festlegung der Gegenstände, auf deren Umsatz der ermäßigte Steuersatz gemäß § 12 Abs. 2 Nr. 1, 2, 12 und 13 UStG erhoben wird. Außerdem wird sie herangezogen, um die Höhe der **land- und forstwirtschaftlichen Durchschnittssätze** zu bestimmen (§§ 24 Abs. 1 Nr. 2; 28 Abs. 3 UStG) und zu definieren, welche Gegenstände der **Differenzbesteuerung** unterliegen (§ 25a Abs. 2 Nr. 1, § 25a Abs. 3 UStG).[7]

24 **§ 26 Abs. 2 UStG** ermächtigt das BMF, durch Rechtsverordnung diejenigen Vorschriften des UStG und die auf seiner Grundlage erlassenen Rechtsverordnungen, in denen auf den Zolltarif hingewiesen wird, dem Wortlaut des Zolltarifs in der jeweils geltenden Fassung (Rz. 45 ff.) anzupassen. Eine der damit gemeinten Vorschriften ist die Anl. 2 (Anwendungsbeispiel s. Rz. 26). Die UStDV enthält derzeit keine Bezugnahmen auf die Anl. 2.

2. Rechtsentwicklung

25 Die heutige Anl. 2 änderte mehrfach ihre Bezeichnung. Im UStG 1967 wurde die „Liste der dem Steuersatz von 5 von Hundert unterliegenden Gegenstände" als **„Anlage 1"** geführt. Mit Inkrafttreten des UStG 1980[8] wurde sie zur **einzigen Anlage**. Zum 1.7.1983 wurde die Überschrift in „Liste der dem ermäßigten Steuersatz unterliegenden Gegenstände" geändert.[9] Mit Schaffung des Umsatzsteuerlagers im Jahre 2003, dessen Anwendungsbereich in der neuen Anl. 1 niedergelegt wurde (Anl. 1 Rz. 6 ff.), wechselte die Liste ihre Bezeichnung in „Anlage 2 (zu § 12 Abs. 2 Nr. 1 und 2)".[10] Durch das JStG

---

1 So bereits *Wäger* in Birkenfeld/Wäger, Umsatzsteuer-Handbuch, Aktuell – Berichtszeitraum III. Quartal 2022, Rz. 57 (Stand: November 2022).

2 EuGH, Urt. v. 1.10.2020 – C-331/19, ECLI:EU:C:2020:786 – Staatssecretaris van Financiën [Ermäßigter Steuersatz für Aphrodisiaka], UR 2021, 429, Rz. 10 f.

3 Für einen Überblick s. BT-Drucks. 20/2833 v. 15.7.2022, S. 2; *Rondorf* in Schwarz/Widmann/Radeisen, § 12 Abs. 2 UStG Rz. 23a f. (Stand: März 2023); *Kruhl*, UStB 2018, 59 (61 ff.); zu Lebensmitteln *Rennar*, UStB 2023, 231.

4 *BRH*, Bericht nach § 88 Absatz 2 BHO an den Finanzausschuss des Bundestages – Reform des ermäßigten Umsatzsteuersatzes lange überfällig, 13.12.2022; *BRH*, Unterrichtung durch den Bundesrechnungshof v. 28.6.2010, BR-Drucks. 390/10 = UR 2010, 566; ausführlich zu Kritik und Reformüberlegungen *Rondorf* in Schwarz/Widmann/Radeisen, § 12 Abs. 2 UStG Rz. 28 ff. (Stand: März 2023).

5 BT-Drucks. 20/2833 v. 15.7.2022. Hierzu *Widmann*, UR 2022, 681 (681 ff.).

6 BT-Drucks. 20/6390 v. 14.4.2023, S. 26 (Friseur- und Kosmetikdienstleistungen), S. 93 (Lebensmittel).

7 *Rondorf* in Schwarz/Widmann/Radeisen, § 12 Abs. 2 Nr. 1 UStG Rz. 148 ff. (Stand: Juli 2023).

8 Gesetz zur Neufassung des Umsatzsteuergesetzes und zur Änderung anderer Gesetze v. 26.11.1979, BGBl. I 1979, 1953.

9 Art. 5 Nr. 4, Art. 28 Nr. 9 Haushaltsbegleitgesetz 1983, BGBl. I 1982, 1857 (1866, 1911).

10 Art. 5 Nr. 10, 36 Steueränderungsgesetz 2003 v. 15.12.2003, BGBl. I 2003, 2645 (2656, 2664).

2019[1] wurde die Bezeichnung der Anlage um die bereits 2013 eingefügten Nr. 12 und Nr. 13 sowie die mit dem JStG 2019 eingefügte Nr. 14 ergänzt und trägt nunmehr die Bezeichnung „**Anlage 2 (zu § 12 Absatz 2 Nummer 1, 2, 12, 13 und 14)**".

Im UStG 1967 wurden die Waren mit dem alphanumerischen Code des seinerzeit geltenden **Gemeinsamen Zolltarifs** (Rz. 36) beschrieben. Die wohl wichtigste Änderung der Anl. 2 erfolgte zum 1.1.1988. Mit der auf § 26 Abs. 2 UStG (Rz. 24) gestützten Verordnung vom 7.3.1988[2] wurde die Anl. 2 – damals noch als (einzige) „Anlage" bezeichnet –, die bis dahin noch auf den Gemeinsamen Zolltarif verwiesen hatte,[3] an das Warenkodierungssystem der **Kombinierten Nomenklatur** (Rz. 36 ff.) angepasst und in die dreispaltige Struktur (Rz. 1 ff.) gebracht, die sie noch heute aufweist. Bei dieser Gelegenheit wurden die Warenbezeichnungen neu gegliedert und von zuletzt 47 laufenden Nummern auf 54 laufende Nummern erweitert. Die bis dahin in den §§ 26–28 UStDV behandelten Steuerermäßigungen für Wasser, Körperersatzstücke, orthopädische Apparate und andere Vorrichtungen sowie numismatische Sammlungsstücke wurden unverändert in die Nr. 34, 52 und 54 Buchst. c Anl. 2 überführt.[4] 26

Auch **inhaltliche Änderungen** waren im Laufe der Zeit zu verzeichnen. Einige Positionen der Anl. 2 wurden gestrichen und eine Position wurde neu besetzt. Zum 1.1.1997 entfernt wurden **bestimmte land- und forstwirtschaftliche Erzeugnisse** (Bettfedern und Daunen, Hopfen, Korbweiden, Schilfe und Binsen, rohes Bienenwachs, Tabakerzeugnisse, bestimmte Holzwaren und rohe Wolle).[5] Die Steuerermäßigung für **Fütterungsarzneimittel** fiel zum 1.1.2002 weg.[6] Mit Wirkung vom 1.7.2012 wurde die Steuerermäßigung für „**Pferde** einschließlich reinrassiger Zuchttiere, ausgenommen Wildpferde" (Nr. 1 Buchst. a Anl. 2) gestrichen.[7] Zum 1.1.2015 wurde in Nr. 50 Anl. 2 eine Steuerermäßigung für **Hörbücher**, die sich auf einem Speichermedium befinden, eingeführt.[8] Das JStG 2019[9] fügte ab dem 1.1.2020 **Menstruationsartikel** (insbes. Binden und Tampons) als Nr. 55 der Anl. 2 an. 27

Aus **redaktionellen Gründen** wurden die Nr. 46, 49, 51 und 52 Anl. 2 zum 15.12.2003 geändert[10] und die Anl. 2 wurde mit Wirkung vom 19.12.2006 neu gefasst.[11] Zum 29.12.2007 wurde Nr. 40 Buchst. a Anl. 2 an eine Änderung einer KN-Unterposition angepasst.[12] 28

Im Jahr 2022[13] und bis Januar 2024 wurde die Anl. 2 nicht geändert. 28.1

---

1 Art. 11 Nr. 11 Gesetz zur weiteren steuerlichen Förderung der Elektromobilität und zur Änderung weiterer steuerlicher Vorschriften (JStG 2019), BGBl. I 2019, 2451 (2468).

2 Art. 1 Nr. 3 Verordnung zur Änderung des Umsatzsteuergesetzes und der Umsatzsteuer-Durchführungsverordnung, BGBl. I 1988, 204 (204).

3 Davor zuletzt geändert durch Art. 17 Nr. 12 Steuerbereinigungsgesetz 1985 v. 14.12.1984, BGBl. I 1984, 1493 (1506).

4 Art. 2 Nr. 3 Verordnung zur Änderung des Umsatzsteuergesetzes und der Umsatzsteuer-Durchführungsverordnung, BGBl. I 1988, 204 (209).

5 Art. 1 Nr. 16, Art. 7 Abs. 2 Umsatzsteuer-Änderungsgesetz 1997 v. 12.12.1996, BGBl. I 1996, 1851 (1854 f., 1858).

6 Art. 18 Nr. 20 Buchst. c, Art. 39 Abs. 6 Steueränderungsgesetz 2001 v. 20.12.2001, BGBl. I 2001, 3794 (3813, 3821).

7 Art. 2, Art. 5 Abs. 2 Gesetz zur Änderung des Gemeindefinanzreformgesetzes und von steuerlichen Vorschriften v. 8.5.2012, BGBl. I 2012, 1030 (1031).

8 Art. 9 Nr. 8, Art. 28 Abs. 5 Gesetz zur Anpassung des nationalen Steuerrechts an den Beitritt Kroatiens zur EU und zur Änderung weiterer steuerlicher Vorschriften v. 25.7.2014, BGBl. I 2014, 1266 (1289, 1294). Weiterführend *Rondorf* in Schwarz/Widmann/Radeisen, § 12 Abs. 2 UStG Rz. 22 (Stand: März 2023); s.a. BMF, Schr. v. 1.12.2014 – IV D 2-S 7225-07/10002, BStBl. I 2014, 1614.

9 Art. 12 Nr. 21, Art. 39 Abs. 2 Gesetz zur weiteren steuerlichen Förderung der Elektromobilität und zur Änderung weiterer steuerlicher Vorschriften (JStG 2019), BGBl. I 2019, 2451 (2474, 2490).

10 Steueränderungsgesetz 2003, BGBl. I 2003, 2645 (2664).

11 Art. 7 Nr. 14, Art. 20 Abs. 1 JStG 2007 v. 13.12.2006, BGBl. I 2006, 2878 (2897, 2912). Zu den Änderungsgründen BR-Drucks. 622/06, 133 f.

12 Art. 8 Nr. 10, Art. 28 Abs. 1 JStG 2008 v. 20.12.2007, BGBl. I 2007, 3150 (3170, 3188).

13 Art. 1 Gesetz zur temporären Senkung des Umsatzsteuersatzes auf Gaslieferungen über das Erdgasnetz, BGBl. I 2022, 1743; Art. 12 Achtes Gesetz zur Änderung von Verbrauchsteuergesetzen, BGBl. I 2022, 1838; JStG 2022, BGBl. I 2022, 2294.

B. Liste der steuerbegünstigten Gegenstände gemäß Anlage 2

I. Begriff des „Gegenstands"

1. Überblick

29 Die Anl. 2 verwendet den Begriff „Warenbezeichnung" (Rz. 34). Gleichzeitig ist in ihrer Überschrift von den „Gegenständen" die Rede, die dem ermäßigten Steuersatz unterliegen. Auf den letztgenannten Begriff wird auch in § 12 Abs. 2 Nr. 1, 2, 12 und 13 UStG Bezug genommen. Da der Begriff des Gegenstands im UStG nicht definiert wird, muss er im Lichte von Art. 14 f. MwStSystRL richtlinienkonform ausgelegt werden, so dass er neben körperlichen Gegenständen auch Elektrizität, Gas, Wärme oder Kälte und ähnliche Sachen (Art. 15 Abs. 1 MwStSystRL) erfasst.[1]

29.1 Außerdem erstreckt sich die Anl. 2 auf **mit dem Erdboden verbundene Sachen** (Rz. 31) und die Lieferung eines in einer Sache gebundenen **Gehalts** eines bestimmten Inhaltsstoffs (Rz. 32).

30 Die relativ neue Vorschrift des § 12 Abs. 2 Nr. 14 UStG verwendet darüber hinaus den Begriff „**Erzeugnisse**" (§ 12 Abs. 2 Nr. 14 Rz. 12 ff.).

2. Wesentliche Bestandteile eines Grundstücks

31 Gegenstand eines begünstigten Umsatzes können neben beweglichen Sachen auch Erzeugnisse eines Grundstücks i.S.d. § 94 BGB sein (z.B. Obst am Baum und Getreide am Halm [stehende Ernte]).[2]

3. Lieferung eines Warengehalts

32 Eine mittelbare Ausdehnung erfährt der Gegenstandsbegriff der Anl. 2 durch die gesetzliche Definition einer **Gehaltslieferung. § 3 Abs. 5 Satz 1 UStG** bestimmt für den Fall, dass ein Abnehmer dem Lieferer die Nebenerzeugnisse oder Abfälle, die bei der Bearbeitung oder Verarbeitung des ihm übergebenen Gegenstands entstehen, zurückgibt, sich die Lieferung auf den Gehalt des Gegenstands an den Bestandteilen beschränkt, die dem Abnehmer verbleiben (§ 3 Rz. 315 ff.). Typisches Beispiel ist die Lieferung von Zuckerrüben, wobei die Zuckerrübenfabrik nach Verarbeitung der Rüben dem Lieferer die Rübenschnitzel zur Verwendung als Futtermittel zurückgibt. Ein solcher (Zucker-)Gehalt fällt unter die Anl. 2, wenn er in der Anl. 2 aufgeführt ist (z.B. Zucker in Nr. 29 Anl. 2). Dies ist die konsequente Folge des Umstands, dass die Verweisungen auf den Zolltarif in der Anl. 2 **nicht auf Waren im Sinne des Zollrechts beschränkt** sind, sondern lediglich zur begrifflichen Abgrenzung der begünstigten Gegenstände dienen.[3]

II. Elemente der Gegenstandsbeschreibung

1. Überblick

33 Der in § 12 Abs. 2 Nr. 1, 2, 12 und 13 UStG erwähnte „Gegenstand" der Steuerermäßigung wird in der Anl. 2 durch die Beschreibung in den Spalten „Warenbezeichnung" und „Zolltarif" definiert. Damit bedient sich das deutsche Recht – die Anl. 2 – bei der Beschreibung der Waren, für die der ermäßigte Steuersatz gelten soll, der KN. Diese nämlich ist mit der Bezeichnung „Zolltarif" gemeint (Rz. 36 ff.).

2. Warenbezeichnung

34 In der Spalte „Warenbezeichnung" werden die steuerbegünstigten Gegenstände beschrieben (z.B. Nr. 11: „genießbare Früchte und Nüsse"). Mitunter werden Einschränkungen vorgenommen (z.B. Nr. 45: „Tierische und pflanzliche Düngemittel mit Ausnahme von Guano") oder klargestellt, dass be-

---

1 *Bender* in Offerhaus/Söhn/Lange, § 21 UStG Rz. 854 ff. (Stand: Februar 2023).
2 Beispiel nach BMF, Schr. v. 13.7.2004 – IV B 7-S 7220 – 38/04, BStBl. I 2004, 638, Rz. 4.
3 *Rondorf* in Schwarz/Widmann/Radeisen, § 12 Abs. 2 Nr. 1 UStG Rz. 48 (Stand: Juli 2023).

stimmte Behandlungsformen erfasst sind (z.B. Nr. 10 Buchst. m: „Hülsenfrüchte, auch geschält oder zerkleinert").

35 Die Warenbezeichnung übernimmt den Wortlaut der KN, wenn auf ganze Kapitel, Positionen oder Unterpositionen der KN Bezug genommen wird (z.B. Nr. 2: „Fleisch und genießbare Schlachtnebenerzeugnisse"; Nr. 42: „Essigsäure"). Soll eine Zolltarifposition nur teilweise von der Anl. 2 erfasst sein (Expositionen, s. Rz. 55), nimmt das UStG in der Anl. 2 entweder eine eigenständige Warenbeschreibung vor oder benutzt zur Abgrenzung der Warengruppen zolltarifliche Begriffe (Rz. 56 ff.).

3. Zolltarif

a) Kombinierte Nomenklatur als Zolltarif i.S.d. UStG

36 Die Anl. 2 verweist in der dritten Spalte auf den „Zolltarif (Kapitel, Position, Unterposition)". Die bereits in der Anlage zum UStG 1967 (Rz. 26) enthaltene Bezeichnung „Zolltarif" meint den **Gemeinsamen Zolltarif**, dessen Einführung in Art. 9 Abs. 1 EWG-Vertrag (jetzt Art. 28 Abs. 1 AEUV) vorgesehen war und durch die Verordnung (EWG) Nr. 950/68 v. 28.6.1968 über den Gemeinsamen Zolltarif[1] erfolgte. Dieser Zolltarif wurde durch die Verordnung (EWG) Nr. 2658/87 v. 23.7.1987 über die zolltarifliche und statistische Nomenklatur sowie den Gemeinsamen Zolltarif[2] abgelöst. Durch sie wurde eine umfassende Warenklassifikation für zollrechtliche und statistische Zwecke geschaffen, die als **Kombinierte Nomenklatur (KN)** bezeichnet wird.[3] Die KN ist in Anhang I der Verordnung (EWG) Nr. 2658/87 enthalten. Dieser Anhang wird jährlich aktualisiert.[4]

37 Die KN dient der Umsetzung des Internationalen Übereinkommens vom 14.6.1983 i.d.F. v. 24.6.1986[5] über das Harmonisierte System zur Bezeichnung und Codierung der Waren (**Harmonisiertes System – HS**), einem im Rahmen der Weltzollorganisation (WCO) geschlossenen völkerrechtlichen Vertrag, zu dessen Vertragsparteien die EU[6] und die Bundesrepublik Deutschland[7] gehören. Durch dieses im Anhang des HS-Übereinkommens niedergelegte **Tarifschema** wird die Warenklassifikation für Handelszwecke für alle 212[8] Vertragsparteien des HS vereinheitlicht. Auf dem darin enthaltenen sechsstelligen Warencode baut die KN auf und ergänzt ihn um die siebte und achte Stelle.

38 Die KN hat den Anspruch der Lückenlosigkeit.[9] Alle denkbaren Waren sind dort nach **Abschnitt, Kapitel, Position und Unterposition** systematisiert und mit einem **achtstelligen numerischen Code** (Unterposition KN)[10] versehen.

39 Der Verweis in der dritten Spalte der Anl. 2 auf ein Kapitel der KN bezieht sich auf die als solche bezeichneten **Abschnitte** der KN (z.B. Kapitel 2: Fleisch und genießbare Schlachtnebenerzeugnisse). **„Position"** meint einen vierstelligen KN-Code, während sechs- und achtstellige Codes mit dem Begriff **„Unterposition"** bezeichnet werden.[11]

40 Durch die Bezugnahme auf die KN werden auch alle unionsrechtlichen Vorschriften, die die KN auslegen, für anwendbar erklärt. Hierzu gehören insbes. **Einreihungsverordnungen**[12] (Rz. 62 ff.). Die

---

1 ABl. EG 1968 Nr. L 172, 1; S.a. *Lux* in Dorsch, Zollrecht, VO KN, Einführung, Rz. 4.

2 ABl. EG 1987 Nr. L 256, 1.

3 Art. 1 Abs. 1 Verordnung (EWG) Nr. 2658/87.

4 Zuletzt Durchführungsverordnung (EU) 2023/2364 v. 26.9.2023 zur Änderung des Anhang I der Verordnung (EWG) Nr. 2658/87 des Rates über die zolltarifliche und statistische Nomenklatur sowie den Gemeinsamen Zolltarif, ABl. EU L, 2023/2364, eur-lex-europa.eu.

5 ABl. EG 1987 Nr. L 198, 1.

6 Beschluss 87/369/EWG des Rates v. 7.4.1987 über den Abschluß des Internationalen Übereinkommens über das Harmonisierte System zur Bezeichnung und Codierung der Waren sowie des dazugehörigen Änderungsprotokolls, ABl. EG 1987 Nr. L 198, 1.

7 S. die Mitteilung in ZfZ 1987, 34.

8 Abrufbar unter: www.wcoomd.org/en/topics/nomenclature/overview/list-of-contracting-parties-to-the-hs-convention-and-countries-using-the-hs.aspx (Stand: 16.6.2023).

9 *Schwarz* in Schwarz/Wockenfoth, Zollrecht, Band 1/2, Teil F Rz. 3.

10 Art. 3 Abs. 1 Verordnung (EWG) Nr. 2658/87.

11 EuGH, Urt. v. 16.5.2019 – C-138/18, ECLI:EU:C:2019:419 – Estron, Rz. 47.

12 Zweifelnd BFH, Urt. v. 27.2.2019 – VII R 1/18, BFH/NV 2019, 848, Rz. 25.

über Art. 98 Abs. 4 MwStSystRL (Rz. 19) beabsichtigte einheitliche Vorgehensweise bei der Abgrenzung der begünstigten Waren würde beeinträchtigt, wenn Einreihungsverordnungen, die in den Mitgliedstaaten bestehende Einreihungsunterschiede beseitigen sollen, für die Zwecke der Mehrwertsteuer nicht gelten würden.

b) Weitere Zolltarifschemata (TARIC, EZT)

41 Ein gegenüber den achtstelligen Unterpositionen KN um zwei Positionen erweitertes Zolltarifschema stellt der Integrierte Tarif der Europäischen Gemeinschaften (Tarif Intégré des Communautés Européennes – **TARIC**) dar. Er wird auf der Grundlage von Art. 2, 3 Abs. 2 Verordnung (EWG) Nr. 2658/87 durch die Kommission erstellt und nur elektronisch veröffentlicht.[1] Die Unterpositionen des TARIC werden durch eine neunte und zehnte Stelle gebildet.[2] Mit diesen Warentarifpositionen werden u.a. spezielle zoll- oder außenhandelsrechtliche Maßnahmen codiert (z.B. Zollkontingente, Antidumpingzölle).[3] Der TARIC ermöglicht es, sämtliche unionsrechtlichen Vorschriften, die die Ein- und Ausfuhr betreffen, in einem numerischen Code darzustellen.

42 Auch wenn zollrechtlich der TARIC neben der KN zum Gemeinsamen Zolltarif gehört (s. Art. 56 Abs. 2 Buchst. a und b UZK), ist umsatzsteuerrechtlich nur die KN relevant. Die Unterpositionen, auf die die Anl. 2 verweist, haben nämlich nie mehr als acht Stellen. Daher ist **„Zolltarif" i.S.d. UStG allein die KN.**[4]

43 Die Mitgliedstaaten dürfen über den zehnstelligen TARIC hinaus weitere **nationale Unterpositionen** oder Zusatzcodes generieren.[5] Hiervon hat die deutsche Zollverwaltung Gebrauch gemacht, indem sie den **Elektronischen Zolltarif (EZT)** geschaffen hat. Er ist keine Rechtsnorm,[6] sondern stellt eine browsergestützte Auskunftsanwendung (http://auskunft.ezt-online.de) dar. Der EZT baut auf dem zehnstelligen TARIC auf und ergänzt ihn um eine **elfte Position**. Mit dieser Chiffre werden unilaterale Außenhandelsbeschränkungen (etwa für Rüstungsgüter)[7] codiert.[8] Auch die **Umsatzsteuersätze** werden mit der elften Stelle verschlüsselt. Nationale Regelungen zum Zolltarif sind dagegen bedeutungslos (s. § 6 ZollVG i.V.m. der Zolltarifverordnung 1986[9]).

44 Neben der elfstelligen Warennomenklatur sind im EZT wichtige **Auslegungshilfen** für die KN **integriert**. Im Einzelnen handelt es sich um die Erläuterungen und Tarifavisen zum HS, die Erläuterungen zur KN, Einreihungsverordnungen und Entscheidungen des EuGH und der Finanzgerichte. Darüber hinaus enthält er **Informationsmaterial** über die jenseits des Zollrechts bei der Ein- und Ausfuhr anwendbaren Vorschriften (Verbote und Beschränkungen, Verbrauchsteuern, EUSt). So wird bei der Anwendung „EZT-Online Einfuhr" zu jeder angezeigten Zolltarifposition der jeweils anwendbare EUSt-Satz angezeigt.

c) Dynamische Verweisung auf die KN

45 Die Verweise der Anl. 2 auf die Kapitel und (Unter-)Positionen der KN sind dynamischer Natur.[10] Dies folgt aus § 26 Abs. 2 UStG (Rz. 24), weil dort ausdrücklich auf den „Wortlaut des Zolltarifs in der

---

1 Vgl. Art. 12 Abs. 2, Art. 3 Abs. 2 Verordnung (EWG) Nr. 2658/87. Der TARIC ist abrufbar unter https://ec.europa.eu/taxation_customs/dds2/taric/taric_consultation.jsp?Lang=de (Stand: 3.1.2024).

2 Art. 3 Abs. 2 Verordnung (EWG) Nr. 2658/87.

3 *Schulte* in Witte/Wolffgang[10], Rz. E2007; *Alexander* in Witte[8], Art. 56 UZK Rz. 15.

4 So auch *Korf/Peterka* in FS Wolffgang, S. 273 (274); s.a. *Schmölz* in Weymüller[2], § 12 Abs. 2 Nr. 1 UStG Rz. 22.1.

5 Art. 5 Abs. 3 Verordnung (EWG) Nr. 2658/87.

6 EuGH, Urt. v. 28.6.1990, C-80/89, ECLI:EU:C:1990:269 – Behn Verpackungsbedarf, Rz. 13.

7 Hierzu *Bender* in Paschke/Graf/Olbrisch[2], Abschn. 37, Rz. 1 ff.

8 *Schulte* in Witte/Wolffgang[10], Rz. E2008.

9 BGBl. II 1986, 896; BGBl. II 2000, 1138.

10 *Langer* in Hartmann/Metzenmacher, § 12 Abs. 2 Nr. 1 UStG, Rz. 26 (Stand: Juli 2018); *Schmölz* in Weymüller[2], § 12 Abs. 2 Nr. 1 UStG Rz. 22.4; *Weymüller* in Dorsch, Zollrecht, § 12 UStG Rz. 51 (Stand: Mai 2019); *Kraeusel* in Reiß/Kraeusel/Langer, § 12 UStG Rz. 405 f. (Stand: April 2020); implizit BFH, Urt. v. 26.6.2018 – VII R 47/17, BStBl. II 2023, 457 = UR 2018, 876, Rz. 10; offengelassen von BFH, Urt. v. 29.10.1986 – VII R 110/82,

jeweils geltenden Fassung“ verwiesen wird. Die Vorschrift wäre überflüssig, wenn es sich um eine statische Verweisung handeln würde. Im Übrigen fehlt im UStG eine mit § 1a Nr. 2 EnergieStG oder § 1 Abs. 2 StromStG vergleichbare Vorschrift, die festlegt, auf welche Fassung der KN sich eine statische Verweisung beziehen sollte. Dies bedeutet, dass die im Zeitpunkt des maßgeblichen Umsatzes geltende Fassung der KN anzuwenden ist.[1]

Hieraus folgt, dass eine **Änderung einer Zolltarifposition**, die in der dritten Spalte der Anl. 2 genannt wird, grundsätzlich Auswirkungen auf die Reichweite der Steuerbegünstigung hat.[2] Bspw. wurde ab der KN 2017 in die Position 1211 KN (Pflanzen, Pflanzenteile, Samen und Früchte) der Zustand der Ware als gekühlt und gefroren aufgenommen.[3] Diese Ausweitung geht zurück auf eine Änderung des Harmonisierten Systems im Jahr 2017.[4] Für Umsätze ab dem 1.1.2017 sind damit auch gekühlte und gefrorene Kräuter der Nr. 21 Anl. 2 umsatzsteuerbegünstigt. 46

Anders ist der Fall zu beurteilen, in dem die in Bezug genommene **Zolltarifposition unrichtig geworden** ist, ohne dass sich ihr Inhalt geändert hat. So wurde ab der KN 2017 die für Brennholz geltende Unterposition 4401 1000 KN, auf die die Nr. 48 Buchst. a Anl. 2 verweist, durch die Unterposition 4401 1100 KN für Brennholz aus Nadelhölzern und die Unterposition 4401 1200 KN für anderes Brennholz ersetzt. Diese Änderung geht zurück auf eine stärkere Ausdifferenzierung des Harmonisierten Systems 2017.[5] Die Unterposition 4401 30 KN für Sägespäne, Holzabfälle und Holzausschuss etc., auf die die Nr. 48 Buchst. b Anl. 2 noch immer verweist, existiert bereits seit der KN 2012 nicht mehr. Sie wurde infolge einer Änderung des Harmonisierten Systems 2012[6] in die Unterpositionen 4401 31 und 4401 39 KN[7] aufgespalten. Man könnte sich auf den Standpunkt stellen, dass ab dem 1.1.2017 bzw. 1.1.2012 die genannten Gegenstände der Nr. 48 Anl. 2 nicht mehr existieren, weil die in Bezug genommenen Unterpositionen nicht mehr bestehen. Gleichzeitig ist jedoch eindeutig, dass die Unterposition 4401 1000 und die Unterposition 4401 30 KN lediglich durch andere Unterpositionen ersetzt wurden, ohne dass es zu einer inhaltlichen Änderung kommen sollte. Wenn eine **Änderung der KN keine materiell-rechtlichen Auswirkungen** hat und es keine Anhaltspunkte dafür gibt, dass die Steuerermäßigung nach Inhalt und Umfang geändert werden sollte, sind die Verweise auf die außer Kraft getretenen Unterpositionen als Verweis auf die sie ersetzenden Unterposition zu lesen.[8] Dies ist keine Ausnahme von dem oben genannten (Rz. 45) Grundsatz, dass immer die im Zeitpunkt des Umsatzes bzw. der Einfuhr geltende Fassung der KN anzuwenden ist, sondern das Ergebnis der Auslegung der Warenbezeichnung. 47

BFHE 148, 90 (91 f.) = UR 1987, 18; BFH, Urt. v. 20.2.1990 – VII R 172/84, BFHE 160, 342 (343) = BStBl. II 1990, 760; BFH, Urt. v. 14.1.1997 – VII R 47/96, BStBl. II 1997, 481, BFHE 182, 466 (468 f.).

1 So auch *Rondorf* in Schwarz/Widmann/Radeisen, § 12 Abs. 2 Nr. 1 UStG Rz. 85 (Stand: Juli 2023); BMF, Schr. v. 13.7.2004 – IV B 7-S 7220 – 38/04, BStBl. I 2004, 638, Rz. 5.

2 Vgl. BFH, Urt. v. 28.1.1999 – V R 88/97, UR 2000, 35 (35) zu Anl. 2 Nr. 45.

3 Durchführungsverordnung (EU) 2016/1821 v. 6.10.2016 zur Änderung des Anhang I der Verordnung (EWG) Nr. 2658/87 des Rates über die zolltarifliche und statistische Nomenklatur sowie den Gemeinsamen Zolltarif, ABl. EU 2016 Nr. L 294, 1.

4 WCO, Table I – Correlating the 2017 Version to the 2012 version of the Harmonized System, S. I/9, www.wcoomd.org/en/topics/nomenclature/instrument-and-tools/hs-nomenclature-2017-edition/correlation-tables-hs-2012-to-2017.aspx (Stand: 3.1.2024).

5 WCO, Table I – Correlating the 2017 Version to the 2012 version of the Harmonized System, S. I/15, www.wcoomd.org/en/topics/nomenclature/instrument-and-tools/hs-nomenclature-2017-edition/correlation-tables-hs-2012-to-2017.aspx (Stand: 3.1.2024).

6 WCO, Table I – Correlating the 2012 Version to the 2007 version of the Harmonized System, I/20, www.wcoomd.org/en/topics/nomenclature/instrument-and-tools/hs_nomenclature_previous_editions/correlations-tables_2012.aspx (Stand: 3.1.2024).

7 Verordnung (EU) Nr. 1006/2011 v. 27.9.2011 zur Änderung des Anhang I der Verordnung (EWG) Nr. 2658/87 des Rates über die zolltarifliche und statistische Nomenklatur sowie den Gemeinsamen Zolltarif, ABl. EU 2011 Nr. L 282, 1.

8 Vgl. BFH, Urt. v. 14.1.1997 – VII R 47/96, BFHE 182, 466 (468 f.) = BStBl. II 1997, 481; BFH, Urt. v. 1.4.2008 – VII R 8/07, BFHE 221, 321 (323) = BStBl. II 2008, 898 = UR 2008, 623; so i.E. auch *Weymüller* in Dorsch, Zollrecht, § 12 UStG Rz. 189 (Stand: Mai 2019).

d) KN gilt im Umsatzsteuerrecht als Unionsrecht

48 Im Rahmen der Bezugnahme der Anl. 2 auf die KN **gilt die KN als Unionsrecht.**[1] Dieses Ergebnis ist begründungsbedürftig, weil der deutsche Gesetzgeber nicht den Anwendungsbereich des Unionsrechts – die KN gilt originär nicht im Mehrwertsteuerrecht – erweitern kann.[2] Dogmatisch nicht überzeugend ist es daher davon zu sprechen, dass die KN „infolge der im Umsatzsteuerrecht enthaltenen Verweisung unmittelbar" gelte.[3] Der einfache Gesetzgeber kann nämlich nicht durch die Bezugnahme auf das Unionsrecht Recht schaffen, das vom Rang her über dem nationalen Verfassungsrecht steht. Dies wäre verfassungsrechtlich nicht zulässig. Außerdem hat der Bundesgesetzgeber keine Kompetenz zum Erlass von Unionsrecht. Die Anwendung der KN auf das Mehrwertsteuerrecht kann sich daher nur aus dem Unionsrecht selbst ergeben. Diese ordnet **Art. 98 Abs. 4 MwStSystRL** an, der es den Mitgliedstaaten erlaubt, die Kategorien von Gegenständen, auf die der ermäßigte Steuersatz anzuwenden ist, anhand der KN abzugrenzen (Rz. 19).

49 Da die KN im Umfang des Verweises in der Anl. 2 als Unionsrecht gilt, ist sie einer verfassungsrechtlichen Überprüfung grundsätzlich entzogen, weil das Unionsrecht vom Rang her auch über dem mitgliedstaatlichen Verfassungsrecht steht.[4] Geprüft werden kann am Maßstab von Art. 3 Abs. 1 GG nur, ob die konkret vorgenommene Differenzierung gleichheitswidrig ist. Hierbei hat das BVerfG sachliche Differenzierungsgründe[5] ausreichen lassen. Betont werden muss in diesem Zusammenhang, dass diese Prüfung vom gesetzgeberischen Motiv ausgeht, während der Grundsatz der steuerlichen Neutralität auf die Verbrauchersicht (Rz. 109) abstellt.

50 Außerdem folgt aus dem Gesagten, dass ein **Vorabentscheidungsersuchen** (Art. 267 AEUV) zur Auslegung der KN auch allein für umsatzsteuerrechtliche Zwecke zulässig wäre.

4. Verhältnis von Warenbezeichnung und Zolltarifposition

a) Überblick

51 Die inhaltliche Reichweite der Anl. 2 ergibt sich aus einem Zusammenspiel zwischen Warenbezeichnung und der in Bezug genommenen KN-Position. Es lassen sich zwei Typen von Verweisungen auf den Zolltarif unterscheiden:[6]

b) Totalverweisung

52 Eine Totalverweisung liegt vor, wenn in der Spalte „Warenbezeichnung" lediglich der Text der in der dritten Spalte wiedergegebenen KN-Position wiederholt wird. In diesem Fall besteht grundsätzlich **vollständige Kongruenz zwischen dem Zolltarif und der Anl. 2**. Bspw. wird die Ware in Nr. 36 Anl. 2 als „Speiseessig" bezeichnet; die dazugehörige Zolltarifposition 2209 00, die in der dritten Spalte bezeichnet wird, hat denselben Wortlaut. Damit sind sogleich alle weiteren Unterpositionen der Position 2209 00 KN, nämlich die Unterpositionen 2209 0011, 2209 0019, 2209 0091 und 2209 0099 KN erfasst.[7] Der Inhalt der Steuerbegünstigung richtet sich dann allein nach der KN.

53 Anders ist es dagegen, wenn die in Bezug genommene KN-Position geändert wurde und infolgedessen nicht mehr zu der Warenbezeichnung passt. In diesen Fällen muss entschieden werden, ob hierdurch

---

1 So auch *Weymüller* in Dorsch, Zollrecht, § 12 UStG Rz. 36 (Stand: Mai 2019); *Weymüller*, ZfZ 2014, 13 (16); *Hamster* in Weymüller, BeckOK, § 12 Abs. 2 Nr. 1 UStG Rz. 22 (Stand: Dezember 2022).

2 Ausführlich *Bender* in Offerhaus/Söhn/Lange, § 21 UStG Rz. 153 ff. (Stand: Februar 2023).

3 So aber BFH, Urt. v. 29.10.1986 – VII R 110/82, BFHE 148, 90 (91 f.) = UR 1987, 18.

4 Diese Prüfung jedoch vornehmend: BVerfG, Beschl. v. 14.9.1995 – 1 BvR 1787/94, UR 1996, 97 (98); BVerfG, Beschl. v. 18.3.2005 – 1 BvR 1822/00, HFR 2005, 696 (697).

5 BVerfG, Beschl. v. 14.9.1995 – 1 BvR 1787/94, UR 1996, 97 (98): handgefertigte und industriell gefertigte Kunstgegenstände; BVerfG, Beschl. v. 18.3.2005 – 1 BvR 1822/00, HFR 2005, 696 (698): Sozialpolitische Gründe (zu orthopädischen Apparaten und Vorrichtungen einerseits und Knochennägel und -gitter für Knochenbrüche andererseits).

6 So auch *Weymüller*, ZfZ 2014, 13 (16 f.).

7 Für eine Erfassung der Unterpositionen auch BFH, Urt. v. 28.6.2000 – V R 63/99, UR 2001, 64 (65).

eine inhaltliche Änderung der KN-Position und damit der steuerbegünstigten Gegenstände erfolgen sollte (Rz. 47).

Eine Totalverweisung auf eine bestimmte Zolltarifposition kann schließlich den – für sich genommen weitergehenden – Wortlaut der Warenbezeichnung eingrenzen. So umfasst der Begriff „Wasser" (Nr. 34 Anl. 2) jede Art von Wasser. Durch die Bezugnahme auf die Unterposition 2201 9000 KN wird jedoch deutlich, dass nur bestimmte Wasser erfasst sein sollen. Unter diese Unterpositionen fallen nämlich nur „andere" Wasser als „Mineralwasser und kohlensäurehaltiges Wasser", also z.B. Leitungswasser. Mineralwasser und kohlensäurehaltiges Wasser werden dagegen von der Unterposition 2201 10 KN erfasst. 54

c) Exposition

Neben der vollständigen Inkorporation einer KN-Position kennt die Anl. 2 auch den nur teilweisen Verweis auf die KN. In diesen Fällen wird durch die Formulierung der Warenbezeichnung deutlich gemacht, dass der Anl. 2 nur eine Teilmenge der in Bezug genommenen KN-Codes unterfallen soll. Derartige **Expositionen** werden in der Spalte „Zolltarif" durch das Wort „aus" (lat.: ex) kenntlich gemacht. Zum Beispiel werden in der Nr. 34 Anl. 2 nicht alle Wasser der Unterposition 2201 9000 KN (Rz. 54) erfasst. Aus der Warenbezeichnung ergibt sich, dass Wasser in Fertigpackungen nicht begünstigt sein soll. 55

C. Auslegung der Anlage 2

I. Anwendbare Auslegungsrahmen

Der Umfang der Verweisung der Anl. 2 auf die KN bestimmt den Auslegungsrahmen, der bei der Exegese der Anl. 2 zur Anwendung kommt. 56

Soweit die Anl. 2 **vollständig auf eine KN-Position verweist**, erfolgt die Auslegung der von der Anl. 2 erfassten Gegenstände **allein nach zolltariflichen Regeln.**[1] Sofern **mehrere Tarifpositionen** in Betracht kommen, die alle von der Anl. 2 in Bezug genommen werden, kann offenbleiben, in welche davon eine Ware einzureihen ist.[2] Damit scheidet eine Auslegung aus, die sich an den normativen Grundsätzen des Gesetzgebers des UStG orientiert, die für die Schaffung des Katalogs der Anl. 2 maßgebend waren. Nicht gewünschte Konsequenzen des formalen Zolltarifrechts muss der Gesetzgeber ggf. durch Einfügung einer ausdrücklichen Ausnahme in die betreffenden Bestimmungen der Anlage vermeiden.[3] 57

Zollrechtliche Auslegungskriterien sind nur anzuwenden, **soweit** die Anl. 2 auf zollrechtliche Begriffe verweist.[4] Bei einer **Exposition** (Rz. 55) muss im Einzelfall ermittelt werden, ob sie sich zur Abgrenzung der Warengruppen zollrechtlicher Termini bedient (mit der Folge, dass dann nur zollrechtliche Auslegungskriterien zur Anwendung kommen) oder ein genuin umsatzsteuerlicher Begriff Verwendung findet (der auch nur umsatzsteuerrechtlich ausgelegt werden darf). 58

---

1 BFH, Urt. v. 29.10.1986 – VII R 110/82, BFHE 148, 90 (91 f.) = UR 1987, 18; BFH, Urt. v. 20.2.1990 – VII R 172/84, BFHE 160, 342 (343) = BStBl. II 1990, 760; BFH, Urt. v. 26.2.1991 – VII R 127/89, BFH/NV 1991, 779 (779); BFH, Urt. v. 28.6.2000 – V R 63/99, BFH/NV 2001, 348 (348), UR 2001, 64; BFH, Urt. v. 8.1.2003 – VII R 11/02, BFHE 201, 352 (354 f.) = UR 2003, 350; BFH, Urt. v. 3.2.2004 – VII R 33/03, BFH/NV 2004, 849 (850); BFH, Beschl. v. 28.12.2005 – V B 95/05, BFH/NV 2006, 840 (840 f.); BFH, Urt. v. 9.2.2006 – V R 49/04, BStBl. II 2006, 694 = UR 2006, 403 (406) m. Anm. *Friedrich*; BFH, Urt. v. 18.12.2008 – V R 55/06, BFHE 223, 539 = UR 2009, 243 (246); BFH, Urt. v. 7.7.2015 – VII R 65/13, UR 2016, 70, Rz. 9; BFH, Urt. v. 14.6.2016 – VII R 12/15, ZfZ 2017, 69, Rz. 11; BFH, Urt. v. 27.2.2019 – VII R 1/18, BFH/NV 2019, 848, Rz. 7; BFH, Urt. v. 21.4.2022 – V R 2/22 (V R 6/18), BStBl. II 2023, 460 = UR 2022, 693 m. Anm. *Bender*, Rz. 20, 25; BFH, Urt. v. 23.2.2023 – V R 38/21, BStBl. II 2023, 797 = UR 2023, 479, Rz. 14.

2 BFH, Urt. v. 23.2.2023 – V R 38/21, BStBl. II 2023, 797 = UR 2023, 479, Rz. 22.

3 BFH, Urt. v. 20.2.1990 – VII R 172/84, BFHE 160, 342 (343) = BStBl. II 1990, 760.

4 BFH, Urt. v. 26.2.1991 – VII R 127/89, BFH/NV 1991, 779 (779 f.); BFH, Urt. v. 14.6.2016 – VII R 12/15, ZfZ 2017, 69, Rz. 11.

59 Es gibt Expositionen, bei denen nur bestimmte Waren aus einem Kapitel oder einer (Unter-)Position der KN von der Anl. 2 erfasst sein sollen, ohne dass hierzu eigene umsatzsteuerliche Begriffe verwendet werden. Von der Nr. 39 Anl. 2 wird bspw. „Speisesalz, nicht in wässriger Lösung" erfasst. Die in Bezug genommene Position 2501 00 KN umfasst dagegen Salze „auch in wässriger Lösung". Der Begriff „wässrige Lösung" ist damit zollrechtlicher Natur und muss folglich nach zollrechtlichen Gesichtspunkten (Rz. 61 ff.) ausgelegt werden.

60 Anders ist eine Exposition zu beurteilen, die in der Warenbezeichnung die steuerbegünstigten Waren durch **eigenständige Begriffsbildungen** von der Gesamtheit der Waren, die einer in Bezug genommenen KN-Position unterfallen, abgrenzt. Beispielsweise findet sich die in Nr. 45 Anl. 2 verwendete Einschränkung „nicht chemisch behandelt" nicht in der KN. Ihr Begriffsinhalt muss daher ohne Rückgriff auf das Zollrecht bestimmt werden.[1] Genauso verhält es sich bei der Ausnahme von Teilen und Zubehör aus der Umsatzsteuerbegünstigung für künstliche Gelenke. Auch sie ist rein umsatzsteuerlicher Art.[2] Es kann auch vorkommen, dass innerhalb einer Exposition Begriffe zollrechtlicher und umsatzsteuerrechtlicher Prägung verwendet werden. So ist in der Nr. 35 Anl. 2 der Begriff „Milchmischgetränk" umsatzsteuerrechtlich auszulegen, weil er der KN fremd ist, während die Begriffe „Milch" und „Erzeugnisse" in Kapitel 4 KN und in der Position 2202 KN verwendet werden und deshalb zolltariflich auszulegen sind.[3]

II. Zollrechtliche Auslegung

1. Überblick

61 Sofern die Anl. 2 auf die KN verweist, ist die KN unter Berücksichtigung der nachfolgenden Normen und Interpretationshilfen auszulegen. Die **Reihenfolge der Darstellung entspricht dem anzuwendenden Prüfprogramm.**

2. Einreihungsverordnungen

62 Bevor man als Rechtsanwender eine KN-Position sucht und die einzureihende Ware unter die Merkmale dieser Position subsumiert, muss geprüft werden, ob es eine Einreihungsverordnung gibt, die auf den zu entscheidenden Fall anwendbar ist (zur Anwendbarkeit dieser Verordnungen im Umsatzsteuerrecht s. Rz. 40).[4] In ihnen wurde dieser Vorgang nämlich bereits durchgeführt. Einreihungsverordnungen sind EU-Verordnungen, mit denen die in der Verordnung beschriebenen Waren einer konkreten KN-Unterposition zugewiesen werden. Sie werden von der Kommission erlassen, wenn der Kommission über die Zollverwaltungen der Mitgliedstaaten bekannt wird, dass in den Mitgliedstaaten Waren unterschiedlich eingereiht werden.

63 Einreihungsverordnungen sind **zeitlich anwendbar** auf Vorgänge – hier: Umsätze –, die nach ihrem Erlass stattgefunden haben. Rückwirkend dürfen sie nicht angewandt werden.[5] Die Verwaltung lässt jedoch teilweise einen umsatzsteuerlichen **Übergangszeitraum** zu.[6]

---

1 FG Rh.-Pf., Urt. v. 26.4.2016 – 3 K 2373/14, EFG 2016, 1568, Rz. 24.

2 BFH, Urt. v. 14.1.1997 – VII R 47/96, BFHE 182, 466 (468 f.) = BStBl. II 1997, 481.

3 BFH, Urt. v. 9.2.2006 – V R 49/04, BFHE 213, 88 (93) = BStBl. II 2006, 694 = UR 2006, 403 m. Anm. Friedrich.

4 Vgl. EuGH, Urt. v. 22.3.2017 – C-435/15 und C-666/15, ECLI:EU:C:2017:232 – Grofa, Rz. 35 m.w.N. Soweit der EuGH meint, dass eine entsprechende Anwendung weder erforderlich noch möglich sei, wenn er mit seiner Antwort auf eine Vorlagefrage alle für die Einreihung einer Ware in eine KN-Position erforderlichen Angaben geliefert habe (EuGH, Urt. v. 22.6.2023 – C-24/22, ECLI:EU:C:2023:507 – PR Pet, Rz. 71; EuGH, Urt. v. 26.4.2017 – C-51/16, ECLI:EU:C:2017:298 – Stryker EMEA Supply Chain Services, Rz. 62), betrifft dies Fälle, in denen zuerst nach der Auslegung der KN gefragt wurde.

5 EuGH, Urt. v. 17.7.2014 – C-472/12, ECLI:EU:C:2014:2082 – Panasonic Italia u.a., Rz. 58; EuGH, Urt. v. 24.11.1971 – 30/71, ECLI:EU:C:1971:111 – Siemers, Rz. 8; EuGH, Urt. v. 15.12.1971 – 77/71, ECLI:EU:C:1971:129 – Gervais-Danone/Hauptzollamt München, Rz. 8; EuGH, Urt. v. 28.3.1979 – 158/78, ECLI:EU:C:1979:87 – Biegi/Hauptzollamt Bochum, Rz. 11; BFH, Beschl. v. 23.5.2019 – VII R 33/17, juris, Rz. 23.

6 BMF, Schr. v. 20.4.2016 – III C 2-S 7225/12/10001, BStBl. I 2016, 483, Rz. 4.

Sachlich sind Einreihungsverordnungen **anwendbar** auf alle Gegenstände, die mit der in der Verordnung genannten Ware **identisch** sind. 64

Außerdem sind Einreihungsverordnungen auf solche Waren anzuwenden, die denjenigen **entsprechen**, die von ihr erfasst werden.[1] Die Voraussetzung hierfür ist, dass sich die einzureihende und die in der Einreihungsverordnung bezeichnete Ware einander **hinreichend ähnlich sind.**[2] Insoweit ist auch die Begründung dieser Verordnung zu berücksichtigen.[3] Methodisch erinnert die entsprechende Anwendung einer Einreihungsverordnung an den Fall-Vergleich aus dem common law. Wenn sich zwei Sachverhalte – die einzureihende Ware einerseits und die Ware der Einreihungsverordnung andererseits – hinreichend ähnlich sind, tritt die in der Einreihungsverordnung genannte Rechtsfolge ein. Anders formuliert ist der Tatbestand, unter den subsumiert wird, seinerseits ein Sachverhalt. 64.1

Schließlich muss die Einreihungsverordnung auch von der **Rechtsfolge** her passen. Trotz Vergleichbarkeit der Waren kann die Einreihung einer Ware nur dann im Wege der entsprechenden Anwendbarkeit einer Einreihungsverordnung erfolgen, wenn die in der Verordnung genannte KN-Position noch existiert. Wenn also zwischen Erlass einer Einreihungsverordnung und einem zu beurteilenden Umsatz die maßgebliche KN-Position – und sei es nur aus formalen Gründen – geändert worden ist, führt die entsprechende Anwendung der Verordnung ins Leere, nämlich zur Anwendung einer nicht mehr existenten KN-Position.[4] Freilich kann die Begründung einer solchen Verordnung bei der Subsumtion unter eine konkrete KN-Position herangezogen werden (sofern die Verordnung nicht gegen höherrangiges Recht verstößt, s. Rz. 65). 64.2

Wenn eine Ware in den Anwendungsbereich einer Einreihungsverordnung fällt und von der Rechtsfolge her passt, ist die Tarifierungsfrage **abschließend geklärt**. Solange die Einreihungsverordnung wirksam ist, muss sie angewendet werden, auch wenn sie den Inhalt der KN ändert. Die Verordnung ist dann zwar rechtswidrig, weil sie als Tertiärverordnung mit der KN – einer Sekundärverordnung – im Einklang stehen muss. Die Unwirksamkeit einer Verordnung kann jedoch nur der EuGH feststellen, der im Rahmen eines Vorabentscheidungsverfahrens angerufen werden müsste.[5] Die mitgliedstaatlichen Gerichte dürfen Unionsrecht nicht unangewendet lassen.[6] 65

Rechtsschutz gegen Einreihungsverordnungen, die gegen die KN verstoßen, ist nur im Rahmen eines **Vorabentscheidungsersuchens** möglich, die nach Inkrafttreten[7] einer geplanten Änderung der Satzung des EuGH[8] in Zollangelegenheiten grundsätzlich vom EuG entschieden werden sollen. **Direktklagen** von Wirtschaftsbeteiligten vor dem EuG sind **unzulässig**.[9] 65.1

1 EuGH, Urt. v. 2.5.2019 – C-268/18, ECLI:EU:C:2019:353 – Onlineshop, Rz. 40; EuGH, Urt. v. 22.3.2017 – C-435/15 und C-666/15, ECLI:EU:C:2017:232 – Grofa, Rz. 37; EuGH, Urt. v. 22.9.2016 – C-91/15, ECLI:EU:C:2016:716 – Kawasaki Motors Europe, Rz. 39; EuGH, Urt. v. 13.7.2016 – C-14/05, ECLI:EU:C:2006:465 – Anagram International, Rz. 32; EuGH, Urt. v. 4.3.2014 – C-130/02, ECLI:EU:C:2004:122 – Krings, Rz. 35.

2 EuGH, Urt. v. 22.6.2023 – C-24/22, ECLI:EU:C:2023:507 – PR Pet, Rz. 70; EuGH, Urt. v. 2.5.2019 – C-268/18, ECLI:EU:C:2019:353 – Onlineshop, Rz. 42; EuGH, Urt. v. 22.3.2017 – C-435/15 und C-666/15, ECLI:EU:C:2017:232 – Grofa, Rz. 38; EuGH, Urt. v. 19.2.2009 – C-376/07, ECLI:EU:C:2009:105 – Kamino International Logistics, Rz. 67.

3 EuGH, Urt. v. 2.5.2019 – C-268/18, ECLI:EU:C:2019:353 – Onlineshop, Rz. 42; EuGH, Urt. v. 22.3.2017 – C-435/15 und C-666/15, ECLI:EU:C:2017:232 – Grofa, Rz. 38; EuGH, Urt. v. 13.7.2016 – C-14/05, ECLI:EU:C:2006:465 – Anagram International, Rz. 34; EuGH, Urt. v. 4.3.2015 – C-547/13, ECLI:EU:C:2015:139 – Oliver Medical, Rz. 58.

4 FG Hamburg, Urt. v. 6.12.2021 – 4 K 9/18, ZfZ 2022, 142, Rz. 21.

5 So bspw. im Vorlageverfahren zu EuGH, Urt. v. 22.3.2017 – C-435/15 und C-666/15, ECLI:EU:C:2017:232 – Grofa oder EuGH, Urt. v. 4.2.2021 – C-760/19, ECLI:EU:C:2021:96 – JCM Europe.

6 EuGH, Urt. v. 22.10.1987 – 314/85, ECLI:EU:C:1987:452 – Foto-Frost, Rz. 13; EuGH, Urt. v. 10.1.2006 – C-344/04, ECLI:EU:C:2006:10 – International Air Transport Association, Rz. 30.

7 Im Dezember 2023 haben Rat und Europäisches Parlament eine vorläufige Einigung erzielt (www.consilium.europa.eu/de/press/press-releases/2023/12/07/reform-of-the-statute-of-the-court-of-justice-council-and-parliament-negotiators-reach-provisional-agreement/).

8 Antrag des Gerichtshofs nach Artikel 281 Absatz 2 des Vertrags über die Arbeitsweise der Europäischen Union zur Änderung des Protokolls Nr. 3 über die Satzung des Gerichtshofs der Europäischen Union vom 30.11.2022; hierzu COM(2023) 135 final.

9 EuG, Beschl. v. 19.7.2017 – T-716/16, ECLI:EU:T:2017:526 – Pfizer; EuG, Beschl. v. 10.6.2020 – T-846/19, ECLI:EU:T:2020:248 – Golden Omega.

3. Auslegungshilfen in der KN

a) Überblick

66 Wenn – wie so oft – keine Einreihungsverordnung anwendbar ist, muss eine KN-Position identifiziert werden, die auf die einzureihende Ware anwendbar ist. Da häufig der Wortlaut der Positionen nicht eindeutig ist oder mehrere Positionen in Betracht kommen, enthält die KN selbst zahlreiche Auslegungshilfen und Konfliktlösungsregeln.

b) Warenspezifische Anmerkungen

67 Bevor man sich den Allgemeinen Vorschriften (Rz. 68 ff.) zuwenden kann, müssen zunächst die den Abschnitten, Kapiteln oder (Unter-)Positionen vorangestellten **„Anmerkungen"** und **„Zusätzlichen Anmerkungen"** zu Rate gezogen werden (vgl. AV 1 Satz 2 KN). Sie enthalten Definitionen von Waren oder befassen sich mit der Abgrenzung von mehreren in Betracht kommenden Unterpositionen.

c) Allgemeine Vorschriften (AV)

aa) Überblick

68 Eine für die Praxis zentrale Auslegungshilfe stellen die Allgemeinen Vorschriften (**AV**) für die Auslegung der KN dar.[1] In diesen insgesamt sechs AV werden allgemeine Einreihungsgrundsätze aufgestellt, die anwendbar sind, wenn keine spezielleren Auslegungshilfen greifen.

bb) Hierarchie der Gliederungsebenen; Bedeutung des Wortlauts (AV 1, AV 6 KN)

69 Nach der AV 1 Satz 1 KN sind die Überschriften der Abschnitte, Kapitel und Teilkapitel nur Hinweise. Maßgebend für die Einreihung sind der **Wortlaut der Positionen** und der Anmerkungen zu den Abschnitten oder Kapiteln und – soweit in den Positionen oder in den Anmerkungen zu den Abschnitten oder Kapiteln nichts anderes bestimmt ist – die nachstehenden AV. Die AV 6 KN überträgt diese Regel für die Unterpositionen.

70 Hieraus lässt sich zweierlei ableiten: Zum einen sind für die Einreihung nur die **Wortlaute der Positionen und Unterpositionen** maßgeblich, wobei nur die auf einer Gliederungsstufe stehenden Unterpositionen vergleichbar sind (AV 6 Satz 2 KN). Wenn also eine bestimmte Ware in einer Unterposition genau bezeichnet ist, unterfällt sie dieser Unterposition, auch wenn sie nicht zu der Kapitelüberschrift passt. Genauso wenig kann eine konkrete Unterposition im Lichte der Kapitelüberschrift einschränkend ausgelegt werden. Bspw. ist in der Unterposition 1704 9010 KN (Nr. 29 Anl. 2) ein Süßholz-Auszug mit einem Saccharosegehalt von mehr als 10 % genannt. Eine Ware mit diesen Eigenschaften gehört in diese Unterposition, auch wenn es sich dabei nicht um eine klassische Süßware handelt und sie nicht zum unmittelbaren Verzehr geeignet ist. Dass die Überschrift des Kapitels 17 KN „Zucker und Zuckerwaren" lautet, ändert daran nichts.

71 Zum anderen kommt in der AV 1 Satz 2, AV 6 Satz 1 KN die **überragende Bedeutung des Wortlauts** der KN-(Unter-)Positionen zum Ausdruck. Die Grundidee dieser Auslegungsregel ist, dass der Zöllner bei der Einfuhrabfertigung rasch erkennen können soll, wie die Ware einzureihen ist.[2] Daher ist im Interesse der Rechtssicherheit und der leichten Nachprüfbarkeit das entscheidende Kriterium für die zollrechtliche Tarifierung von Waren allgemein in deren **objektiven Merkmalen** und Eigenschaften zu suchen, wie sie im Wortlaut der Positionen und Unterpositionen sowie in den Anmerkungen zu den Abschnitten oder Kapiteln der KN festgelegt sind.[3]

---

1 Zur Anwendung der AV instruktiv *Gellert*, Zolltarifrecht³, S. 15 ff.

2 Vgl. EuGH, Urt. v. 28.7.2011 – C-215/10, ECLI:EU:C:2011:528 – Pacific World und FDD International, Rz. 40.

3 EuGH, Urt. v. 5.9.2019 – C-559/18, ECLI:EU:C:2019:667 – TDK-Lambda Germany, Rz. 26; EuGH, Urt. v. 6.9.2018 – C-471/17, ECLI:EU:C:2018:681 – Kreyenhop & Kluge, Rz. 36; EuGH, Urt. v 20.11.2014 – C-666/13, ECLI:EU:C:2014:2388 – Rohm Semiconductor, Rz. 24; EuGH, Urt. v. 17.7.2014 – C-480/13, ECLI:EU:C:2014:2097 – Sysmex, Rz. 29 m.w.N.; BFH, Urt. v. 27.2.2019 – VII R 1/18, BFH/NV 2019, 848, Rz. 7.

Nur ausnahmsweise kann der **Verwendungszweck** einer Ware ein Tarifierungskriterium sein, sofern er dieser Ware **innewohnt**, was sich anhand ihrer objektiven Merkmale und Eigenschaften beurteilen lassen muss.[1] Der Verwendungszweck (z.B. Brennholz, Nr. 48 a Anl. 2) kann jedoch nur dann ein erhebliches Kriterium sein, wenn die Tarifierung nicht allein auf der Grundlage der objektiven Merkmale und Eigenschaften dieses Erzeugnisses erfolgen kann.[2] Anders ist es bei **verwendungsbezogenen Tarifpositionen** (z.B. Unterposition 9021 1090 KN: „Schienen und andere Vorrichtungen zum Behandeln von Knochenbrüchen"). Für die Einreihung in eine solche Position ist es nicht erforderlich, dass die alleinige oder ausschließliche Zweckbestimmung des einzureihenden Erzeugnisses dieser Verwendung entspricht. Ausreichend ist, dass diese Verwendung seine **wesentliche Zweckbestimmung** ist.[3] Die Entscheidung, ob ein Hauptverwendungszweck erkennbar ist, ist als **Tatsachenwürdigung** regelmäßig einer revisionsrechtlichen Überprüfung nicht zugänglich.[4] 72

cc) Unvollständige, unfertige, zerlegte und noch nicht zusammengesetzte Waren (AV 2 a KN)

Nach der AV 2 a KN gilt jede Anführung einer Ware in einer (Unter-)Position auch für die unvollständige oder unfertige Ware, wenn sie im vorliegenden Zustand die wesentlichen Beschaffenheitsmerkmale der vollständigen oder fertigen Ware hat. Sie gilt auch für eine vollständige oder fertige Ware, wenn diese zerlegt oder noch nicht zusammengesetzt gestellt wird.[5] Die AV 2 a KN erweitert damit den Anwendungsbereich einer jeden Unterposition, die grundsätzlich die fertige Ware meint, um Waren mit den genannten Defiziten.[6] Für Waren, die nicht mithilfe der AV 2 a KN eingereiht werden können, kommt eine Einreihung als **Teil**[7] oder – wenn auch dies nicht möglich ist – nach der **eigenen Beschaffenheit** in Betracht. 73

Aufgrund der Beschaffenheit der meisten Waren der Anl. 2 (Tiere und Lebensmittel) ist der Anwendungsbereich dieser AV im Umsatzsteuerbereich eher gering. In Betracht kommt er bei den medizinischen Waren (Nr. 51 f. Anl. 2) und den Kunst- oder Sammlungsstücken (Nr. 53 f. Anl. 2). 74

dd) Gemischte oder mehrstoffige Waren (AV 2 b KN)

Auch die AV 2 b Satz 1 und 2 KN erweitert den Anwendungsbereich einer jeden (Unter-)Position. Danach gilt jede Anführung eines Stoffes (z.B. Fleisch, Milch, Gemüse) in einer (Unter-)Position für diesen Stoff auch gemischt oder in Verbindung mit anderen Stoffen. Durch diese Erweiterung des Anwendungsbereichs kommt es zwangsläufig zu Konkurrenzen, die die AV 2 b Satz 3 KN löst, indem auf die AV 3 verwiesen wird (Rz. 76 ff.). Der Anwendungsbereich der AV 2 b KN ist begrenzt, weil viele Mischungen und Verbindungen bereits vom Wortlaut konkreter (Unter-)Positionen erfasst sind.[8] 75

1 EuGH, Urt. v. 5.9.2019 – C-559/18, EU:C:2019:667 – TDK-Lambda Germany, Rz. 27; EuGH, Urt. v. 18.6.2020 – C-340/19, EU:C:2020:488 – Hydro Energo, Rz. 35; EuGH, Urt. v. 28.4.2022 – C-72/21, EU:C:2022:312 – PRODEX, Rz. 28; EuGH, Urt. v. 20.10.2022 – C-542/21, ECLI:EU:C:2022:814 – Mikrotīkls, Rz. 22; BFH, Urt. v. 13.1.2015 – VII R 25/13, BFH/NV 2015, 712, Rz. 6; BFH, Urt. v. 23.2.2023 – V R 38/21, BStBl. II 2023, 797 = UR 2023, 479, Rz. 16.

2 EuGH, Urt. v. 16.12.1976 – 38/76, EU:C:1976:190 – Industriemetall LUMA GmbH, Rz. 7; EuGH, Urt. v. 5.9.2019 – C-559/18, ECLI:EU:C:2019:667 – TDK-Lambda Germany, Rz. 27; EuGH, Urt. v. 28.4.2016 – C-233/15, EU:C:2016:305 – Oniors Bio, Rz. 33; BFH, Urt. v. 23.2.2023 – V R 38/21, BStBl. II 2023, 797 = UR 2023, 479, Rz. 16.

3 EuGH, Urt. v. 9.8.1984 – C-395/93, ECLI:EU:C:1994:243 – Neckermann Versand, Rz. 8 f.; EuGH, Urt. v. 13.7.2006 – C-14/05, ECLI:EU:C:2006:465 – Anagram International, Rz. 26; EuGH, Urt. v. 17.7.2014 – C-480/13, ECLI:EU:C:2014:2097 – Sysmex Europe, Rz. 32; EuGH, Urt. v. 5.9.2019 – C-559/18, ECLI:EU:C:2019:667 – TDK-Lambda Germany, Rz. 28; EuGH, Urt. v. 4.2.2021 – C-760/19, ECLI:EU:C:2021:96 – JCM Europe, Rz. 36.

4 BFH, Urt. v. 28.2.2023 – VII R 21/20, BFH/NV 2023, 866, Rz. 33.

5 Einzelheiten bei *Lux* in Dorsch, Zollrecht, VO KN App. 1, Rz. 23 ff. (Stand: April 2021).

6 Ausführlich zu den Anwendungsproblemen der AV 2 a KN s. *Menke/Bürvenich*, ZfZ 2021, 33 (37 ff.).

7 Zum Teilebegriff FG Hamburg, Urt. v. 11.6.2019 – 4 K 232/16, juris, Rz. 41 m.w.N. aus der Rspr. des EuGH.

8 *Weymüller* in Dorsch, Zollrecht, § 12 UStG Rz. 69 (Stand: Mai 2019).

ee) Positionskonkurrenzen (AV 3 KN)

76 Die AV 3 KN befasst sich mit Positionskonkurrenzen. Sie können in den Fällen der AV 2 b KN (Rz. 75) oder auf andere Weise entstehen, wenn für die Einreihung von Waren zwei oder mehr Positionen in Betracht kommen. Ist dies aus Rechtsgründen der Fall, sind die Regeln der AV 3 KN nacheinander zu prüfen.[1]

77 Die **AV 3 a Satz 1 KN** enthält eine **Lex specialis-Regel**. Genauer ist diejenige Position, die die einzureihende Ware genauer bezeichnet. Es verbieten sich schematische Lösungen. Häufig sind Zweckpositionen genauer als Stoffpositionen und Einzelbegriffe genauer als Sammelbegriffe.[2] Genauer ist eine Warenbezeichnung auch, wenn sie die Ware vollständiger beschreibt als eine andere Position.[3]

78 Zur Vermeidung von Zufallsergebnissen[4] ordnet die **AV 3 a Satz 2 KN** an, dass mehrere Positionen, von denen sich jede nur auf einen Teil der in einer gemischten oder zusammengesetzten Ware enthaltenen Stoffe oder nur auf einen oder mehrere Bestandteile einer für den Einzelverkauf aufgemachten Warenzusammenstellung bezieht, im Hinblick auf diese Waren als gleich genau betrachtet werden, selbst wenn eine von ihnen eine genauere oder vollständigere Warenbezeichnung enthält.

79 Die **AV 3 b KN** behandelt **Mischungen**, Waren, die aus verschiedenen Stoffen oder Bestandteilen bestehen, und für den Einzelverkauf aufgemachte **Warenzusammenstellungen**, die nach der AV 3 a KN nicht eingereiht werden können. Sie werden nach dem Stoff oder Bestandteil eingereiht, der ihnen ihren **wesentlichen Charakter** verleiht, wenn dieser Stoff oder Bestandteil ermittelt werden kann.

80 Eine **Warenzusammenstellung** muss aus mind. **zwei verschiedenen Waren** bestehen, für deren Einreihung unterschiedliche Positionen in Betracht kommen. Außerdem muss sie aus Waren bestehen, die zur Befriedigung eines **speziellen Bedarfs** oder zur Ausübung einer bestimmten Tätigkeit zusammengestellt worden sind. Schließlich muss sie so aufgemacht sein, dass sie sich ohne vorheriges Umpacken zur direkten Abgabe an die Endverbraucher eignet (z.B. in Schachteln, Kästchen, Klarsichtpackungen oder auf Unterlagen).[5] Keine Warenzusammenstellung soll bei einer **Spielfilm-DVD** und einer **Fernsehprogrammzeitschrift** vorliegen.[6]

80.1 Eine wertvolle Auslegungshilfe stellen die **Leitlinien der Kommission** zur Einreihung von für den Einzelverkauf aufgemachten Warenzusammenstellungen in die Kombinierte Nomenklatur[7] dar. Sie befassen sich insbes. mit den umsatzsteuerrechtlich relevanten **Kombinationen von Lebensmitteln** und Getränken, **Warensortimenten** bestehend aus Lebensmitteln (insbes. Süßigkeiten) und „Non-food-Artikeln" (insbes. Spielzeug). Erstere sind nur dann gemeinsam einzureihen, wenn sie zur Zubereitung eines einzigen Gerichts verwendet werden (bspw. eine Tiramisu-Mischung mit der für die Zubereitung nötigen Menge Marsala).[8] Letztere sind grundsätzlich getrennt einzureihen.[9]

81 Das entscheidende Merkmal zur Bestimmung des **wesentlichen Charakters** kann sich z.B. aus der Art und Beschaffenheit des Stoffes oder der Bestandteile, aus dem Umfang, der Menge, dem Gewicht, dem Wert oder der Bedeutung in Bezug auf die Verwendung der Ware und aus ihrem Erscheinungsbild ergeben.[10] Welches dieser nicht abschließend aufzählbaren Merkmale im Einzelfall zu berücksichtigen

1 *Alexander* in Witte, UZK[8], Art. 56 UZK Rz. 26 m.w.N.
2 *Gellert/Hoell* in FS Wolffgang, S. 285 (293 f.).
3 *Böhne/Mendel/Möller/Mutscheller/Schumann*, Zolltarif und Nomenklatur[4], S. 74.
4 *Alexander* in Witte, UZK[8], Art. 56 UZK Rz. 28.
5 Weiterführend *Böhne/Mendel/Möller/Mutscheller/Schumann*, Zolltarif und Nomenklatur[4], S. 76 f.; *Hamster* in Weymüller, BeckOK, § 12 Abs. 2 Nr. 1 UStG Rz. 39 f. (Stand: Juni 2023).
6 FG Hamburg, Urt. v. 19.1.2022 – 6 K 16/20, EFG 2022, 890, Rz. 103 ff.
7 KOM-Dok. 2013/C 105/01, ABl. EU 2013 Nr. C 105, 1.
8 Europäische Kommission, Leitlinien, Teil B) I) 4) d).
9 Europäische Kommission, Leitlinien, Teil B) I) 4) d) iii); BMF, Schr. v. 13.7.2004 – IV B 7-S 7220 – 38/04, BStBl. I 2004, 638, Rz. 13.
10 EuGH, Urt. v. 20.6.1996 – C-121/95, ECLI:EU:C:1996:247 – Vobis, Rz. 21; BFH, Beschl. v. 28.2.2008 – VII B 121/07, BFH/NV 2008, 1015 (1015); BFH, Urt. v. 19.12.2006 – VII R 8/06, BFH/NV 2007, 1368 (1370 f.).

ist, hängt von der Art der Ware ab.[1] Auf dieser Grundlage ist eine Gesamtwürdigung und Gewichtung der festgestellten objektiven Merkmale der zu vergleichenden Warenbestandteile vorzunehmen.[2] Hierbei kann es vorkommen, dass einzelne Produktmerkmale unberücksichtigt bleiben.[3]

Nach der Rechtsprechung des EuGH ist bei der Feststellung des charakterbestimmenden Stoffes zu 81.1
prüfen, ob die Ware auch ohne den einen oder anderen ihrer Bestandteile ihre charakteristischen Eigenschaften behalten würde.[4] Bei Anwendung dieses **Ausblendtests** ist nicht in erster Linie darauf abzustellen, ob die Ware ohne den einen oder den anderen Bestandteil noch funktionieren würde, sondern darauf, was im Hinblick auf die konkrete Verwendung der Ware besonders relevant ist.[5]

Die **AV 3 c KN** beinhaltet eine **Auffangregel**. Ist die Einreihung nach den AV 3 a und 3 b KN nicht 82
möglich,[6] wird die Ware aus den gleichermaßen in Betracht kommenden (Unter-)Positionen der KN der zuletzt genannten (Unter-)Position zugewiesen.[7] Wichtig ist der Hinweis, dass nur aus Rechtsgründen bestehende Konkurrenzsituationen über die AV 3 KN gelöst werden dürfen.

ff) Auffangregel (AV 4 KN)

Eine weitere Auffangregel enthält die AV 4 KN. Danach sind Waren, die nach den AV 1–3 KN nicht 83
eingereiht werden können, in die Position der Waren einzureihen, denen sie am ähnlichsten sind. Da die meisten Kapitel Auffangpositionen enthalten für Waren, die in speziellere (Unter-)Positionen nicht eingereiht werden können, findet die AV 4 KN kaum Anwendung.[8]

gg) Behältnisse und Verpackungen (AV 5 KN)

Die AV 5 KN befasst sich mit Behältnissen und Verpackungen. Sie teilen unter den dort genannten 84
Voraussetzungen das Schicksal der Hauptware. Unterliegt die Hauptware dem ermäßigten Steuersatz, gilt dies auch für das Behältnis oder die Verpackung.

Nach der **AV 5 a KN** werden **Behältnisse** für Fotoapparate, Musikinstrumente, Waffen, Zeichengeräte, 85
Schmuck und ähnliche Behältnisse, die zur Aufnahme einer bestimmten Ware oder Warenzusammenstellung besonders gestaltet oder hergerichtet und zum dauernden Gebrauch geeignet sind, **wie die Waren eingereiht**, für die sie bestimmt sind, wenn sie mit diesen Waren gestellt[9] und üblicherweise zusammen mit ihnen verkauft werden. Diese AV wird nicht angewendet auf Behältnisse, die dem Ganzen seinen wesentlichen Charakter verleihen.

Die **AV 5 b KN** befasst sich mit **Verpackungen**.[10] Diese werden definiert als „innere und äußere Be- 86
hältnisse, Aufmachungen, Umhüllungen und Unterlagen mit Ausnahme von Beförderungsmitteln – insbes. Behältern –, Planen, Lademitteln und des bei der Beförderung verwendeten Zubehörs“[11]. Auch

---

1 BFH, Beschl. v. 28.2.2008 – VII B 121/07, BFH/NV 2008, 1015 (1015); BFH, Urt. v. 2.6.1992 – VII K 2/91, BFH/NV 1992, 853 (853); BFH, Urt. v. 23.7.1998 – VII R 36/97, BFHE 186, 188 (191) = BStBl. II 1998, 739, UR 1999, 123 m. Anm. *Husmann*.

2 BFH, Urt. v. 19.12.2006 – VII R 8/06, BFH/NV 2007, 1368 (1370 f.); BFH, Beschl. v. 23.9.2014 – VII B 202/13, BFH/NV 2015, 69, Rz. 5.

3 EuGH, Schlussanträge des Generalanwalts *Lenz* v. 12.3.1996 – C-121/95, ECLI:EU:C:1996:96 – Vobis, Rz. 14; s.a. BFH, Urt. v. 2.6.1992 – VII K 2/91, BFH/NV 1992, 853 (854).

4 EuGH, Urt. v. 21.6.1988 – 253/87, ECLI:EU:C:1988:333 – Sportex, Rz. 8; EuGH, Urt. v. 10.5.2001 – C-288/99, ECLI:EU:C:2001:262 – VauDe Sport, Rz. 25; EuGH, Urt. v. 26.10.2006 – C-250/05, ECLI:EU:C:2006:681 – Turbon International, Rz. 21; EuGH, Urt. v. 18.6.2009 – C-173/08, ECLI:EU:C:2009:382 – Kloosterboer Services, Rz. 31; EuGH, Urt. v. 15.11.2012 – C-558/11, ECLI:EU:C:2012:721 – SIA Kurcums Metal, Rz. 37.

5 FG Hamburg, Urt. v. 5.5.2021 – 4 K 40/17, juris, Rz. 101; FG Hamburg, Urt. v. 9.5.2022 – 4 K 98/16, juris, Rz. 41; FG Hamburg, Urt. v. 19.1.2023 – 4 K 84/20, juris, Rz. 36.

6 Für ein Gegenbeispiel s. FG Hamburg, Urt. v. 19.1.2023 – 4 K 84/20, juris, Rz. 32.

7 FG Hamburg, Urt. v. 5.5.2021 – 4 K 40/17, juris, Rz. 102.

8 *Böhne/Mendel/Möller/Mutscheller/Schumann*, Zolltarif und Nomenklatur[4], S. 80.

9 „Gestellung“ ist die Mitteilung an die Zollbehörden, dass die Waren an einem bestimmten Ort für Zollkontrollen zur Verfügung stehen, Art. 5 Nr. 33 UZK.

10 Ausführlich zu Verpackungen *Schwarz* in Schwarz/Wockenfoth, Zollrecht, Band 1/2, Teil F Rz. 13 f.

11 Fußnote zur AV 5 b KN.

sie werden wie die darin enthaltenen Waren eingereiht, wenn sie zur Verpackung dieser Waren **üblich** sind.

86.1 **Übliche Verpackungen** sind solche, die entweder für die Verwendung der fraglichen Ware unbedingt notwendig sind, oder Verpackungen, die üblicherweise zur Vermarktung und Verwendung der darin enthaltenen Waren genutzt werden.[1] Derartige Verpackungen dienen u.a. dem Schutz des Packguts bei Transport, Umschlag und Lagerung sowie der Aufmachung für den Einzelverkauf, wobei sie im letzteren Fall zusätzliche Funktionen haben können.[2] Die Üblichkeit der Verpackung entfällt nicht zwingend durch die Anbringung eines Werbeaufdrucks. Zudem kann sich eine gemeinsame Einreihung der Verpackung mit dem Packgut daraus ergeben, dass es sich um eine Warenzusammenstellung i.S.d. AV 3 b KN (Rz. 79) handelt.[3]

86.2 Falls Verpackungen die Voraussetzungen der AV 5 b KN nicht erfüllen und auch keine Warenzusammenstellung i.S.d. AV 3 b KN sind, wären sie nach zollrechtlichen Kriterien separat vom Packgut einzureihen. Anders wäre es nur – und hier kommt eine umsatzsteuerrechtliche Besonderheit ins Spiel – wenn man die Verpackung als **unselbständige Nebenleistung** zur Lieferung der Ware betrachten könnte. Eine solche erkennt die FinVerw an, wenn die Verpackung zwar nicht üblich i.S.d. AV 5 b KN ist, jedoch unabhängig von ihrer Verwendung als Verpackung keinen dauernden selbständigen Gebrauchswert hat.[4]

4. Erläuterungen zur Kombinierten Nomenklatur

87 Eine weitere wichtige Auslegungshilfe sind die von der EU-Kommission erlassenen „Erläuterungen zur Kombinierten Nomenklatur der Europäischen Union". Sie werden laufend ergänzt.[5] Ihre **konsolidierte Fassung** wurde zuletzt 2019 im Amtsblatt C[6] veröffentlicht. Die jüngste konsolidierte Fassung mit Stand **11.7.2023** ist auf eur-lex abrufbar.[7]

88 In den Erläuterungen zur KN werden Waren, die teilweise sehr detailliert beschrieben werden, einzelnen Unterpositionen zugewiesen. Außerdem sind allgemeine Erläuterungen zu Abschnitten und Kapiteln der KN enthalten. Die Erläuterungen sind von besonderer Bedeutung für die achtstelligen KN-Unterpositionen, die die EU autonom festsetzt (Rz. 37).

89 Die Erläuterungen zur KN sind für die Gerichte **nicht verbindlich**, stellen aber ein **wichtiges Hilfsmittel** bei der Auslegung dar.[8] Da sie die Exegese der KN erleichtern sollen, sind sie so auszulegen, dass die praktische Wirksamkeit der Unterpositionen der KN gewährleistet ist. Ihr Inhalt muss daher mit den Bestimmungen der KN in Einklang stehen und darf deren Bedeutung nicht verändern.[9]

90 Anders als die Erläuterungen zum HS (Rz. 91 ff.) werden die Erläuterungen zur KN in allen EU-Amtssprachen veröffentlicht. Bei **Abweichungen** zwischen den gleichermaßen verbindlichen (Art. 55 Abs. 1 EUV) **Sprachfassungen**[10] ist nach der Systematik und dem Zweck der Regelung zu ermitteln, welcher

1 EuGH, Urt. v. 20.11.2014 – C-40/14, ECLI:EU:C:2014:2389 – Utopia, Rz. 40.
2 BFH, Urt. v. 23.2.2023 – V R 38/21, BStBl. II 2023, 797 = UR 2023, 479, Rz. 17; BFH, Urt. v. 17.11.1998 – VII R 50/97, BFH/NV 1999, 688 (690); *Schmölz*, ZfZ 1992, 308 (313).
3 BFH, Urt. v. 23.2.2023 – V R 38/21, BStBl. II 2023, 797 = UR 2023, 479, Rz. 21.
4 BMF, Schr. v. 13.7.2004 – IV B 7-S 7220 – 38/04, BStBl. I 2004, 638, Rz. 10.
5 Zuletzt ABl. EU C, C/2023/916 v. 15.11.2023, eur-lex.europa.eu.
6 ABl. EU 2019 Nr. C 119, 1.
7 https://eur-lex.europa.eu/legal-content/DE/ALL/?uri=CELEX:02019XC0329(02)-20230711.
8 EuGH, Urt. v. 20.10.2022 – C-542/21, ECLI:EU:C:2022:814 – Mikrotīkls, Rz. 23; EuGH, Urt. v. 28.4.2022 – C-72/21, EU:C:2022:312 – PRODEX, Rz. 29; EuGH, Urt. v. 4.2.2021 – C-760/19, ECLI:EU:C:2021:96 – JCM Europe, Rz. 37; EuGH, Urt. 11.4.2019 – C-288/18, ECLI:EU:C:2019:319 – X BV, Rz. 28; EuGH, Urt. v. 13.9.2018 – C-372/17, ECLI:EU:C:2018:708 – Vision Research Europe, Rz. 23; EuGH, Urt. v. 9.6.2016 – C-288/15, ECLI:EU:C:2016:424 – MIS, Rz. 23; EuGH, Urt. v. 17.7.2014 – C-480/13, ECLI:EU:C:2014:2097 – Sysmex, Rz. 30; BFH, Urt. v. 23.2.2023 – V R 38/21, BStBl. II 2023, 797 = UR 2023, 479, Rz. 22 m.w.N.
9 EuGH, Urt. v. 11.4.2019 – C-288/18, ECLI:EU:C:2019:319 – X BV, Rz. 29; EuGH, Urt. v. 5.3.2015 – C-178/14, ECLI:EU:C:2015:152 – Vario Tek, Rz. 22.
10 Z.B. die Erläuterungen zur Unterposition 1521 9099 KN (Wachse) hinsichtlich des Wortes „geschmolzen", das nur in manchen Sprachfassungen auftaucht.

Bedeutungsgehalt gemeint ist.[1] Lässt sich dies nicht ermitteln, muss die Vorschrift unangewendet bleiben.

Neben den Erläuterungen erlässt die EU-Kommission auch **Leitlinien** (Rz. 80.1), die ebenfalls nicht verbindlich sind. 90.1

5. Erläuterungen und Avise zum Harmonisierten System

Um die Einheitlichkeit der Auslegung und Anwendung des Harmonisierten Systems sicherzustellen, veröffentlicht die WCO in regelmäßigen Abständen **Erläuterungen** (explanatory notes/notes explicatives) zum HS. Darin wird meist in abstrakter Weise dargelegt, welche Waren oder Warengruppen bestimmten (Unter-)Positionen des HS unterfallen sollen. Darüber hinaus erlässt die WCO **Avise** (classification opinion/avis de classement). In ihnen werden – wie bei Einreihungsverordnungen (Rz. 62 ff.) – konkrete Waren einer konkreten (Unter-)Position zugewiesen. 91

Die Erläuterungen und Avise werden nur in **englischer** und **französischer** Sprache abgefasst[2] und sind auch nur in diesen Fassungen gültig.[3] Die in den ErlKN (Rz. 95 ff.) abgedruckte deutsche Übersetzung des BMF ist rechtlich unverbindlich. Eine amtliche Übersetzung der EU ins Deutsche gibt es nicht.[4] Auch wenn die deutsche Übersetzung für die praktische Arbeit hilfreich ist, kommt es im Zweifel allein auf den englischen und französischen Wortlaut an.[5] 92

Die Erläuterungen zum HS[6] und die Tarifavise zum HS[7] sind maßgebende, wenn auch nicht rechtsverbindliche **Hilfsmittel für die Auslegung** der einzelnen Tarifpositionen. Verstößt jedoch ein Tarifavis gegen den Wortlaut der KN-Position, ist er unbeachtlich.[8] Dasselbe gilt für eine Erläuterung zum HS; durch sie kann eine Ware, die nach ihren objektiven Merkmalen und Eigenschaften in eine Position einzureihen ist, aus dieser nicht ausgewiesen werden.[9] 93

In den Fällen, in denen auch die Erläuterungen zum HS unklar sind, kann auf den bereits im **Völkerbund** im Jahre **1937** ausgearbeiteten **Entwurf eines Zolltarifschemas** (Draft Customs Nomenclature/Projet de Nomenclature Douanière) nebst **Erläuterungen**[10] zurückgegriffen werden.[11] Da zahlreiche der von der Anl. 2 erfassten Gegenstände schon lange gehandelt werden, können diese Materialien auch umsatzsteuerlich relevant sein. 94

1 EuGH, Urt. v. 28.10.2021 – C-197/20 und C-216/20, ECLI:EU:C:2021:892 – KAHL und Roper, Rz. 33; EuGH, Urt. v 15.11.2012 – C-558/11, ECLI:EU:C:2012:721 – SIA Kurcums Metal, Rz. 48.

2 Zum Verfahren *Bender*, ZfZ 2016, 30 (30 f.).

3 EuGH, Urt. v. 9.12.1997 – C-143/96, ECLI:EU:C:1997:597 – Knubben Speditions, Rz. 15.

4 Die Veröffentlichung der Erläuterungen und Avise etc. zum HS gem. Art. 34 Abs. 7 Buchst. a Ziff. iii UZK erfolgt nur durch eine Bezugnahme hierauf (bspw. ABl. EU 2020 Nr. C 142, 1).

5 Ausführlich hierzu *Bender*, ZfZ 2016, 30 (31 f.).

6 EuGH, Urt. v. 20.10.2022 – C-542/21, ECLI:EU:C:2022:814 – Mikrotikls, Rz. 23; EuGH, Urt. v. 28.4.2022 – C-72/21, EU:C:2022:312 – PRODEX, Rz. 29; EuGH, Urt. v. 4.2.2021 – C-760/19, ECLI:EU:C:2021:96 – JCM Europe, Rz. 37; EuGH, Urt. v. 9.6.2016 – C-288/15, ECLI:EU:C:2016:424 – MIS, Rz. 23; EuGH, Urt. v. 20.11.2014 – C-666/13, ECLI:EU:C:2014:2388 – Rohm Semiconductor, Rz. 25; EuGH, Beschl. v. 19.1.2005 – C-206/03, ECLI:EU:C:2005:31 – SmithKline Beecham, Rz. 26; BFH, Urt. v. 23.2.2023 – V R 38/21, BStBl. II 2023, 797 = UR 2023, 479, Rz. 22 m.w.N.

7 EuGH, Beschl. v. 19.1.2005 – C-206/03, ECLI:EU:C:2005:31 – SmithKline Beecham, Rz. 24; EuGH, Urt. v. 19.11.1975 – 38/85 – Nederlandse Spoorwegen, Slg. 1975, 1439, Rz. 24.

8 EuGH, Beschl. v. 19.1.2005 – C-206/03, ECLI:EU:C:2005:31 – SmithKline Beecham, Rz. 28.

9 BFH, Urt. v. 20.6.2017 – VII R 24/15, juris, Rz. 12.

10 League of Nations, Economic Committee, Draft Customs Nomenclature, 2 Bände, Genf 1937; s. auch *Seidel*, ZfZ 1928, 341.

11 S. FG Hamburg, Urt. v. 3.1.2022 – 4 K 40/18, juris, Rz. 32 (Rev. anhängig unter VII R 12/23).

6. Verwaltungsvorschriften

a) Die „Erläuterungen zur Kombinierten Nomenklatur" (ErlKN) der Bundeszollverwaltung

95 Das BMF gab – nachdem der EuGH den Mitgliedstaaten untersagt hatte, eigene verbindliche Regeln zur Auslegung des Zolltarifs aufzustellen[1] – ein Handbuch mit dem Titel „Erläuterungen zum Zolltarif" heraus. Mit Inkrafttreten der KN (Rz. 36 ff.) wurde es in „Erläuterungen zur Kombinierten Nomenklatur" (ErlKN) umbenannt. Mittlerweile ist das Kompendium in den **EZT** (Rz. 43 f.) integriert. Dort sind die für die Auslegung des Zolltarifs maßgeblichen Bestimmungen zusammengestellt (Erläuterungen und Avise zum HS, Erläuterungen zur KN, Einreihungsverordnungen)[2]. Die Erläuterungen und Avise zum HS sind in der nicht verbindlichen deutschen Fassung abgedruckt. Außerdem werden unter der Rubrik „Gerichtliche Entscheidungen (GE)" Urteile des EuGH und der Finanzgerichtsbarkeit wiedergegeben.

96 Missverständlich ist, dass die ErlKN, die eine Zusammenstellung verschiedener Auslegungshilfen der KN darstellen, nach einer der darin abgedruckten Auslegungshilfen – den Erläuterungen zur KN (Rz. 87 ff.) – benannt sind. Tatsächlich enthalten die ErlKN über die Erläuterungen zur KN hinaus weitere Auslegungshilfen, mit unterschiedlicher Bindungswirkung. Um dies deutlich zu machen, sollten sie besser „Erläuterungen zum Gemeinsamen Zolltarif" heißen. Bis zur Umbenennung sollte man durch die Zitierweise deutlich machen, dass man sich des Unterschieds zwischen der Bezeichnung der Stoffsammlung ErlKNV und den darin abgedruckten Rechtsquellen bewusst ist. Wenn man etwa die Erläuterung C) 2) zur Position 8523 HS zitieren will, kann man bspw. wie folgt vorgehen: „Erläuterung Nr. C) 2) zur Position 8523 HS, ErlKN Rz. 19.1".

b) BMF-Schreiben v. 13.7.2004

97 Das BMF-Schreiben vom 13.7.2004 „Umsatzsteuer; Ermäßigter Steuersatz für die in der Anlage 2 des UStG bezeichneten Gegenstände"[3] zur Auslegung der Anl. 2 enthält detaillierte Ausführungen zur Auslegung der den ermäßigten Steuersatz unterliegenden Gegenstände. Hierbei werden teilweise die oben genannten Auslegungshilfen wiedergegeben. Soweit das Schreiben in Tarifierungsfragen davon abweicht, ist es nicht verbindlich.[4] Es ist den Mitgliedstaaten nämlich verboten, eigene Tarifierungsregeln aufzustellen (Rz. 95; zu den mittelbaren Auswirkungen der Beschränkung des Leistungsbegriffs, s. Rz. 32).

7. Tarifauskünfte

a) Verbindliche Zolltarifauskünfte (vZTA)

98 Um die häufig bestehende Unsicherheit bei der Tarifierung von Waren zu beseitigen, sieht das Zollrecht das Instrument der verbindlichen Zolltarifauskunft (vZTA) vor (Art. 33 f. UZK i.V.m. Art. 19 ff. UZK-DelVO, Art. 16 ff. UZK-DVO). Hierdurch wird abschließend die Einreihung der Ware, für die die vZTA beantragt wurde, festgelegt. Die vZTA gilt ab Zustellung für drei Jahre (Art. 22 Abs. 4 Satz 1, Art. 33 Abs. 3 UZK). Sie ist für den Inhaber und die Zollbehörden verbindlich, d.h. der Inhaber ist verpflichtet, bei Einfuhren die in der vZTA festgestellte KN-Position anzugeben. Um sich auf eine vZTA berufen zu können, muss ihr Inhaber nachweisen, dass die angemeldeten Waren in jeder Hinsicht der in der vZTA beschriebenen Ware entsprechen (Art. 33 Abs. 4 Buchst. a UZK). Bei nicht tarifierungsrelevanten Abweichungen ist die vZTA jedoch ein starkes Indiz für die Einreihung der Ware.

99 Die **Zuständigkeit** für die Erteilung einer vZTA ist beim **HZA Hannover** zentralisiert. Für Klagen gegen vZTA ist daher nur das FG Hamburg zuständig.[5] Die Antragstellung erfolgt ausschließlich über das **Bürger- und Geschäftskunden Portal (BuG)** der Zollverwaltung. Für die Antragsbefugnis muss

---

1 Hierzu *Bender*, ZfZ 2016, 30 (31); s. a. *Langer* in Hartmann/Metzenmacher, § 12 Abs. 2 Nr. 1UStG, Rz. 32 (Stand: Juli 2018).

2 Die Randziffern sind in den Originalen der abgedruckten Texte nicht vorhanden.

3 BStBl. I 2004, 638.

4 So bereits *Weymüller* in Dorsch, Zollrecht, § 12 UStG Rz. 119 (Stand: Mai 2019).

5 Weiterführend *Schoenfeld* in FS Wolffgang, S. 389 (393 ff.).

nachgewiesen werden, dass Einfuhren der Waren, für die eine vZTA beantragt wird, stattfanden oder stattfinden sollen.[1] Für rein nationale oder innerunionale Umsätze (**Lieferung, innergemeinschaftlicher Erwerb**) kann **keine vZTA** beantragt werden, weil § 12 UStG i.V.m. Anl. 2 nicht auf Art. 33 UZK verweist.[2]

b) Unverbindliche Zolltarifauskunft für Umsatzsteuerzwecke

Für nationale oder innerunionale Umsätze (Rz. 99) kann beim sachlich zuständigen Dienstort des **Bildungs- und Wissenschaftszentrums** (BWZ) der Generalzolldirektion eine unverbindliche Zolltarifauskunft für Umsatzsteuerzwecke (**uvZTA**) eingeholt werden. Antragsbefugt sind neben den **Wirtschaftsbeteiligten**, die den Umsatz ausführen (wollen), auch **Finanzämter.**[3] Die Zuständigkeit richtet sich nach der begehrten Einreihung. Die zuständigen Dienststellen sind unter www.zoll.de abrufbar. Der Antrag ist schriftlich auf dem Formular 0310 zu stellen. Dem Antrag sind **Muster oder Proben** beizufügen. Ist dies nicht möglich, sind Fotos, Prospekte, Abbildungen, technische Zeichnungen oder detaillierte Beschreibungen der Gegenstände vorzulegen. Anders als bei der Auskunft durch die Finanzämter nach § 89 Abs. 2 AO[4] ist die uvZTA – abgesehen von Auslagen für chemisch-physikalische Untersuchungen – grundsätzlich **gebührenfrei.** 100

Wichtig ist zu betonen, dass es sich um eine Auskunft zum **Zolltarif** handelt. Für rein umsatzsteuerliche Fragen ist die Bundeszollverwaltung nicht zuständig. Soweit der Anwendungsbereich einer Steuerermäßigung also von rein umsatzsteuerlichen Begriffen abhängt, kann eine uvZTA keine Aussagen treffen. Dies gilt etwa für Expositionen (Rz. 55, 60), bei rein umsatzsteuerlichen Begriffen (z.B. Datenbanken, § 12 Abs. 2 Nr. 14 Rz. 21 ff.) oder wenn sich die Steuerbegünstigung auf Erzeugnisse bezieht, die nur elektronisch vertrieben werden (§ 12 Abs. 2 Nr. 14 Rz. 13.1),[5] weil derartige nichtkörperliche Erzeugnisse nicht Gegenstand eines Zollverfahrens sein können. 100.1

III. Umsatzsteuerrechtliche Auslegung

1. Überblick

Soweit die Anl. 2 nicht auf die KN verweist, sondern umsatzsteuerrechtliche Begriffe verwendet (Rz. 58 ff.), sind diese nach den allgemeinen Regeln der Auslegung des innerstaatlichen Rechts zu interpretieren. Da die MwStSystRL grundsätzlich nicht unmittelbar gilt, ist zunächst der Umfang der Begünstigung, die die Anl. 2 gewährt, unter Zuhilfenahme **umsatzsteuerrechtlicher Auslegungsgrundsätze** zu ermitteln (Rz. 102 ff.). Zur Konkretisierung des Begriffsinhalts kommt auch eine Auslegung im Lichte der MwStSystRL (Rz. 128 f.) in Betracht. Soweit das UStG den Anhang III MwStSystRL nur selektiv umsetzt, darf dies allerdings nur ausnahmsweise zu einer erweiternden Auslegung führen (Rz. 108 ff.). Schließlich ist bei einem Begünstigungsüberschuss eine einschränkende unionsrechtliche Auslegung zu erwägen (Rz. 122 ff.). 101

2. Auslegungsgrundsätze des UStG

Eine umsatzsteuerrechtliche Auslegung darf sich – wie in der Gesetzesexegese grundsätzlich üblich – an den Zwecken des UStG orientieren und muss sich nicht an die formalen, stark am Wortlaut orientierten Auslegungsgrundsätze des Zollrechts halten. So wäre möglicherweise die Beimengung von 15 kg Gips pro Tonne Düngemittel, die zollrechtlich ausschlaggebend war,[6] umsatzsteuerrechtlich unbeachtlich. 102

1 Zum Antragsverfahren ausführlich *Sonnefeld* in Dorsch, Zollrecht, Art. 33 UZK Rz. 8 ff. (Stand: Febr. 2023).
2 Vgl. BFH, Urt. v. 20.6.1995, VII R 17/95, BFHE 178, 262 (264).
3 Abschn. 12.11 Abs. 1 Satz 4 UStAE.
4 Kritisch hierzu *Reiners*, UR 2021, 655 (657).
5 Abschn. 12.17 Abs. 1 Satz 8 UStAE.
6 BFH, Urt. v. 20.2.1990 – VII R 172/84, BFHE 160, 342 (343) = BStBl. II 1990, 760.

103 **Verwaltungsanweisungen** (insbes. das BMF-Schreiben vom 13.7.2004, Rz. 97) haben eine große praktische Bedeutung und bieten aufgrund ihrer Detailtiefe Orientierung im Alltagsgeschäft. Für die FinVerw sind sie bindend. Gleichzeitig muss klar sein, dass sie den Anwendungsbereich einer gesetzlich vorgegebenen Steuerermäßigung nicht einschränken dürfen.[1] Anders formuliert: Verwaltungsanweisungen sind nicht Maßstab, sondern **Gegenstand der gerichtlichen Überprüfung**.

3. Grenzen der selektiven Umsetzung des Anhang III MwStSystRL

a) Grundsatz: Keine erweiternde richtlinienkonforme Auslegung der Anl. 2

104 Da die Mitgliedstaaten nicht verpflichtet sind, den ihnen von Art. 98 i.V.m. Anhang III MwStSystRL eingeräumten Handlungsspielraum vollständig auszuschöpfen (Rz. 18), darf die **Anl. 2 grundsätzlich nicht richtlinienkonform erweiternd ausgelegt werden** (Ausnahme s. Rz. 108 ff.). Das Recht zur selektiven Umsetzung wird jedoch durch den **Vorbehalt des Gesetzes**, die Pflicht zur Verwendung **objektiver Auswahlkriterien** und **den Grundsatz der steuerlichen Neutralität** begrenzt (Rz. 105 ff.).

b) Vorbehalt des Gesetzes

105 Ein Ausschluss bestimmter Aspekte eines unionsrechtlich begünstigungsfähigen Umsatzes kann nur **aufgrund einer gesetzlichen Regelung** erfolgen. Eine Einschränkung des Wortlauts einer Begünstigungsnorm durch eine Verwaltungsanweisung ist unwirksam.[2]

c) Objektivität der Auswahlkriterien

106 Bei der selektiven Anwendung des ermäßigten Steuersatzes dürfen **nur konkrete und spezifische Aspekte** der in Rede stehenden Kategorie von Anhang III MwStSystRL von der Umsetzung ins nationale Recht ausgenommen werden. Dadurch soll sichergestellt werden, dass die Mitgliedstaaten von dieser Möglichkeit nur unter Umständen Gebrauch machen, die die einfache und korrekte Anwendung des gewählten ermäßigten Steuersatzes gewährleisten und jede Form von Steuerhinterziehung, Steuerumgehung oder Missbrauch verhindern.[3] Dies setzt voraus, dass die Gegenstände, die begünstigt sein sollen, **getrennt von den übrigen Gegenständen einer Kategorie** des Anhang III MwStSystRL als solche **bestimmbar** sind.[4] Dies ist z.B. nicht der Fall, wenn die Begünstigung von der schöpferischen Absicht des Urhebers abhängig gemacht wird, die auf der Grundlage vager und subjektiver Kriterien abstrakt definiert wird, die der Steuerverwaltung einen nahezu unbegrenzten Ermessensspielraum lassen.[5]

107 Welche **Rechtsfolge** ein Verstoß gegen diese Anforderungen hat, hängt von der konkreten Formulierung der mitgliedstaatlichen Vorschrift ab. Wenn ohne die unbestimmte Einschränkung der Anwendungsbereich der Begünstigungsnorm ermittelt werden kann, kann sich der Steuerpflichtige darauf berufen. Bleibt der Norminhalt unbestimmt, wird keine Begünstigung gewährt.

---

1 BFH, Urt. v. 7.2.2018 – XI R 17/17, BStBl. II 2021, 241 = UR 2018, 357, Rz. 23; BFH, Urt. v. 8.10.2008 – V R 61/03, BFHE 222, 176 (183) = BStBl. II 2009, 321 = UR 2009, 56.

2 Zum Ausschluss des Legens eines Hausanschlusses vom Begriff der „Lieferung von Wasser" durch ein BMF-Schreiben siehe BFH, Urt. v. 8.10.2008 – V R 61/03, BStBl. II 2009, 321 = UR 2009, 56.

3 EuGH, Urt. v. 27.2.2014 – C-454/12 und C-455/12, ECLI:EU:C:2014:111 – Pro Med Logistik und Pongratz, UR 2014, 490, Rz. 45.

4 EuGH, Urt. v. 27.2.2014 – C-454/12 und C-455/12, ECLI:EU:C:2014:111 – Pro Med Logistik und Pongratz, UR 2014, 490, Rz. 47; EuGH, Urt. v. 5.9.2019 – C-145/18, ECLI:EU:C:2019:668 – Regards Photographiques, UR 2019, 779, Rz. 49.

5 EuGH, Urt. v. 5.9.2019 – C-145/18, ECLI:EU:C:2019:668 – Regards Photographiques, UR 2019, 779, Rz. 50.

d) Grundsatz der steuerlichen Neutralität

aa) Überblick

Wenn ein Mitgliedstaat den ermäßigten Mehrwertsteuersatz selektiv anwendet, muss er den Grundsatz der steuerlichen Neutralität beachten.[1] Er verbietet es, gleichartige Gegenstände oder Dienstleistungen, die miteinander in Wettbewerb stehen, hinsichtlich der Mehrwertsteuer unterschiedlich zu behandeln.[2] Hierdurch sollen **Wettbewerbsverzerrungen** vermieden[3] und gewährleistet werden, dass die ermäßigten Steuersätze einfach und korrekt angewendet werden und jede Form von Steuerhinterziehung, Steuerumgehung oder Missbrauch verhindert wird[4]. 108

bb) Gleichartigkeit

Die **einzige Voraussetzung** für einen Verstoß gegen den Grundsatz der steuerlichen Neutralität ist damit, dass die Gegenstände oder Dienstleistungen, die steuerlich unterschiedlich behandelt werden, **gleichartig** sind. Hierbei kommt es in erster Linie auf die Sicht des **Durchschnittsverbrauchers** an. Gegenstände oder Dienstleistungen sind gleichartig, wenn sie ähnliche Eigenschaften haben und beim Verbraucher nach einem Kriterium der Vergleichbarkeit in der Verwendung **denselben Bedürfnissen** dienen und wenn die bestehenden Unterschiede die Entscheidung des Durchschnittsverbrauchers zwischen diesen Gegenständen oder Dienstleistungen nicht erheblich beeinflussen.[5] Die **konkrete Verwendung**, für die die Lieferungen von Gegenständen bestimmt sind, darf berücksichtigt werden, um zu beurteilen, ob diese Lieferungen aus der Sicht des Durchschnittsverbrauchers gleichartig sind.[6] Mit anderen Worten ist zu prüfen, ob die fraglichen Gegenstände oder Dienstleistungen aus der Sicht des Durchschnittsverbrauchers **austauschbar** sind.[7] Im Hinblick auf eine auf Bestellung in einem Café frisch zubereitete **heiße Schokolade** und im Einzelhandel vertriebene **Milchmischgetränke** neigt der EuGH dazu, die Substituierbarkeit zu verneinen.[8] 109

1 EuGH, Urt. v. 27.6.2019 – C-597/17, ECLI:EU:C:2019:544 – Belgisch Syndicaat van Chiropraxie u.a., UR 2019, 541, Rz. 28, 47; EuGH, Urt. v. 9.3.2017 – C-573/15, ECLI:EU:C:2017:189 – Oxycure Belgium, UR 2017, 276, Rz. 28; EuGH, Urt. v. 27.2.2014 – C-454/12 und C-455/12, ECLI:EU:C:2014:111 – Pro Med Logistik und Pongratz, UR 2014, 490, Rz. 45; BFH, Urt. v. 21.4.2022 – V R 2/22 (V R 6/18), BStBl. II 2023, 460 = UR 2022, 693 m. Anm. *Bender*, Rz. 29.

2 EuGH, Urt. v. 3.2.2022 – C-515/20, ECLI:EU:C:2022:73 – Finanzamt A, UR 2022, 219 m. Anm. *Vogel*, Rz. 43; EuGH, Urt. v. 9.9.2021 – C-406/20, ECLI:EU:C:2021:720 – Phantasialand, UR 2021, 758, Rz. 37; EuGH, Urt. v. 22.4.2021 – C-703/19, ECLI:EU:C:2021:314 – Dyrektor Izby Administracji Skarbowej w Katowicach, UR 2021, 902, Rz. 44; EuGH, Urt. v. 5.9.2019 – C-145/18, ECLI:EU:C:2019:668 – Regards Photographiques, UR 2019, 779, Rz. 36; EuGH, Urt. v. 9.11.2017 – C-499/16, ECLI:EU:C:2017:846 – AZ, UR 2018, 204, Rz. 30; EuGH, Urt. v. 9.3.2017 – C-573/15, ECLI:EU:C:2017:189 – Oxycure Belgium, UR 2017, 276, Rz. 30; EuGH, Urt. v. 11.9.2014 – C-219/13, ECLI:EU:C:2014:2207 – K Oy, UR 2014, 820, Rz. 24.

3 EuGH, Urt. v. 8.5.2003 – C-384/01, ECLI:EU:C:2003:264 – Kommission/Frankreich, UR 2003, 408, Rz. 27; EuGH, Urt. v. 3.4.2008 – C-442/05, ECLI:EU:C:2008:184 – Zweckverband zur Trinkwasserversorgung und Abwasserbeseitigung Torgau-Westelbien, UR 2008, 432, Rz. 41.

4 EuGH, Urt. v. 5.9.2019 – C-145/18, ECLI:EU:C:2019:668 – Regards Photographiques, UR 2019, 779, Rz. 46; EuGH, Urt. v. 3.4.2008 – C-442/05, ECLI:EU:C:2008:184 – Zweckverband zur Trinkwasserversorgung und Abwasserbeseitigung Torgau-Westelbien, UR 2008, 432, Rz. 41; EuGH, Urt. v. 6.5.2010 – C-94/09, ECLI:EU:C:2010:253 – Kommission/Frankreich, UR 2010, 454, Rz. 30; EuGH, Urt. v. 27.2.2014 – C-454/12 und C-455/12, ECLI:EU:C:2014:111 – Pro Med Logistik und Pongratz, UR 2014, 490, Rz. 45.

5 EuGH, Urt. v. 27.6.2019 – C-597/17, ECLI:EU:C:2019:544 – Belgisch Syndicaat van Chiropraxie u.a., UR 2019, 541, Rz. 48; EuGH, Urt. v. 9.11.2017 – C-499/16, ECLI:EU:C:2017:846 – AZ, UR 2018, 204, Rz. 31; EuGH, Urt. v. 11.9.2014 – C-219/13, ECLI:EU:C:2014:2207 – K Oy, UR 2014, 820, Rz. 25.

6 EuGH, Urt. v. 27.6.2019 – C-597/17, ECLI:EU:C:2019:544 – Belgisch Syndicaat van Chiropraxie u.a., UR 2019, 541, Rz. 49.

7 EuGH, Urt. v. 3.2.2022 – C-515/20, ECLI:EU:C:2022:73 – Finanzamt A, UR 2022, 219 m. Anm. *Vogel*, Rz. 45; EuGH, Urt. v. 9.9.2021 – C-406/20, ECLI:EU:C:2021:720 – Phantasialand, UR 2021, 758, Rz. 39.

8 EuGH, Urt. v. 5.10.2023 – C-146/22, ECLI:EU:C:2023:739 – Dyrektor Krajowej Informacji Skarbowej (Mehrwertsteuer für Milchheißgetränke), UR 2023, 912, Rz. 53.

cc) Rechtsfolge

110 Der Neutralitätsgrundsatz ist **keine eigenständige Anspruchsgrundlage**, sondern eine **Auslegungsregel.**[1] Als **Spezialfall der richtlinienkonformen Auslegung** führt er somit nur dann zur Gewährung einer Steuerbegünstigung, wenn das mitgliedstaatliche Recht einen Auslegungsspielraum eröffnet.[2] Ist es nicht auslegungsfähig, kann auch ein Verstoß gegen den Neutralitätsgrundsatz kein subjektives Recht auf die Steuerermäßigung nach Anl. 2 begründen.

111 Aus dieser dogmatischen Einordnung folgt, dass ein Verstoß gegen den Neutralitätsgrundsatz – anders als z.B. bei den Grundfreiheiten (Art. 36 AEUV) – **nicht gerechtfertigt** werden kann.[3] Die Mitgliedstaaten können sich nicht darauf berufen, dass die steuerliche Gleichstellung zweier Waren auf andere Weise erreicht wird.[4] Denn sie können ihre Regulierungsautonomie dadurch bewahren, dass sie die Ungleichbehandlung beseitigen. Dies geschieht entweder durch Ausdehnung des Steuervorteils auf alle substituierbaren Waren oder durch dessen vollständige Abschaffung.

dd) Verhältnis zum Zolltarif

(1) Primat des Zollrechts?

112 Ungeklärt war lange, welche Bedeutung der zollrechtlichen Warenbeschreibung in Spalte 3 Anl. 2 bei der Prüfung des Neutralitätsgrundsatzes zukommt.[5] Der BFH postulierte, dass Waren, die zolltariflich unterschiedlich eingereiht werden, **nie vergleichbar i.S.d. Neutralitätsgrundsatzes** sein könnten.[6] Die Beschränkung der nach Anhang III MwStSystRL begünstigungsfähigen Gegenstände anhand des Zolltarifs war damit einer Überprüfung am Maßstab des Neutralitätsgrundsatzes generell entzogen. Diese Ansicht, die den **Vorrang des Zollrechts vor dem Mehrwertsteuerrecht** etablierte, hat jedoch ein **Begründungsdefizit**: Sie kann nicht erklären, warum die KN, die an objektive Wareneigenschaften anknüpft (Rz. 71), herangezogen werden kann, um Gegenstände aus dem Anwendungsbereich eines Gleichheitssatzes, der auf die Verbrauchersicht abstellt (Rz. 109), heraus zu definieren.[7]

(2) Holzhackschnitzel-Vorlage

113 Da auch dem BFH Zweifel am Vorrang des Zolltarifs gekommen waren, legte er in einem Verfahren, in dem es um den ermäßigten Steuersatz auf die Lieferung von **Holzhackschnitzeln**[8] ging, dem EuGH die Frage, ob es gegen den Neutralitätsgrundsatz verstößt, wenn von zwei Waren, die aus Verbrauchersicht dasselbe Bedürfnis befriedigen (im Fall: Heizen) und daher im Wettbewerb stehen, eine dem ermäßigten Steuersatz unterliegt (Brennholz, Nr. 48 Anl. 2), während die andere (Holzhackschnitzel) unter Anwendung der zolltariflichen Unterscheidung nicht unter Nr. 48 Anl. 2 subsumiert werden kann.[9]

114 Der EuGH bejahte diese Frage im Ergebnis. Es verstößt – so der EuGH – nicht gegen den Grundsatz der steuerlichen Neutralität, dass die Lieferung von Holzhackschnitzeln in einem Mitgliedstaat von dem ermäßigten Mehrwertsteuersatz ausgeschlossen ist, obwohl dieser den Lieferungen anderer Formen von Brennholz zugutekommt, sofern Holzhackschnitzel und diese anderen Formen von Brenn-

---

1 Vgl. EuGH, Urt. v. 9.3.2017 – C-573/15, ECLI:EU:C:2017:189 – Oxycure Belgium, UR 2017, 276, Rz. 31; EuGH, Urt. v. 19.7.2012 – C-44/11, ECLI:EU:C:2012:484 – Deutsche Bank, UR 2012, 667, Rz. 45 m.w.N.; EuGH, Urt. v. 2.7.2020 – C-231/19, ECLI:EU:C:2020:513 – BlackRock Investment Management (UK), UR 2021, 314, Rz. 51.

2 BFH, Urt. v. 21.4.2022 – V R 2/22 (V R 6/18), BStBl. II 2023, 460 = UR 2022, 693 m. Anm. *Bender*, Rz. 32.

3 **A.A.** *Hummel* in Rau/Dürrwächter, § 12 Abs. 2 Nr. 8 UStG Rz. 32 (Stand: März 2023).

4 Vgl. BFH, Urt. v. 21.4.2022 – V R 2/22 (V R 6/18), BStBl. II 2023, 460 = UR 2022, 693 m. Anm. Bender, Rz. 31. Ausführlich zur Begründung der steuerrechtlichen Ungleichbehandlung verschiedener Arten von Brennholz s. *Lippross*, UR 2013, 212 (213 f.).

5 Zur Vorgeschichte *Glockner*, UVR 2022, 283 (283 ff.).

6 BFH, Urt. v. 26.6.2018 – VII R 47/17, BStBl. II 2023, 457 = UR 2018, 876, Rz. 22; im Anschluss an BFH, Urt. v. 9.2.2006 – V R 49/04, BStBl. II 2006, 694 = UR 2006, 403 m. Anm. *Friedrich*.

7 Kritisch auch *Weymüller*, MwStR 2021, 85 (85).

8 Zur zolltariflichen Einreihung von Holzhackschnitzeln s. *Bender*, UStB 2022, 61 (61).

9 BFH, Vorlagebeschl. v. 10.6.2020 – V R 6/18, BStBl. II 2021, 890 = UR 2020, 879, 3. Vorlagefrage.

holz für den Durchschnittsverbraucher nicht austauschbar sind.[1] Die wegen der doppelten Verneinung typisch komplex formulierte Antwort des EuGH bedeutet im Kern Folgendes: Die Schlechterstellung von Holzhackschnitzeln gegenüber Brennholz verstößt gegen den Neutralitätsgrundsatz, wenn beide Warengruppen aus Verbrauchersicht substituierbar sind. Dies impliziert erstens, dass der **Neutralitätsgrundsatz anwendbar ist**, wenn sich Mitgliedstaaten bei der selektiven Umsetzung des Anhang III MwStSystRL des Zolltarifs bedienen. Zweitens bedeutet es, dass die unterschiedliche zolltarifliche Einreihung nicht zur Ungleichheit der in Rede stehenden Waren führt. Abstrakter formuliert folgt aus dem EuGH-Urteil, dass das **Recht der Mitgliedstaaten zur bloß selektiven Gewährung von Steuererleichterungen auf der Grundlage von zolltariflichen Warenkategorien durch den Grundsatz der steuerlichen Neutralität begrenzt wird.**[2]

Auch wenn sich der EuGH für seine Verhältnisse deutlich geäußert hatte, ließ die Anwendung der Entscheidung auf die Anl. 2 einigen Spielraum. Der **BFH** stellte zunächst – wenig überraschend – fest, dass die bisherige Rechtsprechung (Rz. 112) zur Unanwendbarkeit des Neutralitätsprinzips auf die Anl. 2 nicht mehr gilt.[3] Der Ausschluss von Holzhackschnitzeln von Spalte 3 der Anl. 2 steht ihrer Steuerbegünstigung daher nicht mehr im Wege.[4] 115

Bei der damit eröffneten **richtlinienkonformen Auslegung anhand des Neutralitätsprinzips** (Rz. 110 f.) kam der BFH unter Berücksichtigung der Feststellungen des FG zu dem Ergebnis, dass Holzhackschnitzel Brennholz i.S.d. Spalte 2 von Nr. 48 Anl. 2 sind.[5] Den Prüfungspunkt, dass die Waren **vergleichbar** sind, hatte das FG in revisionsrechtlich nicht zu beanstandender Weise bejaht, weil die Hackschnitzel ebenfalls zum Brennen bestimmt waren.[6] Der Verstoß gegen den Neutralitätsgrundsatz führte jedoch nur deshalb zu einem Anspruch auf die Anwendung des ermäßigten Steuersatzes auf Holzhackschnitzel, weil Nr. 48 Buchst. a Anl. 2 einen unbestimmten Rechtsbegriff enthält („oder ähnliche Formen"), der einer **Auslegung zugänglich ist** (Rz. 110).[7] 116

(3) Überprüfung der selektiven Begünstigung anhand des Neutralitätsgrundsatzes

Im Holzhackschnitzel-Verfahren wurde das **Verhältnis des Zolltarifrechts** zum Grundsatz der **steuerlichen Neutralität neu bestimmt**. Für die Anwendung dieser Auslegungsmaxime gilt das Primat des Mehrwertsteuerrechts vor dem Zollrecht.[8] Die Funktion des Zolltarifrechts beschränkt sich darauf, einen Baukasten von (vermeintlich) klar umrissenen Warenkategorien bereit zu stellen, aus dem sich der mitgliedstaatliche Gesetzgeber bedienen kann. Den Anwendungsbereich des Neutralitätsgrundsatzes kann das Zollrecht nicht beschränken. Die zollrechtlich definierten Warenkategorien der Anl. 2 sind nicht Maßstab, sondern Gegenstand der Überprüfung nach Maßgabe des Neutralitätsgrundsatzes. Dies ändert jedoch nichts daran, dass es den **Mitgliedstaaten weiterhin erlaubt ist**, die von der Möglichkeit der Begünstigung der im Anhang III MwStSystRL genannten Gegenstände nur **selektiv** zu verwenden und sich bei der **Abgrenzung der KN zu bedienen.** 117

1 EuGH, Urt. v. 3.2.2022 – C-515/20, ECLI:EU:C:2022:73 – Finanzamt A, UR 2022, 219 m. Anm. *Vogel*, Rz. 47.
2 EuGH, Urt. v. 5.10.2023 – C-146/22, ECLI:EU:C:2023:739 – Dyrektor Krajowej Informacji Skarbowej (Mehrwertsteuer für Milchheißgetränke), UR 2023, 912, Rz. 40 ff., prüft, ob die unterschiedliche Besteuerung von Milchmischgetränken, die in verschiedene Warennomenklaturen eingeordnet werden, gegen den Neutralitätsgrundsatz verstößt.
3 BFH, Urt. v. 21.4.2022 – V R 2/22 (V R 6/18), BStBl. II 2023, 460 = UR 2022, 693 m. Anm. *Bender*, Rz. 22 und 25.
4 BFH, Urt. v. 21.4.2022 – V R 2/22 (V R 6/18), BStBl. II 2023, 460 = UR 2022, 693 m. Anm. *Bender*, Rz. 23.
5 BFH, Urt. v. 21.4.2022 – V R 2/22 (V R 6/18), BStBl. II 2023, 460 = UR 2022, 693 m. Anm. *Bender*, Rz. 27.
6 BFH, Urt. v. 21.4.2022 – V R 2/22 (V R 6/18), BStBl. II 2023, 460 = UR 2022, 693 m. Anm. *Bender*, Rz. 30.
7 Vgl. BFH, Urt. v. 21.4.2022 – V R 2/22 (V R 6/18), BStBl. II 2023, 460 = UR 2022, 693 m. Anm. *Bender*, Rz. 32; so bereits FG München, Urt. v. 19.12.2017 – 2 K 668/16, EFG 2018, 509, Rz. 75 f.; a.A. *Vogel*, UR 2022, 222 (224).
8 Zustimmend *Nieskens*, UR 2022, 749 (751).

(4) Praktische Bedeutung

118 Die praktische Bedeutung der dogmatischen Neujustierung des Verhältnisses von Zolltarifrecht und mehrwertsteuerrechtlichem Neutralitätsgrundsatz dürfte **eher gering** sein. Es müssen nämlich mehrere Voraussetzungen erfüllt sein[1], damit eine Steuerbegünstigung gewährt werden kann, obwohl die in Rede stehende Ware nicht von einer KN-Position der Spalte 3 Anl. 2 erfasst ist:[2]

(1) Die Ware muss unter Anhang III MwStSystRL (Rz. 11 ff.) fallen.

(2) Die Ware muss mit der nach Anl. 2 begünstigten Ware im Wettbewerb stehen (Rz. 109).

(3) Die Ware muss unter die Definition des Gegenstands in Spalte 2 Anl. 2 (Rz. 116) subsumierbar sein.

119 In der Regel wird es an der dritten Voraussetzung fehlen.[3] Eine ähnlich offene Formulierung wie in Nr. 48 („Brennholz … in ähnlichen Formen") findet sich in der Anl. 2 nur für „verschiedene zur Fütterung verwendete Pflanzen" (Nr. 23), „Zubereitungen aus Getreide, Mehl, Stärke oder Milch" (Nr. 31), „Zubereitungen von Gemüse, Früchten, Nüssen oder anderen Pflanzenteilen" (Nr. 32) und „verschiedene Lebensmittelzubereitungen" (Nr. 33).

120 Nur wenn es gelänge, **pflanzliche Milchersatzprodukte** (z. B. Soja- oder Hafermilch) oder **Sondennahrung**, deren Begünstigung nach Anl. 2 bisher abgelehnt wurde,[4] einer dieser Nummern der Anl. 2 zuzuordnen, käme es überhaupt auf deren Wettbewerbssituation mit Kuhmilch bzw. sonstigen Lebensmittelzubereitungen an. Ein Verstoß gegen den Neutralitätsgrundsatz würde nicht von vornherein daran scheitern, dass die zu vergleichenden Waren unterschiedlichen Nummern der Anl. 2 unterfallen.[5]

121 Angesichts dieser hohen Hürden, um die zollrechtliche Warenbeschreibung der Anl. 2 auszuhebeln, hätte es des **Nichtanwendungserlasses vom 4.4.2023**[6] nicht bedurft, mit dem die FinVerw. versucht, den Anwendungsbereich der neuen Rechtsprechung zu minimieren. Danach sei das BFH-Urteil vom 21.4.2022 (Rz. 115 f.) ausschließlich auf die Lieferung von Holzhackschnitzeln anzuwenden. Weiter nimmt sie die zutreffende (Rz. 116) Einschränkung vor, dass das Urteil nicht für Holzhackschnitzel gilt, die nicht zum Verbrennen bestimmt sind (z.B. Dekor-Hackschnitzel zur Verwendung im Garten). Dass das BFH-Urteil auf andere Waren als Holzhackschnitzel nicht anwendbar sein soll, ist – wie dargelegt (Rz. 117) – unrichtig.[7] Zutreffend ist sodann jedoch die Feststellung, dass es weiter unionsrechtlich zulässig ist, für die Abgrenzung der Kategorien in der Anl. 2 auf den Zolltarif zurück zu greifen (Rz. 117).

121.1 Mit einem **Informationsschreiben an Verbände der Säge- und Holzindustrie**[8] hat das BMF den Anwendungsbereich des Nichtanwendungserlasses (Rz. 121) konkretisiert. Dieser sei nicht auf die Lieferung von **nicht zerkleinertem Holz** und **Rohholz** sowie auf **Entsorgungsleistungen** anzuwenden. Insofern habe sich – was zutrifft – an der Rechtslage nichts geändert. Das BMF stellt weiter klar, dass der ermäßigte Steuersatz nunmehr auch für Holzhackschnitzel, die nicht als Abfall angefallen sind, sondern als eigentliches Produkt aus **Stammholz** hergestellt werden, gilt. Dies ist eine konsequente Anwendung des BFH-Urteils, wenn die Holzhackschnitzel zum Brennen bestimmt sind. Ob das BMF

1 Dies übersehen *Neeser*, UVR 2022, 274 (277) und *Glockner*, UVR 2022, 283 (287), die nur auf die Austauschbarkeit abstellen.

2 Für eine Übersicht der möglichen Fallkonstellationen s. *Bender*, UR 2022, 698 (700).

3 *Bender*, UR 2022, 698 (700); *Wäger* in Birkenfeld/Wäger, Umsatzsteuer-Handbuch, Aktuell – Berichtszeitraum III. Quartal 2022, Rz. 57 (Stand: November 2022).

4 Hierzu *Glockner*, UVR 2022, 283 (287).

5 Vgl. EuGH, Urt. v. 5.10.2023 – C-146/22, ECLI:EU:C:2023:739 – Dyrektor Krajowej Informacji Skarbowej (Mehrwertsteuer für Milchheißgetränke), UR 2023, 912, Rz. 44.

6 BMF, Schr. v. 4.4.2023 – III C 2-S 7221/19/10002 :004 – DOK 2023/0328468, BStBl. I 2023, 733 = UR 2023, 426; verlängert bis Ende 2023 durch BMF, Schr. v. 29.9.2023 – III C 2-S 7221/19/10002 :004 – DOK 2023/0947766, BStBl. I 2023, 1702 = UR 2023, 855.

7 BFH, Urt. v. 23.2.2023 – V R 38/21, BStBl. II 2023, 797 = UR 2023, 479, Rz. 38, erkennt die grundsätzliche Möglichkeit der richtlinienkonformen Auslegung anhand des Neutralitätsgrundsatzes an. Hierzu *Vobbe*, MwStR 2023, 587 (588).

8 Wiedergegeben in Bundesamt für Steuern und Finanzen Sachs., Schr. v. 5.12.2023 – 213-S 7221/17/1-2023/71070, StEK UStG § 12 Abs. 2 Nr. 525.

von dieser Einschränkung ausgeht, ist fraglich, weil es im Anschluss konstatiert, dass der Erlass nicht zwischen stofflicher und energetischer Verwertung der Holzhackschnitzeln unterscheide. Auf dieser Grundlage kommt es zu dem Ergebnis, dass die Lieferung von Holzhackschnitzeln in nicht kleinen Mengen stets dem ermäßigten Steuersatz unterliege, auch wenn sie nicht thermisch, sondern **stofflich verwertet** werden. So sei z.B. die Lieferung von 1t Holzhackschnitzel auch dann begünstigt, wenn die Holzhackschnitzel als **Einstreu für eine Reithalle** verwendet würden. Man muss dies wohl so verstehen, dass die Holzhackschnitzel gleichwohl ausschließlich zum Verbrennen bestimmt sein müssen, denn nur dann liegt Brennholz i.S.v. Art. 122 MwStSystRL vor (Rz. 17).

4. Einschränkende Auslegung der Anl. 2

a) Ermittlung eines Begünstigungsüberschusses

Die Mitgliedstaaten dürfen keine Steuervergünstigungen auf Umsätze mit Gegenständen gewähren, die nach Anhang III MwStSystRL nicht begünstigungsfähig sind (Rz. 11). Die Prüfung, ob ein derartiger **unionsrechtswidriger Begünstigungsüberschuss** vorliegt, erfolgt in **zwei Schritten:** 122

(1) Allein anhand des deutschen Rechts bzw. der zolltariflichen Begrifflichkeiten (Rz. 102 f., 61 ff.) ist zu prüfen, welche Gegenstände von einer bestimmten Nummer der Anl. 2 erfasst sind. Dass der BFH in den Entscheidungen zu **E-Books**[1] und **Sportpferden**[2] darauf verzichtet hat, dürfte daran liegen, dass beiden Fällen Vertragsverletzungsverfahren vorausgegangen waren, in denen die deutsche Regelung bereits jeweils für unionsrechtswidrig erklärt wurde.[3]

(2) Sodann ist der **Anwendungsbereich des korrespondieren Begriffs des Anhang III MwStSystRL** zu ermitteln. Hierbei sind die allgemeinen Auslegungsregeln des EU-Rechts zu beachten (Rz. 128 f.).

Soweit der unter (1) ermittelte Anwendungsbereich der Anl. 2 über den des unter (2) festgestellten des Anhang III MwStSystRL hinausgeht, ist die Anl. 2 unionsrechtswidrig. Die Anl. 2 ist dann – soweit möglich – **richtlinienkonform** einschränkend auszulegen (Rz. 124 f.). Ist eine richtlinienkonforme Auslegung nicht möglich, kann sich der Steuerpflichtige auf das für ihn günstigere deutsche Recht berufen.[4] Nach dem BFH kommt u.U. auch eine unmittelbare Anwendung der MwStSystRL zugunsten des Steuerpflichtigen (Rz. 126 f.) in Betracht. 123

b) Richtlinienkonforme Auslegung

Voraussetzung für die richtlinienkonforme Auslegung ist die **Auslegungsfähigkeit** der nationalen Vorschrift.[5] Bei einem klaren und unmissverständlichen Wortlaut kommt eine vom Wortlaut abweichende richtlinienkonforme Auslegung nicht in Betracht.[6] Der BFH hat einerseits in zwei Entscheidungen die **Anl. 2 richtlinienkonform ausgelegt**. Hierbei hat er allerdings die Frage unbeantwortet gelassen, ob die Anl. 2 durch die Bezugnahme auf die KN-Positionen so präzisiert wird, dass sie nicht 124

1 Nr. 49 Buchst. a Anl. 2; BFH, Urt. v. 3.12.2015 – V R 43/13, BStBl. II 2016, 858 = UR 2016, 241.

2 Nr. 1 Buchst. a Anl. 2 a.F.; BFH, Urt. v. 2.7.2014 – XI R 4/13, BFH/NV 2014, 1913.

3 Sportpferde: EuGH, Urt. v. 12.5.2011 – C-453/09, ECLI:EU:C:2011:296 – Kommission/Deutschland, UR 2011, 827, Rz. 45; E-Books: EuGH, Urt. v. 5.3.2015 – C-479/13, ECLI:EU:C:2015:141 – Kommission/Frankreich, UR 2015, 305, Rz. 46; EuGH, Urt. v. 5.3.2015 – C-502/13, ECLI:EU:C:2015:143 – Kommission/Luxemburg, UR 2015, 308, Rz. 71.

4 BFH, Urt. v. 8.3.2012 – V R 14/11, BStBl. II 2012, 630 = UR 2012, 560, Rz. 21.

5 BFH, Urt. v. 2.7.2014 – XI R 4/13, BFH/NV 2014, 1913, Rz. 31 m.w.N.; EuGH, Urt. v. 8.5.2019 – C-566/17, ECLI:EU:C:2019:390 – Związek Gmin Zagłębia Miedziowego, UR 2019, 424 m. Anm. *Sterzinger*, Rz. 49 m.w.N.; EuGH, Urt. v. 15.1.2014 – C-176/12, ECLI:EU:C:2014:2 – Association de médiation sociale, ZIP 2014, 287, Rz. 39.

6 BFH, Urt. v. 23.2.2017 – V R 16, 24/16, BStBl. II 2017, 760 = UR 2017, 357, Rz. 44 zu § 2 Abs. 2 Nr. 2 Satz 1 UStG; BFH, Urt. v. 3.12.2015 – V R 43/13, BStBl. II 2016, 858 = UR 2016, 241, Rz. 17; BFH, Urt. v. 8.3.2012 – V R 14/11, BStBl. II 2012, 630 = UR 2012, 560, Rz. 20 zu § 12 Abs. 2 Nr. 8 Buchst. a Satz 1 UStG; BFH, Urt. v. 15.2.2012 – XI R 24/09, BStBl. II 2013, 712 = UR 2012, 481 m. Anm. Filtzinger, Rz. 19 zu § 17 Abs. 1 Satz 1 Nr. 2 UStG a.F.; *Kofler* in Schaumburg/Englisch[2], Rz. 13.16.

auslegungsfähig ist.[1] Verneint hat der BFH die Auslegungsfähigkeit z.B. bei § 12 Abs. 2 Nr. 8 Buchst. a Satz 1 UStG, der auf §§ 51–68 AO verweist.[2] Andererseits hat der BFH die MwStSystRL unmittelbar angewandt (Rz. 126 f.), ohne sich mit der – an sich vorrangig zu prüfenden – richtlinienkonformen Auslegung zu befassen.

125 Erweist sich eine Vorschrift als **auslegungsfähig**, ist diejenige Auslegung des nationalen Rechts zu wählen, die dem Inhalt der Richtlinie entspricht. Besteht ein Auslegungsspielraum, ist das nationale Gericht verpflichtet, diesen so weit wie möglich auszuschöpfen; mehrere mögliche Auslegungsmethoden sind daher hinsichtlich des Richtlinienziels bestmöglich anzuwenden i.S. eines **Optimierungsgebotes.**[3]

c) Unmittelbare Anwendung der MwStSystRL?

126 Einen anderen Weg zur Durchsetzung des Unionsrechts ist der V. Senat des BFH gegangen, als er es einem zum Vorsteuerabzug berechtigten Leistungsempfänger gestattete, sich auf den Anwendungsvorrang des Unionsrechts zu berufen und dadurch den Vorsteuerabzug nach dem für ihn günstigeren Regelsteuersatz in Anspruch zu nehmen.[4] Anl. 2 Nr. 1 Buchst. a a.F. sah nämlich den ermäßigten Steuersatz für Sportpferde vor, was der EuGH für unionsrechtswidrig erklärt hatte (Rz. 122).

127 Es ist allerdings fraglich, ob die MwStSystRL überhaupt eine Vorschrift enthält, **die hinreichend konkret** ist, einen unmittelbaren Anspruch auf den Vorsteuerabzug in Höhe des Regelsteuersatzes zu begründen. Der vom BFH angeführte Art. 98 i.V.m. Anhang III Nr. 1 MwStSystRL[5], stellt lediglich eine Ermächtigung der Mitgliedstaaten dar, den ermäßigten Steuersatz anzuwenden.[6] Art. 96 f. MwStSystRL wiederum legen nur Rahmenbedingungen für den Regelsteuersatz von mind. 15 % fest. Hinzu kommt, dass der BFH nicht prüfte, ob nicht eine richtlinienkonforme Auslegung von Art. 12 Abs. 1 UStG im Lichte von Art. 98 i.V.m. Anhang III Nr. 1 MwStSystRL möglich sein könnte.

d) Auslegung des Anhang III MwStSystRL

128 Zur Ermittlung des den Mitgliedstaaten im **Anhang III MwStSystRL** eingeräumten Handlungsspielraums, den ermäßigten Mehrwertsteuersatz anzuwenden, sind – wie auch sonst im EU-Recht – sowohl der **Wortlaut** und der **Kontext** der MwStSystRL als auch das mit der betreffenden Regelung verfolgte **Ziel** zu berücksichtigen.[7] Darüber hinaus haben die in der MwStSystRL verwendeten Begriffe objektiven Charakter und sind **unabhängig von Zweck und Ergebnis der betroffenen Umsätze** anwendbar.[8] Sofern ein Begriff nicht definiert oder auf das Recht der Mitgliedstaaten verwiesen wird, ist sein **gewöhnlicher Sprachgebrauch** maßgeblich, wobei zu berücksichtigen ist, in welchem Zusammenhang er verwendet wird und welche Ziele mit der Regelung verfolgt werden, zu der er gehört.[9]

---

1 BFH, Urt. v. 2.7.2014 – XI R 4/13, BFH/NV 2014, 1913, Rz. 32 hält Anl. 2 Nr. 1 Buchst. a a.F. für auslegungsfähig, obwohl durch die Unterposition 0101 2990 KN (Pferde, andere als reinrassige Zuchttiere, andere als zum Schlachten) klar wird, dass auch Sportpferde erfasst sein sollten. BFH, Urt. v. 3.12.2015 – V R 43/13, BStBl. II 2016, 858 = UR 2016, 241, Rz. 17) zu „Bücher" i.S.d. Nr. 49 Buchst. a Anl. 2.

2 BFH, Urt. v. 8.3.2012 – V R 14/11, BStBl. II 2012, 630 = UR 2012, 560, Rz. 20.

3 BFH, Urt. v. 1.6.2016 – XI R 17/11, BStBl. II 2017, 581 = UR 2016, 673, Rz. 60; BFH, Urt. v. 2.7.2014 – XI R 4/13, BFH/NV 2014, 1913, Rz. 31 m.w.N.; BFH, Beschl. v. 11.12.2013 – XI R 38/12, BStBl. II 2014, 428 = UR 2014, 323, Rz. 81; *Doesum/van Kesteren/Cornielje/Nellen*, Fundamentals of EU VAT Law, S. 27.

4 BFH, Urt. v. 24.10.2013 – V R 17/13, BStBl. II 2015, 513 = UR 2014, 147, Rz. 13, 20.

5 BFH, Urt. v. 24.10.2013 – V R 17/13, BStBl. II 2015, 513 = UR 2014, 147, Rz. 17.

6 Weiterführend hierzu *Hummel* in Rau/Dürrwächter, § 12 Abs. 2 Nr. 8 UStG Rz. 34 (Stand: März 2023).

7 EuGH, Urt. v. 13.7.2023 – C-180/22, ECLI:EU:C:2023:565 – Mensing II, UR 2023, 691, Rz. 22; EuGH, Urt. v. 5.9.2019 – C-145/18, ECLI:EU:C:2019:668 – Regards Photographiques, UR 2019, 779, Rz. 25; EuGH, Urt. v. 18.1.2017 – C-471/15, ECLI:EU:C:2017:20 – Sjelle Autogenbrug, UR 2017, 242, Rz. 29; EuGH, Urt. v. 3.3.2011 – C-203/10, ECLI:EU:C:2011:118 – Auto Nikolovi, UR 2012, 372, Rz. 41.

8 EuGH, Urt. v. 5.9.2019 – C-145/18, ECLI:EU:C:2019:668 – Regards Photographiques, UR 2019, 779, Rz. 33; EuGH, Urt. v. 11.7.2018 – C-154/17, ECLI:EU:C:2018:560 – E LATS, UR 2018, 724, Rz. 35 m.w.N.

9 EuGH, Urt. v. 29.7.2019 – C-516/17, ECLI:EU:C:2019:625 – Spiegel Online, CR 2020, 107, Rz. 65 m.w.N.

Nach ständiger Rechtsprechung sind die Mehrwertsteuerbestimmungen, die **Ausnahmen von einem Grundsatz darstellen, eng auszulegen.** Dies gilt für alle Normen, aus denen sich die Anwendung eines ermäßigten Steuersatzes ergibt. Dies darf jedoch nicht dazu führen, dass der Ausnahme ihre **praktische Wirksamkeit** genommen wird.[1] Die Auslegung der Ausnahmen muss im Hinblick auf ihre Ziele erfolgen.[2] Sie darf also nur so eng ausgelegt werden, wie ihre Ziele nicht beeinträchtigt werden. 129

Anlage 3
(zu § 13b Absatz 2 Nummer 7)

Liste der Gegenstände im Sinne des § 13b Absatz 2 Nummer 7

Lfd. Nr.	Warenbezeichnung	Zolltarif (Kapitel, Position, Unterposition)
1	Granulierte Schlacke (Schlackensand) aus der Eisen- und Stahlherstellung	Unterposition 2618 00 00
2	Schlacken (ausgenommen granulierte Schlacke), Zunder und andere Abfälle der Eisen- und Stahlherstellung	Unterposition 2619 00
3	Schlacken, Aschen und Rückstände (ausgenommen solche der Eisen- und Stahlherstellung), die Metalle, Arsen oder deren Verbindungen enthalten	Position 2620
4	Abfälle, Schnitzel und Bruch von Kunststoffen	Position 3915
5	Abfälle, Bruch und Schnitzel von Weichkautschuk, auch zu Pulver oder Granulat zerkleinert	Unterposition 4004 00 00
6	Bruchglas und andere Abfälle und Scherben von Glas	Unterposition 7001 00 10
7	Abfälle und Schrott von Edelmetallen oder Edelmetallplattierungen; andere Abfälle und Schrott, Edelmetalle oder Edelmetallverbindungen enthaltend, von der hauptsächlich zur Wiedergewinnung von Edelmetallen verwendeten Art	Position 7112
8	Abfälle und Schrott, aus Eisen oder Stahl; Abfallblöcke aus Eisen oder Stahl	Position 7204
9	Abfälle und Schrott, aus Kupfer	Position 7404
10	Abfälle und Schrott, aus Nickel	Position 7503
11	Abfälle und Schrott, aus Aluminium	Position 7602
12	Abfälle und Schrott, aus Blei	Position 7802
13	Abfälle und Schrott, aus Zink	Position 7902
14	Abfälle und Schrott, aus Zinn	Position 8002
15	Abfälle und Schrott, aus anderen unedlen Metallen	aus Positionen 8101 bis 8113
16	Abfälle und Schrott, von elektrischen Primärelementen, Primärbatterien und Akkumulatoren; ausgebrauchte elektrische Primärelemente, Primärbatterien und Akkumulatoren	Unterposition 8548 10

1 EuGH, Urt. v. 10.3.2011 – C-497/09, C-499/09, C-501/09 und C-502/09, ECLI:EU:C:2011:135 – Bog u.a., UR 2011, 272 m. Anm. Nieskens, Rz. 84; EuGH, Urt. v. 28.10.2010 – C-175/09, ECLI:EU:C:2010:646 – AXA UK, UR 2011, 265, Rz. 25; EuGH, Urt. v. 28.11.2013 – C-319/12, ECLI:EU:C:2013:778 – MDDP, EU-UStB 2014, 9 m. Anm. Buge, Rz. 25; EuGH, Urt. v. 9.3.2017 – C-573/15, ECLI:EU:C:2017:189 – Oxycure Belgium, UR 2017, 276, Rz. 25.

2 EuGH, Urt. v. 5.9.2019 – C-145/18, ECLI:EU:C:2019:668 – Regards Photographiques, UR 2019, 779, Rz. 32.

Schrifttum: S. Anl. 2.

A. Grundaussagen

I. Regelungsgegenstand und Bedeutung

1 Die Anl. 3 bezeichnet die Gegenstände, bei deren Lieferung der Leistungsempfänger gemäß **§ 13b Abs. 2 Nr. 7 UStG** Steuerschuldner wird (Reverse Charge-Verfahren, § 13b Rz. 180 ff.). Es handelt sich dabei um Schlacken, Abfälle, Schnitzel, Bruch und Schrott aus verschiedenen Materialien.

2 Die Anl. 3 ist eine dreispaltige Tabelle. In der ersten Spalte sind die in der zweiten Spalte („Warenbezeichnung") beschriebenen Gegenstände laufend durchnummeriert. Die dritte Spalte verweist unter der Bezeichnung „Zolltarif (Kapitel, Position, Unterposition)" auf die jeweilige KN-Kodierung (Anl. 2 Rz. 36 ff.) der in der zweiten Spalte beschriebenen Gegenstände. Die Struktur der Anl. 3, die in 16 laufenden Nummern die erfassten Gegenstände auflistet, folgt der Systematik der KN (Anl. 2 Rz. 1 ff.).

II. Unionsrechtliche Grundlagen

3 Art. 199 MwStSystRL erlaubt es den Mitgliedstaaten, den steuerpflichtigen Leistungsempfänger zum Schuldner der Mehrwertsteuer zu machen, wenn es um Umsätze in den dort aufgeführten Bereichen geht. Die in der Anl. 3 genannten Gegenstände sind Art. 199 Abs. 1 Buchst. d und Anhang VI MwStSystRL entnommen.[1] Sie nennen Gebrauchtmaterial, Schrott und Abfallstoffe.

III. Rechtsentwicklung

4 Die Anl. 3 wurde gemeinsam mit § 13b Abs. Nr. 7 UStG durch das JStG 2010 zum 1.1.2011 eingefügt[2] und seitdem nicht verändert.

B. Liste der Gegenstände i.S.d. § 13b Abs. 2 Nr. 7 UStG (Anlage 3)

5 Anl. 3 listet in 16 laufenden Nummern die erfassten Gegenstände auf. Er lässt sich in die folgenden Gruppen unterteilen:
- Schlacken u.ä. (Nr. 1–3)
- Abfälle, Schnitzel und Bruch von Kunststoffen und Weichkautschuk (Nr. 4–5)
- Abfall und Scherben von Glas (Nr. 6)
- Metallabfälle und -schrott (Nr. 7–15)
- Elektroschrott (Nr. 16).

6 Für die **Auslegung** der erfassten Gegenstände gelten die Ausführungen zu Anl. 2 (Anl. 2 Rz. 56 ff.) entsprechend. **Abschn. 13b.4 UStAE 2019** enthält eine Auslegungshilfe zur Ermittlung der von der Anl. 3 erfassten Gegenstände. Wie alle Dienstanweisungen dürfen diese nicht gegen unionales Tarifrecht verstoßen und sind daher bloß unverbindliche Hilfsmittel (Anl. 2 Rz. 97).

---

1 BT-Drucks. 17/2249, 79 (zu Nr. 13).
2 Art. 4 Nr. 13, Art. 32 Abs. 5 JStG 2010 v. 8.12.2010, BGBl. I 2010, 1768 (1787, 1803).

Die Anl. 3 verwendet **ausschließlich zollrechtliche Begriffe**. Bei der einzigen Exposition (Anl. 2 Rz. 55) in Nr. 15 wird nur eine bestimmte Warengruppe, die von den in Bezug genommenen KN-Positionen erfasst ist (Waren aus den genannten Metallen), ausgeklammert. Für eine umsatzsteuerrechtliche Interpretation der Anlage (Anl. 2 Rz. 101 ff.) ist daher kein Raum. 7

Anlage 4 (zu § 13b Absatz 2 Nummer 11)

Liste der Gegenstände, für deren Lieferung der Leistungsempfänger die Steuer schuldet

Lfd. Nr.	Warenbezeichnung	Zolltarif (Kapitel, Position, Unterposition)
1	Silber, in Rohform oder als Halbzeug oder Pulver; Silberplattierungen auf unedlen Metallen, in Rohform oder als Halbzeug	Positionen 7106 und 7107
2	Platin, in Rohform oder als Halbzeug oder Pulver; Platinplattierungen auf unedlen Metallen, auf Silber oder auf Gold, in Rohform oder als Halbzeug	Position 7110 und Unterposition 7111 00 00
3	Roheisen oder Spiegeleisen, in Masseln, Blöcken oder anderen Rohformen; Körner und Pulver aus Roheisen, Spiegeleisen, Eisen oder Stahl; Rohblöcke und andere Rohformen aus Eisen oder Stahl; Halbzeug aus Eisen oder Stahl	Positionen 7201, 7205 bis 7207, 7218 und 7224
4	Nicht raffiniertes Kupfer und Kupferanoden zum elektrolytischen Raffinieren; raffiniertes Kupfer und Kupferlegierungen, in Rohform; Kupfervorlegierungen; Pulver und Flitter aus Kupfer	Positionen 7402, 7403, 7405 und 7406
5	Nickelmatte, Nickeloxidsinter und andere Zwischenerzeugnisse der Nickelmetallurgie; Nickel in Rohform; Pulver und Flitter, aus Nickel	Positionen 7501, 7502 und 7504
6	Aluminium in Rohform; Pulver und Flitter, aus Aluminium	Positionen 7601 und 7603
7	Blei in Rohform; Pulver und Flitter, aus Blei	Position 7801; aus Position 7804
8	Zink in Rohform; Staub, Pulver und Flitter, aus Zink	Positionen 7901 und 7903
9	Zinn in Rohform	Position 8001
10	Andere unedle Metalle in Rohform oder als Pulver	aus Positionen 8101 bis 8112
11	Cermets in Rohform	Unterposition 8113 00 20

Schrifttum: *Huschens*, Steuerschuldnerschaft des Leistungsempfängers – Lieferungen von Metallen, UVR 2015, 83; *Matheis*, Praktische Umsetzung des Reverse-Charge-Verfahrens bei der Lieferung von Metallen und metallhaltigen Gegenständen, UVR 2014, 378; s. Anl. 2.

A. Grundaussagen

I. Regelungsgegenstand und Bedeutung

1 Die Anl. 4 bezeichnet die Gegenstände, bei deren Lieferung der Leistungsempfänger mit Unternehmereigenschaft gemäß **§ 13b Abs. 2 Nr. 11**, Abs. 5 Satz 1 Halbs. 2 UStG Steuerschuldner wird (Reverse Charge-Verfahren). Es handelt sich dabei um **Metalle und Cermets**[1] in Rohform oder als Halberzeugnis. Die weiteren Voraussetzungen für den Übergang der Steuerschuldnerschaft werden bei § 13b Abs. 2 Nr. 11 UStG erläutert (§ 13b Rz. 221 ff.).

2 Die Anl. 4 ist eine dreispaltige Tabelle. In der ersten Spalte sind die in der zweiten Spalte („Warenbezeichnung") beschriebenen Gegenstände laufend durchnummeriert. Die dritte Spalte verweist unter der Bezeichnung „Zolltarif (Kapitel, Position, Unterposition)" auf die jeweilige KN-Kodierung (Anl. 2 Rz. 36 ff.) der in der zweiten Spalte beschriebenen Gegenstände. Die Struktur der Anl. 4, die in 11 laufenden Nummern die erfassten Gegenstände auflistet, folgt der Systematik der KN (Anl. 2 Rz. 1 ff.).

II. Unionsrechtliche Grundlagen

3 Art. 199a MwStSystRL erlaubt es den Mitgliedstaaten, **befristet bis zum 31.12.2026**[2] den steuerpflichtigen Leistungsempfänger zum Schuldner der Mehrwertsteuer zu machen, wenn es um Umsätze in den dort aufgeführten Bereichen geht. Die in der Anl. 4 genannten Gegenstände sind Art. 199a Abs. 1 Buchst. j entnommen.[3] Dort werden Rohmetalle und Metallhalberzeugnisse genannt.

III. Rechtsentwicklung

4 Die Anl. 4 wurde gemeinsam mit § 13b Abs. 2 Nr. 11 UStG durch das KroatienAnpG 2014 zum 1.10.2014 in das UStG eingefügt[4] und hatte ursprünglich 13 laufende Nummern. Da die Anlage auch zahlreiche Gegenstände enthielt, die etwa in Baumärkten an Endverbraucher abgegeben werden (Alufolie, Metallklebeband), stellten sich verschiedene Praxisprobleme.[5] In Reaktion hierauf wurde bereits wenige Monate später durch das ZollkodexAnpG[6] mit Wirkung vom 1.1.2015 die Anl. 4 gestrafft und gleichzeitig ein **Schwellenwert von 5.000 €** in § 13b Abs. 2 Nr. 11 UStG eingefügt. Aus der Anl. 4 gestrichen wurden Selen und Gold (Nr. 1, 3 Anl. 4 a.F.). Außerdem wurden Draht, Bänder, Folien, Bleche und andere flachgewalzte Erzeugnisse, Profile sowie Stangen (Stäbe) von den einzelnen Positionen ausgenommen.[7] Schließlich wurde durch das StÄndG 2015[8] zum 6.11.2015 in Nr. 3 eine Ungenauigkeit beseitigt.[9]

1 Cermets sind Verbundwerkstoffe aus Metallcarbid und Metall.
2 Die ursprüngliche Befristung bis 30.6.2022 wurde verlängert durch Art. 1 Nr. 1 Richtlinie (EU) 2022/890 v. 3.6.2022 zur Änderung der Richtlinie 2006/112/EG im Hinblick auf die Verlängerung des Anwendungszeitraums der fakultativen Umkehrung der Steuerschuldnerschaft bei Lieferungen bestimmter betrugsanfälliger Gegenstände und Dienstleistungen und des Schnellreaktionsmechanismus gegen Mehrwertsteuerbetrug, ABl. EU 2022 Nr. L 155, 1.
3 BT-Drucks. 18/3441, 60 (zu Nr. 2).
4 Art. 8 Nr. 5, Anl. 3, Art. 28 Abs. 4 Gesetz zur Anpassung des nationalen Steuerrechts an den Beitritt Kroatiens zur EU und zur Änderung weiterer steuerlicher Vorschriften, BGBl. I 2014, 1266 (1287, 1300, 1294).
5 *Spilker* in Weymüller[2], § 13b UStG Rz. 359.1 m.w.N.; BT-Drucks. 18/3441, 59 (zu Nr. 1).
6 Art. 11 Nr. 2, Art. 16 Abs. 1 Gesetz zur Anpassung der Abgabenordnung an den Zollkodex der Union und zur Änderung weiterer steuerlicher Vorschriften, BGBl. I 2014, 2417 (2429, 2430).
7 BT-Drucks. 18/3441, 59 (zu Nr. 2).
8 Art. 11 Nr. 3, Art. 18 Abs. 1 StÄndG 2015 v. 2.11.2015, BGBl. I 2015, 1834 (1843, 1845).
9 BR-Drucks. 121/15, 65 (zu Anl. 4).

B. Liste der Gegenstände, für deren Lieferung der Leistungsempfänger die Steuer schuldet (Anlage 4)

5 Anl. 4 listet in 11 laufenden Nummern die erfassten **Gegenstände** (Metalle und Cermets) auf.[1] Sie lassen sich in die folgenden **Gruppen** unterteilen:

- Edelmetalle (Nr. 1, 2, 4–9)
- Eisen und andere unedle Metalle (Nr. 3, 10)
- Cermets (Nr. 11).[2]

6 Für die **Auslegung** der erfassten Gegenstände gelten die Ausführungen zu Anl. 2 (Anl. 2 Rz. 56 ff.) entsprechend. **Abschn. 13b.7a UStAE** enthält eine Auslegungshilfe zur Ermittlung der von der Anl. 4 erfassten Gegenstände. Wie alle Dienstanweisungen dürfen diese nicht gegen unionales Tarifrecht verstoßen und sind daher bloß unverbindliche Hilfsmittel (Anl. 2 Rz. 97).

7 Die Anl. 4 verwendet ausschließlich zollrechtliche Begriffe. Bei der einzigen Exposition (Anl. 2 Rz. 55) in Nr. 10 wird nur eine bestimmte Warengruppe, die von den in Bezug genommenen KN-Positionen erfasst ist (Waren, Abfälle und Schrott aus den genannten Metallen), ausgeklammert. Für eine umsatzsteuerrechtliche Interpretation der Anlage (Anl. 2 Rz. 101 ff.) ist daher kein Raum.

1 Überblick der erfassten Gegenstände bei *Huschens*, UVR 2015, 83 (86 ff.).
2 S. FG Hamburg, Urt. v. 7.5.2015 – 4 K 172/14, ZfZ-Beilage 2015, 55.

Stichwortverzeichnis

Fette Zahlen verweisen auf die Paragraphen, die mageren Zahlen auf die Randziffern.

Hafendienstleistung